凌濛初全集

肆

魏同賢
安平秋 主編

鳳凰出版傳媒集團
鳳凰出版社

第四册總目

南音三籟

孔祥義　標點

説明

《南音三籟》散曲上下卷、戲曲上下卷，合共四卷，明末刻本，每頁八行，行二十二字，有眉批。署「即空觀主人評訂」，「椒雨齋主人點參」，椒雨齋主人不詳。本書主要由兩個部分構成，一是《譚曲雜劄》，二是《南音三籟》。前者是凌濛初的曲學理論，後者則是以他的理論標準對當時及其前代作品的品評，二者合看，就是一部表現凌濛初曲學見解的既有理論建構又有作品實例的完整著作，這在我國古代曲學理論方面是很獨特的專著。編纂《凡例》和大量眉批及文中批，均透露着凌濛初對曲學的深刻認識。

凌濛初所謂的「南音」，指的就是南曲，他所謂的「三籟」，則是將其所選各曲品評爲天籟、地籟和人籟三等，而「古質自然，行家本色」爲天，「俊逸有思，時露質地」爲地，「粉飾藻繢，沿襲靡詞」爲人，以實際例證，表達了他注重本色、輕視駢儷的曲學眼光。

此次標點所采用的底本爲上海古籍書店一九六三年影印本，影印本是據丁氏八千卷樓舊藏，並以上海圖書館和國家圖書館藏本配補的。影印本曾有某收藏家的朱筆批語和對原書的增補、辨正；書後還附録清康熙刊印本袁于令、李玉等的三篇序和題詞，由于均非凌氏原著，所以皆予割棄。至于插圖十六幅，爲晚明著名版画家王文衡的作品，刻印精美，頗具欣賞價值，現在全部保留。

目録

南音三籟叙

自樂不傳于今之世，而聲音之道流行於天地間者，惟詞曲一種而已。曲有自然之音，音有自然之節，非關作者，亦非關謳者，莫知其所以然而然。通其音者可以不設宫調，解其節者可以不立文字，而學者不得不從宫調文字入，所謂師曠之聰，不廢六律，與匠者之規矩埒也。今之傳者置此道于不講，作者襲其失步，率臆廓填；謳者沿其師承，隨口唫囈，即有周郎之顧，誰肯信其誤而正之耶？而自然之元聲，卒有不可泯滅者。譬如拙匠自舛越于規矩，終不能使方圓易象，則譜不可不設，而毘陵蔣孝之功，殆不可誣矣。徒以獨見未周，大段具體，小或漏遺。沈伯英力起而詳之，願大而才疏，其横而鑿者，殆欲令臧三耳；其局而膠者，幾不得反三隅。瑕纇既多，安稱彀率。病起多暇，鈔撮南音之行世者，以三等列而合其調於二氏之譜，訛者正之，滯者疏之，疑則缺焉。蓋承襲非一日，不得不有存而不論者，亦時勢使然也。知者從宫調文字中準之，復從不設宫調、不立文字中會之，而自然之音節自出耳。夫籟者自然之音節也，蒙莊分别之爲三，要皆以自然爲宗，故凡詞曲字有平仄，句有短長，調有合離，拍有緩急，其所謂宜不宜者，正以自然與不自然之異在芒忽間也。操一自然之見于胸中以律作者、謳者，當兩無所逃，作者安于位置，謳者約于規程矣。孟萬年論音曰：「絲不如竹，竹不如肉。」以漸近自然。知此以言三籟，則有莫逆于心者乎？

即空觀主人題

南音三籟凡例

一、曲每誤於襯字。蓋曲限於調，而文義有不屬不暢者，不得不用一二字襯之，然大抵虛字耳。如「這」、「那」、「怎」、「着」、「的」、「個」之類。不知者以爲句當如此，遂有用實字者，唱者不能搶過而腔戾矣。又有認襯字爲實字，而襯外加襯者，唱者不能搶，多字而腔又戾矣。固由度曲者懵於律，亦從來刻曲無分別者，遂使後學誤認，徒按舊曲句之長短，字之多寡，而仿以填詞，意謂可以不差，而不知虛實音節之實非也。相沿之誤，反見有本調正格，疑其不合者，其弊難以悉數。此刻凡襯字，俱以細書別之。間有本調虛字，句上無板者是。可兩可三者，則不復分。

如《山坡羊》第八句，《琵琶記》云「没主公婆教誰管取」，本七字句，而襯一「教」字者；其下曲「圖得不知他親死時」，襯一「他」字一例也。雖八字而七字之節故在，故《彩樓記》「一任樵樓更漏傳」，《幽閨記》「回首家鄉淚滿腮」皆然。而認爲八字者，填作「種種思量躊躇惆悵」，既用八字，而「惆」字又用平聲，即欲襯一字而調已拗矣。《玉抱肚》第五句，《琵琶》句云「相看到此不由人珠淚流」，亦本七字句，而襯「不由人」三字者。時人誤於「不由人」下又增一「不」字，遂認「不由人不珠淚流」爲一七字句，而「相看到此」另是一句，遂有填作「心中怏怏，無明徹夜費思量」者。四字作襯既難，不得不添出一板，而以爲《玉抱肚》有兩體矣。此皆襯字不別誤之也。其詳皆在後本調中，偶舉一二則，以例其餘。

一、曲又易誤於犯調。蓋古來舊曲有犯他調者，或易其名，如《玉山供》、《錦庭樂》之類。或止於本名下增一犯字。相沿之久，認爲本調者多矣。度曲者懵然不知，按字句而填之；唱曲者習熟既久，反執此以改彼。其弊亦煩。此刻俱細查分出，間有未明，或已明而尚在疑似者，則志之上方以闕疑，蓋慎之也。近刻惟《吴歈萃雅》有分注，而未能盡得，承訛亦多，悉爲訂定。

如《五供養》末句，本七字句，《琵琶記》用「骨肉分離寸腸割斷」八字，則犯《月上海棠》者，舊本刻《五供養犯》是也。今人以此爲本調，而唱「青山頓老」末句者，將「北風吹面利如刀」，用「寸腸割斷」之板而求强合。既已可笑，及見他曲有七字末句者，便謂犯《玉山頽》。不知曲無《玉山頽》名，時人所謂《玉山頽》者，如《琵琶記》「公公尊賜」，實名《玉山供》，乃《玉抱肚》、《五供養》合成者。下半，正即《五供養》本調，故七字句也，何嘗别犯乎！此皆犯調不别誤之也。其詳皆在後本調中，偶舉一則，以例其餘。

一、曲依宫分調，仿譜例也。但向來之曲，多帶諸宫之調以成套者，則止因其首曲之宫以次列焉。

一、牌名板眼，句字增損，坊刻承訛襲舛，誤人多矣。毘陵蔣氏全譜，本調具在，可據以訂各詞。松陵沈伯英採新補舊，亦是功臣。間有臆見未確者，則斟酌而定之，然必確證，必實諧，斷不妄爲傅會。猶恨無周郎之識，盡顧其誤，百不失一，而後快耳。

一、字之閉口者，止侵尋、監咸、廉纖三韻，人所易誤忘者，則加○以别之，從沈譜例也。其宜撮口者，《萃雅》偶及殊略，然其類甚繁，字字而注，則又太瑣。今作小△於左方。至鼻音，則止庚青一韻，原無别讀；無論識字與否，不慮其不入鼻者。止姑蘇城中土音，則以庚爲根、青爲親耳，天下之正音皆不然也，故不必復標識之。

一、曲分三籟，其古質自然、行家本色爲天，其俊逸有思、時露質地者爲地，若但粉飾藻繢、沿襲靡詞者，雖名重詞流，聲傳里耳，概謂之人籟而已。擬每籟各爲一集，恐閲者嫌雜，仍以詞照宫調收之，而分注其目下。復略加圈於佳句，以示指歸云。

一、曲之有中原韻，猶詩之有沈約韻也。而詩韻不可入曲，猶曲韻不可入詩也。今人如梁、張輩，往往以詩韻爲之，其下又隨心隨口而押，其爲非韻則一。然自《琵琶》作俑，舊曲亦不能盡無此病。兹刻每曲必注用某韻於後，其犯别韻，或借韻者，亦字字注明。至有雜用數韻，不可以一韻爲正者，則書雜用某某韻，庶無誤後學耳。

一、曲自有正調正腔，襯字雖多，音節故在。一隨板眼，毫不可動。而近來吴中教師，止欲弄喉取態，便於本句添出多字，或重叠其音，以見簸弄之妙，搶嵬之捷，而不知已戾本腔矣。况增添既多，便須增板；增板既久，便亂正板。後學因之，率爾填詞，其病有不可救藥者。偶一正之，即云本之王問琴所傳，而不知作俑之爲罪人。沈伯英所謂「聞今日吴中清唱，即欲掩耳而避」者也。兹刻一依舊本録曲，一依舊譜點板，不敢徇時。其爲時所沿者，俱明列其故，以備異同云。

如《楚江情》中，「紅鴛被怎温」本《一江風》也。《一江風》，古無叠句，即從時，亦止可叠唱一句。而今人竟添云「紅鴛被怎生樣温」。試思《一江風》有此句法否？至於「一聲愁氣」而增作「一聲聲愁和氣」，唱「咭玎璫」而復增「響噹叮」之類，可笑，難以枚舉。又如唱《五供養》「北風吹面利如刀」，乃去「利」字上掣板，而截板于「面」字下，以求合於「寸腸割斷」之體，且曰「我得真傳」，豈不貽笑哉！

譚曲雜劄

即空觀主人著

曲始於胡元，大略貴當行，不貴藻麗。其當行者曰「本色」。蓋自有此一番材料，其修飾詞章，填塞學問，了無干涉也。故《荆》、《劉》、《拜》、《殺》爲四大家，而長材如《琵琶》猶不得與，以《琵琶》間有刻意求工之境，亦開琢句修詞之端，雖曲家本色故饒，而詩餘弩末亦不少耳。國朝如湯菊莊、馮海浮、陳秋碧輩，直闖其籓，雖無㟁本戲曲，而製作亦富，元派不絶也。自梁伯龍出，而始爲工麗之濫觴，一時詞名赫然。蓋其生嘉、隆間，正七子雄長之會，崇尚華靡。弇州公以維桑之誼，盛爲吹噓，且其實於此道不深，以爲詞如是觀止矣，而不知其非當行也。以故吴音一派，競爲剿襲靡詞。如綉閣羅幃、銅壺銀箭、黄鶯紫燕、浪蝶狂蜂之類，啓口即是，千篇一律。甚者使僻事，繪隱語，詞須累詮，意如商謎，不惟曲家一種本色語抹盡無餘，即人間一種真情話，埋没不露已。至今胡元之竅，塞而未開，間以語人，如錮疾不解，亦此道之一大劫哉！

《白兔》、《殺狗》二記，即四大家之二種也，今世所傳，誤謬至不可讀。蓋其詞原出以太質，索解人正難，而妄人每於字句不屬、方言不諳處，輒加竄改，真面目全失矣。《荆》、《拜》二記，雖亦經塗削，而其所存原筆處，猶足以見其長，非後來人所能辦也。元美責《拜月》以無詞家大學問，正謂其無吴中一種惡套耳，豈不冤甚！然元美於《西廂》而止取其「雪浪拍長空」、「東風摇曳垂楊綫」等句，其所尚可知已，安得不擊節於「新篁池閣」、「長空萬里」二曲，而謂其在《拜月》上哉！《琵琶》全傳，自多本色勝場，二曲正其稍落游詞，前輩相傳，謂爲贋入者，乃以繩《拜月》，何其不倫！

近世作家如湯義仍，頗能模仿元人，運以俏思，儘有酷肖處，而尾聲尤佳。惜其使才自造，句脚、韻脚所限，便爾隨心胡凑，尚乖大雅。至於填調不諧，用韻龐雜，而又忽用鄉音，如「子」與「宰」叶之類，則乃拘於方土，不足深論，止作文字觀，猶勝依樣畫葫蘆而類書填滿者也。義仍自云：「駘蕩淫夷，轉在筆墨之外，佳處在此，病處亦在此。」彼未嘗不自知。祇以才足以逞而律實未諳，不耐檢核，悍然爲之，未免護前。況江西弋陽土曲，句調長短，聲音高下，可以隨心入腔，故總不必合調，而終不悟矣。而一時改手，又未免有斲小巨木、規圓方竹之意，宜乎不足以服其心也。如「留一道畫不了的愁眉待張敞」，改爲「留着雙眉待張敞」之類。

沈伯英審於律而短於才，亦知用故實、用套詞之非宜，欲作當家本色俊語，却又不能。直以淺言俚句，掤拽牽湊，自謂獨得其宗，號稱「詞隱」。而越中一二少年，學慕吴趨，遂以伯英爲開山，私相伏膺，紛紜競作，非不東鐘、江陽，韻韻不犯，一禀德清，而以鄙俚可笑爲不施脂粉，以生梗稚率爲出之天然，較之套詞、故實一派，反覺雅俗懸殊。使伯龍、禹金輩見之，益當千金自享家帚矣。

張伯起小有俊才，而無長料。其不用意修詞處，不甚爲詞掩，頗有一二真語、工語，氣亦疏通。毋奈爲習俗流弊所沿，一嵌故實，便堆砌餅餖，亦是仿伯龍使然耳。今試取伯龍之長調靡詞行時者讀之，曾有一意直下而數語連貫成文者否？多是逐句補綴。若使歌者於長段之中，偶忘一句，竟不知從何處作想以續。總之，與上下文不相蒙也。伯起不能全學其步，故得少逗己靈，乃心知拙於長料，自恐寂寥，未免塗飾，豈知正是病處。

《紅梨花》一記，其稱琴川本者，大是當家手，佳思佳句，直逼元人處，非近來數家所能。才具雖小狹於湯，然排置停勻調妥，湯亦不及，惜逸其名耳。中所作北詞，乃點竄元張壽卿之筆，惜其不用原文，而更其宫調，以致《混江龍》失腔，然其文足觀也。同時有武林本，不堪並存。

元曲源流，古樂府之體，故方言常語，沓而成章，着不得一毫故實。即有用者，亦其本色事，如藍橋、祆廟、陽臺、巫山之類。以拗出之爲警俊之句，决不直用詩詞中他典故填實者也。一變而爲詩餘集句，非當行矣，而未可厭也。再變而爲詩學大成、群書摘錦，可厭矣，而未村煞也。忽又變而文詞説唱、胡謅蓮花落，村婦惡聲、俗夫褻謔，無一不備矣。今之時行曲，求一語如唱本《山坡羊》、《刮地風》、《打棗竿》、《吴歌》等中一妙句，所必無也。故以藻繢爲曲，譬如以排律諸聯入《陌上桑》、《董妖嬈》樂府諸題下，多見其不類。以鄙俚爲曲，譬如以三家村學究口號、歪詩，擬《康衢》、《擊壤》，謂自我作祖，出口成章，豈不可笑！而乃攘臂自命，日新不已，直是有靦面目。

尾聲，元人尤加之意，而末句最緊要。北曲尚矣，南曲如《拜月》，可見一班。大都以詞意俱若不盡者爲上，詞盡而意不盡者次之。若詞意俱盡，則平平耳，猶未舛也。而今時度曲者，詞未盡而意先盡，亦有詞既盡而句未盡，則復强綴一語以完腔，未必「貂不足」，真所謂「狗尾續」也。

如《拜月》云：「自從別後信音絶，這些時魂驚夢怯，都管是煩惱憂愁將人斷送也。」又云：「中心先自不如意，縱然間肯同隨喜，也做了個興盡空回。」豈非詞意俱若不盡者乎？如云：「別離會合皆緣分，受過憂危心自忖，從今暮樂朝歡還正本。」又云：「遲疾早晚兵戈息，相約行朝訪踪迹，怎肯依舊中原一布衣。」豈非詞盡而意不盡者乎？如《琵琶》諸尾聲：「惟有快活是良謀，管取歡娱歌笑喧。」則詞意俱盡矣。《明珠記》：「多情自古多尷尬，料東君不把深盟罷，打點着錦帳鸞床受用咱。」亦是合作。湯義仍更多妙者，難以僂舉。若《灌園記》：「綁他早去沉波浪，斷送芙蓉一夜霜，免教伊點辱門墻。」豈非詞未盡而意先盡、詞既盡而句未盡者乎？何不以「斷送芙蓉一夜霜」之成句爲煞句，便覺可聽也？《紅拂記》「重重蜃市成宫闕，仔細看來多幻也，枉使心機堆鬢雪」一尾，亦然。他如時曲庸尾甚多，不能殫述，知者可以意推。

本曲調有不用尾聲，則煞句即是尾。唱法亦然。故舊曲亦必於此用老句、妙句煞之。如《琵琶》「下絲綸不愁無處，笑伊村煞」，《拜月》「知他喚愁是甚的，總不解愁滋味」，《金印》「男兒好和歹，都是這番命裏」之類是也。今人於尾聲且漫然塗塞，況於煞句，尤不通此竅矣。大凡過曲，至末，緊板緊腔，調不可舒者，則以尾聲漸舒其調以收之。若過曲有四曲、二曲，而末處調可舒者，即不可用尾，唯唱時略舒末句，以作尾而已。此自一定之法。今填曲者不知，以爲凡曲必宜有尾矣，而唱曲者見無尾舊曲，即造一尾以添之，以至《琵琶》、《拜月》，紛紛多有續貂，良可笑也。

改北調爲南曲者，有李日華《西厢》，增損句字以就腔，已覺截鶴續鳧，如「秀才門閙道請」下增「先生」二字等是也。更有不能改者，亂其腔以就字句，如「來回顧影，文魔秀士欠酸丁」是也。無論原曲爲「風欠」而删其「風」字爲不通，即《玉抱肚》首二句，而强欲以句字平仄叶，亦須云「來回顧影，秀文魔風酸欠丁」。蓋第二句乃三字一節、四字一節，而四字又須平平仄平者。今四字一節、三字一節，如一句七言詩，豈本調耶？今唱者恬不知怪，亦可笑也。至《西厢》尾聲，無一不妙，首折煞尾，豈無情語、佳句可採，以櫽括南尾，使之悠然有餘韻，而直取「東風摇曳垂楊綫，游絲牽惹桃花片」兩詞語填入耶？真是點金成鐵手！乃《西厢》爲情詞之宗，而不便吴人清唱，欲歌南音，不得不取之李本，亦無可奈何耳。陸天池亦作《南西厢》，悉以己意自創，不襲北劇一語，志可謂悍矣。然元語在前，豈易角勝，況本不及？其所爲《明珠記》，今亦不行。

《明珠記》工俊宛展處，在當時固爲獨勝，非梁、梅輩派頭。聞其爲乃兄儀部點竄居多，故《南西厢記》較不及遠甚耳。元美以「未盡善」一語概之，以其不甚用故實，不甚求麗藻，時作真率語也。賴有「鳳尾箋」、「鮫綃帕」、「芙蓉帳」、「翡翠堆」等語，未脱時尚，故猶得與伯龍輩同類而共評，不然，幾至不齒及矣。我謂「未盡善」正在此，不在彼。其北尾云：「君王的兀自保不得親家眷，窮秀才空望着京華淚痕滿。」直逼元人矣。此等句，近世唯湯義仍間有之耳，豈當時餘子所及乎？

《玉環記》「隔紗窗日高花弄影」，改元劇喬夢符筆也。喬《煞尾》末句云：「比及你見我那負心薄倖，多管我一靈先到洛陽城。」此等語不但慘慼回環，抑且以之作收，力有萬鈞。今以混入《猫兒墜》中，急腔唱過，大減分數矣。而尾聲末句，則以「專聽春雷第一聲」收之，豈不村殺！然此記賓白，及曲中佳處，亦能彷彿，非近時脚手。

戲曲搭架，亦是要事，不妥則全傳可憎矣。舊戲無扭揑巧造之弊，稍有牽强，略附神鬼作用而已，故都大雅可觀。今世愈造愈幻，假托寓言，明明看破，無論即真實一事，翻弄作烏有子虛。總之人情所不近，人理所必無，世法既自不通，鬼謀亦所不料，兼以照管不來，動犯駁議，演者手忙脚亂，觀者眼暗頭昏，大可笑也。沈伯英搆造極多，最喜以奇事舊聞，不論數種，扭合一家，更名易姓，改頭換面，而又才不足以運掉布置，掣衿露肘，茫無頭緒，尤爲可怪。環翠堂好道自命，本本有無無居士一折，堪爲齒冷。裒集故實，編造亦多，草草苟完，鼠朴自貴，總未成家，亦不足道。

周德清《中原音韻》，舌本甚調，聯叶甚協，自是明白可依，知者可以闇合無訛，非若休文詩韻，龎雜乖離也。故元人北劇，一準而用之。今人作詩，必不能跳越休文韻，以唐人遵之之故。乃曲之於德清韻，不能如元人遵之，何哉？此自《琵琶》等舊曲，皆不免旁犯，則以轉韻、借叶，易於成章耳。然北曲僅存者，無一失韻。南曲盛行者，反不能然，正恐流傳竄改，未必皆作者之故也。其廉纖、監咸、侵尋閉口三韻，舊曲原未嘗輕借。今會稽、毘陵二郡，土音猶嚴，皆自然出之，非待學而能者。獨東西吴人懵然，亦莫可解。近來知用韻者漸多，則沈伯英之力不可誣也。

白謂之「賓白」，蓋曲爲主也。《戒菴漫筆》曰：「兩人對説曰賓，一人自説曰白。」未必確。古戲之白，皆直截道意而已。惟《琵琶》始作四六偶句，然皆淺淺易曉。蓋傳奇初時，本自教坊供應，此外止有上臺抅攔，故曲白皆不爲深奥。其間用詼諧曰「俏語」，其妙出奇拗曰「俊語」，自成一家言，謂之「本色」。使上而御前，下而愚民，取其一聽而無不了然快意。今之曲既鬭靡，而白亦競富。甚至尋常問答，亦不虚發閒語，必求排對工切。是必廣記類書之山人，精熟策段之舉子，然後可以觀優戲，豈其然哉？又可笑者：花面丫頭，長脚髯奴，無不命詞博奥，子史淹通，何彼時比屋皆康成之婢、方回之奴也？總來不解「本色」二字之義，故流弊至此耳。或曰：「然則如《琵琶》『黄門』、『早朝』等語，亦非乎？」曰：「説書家非不是通俗演義，而『但見』云云，儘有偶句描寫工妙者，此自是其一種鋪排本色，人自不識其體耳。」

吕勤之序彼中《蕉帕記》，有云：「詞隱先生之條令，清遠道人之才情。」又云：「詞隱取程於古詞，故示法嚴；清遠翻抽於元劇，故遺調俊。」又云：「詞忌組練而晦，白忌堆積駢偶而寬。」其語良當。勤之越人，即所稱蔚藍生者也，頗嗜曲而亦見一班者，故其語若此。乃其所校訂友人諸戲，殊少合作。即《蕉帕》一記，頗能不填塞；間露一二佳句，而每每若穉；至尾必雙收，則弋陽之派，尤失正體也。雖譜《中原》有雙煞一體，然豈宜頻見？况煞句得兩，必無餘韻乎？

吾湖臧晉叔，知律當行，在沈伯英之上，惜不從事於譜。使其當筆訂定，必有可觀。晚年校刻元劇，補缺正訛之功，故自不少。而時出己見，改易處亦未免露出本相：識有餘而才限之也。《荆釵》一記，自謂得元人秘本，信韻叶而調諧矣。然穿鑿斧痕，豈皆岑鼎？如「草舍茅簷」一曲，本用監咸險韻，時本有一二犯别韻者，必是不知韻者訛之，固無可疑。而臧本韻韻皆嚴，誠爲一洗。然「莫忘雌炊扊」一語，押則妙矣，句則奇矣，有以知其非元人面目也。澠、淄之味，善嘗者自别之，不可枚舉。

燭燼香消入綉幃

釣魚舟隨浪滾

把金丸墜落
飛鳥

焚宝鼎禱青霄

砧聲住角聲
又哀

楚襄王夢鷩
蝴蝶

闲数归鸦立
小廊

漁樵弄新腔
一笛堪誇

向西廂出欄杆
外閑凭竹稍月
猶斗柄雲横

枕邊掉下
金釵响

團皎

暮雨燈々時
鐘聲遲速參差

主馬長楊相
邂逅

紅樓猩把笙歌
按掩卷情懷繚
亂

望蘆葭淺
草中分圍
下馬

南音三籟散曲上卷目

仙呂宮

八聲甘州

甘州歌

桂枝香

普天樂

刷子序犯

錦纏道

錦庭樂

泣顏回 （四二）

地籟東野翠烟消合用千秋歲、越恁好、紅綉鞋。 高東嘉

人籟無語對薔薇合用(正宮)賺、(仙呂)解三酲。 無名氏

人籟萬卉花王合用同前。 無名氏

南呂宮

香羅帶 （四七）

人籟東風一夜冽合用(仙呂)醉扶歸、(本宮)香柳娘。 康對山

香遍滿 （四八）

地籟因他消瘦合用懶畫眉、(商調)梧桐樹犯、(本宮)浣溪紗、劉潑帽、秋夜月、東甌令、金蓮子。 陳大聲

地籟芳時輕度以下合用同前。 凌初成

地籟別來時候 顧道行

人籟鸞凰同聘合用懶畫眉、(商調)梧桐樹犯、(本宮)浣溪紗、劉潑帽犯、秋夜月、東甌令、金錢花。 王渼陂

人籟春風薄分合用瑣窗寒、劉潑帽、大勝樂、節節高。 唐伯虎

梁州小序（五六）

人籟西園暮景合用節節高。下俱同。　陳大聲
人籟幽香新染　鄭虛舟
人籟長空如洗　沈青門
人籟郊原風暖　梁伯龍
人籟�窗星散　王雅宜
人籟廣寒清冷　祝枝山
人籟朱明佳景　沈青門
人籟擔囊京國　凌初成

宜春令（六四）

人籟貂裘染　梁伯龍
人籟春將去　吴載伯

綉帶引（六八）

天籟驀忽地合用懶針綫、醉宜春、瑣窗綉、大節高、東甌蓮。　錢鶴灘

針綫箱 鄭虛舟 （七〇）

人籟自別來合用（仙呂）解三酲。

紅衲襖 梁伯龍 （七一）

地籟髀香肩合用五更轉、浣溪紗、東甌令、大迓鼓、節節高、金蓮子。

懶畫眉 燕仲義 沈青門 （七二）

天籟小名兒牽掛合用不是路、（仙呂）掉角兒序。

人籟寶花欄十二合用同前。

黄鍾宫

畫眉序 （七三）

天籟無意整雲鬟合用（商調）黄鶯兒、（羽調）四季花、（仙呂）皂羅袍犯、解三酲、（南呂）浣溪紗犯、奈子花、（商調）集賢賓、琥珀猫兒墜、啄木鸍、（仙呂入雙調）玉交枝、（越調）憶多嬌、（仙呂入雙調）月上海棠。 王渼陂

地籟人心怎能測合用（南呂）浣溪紗犯、（本宫）三段子犯、滴溜子、下小樓、永團圓犯。 失名

人籟一見杜韋娘合用(商調)黄鶯兒、集賢賓、琥珀猫兒墜。　祝枝山（八〇）

畫眉序犯

人籟霍索起披襟合用(雙調)錦堂月犯、(商調)御鶯兒、黄鶯兒、(仙呂)排歌一封、一封歌、(羽調)馬鞍兒犯、皂馬鞍、(商調)水紅花犯、(中吕)念佛水紅花。　燕仲義

人籟鸚鵡報春晴合用(雙調)晝賢賓、(商調)集鶯兒、黄鶯帶一封、(仙呂)一封羅、羅袍歌、甘州解酲、解酲姐姐、(仙呂入雙調)姐姐抱醉公、(雙調)醉僥僥。　劉東生（八五）

絳都春序

人籟情濃乍別合用出隊子、鬧樊樓、滴滴金、畫眉序、(南呂)浣溪紗犯、(本宫)三段子犯、滴溜子、下小樓、永團圓犯。　王渼陂

啄木兒

地籟誰家女兩鬟丫合用(羽調)賣花聲、歸仙洞。　王渼陂（八六）

南音三籟散曲下卷目

人籟相逢久合用鶯啼序、簇林鶯、(黄鍾)啄木兒、滴溜子、(商調)水紅花犯。　梁伯龍

鶯啼序　(九五)

人籟孤幃一點合用黄鶯兒、集賢賓、(黄鍾)滴溜子犯、(商調)簇御林、琥珀猫兒墜。　陳大聲

字字錦　(九六)

人籟群芳綻錦鮮合用滿園春。　高東嘉

黄鶯兒　(九八)

人籟彈指怨東君合用(仙呂入雙調)六么姐兒、玉山供、(商調)猫兒墜玉枝。　鄭虚舟

集賢賓　(一〇〇)

天籟離愁滿天合用黄鶯兒。　馮海浮

天籟天涯自他合用啄木鸝、琥珀猫兒墜。　楊斗望

人籟芭蕉冷落合用黄鶯兒、琥珀猫兒墜。　劉東生

金梧桐　(一〇二)

地籟香醪爲解愁合用(南呂)東甌令、大勝樂、(仙呂)解三酲。　鄭虚舟

地籟相思借酒消合用（南吕）東甌令、浣溪紗。　楊斗望　（一〇四）

山坡羊

地籟風兒疏喇喇合用（仙吕）皂羅袍、解酲帶甘州、（仙吕入雙調）玉抱肚、（仙吕）掉角兒犯。　陳大聲

地籟睡昏昏如痴合用同前，止解三酲是本調。　顧道行

人籟嬌滴滴一團合用（仙吕入雙調）玉交枝、忒忒令、好姐姐、川撥棹。　梅禹金　（一〇七）

高陽臺

地籟萬點殘紅　沈青門

仙吕入雙調

步步嬌

天籟暗想當年合用沉醉東風、忒忒令、好姐姐、桃紅菊、園林好、川撥棹、錦衣香、漿水令。　高東嘉　（一〇九）

地籟昨夜春歸合用（商調）山坡羊、（南吕）五更轉、（本調）園林好、江兒水、玉交板、玉抱肚、玉山供、（南吕）三學士、（仙吕）解三酲、（本調）川撥棹、（雙調）僥僥令。　陳大聲

地籟樓閣重重合用（仙吕）醉扶歸、皂羅袍、（本調）好姐姐、（南吕）香柳娘。　唐伯虎

地籟月夕花朝合用（雙調）孝南歌、（南吕）香柳娘、（本調）園林好、江兒水、（雙調）僥僥令。　劉東生

人籟簾控金鈎合用式式令、園林好、(南吕)香柳娘、(本調)雙蝴蝶、玉抱肚、玉交枝、川撥棹。　文衡山

人籟滿目繁華合用(南吕)香羅帶、(仙吕)醉扶歸、皂羅袍、(本調)好姐姐。(南吕)香柳娘。　康對山

人籟天涯何處合用(仙吕)醉扶歸、皂羅袍、(本調)好姐姐、(南吕)香柳娘。　梅禹金

人籟宦海茫茫合用沉醉東風、式式令、好姐姐、桃紅菊、雙蝴蝶、園林好、川撥棹、錦衣香、漿水令　王陽明　(一二六)

黑蔴序

地籟點檢梅花合用式式令、五供養、好姐姐、川撥棹、錦衣香、漿水令　陳大聲

夜行船序

人籟覇業艱危合用黑蔴序、錦衣香、漿水令。下曲同。　楊升菴　(一二八)

人籟堪賞花朝　康對山

芳容並月攤破金字令、夜雨打梧桐。　梁少白

不知宫調

二犯朝天子

歌罷鶯黄合用不是路、掉角兒序。　張伯瑜

南音三籟戲曲上卷目

仙呂宮

八聲甘州

甘州歌

桂枝香

月雲高（一七〇）

天籟路途勞頓　琵琶記

上馬踢（一七一）

天籟干戈動地來合用月兒高、鑾江令、凉草蟲、臘梅花。　拜月亭

醉扶歸（一七二）

天籟有緣結髮　琵琶記

解三酲（一七三）

天籟嘆雙親　琵琶記

解袍歌（一七四）

地籟没來由擔萬死　明珠記

羽調排歌（一七五）

地籟黯黯雲迷合用三疊排歌。　拜月亭

羽　調

正　宫

醉太平　（一八二）
地籟何須嘆息　尋親記

普天樂　（一八三）
地籟碧雲天合用鴈過聲、傾杯序、玉芙蓉、小桃紅。　西廂記

玉芙蓉　（一八四）
天籟胸中書富五車合用刷子序。　拜月亭

錦纏道　（一八五）
天籟髻雲堆合用朱奴兒。　拜月亭
地籟治家邦　荆釵記
人籟本待學合用普天樂、（中吕）古輪臺。　紅拂記

雁過聲　（一八八）
地籟花陰夜静合用傾杯序。　西廂記

漁家傲　（一九六）

天籟天不念合用剔銀燈、攤破地錦花、麻婆子。　拜月亭

地籟聞知道上國招賢合用同前。　彩樓記

漁家傲犯　（一九八）

地籟莫不是明月蘆花　荊釵記

古輪臺　（一九九）

天籟自驚疑合用撲燈蛾。　拜月亭

粉孩兒　（二〇一）

天籟匆匆地離皇朝合用（正宮）福馬郎、（本宮）紅芍藥、耍孩兒、會河陽、縷縷金、越恁好、紅綉鞋。　拜月亭

泣顏回　（二〇三）

天籟金榜挂名時合用古輪臺。　彩樓記

天籟閑殺馬相如合用石榴花、太平令、撲燈蛾。　衫襟記

人籟萬里靖風烟合用古輪臺。　投筆記

榴花泣　（二〇五）

人籟壬戌秋望合用泣顏回。　四節記

榴花泣犯　（二〇六）

地籟晚妝樓上杏花殘合用漁家燈。　西厢記

南吕宫

梁州序　（二〇七）

地籟家私迭等　荆釵記

地籟風敲竹徑　金印記

梁州小序　（二〇九）

人籟新篁池閣合用節節高。　琵琶記

人籟春光如海同上。　羅囊記

人籟晴空雲斂合用漁燈兒、錦漁燈、錦上花、錦中拍、錦後拍、罵玉郎。　西厢記

香羅帶（二一四）

天籟一從鸞鳳分　琵琶記

瑣窗寒（二一四）

天籟這門親　荊釵記

天籟爲何不戴釵兒合用大勝樂犯、太師引。　金印記

大勝樂（二一六）

地籟風流惹下相思合用不是路、掉角兒序。　西廂記

三換頭（二一七）

天籟名繮利鎖　琵琶記

宜春令（二一八）

天籟雖然讀萬卷書　琵琶記

地籟西風起雲亂飛合用大勝樂、（越調）下山虎、亭前送別、蠻牌令、（仙吕）一盆花、勝葫蘆。　牧羊記

地籟第一來爲壓驚合用玉抱交郎、玉抱鶯兒、解三醒。　西廂記

人籟花將笑柳欲眠　四節記

太師引（二二二）

地籟細端詳　琵琶記

人籟困蓬蒿　灌園記

綉帶兒（二二四）

天籟親年老合用太師引。　琵琶記

人籟難提起合用宜春令、（黄鍾）降黄龍、（正宫）醉太平、（南吕）浣溪沙、（黄鍾）滴溜子、鮑老催、（商調）琥珀猫兒墜。　玉簪記

紅衫兒（二二六）

天籟你不信我合用（正宫）醉太平。　琵琶記

天籟娘親教合用（黄鍾）獅子序、（南吕）東甌令。　尋親記

二犯五更轉（二二九）

天籟土泥獨抱　琵琶記

香徧滿（二三〇）

天籟論來湯藥　琵琶記

羅鼓令（二三〇）

天籟終朝里受餒　琵琶記

羅江怨（二三一）

地籟登堂喜事姑　祝髮記

人籟荼蘼徑里行　連環記

黄鍾宫

畫眉序（二三一）

人籟攀桂步蟾宫合用滴溜子、鮑老催、滴滴金、雙聲子。　琵琶記

人籟金巵泛滿緑合用同上。　明珠記

絳都春序 （二三五）

天籟彤雲布密 白兔記

天籟團團皎皎合用出隊子、鬧樊樓、滴滴金、画眉序、二犯啄木兒、三段子犯、滴溜子、下小樓、耍鮑老。 古西厢

獅子序 （二三八）

天籟他媳婦雖有之合用太平令、賞宮花、降黃龍、(南吕)大勝樂。 琵琶記

地籟悄步香閣西合用降黃龍、黃龍滚、(仙吕)皂羅袍。 明珠記

降黃龍 （二四一）

地籟宦室門楣 拜月亭

人籟相國行祠合用黃龍滚。 西厢記

啄木兒 （二四三）

人籟春歸後花正卉合用(羽調)賣花聲、歸仙洞。 高文舉

南音三籟戲曲下卷目

集賢賓（二六一）

天籟君身恨合用琥珀猫兒墜。　金印記

地籟隔紗窗合用同前。　玉環記

地籟眼前悶懷合用（南吕）瑣窗郎、（仙吕）醉扶歸。　西厢記

人籟光陰百歲合用鶯啼序、琥珀猫兒墜。　玉玦記

山坡羊（二六四）

天籟翠巍巍合用水紅花、梧桐花、（南吕）金錢花、（中吕）念佛子。　拜月亭

天籟月照誰家庭院合用水紅花、梧葉兒。　彩樓記

天籟亂荒荒　琵琶記

地籟白茫茫　紅拂記

地籟意茫茫合用鶯集御林春、黄鶯兒。　衫襟記

梧蓼金羅（二六九）

地籟沽酒誰家好　白兔記

地籟天付姻緣美　八義記

人籟農務村村急合用（仙吕入雙調）玉抱肚。　浣紗記

金絡索（二七二）

天籟區區一個兒　琵琶記

人籟三年曾結盟合用（南吕）三换頭。　浣紗記

漁父第一（二七四）

天籟是則是路途間别合用（黄鍾）刮地風、滴溜子。　崔君瑞

人籟是則是路途間好　孟月梅

水紅花（二七五）

地籟昨宵相訂合用鶯兒皂、琥珀猫兒墜。　衫襟記

雙　調

錦堂月（二七五）

人籟簾幕風柔合用醉公子、僥僥令。　琵琶記

步步嬌（二八三）

天籟昨夜個翠被香濃合用江兒水、(南吕)香柳娘。 —— 西厢記

天籟俊美才郎合用忒忒令、沉醉東風、尹令、品令、豆葉黄、川撥棹、嘉慶子。 —— 衫襟記

風入松（二八六）

天籟不須提起 —— 琵琶記

園林好（二八七）

天籟兒今去合用江兒水、五供養犯、玉交枝、川撥棹。 —— 琵琶記

天籟纔説起遷都合用嘉慶子、尹令、品令、豆葉黄、三月海棠、五韻美、二犯六幺令、玉交枝、江兒水、川撥棹。 —— 拜月亭

地籟爲親事離家合用同《琵琶記》兒今去。 —— 明珠記

地籟長吁氣在荼蘼合用同《拜月亭》「纔説起遷都汴梁」。 —— 連環記

銷金帳（二九五）

天籟黄昏悄悄 —— 拜月亭

忒忒令（二九六）

天籟你讀書思量合用沉醉東風。　琵琶記

人籟隨喜到僧房合用園林好、（仙呂）皂羅袍、（本宫）江兒水、川撥棹。　西厢記

沉醉東風（二九九）

人籟對青燈合用江兒水、玉交枝、玉抱肚。　綉襦記

朝元令（三〇〇）

人籟晨星在天　琵琶記

金犯令（三〇一）

天籟紅妝豔質合用夜雨打梧桐。　彩樓記

江頭金挂（三〇三）

天籟終朝攧窨　琵琶記

二犯江兒水 （三〇四）

人籟重門朱户　紅拂記

人籟梅花清瘦　寶劍記

不知宫調

三仙橋 （三〇五）

天籟一從他每死後　琵琶記

犯胡兵 （三〇六）

天籟囊無半點　琵琶記

人籟芳郊春老合用（南吕）香徧滿、（商調）琥珀猫兒墜。　紅拂記

雜犯宫調

六犯清音 （三〇八）

人籟天涯人别　玉簪記

附録小令

南　呂

楚江情

人籟深閨更漸闌　灌園記　（三一七）

商　調

集賢賓

人籟淡雲縹緲　西廂記　（三一七）

南音三籟散曲上

即空觀主人　評訂
椒雨齋主人　點參

〔仙呂〕【八聲甘州】　托鴈傳情

地籟　沈青門

如醉如痴，這悶懷深似滄海無底。烟波迢遞，青鳥斷絶消息。傷情最怕日傍晚，聽幽砌蛩吟聲韻悲，故人尚隔在萬山千水。

【眉批】

此曲又有五字起一體，如「春深離故家」是也。「故人」、「人」字用韻乃佳，餘仿此。

【前腔】〔換頭〕無奈芳心似織，把雨情雲態何日重會。鴛衾鸞枕，一旦頓成抛棄。相思最苦成病也，料人在他鄉猶未歸，此情仗誰人傳遞消息？

【不是路】萬種葳蕤，一度思量一度悲。愁悶損，從來不似這般兒。告天知，怎能彀冤家歸院宇？把我懨懨鬼病除。閑庭佇，看看月上瑶天外，好難存濟，好難存濟！疊句與上句板異，時本止一句，非。

【眉批】

此仙吕調近詞，名曰《賺》，一名《惜花賺》，又名《婆羅門賺》，又名《薄媚賺》，與南吕調近詞賺同。他如正宫有《賺》，有《黄鍾賺》；越調有《入賺》；大石調、越調俱有《本宫賺》，皆大同小異，微有長短耳。從無《不是路》之名，今從俗耳。

【解三酲】幾曾受這般滋味？到黄昏轉添岑寂。燈兒照着形憔悴，奈隻影鎮相隨。謾自沉吟空嘆息，直捱到燭燼香消入綉幃。愁無寐，只聽得畫角兒嗚咽頻吹。

【眉批】

第四句用六字，此正體也。

第五句「空嘆息」「嘆」字用仄聲妙。若易「謾自沉吟」爲「沉吟謾自」，則更合矣。蓋此句宜用平平仄仄平仄平也。詳見後。

【前腔】似陳摶怎生得睡？奈促織兒絮聒聒的。簷前鐵馬叮噹响，淡月影界窗紙。似恁般凄凉他怎知，真個是鐵石心腸也淚垂。朦朧睡，忽聽得鴈聲兒叫過樓西。

【眉批】

此曲换頭當如《海棠嬌》「等閒憔悴損，又不見當時花下人」，二句與《琵琶》「比似我虧心臺館客」二句，今概與起處一樣，失體甚矣。

【孤飛鴈】南來鴈聲嘹嚦，一個個聲聲傳怨憶。聽得心兒碎，教我悶懷堆積。想因曲有「鴈」字，故並其名而誤也。其板姑從《萃雅》，然終屬杜撰。

【眉批】

按《孤飛鴈》惟《拜月亭》「聖恩詔肯從天降」一曲是正體，與此四句毫無干，況合上下文一觀，大似强增者，其調應即是《油核桃》耳。

【油核桃】或作《油胡蘆》，非也。告得鴈兒鴈兒，你暫停雲翅。鴈兒奴有封書寄，待奴輕將帛繫。

【解三酲】此封書就煩伊傳遞，相煩你帶將前去。見他道奴多傳示，問他道幾時歸？當初共他如魚似水，撇得我長夜如年無盡期。相煩你，把千言萬語説向他知。

【眉批】

作「如水魚」更叶。

【油核桃】告得鴈兒鴈兒，你略略聽奴訴與。鴈兒與奴傳書去，教他早早回歸。

【解三酲】此封書煩伊傳遞，從他去杳無書回。欲言此情羞無比，恐墻外有人知。當初共約在芙蓉帳，到如今菊老荷枯猶未歸。相煩你，把千言萬語説向他知。

【眉批】

此「當初共約」一句，與《琵琶》「其中自有黄金屋」句法一樣失體。蓋《琵琶》貪用成語成拗體，而《香囊》沿而用之，遂牢不可破耳。必如「鴉兒噪得不耐聽」句，平仄乃叶。

【油核桃】告得鴈兒鴈兒，這離情那人怎知？鴈兒那廂樓兒上，有個人似你無二。

【解三酲】此封書再説個詳細，切莫要與奴差寄。那人住在天涯際，門前有粉墻的。青山傍着一帶溪，正住在流水橋邊略轉西。相煩你，若能勾見他討封書回。用齊微韻。内「兒」字、「紙」字、「示」字、「二」字犯支思，「除」字、「與」字犯魚模，「外」字犯皆來。

時本有《尾聲》云：「離牙床，披衣起，相煩鴻鴈遞音書。嘹嚦嚦聲聲，呀！却元來是失群的孤鴈兒。」《尾聲》末句，從無此體，調既不叶，詞亦不倫，明係俗撰，今删去。

此曲饒有古色，頗能作無中生有之語，非僅以閨語湊就者。譜中宫調皆起仙吕，即北曲亦然，故其第一折必是《點絳唇》或《八聲甘州》。此集首載此，亦以仙吕故，非以此壓卷也。别本有「相思無底」一套，似節取此調而爲之者，附録。

【眉批】

如此作煞句，自是老手。

【八聲甘州】相思無底，這幾日教人獨守香閨。從他別後，杳無半行書寄。多因是他戀新情忘舊好，別得我一日三餐如醉癡。嘆息，何日裏得展愁眉。

【前腔】〔换頭〕離情訴與誰？枉教奴暗數歸期。音書修下，誰肯與奴稍寄？關山阻隔人又遠，瘦損香肌他怎知？幾回挨不過玉漏遲遲。

【賺】默默傷悲，忽聽得南來一鴈兒，嘹嚦嚦聲聲哀怨過樓西。夢驚回，慌忙拚枕披衣起。囑付孤飛那鴈兒，略停翅奴行有紙情書寄。浼伊稍遞，浼伊稍遞。

【眉批】

「略」作平。

【解三酲】此封書説個詳細，從別後杳無書寄。見他與我多傳示，問他到，幾時歸。當初共約芙蓉帳，到如今菊老花殘人未歸。心兒昧，不記得臨行發下盟誓。

【前腔】此封書托伊傳寄，在路途切莫差池。那人住在天涯際，門前有，粉墻的。青山傍着一帶溪，流水橋邊略轉西。相煩你，把千言萬語説向他知。

【尾聲】鴈兒與人多傳遞，人生最苦是別離，醒却原來是夢裏。

〔仙呂〕八聲甘州　離恨　人籟

王渼陂

天長地久，倚翠欄適值黄昏時候。寒鴉飛盡，烟水滿江悠悠，無顔對景還自羞。忽聽窗外瀟瀟風雨驟，

（合）倚樓。嘆時光去也難留。

【前腔】〔换頭〕悄然獨上高處游，見四山如畫無限清幽。湘簾高捲，香霧滚風輕透。澄波渺渺日夜流，心事如同不繫舟。（合前）

【眉批】

此是五字起者之换頭。

【不是路】何處鷓鴣聲，啼起教人不忍聞。萬種千行，淚灑西風只爲卿。多愁悶，連天芳草恨無憑。意騰騰，浮雲踪迹何時定？曲罷魂消不見影。凄凉景，痴迷江上數峰青。教我恍然成病，恍然成病。「成病」或作「難認」。

【眉批】

此宜四字起，「鷓鴣」二字須襯一字。

此調忽换韻起，似戲場間白之體。

「行」字、「悶」字，可不用韻。

【解三醒犯】見江山有許多形勝，數不盡短徑長亭。你聽棹歌聲裏多酩酊，無由禁那心性。傍那鴉兒噪得不耐聽，怕只怕黄昏最動情。身如病，【油核桃】倩東風將宿酒吹醒。

【眉批】

「鴉兒」句，合調妙甚。下同。

【前腔】〔換頭〕你看舊柴門數間相掩映，只見流水繞孤村烟霧凝，那才郎未審何故多薄倖！湘水碧，楚天清，洞簫聲吹不忍聽。喚起瑶臺月一輪，心撩亂，却不道都是别樣乾坤。別本缺「不忍聽」三字，非調。《萃雅》去「一輪」二字，以「洞簫聲吹喚起瑶臺月」爲一句，而另增「照徹相思兩地人」七字。

【眉批】

此用換頭得體，蓋一調與他曲間用，可用本調，若連用，則必須換頭。今人作第二曲，必欲與前一樣，因並得體者，亦强之與前同板，可笑之甚。

「亂」字可不用韻。

【不知宫調鵝鴨滿渡船】或刻《黄龍滚》，誤甚。《拜月亭》「才郎意堅牢」一曲，乃《黄龍衮》也，與此毫無干。釣魚舟，隨浪滚，只見傍水人家户半扃，時間天漸暝，時間天漸暝。聽得邊城戍鼓暮猿啼，教人越添愁悶。蘆葦岸，蓼花汀，能解閒行有幾人？正是浪鷗眠未穩，只見水雲深處澄波數點，兀的不是野岸漁燈。

【眉批】

時刻以「蘆葦岸」以下爲第二曲，今依譜正。

【不知宮調赤馬兒】數翦孤檠，幽闌獨憑，聽得幾聲，離群鴈呀呀的飛過沙汀。山寺送來，幾聲金磬，人烟寂静。（合）那時許多清冷，那時許多清冷。

【眉批】

詞隱生曰：「疑亦誤。」

【前腔】〔**換頭**〕携琴再整，流水冷冷。高山絶頂，個中名利羽毛輕。個中名利羽毛輕，智者何勞弦上聲？（合前）

【眉批】

此換頭與本調稍有不同。

【前腔】無憑寫贈，月滿空庭。梧飄金井，夜深戴月與披星。夜深戴月與披星，起向瑶堦閑處行。（合前）

【前腔】教誰管領，斗柄雲横。銀河耿耿，薄衾單枕冷如冰。薄衾單枕冷如冰，坐對寒燈眠未成。（合前）

【不知宮調拗芝蔴】只見黄花滿徑開，池館紅衣褪。露濕巾，霜凝鬢，漏滴銅壺緊。天風吹起，四野悠揚韻。若得那人同歡慶，此時便是良緣分。

【眉批】

詞隱生曰：「仙呂曲有此調，此又不同，疑亦誤。」

【尾聲】鱗鴻不與傳書信，千言萬語總難憑，焉能罷却良宵恨。《八聲甘州》二曲，用尤侯韻。《不是路》以下，用庚青韻。內「聞」字、「輪」字、「坤」字、「滚」字、「悶」字、「人」字、「穩」字、「褪」字、「巾」字、「鬢」字、「緊」字、「韻」字、「分」字、「信」字、「恨」字皆犯真文。

此套《解三酲》二曲，甚合調。後數曲，音律和協，故譜中俱收入不知宫調内，應是審音者之筆，相沿以爲古調。《萃雅》以爲王渼陂，想或然耳，亦未確也。

【眉批】

末句不合調，疑「焉能」二字是襯字，而「恨」字下脱二字。

〔仙呂〕八聲甘州　咏月　人籟

祝枝山

玉盤金餅，看漸離滄海，飛上瑶京。冰輪不定，碾破素秋千頃。陰晴不改清虚體，圓缺常如一樣明，是誰將瓊樓玉宇修成？

【前腔】〔换頭〕奈高處不勝清冷，想青娥應悔誤餌長生。青天碧海，夜夜怎禁孤另？銀蟾不管離別苦，玉兔難醫寂寞情，有誰憐桂枝零落銀瓶？

【不是路】一片陰精，占斷乾坤萬古情。偏厮稱，詩壇酒社俊雅人，太輕盈。蓋世上風雲都總領，普天下烟花大主盟。娉婷，□從頭細數風流處，萬般堪聽，萬般堪聽。

【眉批】

「雅」字宜平聲乃叶，或倒轉作「酒社詩壇」亦可。

「娉婷」下還宜有一字。

「處」字宜用韻。

【解三酲】論春月最宜佳景，總一團和氣盈盈。佳人笑道歡心稱，怪秋月但傷神。照樓臺歌管聲偏細，映院落鞦韆夜轉深。移花影，這其間惱成春色，好夢難成。

【眉批】

「偏」字仄聲乃叶。

【油核桃】論夏月可人心性，對蓮池紅妝臨鏡。柳稍頭纔上天街静，却早人約黄昏。

【解三酲】論秋月四時偏勝，到中秋分外精神。詩人不盡南樓興，鬧絲竹奏清聲。銀盤彩漾蓮花白，金粟香浮桂子清。寒光瑩，真個是玲瓏七寶，表裏通明。「瑩」爲命切。

【油核桃】論冬月倍加清耿，與馮夷六花争勝。玉團瓊屑交相映，占盡了天地澄清。

【解三酲】秦樓月與簫聲並冷，緱山月共笙韻雙清。西江月酹曹瞞恨，牛渚月泛袁宏。梁園月賦音塵絶，長安月練搗秋風萬户扃。人間景，最堪憐是曉行殘月，茅店鷄聲。「扃」居名切。

【油核桃】蛾池月妖嬈倍增，羅浮月夢醒參横。瑶臺月舞青鸞影，更有個海棠月高燭燒銀。

【解三酲】初生月蛾眉淡匀，將曉月虧灣西嶺。上弦月參差月露些兒鏡，暈華月擁祥雲。南浦月彩雲夢斷歌蘇小，廣寒月一曲霓裳舞太真。重思省，總不如西厢待月，斷送鶯鶯。

【油核桃】梨花月溶溶滿庭，楊柳月照樓心蹁躚舞影。梧桐月金鈴犬吠朱門静，梅稍月暗香浮動黄昏。

【解三酲】是恁的萬般清景，算都是明月擔成。月如無恨常圓滿，却不是世人情。今人不見當時月，今月曾經照古人。心無盡，怎能彀把嫦娥唤應，問個分明。

【眉批】

「盡」字是真文，然此字可不用韻。

【尾聲】月團圓人歡慶，天上人間一樣情，但願得常把金樽和月飲。用庚青韻。内「人」、「神」、「昏」、「恨」、「銀」、「匀」、「雲」、「真」字犯真文，「深」、「飲」字犯侵尋。昔人以「長空萬里」與此套較優劣，云：「覺此爲色相。」不知律以古調本色，「長空萬里」未嘗不色相也。此摭述月景亦富，於彼道中自足稱雄，即元人北劇咏物，亦儘有用此法而逞才者。

〔仙吕〕甘州歌　恬退　人籟

王陽明

【八聲甘州】歸來未晚，兩扇門兒雖設常關。無縈無絆，直睡到曉日三竿。情知廣寒無桂攀，不如向緑野堂前學種蘭。【排歌】從人笑，貧似丹，黄金難買此身閑。村莊學，一味懶，清風明月不須攀。

【前腔】〔换頭〕携笻傍水邊，嘆人生翻覆一似波瀾。不貪不濫，只守着暗中流年。虀鹽歲月一日一兩餐，茅舍疏籬三四間。田園少，心地寬，從來不會皺眉端。居顔巷，人到罕，閉門終日枕書眠。

【解酲歌】【解三酲】把黄粱懶炊香飯，任教他恣游邯鄲。假饒位至三公顯，怎如我野人閒？朝思暮想人情一似掌樣翻，試聽那狂士接輿歌未闌。【排歌】連雲棧，亂石灘，烟波名利大家難。收馮鋏，築傅版，儘教三箭定天山。

【前腔】嘆浮生總成虚幻，又何須苦自熬煎。今朝快樂今朝宴，明日裏且休管。無心老翁一任蓬鬆兩鬢斑，直吃到緑酒床頭磁甕乾。妻隨唱，子戲班，弟酬兄勸共團圞。興和廢，長共短，梅花窗外冷相看。

【尾聲】嘆目前機關漢，色聲香味任他瞞，長笑一聲天地寬。用寒山韻。内「邊」字、「年」字、「眠」字、「煎」字、「宴」字犯先天。「絆」字、「寬」字、「端」字、「管」字、「圞」字、「短」字、「瞞」字犯桓歡。

〔仙吕〕甘州歌　郊游

人籟　　王雅宜

春眠方曉，聽啼鶯聲巧，飛上花梢。春游懷抱，一旦豁然開了。特選風月人三個，旋買清香酒一挑。新羅薄，彩扇小，相逢一笑出西郊。穿蘿逕，過草橋，尋芳不憚路途遥。（犯見前。）

【前腔】〔换頭〕梨花間杏桃，向東風鬥舞，百媚千嬌。村居茅店，緑依依樹繞周遭。悠悠遠望山頭寺，小小舟横渡口潮。鶯簧弄，蝶拍敲，柳枝輕擺小蠻腰。香車滑，寶馬驕，鞦韆墻裏笑聲高。

【前腔】〔换頭〕風光入畫描，縱千金難買，一刻春宵。香叢艷處，唤山童擺列春殽。謾將酒斝傳纖手，笑把花枝插鬢毛。聯新句，揮彩毫，藏鬮勸飲漫呼么。韶光媚，景致饒，幕天席地樂陶陶。

【前腔】盤桓興轉騷，更呼兒洗盞，重酌香醪。撇衣丢帽，亂紛紛鬧喧芳草。狂歌不怕傍人笑，醉舞何妨過客嘲。還堪戲，正好樂，無端紅日墜林皋。權回首，且預邀，莫辭歡會在明朝。

【尾聲】醉扶歸人烟悄，惟聞四境犬聲高，花壓重門帶月敲。用蕭豪韻。

〔仙呂〕桂枝香　春怨　地籟　陳大聲

畫樓頻倚，綉床凝思，靜聽午夜蓮籌，數盡一春花雨。心中自思，心中自思，與你何日相會？使我芳容憔悴。薄情的，約在元宵後，朱明又到矣。

【眉批】

「頻」字、「凝」字、「花」字處，今人每用仄聲，誤矣。「矣」字平聲乃叶。

【不是路】燕子飛飛，掠水來尋梁上栖。這的鳥無知，尚尋着危巢和舊壘。可以人而不鳥如，昏沉起。那堪亂亂愁千縷，除是朦朧一夢裏。如何是，看看瘦削温香體，甚藥能治？甚藥能治？

【眉批】

如此用成句，自古色。

「甚藥能治」，本重一句。《吴騷》偶見刻本止一句，遂妄添「總有妙藥難治」一句，可厭。

【長拍】淡淡湘山，淡淡湘山，悠悠漢水，頃刻間暮雲遮住。這是五行八字，命運中合受分離。對鏡自支頤，怎禁他一點點粉容消膩？·兩蹙愁眉不盡苦，分明是霧擁高峰難展舒。空教人立化做了望夫石，又不知天涯浪子知也不知？

【眉批】

「五行八字」下，脱一四字句。

「霧擁」二句，不合調。

【短拍】簪解螭頭，簪解螭頭，釵分鳳尾，不成雙見了傷悲。誰與訴凄其？總有鸞箋象管，難寫我萬愁千緒。若遇多才傾倒，似花向春皓月重輝。末句應是「花向春開月重輝」便合調，而詞義亦通矣。

【眉批】

「總有」句，本調不宜有，末句宜七字句。今如此填，不可曉也。句亦拗，想有誤板，姑從《萃雅》。

【尾聲】鵲聲噪行人至，從此同行同止，再不放你獨自離家不肯歸。雜用支思、齊微、魚模三韻。尾聲陡健舉，自非近手。

〔仙呂〕醉扶歸　怨別　地籟　張伯起

相思欲見渾難見，果然是別時容易見時難。見時又怕起波瀾，待教不見情難拚。見和不見兩頭擔，只索向枕邊夢裏尋方便。

【眉批】

第三句當如「鳳枕鸞衾和他同」乃叶，今用平平仄仄仄平平，非也。

〔仙呂〕【入雙調步步嬌】急煎煎夢破陽臺遠，雲雨誰收管？屏山烟樹前，天上人間。物移時換，盼不到羅袖藉香肩，只消受得疏櫺漏月清光淺。

【眉批】

首句、第五句，皆不叶。說別見「昨夜春歸」曲。

【江兒水】陌上朝來遇，怱怱欲語難。隔簾彷彿梨花面，行人回首魂俱斷。東西岐路成長嘆，似月被雲來遮掩。縱有藍橋，渡不得眼前天塹。

【眉批】「行人回首」四字，用仄仄平平乃叶。

【園林好】嘆一刻千金果然，盼一紙萬金難换，何事衡陽無鴈？自隔斷玉門關，再不到大羅天。

【五供養犯】夜凉水簟，欹枕無眠，意惹情牽。舊愁流水逝，新恨海潮添。轆轤輾轉，奈金井碧梧人遠。不愁歡會少，只怕别離難。【月上海棠】撚指光陰，又經時變。

【眉批】「不愁」五字，當如《琵琶》「此際情何限」句法。後人皆用平平仄仄仄，便失。如《浣紗》之「忠良應阻隔」，《明珠》之「便教肢體碎」皆然，殊誤後學。

【雙調僥僥令】即彩旗兒。玉簫期跨鳳，寶瑟托啼鵑。勝事春心渾抛閃，抵多少一尋思一悃然。

【尾聲】月明依舊成歡忭，喜重整巫山公案，將兩下濃情對面傳。雜用先天、寒山、桓歡韻。内「掩」、「塹」、「簟」、「添」、「閃」犯廉纖閉口韻，尤非之非也。

〔仙吕〕醉扶歸　人籟

鄭虛舟

效飛鴛侣天生就，須知他福慧是雙修。看星河織女共牽牛，信三生宿帳原非謬。這些兒都是舊根由，似驂鸞仙子騎鯨友。

【皂羅袍】標格江梅清秀，更腰肢宫樣，纖娟輕柔。尊前皓齒映明眸，星前密意符深咒。迴風舞燕，盈盈畫樓隔花鶯語。聲聲好逑，當杯暗覺春心透。

〔仙吕入雙調〕【月上海棠】恩未休，良緣不讓桃源後，關情是丁香枝上豆蔻稍頭。笑生花夜月芙蓉，眉着暈春風楊柳。冰弦奏，怕並州孤客緑鬢先秋。

【江兒水】莫學章臺柳，臨岐盼遠游。等閑折入時人手，結就雙雙鴛鴦扣。歌翻楚楚琵琶袖，錦帳重茵消受。把個眼去眉來，博得個天長地久。

【眉批】

此曲「結就雙雙」句便合調矣。

【雙調僥僥令】當罏心既有，題柱志須酬。莫向風塵忙奔走，只合向碧紗窗將夙願勾。

【尾聲】休嗟當日難成就，兩下終須是匹儔，着甚多情先自愁。用尤侯韻。

〔仙吕〕望吾鄉　四景題情

人籟　楊斗望

爛熳春光，妝成錦綉鄉，嬉游綺陌人來往。覷他鶯燕迷花柳，聽簫鼓鳴街巷。三春景，宜共賞，休負了名園上。

【傍妝臺犯】晝初長，只見銜泥來往燕兒忙。高柳蟬聲細，堆角黍慶端陽。見十里湖光好，菡萏花開放。【望吾鄉】

三伏景，宜共賞，休負了亭臺上。

【眉批】

詞隱生新譜，以此末句改作「等閑莫負水亭凉」，以爲此《傍妝臺》本調。然觀上下曲，則犯《望吾鄉》無疑。

【解三酲犯】起金風透簾入幌，井梧飄露華清爽。庭前桂子香飄蕩，正風雨近重陽。羞把黄花亂插烏紗側，端的是勾引西風入鬢傍。【望吾鄉】三秋景，宜共賞，休負了龍山上。

【掉角兒犯】野梅開橋邊水傍，凍雲垂雪花飄蕩。望江湖飛禽隱藏，見青山萬層叠嶂。慶嘉祥，低低唱，泛霞觴，【皂羅袍】畫堂中慢設銷金帳。【望吾鄉】三冬景，宜共賞，休負了歌樓上。用江陽韻。

【眉批】

詞隱生以《掉角兒》中一段又是一體，存之可也，不可學。不知此句乃又犯《皂羅袍》也。

〔羽調〕四季花　寒宵閨怨

人籟　梁伯龍

【黄鶯兒】寒氣透疏櫺，【皂羅袍】正窗兒破、風兒猛，背却殘燈。【金鳳釵】愁聽高梧露滴秋夜清，南山子規啼一聲，月沉西門暗扃。【皂羅袍】曉鐘何處？噹噹五更。【金鳳釵】薰籠坐倚直到明，輾轉夢不成。難道便一生孤另，奈香冷篆冷，衾冷枕冷人冷。

【眉批】

此與《四時花》大同小異，他刻竟作《四時花》，非也。《尋親記》「秦樓女楚館人」，乃《四時花》本調。「篆冷」二字與末「冷」字，俱作平聲，乃叶。

【商調集賢賓】六朝舊事心暗評，消磨多少豪英？朱雀烏衣留話柄。記潘妃蓮步輕盈，景陽廢井，多半是佳人薄命。須自省，盡沉没暮天鴻影。《香囊記》末四字「離愁多少」「離」字，若讀平聲，甚不協律，應作利音乃是。

【眉批】

「話」字、「廢」字、「暮」字或用平聲，「薄」字或用仄聲，皆不協律之甚者。惟「事」字、「柄」字、「井」字或用平聲，「評」字或用上聲，則不妨也。

【簇林鶯】**【簇御林】**還懷舊，自幼齡，播蜚聲，滿上京，長干歷遍諸名勝。**【黄鶯兒】**鳳凰臺畫登，燕子磯曉行，莫愁湖上春風艇。總無憑，年華已矣，何事負平生？

【眉批】

「已」字用上聲，妙甚。

【琥珀猫兒墜】而今憔悴，獨對短檠燈。眼見凄凉逢暮景，當初誰道恁伶仃？牽情，羞睹那烏鵲橋邊匹配雙星。

【眉批】

「匹配雙星」用仄平平仄亦可，但「橋邊」二字平聲，不可换耳。

【水紅花】海盟山誓信非輕，數年庚，今成畫餅。一生寂寞竟何曾，問儒卿甘心誰等？挽不去夕陽西下，遣不去恨難平，這場恩怨不分明也囉！

【尾聲】嘆行藏頻看鏡，大都塵世總浮萍，不如静掃花前學誦經。用庚青韻，無一字傍犯。伯龍之出色者，豈其晚年已知用韻乎？

〔正宫〕白練序　詠柳　人籟　高東嘉

窺青眼，漸葉葉顰眉效淺妝，渾一似想着故人張敞。摇颺，萬縷長，翠織就新愁縈斷腸。偏宜向，朱門羽戟畫橋游舫。

【眉批】

或作《素帶兒》，可厭。

按《風流合三十傳奇》「花磨月恨」一曲，《荆釵記》「十年力學」一曲，多用四字起，乃其本調。自此曲盛行，而人不知其失體矣。

【醉太平】〔换頭〕惆悵，藏鴉未穩，早攀揉贈别，空與人忙。隋堤漢苑，都非是舊日風光。堪傷，三眠春夢謾悠颺，有誰問灞陵無恙？倚闌凝望，消得幾番暮雨斜陽！

【眉批】

若《醉太平》本調起，則不須上二字，因此乃第二曲，故用换頭者是。「倚」字及後「送春」句「送」字，俱仄聲妙。若用平聲，即索然矣。

【白練序】【换頭】凄凉，古道傍，青青數行，消魂處驀聽得幾聲鶯簧。蕭郎，信渺茫，謾留下當年繫馬樁。空挹快，傷春瘦得楚腰宫樣。

【醉太平】輕狂，花飛似雪，乍高欲下，隨風飄蕩。拋街傍路，無拘管市橋村巷。端詳，香毬滚滚散苔墻，好飛度綉簾朱幌，送春南浦，遺踪化作翠萍溶樣。「拋街傍路」或作「撩人撲馬」，似勝。

【尾聲】流水游魚吹浪響，舟横野渡清晝長，勾引得蟬聲噪晚凉。用江陽韻。末句推開一步意作收便有致，終是昔人之筆。若他詠物者，止凑本題字句，完腔而止，豈不索然。

〔正宫〕白練序　味草　人籟　王雅宜

春烟暖，正脉脉遥看似有無，斜陽外幾家斷橋村塢。閑步，望遠坡，漸抹翠描青成畫圖。空懷古，池塘雨歇，夢回南浦。

【醉太平】【换頭】堪睹，東風暗長，總一般意思。妙手難模，無媒徑路，相映半白頭顱。馳驅，王孫何事在長途？好歸去又驚春暮。古城陰處，寂寞眼前細柳新蒲。

【白練序】〔换頭〕模糊，翠簟鋪，六朝舊都，南郊外有許多斷碑荒墓。辜負，恨轉多，淚滴盡虞兮奈爾何？空凄楚，青青漢冢怨雲泣露。

【醉太平】堪娱，芳情未歇，細粘輕襯，落花飛絮。閒門要路，點檢世情如故。須臾，莫將心事付樵蘇，只留下亂螢飛度。雨欺霜妒，紅塵翠陌可憐焦土。

【尾聲】一點春暉難報補，東風野燒吹又甦，試看取韶華遍九衢。用魚模韻。内「坡」字、「多」字、「何」字犯歌戈。裁唐句填尾，可厭。末句更無味。「滴盡虞兮」無謂，祇以草中有虞美人耳。如此用事，可笑。

〔正宫〕白練序　秋思　人籟　楊升菴

西風裏，見點點昏鴉渡遠洲，斜陽外景色不堪回首。寒驟，謾倚樓，奈極目天涯無盡頭。消魂久，凄凉水國敗荷衰柳。

【醉太平】〔换頭〕羅袖，琵琶半掩，是當年夜泊，月冷江州。虚窗别館，難消受暮雲時候。嬌羞，腰圍寬褪不宜秋，訪青鏡爲誰憔瘦？海盟山咒，都隨一江逝水東流。

【白練序】〔换頭〕凝眸，古渡頭，雲帆暮收，牽情處錯認幾人歸舟。悠悠，事已休，總欲致音書何處投？空追究，光陰似昔故人非舊。

【醉太平】颼颼，霜林闘葉，更風簷驟馬，夜堂飛漏。白雲去遠，那堪值雁南歸後。衾裯，空餘蘭麝伴薰篝，冷落了竊香韓壽。背燈獨守，寒生兔窟露凝鴛甃。「甃」，蒼救切。

【尾聲】荏苒韶華逢九九，登臨怕惹無限愁，儘開遍黄花不上樓。用尤侯韻。

〔正宫〕白練序　咏梅　人籟　梁伯龍

春光早，漏泄向南枝信已傳，終不負舊日故人青眼。初見，野水邊，謾索笑偷香情暗牽。真堪羡，東風占却萬花魁選。

【醉太平】深院，相思夜冷，正暗香疏影忽到窗前。冰肌照眼，那許蝶鬧蜂喧。堪觀，黄昏東閣舊姻緣，也曾侍翠屏春宴。萬般消遣，真個勝似跨鶴腰纏。

【白練序】〔换頭〕逋仙眼望穿，恩情萬千，西湖上只落得幾回清顛。蹁躚，落舞筵，似鬢亂釵横遺翠鈿。尤堪戀，影妝試出壽陽宫面。

【醉太平】〔换頭〕嬋娟，羅浮夢裏，淡妝素服風流無限。參横斗轉，惆悵翠禽啼怨。留連，誰家羌笛妒春妍？怎禁他碎瓊飛片！雨微金重，調羹又入傅巖商殿。

【尾聲】桃李繁華緣分淺，疏狂冷淡滋味全，留取心腸鐵石堅。用先天韻。内「眼」、「限」字犯寒山，「觀」字犯桓歡。

〔正宫〕普天樂　怨别　天籟　陸包山

武陵花春難放，壽陽梅妝不上。冷落了傅粉何郎，再休題畫眉張敞。章臺楊柳一任風飄蕩，那折柳人兒空妄想。寄相思紙短情長，夢相思鶯喧蝶嚷，訴相思拜月燒香。

【眉批】

此曲與古調甚合，若他曲如「减芳容愁越重」，又「錦帆開牙檣動」，與此不同者，今人皆以《小普天樂》

目之。

【鴈過聲】〔換頭〕凄凉，銀燈翠幌，雲雨隔巫山楚襄。朱明一紙音書謊，端午過又重陽，總金錢教我難卜行藏。多情心太爽，那堪時序臨霜降，只恐愁與秋潮連夜長。

【眉批】

「秋潮」「秋」字，用仄聲始妙。如用仄，則「長」字宜作平聲。

【傾杯序】〔換頭〕閒想，歡娱事誰主張？何處告相思狀？恨鸞鳳釵媒，鴛鴦帶累，翡翠衾窩，鴟鷄調謊。又不覺惱中留意，怨中垂淚，恨裏思量，這冤家繫人心下刺人腸。「鸞鳳」四句，句法一樣，則「窩」字當是「污」字或「孤」字之誤。

【眉批】

此用換頭者，本調自有，《陳巡檢》「霧鎖烟林映峭壁」是其正調，識者辨之。

【芙蓉犯】【玉芙蓉】愁邊信渺茫，夢裏人來往。怎能勾做一個不醒黄粱？和他睡足芙蓉帳。把隻鳳孤鸞化蝴蝶雙。【剔銀燈】參商春風洞房，何日得明珠在掌？

【小桃紅】撇不下真磨障，憔悴了嬌模樣。朱弦玉管無心響，花筵柳宴和誰賞？登樓倚户空凝望，寸心兒惟有萬種悲傷。

【眉批】

此與越調《小桃紅》不同，或作《山桃犯》，亦非。

【尾聲】一天愁緒眉尖上，何處能消半晌？且燒燭堦前照海棠。用江陽韻。警句疊出，大能生做，足占勝國之場。《吴騷》刻以陸包山，恐非爾時一輩人所能也。陳秋碧、馮海浮，庶近之耳。

〔正宫〕普天樂　怨別

地籟

沈青門

建安才河陽貌，從一去却怎無消耗？别時節淑景初交，驀又把芳時過了。一秋易到可意人難到，觸處無端成懊惱。對瑶琴玉軫愁調，向妝臺蛾眉怕掃，寄香囊綉字慵挑。

【鴈過聲】〔換頭〕無聊，况復凑巧，風和雨縱横正飄。時間鐵馬偏聒噪，夢難成恨難熬。更漏聲將盡譙鼓頻敲，鷄聲又早，寒蛩抵死在窗前哨，不由俺愁悶攢更直到曉。

【傾杯序】〔換頭〕蕭條，爽漸生暑漸消，寒鴈又呀呀叫。看滿徑黄花，滿林紅葉，滿地蒼苔，心兒轉焦。有誰憐瘦損？幾番夢醒，畫眉人杳，不由人怨殺暮暮更朝朝。

【玉芙蓉】參差玉珮摇，恍惚銀瓶掉，好姻緣做了有下無稍。峰頭夢斷難重到，洞口桃開怎再邀？把些恩和愛，如鹽在浪淘，奈江深没底枉徒勞。

【小桃紅】寫罷了回文稿，打叠起離鴻調。愁來待把菱花照，須知不似前春好。畫圖如寄應饒笑，傍丹青時復擎管差描。

【尾聲】孤辰限豈自招？知甚日于飛相效？也免得兩下東西似伯勞。用蕭豪韻。「有下無稍」語似諺，俊甚。《小桃紅》「愁來」數句，肯以一意貫下描寫，便勝于逐句艿凑者多。

〔正宮〕普天樂　怨别　人籟

無名氏

四時歡千金笑，從别後我也多顛到。俺這裏玉減香消，他那裏朱圍翠繞。婚姻分内想是緣不到，却把鸞釵輕分了。恨茫茫水遠山遥，悶沉沉雲深霧杳，困騰騰夢斷魂勞。

【眉批】

今人有以此改作《四塊玉》者，不知北曲有《四塊玉》，南曲止有《四塊金》，在仙吕入雙調中，並無《四塊玉》，妄改之可惡如此！

【鴈過聲】〔换頭〕終朝，院落静悄。徒然有龍香鳳膏，鸞笙象板無心好。萬般愁萬般焦，這悶懷端的教我難熬。空教人易老。那堪暮雨簷前鬧，比着俺淚珠兒兀自少。

【傾杯序】〔换頭〕思着，掩翠屏冷絳綃，寂寞向誰行告？捱幾個黄昏，幾番明月，幾度青燈，誰和我知道？把歸期暗數，寶釵劃損，畫闌雕巧，不由人罵做薄倖絮叨叨。

【玉芙蓉】金罏香篆消，寶鏡塵埋了，數歸期一夕又還一朝。薄衾小簟殘鐘曉，暮雨梨花魂暗消。相思債，多應是命所招，算人心不比往來潮。

【眉批】「暮雨梨花」四字，宜用平平仄平，如「求官奈何服制拘」是也，如此句不發調矣。

【小桃紅】誤約在蓬萊島，冷落了巫山廟。愁雲怨雨羞花貌，精神不似當年好。燕來鴻去無消耗，委實的教我心痒難撓。

【尾聲】凄凉運莫再交，但願得鴛鴦會早，莫待秋霜上鬢毛。用蕭豪韻。此套世俗所共賞，然只是常詞，無破綻耳，無大警處。《萃雅》刻以高東嘉，非也，應亦只是梁少白、鄭虚舟一流人筆。

〔正宫〕刷子序犯　四時花怨

人籟

劉東生

雲雨阻巫峽，傷情斷腸人在天涯。奈錦字無憑，虚度荏苒韶華。嗟呀！春晝永朱扉低亞，東風静綉簾閒掛。**【玉芙蓉】**黛眉懶畫，彈宫鴉鬢邊斜插小桃花。《拜月亭》「書齋數椽」乃《刷子序》本調。

【眉批】此曲後二句雖犯《玉芙蓉》，而《刷子序》首句又非五字起，恐又犯他調者。今人又將「黛眉」句唱差，自此曲盛行，而世遂不知有《刷子序》本調矣。今人點板在「黛」字、「畫」字上，不知此句亦是《玉芙蓉》，板當如此點法。

【山漁燈犯】或作《虞美人犯》，非也。燕將雛逢初夏，夢轉華胥風弄簷馬。閑扃了刺綉窗紗，香銷寶鴨。那人在何處貪歡耍，空辜負沉李浮瓜。寂莫厭池塘鬧蛙，庭院日長，誰憐我？枕簟上夜涼不見了他。多嬌詫，愛風流俊雅。【玉芙蓉】倚闌干猛思容貌勝荷花。「刺」音七。

【普天樂犯】景淒涼，人瀟洒，何日把雙鸞跨？怨薄情空寄鸞箋，相思句盡續琵琶。彈粉淚濕香羅帕，暗數歸期在夕陽下。動離情征鴈呀呀，無奈心事轉加。【玉芙蓉】對西風病容消瘦似黄花。「事」字改平聲尤妙。

【眉批】

「彈粉淚」句，即《琵琶記》「歷盡苦誰憐我」，《拜月亭》「須念我爹娘故」，皆六字句也。此襯一「濕」字，而後人皆作七字句矣。

【朱奴兒犯】漸迤邐寒侵綉榻，早頃刻雪迷了鴛瓦。自恨今生分緣寡，紅爐畔共誰閑話？詀嗁罷，托香腮悶加。【玉芙蓉】膽瓶中懶添雪水浸梅花。

【眉批】

今人以此曲爲《針綫箱犯》又改「榻」爲「幄」，又將「綉」字一板點在「榻」字上，又將「分」字點掣板，又重唱「紅爐畔」句，又于「誰」字下增「人」字，又改「詀嗁」作「顛嚏」，又改「雪」作「温」，皆謬甚。

【尾聲】重相見兩意加，憶昔傳杯弄斝，莫負年華四季花。用家麻韻。

〔正宮〕刷子序犯　咏燕　人籟

楊升庵

南浦雨初歇，雙雙去來飛掠輕烟。記草色花香，南國風景依然。情牽，尋故主重來相見，薔薇老鞦韆庭院。薄羅小扇，倚嬋娟把舊愁新恨語相傳。以下四曲犯見前。

【眉批】

「歇」字宜用韻，乃「揎」字轉聲。

【山漁燈犯】緑陰濃尋芳倦，寂寞情踪聊自消遣。堪傍處王謝堂前，張衡館下。碧闌清晝栖雙剪，還羞向夜蝠争先。誰憐，抱離懷萬千，休嘆平聲。回首家鄉遠。我待要翱翔在雲漢邊，昭陽殿，看珠簾半捲，逞輕盈掌中歡寵舞蹁躚。

【眉批】

「下」字宜用韻。

【普天樂犯】柳飛綿，重門掩，兀自把殘春戀。夢魂勞千里孤雲，天涯路浪逐流年。胡種漢族憑誰辨？知已春風又相見。任翁孫冠服皆玄，詩句曾寫錦箋。繫紅絲玉京仙子舊姻緣。

【朱奴兒犯】夕陽裏鄉心更切，寒影落碧溪清淺。夜半秦樓月華滿，空惆悵桂開庭院。時序换，倩西風送還，整烏氈彩雲重許駕飛輧。

【眉批】「切」字宜用韻，亦是「千」字轉聲。「還」字若音旋，方叶韻。

【尾聲】多飄泊屢播遷，塞北江南幾轉，再整備來時二月天。用先天韻。內「掩」字犯廉纖，「滿」字「换」字「還」字犯桓歡。

〔正宮〕錦纏道　人籟　沈青門

滿帆風吹不動離人小船，愁重滯江邊。盼相思盈盈一水春天，我想他別時言、送時情、行時淚眼，怎教人不恨迷離意馬心猿！説什麽好姻緣，這破題兒是柳愁花怨。江關信杳然，何日睹桃花人面？怕夢魂依舊在清源。

【眉批】此曲與《荆釵記》「治家邦」正同，《拜月亭》「髻雲堆」一曲又有小異。然「別時言」句止七字，如《荆釵》「晋陶潛認作阮郎」，《拜月亭》「鞋直上冠兒至底」是也。今此句竟作十實字，而《紅拂記》「屠龍劍」十字亦然，後人效者紛紛，而舊體蔑如矣。

【普天樂】記銀燈思金釧，鳳鸞交蜂蝶戀。青樓上錦帳瓊筵，今番做怨鶴啼鵑。是當初偶然，再休題抱琵琶醉我花前。

【眉批】

此調與「减芳容愁越重」正同，非前「四時歡千金笑」調也。正世人所謂《小普天樂》者耳。

【中吕古輪臺】艷陽天，隔墻裙底弄鞦韆，笑歌聲淺，孤蓬裏有客羈栖。對此春光，番惹出一段熬煎。燕解離愁，鶯知别怨，一雙雙宛轉話江烟。又恍是傳消寄息，把佳期約在明年。怕只怕一灣流水，半窗殘月，幾村漁火，寂寞對愁眠。難消遣，一瓶香煮惠山泉。

【眉批】

「笑歌」七字句，如《琵琶》「闌干路濕人猶憑」是也。亦可用五字句，然必用韻。此七字于「淺」字用韻，「裏」字不用韻，且「笑歌聲淺」四字文氣又屬上，「孤蓬裏」三字又屬下，句法全不合矣，恐有誤字。

【尾聲】彩雲望斷春波遠，空寄鸞箋鳳柬，只落得心在章臺淚滿船。用先天韻。内「眼」字、「柬」字犯寒山，起處甚陡，餘不稱。

〔正宫〕錦庭樂　春怨　天籟

陳大聲

【錦纏道】被兒餘，枕兒單春寒較添。夜雨響空簷，曉來呵殘紅滿簾。**【滿庭芳】**更那堪掩重門對鶯花鬼病懨懨。這病危如燈焰，這病深如天塹。**【普天樂】**病和愁兩厮兼，病當心坎，愁在眉尖。

【眉批】

此《錦庭樂》本調，近有以「望蘆葭」及「减芳容」皆作《錦庭樂》者，非也。但《滿庭芳》止有中吕引子，並無過曲，不知此曲從何來耳。

首句「餘」字，還宜用韻。

詞隱生以《普天樂》「病和愁」用六字爲失體，宜如《白兔記》「行行淚洒」句。今以「和」字、「厮」字作襯，則合調矣。

第四句若用八、九字句，則當增一板，而末二字截出在外，如《陳巡檢》「折一枝嬌滴滴海棠新鮮」、《白兔記》「趕到前村柳陰之下」是也。

【前腔】錦鱗稀，塞鴻遥書沉信淹。江樹眼空瞻，怯梳妝塵緘寶奩。常則是倚闌干數歸期屈損春纖。霧帳雲屏虚占，海誓山盟無驗。針和綫懶去拈，靈犀一點，無計拘鉗。

【前腔】憶王孫，乍交歡龐投意忺，永遠效鶼鶼。自離家新生棄嫌，料應他在天涯被秦樓歌管相漸。金粉花容嬌艷，血色羅裙紅茜。美甘甘笑語甜，未知將我，唇上曾呫。「漸」平聲。

【前腔】影伶仃，伫蒼苔鮫綃淚黏，無語對銀蟾。映孤燈蕭蕭短簷，幾回價寄佳音怕人知躲躲潛潛。則是前生少欠，則苦終常作念。思情做水底鹽，羊腸龜卦今後休占。

【尾聲】春閨有日來雙漸，相逢一笑兩謙謙，玉簪姻緣許再僉。用廉纖韻。此用韻甚嚴而妥，詞亦不凡。

〔正宫〕傾杯賞芙蓉　離思　人籟　楊升庵

【傾杯序】隔墻新月上梅花，綉閣吹燈罷。驀忽地冷了瑶琴，撇下箜篌，倚了薰櫳，放了琵琶。【玉芙蓉】那些個春宵一刻千金價，畢竟夜静三更萬事差。人牽挂，控心猿意馬，這浮雲游子何日别京華？

【玉芙蓉】相思夢見他，夢裏多歡耍，醒來時依然人在天涯。鴛鴦對對成虚話，做蝴蝶紛紛過别家。奴生怕，怕的是金鷄和鐵馬，悄不覺催雲送雨到窗紗。

【普天樂犯】聽更籌頻頻下，淚滴滿鮫綃帕。料多情别有嬌娃，把我認做冤家。當初來嫁，星辰應犯孤和寡。使今朝錦帳文鴛，做了路柳墻花。

【眉批】

詞隱生謂不知犯何調，《萃雅》以爲犯《綉衣郎》，但「路柳墻花」四字，平仄少異。又《綉衣郎》是南吕，且是其中段，非末段住也。余以爲末二句又似《刷子序》，姑闕之。

【朱奴帶錦纏】【朱奴兒】鎮日裏妝聾作啞，捱一刻勝如一夏。問張郎何日眉重畫？玉簪兒打得酸牙。【錦纏道】覷腰瘦不堪把，飢時不飯，渴時不用茶。弄得人憔悴，一回煩惱一回嗟。

【尾聲】海山盟丟開罷，枉自去燒龜叩瓦，把美滿恩情做浪滾沙。用家麻韻。

〔中吕〕榴花泣　柬寄青樓　地籟　梅禹金

【石榴花】折梅逢使煩寄到金陵，是必見那芳卿，將咱言語記須真。【泣顏回】一一的説與他聽，自别來到今，急煎煎遣不去心頭悶。似楊花覆去翻來，如芳草削盡還生。

【眉批】

時人皆以此爲《石榴花》，誤也。《石榴花》自有本調。《石榴花》第二句宜七字句，《冤家債主》「暫回鄉故守清貧」，《荆釵記》「忍將身命掩黄沙」是也，此小異。譜中《榴花泣》第四句尚是《石榴花》一七字實句，第五句乃犯《泣顏回》。與此異。

【前腔】憑高眺遠望不見石頭城，重山障亂雲凝，茫茫都是别離情。只落得淚眼盈盈，恨不能生羽翎，到妝臺訴與您千般恨。有誰人知我衷情？惟明月照人方寸。

【喜漁燈犯】佳辰幾把闌干憑，也只爲恁。怎知我日夜相思，竟忘餐廢寢。怎知我近日多愁悶，漸覺帶圍寬褪。説與他我決不學王魁行，説與他莫學蘇卿。説與他酒泛金樽，我也無心去飲；説與他弦斷瑶琴，我也無心去整；説與他怕聽鷄鳴。【喜漁燈本調】鍾聲，報黄昏送五更，那時節我的愁悶轉增。時刻「蘇卿」作「蘇小卿」，故「佳期重會」一曲，便作「有上稍來没下稍」一七字句，與《拜月》「剔銀燈一聲愁氣」作「一聲聲愁和氣」正同。

【眉批】

「漸覺」以下，不知犯何幾調，《萃雅》以爲「説與他我决」二句犯《玉芙蓉》，「酒泛」四句犯《豆葉黄》，皆影響耳，非確論也。余謂「漸覺」句似《漁家燈》，「説與他我决」二句似《剔銀燈》，「説與他怕聽」句復似《漁家燈》，止「酒泛金樽」四句不可考耳。

「鍾聲」以下，本調原犯《剔銀燈》者。

【瓦漁燈】【瓦盆兒】想殺您初相見至誠，想殺您笑來迎。想殺您體素龐兒俊，想殺您花月下好句聯賡。想殺您叫着小名低低應，想殺您對蒼天共盟，想殺您臨期執手苦叮嚀。**【山漁燈】**這衷腸事，略略訴您。知已話也難説與君聽。**【喜漁燈】**正是匆匆萬般説不盡，煩君去傳與我多情，他若聞必然淚零。只怕他淚痕有盡情難盡，落得兩處一般愁悶縈。

【眉批】

《瓦盆兒》本調首句與此異，此句極似《漁家燈》。

此《喜漁燈》乃《雁魚錦》第四曲，末二句犯《雁過聲》者，與前不同。

【尾聲】梅花香裏傳春信，報道江南一種情，莫學凍蕊寒葩心上冷。用庚青韻。内「真」字、「悶」字、「恨」字、「寸」字、「褪」字、「盡」字、「信」字犯真文，「今」字、「您」字、「欽」字犯侵尋。

此曲時所盛行，《萃雅》以爲唐伯虎，非也。相傳是梁少白，而《吴騷》以爲梅禹金，二公不相遠，今從之。然時有真語，尾亦小有致，不似少白，定爲詞隱者，豈其悔近是乎？

〔中吕〕榴花泣　夢回離思　人籟　陳大聲

佳期重會約定在今宵，人静悄月兒高。傳情休把外門敲，輕輕的擺動花梢。見紗窗上影摇，那時節知是才郎到。又何須蝶使蜂媒，早成就鳳友鸞交。以下犯調見前。

【前腔】誰知薄倖悮我好良宵，房櫳静守寂寥。風吹竹檻影蕭條，只落得夢斷魂勞。嘆離多會少，楚陽臺回首關山杳。負雲雨翠減香消，争奈路阻藍橋。

【喜漁燈犯】夜深别起銀釭照，奈隻影悄。暗想道昨夜歡娱，待今宵更好。又怎知别後絶音耗，鎮日裏縈牽懷抱。莫是他别惹閑花草，莫是他有上稍來没下稍。我爲他臉兒慵整，眉兒倦掃。我爲他茶飯不忺，神思縹緲。我爲他只落得心焦無聊，這離情怎消？漫贏得潘鬢沈腰。

【眉批】

此「莫是他别惹」二句，方似《玉芙蓉》，則第二「莫是他」三字皆襯。

【瓦魚燈】頓忘了對星月禱告，頓忘了共吟嘲，頓忘了表記鞋兒小，頓忘了詩篇上寫滿鮫綃，頓忘了春山是奴針綫巧，頓忘了把盟香共燒，頓忘了香羅上一點染紅桃。這相思病，一時間怎消？連理債何日償了？正是落花有意隨流水，無情的流水滔滔。剛道是薄命所招，把金錢暗卜没分曉，欲待告天天又高。

【尾聲】還得見怎恕饒，恨不得一句將他駡倒，及至相逢依舊好。用蕭豪韻。此與「折梅逢使」一曲，相彷而成者，何其遺調之絶肖也！

〔中呂〕瓦盆兒　閨思　地籟　沈青門

相思到底爲他害得不分明，金屋夢玉闕情。我爲着別離兩字等閑輕，因此上鴛鴦陣擺做了愁兵。未知道自別來他心似我心。他應恨魚沉鴈杳，不道我仲宣愁相如渴翻成病，枉教我孤枕對殘燈。【榴花泣】【石榴花】誰知一別便有兩三春，怪楚樹隔湘雲。只見天邊孤月幾回明，紗窗半掩一派冷清清。【泣顔回】凄涼淚零，把不住幾陣渾身冷。飲弓蛇空害心驚，照石鏡見他無影。【喜漁燈】梅花不寄江南信，怎消愁悶？相思債欠下了前生，到如今怎生，怎生了却心頭病？虚擔着剩雨殘雲。風情，全無半分，斷人腸何消幾分！【尾聲】叨叨絮絮説不盡，只爲着些兒在心，好一似魚餌金鈎綫引針。用庚青韻。内「春」字、「雲」字、「信」字、「分」字、「盡」字犯真文。「心」字、「針」字犯侵尋。有一二真至俊語，便自起眼，與漫衍者自別。

〔中呂〕瓦盆兒　閨怨　人籟　鄭虚舟

教人對景無言終日減芳容，恨蹙損兩眉峰。未知道垂楊何處繫青驄，則他這近鶯花冷淡了芙蓉。空教我爲他時終朝悶轉增，好教我越添疾病。枉了我行時思坐時想成孤另，我駡你薄倖没前程。【榴花泣】【石榴花】相思終日有十二個悶時辰，空目斷楚臺雲。只見寒鴉聲裏報黄昏，香消誰焚被冷倩誰温？【泣顔回】無言自忖，料應交寡宿孤辰運。一身愁兩下平分，不恁的怎生安頓！

【眉批】

「焚」字上聲。

【喜漁燈】幾番欲把金錢問，恐無定准。今春病不減前春，都一般爲君。爲君好事縈方寸，東風掃斷夢勞魂。因循，看看瘦損，比梅花瘦添幾分？

【眉批】

與《雁魚錦》第四曲不同。

今人于「減」字下增一「似」字，改「般」字作「半」字，「瘦添」作「消瘦」，皆非也。

「因循」以下，犯《剔銀燈》。

【尾聲】頻占卜屢問神，暗憶當初枕畔盟，一似楊花水上萍。用韻甚雜，先以東鍾起，第五句忽轉庚青，而雜犯真文，如此安用韻爲？真文猶曰强似，東鍾絕不倫矣。

〔中吕〕瓦盆兒　秋夜悼亡

人籟　梁伯龍

虚堂坐雨西風蕭瑟起林皋，聽落葉小窗敲。怎禁他雲房獨掩夜寥寥，空贏得淚痕濃黯淡了鮫綃。誰憐我破題兒新秋第一宵，你何處絕無音耗。想那裏郵亭稀鴈魚少書難到，詠楚些魂斷倩誰招。

【榴花泣】簾櫳深處常獨伴那多嬌，今只剩影瀟瀟。只見妝臺塵瑣翠鈿拋，羅衣帶結猶繫紫絲絛。記恩多怨少，十年心難對傍人道。漫追他舊日風儀，衹憐伊病來容貌。

【喜漁燈】幾回欲覓巫山廟，怕飛夢杳，陽臺下空雨暮雲朝。雖則是遇伊、遇伊又被鷄驚覺，鴛衾冷轉覺無聊。烟消，風花露草，好添香寒灰怎燒？

【尾聲】蓬山隔雲路遥，何日閑吹月下簫，腸斷東風第五橋。用蕭豪韻。一啓口，一煞尾，便是伯龍故技。然如「郵亭稀」等語，入閨思則不啻尋常，今作悼亡無聊之想，遂覺有意，故作詞只看用之如何耳。

〔中吕〕好事近　怨别　天籟　陳大聲

【泣顔回】兜的上心來，教人難想難猜，同心羅帶，平空的兩下分開。**【刷子序】**傷懷。舊日詩囊猶在，詩中意書寫得來明白。**【普天樂】**歸期一年半載，算程途咫尺音信全乖。「的」音底。

【眉批】

詞隱生曰：舊譜及舊戲曲，皆無此調。惟譜中「東野翠烟消」一曲，舊題曰《好事近》，實則《泣顔回》也。《好事近》本調，惟有此曲及「風月兩無功」二曲，其名不知何所本也。

【正宫綿纏道】托香腮，懶梳妝慵臨鏡臺，無語自裁劃。正芳年又不道色減容衰，怎知他前言盡改，咱須是暫時寧耐。歲月好難捱，孤辰寡宿，時該命又該。不索長吁氣，負心人天自有安排。

【眉批】

此調與《拜月亭》「髻雲堆」正同。他如《荆釵》「治家邦」、《紅拂》「本待學」等曲，皆多一句。

「氣」字，用韻更好。

【普天樂】畫闌前湖山外，見月也深深拜。月圓時人未團圓，望蒼穹鑒察憐哀。郎心似歹，把些個温香軟玉，做了糞土塵埃。

【眉批】

此正世人以《小普天樂》目之者，與「四時歡千金笑」及「兒夫一向留都下」不同。

【中吕古輪臺】恨多才，萍踪浪迹寄天涯，綉幃錦帳春風夜，自有許多恩愛。豈料如今翻成做破鏡分釵，剩雨殘雲，等閑消盡，是誰别壘楚陽臺？有傾城嬌態，把從前誓海盟山，做冰消瓦解。忘餐廢寢，勞魂斷夢，肌骨瘦如柴。懨懨害，花月總沉埋。

【眉批】

「山」字宜用韻，「解」字不必用韻。

末句還宜七字。

【尾聲】黄昏更是無聊賴，斜倚定薰籠半側，羞見燈花一穗開。用皆來韻。

【眉批】

「側」叶齋上聲。

〔中吕〕好事近　秋閨　人籟

毛蓮石

風月兩無功，枉使心機牢籠。巫山雲雨，一旦杳然無踪。隨風，奈聽譙樓更鼓，暗數着又打三鼓。寂寞恨更長漏永，便做歡娱，夜短却共誰同？

【正宫錦纏道】路難通，料隔着雲山萬重，空蹙損兩眉峰。暗消魂没情没緒對着孤燈，有愁來全仗酒哄。愁依舊醒時還同，昏鼓又晨鐘。韶華荏苒，歸期尚未逢。怕染潘郎鬢，被他依舊笑春風。

【普天樂】《萃雅》作《錦庭樂》，誤。減芳容，愁越重，罷却了描鸞鳳。雕簷畔鐵馬叮咚，紗窗外絮聒寒蛩。砧聲又攻，更那堪鴈聲嘹嚦長空。

【中吕古輪臺】恨無窮，西風蕭索助秋容。别來許久無音信，寒衣誰送？寄語君家，料想是迷却芳叢。誤我佳期好天良夜，欲將心事問孤鴻。想當時曾共，翠被寒時復香温。到如今蓬鬆兩鬢，釵横髻亂，修眉懶畫別後苦匆匆。思前事，教人心下氣冲冲。

【尾聲】蕭蕭敗葉敲窗紙，悶對殘燈午夜風，展轉無眠聽曉鐘。用東鍾韻。內「燈」字犯庚青。此與「兜的上心來」一曲同爲時尚，然力量不及多矣，止得陡然一起句。

【眉批】「紙」字宜用韻。

〔中呂〕泣顏回　春游　地籟　高東嘉

東野翠烟消，喜遇芳天晴曉。惜花心性，春來起得偏早。教人探取，問東君肯與我春多少？見丫鬟笑語回言，道昨夜海棠開了。

【眉批】此調舊皆以爲《好事近》，今「兜的上心來」犯調既名《好事近》，則此應仍其本名。

【前腔】〔換頭〕今朝特地到西郊，端的是萬紫千紅争巧。花情酒債，一生被他縈擾。雕鞍駿馬，會王孫貴戚把金樽倒。有時節沉醉花前，把金丸墜落飛鳥。

【千秋歲】杏花稍，間着梨花雪，一點點梅豆青小。流水橋邊，流水橋邊，只聽得賣花聲聲頻叫。鞦韆外，行人道，粉墻内佳人笑。笑道春光好，把花籃旋簇食榼高挑。

【眉批】「道」字，有作「到」字，便無味。

【前腔】俊多嬌，他只顧貪歡笑，却不道冷被人瞧。緑柳陰中，緑柳陰中，藏身暗折花枝來到。低聲問，奴容貌，比花貌争多少？又被才郎惱，道花枝勝似奴貌妖嬈。

【越恁好】鬧花深處，鬧花深處，滴溜溜酒旆招。牡丹亭左側，尋女伴鬥百草。翠巍巍柳條，翠巍巍柳條，見忒楞楞曉鶯兒飛過樹梢。撲簌簌落紅，舞翩翩粉蝶兒，飛過畫橋。一年景，四季中，惟有春光好，向花前暢飲月下歡笑。

【眉批】

詞隱生曰：「此調創見于此曲，後人又衍爲『乍晴還乍雨』一曲。此後《江東白苧》及《玉合記》皆用此體。」然此調畢竟無來歷，《拜月亭》有「辦集舡隻」一曲，《彩樓記》有「告伊聽啓」一曲，爲最古，而今人漸不知矣。自「翠巍巍」以下，與舊調絶不同。又恐犯别調，難以查明，終不可用。

【前腔】乍晴還乍雨，乍晴還乍雨，暖融融景致饒。見游人往來，貪歡笑，舞鮫綃。鬧咳咳笑高，鬧咳咳笑高，見骨碌碌小車兒乘着艷嬌。嬌滴滴眼兒，弓彎彎小脚兒，一捻舞腰。十分俏，難畫描，蕩漾春心了。怎教人對景辜負年少。

【紅綉鞋】聽一派鳳管鸞簫，鸞簫；見一簇翠圍珠繞，珠繞。捧玉鍾，酒沉倒。歌金縷，舞纖腰。任明月，上花梢。

【眉批】

此調相沿已久，皆以爲宜如此句法矣。不知譜中收三體，各與此不同。《琵琶記》本調末句「沸笙歌影裏紗籠，紗籠」，今人皆改作「沸笙歌，引紗籠」。亦惑于近調耳。又《同庚會》傳奇，本調末句云「菊殘猶有傲霜枝」，《瓊花女》傳奇本調末句云「一齊共樂同歡宴」，皆非此句法也。

尾聲如此者，名意不盡，亦止可用之此調後，非尾聲即可稱意不盡也。

【前腔】花枝明月多嬌，多嬌；三般凑逞妖嬈，妖嬈。一様妝最波俏，花陰下閙炒炒，醒來時不覺夜深了。

【意不盡】從教酩酊眠芳草，高把銀燭作平。花下燒，韶華易老休把春光虛度了。用蕭豪韻。自是古調，非近手所能也。

〔中吕〕泣顏回　集花名　人籟

無名氏

無語對薔薇，坐看蝴蝶雙飛。宜男何處，擲金錢暗卜歸期。是楊花性兒，悔教人錯把葵心對。傍妝臺羞照菱花，倚綉床懶刺荼蘼。

【前腔】〔換頭〕芙蓉帳冷，倩琵琶寫出這相思。恨桃消兩頰，柳鎖雙眉。蘭房曾訂，密約是誓死相依。本連枝並蒂，翻成做萍梗隨波逝。芍藥欄少個着意知心，牡丹亭添些短嘆長吁。

【眉批】

换頭起句似《石榴花》。

【正宫賺】憶昔茉莉開時，邂逅相逢在竹徑西。梨花面被伊揾住兩相偎，緊牽衣，在芭蕉葉底從君意。一顆櫻桃和露垂，金蓮細。似鷄冠並朵金苞蕊，海棠知未？海棠知未？

〔仙吕〕【解三酲】也只圖高扳桂枝，待留他石榴不住。他約定籬邊菊綻來妝次，早梅蕊放南枝。若得他杏花十里夸馳騁，準備着金盞三杯話别離。形憔悴，紫薇郎多應是流落天涯。

【前腔】一任他玉簪半墜，也不管金鳳斜欹。蓮花枕畔輕咽淚，姐妹中怕相疑。捱得過杜鵑啼徹三更月，又被那鶯粟驚飛五鼓鷄。渾忘寐，對金燈教人腸斷遐思。

【尾聲】瑞香花君休比，奴是松筠節操傲霜枝，休覷做敗柳殘花教人作話提。用齊微韻。内「兒」字、「思」字、「枝」字犯支思。「吁」字、「住」字犯魚模。集名之作，如集藥名、集牌名、集雜劇名之類，古來有此，惟以不牽强自然爲貴，如此曲亦自妥。

〔中吕〕泣顔回　咏花名　人籟

無名氏

萬卉花王，惟有牡丹花獨壓群芳。蘭花香噴，梅花獨占春光。梨花淡妝，木蘭花斜倚雕欄上。玉毬花嫩白嬌黄，紫荆花棠棣聯芳。

【眉批】

宜五字起，此四字，亦失體。

【前腔】〔换頭〕桃紅李白鬥濃妝，芍藥花百媚嬌娘。瓊花遺像，海棠花滿架深藏。杏花出墻，白楊花一任隨風蕩。玉蘭花白似瓊漿，石榴花噴火非常。

【前腔】荷花池内戲鴛鴦，瑞香花偏惹蜂狂。茶花開放，茉莉花一種清香。葵花向陽，水仙花微露出清波上。杜鵑花紅滿枝頭，玉簪花開遍堦旁。

【正宫賺】鶯粟花黄，玫瑰花開滿院香。日初長，木槿花心背夕陽。逞紅妝，蓮花映水蒲花長。梔子花如白玉妝，鬥芬芳。荼蘼花謝薔薇放，萬花堪賞，萬花堪賞。

〔仙吕〕【解三酲】夜合花淒凉情况，芙蓉花冷落秋江。金錢花夜落瑶堦上，紫微花對紫微郎。鳳仙花夜搗銀盆内，寒菊枝頭傲曉霜。花模樣，怎比得月桂花開四季芬芳。

【眉批】

第四句應六字，與下曲皆不合。

【前腔】臘梅花隴頭開放，枇杷花傲雪經霜。松花滿地無人掃，池畔蘆花蝶翅狂。金鐘花淺斟葡萄釀，綉帶花如贈玉郎。花模樣，怎如得丹桂花開分外清香。

【尾聲】鷄冠花似胭脂樣，靈鵲花如檀麝香，但願萱花年年慶北堂。用江陽韻。此亦花名曲也。但前以閨情作骨，叙來有致，此但直點群花，更下一格矣，録此以備一種。猶有《賣花郎》一曲，大略祖述此調，不足重摭。

【眉批】

「花」字改「草」字乃叶。

〔南吕〕香羅帶　憶別　人籟

康對山

東風一夜冽，雲收雨歇。傷情怕見窗外月，嘆嫦娥獨守廣寒闕也。只爲多愁處，照離别，更長漏永燈半滅。（合）便做挫折金針也，解不得我愁腸千萬結。

【眉批】

「闕」字，是暗用韻處。「金針也」「也」字，可隨意用一仄聲字，不比前「也」字，必不可换者，故「針」字不用韻。

【前腔】愁腸千萬結，實難打迭。新愁舊恨都莫説，怎挨過今夜那時節也。只見離床静，綉幃揭，無言怕聽窗外鋏。（合前）

〔仙吕〕【醉扶歸】鶯儔燕侣恩情絶，鸞交鳳友頓抛撇。本是韓憑冢上兩鴛鴦，到做了莊周夢裏雙蝴蝶。（合）曾和他綉帶結同心，反教我翠袖沾啼血。

【前腔】雲鬟散亂金釵折，腰肢瘦損絳裙摺。誰想燈花不準鵲聲空，再來不把金錢跌。（合前）

【南吕香柳娘】嘆陽關唱徹，嘆陽關唱徹，井梧飄葉，把佳期望斷梨花墜雪。這深盟永訣，這深盟永訣，秦期晋約，都成吴越。（合）要相思妥貼，要相思妥貼，直待黄河水渴，泰山崩裂。

【眉批】「梨花墜雪」，用四字、用三字皆可。「秦期晋約」二句，與譜異，蓋本調宜用五字二句也。古本俱無重句，今從俗。

【前腔】想香偷玉竊，想香偷玉竊，綢繆喜悦，如今博得個悲啼哽咽。奈衡湘信絶，奈衡湘信絶，使人心懸酒旂，臨風望切。（合前）

【尾聲】啼痕界破桃花頰，蛾眉蹙損遠山月，總使蠟蠋成灰心尚熱。用車遮入聲韻。蓋中原無入聲，分隸于諸韻三聲中，故北曲入作平、作上去者，毫不假借。今南則有入聲，可以意叶，大略作平居多，而去上隨腔爲聲，不能一律瑣注也。

〔南吕〕香遍滿　别恨　地籟　陳大聲

因他消瘦，春來見花真個羞。羞問花時還問柳，柳條嬌且柔，絲絲不綰愁。幾回暗點頭，似嗔我眉兒皺。

【眉批】《琵琶記》此調第四句「你只索鬧閨」不用韻，故唱之者點板在「鬧」字上。此用韻，且平聲，則板當在「柔」字上。

【懶畫眉】無情歲月去如流，有限姻緣不到頭，懨懨鬼病幾時休？綉户輕寒透，十二珠簾不上鈎。

【眉批】此調第二字必用仄聲，第三四字必用平聲，乃是正體。觀《琵琶記》「日暖藍田」三曲，《尋親記》「鳳閣鸞臺」二曲，皆然。今人皆依此曲，殊失之。

【商調梧桐樹犯】黄鶯似唤儔，紫燕如呼友，浪蝶狂蜂對對還尋偶。無端故把人僝僽，一片身心如何教我得自由？·**【五更轉】**梨花細雨黄昏後，静掩重門只與燈兒廝守。

【眉批】「細雨」，時作「暮雨」，與下「黄昏」重，今依譜。

【南吕浣溪紗】我容貌嬌，他年紀幼，那其間兩意相投。琴心宛轉頻挑逗，詩謎包籠幾和酬。他去久，有些個風聲兒未真實，見人須問個因由。首句宜用韻乃妙。惟「誰慣經，相思病」、「我自招，隨人笑」二曲得之。

【眉批】歷考此調，「他去久」處俱用韻，《雍熙樂府》諸曲皆然。今唱此調者，却以時曲之「楊柳眉」一曲爲主，必欲將「他去久」至「未真實」十二字，對「要解愁腸須是酒」七字，何其愚也。

【劉潑帽】浪游那裏青驄騄，向吴姬賣酒壚頭。烏絲醉寫偎紅袖，厮逗留，半霎兒渾忘舊。

【眉批】

「游」字偶然，非用韻也。

「廝逗留」一句，《荆釵記》中用「煩你稍書」，是四字句。

【秋夜月】恩變做仇，頓忘了神前咒。耳畔盟言皆虚謬，將他作念他知否？他待要罷手，我何曾下口。

【東甌令】難消悶，怎忘憂，抱得秦箏上翠樓，弦聲曲意皆非舊。淚濕了春衫袖，青山叠叠水悠悠，何處問歸舟？

【金蓮子】表記留，香羅半幅詩一首。做一個香囊兒緊收，怕見那綉鴛鴦一雙雙交頸睡沙頭。

【眉批】

查古板《白兔記》、《拜月亭》等曲，乃知此曲似協而實不協。「表記留」「記」字，當用平聲。「做一個」「個」字，當用韻，而點二板。「怕見那」三字皆襯字，則「綉」字上不宜點板，作曲者與唱曲者皆失之矣。

【尾聲】等待他，來時候，薰香重整舊衾裯，把往事從前一筆勾。用尤侯韻。詞意老辣，可稱作手；未脱脂粉氣，不能充最上一乘。

〔南吕〕香遍滿　傷逝　地籟

凌初成

芳時輕度，流光自來如轆轤。把皓齒明眸容易誤，可憎人已無。風流分已孤，英雄淚欲枯，這寃苦憑誰訴？

【懶畫眉】錦浪愁看戲雙鳧，忍聽垂楊聒晚烏，淒凉更自恨居諸。天公獨解將人妒，只揀心疼的便下手毒。

【商調梧桐樹犯】潘安果幾多？沈約腰如許。張敞何郎，一個個揉碎了姻緣簿。也是無端撞入桃源路，一笑相逢便自情意孚。【五更轉】乘槎巧向銀河渡，月夕花朝，鎮把琴心厮訴。

【南吕浣溪紗】理舊弦，酬新曲，傲殺他卓女當壚。燈前看綉青鸞譜，席上同傾緑蟻壺。良宵度，也懷揣道秀才們何處福，到今日生闖入怨府愁窟。「窟」叶苦。

【劉潑帽】西風一夜嬌花仆，美前程到此囂虛。夜臺前猶試他金蓮步，冥使符生板障陽臺路。

【秋夜月】空嘆吁，恁恩情成畫虎。蕙帳鸞床都如故，博山沉水閑無數。那裏是他去所，怎生爲咱計處？

【東甌令】空有行雲賦，會真圖，擬得崔徽舊日模。死臨侵儘着霜毫秃，寫不出千愁簇。顛來倒去眼模糊，百忙裏響銅壺。

【金蓮子】待如初，問還丹道士在甚途？便能助玉人兒體蘇，也贖不了擁衾裯獨蹲跧腸斷一春餘。首句原刻「有計無」，今更定。末句字多，猶是仿前曲所誤。

【尾聲】月明徙倚空庭步，影隨身還疑伴侣，怎禁得剗地回頭一個無。用魚模韻。佳處當行，若非「青鸞譜」、「緑蟻壺」、「蕙帳鸞床」、「博山沉水」等語，猶近時趣，直是元人勝場矣。氣格較勝「因他消瘦」曲一步，但前曲久爲時所膾炙，此曲既仍其調，不得不抑而乙之耳。

〔南吕〕香遍滿　閨怨

地籟　顧道行

別來時候，孤鴻幾番書未修。恨叠秋雲無奈陡，離情休未休，何時斷却頭。相思含兩眸，血染楓林瘦。

【懶畫眉】蘆花吹白上人頭，鏡裏蕭疏不耐秋，敲窗落葉冷颼颼。人怯黄花瘦，把有限柔腸殢無限愁。

【商調梧桐樹犯】愁耽白苧秋，病怕黄昏後。月暗燈殘，冷落還生受。常時有約何曾就？人隔重門音書便有怎暗投？鸞求雉雊無心奏。帳冷香消，只索把被兒空摟。

【眉批】

第六句原止七字，此因前「因他消瘦」曲内有「如何教我」四襯字，誤以爲實字，亦以「音書便有」四字實之，後人便以爲本調内正字矣。

【南吕浣溪紗】我心共口，不自由，怎生忘口裏心頭？心頭却怨參商驟，口裏常耽歲月憂。空廝守，我這裏愁他別來久，不知他心有心丢。

【劉潑帽】休休見他也難如有，想甚麽情意長投。麗兒一半因他瘦，背地流，淚濕青衫透。

【秋夜月】生前欠修，命惹下孤星宿。背後人前名兒醜，因他沾手難丢手。見三星一鈎，怨河分兩宿。「鈎」字用平韻不妥。

【東甌令】琴弦絶，鏡塵浮，鸞鳳空留釵並頭，同心帶綰何曾久？離恨常相守，燈花鵲噪總休休，歡喜夢中求。

【金蓮子】還自羞，黄昏夜雨重門叩。他別後歲月如仇，恨殺那等閑間把青霜容易白人頭。此曲較「表記留」一曲差合。

【尾聲】風流滋味都嘗透，那知我害不了的相思還有，除非是夢裏尋他續斷頭。用尤侯韻。稍遜前二曲一籌，而造語合處，亦非尋常軿轃手。至如「蘆花吹白上人頭」及「愁耽白苧秋，病怕黄昏後」等語，雖非曲家本色所尚，然自是詞家俊句，以視浮套懸殊也。《劉潑帽》首句詞義難解，當必有誤字。

〔南吕〕香遍滿　閨怨　人籟　王渼陂

鸞凰同聘，尋思那人不至誠。誰信今番心不定，頓將人薄倖。可憐無限情，一似紙樣輕，把往事空思省。

【眉批】

此「倖」字雖用仄聲，然是本韻，板亦當在此字上。《萃雅》謂此與《琵琶》同點板，而異於「柳條嬌且柔」，誤矣。

【懶畫眉】花開花謝悶如醒，日遠日疏冷似冰，眼前光景總凄清。暗水流花逕，庭院黄昏門半扃。「扃」，居名切。

【眉批】

此曲舊譜所收，然首四字實不合調。

詞隱生誚其非知音者，去之而用《琵琶記》「頓覺餘音」一曲，良有見也。

【商調梧桐樹犯】教人憶茂陵，調琴誰共聽？少個知音，斗帳沉烟冷。孤眠最苦良宵永，似這樣凄凉如何教我挨到明。心腸縱然如鐵硬，曉夜相思，撲撲簌簌淚暗傾。「永」，於景切。

【眉批】

此曲犯《五更轉》，則末二句俱宜四字，此「撲簌」句直用七字，不宜昧律至此，豈又别犯耶？板亦權依句點，非正也。

【南吕浣溪紗】誰慣經，相思病，怨只怨枕餘衾剩。兩三杯酒全無興，空教我十二闌干獨自憑。心耿耿，想起那虚脾情耳邊言，那取那真本蘭亭？

【眉批】

「經」字用韻妙甚，他曲不知也。

【劉潑帽犯】對景對景無心詠，倦時聞枝上流鶯，如何唤得春愁醒。**【皂羅袍】**羞對畫屏，花間翡翠雙雙並。**【劉潑帽本調】**萬慮生，獨守着房櫳静。「詠」，爲命切。**【秋夜月】**思餞行，親把香醪贈。一曲琵琶陽關令，春衫淚濕君曾搵。翻成做畫餅，似銀瓶墜井。**【東甌令】**人何在，夢難成，水遠山遥不記程。雕鞍寶馬無踪影，他那裏胡行逕。朱顔緑鬢易凋零，無奈痛傷情。

【金錢花】想你掩耳偷鈴，爲你緘口如瓶，待他歸後細論評。夫妻拆鴈同群，歡會事，鳳和鳴。「論評」若作「評論」，即不協韻。用庚青韻。内「搵」字、「群」字犯真文。庚青誤與真文雜用，甚至犯及侵尋，此時病之最難醫者。此曲韻可謂當矣，何不並此二字不借之爲盡善乎？

【眉批】「偷鈴」、「如瓶」各二字，與末句，時皆重唱。一句亦可。

〔南吕〕香遍滿　秋思

唐伯虎

春風薄分，吹回楚臺一片雲。入夢追隨無定準，遠山疑淺顰，仙踪不染塵。想應夢裏人，解憐我傷秋恨。似雲軿降來隱隱。偶聞試端詳月下丰神，頓教良夜生春。人籟

【瑣窗寒】今作《瑣寒窗》，非也。漸江楓玉露初勻，料想衡陽鴈未賓。盼巫峰朝暮信息難真，誰知青鳥忽傳來信，

《荆釵記》云「早間喜鵲噪窗南」及「姑姑因此臉羞慚」是也。必不可于第二字用一韻，而分爲兩句。自後人改易舊《荆釵記》，時人唱「這門親」一曲，多作「早間，鎮聞得鵲噪窗南」，故此曲亦遂誤用乃爾。《鄭孔目》傳奇云「此行須是早回歸」，自是正體。《香囊記》云「古今，惟有孟母與曾參」，則訛以承訛矣。唱之者既熟，聽之者又慣，作之者又多不考其源流，此調幾何而不盡失其故耶！「偶聞」以下，本宜七字作一句，而二字爲節，五字爲節，如

【眉批】第二句當如《琵琶記》「不曾許公與卿」唱法，乃六字二節者。今止因《荆釵記》「無奈人來説再三」多襯「無」字，遂唱作《懶畫眉》第二句，腔謬矣。

【劉潑帽】背人避影通芳訊，恨塵緣尚阻良姻。盈盈眼底明河近，不得親，脉脉添愁悶。

【大勝樂】玄都觀花事雖湮，想天台緣未泯，采春正合元郎韻。知盼盼是你前身。少不了今生酬却前生願，豈但是一夜夫妻百夜恩，從他間阻，這赤繩到處自然相引。

【眉批】

「花」字上一板，必不可無，無之則板亂矣。今人必欲去之，可恨。

【生姜牙】即《節節高》。秋蟾又吐痕，彩蓂新，壺觴肯向時俗混。頻傳問，待玉人，携芳醞。任他吹帽金風峻，黄花笑把簪蟬鬢。屈指良辰是佳期，從今定無孤辰運。

【尾聲】離情一日三秋迅，况秋宵容易斷魂，待取相逢却細陳。用真文韻。能不犯庚青一字，脱去時病多矣，應亦是留心此道者。

〔南吕〕梁州小序　初夏閨情

人籟　陳大聲

【梁州序】西園暮景，南軒初夏，長日端居多暇。樓頭楊柳，陰陰漸可藏鴉。無奈關心杜宇，惹恨倉庚，占定荼蘼架。芭蕉分緑也，上窗紗，閑看兒童捉柳花。【賀新郎】（合）珠箔捲，金鈎掛，怪無端一夜東風大。花亂落，謾嗟訝。

【眉批】

此調毗陵蔣孝舊譜作《梁州小序》，以《梁州序》自有「家私迭等」爲本調也。後人以「家私迭等」爲《古梁州》，而以此調竟作《梁州序》，其失久矣。詞隱生考以後五句犯《賀新郎》，改名《梁州新郎》，查之良是。然其名不欲改舊譜，故仍之。

【前腔】瑶臺寂静，畫欄幽雅，一樹薔薇低壓。鴛鴦兩兩，飛來暖傍晴沙。爲甚金針閑却，彩綫丢開，刺綉都停罷。舊巢新燕子，語窗紗，又見蛺蝶雙雙入菜花。（合前）「刺」，音七。

【前腔】【换頭】黛痕横臉玉生霞，篆烟微麝香消鴨。對銀箏無緒，鴈行雲駕。幾度閑尋舊譜，試學新聲，欲演還拋下。絲絲梅子雨，潤窗紗，無奈少女風前爛漫花。（合前）

【前腔】對香奩朱粉慵搽，臨寶鏡青螺羞畫，病懨懨多半，爲他瀟洒。堪笑鸚鵡解語，鸜鵒能言，把薄倖提名駡。開遲紅藥滿，映窗紗，爲甚送盡春風始見花。（合前）

【節節高】蓮舟戲女娃，露裙釵。蘭橈水濺凌波襪，貪歡耍。兩髻叉，雙鬟亞。青青荷葉無多大，折來莫把絲牽掛。（合）翠羽飛來緑葉叢，玉盤欹側瓊珠瀉。

【前腔】乘陰傍水涯，扇空遮。玉纖謾解鮫綃帕。音書假，辜負咱，多嬌姹。歸期暗數垂楊下，如今不信傳來話。（合前）

【尾聲】芳時一任東風嫁，對良宵歡情未洽，難道經秋不到家。用家麻韻。内止一「遮」字借作之沙切。秋碧故多本色，此獨以藻麗開梁、梅之濫觴，然猶有自造意語，非一概填塞活套也。

〔南吕〕梁州小序　春閨憶别

人籟　鄭虚舟

幽香新染，纖紅嬌露，一段風情誰付。深閨酣睡，鶯鶯燕燕相呼。驚破枕邊孤夢，番做相思，淚點珍珠顆。别離容易也，悔當初，到處秦樓花柳多。（合）芳草色，暮雲渡，盼音書隔在天涯路。三月景，又辜負。

【前腔】韶華濃麗，江山今古，彷彿丹青堪睹。游人如蟻，尋芳競試香羅。争奈那人不見，暗數歸期，又早清明過。滿懷離恨譜，向誰訴？不覺裙腰寬褪多。（合前）

【前腔】〔换頭〕暖沙堤忽睹鴛雛，戲清波雙雙交卧。正簷前細雨，溟濛烟霧。生怕房櫳静悄，夜色凄凉，試卜燈花朵。幾回推枕起，問嫦娥，何事孤眠怨恨多。（合前）

【前腔】好園林錦綉模糊，薄東風游絲輕舞。記當時執手，送别南浦。瞬息年華依舊，愁緒縈牽，敲斷金釵股。幾番臨玉鏡，鬢慵梳，無奈懨懨瘦損多。（合前）

【節節高】珠簾掩映拖，獸簷峨，依稀嫩柳墻頭護。誰知我，攢翠蛾，相思苦。魚分比目銀河阻，錚錚擊得菱花破。（合）自惜芳菲褪紅顔，薄情故把青春誤。

【前腔】冰弦懶去和，燼金爐，雕闌獨倚聽鸚鵡。蕭條户，人影疏，天憐我。沉沉井底銀瓶墮，藍橋水漲祆神火。（合前）

【尾聲】良辰九十成虚度，嘆王孫歸計杳無，何日相逢事事可。用魚模韻。内「顆」字、「多」字、「羅」字、「過」字、「朵」字、「娥」字、「拖」字、「峨」字、「哦」字、「破」字、「和」字、「我」字、「火」字、「可」字俱犯歌戈。「鶯燕鴛鴦」、「金釵玉鏡」、「珠簾金罏」，無非以閨中物色，叠湊成章。至于「掩映拖」、「獸簷峨」，遂不成語，或作「湘雲净倚疏，捲流蘇」爲近。

〔南吕〕梁州小序　月夜游湖

人籟　沈青門

長空如洗，平波如掌，兩岸青山相向。畫船簫鼓，偏宜老去疏狂。只見清凝丹鏡，影徹冰壺，冷透鮫綃帳。乘風來去也，泝流光，擊碎空明桂棹長。（合）銀河昡，碧波漾，看瓊樓玉宇高千丈。須縱飲，莫虚放。

【前腔】停杯相問，騎鯨欲往，脱落形骸豪宕。恩袍宫錦，曾依尺五清光。只見山河如舊，湖海飄零，風景添凄

愴。廣寒何處是？舞霓裳，遥隔銀河一水長。（合前）

【前腔】〔换頭〕嘆世情反掌無常，又何必官居卿相。縱繁華今日，豈無興喪。只見吴宫花草，晋代衣冠，俯仰皆榛莽。清時難屢得，且徜徉，莫待愁添白髮長。（合前）

【前腔】看横江白露瀼瀼，忽風來凉生仙掌，聽高樓何處，笛聲嘹喨。只見孤舟嫠婦，千里佳人，極目空惆悵。故園松菊也，已荒凉，一水牽愁萬里長。（合前）

【節節高】深潭倒玉幢，倚蘭槳。賦詩横槊風雲壯。靈槎傍，牛斗旁，星河上。九天零露仙衣爽，紫雲玉樹何足尚。百歲人生幾何時，不必世途空勞攘。

【前腔】高歌窈窕章，倚新腔。光摇琥珀翻紅浪，開新釀。飛羽觴，休推讓。猛拚一飲千鐘量，醉摇環珮傳清響。凡事區區豈由人，富貴倘來從天降。

【尾聲】乾坤萬里空凝望，且開懷一醉何妨，斗轉參横夜未央。用江陽韻。直是閒咏風景，故可作詩餘一派，不必作曲論也。詞中有「恩袍宫錦，曾依尺五清光」語，應是沈殿撰君典筆。蓋君典諱懋學，正與青門字同，故誤耳。若青門自多古色，不止是豪爽一流也。

〔南吕〕梁州小序　咏蝶

人籟

梁伯龍

郊原風暖，園林春霽，日午香薰蘭蕙。翩翩緑草，尋芳競拂羅衣。只見鞦韆初試，紈扇初開，驚得雙飛起。爲憐春色也，任風吹，飛過東家知爲誰。（合）花底約，休拆對，奈悠揚春夢渾無際。關塞路，總迢遞。

【前腔】差池羅幕，徘徊宫髻，撲着花兒斜綴。金鬚輕展，芳心未露先知。恰似偷香韓壽，傅粉何郎，慣作司花吏。畫橋風細也，賣花回，亂逐餘香過水西。（合前）

【前腔】〔换頭〕向蘭閨欲作良媒，爲經雨暫飛猶住，况重簾隱隱，欲投無計。枉自相隨油壁，獨叩花房，風勒還空退。殘紅零落也，伴香泥，浪撲金鞍送馬蹄。（合前）

【前腔】正東城雙宿雙飛，又南浦離群失隊，嘆花溪深杳，再逢何地。應是狂隨風絮，舞入梨花，畢竟無尋處。乍來還去也，是和非，何日墻頭接翅歸。（合前）

【節節高】誰餘故館基，野花迷。謾尋珠翠投荒砌，空留滯。芳草凄，蒼苔蔽。蹁躚弱態今何地，芳魂應逐秋風去。（合）半載分離不多時，春來依舊重相會。

【前腔】輕盈漢殿姬，素蛾眉。粉容旖旎春香膩，迎風倚。着露欹，經烟醉。霓裳舞罷歸環珮，紛紛盡入宫墻内。（合前）

【尾聲】深宫鎮日重門閉，對簾櫳午漏漸稀，拓得滕王畫品奇。用齊微韻。内「處」字犯魚模。咏物頗多雅思俊句，是伯龍輩所長，然「撲着花兒斜綴」等語，又大似陳秋碧。

〔南吕〕梁州小序　離思　人籟

王雅宜

筠窗星散，苧幃風度，幽夢無端攪寤。疑真似假，教奴懊恨當初。渾似蝶香銷粉，蛛網縈絲，鏡破鸞孤舞。幾番消渴也，寸腸枯，誰道如今腸也無？（合）没定奪，難存坐，風花撩亂章臺路。韶華去，怎回顧。

【前腔】梧飄金井，蛩吟玉露，身似悲秋宋玉。有情難賦，無端短嘆長吁。怎能勾傾城傾國，行雨行雲，把多病多愁可。瑶琴空駐怨，分應孤，不是知音世上無。（合前）

【前腔】〔换頭〕聽征鴻天外相呼，似失侣不勝凄楚，更那堪嘹嚦，數聲哀訴。好似緑珠墮恨，碧玉沉愁，聲斷衡陽浦。天長音信短，奈君何，知道眉兒淡也無？（合前）

【前腔】對簾櫳凉月紛敷，恍一似嫦娥低度，元來是助人愁，半痕玉兔。想像西厢詩侣，南浦情人，消瘦梨花朵。轃成離恨譜，淡了會親符，果是人間好事無。（合前）第三句少協。

【節節高】新妝艷綺羅，隔明河。虚無縹緲輕雲護，天香墮。瑣翠蛾，調鸚鵡。高唐雲雨何朝暮，巫山何處陽臺路。（合）争怕春光不相留，朱顔未肯常如故。

【前腔】風烟斷緑蕪，夢南柯。朦朧誰注姻緣簿？芳年誤。恨轉多，佳期負。靈心一點先瞧破，天涯草色王孫路。（合前）

【尾聲】幽期密約都虚度，江州司馬淚痕多，及至相逢半句無。用魚模韻。内「可」字、「何」字、「朵」字、「羅」字、「河」字、「蛾」字、「柯」字、「破」字、「多」字俱犯歌戈。數「無」字押得磊落有情，中間佳處亦是不肯作草率語者。《萃雅》不收，可見知曲者少也。若非常諦居多，當取之地籟矣。

〔南吕〕梁州小序　月夜愁懷

人籟　祝枝山

廣寒清冷，瑶堦風露，幾許春愁難訴。雲收雨斷，晚來枕簟差鋪。空憐長缺，待得團圓，又被風塵阻。世間偏是我，命兒孤，誰問相思病有無。（合）經年恨，青春誤，香閨長夜天涯路。心上事，好辜負。

【前腔】蒼苔寒緑，簾櫳香霧，黄昏人立庭梧。只見輕雲冉冉，長空幾點沉浮。祗怪三星在户，千里驚心，夢入關河阻。樓臺春寂寂，浸冰壺，悶倚雕闌淚欲枯。（合前）

【前腔】〔换頭〕恨雙魚音問全無，似銀河終年間阻。看長途迢遞，樹烟山霧。悶得朱門静悄，金屋蕭條，人怨長門賦。紗窗花影轉，夜如何，剩枕閑衾病較多。（合前）

【前腔】嘆清光何地曾無，畢竟是照他照我。偏是他今夜裏，共誰歡娱。我把蒼苔立遍，羅袂生寒，隱忍心頭苦。

暗將當日事，問嫦娥，誓海盟山竟若何。（合前）

【節節高】相逢分有無，强支吾。銀缸寶篆閑朱户，添凄楚。緑鬢枯，紅顔妒。曉開妝鏡花羞睹，悮人脂粉何曾傅。（合）可憐憔悴月中人，慣牽愁恨天涯路。

【前腔】風流惹恨多，記當初。曾教分入姻緣簿，成虚度。離恨窩，相思譜。㤿纏冤債風塵妒，何時了釋從前苦？（合前）

【尾聲】天邊月冷心頭苦，這凄凉分明是他負我，只落得人月如今一様孤。用魚模韻。内「何」字、「多」字、「我」字、「娥」字犯歌戈。尾聲甚俊。

〔南吕〕梁州小序　題情　人籟

沈青門

朱明佳景，緑陰清晝，盡日飛花駕甃。夢驚芳草，風簾摇拽金鈎。正是屏山人悄，沈水烟消，此際堪憔瘦。楚天人共遠，漫凝眸，倚遍西江十二樓。（合）春已盡，愁如舊，怕黄昏寂寞難消受。歡會少，別離又。

【前腔】斜陽芳草，淡烟疏柳，又是栖鴉啼後。悶來無語，憑欄暗識歸舟。空有藍橋心約，紅葉題情，底事成虚謬。舊游人在否？水空流，雲鎖當年望月樓。

【前腔】〔换頭〕嘆巫峰雨歇雲收，恨陽臺釵分鏡剖。記臨岐執手，淚盈衫袖。只恐關河迢遞，落日長堤，千里空回首。相思分兩地，恨悠悠，辜負今宵月滿樓。（合前）

【前腔】立斜暉目斷荒丘，倚危欄聽殘寒漏。浸紗厨月冷，斷魂時候。記得前春游賞，月下花前，有個人携手。揚州孤夢破，倦追游，更與何人上翠樓。（合前）

【節節高】花間鶯燕儔，動離愁。孤鸞羞舞菱花剖，相思久。恨未休，人消瘦。羅衣寬褪芙蓉扣，鮫鮹不禁啼痕透。(合)但願延大劍再逢，珠還洛浦圓如舊。

【前腔】瑶臺月影收，露華浮。江空夜静天銜斗，頻搔首。徹夜愁，濃如酒。香消寶篆寒金獸，可憐獨擁鴛衾宿。(合前)

【尾聲】分離不似今番驟，望斷烟波萬頃秋，愁滿天涯無盡頭。用尤侯韻。詞意老辣，而音律亦甚和協，韻脚如「别離又」、「鴛衾宿」，皆老於叶字者也。

〔南吕〕梁州小序　乍會惜别

人籟　凌初成

擔囊京國，閑吟空院，追憶芳塵凄怨。柔腸斷處，從天降下輜軿。依舊目腰欺弱柳，步蹴金蓮，歌罷桃花扇。相逢先一笑，態嫣然，夜月輕彈廿五弦。(合)方歡會，諧心願，被罡風吹得朝雲變。消沮事，陡然見。

【前腔】袄祠烟烈，藍橋波濺，衣帶從今寬展。搴幬佇望，殘膏剩馥依然。鎮自把燈前絮語，枕畔盟言，夢裏空敷演。高山流水調，有誰憐，閑盡相如緑綺弦。(合前)

【前腔】【换頭】啓朱唇頻誦新編，露纖手時鎸秦篆。這風流旖旎，總堪留戀。還記得呼名低應，偎臉微酡，拍板喉輕囀。揮毫空落紙，似雲烟，誰譜新聲被管弦。(合前)

【前腔】拚沉醉有酒如泉，恰欠申殘燈空顫。剩羅幃綉幕，竹奴爲眷。還念他長途炎日，旅舍凄風，暗損如花面。千般無意緒，總堪捐，一任蛛纏錦瑟弦。(合前)

【節節高】薰籠懶自燃，静無烟。和衣亂倒孤衾罥，涎空咽。枕遞遷，頤支徧。顛來倒去渾難便，挑燈索候催銀箭。(合)未審相逢是何時，不覺腹中車輪轉。

【前腔】終宵思黯然，想從前。懵騰一會心驚戰，聞聲囀。恍並肩，歡相見。元來是夢魂闖入蓬萊院，虚無縹緲

和卿面。(合前)

【尾聲】從來好事多更變,最苦是蚊雷成陣打盤旋,又凑個不做美的迢迢未曙天。用先天韻。詞意有俊處,惜常詮居多,異人止得一尾,及襯字數轉有波耳。

〔南吕〕宜春令　青樓佳遇　人籟

梁伯龍

貂裘染洛下塵,嘆浮名栖遲此身。秣陵秋盡,雲衢有路鴻無引。奈江頭一夜西風,都吹上半生愁鬢,堪憐韶華荏苒百年一瞬。

【太師引】算前程畢竟全無準,羨鵬搏何年化鵾。怎消得重門清晝,况值着孤館黄昏。生平意氣休相哂,聊寄迹錦營花陣。平康路車蹄馬輪,從今後向陽臺暮雨朝雲。

【瑣窗寒】遍青樓尋訪殷勤,邂逅當年第一人。見丰儀俊雅,性格温純。趨承濟楚,衣衫淹潤,淡梳妝不施脂粉。可憎青團半掩啓朱唇,頓然一座生春。

【眉批】

第二句當如《琵琶記》「不曾許公與卿」唱,今人唱都是《懶畫眉》第二句腔,甚謬。

【黄鍾三段子】問伊近庚,是楊家初年長成。問伊小名,是楊妃當年後身。疑是霓裳隊中金蓮襯,沉香亭畔春醒醒。寂莫闌干,梨花丰韻。

【眉批】

末句本七字句，《琵琶記》「改换門閭偏不是好」原襯一「是」字，後人皆誤爲八實字，作者紛紛，不可改矣。

【南吕東甌令】烟霞相，不同群，好惡相傾越與秦。誰知窈窕還相訊，議論多奇俊。嘆悠悠世路總浮萍，青眼更何人。

【眉批】

《東甌令》與黄鍾《太平令》大不同，今人皆混爲一，不可不辨，説别見。

【三换頭】衷腸未明，欲言難盡。姻緣到也，喜兜的便親。書生何幸，這其間只索把那飄蓬此身來儘。一霎成秦晋，春生白練裙。意外良緣，怎負得一夜夫妻百夜恩。

【眉批】

舊譜注云：「前二句是《五韻美》，中四句是《蠟梅花》，後四句是《梧葉兒》。」今按前二句、後二句俱近似矣，但中四句不似，而「一霎」二句，亦不似《梧葉兒》。此本《琵琶記》「名繮利鎖」一曲，姑闕之，以俟知者。

【劉潑帽】綉床根底將鞋兒褪，却匆忙未掩樓門。深深叩謝周公瑾，莫浪聞，這恩德應難盡。

【大勝樂】問娘行這段姻親，却緣何心便肯。多應宿世緣和分，因此上一時渾。分明是雙雙蛺蝶迷花徑，兩兩鴛鴦護水紋，情真意懇。非干是偷寒送暖，棄舊憐新。

〔仙呂〕【解三酲】休忘了焚香寶鼎，休忘了待月疏櫺。休忘了生辰八字親相訊，休忘了對翦烏雲。休忘了侯門畫索潛投奔，休忘了別館宵分挹淚痕。伊休溷，須不是你家行徑似假疑真。

【南呂節節高】恩情難具陳，未經旬。別離兩字當心撐，歸何迅。杯易傾，情難盡。春明門外程途亘，疏林處處斜陽映。只恐分離在須臾，片時人遠天涯近。

【三學士】都城南去霜風緊，黯然欲別銷魂。君如想妾還愁妾，妾若忘君是負君。歲月蕭條難過遣，書和信，莫厭頻。

【眉批】

詞隱生曰：「按此調第三句雖與《解三酲》第三句相似，而實不同。余猶及聞昔年唱此第三句，並無截板；今清唱者，皆與《解三酲》第三句同矣。」

【大迓鼓】離亭酒一尊，青衫濕處，盡是啼痕。蕭蕭匹馬投荒徑，嘹嘹征鴈度孤村。雜踏長途，淒涼暮雲。

【眉批】

本句亦宜七字句，《琵琶記》「休把嫦娥付與少年」亦襯一「與」字，如前《三段子》末句句法同，今亦皆作實字矣。

【中吕撲燈蛾】時開一紙書，每玩雙鉗印。追想那多嬌，不覺眉留目亂也。看腰圍瘦沈，願年年芳草滯王孫。鏡臺前逗遛京尹，眉重暈，紗窗着意再温存。

【尾聲】春風又入淮南郡，看行行一騎到金陵，肯負青樓薄倖名。用真文韻。內「庚」字、「名」字、「檽」字、「撐」字、「頃」字、「映」字、「亭」字、「徑」字、「陵」字犯庚青。「沈」字犯侵尋。

〔南吕〕宜春令　傷逝

人籟　　吴載伯

春將去人忽離，恨無端似雲遮霧迷。玉容何處，却教腸斷吹簫侣。那琴中調是寡鵠孤鸞，這夢中景尚同枝連蒂。我這心情無端悵怏誰知一二。

【太師引】記十載如魚水，兩情濃鴛衾鳳幃。怎當得千般嬌媚，肯虚度萬種歡娱。誰得似同心尤合意，真個是雙烟一氣。花香處游蜂未知，只合向瑶臺瓊砌綉幕低垂。

【瑣窗寒】貯金屋都道相宜，映臉桃花恐不如。看温柔性格，綽約身軀，似雲中仙子，來臨凡世，伴朝昏非同容易。早時起調鸚鵡曉妝遲，分明画裏西施。

【黄鍾三段子】一春酒卮，捲珠簾花兒柳兒；清和日遲，對薰風鶯兒燕兒。三秋菊綻金垂砌，三冬暖閣爐烟細。和你同賞同歡，年年伉儷。

【南吕東甌令】門相守，步相隨，美滿恩情不暫離。天教凑合姻方締，何用多盟誓？顛雲倒雨會尤奇，也是前世結來的。

【三换頭】蓮花步移，香生羅袂。嫣然兩頤，似芙蓉在池。共看鴛鴦閒戲，這其間却似那有情人心情風致。曲曲雕闌倚，雙雙手並携。醉泛金尊，一任樓頭更漏催。

【劉潑帽】日高三丈猶酣睡，窗兒外鳥聲偏碎。殘脂剩粉金盆洗，裊裊雲鬟又向西園去。

【大勝樂】霎時間兩下分離，死和生嗟兩地。彩雲易散琉璃脆，愁無奈苦難持。說甚麽天長地久長廝覷，空撇下無限凄凉只自知。教人恨也，不到頭的姻緣也算一世夫妻。

〔仙吕〕【解三醒】忘不了心恬意美，忘不了百樣投機。忘不了簷前笑指雙星聚，忘不了燈下相偎。忘不了嬌凝秋水盈盈眼，忘不了俏展春山淡淡眉。難忘處，只落得數聲長嘆，料你一寸難灰。

【南吕節節高】乘鸞去莫追，暮春時。傷心不覺朱明矣，心如醉。苦費思，難重會。看看又是端陽至，蘭湯三伏同誰試？梧桐一葉早秋來，穿針乞巧空凝睇。

【三學士】中秋月色香飄桂，似廣寒宫裏難窺。只言天上無婚配，難道人間少唱隨？縱使登高愁望遠，人不見，鴈空飛。

【大迓鼓】寒朝十月期，蕭蕭敗葉，滿積庭墀。陽回葭管灰先動，深閨添綫也休題。雪色侵人，冬殘歲除。「動」字宜用韻。

【中吕撲燈蛾】元宵火樹輝，燈影相遮蔽。紅紫鬥芳菲，正是賞花天氣也。何心沉醉？空教人對景怨春暉。匆匆的又清明掃祭，衣和袂，潸潸都作杜鵑啼。

【尾聲】一年總是相思處，薄命書生薄命你，博得夢裏成雙生憎報曉鷄。雜用魚模、齊微、支思三韻。此曲乃吾湖亡友之作，用韻不嚴，然時有警句，與「貂裘染」一曲，亦未肯遂遜步者。時人反有唱「青陽侯」一套，覺非此敵也，故棄彼取此。

〔南吕〕綉帶引　閨情　天籟　錢鶴灘

【綉帶兒】驀忽地雙眉暗鎖，層層叠個愁窩。心苗内種得根深，春絲裏惹得情多。蹉跎，【太師引】萍踪兩下難定妥，脚根綫恐他失蹉。都歷過從前折磨，非容易如今風不揚波。**【針綫箱】**任教他百樣相摧挫，只忍受痛腸無那。**【懶針綫】【懶画眉】**憶昔相逢兩情和，浪友狂朋幾調唆，慳雲澀雨屢經過。有時節背地頻留意，有時節人前佯誚訶。他和我，許多科段，都只恐或被人睃。**【醉宜春】【醉太平】**知麽，閒身未老，爲傷離怨别無奈卿何。珠流淚顆，填得滿慾海情河。差訛，誰知水盡欲飛鵝。**【宜春令】**管成就鴛鴦則個，好待枝頭連理那時結果。**【瑣窗綉】【瑣窗寒】**送得人特地風魔，廢寢忘餐只爲他，漏風聲又恐打破砂鍋。雲帆霧槳，時或相左，願卿卿緊持心舵。**【綉衣郎】**又何須論分離會合，又何須論分離會合。**【大節高】【大勝樂】**經年遠隔斷銀河，到秋期還證果，填橋靈鵲應相賀。**【節節高】**風流貨，錦綉窩，珠璣唾，春纖携處寒暄過。問郎何事音書惰，悄語娘行莫相疑，傳書怕教人宣播。**【東甌蓮】【東甌令】**千金笑，半含酡，妾不相疑聊試哥。從今不放君移舵，儘占了鶯花座。饒他蜂蝶浪瞧科，**【金蓮子】**敢覷着翠紅鄉兩鶼鶼相守在輕莎。**【尾聲】**展舊歡呈新課，都將付與變聲歌，可怕周郎一顧麽。用歌戈韻。全套皆俊語淋漓，真作手也。一時詞人攘臂者，宜縮項退矣。

浣溪樂

【浣溪紗】你曾送神女來高唐左，與襄王結就絲蘿。偏生把我多摧挫，直恁地書生緣分薄！**【大勝樂】**如何是可，把降魔寶劍暗裏摩娑。

春太平

【宜春令】我心纔動，他却笑呵，道何須煩君太阿。你自體疲力倦，赤繩枉向君邊過。假饒他倩女離魂，也摇不動你希夷高卧。**【醉太平】**但得你少眠一和，須教送與微步凌波。後二曲偶從譜末帙中得之，得句頗俊，苦無全套收之。然與「驀忽地」一套，用韻用調皆同，且筆致如出一手，故附録于此。

〔南吕〕針綫箱　恨别

人籟

鄭虚舟

自别來杳無音信，昨夜裏燈花未准。五行中合受凄凉運，真個是惱人方寸。有時節獨立在垂楊下，可奈枝上流鶯和淚聞。（合）愁悶損，縷金衣上一點點都是啼痕。

【前腔】過一日勝似三春，看看的春光將盡。害着不疼不痛懨懨病，漸覺道帶圍寬褪。正是落花滿地胭脂冷，又早雨打梨花深閉門。（合前）

〔仙吕〕【解三酲】待寫下滿懷愁悶，更説與外人不信。回文錦圖織不盡，空訴與斷腸人。幾番待撇尋思别事因，争奈一夜歡娱百夜恩。（合）今番病，非因害酒只爲傷春。

【眉批】

詞隱生曰：「此《解三酲》正體，舊曲如《荆釵》、《彩樓》等記皆同。此體變于《琵琶》，再變于《香囊》，而後大壞矣。」

【前腔】〔换頭〕海棠嬌等閒憔悴損，又不見當時花下人。東風不管離人恨，苦吹散楚臺雲。如痴如醉悠悠勞夢魂，恨不得一上青山立化身。（合前）

【眉批】

換頭第一、第二句，原與前曲不同，即如《八聲甘州》、《泣顔回》皆然。今人必欲同之，何也？

【尾聲】恨薄情無憑准，終朝思省淚珠傾，這樣傷春誰慣經？用真文韻。内「病」字、「冷」字、「傾」字、「經」字犯庚青。

〔南吕〕紅衲襖　寄情　地籟　梁伯龍

髀香肩鬆臂金，削纖腰寬帶錦。這些時懶把生綃理針紝，羞將寶鴨添水沉。自别來還至今，幾曾時放下心。不能彀一霎徘徊兩意綢繆也，只落得長夜孤眠伴綉衾。要知第七、第八句，本來只是七實字一句，分四字爲一節，添一「也」字作一句；下三字爲一節，又添襯字爲一句，故《琵琶記》「悶懨懨不放懷，撲簌簌淚滿腮」皆六字句，而「也」字上，都不用韻耳。今人認以爲兩句，故用襯字太多，遂有八句，而體失矣。然以句皆截板，故雖字多而亦便唱耳。詞隱生以《拜月亭》七句，《琵琶》八句，謂二記必有一誤，又增一體，亦未細詳也。

【眉批】

古曲如《八義》、《金印》、《拜月》，皆以此調爲引子，獨《琵琶》不然，然畢竟是引子也。每句末尾第二字俱用仄聲，惟第三句用平聲，不然皆拗矣。第七句本調有無者，若有之，則末尾也，上二字宜用平聲。

今人皆以此調句法長短不定，遂妄增改，多至不成音律，不知襯字只可用在每句上及句中間，至每句末後三字，其平仄斷不可易。

【五更轉】冷鳳幃虛鴛枕，對金樽誰共斟。凄凉此際難消任，誰料冤家薄情特恁。到今來猶記得花前飲，閑窗寂静空顛窨，彷彿逢君梅花月陰。

【浣溪紗】他負心，真忒甚，枉教人肺腑簽針。金錢不准年來讖，錦瑟空閑月下吟。身凛凛，不由人不迷魂。没合煞，空勞勞弔膽提心。

【東甌令】心中印，口中噙，到向那陽臺曉夢尋。清宵淚滴衫兒袵，桃花冷胭脂沁。畫欄月轉粉墻陰，無奈漏沉沉。

【大迓鼓】逢人覓信音，奈衡陽鴈杳湘浦魚沉。傷秋謾把閒愁禁，怎當他夕陽歸鳥下疏林？撇却歡娱番成病侵。

【節節高】秋來意更深，漫思尋。音書欲寫還厮噤，空追審。不見臨，因此甚。兔毫血蘸尖兒浸，鸞牋墨酒行兒啉。一緘離思逐雲飛，遍身香汗和衣滲。

【金蓮子】倩塞禽多情定見機中錦，料應是長吟還短吟。爲甚的惡姻緣更重重遠水又遥岑。

【尾聲】算來人世多讒譖，大都常是負初心，誰比我海樣相思直到今。用侵尋韻。韻甚嚴，而押來復自然，恐伯龍未必及此，亦未知出此。

〔南吕〕懶畫眉　情思

天籟　燕仲義

小名兒牽掛在心頭，總欲丢時怎便丢。渾如吞却綫和鈎，不疼不痛常拖逗，只落得一縷相思萬縷愁。

【不是路】無了無休，鎮日縈牽不自由，難窮究。只因幾度送雙眸，謾追求。假若他不應花前口，爲甚麼還將熱話兜？休相誘，有心待共鬆羅扣，不如早些成就，早些成就。

〔仙呂〕【掉角兒序】任勾差隨時應酬，趁埋冤總然承受。不争差性命心肝，好一似爹娘骨肉。又何曾氣兒呵，情兒拗，話兒嘲，龐兒訕，一些相鬥。隨衙聽候，朝來暮休，但得個尤雲殢雨，勝似對侯。

【尾聲】憑將風月都投首，不信冤家不到頭，終有日飛上紅香燕子樓。用尤侯韻。尾句收得味淺。

〔南呂〕懶畫眉　風情　人籟

沈青門

寶花欄十二玉亭亭，月轉層臺香霧凝。嫦娥有約在初更，徘徊立遍蒼苔徑，驀被柳影風摇幾度驚。

【不是路】悄悄冥冥，只見他轉過沉香六角亭。簾櫳映，依稀環珮夜無聲。乍逢迎，對籠雙袖梨花冷，寶釧金寒玉腕冰。嬌痴性，却纔相迓還相倩，戰競不定，戰競不定。

〔仙呂〕【掉角兒序】香枕挨銀泥翠屏，暖裀鋪紫藤花欖。解酥胸釦脱珍珠，吐丁香臉偎仙杏。怎禁他任狂蜂，隨浪蝶，倒青鸞，顛綉鳳，喘吁不定。親親氣命，低叫幾聲，悄一似東風未曉，月底聞鶯。

【尾聲】分明人在神仙境，一段巫山夢未醒，明夜還來花下等。用庚青韻。

〔黄鍾〕畫眉序　天籟

王渼陂

無意整雲鬟，斗帳寒生夜不眠。謾傷春顦顇懶拈針綫，唤丫鬟休捲珠簾，羞睹那雙飛紫燕。悶懷先自心撩亂，怎禁他萬般消遣。

【眉批】

此調查舊曲《牧羊》、《八義》皆三字起，惟《琵琶記》五字起，而後遂不知本調，且反改《八義》爲五字，最可恨也。

【商調黄鶯兒】羞對曉妝奩，俊龐兒不似前。可憐玉腕寬褪黄金釧，香消玉減，歌慵笑懶，這幾般只爲虧心漢。枉埋冤，當初是我，不合和你配青鸞。

【羽調四季花】【黄鶯兒】愁殺悶人天，【皂羅袍】見樓兒上窗兒外皓月斜穿。【金鳳釵】更闌，芙蓉帳裏春夢殘。鴛鴦枕兒閑半邊，覺來時愁萬千。【皂羅袍】粉容憔悴，懶貼翠鈿。【金鳳釵】香肌瘦損羅帶寬，咫尺在目前。悄没個稍書人便，奈天遠地遠山遠水遠人遠。

【眉批】

「地遠」二字，與「人遠」「遠」字，用平聲乃叶。

〔仙吕〕【皂羅袍犯】漸覺神魂勞倦，唤玉梅款款摟定香肩。甫能魂夢到君前，又被風吹簷馬滴溜溜轉。驚回好夢，悶懷轉添。翻來覆去，和衣强眠，千愁萬恨教我枉埋冤。【排歌】雕簷畔，鵲噪喧，幾番虚把信音傳。危樓上，憑畫欄，幾回錯認了去時船。

【眉批】

「魂夢」轉作「夢魂」，即發調矣。

「滴」作平，「溜」字平聲乃叶。

「枉埋冤」宜平平仄。

【解三醒】去時節早梅初綻，定約到燕子來時人便還。到如今鶯老花殘後，並不見去的人面。他在秦樓戀着一個別少年，却不道有個人兒眼望穿，頻作念，許多時可惜辜負花前。

【南呂浣溪紗犯】第三句宜仄平平仄平平仄，如「琴心婉轉頻挑逗」等是，而此却不合。楊柳眉秋波眼，端的是爲誰愁煩。年年三月病懨懨，真個惱殺人也天。要解愁煩須是酒，酒醒後悶懷重添。**【玉抱肚】**蕭蕭風雨送春寒，滿院梨花啼杜鵑。

【眉批】

考此調「人也天」之下，宜有一三字句，如譜中「心耿耿」，陳大聲「他去久」是也。此曲無之，而「須是酒」宜用仄平平，乃用平仄仄，殊乖音律。

【奈子花】從伊別後有誰憐，將心事仗托誰傳。朝雲暮雨，和誰留戀，合歡帶共誰同綰。作念，心似酒旗懸懸。

【眉批】

「從伊別」一節，「後有誰憐」一節，不可作七字句法。「後」字一板必不可少。

【商調集賢賓】瑶琴鎮日續斷弦，待撫操求鸞，又被風吹别調間。端的是爲誰抛閃，緣慳分淺，怎下得王魁手段？·伊行短，全没個意回心轉。

【琥珀猫兒墜】薄情一去，端的有誰憐。恁做琴兒學統鏝，這頭方了那頭圓。迷戀，知是甚日歸來舊家庭院。

【眉批】

「琴兒統鏝」，方言也，應作「勤兒」。

「舊家庭院」，用仄仄平平亦可，但「甚日歸來」平仄不可换耳。

【黄鍾啄木鸝】又可入商調。**【啄木兒】**把香囊綉，書寄遠，我爲你停針三四番。綉窗下豈無人見，月下把綉針偷拈。未曾提起先淚漣，把淚痕兒封去教他看。**【黄鶯兒】**這斑斑，都是爲惜人做出，相思淚兒眼。

【眉批】

舊譜云：「黄鍾不可犯商調，恐前高後低也。」此調正犯此病，然實起于《琵琶記》。

〔仙吕入雙調〕**【玉交枝】**您下得將人輕賤，歹心腸鐵石様堅。空教人數得歸期晚，寶釵兒劃損雕欄。飛不過翠嵬嵬離恨關，擔不起重沉沉相思擔。要見他千難萬難，要見他除非是夢間。

【眉批】

「飛不過」句，與《琵琶記》「蟾宫桂枝」平仄同，甚發調可愛。二「見」字宜平。

【越調憶多嬌】天黯黯，月慘慘，房兒中冷落衾枕單。俺這裏恨更長，他嫌春宵漏短。拜告蒼天，拜告蒼天甚日得人月再圓。

【眉批】

第四句宜七字，此作十二字，爲《琵琶》「此去孤墳望公公看着」所誤也，不知彼襯「望公」二字，仍七字耳。

〔仙吕入雙調〕【月上海棠】奴命蹇，甚時得脱凄凉限？記當初執手，和他送别陽關。兩三番耳畔叮嚀，全不把音書回轉。同罰願，虧心的瞞不過湛湛青天。韻用先天，雜犯桓歡、監咸韻。

【眉批】

如此作煞句儘老，而時刻多增尾聲，且俚甚，可恨。

〔黄鍾〕畫眉序　贈小史　地籟　失名

人心怎能測，美滿前程天妒嫉。惡根苗種不出歡條喜實，怎討他吐膽傾心，空博得言甜意蜜。知音何處好尋覓？這滋味教人難吃。

【南呂浣溪紗犯】心如醉，腸似刺，這離愁不關春色。被百磨打散雙鸂鶒，並頭花擘手擘。【啄木兒】好似金瓶落井無消息，打撈起教人空費力。【玉漏遲序】怎禁受形單影隻，療相思那曾有藥石。

【眉批】

「並頭」句，宜七字。

【黃鍾三段子犯】追今悼昔，似雷陳膠共漆。尋踪問迹，似參辰南與北。【綉衣郎】良緣未緝，龍陽有淚因誰滴？怕前魚向中道拋擲，端不是殘桃愛釋。

【眉批】

「膠共漆」、「南與北」，宜四字句，今三字，變體也。

「追」字、「尋」字，去聲乃發調。

兩「似」字、「共」字、「與」字，俱仄聲妙。

【滴溜子】銷魂處，銷魂處，暗裏思憶。傷情處，傷情處，明中飲泣。教我寸腸越窄，來眉去眼心。一日失，追想那相逢地別離轉迫。

【下小樓】或作《上小樓》，乃北曲名也，南曲無之。痛悲天津路隔，惡思量無擺劃，空勞夢繞楚臺側。誰料天涯咫尺，頃刻存濟不得。

【永團圓犯】即《耍鮑老》，與中呂者異。說見中呂《耍鮑老》。【永團圓】陽關路斷誰沾識，揾青衫紅淚濕。桃源豈比尋常陌，阮途窮人共惜。縈腸掛臆，天台不拒重來客，只恐花狼藉。匆匆話澀，從前事轉脉脉。【鬧樊樓】風遞馬程疾，月送檣烏没。【望吾鄉】雙情繫，兩下魄，暗數回程日。【永團圓】目空盼水雲碧。

【眉批】

犯調皆依《萃雅》分注，其句法實同也。然譜中不分，而板亦與所犯本調有小異處。

【尾聲】眼前便是關山隔，這冤債倩誰收拾，怎做得白雲飛向絶域。用齊微入聲韻。内「測」字、「窄」字、「迫」字、「隔」字、「劃」字、「陌」字、「客」字、「脉」字、「魄」字犯皆來，「没」字犯魚模。語儘近本色，惜題是男寵，而前後與閨情無大異，惟《三段子》數語着題耳。

〔黄鍾〕畫眉序　乍别

人籟　祝枝山

一見杜韋娘，惱亂蘇州刺史腸。似奇花解語，軟玉生香。彩雲輕舞袖翩躚，金縷細歌喉清亮。料應夙世曾爲伴，今生再得成雙。

【商調黄鶯兒】偏愛素羅裳，煞娉婷忒恁狂。丹青怎畫得他嬌模樣。行思坐想，恩情怎當，俏冤家牽掛在我心兒上。細思量，一時不見，如隔九秋霜。

【集賢賓】一味至誠非勉强，他有鐵石心腸。君子情懷耐久長，我何曾着意關防。憑君主張，自不許蜂喧蝶嚷。秋江上，芙蓉花到老含芳。

【琥珀猫兒墜】合歡未久，無奈往他方。渭北江南道路長，暮雲春樹兩茫茫。何妨，一種相思分做兩處悲傷。

【尾聲】歸來依舊同歡賞，月下花前再舉觴，只怕歲月無情催人兩鬢霜。用江陽韻。

〔黄鍾〕畫眉序犯　秋日旅思　人籟　燕仲義

霍索起披襟，見書窗下有殘燈，把行囊促整跨馬登程。【金鳳釵】傷情，半世隨行琴和劍，幾年辛苦爲功名。從頭省，贏得宿水餐風戴月披星。

【雙調錦堂月犯】【晝錦堂】冥冥，霧淡雲輕。蕭寺漸遠，猶聞得隱隱鐘聲。離却邯城，遥觀野外烟凝。【月上海棠】銀河動斗柄初沉，玉露冷衣襟濕潤。【畫眉序】懊恨牢落在江湖上，身一似浪裏浮萍。

【眉批】

「沉」字不用韻，非犯侵尋也。

【商調御林鶯】【簇御林】黄花綻，滿路馨。見人家，半啓扃，聽得馬蹄兒趷的趷蹬穿芳徑。【黄鶯兒】睡犬早驚，哀猿忍聞，只見兩兩三三牧童騎犢過荒郊徑。數郵亭，長亭共短亭，一亭過了又一亭。

【黄鶯兒】伐木響丁丁，傍幽林取次行。聽得敗葉兒淅零索落隨風韻。疏星尚耿，殘月尚明，碧溪清淺梅横影。算前程，山程共水程，一程過了又一程。

【眉批】

《萃雅》以「算前程」三句犯《簇御林》，目之曰《鶯簇林》，不知此三句與前段「郵亭」三句何異。前爲犯《黄鶯兒》，此復犯《簇御林》也。總之二調末三句皆一樣，而扭搭異名耳。

〔仙吕〕**【排歌一封】【排歌】**霧斂雲收曙色漸明，林間隱隱山青。我只聽得劃刺刺澎湃波濤怒，響潺潺石澗水聲清。**【一封書】**白蘋岸，紅蓼汀，暗想眠鷗宿鷺驚。

【眉批】

時本失一「清」字，便非體矣。

「岸」字宜用韻，若爲排歌全曲，則末句平仄失調矣。或止末句犯《一封書》耳，今仍舊。

【一封歌】【一封書】芳草渡岸濱，野無人舟自横。江潮定水平，蒹葭浦濕帶痕。漁翁尚卧在蘆花深雪裏，**【排歌】**瀟瀟洒洒五湖烟景有誰争。

【眉批】

「野無人」句，正六字合體，時本加一「渡」字，以爲用成句耳，不知「渡」字已在上句矣。

【羽調馬鞍兒犯】怪石似劒排空陣，連雲棧怎生登。巉巗峻嶺戰兢兢，迤逦無人詢問。**【皂羅袍】**西風吹鬢，帽簷半傾。東方潑眼，紅日漸升，前途且喜村莊近。

【皂馬鞍】【皂羅袍】酒旆竹籬掩映，買三杯五盞少助精神。素壁中間畫劉伶，竹筋甆甌相厮稱。香橙螃蟹，正當此景。菊花新酒，可宜宴飲。【馬鞍兒】他鄉風物動離情，教人止不住思鱸興。

【商調水紅花犯】名韁利鎖苦相縈，背雙親，離鄉別井。何時名位到公卿？受艱辛，登山驀嶺。忽聽得晨鷄三唱，直待曉鍾鳴。好傷情，回首望家鄉淚暗傾。

【眉批】

「好傷情」二句，《萃雅》以爲犯《念佛子》，故名曰《紅花帶念佛子》。按《念佛子》本調並無此句法，姑闕之，俟考。

【中吕念佛水紅花】漸覺日高丈五，聽離巢烏亂鳴。【水紅花】　見古樹纏枯藤冷清清，深秋光景一灣流水繞孤村。小橋橫，人烟寂静。八九家茆簷草舍，三兩行鴈南征，嘹嘹嚦嚦叫聲頻也囉。

【眉批】

《萃雅》以「冷清清」以下犯《水紅花》。然《念佛子》亦無「見古樹纏枯藤」句法，宜屬下，但「見」字下落一字耳。

【尾聲】躦絲韁敲金鐙，到得皇都始安寧，直待衣紫腰金始稱心。用庚青韻。内「襟」字、「飲」字、「心」字犯侵尋。「潤」

字、「聞」字、「韻」字、「濵」字、「痕」字、「陣」字、「問」字、「近」字、「神」字、「親」字、「辛」字、「村」字犯真文。

〔黄鍾〕畫眉序犯　春日閨情　人籟　劉東生

鸚鵡報春晴，汗濕酥胸夢初醒。把簾鈎輕捲，散步閒行。留不住幾樹花香，踏不折一枝梅影。【畫錦堂】形孤另，可惜辜負新春懶裁雙勝。

【眉批】

譜中作《畫眉上海棠》。

「形孤另」二句，本犯《畫錦堂》，詞隱生以爲犯《月上海棠》。觀以下數曲，皆即帶上所犯曲名，則犯《畫錦堂》無疑矣。

【雙調畫賢賓】【畫錦堂】心驚，豆蔻微生，丁香暗結，教人睹物傷情。懊恨東君，韶光已過三分。【月上海棠】二分付流水浮萍，一分襯馬蹄芳徑。【集賢賓】芳春病，因此上花鈿慵整。

【眉批】

此曲譜中不收，出自倡作，其曰《畫賢賓》，蓋以《畫錦堂》犯《集賢賓》者，不知「二分」二句，又犯《月上海棠》，宜以《錦月賢賓》目之。

【商調集鶯兒】【集賢賓】殷勤把酒多至誠，勸東君須要長情。明歲重來期已訂，到不如就此留停。同歡同慶，免秋到碧梧金井。【黄鶯兒】再叮嚀，留春不住，相送過洛陽城。【黄鶯帶一封】【黄鶯兒】回首悶無憑，托香腮淚暗傾，見雕梁新燕長相並。這燕兒幾聲，那燕兒數聲，他把春愁説盡難回應。【一封書】冷清清，倚圍屏，交頸鴛鴦綉不成。〔仙吕〕【一封羅】【一封書】紅光溜小亭，蘸胭脂春草青。欲待尋芳穿曲徑，又恐踏碎殘紅不敢行。【皂羅袍】惜春良計，誰來助情？惜花怨苦，誰來辨明？悄無言立盡鞦韆影。【羅袍歌】【皂羅袍】墻外跎的跎蹬，是誰家公子策馬閒行？金丸花下打流鶯，偷香手段原端正。【排歌】君無意，妾有情，隔墻空自眼睁睁。看不見，恨轉增，夕陽揮淚杜鵑聲。【甘州解酲】【八聲甘州】東方月又明，辦盟香金鼎下拜深深。姮娥缺處，幾時得許我圓成。【解三酲】清光照人孤另影，羞睹牛郎織女星。驀然聽，是誰家庭院銀甲彈箏。【解酲姐姐】【解三酲】夜深露春衫濕冷，悄把寒窗半扃。鬟報東君昨夜成婚聘，西女今朝已結盟。傷心跌碎菱花鏡，振滅瑶臺一盞燈。【好姐姐】孤幃冷，翻來覆去眠不穩，淚濕羅衫一片冰。〔仙吕入雙調〕【姐姐抱醉公】【好姐姐】厭聽，長更短更，捱盡了銅壺寂静。心慵意懶，方纔好夢成，又被鷄唤醒，喜雨歡雲夢未成。【醉公子】奴薄命，游不到巫山許多佳景。

【眉批】

譜中又有《姐姐帶僥僥》一曲，即用此「厭聽」至「好夢成」爲《好姐姐》，下犯《僥僥令》云：「可惜春宵一刻千金價，自恨無緣一羽輕。」與此不同，不知孰誤。

【雙調醉僥僥】【醉公子】鬼病，到晚來比前越盛，他人行春宵一刻價值千金。思省，恨只恨當初花下相逢眼底情。【僥僥令】惜花春起早，步月夜無聲。畢竟紅顔多薄命，只得避香閨守夜清。【尾聲】梨花貌與桃花並，潔白嫌紅兩鬥争，可惜春光去怎生。用庚青韻。内「分」字犯真文，「深」字、「金」字犯侵尋。

〔黄鍾〕絳都春序　四時閨怨

人籟　王渼陂

情濃乍别，爲多才寸心千里縈結。吐膽傾心，把海誓山盟曾共設。風流空惹下相思業，又擔上風花雪月。滿懷心事，這離思教我對誰分説。

【眉批】

今人「傾」字上不點板，非。

【出隊子】花開花謝，又早春光應漏泄。紅深緑嫩一似錦屏列，觸處繁華都綻徹，嬌滴滴海棠花無心去折。

【鬧樊樓】陽關數曲宫商别，鳳簫聲斷楚臺程涉。霧鎖黄金闕，夢繞秦樓月。側愣箏弦斷，撲簌的瓶墜簪折，咭叮噹把菱花鏡碎跌。

【眉批】

今人于「瓶墜」下增出「咭叮噹將寶簪墜折」，末句上又增出一「響叮噹」，句既贅，而與舊譜不叶，又改别作捩，又削去「鏡」字，皆非也。

【滴滴金】尋芳緩步聞鶗鴂，柳畔黄鸝聲弄舌。花飛碎玉呈郊野，料東君歸去也。傷情慘切，悶無言倦將簾半揭。此情哽咽，滚滚楊花似雪。**【畫眉序】**清和傍佳節，㹊館凉生枕簟設。奈無情來往戀香，蛺蝶。逐和風點水蜻蜓，池沼内輕浮新葉。可惜虚度納凉夜，鮫綃上淚痕啼血。**【南吕浣溪沙犯】**新蟬噪聲哽咽，浸冰盤藕絲堆雪。羅帕上題詩將心事寫，仗南薰傳信也。**【啄木兒】**不思量舊日冰肌貼，不念我枕簟同歡悦。**【玉漏遲序】**不記得同心雙結，竟不想爲薄情種瘦怯。**【黄鍾三段子犯】**井梧墜葉，到重陽情興別。金英萬叠，繞東籬丰味絶。**【綉衣郎】**天香散麝，傷秋宋玉悲何切。盼征鴻在天外行列，須寄却魚書鴈帖。**【滴溜子】**紗窗外，紗窗外，桂魄皎潔。銀臺上，銀臺上，燒燈半滅。寶鼎餘香猶爇，西風翠被寒，蛩韻切，暗數盡譙樓上更籌未徹。**【下小樓】**嘆嗟，花殘月缺，挨連宵風雨節。姻緣分定受磨折，幾度思量欲見，争奈路遠途賒。**【永團圓犯】**犯注見《畫眉序》「人心怎能測」曲内。寒侵綉幄嚴威冽，舞鵝毛飄粉蝶。逋仙探梅閑游冶，暗香來難尋折。烹茶謾啜，相思擔兒何時歇？漸減桃腮頰，懨懨瘦怯。愁和悶幾時撇？寬褪羅裙摺，粉黛飄香屑。雲鬟亂，金鳳折，展轉形憔劣，只恐鬢堆雪。**【尾聲】**窗前暗把音書扯，駡薄倖弄巧成拙，再不把閒情來去惹。用車遮韻。

〔黄鍾〕啄木兒　題女郎

地籟　王渼陂

誰家女兩髻丫，滿臉嬌羞將破瓜。聽清聲似柳外雛鶯，覷香㚒似日暮寒鴉。選良姻不思輕婚嫁，守清規鎮常甘孤寡，好似一朵藏風葉底花。

【眉批】

「選良不思」用仄平仄平，「清規鎮常」用平平仄平，皆妙。《琵琶記》「事君事親」、「人生怎全」正同。若用平平仄仄，或仄仄平平，皆落調矣。

【羽調賣花聲】即《浪淘沙》，然與越調《浪淘沙》不同。獨閉房櫳，有誰歡狎？伴侶相邀，暫同戲耍。綉鞋剛三寸些兒大，細腰身捻就無一把，避東風簾多下。

【歸仙洞】步花徑欄檻隘，防人覷常驚詫。荊棘抓裙靫，倒閃在荼蘼架，勾引得嫩枝呀啞。討歸路尋空罅，仗舊家巢燕引入窗紗。

【尾聲】這多嬌真無價，若還情願到人家，準備日夜燒香供養他。用家麻韻。

南音三籟散曲下

即空觀主人　評訂
椒雨齋主人　點參

〔越調〕小桃紅　思憶春嬌　地籟　陳大聲

暗思昔日配春嬌，不知是那一點花星照也？向歡娱中沉埋一段舊根苗。從見了那多嬌，和咱有燕鶯期，鳳鸞交，鴛鴦侶，直勾引得蜂蝶鬧也，恨不得折損柔條。誰承望五陵人，先能勾小蠻腰。

【眉批】

譜中載古《拜月亭》「狀元執盞與嬋娟」一曲，甚合調。但第三句只八字，與此小異，此又多「誰承望五陵人」六字，改以爲又一體。

【下山虎】向芙蓉錦帳，暗度春宵。説不盡跎踳踳處，他有萬般小巧。怎割捨得葉損枝殘，蕊開瓣凋？早一樹鉛華春易老，是咱思算少，又被傍人一謎攪。猛可地祆神廟頓然火燒，取次藍橋又被水渰倒。

【山麻稭】記痛别低低道，休得要爲我愁煩，因我煎熬。多嬌，又兀自怕瘦損了潘安容貌。越教人悶填滄海，恨侵雲漢，愁鎖霞霄。

【眉批】

此第三换頭，而少上兩字一句者。

【五韻美】或作《醉歸遲》，又作《恨薄情》，皆非也。爲恩情傷懷抱，追游玩賞緣分少，早朱顔不覺鏡中老。書齋静悄，不敢展文公家教。但只是排香案浣兔毫，纔落紙便寫出風情翰林舊稿。

【眉批】

「緣分少」今作「同歡樂」，「朱」字上點板，而「不」字無板，皆非也。

【蠻牌令】即《四般宜》也。織錦字寄英豪，焚金鼎禱青霄。端詳雲翰墨，越教人悶難熬。全不記雲期雨約，只説是玉減香消。他説是風流汗濕主腰，趷踍踍在他心上拴牢。「約」音杳。

【眉批】

「他説道」三字本襯字，今人誤以爲實字。又《琵琶記》「窮酸秀才直恁喬」及「匆匆的聊附短箋」稍變其體，竟認作八九字一長句。「汗」字下不點截板，而本腔失矣。

【五般宜】或作《賀昇平》、《怨東君》，皆非也。他那裏紅妝殘頓添楚腰，咱這裏春衫袖濕漸成沈腰。他那裏血淚揾鮫綃，咱這裏行裏坐裏五魂縹緲。擔煩受惱，離多會少，莫不是普天下相思，咱和伊都占了。

【眉批】

「擔煩受惱」二句上，時本各增「他那裏」、「咱這裏」三字，查舊本無之。

【江頭送別】懨煎病，懨煎病，甚藥醫療？相思害，相思害，甚時斷剿？不敢與人分明道，只落得夢斷魂勞。

【江神子】莫不是咱無福分消？莫不是我命蹇難招？莫不是老天斷續鸞交？天還知道恁寂寥，敢只是和天瘦了。

【尾聲】眠思夢想如花貌，這情況有誰知道？只有一盞孤燈昏昏的伴到曉。用蕭豪韻。

〔越調〕亭前柳　天籟　唐伯虎

瓶墜寶簪折，人遠信鸞絶。又早黄昏到，欹枕暗傷嗟。（合）被兒被兒温不熱，冷似鐵，淚點兒都漸成血。

【眉批】

「亭」北曲作「廳」，今從俗。

譜中點板與第二曲同，然首句宜如此。

「兒」字宜用韻。

【前腔】嚏噴没休歇，耳朵兒鎮常熱。聽得門前鵲鼓報，又是不歸也。（合前）

〔仙吕〕【皂羅袍】負却花臺花榭，奈玉簫聲斷，暮雲又遮。賞春羞向七香車，因循過了清明也。離愁百種，放不下些。珍羞百味，咽不下些。（合）心兒待捨教我如何捨？

【前腔】最苦如年長夜，聽瀟瀟窗外，雨聲不絕。自從陽關與郎別，衾衣獨自燻蘭麝。從他去後，好的記些三。相思魂斷，夢兒做些三。（合前）

【越調下山虎】香羅難挽，錦鴛雙結。任他雲鬟亂，好花捲折。那更綉綫慵拈，水沉懶爇，無限凄凉捱未徹。從去後半年別，整整思量幾個月。女伴中不敢説，待擲金錢暗卜，猶懼他人來漏泄。

【前腔】歸來時節，看他分説。害得伶仃瘦，你忒狠切。直教他跪到更深，柳梢上月，管取雙膝作平。上都見血。恨他行忑抛撇，幾次思量又添哽咽。（合前）

【尾聲】千金寶馬歸來疾，笑吟吟錦鞍初卸，把受過凄凉從頭慢慢説。用車遮韻。內「疾」字犯齊微，因入聲故偶誤也。易爲「捷」字則諧矣。

《吴騷》云：「袁了凡先生論文云：『文貴真，不貴深。』文之不真，學問誤之也。夫曲雖小技，實一致耳。今人專務藻繪，剗去本色，不若吴歌《掛枝兒》，反爲近情。孰有如此曲者，直述庸言，具肖閨吻，真詞家上乘也。」《吴騷》去取識別，俱不甚當，而此段議論，直得三昧，知此可以論曲矣。

〔商調〕二郎神　秋懷　地籟　高東嘉

人別後，正七夕穿針在畫樓。暮雨過紗窗凉已透，夕陽影里，一簇寒蟬衰柳。水緑蘋香人自愁，况輕拆散鸞交鳳友。（合）得成就，真個勝似腰纏跨鶴揚州。

【眉批】

按此調「畫樓」、「鳳友」「画」字、「鳳」字俱仄聲，妙。《琵琶記》「容瀟洒」之「菱花剖破」、「形孤影寡」皆然。

後人所作，如《明珠》之「睡來還覺」、「餘香猶裊」，《連環》之「怎生能勾」、「問若知否」，「還」字、「猶」字、「能」字、「知」字，俱用平聲，便索然無調矣。換頭「怎比」、「路柳」、「未有」，仿此。

【前腔】風流，恩情怎比墻花路柳？幾待月西厢携素手，争奈話别匆匆，雨散雲收。一種相思分做兩處愁，鴈來時音書未有。（合前）

【集賢賓】西風桂子香韻幽，奈虚度中秋。明月無情穿户牖，聽寒蛩聲滿床頭。空房自守，暗數盡譙樓更漏。（合）如病酒，這滋味那人知否？

【眉批】

「桂」字一板必不可少，「頭」字或亦點一板，非。

此調作者甚多，合者甚少。如「子」字，或用平聲，「幽」字，或用上聲，此不妨也。若「户」字、「自」字、「那」字，用平聲，「更」字，或用去聲，皆不協律之甚者。

【前腔】功名未遂姻緣未偶，共蹙個眉頭。惱亂春心卒未休，怕朱顔去也難留。明珠暗投，不如意十常八九。（合前）

【黄鶯兒】霜降水痕收，迅池塘已暮秋，滿城風雨還重九。白衣人送酒，烏紗帽戀頭，思憶那人一似黄花瘦。（合）强登樓，雲山滿目遮不得許多愁。

【眉批】

後人須學其「已」字及二「滿」字、「那」字，四個仄聲字，若平聲即非矣。「酒」字可平。

【前腔】惟酒可忘憂，奈柔腸不殢酒，幾番血淚拋紅豆。凄凉怎守，相思怎休，老天知道和天瘦。（合前）

【琥珀猫兒墜】緑荷蕭索，無可蓋眠鷗。淺碧粼粼露遠洲，羈人無寐冷颼颼。（合）添愁，悄一似宋玉賦高唐，對景傷秋。

【前腔】無情紅葉，偏向御溝流。詩句分明求配偶，此情還在我心頭。（合前）

【尾聲】一年好景還重九，正是橘緑橙黄時候，强把金樽開懷斷送秋。用尤侯韻。

〔商調〕二郎神　咏雨　地籟

陳大聲

芭蕉裏，聽一點點南窗欲斷魂，暗想到花染胭脂香透粉。焦桐弦澀，求凰別鶴難聞。更斗帳生寒眠未穩，向此際惱人方寸。總休論，怎消得個梨花夜冷重門。

【集賢賓】湘簾暮捲愁復損，如珠似綫紛紛。怕夢到鴛鴦蝶未肯，這點滴是怨聲愁韻。低頭自忖，最蕭索孀娥閨壺。情太忍，且莫問柳啼花哂。

【黄鶯兒】瀟洒到紅裙，錯疑將血淚痕，送凄凉似與湘江近。銀燈夜昏，銅壺漏分，聽聲聲只報相思信。强温存，芙蓉池上，有點破了緑波紋。

【簇御林】冥冥細，漠漠紛，麝香山一片雲。兼催宋玉悲何迅，把風鳧沙鳥催成陣。忽傾盆，陰連銅柱，似洗伏波軍。

【眉批】

「把風凴」句本六字，如《荆釵記》「顯父母揚名姓」是也，即陳大聲他曲内「幾遍將鱗鴻倩」亦然。此却用七字句，甚非。或是犯《黄鶯兒》者，自《香囊記》用「怎能勾平步登霄漢」誤之，今人遂不知六字句法。

【琥珀猫兒墜】花間葉底，偏向夜深聞。入幕敲窗帶白雲，更長漏短杳難分。逡巡，斷送了幾個遷客征夫淚滿孤村。

【尾聲】隨風雜霰聽難盡，那裏管助人愁悶，除是斬却瀟瀟竹數根。用真文韻。

〔商調〕二郎神　秋懷

人籟　梁伯龍

相逢久，笑春來尚分飛依舊。記軟弱身兒年紀幼，重簾不捲，蕭條獨坐危樓。爲甚麽懨懨如病酒？空恩愛未曾消受。莫淹留，更不念匆匆歲月如流。

【鶯啼序】錦堂風月今又秋，參辰還自卯酉。定非關途路悠修，不干魚鴈差謬。奈花營唇鎗戰争，更錦陣心兵輻輳。無共有，只落得浪傳人口。

【簇林鶯】【簇御林】空挑逗，難斷頭。爲高唐雲未收，朝朝暮暮在陽臺右。**【黄鶯兒】**情深怎休？恩深怎丢？因此上明知未偶還拖逗，夢悠悠，三星天外空戴月如鈎。

【黄鍾啄木兒】曾留戀，幾浪游，秋水春山常聚首。記花陰清晝携琴，想燈前午夜藏鬮。更憶他修書謾捲羅衫袖，高歌半解香喉叩，訂約偷回扇底眸。

【眉批】

「漫捲」、「半解」，俱用仄聲，是其落調，必如《琵琶》用仄平乃是。

【滴溜子】天台渡、天台渡桃花水流。章臺路、章臺路柳條報秋。誰道落人機彀，崑崙是何處奴？施妙手，把往日恩情一旦盡勾。

【商調水紅花犯】一作《念佛水紅花》，犯注見前。正值陽回九九，被何人苦逗遛。奈他阻隔去無由，冷颼颼。卿卿知否？多應獨倚小窗幽。柬誰投，重門誰叩？四五年光陰虚度，三兩行淚空流，凄凄切切殢人愁也囉。

【尾聲】景凄凉人孱僽，相思業債幾時休？直待海燥江枯方罷休。用尤侯韻。

〔商調〕鶯啼序　別恨

人籟

陳大聲

孤幃一點將絶燈，見半滅猶明。夜迢迢斗帳寒生，展轉幽夢難成。盼雕鞍把歸期暗數，怪浪迹全然不定。把前歡自省，説來的話兒無憑。

【眉批】

首句自來如此，且此調宜七字起，而時本改「將絶」爲「殘」字，竟得六字，何謂？

【黄鶯兒】無語對銀屏，正譙樓鼓二更。梅花笑殺人孤另。疏鍾幾聲，殘角數聲。薄衾單枕愁難聽，影伶仃。巖巖瘦骨，離恨怎支撑？

【集賢賓】揶揄鬼病誰慣經？但舉步難行。翠袖金釵無意整，好梳妝一日何曾？心懸意耿，自古道佳人薄命。淒涼景，盼不到美滿前程。

【黄鍾滴溜子犯】芙蓉面、芙蓉面淚痕暗凝。楊花性、楊花性别離太輕。自是東君薄倖，**【出隊子】**一樹紅芳誰管領？浪蝶狂蜂，休得要鬥争。

【商調簇御林】天涯路，長短亭。怨王孫，芳草青。斷腸羞把闌干憑，幾遍將鱗鴻倩，訴衷情。千言萬語，猶恐怕欠叮嚀。

【琥珀猫兒墜】野花村酒，終日醉還醒。冷落誰憐冬暮景，奴擔寂寞您飄零。閑評，頓忘了神前海誓山盟。

【眉批】

「終日」，一作「那裏」。

【尾聲】風流惹下相思症，只索把那人痴等，他没有真心咱拚個至誠。用庚青韻。

〔商調〕字字錦　閨怨

地籟

高東嘉

群芳綻錦鮮，香逐東風軟。黄鸝弄巧聲，提起傷春怨。睹名園，只見杏障桃屏，桃屏上映着柳眉翠鈿。天天，桃花隱約，可不强似去年，緣何去年、去年人不見？（合）空蹙破兩眉尖，空蹙破兩眉翠尖。奈山長水遠，知他在那裏、他在那裏？和誰兩個歡歡喜喜，瀟瀟洒洒？咱這裏思思想想心心念念，欲待要見他一面。

【眉批】

舊譜無「空躨破兩眉翠尖」及第二句「他在那裏」，今從俗。

【前腔】梅黄雨齊天，漸覺南薰轉。聲聲噪柳蟬，對對飛梁燕。盼庭前，只見照眼葵榴，葵榴上映着紅顔似染。難言，鴛鴦並頭，怎不教人可憐！知他共誰、共誰同歡宴？（合前）

【賺】離緒懨懨，悄没個人兒在眼前。空嗟怨，何年何日再團圓？恨綿綿，極目關山人去遠，寫下花箋誰與傳？音書無寄，那冤家直恁悞人方便。怎生消遣？怎生消遣？

【滿園春】即《鵲踏枝》，一名《雪獅子》，一名《遍地錦》。南樓外鴈翩翩，悄没個信音傳。長空敗葉飄零舞，金風動、金風動，銕馬兒聲喧，紗窗外透銀蟾。（合）真個是想殺人也天，盼殺人也天。短行冤家、短行冤家，音稀信杳，莫不負却盟言。

【眉批】

《牧羊記》亦有此調，第一、第二句云「鞍馬在門迎，急請離家庭」，與此六字句不同。《牧羊》古曲也，必有所本。

【前腔】【**換頭**】彤雲布朔風旋，遍長空柳絮飄綿。見幾樹老梅開嫩蕊，銷金帳、銷金帳，共誰兩個同歡宴，空教人獨坐獸爐邊。（合前）

【眉批】

《牧羊記》换頭第二句云「那些個死和生」，與此句法亦不同。

《雍熙樂府》作「共誰同歡宴，獨自個獸爐邊」，覺與前曲句法合。

【尾聲】終須有日重相見，相見後依然歡忭，辦炷名香答謝天。用先天韻。内「尖」字、「染」字、「懨」字、「蟾」字犯廉纖。此尾自佳，末句亦有致，自後人見散曲無尾而韻同者，即取此末句補之，而遂成套語可厭矣。

〔商調〕黄鶯兒　閨怨　人籟　鄭虚舟

彈指怨東君，好直恁辜負人。曉妝羞對菱花鏡，花枝懶簪，脂粉懶匀，暗將心事占天問。（合）冷清清，一春過了，争得見意中人。

【前腔】無語倚閒亭，不由人不動情。花間粉蝶相隨趁，鶯啼幾聲，鵑啼數聲，晚風吹落紅成陣。（合前）

〔仙吕入雙調〕【六幺姐兒】【六幺令】鴛鴦睡濃，菱葉荷花香送薰風，懶將紈扇掩酥胸。【好姐姐】試把窗兒推起，只見花影重。（梧葉兒）好景難逢，又見榴花綻紅。

【眉批】

「菱葉荷花」或作「又早芰荷」。

《萃雅》「好景難逢」重一句。「綻紅」作「照眼紅」，以「試把」三句作《憶多嬌》，竟改爲《六幺憶多嬌》，今從譜正定。

【前腔】簾垂幾重，怎不遮攔愁入芳容。縱有美酒泛金鍾，少個人兒共飲，教我愁轉濃。好景難逢，又見荷花映水紅。

【眉批】

「映水紅」三字，亦宜二字，應誤，無可查。

【玉山供】秋風早入庭幃，又見梧葉乍飛。薄情人杳没音書寄，淚彈點滴如珠。闌干悶倚，捱幾個黄昏滋味。(合)悵望人千里，伊怎知？又聽得樓頭上嘹嘹嚦嚦數聲鴈兒。

【眉批】

《萃雅》以此曲作《玉山供》，以末句犯《解三醒》，不知《玉山供》乃《玉抱肚》、《五供養》合一曲者，《琵琶記》「公公尊賜」是也。亦無犯《解三醒》者。余遍查諸調，首三句《好姐姐》，「薄情」二句《玉交枝》，「闌干」四句《五供養》，末句《月上海棠》，但不知當作何總名耳，不敢分注，姑誌之上方。至《吴騷》作《玉山頽犯》，尤無知而妄改矣。

【前腔】登高負却佳期，羞睹黄菊紫萸。劣冤家戀酒迷花底，知他還共别的。尋方買卜，他許我綢繆佳配。(合前)

【商調猫兒墜玉枝】**【琥珀猫兒墜】**幾回猛省，罰願和你斷相思。不覺腰肢減帶圍，沉吟半晌轉心痴。**【玉交枝】**只落得背地裏長吁氣，瘦損呵情人在那裏？瘦損呵黄花怎比！

【眉批】

舊以「沉吟」一句亦《玉交枝》，而改「轉心痴」爲「心轉痴」，亦可。「損」字宜平。

【前腔】晚風吹雨，散作六花飛。江上漁翁罷釣歸，寒威透入銷金帳裏。天天怎教人獨睡，瘦損呵情人在那裏？瘦損呵梅花怎比！

【尾聲】絮飄綿，荷出水，桂花零落雪花飛，盼殺多才不見歸。前二曲，雜用真文、庚青、侵尋三韻。中二曲，忽易東鐘韻。後四曲，又易齊微犯支思。用韻之法真可笑。曲復平平，以其爲時口膾炙，姑收之。

〔商調〕集賢賓　秋思

天籟　馮海浮

離愁滿天没處躲，下香堦權當騰那。離了重幃還較可，見牛郎阻隔銀河。空耽寂寞，眼睁睁一邊一個。他和我，百般的離不了愁窩。「窝」叶磨，去聲。

【前腔】青山淺描雙黛鎖，向天邊望斷秋波。遠樹寒空烟淡抹，畫眉郎那答兒磨陀。青春擔閣，要相逢陽臺一樂。「抹」叶磨，上聲。「樂」叶羅，去聲。無結果，糊突夢當甚麽嘍囉。

【黄鶯兒】烏兔轉如梭，急煎煎把俺磨。一年好景都零落，風兒寒奈何？鴈兒叫怎麽？雨絲兒哨的牕兒破。冷呵呵，香腮紅沁只疑是醉顔酡。「落」叶羅，去聲。

【前腔】瘦影伴嫦娥，呆答孩怎動那？幾椿兒慣把人折挫，疏剌剌帳羅，虚空空被窩，凄凉凉長夜捱不過。眼强合，難禁枕冷又添上淚痕多。「合」叶何。用歌戈韻。此四曲句句本色，妙甚。別本有二《猫兒墜》及《尾聲》，措詞庸套，與前曲截然二手，其爲後人妄增無疑，不復録。

〔商調〕集賢賓　閨怨

天籟　楊斗望

天涯自他爲去客，黄犬音信全乖。雙掩凌波終日待，濕湘裙冷透蒼苔。青山點黛，人更在青山天外。没布擺，撲鼕地石沉滄海。「客」叶揩，上聲。

【啄木鸝】【啄木兒】休回首，愁感懷，薄劣冤家心性改。假饒是綫斷風筝，落誰家也要明白。愁來更覺愁腸隘，怎擔得偌多相思債。别鳳離鸞何日諧，【黄鶯兒】占卜卦錢排。「白」，巴埋切。

【琥珀猫兒墜】移山回海，招贅相公宅。多就了除名烟月牌，迷留没亂好難猜。多才，敢只是柳葉眉兒等你過章臺。

【黄鍾滴溜子】纔聽得，砧聲住，角聲又哀。眼見得，燈光暗，月光又埋。風景偏生尴尬，疏桐葉亂篩。蛩吟晚籟，那裏是嫦娥影占了書齋？

【尾聲】意中人今夜知何在，猛隨風雨上心來，只落得淚點垂垂下兩腮。用皆來韻。饒有奇警，但中有「招贅相公宅」句，不知何所指耳。

〔商調〕集賢賓　芭蕉夜雨

人籟　劉東生

芭蕉冷落秋氣幽，蕭蕭獨抱寒裯。欹枕俄驚窗雨驟，一聲聲惹起閑愁。珠抛玉溜，幾側耳幾添僝僽。空自守，這凄楚爲誰擔受。

【黄鶯兒】風颺綉簾鈎，和蕉聲帶雨浮。夢回幾陣殘更候，似蛩聲更啾，似砧聲更稠，淅零零苦把凄凉奏。思悠悠，都將別恨，收拾上眉頭。

【琥珀猫兒墜】芭蕉色褪，蔭緑減深秋。况復輕分彩鳳儔，那禁蕭瑟雨颼颼。（合）堪憂，最苦是殘夜如年漏滴譙樓。

【前腔】短檠半滅，應怯照人羞。空把明珠暗裏投，淋灕飛翠淚雙流。（合前）

【尾聲】西風吹雨紗窗透，魂斷處香消金獸，須聽鷄聲報曉籌。用尤侯韻。「都將別恨」二句頗俊。

〔商調〕金梧桐　遣愁　人籟　鄭虚舟

香醪爲解愁，酒醒愁依舊。斜月殘燈，正是愁時候。愁憑酒破除，酒被愁淹逗。酒力無多，愁去愁還又，愁深酒薄難禁受。

【眉批】

此曲時刻皆作《梧桐樹》，不知《梧桐樹》本調如《殺狗記》「腌臢小賤奴」是也。此本是《金梧桐》，與《拜月亭》「這廝忒倚官」正合。即如前《梧桐樹犯》第五六句，與此第五六句句法亦自不同。

【南吕東甌令】花凝恨，柳含羞，花柳傷春人病酒。鶯啼燕語清明候，他全不管人消瘦。剩雲殘雨兩悠悠，遮斷晚妝樓。

【大勝樂】桃源洞花事都休，許劉郎重到否？啼痕濕透青衫袖，傷白傅惱江州。俺這里瑶琴罷却求鸞奏，可正是紅葉誰人寄御溝。陽臺夢杳，苦追踪問迹，似無還有。

〔仙呂〕【解三酲】忘不了共携纖手，忘不了西園秉燭游。忘不了同心帶結鴛鴦扣，忘不了羅襪雙鈎。忘不了香囊雜彩親挑綉，忘不了百寶珍珠絡臂韝。閒窮究，把嬌歡美愛盡付東流。

【尾聲】好姻緣還成就，綉幃錦帳效綢繆，月底新詩再和酬。用尤侯韻。

〔商調〕金梧桐　地籟　楊斗望

相思借酒消，酒醒相思到。月夕花朝，容易傷懷抱。懨懨病轉深，未審他知道。要得重生，除是他醫療，他行自有靈丹藥。「藥」音耀。

【南呂東甌令】情人遠，意波遥，咫尺妝樓天樣高。月圓苦被陰雲罩，偏不把離愁照。玉人何處教吹簫，辜負了好良宵。

【浣溪紗】我自招，隨人笑，自古來好物難牢。我做了謁漿崔護違前約，採藥劉郎没下稍。心懊惱，再休想畫堂中綺筵前，夜將紅燭高燒。

【眉批】

此本《浣溪紗》一本曲，《萃雅》謂其犯他曲，無謂。

【尾聲】我青春，他年少，玉簫終久遇韋臯，萬苦千辛休忘了。用簫豪韻。

【眉批】

「忘」去聲。

〔商調〕山坡羊　夜思　地籟　陳大聲

風兒疏喇喇吹動，雨兒淅零零風送。雨兒凄楚風兒横，綉幕中，燈兒一點紅。燈兒照破人兒夢，夢繞巫山若個峰。朦朦，徘徊兩意濃。匆匆，歡娱一霎空。「夢繞」句用七字，「個」字用仄聲，最合。説别見。

【眉批】

此《山坡羊》本調也，最爲近古，與《彩樓記》「月照誰家庭院」正合。至《琵琶》、《拜月》皆添出字句，後人以此别爲《山坡裏羊》，非也。

余曾見前輩點本調板，首二句二「兒」字無截板，「疏」字、「淅」字上各一板，良是，今從時板。

〔仙吕〕**【皂羅袍】**翠被今宵寒重，聽蕭蕭敗葉亂走簾櫳。緑雲堆枕鬢蓬鬆，不知溜却金釵鳳。惱人堦下，凄凄候蟲。驚心樓上，噹噹曉鍾，無端畫角聲三弄。

【眉批】

第三句譜作「堆枕香雲在鬅鬆」。

【解酲帶甘州】【解三酲】最無奈漏長更永，怎支吾恨多愁冗，夜深私語無人共。他那里驟青驄，笙歌醉迎花笑擁，多應在蘇小湖頭柳市東。**【八聲甘州】**放情，一時採遍芳叢。

〔仙呂入雙調〕【玉抱肚】音書難送，知隔着關山幾重？要見他水闊山高，促急裏怎覓鱗鴻。寒衣費盡剪刀工，綫綫針針只自縫。

〔仙呂〕【掉角兒犯】犯注見《望吾鄉》「爛熳春光」內。一任他浮迹浪踪，終須是有日相逢。既然他能全始終，做來的儘自包籠。告靈神，都無用。捧玉鍾，流霞滿泛親陪奉。生前共，死後同，再把連枝種。

【尾聲】寵愛深，恩情重，風流過犯且姑容，多少閑言過耳風。用東鍾韻。

〔商調〕山坡羊　病懷

人籟　　顧道行

睡昏昏如痴如醉，病懨懨難醫難治。急煎煎心如亂絲，虛飄飄一似風前絮。淚暗垂，朱顏瘦爲誰？冤家下得將人棄，美滿恩情兩下離。躊躇，悔當初乍見時。傷悲，思量他也是痴。

【眉批】

此用四句起體，起同《琵琶》「亂荒荒」一曲。

〔仙呂〕【皂羅袍】嘆息青春有幾，鎮憂煩過了美景良時。雲箋謾寫斷腸詩，玉樓久不歌聲沸。沉香亭畔，花枝酒卮。武陵岡上，車兒馬兒，從今都付與東流水。

【解三酲】怕見是紫燕穿簾相對語，怕見是粉蝶尋香引隊飛。怕見是桃花爛熳千機錦，怕見是楊柳低垂萬縷絲。怕見是金爐篆冷香消後，怕見是玉漏沉沉月落時。傷情處，今宵玩賞，少個人陪。

【眉批】

此用換頭甚妙，《萃雅》點板，必欲强之合首曲，可笑。

〔仙吕入雙調〕【玉抱肚】没情没緒，這悶懷終無了期。想從前萬種恩情，怎捨得一朝抛棄？教人徹夜害相思，夢見雖多相見稀。

〔仙吕〕【掉角兒犯】只因他情性自殊，抛閃得兩無終始。到如今伊東我西，辜負了海山盟誓。告神祇，難饒恕。負心的，言清行濁非人類。空勞繫，俏人兒，知他與誰同歡會。

【尾聲】枉埋冤，空聒絮，千般恩愛總休題，好歹人心久後知。用齊微韻。内「時」字、「巵」字、「兒」字、「係」字、「始」字、「兒」字犯支思。

〔商調〕山坡羊　梅禹金

人籟

嬌滴滴一團風味，熱急急萬般情意。俏婷婷柳絮隨風，軟怯怯一似梨花雨。分外奇，輕分燕子飛。風流雅調不是尋常趣，却笑洛水湘波空教魂夢迷。堪題，總飛烟也不如。還疑，比紅兒也不如。

〔仙吕入雙調〕【玉交枝】粉瑩香膩，淡春山彎彎兩眉。金波眼底生秋水，燦香痕一點唇朱。搊箏十指如玉飛，輕歌一曲春聲細。落花輕筵前舞衣，飛檀屑枕邊笑語。

【忒忒令】透骨髓風流怎醫，牽魂夢相思忒迷。因此上春心賺入鴛鴦計，怎肯忘恩義？掌上珠心頭氣，料情難轉移。

【眉批】

第三句當如《琵琶》「將我深罪不由人分辨」句法。此句失體，點板亦覺崛强，姑從時板。

【好姐姐】共結嬌香嫩蕊，願世世在天在地，天長地久此情不暫離。傍人計，隨他舌劍唇鎗利。怎忍得耳畔心頭生是非。

【川撥棹】星前誓，慘可可只自知。但願得兩下常依，但願得兩下常依，把恩情似山高水低。山樣高無了期，水樣深無盡底。

【尾聲】鴛鴦帶綰鶼鶼翼，把別樣風情再莫提，輸却我半世真心都在你。用齊微韻。内「趣」字、「如」字、「水」字、「朱」字、「語」字犯魚模。

〔商調〕高陽臺　離懷　地籟　沈青門

萬點殘紅，千林新緑，聲聲怨殺啼鴂。驀送春歸，芳心時爲愁絶。傷別，烏絲小字書空寫，怎得把逐句話兒和那薄情分説，頓教他歸來再整，畫堂風月。

【前腔】〔換頭〕悲咽，冷冷清清，凄凄楚楚，黄鸝又早啼徹。人在層樓，闌干十二憑絶。愁結，天涯遠隔離恨苦，怎遣這望中流血？奈臨風無端懊惱，玉釵敲折。

【前腔】難撇，病染相思，愁耽悒怏，陡覺倍增悲切。絳燭花生，蛾來又被搧滅。情絶，音書到後越更杳，暗自他有六國喉舌。一切恩情盡掃，却早變成吴越。

望斷天涯，凄然路途遼絶。難決，爭知到今心頓改，他有六國喉舌。一切恩情盡掃，却早變成吴越。

【前腔】愁絶，門掩殘春，冷風疏雨，那更那人長別。

將鳳鞋輕跌。任煤褪殘灰待燼，無心再把麝臍香爇。

【眉批】

「一切」二字，與下「到此」二字，皆宜三字，而第二字一板。今少一字，不得不少一板矣。

【前腔】薄劣，鳳友鸞交，蜂喧蝶鬧，怎忍鏡分簪折。暗想花前，幾回立地曾説。决裂，相思萬般都爲我，料這段姻緣實難抛撇。到此端然如夢，空只有悶縈愁結。

【前腔】虛設，綉榻銀屏，鴛衾珊枕，猶復幾番香爇。倘再來不惜，鸞膠斷弦終有個重接。歡悦，人歸錦堂春復靄，漫酒烟紅透雙頰。共留連花開花謝，這回心愜。「花開花謝」，《吴騷》作「花堆錦片」爲佳。

【尾聲】《吴騷》無此尾，疑亦人所增。風流惹下風流孽，暮想朝思無了歇，何日相逢和你謾謾説。用車遮入聲韻。譜云：「此調不拘二曲、四曲、六曲，皆不可用尾聲。」故《琵琶》「宦海沉身」一套，元本無尾聲，而後人必欲强增之，可恨。詞隱生又謂：「凡入聲韻，止可用之以代平聲，至於當用上去韻處，仍相間用之，方能不失音律。今概用入聲，則入聲作平者，與入聲作上去者混雜，後人宜少用入聲。」余謂：若然，則南音宜廢入聲一韻矣，此過拘之論也。但入聲作平、作仄宜辨耳。如此第一曲「薄情」、「畫堂」等二字，是仄平，其下當用平仄。而此「分説」「説」字，是作上；「風月」「月」字，是作去，此最是得體者。第二曲「流血」「血」字亦然。至「敲折」「折」字，則作平之字稍礙耳。然南音之入，終係仄聲，于唱亦不大妨也，豈概不可用者耶！其他平聲用入，又不必分析矣。總之，南中入聲，大都可以作平，而認謂止可作平，故其見不通耳。然宜用上去韻處，仍用上去字以叶，此則無不可者。但平仄果調，一派入聲，未嘗不便也。

【珍珠馬】（此套曲《雍熙樂府》載之，頗有異同。）簫聲喚起瑶臺月，獨倚闌干情慘切，此恨與誰説。正值那黄昏時節，花飛也，一點點似離人淚血。

【北新水令】（此《雍熙樂府》中所無。）離人點點淚流血，倚闌干悶懷凄切。多情難割捨，無語自傷嗟。暗想當年，暗想當年，羅帕上曾把新詩寫。

【眉批】

此引子也。是刻從不載引子，因此曲古而增入不明，故備載以别之，免誤後人。以後北曲，皆細書，不重題北字。

〔仙吕入雙調〕步步嬌　阻歡

地籟　高東嘉

暗想當年羅帕上把新詩寫，偷綰同心結。心猿乖意馬劣，都將軟玉温香，翠擁紅遮。琴瑟正和協，不覺花影轉過梧桐月。

【鴈兒落】不覺的梧桐葉轉過西，銀臺上昏慘慘燈將滅。怎禁他紗窗外鐵馬兒敲，這些時一團嬌香肌瘦怯。

【眉批】

第四句不合。

【沉醉東風】一團嬌香肌瘦怯，半含羞粉容輕貼。微笑對人悄説，休忘了今夜。等閑間將海棠開徹，把山盟共設。不計暫時棄撇，有個負心的教他隨燈兒便滅。

【眉批】

第三句六字，乃三字二節者，如《琵琶》「他只道我不賢」是也。此雖亦六字而少戾。

【得勝令】若有個負心的教他隨燈滅，慘可可山盟海誓對誰説？海神廟現放着勾魂帖，那神靈仔細寫。休道俺心斜，非是俺難割捨。你休要痴呆，他殷勤將春心漏泄。

【忒忒令】他殷勤將春心漏泄，我風流寸腸中熱。因此上楚雲深鎖黄金闕，休把佳期頓撇。湘江竭，燕山截，斷魚封鴈帖。

【眉批】

第三句與《琵琶》「將我深罪不由人分辨」、第四句與《琵琶》「他道我戀新婚」句法俱不同，點板俱拗强。

【沽美酒】湘江竭燕山截，一去了信音絶。想着他負德辜恩，到將謊話説。眼見得花殘月缺，自别來那時節。

【好姐姐】自别逢時遇節，冷淡了風花雪月。奈柔腸萬結，怎禁窗外鐵。無休歇，一似環珮搖明月，又被西風將錦帳揭。

【七弟兄】又被那狂風將錦帳揭，倚圍屏情慘切。這些時信斷音絶，眼中流血心内刀割。淚痕千叠，因此上渭城人肌膚瘦怯。

【桃紅菊】渭城人肌膚瘦怯，楚天秋難禁病疊。停勒了畫眉郎京尹，停勒了畫眉郎京尹，補填了河陽令滿缺。

【豆葉黄】嘆嗟，歡娱事能幾些痛切，相思病無了絶。朋友每知疼熱，負心的早回寧貼。待捨，想着你至誠心教我怎生樣捨。待撇，想着你嬌模樣教我怎生樣撇。此宜是北曲，及查與北譜又異，且《雍熙樂府》中不載，而首末句復不接上下文，似又是一人添入者。蓋《雍熙樂府》以《園林好》合《桃紅菊》爲一曲，有識其爲《園林好》而分之，遂少一北曲，故復爲此以補之也。訛以傳訛，不可辨已。

【眉批】

此即南《雙蝴蝶》也，今人誤爲北《豆葉黄》。詞隱生又收入爲南《豆葉黄》又一體，殊可笑。

又見時本以前《桃紅菊》爲《嘉慶子》，以此爲《桃紅菊》，更憒憒。

【園林好】也傷我連枝帶葉，勾引得狂蜂浪蝶。鬧炒起歌臺舞榭，回首處楚雲遮，堪嘆處水痕賒。

【梅花酒】補填了河陽令滿缺，忍連枝帶葉。心間事與誰説？好教行眠立盹無明夜。今日個楚陽臺被却雲遮，尋思與您疏狂劣。呀！畫眉郎手脚拙，竊玉的性情别，把好夢成吴越。

【川撥棹】成吴越，怎禁他巧言搬鬥諜。平白地送暖偷寒，平白地送暖偷寒，猛可地搬唇弄舌。水晶丸不住撇，蘸鋼鍬一謎掘。

【川八棹】他將那點銅鍬一謎掘，劈鉛刀在手中撇，打撈起塊丹楓葉。鴛鴦被半床歇，蝴蝶夢冷些些，破香囊覆成血。楚館冷，秦樓拽。

【錦衣香】他將楚館焚，秦樓拽，洛浦填，涇河竭。梅家莊水罐湯瓶，打爲磁屑。賈充宅守定粉墻缺，武陵溪澗把花兒釘了椿橛。楚襄王夢驚蝴蝶，漢相如趕翻車轍。緊閉芙蓉闕，紫簫聲裂，碧桃花下鳳凰把翎毛生扯。

【收江南】呀，你敢在碧桃花下將鳳毛扯！人生最苦是離别，山長水遠路途賒。何年上是徹，響叮噹將菱花鏡碎粉跌。

【漿水令】響叮噹將菱花碎跌，側楞筝冰弦斷絶。喜孜孜將同心帶扯，撲鼕地寶簪墜折。採蓮人偏把並頭折，比目魚就池中將水車竭。連枝樹，生砍折，打撈起御水流紅葉。藍橋下翻滚滚波濤捲雪，祆神廟焰騰騰火走金蛇。

【眉批】

「響叮噹」四句，本調止宜二句，《荆釵記》「怒貧無香醪泛鍾」、《浣紗記》「採蓮涇紅方盡死」皆然，此多二句。

【尾聲】饒君總把機謀設，怎禁那負心薄劣？一一向夢兒中對他分説。用車遮韻。北曲多有牽强堆湊，而調亦多不合，其首末但勉就上下文以成，與南曲天然者，如出二手，想後人因有南曲而作此以雜之耳。其《新水令》一曲，《雍熙樂府》中所無，想又因見南引後無北曲而造此以增之者。今世孤行南曲者，復唱其《豆葉黄》，不知此非南《豆葉黄》也。知曲如詞隱生，尚録之入譜，以爲又一體，而歸之不可知，殊憒憒。此曲甚古，非元人不能，而《吴騷》漫填以王百穀，可笑。

〔仙吕入雙調〕步步嬌　夏日閨思　　地籟　　陳大聲

昨夜春歸今朝夏，時序如翻掌，相思惱斷腸。只怕愁病無情，減却容光。血淚漬成行，點點滴在青衫上。

【眉批】

「昨夜春歸」用仄仄平平甚合，凡古曲皆然，《琵琶》、《荆釵》可據。若用平平仄仄即落調矣。「減却」二字，亦用仄聲妙。《琵琶》用「争迸」、「住在」，《荆釵》用「且自」、「可見」，後人用仄平平仄，亦非。

【商調山坡羊】緑陰陰竹梢初放，碧沉沉荷錢較長。紅潑潑榴花漸舒，白茫茫麥壠翻銀浪。雨乍晴，園林梅子黄。時移物换人何向？種種思量椿椿惆悵。凄凉，半開窗半掩窗。悲傷，半思郎半恨郎。

【眉批】

第八句止七字句。《琵琶》「没主公婆教誰管取」乃襯一「教」字者，後人遂悮用八字。至「誰管取」「管」字，必用仄聲。《拜月亭》「珠淚滿腮」「滿」字，《彩樓記》「更漏傳」「漏」字，皆然。此曲用八字，「惆」字又平聲，誤之誤矣。

【南吕五更轉】納稼時離鴛帳，到如今又插秧。南鱗北鴈頻來往，自没一紙書來慰奴懷想。向晚來空倚定危樓望，朝雲暮雨和誰講？除非是夢裏相逢，和你徘徊半晌。

【眉批】

「向晚來」九字，不如《白兔記》「天不應地不聞如何過」爲有調。

〔仙吕入雙調〕【園林好】覺來時愁魂半床，那人兒依然在兩厢。只落得千般悒怏，端的是怎推詳？端的是怎推詳？

【江兒水】睡起嬌無力，窮愁莫可當。聽叮咚風韻簾鈎響。青溜溜竹筴茶烟漾，碎紛紛日映晴絲蕩，混攪碎離人情況。總有良工，畫不就相思模樣。

【眉批】

「竹筴」二字作平，此句上四字，用仄仄平平，甚妙。

【玉交枝】緑窗虚朗，晝寥寥共誰舉觴？芭蕉弄影摇書幌，一霎時過了端陽。怕夢魂驚破追楚襄，眉兒淡了思張敞。待見他山長水長，待放他情長意長。

【眉批】

「見」字、「放」字宜平聲。《琵琶》「又不知」二「不」字乃入作平者，後人誤謂其用仄耳。又有刻作「又未知」者，非古本。

【玉抱肚】南薰薦爽，夕陽陰看看過墻。聒噪些蛙鼓蟬琴，蕭索了蝶粉蜂黄。中心怏怏，無明無夜費思量，倩托何人遠寄將？按《六么令》、《玉交枝》、《玉抱肚》、《五供養》，第一句俱四字，但《五供養》、《六么令》第三字必用仄聲，《玉交枝》、《玉抱肚》第三字必用平聲，如『別離休嘆千般生受』是也，以第二句板各異耳。此「薦」字仄聲，亦不妥，下仿此。

【眉批】

此調第五句，《琵琶》用「相看到此，不由人珠淚流」乃襯「不由人」三字者，實只七字句也。後人不解而謂另有一體，於《琵琶》「人」字下加一「不」字，此曲遂加「中心怏怏」四字，《四節記》遂加『明朝管取』四字，皆加一「不」字誤之也。

【玉山供】【玉抱肚】精神惚恍，這滋味何曾慣嘗。覷花鈿粉面流脂，透酥胸汗雨揮漿。【五供養】燈花鵲噪，到此都成虚誑。命薄多磨障，意徬徨，停針無緒綉鴛鴦。此《玉抱肚》、《五供養》合爲一曲者，自《香囊記》妄改爲《玉山頹》，而見《五供養》末句七字者，反以爲犯《玉山頹》矣。不知末句七字，是《五供養》本調也。《琵琶記》「骨肉分離寸腸割斷」八字句，乃犯《月上海棠》者耳。「燈花鵲噪」，今唱者只點兩板，並《五供養》本調失之矣。

【南吕三學士】花情酒債何時了償，經幾度飯廢茶荒。葳蕤懶傅何郎粉，寂寞羞添賈女香。心爲遠懷縈百丈，魂消處逐去檣。

【眉批】

此調第三句，與《解三醒》第三句，相似而實不同。昔年唱此句者，並無截板，今清唱者，皆與《解三醒》

同矣。

〔仙吕〕【解三酲】錦葵開有誰宴賞，記昔日歡娱在華堂。今日里浮瓜沉李没心想，盈盈淚浴蘭湯。稱微凉緩步出洞房，悶數歸鴉立小廊。聲嘹喨，採蓮歌何處晚渡横塘？

〔仙吕入雙調〕【川撥棹】舉目誰親傍，對三星禱夜央。俏冤家杳隔在瀟湘，俏冤家杳隔在瀟湘，幾時得榮歸故鄉？辦虔誠叩上蒼，奈愁城未肯降。

【前腔】〔换頭〕瘦損龐兒淺淡妝，怕暮鼓晨鐘特地忙。早知道今日恓惶，早知道今日恓惶，争似當初不識强。待相忘不忍忘，待相從路渺茫。

【眉批】

此换頭也，或認爲《嘉慶子》，誤矣。

换頭止首句異，以下皆同，自後人將《琵琶》「莫將我爹娘冷看」改作「冷眼看」，遂失其調。此曲「争似」句，亦仍其誤，而唱者不得不于「不」字上加一板矣。今姑從時腔。

【僥僥令】蜻蜓飛兩兩，燕子語雙雙。偏我海誓山盟都成謊，番做五更頭夢一場。

【尾聲】擲金錢卜歸的當，只怕歸來鬢已霜，怎能勾身生兩翅飛到他傍。用江陽韻。

〔仙呂入雙調〕步步嬌　怨别　人籟　　唐伯虎

樓閣重重東風曉，玉砌蘭芽小。垂楊金粉消，緑映河橋，燕子剛來到。心事上眉稍，恨人歸不比春歸早。

〔仙呂〕【醉扶歸】冷凄凄風雨清明到，病懨懨難禁這兩朝。不思量寶髻插桃花，怎當他綉户埋芳草。無情挈伴踏春郊，鳳頭枉綉弓鞋小。

【眉批】

「兩」字宜平，今用仄聲，則「禁」字不得不作平矣，殊不叶。

【皂羅袍】堪嘆薄情難料，把佳期做了流水萍飄。柳絲暗約玉肌消，落紅惹得朱顔老。情牽意絆，山長水遥。月明古驛，東風畫橋，俏冤家何事還不到？

〔仙呂入雙調〕【好姐姐】如今，瘦添楚腰，悶懨懨離情懊惱。落花和淚做了一樣飄，知多少？花堆錦砌猶堪掃，淚染羅衫痕怎消。

【眉批】

「花堆錦砌」用平平仄仄，索然無調。必如《琵琶》「葬了二親」，用去上去平，乃妙。

【南呂香柳娘】隔簾櫳鳥聲，隔簾櫳鳥聲，把人驚覺，夢回蝴蝶巫山杳。我心中想着，我心中恨着，雲散楚峰高，鳳去秦樓悄。怕今宵琴瑟，怕今宵琴瑟，你在何方弄調？撇得我紗窗月曉。

【眉批】

首二叠句，可不用韻，末一叠句，必宜用韻，此亦未爲得。

「巫」字上今人掣板，未是。

【尾聲】別離一日生芳草，畫棟梁空落燕巢，可借妝臺人自老。用蕭豪韻。

【眉批】

「人自老」有味，有作「易老」，便索然。

〔仙呂入雙調〕步步嬌　怨別

人籟　劉東生

月夕花朝成虚度，把往事無憑據。東風舊院宇，塵滿瑶臺悶扃朱户。六曲畫欄干，總是傷情處。

【雙調孝南枝】**【孝順歌】**關山路，夢已疏，鴛鴦綉衾香久無。蟬鬢爲誰枯？蛾眉爲誰鎖？只有天知我苦。也不揮毫，也不聯詩句。也不開樽，也不歌金縷。**【鎖南枝】**燈也孤，人也孤，枕又孤，月又恨長孤。

【眉批】

第一「孤」字、第三「孤」字不用韻，末「孤」字得仄聲更妙。

【南呂香柳娘】嘆離愁許多，嘆離愁許多，勝似大江東去，將心比心如何辜負？想昔日共伊，想昔日共伊，情似水中魚，愛似掌中珠。我欲待寄書，我欲待寄書，寄與薄情看取，淚珠如雨。

【眉批】

第四句亦可用八字，非有襯字也。

〔**仙呂入雙調**〕**【園林好】**不記得彈絲品竹，不記得偎香倚玉。不記得隨行隨坐，不記得醉模糊，不記得臥流蘇。

【江兒水】盼殺門前馬，陌上車，年年空把佳期誤。便似和番漢蘇武，終須有日還鄉故。怎不通船通渡？柳陌花街，每日向誰行歡聚？

【雙調僥僥令】鸞凰圖錦帳，蝴蝶綉羅襦。惹恨牽愁無情緒，若得您成雙心願足。

【眉批】

「圖錦帳」正以對「綉羅襦」，時本認「圖」字爲韻，而誤爲「錦帳圖」，語既不對，調亦不諧矣。此句豈須韻乎？

【尾聲】逢時遇景添凄楚，常思想鸞儔鳳侶，至今在海角天涯。用魚模韻。内「涯」字犯齊微。

【眉批】

「鸞儔鳳侶」，或作「鸞交鳳」，反失韻。

〔仙吕入雙調〕步步嬌　閨思

人籟　文衡山

簾控金鈎深閨悄，風動爐烟裊。凄凉恨怎消？望斷衡陽，底事鱗鴻杳。獨坐悶無聊，把金釵劃損雕闌巧。

【南吕香羅帶】幽窗倍寂寥，冰弦懶調。春纖未舉先倦倒，斷弦何日續鸞膠也。總有相思調，對誰拋，思君幾遍成鬱陶。便是暗擲金錢也，有甚心情辨六爻。

【眉批】

「膠」字暗用韻。

〔仙吕〕【醉扶歸】悶懨懨羞把菱花照，睡昏昏慵整翠雲翹。覺離愁應比舊時多，看花容不似前春好。可憐辜負好良宵，多應是别惹閑花草。

【眉批】

第二句合調，勝于「冷凄凄」一曲多矣。

【皂羅袍】可惱，鬱人懷抱，響叮噹鐵馬鬥風聲敲。瀟瀟風雨洒芭蕉，啾啾四壁寒蛩鬧。尋章摘句，臨風懶嘲。蛾眉消黛，金針懶挑，虧心自有天知道。

【眉批】

「鬥」字、二「懶」字仄聲妙。

〔仙呂入雙調〕【好姐姐】看他，量如斗筲。没來由教人談笑，翻雲覆雨都是奴命招。無消耗，滔滔水渰藍橋倒，烈火騰騰將祆廟燒。

【南呂香柳娘】見紅輪墜西，見紅輪墜西，晚鍾聲報，孤燈慘淡和愁照。聽譙樓畫角，聽譙樓畫角，嗚咽怨聲高，令人越焦燥。剪秋風敗葉，剪秋風敗葉，把紗窗亂敲，攪得奴夢魂顛倒。

【尾聲】薄情做事多奸狡，撇得人來没下稍，短嘆長吁捱到曉。用蕭豪韻。

〔仙呂入雙調〕步步嬌　夜思

人籟　　康對山

滿目繁華春將半，回首情無限。西樓畫捲簾，芳草凄凄，野花撩亂。斜倚畫闌干，把江南雲樹相思遍。

【忒忒令】理冰弦將離懷自遣，未彈時意慵心倦。詞調短寫不盡心中愁怨，空冷燼玉爐烟。又早見風兒細，月兒明，花陰半轉。

【眉批】

第三句下得劣，與本調不合。

【園林好】只爲他蘭香懶燃，只爲他金針懶拈，只爲他被姊妹門輕賤。只爲他意懸懸，只爲他恨綿綿。

【南呂香柳娘】漸香消玉減，漸香消玉減，青鸞羞見，啼痕摘損桃花面。怕黄昏到也，怕黄昏到也，衾冷倩誰温？枕孤有誰伴？自長吁短嘆，自長吁短嘆，把心兒暗思，口兒頻念。

【眉批】

「温」字宜用韻。

〔仙呂入雙調〕【好姐姐】可憐，正淒凉未眠，冷清清把紗窗半掩。更長夢短，使人愁悶添。真堪怨冤家到把誰留戀，不記得星前月下言。

【雙蝴蝶】恨天，嘆紅顔多命蹇。恨天，負心的音信遠。挨不過夜如年，寬褪了兩行金釧。恨天，杳没個便人兒將我心事傳。恨天，空教我卜金錢眼望穿。

【眉批】

《劉文龍》傳奇《雙蝴蝶》云：「爹爹贈與你金共珠，媽媽與你布袴兒。急急往長安去，做官時呵娘也慚愧。願得狀元郎及第歸，解元莫忘奴表記時。」其字句正與此合，即音節亦然，特曲古不甚似今時句法耳。詞隱生于《劉文龍》曲不敢下板，而以《宦海茫茫》内《雙蝴蝶》收附《豆葉黄》又一體，未之詳耳。

【玉抱肚】薄情心變，頓忘却香囊翠鈿。只爲他假話虚言，哄得人意惹情牽。朝思暮想病懨懨，只落得瘦怯怯花容不似前。

【玉交枝】時光似箭，送青春催着少年。看雙雙花底鶯和燕，怎教人獨睡孤眠？他在紅樓翠幕醉管弦，竟不念我寒燈暮雨空腸斷。訴不盡離愁萬千，訴不盡凄凉萬千。

【眉批】

「幕」字、二「不」字，作平甚合。

【川撥棹】尋思遍，恨冤家忒行淺。不記得海誓山盟，不記得海誓山盟，不記得羅幃鳳鸞，不記得畫屏前，不記得枕兒邊。

【雙調僥僥令】蒼天還念我，再結此生緣。有日相逢重歡宴，把好話綢繆春晝短。

【尾聲】殷勤寄與南來鴈，使情人心回意轉，花再芳菲月再圓。用先天韻。内「半」字、「亂」字、「伴」字、「鸞」字犯桓歡，「簾」字、「拈」字、「念」字、「添」字、「懨」字犯廉纖。

〔仙呂入雙調〕步步嬌　人籟　梅禹金

天涯何處迷歸棹，辜負人年少。空閨月滿宵，獨倚雕闌，見月向梨花照。驀地暗含羞，羞殺我清減梨花貌。

〔仙呂〕【醉扶歸】病懨懨消減梨花貌，悶沉沉慵將脂粉調。冷凄凄綉砌落殘綃，虛飄飄幾陣風閒掃。冰姿錯認是梅標，纖塵半點飛不到。

【皂羅袍】深院纖塵不到，正溶溶淡魄轉過花梢。瓊葩浸白水沉消，霜英怯素湘簾悄。鉛華淺抹，蛾眉淡描。妝殘虢黛，圍鬆楚腰。這瘦龐兒不似前春俏。

〔仙呂入雙調〕【好姐姐】前春，鴛鴦勁交，到如今鱗鴻漸杳。平原飛絮怎當他一望遥，縈愁抱。梨花冷把愁人笑，對月空吹白玉簫。

【南呂香柳娘】弄秦樓玉簫，弄秦樓玉簫，越添懊惱，聲聲吹出孤鸞調。把蕭郎恨着，把蕭郎恨着，露冷碧天高，花幽殘月小。揾香羅漏寂，揾香羅漏寂，强自和衣睡了，悶得我夢魂顛倒。

【尾聲】朦朧一夢驚還覺，浪迹萍踪難料，只恐怕雨打梨花倍寂寥。用蕭豪韻。

〔仙呂入雙調〕步步嬌　隱詞　人籟　王陽明

宦海茫茫京塵渺，碌碌何時了？風掀浪又高，覆轍翻舟，是非顛倒。算來平步上青霄，不如早泛江東棹。

【沉醉東風】亂紛紛鴉鳴鵲噪，惡狠狠豺狼當道，冗費竭民膏。怎忍見人離散，舉疾首蹙額相告。簪笏滿朝，干戈載道，等閒間把山河動摇。

【忒忒令】平白地生成禍苗，逆天理那循公道，因此上把功名委棄如蒿草。我待要竭忠盡孝，只恐怕狡兔死，走狗烹，做了韓信的下稍。

【好姐姐】爾曹，難與共朝，真和假那分白皂。他把孽冤自造到頭終有報。設圈套，假饒縱使機關巧，天網恢恢不可逃。

【桃紅菊】算留侯其實見高，把一身名節自保。隨着赤松子學道，也免得向雲陽市曹。

【雙蝴蝶】待學，陶彭澤懶折腰。待學，載西施范蠡逃。待學張孟漢辭朝，待學子陵七星灘垂釣。待學，陸龜蒙筆床茶竈。待學，東陵侯把名利抛。譜中與此又小異。

【眉批】

詞隱生收附《豆葉黄》又一體，遇「待學」二字即同首句下板，以爲與《雙蝴蝶》異，甚誤，詳説于前。

【園林好】脱下了團花戰袍，解下了龍泉寶刀，卸下了朝簪烏帽。布袍上繫麻絛，把漁鼓簡兒敲。

【川撥棹】深山坳，悄没個閑人來聒噪。跨清溪獨木爲橋，跨清溪獨木爲橋，小小的茆菴蓋着。種青松與碧桃，採山花與藥苗。

【錦衣香】府庫充，何足道，禄位高，何足較。從今耳畔清閑不聞宣詔。蘆花被暖度良宵，三竿日上睡覺伸腰。對鄰翁野老，飲三杯濁酒村醪。醉了還歌笑，齁齁睡倒。不圖富貴，只求安飽。

【漿水令】賞春時花藤小轎，納凉時紅蓮短棹。稻登塲鷄豚蟹螯，雪霜寒純綿布袍。四時佳景恣歡笑，也强如覆雨翻雲，玉珮趨朝。溪堪釣，山可樵，人間自有蓬萊島。何須用，何須用樓船彩轎，山林下，山林下盡可逍遥。

【意不盡】從來得失知多少，總上心來轉一遭。把門兒閉了，只許詩人帶月敲。用蕭豪韻。詞亦平平少味，大儒之筆，取其志可也。

〔仙呂入雙調〕黑蠊序　寄情梅雪

地籟　陳大聲

點檢梅花，見南枝春信，漏泄今宵。雪模糊可堪半壓寒梢。依稀，暗香動且浮，疏英嫩又嬌。正無聊着意看花，却又被花相惱。「稀」字宜用韻，下「欄」字同。

【眉批】

或作《鬥蝦蠊》，或作《鬥黑蠊》，或作《鬥寶蟾》，皆非也。越調有《鬥寶蟾》、《鬥黑蠊》，與此各不同。

詞隱生曰：「按此曲起調與換頭本不同，今人但知其換頭，而不知其本調矣。舊譜誤作《鬥蝦蠊》，且止收換頭一曲，何以稱譜哉？」細查舊本諸曲，皆用此調于《夜行船序》之後，不得不用其換頭耳，其本調自在也。

【前腔】清曉，眉黛慵描。整殘妝無語，向花微笑。惜花人此時音問寥寥。憑欄，天寒縞袂薄，風輕綉帶飄。自今朝，一捻腰肢，寬掩翠裙多少。

【忒忒令】任雪花梅英鬥巧，憔悴人暗傷懷抱。此情若與天知道，離恨比天更高。果然是天知道，和天也瘦了。

【五供養】青山頓老，誰收拾滿地瓊瑶？蒼茫冬暮景，舉目總蕭條。笑我因花起早，聽滿耳靈禽喧噪。不報些兒喜，惹煎熬，北風吹面利如刀。《萃雅》謂末句必合「寸腸割斷」始不落調，憒憒而强自信，更可笑。

【眉批】

此《五供養》本調，歷查舊曲《八義》、《殺狗》、《白兔》等記皆然。《琵琶》「骨肉分離寸腸割斷」乃犯《月上海棠》者。今人唱此曲，却下截板于「面」字下，以求合「寸腸割斷」之體，誤甚矣。且戲文唱此調，末句皆下掣板于第五字，而清唱者必欲爾爾，何謂？

【好姐姐】一交，黃昏靜悄，孤另另銀釭相照。把燈兒慢挑，和衣剛睡着，誰驚覺？聲寒指冷難成調，偷弄飛瓊碧玉簫。

【川撥棹】難猜料，自來這讀書人心性喬。早殢上金屋嬌姿，早殢上金屋嬌姿，頓忘了臨邛故交。漢相如恩愛薄，卓文君緣分少。

【錦衣香】攔珊了錦字詩，差錯了瑶琴操，釵分了交股金，帶折了連環套。鳳凰簪蹀躞玲瓏，那得堅牢！桃花源上不通潮，傷心總是雨葉風條。連枝樹近來，也生成恨種愁苗。魚鴈無消耗，水闊山高。紅絲繫足，誰把冰刀雙攪？

【漿水令】只索把蒼穹禱告，一任他被傍人戲嘲。盟香夜夜對天燒。幽情未訴，意攘心勞。從前事，都忘却，只求眼下他來到。鴛鴦被，鴛鴦被重薰麝腦。銷金帳，銷金帳謾飲羊羔。「却」音巧。

【眉批】

此曲合譜，前入選諸曲，皆首多二句。

【尾聲】愁容等到生歡笑，説甚麽暮冬天道，番成月夕花朝。用蕭豪韻。《錦衣香》一曲可入天籟，惜前後不稱。

〔仙呂入雙調〕夜行船序　吴宫弔古　人籟　楊升菴

霸業艱危，嘆吴王端爲苧蘿西子。傾城處，妝出捧心嬌媚。奢侈，玉燕金鶯，寶鳳雕龍，銀魚絲鱠。游戲，沉溺在翠紅鄉，那管卧薪滋味。

【眉批】

即《曉行序》。《金印記》「繼晷焚膏」一曲，時本作《夜行序》，蔣孝舊譜作《曉行序》，細查原與此曲合。

【前腔】〔换頭〕乘機，勾踐雄圖，聚干戈要雪會稽羞耻。懷奸計，越賂私通百嚭。誰知，忠諫不聽，劍賜屬鏤靈胥空死。兵起，不想道請行成，北面稱臣不許。

【黑蠊序】〔换頭〕堪悲，身國俱亡，把烟花山水，等閑無主。嘆高臺百尺，頓遭烈炬。休覷，珠翠總劫灰，繁華止廢基。動情的，不見范蠡乘舟，一片太湖烟水。

【眉批】

此用换頭起，非即本調也，説詳前。

【前腔】聽啓，樵李亭荒，更夫椒樹老，浣花池廢。問銅溝明月，美人何處？春去，楊柳水殿欹，芙蓉池館摧。

惱人意，只見緑樹黄鸝，寂寂怨誰無語。

【錦衣香】館娃宫，荆榛蔽，響屧廊，莓苔翳。可惜剩水殘山，斷崖高寺。百花深處一僧歸。空留舊迹，走狗鬥鷄。想當年僭祭，望郊臺凄凉雲樹，香水鴛鴦去。酒城傾墜，茫茫練瀆，無邊秋水。

【眉批】

「屧」音薛。

【漿水令】採蓮涇紅芳盡死，越來溪吴歌慘凄。宫中鹿走草萋萋，黍離故墟過客傷悲。離宫廢誰避暑？瓊姬墓冷蒼烟蔽。空園滴，空園滴，梧桐夜雨。臺城上，臺城上，夜烏啼。

【眉批】

末用三字句，是又一體。

【尾聲】越王得計吞吴地，歸去層臺高起，只今亦是鷓鴣啼處。雜用齊微、魚模二韻。「子」字借支思。《錦衣香》、《漿水令》二曲，梁伯龍竊之以足《扁舟五湖》一折，亦可笑。用唐句作煞尾，甚陡。若拙者用在尾聲第二句，便索然矣，作者知之。

〔仙吕入雙調〕夜行船序　游春　人籟　康對山

堪賞花朝，見游人如蟻競出西郊。長亭上，挈榼提壺撈鬧。迢迢，緑水人家，偏稱燕子雙雙飛繞。黄鳥，睍睆在柳陰中，深處爲誰啼早。

【前腔】妖嬈，萬紫千紅，被東風一夜趲教開了。花陰下，曲水流觴相招。高挑，食罍花籃，紛紛簇擁雕鞍藤轎。遍繞，只聽得賣花人，滴溜溜叫聲輕巧。

【眉批】

『招』字仄聲乃叶。

【黑嫲序】難描，蹴踘齊雲，映鞦韆庭院，綺羅圍繞。見三三兩兩，嬌滴滴花貌。波俏，金連露絳綃，玉釵聳翠翹。笑聲高，正是無情却把有情縈惱。

【前腔】芳草，莫碾香輪，趁青青留與，醉眠一覺。那玉孫去也，金勒嘶叫。妖嬈，緋桃噴火燒，輕風似剪刀。亂飄飄，可惜殘花滿地更無人掃。

【錦衣香】過畫橋，風光好。睹粉墻，園林好。只見戲水鴛鴦，浪翻碧藻。歌樓上檀板謾輕敲，不如載酒，共泛蘭橈。玩江山景物，又何須閬苑蓬島。休得閑煩惱，且開懷抱。功名分在，龍門一跳。

【漿水令】嘆匆匆鶯花易老，慢騰騰紫陌路遥。酒旗斜插杏花稍，何妨共入痛飲香醪。拚沉醉，沉醉倒，春衫袖濕欹花帽。須知道，須知道，離多會少。同歡笑，同歡笑，解金貂。

【尾聲】從教酩酊玉山倒，洞口桃花休笑，拚一個酒醉今宵。用蕭豪韻。

〔不知宮調〕小醋大　憶別　人籟　羅欽順

暗潮拍岸，斷江風掃蘆花。鷗鷺破烟，飛落汀沙。見漁舍兩三家，在夕陽下，一簇晚景堪畫。悶無語時將珠淚洒愁轉加，瘦損丰標只爲他。事縈心鬢添白髮，蹉跎負却年華。

【眉批】

曲譜中有附録一種，或係古曲，不知宮調，難以查考者；或係雜犯各宮調者，並作譜者亦不能確見，分列諸宮闕者俟考，今亦仍之。

【不是路】暗憶秦樓，一别後蛾眉誰與畫。沉吟久，徘徊無語自嗟呀。酒初醒，恨無眠欹枕衾衣冷，夢初斷蓬窗月影斜。看看曉，那堪迤逦蘭舟駕。事冗如麻，事冗如麻。

〔仙吕〕【長拍】叠叠離情，叠叠離情，重重幽恨羈旅怎生禁架？家鄉遥遠楚水洶涌，闊迢遥去程無涯。斜日映紅霞，傍水村深處，酒旗高掛。淺水灘頭有鷺立，見枯樹上噪寒鴉。來往櫓聲咿啞，正野塘水漲，浪激汀沙。

【眉批】

長拍短拍，必如此二曲方合，前人選諸曲亦有少戾。

末句時作「水漲野塘露冷蒹葭」，今從譜改定。

【短拍】紅蓼灘頭，紅蓼灘頭，白蘋岸側，曲彎彎水繞人家。還自赴京華，怎訴得許多般瀟洒？異日圖將此景，俺直待歸去鳳池夸。

【尾聲】烟光映夕陽下，漸覺荒郊暮也，借旅館今宵一醉呵。用家麻韻。內「也」字犯車遮，「可」字犯歌戈。

〔雜犯宮調〕九回腸　離思　地籟　張伯起

【醉三醒】一從他春絲牽挂，到如今多少嗟呀。秋波望斷藍橋下，鎖春山又阻巫峽。音書未把魚和鴈，凶吉難憑鵲與鴉，成話靶。【三學士】當時鏡裏花難把，更那堪塵掩菱花。佳人已屬沙吒利，義士今無古押衙。【急三鎗】只索向，無人處，把鮫綃看。見盟言在，不覺淚如麻。「吒」，之沙切。

【眉批】

雜用仙吕、南吕、雙調。

《急三鎗》即在《風入松》後，如《琵琶記》「他去空山里」至「築墳臺」數句也。今世皆傳爲《急三鎗》，但蔣孝舊譜及詞隱生新譜俱未開出耳。

【前腔】一從他相逢月下，歡娛事能有幾些。眉來眼去傳情話，攬春心一點如麻。恩情指望長厮守，風浪誰知起衆譁，擔驚怕。想生前曾欠鴛鴦債，今生裏合受波查。到做了鏡中鸞影波中月，夢裏幽期霧里花。誰知我，心中想，意中愁，奈閒中客，獨坐小窗紗。用家麻韻。內「些」字借車遮。

【眉批】

「債」字宜用韻。

〔雜犯宫調〕六犯清音　宫詞　人籟　無名氏

【梁州序】瑣窗人静，未央天遠，一似嫦娥無伴。玉容消減，教人蹉過芳年。【桂枝香】何處流紅葉？無心整翠鈿。【排歌】鶯將老，恨轉添，梨花院落冷鞦韆。【八聲甘州】怎如得雙雙燕子梁間語，怎如得兩兩鴛鴦沙上眠。【皂羅袍】長門望月，深巷鎖烟，琵琶寫不盡思君怨。【黄鶯兒】病懨懨，姻緣未了，何日試温泉？用先天韻。内「伴」字犯桓歡，「添」字、「懨」字犯廉纖。詞隱生曰：「此一曲大抵不足法，《桂枝香》末二句，却用在前，殊與上下不相接，真可删也。」舊本曲選，止此一曲。近刻如《萃雅》等，皆有四曲，又有尾聲，不知何人所續。詞不足採，不録。此曲譜中作《六犯清音》，時本又有刻作《六犯宫詞》者，想因是曲爲宫詞，而相沿之耳，非有二也。

【眉批】

《八聲甘州》二句，舊作《傍妝臺》，然《傍妝臺》無此二句，惟《二犯傍妝臺》中有之，乃《正犯八聲甘州》者，今從譜改正。

〔雜犯宫調〕七犯玲瓏　四景題情　地籟　祝枝山

【香羅帶】新紅上海棠，猛然情慘傷。前春有個人共賞，【梧葉兒】今日在何方？早把春心蕩，免教人斷腸。【水紅花】細思量，誰真誰謊？自古佳人薄命，怨殺斷頭香。【皂羅袍】想桃花也會殢劉郎，恨遠山無計留張敞。花陰月影，看看過墻。朝雲暮雨，誰覺夜長。【桂枝香】捱得今宵過，明朝又怎當？【排歌】鶯兒對，燕子雙，飛來飛去爲誰忙？【黃鶯兒】偏不到他行。

【眉批】

此調舊譜所無，想自希哲創之也。但《梧葉兒》三句全不似，當是《金梧桐》，且將商調與仙呂相出入，亦非體也。但此調盛行于時，聊載之耳。

「怨殺」或作「恨燒了」，「誰覺」或作「睡覺」，或作「誰家」，皆非也。

【前腔】芭蕉映粉墻，緑陰清晝長。炎天怎不心悒怏，獨坐傍南窗。細雨消煩暑，晚風生嫩涼。見池塘，鴛鴦兩兩，世上有情多配，偏我不成雙。碧紗厨鬆透玉肌香，珊瑚鈎誤觸冰弦響。浮瓜沉李，共誰舉觴？調脂弄粉，爲誰晚妝？懶向金盆浴，盈盈自解裳。腰如柳，體似霜，無人共試紫蘭湯，空惹舊心狂。

【前腔】金風透鎖窗，不禁羅袖涼。秋來怕上危樓望，舉目總堪傷。疏柳垂寒雨，敗荷欺曉霜。咕叮噹簷前馬響，最恨今宵更漏，一似去年長。妒銀河織女會牛郎，想嫦娥一樣情惆悵。從來孤雁，傳書故鄉，緣何今日，全無半行？料想恩情斷，非關路渺茫。芙蓉老，菊蕊黃，蕭蕭風雨又重陽，越越減容光。

【前腔】江梅綻早芳，雪花籠錦堂。孤眠分外寒威壯，怎不倍恓惶。料想他身上，不知寒與涼。懶梳妝當時模樣，憶昔千般簇擁，不是負心郎。枕邊厢閑了綉鴛鴦，擁香衾誰下紅羅帳？淺斟低唱，當年洞房。山盟海誓，何時象床？忽見燈開蕊，還聽鵲繞梁。朝朝拜，夜夜香，伊還歸也謝穹蒼，願得永成雙。用江陽韻。此見希哲自刻本，而《萃雅》以爲高東嘉，其不足憑類然。

〔雜犯宮調〕七犯玲瓏　四時閨怨　人籟

楊升菴

凝妝上翠樓，垂楊映玉鈎。重簾不捲餘寒透，羅袖佃空篌。彈出江南怨，翻成塞北愁。謾凝眸，繁華時候。只見王孫芳草，千里路悠悠。嘆韶華不爲少年留，恨青春獨把空床守。蜂兒作隊，鶯兒唤友。魚兒不見，鴈兒怎求。有信書難寄，無言淚暗流。寬腰帶，脱臂韝，闌干劃損玉搔頭，何日再綢繆？

【前腔】昏昏倦倚樓，炎炎暑氣浮。離人最怕初長晝，薄倖在何州？粉頸鬆羅扣，弓鞋褪錦兜。恨悠悠，雲僝雨僽。辜負調冰雪藕，清暑共消憂。臨妝奩不見鳳鸞儔，捻銀針懶把鴛鴦綉。碧筒翠斝，與誰唱酬？銀床珍簟，與誰並頭？香冷黄金獸，茶寒白玉甌。荷香静，槐影收，夕陽西下水東流，天際望歸舟。

【前腔】悲鴻度小樓，飛螢滿院流。火雲消盡青山瘦，蘆葉暗汀洲。南浦潮初落，西山雨乍收。冷颼颼，生綃翠袖。多少淒涼證候，團扇掩嬌羞。只贏得一重愁番作兩重愁，怎能勾長相思變做長相守。玉人何在？音書枉投。玉闗何處？山河阻修。每夜焚香拜，何時秉燭游。銀河淡，璧月浮，纔看織女會牽牛，指日又中秋。

【前腔】寒光凍玉樓，霜威透錦裘。起來呵手雙眉皺，對鏡懶梳頭。嬌淚紅冰落，長眉翠月愁。憶藏鬮，去冬時候。誰承望今經别久，轉眼歲華周。風掀衣只道玉人搊，雪敲窗錯訝檀郎扣。誰堪相伴？銀燈半篝。誰來相探？銀蟾半鈎。業障千重透，恩情一筆勾。梅横瘦，竹影幽，幾曾蝴蝶夢莊周，默坐數更籌。「鬮」音鳩。用尤侯韻。

〔雜犯宫調〕七賢過關　閨思　人籟　劉東生

【梧桐樹】春風花草香，遲日江山麗。萬紫千紅，總是傷情處。【黄鶯兒】懨懨爲伊，愁懷爲伊。【山坡羊】只聽得管聲、笙聲喧天地，縱有笙歌不入愁人耳。【香徧滿】見鶯花憔悴，杜鵑語聲悲。【金絡索】梅子心酸柳皺眉，一春魚鴈無消息。悶得我似雨打梨花珠淚垂。【皂羅袍】空房獨守，此情爲誰？【桂枝香】冷落閑庭院，暮雨瀟瀟郎未歸。

用齊微韻。内「處」字犯魚模，「耳」字犯支思。此曲譜中收之，而注曰《雍熙樂府》，其來舊矣。《萃雅》謂爲劉東生，不知何據也。《雍熙樂府》有四曲，今時止唱其一耳。譜中又收《殺狗記》一調，與此小異，附録以備考。

三人共賞雪，吃得醺醺醉。撇我哥哥，跌倒在深雪裏。他兩個撇了你，自先回。却不道賽過關張有義氣，冷清清凍死你做街頭鬼。又還是孫榮背負你歸？孫員外你臨危不見了賽關張，方信道打虎還須親兄弟。

詞隱生曰：「此調極似《金絡索》，但末句不相似耳。」

【眉批】

詞隱生謂不知犯何七調，《萃雅》注犯調甚合，今從之。然《黄鶯兒》二句板不合，當是《沉醉東風》。而《金絡索》中三句又犯《東甌令》、《針綫箱》二曲者。既名七賢，則止宜犯七處本調，若犯中復雙犯，於義欠協，作者知之。

「聽得」三句，於《山坡羊》不甚協，當是《五更轉》耳。

〔雜犯宮調〕九疑山　寄情　人籟　梁伯龍

【香羅帶】江東日暮雲，寒鴉遠郵。關河萬里勞夢魂，三年不見倍傷神也。【犯胡兵】黛眉都瘦損，往來空寄信。縱然要打聽近行蹤，無人可問。【懶畫眉】車馬過從日紛紛，只得勉强支持病裹身，奈蕭郎不是個中人。【醉扶歸】最憐有綫無針引，因此上杜陵來去没寒温，倒不如崔生日夜常相近。【梧桐樹】香囊刺綉新，畫扇描蘭俊。自着春衫，束得腰身緊。寄時萬縷縈方寸，【瑣窗寒】一星星意真情懇。偶聞，水館締深盟，這忘機鷗鷺休親。【大迓鼓】相逢期孟春，上元佳節，燈火黄昏。尺書何事無憑準。【解三醒】今回首又過春分，長江且是東風順。况一騎丹陽便入白門，還思忖。【劉潑帽】紅顔定是多薄命，豈負恩，看舊日緣和分。

【尾聲】秋來又見歸鴻陣，倚樓南望正斜曛，拚却和淚緘書重寄君。用真文韻。内「盟」字、「命」字犯庚青。此舊院馬湘蘭贈先季父者，余猶及見其畫扇上手書此詞，所云「水館」二語，蓋季父有館名「盟鷗」也。然實是少白代作，啓口便露少白面目矣，此調亦是少白所自刱。

【眉批】

此調雜犯仙吕、商調、南吕等宫，而詞隱生以之入南吕，何也？

〔雜犯宮調〕十樣錦　青樓離恨　人籟　無名氏

【綉帶兒】幽窗下沉吟半晌，追思俏的上聲。嬌娘。娉婷態不弱似鶯鶯，妖嬈處可比雙雙。非獎，【宜春令】最堪夸他性格兒温柔，難描他身材生得停當。説不盡風流可喜萬般模樣。【降黄龍】相當，月下星前吐膽傾心，把誓盟深講。行思坐想，望盡老今生同效鸞凰。【醉太平】誰想，驀然平地浪波生，始信道禍從天降。霧迷雲障，被鴇母苦苦打散鴛鴦。【浣溪紗】情慘慽，心悒怏，閣不住淚珠汪汪。勞神役夢正端詳，忘餐廢寢思又想。設計施方要見他，除非是夢兒裏來到伊行。【啄木兒】憐香惜玉相偎傍，尤雲殢雨同鴛帳。被數聲疏雨敲窗，散高唐春心蕩漾。【鮑老催】此情怎當？羅衣尚存蘭麝香，鸞箋枉寫離恨章。人不見，枉嘆息，空惆悵，惱得潘郎兩鬢似霜。【下小樓】他那裏因咱狂蕩，咱因他痛感傷。幾回欲待不思量，待要不思量後，怎做得鐵打心腸。【雙聲子】江淹恨，韓生憤，怎比得咱家悶。【鶯啼序】千般事纔離却心上，又早攢蹙眉尖。天還可憐，便咫尺相見又且何妨。

「尖」字不用韻，不通。「憐」字改「傷」字，還協。用江陽韻。此乃取十樣牌名句子合成者，猶《十二紅》、《九疑山》之類。原名《十樣錦》，舊譜分爲五曲，詞隱生取其前四段爲二曲，一入南吕，名《綉帶宜春》，一入黄鍾，名《黄龍醉太平》。而云：「惟此合調，餘不足取。」《萃雅》載爲《綉帶兒》一套，而以下所合諸調，依原名各分列之，若本調止此數句者，誤人可笑。今正之，合爲一曲者是。

【眉批】

「相當」二字，查《雍熙樂府》如此，正是《降黄龍》换頭本調。今人多唱作「想當日」、「想當時」，因坊本誤刻「相」字作「想」字耳。

《浣溪紗》係全調，然「設計施方要見他」七字，乃仿《楊柳眉》之「要解愁腸須是酒」句法失調者，且不用韻，更失也。

「憐香」二句，是《啄木兒》第六句、七句，下二句不合。蓋舊譜《啄木兒》收弦中正指下調一曲，乃《二犯啄木兒》末二句《玉漏遲序》如此也。此《下小樓》亦全調，「後」字宜用韻。

若用《雙聲子》首三句，則「江淹恨」宜疊，不宜另作「韓生憤」句。而「悶」字宜押江陽，不宜依「恨」、「憤」字押真文也。以下俱憒憒，疑有誤。

「韓生憤」，蓋用韓非孤憤事也，時作忿，非。

〔雜犯宮調〕十樣錦 犯注見前。 人籟

張伯起

燈兒下低頭自忖，消磨幾個黄昏。夢回時殘月孤蓬，花落後細雨重門。追省，是前生做下今生，怕今生又欠來生。愁悶，怎討得一宵恩愛，賺了半生緣分。難論，無底深恩，月下花前，目成心允，幽期密訂，受盡了從前多少寒温。心田，錯將紅豆種愁根，惡根苗苦縈方寸。思量不盡，這千般旖旎，半天丰韻。性兒醇，情兒順，最相應暗裏温存，可憐冤債告無門。河陽天遠難投逩，何日方酬斷續恩？絮叨叨説與他們，相逢非是言無準。匆匆自恨情難盡，又早雨打梨花深閉門。此情未伸，花屏雨餘都減春，韶光九十没半分。人不見，枉嘆息，空勞頓，夢繞巫山一片雲。只落得些夢中秦晋，早人間商與參。桃源有路欲埋輪，羡殺世人薄倖，到省得瘦損精神。水中魚，沙中鴈，怎討得愁中信？心中事描寫在紙上，又相將化作啼痕。其間怎言，自甘心寂寞卧病文園。「園」字，宜易「君」字。用真文韻。内「省」字、「生」字、「成」字、「倖」字犯侯青。「參」字犯侵尋。至「言」字、「園」字忽更先天，不可解也。然「言」字可不用韻，「園」字當是「君」字之誤。或作者用詩韻十三元而混用之，病耳。

此曲又有尾聲云：「緣慳咫尺如天塹，相思一曲學啼猿，路上人聞也淚漣。」雜用監咸、先天，殊乖本韻，此必後人誤沿「言」、「園」二韻而妄列增之者也。即如前曲，時本亦有尾聲云：「情人早得同鴛帳，免使人心勞悒怏，辨炷盟香答上蒼。」庸劣可厭，妄

增無疑，《萃雅》删去，今從之。

【眉批】「相逢」三句方是《啄木兒》，前曲中者誤矣。然此調詞意實仿前曲者，多應是知其誤而更之也。

〔雜犯宫調〕十二紅　閨怨

地籟　張伯起

【山坡羊】伴孤燈三更情況，捱剩枕幾番移放。想此時當初共他，摟香肩睡足芙蓉帳。**【五更轉】**到如今獨自宿空惆悵，燈兒半滅銀臺上，你看殘月低沉，又早鐘敲鷄唱。**【園林好】**聽啼鴉林梢曉霜，日弄影花篩紙窗。**【江兒水】**怕對鏡愁添悒怏，羞殺胭脂，妝不就桃花模樣。**【玉交枝】**眠思坐想，對朝餐無心去嘗。好花曉折枝頭放，帶不上昨夜殘妝。**【五供養】**嘆我纔離鴛帳，又早見雙飛燕來燕往。起來無半日，淚滴已千行。怕綉出傷心兩兩鴛鴦。**【好姐姐】**午晌，倚樓凝望，人隔着山長水長。**【玉山供】**穿梭日影，又過粉墻西向。香閨人寂寞，恨茫茫，綉鞋兒雙褪曬西窗。**【鮑老催】**此情慘傷，疏林鳥投喧夕陽，人歸不似飛鳥忙。**【川撥棹】**想起他虚謊，不思量歸故鄉。愁殺人傍晚凄凉，愁殺人傍晚凄凉。**【前腔換頭】**罵負義虧心薄倖郎，把燈兒點上銀釭。把燈兒點上銀釭，捱過黄昏明朝又怎當？**【僥僥令】**聽嘹嘹孤雁泣，點點漏聲長。夜静更深空思想，總夢兒裏相逢魂渺茫。

【眉批】「綉出」二語，乃《月上海棠》，非《五供養》本調，誤認《琵琶》「骨肉分離」二語也。宜易七字句，不則《十三紅》矣。

《玉山供》乃《玉抱肚》、《五供養》合成者，此其下半曲，即《五供養》下半曲也。但末句他處犯《月上海棠》，而此不犯耳。

本調再犯，亦非犯調正體，緣又有以此爲《嘉慶子》者，故誤用。

【尾聲】一年未了相思帳，一月月難禁魔障，怎禁一日十二個時辰空斷腸。用江陽韻。曲亦俊，少嫌於葩。《萃雅》以爲張伯起，《吴騷》以爲陳大聲。陳亦頗似，然《吴騷》多妄，不敢從也。

〔雜犯宮調〕十二紅　地籟　　沈青門

【山坡羊】照孤衾寒燈半滅，捱樵鼓三更初歇。要甚麽夢兒中見他，早醒來添個新離别。【五更轉】恨鍾聲和鷄唱催殘月，幾番眼上空流血。守着露冷霜寒，衾枕何曾寧貼。【忒忒令】囀流鶯枝頭韻切，催花雨朝來凛冽，寒嶙峭曉風把綉户偏推拽。【江兒水】惱人半晌心頭熱，剩枕閑衾堆叠，雲鬢蓬鬆掙不住起來嬌怯。【玉交枝】香奩頓撇，剖雙鸞菱花半缺。瘦龐兒粉褪胭脂謝，賣花聲空自嗚咽。【五供養】看雲收雨歇，弄新晴花影半斜。時過五十刻，腸斷兩三折。情在心頭，人還離别。【好姐姐】生惹，相思周折，挨一刻如挨半月。【玉山供】沉思倦想，忘却坐來時節。暮雲扶日色，又回車，疏林掩映夕陽遮。【鮑老催】登樓慘切，争喧渡頭人歸也，恨他何處貪歡悦。【川撥棹】看投林鳥，疾如梭，不暫歇。照紗窗又見新月，照紗窗又見新月。【前腔换頭】更照我孤星偏皎潔，把相思空掛唇舌。把相思空掛唇舌，幾個黄昏經挫折。【僥僥令】却憐更漏永，那得綉衾熱。展轉無眠成瘦怯，便合眼莊周飛浪蝶。

【眉批】

犯調與前小異，是又一體。

「幾個」句不合，亦《琵琶》刻本「冷眼看」誤之也。

【尾聲】十二時中成萬結，奈離别經年動月，却教我晝夜思君空自説。用車遮韻。第三四句，亦閨情常意耳，一翻案便警甚。世人安於堆砌庸套，何解也。時刻又有「正三更蕭條情況」一套，乃仿前曲「伴孤燈」者，韻韻俱押，句句模擬，可笑。止「川撥棹」換頭中云「得他來我死也當」一語可取耳，不録。

〔雜犯宮調〕巫山十二峰　憶杜隱娘　地籟　梁伯龍

【三仙橋】院落清明左右，遇花時倍僝僽。關河路阻，鴈歸書未有。【白練序】清晝上小樓，奈觸目雲山都是愁。難尋究，風飱水宿，淡烟疏柳。【醉太平】輻輳，雙雙配偶，是誰人打散覆水難收？離箋恨譜，書不盡舊日根由。無讎，【普天樂】緣何處處藏機彀。誓把菱花生分剖，繫春鴻另趲書郵。掣文鴛還添械杻，絆驊騮使人更射戈矛。犯胡兵千山萬水親投首，逆來俱順受。自知萬死一生，爲郎甘出醜。【香徧滿】任千般斷送，已拚却一命丢。誰知您這毒劣，却又得神明祐。【瑣窗寒】嘆如今流落滄洲，何處天南海北頭？料停雲滯雨，似縹緲孤鷗。【劉潑帽】房櫳静掩眉兒皺，應未休，性格兒還如舊。【三换頭】風花路岐，暮雲時候，秋深别館，想寒生弊裘。此事明知拖逗，這其間只是我不合來把伊掣肘。【賀新郎】致娘行害得無人救，音信遠，有誰叩。【節節高】風回順水舟，坐中流，江頭有日輕帆走。功名就，夙志酬，因緣又，彩雲飛處青鸞驟。【東甌令】腰纏騎鶴上揚州，談笑覓封侯。

【眉批】詞隱生曰：「《三换頭》前二句是《五韻美》，中二句是《蠟梅花》，今用于此，是《巫山十三峰》，非《十二峰》矣。作詞者若能另用南呂別曲幾句，以代《三换頭》，尤爲得體。不可泥此曲而爲伯龍護短也。」

【尾聲】喜重諧，言非謬。試看織女共牽牛，擬定相逢一歲周。用尤侯韻。

小令

〔仙呂〕二犯月兒高　閨怨

天籟　馮海浮

門外雕鞍邁，鏡中玉容改。扯碎合歡被，剪斷同心帶。鳳拆鸞分，端的是愁無奈。**【五更轉】**良人流落天涯外，悄没一紙書傳，空留下啞謎兒猜。**【紅葉兒】**猜，没亂煞女裙釵。但得個信息真實，來不來也放懷。用皆來韻。

【眉批】已下皆附録雜著小令，或係單詞，或一牌名而數曲者，仍依宮調次序並列之。

末段，《萃雅》以爲犯《五更轉》，則末句宜四字，而餘作襯。然餘曲皆五字、六字，恐非也。應是本調，故止云二犯耳，姑闕之。

前腔

遠樹寒蟾下，長空凍雪撒。風動流蘇帳，冷透淩波襪。夢兒裏温存，熱突突都是假，醒來提着名兒罵。兜的俺惱亂柔腸，閃煞人只爲他。他，一謎的使虛花。想的他一脚兒回來，實心兒不到家。「撒」，殺賈切，上聲。用家麻韻。此調《吴騒》中載八曲，皆云馮海浮。今取其二，以冠本調。本色俏語，非海浮不能辦也。而時人但唱「烟鎖垂楊院」者，其不知曲久矣。後所録「紅粉多薄命」二曲，亦是八曲中者，《萃雅》又載爲楊斗望。此二曲一韻，似宜另出一手，故依《萃雅》，然總不確也。

〔仙吕〕二犯月兒高　閨怨

地籟　高東嘉

烟鎖垂楊院，日長綉簾捲。人静鶯聲細，花落重門掩。薄倖不來，羞睹雕梁燕。天涯咫尺情人遠，只怕路阻藍橋，無由得見。天，天若肯周全，除非是夢裏相逢，把奴衷腸訴一遍。用先天韻。内「掩」字犯廉纖。

前腔

園院飄紅雨，輕風蕩飛絮。有意送春歸，無計留春住。倚遍闌干，默默悄無語。雲山萬疊空凝佇，我的情郎知他何處。吁，欲待要寄封書，只怕水遠山遥，没個便鴻去。用魚模韻。

前腔

謾折長亭柳，情濃怕分手。欲上雕鞍去，扯住羅衫袖。問道歸期，端的是甚時候？回言未卜奇和偶，懶唱陽關慵斟別酒。酒，除是你消愁，只怕酒醉還醒，愁懷又依舊。「奇」音基。用尤侯韻。

【眉批】

此曲詞隱生收入新譜，而云勝于「烟鎖垂楊院」多矣，則與諸曲似非一人筆。《萃雅》概謂是高東嘉，未知何據。

前腔

鬌綰香雲擁，釵分兩金鳳。爲你多嬌態，積下愁千種。月冷黄昏，孤燈有誰共？情人誤我良宵夢，畫角頻吹梅花三弄。風，休吹入綉幃中，只怕惱動離情，把我相思病越重。用東鍾韻。

〔仙吕〕二犯月兒高　情思　地籟　楊斗望

紅粉多薄命，青春半殘景。人去瑶臺怨，花落胭脂冷。裊裊腰圍，强把綉裙整。弓鞋淺印殘紅徑，正當三月韶光，倚闌干無限情。情，離別幾曾經，再來扯住衣衫，影兒般不離形。

【眉批】

「闌干」句，不似《五更轉》，疑有誤，下同。

前　腔

月缺重門静，香消漏聲永。手托芙蓉面，背立梧桐影。瘦損伶仃，越覷越孤另。抽身轉入房櫳冷，又一個畫影圖形，半明不滅燈。燈，花燭杳無憑，一似靈鵲虚嚚，喜蜘兒不至誠。用庚青韻。

〔仙吕〕月雲高　風情　天籟　梁伯龍

【月兒高】夢魂初覺，閒亭弄花草。見蛺蝶雙雙戲，忍不住將闌干靠。誰料喬才，隔窗兒覷着了。他背後將腰摟，我不合就回身抱。【渡江雲】雖則是平日秋波眼上招，畢竟是桃花命内遭。用蕭豪韻。

【眉批】

此調犯《渡江雲》，而《渡江雲》本調竟缺。

前　腔

匆匆得見，姻緣分還淺。又不曾通音信，難道便相戀。誰料娘行，霎時寸心軟。他既把終身許，我豈忍將深盟變。雖是郵亭一夜眠，畢竟是藍橋宿世緣。用先天韻。此似男答女前曲者，詞意不及前，然亦饒有真色。小令故能造此境，不爲詞掩，可知吴歌《掛枝兒》之反能爲情至語也。作者每愧此等，其病從可藥矣。

〔仙吕〕月雲高　閨怨　天籟　無名氏

別情無限，新愁怎消遣？没奈何分恩愛，忍將人輕拆散。一寸柔腸，兩下裏相縈絆。去則終須去，見也還須見。只怕燈下佳期難上難，枕上相思山外山。雜用先天、寒山韻。

前腔

吞聲寧耐，欲説誰偢倸？惹得傍人笑，招着他們怪。歡喜冤家，分定憪憪害。去不去心頭恨，了不了生前債。教我心上黄蓮苦自捱，却似鎖上門兒推不開。用皆來韻。亦便是吴歌一派矣，豈不勝于堆詞者！《吴騷》注以王百穀名，非也。百穀與余交，生平未嘗爲曲。

〔仙吕〕三犯桂枝香　四時閨怨　人籟　陳大聲

【桂枝香頭】韶光似酒，醉花酣柳。無端幾許閑愁，贏得芳容消瘦。【四時花】休休，雲情雨意無盡頭。三春有約君記否？倚闌干凝翠眸。【皂羅袍】鶯兒有偶，燕兒有儔。青鸞孤影，教人可羞。【桂枝香尾】薄倖今何在？空餘燕子樓。用尤侯韻。

【眉批】

《萃雅》以「無」字、「君」字二板用在「雨」字、「有」字上，恐非，今依譜。

前腔

池塘晝永，薰風南送。春纖倦撥冰弦，懶把霜紈搖動。眉峰，堆堆積積愁萬重。追思往事如夢中，好姻緣難再逢。竹含新粉，榴噴火紅。荷香浮動，緑陰正濃。自別東君後，金樽幾度空。用東鍾韻。

前腔

月懸冰鏡，疏星耿耿。良宵院落沉沉，立遍梧桐清影。傷情，西風幾番和鴈聲。銀屏冷落秋漸深，數歸期心暗驚。紅蓮落盡，桂香滿庭。海棠開後，望伊到今。恨教音書斷，秦樓怕有人。用庚青韻。内「深」字、「今」字犯侵尋，「人」字犯真文。

前腔

鴛鴦霜重，翠衾寒擁。香腮半貼珊瑚，一綫紅泉將凍。浮踪，飄揚柳絮心性同。無些繩準西復東，海山盟都是空。窗兒裏月，簷兒外風。相思滋味，這回轉濃。正好朦朧睡，寒山寺已鐘。用東鍾韻。舊本《南詞妙選》作秦憲副詞，《吴騷》又注文衡山，未知孰是。

〔仙吕〕桂枝香　春閨　人籟　　無名氏

蓮壺漏啓，薰籠香細。寒輕小閣春殘，人在遼陽天際。看鞦韆影度墻，看鞦韆影度墻，無奈芳心摇曳，又早一番花事。到薔薇摘花浸酒春愁重，燒竹煎茶夜卧遲。

前　腔

紅樓凝思，緑陰鋪地。輕黄落盡蜂鬚，淡粉烘乾蝶翅。見雕梁燕兒，見雕梁燕兒，呢喃學語，困人天氣。薄情的，何處章臺路？飛花襯馬蹄。

前　腔

芳春將去，玉人歸未。心隨柳絮飄揚，貌比梨花憔悴。嘆幽閨夢迷，嘆幽閨夢迷，怎識關河迢遞，音書難寄。意如痴，怪教雙鸂鶒，横塘只並飛。

前　腔

封侯未遇，王孫何處？緑楊葉底黄鸝，紅杏枝頭青子。惜芳菲又歸，惜芳菲又歸，滔滔逝水，欲留無計。漏遲遲，宿鳥驚枝去，殘燈落燼時。用齊微韻。内「事」字、「子」字、「時」、字犯支思，「語」字、「去」字、「遇」字、「處」字犯魚模。

〔仙吕〕醉羅歌　憶别　天籟　楊升菴

【醉扶歸】無形無影書難寄，不活作平。不死病難醫。暮雨梨花近寒食，問陌上人歸未？【皂羅袍】黛眉羞畫也只爲誰，羅裙寬掩也只爲誰，鶯花笑殺人憔悴。【排歌】鶯啼罷，花又飛，安排腸斷送春歸。用齊微韻。

〔仙呂〕醉羅歌犯見前。　恨別　天籟　陳大聲

冷落作平。冷落秋千架，謝却謝却海棠花。蕩子經年不還家，又變了鼀兒卦。相如薄倖，也不似他；王魁短命，也不似他。山盟海誓都丢罷。臨岐話，都是假，此時驕馬繫誰家？用家麻韻。

【眉批】「落」字、「却」字俱入聲，可作平，故可兩用，妙甚。後人不知其解，但任意用疊字，其失調者多矣。「繫」音計。

〔仙呂〕羽調排歌　詠纖足　地籟　唐伯虎

第一嬌娃，金蓮最佳，看鳳頭一對堪夸。新荷脱瓣月生牙，尖瘦幇柔滿面花。從別後，不見他，雙鳧何日再交加？腰邊摟，肩上架，背兒擎住手兒拿。

〔正宮〕玉芙蓉　春閨　地籟　李日華

殘紅水上飄，青杏枝頭小。這些時眉兒淡了誰描？因春帶得愁來到，春去緣何愁未消？人別後，山遥水遥。我爲他數歸期劃損掠兒梢。

前腔　夏閨　金白嶼

長天暑未消，長恨何時了？玉肌柔教人倦倚冰綃。妝臺羞對花如貌，舞袖空憐柳似腰。人不到，把盟香暗燒。這些時粉香消常是淚珠拋。

前腔　秋閨　沈青門

風簾玉馬敲，月砌莎鷄鬧。冷清清綉閣孤另難熬。無憑又是燈花爆，懶上牙床三四遭。姻緣事，全無下稍。想應他人金錢偏遇反吟爻。

前腔　張伯起

餘香冷篆銷，半壁燈空照。綉衾兒獨擁共誰傾倒？秦臺寂静寒烟繞。何日雙吹碧玉簫？關情處，嚐嚐麗樵。猛可的熱心腸一陣水兒澆。用蕭豪韻。吴中盛唱此首隻，《吴騷》載四景，以爲屬四手，其人雖未必然，然其韻則同，詞氣亦肖，當是一套。《萃雅》所載三景，則各韻矣。但各末段句法，皆仿首隻，或是不知一韻者原有四隻，而效顰以續之耳。附載于後。

新荷池内翻，雨過瓊珠亂。對南薰鶯啼燕語心煩。蛾眉蹙損春山淡，瘦減腰肢憶小蠻。人别後，千難萬難。我爲他數歸期靠損畫闌干。雜用寒山、桓歡韻，「淡」字又犯監咸。

東籬菊綻開，金井梧桐敗。隔窗聞瀟瀟夜雨傷懷。薄情羈絆天涯外，鴻鴈來時書未來。人别後，朝猜暮猜。我爲他數歸期跌綻鳳頭鞋。用皆來韻。

漫空柳絮飛，亂舞蜂蝶翅。隴頭梅又早開了南枝。春情欲寄皇華使，幾度停針腸斷時。人別後，朝思暮思。我爲他數歸期掐損指尖兒。用支思韻。

〔正宮〕玉芙蓉　恨別　地籟　無名氏

相思病漸除，禁害得身兒劣。近秋來幾番夢境隨斜。當初廝守恩情熱，今日分離心性別。風流恨，空遺這些。恨不得爇盟香發個呪郎牒。用車遮韻。結句分量在前諸曲之上，惜時無唱之者。

〔中呂〕駐馬聽　地籟　梅禹金

獨對菱花，憔悴形骸只爲他。光陰催去，離別難經，愁悶無涯。閑將心事付琵琶，謾勞私語傳龜卦。寄語冤家，休忘了春宵一刻千金價。

【眉批】

末句七字，定體也。《琵琶記》「一家賀喜只説道再相見」，襯「只説道」三字。《拜月亭》「傷情滿眼關山淚，今朝有酒今朝醉」皆然。不知始自何人，唱爲八字。今凡見七字者，必增一字，如此云「千金高價」是也，不通可笑之甚。

前腔

虚度年華，望斷歸舟不到家。爲你秋捐紈扇，春鎖鞦韆，夜冷琵琶。東園還發舊時花，垂楊不繫當年馬。一念何差，痴心猶信着臨岐話。用家麻韻。「東園」二語是詞中佳境。

〔中吕〕駐馬聽　月夜歸舟　人籟　楊升菴

嗚櫓沙頭，月落潮平送去舟。風生古渡，烟鎖平林，霧隱中流。别離早過鴈鴻秋，思歸正是鱸魚候。不是忘憂，消除賴有尊中酒。用尤侯韻。此有四曲，皆平平之筆，以其爲時所偶唱，收其一曲。

〔中吕〕駐雲飛　集古曲句　天籟　陳大聲

那值殘春，雨打梨花深閉門。簾幕東風静，人遠天涯近。嗏！情思睡昏昏，正愁人。獨出閨門，便覺閑行悶，今夜休將蘭麝薰。用真文韻。

【眉批】

「正愁人」止三字，即《彩樓記》「意留連」也，其法最古。今時皆用四字一體。

前腔

獨上妝樓，萬古情原一樣愁。人比黄花瘦，掩過芙蓉扣。嗏！心意兩相投，覺綢繆。月色横空，人約黄昏後，美愛幽歡恰動頭。用尤侯韻。

前腔

今夜傷離，且盡生前酒一杯。未飲心先醉，多少離人淚。嗏！清減小腰圍，兩意徘徊。割肚牽腸，留戀無他意，金榜題名及早歸。用齊微韻。

【眉批】本「金榜無名誓不歸」，今人取識，故改之。大聲作家，不宜亦爾，應是後人易之者。宜如舊襯「休得要」，而用舊句爲是。

前腔

許配雄雌，才子佳人信有之。宋玉愁無二，多少傷心事。嗏！顛倒費神思。那人兒，從到京師，無有閑傳示，一日歸心十二時。用支思韻。《吴騷》云：「此調時俗不尚，以其聲近弋陽腔耳。」此語良然。雅人入座，必無歌之者。然此四曲集古自然，用韻俱謹，實係名手，故特録以志一班。時刻雖有他曲，不足存也。

〔南吕〕羅江怨即《楚江情》。 夜思 地籟 誠齋樂府

【香羅帶】一更夜氣清，瑶堦露零，奴家等得燈半昏。强將針𦶟音指。寄閑情也，思量薄倖，全無志誠。今宵那搭花徑行？【一江風】撇得人冷冷清清，門掩孤幃静。紅鴛被怎温？紅鴛被怎温？青鸞夢未成，又感起相思病。「那搭」，猶言那邊那廂也。北曲中常用，不知者改爲「那得」，可笑。「奴家」，或作「教人」，第二句「被怎温」，或作「怎生樣温」，皆非也。今從古本。【北金字經】（南曲無此牌名）。又感起相思病，一更裏來不來？斜倚銀箏淚滿腮。淚滿腮，喬才忒分歪。做下了相思債，這姻緣簿怎挨！

【眉批】

舊譜謂末幾句是《怨别離》。《怨别離》本調無考，查與《一江風》後分毫不差，疑《一江風》即名《怨别離》也。「思量」三句，較「懨懨病漸濃」一曲爲多，然即是《白兔記》《香羅帶》「教他取你，免伊淚零，多只十日少半句」三句也。比《琵琶記》「擔閣你度青春」，每句只增一字耳。梁伯龍謂犯《皂羅袍》，非。此調《誠齋樂府》改作《楚江情》，蓋惡「怨」字耳。

前腔

二更露正凉，金爐燼香，簷前鐵馬聲韻揚。悶推鴛枕唤梅香也，把銀釭點上，羅幃款張。知他在誰家繫馬

嘶緑楊，多管是路柳墻花，引得他心飄蕩。月兒過粉墻，月兒過粉墻，風兒透紙窗，怎受得凄凉況？用江陽韻。

【金字經】怎受得凄凉況，二更裏夜轉深，短嘆長吁淚滿襟。淚滿襟，休將盟誓尋。想着他薄情甚，這冤家忒狠心。

前腔

三更玉漏遲，殘燈影移，堦前促織耳畔啼。早知他不是個志誠的也，姻緣匹配，如何肯依？如今落得空怨凄。他將説過的盟言，只做個牙疼誓。芭蕉細雨催，芭蕉細雨催，梧桐清露滴，都做了傷情淚。用齊微韻。

【金字經】做了傷情淚，三更心越焦，倒枕槌床眼怎交。眼怎交，偷晴窗外瞧。只恐他來到，把門兒休閉了。

前腔

四更睡思纏，騰騰困眠，分明夢裏來近前。我駡他薄情相負是何緣也，他心兒又喜，口兒又甜，床前跪膝稱可憐。怎下得將他，惡語相埋怨。一輪明月圓，一輪明月圓，千金良夜天，共效着于飛願。用先天韻。内「甜」字犯廉纖。

【金字韻】共效于飛願，香羅帶解開，玉軟香温抱滿懷。抱滿懷，霎時驚覺來。孤燈在，空閑了雲雨臺。

前腔

五更覺夜長，教奴怎當？終宵錦被閑半床。方纔得睡笑驚慌也，梅香來報，情人在堂。奴家不應閃了燈光，低蔽羅幃，强把他攔擋。傷心淚兩行，傷心淚兩行，薄情紙半張，他認了夜宿在平康巷。用江陽韻。

【金字經】夜宿在平康巷，鐘鳴恰到家，我百樣禁持傒落他。傒落他，床兒前忙跪下。他道是今番罷，再來呵花街不去踏。

《金字經》乃北南吕曲也，其本調云：「飛絮粘蜂蜜，落花香燕泥，膩葉蟠雲護錦機。宜，笙歌一派隨。游人醉，半竿紅日低。」此五曲與之正合，中字稍增一二者，皆襯字也。但首句宜用韻，而此即重上曲末句，故無韻，差失體耳。調雖落江湖游腔，然自有真色可喜，且《羅江怨》正調不得因《金字經》帶北，而概以《鬧五更》之類棄之也。時刻止二曲或一曲，照舊本全收之。

〔南吕〕鎖南枝　風情　天籟　陳大聲

腸中熱，心上癢，分明有人閑論講。近日這恩情，又在他人上。要道是真，又怕是謊。抵牙兒猜，皺眉兒想。用江陽韻。

前腔

他多詐，咱見小，百年兩心難共保。裂紙漫焚香，去把泥神告。枉使碎心腸，弄盡巧。他恕過多，報應的少。用蕭豪韻。

前腔

他心順，咱意肯，燈前見人猶自窘。我忙里去偷閑，耳畔低低問。信口言，還未準。你道過後標，我道見成穩。用真文韻。

前腔

恩情事，休説起，知心古來能有幾。錦陣與花營，受了些腌臢氣。纔離了他，又撞見你。見面親，過後悔。

用齊微韻。

〔南吕〕一江風　呀女郎　天籟　無名氏

俏冤家，獨立在簷兒下，手攏着香羅帕。細端詳，亂挽着烏雲，斜嚲着金釵，恰便似活菩薩。若還他到俺家，燒香供養他，説幾句知心話。用家麻韻。

【眉批】此古調也，今人于「烏雲」下少一四字句，「若還」句重唱一句，不知何所本也。今欲正之，不能矣。

〔商調〕黄鶯兒　寄情　天籟　陳大聲

費殺小心兒，病懨懨都爲爾，書兒信兒明傳示。你若還有詩，我定然有詞，叮嚀莫忘去聲。王魁事。細尋思，爲休書一紙，大鬧了海神祠。用支思韻。

〔商調〕黄鶯兒　人籟　楊升菴

羅袖怯春寒，對飛花把淚彈。無心拈弄閑簫管。塵蒙鏡鸞，愁埋枕珊。蘼蕪草緑王孫遠，倚雕欄，叮嚀魚鴈，寄與薄情看。

前腔

寒食杏花天，鳥啼忙人晏眠。一簾飛絮香毬轉。芳菲可憐，相思苦纏，腕冰鬆了黄金釧。悶懨懨，銀屏半掩，魂夢繞巫山。以上二曲用韻雜。

前腔

細雨細薔薇，畫梁間燕子歸，春愁似海深無底。天涯馬蹄，燈前翠眉，馬前芳草燈前淚。夢魂飛，雲山萬里，不辨路東西。用齊微韻。

前腔

秋水蘸芙蓉，鴈初飛山萬重，行人道路佳人夢。朝霜漸濃，寒衣細縫，剪刀牙尺聲相送。韻叮咚，誰家砧杵，敲向月明中。用東鐘韻。

〔商調〕黄鶯兒　美人洗浴　人籟

周秋汀

衣褪半含羞，似芙蓉怯素秋，重重濕作胭脂透。桃花在渡頭，紅葉在御溝，風流一段誰消受？粉痕流，烏雲半嚲，撩亂倩郎收。用尤侯韻。

〔商調〕黄鶯兒　寄遠　人籟　楊夫人

積雨釀輕寒，看繁花樹樹殘，泥途滿眼登臨倦。雲山幾盤，江流幾灣，天涯極目空腸斷。寄書難，無情征鴈，飛不到滇南。用韻雜。

〔商調〕金絡索　四時怨　地籟　高東嘉

【金梧桐】東風轉歲華，院院燒燈罷。陌上清明，細雨紛紛下。天涯蕩子心，【東甌令】盡思家，只見人歸不見他。合歡未久難拋捨，【針綫箱】追悔從前一念差。【解三醒】傷情處，【懶畫眉】懨懨獨坐小窗紗。【寄生子】只見片片桃花，陣陣楊花，飛過了鞦韆架。用家麻韻。

【眉批】

或作《金索掛梧桐》，非也。

「只見片片桃花」二句宜如《琵琶》「空争着閑是閑非」句法，此多「陣陣楊花」四字，《浣紗記》「那時節異國漂零，音信無憑」句法亦祖此。

《寄生子》舊作《寄生草》，《寄生草》屬北曲，大非。然《寄生子》譜中亦無全調可查。

前腔

楊花亂滚綿，蕉葉初成扇。翠蓋紅衣，出水金蓮現。金爐一縷微，爇沉烟，睡起紗厨雲髻偏。無端好夢誰驚破，花外鶯聲柳外蟬。羞臨鏡，千愁萬恨對誰言？只見舊恨眉尖，新淚腮邊，界破了殘妝面。用先天韻，「尖」字犯廉纖。

前腔

閑堦細雨收，綉户新凉透。衰柳殘荷，正值愁時候。近來都减却，舊風流，争奈新愁接舊愁。白雲望斷天涯遠，人在天涯無盡頭。相思病，無明徹夜幾時休？只見鴈過南樓，人倚西樓，堪比黄花瘦。用尤侯韻。

前腔

銀臺絳蠟籠，翠幕金鈎控。斗帳紅爐，獨自無人共。月明初轉過，小房櫳，不放清光照病容。愁聽畫角聲三弄，吹落梅花一夜風。關山路，魚沉鴈杳信難通。孤眠人最怕逢冬，又值嚴冬，做不就鴛鴦夢。用東鍾韻。

〔商調〕金絡索　別怨　地籟　祝枝山

羞看鏡里花，憔悴難禁架。耽閣眉兒、淡了教誰畫？最苦魂夢飛，繞天涯。須信流年鬢有華。紅顔自古多薄命，莫怨東風當自嗟。無人處，盈盈珠淚偷彈洒琵琶。恨那時錯認冤家，説盡了痴心話。

【眉批】

「恨那時」句比前較□。

前　腔

一杯别酒闌，三唱陽關罷。萬里雲山，兩下相牽掛。念奴半點情，與伊家，分付些兒莫記差。不如收拾閒風月，再休惹朱雀橋邊野草花。無人把，萋萋芳草隨君到天涯。準備着夜雨梧桐，和淚點常飄洒。用家麻韻。

【眉批】

「桐」字宜用韻。

〔商調〕山坡羊　春寒夜夢　天籟　虞竹西

花外鵲聲飛送，驚覺羅幃香夢，霎時打散鸞和鳳。緑鬢鬆，閑憑畫檻東。雙眸强閉再欲仍前夢，倘知我思君君還到夢中。朦朧，總相逢也是空；匆匆，總歡娱也是空。用東鍾韻。

前　腔

冷閣餘香猶悄，半壁殘燈空照，衷情萬叠難對丫鬟道。淚暗抛金釵獨自敲，清清細數三更到，第一關心是麗樵。無聊，中心似火燒；難熬，渾身似水澆。用蕭豪韻。

〔仙呂入雙調〕玉抱肚　詠柳　地籟　陳大聲

安排青眼，乍窺人渾如去年。把斷腸春色携來，染東風緑遍江南。晚妝樓上杏花殘，雨葉風條不耐看。用韻雜。

前腔

春雲遮映，管别離年年灞陵。使潘郎緑鬢成絲，轉頭來又是清明。夕陽江上唤愁生，遠寺紅橋酒幔青。用庚青韻。

前腔 時本無此一曲。

愁心遥送，隔芳洲青青幾重。想當年十五橋邊，鎖高樓惱亂春風。荒臺曾是舊離宫，紅白花開烟雨中。用東鍾韻。

前腔

鶯啼時候，最堪憐天晴雨收。舞長條何處牽情，映鞦韆馬上墻頭。吴王臺下百花洲，一簇寒烟鎖翠樓。用尤侯韻。

〔仙呂入雙調〕玉抱肚　傷情　地籟　陳大聲

君心忒忍，戀新人渾忘舊人。想舊人昔日曾新，料新人未必常新。請看金屋貯娉婷，寂寞長門結網塵。用真文韻。

前腔

危樓獨倚，恨茫茫天空鳥飛。看落花片片辭條，怎比我萬千紅淚？玉關此去信音稀，一日思君十二時。雜用齊微、支思二韻。

前腔

湘簾高掛，夢初回紅日又斜。隔墻頭驀送鶯聲，問韶光何似天涯。春風吹遍故園花，臨到開時不在家。用家麻韻。

前腔

羅衣寬褪，半漬却啼紅淚痕。弄餘寒細雨如絲，冷清清没個温存。春來何處最銷魂，花落黄昏空掩門。用真文韻。前四曲咏柳，後四曲閨情，時本混刻，今查正。

〔仙呂入雙調〕松下樂　清課　地籟　楊斗望

歸來重整舊生涯，瀟洒柴桑處士家。草菴兒不用高和大，爲清標不在奢華。紙糊窗白木榻，掛一軸單條晝，供一枝得意花。自燒香童子煎茶。用家麻韻。

【眉批】

此調元係北曲《水仙子》，今人以南曲唱之，亦强立名色耳。今從俗附入。

即空觀主人　評訂
椒雨齋主人　點參

南音三籟戲曲上

〔仙呂〕八聲甘州　荆釵記・行路　地籟

春深離故家，嘆倦體衰年，奔走天涯。一鞭行色，遥指剩水殘霞。墻頭嫩柳籬畔花，見古樹枯藤栖暮鴉。嵯岈，偏長途觸目桑麻。

【眉批】

此五字起體。「嵯岈」，今作「嗟呀」，非。

【前腔】〔换頭〕呀呀，幽禽聚遠沙。對彷彿禾黍，宛似蒹葭。江山如畫，無限野草閑花。旂亭小橋景最佳，見竹鎖溪邊三兩家。漁槎，弄新腔一笛堪夸。

【眉批】

此换頭也，時本缺「呀呀」二字，非。

【解三醒】爲當初被人謊詐，把家書暗地套寫，致吾兒一命喪在黄泉下，受多少苦波查。今日幸得佳婿來迎也，又愁着逆旅淹留人事差。(合)空嗟訝，自恨命薄，難苦怨他。「逆」音亦。

【前腔】步徐徐水邊林下，路迢遥野田禾稼。景蕭蕭疏林暮靄夕陽挂，聞鼓吹鬧鳴蛙。一任古道西風鞭瘦馬，謾回首盼想家鄉淚似麻。(合前)用家麻韻。内「寫」字借車遮。前《八聲甘州》二曲，乃古本《錦香亭》曲也。内首曲第二句本「嘆倦客旅邸游子天涯」，今爲借入《荆釵記》者更之。

〔仙吕〕甘州歌　琵琶記·登程　人籟

【八聲甘州】衷腸悶損，嘆路途千里，日日思親。青梅如豆，難寄隴頭音信。高堂已添雙鬢雪，客路空瞻一片雲。

【排歌】途中味，客裏身，争如流水繞柴門。休回首，欲斷魂，數聲啼鳥不堪聞。

【前腔】【换頭】風光正暮春，便縱然勞役，音亦。何必愁悶？緑陰紅雨，征袍上染惹芳塵。雲梯月殿圖貴顯，水宿風餐莫厭貧。乘桃浪，躍錦鱗，一聲雷動過龍門。榮歸去，緑綬新，休教妻嫂笑蘇秦。

【前腔】誰家近水濱，見畫橋烟柳，朱門隱隱。鞦韆影里，墻頭上半出紅粉。他無情笑語聲漸杳，却不道惱殺多情墻外人。思鄉遠，愁路貧，肯如十度謁侯門？行看取，朝紫宸，鳳池鰲禁聽絲綸。

【前腔】遥望霧靄紛，想洛陽宫闕，行行將近。程途勞倦，欲待共飲芳尊。垂楊瘦馬莫暫停，只見古樹昏鴉棲漸盡。天將暝，日已曛，一聲殘角斷樵門。尋宿處，行步緊，前村燈火已黄昏。

【眉批】

「望」字平聲，不可作去聲。

「垂楊」二句，每句末一字先平後仄，與前曲不同，然不失其正，妙哉。「停」字不用韻，非借韻也。

【尾聲】向人家，忙投奔，解鞍沽酒共論文，今夜雨打梨花深閉門。用真文韻。

〔仙呂〕桂枝香　琵琶記·怨配　天籟

書生愚見，忒不通變。不肯坦腹東床，謾自去哀求金殿。想他每就裏，想他每就裏，將人輕賤。非爹胡纏。怕被人傳，道你是相府公侯女，不能勾嫁狀元。「每」音門，「纏」去聲。

【眉批】第五、六句用韻，第九句不用韻亦可，但三句不可用韻。

【前腔】百年姻眷，須教情願。他那裏抵死推辭，俺這裏不索作平。留戀。想他每就裏，想他每就裏，有些牽絆。怕恩多成怨，滿皇都。少甚麽公侯子，何須去嫁狀元？

【眉批】「滿皇都」自爲句，但不用韻，唱者竟連下句唱，大非。

〔南吕〕【**大迓鼓**】非干是你爹意堅，怕春花秋月，誤你芳年。况兼他才貌真堪羨，又是五百名中第一仙。故把嫦娥，付與少年。

【**眉批**】

「干」字不用韻。

【**前腔**】姻緣雖在天，若非人意，到底埋冤。料想赤繩不曾綰，多應他無玉種藍田。休强把嫦娥，付與少年。用先天韻。内「絆」字、「綰」字，犯寒山。

【**眉批**】

按《殺狗記》本調云：「聽咱説事因，一人心痛，一個腰疼，假意佯推病。果然日久見人心，到此方知没義人。」則此「况兼他」三字，「料想」二字，「付與」二「與」字，皆襯字也。今人皆以實字唱之，而詞隱生作譜，竟别之爲又一體，不知作襯字唱，原無異耳。

〔仙吕〕桂枝香　牧羊記　天籟

丰姿標致，言談爽利。奈何所見不從，枉自通書達禮！聽吾所言，聽吾所言，和你結爲兄弟，還你榮華富貴。自思維，莫待臨涯失馬收繮晚，船到江心補漏遲。

【前腔】縱有潑天威勢，難挫我凌雲豪氣。便封你不義之王，肯似你貪圖榮貴。寧甘餓死，寧甘餓死，肯啖腥膻滋味，落圈套從伊區處。那單于，若要咱降順，直待西方日上時。

【前腔】出言吐氣，你好不知人禮。你若是固執不從，恐誤了你惺惺伶俐。識時務俊傑，識時務俊傑，不必拘滯，枉被傍人談議。道你欠通書，假饒你會使天上無窮計，只怕難逃目下危。

【前腔】忒不睹事，把我做凡儕一例。我平生見富如仇，肯似你貪圖榮貴。猶兀自絮叨，猶兀自絮叨，陷我做不仁不義，急須回避。休賣弄口唇皮，假饒説得天花墜，我自當長空亂雪飛。用齊微韻。內「處」字、「于」字、「書」字，犯魚模；「時」字、「事」字，犯支思。各末句俱用本色成句，殊近自然，自是元人之筆。

〔仙吕〕月雲高　琵琶記·路途　天籟

路途勞頓，行行甚時近？未到得洛陽縣，盤纏使盡。回首孤墳，空教我望孤影。他那里誰偢采？俺這里將誰投逩？正是西出陽關無故人，須信道家貧不是貧。犯見前。

【眉批】

「縣」字一作「城」字，平聲非調。

「無故人」「無」字，平聲，「不是貧」「不」字，用入作平，不用上去。下二曲皆然，妙甚。

【前腔】暗中思忖，此去好無准。只怕他身榮貴，把咱不厮認。若是他不瞧，空教我受艱辛。他未必忘恩義，俺這里自閑評論。須記得一夜夫妻百夜恩，怎做得區區陌路人。

【前腔】他在府堂深隱，奴身怎生進？他在駟馬高車上，難將他認。來到他根前，只提起二親真。又恐怕消瘦龐兒，他猶難十分信。他不到得非親却是親，我自須防人不仁。用真文韻。內「影」字，犯庚青。亦是各以二成句爲收句，皆古法也。

〔仙呂〕上馬踢　拜月亭　天籟

干戈動地來，車駕遷都汴。兒夫離帝京，路遥人又遠。軍馬臨城，無計將身免，這苦怎言？禍不單行，中路兒不見。

【月兒高】喊殺連天，骨肉怎相戀？自古常言道：人離鄉賤。到得今朝，平安幸非淺。是則是身狼狽，眼前受迍邅。

【眉批】

此曲舊譜作《攤破月兒高》，疑犯别調，惟《錦香亭》「看遍開花草」一曲，方是本調。

【鑾江令】或作「鑾江令」。煩惱多歷遍，憂愁怎脱免？眼兒哭得損，脚兒行得倦。五里十里，一日如同過一年。但願前途去，早早逢親眷。

【眉批】

譜作「一日過如年」。

【凉草蟲】或作「狼草生」，誤。勁風寒四合，暮烟昏慘慘。同雲布，晚天變，只愁那長空舞絮綿。去心如箭，旅舍全無，今宵何處安眠？

【眉批】

「同雲」用《詩經》「上天同雲」，言雪也。時多作「彤雲」，謬。

【臘梅花】孟津驛舍，住在黄河岸邊，乘船坐馬十分便。子母每忙向前可憐窮面，暫假安身望周全。用先天韻。內「慘」字犯廉纖。古人云：「眼前光景口頭語，便是詩家絶妙詞。」此語于曲更然。如此等曲，不假藻繪，真率自然，所謂削膚見肉、削肉見骨者也。視爲易，正自難。然不近時目，無拈出者。余特録之，並誌此以俟知者商之。

【眉批】

此即《琵琶記》「孩兒出去在今日」中一調也。時本多連刻前曲，又有作前腔，訛甚，今查正。

〔仙吕〕醉扶歸　琵琶記·題真　天籟

我有緣結髮曾相共，難道是無緣對面不相逢？我鳳枕鸞衾也和他同，倒憑兔毫繭紙將他動。畢竟一齊分付與東風，把往事也如春夢。「和」去聲。

【眉批】

首句時本或作「有緣千里能相會」，非也，首句宜韻。

末句句法，如此乃合，今人皆作七字。

【前腔】彩筆墨潤鸞封重，只爲玉簫聲斷鳳樓空。還是教妾若爲容，只怕爲你難移寵。縱認不得這丹青貌不同，若認得我翰墨也教心先痛。「教妾」二字俱平聲，今人於第三句，每作平平仄仄仄平平，非也。用東鍾韻。

【眉批】

一本改作「詞源倒流三峽水，只怕他胸中另是一帆風」。其詞甚俊，然首句宜用韻耳。

〔仙吕〕解三酲　琵琶記·悲逢　天籟

嘆雙親把兒指望，教兒讀古聖文章。似我會讀書的倒把親撇漾，少甚麽不識字的倒得終養。我只爲你書中自有黄金屋，却教我撇却椿庭萱草堂。還思想，畢竟是文章誤我，我誤爹娘。

【眉批】

此曲之病，全在「書中自有」用二成句，遂成拗體，而《香囊記》沿而用之，今遂牢不可破矣。

「金」字不如改仄聲爲妙。若用仄，則「屋」字平仄俱可。

【前腔】〔换頭〕比似我做了虧心臺舘客，倒不如守義終身田舍郎。《白頭吟》記得不曾忘，緣鬢婦何故在他方？我只爲你書中有女顏如玉，却教我撇却糟糠妻下堂。還思想，畢竟是文章誤我，我誤妻房。「忘」去聲。用江陽韻。

【眉批】

此换頭甚得體，今人皆與首曲同矣。

〔仙吕〕解袍歌 明珠記・撚酸 地籟

【解三醒】没來由擔萬死爲他尋訪，却將俺美前程一旦都搶。俺這里忍酸含苦忙偷眼，他那里悄低頭把訕臉遮藏。【皂羅袍】一個强鬆摟帶，一個軟貼作平。綉軃；一個眉兒半皺，一個心性忒慌。只聽得枕邊掉下金釵響。【排歌】流蘇顫，鳳枕忙，斜舒玉臂抱檀郎。奴把今宵樂，權讓與前世娘，明朝依舊上奴床。

【眉批】

「擔萬死」改作仄平平乃叶。

「性」字改作平聲乃叶。

【前腔】我雖只是個驢前厮養，論風月也滿意思量。爲甚麽擔驚受怕相倚傍？只圖個好時節拖帶風光。你却吃一看兩，我便食不下腸；你便綉幃香暖，我便凍得半僵，思量情理忒無狀。衾兒薄，夜又長，怎生捱得這凄凉？我猶自可，他怎當？可憐熬殺小梅香。用江陽韻。

〔仙呂〕羽調排歌　拜月亭・途窮　地籟

黯黯雲迷，江天暮景，驅馳水涉山登。蕭蕭黄葉舞風輕，這樣愁煩不慣經。不忍聽，不美聽，聽得胡笳野外兩三聲。（合）風力勁，天氣冷，一程分做兩程行。

【眉批】

第一個「聽」字、「勁」字，不同韻亦可。「不忍聽」作平平仄亦可。「黯」字、「景」字，上聲猶可，若用去聲即不叶。

【前腔】只見數點寒鴉，投林亂鳴，晚烟宿霧冥冥。迢迢古岸水澄澄，野渡無人舟自横。不忍聽，不美聽，聽得孤鴻天外兩三聲。（合前）

【三疊排歌】前路梗，行步生，那更天將暝。憂心戰競競，傷情淚盈盈。那些兒凄慘，那些兒寂寞，清風明月最關情。無人來往冷清清，叫地不聞天怎應。不忍聽，不美聽，聽得疏鐘山外兩三聲。（合前）「梗」音景。

【眉批】

「三疊」不可解，又名《道和排歌》，時本有刻作《憶多嬌犯》，不知何意。惟本腔故可合前，若别宫豈有復犯前曲者，何世人之憒憒也。

【前腔】忽地明，一盞燈，遥望茆簷近。不須意兒省，休得謾騰騰。休辭迢遞，望明前去，遠臨此地叩柴扃。今宵郵舍暫消停，卧却山城長短更。不忍聽，不美聽，聽得寒砧林外兩三聲。（合前）用庚青韻。内「近」字犯真文，疑是「逈」字迸之誤。前後取韻皆嚴妥，何獨漏此一字也？

【眉批】

此曲後有尾聲云：「得安寧，天之幸，一夕安穩到天明，免使狼籍登路程。」疑亦後人所增。

〔羽調〕勝如花　荆釵記・苦别

人籟

辭親去，别淚零，豈料登山驀嶺。只因他遞簡傳書，反教娘離鄉背井，未知道何日歡慶。（合）愁只愁一程兩程，况不聞長亭短亭。暮止朝行，趲長途曲徑，休辭憚跋涉奔競。願身安早到神京，願身安早到神京。末句時本少重一句。

【眉批】

詞隱生曰：「此曲不知何人所增，其調不知何所本，但腔甚可愛，不可不録。以與《四時花》有干涉，故附入羽調。」

【前腔】我爲絶宗派，結眷姻，指望一牢永定。誰知道又贅在侯門，今日番成畫餅，辜負田園荒徑。（合前）

【前腔】他家鍋中米，没半升，去戀着侯門不思舊親。到如今一旦身榮，撇却糟糠布荆，短幸處教人怒稱。（合前）

【前腔】蒙員外，分付情，對狀元一一訴明。幸喜得日暖風恬，相送起程，傷目斷桑榆暮景。（合前）用庚青韻。内「姻」字、「親」字，犯真文。

〔羽調〕勝如花　浣紗記・送子　人籟

清秋露，黄葉飛，爲甚登山涉水？只因他義屬君臣，反教人分開父子，又未知何日歡會。（合）料團圓今生已稀，要重逢他生怎期。浪打東西，似浮萍無蔕。禁不住數行珠淚，羡雙雙旅鴈南歸，羡雙雙旅鴈南歸。

【前腔】年還幼，髮覆眉，膝下承顔無幾。初還認落葉歸根，誰道做浮花浪蘂，何日報雙親恩義。（合前）用齊微韻。内「子」字犯支思。

〔正宫〕鴈魚錦　琵琶記・憂思　天籟

【鴈過聲】思量，那日離故鄉。記臨岐送别多惆悵，携手共那人不斷放。教他好看承我爹娘，料他們應不會遺忘。聞知饑與荒，只怕捱不過歲月難存養。若望不見信音却把誰倚仗？**【二犯漁家傲】**思量，幼讀文章，論事親爲子也須要成模樣。真情未講，怎知道吃盡多魔障？被親强，來赴選塲；被君强，官爲議郎；被婚强，效鸞凰。三被强，衷腸説與誰行？埋冤難禁這兩廂。這壁廂道咱是個不撑達害羞喬相識，那壁廂道咱是個不睹事負心薄倖郎。

【二犯漁家燈】悲傷，鷺序鵷行，怎如慈烏返哺能終養？謾把金章，綰着紫綬；試問班衣，今在何方？斑衣罷想，總然歸去，又怕帶麻執杖。只爲他雲梯月殿多勞攘，落得淚雨似珠兩鬢霜。**【喜漁燈】**幾回，夢裏忽聞鷄唱。忙驚覺錯呼舊婦，同問寢堂上。待朦朧覺來，依然新人鳳衾和象床。怎不怨香愁玉無心緒，更思想和他攔擋。教我怎不悲傷？俺這里歡娛夜宿芙蓉帳，他那里寂寞偏嫌更漏長。【錦纏道犯】謾悒怏，把歡娛都成悶腸。菽水既清凉，我何心貪着美酒肥羊？閃殺人花燭洞房，愁殺我掛名在金榜。魆地裏自思量，正是在家不敢高聲哭，只恐猿聞也斷腸。用江陽韻。

【眉批】

後四段，每段末二句俱犯《鴈過聲》。

「教他」「他」字上，時唱有二板，「會」字下，「忘」字上，無板，打在「遺」字上、「忘」字下，皆教頭之誤也，今從譜正定。

三「强」字，藏韻于句中，不可不知。

「不撑達」、「不睹事」，皆詞家本色語，或作「不睹親」，非也。

「猿聞」句，不過用成句作結耳。詞隱生謂江邊可説猿聞，在家不可説猿聞，而改爲人聞，亦太拘矣。

〔正宫〕鴈魚錦　紅梨記·路叙　地籟

【鴈過聲】天津桃李春正明，奈天驕一夕傳邊警。鳳輦向氊裘親繫頸。誰知單壘就我愁城，縱千軍誰敵得心兵？佳人殢虜庭，空落得賺人的詩句爲盟証。若望想見玉容，除是魂夢境。【二犯漁家傲】孤零，合受伶俜。便青衫颯踏，還指望紅絲定。空亡守命，一霎兒俏花神變做窮灾青。恨胡虜笳拍亂鳴，恨奸賊徵歌請盟，恨國是渭爲涇。三般恨，這百年眷豈望能成？難憑，這漂零異情。他那里泣青山投毳帳，做了他鄉客；俺這里捱白日掩鸞幃，博得痴漢名。【二犯漁家燈】堪驚，南北瓜分，怎如那秋鴻春燕飛翰勁。耐可當時無由見面，但睹嬌姿，今若爲情。書齋夜冷，三更夢覺，只索把枕頭來整。似這般虛脾動染相思病，何似人言莫浪稱。【喜漁燈】玉關一去已成桃梗，心知道無由會面，豈再圖歡慶？但誰無志誠，他新詩贈投，言言皆動情。怎不掛腸割肚難丟捨，況孤身遠投陷穽，惺惺自惜惺惺。堪笑我胸中徒有三千卷，筆下曾無百萬兵。【錦纏道犯】謾悲哽，這孤踪似風中斷筝。漢將日徵兵，有誰人問及鉛槧經生？難歇脚蠅蝸利名，没轉頭鳳鸞形影，途次總閑評。正是江淹彩筆題空恨，宋玉《招魂》賦不成。用庚青韻。内「分」字，犯真文。此琴川本《紅梨記》也，不知何人所作。其填詞皆當行，儘有逼元處。而按律亦嚴整，便當攀陳提馮，即張鄭梁梅等，且遠拜下風，況近日武林本《紅梨記》乎！然入選者反有在彼不在此者，豈曲亦有幸不幸哉？特録諸曲，以公好事。

〔正宫〕鴈魚錦　浣紗記·閨嘆　人籟

追想浣紗溪上游，笑無端邂逅求婚媾。展轉料那人不虛謬，聽他親説與我緣由。料他們應不便干休，痴心認好逑。只道斷然的到底成佳偶，我未諳練的性兒況且年紀幼。堪羞，歲月遲留，竟病心凄楚，鎮日添憔瘦。停花滯柳，怎知道日漸成迤逗。問君早鄰國被幽，問臣早他邦被囚，問城池早半荒丘。多掣肘，孤身奈爾飄流。姻親誰知挂兩頭，那壁厢認咱是個路途間霎時閑相識，這壁厢認咱是個綉帳内百年鸞鳳儔。今投，異國仇讐，明知勉强也要親承受。乍掩鴛幃，疑卧虎帳，但帶鸞冠，如罩兜鍪。溪紗在手，那人何處？空鎖翠眉依舊。只爲那三年故主親出醜，落得兩點春山不斷愁。幾回暗裏做成機彀，一心要迎新送舊，專待等時候。又還愁，夜寒無魚，滿船月明空下鈎。贏得雲山萬叠家何在，況滿目敗荷衰柳，教我怎上危樓。他那里窮兵北渡中原馬，何日得報怨，南飛湖上舟。謾回首，這場功終須要收，但促急未能酬。笑還延羞睹織女牽牛，斷魂尋行春匹儔，飛夢繞浣紗溪口，俺這里自追求。正是：歸心一似錢塘水，終到西陵古渡頭。犯見前二曲。用尤侯韻。

〔正宫〕白練序　風流合·三十　天籟

花磨月恨，每日償他債未盡。直教我相思，爲伊成病。愁凝兩翠顰，空有韓香滿綉裀。人何在？羅幃裏怎捱得這般孤另。

【眉批】起句用四字，乃此曲本調。自「窺青眼」散曲出人争唱之，而不知其失體。

【前腔】〔换頭〕銀瓶已墜井，釵股斷金也無心。對烟消獸爐香燼，窺人月自明。奈一夜相思，一夜深。他還記，佳期每約在夜闌人静。雜用庚青、真文、侵尋韻。韻不足法，但取其古而得體耳。「在」字、「記」字，不用韻，更古。

【眉批】上「凝」字、此「瓶」字、「人」字，所謂藏短韻于句中者。

〔正宫〕白練序　西厢記·酬和　地籟

良宵静，看玉宇無塵月滿庭，閑堦上一樹牡丹花影。思省，俺可憎，比月殿嫦娥也不恁撑。廝僥倖，生得齊齊整整，嬝嬝婷婷。

【眉批】

此起句即祖「窺青眼」者。

【醉太平】分明樓臺掩映，問嫦娥爲何常夜孤另？青天碧海不知他有幾許心情。畢竟，是誰還向月中行，料應是他此心相等。畫欄曲徑，潛潛隱隱，悄悄冥冥。

【白練序】娉婷，百媚生，龐兒越整。蒼苔上料應他小脚難行。盈盈，體態輕，羅袂生寒心自驚。空覷定，只爲他離多會少，有影無形。

【醉太平】空庭香霧冥冥，向西廂曲欄杆外閑憑，竹梢月轉早不覺斗柄雲橫。傷情，起來花下拜三星，白日裏枉耽愁病。謹依來命，奈更長漏永，月朗風清。【南呂一剪梅】度柳穿花宿鳥驚，目斷芳卿，空教人盼不見芳卿。畫堂朱户冷清清，病染張生，怎發付小生？

【眉批】

此《引子》也，選者欲收下四曲不得，並收之猶可也。竟改作過曲，加以板眼，妄作誤人，可惡之甚，可笑之甚！

【商調簇林鶯】【簇御林】新詩句，忒應聲，訴衷腸真可聽，一言一字都相應。【黃鶯兒】語句兒又輕，音律兒又清，崔鶯鶯不枉爲名姓。到天明隔墻酬和，惺惺的惜惺惺。

【前腔】簾兒下，户半扃，顫巍巍花弄影，落紅如雨埋芳徑。燈兒又不明，夢兒又不成，房兒中寂寞衾兒冷。淅零零，風兒透入窗兒上紙條鳴。

【琥珀猫兒墜】隔簾斜月，偏照短檠燈。鐵石人心也動情。玉人何事忒聰明。鶯鶯，多因是你無緣，小生薄命。

【前腔】何時能彀，錦片美前程。柳映花遮雲錦屏，巫山雲雨夜三更。張生，多應是我無緣，那人薄命。

【尾聲】一天好事從今定，一首詩分明照證，有日華堂春自生。用庚青韻。

〔正宫〕醉太平　尋親記　地籟

何須嘆息，算先賢古聖，也經灾厄。簞瓢陋巷，顔子未有憂色。思昔，絶糧陳蔡自弦歌，那夫子幾曾悲戚？你且讀書守道，他日後自然榮貴赫奕。

【眉批】

此《醉太平》本調，今人見「窺青眼」中「惆悵藏鴉未穩」一調乃六字起，而于此妄增「休執」二字，不知彼與《琵琶》「蹉跎光陰易謝」一曲，皆用其换頭。蓋前有别曲，宜用换頭。若以《醉太平》起，未有不從本調起，而竟用换頭者也。

【前腔】〔换頭〕雖則家徒四壁，論安貧樂道，吾豈不識。奈衡門挂席，朝餐更不謀夕。凄惻，幾番空甑暗生塵，這光景教我怎生捱得？便讀五車書籍，不能彀救半霎時貧窘之迫。用齊微入聲韻。

【眉批】

第二曲，即是換頭。

末句，譜中作「目前怎救貧窘相迫」。

〔正宫〕普天樂　西廂記·送别　地籟

碧雲天，黄花地，西風緊，鴈南飛。曉來時誰染霜林？多管是别離人淚。恨相見遲，怨疾歸去。柳絲長情難繫，倩疏林掛不住斜暉。去匆匆程途怎隨？念恩情如醉如痴。「繫」音計。

【鴈過聲】〔**换頭**〕思之不忍分離，見安排車兒馬兒，不由人不熬煎氣。有甚心情打扮得嬌嬌媚。準備着衾兒枕兒，只索沉沉睡。憂愁訴與誰？昨宵個綉衾香暖留春住，今日里翠被生寒有夢知。

【傾杯序】〔**换頭**〕凄其，頃刻間冷翠幃，寂寞增十倍。想前暮私情，昨夜成親，今日别離，此恨誰知？全不念腿兒相挨，臉兒相偎，手兒相携。怎割捨得須臾輕别，霎時易拋擲。

【玉芙蓉】秋風聽馬嘶，落日山横翠。害相思無夜無明相繼。淚添九曲黄河溢，恨壓三峰華岳低。長吁氣，車兒投東，馬兒向西，端的是教人立化做了望夫石。「嶽」音藥。

【眉批】

時唱又有《玉芙蓉》一曲云：「空擎旅况杯，枉費叮嚀語。記當初，佛殿上相逢，和你雙雙留意。今朝纔得成鴛侣，又被風波各處飛。分别去，唱《陽關》楚辭，你往天涯海角在須臾。」不知何所本，中多出韻，《萃雅》不收，亦有見也。

【小桃紅】淋漓袖啼紅淚，奈眼底人千里執手，未登程先問歸期。別酒將傾，未飲心先醉。魚來鴈去書頻寄，免使人心內成灰。

【尾聲】蝸角名，蠅頭利，拆散鴛鴦兩下裏，再休提金榜無名誓不歸。用齊微韻。此曲與原本及時唱俱有大同小異處，姑依《萃雅》。

【眉批】

末句原作「話別臨岐共慘凄」，無味之甚，今依《萃雅》。

〔正宮〕玉芙蓉　拜月亭・自嘆　天籟

胸中書富五車，筆下句高千古。鎮朝經暮史，寐晚興夙。擬蟾宮折桂雲梯步。待求官奈何服制拘？教人怨，怨不沾寸禄。(合)望當今聖明天子詔賢書。

【眉批】

「求官奈何」四字，今人皆用平平仄仄，便不發調矣。益見古曲之諧律，後人當以此爲法。

【前腔】功名事本在天，何必心心過平聲。慮？且從他得失，任取榮枯。爲人只恐身無藝，暫時間未從心所欲。金埋土，也須會離土。

【刷子序】書齋數椽，良田儘可，隨分饘粥。世態紛紛，争如静守閒居。勤劬，事業學成文武，掌皇朝方展訏謨。(合)但有個抱藝懷才，那曾見滄海遺珠？

【眉批】

「椽」字宜韻。此在《玉芙蓉》後，又從本調起，不知何故，疑脱二字。

【前腔】難服，晚進兒童，肥馬輕裘，惡紫奪朱。磊落男兒，慚睹蠢爾之徒。聽語，萬事皆由天命，盡皆非者也之乎。(合前)用魚模韻。

【眉批】

「肥馬」八字，坊本顛倒之，作「奪朱污紫，肥馬輕裘」，遂無韻無調矣，可笑。

〔正宫〕錦纏道　拜月亭·少不知愁

天籟

髻雲堆，珠翠簇。蘭姿蕙質，香肌稱羅綺。黛眉長，盈盈照一泓秋水，鞋直上冠兒至底，諸餘没半星兒不美。針指暫閑時，花朝月夕，丫鬟侍妾隨。好景須歡會，四時端不負佳致。

【眉批】

時本脱「端」字，遂於「負」字下打截板，非也。

【朱奴兒】春名苑奇葩異卉，夏水閣浮瓜沉李，秋翫蟾光折桂枝，逢冬景賞雪觀梅。從他喚愁是甚的？總不解愁滋味。用齊微韻。「直上」、「諸餘」皆本色語，如《西厢》「頭直上只少個圓光」。北詞云「諸餘」，俏倬是也。結句更妙。

〔正宫〕錦纏道　荆釵記・嚴訓　地籟

治家邦，正人倫，有三綱五常。你潛説出短和長，怎不堤防？須知有耳隔墻。講甚麼晉陶潛認作阮郎，却不道誓柏舟甘效共姜。先打後商量，問出你私情勾當，押發離府堂。文牒上明開供狀，抵多少衣錦去還鄉。

【眉批】

此比前曲，惟「文牒上」句稍異，譜中别爲又一體。

【前腔】小梅香，待回言，恐觸突了使長；不回言這無情棒打難當，怎知道禍從天降。他本是守荆釵寒門孟光，休猜做出墻花淮甸雙雙。若説起這行藏，那燒香的王太守好似亡夫模樣。心思痛感傷，因此上和妾在此閑講，又不曾想像赴高唐。

【眉批】

「那燒香」七字係白。

【前腔】守孤孀，薦亡靈，親臨道場。拈香罷轉回廊，偶相逢不由人睹物悲傷。那里是西廂下鶯鶯伎倆，怎麽的打梅香生扭做紅娘。當初去投江，把原聘物牢拴在髻上，荆釵義怎忘？奴豈肯隨波逐浪，却不道辱宗祖把污名揚！

【前腔】假乖張，賤奴駘，把胡言抵搪。全不顧外人揚，惱得我氣滿胸堂。你本是王月英留鞋在殿堂，怎不學浣紗女抱石投江？雪上更加霜，自不合與他人閒講。誰知惹禍殃，閒話里没些度量，一霎時禍起在蕭墻。用江陽韻。此世所傳《荆釵》别本中者，於關目覺礙，然詞則甚古。

〔正宫〕錦纏道　紅拂記・渡江　人籟

本待學鶴凌霄鵬搏遠空，嘆息未遭逢，到如今教人淚灑西風。我自有屠龍劍釣鰲鈎射鵰寶弓，又何須弄毛錐角技冰蟲。猛可里氣冲冲，這鞭梢兒肯隨人調弄。待功名鑄鼎鍾，方顯得奇才大用，任區區肉眼笑英雄。

【眉批】

此比「治家邦」曲又多「屠龍劍」三字，蓋誤認他曲襯字作實字，而復加襯字耳。説見散曲上卷。

【普天樂】謝漁翁相欽重，暫許我仙舟共。汀蘆畔驚起栖鴻，波心里隱見游龍。似憑虚御風，最堪憐秋江寂莫芙蓉。

【中吕古輪臺】幸相同，片帆江上挂秋風。可堪驚眼風波里，南飛烏鵲，繞樹無枝，分明是擇木難容。俯首沉思，轉添惆悵，自慚踪迹久飄蓬。看你儀容俊雅，笑談間氣吐霓虹。多管是吹簫伍相，刺船陳孺，題橋司馬，惜別太匆匆。君今去，不知何日再相逢。「刺」音臘。

【尾聲】風塵奔走徒虚哄，頃刻勞君舟楫功，有日還乘破浪風。用東鍾韻。《錦纏道》一曲，堆砌甚矣，舊曲寧有此耶？然時所喜唱，不得不留以備一種耳。

〔正宫〕鴈過聲　西廂記·閨怨　地籟

花陰夜静禮碧空，正遥天霧斂冰輪瑩。只見風掃殘紅香堦擁，這堆積處似我眉峰。望東墻密意難通，何日魚水同？只索向夢兒中暫爾相和哄。你做了鏡内情郎，我做了畫兒裏的愛寵。「瑩」音用。

【眉批】
此正與《琵琶》「思量那日」第一曲合。
末句襯字太多，殊不便唱。後人見此長句，認爲實字，便誤學矣。

【傾杯序】〔换頭〕朦朧，啓玳筵捧玉鐘，做兄妹相陪奉。把他剪冠深恩，等閑負却，許配良姻，頓使成空。只落得香消翠减，意懸心耿，怨緑愁紅，嘆嫦娥不勝惆悵廣寒宫。用東鍾韻。此吴中所歌，非李日華本也。此折正翻北劇《聽琴》折「雲斂晴空」起頭者，較李本「晴空雲斂」改手，殊無牽强之態，爲勝一籌。

〔正宫〕錦庭樂　寶劍記·山行　人籟

風兒催，雨兒疾，荒村人遠。芳草路漫漫，急煎煎心忙脚亂，不由人戰競競愁怯怯殘喘難延。行一步回頭顧看，捱迤邐如登天塹。（合）倉皇進步難，跳不出狐坑兔穴虎窟龍潭。犯見前。

【眉批】

説見散曲上卷「被兒單」曲内。

【前腔】上層巒，登絶壁，山危路險。澗溜水潺潺，望巔崖枯藤倒懸，又只見蔽青雲遮紅日古木參天。聽林外樵歌呼唤，更隴上牧笛悲怨。（合前）用韻雜。

〔大石調〕念奴嬌序　琵琶記·賞月　人籟

長空萬里，見嬋娟可愛，全無一點纖凝。十二欄杆，光滿處凉浸珠箔銀屏。偏稱，身在瑶臺，笑斟玉斝，人生幾見此佳景？（合）惟願取年年此夜，人月雙清。

【眉批】

一本作「本序」，蓋此折引子是《念奴嬌》，而此曲即《念奴嬌序》，故名，非别名本序。

【前腔】〔換頭〕孤影，南枝乍冷，見烏鵲縹緲驚飛，栖止不定。萬點蒼山，何處是修竹吾廬三逕？追省，丹桂曾攀，嫦娥相愛，故人千里謾同情。（合前）

【前腔】〔第三換頭〕光瑩，我欲吹斷玉簫，乘鸞歸去，不知風露冷瑶京。環珮濕，似月下歸來飛瓊。那更，香霧雲鬟，清輝玉臂，廣寒仙子也堪並。（合前）

【眉批】

「瑩」爲命切。

【前腔】愁聽，吹笛《關山》，砧敲門巷，月中都是斷腸聲。人去遠，幾見明月虧盈。惟應，邊塞征人，深閨思婦，怪他偏向別離明。（合前）

【中呂古輪臺】峭寒生，鴛鴦瓦冷玉壺冰，欄杆露濕人猶凭，貪看玉鏡。況萬里清明，皓彩十分端正。三五良宵，此時獨勝。把清光都付與酒杯傾，從教酩酊，拚夜深沉醉還醒。酒闌綺席，漏催銀箭，香銷寶鼎。斗轉與參橫，銀河耿，轆轤聲已斷金井。

【前腔】〔換頭〕閑評，月有圓缺與陰晴，人世有離合悲歡，從來不定。深院閑庭，處處有清光相映。也有得意人人，兩情暢詠；也有獨守長門伴孤另，君恩不幸。有廣寒仙子娉婷，孤眠長夜，如何捱得，更闌寂静？此事果無憑，但願人長永，小樓玩月共同登。

【眉批】

「獨守長門」句，比前「把清光」句稍不同，亦變體也。

「詠」字、「永」字，不可作「用」字、「勇」字音，當作爲命、爲略切。

【餘文】聲哀訴，促織鳴，俺這里歡娱未聽，却笑他幾處寒衣織未成。用庚青韻。白門詞家柳陳父云：「曾見前輩道：此曲與『新篁池閣』一套，皆非高東嘉筆，乃他人雜取詩餘中《賀新郎》夏景諸詞、《念奴嬌》咏月諸詞而爲之者。」觀此記他處多本色入神，獨二折堆積，如出二手，意其言不妄也。

〔大石調〕賽觀音　拜月亭・間關　地籟

雨兒催，風兒送。嘆一日家邦盡空，想富貴榮華如夢。哽咽傷心，教我氣填胸。

【前腔】意兒慌，脚兒痛。顛篤速如痴似懵，苦捱着疾忙行動。郊野看看，又早晚雲籠。「懵」音猛。

【人月圓】途路里，奔走流民擁。膽喪魂飛心驚恐，風吹雨濕衣襟重，止不住雙雙珠淚湧。行不上，惟聞得戰鼓聲震蒼穹。

【眉批】

「途路里」三字元無板，今人將「軍馬來」增一「又」字，且重一句，故妄加二板，而並加「途路里」二板。可恨可恨。

【前腔】軍馬來，四下如鐵桶，眼見得京師城壁空。他每趕着無輕縱，如虎般英雄馬似龍。遭驅虜，親骨肉甚年何日重逢。用東鍾韻。

【眉批】

「那每」，如今北人言「那們」、「這們」，猶云那般這般也，改作「他每」，失之矣。

〔中呂〕尾犯序　琵琶記·叙別　地籟

無限別離情，兩月夫妻，一旦孤另。此去經年，望迢迢玉京。思省，奴不慮山遥路遠，奴不慮衾寒枕冷；奴只慮，公婆没主一旦冷清清。

【眉批】

「路遠」，時作「水遠」。「主」字、「冷」字，兩上聲，俱絶妙，下仿此。

【前腔】何曾想着那功名？欲盡子情，難拒親命。年老爹娘，望伊家看承。畢竟，你休怨朝雲暮雨，替着我冬温夏清。思量起，如何教我割捨得眼睜睜。

【眉批】

「替着我」，時作「暫替我」，依古本並譜改定。

【前腔】儒衣纔换青，快着歸鞭，早辦回程。十里紅樓，休重妻娉婷。叮嚀，不念我芙蓉帳冷，也思親桑榆暮景。親囑付，知他記否空自語惺惺。

【前腔】寬心須待等，我肯戀花柳，甘爲萍梗？只怕萬里關山，那更音信難憑。須聽，没奈何分情破愛，誰下得虧心短行？從今去，相思兩處一樣淚盈盈。用庚青韻。人皆謂《琵琶》走韻，此曲無一字傍犯，蓋自有未嘗不嚴者在，奈何只從疵處學之耶？

〔中吕〕尾犯序　拜月亭・遇舊　地籟

山徑路幽僻，尋常此間來往人稀。男女相隨，豈是良人行止？凶時，遭士馬流民散失，避干戈君臣遠徙。夫和婦，爲天催地塌逃難路途迷。

【前腔】無非買命與贖身，但隨行有何囊篋貲費？快口强舌，休同兒戲。聽啓，亂荒荒行來數日，苦滴滴實没半厘。你好不知禮！常言道打漁獵射怎空回。

【前腔】何必説甚的，便推轉斬首，更莫遲疑。將他倒拽横拖，把軍令遵依。魂飛，纔逆旅窮途認妻，早背井離鄉做鬼。聽哀告，望雷霆暫息，略罷虎狼威。

【前腔】軍前令怎移？但一言既出，駟馬難追。枉自厚禮卑詞，休想饒你。傷悲，王瑞蘭遭刑枉死，蔣世隆銜冤負屈。天和地，有誰人可憐，燒陌紙錢灰？

【南吕梁州賺】且與我留人，押回來問取詳細。家居那裏？工商農種學文藝？通詩禮，鄉進士州庠屢魁，中都路離城三里。閒居止，因兵棄家無所倚，聽説仔細。

【前腔】緊降堦釋縛扶將起，是兄弟負恩忘義。尊嫂受禮。誰知此地能完聚？愁爲喜，深謝得賢叔盜跖，哥哥行那些個尊卑。權休罪，適間冒瀆少拜識，恐君錯矣。

【眉批】

第二曲，時本混刻在前曲内，甚非。

【中吕耍鮑老】朝廷當時巡捕急，閃避在圍墻内。若非恩人救難危，險赴法雲陽市。相逢狹路難回避，這言語古來提。連忙準備排筵席，歡來不似今日。酒浮嫩醅，壓驚解煩休要推。寒色告少飲半杯。非詐僞，量淺窄，休央及。高歌暢飲展放眉，開懷醉了重還醉，酒待人無惡意。

【眉批】

此調正與《江流兒》傳奇「憶昔銜冤」一曲相同，乃《耍鮑老》本調也。

舊板《戲曲全錦》作《鮑老催》，不知「酒浮嫩醅」以下，始爲《鮑老催》，而起調乃與《永團圓》相同，故舊注亦有以此誤作《永團圓》者。又有作《鮑老催換頭》及作《鮑老兒》者，皆謬，今查正。

【前腔】秀才儒業祖傳襲，你文章幼攻習。我低低問，暗暗猜，心疑忌，叔伯遠房姑舅的？敢是兩姨一瓜蒂，怎有這個賊兄弟？怎有這個好兄弟？賽關張，勝劉備。告辭去急。姑留待等寧静歸，龍潭虎穴難住地。金百兩，望領納爲盤費。懊恨人生東又西，難逢最苦别離易，嘆此行何時會。

【眉批】

前「歡來不似今日」用平平仄仄平平更妙，故板在「不」字上、「似」字下、「日」字上，與此「賽關張」六字不同，唱者不可不辨也。

【尾聲】遲疾早晚兵戈息，共約行朝訪踪迹，怎肯依舊中原一布衣。用齊微韻。内「止」字、「時」字、「市」字，犯支思。「遲疾」與《西廂》「遲和疾擦倒蒼蠅」相同，亦詞家本色語。時選皆選《西廂》「鬼病厮相侵」，余按其曲，仍實甫之美，而字别句捩，鄙陋可笑，真點金作鐵手也。且襯字太多，殊不便唱，余寧捨彼取此。且余于此折，辨訂之功亦不少，特拈出與海内賞音者知之耳。

【眉批】

時本不知此爲《耍鮑老》二曲，妄以「不似今日」以上爲《鮑老催》第一曲，「酒浮」至「無惡意」爲二曲，「秀才儒業」至「勝劉備」爲第三曲，「告辭去急」下爲第四曲，又並《尾聲》内「遲疾」二句，混入第四曲内，而妄增「男兒志」二句，湊《尾聲》。訛亂若此，非詳考細讎，此曲何時得白？可勝嘆哉！

〔中呂〕漁家傲　拜月亭・走雨　天籟

天不念去國愁人最慘凄，淋淋地雨若盆傾，風如箭急。侍妾從人皆星散，各逃生計。身居處華屋高堂，但尋常珠繞翠圍，那曾經地覆天番受苦時。

【眉批】

「身居處」、「但尋常」六字，詞隱生作襯字，甚非，説見後。「最」字甚妙，或改作「助」字，或于「天番」下加「天番來」三字，又點板在「繞」字下，而遺「翠」字一板，皆非也。人皆謂《拜月亭》諸曲，與他處腔板不同，故訛謬至此，冤哉冤哉。

【剔銀燈】迢迢路不知是那裏？前途去未審安身在何地？一點雨間着一行恓惶淚，一陣風對着一聲聲愁氣。雲低，天色傍晚，母子命存亡，兀自未知。

【眉批】

此曲古本元自知此，今人于「點」字下重一「點」字，且增一截板，「陣」字下重一「陣」字，又增截板，「兀自」下加「尚」字，甚至「愁」字下加「和」字，而文理遂不通矣。夫「氣」則有聲、「愁」豈有一聲聲乎？施君美之不幸，良可嘆也。

【攤破地錦花】綉鞋兒，分不得幇和底。一步步提，百忙里褪了跟兒。冒雨蕩風，帶水拖泥。步難移，全没些氣和力。「兒」字借支思。

【麻婆子】路途、路途行不慣，心驚膽顫摧。地冷、地冷行不上，人荒語亂催。年高力弱怎支持？泥滑跌倒在凍田地。款款扶將起，正是心急步行遲。用齊微韻。《剔銀燈》内「地」字，或妄改作「處」字，遂犯魚模矣。

【眉批】

或于「款款」下又加「款款」二字，「將」改作「娘」，皆可厭。

〔中吕〕漁家傲　彩樓記·赴選　地籟

聞知道上國招賢展試闈，功名事怎敢遲遲？恩情和你且暫離，此行願取登高第，一朝榮貴。伊休慮村館蕭條，多只在旬日便回，却不道金榜無名誓不歸。

【剔銀燈】荒荒的奔馳到帝畿，願此去高攀仙桂，男兒要遂平生志，竟筆下文章無比。他時，荷衣挂體，休教我在破窑中眼巴巴望你。「筆下文章」時本改作「舉筆成文」，非。

【眉批】

唱者須思此曲與前「迢迢路」有何異，此曲安然如故，而前曲妄增字眼。且訝改正者爲誤，亦愚甚矣。

【攤破地錦花】那時，窮不了咱和你。天下盡知，登科記報着名兒。不枉了十載寒窗，苦心勞志步雲梯，管身到鳳凰池。

【眉批】

此曲古本元是如此，首句譜中注爲又一體，點板亦如此。今人見《綉鞋兒》等曲妄增「爲那時節」，點板亦欲合前曲，然非古也。「登科記」又改作「登高第」，又點板在「盡」字、「登」字上，甚無謂。

【麻婆子】怕有怕有朱門女，求親向此時。記取記取雕鞍上，絲鞭向後隨。難忘昔日彩毬兒，團圓百歲永無虧。共伊同諧老，教傍人作話兒。用齊微韻。內「志」、「兒」字、「時」字，犯支思。

〔中呂〕漁家傲犯　荆釵記·錯音　地籟

莫不是明月蘆花没處尋？莫不是舊日王魁，嫌遞萬金？莫非忘了奴半載同衾枕？莫非是不曾來之任？【鴈過聲】欲言不語知他怎？那里是全抛一片心？

【眉批】

此末二句用《犯鴈過聲》者，故與譜中《拜月亭》內「身居處華屋高堂，但尋常珠繞翠圍」句法不合。詞隱生反以此爲《漁家傲》本調，而强以「身居處但尋常」六字皆襯字以合此，且以此「欲言不語」句，改作「欲語不言，知他是怎」，作兩四字句，以合彼，增入新譜，反以《拜月亭》爲又一體。支離之甚。且云「此調最難查訂，今始得之」，亦誤矣。況「天不念」曲内「生計下」、「高堂下」皆有截板，「華」字上、「珠」字上，又皆有頭板，若非上有實字，板如何可下哉？故于此曲無「閑」字者，則云「欲」字、「知」字不下板亦可。此自相矛盾之一証也。即知律如吾湖臧晋叔新訂《荆釵記》，亦不查明，良爲缺事。

【前腔】我説到舌尖聲還噤，若提起始末原因，教你愁悶怎禁？此生休想與他同衾枕，要相逢除非東海撈針。這情由有甚的難詳審，不投下佳音回訃音。用侵尋韻。用韻甚嚴，自是作手。「甚的」「的」字，音底，上聲，原即底字也。《孟子》注云：「天下無不是底父母。」又唐宋人小説，凡的字，皆作底。成化年間刊行《百二十家戲曲全錦》，凡的亦皆刻作底，則的字非平聲明矣。況韻書止有入聲作上而叶底者，並無平聲而音低者，不知起自何人作平。今海内同音，牢不可改，且見曲中宜仄，而用此字者，反疑不協矣。

〔中吕〕古輪臺　拜月亭·奇逢　天籟

自驚疑，相呼厮唤兩三回。瑞蘭和先輩，不曾相識。瑞蓮名兒，本是卑人親妹。妾因兵火，急離鄉故，母子隨遷往南避，在中途相失。喊殺聲，各各逃生，電奔星馳。中路里差池，因循尋至。應聲錯，偶逢伊。正是俱錯意，一般煩惱兩心知。

【眉批】此曲本急調，觀他本用此者可見。施君美用之于此，正以見逃奔倥偬之狀。今人皆以細腔唱之，恐失其旨。然至第二曲又不得不急矣。

【前腔】名兒應錯了自先回。急急便往跟尋，豈容遲滯！事到如今，怎生惜得羞耻？念苦憐孤，救奴殘喘，帶奴離此免灾危，我也不忘你的恩義。曠野間見獨自一個佳人，生得千嬌百媚。他又無夫無婿，眼見得落便宜。如何是？天色昏慘暮雲迷。「我也」下脱二字，無考。

【眉批】

此曲以下，優人演戲作態，多有妄增字眼，然實無關本調，知者辨之。

【撲燈蛾】自親不見影，自親不見影，他人怎相庇？既然讀詩書，惻隱心怎不周急也？我是個孤男，你是個寡女，厮趕着，教人猜疑。亂軍中有誰來問你，緩急間，語言須是要支持。

【眉批】

「自親」正對下「他人」，音律甚叶，有何不通？而今人必加一「妹」字，遂失調矣。

【前腔】路中不擋攔，路中若擋攔，可怜我做兄妹。有人厮盤問，教咱把甚言抵對也？没個道理，有一個道理，怕問時權説是夫妻。恁般説方纔可矣。便同行，訪踪窮迹去尋覓。

【眉批】

「有一個道理」多疊一句，亦是做法使然，故增之，非本調正體。

【尾聲】今日得君提掇起，免使一身在污泥，久後常思受苦時。用齊微韻。內「女」字犯魚模，「至」字、「是」字、「時」字犯支思。

〔中吕〕粉孩兒　拜月亭・相逢　天籟

匆匆地離皇朝，我心不穩；棄家私老小，去得安忍？只因國難識大臣，不隄防萬馬千軍犯京城。君去民逃，常言道龍鬬魚損。

【眉批】

《粉孩兒》坊本誤作《好孩兒》。

【正宫福馬郎】那日風寒雨又緊，正行裏喊聲如雷震。無處隱，急向林楖中躲，道途上奔。其時亂紛紛，身難保，命難存。

【眉批】

前後皆中吕調，且成套者，豈有中忽間一正宫曲乎？意必有誤。况舊譜原無此曲，新譜亦云又一體，又訛謬之一証也。

【中吕紅芍藥】兵擾攘，阻隔關津。思量着，役夢勞魂。眼見得家中受危困，望吾鄉有家難奔。孩兒，歷盡苦共辛，娘逢人見人尋問。只愁你舉目無親，父子每何處厮認？

【耍孩兒】與北曲同名。我有一言説不盡。向日招商店，肯分地撞着家尊。我尋思他眼盼盼人遠天涯近。爲甚的那壁千般恨？休只管叨叨問。「肯分地」亦詞家本色語，猶云恰好的也。北詞云：「肯分地綉一朵並頭花。」後人不解，改爲「驀忽地」。

【眉批】

坊本有將此曲作《紅衫兒》，不知《紅衫兒》自屬南呂，謬甚。益知前曲必非《福馬郎》也。愧不能並前曲而考正之！

【會河陽】有甚争差，且息怒嗔；閒言閒語總休論。賤妾，不避責罰，將片言語陳，難得見今朝分。甚時除得我心間悶，甚日除得我心間恨。

【縷縷金】教準備，展芳尊，得團圓都喜慶，盡歡忻。館驛有雜人來往，其實不穩。到南京得見聖明君，那時好會佳賓，那時好會佳賓。

【越恁好】與「鬧花深處」一調不同。辦集船隻，辦集船隻，指日達國門。漸行漸遠，親兄長不知死和存。愁人見説愁更新，欲言又忍。心兒裏痛點點如剜刃，眼兒裏淚滴滴如珠揾。

【眉批】

此曲甚古，學者當學此。「鬧花深處」不足學也。

【**紅綉鞋**】畫船已在河濱，河濱。不勞馬足車輪，車輪。離孟津，望前進，風力順，水程緊。咫尺是汴梁城，咫尺是汴梁城。

【**尾聲**】別離會合皆緣分，受過憂危心自忖，從今暮樂朝歡還正了本。用真文韻。内「城」字犯庚青。

【**眉批**】

古曲云：「把俺受過的凄涼正了本」，與此正合。俗改爲「還再整」，古意索然矣。

〔中吕〕泣顔回　彩樓記・喜慶　天籟

金榜挂名時，喜得榮登高第。雲梯月殿，還是手攀仙桂。荷衣挂體，吐虹霓頓有凌雲志。感夫人舊日恩情，不負彩樓佳期。

【**前腔**】〔**换頭**〕思之爹媽棄奴時，誰知道有今日。夫榮妻貴，知他是誰羞耻。喜得腰金衣紫，謝兒夫與奴争口氣，畫堂中兩行珠翠，白屋頓生光輝。

【**古輪臺**】我和伊，春賞名園景明媚。和風扇暖日遲遲。鞦韆庭院把纖手相攜，對景尋芳拾翠，看取游人，往來如蟻。不覺炎日又沉西，浮瓜沉李。待和伊同泛蓮舟，荷花香裏，蘭槳輕摇，菱歌聲沸。此際泛金杯，斟緑蟻，滿拚沉醉笑扶歸。

【**前腔**】〔**换頭**〕一年一度牛女會佳期。秋景美映水芙蓉，桂花香裏，皓月中秋，早不覺重陽節至。倏忽瓊瑶，凄涼飄墜，一夜青山盡失翠。紅爐暖閣，頓提起昔日孤貧，把寒灰撥盡，空甑塵飛。偏謁豪貴，此際好傷悲。

朱門閉，滿頭風雪踏回歸。

【尾聲】如今幸得身榮貴，玩賞四時歡會，盡老今生不暫離。用齊微韻。

〔中呂〕泣顔回　衫襟記・得詞　天籟

兀的不閑煞馬相如，任把琴心挑取。文君無主，姻緣遽難相許。他妝喬撇古鳳求凰，擔閣了當壚譜。既生成敵手棋逢，怎寧耐待賈沽諸。

【前腔】〔換頭〕躊躇，他意兒裏定何如？待道你無情推阻。等閑眉宇，春心有時描出。機關惹處敢應承，約也常居五。待孜孜熱話勾答，又生生冷面枝梧。

【石榴花】登壇那日覷着恁喬模，似回絶了似水如魚。到得下壇周折步徐徐，娉婷樣子猶古自内家姝。想其間，巧言亂紫朱，料伊家打熬不去。他聰明性自關心豈模糊，妝不就檀口説虚無。

【前腔】終朝斯趁不是偶須臾，早難道野鴛鴦打不上羅敷。況今才貌恰相符，陽臺路上豈可任荒蕪？多應礙他尅眼拘，料伊家有心難吐。秀才慣盡痴心盡没福，管須君子斷其初。

【太平令】學弄囂虚，喬作相探往覷渠。若教一見非投杼，驀承望共歡娱。

【前腔】特訪仙姝，忙報尊師莫囁嚅。盈盈又隔銀河許，這消渴豈能除。

【撲燈蛾】却將供狀招，祆神火難住。假乖脱塵凡，春思暗藏新句也，孤男寡女，月下老該久銓除。你如今真心自吐，平空的口中投下會親符。

【前腔】漫將原調賡，都來合心語。這詞是良媒，怕不是赤繩有簿也，我是班門弄斧，倒做個先唱隨夫。儘平銷愁城怨府，勾塗抹幾時朝夜短長吁。

【尾聲】今朝覓着桃源渡，此夜巫山那問途。真個是腸斷蕭娘一紙書。用魚模韻。

〔中吕〕泣顏回　投筆記·酹月　人籟

萬里靖風烟，一輪月到中天。清虚宫殿，是何人轉推玉盤？珠簾暮捲，浸欄杆十二有清光滿。看扶疏桂影孤妍，那嫦娥偏愛青年。

【前腔】戍樓，高處不勝寒，冷冷露濺青氈。肌生銀粟，非因酒力微淺。悲思故園，念孤幃此夜有佳人怨。見烏鵲飛繞南枝，空目斷萬里遥天。

【古輪臺】剔團圞，清光堪掬又堪憐。浪翻銀屋如鋪練，金波舒展見玉鏡高懸。感天上月有缺圓，邊塞征人獨瞻銀漢。妖幕休蔽眼眸前，把危欄繞徧。問嫦娥何獨孤眠廣寒宫裏，一般清冷，有誰爲伴？長夜更如年，當消遣，陰晴明夜總難言。「掬」音短。

【前腔】〔换頭〕嬋娟，何事偏向别離圓？念枕戈將卒栖遲，邊戍家鄉遥遠，歲月遷延。盼寒衣鴈阻天邊，遥望干戈，關山未偃。異國今夕是何年？西堂夢斷，冷班衣游子何堪？胡笳凄慘，羌管悲咽，銀河清淺，星斗墜寒漣。琉璃轉，夜深風露濕貂襌。

【尾聲】此生此夜不長見，明日明年何處看，幾處凄凉幾處歡。雜用先天、寒山、桓歡三韻。「堪」字又犯監咸矣。

〔中吕〕榴花泣　四節記·赤壁　人籟

【石榴花】壬戌秋望蘇子具壺觴，邀二客駕孤航，來游赤壁興何長。【泣顏回】誦詩人窈窕之章，望天連水光，皎團圓月出東山上。恍疑是羽化丹丘，頓忘却身在黄岡。

【眉批】「誦詩人」句，即犯《泣顔回》，若以「望天連」句始犯《泣顔回》，則此句宜七字，此不合體矣。《萃雅》注犯誤。

【前腔】摇摇蘭槳乘月泛滄浪，凌灝景泝流光。江空人静夜茫茫，美人兮憶念不忘。嘆各天一方，洞簫聲如訴嗚嚮。潛蛟舞幽壑深淵，嫠婦泣野水孤航。【泣顔回】山水鬱蒼蒼，睹風物忽憶周郎。曹瞞昔日，曾於此挫折鋒鋩。嘆英雄已亡，這清風明月常無恙。且休夸横槊吟詩，也空勞釃酒臨江。「釃」音施。【前腔】襟袂動微凉，喜秋宵白露横江。魚蝦麋鹿，長爲侣吾汝相忘。縱一葦在水鄉，渾只訝解脱塵中網。渺粟於滄海沉沉，寄蜉蝣於天地茫茫。【尾聲】造物悠悠無盡藏，殽核杯盤引話長，不覺東方動曉光。

〔中吕〕榴花泣犯　西厢記・鬧簡　地籟

【石榴花】晚妝樓上杏花殘，猶兀自怯衣單，那一片聽琴心清露月明間。【泣顔回】昨日向晚，不怕春寒，幾乎被賺。【瓦盆兒】那其間豈不羞顔？爲你一個不酸不醋風魔漢，隔墻兒險做了望夫山。【漁家燈】你用心撲雨撩雲，我好意與你傳書遞緘。不肯搜自己狂爲，待要尋人破綻。幾番，背地裏愁眉淚眼，人面前巧語花言。非慢，從今後會難，已見個酒闌人散。用寒山韻。内「賺」字、「緘」字犯監咸。凡《南西厢》曲，大略以入地籟者，皆以原本北詞，自非尋常口角，不得不然，若止論改手，正未可加以品自也。

【眉批】

詞隱生曰「後三句是《剔銀燈》」，但前不似《漁家傲》，名曰《漁家燈》不知何故。

〔南吕〕梁州序　荆釵記·議親

地籟

家私迭等，良田千頃，富豪聲震甌城。他却不曾婚娶，專浼我來相聘。他恁地錢物昌盛，愧我家寒，自料難厮稱。這段姻緣料想是前定，入境緣何不順情，休得要，恁執性。

【眉批】

詞隱生曰：「此《梁州序》本調，歷考《八義》、《金印》、《教子》諸舊詞皆然。《琵琶記》『新篁池閣』乃犯《賀新郎》者，今人認《琵琶》爲《梁州序》而反以此爲《古梁州》矣。」

詞隱生見此「姻緣料想」句乃七字句，並《琵琶》内「晝長人困也」「也」字以爲襯字。然遍查《梁州小序》諸曲，皆五字句，下三字句，「也」字可襯，如後曲「熱」字、「罷」字、「手」字等豈皆可襯乎？臧晋叔新訂《荆釵》，又將此亦增作八字以合調，不知孰是。

【前腔】他有雕鞍金凳，重裀列鼎，肯娶奴裙布釵荆？我須房奩不整，反被那人相輕。雖則是房奩不整，他見你工容，自然相欽敬。嚴父將奴先已許書生，君子一言怎變更？實不敢，奉遵命。

【前腔】〔换頭〕見哥嫂俱已應承，問侄女緣何不肯，恁堅執莫不是行濁言清？枉了將奴凌屏，便劄下頭來，斷然不依聽。論我作伐宅第盡聞名，十處説親九處成，誰是你，假惺惺。

【前腔】做媒的個個夸能，也多有言不相應，信着你都被誤了前程。你那合窮合苦，没福丫頭敢來强斷挺。姑娘何事恁生憎，出語傷人不三省，榮枯事，總由命。

【尾聲】這段姻緣非斷諟，少甚麽花紅送迎？誰想番成作畫餅。用庚青韻。内「肯」字，犯真文。臧本作「難道你全然不省」。

〔南吕〕梁州序　金印記・尋夫　地籟

莫不是風敲竹徑？莫不是砧聲秋韻？乃是敲户之聲。莫不是僧敲月下？莫不是鬼魅相侵？你道是渾家妻小，我又不是你男兒何用相尋問？那些個疏財仗義直恁太無情，説甚麽「一夜夫妻百夜恩」，任伊叫，只是不開門。

【眉批】

此套第九句，前二曲用七字句，後二曲又五字一句，三字一句，豈此調此句亦可彼可此者？然終不敢依詞隱生，將五字句末字作襯字，亦因有必不可襯者耳。

【前腔】更闌人静，方纔着枕，攪得我一夢還醒。何不道姓通名？原來是解元妻小，夜半更深，怎教他在門外等。你道他傾家蕩産必定誤伊身，黑夜尋夫有甚因，且少待，就開門。

【眉批】

「還醒」下，尚宜有一四字句，惜無《金印》好本查之。

【前腔】〔換頭〕告君家息怒停嗔，且回家别尋營運。休得要失張失志，喪魄消魂，此是敗産亡家之本。書有黄金，爲甚把我釵梳盡。自古道儒冠誤，何用苦勞神？好似醉漢痴迷還未醒，筆和硯，總無靈。

【前腔】三寸舌口内猶存，便窮殺我每何恨。秀才家終有日發迹成名，若不成名有何顔再見，骨肉相親近。窮通與富貴總休論，請且回家别營運，機不下，直恁太無情。用韻雜。

〔南吕〕梁州小序　琵琶記·賞荷　人籟

新篁池閣，槐陰庭院，日永紅塵隔斷。碧欄杆外，寒飛漱玉清泉。只覺香肌無暑，素質生風，小簟琅玕展。晝長人困也，好清閒，忽被棋聲驚晝眠。(合)《金縷》唱，碧筒勸。向冰山雪檻開華宴，清世界幾人見。犯見前散曲。

【眉批】

曲名説詳前散曲。

【前腔】薔微簾幕，荷花池館，一點風來香滿。湘簾日永，香消寶篆沉烟。謾有枕欹寒玉，扇動齊紈，怎遂得黄香願？猛然心地熱，透香汗，欲向南窗一醉眠。(合前)

【前腔】〔换頭〕向晚來雨過南軒，見池面紅妝零亂。漸輕雷隱隱，雨收雲散。只見荷香十里，新月一鈎，此景佳無限。蘭湯初浴罷，晚妝殘，深院黄昏懶去眠。（合前）

【前腔】柳陰中忽噪新蟬，見流螢飛來庭院。聽菱歌何處？畫船歸晚。只見玉繩低度，朱户無聲，此景尤堪戀。起來攜素手，鬢雲亂，月照紗厨人未眠。（合前）

【節節高】漣漪戲彩鴛，把露荷翻，清香瀉下瓊珠濺。香風扇，芳沼邊，閑庭畔。坐來不覺神清健，蓬萊閬苑何足羡？（合）只恐西風又驚秋，不覺暗中流年换。

【前腔】清宵思爽然，好凉天，瑶臺月下清虚殿。神仙眷，開玳筵，重歡宴。任教玉漏催銀箭，水晶宫裏把笙歌按。（合前）

【尾聲】光陰迅速如飛電，好良宵可惜漸闌，拚取歡娱歌笑喧。用先天韻，犯寒山、桓歡。

〔南吕〕梁州小序　羅囊記·春游　人籟

春光如海，鶯聲如管，何處香塵不斷。青梅如豆，佳人已試羅衫。正是乍晴乍雨，輕暖輕寒，菜麥經時變。玉驄嘶曉處，暫偷閑，爲看風前楊柳眠。（合）低低唱，頻頻勸，向杏花深處開華宴。春富貴，許誰見。

【前腔】荼蘼枝軟，海棠初綻，蛺蝶雙飛庭院。少年紅粉，墻頭戲耍鞦韆。正是賞心樂事，美景良辰，好遂風流願。夜來人住在，那溪灣，朱户重重春晝眠。（合前）

【前腔】〔换頭〕紫烟浮春浸江山，錦雲明花燃樓館。看游人如蟻，畫中來往。正是清明節近，寒食未來，杜甫芳心暖。寶車休碾破徑中氈，留與游人一醉眠。（合前）「往」字更不倫。

【前腔】彩蜂飛芍藥欄前，錦鳩啼木香亭畔。問人間春色，有誰閑管？正是梨含白粉，桃染胭脂，總是東君面。

燕雛飛亂了淡雲天，日暖鴛鴦沙際眠。(合前)

【節節高】林花綻錦鮮，繞山燃，郊原步步香羅薦。春山畔，春水邊，春風暖，直教醺醉游人面，何須買遍杏花村店！(合)只恐東風更無情，輕輕扇落桃花片。

【前腔】東風花滿烟，好晴天。家家池館開屏扇。飛新燕，擲柳眠，來庭院，玉人笑咽鶯初見，半倚屏山把銀箏按。(合前)

【尾聲】韶光九十如飛電，趁青春日日追歡，莫惜揚州十萬錢。用韻甚雜。

〔南吕〕梁州小序　西厢記·聽琴　人籟

晴空雲斂，冰輪初涌。風掃殘紅無數，香階堆擁。好似我悶懷千種，只落得心中作念，口内閑題，夢兒裏相和哄。華堂開綺席，意朦朧，却教我翠袖殷勤捧玉鐘。愁似織，和誰共？雙蛾蹙損春愁重，似魚得水，甚時同？

【漁燈兒】莫不是步摇得寶髻玲瓏？莫不是裙拖得環珮叮咚？莫不是鐵馬在簷前驟風？莫不是金鈎雙控，咭叮噹敲響簾櫳？

【眉批】

此後數曲牌名，細查舊新二譜皆無，不知作者亦何所本也。即歷查諸元曲中，皆並無此調。其名《漁燈兒》、《錦漁燈》等名，復細考《漁家燈》、《喜漁燈》各曲，亦毫無干涉。況李日華改北作南，前後皆恣爲删抹，而此曲略改字眼，盡仍北曲，亦無北與南復相合如是者，其爲杜撰胡謅無疑也。本不宜録，但此曲久爲人所唱，不得不收，其板眼聊從時本，不足憑也。

【前腔】莫不是梵王宫夜撞金鐘？·莫不是漏聲長滴響壺銅？·莫不是疏竹蕭蕭曲檻中？·莫不是牙尺剪刀聲相送？·却原來近西厢誰理絲桐。

【錦漁燈】其聲壯，似鐵騎刀鎗冗冗·；其聲輕，似落花流水溶溶·；其聲高，似月落風清鶴唳空·；其聲低，似兒女語小窗中。

【錦上花】他那裏思不窮，俺這裏意已通，嬌鸞雛鳳失雌雄·；他那裏曲未終，俺這裏意轉濃，争奈伯勞飛燕各西東，盡在不言中。

【眉批】

《錦上花》與譜中調毫不合，差與《卧冰記》「一機錦」稍相似，不知是否？

【錦中拍】這的是令人耳聽，訴自己情衷。知音者芳心自動，感懷者斷腸悲痛。這一篇本宫始終不同，一字字更長漏永，一聲聲衣寬帶鬆。別恨離愁番成做一弄，越教人越知重。

【錦後拍】只見他走將來氣冲冲，怎不教人恨匆匆，嚇得人怕恐。早又是不曾和他相共，女孩兒直恁的響喉嚨？·謹摩弄，欲將他來攔縱，恐怕夫人行將我厮葬送。

【尾聲】只説道夫人時下有些唧噥，好共歹不教你落空，怎肯輕撇下風流志誠種？·

【眉批】

此李日華原本尾聲也，爲近本增《罵玉郎》者所删。

【駡玉郎】側耳聽琴心下疑，就裏聲聲怨，句句題。鴛鴦何日得同栖？：皺蛾眉。奴好似傍水花枝，怕狂風起時，怕狂風起時，擺落趁水相隨；怕濃霜露欺，怕濃霜露欺，禁不得一霎笑戲，免不得巫山相會。俺只見怨蝶愁蜂，俺只見怨蝶愁蜂，尋花覓蕊，心下憂疑。爾傍徨，我熬煎，兩處相思。恨只恨冤家債，無緣相會。

【眉批】

《駡玉郎》三曲，近見新增者有之，非李日華所作也，不知何人手筆。然查《南九宮十三調》亦無此名，《明珠記》始有此調，未知何所本。此曲似又仿《明珠記》者，「怕狂風起時」以上，是二犯《朝天子》。北南吕宫有《駡玉郎》，與此亦不類。

【前腔】惱聽譙樓鼓二槌，爲愛鶯鶯貌，心似痴。紅娘別後愈傷悲，好孤恓。怎能勾共枕同幃，那夫人負虧，那夫人負虧，害人徹夜相思；聽更漏又催，聽更漏又催，又催着三更將至，早來到乘鸞匹配。想着他如花似玉，想着他如花似玉，嬌嬌滴滴，賽過西施。再尋思，那妖嬈，魄散魂飛。怎當他隔墻兒，有人來至。

【前腔】蓮步忙移意故遲，他假意，佯羞駡，把俺推。勸伊行不如早相隨，效于飛。免教他短嘆長吁，把前情謾思，把前情謾思；他爲你春試不題，厭茶飯懶吃，厭茶飯懶吃。懶炊着珍羞百味，他棄功名只指姻緣成對。俺只見皓月團圓，俺只見皓月光皎潔，照着和你鳳別鸞離。怕夫人，覺來時，問俺和伊。早抽身去開門，兩下里偷會。尾聲以前用東鐘韻，後用韻雜。

〔南吕〕香羅帶　琵琶記·剪髮　天籟

一從鸞鳳分，誰梳鬟雲？粧臺懶臨生暗塵，那更釵梳首飾典無存也，是我耽閣你，度青春。如今又剪你，資送老親。剪髮傷情也，只怨着結髮薄倖人。

【前腔】思量薄倖人，辜奴此身，欲剪未剪教我珠淚零。我當初早披剃入空門也，做個尼姑去，今日免艱辛。珠圍翠簇蘭麝薰。我的身死骨自無埋處，説甚麽頭髮愚婦人！

【前腔】堪憐愚婦人，單身又貧，開口告人羞怎忍。金刀下處應心疼也，却將堆鴉髻，舞鸞鬟，與烏烏報答白髮親。教人道霧鬟雲鬟女，斷送他霜鬟雪鬟人。用真文韻。內「零」字、「疼」字，犯庚青。

〔南吕〕瑣窗寒　荆釵記　天籟

這門親非是我貪婪，無奈人來説再三。送荆釵愁他富室褒談，良媒竟没一言回俺，反教人挂腸懸膽。

（合）聽得早間喜鵲噪窗南，有何親舊相探。「非」字一板，必不可無。時唱者失之。「褒談」猶言褒貶，元曲多有之。亦有用「包彈」者，則謂包孝肅彈人也。兩語皆本色，而此用「褒談」，則更是本韻。詞隱生徒知「包彈」二字爲古，輒更之而又訐其非韻，則穿鑿之偏也。臧本改作「未肯包含」，以求合韻，亦是多事。

【眉批】

「早間」二字，即下第三曲「姑娘」「娘」字，原不用韻。今人不知，亦有疑其失韻者。《香囊記》誤仿云：「古今，惟有孟母與曾參。」竟用九字分兩句，而用二韻矣。又有改作「聽得鵲噪窗南」，亦謬。

【前腔】嘆連年貧苦多諳，猶在淒凉一担擔。事萱親朝夕愧缺魚甘，劬勞未答，常懷淒慘，議姻親斷然不敢。（合前）

【前腔】論人生嫁女婚男，不是姻緣怎妄貪。謾夸他豪門首飾衣衫，嫦娥志潔，甘居清淡，那聽他巧言啜賺。這姑娘因此臉羞慚，此來必定喃喃。用監咸韻。

〔南吕〕瑣窗寒　金印記・當釵　天籟

爲何不載釵兒？因甚衣衫穿舊的？娘行首飾，莫非賣與兀誰？奴不忻梳藏留家裏，出言語忒殺相欺。休支，砂鍋打破怎瞞人，你教王婆典賣我須知。

【前腔】好一似掩耳偷鈴，不怨王婆却恨誰。嘆家私一似笊籬撈水，枕邊言語，理合相勸，却隨風倒舵何爲。須知，奴曾力勸反生嗔，只落得被人欺。「笊」，嘲去聲。

【眉批】

「鈴」字，偶不用韻。今人因「鈴」字，遂並下句，改作「恨自身」，以合上韻，不知遂離本韻矣。况「鈴」與「身」復非同韻乎？妄改可惡。

【大勝樂犯】一宅分兩院而居，甚風吹來到此？只爲青蚨缺少遭貧困，將釵子解錢使。縱然金寶如山積，那得閑錢補笊籬。【奈子花】交財，只恐怕斷絶仁義。

【前腔】傷情處話不投機，告人難擒虎易。你道書中自有千鍾粟，爲何不濟貧時好言語。解人金腰帶，免不得忍氣吞聲求告取。常言道利刀，割水怎得開時。

【太師引】肯不肯從人意，没來由纏做甚的。叔伯姆難同做陌路，須念同氣連枝。自古濟人須濟急時，告娘行做人休到底。尋思起好言語措置，長和短多和少説與奴知。

【前腔】這釵兒鈔銀的，解一貫錢來用使。乞見憐將錢周濟，交付與伊收取。這釵子值得甚的，休道是這般容易。蒙恩賜就此拜辭，閃殺人少年妻面皮羞耻。

〔南吕〕大勝樂　西廂記　地籟

雜用支思、齊微韻。

風流惹下相思，争奈相思無了期。西廂月下聽琴後，離恨譜斷腸詩。只爲你文章魁首青雲客，休看做桃李春風墻外枝。(合)悶倚欄杆望也，空教人幾回目斷天涯。

【眉批】

「悶倚欄杆望也」句與《殺狗記》用「此事非容易也」句法同，比《琵琶記》「爹居相位」體爲更古，故板亦如是點耳。

【前腔】自從那日分離，廢寢忘餐減玉肌。金錢暗卜無期准，空屈指數歸期。不愁你青鸞有信頻須寄，只怕你金榜無名誓不歸。(合前)

【不是路】暗想當時，將欲從軍憔悴死。一封書，半萬賊兵剪草除。負佳期，閃得恩情兩下離，只爲蟾宫折桂枝。這相思，天涯海角心相似，此情難寄。

〔仙吕〕【掉角兒】帶圍寬瘦損腰肢，意懸懸懶拈針指。害相思病染懨懨，淋漓袖萬千紅淚。莫不是怕黄昏，挨白晝，象床閑，鴛被冷，這般滋味。(合)冤家一去，歸無定期。嘆分離天邊月缺，也有圓時。

【前腔】去時節黄葉亂飛，到如今落紅堆砌。要相逢千難萬難，不似俺別時容易。莫不是醉銀箏，歌彩袖，戀秦樓，迷楚館，把奴抛棄？(合前)

【尾聲】離愁萬種千言語，準備歸來訴與，及至相逢無一句。雜用支思、魚模、齊微二韻。此套，雖在近刻李日華本，而却于《集賢賓》之後、《鎖窗郎》之前，篏入尤侯韻中者，其又爲他手無疑。今時本皆分出兩唱之，然覺此手詞氣反妥，李不及也。

〔南吕〕三换頭　琵琶記·請赴　天籟

名繮利鎖，先自將人摧挫。况鸞拘鳳束，甚日得到家？我也休怨他。這其間，只是我，不合來，長安看花。悶殺我爹娘也，淚珠空暗墮。(合)這段姻緣，也只是無如之奈何。

【眉批】

舊譜注云：「前二句《五韻美》，中四句《臘梅花》，後四句《梧葉兒》。」今按：前二句、末二句近似矣，但中四句及後二句，不相似，闕疑可也。

【前腔】鸞臺罷妝，鵲橋初駕，佳期近也。請仙郎到河，此事明知牽挂。這其間，只得把，那壁厢，且都拚捨。况奉君王命，怎生別了他。(合前)用韻雜。

〔南吕〕宜春令　琵琶記·逼試　天籟

雖然讀萬卷書，論功名非吾意兒。只愁親老，夢魂不到春闈裏。便教我做到九棘三槐，怎撇得萱花椿樹？我這衷腸一點孝心，對着誰語？

【前腔】相鄰並相依倚，往常間有事來相報知。試期逼矣，早辦行裝前途去。子雖念親老孤單，親須望孩兒榮貴。趁此青春不去，更待何日？

【前腔】時光短，雪鬢垂，守清貧不圖甚的。有兒聰慧，但得他爲官吾足矣。天子詔招取賢良，秀才每都求科試。快赴春闈急急整着行李。

【前腔】娘年老，八十餘，眼兒昏聾着兩耳。又没個七男八婿，止有個孩兒要供甘旨。方纔得六十日夫妻，强逼他去争名奪利。懊恨無知老子好不度理。用齊微韻，雜犯支思、魚模。

【眉批】

末句一作「思之怎生不教老娘嘔氣。」

〔南吕〕宜春令　牧羊記·寄鴈　地籟

西風起雲亂飛，攪動人傷秋意兒。見一隻失群孤鴈，向我哀鳴聲嘹嚦。這衡陽鴈正欲南飛，肯將咱一封書寄？這飛禽，摇頭擺尾已知人意。

【前腔】你若知人意，我就説與伊，這冤屈天知地知。十九載艱辛歷盡，今日相逢必有重歸計。若天教你來相濟，好相隨不須疑慮。奇異，咱不免寫封書仗伊傳遞。

【大勝樂】好教人無計施爲，裂衣帛權當紙。待將草梗輕輕舉，只得刺血寫因依。淚珠滴下相和血，那些個血淚相和色更非。若得這書至也，不枉了這場疼痛，這般心機。

【越調下山虎】微臣蘇武，刺血陳情。一自離朝後，投人虜庭，不想衛律奸臣便來强挺，苦逼我歸降不從順。無奈自思忖，待引刀鋒拚一命殞。似此單于怒，牢于陷穽，嚙雪餐氈，苟延此生。

【亭前送别】【亭前柳】去北海牧羊群，待羝乳放回程。充饑皆草子，相親是猩猩。**【江頭送别】**告天天不應，好傷情，怎禁得兩淚盈盈。「親」去聲。

【眉批】

末二句犯《江頭送别》，時本刻作《亭前柳》全曲，板亦欲强合之，甚謬。《荆釵記》本調後半曲云：「此行怎生登山嶺，且過今冬待春暖，共登程。」與此末二句何涉？

【蠻牌令】持節守孤貞，回首影隨身。因循十九載，並不改忠誠。曩聞得先王駕崩，泣血淚效死無能。思仁主，懷聖明，鑒取微忱激切無任屏營。「營」音盈。

〔仙吕〕【一盆花】仗你一封達聽，望天庭金闕旺氣騰騰。月冷權栖蓼花汀，天寒暫宿無人境。願你翅兒又輕，眼兒又明，須把音書達上，更莫留停。

【眉批】

譜中所收第四句少異，「眼兒又明」下，又有一四字句，然注云：「此曲末句以上，皆似《皂羅袍》。」或又無一四字句，其言又如此，想此曲亦不誤也。

【勝葫蘆】又名《大河蟹》。翩翩去也鴻無影，料克日到京城。若還達上傳宣命，差兵遣將，須有日還朝賀昇平。

【尾聲】賀昇平，邊疆静，丹書竹帛定留名，望你堅心達帝京。前半雜用齊微、支思，《下山虎》後，雜用庚青、真文。

〔南吕〕宜春令　西厢記　地籟

第一來爲壓驚，第二來因謝承。殺羊茶飯，來時早已安排定。斷閑人不會親鄰，請先生和俺鴛鴦配聘。我只見他，歡天喜地謹依來命。

【眉批】

第二句比他曲少一字，《尋親記》亦與此合。

〔仙吕入雙調〕【玉抱交郎】或作《五供玉枝花》，蓋三四句始犯《玉抱肚》也。此説良是。【玉抱肚】來回顧影，文魔秀士風欠酸丁。下工夫將頭顱來掙，遲和疾擦倒蒼蠅。【玉交枝】光油油耀花人眼睛，酸溜溜螫得牙根冷。【綉衣郎】天生這個俊英，天生那個後生。時唱去「風」字，更不知何調。

【眉批】

第二句不合本犯，或犯《五供養》是矣。然總名《玉抱交郎》，則此句當作「秀文魔風欠酸丁」方叶。至「欠」俗作「欠」，音傻，查字書亦無「欠」字。此句原本之《北西廂》「風欠」二字，元人常用之，押在廉纖韻。而今人反謂「欠」字爲秘傳，已成錮疾矣。

【玉抱鶯兒】【玉抱肚】今宵歡慶，俺鶯鶯何曾慣經？須索要款款輕輕，燈兒下共交鴛頸。**【黃鶯兒】**端詳可憎，誰無至誠。你兩人今夜親折証。謝芳卿，謝紅娘姐錯愛，成就了這姻盟。

〔仙呂〕**【解三酲】**玳筵前香籠寶鼎，綉簾外風掃閑庭。落紅滿地胭脂冷，白玉欄杆花弄影。準備着鴛鴦夜月銷金帳，孔雀春風軟玉屏。合歡令，有鳳簫象板，錦瑟銀箏。

【前腔】〔換頭〕可憐我書劍飄零無厚聘，感不盡姻親事有成。新婚燕爾安排定，除非是折桂手報答前盟。我如今博得個跨鳳乘鸞客，到晚來臥看牽牛織女星。非僥倖，受用的珠圍翠繞，結果了黃卷青燈。

【眉批】

原本此曲後又有一前腔云：「憑着你滅寇功勳能舉將，却不道兩字功名未有成。爲甚鶯鶯心下十分順，只爲君瑞胸中百萬兵。專請你有恩有義閑中客，回避了無是無非窗下僧。夫人命道足下莫教推托，使賤妾即便隨行。」

【尾聲】老夫人專意等，常言道恭敬不如從命，休使紅娘來再請。用庚青韻。

〔南吕〕宜春令　四節記·游覽　人籟

花將笑，柳欲眠，聽啼鶯如調管弦。且及時行樂，春光九十今將半。可意時日暖風恬，縱步處山回溪轉。（合）想吾生，斷送歲華酒杯詩卷。

【前腔】尋芳去，學少年，杖頭挑百文酒錢。問水邊林下，春來多少看花伴。韶光混柳色鶯聲，和氣透桃花人面。（合前）

【前腔】山青處，花欲然，草如茵留人醉眠。看游絲飛絮，軟無力氣隨風捲。杯中物飲盡何妨，杏花村春衣堪典。（合前）

【前腔】春光暖，花正妍，滚東西如覺地偏。喜踏青時節，纖纖青草齊如翦。緑郊外踏踏輪蹄，紫陌中紛紛鶯燕。（合前）用先天韻，内「半」字、「伴」字犯桓歡。

〔南吕〕太師引　琵琶記·玩真　地籟

細端詳，這是誰筆仗？覷着他教我心兒好感傷。好似我雙親模樣，怎穿着破損衣裳？道别後容顔無恙，怎這般凄凉形狀？誰來往，直將到洛陽。須知仲尼、陽虎一般龐。「詳」字、「往」字，俱是句中暗用韻處，下曲仿此。或于「詳」字下打截板，或唱作「誰往來」，皆非也。

【眉批】

詞隱生曰：「古曲《太師引》，皆與本傳『他意兒』合。此曲『别後容顔無恙』，稍不合。至末句犯《刮鼓令》。

今人欲强合《太師引》本調，甚非。」

詞隱生之議如此。然余按《太師引》古曲，用「塗山四日」句法固多，如《金印》、《當釵》二曲云：「自古濟人須濟急時，這釵子直得甚的？」皆與此「別後」句法同者，或「塗山」句，亦非七字句定體。

【前腔】這是街坊，誰劣相，砌莊家形衰貌黃。若没個媳婦相傍，少不得也這般淒涼。敢是神圖佛像？猛可地小鹿兒心頭撞。丹青匠，由他主張，須知漢毛延壽誤王嬙。用江陽韻。

〔南呂〕太師引　灌園記・愁訴　人籟

困蓬蒿這磨折何時了？歸期杳愁添大刀。驚鴈斷竟無音耗，嘆巢林翻做鷦鷯。千縷愁苦縈懷抱，受饑寒一身難保。埋没了龍泉豹韜，枉蹉跎歲月一死鴻毛。

【眉批】

「千縷」二句亦與前句法同。

此末句與前曲異工，與「他意難提起」一曲同者。

【前腔】無端邂逅情牽繞，没來由心旌動摇。怕不會好逑窈窕，愁甚麽琴瑟和調。到如今寂寥枯槁，怎比得五陵年少？料難諧鸞儔鳳交，枉教人孤幃夢斷魂勞。用蕭豪韻。

〔南吕〕綉帶兒　琵琶記·勸試　天籟

親年老光陰有幾？行孝正當今日。終不然爲着一領藍袍，却落後戲彩斑衣。思之，此行榮貴雖可擬，怕親老等不得榮貴。春闈裏紛紛大儒，難道是没爹娘的孩兒方去？

【眉批】

新譜中收此爲《綉帶兒》，而又收散曲「驀忽地雙眉暗鎖」一曲爲《綉帶引》，爲犯《太師引》也。及查，與此調不差一字。若此爲本調，則《綉帶引》又何爲哉？疑此「春闈裏」以下，即犯《太師引》者，故《玉簪》「難提起」一曲，原較此少二句可証也。沈伯英混載，難解。

【前腔】〔换頭〕休迷！男兒漢凌雲志氣，何必苦恁淹滯？可不干費了十載青燈，枉捱過半世黄虀？須知，此行親命休固拒，那些個養親之志，百年事只有此兒，難道是庭前森森丹桂？

【太師引】他意兒難提起，這其間就里我自知。他戀着被窩中恩愛，捨不得海角天涯。塗山四日離大禹，直恁的捨不得分離。你貪鴛侣守着鳳幃，多誤了鵬程鶚薦的消息。

【眉批】

「塗山」句用七實字句，查他《太師引》，用「别後容顔無恙」句法者多，恐此句仍犯《綉帶兒》者。詞隱生以此爲本調，别「細端詳」爲又一體，疑亦未辨也。

【前腔】他意兒只要供甘旨，又何曾貪歡戀妻。自古道曾參純孝，何曾去應舉及第？功名富貴天付與，天若與不求而至。娘言是望爹行聽取，天須鑒孩兒不孝的情罪。雜用支思、齊微、魚模三韻。

〔南吕〕綉帶兒 玉簪記・歡會 人籟

難提起把十二個時辰付慘凄，沉沉病染相思。恨無眠殘月窗西，更難聽孤鴈嘹嚦。堆積，幾番長嘆空自悲，怕春去留不住少年顔色。

【眉批】

此曲當是《綉帶兒》本調，因無犯調，故少二句。但末句板不得不同犯調末句點法，亦從時也。

【宜春令】雲房静，竹逕斜，欲求仙恨着天台路迷。問津何處，傍青松掩着花千樹。伴殘經香緲金猊，題紅句情含緑綺。心知，天付姻緣送來佳會。

【黄鍾降黄龍】〔换頭〕驚疑，閃得我魄散魂飛，倦體輕盈倩誰扶起。你是書生班輩，錯認仙姑比作神女。休題，文君佳趣。這其間相如料難是你，秀才們偷香竊玉意亂心迷。

【正宫醉太平】〔换頭〕非痴，我青燈愁緒，聽黄昏鐘磬，夜半寒鷄。孤衾獨抱，未曾睡先愁不寐。相思，静中一念有誰知？慾火炎徧身難制。把凡心自咽，只少個蕭郎同並彩鳳同騎。

【南吕浣溪紗】你臉兒涎情兒媚，話蹺蹊心自猜疑。這場寃債訴憑誰？當初出口應難悔。一點靈犀托付伊，幾番羞解羅襦。

【眉批】

「一點」句不合，説見前。

【黄鍾滴溜子】合拜跪此情有誰堪比，謾追思此德何年報取。誰望今宵牛女，銀河咫尺間，巧一似穿針會，兩下里青春濃桃豔李。

【眉批】

此曲與《琵琶記》「姻緣事」正合，他處皆里「合拜跪」、「謾追思」二句，無「此情」、「此德」四字。

【鮑老催】輸情輸意，鴛鴦已入牢籠計，恩情怕逐楊花起。一首詞兩下緣三生謎，相看又恐相抛棄。等門忘却情容易，也不管人憔悴。

【商調琥珀猫兒墜】皇天在上，照証兩心知，誓海盟山永不移，從今孽債染緇衣。歡娱，看雙雙一似鳳求鸞配。

【尾聲】天長地久君須記，此日裏恩情不暫離，從此後情詞莫再題。用韻雜。

〔南吕〕紅衫兒　琵琶記・相怨　天籟

你不信我，教伊休説破，到此如何？算你爹心性我豈不料過，我爲甚亂掩胡遮？只爲着這些。你直待要打破了砂鍋，是你招灾攬禍。

【眉批】

「性」字不用韻，是其疏處，觀下曲「磨」字便見。

【前腔】〔**換頭**〕不想道相揾把，這做作難禁架。我見你每每咨嗟要調和，誰知道好事多磨？起風波，把你陷在地網天羅，如何不怨我？懊恨只爲我一個，却擔閣你兩下。

【眉批】

第三句疑是七實字句法，換頭之與前少異者，往往有此。今姑依譜作襯。然襯字太多，終恐非體。

【正宮醉太平】〔**換頭**〕蹉跎，光陰易謝。縱歸來已晚，歸計無暇。名牽利鎖，奔走在海角天涯。知麽？多應我老死在京華，孝情事一筆都勾罷。這般摧挫，傷情萬感，淚珠偷墮。

【眉批】

第二句舊本作「縱歸去，晚景之計如何」？

【前腔】非詐，奴甘死也。縱奴不死時，君去須不可。奴身值甚麽，只因奴誤你一家。差訛，假饒做夫婦也難和，我心怨你心縈挂。奴此身拚捨，成伊孝名，救伊爹媽。雜用歌戈、家麻二韻。

〔南吕〕紅衫兒　尋親記・教子　天籟

娘親教孩兒從義學，早被人欺。是同窗朋友，搬謀是非，怎受他打駡禁持，這冤屈訴誰？憐他是富室嬌兒，又何嘗問取。

【前腔】〔换頭〕休怪那人欺侮，自恨我身無主。因你父先亡娘獨自，便打死我的孩兒，有誰來救取？且忍耐到義館中攻書，休得要懶痴。若得你一舉成名，那時誰不來羨你。

【眉批】

此第三句，若作七實字句法，正與《琵琶》「每每咨嗟」句合，益疑换頭之宜如此，未可知也。

【黄鐘獅子序】他頑劣，娘怎知！他終朝飽食暖衣，不似我守着那幾甕黄虀。他怪我做楊修捷對，又道我學班馬，勤讀書，他琢磨不就，反生嫉忌，駡我是窮酸寒賤管封侯萬里索甚毛錐。

【眉批】

此曲小有不合，必有誤收白作曲者。惜無好本查之，此亦强句就調耳。

【前腔】我家貧窘，難度時，况娘身力薄勢卑，只恐我旦夕間喪在溝渠。非是娘不護你，争奈我家不如，勢不如，力不如，與他争甚麽閒氣。正是世情看冷暖，人面逐高低。

【南呂東甌令】娘言語，尚且不遵依，可知道朋友中間你去争是非。這一番打駡兀自不禁忍，虧娘數年吃遭際。他年若得錦衣歸，方表是男兒。

【前腔】男文墨，女針指，教子讀書是爹所爲。可憐不識趋庭訓，斷機將兒誨。他年金榜挂名時，難道是身挂老萊衣。雜用齊微、魚模、支思三韻。

〔南呂〕二犯五更轉　琵琶記・築坟　天籟

把土泥獨抱，麻裙裹來難打熬。空山静寂無人弔，但我情真實切，到此不憚勞。【五更轉】何曾見葬親兒不到？又道是三匝圍喪，那些個卜其宅兆？思量起，是老親，合顛倒。你圖他折桂看花早，不道自把一身，送在白楊衰草。謾自苦，這苦憑誰告？

【眉批】

詞隱生曰：「前五句似《香遍滿》，末後二句似《賀新郎》。」然未敢明注。

【前腔】我只憑十爪，如何能勾墳土高？只見鮮血淋灕濕衣襖，我形衰力倦，死也只這遭。骨頭葬處任他流血好，此喚做骨血之親，也教人稱道。人稱道：趙五娘，親行孝。心窮力盡形枯槁，只有這鮮血，到如今也出了。這墳成後，只恐我的身難保。

【眉批】

「出了」即出盡也。時本添作「出盡了」，可謂蛇足。

【前腔】怨苦知多少？兩三人只道同做餓莩。窮泉一閉無日曉，嘆從今永别，再無由相倚靠。只愁我死在他途道，我的骨頭，何由來到？從今去，但願得，中乾燥。福孫蔭子也都難料，便蔭得個三公，也不濟得親老。淚暗滴，把蒼天禱。用蕭豪韻。

〔南吕〕香徧滿　琵琶記·吃藥　天籟

論來湯藥，須索是子先嘗方進與父母，你莫不爲無子先嘗恰便尋思苦？只索要鬭閫，怎捨得一命徂？元來你不吃藥，也只爲我糟糠婦。

【前腔】他萬千愁苦，堆積在悶懷成氣蠱，可知道吃了吞還吐。怕添親怨憶，暗將珠淚墮。元來你不吃粥，也只爲我糟糠婦。用魚模韻。

〔南吕〕羅鼓令　琵琶記·吃糠　天籟

【刮鼓令】終朝里受餒，你將來的飯怎吃？可疾忙便擡，非干是我有些饞態。看他衣衫都解，好茶飯將甚去買？兀的是天災，教媳婦每也難佈擺。婆婆息怒且休罪，待奴霎時却得再安排。【皂羅袍】(合)思量到此，淚珠滿腮。看看做鬼，溝渠里埋。縱然不死也作平。難挨，去聲。【包子令】教人只恨蔡伯喈。

【前腔】我如今試猜：多應他犯着獨嚾病來。背地里來買些鮭菜。我吃飯他緣何不在？這些意真是歹。他和你甚相愛，不應反面直恁的乖。我千辛萬苦有甚情懷，可不道臉兒黃瘦骨如柴。(合前)「噇」音床，「鮭」音諧。

〔南呂〕羅江怨　祝髮記・追嘆　地籟

【香羅帶】登堂喜事姑，慈顔以和。誰知平地起風波，包羞忍耻没奈何也。旋拋箕箒，忙投網羅，當時便拚身命殂。【一江風】到如今兀自蹉跎，歲月偷捱過。探親留住奴，探親留住奴。争知賣了奴，多應是少年人先上黄泉路。

【眉批】

此曲較「荼蘼徑里行」多「旋拋箕箒」三句，與散曲「一更夜氣清」正合，即時人所謂《楚江情》也。不知即《香羅帶》、《一江風》合爲一曲者。梁伯龍謂中三句犯《皂羅袍》，非也，説見前。

【前腔】追思伉儷初，琴調瑟和。誰知拋棄在中途，只是争教烈女經二夫也。香消粉蝶，愁攢翠蛾，空閨怎禁泣向隅。雖然你不是秋胡，我自做個秋胡婦。奴身值甚麽，怕婆婆再三問奴，你怎生發付他？相逢只在朝和暮。雜用歌戈、魚模。

【眉批】

「怕婆婆」句，亦是添「紅鴛被怎生樣温」之誤也。故前曲亦有添作「道探親留住了奴」者。

〔南吕〕羅江怨　連環記・忠謀　人籟

荼蘼徑里行，香風暗引。天空雲淡籟無聲，畫欄杆外花影倚娉婷也。環珮丁東，宿鳥枝頭警。(合)鳳頭鞋步月行，螺甲香拜月明，頓忘却風透羅襦冷。犯見前。

【前腔】朝廷願太平，風調雨順。四海塵清刀兵静，重回故國安享畫堂春也。天運轉雍熙，恩主消愁悶。(合前)

雜用庚青、真文韻。

〔黄鐘〕畫眉序　琵琶記・成親　人籟

攀桂步蟾宫，豈料絲蘿在喬木。喜書中今日，有女如玉。堪觀處絲幕牽紅，恰正是荷衣穿緑。(合)這回好個風流婿，偏稱洞房花燭。

【眉批】

按《八義記》，本調起句乃「與民歡」三字，譜中收之。自此曲行，而人止知有五字矣。杭人復改《八義》作五字起，更可惡也。

【前腔】君才冠天禄，我的門楣稍賢淑。喜相輝清潤，瑩然冰玉。光掩映孔雀屏開，花爛熳芙蓉隱褥。(合前)

【前腔】頻催少膏沐，金鳳斜飛鬢雲矗。喜逢他蕭史，愧非弄玉。清風引佩下瑶臺，明月照妝成金屋。(合前)

【前腔】湘裙顫六幅，似天上嫦娥降塵俗。喜藍田今日，種成雙玉。風月賽閬苑三千，雲雨笑巫山十二六。(合前)

【滴溜子】謾説道姻緣事果諧鳳卜，細思之此事豈吾意欲？有人在高堂孤獨。可惜新人笑語喧，竟不知舊人哭。兀的東床難教我坦腹。此曲便可天籟。

【眉批】

「謾説道」少一叠句，而另增「姻緣事」三字。「細思之」亦少一叠句，而止增「此事」二字，皆小變。

【鮑老催】翠眉謾蹙，赤繩已繫夫婦足，芳名已注婚姻牘。空嗟怨，枉嘆息，休摧挫。畫堂富貴如金谷，休戀故鄉生處好，受恩深處親骨肉。

【滴滴金】金猊寶篆香馥郁，銀海瓊舟泛醽醁。輕飛翠袖呈嬌舞，囀鶯喉，歌麗曲。歌聲斷續，持觴勸酒人共祝。共祝百年夫婦永睦。

【眉批】

俗本末下增一「和」字，非本調。

【鮑老催】意深愛篤，文章富貴珠萬斛，天教艷質爲眷屬。似蝶戀花，鳳栖梧，鸞停竹。男兒有書須勤讀，書中自有黄金屋，也自有千鍾粟。

【雙聲子】郎多福，郎多福，看紫綬黄金束。娘萬福，娘萬福，看花誥紋犀軸。兩意篤，兩意篤。豈非福，豈非福。似紋鸞彩鳳，兩兩相逐。

【尾聲】郎才女貌真不俗，占斷人間天上福，百歲歡娛萬事足。用魚模入聲韻，内「肉」字借尤侯。

〔黄鐘〕畫眉序　明珠記·節宴　人籟

金巵泛蒲緑，撫景停巵感心曲。嘆千年湘水此日沉玉。名未泯角黍空傳，人去遠招魂誰續。（合）大家酩酊酬佳節，莫負太平風俗。

【前腔】新篁展條緑，玳瑁筵開畫欄曲。看座排冰島莆傳蓮玉。見滿眼虎艾争先，正西苑龍舟相續。（合前）

【前腔】修眉遠山緑，粉汗流香浸眉曲。自持觴勸酒皓腕露玉。願白頭長享千年，結彩綫不須人續。（合前）

【前腔】輕盈舞裙緑，獨抱琵琶奏新曲。漸髻偏金鳳釵横紫玉。掠紈扇乳燕飛來，亂急管新蟬相續。（合前）

【滴溜子】你道是侯門風味不俗，又誰知閭閻幾多不足，日晏未炊饘粥。可惜尊前白苧歌，總是蒼生哭，但願君心化作光明蠟燭。

【鮑老催】繁華輦轂，人人齊唱昇平曲，家家都泛菖蒲粟。休眉皺，且放懷，消清福，人生百歲歡未足。休把愁心惱弦管，頻開笑口傾醽醁。「輦」郎典切。

【滴滴金】上林笋膾甘如肉，南海冰鱗氣猶馥。玉盤犀筯寒生指，畫堂中，新酒熟珍羞溢目。嬌歌豔舞相催促。相催促，休教人近青山麓。

【眉批】

「青山麓」三字，多一字，蓋因《琵琶》坊本此曲末句誤作「永和睦」遂承訛耳。

【鮑老催】香風亂撲，顛狂粉拍穿金粟，高低玉剪飛華屋。把玳筵，近鳴泉，臨喬木，生綃扇兒休揮觸。清風自有凉亭竹，風來也鬢簌簌。

【雙聲子】弄潮罷，弄潮罷，何處蘭舟逐？採菱歸，採菱歸，兩岸芙蓉緑。日已暮，日已暮，歡未足，歡未足，看月明扶醉夜凉新露。

【尾聲】酒剩花殘下金谷，月白風清歸去促，可惜明朝又初六。用魚模入聲韻，内「肉」字借尤侯。

〔黄鐘〕絳都春序　白兔記·寒况　天籟

彤雲布密，見四野盡是銀妝玉砌。迸玉篩珠，只見柳絮梨花空中舞。長安酒價增高貴，見漁父披簑歸去。（合）鼻中只覺梅花香，要見並無覓處。

【眉批】

「彤雲」疑亦是「同雲」之誤。

【前腔】堪覷，青山頓老，見過往行人迷踪失路。下幕垂簾，酌酒羊羔歌白苧。紅爐獸炭人歡聚，怎知道街頭貧苦。（合前）用魚模韻。

〔黄鐘〕絳都春序　古西厢·月下聽琴　天籟

團團皎皎，見冰輪晃然初離海嶠。仔細思量，怎不教人長不老。月過十五光明少，忍負我青春年少。滿懷心事，一春怨恨有誰知道？

【眉批】時曲「情濃乍别」一套，無一句不祖此。

【出隊子】我是幽居在古寺，景物荒凉人静悄，怎禁那晝長無奈夜迢迢。怕的是鍾送黄昏鷄報曉，都只爲這兩般兒教人心下轉焦。

【眉批】此曲舊譜名《出隊子慢》，查其調與北譜《出隊子》正同，非南過曲，故稍爲移易以就腔。其原詞仍録于後，或恐古有是体。然云「慢」則亦引子矣。

【鬧樊樓】孤身先自添煩惱，夜永凄凉眼前難熬。見這老樹啼烏繞，聽野寺哀猿叫。鴛甃畔滴溜、滴溜的敗葉兒飄，響玎璫玷玎璫的風鈴兒鬥合聒噪。

【眉批】此曲舊譜所收，沈伯英疑有闕字，去之而收散曲《陽關》數曲，宫商别入新譜，然合此未嘗異也。但今人唱彼曲，「瓶墜」下有添句，故不合。若末句增「響璫玎」者，正與此同。

【滴滴金】窗前皓月偏來照，便是鐵石心腸也瘦了。悶懨懨怎得眠一覺？恨綿綿，空懊惱，離情悄悄。病淹淹怎生捱到曉，此生怎逃？撲簌簌淚拋。

【畫眉序】欲成鳳鸞交，甚物將人夢驚覺？是誰家庭院，故把琴調？方纔待弦續鸞膠，誰想道風吹别調。靜聽，句意十分妙，光風霽月逍遥。

【二犯啄木兒】即《浣溪沙犯》。**【浣溪沙】**弦中正，指下高，是餘音太古雅操。拍托勾，剔打抹挑，泛聲清法度好。

【啄木兒】輕如點水蜻蜓繞，鬧如夜宿烏鴉噪。**【玉遲漏序】**小澗清輪韻吟猱，似仙音鶴鳴九皋。

【眉批】

此套全爲舊譜所收，此二曲誤作《啄木兒》、《三段子》本名，而少「犯」字。沈伯英以其與《琵琶》「親衰老」、「這懷怎剖」異，故去此而取彼。不知此與《情濃乍别》内「新蟬噪」、「井梧墜葉」二曲同，皆犯調也，何挂漏至此！

【三段子犯】夜深靜悄，此曲中有才調。指法更好，此琴中果奇妙。**【綉衣郎】**伊家怎曉？高山流水知音少，怎訴與相如知道？使文君春心蕩了。

【滴溜子】舊名《雙聲疊韻》。聽别院，聽别院，漏聲漸杳。香風靄，香風靄，楚雲縹緲。我這里告天，天還知道。願逢冰上人，月下老，早教我雙雙團圓到老。

【下小樓】駕車嬌姿來到，似嫦娥下九霄，卑人無福怎生消？閑把瑶琴一操，異日須會題橋。

【耍鮑老】夫人小玉都睡了，莫辜負此良宵。中天皓魄光如洗，庭砌畔花陰繞，韶華易老。雙徑小亭花綉草，樓閣侵雲表，風清露皎。山隱隱，水迢迢，悶把湖山靠，羅襪鞋兒小。雲鬟亂，金鳳翹，慢行休囉唣，只恐外人瞧。

【尾聲】潛踪躡足行來到，且莫使夫人知道，天與的榮華富貴到老。末句殊不倫，想亦有誤。用蕭豪韻。此古《西廂》也，爲《雍熙樂府》及舊、新二譜所收，惜不獲全帙。想亦是元人手筆，蒼老處自非後人所及，即陸天池尚須閣筆，况拙陋如李日華哉！此套前有一引子，附録于後。兹刻不及引子而獨録此者，亦不欲使舊曲淪亡之意耳。《黄鐘引子・瑞雲濃》：春容易老，緑徧滿堦芳草，獨守孤幃病成了。衾寒枕冷，爲一點春愁，縈惱懷抱，恨只恨離多會少。《出隊子慢》原詞：我是幽居在古寺，景荒凉人静悄，怎禁那晝長無奈夜迢迢。都只爲這兩般兒，教人心下轉焦，怕的是鐘送黄昏鷄報曉。

〔黄鐘〕獅子序　琵琶記・答親　天籟

他媳婦雖有之，念奴是他孩兒的音底。妻。那曾有媳婦不事親帷？若論做媳婦的道理，須當奉飲食，問寒暄，相扶持，蘋蘩中饋。又道是養兒代老，積穀防飢。

【眉批】

「的」字本上聲，今人認作「低」字音，謂此句難唱，遂改作「次妻」，大謬。「的」字，説別見。

【太平令】他求科舉，指望錦衣歸，不想道你留他爲女婿。他埋冤洞房花燭夜，那些個千里能相會？只要保全金榜挂名時，事急且相隨。

【眉批】

近或將此調與南吕《東甌令》混爲一調，非。此第五句八字，而《東甌令》第五句止五字，板眼亦不同，唱者辨之。

【賞宫花】他終朝慘凄，我如何忍見之？若論爲夫婦，須是共歡娱。他數載不通魚鴈信，枉了十年身到鳳凰池。

【眉批】

第一句第二字用仄聲，第四字必不可又用仄聲。

【降黄龍】〔换頭〕須知，非是奴癡迷，已嫁從夫，怎違公議？爹猶念女，怎教他爹娘不念孩兒？休提，縱把奴擔閣，比擔閣他媳婦何如？那些個夫唱婦隨，嫁鷄逐鷄飛。

【南吕大勝樂】婚姻事難論高低，論高低何如休嫁與。假饒親賤孩兒貴，終不然便抛棄？奴是他親生兒子親媳婦，難道他是何人我是誰？爹居相位，怎説着傷風敗俗非理的言語！用齊微韻。内「時」字、「之」字，犯支思，「如」字、「與」字、「語」字，犯魚模。

〔黄鐘〕獅子序　明珠記・偷覷　地籟

悄步香閣西行，傍紗窗試一窺，那庭兒花木别是幽奇。只見兩兩紅妝相對，看他玉肌香，雲鬢薄，春纖嫩，笑拈針指，低低偷眼，隱隱蛾眉。

【眉批】

時板强合。

【降黄龍】金剪輕携，手把鮫綃巧裁新製。金針下處，綉鴛鴦並戲漣漪。香閨，重門深閉，似嬌花綉幕紅圍。不許他狂蜂斜睨，粉蝶輕窺。

【前腔】〔**换頭**〕針兒，引綫休遲，願效鴛鴦與伊戲水。鮫綃莫剪，怕剪斷兩下牽絲。痴迷，他含情無意，怎知道人在窗西。正是那花心未折，蜂蝶先知。

【前腔】長吁，汗透香肌，日上庭梧頓添煩暑。釵横鬢墜，綉停針紈扇頻揮。須知，炎蒸堪畏，荷亭畔剩有凉颸。只爲那閨門禮法，懶去閑嬉。

【前腔】炎威，炙損嬌姿，怎知和我凉亭共戲。荷風旖旎，醉金卮碧簟相依。堪疑，芳心何處，莫不是想着佳期？休長嘆佳期咫尺，就結于飛。

【黄龍滚】誰來綉户窺？忙啓紗窗覷。奇俊王郎，到此緣何事。上堂咨啓，花底路迷，問仙娥肯容人到月宫裏。

【前腔】中堂多禁忌，不許門人至。年少無知，就裏藏奸意。我是東床嬌婿，把做外人厮覷，便留住綉房中誰説你。

〔**仙吕**〕**【皂羅袍】**誤入桃源洞裏，見香閨深處，裊娜仙姿。嬌羞終是女孩兒，隔窗掩過香羅袂。嚶嚶小語，問郎路迷，低低微笑，勸郎早歸，莫不是人前巧做出猜嫌計。

【前腔】正好粘花惹絮，怪東風無意，吹散芳菲。春光一去杳無期，陽臺望斷人千里。歸來如醉，餘香滿衣。支頤坐想，芳心暗飛，恍聞耳畔嬌聲細。雜用齊微、支思、魚模三韻。末句一本作「惺惺偏惜惺惺的」，更俊。

〔黄鐘〕降黄龍　拜月亭・旅婚　地籟

宦室門楣，寒士尋常望若雲霄。爲時移事遷，地覆天翻，君去民逃。多嬌，此時相見，料應我和你姻緣非小。做夫妻相呼厮唤，怎生恁消。

【眉批】

古詞只要合調，韻脚平仄亦多不拘。觀此二曲，「望若雲霄」用仄仄平平，而「眼前窮暴」乃平平仄仄；「遷」字平聲，而「倚」字仄聲；「君去民逃」用平仄平平，而「危途相保」乃平平平仄；「怎生恁消」用仄平仄平，而「敢忘分毫」乃仄仄平平，錯綜用之，正使後人易學耳。

【前腔】何勞奬譽過高，昔日榮華，眼前窮暴。身無所倚，幸然遇君家，危途相保。英豪，念孤恤寡，再生之恩容報。久以後銜環結草，敢忘分毫。「忘」去聲。

【前腔】聽告，你身到行朝，與父母團圓，再同歡笑。你在深沉院宇，要見你除非是魂夢來到。攀高，選擇佳婿，命蹇時乖其實難招。這虚名人言自説，聽着偏好。

【前腔】休焦，所許前詞，侍枕之私，敢惜微眇。怕仁人累德，娶而不告，朋友相嘲。從教，整冠李下，此嫌疑實亦難逃。亂軍中遭驅被虜，怎全節操？用蕭豪韻。草草問答，絶不作尖麗語，而真率可喜，自非作尖麗語者可及。此後數曲，皆千古絶唱，然係急調，故不録耳。

〔黄鐘〕降黄龍　西厢記·傳情　人籟

相國行祠，寄居蕭寺。苦因喪事，孤兒幼女，將欲從軍而死。張生，此時伸志，遣人書與師疾至。方顯得文章有用，天地無私。

【前腔】若非剪除賊寇，險些兒滅門絶户。俺一家兒，鶯鶯君瑞，危急裏許配雄雌。夫人，背盟失信，却就以兄妹爲之。把婚姻一時打滅，頓成抛棄。

【黄龍衮】潘郎鬢有絲，潘郎鬢有絲，杜韋娘非舊時。一個帶圍寬清減了小腰肢。一個睡昏昏不待要觀經史，一個意懸懸懶去拈針指；一個筆下寫幽情，一個弦上傳心事。他兩下裏都一樣害相思。

【眉批】

此調下數曲皆合，獨此曲多「睡昏昏」二句。

【前腔】潤破紙窗兒，潤破紙窗兒，悄聲兒窺視。見他和衣初睡起，前襟有摺袵。孤眠滋味，凄凉情緒，這瘦臉兒不悶死是害死。

【前腔】將金釵敲門扇兒，將金釵敲門扇兒，我是散相思五瘟使。俺小姐想着伊，使紅娘來探取。道風清月朗，聽琴佳趣。到如今念千遍：張殿試。

【前腔】他若見了書，他若見了書，顛倒廢神思。他拽扎起面皮道：憑誰寄言語？他道：這妮子敢胡行事，他可敢嗤、嗤的扯做紙條兒。

【前腔】饞窮酸餓鬼，饞窮酸餓鬼，賣弄有家私。我不爲圖財特來到此，怕有情人，乖劣性子。你只説道：可憐見，我是孤身已。

【尾聲】休夸宋玉愁無二，怕瘦損風流這樣子，兩下相思全憑這張紙。用支思韻，犯齊微、魚模二韻。北曲用支思韻，才情陸離，意致宛委，且不失一韻。李本翻作南曲，露傖父面目如許，而反雜犯他韻，其才之短亦甚矣，可使坐大都兩廡乎！

〔黄鐘〕啄木兒　高文舉・游情　人籟

春歸後，花正卉，簾幕風柔晝永時。向南陌似鋪錦堆積，見香車寶馬争馳。聽一派簇擁笙歌沸滿城，人都往西郊去，莫負韶光十二時。

【前腔】東風軟，麗日遲，萬紫千紅奪錦綺。偷香蝶上下翩翩，話呢喃燕子雙飛。海棠風雪梨花雨，荼蘼架畔鞦韆戲，喜殺當年楊貴妃。

【羽調賣花聲】即《浪淘沙》。國色天香，有誰憐惜？淡抹濃妝，絳唇解語。柳多青眼嬌波滴。常言道花艷無多日，怎比椿萱常不異。

【歸仙洞】杜鵑在山嶺啼，啼不盡催春去。蝴蝶繞裙飛，捨不得餘香味。躲閃在萬花叢裏，怎禁得人胡覷，被海棠荆棘扯住羅衣。

【尾聲】自不能留春住，常把游情牽繫，明歲還來知也未。用齊微韻。内「時」字犯支思，「語」字、「去」字、「住」字犯魚模。

【眉批】

末句，十三調内作「明歲春歸知他來也未」。

南音三籟戲曲下

即空觀主人　評訂
椒雨齋主人　點參

〔越調〕小桃紅　拜月亭・團圓　天籟

狀元執盞與嬋娟，滿捧着金杯勸也，厚意殷勤。到此身邊，何異遇神仙。輕輕將袖兒掀，露春纖，盞兒拈，低嬌面也，真個似柳如花，柳如花鬥争妍。

【眉批】此套時本所無，曾見先輩云：「《拜月亭》自『拜月』之後，皆非施君美原本。」今稽舊譜所留，止此套並二引子耳。然並此套後尾聲亦缺矣，可勝嘆哉。詞隱生曰：「《小桃紅》當以此爲式，餘作者紛紛不一矣。」

【下山虎】大人家體面，委實多般，有眼何曾見。懶能向前，他那里弄盞傳杯恁般靦覥，我這里新人忒煞虔，待推怎地展。争奈主婚人不見憐，配合夫妻事，事非偶然，好惡姻緣都在天。

【二犯排歌】是曲與仙吕中《排歌》無涉，二犯又不知何謂，新舊譜中皆不下板，今姑録之。文官狀元，武官狀元，兩姨處相回勸，不想這搭兒裏重會再見。久别你前夫是誰過愆，早忘了當初囑付言。偏我意堅，方纔及第，如何便接了絲鞭，有的話兒但只問你妹子瑞蓮。

【眉批】

按宋高文虎《蓼花洲閑録》云：「『眠娗』，出《列子》。眠音緬，娗音腆，言柔膩不决裂也。」此用腼腆二字，正與《西廂》「未語人前先腼腆」二字同，今俗猶有此語，而王伯良改《西廂》爲「面靦」，以「靦」字出《詩經》，而譏向來之誤，多見其少讀書耳。

【五般宜】他爲你晝忘餐夜無眠，他爲你凄慘慘淚漣漣。天教你重完聚，續斷弦，這夫妻非同偶然。尊嫂别來康健，夫妻每再圓。伏望相公夫人作個周全，這佳期争不遠。

【本宫賺】若説武人，前程萬里功名遠。儒人秀才，一個個窮似范丹和原憲。看奴面，不肯嫁人怎趁錢。壞人道業心不善福分淺，棄嫌我怎與他成姻眷，事成生變。

【鬥哈嘛】古質漢村情性事有萬千，説的話没些兒委曲宛轉。只好再等三年後，嫁一個風流俏的狀元。休記先，休記冤，欲配姻親未敢自專。

【五韻美】兄妹間苦難勸，媒人議説須再三。説教他事體重完善，你好隨機應變。看待我十分輕鮮，看我虎符金牌向腰内懸，没一個因由告人勸勉。

【江頭送别】天台路當日里降臨二仙，桃花岸武陵溪賺入劉阮。不争再把程途踐，仙凡自此隔遠。用先天韻。内「般」字犯桓歡。「三」字犯監咸。

余曾于白下會江右龍仲房，出所得沈伯英抄《拜月亭》不全舊本，皆錯訛零落，至不能讀。大約後數折與時本絶異。猶可讀者，惟《遞絲鞭》一折，及此套耳。爾時惜不録之。幸此套爲譜中所收，故得復表出之。其曲中應答情節，蓋因遞鞭時，二人皆受；而《團圓》折，王反怒蔣之違盟受鞭，故復有如許宛委。惜無白填之，不可施之演場耳。末折生波，所謂至尾回頭一掉也。元戲皆然，不可不曉。其二引子附于後。

【正宫引子喜遷鶯】紗窗清曉，睡覺起傷心有恨無言。淚眼空懸，愁眉難展，還又度日如年。他那里相思無限，我這里煩惱無邊，是怎生夢魂中欲見無由得見。

【越調引子杏花天】曲江賜罷瓊林宴，稱藍袍宫花帽偏。玉鞭裊裊如龍騎，簇擁着傳呼狀元。

〔越調〕小桃紅　紅梨記・潛窺　地籟

他臉兒旖旎性兒和，料不放情兒薄也，怎肯做青樓中没查没利謊僂儸？他若見了你嬌娥，直教他蚤忘餐，食無多，夜廢寢，眼難合也，怎做得陸賈隋何？天成就美前程，何須用賣花婆。

【眉批】

此與「暗思昔日配春嬌」正同，與前曲少不合。

【下山虎】則怕他指山賣磨，見雀張羅，滿口兒如蜜鉢，心同逝波。那其間有始無終，難開怎合。生察察將雙頭花蕊搓，認我做賠錢貨。把疼熱夫妻向腦後睃，進退難存坐。惹人笑呵，這的是引得狼來屋里窩。

【五般宜】我愛你到黄昏光揺碧蘿，我怪你挂青天冷侵素娥。則恐怕露濕漬纖羅，則恐怕樹影參差，攪鬆髻螺。則這些曲徑嵯峨，一似我遭逢轗軻。但只慮甜話兒落空，虚名擔誤我。

【眉批】

此曲與散曲「他那裏紅妝殘」正合，較前「他爲你晝忘餐」微異，譜中别爲又一體。

【江頭送别】肩兒上擔不起相思積疴，口兒里咽不下玉液金波。何當悶酒尊前過，怪不得到口顏酡。

【五韻美】這相思何時可，顫巍巍竹影窗前墮，眼朦朧疑是玉人過。園亭寂寞，怎熬得更長冷落？但得個團圝夢夢見他，縱然是一霎歡娱，也了却三生證果。

【山麻稭】〔**换頭**〕他恨好事無端蹉，好一似天畔黄姑，望斷銀河。多磨，他一句句怨着孤辰難躲。料不是王魁浪子，尾生魔漢，宋玉佯哥。

【眉批】

此正與散曲「記痛别低低道」同。

【尾聲】歡來頓覺愁顏破，這佳期休教折挫，半世相思管教一會兒可。用歌戈韻。用韻甚嚴，度曲宛轉處近自然，尖麗處復本色，非爛熟元劇者，不能有此。若再能脱化舊句，便可奪元人之席，豈近日武林《紅梨》本所可彷彿萬一哉！

〔越調〕小桃紅　玉簪記·分别

地籟

秋江一望淚潸潸，怕向那孤蓬看也。這别離中生出一種苦難言，自拆散在霎時間。都只爲心兒裏，眼兒邊，血兒流，把我的香肌瘦也。恨殺那野水平川，生隔斷銀河水，斷送我春心托啼鵑。

【眉批】

時唱末句云「斷送我春老啼鵑」，益不合矣。不知此爲近日何人所改。以後俱有大同小異處。

【下山虎】黄昏月下，意惹情牽。纔照得雙鸞鏡，又早買別離船。哭得我兩岸楓林，做了相思淚斑。打疊凄凉今夜眠，喜見我多情面。花謝重開月再圓，又怕難留戀，離情萬千，一似夢里相逢愁怎言。

【五韻美】意兒中無別見，忙來不爲貪權戀。只怕你新舊相看心變，追歡別院，怕不想舊有姻緣。那其間拚個死口含冤，到癸靈廟訴出燈前，和你雙雙罰願。

【五般宜】想着你初相見心甜意甜，想着你乍別時山前水前。我怎敢轉眼負盟言？我怎敢忘却些兒燈邊枕邊？只愁你形單影單，又愁你衾寒枕寒。哭得我哽咽喉乾，一似西風泣斷猿。

【憶多嬌】兩意堅，月正圓，執手叮嚀苦挂牽。欲共你同行難上難，早寄鸞箋。早寄鸞箋，免使我心懸意懸。

【尾聲】尾亦近日人所改。夕陽古道催行晚，千愁萬恨別離間，暮雨朝雲兩下單。用韻雜。

〔越調〕祝英臺　琵琶記·規奴

天籟

把幾分春三月景，分付與東流。啼老杜鵑，飛盡紅英，端不爲春閑愁。休休，婦人家不出閨門，怎去尋花穿柳？把花貌，誰肯因春消瘦？

【前腔】〔換頭〕春晝，只見燕雙飛，蝶引隊，鶯語似求友。那更柳外畫輪，花底雕鞍，都是少年閑游。難守，綉房中清冷無人，也待尋一個佳偶。這般說，我終身不配鸞儔。

【前腔】〔第三換頭〕知否？我爲何不捲珠簾，獨坐愛清幽？千斛悶懷，百種春愁，難上我的眉頭。休憂，任他春色年年，我的芳心依舊。這文君，可不擔閣了相如琴奏。

【前腔】今後，方信你徹底澄清，我好没來由。想像暮雲，分付東風，情到不堪回首。聽剖，你是蘂宫瓊苑神仙，不比塵凡相誘。謹隨侍，窗下拈針挑綉。用尤侯韻。

〔越調〕綿搭絮　尋母記　人籟

草芳風暖正春深，只見漢寢秦陵。跨驪山蒼翠森，過華山陰雷首將臨。又見巨靈仙掌，太白豪吟。我這里東望長安，千仞山遥日晌金。用侵尋韻。内「陵」字犯庚青。

單調皆選入小令中，因後選《南西廂》「落紅成陣」，《浣紗記》「東風無賴」，且詞隱生有説，故録於此，以作此調之式耳。

【眉批】詞隱生曰：「此本調也。今人只知唱《南西廂記》及《浣紗記》新體，遂謂此體難唱，謬矣。」

〔越調〕綿搭絮　西廂記・閨怨　人籟

落紅成陣，萬點正愁人。早是傷神，無語凭闌，怯素春困騰騰，情思昏昏。我有一腔春病，誰與我温存？想是你分淺緣慳，似雨打梨花深閉門。

【眉批】

此曲比前曲止在第一句增二字，第三句增一字，時唱者且于首句四字下打截板，遂少異耳，亦無大不合也。

【前腔】時時刻刻，不曾離身。好笑我的萱親，着甚麽來由防備人？是你口許爲親，背義忘恩，到做了言而無信，悔賴人婚姻。總有鐵壁銅墻，枉使機關拘禁得緊。

【前腔】花鈿慵整，我也懶去登臨。總有蘭麝香薰，有甚心情捱着枕？坐不安，睡又不寧。我愛他風流才俊，貫世聰明。誰肯向東鄰，把我做針兒將綫引。

【前腔】没情没緒，悶倚圍屏。心在他行，交頸鴛鴦綉不成。眼睜睜，天也不從人。想是你前生負我，我負你今生。兩下里影隻形單，羞睹牽牛織女星。

【前腔】思思想想，念念心心。普天下相思，是我和伊都占盡。休怪我萱親，自古道好事難成。東君有意，花也留情。我豈肯惹浪蝶狂蜂，止許銜花美鹿行。

【尾聲】思思想想心不定，只爲冤家病染成，恨殺萱親背舊盟。

〔越調〕綿搭絮　浣紗記・捧心　人籟

雜用真文、庚青、侵尋三韻。

東風無賴，又送一春過。好事蹉跎，嬴得懨懨春病多。髻兒矬，病在心窩。爲你香消玉減，蹙損雙蛾。難道你賣俏行奸，認我做桃花墻外柯。

【前腔】終朝懸念，信遠音訛，好事多磨。轉眼光陰一擲梭，定如何。成敗由他，未必言而無信更起風波。有一日弄假成真，烏鵲填橋催渡河。用歌戈韻。

〔商調〕高陽臺　琵琶記・議姻　天籟

宦海沉身，京塵迷目，名韁利鎖難脱。目斷家鄉，空勞魂夢飛越。閑聒，閑藤野蔓休纏也，俺自有正免絲的親瓜葛。是誰人，無端調引，謾勞饒舌。

【前腔】〔换頭〕閥閲，紫閣名公，黄扉元宰，三槐位裏排列。金屋嬋娟，妖嬈那更貞潔。歡悦，紅樓此日招鳳侣，遣妾每特來執伐。望君家，殷勤肯首，早諧結髮。

【前腔】非别，千里關山，一家骨肉，教我怎生抛撇？妻室青春，那更親鬢垂雪。差迭，須知少年自有人愛了，謾勞你嫦娥提挈。滿皇都，豪家無數，豈必卑末？

【前腔】不達，相府尋親，侯門納禮，你却拒他不屑。綉幕奇葩，青春正當十八。休撇，知君是個折桂手，留此花待君攀折。况親奉，丹墀詔旨，非是我自相攛掇。

【前腔】心熱，自小攻書，從來知禮，忍使行虧名缺。父母俱存，娶而不告須難説。悲咽，門楣相府須要選，奈㡯㢋家人，實難存活。縱然有，花容月貌，怎如我自家骨血。「㡯㢋」音琰移。

【前腔】迂闊，他勢壓朝綱，威傾京國，你却與他相别。只怕他轉日回天，那時須有個决裂。虚設，江空水寒魚不餌，笑滿船空載明月。下絲綸，不愁無處，笑伊村殺。雜用家麻、歌戈、魚模、車遮各入聲韻。

如此作尾，勁不可言。庸俗不識，遂妄增尾聲云：「明朝有事朝金闕，歸家事親心下悦，只怕聖旨不從空自説。」不知此調或二曲、四曲、六曲，皆不可用尾聲，乃反謂無尾者欠結果，妄續貂以訾高先生，冤哉。近日湯海若作「四夢」，曲末類作一尾，蓋先生不甚諳律，亦不足論。即梁伯龍作《浣紗記》、《高陽臺》六曲後，亦有尾聲，更何疑俗子之妄加哉！

〔商調〕黄鶯兒　香囊記・懷子　人籟

風雨杏花殘，捲簾時人倚闌。長途游子悲春晚，愁腸刃剜。愁眉翠攢，奈衡陽信杳無魚雁。（合）望長安，天高日遠，人在五雲端。

【前腔】人去妾身單，爲多愁損舊顔。曉臨妝鏡心慵懶，香消麝蘭，釵分鳳鸞，紫簫聲斷行雲散。（合前）

【簇御林】山迢遞，水渺漫，嘆人間行路難。倚門慈母空腸斷，怎能勾平步登霄漢。（合）省愁煩，把金錢問卜，多應是錦衣還。

【眉批】

第五句止六字，《荊釵》之「顯父母揚名姓」、散曲之「幾遍將鱗鴻倩」是也，自此增八九字一長句，後人以爲皆實字，而不知六字句法矣。

【前腔】身勞悴，力苦艱，奉高堂菽水歡。只愁他日近桑榆短，問蒼天人去也何時返。（合前）用韻雜。

〔商調〕二郎神　琵琶記・小相逢　天籟

容消洒，照孤鸞嘆菱花剖破。記翠鈿羅襦當日嫁，誰知他去後，釵荊裙布無些。這金雀釵頭雙鳳舺，羞殺人形孤影寡。說甚麼簪花，捻牡丹教人怨着嫦娥。

【眉批】

「剖破」用上去聲，「影寡」、「話靶」用去上聲，俱妙絶。後人所作，如《明珠記》之「睡來還覓餘香猶裊」，《連環記》之「怎生能勾問君知否」，「還」字、「猶」字、「能」字、「知」字用平聲便無調矣。《琵琶》所以不可及，全在此處，而人自不知耳。

【前腔】〔换頭〕嗟呀，心憂貌苦，真情怎假？你爲着公婆珠淚墮，我公婆自有，不能勾承奉杯茶。你比我没個公婆得承奉呵，不枉了教人做話靶。你公婆，爲甚的雙雙命掩黄沙？

【囀林鶯】爲荒年萬般遭坎坷，丈夫又在京華。糟糠暗吃擔饑餓，公婆死是奴賣頭髮去埋他。把孤墳自造，土泥盡是我羅裙包裹。也非夸，手指傷，血痕尚在衣羅。

【眉批】

雖名《囀林鶯》也，「非夸」以下，原非犯《黄鶯兒》，不可强扭其腔以合之。《萃雅》作犯《二郎神》，亦非。

【前腔】愁人見説愁轉多，使我珠淚如麻。我丈夫亦久别雙親下，要辭官被我爹蹉跎。他妻雖有麽，怕不似您會看承爹媽。在天涯，漫取去，知他路上如何。

【啄木鸝】【啄木兒】聽言語，教我凄愴多，料想他每也非是假。他那里既有妻房，取將來怕不相和。但得他似你能捱靶，我情願讓他居他下。【黄鶯兒】只愁他，程途上苦辛，教人望巴巴。

【眉批】「假」字，舊本有作「埋妒」者，於調不甚合。

【前腔】錯中錯，訛上訛，只管在鬼門前空占卦。若要識蔡伯喈的妻房，奴家便是無差。你果然是他非謊詐，你原來爲我吃折挫，你爲我受波查。教伊怨我，教我怨爹爹。

【黄鶯兒】一樣做渾家，我安然你受禍。你名爲孝婦，我彼傍人駡。公死爲我，婆死爲我，情願把你孝衣穿着把濃妝罷。（合）事多磨，冤家到此，逃不得這波查。

【前腔】他當元也是没奈何，被强將來赴選科，辭爹不肯聽他話。他辭官不可，辭婚不可，三不從做成灾禍天來大。（合前）雜用家麻、歌戈、車遮三韻。

〔商調〕二郎神　拜月亭·拜月　天籟

拜星月，寶鼎中名香滿爇。願拋閃下男兒疾較些，得再睹同歡同悦。悄悄輕將衣袂拽，却不道小鬼頭兒春心動也。那喬怯，無言俯首紅滿腮頰。「睹」上聲。舊本「紅滿」上有「匀匀」二字。

【眉批】此曲舊本原作《二郎神慢》，凡有慢字者，乃引子也，新舊譜皆收入引子中，元曲《尋親記》亦有之。今人强唱作過曲，然至第五句，又不免唱作引子矣。况後有《鶯集御林春》四曲，而豈用一《二郎神》于前乎？且過曲第四句有十實字，而此止七字，又與《柳耆卿》詩餘「炎光謝」正同，引子無疑也。《高陽臺》、《祝英臺》、《五供養》等，有過曲，又有引子，何獨于《二郎神》而疑之哉？今恐驚俗眼，姑從時板。

此四曲，末句皆九字，今人不知襯字，遂妄謂第一、第四曲多一句，唱法亦然，大謬矣。甚哉襯字之當別出也。舊新譜皆注末二句作《三春柳》，然《三春柳》在黄鐘，句法亦不似，不可曉。

【鶯集御林春】【鶯啼序】恰纔的亂掩胡遮，【集賢賓】事到如今漏泄。姊妹們心腸休見別，夫妻們莫不是有些周折。我也難推怎阻，【簇御林】一星星對伊仔細從頭説。【三春柳】他姓蔣世隆名，中都路住居是我男兒受儒業。

【眉批】

詞隱生謂首句亦不似《鶯啼序》，蓋因認連用二句，故首句不似耳。不知下句即犯《集賢賓》第二句起，則首句乃《鶯啼序》第三句也。今改注。

【前腔】聽説罷姓名家鄉，這情苦意切。悶海愁山，將我心上撇，不由人淚珠流血。我恓惶是正理，只合此愁休對愁人説。你啼哭爲何因？莫非你也是我的男兒舊妻妾。

【前腔】他須是瑞蓮的親兒，爲軍馬犯闕。散失忙尋相應者，那其間只争一個字兒差迭。比着先前又親，我如今越覺和你着疼熱。休隨着我跟脚，久已後只當我的男兒那枝葉。

【前腔】我須是你妹妹姑姑，你須是我嫂嫂又是姐姐。未審家兒和你因甚别，兩分離是何時節？正遇寒冬冷月，恨我爹拆散在招商舍。思量起痛心酸，那其間染病擔疾，是我的男兒教我怎割捨！

【四犯黄鶯兒】他直恁太情切，你十分忒軟怯，眼睁睁怎忍相抛撇。枉自嘆嗟，無可計設，當不過搶來推去望前扯。意似虺蛇，性似蝎螫，一言如何訴説。

【眉批】

前六句明是《黄鶯兒》，後三句却云「四犯」，不知何謂。《萃雅》注前三句《簇御林》，中三句《黄鶯兒》，後三句《甘州八犯》，亦近似，然亦非四犯也。

【前腔】流水也似馬和車，頃刻間途路賒，他在窮途逆旅應難捨。囊篋又竭，藥食又缺，他那里悶懨懨難捱過如年夜。寶鏡分破，玉簪跌折，甚日重圓再接？

【尾聲】自從别後信音絶，這些時魂驚夢怯，莫不爲煩惱憂愁將他斷送也。用車遮韻。

〔商調〕二郎神　衫襟記·題詞

從來此，嘆花容付空中枉自，閃去青春緣底事。凄凉境裏，無端誤了芳姿。聽敗葉瀟瀟聲過耳，羞殺人孤單舉止。意難支，悄一似登樓去了梯兒。

【前腔】〔换頭〕尋思，由來麗美，多情種子，那個不和調琴瑟事。誰人似我，生生的連理無枝。陡遇風流忒浪子，夸殺他人間少二。甚因兒，怎害的無頭亂縷如絲。

【集賢賓】韶華隊裏年少姿，更含笑迷眵。不管傍人憔悴死，聽他言吾也三思。將人暗指，恁的個一雙誰似？難動止，儘伶俐盡來安使。

【前腔】無情暮雨燈上時，更鐘聲遲速參差。分去凄凉相共爾，兩心中多少嗟咨。閑愁正始，又早耐黄昏來至。

空叩齒，這凡念愈然難死。

【黄鶯兒】無緒把頭支，向孤衾懶睡時，幾番收頓閑情思。奈青年怎支，奈芳心怎支，早難道西風消了黄花事。勉題詞，圖他遣悶，剛念轉已如斯。

【前腔】無語淚痕滋，盼清秋可費思，那堪梭擲流光駃。寫春情那詞，寫芳心那詞，是心情都付與回文字。想喬廝，向東墻滿目，有美玉于斯。

【琥珀猫兒墜】鸞箋題罷，猛可意何之。難道你是個追魂掌命司，那方尋取睡魔兒。孜孜，怎當得遣去還來節外生枝。

【前腔】等閑胡想，豈敢便因而，落得腌臢減玉姿。那瞞明鏡一些兒。嗤嗤，多應是命裏生來錯了干支。

【尾聲】生憎冤債逢蕭史，海角天涯有盡時，怎做得桃李春風墻外枝。用支思韻。此即空觀所度傳奇，即陳妙常事也。緣《玉簪記》失其本情，舛陋可厭，故爲重翻而更新之。聊選數曲，以見一班。此其《題詞》折也，知音者試以較之《玉簪》之詞何如？置之于此，亦以位置自難誣耳。

〔商調〕二郎神　明珠記·煎茶　地籟

良宵杳，爲愁多睡來還覺。手攬寒衾風嶛峭，徘徊燈側，下階閑步無聊。只見慘淡中庭新月小，畫屏間餘香猶裊。漏聲高，正三更驛庭人静寥寥。

【眉批】

「還」字、「猶」字用平聲欠發調，説已見前，此類不可枚舉。

【前腔】〔换頭〕偷瞧，朱簾輕揭，金鈴聲小，一縷茶烟香繚繞。青衣執爨，分明舊識丰標。悄語低聲問分曉，果然是萍水相遭。郎年少，自分離孤身何處飄颻。

【眉批】

「遭」字時本誤作「逢」字，非韻。優人反熟逢字而不省，可笑。猶記南中伶有唱作遭字者，大爲焦先生所擊節云。

【囀林鶯】難中薄緑權倚靠，知他未遂雲霄。鶻鶵已占枝頭早，孤鸞拘鎖何日得歸巢。檀郎安否？怕相思瘦損潘安貌。志氣豪，千般折挫，風月未全消。

【眉批】

第四句宜如「要辭官我爹蹉跎」句法，「孤鸞」句殊别。本調末三句原非犯《黄鶯兒》，此却真犯《黄鶯兒》矣。

【前腔】雙珠依舊成對好，我兩人還是蓬飄。眼前欲見何由到，驛亭咫尺翻做楚天遥。楚天猶小，着不得一腔煩惱。枉心焦，芳情自解，怎説與伊曹。

【啄木鸝】【啄木兒】舒蠶繭，展兔毫，蚊脚蝇頭隨意掃。只怕我萬恨千愁，假饒會面難消。寫向鸞箋怎得了，縱有丹青别樣巧，畢竟衷腸事怎描。【黄鶯兒】只落得淚痕交。

【前腔】書裁就，燈再挑，錦袋重封花押巧。傳示他好自支持，休爲我長皺眉梢。爲説漢宫人未老，怨粉愁香憔悴倒。寂寞園陵歲月遥，雲雨隔藍橋。用蕭豪韻。

〔商調〕二郎神　浣紗記·送行　人籟

休回首，笑三年尚姻緣迤逗，悔邂逅溪邊相許謬。蹉跎到此，前言盡付東流。爲甚麽心兒常病疚？恨相見後更添消瘦。嘆漂流，總夢到家山，怕渡溪頭。

【前腔】【换頭】羈囚，親遭困辱，身多掣肘，因此姻親還未就。誰知變起，連年國難相糾。致今日輕抛分素手，空恩愛未曾消受。謾追求，自别後從頭説向原由。

【囀林鶯】懨懨弱息似風外柳，問君今向誰投？笑驅馳千里去尋婚媾，向他人强笑堪羞。參前退後，更勉强應承可醜。路悠悠，摧殘異國，骸骨倩誰收。

【前腔】卑人一言聽細剖，這姻緣分定難酬。你暫時抛閃休僝僽，看天河織女牽牛，明年時候，定烏鵲橋邊相守。莫添愁，腰肢瘦削，况是不禁秋。

【鶯啼序】君王恩義欲報酬，怎辭途路奔走。但孤身愚昧纖柔，未能機巧參透。强支吾去閑中着忙，待勉力到機邊尋彀。花共酒，我怕不得笑傳人口。

【前腔】卿卿聰慧誰匹儔，精神應會抖擻。切莫要露尾藏頭，迷君不論昏晝。向花營唇鎗暗撑，遇錦陣心兵休漏。成共否，要竭力將没作有。

【琥珀猫兒墜】秋江渡處，落葉冷颼颼。何日重歸到渡頭？遥看孤鴈下汀洲。啾啾，想亦爲死别生離，正值三秋。

【前腔】片帆北去，愁殺是扁舟。自料分飛應不久，你蘇臺高處莫登樓。凝眸，望不斷滿目家山，叠叠離愁。

【尾聲】卑人北岸專相候，這相逢何時還又？莫學逝水東流不轉頭。用尤侯韻。

〔商調〕二郎神　玉合記·寄音　人籟

分飛久，記當年在紅樓罷綉。立馬長楊相邂逅，將雲做雨拈成一段風流。總百歲無多常廝守，誰待識別離僝僽。甚封侯，悔輕教夫婿浪上刀頭。

【前腔】〔换頭〕休休，雖難到眼，如何下口。也未必他心能念舊，佳人薄命金鈿碧海虚投。我要死裏尋生閑着手，向空門暗藏機彀。鏡奩收，真道是無端禍到臨頭。

【囀林鶯】章臺何處尋畫樓，碧雲天外悠悠。問青青今日那還又，怕他人再折春柔。縱使長條似舊，怎猜做陌頭垂柳？枉追求，楚王宫裏，腰細漸驚秋。

【前腔】東方千騎居上頭，望長安不見人愁。投至得家書烽火後，把囊金特地相投。權做清齋生受，終有日餔麇同守。且寬憂，衡陽孤鴈，歸路及清秋。「餔麇」音逋梅。

【啄木鸝】含新怨，理舊愁，打並鮫綃詩一首。便做道織錦回文，這千絲萬縷難抽。看芳菲節變蕭森候，做洛陽一葉隨風透。倩誰收？寒波九曲，還是寄鱗游。

【前腔】縈縈兔，泛泛鷗，夢斷雙蛾春後柳。怕桃源誤却仙郎，教他早辦歸舟。你心兵緊按休交鬥，那禪鋒好秘休輕漏。肯淹留，洛陽雖好，不爲看花游。

【尾聲】休爲我耽消瘦，道閨中少婦不曾愁，管取衣錦歸來當晝游。用尤侯韻。尾聲甚有意，若以閨中少婦句化作煞句，豈不陡絶，惜腔未止，而不得不又衍一句，便爾索然。此詞人之拙也。元人必先料理作末句地矣。

〔商調〕集賢賓　金印記・逼釵　天籟

君身恨不能插翅飛，上雲路天梯，休恁心高不務實。未來事暗如漆，求名奪利，那趲得銅斗家計。須勸你，且安分守己別尋活計。

【前腔】詞源倒流三峽水，論胸中才學無敵，那管傍人講是非。愁只愁缺少盤費，把你釵梳賣取，管教博換得鳳冠霞珮。休笑耻，這窮骨頭終有日發迹。

【眉批】

「費」字俗本改作「纏」字，非韻矣。伶人因之，大誤後學。且謂「費」字難唱，更可笑。不知上曲「如漆」「漆」字，下曲「談議」「議」字，「夫婿」「婿」字，皆仄聲用韻，豈皆難唱者！

【前腔】前程萬里全靠你，奴豈不願榮貴，只怕漾了甜桃去尋苦李。又只怕外人談議，全不記得，道你滿腹文章不料饑。須勸你，把心猿意馬拴繫。「拴」，尸關切。

【前腔】裙釵女流有甚見識，好一似龍被蝦戲。激得我怒從心上起，將咱做蕩家夫婿，也值得恁的。男子漢自當成器，有甚情真意美，有何顏再與伊完聚。

【琥珀猫兒墜】官人息怒，妾身敢不依。便賣了釵梳與你爲盤費，嫁鷄怎不逐鷄飛。須知，看世態炎凉莫笑寒儒。

【前腔】自思厚意，兀的不是有賢妻。倘若成名先報你，管教夫婦受榮貴。男兒，好和歹皆由這番命裏。用齊微韻。內「取」字、「聚」字、「儒」字犯魚模，「兒」字犯支思。

【眉批】

如此收頓，古本皆然，且餘韻鏗爾。俗本又添一尾聲，可惡之甚。

〔商調〕集賢賓　玉環記·寄真　地籟

隔紗窗日高花弄影，聽何處流鶯。虛飄飄乍驚幽夢醒，亂紛紛花撲窗櫺。閒倚畫屏，恍惚似精神不定。長嘆數聲，對人前幾錯呼名。

【前腔】風亭月榭無限景，不去遣興怡情。一片心隨千里行，想喬才別戀娉婷。重諧眷姻，關河遠山盟無証。香消被冷，惟瘦了月貌花神。

【前腔】他入門畫堂春自生，真個是識重知輕。軟款温柔一俊英，並香肩月下同行。風流可欽，堪夫婦永同歡慶。叫天不應，没下稍誤我前程。

【前腔】香消玉減枉了用心勤，徒自玉潔冰清。他説燕子來時離帝京，到如今花已凋零。歸期欠誠，眼見得虧心薄倖。心自驚，撚殘生似風里孤燈。

【琥珀猫兒墜】他丰襟態度，瀟洒更聰明。剪水裁雲骨格清，花前酬和二三更。惺惺，却被他引惹香魂。

【眉批】

末句缺一字。

【前腔】閃得人憔悴，鬢亂與釵橫。没信行相如不至誠，落花流水兩無情。聰明，有誰共羅幃並肩交頸。

【尾聲】雲期雨約全無準，斜倚薰籠坐到明，專聽春雷第一聲。用庚青韻。内「姻」字、「神」字、「魂」字、「準」字犯真文。「欽」字犯侵尋。此翻元人喬夢符北詞而爲之者，然語句位置，其減分數多矣。合觀之，優劣自見。

〔商調〕集賢賓　西厢記·報捷　地籟

眼前悶懷濃似酒，一半在眉頭。離了眉頭，又在心上有。惡思量，無了無休。腰肢似柳，怎當他又添消瘦。新愁與舊愁，厮混了難分新舊。

【前腔】曾經顛頇擔此憂，年來漸減風流。不似今番情最陡，悶來時獨上妝樓。簾垂玉鈎，空目斷山明水秀。謾凝眸，見衰草連天，野渡横舟。

【南吕瑣窗郎】【瑣窗寒】因他去减我風流，寄書來又添消瘦。我和他别時桂子新秋，盼書回又是梅花時候。**【賀新郎】**悶來無語强擡頭，書在手，淚盈眸。

〔仙吕〕【醉扶歸】我這里開時有淚沾紅袖，他那里修時未寫淚先流。悶時開拆悶時修，淚痕兒都把書濕透。正是一重愁番做兩重愁，寄來書淚點從來有。

【前腔】西厢月底曾相守，今日瓊林宴上恣遨游。跳東墻却去占鰲頭，惜花心養成折桂手。到如今晚妝樓改做五雲樓，那朝陽鳥便是鸞凰友。

【尾聲】寄書人未出蒲關口，我的神魂先已到皇州。喜的是登科，怪的是宦游。《尾聲》亦李本所無，是時唱所增，然語反俊于李矣。但此處不必用尾，則人不知耳。用尤侯韻。

〔商調〕集賢賓　玉玦記・妓館　人籟

光陰百歲如夢蝶，回首往事堪嗟。昨日春來花又謝，急罰琖夜闌燈滅。秦宮漢闕，但衰草牛羊平野。（合）無話説，儘費了漁樵周折。

【前腔】荒墳廢隴餘斷碣，縱横不辨龍蛇。投至得狐蹤與兔穴，問多少英雄豪傑。魏耶晋耶？恨鼎足三朝分裂。（合前）

【鶯啼序】天教伊富須太奢，無多好天良夜。富家郎直恁鐵心，空辜錦堂風月。斬眼間紅輪又西，青鏡里朝添白雪。（合）鳩計拙，胡蘆提且教妝呆。「呆」，音爺。

【前腔】人生迅疾坡走車，上床鞋履相别。喜紅塵不到門前，青山正補墻闕。又屋角偏遮緑陰，雅稱我竹籬茅舍。（合前）「車」，昌蛇切。

【琥珀猫兒墜】晚蛩吟罷，一覺甫寧貼。萬事鷄鳴無罷歇，争名奪利幾時徹。差迭，攘攘蜂衙，蟻兵蝇血。

【前腔】裴公緑野，陶令白蓮社。愛殺黄花秋那些，帶霜紫蟹煮紅葉。歡悦，幾個登高，酒杯時節。

【尾聲】莫教北海來清夜，囑付頑童記者，爲道東籬醉了也。用車遮韻。此套乃馬東籬北詞也。馬爲元人第一手，而此曲尤稱，不知與《玉玦・妓館》何與？而鄭氏竊爲南詞以入戲，殊覺無謂。

〔商調〕山坡羊　拜月亭・行路　天籟

翠巍巍雲山一帶，碧澄澄寒波幾派。深密密烟林數簇，滴溜溜黄葉都飄敗。一兩陣風，三五聲過鴈哀，傷心對景愁無奈。回首家鄉，珠淚滿腮。情懷，急煎煎悶似海。形骸，骨巖巖瘦似柴。

【水紅花】憶昔歌舞宴樓臺，會金釵，歡娱難再。思之詩酒看書齋，命多乖，風光難再。母親知他何處，尊父阻天涯，不能勾千里故人來也囉。

【梧桐花】徙黎民，遷臣宰，天子蒙塵盡遠邁。雕闌玉砌今何在？想畫閣蘭堂那様安排，翻做草舍茆簷。這境界，怎教人償得盡悃惶債。

【水紅花】路滑霜重步難擡，小弓鞋，其實難挨。家亡國破更時乖。這場灾，冰消瓦解，否極何時生泰，苦盡更甜來？只除是枯樹上再花開也囉。

【南吕金錢花】聽得數聲鑼篩，鑼篩。好漢山前齊擺，齊擺。個個獰惡似狼豺。留買路，與錢財；不留與，定殺害。「獰」，音能。

【中吕念佛子】窮秀才，夫和婦，爲士馬逃難登途。望相憐，壯士略放一路。捉住，枉説閒言語，買路錢且留下金珠。稍遲延，便教身死須臾。

【眉批】

此本《念佛子》四曲，時本不曉，妄混刻作一曲，而以「且執縛」三句作尾。《萃雅》後三句作尾如故，而脱「苦不苦」四句，以前分作三曲，皆錯亂可笑。不知此四曲前各半曲，皆生旦唱，後各半曲皆净丑唱，而此後「山徑路幽僻」四曲前各半曲皆衆問，後各半曲皆生旦唱。古法紀律，截然不亂。後人妄自增填倒置，皆當處以上刑，而訛落不省者，亦宜鬼薪城旦。

【前腔】【換頭】區區，山行露宿，粥食無覓處。有盤纏，肯相推阻？敢厮侮，窮酸餓儒，模様須尋俗。應隨行所有，疾忙分付。

【前腔】苦不苦，從頭至足，衣衫皆藍縷。難同他，往來客旅。你不與，施威仗勇，輪動刀和斧。激得人忿心發怒。

【前腔】告饒恕，魂飛膽戰，神恐心驚惧。此身恁屈死，真實何辜。且執縛，管押前去，山寨里聽區處。到那裏吉凶事全然未知。《金錢花》以前用皆來韻，《念佛子》四曲用魚模韻。内「知」字犯齊微。又見《雍熙樂府》、《憶昔歌舞》一曲後，又有《仙吕皂羅袍》，乃時本所無者，姑録于後。

【皂羅袍】對景，游人堪愛，喜今朝得會共賞開懷。母親不見淚盈腮，多蒙你個秀才相耽待。雙雙厮共，兩情意諧，今生相聚，前生命該，合伊少欠風流債。

〔商調〕山坡羊　彩樓記·閨思　天籟

月照誰家庭院，人在孤村茅店，寒窗紙隙風如箭。對聖賢留心在簡編，詩書要遂平生願，一任樵樓更漏傳。（合）留連，更闌人未眠；留連，讀書人尚未眠。

【眉批】

此三句起體，説見前散曲下卷。

【前腔】忽聞征鴻哀怨，時聽得寒蛩撩亂，無言謾自停針綫。砧韻傳傷情在眼前，雙親咫尺如天遠，剔盡殘燈愁轉添。（合前）

【水紅花】今生相會是前緣，莫埋冤，百年姻眷。一心和你靠蒼天，望周全，功名如願。若早得名標金榜，平步便登仙，咱兩個永團圓也囉。

【眉批】

「團圓」，時作「同諧」，非韻。

【梧葉兒】精神倦，針綫懶，拈纖手下花鈿。奴把金釵卸，雲鬢偏，掩着書編並倚着香肩暫眠。「針綫懶」下，時本增「去」字，連「拈」字讀。今從古本訂定。用韻雜。

【眉批】

今人唱此曲，皆于「肩」字下加「且」字，即如《荆釵記》《梧葉兒》，亦唱作「做怨鬼」，加「怨」字。《琵琶》《三換頭》之犯《梧葉兒》者，亦作「無如之奈何」，加「之」字。舊譜《三換頭》中無「之」字，《梧葉兒》無「怨」字，最妙。

〔商調〕山坡羊　琵琶記·吃糠　地籟

亂荒荒不豐稔的年歲，遠迢迢不回來的夫婿。急煎煎不耐煩的二親，軟怯怯不濟事的孤身己。衣盡典，寸絲不挂體。幾番要賣了奴身己，争奈没主公婆教誰管取？（合）思之，虚飄飄命怎期？難捱，實丕丕灾共危。

【前腔】滴溜溜難窮盡的珠淚，亂紛紛難寬解的愁緒。骨崖崖難扶持的病體，戰兢兢難捱過的時和歲。待不吃，

教奴怎忍饑？思量起來不如奴先死，圖得個不知他親死時。（合前）

〔商調〕山坡羊　紅拂記·買鏡　地籟

白茫茫六花飛墜，亂紛紛如風飛絮。虛飄飄浮萍似伊，冷颼颼撲面無情緒。展轉思，此情訴與誰？他侯門一入深無底，陌路蕭郎一絲空繫。緘書，關河鴻鴈稀。魂迷，陽臺雲雨疑。

【眉批】

第八句用八字，且「空」字、「何」字、「憔」字皆平聲，皆失調。

【前腔】眼睁睁瓊籫敲碎，苦哀哀銀瓶剛墜。痛煞煞當時鏡分，哭啼啼各自湮紅淚。這鏡兒，誰將付與伊？分明説與咱詳細，這鏡兒在懷中那人兒何處。我待相隨，還愁惹是非。待不隨，如何得信息。

【前腔】急忙忙隨他來至，他慌張張將咱留住。戰兢兢未知死生，眼巴巴怎望得他來至。這鏡兒，還有會合時。我如今空手没巴臂，半日倉皇一天憔悴。須知，羞看鬢有絲。須知，羞看減玉肌。用韻雜。

〔商調〕山坡羊　衫襟記·趨會　地籟

意茫茫無端冤業，悶懨懨心腸惡劣。亂紛紛不耐煩的情懷，急煎煎分外生枝節。空自咽，向誰把滋味説？但嘗酸便覺稍寧貼。没處思量，好難打疊。周折，想多應害那些。差迭，又何曾曉這些。

【前腔】遠迢迢長安游謁，杳漫漫音書沉滅。黑魆魆難料度的利名，眼巴巴盼不到的孤行客。他名幸捷，做人便能做徹。倘然姓字成虛撇，作甚機關來相帶挈。周折，滿圖他死共穴。差迭，生將人斷送也。

【鶯集御林春】聽言你遽還車轍，見情厚意切。我舊恨新愁堆下些，但聲出痛喉仍咽。我忙來覷你，只合兩人相對重歡悅。你何故恁悲啼，好難忖量莫非怨抛撇。

【前腔】明知你用情稠叠，豈心事見别。奈鬼弄狐由惹下些，今日個上樓梯拽。渾將謎語，教我百般酬度難裁決。你何病恁愁煩？怎不向恁男兒細分説。

【前腔】如今把病根饒舌，我心亂智竭。爲甚裙腰窄下些，下場頭請看供牒。這何難掗把，如今權自捱時月。我春榜得題名，管教指日，成合那枝葉。

【前腔】功名事未知真捷，我身兒裏較别。眼底旁人窺下些，生生地便招唇舌。你何須過怯，便萬般顛窨能團捏。些個事又何憂，商量出落，我心中自疼熱。

【四犯黄鶯兒】聽説罷心裏少寬貼，願靈丹可救徹，省得眼睁睁獻出風流業。嚇得人打呆，閃得人害跌，兩情詞幾做了勾魂帖。甚計分解，生拚磨滅，仗得蕭郎剖决。

【前腔】名利事旁掣，美恩情枉夢蝶，想煞人當日倉惶别。待不得榜揭，等不得報捷，急回頭要正本西江月。意外愁緒，心中虛怯，管取今宵盡徹。

【尾聲】夢魂恍惚還驚絶，趁心窩到了個疼人骨血，將一個壘就了的愁城打破也。用車遮入聲韻。

〔商調〕梧蓼金羅　白兔記·游春　地籟

【梧葉兒】沽酒誰家好？前村問牧童，遥指杏花中。【水紅花】好新豐，青帘風動。正好提壺挈榼，那更玩無窮，咱兩個醉春風也囉。【柳金摇】雙雙共出，共出庄門。聽取西郊，樂聲風送。（合）【皂羅袍】和你百年歡笑，兩情正濃。百年諧老，兩情正濃。夫妻正好，又恐如春夢。

【眉批】舊作《金水梧桐花皂羅》，中亦無分注，時作《金井水紅花》。詞隱生考明各調，且定其名，查之良是，從之。

「門」字還宜用韻。

【前腔】沙暖鴛鴦睡，銜泥燕子融，楊柳拂簾櫳。雨濛濛，雛鶯舌弄。香襯輪蹄歸去，桃杏漸輕紅，人如在錦屏中也囉。雙雙轉過，轉過疏籬。手捻花枝，插在鏤金釵鳳。(合前)

【眉批】首二句大都用五實字，而《梧葉兒》止宜三字二句，古曲恐無皆襯二實字之理，或是《金梧桐》，今姑從沈譜。

【前腔】莫學襄王夢，巫山十二峯，何幸遇芳叢。向其中，語言陪奉。得伊提掇起，免在污泥中，這恩德感無窮也囉。一心感得，感得公公。把我人前，相敬斷重。(合前)

【眉批】「得伊提掇起」及下曲「輳合」句，皆少一字，不合。

【前腔】門闌多喜氣，豪富意頗濃，褥映綉芙蓉。兩情同，琴調瑟弄。輳合姻緣會，佳婿近乘龍，人都道喜相逢也囉。伊家感得，感得公公。異日身榮，莫忘恩寵。（合前）用東鐘韻。

〔商調〕梧蓼金羅　八義記・游覽　地籟

天付姻緣美，今生喜諧會。才貌兩相宜，世應稀。融和天氣，正好尋芳拾翠。飛蓋礙花低，紅映紫門芳菲也囉。只見狂蜂浪蝶，來往翻飛。看取教人，越添情緒。（合）和你同携纖手，雙雙步徐。珠圍翠繞，椒蘭噴衣，霎時安肯和你輕拋棄。

【前腔】人在香風里，芳春景最奇。草色妒羅衣，喜追陪。幕天席地，遥望鞦韆起處。樂意賞心時，漸迤逦過庭西也囉。只見棠花綉野，柳綫垂堤，春色三分，又早夾鐘時序。（合前）用齊微韻。内「徐」字、「緒」字、「序」字犯魚模，「時」字犯支思。

〔商調〕梧蓼金羅　浣紗記・初會　人籟

農務村村急，溪流處處斜。迤逦入烟霞，景堪夸，峰巒如畫。拚把春衣沽酒，沉醉在山家。唱一聲水紅花也囉。更衣變服，究古論今，較勝争强，不知何年鵵罷。笑你驅馳榮貴，還是他們是他；笑我奔波塵土，終是咱們是咱。追思今古，都付漁樵話。

【前腔】綠水全開鏡，溪流獨浣紗。波冷濺芹芽，濕裙釵，嬌羞誰訝。弄得懨懨春倦，不覺鬢兒斜。唱一聲水紅花也囉。朝朝自出，夜夜空歸。樹黑山深，恰又夕陽西下。笑我寒門薄命，未審何年配他；笑你王孫芳草，未審何年配咱。花枝無主，一任東風嫁。

【仙吕入雙調玉抱肚】行春到此，趁東風花枝柳枝。驀然間遇着嬌娃，問名兒唤作西施。感卿贈我一縑絲，欲報慚無明月珠。

【前腔】何方國士，貌堂堂風流俊姿。謝伊家不棄寒微，邦教人惹下相思。勸君不必贈明珠，猶喜相逢未嫁時。《梧蓼金羅》二曲用家麻，《玉抱肚》二曲用支思韻。内「珠」字犯魚模。

〔商調〕金絡索　琵琶記・勸鬧　天籟

區區一個兒，兩口相依倚。没事爲着功名，不要他供甘旨。教他去做官，要改換門閭。他做得官時你做鬼，你圖他三牲五鼎供朝夕，今日里要一口粥湯却教誰與你？相連累，我孩兒因你做不得好名儒。（合）空争着閑是閑非，只落得垂雙淚。犯見散曲中。

【眉批】

「空争着」句，庸伶見散曲「陣陣楊花」誤多四字，又《浣紗記》「音信無憑」亦然，而于此增唱云「偏要争閑是閑非」，可笑可恨。

【前腔】養子教讀書，指望他身榮貴。黄榜招賢，誰不去求科試？譬如范杞梁，差去築城池，他的娘親埋怨誰？合生合死皆由命，少甚麼孫子森森也忍饑。休聒絮，畢竟是咱每三口受孤恓。（合前）

【眉批】

舊本「三口」，時本作「兩口」。

【前腔】孩兒雖暫離，須有日回家里。奴自有些金珠，解當充糧米。教傍人道媳婦每，有甚差池，致使公婆争恁起。他心中愛子只望功名就，他眼下無兒因此埋冤你。難逃避，兀的不是從天降下這災危。（合前）雜用齊微、魚模、支思三韻。

〔商調〕金絡索　浣紗記・後訪　人籟

三年曾結盟，百歲圖歡慶。記得溪邊，兩下親折証。聞君滯此身，在吴庭，害得心兒徹夜疼。溪紗一縷曾相訂，何事兒郎忒短情？真薄命，天涯海角未曾經。那時節異國飄零，音信無憑，空落在深深阱。

【前腔】別來歲月更，兩下成孤另。日夜關心，奈人遠天涯近。區區負此盟，愧平生。誰料頻年國勢傾，無端害出多嬌病，羞殺我一事無成兩鬢星。奉君王命，江東百姓全是賴卿卿。望伊家及早登程，不必留停，婚姻事皆前定。

【南呂三换頭】孤身隻影，未識侯門行徑。況天南地北，路途誰慣經？我未往先戰兢。這其間只是我不合來溪邊獨行，羞殺人兒也，浣紗誰問聘。敬謝君家，這段姻親空作成。犯見前。

【前腔】鸞車奉迎，笙歌迭進。王都近也，看歡聲徧城，此去一生歡慶。這壁廂只得把那壁廂暫時承領，況切君王望，緊行莫住停。奉告娘行，這段姻親真作成。用庚青韻。内「近」字、「進」字，犯真文。

〔商調〕漁父第一　崔君瑞・走雪　天籟

是則是路途間别，黯彤雲佈密四野。荒徑人踪滅，古林中聽得老猿哽咽。馮夷怒把銀河瀉，幻出冰花千萬結。紛紛片片飄瓊屑，舞向梅梢不見也。滚柳綿，翦梨花，亂飄僧舍。疏林外只見耍蛾兒飄粉蝶，盼行人恍若在水晶宫闕，千山嶺鳥飛斷絶。漫騰騰馬蹄翻銀蹀，匹辣辣車兒兀自輾粉轍。獨釣寒江捕魚者，向圖畫堪寫。馮音平。

【黄鐘刮地風】刮地狂風聲猛烈，怎禁受路跋涉。荒郊野曠天將暝，使奴襪小鞋弓難走迭。拳連手共脚，滴羞跌屑。痛傷心，嘆人生最苦是離别。行行袖梢兒不住遮，好撲頭撲面風雪。

【滴溜子】風雪裹，風雪裹，怎禁路滑。崔君瑞，崔君瑞，把奴棄撇。慘切何處分説。教奴受此寒，身凛冽，帶水拖泥在江天暮雪。

【尾聲】夫妻誰想成吴越？薄倖兒郎心似鐵，把受過凄凉番成作話説。用車遮韻。内「滑」字犯家麻。譜中因此用入聲韻，不便後學，故選《孟月梅傳奇》一曲，今並選入。

〔商調〕漁父第一　孟月梅　人籟

是則是路途間好，望東方曙色尚早。幾點疏星照，見殘月漸落樹杪。寒林古木青烟罩，宿霧初收水氣高。迢遥古徑通深杳，竹塢人家傍小橋。傍小橋，過遠村，柳堤蟬噪。深山内猛聞採樵，對清溪，見漁人水邊獨釣。莊門開景物尚早，牧童跨犢登山道。隱隱臨岐酒旆摇，駐馬郵亭共索笑，且同飲香醪。用蕭豪韻。

〔商調〕水紅花　衫襟記・佳期　地籟

昨宵相訂探春光，興顛狂。歡娛難量，從新除授楚襄王。過東墻，無人來往。料他倚門兒凝望，獨對燭兒光，教人移步意洋洋也囉。

【前腔】天台初約待劉郎，意難忘。神思惚恍，微聞彈指隔紗窗。是伊行，含羞一晌。且喜更闌人靜，受用足夜兒長，相攜含笑入蘭房也囉。

【鶯兒皂】才貌恰相當，領春風喜欲狂，等閑好事從天降。蓬萊在那方，桃源在那厢，是風流占盡無謙讓。滿懷傒倖，難消俊龐。幾多珍重，今朝付郎，沉沉擔子輕輕放。

【琥珀猫兒墜】春生幃帳，夢亦爲花忙。暢好盡蘇州刺史腸，從今證果了小潘郎。雙雙，不知此夕何年，壘就高唐。用江陽韻。

〔雙調〕錦堂月　琵琶記・祝壽　人籟

【晝錦堂】簾幕風柔，庭幃晝永，朝來峭寒輕透。親在高堂，一喜又還一憂。**【月上海棠】**惟願取百歲椿萱，長似他三春花柳。(合)酌春酒，看取花下高歌，共祝眉壽。

【前腔】【換頭】輻輳，獲配鸞儔。深慚燕爾，持杯自覺嬌羞。怕難主蘋蘩，不堪侍奉箕箒。惟願取偕老夫妻，長侍奉暮年姑舅。(合前)

【前腔】還愁，白髮蒙頭。紅英滿眼，心驚去年時候。只恐時光，催人去也難留。惟願取黄卷青燈，及早换金章紫綬。(合前)

【前腔】還憂，松竹門幽。桑榆暮景，明年知他安否？嘆蘭玉蕭條，一朵桂花難茂。惟願取連理芳年，得早遂孫枝榮秀。（合前）

【眉批】

時本「知他」下，多「健否」二字。

「難茂」即一子不忍遺求功名之意，時本作「堪茂」，非。

【醉公子】回首，看瞬息烏飛兔走，喜爹媽雙全謝天相佑。不謬，更清淡安閑，樂事如今誰更有？（合）相慶處，但酌酒高歌，共祝眉壽。

【前腔】卑陋，論做人要光前耀後，願我兒青雲萬里早當馳驟。聽剖，真樂在田園，何必當今公與侯？（合前）

【眉批】

時本無「早當」二字，疑「我兒」二字爲實字耳。

【僥僥令】春花明彩袖，春酒泛金甌。但願歲歲年年人長在，父母共夫妻相勸酬。

【前腔】夫妻好廝守，父母願長久。坐對送青排闥青山好，看將緑護田疇緑水溜。

【眉批】

時本作「兩山排闥青來好，一水護田疇緑繞流」，蓋以荆公詩改之也，今俗亦多從之，然非古本。古本語思之，亦自有味。况「送青」「將緑」，本荆公語中警字乎。余向訂《琵琶》全傳，已正之矣。坊本唯《萃雅》同此，想亦獲見古本而然耳。

【尾聲】山青水緑還依舊，嘆人生青春難又，惟有快活是良謀。用尤侯韻。今人皆知《錦堂月》，而不知是二調合成，世遂無有作《晝錦堂》者矣。

【雙調晝錦堂】夏日炎炎，執手話別，空餘枕簟清幽。本調在《卧冰記》，今附録。鑠石流金，酷暑惱人時候。清晝，好向荷亭排宴飲，暗思昔日碧筒酒。（合）分鴛偶，今夜奴在孤幃，君向草廬獨守。

〔雙調〕孝順兒　琵琶記·自厭　天籟

【孝順歌】嘔得我肝腸痛，珠淚垂，喉嚨兀自牢嗄住。遭礱被舂杵，篩你簸颺你，吃盡控持。【江兒水】好似奴家身狼狽，千辛萬苦皆經歷。苦人吃着苦味，兩苦相逢，可知道欲吞不去。

【眉批】

詞隱生曰：「向坊本刻作《孝順歌》，然《孝順歌》本調，《李寶傳奇》中有之，與此不同，人皆捩其腔以合之，殊覺苦澀。今見近刻本作《孝順兒》乃犯《江兒水》者，乃暢然矣。」

【前腔】糠和米，本是相依倚，誰人簸颺作兩處飛？一賤與一貴，好似奴家共夫婿，終無見期。米在他方没尋處，怎把糠來救得人饑餒？好似兒夫出去，怎的教奴，供膳得公婆甘旨？

【前腔】思量我生無益，死又值甚的，不如忍饑爲怨鬼。公婆老年紀，靠着奴相依倚，只得苟活片時。片時苟活雖容易，到底日久也難相聚。謾把糠來相比，奴的骨頭，知他埋在何處？

【前腔】這是穀中膜，米上皮，將來饆饠堪療饑。嘗聞古賢書，狗彘食人食，也强如草根樹皮。齧雪吞氈蘇卿猶健，餐松食栢到做得神仙侣，縱然吃些何慮！爹媽休疑，奴須是你孩兒糟糠妻室。雜用齊微、魚模韻。

〔雙調〕武陵春　金印記・旅嘆　地籟

萬里奔波，堪嘆客身南又北。想鴈飛不到處，人被利名牽鎖。指望一朝平步上雲衢，受十年勤苦親燈火。記得函關去，事多磨。時運不至不柰他何，囊篋蕭索。不得志還鄉里，争柰傍人耻笑多。耻笑多，道儒生餓死填溝壑，妻不下機，嫂不爲炊，恁般樣做作。兀的不氣殺人也麽哥，兀的不惱殺人也麽哥。將誰倚托，只得浪蕩繞天涯，怎忍回頭望故國。

【眉批】

「麽哥」句法，唯《北叨叨令》有之，此定入南譜，恐訛傳訛也。

【前腔】大同小異。涉水登山，萬苦千辛歷盡過。想魏邦何處，又被雲遮阻隔關河，要與六國掃干戈。與那六國掃干戈，又安社稷如山岳。我的志氣雖如此，柰事差訛，未知此去竟如何。若得名登臺閣，衣錦還鄉，將我羞洗却。此去還如昔日呵，昔日呵，便死向他鄉，我也不念家。謾嗟呀，行藏禍福總由他。且奔前途去，怕夕陽西下，景物蕭索，旅邸凄凉情緒惡。

【尾聲】窮道汪汪珠淚落，此情天地敢知麼，何苦把男兒久困着。「着」字在此韻中當「濁」字唱，不可作潮。用韻雜。

〔仙呂入雙調〕夜行船序　拜月亭　天籟

春思懨懨，此愁誰訴，此情誰知？心撩亂，慵睹妝臺梳洗。芳時，不暖不寒，鞦韆院宇，堪游堪戲。空對鶯花燕柳，悄忽地暗皺雙眉。

【前腔】〔換頭〕因誰牽惹芳心，媚容香褪，嫩臉桃衰。看看恁寬盡金縷羅衣。休疑，只爲傷春，知他怎生，年年如是。休對晴天暖日，輕可地過了寒食。

【風入松】甚心情閑步小園西，推一個身倦神疲。趁春風桃李花開日，誰不待去尋芳拾翠。九十日光陰撚指，三分景，二分歸。

【前腔】那春光也應笑咱伊，笑你恁瘦減香肌。東君不管人憔悴，眼見得緑密紅稀。香閨掩珠簾鎮垂，不肯放，燕雙飛。

【尾聲】中心先自不如意，縱然間肯同隨喜，也做了興盡空回。用齊微韻。內「衰」字犯皆來，「是」字、「指」字犯支思。一樣憂思語，一樣點綴景色，然讀之終篇，有一語如時調《四時閨怨》等曲活突套子否？此元人所以難企也。

〔仙呂入雙調〕夜行船序　翫江樓·春游　地籟

花底黃鸝，聽聲聲一似，喚人游戲。東風裏，玉勒雕鞍争馳。佳辰，日暖風和，偏稱對景，尋芳拾翠。遥指，隱隱見杏花村深處，酒旂摇曳。

【眉批】

或作《花心動序》，非。

【前腔】〔**换頭**〕迤邐，曲逕芳堤，競香塵不斷，往來羅綺。亭臺上，急管繁弦聲齊。雙飛，蝶舞花枝，鶯囀上林，魚游春水。芳菲，點檢萬花叢，昨夜海棠開未。

【眉批】

「齊」，時本作「細」字，非。

【黑蔴序】堪題，緑柳陰中，見鞦韆高架，彩繩飛起。是誰家，士女雙蹴嬉戲。相宜，奇花映粉腮，輕風蕩綉衣。動情的，正是游人墻外笑聲墻裏。

【前腔】聽啓：春色三分，怕一分塵土，二分流水。向花前，共樂莫負良時。歌妓，低低唱小詞，雙雙舞《柘枝》。可人意，間竹桃花相傍小橋流水。

【錦衣香】芳草池，魚游戲。翠柳堤，鶯聲細。只見士女王孫，幕天席地。高挑一個鬧竿兒，深深步入，杏塢桃溪。對良辰美景，想蓬萊也只如是。休把閑愁繫，且圖歡會。光陰迅速，人生能幾。

【漿水令】正相隨尋芳未已，奈紅輪已覺墜西。海棠枝上子規啼，聲聲是他，唤却春歸。花陰下，人如蟻，花藤轎兒雕鞍騎。相隨趁，相隨趁，風流隊裏。拚沉醉，拚沉醉，倒扶歸。

【尾聲】今宵共約同歡會，先教從人歸去，安排再整筵席。用齊微韻。内「時」字、「枝」字、「兒」字、「是」字犯支思。出自舊筆，雖鋪叙景色，易入庸境，而中必有數語異人處。

〔仙呂入雙調〕惜奴嬌　荆釵記·送親　地籟

家道貧窮，守荆釵裙布，謹身節用。今爲姻眷，惟恐玷辱門風。空空，愧乏房奩來陪奉，望高堂垂憐寵。

（合）喜氣濃，悄似仙郎仙女，會合仙宫。

【眉批】

《琵琶記》「杏臉桃腮」二曲，亦是此調，而少「空空」與「重重」處二平聲字，學者當從此。

【前腔】〔換頭〕忻逢，夫婿寬洪，可留心遵守，四德三從。勤攻詩賦，休得效學飄蓬。重重，命蹇時垂長如夢。謝良言，開愚懞。（合前）

【黑蟒序】〔換頭〕家中，雖忝儒宗，論蘋蘩箕箒，尚未諳通。愧無能，豈宜適事英雄。融融，非獨外有容，必然内有功。（合）喜氣濃，悄似仙郎仙女，會合仙宫。

【前腔】愚懞，欲步蟾宫，奈才疏學淺，未得蜚冲。愧無能，豈宜先自乘龍。雍雍，才郎但顯功，嬌妻擬贈封。（合前）

【錦衣香】天性聰，才堪重；婦有容，德堪重。天生美質奇才，彩鸞丹鳳。自慚非是漢梁鴻，何當富室配着孤

既受托蘋蘩，有甚推辭？索性做個孝婦賢妻，也落得名標青史，不枉受了些閒凄楚。嗏，俺這裏自支吾，休得污了

【前腔】文塲選士，紛紛都是才俊徒。少甚麼鏡分鸞鳳，都要榜登龍虎，偏是他將奴誤。也不索氣蠱，也不索氣蠱，豪富。你雖然忘了奴，也須念父母。無人説與，這凄凄冷冷，怎生辜負？

【前腔】輕移蓮步，堂前問舅姑。怕食缺須進，衣綻須補，要行時須與扶。奈西山景暮，奈西山景暮，教奴倩着誰人，傳與我的兒夫。你身上青雲，只怕親歸黄土，臨别也曾多囑付。嗏，那些個意孜孜，只怕十里紅樓，貪戀着人

【前腔】朱顔非故，緑雲懶去梳。奈畫眉人遠，傅粉郎去，鏡鸞羞自舞。把歸期暗數，把歸期暗數，只見鴈杳魚沉，鳳隻鸞孤。緑徧汴洲，又生芳杜，空自思前事。嗏，日近帝王都，芳草斜陽，教我望斷長安路。君身豈浪子，妾非浪子婦。其間就裏，千千萬萬，有誰堪訴？

【五馬江兒水】春闈催赴，同心帶綰初。嘆《陽關》聲斷，送别南浦，早已成間阻。【桂枝香】謾羅襟淚漬，謾羅襟淚漬，【柳摇金】和那寶瑟塵埋，錦被羞鋪。寂寞瓊窗，蕭條朱户，【駐雲飛】空把流年度。嗏，酩子裏自尋思，【一江風】妾意君情，一旦如朝露。君行萬里途，妾心萬般苦。【朝元令】君還念妾，迢迢遠遠，也索回顧。

〔仙吕入雙調〕風雲會四朝元　琵琶記·自嘆　地籟

【尾聲】佳人才子德堪重，更人才又兼出衆，夫妻到老和同。用東鍾韻。近見臧晋叔新訂本，此套大有異同，以爲得柯丹丘真本，然恐駭觀聽，不以易此。

【漿水令】恕貧無香醪泛鍾，恕貧無美食獻供。又無湯水飲喉嚨，妝甚喜媒，做甚親送。休相笑，莫妄衝，惟恐外人相譏諷。非缺禮，非缺禮，只爲窘中。凡百事，凡百事，望乞包籠。

窮。妾亦非孟光，奉椿庭適事明公。前世曾歡共，把藍田玉種。夫和婦睦，琴調瑟弄。

他的名兒，左右與他相回護。腰金與衣紫，須記得釵荆與裙布。一𡑞愁緒，堆堆積積，宋玉難賦。用魚模韻。内「漬」字、「思」字、「事」字、「孜」字、「士」字、「辭」字、「史」字借支思。

〔仙呂入雙調〕步步嬌　西厢記·驚夢　天籟

昨夜個翠被香濃薰蘭麝，欹珊枕把身軀趄，臉兒厮搵者。仔細端詳，可憎的別。看雲髻玉梳斜，恰似半吐初生月。「趄」，青夜切。

【眉批】

「可憎的別」本北曲原詞，「可憎」者，反言可愛也；「別」者，猶言異樣也。今人不解其義，妄改「幾曾經離別」，上下文義皆不屬矣。

【江兒水】旅館欹單枕，亂蛩鳴四野，助人愁。紙窗外風兒冽，乍孤眠被兒薄又怯，冷清清幾時温得熱？有限姻緣方寧貼，無奈功名，何苦使人離別！

【北雙調清江引】呆打孩店房中没話説，悶對如年夜。暮雨催寒蛩，曉風吹殘月。今宵酒醒呵，你在何處也？

【眉批】

李日華本刻作《清河水》，南曲無此名。實即北《清江引》而巧立名色者。

【南吕香柳娘】走荒郊曠野，走荒郊曠野，把不住心嬌怯，喘吁吁難將兩氣接。瞞過能拘管夫人，瞞過能拘管夫人，穩住斯齊攢侍妾，疾忙趕上者。爲恩情怎捨，爲恩情怎捨，因此不避路途賒，誰經這磨滅。

【眉批】

數曲襯字太多，殊不便唱。今歌者亦隨腔影響耳，欲嚴以板眼，不可合也。

【前腔】想臨行上馬，想臨行上馬，其實痛嗟，哭得我似痴呆，瘦得我甚啅嗻。别離剛半晌，别離剛半晌，却早翠羅裙，掩過三四摺。看清霜滿路，看清霜滿路，高下路回折，我這里奔馳，他在何處困歇。

【前腔】是人可分説，是人可分説，是鬼速疾滅，聽罷語言將香羅袖兒拽。且定睛看者，且定睛看者，元來是小姐，你爲人能爲徹。將衣袂不籍，將衣袂不籍，綉鞋兒都被露泥惹，脚跟兒敢踏破也。

【前腔】想着你忘餐廢寢，想着你忘餐廢寢，放不下些，到如今香消玉減，花開花謝。你衾寒枕冷，你衾寒枕冷，鳳分與鸞拆，月圓被雲遮。這牽腸割肚，這牽腸割肚，到不如義斷與恩絶，尋思來甚傷嗟。

【前腔】想人生在世，想人生在世，最苦是離别，關山萬里，獨自跋涉。你休道一時，你休道一時，花殘與月缺，瓶墜玉簪折。總春嬌怎惹，總春嬌怎惹，生則願同衾，死則願同穴。用車遮韻。

〔仙吕入雙調〕步步嬌　衫襟記·心許　天籟

俊美才郎憨忒恁，浪逞風情甚。喬將語話侵，意底埋藏，惹下人攧窨。一片道家心，反供你一抹胡厮唔。

【前腔】半紙多情回文錦，是否姻緣審。將伊款狀緘，仕女場中，到了烟花任。帶笑莽相臨，管教你一霎裏生寒噤。

【忒忒令】法門中清規自森，閑亂語也須聲禁。奈何出話便撩人忒甚？咱道你讀書人，識高低，知時務，心坎里不細審。

【沉醉東風】我傷秋返吟復吟，料知客孤眠獨寢。多一樣少知音，可教人怎，各閑着半邊衾枕。非關話侵，實由繫心，時光彈指，怎前程付溺沉。

【園林好】你緣何將人逼臨？看咱做紅裙誨淫。似這般顛狂一任，拴不住那痴心，拴不住那痴心。

【江兒水】知客何須怒，從容且量酙。你分明親許同鴛枕，也道書生忒福蔭。如何到此還澈沁？争奈凡心偏甚，何必妝喬，閃得我一身難禁。

【尹令】不合偶將語滲，奈他扭成符讖，只落得氣吞聲飲。滿腔自承，説甚麽嬉游翰墨林。

【品令】婚姻那符，一字值千金。赤繩繫矣，何須再沉吟。可憐我腰如病沈，幾躇兒都緣恁。佳人才子，只合向翠紅鄉投賃。早判佳期，這段恩情似海深。

【豆葉黄】我下塲頭没奈只得説與真心，我本是個閥閱名家，因離亂到觀中經稔。不比閑花浮蕊，柳營月陰。相邂逅把賤軀輕失，倘明月蘆花甚處相尋。

【川撥棹】咱和恁，美前程一片錦。聽你言都是中忱，聽你言都是中忱。好男兒誰甘負心？這機關吾自斟，這擔當吾自任。

【嘉慶子】你終身結果能力任，敢愛惜微軀洽瑟琴。得托君家庥廕，脱珮履與冠簪，免玉瘞與珠沉。

【尾聲】臨行執手佳期審，得便宜詩對會家吟，詞呵謝你個良媒綫引針。用侵尋韻。

〔仙吕入雙調〕風入松　琵琶記·掃墓　天籟

不須提起蔡伯喈，説着他每哏歹。他中狀元做官六七載，撇父母抛妻不采。兀的這磚頭土堆，是他雙親的在此中埋。「哏歹」，時本作「忒歹」，「哏」，狠平聲。

【眉批】

細查舊曲，凡《風入松》，或一曲，或二曲，其後必帶二段，今人謂之《急三鎗》，未知是否，未敢遽定其名也。末後一曲，則止用《風入松》本調，更不帶此二段，不知何故。作此調者，如事情多，不妨再增幾曲。但每一曲、二曲《風入松》後必帶二段，末後須用本調，此不可不知也。

舊譜以此全套作《風入松犯》。

【前腔】一從他别後遇荒災，更無人倚賴。虧他媳婦相看待，把衣服和釵梳都解。魆地里把糟糠自捱，公婆的倒疑猜。他公婆的親看見，雙雙死，無錢送，剪頭髮賣買棺材。他去空山裏，把裙包土，血流指，感得神明助，與他築墳臺。

【前腔】他如今直往帝都來，彈着琵琶做乞丐。叫他不應魂何在？空教我珠淚盈腮。這三不孝逆天罪大，空設醮，枉修齋。你如今便回説張老的，道與蔡伯喈。道你拜别人爹娘好美哉，親爹娘死，不直你一拜。

【眉批】

「直往」或作「也往」、「逕往」，皆非也，「直」字宜平。

如今下時本增作「疾忙去，到京臺」，以合前腔，非也。依譜改正。

【前腔】他元來也只是無奈，恁地好似鬼使神差。這是三不從把他廝禁害，三不孝亦非其罪。只是他爹娘的福薄運乖，人生里都是命安排。用皆來韻。

〔仙吕入雙調〕園林好　琵琶記・送別　天籟

兒今去爹媽休得要意懸，兒今去經年便還。但願得雙親康健，須有日拜堂前，須有日拜堂前。

【前腔】我孩兒不須挂牽，爹只望孩兒貴顯。若得你名登高選，須早把信音傳，須早把信音傳。

【江兒水】膝下嬌兒去，堂前老母單，臨行只得密縫針綫。眼巴巴望着關山遠，冷清清倚定門兒徧，教我如何消遣？（合）要解愁煩，須是頻寄音書回轉。

【前腔】妾的衷腸事，有萬千，說來又恐添縈絆。六十日夫妻恩情斷，八十歲父母如何展？教我如何不怨！（合前）

【眉批】

「如何展」，古本及譜皆如此，時作「誰看管」，非。

【五供養犯】貧窮老漢，托在鄰家，事體相關。此行須勉强，不必您留連。你爹娘早晚，早晚間我當陪伴。丈夫非無淚，不洒別離間。（合）**【月上海棠】**骨肉分離，寸腸割斷。

【眉批】

第二曲「此際」二字，用仄聲，方是《五供養》本調。若如「丈夫非無淚」「夫」字平聲，唱不順矣。然此止借一「夫」字，「非無」二字俱平聲，未嘗全拗也。而《浣紗》之「忠良應阻隔」，《明珠》之「便教肢體碎」，乃用平平平仄仄，殊誤。後學作詞者，不可不嚴。

【前腔】公公可憐，俺的爹娘，望你周全。此身若貴顯，自當效銜環。有孩兒也枉然，你爹娘到教別人看管。此際情何限，偷把淚珠彈。（合前）

【玉交枝】別離休嘆，我心中非不痛酸。非爹苦要輕拆散，也只是圖你榮顯。蟾宫桂枝須早攀，北堂萱草時光短。（合）又不知何日再圓？又不知何日再圓？

【眉批】

「不」字用入作平，時皆改作「未」字，非。

【前腔】雙親衰倦，你扶持看他老年。饑時勸他加餐飯，寒時頻與衣穿。做媳婦事舅姑不待你言，你做孩兒離父母何日返？（合前）

【川撥棹】歸休晚，莫教人凝望眼。但有日回到家園，但有日回到家園，怕回來雙親老年。（合）怎教人心放寬？不由人珠淚漣。

【眉批】

時本增《尾聲》云：「生離遠别何足嘆，但願得名登高選，衣錦還鄉教人作話傳。」語皆重複，不稱。不知譜云：「每牌名各二隻者，俱可不用尾。」且後有吊場，此正不必，益信古本之爲確也。

【前腔】我的埋冤怎盡言？我的一身難上難。你寧可將我來埋冤，你寧可將我來埋冤，莫把我爹娘冷看。（合前）用先天韻，雜犯桓歡、寒山二韻。

【眉批】

「冷看」，時本改作「冷眼看」，非調，而且索然。

〔仙吕入雙調〕園林好　拜月亭·拆散　天籟

纔説起遷都汴梁，鬧炒炒哀聲四方。不忍訴凄凉情況，家所有，盡撇漾；家使奴，盡逃亡。

【嘉慶子】你一雙母子何所傍？更雨緊風寒勢怎當？心急行程不上。人亂亂，世荒荒，愁慽慽，淚汪汪。

【眉批】

此曲他處甚少，或以《川撥棹换頭》作之，非也。惟《連環記》「偶來拜月」一曲與此同，然以「端不爲麗情相牽」作第二句不合，蓋彼據《九宫詞譜》而作，舊譜無「勢」字故也。

【尹令】那時又無倚仗，當時有親難傍，其時有家難向。他東我西，地亂天荒事怎防。

【品令】逃生士民，在官道驛程傍。天色漸晚，陰雲黯穹蒼。忽忽正往，喊聲如雷響。各各奔走，都向樹林遮障。苟免偷生，瓦解星飛，子離了娘。

【豆葉黄】你一身眼下，見在誰行？我隨着個秀才栖身，他是我的家長。誰爲媒妁？甚人主張？人在那亂離時節，人在那亂離時節，怎選得高門廝對廝作平。當。

【眉批】

坊本重「我隨着個秀」五字，此戲本，非腔中正字也。

【三月海棠】你自想，甚年發迹窮形狀？怎凡人貌相，海水升量？非獎，陋巷十年黄卷苦，那時禹門三月桃花浪，一躍龍門，便把名揚，管教姓字標金榜。

【眉批】

「一躍」二句，正與《陳巡檢》内「只爲蒙嚴命，辦行程，肯教鴛侣兩離分」同。「只爲」二字襯字，但今做四字二句耳。

【五韻美】意兒里想，眼兒里望，望救取東君豔陽，與花柳增芳。全没些可傷，身凛凛如雪上加霜。更没些和氣一味基莽，鐵膽銅心，打開鳳凰。

【眉批】

此曲舊作《五韻美》，恐亦有誤。舊譜不收，新譜收入越調《五韻美》又一體。又云可入雙調，或亦非定説也。

【二犯六么令】前二句乃《六么令》也，後四句不知犯何二調。你是娘生父養，故逆親言，心向情郎。我向地獄相救轉，到天堂，怎下得撇在没人的店房？若是兩分張，管取潑殘生命亡。

【眉批】

《萃雅》無《二犯六么令》一曲，增一《六么令》云：「安心整舊妝，你且莫思蕭史行藏。父言母訓不尋常，休迷戀，那東床料他已效魚離網，料他已效魚離網。」不知何本，不敢從。

【玉交枝】哀告慈悲岳丈，可憐我伏枕在床。煎藥煑粥無人管，等待我三五日時光。全無些好言劈面搶，惡狠狠怒氣三千丈。只倚着官高勢强，只倚着官高勢强。

【江兒水】眼見得今朝去，直恁忙，相隨百步尚且情悒怏。何况我夫妻月餘上，怎下得霎時間如天樣？若要成雙，休指望。一對鴛鴦，生被跌天風浪。

【眉批】

「况我夫妻」，用仄仄平平妙，益見舊曲之多合律也。

【川撥棹】心相誑，更不將恩義想。無奈何事有參商，無奈何事有參商。父逼女，夫言婦傷。（合）苦別離，愁斷腸；兩分離，愁斷腸。

【眉批】

凡曲有疊句，皆腔宜如此，獨《拜月》刻本相沿重半句，是俗伶作態之誤。有以此爲關目之妙者，真説夢也。湯若士亦因而仿之，可笑。

【前腔】〔**換頭**〕男兒贖藥，把衣衫典當償，不能彀覷得你身體康。我和你再得成雙，我和你再得成雙，除死後一靈兒到你行。（合前）

【眉批】

換頭「覷得你」句，即前曲「更不將恩義想」一句也。原非疊句，時本于其上增兩「我不能勾覷」，大誤。

【前腔】休爲我相思損天常，緊攻書臨選場。我不道再娶重婚，我不道再娶重婚，你焉肯終身守孀。（合前）用江陽韻。

〔仙吕入雙調〕園林好　明珠記・送別　地籟

爲親事離家遠來，守住音幾番尷尬。幸喜得高堂意改，誰知道遇非灾，誰知道事難諧。

【前腔】綉幃裏幽恨滿懷，乍相逢欲將言解。爭奈他時光不待，相看處各痴呆，相看處淚盈腮。「呆」，借音孩。

【江兒水】迢遞關山苦，凄凉客館捱，都還了一段虛空債。這狂徒那曾把官軍敗，單打破我鴛鴦會，攪亂情山慾海。把花燭歸房，翻做了兵戈出塞。

【前腔】永別芙蓉帳，輕拋翡翠堆，去奔馳萬里塵沙界。前途千萬安心耐，須將薄命同挈帶，休得偷生違背。但願天意周全，一路平安自在。

【五供養犯】犯見前。孤身無奈，久受深恩臨危怎推。便教肢體碎，怎把舊盟乖。死則同埋，生則同車共載。只愁衝暑氣，瘦損玉肌胎，若得重逢瘦損何害。

【前腔】潛行關隘，好用心機謹避虎豺。金珠須密護，他是害身媒。炎蒸堪畏，好好加餐自愛。休將書卷廢，留待桂花開，若得重逢何必要官階。

【玉交枝】明珠無賽，荷佳人分賜不才。看那恩光照耀行裝外，綴向領巾長戴。情多不敢把手擡，意深肯爲千金賣。怕書生無福受財，怕龍神無端見猜。

【前腔】明珠堪愛，正相從把他拆開。願他年合浦重相會，一對團圓常在。撫摩如見妾體材，依栖常繫郎巾帶。休教他塵埃暗埋，休教他孤單自回。

【川撥棹】辭鸞鏡別鳳釵，出龍城衝虎砦。料此去故國難來，料此去故國難來，料此別禍福難猜。望斷京華甚日回，虚受名擔禍胎。「砦」，叶齋，去聲。

【前腔】徒跣千官哭草萊，萬户傷心散滿街。早知道好事難諧，早知道好事難諧，到不如不遇裙釵。喜無多怨滿懷，受虚名擔禍胎。

【尾聲】佳期此去何時再，但願民安國泰，那時同返鄉園重斟合巹杯。用皆來韻，内「回」字犯齊微。

〔仙吕入雙調〕園林好　連環記·忠謀　地籟

你長吁氣在荼蘼架邊，有所思過牡丹亭畔，何處追尋劉阮。這裏是百花園，休錯認武陵源。

【嘉慶子】偶來拜月還自遣，端不爲麗情相牽。不忍見爹行愁臉，因此上告蒼天，凡百事遂心田。

【眉批】

第二句字句皆拘，説見《拜月亭》「一雙母子何所傍」曲上。

【尹令】蒙養育深恩眷戀，教技藝安居庭院，幾曾把奴凌賤。自小親隨，嫡女相看已有年。

【品令】爹行爲何，鎮日眉攢？形容憔悴，有時淚雙懸。莫非國難籌運除奸險，奴不敢問，只禱告蒼穹憐念。武偃文修，免得忘餐寢不安。

【豆葉黄】這國家大事兒女休言，看多少元宰勳臣無計把奸雄驅遣。任他圖篡，有誰擅言？你是個閨門弱質，你是個閨門弱質，怎解得君憂黎民倒懸。

【玉交枝】不須愁嘆，獻芻蕘乞採奴言。論來男女雖有別，儘忠義一般休辨。西施與越敗吴邦，緹縈救父除刑憲。倘用妾決不畏難，這賤軀，何惜棄捐。

【六么令犯】首二句似《六么令》，然少一字，中四句不知何調。肯爲國家排難，頓教人憂懷放寬。念君臣有壘卵之危，時刻熬煎，百姓有倒懸之苦，不能瓦全。**【梧葉兒】**枉把你埋冤，恕急遽言詞倒顛。

【眉批】

《萃雅》改此曲爲《六么令兒》，云：「憂懷頓寬，仗你潛謀掃蕩腥羶，眼見得禍結兵連。纍危卵，恐難全。果有忠肝，念取蒼生倒懸。」以前五句《六么令》，後二句《梧葉兒》。然《六么令》第三句亦拗，蓋亦以舊曲犯調不明而改之，不知已亦未合也。

【江兒水】奪篡機謀遠，助惡羽翼聯。也曾令人暗刺，反失純鈎劍。諸侯合陣空勞戰，權把你做紅裙女陣生機變。你可就中取便，反間他父子分顔，方遂我平生之願。

【川撥棹】將奴獻，便隨機行反間。向與你玉斷連環，今可驗計設在連環。你若泄漏風聲，我當滅門罪愆。不須憂，請放寬，領奇謀當曲全。

【尾聲】陰柔用事消陽健，重把山河來建，遠大奇功達九天。用韻雜。

〔仙吕入雙調〕銷金帳　拜月亭·驛過　天籟

黄昏悄悄，助冷風兒起。想今朝，思向日，一似這般時節，這般天氣。羊羔美酒，美酒銷金帳裏。世亂人荒，遠遠離鄉里。如今怎生，怎生街頭上睡？

【前腔】初更鼓打，哽咽寒角吹。滿懷愁，分付與誰？遭逢這般磨折，這般別離。鐵心腸打開，打開鸞孤鳳隻。俺這裏恓惶，他那裏難存濟。翻覆怎生，怎生獨自個睡。

【前腔】鼕鼕二鼓，敗葉敲窗紙。響撲簌，聒悶耳。難禁這般蕭索，這般岑寂。骨肉到此，到此伊東我西。去又無門，住又無依倚。傷心怎生，怎生街頭上睡？

【前腔】三更漏轉，寒雁聲嘹嚦。半明滅，燈火煤。尋思這般沉疾，這般狼狽。相別到今，到今吉凶未知。冷落空房，藥食誰調理？床兒上怎生，怎生獨自個睡？

【前腔】樓頭四鼓，風捲簷鈴碎。略矇眬，驚夢回。娘女這般相逢，這般重會。颯然覺來，覺來孩兒那裏？多少傷悲，多少縈牽繫。教人怎生，怎生街頭上睡？「颯」音撒。

【前腔】五更又催，野外疏鐘急。算通宵，幾嘆息。一似這般煩惱，這般孤恓。一身苟活，苟活成得甚的？俺這裏愁煩，那壁廂長吁氣。聽得怎生，怎生獨自個睡？用齊微韻，內「紙」字、「耳」字犯支思。詞隱生曰：「此曲諸闋佳處，人皆知之，然其神采，在十二個這般上。」

〔仙呂入雙調〕忒忒令　琵琶記·拜托　天籟

你讀書思量做狀元，我只怕你學疏才淺。只是《孝經》《曲禮》，早忘了一段。却不道夏清與冬温，昏須定，晨須省，親在游怎遠？「晨」音陳。

【眉批】

「《孝經》《曲禮》，早忘了一段」，此句法今人多用七字句，如「楚雪深鎖黃金闕」之類，不便下板矣。

【前腔】我哭哀哀推辭了萬千，他鬧炒炒抵死來相勸。將我深罪，不由人分辨。他道我戀新婚，逆親言，貪妻愛，不肯去赴選。

【沉醉東風】你爹行見得好偏，只一子不留在身畔。他只道我不賢，要將你迷戀。這其間怎不悲怨？合爲爹淚漣，爲娘淚漣，何曾爲着夫妻上意牽？

【眉批】

「夫妻上意牽」或作「夫妻意上掛牽」，非。

【前腔】做孩兒節孝怎全？做爹行不從幾諫。也不是要埋冤，形隻影單，我出去有誰來看管。（合前）用先天韻。內「段」字、「畔」字、「管」字犯桓歡，「諫」字、「單」字犯寒山。

〔仙呂入雙調〕忒忒令　西厢記·游殿　人籟

隨喜到僧房古殿，瞻寶塔將回廊繞徧，參了羅漢拜了聖賢。行過法堂前，正撞着，五百年，風流孽冤。

【園林好】偶喜得片時稍閑，且和你尋芳自遣，那鸚鵡在籠中巧囀。驀聽得有人言，須索要自回還。

【前腔】顛不剌見了萬千，似這般樣龎兒罕見，好教人眼花撩亂。口難言他掩映並香肩，只將那花枝笑撚。

【眉批】

第三句依腔多「口難言」三字，第五句六字多不合，即以視前曲亦不倫矣。《南西厢》之可笑類然。

【皂羅袍】笑折花枝自撚，惹狂蜂浪蝶舞翅蹁躚。幾番要撲展齊紈，飛向錦香叢里教我尋不見。又被燕銜春去，芳心自斂。怕人隨花老，無人見憐，將輕羅小扇遮羞臉。

【江兒水】這里是兜率院，休猜做離恨天。看他宜嗔宜喜春風面，弓樣眉兒新月偃，未語人前先靦腆。恰便似嚦嚦鶯聲花外囀，解舞腰肢，似垂柳在風前嬌軟。「率」音律。

【皂羅袍】行過碧梧庭院，步蒼苔已久濕透金蓮。紛紛桃李鬥争妍，雙雙瓦雀行書案。又被燕銜春去，芳心自斂。怕人隨花老，無人見憐，臨風不覺增長嘆。

【川撥棹】若不是襯殘紅芳逕軟，怎顯得步香塵底樣淺。休提他眼角留情，休提他眼角留情，只這脚踪兒將心事傳。風魔了張解元，似神仙歸洞天。

【眉批】

「將心事傳」，句法及字皆合，而節差，唱者知之。

【前腔】〔**換頭**〕門掩梨花深小院，粉墻兒高似青天。玉佩聲看看漸遠，玉珮聲看看漸遠，空教人餓眼望將穿。怎當他臨去秋波那一轉，便是鐵石人也情意牽。

【意不盡】東風摇拽垂楊綫，游絲牽惹桃花片。争奈玉人不見，將一座梵王宫疑是武陵桃源。用先天韻，内「斂」字、

「臉」字犯廉纖。善於用襯字者，不亂其節，即多亦無礙。《南西廂》既不能裁翦，而又不顧音節，往往不便歌者，然無如時人之競歌之，拗腔以隨曲，又一可笑也。此北劇首折，佳境無限，檃括點竄，要不甚難。而此改南者，伎倆如此，不堪作奴，只一尾聲，而醜態具是矣。

〔仙呂入雙調〕沉醉東風　綉襦記·剔目　人籟

你且對青燈開着簡編，須勵志莫辭勞倦。坐待旦竟忘眠，乾乾黽勉，如與那聖賢對面。(合)鳶飛戾天，魚躍在淵。察乎天地，道理只在眼前。

【前腔】看詩書不覺淚漣，這手澤非爹批點。想熊膽苦參丸，是娘親曾勉，虧殺你再三相勸。(合前)

【江兒水】刺音七。綉拈針綫，工夫自勉旃。謾配勻五彩文章炫，似補袞高才將雲霞翦，皇猷黼黻絲綸展。若論裙釵下賤，十指無能，莫逞芙蓉嬌面。

【前腔】你聽玉漏催銀箭，金猊冷篆烟。奈睡魔障眼精神倦，紅樓猶把笙歌按，倒金尊秉燭通宵宴。掩卷情懷撩亂，聽聲徹檀槽，想是曲罷酒闌人散。

【玉交枝】你文章不看，口支離一剗亂言。爲何頻顧殘妝面？不思量繼美承前。見你秋波玉溜使我憐，一雙俊俏含情眼。你不用心玩索聖賢，却爲妾又垂青盼。

【前腔】且把書來收捲，我拚一命先歸九泉。把鸞釵剔損丹鳳眼，羞見你不肖迍邅。涓涓血流如湧泉，漘漘却把衣沾染。今始信，望眼果穿；却教人，感傷腸斷。

【玉抱肚】我在冥途回轉，尚兀自心頭火然。你還只想鳳友鸞交，焉得造鷺序鵷班？我向空門落髮，你休得再胡纏。紙帳梅花獨自眠。

【川撥棹】明日別，朝金殿，把胸中經濟展。論所學達者爲先，論所學達者爲先，早成名吾心始安。不成名誓不還，不成名誓不還。

【尾聲】孤幃再把重門掩，不堪離恨寄冰弦，斷雨殘雲思黯然。用先天韻。內「點」字、「染」字、「掩」字犯廉纖，「丸」字、「亂」字、「斷」字犯桓歡，「按」字、「看」字、「眼」字、「盼」字、「班」字、「安」字、「還」字犯寒山。若「還」字音旋，亦是本韻。元曲用「四書」句不少，非恰好，即雙關，又或故掉書袋，以尖酸作俏語耳。若此妓館讀書，而直用「鳶魚」等句，則太舛腐不倫矣。前後詞境亦不惡，不知何以忽出此。

〔仙呂入雙調〕朝元令　琵琶記·行路　人籟

晨星在天，早起離京苑。昏星粲然，好向程途趲。水宿風餐，豈辭遥遠？要盡奔喪通典，血淚漫漫，天寒地坼行步難。回首望長安，西風夕照邊。（合）洛陽漸遠，何處是，舊家庭院？舊家庭院？舊本作「陳留名縣」。

【眉批】

第一隻乃本調；第二換頭，依舊譜注明；第三、第四換頭，各比第二換頭不同，今悉查注。《香囊記》不知其説，而概與第二曲同，其見遠出《荆釵》下矣。

【前腔】〔第二換頭〕**【五馬江兒水】**凛凛風吹雪片，**【朝天歌】**彤雲四望連，行路古來難。相看淚眼，血痕衣袖斑。

【朝元令本調】請自停哀消遣，幸夫婦團圓。把凄凉往事空自嘆。平聲。曲澗小橋邊，梅花照眼鮮。（合前）

【前腔】〔第三換頭〕**【五馬江兒水】**念我深閨嬌眷，麻衣代錦鮮，崎嶇不慣。萬水千山，素羅鞋不耐穿。**【朝天歌】**

誰與我承看，老親衰暮年。有日得重相見，淚珠空暗彈。【朝元令本調】何處叫哀猿？饑烏落野田。（合前）【前腔】〔第四換頭〕【五馬江兒水】好向程途催趲，漁翁罷釣還。【柳摇金】聽山寺晚鐘傳，路逐溪流轉。【朝天歌】前村起暮烟，遥望酒旗懸。【朝令本調】且問竹籬茅舍邊，舉棹更揚鞭，皆因名利牽。（合前）用先天韻。内「趲」字、「餐」字、「難」字、「安」字、「眼」字、「班」字、「嘆」字、「慣」字、「山」字、「看」字、「彈」字、「還」字俱犯寒山，「漫」字犯桓歡。此套舊本《琵琶記》有之，爲舊譜所收，音律和協，非淺學所能撰也。詞隱生亦賞其與《荆釵記》相合，而猶疑其非高則誠筆，其所考正《琵琶記》，不敢收之，當亦惑于時本之皆無耳。此《朝元令》祖調，或作《朝元歌》，非也。此調惟行路最宜，故諸家戲曲，往往襲用之。獨《玉簪記》「長清短清」忽以爲兩人酬應之曲，其不合也甚矣。況四曲皆用本調，而無換頭乎？録此以存典刑，不及其餘者，亦以此調不甚宜于清唱也。

〔仙吕入雙調〕金犯令　彩樓記·愁思　天籟

【四塊金】紅妝豔質，今日多僝僽。家鄉縹緲，對景空回首。【五馬江兒水】懊恨爹行，下得毒手，把奴推出門去，做場出醜，如今到此不自由。【朝元令】金風冷颼颼，寒蛩已暮秋。【柳摇金】月掛銀鈎，雁過南樓，寒窗冷落獨自守。

【眉批】

此即舊譜中所收《林招得傳奇》《金犯令》也，亦名《攤破金字令》，犯法無一不合者。詞隱生另收此爲《攤破金字令》，以上半爲《淘金令》，「頭金風」以下爲無考。不思《淘金令》原係《四塊金》頭而犯《五馬江兒水》者，概云《淘金令頭》既非，而「金風」二句是《朝元令》，「月掛」三句是「柳摇金」，合之前亦金字牌名，故義取

《攤破金字令》耳。有何難見？乃於《林招得》則注之，於此則云不知何調？何騎驢覓驢耶！

【夜雨打梧桐】題有「梧」字，而句法板眼俱確，其犯法無可疑。但《梧葉兒》、《水紅花》二調在商調，故人不知察耳。【梧葉兒】梧桐樹，一葉秋，寂寞幾時休。【水紅花】轉添愁，又是黄昏時候。【五馬江兒水】萬木凋零將盡，不覺恨鎖眉頭，娘行漫將珠淚流。【桂枝香】嘆奴家命薄，命薄天還知否？和天也瘦。恨悠悠，悄一似湘江水涓涓不斷流。詞隱生止以末後三句似《桂枝香》，餘不知犯何調，《萃雅》亦然。今查正。其「命薄」二字，譜以爲襯字，不知此即叠句也。然不欲竟增，姑仍之。用尤侯韻。《萃雅》以前曲爲《金水令》，非也。《彩樓記》此後又有《金水令》一曲，附載以俟考。

金水令

【五馬江兒水】憶昔繁華如夢，無心憶舊游。盡老百年歡笑，同效鸞儔，共伊家諧鳳偶。【柳摇金】感娘子志誠，兩意相投。共你雙雙厮守，盡老綢繆，天長地久不暫休。詞隱生曰：「此曲後或將前『金風冷颼颼』以下五句合唱。」未知是否。

附録《林招得傳奇》金犯令（分注依譜。）

【四塊金】一心告天，願我無疾恙；一心告神，願我無灾障。【五馬江兒水】暗想花陰遇着情郎，爲他身貧家窘，贈與資裝，誰知到今成禍殃。【攤破金字令】虔誠拜三光，虔誠祝上蒼。表我真心，訴我衷腸，瞻星望月一炷香。此與前曲無異，則後段亦宜如前分注，而總名之，乃可。不應復以此後段獨分之爲《攤破金字令》也。若依此，則似《攤破金字令》别有本調在，而詞隱生遂因取前曲當之，誤矣。大略諸調不甚相遠，可以互犯，然作譜貴核其真，如此模糊，不誤後學耶？故歷爲考明之。

【眉批】

此即《五馬江兒水》一調，但無合後耳。詞隱生云：「此後半似《淘金令》。」夫《淘金令》後半，正《五馬江兒水》也，何憒憒耶。

〔仙呂入雙調〕江頭金桂　琵琶記・詢情　天籟

【五馬江水兒】怪得你終朝攧窨，只道你緣何愁悶深？教咱猜着謎謎，爲你沉吟，那籌兒没處尋。【柳揺金】我和你共枕同衾，瞞我則甚？自撇下爹娘媳婦，屢换光陰，他那裏須怨着没信音。【桂枝香】笑伊家短行無情忒甚，到如今，兀自道且説三分話，未可全拋一片心。

【眉批】

此《犯柳揺金》，亦依譜注實，即《五馬江兒水》一曲，《柳揺金》中無此也。「伊家短行」，本用《桂枝香》下半曲，從七句起，今人誤認爲第五句，遂疊唱一句，並詞隱生亦疑下半曲缺一句，而謂或高先生嫌其煩而删之，所謂得之千里，失之目前者也。向訂《琵琶》，亦踵其説，今查正。然既非疊句，則宜用韻，而此則借用耳。

【前腔】非是我聲吞氣飲，只爲你爹行勢逼臨。怕他知我要歸去，將你斯禁，要説又將口噤。我待解朝簪，再圖鄉任。他不提防着我，須遣我到家林，雙雙兩人歸晝錦。我雙親老景，存忘未審。只怕鴈杳魚沉，又不是烽火連三月，真個家書抵萬金。用侵尋韻。高先生用韻都雜，此獨用閉口險韻，能不失一字。

〔仙呂入雙調〕二犯江兒水　紅拂記·私奔　人籟

【五馬江兒水】重門朱户，恰離了重門朱户，深閨空自鎖。正瓊樓罷舞，綺席停歌，改新妝尋鴛侶。【朝元令】西日不揮戈，三星又啓途。【柳摇金】鸞馭偷過，鵲駕臨河，握兵符怕誰行來問取。【五馬江兒水】魏姬竊符，分明是魏姬竊符；鷄鳴潛度，討得個鷄鳴潛度，聽更籌戍樓中漏下玉壺。「戍」音庶。

【眉批】

詞隱生曰：「此曲本係南調，前輩陳大聲諸公，作此調者甚多。今《銀瓶記》亦作南曲唱，可証也。不知始自何人，將《寶劍記》唱作北腔，此後《紅拂》、《浣紗》而下，皆被人作北腔唱矣。然作者元未嘗以北調題之也。况北曲止有《清江引》，别名《江兒水》，與此音調絶不相同。予不自量，敢力正之。」

按既爲南曲，則不宜有叠句。今仍存□□□□□□□□□。

【前腔】公門將佐，我是個公門將佐，休猜做亡國虜。正懷揣着令旨，手執銅符，戴烏紗衣挂紫。寄語主更夫，何須竟夜呼。弦上醍醐，燈下氍毹，這時節向陽臺行雲雨。女中丈夫，不枉了女中丈夫；人中龍虎，正好配人中龍虎，不覺的喜孜孜來到草廬。雜用魚模、歌戈韻。内「紫」字犯支思。

〔仙吕入雙調〕二犯江兒水　寶劍記·自叙　人籟

梅花清瘦，這幾日梅花清瘦，多因别故友。自香肌憔悴，冷淡風流，比花枝兒還瘦的醜。身心似鶻鳩，看花面帶羞。到此淹留，夢繞魂游，畫眉郎不由人不提在口。宿緣罷休，怎教我宿緣罷休？愁懷依舊，愁懷依舊，頓不開愁懷依舊，把好姻緣做了寇仇。用尤侯韻。

【前腔】孤村茅店，恰離了孤村茅店，疏林淺水灘。過斷橋孤冢，古木含烟，趲行車馬途路兒遠。不須辨風帆，見白鶴兒伴彩鸞。鐘磬聲喧，松竹陰繁，出家人委實的心性懶。人間洞天，分明是人間洞天；上方佛殿，早來到上方佛殿，對金身好將我心願還。雜用先天、寒山、桓歡韻，「店」字犯廉纖。此調既以北腔久溷，而詞又脂粉下乘，本不宜存，特以其爲時所習尚，况既知爲南曲，不可不於此選中留此一調。學者勿仍以北曲視之，以失南選之意，則可耳。

附録

〔不知宫調〕三仙橋　琵琶記·畫容　天籟

一從他每死後，要相逢不能彀。除非是夢里，暫時略聚首。若要描，描不就，暗想像，教我未寫先淚流。寫，寫不出他苦心頭；描，描不出他饑症候；畫，畫不出他望孩兒的睁睁兩眸。只畫得他髮颼颼，和那衣衫弊垢。若畫做好容顏，須不是趙五娘的姑舅。

【眉批】

「若要描」者，言夢裏暫見，若描則難。時本改「若」作「苦」，且批云「若字不通」，不知何謂。

【前腔】我待畫他個龐兒帶厚，他可又饑荒消瘦。我待畫你個龐兒展舒，他自來長恁皺。若寫出來，真是醜，那更我心憂，也做不出他歡容笑口。只見兩月稍優游，他其餘都是愁。我只記得他形衰貌朽，便做他孩兒收，也認不得是當初父母。縱認不得是蔡伯喈當初爹娘，須認得是趙五娘近日來的姑舅。

【前腔】非是我尋夫遠游，只怕你公婆絕後。奴見夫便回，此行安敢久。路途中，奴怎走？望公婆，相保佑我出外州。他兀自没人看守，如何來相保佑？只怕奴去後，冷清清有誰來拜掃？縱使遇春秋，一陌紙錢怎有？你生是受凍餒的公婆，死做做絕祭祀的姑舅。用尤侯韻。內「母」字借魚模以叶猶可，至「掃」字犯蕭豪則不倫矣。豈「掃」字可依偏旁而叶「帚」字耶？高先生最喜借韻，故有此等耳。

〔不知宮調〕犯胡兵　琵琶記・煎藥　天籟

囊無半點挑藥費，良醫怎求？縱然救得目前，這飯食何處有？料應難到後，謾説道有病遇良醫，饑荒怎救？

【前腔】百愁萬苦千生受，妝成這症候。縱然救得目前，怎免得憂與愁？料應不會久。除非是子孝父心寬，方纔可救。用尤侯韻。

【眉批】

時本作「愁萬苦千恁生受」，以爲應後「萬千愁苦」，拘鄙可笑，且平仄俱拗。

〔不知宫調〕犯胡兵　紅拂記·閨思　人籟

芳郊春老紅英墜，行人那些。没來由爲着功名，忍使向天一涯，空自洒思君淚。儘教人極目望魚書，魚書不至。「涯」音奚。

【前腔】想長楊風掉青驄尾，長途怎支？悵空閨漸老，韶光闌干共倚時。曲曲傷心處，儘教人極目盼歸期，歸期不至。

【南吕香徧滿】幾多心事，拈香拜天都訴與。海月空驚人兩處，知它在那裏？榮枯事怎的？告蒼蒼須鑒知，好把人周濟。

【前腔】良人别去，春來冷落愁幾許。有故人秉燭西窗語，知它在那裏？吉凶事怎的？願蒼蒼默護持，早成他歸計。

【商調琥珀猫兒墜】殘紅零落，苔徑點胭脂。流水飄香不待時，多情空詠斷腸詩。腰肢，擔不起一腔春恨萬縷春絲。

【前腔】沉沉庭院，愁絶夜何其。被冷香消月上時，雲遮未放滿朱扉。蛾眉，鎖不住緑肥紅瘦柳寵花迷。

【尾聲】無端燕子銜春去，柳絮因風滿院飛，今夜還因攪夢思。雜用齊微、支思、魚模韻。

〔雜犯宫調〕六犯清音　玉簪記・憶遠　人籟

【梁州序】天涯人别，春風花信，眼前幾度驚心。衡陽鴈杳，不知他曾上青雲。【桂枝香】别館花驚發，離亭柳色新。【排歌】凄凄雨欲斷魂，夢中芳草是我意中人。【八聲甘州】望斷我雲堂何日開封字，望斷我錦帳通宵喜合簪。【皂羅袍】莫不是蕭條旅館，莫不留戀帝京，好教我常添縈挂，好教我偷將淚零，花飛又早紅成陣。【黄鶯兒】事關心，把金錢暗卜，猶恐涉游魂。雜用真文、庚青、侵尋韻。

〔雜犯宫調〕七賢過關　新合鏡記　人籟

【梧桐樹】雲收翠羽，深雪霽冰輪轉。影落空幃，冷逼香肌顫。【沉醉東風】北風又峭，光陰易遷，【五更轉】倏覺早梅，早梅浮香片。【香遍滿】你看瓊稍弄影，月蘂尚依然。【金絡索】縱有飛花粉額羞重點，教我枉自斷王孫想故園。（合）【皂羅袍】謾把綉囊偷覷，寶鏡難圓。【渡江雲】只落得孤館蕭蕭人未眠。「顫」音戰。

【眉批】

此犯調亦《萃雅》所主，《金絡索》二句，亦係雙犯《東甌令》、《針綫箱》者，「謾把」二句不似《皂羅袍》，次句平仄更拗，頗似《柳摇金》耳。《月雲高》末句則《渡江雲》也，亦宜注明爲是。

【前腔】遥峯玉礙屏，遠樹銀捱面。昡轉横空，遮不住鄉心遠。去家萬里，羈因數年，却嘆此身，此身無撩亂。懊恨鴛鴦，曾鎖黄金殿。想臨春門寵事三千，怎肯爲着他人整翠鈿。（合前）

【前腔】空聞急管催，不見薰籠暖。十二巫峰，冷落行雲斷。旅魂正黯，相思病纏，待把彩毫，彩毫題紅怨。怕透體憂愁，寫不盡桃花扇。只有靈犀一點，路阻杳難傳，枉教我兩地分離一夢牽。（合前）

【前腔】青蛾畫手開，粉靨東皇眷。今日瘦損腰肢，也只爲着干戈變。寶花霧慘，宫花露濺，一似曉風，曉風飄殘茜。恨染羅裙，已覺香蕪淺。和你銀屏對倚，淚臉兩空懸，兀的是雨打梨花慘暮烟。（合前）「茜」，倉綫切。

【尾聲】春蠶到老猶存繭，萬縷千絲更可憐，直待分付與今生未了緣。用先天韻。內「亂」字、「暖」字、「斷」字犯桓歡，「點」字犯廉纖。

〔雜犯宫調〕七犯玲瓏　明珠記·宫怨　人籟

【香羅帶】秋雲淡淡横，凄凉父子情。回頭在望斷孤雲影，【金梧桐】冷落彩衣輕。他平昔英雄志，翻成憔悴形。【水紅花】嘆人生，前程不定。萬里雲霄得意，一旦網羅嬰。【皂羅袍】恨浮塵偏掩日光晶，想春風何日吹枯梗。囚鸞檻鳳，人意怎平！飛霜下雹，天心自明。【桂枝香】耿耿孤忠在，悠悠怨氣騰。【排歌】心空切，救不能，夢魂長繞夏臺城，【黄鶯兒】怎得似緹縈。

【眉批】

《金梧桐》三句，《明珠記》及《萃雅》俱注作《梧葉兒》，謬也，板亦差，今正。

【前腔】秋花點點馨，添人憶遠情。當年折桂客多豪興，到今日桂飄零。他在天涯路，存亡信未憑。憶賢甥，風流奇俊。從幼嬉游繞膝，一日受伶俜。想饑寒何處度餘生，怕時乖陷入兵戈境，功名有分，雲程未騰。琴書無恙，春闈早登。何日重相見，還須續舊盟。關山冷，雨雪清，生來富貴幾曾經，彈鋏向誰庭。【前腔】秋梧颯颯鳴，偏傷慈母情。便逢着春色也添愁症，怎禁聽落梧聲。怕他傷心劇，假歡顏順承。淚偷傾，悄聲溫清。争奈西山薄日，不肯爲人停。怪萱花不耐雪侵凌，恨西風偏重殘燈影。全家遭難，猿愁鶴驚。故園無主，蛙鳴草生。説着傍人慘，交他淚怎不零。深宫杳，綉户扃，何年鷹隼脱金鈴，古鏡得重明。【前腔】秋荷片片輕，渾如弱女情，西風把紅豔都吹净。冷落小池萍，裊裊嬌羞態，怎禁風浪撑。正青春，膩胭香頸，只合深藏畫閣，早遂鳳和鳴。怎教人寂寞守長門，盼羊車不到蒼苔徑。上林春信，望斷雁翎。小窗明月，懶吹鳳笙。迢遞秦樓約，淋漓湘竹凝。臨愁鏡，倚悶屏，畫眉無處覓張卿，烟靄隔重城。用庚青韻。内「俊」字、「春」字借真文。

〔雜犯宫調〕十二紅　西厢記·會合　地籟

【醉扶歸】小姐小姐多丰采，君瑞君瑞濟川才，一雙才貌世無賽。【八聲甘州】堪愛，愛他每兩意和諧。【沉醉東風】一個半推半就，一個又驚又愛；【傍妝臺】一個嬌羞滿面，一個春意滿懷；好似襄王神女會瑶臺。【永團圓】花心摘，柳腰擺，露滴牡丹開，香恣蝶蜂採。【皂羅袍】一個斜欹雲鬢，也不管墮却寶釵；一個掀翻錦被，也不管凍却瘦骸：今朝勾却相思債。【江兒水】更不管紅娘在門兒外，教我無端春興倩誰排。【玉交枝】只得咬定羅衫耐，猶恐夫人驚覺來，【望吾鄉】將好事番成害。【排歌】將門叩，叫秀才，忙披衣袂把門開。低低叫，叫禍胎，莫貪餘樂惹非灾。【包子令】看看月上粉墻來，【黄鶯兒】莫怪我鬧情懷。用皆來韻。

【眉批】

此《二犯傍妝臺》兩句，乃《皂羅袍》也。「排」字宜仄。《玉交枝》二句亦不合。

〔雜犯宮調〕一秤金　牧羊記・勸親　天籟

鷄鳴初起，入厨調理。兒夫曾付托蘋蘩，侍奉高堂甘旨。勸娘親放懷，略略嘗滋味。這粥湯尤更美，香甜軟白，似雪飄匙起。加餐飯是便宜，勸娘親休得怨别離。願夫君及早便回歸，嘆光陰如逝水，親骨肉在天涯，倚偏門閭信音稀。草連天把王孫路迷，塵土生羅綺。腰帶寬肢體，愁見園林燕子歸。羞睹鳧雛，傍母頻栖。嘆人生是怎的，傷懷抱淚珠垂。聽啓，休得吁氣，算悲歡離合古今如斯。傷悲，嘆孤身老矣，風中燭難存濟，膝下無兒戲斑衣。孤幃裏冷凄凄，雲雨情慳兩東西。把金錢暗卜無歸意，惜分飛怕見燕鶯期。不如歸去，愁聽子規啼，要相逢知幾時。邊事未期，揚鞭仗節何時跨馬還鄉里。倚危樓凝望，雲山萬叠人千里，這相思甚時已。

【眉批】

詞隱生曰：「此調必是十六調合成者，故名。」但前五句分明是《桂枝香》，以後俱未知何調，今人皆訛以傳訛唱之，點板亦皆不同，難信也。

時刻《牧羊記》，以「光陰如逝水」下作《紅林檎》、「聽啓」至「幾時邊事」至末，皆爲前腔。查《紅林檎雙調》，與此絶異，妄耳，不足信也。

【尾聲】願行人重相會，似長江深漾鐵毬兒，永遠團圓直到底。用齊微韻，内「旨」字、「斯」字、「時」字、「兒」字，借支思。

小令

〔仙吕〕二犯桂枝香　還帶記·閨思　地籟

【桂枝香頭】良人出外，妾無聊賴，厨中桂玉蕭條，白日裏空擔饑餒。【四時花】愁懷，千堆萬積擺不開，焦心苦腸無可奈，累殺人窮骨骸。【皂羅袍】頭何曾戴玉簪寶釵，脚何曾躧羅襪綉鞋。【桂枝香尾】富貴終須至，休嫌嫁秀才。「躧」，篩上聲。用皆來韻，内「餒」字犯齊微。

【眉批】

前散曲，凡單調雖有數曲，而時或每曲更韻，故皆入小令。今戲曲往往以數曲成套，難以概作小令，故凡有二曲者，皆入前選，此止録單詞。

〔仙吕〕月兒高　錦香亭　天籟

看遍閑花草，争如自家好。這樣風流事，那個人不好？才子共佳人，如今正年少。看他筵席上，兩處傷懷抱。

【眉批】此《月兒高》本調也，《荆釵記》亦同，其餘皆犯別調矣。《拜月亭》「喊殺連天」一曲，亦少異。然舊譜云《攤破月兒高》，或亦非本調也。

〔仙吕〕月上五更　還魂記　天籟

【月兒高】堦下蛩聒絮，聲聲透奴耳。壓倒遮掩風，逕入奴衣袂。只有一盞孤燈，常來照着耳。【五更轉】教奴怎不心焦碎，受此饑寒，誰人憐濟。驀聽得窗外厢芭蕉雨，淅瀝颯剌一似奴流淚。雨有休時，淚珠無止。「剌」音蠟。用韻雜。此係沈譜所載，非湯臨川之《還魂》也。曲甚有古意，録之。

〔羽調〕金鳳釵　章臺柳　地籟

和風扇，柳蕩烟，似我愁眉常斂。梨花帶雨盈盈，他也學人淚臉。愁嫌，翩翩粉蝶穿綉簾，呢喃燕兒語畫簷，使離人愁轉添。守香閨綉針懶拈，尋芳倦將花草沾。閨冗愁兼，盡將人拘檢。你那裏争知，因伊病得懨懨。用廉纖韻。險韻一字不漏，且平仄穩妥甚精，想有全套，無從獲睹，僅于譜中得此一曲，亟録之。

【眉批】與《四時花》、《勝如花》皆大同小異。

〔正宫〕錦纏樂　白兔記・回獵　天籟

【錦纏道】望蘆葭，淺草中分圍跨馬。見一個白兔兒在面前過，趕到前村柳陰之下。【普天樂】見一個婦女身落泊，跣足蓬頭吃折挫。他説被兄嫂日夜沉埋，他行行淚洒，口口聲聲只怨劉大。用韻太雜。

〔正宫〕錦纏道　千金記・豪嘆　地籟

把英雄都付與淮河水流，髮竪睁雙眸，禍來時教人平白無由。我自有志排雲氣冲斗牛，難道與煞無徒惡少成讐。今日裏且含羞，我胸中有森羅甲胄。從龍奮九州，管教他車前伏首，記男兒談笑覓封侯。用尤侯韻。

〔正宫〕普天樂　琵琶記・請糧　天籟

兒夫一向留都下，只有年老的爹和媽。弟和兄更没一個，看承盡是奴家。歷盡苦誰憐我？怎説得不出閨門的清平話？若無糧我也不敢回家，豈忍見公婆受餒。嘆奴家命薄，直恁摧挫。「兒」字上增一「我」字，將「一向」作襯，方是《普天樂》正體。雜用家麻、歌戈、魚模韻。「餒」字齊微，尤不通也。

【眉批】

《普天樂》宜六字起，故譜取《拜月亭》「氣全無愁難語」一曲，自此用七字而後，作者皆然矣。

第二句用六個字乃妙，如散曲「從別後多顛倒」是也，故此只宜襯「只有」二字。

〔正宫〕普天樂　西廂記·自嘆　天籟

再休提春宵一刻千金價，準備着寒窗再守十年寡。猜詩謎羞了社家，尤雲殢雨休夸。莫指望西廂月下，山障了拂墻花枝低亞。偷香手做了話靶，參不透風流調法，這淫詞早已折罰。用家麻韻。

【眉批】此第二句用七字句，如《拜月亭》「兩頭來往到千百步」一例。

〔正宫〕普天樂　綉襦記·怨别　天籟

想玉人飄泊歸何處？全没有半句可嚀語。約先行吾當隨至，誰知半路抛離。嘆烏鵲無棲止，好教我踏枝不着空歸去。燈半滅，我也羞照愁眉。漏滴盡，猶垂珠淚。早知如此，何不步步追隨。雜用齊微、支思、魚模韻。

【眉批】舊摘似《劉潑帽》句法，今正。

〔南吕〕綉太平　韓玉箏　人籟

【綉帶兒】東風扇花紅柳緑，流鶯對語如簧。游蜂粉蝶雙飛，觸目對景恓惶。【醉太平】堪傷，聲聲杜宇怨春忙，轉教我悶懷難放。自從分散，在花前共誰淺斟低唱？用江陽韻。

【眉批】

首句宜用韻。

〔南吕〕鎖窗寒　鄭孔目　地籟

前回入馬歡娱，效鶼鶼諧比目。一雙兩好，世間全無。鴛幃綉閣，不離一步。誰知有這般情苦。此行須是早回歸，共樂百歲夫婦。用魚模韻。

【眉批】

第二句用六字，乃正體，與《琵琶》「不曾許公與卿」合。他如《荆釵》、《金印》皆用七字句矣。「此行」句用七字，他曲亦多用字者，非。

〔南吕〕楚江情即《羅江怨》。　灌園記・製衣　人籟

深閨更漸闌，寒衣漸添。想原空野曠人苦寒，霜威透户愁怎眠也。綈袍堪戀，輕衫尚單，懸鶉百結誰見憐。有甚麽舊物青氈，寒入難遮掩。授衣期已愆，待解衣寬窄未諳。含羞難上難，因此上挑燈不惜拈針綫。犯注見前「一更夜氣清」内。用韻甚雜。

【眉批】「舊物青氈」以下，《一江風》也。則「授衣期已愆」下，可重一句。而此多「待解衣」一句者，爲刻「一更夜氣清」者「紅鴛被怎温」下復有「紅鴛被怎生樣温」所誤也。

〔商調〕集賢賓　西厢記・暗約　人籟

淡雲縹緲籠月華，似紅紙護銀蠟。絲絲嫩柳垂簾下，緑莎茵鋪着綉榻。良宵美約，庭院静花枝低亞。他是個女孩兒家須索要温存摩弄，休猜做敗柳墻花。「莎」音梭。用家麻韻。

【眉批】襯字無多至此者，帶白則可。今歌者同作腔，其失千里。

虬髯翁

孔祥義 標點

説明

《虬髯翁》，收沈泰輯刻《盛明雜劇二集》。清姚燮《古今樂考》著録，全名《虬髯翁正本扶餘國》，並引汪㮣評語實爲《盛明雜劇》編者所評謂「初成劇真堪伯仲周藩，非復近時詞家可比」。評價是較高的。《盛明雜劇》本題「西湖彦雯汪㮣評」、「武林大師沈維垣、士張穆四維閲」，該評者和閲者生平皆不詳。評語僅七條，均冠于眉端。圖二幅，正文每半葉九行，行二十字。書縫書「虬髯翁」。

目録

虬髯翁

吴興初成凌濛初譔
西湖彦雯汪　　槤評

武林　大師沈維垣
　　　士張穆四維　閲

正名　李衛公家緣省氣力，唐天子江山争不得。
　　　莽道人望氣太原郡，虬髯翁正本扶餘國。

第一齣

（雜扮道士上）家舍從來方外地，袈裟重染陌頭塵。道人原不求名利，名利何曾繫道人？自家海上埋名一個道人，少習孤虚旺相之術，頗讀讖緯捭闔之書。俺前日雲游到中國，推算定數，不日將亂，主有真天子出世。尋訪多時，遇着俺張兄虬髯翁，他龍行虎步，是個王者之相。兼他英豪無雙，又加俺機謀莫測，那怕大事不成！一面屯集糧草，招納賢豪，光景已有八九分了。只是近日望氣，見太原地面，祥雲籠罩，紫霧騰涌，此中若更有真人，這事可不决撒了也！俺因此别了張兄，一路訪問消息，約他在汾陽橋相等。俺須索走一遭去。（下。冲末同旦上）自家姓李，名靖，字藥師，京兆三原人也。這娘子姓張，元是楊越公家中紅拂妓，只因俺越公府中獻策，他識得俺是個好漢子，逕假作男妝，賺出侯門，奔俺寓所。俺思想若待納他來，越公見俺甚是欽重，功名唾手可得，怎的撇下去了；若待不納來，憑着俺的本事，那處不討得些榮華富貴，到爲些小事情，辜負這娘子識英雄的心事！况且那顯得俺男兒漢志氣。因此上换了衣裝，連夜逃遁。俺曾在太原見州將李世民，是個真命天子，一向要去輔佐他。恰好俺的故友劉文靖也在他門下，今同了娘子投奔他處，圖個出身，可不是好？一路行來，此乃靈石地方，有一座酒務兒在此。娘子，俺每買早飯吃了去。（旦）官人見的是。（冲）酒保那裏？咱每買早飯吃的。（内應）官人、娘子請坐，早飯就來。（冲）娘子，你自梳頭，咱喂那馬兒去。（虚下）（正末扮虯髯翁騎驢上）三尺龍泉萬卷書，老天生我意何如？山東宰相山西將，彼丈夫兮我丈夫。則俺虯髯翁便是，俺自姓張，人見俺赤髯如虯，順口兒呼俺爲虯髯翁。咳！這些人那曉得行逕來！

【眉批】

初成諸劇真堪伯仲周藩，非復近時詞家可比，余搜之數載始得。值此集已告成，先梓其一，餘俟三集，奉爲冠冕。

看得榮華富貴爲小事，便能做出掀天揭地來。

〔仙吕〕【點絳唇】俺則爲四海烟霾，九重翠蓋，將傾敗。捷足高材，此際可便難寧耐。

【混江龍】鐵圍般世界，没些兒福分怎應該？想當日也是刀尖兒上衣食，馬背兒上生涯。費多少苦争惡戰，帶些個鬼使神差。投至得稱孤道寡施張盡，全是那渴飲飢餐掙挫來。到今日江山坐享，竟不念父祖裁劃，一意兒七差八拗，儘情兒數黑量白。造迷樓分明是高築起是非堆，開汴河分明是生掘着兵戈海。弄的個人人思亂，處處生灾。

【眉批】

只此二語，隋煬罪案如（批「造迷樓」二句）。

【油胡盧】因此上俺蓋世英雄大會垓，心内揣，乘機兒出落那棟梁材。看霎時把錦綉乾坤改，索先期把神巧機關待。將蒼龍闞信步登，上天梯平地擺。（作馳驟介）少不得大將軍八面威風大，聖天子顯那的百靈來。

【天下樂】怎肯做一事無成兩鬢衰，時也波哉，不再來。那些兒留得個青山在，躧着脚干甚忙，空着手使甚乖。怎做的井底蛙，窺大海？

說話之間，已到了靈右地方也。叫店家，看了驢兒，咱待歇息一會兒。（作見旦梳頭介，云）呀！是好一個女子也。

【哪吒令】顛不剌見來，少這般稔色。總莊家扮來，是豪門氣色。（作欹枕斜眠介）且從容睡來，看他每意色。（冲末上，見介，背云）這漢子好無理！怎的偷覷俺渾家，待去與他鬧一回。（作拔劍走近，旦摇手，冲末復納劍退立看介。旦作梳頭完走向末問介）妾身僭問客官上姓？（末作起答介）俺姓張。（旦）慚愧也！妾身也姓張，五百年前共一家。妾身合爲妹子。哥哥受了禮者。（拜末，末驚答介。末）好熱莽他認了親，厮呼唤咱占了采，管不是以下裙釵。

（旦）妹子敢問哥哥第幾？（末）第三。（旦）是三兄。（末）妹子第幾？（旦）最長。（末笑舉手介。云）今多幸逢一妹。（旦招冲末介）李郎，來見三兄。（冲末見末介。冲）兄長上姓？（末）俺自姓張，人見俺赤髯如虬，則叫俺做虬髯翁。兄長上姓？（冲末）小生姓李，名靖。（末）這名兒聞得好熟也。

【鵲踏枝】暢奇哉，好開懷，恁灌耳雄名，奕世良材。厮仰望多年，也那數載。這相逢，夙世應該。

【寄生草】向胡床環坐罷，把家常漫問來。這煮的是甚麽肉？（冲）是羊肉，將次熟了。（末）俺飢了，可取些胡餅來吃。（冲取餅介）餅已在此，羊肉也熟了。（末拔劍切肉介）切羊羔也用的着青鋒快，啖胡餅也充的俺飢腸債，少香醪也難着俺豪人耐。（冲）酒肆就在西邊，叫店家取來就是。（雜送酒上）官人每，酒在此。（冲送末介）張兄請酒。（末接酒指旦問冲）李郎貧士，何以致斯異人？（冲）靖雖貧士，却是一片有心人。他是越公府中侍兒，因俺獻策越公，他夜奔寓所，就納了他，走離西京。（末）呀！元來如此。俺正待解金貂，海樣酒腸寬；曾知你探驪珠，色膽天來大。

（末）俺有些少下酒物，李郎能同之否？（冲）是甚麽東西？（末出人頭心肝介）

【醉中天】賢夫婦，休驚怪，把薄味，獻將來。且細切精批，兀那吃劍材，索强似街頭賣。又不必加着葱薤，任噉嚼吹毛般快。好滋味也，也是恁苦盡甜來。

（冲、旦）此是何人？張兄取其首來。（末）

【一半兒】風魔九伯一駑駘，却使盡心機用盡乖。俺和他十載冤仇，天也似大，今日個趁懷。（作抛介）俺將他一半兒供餐，一半兒摔。

【眉批】

世人用機關弄巧，直駑駘耳，那得此英雄語？

俺看李郎儀容氣宇，真是個好漢。而今將到那裏去？（冲）將到太原去。（末）李郎也，

【金盞兒】你濟川材，自遠方來，那太原中定有個人兒在。（冲）則有一人，俺道他是異人，其餘將帥而已。（末）是甚般年歲甚門宅？（冲）是州將之子，年二十歲了。（末）恁知他是何姓字？知他有甚安排？（冲）是靖之同姓，折節下士，英勇無比。（末）這豪貴門，何術到？你英雄見，有裁劃。

（冲）俺有故人劉文靖，在他門下，尋他引見就是。（末）既是這等，李郎到太原，可在汾陽橋會俺。（冲）兄要見他怎麽？（末）咳！李郎，李郎！恁看俺怎生不要見他。

【煞尾】當不得圖讖應奇占，分野呈祥靄。俺則怕冤家路窄，多是龍華會裏來，只讓得捷足高材。（拂髯介）好難捱，滿部髯鬛，莫不做枉費工夫破鐵鞋。則在汾陽橋左側，耐心兒相待。李郎，休失了信也。月明千里，則望你個

故人來。(作騎驢下。冲旦)誰想旅店之中，遇着這般異人也。咱每也執料行路去來。(下)

第二齣

(道士上)事有足駭，物有固然。俺在汾陽橋相候張兄，怎的還不見到也？(末騎驢上)則俺虬髯翁，自別了李郎、一妹，已到太原地方，則索向汾陽橋候他去。

〔正宫〕【端正好】則爲涌祥光，騰紫氣，好着俺英雄每心下猜疑。逢人沿路探消息，恨不得踹遍了天涯地。

(見道介)呀！道兄早在此了也。(道)張兄，一路有何消息？(末)

【滚綉毬】則俺旅店内歇征鞭，早又酒鑪頭逢艷質。(道)這個説他怎麽？(末)他識英雄莽然擇配，便脱豪門之子于歸。他隨的大夫，唤名李靖。(道)是，有個李靖。(末)恁夫妻，好見機。斯唤罷，歡然相對，更兼他道信真實。(道)他怎麽説來？(末)他説道侯門年少真龍種，餘下多材只虎威，那樣蹺蹊。

(道)這等俺們所聞亦相同了。而今何計得見他？(末)

【倘秀才】有一個劉文靖，和他密契。近日的在侯門如魚似水，俺相約汾陽候這回。少不得風動竹，故人歸，定知一個端的。

(冲)則俺李靖，同渾家來到太原，已尋人家安下了。不免赴張兄之約，往汾陽橋走一遭。(見介。末)李郎信人，可與道兄斯見咱。(冲)此位何人？(末)此間道兄善望氣，前日言太原有王氣者便是。李郎既到，可同尋劉文靖去。(冲)小弟隨行。行行去去，此間已是。待小弟先教報門。門上人何在？(張千上)是那個？(冲)可對劉爺説：有故友李靖，同客拜訪。(張)曉得，待俺報去。(向鬼門道禀介。雜扮劉上)自家劉文靖是也。門上報説李藥師同客相訪。許久不見李藥師，正要見他。(出見介)呀！果是李藥師，甚風兒吹得來也？此二位何人？(冲)此二兄善相，煩兄引見公子。(末)

【滚綉毬】比蒯通有智謀，比唐舉有眼力。待見你個龍師火帝，怎生般八面之威？(劉)恰好有棋枰在桌兒上，請一

（道、劉相讓對奕介。末）這殘棋，有密機。但願你點籌的無心對壘，當局的没量相持。鎮神頭，您便難衝起；大鐵網須教莫打圍，索甚便宜？位與小弟對局。叫張千，快請公子出來看棋。（末）道兄善棋，可就對局。

（李公子上）自家李世民是也。劉先生飛書報道，有客相訪，就請看棋。那相訪的聞説都是好漢，俺一心則待見他，不着衫履，就是裼裘見他去來。到了也。列位請了，早知列位到來，則合遠接，接待不周，勿令見罪。（道、末作驚看介。末）

【叨叨令】似這般揚揚神采誰相類？昂昂氣宇誰能配？長揖罷，嚇得俺身軀退；瞥眼間，攪得俺心窩碎。（道作拍桌覆棋介。云）一局都輸了也，着誰人救來？（末）眼見得輸了也麽歌，眼見得輸了也麽歌，這局中還放甚麽雌雄對？

（冲對末云）張兄，看得公子何如？（末）是真天子了，還有甚麽得講！（冲對劉云）此二兄説公子是真天子之相。（李）惶愧也！量某何足道哉！劉二兄亦非常人，其言定不妄發。（末、冲道辭介）咱們告退了也。（李、劉）三兄爲何就行？（末、冲道）還有小事，改日再來。（李、劉）既是三兄要行，恕不送了也。咱們回後堂去來。（下。道）張兄，此世界，非公世界，他方圖之可也。（末）道兄，俺豈不曉得也！

【滚綉毬】一向的眼望捷旌旗，則待要耳聽好消息。怎知道恁般地位，霹空裏落了便宜。這是非，好嶮巇。下梢頭，干淘閑氣，到不如早賦歸兮。一向的包藏啞謎，三更柬到，今日斷送前程一局棋，不由人足跌胸搥。

（對冲云）李郎，你同一妹，可不入西京，尋武陵坊曲，板門小宅，便是俺家。俺見李郎相從一妹，甚是蕭條，欲令俺新婦祗謁從容，不可忘了。（冲）蒙兄雅意，敢不記懷。（末）

【尾聲】你個窮秀才，偷香竊玉家徒壁。帶個女孟嘗，跨鳳乘鸞甚處栖？好向西京叩曲扉，勿惜崎嶇怯路岐。待取光臨蓬蓽輝，雖没有玉鳳金龍旖旎奇，霧帳霞綃鋪設齊，也是俺數載經營家道微。今日個平地添來失路悲，俏一似直上高樓去了梯。待邀你個相知到家内也，曉得俺半世痴心，落得一個悔。

（同道下。冲）誰想張兄見了李公子，恁的不快也。且到渾家下處，打點入西京去來。（下）

第三齣

（扮張千上）自家張三郎家中一個張千便是。則俺家三郎分付，在門首等候李郎、一娘子。怎的還不見來？（冲、旦上）俺兩人行了數日，又到西京。一路問來，此間已是武陵坊了。不免上前厮問咱。（張）來的可是李郎、一娘子麽？（冲、旦）俺們正是。你爲何曉得？（張）三郎着俺在此等候多時了。請到裏面，待俺報復去。（冲、旦進介）外面小，裏面好不大的房子也。（張向鬼門道禀介）有李郎、一娘子來了也。（末改妝上）則俺虬髯翁便是。自見李公子之後，相約李郎、一妹到此。適纔張千禀道，李郎、一妹來了也。只索上前相見去。

〔中吕〕【粉蝶兒】誰着先鞭，把熱心兒一時都變。聞知道來了英賢，待把那一生心，千年計，等閑受禪。更兼有兄妹排連，和個好相識愈加歡忭。

（見介）果是李郎、一妹到也。

【醉春風】俺和你旅店乍相逢，豪門圖識面。怎知道殘棋一局太熬煎，嚇的人來喘喘。今日個特地跟尋，則待要儘心訴告，你可也放情繾綣。

請將娘子出來，見李郎、一娘子者。（外旦扮虬髯娘子見介）早知李郎、一娘子到來，只合遠接。接待不周，弗令見罪。（冲、旦）輕造潭府，唐突不勝。（末）下次小的每，快排飯相待者。

【迎仙客】恕俺也居陋淺，欠周全，無非是鳳臘麟脂無别件。簫管吹，樽榼獻，雖則是簡褻了蕭史嬋娟，也則索多把茶蘇勸。

（冲、旦）俺夫婦二人，驟然來至，又蒙如此盛宴，請弗過謙。（末）下次小的每，將箱籠儘數搬出來，擺在床上者。（冲、旦相語介）這是甚麽意思？（末）李郎、一妹，休疑慮也。

【紅綉鞋】這是俺家私一綫，也是你夙世前緣，儘將來相贈好擎天。也休猜金谷墅，也不是洛陽田，這箱籠多是算家財文數卷。

此數十箱文簿匙鑰，皆是俺寶貨泉貝之數，悉以充贈。李郎、一妹，可受了者。(冲、旦)張兄説的是甚麽話也？世間那有此事來！(末)李郎、一妹，你兀自不知俺心事也。

【十二月】俺則爲四海價苦争惡戰，不一日的咽沫垂涎。今日個兀自有真人注選，還誰去拍掌揎拳。俺自有前程路遠，遲了呵，怕落了杯圈。

合家人等，都來認了主人翁者。(衆跪拜介。冲)小生有何德能！張兄如此相待，何以克當也？請問張兄，撇了家私，而今將到那裏去？(末)

【堯民歌】這機關到口尚難傳，功名到手在天邊。東南有路好周旋，他時記取此時言。十年，十年，若有遠方的異姓宣，就便是魚龍變。

此後十年，當東南數千里外有異事，便是俺得志之日，李郎、一妹瀝酒相賀便了。李郎、一妹勉之：扶真主，立功業。俺帶一奴隨行，俺從此逝矣。(冲、旦)怎舍的就去也！俺夫婦相送一程。(末)不必相送，反致惹人耳目。則記瀝酒東南，便是情分。(冲、旦)既是張兄決意如此，俺們不必强他，只整備打點東南喜音也。俺們前後執料去來。(下。末)別了李郎、一妹了也，帶了張千，俺和娘子，下海去來。(張)若説下海，俺不去，怕海龍王問我要寶。(末)胡説！你那有甚麽寶？(張)你的寶都姓李了。俺肚子底下，還剩得一雙夜明珠。(末)胡説！快隨我來，想俺好下不得這口氣兒也。

【耍孩兒】太平車載不起冲天怨，一霎兒把剛腸悶軟。錦江山，眼盼盼，難留戀。似這般褪後趨前，非是俺肯輸心，臂鷹手輕藏彈。都則因怕失手，釣鼇鈎別上牽，爲此深籌算。又不是有家難奔，怎弄個有命難全？

【眉批】

血性男子語。

【三煞】若甘心肯伏降，那侯封也自擅。則倔强性，從來受不得人輕賤。況藏弓烹狗爲常事，若祝華呼嵩更赧然。似這樣，真無見，可不道無爲牛後，寧作鷄前。

（道帶兵將上云）則俺帶了海船上兵將，去接張兄。遠遠來的是了也。（接介。分付兵將起立介。道末相見介。末）道兄怎知畢竟走此一着也。?

【二煞】明晃晃列隊伍，齊嶄嶄排戰船，還虧那兔營三窟藏機變。倘若是死争蝸角些兒氣，則怕那空讓漁人兩得便。退一着，誰能辨，總一般也稱孤道寡，少不得也敕誥傳宣。

渡海去也。

【眉批】

占盡古今多少便宜！

【一煞】看汪洋，掬不來，那羞慚，難洗湔，這是生瑜生亮天公變。俺則去圖他海外鐵圍界，拼得個去了城南金谷園。非是俺，難留戀，怕的是死替人掙着世界，生捉鬼畫上凌烟。

已過了這邊也。

【尾聲】跨長鯨涉大川，望中華則一圈。則俺猛回頭，單留的紅熱面。兀良那一帶祥雲，還罩着太原中地兒上卷。（下）

【眉批】

眼空一世。

第四齣

（黄門官上）長安多少富豪家，不識明星直到老。自家扶餘國一個黄門官是也。早朝時分，吾王升殿，只得在此伺候。静鞭三下響，吾王早上。（末扮國王帶昭容内官上開）則俺虬髯翁，自從别了李郎、一妹，撇了中華，到得海外，恰好扶餘國内亂，乘機奪取。數日之間，傳檄而定。事成之後，道兄别了俺，到十洲三島雲游去了。及至訪問中華消耗，果是李世民成了大事。咳！還虧得主的意兒不差，致有今日也呵。

【雙調】【新水令】凝旒端冕，自稱王。索强如下場頭，封侯拜將。江山原坐享，黎庶盡心降。四境封疆，却也自居人上。

（黄門朝見介）

【駐馬聽】想當日海宇分張，偷情的已作彌天望。干戈擾攘，狠心兒下手便爲强。眼睁睁向分野見祲祥，意懸懸從棋局知趨向。若當日個無謙讓，好險也這分争定不肯空消帳。

【眉批】

愈俗愈雅，愈拙愈巧，置之勝國諸劇中，不讓關、馬。

（官兒上）自家扶餘國中，一個通事官員便是。有中原檄文到來，朝見吾王咱。（朝見介）願吾王千歲！臣啓吾王：中原大唐檄文到來，獻上吾王御覽。（末看讀介）大唐兵部尚書兼左僕射平章事掛征東將軍印大元帥李。呀！通事官兒，你曉得他的名字麽？（官）是，曉得，單名着一個靖字。（末）咳！李郎，李郎，你的官爵，可也不小了也！

【鴈兒落】俺道你男兒當自强，可也平挣個頭廳相。不則那暮登天子堂，又早坐金頂蓮花帳。

【得勝令】那一個女裙釵，渌老不尋常。這一個莽秀才，魆地做新郎。兩下裏都一樣胡突帳，到今日纔還他回味香。思量，那一日將家業輕輕讓。心腸，這是俺結英豪海上方。

且看檄文如何説。（念介）爲協禽叛賊事。高麗負固，抗我王師，海外諸國，有能歸順天朝，一心協助者，功成之後，通貢須朔，加號册封，須至檄者。俺理會得也。俺報書上則寫道「扶餘新主張」，他自然曉得俺成事了也。快傳旨：軍政司撥海船千艘，水軍三萬，助大唐征高麗去者。

【沽美酒】些娘的，高麗王，硬着膽，要争强。怎不怕那平定乾坤架海梁，俺助陣的旌旗摇晃。暗裏箭，最難防。

【太平令】也只爲李元帥朋情來往，致的個唐天子臣伏戎羌。俺則怕記不起年時那椿，回文上還他的當。則寫道扶餘國立王，姓張。囑付你李郎，好詳。須知俺改腔，换妝。再傳示鴈行，女娘。則索釃着酒，向那東南勾帳。

【清江引】想當日看殘棋不氣長，一霎兒提和放。兩地幹功名，都遂平生望。方信道好男兒道路廣。

識英雄紅拂莽擇配

孔祥義　標點

説明

《識英雄紅拂莽擇配》雜劇，凌濛初撰。明刊本。首意在亭主人《書紅拂雜劇》，意在亭主人不詳何人，或即凌氏《小引》中所稱南都友人丘藎明抑或孫子京。次凌氏《紅拂雜劇小引》，次馬雲猶龍所作圖八幅，次正文。正文半葉八行，行十八字。有眉批、行間批，批者不知何人，抑或丘、孫二氏。凌氏在《小引》中透露了該劇撰于金陵，而且是據《虬髯客傳》創作的三個雜劇中的最後一個劇本。馬猶龍繪圖八幅，實屬晚明插圖中的精品。

目録

書紅拂雜劇

嘗讀范高平《過庭録》，謂藥師竊一富室女，逆旅遇黄鬚，疑爲追者，乃黄鬚導之見真主，且屬善事之，遂别去，四十五年而王于海。乃《虞初》微變其目爲張堅，復巇處道以自重。夫士方微時，跅弛多有之，及事就名立，即曩所指越禮放誕，皆尊爲談棟。今士不務奇其節，而唯於河中、臨邛，庶幾旦晚遇，真戲論也。作是傳者，須胸中度世，既已見數于瞭然，然後入吾搬弄而暢其狂言。吾友凌初成天賦特異，而知者絶少，即知者復與藥師微時所遇類，故感以元術譜其事，曲折如畫，説者謂此初成自道。夫吾黨二三子，材具不同，大抵皆不甚爲世人所知。其嵚碕歷落可笑處，不患異代無爲。初成所爲者，要之事就名立，足以自見於世而已。

意在亭主人書

紅拂雜劇小引

蓋余嘗譚曲而及《紅拂》，止言《私奔》一折寂寥耳，未盡大都也。李虆師慷慨士，侯王且不當一盼，彼侍者自矚目，豈其所關情者，乃歸逆旅思之，有是理乎？其最舛者，髯客恥居第二流，故棄此九仞，自王扶餘。既得事矣，乃謂其以協禽高麗，重踏中土，稱臣唐室。操此心於初時，豈不能亦隨徐、李輩，博一侯王封，何必自爲夜郎耶？剞劂圖像，有大冠修髯而隨隊拜跪者，髯客有靈，定爲掩面。余夙有意以北調易之，卒卒未得。頃者薄游南都，偶舉此事，余友丘藎明大稱快，督促如索逋。南中友孙子京，每過逆旅必徵觀，間日一至，問更得幾行。出視，即撫掌絶倒。因命酒相與飲；酒後耳熱，狂呼叫嘯，復得一二語，又拍案浮大白相勞。此中多酬對，頗少暇息，則於肩輿中、蹇衛背，俱時有所得，踰旬乃成。余因謂子京、藎明曰：「余居恒云：覓有心人，丈夫不若女子，人定以爲誕。今觀越公、衛公皆命世人豪，乃越公不識衛公，衛公不識髯客，而紅拂一伎，遂於倉卒中兩識之，且玩弄三人鼓掌而有餘，誰謂其智乃出丈夫下哉？嗟乎！世有具眼，毋致有血氣者，徒索鍾期於此輩，令明眸皓齒，直登賞鑒之堂，却笑鬚眉男子不得其門而入也。」兩人仰天一笑，冠纓幾絶。

即空觀主人凌波戲題

【眉批】

度曲本旨。

詈極矣，然大傷感人，急知己者凄然欲淚。

結得冷俊。

圖八幅

像目

識英雄紅拂莽擇配

衛公獻策
馬猶龍為
初成詞兄寫

識英雄紅拂莽擇配

紅拂更粧
馬猶龍

逆旅逢豪
馬雲

識英雄紅拂莽擇配

楸枰驚異
猶龍

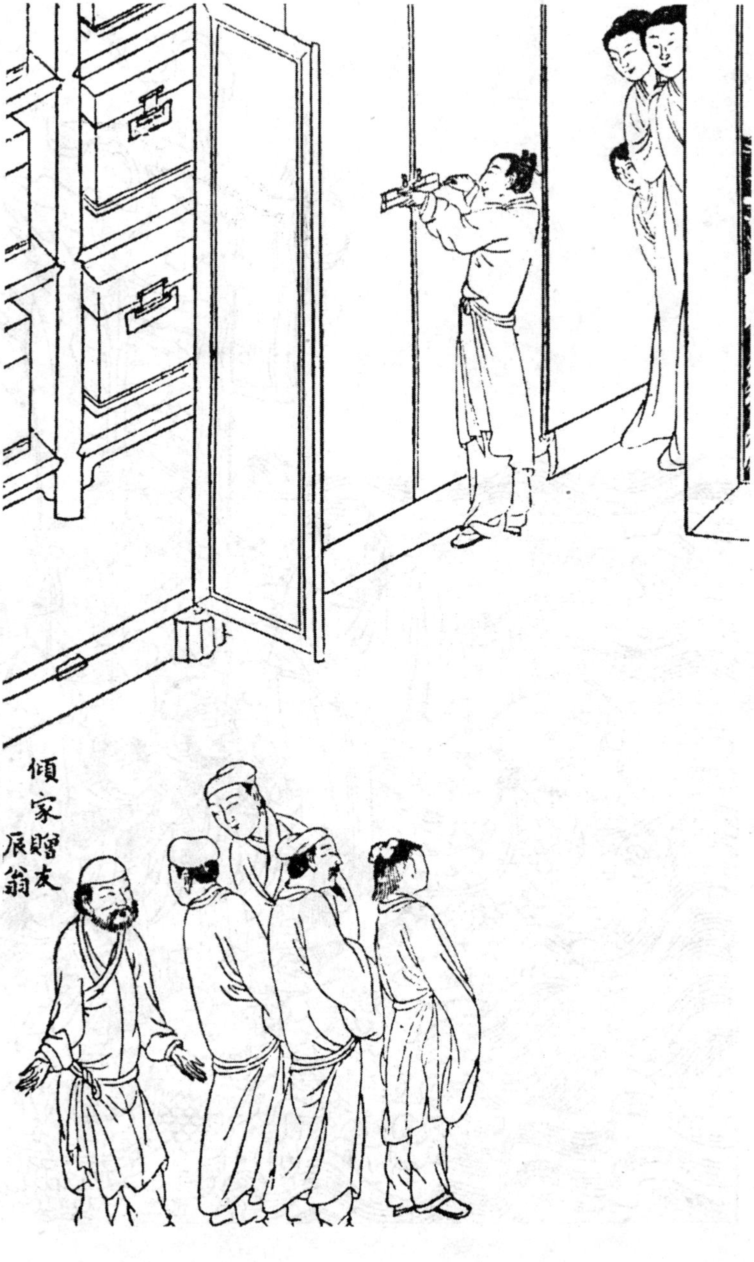
傾家贈友
辰翁

蹈海圖王
馬雲

已位傳書
猶龍

聞音漉酒
馬雲

余既以三傳付剞劂氏，友人馬辰翁見而擊節，遂爲余作圖，且語余曰：「昔人道王右丞『詩中有畫，畫中有詩』，子曲已如畫矣。」余曰：「子畫中不乃亦有曲耶？」辰翁名雲，字猶龍，今以字行，更字辰翁。博雅多能，此特其一斑也。

即空觀主人書

識英雄紅拂莽擇配

楔子

（旦執紅拂上。白）花有重開日，人無再少年。則俺姓張，行一，家住東吳。本是衣冠子女，因避兵西來，借住越府廊下。不幸父親亡過，誤墮風塵。今爲越公侍兒，手中拿着紅拂子，日侍越公客座，就唤俺名做紅拂。越公將次升堂，只得在此伺候者。（孤扮楊越公上開）烏帽裘頭裹絳紗，征袍砌就鴈銜花。花根本艷公卿子，虎體鵷班將相家。俺姓楊，名素，身爲名將，職任元戎。曾佐文皇定鼎，蒙聖恩可憐，對爲越國公。當今聖人駕幸江都，又加我司空之職，留守西京。則俺朝驅猛將，夜接詞人，綉户貯嬌姿，玉人克舞隊。權重望崇，群臣無出我右；朝歡暮樂，百事不關我心。俺好不富貴也。昨日門上送門簿進來，有個秀才李靖求見。我曾聞此人有文武全才。今日若再來，叫張千：可報復我知道者。（張）理會得。（末扮細酸上）自家姓李，名靖，字藥師，京兆三原人也。自小學成滿腹文章，理會得一十八般武藝，只因時運乖蹇，不曾求得一官半職。近來聞得越公楊素，留守西京，此人到肯招納豪傑。俺待見他，昨日已拿帖兒去，想他知道也。迤逞行來，是他門上了。報復去：有秀才李靖求見。（張報介。孤）老夫語未懸口，李秀才到也。道有請。（末見揖介）老司空拜揖。（孤作坐受介。末作怒立介。白）老司空差了也。天下方亂，英雄競起，公爲帝室重臣，須以收羅豪傑爲心，不宜倨見賓客。（孤）老夫錯了也，秀才勿令見罪。紅拂，可看茶待秀才者。（旦唱）

〔仙吕〕【賞花時】見一個莽結客的田文禮不全，見一個喬獻賦的相如氣忿然。（捧茶介）則這茶一盞，當了酒如泉。

那吃黄虀的，但得嘗了侯門一點，却便滿口價吐頑涎。

【眉批】一出口便自足籠罩兩豪，而玩弄之矣。

（孤）秀才遠來，何以教老夫？（末）小生在燈窗前修下萬言長策，容小生獻上者。小生告退了也。（孤）秀才有暇時，當來講論講論。紅拂代老夫送了秀才者。（下。旦）好一個秀才也！秀才，越公着俺送你哩。（背唱）

【么】俺執拂豪家歷數年，偷閱游賓整萬千。多是行屍視肉一般般。俺看起來，天下的人没有再如他的了。（轉向末云）秀才，越公着俺問你何處安下的？（末）在西明巷口第一家。（旦點頭介）在西明巷口第一家。秀才，你行者，俺回覆越公去也。（輕唱）李郎也，若得他同諧姻眷，（揮拂介）這拂呵，俺便拂盡了俗塵緣。（下）

【眉批】就「拂」字作波以爲結，俊甚。

（末）見越公已了，回旅邸去者。（下）

第一齣

（旦扮紅拂上）俺紅拂的便是。自見李秀才英雄慨慷，蓋世無雙，有心便待嫁他去。只等夜闌人静，再作區處。想俺家本是香閨女俠，眼識英雄，情耽書史，只因誤墮風塵，没作豪門姬妾。終日選伎徵歌，隨行逐隊，也無可我意的人，也無知我心的人，好是不耐煩。俺這家門户，好不頹氣也！

【眉批】

傷心之語，我輩失路，亦復如是。

〔仙吕〕【點絳唇】門户低微，插金披綺，成何濟？渾一似鶴入群鷄，跳不出傍州例。

【混江龍】徵歌選伎，聽得唤一聲承應也瘦了香肌。央及煞枕頭兒邊滋味，撒殢煞裙帶兒畔衣食。隨您姚氏黄那魏氏紫，總認張郎婦也李郎妻。多半是倦腰肢生扭道舞餘衣帶緩，分明是長吁氣喬説是歌繞画梁飛。全没有惜花心只爲理衣春起早，又不是貪月色多因侍酒夜眠遲。有一等冷鼻凹的學士殺風景，他管誰唱將來幾拍；有一等尴臉兒的郎君强風情，平白地歪厮纏多回。俺埋怨盡狐鼠隊追陪恁俗，他得意煞笙歌部出入相隨。可正是坐而不覺立而饑，東行不見西行利。有誰能辨？若個相知？

【眉批】

寫出侯门燒琴煮鶴之狀殆盡。

「多半是」以下係襯句，不拘多少，並可不用韻，襯字亦不拘，然須下四實字爲節，如「舞餘衣帶緩」止「舞餘帶緩」是正字。一仄句一平句，直遞至「西行利」平平去三字，方入本調。正句如不用襯句者，止用三字亦可。

有前不用襯句，而止用二七字句者，須先平後仄。

【油胡盧】因此上憔悴春風玉一圍，恨來時呵軟了錐，那個開籠肯放雪衣飛？俺鴛鴦自有鴛鴦對，鸞凰自有鸞凰配，怎隨他綠陰中鶯燕喧，錦塢内蜂蝶戲？若得同他個豪傑諧連理，你看鶯花寨可早竪降旗。

【眉批】

陡健。

夜深了也，俺只索出門去咱。似這般打扮，如何去得？俺有計也：則除是改了衣裝，取了一付勢劍金牌，假做個打差的官兒，賺出那門者。（做改裝介）

【天下樂】俺則索紗帽籠頭着紫衣，香肌寬帶圍，論着俺女班頭也原該封品位。俏停停結束完，急穰穰裝裹齊，便充個女先鋒也去的。（做行介）

【眉批】

如此用來，殊甚自然，真點鐵成金手也。

「的」音底，非平聲。

【哪吒令】出一重寶閣也錦離披，過一重朱户也鎖葳蕤，到一重營帳也火熹微。老越公，老越公，咱去了也。姊妹們，俺不及辭恁了也。别離波錦綉谿，拜辭了烟花隊，待結于飛。

【眉批】此調三句，不拘字多寡，總之一樣句法。亦可用六韻六句，而三叠句法者。描得倜儻慨慷，毫無怯澀語態。

已到大門上也。門兒鎖着，待俺呼唤咱。門上誰人在此看守？（雜上）堂上一呼，階下百諾。半夜三更，是誰叫唤？點起火把者。（照見旦介）呀！元來是個打差的老爺。半夜三更，到那裏去？（旦）有緊急軍情，差俺連夜到行朝報去。快開了門者。（雜）是，曉得，小人開門。老爺方便。（下。旦）却早又賺出門來了也。

【鵲踏枝】把一個鐵桶也似錦重圍，當不得個竹編籬。抵多少鷄唱函關，馬躍澶溪。（衆扮更夫攩路介）你是何人？半夜三更往那裏走？（旦）見公人每隨行擺立，總則是肉眼迷離。

【眉批】如此用事，便自不俗。世人徒知一味填塞耳，豈解此乎？

（白）俺是司空府中打差官員，有緊急軍情，連夜到行朝報去。你每何人？敢來攩路！（衆）有何憑據？（旦）俺有勢劍金牌哩。（衆看介）果然是打差的老爺。小人們不知道，多有搪突，望老爺恕罪。（旦）俺不和你計較，去了罷。（衆）送老爺一程。（旦）不消。（衆）這等，小人們自去。正是：將軍不下馬，各自奔前程。（下。旦）這一干巡更人，哄過了也。

【寄生草】看他每三群五，那裏知是與非。看提鈴喝號你也如嬉戲，料花營錦陣你也須迴避，便偷巢劫壘你也難防備。非是俺女裙釵覷得你似掌中兒，折末是活神仙參不透俺心頭謎。【么】則見他烟籠罩，顧不得路曲岐。見啼烏戢翼疏林内，聽征鴻列隊天邊唳，想離人寒擁薰籠睡。已到西明巷第一家也。敲門咱。俺驀忽間生擺下孔雀屏，你夢魂中平喚起鴛鴦會。

【眉批】

如見紅拂途間揶揄鼠子輩神情。

游衍叙次，無不自然。

奇警。

（敲門介。末上白）兀的不是有人敲門？俺拿燈兒去看者。（開門問介）半夜三更，是誰人在此叩門？（見驚介）呀！元來是位官長，莫非錯叩了門也？（旦）且到裏面，别有説話。（作進門介。末）素昧平生，緣何黄夜到此？（旦唱）

【醉中天】拜覆你秀士休頳氣，俺冠帶是假裝的。合世裏見了個官兒便嚇得癡。（脱衣帽介。末驚介）呀！元來是個女子！却自何來？（旦拜，末驚答介。旦）俺武陵溪畔曾相識，怎忘了豪家侍姬？（末想介）是了，是了。却爲何到此？（旦）待要你個李秀才甜回苦味，顧不得老司空水盡鵞飛。

【眉批】

妙，得爾時光景。若下語宛轉，便似情種私緣。又罵一世。

(白)妾侍楊司空久，閲天下之人多矣，無如公者。俺待要以終身相托，故奔夜到此。(末)小生有何德能，有勞小娘子如此盛心？只是楊司空權重京師，怕不是好惹的。(旦)

【金盞兒】他則是莽男兒，枉施爲綉屏前也曾拆散了清歌隊，他憑伊逸去也不忙追。俺裙釵每都料過，恁豪傑輩勿猜疑。恁快尋巢學燕語，俺自擇嫁逐鷄飛。

【眉批】

此劇大略留心當行本色，不於字句偶切爲工者，而又無不工，如此二語是也。

(末)這壁小娘子上姓？(旦)姓張。(末)排行第幾？(旦)最長。(末)誰想有恁般喜事也！怕不决撒了也！你聽街鼓動了也，怕不有人追尋也！(作窺門介)俺也索思想對付咱。(旦)

【后庭花】他喜孜孜問姓誰，便急煎煎往外窺。笑盈盈歡一會，便癢如如疑一回。略消停他心意裏萬千移，恨不得向風月場立個金吾般衛。只教你推不能，就不得，咽不來，吐不的。俺覷得他如兒戲，你好男兒休氣餒。

(末)雖則如此，此處非你我安身所在。(旦)快定計往他方去者。

【眉批】

本傳瞬息萬慮，不安而窺户者無停履，却借紅拂口中點綴出。機括都從董解元《西廂》來。張伯起《懶畫眉》四隻，恐不堪作奴。

「推不能」以下本調添句也，末句方是正調。

【青哥兒】俺和你不須、不須疑滯，把衣裝打迭、打迭多齊。（末）俺有故人在太原，就往太原去罷。（旦）早先向碧桃花下栖，俺這打合的樹成連理，休錯認雲雨爲期。幾曾見孟德耀祆神廟成灰？梁伯鸞是藍橋鬼？

【眉批】

「打合」二句，本調添句。

急於自明者，作者意恐痴人説夢，矮人觀塲也。

（旦）天明了，李郎快走也。（作同上馬介）

【煞尾】瞑子里，落空他，魆地里，追隨你。去來波相如范蠡。咱緩舞清歌早脱離，任追尋也是大海内沉石。有收拾，那識英俊的便宜。你看草色青青送馬蹄，束着那上陣般的錦衣，跨着那如龍般的飛騎，多管是隨風直到夜郎西。（並下）

【眉批】

收得不測。

第二齣

（雜扮張千上）事有足濯，物有固然。則俺越公府中張千便是。俺老爺十載中書，半朝天子，富貴已極，歌舞成行。那些伎女們，穿珠帶玉，插金披綺，好不快活。却是那話兒没得到手，今日也去一個，明日也去一個，多自尋老公去了。老爺寬洪大度，總不放在心，追尋不見，却就罷了。昨夜又走去了一個紅拂，老爺着俺找尋。俺知他到那里去了，好去找尋？總則俺老爺也不十分要緊的，只説找尋不見，回覆他去罷了。只是不知便宜了那一個傻角兒。正是：黄金用盡教歌舞，送與他人樂少年。（下）

（末旦上）俺與李郎跨着馬兒行了一會，又走離了西京也呵。（唱）

【正宫】【端正好】俺則道永沉埋，絶消耗，虧煞那鶻鴒眼善與人交。把翠紅鄉一霎裏蹬番倒，折末是下個彌天罩。

【眉批】今攘臂作麗詞者，能辦一語乎？

【滚綉毬】月漸沉，露正饒。經過些青山渺渺，經過些緑水迢迢。過野郊，渡板橋，看亂紛紛人烟繚繞。（内叫介）過往的官人每，歇了馬買酒吃去。（旦）明晃晃酒旆招摇，上寫道是：神仙下飲皆留珮，卿相來沽盡解貂，都在此樂飲陶陶。

【眉批】奇在即以酒家對子填上，可爲撫掌。

(末)娘子,已到了靈右地方也。咱每下店吃些飯兒,喂飽了馬行路。(旦)官人主見的是。(末)酒保那裏?(雜上)廣招天下客,安歇四方人。是誰?(末)我每夫妻二人,來此買早飯兒吃。(雜)有有。請坐着。(末)娘子,你自梳頭,待我去喂馬。(末下。旦作梳頭介)

【倘秀才】俺則道解烏雲多半是塵埃籠罩,投至得對鸞臺猶古自容光照耀。留却雙蛾待盡描,不將額黄點,不把口脂調,扮出個村莊腔調。

【眉批】

即伯起《一江風》「翠雲撩」一曲意,一經點竄,便爾莽蒼古色。

(孤扮虬髯客乘驢上)俺走的路兒遠了也,店家看了驢兒,俺待歇息一回者。(旦作驚視介)

【滚綉毬】急忙里自不曾燒却香,驀忽地降下個神一道。(孤取枕斜卧看旦介。云)這女子何方來的?好不長的頭髮也!(旦)則見他取角枕欹斜卧倒,更半支頤偃蹇頻瞧。(末上見。作怒云)何方來的漢子?偷覷俺渾家,好是無理也!(旦轉身對末摇手介)忙怎麽秀才們氣性高,休要平地失俊豪。(旦向孤云)動問長者上姓?(孤云)俺姓張。(旦)妾也姓張,合是妹。(拜介)斂衣襟連忙拜倒,幸瞻識兄長丰標。(旦)兄長第幾?(孤)第三。(旦)是三兄。(孤)妹第幾?(旦)最長。(孤笑介)今多幸逢一妹。(旦招生介)李郎且來見三兄。(末見外拜介。外)兄長上姓?(末)姓李,名靖。兄長上姓?(孤)俺姓張。只因俺赤髯如虬,人稱我爲虬髯翁。(旦)相逢何用稱名姓,都是龍華會裏交,可不道四海同胞。(孤、末、旦環坐介)(孤)煮的是甚麽肉?(末)是羊肉,將次熟了。(孤)俺已饑了,可取些胡餅來吃。(末向鬼門道取餅介)餅已在此,羊肉又熟了。(孤拔劍切肉共食介旦)

【眉批】又借紅拂口描虬髯。

【滚綉毬】則見他忙拔刀，莽切羔，似這般樣狼餐虎咬，俺多看出他豹略龍韜。（孤指旦問末介）俺觀李郎之行，貧士也，何以致此異人？（末）靖雖貧，也是一片有心人。他人見問，俺便不説。兄長見問，實不相瞞。他是楊越公家侍兒，因我獻策越公，他見了我，一徑地到我寓所，我就同他走離了西京，到此地方。（孤）有這一段奇絶姻緣也！一妹，你緣何就隨了他？（旦）俺不耐去侍巨寮，則待要配俊豪。隨他評論煞娶而不告，那裏管講道學的律有明條！免禮波，由他自去孔庭門外依班坐，俺這答裏其實作平。用不着，作平。要甚麽烏鵲填橋！（孤）俺也曉得一妹絶代姿容，李郎貧士，力不能得，還是一妹識人哩。（旦）不敢。（孤）這裏可有酒麽？（末）酒肆就在那邊，待我取來。（末取酒介。云）酒已在此。（孤）俺有些少下酒物，李郎能同之否？（末）甚好，甚好。（孤解草囊倒介。旦）呀！

【眉批】意傲而語恢諧。

【叨叨令】則見他將草囊兒解下荒荒忙忙的倒，（見人頭並心肝介）呀！元來人頭兒一個淋淋侵侵的掉，又帶心肝兒雜碎零零星星的落，（孤切心肝同食，笑飲酒一甌介。云）好下酒物來，吃得俺快活也！（旦）將酒杯兒捧着嘻嘻哈哈的笑。這是甚麽人也麽哥？這是甚麽人也麽哥？做咱們下酒的香香甜甜的料。

【眉批】

奔奔蕩蕩。

此調除「也麽哥」二句，前後五句，一樣句法，襯字可多可少，然平(可仄)平仄(可平)仄平平仄七實字不可亂。

(孤)此人天下負心者，銜之十年，今始得之。(旦)

【滚綉毬】多管是犬吠堯，肯恕饒？他那裏胸中作暴，恁可便鞘裏藏刀？厮撞着頭便落。好一個分金的管鮑，一劍兒不須用對案的蕭曹。他説道十年來則這個知心友，一霎里完成着刎頸交。且將來多下村醪。

【眉批】

巧句，元人慣用。

(孤)看李郎儀形器宇，真是丈夫。而今到那裏去？(末)將到太原去。(孤)李郎可曉得太原有異人否？(末)曾有一人，俺道他是個真人，其餘將帥而已。(孤)何姓？(末)與俺同姓。(孤)多少年幾？(末)今年止二十。(孤)甚麽樣人？(末)是州將之子。(孤)説來大略是了。李郎能致俺見面否？(末)俺有一友劉文靖，與他交厚，尋他引見便是。張兄見他怎么？(孤)望氣者言太原有奇氣，教我探訪。李郎何日到太原？(末)不出數日便到。(孤)到那里的明日，可候我於汾陽橋。俺今日則索便去也。(末)是曉得。(旦)

【尾聲】則見他絮叨叨漫停杯盞探龍耗，便雄糾糾急引皮囊束虎腰。誰想向草舍相逢蓋世豪，腰下長縣帶血刀，饑把仇人當果殺，一笑相逢訂久要，待往侯門問俊髦。（孤）汾陽橋相會也。（旦）約取汾陽會不遥。（孤作上驢介）（旦）一匹青驢忙跨着，（孤舉鞭作拱手勢介。旦）却把金鞭高舉梢。（孤）李郎，一妹，俺去了也。（作走驢急下）（旦）道罷一聲「相别了」，則見斜刺裏一道烟飛早已路兒杳。（並下）

【眉批】

本傳其行如飛，數步遂不見，必如此收，乃妙絶，豈如張伯起「來日汾陽會不遥」一弱句收之乎！

第三齣

（雜扮道士上）一粒粟中藏世界，半升鐺内煮乾坤。自家是個雲水道人，頗諳天文，更精兵術，倏忽怪幻，無不通曉。俺前日望氣，見妖星犯牛女，紫薇垣失光，中原不日將亂，必有豪傑將起。俺逕到西京，得遇張兄，英勇無雙，情投意合，所謀之事，日就八九。不想近日太原王氣甚盛，此中倘有真主起手，我那張兄豈不可憂？他與我相約到此尋訪，我已先到，想他也就來也。（孤上）自家虬髯翁便是。生長東魯，以殺人避仇，卜居西京。俺素有大志，見天下將亂，嘗廣蓄貲財，規造繻劵，或龍戰二三載，意欲建少功業。幸喜得道兄海上，遠來相從，計無不成，言無不合，這事像有幾分了。俺道兄會望氣，近日太原王氣甚盛，深以爲憂。昨在靈右，遇見李郎、一妹，道太原州將子李世民，有天子之形。咳！莫不頹氣了俺老張也！迤逕行來，已到汾陽橋。呀！道兄先在此了。（道）咱語未懸口，張兄到了也。一路上有甚消息？（孤）俺昨在靈右，旅店遇見一美貌婦人，他是楊越公家侍兒。他性識英雄，奔着一個漢子，姓李，名靖，果是蓋世豪傑。他在店中梳頭，一見我也就識得，即日結爲兄妹。（道）那李靖，俺也曉得他是個好漢，他曉得太原消息麽？（孤）他説道太原州將子李世民，是個異人。俺就問他：何由得我一見？他説他的故人劉文靖，正在李公子處。俺約他到此，同尋劉文靖，去看李公子。想他每就來也。（末上）俺李靖因赴虬髯之約，早來到汾陽橋也。（相見介。孤）李郎信人。一妹何在？（末）俺與他同到這裏，尋個寡婦人家與他駐下了。俺特來與你同尋劉文靖去也。（孤道）最好，最好。如此，同行。（行介）説話中間，已到李衙門首也。門上報復去，道有劉先生故友李靖求見。（雜扮劉同張千上）是那個？呀！元來是李藥師，許久不見。（末）劉兄別來無恙。（劉）此二位何人？（末）此道兄善相，故同來尋兄，要見公子。（劉）如此甚好。張千一面去請公子。（張下。劉）三位請坐。三位裏面必有善奕者，請教一局，以待公子如何？（孤）此間道兄善奕，可與劉先生對奕介。冲末扮李公子上）自家李世民是也。劉先生有人來説，有客相訪，就請看棋，不免走一遭去。到了也。張千報復去，道咱來了也。（報，進見介。道作相見細視就拍碁卓介）哎呀！一局都輸了也！着誰人救來？（李）爲何在此下棋，見俺一來，既便覆却？（道）局上全輸，欲救無路，故此罷手。俺每告退了罷。（李）爲何恁般去的快也？（道、孤、末同云）不日再來求見。今日還有小事，就此別了。（李、劉）恕不遠送也。咱家無事，回宅子去。（下。道）張兄知道麽？此世界非公世界，他方去罷。（孤）俺豈不曉得也。李郎，你可與一妹再入西京，到之明日，可與一妹同到武陵坊曲，尋板門小宅，便是俺家。李郎相從一妹，甚是行旅蕭條，欲令俺渾家與一妹相見，且有薄物助恁資裝，兼有説話。李郎牢記，不可忘了。（末）多感厚情，俺已曉得。俺一面去同渾家收拾行李去來。（孤道）請了。（末下。孤）道兄，眼見得事兒不濟了也。一片熱心，如何區處？（道）俺一向曉得海中有一扶餘國，其主昏亂，人心久離，儘有可圖。俺和你撇下了這邊念頭，到那邊去罷。（孤）道兄所見極是。且再回西京走一遭去。（並下）

（旦同末上）則俺張兄，同李郎去太原見了李公子，説他精采驚人，真有天子之相。張兄一見心灰，叫俺夫婦到京尋他住處。官人，這不知他主的是何見也？（末）他必自有主張，到彼自知。（旦）官人説的是，俺每就此同行去。

〔中吕〕【粉蝶兒】似這般浪走天涯，煞蹺蹊凌波羅襪。忽的波重到了京華，向這舊街衢和個新伴侣，雙鑣齊駕。想那日老司空告了消乏，可知俺莽紅拂有這些㧏把。

【眉批】
當行奇語。

【醉春風】則俺沽酒遇豪俠，他可便訂期邀措大。不知那裏是他家，索尋問個恰、恰。俺立馬踟躕，見曲坊幽靜，那小門低亞。

【眉批】
疊一「恰」字，一字爲句，本調如此。《西廂》之「早則不冷、冷」、「暢好是懶、懶」皆然。

（末）娘子，來此已是武陵坊了。你看那曲巷短墻板門小宅，不知可是張兄家裏？（旦）官人可去問一聲看。（末問介。雜上應）可是李郎、一娘子麽？（末）你緣何曉得？（雜）俺家三郎差我在此相等久了。二位請進，待咱報復去。（下。末旦作進介。旦）呀！如何外面小門，裏面一重大似一重了？（末）張兄舉止異常，他潛踪在此，必有緣故。（旦）

【迎仙客】爲甚麽初窄隘，却可也漸高華。頭直上是琉璃耀睛青翠瓦，排金樽，設玉斝。（扮男女數人上開。旦）見女侍每恍似排衙，（雜報介）三郎來也。（旦）可又早一派裏傳呼罷。

（孤盛服上見介。云）李郎、一妹來了也。咱相候已久，爲何來遲？（末旦）路逕不熟，一路找尋，所以來遲。（孤）傳進去：快請娘子出來，拜見李郎、一娘子。（外旦扮虬髯娘子盛妝上，見介。云）早知李郎、一娘子到來，只合遠接。接待不周，弗令見罪。（旦）是好一位女娘也。

【紅綉鞋】似這般儀容閑雅，自然是個，豪貴渾家。胸膛前只索結纓珈，他可敢端着身登寶座，赤着脚步蓮花，就猜做個活觀音非是假。

【眉批】

如此贊法便妙。若區區以平常字句稱其貌美，即非高手。

（孤）下次小的每，快排飯待李郎、一娘子者。（雜）理會得。（作排設介。旦）

【石榴花】珎羞百味擺來佳，（内作樂介。旦）一壁箱吹簫管，調琵琶。俺曾在侯門隊裏見奢華，也還没有這般調發，恁樣撑達。（孤、外旦勸酒介。旦）更兼他行禮多謙下，儘情兒勸酒添茶。你看山靈水陸多希咤，可是個林外野人家。

【眉批】

又如此照應出，有法之文學也。

（孤）下次小的每，可把文簿鑰匙儘數多搬出來。（雜）理會得。（搬出箱籠數件上排介。旦）這的是甚麽意思也？

【耍孩兒】則見千箱百籠，多覆着鮫綃帕。衆口底嚌嘈亂殺，又不是守錢兒女擡身價，早難道賣弄人家？爲甚麽琅璫交錯垂金瑣，錦綉峻嶒絢彩霞？多排下，俏一似待查盤的庫藏，將發損的官衙。

【眉批】

想路俱奇。揶揄世俗之語。

(孤)李郎、一妹，此數十箱乃是文簿鑰匙，多是俺寶貨泉貝之數。俺將此贈與你，你可收了者。(末、旦)怎生有這樣的事！(孤)李郎、一妹，你不知道俺心事來。俺前日要向此世界，建些功業，故此廣蓄貲財。今既有主了，住在此何用？太原李氏，真是個英主。三五年内，即當太平。李郎以奇特之才，輔清平之主，竭心盡善，必極人臣。一妹以天人之姿，蘊不世之藝，從夫之貴，以盛軒裳。非一妹不能識李郎，非李郎不能遇一妹。李郎勉之，恁將俺所贈，自佐真主，贊功業，俺從此逝矣。(末、旦)呀！張兄，纔得相會，正好同心共立功業，抛棄家私，要到那裏去？(孤)俺心已定，勢不能留。去向所在，一時未好説得。此後十年，當東南數千里外有異事，便是俺得志之日。一妹與李郎可瀝酒向東南相賀。可牢牢記者。(末、旦)是，曉得。(孤)下次小的每，多來拜了主人翁者。(净丑雜拜。净)俺家三郎拳頭重，略有些不是，一拳便打個倒栽葱。而今换了這個官人，不知拳頭輕重如何，請先打一拳試試看。(丑)怎的討打？(净)孟子有言：拳然後知輕重。(丑)看那娘子嘴上掛油瓶，也不是好惹的。娘子，我若有非禮勾當，饒我打，只把手裏拂子一拂罷。(净)這怎麼説？(丑)孔夫子有言：非禮拂動。(净)論這娘子模樣，原是爬背的麻姑。(丑)看這官人模樣，又像那打狗的磨勒。(净)哎呀！你到罵咱是狗哩。(相争諢介。孤)休得胡傷！須聽李郎、一娘約束，就像聽我的約束。(應介。末)小生有何德能，敢勞張兄如此相待，何以克當？(旦)這事好不徯倖也。

【眉批】

閑諢俱有致，又借此一點綴三人樣狀，文心何巧也！

【五煞】他道是這乾坤心歇罷，把家私棄撇他，恨支支説幾句衷腸話。(孤作長嘆介。旦)他提將閎事頻支髮，説到傷心就咬牙。無牽掛，全不要這般家計，只圖在别處生涯。

則這世界的人，誰肯這般輕財也！

【四煞】這幾文歪刺錢，盡世間儘命抓，誰肯一毛輕拔施天下？黄昏還把牙籌較，清早忙將簿籍查，到死剛纔罷。便有那鴉飛不過的田宅，猶道是蝸角也似的人家。

【眉批】

借一女子之口，罵盡世態，財虜勢交見之，其顙有泚。俗人好傳「馮商嘆銀」《紅衲襖》四曲，傖父語耳。

【三煞】也有等虚好名，把錢財似土沙，他不過向孔方兄告得個長頭假。多是些有緣的，勢友纔分去，那裏個没福的，貧交近得他！正是高擡價，先算着幾分利息，放出這百樣擒拏。

【二煞】那錢神又儘有靈，等閒的也養不家，青蚨子母都虚話他。從古里喜居富貴王侯宅，那裏肯飛入尋常百姓家？真堪怕，弄的人咽乾了饞沫，哄的人踏盡了泥沙。

【眉批】

《錢神論》安能如此快暢！

「飛」字落得恰好。

【一煞】這家私少也掙幾年，這家私輕也抵萬家，一時間揮手多丢下。只爲莽英雄把鐵圍的世界輕提着礶，因此上窮秀才將銅斗兒家緣竟坐了衙。真希咤，似恁般的公案，誰究問得根芽！

（孤）李郎、一妹好住，俺夫婦止帶一奴隨行，就此拜別了。（末、旦）怎舍的就去也？（孤）事已如此，久留無益。好記取瀝酒東南者。(旦)三兄保重！定有盼的着日子也。

【尾聲】恁爲生涯輕別去，俺把香醪整備咱。則俺外來的倒占了葫蘆架，翻把個主家翁輕輕的送上了馬。(並下)

【眉批】

峭甚，奇甚，置之元人尾中，豈但不可復辨，即元人亦恐不易多得。

第四齣

(道士上)事必三思，免勞後悔。俺從海上到中華，指望輔佐張兄，成其大事。誰想太原已有真主，俺與張兄若不罷手，知他後來若何？俺已約他海外去另作計較，他説回去安頓李郎便來。俺則在此海邊相候者。(孤、外旦帶一徠兒上。孤)俺安頓李郎、一妹已了，迤逦行來，已是海邊，不知俺道兄在那裏也？(道)呀！張兄來了也。李郎在何處？(孤)俺將家私盡數多贈與他，助其成事。俺帶了家口，一逕地到此。(道)好也，好也。這纔是識時務爲俊傑。俺已招聚海船幾艘，可過海島中慢慢積草屯糧，往扶餘幹事去。且下海去來。(並下。末冠帶同從人上)俺李靖是也。自從張兄舉家相贈，他竟自去了，俺便投入李公子幕下，將俺資裝助其行事，掃蕩了六十四處烟塵，一統天下，功勞不小。主人即位，蒙聖恩可憐，官拜衛國公兼兵部尚書左僕射平章事。俺想張兄恩德非淺，别來十年，杳無消息。咱這邊功業到成了，未知他們事體若何？今日出得朝門，則見天上紛紛洋洋，下着國家祥瑞，且喜没有公事，俺和夫人暖酒賞雪去。夫人早來也。(旦冠帔上)則俺紅拂，自從别了三兄，早已十年。俺相公輔佐當今聖人，一統天下，官拜兵部尚書衛國公之職，封俺爲衛國夫人。可算夫榮妻貴，不負三兄所期。只可惜俺恁般僥倖，不得令他知道也。

【雙調新水令】想當年匆匆結了鳳鸞儔，漫天涯相携奔走。俺這里吹簫剛入市，他那邊發篋早登樓。敝屣王侯，千萬鎰一揮手。

【駐馬聽】他是健鶻淩秋，籬下稻粱辭不受；神龍見首，雲中鱗爪杳難求。謝他肥馬共輕裘，助俺唾手功名就。看華堂將進酒，説甚麽捲簾人比黄花瘦。

（末）夫人來了也。夫人，你看紛紛洋洋，下着國家祥瑞，俺和你且喜無事，暖一壺賞去。（旦）妾身已命整下了也。丫鬟們，取酒過來奉相公者。（送酒介）

【鴈兒落】花六出消不過酒滿甌，風四面敵不得罏添獸。則看他漫天敗甲飛，抵多少你百戰將軍手。

【眉批】

借雪又照出李藥師功勞。

（雜上）小人是送朝報的。來到李爺門首，報復去。有送朝報的在門首。（報介。末）着進來。（雜進叩頭介。末）賞他一壺酒暖寒去。（雜）多謝老爺。（下。末看報介）南蠻都尉一本：今年某月某日，有海船千艘，甲兵十萬，入扶餘國，殺其王自立。今國已定，理合奏聞。（末想笑介）呀！元來如此。夫人，你省得麽？此是恁張兄得事了也。（旦）如何便曉得？（末）你不記得，他臨别時説道：十年後東南有異事，便是他得志之日。今扶餘國正在我國東南，有此異事，可再有誰人來？（旦）元的不可喜煞人也！俺和你便具衣冠，向東南瀝酒拜賀者。（作具衣瀝酒拜賀介。旦）

【得勝令】這是你得手在吴鈎，但願得千載坐神州。則索向東南地澆杯酒，抵多少具衣冠拜冕旒。他知休，在百忙裏抽回首。輕丢，也則爲不輸他那一籌。

【沽美酒】是人間第一流，他輕肯去伴人愁。怕失火崑岡一旦休，做的個出乖露醜，因此上闢世界在滄洲。

【太平令】想人生失機落彀，便弄得有國難投。不論人强爲敵手，少不得苗而不秀。恁呵，誰似這得休，好休；要收，便收。呀！趁胸懷稱孤道寡依然仍舊。

【眉批】

直得一誇以終之。

豈有所指耶！

也虧俺婦人家一雙眼也。李郎，

【清江引】想俺三個人相交都邂逅，便識機關透。結義的兄呵，稱王冠似箕；自嫁的夫呵，拜將金如斗。枉鬚眉不識人，却被俺女娘們笑破口。（並下）

【眉批】

罵極矣！看此尾句，乃知此劇之所以作。

題目　謀江山道人知王氣，
　　　讓家資虬髯避帝位。
正名　得便宜衛公喬獻書，
　　　識英雄紅拂莽擇配。

宋公明鬧元宵雜劇

孔祥義　標點

説明

《宋公明鬧元宵雜劇》九折，凌濛初撰。據云係取材于《貴耳集》和《甕天脞語》。水滸戲盛行于元代，僅高文秀一家即有九種之多，而康進之的《李逵負荆》最負盛名，到了明末的凌濛初時代自撮取舊材撰著雜劇，就只能説是門類戲曲寫作的尾聲了，然此亦可見凌氏文學的一斑。此劇原刻于覆尚友堂《二刻拍案驚奇》的第四十卷，今爲便于讀者，特從原書摘出，與其他劇作合爲一册。

宋公明鬧元宵雜劇目録

宋公明鬧元宵雜劇

《貴耳集》　紀事
《瓮天脞語》
即空觀　填詞

第一折　提綱

【青玉案】（末上）東風未放花千樹，早吹隕、星如雨。寶馬雕車香滿路，鳳簫聲動，玉壺光轉，一夜魚龍舞。蛾兒雪柳黄金縷，笑靨盈盈暗香去。衆裏尋它千百度，驀然回首，那人却在燈火闌珊處。

李師師手破新橙，周待制慘賦離情。
小旋風簪花禁苑，及時雨元夜觀燈。

第二折　破橙　用支思韻

〔仙呂引子〕【紫蘇丸】（生扮周美成上）窮秀才學問不中使，是門庭那堪投止。甚因緣得逗女嬌姿，總君王禁不住相思死。

【眉批】

「不中」二字俱作平。

【憶秦娥】香馥馥，樽前有個人如玉。人如玉，翠翊金鳳，内家裝束。嬌羞愛把眉兒蹙，逢人只唱相思曲。相思曲，一聲聲是，怨紅愁緑。

自家周邦彦，字美成，錢塘人氏。才學擬揚雲，曾獻《汴都》之賦；風流欺柳七，同傳樂府之名。典册高文，不曉是翰墨林中大手；淫詞艷曲，多認做繁華隊裏當家。只得混俗和光，偷閑寄傲。見作開封監税，權爲吏隱金門。此間有個上廳行首李師師，乃是當今道君皇帝所幸。此女風情不凡，委是烟花魁首。亦且善能賞鑒，鍾愛文人。小生蒙彼不弃，忝在相知。今日天氣寒冷，料想官家不出來了。不免步至他家，取醉一回則個。（行介）

【仙吕過曲】【醉扶歸】他九重兀自關情事，我三生結下小緣兒，兩字温柔是證明師。儘樹起鶯花幟，任奇葩開暖向南枝，這芳香自惹蜂蝶恣。（旦扮李師師上）

【前腔】舞裙歌扇烟花市，便珠宫蕊殿有甚參差？誰許輕來覷罘罳！須不是閑堦址。花衚衕排下個海神祠，破題兒先把君王試。

奴家李師師是也。誰人在客堂中？上前看去。（相見介）呀，元來是周官人。甚風吹得到此？生小生心緒無聊，願與賢卿一談。想今日天氣嚴寒，官家不出，故爾造訪。旦既如此，小妹暖酒，與官人敵寒清話。丫環取酒過來。（丑扮丫環持酒上）有酒。（旦送介）

【桂枝香】高賢來至，撩人清思。俺這家門户呵，假饒終日喧闐，只算做黄昏獨自。論知心有幾？論知心有幾？多情相視，甘當陪侍。（合）意孜孜。最是疼人處，吹燈帶笑時。（生）

【前腔】迂疏寒士，饞窮酸子。謝娘行眼底種情，早賞識胸中奇字。論知音有幾？論知音有幾？這般憐才誰似？辦取志誠無二。（合前）（小生扮宋道君、道服帶二内侍上）

【賺】美玉於斯，微服潛行有所之。風流事，誰言王者必無私。（内侍喝）駕到！（生旦慌介。旦）忙趨俟。（生）書生俏膽無雙翅，（躲床下介）且向床陰作伏雌。（小生）聽宣示，從容祇對無遷次。（旦拜介）妾當萬死，妾當萬死。

（小生）賜卿平身。旦願官家萬歲。（小生）愛卿坐了講話。（旦謝恩介）聖駕光臨，龍體勞頓，臣妾敢奉巵酒上壽。（内作樂，旦送酒介。小生）朕有新物，可以下酒。（袖出橙介。旦）芳香酷烈，此地所未有也。（小生）此江南初進到，與卿同之。（旦）容臣妾手破，以刀作虀，配鹽下酒。（小生進酒介）

【棹角兒序】這新橙芳香正滋，驛傳來江南初至。須不是一騎紅塵，也煩着幾多星使。試看他下並刀，醮吴鹽，勝金虀，同玉膾，手似凝脂。（吹笙合唱）寒威方肆，獸煙裊絲。笑欣欣調笙坐對，醉眼迷眵。

（小生）酒興已闌，朕將還宫矣。（旦）臣妾有一言，向官家取道麽？（小生）恕卿無罪。（旦附耳作低唱）

【前腔】問今宵誰行侍私？（小生笑介）不要管他。（旦）這些時猶煩唇齒。聽嚴城鼓已三撾，六街中少人行止。試看他露霜濃，騎馬滑，倒不如，休回去，着甚嗟咨？（合前）（小生）愛卿愛朕，言之有理。傳與内侍，明早還宫。（摟旦肩介）

【尾聲】留儂此處歡情恣。抵多少昭陽殿裏夢回時。（合）怎知道行雨行雲在别一司。（同下）

（生作床下出介）奇哉，奇哉。嚇殺我也，僥倖殺我也。你看他剖橙而食，促膝而談，欲去欲留，相調相謔。若有史官在傍，也該載入起居注了。小臣何緣，得以親見親聞。不免將一時光景，作一新詞，以記其事。詞寄《少年游》。（念介）並刀如水，吴鹽勝雪，纖手破新橙。錦幄初温，獸煙不斷，相對坐調笙。低聲問，向誰行宿？城上已三更。馬滑霜濃，不如休去，直是少人行。詞已寫完，明日與師師看了，以博一笑。

【皂羅袍】偶到陽臺左次，遇東皇雨露，正灑旁枝。新橙剖出傲霜姿，玉笙按就纖纖指。低聲厮諢，含嬌帶嗤。不如休去，殷勤致辭。怕官家不押個鴛鴦字？

未許流鶯過院墻，天家於此賦高唐。
大鵬飛在梧桐上，自有傍人説短長。

第三折　訊燈　用江陽韻

〔中吕引子〕【粉蝶兒】(外扮宋公明領從人上)四海無人，誰知俺滿懷忠壯？這些時且自埋藏。借山東煙水寨，三關興旺。問誰當？這横行一時無兩。

一水窪中能出令，萬山深處自鳴金。包身義膽奇男子，也自稱名在緑林。我乃山東宋江，表字公明。現爲梁山寨主，替天行道，人多稱我爲及時雨。目下天氣嚴寒，不知山下有甚事體？且待衆兄弟到來，試問則個。(衆扮梁山泊好漢，净扮李逵，照常上堨詩、通姓名，相見介。外)衆兄弟，山下有甚事來？(衆)啓哥哥得知，朱貴酒店裏，拿得一班萊州府燈匠，往東京進燈的。未敢擅便，押在關前聽令。(外)休得要驚嚇他，押上堂來我問咱。(衆)得令。(雜扮燈匠挑燈上)朝爲田舍郎，獻燈忠義堂。寨主本無種，男兒當自强。(衆)燈匠當面。(外)

〔中吕過曲〕【尾犯序】率土戴君王。豈是吾儕，不曉倫常？諂佞盈朝，致閭閻盡荒。燈匠，無非是繁華景物，纔顯出精工伎倆。争知道，脂膏盡處，黄雀覷螳螂！(雜叩頭介)

【前腔】〔换頭〕應當，燈鋪乃官行。里甲排門，痛比錢糧。今年官家大張燈火，慶賞元宵。着落本州解造五架好燈。這燈呵，妙手雕鏤，號玲瓏玉光。(外)我多取了你的，你待如何？(雜)驚惶。若還是山中盡取，難銷破京師業帳。(作悲介)從何處，重尋兒女？更一度哭爹娘。

(外)聽之可傷。我逗你要來。若取了你的，恐怕你吃苦，不當穩便。只取你小的一架，值多少價錢？(雜)本錢二十兩。大王跟前，不敢説價。(外)就與你二十兩。其餘的你們自解官。(雜)多謝大王。雙手劈開生死路，一身跳出是非門。(下。外)衆兄弟，據燈匠所言，京師十分好燈，我欲往看一遭。

【前腔】〔换頭〕京華靡麗鄉。少長山東，未得徜徉。改换規模，到天邊日旁。(衆)斟量，若還遇風波競險，須難免干戈鬧嚷。分明是，龍居淺地，索是要堤防。

（外）我日間只在客店裏藏身，夜晚入城看燈，不足爲慮。且聽我分撥：我與柴進、戴宗、燕青一路，史進與穆弘一路，魯智深與武松一路，朱同與劉唐一路。只此四路人，暗地相隨，緩急策應。其餘兄弟，盡數在家守寨。（净李逵云）説東京好燈，我也要去走一遭。（外）你如何去得？（净）我如何去不得？（外）你生性不善，面麗醜惡。（净）幾曾見我那裏嚇殺了别人家大的小的？若不帶我去，我獨自一個先趕到東京，殺他一場，大家看不安穩。（外）既然要去，只打扮做伴當，跟隨着我，不許惹事便了。

【前腔】王都本上邦。須勝似軍州，馬壯人强。此去私游，要行踪斂藏。（衆）須仗，一隊隊分行佈擺，一步步回頭顧望。從今日，長安夢裏，攪起是非場。

（外）明日黄道吉日，就此起行。（衆）得令。

且解征袍脱茜巾，洛陽如錦舊知聞。

相逢何用通名姓？世上于今半是君。（衆調陣下）

第四折　詞忤　用唐青韻

〔南吕過曲〕【一江風】（旦扮李師師上）是生來落得排場勝，那個曾紅定？但相逢便有姻緣，暮雨朝雲，暫主巫山令。嫦娥不恁撑，君王取次行。是風流占盡無餘剩。

妾身李師師。前日正與周美成飲笑，恰遇官家到來，倉忙避在床下。後來官家語言動止，盡爲美成所見。美成填作一詞，眼前説話，盡作詞中佳料。似此才人，真堪愛敬。今日無事在此，且把此詞展玩一遍則個。（小生道服，扮道君上）

【前腔】離宫闈喜踏閑花徑，種下風流性。但相從可意冤家，别樣温柔，反似多傒倖。知他是怎生？拚傾若個城。任朝端絮不了窮三聖。

已到師師家了。師師那裏？(旦迎駕介)臣妾候迎聖駕，願官家萬歲！(小生)賜卿平身。愛卿，朕因元宵將近，暫息萬機。乘此清閑，訪卿夜話。(旦)臣妾潔除几席，專候駕臨。(小生看案上介)愛卿在此看些甚麼？(見詞介)元來是一首詞。(念前詞介)此乃前日與卿晚夕的光景，何人檃括入詞？(旦)不敢隱瞞，實出周邦彦之筆。(小生)周邦彦爲何知得這等親切？似目見耳聞的一般。(旦)臣妾萬死。前日偶與周邦彦在此閑話，適遇駕到。邦彦無處躲避，竄伏床下。故彼時官家與臣妾舉動言語，悉被窺見，作此詞以紀其事。(小生怒介)輕薄如此，可恨！可恨！

【鎖寒窗】是何方劣相酸丁，混入花叢舉止輕！看論黄數黑，畫影描形；機關逗處，唇鎗斯逞。怎當他風狂行徑？(合)思量直恁不相應，便早遣離神京。

(旦跪介)邦彦之罪，皆臣妾之罪也。望天恩寬宥。(起介)

【前腔】念他們白面書生，得見天顔喜倍增。任一時風欠，寫就新聲；知他那是，違條干令？總歌謳太平時境。(合)思量有恁不相應，便早遣離神京！

(小生)這個斷難饒他。明日分付開封府，逐他出城便了。

(旦)一曲新詞話不投，(小生)明朝謫遣向邊州。

(合)是非只爲多開口，煩惱皆因强出頭。

第五折　鬧禁　用齊微韻

(末儒巾扮柴進，貼小帽扮燕青，同上。末)金吾不禁夜，玉漏莫相催。則俺是梁山泊上第十位頭領小旋風柴進，這個兄弟是第三十六位頭領浪子燕青。隨俺哥哥宋公明下山，到東京看燈。哥哥在城外住下，俺和這個兄弟先進城來探聽光景，做一番細作。早已入城來了也。

〔北正宮〕【端正好】却離了水雲鄉，早來到繁華地。路傍人不索猜疑，滿朝中不及俺那山門位，衠一味懷忠義。

（貼）哥哥，來到東華門外。你看，街上的人好不多也！（末）

【滚綉毬】景色奇，士女齊。滿街衢游人如蟻，大多來肉眼愚眉。（手指介）兄弟，你看那戴翠花，着錦衣，一班兒紛紛濟濟，走將來別是容儀。多管是堂中珠履三千客，須不似山上兜鍪八面威，煞有蹺蹊。

兄弟，俺到酒坊中坐下。你去看那錦衣花帽的，與我賺將一個來者。（貼）理會得。（丑扮王班直上）花有重開日，人無再少年。俺乃穿宫班直老王的便是。方纔宫中承應出來，且到街上走一走。（貼迎揖介）觀察，小人聲喏。（丑作不認介）你是何人？咱不認得。（貼）小人的東人和觀察是舊交，特使小人來相請。觀察莫不姓張？（丑）俺自姓王。（貼）小人貪慌失錯了。正是叫小人請王觀察。（丑）你主人是誰？（貼）觀察同小人去，見面就曉得。（丑）而今在那裏？（貼）在這閣兒裏。（走到介，對末云）請到王觀察來了。（末迎介）

【倘秀才】見説着良朋遇值，（揖介）忙舉手當前拜禮。（丑還禮介）在下眼拙，失忘了足下。願求大名。（末笑介）俺是恁二十年前一舊知，這些時離別久，往來稀，今朝厮會。

（丑想介）其實一時想不起。（末）小弟且不説，等兄長再想。想不出時，只是罰酒。（雜送酒肴上，末送酒介）

【滚綉毬】俺這裏殷勤待舉觴，尊兄且莫推。誰教你貴人忘記，辭不得罰盞淋漓。（丑）在下吃不得急酒，醉了須誤了點名。（末）正要問兄長，頭上爲何戴這朵翠花？（丑）官家慶賞元宵，我們左右内外，共有二十四班，每班二百四十人，通共五千七百六十人，每人皆賜衣襖一領，翠葉金花一枝，上有小小金牌一個，鑿着「與民同樂」四字。因此每日在這裏點視，如有宫花錦襖，便能勾入内裏去。（末）小弟却不省得。元來是打扮喬，入内直，便飲一醉不妨。總無過隨行逐隊，料非關違誤了軍機。小的每鏇一杯熱酒來，奉敬兄長者。（貼取酒下藥介。末奉酒介）兄長飲此一杯，小弟敢告姓名。（丑）在下實想不起，願求大名。(末灌酒介，丑飲介。末)你早忘眼底人千里，且盡尊前酒一杯，則交我含笑微微。(丑作醉倒介。末)早已麻倒了也。且脱他錦衣花帽下來，待俺穿戴了，充做入直的，到内裏看一遭去。(换衣帽介)兄弟，你扶他去床上睡着，酒保來問時，只説這觀察醉了，那官人出去未回。好生支吾者。(貼)不必分付，自有道理。(扶丑下。末)俺如此服色進内去，料没攔擋也呵。(行介)

【倘秀才】本是個水滸中魔君下世，權做了皇城内當筵傀儡，抵多少壯士還家盡錦衣。從此去，到宫闈，没些兒迴避。

呀，你看禁門上並無阻礙，一直到了紫宸殿。殿門上多有金鎖鎖着，進去不得。且轉過凝暉殿，殿旁有路，轉將入去。元來又是一個偏殿，牌上金書「睿思殿」三字。側首一扇硃紅槅子，且喜開着，不免閃將入去。

【滚綉毬】幸逢着殿宇開，闖入個錦綉堆。耀人睛簾垂翡翠，看不迭案滿珠璣。則見架上籤，盡典籍，奚超墨龍文象筆，薛濤箋子石端溪。御屏上山河一統皆圖畫，比及俺水泊三關也在範圍。這的是帝主宏規。

轉過御屏後邊，元來這是素面，却有幾個大字在上，待我看者。(念介)山東宋江，淮西王慶，河北田虎，江南方臘。呀！好不利害也！

【叨叨令】御屏上寫得淋淋侵侵地，多是些緑林中一派參參差差諱。列兩行墨印分分明明配，俺哥哥早占了高高强强位。(拔刀介)俺待取下來也麽哥，俺待取下來也麽哥，(作挖下走介)急抽身且自慌慌忙忙退。

已把四字挖下，急走出殿門回去者。

【滚綉毬】這事兒好駭驚，這事兒忒罕希！到那帝王家一同兒戲，俏一似出函關夜度鳴鷄。(貼上接介)哥哥來了也。看得如何？(末)且禁聲，莫笑嘻，幹着的一樁機密，免教他姓字高題！(將字與貼看介)略施萬丈深潭計，已在驪龍頷下歸，落得便宜。

(貼)請問哥哥，這是甚麽意思？(末)此處耳目較近，不便細説。到下處見了大哥，自知明白。且脱下衣帽咱。(换衣帽介。貼）這人還未醒，把衣服交與店家罷。（叫介）酒保。（酒保上）官人有何分付？（末）俺和這王觀察是兄弟，恰纔他醉了，俺替他去內裏點名了回來。他還未醒，俺却在城外住，恐怕誤了城門。剩下的酒錢，多賞了你。他的服色號衣多在這裏，你等他醒來，交付還他。俺們自去了。（酒保）官人但請放心，男女自會伏侍。（笑介）這樣好主顧，剩錢多賞了我，明日再來下顧一下顧。若要號衣用時，我在戲房中借一付與你。（下。末）

【尾聲】俺入宫的，俏冥冥已將望帝春心遞，那醉酒的黑魆魆兀自莊周曉夢迷，却不道他是何人我是誰？借得宫花壓帽低，天子門庭去復回，御墨鮮妍滿袖携。少不得驚動官家心下疑，索盡宫中甚處追？空對屏兒三嘆息。怎知俺小旋風爺爺親身來看過了你？

【眉批】旋去聲。

（同下。丑吊場上）一覺好睡也。酒保，方才請我的官人那裏去了？（內應）他見你醉了，替你去點了名回來。你還未醒，恐怕誤了城門，他出城去了，留下號衣在此還你。（丑）好没來繇！又不知姓張姓李，說是我的故人，請我吃得酩酊，敢是拐我當酒吃的？酒保，他會鈔過不曾？（內）會鈔過了。（丑）奇怪，酒錢又不欠，衣服又在此，他拐我甚麼？我不是落得吃的了？看來我是個刷子，他也是個痴人。（詩云）有人請吃酒，問着不開口。灌我醺醺醉，他自往外走。這樣好主人，十番撞着九。好造化！好造化！（笑下）

第六折　折柳　用先天韻

〔雙調引子〕【搗練子】（生扮周美成上）愁脉脉，意懸懸，奪去微官不值的錢。只恨元宵將近矣，嫦娥從此隔天邊。

桃溪不作從容住，秋藕絶來無續處。人如風後入江雲，情似雨餘粘地絮。下官周美成，只因今上微行妓館，偶得竊窺，度一新詞，致觸聖怒，宣示蔡京丞相，着落開封府，要按發我課税不登。府尹説：「惟有此官，課額增羡。」蔡京道：「聖意如此。」只索遷就屈坐，劾上一本。隨傳聖旨：「周邦彦職事廢弛，日下押出國門！」好不冤枉也！我想一官甚輕，不做也罷。只是元宵在即，良辰美景，萬民同樂，獨我一人不得與觀。這也猶可，怎生撇得下心上李師師呵？他着人來説，要到十里長亭，送我起程。敢待來也。（旦上）

【海棠春】何處是離筵？舉步心如箭。

呀！美成已在此了。（相見介。旦）官人，風波忽起，離别須臾，無限衷情，特來面語。（生）賢卿遠至，足感深情。只是我事出無端，非意所料。這分别好難割捨呵！（旦）小妹聊具一杯，與君話别。（生）生受你。想小生呵！

〔仙吕入雙調過曲〕【園林好】書生命隨方受邅，書生態無人見憐。投至得娘行繾綣，徯倖煞並香肩，平白地降災愆。（旦）

【前腔】遇君王承恩最偏，遇多才鍾情更專。强消受皇躬垂眷，一謎裏慕英賢，怎知道事相牽？（生）想那日呵！

【江兒水】寒夜挑燈話，爐中火正燃。君王驀地來游宴，躲避慌忙身還顫。眼睁睁饞口涎空咽，剗地芳心思展。（合）一曲新詞，到做了《陽關》三轉。（旦）

【前腔】當日心中事，君前不敢言。誰知虓地龍顔變，判案些時無情面。笑啼兩下恩成怨，教我如何過遣？（合前）（生）

【五供養】窮神活現，一個新橙，剖出冤纏。開封遵聖意，不論羨餘錢。官評坐貶，端只爲床頭銓選。一霎分離去，怎俄延？（合）何日歸來，舊家庭院？（旦）

【前腔】君王不辨，掃煞風光，當甚傳宣？知心從避地，無計可回天。奴身命蹇，禁不住淚痕如綫。愁看元宵月，兩地自爲圓。（合前）

（旦）君家以詞得名，以詞得罪，今日之别，豈可無詞？（生）小生試吟一首，以紀折柳之情。（詞寄《蘭陵王》）（念介）柳陰直，煙裏絲絲弄碧。隨堤上，曾見幾番，拂水飄綿送行色。登臨望故國，誰惜，京華倦客？長亭路，年去歲來，應折柔條過千尺。　閑尋舊蹤迹，又酒趁哀弦，燈照離席，梨花榆火催寒食。愁一箭風快，半篙波暖，回頭迢遞便數驛。望人在天北。　凄惻，恨堆積。漸别浦縈回，津堠岑寂，斜陽冉冉春無極。念月榭携手，露橋吹笛。沈思前事，似夢裏，淚暗滴。

【玉交枝】題詞一遍，謝承他舉賢薦賢。而今再把詞來顯，真個是舊病難痊。鴛鴦拆開爲短篇，長吟只怕還重譴。（合）拚今宵孤身自眠，又何妨重重寫怨。（旦）

【前腔】心中生羨，看詞章風流似前。雖經折挫留餘喘，尚兀自揮灑聯翩。本是連枝並頭鐵石堅，到做了伯勞東去西飛燕。（合前）

生俺和你就此拜别。（拜介。生）

【川撥棹】辭卿面，記平時相燕婉。再不能整宿停眠，再不能整宿停眠，立斯須三生有緣。（合）怎教人着去鞭？任從他足不前。（旦）

【眉批】

婉音苑。

【前腔】〔換頭〕訴不了離愁只自煎，揾不了啼妝只自湮。從此去度日如年，從此去度日如年，願君家長途保全。（合前）（生）

【尾聲】臨行執手還相戀，歸向君王一句言，道床下人兒今去的遠。

一番清話又成空，滿紙離愁曲未終。
情到不堪回首處，一齊分付與東風。

第七折　賜環　用齊微入聲韻

〔商調引子〕【繞地游】（貼扮燕青上）來游上國，到處無人識，向章臺尋消問息。

白雲本是無心物，又被清風引出來。俺浪子燕青，前日隨着柴大官人進城探路，被柴大官人計入禁苑，挖出御屏上四字。俺宋公明哥哥曉得官家時刻不忘，思量尋個關節，討個招安。那角妓李師師與官家打得最熟，今欲到他家飲一巡兒酒，看取機會，着我先去送贄見之禮。來到此間，不免扯個謊哄他。裏面有人麽？（丑扮媽媽上）談笑有鴻儒，往來無白丁。是那個？（貼拜介）是我。（丑）小哥高姓？（貼）老娘忘了，小人是張乙的兒子張閑便是。從小在外，今日方歸。老娘怎不認得了？（丑想介）你不是太平橋下的小張閑麽？（貼）正是。（丑）你那裏去了？許多時不見。（貼）小人一向不在家，不得來看老娘。如今伏侍個山東梁客人，是燕南河北第一個有名的財主，來此間做買賣。一者就賞元宵，二者要求娘子一面。怎敢説在宅上出入？只求同席一飲，稱心滿意。光送一百兩金子爲進見之禮，與娘子打些頭面器皿。若得往來，還有罕物相送。（出禮物介。丑看，伸舌介）好赤金也！火塊一般的。只一件，我女兒今日爲送周監税，出城去了，却不在家，怎麽是好？（貼）少不得回來的，小人便閑坐一坐，等個回音。（小生上）

【繞地游後】和風麗日，憶嬌姿來相探覓。是光陰怎生閒得？

自家道君皇帝便是。前日睿思殿上，失去了「山東宋江」四字，想城中必有奸細，已分付盤詰去了。心下好生不快，且與師師閑話去。(内唱駕到。丑慌介)官家來了,怎麽好?女兒不在,誰人接待?張小乙哥,便與我支應一番則個。(貼)我正要認一認官家,借此機會上前答應去。(叩頭介)男女萬死!叩頭陛下,願陛下萬歲!(小生)師師怎麽不見?(貼)師師城外去了。(小生)你是何人?(貼)男女是師師中表兄弟,一向出外,今日回來。(小生)擡起頭來我看。(貼擡頭介。小生)怪道也一般俊秀的。你既是師師兄弟,必有技藝。(貼)男女吹彈歌舞多曉得些。(小生)賜卿平身,唱曲奉酒。(貼送酒,隨意唱時曲一隻介。小生)此時已是更餘,師師還未見到。可惱!可惱!(旦愁妝上)

【憶秦娥】愁如織,歸來别淚還頻滴。還頻滴,翠幃春夢,江南行客。(見介。貼暗下。小生)更餘兀守方岑寂,何來俏臉添悲慽!添悲慽,向時淹潤,這番狼藉。

(怒介)你看啼痕滿面,憔悴不勝,適自何來?意態如此。(旦)臣妾萬死!臣妾知周邦彦得罪,押出國門,略致一杯相别。不知得官家來此,接待不及,臣妾罪當萬死!(小生冷笑介)痴妮子,只是與那酸子相厚!這酸子輕口薄舌,專會做詞。今日你去送别,曾有詞否?從實奏來。(旦)有《蘭陵王》調一詞。(小生)你起來唱一遍看。(旦)容臣妾奉一杯,歌此詞爲官家壽。(小生)使得。(旦送酒介)

〔商調過曲〕【二郎神】柳陰直,在煙中絲絲弄碧。曾見隋堤凡幾歷,飄綿拂水,從來專送行色。無奈登臨望故國,誰憐惜京華倦客?算長亭,年來歲去,柔條折過千尺。

【眉批】

望平聲。

亭借轉入韻。

【集賢賓】閑尋舊日踪與迹,趁哀弦燈照離席。榆火梨花知在即,一霎時催了寒食。風高箭急,待回首迢遥多驛。人在北，怎生不恨情堆積？

【琥珀猫兒墜】縈回別浦，津堠已岑寂。冉冉斜陽春景極，念相携素手露橋笛。凄惻，前事沉思，暗淚空滴。

（小生笑介）好詞，好詞。關情之處，令人淚落，真一時名手！怪不得他咬文嚼字。明日元宵佳節，正須好詞。不免赦其罪犯，召他轉來爲大晟樂正，供應詞章。傳旨與兩府施行去。（旦叩頭介）如此，多謝天恩。（小生笑介）連你也歡喜了。

【尾聲】道一聲赦也歡交集，詞去詞來還則是詞上力。（旦）可正是成敗蕭何一笑值。

（旦）新詞動聽不爭多，成也蕭何敗也何。

（小生）遇飲酒時須飲酒，得高歌處且高歌。（下）

（旦弔場，丑引貼見旦介）小乙哥過來見了姐姐。（旦）我正要問這是那一個？（丑）兒，這是太平橋張小乙哥。他引了一個大財主，是山東梁員外，送了一百兩金子爲見禮，要與你吃一杯兒酒。因你未回，留他在此。恰遇聖駕到來，無人接待，虧得他認做了你的中表兄弟，支持答應，俄延這一會，等得你回來。也是個道地人兒。（貼）小人有幸，得瞻天表，且候着了娘子。小人回去，回覆員外，還着他幾時來？（旦）明日是元宵，駕幸上清宫，必然不來，却請員外過來少叙便是。

（貼）小人理會得。正是：

嫦娥曾有約，（丑、旦）明夜早些來。（同下）

第八折　狎游　用蕭豪韻

（雙調引子）【梅花引】（外宋江上）留連客舍已元宵，誰能識俺根苗？（末柴進上）憑是宫庭，魚服曾行到。（合）宿衛重重成底事？待看盡鶯花春色饒。

（外）不入虎穴，焉得虎子？差之一時，失之千里。俺宋江不到東京看燈，怎曉得御屏上寫下名字？虧得俺柴進兄弟，取了出來。這兩日聞得城門上堤防甚緊，却是人山人海，誰識得破？俺一來要進去觀燈，二來要與當今打得熱的李師師往來一番，覷個機會。昨日燕青兄弟已到他家，約定了今日，又兼得見了官家回來。俺想若得我宋江遇見，可不將胸中之事，表白一遍，討得個招安，也不見得。（末）哥哥，招安也不是這様容易討的！借這機會通些消息，或者有用，也未可知。目今且落得去游耍一番。（貼燕青上）欲赴天邊約，須教月下來。哥哥，此時正好進城了。（外）我與柴大官人做伴，同去走遭。戴宗、李逵兩個兄弟，扮做伴當，遠遠跟着便了。（同行介）

【仙呂入雙調過曲】【六么令】官街亂嘈，趁着人多，早過城壕。無人認識大英豪。齊胡混，醉酕醄。鎮聞滿市皆喧笑，鎮聞滿市皆喧笑。

（貼）從此小街進去，便是李家瓦子了。（衆行介）

【前腔】笙歌院落，煞是撩人，一曲魂消。君王外宅貯多嬌。燈光映，月輪高。画欄十二珠簾悄，画欄十二珠簾悄。（旦同鴇女童上）

【前腔】游人似潮，昨日相期，佳客游遨。此時月色上花梢。（貼）近前去，把門敲。（旦出見，迎外、末介。外、末）慕名特地來相造，慕名特地來相造。

（相見禮介。貼向旦指外介）這位就是員外。（旦）昨日張閑多談大雅，又蒙厚賜。今辱左顧，綺閣生光。（外）山僻之客，孤陋寡聞。得睹花容，生平願足。（旦）這位官人，是員外何人？（外）是表弟華巡簡。（旦）多是貴客。夙世有緣，得遇二君。草草杯盤，以奉長者。（外）在下山鄉，未曾見此富貴。花魁娘子，名播寰宇，求見一面，如登天之難，何況促膝笑談，親賜杯酒！（旦）員外奬譽太過，何敢當此！丫環將酒過來。

【眉批】此本南调也，今皆以北调唱之，则须增叠句。

【二犯江兒水】【五馬江兒水】逢霽色皇都春早，融和雪正消。看争馳玉勒，競睹金鰲，賽蓬萊結就的島。迤逦御香飄，群仙不待邀。樓接層霄，鐵鎖星橋，大家來看一個飽。【朝元歌】幸遇着風流俊髦，厮覷了軒昂儀表。【一機錦】不枉了兩相輝燈月交。

(外)多蒙厚款。美酒嘉肴，清歌妙舞，鄙人遇此，如在天上。不勝酒狂，意欲亂道一詞，盡訴胸中鬱結，呈上花魁尊聽。(末)哥哥，花魁美情，正當請教。(外)待不才先訴心事呵！

【前腔】問何處堪容狂嘯？天南地北遥。借山東煙水，暫買春宵，鳳城中春正好。薄倖怎生消？神仙體態嬌。(起介)想汀蓼洲蒿，皓月空高，雁行飛，三匝繞。(做裸袖揎拳勢介)誰識我忠肝共包？只等待金鷄消耗。(拍桌介)愁萬種，醉鄉中兩鬢蕭。

(末)表兄從來酒後如此，娘子勿笑！(旦)酒以合歡，何拘于禮？只是員外言語含糊，有許多不明處。(外)借紙筆來，寫出請教。(旦)取筆硯過來，向員外告珠玉。(外寫介)(詞寄《念奴嬌》)(念介)天南地北，問乾坤何處，可容狂客？借得山東煙水寨，來買鳳城春色。翠袖圍香，絳綃籠雪，一笑千金值。神仙體態，薄倖如何消得？　想蘆葉灘頭，蓼花汀畔，皓月空凝碧。六六雁行連八九，只等金鷄消息。義膽包天，忠肝蓋地，四海無人識。離愁萬種，醉鄉一夜頭白。(旦)細觀此詞，員外是何等之人？心中有甚不平之事？奴家文義淺薄，解不出來，求員外明言。(外欲語介。内叫)聖駕到後門丁！(旦慌介)不能相陪，望乞恕罪。(急下。外對末、貼介)我正要訴出心事，却又去接駕了。我們且未可去，躲在暗處瞧一回。(末、貼)大哥有些酒意了，小心些則個。(外)曉得。

始信桃源有路通，這回陡遇主人翁。
今宵賸把銀釭照，猶恐相逢是夢中。(各虚下)

第九折　鬧燈　用東鍾韻

（净扮李逵，大帽青衣，内抹額束腰，雜扮戴宗隨上。净）浩氣沖天冠斗牛，英雄事業未曾酬。手提三尺龍泉劍，不斬奸邪誓不休！俺黑旋風李逵便是。俺大哥好没來繇，看燈，看燈，竟與柴大官人、燕小乙哥走入衒衒人家吃酒去了。却教我與戴院長扮做伴當，跟隨在門外坐守。這可是俺耐煩的？不要惱起俺殺人放火的性子來，把這家子來殺個罄盡。（做勢介。戴）哥哥怎生對你説來？（净）只怕大哥又説我生事，俺且權忍片時也呵！

【北雙調】【新水令】看長安燈火照天紅，似俺這老蒼頭也大家來胡哄。怒面生也花世界，少拜識也錦衒衒。偌大英雄，偌大英雄，替他每守門闌，太知重！（虚下。小生旦上）

【眉批】

此曲以鼓爲節，原概傳板，今唱者皆相沿有板，故從時點之。前正宮曲亦然。

【南仙吕入雙調過曲】【步步嬌】三五良宵水輪涌，帝輦宸游動。（旦）今日該駕幸上清宫。歡情那處濃！（小生）朕今日幸上清宫方回，教太子在宣德殿賜萬民御酒，御弟在千步廊買市，約下楊太尉同到卿家。久等不至，只得自來。（旦）不道餘恩，又得陪從。（小生）今日佳辰，宜有佳詞。傳旨宣周邦彦。（旦）斟酒泛金鍾，這些時值得佳詞供。（生上）

小臣周邦彦，聞得陛下在此，特來獻元宵新詞。（小生）念與朕聽。（生念介）（詞寄《解語花》）風銷焰蠟，露浥洪罏，花市光相射。桂華流瓦，纖雲散、耿耿素蛾欲下。衣裳澹雅，看楚女、纖腰一把。簫鼓喧，人影參差，滿路飄香麝。　因念帝城放夜。望千門如晝，嬉笑游冶。鈿車羅帕，相逢處，自有暗塵隨馬。年光是也，惟只見、舊情衰謝。清漏移、飛蓋歸來，從舞休歌罷。（小生）好詞，好詞。得景得情，良辰美景，才子佳人，俱在朕前。可喜，可喜。周邦彦陞爲大晟樂府待

制，賜與御酒三杯。（生飲酒謝恩介）（同唱）斟酒泛金鍾，這些時值得佳詞供。（同下。净上，戴隨上。净）

【北折桂令】漸更闌古寺聲鐘，等的人心熱腸鳴，坐的來背曲腰躬。須知俺兄弟排連，盡多是江湖志量，怎走入花月樊籠？一壁廂主人情重，那堪俺坐客心慵。折倒威風，做啞妝聾。這的是黑爹爹性格温柔，今日裏學得個舉止從容。（下。外、末、貼上）

【南江兒水】萬里君門遠，乘輿驀地逢，天顔有喜親承奉。（外）何不急趁樽前無欄縱，把一生忠義多相控？（末、貼）這個使不得！便親寫下招安何用？打破沙鍋，少不得受那奸邪搬弄。（下。净、戴上。净）

【北雁兒落帶得勝令】俺則待向章臺猛去衝，（戴）這裏頭没你的勾當。（净）莽兒郎認不得鸞和鳳。俺則待踏長街獨自游，（戴）我不與你去，你須失了隊。（净）急忙裏認不出桃源洞。因此上權做個不惺憁，酩子裏且包籠。困騰騰眼底生春夢，實丕丕心頭拽悶弓。難容！無明火渾身迸。宋公明也！尊兄！這蹺兒也算不公。

（坐場上介。丑扮楊太尉上）

【南僥僥令】君王曾有約，游戲晚來同。（作走進門，戴走避，净坐不理介。丑）是何處兒郎真懵懂？見我貴人來，不斂蹤。

（問净介）你是那裏的狗弟子孩兒？見了俺楊太尉，站也不站起來。從人拿住者。（净大喊，脱衣帽，露内戎裝介）

【北收江南】呀！要知咱名姓呵，須教認得黑旋風！（將丑打倒介）一拳兒打個倒栽葱。（丑跌介。戴勸介）使不得，使不得！（净）方纔泄俺氣填胸。（放火介）不是俺性凶，不是俺性凶，只教你今朝風月兩無功。

（净大喊介）梁山泊好漢全夥方在此！（外、末、貼急上）

【南園林好】聽喧鬧魚游釜中，急奔脱鳥飛出籠，渾一似山崩潮涌。你看官家也從地道走了。鸞鳳輦離花叢，回首處隔巫峰。

（内喊介）休教走了黑旋風！（外）燕小乙哥，黑廝性發了，只怕有失。你是他降手，快去接了他出城。（净舞介）

【北沽美酒帶太平令】誰人來犯俺鋒？誰人來犯俺鋒？（貼撲净跌介。净看貼起笑介）元來是舊降手又相逢。（貼）不要生事，隨哥哥去罷。（净隨衆走介）恁道是保護哥哥第一功，頓金鎖去蛟龍，須知是做郎君要擔怕恐。（扮高俅追敗下。五虎將上接介。净同衆唱）看明晃晃旌旗簇擁，雄糾糾貔虎相從。宋公明翠鄉一夢，楊太尉傷司告訟。俺呵一班兒弟兄逞雄，脱離着禍叢。呀！這的是鬧東京一場傳誦。

【北清江引】宋三郎豈是柔情種？只要把機關送。惹起黑天蓬，好事成虚閧，則落得鬧元宵一會兒哄。

周美成蓋世逞詞豪，宋公明一曲《念奴嬌》。

李師師兩事傳佳話，合編成妝點《鬧元宵》。

附録

孔祥義　標點

目録

附録一

游杼山賦

表兄潘朗士得地于杼山之陽，形勢絶勝，構爲別業。考顔魯公碑文，則梁之妙喜寺，而魯公刺湖時，集諸名士於此，輯《韻海鏡源》者也。朗士博雅好古，雖圭組登朝而性耽丘壑，意甚樂之。凡亭臺池館皆自題識，各有箋解小紀，淵奥高曠，勝情雅韻，備於是矣。丙子季秋日，與余登覽而屬余爲之賦，余乃摭述其意而成之。其辭曰：

秋將暮，雲氣清。客懷蕭瑟，樂爲山行。繄澤國之利涉，微乘橇而揚舲。主人携具，樽罍既盈。於是出南闉，浮碧浪湖名。湖澄鮮兮始波，搴芙蓉兮騁望。野以耕而命村地有耕村，水夾山而成漾水有夾山漾。古桂馥鬱以流馨，浮圖峥嶸而矗上道場山有塔。鍾磬硡磕以激濤，橘柚青黄其殊狀。睇赭霞之復幕霞幕山蓋自南湖至妙喜，有八景，曰：道巘宵光、耕村曉月、碧浪芙蓉、書堂古香、霞幕高秋、飲馬流雲、夾山晴雪、石橋遠鐘，雜見於前後云，負蒼弁以列障湖郡弁山爲最高，蒼山爲輔。

解衣攘腕，心怡曠神。主人拱而語曰：「此魯公清臣顔真卿之放生處也。魯公昔刺吾邦，實係遺迹。由此以達杼山，夏后杼之所巡歷，梁武錫嘉名以妙喜(寺名)，唐文賜御書而重辟。玄之晋太守張玄之疏爲勝絶，鴻漸陸羽于焉載筆。魯公著作其中，名流至者絡繹。三癸名其亭，鴻章勒諸石。蔚西南之名區，悵榛莽之久没。余也不敏，丘壑成癖。披循故址，偶獲捃摭。構數椽以容與，邀吾子於今夕。」

爰命舟師，逐岸而移。草堂漾名洸瀁而魚樂，仙閣祈仙閣軒翥而鶴飛。挹飲馬之曲澗山巔名飲馬池，爲吴越王駐馬處，歷列錦之長堤。睹茶烟裊于竹塢，諦人語隔于松溪。

乃舍舟以登陸，路峼崛而委蛇。既尋勝而遞攬，遂抉義以周咨。宣灑何園園名宣灑，譯彼梵言。華稱弟子，初乘居焉。植夙慧于二氏，紛吾契于禪玄。弄《音文》於《日種》，探《鴻蕊》於《墨園》《日種》、《音文》、《墨園》、《鴻蕊》，所輯釋道二家書名。蒐文字之外護，作金湯之勝緣。言顏之閣有音文閣，言署之軒有鴻蕊軒。斷章取《淮南》之義而盧牟名平精舍有盧牟精舍，憩寂岩名拈少陵之句而松子落於僧前。塔現道峰之影兮池涵照有塔照亭，亭貌古帆之挂兮石孤懸有古帆亭。虔視厘于六時兮，孝思寄于南陔有南陔堂，即饗室也。汲藻影於三昧兮有藻影軒，公據在于西乾。忻托前朝之梵宇，敢忘木本而水源；尚羡偓佺之羽化，欲餌菖陽以引年有引居。希谷神之不死，昉猶龍之真詮有猶龍館。

乃其醉心墳典，系情竹素。祖河陽之清綺，曠百世而猶慕。命選言以爲室有選言室，儼慧業之冢嗣。擁萬卷以成城有城書樓，富牙簽之武庫。貯石葉之名香有石葉齋，長薰拂於鄴架。羡儒宗之降禎，欻虹玉而來下有虹玉堂。猶吝琅函之缺遺，願受耗而旁假有寶經堂。爾復鑿地得泉，有硯如規，呼之或出，平原在斯有魯公泉。願耨之而爲田有硯田廬，爰以伴夫松滋。庵有破墨之號有破墨庵，谷有玄香之題有玄香谷。諒從事於柔翰，景往哲而得師。或執牛耳於藝苑，或擅猊抉于臨池。或點染于丹溪，或出入于黄緇。疇居尊爲鼻祖，疇配饗而廡祠，莫不位置有序，昭穆得宜。會三教爲鼎足，光一堂之晤軒，合衆韻以成榭，擬高山而仰之有鼎教庵，中額三教一堂；有韻榭，祀詩文書畫禪玄諸名公。載躡級以登高樓兮，周衆山而奥突；高百尺以特峙兮，俯人寰之窈窕。繪眉靨之黛緑兮，供畫史之寫照有畫山樓。幸生居於清遠兮，獲寢興而寄傲；儲彝鼎與金石兮，作千古之憑吊。夸南宫之顛筆兮，證倪迂之墨妙。乃復渡曲徑之如綫，劃石壁而嶛峭。結一茆於雙松，埒青螺之旋繞。雪掛枝于薜蘿有雪枝庵，藏白雲之深窅。更沿溪而瀠洄，林蒼蔚於水湄。築斗室兮如舫，若艤滄江兮依栖。翔鼓起兮聲高，紅牙拍兮度遲。接親戚兮情話，勝巴山兮雨時有話雨軒。厭塵容之麇至，阻清流以塹之。設野艇以渡客，擊方響以相期。義取象於水蓮(有水蓮渡)，寄遐慕于復師復師寫經，擲筆水中成蓮。□□忘於法乘，時復露其念茲。

爾乃情適於水，更欣得月。曾開竺語，一切交攝。鑿廣池以涵沫，净琉璃之光接有珂日堂。徑曲廊之迤邐，森栖柳之齊列。良夜懸燈而燦其星渚，月中鳴榔而爛焉銀闕。甃圓室兮冒蜃窗，壺中天兮玉瀓澈有室名玉壺天。

宵分將曙，殘照未滅，一抹遠林，晨光漸晰。啓高閣之綺窗，拾曉霞之可啜有曉閣。若夫耽詩藝以講求，開壽孽之別園有壽孽園。揖愚溪以爲賓，褅穗書而作祖有穗書堂。羡散樗之終天，樂群木而爲伍。睇衆卉之嫣然，輒欣欣而若舞。矧蠶柯與異材，宜江南之風土。是以梅李桃杏柿梨之實，枇杷櫻桃來禽之果，靡不樹自爲林，類各成藪。鶴賓酒樹樓軒名之德懿，緣香長友書齋名之都雅。芍藥有情綺樓名之樓，蕙蘭有佩林林名之畝。新聲睍睆而諧調，嫩色芊眠而合譜。亭綰春以署名有綰春亭，簃粲花而駢陰有粲花簃。蘆拂草以生漪有蘆漪館，竹當齋而作主有竹主齋。菡萏敷榮于夏沼，芙蓉絢彩於秋渚。霜葉亭名老而色殷，桂蕊綻而香吐。皖秋實之離離，韻秋聲之楚楚。讀書秋樹之根，灣名得之老杜有秋樹灣。援靈和之藏琴有靈和館，向芳樹以一鼓。梅破萼而影横，茗品水而指樓有品水堂。是皆極種植之幽趣，殆更僕而難數。

況於悦鳥獸與同群，期鶴情之咸暢。沙平衍而墅寬，烟彌漫而波蕩。雁傍木以爲居，鳧唼萍而成宕。朱魚在藻而沉浮，黄鸝出谷而下上。戀山林之友昆，成昕夕之隨唱。

已而縱目林表，任足所之。逖稽往迹，指掌諸奇。黄浦有明遠之送別，黄檗見文通之賦詩。昭明著青宫之山，樂天留臨水之磯。玄真以高人而來訪，皎然以名宿而住持。陸生羽煑茗而蔔蔔泉出，坡翁摇竹而書堂名垂。况夫兜率名刹，起于楊隋。或祈唐以名庵兮，自鄂國之尉遲有祈唐庵，相傳尉遲鄂公監造以祈唐祚者；或福先以名觀兮，乃貞觀之同時。中和有黄岩之建兮，紹興有樂壽之題。和王之顯忠而崇孝兮，思陵留御墨之淋漓。粤鳳山之慈福兮，天如儼其肇基。洎及庵與石屋兮，瘞舍利而藏斯。行道而天湖存其遺址兮，習静而天人侍以軍持。草庵入蟠桃之塢兮，峰取最勝而居之。咤五章之傳心兮，列塔森如置基。緊海印之净室兮，尚宗風之可稽。更石岩與楊塢兮，均檀馥之昭垂。庵何以號一昔兮，維魏國之造。名師石天洞龜，鶴睡鶴崖朱草。山之本于張雨兮，林之得于黄癡。洵昔賢之幽賞，啓來哲之余思。

所以聽者欣心，觀者縈手。高士探奇而駴目，騷人索句而濡首。塵容乍覿而明眸，醉翁意淹而忘酒。主人操巨筆以如椽，掞天藻於八斗。藐圭組之爲榮，志泉石之可友。雜紀尚媿于西京，賦草願問於枚叟。敢摇唇而效顰，恧斯顔之孔厚。聊漿括以成章，當趣覆乎醬瓿。主人笑而謝客，酌一卮以爲壽：「藉兹山之有靈，獲君言以不朽。請泐之于摩崖，永保之爲瓊玖。」客謝主臣，發棹而返。咿啞數聲，于山小遠。回首望之，明月在苑。

崇禎《烏程縣志》卷十二《藝文》（見《日本藏罕見地方志叢刊》，書目文獻出版社一九九一年版）

附録二

七　供初名《感溺供》，余更曰《七供》，從其體也。

或責即空觀主人曰：「豪舉之夫不靡，曠觀之士不染。人亦有言：蟹行索妃，旁行求偶。以若所爲，何惑溺之甚也？」主人曰：「主臣有之。蓋聞惑渺者以天下爲多目，惑喑者以天下爲多聲，况于宋玉之鄰，司馬之主。兩情自喻，何能已已。己不能解，人不能議，方之登徒，又疥又痔，薄乎云爾，何得無罪？」曰：「然則子試爲供之。」供曰：「菰蘆男子，骯髒其身。芒屩爲侶，蟲魚爲朋，研田無歲，酒國無春。坎壈落魄，我生不辰。環姿瑋態，非意所親。何忽有遇，乃横自陳。歛袂迴風，流盼生春。滿堂若何，獨予目成。其罪一。彼姝者子，伊誰之裔？河水洋洋，可從遠去，翻飛維鳥，羽毛斯離。瞻彼須婺，星彩偕麗。醴泉無源，斯言實異。汩没淤泥，慷慨負氣。動值負心，將恐將愢。士二其行，累丸數墜。擇木難棲，寧矢披剃。世道自爾，一吷可譬。我則何居，每爲髮豎。其罪二。感士不遇，壹欝誰語。慷慨傷懷，涕零如雨。同病相恤，惟予及女。枕畔酒邊，擗肌分理。温言絮譚，誼薄朋侶。生世不諧，取憐兒女。其罪三。疏篁微風，澹月自沉。科頭促膝，把酒行吟。雅謔互發，解頤會心。目可成語，靨可代音。機如禪喝，賞同牙琴。佻兮達兮，青青子衿。其罪四。酒後耳熱，憂思難忘。揮毫落紙，寫憤宫商。紅牙成拍，餘音繞梁。或歌或按，流水湯湯。何不充耳，視同折楊。其罪五。壯士垂橐，腹笥何益。死灰不然，舉世耳食。牦驪牡黄，誰具神識？彼獨伊何，如不我得。且以喜樂，且以永日。巾幗有情，鬚眉無色。其罪六。貂獼弗屑，願言卜居。犢鼻可念，夜歸相如。豈不四壁，所暮子虛。誅茅索綯，卒瘏拮据。倦游之子，日居月諸。孤燈淒雨，搔首踟躕。支離憔悴，看碧成朱。綠林睥睨，胠篋傷廬。靡怨獨旦，引命自娛。鶺鴒脱盡，苜蓿滿盂。躬執爨具，彌久不渝。安取措大，樂此不疲。蕩子空房，非我權輿。大德不報，食言可肥。何不棄捐，爲是栖栖。其罪七。此數者，吕刑所不能詳，皋陶所不能治，但當徵例于紈扇之篇，成案于白頭之句。李益具爰書，嚴武爲獄吏，阿難坐棘庭而訊之，約法抵罪。若乃尤物移人，入宫來妒，或垂其涎，或裂其眦。貧子綠深，五陵分薄，我意獨憐，世人欲殺。此又伯益所不能紀，而隸首所不能度。語未終而客目注不瞬，口張不得合。听然曰：「止止，信若斯語，雖刀鋸在前，鼎鑊在後，染指一臠，甘任其咎，斯須乖暌，眼當决溜。僅僅獻酬，子未識寶。」

選自潘之恒《亘史鈔》外紀卷二《金陵艷》

附録三

夜窗對話詞

【雙調新水令】　夜窗相對一燈微，把從前悄然思憶。是情緣都落後，任俠骨總休題。待説因依，業身軀早撲㦗㥬地。

【南步步嬌】　想當日無端閑遭際，正值風波起。因緣在此期，一度追隨一番迢遞，即漸的意難離，弃思量許下諧姻契。

【北折桂令】　少甚麽貴游門，百縱千隨，却看做鶯花羅網，風月籓籬。須如俺運阻鵬摶，更那堪計同鳩拙。誰承望嫁逐鷄飛，總爲些熱心密意。語話投機，一念皈依，更不支離。用不着媒妁通言，一霎里之子于歸。

【南江兒水】　魯被多人誤，今朝却遇伊。尀臉的浮趁些風流趣，村沙的硬攬了温柔會。負心的白賴着牙疼誓，一抹地無根無蒂。只爲情緣，幾墮落爲人一世。

【北雁兒落帶得勝令】　你爲我被無端苦禁持，你爲我受無干閑談議。你爲我把巧機關脱着身，你爲我把親骨肉拚的離。你爲我含着泪數歸期，你爲我擔着怕掩雙扉。你爲我將悶虧兒實丕丕心頭繫，你爲我將畫餅兒眼睁睁待療饑。情痴爲寒酸，圖什麽名和利。心機鎮朝昏，自支撑飯共虀。

【南僥僥令】　君愁無兩翼，妾恨有雙眉，又被强徒生惡意。把衣裝盡作灰，妾驚惶君未知。

【北收江南】　呀，早知道恁般遭際，呵，誰待要暫抛離。當不得東涂西抹自支持，南來北往費驅馳，更没些暇期。更没些暇期，險摧殘一塊望夫石。

【南園林好】　事多磨從來有的，但心堅何須再題。好自把前程端的，整備着燕雙飛，早子待脱藩籬。

【北沽美酒帶太平令】　故園蕪無可依，辦彩鷁却南飛，看兩兩雙雙定止棲。任饞口自涎垂，還笑他費纏頭的三心兩意。用紅定的萬轉千回，强誓盟的七高八低，喬説合的十拿九離。誰似俺不媒自隨，誰似恁莫催竟歸。這事兒似鈍鎚作錐，那意兒似利鈹切泥。這事兒似綵灰盡奇，那意兒似紫衣夜離。美前程繡圍錦堆，熱心腸解衣贈綈。休論他手荑領蠐，休夸他黛眉玉肌。則相對舉杯酌罍，消多少拂鬟解頣。呀，除非是鷫鷞裘，俏當壚那人無愧。

【清江引】　而今總是姻緣矣，莫説恩和義。但作帳中音長記。燈前誓惟願取，永團圓恁是喜。

黄玄龍庚戌閏月報札云：「河陽姬躊躇百折，始委身凌生，才調相憐，即一犢鼻勝烏紗多多。許河陽能於此不動情，則凌生未肯耳落第二義也。」

選自潘之恒《亘史鈔》外紀卷二《金陵艷》

附録四

書信一通

日者把臂深譚，漏盡不倦，更出圖書，鑒賞玩索，此境界大與俗殊。征橈去急，令人想郭有道坐處猶有餘香耳。拙詞聊寄牢騷，恐金石非宫商中聲，徒供覆瓿。不經高明之士，何以重於世？請得一言弁其端。已蒙俞允，不識曾一揮毫否？蔚宗《書纂》，亦得雄文，俾足金口木舌，要當有買櫝而還珠者，然不可謂非賣珠者用心也。門下亦不惜搦管否？炁上人飛錫造門，道經荒齋，聊作八行却寄，語殊不莊。表甥凌濛初稽顙。允兆先生大人詞壇。

（原件藏上海圖書館）

日前把臂深譚，渦抱不倦。東土圖書鑑賞玩索此道(?)
吟大方，俊傑征校，支急令人想，即是坐雲(?)精(?)餘香
了拙詞，聊當笑騷(?)，日金石小室齋中奉陪從(?)容(?)
不佞高居人士，何以遂乎文(?)，請以一二挂至譯(?)之家(?)
俞不禁代留(?)，得素知蘭堂書慕(?)亦以椎(?)女保之者也(?)

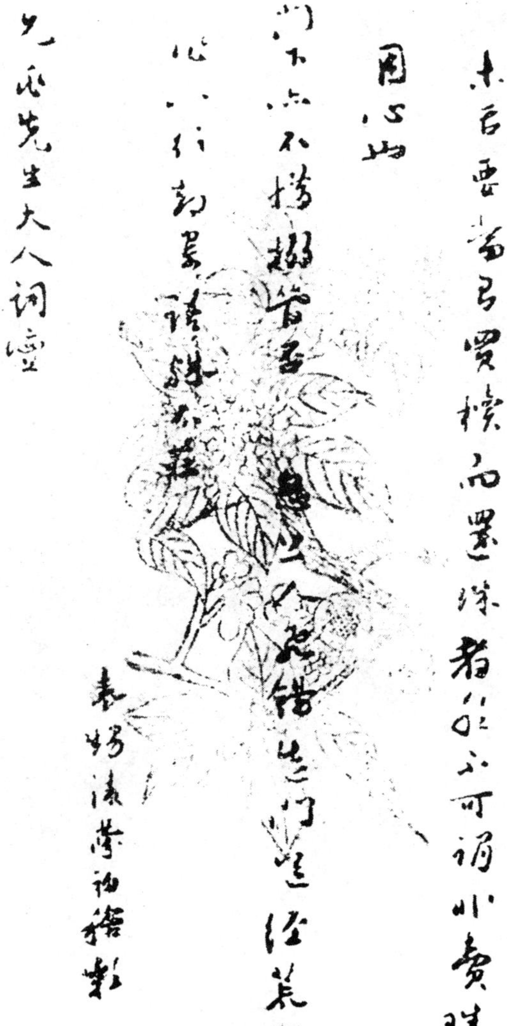

凌濛初手迹

《詩經》
《選詩》
《陶靖節集》
《唐詩廣選》

凌濛初全集

伍

魏同賢
安平秋　主編

鳳凰出版傳媒集團
鳳凰出版社

第五册目録

詩經

胡德 標點

説　明

《詩經》，署「竟陵鍾伯敬父批點」，凌氏自刻本。半葉八行，行十八字，有眉批、行間批。朱墨套印，刻印均精。首凌濛初序，次凌杜若梓行識語，次《詩經大序》，次正文。

凌濛初序云：「吾友鍾伯敬以《詩》起家，在長安邸中示余以所評本」；凌杜若識語云：「仲父初成，自燕中歸，示余以鍾伯敬先生所評點《詩經》本……因壽諸梨棗，以公之知《詩》者。」知刻印時間在凌氏由北京返烏程之後。按《凌氏宗譜·墓誌銘》：「遂入都就選。時朱文肅公方大拜，招詣同舟，訪以經濟之術。」凌氏與朱國禎同爲烏程人。查《明史·朱國祚傳附國禎傳》，朱國禎於光啓三年癸亥正月拜禮部尚書兼東閣大學士，六月還朝，因此，凌氏與朱國禎同舟，當在本年正月至六月間。凌氏在北京方有機會見到鍾伯敬批評《詩經》，所以本書的刻印當在此之後的某年間。

鍾伯敬批評《詩經》，繼承了朱熹以意逆志的詩學傳説，全依《小序》，而「領會要歸，表章性情，摘發字句，標示指月，爲言雖無多，而讀《詩》諸法，種種具備」從而進行刊印的。凌氏以爲「伯敬發紫陽所未備，即不津津墨守，而亦無戛戛輸攻之意，讀此知伯敬善言《詩》，正其善忠紫陽可也。」即此可見其對鍾伯敬批評的推崇。

目録

邶

鄘

衛

王

鄭

齊

魏

唐

秦

陳

檜

曹

祈父

小旻

北山

桑扈

都人士

大雅

文王

生民

蕩

頌

周頌清廟

鍾伯敬批點詩經序

子輿氏曰：「説《詩》者不以文害辭，不以辭害志，以意逆志，是爲得之。」此千古讀《詩》之法也。孔門師弟所互相發明，及諸所稱引者，皆不沾沾于字句緣起，漢儒韓嬰以他事近證作《外傳》，庶幾得孔孟讀《詩》之餘緒。竊意《小序》爲一詩之本題，間有《序》有其意，而詩無其詞，然詩不顯諸言中，而未嘗不藏之言外，合而淑求之，必有立言之源在無言之中，即如後世樂府諸題，有與本詩絶不相蒙者，亦能一一執其辭而證其題之謬乎？紫陽之學蹠實，懲杜氏飾經從《傳》之譏，而一一以經證《序》，辯難攻擊，不遺餘力。凡《序》意不見詩文者，盡從刊落，以其意自成一家言，直欲上接删詩之統，爲其學者可無他端之惑，可無糾纏之想，而象外之觀，欲如起予之卜，知來之端本，恐亦不易能也。國朝學宫盡爲朱氏學，能學者以蹠實之解，善用其意逆志之法，未嘗不可得之離合間耳。吾友鍾伯敬以《詩》起家，在長安邸中示余以所評本，領會要歸，表章性情，摘發字句，標示指月，爲言雖無多，而説《詩》諸法，種種具備，余讀而快心。余不敏，祖父家世學《詩》，得窺一班，亦曾詮解一二，自享敝帚，不敢示人，今未免氣奪於大巫，覺我形穢。伯敬發紫陽所未備，即不斤斤墨守，而亦無戛戛輸攻之意，讀者知伯敬善言《詩》，正其善忠紫陽可也。

吴興後學凌濛初撰

凌杜若識語

仲父初成，自燕中歸，示余以鍾伯敬先生所評點《詩經》本，受而卒業，玩其微言精義，皆于文字外别闡玄機，足爲詞壇標示法門，非僅僅有裨經生家已也。因壽諸梨棗，以公之知《詩》者。

吴興凌杜若識

詩經大序

詩者志之所之也。在心爲志，發言爲詩。情動於中，而形於言。言之不足，故嗟嘆之；嗟嘆之不足，故永歌之；永歌之不足，不知手之舞之，足之蹈之也。情發於聲，聲成文謂之音。治世之音安以樂，其政和；亂世之音怨以怒，其政乖；亡國之音哀以思，其民困。故正得失，動天地，感鬼神，莫近於詩。先王以是經夫婦，成孝敬，厚人倫，美教化，移風俗。故詩有六義焉：一曰風，二曰賦，三曰比，四曰興，五曰雅，六曰頌。上以風化下，下以風刺上，主文而譎諫，言之者無罪，聞之者足以戒，故曰風。至于王道衰，禮義廢，政教失，國異政，家殊俗，而變風、變雅作矣。國史明乎得失之迹，傷人倫之廢，哀刑政之苛，吟詠情性，以風其上，達於事變而懷其舊俗者也。故變風發乎情，止乎禮義。發乎情，民之性也；止乎禮義，先王之澤也。是以一國之事，繫一人之本，謂之風。言天下之事，形四方之風，謂之雅。雅者正也，言王政之所由廢興也。政有小大，故有小雅焉，有大雅焉。頌者美盛德之形容，以其成功告於神明者也。是謂四始，詩之至也。

詩經

竟陵鍾惺伯敬父批點

國風

周南

關關雎鳩，在河之洲；窈窕淑女，君子好逑。

參差荇菜，左右流之。句法。窈窕淑女，寤寐求之。求之不得，寤寐思服。悠哉悠哉，輾轉反側。

參差荇菜，左右采之。窈窕淑女，琴瑟友之。參差荇菜，左右芼之。窈窕淑女，鐘鼓樂之。

關雎

【眉批】

看他「窈窕淑女」三章，説四遍。

葛之覃兮，施于中谷，維葉萋萋。黄鳥于飛，集于灌木，其鳴喈喈。

葛之覃兮，施于中谷，維葉莫莫。是刈是濩，爲絺爲綌，服之無斁。

言告師氏，言告言歸。薄污我私，薄澣我衣。害澣害否，歸寧父母。

【眉批】

「服之無斁」，自有深意，惜勞惜福，俱説不尽。

家常話乃爾風雅。

卷　耳

采采卷耳，不盈頃筐。虚象實境。嗟我懷人，寘彼周行。

陟彼崔嵬，我馬虺隤。我姑酌彼金罍，維以不永懷。

陟彼高岡，我馬玄黄。奇語。我姑酌彼兕觥，維以不永傷。

陟彼砠矣，我馬瘏矣，我僕痡矣，云何吁矣。

【眉批】

篇法甚妙。

南有樛木，葛藟纍之。樂只君子，福履綏之。

南有樛木，葛藟荒之。樂只君子，福履將之。

南有樛木，葛藟縈之。樂只君子，福履成之。

螽斯

螽斯羽，詵詵兮。宜爾子孫，振振兮。

螽斯羽，薨薨兮。宜爾子孫，繩繩兮。

螽斯羽，揖揖兮。宜爾子孫，蟄蟄兮。

【眉批】螽斯之和，皆于飛處見之。「詵詵」、「薨薨」、「揖揖」皆妙，有意旨可思。

桃夭

桃之夭夭，灼灼其華。之子于歸，宜其室家。

桃之夭夭，有蕡其實。之子于歸，宜其家室。

桃之夭夭，其葉蓁蓁。之子于歸，宜其家人。

【眉批】「宜」字妙，只是个停當相安意思。女子無非無儀，一停當相安，便是求加焉，即失之矣。

肅肅兔罝，椓之丁丁。赳赳武夫，公侯干城。

肅肅兔罝，施于中逵。赳赳武夫，公侯好仇。

肅肅兔罝，施于中林。赳赳武夫，公侯腹心。

【眉批】君臣着「好仇」二字，奇。

芣　苢 不添一語。

采采芣苢，薄言采之。采采芣苢，薄言有之。

采采芣苢，薄言掇之。采采芣苢，薄言捋之。

采采芣苢，薄言袺之。采采芣苢，薄言襭之。

漢　廣

南有喬木，不可休思。漢有游女，不可求思。漢之廣矣，不可泳思。江之永矣，不可方思。

翹翹錯薪，言刈其楚。之子于歸，言秣其馬。漢之廣矣，不可泳思。江之永矣，不可方思。

翹翹錯薪，言刈其蔞。之子于歸，言秣其駒。漢之廣矣，不可泳思。江之永矣，不可方思。

【眉批】

文王化游女，不禁其游，但令不可求而止。正聖人作用，孔子獵較亦此意。

遵彼汝墳，伐其條枚。未見君子，惄如調飢。

遵彼汝墳，伐其條肄。既見君子，不我遐棄。

魴魚頳尾，文字奥甚。王室如燬。雖則如燬，父母孔邇。

汝墳

【眉批】

「調飢」，楊用修作「朝飢」，謂「朝飢」難忍也。楚辭有朝飽語，反其意也。

麟之趾，振振公子，于嗟麟兮！

麟之定，振振公姓，于嗟麟兮！

麟之角，振振公族，于嗟麟兮！

麟之趾

召南

維鵲有巢，至理。維鳩居之。之子于歸，百兩御之。

維鵲有巢，維鳩方之。之子于歸，百兩將之。
維鵲有巢，維鳩盈之。之子于歸，百兩成之。

鵲　巢

【眉批】
悟此二語，省得多少心力，落得多少受用。
「方之」即横攄之意，並慚赧遜避之狀亦無之。所謂惡知非有居之不疑也，亦見性拙處。

于以采蘩，于沼于沚。于以用之，公侯之事。
于以采蘩，于澗之中。于以用之，公侯之宫。
被之僮僮，夙夜在公。被之祁祁，薄言還歸。

采　蘩

【眉批】
只説被，更不補一語。

喓喓草蟲，趯趯阜螽。未見君子，憂心忡忡。亦既見止，亦既覯止，我心則降。
陟彼南山，言采其蕨。未見君子，憂心惙惙。亦既見止，亦既覯止，我心則説。

陟彼南山，言采其薇。未見君子，我心傷悲。亦既見止，亦既覯止，我心則夷。

草蟲

于以采蘋？南澗之濱。于以采藻？于彼行潦。

于以盛之？維筐及筥。于以湘之？維錡及釜。

于以奠之？宗室牖下。誰其尸之？有齊季女。筆法。

采蘋

蔽芾甘棠，勿翦勿伐，召伯所茇。

蔽芾甘棠，勿翦勿敗，召伯所憩。

蔽芾甘棠，勿翦勿拜。字法。召伯所説。

甘棠

厭浥行露，豈不夙夜？四字傲。謂行多露。

誰謂雀無角，何以穿我屋？誰謂女無家，何以速我獄？雖速我獄，室家不足。

誰謂鼠無牙，何以穿我墉？誰謂女無家，何以速我訟？雖速我訟，亦不女從。

行露

【眉批】

「誰謂」四句，猶云「雀無角」，故不能「穿屋」，今雀亦能「穿我屋」矣，雖謂之有角可也。「女無家」，故不宜「速我獄」，今既「速我獄」矣，雖謂之有家可也。此正對强暴者横詞，所謂無其理，而有其事；無其事，而有其說者。若認真正解，便是痴人説夢。

羔羊之皮，素絲五紽。退食自公，委蛇委蛇。
羔羊之革，素絲五緎。委蛇委蛇，自公退食。
羔羊之縫，素絲五總。委蛇委蛇，退食自公。

羔　羊

殷其靁，在南山之陽。何斯違斯，莫敢或遑。振振君子，歸哉歸哉。
殷其靁，在南山之側。何斯違斯，莫敢遑息。振振君子，歸哉歸哉。
殷其靁，在南山之下。何斯違斯，莫或遑處。振振君子，歸哉歸哉。

殷其靁

摽有梅，其實七兮。求我庶士，迨其吉兮。
摽有梅，其實三兮。求我庶士，迨其今兮。
摽有梅，頃筐塈之。求我庶士，迨其謂之。

摽有梅

三个「求」字，急忙中甚有分寸。

嘒彼小星，三五在東。肅肅宵征，夙夜在公。實命不同。「實命」句非婦人語。
嘒彼小星，維參與昴。肅肅宵征，抱衾與裯。實命不猶。

小　星

何使人至此。

江有汜，之子歸，不我以。不我以，其後也悔。

江有渚，之子歸，不我與。不我與，其後也處。
江有沱，之子歸，不我過。不我過，其嘯也歌。

野有死麕

野有死麕，白茅包之。有女懷春，吉士誘之。
林有樸樕，野有死鹿。白茅純束，有女如玉。更不説誘之，妙之！
舒而脱脱兮！無感我帨兮！無使尨也吠。

【眉批】「舒而脱脱」四字妙，甚于厲詞。

何彼襛矣

何彼襛矣？唐棣之華。曷不肅雝，王姬之車。
何彼襛矣？華如桃李。句法。平王之孫，齊侯之子。
其釣維何？維絲伊緡。齊侯之子，平王之孫。

【眉批】只説「車」，即「被之僮僮」四句意。

彼茁者葭，壹發五豝。于嗟乎騶虞。
彼茁者蓬，壹發五豵。于嗟乎騶虞。

騶　虞

【眉批】
「于嗟乎騶虞」是贊語，非申上文語也。

邶

泛彼栢舟，亦泛其流。耿耿不寐，如有隱憂。微我無酒，以敖以游。
我心匪鑒，不可以茹。亦有兄弟，不可以據。薄言往愬，逢彼之怒。
我心匪石，不可轉也。我心匪席，不可卷也。威儀棣棣，不可選也。
憂心悄悄，愠于群小。覯閔既多，受侮不少。静言思之，仍有自反意。寤辟有摽。
日居月諸，胡迭而微。心之憂矣，如匪澣衣。静言思之，不能奮飛。「不能奮飛」，安於義之無可去也，非恨意。

栢　舟

【眉批】
「如有隱憂」者，沈憂之人，不知所憂何事，但覺胸中有物耳，故曰「耿耿」。非实歷不知。「微我無酒」較兕觥金罍之意更渾更婉。

「如匪澣衣」，形容工妙。後人累言不盡，此只四字了了。古人文字簡奥如此。

緑衣

緑兮衣兮，緑衣黄裏。心之憂矣，曷維其已。

緑兮衣兮，緑衣黄裳。心之憂矣，曷維其亡。

緑兮絲兮，女所治兮。我思古人，俾無訧兮。

絺兮綌兮，凄其以風。句法。我思古人，實獲我心。

【眉批】

可以怨。

燕燕

燕燕于飛，差池其羽。之子于歸，遠送于野。瞻望弗及，泣涕如雨。

燕燕于飛，頡之頏之。之子于歸，遠于將之。瞻望弗及，佇立以泣。

燕燕于飛，下上句法。其音。之子于歸，遠送于南。瞻望弗及，實勞我心！更深。

仲氏任只，其心塞淵。終温且惠，淑慎其身。先君之思，以勗寡人！

【眉批】

深情苦境説不得，若説得又不苦矣。説及先君，其意微露，然更深而隱。

日月

日居月諸，照臨下土。乃如之人兮，逝不古處。胡能有定，寧不我顧？

日居月諸，下土是冒。乃如之人兮，逝不相好。胡能有定，寧不我報？

日居月諸，出自東方。乃如之人兮，德音無良。胡能有定，俾也可忘。

日居月諸，東方自出。父兮母兮，畜我不卒。胡能有定，報我不述。

【眉批】

莊姜胸中有「古處」二字，便是一肚皮不合時宜了也。「德音無良」四字，所謂詩有不可解，有不必解也。

終風

終風且暴，顧我則笑。難堪。謔浪笑敖，中心是悼。

終風且霾，惠然肯來。莫往莫來，悠悠我思。

終風且曀，不日有曀。寤言不寐，願言則嚏。

曀曀其陰，虺虺其靁。寤言不寐，願言則懷。

【眉批】「顧我則笑，謔浪笑傲」，「惠然肯來，莫往莫來」，中間用不得一轉。

擊鼓其鏜，踊躍用兵。土國城漕，我獨南行。

從孫子仲，平陳與宋。不我以歸，憂心有忡。

爰居爰處。爰喪其馬。于以求之，于林之下。

死生契闊，與子成說。執子之手，與子偕老。

于嗟闊兮，不我活兮。于嗟洵兮，不我信兮。

擊　鼓

凱風自南，吹彼棘心。棘心夭夭，母氏劬勞。

凱風自南，吹彼棘薪。母氏聖善，不必解。我無令人。

爰有寒泉，在浚之下。有子七人，母氏勞苦。

睍睆黄鳥，載好其音。有子七人，莫慰母心。

凱　風 立言最難，用心獨苦。

【眉批】「棘心」「棘薪」，易一字而意各入妙，用筆之工若此。

雄雉于飛，泄泄其羽。我之懷矣，自詒伊阻。
雄雉于飛，下上其音。展矣君子，實勞我心。
瞻彼日月，悠悠我思。道之云遠，曷云能來？
百爾君子，不知德行。不忮不求，何用不臧。

雄雉

【眉批】深思至愛，無閨閣氣。

匏有苦葉

匏有苦葉，濟有深涉。深則厲，淺則揭。
有瀰濟盈，有鷕雉鳴。濟盈不濡軌，雉鳴求其牡。
雝雝鳴雁，旭日始旦。士如歸妻，迨冰未泮。
招招舟子，人涉卬否。人涉卬否，卬須我友。

【眉批】妙在四章，開説，若不相蒙。真交情。

習習谷風，以陰以雨。黽勉同心，不宜有怒。采葑采菲，無以下體。兩語用人妙訣。德音莫違：「及爾同死。」

行道遲遲，中心有違。不遠伊邇，薄送我畿。不送也罷。傷心在此一送。誰謂荼苦，其甘如薺。宴爾新昏，如兄如弟。

涇以渭濁，湜湜其沚。宴爾新昏，不我屑以。毋逝我梁，四句疑古語。毋發我笱。我躬不閱，可憐。遑恤我後。

就其深矣，方之舟之。就其淺矣，泳之游之。何有何亡，黽勉求之。凡民有喪，匍匐救之。

不我能慉，反以我爲讎。既阻我德，賈用不售。昔育恐育鞠，句太拙。及爾顛覆。既生既育，比予于毒。

我有旨蓄，亦以御冬。宴爾新昏，以我御窮。四字可泣。有洸有潰，既詒我肄。不念昔者，伊余來塈。末語激之，非怨之也。

谷風

【眉批】

「黽勉」二字，爲薄者開一便門。

孔子去父母國之道也。

治家説到「凡民有喪」上，詎是尋常婦人家務語。

式微式微，胡不歸？微君之故，胡爲乎中露。

式微式微，胡不歸？微君之躬，胡爲乎泥中。

式　微

旄丘之葛兮，何誕之節兮。叔兮伯兮，何多日也。何其處也？必有與也。何其久也？必有以也。狐裘蒙戎，匪車不東。叔兮伯兮，靡所與同。瑣兮尾兮，流離之子。叔兮伯兮，「叔兮伯兮」，更不必補衛君，即王之藎臣，不必更補注，古人之法皆然。今人讀書費解，半是不知古文之法。褎如充耳。

旄　丘

【眉批】「多日」字立言最妙，仍望救意。

簡兮簡兮，方將萬舞。日之方中，在前上處。碩人俁俁，公庭萬舞。有力如虎，執轡如組。左手執籥，右手秉翟。赫如渥赭，公言錫爵。山有榛，隰有苓。云誰之思？西方美人。彼美人兮，西方之人兮。要知末章意，即在前三章内，非兩層。

簡　兮

此詩前三章，自是一種素位之樂。末一章，自是一段用亡之思。然一時俱有，無兩層。

【眉批】

「簡兮」三章，不無玩俗，亦自素位，不可作忿怨看。

看他「西方美人」「美人西方」，只倒轉兩字，而意已遠，詞已悲矣。

泉水

毖彼泉水，亦流于淇。有懷于衛，靡日不思。孌彼諸姬，聊「聊」字可憐。與之謀。

出宿于泲，飲餞于禰。女子有行，遠父母兄弟。問我諸姑，遂及伯姊。無聊之景。

出宿于干，飲餞于言。載脂載舝，還車言邁。遄臻于衛，不瑕有害。

我思肥泉，茲之永嘆。思須與漕，我心悠悠。駕言出游，以寫我憂。

【眉批】

知不可奈何，而與人謀之，愁人实境。

要曉得「不瑕有害」意，非到此纔看出來的，「聊與之謀」「聊」字内已了然矣。

北門

出自北門，憂心殷殷。終終者，無計可免之詞。窶且貧，莫知我艱。已焉哉！天實爲之，謂之何哉！

王事適我，政事一埤益我。我入自外，室人交徧讁我。實境難堪。已焉哉！天實爲之，謂之何哉！

王實敦我，政事一埤遺我。我入自外，室人交徧摧我。已焉哉！天實爲之，謂之何哉！

【眉批】交遍讁摧，英雄往往爲之爽其所守。

北風其涼，雨雪其雱。惠而好我，携手同行。其虚其邪，既亟只且！

北風其喈，雨雪其霏。惠而好我，携手同歸。其虚其邪，既亟只且！

莫赤匪狐，莫黑匪烏。惠而好我，携手同車。其虚其邪，既亟只且。賢人愛友而忘國事不可爲矣。

北　風

【眉批】「同行」、「同歸」、「同車」，去者衆矣，國危矣哉。

靜女其姝，俟我於城隅。愛而不見，搔首踟躕。

靜女其孌，貽我彤管。彤管有煒，説懌女美。

自牧歸荑，洵美且異。匪女之爲美，美人之貽。

靜　女

新臺有泚，河水瀰瀰。燕婉之求，嘔穢。籧篨不鮮。

新臺有洒，河水浼浼。燕婉之求，籧篨不殄。

魚網之設，鴻則離之。燕婉之求，得此戚施。

新　臺

【眉批】子之不淑，亦説不得「燕婉之求」矣。

二子乘舟，泛泛其景。願言思子，中心養養。

二子乘舟，泛泛其逝。願言思子，不瑕有害。

二子乘舟 二子見害，何必到此始疑，蓋不忍頌言之也。詩語故未易解。

【眉批】只「泛泛其景」一語便讀不得，古人善言如此。

鄘

泛彼柏舟，在彼中河。髧彼兩髦，實維我儀，之死矢靡他。母也天只！不諒人只！

泛彼柏舟，在彼河側。髧彼兩髦，實維我特，之死矢靡慝。母也天只，不諒人只！

柏舟

牆有茨，不可埽也。中冓之言，不可道也。所可道也，言之醜也。

牆有茨，不可襄也。中冓之言，不可詳也。所可詳也，言之長長字有味。也。

牆有茨，不可束也。中冓之言，不可讀也。所可讀也，言之辱也。

牆有茨

君子偕老，副笄六珈。委委佗佗，如山如河，象服是宜。子之不淑，云如之何！

玼兮玼兮，其之翟也。鬒髮如雲，不屑髢也。玉之瑱也，象之揥也，揚且之皙也。胡然而天也？胡然而帝也？

瑳兮瑳兮，其之展也。蒙彼縐絺，是紲袢也。子之清揚，揚且之顏也。展如之人兮，邦之媛也。

君子偕老

【眉批】

後二章，只反覆嘆咏其美，更不補出不淑。古人文章含蓄映帶之妙。

《神女賦》。

「象服」，猶言象德之服也，訓法服不確。

爰采唐矣？沬之鄉矣。云誰之思？美孟姜矣。期我乎桑中，要我乎上宫，送我乎淇之上矣。

爰采麥矣？沬之北矣。云誰之思？美孟弋矣。期我乎桑中，要我乎上宫，送我乎淇之上矣。

爰采葑矣？沬之東矣。云誰之思？美孟庸矣。期我乎桑中，要我乎上宫，送我乎淇之上矣。

桑　中

鶉之奔奔，鵲之彊彊。人之無良，我以爲兄。

鵲之彊彊，鶉之奔奔。人之無良，我以爲君。

鶉之奔奔

定之方中

定之方中，作于楚宮。揆之以日，作于楚室。樹之榛栗，椅桐梓漆，爰伐琴瑟。

升彼虛矣，以望楚矣。望楚與堂，景奇。山與京，降觀于桑。卜云其吉，終焉允臧。

靈雨既零，命彼倌人。星言夙駕，説于桑田。匪直也人，秉心塞淵，騋牝三千。接得冷。

【眉批】

「靈雨」，雨有靈，杜詩所謂「好雨知時節」也。

蝃蝀

蝃蝀在東，莫之敢指。女子有行，遠父母兄弟。

朝隮于西，崇朝其雨。女子有行，遠兄弟父母。

乃如之人也，懷昏姻也。大無信也，不知命也。

相鼠

相鼠有皮，人而無儀。人而無儀，不死何爲？

相鼠有齒，人而無止。人而無止，不死何俟？

相鼠有體，人而無禮。人而無禮，胡不遄死？

干旄

孑孑干旄，在浚之郊。素絲紕之，良馬四之。彼姝者子，何以畀之。

孑孑干旟，在浚之都。素絲組之，良馬五之。彼姝者子，何以予之。

子孑干旌，在浚之城。素絲祝之，良馬六之。彼姝者子，何以告之。

干旄

【眉批】「五之」、「六之」妙，不必求其數以實也。

載馳載驅，歸唁衛侯。驅馬悠悠，言至於漕。大夫跋涉，我心則憂。既不我嘉，不能旋反。視爾不臧，我思不遠。既不我嘉，不能旋濟。視爾不臧，我思不閟。陟彼阿丘，言采其蝱。女子善懷，亦各有行。許人尤之，許人，妙！妙。衆穉且狂。我行其野，芃芃其麥。控于大邦，女俠。誰因誰極。大夫君子，無我有尤。百爾所思，不如我所之。

載馳

【眉批】此詩情至處生出義來，發情止義説不得。

衛

瞻彼淇奥，緑竹猗猗。有匪君子，如切如磋，如琢如磨。瑟兮僩兮，赫兮咺兮。有匪君子，終不可諼兮。

瞻彼淇奥，緑竹青青。有匪君子，充耳琇瑩，會弁句法。如星。瑟兮僩兮，赫兮咺兮。有匪君子，終不可諼兮。

瞻彼淇奥，緑竹如簀。有匪君子，如金如錫，如圭如璧。寬兮綽兮，猗重較兮。有道氣象，千古如見。善戲謔兮，不爲虐兮。

淇　奥

【眉批】如此講道學，何曾着一道學語！

考槃在澗，碩人之寬。獨寐寤言，永矢弗諼。

考槃在阿，碩人之薖。獨寐寤歌，永矢弗過。

考槃在陸，碩人之軸。獨寐寤宿，永矢弗告。

考　槃

碩人其頎，衣錦褧衣。齊侯之子，衛侯之妻。東宫之妹，邢侯之姨，譚公維私。

手如柔荑，膚如凝脂。領如蝤蠐，齒如瓠犀。螓首蛾眉，巧笑倩兮，美目盼兮。

碩人敖敖，説于農郊。四牡有驕，朱幩鑣鑣，翟茀以朝。大夫夙退，無使君勞。知趣。

河水洋洋，北流活活。施罛濊濊，鱣鮪發發，葭菼揭揭。庶姜孽孽，庶士有朅。

碩　人

此詩皆以常情望其君，深得告庸主之法。然反常則亦怪矣。庸到極處，亦能反常。

【眉批】

《洛神賦》。畫美人不在形体，要得其性情。此章前五句猶狀其形体之妙，後二句並其性情生動處寫出矣。

氓之蚩蚩，抱布貿絲。匪來貿絲，來即我謀。送子涉淇，至于頓丘。匪我愆期，子無良媒。將子無怒，秋以爲期。「子無良媒」，謔之也。

乘彼垝垣，以望復關。不見復關，泣涕漣漣。既見復關，載笑載言。爾卜爾筮，體無咎言。以爾車來，以我賄遷。

桑之未落，其葉沃若。于嗟鳩兮，無食桑葚。于嗟女兮，口軟。無與士耽。士之耽兮，猶可說也。女之耽兮，不可說也。

桑之落矣，其黄而隕。自我徂爾，三歲奇。食貧。淇水湯湯，漸車帷裳。女也不爽，又口硬。士貳其行。士也罔極，二三其德。

三歲爲婦，靡室勞矣。夙興夜寐，靡有朝矣。言既遂矣，至于暴矣。兄弟不知，咥其笑矣。笑得好，正相知得真。静言思之，躬自悼矣。

及爾偕老，老使我怨。淇則有岸，隰則有泮。總角之宴，言笑晏晏。信誓旦旦，不思其反。才軟了。反是不思，亦已焉哉。

氓

【眉批】

婦人合不以正，未有不見輕于夫者。千古失足之人，枉作小人，爲後人鑒，悲哉！然使後人能鑒，無許多小人矣。

此婦人其始非奔，亦復何减《谷風》勤勞也。

寫出狼狽，此時偏有此景。

淫婦人到狼狽時，往往説出許多正經話。

畫出私奔圖，草草在目。

籊籊竹竿，以釣于淇。豈不爾思，遠莫致之。只説遠，妙！妙！

泉源在左，淇水在右。女子有行，遠兄弟父母。

淇水在右，泉源在左。巧笑之瑳，佩玉之儺。

淇水滺滺，檜楫松舟。駕言出游，以寫我憂。

竹竿

芄蘭之支，童子佩觿。雖則佩觿，能不我知。容兮形容。遂兮，垂帶悸兮。

芄蘭之葉，童子佩韘。雖則佩韘，能不我甲。容兮遂兮，垂帶悸兮。

芄蘭

誰謂河廣？一葦杭之。誰謂宋遠？跂予望之。

誰謂河廣？曾不容刀。誰謂宋遠？曾不崇朝。此下更不必補「義」字。

河廣

【眉批】

總是一個不可往，一説「遠莫致之」，一説「誰謂宋遠」，讀者思之。我之所在廣於河、遠于宋，其嚴乎？

伯兮

伯兮朅兮，邦之桀兮。伯也執殳，爲王前驅。

自伯之東，首如飛蓬。豈無膏沐？誰適爲容。

其雨其雨，杲杲出日。願言思伯，甘心首疾。

焉得諼草，言樹之背。願言思伯，使我心痗。

【眉批】

「適」字甚正。

有狐《有狐》，思配也。

有狐綏綏，在彼淇梁。心之憂矣，之子無裳。

有狐綏綏，在彼淇厲。心之憂矣，之子無帶。

有狐綏綏，在彼淇側。心之憂矣，之子無服。

投我以木瓜，報之以瓊琚。匪報也，永以爲好也。

投我以木桃，報之以瓊瑶。匪報也，永以爲好也。

投我以木李，報之以瓊玖。匪報也，永以爲好也。

木瓜《木瓜》，篤友也。

【眉批】

千古交情，盡此數語。覺「報」、「施」兩字，淺俗之甚，不能出口，「匪報也」，宜三復之。

王

彼黍離離，彼稷之苗。行邁靡靡，中心摇摇。知我者謂我心憂，不知我者謂我何求。悠悠蒼天，此何人哉！

彼黍離離，彼稷之穗。行邁靡靡，中心如醉。知我者謂我心憂，不知我者謂我何求。悠悠蒼天，此何人哉！

彼黍離離，彼稷之實。行邁靡靡，中心如噎。知我者謂我心憂，不知我者謂我何求。悠悠蒼天，此何人哉！

黍離《黍離》，悲故都也。

【眉批】歷山之泣。「知我者謂我心憂，不知我者謂我何求」，盖以「黍離」爲固然，而不復知此爲何地矣，那得不哭。

君子于役《君子于役》，閨思也。

君子于役，不知其期。曷至哉？鷄栖于塒，日之夕矣，羊牛下來。君子于役，如之何勿思！

君子于役，不日不月。曷其有佸？鷄栖于桀，日之夕矣，牛羊下括。君子于役，苟無飢渴？

【眉批】「百爾君子，不知德行」，非婦人語。「君子於役，苟無飢渴」，真婦人語。就各有深思，妙在言外。

君子陽陽

君子陽陽，左執簧，右招我由房。其樂只且。

君子陶陶，左執翿，右招我由敖。其樂只且。

揚之水

揚之水，不流束薪。彼其之子，不與我戍申。懷哉懷哉，曷月予還歸哉？

揚之水，不流束楚。彼其之子，不與我戍甫。懷哉懷哉，曷月予還歸哉？

揚之水，不流束蒲。彼其之子，不與我戍許。懷哉懷哉，曷月予還歸哉？

中谷有蓷，暵其乾矣。有女仳離，嘅其嘆矣。嘅其嘆矣，遇人之艱難矣。
中谷有蓷，暵其修矣。有女仳離，條其歗矣。條其歗矣，遇人之不淑矣。
中谷有蓷，暵其濕矣。有女仳離，啜其泣矣。啜其泣矣，何嗟及矣。

中谷有蓷《中谷有蓷》，悲離也。

有兔爰爰，雉離于羅。我生之初，尚無爲。我生之後，逢此百罹。尚寐無吪。
有兔爰爰，雉離于罦。我生之初，尚無造。我生之後，逢此百憂。尚寐無覺。
有兔爰爰，雉離于罿。我生之初，尚無庸。我生之後，逢此百凶。尚寐無聰。

兔爰

緜緜葛藟，在河之滸。終遠兄弟，謂他人父。謂他人父，亦莫我顧。
緜緜葛藟，在河之涘。終遠兄弟，謂他人母。謂他人母，亦莫我有。
緜緜葛藟，在河之漘。終遠兄弟，謂他人昆。謂他人昆，亦莫我聞。

葛藟《葛藟》，嘆依人也。

【眉批】

依人之难，千古同慨。

彼采葛兮，一日不見，如三月兮。
彼采蕭兮，一日不見，如三秋兮。

彼采艾兮，一日不見，如三歲兮。

采　葛《采葛》，有所思也。

【眉批】情語到至處，不論邪正，動人則一。

大車檻檻，毳衣如菼。豈不爾思？畏子不敢。大車啍啍，毳衣如璊。豈不爾思，畏子不奔。穀則異室，死則同穴。謂予不信，有如皦日。

大　車《大車》，畏也。

【眉批】詞意工甚。真死心。

丘中有麻，彼留子嗟。彼留子嗟，將其來施施。丘中有麥，彼留子國。彼留子國，將其來食。丘中有李，彼留之子。彼留之子，貽我佩玖。

丘中有麻《丘中有麻》，遲所私也。

鄭

緇衣之宜兮，敝，予又改爲兮。適子之館兮，還，予授子之粲兮。還予親昵之意。
緇衣之好兮，敝，予又改造兮。適子之館兮，還，予授子之粲兮。
緇衣之蓆兮，敝，予又改作兮。適子之館兮，還，予授子之粲兮。

緇衣《緇衣》，親其上也。

【眉批】此詩好德至矣。然要看改衣、適館、授粲皆尋常事、尋常語，反覆周旋無已之意，皆在其中。只是个真。

將仲子兮，無踰我里，無折我樹杞。豈敢愛之，畏我父母。仲可懷也，父母之言，亦可畏也。
將仲子兮，無踰我墻，無折我樹桑。豈敢愛之，畏我諸兄。仲可懷也，諸兄之言，亦可畏也。
將仲子兮，無踰我園，無折我樹檀。豈敢愛之，畏人之多言。仲可懷也，人之多言，亦可畏也。

將仲子淫始也。

叔于田，巷無居人。豈無居人，不如叔也，洵美且仁。
叔于狩，巷無飲酒。豈無飲酒，更奇。不如叔也，洵美且好。
叔適野，巷無服馬。更奇。豈無服馬，不如叔也，洵美且武。

叔于田夸也。

【眉批】翩翩公子，略可想見。不必問叔段爲人何如，此詩語意却工。

大叔于田同前。

叔于田，乘乘馬。執轡如組，兩驂如舞。叔在藪，火烈具舉。襢裼暴虎，獻于公所。將叔無狃，戒其傷女。

叔于田，乘乘黄。兩服上襄，兩驂雁行。叔在藪，火烈具揚。叔善射忌，又良御忌。抑磬控忌，抑縱送忌。

叔于田，乘乘鴇。兩服齊首，兩驂如手。叔在藪，火烈具阜。叔馬慢忌，叔發罕忌。抑釋掤忌，抑鬯弓忌。

【眉批】看來叔無大志，一馳馬試劍輕肥公子耳。其徒作詩夸美，亦不過媚子狎客從臾游戲者。不然，且爲曲沃武公矣。看「將叔無狃，戒其傷女」及「我聞有命，不敢以告人」，氣象大小淺深差多少。

清　人《清人》，傷御臣無紀也。

清人在彭，駟介旁旁。二矛重英，河上乎翱翔。

清人在消，駟介麃麃。二矛重喬，奇語。河上乎逍遥。

清人在軸，駟介陶陶。左旋右抽，奇語。中軍作好。

【眉批】

更不必説師濆。

羔裘如濡，洵直且侯。彼其之子，舍命不渝。

羔裘豹飾，孔武有力。彼其之子，邦之司直。司字妙。

羔裘晏兮，三英粲兮。彼其之子，邦之彦兮。

羔　裘 《羔裘》，思賢臣也。

遵大路兮，掺執子之袪兮。無我惡兮，不寁故也。

遵大路兮，掺執子之手兮。無我䰻兮，不寁好也。

遵大路 録别也。

女曰「鷄鳴」，士曰「昧旦」。子興視夜，明星有爛。將翱將翔，弋鳧與雁。

弋言加之，與子宜之。宜言飲酒，與子偕老。琴瑟在御，莫不静好。

知子之來之，雜佩以贈之。知子之順之，雜佩以問之。知子之好之，雜佩以報之。

女曰鷄鳴 警也。

【眉批】

許多德業，多生于「鷄鳴」、「昧旦」二語。

離居則勉以知德，相聚則導以取友，如此婦人，良師友也。

有女同車，顔如舜華。將翱將翔，佩玉瓊琚。彼美孟姜，洵美且都。

有女同行，顔如舜英。將翱將翔，佩玉將將。彼美孟姜，德音不忘。

有女同車 懷佳人也。

山有扶蘇

山有扶蘇，隰有荷華。不見子都，乃見狂且。

山有橋松，隰有游龍。不見子充，乃見狡童。

蘀兮 思友也。

蘀兮蘀兮，風其吹女。叔兮伯兮，倡予和女。

蘀兮蘀兮，風其漂女。叔兮伯兮，倡予要女。

狡童 謔也。

彼狡童兮，不與我言兮。維子之故，使我不能餐兮！

彼狡童兮，不與我食兮。維子之故，使我不能息兮！

【眉批】

酷肖。

褰裳 與《狡童》同意。

子惠思我，褰裳涉溱。子不我思，豈無他人。狂童之狂也且！

子惠思我，褰裳涉洧。子不我思，豈無他士。狂童之狂也且！

子之丰兮，俟我乎巷兮。悔予不送兮！
子之昌兮，俟我乎堂兮。悔予不將兮！
衣錦褧衣，裳錦褧裳。叔兮伯兮，駕予與行！
裳錦褧裳，衣錦褧衣。叔兮伯兮，駕予與歸！

丰 失約也。

【眉批】 叔伯，即前人，望其復來申後約也。朱注癡甚。

東門之墠，茹藘在阪。其室則邇，其人甚遠。
東門之栗，有踐家室。豈不爾思？子不我即。

東門之墠 思也。

【眉批】 《秦風》「所謂伊人」六句，意象縹緲極矣。此詩以「其室則邇」二句盡之。必欲坐以淫奔，冤甚，冤甚。

風雨淒淒，鷄鳴喈喈。既見君子，云胡不夷！
風雨瀟瀟，鷄鳴膠膠。既見君子，云胡不瘳！

風雨如晦，鷄鳴不已。既見君子，云胡不喜！

風　雨

青青子衿，悠悠我心。縱我不往，子寧不嗣音？
青青子佩，悠悠我思。縱我不往，子寧不來？
挑兮達兮，在城闕兮。一日不見，如三月兮！

子　衿 坐「青衿」以淫奔，當加罪一等。甚矣，考亭之故入也，止以「挑達」二字作證佐，刻哉！《子衿》，思良友也。

【眉批】
「縱我不往」二語，言不必拘于往來之常也。與《木瓜》同意。

揚之水，不流束楚。終鮮兄弟，維予與女。無信人之言，人實迋女。
揚之水，不流束薪。終鮮兄弟，維予二人。無信人之言，人實不信。

揚之水 畏間也。

出其東門，有女如雲。雖則如雲，匪我思存。縞衣綦巾，聊樂我員。
出其闉闍，有女如荼。雖則如荼，匪我思且。縞衣茹藘，聊可與娱。

出其東門

【眉批】

思無邪。

野有蔓草，零露漙兮。有美一人，清揚婉兮，邂逅相遇，適我願兮。

野有蔓草，零露瀼瀼。有美一人，婉如清揚。妙句。邂逅相遇，與子偕臧。

野有蔓草 晤好友也，即班荆之意。

溱與洧，方渙渙兮。士與女，方秉蕳兮。女曰觀乎，士曰既且。且往觀乎，三句曲尽游戲語態。洧之外，洵訏且樂。維士與女，伊其相謔，贈之以勺藥。

溱與洧，瀏其清矣。士與女，殷其盈矣。女曰觀乎，士曰既且。且往觀乎，洧之外，洵訏且樂。維士與女，伊其將謔，贈之以勺藥。

溱洧

【眉批】

後人詩語，用「相」「將」字本此。

齊

鷄既鳴矣，朝既盈矣。匪鷄則鳴，蒼蠅之聲。

東方明矣，朝既昌矣。匪東方則明，月出之光。

蟲飛薨薨，寫尽。甘與子同夢。會且歸矣，無庶予子憎。

雞　鳴

【眉批】情在景中，深一層。高手，高手。

還

子之還兮，遭我乎峱之間兮。並驅從兩肩兮，揖我謂我儇兮。

子之茂兮，遭我乎峱之道兮。並驅從兩牡兮，揖我謂我好兮。

子之昌兮，遭我乎峱之陽兮。並驅從兩狼兮，揖我謂我臧兮。

【眉批】亦自描尽齊見擊枝語態。

著

俟我於著乎而，充耳以素乎而，尚之以瓊華乎而。

俟我於庭乎而，充耳以青乎而，尚之以瓊瑩乎而。

俟我於堂乎而，充耳以黄乎而，尚之以瓊英乎而。

東方之日兮，彼姝者子，在我室兮。在我室兮，履我即兮。語奇。

東方之月兮，彼姝者子，在我闥兮。在我闥兮，履我發兮。

東方之日

東方未明，顛倒衣裳。顛之倒之，自公召之。

東方未晞，顛倒裳衣。倒之顛之，自公令之。

折柳樊圃，狂夫瞿瞿。不能辰夜，四字笑盡癡狀。不夙則莫。

東方未明

南山崔崔，雄狐綏綏。魯道有蕩，齊子由歸。既曰歸止，曷又懷止？

葛屨五兩，冠緌雙止。魯道有蕩，齊子庸止。既曰庸止，曷又從止？

蓺麻如之何？衡從其畝。取妻如之何？必告父母。既曰告止，曷又鞠止？

析薪如之何？匪斧不克。取妻如之何？匪媒不得。既曰得止，曷又極止？

南山

【眉批】

「齊子」二字，筆法可畏。

無田甫田，維莠驕驕。無思遠人，勞心忉忉。

無田甫田，維莠桀桀。無思遠人，勞心怛怛。

婉兮孌兮，總角丱兮。未幾見兮，突而弁兮。

甫田 宜書座右。

【眉批】

一反一正，無折腰之病，好法好力。

銷人躁心。

盧令

盧令令，其人美且仁。

盧重環，其人美且鬈。

盧重鋂，其人美且偲。

敝笱

敝笱在梁，其魚魴鰥。齊子歸止，其從如雲。

敝笱在梁，其魚魴鱮。齊子歸止，其從如雨。

敝笱在梁，其魚唯唯。齊子歸止，其從如水。

【眉批】

只「其從如雲」三句，羞殺齊子，羞殺魯君。

載驅薄薄，簟茀朱鞹。魯道有蕩，齊子發夕。字奇。
四驪濟濟，垂轡濔濔。魯道有蕩，齊子豈弟。
汶水湯湯，行人彭彭。魯道有蕩，齊子翱翔。
汶水滔滔，行人儦儦。魯道有蕩，齊子游敖。

載驅

【眉批】「豈弟」好字面，用在此妙，妙，亦不必甚解明。

猗嗟

猗嗟昌兮！頎而長兮。抑若揚兮，美目揚兮。巧趨蹌兮，射則臧兮！
猗嗟名兮！美目清兮，儀既成兮。終日射侯。不出正兮，展我甥兮！
猗嗟孌兮！清揚婉兮。舞則選兮，射則貫兮。四矢反兮，以禦亂兮！

【眉批】道他好處，却章章着「猗嗟」二字，多少感惜。

魏

葛屨 刺褊心也。

糾糾葛屨，可以履霜。摻摻女手，可以縫裳。要之襋之，善形容。好人服之。
好人提提，宛然左辟，佩其象揥。維是褊心，是以爲刺。

【眉批】

褊心之人，作此清態，更自可厭。

汾沮洳

彼汾沮洳，言采其莫。彼其之子，美無度。厭物。美無度，殊異乎公路。
彼汾一方，言采其桑。彼其之子，美如英。美如英，殊異乎公行。
彼汾一曲，言采其藚。彼其之子，美如玉。美如玉，殊異乎公族。

園有桃

園有桃，其實之殽。心之憂矣，我歌且謡。長歌當泣。不知我者，謂我士也驕。彼人是哉，子曰何其！心之憂矣，其誰知之？其誰知之，蓋亦勿思。
園有棘，其實之食。心之憂矣，聊以行國。不知我者，謂我士也罔極。彼人是哉，子曰何其！心之憂矣，其誰知之？其誰知之，蓋亦勿思。

【眉批】

寫出泄泄之狀。

陟岵

陟彼岵兮，瞻望父兮。父曰：「嗟！予子行役，夙夜無已。上慎旃哉，猶來無止。」

陟彼屺兮，瞻望母兮。母曰：「嗟！予季行役，夙夜無寐。上慎旃哉，猶來無棄。」

陟彼岡兮，瞻望兄「望兄」，妙，妙。兮。兄曰：「嗟！予弟行役，夙夜必偕。上慎旃哉，猶來無死。」

【眉批】

倒從父母説起，深一層。「上慎旃哉」，非守身養志之人，不能道此語。

十畝之間

十畝之間兮，桑者閑閑兮，行與子還兮。

十畝之外兮，桑者泄泄兮，行與子逝兮。

坎坎伐檀兮，寘之河之干兮，河水清且漣猗。不稼不穡，胡取禾三百廛兮？不狩不獵，胡瞻爾庭有縣貆兮？彼君子兮，不素餐兮！

坎坎伐輻兮，寘之河之側兮，河水清且直猗。不稼不穡，胡取禾三百億兮？不狩不獵，胡瞻爾庭有縣特兮？彼君子兮，不素食兮！

坎坎伐輪兮,寘之河之漘兮,河水清且淪漪。不稼不穡,胡取禾三百囷兮?不狩不獵,胡瞻爾庭有縣鶉兮?彼君子兮,不素飧兮!

伐檀

【眉批】志士。

伐檀、稼穡、狩獵一事看,非以伐檀作实事,而以二事比之也。

碩鼠碩鼠,無食我黍!三歲貫女,莫我肯顧。逝將去女,適彼樂土。樂土樂土,爰得我所!

碩鼠碩鼠,無食我麥。三歲貫女,莫我肯德。逝將去女,適彼樂國。樂國樂國,爰得我直!

碩鼠碩鼠,無食我苗。三歲貫女,莫我肯勞。逝將去女,適彼樂郊。樂郊樂郊,誰之永號!

碩鼠

唐

蟋蟀在堂,歲聿其莫。今我不樂,日月其除。無已大康,職思其居。好樂無荒,良士瞿瞿。

蟋蟀在堂,歲聿其逝。今我不樂,日月其邁。無已大康,職思其外。好樂無荒,良士蹶蹶。

蟋蟀在堂,役車其休。今我不樂,日月其慆。無已大康,職思其憂。好樂無荒,良士休休。

蟋蟀

【眉批】

忽說向憂去，作者亦不自覺。

山有樞

山有樞，隰有榆。子有衣裳，弗曳弗婁。子有車馬，弗馳弗驅。宛其死矣，他人是愉。

山有栲，隰有杻。子有廷内，弗洒弗埽。子有鐘鼓，弗鼓弗考。宛其死矣，他人是保。

山有漆，隰有栗。子有酒食，何不日鼓瑟？且以喜樂，且以永日。宛其死矣，他人入室。

【眉批】

行樂之詞，乃以斥苦之音出之，開後來詩人許多憂生惜日之感。末語促節，便可當一部挽歌。

揚之水 異謀也。

揚之水，白石鑿鑿。素衣朱襮，從子于沃。既見君子，云何不樂。

揚之水，白石皓皓。素衣朱綉，從子于鵠。既見君子，云何其憂。

揚之水，白石粼粼。我聞有命，狠甚。不敢以告人。

【眉批】

「從子于沃」欲何爲者？有密謀矣。晉危矣哉。

國寧蓄百叔段，不寧蓄一武叔，此任城所以有棗蔕之毒，陳思所以有煮豆之泣也。

椒聊之實，蕃衍盈升。彼其之子，碩大無朋。椒聊且，遠條且。
椒聊之實，蕃衍盈匊。彼其之子，實大且篤。椒聊且，遠條且。

椒　聊 謀成也。

【眉批】此與前詩不同。此詩不過頌功樂成，前詩自是一種共謀之人。

綢　繆

綢繆束薪，三星在天。今夕何夕，四字喜甚。見此良人？子兮子兮，如此良人何！
綢繆束芻，三星在隅。今夕何夕，見此邂逅？子兮子兮，如此邂逅何！
綢繆束楚，三星在户。今夕何夕，見此粲者。子兮子兮，如此粲者何！

杕　杜

有杕之杜，其葉湑湑。獨行踽踽，豈無他人？不如我同父。嗟行之人，胡不比焉？人無兄弟，胡不佽焉。
有杕之杜，其葉菁菁。獨行睘睘，豈無他人？不如我同姓。嗟行之人，胡不比焉？人無兄弟，胡不佽焉？

羔　裘

羔裘豹袪，自我人居居。豈無他人？刺在言外。維子之故。
羔裘豹褎，自我人究究。豈無他人？維子之好。

肅肅鴇羽，集于苞栩。王事靡盬，不能藝稷黍。父母何怙？悠悠蒼天，曷其有所？
肅肅鴇翼，集于苞棘。王事靡盬，不能藝黍稷。父母何食？悠悠蒼天，曷其有極？
肅肅鴇行，集于苞桑。王事靡盬，不能藝稻粱。父母何嘗？悠悠蒼天，曷其有常？

鴇羽

豈曰無衣七兮？不如子之衣，安且吉兮。
豈曰無衣六兮？不如子之衣，安且燠兮。

無衣 誨篡也。

【眉批】
末世天子，反爲乱人之資。
「燠」字妙甚，不惟久假不歸，且居之不疑矣。

有杕之杜，生于道左。彼君子兮，噬肯適我。中心好之，曷飲食之？
有杕之杜，生于道周。彼君子兮，噬肯來游。中心好之，曷飲食之？

有杕之杜

葛生蒙楚，蘞蔓于野。予美亡此，誰與獨處！
葛生蒙棘，蘞蔓于域。予美亡此，誰與獨息！
角枕粲兮，錦衾爛兮。予美亡此，誰與獨旦！

夏之日，冬之夜。百歲之後，歸于其居。

冬之夜，夏之日。百歲之後，歸于其室。

葛生

采苓采苓，首陽之巔。人之爲言，苟亦無信。舍旃舍旃，苟亦無然。人之爲言，胡婉。得焉。

采苦采苦，首陽之下。人之爲言，苟亦無與。舍旃舍旃，苟亦無然。人之爲言，胡得焉。

采葑采葑，首陽之東。人之爲言，苟亦無從。舍旃舍旃，苟亦無然。人之爲言，胡得焉。

采苓

秦

有車鄰鄰，有馬白顛。未見君子，寺人之令。

阪有漆，隰有栗。既見君子，並坐鼓瑟。今者不樂，逝者其耋。

阪有桑，隰有楊。既見君子，並坐鼓簧。今者不樂，逝者其亡。

車鄰

【眉批】

寫出草昧君臣真率景象在目。

暴富之家，其僕多狎；創主之國，其臣多野。此天子之尊，必假叔孫通也。

駟驖

駟驖孔阜，六轡在手。公之媚子，從公于狩。
奉時辰牡，辰牡孔碩。公曰左之，舍拔則獲。
游于北園，四馬既閑。輶車鸞鑣，載獫歇驕。

【眉批】

《校獵賦》。

小戎

小戎俴收，五楘梁輈。游環脅驅，陰靷鋈續。文茵暢轂，駕我騏馵。言念君子，温其如玉。在其板屋，亂我心曲。

四牡孔阜，六轡在手。騏騮是中，騧驪是驂。龍盾之合，鋈以觼軜。言念君子，温其在邑。方何爲期？胡然我念之。

俴駟孔群，厹矛鋈錞。蒙伐有苑，虎韔鏤膺。交韔二弓，竹閉緄縢。言念君子，載寢載興。厭厭良人，秩秩德音。

【眉批】

《考工記》雖是文字艱奥，亦由當時人人曉得車制，雖婦人女子，觸目衝口，皆能成章。車制不傳，而此語始費解矣。

蒹葭

蒹葭蒼蒼，白露爲霜。所謂伊人，在水一方。遡洄從之，道阻且長。遡游從之，宛在水中央。

蒹葭淒淒，白露未晞。所謂伊人，在水之湄。遡洄從之，道阻且躋。遡游從之，宛在水中坻。

蒹葭采采，白露未已。所謂伊人，在水之涘。遡洄從之，道阻且右。遡游從之，宛在水中沚。

【眉批】異人異境，使人欲仙。

終南

終南何有？有條有梅。君子至止，錦衣狐裘。顔如渥丹，其君也哉？

終南何有？有紀有堂。君子至止，黻衣綉裳。佩玉將將，壽考不忘。

交交黄鳥，止于棘。誰從穆公？子車奄息。維此奄息，百夫之特。臨其穴，惴惴其慄。彼蒼者天，殲我良人！如可贖兮，人百其身。

交交黄鳥，止于桑。誰從穆公？子車仲行。維此仲行，百夫之防。臨其穴，惴惴其慄。彼蒼者天，殲我良人！如可贖兮，人百其身。

交交黄鳥，止于楚。誰從穆公？子車針虎。維此針虎，百夫之禦。臨其穴，惴惴其慄。彼蒼者天，殲我良人！如可贖兮，人百其身。

黄　鳥

鴥彼晨風，鬱彼北林。未見君子，憂心欽欽。如何如何？忘我實多！
山有苞櫟，隰有六駁。未見君子，憂心靡樂。如何如何？忘我實多！
山有苞棣，隰有樹檖。未見君子，憂心如醉。如何如何？忘我實多！

晨　風

豈曰無衣？與子同袍。王于興師，修我戈矛，與子同仇。
豈曰無衣？與子同澤。王于興師，修我矛戟，與子偕作。
豈曰無衣？與子同裳。王于興師，修我甲兵，與子偕行。

無　衣

【眉批】遂有吞六國之氣。此詩要寫出他一種壯狠親暱之象。

我送舅氏，曰至渭陽。何以贈之？路車乘黄。
我送舅氏，悠悠我思。何以贈之？瓊瑰玉佩。

渭　陽 令狐之役，晋負秦耳。

於我乎！夏屋渠渠，今也每食無餘。于嗟乎！不承權輿。

於我乎！每食四簋，今也每食不飽。于嗟乎！不承權輿。

權輿

陳

宛丘

子之湯兮，宛丘之上兮。洵有情兮，而無望兮。
坎其擊鼓，宛丘之下。無冬無夏，值其鷺羽。
坎其擊缶，宛丘之道。無冬無夏，值其鷺翿。

【眉批】
画出蕩子。

東門之枌，宛丘之栩。子仲之子，婆娑其下。
穀旦于差，南方之原。不績其麻，市也婆娑。
穀旦于逝，越以鬷邁。艱甚。視爾如荍，貽我握椒。

東門之枌

衡門之下，可以棲遲。泌之洋洋，可以樂飢。
豈其食魚，必河之魴？豈其取妻，必齊之姜？

豈其食魚，必河之鯉？豈其取妻，必宋之子？

衡門

東門之池，可以漚麻。彼美淑姬，可與晤歌。
東門之池，可以漚紵。彼美淑姬，可與晤語。
東門之池，可以漚菅。彼美淑姬，可與晤言。

東門之池

【眉批】「晤歌」「晤」字，乃會晤之晤，解字之義在「可與」二字看出，朱注欠的。

東門之楊，其葉牂牂。昏以爲期，明星煌煌。
東門之楊，其葉肺肺。昏以爲期，明星晢晢。

東門之楊

【眉批】揚即楊，古字通用。

墓門有棘，斧以斯之。夫也不良，國人知之。知而不已，誰昔然矣。

墓門有梅，有鴞萃止。夫也不良，歌以訊之。訊予不顧，顛倒思予。畫出狼狽。

墓　門

防有鵲巢，邛有旨苕。誰侜予美，字奇。心焉忉忉。
中唐有甓，邛有旨鷊。誰侜予美，心焉惕惕。

防有鵲巢

月出皎兮，佼人僚兮。舒窈糾兮，勞心悄兮！
月出皓兮，佼人懰兮。舒懮受兮，勞心慅兮！
月出照兮，佼人燎兮。舒夭紹兮，勞心慘兮！

月　出

【眉批】
急調。

胡爲乎株林，從夏南。匪適株林，從夏南。
駕我乘馬，説于株野。乘我乘駒，朝食于株。

株　林

【眉批】
疑疑信信，隱隱明明，極得立言之法。

彼澤之陂，有蒲與荷。有美一人，傷如之何！寤寐無爲，涕泗滂沱。
彼澤之陂，有蒲與蕑。有美一人，碩大且卷。寤寐無爲，中心悁悁。
彼澤之陂，有蒲菡萏。有美一人，碩大且儼。寤寐無爲，輾轉伏枕。

檜

羔　裘 與《蜉蝣》同意。

羔裘逍遥，狐裘以朝。豈不爾思？勞心忉忉。
羔裘翱翔，狐裘在堂。豈不爾思？我心憂傷。
羔裘如膏，日出有曜。豈不爾思？中心是悼。

素　冠

庶見素冠兮，棘人欒欒兮，勞心慱慱兮！
庶見素衣兮，我心傷悲兮，聊與子同歸兮。
庶見素韠兮，我心蘊結兮，聊與子如一兮。

隰有萇楚

隰有萇楚，猗儺其枝。夭之沃沃，樂子之無知！
隰有萇楚，猗儺其華。夭之沃沃，樂子之無家！
隰有萇楚，猗儺其實。夭之沃沃，樂子之無室！

【眉批】

亡國之音讀不得。

此詩更不必説自家苦，只羨萇楚之樂，而意自深矣。凡苦之可言者，非其至也。

匪　風

匪風發兮，逆喝奇。匪車偈兮。顧瞻周道，中心怛兮！

匪風飄兮，匪車嘌兮。顧瞻周道，中心弔兮！

誰能亨魚？溉之釜鬵。誰將西歸？懷之好音。

【眉批】

「好音」動之以名也，清議存而主權正矣。

曹

蜉蝣之羽，危語。衣裳楚楚。心之憂矣，於我歸處。

蜉蝣之翼，采采衣服。心之憂矣，於我歸息。

蜉蝣掘閲，麻衣如雪。心之憂矣，於我歸説。

蜉　蝣 詩有不可解，不必解，然亦有可解，且不可不解。如《蜉蝣》「于我歸處」、「歸息」、「歸説」是也。今人於不可解，不必解者，必欲解之；于可解、且不可不解者，反置之。甚矣，詩之難言也！

【眉批】

「歸處」者，猶言這裏説不得，到家裏與你説。「歸息」、「歸説」者，猶言急忙説不得，坐一會與你説。皆實話，所謂一片老婆心也。

候人

彼候人兮，何戈與祋。彼其之子，鄙之之詞。三百赤芾。

維鵜在梁，不濡其翼。彼其之子，不稱其服。

維鵜在梁，不濡其咮。彼其之子，不遂其媾。

薈兮蔚兮，南山朝隮。婉兮孌兮，季女斯飢。

【眉批】

「薈蔚」二句，寫盡山間朝景，一幅元章灰堆畫也。

鳲鳩在桑，其子七兮。淑人君子，其儀一兮。其儀一兮，心如結兮。

鳲鳩在桑，其子在梅。淑人君子，其帶伊絲。其帶伊絲，重一語，妙。其弁伊騏。

鳲鳩在桑，其子在棘。淑人君子，其儀不忒。其儀不忒，正是四國。

鳲鳩在桑，其子在榛。淑人君子，正是國人。正是國人，胡不萬年。

下　泉

洌彼下泉，浸彼苞稂。愾我寤嘆，念彼周京。
洌彼下泉，浸彼苞蕭。愾我寤嘆，念彼京周。
洌彼下泉，浸彼苞蓍。愾我寤嘆，念彼京師。
芃芃黍苗，陰雨膏之。四國有王，郇伯勞之。

豳

鳲　鳩

七月流火，九月授衣。一之日觱發，字奇甚。二之日栗烈。無衣無褐，何以卒歲？三之日于耜，四之日舉趾。同我婦子，饁彼南畝。田畯至喜。

七月流火，九月授衣。春日載陽，有鳴倉庚。女執懿筐，遵彼微行，爰求柔桑。春日遲遲，采蘩祁祁。女心傷悲，殆及公子同歸。

七月流火，八月萑葦。蠶月條桑，取彼斧斨，以伐遠揚，猗彼女桑。字法。七月鳲鵙，八月載績。載玄載黄，我朱孔陽，爲公子裳。

四月莠葽，五月鳴蜩。八月其穫，十月隕蘀。一之日于貉，取彼狐狸，爲公子裘。二之日其同，載纘武功，言私其豵，獻豣于公。

五月斯螽動股，六月莎鷄振羽。七月在野，八月在宇，九月在户，十月蟋蟀入我床下。穹窒熏鼠，塞向墐户。嗟我婦子，曰爲改歲，入此室處。

六月食鬱及薁，七月亨葵及菽。八月剥棗，十月穫稻。爲此春酒，以介眉壽。七月食瓜，八月斷壺，九月叔苴。采荼薪樗，食我農夫。

九月築場圃，十月納禾稼。黍稷重穋，禾麻菽麥。嗟我農夫，我稼既同，上入執宫功。晝爾于茅，宵爾索綯，亟其乘屋，其始播百穀。

二之日鑿冰冲冲，三之日納于凌陰。四之日其蚤，獻羔祭韭。句法。九月肅霜，十月滌場。朋酒斯饗，字法。日殺羔羊。躋彼公堂，稱彼兕觥，萬壽無疆！

七　月

【眉批】各章紀月分，有複，有倒，有錯，文法出没藏露，莫可端倪，非聖手不能。詩中畫，景中情。

鴟　鴞

鴟鴞鴟鴞，既取我子，無毁我室。恩斯勤斯，鬻子之閔斯。

迨天之未陰雨，徹彼桑土，綢繆牖户。今女下民，或敢侮予。

予手拮据，予所捋荼，予所蓄租，予口卒瘏，曰予未有室家！

予羽譙譙，予尾翛翛，予室翹翹，風雨所漂摇，予維音嘵嘵。

【眉批】

本是愛室，末語只説愛子，蓋動之以至情也，石人下淚矣。

我徂東山，慆慆不歸。我來自東，零雨其濛。我東曰歸，我心西悲。制彼裳衣，勿士行枚。蜎蜎者蠋，烝在桑野。敦彼獨宿，亦在車下。

我徂東山，慆慆不歸。我來自東，零雨其濛。果臝之實，亦施于宇。無端入此一段，奇甚。伊威在室，蠨蛸在户。町畽鹿場，熠燿宵行。不可畏「畏」字妙。也，伊可懷也。

我徂東山，慆慆不歸。我來自東，零雨其濛。鸛鳴于垤，婦嘆于室。洒掃穹窒，我征聿至。有敦瓜苦，烝在栗薪。又不相關，只覺其妙。自我不見，于今三年。

我徂東山，慆慆不歸。我來自東，零雨其濛。倉庚于飛，熠燿其羽。之子于歸，皇駁其馬。親結其縭，九十其儀。其新孔嘉，其舊如之何？

東　山

【眉批】

既曰歸矣，又心悲何也？可思。思。

「亦」字有望外之意。

「鸛鳴」、「婦嘆」何相關？妙妙。

此等語，唯漢魏樂府中间能有之。

破斧

既破我斧，又缺我斨。周公東征，四國是皇。哀我人斯，亦孔之將。

既破我斧，又缺我錡。周公東征，四國是吪。哀我人斯，亦孔之嘉。

既破我斧，又缺我銶。周公東征，四國是遒。哀我人斯，亦孔之休。

【眉批】

「破斧」「缺斨」下用「哀」字，古人用兵、用刑念頭如此，不宜草草看之。

伐柯

伐柯如何？匪斧不克。取妻如何？匪媒不得。

伐柯伐柯，其則不遠奇思。。我覯之子，籩豆有踐。

九罭

九罭之魚鱒魴，我覯之子，衮衣綉裳。

鴻飛遵渚，公歸無所，於女信處。

鴻飛遵陸，公歸不復，於女信宿。

是以有衮衣兮，無以我公歸兮，無使我心悲兮！

狼跋其胡，載疐其尾。公孫碩膚，赤舄几几。

狼疐其尾，載跋其胡。公孫碩膚，德音不瑕。

狼跋

【眉批】

「公孫碩膚」，立言妙妙。

小雅

鹿鳴

呦呦鹿鳴，食野之苹。我有嘉賓，鼓瑟吹笙。吹笙鼓簧，承筐是將。人之好我，示我周行。

呦呦鹿鳴，食野之蒿。我有嘉賓，德音孔昭。視民不恌，君子是則是傚。我有旨酒，嘉賓式燕以敖。

呦呦鹿鳴，食野之芩。我有嘉賓，鼓瑟鼓琴。鼓瑟鼓琴，和樂且湛。我有旨酒，以燕樂嘉賓之心。

鹿鳴

四牡騑騑，周道倭遲。豈不懷歸？王事靡盬，我心傷悲。

四牡騑騑，嘽嘽駱馬。豈不懷歸？王事靡盬，不遑啓處。

翩翩者鵻，載飛載下。集于苞栩。王事靡盬，不遑將父。

翩翩者鵻，載飛載止。集于苞杞。王事靡盬，不遑將母。

駕彼四駱，載驟駸駸。豈不懷歸？是用作歌，將母來諗。

四牡

皇皇者華，于彼原隰。駪駪征夫，每懷靡及。四字千古臣子良箴。

我馬維駒，六轡如濡。載馳載驅，周爰咨諏。

我馬維騏，六轡如絲。載馳載驅，周爰咨謀。

我馬維駱，六轡沃若。載馳載驅，周爰咨度。

我馬維駰，六轡既均。載馳載驅，周爰咨詢。

皇皇者華

【眉批】
此篇多告勉之詞，似訓誥體。
既「每懷靡及」，又「周爰咨諏」、「咨謀」、「咨度」、「咨詢」，千古臣職人寧有他事，真大哉王言也。

常棣

常棣之華，鄂不韡韡。凡今之人，莫如兄弟。
死喪之威，兄弟孔懷。原隰裒矣，兄弟求矣。
脊令在原，兄弟急難。每有良朋，況也永嘆。
兄弟鬩于牆，外禦其務。每有良朋，烝也無戎。
喪亂既平，既安且寧。雖有兄弟，不如友生。
儐爾籩豆，飲酒之飫。兄弟既具，和樂且孺。「孺」字妙甚。
妻子好合，如鼓瑟琴。兄弟既翕，和樂且湛。
宜爾室家，樂爾妻帑。是究是圖，亶其然乎！

【眉批】

說得委曲深至，要哭，要笑，只是一个真。

「不如」字，反應前「莫如」。

伐木

伐木丁丁，波瀾。鳥鳴嚶嚶。出自幽谷，遷于喬木。嚶其鳴矣，求其友聲。相彼鳥矣，猶求友聲。矧伊人矣，不求友生。神之聽之，終和且平。

伐木許許，釃酒有藇。既有肥羜，以速諸父。寧適不來，微我弗顧。於粲洒埽，陳饋八簋。既有肥牡，以速諸舅。寧適不來，微我有咎。

伐木于阪，釃酒有衍。籩豆有踐，兄弟無遠。民之失德，乾餱以愆。有酒湑我，「我」字倒插，句法奇甚。無酒酤我。坎坎鼓我，蹲蹲舞我。迨我暇矣，飲此湑矣。

天保

天保定爾，亦孔之固。俾爾單厚，何福不除。俾爾多益，以莫不庶。

天保定爾，俾爾戩穀。罄無不宜，受天百禄。降爾遐福，維日不足。

天保定爾，以莫不興。如山如阜，如岡如陵。如川之方至，以莫不增。

吉蠲爲饎，是用孝享。禴祠烝嘗，于公先王。君曰卜爾，萬壽無疆。

神之弔矣，詒爾多福。民之質矣，日用飲食。群黎百姓，徧爲爾德。

如月之恒，如日之升。如南山之壽，不騫不崩。如松柏之茂，無不爾或承。

【眉批】
前後九「如」字，筆端鼓舞奇妙。
章法妙。

采薇采薇，薇亦作止。曰歸曰歸，歲亦莫止。靡室靡家，玁狁之故。不遑啓居，玁狁之故。
采薇采薇，薇亦柔止。曰歸曰歸，心亦憂止。憂心烈烈，載飢載渴。我戍未定，靡使歸聘。
采薇采薇，薇亦剛止。曰歸曰歸，歲亦陽止。王事靡盬，不遑啓處。憂心孔疚，我行不來。
彼爾維何？維常之華。彼路斯何？君子之車。戎車既駕，四牡業業。豈敢定居，一月三捷。
駕彼四牡，四牡騤騤。君子所依，小人所腓。四牡翼翼，象弭魚服。豈不日戒，玁狁孔棘。
昔我往矣，楊柳依依；今我來思，雨雪霏霏。行道遲遲，載渴載飢。我心傷悲，莫知我哀！

采薇

我出我車，于彼牧矣。自天子所，大題目。謂我來矣。召彼僕夫，謂之載矣。王事多難，維其棘矣。
我出我車，于彼郊矣。設此旐矣，建彼旄矣。彼旟旐斯，胡不旆旆？憂心悄悄，僕夫況瘁。
王命南仲，往城于方。出車彭彭，旂旐央央。天子命我，城彼朔方。赫赫南仲，玁狁于襄。
昔我往矣，黍稷方華。今我來思，雨雪載塗。王事多難，不遑啓居。豈不懷歸，畏此簡書。
喓喓草蟲，趯趯阜螽。未見君子，憂心忡忡。既見君子，我心則降。赫赫南仲，薄伐西戎。
春日遲遲，卉木萋萋。倉庚喈喈，采蘩祁祁。執訊獲醜，薄言還歸。赫赫南仲，玁狁于夷。

出車

有杕之杜，有晥其實。王事靡盬，繼嗣我日。日月陽止，女心傷止，征夫遑止。

有杕之杜，其葉萋萋。王事靡盬，我心傷悲。卉木萋止，女心悲止，征夫歸止。

陟彼北山，言采其杞。王事靡盬，憂我父母。檀車幝幝，四牡痯痯，征夫不遠。

匪載匪來，憂心孔疚。期逝不至，而多爲恤。卜筮偕止，會言近止，征夫邇止。

杕杜

【眉批】詩以物记時，妙筆，後人不能。

南陔

白華

白華

華黍

魚麗于罶，鱨鯊。君子有酒，旨且多。

魚麗于罶，魴鱧。君子有酒，多且旨。

魚麗于罶，鰋鯉。君子有酒，旨且有。

物其多矣，維其嘉矣。

物其旨矣，維其偕矣。

物其有矣，維其時矣。

魚麗

由庚

南有嘉魚，烝然罩罩。君子有酒，嘉賓式燕以樂。

南有嘉魚，烝然汕汕。君子有酒，嘉賓式燕以衎。

南有樛木，甘瓠纍之。君子有酒，嘉賓式燕綏之。

翩翩者鵻，烝然來思。君子有酒，嘉賓式燕又思。

南有嘉魚

崇丘

南山有臺，北山有萊。樂只君子，邦家之基。樂只君子，萬壽無期。

南山有桑，北山有楊。樂只君子，邦家之光。樂只君子，萬壽無疆。

南山有杞，北山有李。樂只君子，民之父母。樂只君子，德音不已。

南山有栲，北山有杻。樂只君子，遐不眉壽。樂只君子，德音是茂。

南山有枸，北山有楰。樂只君子，遐不黄耇。樂只君子，保艾爾後。

南山有臺

【眉批】

「德」、「壽」，通篇相錯，似亂似整。

由儀

蓼蕭

蓼彼蕭斯，零露湑兮。既見君子，我心寫兮。燕笑語兮，是以有譽處兮。

蓼彼蕭斯，零露瀼瀼。既見君子，爲龍爲光。其德不爽，壽考不忘。

蓼彼蕭斯，零露泥泥。既見君子，孔燕豈弟。宜兄宜弟，令德壽豈。

蓼彼蕭斯，零露濃濃。既見君子，鞗革沖沖。和鸞雝雝，萬福攸同。

湛露

湛湛露斯，匪陽不晞。厭厭夜飲，不醉無歸。

湛湛露斯，在彼豐草。厭厭夜飲，在宗載考。

湛湛露斯，在彼杞棘。顯允君子，莫不令德。

其桐其椅，其實離離。豈弟君子，莫不令儀。

【眉批】

末二章自寓良箴，不必監史之設，童羖之罰，當觀其立言隱厚處。

彤弓

彤弓弨兮，受言藏之。我有嘉賓，中心貺之。鐘鼓既設，一朝饗之。
彤弓弨兮，受言載之。我有嘉賓，中心喜之。鐘鼓既設，一朝右之。
彤弓弨兮，受言櫜之。我有嘉賓，中心好之。鐘鼓既設，一朝醻之。

彤弓

菁菁者莪，在彼中阿。既見君子，樂且有儀。
菁菁者莪，在彼中沚。既見君子，我心則喜。
菁菁者莪，在彼中陵。既見君子，錫我百朋。
汎汎楊舟，載沉載浮。既見君子，我心則休。

菁菁者莪

六月棲棲，戎車既飭。四牡騤騤，載是常服。玁狁孔熾，我是用急。王于出征，以匡王國。
比物四驪，閑之維則。維此六月，既成我服。我服既成，于三十里。王于出征，以佐天子。
四牡修廣，其大有顒。薄伐玁狁，以奏膚公。有嚴有翼，共武之服。共武之服，以定王國。
玁狁匪茹，整居焦穫。侵鎬及方，至于涇陽。織文鳥章，白旆央央。元戎十乘，以先啓行。
戎車既安，如輊如軒。四牡既佶，既佶且閑。薄伐大氣象。玁狁，至于太原。文武吉甫，萬邦爲憲。
吉甫燕喜，既多受祉。來歸自鎬，我行永久。飲御諸友，炰鱉膾鯉。侯誰在矣，張仲孝友。

六月

【眉批】

《考工記》累言不尽，四字發出。

薄言采芑，于彼新田，于此菑畝。方叔莅止，其車三千，師干之試。方叔率止，乘其四騏，四騏翼翼。路車有奭，簟笰魚服，鉤膺鞗革。

薄言采芑，于彼新田，于此中鄉。方叔莅止，其車三千，旂旐央央。方叔率止，約軝錯衡，八鸞瑲瑲。服其命服，朱芾斯皇，有瑲葱珩。

鴥彼飛隼，其飛戾天，亦集爰止。方叔莅止，其車三千，師干之試。方叔率止，鉦人伐鼓，陳師鞠旅。顯允方叔，伐鼓淵淵，振旅闐闐。

蠢爾蠻荊，大邦爲讎。方叔元老，克壯其猶。方叔率止，執訊獲醜。戎車嘽嘽，嘽嘽焞焞，如霆如雷。顯允方叔，征伐玁狁，蠻荊來威。

采芑

我車既攻，我馬既同。四牡龐龐，駕言徂東。

田車既好，四牡孔阜。東有甫草，駕言行狩。

之子于苗，選徒囂囂。建旐設旄，搏獸于敖。

駕彼四牡，四牡奕奕。赤芾金舄，會同有繹。

决拾既佽，弓矢既調。射夫既同，助我舉柴。

四黄既駕，兩驂不猗。不失其馳，舍矢如破。

蕭蕭馬鳴，悠悠旆旌。徒御不驚，大庖不盈。

之子于征，有聞無聲。允矣君子，展也大成。

【眉批】

「蕭蕭馬鳴」四語，妝點太平光景殆盡。

吉日

吉日維戊，既伯既禱。田車既好，四牡孔阜。升彼大阜，從其群醜。

吉日庚午，既差我馬。獸之所同，麀鹿麌麌。漆沮之從，天子之所。

瞻彼中原，其祁孔有。儦儦俟俟，或群或友。悉率左右，以燕天子。

既張我弓，既挾我矢。發彼小豝，殪此大兕。以御賓客，且以酌醴。

鴻雁

鴻雁于飛，肅肅其羽。之子于征，劬勞于野。爰及矜人，哀此鰥寡。

鴻雁于飛，集于中澤。之子于垣，百堵皆作。雖則劬勞，其究安宅。

鴻雁于飛，哀鳴嗸嗸。維此哲人，謂我劬勞。維彼愚人，謂我宣驕。

【眉批】

「哀鳴」在「中澤」後，所謂痛定思痛也。

夜如何其？夜未央，庭燎之光。君子至止，鸞聲將將。
夜如何其？夜未艾，庭燎晣晣。君子至止，鸞聲噦噦。
夜如何其？夜鄉晨，庭燎有煇。君子至止，言觀其旂。

沔　水

沔彼流水，朝宗于海。鴥彼飛隼，載飛載止。嗟我兄弟，邦人諸友，莫肯念亂，誰無父母？
沔彼流水，其流湯湯。鴥彼飛隼，載飛載揚。念彼不蹟，載起載行。心之憂矣，不可弭忘。
鴥彼飛隼，率彼中陵。民之訛言，寧莫之懲。我友敬矣，讒言其興。

鶴　鳴

鶴鳴于九皋，聲聞于野。魚潛在淵，或在于渚。樂彼之園，爰有樹檀，其下維蘀。他山之石，可以爲錯。
鶴鳴于九皋，聲聞于天。魚在于渚，或潛在淵。樂彼之園，爰有樹檀，其下維穀。他山之石，可以攻玉。

【眉批】
胸中圓透，目擊道存。
此詩如易之取象，非譬喻也。

祈父

祈父，予王之爪牙。胡轉予于恤？靡所止居。

祈父，予王之爪士。胡轉予于恤？靡所底止。

祈父，亶不聰。胡轉予于恤？有母之尸饔。

祈父

【眉批】

三呼「祈父」，已見其不聰矣。

皎皎白駒，食我場苗。縶之維之，以永今朝。所謂伊人，於焉逍遥？

皎皎白駒，食我場藿。縶之維之，以永今夕。所謂伊人，於焉嘉客？

皎皎白駒，賁然來思。爾公爾侯，逸豫無期。慎爾優游，勉爾遁思。

皎皎白駒，在彼空谷。生芻一束，其人如玉。毋金玉爾音，而有遐心。

白駒

【眉批】

「慎」、「勉」二字，下得深妙，「毋金玉爾音，而有遐心」，與此二字正相應。

黃鳥黃鳥，無集于穀，無啄我粟。此邦之人，不我肯穀。言旋言歸，復我邦族。
黃鳥黃鳥，無集于桑，無啄我粱。此邦之人，不可與明。言旋言歸，復我諸兄。
黃鳥黃鳥，無集于栩，無啄我黍。此邦之人，不可與處。言旋言歸，復我諸父。

黃鳥

我行其野

我行其野，蔽芾其樗。昏姻之故，言就爾居。爾不我畜，復我邦家。
我行其野，言采其蓫。昏姻之故，言就爾宿。爾不我畜，言歸思復。
我行其野，言采其葍。不思舊姻，求我(爾)新特。成不以富，亦祇以異。

【眉批】末二語爲薄者開一生路，所謂出妻，令其可嫁也。然詞愈恕而意益深矣。

秩秩斯干，幽幽南山。如竹苞矣，如松茂矣。兄及弟矣，式相好矣，無相猶矣。
似續妣祖，築室百堵，西南其户。爰居爰處，爰笑爰語。
約之閣閣，椓之橐橐。風雨攸除，鳥鼠攸去，君子攸芋。
如跂斯翼，如矢斯棘，如鳥斯革，如翬斯飛，君子攸躋。
殖殖其庭，有覺其楹。噲噲其正，噦噦其冥，君子攸寧。
下莞上簟，乃安斯寢。乃寢乃興，乃占我夢。吉夢維何，維熊維羆，搆思甚奇。維虺維蛇。

大人占之：「維熊維羆，男子之祥；維虺維蛇，女子之祥。」

斯　干

乃生男子，載寢之床，載衣之裳，載弄之璋。其泣喤喤，朱芾斯皇，室家君王。

乃生女子，載寢之地，載衣之裼，載弄之瓦。無非無儀，唯酒食是議，無父母詒罹。

【眉批】

數語工妙，亦非後世文人所能措手。

「無儀」，所謂好尚不可爲，而况惡乎？即此意也。

無　羊

誰謂爾無羊？三百維群。誰謂爾無牛？九十其犉。爾羊來思，其角濈濈。爾牛來思，其耳濕濕。

或降于阿，或飲于池，或寢或訛。爾牧來思，何蓑何笠，或負其餱。三十維物，爾牲則具。

爾牧來思，以薪以蒸，以雌以雄。爾羊來思，矜矜兢兢，不騫不崩。麾之以肱，畢來既升。

牧人乃夢，衆維魚矣，旐維旟矣。大人占之：「衆維魚矣，實維豐年；旐維旟矣，室家溱溱。」

【眉批】

一幅趙子昂、戴文縉畫。

讀此想見人物閒適休養氣象。末二語非惟相習，亦幾於相忘矣。

節彼南山，維石巖巖。赫赫師尹，民具爾瞻。憂心如惔，不敢戲談。國既卒斬，何用不監。
節彼南山，有實其猗。赫赫師尹，不平謂何！天方薦瘥，喪亂弘多。民言無嘉，憯莫懲嗟！
尹氏大師，維周之氐。秉國之均，四方是維。天子是毗，俾民不迷。不弔昊天，不宜空我師。
弗躬弗親，庶民弗信。弗問弗仕，勿罔君子。式夷式已，無小人殆。瑣瑣姻亞，則無膴仕。
昊天不傭，降此鞠訩！昊天不惠，降此大戾！君子如屆，俾民心闋。君子如夷，惡怒是違。
不弔昊天，亂靡有定。式月斯生，俾民不寧。憂心如酲，誰秉國成？不自爲政，卒勞百姓。
駕彼四牡，四牡項領。我瞻四方，蹙蹙靡所騁。
方茂爾惡，相爾矛矣。既夷既懌，如相醻矣。
昊天不平，我王不寧。不懲其心，覆怨其正。
家父作誦，以究王訩。式訛爾心，以畜萬邦。

節南山

【眉批】

「不敢戲譚」，從古亡國之象皆如此。

畫千古小人，如在目前。

末語猶有望之意，厚之至也。

正月繁霜，我心憂傷。民之訛言，亦孔之將。念我獨兮，憂心京京。哀我小心，癙憂以痒。

父母生我，胡俾我瘉？不自我先，不自我後。好言自口，莠言自口。憂心愈愈，是以有侮。
憂心惸惸，念我無禄。民之無辜，並其臣僕。哀我人斯，于何從禄？瞻烏爰止，于誰之屋？
瞻彼中林，侯薪侯蒸。民今方殆，視天夢夢。既克有定，靡人弗勝。有皇上帝，伊誰云憎？冷語可畏。
謂山蓋卑，爲岡爲陵。民之訛言，寧莫之懲。召彼故老，訊之占夢。具曰予聖，誰知烏之雌雄。
謂天蓋高，不敢不局。謂地蓋厚，不敢不蹐。維號斯言，有倫有脊。哀今之人，胡爲虺蜴？
瞻彼阪田，有菀其特。天之扤我，如不我克。彼求我則，如不我得。執我仇仇，亦不我力。
心之憂矣，如或結之。今兹之正，胡爲厲矣？燎之方揚，寧或滅之？赫赫宗周，褒姒滅之。
終其永懷，又窘陰雨。其車既載，乃棄爾輔。載輸爾載，將伯助予！
無棄爾輔，員于爾輻。屢顧爾僕，不輸爾載。終踰絶險，曾是不意！
魚在于沼，亦匪克樂。潛雖伏矣，亦孔之炤。憂心慘慘，念國之爲虐。
彼有旨酒，又有嘉殽。洽比其鄰，昏姻孔云。念我獨兮，憂心慇慇。
佌佌彼有屋，蔌蔌方有穀。民今之無禄，天夭是椓。哿矣富人，哀此惸獨。

正　月

【眉批】

「念我獨兮」，古今乱亡通患。若憂之者衆，則亦不至乱亡矣。

「具曰予聖」二句，直是怕耳。

處亂世自應如此。然使人至此，已是亡國之象矣。

十月之交

十月之交，朔日辛卯。日有食之，亦孔之醜。彼月而微，此日而微。今此下民，亦孔之哀。

日月告凶，不用其行。四國無政，不用其良。彼月而食，則維其常。此日而食，于何不臧！

爗爗震電，不寧不令。百川沸騰，山冢崒崩。高岸爲谷，深谷爲陵。哀今之人，胡憯莫懲！

皇父卿士，番維司徒。家伯冢宰，仲允膳夫。聚子内史，蹶維趣馬，楀維師氏，豔妻煽方處。

抑此皇父，豈曰不時。胡爲我作，不即我謀！徹我牆屋，田卒汙萊。曰：「予不戕，禮則然矣。」

皇父孔聖，作都于向。擇三有事，亶侯多藏。不慭遺一老，俾守我王。擇有車馬，以居徂向。

黽勉從事，不敢告勞。無罪無辜，讒口囂囂。下民之孽，匪降自天。噂沓背憎，職競由人。

悠悠我里，亦孔之痗。四方有羨，我獨居憂。民莫不逸，我獨不敢休。天命不徹，我不敢傚我友自逸。

【眉批】

末二語善于自處，省了許多怨氣。

浩浩昊天，不駿其德。降喪饑饉，斬伐四國。旻天疾威，弗慮弗圖。舍彼有罪，既伏其辜。若此無罪，淪胥以鋪。

周宗既滅，靡所止戾。正大夫離居，莫知我勩。三事大夫，莫肯夙夜。邦君諸侯，莫肯朝夕。庶曰式臧，覆出爲惡。

如何昊天，辟言不信。如彼行邁，則靡所臻。凡百君子，各敬爾身。胡不相畏，不畏于天？

戎成不退，饑成不遂。曾我暬御，憯憯日瘁。凡百君子，莫肯用訊。聽言則答，譖言則退。

哀哉不能言，匪舌是出，維躬是瘁。哿矣能言，巧言如流，俾躬處休。

維曰于仕，孔棘且殆。云不可使，得罪于天子。亦云可使，怨及朋友。

謂爾遷于王都，曰予未有室家。鼠思泣血，無言不疾。昔爾出居，誰從作爾室？

雨無正

【眉批】

讀此詩，使人不忍說「明哲」二字。

君子處乱世，身在事外，乃可用「明哲」二字。若身在事中，惟用得一「敬」字耳，除此則苟免矣。故「我交敬矣」、「各敬爾身」、「各敬爾像」、「敬而聽之」，詩人屢言之也。

此下當是去者答他自解之詞，一發替他說出，更開不得口矣。此老吏鞫獄手口也。

怕怨及朋友，仕途上有幾個？

小　旻

旻天疾威，敷于下土。謀猶回遹，何日斯沮？謀臧不從，不臧覆用。我視謀猶，亦孔之邛！

潝潝訿訿，四字寫尽末世詈誶傾險之象。亦孔之哀。謀之其臧，則具是違；謀之不臧，則具是依。我視謀猶，伊于胡底！

我龜既厭，不我告猶。謀夫孔多，是用不集。發言盈庭，誰敢執其咎？如匪行邁謀，是用不得于道。

哀哉爲猶，匪先民是程，匪大猶是經；維邇言是聽，維邇言是爭。如彼築室于道謀，是用不潰于成。

國雖靡止，或聖或否。民雖靡膴，或哲或謀，或肅或艾。如彼流泉，無淪胥以敗。

不敢暴虎，危語。不敢馮河。人知其一，莫知其他。戰戰兢兢，如臨深淵，如履薄冰。

小旻

【眉批】

「執其咎」，三字難言，非膽識兼到不能。

小宛

宛彼鳴鳩，翰飛戾天。我心憂傷，念昔先人。明發不寐，有懷二人。

人之齊聖，飲酒温克。彼昏不知，壹醉日富。各敬爾儀，天命不又。

中原有菽，庶民采之。螟蛉有子，蜾蠃負之。教誨爾子，式穀似之。

題彼脊令，載飛載鳴。我日斯邁，而月斯征。夙興夜寐，無忝爾所生。

交交桑扈，率場啄粟。哀我填寡，宜岸宜獄。握粟出卜，自何能穀？

温温恭人，如集于木。惴惴小心，如臨于谷。戰戰兢兢，如履薄冰。

【眉批】

此詩自是一篇家箴，不獨處乱世宜然。

此詩與《沔水》同旨而説得詳，至次章至末章，便可作「我友敬矣」二句注脚。

「宜」字可憐。「握粟」二句，不待履冰語，而局促畏懼，情可掬矣。

何使人至此。

小弁

弁彼鸒斯，歸飛提提。民莫不穀，我獨于罹。何辜于天，我罪伊何？心之憂矣，云如之何？

踧踧周道，鞫爲茂草。我心憂傷，惄焉如擣。假寐永嘆，維憂用老。心之憂矣，疢如疾首。

維桑與梓，必恭敬止。靡瞻匪父，靡依匪母。不屬于毛，不離于裏。天之生我，我辰安在？

菀彼柳斯，鳴蜩嘒嘒。有漼者淵，萑葦淠淠。譬彼舟流，不知所届。心之憂矣，不遑假寐。

鹿斯之奔，維足伎伎。雉之朝雊，尚求其雌。譬彼壞木，疾用無枝。心之憂矣，寧莫之知。

相彼投兔，尚或先之。行有死人，尚或墐之。君子秉心，維其忍之。心之憂矣，涕既隕之。

君子信讒，如或醻之。君子不惠，不舒究之。伐木掎矣，析薪扡矣。舍彼有罪，予之佗矣。

莫高匪山，莫浚匪泉。君子無易由言，耳屬于垣。無逝我梁，無發我笱。我躬不閲，遑恤我後。

【眉批】

古今説憂，尽此數語，非身歷不知。只「維憂用老」一句，何等深宛！沈憂令人老，語非不工，便可思議筆力不如遠矣。

四句（末章「無逝」四句）蓋古有此語。

巧言

悠悠昊天，曰父母且。無罪無辜，亂如此憮。昊天已威，予慎無罪。昊天泰憮，予慎無辜。

亂之初生，僭始既涵；亂之又生，君子信讒。君子如怒，亂庶遄沮；君子如祉，亂庶遄已。

君子屢盟，亂是用長。君子信盜，亂是用暴。盜言孔甘，亂是用餤。匪其止共，惟王之邛。

奕奕寢廟，君子作之。秩秩大猷，聖人莫之。他人有心，予忖度之。躍躍毚兔，遇犬獲之。

荏染柔木，君子樹之。往來行言，心焉數之。蛇蛇碩言，出自口矣。巧言如簧，顏之厚矣。

彼何人斯，居河之麋。無拳無勇，職爲亂階。既微且尰，爾勇伊何？爲猶將多，爾居徒幾何。

【眉批】

「屢盟」字，妙極形容。

「數」字妙，不得作辨字解，曰數之辨，不必言矣。

彼何人斯？其心孔艱。胡逝我梁，不入我門。伊誰云從，維暴之云。

二人從行，妙，妙。誰爲此禍？胡逝我梁，不入唁我。始者不如今，云不我可。

彼何人斯，胡逝我陳？我聞其聲，不見其身。不愧于人。不畏于天。

彼何人斯？其爲飄風。胡不自北，胡不自南？胡逝我梁，祇攪我心！

爾之安行，亦不遑舍。爾之亟行，遑脂爾車。壹者之來，云何其盱。

爾還而入，我心易也。還而不入，否難知也。壹者之來，俾我祇也。

伯氏吹壎，仲氏吹篪。及爾如貫，諒不我知。出此三物，以詛爾斯。

爲鬼爲蜮，則不可得。有靦面目，視人罔極。作此好歌，以極反側。

何人

【眉批】摸寫暴公，百千闪爍逃避之狀，着骨着髓，只是一個内慚耳。微辭緩調，無可藏身，真甚於豺虎有北之投。

暴公是蘇氏故交，故此詩云云，不然「入门」、「還入」等語爲不情矣。

此處用「好歌」二字，讒人愧死。

萋兮斐兮，成是貝錦。彼譖人者，亦已大甚！

哆兮侈兮，成是南箕。彼譖人者，誰適與謀。

緝緝翩翩，謀欲譖人。慎爾言也，謂爾不信。

捷捷幡幡，謀欲譖言。豈不爾受，既其女遷。

驕人好好，勞人草草。蒼天蒼天！視彼驕人，矜此勞人！

彼譖人者，誰適與謀。取彼譖人，投畀豺虎！豺虎不食，奇想。投畀有北；有北不受，投畀有昊。

楊園之道，猗于畝丘。寺人孟子，作爲此詩。凡百君子，敬而聽之。

巷伯

【眉批】

每於讒人用叠字極力描寫。

身罹其害，代爲之謀，似謔似呆，妙甚！妙甚！「既其女遷」，盖以禍怵之也。然亦實理。

「視」字妙！即俗所云看他不過也，襯福意且後一步。

谷風

按《説通》曰：「友本以患難相依，安樂棄之，而詩人若不忍直言，猶以大德小怨分任其辜，亦誠不以當亦祇以異之意也。」

習習谷風，維風及雨。將恐將懼，維予與女。將安將樂，女轉棄予。

習習谷風，維風及頹。將恐將懼，寘予于懷。將安將樂，棄予如遺。

習習谷風，維山崔嵬。無草不死，無木不萎。忘我大德，思我小怨。

【眉批】

「寘予于怀」，形容小人之交如畫。

蓼蓼者莪，匪莪伊蒿。哀哀父母，生我劬勞。

蓼蓼者莪，匪莪伊蔚。哀哀父母，生我勞瘁。

缾之罄矣，維罍之恥。取譬工甚，似亦古有此語。鮮民之生，不如死之久矣。

無父何怙，無母何恃。出則銜恤，入則靡至。

父兮生我，母兮鞠我。拊我畜我，長我育我，顧我復我，出入腹我。欲報之德，昊天罔極。

南山烈烈，飄風發發。民莫不穀，我獨何害！

南山律律，飄風弗弗。民莫不穀，我獨不卒！

蓼莪

有饛簋飧，有捄棘匕。周道如砥，其直如矢。君子所履，小人所視。睠言顧之，許多情事。潸焉出涕。

小東大東，杼柚其空。糾糾葛屨，可以履霜。佻佻公子，行彼周行。既往既來，使我心疚。

有洌氿泉，無浸穫薪！契契寤嘆，哀我憚人。薪是穫薪，尚可載也。哀我憚人，亦可息也。

東人之子，職勞不來；西人之子，粲粲衣服。舟人之子，熊熊是裘；私人之子，百僚是試。

或以其酒，不以其漿。鞙鞙佩璲，不以其長。維天有漢，監亦有光。跂彼織女，終日七襄。

雖則七襄，不成報章。睆彼牽牛，不以服箱。東有啓明，西有長庚。有捄天畢，載施之行。

維南有箕，不可以簸揚。維北有斗，不可以挹酒漿。維南有箕，載翕其舌。維北有斗，西柄之揭。

大東

【眉批】

「糾糾」二語，似亦古語。凡詩中重用者，類皆古語，如「立我蒸民」、「不識不知」、「毋逝我梁」等句是也。

此下歷數織女、牽牛、啓明、長庚、天畢、南箕、北斗，想頭甚奇，出語似謔，顛倒淋漓，変幻鼓舞，總是穷極呼天常態，生出許多波瀾耳。不必明解，不必深求，如癡人説夢也。晋明帝「長星勸汝一杯酒」，語態近此。

四月

四月維夏，六月徂暑。先祖匪人，胡寧忍予？
秋日淒淒，百卉具腓。亂離瘼矣，奚其適歸。
冬日烈烈，飄飄發發。民莫不穀，我獨何害！
山有嘉卉，侯栗侯梅。廢爲殘賊，莫知其尤。
相彼泉水，載清載濁。我曰構禍，曷云能穀？
滔滔江漢，南國之紀。盡瘁以仕，寧莫我有。
匪鶉匪鳶，翰飛戾天。匪鱣匪鮪，潛逃于淵。
山有蕨薇，隰有杞桋。君子作歌，維以告哀！

北山

陟彼北山，言采其杞。偕偕士子，朝夕從事。王事靡盬，憂我父母。
溥天之下，莫非王土；率土之濱，莫非王臣。大夫不均，我從事獨賢。「獨賢」二字，可爲立言之法。
四牡彭彭，王事傍傍。嘉我未老，鮮我方將。旅力方剛，經營四方。
或燕燕居息，或盡瘁事國。或息偃在床，或不已于行。

或不知叫號，或慘慘劬勞。或栖遲偃仰，或王事鞅掌。

或湛樂飲酒，或慘慘畏咎。或出入風議，或靡事不爲。

北山

【眉批】

「獨賢」字，原不必深解。「嘉我未老」三句，似爲「獨賢」二字下一注脚。筆端之妙如此。

無將大車

詩以「熲」字言憂，已妙矣。又曰「不出於熲」，其妙更不可言。熲者，沈憂之人，胸中若一物，而又無可指不出者，即沈字意。《衛風》「如有隱憂」，細玩「如有」二字可得，不出二字之義。

無將大車，祇自塵兮。無思百憂，祇自疧兮。

無將大車，維塵冥冥。無思百憂，不出于熲。

無將大車，維塵雝兮。無思百憂，祇自重兮。

明明上天，照臨下土。我征徂西，至于艽野。二月初吉，載離寒暑。心之憂矣，其毒大苦。念彼共人，涕零如雨。豈不懷歸？畏此罪罟。

昔我往矣，日月方除。曷云其還？歲聿云莫。念我獨兮，我事孔庶。心之憂矣，憚我不暇。念彼共人，睠睠懷顧。豈不懷歸？畏此譴怒。

昔我往矣，日月方奧。曷云其還？政事愈蹙。歲聿云莫，采蕭穫菽。心之憂矣，自詒伊戚。念彼共人，興言出宿。豈不懷歸？畏此反覆。

嗟爾君子，無恒安處。靖共爾位，正直是與。神之聽之，式穀以女。

嗟爾君子，無恒安息。靖共爾位，好是正直。神之聽之，介爾景福。

小　明

鼓鍾將將，淮水湯湯，憂心且傷。淑人君子，懷允不忘。

鼓鍾喈喈，淮水湝湝，憂心且悲。淑人君子，其德不回。

鼓鍾伐鼛，淮有三洲，憂心且妯。淑人君子，其德不猶。

鼓鍾欽欽，鼓瑟鼓琴，笙磬同音。以雅以南，以籥不僭。

鼓　鍾

楚楚者茨，言抽其棘。自昔何爲？我蓺黍稷。我黍與與，我稷翼翼。我倉既盈，我庾維億。以爲酒食，以饗以祀。以妥以侑，以介景福。

濟濟蹌蹌，絜爾牛羊，以往烝嘗。或剥或亨，或肆或將。祝祭于祊，祀事孔明。先祖是皇，神保是饗。孝孫有慶，報以介福，萬壽無疆！

執爨踖踖，爲俎孔碩，或燔或炙。君婦莫莫，爲豆孔庶。爲賓爲客，獻酬交錯。禮儀卒度，笑語卒獲。神保是格，報以介福，萬壽攸酢。

我孔熯矣，式禮莫愆。工祝致告：徂賚孝孫。苾芬孝祀，神嗜飲食。卜爾百福，如幾如式。既齊既稷，既匡既敕。永錫爾極，時萬時億。

禮儀既備，鐘鼓既戒。孝孫徂位，工祝致告。神具醉止，皇尸載起。鼓鐘送尸，神保聿歸。諸宰君歸，廢徹不遲。諸父兄弟，備言燕私。

樂具入奏，以綏後禄。爾殽既將，莫怨具慶。既醉既飽，小大稽首。神嗜飲食，使君壽考。孔惠孔時，維其盡之。子子孫孫，勿替引之。

楚　茨

信彼南山，維禹甸之。畇畇原隰，曾孫田之。我疆我理，南東其畝。

上天同雲，雨雪雰雰。益之以霡霂，既優既渥，既霑既足，生我百穀。

疆埸翼翼，黍稷彧彧。曾孫之穡，以爲酒食。畀我尸賓，壽考萬年。

中田有廬，疆埸有瓜。是剥是菹，獻之皇祖。曾孫壽考，受天之祜。

祭以清酒，從以騂牡，享于祖考。執其鸞刀，以啓其毛，取其血膋。

是烝是享，苾苾芬芬，祀事孔明。先祖是皇，報以介福，萬壽無疆。

信南山

倬彼甫田，歲取十千。我取其陳，食我農人。自古有年。今適南畝，或耘或耔，黍稷薿薿。攸介攸止，烝我髦士。

以我齊明，與我犧羊，以社以方。我田既臧，農夫之慶。琴瑟擊鼓，以御田祖。以祈甘雨，以介我稷黍，以穀我士女。

曾孫來止，以其婦子，饁彼南畝。田畯至喜，攘其左右，嘗其旨否。禾易長畝，終善且有。曾孫不怒，農夫克敏。

曾孫之稼，如茨如梁。曾孫之庾，如坻如京。乃求千斯倉，乃求萬斯箱。黍稷稻粱，農夫之慶。報以介福，萬壽無疆。

甫田

【眉批】寫出上下真率光景。

大田

大田多稼，既種既戒，既備乃事。以我覃耜，俶載南畝。播厥百穀。既庭且碩，曾孫是若。既方既阜，既堅既好，不稂不莠。去其螟螣，及其蟊賊，無害我田稺。田祖有神，秉畀炎火。有渰萋萋，興雨祁祁。雨我公田，遂及我私。彼有不穫穉，此有不斂穧；彼有遺秉，此有滯穗，伊寡婦之利。

曾孫來止，以其婦子，饁彼南畝，田畯至喜。來方禋祀，以其騂黑，與其黍稷。以享以祀，以介景福。

【眉批】陳者以食農人，弃者以利寡婦，何其意之大而密也！前事可爲慳吝者之戒，後事可爲暴殄者之法。

瞻彼洛矣，維水泱泱。君子至止，福禄如茨。韎韐有奭，以作六師。

瞻彼洛矣，維水泱泱。君子至止，鞞琫有珌。倒句。君子萬年，保其家室。

瞻彼洛矣，維水泱泱。君子至止，福禄既同。君子萬年，保其家邦。

瞻彼洛矣

裳裳者華，其葉湑兮。我覯之子，我心寫兮。我心寫兮，是以有譽處兮。

裳裳者華，芸其黄矣。我覯之子，維其有章矣。維其有章矣，是以有慶矣。

裳裳者華，或黄或白。我覯之子，乘其四駱。乘其四駱，六轡沃若。

左之左之，君子宜之。右之右之，君子有之。維其有之，二語深妙。是以似之。

裳裳者華

桑扈

交交桑扈，有鶯其羽。君子樂胥，受天之祐。

交交桑扈，有鶯其領。君子樂胥，萬邦之屏。

之屏之翰，百辟爲憲。不戢不難，受福不那。

兕觥其觩，旨酒思柔。彼交匪敖，萬福來求。

桑扈

鴛鴦于飛，畢之羅之。君子萬年，福禄宜之。

鴛鴦在梁，戢其左翼。君子萬年，宜其遐福。

乘馬在厩，摧之秣之。君子萬年，福禄艾之。

乘馬在廐，秣之摧之。君子萬年，福禄綏之。

鴛鴦

有頍者弁，實維伊何？爾酒既旨，爾殽既嘉。豈伊異人？兄弟匪他。蔦與女蘿，施于松栢。未見君子，憂心奕奕；既見君子，庶幾説懌。

有頍者弁，實維何期？爾酒既旨，爾殽既時。豈伊異人？兄弟具來。蔦與女蘿，施于松上。未見君子，憂心怲怲；既見君子，庶幾有臧。

有頍者弁，實維在首。爾酒既旨，爾殽既阜。豈伊異人？兄弟甥舅。如彼雨雪，先集維霰。死喪無日，無幾相見。樂酒今夕，君子維宴。

頍弁

間關車之舝兮，思孌季女逝兮。匪飢匪渴，德音來括。雖無好友，式燕且喜。

依彼平林，有集維鷮。辰彼碩女，令德來教。式燕且譽，好爾無射。

雖無旨酒，式飲庶幾；雖無嘉殽，式食庶幾。雖無德與女，式歌且舞。

陟彼高岡，析其柞薪。析其柞薪，其葉湑兮。鮮我覯爾，我心寫兮。

高山仰止，景行行止。四牡騑騑，六轡如琴。覯爾新昏，以慰我心。

車舝

【眉批】

古人宴会，重好友如此。此吉甫所以樂張仲也。

營營青蠅，止于樊。豈弟君子，無信讒言。

營營青蠅，止于棘。讒人罔極，交亂四國。

營營青蠅，止于榛。讒人罔極，構我二人。

青蠅

賓之初筵，左右秩秩。籩豆有楚，殽核維旅。酒既和旨，飲酒孔偕。鐘鼓既設，舉醻逸逸。大侯既抗，弓矢斯張。射夫既同，獻爾發功。發彼有的，以祈爾爵。

籥舞笙鼓，樂既和奏。烝衎烈祖，以洽百禮。百禮既至，有壬有林。錫爾純嘏，子孫其湛。其湛曰樂，各奏爾能。賓載手仇，室人入又。酌彼康爵，以奏爾時。樂以洽礼，見礼樂之用一也。此有至理，不宜作文字看。

賓之初筵，温温其恭。其未醉止，威儀反反；曰既醉止，威儀幡幡。舍其坐遷，屢舞僊僊。其未醉止，威儀抑抑；曰既醉止，威儀怭怭。是曰既醉，不知其秩。

賓既醉止，載號載呶。亂我籩豆，屢舞僛僛。是曰既醉，不知其郵。側弁之俄，屢舞傞傞。既醉而出，並受其福。醉而不出，是謂伐德。飲酒孔嘉，維其令儀。

凡此飲酒，或醉或否。既立之監，或佐之史。彼醉不臧，不醉反耻。式勿從謂，無俾大怠。匪言勿言，匪由勿語。由醉之言，俾出童羖。三爵不識，矧敢多又。

賓之初筵

【眉批】古人造酒，原爲燕饗祭祀而設。故從射祭説起，文甚典則。後三章，仍以「賓之初筵」説起，似亦承射祭之飲，始治終乱如此，蓋當時或有此事。射燕礼法之飲，其失如此，則非飲可知，故因以爲戒。不然，首二章覺無謂，後三章又不相蒙。

畫出飲中惡道。

「既醉而出」，非惟飲之有節，飲酒之趣亦自如此，所謂「飲酒無量，不及乱」飲之聖也。

魚藻

魚在在藻，有頒其首。王在在鎬，豈樂飲酒。

魚在在藻，有莘其尾。王在在鎬，飲酒樂豈。

魚在在藻，依于其蒲。王在在鎬，有那其居。

采菽

采菽采菽，筐之筥之。君子來朝，何錫予之？雖無予之，路車乘馬。又何予之？玄袞及黼。

觱沸檻泉，言采其芹。君子來朝，言觀其旂。其旂淠淠，鸞聲嘒嘒。載驂載駟，君子所届。

赤芾在股，邪幅在下。彼交匪紓，天子所予。樂只君子，天子命之。樂只君子，福禄申之。

維柞之枝，其葉蓬蓬。樂只君子，殿天子之邦。樂只君子，萬福攸同。平平左右，亦是率從。

汎汎楊舟，紼纚維之。樂只君子，天子葵之。樂只君子，福禄膍之。優哉游哉，亦是戾矣。

【眉批】

「優哉游哉，亦是戾矣」，所謂有來雍雍也。

騂騂角弓，翩其反矣。兄弟昏姻，無胥遠矣。
爾之遠矣，民胥然矣。爾之教矣，民胥傚矣。
此令兄弟，綽綽有裕。不令兄弟，交相爲瘉。
民之無良，相怨一方。受爵不讓，至于已斯亡。
老馬反爲駒，不顧其後。如食宜饇，如酌孔取。
毋教猱升木，如塗塗附。君子有徽猷，小人與屬。
雨雪瀌瀌，見晛曰消。莫肯下遺，式居婁驕。
雨雪浮浮，見晛曰流。如蠻如髦，我是用憂。

角弓

【眉批】

「相怨」一句，説尽千古人情。「受爵不讓」，是「相怨」之根，故「老馬」以下，皆承此意。
「受爵不讓」則争，争則讒人乘隙間之，故有末二章云云。

有菀者柳，不尚息焉。上帝甚蹈，無自暱焉。俾予靖之，後予極焉。
有菀者柳，不尚愒焉。上帝甚蹈，無自瘵焉。俾予靖之，後予邁焉。
有鳥高飛，亦傅于天。彼人之心，于何其臻？曷予靖之，居以凶矜！

菀柳

都人士

彼都人士，狐裘黄黄。其容不改，出言有章。行歸于周，萬民所望。
彼都人士，臺笠緇撮。彼君子女，綢直如髮。我不見兮，我心不説。
彼都人士，充耳琇實。彼君子女，謂之尹吉。我不見兮，我心苑結。
彼都人士，垂帶而厲。彼君子女，卷髮如蠆。我不見兮，言從之邁。
匪伊垂之，帶則有餘。匪伊卷之，髮則有旟。我不見兮，云何盱矣。

都人士

【眉批】
「綢直如髮」，言自然無修飾意。

采　緑

終朝采緑，不盈一匊。予髮曲局，薄言歸沐。
終朝采藍，不盈一襜。五日爲期，六日不詹。
之子于狩，言韔其弓。之子于釣，言綸之繩。
其釣維何？維魴及鱮。維魴及鱮，薄言觀者。

【眉批】

此婦可與偕隱。

此詩亦當領其意，不當泥其事、其詞。

黍苗

芃芃黍苗，陰雨膏之。悠悠南行，召伯勞之。

我任我輦，我車我牛。我行既集，蓋云歸哉。

我徒我御，我師我旅。我行既集，蓋云歸處。

肅肅謝功，召伯營之。烈烈征師，召伯成之。

原隰既平，泉流既清。召伯有成，王心則寧。

隰桑

隰桑有阿，其葉有難。既見君子，其樂如何！

隰桑有阿，其葉有沃。既見君子，云何不樂。

隰桑有阿，其葉有幽。既見君子，德音孔膠。

心乎愛矣，遐不謂矣。中心藏之，何日忘之！

白華

白華菅兮，白茅束兮。之子之遠，俾我獨兮。

英英白雲，晨景如畫。露彼菅茅。天步艱難，之子不猶。

滮池北流，浸彼稻田。嘯歌傷懷，念彼碩人。

樵彼桑薪，卬烘于煁。維彼碩人，實勞我心。
鼓鐘于宫，聲聞于外。念子懆懆，視我邁邁。
有鶖在梁，有鶴在林。維彼碩人，實勞我心。
鴛鴦在梁，戢其左翼。之子無良，二三其德。
有扁斯石，履之卑兮。之子之遠，俾我疷兮。

白華

【眉批】
「蟲飛薨薨」，朝景之有声者；「薈蔚」、「朝隮」、「白雲」、「菅茅」，朝景之有色者，皆一幅畫圖。然「薈蔚」二語，景密而濃；「白雲」二句，景疏而澹，各自成家。

綿蠻黄鳥，止于丘阿。道之云遠，我勞如何！飲之食之，教之誨之。命彼後車，謂之載之。
綿蠻黄鳥，止于丘隅。豈敢憚行，畏不能趨。飲之食之，教之誨之。命彼後車，謂之載之。
綿蠻黄鳥，止于丘側。豈敢憚行，畏不能極。飲之食之，教之誨之。命彼後車，謂之載之。

綿蠻

幡幡瓠葉，采之亨之。君子有酒，酌言嘗之。
有兔斯首，炮之燔之。君子有酒，酌言獻之。
有兔斯首，燔之炙之。君子有酒，酌言酢之。

有兔斯首，燔之炮之。君子有酒，酌言醻之。

瓠葉

漸漸之石，維其高矣。山川悠遠，維其勞矣。武人東征，不遑朝矣。
漸漸之石，維其卒矣。山川悠遠，曷其没矣？武人東征，不遑出矣。
有豕白蹢，烝涉波矣。月離于畢，俾滂沱矣。武人東征，不遑他矣。

漸漸之石

【眉批】三「不遑」皆有意，「不遑他」更可憐。

苕之華，芸其黄矣。心之憂矣，維其傷矣！
苕之華，其葉青青。知我如此，不如無生！
牂羊墳首，三星在罶。人可以食，鮮可以飽。

苕之華

何草不黄，何日不行。何人不將，經營四方。
何草不玄，何人不矜。哀我征夫，獨爲匪民。
匪兕匪虎，率彼曠野。哀我征夫，朝夕不暇。
有芃者狐，率彼幽草。有棧之車，行彼周道。

何草不黄

大雅

文王

文王在上，於昭于天。周雖舊邦，其命維新。有周不顯，帝命不時。文王陟降，在帝左右。

亹亹文王，令聞不已。陳錫哉周，侯文王孫子。文王孫子，本支百世。凡周之士，不顯亦世。倒句。

世之不顯，厥猶翼翼。思皇多士，生此王國。王國克生，維周之楨。濟濟多士，文王以寧。

穆穆文王，於緝熙敬止。假哉天命，有商孫子。接得陡。商之孫子，其麗不億。句法。上帝既命，侯于周服。

侯服于周，天命靡常。殷士膚敏，祼將于京。厥作祼將，常服黼冔。王之藎臣，無念爾祖。

無念爾祖，聿修厥德。永言配命，自求多福。殷之未喪師，克配上帝。宜鑒于殷，駿命不易。

命之不易，無遏爾躬。宣昭義問，有虞殷自天。上天之載，無聲無臭。儀刑文王，萬邦作孚。

文王

【眉批】

說得來自然，可畏可思。

末句與篇首正相應。

明明在下，赫赫在上。天難忱斯，不易維王。天位殷適，使不挾四方。

摯仲氏任，自彼殷商，來嫁于周，曰嬪于京。乃及王季，維德之行。大任有身，生此文王。

維此文王，小心翼翼。昭事上帝，聿懷多福。厥德不回，以受方國。

天監在下，有命既集。文王初載，天作之合。在洽之陽，在渭之涘。文王嘉止，大邦有子。

大邦有子，俔天之妹。奇語。文定厥祥，親迎于渭。造舟爲梁，不顯其光。

有命自天，命此文王。于周于京，纘女維莘。長子維行，篤生武王。保右命爾，燮伐大商。

殷商之旅，其會如林。矢于牧野：維予侯興。上帝臨女，無貳爾心！

牧野洋洋，檀車煌煌，駟騵彭彭。維師尚父，時維鷹揚。凉彼武王，肆伐大商，會朝清明。

大明

【眉批】

「使」字甚警，可畏。

綿綿瓜瓞，民之初生，自土沮漆。古公亶父，陶復陶穴，未有家室。

古公亶父，來朝走馬。率西水滸，至于岐下。爰及姜女，聿來胥宇。

周原膴膴，堇荼如飴。爰始爰謀，爰契我龜。曰止曰時，築室于茲。

乃慰乃止，乃左乃右；乃疆乃理，乃宣乃畝。自西徂東，周爰執事。

乃召司空，乃召司徒，俾立室家。其繩則直，縮版以載，作廟翼翼。

捄之陾陾，度之薨薨，築之登登，削屢馮馮。百堵皆興，鼛鼓弗勝。
乃立皋門，皋門有伉。乃立應門，應門將將。乃立冢土。戎醜攸行。
肆不殄厥愠，亦不隕厥問。柞棫拔矣，行道兑矣。混夷駾矣，維其喙矣。
虞芮質厥成，文王蹶厥生。予曰有疏附，予曰有先後，予曰有奔奏，予曰有禦侮。

綿

【眉批】

只四字（指「綿綿瓜瓞」四字）囊盡一篇旨意。

過至文王處，若斷若續，妙甚。

四語結奇。

芃芃棫樸，薪之槱之。濟濟辟王，左右趣之。
濟濟辟王，左右奉璋。奉璋峨峨，髦士攸宜。
淠彼涇舟，烝徒楫之。周王于邁，六師及之。
倬彼雲漢，爲章于天。周王壽考，遐不作人。
追琢其章，金玉其相。勉勉我王，綱紀四方。

棫樸

瞻彼旱麓，榛楛濟濟。豈弟君子，干禄豈弟。

瑟彼玉瓚，黄流在中。豈弟君子，福禄攸降。
鳶飛戾天，魚躍于淵，豈弟君子，遐不作人。
清酒既載，騂牡既備。以享以祀，以介景福。
瑟彼柞棫，民所燎矣。豈弟君子，神所勞矣。
莫莫葛藟，施于條枚。豈弟君子，求福不回。

旱　麓

【眉批】
口頭説出化機，語言之妙。

思齊大任，文王之母。思媚周姜，京室之婦。大姒嗣徽音，則百斯男。
惠于宗公，神罔時怨，神罔時恫。刑于寡妻，至于兄弟，以御于家邦。
雝雝在宫，肅肅在廟。不顯亦臨，無射亦保。
肆戎疾不殄，烈假不瑕。不聞亦式，不諫亦入。
肆成人有德，小人有造。古之人無斁，譽髦斯士。

思　齊

【眉批】

首及母妻，所謂称人之善，必及其父兄師友是也。

皇矣上帝，臨下有赫。監觀四方，求民之莫。維此二國，其政不獲。維彼四國，爰究爰度。上帝耆之，憎其式廓。乃眷西顧，此維與宅。

作之屏之，其菑其翳。修之平之，其灌其栵。啓之辟之，其檉其椐。攘之剔之，其檿其柘。帝遷明德，串夷載路。天立厥配，受命既固。

帝省其山，柞棫斯拔，松柏斯兑。帝作邦作對，字法。自大伯王季。維此王季，因心則友。則友其兄，則篤其慶。載錫之光，受禄無喪，奄有四方。

維此王季，帝度其心，貊其德音。其德克明，克明克類，克長克君。王此大邦，克順克比。比于文王，其德靡悔。既受帝祉，施于孫子。

帝謂文王，無然畔援，無然歆羡，誕先登于岸。密人不恭，敢距大邦，侵阮徂共。王赫斯怒，爰整其旅，以按徂旅。以篤于周祜，以對于天下。

依其在京，侵自阮疆，陟我高岡。無矢我陵，我陵我阿；無飲我泉，我泉我池。度其鮮原，居岐之陽，在渭之將。萬邦之方，下民之王。

帝謂文王：「予懷明德，不大聲以色，不長夏以革；不識不知，順帝之則。」帝謂文王：「詢爾仇方，同爾兄弟；以爾鉤援，與爾臨衝，以伐崇墉。」

臨衝閑閑，崇墉言言。執訊連連，攸馘安安。是類是禡，是致是附，四方以無侮。臨衝茀茀，崇墉仡仡。

是伐是肆，是絶是忽，四方以無拂。

皇矣

【眉批】

武周之孝，繼志述事；王季之友，篤慶錫光，大聖賢舉止，未易爲常道也。

西伯亦自少不得此一番舉動。

經始靈臺，經之營之。庶民攻之，不日成之。經始勿亟，庶民子來。

王在靈囿，麀鹿攸伏。麀鹿濯濯，白鳥翯翯。王在靈沼，於牣魚躍。

虡業維樅，賁鼓維鏞。於論鼓鐘，於樂辟廱。

於論鼓鐘，於樂辟廱。鼉鼓逢逢，矇瞍奏公。

靈臺

下武維周，世有哲王。三后在天，王配于京。

王配于京，世德作求。永言配命，成王之孚。

成王之孚，下土之式。永言孝思，孝思維則。

媚兹一人，應侯順德。永言孝思，昭哉嗣服。

昭兹來許，繩其祖武。於萬斯年，受(年)(天)之祜。

受天之祜，四方來賀。於萬斯年，不遐有佐。

下武

文王有聲，遹駿有聲。遹求厥寧，遹觀厥成。文王烝哉！

文王受命，有此武功。既伐于崇，作邑于豐。文王烝哉！

築城伊淢，作豐伊匹。匪棘其欲，遹追來孝。王后烝哉！

王公伊濯，維豐之垣。四方攸同，王后維翰。王后烝哉！

豐水東注，維禹之績。四方攸同，皇王維辟。皇王烝哉！

鎬京辟廱，自西自東，自南自北，無思不服。皇王烝哉！

考卜維王，倒句。宅是鎬京。維龜正之，武王成之。武王烝哉！

豐水有芑，武王豈不仕？詒厥孫謀，以燕翼子。武王烝哉！

文王有聲

生民

厥初生民，一句説題。時維姜嫄。生民如何？克禋克祀，以弗無子。履帝武敏歆，攸介攸止。載震載夙，載生載育，時維后稷。着題。

誕彌厥月，先生如達。不坼不副，無菑無害。以赫厥靈，上帝不寧，不康禋祀，居然生子。

誕寘之隘巷，牛羊腓字之。誕寘之平林，會伐平林。誕寘之寒冰，鳥覆翼之。鳥乃去矣，后稷呱矣。實覃實訏，厥聲載路。

誕實匍匐，克岐克嶷，以就口食。蓺之荏菽，荏菽旆旆，禾役穟穟。麻麥幪幪，瓜瓞唪唪。

誕后稷之穡，有相之道。茀厥豐草，種之黄茂。實方實苞，實種實褎，實發實秀，實堅實好，實穎實栗。

即有邰家室。

誕降嘉種：維秬維秠，維穈維芑。恒之秬秠，是穫是畝；恒之穈芑，是任是負，以歸肇祀。

誕我祀如何？或舂或揄，或簸或蹂。釋之叟叟，烝之浮浮。載謀載惟，取蕭祭脂，取羝以軷。載燔載烈，以興嗣歲。

生民

卬盛于豆，于豆于登。其香始升，上帝居歆。胡臭亶時，后稷肇祀，庶無罪悔，以迄于今。

【眉批】

「寘之」者人也，「牛羊」「平林」與鳥之偶然相值處便是天，故曰莫之爲而爲者天也。今人説《詩》，若似天預設此，以待稷之至，把实事反説得幻了，是以起紛紛之議。

敦彼行葦，牛羊勿踐履。方苞方體，維葉泥泥。戚戚兄弟，莫遠具爾。或肆之筵，或授之几。

肆筵設席，授几有緝御。或獻或酢，洗爵奠斝。醓醢以薦，或燔或炙。嘉殽脾臄，或歌或咢。

敦弓既堅，四鍭既鈞；舍矢既均，序賓以賢。敦弓既句，既挾四鍭。四鍭如樹，序賓以不侮。

曾孫維主，酒醴維醹；酌以大斗，以祈黄耇。黄耇台背，以引以翼。壽考維祺，以介景福。

行葦

既醉以酒，既飽以德。君子萬年，介爾景福。

既醉以酒，爾殽既將。君子萬年，介爾昭明。

昭明有融，高朗令終。令終有俶，公尸嘉告。
其告維何？籩豆静嘉。朋友攸攝，攝以威儀。
威儀孔時，君子有孝子。孝子不匱，永錫爾類。
其類維何？室家之壼。君子萬年，永錫祚胤。
其胤維何？天被爾禄。君子萬年，景命有僕。
其僕維何？釐爾女士。釐爾女士，從以孫子。

既　醉

【眉批】

「胤」、「祚」互説，文甚幻。

鳧鷖在涇，公尸來燕來寧。爾酒既清，爾殽既馨。公尸燕飲，福禄來成。
鳧鷖在沙，公尸來燕來宜。爾酒既多，爾殽既嘉。公尸燕飲，福禄來爲。
鳧鷖在渚，公尸來燕來處。爾酒既湑，爾殽伊脯。公尸燕飲，福禄來下。
鳧鷖在潨，公尸來燕來宗。既燕于宗，福禄攸降。公尸燕飲，福禄來崇。
鳧鷖在亹，公尸來止熏熏。旨酒欣欣，燔炙芬芬。公尸燕飲，無有後艱。

鳧　鷖

假樂君子，顯顯令德。宜民宜人，受禄于天。保右命之，自天申之。

干禄百福，子孫千億。穆穆皇皇，宜君宜王。不愆不忘，率由舊章。威儀抑抑，德音秩秩。無怨無惡，率由群匹。受福無疆，四方之綱。之綱之紀，燕及朋友。百辟卿士，媚于天子。不解于位，民之攸塈。

假樂

【眉批】

自始至終，一篇黼扆箴。

爲人父止於慈，以「燕翼子」是也。爲人君止於仁，「燕及朋友」是也。

篤公劉，倒句。匪居匪康。乃埸乃疆，乃積乃倉。乃裹餱糧，于橐于囊，思輯用光。弓矢斯張，干戈戚揚，爰方啓行。

篤公劉，于胥斯原。既庶既繁，既順乃宣，而無永嘆。陟則在巘，復降在原。何以舟之？維玉及瑶，鞞琫容刀。

篤公劉，逝彼百泉，瞻彼溥原。乃陟南岡，乃覯于京。京師之野，于時處處，于時廬旅，于時言言，于時語語。

篤公劉，于京斯依。蹌蹌濟濟，俾筵俾几，既登乃依。乃造其曹，執豕于牢，酌之用匏。食之飲之，君子宗之。

篤公劉，既溥既長。既景乃岡，相其陰陽。觀其流泉，其軍三單。度其隰原，徹田爲糧。度其夕陽，豳居允荒。

篤公劉，于豳斯館。涉渭爲亂，取厲取鍛。止基乃理，爰衆爰有。夾其皇澗，遡其過澗。止旅乃密，芮鞫之即。

公劉

【眉批】

「舟」字訓作佩，古字目有此解，《考工記》多有之，蓋周以前語。

「徹」字始見於此。

洞酌彼行潦，挹彼注茲，可以餴饎。豈弟君子，民之父母。

洞酌彼行潦，挹彼注茲，可以濯罍。豈弟君子，民之攸歸。

洞酌彼行潦，挹彼注茲，可以濯溉。豈弟君子，民之攸塈。

洞酌

有卷者阿，飄風自南。豈弟君子，來游來歌，以矢其音。

伴奐爾游矣，優游爾休矣。豈弟君子，俾爾彌爾性，似先公酋矣。

爾土宇昄章，亦孔之厚矣。豈弟君子，俾爾彌爾性，百神爾主矣。

爾受命長矣，茀禄爾康矣。豈弟君子，俾爾彌爾性，純嘏爾常矣。

有馮有翼，有孝有德，以引以翼。豈弟君子，四方爲則。

顒顒卬卬，如圭如璋，令聞令望。豈弟君子，四方爲綱。

鳳凰于飛，翽翽其羽，亦集爰止。藹藹王多吉士，維君子使，媚于天子。

鳳凰于飛，翽翽其羽，亦傅于天。藹藹王多吉人，維君子命，媚于庶人。

鳳凰鳴矣，于彼高岡。梧桐生矣，于彼朝陽。菶菶萋萋，雝雝喈喈。

君子之車，既庶且多。君子之馬，既閑且馳。矢詩不多，維以遂歌。

卷阿

【眉批】

此詩大臣告君之體，格非順美，深宛渾大，典則風雅，不涉一諫諍之氣。前四章渾然不露，五章以後，本旨歸於用人，所謂以人事君，大臣之義也。「媚庶人」更妙，可解親民之義。兩「既」字，言外之意無限。

民亦勞止，汔可小康。惠此中國，以綏四方。無縱詭隨，以謹無良。式遏寇虐，憯不畏明。柔遠能邇，以定我王。

民亦勞止，汔可小休。惠此中國，以爲民逑。無縱詭隨，以謹惽怓。式遏寇虐，無俾民憂。無棄爾勞，以爲王休。

民亦勞止，汔可小息。惠此京師，以綏四國。無縱詭隨，以謹罔極。式遏寇虐，無俾作慝。敬慎威儀，以近有德。
民亦勞止，汔可小愒。惠此中國，俾民憂泄。無縱詭隨，以謹醜厲。式遏寇虐，無俾正敗。戎雖小子，而式弘大。
民亦勞止，汔可小安。惠此中國，國無有殘。無縱詭隨，以謹繾綣。式遏寇虐，無俾正反。王欲玉女，是用大諫。

民勞

【眉批】「遏寇虐」，皆以「無縱詭隨」冠之，未有不媚主能虐民者，此等机局，宜參透之。

上帝板板，下民卒癉！出話不然，爲猶不遠。靡聖管管，不實於亶。猶之未遠，是用大諫。
天之方難，無然憲憲。天之方蹶，無然泄泄。辭之輯矣，民之洽矣。辭之懌矣，民之莫矣。
我雖異事，及爾同僚。我即爾謀，聽我囂囂。我言維服，勿以爲笑。先民有言，詢于芻蕘。
天之方虐，無然謔謔。老夫灌灌，千古通患。小子蹻蹻。匪我言耄，爾用憂謔。多將熇熇，不可救藥。
天之方懠，無爲夸毗。威儀卒迷，善人載尸。民之方殿屎，則莫我敢葵。喪亂蔑資，曾莫惠我師。
天之牖民，如壎如篪。如璋如圭，如取如携。此句尤工。携無曰益，牖民孔易。民之多辟，無自立辟。

价人維藩，大師維垣，大邦維屏，大宗維翰。懷德維寧，宗子維城。無俾城壞，無獨斯畏。四字简至。

敬天之怒，無敢戲豫。敬天之渝，無敢馳驅。昊天曰明，及爾出王。昊天曰旦，及爾游衍。

板

【眉批】「夸毗」二字分開，成不得小人，妙在合用。所謂「寇虐」之人，即「詭隨」之人也。

蕩

蕩蕩上帝，下民之辟。疾威上帝，其命多辟。天生烝民，其命匪諶。靡不有初，鮮克有終。

文王曰咨，咨女殷商！曾是彊禦，曾是掊克，曾是在位，曾是在服。天降慆德，女興是力。

文王曰咨，咨女殷商！而秉義類，彊禦多懟。流言以對，寇攘式内。侯作侯祝，靡届靡究。

文王曰咨，咨女殷商！女炰烋于中國，斂怨以爲德。不明爾德，時無背無側。爾德不明，以無陪無卿。

文王曰咨，咨女殷商！天不湎爾以酒，不義從式。既愆爾止，靡明靡晦。式號式呼，俾晝作夜。

文王曰咨，咨女殷商！如蜩如螗，如沸如羹。小大近喪，人尚乎由行。内奰于中國，覃及鬼方。

文王曰咨，咨女殷商！匪上帝不時，殷不用舊。雖無老成人，尚有典刑。曾是莫聽，大命以傾。

文王曰咨，咨女殷商！人亦有言：顛沛之揭，枝葉未有害，本實先撥。殷鑒不遠，在夏后之世。

蕩

【眉批】

「文王曰咨，咨女殷商」，立言妙甚。

結得妙。

抑抑威儀，維德之隅。「隅」字甚妙。人亦有言：靡哲不愚。庶人之愚，亦職維疾。哲人之愚，亦維斯戾。

無競維人，四方其訓之。有覺德行，四國順之。訏謨定命，遠猶辰告。敬慎威儀，維民之則。

其在于今，興迷亂于政。顛覆厥德，荒湛于酒。女雖湛樂從，弗念厥紹。罔敷求先王，克共明刑。

肆皇天弗尚，如彼泉流，無淪胥以亡。夙興夜寐，洒埽廷内，維民之章。修爾車馬，弓矢戎兵。用戒戎作，用逷蠻方。

質爾人民，謹爾侯度，用戒不虞。慎爾出話，敬爾威儀，無不柔嘉。白圭之玷，尚可磨也；斯言之玷，不可爲也。

無易由言，無曰苟矣。莫捫朕舌，言不可逝矣。無言不讎，無德不報。惠于朋友，庶民小子，子孫繩繩，萬民靡不承。

視爾友君子，輯柔爾顔，不遐有愆。相在爾室，尚不愧于屋漏。無曰不顯，莫予云覯。神之格思，不可度思，矧可射思。

辟爾爲德，俾臧俾嘉。淑慎爾止，不愆于儀。不僭不賊，鮮不爲則。投之以桃，報之以李。彼童而角，實虹小子。

荏染柔木，言緡之絲。温温恭人，維德之基。其維哲人，這纔是真哲人。告之話言，順德之行。其維愚人，覆謂我僭，民各有心。

於乎小子，未知臧否！匪手携之，言示之事。匪面命之，言提其耳。借曰未知，亦既抱子。民之靡盈，誰夙知而莫成。

昊天孔昭，我生靡樂。視爾夢夢，我心慘慘。誨爾諄諄，聽我藐藐。匪用爲教，覆用爲虐。借曰未知，亦聿既耄。

於乎小子，告爾舊止。聽用我謀，庶無大悔。天方艱難，曰喪厥國。取譬不遠，昊天不忒。回遹其德，俾民大棘。

抑

【眉批】

「哲人之愚」，古今多少。

菀彼桑柔，其下侯旬。捋采其劉，瘼此下民。不殄心憂，倉兄填兮。倬彼昊天，寧不我矜！

四牡騤騤，旟旐有翩。亂生不夷，靡國不泯。民靡有黎，巧句。具禍以燼。於乎有哀，國步斯頻。

國步蔑資，天不我將。靡所止疑，云徂何往？君子實維，秉心無競。誰生厲階？至今爲梗。

憂心慇慇，念我土宇。我生不辰，逢天僤怒。自西徂東，靡所定處。多我覯痻，孔棘我圉。

爲謀爲毖，亂況斯削。告爾憂恤，誨爾序爵。誰能執熱，逝不以濯。其何能淑，載胥及溺。

如彼遡風，亦孔之僾。民有肅心，荓云不逮。好是稼穡，力民代食。稼穡維寶，代食維好。

天降喪亂，滅我立王。降此蟊賊，稼穡卒痒。哀恫中國，具贅卒荒。靡有旅力，可憐。以念穹蒼。

維此惠君，民人所瞻。秉心宣猶，考慎其相。維彼不順，自獨俾臧。自有肺腸，俾民卒狂。

瞻彼中林，甡甡其鹿。朋友已譖，不胥以穀。人亦有言，進退維谷。

維此聖人，瞻言百里；維彼愚人，覆狂以喜。匪言不能，胡斯畏忌？

維此良人，弗求弗迪；維彼忍心，是顧是復。民之貪亂，寧爲荼毒。

大風有隧，有空大谷。維此良人，作爲式穀；維彼不順，征以中垢。

大風有隧，貪人敗類。聽言則對，誦言如醉。妙，妙。匪用其良，覆俾我悖。

嗟爾朋友，予豈不知而作。如彼飛蟲，時亦弋獲。既之陰女，反予來赫。

民之罔極，職涼善背。爲民不利，如云不克。民之回遹，職競用力。

民之未戾，職盜爲寇。涼曰不可，覆背善詈。雖曰匪予，既作爾歌。

桑柔

【眉批】

黄落有漸，捋采速尽，見亡國由人也。朱注得之。

倬彼雲漢，昭回于天。王曰於乎，何辜今之人！天降喪亂，饑饉薦臻。靡神不舉，靡愛斯牲。圭璧既卒，寧莫我聽！

旱既大甚，蘊隆蟲蟲。不殄禋祀，自郊徂宮。上下奠瘞，靡神不宗。后稷不克，上帝不臨。耗斁下土，寧丁我躬。

旱既大甚，則不可推。兢兢業業，如霆如雷。周餘黎民，靡有孑遺。昊天上帝，則不我遺。胡不相畏？先祖于摧。

旱既大甚，則不可沮。赫赫炎炎，云我無所。大命近止，靡瞻靡顧。群公先正，則不我助。父母先祖，胡寧忍予！

旱既大甚，滌滌山川。旱魃爲虐，如惔如焚。我心憚暑，憂心如熏。群公先正，則不我聞。昊天上帝，寧俾我遯！

旱既大甚，黽勉畏去。胡寧瘨我以旱？憯不知其故。祈年孔夙，方社不莫。昊天上帝，則不我虞。敬恭明神，宜無悔怒。

旱既大甚，散無友紀。鞫哉庶正，疚哉冢宰。趣馬師氏，膳夫左右。靡人不周，無不能止。瞻卬昊天，云如何里！

瞻卬昊天，有嘒其星。大夫君子，昭假無贏。大命近止，無棄爾成。何求爲我，以戾庶正。瞻卬昊天，曷惠其寧！

雲　漢

【眉批】

「王曰於乎」四字，有許多恐懼意。

「敬恭」二句，有自反意。

崧　高

崧高維嶽，駿極于天。維嶽降神，生甫及申。維申及甫，維周之翰。四國于蕃，四方于宣。亹亹申伯，王纘之事。于邑于謝，南國是式。王命召伯，定申伯之宅。登是南邦，世執其功。王命申伯：「式是南邦，因是謝人，以作爾庸。」王命召伯，徹申伯土田。王命傅御，遷其私人。申伯之功，召伯是營。有俶其城，寢廟既成。既成藐藐，王錫申伯，四牡蹻蹻，鉤膺濯濯。王遣申伯，路車乘馬。我圖爾居，莫如南土；錫爾介圭，以作爾寶。往近王舅，南土是保。申伯信邁，王餞于郿。申伯還南，謝于誠歸。王命召伯，徹申伯土疆；以峙其粻，式遄其行。申伯番番，既入于謝，徒御嘽嘽。周邦咸喜，戎有良翰。不顯申伯，王之元舅，文武是憲。申伯之德，柔惠且直。揉此萬邦，聞于四國。吉甫作誦，其詩孔碩，其風肆好，以贈申伯。

【眉批】

「其詩孔碩，其風肆好」，穆如清風，古人作詩，自知自賞如此。

天生烝民，有物有則。民之秉彝，好是懿德。天監有周，昭假于下，保茲天子，生仲山甫。仲山甫之德，柔嘉維則。令儀令色，小心翼翼。古訓是式，威儀是力。天子是若，明命使賦。王命仲山甫，式是百辟。纘戎祖考，王躬是保。出納王命，王之喉舌。賦政于外，四方爰發。肅肅王命，仲山甫將之。邦國若否，仲山甫明之。既明且哲，以保其身。夙夜匪解，以事一人。人亦有言：柔則茹之，剛則吐之。維仲山甫，柔亦不茹，剛亦不吐；不侮矜寡，不畏彊禦。

人亦有言：德輶如毛，民鮮克舉之。我儀圖之，維仲山甫舉之，愛莫助之。衮職有闕，維仲山甫補之。

仲山甫出祖，四牡業業，征夫捷捷，每懷靡及。四牡彭彭，八鸞鏘鏘。王命仲山甫，城彼東方。

四牡騤騤，八鸞喈喈。仲山甫徂齊，式遄其歸。吉甫作誦，穆如清風。仲山甫永懷，以慰其心。

烝 民

奕奕梁山，維禹甸之，有倬其道。韓侯受命，王親命之：纘戎祖考。無廢朕命，夙夜匪解。虔共爾位，朕命不易。榦不庭方，以佐戎辟。

四牡奕奕，孔修且張。韓侯入覲，以其介圭，入覲于王。王錫韓侯，淑旂綏章，簟茀錯衡，玄衮赤舄，鉤膺鏤錫，鞹鞃淺幭，鞗革金厄。

韓侯出祖，出宿于屠。顯父餞之，清酒百壺。其殽維何？炰鼈鮮魚。其蔌維何？維筍及蒲。其贈維何？乘馬路車。籩豆有且，侯氏燕胥。

韓侯取妻，汾王之甥，蹶父之子。韓侯迎止，于蹶之里。百兩彭彭，八鸞鏘鏘，不顯其光。諸娣從之，祁祁如雲。韓侯顧之，爛其盈門。

蹶父孔武，靡國不到，爲韓姞相攸，莫如韓樂。孔樂韓土，川澤訏訏，魴鱮甫甫，麀鹿噳噳，有熊有羆，有貓有虎。慶既令居，韓姞燕譽。

溥彼韓城，燕師所完。以先祖受命，因時百蠻。王錫韓侯，其追其貊，奄受北國，因以其伯。實墉實壑，實畝實籍。獻其貔皮，赤豹黃羆。

韓 奕

【眉批】

訓詁典至。

快事，着此一段生色。

借「蹶父」「相攸」，「韓吉燕譽」，形容韓之富饒，文章暎帶之妙。

江漢浮浮，武夫滔滔。匪安匪游，淮夷來求。既出我車，既設我旟。匪安匪舒，淮夷來鋪。

江漢湯湯，武夫洸洸。經營四方，告成于王。四方既平，王國庶定。時靡有爭，王心載寧。

江漢之滸，王命召虎：式辟四方，徹我疆土。匪疚匪棘，王國來極。于疆于理，至于南海。

王命召虎，來旬來宣：文武受命，召公維翰。無曰予小子，召公是似。肇敏戎公，用錫爾祉。

釐爾圭瓚，秬鬯一卣。告于文人，錫山土田。于周受命，自召祖命。虎拜稽首，天子萬年！

虎拜稽首，對揚王休，作召公考，天子萬壽。明明天子，令聞不已。矢其文德，洽此四國。

江漢

赫赫明明，王命卿士，南仲大祖，大師皇父：整我六師，以修我戎。既敬既戒，惠此南國。

王謂尹氏，命程伯休父：左右陳行，戒我師旅。率彼淮浦，省此徐土。不留不處，三事就緒。

赫赫業業，有嚴天子。王舒保作，匪紹匪游。徐方繹騷，震驚徐方。如雷如霆，徐方震驚。

王奮厥武，如震如怒。進厥虎臣，闞如虓虎。鋪敦淮濆，仍執醜虜。截彼淮浦，王師之所。

王旅嘽嘽，如飛如翰。如江如漢，如山之苞，如川之流，綿綿翼翼，不測不克，濯征徐國。

王猶允塞，徐方既來。徐方既同，天子之功。四方既平，徐方來庭。徐方不回，王曰還歸。

常武

【眉批】數語非知兵者不能寫出。

瞻卬

瞻卬昊天，則不我惠。孔填不寧，降此大厲。邦靡有定，士民其瘵。蟊賊蟊疾，靡有夷屆。罪罟不收，靡有夷瘳。

人有土田，女反有之。人有民人，女覆奪之。此宜無罪，女反收之。彼宜有罪，女覆說之。

哲夫成城，哲婦傾城。懿厥哲婦，爲梟爲鴟。婦有長舌，維厲之階。亂匪降自天，生自婦人。匪教匪誨，時維婦寺。

鞫人忮忒，譖始竟背。豈曰不極，伊胡爲慝？如賈三倍，君子是識。婦無公事，休其蠶織。

天何以刺？何神不富？舍爾介狄，維予胥忌。不弔不祥，威儀不類。人之云亡，邦國殄瘁。

天之降罔，維其優矣。人之云亡，心之憂矣。天之降罔，維其幾矣。人之云亡，心之悲矣。

觱沸檻泉，維其深矣。心之憂矣，寧自今矣。不自我先，不自我後。藐藐昊天，無不克鞏。無忝皇祖，式救爾後。

【眉批】

險奥，自是古文法。

旻天疾威，天篤降喪。瘨我饑饉，民卒流亡。我居圉卒荒。

天降罪罟，蟊賊内訌。昏椓靡共，潰潰回遹，實靖夷我邦。

皋皋訿訿，曾不知其玷。兢兢業業，孔填不寧，我位孔貶。

如彼歲旱，草不潰茂，如彼栖苴。我相此邦，無不潰止。

維昔之富不如時，維今之疚不如兹。彼疏斯粺，胡不自替？職兄斯引。

池之竭矣，不云自頻。泉之竭矣，不云自中。溥斯害矣，職兄斯弘，不烖我躬。

昔先王受命，有如召公。日辟國百里，今也日蹙國百里。於乎哀哉！維今之人，不尚有舊！

召旻

【眉批】

「自替」者，傷人莫能如之何也。

頌

周頌清廟

清　廟

於穆清廟，肅雝顯相。濟濟多士，秉文之德。對越在天，駿奔走在廟。不顯不承，無射於人斯。

【眉批】「對越」「奔走」，本於「肅雝」，祭之時義大矣哉。

維　天

維天之命，於穆不已。於乎不顯，文王之德之純。假以溢我，我其收之。駿惠我文王，曾孫篤之。

維　清

維清緝熙，文王之典。肇禋，迄用有成，維周之禎。

烈　文

烈文辟公，錫兹祉福。惠我無疆，子孫保之。無封靡于爾邦，維王其崇之。念兹戎功，繼序其皇之。無競維人，四方其訓之。不顯維德，百辟其刑之。於乎前王不忘！

【眉批】

末語無限含蓄。

天　作

天作高山，大王荒之。彼作矣，文王康之。彼徂矣岐，有夷之行，子孫保之。

昊天有成命

昊天有成命，二后受之。成王不敢康，夙夜基命宥密。於緝熙，單厥心，肆其靖之。

我　將

我將我享，維羊維牛，維天其右之。儀式刑文王之典，日靖四方。伊嘏文王，既右享之。我其夙夜，畏天之威，于時保之。

時　邁

時邁其邦，昊天其子之，實右序有周。薄言震之，莫不震疊。懷柔百神，及河喬嶽。允王維后！明昭有周，式序在位。載戢干戈，載橐弓矢。我求懿德，肆于時夏。允王保之。

執　競

執競武王，無競維烈。不顯成康，上帝是皇。自彼成康，奄有四方，斤斤其明。鐘鼓喤喤，磬筦將將，降福穰穰。降福簡簡，威儀反反。既醉既飽，福祿來反。

思　文

思文后稷，克配彼天。立我烝民，莫匪爾極。貽我來牟，帝命率育。無此疆爾界，陳常于時夏。

【眉批】
「陳常于時夏」，正思文之实也。

周頌臣工

嗟嗟臣工，敬爾在公。王釐爾成，來咨來茹。嗟嗟保介，維莫之春。亦又何求？如何新畬？於皇來牟，將受厥明。明昭上帝，迄用康年。命我衆人，庤乃錢鎛，奄觀銍艾。

臣工

噫嘻成王，既昭假爾。率時農夫，播厥百穀。駿發爾私，終三十里。亦服爾耕，十千維耦。

噫嘻

振鷺于飛，于彼西雝。我客戾止，亦有斯容。在彼無惡，在此無斁。庶幾夙夜，以永終譽。

振鷺

豐年多黍多稌，亦有高廩，萬億及秭。爲酒爲醴，烝畀祖妣，以洽百禮，降福孔皆。

豐年

有瞽有瞽，在周之庭。設業設虡，崇牙樹羽。應田縣鼓，鞉磬柷圉。既備乃奏，簫管備舉。喤喤厥聲，肅雝和鳴，先祖是聽。我客戾止，永觀厥成。

有瞽

【眉批】

「肅雝」，周德也，故曰聞樂知德。「和鳴」，即晏子之所謂和也。肅雝廢其一則爲同矣。

猗與漆沮，潛有多魚：有鱣有鮪，鰷鱨鰋鯉。以享以祀，以介景福。

潛

有來雝雝，至止肅肅。相維辟公，天子穆穆。於薦廣牡，相予肆祀。假哉皇考，綏予孝子。宣哲維人，文武維后。燕及皇天，克昌厥後。綏我眉壽，介以繁祉。既右烈考，亦右文母。

雝

載見辟王，曰求厥章。龍旂陽陽，和鈴央央。鞗革有鶬，休有烈光。率見昭考，以孝以享，以介眉壽，永言保之，思皇多祜。烈文辟公，綏以多福，俾緝熙于純嘏。

載見

有客有客，亦白其馬。有萋有且，敦琢其旅。有客宿宿，有客信信。言授之縶，以縶其馬。薄言追之，左右綏之。既有淫威，降福孔夷。

有客

【眉批】

讀「有客」，有要用之，待士何其特達懇至也。

武

於皇武王！無競維烈。允文文王，克開厥後。嗣武受之，勝殷遏劉，耆定爾功。

周頌閔予小子

閔予小子

閔予小子，遭家不造，嬛嬛在疚。於乎皇考，永世克孝。念兹皇祖，陟降庭止。維予小子，夙夜敬止。於乎皇王，繼序思不忘。

訪落

訪予落止，率時昭考。於乎悠哉！朕未有艾。將予就之，繼猶判涣。維予小子，未堪家多難。紹庭上下，句倒文法变。陟降厥家。休矣皇考，以保明其身。

【眉批】此境亦甚難到，所謂欲從末由也。

敬之

敬之敬之，天維顯思，命不易哉。無曰高高在上，陟降厥士，日監在兹。維予小子，不聰敬止。日就月將，學有緝熙于光明。佛時仔肩，示我顯德行。

【眉批】

成王於「敬」字上自補出一「聰」字，妙，妙。天資最高處。

小毖

予其懲而毖後患，莫予荓蜂，自求辛螫。肇允彼桃蟲，拚飛維鳥。未堪家多難，予又集于蓼。

【眉批】

創鉅痛深，傷弓之鳴。

載芟

載芟載柞，其耕澤澤。千耦其耘，徂隰徂畛。侯主侯伯，侯亞侯旅，侯彊侯以。有嗿其饁，思媚其婦，有依其士。有略其耜，俶載南畝。播厥百穀，實函斯活。驛驛其達，有厭其傑。厭厭其苗，緜緜其麃。載穫濟濟，有實其積，萬億及秭。爲酒爲醴，烝畀祖妣，以洽百禮。有飶其香，邦家之光；有椒其馨，胡考之寧。匪且有且，匪今斯今，振古如兹。

【眉批】

前半模寫田家景象，茅茨鷄犬，歷歷在目，有讓畔争席之意。後忽説向宗廟朝庭上去，作大氣象，大文字，筆端变化如此。《豳風》亦然，而體裁不同。

畟畟良耜，俶載南畝。播厥百穀，實函斯活。或來瞻女，載筐及筥，其饟伊黍。其笠伊糾，其鎛斯趙，以薅荼蓼。荼蓼朽止，黍稷茂止。穫之挃挃，積之栗栗。其崇如墉，其比如櫛，以開百室。百室盈止，婦子寧止。殺時犉牡，有捄其角。以似以續，續古之人。

良耜

絲衣其紑，載弁俅俅。自堂徂基，自羊徂牛；鼐鼎及鼒，兕觥其觩。旨酒思柔，不吴不敖，胡考之休。

絲衣

於鑠王師！遵養時晦。時純熙矣，是用大介。我龍受之，蹻蹻王之造。載用有嗣，實維爾公允師。

酌

【眉批】

「熙」出于「晦」，故能「鑠」。

綏萬邦，屢豐年，天命匪解。桓桓武王，保有厥士。于以四方，克定厥家。於昭于天，皇以間之。

桓

文王既勤止，我應受之。敷時繹思，我徂維求定。時周之命，於繹思！

賚

於皇時周，陟其高山，嶞山喬嶽，允猶翕河。敷天之下，裒時之對，時周之命。

般

魯頌

《魯頌》《駉》、《有駜》二篇，不能尽脱風体，「思樂」、「閟宫」，春容大章，漸開後世文筆之端。

駉

駉駉牡馬，在坰之野。薄言駉者：有驈有皇，有驪有黄，以車彭彭。思無疆，思馬斯臧。

駉駉牡馬，在坰之野。薄言駉者：有騅有駓，有騂有騏，以車伾伾。思無期，思馬斯才。

駉駉牡馬，在坰之野。薄言駉者：有驒有駱，有駵有雒，以車繹繹。思無斁，思馬斯作。

駉駉牡馬，在坰之野。薄言駉者：有駰有騢，有驔有魚，以車祛祛。思無邪，思馬斯徂。

【眉批】孔子删詩，列魯于頌，即《春秋》編年之意也。非大聖瞻力，不能作如是举止。

有駜

有駜有駜，駜彼乘黄。夙夜在公，在公明明。振振鷺，鷺于下。鼓咽咽，醉言舞。于胥樂兮。

有駜有駜，駜彼乘牡。夙夜在公，在公飲酒。振振鷺，鷺于飛。鼓咽咽，醉言歸。于胥樂兮。

有駜有駜，駜彼乘駽。夙夜在公，在公載燕。自今以始，歲其有。君子有穀，詒孫子。于胥樂兮。

思樂泮水，薄采其芹。魯侯戾止，言觀其旂。其旂茷茷，鸞聲噦噦。無小無大，從公于邁。

思樂泮水，薄采其藻。魯侯戾止，其馬蹻蹻。其馬蹻蹻，其音昭昭。載色載笑，匪怒伊教。

思樂泮水，薄采其茆。魯侯戾止，在泮飲酒。既飲旨酒，永錫難老。順彼長道，屈此群醜。

穆穆魯侯，敬明其德。敬順威儀，維民之則。允文允武，昭假烈祖。靡有不孝，自求伊祜。

明明魯侯，克明其德。既作泮宮，淮夷攸服。矯矯虎臣，在泮獻馘。淑問如皋陶，在泮獻囚。

濟濟多士，克廣德心。桓桓于征，狄彼東南。烝烝皇皇，不吳不揚。不告于訩，在泮獻功。

角弓其觩，束矢其搜。戎車孔博，徒御無斁。既克淮夷，孔淑不逆。式固爾猶，淮夷卒獲。

翩彼飛鴞，集于泮林。食我桑黮，懷我好音。憬彼淮夷，來獻其琛。元龜象齒，大賂南金。

泮水

閟宫有侐，實實枚枚。赫赫姜嫄，其德不回。上帝是依，無灾無害。彌月不遲，是生后稷，降之百福。黍稷重穋，稙稺菽麥。奄有下國，俾民稼穡。有稷有黍，有稻有秬。奄有下土，纘禹之緒。

后稷之孫，實維大王，居岐之陽，實始翦商。至于文武，纘大王之緒。致天之届，于牧之野。無貳無虞，上帝臨女。敦商之旅，克咸厥功。王曰叔父，建爾元子，俾侯于魯。大啓爾宇，爲周室輔。

乃命魯公，俾侯于東。錫之山川，土田附庸。周公之孫，莊公之子，龍旂承祀，六轡耳耳，春秋匪解，享祀不忒。皇皇后帝，皇祖后稷，享以騂犧，是饗是宜。降福既多，周公皇祖，亦其福女。

秋而載嘗，夏而福衡。白牡騂剛，犧尊將將。毛炰胾羹，籩豆大房。萬舞洋洋，孝孫有慶。俾爾熾而昌，俾爾壽而臧，保彼東方，魯邦是常。不虧不崩，不震不騰，三壽作朋，如岡如陵。

公車千乘，朱英緑縢，二矛重弓。公徒三萬，貝胄朱綅。烝徒增增，戎狄是膺，荆舒是懲，則莫我敢承。俾爾昌而熾，俾爾壽而富，黄髮台背，壽胥與試。俾爾昌而大，俾爾耆而艾，萬有千歲，眉壽無有害。

泰山巖巖，魯邦所詹。奄有龜蒙，遂荒大東。至于海邦，淮夷來同。莫不率從，魯侯之功。

保有鳧繹，遂荒徐宅。至于海邦，淮夷蠻貊。及彼南夷，莫不率從。莫敢不諾，魯侯是若。

天錫公純嘏，眉壽保魯。居常與許，復周公之宇。魯侯燕喜，令妻壽母。宜大夫庶士，邦國是有。既多受祉，黄髮兒齒。

徂來之松，新甫之栢，是斷是度，是尋是尺。松桷有舄，路寢孔碩。新廟奕奕，奚斯所作。孔曼且碩，萬民是若。

閟宫

【眉批】「剪商」之説，儒者紛紛之議，同于築舍。楊用修云：「古本作戩商，作福字訓。」如此可省許多議論。

商頌

那

猗與那與，置我鞉鼓。奏鼓簡簡，衎我烈祖。湯孫奏假，綏我思成。鞉鼓淵淵，嘒嘒管聲。既和且平，依我磬聲。於赫湯孫，穆穆厥聲。庸鼓有斁，萬舞有奕。我有嘉客，亦不夷懌。自古在昔，先民有作。温恭朝夕，執事有恪。顧予烝嘗，湯孫之將。

【眉批】「亦不夷懌」，「亦」字先祖是聽，更不必再説矣。

嗟嗟烈祖，有秩斯祜。申錫無疆，及爾斯所。既載清酤，賚我思成。亦有和羹，既戒既平。鬷假無言，時靡有争。綏我眉壽，黄耇無疆。約軝錯衡，八鸞鶬鶬。以假以享，我受命溥將。自天降康，豐年穰穰。來假來饗，降福無疆。顧予烝嘗，湯孫之將。

烈　祖

天命玄鳥，降而生商，宅殷土芒芒。古帝命武湯，正域彼四方。方命厥后，奄有九有。商之先后，受命不殆，在武丁孫子。武丁孫子，武王靡不勝。龍旂十乘，大糦是承。邦畿千里，維民所止，肇域彼四海。四海來假，來假祁祁，景員維河。殷受命咸宜，百禄是何。

玄　鳥

濬哲維商，長發其祥。洪水芒芒，禹敷下土方，外大國是疆。幅隕既長，有娀方將，帝立子生商。

玄王桓撥，受小國是達，受大國是達。率履不越，遂視既發。相土烈烈，海外有截。

帝命不違，至于湯齊。湯降不遲，聖敬日躋。昭假遲遲，上帝是祗。帝命式于九圍。

受小球大球，爲下國綴旒。何天之休，不競不絿，不剛不柔，敷政優優，百禄是遒。

受小共大共，爲下國駿厖。何天之龍，敷奏其勇，不震不動，不戁不竦，百禄是總。

武王載旆，有虔秉鉞。如火烈烈，則莫我敢曷。苞有三蘖，莫遂莫達。九有有截。韋顧既伐，昆吾夏桀。

昔在中葉，有震且業。允也天子，降于卿士，實維阿衡。實左右商王。

長　發

【眉批】

四字（指「武王載旆」四字）简嚴之甚。

殷武

撻彼殷武，奮伐荆楚。罙入其阻，裒荆之旅。有截其所，湯孫之緒。

維女荆楚，居國南鄉。昔有成湯，自彼氐羌，莫敢不來享，莫敢不來王，曰商是常。

天命多辟，設都于禹之績。歲事來辟，勿予禍適，稼穡匪解。

天命降監，下民有嚴。不僭不濫，不敢怠遑。命于下國，封建厥福。

商邑翼翼，四方之極。赫赫厥聲，濯濯厥靈。壽考且寧，以保我後生。

陟彼景山，松栢丸丸。是斷是遷，方斲是虔。松桷有梴，旅楹有閑，寢成孔安。

選詩

徐紅嵐　標點

説明

《選詩》七卷，題「輯諸名家合評選詩」，署江夏郭正域批點，吴興凌濛初輯評。凌氏自刻本。首凌濛初序，次《凡例》九條，次批評選詩名公姓氏（計沈約等三十九名）和注選詩六臣姓氏，次《詩人世次爵里（計荆軻等六十四家）》，次目録，次正文，各卷後附訂注。正文每半葉八行，行十八字。單邊，有眉評和行間注，朱墨套印。

有明一代，《選詩》多有刊刻，印製不乏上品，但能彙集各家評注，並作詩人小傳者，却首推凌濛初，這種古籍整理方式，至今仍爲各家沿用。在古籍整理和書板歷史上都應佔有相當地位。

郭正域字美命，江夏人，萬曆十一年進士，選庶吉士，授編修，歷禮部侍郎。《明史》有傳，謂其「博通載籍，勇於任事，有經濟大略，自守介然，故人望歸之」。著作有《批點考工記》、《明典禮志》、《韓文杜律》等，《批點選詩》，其又一著述也。

選詩目録

選詩卷四

贈答

行旅

選詩卷四訂注

選詩卷五

行旅

挽歌

雜歌

選詩卷五訂注

選詩卷六

雜詩

輯諸名家合評選詩序

嚴滄浪曰：「詩有別趣，非關理也。」乃杜少陵《諭兒詩》則曰：「熟精《文選》理。」昭明選詩，漢魏莽蒼，古道猶存，晋宋之交，聲多月露矣。少陵不云精其詞其音而獨云理，少陵之所得于《選》者深乎。夫理者格調情文，頓接開收，有道存焉。庖丁理解之理，非宋理學之理也。李青蓮「青山欲銜半邊日」，杜少陵「四更山吐月」，皆卷中不多得之奇，而康樂「遠峰隱半規」實倡之。諸如此類，不可枚舉，豈非藍可出青，丹可化金，而熟其理之明驗哉。獨怪宋人談詩，凡即景詠物，無一不謂托諷君臣、治亂、賢佞，紛紛傅會，令人肌粟，然亦濫觴于休文、延年之訓《詠懷》，五臣襲而衍之，流至宋人，遂爲錮疾不可解，而詩道遂墮一大塵劫矣。言《選》詩者當按《選》于理，徵理于《選》，可以直指，可以微言，要之與滄浪之所謂趣，非一非二，勿誤認字義，作彼道見，以上負少陵也。上下如干年，言《選》詩者不一，大都印義詮微，互有證發，邇來郭太史明龍所操觚，高視闊步，得其大端。郭有顓本行世，而諸家之言僅散見于殘簡蝕帙中，無彙而輯之者。余感少陵語，沉湎濡首，雖固陋未及備蒐，一臠之嘗，竊有取焉。後之君子，以此尋繹揚扢，恍然如聆諸家之咳唾，而晤言一室也，其於所謂理思過半矣。

吴興凌濛初撰並書

凡例

一、《文選》本詩甲、詩乙至詩庚而止。止於庚，意不可曉，殆偶以干紀卷，僅得七而遂止耳。今仍其舊，分爲七卷，而去其甲、乙之説。

一、詩人，《文選》或書其名，或書其字，其異同無謂。今盡易以名，而字及爵里别詳卷首。

一、注從六臣中取其簡明者節録之。取可解而止，不多援故實句證以爲博。至有雖係往事，人人通曉如和璧、隋珠之類。不録。

一、詩有隱躍寄托，可以意會，注必專指其爲某事、某故，恐失作者之意，不録。

一、贈答之類，舊本有答前贈後者，此蓋因其人品地年位而班次之耳。近本咸取而紊之，非編者之意矣，今悉因舊本。

一、評語俱裒集各家簡編中者，故不能無漏。劉會孟聞有顓本而無從蒐獲爲恨。倘藏書家肯以見遺，他日不妨更載入，以爲全美。

一、圈點諸家無本，止郭明龍有批評《文選》本，今悉依其筆，前行已列其名，後凡郭批，俱不載名氏。

一、古今諸評詩家，俱以名稱以作詩者，既載其名，不敢復録字號，以輕諸君子也。其偶失查名者一二家，姑用字云。

一、刻詩悉依宋雕本，故有從善而與五臣異者，有從五臣而與善異者，今俱明注其傍。

批評選詩名公姓氏

沈約	休文
鍾嶸	
駱賓王	
王昌齡	少伯
釋皎然	清晝
蘇軾	子瞻
劉辰翁	會孟
宋祁	子京
葉夢得	少蘊
嚴羽	儀卿即滄浪
范晞文	景文
魏慶之	淳父
蔡	敬夫
魯郊	
謝靈運	
劉勰	
李白	太白
元稹	微之
王安石	介甫
韓駒	子蒼
敖陶孫	器之
真德秀	西山
朱熹	元晦
葛立方	常之
羅大經	景綸
蔡	寬夫
祁寬	
李東陽	賓之

徐楨卿　昌國　　楊慎　用修
何景明　大復　　何良俊　元朗
王世貞　元美　　王世懋　敬美
皇甫汸　子循　　田藝衡　子藝
郭正域　明龍　　鍾惺　伯敬
譚元春　友夏

注選詩六臣姓氏

其語係評詩者，亦採録上方。

吕延濟　劉良
張銑　李周翰
吕向已上是爲五臣。　李善

詩人世次爵里

戰國

荆軻

衛人。爲燕太子丹刺秦王，不克而誅於秦。

漢

漢高祖

姓劉氏，諱邦，字季。沛豐邑中陽里人。項羽封爲漢王，後平羽，立爲天子，謚曰高皇帝。爲漢之高祖。

韋孟

魯國鄒人，家本彭城，爲楚元王傅。以直諫去位。徙家於鄒，尋卒。

李　陵

字少卿，廣之孫，爲騎都尉。武帝天漢中，將步卒五千擊匈奴，轉鬥矢盡，遂降虜。單于以女妻之，立爲右校王。于漢北築望鄉臺。在匈奴二十餘年，竟卒。

【眉批】鍾嶸曰：少卿詩「其源出於《楚詞》，文多凄斷，怨者之流。使陵不遭辛苦，其文何能至此。」

蘇　武

字子卿，京兆人。武帝天漢二年，以中郎將使匈奴，不屈節。齧雪餐氊。留虜中十九年。會昭帝與匈奴和親，得歸漢。拜爲典屬國。宣帝神爵二年卒。

【眉批】田藝蘅曰：「蘇子卿、李少卿之詩，意遠詞高，自肇炎漢詩格，渾之魏晋，終竟不倫。」

班婕妤

左曹越騎校尉況之女，彪之姑。少有才學，成帝選入宮，由小使伃爲婕妤，大幸。後趙飛燕譖之，寵遂衰。

【眉批】
鍾嶸曰：「從李至班婕妤，將百年間，有婦人焉，一人而已。」

張衡

字平子，南陽西鄂人。安帝時，徵拜爲郎中，再遷大史令。順帝陽嘉中，遷侍中。遭讒，出爲河間王相，後徵拜尚書。卒。

魏

武帝

姓曹氏，諱操，字孟德，沛國譙人。機警有權數而任俠，舉孝廉爲郎。歷位丞相，封魏王。從軍三十餘年，手不釋卷。後其子丕代漢，追謚曰武皇帝。

【眉批】

鍾嶸曰：「曹公古直，甚有悲凉之意。」

敖陶孫曰：「魏武帝如幽燕老將，氣韻沉雄。」

文帝

諱丕，字子桓，武帝長子。八歲能屬文。建安十六年，爲五官中郎將。二十二年，立爲魏太子。武帝薨，嗣位爲丞相魏王。尋受漢禪，遂即帝位。

【眉批】

鍾嶸曰：文帝「其源出於李陵，頗有仲宣之體。百餘篇皆鄙直，唯『西北有高樓』十餘首，殊美贍可觀」。

陳思王植

字子建，魏文同母弟也。封平原侯，尋徙臨菑。文帝即位，命諸侯皆就國。黄初二年，貶安鄉侯。明帝太和元年，徙東阿。六年，加封陳王。薨，年四十一。謚曰思。

【眉批】

鍾嶸曰：陳思王「其源出於國風，骨氣高奇，詞綵華茂。情兼雅怨，體備文質，粲然溢古，卓爾不群」。

敖陶孫曰：「子建如三河少年，風流自賞。」

王　粲

字仲宣，山陽高平人。有異才。獻帝西遷，因徙居長安，後之荆州，依劉表。表卒，魏武辟爲丞相掾，賜爵關内侯。拜侍中。建安二十二年卒。

【眉批】

鍾嶸曰：王粲「其源出於李陵，文秀而質羸，在曹劉間别搆一體。方陳思不足，比魏文有餘」。

劉　楨

字公幹，東平人。魏武辟爲丞相掾屬。太子常宴諸文學，酒酣，命夫人甄氏出拜，座中咸伏，楨獨平視。魏武聞之，乃收治罪，減死輸作署吏。建安二十二年卒。

【眉批】

又曰：劉楨「其源出於古詩，仗氣愛奇，動多振絶，貞骨凌霜，高風跨俗。但氣過其文，雕蟲恨少」。

應　瑒

字德璉，汝南人。漢泰山守劭之從子。魏武辟爲丞相掾屬，轉平原侯庶子，後爲五官中郎將文學。建安二十二年卒。

應　璩

字休璉，瑒之弟。博學好屬文。明帝時，官散騎常侍。齊王即位，稍遷侍中。後典著作。嘉平四年卒。

【眉批】

又曰：應璩「詩襲魏文，善爲古語。指事殷勤，雅意深篤，得詩人激刺之旨」。

繆　襲

字熙伯，東海蘭陵人。有才學，多所叙述。歷事魏四世，官至侍中尚書光禄勳。正始六年卒。

【眉批】

又曰：「熙伯《挽歌》，惟以造哀爾。」

晋

應貞

字吉甫，魏侍中璩之子。舉高第，武帝踐祚，遷給事中。初置太子中庶子，以貞爲之。後爲散騎常侍。

阮籍

字嗣宗，陳留尉氏人。司空記室瑀之子。容貌瓌傑，志氣宏放。初辟太尉掾，進散騎常侍。大將軍司馬昭爲其子炎求婚，籍乃醉六十日，不得言而止。後引爲從事中郎。籍聞步兵厨多美酒，遂求爲步兵校尉。縱酒昏酣，遺落世事。又對人能爲青白眼，由是禮法之士，深加讐疾，大將軍常保持之。

【眉批】

又曰：阮籍「其源出於《小雅》，多雕蟲之功。而《詠懷》之作，可以陶性靈，發幽思，言在耳目之内，情寄八荒之表，洋洋會於《風》、《雅》，使人忘其淺近，自致遠大。頗多感慨之詞。厥旨淵放，歸趣難求」。

陸機

字士衡，吴郡人。丞相遜之孫，大司馬抗之子。少有奇才，襲領父兵，爲牙門將軍。二十而吴滅，退居舊里。與弟雲勤學，積十一年，譽流京華，聲溢四表，被徵爲太子洗馬。與雲俱入洛，趙王倫輔政，引爲參軍，後爲成都王穎將軍大都督，因戰敗績爲穎所害。

【眉批】又曰：「其源出於陳思。才高辭贍，衆體華美。氣少於公幹，文力於仲宣。但尚規矩，不貴綺錯。」

陸雲

字士龍，少與兄機齊名，號曰二陸。吴平，入洛，刺史周浚召爲從事公府掾，後拜吴王晏郎中令。出宰浚儀，有惠政。屢以正言忤旨，機敗，並爲穎所害。

【眉批】又曰：「清河之方平原，如陳思之匹白馬。」

潘岳

字安仁，滎陽中牟人。美姿儀，少以才穎發名。善屬文，清綺絶世。舉秀才爲郎，遷河陽、懷仁二縣令，累遷給事黄門侍郎。素與孫秀有隙，及趙王倫輔政，秀遂誣岳與石崇爲亂，誅之。

【眉批】又曰：安仁詩「其源出於仲宣。《翰林》嘆其翩翩，如翔禽之有毛羽，衣被之有綃縠，猶淺於陸機」。

束皙

字廣微，陽平元城人，漢疏廣之後。博學多聞，性沈退，不慕榮利。爲王戎、張華輩所辟用，轉著作郎博士，遷尚書郎。趙王倫爲相，請爲記室，皙辭疾罷歸。

張載

字孟陽，武邑安平人。博學有文章。起家著作郎。累遷弘農太守，長沙王乂請爲記室，復領著作。遂稱疾抽簪，歸卒。

【眉批】

鍾嶸曰：「孟陽詩乃遠慚厥弟，而近起兩傅。」

張協

字景陽，與兄載齊名。辟公府掾，轉秘書郎。累遷中書侍郎，轉河間內史。時天下已亂，遂屏居草澤，以屬詠自娱，終於家。

【眉批】

又曰：張協「其源出於王粲。文體華净，少病累。又巧搆形次之言。雄於潘岳，靡於太冲」。

左思

字太冲，齊國臨淄人。少博覽文史，欲作三都賦，乃詣著作郎張載，訪岷邛之事。遂搆思十稔，門庭藩溷，皆著紙筆，遇得一句，即疏之。徵爲秘書郎。齊王冏命爲記室，辭疾不就，以疾終。

【眉批】

又曰：左思「其源出於公幹。文典以怨，頗爲清切，得諷諭之致。雖淺於陸機，而深於潘岳」。

何良俊曰：「《選》詩之中，若論華藻綺麗，則稱陳思、潘、陸；苟求風力遒勁，則十九首之後，便有劉楨、左思。」

嵇康

字叔夜，譙郡銍人。好言老莊而尚奇任俠。寓居山陽，家貧，鍛以自給。與魏宗室婚，拜中散大夫。山濤爲吏部，舉康自代。康答書言：不堪流俗，非薄湯武。大將軍司馬昭聞之而怒。景元三年，以鍾會譖而殺之。

【眉批】鍾嶸曰：嵇中散「其源出於魏文，過爲峻拔，訐直露材，傷淵雅之致，托喻清遠，良有鑒裁」。

張華

字茂先，范陽人。博物洽聞，晋武受禪，以爲黄門侍郎。贊伐吴有功，封廣武侯。遷尚書，進爲侍中，中書監。盡忠匡輔，拜司空。與趙王倫孫秀有隙，竟爲其所害。

【眉批】謝靈運曰：「張華詩，雖復千篇，猶一體耳。」

鍾嶸曰：張華「其源出於王粲。其體華馳，興托多奇，巧用文字，務爲妍冶。獨恨其兒女情多，風雲氣少」。

孫楚

字子荆，太原中都人。少負才氣，多凌傲。初爲石苞驃騎參軍，初至，長揖曰：天子命我參卿軍事。因此搆隙，湮廢積年。後扶風王駿起爲征西將軍，遷衛軍司馬。惠帝初，拜馮翊太守，卒。

【眉批】又曰：「子荆『零雨』之外，正長『朔風』之後，雖有累札，良亦無聞。」

王讚

字正長，義陽人。博學有俊才。辟司空掾，歷散騎侍郎，卒。

張翰

字季鷹，吴郡人。文藻新麗，任縱不拘，時人號爲江東步兵。齊王冏辟爲江東曹掾。睹天下將亂，因秋風起，思蓴羹菰菜鱸魚膾，東歸。卒於家。

【眉批】

又曰：「季鷹『黄華』之唱，正叔『緑蕊』之章，雖不具美，文旨高麗。」

潘尼

字正叔，少與從父岳俱以文章知名。初應州辟，後以父老歸養，及父終，出仕爲太常博士，累遷尚書郎。齊王冏起義兵，引爲參軍事，位至太常。

石崇

字季倫，渤海南皮人。早有智慧，二十餘，爲陽城太守。伐吴有功，封安陽鄉侯。致富不貲，開園金谷澗上，後拜太僕衛尉。有愛伎緑珠，孫秀使人求之不得，遂勸趙王倫收崇，族其家，緑珠墜樓死。

曹嘉

字顔遠，魏楚王彪世子，封常山真定王。入晋，封高邑公。元康中，爲國子博士，後爲東莞太守。卒。

何劭

字敬祖，陳國陽夏人，司空曾之子，博學善屬文。武帝踐祚，以爲散騎常侍。永康初，遷司空。趙王倫篡位，以爲太宰。永寧元年薨，襲封朗陵郡公，謚曰康。

【眉批】

鍾嶸曰：「季倫、顏遠，各有英篇。篤而論之，朗陵爲最。」

劉琨

字越石，中山靖王之後，少以雄豪著名。永嘉初，爲並州刺史，尋加大將軍，都督並州。四年，其長史以並州叛降石勒，琨遂奔薊。段匹磾因與結婚，約共載晋室，元帝渡江復加太尉，封廣武侯。後其子群與磾有隙，遂被害，謚曰愍。

【眉批】

又曰：越石詩「其源出於王粲。善爲凄戾之詞，自有清拔之氣。琨既體良才，又罹厄運，故善叙喪亂，多感恨之詞。中郎仰之，微不逮之矣」。

盧諶

字子諒，范陽人。好老莊，善屬文，尚武帝女滎陽公主，後爲劉琨主簿，轉從事中郎。琨爲段匹磾所害，諶投段末波，後爲石季龍所得。官至中書監屬，冉閔誅石氏，因遇害。

郭璞

字景純，河東聞喜人。文章冠絶，尤妙於陰陽、算曆、卜筮之術。王導引爲參軍，尋遷尚書郎。以母憂去。王敦起爲記室參軍，敦既謀逆，使筮，璞曰：「無成，壽且不久。」敦大怒，即收斬之。及敦平，追贈弘農太守。

【眉批】又曰：郭璞「憲章潘岳，文體相輝，彪炳可玩，始變中原平淡之體，故稱中興第一」。

郭泰機

河南人，爵里無所考據。

【眉批】又曰：「泰機『寒女』之製，孤怨宜録。」又曰：堅石詩「平典不失古體。」

歐陽建

字堅石，渤海人。石崇甥，爲馮翊太守。趙王倫之爲征西，撓亂關中，建每匡正不從，私欲迎楚王偉立之，由是有隙。崇勸淮南王誅倫，未行，事覺，倫收崇建及母妻，無少長皆被害焉。

棗據

字道彦，潁川長社人。美容貌，善文辭。弱冠，辟大將軍府，遷尚書郎。賈充伐吴，請爲從事中部軍，累遷中庶子，卒。

傅玄

字休奕，北地泥陽人。博學善屬文。舉秀才，稍遷至司隸校尉，免官卒於家。追封清泉侯，謚曰剛。

【眉批】劉勰曰：「傅玄篇章，義多規鏡，蓋鈍幹之實材，非群華之萼蕚也。」

傅咸

字長虞，玄之子。剛簡有大節，風格峻整，識性明悟。好屬文論，雖綺麗不足，而言成規鑒。潁川庾純嘗嘆曰：「長虞之文，近乎詩人之作矣。」襲父爵，拜太子洗馬，至司隸校尉。

【眉批】

鍾嶸曰：「長虞父子，繁富可嘉。」

殷仲文

字仲文，陳郡人。少有才藻。從兄仲堪荐用於會稽王道子。後從桓玄，及玄誅，仲文爲劉裕所殺。初仲文引鏡自照，不見其面，數日而禍及。

王康琚

《古今詩英華》題曰：晋王康琚，而不述何爵里才行也。

陶淵明

黄魯直曰：「謝康樂、庾義城之於詩，爐錘之工，不遺餘力也。然彭澤之墻數仞不能窺者，何哉？二子有意於俗人贊毁工拙，淵明直寄焉耳。」

字元亮，入宋名潛，潯陽柴桑人。侃之曾孫。少有高趣。親老家貧，起爲州祭酒。稍遷鎮軍建威參軍。未幾，求爲彭澤令。在縣八十餘日，不肯束帶見督郵，遂解綬去。暨入宋，終身不仕，顔延年誄之。謚曰靖節處士。

【眉批】

鍾嶸曰：淵明「其源出於應璩。篤意真古，辭興婉愜。每覩其文，想其人德，世嘆其質直」。

敖陶孫曰：「陶彭澤如絳雲在霄，舒卷自如。」

宋

謝靈運

陳郡人，移籍會稽。晉孝武時，襲封康樂公。及宋受禪，降爵爲侯。起爲散騎常侍，轉太子左衛率。武帝崩，出爲永嘉太守，在郡辭歸始寧。文帝登祚，徵爲秘書監，遷侍中。未幾稱疾歸會稽。太守孟顗表其有異志，帝惜其才，授臨川内史。復爲有司所糾，徙廣州，尋以事就廣州棄市。

【眉批】

鍾嶸曰：謝靈運「其源出於陳思，雜有景陽之體。故尚巧似，而逸蕩過之，頗以繁蕪爲累」。又曰：靈運詩「名章迥句，處處間起；典麗新聲，絡繹奔會」。

敖陶孫曰：「謝康樂如東海揚帆，風日流利。」

顔延之

字延年，琅琊人。性疏淡，不護細行，而文章冠絶當時。初爲宋公豫章世子參軍，及公即帝位，補太子舍人。與廬陵王甚厚，執政以其構扇異同。因帝崩，出爲始安太守。文帝元嘉三年，徵爲中書侍郎。未幾，復出守永嘉。孝武登阼，以爲金紫光禄大夫，卒謚曰憲。

【眉批】

鍾嶸曰：延年詩「其源出於陸機。故尚巧似，體裁綺密。然情意淵深，動無虚發，一字一句，皆致意焉」。

謝瞻

字宣遠。六歲能屬文，與從叔琨、族弟靈運，俱有盛名。晋義熙中，爲安城太守。宋初，除中書侍郎。以弟晦當朝，乃出守豫章，尋卒。

謝混

字叔源。少有美譽，善屬文。爲尚書左僕射，以黨劉毅被誅。

【眉批】

又曰：「晋宋之際殆無詩乎！義興中，以謝益壽、殷仲文爲華綺之冠，殷不兢矣。」

袁　淑

字陽源，陳郡陽夏人。好屬文。元嘉中，彭城王起爲祭酒，累遷御史中丞，再遷太子左衛率。元兇將行弑逆，淑力諫見害。孝武立，追謚忠獻。

王　徽 一作王微。

字景玄。少好學，無不通覽，年十六舉秀才，除南平王鑠右軍咨議。徽素無宦情，並陳疾不就，江湛舉爲吏部郎中。

王僧達

琅邪人。初爲始興王參軍，孝武即位，以爲尚書右僕射，尋出補。僧達自負才地，謂當時莫及。稍遷至太常，意俱不悦，上表解職。後以歸順功，封寧陵侯，遷中書令。以屢犯上顔，於獄中賜死。

【眉批】

又曰：「豫章太守謝瞻、僕射謝混、太尉袁淑、徽君王徽、征虜王僧達五賢詩，其源出於張華。才力苦弱，故務於清淺，殊得風流媚趣。其實録則豫章、僕射宜分庭抗禮，徵君、太尉可托策後車。征虜卓絶，殆欲處驊騮前矣。」

謝惠連

陳郡人。十歲能屬文，族兄靈運深嘉賞之。元嘉元年，爲彭城王法曹參軍，年三十七卒。

【眉批】

又曰：「小謝才思富捷，恨其蘭玉早雕，長轡未騁。《秋懷》、《擣衣》之作，雖復靈運鋭思，亦何以加焉。」

鮑照 一作昭。

字明遠，東海人。文詞贍逸，尤長于樂府。世祖時，照爲中書舍人，上方以文章自高，頗多忌，由是賦述不敢盡其才。後臨海王子頊鎮荆州，照爲前軍書記，時江外諸王皆拒命，子頊敗，遂遇害。

【眉批】

又曰：鮑昭，「其源出於二張。善製形狀寫物之詞。得景陽之俶詭，含茂先之靡嫚。骨節强於謝混，駈邁疾於顔延之。總四家而擅美，跨兩代而孤出」。

敖陶孫曰：「鮑明遠如饑鷹獨出，奇矯無前。」

范　曄

字蔚宗，順陽人也。少好學，仕文帝時，爲太子詹事，大見信任。後坐謀反誅。

【眉批】鍾嶸曰：「蔚宗詩乃不稱其才，亦爲鮮舉矣。」

劉　鑠

字休玄。爲南平穆王，文帝第四子。未弱冠擬古三十餘首，時人以爲亞迹陸機。元兇弑立，以爲中軍將軍。及孝武入討，歸義最晚，常懷憂懼，然負才狡競，屢輕孝武，因毒殺之。

【眉批】又曰：「孝武詩，雕文織綵，過爲精密。劉鑠、劉宏希慕，見稱輕巧矣。」

齊

謝　朓

字玄暉，陳郡人。少有美名，文章清麗。解褐豫章王行參軍，稍遷至尚書吏部郎，兼知衛尉事。永元初江祏謀立始安王遥光，引以爲黨，不從，因收下獄。

【眉批】

又曰：謝朓「其源出於謝混。微傷細密。一章之中，自有玉石」。

陸厥

字韓卿，吴郡人。少有風槩，好屬文。舉秀才，少傅主簿，遷行參軍。永元元年，始安王反，厥父閑被誅，感慟而卒。

梁

江淹

字文通，濟陽考城人。少而沉敏，六歲能詩，及長，愛奇尚異。自以孤賤，勵志强學，洎於强仕，漸得聲譽。嘗夢郭璞謂之曰：「君借我五色筆，今可見還。」淹即探懷，以筆付璞。自此以後，才思稍減。卒，贈醴泉侯，謚曰憲。

【眉批】又曰：江淹「詩體叢雜，善於摹擬。筋力於王微，成就於謝朓」。

范　雲

字彦龍，南鄉舞陰人。初事齊爲竟陵王子良文學。少與梁武帝友善，及武帝平建業，以雲爲黄門郎，後遷散騎常侍、吏部尚書。卒謚曰文。

【眉批】又曰：「范詩清便宛轉，如流風迴雪。丘詩點綴映媚，如落花在草。故當淺於江淹，而秀於任昉。」

丘　遲

字希範，烏程人。在齊，以秀才遷殿中郎。梁武踐祚，拜中書郎。後遷司空從事中郎。卒。

任　昉

字彦升，樂安人。雅善屬文，尤長載筆。沈約一代詞宗，深所推挹。初仕齊，及武帝踐祚，拜黄門侍郎，掌著作。後出爲新安太守，爲政清省，吏民便之。卒。

【眉批】又曰：任昉「善叙事詮理，文體洪雅，得國士之風。然既博學，動輒用事，所以詩不得奇。」

沈約

字休文，吴興武康人。宋泰始中，爲安西記室參軍。復仕齊。及梁武受禪，以佐命功，歷尚書令、侍中，封建昌侯，加特進。謚曰隱。

【眉批】又曰：「休文五言最優。憲章鮑昭，長於清怨斷絶，辭密於范，意淺於江也。」

徐悱

字敬業。聰敏能屬文。位太子舍人，累遷洗馬，後遷晋安内史。卒。

虞羲

字子陽，會稽人。七歲能屬文。齊始安，引爲侍郎，尋兼建安征虜府主簿功曹，又兼記室參軍。天監中卒。

梁昭明太子蕭統選
吳興凌濛初輯評
江夏郭正域批點

選詩卷一

補亡

補亡六詩

並序虞九童曰：「詩或三章，或四章，故不言六首，而言六詩。」舊本無分析，殊昧作者之意。

束　晳

南陔，孝子相戒以養也。

循彼南陔，言採其蘭。眷戀庭闈，心不遑安。彼居之子，罔或游盤。馨爾夕膳，潔爾晨餐。
循彼南陔，厥草油油。彼居之子，色思其柔。眷戀庭闈，心不遑留。馨爾夕膳，潔爾晨羞。
有獺有獺，在河之涘。凌波赴汩，噬魴捕鯉。
嗷嗷林烏，受哺于子。養隆敬薄，惟禽之似。勖增爾虔，以介丕祉。

白華，孝子之潔白也。

白華朱萼，被於幽薄。粲粲門子，如磨如錯。終晨三省，匪惰其恪。
白華絳趺，在陵之陬。蒨蒨士子，涅而不渝。竭誠盡敬，亹亹忘劬。

白華玄足，在丘之曲。堂堂處子，無營無欲。鮮侔晨葩，莫之點辱。

華黍，時和歲豐，宜黍稷也。

黮黮重雲，習習和風。黍華陵巔，麥秀丘中。靡田不播，九穀斯豐。

奕奕玄霄，濛濛甘霤。黍發稠華，禾挺其秀。靡田不殖，九穀斯茂。

無高不播，無下不植。芒芒其稼，參參其穡。稸我王委，充我民食。玉燭陽明，顯猷翼翼。

由庚，萬物得由其道也。

蕩蕩夷庚，物則由之。蠢蠢庶類，王亦柔之。道之既由，化之既柔。木以秋零，草以春抽。獸在於草，魚躍順流。

四時遞謝，八風代扇。纖阿案晷，星變（五臣作躔）其變。其躔。五緯不忒，六氣無易。愔愔我王，紹文之迹。

崇丘，萬物得極其高大也。

瞻彼崇丘，其林藹藹。植物斯高，動類斯大。周風既洽，王猷允泰。

漫漫方輿，迴迴洪覆。何類不繁，何生不茂。物極其性，人永其壽。

恢恢大圓，茫茫九壤。資生仰化，於何不養。人無道夭，物極則長。

由儀，萬物之生，各得其儀也。

肅肅君子，由儀率性。明明后辟，仁以爲政。魚游清沼，鳥萃平林。濯鱗鼓翼，振振其音。賓寫爾誠，主竭其心。時之和矣，何思何修。文化内輯，武功外悠。

【眉批】

試以此置之《三百篇》中，當必有辨。《三百篇》言外之意，令人深思。不如是之一覽無餘矣，恐笙詩未可補。

二句（指「養隆敬薄」二句）太直。

試玩《楚茨》、《載芟》諸詩如何。

述德

述祖德詩二首

謝靈運

達人貴自我，高情屬天雲。兼抱濟物性，而不纓垢氛。段生藩魏國，展季救魯人。弦高犒晋師，仲連却秦軍。臨組乍不緤音薛，對珪寧肯分。惠物辭所賞，勵志故絶人。苕苕歷千載，遥遥播清塵。清塵竟誰嗣，明哲時時，一作垂。經綸。委講綴道論，改服康世屯。屯難既云康，尊主隆斯民。

中原昔喪亂，喪亂豈解已。崩騰永嘉末，逼迫太元始。河外無反正，江介有蹙圮。萬邦咸振懾，横流賴君子。拯溺由道情，龕暴資神理。秦趙欣來蘇，燕魏遲文軌。賢相謝世運，遠圖因事止。高揖七州外，拂衣五湖裏。隨山疏濬潭，傍巖藝枌梓。遺情捨塵物，貞觀丘壑美。

【眉批】

魏慶之曰：「一篇押兩『人』字。」

皇甫汸曰：「太冲《詠史》『臨組不肯緤，對珪寧肯分』。『功成耻受賞，高節卓不群』。靈運『臨組』四句，不惟祖其意，而直用其語，既他人之先得雖所愛而必捐。」

勸勵

諷諫詩善本無詩字。並序

韋孟

孟爲元王傅，傅子夷王及孫王戊，戊荒淫不遵道，作詩諷諫善本有「曰」字。

肅肅我祖，國自豕韋。黼衣朱紱，四牡龍旂。彤弓斯征，撫寧遐荒。總齊群邦，以翼大商。迭彼大彭，勳績惟光。至於有周，歷世會同。王赧聽譖，實絶我邦。我邦既絶，厥政斯逸。賞罰之行，非由善作繇。王室。庶尹群后，靡扶靡衛。五服崩離，宗周以墜。我祖斯微，遷於彭城。在予小子，勤唉厥生。厄厄，五臣作阸。此嫚秦，耒耜斯耕。悠悠嫚秦，上天不寧。乃眷南顧，授漢於京。於赫有漢，四方是征。靡適不懷，萬國攸平。乃命厥弟，建侯於楚。俾我小臣，惟傅是輔。矜矜元王，恭儉静一。惠此黎民，民，五臣作人。納彼輔弼。享國漸世，垂烈于五臣作於。後。乃及夷王，剋奉厥次。次，五臣作緒。咨命不永，惟王統祀。左右陪臣，斯惟皇士。如何我王，不思守保。不惟履冰，以繼祖考。邦事是廢，逸游是娱。犬馬悠悠，是放五臣作田獵。是驅。務此鳥獸，忽此稼苗。蒸民以匱，我王以媮。所弘匪德，所親匪俊。唯囿是恢，唯諛是信。睮睮諂夫，諤諤黄髮。

如何我王，曾不是察？既藐下臣，追欲縱逸。逸，五臣作樂。嫚彼顯祖，輕此削黜。嗟嗟我王，漢之睦親。曾不夙夜，以休令聞。穆穆天子，照臨下土。明明群司，執憲靡顧。正遐由近，殆其茲怙。五臣作怙茲。嗟嗟我王，曷不斯思。匪思匪監，嗣其罔則。彌彌其逸，岌岌其國。致冰匪霜，致墜匪慢。瞻惟我王，時靡不練。興國救顛，孰違悔過。追思黃髮，秦繆五臣作穆。以霸。歲月其徂，年其逮耇。於赫君子，庶顯於後。我王如何，曾不斯覽。黃髮不近，胡不時鑒。

【眉批】

王世貞曰：「韋玄成《雅》、《頌》之後，不失前規，繁而能整，故未易及。昌穀少之，私所不解。」

得《小雅》之憂思。

鍾惺曰：「余嘗謂《三百篇》後，四言之法有兩種，韋孟《諷諫》其氣和，去《三百篇》近，而近有近之離，魏武短歌其調高，去《三百篇》遠，而遠有遠之合。後世作者各領一派。」又曰：「肅肅雍雍，有《雅》、《頌》之音，正在穆然無奇動處，不當以工拙求之。」

譚元春曰：「微妙鮮巧。詩一大部，得此等詩一兩首，即鄭重矣。可以想其詩品。」

鍾惺曰：「『統祀』以上，歷述祖德，詳至宛曲，正是字字諷諫。潘陸輩四言效之，便有頭重之病矣。」又曰：「『蒸民』八字妙，讀之慚竦。不減《三百篇》。」

鍾惺曰：「『藐下臣』三字，雄主病根。」又曰：「『輕此削黜，』四字惕然。」又曰：「告戒有體。」又曰：「二『匪』字峭急，是《三百篇》字法，他人不能用。」

勵志詩

張 華

大儀斡運，天迴地游。四氣鱗次，寒暑環周。星火既夕，忽焉素秋。涼風振落，熠燿宵流。吉士思秋，實感物化。日歟善作與，下同。月歟，荏苒代謝。逝者如斯，曾無日夜。嗟爾庶士，胡寧自舍？仁道不遐，德輶如羽。求焉斯至，衆鮮克舉。大猷玄漠，將抽厥緒。先民五臣作人。有作，貽我高矩。雖有淑姿，放心縱逸。出盤善作般。于游，居多暇日。如彼梓材，弗勤丹漆。雖勞樸斲，終負素質。養由矯矢，獸號於林。蒲盧縈繳，神感飛禽。末伎之妙，動物應心。研精耽道，安有幽深？安心恬蕩，栖志浮雲。體之有質，彪之以文。如彼南畝，力耒既勤。藨蓘致功，必有豐殷。水積成川，載瀾五臣作潤。載清。土積成山，歊蒸鬱冥。山不讓塵，川不辭盈。勉志含弘，以隆德聲。高以下基，洪由纖起。川廣自自，五臣作其。源，成人在始。累微以著，乃物之理。纆牽之長，實累千里。復禮終朝，天下歸仁。若金受礪，若泥在鈞。進德修業，暉光日新。隰朋仰慕，予亦何人？

【眉批】四言詩獨《三百篇》用雄渾興寄無窮，後人則綺合組連，露斧鑿痕，如擬《論語》者，精衛填海。

獻 詩

上責躬應詔詩有表

曹 植

臣植言：臣自抱釁歸蕃，刻肌刻骨，追思罪戾，晝分而食，夜分而寢。誠以天網不可重罹，聖恩難可再恃。

竊感《相鼠》之篇，無禮遄死之義，形影相弔，五情愧赧。以罪棄生，則違古賢夕改之勸；忍垢苟全，則犯詩人胡顔之譏。伏惟陛下，德象天地，恩隆父母，施暢春風，澤如時雨。是以不别荊棘者，慶雲之惠也；七子均養者，鳲鳩之仁也；舍罪責功者，明君之舉也；矜愚愛能者，慈父之恩也。是以愚臣徘徊於恩澤，而不敢自棄者也。前奉詔書，臣等絶朝，心離志絶，自分黄耇，永無執珪之望。不圖聖詔，猥垂齒召。至止之日，馳心輦轂，僻處西館，未奉闕庭，踴躍之懷，瞻望反側，不勝犬馬戀主之情，謹拜表並獻詩二首。善作篇。詞旨淺末，不足采覽，貴露下情，冒顔以聞。臣植誠惶誠恐，頓首頓首，死罪死罪。

【眉批】

以文獲罪，乃欲以文免乎。

吕向曰：「胡顔詩無此句，今言詩者誤也。」

責躬詩

於穆顯考，時惟武皇。受命於天，寧濟四方。朱旗所拂，九土披攘。玄化滂流，荒服來王。超商越周，與唐比蹤。篤生我皇，奕世載聰。武則肅烈，文則時雍。受禪於漢，君臨萬邦。萬邦既化，率由舊則。廣命懿親，以藩王國。帝曰爾侯，君兹青土。奄有海濱，方周於魯。車服有輝，旗章有叙。濟濟俊乂，我弼我輔。伊余小子，恃寵驕盈。舉挂時網，動亂國經。作藩作屏，先軌是隳。傲我皇使，犯我朝儀。國有典刑，我削我黜。將置於理，元凶是率。明明天子，時惟篤類。不忍我刑，暴之朝肆。違彼執憲，哀予小子。改封兖邑，於河之濱。股肱弗置，有君無臣。荒淫之闕，誰弼余身。煢煢僕夫，於彼冀方。嗟余小子，乃罹斯殃。赫赫天子，恩不遺物。冠我玄冕，要我朱紱。光光大使，我榮我華。剖符授玉，王爵是加。仰齒金璽，俯執聖策。皇恩過隆，祇承怵惕。咨五臣作咨。我小子，頑凶是嬰。逝慚陵墓，存愧闕庭。匪敢傲德，實恩是恃。威靈改加，足以没齒。昊天罔極，生命不圖。常懼顛沛，抱罪黄壚。願蒙矢石，建旗東嶽。庶立毫氂，微功自贖。危軀授命，知足免戾。甘赴江湘，奮戈吴越。天啓其衷，得會京畿。遲奉聖顔，如渴如饑。心之云慕，愴矣其悲。天高聽卑，皇肯照微。

應詔詩

肅承明詔，應會皇都。星陳夙駕，秣馬脂車。命彼掌徒，肅我征旅。朝發鸞臺，夕宿蘭渚。茫茫原隰，祁祁士女。善作女士。經彼公田，樂我稷黍。爰有樛木，重陰匪息。雖有糇糧，饑不遑食。望城不過，面邑不游。僕夫警策，平路是由。玄駟藹藹，揚鑣漂沫。流風翼衡，輕雲承蓋。涉澗之濱，緣山之隈。遵彼河滸，黄坂是階。西濟關谷，或降或升。騑驂倦路，載寢載興。將朝聖皇，匪敢宴寧。弭節長騖，指日遄征。前驅舉燧，後乘抗旌。輪不輟運，鑾無廢聲。爰暨帝室，税此西墉。嘉詔未賜，朝覲莫從。仰瞻城閾，俯惟闕庭。長懷永慕，憂心如酲。

關中詩

潘　岳

於皇時晋，受命既固。三祖在天，聖皇紹祚。德博化光，刑簡枉錯。微火不戒，延我寶庫。蠢爾戎狄，狡焉思肆。虞我國眚，窺我利器。嶽牧慮殊，威懷理二。將無專策，兵不素肄。翹翹趙王，請徒三萬。朝議惟疑，未逞斯願。桓桓梁征，高牙乃建。旗蓋相望，偏師作援。虎視眈眈，威彼好時。素甲日耀，玄幕雲起。誰其繼之？夏侯卿士。唯系唯處，別營棋跱。

夫豈無謀？戎士承平。守有完郛，戰無全兵。鋒交卒奔，孰免孟明。飛檄秦郊，告敗上京。周徇師令，身膏氐斧。人之云亡，貞節克舉。盧播違命，投畀朔土。爲法受惡，誰謂荼苦？哀此黎元，無罪無辜。肝腦塗地，白骨交衢。夫行妻寡，父出子孤。俾我晋民，化爲狄俘。亂離斯瘼，日月其稔。天子是矜，旰食晏寢。主憂臣勞，孰不祗懍。愧無獻納，尸素以甚。皇赫斯怒，爰整精鋭。命彼上谷，指日遄逝。親五臣作新。奉成規，稜稜，五臣作精。威遐厲。首陷中亭，揚聲萬計。

兵固詭道，先聲後實。聞之有司，以萬爲一。紂之不善，我未之必。虚皛滴德，繆彰甲吉。雍門不啓，陳汧危偪。觀遂虎奮，感恩輸力。重圍克解，危城載色。五臣作邑。豈曰無過，功亦不測。情固萬端，於何不有？紛紜齊萬，亦孔之醜。曰納其降，曰梟其首。疇真可掩？孰僞五臣作爲。可久？既徵爾辭，既蔽爾訟。當乃明實，否則證空。好爵既既，五臣作自。靡，顯戮亦從。不見竇林，伏尸漢邦。周人之詩，實曰采薇。北難獫狁，西患昆夷。以古况今，何足曜威？徒愍斯民，我心傷悲。斯民如何，荼毒於秦。師旅既加，饑饉是因。疫癘淫行，荊棘成榛。絳陽之粟，浮於渭濱。明明天子，視民五臣作人。如傷。申命群司，保爾封疆。靡暴於衆，無凌於彊。惴惴寡弱，如熙春陽。

【眉批】

范晞文曰：「劉灣《雲南行》云『妻行求死夫，父行求死子』。辭傷於直。潘安仁『夫行妻寡，父出子孤』。亦欠包涵之工。」

不似詩。

公宴

公宴詩　曹植

公子敬愛客，終宴不知疲。清夜游西園，飛蓋相追隨。明月澄清景，列宿正參差。秋蘭被長坂，朱華冒綠池。潛魚躍清波，好鳥鳴高枝。神飇接丹轂，輕輦隨風移。飄颻放志意，千秋長若斯。

【眉批】

李善曰：「贈答詩子建在仲宣之後，而此在前，疑誤。」

范晞文曰：「讀之猶見其景。」又曰：「古人雖不於字面上着工，然「冒」字殆妙。陸士衡「層臺冒雲冠」，潘安仁「川氣冒山嶺」、顔延年「山烟冒隴生」、江文通「秋華冒水潯」、謝靈運「菰蒲冒清淺」，皆祖子建。」

公宴詩　王粲

昊天降豐澤，百卉挺葳蕤。凉風撤蒸暑，清雲却炎暉。高會君子堂，並坐蔭華榱。嘉肴充圓方，旨酒盈金罍。管弦發徽音，曲度清且悲。合坐同所樂，但愬杯行遲。常聞古人語，不醉且無歸。今日不極歡，含情欲待誰？見眷良不翅，守分豈能違？古人有遺言，君子福所綏。願我賢主人，與天享巍巍。克符周公業，奕世不可追。

公宴詩

劉　楨

永日行游戲，歡樂猶未央。遺思在玄夜，相與復翺翔。輦五臣作居。車飛素蓋，從者盈路傍。月出照園中，珍木鬱蒼蒼。清川過石渠，流波爲魚防。芙蓉散其華，菡萏溢金塘。靈鳥宿水裔，仁獸游飛梁。華館寄流波，豁達來風凉。生平平，五臣作年。未始聞，歌之安能詳？投翰長嘆息，綺麗不可忘。

侍五官中郎將建章臺集詩

應　瑒

朝雁鳴雲中，音響一何哀。問子游何鄉？戢翼正徘徊。言我塞門來，將就衡陽栖。往春翔北土，今冬客南淮。遠行蒙霜雪，毛羽日摧頹。常恐傷肌骨，身隕沈黄泥。簡珠墮五臣作墮。沙石，何能中有諧。欲因雲雨會，濯翼陵高梯。良遇不可値，伸眉路何階。公子敬愛客，樂飲不知疲。和顔既以暢，乃肯顧細微。贈詩見存慰，小子非所宜。爲且極歡情，不醉其無歸。凡百敬爾位，以副饑渴懷。

【眉批】

侍宴多藻語而能勉以正，有古道。但「公子敬愛客」之上，於譬意欠完。

皇太子宴玄圃宣猷堂有令賦詩

陸　機

三正迭紹，洪聖啓運。自昔哲王，先天而順。群辟崇替，降及近古。黄暉既渝，素靈承祜。乃眷斯顧，祚之宅土。三后始基，世武丕承。協風傍駭，天晷仰澄。淳曜六合，皇慶攸興。自彼河汾，奄齊七政。時文惟晋，世篤其聖。欽翼昊天，對揚成命。九區克咸，宴歌以詠。皇上纂隆，經教弘道。於化既豐，在工載考。俯釐庶績，仰荒大造。儀刑祖宗，妥綏天保。篤生我后，克明克秀。體輝重光，承規景數。茂德淵冲，肅語。天姿玉裕。蕞爾小臣，邈彼荒遐。弛厥負檐，振纓承華。匪願伊始，惟命之嘉。

【眉批】

王世貞曰：「古詩四言之有冒頭，蓋不始延年也，二陸諸君爲之俑也。如此詩凡十六韻而始入太子；後詩凡八韻而始入晋亂，齊王冏始平之。又士衡贈斥丘令、答賈常侍，潘安爲賈答應吉甫、華林園宴集皆然。若爾，則不必多費此等語，但成一冒頭，百凡宴會酬贈，可舉以貫之矣。若韋孟之諷諫、思王之責躬、應詔，靖節之贈族，叔夜之幽憤，仲宣之贈蔡睦、文穎，越石之贈盧諶，寧有是耶？」

大將軍宴會被命作詩

陸　雲

皇皇帝祜，誕隆駿命。四祖正家，天禄禄，善作保。安定。叡善作睿。哲惟晋，世有明聖。如彼日月，萬景攸正。

巍巍明聖，道隆自天。則明分爽，觀象洞玄。陵五臣作凌。風協紀，五臣作極。絶輝照淵。肅雍往播，福禄來臻。

在昔昔，五臣作晋。奸臣，稱亂紫微。神風潛駭，有赫兹威。靈旗樹旆，如雷斯輝。致天之届，於河之沂。

有命再集，皇輿凱歸。

頽綱既振，品物咸秩。神道見素，遺華反質。辰晷重光，協風應律。函夏無塵，海外有謐。

芒芒宇宙，天地交泰。王在華堂，式宴嘉會。玄暉峻朗，翠雲崇靄。冕弁弁，五臣作卉。振纓，服藻五臣作藻服。垂帶。

祁祁臣僚，有來雍雍。薄言載考，承顏下風。俯覿嘉客，仰瞻玉容。施己唯約，於禮斯豐。天錫難老，如岳之崇。

晉武帝華林園五臣無園字。集詩

應　貞

悠悠太上，五臣作人。民之厥初。皇極肇建，彝倫攸敷。五德更運，膺籙受符。陶唐既謝，天歷在虞。

於時時，五臣作是。上帝，乃顧惟眷。光我先先，五臣作晉。祚，應期納禪。位以龍飛，文以虎變。玄澤滂流，仁風潛扇。區內宅心，方隅回面。

天垂其象，地曜其文。鳳鳴朝陽，龍翔景雲。嘉禾重穎，蓂莢載芬。率土咸序，人胥悅欣。

恢恢皇度，穆穆聖容。言思其順，貌思其恭。在視斯明，在聽斯聰。登庸以德，明試以功。

其恭惟何，昧旦丕顯。無理不經，無義不踐。行捨其華，言去其辯。游心至虛，同規易簡。六府孔修，九有斯靖。

澤靡不被，化罔不加。聲教南暨，西漸流沙。幽人肆善作肆。嶮，遠國忘遐。越裳五臣作常。重譯，充我皇家。

峨峨列辟，赫赫虎臣。內和五品，外威四賓。修時貢職，入覲天人。備言錫命，羽蓋朱輪。

貽燕好會，不常厥數。神心所授，不言而喻。於是肆五臣作肆。射，弓矢斯御。發彼五的，有酒斯飫。文武之道，厥猷未墜。在昔先王，射射，五臣作躬。御兹器。示武懼荒，過亦爲失。凡厥群后，無懈於位。

九日從宋公戲馬臺集五臣無「集」字。送孔令詩　謝瞻

風至授寒服，霜降休百工。繁林收陽彩，五臣作揚綵。密苑解華叢。巢幕無留燕，遵渚有來來，五臣作歸。鴻。輕霞冠秋日，迅商薄清穹。聖心眷嘉節，揚鑾戾行宫。四筵霑芳體，中堂起絲桐。扶光迫西汜，歡餘宴有窮。逝矣將歸客，養素克有終。臨流怨莫從，歡心嘆飛蓬。

【眉批】

「聖心」二字可畏。

篇中及孔令止二語。末語峻。

樂游應詔詩　范曄

崇盛歸朝闕，虚寂在川岑。山梁梁，五臣作陽。協孔性，黄屋非堯心。軒駕時未未，五臣作耒。肅，文囿降照臨。流雲起行蓋，晨風引鑾音。原薄信平蔚，臺潤備曾深。蘭池清夏氣，修帳含秋陰。遵渚攀蒙密，隨山上嶇嶔。睇睇，五臣作瞻。目有極覽，游情無近尋。聞道雖已積，年力互頹侵。探已謝丹黻，感事懷長林。

九日從宋公戲馬臺集送孔令詩

謝靈運

季秋邊朔苦，旅雁違霜雪。凄凄陽卉腓，皎皎寒潭絜。良辰感聖心，雲旗興暮節。鳴葭戾朱宫，蘭卮獻時哲。餞宴光有孚，和樂隆隆，五臣作信。所缺。在宥天下理，吹萬群方悦。歸客遂海隅，隅，善作山。脱冠謝朝列。弭棹薄枉渚，指景待樂闋。河流有急瀾，浮驂無緩轍。豈伊川途念，宿心愧將别。彼美丘園道，喟焉傷薄劣。

【眉批】

立言有法。

應詔宴曲水作詩

顏延之

道隱未形，治彰既亂。帝迹懸衡，皇流共貫。惟王創物，永錫洪算。仁固開周，義高登漢。

祚融世哲，業先列聖。太上正位，天臨海鏡。制以化裁，樹之形性。惠浸萌生，信及翔泳。

崇虚非徵，積實莫尚。豈伊人和，實靈所貺。日完其朔，月不掩望。航琛越水，輦賮踰嶂。

章體麗明，儀辰作貳。君彼東朝，金昭玉粹。德有潤身，禮不愆器。柔中淵映，芳猷蘭秘。

昔在文昭，今惟武穆。於赫王宰，方旦居叔。有睟叡蓄，爰履奠牧。寧極和鈞，屏京維服。

朏魄雙交，月氣參變。開榮灑澤，舒虹爍電。化際無間，皇情爰眷。伊思鎬飲，每惟洛宴。

郊餞有壇，君舉有禮。幙幃蘭甸，畫流高陛。分庭薦樂，析波浮醴。豫同夏諺，事兼出濟。

仰閲豐施，降惟微物。三妨儲隸，五塵朝㦸。途泰命屯，恩充報屈。有悔可悛，滯瑕難拂。

【眉批】

王世貞曰：「延之創撰整嚴，而斧鑿時露，其才大不勝學。豈惟惠休之評，視靈運殆更霄壤。如此詩起語云云，與題有毫髮干涉耶？」

淺。

皇太子釋奠會作

顏延之

國尚師位，家崇儒門。稟道毓德，講藝立言。浚明爽曙，達義茲昏。永瞻先覺，顧惟後昆。

大人長物，繼天接聖。時屯必亨，運蒙則正。偃閉武術，闡揚文令。庶士傾風，萬流仰鏡。

虞庠飾館，睿圖炳睟。懷懷，五臣作深。仁悰集，抱智麕至。踵門陳書，躡屩獻器。澡身玄淵，宅心道秘。

伊昔周儲，聿光往記。思皇世哲，體元作嗣。資此夙知，降從經志。逷彼前文，矩周規值。

正殿虛筵，司分簡日。尚席函杖，丞五臣作丈承。疑奉帙。侍言稱辭，惇史秉筆。妙識幾音，王載有述。

肆五臣作肄。議芳訊，大教克明。敬躬祀典，告奠聖靈。禮屬觀盥，樂薦歌笙。昭事是肅，俎實非馨。

獻終襲吉，即宮廣宴。堂設象筵，庭宿金懸。五臣作縣。臺保兼徽，皇戚比彥。肴乾酒澄，端服整弁。

六官視命，九賓相儀。纓笏帀序，巾卷充街。都莊雲動，野馗風馳。倫周伍漢，超哉邈猗。

清暉在天，容光必照。物任任，善作性。其情，理宣其奥。妄先國胄，側聞邦教。徒愧微冥，終謝智效。

【眉批】

王世貞曰：「起二句老生板對，唐律賦之不若矣。」

侍宴樂游苑送徐州五臣作張徐州。應詔詩

丘遲

詰日閶闔開，馳道聞鳳吹。輕荑承玉輦，細草藉龍騎。風遲山尚響，雨息雲猶積。善作漬。巢空初鳥飛，荇亂新魚戲。實惟北門重，匪親孰爲寄？參差別念舉，肅穆恩波被。於題意索然。小臣信多幸，投生豈酬義？

【眉批】

起好。

「巢空」二語何謂？范晞文曰：「謝靈運『初篁包綠籜，新蒲含紫茸』與此『巢空』二句，綽有流麗之風，視小謝『魚戲新荷動，鳥散餘花落』之句，亦無愧。」

應詔樂游苑餞呂僧珍詩

沈約

丹浦非樂戰，負重切群臨。我皇秉至德，忘己用堯心。愍茲區宇內，魚鳥失飛沈。推轂二崤道，揚揚，善作硯。旆九河陰。超乘盡三屬，選士皆百金。戎車出細柳，餞席樽一作遵。上林。命師誅後服，授律綏前禽。函轘方解帶，嶤武稍披襟。伐罪芒山曲，弔民伊水潯。將陪告成禮，待此未抽簪。

【眉批】

句鍊。

祖餞

送應氏詩二首　曹植

步登北芒阪，遥望洛陽山。洛陽何寂寞，宫室盡燒焚。垣墻皆頓擗，荆棘上參天。不見舊耆老，但睹新少年。側足無一作不。行徑，荒疇不復田。游子久不歸，不識陌與阡。中野何蕭條，千里無人煙。念我平生善作常。居，氣結不能言。

清時難屢得，嘉會不可常。天地無終極，人命若朝霜。願得展嬿婉，我友之朔方。親昵並集送，置酒此河陽。中饋豈猶薄，賓飲不盡觴。愛至望苦深，豈不愧中腸。山川阻且遠，别促會日長。願爲比翼鳥，施翮起高翔。

【眉批】

選中古詩多俳語，獨子建渾古不繁。信所謂兼雅怨、被文質而出於《國風》者也。是情（批「愛至」句）。

征西官屬送于陟陽候作詩

孫楚

晨風飄岐路，零雨被秋草。傾城遠追送，餞我千里道。三命皆有極，咄嗟安可保？莫大於殤子，彭聃猶爲夭。吉凶如糾纏，憂喜相紛繞。五臣作擾。天地爲我鑪，萬物一何小。達人垂大觀，誡此苦不早。乖離即長衢，惆悵盈懷抱。孰能察其心？鑒之以蒼昊。齊契在今朝，守之與偕老。

【眉批】

欲說達懷，反落言筌（批「三命」四句）。

絶不似題。

金谷集作詩

潘岳

王子和鼎實，石子鎮海沂。親友各言邁，中心悵有違。何以叙離思，携手游郊畿。朝發晋京陽，夕次金谷湄。迴谿縈曲阻，峻阪路威夷。緑池泛淡淡，青柳何依依。濫泉龍鱗瀾，激波連珠揮。前庭樹沙棠，後園植烏椑。靈囿繁石善作若。榴，茂林列芳梨。飲至臨華沼，遷坐登隆坻。玄醴染朱顔，但愬杯行遲。揚桴撫靈鼓，簫管清且悲。春榮誰不慕？慕，五臣作耀。歲寒良獨希。投分寄石友，白首同所歸。

【眉批】

詞爛響促，遂爲詩讖。

《世説》曰：「孫秀收石崇，同日收岳。石先送市，亦不相知。潘後至，石謂潘曰：『安仁，卿亦復爾耶？』潘曰：「可謂『白首同所歸』。岳《金谷集詩》乃成其讖。」

王撫軍庾西陽集別作

謝　瞻

祗召旋北京，守官反五臣作及。南服。方舟析舊知，對筵曠明牧。舉觴矜五臣作務。飲餞，指途念出宿。來晨無定端，別晷有成速。頽陽照通津，夕陰曖平陸。榜人理行艫，輶軒命歸僕。分手東城闉，發櫂西江隩。離會雖相雜，善作親。逝川豈往復。誰謂情可書，盡言非尺牘。

【眉批】楊慎曰「離會雖相雜」，杜子美「忽漫相逢是別筵」之句實祖之。顔延年『春江壯風濤』，杜子美「春江不可渡，二月已風濤」之句實衍之。故子美《諭兒詩》曰：『熟精文選理。』」

鄰里相送方山詩

謝靈運

祗役出皇邑，相相，五臣作指。期憩甌越。解纜及流潮，懷舊不能發。析析就衰林，皎皎明秋月。含情易爲盈，遇物難可歇。積痾謝生慮，寡欲罕所闕。資此永幽栖，豈伊年歲別。各勉日新志，音塵慰寂蔑。

【眉批】

謝靈運詩不直逸蕩，興致敷腴，自是高才。

新亭渚別范零陵詩

謝　朓

洞庭張樂地，瀟湘帝子游。雲去蒼梧野，水還江漢流。停驂我悵望，輟棹子夷猶。廣平聽方籍，茂陵將見求。心事俱已矣，江上徒離憂。

【眉批】

似律。

此首亦不見佳。

別范安成詩

沈　約

鍾惺曰：「字字幽，字字厚，字字遠，字字真。非漢人不能。」譚元春曰：「尤妙在一片真氣浮動，無一毫境事碎瑣參錯。」

生平五臣作平生。少年日，分手易前期。及爾同鍾惺曰：「『同』字妙，別離苦境參一盛壯人便不知。」衰暮，非復別離時。勿言一樽酒，明日難重持。夢中不識路，何以慰相思？鍾惺曰：「說得心魂悄然。老杜『落月』、『楓林』、『關塞』等語，皆從此出。」

【眉批】

妙。

譚元春曰：「『易前期』三字，少年意氣使然。」

鍾惺曰：「妙在第三句、第五句下，似各有未説了處。」

選詩卷一訂注

束晳補亡六詩序曰：「晳與同業疇人，肄修鄉飲之禮，然所詠之詩，或有義無辭，音樂取節，缺而不備。於是遥想既往，存思在昔，補著其文，以綴舊制。」

《白華》

門子：嫡子代父當門者。趺：花足也。處子：處士也。

《華黍》

稸我王委：委，積也，言爲王之稸積。

《由庚》

纖阿：月御也。晷：日景。躔：星次也。

《崇丘》

方輿：地也。洪覆：天也。大圓：天也。

謝靈運《述祖德詩》序曰：「太元中，王父龕定淮南，負荷世業，尊主隆人。逮賢相徂謝，君子道消。拂衣蕃岳，考卜東山。事同樂生之時，志期范蠡之舉。」

達人：謂祖玄也。貴自我：謂輕物重身也。緤：繫也。永嘉、太元：並西晋年號。圮：敗覆。龕：勝也。

遲：待也。賢相：謝安。

韋孟《諷諫詩》

唉：嘆詞。殆其怙兹：怙恃漢戚，以致危殆。嗣其罔則：後世無所法則。孰違悔過：誰能違遠悔過之事。

張華《勵志詩》

星火：流火。熠耀：螢也。蒲蘆縈繳，神感飛禽。蒲蘆：即蒲且，射雙鳧中一，而不中者亦隨之下。言皆至妙之感。歆：氣上出貌。纆牽之長。纆：索也，以御馬也。王良弟子駕千里馬，京父曰：纆牽長。泥在鈞：鈞，作瓦輪者。

曹植《上責躬應詔詩表》植嘗與楊修等醉走馬於司禁門，文帝即位，念其舊事，徙封鄄城侯。後求見帝，帝責之，置西館未許朝，故子建獻此詩也。

相鼠：詩篇也。七子均養：鳲鳩之養其子，朝從上下，暮從下上，其均平如一。見《毛詩》。青土：植初封臨淄侯，舊青州之境。黄壚：墳墓也。

潘岳《關中詩》晋惠帝元康六年，氐賊齊萬年與楊茂陷關中。既定，帝命諸臣作關中詩。岳上詩，表曰：詔臣作關中詩，輒奉詔竭愚作一篇。案《漢記》：孝明時，護羌校尉上降羌顛岸，以爲羌豪。岸兄顛吾復降，問事狀，林對前後兩屈，坐誣罔，下獄死。齊萬年編户隸屬爲日久矣，而死生異辭，必有詭謬。故引證諭，以懲不恪也。

三祖：宣高祖、文太祖、武世祖。延我寶庫：元康五年武庫火。嶽牧慮殊，威懷理二：「嶽牧」謂梁王、解系也。梁王欲戰，以威服，解系欲守，以懷撫。趙王名倫。請兵三萬，往平氐羌，朝議疑不遣。梁征：梁王彤爲征西將軍，以討氐賊。好時：地名。夏侯卿士：夏侯駿。維系維處：解系周處。周殉：周處戰死。盧播違命：播伐萬年詐論功，免爲庶人，徙北平。上谷：孟觀封上谷郡公，拜爲建威將軍，擊羌。中亭：地名。以萬爲一：有司疑觀之詐，故觀言誅萬，有司以爲一。我未之必：疑有司抑之太甚。虚皛滴德，繆彰甲吉：皛，明也。滴、甲，二羌號，德、吉其名，言觀虚明誅二羌之功。雍：雍縣。陳汧陳倉、汧城。萬端，紛紜齊萬：謂爭萬年也，夏侯駿上言，斬氏帥齊萬年，及孟觀至，大戰數十，生送萬年。曰納其降，曰梟其首：觀曰納降，駿曰梟首。疇真孰僞：觀功真，駿功僞。

曹植《**公宴詩**》在鄴宫與兄丕宴飲。

王粲《**公宴詩**》侍曹操宴。

葳蕤：草木初生貌。圓方：圓豆，方俎。

劉楨《**公宴詩**》與王粲同於鄴宫作。

應瑒《**侍五官中郎將建章臺集詩**》五官中郎將，世子丕。

簡珠：簡大也。

陸機《**皇太子玄圃宣猷堂有令賦詩**》愍懷太子遹。

三正：夏、殷、周。黄暉：魏土德。素靈：晋金德。三后：宣、景、文。世武：世祖武帝。駭：散也。河汾：晋所封境。承規景數：景，大也。數，曆數。謂承規法於大曆數。匪願伊始：非初始所敢願。

陸雲《**大將軍宴會被命作詩**》成都王穎也。趙王倫篡位，穎與齊王冏誅之，進位大將軍。

四祖：宣、景、文、武。則明：法天之明。凌風協紀，絶輝照淵：風教上升協於辰極，光炎絶遠下照深淵。奸臣：趙王倫。神風潛駭，有赫兹威：齊國河間王顒舉兵十萬，四面攻倫，迎惠帝反正。

謝瞻《**九日從宋公戲馬臺集送孔令詩**》劉裕爲宋公時，九月九日出游項羽戲馬臺，送尚書令孔靜辭位歸鄉。宋公與百僚賦詩，以述其美焉。

戾：至也。扶光：日光也。西汜：日入處。

范曄《樂游應詔詩》

軒駕時未肅，文囿降昭臨：言未戒軒駕而訪道，且降文囿而愛物也。

謝靈運《九日從宋公戲馬臺集送孔令》

鳴葭：葭，笛也，天子行，鳴笛引路。和樂隆所缺：毛詩序曰：「《鹿鳴》廢則和樂缺矣。」五臣作信所，缺和樂之義，信有所終，缺終也。浮驂：浮行也。

顔延之《應詔曲水宴詩》舊樂游苑，宋元嘉十一年，以其地爲曲水。三月丙申，禊飲於樂游苑，且祖道江夏王義恭、衡陽王義季，有詔會者賦詩。

道隱未形：謂宋公未爲天子時。治彰既亂：謂延晉之亂，以明宋之理。帝跡懸衡，皇流共貫：帝，五帝。皇，三皇。言可以齊衡共貫。維王：文帝。太上：文帝。帝體：太子。麗明：麗，耦也，耦君之明。儀辰作貳：儀，匹也。匹辰極以爲副貳。文昭武穆：高祖之子爲王，同於文王之昭。今帝之子爲王，同於武王之穆。王宰：彭城王義康。方旦居叔：方於周公，居伯叔之次。叡蕃：江夏、衡陽二王。朏魄雙交：朏魄，日月也。凡朏魄之交，皆在月三日之夕。今月未夕，故以前之夕，唯止有二，故曰雙。月氣參變：謂三月也。月氣每月一變。鎬飲：《詩》「在鎬飲酒」。洛宴：周公卜洛邑，引流以泛酒。幬幃蘭甸，畫流高陛：張帷幙、列蘭甸，畫地通水於高陛之側也。三妨儲隸：三任東宮官。五塵朝黻：五任朝官。

顔延之《皇太子釋奠會作》

浚明爽曙，達義茲昏：大明之道，既以爽曙通達之義，於此彌昏也。大人：謂太子。長物：長育萬物。虞庠：虞氏養國老於上庠。睿圖：睿，聖也。睿圖，孔子圖象。憬：遠也。麏：群也。器：樂器。周儲：文王之爲世子。遏彼前文，矩周規值：邈，遠也。前文，古文也。值，當也。言古文經典相去雖遠，學其規矩，亦與之相當。正殿：太子正殿。虛筵：虛席以待賢。司分：主曆之官。尚席：儒席。函：容也。杖：五臣作丈，席容一丈分地，使得指揮也。丞疑：疑丞，《禮記》有師保，有疑丞。五臣作承。承疑，輔弼之官也。侍言：傳太子言語之官。惇史：有善記之爲惇史。載：則也。象筵：象牙爲席。金懸：鍾也。六官視命：六卿衣服、禮儀，各眂其命之數。巾：箱也。所以盛書。安先國冑：延年時爲國子博士，故謙言妄居國冑之先。

丘遲《侍宴樂游送徐州應詔詩》武帝弟宏，爲徐州刺史。五臣作張，徐州張謖也。

北門：徐州梁之北門。

沈約《應詔樂游苑餞吕僧珍詩》僧珍爲左衛將軍，北伐魏。

丹浦：堯與有苗戰於丹水之浦。函轘方解帶，嶢武稍披襟：函，函谷，轘，轘轅，嶢、武二關名。解帶披襟，言將鄰附也。

曹植《送應氏詩》璩、瑒兄弟也。時董卓遷獻帝於西京，洛陽被燒，故多言荒蕪之事。

孫楚《征西官屬送于涉陽候作詩》楚爲馮翊太守。時司馬駿爲征西將軍，駿下官屬送至涉陽，候故於此作候亭也。

三命：上壽、中壽、下壽。

潘岳《金谷集作詩》石崇《金谷詩》序曰：余以元康六年，從太僕卿出爲使，持節監青徐諸軍事。有別廬，在河南縣界金谷澗。時征西太將軍、祭酒王翊，當還長安，余與衆賢共送澗中，賦詩以叙中懷。

和鼎：祭酒助三公和鼎。

謝瞻《王撫軍庾西陽集別作》王弘爲撫軍將軍，庾澄之爲西陽太守。後庾被徵還，撫軍送至盆口，瞻時爲豫章太守，亦將還豫章，三人於此序別。

祗召：謂庾。守官：謂宣遠。

謝靈運《鄰里相送方山詩》靈運爲永嘉太守，故鄰里相送於此。

謝玄暉《新亭渚送范零陵詩》范雲爲零陵郡内史。

洞庭張樂地：黄帝張樂於洞庭之野。帝子：娥皇、女英，爲湘夫人。廣平：周處爲廣平，三十年滯訟，一朝斷決。

籍：籍甚。茂陵：司馬相如謝病居茂陵。

沈約《别范安成詩》范岫爲安成内史。

選詩卷二

梁昭明太子蕭統選

詠　史

詠史詩

王　粲

自古無殉死，達人所共善作共所。知。秦穆殺三良，惜五臣作昔。哉空爾爲。結髮事明君，受恩良不訾。臨没要之死，焉得不相隨？妻子當門泣，兄弟哭路垂。臨穴呼蒼天，涕下如綆縻。人生各有志，終不爲此移。同知埋身劇，心亦有所施。生爲百夫雄，死爲壯士規。黄鳥作悲詩，至今聲不虧。

【眉批】

「惜哉空爾爲」極佳，通篇立意亦豪。

王昌齡曰：「此一以譏曹公殺戮，一以許曹公。」

三良詩釋皎然曰：「陳王詩云秦穆云云，王粲云『秦穆殺三良，惜哉空爾爲』，蓋以陳王徙國任城被害，已後便有憂生之慮，其辭婉娩，存幾諫也。王粲顯責曹公，正言其過，存直諫也。二詩體格高逸，才藻相鄰。至如『臨穴呼蒼天，淚下如綆縻』，斯乃迴出情表，未知陳王將何以敵。」

曹植

功名不可爲，忠義我所安。秦穆先下世，三臣皆自殘。生時等榮樂，既没同憂患。平聲。誰言捐軀易，殺身誠獨難。攬五臣作攪。涕登君墓，臨穴仰天嘆。長夜何冥冥，一往不復還。黃鳥爲悲鳴，哀哉傷肺肝。

【眉批】

起語有關係，「殺身誠獨難」，立意忠厚，論事有體。

詠史詩八首

左思

王世貞曰：「太沖莽蒼，《詠史》、《招隱》，綽有兼人之語，但太不雕琢。」鍾惺曰：「古人詠史不指定一事，寫意而已。今人寫意反靠定用事。」又曰：「太沖筆舌靈動，遠出潘、陸上。使潘、陸作《三都賦》，有其才，決不能有其情思。」

弱冠弄柔翰，卓犖觀群書。著論準過秦，作賦擬子虛。邊城苦鳴鏑，羽檄飛京都。雖非甲冑士，疇昔覽穰苴。長嘯激清風，志若無東吳。鉛刀貴一割，夢想騁良圖。左眄澄江湘，右盼定羌胡。功成不受爵，自負不群。長揖歸田廬。鍾惺曰：「不求甚解，欣然忘食，所謂卓犖觀群書也。以是知拘忌人讀不得書。」

鬱鬱澗底松，離離山上苗。以彼徑寸莖，蔭此百尺條。世冑躡高位，英俊沈下僚。地勢使之然，由來非一朝。金張藉舊業，七葉珥漢貂。馮公豈不偉？白首不見招！

吾希段干木，偃息藩魏君。吾慕魯仲連，談笑却秦軍。當世貴不羈，遭難能解紛。功成耻受賞，高節卓不群。臨組不肯緤，對珪寧善作不。肯分？連璽曜前庭，比之猶浮雲。

濟濟京城内，赫赫王侯居。冠蓋蔭四術，朱輪竟長衢。朝集金張館，暮宿許史廬。南鄰擊鍾磬，北里吹笙竽。寂寂楊子宅，門無卿相輿。寥寥空宇内，善作中。所講在玄虚。言論準宣尼，辭賦擬相如。悠悠百世後，英名擅八區。

皓天舒白日，靈景耀神州。列宅紫宫裏，飛宇若雲浮。峨峨高門内，藹藹皆王侯。自非攀龍客，何爲欻來游？被褐出閶闔，高步追許由。振衣千仞岡，濯足萬里流。

荆軻飲燕市，酒酣氣益震。平聲。哀歌和漸離，謂若傍無人。雖無壯士節，與世亦殊倫。高眄邈四海，豪右何足陳！貴者雖自貴，視之若埃塵。賤者雖自賤，重之若千鈞。

主父宦不達，骨肉還相薄。買臣困樵采，善作采樵。伉儷不安宅。陳平無産業，歸來翳負郭。長卿還成都，壁立何寥廓。四賢豈不偉，遺烈光篇籍。當其未遇時，憂在填溝壑。英雄有迍邅，由來自古昔。何世無奇才，遺之在草澤。

習習籠中鳥，舉翮觸四隅。落落窮巷士，抱影守空廬。出門無通路，枳棘塞中途。計策棄不收，塊若枯池魚。外望無寸禄，内顧無斗儲。親戚還相蔑，朋友日夜疏。蘇秦北游説，李斯西上書。俯仰生榮華，咄嗟復雕枯。飲河期滿腹，貴足不願餘。巢林栖一枝，可爲達士模。

【眉批】

風諭之志，一字千金（評第一首）。

吕向曰：「是詩之意多以喻己。」（評第一首）

葛立方曰：「杜詩『譚笑無河北』，蓋用太冲『長嘯激清風，志若無東吴』也。王維云『虜騎千重只似無』則拙矣。」

譚元春曰：「『蔭』字有心眼升降之妙。」

鍾惺曰：「『以彼』十字運開，可作一段《戰國策》文。」

釋皎然曰：「《詠史》詩『吾希段干木，偃息藩魏君。吾希魯仲連，談笑却秦軍』。又『被褐出閶闔，高步追許由。振衣千仞岡，濯足萬里流』。其體裁如龍行虎步，氣逸情高。」

唐人多出此（批「寂寂楊子宅」八句）。

王世貞曰：「『以彼徑寸莖，蔭此百尺條』是涉世語。『貴者雖自貴，棄之若埃塵』是輕世語。『振衣千仞岡，濯足萬里流』是出世語。每諷太冲詩便飄飄欲仙。」

宋祁曰：「二語使人飄飄有世表意。」（批「振衣」二句）

非徒窮愁者（批「蘇秦」六句）。

詠史詩

張　協

昔在西京時，朝野多歡娛。藹藹東都門，群公祖二疏。朱軒曜金城，供帳臨長衢。達人知止足，遺榮忽如無。抽簪解朝衣，散髮歸海隅。行人爲隕涕，賢哉此丈夫！揮金樂當年，歲暮不留儲。顧謂四座賓，多財爲累愚。清風激萬代，名與天壤俱。咄此蟬冕客，君紳宜見書。

【眉批】

無弱句，亦無佳句。

覽古詩

盧　諶

趙氏有和璧，天下無不傳。秦人來求市，厥價徒空言。與之將見賣，不與恐遺患。平聲。簡才備行李，圖令國命全。藺生在下位，繆子稱其賢。奉辭馳出境，伏軾徑入關。秦王御殿坐，趙使擁節前。揮袂睨金柱，身玉要俱捐。連城既僞往，荆玉亦真還。爰在澠池會，二主克交歡。昭襄欲負力，相如折其端。眥血下霑襟，怒髮上衝冠。西缶終雙擊，東瑟不隻彈。捨生豈不易？處死誠獨難。稜威章臺顛，彊禦亦不干。屈節邯鄲中，俯首忍迴軒。廉公何爲者？負荆謝厥𠍴。智勇冠當世，弛張使我嘆。

【眉批】

不必寫出(批「不與」二句)。

寫得不暢(批「揮袂」二句)。

張子房詩

謝　瞻

王風哀以思，周道蕩無章。卜洛易隆替，興亂罔不亡。力政吞九鼎，苛慝暴三殤。息肩纏民思，靈鑒集朱光。伊人感代工，聿來扶興王。婉婉幙中畫，輝輝五臣作暉暉。天業昌。鴻門銷薄蝕，垓下隕攙搶。爵仇建蕭宰，定都護儲皇。肇允契幽叟，翻飛指帝鄉。惠心奮千祀，清埃播無疆。神武睦三正，裁成被八荒。明兩燭河陰，慶霄薄汾陽。鑾旍五臣作旌。歷頹寢，飾像薦嘉嘗。聖心豈徒甄，惟德在無忘。逝者如可作，揆子慕周行。濟濟屬車士，粲粲翰墨場。瞽夫違盛觀，竦踴企一方。四達雖平直，蹇步愧無良。餐和忘微遠，延首詠太康。

【眉批】葛立方曰：「子房輔漢之業，盡於此數語。」「神武睦三正」數語，遂以大業祈宋公，亦異乎淵明之心哉。

秋胡詩

顏延之

椅梧傾高鳳，寒谷待鳴律。影響豈不懷，自遠每相匹。婉彼幽閑女，作嬪君子室。峻節貫秋霜，明艷侔朝日。嘉運既我從，欣願自此畢。

燕居未及好，良人顧有違。脱巾千里外，結綬登王畿。戒徒在昧旦，左右來相依。驅車出郊郭，行路正威遲。存爲久離别，没爲長不歸。

嗟余怨行役，三陟窮晨暮。嚴駕越風寒，解鞍犯霜露。原隰多悲凉，迴飈卷高樹。離獸起荒蹊，驚鳥縱横去。悲哉游宦子，勞此山川路。

超音迢。遥行人遠，宛轉年運徂。良時爲此別，日月方向除。孰知寒暑積，僶俛見榮枯。歲暮臨空房，凉風起坐隅。寢興日已寒，白露生庭蕪。

勤役從歸願，反路遵山河。昔辭善作辭。秋未素，今也歲載華。蠶月觀時暇，桑野多經過。佳人從所務，窈窕援高柯。傾城誰不顧，弭節停中阿。

年往誠思勞，路路，善作事。遠闊音形。雖爲五載別，相與昧平生。捨車遵往路，鳧藻馳目成。南金豈不重，聊自意所輕。義心多苦調，鍾惺曰：「漢詩中深厚語。」又曰：「善下虚字，有趣有力。」密比金玉聲。

高節難久淹，朅來空復辭。遲遲前途盡，依依造門基。上堂拜嘉慶，入室問何之。鍾惺曰：「温甚。情事詳婉，可想其叙手之暇。」日暮行采歸，物色又曰此句妍而深，在「物色」二字。桑榆時。美人望昏至，慚嘆又曰：「『望昏』二字盡景，『慚嘆』二字盡情。」前相持。譚元春曰：「秋胡詩只如此叙其事，化筆秀手。」

有懷誰能已，聊用申苦難。離居殊年載，一別阻河關。春來無時豫，秋至恒早寒。明發動愁心，閨中起長嘆。凄慘歲方宴，日落游子顔。

高張生絶弦，聲急由調起。自昔枉光塵，結言固終始。如何久爲別，百行愆善作諐。諸己。君子失明義，誰與偕没齒。愧彼行露詩，甘之長川汜。

【眉批】

一節一節，遂出情款。接上起下，信是妙手。

鍾惺曰：「『峻節』二語雖不佳，已伏盡全詩之案，有地步。」

鍾惺曰：「太白『妾夢越風波』本此，然妙些。」

譚元春曰：「只是『勞人』二字，却用得妙。」

鍾惺曰：「『寢興日已寒』五字感深。」

譚元春曰：「此語真樸有味，子美常用此『務』字。」（批「佳人從所務」句）又曰：「着『相與』字便不潦草。」

又曰：「『密』字下得深，『金玉聲』三字便不膚淺。」

楊慎曰：「《呂氏春秋》，膠鬲見武王於鮪水曰：『西伯揭至？』注：『揭，何也。』則揭之爲言盍也。『揭來空復辭』所謂盍來」義始通。

鍾惺曰：「此語用爲首句便深妙。」（批「有懷誰能已」句）

二句接得有大力，匠語亦奇。（批「高張」二句）

鍾惺曰：「板得有趣。」又曰：「秋胡妻之死，畢竟爲窺其夫之無情耳。昔人謂其死於妒，論雖稍刻，實有至理。」

五君詠五首 譚元春曰：「七賢名盛，延之於其中黜却二人。如此眼中胸中，下筆何患不深細，何患不高潔。」

鍾惺曰：「延年《五君詠》另換一番心手。如對名士，鄙吝自消。」

顏延之

阮步兵

阮公雖淪跡，識密鑒亦洞。沈醉似埋照，寓辭類托諷。長嘯若懷人，譚元春曰：「是詠懷詩所自出，不獨得嘯之神。」越禮自驚衆。物故不可論，鍾惺曰：「五字深極。」途窮能無慟。張銑曰：「此延年自托以爲途窮者。」

【眉批】

一字一句，淵深綺密。贊嘆處，微言片語，妙極形容，詠史之第一流也。

鍾惺曰：「『識密鑒亦洞』，用世出世人俱少此五字不得，阮公之微，亦盡於此。」

嵇中散

中散不偶世，本自餐霞人。形解驗默仙，吐論知凝神。立俗迕流議，尋山洽隱淪。鸞翮有時鎩，龍性誰能馴。張銑曰：「皆以喻康，亦復自謂。」

【眉批】

鍾惺曰：「『吐論知凝神』，所謂悠悠忽忽，五字想出。」又曰：「『立俗』二字有骨。」

劉參軍

劉伶善閉關，懷情滅聞見。鍾惺曰：「讀此五字，知飲酒不易言。」鼓鐘不足歡，榮色豈能眩。韜精日沈飲，譚元春曰：「好眼力。」誰知非荒宴。頌酒雖短章，深衷自此見。

【眉批】

鍾惺曰：「『滅聞見』深，『懷情』尤深。」又曰：「『韜精』更深於埋照。」

呂向曰：「延年自解。」

譚元春曰：「古人看人文章如此。」

阮始平

仲容青雲器，實禀生民五臣作人。秀。達音何用深，鍾惺曰：「此語正深。」識微在金奏。郭奕已心醉，山公又云：「入山公妙。」非虚覯。屢薦不入官，一麾乃出守。《古今詩話》云：「今之郡守謂之建麾，蓋用延年詩誤也。延年所謂一麾，乃指麾之麾，非旌麾之麾也。謂山濤薦咸爲吏部郎，三上不用，後爲荀勗所擠出守始平，故有此句。延年被擯，以此自托耳。杜牧《登樂游原詩》謬用之，云『擬把一麾江海去』，自此遂爲故事，然實誤也。」

【眉批】

張銑曰：「此亦延年自謂。」

向常侍

向秀甘淡薄，深心托毫素。探道好淵玄，鍾惺曰：「深心處。」觀書鄙章句。交吕既鴻軒，攀嵇亦鳳舉。流連河裏游，又曰：「情至。」惻愴山陽賦。王世貞曰：「延年《五君詠》忽自秀於他作，如『沉醉似埋照，寓辭似托諷』；『鸞翮有時鎩，龍性誰能馴』。以比己之骯髒也。『韜精日沉飲，誰知非荒宴』。以解己之任誕也。『屢薦不入官，一麾乃出守』。以感己之濡滯也。語意既雋永，亦易吟諷。」

【眉批】

鍾惺曰：「『毫素』非深心不能托，非淡薄不能深。讀書作詩文，古人何嘗淺看。」

譚元春曰：「『鴻軒』、『鳳舉』，不是他數人交情中語。」

詠史詩

鮑　照

五都矜財雄，三川養聲利。百金不市死，明經有高位。京城十二衢，飛甍各鱗次。仕子剽華纓，游客竦輕轡。明星辰未稀，軒蓋已雲至。賓御紛颯沓，鞍馬光照地。寒暑在一時，繁華及春媚。君平獨寂寞，身世兩相棄。

【眉批】

退處既久，因以自況。

詠霍將軍北伐詩

虞　羲

擁旄爲漢將，汗馬出長城。長城地勢險，萬里與雲平。涼五臣作窮。秋八九月，虜騎入幽並。飛狐白日晚，瀚海愁善作陰。雲生。羽書時斷絶，刁斗晝夜驚。乘墉揮寶劍，蔽日引高旍。五臣作旌。雲屯七萃士，魚麗六郡兵。胡笳關下思，羌笛隴頭鳴。骨都先自讋，日逐次亡精。玉門罷斥候，甲第始修營。位登萬庾積，功立百行成。天長地自久，人道有虧盈。未窮激楚樂，已見高臺傾。當令麟閣上，千載有雄名。

【眉批】

末數語味索。

百一

百一詩

應璩

下流不可處，君子慎厥初。名高不宿著，易用受侵誣。前者隳五臣作墮。官去，有人適我閭。田家無所有，酌醴焚枯魚。問我何功德，三入承明廬。所占於此土，是謂仁智居。文章不經國，筐篋無尺書。用等稱才學，往往見嘆譽。避席跪自陳，賤子實空虛。宋人遇周客，慚愧靡所如。五臣作知。

【眉批】

何良俊曰：「詩家相沿，各有流派。蓋潘、陸規模於子建，左思步驟於劉楨，而靖節質直出於應璩之《百一》。蓋顯然明著者也。」

徐楨卿曰：「休璉《百一》微能自振，然傷媚焉。」

游仙

游仙詩　何劭

青青陵上松，亭亭高山柏。光色冬夏茂，根柢無雕落。吉士懷貞心，悟物思遠托。揚志玄雲際，流目矚巖石。羡昔王子喬，友道發伊洛。迢遞陵峻岳，連翩御飛鶴。抗跡遺萬里，豈戀生民五臣作人。樂？長懷慕仙類，眇善作眩。然心緜邈。

游仙詩七首　郭璞

鍾嶸曰：「《游仙》之作，辭多慷慨，乖遠玄宗。其云『奈何虎豹姿』。又云『戢翼棲榛梗』，乃是坎壈詠懷，非列仙之趣也。」李善曰：「凡游仙之篇，皆所以滓穢塵網，錙銖纓紱，餐霞倒景，餌玉玄都；而璞之制文多自叙，雖志狹中區，而辭無俗累，見非前識，良有以哉。」吕向曰：「璞詩雖游仙，意報傲誕，上下道德，信遠乎哉。」

京華游俠窟，山林隱遯栖。朱門何足榮，未若托蓬萊。音夷叶。臨源挹清波，陵岡掇丹荑。靈谿可潛盤，安事登雲梯。漆園有傲吏，萊氏有逸妻。進則保龍見，退爲觸藩羝。高蹈風塵外，長揖謝夷齊。

青谿千餘仞，中有一道士。雲生梁棟間，風出窗户裏。借問此何誰，云是鬼谷子。翘迹企潁陽，臨河思洗耳。閶闔西南來，潛波涣鱗起。靈妃顧我笑，粲然啓玉齒。蹇修時不存，要之將誰使？

翡翠戲蘭苕，容色更相鮮。緑蘿結高林，蒙籠蓋一山。中有冥寂士，静嘯撫清弦。放情凌霄外，嚼蕊挹飛泉。赤松臨上游，駕鴻乘紫烟。左挹浮丘袖，右拍洪崖肩。借問蜉蝣輩，寧知龜鶴年？

六龍安可頓，運流有代謝。時變感人思，已秋復願夏。淮海變微禽，吾生獨不化。雖欲騰丹谿，雲螭非我駕。愧無魯陽德，迴日向三舍。五臣作令。臨川哀年邁，撫心獨悲吒。

逸翮思拂霄，迅足羡遠游。清源無增瀾，安得運吞舟？珪璋雖特達，明月難闇投。潛穎怨青陽，陵苕哀素秋。悲來惻丹心，零淚緣纓流。

雜縣寓魯門，風煖將爲災。吞舟湧五臣作浮。海底，高浪駕蓬萊。神仙排雲出，但見金銀臺。陵陽挹丹溜，容成揮玉杯。姮娥揚妙音，洪崖頷其頤。升降隨長煙，飄颻戲九垓。奇齡邁五龍，千歲方嬰孩。燕昭無靈氣，漢武非仙才。

晦朔如循環，月盈已復善作見。魄。蓐收清西陸，朱羲將由白。寒露拂陵苕，女蘿辭松柏。蕣榮不終朝，蜉蝣豈見夕。圓丘有奇草，鍾山出靈液。王孫列八珍，安期鍊五石。長揖當途人，去來山林客。

【眉批】

景純自傷坎壈，不成康濟。寓旨懷仙，用以寫鬱。《詩品》乃譏其無列仙之趣，此以辭害意也。」

王世貞曰：「景純《游仙》，曄曄佳麗，第少玄旨。」

釋皎然曰：「郭景純『左挹』二語，與鮑明遠《行路難》，其道如黄鵠臨風，貌逸神王，杳不可羈。」

釋皎然曰：「『姮娥』二語與何求、王梵志道情詩，賀知章放達詩，其道如楚有接輿，魯有原壤。外示驚俗之貌，内藏達人之度。」

招隱

招隱詩二首

鍾惺曰：「氣和語厚，所以爲真隱。」又曰：「《詠史》在事，却入情。《招隱》在趣，却入理。所以深妙而遠。」

左　思

杖策招隱士，荒塗横古今。巖穴無結構，丘中有鳴琴。白雲停鍾惺曰：「『停』字妙於看雲。」陰岡，丹葩曜陽林。石泉漱瓊瑶，纖鱗或又曰：「『或』字活。」浮沉。非必絲與竹，山水有清音。何事待嘯歌，灌木自悲吟。秋菊兼又曰：「『兼』字開子美諸想。」糇糧，幽蘭間重襟。躊躇足力煩，又曰：「招得妙。」聊欲投吾簪。

經始東山廬，果下自成榛。前有寒泉井，聊可瑩心神。峭蒨青葱間，竹柏得其真。弱葉栖霜雪，飛榮流餘津。爵服無常玩，好惡有屈伸。結綬生纏牽，彈冠去埃塵。連惠非吾屈，首陽非吾仁。相與觀所尚，逍遥撰良辰。

【眉批】

李善曰：「《雜詩》左居陸後，而此在前，誤。」

譚元春曰：「『巷中情思滿』、『荒途横古今』同一妙想。要知妙想所以同。」

王世貞曰：「重犯不害爲古。此詩『絲竹』、『清音』、『嘯歌』重犯，乃害古也。然使各用之，『山水清音』，極是妙詠；『灌木悲吟』，不失佳語。故曰離則雙美，合則兩傷。」

鍾惺曰：「『竹柏得其真』，五字深微。」

譚元春曰：「以格言招之，不得不来。」又曰：「『良辰入奇懷』，自外以之內。『逍遥撰良辰』，自內以之外，幽趣則一。」

招隱詩

陸機

明發心不夷，振衣聊躑躅。躑躅欲安之，幽人在浚谷。朝采南澗藻，夕息西山足。輕條象雲構，密葉成翠幄。激楚五臣作結風。佇蘭林，回芳薄秀木。山溜何泠泠，飛泉漱鳴玉。哀音附靈波，頹響赴曾曲。至樂非有假，安事澆淳樸？富貴苟難圖，税駕從所欲。

【眉批】

脱去纏牽意，詞精麗。

楊慎曰：「『附』音『拊』，不惟便於讀，亦義宜爾也。」

反招隱

反招隱詩

王康琚

小隱隱陵藪，大隱隱朝市。伯夷竄首陽，老聃伏柱史。昔在太平時，亦有巢居子。今雖盛明世，能無中林士？放神青雲外，絶迹窮山裏。鵾鷄先晨鳴，哀風迎衣起。凝霜凋朱顔，寒泉傷玉趾。周才信衆人，偏智任諸己。推分得天和，矯性失至理。歸來安所期，與物齊終始。

游　覽

芙容池作

魏文帝

乘輦夜行游，逍遥步西園。雙渠相溉灌，嘉木繞通川。卑枝指羽蓋，修條摩蒼天。驚風扶輪轂，飛鳥翔我前。丹霞夾明月，華星出雲間。上天垂光采，五色一何鮮。壽命非松喬，誰能得神仙。遨游快心意，保已終百年。

【眉批】真德秀曰：「文帝詩之入《選》者，《芙容池》居其首。其末章『壽命』云云，其言何以異於秦二世。陳壽譏其不能邁志存道，克廣德心，信矣哉。」

南州桓公九井作

殷仲文

四運雖鱗次，理化各有準。獨有清秋日，能使高興盡。景氣多明遠，風物自凄緊。爽籟驚善作警。幽律，哀壑叩虚牝。歲寒無早秀，浮榮甘夙隕。何以標貞脆，薄言寄松菌。哲匠感蕭晨，肅此塵外軫。廣筵散汜愛，逸爵紆勝引。伊余樂好仁，惑袪吝亦泯。猥首阿衡朝，將貽匈奴哂。

【眉批】結拙。

游西池

謝混

悟彼蟋蟀唱，信此勞者歌。有來豈不疾，五臣本無此二句。良游常蹉跎。逍遥越城肆，願言屢經過。迴阡被陵闕，高臺眺飛霞。惠風蕩繁囿，白雲屯曾阿。景昃鳴禽集，水木湛清華。褰裳順蘭沚，徙倚引芳柯。美人愆歲月，遲暮獨如何。無爲牽所思，南榮戒其多。

【眉批】鍾惺曰：「此中二句尋常語，移作起便妙。」又曰：「森秀。」（批「水木」句）又曰：「『順』字有意無意，妙絶。」

泛湖歸出樓中玩月

謝惠連

日落泛澄瀛，星羅游輕橈。憩榭面曲汜，臨流對迴潮。輟策共騈筵，並坐相招要。哀鴻鳴沙渚，悲猿響山椒。亭亭映江月，瀏瀏出谷飈。斐斐氣幕岫，泫泫露盈條。近矚袪幽藴，遠視蕩諠囂。晤言不知罷，從夕至清朝。

從游京口北固應詔　謝靈運

玉璽戒誠信，黄屋示崇高。事爲名教用，道以神理超。昔聞汾水游，今見塵外鑣。鳴笳發春渚，税鑾登山椒。張組眺倒景，列筵矚歸潮。遠巖映蘭薄，白日麗江皐。原隰荑緑柳，墟囿散紅桃。皇心美陽澤，萬象咸光昭。顧己枉維縶，撫志慚場苗。工拙各所宜，終以反林巢。曾是縈舊想，覽物奏長謡。

【眉批】虞九章曰：「詩本應詔，而語意乃在高尚。」

晚出西射堂　謝靈運

步出西城門，遥望城西岑。連障疊巘崿，青翠杳深沈。曉霜楓葉丹，夕曛嵐氣陰。節往感不淺，感來念已深。羈雌戀舊侶，迷鳥懷故林。含情尚勞愛，如何離賞心。撫鏡華緇鬢，攬帶緩促衿。安排徒空言，幽獨賴鳴琴。

【眉批】調句極工，組意自適。

登池上樓

葉夢得曰：「世多不解『池塘』二語爲工，蓋欲以奇求之耳。此語之工，正在無所用意，猝然與景相遇，借以成章，不假繩削，故非常情所能到。詩家妙處，當以此爲根本，而思苦難言者，往往不快。」王世貞曰：「『明月照積雪』是佳境，非佳語，『池塘生春草』是佳語，非佳境。此語不必過求，亦不必深賞。」

謝靈運

潛虯媚幽姿，飛鴻響遠音。薄霄愧雲浮，栖川怍淵沈。進德智所拙，退耕力不任。徇禄反窮海，卧痾對空林。衾枕昧節候，褰開暫窺臨。善本無此二句。傾耳聆波瀾，舉目眺嶇嶔。初景革緒風，新陽改故陰。池塘生春草，鍾嶸曰：「隱秀之語。」園柳變鳴禽。祁祁傷豳歌，萋萋感楚吟。索居易永久，離群難處心。持操豈獨古，無悶徵在今。李東陽曰：「古不可涉律，古涉律調，如謝靈運『池塘生春草』、『紅藥當堦翻』，雖一時傳誦，固已移於流俗而不自覺。」

【眉批】

鍾惺曰：「亦是俳語作起便清洒。」又曰：「『愧』字難解，却妙。」

譚元春曰：「古人之言。」（批「進德」句）

釋皎然曰：「『池塘生春草』，情在言外。《明月照積雪》，旨冥句中。風力雖齊，意興各别。」又曰：「情在言外，故其語如澹而無味，常千覽之，何異文侯聽古樂。」

游南亭

謝靈運

時竟夕澄霽，雲歸日西馳。密林含餘清，遠峰隱半規。久痗昏墊苦，旅館眺郊岐。澤蘭漸被徑，芙蓉始發池。未厭青春好，已觀朱明移。感感感物嘆，星星白髮垂。藥餌情所止，衰疾忽在斯。逝將候秋水，息景偃舊崖。我志誰與亮，賞心唯良知。

【眉批】
鍾惺曰：「『遠峰隱半規』五字工而活、幻而真，從來詩中落日妙語。」又曰：「惜時人始知『未厭』二字之妙。」又曰：「『止』字妙。」
譚元春曰：「衰人苦境，盡『情所止』三字。」

游赤石進帆海

謝靈運

首夏猶清和，芳草亦未歇。水宿淹晨暮，陰霞屢興没。周覽倦瀛壖，况乃凌窮髮。川后時安流，天吴静不發。揚帆采石華，挂席拾海月。溟漲無端倪，虚舟有超越。鍾惺曰：「三字似虚舟。」仲連輕齊組，子牟眷魏闕。矜名道不足，適己物可忽。請附任公言，終然謝天伐。

【眉批】
鍾惺曰：「力勁在『猶』字『亦』字。」又曰：「『陰霞』二字，非老於水上静觀人不知。」
王世貞曰：「『挂席拾海月』，事俚而語雅。」
畢竟肆志之言，卒致「天伐」，不能謝矣。

石壁精舍還湖中

謝靈運

昏旦變氣候，山水含清暉。清暉能娱人，游子澹善作憺。忘歸。出谷日尚早，入舟陽已微。林壑斂暝色，雲霞收夕霏。芰荷迭映蔚，蒲稗相因依。披拂趨南徑，愉悦偃東扉。慮澹物自輕，意愜理無違。寄言攝生客，試用此道推。鍾惺曰：「『愉悦』二字是高士閉門真光景、真受用。然『偃』字自妙，莫與『掩』字例看。」雖格體創變，是潘、陸之餘法也，其雅縟乃過之。『清暉』二句寧在『池塘春草』下耶？」

【眉批】

王世貞曰：「靈運天質奇麗，運思精鑿。

不獨雋句，亦有真趣。

登石門最高頂

謝靈運

晨策尋絶壁，夕息在山栖。疏峰抗高館，對領臨迴谿。長林羅户庭，善作穴。積石擁基階。叶韻。連巖覺路塞，密竹使徑迷。來人忘新術，去子惑故蹊。活活夕流駛，噭噭夜猿啼。沈冥豈别理，守道自不携。心契九秋幹，目玩三春荑。居常以待終，處順故安排。惜無同懷客，共登青雲梯。

【眉批】

長才逸興，意與景合。

葛立方曰：「桃墟之泄，能『處順』乎？五年之骫，能『待終乎』？可謂心口相違矣。」

於南山往北山經湖中瞻眺

謝靈運

朝日發陽崖，景落憩陰峰。舍舟眺迥渚，停策倚茂松。側徑既窈窕，環洲亦玲瓏。俯視喬木杪，仰聆大壑淙。善作灇。石橫水分流，林密蹊絶蹤。解作竟何感，升長皆丰容。初篁包一作苞。緑籜，新蒲含紫茸。海鷗戲春岸，天鷄弄和風。撫化心無厭，覽物眷彌重。不惜去人遠，但恨莫與同。孤游非情嘆，賞廢理誰通。

【眉批】

奇句動人，寄興亦眇。

王世貞曰：「『天鷄弄和風』，景近而趣遥。」

從斤竹澗越嶺溪行

謝靈運

猿鳴誠知曙，谷幽光未顯。巖下雲方合，花上露猶泫。逶迤傍隈隩，迢遞鍾惺曰：「『逶迤』、『迢遞』，開後世律詩熟套惡對。」陟陘峴。過澗既厲急，登棧亦陵緬。川渚屢逕復，乘流玩迴轉。蘋萍泛沈深，菰蒲冒清淺。企石挹飛泉，攀林摘葉卷。想見山阿人，薜蘿若在眼。握蘭勤徒結，折麻心莫展。情用賞爲美，事昧竟誰辨。觀此遺物慮，一悟得所遣。

【眉批】

譚元春曰：「偶對中有景致，機流句外。遠過《湖中瞻眺石門新營》二首。」

鍾惺曰：「好溪游眼。老杜許多舟行妙詩，不出『乘流玩迴轉』五字。」

譚元春曰：「動宕，不覺其用楚詞。」

末句有達人之致。

鍾惺曰：「迂重語有深趣，莫作滯累看。」

應詔觀北湖田收

顔延之

周御窮轍跡，夏載歷山川。蓄軫豈明懋，善游皆聖僊。帝暉應順動，清蹕巡廣廛。樓觀眺豐穎，金駕映松山。飛奔互流綴，緹轂代迴環。神行埒浮景，争光五臣作交映。溢中天。開冬眷徂物，殘悴盈化先。陽陸團精氣，陰谷曳寒煙。攢素既森藹，積翠亦葱芊。善作行。息饗報嘉歲，通急戒無年。温渥浹輿隸，和惠屬後筵。觀風久有作，陳詩愧未妍。疲弱謝凌遽，取累非纏牽。

車駕幸京口侍游蒜山作

顔延之

元天高北列，日觀臨東溟。入河起陽峽，踐華因削成。巖險去漢宇，襟衛徙吴京。流池自化造，山關固神營。園縣極方望，邑社總地靈。宅道炳星緯，誕曜應晨明。睿思纏故里，巡駕市舊坰。陟峰騰輦路，尋雲抗瑶甍。春江壯風濤，蘭野茂荑英。宣游弘下濟，窮遠凝聖情。岳濱有和會，祥習在卜征。周南悲昔老，留滯感遺萌。空食疲廊肆，反税事巖耕。

【眉批】

張銑曰：「此題「侍游蒜山」，玩其詩意，乃不得從駕，恐題之誤。」

末句有不得從駕之意。

車駕幸京口三月三日侍游曲阿後湖

顔延之

虞風載帝狩，夏諺頌王游。春方動震善作辰。駕，望幸傾五州。山祇蹕嶠路，水若警滄流。神御出瑶軫，天儀降藻舟。萬軸胤行衛，千翼泛飛浮。雕雲麗璇蓋，祥飈被綵斿。江南進荆艷，河激獻趙謳。金練照海浦，笳鼓震溟州。藐盼五臣作眄。覯青崖，衍漾觀緑疇。民善作人。靈騫都野，鱗翰聳淵丘。德禮既普洽，川岳偏懷柔。

【眉批】

葛立方曰：「虞巡之事遠矣，後世莫能知其詩也。若周穆王者，勞民費財，從事於八荒之遠，豈人君之美事乎？顏延年《應詔觀北湖田收》乃曰：『周御窮轍跡，夏載歷山川。蓄軫豈明懋，善游皆聖仙。』此詩又云『虞風』云云，是開人君游豫流亡之心，非所謂告以善道者也。」

行藥至城東橋

鮑照

鷄鳴關吏起，伐鼓早通晨。嚴車臨迥陌，延瞰歷城闉。蔓草緣高隅，修楊夾廣津。迅風首旦發，平路塞飛塵。擾擾游宦子，營營市井人。懷金近從利，撫劍遠辭親。争先萬里途，各事百年身。開芳及稚節，含彩吝驚春。尊賢永照灼，孤賤長隱淪。容華坐消歇，端爲誰苦辛？

【眉批】

詞調俊偉，不作靡聲。

游東田

謝朓

戚戚苦無悰，携手共行樂。尋雲陟累榭，隨山望菌閣。遠樹曖阡阡，生煙紛漠漠。魚戲新荷動，鳥散餘花落。不對芳春酒，還望青山郭。鍾惺曰：「出口如不欲重，惟恐傷之。」

【眉批】

琢字鍊句俱偉。

鍾惺曰：「『落』字根『散』字，説得花鳥相關有情。」

從冠軍建平王登廬山香鑪峰

江　淹

廣成愛神鼎，淮南好丹經。此山具鸞鶴，往來盡仙靈。瑶草正翕艴，玉樹信葱青。絳氣下縈薄，白雲上杳冥。中坐瞰蜿虹，俯伏視流星。不尋遐怪極，則知耳目驚。日落長沙渚，曾陰萬里生。藉蘭素多意，臨風默含情。方學松柏隱，羞逐市井名。幸承五臣作奉。光誦末，伏思托後旍。五臣作旌。

【眉批】

吕延濟曰：「觀淹詩意，乃和王詩，此不云應教，誤。」

鍾山詩應西陽王教

沈　約

靈山紀地德，險峭善作地險。資岳靈。終南表秦觀，少室邇王城。翠鳳翔淮海，衿帶繞神坰。北阜何其峻，林薄杳葱青。

發地多奇嶺，千雲非一狀。合沓共隱天，參差互五臣作分。相望。鬱律構丹巘，崚嶒起青嶂。勢隨九疑高，氣與三山壯。

即事既多美，臨眺殊復奇，南瞻儲胥觀，西望昆明池。山中咸可悅，賞逐四時移。春光發隴首，秋風生桂枝。

多值息心侶，結架山之足。八解鳴澗流，四禪隱巖曲。窈冥終不見，蕭條無可五臣作何所。欲。所願從之游，寸心於此足。

君王挺逸趣，羽旆臨崇基。白雲隨玉趾，青霞雜桂旗。淹留訪五藥，顧步佇三芝。之焉仰鑣駕，歲暮以爲五臣作終。期。

宿東園

沈約

陳王鬥鷄道，安仁采樵路。東郊豈異昔，聊可閑余步。野徑既盤紆，荒阡亦交互。槿籬疏復密，荆扉新且故。樹頂鳴風飈，草根積霜露。驚麏去不息，征鳥時相顧。茅棟嘯愁鴟，平岡走寒兔。夕陰帶曾阜，長烟引輕素。飛光忽我遒，豈善作寧。止歲云暮。若蒙西山藥，頹齡儻能度。

【眉批】

備極凄凉（批「茅棟」二句）。

游沈道士館

沈　約

秦皇御宇宙，漢帝恢武功。歡娛人事盡，情性猶未充。譚元春曰：「二語妙，寫盡從來富貴人好神仙病根。」鋭意三山上，托慕九霄中。既表祈年觀，復立望仙宫。寧爲心好道，直由意無窮。鍾惺曰：「斷得千古豪貪人心死。」曰余知止足，是願不須豐。遇可淹留處，便欲息微躬。又曰：「住此妙絶。」山嶂遠重疊，竹樹近蒙籠。開衿濯寒水，解帶臨清風。所累非外物，爲念在玄空。朋來握石髓，賓至駕輕鴻。都令人徑絶，唯使雲路通。又曰：求幽反淺。一舉陵倒景，無事適華嵩。寄言賞心客，歲暮爾來同。

【眉批】

鍾惺曰：「學道是何等事，與歡娛人事並説，妙妙。」

譚元春曰：「『情性』二字有許多天子氣、英雄氣在内。」

「寧爲」二語道破秦王、漢武侈心，可謂確論。

譚元春曰：「『直由意無窮』亦是放恣，不關玄奥。此休文曠觀之言。」

古意酬到長史溉登琅邪城

徐　悱

甘泉警烽侯，上谷抵善作拒。樓蘭。此江稱豁險，兹山復鬱盤。表裏窮形勝，襟帶盡巖巒。修篁壯下屬，危樓峻上干。登陴起遐望，迴首見長安。金溝朝灞滻，甬道入鴛鸞。鮮車鶩華轂，汗馬躍銀鞍。少年負壯氣，耿介立衡冠。懷紀燕山石，思開函谷丸。豈如霸上戲，羞取路傍觀。寄言封侯者，數奇良可嘆。

選詩卷二訂注

王粲《詠史詩》曹公好以己事誅殺賢良，故托言秦穆公殺三良自殉以諷之。

綆縻：皆繩索。

曹植《三良詩》植被文帝黜責，悔不隨武帝死而托是詩。

左思《詠史詩》

金張：金日磾、張湯。七葉：自武至平也。馮公：馮唐，白首屈於郎署。術：道也。許史：許皇后父廣漢爲平恩侯，史良娣兄恭爲樂陵侯。欻：忽也。

張協《詠史詩》協與兄載並守道不競，以屬詠自娱。少辟公府，後爲黄門郎，因托疾遂絶人事。協見朝廷貪禄位者衆，故詠此詩以刺之。

謝瞻《張子房詩》宋高祖北伐，見張良廟毁，乃修之，並命諸人爲詩。瞻時爲豫章太守，遥以和。

三殤：孔子過太山，有婦人哭於墓者，使子貢問之。曰：「吾舅死於虎，吾夫又死焉，吾子又死焉。」曰：「何不去也？」曰：「無苛政。」孔子曰：「小子志之，苛政猛於虎也。」秦之苛法天下厭之，其暴甚於此三殤也。代工：工官。言人代天理官。

薄蝕、欃搶：皆喻項羽，凡日不於晦朔蝕者曰薄，彗星爲欃搶。神武：謂宋高祖。明兩燭河陰，慶霄薄汾陽：明兩慶霄，皆喻宋高祖。河陰、汾陽，堯舜所居。甄：表也。揆：度也。周行：喻宋。

顔延之《秋胡詩》

鳧藻：秋胡望其妻而前，如鳧鳥得水草，歡躍而馳。高張生絶弦，聲急由調起：以琴瑟爲喻也。高張必致絶弦，立節有以盡苦；聲急自於調起，詞苦由乎恨深。

顔延之《五君詠》延年領步兵，好酒疏誕，不能斟酌當時。劉諶言於彭城王，出爲永嘉太守，延年甚怨憤，乃作《五君詠》，述竹林七賢以自喻。山濤、王戎由貴盛也，遂黜而不收。

默仙：鮑靚曰：「叔夜示人有終而實尸解。」則康默然而仙矣。郭奕：阮咸哀樂至到過絶於人。太原郭奕見之心醉。山公：山濤。《啓事》曰：咸若在官之職，必妙絶於時。吕：吕安。嵇：嵇康。山陽賦：秀嘗與嵇康寓河內山陽，後徑河內山陽作《思舊賦》。

鮑昭《詠史詩》

五都：洛陽、邯鄲、臨淄、宛、成都也。三川：河、洛、伊也，皆邑居豪華。

虞羲《詠霍將軍北伐詩》

七萃：萃，聚也。以智力之士七等聚之。魚麗：陣名。六郡：金城、隴西、天水、安定、北地、上郡。骨都：匈奴侯。日逐：匈奴王。激楚：清聲也。

應璩《百一詩》曹爽多違法度，璩爲是詩以諷焉。詩序云：時謂曹爽曰，公今聞周公巍巍之稱，安知百慮有一失乎？百一之名蓋興於此。

三入承明廬承明，謁天子待制之處。璩初爲侍郎，又爲常侍，又爲侍中，故云三入。此至嘆譽問者之辭。宋人遇周客：宋有愚人得燕石，以爲大寶而藏之。周客聞而觀焉，掩口盧胡而笑曰：「此燕石也，與瓦礫不殊。」

郭璞《游仙詩》

蹇修：古賢媒。赤松、浮丘、洪崖：並仙人。六龍：日駕也。淮海變微禽：雉入淮爲蜃，雀入水爲蛤。丹谿：

不死之國。雲螭：龍也。魯陽：魯陽公與韓遘難。戰酣，日暮，援戈而麾之，日爲之反三舍。潛穎怨青陽，陵苕哀素秋：穎、苕皆草木也。生潛隱之處，則怨青陽之不至。生陵阜之上，則哀素秋之早及。言仙俗殊事異，宜與此同。雜縣：爰居。見《國語》。陵陽、容成：皆仙人。五龍：皇后君也。兄弟五人皆人面而龍身，長曰角龍，次曰徵龍，次曰商龍，次曰羽龍，次曰宮龍。父與諸子同仙在五方。蓐收：孟秋神。西陸：日行西陸謂之秋。朱羲：日也。由白：立秋、秋分，西從白道。

左思《招隱詩》思苦天下溷濁，故將招尋隱者，欲以退不仕。

荒途横古今：荒廢之道，横絶古今，以喻時也。榛：木，叢生。

王康琚《反招隱詩》康琚以爲：混俗自處足以免患，何必山林，然後爲道。故作反招隱之詩，其情與隱者相反。

殷仲文《南州桓公九井作》姑熟，桓玄所出。大築府第於此國南，故曰南州。其畔九井山，仲文從玄於此游，故作是詩，叙其進退危懼之情也。

牝：谿谷爲牝。哲匠：匠，謂善宰萬物者，謂桓玄。逸爵：猶飛杯。紆勝引：邀屈勝人相引而傾。阿衡：謂玄。

匈奴哂：田千秋取相事。

謝混《游西池》混思與友朋相與爲樂也。

蟋蟀唱：《毛詩》曰：「蟋蟀在堂，歲聿其暮。今我不樂，日月其除。」勞者歌：《韓詩》曰：「《伐木》廢，朋友之道缺矣。勞者歌其事，皆思友之詩也。」美人：謂友人。南榮：庚桑楚謂：「南榮趎曰：『無使汝思慮營營。』」

謝惠連《泛湖歸出樓中玩月》

瀛：澤中曰瀛。山椒：山頂。

謝靈運《從游京口北固應詔》京口，江口。北固，山名。靈運從宋高祖上此山樓望江。

汾水游：堯見四子，汾水之陽。

謝靈運《晚出西射堂》射堂在永嘉西，靈運獨處常不得意，作是詩也。此以下皆永嘉所作。

含情尚勞愛萬物含情，尚愛儔類。

謝靈運《登池上樓》靈運被譖出，時有疾，起而作是。

潛虯飛鴻：虯以深潛而保真，鴻以高飛而遠害。今已嬰俗網，故有愧虯鴻也。

謝靈運《游赤石進帆海》

瀛壖：海岸也。窮髮：不毛之地，在北海之北。川后：波神。天吴：水伯。石華：附石生。海月：如鏡，皆中食。子牟：中山公子牟謂詹子曰：「身在江海之上，心居魏闕之下。」任公言：孔子困於陳，太公任往吊之曰：「直木先伐，甘泉先竭。」

謝靈運《登石門最高頂》

駛：疾也。九秋幹：松之類。三春荑：草之類。言心契堅貞，自游於道，玩色亦同於俗也。

謝靈運《於南山往北山經湖中瞻眺》

解作：《易》曰：「天地解而雷雨作，雷雨作而百果草木皆甲坼。」升長：草木升長。賞廢理誰通：賞心若廢，兹理誰爲通乎。

謝靈運《從斤竹澗越嶺溪行》

隈：曲也。隩：涯也。陘：山中斷。峴：山嶺。緬：遠也。企：舉踵。葉卷：初生未展。

顔延之《應詔觀北湖田收》從宋文帝游曲阿北湖，觀收田勤苦。

周御：周穆王周行天下，使有車轍馬跡。夏載：禹曰：「予乘四載，隨山刊木。」蓄軫：蓄車不行。豐穎：穎，穗也。

飛奔：車也。流綴：或散或連。緹轂：騎也。開冬眷徂物，殘悴盈化先：言開冬而視徂落之物，雖已殘悴，而尚盈於殘悴之先，言可觀也。攢素：木葉既落，霜封其枝。積翠：松柏交布。息饗報嘉歲，通急戒無年：息人饗宴以報豐歲，通人之急以備饑年。後筵：延年自謂。凌遽：捷速。纓牽：見前。

顔延之《車駕幸京口侍游蒜山作》

元天：山名。日觀：太山東南。入河起陽峽，踐華因削成：秦築長城，渡河據陽山。踐華山爲城，華山四面峻如削成。巖險去漢宇，襟衛徙吴京：言巖險之固，去彼漢宇；襟帶周衛，徙此吴京。宋都吴地，故曰吴京也。園縣：山陵。方望：祭四方群神。誕曜：浮曜也。應辰：辰，北方星。宋以水德，故云應辰。甍：屋棟。岳濱：齊桓公時，岳濱諸侯，莫不來服。祥習在卜征：先王卜征五年，歲卜其祥，祥習則行。昔老：謂司馬談也。天子始建漢家之封，而太史公留滯周南不得與。遺氓：自謂。空食疲廊肆，反税事巖耕：言己素餐疲於廊廟之列，今欲反輸國税，事耕巖下。

顔延之《車駕幸京口三月三日侍游曲阿後湖作》

春方：東方。五州：九州之地，宋得其五。山祇：山神。水若：水神。瑶軫：玉輅。藻舟：畫舟。萬軸：車也。胤：繼也。千翼：舟也。雕雲麗璇蓋：以玉飾蓋，雕鏤雲氣附於其上。綵斿：旗名。荆豔：楚歌。河激：女涓者，津吏之女。趙簡子渡河，於中流奏河激之歌。金練：金甲。民靈：人神也。鱗翰：魚鳥也。騫聳：驚懼。

鮑昭《行藥至城東橋》

開芳及稚節：開布芳華，宜在幼年。含彩吝驚春：含其光彩，驚惜春序。恐時過年謝。

沈約《鍾山詩應西陽王教》

鳳翔淮海：喻宋之興。八解：《維摩經》云：「八解之浴池，定水湛然溝。」四禪：《大品經》之初禪、二禪、三禪、四禪。五藥：草、木、蟲、石、穀。三芝：石芝、靈芝、肉芝。歲暮：喻老也。

沈約《宿東園》

祈年觀：秦所立。望仙宮：漢所立。

徐悱《古意酬到長史溉登琅邪城詩》

灞滻：二水名。鴛鸞：殿名。燕山石：竇憲破匈奴勒石。函谷丸：隗囂將王元謂囂曰：「請以一丸泥，東封函谷關。」霸上戲：漢匈奴入邊，劉禮軍霸上，文帝馳入其軍，曰：「霸上軍兒戲耳。」數奇：李廣不侯。

選詩卷三

梁昭明太子蕭統選

詠懷

詠懷詩十七首

嚴羽曰：「黄初之後，惟阮籍《詠懷》之作，極爲高古，有建安風骨。」王世貞曰：「阮公《詠懷》，遠近之間，遇境即際，興窮即止，坐不着論宗佳耳。人乃謂陳子昂勝之。何必子昂，宋人寧無感興乎哉？」王世懋曰：「阮公《詠懷詩》，亦自深於寄托。」

阮籍

夜中不能寐，起坐彈鳴琴。薄帷鑒明月，清風吹我衿。孤鴻號外野，翔鳥鳴北林。徘徊將何見，憂思獨傷心。鍾惺曰：「予嘗謂陳子昂、張九齡《感遇詩》格韻興味，有遠出《詠懷》上者。此語不可告千古瞶人，請即質之阮公。」

二妃游江濱，逍遥順風翔。交甫懷環珮，婉孌有芬芳。猗靡情歡愛，千載不相忘。傾城迷下蔡，容好結中腸。感激生憂思，萱草樹蘭房。膏沐爲誰施，其雨怨朝陽。如何金石交，一旦更離傷。

嘉樹下成蹊，東園桃與李。秋風吹飛藿，零落從此始。繁華有憔悴，堂上生荆杞。驅馬舍之去，去上西山趾。一身不自保，何況戀妻子。凝霜被野草，歲暮亦云已。

昔日繁華子，安陵與龍陽。夭夭桃李花，灼灼有輝光。悦澤若九春，磬折似秋霜。流盼發姿媚，言笑吐芬芳。携手等歡愛，宿昔同衣裳。願爲雙飛鳥，比翼共翱翔。丹青著明誓，永世不相忘。

天馬出西北，由來從東道。春秋非有托，富貴焉常保。清霜被皋蘭，凝霜霑野草。朝爲美善作媚。少年，夕暮成醜老。自非王子晉，誰能常美好。

登高臨四野，北望青山阿。松柏翳岡岑，飛鳥鳴相過。感慨懷心酸，怨毒常苦多。李公悲東門，蘇子狹三河。求仁自得仁，豈復嘆咨嗟。

開秋兆凉氣，蟋蟀鳴床帷。感物懷殷憂，悄悄令心悲。多言焉所告，繁辭將訴誰。微風吹羅袂，明月耀清輝。晨鷄鳴高樹，命駕起旋歸。

平生少年時，輕薄好弦歌。西游咸陽中，趙李相經過。娛樂未終極，白日忽蹉跎。驅馬復來歸，反顧望三河。黄金百鎰善作溢。盡，資用常苦多。北臨太行道，失路將如何。

昔聞東陵瓜，近在青門外。連畛距阡陌，子母相鈎帶。五色曜朝日，佳賓四面會。膏火自煎熬，多財爲患害。布衣可終身，寵禄豈足賴。

步出上東門，北望首陽岑。下有采薇士，上有嘉樹林。良辰在何許，凝霜霑衣襟。寒風振山岡，玄雲起重陰。鳴鴈飛南征，鶗鴂發哀音。素質由商聲，凄愴傷我心。

昔年十四五，志尚好書詩。五臣作詩書。被褐懷珠玉，顔閔相與期。開軒臨四野，登高有善作望。所思。丘墓蔽山岡，萬代同一時。千秋萬五臣作百。歲後，榮名安所之。乃悟善作悮。羨門子，噭噭今自嗤。善作蚩。

徘徊蓬池上，還顧望大梁。緑水揚洪波，曠野莽茫茫。走獸交横馳，飛鳥相五臣作自。隨翔。是時鶉火中，日月正相望。朔風厲嚴寒，陰氣下微霜。羈旅無疇匹，俯仰懷哀傷。小人計其功，君子道其常。豈惜終憔悴，詠言著斯章。

炎暑唯兹夏，三旬將欲移。芳樹垂緑葉，清雲自逶迤。四時更代謝，日月遞差馳。徘徊空堂上，忉怛莫我知。願睹卒歡好，不見悲別離。

灼灼西頹善作隤。日，餘光照我衣。迴風吹四壁，寒鳥相因依。周周尚銜羽，蛩蛩亦念饑。如何當路子，磬折忘所歸。豈爲夸譽名，憔悴使心悲。寧與燕雀翔，不隨黃鵠飛。黃鵠游四海，中路將安歸！

獨坐空堂上，誰可與歡者。出五臣作山。門臨永路，不見行車馬。登高望九州，悠悠分曠野。孤鳥西北飛，離獸東南下。日暮思親友，晤言用自寫。

北里多奇舞，濮上有微音。輕薄閑游子，俯仰乍五臣作作。浮沈。捷徑從狹路，僶俛趣荒淫。焉見王子喬，乘雲翔鄧林。獨有延年術，可以五臣作用。慰我心。

湛湛長江水，上有楓樹林。皐蘭被徑路，青驪逝駸駸。遠望令人悲，春氣感我心。三楚多秀士，朝雲進荒淫。朱華振芬芳，高蔡相追尋。一爲黃雀哀，涕下誰能禁。

【眉批】

劉良曰：「觀其體趣，實謂幽深。非夫作者，不能探測之。」

李善曰：「嗣宗雖在亂朝，常恐罹謗遇禍，因茲發詠，故每有憂生之嗟，雖志在刺譏，而文多隱避，百代之下，難以情測。」

遘閔眷懷，詞旨淵放，感激直率，上薄風雅，達人之旨，逸民之心也。

諸詩非作於一時，各因情景物候耳，舊注太泥憂時托喻。

道義交不如私昵，感深之言也（批「昔日繁華子」一首）。

楊慎曰：「趙、李，顔延年以爲趙飛燕、李夫人。劉會孟謂：『安知非實有此人，不必深求其誰何也。』」

不詳詩意『咸陽趙、李』，謂游俠近幸之儔。《漢書·谷永傳》：小臣趙、李，從微賤尊寵，成帝常與微行者。籍用趙、李正出此。若如顔説趙飛燕、李夫人，豈可言『經過』？如劉言當時實有此人，唐王維詩：『日夜經過趙李家。』豈唐時亦實有此人乎？乃知讀書不詳考深思，雖延年之博學、會孟之精鑒，亦不免失之，況下此者耶？」

范晞文曰：「可謂混貴賤之殊，齊死生之變。」（批「昔年十四五」一首）

鍾惺曰：「『忘所歸』粘。『罄折』二字妙。」又曰：「『安卑之語，其實不平。」

魏慶之曰：「一篇押二『歸』字。」（批「灼灼西頹日」一首）

秋懷詩

謝惠連

平生無志意，少小嬰憂患。如何乘苦心，矧復值秋晏。皎皎天月明，奕奕河宿爛。蕭瑟含風蟬，寥唳度雲雁。寒商動清閨，孤燈曖幽幔。耿介繁慮積，展轉長宵半。夷險難預善作豫。謀，倚伏昧前算。雖好相如達，不同長卿慢。頗悦鄭生偃，無取白衣宦。未知古人心，且從性所玩。賓至可命觴，朋來當染翰。高臺驟登踐，清淺五臣作銷。時陵亂。頹魄不再圓，傾羲無兩旦。金石終消五臣作銷。毁，丹青暫雕焕。各勉玄髮歡，無貽白首嘆。因歌遂成賦，聊用布親串。

【眉批】

何良俊曰：「所謂芙蓉出水，不但康樂爲然。如惠連《秋懷玄暉》『澄江浄如練』等句，皆有天然妙麗處。」

銳思。

鍾惺曰：「含吐不盡。」又曰：「妙於看古人，妙於自裁。」又曰：「高識正是善學古人處。」

臨終詩

歐陽建

伯陽適西戎，孔子欲居蠻。善作子欲居九蠻。苟懷四方志，所在可游盤。況乃遭屯蹇，顛沛遇灾患。古人達機兆，策馬游近關。咨余冲且暗，抱責守微官。潛圖密已構，成此禍福端。恢恢六合間，四海一何寬。天網布紘綱，投足不獲安。松柏隆冬瘁，然後知歲寒。不涉太行險，誰知斯路難。真僞因事顯，人情難豫觀。窮達有定分，慷慨復何嘆。上負慈母恩，痛酷摧心肝。下顧所五臣作嬌。憐女，惻惻心中酸。二子棄若遺，五臣作棄棄遺。念皆遘凶五臣作其。殘。不惜一身死，惟此如循環。執紙五情塞，揮筆涕汍瀾。

【眉批】

機事不密，詩亦何爲。

哀傷

幽憤詩

嵇康

鍾惺曰：「自怨自艾，自供自悔，知其所以殺身之道，而性不可化，付之無奈，高士每有此病。總之，千言萬語不外『才多識寡』四字。」又曰：「句句自責，却句句占地步。」譚元春曰：「似自狀，似年譜，歷叙得妙，引咎得妙。字字是嵇叔夜《幽憤詩》，摹仿移動不得。」

嗟余薄祜，善作祐。少遭不造。哀煢靡識，越在繈緥。母兄鞠育，有慈無威。恃愛肆姐，音咀。不訓不師。爰及冠帶，善本無此二句。馮寵自放。抗心希古，任其所尚。托好老莊，賤物貴身。志在守樸，養素全真。曰余不敏，好善闇人。子玉之敗，屢增惟塵。大人含弘，藏垢懷耻。民之多僻，政不由己。惟此褊心，顯明臧否。感悟思愆，怛若創痏。欲寡其過，謗議沸騰。性不傷物，頻致怨憎。昔慚柳惠，今愧孫登。内負宿心，外恧良朋。仰慕嚴鄭，樂道閑居。與世無營，神氣晏如。咨予不淑，嬰累多虞。匪降自天，實由頑疏。理蔽患結，卒致囹圄。對答鄙訊，縶此幽阻。實耻訟冤，善作免。時不我與。雖曰義直，神辱志沮。澡身滄浪，豈云能補。嗈嗈五臣作雝。鳴雁，奮五臣作勵。翼北游。順時而動，得意忘憂。嗟我憤嘆，曾莫能儔。事與願違，遘兹淹留。窮達有命，亦又何求。古人有言，善莫近名。奉時恭默，咎悔不生。萬石周慎，安親保榮。世務紛紜，祇攪予情。安樂必誠，乃終利貞。煌煌靈芝，一年三秀。予獨何爲，有志不就。懲難思復，心焉内疚。庶勗將來，無馨無臭。采薇山阿，散髮巖岫。永嘯長吟，頤性養壽。

【眉批】

鍾惺曰：「後世高人行徑，古人引爲罪過。非惟自處之嚴，抑亦觀理之深。」又曰：「不及阮公處，自家道破。」

近愧孫登，情思可知。

葉夢得曰：「『性不傷物』四句，志鍾會之悔也。吾嘗讀《世説》，知康乃魏宗室婿，審如此，雖不忤鍾會，寧能免死？」

李善曰：「『免』或爲『寃』，非也。」

鍾惺曰：「此下有『東門黄犬，華亭鶴唳』之意。」

七哀詩　曹植

釋皎然曰：「『明月』二句與宣城公『金波麗鳷鵲，玉繩低建章』、江文通『露綵方泛灧，月華如徘徊』，其葉艷如百華芙蓉，菡萏照水。」

明月照高樓，流光正徘徊。上有愁思婦，悲嘆有餘哀。借問嘆者誰？言是宕子妻。君行踰十年，孤妾常獨棲。君若清路塵，妾若濁水泥。浮沈各異勢，會合何時諧？願爲西南風，長逝入君懷。君懷良不開，賤妾當何依。皇甫汸曰：「此詩云『願爲西南風，長逝入君懷』。齊澣『將心寄明月，流影入君懷』，以月代風，善發詩人之意。」

【眉批】

李善曰：「贈答子建在仲宣之後，而此在前，誤也。」又曰：「皎月流輝，輪無輟照，以其餘光未没，似若徘徊。前覺以爲文外旁情，斯言當矣。」

不事雕琢，自是雄渾。

王昌齡曰：「此詩格高，不極辭於怨曠，而意自章。」

七哀詩二首　王粲

楊慎曰：「劉文房詩『已是洞庭人，猶看灞陵月』，孟東野詩『長安日下影，又落江湖中』。語意相似，皆寓戀闕之意。然總不若王仲宣云『南登灞陵岸，回首望長安』含蓄藴藉，自然不可及也。」

西京亂無象，豺虎方遘患。復棄中國去，遠身適荆蠻。親戚對我悲，朋友相追攀。出門無所見，白骨蔽中原。路有饑婦人，抱子棄草間。顧聞號泣聲，揮涕獨不還。未知身死處，何能兩相完？驅馬棄之去，不忍聽此言。南登霸陵岸，回首望長安。悟彼下泉人，喟然傷心肝。

荆蠻非我鄉，何爲久滯淫？方舟溯大江，日暮愁我心。山岡有餘暎，巖阿增重陰。狐狸馳赴穴，飛鳥翔故林。流波激清響，猿猴臨岸吟。迅風拂裳袂，白露霑衣襟。獨夜不能寐，攝衣起撫琴。絲桐感人情，爲我發悲音。羈旅無終極，憂思壯難任。

【眉批】

黯然有「黍離」之風。

釋皎然曰：「『出門』起至『聽此言』，事在耳目，故傷見乎辭。及至『南登』二句，察思則已極，覽詞則不傷。一篇之功，並在於此，使古今作者味之無厭。末句因『南登灞陵岸』，『悟彼下泉人』，蓋以逝者不返，吾將何覩，故有傷肝之嘆。沈約云『不勞經史，直率胸臆』，吾許其知詩者也。」

七哀二首

張　載

北邙善作芒。何壘壘，高陵有四五。借問誰家墳？皆云漢世主。恭文遥相望，原陵鬱膴膴。季世五臣作葉。喪亂起，賊盗如豺虎。毁壞過一抔，便方啓幽户。珠柙離玉體，珍寶見剽虜。園寢化爲墟，周墉無遺堵。蒙蘢荆棘生，蹊徑登童豎。狐兔窟其中，蕪穢不復掃。頽隴並墾發，萌隸營農圃。昔爲萬乘君，今爲丘山土。

感彼雍門言，淒愴哀往古。

秋風吐商氣，蕭瑟掃前林。陽鳥五臣作烏。收和響，寒蟬無餘音。白露中五臣作朝。夜結，木落柯條森。先光馳北陸，浮景忽西沈。顧望無所見，唯睹松柏陰。肅肅高桐枝，翩翩栖孤禽。仰聽離鴻鳴，俯聞蜻蛚吟。哀人易感傷，觸物增悲心。丘隴日已遠，纏綿思彌善作彌思。深。憂來令髮白，誰云愁可任。徘徊向長風，淚下霑衣襟。

【眉批】

葛立方曰：「子建之《七哀》，在於獨栖之思婦；仲宣之《七哀》，在於棄子之婦人；孟陽之《七哀》，在於已毁之園寢。」

悼亡詩三首

潘　岳

荏苒冬春謝，寒暑忽流易。之子歸窮泉，重壤永幽隔。私懷誰克五臣作剋。從，淹留亦何益？僶俛恭朝命，迴心返初役。望廬思其人，入室想所歷。幃屏無髣髴，翰墨有餘跡。流芳未及歇，遺挂猶在壁。悵怳如或存，周遑忡驚惕。如彼翰林鳥，雙栖五臣作飛。一朝隻。如彼游川魚，比目中路析。春風緣隙來，晨霤承簷善作檐。滴。寢息何時忘？沈憂日盈積。庶幾有時衰，莊缶猶可擊。

皎皎窗中月，照我室南端。清商應秋至，溽暑隨節闌。凜凜涼風升，始覺夏衾單。豈云無重纊，誰與同歲寒？歲寒無與同，朗月何朧朧。展轉眄枕席，長簟竟床空。床空委清塵，室虚來悲風。獨無李氏靈，髣髴睹爾容。撫衿長嘆息，不覺涕霑五臣作淚沾。胸。霑五臣作沪。胸安能已？悲懷從中起。寢興目五臣作自。存形，遺音猶在耳。上慚東門吴，下愧蒙莊子。賦詩欲言志，此志難具紀。命也可奈何？長戚自令鄙。

曜靈運天機，四節代遷逝。淒淒朝露凝，烈烈五臣作列列。夕風厲。奈何悼淑儷，儀容永潛翳。念此如昨日，誰知已卒歲。改服從朝政，哀心寄私制。茵幬張故房，朔望臨爾祭。爾祭詎幾時，朔望忽復盡。衾裳一毀撤，千載不復引。亹亹期月周，戚戚彌相五臣作想。愍。悲懷感物來，泣涕應情隕。駕言陟東阜，望墳思紆軫。徘徊墟墓間，欲去復不忍。徘徊不忍去，徙倚步踟躕。落葉委埏側，枯荄帶墳隅。孤魂獨煢煢，安知靈與無？投心遵朝命，揮涕强就車。誰謂帝宫遠？路極悲有餘。

【眉批】

清響淒切，匠思隕涕。前後二首更甚。

鍾惺曰：「潘、陸之病，在情爲辭没，而不能自出。此作情居其勝，而辭不能没，所以佳。」又曰：「真情苦境，不真不苦，不苦不細。」又曰：「其妻亦韻甚。」

譚元春曰：「『如彼』四語不佳，去之反悼得深。」

二景難堪（批「春風」二句）。

鍾惺曰：「『庶幾』者情至不能自主之詞。」

令人欲淚（批「衾裳」二句）。

廬陵王墓下作　　謝靈運

曉月發雲陽，落日次朱方。含凄泛廣川，洒淚眺連岡。善作崗。眷言懷君子，沈痛結五臣作切。中腸。道消結憤懣，運開申悲涼。神期恒若存，德音初不忘。徂謝易永久，松柏森已行。延州協心許，楚老惜蘭芳。解劍竟何及，撫墳徒自傷。平生疑若人，通蔽互相妨。理感深情慟，定非識所將。脆促良可哀，夭枉特兼常。一隨往化滅，安用空名揚。舉聲泣已洒，五臣作灑。長嘆不成章。

【眉批】既以廬陵之故被黜，至闕復以此對，可見古人交情。

拜陵廟作　　顏延之

周德恭明祀，漢道尊光靈。哀敬隆祖廟，崇樹嘉園塋。逮事休命始，投足階王庭。陪厠迴天顧，朝宴流聖情。早服身義重，晚達生戒輕。否來王澤竭，泰往人悔形。敕躬慚積素，復與昌運並。恩合非漸漬，榮會在逢迎。夙御嚴清制，朝駕守禁城。束紳入西寢，伏軾出東坰。衣冠終冥漠，陵邑轉葱青。松風遵路急，山烟冒壠生。皇心憑容物，民思被歌聲。萬紀載弦吹，千歲善作載。托旒旌。未殊帝世遠，已同淪五臣作倫。化萌。幼壯善作壯。困孤介，末暮謝幽貞。發軌喪夷易，歸軫慎崎傾。

同謝諮議銅爵臺詩　謝朓

繐帷飄井幹，音寒。罇酒若平生。鬱鬱西陵樹，詎聞歌吹聲。芳襟染淚迹，嬋媛空復情。玉座猶寂寞，况乃善作迺。妾身輕。

【眉批】
長於諷，興致清麗。
鍾惺曰：「『罇酒』句，《十九首》中妙語。」又曰：「婉約稱情。」又曰：「要知是深情語，不是敗興語。」

出郡傳舍哭范僕射　任昉

平生禮數絶，式瞻在國楨。一朝萬化盡，猶我故人情。待時屬興運，王佐俟民英。結歡三十載，生死一交情。攜手遁衰孽，接景事休明。運阻衡言革，五臣無此二句。時泰玉階平。濬冲得茂彦，夫子值狂生。伊人有涇渭，非余揚濁清。將乖不忍别，欲以遣離情。不忍一辰意，千齡萬恨生。

已矣平生事，詠歌盈篋笥。兼復相嘲謔，常與虚舟值。何時見范侯？還叙平生意。

與子别幾辰？經塗不盈旬。弗睹朱顔改，徒想平生人。寧知安歌日，非君撤瑟晨？已矣余何嘆，輟舂哀國均。鍾惺曰：「情辭宛至，幾與『生平年少日』一首同妙。然覺沈詩是全副做到極妙處，此詩是逐句做到極妙處。」

【眉批】

愀愴。

嚴羽云：「凡兩用『生』字韻，三用『情』字韻。兩『生』猶是兩意，三『情』字皆同一意。」

王世懋曰：「詩病有重韻者，此詩三壓『情』字。」

鍾惺曰：「『弗睹朱顔改』不惟存没之感，並聚散之感亦在其中。下三句之妙從此生。」

范晞文曰：「白樂天亦用之，曰：『當君白首同歸日，是我青山獨往時。』」

贈答

贈蔡子篤詩

王粲

翼翼飛鸞，載飛載東。我友云徂，言戾舊邦。舫舟翩翩，以泝大江。蔚矣荒塗，時行靡通。慨我懷慕，君子所同。悠悠世路，亂離多阻。濟岱江行，五臣作衡。邈焉異處。風流雲散，一别如雨。人生實難，願其弗與。瞻望遐路，允企伊佇。烈烈冬日，肅肅淒風。潛鱗在淵，歸雁載軒。苟非鴻鵰，焉能飛翻？雖則追五臣作進。慕，予思罔宣。瞻望東路，慘愴增嘆。率彼江流，爰逝靡期。君子信誓，不遷於時。及子同寮，生死固之。何以贈行？言授斯詩。中心孔悼，涕淚漣洏。嗟爾君子，如何勿思？

贈士孫文始　　王　粲

天降喪亂，靡國不夷。我暨我友，自彼京師。宗守盪失，越用善作有。遁違。遷於荆楚，在漳之湄。在漳之湄，亦克宴處。和通篪塤，比德車輔。既度禮義，卒獲笑語。庶茲永日，無譽厥緒。雖曰無譽，時不我已。同心離事，乃有逝止。横此大江，淹彼南汜。我思弗及，載坐載起。惟彼南汜，君子居之。悠悠我心，薄言慕之，人亦有言，靡喆不思。矧伊嬿婉，胡不凄而。晨風夕逝，托與之期。瞻仰王室，慨其永嘆。平聲。良人在外，誰佐天官？四國方阻，俾爾歸藩。爾之歸藩，作式下國。無曰蠻裔，不虔汝德。慎爾所主，五臣作之。率由嘉則。龍雖勿用，志亦靡忒。悠悠澹澧，鬱彼唐林。雖則同域，邈其迥深。白駒遠志，古人所箴。允矣君子，不遐厥心。既往既來，無密爾音。

【眉批】四言詩，《三百篇》而下，都不免斧痕。

贈文叔良　　王　粲

翩翩者鴻，率彼江濱。君子於征，爰聘西鄰。臨此洪渚，伊思梁岷。爾行孔邈，如何勿勤？君子敬始，慎爾所主。謀言必賢，五臣作貞。錯説申輔。延陵有作，僑肹是與。先民遺跡，來世之矩。既慎爾主，亦迪知幾。探情以華，睹著知微。視明聽聰，靡事不惟。董褐荷名，胡寧不師？衆不可蓋，無尚我言。梧宫致辯，齊楚構患。成功有要，在衆思歡。人之多忌，掩之實難。瞻彼黑水，滔滔其流。江漢有卷，允來厥休。二邦若否，職汝之由。緬彼行人，先克弗留。尚哉君子，異於他仇。人誰不勤？無厚我憂。惟詩作贈，敢詠在舟。

【眉批】

楊慎曰：「『探情以華』本於《史記·律書》『精核其華，道者明矣』注：『華』者，貌也。然《史記》之語，觀仲宣之詩而益明；仲宣之詩，得李善之解而始白。觀詩所以貴乎博證也。」

贈五官中郎將四首

劉楨

昔我從元后，整駕至南鄉。過彼豐沛都，與君共翱翔。四節相推斥，季冬風且涼。衆賓會廣座，善作坐。明鐙五臣作燈。熺炎光。清歌製妙聲，萬舞在中堂。金罍含甘善作其。醴，羽觴行無方。長夜忘歸來，聊且爲太康。四牡向路馳，歡善作嘆。悦誠未央。

余嬰沈痼疾，竄身清漳濱。自是涉玄冬，彌曠五臣作廣。才餘旬。常恐游岱宗，不復見故人。所親一何篤，步趾慰我身。清談同日夕，情眄叙憂勤。便復爲别辭，游車歸西鄰。素葉隨風起，廣路揚埃塵。逝者如流水，哀此遂離分。追問何時會？要我以陽春。望慕結不解，貽爾新詩文。勉哉修令德，北面自寵珍。

秋日多悲懷，感慨以長嘆。終夜不遑寐，叙意於濡翰。明鐙五臣作燈。曜閨中，清風凄已寒。白露塗前庭，應門重其關。四節相推斥，歲月忽欲殫。壯士遠出征，戎事將獨難。涕泣洒衣裳，能不懷所歡！

涼風吹沙礫，霜風五臣作氛霜。何皚皚。明月照緹幕，華燈散炎輝。賦詩連篇章，極夜不知歸。君侯多壯思，文雅縱橫飛。小臣信頑魯，善作鹵。僶俛安能追！

【眉批】

《詩品》謂：「氣過其文，雅潤似少。」觀此信然。

嚴羽曰：「此元后與王仲宣從軍，二聖君皆指曹操，豐沛郡喻操譙郡。仲宣又曰：『竊慕負鼎翁，願厲朽鈍姿。』是欲效伊尹負鼎於湯以伐夏也。是時漢帝尚在，而二子之言如此，一曰元后，一曰聖君，正與荀彧比曹操爲高光同科，《春秋》誅心之法，二子其何逃。」

贈徐幹

劉　楨

誰謂相去遠？隔此西掖垣。拘限清切禁，中情無由宣。思子沈心曲，長嘆不能言。起坐失次第，一日三四遷。步出北寺門，遥望西苑園。細柳夾道生，方塘含清源。輕葉隨風轉，飛鳥何翻翻。乖人易感動，涕五臣作淚。下與衿連。仰視白日光，皦皦高且懸。兼燭八紘内，物類無頗偏。我獨抱深感，不得與比焉。

【眉批】

范晞文曰：「張平子詩云：『我聞其聲，載坐載起。』王仲宣云：『我思弗及，載坐載起。』劉公幹云『思子沈心曲』四句，懷人之意，盡於此矣。」

贈從弟三首

劉楨

泛泛東流水，磷磷水中石。蘋藻生其涯，華葉紛擾溺。采之薦宗廟，可以羞嘉客。豈無園中葵，懿此出深澤。

亭亭山上松，瑟瑟谷中風。風聲一何盛，松枝一何勁！冰霜正慘凄，終歲常端正。豈不羅凝寒？松柏有本性。末語佳。

鳳凰集南嶽，徘徊孤竹根。於心有不厭，奮翅凌紫氛。豈不常勤苦，中二語佳。羞與黄雀群。何時當來儀？將須聖明君。

【眉批】

末語佳（批第一首）。

葛立方曰：「建安七子，惟劉公幹獨爲諸王子所親。曹操威焰蓋世，甄夫人出拜，諸人皆伏而公幹獨平視，雖論作而不悔，亦可嘉矣。公幹『贈從弟』詩云『亭亭山上松』等語，其寄意如是，豈肯少屈於操哉？末篇又托興鳳凰，有：『何時當來儀，將須聖明君。』則不以聖明待操矣。」

贈徐幹

曹植

驚風飄白日，忽然歸西山。圓景光未滿，衆星粲以繁。志士營世業，小人亦不閑。聊且夜行游，游彼雙闕間。文昌鬱雲起，迎風高中天。春鳩鳴飛棟，流猋五臣作猋。激櫺軒。顧念蓬室士，貧賤誠足憐。薇藿弗充虛，皮褐猶不全。慷慨有悲心，興文自成篇。寶棄怨何人？和氏有其愆。彈冠俟知己，知己誰不然。良田無晚歲，膏澤多豐年。亮懷璵璠美，積久德逾五臣作愈。宣。親交義在敦，申章復何言。

贈丁儀　曹植

初秋涼氣發，庭樹微銷落。凝霜依玉除，清風飄飛閣。朝雲不歸山，霖雨成川澤。黍稷委疇隴，農夫安所獲。在貴多忘賤，爲恩誰能博？狐白足禦五臣作御。冬，焉念無衣客。思慕延陵子，寶劍非所惜。子其寧爾心，親交意不薄。

贈王粲　曹植

端坐苦愁思，攬善作攬。衣起西游。樹木發春華，清池激長流。中有孤鴛鴦，哀鳴求匹儔。我願執此鳥，惜哉無輕舟。欲歸忘故道，顧望但懷愁。悲風鳴我側，羲和逝不留。重陰潤萬物，何懼澤不周。誰令君多念，自使懷百憂。

【眉批】末句與「重陰」之語責備。

贈丁儀王粲

曹植

從軍度函谷，驅馬過西京。山岑高無極，涇渭揚濁清。壯哉帝王居，佳麗殊百城。員闕出浮雲，承露槩太清。皇佐揚天惠，四海無交兵。權家雖愛勝，全國爲令名。君子在末位，不能歌德聲。丁生怨在朝，王子歡自營。歡怨非貞則，中和誠可經。

【眉批】

「皇佐」二字立言有法，一時詞人皆不及。

子建才名所遭危疑，故抑鬱無聊，然無一怨語。今人處順境而動則罵坐，何也？

贈白馬王彪七首

曹植

謁帝承明廬，逝將歸舊疆。清晨發皇邑，日夕過首陽。伊洛廣且深，欲濟川無梁。泛舟越洪濤，怨彼東路長。顧瞻戀城闕，引領情内傷。

大善作太。谷何寥廓，山樹鬱蒼蒼。霖雨泥我塗，流潦浩縱横。中逵絶無軌，改轍登高岡。修坂善作土。造雲日，我馬玄以黄。

玄黄猶能進，我思鬱以紆。鬱紆將難五臣作何念。進，親愛在離居。本圖相與偕，中更不克俱。鴟梟鳴衡枙，豺狼當路衢。蒼蠅間白黑，讒巧令親疏。欲還絶無蹊，攬轡止踟躕。

踟躕亦何善作可。留，相思無終極。秋風發微涼，寒蟬鳴我側。原野何蕭條，白日忽西匿。歸鳥赴喬林，翩翩厲羽翼。孤獸走索群，銜草不遑食。感物傷我懷，撫心長太息。太息將何爲？天命與我違。奈何念同生，一往形不歸。孤魂翔故域，靈柩寄京師。存者忽復過，亡没身自衰。人生處一世，去若朝露晞。年在桑榆間，影響不能追。自顧非金石，咄唶令心悲。心悲動我神，棄置莫復陳。丈夫志四海，萬里猶比鄰。恩愛苟不虧，在遠分日親。何必同衾幬，然後展殷勤。憂思成疾疢，無乃兒女仁。倉卒骨肉情，鍾惺曰：「五字悲。」能不懷苦辛。苦辛何慮思？天命信可疑。虚無求列仙，松子久吾欺。變故在須臾，百年誰能持。離别永無會，執手將何時？王其愛玉體，俱享黄髮期。收淚即長路，援筆從此辭。

【眉批】

王世貞曰：「子建『謁帝承明廬』，『明月照高樓』，子桓『西北有浮雲』，『秋風聽蕭瑟』，非鄴中諸子可及，仲宣、公幹遠在下風。吾每至『謁帝』一章，便數十過不可了。悲婉宏壯，情事理境，無所不有。」又曰：「此詩全法《大雅・文王之什》體，以故首二章不相承耳。後之不知，有欲合而爲一者，良可笑也。」

子建五言古，鍾嶸品其入室，信然。

鍾惺曰：「漢樂府妙語。」

鍾惺曰：「無可奈何，强作壯語。」（批「心悲」四句）

若自解而愈不自禁，情真調苦。（批「無奈」二句）

贈丁翼　　曹植

嘉賓填城闕，豐膳出中厨。吾與二三子，曲宴此城隅。秦筝發西氣，齊瑟揚東謳。肴來不虚歸，觴至反無餘。我豈狎異人，朋友與我俱。大國多良林，譬海出明珠。君子義休偫，五臣作待。小人德無儲。積善有餘慶，榮枯立可須。滔蕩固大節，時俗多所拘。君子通大道，無願爲世儒。

贈秀才入軍五首　　嵇康

良馬既閑，麗服有暉。左攬繁弱，右接忘歸。風馳電五臣作雷。逝，躡景五臣作影。追飛。凌厲中原，顧盼生姿。携我好仇，載我輕車。南凌長阜，北厲清渠。仰落驚鴻，俯引淵魚。盤於游田，其樂只且。

輕車迅邁，息彼長林。春木載榮，布葉垂陰。習習谷風，吹我素琴。咬咬黄鳥，顧疇弄音。感悟馳情，思我所欽。心之憂矣，永嘯長吟。

浩浩洪流，帶我邦畿。萋萋緑林，奮榮揚暉。魚龍瀺灂，山鳥群飛。駕言出游，五臣作游之。日夕忘歸。思我良朋，如渴如饑。願言不獲，愴矣其悲。

息徒蘭圃，秣馬華山。流磻平皋，垂綸長川。目送歸鴻，手揮五弦。俯仰自得，游心太善作泰。玄。嘉彼釣叟，得魚忘筌。郢人逝矣，誰與盡言？

閑夜肅清，朗月照軒。微風動袿，一作幃。組帳高褰。旨酒盈樽，五臣作罇。莫與交歡。鳴琴在御，誰與鼓彈。仰慕同趣，其馨若蘭。佳人不在，五臣作存。能不永嘆。

【眉批】

葛立方曰：「《贈秀才入軍》，李善謂兄喜秀才；而張銑謂叔夜弟，不知其名。考五詩或曰『携我好仇』，或曰『思我良朋』，或曰『佳人不在』，皆非兄弟之稱。善、銑所注，恐未必然。」

楊慎曰：「『目送歸鴻』二語與曹孟德『月明星稀』，直後世四言耳。工則工矣，比之《三百篇》猶隔尋丈也。」

范晞文曰：「『目送』四句，運思寫心夐不同。」

贈山濤

司馬紹統

苕苕椅桐樹，寄生於南岳。上凌青雲霓，下臨千仞谷。處身孤且危，於何托余足？昔也植朝陽，傾枝俟鸞鷟。今者絶世用，倥偬見迫束。班匠不我顧，牙曠不我録。焉得成琴瑟，何由揚妙曲？冉冉三光馳，五臣作遲。逝者一何速。中夜不能寐，撫劍起躑躅。感彼孔聖嘆，哀此年命促。卞和潛幽冥，誰能證奇璞？冀願神龍來，揚光以見燭。

答何劭二首

張　華

吏道何其迫？窘然坐自拘。纓緌爲徽纆，文憲焉可踰？恬曠苦不足，煩促每有餘。良朋貽新詩，示我以游娱。穆如洒清風，焕善作奂。若春華敷。自昔同寮采，於今比園廬。衰疾善作夕。近辱殆，五臣作殆辱。庶幾並懸輿。散髮重陰下，抱杖臨清渠。屬耳聽鶯鳴，流目玩儵魚。從容養餘日，取樂於桑榆。

洪鈞陶萬類，大塊稟群生。明闇信異姿，静躁亦殊形。自予及有識，志不在功名。虚恬竊所好，文學少所經。忝荷既過任，白日已西傾。道長苦智短，責重困才輕。周任有遺規，其言明且清。負乘爲我戒，夕惕坐自驚。是用感嘉貺，寫心出中誠。發篇雖温麗，無乃違其情。

【眉批】

劉良曰：「何劭贈華詩，此詩之下是也。贈答之體，則贈詩當爲先。今以答爲先者，蓋依先賢所編，不復追改也。」

二語令人滌去塵想（批「恬曠」二句）。

范晞文曰：「以對言之，則當云『清風麗』、『聽鳴鸎』也。古對間當如此。亦《楚詞》『蕙肴蒸兮蘭藉，奠桂酒兮椒漿。』」

贈張華

何　劭

四時更代謝，懸象迭卷舒。暮春忽復來，和風與節俱。俯臨清泉涌，仰觀嘉木敷。周旋我陋圃，西瞻廣武廬。既貴不忘儉，處有能存無。鎮俗在簡約，樹塞焉能摹？在昔同班司，今者並園墟。私願偕黄髪，逍遥綜琴書。舉爵茂陰下，攜手共躊躇。奚用遺形骸？忘筌在得魚。

【眉批】

葛立方曰：「《晉史》稱何劭驕奢簡貴，衣裘服玩，新故巨積，食必盡四方珍異，一日之供，以錢二萬爲限。而曾所食，不過萬錢，是劭之自奉過於父也。而劭贈張華詩乃云『周旋我陋圃』云云，是以姬孔爲法，管氏爲戒也。審能如是，則史所書又何如耶？以史爲正，則劭所言誣矣。」

贈馮文羆遷斥丘令

陸　機

於皇聖世，五臣作代。時文惟晉。受命自天，奄有黎獻。閶闔既闢，承華再建。明明在上，有集惟彦。奕奕馮生，哲問允迪。天保定子，靡德不鑠。邁心玄曠，矯志崇邈。遵彼承華，其容灼灼。嗟我人斯，戢翼江潭。有命集止，翻飛自南。出自幽谷，及爾同林。雙情交映，遺物識心。人亦有言，交道實難。有頍者弁，千載一彈。今我與子，曠世齊歡。利斷金石，氣惠秋蘭。群黎未綏，帝用勤止。我求明德，肆於百里。僉曰爾諧，俾民是紀。乃眷北徂，對揚帝祉。疇昔之游，好合纏綿。借曰未洽，亦既三年。居陪華幄，出從朱輪。方驥齊鑣，比迹同塵。之子既命，四牡項領。遵塗遠蹈，騰軌高騁。慶雲扶質，清風承景。嗟我懷人，其邁惟永。否泰有善作苟。殊，窮達有違。及子春華，後爾秋暉。逝將去我，陟彼朔陲。善作悲。非子之念，心孰爲悲？

答賈長淵并序

陸機

余昔爲太子洗馬，魯公善本無此二字。賈長淵以散騎常侍侍善本無。東宫積年。余出補吴王郎中令，元康六年入爲尚書郎。魯公贈詩一篇，作此詩答之云爾。五臣無此二字。

伊昔有皇，肇濟黎蒸。先天創物，景命是膺。降及群后，迭毁迭興。邈矣終古，崇替有徵。在漢之季，皇綱幅裂。火善作大。辰匿暉，金虎曜善作習。質。雄臣馳騖，義夫赴節。釋位揮戈，言謀王室。

王室之亂，靡邦不泯。如彼墜景，曾不可振。乃眷三哲，俾乂斯民。啓土綏難，改物承天。爰兹有魏，即宫天邑。吴實龍飛，劉亦岳立。干戈載揚，俎豆載戢。民勞師興，國玩凱入。天厭霸德，黄祚五臣作祖。告舋。獄訟違魏，謳歌適晋。陳留歸藩，我皇登禪。庸岷稽顙，三江改獻。赫矣隆晋，奄宅率土。對揚天人，有秩斯祜。惟公太宰，光翼二祖。誕育洪胄，纂戎於魯。東朝既建，淑問峨峨。我求明德，濟同以和。魯公戾止，衮服委蛇。思媚皇儲，高步承華。昔我逮兹，時惟下僚。及子棲遲，同林異條。年殊志比，服舛五臣作殊。義稠。游跨三春，情固二秋。祇承皇命，出納無違。往踐藩朝，來步紫微。升降秘閣，我服載暉。孰云匪懼，仰肅明威。分索則易，攜手實難。念昔良游，兹焉永嘆。公之云感，貽此音翰。蔚彼高藻，如玉如蘭。惟漢有水，曾不踰境。惟南有金，萬邦作詠。民之胥好，狂狷五臣作狷狂。厲聖。儀刑在昔，予聞子命。

【眉批】

無一佳語。

葛立方曰：「此詩幾三百言，無非極其褒讚。方謐用事，生死榮辱人，如反覆手，其褒讚亦何足怪。然其間亦有寄意譏誚，人未能推其意者。按臧榮緒《晋書》，謐父韓壽母，賈充少女也。充平生不議立後，後妻郭槐，輒以外孫韓謐襲封，帝許之，遂以謐爲魯公，則是賈謐非充子也。故機詩云：『誕育洪胄，纂戎於魯。』言『誕育』，則以譏非己生也。」又曰：「『惟漢有木，魯不踰境』，謂橘踰淮則化爲枳，言如螟蛉之化蜾蠃無異也。夫謐勢熖薰灼如此，而機敢爲廋詞以狎侮之，真文人之習氣哉！」

於承明作與士龍

陸　機

牽世嬰時網，駕言遠徂征。飲餞豈異族，親戚弟與兄。婉孌居人思，紆鬱游子情。明發遺安寐，寤言涕交纓。分塗長林側，揮袂萬始亭。佇眄要遐景，傾耳玩餘聲。南歸憇永安，北邁頓承明。永安有昨軌，承明子棄予。俯仰悲林善作外。薄，慷慨含辛楚。懷往歡絶端，悼來憂成緒。感别慘舒翮，思歸樂遵渚。

贈尚書郎顧彦先二首

陸　機

大火貞朱光，積陽熙自南。望舒離金虎，屏翳吐重陰。凄風迕時序，苦雨遂成霖。朝游忘輕羽，夕息憶重衾。感物百憂生，纏綿自相尋。與子隔蕭墻，蕭墻阻善作隔。且深。形影曠不接，所托聲與音。音聲日夜闊，何用慰吾心。

朝游游曾善作層。城，夕息旋直廬。迅雷中宵激，驚電光夜舒。玄雲拖朱閣，振風薄綺疏。豐注溢修霤，潢潦浸階除。停陰結不解，通衢化爲渠。沈稼湮梁潁，流民泝荆徐。眷言懷桑梓，無乃將爲魚。

【眉批】

造語妙（批「玄雲」六句）。

贈顧交阯公真

陸　機

顧侯體明德，清風肅已邁。發迹翼藩后，改授撫南裔。伐鼓五嶺表，揚旌萬里外。遠績不辭小，立德不在大。高山安足凌，巨海猶縈帶。惆悵瞻飛駕，引領望歸旆。

贈從兄車騎

陸　機

孤獸思故藪，離鳥悲舊林。翩翩游宦子，辛苦誰爲心。髣髴谷水陽，婉孌崑山陰。營魄懷兹土，精爽若飛沈。寤寐靡安豫，願言思所欽。感彼歸塗艱，使我怨慕深。安得忘歸草，言樹背與襟。斯言豈虚作，思鳥有悲音。

答張士然

陸　機

潔身躋秘閣，秘閣峻且玄。終朝理文案，薄暮不遑眠。善作瞑，古眠字。駕言巡明祀，致敬在祈年。逍遥春王囿，躑躅千畝田。迴渠繞曲陌，通波扶直阡。嘉穀垂重穎，芳樹發華顛。余固水鄉士，總轡臨清淵。戚戚多遠念，行行遂成篇。

【眉批】

調度直致有古意。

爲顧彦先贈婦二首

陸　機

辭家遠行游，悠悠三千里。京洛多風塵，素衣化爲緇。修身悼憂苦，感念同懷子。隆思亂心曲，沈歡滯不起。歡沈難剋興，心亂誰爲理。願假歸鴻翼，翻飛游善作浙。江汜。

東南有思婦，長嘆充幽闥。借問嘆何爲，佳人眇天末。游宦久不歸，山川修且闊。形影參商乖，音息曠不達。離合非有常，譬彼弦五臣作鉉與筈。願保金石軀，慰妾長饑渴。

【眉批】

李善曰：「集云爲令彦先作。今云顧彦先，誤也。且此上篇贈婦，下篇答，而俱云贈婦，又誤也。」

末語無兒女態，得性情之正。

贈馮文羆　陸機

昔與二三子，游息承華南。拊翼同枝條，翻飛各異尋。苟無淩風翮，徘徊守故林。慷慨誰爲感，願言懷所欽。發軫清洛汭，驅馬大河陰。佇立望朔塗，悠悠迴且深。分索古所悲，志士多苦心。悲情臨川結，苦言隨風吟。愧無雜佩贈，良訊代兼金。夫子茂遠猷，款誠寄惠音。

【眉批】

自是矯健，絶不傷肉。

葛立方曰：「嵇康贈弟秀才詩『思我所欽』，則以『所欽』爲弟。陸機贈從兄車騎詩『願言思所欽』，則以『所欽』爲兄。又贈馮文羆詩『願言懷所欽』，則以所欽爲友。」

贈弟士龍　陸機

行矣怨路長，惄焉傷別促。指途悲有餘，臨觴歡不足。我若西流水，子爲東峙岳。慷慨逝言感，徘徊居情育。安得攜手俱，契闊成騑服。

爲賈謐作贈陸機　潘岳

肇自初創，二儀烟煴。粤有生民，伏羲始君。結繩闡化，八象成文。芒芒九有，區域以分。

神農更王，軒轅承紀。畫野離疆，爰封衆子。夏殷既襲，宗周繼祀。綿綿瓜瓞，六國互峙。疆善作强。秦兼並，吞滅四隅。子嬰面櫬，漢祖膺圖。五臣作應符。靈獻微弱，在涅則渝。三雄鼎足，孫啓南吴。

南吴伊何，僭號稱王？大晋統天，仁風遐揚。僞孫銜璧，奉土歸疆。婉婉長離，凌江而翔。長離云誰？咨爾陸生。鶴鳴九皋，猶載厥聲。况乃海隅，播名上京。爰應旌招，撫翼宰庭。儲皇之選，實簡惟良。英英朱鸞，來自南岡。曜藻崇正，玄冕丹裳。如彼蘭蕙，載採其芳。藩岳作鎮，輔我京室。旋反桑梓，帝弟作弼。或云國宦，五臣作官。清塗攸失。吾子洗然，恬淡自逸。廊廟惟清，俊乂是延。擢應嘉舉，自國而遷。齊轡群龍，光譜納言。優游省闥，珥筆華軒。昔余與子，繾綣東朝。雖禮以賓，情同友僚。嬉娱絲竹，撫鞞無韶。修日朗月，携手逍遥。自成五臣作我。離群，二周於今。雖簡其面，分著情深。子其超矣，實慰我心。發言爲詩，俟望好音。欲崇其高，必重其層。立德之柄，莫匪安安，善作宣。恒。在南稱甘，度北則橙。崇子鋒穎，不頹不崩。

【眉批】

發端無謂。

太寬（批第二首）。

贈陸機出爲吴王郎中令　　潘　尼

東南之美，曩惟延州。顯允陸生，於今𠷣五臣作鮮。儔。振鱗南海，濯翼清流。婆娑翰林，容與墳丘。玉以瑜潤，隨以光融。乃漸上京，羽善作乃。儀儲宫。玩爾清藻，味爾芳風。泳之彌廣，挹之彌冲。崑山何有？有瑶有珉。及爾同僚，具惟近臣。予涉素秋，子登青春。愧無老成，厠彼日新。祁祁大邦，惟桑惟梓。穆穆伊人，南國之紀。帝曰爾諧，惟王卿士。俯僂從命，奚恤奚喜？我車既巾，我馬既秣。星陳夙駕，載脂載鎋。婉孌二宫，徘徊殿闥。醪澄莫饗，孰慰饑渴？昔子忝私，貽我蕙蘭。今子徂東，何以贈旃？寸晷惟寶，豈無璵璠？彼美陸生，可與晤言。

贈河陽　　潘　尼

慮善作宓。生化單父，子奇莅東阿。桐鄉建遺烈，武城播弦歌。逸驥騰夷路，潛龍躍洪波。弱冠步鼎鉉，既立宰五臣作寄。三河。流聲馥秋蘭，摛藻艷春華叶。徒美天姿茂，豈謂人爵多？

【眉批】

殊草草。

贈侍御史王元貺

潘　尼

崑山積瓊玉，廣厦搆衆材。游鱗萃靈沼，撫翼希天階。膏蘭孰爲銷？濟治由賢能。王侯厭崇禮，迴迹清憲臺。蠖屈固小往，龍翔乃大來。協心毗聖世，畢力讚康哉！

選詩卷三訂注

阮籍《詠懷詩》籍在晋文代常慮禍患，故發此詠。多刺時人無故舊之情，逐勢利而已。

二妃：江斐二女，游於江濱，解珮以贈鄭交甫。迷下蔡：《登徒子好色賦》曰：「惑陽城，迷下蔡。」安陵與龍陽：安陵纏得寵於楚恭王，龍陽君得幸於魏王。李公：李斯也。臨刑謂其子曰：「吾欲與汝牽黄犬，出上蔡東門逐狡兔之樂，其可得乎？」蘇子：蘇秦。三河：洛陽三川。蘇秦以其地狹小，不足逞其志，乃游説六國，佩其相印。太行道：《戰國策》項梁謂魏王曰：「今者臣來，見人於太行，乃北面而持其駕，告臣曰：『我欲之楚。』臣曰：『之楚奚爲北面？』曰：『吾馬良。』臣曰：『雖良，此非楚之道。』曰：『吾用多。』臣曰：『雖多，此非楚之路。』曰：『吾善御。』此數者逾善而離楚逾遠耳。」失路：少年之日，志好弦歌。及乎歲晚旋歸，路失財盡，同乎太行之子，當如之何？東陵瓜：故秦時東陵侯邵平，種瓜於青門外，其瓜甚美。子母五色：俱謂瓜也。被褐懷珠玉：褐，布衣。珠玉，喻道德。羡門：古仙。今自嗤：羡門輕舉，而我負累，所以自嗤。鶉火：夏之九月、十月。周周：鳥名。重頭屈尾，飲於河則没其頭，乃銜羽而飲。蛩蛩：西方有比肩獸，與邛邛距虚比，爲邛邛距虚齧甘草，有難，邛邛距虚負而走，其名謂之蟨。北里，濮上：紂使師延作北里之舞。靡靡之樂。紂亡，延投濮水而死。衛靈公宿於濮水上聞其音。青驪：以喻日去之疾。三楚：江陵爲南楚，吴爲東楚，彭城爲西楚。秀士：宋玉之流。高蔡：莊辛諫楚頃襄王曰：「黃雀仰栖茂林，鼓翅奮翼，自以爲無慮；不知王孫公子，飛丸於高林，卒爲庖鼎之實。蔡聖侯與愛妻嬖妾，馳騁於高蔡之中，不知子發受命於宣王，繫己以朱絲而見之。」

謝惠連《秋懷詩》

寒商：秋風。鄭生偃：後漢鄭均，爲尚書，後乞骸謝病歸。帝東巡過任城，乃幸均舍，敕賜尚書禄，以終其身。時人號爲白衣尚書。偃，偃仰不仕也。陵亂：謂舟馳騖也。頹魄不再圓，傾羲無兩旦：魄，月。羲，日也。言月既缺，一月之中無再復圓。日既頃，一日之中無更朝也。親串：親狎之人。

歐陽建《臨終詩》建，石崇甥，爲馮翊太守。趙王倫之爲征西，撓亂關中。建每匡正不從，有隙。石崇勸淮南王，允使誅倫，未行事覺，倫收崇、建及母妻，無少長皆斬。建臨而作。

策馬游近關：衛大夫孫林父將作亂，蘧伯玉遂行，從近關而出。纮：繫網索。惟：思也。汍瀾：涕流貌。

嵇康《幽憤詩》叔夜爲吕安事連罪收繫，遂作此詩。

肆姐：肆，恣也。姐，嬌也。闇人：謂與吕安交，不能擇人也。子玉之敗，屢增惟塵：鍾會有憾於叔夜，時吕安兄巽奸安妻。巽爲大將軍長史，遂構誣將害安。鍾傅爲大將軍所善，因勸大將軍誅康，與吕安同罪也。子玉，楚子玉也，令尹子文舉之以自代。後子玉與晉戰，大敗。康此憤吕巽有穢行，大將軍用爲長史，亦如子文之用子玉不當也。惟塵，詩人刺進舉小人，比會爲小人也。屢增，言當朝此類多矣。大人：天子。褊心：自謂。怛：痛。創：傷。痏：割。慚柳惠：柳下惠三黜無怨色，今幽憤，故慚也。愧孫登：孫登，當時人也。隱居不與人事，康見之，乃謂康曰：「子才高識寡，難免今之代。」今果罹患，故愧之。恧：猶慚。嚴鄭：嚴君平、鄭子真皆樂道閑居，修身自保。對答鄙訊：答對獄吏，耻爲其所問。儔：比也，見此鳴雁，自嘆莫能比之。萬石：石奮父子五人各二千石，天子呼爲萬石君。一年三秀：靈芝草藥，一年三開花秀，服之長生。

曹植《七哀詩》謂痛而哀、義而哀、感而哀、怨而哀、耳目聞見而哀、口嘆而哀、鼻酸而哀也。子建爲漢末征役別離婦人哀嘆，故賦此詩。

王粲《七哀詩》哀漢亂也。

張載《七哀詩》

北邙：山名。壘壘：冢相次之貌。恭文：安帝恭陵，靈帝文陵。原陵：光武陵。便房：冢中室。雍門言：雍門周謂孟嘗君曰：「君百歲之後，高臺既傾，曲地又平，豈不悲乎？」陽烏：春烏。朱光：日也。北陸：日行北陸，謂之冬。

潘岳《悼亡詩》痛妻亡。

私懷誰克從：言此哀傷私情，欲不就仕，誰復克從此情。役：謂所任也。衰：哀少減。莊缶：莊子妻死，鼓盆而歌。李氏靈：漢武帝李夫人死，令方士致神力，遂得見其形。東門吴：子死不哭。蒙莊：莊子，蒙人。曜靈：日也。紆軫：其思縈紆隱軫。埏：墓道。

謝靈運《廬陵墓下作》宋武帝子義真封廬陵王，未之藩而高祖崩，廬陵聰敏好文，常與靈運周旋。屬帝失德，朝廷謀廢立之事，次在廬陵。言廬陵輕訬，不任社稷，與少帝不協，徐美之等奏廢爲庶人，徙新安郡。美之使使殺廬陵。後有讒靈運欲立廬陵王，遂遷出之。後知其無罪，追還，至曲阿，過丹陽，文帝問曰：「自南行來何所制作？」對曰：「過廬陵王墓下作一篇。」

雲陽：曲阿。朱方：丹徒。道消：少帝時。結憤懣：王見廢。運開：文帝即位。申悲凉：追崇王爲侍中，王如故也。凉，愁也。延州：延陵季子。協心許：季子將過徐，徐君欲季子所佩劍，口不言而心欲之。季子以有上國之事，未獻，心已許之。季子還，而徐君死，遂挂劍於墓樹。楚老惜蘭芳：龔勝，楚人。王莽徵之，不食而死。有老父弔之曰：「嗟乎！薰以香自燒，龔生竟夭天年，非吾徒。」蘭芳即與薰同。若人：延州楚老。通蔽：令德高遠，是通；解劍撫憤，是蔽。理感深情慟，定非識所將：言己往日疑彼三人，追乎今辰，已亦復爾。斯則理感既深，情便悲慟，定非心識之所能行也。將，行也。

顏延之《拜陵廟作》從文帝拜高祖陵。

光靈：祖宗之靈，光盛也。樹：立。休命始：高祖之初。生戒輕：晚達恩厚，故以養生之戒爲輕。否來泰往：少帝失德之時。昌運：文帝。清制：清道之制。西寢：廟在西。東垌：陵所在。馮容物：馮視陵廟之容，見御之物。未殊帝世遠，已同倫化萌。先帝之德，何殊古先帝。道年代既遠，而芬芳不息，同大化流行之。萌，始也。發軌：發跡入仕。喪夷易：遭少帝之難。歸軫：今老矣，如車之將歸。

謝朓《同謝諮議環銅雀臺詩》魏武帝作銅雀臺，遺令施繐帳，朝晡，設脯糒之屬，向帳作伎，望吾西陵。

繐：細布之疏者。井幹：臺之通稱。嬋媛：牽引也。

任昉《出郡義興**傳舍哭范僕射**雲**》**

禮數絶：交道相得，雖品命有異，不爲禮數。國楨：謂范雲。待時：謂不仕於齊。興運：謂梁。哀孽：齊東昏侯。休明：梁武帝。衡言革：魯子曰：「天下無道則衡言不革。」此言『革』，言亂之甚也。濬冲得茂彦：王濬冲爲吏部尚書，得李茂彦爲吏部郎。夫子：謂雲。狂生：自謂也。范雲爲吏部尚書，昉爲吏部郎。伊人：謂范雲。虚舟：方舟濟河，有虚舟來觸，雖有偏心之人不怒也。撤瑟：君子有疾撤琴瑟。輟舂：秦五羖大夫死，秦人皆輟舂不食。國均：《詩》：「秉國之均。」

王粲《贈蔡子篤詩》蔡子篤爲尚書，仲宣與之爲友，同避難荆州，子篤還會稽，仲宣故贈之。

濟岱：子篤所往。江行：仲宣所居。五臣作衡，山名，謂荆州。弗與：不遂也。企：跂同。軒：飛貌。

王粲《贈士孫文始》董卓作亂，文始知京師不可居，將家屬至荆州。後功封澹津亭侯，與粲友善，文始將就國，故贈以此詩。

夷：滅也。篪塤：《毛詩》：伯氏吹塤，仲氏吹篪。車輔：《左傳》：輔車相依。愆：失也。已：成也。離事：別也。南汜：滄津在荆州南。晨風：鳥名。其飛疾。滄澧：水名。在文始封國。唐林：地名。同域：與荆州同界。《白駒》：《詩》篇名。刺宣王不能留賢，賢者乘白駒而去。

王粲《贈文叔良》叔良爲劉表從事，使聘益州牧劉璋，贈以此詩，戒之。

洪渚：大江。梁岷：蜀二山。錯説申輔：措詞必申匡輔之志。喬肸：子産、叔向。華：貌也。董褐：晋大夫。吴王夫差會晋定公，吴帶甲三萬，欲刼晋求盟，晋人大駭，乃令董褐請事於吴，吴乃退。就幕而會，董褐之力也。無尚：無高慢我此言。梧宫致辨：《説苑》：「楚使使者聘於齊，齊王饗之於梧宫。使者曰：『大哉梧乎？』王曰：『江海之魚必吞舟，大國之樹必巨圍，使者何怪焉？』使者曰：『昔者燕攻齊焚雍門，王與太后奔莒，此時梧之大小何如？』貂勃曰：『昔楚無道，殺子胥之父，子胥奔吴，吴以爲相，後將兵伐楚，楚王奔隨。吴王入郢，子胥親射宫門，鞭平王之墳，當此之時，梧始生之年也。』齊、楚於是搆怨，舉兵相伐。」多忌，掩之實難：言人多忌諱其所短，而掩蔽之，若能不逆其意，實爲難也。黑水：梁州，分益州屬焉。有卷：席卷而來。允來厥休：信汝之美。緬彼行人，鮮克弗留：言遠彼行人使於蜀者，皆爲劉璋所滯。仇：類也。在舟：同舟渡海，中流遇風則救，患若一。

劉楨《贈五官中郎將》文帝來視楨疾，去後，楨賦詩以贈之。謂未即帝位時也。

元后：曹操。至南鄉：征劉來。豐：漢高祖所居。以喻譙也。君：謂五官。四牡：謂驪駒也。《漢書》：客歌驪駒，主人歌無庸歸。彌：遠也。曠：疏曠。岱宗：太山也，人命屬之。弘疾，恐死，故云恐游岱宗。西鄰：鄴都。北面：事君以保寵貴，是時漢帝尚在。應門：正南門。壯士：謂五官。緹：丹色。

劉楨《贈徐幹》徐在西掖，劉在禁省。

寺：司也。乖：離也。

劉楨《贈從弟》

懿此出深澤：美此出子幽深。

曹植《贈徐幹》子建與徐幹俱不見用，有怨刺之意。

圓景：月也。文昌：殿名。迎風：觀名。蓬室士：謂幹。和氏：獻玉事。

曹植《贈丁儀》《集》云與都亭丁翼，今云儀，誤也。

曹植《贈王粲》

孤鴛鴦：喻粲。

曹植《又贈丁儀王粲》

員闕：闕名。承露：盤，以承露者。槩：平也。皇佐：太祖。怨在朝：儀時太祖掾，常怨職卑。歡自營：粲免官在家。

曹植《贈白馬王彪》楚王彪，字朱虎，武帝子。初封白馬王，後徙封楚。集曰：「黄初四年五月，白馬王、任城王與余俱朝京師，會節氣。到洛陽，任城王薨。至七月，與白馬王還國。後有司以二王歸蕃，道路宜異宿止，意毒恨之。蓋以大別在數日，是用自剖，與王辭焉，憤而成篇。」

造雲日：言阪高也。玄黄：玄馬病則黄。同生：謂兄弟。一往形不歸：謂任城王死也。咄唶：驚嘆聲。

曹植《贈丁翼》

義休侍：有義而美則待用於時。侍，待也。一曰具也。

嵇康《贈秀才入軍》善曰：「集云，兄秀才公穆入軍。」銑曰：「康之從弟秀才入軍。贈以此詩，不知其名。」

繁弱：弓名。忘歸：矢名。仇：匹也。厲：越也。盤：樂也。瀺灂：游水聲。磻：箭磝。五弦：琴也。得魚忘筌：《莊子》：筌者所以得魚也，得魚而忘筌。郢人：莊子送葬，過惠子之墓，顧謂從者曰：「郢人堊墁其鼻端若蠅翼，使匠石斲之。匠石運斤成風而斲之，盡堊而鼻不傷，郢人立不失容。宋元君聞之，召匠石曰：『嘗試爲寡人爲之。』匠石曰：『臣則嘗能斲之。雖然，臣質死久矣。』自夫子之死也，吾無以爲質矣，吾無與言也。」組：所繫帳者。

司馬彪《贈山濤》山濤爲吏部侍郎，而紹統未仕，故贈以此詩，欲濤薦也。

班匠：公輸班、匠石。牙曠：伯牙、師曠。神龍：鍾山有燭龍，能照萬物。

張華《答何劭》

比園廬：並宅也。懸輿：懸車致仕。負乘：出《周易》。小人居重位也。

何劭《贈長華》

廣武廬：華封爵廣武侯。樹塞：管氏。

陸機《贈馮文羆遷斥丘令》集云：文羆爲太子洗馬，遷斥丘令，贈以此詩。

閶闔：天門。承華：太子門。同林：士衡亦爲洗馬。頍：弁貌。弁：冠也。千載一彈：王陽在位，貢禹彈冠。我求：謂帝求也。百里：謂縣令也。華幄：太子坐帳。朱輪：太子出，則乘朱輪車。有違：時陸免官居家，故云。春華、秋暉：今雖及爾春華之美，終當後爾秋暉之盛也。春華喻少年，秋暉喻老成也。

陸機《答賈長淵》

火辰：心星也。闇則天下喪亂。金虎：昴。西方白虎宿也，太白，金精也。太白入昴是金虎相薄，則有亂兵。謂漢亂。三哲：劉備、孫權、曹操。國玩凱入：但尚戰勝。黄祚：魏土德。陳留：晋封魏帝爲陳留王。庸岷：蜀。三江：吴。太宰：賈充。二祖：太祖、世祖。洪胄：長子，即謐也。纂戎：繼大也。東朝：愍懷太子。我求：太子求。往踐藩朝：出爲吴王郎中令。來步紫微：入爲尚書郎。維漢有木：謂橘。曾不踰境：言度北則爲枳，物有變節。惟南有金：金堅剛不變。賈謐贈詩：在南則枏，度北則橙。戒之以木，而陸自勗以金也。胥好：相好。狂狷厲聖：狂狷之心，厲以作聖。

陸機《於承明亭名作與士龍》機從吴入洛，與弟士龍别於長林亭，作詩與士龍述相思之意。

長林萬始：並亭名。南歸：謂弟。永安：亭名。北邁：謂己。慘舒翮：言感别之情，慘於舒翮之飛鵠。樂遵渚：思歸之志，樂於遵渚之征鴻。

陸機《贈尚書郎顧彦先》同爲尚書郎，遇雨不相見。故贈此詩。

大火：南方星也，此仲夏之月。望舒：月御。金虎：畢星西方宿，故云。謂月著於畢，畢星好雨。屏翳：雨師。輕羽：毛扇。直廬：直宿之廬。豐注：多雨水。修：高。霤：簷霤。梁潁：二地名。泝：向也。荆徐：二州名。

陸機《贈顧交阯公真》名秘。

翼藩后：公真初爲吴王郎中令。

陸機《贈從兄車騎》集云：陸士光。

谷水、崐山：並吴地。昔陸遜、陸凱居谷東二十里崐山，父祖葬焉。

陸機《答張士然》張悛少以文章與士衡友善。機從駕出游，士然贈詩，故有此答。

秘閣：機出補著作，游乎秘閣。春王囿：晋有春王囿，天子游焉。千畝田：時天子藉田。陌：東西爲陌。阡：南北爲阡。水鄉：謂吴也。

陸機《贈弟士龍》

西流：言行不正。東峙：在家不游。逝言感：逝者之言多感。居情育：居者之志彌生。騑服：騑服之馬常相隨。

潘岳《爲賈謐作贈陸機》大意述晋平吴得陸生，與之同官，兼言離别勸戒之事。

僞孫：孫皓降晋。長離：鳳也。宰庭：太傅楊駿辟機爲祭酒。宰庭謂駿。崇正：殿名。太子講菽之所。機時爲太子洗馬。玄冕丹裳：大夫儀服。帝弟作弼：謂爲吴王郎中令。擢應嘉舉：從吴王郎中令，徵入爲尚書郎。群龍：群賢。納言：謂尚書郎出納天子之言也。珥：執也。華軒：殿上曲欄。鞞：小鼓。安恒：安守其常。在南稱甘，在北則橙。甘，果木名。生之於江南則芳香，種於北地則爲橙枳。言甘以移植而易名，恐人徙居而變節，故引以誡之。

潘尼《贈陸機出爲吴王郎中令》

延州：延陵季子。南海：謂吴。清流：謂晋。翰：筆。林：儒林。墳丘：三墳、九丘。隋：隋珠。崑山：喻省閣。瑶：玉美者。珉：石之美者。皆喻君子。同僚：正叔嘗爲太子舍人，與機同官。素秋：喻老。青春：喻少。日新：謂機。大邦：吴是機之桑梓。巾：車衣也。二宫：帝及太子宫也。機經任之，故正叔眷慕。貽我蕙蘭：陸集有贈正叔詩。

潘尼《贈河陽》潘岳爲河陽令。是尼從父，故不言名。

宓生：宓子賤治亶父，彈鳴琴，身不下堂，亶父治。子奇：子奇年十八，齊君使治阿。既行，齊君悔之，使追之。使者返曰：「子奇必能矣，共載者皆白首也。」桐鄉：漢朱邑少時爲舒桐鄉嗇夫，廉平不苛。驥龍：喻岳也。弱冠：岳二十爲賈充府掾。三河：河東、河内、河陽。

潘尼《贈侍御史王元貺》

崑山廣厦：喻國。瓊玉衆材：喻群賢。鱗翼：謂龍、鳳。况君子。靈沼、天階：喻左右省閣。膏蘭孰爲銷：膏蘭爲物，以明燭暗，以香變臭。自致消鑠，不辭其勞。賢能濟理亦猶是也。崇禮：門名。王前爲尚書郎，朝奏皆在此門，今厭之。憲臺：即御史署。蠖屈：《易》：尺蠖之屈。

選詩卷四

梁昭明太子蕭統選

贈　答

贈何劭王濟並序

傅　咸

朗陵公何敬祖，咸之從内兄；國子祭酒王武子，咸從姑之外孫也。並以明德見重於世，咸親之重之。情猶同生，義則師友。何公既登侍中，武子俄而亦作。二賢相得甚歡，咸亦慶之。然自恨闇劣，雖願其繾綣，而從之末由。歷試五臣作世。無效，且有家艱。心存目替，善本無此一句。賦詩申懷，以貽之云爾：

日月光太清，列宿曜紫微。赫赫大晉朝，明明闢皇闈。吾兄既鳳翔，王子亦龍飛。雙鸞游蘭渚，二離揚清暉。攜手升玉階，並坐侍丹帷。金璫綴惠文，煌煌發令姿。斯榮非攸庶，繾綣情所希。豈不企高蹤，麟趾邈難追。臨川靡芳餌，何爲守空五臣作空守。坻。槁葉待風飄，逝將與君違。違君能無戀，尸素當言歸。歸身蓬蓽廬，樂道以忘饑。進則無云補，退則恤其私。但願隆弘美，王度日清夷。

答傅咸

郭泰機

皎皎白素絲，織爲寒女衣。寒女雖妙巧，不得秉杼機。天寒知運速，况復雁南飛。衣工秉刀尺，棄我忽若遺。人不取諸身，世事焉所希？况復已朝餐，曷由知我饑？

爲顧彦先贈婦二首

陸　雲

悠悠君行邁，煢煢妾獨止。山河安可踰，永路隔萬里。京室多妖冶，粲粲都人子。雅步擢纖腰，巧笑發皓齒。佳麗良可美，衰賤焉所紀。遠蒙眷顧言，銜恩非望始。

浮海難爲水，游林難爲觀。容色貴及時，朝華忌日晏。皎皎彼姝子，灼灼懷春粲。西城善雅舞，總章饒清彈。鳴簧發丹唇，朱弦繞素腕。輕裾猶電揮，雙袂如霧散。華容溢藻幄，哀響五臣作音。入雲漢。知音世所希，非君誰能讚。棄置北辰星，問此玄龍焕。時暮復何言，華落理必賤。

【眉批】

吕向曰：「集云爲顧彦先贈婦二首，爲婦答亦二首。此是婦答，而云贈婦，集者誤也。」

匠心處不及士衡之正。

答兄機

陸　雲

悠悠塗可極，别促怨會長。銜思善作恩。戀行邁，興言在臨觴。南津有絶濟，北渚無河梁。神往同逝感，形留悲參商。衡軌若殊迹，牽牛非服箱。

答張士然　　陸雲

行邁越長川，飄飄冒風塵。通波激枉渚，悲風薄丘榛。修路無窮迹，井邑自相循。百城各異俗，千室非良鄰。歡舊難假合，風土豈虚親。感念桑梓域，髣髴眼中人。靡靡日夜遠，眷眷懷苦辛。

【眉批】

雲才不如機。

答盧諶並序善作並書。　　劉琨

琨頓首：五臣重頓首二字。損書及詩，備辛酸之苦言，暢經通之遠旨。執玩反覆，不能釋手。慨然以悲，歡然以喜。昔在少壯，未嘗撿括。遠慕老莊之齊物，近嘉五臣作喜。阮生之放曠，怪厚薄何從而生？哀樂何由而至？自頃輈張，困於逆亂，國破家亡，五臣作家國破亡。親友雕殘。塊然獨坐，則哀憤兩集，負杖行吟，則百憂俱至。時復相與舉觴對膝，破涕爲笑。排終身之積慘，求數刻之暫歡。譬由疾疢彌年，而欲一丸銷之，其可得乎！夫才生於世，世實須才。和氏之璧，焉得獨曜於郢握？夜光之珠，何得專玩於隨掌？天下之寶，固當與天下共之。但分析之日，不能不悵恨爾！然後知聃、周之爲虚誕，嗣宗之爲妄作也。昔騄驥倚輈於吴阪，鳴於良樂，知與不知也。百里奚愚五臣愚上有非字。於虞而智於秦，遇與不遇也。今君遇之矣，勗之而已！不復屬意於文二十餘年矣。久廢則無次，想必欲其一反，故稱指送一篇，適足以彰來詩之益美耳。琨頓首頓首。

厄運初遘，陽爻在六。乾象棟傾，坤儀舟覆。横厲糾紛，群妖競逐。火燎神州，洪流華域。彼黍離離，彼稷育育。哀我皇晉，痛在心目。善作痛心在目。

天地無心，萬物同塗。禍淫莫驗，福善則虚。逆有全邑，義無完都。英蕊夏落，毒卉冬敷。如彼龜玉，韞櫝毁諸。芻狗之談，其最得乎。

咨余軟弱，弗克負荷。愆釁仍彰，榮寵屢加。威之不建，禍延凶播。忠隕於國，孝愆於家。斯罪之積，如彼山河。斯釁之深，終莫能磨。

鬱穆舊姻，嬿婉新婚。不慮其敗，唯義是敦。裹糧攜弱，匍匐星奔。未輟爾駕，已隳我門。二族偕覆，三孽並根。長慚舊孤，永負冤魂。

亭亭孤幹，獨生無伴。緑葉繁縟，柔條修罕。朝採爾實，夕將爾竿。竿翠豐尋，逸珠盈椀。實消我憂，憂急用緩。逝將去矣，善本作乎。庭虚情五臣作憒。滿。

虚滿伊何，蘭桂移植。善本無此二句。茂彼春林，瘁此秋棘。有鳥翻飛，不遑休息。匪桐不栖，匪竹不食。永戢東羽，翰撫西翼。我之敬之，廢歡輟職。

音以賞奏，味以殊珍。文以明言，言以暢神。之子之往，四美不臻。澄醪覆觴，絲竹生塵。素卷莫啓，幄無談賓。既孤我德，又闕我鄰。

光光段生，出幽遷喬。善本脱此二句。資忠履信，武烈文昭。旍弓騂騂，輿馬翹翹。乃奮長縻，是轡是鑣。何以贈子？竭心公朝。何以叙懷？引領長謡。

【眉批】

字字忠憤，不爲靡譚。

重贈盧諶

劉　琨

握中有懸五臣作玄。璧，本自荆山璆。惟彼太公望，昔在渭濱叟。鄧生何感激，千里來相求。白登幸曲逆，鴻門賴留侯。重耳任五賢，小白相射鈎。苟能隆二伯，安問黨與讎？中夜撫枕嘆，想與數子游。吾衰久矣夫，何其不夢周？誰云聖達節，知命故不憂。宣尼悲獲麟，西狩涕孔丘。功業未及建，夕陽忽西流。時哉不我與，去乎若雲浮。朱實隕勁風，繁英落素秋。狹路傾華蓋，駭駟摧雙輈。何意百鍊剛，化爲繞指柔。

【眉批】

王世貞曰：「劉司空答盧郎中五言詩，磊落一時，涕淚千古。」

情辭慨慷。

惟首二言美諶，中皆自叙而勉諶，意在言外。

嚴羽曰：「一人名而分用之者，如劉越石『宣尼悲獲麟，西狩泣孔丘』，謝惠連『雖好相如達，不同長卿慢』等語，若非前後相映帶，殆不可讀，然要非全美也。」

王世貞曰：「實境詩於實境讀之，哀樂便自百倍。唐初餘風猶未殄，至杜子美始净盡矣。余每讀劉司空『豈意百鍊剛』二句，未嘗不掩卷酸鼻也。嗚呼！越石已矣！千載而下，猶有生氣。彼石勒、段磾，今竟何在？」

贈劉琨 並序善本作並書。

盧諶

故吏從事中郎盧諶死罪，死罪！諶禀性短弱，當世罕任。因其自然，用安靜退。在木闕不材之資，處雁乏善鳴之分。卷異蘧子，愚殊甯生。匠者時眄，不免餼賓。嘗自思惟，因緣運會，得蒙接事。自奉清塵，於今五稔。謨明之效不著，候人之譏已彰。大雅含弘，量苞山藪。加以待接彌優，款眷逾昵，與運籌之謀，厠宴私之歡。綢繆之旨，有同骨肉，其爲知己，古人罔喻。昔聶政殉嚴遂之顧，荆軻慕燕丹之義。意氣之間，靡善作靡。軀不悔。雖微達節，謂之可庶，五臣作度。然苟曰有情，孰能不懷？故委身之日，夷險已之。事與願違，當忝外役，遂去左右，收迹府朝。蓋本同末異，楊朱興哀；始素終玄，墨翟垂涕。分乖之際，咸可嘆慨，致感之途，或迫於善作乎。兹。亦奚必臨路而後長號，睹絲而後歔欷哉？是以仰惟先情，俯覽今遇，感存念亡，觸物增眷。《易》曰：書不盡言，言不盡意。然則書非盡言之器，言非盡意之具矣。況言有不得至於盡意，書有不得至於盡言邪？不勝猥懣！謹貢詩一篇，抑不足以揄揚弘美，亦以攄其所抱而已。若公肆大惠，遂其厚恩，錫以咳唾之音，慰其違離之意，則所謂咸池酬於北里，夜光報於魚目。諶之願也，非所敢望也。諶死罪，死罪！

濬哲惟皇，紹熙有晋。振厥弛維，光闡遠韻。有來斯雍，至止伊順。三臺摛朗，四岳增峻。

伊陟佐商，山甫翼周。弘濟艱難，對揚王休。苟非異德，曠世同流。加其忠貞，宣其徽猷。

伊諶陋宗，昔遘嘉惠。申以婚姻，著以累世。義等休戚，好同興廢。孰云匪諧？如樂之契！

王室喪師，私門播遷。望公歸之，視險忽艱。兹願不遂，中路阻顛。仰悲先意，俯思身愆。

大鈞載運，良辰遂往。瞻彼日月，迅過俯仰。感今惟昔，口存心想。借曰如昨，忽爲疇曩。

疇曩伊何，逝者彌疏。温温恭人，慎終如初。覽彼遺音，恤此窮孤。譬彼樛木，蔓葛以敷。

妙哉蔓葛，得托樛木。葉不雲布，華不星燭。承侔卞和，質非荆璞。眷同尤良，用乏驥騄。

承亦既篤，眷亦既親。飾獎駑猥，方駕駿珍。弼諧靡成，良謨莫陳。無覬狐趙，有與五臣。

五臣奚與？契闊百罹。五臣作羅。身經險阻，足蹈幽遐。義由恩隨，分隨昵加。綢繆委心，自同匪他。

昔在暇日，妙尋通理。尤彼意氣，狹是節士。情以體生，感以情起。趣舍同善作罔。要，窮達斯已。

由余片言，秦人是憚。日磾效忠，飛聲有漢。桓桓撫軍，古賢作冠。來牧幽都，濟厥塗炭。

塗炭既濟，寇挫民阜。謬其疲隸，授之朝右。上懼任大，下欣施厚。實祇高明，敢忘所守。

相彼反哺，尚在翔禽。孰是人斯，而忍斯心？每憑山海，庶覿高深。遐眺存亡，緬成飛沈。

長徽已纓，逝將徙舉。收迹西踐，銜哀東顧。曷云途遼？曾不咫步。豈不夙夜？謂行多露。

綿綿女蘿，施於松標。禀澤洪幹，晞陽豐條。根淺難固，莖弱易雕。操彼纖質，承此衝飆。

纖質實微，衝飆斯值。誰謂言精？致在賞意。不見得魚，亦忘厥餌。遺其形骸，寄之深識。

先民五臣作人。熙意，潛山隱幾。仰熙丹崖，俯澡緑水。無求於和，自附衆美。慷慨遐蹤，有愧高旨。

爰造異論，肝膽楚越。惟同大觀，萬塗一轍。死生既齊，榮辱奚別？處其玄根，廓焉靡結。

福爲禍始，禍作福階。天地盈虚，寒暑周迴。夫差不祀，釁在勝齊。句踐作伯，祚自會稽。

邈矣達度，唯道是杖。形有未泰，神無不暢。如川之流，如淵之量。上弘棟隆，下塞民望。

【眉批】

序與詩俱蒼。

贈崔温　盧　諶

逍遥步城隅，暇日聊游豫。北眺沙漠垂，南望舊京路。平陸引長流，岡巒挺茂樹。中原厲迅飈，山阿起雲霧。游子恒悲懷，舉目增永慕。良儔不獲偕，舒情將焉訴？遠念賢士風，遂存往古務。朔鄙多俠氣，豈唯地所固？李牧鎮邊城，荒夷懷南懼。趙奢正疆埸，秦人折北慮。羇旅及寬政，委質與時遇。恨以駑蹇姿，徒煩非非，善作飛，古字通。子御。亦既弛負擔，忝位宰黔庶。苟云免罪戾，何暇收民譽？倪寬以殿黜，終乃最衆賦。何武不赫赫，遺愛常在去。古人非所希，短弱自有素。何以敷斯辭，惟以二子故。

答魏子悌　盧　諶

崇臺非一幹，珍裘非一腋。多士成大業，群賢濟弘績。遇蒙時來會，聊齊朝彦跡。顧此腹背羽，愧彼排虚翮。寄身陰四岳，托好憑三益。傾蓋雖終朝，大分邁疇昔。在危每同險，處安不異易。俱涉晋昌艱，共更飛狐厄。恩由契闊生，義隨周旋積。豈謂鄉曲譽，謬充本州役。乖離令我感，悲欣使情惕。理以精神通，匪曰形骸隔。妙詩申篤好，清義貫幽賾。恨無隨侯珠，以酬荆文璧。

答靈運　謝　瞻

夕霽風氣凉，閑房有餘清。開軒滅華燭，月露皓五臣作浩。已盈。獨夜無物役，寢者亦云寧。忽獲愁霖唱，懷勞奏所誠。嘆彼行旅艱，深兹眷言情。伊余雖寡慰，殷憂暫爲輕。牽率酬嘉藻，長揖愧吾生。

【眉批】

鍾惺曰：「『滅燭』妙於看月之言。」

譚元春曰：「淵然有味，高、岑實祖此。」又曰：「『亦云』口角妙。」

於安城答靈運

謝　瞻

條繁林彌蔚，波清源逾濬。華宗誕吾秀，之子紹前胤。綢繆結風徽，烟熅吐芳訊。鴻漸隨事變，靈臺㫰年峻。華萼相光飾，嚶鳴善作嚶嚶。悦同響。親親子敦余，賢賢吾爾賞。比景後鮮輝，方年一日長。萎葉愛榮條，涸流好河廣。

殉五臣作狗。業謝成操，復禮愧貧樂。幸會果代耕，符守江南曲。履運傷荏苒，遵塗嘆緬邈。布懷存所欽，我勞一何篤。

肇允雖同規，翻飛各異槩。迢遞封畿外，窈窕承明内。尋塗塗既暌，即理理已五臣作以。對。絲一作蹊路有恒悲，矧乃在吾愛。

跬行安步武，鎩翮周數仞。豈不識高遠？違方往有吝。歲寒霜雪嚴，過半路逾善作愈。峻。量己畏友朋，勇退不敢進。行矣勵令猷，寫誠酬來訊。

西陵遇風獻康樂

謝惠連

我行指孟春，春仲尚未發。趣途遠有期，念離情無歇。成裝候良辰，漾舟陶嘉月。瞻塗意少悰，還顧情多闕。

哲兄感仳别，相送越坰林。飲餞野亭館，分袂澄湖陰。凄凄留子言，眷眷浮客心。迴塘隱艫栧，遠望絶形音。

靡靡即長路，戚戚抱遥悲。悲遥但自弭，路長當語五臣作問。誰？行行道轉遠，去去情彌遲。昨發浦陽汭，今宿浙江湄。譚元春曰：「以此作起，不如以此作結，覺含意不盡。此古人手筆高於後人處。」屯雲蔽曾嶺，驚風涌飛流。零雨潤墳澤，落雪洒林丘。浮氛晦崖巘，積素惑原疇。曲汜薄停旅，通川絶行舟。

臨津不得濟，佇楫阻風波。蕭條洲渚際，氣色少諧和。西瞻五臣作矚。興游嘆，東睇起凄五臣作凄。歌。積憤成疢痗，無萱將如何？

【眉批】

鍾惺曰：「『隱』字寫去舟如見。然總讓《衛風》『泛泛其景』四字。」

譚元春曰：「『但自弭』凄絶不可讀，再下『路長』一語，遂覺索然。魏晋以下之病坐此。」

還舊園作見顔范二中書　謝靈運

辭溝豈多秩，謝病不待年。偶與張邴合，久欲還東山。聖靈昔迴眷，微尚不及宣。何意衝飈激，烈火縱炎烟。焚玉發崑峯，餘燎遂見遷。投沙理既迫，如邛願亦愆。長與歡愛别，永絶平生緣。浮舟千仞壑，總轡萬尋巔。流沫不足險，石林豈爲艱。閩中安可處，日夜念歸旋。事躓兩如直，心惬三避賢。托身青雲上，棲巖挹飛泉。盛明盪氛昏，貞休康屯邅。殊方咸成貸，微物豫采甄。感深操不固，質弱易板纏。曾是反昔園，語往實款然。曩基即先築，故池不更穿。果木有舊行，壤石無遠延。雖非休憩地，聊取永日閑。衛生自有經，息陰謝所牽。夫子照情素，探懷授往篇。

【眉批】

有感興懷，字字健。

登臨海嶠初發彊中作與從弟惠連可善本無可字。見羊何共和之

謝靈運

杪秋尋遠山，山遠行不近。與子别山阿，含酸赴修畛。中流袂就判，欲去情不忍。顧望脰未悁，汀曲舟已隱。隱汀絶望舟，騖棹逐驚流。欲抑一生歡，並奔千里游。日落當棲薄，繫纜臨江樓。豈惟夕情斂，憶爾共淹留。淹留昔時歡，復增今日嘆。兹情已分慮，况乃協悲端。秋泉鳴北澗，哀猿響南巒。戚戚新别心，淒淒久念攢。攢念攻别心，旦發青谿陰。暝投剡中宿，明登天姥岑。高高入雲霓，還期那可尋。儻遇浮丘公，長絶子徽音。

【眉批】

字字逸蕩。

鍾惺曰：「鄭重委折。」又曰：「寫别情幽細。」

酬從弟惠連

謝靈運

寢瘵謝人徒，滅迹入雲峯。巖壑寓耳目，歡愛隔音容。永絶賞心望，長懷莫與同。末路值令弟，開顔披心胸。

心胸既云披，意得咸在斯。凌澗尋我室，散帙問所知。夕慮曉月流，朝忌曛日馳。悟對無厭歇，聚散成分離。

分離别西川，迴景歸東山。别時悲已甚，别後情更延。傾想遲嘉音，果枉濟江篇。辛勤風波事，款曲洲渚言。

洲渚既淹時，風波子行遲。務協華京想，詎存空谷期。猶復惠來章，祇足攪余思。儻若果歸言，共陶暮春時。

暮春雖未交，仲春善游遨。山桃發紅萼，野蕨漸紫苞。嚶鳴善作嚶嚶。已悦豫，幽居猶鬱陶。夢寐佇歸舟，釋我吝與勞。

【眉批】

凌駕（批第一首）。

鍾惺曰：「兄弟中朋友，人生至樂。」

贈王大常

顔延之

玉水記方流，璇源載圓折。蓄寶每希聲，雖秘猶彰徹。聆龍瞭九淵，聞鳳窺丹穴。歷聽豈多士，善作工。唯然覿時善作世。哲。舒文廣國華，敷言遠朝列。德輝灼邦懋，芳風被鄉耋。側同幽人居，郊扉常晝閉叶音別。。林閭時晏開，亟迴長者轍。亭昏見野陰，山明望松雪。静惟浹群化，徂生入窮節。豫往誠歡歇，悲來非樂闋。屬美謝繁翰，遥懷具短札。

夏夜呈從兄散騎車長沙

顔延之

炎天方埃鬱，暑晏闋塵紛。獨静闕偶坐，臨堂對星分。側聽風薄木，遥睇月開雲。夜蟬當夏急，陰蟲先秋聞。歲候初過半，荃蕙豈久芬。屏居惻物變，慕類抱情殷。九逝非空思，七襄無成文。

【眉批】

湯惠休謂顔詩如錯綵鏤金，信然。

直東宫答鄭尚書

顔延之

皇居體環極，設險祗天工五臣作宫。。兩闈阻通軌，對禁限清風。跂予旅東館，徒歌屬南墉。寢興鬱無已，起觀辰漢中。流雲藹清闕，皓月鑒丹宫。踟躕清防宓，徙倚恒漏窮。君子吐芳訊，感物惻余衷。惜無丘園秀，景行彼高松。知言有誠貫，美價難克充。何以銘嘉貺，言樹絲與桐。

和謝監靈運

顏延之

弱植慕端操，窘步懼先迷。寡立非擇方，刻意藉窮栖。伊昔遘多幸，秉筆侍兩閨。雖慚丹雘施，未謂玄素睽。徒遭良時詖，王道奄昏霾。人神幽明絶，朋好雲雨乖。弔屈汀洲浦，謁帝蒼山蹊。倚巖聽緒風，攀林結留荑。跂予間衡嶠，曷月瞻秦稽。皇聖昭天德，豐澤振沈泥。惜無雀善作爵。雉化，何用充海淮。去國還故里，幽門樹蓬藜。采茨葺昔宇，翦棘開舊畦。物謝時既晏，年往志不偕。親仁敷情昵，興玩善作賦。究辭凄。芬馥歇蘭若，清越奪琳珪。盡言非報章，聊用布所懷。

【眉批】顏、謝字句俱精工，而謝更秀逸。

答顏延年

王僧達

長卿冠華陽，仲連擅海陰。珪璋既文府，精理亦道心。君子聳高駕，塵軌實爲林。崇情符遠迹，清氣溢素襟。結游略年義，篤顧棄浮沈。寒榮共偃曝，五臣作暴。春醞時獻斟。聿來歲序暄，輕雲出東岑。麥壟多秀色，楊園流好音。歡此承日暇，忽忘逝景侵。幽衷何用慰，翰墨久謡吟。栖鳳難爲條，淑貺非所臨。誦以永五臣作詠。周旋，匣以代兼金。

【眉批】
典麗。

郡内高齋閑坐答吕法曹　謝脁

結構何迢遰，曠望極高深。窗中列遠岫，庭際俯喬林。日出衆鳥散，山暝孤猿吟。已有池上酌，復此風中琴。非君美無度，孰爲勞寸心。惠而能好我，問以瑶華音。若遺金門步，見就玉五臣作此。山岑。

【眉批】
俊逸。
鍾惺曰：「語似陶，亦似王、孟。」又曰：「『日出衆鳥散』，陶詩中妙語。」

在郡卧病呈沈尚書　謝脁

淮陽股肱守，高卧猶在兹。况復南山曲，何異幽栖時。連陰盛農節，籉笠聚東菑。高閣常晝掩，荒階少諍辭。珍簟清夏室，輕扇動凉颸。嘉魴聊可薦，緑蟻善作渌蟻。方獨持。夏李沈朱實，秋藕折輕絲。良辰竟何許，夙昔夢佳期。坐嘯徒可積，爲邦歲已期。弦歌終莫取，撫枕令自嗤。

暫使下都夜發新林至京邑贈西府同僚王世貞曰：「謝玄暉不惟工發端，撰造精麗，風華映人，一時之傑。特不如靈運者，匪直才力小弱，靈運語俳而氣古，玄暉調俳而氣今。」

謝　朓

大江流日夜發端警絶。，客心悲未央。徒念關山近，終知返路長。秋河曙耿耿，寒渚夜蒼蒼。引領善作顧。見京室，宫雉正相望。金波麗鳷鵲，鍾惺曰：「似唐人應制詩。」玉繩低建章。驅車鼎門外，思見昭丘陽。馳暉不可接，何況隔兩鄉。風雲有鳥路，江漢限無梁。常恐鷹隼擊，時菊委嚴霜。寄言罻羅者，寥廓已高翔。

【眉批】

釋皎然曰：「『大江』二句，亦何減于建安。」

楊慎曰：「六朝人稱謝朓工于發端，如此二句雄壓千古矣。」

皇甫汸曰：「劉隨州『離心與流水，萬里共朝昏』，本于此。」

鍾惺曰：「起結俱是近體佳境。」

酬王晋安

謝　朓

梢梢枝早勁，塗塗露晚晞。南中榮橘柚，寧知鴻雁飛。拂霧朝青閣，日旰坐彤闈。悵望一塗阻，參差百慮依。春草秋更綠，公子未西歸。誰能久京洛，緇塵染素衣。

【眉批】

句句秀逸。

楊慎曰：「後人不解此句之妙。晉安即閩泉州也。『南中滎橘』即諺云『樹蠻不落葉』也。『寧知鴻雁飛』即諺云『雁飛不到處』也。樹不凋，雁不到，本是瘴鄉，却以美言之。此是隱句之妙。」

奉答内兄希叔

陸厥

嘉惠承帝子，躡履奉王孫。屬叨金馬署，又點銅龍門。出入平津邸，一見孟嘗尊。歸來翳桑柘，朝夕異涼温。

殂落固云是，寂蔑終始五臣作如。斯。杜門清三徑，坐檻臨曲池。鳧鵠嘯儔侶，荷芰始參差。雖無田田葉，及爾泛漣漪。

春華與秋實，庶子及家臣。王門所以貴，自古多俊民。離宫收杞梓，華屋富徐陳。平旦上林苑，日入伊水濱。

書記既翩翩，賦歌能妙絶。相如恧温麗，子雲慚筆札。駿足思長阪，柴車畏危轍。愧兹山陽宴，空此河陽别。

平原十日飲，中散千里游。渤海方淫滯，宜城誰獻酬？屏居南山下，臨此歲方秋。惜哉時不與，日暮無輕舟。

贈張徐州謖　范雲

田家樵採去，薄暮方來歸。還聞稚子説，有客款柴扉。儐從皆珠玳，裘馬悉輕肥。軒蓋照墟落，傳瑞生光輝。疑是徐方牧，既是復疑非。思舊昔言有，此道今已微。物情棄疵賤，何獨顧衡闈。恨不具鷄黍，得與故人揮。懷情徒草草，淚下空霏霏。寄書雲間雁，爲我西北飛。

古意贈王中書　范雲

攝官青瑣闥，遥望鳳皇池。誰云相去遠，脉脉阻光儀。岱山饒靈異，沂五臣作淮。水富英奇。逸翮凌北海，摶飛出南皮。遭逢聖明后，來栖桐樹枝。竹花何莫莫，桐葉何離離。可栖復可食，此外亦何爲。豈知鶢鶋者，一粒有餘貲。

【眉批】

守令相臨而作詩相贈，前人風流，亦可想見。

贈郭桐廬出谿口見候余既未至郭仍進村維舟久之郭生方至　任昉

朝發富春渚，蓄意忍相思。涿令行春返，冠蓋溢川坻。望久方來萃，悲歡不自持。滄江路窮此，湍嶮方自兹。叠嶂易成響，重以夜猿悲。客心幸自弭，中道遇心期。親好自斯絶，孤游從此辭。

【眉批】

遒雅之作，末語有蘇章之志。

行　旅

河陽縣作二首

潘　岳

微身輕蟬翼，弱冠忝嘉招。在疚妨賢路，再升上宰朝。猥荷公叔舉，連五臣作違。陪厠王寮。長嘯歸東山，擁耒耨時苗。幽谷茂纖葛，峻巖敷榮條。落英隕林趾，飛莖秀陵喬。卑高亦何常？升降在一朝。徒恨良時泰，小人道遂消。譬如野田蓬，斡流隨風飄。昔倦都邑游，今掌河朔傜。登城眷南顧，凱風揚微綃。洪流何浩蕩，修芒鬱岧嶢。誰謂晋京遠？室邇身實遼。誰謂邑宰輕？令名患不劭。人生天地間，百年孰能要？類五臣作欸。如槁五臣作敲。石火，瞥若截道飈。齊都無遺聲，桐鄉有餘謡。福謙在純約，害盈由矜驕。雖無君人德，視民庶不恌。

日夕陰雲起，登城望洪河。川氣冒山嶺，驚湍激巖阿。歸雁映蘭時，五臣作峙。游魚動圓波。鳴蟬厲寒音，時菊耀秋華。引領望京室，南路在伐柯。大夏緬無覿，崇芒鬱嵯峨。總總都邑人，擾擾俗化訛。依水類浮萍，寄松似懸蘿。朱博糾舒慢，楚風被琅邪。曲蓬何以直？托身依叢麻。黔黎竟何常？政成在民和。位同單父邑，愧無子賤歌。豈敢陋微官？但恐忝所荷。

【眉批】

李善曰：「哀傷贈答，皆潘居陸後，而此在前，疑陸誤。」

在懷縣作二首

潘　岳

南陸迎修景，朱明送末垂。初伏啓新節，隆暑方赫羲。朝想慶雲興，夕遲白日移。揮汗辭中宇，登城臨清池。凉飈自遠集，輕襟隨風吹。靈圃耀華果，通衢列高椅。瓜瓞蔓長苞，薑芋紛廣畦。稻栽肅仟仟，五臣作芊芊。黍苗何離離。虛薄乏時用，位微名日卑。驅役宰兩邑，政績竟無施。自我違京輦，四載迄于斯。器非廊廟姿，屢出固其宜。徒懷越鳥志，眷戀想南枝。

春秋代遷逝，四運紛可喜。去聲。寵辱易不驚，戀本難爲思。我來冰未泮，時暑忽隆熾。感此還期淹，嘆彼年往駛。登城望郊甸，游目歷朝寺。小國寡民務，終日寂無事。白水過庭激，緑槐夾門植。信美非吾土，祇攪懷歸志。眷善作卷。然顧鞏洛，山川邈離異。願言旋舊鄉，畏此簡書忌。祇奉社稷守，恪居處職司。

【眉批】

葛立方曰：「潘岳急于進取，乾没不休。與石勒等諂事賈謐，每候其出，輒望塵而拜。觀其作河陽縣詩則曰：『誰謂晋京遠，室邇身實遼。誰謂邑宰輕，令名患不劭。』其作懷縣詩則曰：『自我違京輦，四載迄于斯。器非廊廟姿，屢出固其宜。』其坐馳京闕，渴心固已生塵矣。而仕宦卒不達，誠可以爲馳騖者之戒也。嘗自叙曰：『自弱冠涉于知命之年，八徙官，一進階，再免，一除名，一不拜職，遷者三而已。雖通塞有命，抑拙者之效也。』岳誠知此，豈肯遽下賈謐之拜哉。」

迎大駕

潘　尼

南山鬱岑崟，洛川迅且急。青松蔭修嶺，緑蘩被廣隰。朝日順長塗，夕暮無所集。歸雲乘幰浮，凄風尋帷入。道逢深識士，舉手對吾揖。世故尚未夷，崤函方嶮澀。狐貍夾兩轅，豺狼當路立。翔鳳嬰籠檻，騏驥見維縶。俎豆昔常聞，軍旅素未習。且少停君駕，徐待干戈戢。

【眉批】

不爲綺靡，自是直截。

赴洛詩二首

陸　機

希世無高符，營道無烈心。靖端肅有命，假檝越江潭。叶尋。親友贈予邁，揮淚廣川陰。撫膺解携手，永嘆結遺音。無迹有所匿。寂寞善作漠。聲必沈。肆目眇不五臣作弗。及，緬然若雙潛。南望泣玄渚，北邁步長林。谷風拂修薄，油雲翳高岑。亹亹孤獸騁，嚶嚶思鳥吟。感物戀堂室，離思一何深！佇立慨五臣作慨。我嘆，寤寐涕盈衿。惜無懷歸志，辛苦誰爲心？

羇旅遠游宦，托身承華側。撫劍遵銅輦，振纓盡祗肅。歲月一何易，寒暑忽已革。載離多悲心，感物情凄惻。慷慨遺安，愈五臣作念。永嘆廢餐食。思樂樂難誘，曰歸歸未克。憂苦欲何爲？纏綿胸與臆。仰瞻凌霄鳥，羡爾歸飛翼。

【眉批】

李善曰：「《集》云此篇赴太子洗馬時作，下篇云東宫作，而此同云赴洛，誤。」

赴洛道中作二首

陸　機

總轡登長路，嗚咽辭密親。借問子何之？世網嬰我身。永嘆遵北渚，遺思結南津。行行遂已遠，野途曠無人。山澤紛紆餘，林薄杳阡眠。虎嘯深谷底，鷄鳴高樹巔。哀風中夜流，孤獸更我前。悲情觸物感，沈思鬱纏綿。佇立望故鄉，顧影凄自憐。

遠游越山川，山川修且廣。振策涉崇丘，安轡遵平莽。夕息抱影寐，朝徂銜思往。頓轡倚嵩巖，側聽悲風響。清露墜素輝，明月一何朗！撫几五臣作枕。不能寐，振衣獨長想。

【眉批】

士衡詩氣格高。

婉夷平淡，天然之作。

鍾惺曰：「『御思往』比『征夫懷往路』更深妙。」又曰：「境語俱微。」

吴王郎中時從梁陳作

陸　機

在昔蒙嘉運，矯迹入崇賢。假翼鳴鳳條，濯足升龍淵。玄冕無醜士，治服使我妍。輕劍拂鞶厲，五臣作礪。長纓麗且鮮。誰謂伏事淺，契闊踰三年。薄言肅後命，改服就藩臣。夙駕尋清軌，遠游越梁陳。感物多遠念，慷慨懷古人。

始作鎮軍參軍經曲阿作

陶淵明

弱齡寄事外，委懷在琴書。被褐欣自得，屢空常晏如。時來苟宜會，宛轡憩通衢。投策命晨旅，暫與田園疏。眇眇孤舟逝，善作游。綿綿歸思紆。我行豈不遥，登降千里餘。目倦修塗異，心念山澤居。望雲慚高鳥，臨水愧游魚。真想初在衿，誰謂形迹五臣作蹟。拘。聊且憑化遷，終反班生廬。

【眉批】

真澹。

羅大經曰：「士豈能長守山林，長視簑笠，要使山林簑笠之念不忘，乃爲勝耳。淵明『望雲』四句似此胸襟，豈爲外榮所點染哉。」

辛丑歲七月赴假還江陵夜行塗口作

陶淵明

閑居三十載，遂與塵事冥。詩書敦宿好，林園無俗情。如何舍此去，遥遥至西五臣作南。荆。叩栧親月船，善作新秋月。臨流別友生。涼風起將夕，夜景湛虚明。昭昭天宇闊，晶晶川上平。懷役不遑寐，中宵尚孤征。商歌非吾事，依依在耦耕。投冠旋舊墟，不爲好爵榮。養真衡茅下，庶以善自名。

【眉批】沈約曰：「潛自以曾祖晋世宰輔，不復屈身後代，自高祖王業漸隆，不復肯仕。所著文章皆題年月，義熙已前，則書晋氏年號。自永初以來，惟云甲子而已。」「林園無俗情」，語簡而質真。詩家隱逸之宗也。

永初三年七月十六日之郡初發都

謝靈運

述職期闌暑，理棹變金素。秋岸澄夕陰，火旻團朝露。辛苦誰爲情，游子值頽暮。愛似莊念昔，久敬曾存故。如何懷土心，持此謝遠度。李牧愧長袖，郤克慚躧步。良時不見遺，醜狀不成惡。曰余亦支離，依方早有慕。生幸休明世，親蒙英達顧。空班趙氏璧，徒乖魏王瓠。從來漸二紀，始得傍歸路。將窮山海迹，永絶賞心晤。

【眉批】靈運詩巧于琢句，遂不免僻語。僻句。

楊慎曰：「『愛似』二句拙。」

過始寧墅

謝靈運

束髮懷耿介，逐物遂推遷。違志似如昨，二紀及兹年。緇磷謝清曠，疲薾慚貞堅。拙疾相倚薄，五臣無此二句。還得静者便。剖竹守滄海，枉帆過舊山。山行窮登頓，水涉盡洄沿。巖峭嶺稠叠，洲縈渚連綿。白雲抱幽石，緑篠媚清漣。葺宇臨迴江，築觀基曾巓。揮手告鄉曲，三載期歸旋。且爲樹枌檟，無令孤願言。

【眉批】

五言詩，宋人當學靈運，一字千金。

富春渚

謝靈運

宵濟漁浦潭，旦及富春郭。定山緬雲霧，赤亭無淹薄。遡流觸驚急，臨圻阻參錯。亮乏伯昏分，險過呂梁壑。洊至宜便習，兼山貴止托。平生協幽期，淪躓困微弱。久露干禄請，始果遠游諾。宿心漸申寫，萬事俱零落。懷抱既昭曠，外物徒龍蠖。

七里瀨

謝靈運

羇心積秋晨，晨積展游眺。孤客傷逝湍，徒旅苦奔峭。石淺水潺湲，日落山照曜。荒林紛沃若，哀禽相叫嘯。遭物悼遷斥，存期五臣作其。得要妙。既秉上皇心，五臣作情。豈屑末代誚。目睹嚴子瀨，想屬任公釣。誰謂古今殊，異代可同調。

【眉批】

多梗塞語。

譚元春曰：「遷客真境。唐人『遇物遂遥嘆』、『鄉心遇物悲』皆本此，覺『遥嘆』二字尤奇。」

登江中孤嶼　謝靈運

江南倦歷覽，江北曠周旋。懷雜五臣作新。道轉迥，尋異景不延。亂流趨正絶，五臣作孤嶼。孤嶼媚中川。雲日相輝映，空水共澄鮮。表靈物莫賞，藴真誰爲傳。想像崑山姿，緬邈區中緣。始信安期術，得盡養生年。

初去郡　謝靈運

彭薛裁知耻，貢公未遺榮。或可優貪競，豈足稱達生。伊予秉微尚，拙訥謝浮名。廬園當栖巖，卑位代躬耕。顧己雖自許，心迹猶未並。無庸妨周任，有疾象長卿。畢娶類尚子，薄游似邴生。恭承古人意，促五臣作淑。裝返柴荆。牽絲及元興，解龜在景平。負心二十載，於今廢將迎。理棹遄還期，遵渚騖修坰。遡谿終水涉，登嶺始山行。野曠沙岸净，天高秋月明。憩石挹飛泉，攀林搴落英。戰勝臞者肥，止監流歸停。即是羲唐化，獲我擊壤聲。五臣作情。

【眉批】

釋皎然曰：「康樂『彭薛』四句，商搉三賢，雖許其退身，不免遺議。蓋康樂欲借此成我詩意，非用事也。」

達心曠思，上掩古人。

魏慶之曰：「一篇押兩『生』字。」

初發石首城

謝靈運

白珪尚可磨，斯言易爲緇。雖抱中孚爻，猶勞貝錦詩。寸心若不亮，微命察如絲。日月垂光景，成貸遂兼兹。出宿薄京畿，晨裝摶善作魯。曾颸。重經平生別，再與朋知辭。故山日已遠，風波豈還時。迢迢善作苕苕。萬里帆，茫茫終何之。游當羅浮行，息必廬霍期。越海陵三山，游湘歷九嶷。五臣作疑。欽聖若旦暮，懷賢亦凄其。皎皎明發心，不爲歲寒欺。

【眉批】

寓目矢口而成，言言穎絶。

道路憶山中

謝靈運

采菱調易急，江南歌不緩。楚人心昔絶，越客腸今斷。斷絶雖殊念，俱爲歸慮款。存鄉爾思積，憶山我憤懣。追尋棲息時，偃卧任縱誕。得性非外求，自已爲誰纂。不怨秋夕長，恒善作常。苦夏日短。濯流激浮湍，息陰倚密竿。懷故善作故懷。叵新歡，含悲忘春暖。凄凄明月吹，惻惻廣陵散。殷勤訴危柱，慷慨命促管。

【眉批】語僻。

入彭蠡湖口作　謝靈運

客游倦水宿，風潮難具論。洲島驟迴合，圻岸屢崩奔。乘月聽哀狖，浥露馥芳蓀。春晚緑野秀，巖高白雲屯。千念集日夜，萬感盈朝昏。攀崖照石鏡，牽葉入松門。三江事多往，九派理空存。靈物吝珍怪，異人秘精魂。金膏滅明光，水碧綴五臣作輟。流温。徒作千里曲，弦絶念彌敦。

【眉批】宋詩固當學靈運，但恐不善學者未免軋茁。

入華子崗是麻源第三谷　謝靈運

南州實炎德，桂樹陵寒山。銅陵映碧潤，善作澗。石磴瀉紅泉。既枉隱淪客，亦棲肥遁賢。險徑無測度，天路非術阡。遂登群峯首，邈若升雲烟。羽人絶髣髴，丹丘徒空筌。圖牒復摩滅，碑版誰聞傳。莫辨百世五臣作代。後，安知千載前。且申獨往意，乘月弄潺湲。恒充俄頃用，豈爲古今然。

【眉批】

楊慎曰：「『圖牒』以下四句重複，不可學也。」

有見之言（批「且申」二句）。

楊慎曰：「結句太晦。」

選詩卷四訂注

傅咸《贈何劭王濟》

朗陵公：劭襲封朗陵郡公。蘭渚：喻中書省。二離：長離，靈鳥。瑲：耳珠也。惠文：冠名。侍中所著。庶：異也。靡芳餌：釣者無餌，以喻己也。槁葉待風飄：咸時出爲冀州刺史，將發，如枯槁之葉，待風之飄也。

郭泰機《答傅咸》河南郭泰機，寒素後門之士。數作詩與咸，咸報詩恒激切戲之。後因咸贈詩，故作此答之。

素絲：喻才。寒女：喻賤。衣工：喻傅咸。刀尺：謂執政事也。不取諸身：謂不能恕己及物。焉所希：安可冀薦。朝餐：謂咸先食禄。

陸雲《爲顧彦先贈婦》

西城總章：皆出伎樂。北辰星：不移動，喻己也。玄龍焕：喻美色。

陸雲《答兄機》機贈詩「行矣怨路長」，今答之。

南津：言己。絶濟：直渡。北渚：機行。參商：神隨兄往而形留，如參辰之不相見。衡軌：兄弟相依，當如衡軌。牽牛非服箱：牽牛有名，不堪服車。亦猶有兄弟之名，而不得同聚。

陸雲《答張士然》士然平吴後入洛，有贈雲，雲故答之。

非良鄰：謂吴漢之異。

劉琨《答盧諶》琨爲並州刺史，與盧志親善。志子諶，琨先辟之，後中郎段匹磾領幽州牧，諶求爲匹磾別駕。諶有牋及詩與琨，故有此答。

騄驥倚輈：昔有以驥馬駕鹽，馬倚轅而不肯行，遇孫陽以己馬易得，爲天下駿。良：王良無遇驥之事，因伯樂而連言之。在六：《乾》卦第六。畫辭云：「亢龍有悔。」喻天子運極而有窮厄之災。群妖：劉聰等爲亂。芻狗：言天地不愛萬物，如祭祀之棄芻狗。禍延凶播：謂爲聰所敗，而父母遇害。舊姻：琨妻。諶之從母。新婚：諶妹。嫁琨弟。携弱：諶携父母投于琨。二族偕覆：劉聰圍晉陽，令狐泥以千餘人爲鄉導，琨來救猗盧，未至，太守高嶠反應聰逐琨。琨父母年老，不堪牽馬，步檐不免，爲泥所害。劉粲悉害諶父母。三孽：琨遣兄于演領兖州，石勒圍演，兵不守，兄少子及演妻盡爲所虜。一曰謂劉聰、劉曜、劉粲，同是一宗，故云並根。舊孤：謂三孽。一曰久老爲孤，未能復父之仇。孤幹：喻諶。去：謂之匹磾所。春林：喻匹磾。秋棘：自喻。東：謂幽州。撫：舉。言高舉，去並州。四美：音、味、文、言。

劉琨《重贈盧諶》前詩未盡，復有此贈，勸諶欲共輔晉室也。

鄧生：鄧禹也。光武襲河北，禹聞之，北渡河追上，至鄴北。曲逆：陳平所封地白登，漢高祖遭冒頓圍于此，用平計得出。留侯：張良會鴻門，羽將圖高祖，用張良計謝羽得免。五賢：晋文公從者狐偃、趙衰、顛頡、魏武子、司空季子。射鈎：管仲射桓公中鈎。即位，任爲相。悲獲麟：西狩獲麟，孔子曰：「孰謂來哉！」反袂拭面，涕泣沾袍。

盧諶《贈劉琨》諶在路被劉聰破，遂將妻子往並州投琨，後在段匹磾處，憶琨前恩，故贈此詩。

在木、處雁：山木以不材而壽，雁以能鳴而全。詳《莊子》。匠者時盼：闕不材故。饌賓：乏善鳴故。候人之譏：《毛詩》序曰：「候人，刺近小人也。」外役：謂事匹磾。府朝：琨爲司空，三公，有府朝。本同末異：楊朱見岐路，乃嘆曰：「本同末異，人亦常然。」始素終玄：墨翟見素絲而泣曰：「入玄則玄，豈直素絲，人亦有焉。」咸池：堯樂。北里：紂樂。夜光：寶珠。皇：懷帝。阻顛：父爲劉粲所害。尤良：王良，郵無恤，尤、郵，古字通。無覬狐趙，有與五臣：無敢望同狐、趙之立大功，有志與彼五臣俱履危厄。尤：非也。以意立節皆非正道，故非而狄之。情以體生，感以情起：體，親也。情緣親生，感激自情而起，言今乃知意氣節士之流。斯已：任其所止。由余：戎王臣也。使秦怪穆公宫室壯大。日磾：休屠王子，姓金氏。此喻匹磾也。撫軍：匹磾爲撫軍將軍。朝右：别駕。高明：謂匹磾。長徽已纓：謂被匹磾所辟，類乎徽纆之繫己。多露：《毛詩》語。貞女以露多而不往，喻己懼威而不行。女蘿：喻己弱。松標：喻匹磾。衡飈：謂機要之事。言精：莊子曰：「可以言論者，物之粗者也。可以意致者，物之精者也。」深識：謂琨。潛山：巢許之徒。隱几：南郭子綦。異論：琨被謗。肝膽：喻近。楚越：喻遠。同大觀：謂琨。夫差：喻聰。句踐：喻琨。

盧諶《贈崔温》崔悦、温嶠。

舊京：洛陽。游子：諶旅宦幽州，故云。李牧：趙之北邊良將也。常居雁門，破匈奴十餘萬騎，匈奴不敢近。趙奢：趙之田部吏。秦伐韓，令奢將救之，大敗秦軍，秦軍解而走。羈旅：寄客于匹磾。非子：善御者。以喻匹磾。倪寬：爲左内史。愛人不忍急切，租在後，當免官，人聞恐失之，乃勉力相率或載或擔，却爲衆賦之先也。何武：爲大司空。其所居亦無赫赫名，去後常見思。二子：崔、温。

盧諶《答魏子悌》子悌亦爲劉琨從事，與諶同官。

朝彦跡：朝琨府朝彦悌也。謂齊跡事琨。腹背羽：孟胥對晋平公曰：「夫鴻鵠一舉千里，所恃者六翮也。腹背之毳，增之不能高，減之不能下。」愧：愧對悌。四岳：諸侯，謂琨。三益：謂悌。晋昌：郡名。爲石勒所攻。飛狐：塞名。爲賊所得。琨與諶、悌往伐，爲賊所敗。本州役：諶，涿郡人，屬幽，匹磾辟爲幽州別駕。荆文璧：下和璞至楚文始剖，故云。

謝瞻《答靈運》靈運先寄《愁霖詩》于瞻，故有此答。

謝瞻《於安城答靈運》瞻爲安城守，靈運見贈，故有此答。

鴻漸：喻仕進。雲臺：喻爵位。五臣作靈臺，喻德。殉：營也。謝成：無成。江南曲：安成臨江。我勞：相思爲勞。肇九：始信。封畿外：爲安成守。承明内：靈運爲秘書監。理對：賢愚異任是理對也。絲路：素絲岐路，見上。半：謂五十已上也。

謝惠連《西陵遇風獻康樂》靈運襲封康樂公，惠連是弟，故云獻也。

坰林：野外曰林，林外曰坰。留子：謂靈運住。浮客：自謂。無萱：萱草忘憂。

謝靈運《還舊園作見顔范二中書》顔延之、范泰俱爲中書侍郎。舊園，即會稽始寧之園也。宋太祖遣范泰與靈運詩，敦奬令仕，故有此作。

張邴：張良棄人間事，從赤松子。邴曼容爲官不肯過六百石，輒自免去。聖靈：謂高祖。衡飈：謂徐羨之等爲亂，殺廬陵王，並及賢良。餘燎遂見遷：靈運時爲廬陵王司馬。初被遷永嘉守。故云。投沙：賈誼謫長沙。如邛：相如謝病歸臨邛。流沫：呂梁之水。石林：險山名。以比所經涉之處，此未足爲艱難也。閩中：東越之名。兩如直：史魚。三避賢：孫叔敖三去相而不悔。盛明：謂太祖。盪妖氛：平徐羨之也。操不固，易板纏：言就徵也。衛生：老子衛生之經。

謝靈運《登臨海郡名。嶠頂山。初發彊中地名。作與從弟惠連可見羊羊璿。何何長瑜。共和之》

胵：頸。悁：疲。悲端：謂秋。剡中：縣名。有天姥山。那可尋：迷舊路。浮丘公：王子喬好吹笙，浮丘公接以上嵩山。

謝靈運《酬從弟惠連》報前西陵遇風詩。

西川：惠連別處。東山：靈運所居。

顔延之《贈王太常》王僧達。

圓折：凡水，其方折者有玉，其圓折者有珠。希聲，彰徹：喻君子之道，闇而彰也。暩：察也。惟：思。浹：周。徂：往。窮節：窮暮之節。豫：樂。非樂闋：凡奏樂而喜，樂闋而悲。今悲來自傷，不由樂闋。屬美：屬綴君之美事。

顔延之《夏夜呈從兄散騎顔敬宗。車長沙》仲遠。

晏：晚。闋：息。九逝非空思，七襄無成文：言我魂一夕九往豈空自悲思，所思者，君也。但恨七反而不成文章耳。

顔延之《直東宮答鄭尚書》鄭鮮之，高祖踐祚遷都官尚書。延年補太子舍人，然答詩謝舍人之日。

兩闈：皇宮太子宮。限清風：謂不見鄭。東館：東宮舍人之館。南墉：尚書省在南。清防：屏風。樹絲桐：欲播之琴瑟。

顔延之《和謝監靈運》和前靈運《贈顔范二中書》也。少帝出顔延之爲始安太守，元嘉三年徵爲中書侍郎。

侍兩闈：謂中書侍郎及太子舍人。丹雘：喻榮禄。玄素暌：不同素絲之變。昏霾：謂少帝之日。弔屈：謂之始安郡。謁帝蒼山：舜葬蒼梧之野。緒風：相緒不斷之風。留荑：香草，結以贈遠人。秦稽：秦望會稽山，謝公隱此。皇聖：謂文帝。親仁：謂靈運。

王僧達《答顔延之》

華陽：益州縣名。榮：屋南簷。偃：卧。曝：向日炙背。

謝朓《郡内宣城郡。高齋閑坐答吕法曹》吕僧珍，齊王法曹也。先有贈故答。

謝朓《在郡卧病呈沈尚書》沈約。

股肱守：漢淮陽太守汲黯上書云病。上曰：「淮陽吾股肱地，卿爲我卧理之。」南山曲：謂宣城郡。諍：訟。

謝朓《暫使下都夜發新林至京邑贈西府同僚》朓爲隋王子隆文學。子隆在荆州，好辭賦，數集僚友，朓以才文尤被賞愛。長史王秀之以朓年少，密以啓聞，世祖敕朓可還都。朓道中爲詩，以寄西府。

金波：月也。麗：連也。鳷鵲：館名。玉繩：星名。低：謂星下於空也。建章：宫名。鼎門：丹陽郡門。昭丘：荆州有楚昭王冢。

謝朓《酬王晋安》晋安郡守王德元，先贈今答。

青閣：朝堂。彤闈：宫門。公子：謂元。西歸：晋安在東。

陸厥《奉答内兄希叔》内兄顧肦先贈，故答。其集云：「竟陵王舉秀才，遷太子太傅功曹掾。」

帝子：謂竟陵。王孫：謂太傅王晏。金馬：署名，謂爲秀才。銅龍：太子門名，謂爲太傅功曹掾。平津邸：公孫弘。田田：蓮葉貌。春華、秋實：邢顒爲平原侯植家丞，防閑以禮，與植不合。庶子劉楨有才華而植重之。人聞之，以爲采庶子之春華，忘家臣之秋實。謂肦爲邵陵王常侍，故有此言。徐陳：徐幹、陳琳。書記：阮瑀。賦歌：劉公幹。子雲：谷永。駿足：喻肦。柴車：喻己。山陽宴：稽康與向秀居山陽，常爲竹林之宴。河陽别：石崇河陽有别業。平原十日飲：秦昭王遺平原君書：「幸君過寡人，與君十日之飲。」千里游：吕安、嵇康相思，命駕千里。渤海：文帝與吴質、徐幹所游處，喻肸事邵陵王。宜城：出美酒。

范雲《贈張徐州謖》謖爲徐州刺史，臨去就雲别，不見，雲後作詩贈之。

傳：驛馬。瑞：節信。

范雲《古意贈王中書》融。

青瑣闥：雲爲通直郎，故云。鳳凰池：中書監。岱山沂水：二處並出琅邪王氏。北海：徐幹居。南皮：吴質游。

任昉《贈郭桐廬出谿口見候余既未至郭仍進村維舟久之郭生方至》昉爲新安太守，郭峙爲桐廬令，故伺候也。

涿令：後漢滕撫爲涿令，有文武理用，流愛于民。行春，兩白鹿隨車挾轂而行。

潘岳《河陽縣作》

忝嘉招：被辟爲太祖掾。再升：楊駿、賈充俱辟爲掾。上宰朝：司空太尉府。陪：家臣也。厠王寮：列天子之外寮。都邑游：謂昔爲尚書郎。河朔傜：謂河陽令也。傜。役也。齊都：即齊景公。桐鄉有餘謡：朱邑爲桐鄉嗇夫，廉平不苛，吏人愛而歌焉。南路：京道。伐柯：言不遠。大夏：東京門名。朱博：遷琅邪太守。齊風舒緩，博乃敕公曹掾吏衣皆去地三寸。視事數年，大改其俗，禮節皆如楚、趙。

曲蓬：蓬生蔴中，不扶自直。

潘岳《在懷縣作》岳自河陽遷懷令，有思京之意。

末垂：六月將盡之時。鞏洛：岳墳塋所在。

潘尼《迎大駕》東海王越從大駕討鄴，軍敗，輕騎奔下邳。永康二年，越率甲士三萬人，奉迎大駕還洛，尼時預焉，故有此作。

陸機《赴洛詩》

營道：營營道路。無跡、聲沈：謂離別後跡無所見、聲無所聞。堂室：謂母妻。銅輦：太子車。

陸機《吴王郎中時從梁陳作》

崇賢：太子門名。入此門爲太子洗馬。契闊：勤苦。就藩臣：爲吴王郎中令。

陶潛《始作鎮軍參軍經曲阿作》

通衢：喻仕路。班生廬：班固《幽通賦》曰：「里上仁之所廬。」

陶潛《辛丑歲七月赴假還江陵夜行塗口作》

商歌：甯戚商歌車下，以干桓公。

謝靈運《永初三年七月十六日之郡初發都》高祖崩，少帝立。出靈運爲永嘉郡守，故有幽栖之志也。

闌暑：夏末暑氣闌也。金素：秋也。火旻：火，心星，爲秋候，秋爲旻天。愛似：莊子曰：「越之流人，去國旬月，見所嘗見于國中喜，及期年也，見似人者而喜矣。」久敬：魯子曰：「少而學，長而忘之，一費也。事君有功，輕而負，二費也。久友交而中絶，三費也。」愧長袖：趙將李牧臂短。慚躧步：晋大夫郤克跛。依方：《莊子》子貢曰：「夫子何方之依？」班：次也。魏王瓠：魏王貽惠子瓠，大而無用。永絶賞心晤：賞心之對於此長乖。

謝靈運《過始寧墅》自永嘉過故墟也。靈運父祖並葬始寧縣，並有故宅及墅。遂修營舊業，極幽居之美。

謝靈運《富春渚》

定山，赤亭：皆江中山名。無淹薄：水急不可停。伯昏：伯昏瞀人，古有道者，履危而不懼。吕梁：吕梁之險，懸流三千仞。洊至：水相仍而至。兼山：《易》曰：「兼山，艮。」龍蠖：言龍騰蠖屈，不爲殊觀也。

謝靈運《七里瀨》瀨，水流沙上也。此瀨下有嚴子陵隱居。

上皇：《莊子》：「監照下土，天下載之。此謂上皇。」任公釣：任公子，有道者，以大鈞巨輪，釣于東海。

謝靈運《登江中孤嶼》

懷雜：五臣作懷新，懷想新知也。延：長也。亂流趨正絶：《爾雅》曰：「水正絶流曰亂。」表靈：言嶼上特表靈異。藴：藏也。真：仙也。安期：仙人。

謝靈運《初去郡》在永嘉稱疾去職。

彭薛：彭宣、薛廣德，皆御史大夫。上書乞骸骨。貢公：貢禹。妨周任：害周任之言。象長卿：相如有消渴疾。尚子：尚子平。男娶女嫁畢，敕斷家事。邴生：邴曼容。牽絲：初仕。元興：安帝改元。解龜：去官。景平：少帝改元。戰勝臞者肥：子夏曰：「吾入見先王之義，則榮之；出見富貴，又榮之。二者戰于胸臆，故臞。今見先王之義勝，故肥也。」止監：文子曰：「莫監于流潦，而監于止水。」

謝靈運《初發石首城》靈運謝病，東歸會稽。太守孟顗乃表其異志，靈運馳往京都，詣闕上表，太祖知其誣，不罪，不欲使東歸，以爲臨川内史。至石頭城，故作此詩。

中孚：《易》卦，孚信也。貝錦：《詩》云：「萋兮菲兮，成是貝錦。」喻工者錯采以成錦文，讒者搆言以作人過。日月：喻天子。兼兹：兼此内史。再：謂前之永嘉，今適臨川。羅浮：山名。廬霍：二山名。三山：蓬萊、方丈、瀛洲。九疑：山名。欽聖：舜葬九疑。懷賢：屈原沈湘江。

謝靈運《道路憶山中》往臨川郡，憶始寧山中。

采菱，江南：皆楚越歌曲。楚人：屈原。越客：自謂。纂：繼也。不怨秋夕長：秋夜可樂，故不怨其長。恒苦夏日短：夏日可游，故常苦其短。叵：不可也。明月吹，廣陵散：並琴、曲名。危柱：琴。促管：笛。

謝靈運《入彭蠡湖口作》

石鏡：山名。松門：澗名。金膏：仙藥。水碧：水玉。此江中有之，然皆不見。千里曲：《琴賦》曰：千里別鶴。

謝靈運《入華子岡華子期，甪里先生弟子，居此山頂，故稱焉。是麻源山名。第三谷》

銅陵：銅山。紅泉：水自沙中流出，其色紅。恒充俄頃用，豈爲古今然：言古之獨往，必輕天下，不顧於世；而己之獨往，常充俄頃之間，豈爲尊古卑今而然。

選詩卷五

梁昭明太子蕭統選

行旅

北使洛

顔延之

改服飾徒旅，首路跼險艱。善作難。振楫發吴洲，秣馬陵楚山。塗出梁宋郊，道由周鄭間。前登陽城路，日夕望三川。在昔輟期運，經始闊聖賢。伊瀔絶津濟，臺館無尺椽。宫陛多巢穴，城闕生雲烟。玉猷升八表，嗟行方暮年。陰風振凉野，飛雲善作雪。瞀窮天。臨塗未及引，置酒慘無言。隱憫徒御悲，威遲良馬煩。游役去芳時，歸來屢徂諐。蓬心既已矣，飛薄殊亦然。

【眉批】

沈約曰：「文辭藻麗，爲謝晦、傅亮所賞。」

還至梁城作

顔延之

眇默軌路長，憔悴征戍勤。昔邁先徂師，今來後歸軍。振策睠東路，傾側不及群。息徒顧將夕，極望梁陳分。故國多喬木，空城凝寒雲。丘隴填郛郭，銘誌滅無文。木石扃幽闥，黍苗延高墳。惟彼雍門子，吁嗟孟嘗君。愚賤同堙滅，尊貴誰獨聞。曷爲久游客，憂念坐自殷。

【眉批】睹景興懷，自是人情。但末語不暢。

始安郡還都與張湘州登巴陵城樓作

顔延之

江漢分楚望，衡巫奠南服。三湘淪洞庭，七澤藹荆牧。經塗延舊軌，登闉訪川陸。水國周地險，河山信重復。却倚雲夢林，前瞻京善作荆。臺囿。清雰霽岳陽，曾暉薄瀾澳。凄矣自遠風，傷哉千里目。萬古陳往還，百代勞起伏。存没竟何人，炯介在明淑。請從上世人，歸來藝桑竹。

還都道中作

鮑照

昨夜宿南陵，今旦入蘆洲。客行惜日月，崩波不可留。侵星赴早路，畢景逐前儔。鱗鱗夕雲起，獵獵晚風遒。騰沙鬱黄霧，翻浪揚白鷗。登艫眺淮甸，掩泣望荆流。絶目盡平原，時見遠烟浮。倏悲坐還合，我思甚兼秋。未嘗違户庭，安能千里游。誰令乏古節，貽此越鄉憂。

【眉批】字字推敲。

之宣城出新林浦向版橋　　謝朓

江路西南永，歸流東北騖。天際識歸舟，雲中辨江樹。鍾惺曰：「水雲萬里，一副烟江送别圖。」旅思倦摇摇，孤游昔已屢。既歡懷禄情，復協滄洲趣。囂塵自兹隔，賞心於此遇。雖無玄豹姿，終隱南山霧。

【眉批】田藝衡曰：「『雲中辨江樹』，景也。『天際識歸舟』，情也。宋之問亦云『古木生雲際，歸帆出霧中』，便不及矣！因念古今得意句，難得一聯悉稱。『暗牖懸蛛網』，不如『空梁落燕泥』；『傍水見寒梅』，不如『出關逢落葉。』」

敬亭山　　謝朓

兹山亘百里，合沓與雲齊。隱淪既已托，靈異居善作俱。然栖。上干蔽白日，下屬帶迴谿。交藤荒且蔓，樛枝聳復低。獨鶴方朝唳，饑鼯此夜啼。渫五臣作泄。雲已漫漫，多雨亦凄凄多雨，五臣作夕雨。我行雖紆組，兼得尋幽蹊。緣源殊未極，歸徑窅如迷。要欲追奇趣，即此陵丹梯。皇恩竟已矣，兹理庶。五臣作帝。無睽。

【眉批】玄暉詩有凌霄摩空之態，宜太白之賞心也。

葛立方曰：「烟霞泉石，隱遁者得之，宦游而癖此，鮮矣。謝靈運爲永嘉，謝玄暉爲宣城，境中佳處，雙旌五馬，游歷殆遍，詩章吟詠甚多，然終不若隱遁者藜杖芒鞋之爲得也。玄暉《敬亭山》詩云：『我行雖紆組，兼得尋幽蹊。』版橋詩云：『既歡懷禄情，復協滄洲趣。』自謂兩得之者，其後復有鼓吹登山之曲。且松下喝道，李商隱猶謂之殺風景，而况於鼓吹乎。」

休沐重還道中　謝朓

薄游第從告，思閑願罷歸。還邛歌賦似，休汝車騎非。灞池不可别，伊川難重違。汀葭稍靡靡，江菼復依依。田鵠遠相叫，沙鴇忽争飛。雲端楚山見，林表吴岫微。試與征徒望，鄉淚盡霑衣。賴此盈罇酌，含景望芳菲。問我勞何事，霑沐仰清徽。志狹輕軒冕，恩甚戀重闈。歲華春有酒，初服偃郊扉。

晚登三山還望京邑　謝朓

鍾惺曰：「右丞以田園作應制語，玄暉以山水作都邑詩。非惟不墮清寒，愈見曠逸。」

灞涘望長安，河陽視京縣。白日麗飛甍，參差皆可見。餘霞散成綺，真警語。澄江静如練。喧鳥覆春洲，雜英滿芳甸。去矣方滯淫，懷哉罷歡宴。佳期悵何許，淚下如流霰。有情知望鄉，鍾惺曰：淺語深致。誰能鬒不變？善作縝。

【眉批】

葛立方曰：「靈運『池塘生春草』之句，玄暉『澄江静如練』之句，妙處蓋在于鼻無堊，目無膜。爾鼻無堊，斤將曷運？目無膜，篦將曷施？所謂混然天成，天球不琢者與。」

王世貞曰：「謝山人謂『澄』、『净』二字意重，欲改爲秋。余不敢以爲然，蓋江澄乃净耳。」

京路夜發　謝朓

擾擾整夜裝，肅肅戒徂雨。曉星正寥落，晨光復泱漭。猶霑餘露團，稍見朝霞上。故鄉邈已敻，山川修且廣。文奏方盈前，懷人去心賞。敕躬每跼蹐，瞻恩唯震蕩。行矣倦路長，無由稅歸鞅。

望荆山　江淹

奉義至江漢，始知楚塞長。南關繞桐柏，西岳出魯陽。寒郊無留影，秋日懸清光。悲風撓五臣作繞。重林，雲霞肅川漲。歲晏君如何，零淚霑衣裳。玉柱空掩露，金樽坐含霜。一聞苦寒奏，再使豔歌傷。

旦發漁浦潭　丘遲

漁潭霧未開，赤亭風已颺。櫂歌發中流，鳴鞞響沓障。五臣作嶂。村童忽相聚，野老時一望。詭怪石異象，嶄絶峯殊狀。森森荒樹齊，析析寒沙漲。藤垂島易陟，崖傾嶼難傍。信是永幽棲，五臣作栖。豈徒暫清曠？坐嘯昔有委，卧治今可尚。

早發定山　沈約

夙齡愛遠壑，晚莅見奇山叶。標峯綵虹外，置嶺白雲間。傾壁忽斜竪，絶頂復孤圓。歸海流漫漫，出浦水濺濺善作淺。。野棠開未落，山櫻發欲然。忘歸屬蘭杜，懷禄寄芳荃。眷言採三秀，徘徊望九仙。

新安江水至清淺深見底貽京邑游好　沈約

眷言訪舟客，兹川信可珍。洞澈隨深淺，皎鏡無冬春。千仞寫喬喬，五臣作停。樹，百丈見游鱗。滄浪有時濁，清濟涸無津。豈若乘斯去，俯映石磷磷。紛吾隔囂滓，寧假濯衣巾。願以潺湲水，水，善作沫。霑君纓上塵。

軍戎

從軍詩五首　王粲

從軍有苦樂，但問善作聞。所從誰。所從神且武，焉得久勞師。相公征關右，赫怒震天威。一舉滅獯虜，再舉服羌夷。西收邊地賊，忽若俯拾遺。陳賞越丘山，酒肉踰川坻。軍中善作人。多飫饒，人馬皆溢肥。徒行兼乘還，空出有餘資。拓地三千里，往返速如善作若。飛。歌舞入鄴城，所願獲無違。書善作晝。日處大朝，日暮蒲言歸。外參時明政，内不廢家私。禽獸憚爲犧，良苗實已揮。竊慕負鼎翁，善本無此二句。願厲朽鈍姿。不能效沮溺，相隨把鋤犁。熟覽夫子詩，信知所言非。

涼風厲秋節，司典告詳刑。我君順時發，桓桓東南征。汎舟蓋長川，陳卒被隰坰。征夫懷親戚，誰能無戀情？拊衿倚舟檣，眷眷思鄴城。哀彼東山人，喟然感鸛鳴。日月不安處，人誰護恒寧？昔人從公旦，一徂輒三齡。今我神武師，暫五臣作蹔。往必速平。棄余親睦恩，輸力竭忠貞。懼無一夫用，報我素餐誠。夙夜自恲性，思逝若抽縈。將秉先登羽，豈敢聽金聲。

從軍征遐路，討彼東南夷。方舟順廣川，薄暮未安坻。白日半西山，桑梓有餘暉。蟋蟀夾岸鳴，孤鳥翩翩飛。征夫心多多，五臣作雨。懷，淒善作惻。愴令吾悲。下船登高防，草露霑我衣。迴身赴床寢，此愁當告誰。身服干戈事，豈得念所私。即戎有授命，兹理不可違。

朝發鄴都橋，暮濟白馬津。逍遥河隄上，左右望我軍。連舫踰萬艘，帶甲千萬人。率彼東南路，將定一舉動。籌策運帷幄，一由我聖君。恨我無時謀，譬諸具官臣。鞠躬中堅内，微畫無所陳。許歷爲完士，一言猶善作獨。敗秦。我有素餐責，誠愧伐檀人。雖無鉛刀用，庶幾奮薄身。

悠悠涉荒路，靡靡我心愁。四望無煙火，但見林與丘。城郭生榛棘，蹊徑無所由。雚蒲竟廣澤，葭葦夾長流。日夕涼風發，翩翩漂吾舟。寒蟬在樹鳴，鸛鵠摩天游。客子多悲傷，淚下不可收。朝入譙郡界，曠然消人憂。鷄鳴達四境，黍稷盈原疇。館宅充廛里，士女善作女士。滿莊馗。自非賢聖善作聖賢。國，誰能享斯休。詩人美樂土，雖客猶願留。

【眉批】

徐楨卿曰：「王粲從軍，得之二《雅》。」

李善曰：「『揮』當爲『輝』。」

葛立方曰：「似非擬人必於其倫之義。蓋仲宣時爲操軍謀祭酒，則亦無所不至矣。」

王昌齡曰：「『逍遥河隄上』，宛而成章。」

「聖君」二字可畏。

鍾惺曰：「『鞠躬中堅内』五字，寫盡文士在軍中光景，使人慚笑。」

魏慶之曰：「一篇押兩『人』字。」

王昌齡曰：「絶斧斤之痕。」

郊廟

宋郊祀歌二首　顔延之

夤威寶命，嚴恭帝祖。炳海表岱，系唐胄楚。靈監睿文，民屬睿武。奄受敷錫，宅中拓宇。亘地稱皇，罄天作主。月竁來賓，日際奉土。開元首正，禮交樂舉。六典聯事，九官列序。有牷在滌，有潔在俎。以薦善作饗。王衷，以答神祐。

維聖饗帝，維孝饗親。皇乎備矣，有事上春。禮行宗祀，敬達郊禋。金枝中樹，廣樂四陳。陟配在京，降德在民。奔精昭五臣作照。夜，高燎煬晨。陰明浮爍，沈禜深淪。告成大報，受釐元神。月御案節，星驅扶輪。遥興遠駕，曜曜振振。

樂　府

飲馬長城窟行　古　辭

青青河畔善作邊。草，緜緜思遠道。遠道不可思，夙五臣作宿。昔夢見之。夢見在我傍，忽覺在他鄉。他鄉各異縣，展轉不可見。五臣作相。枯桑知天風，海水知天寒。入門各自媚，誰肯相爲言。客從遠方來，遺我雙鯉魚。呼兒烹鯉魚，中有尺素書。長跪讀素書，書中竟何如？上有加餐食，下有長相憶。

【眉批】

魏慶之曰：「此古詞無人名，《玉臺》以爲蔡邕作。」

精思深婉（批「枯桑」四句）。

楊慎曰：「漢世書札相遺，或以絹素叠成雙鯉之形。古詩云：『尺素如霜雪，叠成雙鯉魚。要知心裏事，看取腹中書。』是其明證也。故有『遺我雙鯉魚』句。昧者不知，即以爲鯉魚能寄書，可笑。」

君子行善本無此一篇。　古　辭

鍾惺曰：「此與《長歌行》二詩甚平。然能使從來好奇者，終日心目間不敢棄之，是古人身分。」

君子防未然，不處嫌疑間。瓜田不納履，李下不正冠。嫂叔不親授，長幼不比肩。勞謙得其柄，和光甚獨難。周公下白屋，吐哺不及餐。一沐三握髮，後世稱聖賢。

【眉批】

鍾惺曰：「老成精細，涉世名言。」

質率。

傷歌行

古辭

昭昭素明月，暉光燭我床。憂人不能寐，耿耿夜何長。微風吹閨闥，羅帷自飄颺。攬衣曳長帶，屣履下高堂。東西安所之，徘徊以彷徨。春鳥翻南飛，翩翩獨翱翔。悲聲命儔匹，哀鳴傷我腸。感物懷所思，泣涕忽霑裳。佇立吐高吟，舒憤訴穹蒼。

【眉批】

王世貞曰：「『上山採蘼蕪』、『四坐且莫喧』、『悲與親友別』、『穆穆清風至』、『橘柚垂華實』、『十五從軍征』、『青青園中葵』、『鷄鳴高樹顛』、『日出東南隅』、『相逢狹路間』、『昭昭明素月』、『昔有霍家奴』、『洛陽城東路』、『飛來雙白鵠』、『翩翩堂前燕』、『青青河畔草』、『悲歌』、『緩聲』、『八變』、『艷歌』、『紈扇篇』、『白頭吟』是兩漢五言神境，可與《十九首》五言並驅。」

長歌行　　古辭

青青園中葵，朝露待善作行。日晞。陽春布德澤，萬物生光輝。常恐秋節至，焜黄華葉衰。百川東到海，何時復西歸？少壯不努力，老大徒善作乃。傷悲！

【眉批】

令人努力。

譚元春曰：「真古詩不厭其平。」

怨歌行　　班婕妤

鍾嶸曰：班姬詩「其源出于李陵。《團扇》短章，辭旨清捷，怨深文綺，得匹婦之致。侏儒一節，可以知其工矣。」釋皎然曰：「江則假象見意，此則貌題直書。至如『出入』四句，旨婉詞正，有潔婦之節。」

親裂齊紈素，鮮善作皎。潔如霜雪。裁成合歡扇，團團似明月。出入君懷袖，動摇微風發。常恐秋節至，涼飈善作風。奪炎熱。棄捐篋笥中，恩情中道絶。

【眉批】

魏慶之曰：「樂府以爲顔延年作。幽怨而不慘傷。」

駱賓王曰：「班婕妤『霜雪』之句，發越清迴。」

鍾惺曰：「輕婉畢順，却是婦人語。調亦平。」

短歌行

楊慎曰：「孟德詩云『對酒當歌』，而杜子美云『玉珮仍當歌』，非杜子美闡明之，讀者皆以『當歌』爲該當之當矣。」

王世貞曰：「古樂府『遠望可以當歸』，杜詩『當』字出此。用修語大憒憒可笑。孟德正謂遇酒即當歌也。下云『人生幾何』可見矣，若作去聲，有何趣味！」

魏武帝

對酒當歌，人生幾何？譬如朝露，去日苦多。慨當以慷，憂思難忘。何以解憂，唯有杜康。青青子衿，悠悠我心。但爲君故，善本無此二句。沈吟至今。呦呦鹿鳴，食野之苹。我有嘉賓，鼓瑟吹笙。明明如月，何時可掇。憂從中來，不可斷絕。越陌度阡，枉用相存。契闊談宴，心念舊恩。月明星希，烏鵲南飛。譚元春：「寫得悲澹，如置身清秋。」繞樹三帀，何枝可依？山不厭高，海不厭深。周公吐哺，天下歸心。鍾惺曰：「四言至此，出脫《三百篇》殆盡，此其心手不粘帶處。『青青子衿』二句、『呦呦鹿鳴』四句，全寫《三百篇》，而畢竟一毫不似。其妙難言。」鍾惺曰：「『如』字幻極，樂府妙語。」

【眉批】

徐楨卿曰：「韋、仲、班、傅四言詩，窘縛不宕。曹公《短歌行》，子建『來日大難』工堪爲則矣。」

「唯有杜康」不成語，雜用舊詩不成調，末用周公不成理。

皇甫汸曰：「詩不諱重襲。若魏武之掇『鹿鳴』是也。」

蔡敬夫曰：「去四句舊詩，以『明明如月』接沈吟何如？」

鍾惺曰：「慘刻處慘刻，厚道處厚道，各不相妨，各不相諱，而又皆不出于假，所以爲英雄。」

苦寒行 魏武帝

朱熹曰：「曹操作詩必說周公，如前詩及此『悲彼東山詩』也。是做得箇賊起，不惟竊國之柄，和聖人之法也竊了。」又曰：「詩見得人。如曹操雖說酒令，亦說從周公上去，可見是賊。若曹丕但說飲酒。」

北上太行山，艱哉何巍巍。羊腸阪詰屈，車輪爲之摧。樹木何蕭索，善作瑟。北風聲正悲。熊羆對我蹲，虎豹夾路啼。谿谷少人民，雪落何霏霏。延頸長嘆息，遠行多所懷。我心何怫鬱，思欲一東歸。水深橋梁絕，中道正徘徊。迷惑失故路，薄五臣無薄字。暮無五臣無，下有所字。宿栖。行行日已遠，人馬同時饑。擔囊行取五臣作采。薪，斧冰持作糜。悲彼東山詩，悠悠使我哀。

【眉批】

真德秀曰：「魏武之詩見于《選》者，《短歌行》及此篇。短歌之辭，無敢貶之者，以愚觀之，杜康始釀者也，今曰『有杜康』，則近于譃矣。『周公吐哺』爲王室致士也，若操之致士，特爲傾漢計耳！獨此猶有憫勞恤下之意。」

體恤行伍，宜用兵如神也。

善五臣作苦。哉行　魏文帝

上山采薇，薄暮苦饑。谿谷多風，霜露沾衣。野雉群雊，猴猿相追。還望故鄉，鬱何壘壘。高山有崖，林木有枝。憂來無方，人莫之知。人生如寄，多憂何爲？今我不樂，日月如馳。湯湯川五臣作中。流，中有行舟。隨波轉善作迴轉。薄，有似客游。策我良馬，被我輕裘。載馳載驅，聊以忘憂。真德秀曰：「此篇末語亦『芙容池』末章意，以其中有可采者，姑録。」

【眉批】

大意欲及時行樂。

鍾惺曰：「寫得悲涼而細。」又曰：「本謂客游似行舟，反謂舟行似客游，是詩人運用。」

燕歌行　魏文帝

秋風蕭瑟天氣涼，草木摇落露爲霜。群燕辭歸雁南翔，念君客游思斷腸。慊慊思歸戀故鄉，何爲淹留寄他方？賤妾煢煢守空房，憂來思君不敢忘，不覺淚下霑衣裳。援琴鳴弦發清商，短歌微吟不能長。鍾惺曰：深情苦態，只此七字。明月皎皎照我床，星漢西流夜未央。牽牛織女遥相望，爾獨何辜限一作恨。河梁。

【眉批】

楊慎曰：「七言絶倡之始，『柏梁』質俚不佳。」

譚元春曰：「此歌中極和穩者，誦之不厭。可見好奇人亦有公道也。」

鍾惺曰：「『不敢忘』三字，性情甚正。」

格調沈雄，末語有味。

箜篌引

曹植

王世貞曰：「曹公莽莽，古直悲凉。子桓小藻，自是樂府本色。子建天才流麗，雖譽冠千古，而實遜父兄。何以故，材太高，辭太華。」

置酒高殿上，親友從我游。中厨辦豐膳，烹羊宰肥牛。秦箏何慷慨，齊瑟和且柔。陽阿奏奇舞，京洛出名謳。樂飲過三爵，緩帶傾庶羞。主稱千金壽，賓奉萬年酬。久要不可忘，薄終義所尤。謙謙君子德，磬折欲何求。驚風飄白日，光景馳西流。盛時不可再，五臣作再來。百年忽我遒。生在五臣作存。華屋處，零落歸山丘。先民誰不死，知命復善作亦。何憂。

【眉批】

子建以侯王而篤交情若此，不可及也。温良豈弟，令人心醉。

鍾嶸曰：「自古詩頌皆被之金竹，故非調五音無以諧會。若『置酒高殿上』、『明月照高樓』，爲入韻之首。」

奇句（批「驚風」二句）。

名都篇

曹植

名都多妖女，京洛出少年。寶劍直千金，被服麗善作光。且鮮。鬥鷄東郊道，走馬長楸間。馳騁未能半，雙兔過我前。攬弓捷鳴鏑，長驅上南山。五臣作驅止彼南山。左挽因右發，一縱兩禽連。餘巧未及展，仰手接飛鳶。觀者咸稱善，衆工歸我妍。歸來善作我歸。宴平樂，美酒斗十千。膾鯉臇胎鰕，炮善作寒。鼈炙熊蹯。鳴儔嘯匹侣，善作旅。列坐竟長筵。連翩擊鞠壤，巧捷惟萬端。白日西南馳，光景不可攀。雲散還城邑，清晨復來還。

【眉批】

楊慎曰：「『寒鼈』五臣妄改作『炰鼈』。蓋毛詩『炰鼈膾鯉』舊句，淺識孰不以爲『寒』字誤而從『炰』字耶？不思『寒』与『炰』字形相遠，音呼又別，何得誤至于此。」

李善注云：「今之時餚謂之寒，蓋韓國饌用此法。《鹽鐵論》『羊淹鷄寒』。崔駰傳亦有『鷄寒』。曹植文『寒鴿鶊麛』。劉熙《釋名》『韓鷄』爲正。古字『寒』与『韓』通也。」

美女篇

曹植

美女妖且閑，采桑岐路間。間，五臣作西，叶先。柔條紛冉冉，葉落何翩翩。攘袖見素手，皓腕約金環。頭上金爵釵，腰佩翠琅玕。明珠交玉體，珊瑚間木難。羅衣何飄颻，善作飄。輕裾隨風還。顧盼遺光彩，長嘯氣若蘭。行徒用息駕，休者以忘餐。借問女安居？乃在城南端。青樓臨大路，高門結重關。容華耀朝日，誰不希令顏。媒氏何所營？玉帛不時安。佳人慕高義，求賢良獨難。衆人徒嗷嗷，安知彼所觀？盛年處房室，中夜起長歎。鍾惺曰：「緝《洛神》之餘材而成之，自爲凄麗之調，真是才子。」

【眉批】

比況之情，近于熱中。

魏慶之曰：「一篇押兩『難』字。」

鍾惺曰：「前半說得妖麗，自此下却說得高遠，從美女上說出名士風概。」

言佳人思配賢者，惟求賢之難，是以忩期若孟光是也。

鍾惺曰：「情深而正。」（批「盛年」二句）

白馬篇

曹　植

白馬飾金羈，連翩西北馳。借問誰家子，幽並游俠兒。少小去鄉邑，揚聲沙漠垂。宿昔秉良弓，楛矢何參差。控弦破左的，右發摧月支。仰手接飛猱，俯身散馬蹄。狡捷過猴猿，勇剽若豹螭。邊城多警急，虜騎數遷移。羽檄從北來，厲馬登高隄。長驅蹈匈奴，左顧陵鮮卑。棄身鋒刃端，性命安可懷？父母且不顧，何言子與妻！名編壯五臣作在。士籍，不得中顧私。捐軀赴國難，視死忽如歸。

【眉批】

寫出俠氣，亦有昔人式蛙之意乎！

王明君辭並序

石　崇

王明君者，本是五臣作爲。王昭君，以觸文帝諱改之。匈奴盛，請婚於漢，元帝以後宫良家子昭五臣作明。君配焉。昔公主嫁烏孫，令琵琶馬上作樂，以慰其道路之思，其送明君，亦必五臣無必字。爾也。其造新之善無之字。曲，多哀怨之聲，故叙之於紙云爾。

我本漢家子，將適單于庭。辭訣未及終，前驅已抗旌。僕御涕流離，轅馬悲且鳴。哀鬱傷五内，泣淚霑善作濕。珠纓。行行日已遠，遂造匈奴城。延我於穹廬，加我閼氏名。殊類非所安，雖貴非所榮。父子見陵辱，對之慚且驚。殺身良不易，默默以苟生。苟生亦何聊，積思常憤盈。願假飛鴻翼，乘之以遐征。飛鴻不我顧，佇立以屏營。昔爲匣中玉，今爲糞上英。朝華不足歡，甘與秋草並。傳與後世人，遠嫁難爲情。

【眉批】

范晞文曰：「熟參此序，乃知明君出嫁之時，未必以琵琶寄情，特後人想像而賦之耳。」

王世貞曰：「石衛尉縱横一代，領袖諸豪，豈獨以財雄之故，才氣勝耳。《思歸引》《明君辭》情質未離，不在潘、陸下。劉司空亦其儔也。」

寫昭君不見議論。末二句可爲和戎之戒。

猛虎行

陸機

渴不飲盜泉水，熱不息惡木陰。惡木豈無枝，志士多苦心。整駕肅時命，杖策將遠尋。饑食猛虎窟，寒栖野雀林。日歸功未建，時往歲載陰。崇雲臨岸駭，鳴條隨風吟。静言幽谷底，長嘯高山岑。急弦無懦響，亮節難爲音。人生誠未易，曷云開此衿？五臣作襟。眷我耿介懷，俯仰愧古今。

【眉批】

才高氣鬱，讀之感動。

君子行

陸機

天道夷且簡，人道嶮五臣作险。而難。休咎相乘躡，翻覆若波瀾。去疾苦不遠，疑似實生患。平聲叶。近火固宜熱，履冰豈惡寒。掇蜂滅天道，拾塵惑孔顔。逐臣尚何有？棄友焉足嘆。福鍾恒有兆，禍集非無端。天損未易辭，人益猶可歡。朗鑒豈遠假，取之在傾冠。近情苦自信，君子防未然。

從軍行

陸機

苦哉遠征人，飄飄五臣作飖。窮四遐。南陟五嶺巔，北戍長城阿。深善作谿。谷邈善作深。無底，崇山鬱嵯峨。奮臂攀橋木，振迹涉流沙。隆暑固已慘，凉風嚴且苛。夏條焦善作集。鮮藻，寒冰結衝波。胡馬如雲屯，越旗亦星羅。飛鋒無絶影，鳴鏑自相和。朝食五臣作餐。不免胄，夕息常負戈。苦哉遠征人，撫心悲如何！

豫章行　陸機

泛舟清川渚，遥望高山陰。川陸殊途軌，懿親將遠尋。三荆歡同株，四鳥悲異林。樂會良自古，悼别豈獨今。寄世將幾何，日昃無停陰。前路既已多，後塗隨年侵。促促薄暮景，亹亹鮮克禁。曷爲復以兹，曾是懷苦心。遠節嬰物淺，近情能不深。行矣保嘉福，景絶繼以音。

【眉批】

魏慶之曰：「一篇押二『陰』字。」

苦寒行　陸機

北游幽朔城，凉野多嶮難。五臣作灘。俯入穹谷底，仰陟高山盤。凝冰結重澗，五臣作磵。積雪被長巒。陰雲興巖側，悲風鳴樹端。不睹白日景，但聞寒鳥喧。五臣作嚾。猛虎憑林嘯，玄猿臨岸嘆。夕宿喬木下，慘愴恒鮮歡。渴飲堅冰漿，饑待零露餐。離思固已久，五臣作矣。寤寐莫與言。劇哉行役人，慊慊恒苦寒。

飲馬長城窟行　陸機

驅馬陟陰山，山高高，五臣作陰。馬不前。往問陰山候，勁虜在燕然。戎車無停軌，旍旆屢徂遷。仰憑積雪巖，俯涉堅冰川。冬來秋未反，去家邈以綿。獫狁亮未夷，征人豈徒旋。末德争先鳴，凶器無兩全。師克薄賞行，軍没微軀捐。將遵甘陳迹，收功單于旃。振旅勞歸士，受爵稾街傳。

【眉批】

楊慎曰：「起句如此自然，《選》詩中亦罕得。」

二語説盡從軍之苦（批「師克」二句）。

門有車馬客行

陸機

門有車馬客，駕言發故鄉。念君久不歸，濡跡涉江湘。投袂赴門塗，攬衣不及裳。撫膺携客泣，掩淚叙温凉。借問邦族間，惻愴論存亡。親友多零落，舊齒皆凋喪。市朝互遷易，城闕或丘荒。墳壟日月多，松柏鬱芒芒。天道信崇替，人生安得長。慷慨惟平生，俯仰獨悲傷。

【眉批】

李周翰曰：「雖曰擬古，機意自屬。」

直指之語，旅間酸鼻。

君子有所思行　陸機

命駕登北山，延佇望城郭。廛里一何盛，街巷紛漠漠。甲第崇高闥，洞房結阿閣。曲池何湛湛，清川帶華薄。邃宇列綺牕，蘭室接羅幕。淑貌色斯升，哀音承顏作。人生誠行邁，五臣作過。容華隨年落。善哉膏粱士，營生奥且博。宴安消靈根，酖毒不可恪。無以肉食資，取笑葵與藿。

齊謳行　陸機

營丘負海曲，沃野爽且平。洪川控河濟，崇山入高冥。東被姑尤側，南界聊攝城。海物錯萬類，陸產尚千名。孟諸吞楚夢，百二侔秦京。惟師恢東表，桓后定周傾。天道有迭代，人道無久盈。鄙哉牛山嘆，未及至人情。爽鳩苟已徂，君子安得停。行行將復去，長存非所營。

日出東南隅行 或曰《羅敷豔歌》　陸機

扶桑升朝暉，照此高臺端。高臺多妖麗，濬房出清顏。淑貌耀皎日，惠心清且閑。美目揚玉澤，蛾眉象翠翰。鮮膚一何潤，秀色若可餐。窈窕多容儀，婉媚巧笑言。暮春春服成，粲粲綺與紈。金雀垂藻翹，瓊珮結瑶璠。方駕揚清塵，濯足洛水瀾。藹藹風雲會，佳人一何繁。南崖充羅幕，北渚盈軿軒。清川含藻景，高崖五臣作岍。被華丹。馥馥芳袖揮，泠泠纖指彈。悲歌吐清響，雅舞播幽蘭。丹唇含九秋，妍迹陵七盤。赴曲迅驚鴻，蹈節如集鸞。綺態隨顏變，沈姿無乏五臣作定。源。俯仰紛阿那，顧步咸可歡。遺芳結飛飈，浮景映清湍。冶容不足詠，春游良可嘆。

長安有狹邪行

陸　機

伊洛有岐路，岐路交朱輪。輕蓋承華景，騰步躡飛塵。鳴玉豈樸儒，憑軾皆後民。烈心厲勁秋，麗服鮮芳春。余本倦游客，豪彦多舊親。傾蓋承芳訊，欲鳴當及晨。守一不足矜，岐路良可遵。規行無曠迹，矩步豈逮人。投足緒已爾，四時不必循。將遂殊塗軌，要子同歸津。

【眉批】意圓語滯。

前緩聲歌

陸　機

游仙聚靈族，高會曾城阿。長風萬里舉，慶雲鬱嵯峨。虙妃興洛浦，王韓起太華。北徵瑶臺女，南要湘川娥。肅肅霄駕動，翩翩翠蓋羅。羽旗栖五臣作棲。瓊鑾，玉衡吐鳴和。太容揮高弦，洪崖發清歌。獻酬既已周，輕舉乘紫霞。總轡扶桑枝，五臣作底。濯足湯五臣作暘。谷波。清輝溢天門，垂慶惠皇家。

長歌行

陸　機

游矣經天日，悲哉帶地川。寸陰無停晷，尺波豈徒旋。年往迅勁矢，時來亮急弦。遠期鮮克及，盈數固希全。容華夙夜零，體澤坐自捐。兹物苟難停，吾壽安得延。俛仰逝將過，倏忽幾何間。慷慨亦焉訴，天道良自然。但恨功名薄，竹帛無所宣。迨及歲未暮，長歌承我閑。

吴趨行　　陸機

楚妃且勿嘆，齊娥且莫謳。四坐並清聽，聽我歌吴趨。吴趨自有始，請從昌昌，五臣作閶。下同。門起。昌門何峨峨，飛閣跨通波。重欒承游極，回軒啓曲阿。藹藹慶雲被，泠泠祥五臣作鮮。風過。山澤多藏育，土風清且嘉。泰伯導仁風，仲雍揚其波。穆穆延陵子，灼灼光諸華。王迹隤五臣作穨。陽九，帝功興四遐。大皇自富春，矯手頓世羅。邦彦應運興，粲若春林葩。屬城咸有士，吴邑最爲多。八族未足侈，四姓實名家。文德熙淳懿，武功侔山河。禮讓何濟濟，流化自滂沱。淑美難窮紀，商推爲此歌。

【眉批】歌行須婉，不宜直致。

塘上行　　陸機

江蘺生幽渚，微芳不足宣。被蒙風雲會，移居華池邊。發藻玉臺下，垂影滄浪泉。沾潤既已渥，結根奥且堅。四節逝不處，華繁善作繁華。難久鮮。淑氣與時殞，餘芳隨風捐。天道有遷易，人理無常全。男歡智傾愚，女愛衰避妍。不惜微軀退，但懼蒼蠅前。願君廣末光，照妾薄暮年。

【眉批】

范晞文曰：「古《塘上曲》或謂甄后爲郭后所譖故作此，今觀其詞殆亦是也。陸士衡『男歡』云云，則爲甄后作無疑矣。劉休玄《擬古》云『顧垂薄暮景，照妾乘榆時』，適與士衡末句同得詩人之厚。」

悲哉行

陸　機

游客芳春林，春芳傷客心。和風飛清響，鮮雲垂薄陰。蕙草饒淑氣，時鳥多好音。翩翩鳴鳩羽，喈喈倉庚音。五臣作吟。幽蘭盈通谷，長秀被高岑。女蘿亦有托，蔓葛亦有尋。傷哉游客五臣作客游。士，憂思一何深。目感隨氣草，耳悲詠時禽。寤寐多遠念，緬然若飛沈。願托歸風響，寄言遺所欽。

短歌行

陸　機

王世貞曰：「陸士衡之『來日苦短，去日苦長』，傅休奕之『志士惜日短，愁人知夜長』，張季鷹之『榮與壯俱去，賤與老相尋』，曹顏遠之『富貴他人合，貧賤親戚離』，語若卑淺，而亦實境所就。故不忍多讀。」

置酒高堂，悲歌臨觴。人壽幾何，逝如朝霜。時無重至，華不再陽。蘋以春暉，蘭以秋芳。來日苦短，去日苦長。今我不樂，蟋蟀在房。樂以會興，悲以別章。豈日無感，憂爲五臣作與。子忘。我酒既旨，我肴既臧。短歌有五臣作可。詠，長夜無荒。

【眉批】

粗厲猛起之音。

間用成語，何也？今人崇尚，不知其解。

范晞文曰：「《蟋蟀》詩既欲其樂，又慮其荒，此詩人憂深慮遠之意。士衡此詩全是詩人之體。」

會吟行

謝靈運

六引緩清唱，三調佇繁音。列筵皆静寂，咸共聆會吟。會吟自有初，請從文命敷。敷績壺冀始，刊木至江汜。列宿炳天文，負海横地理。連峰競千仞，背流各百里。滮池溉粳稻，輕雲曖松杞。兩京愧佳麗，三都豈能似。層臺指中天，高墉積崇雉。飛燕躍廣途，鷁善作鷁首戲清沚。肆呈窈窕容，路曜便娟子。自來彌年代，賢達不可紀。句踐善廢興，越叟識行止。范蠡出江湖，梅福入城市。東方就旅逸，梁鴻去桑梓。牽綴書士風，辭殫意未已。

【眉批】

用事爲累。

范晞文曰：「陸士衡《吴趨行》首六句，謝靈運《會吟行》盡踵其步驟。」

東武吟

鮑照

主人且勿諠，賤子歌一言：僕本寒鄉士，出身蒙漢恩。始隨張校尉，占募到河源。後逐李輕車，追虜窮塞垣。密塗亘萬里，寧歲猶七奔。肌力盡鞌甲，心思歷凉温。將軍既下世，部曲亦罕存。時事一朝異，孤績誰復論。少壯辭家去，窮老還入門。腰鎌刈葵藿，倚杖牧鷄豘。昔如韝上鷹，今似檻中猿。徒結千載恨，空負百年怨。棄席思君幄，疲馬戀君軒。願垂晉主惠，不愧田子魂。

【眉批】

感深。

朱熹曰：「『腰鎌』二句，分明説出个崛强不肯甘心之意。」

出自薊北門行

鮑照

羽檄起邊亭，烽火入咸陽，徵騎屯廣武，分兵救朔方。嚴秋筋竿勁，虜陣精且彊。天子按劍怒，使者遥相望。雁行緣石徑，魚貫度飛梁。簫鼓流漢思，旌甲被胡霜。疾風衝塞起，沙礫自飄揚。馬毛五臣作步。縮如蝟，角弓不可張。時危見臣節，世亂識忠良。投軀報明主，身死爲國殤。

【眉批】

俊逸。

朱熹曰：「『疾風』四句，分明説出邊塞之狀，語又俊健。」

結客少年場行

鮑照

驄馬金絡頭，錦帶佩吴鉤。失意杯酒間，白刃起相讎。追兵一旦至，負劍遠行游。去鄉三十載，復得還舊丘。升高臨四關，表裏望皇州。九塗平若水，雙闕似雲浮。扶宫羅將相，夾道列王侯。日中市朝滿，車馬若川流。擊鐘陳鼎食，方駕自相求。今我獨何爲，埳壈懷百憂。

東門行

鮑照

傷禽惡弦驚，倦客惡離聲。離聲斷客情，賓御皆涕零。涕零心斷絶，將去復還訣。一息不相知，何况異鄉别。遥遥征駕遠，杳杳落日晚。居人掩閨卧，行子夜中飯。野風吹秋木，行子心腸斷。食梅常苦酸，衣葛常苦寒。絲竹徒滿坐，憂人不解顔。長歌欲自慰，彌起長恨端。

【眉批】

聲出倦游語痛切。

鍾惺曰：「促節厲響，情思宛轉。樂府中古詩也。」

譚元春曰：「聲響出于變韻，細讀自悟。」
妙極形容（批「行子」句）。
譚元春曰：「着兩『行子』叠成凄調矣。却以兩樂府𡚁句，無意接入，甚微。」

苦熱行

鮑　照

赤阪横西阻，火山赫南威。身熱頭且痛，鳥墮魂來歸。湯泉發雲潭，焦烟起石圻。日月有恒昏，雨露未常晞。丹蛇踰百尺，玄蜂盈十圍。含沙射流影，吹蠱痛五臣作病。行暉。障五臣作瘴。氣晝熏體，菵露夜沾衣。饑猿莫下食，晨禽不敢飛。毒涇尚多死，渡瀘寧具腓？生軀蹈死地，昌志登禍機。戈船榮既薄，伏波賞亦微。爵善作財。輕君尚惜，士重安可希？

【眉批】
善形狀。
楊慎曰：「南中畜蠱之家，蠱昏夜飛出飲水，光如曳雪，所謂行暉也。《文選》注：行暉，行李之暉。非也。」

白頭吟

鮑　照

直如朱絲繩，清如玉壺冰。何慚宿昔意，猜恨坐相仍。人情賤恩舊，世議逐衰興。毫髮一爲瑕，丘山不可勝。食苗實碩鼠，玷五臣作點。白信蒼蠅。鳧鵠遠成美，薪芻前見陵。申黜褒女進，班去趙姬昇。周王日淪惑，漢帝益嗟稱。心賞猶難恃，貌恭豈易憑。古來共如此，非君獨撫膺。

【眉批】

托喻君臣之際，真切。末四句即「我思古人，俾無尤兮」之意。

放歌行

鮑　照

蓼蟲避葵堇，習苦不言非。小人自齷齪，安知曠士懷？鷄鳴洛城裏，禁門平旦開。冠蓋縱横至，車騎四方來。素帶曳長飆，華纓結遠埃。日中安能止，鐘鳴猶未歸。夷世不可逢，賢君信五臣作言。愛才。明慮自天斷，不受外嫌猜。一言分珪爵，片善辭草萊。豈伊白璧賜，將起黄金臺。今君有何疾，鍾惺曰：「問得低回。」臨路獨遲迴？

【眉批】

譚元春曰：「駡小人雖不渾，吾賞其痛快。」

鍾惺曰：「寫盡富貴人氣燄。」（批「素帶」二句）

未句托爲詰問，曠士之懷，有難言矣。

升天行　　鮑照

家世宅關輔，勝帶宦善作官。王城。備聞十帝事，委曲兩都情。倦見物興衰，驟睹俗屯平。翩翻類迴掌，恍惚似朝榮。窮塗悔短計，晚志五臣作至。重長生。從師入遠岳，結友事仙靈。五圖發金記，九籥隱丹經。風餐委松宿，雲卧恣天行。冠霞登綵閣，解玉飲椒庭。暫游越萬里，近別數千齡。鳳臺無還駕，簫管有遺聲。何時一作當。與爾曹，啄腐共吞腥。

鼓吹曲　　謝朓

江南佳麗地，金陵帝王州。逶迤帶渌五臣作緑。水，迢遞起朱樓。飛甍夾馳道，垂楊蔭御溝。凝笳翼高蓋，疊鼓送華輈。獻納雲臺表，功名良何收。

挽　歌

挽歌詩　　繆　襲

生時游國都，死没棄中野。朝登高堂上，暮宿黄泉下。白日入虞淵，懸車息駟馬。造化雖神明，安能復存我？形容稍歇滅，齒髮行當墮。自古皆有然，誰能離此者？

挽歌詩三首

陸機

卜擇考休貞，嘉命咸在兹。夙駕驚徒御，結轡頓重基。龍㡛被廣柳，前驅矯輕旗。殯宫何嘈嘈，哀響沸中闈。中闈且勿讙（五臣作諠）。聽我《薤露》詩。死生各異倫，祖載當有時。舍爵兩楹位，啓殯進靈轜。飲餞觴莫舉，出宿歸無期。帷衽曠遺影，棟宇與子辭。周親咸奔湊，友朋自遠來。翼翼飛輕軒，駸駸策素騏。按轡遵長薄，送子長夜臺。呼子子不聞，泣子子不知。嘆息重櫬側，念我疇昔時。三秋猶足收，萬世安可思。殉没身易亡，救子非所能。含言言哽咽，揮涕涕（五臣作淚淚）。流離。

流離親友思，惆悵神不泰。素驂佇轜軒，玄駟騖飛蓋。哀鳴興殯宫，回遅悲野外。魂輿寂無響，但見冠與帶。備物象平生，長旌誰爲旆？悲風徽（五臣作彭）。行軌，傾雲結流藹。振策指靈丘，駕言從此逝。

重阜何崔嵬，玄廬竄其間。旁薄立四極，穹隆放蒼天。側聽陰溝涌，卧觀天井懸。廣宵何寥廓，大暮安可晨。人往有反（善作返）。歲，我行無歸年。昔居四民宅，今托萬鬼鄰。昔爲七尺軀，今成灰與塵。金玉素所佩，鴻毛今不振。豐肌饗螻蟻，妍骸（善作姿）。永夷泯（叶）。壽堂延螭魅，虚無自相賓。螻蟻爾何怨？螭魅我何親？拊心痛荼毒，永嘆莫爲陳。

【眉批】

備極長逝形容，令人萬念俱消。

挽歌詩

祁寬曰：「昔人自作祭文、挽詩者多矣。或寓意騁詞，成于暇日。考次靖節詩文，乃絕筆于祭挽四篇，蓋出于屬纊之際者。辭情俱達，尤爲精麗。其于晝夜之道，了然如此。」

陶淵明

芳草何茫茫，白楊亦蕭蕭。嚴霜九月中，送我出遠郊。四面無人居，高墳正嶕嶢。馬爲仰天鳴，風爲自蕭條。幽室一已閉，千年不復朝。千年不復朝，賢達無奈何。向來相送人，各已歸其家。親戚或餘悲，他人亦已歌。死去何所道，托體同山阿。

【眉批】

淵明已齊生死矣，豈所謂總非聞道白首無成者乎！

鍾惺曰：「『自』字澹得妙。」

譚元春曰：「『或餘悲』妙甚！見亦有不必然者矣。」

雜　歌

易水歌

荆　軻

燕太子丹使荆軻刺秦王，丹祖送於易水上。高漸離擊筑，荆軻歌，宋如意和之，曰：

風蕭蕭兮易水寒，壯士一去兮不復還！

【眉批】

李東陽曰：「古歌詞貴簡遠。《大風歌》止三句，《易水歌》止二句，其感激悲壯，語短而意益長。」至今猶令人慘顔。

大風歌　王世貞曰：「《大風》安不忘危，其霸心之存乎？《秋風》樂極悲來，其悔心之萌乎？文中子贊二帝語去孔子不遠。」鍾惺曰：「前二句言創，其氣大，後一句言守，其思遠。雖欲不爲帝王不可。」又曰：「與虞兮歌互讀，英雄遭時失時，成敗之際可想。幸勿有意看兩公相去太遠也。」　漢高祖

高祖還，過沛，留。置沛宫，悉召故人父老子弟佐酒，發沛中兒得百二十人，教之歌。酒酣，上擊筑，自歌曰：

大風起兮雲飛揚，威加海内兮歸故鄉，安得猛士兮守四方！　盖世之語。鍾惺曰：「雄大不浮。」

【眉批】

劉勰曰：「天縱之作。」

葛立方曰：「雖止二十三字，而志氣慷慨，規模宏遠，凛凛乎已有四百年基業之氣。」

王世貞曰：「《大風》三言，氣籠宇宙。張千古帝王赤幟，高帝哉！」又曰：「《垓下歌》嗚咽悲壯，與《大風》各自描寫帝王興衰氣象。千載而下，惟曹公『山不厭高』、『老驥伏櫪』，司馬懿『天地開闢，日月重光』等

語，差可嗣響。」

扶風歌

劉　琨

朝發廣莫門，暮宿丹水山。左手彎繁弱，右手揮龍淵。顧將望宮闕，俯仰御飛軒。據鞍長嘆息，淚下如流泉。繫馬長松下，發鞍高岳頭。烈烈悲風起，泠泠澗水流。揮手長相謝，哽咽不能言。浮雲爲我結，歸鳥爲我旋。去家日已遠，安知存與亡。慷慨窮林中，抱膝獨摧藏。麋鹿游我前，猨猴戲我側。資糧既乏盡，薇蕨安可食？攬轡命徒侶，吟嘯絶巖中。君子道微矣，夫子故有窮。惟昔李騫五臣作愆。期，寄在匈奴庭。忠信反獲罪，漢武不見明。我欲竟此曲，此曲悲且長。弃置勿重陳，重陳令心傷。

中山王孺子妾歌

陸　厥

如姬寢卧内，班婕坐同車。洪波陪飲帳，林光宴秦餘。歲暮寒飆及，秋水落芙蕖。子瑕矯後駕，安陵泣前魚。賤妾終已矣，五臣作恩已畢。君子定焉如！

【眉批】

李善曰：「秦餘漢帝所幸，洪波非魏王所游。疑陸誤。」

吕向曰：「『龍陽泣前魚』，今言『安陵』蓋誤。」

選詩卷五訂注

顔延之《北使洛》延之爲豫章世子中軍行參軍，義熙十二年高祖北伐，有宋公之授，府遣一使慶殊命，參起居。延之至洛陽道中作。

在昔輟期運，經始闊聖賢：在昔晋亂，期運輟息，無聖賢經理。王：宋高祖。引：進也。威遲：馬行貌。徂僁：失期。蓬心，飛薄：言己有蓬心，事既已矣，而身飛薄，亦復同之。

顔延之《還至梁城作》自洛還。

傾側不及群：道路險阻，不能前及其群。分：分界首。雍門子：雍門周見孟嘗君曰：「臣竊悲千秋萬歲後，墳墓生荆棘，行人見之曰：『孟嘗君之尊貴，乃如是乎！』」

顔延之《始安郡還都延年爲始安太守，徵爲侍郎。與張湘州刺史張邵。登巴陵城樓作》

牧：郊外。闉：城曲重門。周：帀。炯介：光大。

鮑照《還都道中作》照爲臨海王參軍，從荆州還也。都謂揚州。

艫：檣軸。掩泣：憶臨海王。古節：古人高尚之節。越：違也。

謝朓《之宣城出新林浦向版橋》時爲宣城郡太守。

南山霧：南山有玄豹，隱霧而七日不食，欲以澤其衣毛，成其文章。

謝朓《敬亭山》

渫：猶舒也。丹梯：山高峰入雲霞處。兹理：此登山之理。

謝朓《休假也。沐洗也。重還道中》還歸丹陽。

還邛：司馬相如與臨邛令相善，往舍臨邛都亭。休汝：許劭，汝南人，爲郡功曹。同郡袁紹，濮陽令，車徒甚盛，將入界內，曰：「吾輿服豈可使許子將見？」遂以單車歸家。灞池：西京。伊川：東京。言此二京不可違別者，以喻丹陽亦不可暫去。

謝朓《晚登三山還望京邑》謂丹陽。

灞涘望長安：王粲《七哀詩》：「南登灞陵岸，回首望長安。」河陽視京縣：潘岳《河陽縣詩》「引領望京邑」，喻登山望丹陽也。去矣方滯淫：思歸未果。鬒：黑髮也。

謝朓《京路夜發》自丹陽之宣城郡。

兩：車也。敻：遠也。文奏：簿書。

江淹《望荆山》

奉義至江漢：建平王景素爲右將軍、荆州刺史。江淹授景素五經。奉義，慕義也。桐柏：山名。魯陽：縣也。無留影：日短。歲晏：喻年老。君：淹自謂。玉柱：琴。掩露含霜：謂秋夜。苦寒豔歌：皆古歌曲。傷雖豔歌，亦傷悲。

丘遲《旦發漁浦潭》遲爲新安郡太守，經此潭宿。

沈約《早發定山》約爲東陽太守，宿于定山。

蘭杜，芳荃：皆香草。三秀：芝草名。九仙：仙法名。

王粲《從軍詩》漢相曹操出師征張魯及孫權，粲作詩以紀其事。

禽獸憚爲犧，良苗實已揮：《左傳》：「賓孟適郊，見雄鷄自斷其尾，問之侍者，曰：『憚其爲犧也。』」粲言我雖有雄鷄懼犧之情，亦欲不爲人用，而沐曹公之德，如陰雨之庇黍苗，是以復願仕也。負鼎翁：伊尹。夫子詩：趙簡子使聘夫子，夫子及河，聞鳴犢與竇犨之見殺，乃迴車而旋。爲操曰：「翱翔于衛，復我舊居。從吾所好，其樂只且。」所言非：夫子欲隱居，仲宣欲求仕，故以所言爲非。鸛鳴：《詩·東山》：「鸛鳴于垤，婦嘆于室。」悁性：嘆息。先登羽：賈復擊青犢于射犬，被羽先登。聽金聲：《孫卿子》：聞鼓聲而進，聞金聲而退。東南夷：謂孫權。防：隄也。許歷：趙奢將兵救韓。軍士許歷諫曰：「先據北山上者勝，後至敗。」趙奢曰：「諾。」即使萬人趨上北山。秦軍後至，争山不得，趙縱兵擊之，大破秦軍。完士猶凡士也。伐檀：《詩·伐檀》：「彼君子兮，不素餐兮。」鉛刀：班超曰：「冀立鉛刀一割之力。」譙郡：曹公，譙人。莊：六達謂之莊。馗：九交之道。樂土：《詩》：「適彼樂土。」

顔延之《宋郊祀歌》

夤威：敬畏。寶命：天命。嚴恭：尊敬。炳海表岱：《尚書》：「海岱及淮惟徐州。」高祖，彭城人，徐州之境。系唐：統接漢緒。胄楚：楚元王之後。月竁：月窟西極。日際：東極。六典：《周禮》：治典、禮典、教典、政典、刑典、事典。九官：爵命九官。潔：清潔。金枝：燈。陟：升也。在京：《詩》云：「三后在天，王配于京。」奔精：星流。燎：焚柴煙煬也。陰明：宋水德，主北方辰星。辰星爲陰明。沈：祭水曰沈。禜：祭名。深論：謂致誠信于水。告成大報：告成功以報于天。釐：福。月御，星驅：言天神之降下于國，使月御車、星驂乘。

《樂府古辭》不知作者姓名。**《飲馬長城窟行》**長城，蒙恬所築也。言征戍之客，至於長城而飲其馬，婦思之，故爲《長城窟行》。行，曲也。

枯桑知天風，海水知天寒：枯桑無枝，尚知天風。海水廣大，尚知天寒。君子行役，豈不離風寒之患乎？入門各自媚，誰肯相爲言：但人入門，咸各自媚，誰肯爲言乎？

班婕妤《怨歌行》

齊紈素：紈素出齊。

魏武帝《短歌行》言人壽命不可得長，思與知友及時爲樂，並自戒勗之意。

杜康：古造酒者。君：知友也。鹿鳴：《詩·小雅》：鹿得萍草相呼而食。喻人有善賓來，即舉樂以相樂。思此事故引是詩。如月：相思之心，如明月之光。枉：曲也。存：問也。月明，烏鵲：喻客子無依托也。

魏武帝《苦寒行》

東山詩：《毛詩》：「我徂東山，滔滔不歸。」

魏文帝《善哉行》《古出夏門行》曰：「善哉殊復善，弦歌樂我情。」五臣作苦哉，謂山林之人，節行危苦，欲其入仕，以取逸樂。

曹植《箜篌引》箜篌，樂器名。引，曲也。

陽阿：漢成帝趙皇后屬陽阿公主家，學舞者。

曹植《名都篇》

長楸：古人種楸于道，故曰長楸。平樂：觀名。膗：臛也。胎鰕：腹有胎。擊鞠：打毬。

曹植《美女篇》

木難：碧色珠。不時安：不及時安定。

曹植《白馬篇》

左的：射的。月支：馬射左邊爲月支。

石崇《王明君辭》

公主嫁烏孫：《漢書》：烏孫獻馬，願得尚公主，乃遣江都王建女爲公主以妻之。閼氏：單于后名。

陸機《猛虎行》《古猛虎行》云「飢不從猛虎食」，但取發首爲名，不必以篇中意義，他皆類此。

盜泉：《尸子》：「孔子過于盜泉，渴矣而不飲，惡其名也。」

陸機《君子行》

掇蜂：尹吉甫前妻子伯奇，後妻子伯封。後妻欲其子爲太子，言于吉甫曰：「伯奇好妄。」王上臺觀之，後母取蜂，除其毒而置于衣領之中，使伯奇視而殺之。吉甫使讓伯奇，使者見袖有死蜂，以白吉甫。吉甫使追之，已投于河矣。拾塵：孔子窮于陳蔡之間，七日不嘗粒食。顔回得米而爨之，孔子望見回攫其甑中飯而食之。飯熟乃進。孔子曰：「今夢見先君，食潔欲饋。」回曰：「不可，向者，炱煤入甑中，弃食不祥，回因攫而食之。」孔子嘆曰：「所信者目，所恃者心。今心目俱不足恃矣。」傾冠：《抱朴子》曰：「明鏡舉，則傾冠見矣。」近情苦自信：淺近之情，苦自信任，是以遇禍。

陸機《豫章行》《古豫章行》曰：白楊初生時，乃在豫章山。

遠尋：遠别。三荆：田廣、田真、田慶兄弟三人，將别無以分。明日欲分，庭有荆樹，荆樹經宿萎黄，乃相謂曰：「荆樹尚然，况我兄弟乎？」遂不分，荆復悦茂。四鳥：孔子在衛，顔回侍側。聞哭者甚哀，問顔回曰：「回知此何哭？」回曰：「此者非但爲死而已，又爲生離者也。昔桓山之鳥，生四子焉，羽翼既成，將分四海，其母悲鳴而送之。爲其往而不返，竊以音類知之矣。」問之果然。景：影也。

陸機《飲馬長城窟行》

候：伺望者。末德：戰者德之末。甘陳：漢甘延壽、陳湯，共斬郅支單于。槀街傳：傳匈奴之首于槀街。

陸機《君子有所思行》言登山下見都邑，時俗奢泰，因思古之賢哲。

哀音：亡國之音。承顔作：承君顔而作。酖毒：《左傳》：「宴安酖毒。」恪：敬也。

《齊謳行》

營丘齊曰營丘。河濟：齊有清濟、濁河。姑尤：二水名。聊攝：二縣名。皆齊境。孟諸：齊澤名。楚夢：

雲夢。百二：秦、齊持戟百萬，秦得百二，齊得十二焉。惟師：《詩》「惟師尚父」，謂太公也。桓后：桓公。牛山嘆：齊景公游牛首山，北臨其國，流涕曰：「若何去此而死乎！」爽鳩：齊侯飲酒樂。曰：「古而無死，其樂若何？」晏子對曰：「昔爽鳩氏始居此，季萴、逢伯陵、蒲姑氏、太公因之。若古而無死，則爽鳩之樂，非君所願也。」

《日出東南隅行》或曰**《羅敷豔歌》**秦氏，邯鄲人。有女羅敷，爲邑人王仁妻。仁後爲趙王家令。羅敷出採桑於陌上，趙王登臺，見而説之，因飲酒欲奪焉。羅敷恐，彈箏作《陌上之歌》以自明。其後轉相擬述也。

九秋：曲名。七盤：楚舞。

陸機《長安有狹邪行》言世路險狹，正直之士，無所措手足。

華景：日也。鳴玉：《禮記》：「君子行則鳴佩玉。」烈心厲：言朝廷輕薄之人，其心猛暴嚴毅。芳訊：美言。及晨：鷄及晨而鳴。喻人及時而仕。緒：事也。同歸津：答新知者詞也。言我自試不能履于邪徑，理終殊途而同跡。

陸機《前緩聲歌》將前慕仙游，冀命長緩，故流聲于歌曲中也。

宓妃：洛水之神。王：王子晋與衛叔卿于華山。韓：劉根于華山見神人，謂根曰：「汝聞韓衆乎？」根曰：「聞。」曰：「我是也。」瑶臺女：《楚辭》：「望瑶臺之偃蹇，見有娀之佚女。」湘川娥：堯二女。太容：黄帝樂師。洪崖：三皇時樂師。扶桑，湯谷：皆日出處。

陸機《長歌行》

兹物：謂容體。

陸機《吴趨行》趨，步也，吴人歌其土風。

欒：拱。游：浮。極：棟。回軒：長窗。阿：角。興四遐：興于四方。謂三國時。大皇：孫權。八族：陳、桓、吕、竇、公孫、司馬、徐、傅。四姓：朱、張、顧、陸。

陸機《塘上行》《塘上行》，古辭。或云甄皇后造，言婦失寵行于塘上爲歌也。

蒼蠅：《詩》：「營營青蠅，上于樊。」喻佞人。

謝靈運《會吟行》會，謂會稽也。

六引：古歌曲名。三調：凡曲有三調。文命：謂禹也。壺冀：禹理水壺口，冀州爲始。刊木：斬木通道。列宿：星紀吴之分野，故云。負海：言後背海水。滮：瀪水灌田。兩京：東、西京。三都：蜀、吴、魏。飛燕：良馬名。鷁首：舟名。善作鷁。《淮南子》曰：「龍舟鷁首。」越叟：《越絶書》曰：「子胥師事越公，録其術。」《周易》曰：「時行則行，時止則止。」梅福：王莽顓政，福一朝棄妻子去。後人見福於會稽，爲吴市門卒。東方：東方朔。避亂置冠幘官舍，風飄之去。後見會稽賣藥。梁鴻：扶風人。東出關至吴。

鮑照《東武吟》人有少年征伐，年老被棄，游于東武者，不敢論功，但戀君耳。故托遠以言之。東武，太山下小山名。

張校尉：張騫。李輕車：李蔡。鞲：以皮蔽手而臂鷹也。晋主惠：晋文公至河上，令：「籩豆捐之，席蓐捐之，手足胼胝，面目犂黑者後之。」舅犯哭曰：「籩豆所以食也，席蓐所以卧也，而君捐之。面目犂黑手足胼胝者有功勞，而君後之。」文公乃止。田子魂：田子方見老馬于道而問焉。其御曰：「故公家畜也，罷而不用，出而放之。」子方曰：「少盡其力，老棄其身，仁者不爲也。」乃以束帛而贖之。

鮑照《出自薊北門行》

廣武：縣名。筋：弓。竿：箭。雁行，魚貫：皆陣勢。

鮑照《結客少年場行》

四關：洛陽有四關。九塗：大陸。可方九軌。扶：亦夾也。

鮑照《東門行》東都門，長安城門名。别離之地，故叙去留之情焉。

食梅，衣葛：言羇客衣食不得其所。

鮑照《苦熱行》謂于南方瘴癘之地，盡節征伐，而國家賞之太薄。

赤阪：西域有赤土、身熱之阪。火山：南荒外有火山。鳥墮：飛鳶過熱，陷墮水中。湯泉：王歆之《始興記》曰：「雲水源泉，涌溜如沸湯。」焦煙：熱氣也。含沙：江中有物，名曰水弩，於中流含沙射人之景。所中者，頭痛發熱，劇者至死。吹蠱：飛蠱也。江南有畜蠱者，主人行之以殺人，置人飲食中，人不覺。其家絶滅者，則飛游妄走，中之則斃。行暉：行李之光輝。茵：草名。有毒，其上露，觸之肉爛。毒涇：晉伐秦，秦人毒涇上流，師人皆死。瀘：水名。具腓：皆病也。戈船：漢歸義侯嚴，爲戈船將軍。出零陵、下離水，竟不得大官。伏波：後漢馬援，擊交阯，還師，位纔列卿。爵輕，士重：計倪對越王句踐曰：「爵禄君之輕也，性命士之重也。」

鮑照《白頭吟》司馬相如將聘茂陵女爲妾，文君作《白頭吟》以自絶。相如乃止。

食苗：《詩》：「碩鼠碩鼠，無食我苗。」玷白：蠅之爲蟲，污白使黑。皆喻讒佞。遠成美：田饒謂魯哀公曰：「夫鷄有五德，君所以烹而食之者，以其所從來近也。夫黄鵠無此五德，一舉千里，止君園池，食君稻粱，而君貴之者，以其所從來遠也。」前見陵：積薪燎後來者處上。申黜：周幽王黜申后而寵褒姒。班去：漢成帝去班婕妤而寵飛燕。

鮑照《放歌行》叙放臣之心。

蓼：辛菜。葵菫：甘菜。白璧賜：虞卿説趙孝成王，賜白璧一雙。黄金臺：燕昭王置千金於臺上，以延天下之士。君：謂被放者。

鮑照《升天行》言學仙。

關輔：關中三輔。勝帶：謂勝冠帶時。十帝，兩都：俱謂漢。五圖：五岳真形圖。九籥：籥以藏經而丹有九轉，故云九籥。冠霞：冠霞冠。解玉：解玉珮。謂去仕也。綵閣，椒庭：皆仙居。鳳臺，簫管：簫史弄玉。

謝朓《鼓吹曲》應隋王教作《古入朝曲》。

凝：其聲凝咽。　軥：車轅。

繆襲《挽歌》

虞淵：日入處。

陸機《挽歌》

卜擇：卜擇葬地。　龍幌：蒙也。在旁曰帷，在上曰幌。皆所以衣柳。龍幌，畫龍於幌也。　柳：輿棺之車，其蓋曰柳。　輕旗：《禮記》以死者爲不可别，故以旗識之。　薤露：古挽歌詩。　祖載：謂移柩車，爲行之始。　靈轜：喪車。　櫬：棺也。　誰爲旆：言爲亡者之旆。　傾雲：哀響震雲，有似傾側。　立四極，放蒼天：壙中儀象天地。　側聽陰溝涌，卧觀天井懸：壙中又作陰溝、天井。故亡者側聽、卧觀之。

劉琨《扶風歌》扶風，地名。蓋古曲也。琨擬而自喻。

廣莫門：洛陽城門。　繁弱：弓名。　龍淵：劍名。　李衍期：李陵失利。

陸厥《中山王孺子妾歌》《漢書》詔送中山靖王噲及孺子妾並未央才人歌詩》四篇。孺子，宫人也，幼小稱。

如姬常出入魏王卧内。　班婕：漢成帝欲與班婕妤同輦。　洪波：趙簡子與諸大夫飲于洪波之臺。　林光：秦殿名。　漢因之，故曰餘。　矯後駕：彌子瑕有寵於衛君。衛國之法，竊駕君車者刖。子瑕母病，聞之，夜矯駕君車以出。君聞之曰：「孝哉，爲母而刖也。」　泣前魚：魏王與龍陽君並船而釣，龍陽君泣曰：「始臣得魚小而甚喜，後得益多而大，遂弃前所得魚。今以臣醜惡得拂枕席，爵至人君，四海之内美人甚多，聞臣得幸，必褰裳而趨王。臣亦同曩者所得小魚也，將必棄矣。」

選詩卷六

梁昭明太子蕭統選

雜詩

古詩十九首

鍾嶸曰：「文温以麗，意悲而遠，驚心動魄，幾乎一字千金。」魏慶之曰：「《十九首》非一人之詩也。『行行重行行』《樂府》以爲枚乘作，則其他可知矣。」

行行重行行，與君生别離。相去萬餘里，各在天一善作一天。涯。道路阻且長，會面安可知？胡馬依北風，越鳥巢南枝。相去日已遠，衣帶日已緩。浮雲蔽白日，游子不顧返。思君令人老，五字警絶。歲月忽已晚。棄捐勿復道，努力加餐飯。魏慶之曰：「《玉臺》作兩首，自『越鳥巢南枝』以下别爲一首，當以《選》爲正。」

青青河畔草，鬱鬱園中柳。盈盈樓上女，皎皎當窗牖。娥娥紅粉妝，五臣作裝。纖纖出素手。昔爲倡家女，今爲蕩子婦。蕩子行不歸，空床難獨守。

青青陵上柏，磊磊澗中石。人生天地間，忽如遠行客。斗酒相娱樂，聊厚不爲薄。驅車策駑馬，游戲宛與洛。洛中何鬱鬱，冠帶自相索。長衢羅夾巷，王侯多第宅。兩宫遥相望，雙闕百餘尺。極宴娱心意，戚戚五臣作感感。何所迫？

今日良宴會，歡樂難具陳。彈箏奮逸響，新聲妙入神。令德唱高言，識曲聽其真。齊心同所願，含意俱未申。人生寄一世，奄忽若飈塵。何不策高足，先據要路津？無爲守窮賤，轗五臣作坎。軻長苦辛。

西北有高樓，上與浮雲齊。交疏結綺窗，阿閣三重階。上有弦歌聲，音響一何悲！誰能爲此曲？無乃杞梁妻。清商隨風發，中曲正徘徊。一彈再三嘆，慷慨有餘哀。不惜歌者苦，但傷知音稀。願爲雙鳴鶴，五臣作鴻鵠。奮翅起高飛。

涉江采芙蓉，蘭澤多芳草。采之欲遺誰？所思在遠道。還顧望舊鄉，長路漫浩浩。同心而離居，憂傷以終老。鍾惺曰：「二語似只是『思君令人老』五字意，然單存『思君令人老』而去此二語，不得此古詩之妙，難言！難言！」

明月皎夜光，促織鳴東壁。玉衡指孟冬，衆星何歷歷。白露霑野草，時節忽復易。秋蟬鳴樹間，玄鳥逝安適？昔我同門友，高舉振六翮。不念携手好，棄我如遺跡。南箕北有斗，牽牛不負軛。良無盤石固，虛名復何益？鍾惺曰：「此首『明月』八句爲一段，『昔我』四句爲一段，『南箕』四句爲一段，似各不相蒙，而可以相接。歷落顛倒，意法外別有神理。」

冉冉孤生竹，結根泰山阿。與君爲新婚，兔絲附女蘿。兔絲生有時，夫婦會有宜。千里遠結婚，悠悠隔山陂。思君令人老，軒車來何遲！傷彼蕙蘭花，含英揚光輝。過時而不采，將隨秋草萎。君亮執高節，賤妾亦何爲？鍾惺曰：「性情與草木相關，與鮑昭獨爲梅咨嗟，皆非尋常觀物之言。」

庭中五臣作前。有奇樹，緑葉發華滋。攀條折其榮，將以遺所思。馨香盈懷袖，路遠莫致之。此物何足貴善作貢。但感別經時。

迢迢牽牛星，皎皎河漢女。纖纖擢素手，札札弄機杼。終日不成章，泣涕零如雨。河漢清且淺，相去復幾許？盈盈一水間，脉脉不得語。

迴車駕言邁，悠悠涉長道。四顧何茫茫，東風摇百草。所遇無故物，焉得不速老？盛衰各有時，立身苦不早。人生非金石，豈能長壽考？奄忽隨物化，榮名以爲寶。王世貞曰：不得已而托之名也。千秋萬歲後，榮名安所之？名亦無歸矣。

東城高且長，逶迤自相屬。回風動地起，秋草萋已緑。四時更變化，歲暮一何速！《晨風》懷苦心，《蟋蟀》傷局促。蕩滌放情志，何爲自結束？燕趙多佳人，美者顔如玉。被服羅裳衣，當户理清曲。音響一何悲，弦急知柱促。馳情整巾帶，沈吟聊躑躅。思爲雙飛鸞，銜泥巢君屋。

驅車上東門，遥望郭北墓。白楊何蕭蕭，松柏夾廣路。下有陳死人，杳杳即長暮。潛寐五臣作寐潛。黄泉下，千載永不寤。浩浩陰陽移，年命如朝露。人生忽如寄，壽無金石固。萬歲更相送，聖賢莫能度。服食求神仙，范晞文曰：「『服食』四句，子厚《與李睦州論服氣書》，退之《李博士服丹致斃志其墓》二文之本。」多爲藥所誤。不如飲美酒，被服紈與素。

去者日以以，五臣作已。下同。疏，生五臣作來。者日以親。出郭門直視，但見丘與墳。古墓犂爲田，松柏摧爲薪。白楊多悲風，蕭蕭愁殺人。思還故里閭，欲歸道無因。

生年不滿百，常懷千歲憂。晝短苦夜長，何不秉燭游？爲樂當及時，何能待來兹？愚者愛惜費，但爲後世嗤。仙善作小。人王子喬，難可與五臣作以。等期。

凛凛歲云暮，螻蛄夕五臣作多。鳴悲。凉風率已厲，游子寒無衣。錦衾遺洛浦，同袍與我違。獨宿累長夜，夢想見容輝。良人惟古歡，枉駕惠前綏。願得常巧笑，携手同車歸。既來不須臾，又不處重闈。亮無晨風翼，焉能凌五臣作陵。風飛？眄睞以適意，善本無此二句。引領遥相晞。徙倚懷感傷，垂涕霑雙扉。

孟冬寒氣至，北風何慘慄！愁多知夜長，仰觀衆星列。三五明月滿，四五蟾兔缺。客從遠方來，遺我一書札。上言長相思，下言久離别。置書懷袖中，三歲字不滅。鍾惺曰：「多少珍重。」一心抱區區，懼君不識察。

客從遠方來，遺我一端綺。相去萬餘里，故人心尚爾。文綵雙鴛鴦，裁爲合歡被。著以長相思，緣以結不解。以膠投漆中，誰能别離此！

明月何皎皎，照我羅床帷。憂愁不能寐，攬衣起徘徊。客行雖云樂，不如早旋歸。出户獨彷徨，愁思當告誰。引領還入房，淚下霑雙扉（裳衣）。釋皎然曰：「辭精義炳，婉而成章。」

【眉批】

嚴羽曰：「漢魏之詩，詞理意興，無跡可求；氣象混沌，難以句摘，晉以下方有佳句。

王世貞曰：『《風》、《雅》三百、古詩十九，人謂無句法，非也。極自有法，無階級可尋耳。』十九首與蘇、李詩，渾厚和平，當表出繼《三百篇》之後。」

王世貞曰：「『緩』字妙極。又古歌云：『離家日趨遠，衣帶日趨緩。』豈古人亦相蹈襲耶，抑偶合也？『已』字雅，『趨』字峭，俱大有味。」

嚴羽曰：「一連六句，皆用疊字。今人必以爲句法重復之甚，古詩正不當以此論。」（批「青青河畔草」一首）

鍾惺曰：「『聊』字親昵得好。」

譚元春曰：「一『索』字往來間，喧填繁盛，俱在其内。」

鍾惺曰：「令德二字，説聲曲有原委，『真』字從此中聽出。」

激語至不可讀。

鍾惺曰：「歡宴未畢，忽作熱中語，不平之甚。」

鍾惺曰：「俱在弦指之外。」（批「一彈」二句）

又曰：「末二句與全首有何相干？幽懷曠想，忽然起落，正在此處。」（批「西北有高樓」一首）

譚元春曰：「『同心』二字，厚道古誼，覺情之一字尚淺。『憂傷以終老』，朋友中尤甚。」

楊慎曰：「『明月皎夜光』不厭複。如易之明辨晣詩之昭明有融也。」又曰：「此詩在高、惠、文、景之間，漢襲秦制，以十月爲歲首，故以白露、秋蟬爲孟冬。」

劉勰曰：「《古詩》佳麗，或稱枚叔。此篇傅毅之詞，比采而推，兩漢之作乎？觀其結體散文，直而不野，婉轉附物，怊悵切情，五言之冠冕也。」（批「冉冉孤生竹」一首）

令人讀之涕下（批「傷彼」四句）。

王昌齡曰：「用事不如用字。《古詩》『秋草萋以緑』，郭璞『潛波涣鱗起』，『萋』、『涣』二字用字也。用字不如用形。《古詩》『東城高且長，逶迤自相屬』，謝靈運『石淺水潺湲，日落山照耀』，用形也。用形不如用氣。劉公幹『誰謂相去遠，隔彼西掖垣』，用氣也。用氣不如用勢。王仲宣『南登灞陵岸，回首望長安』，用勢也。用勢不如用神。《古詩》『盈盈一水間，脉脉不得語』，用神也。」

王世貞曰：「『摇』字稍露峥嶸，便是句法，爲人所窺。『朱華冒緑池』『冒』字更捩眼耳。『青袍似春草』，復是後世巧端。」

魏慶之曰：「一篇押兩『促』字。」

鍾惺曰：「『放情志』加『蕩滌』二字妙。未有居心不净而能放者。」

張鳳翼曰：「『燕趙多佳人』當另爲一首。」

楊慎曰：「『中』帶，今多作『巾』帶。《儀禮》：『婦人則記中帶。』《注》：中帶者，今之褌襂。」

李善曰：「《古詩》蓋不知作者。或曰枚乘，疑不能明也。《詩》云：『驅車上東門。』又云：『游戲宛與洛。』辭兼東都，非盡是乘明矣。」

王世貞曰：「不得已而歸之酒。至于被服紈素，其趣愈卑，而其情愈可憫矣。」

徐楨卿曰：「《毛詩》『何不日鼓瑟』，古詩『出郭門直視』，真奇句也。」

即千古聖賢，亦枉用許多心（批「生年不滿百」二句）。

徐楨卿曰：「『生年』四語，《西門行》亦掇之，若相援耳，魏武之掇『鹿鳴』是也。」又曰：「四語出自《唐風》。」

鍾惺曰：「『古歡』，《樂府》妙字。」又曰：「無數婉孌，無數愛惜。」（批「願得常巧笑」句）

楊慎曰：「《十九首》非一人之作，亦非一時也。如前『孟冬』，夏正建申月，此漢初詩，武帝未改從夏正也。此詩武帝已改秦朔用夏正以後詩也。三代改朔不改月，古人辨證博引經傳多矣，獨未引此耳。」又曰：「此可考古人被制。」（批「文綵」二句）

譚元春曰：「此句精神在『引領』，陳思亦有『踟躕還入房』之句，其精神又在『肅肅帷幕聲』耳。」

與蘇武詩三首

王世貞曰：「蘇子瞻謂李陵三章亦僞作，此兒童之見。夫工出意表，意寓法外，令曹氏父子猶難之，況他人乎?」譚元春曰：「使是僞作，蘇、李必是一手結搆，一副光景。令蘇濬以悲，而李警以悲；蘇在格韻妙，而李在情景妙。自是兩人相對、相贈之作。端明智慧蓋古今，不能不失此一言。」

李　陵

良時不再至，離別在須臾。屏營衢路側，執手野踟躕。仰視浮雲馳，奄忽互相踰。風波一失所，各在天一隅。長當從此別，且復立斯須。欲因晨風發，送子以賤軀。鍾惺曰：「蘇、李如此等有平仄極諧者。然要知生成是漢人古詩，移入近體不得，其故難言。」

嘉會難再遇，三載爲千秋。臨河濯長纓，念子悵悠悠。遠望悲風至，對酒不能酬。行人懷往路，何以慰我愁。獨有盈觴酒，與子結綢繆。

携手上河梁，游子暮何之？徘徊蹊路側，悢悢五臣作恨恨。不能辭。行人難久留，各言長相思。安知非日月，弦望自有時。努力崇明德，皓首以爲期。

【眉批】

釋皎然曰：「蘇、李天與其性，發言自高，少卿意悲詞切，若偶中奇響，《十九首》之流也。」一味情真，一字一嘘，與蘇作信爲五言之祖。

鍾惺曰：「別情至語。」（批「長此」二句）又曰：「真有一副肝腸，在眉宇舌端吐出。李陵叛人，能使蘇武與之交，司馬遷爲之被罪而不悔，良有以也。」

譚元春曰：「字字真，所以字字苦；字字厚，所以字字婉。只此一首，唐人妙手猶費經營，况齊、梁小兒乎。」（批第三首）

王世貞曰：「李少卿三章，清和調適，怨而不怒。子卿稍似錯雜，第其旨法亦魯、衛也。」

詩四首　蘇　武

鍾惺曰：「李陵降虜，畏死耳。其説武降也何居？曰分謗也。然則武何以贈詩款款也？古人交情意趣，各不相妨。達懷厚道，難與世人論也。」又曰：「只是極真極厚，若云某句、某句佳，亦無尋處。後人一效擬，便失之遠矣。」

骨肉緣枝葉，一語自親而較疏。結交亦相因。四海皆兄弟，誰爲行路人？四語自疏而較親。況我連枝樹，與子同一身。昔爲鴛與鴦，今爲參與辰。昔者長相近，邈若胡與秦。惟念當離別，思情日以五臣作已。新。鹿鳴思野草，可以喻嘉賓。我有一罇酒，欲以贈遠人。願子留斟酌，叙此平生親。

黄鵠一遠别，千里顧徘徊。胡馬失其群，思心常依依。何況雙飛龍，羽翼臨當乖。幸有弦歌曲，可以喻中懷。請爲游子吟，泠泠一何悲。絲竹厲清聲，五臣作音。慷慨有餘哀。長歌正激烈，中心愴以摧。欲展清商曲，念子不能歸。俯仰内傷心，淚下不可揮。願爲雙黄鵠，送子俱遠飛。

結髮爲夫妻，恩愛兩不疑。歡娱在今夕，嬿婉及良時。征夫懷往路，起視夜何其。參辰皆已没，去去從此辭。行役在戰場，相見未有期。握手一長嘆，淚爲生别滋。努力愛春花，莫忘歡樂時。生當復來歸，死當長相思。

燭燭晨明月，馥馥我蘭芳。芬五臣作芳。馨良夜發，隨風聞我堂。征夫懷遠路，游子戀故鄉。寒冬十二月，晨起踐嚴五臣作凝。霜。俯觀江漢流，仰視浮雲翔。良友遠離别，各在天一方。山海隔五臣作山隔海。中州，相去悠且長。嘉會難再遇，歡樂殊未央。願君崇令德，隨時愛景光。

【眉批】

微婉懇到，不傷氣、不露骨、不粘肉，得風人之旨。試觀齊、梁詩，便分雅、鄭。

駱賓王曰：「『鴛鴦』之詞，纏綿巧妙。」

鍾惺曰：「『日新』字，妙于言思，非深情人不知。」

嚴羽曰：「弦歌曲、游子吟、絲竹清聲、長歌清商，十句之中，句句説樂，豈特蘭亭絲竹管弦耶！古詩不當如此論。」

王世貞曰：「此弦歌商曲。錯疊數語，《十九首》『齊心同所願，含意俱未申』，亦大重犯，然不害爲古。」

鍾惺曰：「『雙飛龍』、『雙黄鵠』自處、處友不苟。」又曰：「『終年道路人，方知此境。」

元稹曰：「蘇子卿、李少卿之徒，工于五言。雖文律各異，雅鄭之言亦雜，而詞意簡遠，指事言情，自非有爲而爲，則文不妄作。」

四愁詩四首

張　衡

張衡不樂久處機密，陽嘉中，出爲河間相。時國王驕奢，不遵法度，又多豪右並兼之家。衡下車，治威嚴，能内察屬縣奸，猾行巧劫，皆密知名，下吏收捕，盡服擒。諸豪俠游客，悉惶懼逃出境。郡中大治，争訟息，獄無繫囚。時天下漸弊，鬱鬱不得志，爲《四愁詩》。屈五臣屈上有依字。原以美人爲君子，以珍寶爲仁義，以水深雪雰爲小人，思以道術相報，貽於時君，而懼讒邪不得以通。其辭曰：

一思曰：　我所思兮在太山，欲往從之梁父艱。側身東望涕霑翰。美人贈我金錯刀，何以報之英瓊瑶。

路遠莫致倚逍遥，胡爲懷憂心煩勞？

二思曰：我所思兮在桂林，欲往從之湘水深。側身南望涕霑襟。美人贈我金五臣作琴。琅玕，何以報之雙玉盤。路遠莫致倚惆悵，何爲懷憂心煩傷？

三思曰：我所思兮在漢陽，欲往從之隴阪長。側身西望涕霑裳。美人贈我貂襜褕，何以報之明月珠。路遠莫致倚踟躕，胡爲懷憂心煩紆？

四思曰：我所思兮在雁門，欲往從之雪紛紛。側身北望涕霑巾。美人贈我錦綉段，何以報之青玉案。路遠莫致倚增歎，何爲懷憂心煩惋？

【眉批】

忠愛溢出，詞調爲婉。

劉勰曰：「平子淹通，故慮周而藻密。」

楊慎曰：「四『倚』字是詩眼。」

駱賓王曰：「平子『桂林』，理在文外。」

王世貞曰：「平子《四愁》，千古絶唱。傅玄擬之，致不足言，大是笑資。」

劉辰翁曰：「『倚』字妙。」

雜詩　王粲

日暮游西園，冀寫五臣作寫我。憂思情。曲池揚素波，列樹敷丹榮。上有特栖鳥，懷春向我鳴。褰衽欲從之，路險不得征。徘徊不能去，佇立望爾形。風飈五臣作飄。揚塵起，白日忽已冥。迴身入空房，托夢通精誠。人欲天不違，何懼不合並。

【眉批】

「回身入空房，托夢通精誠。」苦情至此。

雜詩　劉楨

職事煩善作相。填委，文墨紛消散。馳翰未暇食，日昃不知晏。沈迷薄領書，回回自昏亂。釋此出西城，登高且游觀。方塘含白水，中有鳧與雁。安得肅肅羽，從爾浮五臣作爾從游。波瀾。去聲。

雜詩二首　魏文帝

王世貞曰：「讀子桓『客子常畏人』及《答吴朝歌鍾大理書》似少年美資，負才性而好貨好色，且當不得恒享者。桓靈寶伎藝差相埒，而氣尚過之。子桓乃得十年天子，都所不解。」

漫漫秋夜長，烈烈北風涼。展轉不能寐，披衣起彷徨。彷徨忽已久，白露霑我裳。俯視清水波，仰看明月光。天漢迴西流，三五正從横。草蟲鳴何悲，孤雁獨南翔。鬱鬱多悲五臣作愁。思，緜緜思故鄉，願飛安得翼，欲濟河無梁。向風長嘆息，斷絶我中腸。

西北有浮雲，亭亭如車蓋。惜哉時不遇，適與飄風會。吹我東南行，行行至吴會。吴會非我鄉，安能久留滯。棄置勿復陳，客子常畏人。警語，然心事可知。

【眉批】

王世貞曰：「子桓之《雜詩》二首，子建之《雜詩》六首，可入《十九首》不能辨也。若仲宣、公幹便覺自遠。」

虞九章曰：「二詩有疑懼意，應是操欲易世子時作。舊注未及，因識此。」

鍾嶸曰：「『西北有浮雲』十餘首，美贍可觀。不然，何以銓衡諸彦，對揚厥弟耶？」

釋皎然曰：「檢魏文集無此詩。魏文雄才知略，本非庸主，如何有此一篇，示弱于孫權，取笑于劉備。」

朔風詩

曹植

仰彼朔風，用懷魏都。願騁代馬，倏忽北徂。凱風永至，思彼蠻方。願隨越鳥，翻飛南翔。四氣代謝，懸景運周。别如俯仰，脱若三秋。昔我初遷，朱五臣作未。華未希。今我旋止，素雪云善作雲。飛。俯降千仞，仰登天阻。風飄蓬飛，載離寒暑。千仞易陟，天阻可越。昔我同袍，今永乖别。子好芳草，豈忘爾貽。繁華將茂，秋霜悴之。君不垂眷，豈云其誠。秋蘭可喻，桂樹冬榮。弦歌蕩思，誰與銷憂。五臣作愁。臨川暮思，何爲泛舟。豈無和樂，游非我鄰。誰忘泛舟，愧無榜人。

【眉批】

展轉而不寧，身處危疑故也。

末句托意深遠。

雜詩六首

曹植

高臺多悲風，朝日照北林。之子在萬里，江湖迥且深。方舟安可極，離思故難任。孤雁飛南游，過庭長哀吟。翹思慕遠人，願欲托遺音。形影忽不見，翩翩傷我心。

轉蓬離本根，飄颻隨長風。何意迴五臣作迴。飈舉，吹我入雲中。高高上無極，天路安可善作何。窮。類此游客子，捐軀遠從戎。毛褐不掩形，薇藿常不充。去去莫復道，沈憂令人老。

西北有織婦，綺縞何繽紛。明晨秉機杼，日昃不成文。太息終長夜，悲嘯入青雲。妾身守空閨，良人行從軍。自期三年歸，今已歷九春。飛鳥繞樹翔，噭噭鳴索群。願爲南流景，馳光見我君。

南國有佳人，容華若桃李。朝游江北岸，夕宿瀟善作日夕宿。湘沚。時俗薄朱顔，誰爲發皓齒。俯仰歲將暮，榮耀難久恃。

僕夫早嚴駕，吾將遠行五臣作行遠。游。遠游欲何之？吴國爲我仇。將騁萬里塗，東路安足由。江介多悲風，淮泗馳急流。願欲一輕濟，惜哉無方舟。閑居非吾志，甘心赴國憂。

飛觀百餘尺，臨牖御五臣作仰。櫺軒。遠望周千里，朝夕見平原。烈士多悲心，小人媮自閑。國讎諒不塞，甘心思喪元。拊劍西南望，思欲赴泰山。弦急悲聲發，聆我慷慨言。

【眉批】

真切簡易，怨而不怒。

楊慎曰：「《詩品》云：『思君如流水』既是即目；『高臺多悲風』，亦惟所見；『清晨登隴首』，曾無故實；『明月照積雪』詎出經史。此言作詩不貴用事也。」

范晞文曰：「魏文帝『西北有浮雲』，與此詩此結句換韻之始。」

《芥隱筆記》曰：「古詩有『思君令人老』，此詩有『沉憂令人老』，其本出于『惟憂用老』耳。」

楊慎曰：「謝康樂謂植公子不及世事，但美遨游。觀此詩，何嘗不及世事耶？」

千古名言（批「烈士」二句）。

情詩

曹植

微陰翳陽景，清風飄我衣。游魚潛綠水，翔鳥薄天飛。眇眇客行士，遥役不得歸。始出嚴霜結，今來白露晞。游子嘆《黍離》，處者歌《式微》。慷慨對嘉賓，凄愴内傷悲。

【眉批】

謂忠君愛國之情。

《黍離》、《式微》，有難言者。

有不忘漢室之意。子建所以不得于文帝者，大都以此，非獨以才見疾也。

雜詩　嵇康

微風清扇，雲氣四除。皎皎亮月，麗于高隅。興命公子，携手同車。龍驥翼翼，揚鑣踟躕。肅肅宵征，造我友廬。光燈吐輝，五臣作曜。華幔長舒。鸞觴酌醴，神鼎烹魚。弦超子野，嘆過緜駒。流詠太素，俯讚玄虚。孰克英賢，與爾剖符。

雜詩　傅玄

志士惜日短，愁人知夜長。攝衣步前庭，仰觀南雁翔。玄景隨形運，流響歸空房。清風何飄飖？微月出西方。繁星衣善作依。青天，列宿自成行。蟬鳴高樹間，野鳥號東厢。纖雲時髣髴，渥露霑我裳。良時無停景，北斗忽低昂。常恐寒節至，凝氣結爲霜。落葉隨風摧，一絶如流光。

【眉批】

寄意深遠，起語警絶。

鍾惺曰：「讀之使人心魂欲怯欲驚。」

楊慎曰：「以『髣髴』字形容雲，豈不奇絶。」

雜詩　張華

晷度隨天運，四時互相承。東壁正昏中，固五臣作涸。陰寒節升。繁霜降當夕，悲風中夜興。朱火青無光，蘭膏坐自凝。重衾無暖氣，挾纊如懷冰。伏枕終遥昔，寤言莫予應。永思慮崇替，慨然獨撫五臣作拊。膺。

情詩二首　張華

清風動帷簾，晨月照五臣作燭。幽房。佳人處遐遠，蘭室無容光。襟懷擁虚善作靈。景，輕衾覆空床。居歡惕五臣作惜。夜促，在慼五臣作戚。怨宵長。拊枕獨嘯嘆，感慨心内傷。

游目四野外，逍遥獨延佇。蘭蕙緣清渠，繁華蔭緑渚。佳人不在兹，取此欲誰與？巢居知風寒，穴處識陰雨。不曾遠别離，安知慕儔侣？

園葵詩　陸機

種葵北園中，葵生鬱萋萋。朝榮東北傾，夕穎西南晞。零露垂鮮澤，朗月耀其輝。時逝柔風戢，歲暮商猋五臣作飈。飛。曾雲無温液，嚴霜有凝威。幸蒙高墉德，玄景蔭素蕤。豐條並春盛，落葉後秋衰。慶彼晚雕福，忘此孤生悲。

【眉批】比體。

思友人詩

曹嘉

密雲翳陽景，霖潦淹庭除。嚴霜雕翠草，寒風振纖枯。凜凜天氣清，落落卉木疏。感時歌蟋蟀，思賢詠白駒。情隨玄陰滯，心與迴飄五臣作颻。俱。思心何所懷，懷我歐陽子。精義測神奥，清機發妙理。自我别旬朔，微言絶于耳。褰裳不足難，清揚未可俟。延首出階檐，佇立增想似。

感賦詩一首

曹嘉

富貴他人合，貧賤親戚離。廉藺門易軌，田竇相奪移。晨風集茂林，栖鳥去枯枝。今我唯困蒙，郡五臣作群。士所背五臣作皆。馳。鄉人敦懿義，濟濟蔭光儀。對賓頌有客，舉觴詠露斯。臨樂何所嘆，素絲與路岐。

【眉批】起語近俚，終篇不見才情。

雜詩

何劭

秋風乘夕起，明月照高樹。閑房來清氣，廣庭發暉素。静寂愴然嘆，惆悵出五臣作忽。游顧。仰視垣上草，俯察階下露。心虚體自輕，飄飖若仙步。瞻彼陵上柏，想與神人遇。道深難可期，精微非所慕。勤思終遥夕，永言寫情慮。

【眉批】

李善曰：「贈答何在陸前，而此居後，誤也。」

獨處無侶，飄然慕仙。

雜詩

王 瓚

朔風動秋草，邊馬有歸心。胡寧久分析，靡靡忽至今。王事離我志，殊隔過商參。昔往鶬鶊鳴，今來蟋蟀吟。人情懷舊鄉，客鳥思故林。師涓久不奏，誰能宣我心。沈約曰：「子建『函京』之作，仲宣『灞岸』之篇，子荆『零雨』之章，正長『朔風』之句，並直舉胸情，非傍詩史，正以音律，取高前式。」

【眉批】

劉勰曰：「『朔風秋草』，氣寒而事傷，羈旅之怨曲也。凡文集勝篇不盈十，一篇章秀句才一二。或有雕琢取巧，雖美而非秀。」

何景明曰：「含蓄有在。」

雜詩

棗 據

吴寇未殄滅，亂象侵邊疆。天子命上宰，作蕃于漢陽。開國建元士，玉帛聘賢良。予非荆山璞，謬登和氏埸。羊質服虎文，燕翼假鳳翔。既懼非所任，怨彼南路長。千里既悠邈，路次限關梁。僕夫罷遠涉，五臣作陟。車馬困山岡。深谷下無底，高巖暨穹蒼。豐草停滋潤，霧露沾衣裳。玄林結陰氣，不風自寒涼。顧瞻情感切，惻愴心哀傷。士生則懸弧，有事在四方。安得恒逍遥，端坐守閨房。引義割外情，内感實難忘。

雜詩　左思

秋風何冽冽，五臣作烈。白露爲朝霜。柔條旦夕勁，綠葉日夜黄。明月出雲崖，皎皎流素光。披軒臨前庭，嗷嗷晨雁翔。高志局四海，塊然守空堂。壯齒不恒居，歲暮長慨慷。

雜詩　張翰

暮春和氣應，白日照園林。青條若總翠，黄華如散金。嘉卉亮有觀，顧此難久耽。延頸無良塗，頓足托幽深。榮與壯俱去，賤與老相尋。鍾惺曰：「熱中語，莫作哀冷看。」歡樂不照顔，慘愴發謳吟。謳吟何嗟及，古人可慰心。

【眉批】

「青條若總翠」二語極拙，「榮與壯俱去」二語極真。李白曰：「張翰『黄華』句，風流五百年。」

鍾惺曰：「『青條』二語醜，爲千古膚拙一路人資糧。」又曰：「『歡樂』五字幻妙可思。」又曰：「語厚有餘。」（批「謳吟」二句）

雜詩十首　張協

秋夜凉風起，清氣蕩暄濁。蜻蛚吟階下，飛蛾拂明燭。君子從遠役，佳人守煢獨。離居幾何時，鑽燧忽改木。房櫳無行跡，庭草萋以五臣作已。綠。青苔依空牆，蜘蛛網四屋。感物多所懷，沉憂結心曲。

【眉批】
詞采葱倩。

大火流坤維，白日馳西陸。浮陽映翠林，迴猋五臣作飈。扇綠竹。飛雨洒朝蘭，輕露栖叢菊。龍蟄暄氣凝，天高萬物肅。弱條不重結，芳蕤豈再馥。人生瀛海內，忽如鳥過目。川上之嘆逝，前修以自勗。

金風扇素節，丹霞啓陰期。騰雲似涌煙，密雨如散絲。寒花發黃采，五臣作綵。秋草含綠滋。閑居玩萬物，離群戀五臣作念。所思。案無蕭氏牘，庭無貢公綦。高尚遺王侯，道積自成基。至人不嬰物，餘風足染時。

朝霞迎白日，丹氣臨暘善作湯。谷。翳翳結繁雲，森森散雨足。輕風摧五臣作推。勁草，凝霜竦高五臣作喬。木。密葉日夜疏，叢林森如束。疇者嘆時遲，晚節悲年促。歲暮懷百憂，將從季主卜。

昔我資章甫，聊以適諸越。行行入幽荒，歐五臣作甌。駱從祝髮。窮年非所用，此貨將安設。瓴甋夸璵璠，魚目笑明月。不見郢中歌，能否居然別。陽春無和者，巴人皆下節。流俗多昏迷，此理誰能察。

朝登魯陽關，狹路峭且深。流澗萬餘丈，圍木數千尋。咆虎響窮山，鳴鶴聒空林。凄風爲我嘯，百籟坐自吟。感物多思情，在險易常心。朅來戒不虞，挺轡越飛岑。王陽驅九折，周文走岑崟。經阻貴勿遲，此理著來今。

此鄉非吾地，此郭非吾城。羇旅無定心，翩翩如懸旌。出睹軍馬陣，入聞善作聞。鞞鼓聲。常懼羽檄飛，神武一朝征。長鋏鳴鞘中，烽火列邊亭。捨我衡門衣，善作依。更被縵胡纓。疇昔懷微志，帷幕竊所經。何必操干戈，堂上有奇兵。折衝樽俎間，制勝在兩楹。巧遲不足稱，拙速乃垂名。

【眉批】

敖陶孫曰：「起句奇崛，超邁流麗。」

述職投邊城，羈束戎旅間。下車如昨日，望舒四五圓。借問此何時，胡蝶飛南園。流波戀舊浦，行雲思故山。閩越衣文虵，胡馬願度燕。土風安所習，由來有固然。

結宇窮岡曲，耦耕幽藪陰。荒庭寂以五臣作已。閑，幽岫峭且深。凄風起東谷，有渰興南岑。雖無箕畢期，膚寸自成霖。澤雉登壟五臣作隴。雊，寒猿擁條吟。蹊善作水。壑無人跡，荒楚鬱蕭森。投耒循岸垂，時聞樵采音。重基可擬志，迴淵可比心。養真尚無爲，道勝貴陸沉。游思竹素園，寄辭翰墨林。

黑蜧躍重淵，商羊儛野庭。飛廉應南箕，豐隆迎號屏。雲根臨八極，雨足洒四溟。霖瀝過二旬，散漫亞九齡。階下伏泉涌，堂上水衣生。洪潦浩方割，人懷昏墊情。沈液漱陳根，緑葉腐秋莖。里無曲突煙，路無行輪聲。環堵自頹毁，垣閭不隱形。尺燼重尋桂，紅粒貴瑶瓊。君子守固窮。在五臣作大。約不爽貞。雖榮田方贈，慚爲溝壑名。取志於陵子，比足五臣作之。黔婁生。

時興詩

盧　諶

亹亹圓象運，悠悠方儀廓。忽忽歲云暮，游原采蕭藿。北踰芒五臣作邙。與河，南臨伊與洛。凝霜霑蔓草，悲風振林薄。摵摵芳葉零，蕊蕊芬華落。下泉激洌清，曠野增遼索。登高眺遐荒，極望無崖崿。形變隨時化，神感因物作。澹乎至人心，恬然存玄漠。

雜詩二首

陶淵明

結廬在人境，而無車馬喧。問君何能爾？心遠地自偏。采菊東籬下，悠然望南山。山氣日久佳，飛鳥相與還。此還一作中。有真意，欲辨已忘言。

蔡寬夫曰：「『采菊』二句，此其閑遠自得之意，真若超然邈出宇宙之外。俗本多以『見』爲『望』字，若爾，則便有褰裳濡足之態矣。乃知一字之誤，害理有如此者。」

何良俊曰：「詩有格有韻。淵明『幽然見南山』之句，格高也。康樂『池塘生春草』之句，韻勝也。格高似梅花，韻高似海棠；欲韻勝者易，欲格高者難。」

【眉批】

元亮《飲酒詩》十首，並景與意會，極爲有真趣。祇取二首，不無遺珠。

王安石曰：「淵明有奇絶不可及之語，如『結廬』四語，由詩人以來無此語。」

蘇軾曰：「『採菊』之次，偶然『見山』。初不用意，而景與意會，故可喜也。」

王世貞曰：「清幽澹永，有自然之味。然坐此不得入漢魏果中，是未莊嚴堦級語。」

秋菊有佳色，裛露掇其英。泛此忘憂物，遠我達世情。一觴雖獨進，杯盡壺自傾。日入群動息，歸鳥趨林鳴。嘯傲東軒下，聊復得此生。

【眉批】

韓駒曰：「以嘯傲爲得此生，以奔走爲失此生矣。」

蘇軾曰：「知道之言。」

詠貧士

陶淵明

萬族各有托，孤雲獨無依。曖曖虚中滅，何時見餘輝。朝霞開宿霧，衆鳥相與飛。鍾惺曰：「二句連看才有景。」遲遲出林翮，未夕復來歸。量力守故轍，豈不寒與饑。知音苟不存，已矣何所悲。

【眉批】

鍾惺曰：「『孤雲獨無依』妙矣；老杜又曰『孤雲亦群游』，古人妙想無窮如此。然『獨』字『群』字，語若相翻，而機實相引。」

樂天知命之言。

讀山海經

陶淵明

孟夏草木長，繞屋樹扶疏。衆鳥欣有托，吾亦愛吾廬。既耕亦已種，且還讀我書。窮巷隔深轍，頗迴故人車。歡言酌春酒，摘善作擿。我園中蔬。微雨從東來，好風與之俱。泛覽周王傳，流觀山海圖。俯仰終宇宙，不樂復何如！

【眉批】
于題似不相蒙，蓋以發端也。萬物得所之懷，油油言外。
鍾惺曰：「觀物觀生忽然有獲之言，不可思議。」又曰：「點讀書佳景。」又曰：「淵明『讀書不求甚解』，正是『泛覽』、『流觀』四字。」

七月七日夜詠牛女

謝惠連

落日隱櫚楹，升月照簾櫳。團團滿葉露，析析振條風。蹀足循廣除，瞬目矖曾穹。雲漢有靈匹，彌年闕相從。遐川阻昵五臣作昵。愛，修渚曠清容。弄杼不成藻，聳轡騖前蹤。昔離秋已雨，今聚夕無雙。傾河易迴斡，款情善作顔。難久悰。沃若靈駕旋，寂寥雲幄空。留情顧華寢，遥心逐奔龍。沈吟爲爾感，情深意彌重。

【眉批】

藻勝情短。

擣衣

謝惠連

衡紀無淹度，晷運倏如催。白露滋園菊，秋風落庭槐。肅肅莎鷄羽，烈烈寒螿啼。夕陰結空幕，霄月皓中閨。美人戒裳服，端飾相招攜。簪玉出北房，鳴金步南階。欄高砧響發，楹長杵聲哀。微芳起兩袖，輕汗染雙題。紈素既已成，君子行未歸。裁用笥中刀，縫爲萬里衣。盈篋自余手，幽緘候五臣作俟。君開。腰帶准疇昔，不知今是非。

【眉批】

絶妙。

鍾惺曰：「擣衣詩如何禁得此累重語？」

又曰：「以下始入情。此詩之拙在情與景分爲兩截，不能作景中情語。」

譚元春曰：「千古擣衣妙詩，不能出此二語範圍。覺一篇淺拙之氣頓洗。」

南樓中望所遲客

謝靈運

杳杳日西頹，漫漫長路迫。登樓爲誰思，臨江遲來客。與我别所期，期在三五夕。圓景早已滿，佳人殊未適。即事怨睽携，感物方凄戚。孟夏非長夜，晦明如歲隔。瑶華未堪折，蘭苕已屢摘。路阻莫贈問，云何慰離析。搔首訪行人，引領冀良覿。

【眉批】

魯交曰：「未論詩工否，題亦奇矣。」

田南樹園激流植援一首

謝靈運

樵隱俱在山，由來事不同。不同非一事，養痾亦五臣作丘。園中。園中善作中園。屏氛雜，清曠招遠風。卜室倚北阜，啓扉面南江。激澗代汲井，插槿當列墉。群木既羅户，衆山亦當善作對。窗。靡迤趨下田，五臣作岫。迢遞瞰高峰。寡欲不期勞，即事罕人功。唯開蔣生徑，永懷求羊蹤。賞心不可忘，妙善冀能五臣作皆。同。

【眉批】

鍾惺曰：「題妙可庇其詩。」

楊慎曰：「詩題簡奥，必資銑解。五臣注亦不可廢。」
鍾惺曰：「起得清放，只似絶句起。」
賞心樂事。
鍾惺曰：「富貴人作園亭，胸中有此二語，便無堆砌喧俗之病。」

齋中讀書

謝靈運

昔余游京華，未嘗廢丘壑。矧乃歸山川，心跡雙寂漠。虚館絶諍訟，空庭來鳥雀。卧疾豐暇豫，翰墨時間作。懷抱觀古今，寢食展戲謔。既笑沮溺苦，又哂子雲閣。執戟亦以五臣作已。疲，耕稼豈云樂。萬事難並歡，達生幸可托。

【眉批】
陶寫性靈，獨造之言。
鍾惺曰：「題妙甚，而詩以板冗不稱。」

石門新營所住四面高山迴溪五臣作磎。石瀨茂林修竹善作修竹茂林。

謝靈運

躋險築幽居，披雲卧石門。苔滑誰能步，葛弱豈可捫。嫋嫋秋風過，萋萋春草繁。美人游不還，佳期何由敦。芳塵凝瑶席，清醑滿金罇。洞庭空波瀾，桂枝徒攀翻。結念屬霄漢，孤景莫與諼。俯濯石下潭，五臣作瀷。仰看條上猿。早聞夕飇急，晚見朝日暾。崖傾光難留，林深響易奔。感往慮有復，理來情無存。庶持善作特。乘日用，得以慰營魂。匪爲衆人説，冀與智者論。

【眉批】楊慎曰：「此語殊有變互。凡風起必以夕，此云『曉聞夕飇』，即杜子美之『喬木易高風』。『晚見朝日』，倒景返照也，孟郊詩『高峰夕駐影，深谷夜先明』皆自謝詩翻出。」又曰：「『感往』、『理來』二句，太費解説。」

雜詩一首

王　徽

思婦臨高臺，長想憑華軒。弄弦不成曲，哀歌送苦言：箕箒留江介，良人處雁門。詎憶無衣苦？但五臣作粗。知狐白温。日暗牛羊下，野雀滿空園。孟冬寒風起，東壁正中昏。朱火獨照人，抱景自愁怨。誰知心曲亂？所思不可論。

【眉批】范晞文曰：「用子建『狐白足禦寒，焉念無衣客』之語。」

數詩 鮑照

一身仕關西，家族滿山東。二年從車駕，齋祭甘泉宮。三朝國慶畢，休沐還舊邦。四牡曜長路，輕蓋若飛鴻。五侯相餞送，高會集新豐。六樂陳廣坐，組帳揚春風。七盤起長袖，庭下列歌鐘。八珍盈雕俎，綺肴紛錯重。九族共瞻遲，賓友仰徽容。十載學無就，善宦一朝通。

【眉批】

巧作小致也。

范晞文曰：「卦名、人名及建除等體，世多有之，獨無以此爲戲者。」

玩月城西門廨中 鮑照

始出善作見。西南樓，纖纖如玉鉤。末映東北墀，娟娟似蛾眉。蛾眉蔽珠櫳，玉鉤隔瑣窗。三五二八時，千里與君同。夜移衡漢落，徘徊帷五臣作入。户中。歸華先委露，別葉早辭風。客游厭苦辛，仕子倦飄塵。休澣自公日，宴慰及私辰。蜀琴抽白雪，郢曲發五臣作繞。陽春。肴乾酒未闋善作缺。，金壺善作臺。啓夕淪。迴軒駐輕蓋，留酌待情人。

始出尚書省

謝朓

惟昔逢休明，十載朝雲陛。既通金閨籍，復酌瓊筵醴。宸景厭照臨，昏風淪繼體。紛虹亂朝日，濁河穢清濟。防口猶寬政，餐荼更如薺。英衮暢人謀，文明固天啓。青精翼紫軑，黄旗映朱邸。還睹司隸章，復見東都禮。中區咸已泰，輕生諒昭洒。趨事辭宫闕，載筆陪旌棨。邑里向疏蕪，寒流自清泚。衰柳尚沈沈，凝露方泥泥。零落悲友朋，歡虞宴五臣作娱宴。兄弟。既秉丹石心，寧流素絲涕。乘此終五臣作因以得。蕭散，垂竿深澗底。

直中書省

謝朓

紫殿肅陰陰，彤庭赫弘敞。風動萬年枝，日華承露掌。玲瓏結綺錢，深沈映朱網。紅藥當階翻，蒼苔依砌上。兹言翔鳳池，鳴珮五臣作佩。多清響。信美非吾室，中園思偃仰。朋情以鬱陶，春物方駘蕩。安得淩五臣作陵。風翰，聊恣山泉賞。

【眉批】

唐人應制諸作失步矣。

觀朝雨

謝朓

朔風吹飛雨，蕭條江上來。既洒百常觀，復集九成臺。空濛如薄霧，散漫似輕埃。平明振衣坐，重門猶未開。耳目暫無擾，懷古信悠哉。戢翼希驤首，乘流畏曝鰓。動息無兼遂，岐路多徘徊。方同戰勝者，去翦北山萊。

【眉批】

對雨興懷，進退惟谷。

郡内登望

謝朓

借問下車日，匪直望舒圓。寒城一以眺，平楚正蒼然。山積陵陽阻，溪五臣作磎。流春穀泉。威紆距遥甸，巉嵒帶遠天。切切陰風暮，桑柘起寒煙。悵望心已極，惝五臣作惝恍魂屢遷。結髮倦爲旅，平生早事邊。誰規鼎食盛，寧要狐白鮮。方棄汝南諾，言税遼東田。

【眉批】

楊慎曰："「楚」，叢木也。登高望遠，見木杪如平地，故曰『平楚』，猶《詩》所謂『平林』也。陸機詩『安轡遵平莽』，謝語本此。唐詩『燕掠平蕪去』，又『游絲蕩平緑』，又因謝語而衍之也。」

和伏武昌登孫權故城

謝　朓

炎靈遺劍璽，當塗駭龍戰。聖期缺中壤，霸功興寓縣。鵲起登吴山，鳳翔陵楚甸。衿帶窮巖險，帷帟盡謀選。北拒溺驂鑣，西龕收組練。江海既無波，俯仰流英盼。裘冕類禋郊，卜揆崇離殿。釣臺臨講閲，樊山開廣宴。文物共葳蕤，聲明且葱蒨。三光厭分景，書軌欲同薦。參差世祀忽，寂寞市朝變。舞館識餘基，歌梁想遺轉。故林衰木平，荒池秋草徧。雄圖悵若兹，茂宰深遐睠。幽客滯江皋，從賞乖纓弁。清卮阻獻酬，良書限聞見。幸藉芳音多，承風采餘絢。于役儻有期，鄂渚同游衍。

【眉批】

發端廓大而後稍促。

和王著作八公山詩

謝　朓

二别阻漢坻，雙崤望河澳。兹嶺復巑岏，分區奠淮服。東限琅琊臺，西距孟諸陸。阡眠起雜樹，檀欒蔭修竹。日隱澗疑空，雲聚岫如復。出没眺樓雉，遠近送春目。戎州昔亂華，素景淪伊穀。阽危賴宗衮，微管寄明牧。長蛇固能翦，奔鯨自此曝。道五臣作導。峻芳塵流，業遥年運倐。平生仰令圖，吁五臣作于。嗟命不淑。浩蕩别親知，連翩戒征軸。再遠館娃宫，兩去河陽谷。風烟四時犯，霜雨朝夜沐。春秀良已凋，秋場庶能築。

和徐都曹

謝朓

宛洛佳遨游，春色滿皇州。結軫青郊路，迴瞰蒼江流。日華川上動，風光草際浮。桃李成蹊徑，桑榆陰道周。東都已俶載，言歸望綠疇。

和王主簿怨情

謝朓

掖庭聘絕國，長門失歡宴。相逢詠蘼蕪，辭寵悲班五臣作團。扇。花叢亂數蝶，風簾入雙五臣作飛。燕。徒使春帶賒，坐惜紅裝變。平生善作生平。一顧重，宿昔千金賤。故人心尚爾？故心人善作故人心。不見。

【眉批】

「亂」、「入」字佳。

二語妙（批「故人」二句）。

和謝宣城

沈約

王喬飛鳧舄，東方金馬門。從宦非宦侶，避世不五臣作非。避喧。揆余發皇鑒，短翮屢飛翻。晨趨游善作朝。建禮，晚沐卧郊園。賓至下塵榻，憂來命綠罇。昔賢侔時雨，今守馥蘭蓀。神交疲夢寐，路遠隔思存。牽拙謬東汜，浮惰及五臣作反。西崑。顧循良菲薄，何以儷璵璠。將隋渤澥去，刷羽泛清源。

應王中丞思遠詠月　沈約

月華臨静夜，夜静滅氛埃。方暉竟户入，圓影隙中來。高樓切思婦，西園游上才。網軒映珠綴，應門照緑苔。洞房殊未曉，清光信悠哉。

冬節後至丞相第詣世子車中作　沈約

廉公失權勢，門館有虚盈。貴賤猶如此，況乃曲池平。高車塵未滅，珠履故餘五臣作無。聲。賓階緑錢滿，客位紫苔生。誰當九原上，鬱鬱望佳城。

【眉批】

勃勃傷懷。

學五臣「學」上有「直」字。省愁卧一首　沈約

秋風吹廣陌，蕭瑟入南闈。愁人掩軒卧，高窗時動扉。虚館清陰滿，神宇曖微微。網蟲垂户織，夕鳥傍櫩五臣作檐。飛。纓珮五臣作佩。空爲忝，江海事多違。山中有桂樹，歲暮可言歸。

詠湖中雁

沈約

白水滿春塘，旅雁每迴翔。唼流牽弱藻，斂翮帶餘霜。群浮動輕浪，單泛逐孤光。懸飛竟不下，鍾惺曰：「體物情入微。」亂起未成行。刷羽同摇漾，一舉還故鄉。鍾惺曰：「細矣，然氣不纖。」

【眉批】

字字形容切當，此詠物之妙。

譚元春曰：「『逐孤光』尤幻，説得湖雁凄遠。」又曰：「『群浮』、『單泛』、『懸飛』、『亂起』盡湖雁多寡、上下、遲疾、斜整之狀，可作一湖雁圖。」

三月三日率爾成篇

沈約

麗日屬元巳，年芳具在斯。開花已五臣作日。匝樹，流嚶復滿枝。洛陽繁華子，長安輕薄兒。東出千金堰，西臨雁鶩陂。游絲映空轉，高楊拂地垂。緑幘文照曜，紫燕光陸離。清晨戲伊水，薄暮宿蘭池。象筵鳴寶瑟，金瓶泛羽卮。寧憶春蠶起，日暮桑欲萎。長袂屢以拂，雕胡方自炊。愛而不可見，宿昔減容儀。且當忘情去，歎息獨何爲。

選詩卷六訂注

古詩十九首

胡馬、越鳥：皆思舊國。忽如遠行客：不如柏、石二物。兩宫：洛陽有南、北兩宫。令德：妙歌者。疏：刻穿之也。玉衡：北斗第五星。孟冬：高祖十月至灞上，故以十月爲歲首。漢之孟冬，夏之七月。南箕北有斗，牽牛不負軛：有名無實。《晨風》，《蟋蟀》：《毛詩》。上東門：東都門。去者：謂死也。等期：同也。古歡：舊歡。綏：壻爲婦駕車授綏。著：言被中著緜。謂長相思，緜緜之意。緣：飾邊也。緣被，四邊綴以絲縷，結而不解之意。

李陵《與蘇武詩》武將使匈奴，故贈。

《蘇武詩》

骨肉：此詩别從昆弟。雙龍：喻己及朋友也。夫妻：此詩意者留别妻也。

張衡《四愁詩》

處機密：時爲太史令，主天文玄象。太山：王者有德，功成則東封太山。故思之太山，以喻時君。梁父：太山下小山，以喻小人。金錯刀：金錯縷其環。喻爵禄。英瓊瑶：喻仁義。桂林：舜所游。漢陽：西伯行化之所。襜褕：衣服之飾。雁門：帝顓頊之位。玉案：君所凴倚。

王粲《雜詩》興致不一，故云《雜詩》。此意思友人也。

魏文帝《雜詩》帝未即位，尚爲漢行征伐。

三五：《詩》：「嘒彼小星，三五在東。」西北浮雲：此意爲漢征吴之時，自喻也。至吴會：謂伐吴也。當時實至廣陵，未至吴會。今言至者，據已入其地也。

曹植《朔風詩》在藩感北風，思歸。

凱風：南風。蠻方：東阿在魏南，故自比于蠻方。懸景：日也。豈云其誠：豈可申其誠信。榜人：船長。

曹植《情詩》

魚潛，鳥薄：言各得其所。

嵇康《雜詩》

子野：師曠字。剖符：謂合契也。

張華《雜詩》

東壁：星名。昏中：仲冬之月，昏東壁中。固陰：五臣作涸陰。謂此時有堅冰也。遥昔：長夜。

陸機《園葵詩》趙王倫篡位，遷帝于金墉城。後諸王共誅倫，復帝位。齊王冏譖機爲倫作禪文，賴成都王穎救之免死，故作此詩，以葵爲喻謝穎。

傾：向日。颕：心。

曹攄《思友人詩》攄與歐陽建俱以名稱相得，故作此詩思之。

白駒：《詩》篇名。思賢人也。褰裳：《毛詩》：「子惠思我，褰裳涉溱。」清陽：人之眉目間。《毛詩》：「有美一人，清陽婉兮。」

曹攄《感舊詩》

廉藺：廉頗、藺相如。田竇：田蚡、竇嬰。有客：《詩》：「有客宿宿。」露斯：《詩》：「湛湛露斯，匪陽不晞，厭厭夜飲，不醉無歸。」素絲與路岐：楊子見岐路而哭之，爲其可以南，可以北。墨子見練絲而泣之，爲其可以黄，可以黑。

王讚《雜詩》

師涓：古之善鼓琴者。

棗據《雜詩》太尉賈充爲伐吴都督，請爲從事中郎。

上宰：賈充也。

張協《雜詩》

大火：心星名。七月即見西南。坤維：西南坤位。西陸：日行西陸謂之秋。龍蟄：七月龍蛇蟄藏。蕭氏：蕭育與朱博爲友。貢公：貢禹。綦：履跡。季主：司馬季主善卜。章甫適越：《莊子》：「宋人資章甫而適諸越，越人斷髮文身，無所用之。」歐：越名。駱：越王姓。祝：斷也。瓴甋：瓦也。明月：珠。郢中歌：客有歌于郢中者，其始曰「下里巴人」，國中屬而和者數千人。其爲「陽春白雪」，國中屬而和不過數十人。王陽：爲益州刺史。至九折坂，嘆曰：「奉先人遺體，奈何數乘此險。」周文：《公羊傳》：「百里奚與蹇叔送其子而戒之曰：『爾即死，必殺之厥巖，是文王之所避風雨者也。』何休曰：『其處險阻，故文王過之常若避風雨也。』」縵胡纓：軍旅之服。望舒：月也。箕畢：月與箕會則風，畢會則雨。膚寸：膚寸之雲也。四指曰膚。重基：山也。擬志：高可擬。比心：清可比。陸沉：人中隱者。竹素：皆古人所用書之者。黑蜧：蛇也，踊致雨。商羊一足之鳥。天將大雨，商羊鼓舞。飛廉：風神。豐隆：雷神。號屏：雨師。亞九齡：次于堯時，洪水九年。水衣：苔。割：害也。燼：薪也。尋桂：一尋之桂。紅粒：米也。田方贈：子思貧居，田子方贈狐白裘，不受。子方曰：「吾與人物，隨而忘之若棄耳。」子思曰：「吾聞忘施猶棄物于溝壑，吾雖貧，不忍以身爲溝壑也。」黔婁：齊人也。修清節不求進。

盧諶《時興詩》

圖象：天也。方儀：地也。

陶潛《雜詩》

忘憂物：酒也。

陶潛《讀山海經》

周王傳穆天子傳。

謝惠連《擣衣》

衡：斗之中央。紀：斗牛。莎鷄：促織。寒螿：蟬屬。雙題：題額也。雙者，兩人對爲之。

謝靈運《南樓中望所遲客》遲，待也。

瑶華：麻花。其色白，故比于瑶。《楚辭》：「折疏麻兮瑶華，將以遺乎離居。」

謝靈運《田南樹園激流植援》樹，立，植，種也。引流水種木爲援。

靡迤：細走貌。蔣生徑：蔣詡隱于杜陵，舍中三徑，惟羊仲、求仲從之游。二仲皆挫廉逃名。妙善冀能同：妙善之道，所望同于古人。

謝靈運《齋中讀書》

子雲閣：楊子雲校書天禄閣。執戟：子雲爲郎，執戟宿衛。

謝靈運《石門新營所住四面高山迴谿石瀨茂林修竹》

塵凝：謂人不在。莫與諼：莫與忘憂。早聞夕飈急，晚見朝日暾：山林深暗，故雖早風如夜也，雖晚見日，如朝時初出光也。暾，日初出貌。

鮑照《數詩》數從一累至十，以爲文理。

三朝：正朝也。歲之朝、月之朝、日之朝。新豐：邑名。六樂：六代之樂。七盤：舞名。

鮑照《玩月城西門廨中》廨，公府也。

衡：北斗。漢：天河。歸華：華落向本。别葉：葉下離枝。蜀琴：蜀都司馬相如善鼓琴。金壺：貯刻漏水者。淪：盡也。

謝朓《始出尚書省》朓爲尚書殿中郎。高宗輔政，以朓爲諮議領記室，故出尚書省。

休明：謂齊武皇帝。金闉：金門。瓊筵：天子宴群臣之席。厭照臨：武帝崩也。昏風淪繼體：鬱林王昭業即位，昏亂淪溺，不紹帝體也。防口：厲王殺國人以止謗。餐荼：人苦其政，甚于餐荼。如薺：方之苛法則餐荼草更如薺焉。荼，苦草。薺，甘草。英衮：衮，三公服也。時明帝爲丞相，輔國政，故云。天啓：受太后教廢鬱林而明帝立。青精：星也。紫軑：天子車也。黄旗：瑞雲。朱邸：明帝所居，諸王朱邸。司隸章：章，儀也。光武爲司隸，三輔府吏皆東迎光武于洛陽。言明帝自丞相即位，下人願之亦如光武。輕生：下人。辭宫闕：謂出殿中。載筆：爲記室。旌棨：門之棨戟。

謝朓《直中書省》直謂宿于禁中，以備非常。

萬年：木名。承露掌：起高臺爲仙人形，以掌承盤，盤承甘露。綺錢，朱綱：並宫殿之飾。鳳池：中書省也。

謝朓《觀朝雨》

百常觀：高闕也。九成臺：九層。曝腮：龍門之水，魚上者則爲龍，不得上者曝腮于水次。動息：猶出處。戰勝：子夏，已見。

謝朓《郡内登望》宣城。

陵陽：山名。春穀：水名。汝南諾：汝南太守宗資任用范滂，時人語曰：「汝南太守范孟博，南陽宗資主畫諾。」遼東田：管寧至遼東，人有牛暴寧田者，寧牽牛爲飼之，其人大慚，於是禮讓大行海表。

謝朓《和伏武昌登孫權故城》伏曼容爲大司馬諮議叅軍，出爲武昌太守，孫權都在此郡。朓聞曼容作此詩，遂遥和之。

炎靈：漢也。遺劍璽：失位也。當塗：魏也。聖期：五百年有王者興。覇功：吴、蜀、魏。吴山，楚甸：孫氏初基武昌，後都建鄴，故云。北拒：御曹操。西龕：敗劉備。流英盼：圖中原。茂宰：謂伏武昌。幽客：朓自謂。良書：謂伏詩。

謝朓《和王著作融也。八公山山名。詩》述謝玄破苻堅事。

二別：大別、小別二山。雙嶠：二山。戎州：謂秦苻堅。素景：晋金德王，故云。伊穀：水名。宗衮：謝安。明牧：謝玄。長蛇：喻融。奔鯨：喻堅。玄爲前鋒，射傷苻堅，陣殺苻融。平生：朓自謂。别親知：謂任宣城太守。春秀凋：謂年已衰老。秋場：告老將歸田。

謝朓《和徐都曹》集云《和徐都曹勉昧旦出新渚》。

東都：門名。謂二疏告老歸田所别處。俶載：始駕。

謝朓《和王主簿怨情》王主簿，名季哲。此詩言婦人怨曠以自托。

掖庭：王昭君所居。長門：陳皇后所居。蘼蕪：《古樂府》：「上山採蘼蕪，下山逢故夫。」班扇：班婕妤。賒：緩也。一顧重：鄭子瞀，楚成王之夫人。初，成王登臺，子瞀不顧。王曰：「顧，吾與女千金。」子瞀遂行不顧。宿昔：衰老時也。

沈約《和謝宣城》謝作《卧疾詩》。

王喬：爲葉令。每月朔望，常詣臺端朝。帝怪其來數而不見車騎，使人密候之。言其臨至，乃有雙鳧鳥東南飛來，至則舉網張之，但得二隻舃。東方：東方朔。歌曰：「陸沉于俗，避世金馬門。」建禮：尚書郎晝夜更直于建禮門内。沐：休沐。令守：即朓。東汜：日出處。比少壯。西崑：日入處。比衰老。渤澥：願如鳥游渤澥之水，薄刷羽毛，泛弄清波，以自取性。

沈約《應王中丞思遠詠月》

西園：魏文帝每月夜集文人、才子共游于西園。網軒映珠綴：軒，屋檐也。以網及珠綴而飾之。應門：門名。幽閑之所。

沈約《冬節後至丞相第詣世子車中作》齊豫章王嶷，太祖第三子也。薨贈丞相，子廉嗣爲世子。約往弔之，傷其閒寂，還於車中作是詩。

廉公：廉頗失勢，故客盡去。及復爲將，又復至。曲池平：雍門周説孟嘗君曰：「千秋萬歲後，高臺既已傾，曲池又以平。」

沈約《學省愁卧》齊帝即位，遷約爲國子祭酒，故謂國子爲學省。

神宇：華飾如神。

沈約《三月三日率爾成篇》

紫驚：良馬。寧憶春蠶起：謂婦人玩游不憶蠶事。雕胡：草名。宋玉《賦》：「雕胡之飯。」

選詩卷七

梁昭明太子蕭統選

雜擬

擬古詩十二首

陸機

擬行行重行行

悠悠行邁遠，戚戚憂思深。此思亦何思？思君徽與音。音徽日夜離，緬邈若飛沉。王鮪懷河岫，晨風思北林。游子眇天末，遠善作還。期不可尋。驚飈褰反信，歸雲難寄音。佇立想萬里，沈憂萃我心。攬衣有餘帶，循形不盈衿。去去遺情累，安處撫清琴。

【眉批】

詩中亦多有佳句，較之《十九首》，覺費鑪錘，不如其渾成矣。

魏慶之曰：「一篇押兩『音』字。」

擬今日良宴會

閑夜命歡友，置酒迎風館。齊僮粱甫吟，秦娥張女彈。哀音繞棟宇，遺響入雲漢。四坐咸同志，羽觴不可算。高譚一何綺，蔚若朝霞爛。人生無幾何，爲樂常苦晏。譬彼伺晨鳥，揚聲當及旦。曷爲恒憂苦，守此貧與賤？

擬迢迢牽牛星

昭昭清漢暉，粲粲光天步。牽牛西北迴，織女東南顧。華容一何冶，揮手如振素。怨彼河無梁，悲此年歲暮。跂彼無良緣，睆焉不得度。引領望大川，雙涕如霑露。

擬涉江采芙蓉

上山采瓊蕊，穹谷饒芳蘭。采采不盈掬，悠悠懷所歡。故鄉一何曠？山川阻且難。沈思鍾萬里，躑躅獨吟嘆。平聲。

【眉批】

李善曰：「『冶』或爲『綺』，非。」

擬青青河畔草

靡靡江蘺善作離。草，熠燿生河側。皎皎彼姝女，阿那當軒織。粲粲妖容姿，灼灼美顔色。良人游不歸，偏栖獨隻翼。空房來悲風，中夜起嘆息。

擬明月何皎皎

安寢北堂上，明月入我牖。照之有餘輝，攬之不盈手。凉風繞曲房，寒蟬鳴高柳。踟蹰感節物，我行永已久。游宦會無成，離思難常守。

擬蘭若生朝陽

嘉樹生朝陽，凝霜封其條。執心守時信，歲寒終不雕。美人何其曠，灼灼在雲霄。隆想彌年月，長嘯入飛飈。引領望天末，譬彼向陽翹。

擬青青陵上柏

冉冉高陵蘋，習習隨風翰。人生當幾時，譬若濁水瀾。戚戚多滯念，置酒宴所歡。方駕振飛轡，遠游入長安。名都一何綺，城闕鬱盤桓。飛閣纓虹帶，曾臺冒雲冠。高門羅北闕，甲第椒與蘭。俠客控絶景，都人驂玉軒。遨游放情願，慷慨爲誰嘆。

擬東城一何高

西山何其峻，曾曲鬱崔嵬。零露彌天墜，蕙葉憑林衰。寒暑相因襲，時逝忽如頹。五臣作積。三閭結飛轡，大耋嗟落暉。曷爲牽世務，中心若有違。京洛多妖麗，玉顏侔瓊蕤。閑夜撫鳴琴，惠音清且悲。長歌赴促節，哀響逐高徽。一唱萬夫嘆，再唱梁塵飛。思爲河曲鳥，雙游豐五臣作澧。水湄。

擬西北有高樓

高樓一何峻，迢迢善作苕苕。峻而安。綺窗出塵冥，飛陛躡雲端。佳人撫琴瑟，纖手清且閑。芳氣隨風結，哀響馥若蘭。玉容誰得五臣作能。顧，傾城在一彈。佇立望日昃，躑躅再三嘆。不怨佇立久，但願歌者歡。思駕歸鴻羽，比翼雙飛翰。平聲。

擬庭中有奇樹

歡友蘭時往，迢迢善作苕苕。匿音徽。虞淵引絶景，四節逝若飛。芳草久已茂，佳人竟不歸。躑躅遵林渚，惠風入我懷。感物戀所歡，采此欲遺誰？

擬明月皎夜光

歲暮涼風發，昊天肅明明。招摇西北指，天漢東南傾。朗月照閑房，蟋蟀吟户庭。翻翻歸雁集，嘒嘒寒蟬鳴。疇昔同宴友，翰飛戾高冥。服美改聲聽，居愉遺舊情。織女無機杼，大梁不架楹。

擬四愁詩　張載

我所思兮在營州，欲往從之路阻修。登崖遠望涕泗流，我之懷矣心傷憂。佳人遺我緑綺琴，何以贈之雙南金。願因流波超重深，路遠莫致增永吟。

【眉批】改换字面，幾于填腔。今人擬《樂府》大抵如此，可笑也。

擬古詩　陶淵明

日暮天無雲，春風扇微和。佳人美清夜，達曙酣且歌。歌竟長太息，持此感人多。明明雲間月，灼灼葉中花。豈無一時好，不久當如何？

【眉批】

鍾嶸曰：「『日暮天無雲』，風華清靡，豈直爲田家語耶？古今隱逸詩人之宗也。」

擬魏太子鄴中集八首并序

謝靈運

建安末，余時在鄴宫，朝游夕宴，究歡愉之極。天下良辰美景，賞心樂事，四者難並。今昆弟友朋，二三諸彦，其盡之矣。古來此娱，書籍未見。何者？楚襄王時有宋玉、唐景，梁孝王時有鄒、枚、嚴、馬。游者美矣，而其主不文。漢武帝五臣帝下有「時」。徐樂諸才，備應對之能，而雄猜多忌，豈晤言之適？不誣方將，庶必賢於今日爾。歲月如流，零落將盡，撰文懷人，感往增愴。其辭曰：

【眉批】

嚴羽曰：「謝康樂擬鄴中諸子詩，亦氣象不類。」

序極有致。

魏太子

百川赴巨海，衆星環北辰。照灼爛霄漢，遥裔起長津。天地中横潰，家王五臣作皇。拯生民。區宇既滌蕩，群英必來臻。忝此欽賢性，由來常懷仁。况值衆君子，傾心隆日新。論物靡浮説，析理實敷陳。羅縷豈闕辭，窈窕究天人。澄觴滿金罍，連榻設華茵。急弦動飛聽，清歌拂梁塵。何五臣作莫。言相遇易，此歡信可珍。

【眉批】八詩巧模極擬，各類其人。

王粲

家本秦川，貴公子孫，遭亂流寓，自傷情多。

整裝辭秦川，秣馬赴楚壤。沮漳自可美，客心非外奬。常嘆詩人言，式微何由往。上宰奉皇靈，侯伯咸宗長。雲騎亂漢南。宛善作紀。郢皆掃盪。排霧屬盛明，披雲對清朗。慶泰欲重疊，公子特先賞。不謂息肩願，一旦值明兩。並載游鄴京，方舟泛河廣。綢繆清宴娛，寂寥梁棟響。既作長夜飲，豈顧乘日養。

陳琳

袁本初書記之士，故述喪亂事多。

皇漢逢屯邅，天下遭五臣作逹。氛慝。董氏淪關西，袁家擁河北。單民五臣作人。易周章，窘身就羈勒。豈意事乖己，永懷戀故國。相公實勤王，信能定蝥賊。復睹東都輝，重見漢朝則。餘生幸已多，矧迺值明德。愛客不告疲，飲宴遺景刻。夜聽極星爛，朝游窮曛黑。哀哇動梁埃，急觴盪幽默。且盡一日娱，莫知古來惑。

徐幹

少無宦情，有箕潁之心事，故仕世多素辭。

伊昔家臨淄，提携弄齊五臣作秦。瑟。置酒飲膠東，淹留憩高密。此歡謂可終，外物始難畢。摇蕩箕濮情，窮年迫憂慄。末塗幸休明，栖集建薄質。已免負薪苦，仍五臣作乃。游椒蘭室。清論事究萬，美話信非一。行觴奏悲歌，永夜繫白日。華屋非蓬居，時髦豈余匹。中飲顧昔心，悵焉若有失。

劉　楨

卓犖偏人，而文最有氣，所得頗經奇。

貧居晏里閈，少小長東平。河兖當衝要，淪飄五臣作漂。薄許京。廣川無逆流，招納厠群英。北渡五臣作度。黎陽津，南登宛善作紀。郢城。既覽古今事，頗識治亂情。歡友相解達，敷奏究平生。矧荷明哲顧，知深覺命輕。朝游牛羊下，暮坐括揭鳴。終歲非一日，傳卮弄新聲。辰事既難諧，歡願如今並。唯羨肅肅翰，繽紛戾高冥。

應　瑒

汝潁之士，流離世故，頗有飄薄之歎。

嗷嗷雲中雁，舉翮自委羽。求凉弱水湄，違寒長沙渚。顧我梁五臣作凉。川時，緩步集潁許。一旦逢世難，淪薄恒羈旅。天下昔未定，托身早得所。官渡五臣作度。厠一卒，烏林預艱阻。晚節值衆賢，會同庇天宇。列坐廕華榱，金罇盈清醑。始奏《延露》曲，繼以闌夕語。調笑輒酬答，嘲謔無五臣作非。慚沮。傾軀無遺慮，在心良已叙。

阮　瑀

管書記之任，故有優渥之言。

河洲多沙塵，風悲黄雲起。金羈相馳逐，聯翩何窮已。慶雲惠優渥，微薄攀多士。念昔渤海時，南皮戲清沚。今復河曲游，鳴筱泛蘭汜。躧步陵丹梯，並坐侍君子。妍談既愉心，哀弄五臣作音。信睦耳。傾酤係芳醑，酌言豈終始。自從食蓱來，唯見今日美。

平原侯植

公子不及世事，但美遨游；然頗有憂生之嗟。

朝游登鳳閣，日暮集華沼。傾柯引弱枝，攀條摘蕙五臣作惠。草。徙倚窮騁望，目極盡所討。西顧太行山，北眺邯鄲道。平衢修且直，白楊信裊裊。善作褭褭。副君命飲宴，五臣作讌。歡娛寫懷抱。良游匪晝夜，豈云晚與早。衆賓悉精妙，清辭洒蘭藻。五臣作蘭蒲。哀音下迴鵠，餘哇徹清昊。中山不知醉，飲德方覺飽。願以黄髪期，養生念將老。

效曹子建樂府白馬篇

袁　淑

劍騎何翩翩！長安五陵間。秦地天下樞，八方奏才賢。荆魏多壯士，宛洛富少年。意氣深自負，肯事都邑權？藉藉關外來，車徒傾國鄽。五侯競書幣，群公亟爲言。義分明於霜，信行直如弦。交歡池陽下，留宴汾陰西。一朝許人諾，何能坐相捐？彯節去函谷，投珮出甘泉。嗟此務遠圖，心爲四海懸。但營身意遂，豈校耳目前？俠烈良有聞，古來共知然。

效　古

無名氏

譬此倦游士，本家自遼東。昔隸李將軍，十載事西戎。結車高闕下，極望見雲中。四面各千里，從横起嚴風。寒燠豈如節，霜雨多異同。夕寐北河陰，夢還甘泉宫。勤役未云已，壯年徒爲空。乃知古時人，所以悲轉蓬。

【眉批】

楊慎曰：「此詩頗有鄴中奇氣，可亞劉楨。」

擬古二首

劉　鑠

擬行行重行行

眇眇陵長道，遥遥行遠之。回車背京里，揮手從此辭。堂上流塵生，庭中緑草滋。寒螿翔水曲，秋兔依山基。芳年有華月，佳人無還期。日夕涼風起，對酒長相思。悲發《江南》調，憂委《子衿》詩。卧覺明燈晦，坐見輕紈緇。淚容不可飾，幽鏡難復治。願垂薄暮景，照妾桑榆時。

【眉批】

嚴羽曰：「劉休玄《擬行行重行行》等篇，鮑明遠《代君子有所思》之作，仍是其自體耳。」

擬明月何皎皎

落宿半遥城，浮雲藹層闕。玉宇來清風，羅帳延秋月。結思想伊人，沈憂懷明發。誰爲客行久，屢見流芳歇。河廣川無梁，山高路難越。

和琅邪王依古　　王僧達

少年好馳俠，旅宦游關源。既踐終古跡，聊訊五臣作誶。興亡言。隆周爲藪澤，皇漢成山樊。久没離宫地，安識壽陵園？仲秋邊風起，孤蓬卷霜根。白日無精景，黄沙千里昏。顯軌莫殊轍，幽途豈異魂。聖賢良已矣，抱命復何怨！

擬古三首　　鮑照

幽並重騎射，少年好馳逐。氈帶佩雙鞬，象弧插雕服。獸肥春草短，飛鞚越平陸。朝游雁門上，暮還樓煩宿。石梁有餘勁，驚雀無全目。漢虜方未和，邊城屢翻覆。留我一白羽，將以分虎五臣作符。竹。

魯客事楚王，懷金襲丹素。既荷主人恩，又蒙令尹顧。日晏罷朝歸，輿馬塞衢路。宗黨生光華，賓僕遠傾慕。富貴人所欲，道德五臣作得。亦何懼？南國有儒生，迷方獨淪誤。伐木清江湄，設罝守毚兔。

十五諷詩書，篇翰靡不通。弱冠參多士，飛步游秦宫。側睹君子論，預見古人風。兩説窮舌端，五車摧筆鋒。羞當白璧貺，耻受聊城功。晚節從世五臣作時。務，乘障遠和戎。解佩襲犀渠，卷衰奉盧弓。始願力不及，安知今所終？

【眉批】懷抱倜儻之士，率湮當代，惜哉！

學劉公幹體　　鮑照

胡風吹朔雪，千里度龍山。集君瑶臺裏，飛舞兩楹前。兹辰自爲美，當避艷陽年。艷陽桃李節，皎潔不成妍。

【眉批】托喻清婉

代君子有所思　　鮑照

西出登雀臺，東下望雲闕。層閣肅天居，馳道直如髮。綉甍結飛霞，璇題納行月。築山擬蓬壺，穿池類溟渤。選色遍齊代，徵聲帀邛越。陳鐘陪夕宴，笙歌待明發。年貌不可還，身意會盈歇。蟻壤漏山河，五臣作阿。絲淚毀金骨。器惡含滿欹，物忌厚生没。智哉衆多士，服理辨昭昧。

【眉批】楊慎曰：「『絲淚銷金骨』，精鍊之極。」

效古

范雲

寒沙四面平，飛雪千里驚。風斷陰山樹，霧失交河城。朝驅善作馳。左賢陣，夜薄休屠營。昔事前軍幕，今逐嫖姚兵。失道刑既重，遲留法未輕。所賴今天子，漢道日休明。

雜體詩三十首

江文通

夫楚謡漢風，既非一骨；魏製晋造，固亦二體。譬猶藍朱成彩，雜錯之變無窮；宫商爲音，靡曼之態不極。故蛾眉詎同貌，而俱動于魄；芳草寧共氣，而皆悦于魂，不其然歟？至於世之諸賢，各滯所迷。莫不論甘而忌辛，好丹而非素。豈所謂通方廣恕，好遠兼愛者哉？及公幹、仲宣之論，家有曲直；安仁、士衡之評，人立矯抗，况復殊于此者乎？又貴遠賤近，人之常情。重耳輕目，俗之恒弊。是以邯鄲托曲于李奇，士季假論于嗣宗，此其效也。然五言之興，諒非敻古，但關西鄴下，既已罕同，河外江南，頗爲異法。故玄黄經緯之辨，金碧沈浮之殊，僕以爲亦合其美，並善而已。今作三十首詩，效其文體，雖不足品藻淵流，庶亦無乖商確云爾。

【眉批】

巖羽曰：「擬古惟江文通最長，擬淵明似淵明，擬康樂似康樂，擬左思似左思，擬郭璞似郭璞。獨擬李都尉陵一首，稍不似西漢耳。」

剗去巧麗，駕魏晋矣。

古離别五臣作别離。

遠與君别者，乃至雁門關。黄雲蔽千里，游子何時還。送君如昨日，簷前露已團。不惜蕙草晚，所悲道里寒。君在天一涯，五臣作「君行在天涯」。妾身長别離。願一見顔色，不異瓊樹枝。兔絲及水萍，所寄終不移。

【眉批】

李善曰：「江之此製，非直學其體，而亦兼用其文。用意厚。」

李都尉陵　從軍

罇酒送征人，踟蹰在親宴。日暮浮雲滋，握手淚如霰。悠悠清川水，嘉魴得所薦。而我在萬里，結髮不相見。袖中有短書，願寄雙飛鷰。

【眉批】

劉良曰：「此擬『攜手上河梁』。」

王世貞曰：「文通擬古無所不似，獨《古離别》、《李都尉》不能得其彷彿耳。生平自運，多未稱是。」

班婕妤　詠扇

紈扇如圓月，出自機中素。畫作秦王女，乘鸞向烟霧。彩色世所重，雖新不代故。竊愁凉風至，吹我玉階樹。君子恩未畢，零落在中路。

【眉批】

劉良曰：「此擬『新製齊紈素』。」

釋皎然曰：「『畫作』二句，與生于中，無有古事。假使佳人玩之在手，乘鸞之意飄然莫偕，雖蕩如夏姬，自忘情改節。吾許江生情逸詞麗，方之班姬，亦未可減價。」

魏文帝丕　游宴

置酒坐飛閣，逍遥臨華池。神飈自遠至，左右芙容披。緑竹夾清水，秋蘭被幽崖。月出照園中，冠珮相追隨。客從南楚來，爲我吹參差。淵魚猶伏浦，五臣作涌。聽者未云疲。高文一何綺，小儒安足爲。肅肅廣殿陰，雀聲愁北林。衆賓還城邑，何以慰吾心。

【眉批】

吕延濟曰：「此擬《芙蓉池》作。」

是好客情景。

陳思王植　贈友

君王禮英賢，不吝千金璧。雙闕指馳道，朱宫羅第宅。從容冰井臺，清池映華薄。凉風盪芳氣，碧樹先秋落。朝與佳人期，日夕望青閣。褰裳摘明珠，徙倚拾蕙若。眷我二三子，詞義麗金雘。延陵輕寶劍，季子重然諾。處富不忘貧，有道在葵藿。

【眉批】

李周翰曰：「此擬贈丁儀等詩。」

劉文學楨　感遇

蒼蒼山中桂，團團善作圓。霜露色。霜露一何緊，桂枝生自直。橘柚在南國，因君爲羽翼。謬蒙聖主私，託身文墨職。丹彩既已過，敢不自雕飾。華月照方池，列坐金殿側。微臣固受賜，鴻恩良未測。

王侍中粲　懷德

伊昔值世亂，秣馬辭帝京。既傷蔓草别，方知杕杜情。崤函復丘墟，冀闕緬縱横。倚棹泛涇渭，日暮山河清。蟋蟀依桑野，嚴風吹枯善作若。莖。鸛鵠在幽草，客子淚已零。去鄉二善作三。十載，幸遭天下平。賢主降嘉賞，金貂服玄纓。侍宴出河曲，飛蓋游鄴城。朝露竟幾何，忽如水上萍。君子篤惠義，柯葉終不傾。福履既所綏，千載垂令名。

嵇中散康　言志

日余不師訓，潛志去世五臣作俗。塵。遠想出宏域，高步超常倫。靈鳳振羽儀，戢景西海濱。朝食琅玕實，夕飲玉池津。處順故無累，養德乃入神。曠哉宇宙惠，雲羅更四陳。哲人貴識義，大雅明庇身。莊生悟無爲，老氏守其真。天下皆得一，名實久相賓。咸池饗爰居，鐘鼓或愁辛。柳惠善直道，孫登庶知人。寫懷良未遠，感贈以書紳。

阮步兵籍　詠懷

青鳥海上游，鷽斯蒿下飛。沈浮不相宜，羽翼各有歸。飄颻可終年，沆瀁安是非。朝雲乘變化，光耀世所希。精衛銜木石，誰能測幽微。

張司空華　離情

秋月映善作照。簾櫳，懸光入丹墀。佳人撫鳴琴，清夜守空帷。蘭逕少行迹，玉臺生網絲。庭樹發紅彩，閨草含碧滋。延佇整綾綺，萬里贈所思。願垂湛露惠，信我皎日期。

潘黄門岳　述哀

青春速天機，素秋馳白日。美人歸重泉，凄愴無終畢。殯宫已肅清，松柏轉蕭瑟。俯仰未能弭，尋念非但一。撫衿悼寂寞，恍然若有失。明月入綺窗，髣髴想蕙質。銷憂非萱草，永懷寄善作寧。夢寐。叶末。夢寐復冥冥，何由覿爾形。我慚北海術，爾無帝女靈。駕言出遠山，徘徊泣松銘。雨絶無還雲，花落豈留英。日月方代序，寢興何時平。

【眉批】

劉良曰：「擬悼婦詩。」

范晞文曰：「潘安『望廬思其人，入室想所歷』，悲有餘而意無盡。江文通擬之云『明月入綺窗，髣髴想蕙質』，工于述者也。白樂天用之云：『手携稚子夜歸晚，月冷房空不見人。』」

陸平原機　羇宦

儲后降嘉命，恩紀被微身。明發眷桑梓，永嘆懷密親。流念辭南澨，銜怨别西津。馳五臣作驅。馬遵淮泗，旦夕見梁陳。服義追上列，矯迹厠宫臣。朱黻咸髦士，長纓皆俊人。契闊承華内，綢繆踰歲年。日暮聊總駕，逍遥觀洛川。徂没五臣作役。多拱木，宿草凌寒烟。游子易感慨，善作愾。躑躅還自憐。願言寄三鳥，離思非徒然。

左記室思　詠史

韓公淪賣藥，梅生隱市門。百年信荏苒，何用五臣作爲。苦心魂。當學衛霍將，建功在河源。珪組賢君眄，青紫明主恩。終軍才始達，賈誼位方尊。金張服貂冕，許史乘華軒。王侯貴片議，公卿重一言。太平多歡娱，飛蓋東都門。顧念張仲蔚，蓬蒿滿中園。

【眉批】

范晞文曰：「左太冲『濟濟京城内』，鮑明遠『京城十二衢』，與此三詩一軌。」

魏慶之曰：「一篇押二『門』字。」

張黄門協　苦雨

丹霞蔽陽景，緑泉涌陰渚。水鸛巢層甍，山雲潤柱礎。有弇五臣作渰。興春節，愁霖貫秋序。燮燮凉葉奪，戾戾颸風舉。高譚玩四時，索居慕儔侣。青苔日夜黄，芳蕤成宿楚。歲暮百慮交，無以慰延佇。

劉太尉琨　傷亂

皇晋遘陽九，天下横氛霧。秦趙值薄蝕，幽並逢虎據。伊余荷寵靈，感激徇馳騖。雖無六奇術，冀與張韓遇。甯戚扣角歌，桓公遭乃舉。荀息冒險難，實以忠貞故。空令日月逝，愧無古人度。飲馬出城濠，北望沙漠路。千里何蕭條，白日隱寒樹。投袂既憤懣，撫枕懷百慮。功名惜未立，玄髮已改素。時哉苟有會，治亂惟冥數。

【眉批】

劉良曰：「此擬《贈盧諶》詩。」

盧郎中諶　感交

大厦須異材，廊廟非庸器。英俊著世功，多士濟斯位。眷顧成綢繆，乃與時髦匹。姻媾久不虚，五臣作虧。契闊豈但一。逢厄既已同，處危非所恤。常慕先達槩，觀古論得失。馬服爲趙將，疆場得清謐。信陵佩魏印，秦兵不敢出。慨無幄中策，徒慚素絲質。羈旅去舊鄉，五臣作素舊京。感遇踰善作喻。琴瑟。自顧非杞梓，勉力在無逸。更以畏友朋，濫吹乖名實。

【眉批】

虞九章曰：「此擬答劉琨。」

郭弘農璞　游仙

崦山多靈草，海濱饒奇石。偃蹇尋青雲，隱淪駐精魄。道人讀丹經，方士錬玉液。朱霞入窗牖，曜靈照空隙。傲睨擿木芝，陵波采水碧。眇然萬里游，矯掌望烟客。永得安期術，豈愁濛汜迫。

孫廷尉綽　雜述

太素既以分，吹萬著形兆。寂動苟有源，因謂殤子夭。道喪涉千載，津梁誰能了。思乘扶摇翰，卓然陵風矯。静觀尺棰義，理足未嘗少。冏冏秋月明，憑軒詠堯老。浪跡無蚩妍，然後君子道。領略歸一致，南山有綺皓。交臂久變化，傳火乃薪草。亹亹玄思清，胸中去機巧。物我俱忘懷，可以狎鷗鳥。

許徵君詢　自序

張子闇内機，單生蔽外像。五臣作象。一時排冥筌，泠然空中賞。遣此弱喪情，資神任獨往。采藥白雲隈，聊以肆所養。丹葩耀芳蕤，緑竹陰閑敞。苕苕寄意勝，不覺陵虚上。曲櫺激鮮飈，石室有幽響。去矣從所欲，得失非外獎。至哉操斤客，重明固已朗。五難既洒落，超跡絶塵網。

殷東陽仲文　興矚

晨游任所萃，悠悠蘊真趣。雲天亦遼亮，時與賞心遇。青松挺秀萼，惠色出喬樹。極眺清波深，緬映石壁素。瑩情無餘滓，拂衣釋塵務。求仁既自我，玄風豈外慕。直置忘所宰，蕭散得遺慮。

謝僕射混　游覽

信矣勞物化，憂衿未能整。薄言遵郊衢，總轡出臺省。凄凄節序高，寥寥心悟永。時菊曜巖阿，雲霞冠秋嶺。眷然惜良辰，徘徊踐落景。卷舒雖萬緒，動復歸有静。曾是迫桑榆，歲暮從所秉。舟壑不可攀，忘懷寄匠郢。

陶徵君潛　田居鍾惺曰：「以深細效其清適，妙于擬陶。」

種苗在東皋，苗生滿阡陌。雖有荷鉏倦，濁酒聊自適。日暮巾柴車，路闇光已夕。歸人望烟火，稚子候檐隙。問君亦何爲，百年會有役。但願桑麻成，蠶月得紡績。素心正如此，開逕望三益。

【眉批】

平淡處近淵明。

韓駒曰：「詩亦頗似之，但『開遥望三益』此一句不類。」

鍾惺曰：「田居人何等胸中。」

謝臨川靈運　游山

江海經邅迴，山嶠備盈缺。靈境信淹留，賞心非徒設。平明登雲峰，杳與廬霍絶。碧障五臣作嶂。長周流，金潭恒澄澈。桐林帶晨霞，石壁映初晰。乳竇既滴瀝，丹井復寥泬。嵒崿轉奇秀，岑崟還相蔽。赤玉隱瑶溪，雲錦被沙汭。夜聞猩猩啼，朝見鼯鼠逝。南中氣候暖，朱華凌五臣作陵。白雪。幸游建德鄉，觀奇經禹穴。身名竟誰辨，善作辯。圖史終磨滅。且泛桂水潮，映月游海澨。攝生貴處順，將爲智者説。

顔特進延之　侍宴

太微凝帝宇，瑶光正神縣。揆日粲書史，相都麗聞見。列漢搆仙宫，開天製寶殿。桂棟留夏飈，蘭橑停冬霰。青林結冥濛，丹巘被葱蒨。山雲備卿靄，池卉具靈變。重陽集清氛，善作氣。下輦降玄宴。鶩望分寰隧，曬目盡都甸。氣生川岳陰，煙滅淮海見。中坐溢朱組，步櫩篁瓊弁。禮登佇睿情，樂闋延皇眄。測恩躋愉逸，沿牒懵浮賤。榮重餽五臣作承榮重。兼金，巡華過盈瑱。敢飾輿人詠，方慚緑水薦。

謝法曹惠連　贈别

昨發赤亭渚，今宿浦陽汭。方作雲峰異，豈伊千里别。芳塵未歇席，涔五臣作零。淚猶在袂。停艫望極浦，弭棹阻風雪。風雪既經時，夜永起五臣作豈。懷思。泛濫北湖游，苕善作岧。亭南樓期。點翰詠新賞，開衷瑩所疑。摘芳愛氣馥，拾蕊憐色滋。色滋畏沃若，人事亦銷鑠。子衿怨勿往，谷風誚輕薄。共秉延州信，無慚仲路諾。靈芝望三秀，孤筠情所托。所托已殷勤，祇足攪懷人。今行嶀音呼。嵊外，銜思至海濱。覿子杳未僝，款睇在何辰。雜珮雖可贈，疏華竟無陳。無陳心悁勞，旅人豈游遨。幸及風雪霽，青春滿江皋。解纜候前侶，還望方鬱陶。煙景若離遠，未響寄瓊瑤。

王徵君微五臣作徽。 養疾

窈藹瀟湘空，翠潤澹無滋。寂歷百草晦，欻吸鵾鷄悲。清陰往來遠，月華散前墀。鍊藥矚虛幌，泛瑟卧遥帷。水碧驗未黷，金膏靈詎緇。北渚有帝子，蕩漾不可期。悵然山中暮，懷痾屬此詩。

袁太尉淑 從駕

宫廟禮哀敬，枌邑道嚴玄。恭潔由明祀，肅駕在祈年。詔徒登季月，戒鳳藻行川。雲旆象漢徙，宸綱擬星懸。朱櫂麗寒渚，金鍐映秋山。羽衛藹流景，綵吹震沉淵。辨詩測京國，履籍鑑都壥。萌五臣作氓。謡響玉律，邑頌被丹弦。文軫薄桂海，聲教燭冰天。和惠頒上笏，恩渥浹下筵。幸侍觀洛後，豈慕巡河前。服義方無沫，展歌殊未宣。

謝光禄莊 郊游

肅舲出郊際，徙樂五臣作藥。逗江陰。翠山方藹藹，青浦正沈沈。凉葉照沙嶼，秋榮冒水潯。風散松架險，雲鬱石道深。静默五臣作然。鏡緜野，四睇亂層岑。氣清知雁引，露華識猿音。雲裝信解黻，煙駕可辭金。始整丹泉術，終覿紫芳心。行光自容裔，無使弱思侵。

鮑參軍昭 戎行

豪士枉尺璧，宵人重恩光。徇義非爲利，執羈輕去鄉。孟冬郊祀月，殺氣起嚴霜。戎馬粟不煖，軍士冰爲漿。晨上城皋坂，磧礫皆羊腸。寒陰籠白日，大谷晦蒼蒼。息徒稅征駕，倚劍臨八荒。鵁鶄不能飛，玄武伏川梁。鎩翮由時至，感物聊自傷。豎儒守一經，未足識行藏。

休上人　怨別

西北秋風至，楚客心悠哉。日暮碧雲合，佳人殊未來。露彩方泛艷，月華始徘徊。寶書爲君掩，瑶琴詎能開。相思巫山渚，悵望陽雲臺。膏鑪絶沉燎，綺席生浮埃。桂水日千里，因之平生懷。

【眉批】

葉夢得曰：「『日暮』二句，古今皆以爲佳句，然謝靈運『圓景早已合，佳人猶未適』，謝玄暉『春草秋更緑，公子未西歸』即是此意。嘗怪兩漢間所作騷文，未嘗有新語，直是句句規模屈、宋，但换字不同耳。至晉、宋以後，詩人之辭，其弊亦然。若是雖工，亦何足道。蓋當時祖習共以爲然，故未有譏之者耳。」

皇甫汸曰：「劉禹錫『欲問江深淺，應如遠別情』，李太白『請君試問東流水，別意與之誰短長』，此『桂水日千里，因之平生懷』，何必長短深淺耶！」

選詩卷七訂注

陸機《擬古》

王鮪：魚名。蹇：絶也。齊僮、秦娥：皆古善歌者。《梁甫吟》、《張女彈》：皆樂府曲名。向陽翹：葵藿向日。絶景：馬名。三閭：屈原。結飛轡：《離騷》曰：「總余轡于扶桑。」大耋：《易》曰：「大耋之嗟凶。」河曲鳥：鴛鴦。招搖：斗柄前星。天漢：天河。大梁：昴星。言有名無實。

謝靈運《擬魏太子鄴中集》此代當時諸賢之意。

余：代丕自謂。唐：勒。景：差。鄒：陽。枚：乘。嚴：忌。馬：相如。不誣方將：我所述不作誣詎，庶使後代以我今日爲賢。裔：遠。潢潰：以水喻亂。家王：魏武。燎煙：東都宫室遭董卓所燒。赴楚壤：避西京之亂，投荆州。非外獎：中心懷歸，非外物所能留勸。上宰：魏武。皇靈：獻帝。重疊：遇魏武及太子丕。公子：曹植。明兩：謂文帝。養：樂也。相公：曹公。古來惑：古人以酒色爲惑。箕潁：許由、巢父隱處。濮：莊周隱處。許京：獻帝遷許州，故稱。廣川：喻魏公。逆流：喻己。《管子》：江海不逆細流。北度：從征袁紹。南登：從征劉表。明哲：曹公。牛羊下：日暮時。揭：鷄栖木括揭鳴。謂鷄鳴時。辰：時。委羽：北方山名。弱水：北方。長沙：南方。官渡，烏林：皆謂曹公戰争之所。《延露》：曲名。渤海：郡名。南皮：縣名。河曲：魏近河故云。豈終始：無休息。食苹來：《毛詩》：「食野之苹。」言我自預嘉賓以來。副君：謂太子。中山：出美酒。

袁淑《效曹子建白馬篇》

郡邑權：郡邑執權之人。彯：死。投珮：去官。

袁淑《效古》

誶：問也。高闕：山名。雲中：郡名。

劉鑠《擬古》

江南調：古樂府。子衿詩：《毛詩》。

王僧達《和琅邪王依古》依，擬也。

壽陵：漢園陵名。

鮑照《擬古》

鞬：盛弓者。象弧：象牙飾弓。服：盛箭者。雁門：郡名。樓煩：縣名。石梁：宋景公使弓人造弓，弓成射之，逾于彭城，矢有餘勁，飲羽于石梁。驚雀：吴賀與羿北游，有一雀，賀使羿射左目而誤中右目，終身恨之。白羽：箭也。虎竹：銅虎符、竹使符，並國家發兵遣使之符。魯客：假言。伐木：《毛詩·伐檀》。設罝：《毛詩·兔罝》。兩説：本末之説。障：邊也。佩：文服。犀渠：田也。裛：書衣。盧弓：征伐之弓。謂棄筆從戎也。

鮑照《代君子有所思》

蟻壤：蟻穴。漏：因穴漏水。絲淚毁金骨：言讒邪之人，但下如絲之淚，而金骨爲之傷毁。器：欹器。滿則覆。

范雲《效古》

陰山：匈奴山名。交河：邊城。左賢，休屠：皆戎狄王號。前軍：李廣。嫖姚：霍去病。

江文通《雜體詩》

秦王女：弄玉。參差：簫也。橘柚在南國，因君爲羽翼：橘柚，自喻君植也。橘柚在南雖珍，因君羽翼乃貴。蔓草，《杕杜》：《詩》篇名。賢主：魏武。精衛：炎帝之女，游于東海，溺而不反，因化爲精衛鳥，常銜西山木石，以填東海。《湛露》：《毛詩》：「湛湛露斯，匪陽不晞。」皎日：《毛詩》：「謂予不信，有如皎日。」北海術：北海螢陵有道人，能使人與死人相見。帝女：高唐帝之季女。儲后：太子也。機爲太子洗馬。三鳥：《楚詞》：「願寄言于三鳥兮。」韓公：韓康。梅生：梅福。張仲蔚：隱居不仕，所居蓬蒿没人。秦趙：姚泓、石勒。幽並：段匹磾、劉琨。濫吹：齊宣王好吹竽，善吹則食禄，南郭處士因濫食禄。尺捶：《莊子》：「一尺之捶，日取其半，萬世不竭。」堯老：唐堯、老子。綺：綺里季。皓：四皓。交臂：《莊子》：「仲尼謂顔回曰：『吾終身與汝交一臂而失之。』」傳火：《莊子》：「指窮于爲薪，火傳也，不知其盡也。」張子：張毅。行年三十而患内熱病死。單生：單豹。行年七十而有童兒之色，遭猛虎之食。弱喪：少失其故居。操斤客：匠石。五難：向秀難嵇康《養生論》曰：「養生有五難。」舟壑：《莊子》：「藏舟于壑，人謂之固。夜半有力者負之而趨。」亦如人生于世，自以爲固。四時變遷，不可留止。寄匠郢：寄懷於相知。三益：友也。靈境：謂會稽。建德：國名。在南越。步欄：長廊也。篖：比也。沿牒：隨牒之任。盈瑱：盈尺之玉。輿人詠：《左傳》：「輿人之誦。」緑水：古詩。苕亭：樓高貌。《子衿》，《谷風》：皆《詩》篇名。延州：吳季札。僝：見也。水碧，金膏：並仙藥，其靈驗不可得而贖緇。從駕：淑爲御史並中丞，拜廟祭南郊。枌邑：漢豐邑，有枌社。宋漢子孫故祭枌社。鳳：鳳蓋。宸網：天子車上珠網。櫂：艫竿。鏤：馬飾。桂海：南極。冰天：北極。上笏：大夫之爵。覿洛：湯。巡河：堯。沫：已也。松架：松横生日架。

陶靖節集

馬秀娟　標點

説　明

《陶靖節集》八卷，卷一至卷四爲詩，卷五爲辭賦，卷六至卷七爲記傳贊述，卷八爲文。前載顔延年《靖節徵士誄》、蕭統《陶靖節傳》和《陶靖節集序》，後附十家宋人評語。書首則列明焦竑萬曆癸卯（一六〇三）秋《陶靖節先生集序》。

按凌濛初識語，此版本似從何公露序刻本而來，但却不選何序，而録焦竑序，且何本僅三卷，此却有八卷，顯又不合。檢查全書内容，文字多與宋本相同，可又雖存《五孝傳》，却不選《四八目》；而校文和評語又皆爲宋人所撰，故凌濛初所説：「斟酌其間，則余竊有取焉爾。」是講得很實在的。所以，這應該是一本依據當時尚流傳的宋本而有所删校，又取宋人集評的一個凌氏校刊本。

陶集自梁蕭統、北齊陽休之後代有刊刻，其間魯魚亥豕，訛誤頗多，凌濛初雖意擇善本，然校審亦復存有疏漏，這大概也是明人刻書的積習。不過，本書版本畢竟保存了陶集宋本的面貌，又輯存了大量宋人的評語，更保留了焦竑的序文，這都是值得重視的。

原書正文每半葉八行，行十八字。中縫書「陶靖節集」及卷次。

陶靖節集目録

陶靖節先生集序

古者賢士之詠嘆，思婦之悲吟，莫不爲詩，情動於中而言以導之，所謂詩言志也。後世摛詞者，離其性而自托於人僞，以争須臾之譽，於是詩道日微。余觀漢魏以逮六朝，作者蝟起，能道其中之所欲言者，阮步兵、左太冲、張景陽、陶靖節四人而已。靖節先生人品最高，平生任真推分，忘懷得失，每念其人，輒慨然有天際真人之想。若夫微衷雅抱，觸而成言，或因拙以得工，或發奇而似易，譬之嶺玉淵珠，光采自露，先生不知也。其與華疏彩會，無關胸臆者，當異日談矣。梁昭明太子嘗手葺爲編，序而傳之。歲久，頗爲後人所亂。其改竄者什居二三，竊疑其謬，而絶無善本是正。頃友人偶以宋刻見遺，無《聖賢群輔》之目，篇次正與昭明舊本吻合。中與今本異者，不啻數十處，凡嚮所疑，涣然冰釋，此藝林之一快也。吴君甫卿語余：「《陶集》得此，幸不爲妄庸所汨没。盍刻而廣之？」余乃以授甫卿，而並道其始末如此。甫卿名汝紀，新安人，今卜築金陵。觀其所好，可以知其人焉。

萬曆癸卯秋瑯琊焦竑書

陶靖節集卷之一

詩四言

停雲并序

停雲，思親友也。罇酒新湛，園列初榮，願言不從，嘆息彌襟。

靄靄停雲，濛濛時雨。八表同昏，平路伊阻。靜寄東軒，春醪獨撫。良朋悠邈，搔首延佇。

停雲靄靄，時雨濛濛。八表同昏，平陸成江。有酒有酒，閒飲東窗。願言懷人，舟車靡從。

東園之樹，枝條再榮。競朋親好，一作競用新好，非。以怡一作招，非。余情。人亦有言，日月于征。安得促席，説彼平生。

翩翩飛鳥，息我庭柯。斂翮閒止，好聲相和。豈無他人，念子實多。願言不獲，抱恨如何！

【眉批】

高元之曰：「以『停雲』名篇，乃周詩六義（二曰賦，四曰興）之遺義也。」

劉後村曰：「四言自曹氏父子、王仲宣、陸士衡後，惟陶公最高。《停雲》、《榮木》等篇，殆突過建安矣。」

時運並序

時運，游暮春也。春服既成，景物斯和，偶影獨游，欣慨交心。

邁邁時運，穆穆良朝。襲我春服，薄言東郊。山滌餘靄，餘靄微消。一作宇曖微霄，非。有風自南，翼彼新苗。

洋洋平津，乃漱乃濯。邈邈遐景，載欣載矚。人亦有言，稱心易足。一作稱心而言，人亦易足。非。揮茲一觴，陶然自樂。

延目中流，悠悠清沂。童冠齊業，閒詠以歸。我愛其靜，寤寐交揮。但恨殊世，邈不可追。

斯晨斯夕，言息其廬。花藥分列，林竹翳如。清琴横床，濁酒半壺。黄唐莫逮，慨獨在余。

【眉批】湯東澗曰：「『閒詠以歸，我愛其靜』，靜之爲言，謂其無外慕也，亦庶乎知浴沂者之心矣！」

榮木並序

榮木，念將老也。日月推遷，已復有夏，總角聞道，白首無成。

采采榮木，結根于茲。晨耀其華，夕已喪之。人生若寄，顦顇有時。静言孔念，中心悵而。

采采榮木，于茲托根。繁華朝起，慨暮不存。貞脆由人，禍福無門。匪道曷依，匪善奚敦！

游斜川并序

辛丑正月五日，天氣澄和，風物閑美。與二三鄰曲，同游斜川。臨長流，望曾城，魴鯉躍鱗於將夕，水鷗乘和以翻飛。彼南阜者，名實舊矣，不復乃爲嗟嘆。若夫曾城，傍無依接，獨秀中皋，遥想靈山，有愛嘉名。欣對不足，率爾賦詩。悲日月之遂往，悼吾年之不留。各疏年紀鄉里，以記其時日。

開歲倐五十，一作日，非。吾生行歸休。念之動中懷，及辰爲茲游。氣和天惟澄，班坐依遠流。弱湍馳文魴，閑谷矯鳴鷗。迥澤散游目，緬然睇曾丘。雖微九重秀，顧瞻無匹儔。提壺接賓侣，引滿更獻酬。未知從今去，當復如此否。中觴縱遥情，忘彼千載憂。且極今朝樂，明日非所求。

示周續之祖企謝景夷三郎

負痾頽簷下，終日無一欣。藥石有時閑，念我意中人。相去不尋常，道路邈何一作無，非。因。周生述孔業，祖謝響然臻。道喪向千載，今朝復斯聞。馬隊非講肆，校書亦已勤。老夫有所愛，思與爾爲鄰。願言誨諸子，從我潁水濱。

【眉批】

趙泉山曰：「靖節不事覲謁，惟至田舍及廬山游觀，舍是無他適。續之自社主遠公順寂之後，雖隱居廬山，而州將每相招引，頗從之游，世號『通隱』。是以詩中引箕潁之事微譏之。」

天豈去此哉，任真無所先。雲鶴有奇翼，八表須臾還。自我抱茲獨，僶俛四十年。形骸久已化，心在復何言。

【眉批】

趙泉山曰：「按《晉傳》，靖節未嘗有喜慍之色，惟遇酒則飲，或無酒亦雅詠不輙〔輟〕。《飲酒》詩、《獨飲》詩，此酒中實際理地也，豈狂藥昏瞀之語！」

移居二首

其一

昔欲居南村，非爲卜其宅。聞多素心人，樂與數晨夕。懷此頗有年，今日從茲役。弊廬何必廣，取足蔽床席。鄰曲時時來，抗言談在昔。奇文共欣賞，疑義相與析。

其二

春秋多佳日，登高賦新詩。過門更相呼，有酒斟酌之。農務各自歸，閑暇輙相思。相思則披衣，言笑無厭時。此理將不勝，無爲忽去茲。衣食當須幾，一作紀，非。力耕不吾欺。

和劉柴桑

山澤久見招，胡事乃躊躇？直爲親舊故，未忍言索居。良辰入奇懷，挈杖還西廬。荒塗無歸人，時時見廢墟。茅茨已就治，新疇復應畬。谷風轉淒薄，春醪解饑劬。弱女雖非男，慰情良勝無。栖栖世中事，歲月共相疏。耕織稱其用，過此奚所須。去去百年外，身名同翳如。

【眉批】

趙泉山曰：「『谷風』四句，雖一時之諧謔，亦可謂巧於處窮矣！以弱女喻酒之醨薄，饑則濡枯腸，寒則若挾纊，曲盡貧士嗜酒之常態。」

酬劉柴桑

窮居寡人用，時忘四運周。空庭多落葉，慨然已知秋。新葵鬱北牖，嘉穟養一作養，非。南疇。今我不爲樂，知有來歲不？命室携童弱，良日登遠游。

和郭主簿二首

其一

藹藹堂前林，中夏貯清陰。凱風因時來，回飈開我襟。息交逝閑卧，一作游閑業，非。坐一作卧，非。起弄書琴。園蔬有餘滋，舊穀猶儲今。營己良有極，過足非所欽。春秫作美酒，酒熟吾自斟。弱子戲我側，學語未成音。此事真復樂，聊用忘華簪。遥遥望白雲，懷古一何深。

其二

和澤周三春，清凉素一作華，非。秋節。露凝無游氛，天高風景澈。陵岑聳逸峯，遥瞻皆奇絶。芳菊開林耀，青松冠巖列。懷此貞秀姿，卓爲霜下傑。銜觴念幽人，千載撫爾訣。檢素不獲展，厭厭竟良月。

於王撫軍座送客

秋日凄且厲，百卉具已腓。爰以履霜節，登高餞將歸。寒氣冒山澤，游雲倏無依。洲渚思緬邈，風水互乖違。瞻夕欣良宴，離言聿云悲。晨鳥暮來還，懸崖斂餘輝。逝一作游，非。止判殊路，旋駕悵遲遲。目送回舟遠，情隨萬化遺。

與殷晋安別並序

殷先作晋安南府長史掾，因居潯陽。後作太尉參軍，移家東下，作此以贈。

游好非久一作少，非。長，一遇盡殷勤。信宿酬清話，益復知爲親。去歲家南里，薄作少時鄰。負杖肆游從，淹留忘宵晨。語默自殊勢，亦知當乖分。未謂事已及，興言在茲春。飄飄西來風，悠悠東去雲。山川千里外，言笑難爲因。良才不隱世，江湖多賤貧。脱有經過便，念來存故人。

贈羊長史並序

左軍羊長史，銜使秦川，作此與之。

愚生三季後，慨然念黄虞。得知千載外，正賴古人書。賢聖留餘跡，事事在中都。豈忘游心目，關河不可踰。九域甫已一，逝將理舟輿。聞君當先邁，負痾不獲俱。路若經商山，爲我少躊躇。多謝綺與甪，精爽今何如？紫芝誰復採，深谷久應蕪。駟馬無貰患，貧賤有交娱，清謡結心曲，人乖運見疏。擁懷累代下，言盡意不舒。

【眉批】

胡仔曰：「淵明高風峻節，固已無愧於四皓，然猶仰慕之，足見其好賢尚友之心。」

湯東澗曰：「天下分裂，而中州賢聖之迹，不可得而見。今九土既一，則五帝之所連，三王之所争，宜當首訪，而獨多謝于商山之人，何哉？蓋南北雖合，而世代將易，但當與綺、角游耳。遠矣，深哉！」

歲暮和張常侍

市朝凄舊人，驟驥感悲泉。明旦非今日，歲暮余何言。素顔斂光潤，白髮一已繁。闊哉秦穆談，旅力豈未愆。向夕長風起，寒雲没西山。厲厲氣遂嚴，紛紛飛鳥還。民生鮮常在，矧伊愁苦纏。屢闕清酤至，無以樂當年。窮通靡悠慮，顦顇由化遷。撫己有深懷，履運增慨然。

【眉批】

湯東澗曰：「陶公不事異代之節，與子房五世相韓之義同。既不爲狙擊震動之舉，又時無漢祖者可托以行其志，所謂『撫己有深懷，履運增慨然』，讀之亦可以深悲其志也矣。」

和胡西曹示顧賊曹

蕤賓五月中，清朝起南颸。不駛亦不遲，飄飄吹我衣。重雲蔽白日，閑雨紛微微。流目視西園，曄曄榮紫葵。於今甚可愛，奈何當復衰。感物願及時，每恨靡所揮。悠悠待秋稼，寥落將賒遲。逸想不可淹，猖狂獨長悲。

悲從弟仲德

銜哀過舊宅，悲泪應心零。借問爲誰悲？懷人在九冥。禮服名群從，恩愛若同生。門前執手時，何意爾先傾。在數竟未免，爲山不及成。慈母沉哀痛，二胤纔數齡。雙位委空館，朝夕無哭聲。流塵集虚坐，宿草旅前庭。階除曠游迹，園林獨餘情。翳然乘化去，終天不復形。遲遲將回步，惻惻悲襟盈。

陶靖節集卷之三

詩五言

始作鎮軍參軍經曲阿

弱齡寄事外，委懷在琴書。被褐欣自得，屢空常晏如。時來苟冥會，婉孌一作踠轡。憩通衢。投策命晨裝，暫與園田疏。眇眇孤舟逝，緜緜歸思紆。我行豈不遥，登陟千里餘。目倦川塗異，心念山澤居。望雲慚高鳥，臨水愧游魚。真想初在襟，誰謂形跡拘。聊且憑化遷，終返班生廬。

【眉批】

羅景綸曰：「士豈能長守山林，長親蓑笠，但居市朝軒冕，要使山林蓑笠之念不忘，乃爲勝耳。淵明『望雲』四句，似此胸襟，豈爲外榮所點染哉！」

庚子歲五月中從都還阻風於規林二首

其一

行行循歸路，計日望舊居。一欣侍温顔，再喜見友于。鼓棹路崎曲，指景限西隅。江山豈不險，歸子念前塗。凱風負我心，戢枻守窮湖。高莽眇無界，夏木獨森疏。誰言客舟遠，近瞻百里餘。延目識南嶺，空嘆將焉如。

【眉批】

洪駒父曰：「以兄弟爲友于，歇後語也。」

其二

自古嘆行役，我今始知之。山川一何曠，巽坎難與期。崩浪聒天響，長風無息時。久游戀所生，如何淹在茲。静念園林好，人間良可辭。當年詎有幾，縱心復何疑。

【眉批】

趙泉山曰：「二詩皆直叙歸省意。」

辛丑歲七月赴假還江陵夜行塗中

閑居三十載，遂與塵事冥。詩書敦宿好，林園無俗情。如何捨此去，遥遥至南荆。叩枻新秋月，臨流别友生。凉風起將夕，夜景湛虚明。昭昭天宇闊，皛皛川上平。懷役不遑寐，中宵尚孤征。商歌非吾事，依依在耦耕。投冠旋舊墟，不爲好爵縈。養真衡茅下，庶以善自名。

癸卯歲始春懷古田舍二首

其一

在昔聞南畝，當年竟未踐。屢空既有人，春興豈自免。夙晨裝吾駕，啓塗情已緬。鳥弄歡新節，冷風送餘善。一作鳥弄新節冷，風送餘寒善。寒竹被荒蹊，地爲罕一作幽，非。人遠，是以植杖翁，悠然不復返。即理愧通識，所保詎乃淺。

其二

先師有遺訓，憂道不憂貧。瞻望邈難逮，轉欲患一作志，非。長勤。秉耒歡時務，解顔勸農人。平疇交遠風，良苗亦懷新。雖未量歲功，即事多所欣。耕種有時息，行者無問津。日入相與歸，壺漿勞近鄰。長吟掩柴門，聊爲隴畝民。

【眉批】

蘇東坡曰：「『平疇』二句，非古之耦耕植杖者，不能道此語；非余之世農，亦不識此語之妙。」

癸卯歲十二月中作與從弟敬遠

寢迹衡門下，邈與世相絶。顧眄莫誰知，荆扉晝常閉。必結切。凄凄歲暮風，翳翳經夕一作日，非。雪。傾耳無希聲，在目皓已潔。一作結。勁氣侵襟袖，簞瓢謝屢設。蕭索空宇中，了無一可悦。歷覽千載書，時時見遺烈。高操非所攀，謬一作深，非。得固窮節。平津苟不由，栖遲詎爲拙。寄意一言外，兹契誰能别。

乙巳歲三月爲建威參軍使都經錢溪

我不踐斯境，歲月好已積。晨夕看山川，事事悉如昔。微雨洗高林，清飈矯雲翮。眷彼品物存，義風都未隔。伊余何爲者，勉勵從兹役。一形似有制，素襟不可易。園田日夢想，安得久離析。終懷在歸舟，諒哉宜霜柏。

【眉批】

羅景綸曰：「『傾耳』十字，雪之輕虚潔白盡在是矣。後此者莫能加也。」

趙泉山曰：「此詩大旨慶遇安帝光復大業，不失舊物也。」

還舊居

疇昔家上京，六一作十，非。載去還歸。今日始復來，惻愴多所悲。阡陌不移舊，邑屋或時非。履歷周故居，鄰老罕復遺。步步尋往迹，有處特依依。流幻百年中，寒暑日相推。常恐大化盡，氣力不及衰。撥置且莫念，一觴聊可揮。

戊申歲六月中遇火

草廬寄窮巷，甘以辭華軒。正夏長風急，林室頓燒燔。一宅無遺宇，舫舟蔭門前。迢迢新秋夕，亭亭月將圓。果菜始復生，驚鳥尚未還。中宵佇遥念，一盼周九天。總髮抱孤介，一作念，非。奄出四十年。形迹憑化往，靈府長獨閑。貞剛自有質，玉石乃非堅。仰想東户時，餘糧宿中田。鼓腹無所思，朝起暮歸眠。既已不遇茲，且遂灌西園。

己酉歲九月九日

靡靡秋已夕，凄凄風露交。蔓草不復榮，園木空自凋。清氣澄餘滓，杳然天界高。哀蟬無留一作歸，非。響，叢雁鳴雲霄。萬化相尋繹，人生豈不勞！從古皆有没，念之中心焦。何以稱我情，濁酒且自陶。千載非所知，聊以永今朝。

庚戌歲九月中於西田穫早稻

人生歸有道，衣食固其端。孰是都不營，而以求自安。開春理常業，歲功聊可觀。晨出肆微勤，日入負耒一作禾，非。還。山中饒霜露，風氣亦先寒。田家豈不苦，弗獲辭此難。四體誠乃疲，庶無異患干。盥濯息簷下，斗酒散襟一作劬，非。顔。遥遥沮溺心，千載乃相關。但願長如此，躬耕非所嘆。

【眉批】思悦曰：「觀此詩，知靖節既休居，惟躬耕是資。故蕭德施曰：『安道苦節，不以躬耕爲耻。』」

丙辰歲八月中於下潠田舍穫

貧居依一作事，非。稼穡，戮力東林隈。不言春作苦，常恐負所懷。司田眷有秋，寄聲與我諧。饑者歡初飽，束帶候鳴鷄。揚檝越平湖，泛隨清壑迴。鬱鬱荒山裏，猿聲閑且哀。悲風愛静夜，林鳥喜晨開。曰余作此來，三四星火頽。姿年逝已老，其事未云乖。遥謝荷篠翁，聊得從君栖。

【眉批】蔡寬夫曰：「秦漢已前，字書未備，既多假借，而音無反切，平仄皆通用。自齊、梁後，既拘以四聲，又限以音韻，故士率以偶儷聲病爲工，文氣安得不卑弱。惟淵明、韓退之時擺脱俗拘，故『栖』字與『乖』字皆取其傍韻，蓋筆力自足以勝之。」

飲　酒二十首並序

余閑居寡歡，兼比夜已長，偶有名酒，無夕不飲。顧影獨盡，忽焉復醉。既醉之後，輒題數句自娱；紙墨遂多，辭無詮次。聊命故人書之，以爲歡笑爾。

其一

衰榮無定在，彼此更共之。邵生瓜田中，寧似東陵時。寒暑有代謝，人道每如茲。達人解其會，逝將不復疑。忽與一觴酒，日夕歡相持。

【眉批】

黄山谷曰：「首二句是西漢人文章，他人多少語言盡得此理。」

其二

積善云有報，夷叔在一作餓。西山。善惡苟不應，何事空立言？九十行帶索，饑寒況當年。不賴固窮節，百世當誰傳。

【眉批】

《詩眼》曰：「近世名士作詩云：『九十行帶索，榮公老無依。』余謂之曰：『陶詩本非警策，因有君詩，乃見陶之工。』或譏余貴耳賤目，則爲解曰：榮啓期事，近出《列子》，不言榮公可知；『九十』，則老可知；『行帶索』，則無依可知；五字皆贅也。若淵明意，謂至于九十，猶不免行而帶索，則自少壯至于長老，其饑寒艱苦宜如此，窮士之所以可悲也。此所謂『君子於其言，無所苟而已矣』。古人文章，必不虚誤。」

其　三

道喪向千載，人人惜其情。有酒不肯飲，但顧世間名。所以貴我身，豈不在一生。一生復能幾，倏如流電驚。鼎鼎百年内，持此欲何成！

其　四

栖栖失群鳥，日暮猶獨飛。徘徊無定止，夜夜聲轉悲。厲響思清晨，一作遠，非。遠去何所依。一作去來何依依。自值孤生松，斂翮遥來歸。勁風無榮木，此蔭獨不衰。托身已得所，千載不相違。

【眉批】

趙泉山曰：「此詩譏切殷景仁、顔延年輩附麗于宋。」

其　五

結廬在人境，而無車馬喧。問君何能爾？心遠地自偏。採菊東籬下，悠然見南山。山氣日夕佳，飛鳥相與還。此中有真意，欲辯已忘言。張九成曰：「此即淵明『畝畝不忘君』之意。」

【眉批】

王荆公曰：「淵明詩有奇絶不可及之語，如『結廬』四句，由詩人以來無此句。」

蘇東坡曰：「採菊之次，偶然見山，初不用而景與意會，故可喜也。」

蔡寬夫曰：「俗本多以『見』爲『望』字，若爾，便有褰裳濡足之態矣。一字之誤，害理如此。」

其六

行止千萬端，誰知非與是？是非苟相形，雷同共譽毀。三季多此事，達士似不爾。咄咄俗中愚，一作惡，非。且當從黄綺。

其七

秋菊有佳色，裛露掇其英。泛此忘憂物，遠我遺世情。一觴雖一作聊，非。獨進，杯盡壺自傾。日入群動息，歸鳥趨林鳴。嘯傲東軒下，聊復得此生。

【眉批】

艮齋曰：「『秋菊有佳色』一語，洗盡古今塵俗氣。」

定齋曰：「自南北朝以來，菊詩多矣，未有能及淵明詩語盡菊之妙。如『秋菊有佳色』，他菓不足以當此一佳字。然終篇寓意高遠，皆繇菊而發耳。」

蘇東坡曰：「靖節以無事爲得此生，則見役于物者，非失此生耶？」

其八

青松在東園，衆草没奇姿。凝霜殄異類，卓然見高枝。連林人不覺，獨樹衆乃奇。提壺挂寒柯，遠望時復爲。吾生夢幻間，何事紲塵羈。

【眉批】

韓子蒼曰：「古人寄懷於物，而無所好，然後爲達，況淵明之真，其於黄花直寓意爾。至言飲酒適意，亦非淵明極致，向使無酒，但悠然見南山，其樂多矣。遇酒輒醉，醉醒之後，豈知有江州太守哉！」

其九

清晨聞叩門，倒裳往自開。問子爲誰歟？田父有好懷。壺漿遠見候，疑我與時乖。繿縷茅簷下，未足爲高栖。一世皆尚同，願君汨其泥。深感父老言，稟氣寡所諧。紆轡誠可學，違己詎非迷！且共歡此飲，吾駕不可回。

【眉批】

思悦曰：「趙氏注杜甫《宿羌村》第二首云：『一篇之中，賓主既具，問答了然。』可以比淵明此首。」

趙泉山曰：「時輩多勉靖節以出仕，故作此篇。」

其十

在昔曾遠游，直至東海隅。道路迥且長，風波阻一作起，非。中塗。此行誰使然？似爲饑所驅。傾身營一飽，少許便有餘。恐此非名計，息駕歸閑居。

【眉批】

趙泉山曰：「述其爲貧而仕。」

其十一

顔生稱爲仁，榮公言有道。屢空不獲年，長饑至于老。雖留身後名，一生亦枯槁。死去何所知，稱心固爲好。客一作各，非。養千金軀，臨化消其寶。裸葬何必惡，人當解意表。東澗曰：「或曰前八句言名不足賴，後四句言身不足惜，淵明解處正在身名之外也。」

【眉批】

蘇東坡曰：「寶不過軀，軀化則寶亡矣。人言靖節不知道，吾不信也。」

湯東澗曰：「顔、榮皆非希身後名，正以自遂其志耳。保千金之軀者，亦終歸于盡，則裸葬亦未可非也。」

其十二

長公曾一仕，壯節忽失時。杜門不復出，終身與世辭。仲理歸大澤，高風始在一作如，非。茲。一往便當已，何爲復狐疑！去去當奚道，世俗久相欺。擺落悠悠談，請從余所之。

其十三

有客常同止，趣捨邈異境。一士長獨醉，一夫終年醒。醒醉還相笑，發言各不領。規規一何愚，兀傲差若穎。寄言酣中客，日没獨何炳。一作燭當秉，非。

【眉批】湯東澗曰：「醒者與世計分曉，而醉者頽然聽之而已。淵明蓋沈冥之逃者，故以醒爲愚，而以兀傲爲穎耳。」

其十四

故人賞我趣，挈壺相與至。班荆坐松下，數斟已復醉。父老雜亂言，觴酌失行次。不覺知有我，安知物爲貴。悠悠迷所留，酒中有深味。

【眉批】張文潛曰：「陶元亮雖嗜酒，家貧不能常飲酒，而況必飲美酒乎！其所與飲，多田野樵漁之人，班坐林間，所以奉身而悦口腹者略矣。」

其十五

貧居乏人工，灌木荒余宅。班班有翔鳥，寂寂無行跡。宇宙何悠悠，一作一何悠，非。人生少至百。歲月相從過，一作催逼，非。鬢邊早已白。若不委窮達，素抱深可惜。

【眉批】《石林詩話》曰：「晋人多言飲酒，有至沉醉者，此未必意真在酒。蓋方時艱，人各懼禍，惟托于醉，可以粗遠世故耳。」

其十六

少年罕人事，游好在六經。行行向不惑，淹留遂一作自。無成。竟抱固窮節，饑寒飽所更。弊廬交悲風，荒草没前庭。披褐守長夜，晨鷄不肯鳴。孟公不在茲，終以翳吾情。

其十七

幽蘭生前庭，含薰待清風。清風脱然至，見别蕭艾中。行行失故路，任道或能通。覺悟當念還，鳥盡廢良弓。

【眉批】

湯東澗曰：「蘭薰非清風不能别，賢者出處之致，亦待知者知耳。淵明在彭澤日，有『悵然慷慨，深愧平生』之語，所謂『失故路』也。惟其任道而不牽于俗，故卒能回車復啓云耳。鳥盡弓藏，蓋借昔人去國之語，以喻己歸田之志。」

其十八

子雲性嗜酒，家貧無由得。時賴好事人，載醪祛所惑。觴來爲之盡，是諮無不塞。有時不肯言，豈不在伐國。仁者用其心，何嘗失顯默。

【眉批】

湯東澗曰：「此篇蓋托子雲以自況，故以柳下惠事終之。」

其十九

疇昔苦長饑，投耒去學仕。將養不得節，凍餒固纏己。是時向立年，志意多所耻。遂盡介然分，拂衣一作終。死，非。歸田里。冉冉星氣流，亭亭復一紀。世路廓悠悠，楊朱一作生，非。所以止。雖無揮金事，濁酒聊可恃。

其二十

羲農去我久，舉世少復真。汲汲魯中叟，彌縫使其淳。鳳鳥雖不至，禮樂暫得新。洙泗輟微響，漂流逮狂秦。詩書復何罪，一朝成灰塵。區區諸老翁，爲事誠殷勤。如何絶世下，六籍無一親！終日馳車走，不見所問津。若復不快飲，空負頭上巾。但恨多謬誤，君當恕醉人。

【眉批】

湯東澗曰：「『諸老翁』似謂漢初伏生諸人，退之所謂群儒區區修補者，劉歆《移太常書》亦可見。『不見所問津』，蓋淵明自況於沮、溺，而嘆世無孔子徒也。」

蘇東坡曰：「此未醉時説也，若已醉，何暇憂誤哉？然世人言醉時是醒時語，此最名言。」

止　酒

居止次城邑，逍遥自閑止。坐止高蔭下，步止蓽門裏。好味止園葵，大歡止稚子。平生不止酒，止酒情無喜。暮止不安寢，晨止不能起。日日欲止之，營衛止不理。徒知止不樂，未信止利己一作知非。始覺止爲善，今朝真止矣！從此一止去，將止扶桑涘。清顔止宿容，奚止千萬祀。

【眉批】

胡仔曰：「『坐止高蔭下』四句，余反覆味之，然後知淵明之用意非獨止酒，於此四者皆欲止之。故坐止於樹蔭之下，則廣厦華居吾何羨焉；步止于華門之裏，則朝市之利吾何趨焉；好味止於噉園葵，則吾行〔五鼎〕方丈吾何欲焉；大歡止於戲稚子，則燕歌趙舞吾何樂焉。在彼者難求，而在此者易爲也。淵明固窮守道，安于丘園，疇肯以此易彼乎！」

述　酒

趙泉山曰：「退休後所作，類多悼國傷時感諷之語，然不欲顯斥，故命篇云《雜詩》，或托以《述酒》、《飲酒》、《擬古》，間寓以他語，使漫奥不可指摘。如『豫章抗高門，重華固靈墳』，此豈述酒語耶？」

重離照南陸，鳴鳥聲相聞。秋草雖未黄，融風久已分。素礫晶修渚，南嶽無餘雲。豫章抗高門，重華固靈墳。流淚抱中嘆，傾耳聽司晨。神州獻嘉粟，西靈爲我馴。諸梁董師旅，羊勝喪其身。黄山谷曰：「當是半勝白公也。」山陽歸下國，成名猶不勤。卜生善斯牧，安樂不爲君。平王舊作生。去舊京，峽中納遺薰。雙陵甫云育，三趾顯奇文。王子愛清吹，日中翔河汾。朱公練九齒，閑居離世紛。峨峨西嶺内，偃息常所親。天容自永固，彭殤非等倫。無爲子曰：「詩家視淵明，猶孔門視伯夷也。」湯東澗曰：「劉裕以毒酒酖王，此詩所爲作，故以《述酒》名篇。詩辭盡隱語，故觀者弗省。」

【眉批】

黄山谷曰：「此篇有其義而亡其辭，似是讀異書所作，其中多不可解。」

韓子蒼曰：「余反覆之，見『山陽歸下國』之句，盡用山公事，整是義熙以後有所感而作也。故有『流淚抱中嘆』，『平王去舊京』之語，淵明忠義如此。今人或謂淵明所題甲子，不必皆義熙後，此亦豈足論淵明哉！惟其高舉遠蹈，不受世紛，而至于躬耕乞食，其忠義亦足見矣。」

責　子

白髮被兩鬢，肌膚不復實。雖有五男兒，總不好紙筆。阿舒已二八，懶惰故無匹。阿宣行志學，而不愛文術。雍端年十三，不識六與七。通子垂九齡，但覓梨與栗。天運苟如此，且進杯中物。

【眉批】

黄山谷曰：「觀此詩，想見其慈祥戲謔可觀也。俗人便謂淵明諸子皆不肖，而淵明愁嘆見于詩耳，所謂癡人前不得説夢也。」

有會而作并序

舊穀既没，新穀未登，頗爲老農，而值年災，日月尚悠，爲患未已。登歲之功，既不可希，朝夕所資，煙火裁通。旬日已來，始念饑乏，歲云夕矣，慨然永懷。今我不述，後生何聞哉！

弱年逢家乏，老至更長饑。菽麥實所羡，孰敢慕甘肥！惄如亞九飯，當暑厭寒衣。歲月將欲暮，如何辛苦悲。常善粥者心，深恨蒙袂非。嗟來何足吝，徒没空自遺。斯濫豈彼志，固窮夙所歸。餒也已矣夫，在昔余多師。

【眉批】趙泉山曰：「此篇述其艱食之悰，尤爲酸楚。『老至更長饑』，是終身未嘗足食也。」

蜡 日

風雪送餘運，無妨時已和。梅柳夾門植，一條有佳花。我唱爾言得，酒中適何多！未能明多少，章山有奇歌。

四 時

思悦曰：「此顧凱之《神情詩》，《類文》有全篇，然顧詩首尾不類，獨此警絶。」

春水滿四澤，夏雲多奇峰。秋月揚明暉，冬嶺秀孤松。《許彦國（周）詩話》曰：「此詩乃顧長康詩，誤入彭澤集。」

【眉批】劉斯立曰：「當是凱之用此足成全篇，篇中惟此警策，居然可知。或雖顧作，淵明摘出四句，可謂善擇矣。」

陶靖節集卷之四

詩五言

擬古九首

其一

榮榮窗下蘭，密密堂前柳。初與君别時，不謂行當久。出門萬里客，中道逢嘉友。未言心相醉，不在接杯酒。蘭枯柳亦衰，遂令此言負。一作時没身還朽，非。多謝諸少年，相知不忠一作相，非。厚。意氣傾人命，離隔復何有。

其二

辭家夙嚴駕，當往志無終。問君今何行？非商復非戎。聞有田子春，節義爲士雄。斯人久已死，鄉里習其風。生有高世名，既没傳無窮。不學狂一作驅，非。馳子，直在百年中。

其三

仲春遘時雨，始雷發東隅。衆蟄各潛駭，草木從横一作此，非。舒。翩翩新來燕，雙雙入我廬。先巢故尚在，相將還舊居。自從分别來，門庭日荒蕪。我心固匪石，君情定何如。

其　四

迢迢百尺樓，分明望四荒。暮作歸雲宅，朝爲飛鳥堂。山河滿目中，平原獨茫茫。古時功名士，慷慨争此場。一旦百歲後，相與還北邙。松栢爲人伐，高墳互低昂。頹基無遺主，游魂在何方？榮華誠足貴，亦復可憐傷。

其　五

東方有一士，被服常不完。三旬九遇食，十年著一冠。辛苦無此比，常有好容顔。我欲觀其人，晨去越河關。青松夾路生，白雲宿簷端。知我故來意，取琴爲我彈。上弦驚别鶴，下弦操孤鸞。願留就君住，從今至歲寒。

其　六

蒼蒼谷中樹，冬夏常如茲。年年見霜雪，誰謂不知時？厭聞世上語，結友到臨淄。稷下多談士，指彼决吾疑。裝束既有日，已與家人辭。行行停出門，還坐更自思。不怨道里長，但畏人我欺。萬一不合意，永爲世笑嗤。一作之，非。伊懷難具道，爲君作此詩。

【眉批】

湯東澗曰：「前四句興而比，以言吾有定見，而不爲談者所眩，似謂白蓮社中人也。」

其　七

日暮天無雲，春風扇微和。佳人美清夜，達曙酣且歌。歌竟長嘆息，持此感人多。皎皎雲間月，灼灼葉中華。豈無一時好，不久當如何！

其　八

少時壯且厲，撫劍獨行游。誰言行游近？張掖至幽州。饑食首陽薇，渴飲易水流。不見相知人，惟見一作純是。古時丘。路邊兩高墳，伯牙與莊周。此士難再得，吾行欲何求。

【眉批】湯東澗曰：「前（首）陽、易水，亦寓憤世之意。《説苑》：鍾子期死，而伯牙絶弦破琴，知世莫可爲鼓也；惠施卒，而莊子深瞑不言，見世莫可語也。伯牙之琴，莊周之言，徵鍾、惠能聽；今有能聽之人，而無可聽之言，此淵明所以罷遠游也。」

其　九

種桑長江邊，三年望當採。枝條始欲茂，忽值山河改。柯葉自摧折，根株浮滄海。春蠶既無食，寒衣欲誰待。本不植高原，今日復何悔！

【眉批】湯東澗曰：「業成志樹，而時代遷革，不復可騁。然生斯時矣，奚所歸悔耶？」

雜　詩十二首

其　一

人生無根蔕，飄如陌上塵。分散逐風轉，此已非常身。落地爲一作流落成，非。兄弟，何必骨肉親！得歡當作樂，斗酒聚比鄰。盛年不重來，一日難再晨；及時當勉勵，歲月不待人。

其　二

白日淪西河，素月出東嶺。遥遥萬里輝，蕩蕩空中景。風來入房户，夜中枕席冷。氣變悟時易，不眠知夕永。欲言無予和，揮杯勸孤影。日月擲人去，有志不獲騁。念此懷悲凄，終曉不能静。

其　三

榮華難久居，盛衰不可量。昔爲三春蕖，今作秋蓮房。嚴霜結野草，枯悴未遽央。日月還復周，一作有環周，非。我去不再陽。眷眷往昔時，憶此斷人腸。

【眉批】

湯東澗曰：「此篇亦感興亡之意。」

其　四

丈夫志四海，我願不知老。親戚共一處，子孫還相保。觴弦肆朝日，罇中酒不燥。緩帶盡歡娱，起晚眠常早。孰若當世士，冰炭滿懷抱。百年歸一作埽，非。丘壟，用此空名道。

其　五

憶我少壯時，無樂自欣豫。猛志逸四海，騫翮思遠翥。荏苒歲月頹，此心稍已去。值歡無復娱，每每多憂慮。氣力漸衰損，轉覺日不如。壑舟無須臾，引我不得住。前塗當幾許？未知止泊處。古人惜寸陰，念此使人懼。

【眉批】

湯東澗曰：「太白詩云：『百歲落半塗，前期浩漫漫。中宵不成寐，天明起長嘆。』人生學無歸宿者，例有此嘆，必聞道而後免此。此淵明所以惜寸陰嘆！」

其　六

昔聞長者言，掩耳每不喜。奈何五十年，忽以親此事。求我盛年歡，一毫無復意。去去轉欲遠，此生難一作豈，非。再值。傾家持一作時，非。作樂，竟此歲月駛。有子不留金，何用身後置。

其　七

日月不肯遲，四時相催迫。寒風拂枯條，落葉掩長陌。弱質與一作興，非。運頹，玄鬢早已白。素標插人頭，前塗漸就窄。家爲逆旅舍，我如當去客。去去欲何之，南山有舊宅。

其　八

代耕本非望，所業在田桑。躬親未曾替，寒餒常糟糠。豈期過滿腹，但願飽粳糧。御冬足大布，麄絺以應陽。正爾不能得，哀哉亦可傷。人皆盡獲宜，拙生失其方。理也可奈何，且一作足，非。爲陶一觴。

其　九

遥遥從羇役，一心處兩端。掩淚泛東逝，順流追時遷。日没星與昴，勢翳西山巔。蕭條隔天涯，惆悵念常餐。慷慨思南歸，路遐無由緣。關梁難虧替，絶音寄斯篇。

其　十

閑居執蕩志，時駛不可稽。驅役無停息，軒裳逝東崖。沉陰擬薰麝，寒氣激我懷。一作泛舟擬董司，悲風激我懷。歲月有常御，我來淹已彌。慷慨憶綢繆，此情久已離。荏苒經十載，暫爲人所羇。庭宇翳餘木，倏忽日月虧。

其十一

我行未云遠，回顧慘風凉。春燕應節起，高飛拂塵梁。邊雁悲無所，代謝歸北鄉。離鵾鳴清池，涉暑經秋霜。愁人難爲辭，遥遥春夜長。

其十二

嫋嫋松標崖，婉孌柔童子。年始三五間，喬柯何可倚？一作柯條何滓滓，又作華柯真可寄。養色含津氣，粲然有心理。

【眉批】

思悦曰：「東坡和陶詩無此篇。」

詠貧士七首

其一

萬族各有托，孤雲獨無依。曖曖空中滅，何時見餘暉。朝霞開宿霧，衆鳥相與飛，遲遲出林翮，未夕復來歸。一作已復歸，非。量力守故轍，豈不寒與饑？知音苟不存，已矣何所悲。

【眉批】湯東澗曰：「孤雲倦翮以興，舉世皆依乘風雲而已，獨無攀援飛翻之志，寧忍飢寒以守志節。縱無知此意者，亦不足悲也。」

其二

凄厲歲云暮，擁一作短，非。褐曝前軒。南圃無遺秀，枯條盈北園。傾壺絶餘瀝，闚竈不見煙。詩書塞座外，日昃不遑研。閑居非陳厄，竊有愠見言。何以慰吾懷，賴古多此賢。

其三

榮叟老帶索，欣然方彈琴；原生納決履，清歌暢商一作高，非。音。重華去我久，貧士世相尋。弊襟不掩肘，藜羹常乏斟。豈忘襲輕裘，苟得非所欽。賜也徒能辯，乃不見吾心。

其四

安貧守賤者，自古有黔婁。好爵吾不榮，厚饋吾不酬。一旦壽命盡，弊服仍一作蔽覆乃，非。不周。豈不知其極，非道故無憂。從來將千載，未復見斯儔。朝與仁義生，夕死復何求？

其　五

袁安困積雪，邈然不可干；阮公見錢入，即日棄其官。芻藁有常温，採莒足朝餐。豈不實辛苦，所懼非饑寒。貧富常交戰，道勝無戚一作厚，非。顔。至德冠邦閭，清節映西關。

其　六

仲蔚愛窮居，繞宅生蒿蓬。翳然絶交游，賦詩頗能工。舉世無知者，一作音，非。止有一劉龔。此士胡獨然？實由罕所同。介焉安其業，所樂非窮通。人事固以拙，聊得長相從。

其　七

昔在黄子廉，彈冠佐名州。一朝辭吏歸，清貧略難儔。年饑感仁妻，泣涕向我流。丈夫雖有志，固爲男女憂。惠孫一晤嘆，腆贈竟莫酬。誰云固窮難，邈哉此前修。

詠二疏

大象轉四時，功成者自去。借問衰周來，幾人得其趣？游目漢廷中，二疏復此舉。高嘯返舊居，長揖儲君傅。餞送傾皇朝，華軒盈道路。離别情所悲，餘榮何足顧。事勝感行人，賢哉豈常譽！厭厭閭里歡，所營非近務。促席延故老，揮觴道平素。問金終寄心，清言曉未悟。放意樂餘年，遑恤身後慮。誰云其人亡，久而道彌著。

【眉批】

東坡曰：「淵明未嘗出，二疏既出而知返，其志一也。或以謂既出而返，如從病得愈，其味勝於初不病，此惑者顛倒見耳。」

湯東澗曰：「二疏取其歸，三良與主同死，荆卿爲主報仇，皆托古以自見云。」

詠三良

彈冠乘通津，但懼時我遺。服勤盡歲月，常恐功愈微。忠情謬獲露，遂爲君所私。出則陪文輿，入必侍丹帷。箴規嚮已從，計議初無虧。一朝長逝後，願言同此歸。厚恩固難忘，君命安可違！臨穴罔遲疑，投義志攸希。荆棘籠高墳，黄鳥聲正悲。良人不可贖，泫然沾我衣。

詠荆軻

燕丹善養士，志在報强嬴。招集百夫良，歲暮得荆卿。君子死知己，提劍出燕京。素驥鳴廣陌，慷慨送我行。雄髮指危冠，猛氣充長纓。飲餞易水上，四座列群英。漸離擊悲筑，宋意唱高聲。蕭蕭哀風逝，淡淡寒波生。商音更流涕，羽奏壯士驚。心知去不歸，且有後世名。登車何時顧，飛蓋入秦庭。凌厲越萬里，逶迤過千城。圖窮事自至，豪主正怔營。惜哉劍術疏，奇功遂不成！其人雖已没，千載有餘情。一作斯人久已没，千載有深情。

【眉批】

朱元晦曰：「淵明詩，人皆説平淡，看他自豪放得來不覺。其露出本相者，是《詠荆軻》一篇。平淡底人，如何説得這様言語出來。」

讀山海經十三首

其一

孟夏草木長，繞屋樹扶疏。衆鳥欣有托，吾亦愛吾廬。既耕亦已種，時還讀我書。窮巷隔深轍，頗迴故人車。歡言一作然。酌春酒，摘我園中蔬。微雨從東來，好風與之俱。泛覽周王傳，流觀山海圖。俯仰終宇宙，不樂復何如？

其二

玉臺一作堂，非。凌霞秀，王母怡妙顔。天地共俱生，不知幾何年。靈化無窮已，館宇非一山。高酣發新謡，寧效俗中言。

其三

迢遞槐江嶺，是謂玄圃丘。西南望崑墟，一作崙，非。光氣難與儔。亭亭明玕照，落落清瑶流。恨不及周穆，托乘一來游。

其四

丹木生何許？乃在峚音密。山陽。黄花復朱實，食之壽命長。白玉凝素液，瑾瑜發奇光。豈伊君子寶，見重我軒黄。

其　五

翩翩三青鳥，毛色奇一作甚。可憐。朝爲王母使，暮歸三危山。我欲因此鳥，具向王母言：在世無所須，惟酒與長年。

其　六

逍遥蕪皋上，杳然望扶木。洪柯百萬尋，森散覆暘谷。靈人侍丹池，朝朝爲日浴。神景一登天，何幽不見燭。

其　七

粲粲三珠樹，寄生赤水陰；亭亭凌風桂，八幹共成林。靈鳳撫雲舞，神鸞調玉音，雖非世上寶，爰得王母心。

其　八

自古皆有没，何人得靈長？不死復不老，萬歲如平常。赤泉給我飲，員丘足我糧。方與三辰游，壽考豈渠央。

其　九

夸父誕宏志，乃與日競走。俱至虞淵下，似若無勝負。神力既殊妙，傾河焉足有！餘迹寄鄧林，功竟在身後。

其　十

精衛銜微木，將以填滄海。刑天舞干戚，猛志故常在。同物既無慮，化去不復悔。徒設在昔心，良晨詎可待？

其十一

巨猾肆威暴，欽鴄違帝旨。窫窳强能變，祖江遂獨死。明明上天鑒，爲惡不可履。長枯固已劇，鵕鶚豈足恃。

其十二

鵃鵝當作鴟鵂。見城邑，其國有放士。念彼懷王世，當時數來止。青丘有奇鳥，自言獨見爾。本爲迷者生，不以喻君子。

其十三

巖巖顯朝市，帝者慎用才。何以廢共鯀，重華爲之來。仲父獻誠言，姜公乃見猜。臨没告饑渴，當復何及哉！

擬挽歌辭三首

其一

有生必有死，早終非命促。昨暮同爲人，今日在鬼録。魂氣散何之？枯形寄空木。嬌兒索父啼，良友撫我哭。得失不復知，是非安能覺。千秋萬歲後，誰知榮與辱。但恨在世時，飲酒不得足。

【眉批】

祁寬曰：「昔人自作祭文挽詩者多矣，或寓意騁辭，成於暇目〔日〕。寬考次靖節詩文，乃絶筆於祭挽三篇，蓋出於屬纊之際者，辭情俱達，尤爲精麗，其於晝夜之道，了然如此。古之聖賢，唯孔子、曾子能之，見於曳杖之歌，易簀之言。嗟哉！斯人没七百年，未聞有稱贊及此者。因表而出之，附于卷末。」

趙泉山曰：「『嚴霜九月中，送我出遠郊』，與《自祭文》『律中無射』之月相符，知挽辭乃將逝之夕作。是以梁昭明采此辭入《選》，止題曰《陶淵明挽歌》。而編次本集者不悟，乃題云《擬挽歌辭》。」

曾端伯曰：「秦少游將亡，效淵明自作哀挽。王平甫亦云：『九月清霜送陶令。』此則挽辭决非擬作，泛可知矣。」

又曰：「晋桓伊善挽歌，庾晞亦喜爲挽歌，每自摇大鈴爲唱，使左右齊和。袁山松遇出游，則好令左右作挽歌。類皆一時名流達士，習尚如此，非如今之人，例以爲悼念之語而惡言之也。」

其二

在昔無酒飲，今旦一作但。湛空觴。春醪生浮蟻，何時更能嘗！殽案盈我前，親舊哭我傍。欲語口無音，欲視眼無光。昔在高堂寢，今宿荒草鄉。一朝出門去，歸來夜未央。

其三

荒草何茫茫，白楊亦蕭蕭。嚴霜九月中，送我出遠郊。四面無人居，高墳正嶕嶢。馬爲仰天鳴，風爲自蕭條。一作鳥爲動哀鳴，林爲結風飆。幽室一已閉，千年不復朝。千年不復朝，賢達無奈何。向來相送人，各自還其家。親戚或餘悲，他人亦已歌。死去何所道，托體同山阿。

聯句

鳴雁乘風飛，去去當何極。念彼窮居士，如何不嘆息。淵明雖欲騰九萬，扶摇竟何力。遠招王子喬，雲駕庶可飭。愔之顧侣正徘徊，離離翔天側。霜露豈不切，務從忘愛翼。循之高柯濯條幹，遠眺同天色。思絶慶未看，徒使生迷惑。淵明

陶靖節集卷之五

賦辭三首

感士不遇賦并序

昔董仲舒作《士不遇賦》，司馬子長又爲之。余嘗以三餘之日，講習之暇，讀其文，慨然惆悵。夫履信思順，生人之善行；抱朴守静，君子之篤素。一作素業。自真風告逝，大僞斯興，閭閻懈廉退之節，市朝驅易進之心。懷正志道之士，或潛玉於當年；潔己清操之人，或没世以徒勤。故夷皓有安歸之嘆，三閭發已矣之哀。悲夫！寓形百年，而瞬息已盡；立行之難，而一城莫賞。此古人所以染翰慷慨，屢伸而不能已者也。夫導達意氣，其惟文乎！撫卷躊躇，遂感而賦之。

咨大塊之受氣，何斯人之獨靈！禀神智以藏照，秉三五而垂名。或擊壤以自歡，或大濟於蒼生，靡潛躍之非分，常傲然以稱情。世流浪而遂徂，物群分以相形。密網裁而魚駭，宏羅制而鳥驚。彼達人之善覺，乃逃禄而歸耕。山嶷嶷而懷影，川汪汪而藏聲。望軒唐而永嘆，甘貧賤以辭榮。淳源汩一作恒。以長分，美惡作以一作紛其。異途。原百行之攸貴，莫爲善之可娱。奉上天之成命，師聖人之遺書。發忠孝於君親，生信義於鄉閭。推誠心而獲顯，不矯然而祈譽。嗟乎！雷同毁異，物惡其上，妙算者謂迷，直道者云妄。坦一作恒。

至公而無猜，卒蒙耻以受謗。雖懷瓊而握蘭，徒芳潔而誰亮。哀哉！士之不遇，已不在炎帝帝魁之世。獨祇修以自勤，豈三省之或廢；庶進德以及時，時既至而不惠。無爰生之晤言，念張季之終蔽；愍馮叟於郎署，賴魏守以納計。雖僅然於必知，亦苦心而曠歲。矧夫市之無虎，眩三夫之獻説。悼賈傅之秀朗，紆遠轡於促界。悲董相之淵致，屢乘危而幸濟。感哲人之無偶，淚淋浪以灑袂。承前王之清誨，曰天道之無親；澄得一以作鑒，恒輔善而佑仁。夷投老以長饑，回早夭而又貧；傷請車以備槨，悲茹薇而殞身；雖好學與行義，何死生之苦辛！疑報德之若兹，懼斯言之虚陳。何曠世之無才，罕無路之不澀。伊古人之慷慨，病一作痛。奇名之不立。廣結髮以從政，不愧賞於萬邑；屈雄志於戚豎，竟尺土之莫及。留誠信於身後，慟一作動。衆人之悲泣。商盡規以拯弊，言始順而患入。奚良辰之易傾，胡害勝其乃急。蒼旻遐緬，人事無已；有感有昧，疇測其理。寧固窮以濟意，不委曲而累己。既軒冕之非榮，豈縕袍之爲耻。誠謬會以取拙，且欣然而歸止。擁孤襟以畢歲，謝良價於朝市。

閑情賦 並序

初張衡作《定情賦》，蔡邕作《静情賦》，檢逸辭而宗澹泊，始則蕩以思慮，而終歸閑正。將以抑流宕之邪心，諒有助於諷諫。綴文之士，奕代繼作，並固觸類，廣其辭義。余園閭多暇，復染翰爲之。雖文妙不足，庶不謬作者之意乎。

夫何瓌逸之令姿，獨曠世以秀群。表傾城之艷色，期有德於傳聞。佩鳴玉以比潔，齊幽蘭以争芬。淡柔情於俗内，負雅志於高雲。悲晨曦之易夕，感人生之長勤。同一盡於百年，何歡寡而愁殷。褰朱幃而正坐，泛清瑟以自欣。送纖指之餘好，攘皓袖之繽紛。瞬美目以流眄，含言笑而不分。曲調將半，景落西軒。悲商叩林，白雲依山。仰睇天路，俯促鳴弦。神儀嫵媚，舉止詳妍。激清音以感余，願接膝以交言。欲自往以結誓，懼冒禮之爲㝨。待鳳鳥以致辭，恐他人之我先。意惶惑而靡寧，魂須臾而九遷。願在衣而爲領，承華首之餘芳；悲羅襟之宵離，怨秋夜之未央。願在裳而爲帶，束窈窕之纖身；嗟溫涼之異氣，或脱故而服新。願在髮而爲澤，刷玄鬢於頹肩；悲佳人之屢沐，從白水以枯煎。願在眉而爲黛，隨瞻視以閑揚；悲脂粉之尚鮮，或取毀於華妝。願在莞而爲席，安弱體於三秋；悲文茵之代御，方經年而見求。願在絲而爲履，附素足以周旋；悲行止之有節，空委棄於床前。願在晝而爲影，常依形而西東；悲高樹之多蔭，慨有時而不同。願在夜而爲燭，照玉容於兩楹；悲扶桑之舒光，奄滅景而藏明。願在竹而爲扇，含淒飈於柔握；悲白露之晨零，顧襟袖以緬邈。願在木而爲桐，作膝上之鳴琴；悲樂極以哀來，終推我而輟音。考所願而必違，徒契契（作契闊）以苦心。擁勞情而罔訴，步容與於南林。栖木蘭之遺露，翳青松之餘陰。儻行行之有覿，交欣懼於中襟。竟寂寞而無見，獨悁想以空尋。斂輕裾以復路，瞻夕陽而流嘆。步徙倚以忘趣，色慘淒而矜顔。葉燮燮以去條，氣淒淒而就寒。日負影以偕没，月媚景於雲端。鳥淒聲以孤歸，獸索偶而不還。悼當年之晚暮，恨茲歲之欲殫。思宵夢以從之，神飄飖而不安。若憑舟之失棹，譬緣崖而無攀。于時畢昴盈軒，北風淒淒。悃悃不寐，衆念徘徊。起攝帶以伺晨，繁霜粲於素階。鷄斂翅而未鳴，笛流遠以清哀。始妙密以閑和，終寥亮而藏摧。意夫人之在茲，托行雲以送懷。行雲逝而無語，時奄冉而就過。徒勤思以自悲，終阻山而帶河。迎清風以祛累，寄弱志於歸波。尤蔓草之爲會，誦邵南之餘歌。坦萬慮以存誠，憩遥情於八遐。

歸去來兮辭並序

余家貧，耕植不足以自給。幼稚盈室，缾無儲粟，生生所資，未見其術。親故多勸余爲長吏，脱然有懷，求之靡途。會有四方之事，諸侯以惠愛爲德，家叔以余貧苦，遂見用于小邑。于時風波未静，心憚遠役，彭澤去家百里，公田之利，足以爲酒，故便求之，及少日，眷然有歸與之情。何則？質性自然，非矯厲所得。饑凍雖切，違己交病。嘗從人事，皆口腹自役。於是悵然慷慨，深愧平生之志。猶望一稔，當斂裳宵逝。尋程氏妹喪于武昌，情在駿奔，自免去職。仲秋至冬，在官八十餘日。因事順心，命篇曰《歸去來兮》。乙巳歲十一月也。

歸去來兮，田園將蕪胡不歸？既自以心爲形役，奚惆悵而獨悲！悟已往之不諫，知來者之可追。實迷途其未遠，覺今是而昨非。舟遥遥以輕颺，風飄飄而吹衣。問征夫以前路，恨晨光之熹微。乃瞻衡宇，載欣載奔。僮僕歡迎，稚子候門。三徑就荒，松菊猶存。携幼入室，有酒盈罇。引壺觴以自酌，眄庭柯以怡顔。倚南窗以寄傲，審容膝之易安。園日涉以成趣，門雖設而常關。策扶老以流憩，時矯首而遐觀。雲無心而出岫，鳥倦飛而知還。景翳翳以將入，撫孤松而盤桓。歸去來兮，請息交以絶游。世與我而相違，復駕言兮焉求！悦親戚之情話，樂琴書以消憂。農人告余以春及，將有事於西疇。或命巾車，或棹孤舟。既窈窕以尋壑，亦崎嶇而經丘。木欣欣以向榮，泉涓涓而始流。善萬物之得時，感吾生之行休。已矣乎，寓形宇内復幾時，曷不委心任去留？胡爲乎遑遑兮欲何之？富貴非吾願，帝鄉不可期。懷良辰以孤往，或植杖而耘耔。登東皋以舒嘯，臨清流而賦詩。聊乘化以歸盡，樂夫天命復奚疑。

【眉批】

歐陽永叔曰：「晋無文章，惟陶淵明《歸去來兮辭》一篇而已。」

李格非曰：「陶淵明《歸去來兮辭》，沛然如肺腑中流出，殊不見有斧鑿痕。」

朱元晦曰：「其詞義夷曠蕭散，雖托楚聲，而無尤怨切蹙之病。」

休齋曰：「詩变而爲騷，騷变而爲辭，皆可歌也。詞則兼詩、騷之聲而尤簡邃焉者。漢武帝作《秋風辭》，一章三易韻，其節短，其聲哀，此詞之權輿乎？陶淵明罷彭澤令，賦《歸去來》，而自命曰辭。迨令人歌之，頓挫抑揚，自協聲韻。蓋其詞高甚，晋、宋而下，欲追躡之不能。然《秋風詞》盡蹈襲《楚辭》，未甚敷暢。《歸去來》則自出機杼，所謂無首無尾，無始無終，前非歌而後非辭，欲斷而復續，將作而遽止，謂洞庭鈞天而不澹，謂霓裳羽衣而不綺，此其所以超乎先秦之世，而與之同範也。」

蘇東坡曰：「俗傳書生入官庫，見錢不識。或怪而問之，生曰：『固知其爲錢，但怪其不在紙裹中耳。』予偶讀淵明《歸去來辭》云：『幼稚盈室，鉼無儲粟。』乃知俗傳信而有證。使瓶有儲粟，亦甚微矣。此翁平生只於瓶中見粟也耶！」

陶靖節集卷之六

記傳贊述十三首

桃花源記並詩

晉太元中，武陵人捕魚爲業，緣溪行，忘路之遠近。忽逢桃花林，夾岸數百步，中無雜樹，芳草一作華，非。鮮美，落英繽紛。漁人甚異之。復前行，欲窮其林。林盡水源，便得一山。山有小口，髣髴若有光。便捨船從口入，初極狹，纔通人。復行數十步，豁然開朗。土地平曠，屋舍儼然。有良田、美池、桑竹之屬，阡陌交通，鷄犬相聞。其中往來種作，男女衣着悉如外人。黄髮垂髫，並怡然自樂。見漁人，乃大驚。問所從來，具答之。便要還家，設酒殺鷄作食。村中聞有此人，咸來問訊。自云先世避秦時亂，率妻子邑人來此絶境，不復出焉，遂與外人間隔。問今是何世，乃不知有漢，無論魏晉。此人一一爲具言所聞，皆嘆惋。餘人各復延至其家，皆出酒食。停數日，辭去。此中人語云：「不足爲外人道也。」既出，得其船，便扶一作於。向路，處處誌之。及郡下，詣太守説如此。太守劉歆也。即遣人隨其往，尋向所誌，遂迷不復得路。南陽劉子驥，高尚士也。聞之，欣然規一作親，非。往，未果，尋病終。後遂無問津者。

嬴氏亂天紀，賢者避其世。黄綺之商山，伊人亦云逝。往迹浸復湮，來徑遂蕪廢。相命肆農耕，日入從所憩。桑竹垂餘蔭，菽稷隨時藝。春蠶取長絲，秋熟靡王稅。荒路曖交通，鷄犬互鳴吠。俎豆猶古法，衣裳無新製。童孺縱行歌，班白歡游詣。草榮識節和，木衰知風厲。雖無紀曆誌，四時自成歲。怡然有餘樂，于何勞智慧。奇蹤隱五百，一朝敞神界。淳薄既異源，旋復還幽蔽。一作閉。借問游方士，焉測塵囂外。願言躡輕風，高舉尋吾契。

晋故征西大將軍長史孟府君傳並贊

君諱嘉，字萬年，江夏鄂人也。曾祖父宗，以孝行稱，仕吴司空。一作馬，非。祖父揖，元康中爲廬陵太守。宗葬武昌新陽縣，子孫家焉，遂爲縣人也。君少失父，奉母二弟居。娶大司馬長沙桓公陶侃第十女，閨門孝友，人無能間，鄉閭稱之。冲默有遠量，弱冠，儔類咸敬之。同郡郭遜，以清操知名，時在君右。常嘆君温雅平曠，自以爲不及。遜從弟立，亦有才志，與君同時齊譽，每推服焉。由是名冠州里，聲流京邑。太尉潁川庾亮，以帝舅民望，受分陝之重，鎮武昌，並領江州。辟君部廬陵從事。下郡還，亮引見，問風俗得失。對曰：「嘉不知，還傳當問從吏。」亮以麈尾掩口而笑。諸從事既去，唤弟翼語之曰：「孟嘉故是盛德人也。」君既辭出外，自除吏，便步歸家。母在堂，兄弟共相歡樂，怡怡如也。旬有餘日，更版爲勸學從事。時亮崇修學校，高選儒官，以君望實，故應尚德之舉。太傅河南褚裒，簡穆有器識，時爲豫章太守，出朝宗亮，正旦大會，州府人士，率多時彦，君在坐次甚遠。裒問亮：「江州有孟嘉，其人何在？」亮云：「在坐，卿但自覓。」裒歷觀，遂指君謂亮曰：「將無是耶？」亮欣然而笑，喜裒之得君，奇君爲裒之所得，乃益器焉。舉秀才，又爲安西將軍庾翼府功曹，再爲江州别駕、巴丘令、征西大將軍譙國桓温參軍。君色和而正，温甚重之。九月九日，温游龍山，參佐畢集，四弟二甥咸在坐。時佐吏並著戎服，有風吹君帽墮落，温目左右及賓客勿言，以觀其舉止。君初不自覺，良久如厠。温命取以還之。廷尉太原孫盛爲諮議參軍，時在坐，温命紙筆令嘲之。文成示温，温以著坐處。君歸見嘲，笑而請筆作答，了不容思，文辭超卓，四座嘆之。奉使京師，除尚書删定郎，不拜。孝宗穆皇帝聞其名，賜見東堂。君辭以脚疾，不任拜起，詔使人扶入。君嘗爲刺史謝永别駕，永會稽人，喪亡，君求赴義，路由永興。高陽許詢有雋才，辭榮不仕，每縱心獨往。客居縣界，嘗乘船近行，適逢君過，嘆曰：「都邑美士，吾盡識之，獨不識此人。唯聞中州有孟嘉者，將非是乎？然亦何由來此？」使問君之從者。君謂其使曰：「本心相過，今先赴義，尋還就君。」及歸，遂止信宿，雅相知得，有若舊交。還至，轉從事中郎，俄遷長史。在朝隤然，仗正順而已。門無雜賓，嘗會神情獨得，便超然命駕，逕之龍山，顧景酣宴，造夕乃歸。温從容謂君曰：「人不可無勢，我乃能駕御卿。」後以疾終於家，年五十一。始自總髮，至于知命，行不苟合，言無夸矜，未嘗有喜愠之容。好酣飲，逾多不亂。至於任懷得意，融然遠寄，傍若無人。温嘗問君：「酒有何好，而卿嗜之？」君笑而答曰：「明公但不得酒中趣爾。」又問聽妓，絲不如竹，竹不如肉，答曰：「漸近自然。」中散大夫桂陽羅含賦之曰：「孟生善酣，不愆其意。」光禄大夫南陽劉耽，昔與君同在温府，淵明從父太常夔嘗問耽：「君若在，當已作公否？」答云：「此本是三司人。」爲時所重如此。淵明先親，君之第四女也。凱風寒泉之思，實鍾厥心。謹按採行事，撰爲此傳。懼或乖謬，有虧大雅君子之德，所以戰戰兢兢，若履深薄云爾。

贊曰：孔子稱：『進德修業，以及時也。』君清蹈衡門，則令聞孔昭；振纓公朝，則德音允集。道悠運促，不終遠業。惜哉！仁者必壽，豈斯言之謬乎！

五柳先生傳并贊

先生不知何許人也，亦不詳其姓字。宅邊有五柳樹，因以爲號焉。閑靖少言，不慕榮利。好讀書，不求甚解；每有會意，便欣然忘食。性嗜酒，家貧不能常得。親舊知其如此，或置酒而招之。造飲輒盡，期在必醉；既醉而退，曾不吝情去留。環堵蕭然，不蔽風日。短褐穿結，簞瓢屢空，晏如也。常著文章自娛，頗示己志。忘懷得失，以此自終。

贊曰：黔婁有言：「不戚戚於貧賤，不汲汲於富貴。」其言兹若人之儔乎？酬觴賦詩，以樂其志。無懷氏之民歟？葛天氏之民歟？

扇上畫贊

荷蓧丈人　長沮桀溺　於陵仲子
張長公　丙曼容　鄭次都
薛孟嘗　周陽珪

三五道邈，淳風日盡。九流參差，互相推隕。形逐物遷，心無常凖。是以達人，有時而隱。四體不勤，五穀不分；超超丈人，日夕在耘。遼遼沮溺，耦耕自欣。入鳥不駭，雜獸斯群。至矣於陵，養氣浩然。蔑彼結駟，甘此灌園。張生一仕，曾以仕還。顧我不能，高謝人間。岧岧丙公，望崖輒歸。匪驕匪吝，前路威夷。鄭叟不合，垂釣川湄。交酌林下，清言究微。孟嘗游學，天網時疏。眷言哲友，振褐偕徂。美哉周子，稱疾閑居。寄心清尚，悠然自娛。翳翳衡門，洋洋泌流。曰琴曰書，顧盼有儔。飲河既足，自外皆休。緬懷千載，托契孤游。

讀史述九章

夷齊

二子讓國，相將海隅。天人革命，絶景窮居。采薇高歌，慨想黄虞。貞風凌俗，爰感懦夫。

【眉批】

蘇東坡曰：「《讀史述九章》，《夷齊》、《箕子》，蓋有感而云。去之五百餘載，吾猶識其意也。」

箕子

去鄉之感，猶有遲遲。矧伊代謝，觸物皆非。哀哀箕子，云胡能夷？狡童之歌，凄矣其悲。

【眉批】

葛常之曰：「淵明《讀史九章》，其間皆有深意，其尤章章者，如《夷齊》、《箕子》、《魯二儒》三篇。《夷齊》云：『天人革命，絶景窮居。』『貞風凌俗，爰感懦夫。』《箕子》云：『去鄉之感，猶有遲遲。矧伊代謝，觸物皆非。』《魯二儒》云：『易代隨時，迷變則愚。介介若人，特爲貞夫。』由是觀之，則淵明委身窮巷，甘黔婁之貧而不自悔者，豈非以耻事二姓而然耶？」

管　鮑

知人未易，相知實難。淡美初交，利乖歲寒。管生稱心，鮑叔必安。奇情雙亮，令名俱完。

程　杵

遺生良難，士爲知己。望義如歸，允伊二子。程生揮劍，懼茲餘耻。令德永聞，百代見紀。

七十二弟子

恂恂舞雩，莫曰匪賢。俱映日月，共餐至言。慟由才難，感爲情牽。回也早夭，賜獨長年。

屈　賈

進德修業，將以及時。如彼稷契，孰不願之！嗟乎二賢，逢世多疑。候詹寫志，感鵩獻辭。

韓　非

豐狐隱穴，以文自殘。君子失時，白首抱關。巧行居災，枝一作伎。辯召患。哀矣韓生，竟死説難。

魯二儒

易代隨時，迷變則愚。介介若人，特爲貞夫。德不百年，污我詩書。逝然不顧，被褐幽居。

張長公

遠哉長公，蕭然何事。世路多端，皆爲我異。斂轡朅來，獨養其志。寢跡窮年，誰知斯意。

陶靖節集卷之七

傳贊五首

天子孝傳贊

虞舜　夏禹　殷高宗　周文王

虞舜父頑母嚚，事之於畎畝之間，以孝烝烝，是以堯聞而授之。富有天下，貴爲天子。以爲不順於父母，若窮而無歸，惟悦親可以得意。苟違朝夕，若嬰兒之思戀，故稱舜五十而慕。《書》曰：「戛擊鳴球，搏拊琴瑟以詠，祖考來格。」言思其來而訓之愛敬，盡於事親，是以德教加於百姓，刑于四海。

夏禹有天下以奉宗廟，然躬自菲薄以厚其孝。孔子曰：「禹，吾無間然矣。菲飲食而致孝乎鬼神，惡衣服而致美乎黻冕。」禹之德，於是稱聞。聖人之德，無以加於孝敬。孝敬之道，美莫大焉。

殷高宗諒陰，三年不言，百官總已而聽於冢宰。三年而後言，天下咸歡，德教大行，殷道以興。《詩》曰：「一人有慶，兆民賴之。」其此之謂乎。

周文王之爲世子也，朝於王季日三，鷄鳴至於寢門，問於内豎，内豎曰安，文王乃喜，不安，則色憂，行不能正履。日中、暮，亦如之。食上，必視寒温之節；食下，必問所膳而後退。文王孝道光大，其化自近至遠，刑于寡妻，以御于家邦，故得萬國之歡心，以事其先王矣。

贊曰：至哉后德，聖敬自天。陶漁致養，菲薄享先。親瘠色憂，諒陰寢言。一人有慶，千載賴旃。

諸侯孝傳贊

周公旦　魯孝公　河間惠王

周公旦，武王之弟。成王幼少，周公攝政。制禮作樂，郊祀后稷以配天，宗祀文王於明堂，以配上帝。是以四海之內，各以其職來祭。《詩》曰：「於穆清廟，肅雍顯相。」言諸侯樂其位而敬其事也。仲尼曰：「孝莫大於嚴父，嚴父莫大於配天，則周公其人也。」貴而不驕，位高彌謙。自承文武之休烈，孝道通于神明，光被四海。武王封之於魯，備其禮樂，以奉宗廟焉。

魯孝公之爲公子，周宣王問公子能道訓諸侯者立之。樊穆仲稱其孝曰：肅恭明神，而敬事耆老，賦事行刑，必問於遺訓，咨於故實，不干所問，不犯所咨。王曰：然則能訓理其民矣。乃命之於夷宫，是爲孝公。夫宗廟致敬，不忘親也，有國不亦宜乎。

漢河間惠王，獻王之曾孫也。西京藩臣，多驕放之失，其名德者，唯獻王，而惠王繼之。《漢書》稱其能修獻王之行。母薨，服喪盡禮。哀帝下詔書褒揚，以爲宗室儀表，增封萬户。禮，古之人皆然，至於末俗衰薄，固已賢矣，貴而率禮又難，其見褒賞，不亦宜乎。

贊曰：貴驕殊途，不期而會。周公勞謙，乃成光大。二侯承魯，遵儉去泰。河間率禮，漢宗是賴。

卿大夫孝傳贊

孔子　孟莊子　潁考叔

孔子，魯人也。入則事父兄，出則事公卿，喪事不敢不勉，故稱曰：「孝乎惟孝友于兄弟，是亦爲政也。」君賜腥，必熟而薦之。雖蔬食而齊祭如在。鄉人儺，朝服立於阼階，孝之至也。至德要道，莫大於孝，是以曾參受而書之，游夏之徒，常咨稟焉。許止不嘗藥，書以殺父。宰我暫言減喪，責以不仁。言合訓典，行合世範，德義可尊，作事可法，遺文不朽，揚名千載。

孟莊子，魯人也。孔子稱其孝，其他可能也，其不改父之政與父之臣，是難能也。夫孝子之事親也，事亡如事存，故當不義則爭之。存所不爭，則亡亦不敢改父之道，猶謂之孝，況終身乎！

潁考叔，鄭人也。莊公以叔段之故，與母誓曰：「不及黄泉，無相見也。」既而悔之。考叔爲封人，聞之，有獻於公，公賜之食，而舍肉。公問之，對曰：「小人有母，未嘗君之羹，請以遺之。」公曰：「汝有母遺，繄我獨無！」考叔曰：「何謂也？」公語之故，且告之悔。考叔曰：「若掘地及泉，隧而相見，其誰曰不然。」公從之，遂爲母子如初。君子曰：「潁考叔，純孝也，愛其母而施及莊公。《詩》云：『孝子不匱，永錫爾類。』其是之謂乎！」

贊曰：　仁惟本悌，聖亦基孝。恂恂尼父，固天攸造。二子承親，式禮遵誥。永錫純懿，無改遺操。

士孝傳贊

高柴　樂正子春　孔奮　黄香

高柴，衛人也。喪親，泣血三年，未嘗見齒。所謂哭不偯，言不文也。爲武城宰而化行，民有不服其親者改之，行喪如禮。君子之德風也，以身先之，而民不遺其親。

樂正子春，魯人也。下堂傷足，既瘳，數月不出，猶有憂色。曰：吾聞之曾子，父母全而生之，已全而歸之，可謂孝矣。故君子一舉足，一出言，不敢忘父母，不敢毀傷，孝之始也。夫能敬慎若斯，而災患及者，未之有也。

孔奮，扶風人也。少以孝行著名州里，供養至謹。在官唯母極甘美，妻息菜食，歷位以清。夫人情莫不欲厚其親，然亦有分焉，奢則難繼，能致儉以全養者，鮮矣。

黄香，江夏人也。九歲失母，思慕骨立，事父竭力以致養。冬無被袴而盡滋味，暑則扇床枕，寒則以身溫席。漢和帝嘉之，特加異賜。歷位恭勤，寵禄榮親。可謂夙興夜寐，無忝爾所生者也。

贊曰：顯允群士，行殊名鈞。咸能夙夜，以義榮親。率彼城邑，用化厥民。忠以悟主，其孝乃純。

庶人孝傳贊

江革　廉範　汝郁　殷陶

江革，齊人也。漢章帝時，避賊負母而逃，賊賢之，不害而告其生路。竭力傭賃，以致甘暖，和顔悦色，以盡歡心。欲親之安，自挽車以行。鄉人歸之，號曰江巨孝。位至五官中郎將，天子嘉焉，寵遇甚厚。告歸，詔書褒美，就家禮其終身，以顯異行。

廉範，京兆人也。少孤，十五入蜀迎父喪，遇石船覆，範抱棺一作執骸。而没，船人救之，僅免於死，遂以喪歸。及仕郡，拯太守於危難，送故盡節。章帝時爲郡守，百姓歌詠之。夫孝者，人之本，教之所由生也。是以範之臨危也勇，宰民也惠，能以義顯也。

汝郁，陳郡人也。五歲，母病不食，郁亦不食，母憐之，强食。郁能察色，知病輒復不食。族人號曰異童。年十五，著於鄉里。父母終，思慕致毁，推財與兄弟，隱於草澤，君子以爲難。況童齓孝於自然，可謂天性也。

殷陶，汝南人也。年十二，以孝稱。遭父憂，率情合禮。有長蛇帶其門，舉家奔走，陶以喪柩在焉，獨居廬不動。親戚扶持曉諭，莫能移之，啼號益盛。由是顯名，屢辭辟命。夫智者不惑，勇者不懼。陶孝於其親，而智勇並彰乎弱齡，斯又難矣。

贊曰：事親盡歡，其難在色。彼養以禄，我養以力。義在愛敬，榮不假飾。嗟爾衆庶，鑒茲前式。

陶靖節集卷之八

疏祭文四首

與子儼等疏

告儼、俟、份、佚、佟：天地賦命，生必有死。自古賢聖，誰能獨免。子夏有言：「死生有命，富貴在天。」四友之人，親受音旨。發斯談者，將非窮達不可妄求，壽夭永無外請故耶！吾年過五十，少而窮苦，每以家弊，東西游走。性剛才拙，與物多忤。自量爲己，必貽俗患。僶俛辭世，使汝等幼而饑寒。余嘗感孺仲賢妻之言，敗絮自擁，何慚兒子！此既一事矣。但恨鄰靡二仲，室無萊婦，抱茲苦心，良獨内愧。少學琴書，偶愛閑静，開卷有得，便欣然忘食。見樹木交蔭，時鳥變聲，亦復歡然有喜。常言五六月中，北窗下卧，遇凉風暫至，自謂是羲皇上人。意淺識罕，謂斯言可保。日月遂往，機巧好疏，緬求在昔，眇然如何。病患以來，漸就衰損，親舊不遺，每以藥石見救，自恐大分將有限也。汝輩稚小家貧，每役柴水之勞，何時可免？念之在心，若何可言。然汝等雖不一作曰。同生，當思四海皆兄弟之義。鮑叔、管仲，分財無猜；歸生、伍舉，班荆道舊。遂能以敗爲成，因喪立功。他人尚爾，况同父之人哉。潁川韓元長，漢末名士。身處卿佐，七十而終。兄弟同居，至于没齒。濟北氾稚春，晉時操行人也。七世同財，家人無怨色。詩曰：「高山仰止，景行行止。」雖不能爾，至心尚之。汝其慎哉，吾復何言。

【眉批】

蘇東坡曰：「吾於淵明，豈獨好其詩哉！如其爲人，實有感焉。淵明告儼等疏，此語蓋實録也。吾真有此病，而不蚤自知，半世出仕，以犯大患。此所以深愧淵明，欲以晚節師範其萬一也。」

趙泉山曰：「或疑此疏規規遺訓，似過爲身後慮者，是大不然。且父子之道，天性也，何可廢乎？靖節當易簀之際，猶不忘詔其子以人倫大義，欲表正風化。與夫素隱行怪，徒潔身而亂大倫者異矣。」

又曰：「『吾年過五十，少而窮苦，每以家弊，東西游走。』當作年過三十。按靖節從此十一年間，自潯陽至建業，再返；又至江陵，再返，故云『東西游走』。及四十一歲，序其倦游於《歸去來》云：『心憚遠役。』四十八歲《答龐參軍》詩云：『我實幽居士，無復東西緣。』若年過五十，時投閑十年矣，尚何游宦之有？」

祭程氏妹文

維晉義熙三年，五月甲辰，程氏妹服制再周。淵明以少牢之奠，俯而酹之。嗚呼哀哉！寒往暑來，日月寖疏。梁塵委積，庭草荒蕪。寥寥空室，哀哀遺孤。肴觴虚奠，人逝焉如！誰無兄弟，人亦同生，嗟我與爾，特百常情。慈妣早世，時尚孺嬰。我年二六，爾纔九齡。爰從靡識，撫髫相成。咨爾令妹，有德有操。靖恭鮮言，聞善則樂。能正能和，惟友惟孝。行止中閨，可象可效。我聞爲善，慶自己蹈；彼蒼何偏，而不斯報！昔在江陵，重罹天罰。兄弟索居，垂隔楚越。伊我與爾，百哀是切。黯黯高雲，蕭蕭冬月，白雲掩晨，長風悲節。感惟崩號，興言泣血。尋念平昔，觸事未遠，書疏猶存，遺孤滿眼。如何一往，終天不返！寂寂高堂，何時復踐？藐藐孤女，曷依曷恃？煢煢游魂，誰主誰祀？奈何程妹，於此永已！死如有知，相見蒿里。嗚呼哀哉！

祭從弟敬遠文

歲在辛亥，月惟仲秋，旬有九日，從弟敬遠，卜辰云窆，永寧后土。感平生之游處，悲一往之不返。情惻惻以摧心，淚愍愍而盈眼。乃以園果時醪，祖其將行。嗚呼哀哉！於鑠吾弟，有操有概。孝發幼齡，友自天愛。少思寡欲，靡執靡介。後己先人，臨財思惠。心遺得失，情不依世。其色能温，其言則厲。樂勝朋高，好是文藝。遥遥帝鄉，爰感奇心。絶粒委務，考槃山陰。淙淙懸溜，曖曖荒林。晨採上藥，夕閑素琴。曰仁者壽，竊獨信之；如何斯言，徒能見欺！年甫過立，奄與世辭。長歸蒿里，邈無還期。惟我與爾，匪但親友，父則同生，母則從母。相及齠齒，並罹偏咎。斯情實深，斯愛實厚。念疇昔日，同房之歡。冬無緼褐，夏渴瓢簞；相將以道，相開以顏。豈不多乏，忽忘饑寒。余嘗學仕，纏綿人事，流浪無成，懼負素志。斂策歸來，爾知我意，常願攜手，寘彼衆意。每憶有秋，我將其刈。與汝偕行，舫舟同濟。三宿水濱，樂飲川界。靜月澄高，温風始逝。撫杯而言，物久人脆。奈何吾弟，先我離世。事不可尋，思亦何極。日徂月流，寒暑代息。死生異方，存亡有域。候晨永歸，指塗載陟。呱呱遺稚，未能正言；哀哀嫠人，禮儀孔閑。庭樹如故，齋宇廓然。孰云敬遠，何時復還。余惟人斯，昧兹近情。蓍龜有吉，制我祖行。望旐翩翩，執筆涕盈。神其有知，昭余中誠。嗚呼哀哉！

自祭文

歲惟丁卯，律中無射。天寒夜長，風氣一作凉風。蕭索。陶子將辭逆旅之館，永歸於本宅。故人淒其相悲，同祖行於今夕。羞以嘉蔬，薦以清酌。候顔已冥，聆音愈漠。嗚呼哀哉！茫茫大塊，悠悠高旻，是生萬物，余得爲人。自余爲人，逢運之貧。簞瓢屢罄，絺綌冬陳。含歡谷汲，行歌負薪，翳翳柴門，事我宵晨。春秋代謝，有務中園，載耘載耔，乃育乃繁。欣以素牘，和以七弦。冬曝其日，夏濯其泉。勤靡餘勞，心有常閑。樂天委分，以致百年。惟此百年，夫人愛之。懼彼無成，愒日惜時。存爲世珍，没亦見思。嗟我獨邁，曾是異兹。寵非己榮，涅豈吾緇。捽兀窮廬，酣飲賦詩。識運知命，疇能罔眷，余今斯化，可以無恨。壽涉百齡，身慕肥遁，從老得終，奚所復戀。寒暑逾邁，亡既異存。外姻晨來，良友宵奔，葬之中野，以安其魂。窅窅我行，蕭蕭墓門，奢耻宋臣，儉笑王孫。廓兮已滅，慨焉已遐。不封不樹，日月遂過。匪貴前譽，孰重後歌，人生實難，死如之何？嗚呼哀哉！

【眉批】

思悦曰：「此文乃靖節之絶筆也。」

蘇東坡曰：「淵明《自祭文》，出妙語於纊息之餘，豈涉死生之流哉！」

附録

總論

蘇東坡曰：「吾於詩人無所好，獨好淵明詩。淵明作詩不多，然質而實綺，癯而實腴。自曹、劉、鮑、謝、李、杜諸人，皆莫及也。」

東坡曰：「所貴於枯淡者，謂外枯而中膏，似淡而實美。淵明、子厚之流是也。若中邊皆枯，亦何足道！佛言：『譬如食蜜，中邊皆甜。』人食五味，知其甘苦皆是。能分别其中邊者，百無一也。」

黄山谷跋淵明詩卷曰：「血氣方剛時，讀此詩如嚼枯木。及緜歷世事，知决定無所用智。」又云：「謝康樂、庾義城之詩，鑪錘之功，不遺餘力。然未能窺彭澤數仞之墻者，二子有意於俗人贊毁其工拙，淵明直寄焉。持是以論淵明，亦可以知其關鍵也。」

山谷道人曰：「寧律不諧，不使句弱。用字不工，不使語俗。此庾開府之所長也。然有意於爲詩也。至於淵明，則所謂不煩繩削而自合者。雖然，巧於斧斤者，多疑其拙；窘於檢括者，輒病其放。孔子曰：『甯武子其智可及也，其愚不可及也。』淵明之拙與放，豈可爲不知者道哉？道人曰：『如我按指，海印發光，汝暫舉心，塵勞先起。』説者曰：『若以法眼觀，無俗不真；若以世眼觀，無真不俗。』淵明之詩，要當與一丘一壑者共之耳。」

山谷曰：「退之於詩，本無解處，以才高而好耳。淵明不爲詩，寫其胸中之妙耳。無韓之才與陶之妙，而學其詩，終樂天耳。」

胡仔《苕溪漁隱叢話》曰：「東坡在潁州時，因歐陽叔弼讀《元載傳》，嘆淵明之絶識，遂作詩云：『淵明求縣令，本緣食不足。束帶向督郵，小屈未爲辱。翻然賦《歸去》，豈不念窮獨。重以五斗米，折腰營口腹。云何元相國，萬鍾不滿欲。胡椒銖兩多，安用八百斛。以此殺其身，何翅抵鵲玉。往者不可悔，吾其反自燭。』淵明隱約栗里柴桑之間，或飯不足也。顔延年送錢二萬，即日送酒家，與蓄積不知紀極，至藏胡椒八百斛者，相去遠近，豈直睢陽蘇合彈與蜣蜋糞丸比哉？」

胡仔《苕溪漁隱》曰：「鍾嶸評淵明詩爲『古今隱逸詩人之宗』。余謂陋哉斯言，豈足以盡之！不若蕭統云：『淵明文章不群，詞彩精拔，跌宕昭彰，獨超衆類，抑揚爽朗，莫之與京。横素波而傍流，干青雲而直上。語時事則指而可想，論懷抱則曠而且真。加以貞志不休，安道苦節，不以躬耕爲耻，不以無財爲病，自非大賢篤志，與道污隆，孰能如是乎！』此言盡之矣。」

陳后山曰：「鮑照之詩，華而不弱。陶淵明之詩，切於事情，但不文耳。」

陳后山又曰：「右丞、蘇州皆學陶，正得其自在。」

楊龜山《語録》曰：「淵明詩所不可及者，冲澹深粹，出於自然。若曾用力學，然後知淵明詩非著力所能成也。」

朱文公《語録》曰：「晋宋人物雖曰尚清高，然箇箇要官職，這邊一面清談，那邊一面招權納貨。陶淵明真箇是能不要，此所以高於晋宋人物。」

朱文公《語録》曰：「作詩須從陶、柳門中來乃佳，不如是，無以發蕭散冲澹之趣，不免於局促塵埃，無由到古人佳處。」

朱晦庵曰：「陶淵明詩，平淡出於自然，後人學他平淡，便相去遠矣。某後生見人做得詩好，鋭意要學，遂將淵明詩平仄用字一一依他做。到一月後，便解自做，不要他本子，方得作詩之法。」

朱晦庵又曰：「韋蘇州詩，直是自在，其氣象近道；陶却是有力。但詩健而意閑隱者，多是帶性負氣之人爲之，陶欲有爲而不能者也，又好名，韋則自在。」

葛常之《韻語陽秋》曰：「陶潛、謝脁詩，皆平澹有思致，非後來詩人怵心劌目雕琢者所爲也。老杜云『陶謝不枝梧，風騷共推激。紫燕自超詣，翠駮誰剪剔』是也。大抵欲造平淡，當自組麗中來，落其紛華，然後可造平淡之境。如此，則陶、謝不足進矣。今之人多作拙易詩，而自以爲平澹，識者未嘗不絕倒也。梅聖俞和晏相詩云：『因令適性情，稍欲到平澹。苦詞未圓熟，刺口劇菱芡。』言到平澹處甚難也。李白云：『清水出芙蓉，天然去雕飾。』平澹而到天然處，則善矣。」

劉後村曰：「士之生世，鮮不以榮辱得喪撓敗其天真者。淵明一生，惟在彭澤八十餘日涉世故，餘皆高枕北窗之日。無榮惡乎辱？無得惡乎喪？此其所以爲絕唱而寡和也。二蘇公則不然，方其得意也，爲執政侍從；及其失意也，至下獄過嶺，晚更憂患。於是始有和陶之作。二公雖惓惓於淵明，未知淵明果恁可否？」

《西清詩話》曰：「淵明意趣真古，清淡之宗。詩家視淵明，猶孔門視伯夷也。」

蔡寬夫曰：「柳子厚之貶，其憂悲憔悴之嘆發於詩者，特爲酸楚。卒以憤死，未爲達理。白樂天似能脫屣軒冕者，然榮辱得失之際，銖銖校量，而自矜其達，每詩未嘗不著此意。是豈真能忘之者哉！亦力勝之耳。惟淵明則不然，觀其《貧士》、《責子》與其他所作，當憂則憂，當喜則喜，忽然憂樂兩忘，則隨所寓而皆適，未嘗有擇於其間。所謂超世遺物者，要當如是而後可。觀三人之詩，以意逆志，人豈難見。以是論賢不肖之實，何可欺乎！」

陸象山曰：「詩自黄初而降，日以漸薄。惟彭澤一源，來自天稷，與衆殊趣。而淡薄平夷，玩嗜者少。」

陸象山又曰：「李白、杜甫、陶淵明，皆有志於吾道。」

真西山曰：「淵明之作，宜自爲一編，以附于《三百篇》、《楚辭》之後，爲詩之根本準則。」

魏鶴山曰：「世之辯證陶氏者，曰前後名字之五變也，死生歲月之不同也，彭澤退休之年史與集所載之各異也。然是所當考而非其要也。其稱美陶公者，曰榮利不足以易其守也，聲味不足以累其真也，文辭不足以溺其志也。然是亦近之，而其所以悠然自得之趣則未之深識也。風雅以降，詩人之辭，樂而不淫，哀而不傷，以物觀物，而不牽於物，吟咏性情，而不累於情，孰有能如公者乎！有謝康樂之忠，而勇退過之；有阮嗣宗之達，而不至於放；有元次山之漫，而不著其迹。此其小小進退所能窺其際耶！先儒所謂經道之餘，因閑觀時，因静照物，因時起志，因物寓言，因志發詠，因言成詩，因詠成聲，因詩成音者，陶公有焉。」

休齋曰：「人之爲詩，要有野意。《詩》曰：『質勝文則野。』蓋詩非文不腴，非質不枯。能始腴而終枯，無中邊之殊，意味自長。風人以來，得野意者，淵明而已。」

《雪浪齋日記》曰：「爲詩欲詞格清美，當看鮑照、謝靈運；欲渾成而有正始以來風氣，當看淵明。」

楊文清公曰：「按詩中言本志少，説固窮多。夫惟忍於饑寒之苦，而後能存節義之閑，西山之所以有餓夫也。世士貪榮禄，事豪侈，而高談名義，自方於古之人，余未之信也。」

從來以繼陶者莫如左司，而兩集無合刻者，合之自何觀察公露始。余游白門，時以其刻見示，爲之爽然。而諸家之評其詩者，陶則宋人獨詳，韋於近世亦復不少，其丹鉛雜見不能定于一，斟酌其間，則余竊有取焉爾。

吴興凌濛初識

凌南榮校

陶靖節先生集序

梁昭明太子統撰

夫自衒自媒者，士女之醜行；不忮不求者，明達之用心。是以聖人韜光，賢人遁世。其故何也？含德之至，莫踰於道；親己之切，無重於身。故道存而身安，道亡而身害。處百齡之内，居一世之中，倏忽比之白駒，寄寓謂之逆旅。宜乎與大塊而盈虚，隨中和而任放，豈能戚戚勞於憂畏，汲汲役於人間。齊謳趙女之娱，八珍九鼎之食，結駟連騎之榮，侈袂執圭之貴，樂既樂矣，憂亦隨之。何倚伏之難量，亦慶弔之相及。智者賢人，居之甚履薄冰；愚夫貪士競之若泄尾閭。玉之在山，以見珍而終破；蘭之生谷，雖無人而自芳。故莊周垂釣於濠，伯成躬耕於野，或貨海東之藥草，或紡江南之落毛。譬彼鴛雛，豈競鳶鴟之肉；猶斯雜縣，寧勞文仲之牲。至于子常、甯喜之倫，蘇秦、衛鞅之匹，死之而不疑，甘之而不悔。主父偃言：「生不五鼎食，死則五鼎烹。」卒如其言，豈不痛哉！又楚子觀周，受折於孫滿；霍侯驂乘，禍起於負芒。饕餮之徒，其流甚衆。唐堯四海之主，而有汾陽之心；子晋天下之儲，而有洛濱之志。輕之若脱屣，視之若鴻毛，而况於他人乎。是以至人達士，因以晦迹。或懷釐而謁帝，或被褐而負薪，鼓枻清潭，棄機漢曲。情不在於衆事，寄衆事以忘情者也。有疑陶淵明詩篇篇有酒，吾觀其意不在酒，亦寄酒爲迹者也。其文章不群，辭彩精拔，跌宕昭彰，獨超衆類，抑揚爽朗，莫之與京。横素波而傍流，干青雲而直上。語時事則指而可想，論懷抱則曠而且真。加以貞志不休，安道苦節，不以躬耕爲耻，不以無財爲病，自非大賢篤志，與道污隆，孰能如此乎！余素愛其文，不能釋手，尚想其德，恨不同時。故加搜校，粗爲區目。白璧微瑕，惟在《閑情》一賦，楊雄所謂勸百而諷一者，卒無諷諫，何足摇其筆端。惜哉！亡是可也。並粗點定其傳，編之于録。嘗謂有能觀淵明之文者，馳競之情遣，鄙吝之意祛，貪夫可以廉，懦夫可以立，豈止仁義可蹈，抑乃爵禄可辭。不必傍游泰華，遠求柱史，此亦有助於風教也。

【眉批】

蘇東坡曰：「淵明作《閑情賦》，所謂『《國風》好色而不淫』。正使不及《周南》，與屈、宋所陳何異？而統大譏之，此乃小兒强作解事者。」

陶淵明傳

昭明太子撰

陶淵明，字元亮，或云潛，字淵明。潯陽柴桑人也。曾祖侃，晋大司馬。淵明少有高趣，博學善屬文，穎脱不群，任真自得。嘗著《五柳先生傳》以自况，曰：「先生不知何許人也，亦不詳姓字。宅邊有五柳樹，因以爲號焉。閑静少言，不慕榮利。好讀書，不求甚解；每有會意，欣然忘食。性嗜酒，而家貧不能恒得。親舊知其如此，或置酒招之。造飲輒盡，期在必醉；既醉而退，曾不悋情去留。環堵蕭然，不蔽風日。短褐穿結，簞瓢屢空，晏如也。嘗著文章自娱，頗示己志。忘懷得失，以此自終。」時人謂之實録。親老家貧，起爲州祭酒。不堪吏職，少日自解歸。州召主簿，不就。躬耕自資，遂抱羸疾。江州刺史檀道濟往候之，偃卧瘠餒有日矣。道濟謂曰：「賢者處世，天下無道則隱，有道則至。今子生文明之世，奈何自苦如此？」對曰：「潛也何敢望賢，志不及也。」道濟饋以粱肉，麾而去之。後爲鎮軍、建威參軍。謂親朋曰：「聊欲弦歌以爲三徑之資，可乎？」執事者聞之，以爲彭澤令。不以家累自隨，送一力給其子，書曰：「汝旦夕之費，自給爲難，今遣此力，助汝薪水之勞。此亦人子也，可善遇之。」公田悉令吏種秫，曰：「吾常得醉於酒，足矣！」妻子固請種粳，乃使二頃五十畝種秫，五十畝種粳。歲終，會郡遣督郵至。縣吏請曰：「應束帶見之。」淵明嘆曰：「我豈能爲五斗米，折腰向鄉里小兒！」即日解綬去職，賦《歸去來》。徵著作郎，不就。江州刺史王弘欲識之，不能致也。淵明嘗往廬山，弘命淵明故人龐通之齎酒具，於半道栗里之間邀之。淵明有脚疾，使一門生二兒舁籃輿，既至，欣然便共飲酌。俄頃弘至，亦無迕也。先是顔延之爲劉抑後軍功曹，在潯陽與淵明情款，後爲始安郡，經過潯陽，日造淵明飲焉。每往，必酣飲致醉。弘又邀延之坐，彌日不得。延之臨去，留二萬錢與淵明，淵明悉遣送酒家，稍就取酒。嘗九月九日出宅邊菊叢中坐，久之，滿手把菊。忽值弘送酒至，即便就酌，醉而歸。淵明不解音律，而蓄無弦琴一張，每酒適，輒撫弄以寄其意。貴賤造之者，有酒輒設。淵明若先醉，便語客：「我醉欲眠，卿可去。」其真率如此。郡將常候之，值其釀熟，取頭上葛巾漉酒，漉畢，還復著之。時周續之入廬山，事釋惠遠，彭城劉遺民亦遁迹匡山，淵明又不應徵命，謂之「潯陽三隱」。後刺史檀韶苦請續之出州，與學士祖企、謝景夷三人，共在城北講禮，加以讐校。所住公廨，近於馬隊，是故淵明示其詩云：「周生述孔業，祖謝響然臻。馬隊非講肆，校書亦已勤。」其妻翟氏，亦能安勤苦，與其同志。自以曾祖晋世宰輔，耻復屈身後代，自宋高祖王業漸隆，不復肯仕。元嘉四年，將復徵命，會卒。時年六十三。世號靖節先生。

靖節徵士誄

宋金紫光禄大夫贈特進顔延年撰

夫璿玉致美，不爲池隍之寶；桂椒信芳，而非園林之實。豈其樂深而好遠哉？蓋云殊性而已。故無足而至者，物之藉也；隨踵而立者，人之薄也。若乃巢由之抗行，夷皓之峻節，故已父老堯禹，錙銖周漢。而緜世寖遠，光靈不屬。至使菁華隱没，芳流歇絶。不亦惜乎！雖今之作者，人自爲量，而首路同塵，輟塗殊軌者多矣，豈所以昭末景、泛餘波乎！有晋徵士潯陽陶淵明，南岳之幽居者也。弱不好弄，長實素心。學非稱師，文取指達。在衆不失其寡，處言每見其嘿。少而貧苦，一作病。居無僕妾。井臼弗任，藜菽不給。母老子幼，就養勤匱。遠惟田生致親之議，追一作近。悟毛子捧檄之懷。初辭州府三命，後爲彭澤令。道不偶物，棄官從好。遂乃解體世紛，結志區外，定迹深栖，於是乎遂。一作遠。灌畦鬻蔬，爲供魚菽之祭；織絇緯蕭，以充糧粒之費。心好異書，性樂酒德，簡棄煩促，就成省曠。殆所謂國爵屏貴，家人忘貧者與。有詔徵著作郎，稱疾不赴。春秋六十有三。元嘉四年月日，卒於潯陽縣之某里。一作柴桑里。近識悲悼，遠士傷情；冥默福應，嗚呼淑貞。夫實以誄華，名由謚高。苟允德義，貴賤何算焉。若其寬樂令終之美，好廉克己之操，有合謚典，無愆前志。故詢諸友好，宜謚曰靖節徵士。其詞曰：

物尚孤一作特。生，人固介立。豈伊時遘，曷云世及。嗟乎若士，望古遥集。韜此洪族，蔑彼名級。睦親之行，至自非敦。然諾之信，重於布言。廉深簡潔，貞夷粹温。和而能峻，博而不繁。依世尚同，詭時則異。有一於此，而兩一作兩非。默置。豈若夫子，因心違事。一作達理。畏榮好古，薄身厚志。世爵虚禮，州壤推風。孝惟義養，道必懷邦。人之秉彝，不隘不恭。爵同下士，禄等上農。度量難鈞，進退可限。長卿棄官，稚賓自免。子之悟之，何悟之辯。賦辭歸來，高蹈獨善。亦既超曠，無適非心。汲流舊巘，葺宇家林。晨煙暮靄，春煦秋陰。陳書綴卷，置酒弦琴。居備勤儉，躬兼貧病。人否其憂，子然其命。隱約就閑，遷延辭聘。非直也明，一作明也。是惟道性。糾纆斡流，冥漠報施。孰云與仁，實疑明智。謂天蓋高，胡諐斯義。履信曷憑，思順何寘。年在中身，疢病店疾。視化如歸，臨凶若吉。藥劑弗嘗，禱祠非恤。傃幽告終，懷和長畢。嗚呼哀哉！敬述清一作靖。節，式遵遺占。存不願豐，没無求贍。省訃却賻，輕哀薄斂。遭壤以穿，旋葬而窆。嗚呼哀哉！深心追往，遠情逐化。自爾介居，及我多暇。伊好之洽，接閻鄰舍。宵盤晝憩，非舟非駕。念昔宴私，舉觴相誨。獨正者危，至方則礙。哲人卷舒，布在前載。取鑑不遠，吾規子佩。爾實愀然，中言而發。遺衆速尤，迕風先蹶。身才非實，榮聲有歇。徽音永矣，誰箴余闕。嗚呼哀哉！仁焉而終，智焉而斃。黔婁既没，展禽亦逝。其在先生，同塵往世。旌此靖節，加彼康惠。嗚呼哀哉！

唐詩廣選

王清原　標點

説　明

《唐詩廣選》七卷，明歷城李攀龍（一五一四—一五七〇）編選，共選唐代一百五十一家詩七百五十六首，除大家如李白、杜甫、王維、李頎等之外，還注意到一些小家如朱放、耿湋、崔敏童、張子容等。李攀龍與王世貞同爲明代後七子的領袖人物，他們標舉的仍是前七子文學復古旗幟，張揚的是「文自西京、詩自天寶而下，俱無足觀」（《明史·李攀龍传》）。經他編選的《唐詩廣選》便是他文學主張的實際體現。他狂放地自序：「乃兹集以盡唐詩，而唐詩盡於此。」王世貞也熱心地鼓吹：「于鱗以意而輕退古之作者間有之，于鱗舍格而輕進古之作者則無是也。以于鱗之毋輕進，其得存而成一家言，以模楷後之操觚者，亦庶乎可矣。」（《古今詩删序》）也就因此，《唐詩廣選》實在也是研究李攀龍以及後七子文學主張的一個標本。

編選唐詩，代不乏人，李攀龍的選唐詩是被其同儕王世貞抬高爲像孔子「删《詩》、《書》」那樣的重要地位，故原取名《古今詩删》，而《唐詩廣選》則是凌濛初在刻印時更改的書名。此書今頗不易見，可見流傳不廣，這一則由于李攀龍等的復古文學主張受到了後起者如徐渭等的有力挑戰，證實了它的不能適應文學發展的現實需要，這自然也會影響到其選本的傳播；二則入清的康乾盛世出現了蘅塘退士的《唐詩三百首》，聲勢之大，家傳户詠，完全代替了《唐詩廣選》。

凌濛初爲《唐詩廣選》刻印、寫序，功不可没。凌氏家族中爲此書花過心血的不止濛初一人，其仲叔述知首刻在前，其侄凌瑞森、凌南榮更輯録自唐至明五十六家評語，這些評語對于研究唐詩以及評家的文學觀點均有裨益。其中特多劉辰翁和蔣一葵、蔣一梅評語。前者爲南宋末年文學名家，是評點派文學的奠基人，不管對當時或後世都起過重大影響。後二者也在明末名重一時，故得到凌氏的重視，所以《四庫全書總目》卷一九二云：「（該書）至今盛行鄉塾間，亦可異也。」原刻正文每半葉八行，行十八字，有眉批、行間批。

目録

高適

岑參

卷三

五言律

岑參

高適

杜甫

卷六

五言絶句

王維

賈至

岑參

《唐詩廣選》序

《唐詩廣選》者何？李于鱗先生所爲《唐詩删》也。「删」而曰「廣選」者何？于鱗之删，較今所稱選者稍廣也。夫于鱗之自序其《删》曰：「兹集以盡唐詩，而唐詩盡于此。」王元美先生序之曰：「謂于鱗而輕退古之作者則有之。」則于鱗蓋寧失出無失入，不業以一丸泥爲有唐詩家固封函谷哉，安所復從而廣之。粤自歷下《删》成，元美携其本歸吴中，館客某者潛録之，頗有軼落。他日客復館先君子所，出其本相示，家仲叔欣然授諸梓而《選》始傳。後元美觀察吾郡，見而語先君子曰：「此尚有漏，其完者子與行且校之。」先君子更從子與所請，得其原抄本，則子與時自有丹鉛評隲之草，犁然秘之書簏。已而《古今詩删》出，《删》止載子與名，不存其筆。此《選》與《删》各行之始末也。嗣後，晋陵蔣仲舒取所爲《選》而箋釋之。詮載既詳，揚榷咸備，博雅欣賞，海内家傳户習之，以爲李《選》止是矣，而不知《删》之所載尚溢也。即知《删》之溢者，以爲《删》溢耳，而不知《選》之自漏也。猶子輩以家簏之本付剞劂，且編輯諸名家所揚榷者具載之，而請于余曰：「欲仍《删》名，恐人疑其本溢于《選》；若仍《選》名，恐人疑其忽同于《删》，題以《廣選》，以明《選》之自漏耳，于鱗不再集也。」余爲首肯之。因慨今世稍知學韻語者，便思劘詈七子，見中原紫氣而不攢眉者，以爲外道不足與談。夫前輩刻意振刷薾萎，崇尚高華，巍峨之極，間出浮夸，標持之過，反涉習態，不無少議。若其格律聲調，自是鼓吹休明一種氣象，豈叔季衰颯之音所得而入之者。今必欲其信手拈來，隨口唱出，乃爲天地自然之音，不過爲張打油胡釘鉸開一方便門，詩道無論如世運何哉？長慶以還，欲使老嫗讀之皆解，詩非不成名，體非不垂世，尤而效之，雅音終以不振，而唐之爲唐何如也！今以此刻爲兩先生當日存一公案，爲詞壇今日備一典刑，倘以余言似袒有所左而並詈及余，余則幸矣。

吴興凌濛初撰並書

王世貞《古今詩删》序

李攀龍于鱗所爲《古今詩删》成，凡數年而歿。歿而新都汪時元謀梓之，走數千里以序屬世貞曰：「是惟二君子之有味乎詩也。不有存者，誰與任歿者。」世貞謝不敏。已喟然而嘆曰：「嗟嗟！否歟？然哉！」盖孔子嘗稱删《詩》《書》云，至筆削《春秋》取獨斷，其於《詩》也，未嘗不退而與游、夏商之也。當三代盛時，國中之樂奏而暢天地之和，歌詠盛德大業，合而名之曰「雅頌」。野之人人遘其觸發而名之，若青蘋之末而動於地曰「風」。顧其循性蓄旨，雍如穆如，則亦「雅頌」類也。三代而降，天下多感慨而鮮稱述，故詩在下而不在上。蓋風之用廣而雅頌微矣。夫子實傷之，故稱「删」。删者，删其不正以歸乎正也。乃説者謂一二逸詩，豈無可當於德音，而鄭衛哇麗淫佚，誦而使君子蠘之，小夫壬人以其説津津於其口，懲者一而導者十，烏能無疑删哉！夫豈亦秦火厄、魯壁訛，毛萇、轅固生之徒，不能親受游、夏之旨而漫爲説也。乃于鱗之爲删則異是。彼其所上下者雖號稱數千年，其所近者僅風而已。其所近而云雅、頌者，百固不能一二也。而于鱗之所取，則亦以能工於辭，不悖其體而已，非必盡合于古。所謂「發乎情止乎禮義」，「興、觀、群、怨」之用備，而後謂之詩也。是故存詩而曰删。曰删者，删之餘也，爲若不得已而存也。夫以孔子之於詩，猶不能廢游、夏，而于鱗取其獨見而裁之，而遽命之曰「删」，彼其見删於于鱗而不自甘者，寧無反唇也。雖然令于鱗以意而輕退古之作者間有之，于鱗舍格而輕進古之作者則無是也。以于鱗之毋輕進，其得存而成一家言，以模楷後之操觚者，亦庶乎可矣。蓋于鱗之所最善爲世貞，其屬存于鱗删者不少，然自戊午而前及它倡和之什耳。其人雅自信，落落寡與，家僻處濟上，則于鱗之于今賢士大夫多所與而少所見，可知也。問爲繼于鱗志者如之何？曰：代益之，不失所以精之意而已矣。

李攀龍選唐詩序

唐無五言古詩而有其古詩。陳子昂以其古詩爲古詩，弗取也。七言古詩，唯杜子美不失初唐氣格，而縱横有之。太白縱横，往往彊弩之末，間雜長語，英雄欺人耳。至如五、七言絶句，實唐三百年一人。蓋以不用意得之，即太白亦不自知其所至，而工者顧失焉。五言律、排律，諸家概多佳句。七言律體，諸家所難，王維、李頎頗臻其妙。即子美篇什雖衆，隤焉自放矣，作者自苦，亦惟天實生才不盡。後之君子乃兹集以盡唐詩，而唐詩盡於此。

評詩名家姓字

殷璠

釋皎然　清晝

王安石　介甫

蘇轍　穎濱

韓駒　子蒼

趙彥材　次公

江天多

嚴羽　滄浪

洪邁　景盧《容齋隨筆》

趙汸　子常

陳師道　無已

范元度

方回　虛谷

蕭士贇　粹可

楊載　仲弘

虞集　伯生

高仲武

歐陽修　永叔

蘇軾　東坡

晁無咎　補之

黃庭堅　山谷

楊萬里　誠齋

蔡元度

劉辰翁　會孟

唐庚　子西

葉夢得　少蘊《石林詩話》

劉克莊　後村

朱熹　晦庵

許彥周

謝枋得　君直

范梈　德機

高棅　廷禮

敖英 子發
李耆卿
李東陽 賓之
劉履
徐伯臣
何良俊 元朗
顧與新
王世貞 元美
蔣一梅 春甫
顧璘 華玉
謝榛 茂秦
胡濟鼎
李商老
俞允文 仲蔚

皇甫汸 子循
計有功
方萬里
徐充 子擴
胡元任
胡應麟 元瑞
楊慎 用修
王世懋 敬美
蔣一葵 仲舒
田藝蘅 子埶
曾吉甫
郭正域 明龍
梅鼎祚 禹金
焦竑 弱侯

余輩既謀刻子與先生所評《唐詩選》矣，已而思寥寥數語，恐未足以盡詩之變，因廣採唐宋以及國朝諸名家議論裒益之，亦爛焉成帙。第耳目睹記或隘，不無挂漏之虞，聊以精力所及者備一班云爾。即諸家名氏世次，亦有未獲詳考者，姑闕疑以俟。

吴興 凌瑞森
凌南榮 識

田光先生

自古皆有死，近《選》。殉義良獨希。奈何燕太子，尚使田公疑。仗劍誠已矣，感我涕沾衣。

鄒　子衍

大運淪三代，天人罕有窺。鄒子何遼廓，謾説九瀛垂。興亡已千載，今也則無誰。

酬暉上人夏日林泉

聞道白雲居，窈窕青蓮宇。巖泉萬丈流，樹石千年古。林卧對軒窗，山陰滿庭户。方釋塵事勞，從君襲蘭杜。

【眉批】

蔣春甫曰：「亦非《選》語。」

李　白

子夜吴歌《擢仙詩譜》以此篇爲張季鷹作。

長安一片月，萬户擣衣聲。秋風吹不盡，總是玉關情。何日平胡虜？良人罷遠征。

【眉批】

蔣仲舒曰：「前四語便是最妙絶句。」

妾薄命

漢帝寵阿嬌，貯之黄金屋。咳唾落九天，隨風生珠玉。寵極愛還歇，妬深情却疏。長門一步地，不肯暫迴車。雨落不上天，奇語。水覆難再收。君情與妾意，各自東西流。昔日芙蓉花，今成斷根草。以色事他人，能得幾時好！劉會孟曰：「興盡、語盡。」

【眉批】

蕭士贇曰：「詞意凄斷，令人感慨。」

劉會孟曰：「似婦人語。」

贈盧司户

秋色無遠近，極近極遠，人不能道。出門盡寒山。白雲遥相識，待我蒼梧間。借問盧躭鶴，西飛幾處還？

【眉批】

劉會孟曰：「起語極苦，然不復爲慘塞者。」

送張舍人之江東

張翰江東去，正值秋風時。天清一雁遠，海闊孤帆遲。白日行欲暮，滄波杳難期。吴洲如見月，千里幸相思。

魯郡東石門送杜二甫

醉别復幾日，登臨徧池臺。何時石門路，重有金尊開？秋波落泗水，海色明徂徠。飛蓬各自遠，且盡手中杯。

【眉批】

蔣仲舒曰：「爽語易而有致。」

送楊山人歸嵩山

我有萬古宅，奇思高調。嵩陽玉女峰。長留一片月，掛在東溪松。爾去掇仙草，菖蒲花紫茸。歲晚或相訪，青天騎白龍。

【眉批】

劉會孟曰：「超然天地間，可以不死，豈獨不經人道哉？」

懷蘇武

蘇武在匈奴，十年持漢節。白雁上林飛，空傳一書札。牧羊邊地苦，落日歸心絶。渴飲月窟冰，饑餐天上雪。東還沙塞遠，北愴河梁别。泣把李陵衣，相看淚成血。

【眉批】

蔣仲舒曰：「曾不數言而其情愴然。」

經下邳圯橋懷張子房

子房未虎嘯，破産不爲家。滄海得壯士，椎秦博浪沙。報韓雖未成，天地皆振動。潛匿游下邳，豈曰非智勇。我來圯橋上，懷古欽英風。唯見碧流水，曾無黄石公。嘆息此人去，蕭條徐泗空。眼界闊，是太白本色。

【眉批】

蔣仲舒曰：「爲英雄生色。」

望鸚鵡洲懷禰衡

魏帝營八極，蟻觀一禰衡。黄祖斗筲人，殺之受惡名。吴江賦《鸚鵡》，落筆超群英。鏘鏘振金玉，句句欲飛鳴。鷙鶚啄孤鳳，千春傷我情。五嶽起方寸，隱然詎可平。才高竟何施，寡識冒天刑。至今芳洲上，蘭蕙不忍生。

杜　甫

前出塞九首 章法由淺入深，一步高一步。

戚戚去故里，悠悠赴交河。公家有程期，亡命嬰禍羅。君已富土境，開邊一何多！棄絶父母恩，吞聲行負戈。

其　二

出門日已遠，不受徒旅欺。骨肉恩豈斷，男兒死無時。走馬脱轡頭，手巾挑青絲。捷下萬仞岡，俯身試搴旗。

【眉批】

劉會孟曰：「如親歷甘苦，極征行之意，人所不能。自道詩必如此。序情閔勞之際，其庶幾乎？」

劉會孟曰：「又緩而急。」

其　三

磨刀嗚咽水，水赤刃傷手。欲輕腸斷聲，心緒亂已久。丈夫誓許國，憤惋復何有。功名圖麒麟，我輩心胸。戰骨當速朽。

【眉批】

劉履曰：「人謂子美古詩學建安，是矣。然未免有時亦離去，如此篇『水赤』二語，已微露痕迹，而未甚相遠，讀者詳之。」

其　四

送徒既有長，遠戍亦有身。生死向前去，不勞吏怒嗔。路逢相識人，真語。附書與六親。哀哉兩决絶，不復同苦辛。

其　五

迢迢萬餘里，領我赴三軍。軍中異苦樂，主將寧盡聞。隔河見胡騎，倏忽數百群。我始爲奴僕，幾時樹功勳。

【眉批】

劉會孟曰：「眼前語、意中事，通透自别，亦極哀怨之體，所以可傳。」

其　六

挽弓當挽强，自是軍令。用箭當用長。射人先射馬，擒賊必擒王。殺人亦有限，立國自有疆。苟能制侵陵，豈在多殺傷。仁人之言。

【眉批】

又曰：「用諺語或自作諺語，皆可。」

又曰：「此其自負經濟者，軍中常有此人。」

其　七

驅馬天雨雪，軍行入高山。徑危抱寒石，指落層冰間。已去漢月遠，何時築城還？浮雲暮南征，可望不可攀。

【眉批】

又曰：「作者緩急自合。」

其　八

單于寇我壘，百里風塵昏。雄劍四五動，彼軍爲我奔。虜其名王歸，繫頸授轅門。潛身備行列，一勝何足論。

【眉批】又曰：「千載不死，墮淚未乾。」

其　九

從軍十年餘，能無分寸功？衆人貴苟得，欲語羞雷同。烈士正氣。中原有鬥争，况在狄與戎。丈夫四方志，安可辭固窮。

【眉批】又曰：「乃並与軍中妬忌之意得之，必不可少者。」

後出塞

朝進東門營，暮上河陽橋。落日照大旗，馬鳴風蕭蕭。平沙列萬幕，部伍各見招。中天懸明月，令嚴夜寂寥。悲笳數聲動，壯士慘不驕。借問大將誰？恐是霍嫖姚。

【眉批】

又曰：「此詩之妙，可以招魂復起。」

許彥周曰：「此等力量，不容他人到。」

法鏡寺

身危適他州，勉强終勞苦。神傷山行深，愁破崖寺古。嬋娟碧鮮净，蕭摵寒籜聚。回回山根水，冉冉松上雨。泄雲蒙清晨，初日已復吐。朱甍半光炯，户牖粲可數。拄策忘前期，出蘿已亭午。冥冥子規叫，微徑不復取。

【眉批】

蔣仲舒曰：「不熟便有生機，須要走這條路。」

萬丈潭

青溪合冥寞，神物有顯晦。龍依積水蟠，窟壓萬丈内。跼步凌垠堮，側身下烟靄。前臨洪濤寬，却立蒼石大。山危一徑盡，岸絶兩壁對。削成根虚無，倒影垂澹瀩。黑知灣澴底，造語奇絶。清見光炯碎。孤雲倒來深，飛鳥不在外。高蘿成帷幄，寒水叠旌旆。遠川曲通流，嵌竇潰泄瀨。造幽無人境，發興自我輩。告歸遺恨多，將老斯游最。閉藏修鱗蟄，出入巨石礙。何事炎天過，快意風雲會。

【眉批】

劉會孟曰：「便令改視。」又曰：「造意語。」

石櫃閣

季冬日已長，山晚半天赤。蜀道多草花，江間饒奇石。石櫃層波上，臨虛蕩高壁。清暉迴群鷗，暝色帶遠客。五字，唐子西以爲不可及，誠然。羈栖負幽意，感嘆向絶跡。信甘孱懦嬰，累句。不獨凍餒迫。優游謝康樂，放浪陶彭澤。吾衰未自由，謝爾性有適。

玉華宫

溪回松風長，蒼鼠竄古瓦。不知何王殿，遺構絶壁下。陰房鬼火青，壞道哀湍瀉。萬籟真笙竽，秋色正瀟灑。美人爲黄土，況乃粉黛假。當時侍金輿，故物獨石馬。憂來藉草坐，浩歌淚盈把。冉冉征途間，誰是長年者？李賓之曰：「子美古詩，多用仄韻，如《玉華宫》等作，音調起伏頓挫，獨爲矯捷。」

【眉批】

劉會孟曰：「哀思苦語，轉換自有長篇餘韻，末更自傷。」又曰：「起結凄黯，讀者殆難爲情。」

夢李白二首

死别已吞聲，生别常惻惻。江南瘴癘地，逐客無消息。故人入我夢，明我長相憶。恐非平生魂，路遠不可測。魂來楓林青，分明是夢。魂返關塞黑。君今在羅網，何以有羽翼？落月滿屋梁，猶疑照顔色。水深波浪闊，無使蛟龍得。劉會孟曰：「落月屋梁，偶然實景，不可再遇。」

【眉批】

劉會孟曰：「使其死耶，當不復哭矣；乃不能忘者，生别故也。」

楊用修曰：「『落月』二句，言夢中見之，而覺其猶在，即所謂夢中魂魄，猶言是覺後精神尚未回也。詩本淺，宋人看得太深，反晦矣。」

其二

浮雲終日行，游子久不至。三夜頻夢君，情親見君意。樂府語。告歸常局促，苦道來不易。夢中賓主語具是。江湖多風波，舟楫恐失墜。出門搔白首，苦負平生志。冠蓋滿京華，斯人獨憔悴。孰云網恢恢，將老身反累。千秋萬歲名，寂寞身後事。王元美曰：「余每讀劉越石『豈意百鍊剛，化爲繞指柔』二語，未嘗不欷歔罷酒。至少陵此詩結語，輒黯然低回久之。」

【眉批】

劉會孟曰：「起語千言萬恨。」

蔣仲舒曰：「二詩情意親切，千載而後，見李杜石交之誼。」

劉會孟曰：「語出情痛自别。」又曰：「結極慘淡，情至語塞。」

晦日尋崔戢李封

朝光入甕牖，尸寢驚弊裘。起行視天宇，春氣漸和柔。興來不暇懶，今晨梳我頭。出門無所待，徒步覺自由。杖梨復恣意，免直公與侯。晚定崔李交，會心真罕儔。每過得酒傾，二宅可淹留。喜結仁里歡，况因令節求。李生園欲荒，舊竹頗修修。引客看掃除，隨時成獻酬。崔侯初筵色，已畏空尊愁。未知天下士，至性有此不？草芽既青出，蜂聲亦暖游。思見農器陳，何當甲兵休。上古葛天氏，不貽黄屋憂。至今阮籍等，熟醉爲身謀。威鳳高其翔，長鯨吞九州。地軸爲之翻，百川皆亂流。當歌欲一放，淚下恐莫收。濁醪有妙理，庶用慰沉浮。

【眉批】

又曰：「寫得濃至。」

雨

峽雲行清曉，烟霧相徘徊。風吹滄江去，雨灑石壁來。凄凄生餘寒，殷殷兼出雷。白谷變氣候，朱炎安在哉。高鳥濕不下，居人門未開。楚宮久已滅，幽珮爲誰哀。侍臣書王夢，賦有冠古才。冥冥翠龍駕，多自巫山臺。

孟浩然

晚泊潯陽望香爐峰

挂席幾千里，名山都未逢。泊舟潯陽岸，始見香爐峰。嘗讀遠公傳，永懷塵外踪。東林精舍近，日暮空聞鐘。下空字見題中「望」字。

【眉批】

謝茂秦曰：「詩有韻、有格。格高似梅花，韻高似海棠。欲韻勝者易，欲格高者難。二者孟浩然兼之。」

王維

西施詠

艷色天下重，西施寧久微？朝爲越溪女，莫作吴王姬。賤日豈殊衆，貴來方悟稀。狀出肉眼如畫。邀人傅脂粉，不自着羅衣。君寵益嬌態，君憐無是非。當時浣紗伴，莫得同車歸。持謝鄰家子，效顰安可希。

【眉批】

蔣仲舒曰：「嬌情如畫。」

劉會孟曰：「語有諷味，似淺似深。」

送　別

下馬飲君酒，問君何所之。君言不得意，歸卧南山陲。但去莫復問，白雲無盡時。

【眉批】

蔣仲舒曰：「第五句一撥便轉，不知言外多少委婉。」

齊州送祖三

相逢方一笑，相送還成泣。祖帳已傷離，荒城復愁入。天寒遠山净，日暮長河急。解纜君已遥，望君猶佇立。起結凄斷，令人不能已已。

【眉批】

蔣仲舒曰：「如此起句最老，而不易工。」

劉會孟曰：「只是眼前道不盡者。」

奉寄韋太守陟

荒城自蕭索，萬里山河空。天高秋日迥，嘹唳聞歸鴻。寒塘映衰草，高館落疏桐。臨此歲方晏，顧景問悲翁。故人不可見，寂寞平林東。

【眉批】

王元美曰：「由工入微，不犯痕迹。」

過李揖宅

閑門秋草色，終日無車馬。客來深巷中，犬吠寒籬下。散髮時未簪，道書行尚把。與我同心人，樂道安貧者。一罷宜城酌，還歸洛陽社。

崔濮陽兄季重前山興

秋色有佳興，况君池上閑。悠悠西林下，自識門前山。千里横黛色，數峰出雲間。嵯峨對秦國，合沓藏荆關。殘雨斜日照，夕嵐飛鳥還。故人今尚爾，嘆息此頽顔。

【眉批】劉會孟曰：「又别、又别，有道之言。」

藍田石門精舍

落日山水好，漾舟信歸風。玩奇不覺遠，因以緣源窮。遥愛雲水秀，初疑路不同。安知清流轉，偶與前山通。捨舟理輕策，果然愜所適。老僧四五人，逍遥蔭松栢。朝梵林未曙，夜禪山更寂。道心及牧童，世事問樵客。瞑宿長林下，焚香卧瑶席。澗芳襲人衣，山月映石壁。再尋畏迷誤，明發更登歷。世外好事語。笑謝桃源人，花紅復來覿。

【眉批】劉會孟曰：「此景亦常有之，其詩亦若無意，故是佳趣。」

王昌齡

塞上曲三首

蟬鳴桑樹間，八月蕭關道。出塞入塞寒，處處黃蘆草。從來幽並客，皆共沙塵老。莫學游俠兒，矜夸紫騮好。

其　二

飲馬渡秋水，水寒風似刀。平沙日未没，黯黯見臨洮。昔日長城戰，咸言意氣高。黄塵足今古，白骨亂蓬蒿。

其　三

秋風夜渡河，吹卻雁門桑。遥見胡地獵，鞴馬宿嚴霜。五道分兵去，孤軍百戰場。功多翻下獄，古今同恨。士卒但心傷。

江上聞笛

横笛怨江月，扁舟何處尋。聲長楚山外，曲繞胡關深。相去萬餘里，遥傳此夜心。寥寥浦溆寒，響盡唯空林。不知誰家子，復奏邯鄲音。水客皆擁棹，空霜遂盈襟。羸馬望北走，遷人悲越吟。何當邊草白，轉得有力。旌節隴城陰。

鄭縣宿陶大公館贈馮六元二

儒有輕王侯，脱略當世務。本家藍田中，非爲漁弋故。無何困躬耕，且欲馳永路。幽居與君近，出谷同所騖。昨日辭石門，五年變秋露。雲龍未相感，干謁亦已屢。子爲黄綬覊，余忝蓬山顧。京門望西岳，百里見郊樹。飛雨祠上來，靄然關中暮。驅車鄭城宿，秉燭論往素。山月出華陰，開此河渚霧。清光比故人，豁達展心晤。馮公尚戢翼，元子仍跼步。拂衣易爲高，論迹難有趣。張范善始終，吾等豈不慕。罷酒當涼風，屈伸備冥數。

【眉批】

蔣春甫曰：「安貧知命之言，只如此説。」

儲光羲

述華清宫

上林神君宫，此地即明庭。山開鴻濛色，天轉招摇星。三軍報大有，孰謂非我靈。得誦歌體。

田家雜興六首

春至鶬鶊鳴，薄言向田墅。不敢自力作，黽勉取鄰女。既念生子孫，方思廣田圃。閑時相顧笑，喜悦好禾黍。夜夜登嘯臺，南望洞庭渚。百草被霜露，秋山響砧杵。却羡故年時，中情無所取。

【眉批】

劉會孟曰：「六首，首首皆妙，有此田家。」又曰：「真隱者違俗之談。」（批「却羡」二句）

其二

衆人耻貧賤，相與尚膏腴。我情既浩蕩，所樂在畋漁。山澤時晦暝，歸家暫閑居。滿園種葵藿，繞屋樹桑榆。禽雀知我閑，翔集依我廬。所願在優游，州縣莫相呼。日與南山老，兀然傾一壺。

【眉批】

又曰：「淵明之趣。」（批「日與」二句）

其三

逍遥阡陌上，遠近無相識。落日照秋山，千巖同一色。網罟繞深莽，鷹鸇始輕翼。獵馬既如風，奔獸莫敢息。駐旗滄海上，犒士吴宫側。楚國有夫人，性情本貞直。鮮禽徒自美，終歲竟不食。

【眉批】

又曰：「似是息嫣矯矯，不意出此。」

其　四

楚山有高士，梁國有遺老。築室既相鄰，同田復同道。糗精常共飯，兒孫每更抱。忘此耕耨勞，愧彼風雨好。蟪蛄鳴空澤，鶗鴂傷秋草。日夕寒風來，衣裳苦不早。

【眉批】

又曰：「別是一種意態，言外悄然。」

劉履曰：「末四句含蓄，意味可玩。」

其　五

貧士養情性，不復知憂樂。去家行賣畚，留滯南陽郭。秋至黍苗黄，無人可刈穫。孺子朝未飯，把竿逐鳥雀。忽見梁將軍，乘車出宛洛。意氣軼道路，光輝滿墟落。安知負薪者，咥咥笑輕薄。然一笑便是一重障，非不知憂樂者。

其　六

種桑百餘樹，種黍三十畝。衣食既有餘，時時會賓友。夏來菰米飯，秋至菊花酒。孺人喜逢迎，稚子解趨走。日暮閑園裏，團團蔭榆柳。酩酊乘夜歸，涼風吹户牖。清淺望河漢，低昂看北斗。數甕猶未開，明朝能飲否。

【眉批】劉會孟曰：「比陶差健而贍，然各自好。」（批「數甕」二句）

李頎

光上座廊下衆山

名嶽在廡下，吾師居一床。每聞《楞伽經》，只對清翠光。百谷聚雲色，莓苔侵屋梁。氣盤古壁轉，勢引幽堦長。願游薛葉下，日見金爐香。

【眉批】蔣春甫曰：「只如此結，不犯難手。」

裴尹東溪別業

公才廊廟器，官亞河南守。別墅臨都門，驚湍激前後。舊交與群從，十日一携手。幅巾望寒山，長嘯對高柳。清歡信可尚，散吏亦何有。岸雪青城陰，水光遠林首。閑觀野人筏，或飲川上酒。幽雪〔雲〕淡徘徊，白鷺飛左右。庭竹垂卧内，村烟隔南阜。始知物外情，簪紱同芻狗。

【眉批】

又曰：「令人企慕考槃。」（批「始知」二句）

贈張旭

張公性嗜酒，豁達無所營。皓首窮草隸，時稱太湖精。露頂據胡床，狠做狂語。長叫三五聲。興來灑素壁，揮筆如流星。下舍風蕭條，寒草滿户庭。問家何所有，生事但浮萍。左手持蟹螯，右手執丹經。瞪目視霄漢，不知醉與醒。諸賓且方坐，旭日臨東城。荷葉裹江魚，白甌貯香粳。微禄心不泄，放神於八紘。時人不識者，即是安期生。

送綦毋三謁房給事

夫子大名下，家無鍾石儲。惜哉湖海上，曾校蓬萊書。外物非本意，此生空淡如。所思但乘輿，遠適維單車。高道時坎坷，故交願吹噓。徒言青瑣闥，不愛承明廬。百里人户滿，片言諍訟疏。手持蓮花經，目送飛鳥餘。晚景南路别，炎雲中伏初。此行倘不遂，歸食蘆洲魚。

常建

昭君墓

漢宫豈不死，異域傷獨没。萬里馱黄金，蛾眉爲枯骨。迴車夜出塞，立馬背不發。共恨丹青人，墳上哭明月。劉會孟曰：「千古詞人之恨，寫作當時事，斷腸軟語，不落脂粉，故他作不及。」

【眉批】蔣仲舒曰：「傷哉！片語足當萬淚，『立馬』句又自凄其。」

宿王昌齡隱居

清溪深不測，隱處惟孤雲。松際露微月，清光猶爲君。景同意别。茅亭宿花影，藥院滋苔紋。余亦謝時去，西山鸞鶴群。

【眉批】劉會孟曰：「情景沉冥，不類着色。」

江上琴興

江上調玉琴，一弦清一心。泠泠七弦遍，萬木澂幽陰。能使江月白，又令江水深。始知枯桐枝，可以徽黄金。

【眉批】

劉會孟曰：「等閑楚楚。」（批「能使」二句）

送李十一尉臨溪

泠泠花下琴，君唱渡江吟。天際一帆影，預懸離别心。以言神仙尉，因致瑶華音。回軫撫商調，越溪澄碧林。

【眉批】

劉會孟曰：「語類高素。」

晦日馬鐙曲稍次中流作

夜寒宿蘆葦，曉色明西林。初日在川上，便澄游子心。晴天無纖翳，郊野浮春陰。波静隨釣魚，舟小緑水深。出浦見千里，曠然諧遠尋。《選》語。扣舷應漁父，因唱滄浪吟。

【眉批】

蔣春甫曰：「即事咏懷，清新到底。」

西　山

一身爲輕舟，落日西山際。常隨去帆影，遠接長天勢。物象歸餘清，林巒分夕麗。亭亭碧流暗，日入孤霞繼。洲渚遠陰映，湖雲尚明霽。林昏楚色來，岸遠荆門閉。至夜轉清迥，蕭蕭北風厲。沙邊雁鷺泊，宿處蒹葭蔽。圓月逗前渚，孤琴又摇曳。泠然夜遂深，白露沾人袂。

【眉批】

蔣仲舒曰：「平鋪直叙，自是出世語。」

高　適

宋中五首

梁王昔全盛，賓客復多才。悠悠一千年，陳迹唯高臺。寂寞向秋草，悲風千里來。

其二

朝臨孟諸上，忽見芒碭間。赤帝終已矣，白雲長不還。時清更何有，禾黍徧空山。言外欷歔。

其三

景公德何廣，臨變莫能欺。三請皆不忍，妖星終自移。君心本如此，天道豈無知。

【眉批】王元美曰：「起伏道上，自是正宗。」

其四

梁苑白日暮，梁山秋草時。君王不可見，修竹令人悲。九月桑葉盡，寒風鳴樹枝。

【眉批】蔣春甫曰：「荒凉在言外。」

其五

登高臨舊國，懷古對窮秋。落日鴻雁度，寒城砧杵愁。昔賢不復有，行矣莫淹留。

同韓四薛三東亭玩月

遠游悵不樂，茲賞吾道存。款曲故人意，辛勤清夜言。東亭何寥寥，佳境無朝昏。堦墀近洲渚，户牖當郊原。矧乃窮周旋，况復怡討論。樹陰蕩瑶琴，月氣延清尊。明月帶飛雁，野火連荒村。對此更愁予，悠哉懷故園。

同諸公登慈恩寺塔

香界泯群有，浮圖豈諸相。登臨駭孤高，披拂忻大壯。言是羽翼生，奇情奇語。迥出空虚上。頓疑身世別，乃覺形神王。宫闕皆户前，山河盡簷向。秋風昨夜至，秦塞多清曠。千里何蒼蒼，五陵鬱相望。盛時慚阮步，末宦知周防。輸效獨無因，斯言可游放。

同薛司直諸公秋霽曲江俯見南山作

南山鬱初霽，曲江湛不流。若臨瑶池間，想望崑崙丘。回首見黛色，渺然波上秋。深沉俯峥嶸，清淺延阻修。連潭萬木影，極其摹畫。插岸千岩幽。杳藹信難測，淵淪無暗投。片雲對漁父，獨鳥隨虚舟。我心寄青霞，世事慚白鷗。得意在乘興，忘懷非外求。良辰自多暇，忻與數子游。

岑參

暮秋山行

疲馬卧長坂，夕陽下通津。山風吹空林，颯颯如有人。蒼旻霽凉雨，石路無飛塵。千念集暮節，萬籟悲蕭辰。鶗鴂昨夜鳴，蕙草色已陳。况在遠行客，自然多苦辛。

【眉批】

殷璠曰：「『山風』二語，宜稱幽致。」

與高適薛據同登慈恩寺浮圖

塔勢如湧出，孤高聳天宫。登臨出世界，磴道盤虚空。突兀壓神州，峥嶸如鬼工。四角礙白日，七層摩蒼穹。下窺指高鳥，俯聽聞驚風。連山若波濤，奔走似朝東。青松夾馳道，宫觀何玲瓏。秋色從西來，蒼然滿關中。五陵北原上，萬古青濛濛。净理了可悟，勝因夙所宗。誓將挂冠去，覺道資無窮。

【眉批】

高廷禮曰：「《登慈恩塔》詩，岑參與高適、杜甫作皆雄渾悲壯，可以凌跨百代。」

東歸發犍爲至泥溪舟中作

前日解侯印，泛舟歸山東。平旦發犍爲，逍遥信回風。七月江水大，滄波漲秋空。復有峨眉僧，誦經在舟中。夜泊防虎豹，朝行逼魚龍。一道鳴迅湍，奇險。兩邊走連峰。猿拂岸花落，鳥啼岩樹重。烟藹吴楚連，泝沿湖海通。憶昨在西掖，復曾入南宫。日出朝聖人，端笏陪群公。不意今棄置，何由豁心胸。吾當海上去，且學乘槎翁。

【眉批】

蔣仲舒曰：「鋪張轉摺，絶處逢生，盡成奇賞。」

秋夜聽羅山人彈三峽流泉

皤皤岷山老，抱琴鬢蒼然。衫袖拂玉徽，爲彈三峽泉。此曲彈未半，高堂如空山。石林何颼飀，忽在窗户間。繞指弄嗚咽，青絲激潺湲。演漾怨楚雲，虚徐韻秋烟。疑兼陽臺雨，似雜巫山猿。幽引鬼神聽，净令耳目便。楚客腸欲斷，湘妃淚斑斑。誰裁青銅枝，緪以朱絲弦。能含古人曲，遞與今人傳。知音難再逢，惜君方老年。曲終月已落，惆悵東齋眠。

北亭贈宗學士道别

萬事不可料，突出奇峰。嘆君在軍中。讀書破萬卷，何事來從戎？曾逐李輕車，征西出太蒙。荷戈月窟外，擐甲崑崙東。兩度皆破胡，朝廷輕戰功。十年抵一命，萬里如飄蓬。容鬢老胡塵，衣裘脆邊風。忽來輪臺下，相見披心胸。飲酒對春草，彈棋聞夜鐘。今日還龜兹，臂上懸角弓。平沙向旅館，匹馬隨飛鴻。孤城倚大磧，海氣迎邊空。四月猶自寒，天山雪濛濛。君有賢主將，何謂泣途窮？時來整六翮，一舉凌蒼穹。

劉長卿

浮石瀨

秋月照瀟湘，月明聞盪槳。石横晚瀨急，水落寒沙廣。衆嶺猿嘯重，空江人語響。清暉朝復暮，如待扁舟賞。

陪元侍御游支硎寺

支公去已久，寂寞龍華會。古木閉空山，蒼然暮相對。林巒非一狀，水石有餘態。密竹藏晦明，群峰争向背。峰峰帶落日，步步入青靄。香氣空翠中，猿聲暮雲外。留連南臺客，想像西方内。因逐溪水還，觀心兩無礙。

錢　起

杪秋南山西峰題準上人蘭若

向山看霽色，步步豁幽性。反照亂流明，寒空千嶂静。石門有餘好，霞殘月欲映。上詣遠公廬，孤峰懸一徑。雲裏隔窗火，松間下山磬。客到兩忘言，猿心與禪定。只一句了題。

李祭酒別業俯視川林前帶雷岫

南山轉群木，昏曉擁山翠。小澤近龍居，青蒼常雨氣。君家北原上，千金買勝事。丹闕退朝迴，白雲迎賞至。新晴村落外，處處烟景異。片水明斷崖，餘霞入古寺。東皋指歸翼，月盡有餘意。

【眉批】

蔣仲舒曰：「有好景即有好句，所謂詩有別材也。」

韋應物

效陶彭澤

霜落悴百草，時菊獨妍華。物性有如此，逼陶。寒暑其奈何！掇英泛濁醪，日入會田家。盡醉茅簷下，一生豈在多。劉會孟曰：「蘇州詩去陶自近，至效陶體，則又取王夷甫語用之。故知晋人無不有風致可愛也。」

【眉批】劉會孟曰：「『物性』二語，似怨似達，甚好！」

幽居

貴賤雖異等，出門皆有營。獨無外物牽，遂此幽居情。微雨夜來過，不知春草生。青山忽已曙，鳥雀繞舍鳴。時與道人偶，或隨樵者行。自當安蹇劣，誰謂薄世榮。

【眉批】劉會孟曰：「古調本色，『微雨』一聯，似亦以痴得之。」

寄全椒山中道士

今朝郡齋冷，忽念山中客。澗底束荆薪，歸來煮白石。欲持一尊酒，遠慰風雨夕。落葉滿空山，何處尋行跡。《容齋隨筆》云：高妙超詣，而結句非思索可得。

【眉批】
劉會孟曰：「其詩自多此景，意及得如此，亦少。」

淮上即事寄廣陵諸故

前舟已渺渺，欲渡誰相待。秋山起暮鐘，楚雨連滄海。風波離思滿，宿昔容鬢改。獨鳥下東南，廣陵何處在。

【眉批】
劉会孟曰：「『風波』兩語，足以極初别之懷。」又曰：「偶然景，偶然語，不可再得。」

同德寺雨後寄元侍御李博士

川上風雨來，須臾滿城闕。岧嶤青蓮界，蕭條孤興發。前山遽已净，陰靄夜來歇。喬木生夏凉，流雲吐華月。嚴城自有限，一水非難越。相望曙河遠，高齋坐超忽。

南國陪王卿游矚題佳。

形迹雖拘檢，世事澹無心。郡中多山水，日夕聽幽禽。几閣文墨暇，園林春景深。雜花芳意散，緑池暮色深。君子有高躅，相携在幽尋。一酌何爲貴，可以寫冲襟。

【眉批】

蔣春甫曰：「六八韻脚，句法皆重。」

京郊

吏舍跼終年，出郊曠清曙。楊柳散和風，青山澹吾慮。依叢適自憩，緣澗還復去。微雨靄芳原，春鳩鳴何處。樂幽心屢止，遵事跡猶遽。終罷斯結廬，慕陶真可庶。

【眉批】

劉會孟曰：「自以爲得。」（批「青山」句）

藍嶺精舍

石壁精舍高，排雲聊直上。佳游愜始願，忘險得前賞。崕傾景方晦，谷轉川如掌。綠林含蕭條，飛閣起弘敞。道人上方至，深夜還獨往。日落群山陰，天秋百泉響。所嗟累已成，安得長偃仰。

柳宗元

田家三首

蓐食徇所務，驅牛向東阡。鷄鳴村巷白，夜色歸暮田。札札耒耜聲，飛飛來烏鳶。竭兹筋力事，特用窮歲年。盡輸助徭役，聊就空自眠。子孫日已長，世世還復然。

【眉批】

曾吉甫曰：「《田家》如『鷄鳴村巷白』、『里胥夜經過』等句，絶有淵明風味。」

劉會孟曰：「無怨之怨。」

其二

古道饒蒺藜，縈迴古城曲。蓼花被堤岸，陂水寒更緑。是時收穫竟，落日多樵牧。風高榆柳疏，霜重梨棗熟。行人迷去住，野鳥競栖宿。田翁笑相念，昏黑慎原陸。今年幸少豐，無厭饘與粥。

【眉批】

蔣春甫曰：「『笑相念』一轉是生意。」

其　三

籬落隔煙火，農談四鄰夕。庭際秋蟲鳴，疏麻方寂歷。蠶絲盡輸税，機杼空倚壁。里胥夜經過，鷄黍事筵席。各言官長峻，文字多督責。東鄉後租期，車轂陷泥澤。公門少推恕，鞭朴恣狼籍。努力慎經營，肌膚真可惜。斷腸語。迎新在此歲，唯恐踵前跡。

【眉批】又曰：「援里胥來説，亦《捕蛇者説》光景。」

南澗中題

秋氣集南澗，獨游停午時。峭整。迴風一蕭瑟，林影久參差。始至若有得，稍遠遂忘疲。羈禽響幽谷，寒藻舞淪漪。去國魂已游，懷人淚空垂。孤生易爲感，失路少所宜。索寞竟何事，徘徊只自知。誰爲後來者，當與此心期。

【眉批】蘇東坡曰：「此詩憂中有樂，樂中有憂，妙絶古今矣！」

劉會孟曰：「精神在『始至』十字，遂覺一篇蒼然，結得平淡。」

劉坦之曰：「子厚《初秋》篇未失爲沈、謝，此作自是唐韻。」

崔　灝

入若耶溪

輕舟去何疾，已到雲林境。起坐魚鳥間，動摇山水影。岩中響自答，溪裏言彌静。事事令人幽，停橈向餘景。

贈輕車

悠悠遠行歸，經春涉長道。幽冀桑始青，洛陽蠶欲老。憶昨戍馬地，别時心草草。烽火從北來，邊城閉常早。平生少相遇，未得展懷抱。今日杯酒間，見君交情好。

【眉批】蔣春甫曰：「『今日』二句，應轉『憶昨』句。」

陶　翰

古塞下曲

進軍飛狐北，窮寇勢將變。日落塵沙昏，背河更一戰。騂馬黄金勒，雕弓白羽箭。射殺左賢王，歸奏未央殿。欲言塞下事，天子不召見。東出咸陽門，哀哀淚如霰。含情無限。

早過臨淮

夜來三渚風，晨過臨淮島。潮中海氣白，城上楚雲蚤。鱗鱗漁浦帆，漭漭蘆洲草。川路日浩蕩，愁焉心如擣。且言任倚仗，何暇念枯槁。范子名屢移，蘧公志尚抱。古人已云去，此理今難道。

崔　署

山下晚晴

寥寥遠天静，溪路何空濛。斜光照疏雨，秋風〔氣〕生白虹。雲盡山色暝，蕭條西北風。故林歸宿處，一葉下梧桐。

潁陽東溪懷古

靈溪氛霧歇，皎鏡清心顔。空色不映水，秋聲多在山。世人久疏曠，萬物皆自閑。白鷗寒更浴，孤雲晴未還。昔時讓王者，此地閉玄關。無以躡高步，凄涼岑壑間。

蚤發交崕山還太室作

東林氣微白，寒鳥忽高翔。吾亦自兹去，北山歸草堂。杪冬正三五，日月遥相望。肅肅過潁上，朧朧辨夕陽。川冰生積雪，野火出枯桑。獨往路難盡，窮陰人易傷。傷此無衣客，如何蒙雨霜。

【眉批】

蔣仲舒曰：「末二句可删。」

宿大通和尚塔敬贈如闍黎廣心長孫錡二山人

支公已寂滅，塔影山上古。更有真僧來，道場救諸苦。一承微妙法，寓宿清净土。身心能自新，色相了無取。森森松映月，漠漠雲近户。嶺外飛電明，夜來前山雨。燃燈見栖鴿，作禮聞信鼓。曉霽南軒開，秋華净天宇。願言長出世，謝爾及申甫。

綦毋潛

題鶴林寺

道門隱形勝，向背臨層霄。松覆山殿冷，花藏溪路遥。珊珊寶旛掛，熠熠明燈燒。遲日半空谷，春風連上潮。少憑水木興，暫忝身心調。願謝携手客，兹山禪誦饒。

【眉批】

殷璠曰：「屹崒峭蒨，善寫方外之情。至如『松覆』句，不可多得。」

崔國輔

雜　詩

逢着平樂兒，論交鞍馬前。興酣一斗酒，恰用十千錢。後余在關内，作事多迍邅。何肯相救援，徒聞寶劍篇。

贈裴九侍御昌江草堂彈琴

朔風吹疏竹，積雪在崖巘。鳴琴草堂響，小澗清且淺。沉吟東山意，欲去芳歲晚。悵望黄綺心，白雲若在眼。

丁仙芝

江南曲五首

長干斜路北，近浦是兒家。有意來相訪，明朝出浣紗。

【眉批】

蔣春甫曰：「淺深直曲俱難到。」

其　二

發向横塘口，船開值急流。知郎舊時意，且請攏船頭。

其　三

昨暝逗南陵，風聲波浪阻。入浦不逢人，歸家誰信汝？

其　四

未眠已成妝，乘潮去茫茫。因從京口渡，使報邵陵王。

其　五

始下芙蓉樓，言發瑯琊岸。急爲打船開，惡許旁人見。

【眉批】

又曰：「只説影響。」

和薦福寺英公新構禪堂

上人久棄世，中道自忘筌。寂照出群有，了心清衆緣。所以於此地，築館開青蓮。果藥羅砌下，朝虹垂户前。呪中灑甘露，指處流香泉。神遠日無事，體清宵不眠。枳聞廬山法，松入漢陽禪。一枕四山外，虚舟常浩然。

司空曙

關山月

蒼茫明月上，夜久光如積。野漠冷胡霜，關樓宿邊客。隴頭秋露暗，磧外寒沙白。惟有故鄉人，霑裳此聞笛。

戎昱

塞上二首

慘慘寒日没，北風捲蓬根。將軍領疲兵，却入古塞門。回首指陰山，殺氣成黄雲。

其二

樓上畫角哀，即知兵心苦。試問左右人，無言淚如雨。何意休明時，終年事鼙鼓。

杜　牧

赴京初入汴口曉景即事寄兵部李郎中

清淮控隨漕，北走長安道。檣形櫛櫛斜，浪態迤迤好。初旭紅可染，明河澹如掃。澤闊鳥來遲，村饑人語早。露蔓蟲絲多，風蒲燕雛老。秋思高蕭蕭，客愁長裊裊。因懷京洛間，宦游何草草。什伍持津梁，傾湧爭追討。翾便詎可尋，袐幾安能考。小人乏馨香，上下將何禱。惟有君子心，顯豁如幽抱。

【眉批】

蔣仲舒曰：「三、四是選聲，五、六、七、八是致語，後半皆有規李兵部意。」

薛奇童

塞下曲

驕虜初南下，烟塵暗國中。獨召李將軍，夜開甘泉宮。一身許明主，萬里總元戎。霜甲卧不煖，夜半聞邊風。胡天早飛雪，芳檄多轉蓬。寒雲覆水重，秋氣連海空。金鞍誰家子，上馬鳴角弓。自是幽并客，非論愛立功。

杜頠

從軍行

秋草馬蹄輕，角弓持弦急。去爲龍城侯，正值胡兵襲。軍氣横大荒，戰酣日將入。長風金鼓動，白露鐵衣濕。四起愁邊聲，南轅時佇立。斷蓬孤自轉，寒雁飛相及。萬里雲沙漲，路平冰霰澀。夜聞漢使歸，獨向刀環泣。

【眉批】又曰：「他人《從軍行》多作豪語，此獨作苦語。」

卷二

七言古

王勃

滕王閣

滕王高閣臨江渚，珮玉鳴鸞罷歌舞。畫棟朝飛南浦雲，朱簾暮捲西山雨。閑雲潭影日悠悠，物换星移度幾秋。閣中帝子今何在？檻外長江空自流。只一結語，開後來多少法門。

【眉批】胡元瑞曰：「《滕王閣序》，神俊無比，即『畫棟』、『朱簾』四韻，亦唐人短歌之絶。」

盧照鄰

長安古意

長安大道連狹斜，青牛白馬七香車。玉輦縱横過主第，金鞍絡繹向侯家。龍銜寶蓋承朝日，鳳吐流蘇帶晚霞。百丈游絲争繞樹，一群嬌鳥共啼花。此以下，每叠上轉下，長篇中亦是一法。啼花戲蝶千門側，碧樹銀臺萬種色。複道交窗作合歡，雙闕連甍垂鳳翼。梁家畫閣天中起，漢帝金莖雲外直。樓前相望不相知，陌上相逢詎相識。借問吹簫向紫烟，曾經學舞度芳年。得成比目何辭死，願作鴛鴦不羨仙。比目鴛鴦真可羨，轉，實出意表。雙去雙來君不見。生憎帳額綉孤鸞，好取門簾帖雙燕。雙燕雙飛繞畫梁，羅幃翠被鬱金香。片片行雲着蟬鬢，纖纖初月上鴉黄。鴉黄粉白車中出，含嬌含態情非一。妖童寶馬鐵連錢，娼妓盤龍金屈膝。御史府中烏夜啼，廷尉門前雀欲栖。隱隱朱城臨玉道，遥遥翠幰没金堤。挾彈飛鷹杜陵北，探丸借客渭橋西。俱邀俠客芙蓉劍，共宿娼家桃李蹊。娼家日暮紫羅裙，清歌一囀口氤氲。北堂夜夜人如月，南陌朝朝騎似雲。南陌北堂連北里，奇古。五劇三條控三市。弱柳青槐拂地垂，佳氣紅塵暗天起。句法。漢代金吾千騎來，翡翠屠蘇鸚鵡杯。羅襦寶帶爲君解，燕歌趙舞爲君開。别有豪華稱將相，轉日回天不相讓。意氣由來排灌夫，專權判不容蕭相。專權意氣本豪雄，青虬紫燕坐生風。自言歌舞長千載，自謂驕奢凌五公。節物風光不相待，桑田碧海須臾改。昔時金堦白玉堂，即今惟見青松在。寂寂寥寥楊子居，年年歲歲一床書。獨有南山桂花發，飛來飛去襲人裾。一結大是神韻。

【眉批】

蔣春甫曰：「『游絲』、『嬌鳥』以上言車馬；『梁家』、『漢帝』以上言宫室；『妖童』、『娼婦』以上言声色；『芙蓉』、『桃李』以上言游俠；『灌夫』、『蕭相』以上言權勢。而末段謂一切豪華終歸于盡。而其言富麗，足以闡之。」

顧華玉曰：「語有來歷，非學問之力不及此。」

駱賓王

帝京篇

山河千里國，城闕九重門。不睹皇居壯，安知天子尊。皇居帝里崤函谷，鶉野龍山侯甸服。五緯連影集星纏，八水分流横地軸。秦塞重關一百二，漢家離宫三十六。桂殿陰岑對玉樓，椒房窈窕連金屋。三條九陌麗城隈，萬户千門平旦開。複道斜通鳷鵲觀，交衢直指鳳凰臺。劍履南宫入，簪纓北闕來。聲名冠寰宇，文物象昭回。鈎陳肅蘭戺，壁沼浮槐市。銅羽應風回，金莖承露起。校文天禄閣，習戰昆明水。朱邸抗平臺，黄扉通戚里。平臺戚里帶崇墉，炊金饌玉待鳴鐘。小堂綺帳三千户，大道青樓十二重。寶盖雕鞍金勒馬，蘭窗綉柱玉盤龍。綉柱璇題粉壁映，鏘金鳴玉王侯盛。王侯貴人多近臣，朝游北里暮南鄰。陸賈分金將燕喜，陳遵投轄正留賓。趙李經過密，蕭朱交結親。丹鳳朱城白日暮，青年紺幰紅塵度。俠客珠彈垂楊道，娼婦銀鈎採桑路。娼家桃李自芳菲，京華游俠事輕肥。延年女弟雙飛入，羅敷使君千騎歸。同心結縷帶，連理織成衣。春朝桂尊尊百味，秋夜蘭燈燈九微。翠幌珠簾不獨映，清歌寶瑟自相依。且論三萬六千是，寧知四十九年非。古來名利若浮雲，人生倚伏信難分。始見田竇相移奪，俄聞衛霍有功勳。未厭金陵氣，先開石槨文。朱門無復張公子，灞亭誰畏李將軍？相顧百齡皆有待，居然萬化咸應改。桂枝芳氣已銷亡，栢梁高宴今何在？春去春來苦自馳，争名争利徒爾爲。久留郎署終難遇，空鎖相門誰見知？當時一旦擅豪華，自言千載長驕奢。倏忽摶風生羽翼，須臾失浪委泥沙。黄雀徒巢桂，青門遂種瓜。黄金銷鑠素絲變，一貴一賤交情見。紅顔夙昔白頭新，脱粟布衣輕故人。故人有湮淪，新知無意氣。灰死韓安國，羅傷翟廷尉。已矣哉，歸去來！馬卿辭蜀多文藻，楊雄仕漢乏良媒。三冬自矜誠足用，十年不調幾邅回。汲黯薪逾積，孫弘閣未開。誰識長沙傅，獨負洛陽才？

【眉批】

王元美曰：「賓王長篇，雖極浮靡，亦有微瑕，而綴錦貫珠，滔滔洪遠，故是千秋絶藝。」

高廷礼曰：「歌行長篇，唐初獨賓王有《疇昔》、《帝京》二作，文極富麗。至盛唐絶少。元和後，元、白始相尚此製，世號『元白體』。然樂天每有所作，令老嫗能解則録之，故格調局而不高。」

劉廷芝

代悲白頭翁

洛陽城東桃李花，飛來飛去落誰家？洛陽女兒惜顔色，行逢落花長嘆息。今年花開顔色改，明年花開復誰在？已見松栢摧爲薪，更聞桑田變成海。古人無復洛城東，今人還對落花風。年年歲歲花相似，歲歲年年人不同。寄言全盛紅顔子，應憐半死白頭翁。此翁白頭真可憐，伊昔紅顔美少年。公子王孫芳樹下，清歌妙舞落花前。光禄池臺開錦綉，將軍樓閣畫神仙。一朝卧病無相識，三春行樂在誰邊？宛轉蛾眉能幾時，須臾鶴髮亂如絲。但看古來歌舞地，惟有黄昏鳥雀悲。

【眉批】

王元美曰：「宋延清集中，『靈隱詩』見賓王集，『落花詩』見希夷集，世遂謂宋作『靈隱』起聯，爲駱續成，劉吝『落花』二句爲宋所撲死。今究其辭氣、格調，則『靈隱』自當屬宋，『落花』自當屬劉。」

蔣仲舒曰：「半雅半俗，政佳。」

公子行

天津橋下陽春水，天津橋上繁華子。馬聲迴合青雲外，人影摇動緑波裏。緑波清迴玉爲砂，青雲離披錦作霞。可憐楊柳傷心樹，可憐桃李斷腸花。此日遨游邀美女，此時歌舞入娼家。娼家美女鬱金香，飛去飛來公子旁。的的朱簾白日映，娥娥玉顔紅粉妝。花際徘徊雙蛺蝶，池邊顧步兩鴛鴦。傾國傾城漢武帝，爲雲爲雨楚襄王。古來容光人所羡，况復今日遥相見。願作輕羅着細腰，願爲明鏡分嬌面。與君相向轉相親，遂轉到傷感處。與君雙栖共一身。願作貞松千歲古，誰論芳槿一朝新。百年同謝西山日，千秋萬古北邙塵。

【眉批】

謝茂秦曰：「秦嘉妻徐淑曰『身非形影，何得同而不離』。陽方曰『惟願長無别，合形作一身』。張藉曰『我今與子非一身，安得死生不相棄』。何仲默曰『與君非一身，安得不離别』。與希夷『與君』一聯同出一律。」

沈佺期

古　意

八月涼風動高閣，千金麗人捲綃幕。已憐池上歇芳菲，不念君恩坐摇落。世上榮華如轉蓬，朝隨阡陌暮雲中。飛燕侍寢昭陽殿，班姬飲恨長信宫。長信宫，昭陽殿，又作一頓。春來歌舞妾自知，秋至容華君不見。昔時嬴女厭世氛，學吹鳳簫乘綵雲。含情轉盼向蕭史，千載紅顔持贈君。

【眉批】

蔣仲舒曰：「此等作，多是寓言。」

宋之問

明河篇 委婉流麗，亦初唐傑作。如此才，徒求爲北門學士以見志，哀哉！

八月涼風天氣清，萬里無雲河漢明。昏見南樓清且淺，曉落西山縱復横。洛陽城闕天中起，長河夜夜千門裏。複道連甍共蔽虧，畫堂瓊户特相宜。雲母帳前初泛濫，水晶簾外轉透迤。倬彼昭回如練白，復出東城接南陌。南陌征人去不歸，誰家今夜搗寒衣？鴛鴦機上疏螢度，烏鵲橋邊一雁飛。雁飛螢度愁難歇，坐見明河漸微没。已能舒卷任浮雲，不惟高情，亦是妙理。不惜光輝讓流月。明河可望不可親，願得乘槎一問津。更將織女支機石，還訪成都賣卜人。

下山歌

下嵩山兮多所思，携佳人兮步遲遲。松間明月長如此，君再游兮復何時。

【眉批】

蔣仲甫曰：「有『宛其死矣』之思。」

至端州驛見杜審言諸友題壁慨然成咏

逐臣北地承嚴譴，謂到南中每相見。直如面談。豈意南中岐路多，千山萬水分鄉縣。雲摇雨散多翻飛，海闊天長音信稀。處處山川同瘴癘，自憐能得幾人歸！亦何嘗刻意爲工。

王翰

飲馬長城窟行

長安少年無遠圖，一生惟羨執金吾。麒麟殿前拜天子，走馬爲君西擊胡。胡沙獵獵吹人面，漢虜相逢不相見。遥聞鐘鼓動地來，傳道單于夜猶戰。此時顧恩寧顧身，爲君一行摧萬人。壯士揮戈迴白日，單于濺血污朱輪。歸來飲馬長城窟，長城道旁多白骨。問之耆老何代人？云是秦王築城卒。黄昏塞北無人烟，鬼哭啾啾聲沸天。無罪見誅功不賞，孤魂流落此城邊。當昔秦王按劍起，諸侯膝行不敢視。富國强兵二十年，築怨聲冤九千里。秦王築城何太愚，天實亡秦非北胡。一朝禍起蕭墻内，渭水咸陽不復都。

【眉批】

蔣仲舒曰：「此題作者多，而各自一格調。」

孫逖

山陰縣西樓

都邑西樓芳樹間，逶迤霽色繞江山。工緻甚，然音調落律矣。山月夜從公署出，落律矣。江雲晚對訟庭還。誰知春色朝朝好，二月飛花滿江草。一見湖邊楊柳風，遥憶青青洛陽道。

李白

烏夜啼

范德機曰：「漢、魏書多不可點，李詩亦難點。點之，則全篇有所不可擇焉。若此作與《烏栖曲》，可謂精金粹玉矣。」

黄雲城邊烏欲栖，歸飛啞啞枝上啼。機中織錦秦川女，碧紗如烟隔窗語。停梭悵然憶遠人，獨宿空房淚如雨。意景悠然言外，直是氣象不同。

【眉批】劉會孟曰：「語有深于此者，然情之所至，皆不如此，則亦不必深也。凡言樂府者，未足以知此。」

採蓮曲

若耶溪旁採蓮女，笑隔荷花共人語。日照新妝水底明，風飄香袂空中舉。岸上誰家游冶郎，三三五五映垂楊。紫騮嘶入落花去，見此踟躕空斷腸。

【眉批】劉會孟曰：「淺語盡情。」

獨漉篇

獨漉水中泥，水濁不見月。不見月尚可，水深行人没。越鳥從南來，胡鷹亦北渡。我欲彎弓向天射，惜其中道失歸路。落葉別樹，飄零隨風。客無所托，悲與此同。羅幃舒卷，淡境玄理。似有人開。明月直入，無心可猜。雄劍挂壁，時時龍鳴。不斷犀象，綉澀苔生。國耻未雪，何由成名！神鷹夢澤，不顧鴟鳶。爲君一擊，鵬摶九天。

【眉批】欒城遺言曰：「仙手自不可及。」

將進酒

君不見，黄河之水天上來，奔流到海不復回。又不見，高堂明鏡悲白髮，朝如青絲暮如雪。人生得意須盡歡，莫使金尊空對月。天生我材必有用，千金散盡還復來。烹羊宰牛且爲樂，會須一飲三百杯。岑夫子，轉折動盪自然。丹丘生，進酒君莫停。與君歌一曲，請君爲我側耳聽。鐘鼓饌玉不足貴，但願長醉不長醒。古來聖賢多寂寞，惟有飲者留其名。陳生昔日宴平樂，斗酒十千恣歡謔。主人何爲言少錢，徑須沽取對君酌。五花馬，千金裘，呼兒將出换美酒，與爾同消萬古愁。

【眉批】楊升庵曰：「太白狂歌，實中玄理，非故爲狂語者。」

江上吟

木蘭之枻沙棠舟，玉簫金管坐兩頭。美酒尊中置千斛，載妓隨波任去留。仙人有待乘黄鶴，海客無心隨白鷗。屈平詞賦懸日月，楚王臺榭空山丘。興酣落筆摇五嶽，詩成嘯傲凌滄洲。功名富貴若長在，漢水亦應西北流。常人語自非常人語。

【眉批】

蕭士贇曰：「達者之言。」

鳴臯歌送岑徵君

若有人兮思鳴臯，阻積雪兮心煩勞。洪河凌兢不可以徑度，冰龍鱗兮難容舠。邈仙山之峻極兮，聞天籟之嘈嘈。霜崖縞皓以合沓兮，若長風扇海，湧滄溟之波濤。玄猿緑羆，舔舕崟岌，危柯振石，駭膽慄魄，群呼而相號。峰崢嶸以路絶，挂星辰於岩嶅。送君之歸兮，動鳴臯之新作。交鼓吹兮彈絲，觴清冷之地閣。君不行兮何待？若反顧之黄鶴。掃梁園之群英，振大雅於東洛。巾征軒兮歷阻折，尋幽居兮越巘崿。盤白石兮坐素月，琴松風兮寂萬壑。望不見兮心氛氲，蘿冥冥兮霰紛紛。水横洞以下渌，波小聲而上聞。虎嘯谷而生風，龍藏溪而吐雲。寡鶴清唳，飢鼯嚬呻。魂獨處此幽默兮，愀空山而愁人。鷄聚族而争食，鳳孤飛而無鄰。蝘蜓嘲龍，魚目混珍。嫫母衣錦，西施負薪。若使巢由桎梏於軒冕兮，亦奚異乎夔龍蹩躠于風塵。哭何苦而救楚？笑何夸而却秦？吾誠不能學二子沽名矯節以耀世兮，固將棄天地而遺身。白鷗兮飛來，長與君兮相親。

【眉批】蔣仲舒曰：「句法短長，全以調勝。如南郭隱几，声振響答皆奇。後固于鱗所謂『强弩之末，英雄欺人』，雜以長語者也。」

范德機曰：「此作稍長，而詞意易見，亦楚人意也。與《遠別離》等篇皆佳，而彼深矣。」

歸來子曰：「此諄諄效屈原《卜居》、賈誼弔屈語，而白才逸蕩，故或離而去之。」

范德機曰：「唯其有『蝘蜓』、『魚目』、『巢由』、『夔龍』等語，故前輩嘗稱之，然實非太白用意處，妙不在此也。」

金陵酒肆留別

風吹柳花滿店香，吴姬壓酒勸君嘗。金陵子弟來相送，欲行不行各盡觴。請君試問東流水，別意與之誰短長？

【眉批】黄山谷曰：「至此乃真太白妙處，當潛心焉。」

劉會孟曰：「終是太白語别。」

贈裴十四

朝見裴叔則，朗如行玉山。黄河落天走東海，萬里寫入胸懷間。身騎白黿不敢渡，金高南山買君顧。徘徊六合無相知，飄若浮雲且西去。

杜甫

貧交行

翻手作雲覆手雨，紛紛輕薄何須數。君不見，管鮑貧時交，此道今人棄如土。

【眉批】
劉會孟曰：「只從俗諺語略證古意。」

折檻行

嗚呼，房魏不復見，秦王學士時難羨。青衿胄子困泥塗，白馬將軍若雷電。千載少似朱雲人，至今折檻空嶙峋。婁公不語宋公語，尚憶先皇容直臣。

【眉批】

蔣春甫曰：「有慨乎其言之。」

朱鳳行

君不見，瀟湘之山衡山高，山巔朱鳳深嗷嗷。側身長顧求其曹，翅垂口噤心甚勞。下慇白鳥在羅網，黄雀最少雛難逃。願分竹實及螻蟻，盡使鳴梟相怒號。

越王樓歌

綿州州府何磊落，顯慶年中越王作。孤城西北起高樓，碧瓦朱甍照城郭。樓下長江百尺清，山頭落日半輪明。君王舊跡今人賞，轉見千秋萬古情。

【眉批】

劉會孟曰：「不深不淺。」

秋　風

秋風淅淅吹我衣，東流之外西日微。天晴小城擣練急，石古細路行人稀。不知明月爲誰好，早晚孤帆他夜歸。會將白髮倚庭樹，故園池臺今是非。

【眉批】

趙次公曰：「只寫眼前景，宛轉含蓄，道不盡淒感之意。」

劉會孟曰：「如竹枝、樂府，矯矯長句，不必親切爲已。」

夜聞觱篥

夜聞觱篥滄江上，衰年側耳情所嚮。鄰舟一聽多感傷，塞曲三更欻悲壯。積雪飛霜此夜寒，孤燈急管復風湍。君知天地干戈滿，不見江湖行路難。

【眉批】

劉會孟曰：「君知干戈如此，則不復恨行路矣。實歷喟然。」

短歌行贈王郎司直

王郎酒酣拔劍斫地歌莫哀，我能拔爾抑塞磊落之奇才。豫章翻風白日動，鯨魚跋浪滄溟開。且脫劍佩休徘徊，西得諸侯棹錦水。欲向何門趿珠履，仲宣樓頭春色深。青眼高歌望吾子，眼中之人吾老矣！通篇飛舞豪爽，末收住有力。

【眉批】

劉會孟曰：「豪氣激人，堂堂復堂堂。『西得諸侯』以下，謂王郎知我，復舍此何向。」

范德機曰：「結句七字，而含無限之意，勢力如截奔馬。」

玄都壇寄元逸人

故人昔隱東蒙峰，已佩含景蒼精龍。世外人，世外語。故人今居子午谷，獨在陰崖結茅屋。屋前太古玄都壇，青石漠漠常風寒。子規夜啼山竹裂，王母晝下雲旗翻。知君此計成長往，芝草琅玕日應長。鐵鎖高垂不可攀，致身福地何蕭爽。

莫相疑行

男兒生無所成頭皓白，牙齒欲落真可惜。憶獻三賦蓬萊宮，自怪一日聲輝赫。集賢學士如堵墻，觀我落筆中書堂。往時文彩動人主，此日飢寒趨路傍。晚將末契托年少，當面輸心背面笑。寄謝悠悠世上兒，不爭好惡莫相疑。

【眉批】

劉會孟曰：「寫得徹至，懷抱如洗。」

高都護驄馬行

安西都護胡青驄，聲價歘然來向東。此馬臨陣久無敵，與人一心成大功。功成惠養隨所致，飄飄遠自流沙至。雄姿未受伏櫪恩，猛氣猶思戰場利。腕促蹄高如踣鐵，交河幾蹴層冰裂。五花散作雲滿身，萬里方看汗流血。長安壯兒不敢騎，走過掣電傾城知。青絲絡頭爲君老，何由却出橫門道。

【眉批】

楊用修曰：「馬之爲物最神駿，故古云『詩人、畫工，皆借之以寄其精工』。若杜工部、蘇東坡諸詩，極其形容，殆無餘巧。」

劉會孟曰：「只如此語絶是。」（批「青絲」二句）

送孔巢父謝病歸游江東兼呈李白

巢父棹頭不肯住，東將入海隨煙霧。詩卷長留天地間，釣竿欲拂珊瑚樹。深山大澤龍蛇遠，春寒野陰風景暮。蓬萊織女迴龍車，指點虛無引歸路。自是君身有仙骨，世人那得知其故。惜君只欲苦死留，富貴何如草頭露。蔡侯静者意有餘，清夜置酒臨前除。罷琴惆悵月照席，幾歲寄我空中書。南尋禹穴見李白，道甫問信今何如？

【眉批】劉會孟曰：「不必有所從來，不必有所指。玄之又玄，衆妙之門。」又曰：「『春寒』七字浩然，以其將隱也。」又曰：「其跌蕩創體類自得意，故成一家言。」

哀江頭

少陵野老吞聲哭，春日潛行曲江曲。江頭宫殿鎖千門，細柳新蒲爲誰緑？憶昔霓旌下南苑，苑中萬物生顔色。昭陽殿裏第一人，同輦隨君侍君側。輦前才人帶弓箭，白馬嚼齧黄金勒。翻身向天仰射雲，一箭正墜雙飛翼。明眸皓齒今何在？血污游魂歸不得！清渭東流劍閣深，去住彼此無消息。人生有情淚沾臆，江水江花豈終極？黄昏胡騎塵滿城，欲往城南忘城北。

【眉批】

蘇子由曰：「《大雅·綿》九章，事不接，文不屬，如連山斷嶺，相去絶遠，而氣象聯絡。若此首，詞氣如百金戰馬注坡，驀澗如履平地，得詩人遺法。」

李耆卿曰：「此詩妙在『清渭』二句。明皇、肅宗，一去一住，兩無消息，父子間人所難言，子美能言之。非但細柳新蒲之感而已。」

樂游園歌

樂游古園崒森爽，煙寒碧草萋萋長。公子華筵勢最高，秦川對酒平如掌。長生木瓢示真率，更調鞍馬狂歡賞。青春波浪芙蓉園，白日雷霆夾城仗。閶闔晴開映蕩蕩，曲江翠幕排銀榜。拂水低垂舞袖翻，緑雲清切歌聲上。却憶年年人醉時，只今未醉已先悲。數莖白髮那抛得，百罰深杯亦不辭。聖朝亦知賤士醜，一物自荷皇天慈。此身欲罷無歸處，獨立蒼茫自咏詩。

【眉批】

劉會孟曰：「每誦此結不自堪。」又曰：「吾常墮淚于此。」（批「此身」二句）

飲中八仙歌

知章騎馬似乘船，眼花落井水底眠。汝陽三斗始朝天，道逢麴車口流涎，恨不移封向酒泉。左相日興費萬錢，飲如長鯨吸百川，銜杯樂聖稱避賢。宗之瀟灑美少年，舉觴白眼望青天，皎如玉樹臨風前。蘇晉長齋綉佛前，醉中往往愛逃禪。李白一斗詩百篇，長安市上酒家眠。天子呼來不上船，自稱臣是酒中仙。張旭三杯草聖傳，脱帽露頂王公前，揮毫落紙如雲煙。焦遂五斗方卓然，高談雄辯驚四筵。

【眉批】

蔡元度曰：「此歌分八章，人人各異，雖重韻無害，亦三百篇分章之意也。」

劉會孟曰：「八篇近之，吾意復如題畫，人目一二語集之成歌。」又曰：「不倫不理，各極其醉趣，古無此體，無此妙。」

駿馬行

鄧公馬癖人共知，初得花驄大宛種。夙昔傳聞思一見，牽來左右神皆竦。雄姿逸態何𡾊崒，顧影驕嘶自矜寵。隅目青熒夾鏡懸，肉騣碨礧連錢動。朝來少試華軒下，未覺千金滿高價。赤汗微生白雪毛，銀鞍却覆香羅帕。卿家舊物公能取，天厩真龍此其亞。晝洗須騰涇渭深，朝趨可刷幽並夜。吾聞良驥老始成，此馬數年人更驚。豈有四蹄疾於鳥，不與八駿俱先鳴。時俗造次那得致，雲霧晦冥方降精。近聞下詔宣都邑，肯使麒麟地上行。

【眉批】

劉會孟曰：「『赤汗』二語，無緊要，有風味。」

哀王孫

長安城頭頭白烏，夜飛延秋門上呼。又向人家啄大屋，屋底達官走避胡。金鞭斷折九馬死，骨肉不待同馳驅。腰下寶玦青珊瑚，可憐王孫泣路隅。問之不肯道姓名，但道困苦乞爲奴。已經百日竄荆棘，狀出楚態。身上無有完肌膚。高帝子孫盡隆準，龍種自與常人殊。豺狼在邑龍在野，王孫善保千金軀。不敢長語臨交衢，且爲王孫立斯須。昨夜春風吹血腥，東來槖駞滿舊都。朔方健兒好身手，昔何勇鋭今何愚？竊聞太子已傳位，聖德北服南單于。花門剺面請雪耻，慎勿出口他人狙。用字奇。哀哉王孫慎勿疏，五陵佳氣無時無。

【眉批】

劉會孟曰：「起語如童謡，省叙事處。」

楊用修曰：「《三國典略》曰：『侯景簒位，令餙朱雀門，其日有白頭烏萬計，集于門樓。童謡曰：白頭烏，拂朱雀，還与吴。』此詩首句正用此，以侯景比禄山也，而千家注不知引此。」

劉會孟曰：「忠臣盡心，倉卒隱語，備盡情態。」

蘇端薛復筵簡薛華醉歌

文章有神交有道，端復得之名譽早。愛客滿堂盡豪傑，開筵上日思芳草。安得健步移遠梅，亂插繁花向晴昊。千里猶殘舊冰雪，百壺且試開懷抱。垂老惡聞戰鼓悲，急觴爲緩憂心擣。少年努力縱談笑，只如常談。看我形容已枯槁。座中薛華善醉歌，歌辭自作風格老。近來海内爲長句，汝與山東李白好。何劉沈謝力未工，才兼鮑照愁絶倒。諸生頗盡新知樂，萬事終傷不自保。一轉忽悲。氣酣日落西風來，願吹野水添金杯。如澠之酒常快意，亦知窮愁安在哉。忽憶雨時秋井塌，古人白骨生青苔，如何不飲令心哀。

【眉批】

劉會孟曰：「如此起語，不患辭窮。」又曰：「此老歌行之妙，有不自知其所至者。」

渼陂行

岑參兄弟皆好奇，携我遠來游渼陂。天地黯慘忽異色，波濤萬頃堆琉璃。琉璃汗漫泛舟入，事殊興極憂思集。鼉作鯨吞不復知，惡風白浪何嗟及。主人錦帆相爲開，舟子喜甚無氛埃。鳧鷖散亂棹謳發，絲管啁啾空翠來。沈竿續蔓深莫測，菱葉荷花浄如拭。宛在中流渤澥清，下歸無極終南黑。半陂已南純浸山，影動裊窕冲融間。船舷暝戛雲際寺，水面月出藍田關。此時驪龍亦吐珠，馮夷擊鼓群龍趨。湘妃漢女出歌舞，金支翠旗光有無。只尺但愁雷雨至，蒼茫不曉神靈意。少壯幾時奈老何，向來哀樂何其多！末收復一棹。

【眉批】

劉會孟曰：「寫景入微，煙波遠近，变態具足。」又曰：「慘愴之容，窈眇之思。」又曰：「尋常賦樂事，則所經歷駭愕者，置不復道。吾嘗游西湖，遇風雨誦此詩，如同舟同時。」

奉先劉少府新畫山水障歌

堂上不合生楓樹，起語驚人。怪底江山起煙霧。聞君掃却赤縣圖，乘興遣畫滄洲趣。畫師亦無數，好手不可遇。對此融心神，知君重毫素。豈但祁岳與鄭虔，筆跡遠過楊契丹。得非玄圃裂，無乃瀟湘翻？悄然坐我天姥下，耳邊已似聞清猿。反思前夜風雨急，乃是蒲城鬼神入。元氣淋灕障猶濕，真宰上訴天應泣。野亭春還雜花遠，自有畫意。漁翁暝踏孤舟立。滄浪水深清溟闊，欹岸側島秋毫末。不見湘妃鼓瑟時，至今斑竹臨江活。劉侯天機精，愛畫入骨髓。自有兩兒郎，揮灑亦莫比。大兒聰明到，能添老樹顛崖裏。小兒心孔開，貌得山僧及童子。若耶溪，雲門寺，吾獨胡爲在泥滓？青鞋布襪從此始。

【眉批】

范德機曰：「歌行之奇清景絶者。」

劉會孟曰：「玄淡活脱自在。」

范德機曰：「古今題畫之律度也。」

韋諷録事宅觀曹將軍畫馬圖引

國初以來畫鞍馬，神妙獨數江都王。將軍得名三十載，人間又見真乘黄。曾貌先帝照夜白，龍池十日飛霹靂。内府殷紅瑪瑙盤，婕妤傳詔才人索。盤賜將軍拜舞歸，輕紈細綺相追飛。貴戚權門得筆跡，始覺屏障生光輝。昔日太宗拳毛騧，近時郭家獅子花。今之新圖有二馬，復令識者久嘆嗟。此皆騎戰一敵萬，縞素漠漠開風沙。其餘七匹亦殊絶，迥若寒空動煙雪。霜蹄蹴踏長楸間，馬官厮養森成列。可憐凡馬争神駿，顧視清高氣深穩。借問苦心愛者誰？出脱变化，前無作者。後有韋諷前支遁。憶昔巡幸新豐宮，翠華拂天來向東。騰驤磊落三萬匹，皆與此圖筋骨同。自從獻寶朝河宗，無復射蛟江水中。君不見，金粟堆前松柏裏，龍媒去盡鳥呼風。

【眉批】

劉會孟曰：「起得疏鹵，正合古意。」又曰：「『騰驤』四語，沈着雅麗。」又曰：「長篇意外，淪痛險絶。」

丹青引贈曹將軍霸

將軍魏武之子孫，於今爲庶爲清門。英雄割據雖已矣，文采風流今尚存。學書初學衛夫人，但恨無過王右軍。丹青不知老將至，亦活。富貴於我如浮雲。開元之中常引見，承恩數上南薰殿。凌煙功臣少顔色，將軍下筆開生面。良相頭上進賢冠，猛將腰間大羽箭。褒公鄂公毛髮動，活動跌蕩，遂令後人如見。英姿颯爽來酣戰。先帝天馬玉花驄，畫工如山貌不同。是日牽來赤墀下，迥立二字意從容。閶闔生長風。詔謂將軍拂絹素，意匠慘淡經營中。斯須九重真龍出，一洗萬古凡馬空。玉花却在御榻上，榻上庭前屹相向。至尊含笑催錫金，圉人太僕皆惆悵。弟子韓幹早入室，亦能畫馬窮殊相。幹惟畫肉不畫骨，忍使驊騮氣凋喪。名重。將軍善畫蓋有神，必逢佳士亦寫真。即今飄泊干戈際，屢貌尋常行路人。誰謂此老口不毒。途窮反遭俗眼白，世上未有如公貧。但看古來盛名下，終日坎壈纏其身。劉會孟曰：「首尾悲壯、動盪，皆名言。」

【眉批】

劉會孟曰：「起語激昂慷慨，少有及此。三四接得又暢。後四語突兀下來，往復浩蕩，只在裏許，自是筆意至此，非思致所及。」

洪容齋曰：「不妨獨步。」（批「一洗」句）

許彦周曰：「子美曰：『一洗萬古凡馬空。』東坡《觀吴道子畫詩》曰：『筆所未到勢已吞。』吾不得見其畫，二詩足以當之。」

高　適

行路難二首

長安少年不少錢，能騎駿馬鳴金鞭。五侯相逢大道邊，美人弦管争留連。黄金如斗不敢惜，不穩。片言如山莫棄捐。安知憔悴讀書者，暮宿靈臺私自憐。

其　二

君不見，富家翁，舊時貧賤誰比數。一朝金多結豪貴，百事勝人健如虎。金多就百事勝人，可慨。子孫成行滿眼前，妻能管弦妾能舞。自矜一身忽如此，却笑旁人獨愁苦。東鄰少年安所如，席門窮巷出無車。有才不肯學干謁，何用年年空讀書？

【眉批】

蔣仲舒曰：「寫出落落無知己意。」

邯鄲少年行

邯鄲城南游俠子，自矜生長邯鄲裏。千場縱博家仍富，幾處報讎身不死。宅中歌笑日紛紛，門外車馬如雲屯。未知肝膽向誰是？慨絶古今。令人却憶平原君。君不見，今日交態薄，黄金用盡還疏索。以兹感嘆辭舊游，更於時事無所求。且與少年飲美酒，往來射獵西山頭。

【眉批】

殷璠曰：「適詩多任胸臆，有氣骨。至如『未知肝膽』二語，余所深愛，吟諷不厭矣。」

燕歌行

漢家煙塵在東北，漢將辭家破殘賊。男兒本是重横行，天子非常賜顔色。摐金伐鼓下榆關，旌旆逶迤碣石間。校尉羽書飛瀚海，單于獵火照狼山。山川蕭條極邊土，胡騎憑陵雜風雨。戰士軍前半死生，美人帳下猶歌舞。大漠窮秋塞草腓，孤城落日鬥兵稀。身當恩遇常輕敵，力盡關山未解圍。鐵衣遠戍辛勤久，玉筯應啼别離後。少婦城南欲斷腸，征人薊北空回首。邊庭飄颻那可度，絶域蒼茫無所有。殺氣三時作陣雲，寒聲一夜傳刁斗。相看白刃雪紛紛，死節從來豈顧勳？君不見，沙場征戰苦，至今猶憶李將軍。

【眉批】

殷璠曰：「高適詩有雄氣，朝野皆賞其文。至如《燕歌行》等作，更多奇句。」

蔣仲舒曰：「『少婦』以後，又是一番『斷腸』情況。」

人日寄杜二拾遺

人日題詩寄草堂，遥憐故人思故鄉。柳條弄色不忍見，梅花滿枝空斷腸。身在南蕃無所預，心懷百憂復千慮。今年人日空相憶，明年人日知何處？一卧東山三十春，豈知書劍老風塵。龍鍾還忝二千石，愧爾東西南北人。

【眉批】
洪景盧曰：「高適《寄杜》云『愧爾東西南北人』，杜則云『東西南北正堪論』。如鍾磬在簴，叩之則應，非若今人酬和爲次韻所局也。」

漁父歌

曲岸深潭一山叟，駐眼看鈎不移手。世人欲得知姓名，良久問他不開口。筍皮笠子荷葉衣，心無所營守釣磯。料得孤舟無定止，日暮持竿何處歸。

九月九日酬顏少府

簷前白日應可惜，籬上黄花爲誰有？行子迎霜未授衣，主人得錢始沽酒。蘇秦憔悴人多厭，蔡澤棲遲世看醜。縱使登高只斷腸，宛轉無聊。不如獨坐空搔首。

送田少府貶蒼梧

沉吟對遷客，惆悵西南天。昔爲一官未得意，今向萬里令人憐。念茲斗酒成暌間，停舟嘆君日將晏。遠樹應連北地春，行人却羡南歸雁！丈夫窮達未可知，看君不合長數奇。江山到處堪乘興，楊柳青青那足悲。

【眉批】

王元美曰：「『行人』句，詩家能道，『遠樹』句，無人能道。」

賦得還山吟送沈四山人

還山吟，天高日暮寒山深，送君還山識君心。人生老大須恣意，看君解作一生事。山間偃仰無不至，石泉淙淙若風雨，桂花松子常滿地。賣藥囊中應有錢，還山服藥又長年。白雲勸盡杯中物，明月相隨何處眠？眠時憶問醒時事，收語出不意。夢魂可以相周旋。

送蔡山人

東山布衣明古今，自言獨未逢知音。識者閱見一生事，到處豁然千里心。看書學劍長辛苦，近日方思謁明主。斗酒相留醉復醒，悲歌數年淚如雨。丈夫遭遇不可知，買臣主父皆如斯。我今蹭蹬無所似，看爾崩騰何苦爲？

【眉批】

蔣仲舒曰：「了了又復了了。」

寄宿田家

田家老翁住東陂，説道平生隱在茲。髮白未曾記日月，山青每到識春時。即寒盡不知年之意，此却渾古。門前種柳深成巷，野谷流泉添入池。牛壯日耕十畝地，俗語自可。人閑常掃一茆茨。客來滿酌清尊酒，感興平吟才子詩。岩際窟中藏鼷鼠，潭邊竹裏隱鸕鷀。村墟日落行人少，醉後無心怯路岐。今夜只應還寄宿，明朝拂曙與君辭。

【眉批】

蔣仲舒曰：「淺淺説勝深深説，百爾所思，不如一言。」

封丘縣

我本漁樵孟諸野，一生自是悠悠者。乍可狂歌草澤中，寧堪作吏風塵下。祇言小邑無所爲，公門百事皆有期。拜迎官長心欲碎，鞭撻黎庶令人悲。悲來向家問妻子，舉家盡笑今如此。生事應須南畝田，世情付與東流水。夢想舊山安在哉，爲銜君命日遲迴。乃知梅福徒爲爾，轉憶陶潛《歸去來》。

【眉批】

胡元瑞曰：「起語疏蕩。」

岑參

登古鄴城

下馬登鄴城，城空復何見？黯然。東風吹野火，暮入飛雲殿。城隅南對望陵臺，漳水東流不復回。武帝宫中人去盡，年年春色爲誰來？

【眉批】何元朗曰：「此作格調摹之《滕王閣》。」

韋員外家花樹歌

今年花似去年好，去年人到今年老。始知人老不如花，可惜落花君莫掃。君家兄弟不可當，列卿御史尚書郎。朝回花底怕會客，花撲玉缸春酒香。結句緊處忽放，淡中有味。

【眉批】蔣仲舒曰：「閑言冷語，分外緊峭有趣。」

秦箏歌送外甥蕭正歸京

汝不聞，秦箏聲最苦，五色纏弦十三柱。怨調慢聲如欲語，一曲未終日移午。紅亭水木不知暑，忽彈黄鍾和白紵。清風颯來雲不去，聞之酒醒淚如雨。汝歸秦兮彈秦聲，秦聲悲兮聊送汝。

【眉批】

蔣仲舒曰：「樂府佳語，極如童謡。」

胡笳歌送顔真卿使赴河隴

君不聞，胡笳聲最悲，紫髯緑眼胡人吹。吹之一曲猶未了，愁殺樓蘭征戍兒。凉秋八月蕭關道，北風吹斷天山草。崑崙山南月欲斜，胡人向月吹胡笳。胡笳悲兮將送君，秦山遥望隴山雲。邊城夜夜多愁夢，向月胡笳誰喜聞？

【眉批】

蔣仲舒曰：「第五句以下又詳説一番。」

太白胡僧歌

聞有胡僧在太白，蘭若去天三百尺。一持《楞伽》入中峰，世人難見但聞鐘。窗邊錫杖解兩虎，床下鉢盂藏一龍。草衣不針復不綫，兩耳垂肩眉覆面。此僧年幾那得知，手種青松今十圍。心將流水同清浄，身與浮雲無是非。商山老人已曾識，願一見之何由得。中山有僧人不識，城裏看山空黛色。

李頎

崔五丈圖屏風各賦一物得烏孫佩刀

烏孫腰間佩兩刀，刃可吹毛錦爲帶。握中枕宿穹廬室，馬上割飛蠮螉塞。執之魍魎誰能前，氣凜清風沙漠邊。磨用陰山一片玉，奇警、響亮、可玩。洗將胡地獨流泉。主人屏風寫奇狀，鐵鞘金環儼相向。回頭搔首時一看，使予心在江湖上。

别梁鍠

梁生倜儻心不羈，途窮氣蓋長安兒。回頭轉盼似雕鶚，有志飛鳴人豈知。雖云四十無禄位，曾與大軍掌書記。抗辭請刃誅部曲，作色論兵犯二帥。一言不合龍額侯，擊劍拂衣從此棄。朝朝飲酒黄公壚，脱帽露頂争叫呼。庭中犢鼻昔常挂，懷裏琅玕今在無？時人見子多落魄，描得俗眼如畫。共笑狂歌非遠圖。忽然遣躍紫騮馬，還是昂藏一丈夫。洛陽城頭曉霜白，層冰峨峨滿川澤。但聞行路吟新詩，不嘆舉家無儋石。莫言貧賤長可欺，覆簣成山當有時。莫言富貴長可托，木槿朝看暮還落。不見古時塞上翁，倚伏由來任天作。去去滄波勿復陳，五湖三江愁殺人！

王　維

洛陽女兒行

洛陽女兒對門居，纔可顏容十五餘。良人玉勒乘驄馬，侍女金盤膾鯉魚。畫角朱樓盡相望，紅桃緑柳垂簷向。羅帷送上七香車，寶扇迎歸九華帳。狂夫富貴在青春，意氣驕奢劇季倫。自憐碧玉親教舞，不惜珊瑚持與人。春窗曙滅九微火，九微片片飛花瑣。戲罷曾無理曲時，妝成衹是薰香坐。城中相識盡繁華，日夜經過趙李家。將憐越女顏如玉，貧賤江頭自浣紗。

答張五弟

終南有茅屋，前對終南山。終年無客長閉關，終日無心長自閑。不妨飲酒復垂釣，君但能來相往還。

【眉批】

蔣仲舒曰：「四『終』字弄出奇趣，然亦非安排可得。」

寄崇梵僧

崇梵僧，崇梵僧，秋歸覆釜春不還。落花啼鳥紛紛亂，澗户山窗寂寂閑。峽裏誰知有人事，郡中遥望空雲山。

崔　灝

孟門行

黄雀銜黄花，有《選》意。翩翩傍簷隙。本擬報君恩，如何反彈射？金罍美酒滿座春，平原愛才多衆賓。滿堂盡是忠義士，何意得有讒諛人？諛言反覆那可道，能令君心不自保！北園新栽桃李枝，根株未固何轉移？成陰結實君自取，若問傍人那得知！

【眉批】

蔣仲舒曰：「前四句自喻，中六句賦讒，後四句諷聽讒者。」

顧華玉曰：「古辭中意自佳。」

代閨人答輕薄少年

妾家近隔鳳凰池，粉壁紗窗楊柳垂。本期漢代金吾壻，誤嫁長安游俠兒。兒家夫壻多輕薄，借客探丸重然諾。平明挾彈入新豐，日晚揮鞭出長樂。青絲白馬冶游園，能使行人駐馬看。自矜陌上繁華盛，不念閨中花鳥闌。花間陌上春將晚，走馬鬥鷄猶未返。三時出望無消息，一去那知行近遠。桃李花開覆井欄，朱樓落日捲簾看。愁來欲奏相思曲，抱得秦箏不忍彈。

【眉批】

蔣仲舒曰：「後四句便是絶妙古閨情。」

行路難

君不見，建章宫裏金明枝，萬萬長條拂地垂。二月三月花如霰，九重深幽君不見。艷彩朝含四寶宫，香風吹入朝雲殿。漢家宫女春未闌，愛此芳草朝暮看。來看去看心不忘，攀折將安鏡臺上。雙雙素手剪不成，兩兩紅妝笑相向。建章昨夜起春風，一花飛入長信宫。長信麗人見花泣，憶此珍樹何嗟及。我昔初在昭陽時，朝攀暮折登玉墀。只言歲歲長相對，不悟今朝遥相思。一結有餘情。

孟浩然

送王七尉松滋

君不見，巫山神女作行雲，霏紅沓翠曉氛氳。嬋娟流入襄王夢，倏忽還隨零雨分。空中飛去復飛來，朝朝暮暮下陽臺。愁君此去爲仙尉，便逐行雲去不回。

丁仙芝

餘杭醉歌贈吳山人

曉幙紅襟燕，春城白項烏。只來梁上語，不向府中趨。城頭坎坎鼓聲曙，滿庭新種櫻桃樹。桃花昨夜撩亂開，當軒發色映樓臺。十千兑得餘杭酒，二月春城長命杯。酒後留君待明月，還將明月送君回。

劉　復

長歌行

淮南木落秋雲飛，楚宫商歌今正悲。青春白日不與我，當壚舉酒勸君持。出門驅馳四方事，徒用辛勤不得意。三山海底無見期，百齡世間莫虚棄。君不見，金城帝業漢家有，東制諸侯欲長久。奸雄竊命風塵昏，函谷重關不能守。龍蛇出没經兩朝，胡虜憑陵大道銷。河水東流宫闕盡，五陵松柏自蕭蕭。唤醒世人多少。

【眉批】

顧華玉曰：「從來感慨多不出此意。」（批「河水」二句）

儲光羲

登戲馬臺作

君不見，宋公杖鉞誅燕后，英雄踴躍争趨走。小會衣冠吕梁壑，大徵甲卒碻磝口。天門神武樹元勳，九日茱萸饗六軍。泛泛樓船游極浦，摇摇歌吹動浮雲。居人滿目市朝變，霸業猶存齊楚甸。泗水南流桐栢川，沂山北走瑯琊縣。滄海沉沉晨霧開，彭城烈烈秋風來。少年自言未得意，日暮蕭條登古臺。

張謂

贈喬林

去年上策不見收，今年寄食仍淹留。羨君有酒能便醉，羨君無錢能不憂。如今五侯不待客，羨君不入五侯宅。如今七貴方自尊，羨君不過七貴門。丈夫會應有知己，直捷道出。世上悠悠安足論！

【眉批】
顧華玉曰：「正言此二詩俱放逸，第前密後疏，當慎取法耳。」
劉會孟曰：「可想其人。」（批「丈夫」二句）

湖中對酒作

夜坐不厭湖上月，晝行不厭湖上山。眼前一尊又長滿，心中萬事如等閑。主人有黍萬餘石，濁醪數斗應不惜。即今相對不盡歡，别後相思復何益？茱萸灣頭歸路賒，願君且宿黄公家。風光若此人不醉，參差辜負東園花。

【眉批】
劉會孟曰：「便覺楚楚。」
殷璠曰：「此詩與《代北州老翁答》在物情外，但衆人未曾説耳。又何必歷遐遠探古迹，然後始爲冥搜。」

王昌齡

城傍曲

秋風鳴桑條，草白狐兔驕。邯鄲飲來酒未消，城北原平掣皂鵰。射殺空營兩騰虎，回身却月佩弓鞘。壯武如題。

烏栖曲

白馬逐牛車，黄昏入狹斜。狹斜柳樹烏争宿，争枝未得飛上屋。東房少婦壻從軍，每聽烏啼知夜分。此詩妙在有意無意之間。

【眉批】胡元瑞曰：「少伯《烏栖曲》有韻有神，可追蹤太白。」

崔國輔

對酒吟

行行日將夕，卑弱不宜還。荒村古冢無人跡。蒙籠荆棘一烏鳴，屢唱提壺沽酒吃。古人不達酒不足，遺恨精靈傳此曲。寄言世上諸少年，平生且盡杯中醁。

賈　至

巴陵寄李二户部張四禮部

江南芳草初冪冪，愁殺江南獨愁客。秦中楊柳也應春，筆好。轉憶秦中相憶人。萬里鶯花不相見，登高一望淚沾巾。

【眉批】

蔣春甫曰：「弄奇撮合。」

王季友

觀于舍人壁畫山水

野人宿在山家少，朝見此山謂山曉。佳聯。半壁仍栖嶺上雲，開簾欲放湖中鳥。獨坐長松是阿誰，再三招手起來遲。于公大笑向余說，小弟丹青能爾爲。

【眉批】楊用修曰：「『野人宿在人家少』，今唐詩誤作『山家』，既云『野人』，何得少宿山家耶？」

常建

古興

轆轤井上雙梧桐，飛鳥銜花日將夕。深閨女兒莫愁年，玉指泠泠怨金碧。石榴裙裾蛺蝶飛，見人不語顰蛾眉。青絲素絲紅緑絲，織成錦衾當爲誰？

【眉批】蔣仲舒曰：「五、六畫出嬌容，七、八情語殊絶。」

元結

宿洄溪翁宅

長松萬株繞茆舍，怪石寒泉近簷下。老翁八十猶能行，將領兒孫行蒔稼。吾羨老翁居處幽，吾愛老翁無所求。時俗是非何足道，得似老翁吾即休。

【眉批】

歸來子曰：「結性耿介，故其見于詩者，亦冲淡而隱約。至《宿洄溪翁宅》，翛然若有塵外之趣云。」

薛　業

洪州客舍寄柳博士芳

去年燕巢主人屋，今年花發路旁枝。年年爲客不到舍，舊國存亡那得知。胡塵一起亂天下，何處春風無別離。

【眉批】

蔣仲舒曰：「語不煩而意盡，直捷中有委婉。」

鮑　防

雜　感

漢家海内承平久，萬國戎王皆稽首。天馬常銜苜蓿花，胡人歲獻蒲萄酒。五月荔枝初破顔，朝辭象郡夕函關。雁飛不度桂陽嶺，馬走先過林邑山。甘泉御果垂仙閣，日暮無風香自落。遠物皆重近皆輕，鷄雖有德不如鶴。

劉長卿

新安送陸澧歸江陰

新安路，人來去。早潮復晚潮，明日知何處。潮水無情亦解歸，自憐長在新安住。

長沙贈衡岳祝融峰般若禪師

般若公，般若公，負鉢何時下祝融。歸路却看飛鳥外，禪房空掩白雲中。桂花寥寥閑自落，流水無心西復東。

入桂渚次砂牛石穴

扁舟傍歸路，日暮瀟湘深。湘水清見底，楚雲淡無心。片帆落桂渚，獨夜依楓林。楓林月出猿聲苦，桂渚天寒桂花吐。此中無處不堪愁，江客相看淚如雨。

【眉批】

王元美曰：「『楚雲淡無心』五字，不下『幽州白日寒』。彼意活，此意沉。」

聽笛歌留别鄭協律

舊游憐我長沙謫，載酒沙頭送遷客。天涯望月自沾衣，一轉便活。江上何人復吹笛。横笛能令孤客愁，緑波淡淡如不流。商聲寥亮羽聲苦，江天寂歷江楓秋。静聽關山聞一叫，三湘月色悲猿嘯。又吹楊柳激繁音，千里春色傷人心。隨風飄向何處落，唯見曲盡平湖深。明發與君離别後，馬上一聲堪白首。

【眉批】

蔣春甫曰：「遂有意外奇雋之語。中唐如此，雖巧庸何傷。」

錢起

賦得青城山歌送楊杜二郎中赴蜀軍

蜀山西南千萬重，仙經最説青城峰。青城嶔岑倚空碧，遠壓峨眉吞劍壁。錦屏雲起易成霞，玉洞花明不知夕。星臺二妙逐王師，阮瑀軍書王粲詩。日落猿聲連玉笛，晴來山翠傍旌旗。緑蘿春月營門近，知君對酒遥相思。結見送意。

郎士元

郢州西樓吟

連山盡處水縈迴，山上城門臨水開。朱闌直下一百丈，日暖游鱗自相向。昔人愛險閉層城，今人愛閑江復清。沙洲楓岸無來客，草緑花紅山鳥鳴。閑冷自然。

【眉批】

劉會孟曰：「此等語有興有怨。」

戎　昱

聽杜山人彈胡琴

緑琴胡笳誰妙彈，山人杜陵董庭蘭。董君少與山人友，山人别來今已久。當時海内求知音，囑付胡琴在君手。杜陵工琴四十年，琴聲在音不在弦。座中爲我奏此曲，滿堂蕭瑟如窮邊。第一第二拍，淚盡蛾眉落番客。更聞出塞入塞聲，窮廬氊帳難爲情。胡天雨雪四時下，五月不曾芳草生。須臾促軫變宫徵，一聲悲兮一聲喜。南看漢月雙眼明，却顧胡兒寸心死。回紇數年收洛陽，洛陽士女皆驅將。豈無父母與兄弟，聞此哀情皆斷腸。杜陵先生證此道，沈家祝家皆絶倒。如今世上風雅衰，若箇深知此聲好。世上愛筝不愛琴，則明此調難知音。今朝促軫爲君奏，不向俗流傳此心。

【眉批】蔣仲舒曰：「末後稍寓知音微意。」

李益

野田行

日没出古城，野田何茫茫。寒狐嘯青冢，鬼火燒白楊。昔人未爲泉下客，行到此中曾斷腸。

【眉批】顧華玉曰：「『斷腸』語復委曲，不堪多讀。」

韓　愈

越裳操

雨之施，物以孳。我何意，於彼爲。自周之先，其艱其勤。以有疆宇，私我後人。我祖在上，四方在下。厥臨孔威，敢戲以侮。孰荒於門，孰治於田。四海既均，越裳是臣。

【眉批】

唐子西曰：「《琴操》非古詩，非騷詞，當推退之爲得體。」

嚴滄浪曰：「退之《琴操》極高古，正是本色，至《越裳操》尤非唐賢所及。」

履霜操

父兮兒寒，母兮兒飢。兒罪當笞，逐兒何爲。兒在中野，以宿以處。四無人聲，誰與兒語。兒寒何衣，兒飢何食。兒行于野，履霜以足。母生衆兒，有母憐之。獨無母憐，兒寧不悲。

【眉批】

劉會孟曰：「不怨非情也，乃怨也，此《小弁》之志與？只飢寒履霜，反覆感切，真可以泣鬼神，此所以爲

《琴操》也。」

汴州亂二首

汴州城門朝不開，天狗墜地聲如雷。健兒争誘殺留後，連屋累棟燒成灰。諸侯只尺不敢救，孤士何者自興哀。

【眉批】

蕭士贇曰：「可以想唐政矣。」

其二

母從子走者爲誰？大夫夫人留後兒。昨日乘車騎大馬，坐者起趨乘者下。廟堂不肯用干戈，嗚呼奈汝母子何。

白居易

醉題沈子明壁

不愛君家十叢菊，不愛君家萬竿竹。愛君簾下唱歌人，色如芙蓉聲如玉。我有陽關君未聞，若聞亦應愁殺君。

張若虛

春江花月夜

春江潮水連海平，海上明月共潮生。灔灔隨波千萬里，何處春江無月明！江流宛轉繞芳甸，月照花林皆似霰。空裏流霜不覺飛，汀上白沙看不見。江天一色無纖塵，皎皎空中孤月輪。江畔何人初見月？江月何年初照人？人生代代無窮已，江月年年望相似。不知江月照何人，但見長江送流水。白雲一片去悠悠，青楓浦上不勝愁。誰家江上扁舟子？何處相思明月樓？可憐樓上月徘徊，應照離人妝鏡臺。玉户簾中卷不去，擣衣砧上拂還來。此時相望不相聞，願逐月華流照君。鴻雁長飛光不度，魚龍潛躍水成文。昨夜閑潭夢落花，可憐春半不還家。江水流春去欲盡，江潭落月復西斜。斜月沉沉藏海霧，碣石瀟湘無限路。不知乘月幾人歸，落月摇情滿江樹。

【眉批】

胡元瑞曰：「張若虛《春江》詩流暢宛轉，出劉希夷《白頭翁》上。詳其體製，固初唐高倡也。」

蔣春甫曰：「轉入閨思，愈益輕盈。」（批「誰家」句）

張　鼎

鄴城引

君不見，漢家失統三靈變，魏武争雄六龍戰。盪海吞江制中國，迴天運斗應南面。隱隱都城紫陌開，迢迢分野黄星見。流年不駐漳河水，明月俄終鄴國宴。文章猶入管弦新，帷座空銷狐兔塵。可惜望陵歌舞處，松風四面莫愁人。

衛　萬

吴宫怨

君不見，吴王宫閣臨江起，不捲珠簾見江水。曉氣晴來雙闕間，潮聲夜落千門裏。勾踐城中非舊春，姑蘇臺下起黄塵。衹今惟有西江月，曾照吴王宫裏人。二句李白用爲絶句。

【眉批】

胡元瑞曰：「此詩可与《滕王閣》封壘。」又曰：「此二詩，初唐短歌，極可師法，繼作頗多。第八句爲章，平仄相半，軌轍定一，歌行中律體矣。」

韋元甫

木蘭歌

唧唧復唧唧，木蘭當户織。不聞機杼聲，惟聞女嘆息。問女何所思，問女何所憶？女亦無所思，女亦無所憶。昨夜見軍帖，可汗大點兵，軍書十二卷，卷卷有爺名。阿爺無大兒，木蘭無長兄，願爲市鞍馬，從此替爺征。東市買駿馬，西市買鞍韉，南市買轡頭，北市買長鞭。旦辭爺娘去，暮宿黄河邊，不聞爺娘唤女聲，但聞黄河流水鳴濺濺。旦辭黄河去，暮至黑山頭，不聞爺娘唤女聲，但聞燕山胡騎鳴啾啾。萬里赴戎機，關山度若飛。朔氣傳金柝，寒光照鐵衣。將軍百戰死，壯士十年歸。歸來見天子，天子坐明堂。策勳十二轉，賞賜百千强。可汗問所欲，木蘭不用尚書郎，願馳千里足，送兒還故鄉。爺娘聞女來，出郭相扶將。阿妹聞姊來，當户理紅妝。小弟聞姊來，磨刀霍霍向猪羊。開我東閣門，坐我西閣床。脱我戰時袍，着我舊時裳。當窗理雲鬢，挂鏡貼花黄。出門看火伴，火伴始驚惶。同行十二年，不知木蘭是女郎。雌兔脚撲朔，雄兔眼迷離。雙兔傍地走，安能辨我是雌雄！

【眉批】

劉後村曰：「《樂府》唯此作叙事體，有始有卒，雖辭多質俚，然有古意。」

嚴滄浪曰：「《木蘭歌》最古，然『朔氣傳金柝』二語，已似太白，必非漢魏所作。」

李　冶

賦得三峽流泉歌

妾家本住巫山雲，巫山流泉常自聞。玉琴奏出轉寥敻，宜似當時夢中聽。巫峽迢迢幾千里，一時流入幽閨裏。巨石崩崖指下生，飛波走浪弦中起。初疑噴怒含雷風，又似嗚咽流不通。回湍曲瀨勢將盡，時復滴瀝平沙中。憶昔阮公爲此曲，能令仲容聽不足。一彈既罷還一彈，願比流泉鎮相續。

卷三

五言律

王績

野望

東皋薄暮望，徙倚欲何依。樹樹皆秋色，山山唯落暉。牧人驅犢返，獵馬帶禽歸。相顧無相識，長歌懷采薇。

【眉批】何元朗曰：「當武德初，猶有陳、隋餘習。無功能盡洗鉛華，獨存體質。又誕放脱落，于情性最近。其詩近而不淺，質而不俗，有魏晋風。」

楊　炯

從軍行

烽火照西京，心中自不平。牙璋辭鳳闕，鐵騎繞龍城。雪暗凋旗畫，風多雜鼓聲。寧爲百夫長，勝作一書生。

【眉批】蔣仲舒曰：「三、四實而不拙，五、六虚而不浮。」

劉　生

卿家本六郡，年長入三秦。白璧酬知己，黄金謝主人。劍鋒生赤電，馬足起紅塵。日暮歌鐘發，喧喧動四鄰。

王　勃

杜少府之任蜀州

城闕輔三秦，風煙望五津。與君離别意，同是宦游人。海内存知己，天涯若比鄰。無爲在岐路，兒女共沾巾。

【眉批】

顧華玉曰：「多少嘆息，不見愁語。」

胡元瑞曰：「唐初五言律，唯王勃《送薛華》及此詩終篇不着景物，而氣骨蒼然，實首啓盛、中妙境。」

韋承慶

凌朝浮江旅思

天晴上初日，春水送孤舟。山遠疑無樹，潮平似不流。老杜有「江平不肯流」，本此。然此自勝。岸花開且落，江鳥沒還浮。羈望傷千里，長歌追四愁。

陳子昂

春夜别友人

銀燭吐青煙，金尊對綺筵。離堂思琴瑟，别路繞山川。明月隱高樹，長河没曉天。悠悠洛陽去，此會是何年？楊用修曰：《穆天子傳》「天子之寶，璿珠燭銀」。郭璞曰：「銀有精光如燭也。」簡文詩：「燭銀逾漢女。」此用銀燭字，本此。

【眉批】

田子秇曰：「八腰字皆仄，不覺其病，然亦當戒。」

蔣仲舒曰：「起語奇拔，後來岑參多用此。」

送別崔著作東征

金天方肅殺，白露始專征。王師非樂戰，之子慎佳兵。海氣侵南部，邊風掃北平。莫賣盧龍塞，歸邀麟閣名。

【眉批】

方萬里曰：「此篇平仄不粘，唐詩多有此體。」

蔣春甫曰：「杜審言亦有送崔詩。杜詩莊，此詩活；杜詩祝，此詩規。」

晚次樂鄉縣

故鄉杳無際，日暮且孤征。川原迷舊國，道路入邊城。野戍荒煙斷，深山古木平。如何此時恨，噭噭夜猿鳴。

【眉批】

胡元瑞曰：「五言律仄起高古者，此等苦不多得。」又曰：「『野戍』二語，平淡簡遠，王、孟二家之祖。」

杜審言

蓬萊三殿侍宴奉敕詠終南山

北斗挂城邊，南山倚殿前。雲標金闕迥，樹杪玉堂懸。半嶺通佳氣，中峰繞瑞煙。小臣持獻壽，長此戴堯天。

秋夜宴臨津鄭明府宅

行止皆無地，招尋獨有君。酒中堪累月，妙！身外即浮雲。霜白霄鐘徹，風清曉漏聞。坐攜餘興往，還似未離群。

和康五望月有懷

明月高秋迥，愁人獨夜看。暫將弓並曲，翻與扇俱團。霧濯清輝苦，風飄素影寒。羅衣一此鑒，頓使別離難。

【眉批】

方萬里曰：「起句似與其孫子美同。以終篇味之，乃少陵翁家法也。」

送崔融

君王行出將，書記遠從征。祖帳連河闕，軍麾動洛城。旌旗朝朔氣，笳吹夜邊聲。坐覺煙塵掃，秋風古北平。結句老。

和晉陵陸丞相早春游望

獨有宦游人，偏驚物候新。雲霞出海曙，梅柳度江春。淑氣催黄鳥，晴光轉緑蘋。忽聞歌古調，歸思欲沾巾。

【眉批】

劉會孟曰：「起得悵恨，『雲霞』二句便自浩然。」

楊用修曰：「此詩妙在『獨有』、『忽聞』四虚字。殷仲文詩『獨有清秋日』，審言雖二字，亦不苟也。」

沈佺期

銅雀臺

昔年分鼎地，今日望陵臺。一旦雄圖盡，千秋遺令開。綺羅君不見，歌舞妾空來。恩共漳河水，東流無重回。

【眉批】蔣春甫曰：「一筆掃來，氣格夐別。」

巫　山

巫山高不極，合沓壯奇新。暗谷疑風雨，陰崖若鬼神。月明三峽曉，潮滿九江春。爲問陽臺客，應知入夢人。

【眉批】蔣仲舒曰：「生意不出腔子外。」

出塞

十年通大漠，萬里出長平。寒日生戈劍，陰雲拂旆旌。饑烏啼舊壘，此言不空作。疲馬戀空城。辛苦皋蘭北，胡塵損漢兵。

宋之問

扈從登封途中作

帳殿鬱崔嵬，仙游實壯哉。曉雲連幕捲，夜火雜星回。谷暗千旗出，山鳴萬乘來。扈游良可賦，終乏掞天才。

送沙門弘景道俊玄奘還荆州應制

一乘歸净域，萬騎餞通莊。就日離亭近，彌天別路長。荆南旋杖鉢，渭北限津梁。何日紓真果，還來入帝鄉。

李嶠

長寧公主東庄侍宴

別業臨青甸，鳴鑾降紫霄。長筵鵷鷺集，仙管鳳凰調。樹接南山近，烟含北渚遥。承恩咸已醉，戀賞未還鑣。

詠海

習坎流丹壑，朝宗合紫微。三山巨鼇湧，萬里大鵬飛。樓寫青山翠，珠含明月輝。會同添霧露，方遂衆川歸。

詠城

四海稱天府，三河建洛都。飛雲藹層闕，白日麗南隅。獨下仙人鳳，群驚御史烏。何辭一萬里，邊徼捍匈奴。

蘇頲

奉和登驪山高頂應制

仙蹕御層芬，高高積翠分。岩聲中谷應，天語半空聞。豐樹連黄葉，函關入紫雲。聖圖恢寓縣，歌賦少横汾。

張　說

恩敕麗正殿書院賜宴應制

東壁圖書府，西園翰墨林。誦《詩》聞國政，講《易》見天心。位竊和羹重，恩叨醉酒深。載歌春興曲，情竭爲知音。

【眉批】

蔣仲舒曰：「末非應制體。」

岳州宴別潭州王熊

縉雲通省閣，溝水遽西東。然諾心猶在，容華歲不同。孤城臨楚塞，遠樹入秦宮。誰念三千里，江潭一老翁。

幽州夜宴

涼風吹夜雨，蕭瑟動寒林。正有高堂宴，能忘遲暮心。軍中宜劍舞，塞上重笳音。不作邊城將，誰知恩遇深。

【眉批】蔣仲舒曰：「顯淺處最圓活。」

還至端州驛前與高六別處

舊館分江口，凄然望落暉。相逢傳旅食，臨別换征衣。昔記山川是，今傷人代非。往來皆此路，生死不同歸。

張九齡

奉和聖製次瓊岳韻

山祇亦望幸，雲雨見靈心。岳館逢朝霽，關門解宿陰。咸京天上近，清渭日邊臨。我武因東狩，何言是即禽。

【眉批】蔣仲舒曰：「有氣象又寓規諷。」

湖口望廬山瀑布水

萬丈紅泉落，迢迢半紫氛。奔流下雜樹，直欲逼真。灑落出重雲。日照虹霓似，天清風雨聞。靈山多秀色，空水共氤氳。

送廣州周判官

海郡雄蠻落，津亭壯越臺。城隅百雉映，水曲萬家開。里樹桄榔出，時禽翡翠來。觀風猶未盡，早晚使車迴。

崔　湜

江樓夕望

試陟江樓望，悠悠去國情。楚山霞外斷，漢水月中平。公子留遺邑，夫人有舊城。蒼蒼烟霧裏，何處是咸京。從熟中得來。

賀知章

送人之軍中

常經絶脉塞，復見斷腸流。送子成今別，令人起昔愁。隴雲晴半雨，邊草夏先秋。萬里長城寄，無貽漢國憂。

【眉批】蔣春甫曰：「精切流動，結亦正。」

孫　逖

宿雲門寺閣

香閣東山下，煙花象外幽。懸燈千嶂夕，卷幔五湖秋。画壁餘鴻雁，紗窗宿斗牛。更疑天路近，夢與白雲游。

【眉批】謝茂秦曰：「『懸燈』二句與『窗中三楚盡，林外九江平』立意、造句皆同，總描寫高意。」

玄宗皇帝

幸蜀西至劍門

劍閣横雲峻，鑾輿出狩回。翠屏千仞合，丹嶂五丁開。灌木縈旗轉，仙雲拂馬來。乘時方在德，嗟爾勒銘才。

【眉批】

王元美曰：「明皇藻豔不過文皇，而骨氣勝之。語象則『春來津樹合，月落戍樓空』。語景則『馬色分朝景，鷄聲逐曉風』。語氣則『翠屏千仞合，丹嶂五丁開』。語致則『豈不惜賢達，其如高尚心』。雖使燕、許草創，沈、宋潤色，亦不過此。」

李白

塞下曲三首

五月天山雪，無花只有寒。笛中聞《折柳》，春色未曾看。曉戰隨金鼓，宵眠抱玉鞍。願將腰下劍，直爲斬樓蘭。

【眉批】

胡元瑞曰：「李白《塞下曲》、《別宋之悌》、《度荆門》，孟浩然《岳陽樓》，王維《岐王應教》、《秋宵寓直》、《觀獵》，岑參《送李太僕》，王灣《北固山下》，崔灝《潼關》，祖咏《江南旅情》，俱盛唐高作，視初唐格調如一，而神韻超玄，氣概閎逸，時或過之。」

其二

駿馬似風飈，鳴鞭出渭橋。彎弓辭漢月，插羽破天驕。陣解星茫盡，營空海霧消。功成画麟閣，獨有霍嫖姚。

其三

塞虜乘秋下，天兵出漢家。將軍分虎竹，戰士卧龍沙。邊月隨弓影，胡霜拂劍花。玉關殊未入，少婦莫長嗟。

秋思

燕支黄葉落，妾望自登臺。海上碧雲斷，單于秋色來。胡兵沙塞合，漢使玉關回。征客無歸日，空悲蕙草摧。

金陵二首

六代興亡國，三杯爲爾歌。苑方秦地少，山似洛陽多。古殿吳花草，深宫晋綺羅。並隨人事滅，東逝與滄波。

其二

地擁金陵勢，城迴江水流。當時百萬户，接得奇陡。夾道起朱樓。亡國生春草，王宫没古丘。空餘後湖月，波上對江洲。

【眉批】

蔣春甫曰：「如此來又好。」

温泉侍從歸逢故人

漢帝長楊苑，夸胡羽獵歸。子雲叨侍從，獻賦有光輝。激賞搖天筆，承恩賜御衣。逢君奏明主，他日共翻飛。

侍從游宿温泉宫作

羽林十二將，羅列應星文。霜仗懸秋月，霓旌卷夜雲。嚴更千户肅，清樂九天聞。日出瞻佳氣，葱葱繞聖君。

送友人

青山横北郭，白水繞東城。此地一爲别，孤蓬萬里征。浮雲游子意，落日故人情。揮手自兹去，蕭蕭班馬鳴。

【眉批】

蔣春甫曰：「不如此接，便無生氣。」（批「此地」二句）

送友人入蜀

見説蠶叢路，崎嶇不易行。山從人面起，亦幻亦真。雲傍馬頭生。芳樹籠秦棧，春流繞蜀城。升沉應已定，不必問君平。

【眉批】胡元瑞曰：「結句更精。」

過崔八丈水亭

高閣横秀氣，清幽並在君。簷飛宛溪水，窗落敬亭雲。猿嘯風中斷，漁歌月裏聞。閑隨白鷗去，沙上自爲群。

【眉批】劉會孟曰：「此老原無俗氣。」

秋登宣城謝朓北樓

江城如畫裏，山曉望晴空。句法。兩水夾明鏡，雙橋落彩虹。人煙寒橘柚，秋色老梧桐。誰念北樓上，臨風懷謝公。

【眉批】王元美曰：「太白『人烟』二語，黄魯直更之曰：『人家圍橘柚，秋色老梧桐。』只易兩字，而醜態畢具，真點金作鐵手耳。」

太原早秋

歲落衆芳歇，當時大火流。霜威出塞草，雲色渡河秋。夢繞邊城月，心飛故國樓。思歸若汾水，無日不悠悠。只是一個直捷。

孟浩然

臨洞庭

八月湖水平，便别。涵虚混太清。氣蒸雲夢澤，波撼岳陽城。欲濟無舟楫，端居耻聖明。坐觀垂釣者，徒有羡魚情。

【眉批】劉會孟曰：「起得渾渾，稱題，『蒸』『撼』偶然，不是下字而氣概横絶，樸不可易。『端居』感興深厚，末語托興可傷。」

胡元瑞曰：「起句雖律，而合古意。」

與諸子登峴山

人事有代謝，往來成古今。江山留勝跡，我輩復登臨。水落魚梁淺，天寒夢澤深。羊公碑尚在，讀罷淚沾巾。

【眉批】劉會孟曰：「不必苦思自然好，復非苦思所及。」又曰：「起得高古，略無粉色，而情境俱稱，悲慨勝于形容，真峴山詩也。復有能言，亦在下風。」

題義公禪房

義公習禪寂，結宇依空林。户外一峰秀，堦前衆壑深。夕陽連雨足，空翠落庭陰。看取蓮花净，方知不染心。

宿立公房

支遁初求道，深公笑買山。如何石岩趣，自入户庭間。苔澗春泉滿，蘿軒夜月閑。見宿意。能令許玄度，吟卧不知還。

【眉批】劉會孟曰：「亦自在有味。」

和李侍御渡松滋江

南紀西江闊，皇華御史雄。截流寧假楫，挂席自生風。寮采争攀鷁，魚龍亦避驄。坐聽《白雪》唱，翻入棹歌中。

【眉批】劉會孟曰：「頌德語。」

王　維

同崔員外郎秋宵寓直

建禮高秋夜，承明候曉過。九重寒漏徹，萬井曙鐘多。月迴藏珠斗，雲消出絳河。更慚衰朽質，南陌共鳴珂。

終南山

太乙近天都，連山到海隅。白雲迴望合，青靄入看無。分野中峰變，陰晴衆壑殊。欲投人宿處，隔水問樵夫。

【眉批】

劉會孟曰：「語不必深，僻清奪衆，妙！」

皇甫子循曰：「李益《聞笛詩》，教坊取爲度曲曉行詩，好事寫爲圖畫。若此詩結語與孟浩然『再來迷處所，隔水問樵夫』並可入畫。」

過香積寺

不知香積寺，數里入雲峰。古木無人徑，深山何處鐘。泉聲咽危石，日色冷青松。薄暮空潭曲，安禪制毒龍。

【眉批】顧與新曰：「幽深，本色語，不雜一句。潔浄玄微，無聲無色。」

登辨覺寺

竹徑從初地，蓮峰出化城。窗中三楚盡，林外九江平。嫩草承趺坐，長松響梵聲。空居法雲外，觀世得無生。無論興象，兼是故實，此詩亦然。

【眉批】方萬里曰：「此似是廬山僧寺，三、四形容廣大，其語即無雕刻。而『窗中』、『林外』四字，一了數千里，佳甚！」

送平淡然判官

不識陽關路，新從定遠侯。黄雲斷春色，畫角起邊愁。瀚海經年別，交河出塞流。須令外國使，知飲月支頭。

送劉司直赴安西

絶域陽關道，胡煙與塞塵。三春時有雁，萬里少行人。苜蓿隨天馬，蒲萄逐漢臣。當令外國懼，不敢覓和親。

【眉批】

劉會孟曰：「無意之意。」

蔣春甫曰：「是安西語。」

送邢桂州

鐃吹喧京口，風波下洞庭。赭圻將赤岸，擊汰復揚舲。日落江湖白，潮來天地青。明珠歸合浦，應逐使臣星。

使至塞上

單車欲問邊，屬國過居延。征蓬出漢塞，歸雁入胡天。大漠孤煙直，長河落日圓。蕭關逢候吏，都護在燕然。

【眉批】蔣仲舒曰：「曠遠之景。孤烟如何直？須要理會。」

觀獵

風勁角弓鳴，將軍獵渭城。草枯鷹眼疾，雪盡馬蹄輕。忽過新豐市，還歸細柳營。回看射鵰處，千里暮雲平。蔣仲舒曰：「發端近古，武元衡『草枯馬蹄輕，角弓勁如石』正用右丞語。」

【眉批】劉會孟曰：「有氣概，極是畫意。」

胡元瑞曰：「首起句綺麗精工，與沈、宋合調。」

岑參

送張郎中赴隴右覲省卿公

中郎鳳一毛，世上獨賢豪。弱冠已銀印，出身惟寶刀。還家卿月迥，度隴將星高。幙下多相識，邊書醉懶操。

送子尉南海

不擇南州尉，高堂有老親。樓臺重蜃氣，邑里雜鮫人。海暗三山雨，花明五嶺春。此鄉多寶玉，慎勿厭清貧。

【眉批】徐子擴曰：「首尾有規意。始言養親，故不擇小官。終言守己，故不貪重寶。」

送任郎中出守明州

罷起郎官草，初分刺史符。城邊樓枕海，郭裏樹侵湖。郡政旁連楚，朝恩獨借吴。觀潮秋正好，莫不上姑蘇。

送張子東歸

白羽緑弓弦，年年只在邊。還家劍鋒盡，出塞馬蹄穿。逐虜西踰海，平胡北到天。封侯應不遠，燕頷豈徒然。

奉送李太保兼御史大夫充渭北節度使即太尉光弼弟

詔出未央宫，登壇近總戎。上公周太保，副相漢司空。弓抱關西月，旗翻渭北風。弟兄皆許國，天地荷成功。

登總持閣

高閣逼諸天，登臨近日邊。晴開萬井樹，愁看五陵煙。檻外低秦嶺，窗中小渭川。早知清净理，常願奉金仙。

【眉批】

蔣仲舒曰：「評者以爲，低秦嶺見得高，小渭川見得遠，余謂總是高意。」

寄左省杜拾遺

聯步趨丹陛，分曹限紫微。曉隨天仗入，暮惹御香歸。白髮悲花落，青雲羨鳥飛。聖朝無闕事，自覺諫書稀。「白髮」二語托興堪咏。

高適

送劉評事充朔方判官賦得征馬嘶

征馬向邊州，蕭蕭嘶未休。思深應帶別，聲斷爲兼秋。岐路風將遠，關山月共愁。贈君從此去，何日大刀頭。從題目上做造出來。

送鄭侍御謫閩中

謫去君無恨，閩中我舊過。大都秋雁少，只是夜猿多。東路雲山合，南天瘴癘和。自當逢雨露，行矣慎風波。

【眉批】

蔣仲舒曰：「道得真率自然，勢亦流走。」

同郡公登濮陽聖寺閣

落日登臨處，悠然意不窮。佛因初地識，人覺四天空。來雁清霜後，孤帆遠樹中。徘徊傷寓目，蕭索對寒風。

使青夷軍入居庸二首

匹馬行將夕，征途去轉難。不知邊地別，祇訝客衣單。溪冷泉聲苦，山空木葉乾。莫言關塞極，雨雪尚漫漫。「不知邊地別」二語諷詠不厭。

其二

古鎮青山口，寒風落日時。岩巒鳥不過，冰雪馬堪遲。出塞應無策，還家賴有期。東山足松桂，歸去結茅茨。

自薊北歸

驅馬薊門北，北風邊馬哀。蒼茫遠山口，豁達胡天開。五將已深入，前軍止半迴。誰憐不得意，長劍獨歸來。

醉後贈張九旭

世上謾相識，此翁殊不然。興來書自聖，醉後語猶顛。白髮老閑事，青雲在目前。床頭一壺酒，能更幾回眠。

【眉批】蔣春甫曰：「起語老，又不犯難手。」

别馮判官

碣石遼西地，漁陽薊北天。關山唯一道，雨雪盡三邊。才子方爲客，將軍正渴賢。遥知幕下府，書記日翩翩。不作奇險語。

别王八

征馬嘶長路，離人挹佩刀。客來東道遠，歸去北風高。時候何蕭索，鄉心正鬱陶。傳君遇知己，行日有綈袍。此首情味覺竭。

杜　甫

登兖州城樓

東郡趨庭日，南樓縱目初。浮雲連海岱，平野入青徐。孤嶂秦碑在，荒城魯殿餘。從來多古意，臨眺獨躊躇。趙子常曰：「曰『從來』，則平昔抱懷可見。曰『獨』，則同登樓者未必知之。」

【眉批】

劉會孟曰：「俯仰感慨語，何地無之。」

方虛谷曰：「後聯感慨，秦魯俱亡，以『古意』二字結之，尤妙！」

房兵曹胡馬

胡馬大宛名，鋒稜瘦骨成。竹批雙耳峻，風入四蹄輕。所向無空闊，真堪托死生。驍騰有如此，萬里可橫行。

【眉批】

劉會孟曰：「彷彿老成，亦無玄黄，亦無牝牡。」

趙子常曰：「詞氣落落，飛行萬里之勢，如在目中。」

喜達行在所三首

兩憶岐陽信，無人遂却迴。眼穿當落日，心死著寒灰。霧樹行相引，蓮峰望或開。所親驚老叟，辛苦賊中來。

【眉批】趙子常曰：「曲折開闔，非親歷間關不能道。」

其二

愁思胡笳夕，凄涼漢苑春。生還今日事，間道暫時人。司隸章初睹，南陽氣已新。喜心翻倒極，嗚咽淚沾巾。

【眉批】劉會孟曰：「『間道』五字可傷，即旦莫人耳。『暫時』更警，結句深惋，此豈隨人憂樂語。」

其三

死去憑誰報，歸來始自憐。猶瞻太白雪，喜遇武功天。影静千官裏，心蘇七校前。今朝漢社稷，新數中興年。

【眉批】劉會孟曰：「他人累百言不能自愬，一見垂淚。」

趙子常曰：「題言『達行在所』，而詩多追説脱身跋涉之苦。所謂痛定思痛，愈于在痛時也。」

月

天上秋期近，人間月影清。入河蟾不没，擣藥兔長生。只益丹心苦，能添白髮明。干戈知滿道，休照國西營。

春宿左省

花隱掖垣暮，啾啾栖鳥過。星臨萬户動，月傍九霄多。不寢聽金鑰，因風想玉珂。明朝有封事，數問夜如何。劉會孟曰：「『星臨』句與『風連西極動』相近，星動較奇。」

【眉批】趙子常曰：「凡爲五言，工在一字，謂之句眼。如此詩三、四『動』字、『多』字，後詩五、六『濕』字、『低』字之類是也。山谷云『拾遺句中有眼』，推此可見。」

晚出左掖

晝刻傳呼淺，春旗簇仗齊。退朝花底散，歸院柳邊迷。樓雪融城濕，宮雲去殿低。避人焚諫草，騎馬欲鷄栖。

【眉批】

劉會孟曰：「三、四穠麗。可想『焚諫草』不欲人知也，人見其焚，是猶欲知也。焚且避人，正點破古事。結語讀之數過，懇惻忠實，謂爲日夕淺耳。」

送翰林張司馬南海勒碑

冠冕通南極，大體。文章落上台。詔從三殿去，碑到百蠻開。野館濃花發，春帆細雨來。不知滄海上，天遣幾時迴。

【眉批】

劉會孟曰：「起語壯而險，五、六驛程旅館，又喜又悲。」

秦州雜詩三首

秦州城北寺，傳是隗囂宮。苔蘚山門古，丹青野殿空。月明垂葉露，雲逐度溪風。清渭無情極，愁時獨向東。

【眉批】

范德機曰：「渭水無情而知東向，爲臣不知尊王，此子美愁時有取于水也。」

其　二

聞道尋源使，從天此路迴。牽牛去幾許，宛馬至今來。一望幽燕隔，何時郡國開。東征健兒盡，羌笛暮吹哀。

【眉批】

劉會孟曰：「無緊要，有風刺。」又曰：「只是張騫寫得好。」

其　三

鳳林戈未息，魚海路常難。候火雲峰峻，懸軍幕井乾。風連西極動，月過北庭寒。故老思飛將，何時議築壇。

送　遠

帶甲滿天地，胡爲君遠行。親朋盡一哭，鞍馬去孤城。草木歲月晚，關河霜雪清。別離已昨日，因見古人情。

【眉批】劉會孟曰："如畫出塞圖矣。"
又曰："結兩語兩意，『別離』則『昨日』矣。往往古人亦如我也，自怪其情之悲也。"

客亭

秋窗猶曙色，木落更天風。日出寒山外，江流宿霧中。聖朝無棄物，老病已成翁。多少殘生事，飄零任轉蓬。

【眉批】趙子常曰："末句愁而不怒，哀而不傷，故非後來所及。"

題玄武禪師屋壁

何年顧虎頭，滿壁畫滄洲。赤日石林氣，青天江海流。錫飛常近鶴，杯渡不驚鷗。似得廬山路，真隨惠遠游。胡元瑞曰："『錫飛』二語，杜用事入化處，然不作用事看，則古廟荒凉，畫壁飛動，亦更無人可着語，此杜老千古絶技，未易追也。"

【眉批】楊用修曰：「晋釋惠遠有《游廬山詩》，世罕傳，猶見于廬山古石刻耳。此詩結句正用此事，字亦不虛，千家注不知引此。」

滕王亭子

寂寞春山路，君王不復行。古墻猶竹色，虛閣自松聲。鳥雀荒村暮，雲霞過客情。尚思歌吹入，千騎把霓旌。

【眉批】《石林詩話》曰：「『猶』、『自』二字皆工妙，人不可及。」

趙子常曰：「五、六應首句，結尾應二句，傷今懷古，曲盡變態。」

玉臺觀

浩劫因王造，平臺訪古游。綵雲蕭史駐，文字魯恭留。宫闕通群帝，乾坤到十洲。人傳有笙鶴，時過北山頭。

【眉批】劉會孟曰："三、四又極典雅。"

觀李固請司馬題山水圖

方丈渾連水，天台總映雲。人間常見畫，老去恨空聞。范蠡舟偏小，王喬鶴不群。此生隨萬物，何處出塵氛。

【眉批】劉會孟曰："四句自傷足力之不繼也，三句亦足愧人之不能往者，『萬物』句語樸，故佳。"

禹廟

禹廟空山裏，秋風落日斜。荒庭垂橘柚，古屋畫龍蛇。雲氣生虛壁，江聲走白沙。早知乘四載，疏鑿控三巴。

【眉批】劉會孟曰："三、四語皆本色語暗用。"

哭嚴僕射歸櫬

素幔隨流水，歸舟返舊京。老親如宿昔，部曲異平生。風送蛟龍雨，天長驃騎營。一哀三峽暮，遺後見君情。

【眉批】

劉會孟曰：「『風送』句謂其化爲蛟龍，而天送之雨，情景慘然，與天長意合。」

旅夜書懷

細草微風岸，危檣獨夜舟。星隨平野闊，月湧大江流。名豈文章著，官因老病休。飄飄何所似，天地一沙鷗。

【眉批】

劉會孟曰：「等閑風月，着一『湧』字，更覺不同。」

謝茂秦曰：「有對則切對，如子美『星隨平野闊，月湧大江流』是也。無對則不必對，如子美『鴻雁幾時到，江湖秋水多』是也。」

船下夔州郭宿雨濕不得上岸别王十二判官

依沙宿舸船，石瀨月娟娟。風起春燈亂，江鳴夜雨懸。晨鐘雲外濕，勝地石堂偏。柔櫓輕鷗外，含凄覺汝賢。

【眉批】

劉會孟曰：「三、四精意不刻。」

登岳陽樓

昔聞洞庭水，今上岳陽樓。吴楚東南坼，乾坤日夜浮。親朋無一字，老病有孤舟。戎馬關山北，憑軒涕泗流。劉會孟曰：「三、四氣壓百代，爲五言雄渾之絶。下兩句略不用意，而情景適等。」

【眉批】

唐子西曰：「四十字耳，闊放深遠，殆與洞庭争雄。太白、退之率爲大篇，終不遠也。」

蔡寬夫曰：「洞庭天下偉觀，題者衆矣，往往見稱。未若孟浩然作，空曠氣象，如在目前。至讀少陵詩，不知胸中吞幾雲夢也。」

王　灣

次北固山下

客路青山外，行舟緑水前。潮平兩岸闊，風正一帆懸。海日生殘夜，江春入舊年。鄉書何處達，歸雁洛陽邊。

【眉批】殷璠曰：「詩人以來少有此句。張燕公手題進士堂，立爲楷式。」

崔　灝

贈梁州張都督

聞君爲漢將，虜騎不南侵。出塞清沙漠，還家拜羽林。風霜臣節苦，歲月主恩深。爲語西河使，知予報國心。

祖　詠

江南旅情

楚山不可極，歸路但蕭條。海色晴看雨，江聲夜聽潮。劍留南斗近，書寄北風遥。爲報空潭橘，無媒寄洛橋。

【眉批】

王元美曰：「剽竊、模擬，詩之大病。唐僧詩：『經來白馬寺，僧到赤烏年。』皇甫子循則曰：『地是赤烏分教後，僧同白馬賜經時。』此詩『海色』二語，周以言則曰：『海色晴看近，江聲夜聽長。』然猶未見大決撒。至黄魯直改太白『人烟寒橘柚』之句，醜態畢具矣。」

蘇氏别業

别業居幽處，到來生隱心。南山當户牖，澧水映園林。竹覆經冬雪，庭昏未夕陰。寥寥人境外，閑坐聽春禽。别有幽致。

扈從御宿池

君王既巡狩，輦路入秦京。遠樹低搶壘，孤山入幔城。寒疏清禁漏，夜警羽林兵。誰念迷方客，長懷魏闕情。

李頎

望秦川

秦川朝望迥，日出正東峰。遠近山河净，逶迤城闕重。秋聲萬户竹，寒色五陵松。客有歸歟嘆，凄其霜露濃。

綦毋潛

宿龍興寺

香刹夜忘歸，松清古殿扉。燈明方丈室，珠繫比丘衣。白日傳心净，青蓮喻法微。天花落不盡，處處鳥銜飛。

王昌齡

胡笳曲

城南虜已合，一夜幾重圍。自有金笳引，能令出塞飛。聽臨關月苦，清入海風微。三奏高樓曉，胡人掩淚歸。

【眉批】蔣仲舒曰：「氣貫無雕琢處。」

張　謂

同王徵君洞中有懷

八月洞庭秋，瀟湘水北流。還家萬里夢，爲客五更愁。不用開書帙，偏宜上酒樓。故人京洛滿，何日復同游？無作意處。

常　建

破山寺後禪院

清晨入古寺，初日照高林。曲徑通幽處，禪房花木深。山光悦鳥性，潭影空人心。萬籟此俱寂，惟聞鐘磬音。

【眉批】

歐陽永叔曰：「嘗愛此詩『曲徑』二語，欲效之作一聯，竟不可得，始知造意難爲工。」

胡元瑞曰：「中二聯，五言律之入禪者。」

丁仙芝

渡楊子江

挂檝中流望，空波兩畔明。林開楊子驛，山出潤州城。海盡邊陰静，江寒朔吹生。更聞楓葉下，淅瀝度秋聲。

張巡

聞笛

岧嶤試一臨，虜騎附城陰。不辨風塵色，安知天地心。門開邊月近，戰苦陣雲深。旦夕更樓上，遥聞横笛音。

【眉批】高廷礼曰：「忠節之士，非以文章見，而情見于詩，使人誦之加敬。」

張均

岳陽晚景

晚景寒鴉集，秋風旅雁歸。水光浮日出，霞彩映江飛。洲白蘆花吐，園紅柿葉稀。長沙卑濕地，九月未成衣。

劉長卿

穆陵關北逢人歸漁陽

逢君穆陵路，匹馬向桑乾。楚國蒼山古，幽州白日寒。城池百戰後，耆舊幾家殘。處處蓬蒿徧，歸人掩淚看。

【眉批】王元美曰：「劉隨州五言長城，如『幽州白日寒』語不可多得，惜十章以後，便自雷同，不耐檢。」

李嘉祐

和都官苗員外秋夜寓直對雨簡諸知己

多雨南宫夜，仙郎寓直時。漏長丹鳳闕，秋冷白雲司。螢影侵堦亂，鴻聲出苑遲。蕭條人吏散，小謝有新詩。

【眉批】高仲武曰：「嘉祐中興高流，與錢郎別爲一體，往往涉于齊、梁，綺靡婉麗，何遜、吴均之儔也。」

嚴維

酬李員外見寄

蘇耽佐郡時，近出白雲司。藥補清羸疾，窗吟絶妙詞。柳塘春水漫，花塢夕陽遲。欲識懷君意，明朝訪檝師。

【眉批】歐陽詩話曰：「天容時態，融和駘蕩，如在目前。」

奉和皇甫大夫夏日游華嚴寺

初地華嚴會，王家少長行。到宫龍節駐，禮塔雁行成。蓮界千峰静，梅天一雨清。禪庭未可戀，聖主寄蒼生。

贈萬經

萬公長慢世，昨日又㝢官。縱酒真彭澤，論詩得建安。家山伯禹穴，别墅小長干。輒有時人至，窗前白眼看。

竇叔向

春日早朝應制

紫殿俯千官，春松應合歡。御爐香焰暖，馳道玉聲寒。乳燕翻珠綴，祥烏集露盤。宫花一萬樹，不敢舉頭看。

韓　翃

題薦福寺衡陽岳師房

春城乞食還，高論此中閑。僧臘堦前樹，禪心江上山。疏簾看雲捲，深户映花關。晚送門人去，鐘聲杳靄間。

張　祜

題松汀驛

山色遠含空，蒼茫澤國東。海明先見日，江白迥聞風。鳥道高原去，人烟小徑通。那知舊遺逸，不在五湖中。

姚　合

春日早朝寄劉起居

九衢寒露斂，雙闕曙光分。彩仗迎春日，香烟接瑞雲。珮聲清漏間，天語侍臣聞。莫笑馮唐老，還來謁聖君。

【眉批】

劉會孟曰：「自在。」

許渾

將赴京師蒜山津送客還荆渚

樽前萬里愁，楚塞與皇州。雲識瀟湘雨，風知鄂杜秋。潮平猶倚棹，月上更登樓。他日滄浪水，漁歌對白鷗。終篇不露筋骨，起結更自高渾。

【眉批】劉後村曰：「渾與杜牧同時，然各自爲體。渾麗密調合，或過杜牧，而抑揚頓挫不及也。」

楊達

塞下

秋日並州路，黄榆落故關。孤城吹角罷，數騎射雕還。帳幕遥臨水，牛羊自下山。行人正垂淚，烽火起雲間。

【眉批】 蔣仲舒曰：「通篇語極活動難得。」

孫欣

冷井

仙闈初鑿井，雲液沁成泉。色湛青苔裏，寒凝紫綆邊。銅瓶向影落，玉甃抱虚圓。永賴調神像，堯時奉萬年。

釋皎然

秋宵書事寄吴憑處士

真性在方丈，寂寥無四鄰。秋天月色正，清夜道心真。大夢觀前事，浮名悮此身。不知庭樹意，榮落感何人。

釋處默

聖果寺

路自中峰上，盤回出薜蘿。到江吴地盡，隔岸越山多。古木叢青靄，遥江浸白波。下方城郭近，鐘磬雜笙歌。

【眉批】胡元瑞曰：「自有田庄牙人之説，詩流惑之，此大不解事者。盛唐『窗中三楚盡，林外九江平』。中唐『東屯滄海闊，南瀼洞庭寬』。晚唐『到江吴地盡，隔岸越江多』。皆一時警語，惟近時作者粘帶皮骨太甚，乃覺有味斯語耳。」

卷四

七言律

沈佺期

古意

盧家少婦鬱金香，海燕雙栖瑇玳梁。九月寒砧催木葉，十年征戍憶遼陽。白狼河北音書斷，丹鳳城南秋夜長。誰爲含愁獨不見？更教明月照流黄。胡元瑞曰：「此詩起二句與結二句同樂府語也，同一人詩也，然起句千古驪珠，末句幾成蛇足。學者打破此關，則青龍疏鈔可盡焚矣。」

【眉批】

楊用修曰：「七言律，嚴滄浪取崔顥《黄鶴樓》爲第一，近日何仲默、薛君采取此作爲第一。余以畫家法論之，沈詩披麻皴，崔詩大斧披麻也。」

龍池篇

龍池躍龍龍已飛，龍德先天天不違。池開天漢分黄道，龍向天門入紫微。邸第樓臺多氣色，君王鳧雁有光輝。爲報寰中百川水，來朝此地莫東歸。

【眉批】田子秇曰：「人但知太白《鳳凰臺》出于《黄鶴樓》，不知崔顥又出于《龍池篇》；若《鸚鵡洲》又《鳳凰臺》餘意耳。四篇杋杼一軸，天錦燦然，各用叠字成章，尤爲奇也。」

興慶池侍宴應制

碧水澄潭映遠空，紫雲香駕御微風。漢家城闕疑天上，秦地山川似鏡中。向浦迴舟萍已緑，分林蔽殿槿初紅。古來徒羡横汾賞，今日宸游聖藻雄。

侍宴安樂公主新宅應制

皇家貴主好神仙，别業初開雲漢邊。山出盡如鳴鳳嶺，池成不讓飲龍川。妝樓翠幌教春住，舞閣金鋪借日懸。敬從乘輿來此地，稱觴獻壽樂鈞天。

奉和春初幸太平公主南莊應制

主家山第蚤春歸，御輦春游繞翠微。買地鋪金曾作埒，尋河取石舊支機。雲門〔間〕樹色千花滿，竹裏泉聲百道飛。自有神仙鳴鳳曲，並將歌舞報恩暉。

紅樓院應制

紅樓疑見白毫光，寺逼宸居福盛唐。支遁愛山情漫切，曇摩泛海路空長。經聲夜息聞天語，爐氣晨飄接御香。誰謂此中難可到？自憐深院得徊翔。

【眉批】

蔣仲舒曰：「無端却生出白毫光，亦奇。」

再入道場紀事應制

南方歸去再生天，内殿今年異昔年。見闢乾坤新定位，看題日月更高懸。行隨香輦登仙路，坐近爐烟講法筵。自喜恩深陪侍從，兩朝長在聖人前。

遥同杜員外審言過嶺

天長地闊嶺頭分，去國離家見白雲。洛浦風光何所似，青山瘴癘不堪聞。南浮漲海人何處，北望衡陽雁幾群。兩地江山萬餘里，何時重謁聖明君。

【眉批】

王敬美曰：「詩有古人所不忌而今人以爲病者，因而酷病之，使古人無所容，非也。然作詩者既知是病，不妨並去。若此篇之三『何』字，摩詰之二『馬』字，皆失檢點處，不可借以自文也。」

韋元旦

興慶池侍宴應制

滄池漭沆帝城邊，殊勝昆明鑿漢年。夾岸旌旗疏輦道，中流簫鼓振樓船。雲峰四起迎宸幄，水樹千里入御筵。宴樂已深魚藻咏，承恩更欲奏甘泉。

蘇頲

侍宴安樂公主新宅應制

騣騣羽騎歷城池，帝女樓臺向晚披。露灑旍旗雲外出，風迴岩岫雨中移。當軒半落天河水，繞徑全低月樹枝。簫鼓宸游陪宴日，和鳴雙鳳喜來儀。

【眉批】王元美曰：「開元彩筆無過燕、許。許之應制七言，宏麗有色，而他篇不及李嶠。燕之岳陽以後，感慨多工，而實際不如始興。」

奉和春日幸望春宮應制

東望望春春可憐，更逢晴日柳含煙。宮中下見南山盡，城上平臨北斗懸。細草偏承迴輦處，飛花故落舞觴前。宸游對此歡無極，鳥弄歌聲雜管弦。應制諸篇當以此爲第一。吾喜其不涉應制中綺麗語。

【眉批】楊用修曰：「唐自貞觀至景龍，諸作盡是應制，命題既同，體製復一，綺繪有餘，微乏韻度。此篇迥出群英矣。」

蔣仲舒曰：「三、四『下』『盡』『乎』『懸』四字，遂盡高峻，不見形迹。五、六『偏』『故』二字，有情。」

奉和初春幸太平公主南莊應制

主第山門起灞川，宸游風景入初年。鳳凰樓下交天仗，烏鵲橋頭敞御筵。往往花間逢綵石，時時竹裏見紅泉。今朝扈蹕平陽館，不羨乘槎雲漢邊。

張説

幽州新歲作

去歲荆南梅似雪，今年薊北雪如梅。共知人事何嘗定，且喜年華去復來。邊鎮戍歌連日動，京城燎火徹明開。遥遥西向長安日，願上南山壽一杯。次聯接得流走。

【眉批】

楊用修曰：「范雲、何遜聯句曰：『洛陽城東西，却作經年别。昔去雪如花，今來花似雪。』張有所祖。」

滻湖山寺

空山寂歷道心生，虛谷迢遥野鳥聲。禪室從來雲外賞，香臺豈是世中情。雲間東嶺千重出，樹裏南湖一片明。若使巢由同此意，不將蘿薜易簪纓。

遥同蔡起居偃松篇

清都衆木總榮芬，傳道孤松最出群。名接天庭多景色，氣連宮闕借氛氳。懸池的的停華露，偃蓋重重拂瑞雲。不惜流膏助仙鼎，願將楨幹奉明君。

【眉批】

蔣仲舒曰：「説集末復有『莫比冥灵楚南樹，朽老江邊代不聞』二句。」

賈　曾

奉和春日出苑矚目應令

銅龍曉闢問安迴，金輅春游博望開。渭水晴光摇草樹，終南佳氣入樓臺。招賢已從商山老，托乘還徵鄴下才。臣在東周獨留滯，忻逢睿藻日邊來。

李邕

奉和初春幸太平公主南莊應制

傳聞銀漢支機石，復見金輿出紫微。織女橋邊烏鵲起，仙人樓上鳳凰飛。流風入座飄歌扇，瀑水當階濺舞衣。今日還同犯牛斗，乘槎共泛海潮歸。

【眉批】

蔣仲舒曰：「次聯與小許公難爲兄弟。」

孫逖

和左司張員外自洛使入京中路先赴長安逢立春日贈韋侍御及諸公

忽睹雲間數雁迴，更逢山上一花開。河邊淑氣迎芳草，林下輕風待落梅。秋憲府中高唱入，春卿署裏和歌來。共言東閣招賢地，自有西征作賦才。

【眉批】

蔣仲舒曰：「長題不難得境，難于氣貫，此作得之。第『雲間』、『山上』、『河邊』、『林下』、『府中』、『署裏』、『東閣』、『西征』，太犯。」

崔顥

黄鶴樓 嚴滄浪曰：「七言律當以此爲第一。」

昔人已乘白雲去，此地空餘黄鶴樓。黄鶴一去不復返，白雲千載空悠悠。晴川歷歷漢陽樹，芳草凄凄鸚鵡洲。日暮鄉關何處是？烟波江上使人愁。李賓之曰：「律尤可間出古意，古必不可涉律。如謝靈運『池塘生春草』、『紅藥當堦翻』已移于律而不覺矣。如崔顥此詩，乃律間出古，要自不厭。」

【眉批】

劉會孟曰：「但以滔滔莽莽有疏宕之氣，故勝巧思。」

范德機曰：「絶句先得後二句，律詩先得中聯，此最作詩大病。有起、有承、有轉、有合，秩然之序。若先得中聯，則起句必不自然，如此詩首四句，豈先得中聯者。」

行經華陰

岧嶤太華俯咸京，天外三峰削不成。武帝祠前雲欲散，仙人掌上雨初晴。河山北枕秦關險，驛路西連漢時平。借問路旁名利客，無如此處學長生。

【眉批】

蔣仲舒曰：「前六句皆渾雅，獨結語似中唐。」

李　白

登金陵鳳凰臺

鳳凰臺上鳳凰游，鳳去臺空江自流。吴宫芳草埋幽徑，晋代衣冠成古丘。三山半落青天外，二水中分白鷺洲。總爲浮雲能蔽日，長安不見使人愁。

【眉批】

劉會孟曰：「其雄渾脱落俱不論，若無後二句亦不必作。出于崔顥而特勝之，以此。」

王元美曰：「《鳳凰臺》效顰崔顥可厭，次聯亦非作手。律無全盛者，惟得此篇及『借問欲栖珠樹鶴，何年却向帝城飛』兩結耳。」

賈　至

早朝大明宮呈兩省僚友

銀燭朝天紫陌長，禁城春色曉蒼蒼。千條弱柳垂青瑣，百囀流鶯繞建章。劍珮聲隨玉墀步，衣冠身惹御爐香。共沐恩波鳳池上，朝朝染翰侍君王。謝茂秦曰：「《金針詩格》云：『内意欲盡其理，外意欲盡其象，内外涵蓄方入詩格，若子美《早朝詩》是也。』此上乘之論耳。且如賈、王、岑等之聯，皆非内意，謂之不入格，可乎？」

【眉批】

楊仲弘曰：「榮遇詩如賈至諸公《早朝篇》，氣格雄深，句意嚴整，宫商迭奏，音韻鏗鏘，熟之可洗寒陋。」

顧華玉曰：「此篇只是好結，音律雄渾，中聯參差，不及王、岑遠甚！」

王　維

和賈至舍人大明宫之作

絳幘鷄人報曉籌，尚衣方進翠雲裘。九天閶闔開宫殿，萬國衣冠拜冕旒。日色纔臨仙掌動，香煙欲傍衮龍浮。朝罷須裁五色詔，珮聲歸到鳳池頭。劉會孟曰：「中聯帖子語，頗不痴重。」

【眉批】顧華玉曰：「此篇直與老杜頡頏，蓋氣格闊大，音律雄渾，句法典重，用字清新，無所不備故也。猶未全美，以用衣服字太多耳。」

和太常韋主簿五郎温泉寓目

漢主離宫接露臺，秦川一半夕陽開。青山盡是朱旗繞，碧落翻從玉殿來。新豐樹裏行人度，小苑城邊獵騎回。聞道甘泉能獻賦，懸知獨有子雲才。

【眉批】楊用修曰：「秦州八百里，而夕陽一半開，四百里皆離宫矣。奢麗若此，而猶以漢文比之，可謂反而諷。末句欲韋郎效子雲獻賦，則托諷可知。」

大同殿生玉芝龍池上有慶雲百官共睹聖恩便賜燕樂敢書即事

欲笑周文歌燕鎬，還輕漢武樂横汾。豈知玉殿生三秀，詎有銅池出五雲。陌上堯尊傾北斗，樓前舜樂動南薰。共歡天地同人意，萬歲千秋奉聖君。

【眉批】

顧與新曰：「宏麗亦雅，寫出侈靡氣象，一時君臣相悦意。」

奉和聖製從蓬萊向興慶閣道中留春雨中春望之作應制

渭水自縈秦塞曲，黄山舊繞漢宫斜。鑾輿迥出千門柳，閣道回看上苑花。雲裏帝城雙鳳闕，雨中春樹萬人家。摩詰詩中有畫，即此亦是。爲乘陽氣行時令，不是宸游玩物華。

【眉批】

顧華玉曰：「此篇狀出題景，春容典重，用字深厚，不見工力，結歸之正，足見襟度。」

田子秇曰：「王維《早朝》云：『方朔金門侍，班姬玉輦迎。仍聞遣方士，東海訪蓬瀛。』分明以聲色、神仙譏之，非體也。必如此首結句，方得應制之體。」

敕賜百官櫻桃

芙蓉闕下會千官，紫禁朱櫻出上闌。總是寢園春薦後，非關御苑鳥銜殘。歸鞍競帶青絲籠，中使頻傾赤玉盤。飽食不須愁内熱，大官還有蔗漿寒。

【眉批】

胡元任曰：「退之亦有《謝櫻桃詩》，五、六語云：『香隨翠籠擎初重，色映銀盤瀉未停。』與此詩五、六語相似，然摩詰詩渾然自勝。」

敕借岐王九成宫避暑應制

帝子遠辭丹鳳闕，天書遥借翠微宫。隔窗雲霧生衣上，卷幔山泉入鏡中。林下水聲喧笑語，岩前樹色隱房櫳。仙家未必能勝此，何事吹簫向碧空。

酌酒與裴迪

酌酒與君君自寬，人情反覆似波瀾。白首相知猶按劍，朱門先達笑彈冠。草色全經細雨濕，花枝欲動春風寒。世事浮雲何足問，不如高卧且加餐。

【眉批】

王元美曰：「王維七言律，自《早朝》諸篇外，往往不拘常調，至此篇四聯，皆用反法，亦初盛唐所無，惟《出塞》作佳甚，非兩『馬』字犯，當足壓卷矣。」

酬郭給事

洞門高閣靄餘暉，桃李陰陰柳絮飛。禁裏疏鐘官舍晚，省中啼鳥吏人稀。晨搖玉珮趨金殿，夕奉天書拜瑣闈。强欲從君無那老，將因卧病解朝衣。

【眉批】顧華玉曰：「富麗語，自其胸懷本色，開口便是。結語深厚，作者少及。」

積雨輞川莊作

積雨空林烟火遲，蒸藜炊黍餉東菑。漠漠水田飛白鷺，陰陰夏木囀黄鸝。山中習静觀朝槿，松下清齋折露葵。野老與人争席罷，海鷗何事更相疑。

【眉批】劉會孟曰：「寫景自然，造意又極辛苦。」

春日與裴迪過新昌里訪吕逸人不遇

桃源面面絶風塵，柳市南頭訪隱淪。到門不敢題凡鳥，看竹何須問主人。城外青山如屋裏，東家流水入西鄰。閉户著書多歲月，種松皆作老龍鱗。

【眉批】

劉會孟曰：「青山流水，自在。」

過乘如禪師蕭居士嵩丘蘭若

無着天青弟與兄，嵩丘蘭若一峰晴。食隨鳴磬巢烏下，行踏空林落葉聲。迸水定侵香案濕，雨花應共石床平。深洞長松何所有，儼然天竺古先生。

李　憕

奉和聖製從蓬萊向興慶閣道中留春雨中春望之作應制

別館春還淑氣催，三宫路轉鳳凰臺。雲飛北闕輕陰散，雨歇南山積翠來。御柳遥隨天仗發，林花不待曉風開。已知聖澤深無限，更喜年芳入睿才。

李頎

送魏萬之京

朝聞游子唱離歌，昨夜微霜初度河。鴻雁不堪愁裏聽，雲山况是客中過。關城曙色催寒近，御苑砧聲向晚多。莫是長安行樂處，空令歲月易蹉跎。

【眉批】

顧華玉曰：「不知多少宛轉。」

胡元瑞曰：「盛唐膾炙篇什，如李頎《送魏萬》，四用『朝』、『曙』、『晚』、『暮』字，惟其詩工，故讀之不覺。然一經檢點，不免白璧之瑕。」

送司勳盧員外

流澌臘月下河陽，草色新年發建章。秦地立春傳太史，漢宫題柱憶仙郎。歸鴻欲度千門雪，侍女新添五夜香。早晚薦雄文似者，故人今已賦長楊。

【眉批】胡元瑞曰：「頎不善五言而善七言律。惟『物在人亡』不佳。『流澌臘月』雄渾而不笨。『花宮仙梵』工密而不孅。『遠公遁跡』之幽，『朝聞游子』之婉，可獨步千載。」

題璿公山池

遠公遁跡廬山岑，開山幽居祇樹林。片石孤峰窺色相，清池皓月照禪心。指揮如意天花落，坐卧閑房花草深。此外俗塵都不染，惟餘玄度得相尋。

【眉批】王敬美曰：「『開山』句，余謂必有誤，苦思得之曰必『開士』也。後觀郎士元詩云：『高僧本姓竺，開士舊名林。』乃知襲用頎詩，益以自信。」

寄綦毋三

新加大邑綬仍黄，近與單車向洛陽。顧盼一過丞相府，風流三接令公香。南川粳稻花侵縣，西嶺雲霞色滿堂。共道進賢蒙上賞，看君幾歲作臺郎。

送李回

知君官屬大司農，詔幸驪山職事雄。歲發金錢供御府，晝看仙液注離宮。千岩曙雪旌門上，十月寒花輦路中。不睹聲名與文物，自傷留滯去關東。

宿瑩公禪房聞梵

花宫仙梵遠微微，月隱高城鐘漏稀。夜動霜林驚落葉，曉聞天籟發清機。蕭條已入寒空静，颯沓仍隨秋雨飛。始覺浮生無住着，頓令心地欲皈依。

【眉批】顧華玉曰：「咏物絶唱，無以踰此。起句帶景，欲其富麗。兩聯形容梵聲，清切奇拔。結歸釋理，乃見本色。」

題盧五舊居

物在人亡無見期，閑庭繫馬不勝悲。窗前緑竹生空地，門外青山似舊時。悵望青天鳴墜葉，巑岏枯柳宿寒鴟。憶君淚落東流水，歲歲花開知爲誰？

【眉批】

王元美曰：「李頎『花宮仙梵』、『物在人亡』二首，高適『黄鳥翩翩』、『嗟君此别』二咏，張謂『星軺計日』，孟浩然『縣城南面』，不作奇事麗語，以平調行之，却足一倡三嘆。」

祖詠

望薊門

燕臺一去客心驚，笙鼓喧喧漢將營。萬里寒光生積雪，三邊曙色動危旌。沙場烽火侵胡月，海畔雲山擁薊城。少小雖非投筆吏，論功還欲請長纓。

崔曙

九日登仙臺呈劉明府

漢文皇帝有高臺，此日登臨曙色開。三晋雲山皆北向，二陵風雨自東來。關門令尹誰能識？河上仙翁去不回。且欲近尋彭澤宰，陶然共醉菊花杯。

【眉批】顧華玉曰：「此篇句律典重，通篇匀稱，情景分明。又一意直下，固足爲法。但意律不雅，渾絶似中唐。」

孟浩然

登安陽城樓

縣城南面漢江流，江嶂開城南雍州。才子乘春來騁望，群公暇日坐銷憂。樓臺晚映青山郭，羅綺晴嬌緑水洲。向夕波摇明月動，更疑神女弄珠游。

萬　楚

五日觀妓

西施謾道浣春沙，碧玉今時鬥麗華。眉黛奪將萱草色，紅裙妬殺石榴花。新歌一曲令人艷，醉舞雙眸斂鬢斜。誰道五絲能續命？却令今日死君家。

【眉批】王元美曰：「中聯真婉麗，有梁、陳韻。至結語，宋人所不能作，然亦不肯作。于鱗嚴刻，收此，吾所不解。又『西施』句與『五日』無干，『碧玉今時鬥麗華』又不相比。」

張　謂

別韋郎中

星軺計日赴岷峨，雲樹連天阻笑歌。南入洞庭隨雁去，西過巫峽聽猿多。峥嶸洲上飛黄蝶，灩澦堆邊起白波。不醉郎中桑落酒，教人無奈別離何。末句吟咏有餘味。

杜侍御送貢物戲贈

銅柱朱崖道路難，伏波横海舊登壇。越人自貢珊瑚樹，漢使何勞獬豸冠。疲馬山中愁日晚，孤舟江上畏春寒。由來此貨稱難得，多恐君王不忍看。

【眉批】田子芃曰：「李義山『不須看盡魚龍戲，終遣君王怒偃師』及此詩『由來』二句，皆得愛君之意，結句須得此法。」

高適

送前衛縣李寀少府

黄鳥翩翩楊柳垂，春風送客使人悲。怨别自驚千里外，論交却憶十年時。雲開汶水孤帆遠，路繞梁山匹馬遲。此地從來可乘興，留君不住益凄其。純以真語寫真情，不假繪麗語爲工。

送李少府貶峽中王少府貶長沙

嗟君此别意何如，駐馬銜杯問謫居。巫峽啼猿數行淚，衡陽歸雁幾封書。青楓江上秋天遠，白帝城邊古木疏。聖代即今多雨露，暫時分手莫躊躇。

夜别韋司士

高館張燈酒復清，夜鐘殘月雁歸聲。只言啼鳥堪求侣，無那春風欲送行。黄河曲裏沙爲岸，白馬津邊柳向城。莫怨他鄉暫離别，知君到處有逢迎。

【眉批】

蔣仲舒曰：「適絶句『莫愁前路無知己，天下誰人不識君』即此詩結意。」

岑參

和賈至舍人早朝大明宮之作

鷄鳴紫陌曙光寒，鶯轉皇州春色闌。金闕曉鐘開萬户，玉階仙仗擁千官。花迎劍珮星初落，柳拂旌旂露未乾。獨有鳳凰池上客，陽春一曲和皆難。

【眉批】

田子秇曰：「諸公倡和，此當爲首，惜『寒』、『闌』、『乾』、『難』四韻不佳耳。」

楊廷秀曰：「七言如賈至諸公《大明宫》乃爲典重，然惟岑參『花迎』一聯最佳。」

和祠部王員外雪後早朝即事

長安雪後似春歸，積素凝華連曙暉。色借玉珂迷曉騎，光添銀燭晃朝衣。西山落月臨天仗，北闕晴雲捧禁闈。聞道仙郎歌白雪，由來此曲和人稀。

【眉批】

顧華玉曰：「題中『雪後』二字，句句見之，用字温麗清洒。音律雄渾，行乎其中。結用故實，若出天造。」

西掖省即事

西掖重雲開曙暉，北山疏雨點朝衣。千門柳色連青瑣，三殿花香入紫微。平明端笏陪鵷列，薄暮垂鞭信馬歸。此句略不用意作對。官拙自悲頭白盡，不如岩下掩荆扉。

九日使君席奉餞衛中丞赴長水

節使横行西出師，鳴弓擐甲羽林兒。臺上霜威凌草木，軍中殺氣傍旌旗。預知漢將宣威日，正是胡塵欲滅時。爲報使君多泛菊，更將弦管醉東籬。

使君席夜送嚴河南赴長水

嬌歌急管雜青絲，銀燭金杯映翠眉。使君地主能相送，河尹天明坐莫辭。春城月出人皆醉，野戍花深馬去遲。寄聲報爾山翁道，今日河南勝昔時。

首春渭西郊行呈藍田張二主簿

回風度雨渭城西，細草新花踏作泥。秦女峰頭雪未盡，胡公陂上日初低。愁窺白髮羞微緑，悔别青山憶舊溪。聞道輞川多勝事，玉壺春酒正堪携。

【眉批】

蔣仲舒曰：「『愁』、『羞』、『悔』、『憶』四字，一聯並用，非大手筆不能。」

暮春虢州東亭送李司馬歸扶風别廬

柳嚲鶯嬌花復殷，紅亭緑酒送君還。到來函谷愁中月，歸去磻溪夢裏山。簾前春色應須惜，世上浮名好是閑。西望鄉關腸欲斷，對君衫袖淚痕斑。王元美曰：「詩至大曆，高、岑、王、李之徒，號爲已盛。然才情所發，偶與境會，非不佳致，隱隱逗漏錢、劉出來。至『百年經半仕三已，五畝就荒天一涯』，便是長慶後手段。」

【眉批】

胡元瑞曰：「七言律對起，則杜之『風急天高』，實爲妙絶。而岑參『鷄鳴紫陌』、『柳嚲鶯嬌』二起，工麗婉約，亦可諷咏。」

王昌齡

萬歲樓

江上巍巍萬歲樓，不知經歷幾千秋。年年喜見山長在，日日悲看水獨流。猨狖何曾離暮嶺，鸕鷀空自泛寒洲。誰堪登望雲烟裏，向晚茫茫發旅愁。

【眉批】胡元瑞曰：「不必護其所短，亦不得掩其所長。」

杜甫

題張氏隱居

春山無伴獨相求，伐木丁丁山更幽。澗道餘寒歷冰雪，石門斜日到林丘。不貪夜識金銀氣，遠害朝看麋鹿游。乘興杳然迷出處，對君疑是泛虚舟。

【眉批】郭明龍曰：「結句弱。」

宣政殿退朝晚出左掖

天門日射黄金榜，春殿晴曛赤羽旗。宫草菲菲承委珮，爐烟細細駐游絲。雲近蓬萊常五色，雪殘鳷鵲亦多時。侍臣緩步歸青瑣，退食從容出每遲。

【眉批】

虞伯生曰：「前六句皆賦朝時所見，七方言退朝，八方言晚出，而全題完具矣。與下首同體。」

劉會孟曰：「五、六佳處，自在可想。」

紫宸殿退朝口號

户外昭容紫袖垂，雙瞻御座引朝儀。香飄合殿春風轉，花覆千官淑景移。晝漏稀聞高閣報，天顔有喜近臣知。宫中每出歸東省，會送夔龍集鳳池。

【眉批】

劉會孟曰：「三、四春容富麗，五、六有意外意。」

曲江對酒

苑外江頭坐不歸，水精宫殿轉霏微。桃花細逐楊花落，黄鳥時兼白鳥飛。縱飲久拚人共棄，懶朝真與世相違。吏情更覺滄洲遠，老大徒傷未拂衣。

【眉批】

李商老曰：「徐師川嘗見老杜墨迹，其初云：『桃花欲共楊花語。』自以淡墨改去三字，乃知古人詩不厭改。」

劉會孟曰：「首四句亦自恣肆。」

九日藍田崔氏莊

老去悲秋强自寬，興來今日盡君歡。羞將短髮還吹帽，笑倩旁人爲整冠。藍水遠從千澗落，玉山高並兩峰寒。明年此會知誰健，醉把茱萸仔細看。

【眉批】

劉會孟曰：「此詩經誠齋説盡。舊曾手寫，誤作『好把』，便覺情性甚遠，因賛其妙。」

郭明龍曰：「『帽』、『冠』既重，落帽有致，正冠何爲？翻案之説不然。」

和裴迪登蜀州東亭送客逢早梅相憶見寄

東閣觀梅動詩興，還如何遜在揚州。此時對雪遥相憶，送客逢春可自由。幸不折來傷歲暮，若爲看去亂鄉愁。江邊一樹垂垂發，朝夕催人自白頭。

【眉批】

郭明龍曰：「王元美過愛此二聯，亦太過。」

劉會孟曰：「亦婉戀沉着。」

野望

西山白雪三城戍，南浦清江萬里橋。海内風塵諸弟隔，天涯涕淚一身遥。唯將遲暮供多病，未有涓埃答聖朝。跨馬出郊時極目，不堪人事日蕭條。

登樓

花近高樓傷客心，萬方多難此登臨。錦江春色來天地，玉壘浮雲變古今。北極朝廷終不改，西山寇盗莫相侵。可憐後主還祠廟，日暮聊爲梁甫吟。

【眉批】

劉會孟曰：「謂先主廟中乃亦有後主，此亡國者何足祠？使人思諸葛梁父之恨而已。《梁父吟》亦興廢之感也，武侯以之。」

秋興四首

劉會孟曰：「八首大體沉雄富麗，哀傷無限，盡在言外，故自不厭。確實小家數不可彷彿耳。」

玉露凋傷楓樹林，巫山巫峽氣蕭森。江間波浪兼天湧，塞上風雲接地陰。叢菊兩開他日淚，孤舟一繫故園心。寒衣處處催刀尺，白帝城高急暮砧。

其二

千家山郭靜朝暉，日日江樓坐翠微。信宿漁人還泛泛，清秋燕子故飛飛。匡衡抗疏功名薄，劉向傳經心事違。同學少年多不賤，五陵衣馬自輕肥。

【眉批】

劉會孟曰：「泛泛無所得也。」又曰：「五、六既前後不相涉，只用二人名，亦莫知其意之所在，落落自可。」

其三

蓬萊宮闕對南山，承露金莖霄漢間。西望瑶池降王母，東來紫氣滿函關。雲移雉尾開宮扇，日繞龍鱗識聖顔。一卧滄江驚歲晚，幾回青瑣點朝班。楊用修曰：「點與玷同。束晳《補亡詩》『莫之點辱』。左思《唐林兄弟贊》『二唐潔己，乃點乃污』。陸厥詩：『復點銅駝門』。子美正承諸賢用字例也。」焦弱侯曰：「若作玷字，不得用幾回字。王建詩『殿前傳點各依班』，亦可証杜詩之不應玷矣。」

【眉批】

劉會孟曰：「律詩中聯有此，自覺雄渾。」

其四

昆明池水漢時功，武帝旌旗在眼中。織女機絲虚夜月，石鯨鱗甲動秋風。波漂菰米沉雲黑，露冷蓮房墜粉紅。關塞極天唯鳥道，江湖滿地一漁翁。楊用修曰：「隋任希古詩『回眺牽牛渚，激賞鏤鯨川』，便見太平氣象。今『織女』云云，則荒烟野草之景見矣。《西京雜記》：『太液池中有雕菰，鳧雛雁子唼喋其間。』《三輔舊圖》：『宫人泛舟採蓮。』便見人物游嬉富貴。今『波漂』云云，則兵戈亂離之狀見矣。」

吹笛

吹笛秋山風月清，誰家巧作斷腸聲？風飄律吕相和切，月傍關山幾處明？胡騎中宵堪北走，武陵一曲想南征。故園楊柳今摇落，何得愁中却盡生。

【眉批】

蔣仲舒曰：「杜亦有誤用事者。鶴軒，軒車之軒，『軒墀曾寵鶴』，則誤以爲墀。『乘槎至天河』，海上客也，『奉使虚隨八月槎』，則誤爲張騫。劉琨奏胡笳，賊解去，『胡騎中宵堪北走』則誤用爲笛詩。」

閣夜

歲暮陰陽催短景，天涯霜雪霽寒宵。五更鼓角聲悲壯，三峽星河影動摇。野哭千家聞戰伐，夷歌幾處起漁樵。卧龍躍馬終黄土，人事音書謾寂寥。

【眉批】劉會孟曰：「三、四兩句只見奇麗，若上句何足異？評詩未易，以此。」又曰：「『卧龍』固是，『躍馬』何限，古人開口自信爲故實若此。」

返照

楚王宫北正黄昏，白帝城西過雨痕。返照入江翻石壁，歸雲擁樹失山村。衰年病肺唯高枕，絶塞愁時早閉門。不可久留豺虎亂，南方實有未招魂。

【眉批】劉會孟曰：「三、四字字着意。」又曰：「語不輕易。感恨更多。」

九日登高

風急天高猿嘯哀，渚清沙白鳥飛回。無邊落木蕭蕭下，不盡長江滾滾來。萬里悲秋常作客，百年多病獨登臺。艱難苦恨繁霜鬢，潦倒新停濁酒杯。王元美曰：「何仲默取『盧家少婦』，嚴滄浪取《黄鶴樓》爲七言律壓卷，然要不得爲第一也。老杜集中，吾愛此章，結亦微弱。『玉露凋傷』、『老去悲秋』，首尾匀稱，而斤兩不足。『昆明池水』，穠麗沈切，惜多平韻，金石之聲微乖耳。然竟當于四章求之。」

【眉批】
楊誠齋曰：「全以『蕭蕭』、『滾滾』唤起精神，見得連綿，不是裝凑贅語。」
劉會孟曰：「三、四句自雄暢，結復鄭重。」

錢　起

贈闕下裴舍人

三月黄鸝飛上林，春城紫禁曉陰陰。長樂鐘聲花外盡，龍池柳色雨中深。陽和不散窮途恨，霄漢常懸捧日心。獻賦十年猶未遇，羞將白髮對華簪。

【眉批】

劉會孟曰：「有情、有味、有體，色深可觀。」

高仲武曰：「右丞没後，員外爲雄，迥然獨立，莫之与京。且如『鳥道過疏雨，人家殘夕陽』，『牛羊上山小，烟火隔林深』，与此章中聯，皆特出意表，標準古今。」

和王員外晴雪早朝

紫微晴雪帶恩光，繞仗偏隨鴛鷺行。長信月留寧避曉，宜春花滿不飛香。獨看積素凝清禁，二語便痴重不及上聯。已覺輕寒讓太陽。題柱盛名兼絶唱，風流誰繼漢田郎？王敬美曰：「員外詩『長信』『宜春』句于『晴雪』妙極形容，膾炙人口，其源得之初唐。然從初竟得中唐，了不与盛唐相關。何者？愈巧則愈遠。」

【眉批】

王元美曰：「錢、劉並稱，錢似不及劉。錢意揚，劉意沉，錢調輕，劉調重。如『輕寒不入宫中樹，佳氣常浮仗外峰』是錢最得意句。然上句秀而過巧，下句寬而不稱。」

韋應物

自鞏洛舟行入黄河即事寄府縣僚友

夾水蒼山路向東，東南山豁大河通。寒樹依微遠天外，饒有幽致。夕陽明滅亂流中。孤村幾處臨伊岸，一雁初晴下朔風。造意辛苦，寫景入微，然亦不做作。爲報洛橋游宦侶，扁舟不繫與心同。

皇甫冉

同温丹徒登萬歲樓

高樓獨上思依依，極浦遥山合翠微。江客不堪頻北望，從王勃九日詩來。塞鴻何事又南飛。丹陽古渡寒煙積，瓜步空洲遠樹稀。聞道王師猶轉戰，誰能談笑解重圍？

郎士元

贈錢起秋夜宿靈臺寺見寄

石林精舍武溪東，夜扣禪扉謁遠公。月在上方諸品静，心持半偈萬緣空。蒼苔古道行應遍，落木寒泉聽不窮。更憶雙峰最高頂，此心期與古人同。

【眉批】

何元朗曰：「詩如此作中聯，興象俱佳，可稱名作。若『廬嶽高僧留偈别，茅山道士送書來。燕知社日辭巢去，菊爲重陽冒雨開』，此等句細味之亦索然，而世傳誦以爲佳，何耶？」

盧綸

長安春望

東風吹雨過青山，却望千門草色閑。家在夢中何日到，春來江上幾人還？川原繚繞浮雲外，宮闕參差落照間。誰念爲儒逢世難，獨將衰鬢客秦關。

【眉批】

劉會孟曰：「三、四自在。」

方虛谷曰：「能言久客之意。」

張南史

陸勝宅秋雨中探韻同前

同人永日自相將，深竹閑園偶辟疆。已被秋風教憶鱠，更聞寒雨動飛觴。歸心莫問三江水，旅服從沾九日霜。醉裏欲尋騎馬路，蕭條是處有垂楊。

【眉批】

高仲武曰：「張君中歲感激，苦節學文，數載間稍入詩境。如此詩三、四語，可謂物理俱美，博致兼深。」

李 益

鹽州過胡兒飲馬泉

緑楊着水草如煙，舊是胡兒飲馬泉。幾處吹笳明月夜，何人倚劍白雲天。從來凍合關山路，今日分流漢使前。莫遣行人照容鬢，恐驚憔悴入新年。

柳宗元

登柳州城樓寄漳汀封連四州刺史

城上高樓接大荒，海天愁思正茫茫。驚風亂颭芙蓉水，密雨斜侵薜荔墻。嶺樹重遮千里目，江流曲似九迴腸。共來百越文身地，猶自音書滯一鄉。

韓愈

奉和庫部盧四兄曹長元日朝回

天仗宵嚴建羽旄，春雲送色曉鷄號。金爐香動螭頭暗，套語。玉珮聲來雉尾高。戎服上趨承北極，儒冠列侍映東曹。太平時節難身遇，郎署何須笑二毛。

韋莊

憶昔

昔年曾向五陵游，午夜清歌月滿樓。銀燭樹前長似畫，露桃花下不知秋。西園公子名無忌，南國佳人字莫愁。今日亂離俱是夢，意盡。夕陽唯見水東流。

卷五

五言排律

楊炯

送劉校書從軍

天將下三宫，星門列五戎。坐謀資廟略，飛檄佇文雄。赤土流星劍，烏號明月弓。秋陰生蜀道，殺氣繞湟中。風雨何年别，琴尊此日同。離亭不可望，溝水自西東。

【眉批】蔣仲舒曰：「是一個校書從軍。」

駱賓王

早秋出塞寄東臺祥政學士

促駕踰三水，長驅望五原。天階分斗極，地理接樓煩。谿月明關隴，胡雲聚塞垣。山川殊物候，風壤異涼暄。戍古秋塵合，沙寒宿霧繁。昔余迷學步，投跡忝詞源。

靈隱寺

鷲嶺鬱岧嶤，龍宫鎖寂寥。樓觀滄海日，門聽浙江潮。桂子月中落，天香雲外飄。捫蘿登塔遠，刳木取泉遥。霜薄花更發，冰輕葉互凋。夙齡尚遐異，披對滌煩囂。待入天台路，看余度石橋。劉會孟曰：「『互凋』語警。」

【眉批】

胡元瑞曰：「此詩舊傳賓王續成。王元美謂，格調自當屬宋，最爲得之。然本事但稱『樓觀』二語爲駱，則餘皆宋作甚明。『觀』、『聽』二字自是垂拱作法，駱果爲僧，未可知也。」

宿温城望軍營

虜地寒膠折，邊城夜柝聞。兵符關帝闕，天策動將軍。寒静胡笳徹，明沙楚練分。風旍翻翼影，霜劍轉龍文。白羽摇如月，青山斷若雲。煙疏疑卷幔，塵滅似銷氛。投筆懷班業，臨戎想召勳。還應雪漢耻，持此報明君。

【眉批】楊用修曰：「此篇与《邊城落日作》大意同。其寫景盡胸中之悲壯，用事悉軍中之容態，所以爲難。」

蘇味道

在廣聞崔馬二御史並登相臺

振鷺纔飛日，遷鶯遠聽聞。明光共待漏，清覽各披雲。喜得廊廟舉，嗟爲臺閣分。故林懷柏悦，新幄阻蘭薰。冠去神羊影，車迎瑞雉群。遠從南斗外，遥仰列星文。

【眉批】方萬里曰：「唐人自御史除省郎以爲至榮，此詩曲盡體貼。」

李嶠

奉和幸韋嗣立山莊應制

南洛師臣契，東巖王佐居。幽情遺紱冕，宸眷矚樵漁。制下峒山蹕，恩回灞水輿。松門駐旌蓋，薜幄引簪裾。石磴平黄陸，煙樓半紫虚。雲霞仙路近，琴酒俗塵疏。喬木千齡外，懸泉百丈餘。崖深經鍊藥，穴古舊藏書。樹宿摶風鳥，池潛縱壑魚。寧知天子貴，尚憶武侯廬。

【眉批】

蔣仲舒曰：「實語貼題，虚語有假借處。」

陳子昂

白帝懷古

日落滄江晚，停橈問土風。城臨巴子國，臺没漢王宫。荒服仍周甸，深山尚禹功。岩懸青壁斷，池險碧流通。古木生雲際，歸帆出霧中。川途去無限，客思坐何窮。

【眉批】

方萬里曰：「此詩唐人律之祖也。」

峴山懷古

秣馬臨荒甸，登高覽舊都。猶悲墮淚碣，尚想卧龍圖。城邑遥分楚，山川半入吴。丘陵徒自出，賢聖幾凋枯。野樹蒼煙斷，津樓晚氣孤。誰知萬里客，懷古正踟躕。

【眉批】

方萬里曰：「此老杜前律詩也，悲壯、感慨，即無纖巧砌湊。」

杜審言

贈蘇味道

北地寒應苦，南城戍不歸。邊聲亂羌笛，朔氣捲戎衣。雨雪關山暗，風霜草木稀。胡兵戰欲盡，漢卒尚重圍。雲净妖星落，秋高塞馬肥。據鞍雄劍動，摇筆羽書飛。輿駕還京邑，朋游滿帝畿。方期來獻凱，歌舞共春暉。

【眉批】

胡元瑞曰：「唐初無七言律，五言亦未超，二體之妙，審言實爲首倡。五言則『行止皆無地』、『獨有宦游人』；排律則『北地寒應苦』；七言則『季冬除夜』，皆極高華雄整。少陵繼起，百代模楷，有自來矣。」

度石門山

石門千仞斷，迸水落遥空。道束懸崖北，橋欹絶澗中。仰攀人屢息，直下騎纔通。泥擁奔蛇徑，雪埋伏獸叢。星纏牛斗北，地脉象牙東。關塞隨行變，高深觸望同。江聲連驟雨，日氣抱殘虹。未改朱明律，先含白露風。堅貞忻不憚，險澀諒難窮。有異登臨賞，徒行造化功。

【眉批】

蔣仲舒曰：「狀瀑布水只一言，而飛泉百道，泠然沁人。」

沈佺期

酬蘇員外味玄夏晚寓直省中見贈

並命登仙閣，通宵直禮闈。大官供宿膳，侍史護朝衣。卷幔天河入，開窗月露微。小池殘暑退，高樹晚涼歸。冠劍無時釋，軒車待漏飛。明朝題漢柱，三署有光輝。

【眉批】王元美曰：「五言至沈、宋始可稱律，二君正是敵手。排律用韻穩妥，事不傍引，情無牽合，沈當爲最勝。」

同韋舍人早朝

閶闔連雲起，巖廊拂霧開。玉珂龍影度，珠履雁行來。長樂宵鐘盡，明光曉奏催。一經傳舊德，五字擢英材。儼若神仙去，紛從霄漢回。千春奉休曆，分禁喜趨陪。楊升庵曰：「郭頒《世語》：『司馬景王命虞松草表，再呈不可意，令松更定之。鍾會爲定五字，松悦服，以呈景王。景王曰：如此，可大用。』解者以五字爲詩，誤矣。」

【眉批】胡元瑞曰：「凡排律起句，極宜冠裳雄渾，不得作小家詩。唐人可法者不多，惟沈佺期『閶闔』二語最爲得體。」

奉和晦日幸昆明池

法駕乘春轉，神池象漢迴。雙星遺舊石，孤月隱殘灰。戰鷁逢時去，恩魚望幸來。山花緹騎繞，堤柳幔城開。思逸横汾唱，歌流宴鎬杯。微臣雕朽質，羞睹豫章材。

奉和聖製幸禮部尚書竇希玠宅

北闕垂旒暇，南宫聽禮回。天臨祥鳳轉，恩向濯龍開。蘭氣薰仙帳，榴花引御杯。水從金穴吐，雲是玉衣來。池影摇歌席，林香散舞臺。不如行漏晚，清蹕尚徘徊。

宋之問

奉和幸長安故城未央宫應制

漢皇未息戰，蕭相乃營宫。壯麗一朝盡，威靈千載空。皇明帳前跡，置酒宴群公。寒輕綵仗外，春發幔城中。樂思迴斜日，歌詞繼大風。今朝天子貴，不假叔孫通。

【眉批】

蔣春甫曰：「『大風』對『斜日』不同。」又曰：「未央宫用漢事切。」

奉和晦日幸昆明池應制

春豫靈池會，滄波帳殿開。舟凌石鯨渡，槎拂斗牛迴。節晦蓂全落，春遲柳暗催。象溟看浴景，燒劫辨沉灰。鎬飲周文樂，汾歌漢武才。不愁明月盡，自有夜珠來。梅禹金曰：「皇甫涍云：此詩結句惟李詩『只愁歌舞罷，化作綵雲飛』足以相擬。予謂宋意含而遠，李意揚而竭，終當宋勝。」

【眉批】

僧皎然曰：「此詩家射雕手，使曹、劉降格，未知孰勝？」

王元美曰：「此題沈、宋二作，中間警聯，無一字不稱。特沈末語是累句中累句，宋結是佳句中佳句。」

和姚給事寓直之作

清論滿朝陽，高才拜夕郎。還從避馬路，來接珥貂行。寵就黄扉日，威迴白簡霜。栢臺遷烏茂，蘭署得人芳。禁静鐘初徹，更疏漏更長。曉河低武庫，流火度文昌。寓直光輝重，乘秋藻翰揚。暗投空欲報，下調不成章。

【眉批】

蔣仲舒曰：「似俳偶，似非俳偶。其妙自熟中來，超脱之甚。」

早發始興江口至虛氏村作

候曉踰閩嶂，乘春望越臺。宿雲鵬際落，殘月蚌中開。薜荔摇青氣，桄榔翳碧苔。桂香多露裛，石響細泉迴。抱葉玄猿嘯，銜花翡翠來。南中雖可悦，北思日悠哉！鬒髮俄成素，丹心已作灰。何當首歸路，行剪故園萊。

【眉批】

胡元瑞曰：「『宿雲』一聯与『一葉兼螢度，紅雲帶雁來』、『勁風吹雪聚，渴鳥啄冰開』皆奇絶，能别此，乃具眼。」

蘇　頲

同錢楊將軍兼源州都督御史中丞

右地接龜沙，中朝任虎牙。然明方改俗，去病不爲家。將禮登壇盛，軍容出塞華。朔風摇漢鼓，邊月思胡笳。旗合無邀正，冠危有觸邪。當看勞旋日，及此御溝花。

張　説

奉和聖製途經華岳

西岳鎮皇京，中峰入太清。玉鑾重嶺應，緹騎薄雲迎。白日懸高掌，寒空類削成。軒游會神處，漢幸望仙情。舊廟青林古，新碑緑字生。群臣願封岱，迴駕勒鴻名。

【眉批】

蔣仲舒曰：「華岳景易搆，塗經華岳語難得。工在三、四句。」

張九齡

奉和聖製答張説扈從南出雀鼠谷

設險諸侯地，承平聖主巡。東君朝二月，南旆擁三辰。寒出重關盡，年隨行漏新。瑞雲叢捧日，芳樹曲迎春。舞咏先馳道，恩華及從臣。汾川花鳥意，並奉屬車塵。

奉和聖製早度蒲關

魏武中流處，軒皇問道迴。長堤春樹發，高掌曙雲開。龍負王舟渡，人占仙氣來。河津會日月，仙仗役風雷。東顧重關盡，西馳萬國陪。還聞股肱郡，元首咏康哉。

和許給事直夜簡諸公

未央鐘漏晚，仙宇藹沉沉。武衛千廬合，嚴扃萬户深。左掖知天近，局大致遠。南窗見月臨。樹摇金掌露，庭接玉樓陰。他日聞更直，中宵屬所欽。聲華大國寶，夙夜近臣心。逸興乘高閣，雄飛在禁林。寧思竊抃者，情發爲知音。

【眉批】胡元瑞曰：「初唐沈、宋外，蘇、李諸子，未見大篇。獨曲江《度蒲關》、《登太行》、《和許給事》、《酬趙侍郎》諸作，含清拔于綺繪之間，寓神俊于莊嚴之内。時燕、許稱大手，皆莫能及也。」

酬趙二侍御史西軍贈兩省舊僚之作

石室先鳴者，金門待制同。操刀常願割，持斧竟稱雄。應敵兵初起，緣邊虜欲空。使車經隴月，征旆繞河風。忽枉兼金訊，非徒秣馬功。氣清蒲海曲，聲滿柏臺中。《選》詩多用此二字。顧已塵華省，欣君震遠戎。明時獨匪報，嘗欲退微躬。

奉和聖製送尚書燕國公説赴朔方軍

宗臣事有征，廟算在休兵。天與三台座，人當萬里城。朔南方偃革，河内暫揚旌。寵錫從仙禁，光華出漢京。山川勤遠略，原隰軫皇情。爲奏薰琴倡，仍題珫劍名。聞風六郡勇，計日五戎平。山甫歸應疾，留侯功復成。歌鐘旋可望，枕席豈難行。四牡何時入？吾君聽履聲。

【眉批】計有功曰：「太宗賜説詩云：『命將綏邊服，雄圖出廟堂。』説應制云：『從來思博望，計國不謀身。』張嘉貞云：『山川看是陣，草木想爲兵。』盧從愿云：『佇聞歌杕杜，今見勒燕然。』皆取制勝之義，獨此詩皆取『旋師偃武』之意。宋璟云：『以智泉寧竭，其徐海自清。』亦有深意。」

鄭愔

塞外曲三首

塞外蕭條望，征人此路賒。邊聲亂朔馬，秋引動胡笳。遥障侵歸日，長城帶晚霞。斷蓬飛古戍，連雁聚寒沙。海暗雲無葉，山春雪作花。丈夫期報主，萬里獨歸家。三詩皆流麗清新，初唐局一变矣。

其二

荒壘三秋夕，窮郊萬里平。海陰凝獨樹，日氣下連營。戎旆霜疑重，邊裘夜更輕。將軍獨轉戰，都尉不成名。折柳悲春曲，吹笳斷夜聲。明年塞使返，須築受降城。

其三

陽烏南飛夜，陰山北地寒。太白律詩常用此法。漢家征戍客，年歲在樓蘭。接下。玉塞朔風起，金河秋月團。邊聲入吹鼓，霜氣下旌竿。海外歸書斷，天涯旅鬢殘。子卿猶奉使，恒向節旄看。

玄宗皇帝

早度蒲關

鐘鼓嚴更曙，山河野望通。鳴鑾下蒲坂，飛旆入秦中。地險關逾壯，天平鎮尚雄。春來津樹合，月落戍樓空。馬色分朝景，鷄聲逐曉風。所希常道泰，非復侯繻同。

【眉批】

朱子曰：「『飛旆入秦中』，多少飄逸，便是帝王氣燄。」

王 維

奉和聖製與太子諸王三月三日龍池春禊應制

故事修春禊，新宮展豫游。明君移鳳輦，太子出龍樓。賦掩陳王作，杯如洛水流。金人來捧劍，画鷁去迴舟。花樹浮宮闕，天池照冕旒。宸章在雲漢，垂象滿皇州。

奉和聖製暮送朝集使歸郡應制

萬國仰宗周，衣冠拜冕旒。玉乘迎大客，金節送諸侯。祖席傾三省，褰帷向九州。楊花飛上路，槐色蔭通溝。來預鈞天樂，歸分漢主憂。宸章類河漢，垂象滿中州。首聯与《早朝》詩重，結聯与上首重。

送李太府赴上洛

商山包楚鄧，積翠藹沉沉。驛路飛泉灑，關門落照深。野花開古戍，行客響空林。板屋春多雨，山城晝欲陰。丹泉通虢略，白羽抵荆岑。若見西山爽，應知黄綺心。

【眉批】

顧與新曰：「全篇叙行色，結語着吊古意。詞多老成醇雅。」

送秘書晁監還日本姚合《極玄集》以此篇壓卷。

積水不可極，安知滄海東。九州何處遠？萬里若乘空。向國惟看日，歸帆但信風。鰲身映天黑，魚眼射波紅。鄉樹扶桑外，主人孤島中。別離方異域，音信若爲通？劉會孟曰：「九州句用騶忌語。」

【眉批】 皇甫子循曰：「首二語可謂工于發端矣。謝靈運《發海口盤嶼山詩》：『莫辨洪波極，誰知大壑東？』良自有本。」

李　白

送儲邕之武昌

黄鶴西樓月，長江萬里情。春風三十度，空憶武昌城。送爾難爲別，銜杯惜未傾。湖連張樂地，山逐泛舟行。諾謂楚人重，詩傳謝朓清。滄浪吾有曲，寄入棹歌聲。

【眉批】 蔣仲舒曰：「行雲流水，飄然不群。」

送友人尋越中山水

聞道稽山去，偏宜謝客才。千巖泉灑落，萬壑樹縈迴。東海横秦望，西陵繞越臺。湖清霜鏡曉，濤白雪山來。八月枚乘筆，三吴張翰杯。此中多逸興，早晚向天台。

【眉批】

蔣仲舒曰：「李詩常清曠，而此獨刻畫。」

秋日登揚州西靈塔

寶塔淩蒼蒼，登攀覽四荒。頂高元氣合，標出海雲長。萬象分空界，三天接畫梁。水摇金刹影，日動火珠光。鳥拂瓊簾度，霞連綉拱張。目隨征路斷，心逐去帆揚。露浩梧楸白，霜催橘柚黄。玉毫如可見，於此照迷方。

【眉批】

范德機曰：「《登塔詩》亦悠然而不淫者。」

中丞宋公以吴兵赴河南軍次潯陽脱余之囚參謀幕府因贈之

獨坐清天下，專征出海隅。九江皆渡虎，三郡盡還珠。組練明秋浦，樓船入郢都。風高初選將，月滿欲平胡。殺氣横千里，軍聲動九區。白猿慚劍術，黄石借兵符。戎虜行當剪，鯨鯢立可誅。自憐非劇孟，何以佐良圖？

【眉批】
范德機曰：「真長律起辞也，雄渾而嚴。」
劉會孟曰：「句句壯，末語更佳。」

孟浩然

陪張丞相自松滋江東泊渚宮

放溜下松滋，登舟命楫師。詎忘經濟日，不憚沍寒時。洗幘豈獨古，濯纓良在茲。政成人自理，機息鳥無疑。雲物吟孤嶼，江山辨四維。晚來風稍緊，冬至日行遲。獵響驚雲夢，漁歌激楚辭。渚宮何處是，川暝欲安之。

【眉批】
劉會孟曰：「工處渾然，不似深思者。」

九日峴山宴

宇宙誰開闢，江山此鬱盤。登臨千古用，風俗歲時觀。地理荆州分，天涯楚塞寬。百城今刺史，華省舊郎官。共美重陽節，俱懷落帽歡。酒邀彭澤載，琴輟武城彈。獻壽先浮菊，尋幽或藉蘭。烟虹鋪藻翰，松竹挂衣冠。叔子神如玉，山公興欲闌。傳聞車馬醉，還向習池看。

高適

送柴司户充劉卿判官之嶺外

嶺外資雄鎮，朝端寵節旄。月卿臨幕府，星使出詞曹。工雅。海對羊城闊，山連象郡高。風霜驅瘴癘，忠信涉波濤。別恨隨流水，交情脱寶刀。有才無不適，行矣莫徒勞。

【眉批】

蔣春甫曰：「宋人用『忠信』字便酸，那復得此。」

陪竇侍御泛靈雲池

白露先時降，清川思不窮。江湖仍塞上，舟楫在軍中。舞換臨津樹，歌饒向晚風。夕陽連積水，邊色滿秋空。乘興宜投轄，邀歡莫避驄。誰憐持弱羽，猶欲伴鵷鴻？結語氣韻微薄。

【眉批】蔣仲舒曰：「適又有《陪侍御靈雲池亭宴》詩，其《序》云：『凉州近胡，高下其池亭，以燿蕃落也。白簡在邊，清秋多興。况水具舟楫，山兼亭臺。如臨泛而寫煩，俄登涉以寄傲。絲桐徐奏，林木更爽。湖天一望，雲物蒼然。』与此詩蓋一時作。」

同熊少府題盧主簿茅齋

虚院野情在，茅齋秋興存。孝廉趨下位，才子出高門。乃繼幽人静，能令學者尊。江山歸謝客，神鬼下劉琨。階樹時攀折，窗書任討論。自堪成獨往，何必武陵源。味致索然。

杜　甫

重經昭陵

草昧英雄起，謳歌曆數歸。風塵三尺劍，社稷一戎衣。翼亮貞文德，丕承戢武威。聖圖天廣大，宗祀日光輝。陵寢盤空曲，熊羆守翠微。再窺松栢路，還見五雲飛。

【眉批】蔣春甫曰：「用經語入詩，拙者便腐。」

王閬州筵奉酬十一舅惜别之作

萬壑樹聲滿，千崖秋氣高。浮舟出郡郭，别酒寄江濤。良會不復久，此生何太勞！窮愁但有骨，群盜尚如毛。吾舅惜分手，使君寒贈袍。沙頭暮黄鶴，失侣亦哀號。

【眉批】陳無己曰：「杜牧詩『南山与秋色，氣勢兩相高』，最爲警法。而子美纔用一句『千崖秋氣高』，語益工。」

春歸

苔徑臨江竹，茅簷覆地花。别來頻甲子，歸到忽春華。倚杖看孤石，傾壺就淺沙。遠鷗浮水静，輕燕受風斜。有態。世路雖多梗，吾生亦有涯。此身醒復醉，乘興即爲家。

【眉批】范元實曰：「杜有喜用字，如『修竹不受暑』，『吹面受和風』及『輕燕』句，『受』字皆入妙。老坡尤愛『輕燕』句，以爲燕迎風低飛，下前乍却，非『受』字不能形容也。至于『能事不受相促迫』，『莫受二五侵』，雖不及警策，要自穩愜。」

江陵望幸

雄都元壯麗，望幸欵威神。地利西通蜀，天文北照秦。風煙含越鳥，舟楫控吴人。未枉周王駕，終期漢武巡。甲兵分聖旨，居守付宗臣。早發雲臺仗，恩波起涸鱗。

【眉批】劉會孟曰：「且悲且喜，倉卒有氣。」

太歲日

楚岸行將老，巫山坐復春。病多猶是客，謀拙竟何人。閶闔開黄道，衣冠拜紫宸。榮光懸日月，賜予出金銀。愁寂鴛行斷，參差虎穴鄰。西江元下蜀，北斗故臨秦。散地逾高枕，生涯脱要津。天邊梅柳樹，相見幾回新。

【眉批】劉會孟曰：「等常大體。」

奉和嚴中丞西城晚眺

汲黯匡君切，廉頗出將頻。直詞才不世，雄略動如神。政簡移風速，詩清立意新。層城臨媚景，絶域望餘春。旗尾蛟龍會，樓頭燕雀馴。地平江動蜀，天闊樹浮秦。帝念深分閫，軍須遠筭緡。花羅封蛺蝶，瑞景送麒麟。辭第輸高義，觀圖憶古人。征南多興緒，事業暗相親。

【眉批】

劉會孟曰：「『動』、『浮』二字最佳，『動』字爲勝。」又曰：「暗相親者，深相倚以成功也，惜哉！」

奉觀嚴鄭公廳事岷山沲江圖

沲水臨中座，岷山赴北堂。白波吹粉壁，青嶂插雕梁。直訝松杉冷，兼疑菱荇香。雪雲虛點綴，沙草得微茫。嶺雁隨毫末，川霓飲練光。霏紅洲蕊亂，拂黛石蘿長。暗谷非關雨，丹楓不爲霜。妙入化境。秋城玄圃外，景物洞庭旁。繪事功殊絶，幽襟興激昂。從來謝太傅，丘壑道難忘。

【眉批】

楊廷秀曰：「老杜山水圖『沲水』四句，此以畫爲真也。曾吉甫云：『斷崕韋偃樹，小雨郭熙山。』此以真爲畫也。」

劉會孟曰：「此篇句句着畫意，政似未雖本色。謂義盡分明，兒童之見也。」

行次昭陵

舊俗疲庸主，群雄問獨夫。讖歸龍鳳質，威定虎狼都。天屬尊堯典，神功協禹謨。風雲隨絶足，日月繼高衢。文物多師古，朝廷半老儒。直詞寧戮辱，賢路不崎嶇。往者灾猶降，蒼生喘未蘇。指揮安率土，盪滌撫洪鑪。壯士悲陵邑，幽人拜鼎湖。玉衣晨自舉，鐵馬汗常趨。松栢瞻虚殿，塵沙立暝途。寂寥開國日，流恨滿山隅。

【眉批】劉會孟曰：「起句有典有則，『風雲』二句狀他父子閑景。」又曰：「『玉衣』句寫寂寞，『鐵馬』句寫精爽，皆冥思入玄矣。」

送楊六判官使西蕃

送遠秋風落，西征海氣寒。帝京氛祲滿，人世别離難。絶域遥懷怒，和親願結歡。敕書憐贊普，兵甲望長安。宣命前程急，惟良待士寬。子雲清自守，今日起爲官。垂淚方投筆，傷時即據鞍。儒衣山鳥怪，漢節野童看。邊酒排金碗，夷歌捧玉盤。草肥蕃馬健，雪重拂廬乾。慎爾參籌畫，從兹生羽翰。歸來權可取，九萬一朝摶。

【眉批】

劉會孟曰：「吐蕃聯毳帳以爲居，號大小拂廬也。」

冬日洛城北謁玄元皇帝廟

配極玄都閟，憑高禁籞長。守祧嚴具禮，掌節鎮非常。碧瓦初寒外，金莖一氣旁。山河扶綉户，即《淹江圖》中語化來。日月近雕梁。仙李盤根大，猗蘭奕葉光。世家遺舊史，道德付今王。畫手看前輩，吴生遠擅場。森羅移地軸，妙絶動宫墻。五聖聯龍衮，千官列雁行。冕旒俱秀發，旌旆盡飛揚。翠栢深留景，紅梨迥得霜。風筝吹玉柱，露井凍銀床。身退卑周室，經傳拱漢皇。谷神如不死，養拙更何鄉？

【眉批】

蔣仲舒曰：「『金莖』凡語变化氣象，上句乃欲如此清暎耳。」又曰：「此詩曰『盤根』、曰『奕葉』、曰『祧』、曰『節』，皆以唐尊老子爲聖祖也。」

胡元瑞曰：「此詩清麗奇偉，勢欲飛動，可与吴生畫手並絶古今。」

謁先主廟

慘淡風雲會，乘時各有人。力侔分社稷，志屈偃經綸。復漢留長策，中原仗老臣。雜耕心未已，嘔血事酸辛。霸氣西南歇，雄圖曆數屯。錦江元過楚，劍閣復通秦。舊俗存祠廟，空山泣鬼神。虛簷交鳥道，枯木半龍鱗。竹送清溪月，苔移玉座春。閭閻兒女換，歌舞歲時新。絶域歸舟遠，荒城繫馬頻。鑄局運調，無出其右。如何對揺落，况乃久風塵？孰與關張並，功臨耿鄧親。應天才不小，得士契無鄰。遲暮堪帷幄，飄零且釣緡。向來憂國淚，寂寞灑衣巾。

【眉批】

劉會孟曰：「來得渾渾，有無限可感，開基季世，君臣心事，不分遠近，不立賓主。老人口，老人耳，彷彿盡之矣。」又曰：「『霸氣』一聯，寂寞語壯浪。『虛簷』一聯，寂寞語奇麗。『如何對揺落』十字，開合古今。」又曰：「首尾曲折，句句典实有味，真大手，真謁先王庙詩，評意皆合。」

投贈哥舒開府翰二十韻

今代麒麟閣，何人第一功？君王自神武，駕馭必英雄。開府當朝傑，論兵邁古風。先鋒百勝在，略地兩隅空。青海無傳箭，天山早挂弓。廉頗仍走敵，魏絳已和戎。每惜河湟棄，新兼節制通。智謀垂睿想，出入冠諸公。日月低秦樹，乾坤繞漢宮。胡人愁逐北，宛馬又從東。受命邊沙遠，歸來御席同。轉換承接，非淺衷所及。軒墀曾寵鶴，畋獵舊非熊。茅土加名數，山河誓始終。策行遺戰伐，契合動昭融。勳業青冥上，交親氣概中。未爲珠履客，已見白頭翁。壯節初題柱，生涯獨轉蓬。幾年春草歇，今日暮途窮。軍事留孫楚，行間識吕蒙。防身一長劍，將欲倚崆峒。

【眉批】

劉會孟曰：「起聯頌贊有體，得故事外意。」又曰：「『日月』二語，在投贈中有氣，若鋪寫宮闕，則俗矣。作者自知之。」又曰：「『軒墀』五字，深愧士大夫。下句謂得之微賤中。詩中開合無限，此略舉其似。」又曰：「結句歸倚語，不儉相。」

李頎

聖善閣送裴迪入京

雪華滿高閣，苔色上勾欄。藥草空堦静，梧桐返照寒。清吟可愈疾，携手暫同歡。墜葉和金磬，饑烏鳴露盤。伊流惜東别，灞水向西看。舊托含香署，雲霄何足難。

岑參

早秋與諸子登虢州西亭觀眺

亭高出鳥外，客到與雲齊。樹點千家小，天圍萬嶺低。殘虹挂陜北，急雨過關西。酒榼緣青壁，瓜田傍緑溪。微官何足道？愛客且相携。唯有鄉園處，依依晚不迷。

【眉批】

蔣仲舒曰：「《登慈恩古塔》詩与此作，機智有同處。」

崔　灝

相逢行

妾年初二八，家住洛陽頭。玉户臨馳道，朱門近御溝。使君何暇問，夫壻大長秋。女弟新承寵，諸兄近拜侯。春生百子殿，花發五城樓。出入千門裏，年年樂未休。飄逸、清丽，是司勳本色，所乏者骨耳。

遼西作

燕郊方歲晚，殘雪凍邊城。四月青草合，遼陽春水生。胡人正牧馬，漢將日徵兵。露重寶刀濕，沙虛金鼓鳴。寒衣着已盡，春服與誰成？寄語洛陽使，爲傳邊塞情。結句弱而意盡。

王昌齡

夏日華萼樓酺宴應制

土德三元正，堯心萬國同。汾陽備冬禮，長樂應和風。賜慶垂天澤，留歡舊渚宫。樓臺生海上，簫鼓出天中。霧曉筵初接，宵長曲未終。雲隨行幙合，日照舞羅空。玉陛分朝列，文章發聖聰。愚臣忝書賦，歌詠誦絲桐。

祖　詠

清明宴司勳劉郎中別業

田家復近臣，行樂不違親。霽日園林好，清明煙火新。以文常會友，唯德自成鄰。池照窗陰晚，杯香藥味春。欄前花覆地，竹外鳥窺人。何必桃源裏，深居作隱淪。

【眉批】

殷璠曰：「詠詩翦刻省靜，用思尤善，氣雖不高，調頗淩俗。至如『霽日』二句，亦可稱爲才子。」

鄭　審

奉使巡檢西京路種果樹事畢入秦因詠歌

聖德周天壤，韶華滿帝畿。九重承渙汗，千里樹芳菲。陝塞餘陰薄，關河舊色微。發生和氣動，封植衆心歸。春露條應弱，秋霜果定肥。影移行子蓋，香撲使臣衣。入徑迷馳道，分行接禁闈。何當扈仙蹕，攀折奉恩輝。

沈東美

奉和苑舍人宿直曉玩新池寄南省友

傳聞閶闔裏，寓直有神仙。吏爲三墳博，郎因五字遷。晨臨翔鳳沼，春注躍龍泉。去似登天上，來如看鏡前。影摇宸翰發，波净列星懸。既濟仍懷友，流謙欲進賢。彈冠聲實貴，覆被渥恩偏。温室言雖阻，文場契獨全。玉珂光赫奕，朱紱氣蟬聯。興逸潘仁賦，名高謝朓篇。青雲仰不逮，白雪和難牽。苒苒胡爲此，甘心老歲年。

劉長卿

行營酬吕侍卿

不敢淮南卧，來趨漢將營。受辭瞻左鉞，扶疾拜前旌。井税鶉衣樂，壺漿鶴髮迎。水歸餘斷岸，烽至掩孤城。晚日當千騎，秋風合五兵。孔璋才素健，早晚檄書成。

【眉批】

高仲武曰：「長卿詩體雖不新奇，甚能鍊飾。大抵十首以上，語意稍同，于落句尤甚，思鋭才窄也。如

『草色加湖緑，松声小雪寒』，又『沙鷗驚小吏，湖色上高枝』，与此詩『水歸』二語，可謂傷而不怨，足以發揮風雅。」

送鄭説之歙州謁薛侍郎

漂泊來千里，謳歌滿百城。漢家尊太守，魯國重諸生。俗變人難理，江傳水至清。船經危石住，路入亂山行。老得滄洲趣，春傷白首情。嘗聞馬南郡，門下有康成。

【眉批】

蔣仲舒曰：「結句恰是送鄭説話。」

題裴式微餘干東齋亭

世事終成夢，生涯半欲過。白雲心已矣，滄海意如何。藜杖全吾道，榴花養太和。春風騎馬醉，江月釣魚歌。散帙看蟲蠹，開門見雀羅。自是致語。遠山終日在，芳草傍人多。吏體莊生傲，方言楚俗訛。屈平君莫弔，腸斷洞庭波。

皇甫曾

贈鑒上人

律儀傳教誘，僧臘老煙霄。樹色依禪誦，蟬聲入寂寥。寶龕經末劫，畫壁見南朝。深竹風開合，寒泉月動摇。息心歸静理，愛道坐中宵。更欲尋空去，乘船過海潮。

嚴　維

奉和劉祭酒傷馬

沛艾如龍馬，來從上苑中。棣華恩見賜，伯舅禮仍崇。鏡點黄金眼，花開白雪驄。性柔君子德，足逸大王風。色點鳴珂浄，聲連噴玉雄。食場恩未盡，過隙命旋終。練影依雪没，銀鞍向月空。仍聞樂府唱，猶念代勞功。

張仲素

緱山鶴

羽客驂仙鶴，將飛駐碧山。映松殘雪在，度嶺片雪還。清唳因風遠，高姿對水閑。笙歌憶天上，城郭嘆人間。幾變霜毛潔，方殊藻質班。蓬瀛如可到，逸翮詎能攀。

【眉批】

蔣仲舒曰：「説鶴，少不得説緱山，但『緱山鶴』，不得單説鶴耳，作者自苦。」

卷六

五言絶句

賀知章

題袁氏别業

主人不相識，偶坐爲林泉。莫謾愁沽酒，囊中自有錢。是一個四明狂客。

楊炯

夜送趙縱

趙氏連城璧，由來天下傳。送君還舊府，明月滿前川。

駱賓王

易水送别

此地别燕丹，壯士髮衝冠。昔時人已没，今日水猶寒。蔣仲舒曰：「並不説自家，如此已足。」

【眉批】胡元瑞曰：「王無功『眼看人盡醉，何忍獨爲醒』與賓王此作，初唐絶句，猶是六朝餘習。」

陳子昂

贈喬侍御

漢庭榮巧宦，雲閣薄邊功。可憐驄馬使，白首爲誰雄？

郭　振

子夜春歌二首

陌頭楊柳枝，已被春風吹。妾心正斷絶，君懷那得知。斷絶語復悠然。

其二

青樓含日光，緑池起風色。贈子同心花，殷勤此何極。

【眉批】蔣春甫曰：「含情不露。」

盧僎

南樓望

去國三巴遠，登樓萬里春。傷心江上客，不是故鄉人。語簡而委婉，無限深情。

蘇頲

汾上驚秋

北風吹白雲，萬里渡河汾。心緒逢摇落，秋聲不可聞。

【眉批】

胡元瑞曰：「『不可聞』三字自佳。」

張　説

蜀道後期

客心争日月，來往預期程。秋風不相待，先至洛陽城。「争」字、「預」字，見得題中「後」字出。一字豈可輕下。

張九齡

照鏡見白髮

宿昔青雲志，蹉跎白髮年。誰知明鏡裏，形影自相憐。下字自活。

孫　逖

同洛陽李少府觀永樂公主入蕃

邊地鶯花少，年來未覺新。美人天上落，龍塞始應春。就題中翻出一層新意。

李白

静夜思

床前明月光，疑是地上霜。便奇。舉頭望明月，低頭思故鄉。有第三句，自不意其末句忽轉至此。蔣仲舒曰：「『舉頭』、『低頭』，寫出躊躕躑躅之態。」

【眉批】

劉會孟曰：「自是古意，不須言笑。」

范德機曰：「五言絶不可明白説盡，含糊則有餘味矣，如此篇是也。」

怨情

美人捲珠簾，深坐嚬蛾眉。但見淚痕濕，不知心恨誰。恨恨無極。

秋浦歌

白髮三千丈，緣愁似箇長。令人捉摸不着。不知明鏡裏，何處得秋霜？蔣仲舒曰：「『似』字出脱上句，最活。陳後山『白髮緣愁百尺長』本此。」

【眉批】劉會孟曰：「後聯活活脱脱，真作家手段。」

獨坐敬亭山

衆鳥高飛盡，孤雲獨去閑。相看兩不厭，只有敬亭山。

【眉批】蔣仲舒曰：「便是獨坐境界。」

見京兆韋參軍量移東陽

潮水還東海，流人却到吴。相逢問愁苦，淚盡日南珠。謝茂秦曰：「詩用『淚』字有出奇者：潘岳『涕淚應清隕』，子美『近淚無乾土』，太白此句，劉禹錫『巴人淚應猿声落』，賈島『淚落故山遠』，李崆峒『萬古關山淚』，何大復『笛裏三年淚』，皆奇。」

王　維

臨高臺

相送臨高臺，川原杳何極。日暮飛鳥還，行人去不息。

班婕妤二首

宫殿生秋草，君王恩幸疏。那堪聞鳳吹，門外度金輿。

【眉批】劉會孟曰：「語皆不刻而近。」

其二

怪來妝閣閉，朝下不相迎。總向春園裏，花間語笑聲。

【眉批】顧華玉曰：「詠婕妤而猶爲含嚬希寵之態，似非婕妤本相。」

雜詩二首

已見寒梅發，復聞啼鳥聲。愁心視春草，畏向玉階生。

其二

家住孟津河，門對孟津口。常有江南船，寄書家中否。

【眉批】

蔣春甫曰：「遠思，却如此説來。」

送别

山中相送罷，日暮掩柴扉。春草年年緑，王孫歸不歸？劉會孟曰：「古今斷腸，理不在多。」

【眉批】

顧與新曰：「翻用楚詞語意，脱胎换骨，更爲深婉。」

鹿柴

空山不見人，但聞人語響。返景入深林，復照青苔上。李賓之曰：「詩貴淡不貴濃，貴遠不貴近。如杜詩：『鈎簾宿鷺起，丸藥流鶯囀。』李詩：『桃花流水杳然去，别有天地非人間。』與摩詰『返景』二語，皆淡而濃，近而遠，可爲知者道，難與俗人言也。」

【眉批】

劉會孟曰：「無言而有畫意。」

竹里館

獨坐幽篁裏，彈琴復長嘯。深林人不知，明月來相照。人不知而月相照，正應首句『獨坐』二字。

【眉批】

顧華玉曰：「一時清興，適與景會。」

崔國輔

長信草

長信宫中草，年年愁處生。時侵珠履跡，不使玉階行。

少年行

遺却珊瑚鞭，白馬驕不行。綽有古意。章臺折楊柳，春日路旁情。

孟浩然

送朱大入秦

游人五陵去，寶劍直千金。分手脱相贈，平生一片心。

【眉批】蔣仲舒曰：「任俠稱題。」

春曉

春眠不覺曉，處處聞啼鳥。夜來風雨聲，花落知多少。顧華玉曰：「真景實情，人説不到。高興奇語，唯吾孟公。」

【眉批】劉會孟曰：「風流閑美，正不在多。」

洛陽訪袁拾遺不遇

洛陽訪才子，江嶺作流人。聞説梅花早，何如此地春。蔣仲舒曰：「後二句又從次句生。」

【眉批】

劉會孟曰：「便不着怨字，亦自深怨。」

儲光羲

長安道

西行一千里，暝色生寒樹。有畫意。暗聞歌吹聲，知是長安路。

洛陽道

大道直如髮，春日佳氣多。五陵貴公子，雙雙鳴玉珂。

長安道

鳴鞭過酒肆，袪服游倡門。百萬一時盡，含情無片言。狀得出。

關山月

一雁過連營，繁霜覆古城。胡笳在何處？半夜起邊聲。

王昌齡

送郭司倉

映門淮水綠，留騎主人心。明月隨良掾，春潮夜夜深。

答武陵田太守

仗劍行千里，微軀敢一言。曾爲大梁客，不負信陵恩。

裴　迪

孟城坳

結廬古城下，時登古城上。古城非疇昔，今人自來往。顧華玉曰：「王右丞詩『新家孟城口，古木餘衰柳。來者復爲誰？空悲昔人有。』此篇亦維意而語興輕淺。」

【眉批】劉會孟曰：「未爲不佳，與維相去遠甚。」

鹿柴

日夕見寒山，便爲獨往客。不知松林事，但有麏麚跡。

【眉批】顧與新曰：「亦自閑悠。右丞便不涉鹿字。」

杜甫

復愁

萬國尚戎馬，故園今若何？昔歸相識少，早已戰場多。

【眉批】江天多曰：「先言今而後言昔，無限憂疑之意。」

劉會孟曰：「今又可知。」

絶句

江碧鳥逾白，山青花欲燃。今春看又過，何日是歸年？

崔灝

長干行

君家住何處？妾住在横塘。停船暫借問，或恐是同鄉。

【眉批】劉會孟曰：「只叙相問意，其情自見。」

高適

詠史

尚有綈袍贈，應憐范叔寒。不知天下士，猶作布衣看。

田家春望

出門何所見，春色滿平蕪。可嘆無知己，高陽一酒徒。

【眉批】

楊用修曰：「陸機詩『安轡遵平莽』，謝朓詩『平楚正蒼然』，此詩『平蕪』字正用此。」

岑參

行軍九日思長安故園

强欲登高去，無人送酒來。遥憐故園菊，應傍戰場開。

【眉批】

顧華玉曰：「妙在二十字中備見題意。」

見渭水思秦川

渭水東流去，何時到雍州？憑添兩行淚，寄向故園流。

【眉批】

蔣仲舒曰：「岑詩此等處，令人哭不得、笑不得，是鬼王語。」

王之涣

登鸛鵲樓

白日依山盡，黄河入海流。欲窮千里目，更上一層樓。

【眉批】

胡元瑞曰：「對結者意須盡，如此首及高適《除夜》作，添着一語不得，乃可。」

祖　詠

終南望餘雪

終南陰嶺秀，積雪浮雲端。林表明霽色，城中增暮寒。

李適之

罷相作

避賢初罷相，樂聖且銜杯。爲問門前客，今朝幾個來？

【眉批】

敖子發曰：「此詩良有風刺。」

蔣仲舒曰：「雀羅之感，發得含蓄。」

李頎

奉送五叔入京兼寄綦毋三

陰雲帶殘日，悵別此何時。欲望黄山道，無由見所思。

丘　爲

左掖梨花

冷豔全欺雪，餘香乍入衣。春風且莫定，吹向玉階飛。

蕭穎士

九日陪元魯山登北城留別

緜連滍川迴，杳渺鴉路深。彭澤興不淺，臨風動歸心。

【眉批】蔣仲舒曰：「彭澤常談耳，于留別則切。」

劉長卿

平蕃曲二首

渺渺戍煙孤，茫茫塞草枯。隴頭那用閉，萬里不防胡。

其二

絶漠大軍還，平沙獨戍閑。空留一片石，萬古在燕山。

【眉批】蔣仲舒曰：「二詩妝點太平，語意平直。」

錢起

逢俠者

燕趙悲歌士，相逢劇孟家。寸心言不盡，前路日將斜。

江行無題

咫尺愁風雨，匡廬不可登。祇疑雲霧窟，猶有六朝僧。

韋應物

秋夜寄丘二十二員外

懷君屬秋夜，散步詠凉天。山空松子落，幽人應未眠。蔣仲舒曰：「淺而遠，自是蘇州本色。」

【眉批】劉會孟曰：「蘇州用意常在此等，故觸處自然。」

聞雁

故園渺何處？歸思方悠哉。淮南秋雨夜，高齋聞雁來。蔣仲舒曰：「更不説愁，愁自不可言。」

【眉批】劉會孟曰：「更不須語言。」

聽江笛送陸侍御

遠聽江上笛，臨觴一送君。還愁獨宿夜，更向郡齋聞。

【眉批】蔣春甫曰：「就中生意。」

答李澥三首

孤客逢春暮，緘情寄舊游。海隅人使遠，書到洛陽秋。

其　二

馬卿猶有壁，漁父自無家。想子今何處？扁舟隱荻花。

其　三

林中觀易罷，溪上對鷗閑。楚俗饒辭客，何人最往還？

皇甫冉

婕妤怨

花枝出建章，鳳管發昭陽。借問承恩者，雙蛾幾許長。

【眉批】

蔣春甫曰：「從冷處得之。」

朱放

題竹林寺

歲月人間促，烟霞此地多。殷勤竹林寺，更得幾回過。鍾情語却淡然。

耿湋

秋日

返照入閭巷，憂來誰共語。古道少人行，秋風動禾黍。感慨語却冷然。

盧綸

和張僕射塞下曲三首

鷲翎金僕姑，燕尾綉蝥弧。獨立揚新令，千營共一呼。

其二

林暗草驚風，將軍夜引弓。平明尋白羽，没在石稜中。純用虚架子。

其　三

月黑雁飛高，單于遠遁逃。欲將輕騎逐，大雪滿弓刀。

【眉批】

顧華玉曰：「中唐音律柔弱，所謂古樂府者，獨此篇可參盛唐高作。」

司空曙

別盧秦卿

知有前期在，難分此夜中。無將故人酒，不及石尤風。洪容齋曰：「『石尤風』，打頭風也。唐人詩多用之，計南朝篇詠必多用之，未暇憶也。」蔣仲舒曰：「按宋武帝《丁都護》云：『願作石尤風，四面斷行旅。』唐詩本此。」

【眉批】

楊用修曰：「語意甚工。」

顧華玉曰：「情多，所以難得。」

李益

幽州

征戍在桑乾，年年薊水寒。殷勤驛西路，此去向長安。

戴叔倫

三閭廟

沅湘流不盡，屈子怨何深。日暮秋風起，蕭蕭楓樹林。

【眉批】顧華玉曰：「此詩豈盡三閭，只如此一結，便不可測。」

令狐楚

思君恩

小苑鶯歌歇，長門蝶舞多。眼看春又去，翠輦不曾過。

【眉批】
蔣仲舒曰：「寫出望幸之情，如怨如訴。」

柳宗元

登柳州峨山

荒山秋日午，獨上意悠悠。如何望鄉處，西北是融州。

劉禹錫

秋風引

何處秋風至？蕭蕭送雁群。朝來入庭樹，孤客最先聞。

【眉批】
蔣仲舒曰：「不曰不堪聞，而曰最先聞，語意最深。」

吕　温

鞏路感懷

馬嘶白日暮，劍鳴秋氣來。我心渺無際，河上空徘徊。

孟　郊

古別離

欲別牽郎衣，郎今到何處？不恨歸來遲，莫向臨邛去。

【眉批】

蔣仲舒曰：「寧獨思巧，直是片言有餘。」

賈　島

尋隱者不遇

松下問童子，言師採藥去。只在此山中，雲深不知處。

【眉批】

俞仲蔚曰：「意味閑雅，膾炙人口。」

文宗皇帝

宮中題

輦路生秋草，上林花滿枝。憑高何限意，無復侍臣知。

于武陵

勸　酒

勸君金屈卮，滿酌不須辭。花發多風雨，人生足別離。

薛　瑩

秋日湖上

落日五湖游，煙波處處愁。浮沉千古事，誰與問東流？

荆　叔

題慈恩塔

漢國山河在，秦陵草樹深。暮雲千里色，無處不傷心。

【眉批】洪景盧曰：「慈恩塔有荆叔一絶，字極小而端勁，其旨意高遠，必唐世詩流也。」

蓋嘉運

伊州歌二首

聞道黄花戍，頻年不解兵。可憐閨裏月，偏照漢家營。

【眉批】蔣仲舒曰：「輕輕説來，轉更沉着。」

其二

打起黄鶯兒，莫教枝上啼。啼時驚妾夢，不得到遼西。王元美曰：「與陶弘景『山中何所有？嶺上多白雲。只可自怡悦，不堪持贈君』一法，不惟語意之高妙而已。」

【眉批】

劉會孟曰：「恨恨無極。」

敖子發曰：「此詩淺淺語，提筆便難。前輩教人作絶句，令誦『三日入厨下』、『步出城東門』，與此首皆自肺腑中流出，無斧鑿痕。」

西鄙人

哥舒歌

北斗七星高，哥舒夜帶刀。至今窺牧馬，不敢過臨洮。氣骨高勁，不減于中唐者。

太上隱者

答人

偶來松樹下，高枕石頭眠。山中無曆日，寒盡不知年。

【眉批】

楊用修曰：「山魈一足之怪，自稱太上隱者，時就民間取酒，爲詩云：『酒盡君莫沽，壺乾我當發。城市多囂塵，還山弄明月。』東坡所謂『山中木客解吟詩』即是。」

卷七

七言絶句

王勃

蜀中九日

九月九日望鄉臺，他席他鄉送客杯。人情已厭南中苦，鴻雁那從北地來。

【眉批】
王元美曰：「首二句與李于鱗『黄鳥一聲酒一杯』一法，而各自有風致。崔敏童『一年又過一年春』二句亦此法也。調稍卑，情稍濃。」

杜審言

渡湘江

遲日園林悲昔游，今春花鳥作邊愁。獨憐京國人南竄，不似湘江水北流。

【眉批】

蔣仲舒曰：「與前篇末二句相似，對而不對，不對而對，佳。」

胡元瑞曰：「唐初七言絶，音律未諧，韻度尚乏，惟審言《渡湘江》、《贈蘇綰》結皆作對，而工緻天然，風味可掬。至張説『巴陵』、王翰『出塞』句，格漸入盛唐矣。」

贈蘇綰書記

知君書記本翩翩，爲許從戎赴朔邊。紅粉樓中應計日，燕支山下莫經年。

戲贈趙使君美人

紅粉青娥映楚雲，桃花馬上石榴裙。羅敷獨向東方去，謾學他家作使君。

劉廷琦

銅雀臺

銅臺宫觀委灰塵，魏主園陵漳水濱。即今西望猶堪思，况復當時歌舞人。

沈佺期

邙　山

北邙山上列墳塋，萬古千秋對洛城。城中日夕歌鐘起，山上惟聞松栢聲。

【眉批】蔣仲舒曰：「寄慨不盡。」

宋之問

送司馬道士游天台

羽客笙歌此地違，離筵數處白雲飛。蓬萊闕下長相憶，桐栢山頭去不歸。

張　説

送梁六

巴陵一望洞庭秋，日見孤峰水上浮。聞道神仙不可接，心隨湖水共悠悠。

【眉批】蔣仲舒曰：「但言悠遠而别意自見，美人秋水之思，當是别後意耳。」

賀知章

回鄉偶書

少小離鄉老大回，鄉音無改鬢毛衰。兒童相見不相識，笑問客從何處來？

【眉批】劉會孟曰：「説透人情之的。」

王　翰

凉州詞

葡萄美酒夜光杯，欲飲琵琶馬上催。醉卧沙場君莫笑，古來征戰幾人回？

【眉批】 王元美曰：「『可憐無定河邊骨，猶是深閨夢裏人。』用意工妙，可謂絶唱矣，惜爲前二句所累。若『葡萄美酒』一聯便是無瑕之璧。」

李　白

清平調詞三首

雲想衣裳花想容，春風拂檻露華濃。若非群玉山頭見，會向瑶臺月下逢。

【眉批】 蔣仲舒曰：「『想』、『想』妙，難以形容也。次句下得陡然，令人不知。」

其　二

一枝濃艷露凝香，雲雨巫山枉斷腸。借問漢宮誰得似？可憐飛燕倚新妝。

【眉批】

梅禹金曰：「巫山妖夢，昭陽禍水，微文隱諷，風人之旨。」

其　三

名花傾國兩相歡，常得君王帶笑看。解釋春風無限恨，沉香亭北倚闌干。不以刻意工，亦非刻意所得工。

客中行

蘭陵美酒鬱金香，玉椀盛來琥珀光。但使主人能醉客，不知何處是他鄉。太白直自傳其神。

峨眉山月歌

峨眉山月半輪秋，影入平羌江水流。如此等神韻，豈他人所能效嚬。夜發清溪向三峽，思君不見下渝州。劉

會孟曰：「含情凄惋，有《竹枝》縹緲之音。」

【眉批】

王元美曰：「此是太白佳境。然二十八字中，入地名者五，使他人爲之，不勝痕迹矣。益見此老鑪錘

之妙。」

上皇西巡南京歌二首

誰道君王行路難，善变化題意。六龍西幸萬人歡。地轉錦江成渭水，天迴玉壘作長安。

【眉批】蔣仲舒曰：「只拈好處有體，回護題意。」

其 二

劍閣重關蜀北門，上皇歸馬若雲屯。少帝長安開紫極，雙懸日月照乾坤。立意高。

【眉批】又曰：「末句結『上皇』、『少帝』兩意，妙。」

聞王昌齡左遷龍標尉遥有此寄

楊花落盡子規啼，聞道龍標過五溪。我寄愁心與明月，隨風直到夜郎西。

【眉批】

梅禹金曰：「曹植『願作東北風，吹我入君懷』，齊澣『將心寄明月，流影入君懷』，此詩兼裁其意，撰成奇語。」

黄鶴樓送孟浩然之廣陵

故人西辭黄鶴樓，烟花三月下揚州。孤帆遠影碧空盡，唯見長江天際流。

【眉批】

敖子發曰：「寫别時長望之景，而情在其中。」

陪族叔刑部侍郎曄及中書舍人賈至游洞庭湖

洞庭西望楚江分，水盡南天不見雲。日落長沙秋色遠，不知何處弔湘君。田子秇曰：「太白所長在此，他人自不能及。」

【眉批】

敖子發曰：「此詩綴景宏闊，有吞吐湖山之氣，末句感慨之情深矣。」

望天門山

天門中斷楚江開，碧水東流至北迴。兩岸青山相對出，孤帆一片日邊來。

早發白帝城

朝辭白帝彩雲間，千里江陵一日還。兩岸猿聲啼不住，輕舟已過萬重山。

【眉批】

楊用修曰：「盛弘《荆州記》：『朝發白帝，莫到江陵，其間千二百里，雖乘奔御風，不以疾也。』杜詩：『朝發白帝莫江陵，從來目擊信有徵。』與李此詩同用弘語，而優劣自見。」

秋下荆門

霜落荆門江樹空，布帆無恙挂秋風。此行不爲鱸魚鱠，自愛名山入剡中。

蘇臺覽古

舊苑荒臺楊柳新，菱歌清唱不勝春。只今惟有西江月，曾照吴王宫裏人。

【眉批】

蔣春甫曰：「此詩與下首得力處，全在『只今惟有』四字。」

越中懷古

越王勾踐破吴歸，義士還家盡錦衣。宫女如花滿春殿，只今惟有鷓鴣飛。今世反成懷古等題一套子矣。

【眉批】

敖子發曰：「此詩以落句轉合，有抑揚，有開闔，此格唐詩中亦不多得。」

與史郎中欽聽黄鶴樓上吹笛

一爲遷客去長沙，西望長安不見家。黄鶴樓中吹玉笛，江城五月落梅花。

【眉批】

蔣仲舒曰：「無限羈情，笛裏吹來，詩中寫出。」

春夜洛城聞笛

誰家玉笛暗飛聲？散入春風滿洛城。此夜曲中聞折柳，何人不起故園情。

【眉批】胡元瑞曰：「太白七言絶，如『楊花落盡』、『朝辭白帝』、『天門中斷』及此首，真有揮斥八極，凌厲九霄意，賀監謂爲謫仙，良不虛也。」

王昌齡

春宫曲

昨夜風開露井桃，未央前殿月輪高。平陽歌舞新承寵，簾外春寒賜錦袍。

西宫春怨

西宫夜静百花香，欲捲珠簾春恨長。斜抱雲和深見月，朧朧樹色隱昭陽。

【眉批】

胡元瑞曰："太白《長門怨》，意盡語中，江寧此詩意在言外，然各有至處。"

西宫秋怨

芙蓉不及美人妝，水殿風來珠翠香。却恨含情掩秋扇，空懸明月待君王。

【眉批】

胡元瑞曰："唐五言絶多法齊、梁，体製自别，七言亦有作《樂府》者，如太白《横江詞》、《少年行》等，尚是古詞。至少伯宫詞、《從軍行》，雖《樂府》題，尚唐人絶句，不涉六朝，然亦前無六朝矣。"

長信秋詞二首

奉箒平明金殿開，且將團扇暫徘徊。玉顏不及寒鴉色，猶帶朝陽日影來。

【眉批】

謝叠山曰："此篇怨而不怒，有風人之致。"

其二

真成薄命久尋思，夢見君王覺後疑。火照西宫知夜飲，分明複道奉恩時。

【眉批】

胡元瑞曰：「江寧《長信曲》、《西宫曲》等詩，皆優柔婉麗，意味無窮。」

青樓曲二首

白馬金鞍從武皇，旌旗十萬宿長楊。樓頭少婦鳴筝坐，遥見飛塵入建章。

【眉批】

顧華玉曰：「宫情閨怨，作者多矣，惟此篇與《閨怨》作，渾含明白，絶句中極品也。」

其二

馳道楊花滿御溝，紅妝謾綰上青樓。金章紫綬千餘騎，夫壻朝回初拜侯。

閨怨

閨中少婦不知愁，春日凝妝上翠樓。忽見陌頭楊柳色，悔教夫壻覓封侯。蔣仲舒曰：「『不知』、『忽見』、『悔教』，有轉折，是章法。」

【眉批】

謝君直曰：「此本人情而言，唐人有《遠將歸曲》，末句云：『但令在家相對貧，不願離家金繞身。』」

出塞行

白草原頭望京師，黄河水流無盡時。秋天曠野行人絶，馬首東來知是誰。

【眉批】

顧華玉曰：「慘淡可傷。」又曰：「音律雖柔，終是盛唐骨格。」

從軍行三首

烽火城西百尺樓，黄昏獨坐海風秋。更吹羌笛關山月，無那金閨萬里愁。

【眉批】

蔣仲舒曰：「三首各一意結。」

其二

青海長雲暗雪山，孤城遥望玉門關。黄沙百戰穿金甲，不破樓蘭終不還。

其三

秦時明月漢時關，萬里長征人未還。但使龍城飛將在，不教胡馬度陰山。

【眉批】

王元美曰：「于鱗言『唐絶當以此詩壓卷』，余始不信。既而思之，若落意解，當别有取。若以有意無意、可解不可解求之，不免此詩第一耳。」

梁苑

梁園秋竹古時煙，城外風悲欲暮天。萬乘旌旗何處在，平臺賓客有誰憐。

芙蓉樓送辛漸

寒雨連江夜入吴，平明送客楚山孤。洛陽親友如相問，一片冰心在玉壺。

送薛大赴安陸

津頭雲雨暗湘山，遷客離憂楚地顔。遥送扁舟安陸郡，天邊何處穆陵關。

送別魏二

醉別江樓橘柚香，江風引雨入船涼。憶君遥在湘山月，愁聽清猿夢裏長。

【眉批】

蔣仲舒曰：「爲他想出凄其。」

盧溪别人

武陵溪口駐扁舟，溪水隨君向北流。行到荆門上三峽，莫將孤月對猿愁。

重别李評事

莫道秋江離别難，舟船明日是長安。吴姬緩舞留君醉，隨意青楓白露寒。

王　維

少年行二首

新豐美酒斗十千，咸陽游俠多少年。相逢意氣爲君飲，繫馬高樓垂柳邊。

其二

出身仕漢羽林郎，初隨驃騎戰漁陽。孰知不向邊庭苦，縱死猶聞俠骨香。

九月九日憶山中兄弟

獨在異鄉爲異客，每逢佳節倍思親。遥知兄弟登高處，遍插茱萸少一人。

【眉批】蔣仲舒曰：「在兄弟處想來便遠，少一人正應『獨』字。」

與盧員外象過崔處士興宗林亭

緑樹重陰蓋四鄰，青苔日厚自無塵。科頭箕踞長松下，白眼看他世上人。

【眉批】顧與新曰：「亦自有睥睨不冲淡處，句自清雅。」

送元二使安西

渭城朝雨浥輕塵，客舍青青柳色新。勸君更盡一杯酒，西出陽關無故人。

【眉批】劉會孟曰：「更萬首絶句，亦無復近，古今第一矣。」

送韋評事

欲逐將軍取右賢，沙場走馬向居延。遥知漢使蕭關外，愁見孤城落日邊。

送沈子福之江東

楊柳渡頭行客稀，罟師盪槳向臨圻。惟有相思似春色，江南江北送春歸。

賈　至

春思二首

草色青青柳色黄，桃花歷亂李花香。東風不爲吹愁去，春日偏能惹恨長。

【眉批】蔣仲舒曰：「『不去』、『故惹』，句法、字法皆妙。」

其　二

紅粉當壚弱柳垂，金花臈酒解酴醿。笙歌日暮能留客，醉殺長安輕薄兒。

西亭春望

日長風暖柳青青，北雁歸飛入窅冥。岳陽城上聞吹笛，能使春心滿洞庭。

初至巴陵與李十二白同泛洞庭湖二首

江上相逢皆舊游，湘山永望不堪愁。明月秋風洞庭水，孤鴻落葉一扁舟。

其　二

楓岸紛紛落葉多，洞庭秋水晚來波。乘興輕舟無近遠，白雲明月弔湘娥。

【眉批】

蔣仲舒曰：「末句翻李白案。」

送李侍郎赴常州

雪晴雲散北風寒，楚水吴山道路難。今日送君須盡醉，明朝相憶路漫漫。

【眉批】

顧華玉曰：「不須深語，自露深情。」

岳陽樓重宴別王八員外貶長沙

江路東連千里潮，青雲北望紫微遥。青紫暗對。莫道巴陵湖水闊，長沙南畔更蕭條。又翻進一層。

【眉批】

蔣仲舒曰：「情景只在眼前。」

岑　參

封大夫破播仙凱歌二首

漢將承恩西破戎，捷書先奏未央宫。天子預開麟閣待，祇今誰數貳師功？

其　二

日落轅門鼓角鳴，千群面縛出蕃城。洗兵魚海雲迎陣，秣馬龍堆月照營。

【眉批】 胡元瑞曰：「自少陵絶句對語，詩家率以半律譏之，然亦自有此體。如此詩結句，皆雄渾高華，後世咸所取法，即半律何傷？」

苜蓿峰寄家人

苜蓿峰邊逢立春，胡蘆河上淚沾巾。閨中只是空相憶，不見沙場愁殺人。

【眉批】 敖子發曰：「實歷苦語。」

玉關寄長安李主簿

東去長安萬里餘，故人那惜一行書。玉關西望腸堪斷，况復明朝是歲除。

【眉批】 蔣仲舒曰：「又添一意，益更深長。」

逢入京使

故園東望路漫漫，雙袖龍鍾淚不乾。馬上相逢無紙筆，憑君傳語報平安。直不着意。

【眉批】

劉會孟曰：「辭達。」

敖子發曰：「丘文莊常言：『眼前光景口頭語，便是詩家絶妙詞。』觀此詩良然。」

磧中作

走馬西來欲到天，辭家見月兩回圓。今夜不知何處宿，平沙萬里絶人煙。

虢州後亭送李判官使赴晋絳得秋字

西原驛路挂城頭，客散江亭雨未休。君去試看汾水上，白雲猶似漢時秋。

【眉批】

胡濟鼎曰：「昔日青樓對歌舞，今日黄埃聚荆棘。以此推之，可以浩然矣。」

送人還京

匹馬西從天外歸，即「匹馬西來欲到天」轉語。揚鞭只共鳥争飛。送君九月交河北，雪裏題詩淚滿衣。

赴北庭度隴思家

西向輪臺萬里餘，也知鄉信日應疏。隴山鸚鵡能言語，爲報家人數寄書。

【眉批】

蔣仲舒曰：「無中生有。」

酒泉太守席上醉後作

酒泉太守能劍舞，高堂置酒夜擊鼓。胡笳一曲斷人腸，坐客相看淚如雨。

送劉判官赴磧西

火山五月人行少，看君馬去疾如鳥。都使行營太白西，角聲一動胡天曉。

【眉批】

蔣仲舒曰：「又用『揚鞭只共鳥争飛』句。」

山房春事

梁園日暮亂飛鴉，極目蕭條三兩家。庭樹不知人去盡，春來還發舊時花。雖氣格卑索，却自流麗。

儲光羲

寄孫山人

新林二月孤舟還，水滿清江花滿山。借問故園隱君子，時時來往住人間。

杜　甫

贈花卿

錦城絲管日紛紛，半入江風半入雲。此曲祇應天上有，人間能得幾回聞？

【眉批】

胡元瑞曰：「少陵『馬上誰家白面郎』一首殊有古意，然與《樂府》無干，惟《贈花卿》詩近太白。花卿善歌妓，此曲二語，本自目前語，而用修以措大語釋之，何杜之不幸也？」

贈鄭錬赴襄陽

鄭子將行罷使臣，囊無一物獻尊親。江山路遠羈離日，裘馬誰爲感激人。

奉和嚴國公軍城早秋

秋風嫋嫋動高旌，玉帳分弓射虜營。已收滴博雲間戍，更奪蓬婆雪外城。

解悶

一辭故國十經秋，每見秋瓜憶故丘。今日南湖采薇蕨，何人爲覓鄭瓜州。公自注：鄭瓜州，鄭審也。

【眉批】

劉會孟曰：「因瓜憶鄭審，爲金陵有瓜州，號鄭瓜州，皆詞人跌蕩之態，亦多類此。」

書堂飲既夜復邀李尚書下馬月下賦絶句

湖月林風相與清，殘尊下馬復同傾。久拚野鶴如雙鬢，遮莫鄰鷄下五更。

【眉批】

蔣春甫曰：「『久拚』句，倒裝法。」

常　建

塞下曲二首

玉帛朝回望帝鄉，烏孫歸去不稱王。天涯静處無征戰，兵氣銷爲日月光。

其　二

北海陰風動地來，明君祠上望龍堆。髑髏皆是長城卒，日暮沙場飛作灰。酸鼻。

送宇文六

花映垂楊漢水清，微風林裏一枝輕。即今江北還如此，愁殺江南離别情。

三日尋李九莊

雨歇楊林東渡頭，永和三日盪輕舟。故人家在桃花岸，直到門前溪水流。

高適

九曲詞

鐵騎横行鐵嶺頭，西看邏逤取封侯。青海只今將飲馬，黄河不用更防秋。

【眉批】

蔣仲舒曰：「以縱横爲紀律。」

除夜作

旅館寒燈獨不眠，客心何事轉凄然？故鄉今夜思千里，霜鬢明朝又一年。胡濟鼎曰：「『轉』字唤起後二句。唐絶謹嚴，一字不乱下如此。」

【眉批】敎子發曰：「首句已自凄然，後二句又説出『轉凄然』之情。客邊除夜，怕誦此詩。」

塞上聽吹笛

雪净胡天牧馬還，月明羌笛戍樓間。借問梅花何處落？風吹一夜滿關山。

別董大

十里黄雲白日曛，北風吹雁雪紛紛。莫愁前路無知己，天下誰人不識君？

【眉批】蔣仲舒曰：「適律詩『莫怨他鄉暫離別，知君到處有逢迎』即此意。」

孟浩然

送杜十四之江南

荆吴相接水爲鄉，君去春江正淼茫。日暮孤舟何處泊，天涯一望斷人腸。

李頎

寄韓鵬

爲政心閑物自閑，朝看飛鳥暮飛還。寄書河上神明宰，羨爾城頭姑射山。亦曠亦痴。

崔國輔

九日

江邊楓落菊花黄，少長登高一望鄉。九日陶家誰載酒？三年楚客已沾裳。

張謂

題長安主人壁

世人結交須黄金，黄金不多交不深。縱令然諾暫相許，終是悠悠行路心。直捷說破。

送人使河源

故人行役向邊州，匹馬今朝不少留。長路關山何日盡？滿堂絲竹爲君愁。

王之涣

凉州詞

黄河遠上白雲間，一片孤城萬仞山。羌笛何須怨《楊柳》，春光不度玉門關。

【眉批】王敬美曰：「于鱗取王昌齡『秦時明月』爲第一，于鱗意止擊節『秦時明月』四字耳，必欲壓卷，還當于『葡萄美酒』及此詩内求之。」

九日送别

薊庭蕭瑟故人稀，何處登高且送歸。今日暫同芳菊酒，明朝應作斷蓬飛。

蔡希寂

洛陽客舍逢祖詠留宴

緜緜鐘漏洛陽城，客舍貧居絶送迎。逢君貰酒因成醉，醉後焉知世上情。

吴象之

少年行

承恩借獵小平津，使氣常游中貴人。一擲千金渾是膽，家無四壁不知貧。當與杜『馬上誰家白面郎』並看。

張　潮

江南行

茨菰葉爛别西灣，蓮子花開猶未還。妾夢不離江上水，人傳郎在鳳凰山。

嚴　武

軍城早秋

昨夜秋風入漢關，朔雲邊月滿西山。更催飛將追驕虜，莫遣沙場匹馬還。

【眉批】

田子秇曰：「氣概雄壯，武將本色。」

李　華

春行寄興

宜陽城下草萋萋，澗水東流復向西。芳樹無人花自落，春山一路鳥空啼。落得閑曠。

崔敏童

宴城東庄

一年又過一年春，百歲曾無百歲人。能向花前幾回醉，十千沽酒莫辭貧。

【眉批】

王元美曰：「後二句與王翰『醉沙場』二語同一可憐意也。王語爽，崔語緩，其唤法亦兩反。」

崔惠童

奉和宴城東庄

一月主人笑幾回，相逢相值且銜杯。眼看春色如流水，今日殘花昨日開。

張子容

巫　山

巫嶺岧嶢天際重，桂期宿昔願相從。朝雲暮雨連天暗，神女知來第幾峰。

水調歌第一疊

平沙落日大荒西，隴上明星高復低。孤山幾處看烽火，戰士連營候鼓鼙。

凉州歌第二疊

朔風吹葉雁門秋，萬里烟塵昏戍樓。征馬長思青海上，胡笳夜聽隴山頭。

水鼓子第一曲

雕弓白羽獵初回，薄夜牛羊復下來。夢水河邊秋草合，黑山峰外陣雲開。

【眉批】

蔣仲舒曰：「以上三詩賦事，而其情自見。」

陳祐

雜詩

無定河邊暮笛聲，赫連臺畔旅人情。函關歸路千餘里，一夕秋風白髮生。

無名氏

初過漢江

襄陽好向峴亭看，人物蕭條值歲闌。爲報習家多置酒，夜來風雪過江寒。

【眉批】

蔣仲舒曰：「此等用事乃得趣。」

胡笳曲

月明星稀霜滿野，氈車夜宿陰山下。漢家自失李將軍，單于公然來牧馬。

王　烈

塞上曲二首

紅顏歲歲老金微，砂磧年年卧鐵衣。白草城中春不入，黄花戍上雁長飛。

其　二

孤城夕對戍樓閒，迴合青冥萬仞山。明鏡不須生白髮，風沙自解老紅顏。

【眉批】
蔣仲舒曰：「《塞上曲》多矣，此二首爲最酸楚。」

張敬忠

邊　詞

五原春色舊來遲，二月垂楊未挂絲。即今河畔冰開日，正是長安花落時。人都説邊景之苦，而此詩想到長安，思更深苦。

張　諤

九日宴

秋葉風吹黄颯颯，晴雲日照白鱗鱗。歸家得問茱萸女，今日登高醉幾人？

樓　穎

西施石

西施昔日浣紗津，石上青苔思殺人。一去姑蘇不復返，岸旁桃李爲誰春。

盧　弼

和李秀才邊庭四時怨三首

春

春衣昨夜到榆關，故國煙花想已殘。小婦不知歸未得，朝朝應上望夫山。

【眉批】

謝茂秦曰：「《邊庭四時怨》極似太白絶句。」

秋

八月霜飛柳遍黄，蓬根吹斷雁南翔。隴頭流水關山月，泣上龍堆望故鄉。

【眉批】胡元瑞曰：「《四詩》語意新奇，韻格超絶，此盛唐高手無疑。」

冬

朔風吹雪透刀瘢，飲馬長城窟更寒。半夜火來知有敵，一時齊保賀蘭山。

【眉批】蔣仲舒曰：「言外便有鋒鏑之懼。」

王周

宿疏陂驛

秋染棠梨葉半紅，荆州東望草平空。誰知孤宦天涯意，微雨蕭蕭古驛中。

劉長卿

重送裴郎中貶吉州

猿啼客散暮江頭，人自傷心水自流。同作逐臣君更遠，青山萬里一孤舟。

【眉批】蔣仲舒曰：「兩『自』字，無情有情之别，最佳！」

送李判官之潤州行營

萬里辭家事鼓鼙，金陵驛路楚雲西。江春不肯留行客，草色青青送馬蹄。

錢　起

歸　雁

瀟湘何事等閑回？水碧沙明兩岸苔。二十五弦彈夜月，不勝清怨却飛來。悠緩竟似瑟中弹出。

韋應物

登樓寄王卿

踏閣攀林恨不同，楚雲滄海思無窮。誰家砧杵秋山下，一郡荆榛寒雨中。

【眉批】劉會孟曰：「如此開合，野興甚濃，正是絶意。復增兩聯，即情味不復如此。」

酬柳郎中春日歸揚州南郭見別之作

廣陵三月花正開，花裹逢君醉一回。南北相過殊不遠，暮潮歸去早潮來。只是一自然，便極幽致。

皇甫冉

送魏十六還蘇州

秋夜沉沉此送君，陰蟲切切不堪聞。歸舟明日毘陵道，回首姑蘇是白雲。

曾山送別

淒淒游子苦飄蓬，明月清尊祇暫同。南望千山如黛色，愁君客路在其中。又自一法。

【眉批】

蔣仲舒曰：「遂從去路得境，落句用助語入詩。」

韓翃

寒食

春城無處不飛花，寒食東風御柳斜。日暮漢宮傳蠟燭，青煙散入五侯家。

送客知鄂州

江口千家帶楚雲，江花亂點雪紛紛。春風落日誰相見？青翰舟中有鄂君。

宿石邑山中

浮雲不共此山齊，山靄蒼蒼望轉迷。曉月暫飛千樹裏，秋河隔在數峰西。

【眉批】

胡元瑞曰：「韓翃諸絶最高，如《贈張千牛調馬詩》及此篇，皆全首高華明秀，而古意内含，直是梁、陳妙語，行以唐調耳。」

李　端

送劉侍郎

幾人同入謝宣城，未及酬恩隔死生。惟有夜猿知客恨，嶧陽溪路第三聲。

張　繼

楓橋夜泊

月落烏啼霜滿天，江楓漁火對愁眠。姑蘇城外寒山寺，夜半鐘聲到客船。

【眉批】

胡元瑞曰：「『夜半鐘聲』句談者紛紛，皆爲昔人愚弄。詩流借景立言，惟在聲律興象之合，區區事實彼豈計之？無論『夜半』是非，即『鐘聲』聞否，未可知也。」

顧　况

聽角思歸

故園黄葉滿青苔，夢後城頭曉角哀。此夜斷腸人不見，起行殘月影徘徊。

【眉批】蔣仲舒曰：「此結真可『斷腸』，足見無聊之態。」

宿昭應

武帝祈靈太乙壇，新豐樹色繞千官。那知今夜長生殿，獨閉空山月影寒。

【眉批】顧華玉曰：「諷意高。」

湖　中

青草湖邊日色低，黄茅瘴裏鷓鴣啼。丈夫飄蕩今如此，一曲長歌楚水西。一曲長歌，不失丈夫故步。

戴叔倫

夜發袁江寄李潁川劉侍郎

半夜回舟入楚鄉，月明山水共蒼蒼。孤猿更叫秋風裏，不是愁人亦斷腸。

包　何

寄楊侍御

一官何幸得同時，千載無媒獨見遺。今日莫論腰下組，請君看取鬢邊絲。

李　益

汴河曲

汴河東流無限春，隋家宫闕已成塵。行人莫上長堤望，風起楊花愁殺人。

聽曉角

邊霜昨夜墮關榆，吹角當城片月孤。無限塞鴻飛不度，秋風吹入《小單于》。

夜上受降城聞笛

回樂峰前沙似雪，受降城外月如霜。不知何處吹蘆管，一夜征人盡望鄉。

【眉批】王元美曰：「元和以後絶句，李益爲上，韓翃次之。至『回樂峰』一章，何必王龍標、李供奉。」

從軍北征

天山雪後海風寒，横笛偏吹《行路難》。磧裏征人三十萬，一時回首月中看。

【眉批】胡元瑞曰：「七言絶，開元後李益便當第一。如《春夜聞笛》、《夜上西城》及此首，皆可與太白、龍標競麗，非中唐得有。」

劉禹錫

楊柳枝詞二首

煬帝行宫汴水濱，數株殘柳不勝春。晚來風起花如雪，飛入宫墻不見人。

【眉批】

徐子擴曰：「只是形容荒凉之態。疊山謂『羞不見人』非也，李君虞《隋宫燕》詩『幾度飛來不見人』即此意。」

其二

城外春風颭酒旗，行人揮袂日西時。長安陌上無窮樹，惟有垂楊綰别離。

宿都亭有懷

雷雨湘江起卧龍，武陵樵客躡仙蹤。十年楚水楓林下，今夜初聞長樂鐘。

【眉批】

蔣春甫曰：「吊与慰交集。」

與歌者何戡

二十餘年别帝京，重聞天樂不勝情。舊人惟有何戡在，更與殷勤唱《渭城》。

【眉批】

謝疊山曰：「『不勝情』三字極有味。」

浪淘沙詞

鸚鵡洲頭浪颭沙，青樓春望日將斜。銜泥燕子争歸舍，獨自狂夫不憶家。

自朗州至京戲贈看花諸君子

紫陌紅塵拂面來，無人不道看花回。玄都觀裏桃千樹，盡是劉郎去後栽。

【眉批】

敖子發曰：「風刺時事，全用此體。」

張　籍

涼州詞

鳳林關裏水東流，白草黄榆六十秋。邊將皆承主恩澤，無人解道取涼州。

王　建

十五夜望月

中庭地白樹栖鴉，冷露無聲濕桂花。今夜月明人盡望，不知秋思在誰家。

武元衡

送盧起居

相如擁傳有光輝，何事闌干淚濕衣。舊府東山餘妓在，重將歌舞送君歸。

嘉陵驛

悠悠風旆繞山川，山驛空濛雨作煙。路半嘉陵頭已白，蜀門西更上青天。

張仲素

漢苑行

回雁高飛太液池，新花低發上林枝。年光到處皆堪賞，春色人間總未知。

塞下曲二首

三戍漁陽再度遼，騂弓在臂箭横腰。匈奴似欲知名姓，休傍陰山更射雕。

【眉批】蔣仲舒曰：「與後曲俱見自負。」

其二

朔雪飄飄開雁門，平沙歷亂捲蓬根。功名耻計擒生數，直斬樓蘭報國恩。

【眉批】胡元瑞曰：「江寧之後，仲素得其餘響，《秋閨》、《塞下》諸曲俱工。」

秋閨思二首

碧窗斜月藹深輝，愁聽寒螿淚濕衣。夢裏分明見關塞，不知何路向金微。

【眉批】

胡元瑞曰：「此詩與下首結語，皆去龍標不遠。」

其二

秋天一夜静無雲，斷續鴻聲到曉聞。欲寄征人問消息，居延城外又移軍。

羊士諤

郡下即事

紅衣落盡暗香殘，葉上秋光白露寒。越女含情已無限，莫教長袖倚闌干。

【眉批】

蔣春甫曰：「欷歔不在長短，只在刺心。」

登樓

槐柳蕭疏繞郡城，夜添山雨作江聲。秋風南陌無車馬，獨上高樓故國情。

柳宗元

浩初上人見貽絶句欲登仙人山因以酬之

珠樹玲瓏隔翠微，病來方外事多違。仙山不屬分符客，一任凌空錫杖飛。用事、用意俱佳。

歐陽詹

題延平劍潭

想象精靈欲見難，通津一去水漫漫。空餘千載凌霜色，長與澄潭白日寒。

元　稹

聞白樂天左降江州司馬

殘燈無焰影幢幢，此夕聞君謫九江。垂死病中驚坐起，暗風吹雨入寒窗。

【眉批】

洪景盧曰：「『嬉笑之怒甚于裂眥，長歌之悲過于慟哭。』此語誠然。」

張祜

胡渭州

亭亭孤月照行舟，寂寂長江萬里流。鄉國不知何處是，雲山漫漫使人愁。

雨淋鈴

雨淋鈴夜却歸秦，猶是張徽一曲新。長説上皇垂淚教，月明南内更無人。

集靈臺

虢國夫人承主恩，平明騎馬入金門。却嫌脂粉污顔色，淡掃蛾眉朝至尊。

賈島

渡桑乾

客舍並州已十霜，歸心日夜憶咸陽。無端更渡桑乾水，却望並州是故鄉。

【眉批】

王元美曰：「元輕白俗，郊寒島瘦，此是定論。島詩『獨行潭底影，數息樹邊身』，有何佳境，而三年始得，一吟淚流，如《三月晦日》及此詩乃可耳。」

王　表

成德樂

趙女乘春上畫樓，一聲歌發滿城秋。無端更唱關山曲，不是征人亦淚流。

【眉批】

蔣仲舒曰：「與戴叔倫《夜發袁江》句法相似。」

李商隱

漢宮詞

青雀西飛竟未回，君王常在集靈臺。侍臣最有相如渴，不賜金莖露一杯。宫詞又是一變局。

夜雨寄北

君問歸期未有期，巴山夜雨漲秋池。何當共剪西窗燭，却話巴山夜雨時。

【眉批】蔣仲舒曰：「又翻出一層。」

寄令狐郎中

嵩雲秦樹久離居，雙鯉迢迢一紙書。休問梁園舊賓客，茂陵秋雨病相如。

【眉批】敖子發曰：「落句用古事爲今事，得法。」

許渾

秋思

琪樹西風枕簟秋，楚雲湘水憶同游。高歌一曲掩明鏡，昨日少年今白頭。用字入妙。

趙嘏

江樓書感

獨上江樓思悄然，月光如水水連天。同來玩月人何處，風景依稀似去年。胡濟鼎曰：「『獨』、『同』二字小巧。」

【眉批】謝君直曰：「崔護《桃花》詩，豈若此詩末二句之有味。」

温庭筠

楊柳枝

館娃宮外鄴城西，遠映征帆近拂堤。繫得王孫歸意切，不關春草緑萋萋。

【眉批】楊用修曰：「『王孫芳草』創自楚詞，而咏入詩句，則是謝、陸始。唐人競相効慕，好以此作。」

段成式

折楊柳

枝枝交影鎖長門，嫩色曾霑雨露恩。鳳輦不來春欲盡，空留鶯語到黄昏。托喻凄惋。

司馬禮

宫　怨

柳色參差掩畫樓，曉鶯啼送滿宫愁。年年花落無人見，空逐春泉出御溝。

張　喬

宴邊將

一曲《涼州》金石清，邊風蕭颯動江城。坐中有老沙場客，横笛休吹塞上聲。

李　拯

退朝望終南山

紫宸朝罷綴鴛鸞，丹鳳樓前駐馬看。惟有終南山色在，晴明依舊滿長安。

【眉批】敖子發曰：「乱後還朝，惟山色如舊，悲慨之詞，寫得穠麗。」

崔　魯

華清宫

草遮回磴絶鳴鑾，雲樹深深碧殿寒。明月自來還自去，更無人倚玉闌干。

【眉批】胡元瑞曰：「此詩與『解釋春風』二句同咏玉環事也。此意極精工，李語由天造，不堪並論者，直氣象不同耳。」

韋　莊

古離別

晴煙漠漠柳毵毵，不那離情酒半酣。更把玉鞭雲外指，斷腸春色在江南。

【眉批】高廷礼曰：「晚唐絶句興象不同，而聲律亦未遠。如韋莊《離别》諸篇，尚有盛唐餘韻。」

李建勳

宫　詞

宫門長閉舞衣閑，略識君王鬢已斑。却羡落花春不管，御溝流得到人間。令人諷咏不盡。

釋皎然

塞下曲

寒塞無因見落梅，胡人吹入笛聲來。勞勞亭上春應度，夜夜城南戰未回。

【眉批】徐伯臣曰：「皎師卧深山壑，思繞滄州，其詩深窺色相。一公詩，雖復剪刻，彌精律調，要之泓泛未勝皎師，而净密終當獨步。」

釋靈一

僧院

虎溪閑月引相過，帶雪松枝挂薜蘿。無限青山行欲盡，白雲深處老僧多。

《二刻拍案驚奇》

凌濛初全集

叁

魏同賢　安平秋　主編

鳳凰出版傳媒集團
鳳凰出版社

第三册目録

二刻拍案驚奇

魏亦珀　校點

説　明

《二刻拍案驚奇》，尚友堂初刊於明崇禎五年（一六三二）。據凌濛初自書《二刻拍案驚奇小引》：「丁卯之秋，事附膚落毛，失諸正鵠，遲迴白門，戲取古今所聞一二奇局可紀考，演而成説，聊舒胸中磊塊……爲書賈所偵，因以梓傳請，遂爲鈔撮成編，得四十種。」這是回憶《拍案驚奇》的寫作、刊刻情況。由於《拍案驚奇》的「翼飛脛走」，「賈人一試之而效，謀再試之。余笑謂：一之已甚……顧逸事新語，可佐談資者，乃先是所羅而未及付之於墨。其爲柏梁餘材，武昌剩竹，頗亦不少。意不能恝，聊復綴爲四十則。」又説明了《二刻拍案驚奇》的寫作、刊印經過，也於此可見前後兩書，皆爲四十卷。但今存《二刻拍案驚奇》四十卷中，經過李田意、章培恒諸先生考察，其第二十三卷《大姊魂遊完宿願，小姨病起續前緣》已非原刻，係由《拍案驚奇》第二十三卷移刻；第四十卷《宋公明鬧元宵雜劇》亦係後刻補入。現在爲恢復初刻原貌，並避免重複，故將二者均抽出，前者已移入《拍案驚奇》，後者則輯入本全集第四册，與其他雜劇合刊，俾便閲讀與研究。

本書首寫刻睡鄉居士《二刻拍案驚奇序》，次即寫刻即空觀主人《二刻拍案驚奇小引》，次目録，次插圖三十八葉七十六幅，次正文。正文半葉十行，行二十字。單框，中縫魚尾，下端署尚友堂。本書的標點，全依章培恒整理、上海古籍出版社影印之《二刻拍案驚奇》，不作校勘，遇有明顯錯字逕作改正，不出校。

二刻拍案驚奇目録

二刻拍案驚奇序

嘗記《博物志》云：「漢劉褒畫《雲漢圖》，見者覺熱；又畫《北風圖》，見者覺寒。」竊疑畫本非真，何緣至是？然猶曰：「人之見爲之也。」甚而僧繇點睛，雷電破壁；吴道玄畫殿内五龍，大雨輒生烟霧。是將執畫爲真則既不可，若云贋也，不已勝於真者乎？然則操觚之家，亦若是焉則已矣。

今小説之行世者無慮百種，然而失真之病，起於好奇。知奇之爲奇，而不知無奇之所以爲奇，舍目前可紀之事，而馳鶩於不論不議之鄉，如畫家之不圖犬馬而圖鬼魅者，曰：「吾以駭聽而止耳。」夫劉越石清嘯吹笳，尚能使羣胡流涕，觧圍而去。今集物態人情，恣其點染，而不能使人欲歌欲泣於其間，此其奇與非奇，固不待智者而後知之也。則爲之解曰：「文自《南華》、《冲虚》，已多寓言，下至非有先生、馮虚公子，安所得其真者而尋之？」不知此以文勝，非以事勝也。至演義一家，幻易而真難，固不可相衡而論矣。即如《西遊》一記，怪誕不經，讀者皆知其謬。然據其所載，師弟四人，各一性情，各一動止，試摘取其一言一事，遂使暗中摹索，亦知其出自何人，則正以幻中有真，乃爲傳神阿堵而已，有不如《水滸》之譏，其非真不真之関，固奇不奇之大較也哉！

即空觀主人者，其人奇，其文奇，其遇亦奇。因取其抑塞磊落之才，出緒餘以爲傳奇，又降而爲演義，此《拍案驚奇》之所以兩刻也。其所捃摭，大都真切可據。即間及神天鬼怪，故如史遷紀事，摹寫逼真，而龍之踞腹，蛇之當道，鬼神之理，遠而非無，不妨點綴域外之觀，以破俗儒之隅見耳。若夫妖艷風流一種，集中亦則《梅花賦》，而爲意其鐵石心腸，鹿門子常怪宋廣平之爲人，則戛戛乎其務去。唯污蠛世界之談，所必存。

……

（按原頁直排右起）

所必存。唯污蠛世界之談，則戛戛乎其務去。鹿門子常怪宋廣平之爲人，意其鐵石心腸，而爲《梅花賦》，則清便艷發，得南朝徐、庾體。由此觀之，凡託於椎陋以眩世，殆有不足信者夫。主人之言固曰：「使世有能得吾説者，以爲忠臣孝子無難，而不能者，不至爲宣淫而已矣。」此則作者之苦心，又出於平平奇奇之外者也。

時剞劂告成，而主人薄遊未返，肆中急欲行世，徵言於余。余未知搦管，毋乃「刻畫無鹽，唐突西子」哉！亦曰「簸之揚之，糠秕在前」云爾。

壬申冬日睡鄉居士題並書

二刻拍案驚奇小引

丁卯之秋，事附膚落毛，失諸正鵠，遲徊白門，偶戲取古今所聞一二奇局可紀者，演而成説，聊舒胸中塊磊，非曰行之可遠，姑以遊戲爲快意耳。同儕過從者索閲一篇竟，必拍案曰：「奇哉所聞乎！」爲書賈所偵，因以梓傳請。遂爲鈔撮成編，得四十種。支言俚説，不足供醬瓿，而翼飛脛走，較撚髭嘔血、筆冢硯穿者，售不售反霄壤隔也。嗟乎！文詎有定價乎！賈人一試之而效，謀再試之。余笑謂：一之已甚！顧逸事新語，可佐談資者，乃先是所羅而未及付之於墨，其爲柏梁餘材，武昌剩竹，頗亦不少。意不能恝，聊復綴爲四十則。其間説鬼説夢，亦真亦誕，然意存勸戒，不爲風雅罪人，後先一指也。竺乾氏以此等亦爲綺語障，作如是觀，雖現稗官身爲説法，恐維摩居士知貢集又不免駁放耳！

崇禎壬申冬日即空觀主人題於玉光齋中

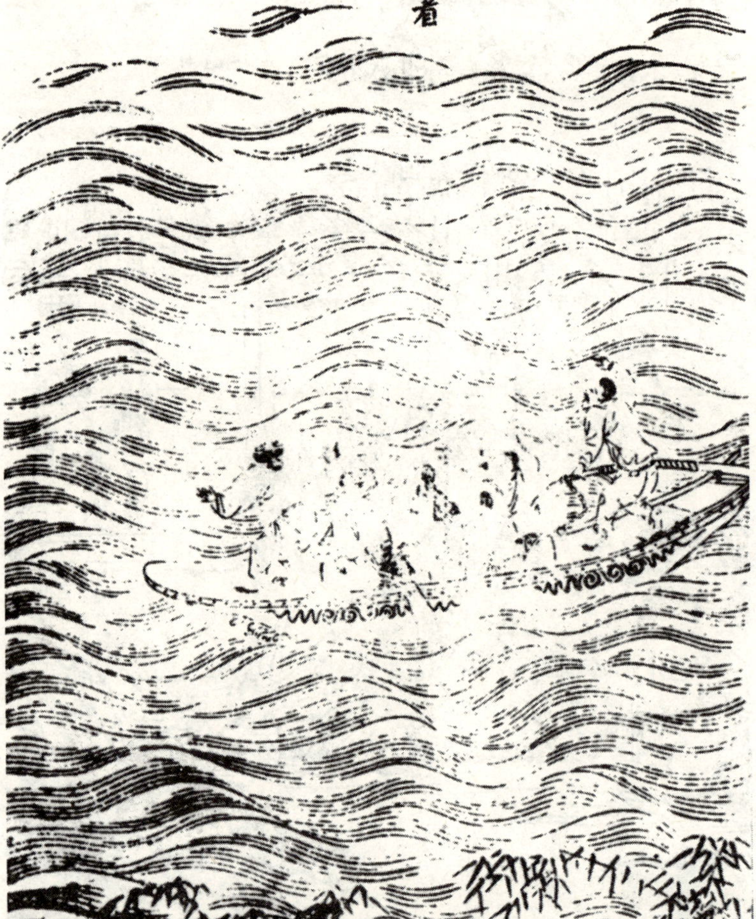
進香客莽看金剛經

出獄僧巧完
去會分

卷之一

進香客莽看金剛經　出獄僧巧完法會分

詩曰：

世間字紙藏經同，見者須當付火中。
或置長流清净處，自然福禄永無窮。

話説上古蒼頡制字，有鬼夜哭。蓋因造化秘密，從此發洩盡了。只這一哭，有好些個來因。假如孔子作《春秋》，把二百四十二年間亂臣賊子心事闡發，凛如斧鉞，遂爲萬古綱常之鑒。那些奸邪的鬼，豈能不哭？又如子産鑄刑書，只是禁人犯法；流到後來，奸胥舞文，酷吏鍜罪，只這筆尖上邊幾個字，斷送了多多少少人。那些屈陷的鬼，豈能不哭？至于後世以詩文取士，憑着暗中朱衣神，不論好歹，只看點頭。【眉批】許伯哭世。他肯點點頭的，便差池些，也會發高科、做高官；不肯點頭的，遮莫你怎樣高才，没處叫撞天的屈。那些嘔心抽腸的鬼，更不知哭到幾時，纔是住手！可見這字的關係，非同小可。況且聖賢傳經講道，齊家、治國、平天下，多用着他不消説；即是道家青牛騎出去，佛家白馬馱將來，也只是靠這幾个字，致得三教流傳，同於三光。那字是何等之物，豈可不貴重他？

每見世間人不以字紙爲意。見有那殘書廢葉，便將來包長包短，以致因而揩檯抹棹，棄擲在地，掃置灰塵污穢中。如此作踐，真是罪業深重！假如偶然見了，便輕輕拾將起來，付之水火，有何重難的事，人不肯做？這不是人不肯做，一來只爲人不曉得關着禍福，二來不在心上的事，匆匆忽略過了。只要能存心的人，但見字紙，便加愛惜，遇有遺棄，即行收拾，那個陰德可也不少哩！

宋時王沂公之父，愛惜字紙。見地上有遺棄的，就拾起焚燒。便是落在糞穢中的，他畢竟設法取將起來，用水洗净。或投之長流水中，或候烘晒乾了，用火焚過。如此行之多年，不知收拾净了萬萬千千的字紙。一日，妻有娠將産，忽夢孔聖人來分付道：「汝家愛惜字紙，陰功甚大。我已奏過上帝，遣弟子曾參來生汝家，使汝家富貴非常。」夢後果生一兒。因感夢中之語，就取名爲王曾。後來連中三元，官封沂國公。宋朝一代中三元的，止得三人，是宋庠、馮京與這王曾，可不是最希罕的科名了！【眉批】一片婆心。誰知内中這一個，不過是惜字紙積來的福，豈非人人做得的事？如今世上人，見了享受科名的，那個不稱羨，道是「難得」。及致愛惜字紙這樣容易事，却錯過了不做，不知爲何。且聽小子説幾句：

蒼頡製字，爰有妙理。
三教聖人，無不用此。
眼觀穢棄，頰當有泚。
三元科名，惜字而已。
一唾手事，何不拾取？

小子因爲奉勸世人惜字紙，偶然記起一件事來。一個只因惜字紙，拾得一張故紙，合成一大段佛門中因緣，有好些的靈異在裏頭。有詩爲證：

翰墨因緣法寶流，山門珍秘永傳留。

從來神物多呵護，堪笑愚人欲强謀。

却説唐朝侍郎白樂天，號香山居士，他是個佛門中再來人，專一精心内典，勤脩上乘。雖然頂冠束帶，是個宰官身，却自念佛看經，做成居士相。當時因母病，發願手寫《金剛般若經》百卷，以祈冥佑，散施在各處寺宇中。後來五代、宋、元，兵戈擾亂，數百年間，古今名蹟，海内亡失已盡，何況白香山一家遺墨？不知多怎地消滅了。唯有吴中太湖内洞庭山一個寺中，流傳得一卷。直至國朝嘉靖年間，依然完好，首尾不缺。凡吴中賢士大夫、騷人墨客，曾經賞鑒過者，皆有題跋在上，不消説得。就是四方名公游客，也多曾有讚嘆頂禮、請求拜觀，留題姓名日月的，不計其數。算是千年來希奇古蹟，極爲難得的物事。山僧相傳，至寶收藏，不在話下。

且説嘉靖四十三年，吴中大水，田禾渰盡，寸草不生，米價踴貴。各處禁糶、閉糶，官府嚴示平價，越發米不入境了。元來大凡年荒米貴，官府只合静聽民情，不去生事。少不得有一夥有本錢趨利的商人，貪那貴價，從外方賤處販將米來；有一夥有家當囤米的財主，貪那貴價，從家裏廒中發出米去。【眉批】救荒聚米妙策，良有司所宜知。米既漸漸輻輳，價自漸漸平減。這個道理，也是極容易明白的。最是那不識時務執拗的腐儒，做了官府，專一遇荒就行禁糶、閉糶、平價等事，他認道是不使外方糴了本地米去。不知一行禁止，就有棍徒詐害。遇見本地交易，便自聲揚犯禁，拿到公庭，立受枷責。那有身家的，怕惹事端，家中有米，只索閉倉高坐；又且官有定價，不許貴賣，無大利息，何苦出糶？那些販米的客人，見官價不高，也無想頭；就是小民私下願增價暗糴，懼怕敗露，受責受罰，有本錢的人不肯擔這樣干繫，幹這樣没要緊的事。所以越弄得市上無米，米價轉高。【眉批】專見愚民無知，上官因而誤事。愚民不知上官不諳，只埋怨道：「如此禁閉，米只不多！如此抑價，米只不賤！」没得解説，只囫圇説一句「救荒無奇策」罷了。誰知多是要行荒政，反致越荒的。

閑話且不説。只因是年米貴，那寺中僧侣頗多，坐食煩難。平日檀越，也爲年荒米少，不來布施。又兼民窮財盡，餓殍盈途，盗賊充斥，募化無路。那洞庭山住在太湖中間，非舟楫不能往來。寺僧平時吃着十方，此際料没得有凌波出險、載米上門的了。真個是：

香積廚中無宿食，净明鉢裏少餘糧。

寺僧無計奈何。内中有一僧，法名辨悟，開言對大衆道：「寺中僧徒不少，非得四五十石米，不能度此荒年。如今料無此大施主。難道抄了手，坐看餓死不成？我想白侍郎《金剛經》真蹟，是累朝相傳至寶。何不將此件到城中，尋個識古董人家，當他些米糧，且度一歲。到來年有收，再圖取贖，未爲遲也。」住持道：「相傳此經值價不少，徒然守着他，救不得飢餓，真是戲米囤餓殺了。把他去當米，誠是算計。但如此年時，那裏撞得個人肯出這樣閑錢，當這樣冷貨？只怕空費着説話罷了。」辨悟道：「此時要遇個識寶太師，委是不能勾。想起來，只有山塘上王相國府當内嚴都管，他是本山人，乃是本房檀越，就中與我獨厚。這卷白侍郎的經，他雖未必識得，却也多曾聽得。憑着我一半面皮，挨當他幾十挑米，敢是有的。」【眉批】面皮錢。衆僧齊聲道：「既然如此，事不宜遲，只索就過湖去走走。」

住持走去房中，廂内捧出經來。外邊是宋錦包袱包着，揭開裏頭看時，却是册葉一般裝的，多年不經裱褙，糨氣已無，周圍鑲紙多泛浮了。【眉批】足見寺僧不珍重。住持道：「此是傳名的古物，如此零落了，知他有甚好處？今將去與人家，藏放得好些，不要失脱了些便好。」衆人道：「且未知當得來當不來，不必先自耽憂。」辨悟道：「依着我説，當便或者當得來。只是救一時之急，贖取時這項錢糧還不知出在那裏？」衆人道：「且到贖時再做計較，眼下只是米要緊，不必多疑了。」當下雇了船隻，辨悟叫個道人隨了，帶了經包，一面過湖，到山塘上來。

行至相府門前，遠遠望去，只見嚴都管正在當中坐地。辨悟上前稽首，相見已畢。嚴都管便問道：「師父何事下顧？」辨悟道：「有一件事，特來與都管商量，務要都管玉成則個。」都管道：「且説看何事，可以從命，無不應承。」辨悟道：「敝寺人衆缺欠齋糧，目今年荒米貴，無計可施。寺中祖傳《金剛經》，是唐朝白侍郎真筆，相傳價值千金，想都管平日也曉得這話的。意欲將此卷當在府上鋪中，得應付米百來石，度過荒年，救取合寺人衆生命，實是無量功德。」嚴都管道：「是甚希罕東西，金銀寶貝做的，值此價錢？我雖曾聽見老爺與賓客們常説，真是千聞不如一見。師父且與我看看再商量。」

辨悟在道人手裏接過包來，打開看時，多是零零落落的舊紙。嚴都管道：「我只説是怎麽樣金碧輝煌的，元來是這等悔氣色臉。【眉批】不在行光景逼真。到不如外邊這包，還花碌碌好看。如何説得值多少東西！」都管強不知以爲知的，逐葉翻翻。一直翻到後面去，看見本府有許多大鄉宦名字及圖書在上面，連主人也有題跋手書印章，方喜動顔色道：「這等看起來，大略也值些東西，我家老爺纔肯寫名字在上面。除非爲我家老爺這名字，多值了百來兩銀子，也不見得。【眉批】子誠齊人也。我與師父相處中，又是救濟好事，雖是百石不能勾，我與師父五十石去罷。」【眉批】果然蘇人殺米價。辨悟道：「多當多贖，少當少贖。就是五十石也罷，省得擔子重了，他日回贖難措處。」

當下嚴都管將經包袱得好了，捧了進去。終久是相府門中手段，做事不小。當真出來寫了一張當票：「當米五十石。」付與辨悟道：「人情當的，不要看容易了。」説罷，便叫開倉斛發。辨悟同道人僱了脚夫，將米一斛一斛的盤明下船。謝别了都管，千歡萬喜，載回寺中不題。

且説這相國夫人，平時極是好善，尊重的是佛家弟子，敬奉的是佛家經卷。那年冬底，都管當中送進一年簿籍，到夫人處查算。一向因過歲新正，忙忙未及簡勘。此時已值二月中旬，偶然閒手揭開一葉看去，内一行寫着：「薑字五十九號：當洞庭山某寺《金剛經》一卷，本米五十石。」夫人道：「奇怪！是何經卷，當了許多米去？」猛然想道：「常見相公説道：『洞庭山寺内有卷《金剛經》，是山門之寶。』莫非即是此件？」隨叫養娘們傳出去，取進來看。不踰時取到，夫人盥手浄了，解開包，揭起看時，見是古老紙色，雖不甚曉得好處與來歷出處，也知是舊人經卷。【眉批】畢竟大家相。便念聲佛道：「此必是寺中祖傳之經，只爲年荒，將來當米吃了。這些窮寺裏，如何贖得去？留在此處褻瀆，心中也不安穩。譬如我齋了這好念頭。寺中僧人一年，把此經還了他罷，省得佛天面上取利，不好看。」【眉批】女人口角。分付當中都管説：「把此項五十石，作做夫人齋僧之費。速唤寺中僧人，還他原經供養去。」

都管領了夫人的命，正要尋便稍信與那辨悟，教他來領此經。恰值十九日，是觀世音生日，辨悟過湖來觀音山上進香。事畢，到當中來拜都管。都管見了道：「來得正好！我正要尋山上燒香的人，稍信與你。」辨悟道：「都管有何分付？」都管道：「我無别事，便爲你舊年所當之經。我家夫人知道了，就發心布施這五十石本米與你寺中，不要你取贖了，白還你原經去，替夫人供養着。故此要尋你來還你。」辨悟見説，喜之不勝，合掌道：「阿彌陀佛！難得有此善心的施主，使此經重還本寺！真是佛緣廣大。不但你夫人千載流傳，連老都管也種福不淺了。」【眉批】和尚口角。都管道：「好説，好説。」隨去禀知夫人，請了此經出來，奉還辨悟。夫人又分付都管：「可留來僧一齋。」都管遵依，設齋請了辨悟。辨悟笑嘻嘻捧着經包，千恩萬謝而行。到得下船埠頭，正值山上燒香多人坐滿船上，却待開了。辨悟叫住，也搭將上去，坐好了開船。

船中人你説張家長，我説李家短，不一時行至湖中央。辨悟對衆人道：「列位説來説去，總不如小僧今日所遇施主，真是個善心喜捨，量大福大的了。」衆人道：「是那一家？」辨悟道：「是王相國夫人。」衆人内中有的道：「這是久聞好善的。今日却如何布施與師父？」辨悟指着經包道：「即此便是大布施。」衆人道：

「想是你募緣簿上開寫得多了。」辨悟道：「若是有心施捨，多些也不爲奇。專爲是出于意外的，所以難得。」衆人道：「怎生出于意外？」辨悟就把去年如何當米，今日如何白還的事，説了一遍，道：「一個荒年，合寺僧衆，多是這夫人救了的。況且寺中傳世之寶，正苦没本利贖取，今得奉回，實出僥倖。」衆人見説一本經當了五十石米，好生不信。有的道：「出家人慣説天話，那有這事？」有的道：「他又不化我們東西，何故掉謊？敢是真的。」又有的道：「既是值錢的佛經，我們也該看看。一緣一會，也是難得見的。」要與辨悟取出來看。

辨悟見一夥多是些鄉村父老，便道：「此是唐朝白侍郎真筆，列位未必識認。褻褻瀆瀆，看他則甚？」内中有一個教鄉學假斯文的，姓黄，號丹山，混名黄撮空，聽得辨悟説話，便接口道：「師父出言太欺人！【眉批】村先生口角。甚麽白侍郎、黑侍郎，便道我們不認得。那個白侍郎，名字叫得白樂天，《千家詩》上多有他的詩，怎欺負我不曉得？我們今日難得同船過湖，也是個緣分，便大家請出來看看古蹟。」衆人聽得，盡拍手道：「黄先生説得有理。」一齊就去辨悟身邊，討取來看。

辨悟四不拗六，抵當衆人不住，只得解開包袱，攤在艙板上，揭開經來。那經葉葉不粘連的了，正揭到頭一板，怎當得湖中風大，忽然一陣旋風，攪到經邊一掀，急得辨悟忙將兩手揿住，早把一葉吹到船頭上。那時辨悟只好按着，不能脱手去取，忙叫衆人快快收着。衆人也大家忙了手脚，你挨我擠，吆吆喝喝，磕磕撞撞，那裏捽得着？説時遲，那時快，被風一捲，早捲起在空中。元來一年之中，惟有正二月的風是從地下起的，所以小兒們放紙鳶風箏，只在此時。那時是二月天氣，正好隨風上去，那有下來的風，恰恰吹來還你船中？況且太湖中間，瀇瀇漾漾的所在，没弄手脚處。【眉批】好光景。只好共睁着眼，望空仰看。但見：

天際飛沖，似炊烟一道直上；雲中蕩漾，如游絲幾個翻身。紙鳶到處好爲鄰，俊鶻飛來疑是伴。底下叫的叫，跳的跳，只在湖中一葉舟；上邊往一往，來一來，直通海外三千國。不生得補青天的大手抓將住，没處借繫白日的長繩縛轉來。

辨悟手按着經卷，仰望着天際，無法施展，直看到望不見纔住。眼見得這一紙在爪哇國裏去了，只叫得苦。衆人也多呆了，互相埋怨。一個道：「纔在我手邊，差一些兒不拿得住。」一個道：「在我身邊飛過，只道你來拿，我住了手。」【眉批】模寫如見。大家唧噥。一個老成的道：「師父再看看，敢是吹了没字的素紙還好。」辨悟道：「那裏是素紙？剛是揭開頭一張，看得明明白白的。」衆人疑惑。辨悟放開雙手看時，果然失了頭一板。辨悟道：「千年古物，誰知今日却弄得不完全了！」忙把來疊好，將包包了。紫漲了面皮，只是怨悵。衆人也多懊悔，不敢則聲。黄撮空没做道理處，文謅謅强通句把不中欵解勸的話。看見辨悟不喜歡，也再没人敢討看了。船到山邊，衆人各自上岸散訖。

辨悟自到寺裏來，説了相府白還經卷緣故，合寺無不喜歡讚嘆。却把湖中失去一葉的話，瞞住不説。寺僧多是不在行的，也没有人翻來看看，交與住持收拾過罷了。

話分兩頭。却説河南衛輝府，有一個姓柳的官人，補了常州府太守，擇日上任。家中親眷設酒送行。内中有一個人，乃是個博學好古的山人，曾到蘇杭四處游玩訪友過來。席間對柳太守説道：「常州府與蘇州府接壤。那蘇州府所屬太湖洞庭山某寺中，有一件希奇的物事，乃是白香山手書《金剛經》。【眉批】宜于饒舌。這個古蹟，價值千金。今老親丈就在鄰邦，若是有個便處，不可不設法看一看。」那個人是柳太守平時極尊信的。他雖不好古董，却是個極貪的性子。見説了值千金，便也動了火，牢牢記在心上。到任之後，也曾問起常州鄉士大夫，多有曉得的。只是蘇、松隔屬，無因得看。他也不是本心要看，只因千金之説上心，希圖頻對人講，或有奉承他的解意了，購求來送他，未可知。誰知這些聽説的人，道是隔府的東西，他不過無心問及，不以爲意。以後在任年餘，漸漸放手長了。有幾個富翁，爲事打通關節，他傳出密示：「要蘇州這卷《金剛經》。」詎知富翁要銀子反易，要這經却難。雖曾打發人尋着寺僧求買，寺僧道：「是家傳之物，並無賣意。」及至問價，說了千金。買的多不在行，伸伸舌，搖搖頭，恐怕做錯了生意，折了重本，看不上眼，不是算計(了)。【眉批】算計者宜如此。寧可苦着百來兩銀子送進衙去，回說：「《金剛經》乃本寺鎮庫之物，祻恨不肯賣的，情願納價罷了。」【眉批】好太守。太守見了白物，收了頑涎，也不問起了。如此不止一次，這《金剛經》到是那太守發科分、起發人的丹頭了。因此，明知這經好些難取，一發上心。

有一日，江陰縣中解到一起刼盜，内中有一行脚頭陀僧，太守暗喜道：「取《金剛經》之計，只在此僧身上了。」一面把盜犯下在死囚牢裏，一面叫個禁子到衙來，悄悄分付他道：「你到監中可與我密密叮囑這行脚僧，我當堂再審時，叫他口裏扳着蘇州洞庭山某寺，是他窩贜之所，我便不加刑罰了。你却不可洩漏訃死吃。」禁子道：「太爺分付，小的性命恁地不值錢！多在小的身上罷了。」禁子自去依言行事。

果然次日升堂，研問這起盜犯，用了刑具。這些強盜各自招出贜仗窩家。獨有這個行脚僧，不上刑具，就一口招道：「贜在洞庭山某寺窩着，寺中住持叫甚名字。」元來行脚僧人做歹事的，一應荒廟野寺，投齋投宿，無處不到，打聽做眼。這寺中住持姓名，恰好他曉得的，正投太守心上機會。【眉批】湊趣之盜。太守大喜，取了供狀，叠成文卷。一面行文到蘇州府捕盜廳來，要提這寺中住持，差人賫文坐守。

捕廳僉了牌，另差了兩個應捕，駕了快船，一直望太湖中洞庭山來。真個：

人似飢鷹，船同蜚虎。鷹在空中思攫食，虎逢到處立呑生。静悄村墟，魆地神號鬼哭；安閑舍宇，登時犬走鷄飛。即此便是活無常，陰間不數真羅刹。

應捕到了寺門前，雄赳赳的走將入來，問道：「那一個是住持？」住持上前稽首道：「小僧就是。」應捕取出麻繩來便套，住持慌了手脚道：「有何事犯，便直得如此？」應捕道：「盜情事發，還問甚麽事犯！」衆僧見住持被縛，大家走將攏來，説道：「上下不必粗魯，本寺是山塘王相府門徒，等閑也不受人欺侮。【眉批】勢利要緊。況且寺中並無歹人，又不曾招接甚麽游客住宿，有何盗情干涉？」應捕見説是相府門徒，又略略軟了些，説道：「官差吏差，來人不差。我們捕廳，因常州府盗情事，扳出與你寺干連，行關守提。有干無干，當官折辨，不關我等心上。只要打發我等起身。」一個應捕假做好人道：「且寬了縛，等他去周置，這裏不怕他走了去。」住持脱了身，討牌票看了，不知頭由。一面商量收拾盤纏去常州分辨，一面將差使錢送與應捕。應捕嫌多嫌少，詐得滿足了纔住手。

應捕帶了住持下船，辨悟叫個道人跟着，一同隨了住持，緩急救應。到了捕廳，點了名，辨了文書，解將過去。免不得書房與來差多有了使費。住持與辨悟道人共是三人，雇了一個船，一路盤纏了來差，到常州來。説話的，你差了。隔府關提，儘好使用支吾，如何去得這樣容易？看官有所不知，這是盗情事，不比別樣閑訟，須得出身辨白。不然，怎得許多使用？所以只得來了。未見官時，辨悟先去府中細細打聽刼盗與行脚僧名字、來踪去迹，與本寺没一毫影響，也没個仇人在内。正不知禍根是那裏起的，真摸頭路不着。説話間，太守升堂。來差投批，帶住持到。太守不開言問甚事由，即寫監票發下監中去。住持不曾分説得一句話，竟自黑碌碌地吃監了。

太守監罷了住持，唤原差到案前來，低問道：「這和尚可有人同來麽？」原差道：「有一個徒弟，一個道人。」太守道：「那徒弟可是了事的？」原差道：「也曉得事體的。」太守道：「你悄地對那徒弟説：可速回寺中去取那本《金剛經》來，救你師父，便得無事。若稍遲幾日，就討絶單了。」原差道：「小的去説。」

太守退了堂，原差跌跌脚道：「我只道真是盗情，元來又是甚麽《金剛經》！【眉批】口碑載道。蓋只爲先前借此爲題，詐過了好幾家，衙門人多是曉得的了。走去一十一五對辨悟説了。辨悟道：「這是我上世之物。

怪道日前有好幾起常州人來寺中求買，説是府裏要，我們不賣與他。直到今日，却生下這個計較，陷我師父，強來索取。如今怎麽處？」原差道：「方纔明明分付，稍遲幾日，就討絶單。我老爺只爲要此經，我這裏好幾家受了累。何況是你本寺有的，不送得他，他怎肯住手？却不枉送了性命！快去與你住持師父商量去。」

辨悟就央原差領了到監裏，把這些話一一説了。住持道：「既是如此，快去取來送他，救我出去罷了。一是。」對原差道：「有煩上下代稟一聲，略求寬容幾日，以便往回。師父在監，再求看覷。」原差道：「既去取了，這個不難，多在我身上，放心前去。」【眉批】俗僧發極聲口。終不成爲了大家門面的東西，斷送了我一個人性命罷？」辨悟道：「不必二三，取了來就是。」

辨悟留下盤纏，與道人送飯。自己單身，不辭辛苦，星夜趕到寺中。取了經卷，復到常州。不上五日，來會原差道：「經已取來了，如何送進去？」原差道：「此是經卷，又不是甚麽財物。待我在轉桶邊擊梆，稟一聲遞進去不妨。」果然原差遞了進去。【眉批】只怕財物也用得此法遞進去。

太守在私衙，見説取得《金剛經》到，道是寶物到了。合衙人眷，多來争看。打開包時，太守是個粗人，本不在行，只道千金之物，必是怎地莊嚴，看見零零落落，紙色晦黑，先不像意。揭開細看字迹，見無個起首，没頭没腦。看了一會，認有細字號數，仔細再看，却元來是第二葉起的。太守大笑道：「凡事不可虛慕名。雖是古蹟，也須得完全纔好。今是不全之書，頭一板就無了，成得甚用？説甚麽千金百金，多被這些酸子傳聞誤了，空費了許多心機！【眉批】酸子不誤。難爲這個和尚，坐了這幾日監，豈不寃枉？」【眉批】良心。內眷們見這經卷，既没甚麽好看，又聽得説和尚坐監，一齊攛掇，叫還了經卷，放了和尚。太守也想道：「没甚緊要。」仍舊發與原差，給還本主。

衙中傳出去，説：少了頭一張，用不着，故此發了出來。辨悟只認還要補頭張，懷着鬼胎道：「這却是死了！」正在心慌，只見連監的住持多放了出來。原差來討賞道：「已此没事了。」住持不知緣故，原差道：「老爺起心要你這經，故生這風波。今見經不完全，没有甚麽頭一張，不中他意，有些懊悔了。他原無怪你之心，經也還了，事也罷了。恭喜，恭喜！」

住持謝了原差，回到下處，與辨悟道：「那裏説起，遭此一場横禍！今幸得無事，還算好了。只是適纔聽見説經上没了頭張，不完全，故此肯還。我想此經怎的不完全？」辨悟纔把前日太湖中衆人索看，風捲去頭張之事，説了一遍。住持道：「此天意也。若是風不吹去首張，此經今日必然被留，非復我山門所有了。如今雖是缺了一張，後邊名蹟還在，仍舊歸吾寺寶藏。此皆佛天之力。」喜喜歡歡，算還了房錢、飯錢，師徒與道人三衆，雇了一個船，同回蘇州來。

過了滸墅關數里，將到楓橋，天已昏黑。忽然風雨大作，不辨路徑。遠遠望去，一道火光燭天。叫船家對着亮處，只管摇去。其時風雨也息了，看看至近，却是草舍内一盞燈火明亮，聽得有木魚聲。船到岸邊，叫船家纜好了。辨悟踱上去，叩門討火。門還未關，推將進去，却是一個老者，靠着桌子誦經。見是個僧家，忙起身叙了禮。辨悟求點燈，老者打個紙撚兒，蘸蘸油，點着了，遞與辨悟。辨悟接了紙撚，照得滿屋明亮。偶然擡頭帶眼，見壁間一幅字紙粘着。無心一看，吃了一驚，大叫道：「怪哉！怪哉！」老者問道：「師父見此紙，爲何大驚小怪？」辨悟道：「此話甚長。小舟中還有師父在内，待小僧拿火去照了，然後再來奉告。」還有話講。」老者道：「老漢是奉佛弟子，何不連尊師接了起來？」老者就叫小厮祖壽出來，同了辨悟，到舟中來接那一位師父。辨悟未到船上，先叫住持道：「師父快起來。不但投着主人，且有奇事了。」住持道：「有何奇事？」辨悟道：「師父且到裏面，見了主人，請看一件物事。」

住持同了辨悟，走進門來，與主人相見了。辨悟拿了燈，拽了住持的手，走到壁間，指着那一幅字紙道：

「師父可認認看。」住持擡眼一看，只見首一行是「金剛般若波羅密經」，第二行是「法會因由分第一」，正是白香山所書，乃經中之首葉，在湖中飄失的。拍手道：「好像是吾家經上的，何緣得在此處？」老者道：「賢師徒驚怪此紙，必有緣故。」辨悟道：「老丈肯把得此紙的根由一說，愚師徒也剖心相告。」老者擺着椅子道：「請坐了獻茶，容老漢慢講。」師徒領命，分次坐了。

奉茶已畢，老者道：「老漢姓姚，是此間漁人。幼年不曾讀書，從不識字，只靠着魚蝦爲生。後來中年，家事儘可度日了。聽得長老們説因果，自悔作業太多，有心脩行。只爲不識一字，難以念經，因此自恨。凡見字紙，必加愛惜，不敢作踐。如此多年。前年某月某日晚間，忽然風飄甚麽物件下來，到於門首。老漢望去，只看見一道火光落地。拾將起來，却是一張字紙。老漢驚異，料道多年寳惜字紙，今日見此光怪，必有奇處。不敢褻瀆，將來粘在壁間，時常頂禮。後來有個道人到此，見了，對老漢道：『此《金剛經》首葉。若是要念全經，我當教汝。』遂手出一卷，教老漢念誦一遍。【眉批】白香山已證佛果，不宜還作道人。老漢隨口念過，心中豁然。就把經中字一一認得。以後日漸增加，今頗能遍歷諸經了。記得道人臨别時，指着此紙道：『善守此幅，必有後果。』老漢一發不敢怠慢，每念誦時，必先頂禮。今兩位一見，共相驚異，必是曉得此紙的來歷了。」

住持與辨悟同聲道：「適間迷路，忽見火光沖天。隨亮到此，却只是燈火微明，正在怪異。方纔見老丈見教，得此紙時，也見火光，乃知是此紙顯靈，數當會合。老丈若肯見還，功德更大了。」老者道：「非師等之物，何云見還。」辨悟道：「好教老丈得知：此紙非凡筆，乃唐朝侍郎白香山手蹟也。全經一卷，在吾寺中，海内知名。吾師爲此，近日被一個狠官人拿去，强逼要獻，幾喪性命。没奈何，只得獻出。還虧得前年某月某日湖中遇風飄去首葉，那官人嫌他不全，方得重還。今日正奉歸寺中供養，豈知却遇着所失首葉在老丈處，重得瞻禮。前日若非此紙失去，此經已落他人之手；今日若非此紙重逢，此經遂成不全之文。一失一得，不先不後，兩番火光，豈非韋馱尊天有靈，顯此護法手段出來麽？」老者似信不信的答應。辨悟走到船内，急取經包上來，解與老者看，乃是第二葉起的。將來對着壁間字法紙色，果然一樣無差。老者嘆異，念佛不已。將手去壁間揭下來，合在上面，長短闊狹，無不相同，一卷經完完全全了。三人盡皆歡喜。

老者分付治齋相欵，就留師徒兩人同榻過夜。住持私對辨悟道：「起初，我們恨柳太守，如今想起來，也是天意。你失去首葉，寺中無一人知道，珍藏到今。若非此一番跋涉，也無從遇着原紙來完全了。」辨悟道：「上天曉得柳太守起了不良之心，怕奪了全卷去，故先吹掉了一紙。今全卷重歸，仍舊還了此一紙，實是天公之巧，此卷之靈。想此老亦是會中人。所云道人，安知不是白侍郎托化來的？」住持道：「有理，有理。」是夜，姚老者夢見韋馱尊天來對他道：「汝幼年作業深重，虧得中年回首，愛惜字紙，已命香山居士，啟汝天聰。又加守護經文，完成全卷，陰功更大，罪業盡消。來生在文字中受報，福禄非凡。今生且賜延壽一紀，正果而終。」老者醒來，明明記得。次日，對師徒二人道：「老漢愛護此紙經年，今見全經，無量歡喜。雖將此紙奉還，老漢不能忘情。【眉批】有緣人也。願隨老師父同行，出錢請個裱匠，到寺中重新裝好，使老漢展誦幾遍，方爲稱懷。」師徒二人道：「難得檀越如此信心，實是美事。便請下船，同往敝寺隨喜一番。」

老者分付了家裏，帶了盤纏，唤小厮祖壽跟着。又在城裏接了一個高手的裱匠，買了作料，一同到寺裏來。盤桓了幾日，等裱匠完工，果然裱得焕然一新。便出襯錢，請了數衆，展念《金剛經》一晝夜，與師徒珍重而別。【眉批】此老不俗。

後來，每年逢誕日，或佛生日，便到寺中瞻禮白香山手蹟一遍，即行持念一日，歲以爲常。年過八十，到寺中沐浴坐化而終。

寺中寶藏此卷，聞説至今猶存。有詩爲證：

一紙飛空大有緣，反因失去得周全。
拾來寶惜生多福，故紙何當浪棄捐？

小子不敢明説寺名，只怕有第二個像柳太守的尋踪問迹，又生出事頭來。再有一詩，笑那太守道：

傖父何知風雅緣！貪看古蹟只因錢。
若教一卷都將去，寧不寃他白樂天！

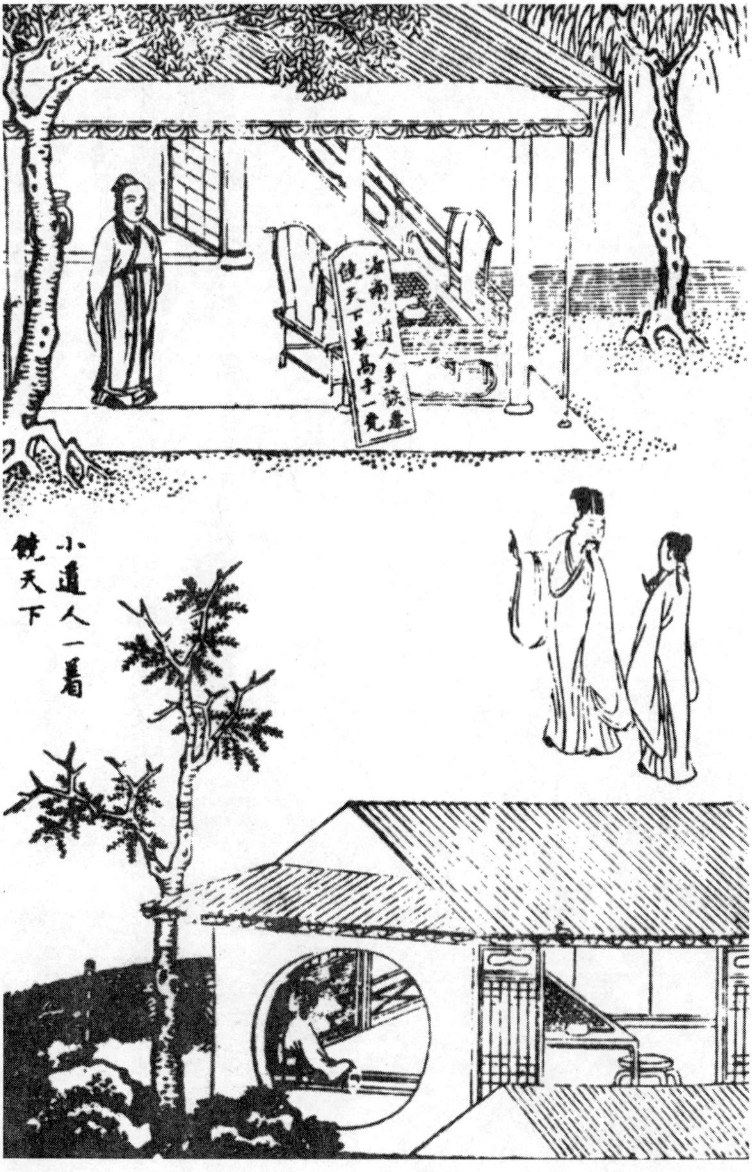

小道人一着饒天下

女棋童兩局
注終身

卷之二

小道人一着饒天下　女棋童兩局注終身

詞云：

百年伉儷是前緣，天意巧周全。試看人世，禽魚草木，各有蟬聯。從來材藝稱奇絶，必自種姻婕。文君琴思，仲姬畫手，匹美雙傳。（詞寄《眼兒媚》）

自古道：「物各有偶。」才子佳人，天生匹配，最是人世上的佳話。看官，且聽小子説山東兖州府鉅野縣，有個穠芳亭，乃是地方居民秋收之時，祭賽田祖先農、公舉社會聚飲的去處。向來亭上有一扁額。大書三字在上，相傳是唐顔魯公之筆，失去已久，衆人無敢再寫。一日正值社會之期，鄉里父老相商道：「此亭徒有其名，不存其扁。只因向是木扁，所以損壞。今若立一通石碑在亭中，别請當今名筆，寫此三字在内，可垂永久。」此時只有一個秀才，姓王，名維翰，是晋時王羲之一派子孫。慣寫顔字，書名大盛。父老具禮相求，道其本意。維翰欣然相從，約定社會之日，就來赴會，即當舉筆。父老礱石端正。

到於是日，合鄉村男婦兒童，無不畢赴，同觀社火。你道如何叫得社火？凡一應吹簫、打鼓、踢毬、放彈、抅攔、傀儡、五花爨弄，諸般戲具，盡皆施呈，却像獻來與神道觀玩的意思。其實只是人扶人興，大家笑耍取樂而已。所以王孫公子，儘有携酒挾伎，特來觀看的。直待諸戲盡完，賽神禮畢，大衆齊散，止留下主會幾個父老，亭中同分神福，享其祭餘，盡醉方休。此是歷年故事。此日只爲邀請王維翰秀才書石，特接着上廳行首謝天香，在會上相陪飲酒。不想王秀才別被朋友留住，一時未至。

父老雖是設着酒席，未敢自飲，呆呆等待。謝天香便問道：「禮事已畢，爲何遲留不飲？」衆父老道：「專等王秀才來。」謝天香道：「那個王秀才？」父老道：「便是有名會寫字的王維翰秀才。」謝天香道：「我也久聞其名，可惜不曾會面。【眉批】未有佳人不憐才者。今日社酒，却等他做甚？」父老道：「他許下在石碑上寫『穠芳亭』三字，今已磨墨停當在此，只等他來動筆罷，然後飲酒。」【眉批】疫癢。謝天香道：「既是他還未來，等我學寫個兒耍耍何如？」父老道：「大姐又能寫染？」謝天香道：「不敢説能，粗學塗抹而已。請過大筆一用，取一回笑話；等王秀才來時，抹去了再寫不妨。」父老道：「俺們那裏有大筆？憑着王秀才帶來用的。」謝天香看見瓦盆裏墨濃，不覺動了揮灑之興，却恨没有大筆應手。【眉批】妙人也。心生一計，伸手在袖中摸出一條軟紗汗巾來，將角兒團簇得如法，拿到瓦盆邊，蘸了濃墨，向石上一揮，早寫就了「穠芳」二字。正待寫「亭」字起，聽得鑾鈴響，一人指道：「兀的不是王秀才來也！」謝天香就住手不寫。擡眼看時，果然王秀才騎了高頭駿馬，瞬息來到亭前，從容下馬，到亭中來。衆父老迎着，以次相見。謝天香末後見禮。王秀才看了謝天香容貌，謝天香看了王秀才儀表，兩相企羨，自不必説。

王秀才看見碑上已有「穠芳」二大字，墨尚未乾，稱贊道：「此二字筆勢非凡！有恁樣高手在此，何待小生操筆？却爲何不寫完了？」父老道：「久等秀才不到，此間謝大姐先試寫一番看看。剛寫得兩字，恰好秀才來了，所以住手。」謝天香道：「妾身不揣，閒在此間，作耍取笑，有污秀才尊目。」王秀才道：「此書顔骨柳筋，無一筆不合法，不可再易。就請寫完罷了。」父老不肯道：「專仰秀才大名是必要煩妙筆一番。」謝天香也謙遜道：「賤妾偶爾戲耍，豈可當真？」王秀才道：「若要抹去二字，真是可惜；【眉批】惺惺惜惺惺。倘若小生寫來，未必有如此妙絶，悔之何及？恐怕難爲父老每盛心推許，容小生續成罷了。只問適間大姐所用何筆，就請借用一用。若另換一管，鋒端不同了。」【眉批】在行之語。謝天香道：「適間無筆，乃賤妾用汗巾角蘸墨寫的。」王秀才道：「也好，也好。就借來試一試。」謝天香把汗巾遞與王秀才，王秀才接在手中，向瓦盆中一蘸，寫個「亭」字續上去。看來筆法儼如一手寫成，毫無二樣。父老内中也有斯文在行的，大加嘆賞道：「怎的兩人寫來恰似出于一手？真是才子佳人，可稱雙絶。」王秀才與謝天香俱各心裏喜歡，兩下留意。

父老一面就命勒石匠把三字刻將起來，一面就請王秀才坐了首席，謝天香陪坐，大家盡歡吃酒。席間，王秀才與謝天香講論字法，兩人多是青春美貌，自然投機。父老每多是有年紀、歷過多少事體過的，有甚麽不解意處？見兩人情投意合，就攛掇兩下成其夫婦。後來竟諧老終身。這是兩個會寫字的，成了一對的話。

看來天下有一種絶技，必有一個同聲同氣的在那裏湊得。在夫妻裏面，更爲希罕。自古書、畫、琴、棋，謂之文房四藝。只這王、謝兩人，便是書家一對夫妻了。若論畫家，只有元時魏國公趙子昂，與夫人管氏仲姬兩個多會畫。至今湖州天聖禪寺東西兩壁，每人各畫一壁，一邊山水，一邊竹石，並垂不朽。若論琴家，是那司馬相如與卓文君。只爲琴心相通，臨邛夜奔。這是人人曉得的，小子不必再來敷演。如今説一個棋家，在棋盤上贏了一個妻子，千里姻緣，天生一對。也是一段希奇的故事，説與看官每聽一聽。有詩爲證：

世上輸贏一局棋，誰知局内有夫妻？
坡翁當日曾遺語，勝固欣然敗亦宜。

話説圍棋一種，乃是先天河圖之數。三百六十一着，合着週天三百六十五度四分度之一；黑白分陰陽，以象兩儀；立四角，以按四象。其中有千變萬化，神鬼莫測之機。仙家每每好此，所以有王質爛柯之説。相傳是帝堯所置，以教其子丹朱。此亦荒唐之談，難道唐、虞以前，連神僊也不下棋？【眉批】丹朱若愚，此道亦不易曉。況且這家技藝，不是尋常教得會的。若是天性相近，一下手曉得走道兒，便有非常仙着着出來，一日高似一日，直到絶頂方休。也有品格所限，只差得一子兩子地步，再上進不得了。至於本質下劣，就是奢遮的國手師父指教他秘密幾多年，只到得自家本等，高也高不多些兒。真所謂棋力酒量，恰像個前生分定，非人力所能增減也。

宋時蔡州大吕村，有個村童，姓周，名國能，從幼便好下棋。父母送他在村學堂讀書，得空就與同伴每畫個盤兒，拾取兩色磚瓦塊，做子賭勝。出學堂來，見村中老人家每動手下棋，即袖着手兒站在旁邊，呆呆地厮看。或時看到鬧處，不覺心癢，口裏漏出着把來，指手擡脚教人，定是尋常想不到的妙着。自此，日着日高，是村中有名會下棋的高手。先前曾饒過國能幾子的，後來多反受國能饒了，還下不得兩平。遍村走將來，並無一個對手。此時年纔十五六歲，棋名已著一鄉。鄉人見國能小小年紀，手段高得崚屼，盡傳：「他在田畔拾棗，遇着兩個道士打扮的在草地上對坐，安枰下棋，他在旁邊蹲着觀看。道士覷着笑道：『此子亦好棋乎？可教以人間常勢。』遂就枰上指示他攻守殺奪、救應防拒之法。也是他天緣所到，説來就解，一一領略不忘。道士説：『自此可無敵于天下矣。』笑别而去。此後果然下出來的，迥出人上，必定所遇是仙長，得了仙訣過來的。」有的説是：「這小夥子調喉。無過是他天性近這一家，又且耽在裏頭，所以轉造轉高，極窮了秘妙，却又撰出見神見鬼的天話，哄着愚人。」這也是強口人不肯信伏的常態。總來不必辨其有無，却是棋高無敵，是個實的了。

因爲棋名既出，又兼年小希罕，便有官員士夫、王孫公子與他往來。又有那不伏氣甘折本的小二哥與他賭賽，十兩五兩輸與他的。【眉批】若無此輩，棋高也無用。國能漸漸手頭饒裕，禮度熟閑，性格高傲，變盡了村童氣質，弄做個斯文模樣。父母見他年長，要替他娶妻，國能就心裏望頭大了，對父母説道：「我家門户低微，目下取得妻來，不過是農家之女。村妝陋質，不是我的對頭。兒既有此絶藝，便當挾此出游江湖間，大話。料不須帶着盤費走。或者不拘那裏，天緣有在，等待依心像意，尋個對得我來的好女兒爲妻，方了平生之願。」父母見他説得話大，便就住了手。

過不多幾日，只見國能另換了一身衣服，來别了父母出游。父母一眼看去，險些不認得了。你道他怎生打扮：

頭戴包巾，脚蹬方履。身上穿淺地深緣的藍服，腰間繫一墜兩股的黄縧。若非葛稚川侍煉藥的丹童，便是董雙成同思凡的道侶。

説這國能葛巾野服，扮做了道童模樣。父母吃了一驚，問道：「兒如此打扮，意欲何爲？」國能笑道：「兒欲從此雲游四方，遍尋一個好妻子來做一對耳。」父母道：「這是你的志氣，也難阻你。只是得手便回，莫貪了别處歡樂，忘了故鄉。」國能道：「這個怎敢？」是日是個黄道吉日，拜别了父母，即便登程。從此自稱小道人，一路行去。曉得汴梁是帝王之都，定多名手，先向汴京進發。

到得京中，但是對局，無有不輸與小道人的，棋名大震。往來多是朝中貴人，東家也來接，西家也來迎，或是行教，或是賭勝，好不熱鬧過日。却並不見一個對手，也無可意的女佳人撞着眼裏的。混過了多時，自想姻緣未必在此，遂離了京師，又到太原、真定等處游蕩。一路行棋，眼見得無出其右。奮然道：「吾聞燕山乃遼國郎王在彼稱帝，雄麗過于汴京，此中必有高人國手天下無敵的在内。今我在中國既稱絶技，料然到那裏不到得輸與人了。何不往彼一游，尋個出頭的國手，較一較高低？也與中國吐一吐氣，博他一個遠鄉異域的高名，傳之不朽。況且自古道：『燕趙多佳人。』或者借此技藝，在王公貴人家裏出入，圖得一個好配頭也不見得。」遂決意往北路進發。風飡水宿，夜住曉行。不多幾日，已到了燕山地面。且説燕山形勝：

左環滄海，右擁大行。北枕居庸，南襟河濟。向稱天府之國，暫爲夷主所都。

此時燕山，正是耶律部落稱尊之所。宋時呼之爲北朝，相與爲兄弟之國。蓋自石晉以來，以燕雲一十六州讓與彼國了，從此漸染中原教化，百有餘年。【眉批】夷狄入主中國，其漸□此。石晉真萬古中華罪人。所以夷狄名號，向來只是單于、可汗、贊普、郎主等類，到得遼人，一般稱帝稱宗；以至官員職名，大半與中國相參。衣冠文物，百工技藝，竟與中華無二。

遼國最好的是弈棋。若有第一等高棋，稱爲國手，便要遣進到南朝，請人比試。曾有一個王子最高，進到南朝。這邊棋院待詔顧思讓也是第一手，假稱第三手，與他對局，以一着解兩征。至今棋譜中，傳下鎮神頭勢。王子贏不得顧待詔，問通事説是第三手，王子願見第一。這邊回他道：「贏得第三，方見第二；贏得第二，方見第一。今既贏不得第三，尚不得見第二，怎能勾見得第一？」【眉批】畢竟中國用詐。王子只道是真，嘆口氣道：「我北朝第一手，贏不得南朝第三手，再下棋何幹！」摔碎棋枰，伏輸而去。却不知被中國人瞞過了。此是已往的話。

只説那時遼國圍棋第一稱國手的，乃是一個女子，名爲妙觀。有親王保舉，受過朝廷册封爲女棋童。設個棋肆，教授門徒。你道如何教授？蓋圍棋三十二法，皆有定名：

有「衝」，有「幹」；有「綽」，有「約」；有「飛」，有「關」；有「劄」，有「粘」；有「頂」，有「尖」；有「覷」，有「門」；有「打」，有「斷」；有「行」，有「立」；有「捺」，有「點」；有「聚」，有「蹺」；有「挾」，有「拶」；有「薛」，有「刺」；有「勒」，有「撲」；有「征」，有「刼」；有「持」，有「殺」；有「鬆」，有「盤」。

妙觀以此等法，傳授於人。多有王侯府中，送將男女來學棋，以及大家小户，少年好戲欲學此道的，盡來拜他門下，不記其數。多呼妙觀爲師。妙觀亦以師道自尊，妝模做樣，儘自矜持，言笑不苟。也要等待對手，等閑未肯嫁人。却是棋聲傳播，慕他才色的啉乾了涎唾，只是不能勝他，也没人敢啓齒求配。空傳下個美名，受下許多門徒，晚間，師父娘只是獨宿而已。有一首詞，單道着妙觀好處：

麗質本來無偶，神機早已通玄。枰中舉國莫争先，女將馳名善戰。玉手無慚國手，秋波合唤秋仙。高居師席把棋傳，石作門生也眩。（右詞寄《西江月》）

話説國能自稱小道人，游到燕山，在飯店中歇下。已知妙觀是國手的話，留心探訪。只見來到肆前，果然一個少年美貌的女子，在那裏點指擡脚，教人下棋。小道人見了，先已飛去了三魂，走掉了七魄，恨不得雙手抱住了他，做一點兩點的事。心裏道：「且未可露機，看他着法如何。」呆呆地袖着手，在旁冷眼厮覷。見他着法還有不到之處，小道人也不説破。一連幾日，有些耐不得了，不覺口中囁嚅，逗露出一兩着來。妙觀出于不意，見指點出來的多是神着；擡眼看時，却是一個小夥兒，又是道家妝扮的，情知有些詫異。心裏疑道：「那裏來此異樣的人？」忍着只做不睬。只是大剌剌教徒弟們對局。妙觀偶然指點一着，小道人忽攘臂争道：「此一着未是勝着。至第幾路，必然受虧。」果然下到其間，一如小道人所説。妙觀心驚道：「奇哉此童！不知自何處而來？若再使他在此觀看，形出我的短處，枉爲人師，却不受人笑話？」大聲喝道：「此係教棋之所，是何閑人，亂入厮混？」便叫兩個徒弟，把小道人攙了出來，不容觀看。小道人冷笑道：「自家棋低，反要恠人指教！看你躲得過我麽？」反了手，踱了出來。私下想道：「好個美貌女子！棋雖非我比，女人中有此，也不易得。【眉批】狠哉。只在這幾個黑白子上，定要賺他到手。倘不如意，誓不還鄉。」

走到對門，問個老者道：「此間店房可賃與人否？」老者道：「賃來何用？」小道人道：「因來看棋，意欲賃個房兒住着，早晚偷學他兩着。」老者道：「好，好。對門女棋師，是我國中第一手，説道天下無敵的。小師父小小年紀，要在江湖上雲游，正該學他些着法。老漢無兒女，止有個老嬷縫紉度日，也與女棋師往來得好。

此門面房空着，專一與遠來看棋的人閑坐，趂幾文茶錢的。小師父要賃，就打長賃了也好。」小道人就在袖裏摸出包來，揀一塊大些的銀子與他做了定錢。抽身到飯店中，搬取行囊，到這對門店中安下。

鋪設已定，見店中有見成壁就的木牌在那裏，他就與店主人說，要借來寫個招牌。老者道：「要招牌何用？莫非有别樣高術否？」小道人道：「也要在此教教下棋，與對門棋師賽一賽。」老者道：「不當人子。那裏還討個對手麽？」小道人道：「你不要管，只借我牌便是。」老者道：「牌自空着，但憑取用。只不要惹出事來，做了話靶。」小道人道：「不妨，不妨。」就取出文房四寶來，磨得墨濃，蘸得筆飽，揮出一張牌來，竪在店面門口。只因此牌一出，有分交：

絶技佳人，望枰而納欵；遠來游客，出手以成婚。

你道牌上寫的是甚話來？他寫道：

汝南小道人手談，奉饒天下最高手一先。

老者看見了，道：「天下最高手你還要饒他先哩！好大話，好大話。只怕見我女棋師不得。」小道人道：「正要饒得你女棋師，纔爲高手。」老者似信不信，走進裏面去，把這些話告訴老嫗。老嫗道：「遠方來的人敢開大口，或者有些手段，也不見得。」老者道：「點點年紀，那裏便有甚麽手段？」老嫗道：「有智不在年高。我們女棋師又是有年紀的麽？」老者道：「我們下着這樣一個人，與對門作敵，也是一場笑話。且看他做出便見。」

不說他老口兒兩下唧噥，且說這邊立出牌來，早已有人報與妙觀得知。妙觀見說寫的是「饒天下最高手」，明是與他放對的了，情知是昨日看棋的小夥。心中好生忿忿不平，想道：「我在此擅名已久，那裏來這個小寃家，來尋我們的錯處？」發個狠，要就與他決個勝負。又轉一個念頭道：「他昨日看棋時，偶然指點的着數，多在我意想之外。【眉批】天下事無有不惜名者。假若與他決一局，幸而我勝，劈破他招牌，趕他走路不難；萬一輸與他了，此名一出，那裏還顯得有我？此事不可造次，須着一個先探一探消息，再作計較。」妙觀有個弟子張生，是他門下最得意的高手，也是除了師父，再無敵手的。妙觀喚他來說道：「對門汝南小道人，口說大話，未卜手段虛實。我欲與決輸贏，未可造次。據汝力量，已與我争不多些兒了。汝可先往一試，看汝與彼優劣，便可以定彼棋品。」

張生領命而出。走到小道人店中，就枰求教。張生讓小道人是客，小道人道：「小牌上有言在前，遮末是高手也要饒他一先，決不自家下起。若輸與足下時，受讓未遲。」張生只得占先下了。張生窮思極想，方纔下得一着。小道人只隨手應去。不到得完局，張生已敗。張生拱手伏輸道：「客藝果高，非某敵手。增饒一子，方可再請教。」果然擺下二子，然後請小道人對下。張生又輸了一盤。張生心服道：「還饒不住，再增一子。」增至三子，然後張生覺得鬆些，恰恰下個兩平。看官聽說：凡棋有敵手，有饒先，有先兩。受饒三子，厥品中中，未能通幽，可稱用智。受得國手三子饒的，也算是高強了。只爲張生也是妙觀門下出色弟子，故此還挣得來：若是别一個，須動手不得。看來只是小道人高得緊了。小道人三局後，對張生道：「足下之棋，也算高強，可見上國一班矣。【眉批】輕薄。不知可有堪與小道對敵的，請出一個來，小道情願領教。」張生曉得此言是搦他師父出馬，不敢應答，作别而去。來到妙觀跟前，密告道：「此小道人，技藝甚高，怕吾師也要讓他一步。」妙觀摇手戒他，不可説破，惹人耻笑。自此之後，妙觀不敢公然開肆教棋。

旁人見了標牌，已自驚駭；又見妙觀收斂起來；那張生受饒三子之説，漸漸有人傳將開去：正不知這小道人與妙觀，果是高下如何。自有這些好事的人，三三兩兩議論。有的道：「我們棋師不與較勝負，想是不放他在眼裏的了。」有的道：「他牌上明説饒天下最高手一先，我們棋師難道忍得這話起，不與争雄？必是個有些本領的，棋師不敢造次出頭。」有的道：「我們棋師現是本國第一手，並無一個男人贏得他的。難道別處來這個小小道人，便恁地高強不成？是必等他兩個對一對局，定個輸贏來我們看一看，也是着實有趣的事。」又一個道：「妙是妙，他們豈肯輕放對？是必衆人出些利物與他們賭勝，纔弄得成。」內中有個胡大郎道：「妙，妙。我情願助錢五十千。」支公子道：「你出五十千，難道我又少得不成？也是五十千。」其餘也有認出十千、五千的，一時湊來，有了二百千之數。衆人就推胡大郎做個收掌之人。斂出錢來，多交付與他。就等他約期對局，臨時看輸贏。對付發利物，名爲保局，此也是賭勝的舊規。

其時衆人議論已定。胡大郎等利物齊了，便去兩邊約日，比試手段。果然兩邊多應允了，約在第三日午時，在大相國寺方丈內對局。衆人散去，到期再會。

女棋童妙觀得了此信，雖然應允，心下有些虛怯道：「利物是小事，不爭與他賭勝，一下子輸了，枉送了日前之名。【眉批】確是惜名之念，意亦可憐。此子遠來作客，必然好利。不如私下買囑他，求他讓我些兒，我明收了利物，暗地加添些與他，他料無不肯的。怎得個人來與我通此信息便好？」又怕弟子們見笑，不好商量得。思量對門店主老嬤，常來此縫衣補裳的，小道人正下在他家，何不央他來做個引頭，説合這話也好。算計定了，魆地着個女使招他來説話。老嬤聽得，便三脚兩步走過對門來。見了妙觀道：「棋師娘子，有何分付？」妙觀直引他到自己卧房裏頭，坐下了。妙觀開口道：「有件事要與嬤嬤商量則個。」老嬤道：「何事？」妙觀道：「汝南小道人，正在嬤嬤家裏下着。奴有句話要嬤嬤説與他，嬤嬤好説得麽？」老嬤道：「他自恃棋高，正好來與娘子放對。我見老兒説道，衆人出了利物，約着後日對局，娘子却又要與他説甚麽話？」妙觀道：「正爲對局的事，要與嬤嬤商量。奴在此行教已久，那個王侯府中不喚奴是棋師？尋遍一國，没有奴的對手。眼見得手下收着許多徒弟哩！今遠來的小道人，却説饒盡天下的大話。奴曾教最高手的弟子張生去試他兩局，回來説他手段頗高。衆人要看我每兩下本事，約定後日放對。萬一輸與他了，一則喪了本朝體面，大題目。二則失了日前名聲，不是耍處。意欲央嬤嬤私下與他説説，做個人情，讓我些個。」嬤嬤道：「娘子只是放出日前的本事來，贏他方好。怎麽折了志氣，反去求他？況且見賭着利物哩，他如何肯讓？」妙觀道：「利物是小事。他若肯讓奴贏了，奴一毫不取，私下仍舊還他。」嬤嬤道：「他贏了你棋，利物怕不是他的？又討個大家喝聲采不好？却明輸與你了，私下受這樣説不響的錢。他也不肯。」妙觀道：「奴再於利物之外，私下贈他五十千。他與奴無仇，況又不是本國人，聲名不關什麽干係。得了若干利物，又得了奴這些私贈，也勾了他了。只要嬤嬤替奴致意于他，説奴已甘伏，不必在人前贏奴，出奴之醜便是。」【眉批】小心極矣。嬤嬤道：「説便去説，肯不肯只憑得他。」妙觀道：「全仗嬤嬤説得好些。肯時，奴自另謝嬤嬤。」老嬤道：「對門對户，日前相處面上，甚麽大事，説起謝來？」嘻嘻的笑了出去。

走到家裏，見了小道人，把妙觀邀去的説話，一十一五，對他説了。小道人見説罷，便滿肚子癢起來，道：「好，好，天送個老婆來與我了。」回言道：「小子雖然年幼遠游，靠着些小技藝，不到得少了用度。那錢財頗不希罕。只是旅邸孤單。小娘子若要我相讓時，須依得我一件事，無不從命。」老嬤道：「可要怎生？」小道人喜着臉道：「媽媽是會事的，定要説出來？」老媽道：「説得明白，咱好去説。」小道人道：「日裏人面前對局，我便讓讓他。晚間要他來被窩裏對局，他須讓讓我。」老嬤道：「不當人子。後生家討便宜的話莫説！」小道人道：「不是討便宜。小子原非貪財帛而來，所以住此許久，專慕女棋師之顔色耳。嬤嬤爲我多多致意。若肯容我半晌之歡，小子甘心詐輸，一文不取。【眉批】肯歡必非半晌，真是有挾而來。若不見許，便當儘着本事對局，不敢容情。」老嬤道：「言重，言重。老身怎好出口？」小道人道：「你是婦道家，對女人講話有甚害羞？這是他喉急之事。便依我説了，料不怪你。」説罷，便深深一喏道：「事成，另謝媒人。」老嬤笑道：

「小小年紀，倒好老臉皮。說便去說，萬一討得罵時，須要你賠禮。」小道人道：「包你不罵的。」老嬤只得又走將過對門去。

妙觀正在心下虛怯，專望回音。見了老嬤，臉上堆下笑來道：「有煩嬤嬤尊步。所說的事，可聽依麼？」老嬤道：「老身磨了半截舌頭，依倒也依得，只要娘子也依他一件事。」妙觀道：「遮莫是甚麼事，且說將來，奴依他便了。」老嬤道：「若是娘子肯依，倒也不費本錢。」妙觀道：「果是甚麼事？」老嬤道：「這件事易則至易，難則至難。娘子恕老身不知進退的罪，方好開口。」妙觀道：「奴有事相央，嬤嬤儘着有話便說，豈敢有嫌？」老嬤又假意推讓了一回，方纔帶笑說道：「小道人隻身在此，所慕娘子才色兼全。他陰溝洞裏想天鵝肉吃哩！」

妙觀通紅了臉，半晌不語。老嬤道：「娘子不必見怪，這個原是他妄想，不是老身撰造出來的話。娘子怎生算計，回他便了。」妙觀道：「我起初原說利物之外，再贈五十千也不爲輕鮮。只可如此求他了。肯讓不肯讓，好歹回我便了。怎胡說到這個所在？羞人答答的。」老嬤道：「老身也把娘子的話，一一說了。他說道，『原不希罕錢財，只要娘子允此一事，甘心相讓，利物可以分文不取。』叫老身就没法回他了，所以只得來與娘子直說。老身也曉得不該說的，却是既要他相讓，他有話不敢隱瞞。」妙觀道：「嬤嬤，他分明把此話挾製着我，我也不好回得。」嬤嬤道：「若不回他，他對局之時，决不容情。娘子也要自家算計。」妙觀見說到對局，肚子裏又怯將起來；想着說到這話，又有些氣不忿(分)。思量道：「叵耐這没廉恥的小弟子孩兒，我且將計就計，哄他則個。」對老嬤道：「此話羞人，不好直說。嬤嬤見他，只含糊說道：『若肯相讓，自然感德非淺，必當重報』就是了。」嬤嬤得了此言，想道：「如此說話，便已是應承的了。我且在裏頭撮合了他兩口，必有好處到我。」千歡萬喜，就轉身到店中來，把前言回了小道人。小道人少年心性，見說有些口風兒，便一團高興，皮風騷癢起來，道：「雖然如此，傳言送語不足爲憑，直待當面相見親口許下了，方無番悔。」【眉批】心不由不動。老嬷只得又去與妙觀説了。妙觀有心求他，無言可辭，只得約他黄昏時候燈前一揖爲定。

是晚老嬷領了小道人，徑到妙觀肆中客坐裏坐了。妙觀出來相見。拜罷，小道人開口道：「小子雲游到此，得見小娘子芳容，十分僥倖。」妙觀道：「奴家偶以小藝擅名國中，不想遇着高手下臨。【眉批】口軟。奴家本不敢相敵，争奈衆心欲較勝負，不得不在班門弄斧。所有奉求心事，已托店主嬷嬷説過，萬望包容則個。」小道人道：「小娘子分付，小子豈敢有違？只是小子仰慕小娘子已久，所以在對寓栖遲，不忍捨去。今客館孤單，若蒙小娘子有見憐之心，對局之時，小子豈敢不揣自逞？定當周全娘子美名。」妙觀道：「若得周全，自當報德，決不有負足下。」小道人笑容滿面，作揖而謝道：「多感娘子美情，小子謹記不忘。」妙觀道：「多蒙相許，一言已定。夜晚之間，不敢親送。有煩店主嬷嬷伴送過去罷。」叫丫環另點個燈，轉進房裏來了。小道人自同老嬷到了店裏，自想適間親口應承，這是探囊取物，不在話下的了，只等對局後圖成好事。【眉批】原無把柄，□□□變，小道人畢竟□些。不題。

到了第三日，胡大郎早來，兩邊邀請對局。兩人多應允了。各自打扮停當，到相國寺方丈裏來。胡大郎同支公子，早把利物擺在上面一張桌兒上。中間一張桌兒，放着一個白銅鑲邊的湘妃竹棋枰，兩個紫檀筒兒，貯着黑白兩般雲南窑棋子。兩張椅，東西對面放着，請兩位棋師坐着交手。看的人只在兩横長凳上坐。妙觀讓小道人是客，坐了東首，用着白棋。妙觀請小道人先下子，小道人道：「小子有言在前，這一着先要饒天下最高手，決不先下的。直待赢得過這局，小子纔占起。」妙觀只得拱一拱道：「恕有罪。應該低者先下了。」果然，妙觀手起一子，小道人隨手而應。正是：

花下手閑敲，出楸枰，兩下交。争先捹擺妝圈套，單敲這着，雙關那着，聲遲思入風雲巧。笑山樵，

從交柯爛，誰識這根苗？（右調《黄鶯兒》）

小道人雖然與妙觀下棋，一眼偷覷着他容貌，心内十分動火。想着他有言相許，有意讓他一分，不盡情攻殺，只下得個兩平。算來白子一百八十着，小道人認輸了半子。這一番却是小道人先下起了，少時完局，他兩人手下明白，已知是妙觀輸了。旁邊看的嚷道：「果然是兩個敵手！你先我輸，我先你輸，大家各得一局。而今只看這一局，以定輸贏。」妙觀見第二番這局，覺得力量掤拽，心裏有些着忙。下第三局時，頻頻以目送情。小道人會意，仍舊東支西吾，讓他過去。臨了收拾了官着，又是小道人少了半子。大家齊聲喝采道：「還是本國棋師高強，贏了兩局也。」小道人只不則聲，呆呆看着妙觀。胡大郎便對小道人道：「只差半子，却算是小師父輸了。小師父莫怪。」忙忙收起了利物，一同衆人，鬨了女棋師妙觀到肆中，將利物交付，各自散去。

小道人自和一二個相識，尾着衆人閑話而歸。有的問他道：「那裏不争出了這半子？却算做輸了一局，失了這些利物？」小道人只是冷笑不答。衆人恐怕小道人没趣，多把話來安慰他。小道人全然不以爲意。到了店中，看的送的多已散去，店中老嬤便出來問道：「今日賭勝的事却怎麼了？」小道人道：「應承過了説話，還捨得放本事贏他？讓他一局過去，幫襯他在衆人面前生光采，只好是這樣湊趣了。」老嬤笑道：「這等却好！他不忘你的美情，必有好處到你，帶挈老身也興頭則個。」

小道人口裏與老嬤説話，一心想着佳音，一眼對着對門，盼望動静。此時天色將晚，小道人恨不得一霎時黑下來。【眉批】不穩。直至點燈時候，只見對面肆裏，撲地把門關上了。小道人着了急，對老嬤道：「莫不這小妮子負了心？有煩嬤嬤往彼處探一探消息。」老嬤道：「不必心慌，他要瞞生人眼哩。再等一會，待人静後没消息，老身去敲開門來，問他就是。」小道人道：「全仗嬤嬤，作成好事。」正説之間，只聽得對過門環鐺的一響，走出一個丫鬟來，徑望店裏走進。小道人猶如接着一紙九重恩赦，心裏好不僥倖，只聽他說甚麼好話出來。【眉批】有光景。

丫鬟向嬤嬤道了萬福，說道：「侍長棋師小娘子多多致意嬤嬤，請嬤嬤過來說話則個。」老嬤就此同行，起身便走。小道人趕着附耳道：「嬤嬤精細着。」老嬤道：「不勞分付。」帶着笑臉，同丫鬟去了。小道人就像熱地上蚰蜒，好生打熬不過，禁架不定。正是：

眼盼捷旌旗，耳聽好消息。
若得遂心懷，願彼觀音力。

却說老嬤隨了丫鬟，走過對門。進了肆中，只見妙觀早已在燈下笑臉相迎，直請至卧房中坐地。開口謝道：「多承嬤嬤周全之力，日間對局，僥倖不失體面。今要酬謝小道人相讓之德。原有言在先的，特請嬤嬤過來，交付利物並謝禮與他。」老嬤道：「娘子花朵兒般後生，恁地會忘事！小道人原說不希罕財物的，如何又說利物謝禮的話？」妙觀假意失驚道：「除了利物謝禮，還有甚麼？」嬤嬤道：「前日說過的，他一心想慕娘子，諸物不愛，只求圓成好事。娘子當面許下了他。方纔叮囑了又叮囑，在家盼望，真似渴龍思水哩。娘子如何把話說遠了？」妙觀變起臉來道：「休得如此胡說！奴是清清白白之人，從來没半點邪處，所以受得朝廷册封，王親貴戚供養，偌多門生弟子尊奉。【眉批】說得嘴響，可惜棋劣一着耳。那裏來的野種，敢說此等污言？教他快些息了妄想，收此利物及謝禮過去，便宜他多了。」說罷，就指點丫鬟，將日間收來的二百貫文利物，一盤托出，又是小匣一個，放着五十貫的謝禮，交付與老嬤道：「有煩嬤嬤，將去交付明白。」分外又是三兩一小封，送與老嬤做辛苦錢，說道：「有勞嬤嬤，兩下周全。些小微物，勿嫌輕鮮則個。」

那老嬤是個經紀人家，眼孔小的人。見了偌多東西，心裏先自軟了，又加自己有些油水，想道：「許多利物，又添上謝禮，真個不爲少了。那個小夥兒也該心滿意足，難道只癡心要那話不成？且等我回他去看。」便對妙觀道：「多蒙娘子賞賜，老身只得且把東西與他再處。只怕他要説娘子失了信，老身如何回他？」妙觀道：「奴家何曾失甚麽信？原只説『自當重報』，而今也好道不輕了。」隨唤兩個丫鬟，捧着這些錢物，跟了老嬷，送在對門去。分付：「放下便來，不要停留。」兩個丫鬟領命，同老嬷三人，共拿了禮物，徑往對門來。果然丫鬟放下了物件，轉身便走。

小道人正在盼望之際，只見老嬷在前，丫鬟在後，一齊進門，料道必有好事到手。【眉批】□□最難爲情。不想放下手中東西，登時去了，正不知是甚麽意思。忙問老嬷道：「怎的説了？」老嬷指着桌上物件道：「謝禮已多在此了，收明便是。何必再問？」小道人道：「那個希罕謝禮？原説的話要緊。」老嬷道：「要緊，要緊！你要緊他不要緊。叫老娘怎處？」小道人道：「説過的話，怎好賴得？」老嬷道：「他説道，原只説『自當重報』，並不曾應承甚的來，叫我也不好替你討得嘴。」小道人道：「如此混賴，是白白哄我讓他了。」老嬷道：「見放着許多東西，白也不算白了。只是那話且消停消停，抹乾了嘴邊這些涎涎再做計較。」【眉批】老嫗只是東西要緊，所以不能中硬。小道人道：「嬷嬷休如此説。前日是與小子覿面講的話，今日他要賴將起來！嬷嬷再去説一説，只等小子今夜見他一見，看他當面前怎生悔得？」老嬷道：「方纔爲你磨了好一會牙，他只推着謝禮，並無些子口風。而今去説也没幹，他怎肯再見你？」小道人道：「前日如何去一説就肯相見？」老嬷道：「須知前日是求你的時節，作不得難。今事體已過，自然不同了。」小道人嘆口氣道：「可見人情如此！【眉批】過橋拆橋，人情也。我枉爲男子，反被這小妮子所賺。畢竟在此守他個破綻出來，出這口氣。」老嬷道：「且收拾起了利物，慢慢再看機會商量。」當下，小道人把錢物並疊過了，悶悶過了一夜。有詩爲證：

親口應承總是風，兩家黑白未和同。

當時未見一着錯，今日滿盤還是空。

一連幾日，没些動静。一日，小道人在店中閑坐。只見街上一個番漢，牽着一匹高頭駿馬，一個虞侯騎着。到了門前，虞侯跳下馬來，對小道人聲喏道：「罕察王府中請師父下棋，備馬到門。快請騎坐了就去。」小道人應允，上了馬。虞侯步行隨着。瞬息之間，已到王府門首。小道人下了馬，隨着虞侯進去。只見諸王貴人，正在堂上飲宴。見了小道人，盡皆起身道：「我輩酒酣，正思手談幾局，特來奉請。今得到來恰好。」即命當直的，掇過棋桌來。諸王之中，先有兩個下了兩局，賭了幾大觥酒。就推過高手，與小道人對局。以後輪換請教。也有饒六七子的，也有饒四五子的，最少的也饒三子兩子，並無一個對下的。諸王你争我嚷，各出意見，要逞手段。怎當得小道人隨手應去，盡是神機莫測。諸王盡皆嘆服，把酒稱慶。因問道：「小師父棋品，與吾國棋師妙觀果是那個爲高？」小道人想着妙觀失信之事，心裏有些懷恨，不肯替他隱瞞，便道：「此女棋本下劣，枉得其名，不足爲道。」諸王道：「前日聞得你兩人比試，是妙觀贏了。今日何反如此説？」小道人道：「前日他叫人私下央求了小子。【眉批】會説。小子是外來的人，不敢不讓本國的體面，所以故意輸與他。豈是棋力不敵？若放出手段來，管取他輸便了。」諸王道：「口説無憑，做出便見。去唤妙觀來，當面試看。」

罕察立命從人控馬去，即時取將女棋童妙觀到來。妙觀向諸王行禮畢，見了小道人，心下有好些忸怩，不敢撑眼看他，勉强也見了一禮。【眉批】良心在此。諸王俱賜坐了，説道：「你每兩人，多是國手，未定高下。今日在咱們面前比試一比試，咱們出一百千利物爲賭，何如？」妙觀未及答應，小道人站起來道：「小子不願各殿下破鈔。小子自有利物，與小娘子决賭。」説罷，袖中取出一包黄金來道：「此金重五兩，就請賭了這些。」妙觀回言道：「奴家却不曾帶得些甚麽來，無可相對。」小道人向諸王拱手道：「小娘子無物相賭，小子有一句話説來，請問各殿下看，可行則行。」諸王道：「有何話説？」小道人道：「小娘子身畔無金，何不即以身軀出注?【眉批】若妙觀贏了金子,有何趣味? 如小娘子得勝,就拿了小子的黃金去; 若小子勝了,贏小娘子做個妻房,可中也不中?」諸王見説,俱各拍手跌足,大笑起來道:「妙,妙,妙。咱門多做個保親,正是風流佳話。」

妙觀此時欲待應承,情知小道人手段高,輸了難處; 欲待推却,明明是怯怕賭勝,不交手算輸了。真是在左右兩難。怎當得許多貴人在前力贊,不由得你躱閃!【眉批】真是寃家撞着對頭。亦且小道人興高氣傲,催請對局。妙觀没個是處,羞慚窘迫,心裏先自慌亂了。勉強就局,没一子下去是得手的,覺是觸着便礙。正所謂「棋高一着,縛手縛脚」。况兼是心意不安的,把平日的力量一發減了。連敗了兩局。小道人起身出局,對着諸王叩一頭道:「小子告贏了。多謝各殿下賜婚!」諸王撫掌稱快道:「兩個國手,原是天生一對! 妙觀雖然輸了局,嫁得此丈夫,可謂得人矣! 待有吉日了,咱們各助花燭之費就是了。」急得個妙觀羞慚滿面,通紅了臉皮,無言可答,只低着頭不做聲。罕察每人與了賞賜。分付從人,各送了回家。

小道人揚揚自得,來對店主人與老嬷道:「一個老婆被小子棋盤上贏了來,今番須没處躱了。」店主老嬷問其緣故,小道人將王府中與妙觀對局賭勝的事説了一遍。老嬷笑道:「這番却賴不得了。」店主人道:「也須使個媒、行個禮纔穩。」小道人笑道:「我的媒人大哩。各位殿下多是保親。」店主人道:「雖然如此,也要個人通話。」小道人道:「前日他央嬷嬷求小子,往來了兩番。如今這個媒,自然是嬷嬷做了。」老嬷道:「這是帶挈老身吃喜酒的事,當得効勞。」小道人道:「小子如今即將昨日賭勝的黃金五兩,再加白銀五十兩爲聘儀。擇一吉日,煩嬷嬷替我送去,訂約成親則個。」店主人即去房中,取出一本擇日的星書來,番一番道:「明日正是黃道日,師父只管行聘便了。」一夜無詞。

次日,小道人整頓了禮物,托老嬷送過對門去。連這老嬷也裝扮得齊整起來:

白皙皙臉揸胡粉,紅霏霏頭戴絨花。胭脂濃抹露黃牙,狄髻渾如斗大。没把臂一雙窄袖,忒狼犺一對寬鞋。世間何處去尋他？除是金剛脚下。

説這店家老嬤，裝得花簇簇地，將個盒盤盛了禮物，雙手捧着，一逕到妙觀肆中來。妙觀接着，看見老嬤這般打扮，手中又拿着東西，也有些瞧科，忙問其來意。老嬤嘻着臉道：「小店裏小師父，多多拜上棋師小娘子，道是昨日王府中席間娘子親口許下了親事，今日是個黄道吉日，特着老身來作伐行禮。這個盒兒裏的，就是他下的聘財。請娘子收下則個。」

妙觀呆了一晌，纔回言道：「這話雖有個來因，却怎麽成得這事？」老嬤道：「既有來因，爲何又成不得？」妙觀道：「那日王府中對局，果然是奴家輸與他了。這話雖然有的，止不過一時戲言。難道奴家終身之事，只在兩局棋上結果了不成？」老嬤道：「别樣話戲得，這個話他怎肯認做戲言？娘子前日央求他時節，他兀自妄想。今日又添出這一番賭賽事體，他怎由得你番悔？娘子休怪老身説，看這小道人人物聰俊，年紀不多，你兩家同道中，又是對手，正好做一對兒夫妻。娘子不如許下這段姻緣，又完了終身好事，又不失一時口信，帶挈老身也吃一杯喜酒。未知娘子主見如何？」妙觀嘆口氣道：「奴家自幼失了父母，寄養在妙果菴中。虧得老道姑提挈成人，教了這一家技藝。【眉批】只看妙觀幾番光景各自不同，自然好事近矣。自來没一個對手，得受了朝廷册封，出入王宫内府，誰不欽敬？今日身子雖是自家做得主的，却是上無尊長之命，下無媒妁之言，一時間憑着兩局賭賽，偶爾虧輸，便要認起真來，草草送了終身大事，豈不可羞？【眉批】還是惜名念重，不伏輸棋耳。這事斷然不可。」老嬤道：「只是他説娘子失了口信，如何回他？」妙觀道：「他原只把黄金五兩出注的，奴家偶然不帶得東西在身畔，以後輸了。【眉批】亦是巧于躲閃者。今日攛得賠還他這五兩，天大事也完了。」老嬤道：「只怕説他不過。雖然如此，常言道：『事無三不成』，這遭却是兩遭了。老身只得替你再回他去，憑他怎麽處。」妙觀果然到房中，箱裏面秤了五兩金子，把個封套封了。拿出來，放在盒兒面上道：「有煩嬷嬷還了他。重勞尊步，改日再謝。」老嬷道：「謝是不必説起。只怕回不倒時，還要老身聒絮哩。」老嬷一頭説，一頭拿了原禮，並這一封金子，別了妙觀，轉到店中來。對小道人笑道：「原禮不曾收，回敬到有了。」小道人問其緣故，老嬷將妙觀所言，一一説了。小道人大怒道：「這小妮子昧了心，説這等説話！既是自家做得主，還要甚尊長之命、媒妁之言？難道各位大王，算不得尊長的麽？就是嬷嬷，將禮物過去，便也是個媒妁了，怎説没有？總來他不甘伏，又生出這些話來混賴，却將金子搪塞。我不希罕他金子，且將他的做個告狀本，告下他來，不怕他不是我的老婆！」老嬷道：「不要性急，此番老身去，他説的話比前番不同，也是軟軟的了。還等老身去，再三勸他。」小道人道：「私下去説，未免是我求他了，他必然還要拿班。不如當官告了，他須賴不去。」

當下寫就了一紙告詞，竟到幽州路總管府來。那幽州路總管泰不華正升堂理事，小道人隨牌進府，遞將狀子上去。泰不華總管接着，看見上面寫道：

告狀人周國能，爲賴婚事。能本籍蔡州，流寓馬足，因與本國棋手女子妙觀賭賽，將金五兩聘定。諸王殿下，盡爲證見。詎料事過心變，悔悖前盟。夫妻一世倫常，被賴死不甘伏。懇究原情，追斷完聚，異鄉沾化。上告。

總管看了狀詞，説道：「元來爲婚姻事的。凡户婚田土之事，須到析津、宛平兩縣去，如何到這裏來告？」周國能道：「這女子是册封棋童的，況干連着諸王殿下。非天臺這裏，不能主婚。」總管準了狀詞，一面差人行拘妙觀對理。

差人到了妙觀肆中，將官票與妙觀看了。妙觀吃了一驚道：「這個小弟子孩兒，怎便如此惡取笑！」一邊叫弟子張生將酒飯陪待了公差，將賞錢出來打發了，自行打點出官。公差知是册封的棋師，不敢羅唣，約在衙門前相會，先自去了。

妙觀叫乘轎擡到府前，進去見了總管。總管問道：「周國能告你賴婚一事，這怎麽説？」妙觀道：「一時賭賽虧輸，實非情願。」總管道：「既已輸了，説不得情願不情願。」妙觀道：「偶爾戲言，並無甚麽文書約契，怎算得真？」周國能道：「諸王殿下，多在面上作證，大家認做保親，還要甚文書約契？」總管道：「這話有的麽？」妙觀一時語塞，無言可答。總管道：「豈不聞『一言既出，駟馬難追』？况且婚姻大事，主合不主離。你們兩人，既是棋中國手，也不錯了配頭。我做主，與你成其好事罷。」妙觀道：「天臺張主，豈敢不從？只是此人不是本國之人，萍踪浪迹，嫁了他，須隨着他走。【眉批】此處亦長。小婦人是個官身，有許多不便處。」周國能道：「小人雖在湖海飄零，自信有此絶藝，不甘輕配凡女。【眉批】自負。就是妙觀，女中國手，也豈容輕配凡夫？若得天臺做主成婚，小人情願超籍在此，兩下裏相幫行教，不回故鄉去了。」總管道：「這個却好。」【眉批】受恩深處，願爲家矣。妙觀無可推辭，只得憑總管斷合。周國能與妙觀各回下處。

周國能就再央店家老嫗，重下聘禮，約定日期成親。又到各王府説知，各王府俱各助花紅燈燭之費。胡大郎、支公子一干好事的，纔曉得前日暗地相囑，許下佳期之説，大家笑耍，各來幫興。成親之日，好不熱鬧。過了幾時，兩情和洽，自不必説。周國能又指點妙觀神妙之着，兩個都造到絶頂，竟成對手。諸王貴人以爲佳話，又替周國能提請官職，封爲棋學博士，御前供奉。後來周國能差人到蔡州，密地接了爹娘到燕山，同享榮華。周老夫妻，見了媳婦一表人物，兩心快樂。方信國能起初不肯娶妻，畢竟尋出好姻緣來，所謂『有志者，事竟成』也。有詩爲證：

國手惟爭一着先，個中藏着好姻緣。
緑窗相對無餘事，演譜推敲思入玄。

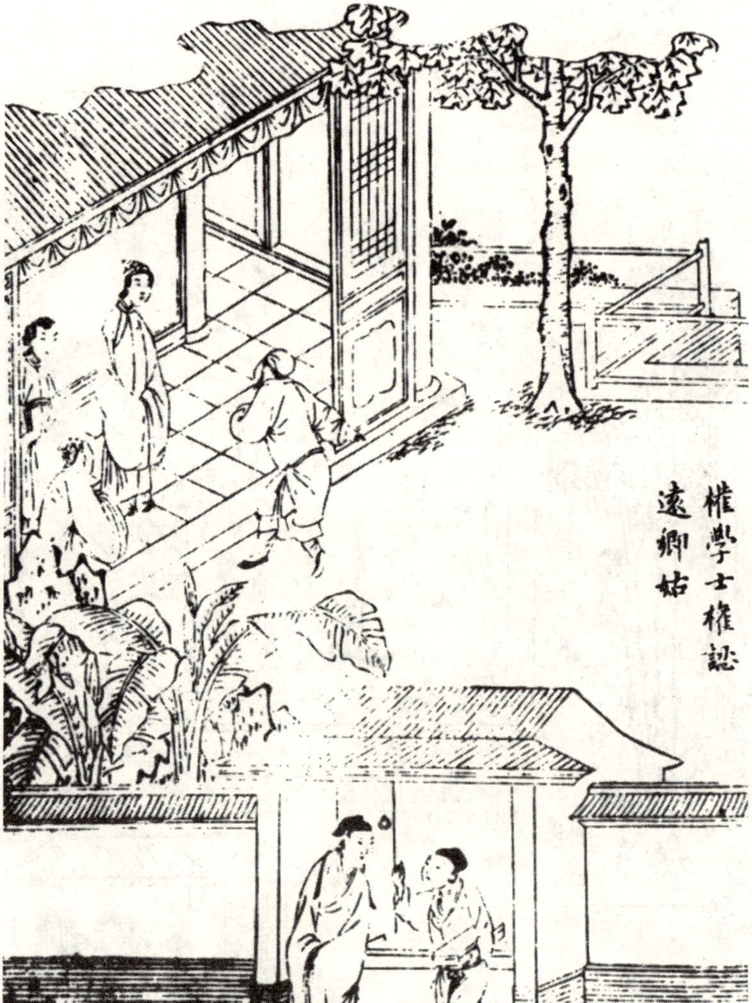
權學士權認
遠鄉姑

白孺人白嫁
親生女

卷之三

權學士權認遠鄉姑　白孺人白嫁親生女

詞云：

豐城劍氣沖天表，雷煥，張華分寶。他日偶然齊到，津底雙龍裊。遮莫一時開了，到底還完好。世間奇物緣多巧，不怕風波顛倒。

此詞名《桃源憶故人》，說着世間物事，有些好處的，雖然一時拆開，後來必定遇巧得合。那「豐城劍氣」是怎麽說？晋時大臣張華，字茂先，善識天文，能辨古物。一日看見天上斗牛分野之間，寶氣燭天，曉得豫章豐城縣中，當有奇物出世。有個朋友雷煥，也是博物的人，遂選他做了豐城縣令。托他到彼，專一爲訪尋發光動天的寶物。分付他道：「光中帶有殺氣，此必寶劍無疑。」那雷煥領命，到了縣間，看那寶氣，却在縣間獄中。雷煥領了從人，到獄中盡頭去處，果然掘出一對寶劍來，雄曰「純鈞」，雌曰「湛盧」。【眉批】便不該分開雷煥自佩其一，將其一獻與張華，各自寶藏，自不必說。後來張華帶了此劍，行到延平津口。那劍忽在匣中躍出，到了水邊，化成一龍。津水之中，也鑽出一條龍來，凑成一雙，飛舞昇天而去。張華一時驚異，分明曉得寶劍通神。只水中這個出來凑成雙的，不知何物。因遣人到雷煥處問前劍所在。雷煥回言道：「先曾渡延平津口，失手落于水中了。」方知兩劍分而復合，以此變化而去也，至今人說因緣凑巧，多用「延津劍合」故事。所以這詞中説的，正是這話。

而今説一段因緣，隔着萬千里路，也只爲一件物事，湊合成了，深爲奇巧。有詩爲證：

温嶠曾輸玉鏡臺，圓成鈿合更奇哉。
可知宿世紅絲繫，自有媒人月下來。

話説國朝有一位官人，姓權，名次卿，表字文長，乃是南直隸寧國府人氏。少年登第，官拜翰林編脩之職。那翰林生得儀容俊雅，性格風流，所事在行，諸般得趣，真乃是天上謫仙，人中玉樹。他自登甲第，在京師爲官一載有餘。京師有個風俗，每遇初一、十五、二十五日，謂之廟市，凡百般貨物，俱趕在城隍廟前，直擺到刑部街上來賣。挨擠不開，人山人海的做生意。那官員每清閒好事的，換了便巾、便衣，帶了一兩個管家長班，出來步走游看，收買好東西、舊物事。朝中惟有翰林衙門，最是清閒，不過讀書下棋、飲酒拜客，別無他事相干。權翰林況且少年心性，下處閒坐不過，每遇做市熱鬧時，就便出來行走。

一日，在市上看見一個老人家，一張桌兒上擺着許多零碎物件，多是人家動用家伙，無非是些燈臺、銅杓、壺瓶、碗碟之類，看不得在文墨眼裏的。權翰林偶然一眼瞟去，見就中有一個色樣奇異些的盒兒。用手去取來一看，乃是個舊紫金鈿盒兒，却只是盒蓋。翰林認得是件古物，可惜不全。問那老兒道：「這件東西，須還有個底兒，在那裏？」老兒道：「只有這個蓋，没有見甚麽底。」翰林道：「豈有没底的理？你且説這蓋是那裏來的，便好再尋着那底了。」【眉批】起意根尋，亦是前緣使之也。老兒道：「老漢有幾間空房，在東直門，賃與人住。有個賃房的，一家四五口，害了天行症候，先死了一兩個後生。那家子慌了，帶病搬去，還欠下些房錢。遺下這些東西作退帳。老漢收拾得，所以將來貨賣度日。這盒兒也是那人家的，外邊還有一個紙簏兒藏着，有幾張故字紙包着。咱也不曉得那半扇盒兒要做甚用，所以擺在桌兒上。或者遇個主兒買去，也不見得。」翰林道：「我到要買你的，可惜是個不全之物。你且將你那紙籠兒來看。」老兒用手去桌底下摸將出來，却是一個破碎零落的紙糊頭籠兒。翰林道：「多是無用之物，不多幾個錢賣與我罷。」老兒道：「些小之物，憑爺賞賜罷。」翰林叫隨從管家權忠與他一百個錢，當下成交。老兒又在籠中，取出舊包的紙兒來包了，放在籠中，雙手遞與翰林。翰林叫權忠拿了。又在市上去買了好幾件文房古物。

回到下處來，放在一張水磨天然几上，逐件細看，多覺買得得意。落後看到那紙籠兒，扯開蓋，取出紙包來。開了紙包，又細看那鈿盒，金色燦爛，果是件好東西。顛倒相來，到底只是一個蓋。想道：「這半扇落在那裏？且把來藏着，或者湊巧有遇着的時節，也未可知。」隨取原包的紙兒包他。只見紙破處，裏頭露出一些些紅的出來。翰林把外邊紙兒揭開來看，裏頭却襯着一張紅字紙。翰林取出，定睛一看，道：「元來如此！」你道寫的甚麽？上寫道：

大時雍坊住人徐門白氏，有女徐丹桂，年方二歲。有兒白大，子曰留哥，亦係同年生。緣氏夫徐方，原籍蘇州，恐他年隔别無憑，有紫金鈿盒，各分一半，執此相尋爲照。

後寫着年月，下面着個押字。翰林看了道：「元來是人家婚姻照驗之物，是個要緊的，如何却將來遺下？又被人賣了！也是個没搭煞的人了。」又想道：「這寫文書的婦人，既有丈夫，如何却不是丈夫出名？」又把年月迭起指頭算一算看，笑道：「立議之時，到今一十八年。此女已是一十九歲，正當妙齡，不知成親與未成親？」又笑道：「妄想他則甚？【眉批】真妄想，誰知真不妄想。且收起着。」因而把幾件東西，一同收拾過了。

到了下市，又踱出街上來行走，看見那老兒仍舊在那裏賣東西，問他道：「你前日賣的盒兒，説是那一家掉下的。這家人搬在那裏去了？你可曉得？」老兒道：「誰曉得他？他一家人，先從小的死起，死得來慌了，連夜逃去。而今敢是死絶了，也不見得。」翰林道：「他住在你家時，有甚麽親戚往來？」老兒道：「他有個妹子，嫁與下路人，住在前門。以後不知那裏去了，多年不見往來了。」權翰林自想道：「問得着時，還了他那件東西，也是一樁方便的好事。【眉批】存心甚好，宜其有類緣也。而今不知頭緒，也只索由他罷了。」

回還寓所，只見家間有書信來，夫人在家中亡過了。翰林痛哭了一場，没情没緒，打點回家。就上個告病的本。奉　聖旨：「權某準回籍調理，病痊赴京聽用。欽此。」權翰林從此就離了京師，回到家中來了。

話分兩頭。且説鈿盒的來歷：蘇州有個舊家子弟，姓徐，名方，别號西泉，是太學中監生。爲幹辦前程，留寓京師多年。在下處岑寂，央媒娶下本京白家之女爲妾。生下一個女兒，是八月中得的，取名丹桂。同時，白氏之兄白太郎，也生一子，唤做留哥。白氏女人家性子，只護着自家人，況且京師中人，不知外方頭路，不喜歡攀扯外方親戚，一心要把這丹桂許與侄兒去。徐太學自是寄居的人，早晚思量回家，要留着結下路親眷，十分不肯。一日，太學得選了閩中二尹，打點回家赴任，就帶了白氏出京。白氏不得遂願，戀戀骨肉之情，瞞着徐二尹，私下寫個文書。不敢就説許他爲婚，只把一個鈿盒兒分做兩處，留與侄兒做執照，指望他年重到京師，或是天涯海角，做個表證。

白氏隨了二尹，到了吴門。元來二尹久無正室，白氏就填了孺人之缺，一同赴任。又得了一子，是九月生的，名唤糕兒。二尹做了兩任官回家，已此把丹桂許下同府陳家了。白孺人心下之事，地遠時乖，只得丢在腦後。雖然如此，中懷歉然，時常在佛菩薩面前默禱，思想還鄉，尋鈿盒的下落。已後二尹亡逝，守了兒女，做了孤孀，纔把京師念頭息了。想那出京時節，好歹已是十五六個年頭，丹桂長得美麗非凡。所許陳家兒子，年紀長大，正要納禮成婚，不想害了色癆，一病而亡。眼見得丹桂命硬，做了望門寡婦。一時未好許人，且隨着母親、兄弟，穿些淡素衣服，挨着過日。正是：

孤辰寡宿無緣分，空向天邊盼女牛。

不說徐丹桂淒凉，且說權翰林自從斷了弦，告病回家，一年有餘，尚未續娶。心緒無聊，且到吳門閒耍，意圖尋訪美妾。因怕上司府縣知道，車馬迎送，酒禮往來，拘束得不耐煩，揣料自己年紀不多，面龐嬌嫩，身材瑣小，旁人看不出他是官，假說是個游學秀才，借寓在城外月波菴隔壁静室中。那菴乃是尼僧，有個老尼，喚做妙通師父，年有六十已上，專在各大家往來，禮度熟閒，世情透徹。看見權翰林一表人物，雖然不曉得是埋名貴人，只認做青年秀士，也道他不是落後的人，不敢怠慢，時常叫香公送茶來，或者請過菴中清話。權翰林也略把訪妾之意，問及妙通。妙通説是：「出家之人，不管閒事。」權翰林也就住口，不好説得。【眉批】門面話其實最好，管閒事者出家人也。

是時正是七月七日，權翰林身居客邸，孤形弔影，想着牛女銀河之事，好生無聊。乃詠宋人汪彦章《秋闈》詞，改其末句一字云：

高柳蟬嘶，采菱歌斷秋風起。晚雲如髻，湖上山横翠。簾捲西樓，過雨凉生袂。天如水。畫樓十二，少個人同倚。「少」字原是「直」字。（詞寄《點絳唇》）

權翰林高聲歌詠，趦步走出静室外來。新月之下，只見一個素衣的女子，走入菴中。翰林急忙尾在背後，在黑影中閃着身子，看那女子。只見妙通師父出來接着。女子未叙寒温，且把一炷香在佛前燒起。那女子生得如何？

聞道雙銜鳳帶，不妨單着鮫綃。夜香知與阿誰燒？悵望水沉煙裊。雲鬢風前絲捲，玉顔醉裏紅潮。莫教空度可憐宵，月與佳人共僚（音了）。（詞寄《西江月》）

那女子拈着香，跪在佛前，對着上面，口裏喃喃吶吶，低低微微，不知説着許多説話，没聽得一個字。那妙通老尼便來收科道：「小娘子，你的心事，説不能盡。不如我替你説一句簡便的罷。」那女子立起身來道：「師父怎的簡便？」妙通道：「佛天保佑，早嫁個得意的丈夫，可好麽？」女子道：「休得取笑。奴家只爲生來命苦，父亡母老，一身無靠，所以拜禱佛天，專求福庇。」妙通笑道：「大意相去不遠。」女子也笑將起來。妙通擺上茶食，女子吃了兩盞茶，起身作别而行。

權翰林在暗中看得明白，險些兒眼裏放出火來。恨不得走上前，一把抱住。見他去了，心癢難熬。正在禁架不定，恰值妙通送了女子回身轉來，見了道：「相公還不曾睡？幾時來在此間？」翰林道：「小生見白衣大士出現，特來瞻禮。」妙通道：「此鄰人徐氏之女，丹桂小娘子。果然生得一貌傾城，目中罕見。」翰林道：「曾嫁人未？」妙通道：「説不得。他父親在時，曾許下在城陳家小官人。比及將次成親，那小官人没福死了，擔閣了這小娘子做了個望門寡。一時未有人家來求他的。」翰林道：「怪道穿着淡素。如何夜晚間到此？」妙通道：「今晚是七夕牛女佳期，他遭着如此不偶之事，心願不足。故此對母親説了，來燒炷夜香。」翰林道：「他母親是甚麽樣人？」妙通道：「他母親姓白，是個京師人。當初徐家老爺在京中選官，娶了來家的。且是直性子，好相與。對我説：還有個親兄在京。他出京時節，有個侄兒方兩歲，與他女兒同庚的。自出京之後，杳不相聞，差不多將二十年來了，不知生死存亡。時常托我在佛前保佑。」【眉批】即此是管閒事。

翰林聽着，呆了一會，想道：「我前日買了半扇鈿盒，那包的紙上，分明寫是『徐門白氏，女丹桂，兄白大，子白留哥。』今這個女子姓徐，名丹桂，母親姓白，眼見得就是這家了。那賣盒兒的老兒説，那家死了兩個後生，老人家連忙逃去，把信物多掉下了。想必死的後生，就是他侄兒留哥，不消説得。誰想此女如此妙麗，在此另許了人家，可又斷了。那信物却落在我手中，却又在此相遇，有如此凑巧之事！或者到是我的姻緣，也未可知。」以心問心，跌足道：「一二十年的事，三四千里的路，有甚查帳處？只須如此如此。」算計已定，對妙通道：「適才所言白老孺人，多少年紀了？」妙通道：「有四十多歲了。」翰林道：「他京中親兄可是白大？侄兒子可叫做留哥？」妙通道：「正是，正是。相公如何曉得？」【眉批】好想頭，好臉皮！翰林道：「那孺人正是家姑。小生就是白留哥，替死鬼。是孺人的侄兒。」妙通道：「相公好取笑！相公自姓權，如何姓白？」翰林道：「小生幼年離了京師，在江湖上游學。一來慕南方風景，二來專爲尋取這頭親眷。所以移名改姓，游到此地。今偶然見師父説着端的，也是一緣一會，天使其然。不然小生怎地曉得他家姓名？」妙通道：「元來有這等巧事！相公，你明日去認了令姑，小尼再來奉賀便了。」

翰林當下別了老尼，到静室中游思妄想。過了一夜，天明起來，叫管家權忠，叮囑停當了説話。結束整齊，一直問到徐家。來到了門首，看見門上一個老兒在那裏閒坐。翰林叫權忠對他説：「可進去通報一聲，有個白大官，打從京中出來的。」老兒説道：「我家老主人没了，小官兒又小。你要見那個的？」翰林道：「你家老孺人，可是京中人姓白麽？」老兒道：「正是姓白。」權忠道：「我主人是白大官，正是孺人的侄兒。」老兒道：「這等，你隨我進去通報便是。」老兒領了權忠，竟到孺人面前。權忠是慣事的人，磕了一頭道：「主人白大官，在京中出來，已在門首了。」白孺人道：「可是留哥？」權忠道：「這是主人乳名。」孺人喜動顔色道：「如此喜事！」即忙唤自家兒子道：「糕兒，你哥哥到了，快去接了進來。」那小孩子嬉嬉顛顛、摇摇擺擺，出來接了翰林進去。

翰林覥覥腆腆，冒冒失失進去。【眉批】顔之厚矣。見那孺人起來，翰林叫了「姑娘」一聲，唱了一喏，待拜下去。孺人一把扯住道：「行路辛苦，不必大禮。」孺人含着眼淚，看那翰林。只見眉清目秀，一表非俗，不勝之喜。【眉批】涕之無從。説道：「想老身出京之時，你只有兩歲，如今長成得這般好了。【眉批】又涕之無從。你父親如今還健麽？」翰林假意掩淚道：「棄世久矣。小侄只爲眼底没個親人，見父親在時，曾説有個姑娘嫁在下路，所以小侄到南方來游學，專欲尋訪。昨日偶見月波菴妙通師父，説起端的，方知姑娘在此，特來拜見。」

孺人道：「如何聲口不像北邊？」翰林道：「小侄在江湖上已久，愛學南言，所以變却鄉音也。」翰林叫權忠送上禮物，孺人歡喜收了。謝道：「至親骨肉，只來相會便是，何必多禮？」翰林道：「客途乏物孝敬姑娘，不必説起。且喜姑娘康健。昨日見妙通説過，已知姑夫不在了。適間這位是表弟，還有一位表妹，與小侄同庚的，在麽？」孺人道：「你姑夫在時，已許了人家。姻緣不偶，未過門就斷了。而今還是個没吃茶的女兒。」翰林道：「也要請相見。」孺人道：「昨日去燒香，感了些風寒，今日還没起來梳洗。總是你在此還要久住，兄妹之間，時常可以相見。且到西堂安下了行李再處。」一邊分付排飯，一手拽着翰林到西堂來。打從一個小院門邊經過，孺人用手指道：「這裏頭就是你妹子的卧房。」【眉批】引入桃源路。翰林鼻邊悄聞得一陣蘭麝之香，心中好生傒倖。

那孺人陪翰林吃了飯，着落他行李在書房中，是件安頓停當了，方纔進去。權翰林到了書房中，想道：「特地冒認了侄兒，要來見這女子，誰想尚未得見。幸喜已認做是真，留在此居住，早晚必然生出機會來。不必性急，且待明日相見過了，再作道理。」

且説徐氏丹桂，年正當時，悮了佳期，心中常懷不足。自那七夕燒香，想着牛女之事，未免感傷情緒，兼冒了些風寒，一時懶起。見説有個表兄，自京中遠來。他曾見母親説，小時有許他爲婚之意，又聞得他容貌魁梧，心裏也有些暗動，思量會他一面。雖然身子懶怯，只得強起梳妝。對鏡長嘆道：「如此好容顔，到底付之何人也？」有《綿搭絮》一首爲證：

瘦來難任，寶鏡怕初臨。鬼病侵尋，悶對秋光冷透襟。最傷心静夜聞砧。慵拈繡絍，懶撫瑶琴。終宵裏有夢難成。待曉起翻嫌曉思沉。

梳妝完了，正待出來見表兄，只見兄弟糕兒急急忙忙走將來道：「母親害起急心疼來，一時暈去。我要到街上去取藥，姐姐可快去看母親去。」桂娘聽得，疾忙抽身便走了出房，減妝也不及收，房門也不及鎖，竟到孺人那裏去了。

權翰林在書房中梳洗已畢，正要打點精神，今日求見表妹，只聽得人傳出來道：「老孺人一時急心疼，暈倒了。」他想道：「此病惟有前門棋盤街定神丹一服立効。恰好拜匣中帶得在此。我且以子侄之禮，入堂問病，就把這藥送他一丸。醫好了他，也是一個討好的機會。」就去開出來，袖在袖裏，一徑望内裏來問病。路經東邊小院，他昨日見孺人說，已曉得是桂娘的卧房。却見門開在那裏，想道：「桂娘一定在裏頭，只作三不知闖將進去，見他時再作道理。」翰林捏着一把汗，走進卧房，只見：

香奩尚啓，寶鏡未收。剩粉殘脂，還在盆中蕩樣；花鈿翠黛，依然几上鋪張。想他纖手理妝時，少個畫眉人湊巧。

翰林如癡似醉，把桌上東西，這件聞聞，那件嗅嗅，好不伎癢。又聞得撲鼻馨香，回首看時，那繡帳牙床、錦衾角枕，且是整齊精潔。想道：「我且在他床裏眠他一眠，也沾他些香氣，只當親挨着他皮肉一般。」一躺躺(倘)下去，眠在枕頭上，呆呆地想了一回。**【眉批】**肉麻景態。等待幾時，不見動静。没些意智，慢慢走了出來。將到孺人房前，摸摸袖裏，早不見了那丸藥，正不知失落在那裏了。定性想一想，只得打原來路上，一路尋到書房裏去了。

桂娘在母親跟前，守得疼痛少定，思量房門未鎖，妝臺未收，跑到自房裏來。收拾已完，身子困倦。揭開羅帳，待要歇息一歇息。忽見席間一個紙包，拾起來打開看時，却是一丸藥，紙包上有字，乃是「定神丹，專治心疼，神効」幾個字。桂娘道：「此自何來？若是兄弟取至，怎不送到母親那裏去，却放在我的席上？除了兄弟，此處何人來到？却又恰恰是治心疼的藥！果是蹺蹊。且拏到母親那裏去，問個端的。」取了藥，掩了房門，走到孺人處來問道：「母親，兄弟取藥回來未曾？」孺人道：「望得眼穿，這孩子不知在那裏頑耍，再不來了。」桂娘道：「好教母親得知，適間轉到房中，只見床上一顆丸藥，紙上寫着『定神丹，專治心疼，神効』。我疑心是兄弟取來的，怎不送到母親這裏，却放在我的房中？今兄弟兀自未回，正不知這藥在那裏來的？」孺人道：「我兒，這定神丹只有京中前門街上有得賣，此處那討？這分明是你孝心所感，神仙所賜。快拿來我吃。」桂娘取湯來，遞與孺人，嚥了下去。一會，果然心疼立止，母子歡喜不盡。【眉批】婦人見識如此。

孺人疼痛既止，精神疲倦，懞懞的睡了去。桂娘守在帳前，不敢移動。恰好權翰林尋藥不見，空手走來問安，正撞着桂娘在那裏，不及回避。桂娘認做是白家表兄，少不得要相見的，也不躲閃。這裏權翰林正要親傍，堆下笑來，買將上去，唱個肥喏，道：「妹子，拜揖了。」桂娘連忙還禮道：「哥哥萬福。」翰林道：「姑娘病體若何？」桂娘道：「覺道好些，方纔睡去。」翰林道：「昨日到宅，渴想妹子芳容一見。見説玉體欠安，不敢驚動。」桂娘道：「小妹聽説哥哥到來，心下急欲迎侍。梳洗不及，不敢草率。今日正要請哥哥厮見，恰遇母親病急，脱身不得。不想哥哥又進來問病，幸瞻豐範。」翰林道：「小兄不遠千里而來，得見妹子玉貌，真個是不枉奔波走這遭了。」桂娘道：「哥哥與母親姑侄至親，自然割不斷的。小妹薄命之人，何足挂齒。」翰林道：「妹子芳年美質，後禄正長，佳期可待。何出此言？」【眉批】全仗尊庇。

此時兩人對話，一遞一來。桂娘年大知味，看見翰林豐姿俊雅，早已動火了八九分。亦且認是自家中表兄妹一脉，甜言軟語，更不羞縮。對翰林道：「哥哥初來舍下，書房中有甚不周到處，可對你妹子説。你妹子好來照瞭一二。」翰林道：「有甚麽不周到？」桂娘道：「難道不缺長少短？」翰林道：「雖有缺少，不好對妹子説得。」桂娘道：「但説何妨？」翰林道：「所少的，只怕妹子不好照管。然不是妹子，也不能照管。」桂娘道：「少甚東西？」翰林笑道：「晚間少個人作伴耳。」桂娘通紅了面皮，也不回答，轉身就走。翰林趕上去一把扯住道：「携帶小兄到繡房中拜望妹子一拜望，何如？」【眉批】忒莽些。桂娘見他動手動脚，正難分解，只聽得帳裏老孺人開聲道：「那個在此説話響？」翰林只得放了手，回首轉來道：「是小侄問安。」其時桂娘已脱了身，跑進房裏去了。孺人揭開帳來，看見了翰林，道：「元來是侄兒到此。小兄弟街上未回，妹子怎不來接待？你方纔却和那個説話？」翰林心懷鬼胎，假説道：「只是小侄，並没有那個。」孺人道：「這等，是老人家聽差了。」翰林心不在焉，一兩句話，連忙告退。

孺人看見他有些慌速，失張失志的光景，心裏疑惑道：「起初我服的定神丹，出於京中，想必是侄兒帶來的，如何却在女兒房内？適纔睡夢之中，分明聽得與我女兒説話，却又説道没有。他兩人不要曉得前因，輒便私自往來，日後做出勾當。他男長女大，况我原有心配合他的。只是侄兒初到，未見怎的，又不知他曾有妻未，不好就啓齒。且再過幾時，看相機會，圓成罷了。」躊躕之間，只見糕兒拿了一貼藥走將來道：「醫生入娘賊出去了。等了多時，纔取這藥來。」孺人嗔他來遲，説道：「等你藥到，娘死多時了。今天幸不疼，不吃這藥了。你自陪你哥哥去。」糕兒道：「那哥哥也不是老實人。【眉批】好點綴。方纔走進來撞着他，却在姐姐卧房門首東張西張，見了我方出去了。」孺人道：「不要多嘴。」糕兒道：「我看這哥哥也標致，我姐姐又没了姐夫，何不配與他了，也完了一件事？省得他做出許多饞勞喉急出相。」孺人道：「孩子家恁地輕出口！我自有主意。」孺人雖喝住了兒子，却也道是有理的事，放在心中打點，只是未便説出來。

那權翰林自遇桂娘，兩下交口之後，時常相遇，便眉來眼去，彼此有情。翰林終日如癡似狂，拿着一管筆寫來寫去，茶飯懶吃。桂娘也日日無情無緒，懨懨欲睡，針綫慵拈。多被孺人看在眼裏。然兩個只是各自有心，礙人耳目，不曾做甚手脚。一日，翰林到孺人處去，恰(怯)好遇着桂娘梳妝已畢，正待出房。翰林闌門迎着，相唤了一禮。翰林道：「久聞妹子房闥精緻，未曾得造一觀。今日幸得在此相遇，必要進去一看。」不由分説，望門裏一鑽，桂娘只得也走了進來。翰林看見無人，一把抱住，道：「妹子慈悲，救你哥哥客中一命則個。」桂娘不敢聲張，低低道：「哥哥尊重。哥哥不棄小妹，何不央人向母親處求親？必然見允。如何做那輕薄模樣？」翰林道：「多蒙妹子指教，足見厚情。只是遠水救不得近火，小兄其實等不得那從容的事了。」桂娘正色道：「若要苟合，妹子斷然不從。【眉批】正氣語，不礙其爲鍾情。他日得做夫妻，豈不爲兄所賤？」掙脱了身子，望門外便走。早把個雲髻扭歪，兩鬢都亂了。急急走到孺人處，喘氣尚是未息。孺人見了，覺得有些異樣，問道：「爲何如此模樣？」桂娘道：「正出房來，撞見哥哥後邊走來，連忙先跑，走得急了些個。」孺人道：「自家兄妹，何必如此躲避？」老幫襯。孺人也只道侄兒就在後邊來，却又不見到。元來没些意思，反走出去了。

孺人自此，又是一番疑心，性急要配合他兩個了。只是少個中間撮合的人。猛然想道：「侄兒初到時，説道見妙通師父説了，纔尋到我家來的。何不就叫妙通來，與他説知其事，豈不爲妙？」當下，就分付兒子糕兒，叫他去菴中接那妙通。不在話下。

却説權翰林走到書房中，想起適纔之事，心中怏怏。又思量桂娘有心於他，雖是未肯相從，其言有理。却不知我是假批子，教我央誰的是？自又忖道：「他母子俱認我是白大，自然是鈿盒上的根瓣了。我只將鈿盒爲證，怕這事不成？」又轉想一想道：「不好，不好。萬一名姓偶然相同，鈿盒不是他家的，却不弄真成假？且不要打破網兒，只是做些工夫，偎得親熱，自然到手。」正胡思亂想，走出堂前閒步，忽然妙通師父走進門來。見了翰林，打個問訊道：「相公，你投親着，好處安身許久了，再不到小菴走走！」權翰林還了一禮，笑道：「不敢瞞師父説，一來家姑相留，二來小生的形孤影隻，岑寂不過，貪着骨肉相傍，懶向外邊去了。」妙通道：「相公既苦孤單，老身替你做個媒罷。」翰林道：「小生久欲買妾。【眉批】慈悲爲本。師父前日説不管閒事，所以不敢相央。若得替我做個媒人，十分好了。」妙通道：「親事到有一頭在我心裏。適纔白老孺人相請説話，待我見過了他，再來和相公細講。」翰林道：「我也有個人在肚裏，正少個説合的，師父來得正好。見過了家姑，是必到書房中來走走，有話相商則個。」妙通道：「曉得了。」

説罷話，望内裏就走進去。見了孺人，孺人道：「多時不來走走。」妙通道：「見説孺人有些貴恙，正要來看，恰好小哥來喚我，故此就來了。」孺人道：「前日我侄初到，心中一喜一悲，又兼辛苦了些兒，生出病來。而今小恙已好，不勞費心。只有一句話兒，要與師父説説。」妙通道：「甚麽話？」孺人道：「我只爲女兒未有人家，日夜憂愁。」妙通道：「一時也難得像意的。」孺人道：「有到有一個在這裏，正要與師父商量。」妙通道：「是那個？到要與我出家人商量！」孺人道：「且莫説出那個，只問師父一句話：我京中來的侄兒，説道先認得你的，可曉得麽？」妙通道：「在我那裏作寓好些時，見我説起孺人，纔來認親的。怎不曉得？【眉批】老幫親且是好一個俊雅人物。」孺人道：「我這侄兒，與我女兒同年所生，先前也曾告訴師父過的。當時在京，就要把女兒許他爲妻，是我家當先老爹不肯。我出京之時，私下把一個鈿盒，分開兩扇，各藏一扇，以爲後驗，寫下文書一紙。當時侄兒還小。經今年遠，這鈿盒、文書，雖不知還在不在，人却是了。【眉批】誰知鈿盒、文書却在，人却不是。眼見得女兒别家無緣，也似有個天意在那裏。我意欲完前日之約，不好自家啓齒，抑且不知他京中曾娶過妻否？要煩你到西堂，與我侄兒説此事。如若未娶，待與他圓成了，可好麽？」妙通道：「這個當得，管取一説就成。且拿了這半扇鈿盒去，好做個話柄。」孺人道：「説得是。」走進房裏去，取出來交與妙通。

妙通袋在袖裏了，一徑到西堂書房中來。翰林接着道：「師父見過家姑了？」妙通道：「是見過了。」翰林道：「有甚説話？」妙通道：「多時不見，閒叙而已。」翰林道：「可見我妹子麽？」妙通道：「方纔不曾見，再過會到他房裏去。」翰林道：「好個精緻房，只可惜獨自孤守。」妙通道：「目下也要説一個人與他了。」翰林道：「起先師父説有頭親事，要與小生爲媒，是那一家？」妙通道：「是有一家，是老身的檀越。小娘子模樣儘好，正與相公厮稱。只是相公要娶妾，必定有個正夫人了。他家却是不肯做妾的。」翰林道：「小生曾有正妻，亡過一年多了。恐怕一時難得門當户對的佳配，所以且説個取妾。若果有好人家像得吾意，自然聘爲正室了。」妙通道：「你要怎麽樣的，纔像得你意？」【眉批】有味乎其言之也。翰林把手指着裏面道：「不瞞老師父説，得像這裏表妹方妙。」妙通笑道：「容貌到也差不多兒。」翰林道：「要多少聘財？」妙通袖裏摸出鈿盒來道：「不須别樣聘財，却倒是個難題目。他家有半扇金盒兒，配得上的就嫁他。」

翰林接上手一看，明知是那半扇的底兒，不勝歡喜。故意問道：「他家要配此盒，必有緣故。師父可曉得備細？」妙通道：「當初這家子，原是京中住的。有個中表，曾結姻盟，各分鈿盒一扇爲證。若有那扇，便是前緣了。」翰林道：「若論鈿盒，我也有半扇，只不知可配得着否？」急在拜匣中取出來一配，却好是一個盒兒。妙通道：「果然是一個，虧你還留得在！」翰林道：「你且説那半扇是那一家的？」妙通道：「再有那家？怎佯不知，到來哄我？是你的親親表妹桂娘子的，難道你到不曉得？」翰林道：「我見師父藏頭露尾，不肯直説出來，所以也做啞妝呆，取笑一回。却又一件，這是家姑從幼許我的，何必今日又要師父多這些宛轉？」妙通道：「令姑也曾道來，年深月久，只怕相公已曾别娶，就不好意思。所以要老身探問個明白。今相公弦斷未續，鈿盒現配成雙，待老身回覆孺人，只須成親罷了。」翰林道：「多謝撮合大恩。只不知幾時可以成親？早得一日也好。」妙通道：「你這饞樣的新郎！明日是中秋佳節，我攛掇孺人就完成了罷。等甚麽日子？」翰林道：「多感，多感。」

妙通袖裏懷了這兩扇完全的鈿盒，欣然而去，回覆孺人。孺人道是骨肉重完，舊物再見，喜歡無盡，只待明日成親，吃喜酒了。此時胸中十萬分，那有半分道不是他的侄兒？正是：

只認盒爲真，豈知人是假？
奇事顛倒顛，一似塞翁馬。

權翰林喜之如狂，一夜不睡。絶早起來，叫權忠到當舖裏去賃了一頂儒巾，一套儒衣，整備拜堂。孺人也絶早起來，料理酒席，催促女兒梳妝。少不得一對參拜行禮。權翰林穿着儒衣，正似白龍魚服，掩着口只是笑。連權忠也笑。旁人看的，無非道是他喜歡之故，那知其情？但見花燭輝煌，恍作游仙一夢。有詞爲證：

銀燭燦芙渠，瑞鴨微歕麝煙浮。喜紅絲初綰，寶合曾輸。何郎俊才調凌雲，謝女艷容華濯露。月輪正值團圓暮，雅稱錦堂歡聚。（右調《畫眉序》）

酒罷，送入洞房。就是東邊小院桂娘的卧房，乃前日偷眠妄想、強進挨光的所在。今日停眠整宿，你道快活不快活？權翰林真如入蓬萊山島了。入得羅幃，男貪女愛，兩情歡暢，自不必說。雲雨既闌，翰林撫着桂娘道：「我和你千里姻緣，今朝美滿，可謂三生有幸。」桂娘道：「我和你自幼相許，今日完聚，不足爲奇。【眉批】都是見鬼之談。所喜者，隔着多年，又如此遠路，到底團圓，乃像是天意周全耳。只有一件，你須不是這裏人。今入贅我家，不知到底萍踪浪迹，歸於何處。抑且不知你爲儒爲商，作何生業。我嫁鷄逐鷄，也要商量個終身之策。一時歡愛，不足戀也。」翰林道：「你不須多慮，只怕你不嫁得我，既嫁了我，包你有好處。」桂娘道：「有甚好處？料没有五花官誥夫人之分。」翰林笑道：「別件或者煩難，若只要五花官誥，包管箱籠裏就取得出。」【眉批】説得響的。桂娘啐了一啐道：「虧你不羞！」桂娘只道是一句誇大的説話，不以爲意。翰林却也含笑，不就明言。且只軟欵温柔，輕憐痛惜，如魚似水，過了一夜。

明晨起來，各各梳洗已畢，一對兒穿着大衣，來拜見尊姑，並謝妙通爲媒之功。正行禮之時，忽聽得堂前一片價篩鑼，像有十來個人喧嚷將起來，慌得小舅糕兒没鑽處。翰林走出堂前來，問道：「誰人在此羅唣？」説聲未了，只見老家人權孝，同了一班京報人，一見了就磕頭道：「京中報人特來報爺高陞的。小人們那裏不尋得到？方纔街上遇見權忠，纔知爺寄迹在此。却如何這般打扮？快請换了衣服。」權翰林連忙摇手，叫他不要説破，禁得那一個住？你也「權爺」，我也「權爺」，不住的叫。拿出一張報單來，已陞了學士之職。只管嚷着求賞。翰林着實叫他們「不要説我姓權，」京報人那管甚麽頭由，早把一張報喜的紅紙，高高貼起在中間。上寫：

飛報：　貴府老爺權　高陞翰林學士　命下。

這裏跟隨管家權忠拿出冠帶，對學士道：「料想瞞不過了，不如老實行事罷。」【眉批】佳人易得，此景不可□也。學士帶笑，脱了儒巾、儒衣，换了冠帶，討香案來，謝了聖恩。分付京報人出去門外候賞。轉身進來，重請岳母拜見。

那孺人出於不意，心慌撩亂，没個是處。好像青天裏一個霹靂，不知是那裏起的。只見學士拜下去，孺人連聲道：「折殺老身也。老身不知賢婿姓權，乃是朝廷貴臣，真是有眼不識泰山，望高擡貴手，恕家下簡慢之罪。」學士道：「而今總是一家人，不必如此説了。」孺人道：「不敢動問賢婿，賢婿既非姓白，爲何假稱舍侄，光降寒門？其間必有因由。」學士道：「小婿寄迹禪林，晚間閒步，月下看見令愛芳姿，心中仰慕無已。問起妙通師父，説着姓名居址，家中長短備細，故此托名前來，假意認親。不想岳母不疑，欣然招納。也是三生有緣。」妙通道：「學士初到菴中，原説姓權。後來説着孺人家事，就轉口説了姓白。小尼也曾問來，學士回説道：『因爲訪親，所以改换名姓。』豈知貴人游戲，我們多被瞞得不通風，也是一場天大笑話。」

孺人道：「却又一件，那半扇鈿盒，却自何來？難道賢婿是通神的？」學士笑道：「侄兒是假，鈿盒却真。

説起來實有天緣，非可强也。」孺人與妙通多驚異道：「願聞其詳。」學士道：「小婿在長安市上，偶然買得此盒一扇。那包盒的，却是文字一紙，正是岳母寫與令侄留哥的，上有令愛名字。今此紙見在小婿處，所以小婿一發有膽冒認了。求岳母饒恕欺誑之罪。」孺人道：「此話不必題起了。只是舍侄家爲何把此盒出賣？賣的是甚麽樣人？」賢婿必然明白。」學士道：「賣的是一個老兒，説是令兄舊房主。他説令兄全家遭疫，少者先亡，止遺老口，一時逃去。所以把物件遺下，拿出來賣的。」孺人道：「這等説起來，我兄與侄皆不可保，真個是物在人亡了。」【眉批】此淚方有着落。不覺掉下淚來。妙通便收科道：「老孺人，姻緣分定。而今還管甚侄兒不侄兒，是姓權是姓白。招得個翰林學士做女婿，須不辱莫了你的女兒。」孺人道：「老師父説得有理。」大家稱喜不盡。

此時桂娘子在旁，逐句逐句聽着。口雖不説出來，纔曉得昨夜許他五花官誥做夫人，是有來歷的，不是過頭説話。亦且鈿盒天緣，實爲湊巧。心下得意，不言可知。權學士既喜着桂娘美貌，又見鈿盒之遇，以爲奇異，兩下恩愛非常。重謝了妙通師父，連岳母、小舅都帶了赴任。後來秩滿，桂娘封爲宜人，夫妻偕老。

世間百物總憑緣，大海浮萍有偶然。
不向長安買鈿盒，何從千里配嬋娟？

青樓市探
人踪

紅花場假

卷之四

青樓市探人踪　紅花場假鬼鬧

昔宋時三衢守宋彦瞻，以書答狀元留夢炎，其略云：「嘗聞前輩之言：吾鄉昔有第奉常而歸，旗者、鼓者、饋者、迓者、往來而觀者闐路駢陌，如堵牆。既而閨門賀焉，宗族賀焉，姻者、友者、客者交賀焉。至於仇者，亦蒙耻含愧而賀且謝焉。【眉批】趁極世態。獨鄰居一室，扃鐍遠引，高。若避寇然。予因怪而問之。愀然曰：所貴乎衣錦之榮者，謂其得時行道也，將有以庇吾鄉里也。今也或竊一名，得一官，即起朝貴暮富之想。名愈高，官愈穹，而用心愈謬。武斷者有之，庇奸慝、持州縣者有之。是一身之榮，一鄉之害也。其居日以廣，鄰居日以蹙。吾將入山林深密之地以避之。是可弔，何以賀爲？」

此一段話，載在《齊東野語》中。皆因世上官宦，起初未經發際變泰，身居貧賤時節，親戚、朋友、宗族、鄉鄰，那一個不望他得了一日，大家增光？及至後邊風雲際會，超出泥塗，終日在仕宦途中、冠裳裏面，馳逐富貴。奔趨利名，將自家困窮光景盡多抹過，把當時貧交看不在眼裏，放不在心上，全無一毫照顧周恤之意，淡淡相看，用不着他一分氣力。真叫得官情紙薄，不知向時盼望他這些意思，竟歸何用？雖然如此，這樣人雖是惡薄，也只是没用罷了。撞着有志氣、肩巴硬的，拚得個不奉承他，不求告他，也無奈我何，不爲大害。【眉批】實有此等，非閑語也。更有一等狠心腸的人，偏要從家門首，打牆脚起，詐害親戚，侵占鄉里。受投獻、窩盜賊、無風起浪、没屋架梁，把一個地方，攪得齏菜不生，鷄犬不寧，人人懼憚，個個收斂，怕生出釁端，撞在他網裏了。他還要疑心别人仗他勢力，得了甚麽便宜，心下不放鬆的，晝夜算計。【眉批】與話。似此之人，鄉里有了他，怎如没有的安静？所以宋彦瞻見留夢炎中狀元之後，把此書規諷他，要他做好人的意思。其間説話，雖是憤激，却句句透切着今時病痛。看官每不信，小子而今單表一個作惡的官宦，做着没天理的勾當，後來遇着清正嚴明的憲司做對頭，方得明正其罪，説來與世上人勸戒一番。有詩爲證：

惡人心性自天生，慢道多因習染成。
用盡兇謀如翅虎，豈知有日貫爲盈！

這段話文，乃是四川新都縣，有一鄉宦，姓楊，是本朝甲科，後來没收煞，不好説得他名諱。其人家富心貪，兇暴殘忍，居家爲一鄉之害，自不必説。曾在雲南做兵備僉事。其時屬下有個學霸廪生，姓張，名寅。父親是個鉅萬財主，有妻有妾。妻所生一子，就是張廪生。妾所生一子，名唤張賓，年紀尚幼。張廪生母親先年已死，父親就把家事盡托長子經營。那廪生學業儘通，考試每列高等，一時稱爲名士，頗與郡縣官長往來。只是賦性陰險，存心不善。父親見他每事苛刻取利，常勸他道：「我家道儘裕，勾你幾世受用不了。況你學業日進，發達有時，何苦錙銖較量，討人便宜怎的？」張廪生不以爲好言，反疑道：「父親必竟身有私藏，故此把財物輕易，嫌道我苛刻，況我母已死，見前父親有愛妾幼子，到底他們得便宜。我只有得眼面前東西，還有他一股之分，我能有得多少？」爲此，日夕算計，結交官府。只要父親一倒頭，便思量擺佈這庶母、幼弟，占他家業。已後父親死了，張廪生恐怕分家，反向父妾要索取私藏。父妾回説没有，張廪生罄將房中箱籠搜過，並無踪迹。又道他埋在地下，或是藏在人家，胡猜亂嚷，没個休息。及至父妾要他分家與弟，却又分毫不吐，只推道：「你也不拿出來，我也没得與你兒子。」族人各有私厚薄，也有爲着哥子的，也有爲着兄弟的，没個定論。未免兩下搬鬪，構出訟事。那張廩生有兩子俱已入泮，有財有勢，官府情熟。眼見得庶弟、孤兒寡婦，下邊没申訴處，只得在楊巡道手裏告下一紙狀來。

張廩生見楊巡道準了狀，也老大吃驚。你道爲何吃驚？蓋因這巡道又貪又酷，又不讓體面，惱着他性子，眼裏不認得人。不拘甚麽事由，匾打側卓，一味倒邊。還虧一件好處，是要銀子。除了銀子，再無藥醫的。有名叫做楊瘋子，是惹不得的意思。張廩生忖道：「家財官司，只憑府縣主張。府縣自然爲我斯文一脉，料不有虧。只是是這瘋子手裏的狀，不先停當得他，萬一拗彆起來，依着理斷個平分，可不去了我一半家事？這是老大的干繫。」

張廩生世事熟透，便尋個巡道梯己過龍之人，與他暗地打個關節，許下他五百兩買心紅的公價。巡道依允，只要現過採，包管停當。若有不妥，不動分文。張廩生只得將出三百兩現銀，嵌寶金壺一把、鏤絲金首飾一副，精工巧麗，價值頗多，權當二百兩，他日備銀取贖。要過龍的寫了議單，又討個許贖的執照。只要府縣申文上來，批個像意批語，永杜斷與兄弟之患，目下先準一訴詞爲信。若不應騐，原物盡還。要廩生又换了小服，隨着過龍的到私衙門首，當面交割。【眉批】觔節之極，豈知是喪身之媒。四目相視，各自心照。張廩生自道算無遺策，只費得五百金，鉅萬家事一人獨享，豈不是九牛去得一毛，老大的便宜了？喜之不勝。

看官，你道人心不平。假如張廩生是個克己之人，不要説平分家事，就是把這一宗五百兩東西讓與小兄弟了，也是與了自家骨肉，那小兄弟自然是母子感激的。何故苦苦貪私，思量獨吃自痾，反把家裏東西送與没些相干之人？【眉批】世上狠心人每每生此病，所不可解。不知驢心狗肺，怎樣生的？有詩曰：

私心只欲蔑天親，反把家財送别人。
何不家庭略相讓？自然忿怒變歡欣。

張廪生如此算計，若是後來依心像意，真是天没眼睛了。【眉批】好話。。豈知世事浮雲，倏易不定。楊巡道受了財物，準了訴狀下去，問官未及審詳，時值萬壽聖節將近，兩司裏頭例該一人賫表進京朝賀。恰好輪着該是楊巡道去，没得推故。楊巡道只得收拾起身。張廪生着急，又尋那過龍的去討口氣。楊巡道回説：「此行不出一年可回。府縣且未要申文，待我回任，定行了落。」張廪生只得使用衙門，停閣了詞狀，呆呆守這楊僉憲回道。

争奈天不從人願，楊僉憲賫表進京，拜過萬壽，赴部考察。【眉批】吏部尚有公道。他貪聲大著，已注了不謹項頭，冠帶閑住。楊僉憲悶悶出了京城，一面打發人到任所接了家眷，自回籍去了。家眷動身時，張廪生又尋了過龍的，去要倒出這一宗東西。衙裏回言道：「此是老爺自做的事。若是該還，須到我家裏來自與老爺取討，我們不知就裏。」張廪生没計奈何，只得住手。眼見得這一項銀子抛在東洋大海裏了。這是張廪生心勞術拙，也不爲奇。若只便是這樣没討處罷了，也還算做便宜。

張廪生是個貪私的人，怎捨得五百兩東西平白丢去了？自思身有執照，不幹得事，理該還我。他如今是個鄉官，須管我不着，我到他家裏討去。説我不過，好歹還我些。就不還得銀子，還我那兩件金東西也好。況且四川是進京必由之道，由成都省下到新都，只有五十里之遠，往返甚易。我今年正貢，須赴京廷試。待過成都時，恰好到彼討此一項，做路上盤纏，有何不可？」算計得停當，怕人曉得了暗笑，把此話藏在心中，連妻子多不曾與他説破。

此時家中官事未決，恰值宗師考貢，張廪生已自貢出了學門。一時興匆匆地回家受賀，飲酒作樂了幾時，一面打點長行。把争家官事且放在一邊了。帶了四個家人，免不得是張龍、張虎、張興、張富，早晚上道。水宿風飡，早到了成都地方。在飯店裏宿了一晚。張貢生想道：「我在此間，還要迂道往新都取討前件。長行行李留在飯店裏不便。我路上幾日，心緒鬱悶。何不往此間妓館一游，揀個得意的宿他兩晚，遣遣客興。就把行囊下在他家，待取了債，回來帶去，有何不可？」就唤四個家人，説了這些意思。那家人是出路的，見説家主要闞，是有些油水的事，那一個不願隨鞭鐙？簇擁着這個老貢生，竟往青樓市上去了。

老生何意入青樓，豈是風情未肯休？
只爲業寃當顯露，埋根此處做關頭。

却説張貢生走到青樓市上，走來走去，但見：

艷抹濃妝，倚市門而獻笑；穿紅着緑，搴簾箔以迎歡。或聯袖，或憑肩，多是些凑將來的姊妹；或用嘲，或共語，總不過造作出的風情。心中無事自驚惶，日日恐遭他假母怒；眼裏有人難撮合，時時任换□□生來。【眉批】描出妓家心事。

張貢生見了這些油頭粉面行徑，雖然眼花撩亂，没一個同來的人，一時間不知走那一家的是，未便入馬。只見前面一個人摇擺將來，見張貢生帶了一夥家人東張西覷，料他是個要闞的勤兒，没個幫的人，所以遲疑。便上前問道：「老先生定是貴足，如何踹此賤地？」張貢生拱手道：「學生客邸無聊，閑步適興。」那人笑道：「只是眼闞，怕適不得甚麽興。」張貢生也笑道：「怎便曉得學生不倒身？」那人笑容可掬道：「若果有興，小子當爲引路。」

張貢生正投着機，問道：「老兄高姓貴表？」那人道：「小子姓游，名守，號好閑。此間路數最熟。敢問老先生仙鄉上姓？」張貢生道：「學生是滇中。」游好閑道：「是雲南了。」後邊張興攙出來道：「我相公是今年貢元，上京廷試的。」游好閑道：「失敬，失敬。小子幸會。奉陪樂地一游，吃個盡興，作做主人之禮何如？」張貢生道：「最好。不知此間那個妓者爲最？」游好閑把手指一掐二掐的道：「劉金、張賽、郭師師、王丢兒，都是少年行時的姊妹。」張貢生道：「誰在行些？」游好閑道：「若是在行，論這些雛兒多不及一個湯興哥，最是幫襯軟欵，有情親熱。也是行時過來的人，只是年紀多了兩年，將及三十歲邊了。却是着實有趣的。」張貢生道：「我每自家年紀不小，倒不喜歡那孩子心性的。是老成些的好。」游好閑道：「這等不消説，興哥那裏去就是。」於是，陪着張貢生一直望湯家進來。興哥出來相見，果然老成豐韵，是個作家體段。張貢生一見心歡。告茶畢，叙過姓名，游好閑一一代答明白。曉得張貢生中意了，便指點張家人，將出銀子來送他辦東道。是夜游好閑就陪着飲酒。張貢生原是洪飲的，況且客中高興，放懷取樂。那游好閑去了頭便是個酒罈。興哥老在行，一發是行令不犯，連觥不醉的。三人你强我賽，吃過三更方住。游好閑自在寓中去了。張貢生遂與興哥同宿。興哥放出手段，温存了一夜，張貢生甚是得意。次日叫家人把店中行李盡情搬了來，頓放在興哥家裏了。

一連住了幾日，破費了好幾兩銀子。貪慕着興哥才色，甚覺戀戀不捨。想道：「我身畔盤費有限，不能如意。何不暫往成都，討取此項到手？便多用些在他身上也好。」出來與這四個家人商議，裝束了鞍馬，往新都去。他心裏道指日可以回來的，對興哥道：「我有一宗銀子在新都，此去只有半日路程。我去討了來，再到你這裏頑耍幾時。」興哥道：「何不你留住在此，只教管家們去取討了來？」張貢生道：「此項東西，必要親身往取的。叫人去，他那邊不肯發。」興哥道：「有多少東西？」張貢生道：「有五百多兩。」興哥道：「這關係重大，不好阻得你。只是你去了，萬一不到我這裏來了，教我家枉自盼望。」張貢生道：「我一應行囊，都不帶去，留在你家。只帶了隨身鋪蓋，並幾件禮物去，好歹一兩日隨即回來了。【眉批】一個酸子，一個行家，所言俱肖。看你家造化，若多討得到手，是必多送你些。」興哥笑道：「只要你早去早來，那在乎此。」兩下珍重而别。

看官，你道此時若有一個見機的人，對那張貢生道：「這項銀子，是你自己欺心不是處。黑暗裏葬送了，還怨悵兀誰？那官員每手裏東西，有進無出，老虎喉中討脆骨，大象口裏拔生牙，都不是好惹的，不要思想到手了。況且取得來，送與衙衙人家，又是個填不滿底雪井，何苦枉用心機，走這道路？不如認個悔氣，歇了帳罷。」若是張貢生聞得此言，轉了念頭，還是老大的造化。可惜當時沒人說破。就有人說，料沒人聽。只因此一去，有分交：半老書生，狼藉作紅花之鬼；窮兇鄉宦，拘攣爲黑獄之囚。正是：

猪羊入屠户之家，一步步來尋死路。

這裏不題。且說楊僉憲自從考察斷根回家，自道日暮窮途，所爲愈横。家事已饒，貪心未足。終日(身)在家設謀運局，爲非作歹。他只有一個兄弟，排行第二，家道原自殷富，並不干預外事，到是個守本分的。見哥子作惡，每每會間微詞勸諫。僉憲道：「你仗我勢做二爺，挣家私勾了，還要管我？」話不投機。楊二曉得他存心尅毒，後來未必不火并自家屋裏，家中也養幾個了得的家人，時時防備他。近新一病不起。所生一子，止得八歲。臨終之時，唤過妻子在面前，分付衆家人道：「我一生止存此骨血。那邊大房做官的，虎視耽耽。須要小心抵(祇)對他，不可落他圈套之内。我死不瞑目。」淚如雨下，長嘆而逝。死後，妻子與同家人輩，牢守門户，自過日子，再不去叨忝僉憲家一分勢利。高着。

僉憲無隙可入，心裏思量：「二房好一分家當！不過留得這一個黄毛小厮。若斷送了他，這家當怕不是我一個的？」欲待暗地下手，怎當得這家母子關門閉户，輕易不來他家裏走動。想道：「我若用毒藥之類，暗算了他，外人必竟知道是我，須瞞不過。亦且急忙不得其便。若糾合强盗劫了他家，害了性命，我還好瞞生人眼，説假公道話，只把失盗做推頭，誰人好説得是我？總是不害得他性命，劫得家私一空，也只當是了。」

他一向私下養着劇盗三十餘人，在外莊聽用。但是擄掠得來的，與他平分。若有一二處做將出來，他就出身包攬遮護。官府曉得他刁，公人怕他的勢，没個敢正眼覷他。但有心上不像意，或是眼裏動了火的人家，公然叫這些人去搬了來莊裏分了。弄得久慣，不在心上。他只待也如此刼了小侄兒子家裏，趂便害了他性命。争奈他家家人晝夜巡邏，養着狼也似的守門犬數隻，提防甚緊。也是天有眼睛，到别處去，捽了就來，到楊二房去幾番，但去便有阻礙，下不得手。

僉憲正在時刻挂心，算計必克，忽然門上傳進一個手本來，乃是：「舊治下雲南貢生張寅禀見。」心中吃了一驚道：「我前番曾受他五百兩賄賂，不曾替他完得事，就壞官回家了。這事元不曾做得，説他不過，理該還他。終不成嚥了下去又吐出來？若不還他，必有後慮，不想他果然直尋到此。這事元不曾做得，説他不過，理該還他。倘然當官告理，且不顧他聲名不妙，誰耐煩與他調唇弄舌？我且把個體面見見他。説話之間，或者識時務不提起也不見得。若是這等，好好送他盤纏，打發他去罷了。若是提起要還，又作道理。」

僉憲以口問心，計較已定，踱將出廳來，叫請貢生相見。張貢生整肅衣冠，照着舊上司體統，行個大禮，送了些土物爲候敬。僉憲收了，設坐告茶。僉憲道：「老夫承乏貴鄉，罪過多端。【眉批】紗帽話極肖。後來罷職家居，不得重到貴地。今見了貴鄉朋友，還覺無顔。」張貢生道：「公祖大人，直道不容，以致忤時。敝鄉士民，迄今廑想明德。」僉憲道：「惶恐，惶恐。」又拱手道：「恭喜賢契歲薦了。」張貢生道：「挨次倖及，殊爲叨冒。」僉憲道：「今將何往，得停玉趾？」張貢生道：「赴京廷試，假途貴省，特來一覲臺光。」僉憲道：「此去成都五十里之遥，特煩枉駕，足見不忘老朽。」

張貢生元見他説話不招攬，只得自説出來道：「前日貢生家下有些瑣事，曾處一付禮物，面奉公祖大人處收貯，以求周全。後來未經結局，公祖已行，此後就回貴鄉。今本不敢造次，只因貢生赴京缺費，意欲求公祖大人發還此一項，以助貢生利往。故此特來叩拜。」【眉批】□□□□之語。僉憲作色道：「老夫在貴處，只吃得貴鄉一口水，何曾有此贓污之事？出口誣衊，敢是賢契被別個光棍哄了？」張貢生見他昧了心，改了口不認帳，若是個知機的，就該罷了。怎當得張貢生原不是良善之人，心裏着了急，就狠狠的道：「是貢生親手在私衙門前交付的，議單執照俱在，豈可昧得？」

僉憲見有議單執照，回嗔作喜道：「是老夫忘事，得罪，得罪。前日有個妻弟，在衙起身，需索老夫餽送。此項該還。只是妻弟已將此一項用去了，須要老夫賠償。且從容兩日，必當處補。」張貢生見説肯還，心下放了兩分鬆；又見説用去，心中不捨得那兩件金物，又對僉憲道：「内中兩件金器，是家下傳世之物，還求保全原件則個。」【眉批】此笑殺機動矣。僉憲冷笑了一聲道：「既是傳世之物，誰教輕易拿出來？且放心，請過了洗塵的薄欵再處。」就起身請張貢生書房中慢坐，一面分付整治酒席。張貢生自到書房中去了。

僉憲獨自算了一回。他起初打白賴之時，只説張貢生會意，是必凑他的趣。他却重重送他個回敬，做盤纏，也倒兩全了。豈知張貢生算小，不還他體面，搜根剔齒，一直説出來。然也還思量還他一半現物，解了他饞涎。只有那金壺與金首飾，是他心上得意的東西，時刻把玩的，已曾幾度將出來夸耀親戚過了，你道他捨得也不捨得？張貢生恰恰把這兩件口内要緊。僉憲左思右思，便一時不懷好意了。哏地一聲道：「一不做，二不休。他是個雲南人，家裏出來，中途到此間的。斷送了他，誰人曉得？須不到得屍親知道。」就叫幾個幹僕，約會了莊上一夥强人，到晚間酒散聽候使用。

分付停當，請出張貢生來赴席。席間説些閒話，評論些朝事，且是殷勤。又叫俊俏的安童，頻頻奉酒。張貢生見是公祖的好意，不好推辭。又料道是如此美情，前物必不留難。放下心懷，只顧吃酒，早已吃得醺醺地醉了。又叫安童奉了又奉，只等待不省人事方住。又問：「張家管家們可曾吃酒了未？」却也被幾個幹僕輪番更换，陪伴飲酒。那些奴才們見好酒好飯，道是投着好處，那裏管三七二十一，只顧貪婪無厭，四個人一個個吃得瞪眉瞪眼，連人多不認得了。稟知了僉憲，僉憲分付道：「多送在紅花場結果去。」

元來這楊僉憲有所紅花場莊子，滿地種着紅花，廣衍有一千餘畝。每年賣那紅花，有八九百兩出息。這莊上造着許多房子，專一歇着客人，兼亦藏着強盜。當時只説送張貢生主僕到那裏歇宿。到得莊上，五個人多是醉的，看着被卧，倒頭便睡，鼾聲如雷，也不管天南地北了。那空闊之處，一聲鑼響，幾個飛狠的莊客，走將攏來，多是有手段的強盗頭，一刀一個。遮莫有三頭六臂的，也只多費得半刻工夫。何況這一個酸子與幾個騃奴，每人只生得一夥頭，消得幾時，早已罄净。當時就在紅花稀疏之處，掘個坎兒，做一堆兒埋下了。可憐張貢生痴心指望討債，還要成都去見心上人，怎知遇着狠主，弄得如此死於非命！正是：

不道逡巡命，還貪傾刻花。
黄泉無妓館，今夜宿誰家？

過了一年有餘，張貢生兩個秀才兒子在家，自從父親入京以後，並不曾見一紙家書、一個便信回來。【眉批】酸鼻。問着個把京中歸來的人，多道不曾會面，並不曉得。心中疑惑，商量道：「滇中處在天末，怎能勾京中信至？還往川中省下打聽。彼處不時有在北京還往的。」于是兩個湊些盤纏在身邊了，一逕到成都，尋個下處宿了。在街市上行來走去閒撞，並無遇巧熟人。兩兄弟住過十來日，心内無聊，商量道：「此處儘多名妓，我每各尋一個消遣則個。」兩個小夥子，也不用幫閒，我陪你，你陪我，各尋一個雛兒：一個童小五，一個顧阿都。接在下處，大家取樂。混了幾日，鬧烘烘、熱騰騰的，早把探父親信息的事撇在腦後了。

一日，那大些的有跳槽之意。兩個雛兒曉得他是雲南人，戲他道：「聞得你雲南人只要闞老的，我每敢此不中你每的意？【眉批】無端閒話，露出根芽，皆天使之也。不多幾日，只要跳槽！」兩個秀才道：「怎見得我雲南人只要闞老的？」童小五便道：「前日見游伯伯説，去年有個雲南朋友到這裏來，要他尋表子，不要興頭的，只要老成的。後來引他到湯家興哥那裏去了。這興哥是我們母親一輩中人，他且是與他過得火熱，也費了好些銀子。約他再來，還要使一主大錢。以後不知怎的了。這不是雲南人要老的樣子。」兩個秀才道：「那雲南人姓個甚麽？【眉批】宛然雛兒氣質。怎生模樣？」童小五、顧阿都大家拍手笑道：「又來趣了！不(好)在我每肝上的事，管他姓張姓李！那曾見他模樣來？只是游伯伯如此説，故把來取笑。」兩個秀才道：「游伯伯是什麽人？住在那裏？這却是你每曉得的。」童小五、顧阿都又拍手道：「游伯伯也不認得，還要闞！」兩個秀才必竟要問個來歷。【眉批】幫閒之定評像贊。童小五道：「游伯伯千頭萬腦的人，撞來就見，要尋他，却一世也難。你要問你們貴鄉里，竟到湯興哥家問不是！」兩個秀才道：「説得有理。」留小的秀才窩伴着兩個雛兒，大的秀才獨自個問到湯家來。

那個湯興哥自從張貢生一去，只説五十里的遠近，早晚便到，不想去了一年有多，絶無消息。留下衣囊行李，也不見有人來取。門户人家不把來放在心上，已此放下肚腸了。那日無客，在家閉門晝寢。忽然得一夢，夢見張貢生到來，説道取銀回來。至要叙寒温，却被扣門聲急，一時驚醒。醒來想道：「又不曾念着他，如何魆地有此夢？敢是有人遞信息、取衣裝，也未可知。」正在疑似間，聽得又扣門響。興哥整整衣裳，叫丫鬟在前，開門出來。丫鬟叫一聲：「客來了。」張大秀才纔那得脚進，興哥擡眼看時，吃了一驚，道：「分明像張貢生一般模樣，如何後生了許多？」請在客坐裏坐了。問起地方姓名，却正是雲南姓張。興哥心下老大稀罕，未敢遽然説破。

張大秀才先問道：「請問大姐：小生聞得這裏去年有個雲南朋友往來，可是甚麽樣人？姓甚名誰？」興了。盤桓了數日，前往新都取債去了。張大秀才心裏曉得是了。問道：「一去不來，敢是竟自長行了？」興哥道：「那裏是？衣囊行李，還留在彼處？」興哥道：「多分是取債不來，擔閣在彼。就是如此，好歹也該有個信，或是叫位管家來。影響無踪，竟不知甚麼緣故！」張大秀才道：「見說新都取甚麼債？」興哥道：「只聽得說有一宗五百兩東西，不知是甚麼債。」張大秀才跌脚道：「是了，是了。這等我每須在新都尋去了。」興哥道：「他是客官甚麼瓜葛，要去尋他？」張大秀才道：「不敢欺大姐，就是小生的家父。」興哥道：「失敬，失敬。怪道模樣恁地厮像！這等，是一家人了。」笑欣欣的去叫小二整起飯來，留張大官人坐一坐。張大秀才回說道：「這到不消，小生還有個兄弟在那廂等候。只是適間的話，可是確的麼？」興哥道：「怎的不確？見有衣囊行李在此，可認一認，看是不是。」隨引張大秀才到裏邊房裏來，把留下物件與他看了。張大秀才認得是實，忙別了興哥道：「這等，事不宜遲。星夜同兄弟往新都尋去，尋着了再來相會。」興哥假親熱的留了一會，順水推船，送出了門。

張大秀才急急走到下處，對兄弟道：「問倒問着了，果然去年在湯家閬的正是。只是依他家說起來，竟自不曾往京裏。」小秀才道：「這等在那裏？」大秀才道：「還在這裏新都。我們須到那裏問去。」小秀才道：「爲何住在新都許久？」大秀才道：「他家說是聽得往新都取五百金的債，定是到楊瘋子家去了。」小秀才道：「取得取不得，好歹走路。怎麼還在那裏？」大秀才道：「行囊還在湯家，方纔見過的。豈有不帶了去，徑自跑路的理？畢竟是擔閣在新都不來，不消說了。此去那裏苦不多遠，我每收拾起來，一同去走遭，訪問下落則個。」兩人計議停當，將出些銀兩，謝了兩個妓者，送了家去。一徑到新都來，下在飯店裏店。

主人見是遠來的，問道：「兩位客官貴處？」兩個秀才道：「是雲南。到此尋人的。」【眉批】俱以無心偶露爲奇。店主人道：「雲南來是尋人的，不是倒贓的麽？」兩個秀才吃驚道：「怎説此話？」店主人道：「偶然這般説笑。」兩個秀才坐定，問店主人道：「此間有個楊僉事，住在何處？」店主人伸伸舌頭：「這人不是好惹的。你遠來的人，有甚要緊？没事問他怎麽？」兩個秀才道：「問聲何妨？怎便這樣怕他？」店主人道：「他輕則官司害你，重則强盗刼你。若是遠來的人沖撞了他，好歹就結果了性命。」兩個秀才道：「清平世界，難道殺了人不要償命的？」店主人道：「他償誰的命？去年也是一個雲南人，一主四僕，投奔他家，聞得是替他討甚麽任上過手贓的，一夜裏多殺了。至今寃屈無伸。那見得要償命來？方纔見兩位説是雲南，所以取笑。」兩個秀才見説了，嚇得魂不附體，你看我，我看你，一時做不得聲。呆了一會，戰抖抖的問道：「那個人姓甚名誰？老丈可知得明白否？」店主人道：「我那裏明白？他家有一個管家，叫做老三，常在小店吃酒。這個人還有些天理的，時常飲酒中間，把家主做的歹事，一一告訴我，心中不服。去年雲南這五個被害，忒煞乖張了。外人紛紛揚揚，也多曉得。小可每還疑心，不敢輕信。老三説是果然真有的，煞是不平。所以小可每纔信。可惜這五個人死得苦惱，没個親人得知。小可見客官方纔問及楊家，偶然如此閒講。客官，各人自掃門前雪，不要閒管罷了。」

兩個秀才情知是他父親被害了，不敢聲張，暗暗地叫苦。一夜無眠。次日到街上，往來察聽，三三兩兩，幾處説來，一般無二。兩人背地裏痛哭了一場。思量要在彼發覺，恐怕反遭網羅；亦且鄉宦勢頭，小可衙門奈何不得他。含酸忍苦，原還到成都來。

見了湯興哥，説了所聞詳細。【眉批】此淚却是真心，非平日之假哭。興哥也賠了幾點眼淚。興哥道：「兩位官人何不告了他討命？」兩個秀才道：「正要如此。」此時四川巡按察院石公正在省下。兩個秀才問湯興哥取了行囊，簡出貢生赴京文書，放在身邊了。寫了一狀，抱牌進告。狀上寫道：

告狀生員張珍、張瓊，爲冤殺五命事。有父貢生張寅，前往新都惡宦楊某家取債，一去無踪。珍等親投彼處尋訪，探得當被惡宦謀財害命，并僕四人同時殺死。道路驚傳，人人可證。屍骨無踪。滔天大變，萬古奇冤，親剿告。　告狀生員張珍，係雲南人。

石察院看罷狀詞，他一向原曉得新都楊僉事的惡蹟著聞，體訪已久，要爲地方除害。只因是個甲科，又無人敢來告他，没有把柄，未好動手。今見了兩生告詞，雖然明知其事必實，却是詞中没個實證實據，亂行不得。石察院趕開左右，直唤兩生到案前來，輕輕地分付道：「二生所告，本院久知此人罪惡貫盈。但彼奸謀叵測。二生可速回家去，毋得留此。倘爲所知，必受其害。待本院廉訪得實，當有移文至彼知會，關取爾等到此明冤。萬萬不可洩漏。」隨將狀詞摺了，收在袖中。兩生叩頭謝教而去。果然依了察院之言，一面收拾竟回家中，静聽消息去了。

這邊石察院待兩司作揖之日，獨留憲長謝公叙話。袖出此狀，與他看着，道：「天地間有如此人否？本院留之心中久矣。今日恰有人來告此事。貴司刑法衙門，可爲一訪。」謝廉使道：「此人梟獍爲心，豺狼成性，誠然王法所不容。」石察院道：「舊聞此家有家僮數千，陰養死士數十。若不得其實迹，輕易舉動，吾輩反爲所乘。【眉批】上司畏之如此，楊官之惡□矣。不可不慎。」謝廉使道：「事在下官。」袖了狀詞，一揖而出。

這謝廉使是極有才能的人，况兼按臺囑付，敢不在心？他司中有兩個承差，一個叫做史應，一個叫做魏能，乃是點頭會意的人，謝廉使一向得用的。是日，叫他兩個進私衙來，分付道：「我有件機密事要你每兩個做去。」兩個承差叩頭道：「憑爺分付，那廂使用，水火不辭。」廉使袖中取出狀詞來與他兩個看，把手指着楊某名字道：「按院老爺要根究他家這事。不得那五個人屍首實迹，拿不倒他。必要體訪的實，曉得了他埋藏去處，纔好行事。却是這人兇狡非常，只怕容易打聽不出。若是洩漏了事機，不惟無益，反致有害。是這些難處。」兩承差道：「此宦之惡，播滿一鄉。若是曉得上司尋他不是，他必竟先去下手，非同小可。就是小的每往彼體訪，若認得是衙門人役，惹起疑心，禍不可測。今蒙差委，除非改換打扮，只做無意游到彼地，乘機緝探，方得真實備細。」廉使道：「此言甚是有理。你們快怎麽計較了去。」

兩承差自相商議了一回，道：「除非如此如此。」隨禀廉使道：「小的們有一計在此，不知中也不中？」廉使道：「且説來。」承差道：「新都專産紅花。小的們曉得楊宦家中有個紅花場，利息千金。小的們兩個打扮做買紅花客人，到彼市買。必竟與他家管事家人交易往來。等走得路數多，人眼熟了，他每没些疑心，然後看機會空便，留心體訪，必知端的。須拘不得時日。」廉使道：「此計頗好。你們小心在意，訪着了此宗公事，我另眼看你不打緊，還要對按院老爺説了，分外擡舉你。」兩承差道：「蒙老爺提挈，敢不用心？」叩頭而出。

元來這史應、魏能，多是有身家的人，在衙門裏圖出身的。受了這個差委，日夜在心。各自收拾了百來兩銀子，放在身邊了，打扮做客人模樣，一同到新都來，只説買紅花。問了街上人，曉得紅花之事，多是他三管家姓紀的掌管。此人生性梗直，交易公道，故此客人來多投他，買賣做得去。每年與家主掙下千來金利息，全虧他一個。若論家主這樣貪暴，鬼也不敢來上門了。當下史應、魏能，一竟來到他家，拜望了，各述來買紅花之意，送過了土宜。紀老三滿面春風，一團和氣，就置酒相待。

這兩個承差，是衙門老溜，好不乖覺。曉得這人有用他處，便有心結識了他。放出虔婆手段，甜言美語，説得入港。魏能便開口道：「史大哥，我們新來這裏做買賣，人面上不熟。自古道：『人來投主，鳥來投林。』難得這樣賢主人，我們序了年庚，結爲兄弟何如？」史應道：「此意最好。【眉批】老辣。只是我們初相會，況未經交易，只道是我們先討好了，不便論量。待成了交易，再議未遲。」紀老三道：「多承兩位不棄，足感盛情。

待明日看了貨，完了正事，另治個薄設，從容請教，就此結義何如？」兩個同聲應道：「妙，妙。」當夜紀老三送他在客房歇宿，正是紅花場莊上之房。

次日起來，看了紅花，講倒了價錢。兩人各取銀子出來，兑足了，兩下各各相讓有餘，彼此情投意合。是日紀老三果然宰鷄買肉，辦起東道來。史、魏兩人，市上去買了些紙馬香燭之類，回到莊上擺設了。先獻了神，各寫出年月日時來。史應最長，紀老三小六歲，魏能又小一歲。挨次序立，拜了神，各述了結拜之意道：「自此之後，彼此無欺，有無相濟，患難相救，久遠不忘。若有違盟，神明殛之。」設誓已畢，從此兩人稱紀老三爲二哥，紀老三稱兩人爲大哥、三哥，彼此喜樂。當晚吃個盡歡而散。

元來蜀中傳下劉、關、張三人之風，最重的是結義。故此史、魏二人先下此工夫，以結其心。却是未敢説甚麽正經心腸話，只收了紅花停當，且還成都。發在鋪中兑客，也原有兩分利息。收起銀子，又走此路。數月之中，如此往來了五六次。去便與紀老三綢繆，我請你，你請我，日日歡飲，真個如兄若弟，形迹俱忘。

一日酒酣，史應便伸伸腰道：「快活，快活。我們遇得好兄弟，到此一番，盡興一番。」魏能接口道：「紀二哥待我們弟兄，只好這等了。我心上還嫌他一件未到處。」紀老三道：「小弟何事得罪，但説出來。自家弟兄，不要避忌。」魏能道：「我們晚間貪得一覺好睡。【眉批】妙！相好弟兄，只該着落我們在安静去處便好。今在此間，每夜聽得鬼叫，夢寐多是不安的。有這件不像意。這是二哥欠檢點處。小弟心性怕鬼的，只得直説了。」紀老三道：「果然鬼叫麽？」史應道：「是有些詫異。小弟也聽得的，不只是魏三哥。」魏能道：「不叫，難道小弟掉謊？」紀老三點點頭道：「這也怪他叫不得。」對着斟酒的一個夥計道：「你道叫的是兀誰？畢竟是雲南那人了。」

史應、魏能見説出真話來，只做原曉得的一般，不加驚異，趂口道：「雲南那人之死，我們也聞得久了。

只是既死之後，二哥也該積些陰騭，與你家老爺說個方便，與他一堆土埋藏了屍骸也好。【眉批】全像無心之談，所以爲妙。爲何抛棄他在那裏了，使他每夜這等叫苦連天！」紀老三道：「死便死得苦了，屍骸原是埋藏的。不要聽外邊人胡猜亂說。」兩人道：「外人多說是當時抛棄了，二哥又說是埋藏了。若是埋藏了，他怎如此叫苦？」紀老三道：「兩個兄弟不信，我領你去看。煞也古怪，但是埋他這一塊地上，一些紅花也不生哩。」【眉批】語言情景俱妙絶。史應道：「我每趂着酒興，斟杯熱酒兒到他那堆裏澆他一澆，叫他晚間不要這等怪叫。就在空曠去處，再吃兩大杯盡盡興。」

兩個一齊起身，走出紅花場上來。紀老三只道是散酒之意，那道是有心的？也起了身，叫小的帶了酒盒，隨了他們同步，引他們到一個所在來看。但見：

彌漫怨氣結成堆，凛冽凄風團作陣。
若還不遇有心人，沉埋數載誰相問？

紀老三把手指道：「那一塊一根草也不生的底下，就是他五個的屍骸。怎説得不曾埋藏？」史應就斟下個大杯，向空裏作個揖道：「雲南的弟兄，請一杯兒酒，晚間不要來驚嚇我們。」【眉批】妙絶！魏能道：「我也奠他一杯，湊成雙杯。」紀老三道：「一飲一啄，莫非前定。若不是大哥、三哥來，這兩滴酒幾時能勾到他泉下？」史應道：「也是他的緣分。」大家笑了一場，又將盒來擺在紅花地上，席地而坐。豁了幾拳，各各連飲幾個大觥。看看日色曛黑，方纔住手。兩人早已把埋屍的所在周圍暗記認定了，仍到莊房裏宿歇。

次日，對紀老三道：「昨夜果然安静些，想是這兩杯酒吃得快活了。」大家笑了一回。是日别了紀老三要回，就問道：「二哥幾時也到省下來走走？我們也好做個東道，盡個薄意，回敬一回敬。不然，我們只是叨擾，再無回答，也覺面皮忒厚了。」紀老三道：「弟兄家何出此言？小弟没事不到省下。除非冬底要買過年物事，是必要到你們那裏走走，專意來拜大哥、三哥的宅上便是。」三人分手，各自散了。

史應、魏能此番踹知了實地，是長是短，來禀明了謝廉使。廉使道：「你們果是能幹。既是這等了，外邊不可走漏一毫風信。但等那姓紀的來到省城，即忙密報我知道，自有道理。」兩人禀了出來，自在外邊等候紀老三來省。

看看殘年將盡，紀老三果然來買年貨，特到史家、魏家拜望。兩人住處差不多遠，接着紀老三，歡天喜地道：「好風吹得貴客到此！」史應叫魏能偎伴了他道：「魏三哥且陪着紀二哥坐一坐，小弟市上走一走，看中吃的東西，尋些來家請二哥。」魏能道：「是，是。快來則個。」

史應就叫了一個小廝，拿了個籃兒，帶着幾百錢，往市上去了。一面買了些魚肉菓品之類，先打發小廝歸家整治；一面走進按察司衙門裏頭去，密禀與廉使知道。廉使分付史應：「先回家去伴住他，不可放走了。」隨即差兩個公人，寫個硃筆票與他道：「立拘新都楊宦家人紀三面審，毋遲時刻。」公人賫了小票，一徑到史應家裏來。

史應先到家裏，整治酒肴。正與紀老三接風，吃到興頭上，聽得外邊敲門響。史應叫小厮開了門，只見兩個公人跑將進來，對史、魏兩人唱了喏。却不認得紀老三，問道：「這位可是楊管家麽？」史、魏兩人會了意，説道：「正是楊家紀大叔。」公人也拱一拱手，説道：「敝司主要請管家相見。」紀老三吃一驚道：「有何事要見我？莫非錯了？」公人道：「不錯，見有小票在此。」便拿出硃筆的小票來看。史應、魏能假意吃驚道：「古怪！這是怎麽起的？」公人道：「老爺要問楊鄉宦家中事體，一向分付道：『但有管家到省，即忙緝報。』方纔見史官人市上買東西，説道請楊家的紀管家。不知那個多嘴的禀知了老爺，故此特着我每到來相請。」

紀老三呆了一晌，道：「没事唤我怎的？我須不曾犯事。」公人道：「誰知犯不犯，見了老爺便知端的。」

史、魏兩人道：「二哥自身没甚事，便去見見不妨。」紀老三道：「決然爲我們家裏的老頭兒，再無别事。」史、魏兩人道：「倘若問着家中事體，只是從直説了，料不吃虧的。既然兩位牌頭到此，且請便席略坐一坐，吃三杯了去，何如？」公人道：「多謝厚情。只是老爺立等回話的公事，從容不得。」史應不由他分説，拿起大觥，每人灌了幾觥，吃了些案酒。公人又催起身，史應道：「我便陪着二哥到衙門裏去去。魏三哥在家，再收拾好了東西，燙熱了酒，等見見官來盡興。」紀老三道：「小弟衙門裏不熟，史大哥肯同走走，足見幫襯。」

紀老三没處躲閃，只得跟了兩個公人，到按察司裏來。傳梆禀知謝廉使。廉使不升堂，竟叫進私衙裏來。廉使問道：「你是新都楊僉事的家人麽？」紀老三道：「小的是。」廉使道：「你家主做的歹事，你可知道詳細麽？」紀老三道：「小的家主，果然有一兩件不守分勾當，只是小的主僕之分，不敢明言。」廉使道：「你從直説了，我饒你打。若有一毫隱蔽，我就用夾棍了。」紀老三道：「老爺要問那一件？小的好説。家主所做的事非一，叫小的何處説起？」【眉批】足見家主矣。廉使冷笑道：「這也説的是。」案上番那狀詞，再看一看，便問道：「你只説那雲南張貢生主僕五命，今在何處？」紀老三道：「這個不該是小的説的，家主這件事，其實有些虧天理。」廉使道：「你且慢慢説來。」紀老三便把從頭如何來討銀，如何留他吃酒，如何殺死了，埋在紅花地裏，説了個備細。謝廉使寫了口詞道：「你這人倒老實，我不難爲你。」權發監中，待提到了正犯就放。當下把紀老三發下監中。史應、魏能倒也爲日前相處分上，照管他一應事體，叫監中不要難爲他，不在話下。

謝廉使審得真情，即發憲牌一張，就差史應、魏能兩人，賫到新都縣，着落知縣身上要僉事楊某正身，係連殺五命公事。如不擒獲，即以知縣代解。又發牌捕衙，在紅花場起屍。

兩人領命。到得縣裏，已是除夜，那一日了。新都知縣接了來文，又見兩承差口禀緊急，嚇得兩手無措，忖道：「今日是年晚，此老必定在家。須乘此時調兵圍住，出其不意，方無走失。」即忙唤兵房僉牌出去，調取一衛兵來，有三百餘人。知縣自領了，把楊家圍得鐵桶也似。

其時楊僉事正在家飲團年酒。日色未晚，早把大門重重關閉了。自與群妾内宴，歌的歌，舞的舞。内中一妾，唱一隻《黄鶯兒》道：

積雨釀春寒，見繁花樹樹殘。泥塗滿眼登臨倦。江流幾灣，雲山幾盤，天涯極目空腸斷。寄書難，無情征雁，飛不到滇南。

楊僉事見唱出「滇南」兩字，一個撞心拳，變了臉色道：「要你們提起甚麽『滇南』不『滇南』？」心下有些不快活起來。不想知縣已在外邊。看見大門關上，兩個承差是認得他家路徑的，從側邊梯牆而入。先把大門開了，請知縣到正廳上坐下，叫人到裏邊傳報道：「邑主在外有請。」楊僉事正因「滇南」二字觸着隱衷，有些動心，忽聽得知縣來到正廳上，想道：「這時候到此何幹？必有蹺蹊。莫非前事有人告發了？」心下驚惶，一時無計，道：「且躲過了他再處。」急往厨下竈前去躲。

知縣見報了許久不出，恐防有失，忙入中堂，自求搜尋。家中妻妾，一時藏避不及。知縣分付：「唤一個上前來説話。」此時無奈，只得走一個婦女出來答應。知縣問道：「你家爺那裏去了？」這個婦人回道：「出外去了，不在家裏。」知縣道：「胡説！今日是年晚，難道不在家過年的？」叫從人將拶子拶將起來。這婦人着了忙，喊道：「在，在。」就把手指着厨下。知縣率領從人，竟往厨下來搜。僉事無計可施，只得走出來道：「今日年夜，老父母何事直入人内室？」知縣道：「非干晚生之事，乃是按臺老大人、憲長老大人相請，問甚麽連殺五命的公事，要老先生星夜到司對理。如老先生不去，要晚生代解。不得不如此唐突。」僉事道：「隨你甚麽事，也須讓過年節。」知縣道：「上司緊急，兩個承差坐提，等不得過年。只得要煩老先生一行，晚生奉陪同往就是。」

知縣就叫承差守定，不放寬展。僉事無奈，只得隨了知縣出門。知縣登時僉了解批，連夜解赴會城。兩個承差又指點捕官，一面到莊上掘了屍首，一同趕來。那些在莊上的強盜，見主人被拿，風聲不好，一鬨的走了。

謝廉使特爲這事，歲朝升堂。知縣已將僉事解進。僉事換了小服，跪在廳下，口裏還強道：「不知犯官有何事故？鈞牌拘提，如捕反寇。」廉使將按院所準狀詞讀與他聽。僉事道：「有何憑據？」廉使道：「還你個憑據！」即將紀老三放將出來道：「這可是你家人麽？他所供口詞的確，還有何言？」僉事道：「這是家人懷挾私恨誣首的，怎麽聽得？」廉使道：「誣與不誣，少頃便見。」

説話未完，只見新都巡捕縣丞，已將紅花場五個屍首在衙門外着落地方收貯，進司禀知。廉使道：「你説無憑據，這五個屍首，如何在你地上？」廉使又問捕官：「相得屍首怎麽的？」捕官道：「縣丞當時相來，俱是生前被人殺死，身首各離的。」廉使道：「如何？可正與紀三所供不異！再推得麽？」僉事俯首無辭，只得認了道：「一時酒醉觸怒，做了這事。」廉使道：「縉紳中有此！不但衣冠中禽獸，乃禽獸中豺狼也。石按臺早知此事，密訪已久，如何輕貸得？」即將楊僉事收下監候，待行關取到原告再問。重賞了兩個承差，紀三釋放寧家去了。

關文行到雲南，兩個秀才知道楊僉事已在獄中，星夜赴成都來執命。曉得事在按察司，竟來投到。廉使叫押到屍場上，認領父親屍首。取出僉事，對質一番。兩子將僉事拳打脚踢。廉使喝住道：「既在官了，自有應得罪名，不必如此。」將僉事依一人殺死三命者律，今更多二命，擬凌遲處死，決不待時。下手諸盗，以爲從定罪，候擒獲發落。僉事係是職官，申院奏請定奪。

不等得旨意轉來，楊僉事是受用的人，在獄中受苦不過，又見張貢生率領四僕，日日來打他，不多幾時，斃於獄底。【眉批】不及典刑，還算便宜。僉事原不曾有子，家中竟無主持，諸妾各自散去。只有楊二房八歲的兒子楊清，是他親侄，應得承受。潑天家業，多歸了他。【眉批】快哉！楊僉事枉自生前要算計並侄兒子的，豈知身後連自己的倒與他了！這便是天理不泯處。

那張貢生只爲要欺心小兄弟的人家，弄得身子寃死他鄉。幸得官府清正、有風力，纔報得仇。却是行關本處，又經題請，把這件行賄上司、圖占家産之事，各處播揚開了。張賓此時同了母親，禀告縣官道：「若是家事不該平分，哥子爲何行賄？眼見得欺心，所以喪身。今兩姓執命既已明白，家事就好公斷了。此係成都成案，奏疏分明，須不是撰造得出的。」縣官理上説他不過，只得把張家一應産業，兩下平分，張賓得了一半，兩個侄兒得了一半。兩個侄兒也無可争論。張貢生早知道到底如此，何苦將錢去買憔悴？白折了五百兩銀子，又送了五條性命。真所謂無梁不成，反輸一帖也。奉勸世人還是存些天理、守些本分的好。

錢財有分苦争多，反自將身入網羅。
看取兩家歸束處，心機用盡竟如何。

襄敏公元宵失子

十三兒五歲
斜天

卷之五

襄敏公元宵失子　十三郎五歲朝天

詞云：

瑞烟浮禁苑。正絳闕春回，新正方半。冰輪挂華滿。溢花衢歌市，芙蓉開遍。龍樓兩觀。見銀燭、星毬有爛。捲珠簾、盡日笙歌，盛集寶釵金釧。　堪羨：綺羅叢裏，蘭麝香中，正宜游玩。風柔夜暖。花影亂、笑聲喧。鬧蛾兒滿路，成團打塊，簇着冠兒鬭轉。喜皇都、舊日風光，太平再見。（詞寄《瑞鶴仙》）

這一首詞，乃是宋紹興年間，詞人康伯可所作。伯可元是北人，隨駕南渡，有名是個會做樂府的才子。秦申王薦于高宗皇帝。這詞單道着上元佳景。高宗皇帝，極其稱賞，御賜金帛甚多。詞中爲何説「舊日風光，太平再見」？蓋因靖康之亂，徽、欽被虜，中原盡屬金夷；僥倖康王南渡，即了帝位，偏安一隅，偷閑取樂，還要摸擬盛時光景，故詞人歌詠如此。【眉批】説破南宋君臣。也是自解自樂而已。怎如得當初柳耆卿，另有一首詞云：

禁漏花深，繡工日永，薰風布暖。變韶景、都門十二，元宵三五，銀蟾光滿。連雲復道凌飛觀。聳皇居麗，佳氣瑞煙葱蒨。翠華宵幸，是處層城閬苑。　龍鳳燭、交光星漢，對咫尺鰲山開雉扇。會樂府兩籍神仙，梨園四部弦管。向曉色、都人未散。盈萬井、山呼鰲抃。願歲歲、天仗裏常瞻鳳輦。（詞寄《傾

杯樂》）

這首詞多説着盛時宫禁説話。只因宋時極作興是個元宵，大張燈火，御駕親臨，君民同樂，所以説道「金吾不禁夜，玉漏莫相催」。然因是傾城士女通宵出游，没些禁忌，其間就有私期密約，鼠竊狗偷，弄出許多話柄來。當時李漢老又有一首詞云：

帝城三五，燈光花市盈路。天街游處。此時方信，鳳闕都民，奢華豪富。紗籠纔過處，喝道轉身，一壁小來且住。見許多、才子艷質，携手並肩低語。東來西往誰家女？買玉梅争戴，緩步香風度。北觀南顧。見畫燭影裏，神仙無數。引人魂似醉，不如趁早，步月歸去。這一雙情眼，怎生禁得，許多胡覷？（詞寄《女冠子》）

細看此一詞，可見元宵之夜，趁着喧鬧叢中，幹那不三不四勾當的，不一而足，不消説起。而今在下説一件元宵的事體，直教：

鬧動公侯府，分開帝主顔。
猾徒入地去，稚子見天還。

話説宋神宗朝，有個大臣王襄敏公，單諱着一個韶字，全家住在京師。真是潭潭相府，富貴奢華，自不必説。那年正月十五元宵佳節，其時王安石未用，新法未行，四境無侵，萬民樂業，正是太平時候。【眉批】着眼可見王安石用後便不太平了。家家户户，點放花燈。自從十三日爲始，十街九市，歡呼達旦。這夜十五日，是正夜。年年規矩：官家親自出來，賞玩通宵。傾城士女，專待天顔一看。且是此日難得一輪明月當空，照耀如同白晝，映着各色奇巧花燈，從來叫做燈月交輝，極爲美景。襄敏公家内眷，自夫人以下，老老幼幼，没一個不打扮齊整了，祗候人擡着帷幕，出來街上看燈游耍。看官，你道如何用着帷幕？蓋因官宦人家女眷，恐防街市人挨挨擦擦，不成體面，所以或用絹段，或用布匹等類，扯作長圈圍着。只要隔絶外邊人，他在裏頭走的人，原自四邊看得見的。晋時叫他做步障，故有紫絲步障、錦步障之稱。這是大人家規範如此。

閑話且過。却説襄敏公有個小衙内，是他末堂最小的兒子，排行第十三，小名叫做南陔。年方五歲，聰明乖覺，容貌不凡，合家内外大小都是喜歡他的。公與夫人，自不必説。其時也要到街上看燈。大宅門中衙内，穿着齊整，還是等閑，只頭上一頂帽子，多是黄豆來大、不打眼的洋珠穿成雙鳳穿牡丹花樣，當面前一粒猫兒眼寶石，睛光閃爍，四圍又是五色寶石鑲着，乃是鴉青、祖母緑之類。只這頂帽也值千來貫錢。襄敏公分付一個家人王吉，馱在背上，隨着内眷，一起看燈。

那王吉是個曉法度的人。自道身是男人，不敢在帷中走，只相傍帷外而行。行到宣德門前，恰好神宗皇帝正御宣德門樓。聖旨許令萬目仰觀，金吾衛不得攔阻。樓上設着鰲山，燈光燦爛，香煙馥郁。奏動御樂，簫鼓喧闐。樓下施呈百戲，供奉御覽。看的真是人山人海，擠得縫地都没有了。有翰林承旨王禹玉《上元應制詩》爲證：

雪消華月滿仙臺，萬燭當樓寶扇開。
雙鳳雲中扶輦下，六鰲海上駕山來。
鎬京春酒沾周宴，汾水秋風陋漢才。
一曲昇平人盡樂，君王又進紫霞杯。

此時王吉擁在人叢之中，因爲肩上負了小衙内，好生不便，觀看得不甚像意。忽然覺得背上輕鬆了些，一時看得渾了，忘其所以。伸伸腰，擡擡頭，且是自在，呆呆裏向上看着。猛然想道：「小衙内呢？」急回頭看時，眼見得不在背上。四下一望，多是面生之人，竟不見了小衙内踪影。欲要找尋，又被擠住了脚，行走不得。

王吉心慌撩亂，將身子儘力挨出，挨得骨軟觔麻，纔到得稀鬆之處。遇見府中一夥人，問道：「你們見小衙内麽？」府中人道：「小衙内是你負着，怎倒來問我們？」王吉道：「正在鬧嚷之際，不知那個伸手來我背上接了去。想必是府中弟兄們見我費力，替我抱了，放鬆我些，也不見得。我一時貪個鬆快，人鬧裏不看得仔細。及至尋時，已不見了。你們難道不曾撞見？」府中人見説，大家慌張起來，道：「你來作怪了！這是作要的事？好如此不小心！你在人千人萬處失去了，却在此問張問李，豈不悮事？還是分頭再到鬧頭裏尋去。」【眉批】小人悮事每如此。

一夥十來個人，同了王吉，挨出挨入，高呼大叫。怎當得人多得緊了，茫茫裏向那個問是？落得眼睛也看花了，喉嚨也叫啞了，並無一些影響。尋了一回，走將攏來，我問你，你問我，多一般不見，慌做了一團。有的道：「或者那個抱了家去了。」有的道：「你我都在，又是那一個抱去？」王吉道：「且到家問問看又處。」一個老家人道：「决不在家裏。頭上東西，耀人眼目，被歹人連人盗拐去了。我們且不要驚動夫人，先到家禀知了相公，差人及早緝捕爲是。」【眉批】不由不怯。

王吉見説要禀知相公，先自怯了一半，道：「如何回得相公的話？且從容計較打聽，不要性急便好。」府中人多是着了忙的，那由得王吉主張？一齊奔了家來。私下問問，那得個小衙内在裏頭？只得來見襄敏公。却也囁囁嚅嚅，未敢一直説失去小衙内的事。

襄敏公見衆人急急之狀，倒問道：「你等去未多時，如何一齊跑了回來？且多有些慌張失智光景，必有緣故。」衆家人纔把王吉在人叢中失去小衙内之事，説了一遍。王吉跪下，只是叩頭請死。襄敏公毫不在意，笑道：「去了自然回來，何必如此着急？」衆家人道：「此必是歹人拐了去，怎能勾回來？相公還是着落開封府，及早追捕，方得無失。」襄敏公摇頭道：「也不必。」衆人道是一番天様大、火様急的事，怎知襄敏公看得等閑，聲色不動，化做一杯雪水。【眉批】大臣之度。

衆人不解其意，只得到帷中禀知夫人。夫人驚慌，抽身急回。噙着一把眼淚，來與相公商量。襄敏公道：「若是别個兒子失去，便當急急尋訪。【眉批】知子莫若父。今是吾十三郎，必然自會歸來，不必憂慮。」夫人道：「此子雖然伶俐，點點年紀，奢遮煞也只是四五歲的孩子。萬衆之中擠掉了，怎能勾自會歸來？」養娘每道：「聞得歹人拐人家小厮去，有擦瞎眼的，有斫掉脚的，千方百計擺佈壞了，裝做叫化的化錢。若不急急追尋，必然衙内遭了毒手。」各各啼哭不住。家人每道：「相公便不着落府裏緝捕，招帖也寫幾張，或是大張告示。有人貪圖賞錢，便有訪得下落的來報了。」一時間，你出一説，我出一見，紛紜亂講。只有襄敏公怡然不以爲意，道：「隨你議論百出，總是多的。過幾日自然來家。」夫人道：「魔合羅般一個孩子，怎生捨得失去了，不在心上？説這樣懈話！」襄敏公道：「包在我身上，還你一個舊孩子便了，不要性急。」夫人那裏放心？就是家人每、養娘每也不肯信相公的話。夫人自分付家人，各處找尋去了，不題。

却説那晚南陔在王吉背上，正在挨擠喧嚷之際，忽然有個人趂近到王吉身畔，輕輕伸手過來接去，仍舊一般馱着。南陔貪着觀看，正在眼花撩亂，一時不覺。只見那一個人負得在背，便在人叢裏亂擠將過去。南陔纔喝聲道：「王吉，如何如此亂走？」定睛一看，那裏是個王吉？衣帽裝束，多另是一樣了。南陔年紀雖小，心裏煞是聰明，便曉得是個歹人，被他鬧裏來拐了。欲待聲張，左右一看，並無一個認得的熟人。他心裏思量道：「此必貪我頭上珠帽。若被他掠去，須難尋討。我且藏過帽子，我身子不怕他怎地。」遂將手去頭上除下帽子來，揣在袖中。也不言語，也不慌張，任他馱着前走，却像不曉得甚麽的。

將近東華門，看見轎子四五乘叠聯而來。南陔心裏忖量道：「轎中必有官員貴人在内。此時不聲張求救，更待何時？」南陔覷轎子來得較近，伸手去攀着轎幰，大呼道：「有賊！有賊！救人！救人！」那負南陔的賊出於不意，驟聽得背上如此呼叫，吃了一驚。恐怕被人拿住，連忙把南陔撩下背來，脱身便走，在人叢裏混過了。轎中人在轎内聞得孩子聲喚，推開簾子一看，見是個青頭白臉，魔合羅般一個小孩子，心裏喜歡。叫住了轎，抱將過來。問道：「你是何處來的？」南陔道：「是賊拐了來的。」轎中人道：「賊在何處？」南陔道：「方纔叫喊起來，在人叢中走了。」轎中人見他説話明白，摩他頭道：「乖乖，你不要心慌，且隨我去再處。」便雙手抱來，放在膝上，一直進了東華門，竟入大内去了。你道轎中是何等人？元來是穿宫的高品近侍中大人。因聖駕御樓觀燈已畢，先同着一般的中貴四五人，前去宫中排宴，不想遇着南陔叫喊，抱在轎中，進了大内。中大人分付從人，領他到自己入直的房内，與他菓品吃着，被卧温着，恐防驚嚇了他。叮囑又叮囑。

【眉批】太監心性。内監心性，喜歡小的，自然如此。

次早，中大人四五人直到神宗御前，叩頭跪禀道：「好教萬歲爺爺得知：奴婢等昨晚隨侍賞燈回來，在東華門外拾得一個失落的孩子，領進宫來。此乃萬歲爺爺得子之兆，奴婢等不勝喜歡。未知是誰家之子，未請聖旨，不敢擅便，特此啓奏。」神宗此時前星未耀，正急的是生子一事。見説拾得一個孩子，也道是宜男之祥，喜動天顔，叫：「快宣來見。」【眉批】皇帝心性。

中大人領旨，急到入直房内，抱了南陔。先對他説：「聖旨宣召，如今要見駕哩。你不要驚怕。」南陔見説見駕，曉得是見皇帝了。不慌不忙，在袖中取出珠帽來，一似昨日帶了。隨了中大人，竟來見神宗皇帝。娃子家雖不曾習着甚麽嵩呼拜舞之禮，却也擎拳曲腿，一拜兩拜的叩頭稽首，喜得個神宗跌脚歡忭。御口問道：「小孩子，你是誰人之子？可曉得姓甚麽？」南陔竦然起答道：「兒姓王，乃臣韶之幼子也。」神宗見他説出話來，聲音清朗，且語言有體，大加驚異。又問道：「你緣何得到此處？」南陔道：「只因昨夜元宵，舉家觀燈，瞻仰聖容。嚷亂之中，被賊人偷馱背上前走。偶見内家車乘，只得叫呼求救。賊人走脱，臣隨中貴大人一同到此。得見天顔，實出萬幸。」神宗道：「你今年幾歲了？」南陔道：「臣五歲了。」神宗道：「小小年紀，便能如此應對，王韶可謂有子矣。昨夜失去，不知舉家何等驚惶。朕今即要送還汝父。只可惜没查處那個賊人。」南陔對道：「陛下要查此賊，一發不難。」神宗驚喜道：「你有何見，可以得賊？」南陔道：「臣被賊人馱走，已曉得不是家裏人了，便把頭帶的珠帽除下藏好。那珠帽之頂，有臣母將繡針彩綫插戴其上，以厭不祥。臣比時在他背上，想賊人無可記認，就於除帽之時，將針綫取下，密把他衣領縫綫一道，插針在衣内以爲暗號。今陛下令人密查，若衣領有此針綫者，即是昨夜之賊。有何難見？」神宗大驚道：「奇哉此兒！一點年紀，有如此大見識！朕若不得賊，孩子不如矣。待朕擒治了此賊，方送汝回去。」又對近侍誇稱道：「如此奇異兒子，不可令宫闈中人不見一見。」傳旨急宣欽聖皇后見駕。

穿宫人傳將旨意進宫，宣得欽聖皇后到來。山呼行禮已畢，神宗對欽聖道：「外廂有個好兒子，卿可暫留宫中，替朕看養他幾日，做個得子的讖兆。」欽聖雖然遵旨謝恩，不知甚麼事由，心中有些猶豫不決。神宗道：「要知詳細，領此兒到宫中問他，他自會説明白。」欽聖得旨，領了南陔，自往宫中去了。神宗一面寫下密旨，差個中大人賫到開封府，是長是短的從頭分付了，大尹立限捕賊以聞。

開封府大尹奉得密旨，非比尋常訪賊的事，怎敢時刻怠緩？即唤過當日緝捕使臣何觀察分付道：「今日奉到密旨，限你三日内要拿元宵夜做不是的一夥人。」觀察禀道：「無贜無證，從何緝捕？」大尹叫何觀察上來，附耳低言，把中大人所傳衣領針綫爲號之説，説了一遍。何觀察道：「恁地時，三日之内管取完這頭公事。只是不可聲揚。」大尹道：「你好幹這事。此是奉旨的，非比别項盗賊，小心在意。」觀察聲喏而出。

到得使臣房，集齊一班眼明手快的公人來，商量道：「元宵夜趂着熱鬧做歹事的，不止一人。失事的也不止一家。偶然這一家小的兒不曾撈得去，別家得手處必多。日子不遠，此輩不過在花街柳陌、酒樓飯店中，慶鬆取樂，料必未散。雖是不知姓名、地方，有此暗記，還怕甚麽？遮莫没踪影的，也要尋出來。我每幾十個做公的，分頭體訪，自然有個下落。」當下派定，張三往東，李四往西。各人認路，茶坊酒肆，凡有衆人團聚，面生可疑之處，即便留心，挨身體看，各自去訖。

元來那晚這個賊人，有名的叫做『雕兒手』，一起有十來個。專一趁着鬧熱時節，人叢裏做那不本分的勾當。有詩爲證：

昏夜貪他唾手財，全憑手快眼兒乖。
世人莫笑胡行事，譬似求人更可哀。

那一個賊人，當時在王家門首窺採踪迹，見個小衙内齊整打扮，背將出來，便自上了心。**【眉批】**今之求富貴利達者思之。一路尾着走，不離左右。到了宣德門樓下，正在挨擠喧閧之處，覷個空便，雙手溜將過來，背了就走。欺他是小孩子，縱有知覺，不過驚怕啼哭之類，料無妨礙，不在心上。不隄防到官轎旁邊，却會叫喊「有賊」起來。一時着了忙，想道：「利害！」卸着便走。更不知背上頭，暗地裏又被他做工夫留下記認了。此是神仙也不猜到之事。

後來脱去，見了同夥。團聚攏來，各出所獲之物，如簪釵、金寶、珠玉、貂鼠暖耳、狐尾護頸之類，無所不有。只有此人却是空手，述其緣故。衆賊道：「何不單雕了珠帽來？」此人道：「他一身衣服，多有寶珠鈕嵌，手足上各有釧鐲。就是四五歲一個小孩子，好歹也值兩貫錢，怎捨得輕放了他？」**【眉批】**貪賊。衆賊道：「而今孩子何在？正是貪多嚼不爛了。」此人道：「正在内家轎邊叫喊起來，隨從的虞候虎狼也似，好不多人在那裏！不兜住身子，便算天大僥倖，還望財物哩！」衆賊道：「果是利害。而今幸得無事，弟兄們且打平夥、吃酒壓驚去。」於是，一日輪一個做主人，只揀隱僻酒務，便去暢飲。

是日正在玉津園旁邊一個酒務裏頭，歡呼暢飲。一個做公的叫做李雲，偶然在外經過，聽得猜拳豁指，呼紅喝六之聲。他是有心的，便踅進門來一看。見這些人舉止氣象，心下有十分瞧科。走去坐了一個獨副座頭，叫聲：「買酒飯吃。」店小二先將盞筯安頓去了。他便站將起來，背着手踱來踱去。側眼把那些人逐個個覷將去，内中一個果然衣領上挂着一寸來長短彩綫頭。李雲曉得着手了，叫店家：「且慢燙酒。我去街上邀着個客人一同來吃。」忙走出門，口中打個胡哨。便有七八個做公的走將攏來，問道：「李大，有影響麽？」李雲把手指着店内道：「正在這裏頭，已看的實了。我們幾個守着這裏。把一個走去，再叫集十來個弟兄，一同下手。」内中一個會走的，飛也似去，又叫了十來個做公的來了。發聲喊，望酒務裏打進去，叫道：「奉聖旨拿元宵夜賊人一夥！店家協力，不得放走了人！」店家聽得「聖旨」二字，曉得利害，急集小二、火工、後生人等，執了器械出來幫助。十來個賊，不曾走了一個，多被綑倒。正是：

日間不做虧心事，夜半敲門不吃驚。

大凡做賊的見了做公的，就是老鼠遇了猫兒，見形便伏；做公的見了做賊的，就是仙鶴遇了蛇洞，聞氣即知。所以這兩項人，每每私自相通，時常要些孝順，叫做「打業錢」。若是捉破了賊，不是什麽要緊公事，得些利市便放鬆了。【眉批】所以賊愈多也。而今是欽限要人的事，衣領上針綫鬬着海底眼，如何容得寬展？當下綑住，先剥了這一個的衣服。衆賊雖是口裏還強，却個個肉顫身摇，面如土色。身畔一搜，各有零贜。一直裏押到開封府來，報知大尹。

大尹升堂，驗着衣領針綫是實，明知無枉。喝教：「用起刑來，令招實情。」掤扒弔拷，備受苦楚，這些頑皮賴肉，只不肯招。大尹即將衣領針綫問他道：「你身上何得有此？」賊人不知事端，信口支吾。大尹笑道：「如此劇賊，却被小孩子算破了，豈非天理昭彰？你可記得元宵夜内家轎邊叫救人的孩子麽？你身上已有了暗記，還要抵賴到那裏去？」賊人方知被孩子暗算了，對口無言，只得招出實話來。乃是積年累歲，遇着節令盛時，即便四出剽竊，以及平時略販子女，傷害性命，罪狀山積，難以枚舉，從不敗露。豈知今年元宵行事之後，卒然被擒。却被小子暗算，驚動天聽，以致有此。莫非天數該敗，一死難逃！

大尹責了口詞，叠成文卷。【眉批】節外生枝。大尹却記起舊年元宵真珠姬一案，現捕未獲的那一件事來。你道又是甚事？看官，且放下這頭，聽小子説那一頭。

也只因宣德門張燈，王侯貴戚女眷，多設帷幕，在門外兩廡，日間先在那裏等候觀看。其時，有一個宗王家在東首。有個女兒名唤真珠，因趙姓天潢之族，人都稱他真珠族姬。年十七歲，未曾許嫁人家。顔色明艷，服飾鮮麗，耀人眼目。宗王的夫人姨妹族中却在西首。姨娘曉得外甥真珠姬在帷中觀燈，叫個丫鬟走來相邀一會。上覆道：「若肯來，當差兜轎來迎。」真珠姬聽罷，不勝之喜。便對母親道：「兒正要見見姨娘。恰好他來相請，是必要去。」夫人亦欣然許允，打發丫鬟先去回話：專候轎來相迎。

過不多時，只見一乘兜轎打從西邊來到帷前。真珠姬孩子心性，巴不得就到那邊頑耍。【眉批】娃子性，自貽伊戚。叫養娘們問得是來接的，分付從人隨後來，自己不耐煩等待，慌忙先自上轎去了。纔去得一會，先前來的丫鬟又領了一乘兜轎來到，説道：「立等真珠姬相會，快請上轎。」王府裏家人道：「真珠姬方纔先隨轎去了，如何又來迎接？」丫鬟道：「只是我同這乘轎來，那裏又有甚麽轎先到？」家人們曉得有些蹺蹊了，大家忙亂起來，聞之宗王。着人到西邊去看，眼見得决不在那裏的了。急急分付虞候祇從人等四下找尋，並無影響。急具事狀，告到開封府。府中曉得是王府裏事，不敢怠慢，散遣緝捕使臣，挨查踪迹。王府裏自出賞揭，報信者二千貫。竟無下落。不題。

且説真珠姬自上了轎後，但見轎夫四足齊舉，其行如飛。真珠姬心裏道：「是頃刻就到的路，何須得如此慌走？」却也道是轎夫脚步慣了的，不以爲意。及至擡眼看時，倏忽轉灣，不是正路。漸漸走到狹巷裏來，轎夫們脚高步低，越走越黑。心裏正有些疑惑，忽然轎住了，轎夫多走了去。不見有人相接，只得自己掀簾，走出轎來，定睛一看，只叫得苦。元來是一所古廟。旁邊鬼卒十餘個，各持兵杖夾立。中間坐着一位神道，面闊尺餘，鬢髯滿頦，目光如炬，肩臂摇動，像個活的一般。【眉批】□而可駭。

真珠姬心慌，不免下拜。神道開口大言道：「你休得驚怕，我與汝有夙緣，故使神力攝你至此。」真珠姬見神道説出話來，愈加驚怕，放聲啼哭起來。旁邊兩個鬼卒，走來扶着。神道説：「快取壓驚酒來。」旁邊又一鬼卒，斟着一杯熱酒，向真珠姬口邊奉來。真珠姬欲待推拒，又懷懼怕，勉強將口接着。被他一灌而盡。真珠姬早已天旋地轉，不知人事，倒在地下。神道走下座來，笑道：「着了手也。」旁邊鬼卒多攢將攏來，同神道各卸了裝束，除下面具。元來個個多是活人，乃一夥劇賊裝成的。將蒙汗藥灌倒了真珠姬，擡到後面去。後面走將一個婆子出來，扶去放在床上眠着。衆賊漢乘他昏迷，次第奸淫。【眉批】可恨！可憐金枝玉葉之人，零落在狗黨狐群之手。【眉批】婆子亦動情否？奸淫已畢，分付婆子看好，各自散去，别做歹事了。

真珠姬睡至天明，看看甦醒。睁眼看時，不知是那裏。但見一個婆子在旁邊坐着。真珠姬自覺陰户疼痛，把手摸時，周圍虚腫，明知着了人手。【眉批】可憐！問婆子道：「此是何處？將我送在這裏。」婆子道：「夜間衆好漢每送將小娘子來的。不必心焦，管取你就落好處便了。」真珠姬道：「我是宗王府中閨女，你每歹人怎如此胡行亂做？」婆子道：「而今説不得王府不王府了。老身見你是金枝玉葉，須不把你作賤。」真珠姬也不曉得他的説話因由，侮着眼只是啼哭。元來這婆子是個牙婆，專一走大人家、雇賣人口的。這夥劇賊掠得人口，便來投他；家下留下幾晚，就有頭主來成了去的。那時留了真珠姬，好言温慰得熟分。剛兩三日，只見一日一乘轎來擡了去。已將他賣與城外一個富家爲妾了。

主翁成婚後，雲雨之時，心裏曉得不是處子。却見他美色，甚是喜歡，不以爲意。更不曾提起問他來歷。真珠姬也深懷羞憤，不敢輕易自言。怎當得那家姬妾頗多，見一人專寵，盡生嫉妒之心。【眉批】虧得此妒。説他來歷不明，多管是在家犯奸，被逐出來的奴婢。日日在主翁耳根邊激聒。主翁聽得不耐煩，偶然問其來處。真珠姬揆着心中事，大聲啼泣，訴出事由來。方知是宗王之女，被人掠賣至此。主翁多曾看見榜文賞帖的，老大吃驚，恐怕事發連累。急忙叫人尋取原媒牙婆，已自不知去向了。

主翁尋思道：「此等奸徒，此處不敗，别處必露。到得跟究起來，現贓在我家，須藏不過，可不是天大利害？況且王府女眷，不是取笑，必有尋着根底的日子。别人做了歹事，把個愁布袋丢在這裏，替他頂死不成？」心生一計，叫兩個家人家裏擡出一頂破竹轎來，裝好了。請出真珠姬來，主翁納頭便拜道：「一向有眼不識貴人，多有唐突。【眉批】主翁來得，所以終得脱禍也。却是辱莫了貴人，多是歹人做的事，小可並不知道。今情願折了身價，白送貴人還府。只望高擡貴手，凡事遮蓋，不要牽累小可則個。」真珠姬見説送他還家，就如聽得一封九重恩赦到來。又原是受主翁厚待的，見他小心陪禮，好生過意不去。回言道：「只要見了我父母，決不題起你姓名罷了。」

主翁請真珠姬上了轎，兩個家人擡了飛走，真珠姬也不及分别一聲。慌忙走了五七里路，一擡擡至荒野之中，擡轎的放下竹轎，抽身便走，一道煙去了。【眉批】脱得去，謝神明。真珠姬在轎中探頭出看，只見静悄無人。走出轎來，前後一看，連兩個擡轎的影踪不見。慌張起來道：「我直如此命蹇！如何不明不白，抛我在此？萬一又遇歹人，如何是好？」没做理會處，只得仍舊進轎坐了，放聲大哭起來，亂喊亂叫。將身子在轎内擲擲不已，頭髮多擲得蓬鬆。

此時正是春三月天道，時常有郊外踏青的。有人看見空曠之中，一乘竹轎内有人大哭，不勝駭異。漸漸走將攏來。起初止是一兩個人，後來簸箕般圍將轉來，你詰我問，你喧我嚷。真珠姬慌慌張張，没口得分訴，一發説不出一句明白話來。内中有老成人，摇手叫四旁人莫嚷，朗聲問道：「娘子是何家宅眷？因甚獨自歇轎在此？」真珠姬方纔噙了眼淚，説得話出來道：「奴是王府中族姬，被歹人拐來在此的。」有人報知府中，定當重賞。」當時王府中賞帖、開封府榜文，誰不知道？真珠姬話纔出口，早已有請功的飛也似去報了。

須臾之間，王府中幹辦、虞候，走了偌多人來認看。果然破轎之内，坐着的是真珠族姬。慌忙打轎來换了，擡歸府中。父母與合家人等看見頭髴鬢亂，滿面淚痕，抱着大哭。真珠姬一發亂擲亂擲，哭得一佛出世，二佛生天。直等哭得盡情了，方纔把前時失去、今日歸來的事端，一五一十，告訴了一遍。宗王道：「可曉得那討你的是那一家？便好挨查。」【眉批】忠厚人。真珠姬心裏還護着那主翁，回言道：「人家便認得，却是不曉得姓名，也不曉得地方。又來得路遠了，不記起在那一邊。抑且那人家原不知情，多是歹人所爲。」宗王心裏道是家醜不可外揚，恐女兒許不得人家，只得含忍過了。不去聲張下老實根究，只暗地囑付開封府，留心訪賊罷了。【眉批】移花接木，暗渡陳倉。

隔了一年，又是元宵之夜，弄出王家這件事來。其時大尹拿倒王家做歹事的賊，記得王府中的事，也把來問問看。果然即是這夥人。大尹咬牙切齒，拍案大罵道：「這些賊男女，死有餘辜！」喝交加力行杖。各打了六十訊棍，押下死囚牢中，奏請明斷發落。奏内大略云：

群盗元夕所爲，止于胠篋；居恒所犯，盡屬推埋。似此梟獍之徒，豈容輦轂之下？合行駢戮，以靖邦畿。

神宗皇帝見奏，曉得開封府盡獲盗犯，笑道：「果然不出小孩子所算！」龍顔大喜，批準奏章，着會官即時處決。又命開封府再録獄詞一通來看。開封府欽此欽遵，處斬衆盗已畢，一面回奏，復將前後犯由獄詞，詳細録上。神宗得奏，即將獄詞籠在袍袖之中，含笑回宫。

且説正宫欽聖皇后，那日親奉聖諭，賜與外廂小兒鞠養，以爲得子之兆。當下謝恩，領回宫中來。試問他來歷備細，那小孩子應答如流，語言清朗。他在皇帝御前也曾經過，可知道不怕面生，就像自家屋裏一般，嘻笑自若。喜得個欽聖心花也開了，將來抱在膝上，「寶貝（器）心肝」的，不住的叫。命宫娥取過梳妝匣來，替他掠髮整容，調脂畫額，一發打扮得齊整。合宫妃嬪，聞得欽聖宫中御賜一個小兒，盡皆來到宫中，一來稱賀娘娘，二來觀看小兒。蓋因小兒是宫中所不曾有的，實覺稀罕。【眉批】宫中閑況。及至見了，又是一個眉清目秀，唇紅齒白，魔合羅般一個能言能語，百問百答，你道有不快活的麽？妃嬪每要奉承娘娘，亦且喜歡孩子，争先將出寶玩、金珠、釧鐲等類來做見面錢，多塞在他小袖子裏。袖子裏盛滿了，着不得，欽聖命一個老内人，逐一替他收好了。又叫領了他到各宫朝見頑耍。各宫以爲盛事，你强我賽，又多各有賞賜。宫中好不喜歡熱鬧！

如是十來日，正在喧哄之際，忽然駕幸欽聖宫，宣召前日孩子。欽聖當下率領南陔朝見已畢，神宗問欽聖道：「小孩子莫驚怕否？」欽聖道：「蒙聖恩敕令暫鞠此兒，此兒聰慧非凡。雖居禁地，毫不改度，老成人不過如此。實乃陛下洪福齊天，國家有此等神童出世。臣妾不勝欣幸。」神宗道：「好教卿等知道：只那夜做歹事的人，盡被開封府所獲。則爲衣領上針綫暗記，不到得走了一個。此兒可謂有智極矣。今賊人盡行斬訖，怕他家裏不知道，在家忙亂。今日好好送還他去。」欽聖與南陔各叩首謝恩。當下傳旨：敕令前日抱進宫的那個中大人護送歸第，御賜金犀一簏與他壓驚。【眉批】大人家做事不小。

中大人得旨，就御前抱了南陔，辭了欽聖，一路出宫。欽聖尚兀自好些不割捨他，捹己自有賞賜。與同前日各宫所贈之物，總貯一篋，令人一同交付與中大人收好，送到他家。中大人出了宫門，傳命起輛犢車，賫了聖旨，就抱南陔坐在懷裏了，逕望王家而來。

去時驀地偷將去，來日從天降下來。
孩抱何緣親見帝？恍疑鬼使與神差。

話説王襄敏家中，自那晚失去了小衙内，合家裏外大小没一個不憂愁思慮，哭哭啼啼。只有襄敏毫不在意，竟不令人追尋。雖然夫人與同管家的分付衆家人各處探訪，却也並無一些影響。人人懊惱，没個是處。忽然此日朝門上飛報將來，有中大人親賫聖旨，到第開讀。襄敏不知事端，分付忙排香案迎接。自己冠紳拖笏，俯伏聽旨。只見中大人抱了個小孩子下犢車來。家人上前來争看，認得是小衙内，到吃了一驚。不覺大家手舞足蹈，禁不得喜歡。中大人喝道：「且聽宣聖旨。」高聲宣道：

卿元宵失子，乃朕獲之，今却還鄉。【眉批】元有盛世君臣之風。特賜壓驚物一簏，奬其幼志。欽哉！

中大人宣畢，襄敏拜舞謝恩已了，請過聖旨，與中大人叙禮，分賓主坐定。中大人笑道：「老先兒好個乖令郎！」襄敏正要問起根由，中大人笑嘻嘻的袖中取出一卷文書出來，説道：「老先兒要知令郎去來事端，只看此一卷便明白了。」襄敏接過手來一看，乃開封府獲盜獄詞也。襄敏從頭看去，見是密詔開封捕獲，便道：「乳臭小兒如此驚動天聽，又煩聖慮獲賊，直教老臣粉身碎骨，難報聖恩萬一。」中大人笑道：「這賊多是令郎自家拿倒的，不煩一毫聖慮，所以爲妙。」南陔當時就口裏説那夜怎的長、怎的短，怎的見皇帝，怎的拜皇后，明明朗朗，訴個不住口。

先前合家人聽見聖旨到時，已攢在中門口觀看。及見南陔出車來，大家驚喜，只是不知頭腦。直待聽見南陔備細述此一遍，心下方纔明白，盡多贊嘆他乖巧之極。方信襄敏不在心上，不肯追求，道是他自家會歸來的，真有先見之明也。

襄敏分付治酒欵待中大人。中大人就將聖上欽賞壓驚金犀及欽聖與各宮所賜之物，陳設起來。真是珠寶盈庭，光采奪目，所直不啻鉅萬。中大人摩着南陔的頭道：「哥，勾你買菓兒吃了。」襄敏又叩首對闕謝恩。立命館客寫下謝表，先附中大人陳奏；等來日早朝面聖，再行率領小子謝恩。中大人道：「令郎哥兒是咱家遇着，携見聖人的。咱家也有個薄禮兒，做個紀念。」將出元寶二個、彩段八表裏來。襄敏再三推辭不得，只得收了。另備厚禮答謝過中大人。中大人上車，回覆聖旨去了。

襄敏送了回來，合家歡慶。襄敏公道：「我說你們不要忙，我十三必能自歸。【眉批】應口。今非但歸來，且得了許多恩賜，又已拿了賊人，多是十三自己的主張來。可見我不着急的是麽？」合家各各稱服。後來南陔取名王寀，政和年間大有文聲，功名顯達。只看他小時舉動如此，已占大就矣。

小時了了大時佳，五歲孩童已足誇。
計縛劇徒如反掌，直教天子送還家。

李將軍錯
認舅
刘君裕刻

劉氏女說從夫

卷之六

李將軍錯認舅　劉氏女詭從夫

詩云：

在天願爲比翼鳥，在地願爲連理枝。
天長地久有時盡，此恨綿綿無限期。

這四句乃是白樂天《長恨歌》中之語。當日只爲唐明皇與楊貴妃，七月七日之夜，在長生殿前，對天發了私願，願生生世世，得爲夫婦。後來馬嵬之難，楊貴妃自縊。明皇心中不捨，命鴻都道士，求其魂魄。道士凝神御氣，見之玉真仙宫。道是因爲長生殿前私願，還要復降人間，與明皇做來生的夫婦。所以白樂天述其事，做一篇《長恨歌》，有此四句。蓋謂世間惟有願得成雙的，隨你天荒地老，此情到底不泯也。

小子而今先説一個不願成雙的古怪事，做個得勝頭回。

宋時，唐州比陽有個富人王八郎，在江淮做大商，與一個娼伎往來得密。相與日久，勝似夫妻，每要娶他回家。家中先已有妻子，甚是不得意。【眉批】男人之情如此。既有了娶娼之意，歸家見了舊妻時，一發覺得厭憎。只管尋是尋非，要趕逐妻子出去。那妻子是個乖巧的，見不是頭，也就懷着二心，無心戀着夫家。【眉批】女人之情如此。欲待要去，只可惜先前不曾留心積趲得些私房，未好便輕易走動。其時身畔有一女兒，年止數歲，把他做了由頭，婉辭哄那丈夫道：「我嫁你已多年了，女兒又小，你趕我出去，叫我那裏去好？我決不走路的。」口裏如此說，却日日打點出去的計較。

後來王生竟到淮上，帶了娼婦回來。且未到家，在近巷另賃一所房子，與他一同住下。妻子知道，一發堅意要去了。把家中細軟盡情藏過，狼犺家伙什物，多將來賣掉。等得王生歸來家裏，椅桌多不完全。箸長碗短，全不似人家模樣。訪知盡是妻子敗壞了，一時發怒道：「我這番決留你不得了！今日定要決絕。」妻子也奮然攘臂道：「我曉得到底容不得我！只是要我去，我也要去得明白。我與你當官休去。」當下扭住了王生雙袖，一直嚷到縣堂上來。

知縣問着備細，乃是夫妻兩人，彼此願離，各無繫戀。取了口詞，畫了手模，依他斷離了。家事對半分開，各自度日。妻若再嫁，追產還夫。所生一女，兩下争要。妻子訴道：「丈夫薄幸，寵娼棄妻。若留女兒與他，日後也要流落爲娼了。」知縣道他説得是，把女兒斷與妻子領去。各無詞説，出了縣門。

自此，兩人各自分手。王生自去接了娼婦，到家同住。妻子與女兒，另在别村去買一所房子住了，買些瓶罐之類，擺在門前，做些小經紀。【眉批】女人之識見如此。他手裏本自有錢，恐怕丈夫他日還有别是非，故意妝這個模樣。一日，王生偶從那裏經過，恰好妻子在那裏搬運這些瓶罐。王生還有些舊情不忍，好言對他道：「這些東西，能近得多少利息，何不别做些什麽生意？」其妻大怒，趕着駡道：「我與你決絶過了，便同路人。要你管我怎的？來調甚麽喉嗓！」王生老大没趣，走了回來。自此再不相問了。

過了幾時，其女及笄，嫁了方城田家。其妻方將囊中蓄積搬將出來，盡數與了女婿，約有十來萬貫，皆在王家時瞞了丈夫所藏下之物也。【眉批】女人之局面如此。可見王生固然薄倖有外好，其妻元也不是同心的了。後來王生客死淮南。其妻在女家亦死，既已殯殮，將要埋葬。女兒道：「生前與父不合，而今既同死了，該合做了一處，也是我女兒每孝心。」便叫人去淮南，迎了喪柩歸來。重複開棺，一同母屍各加洗滌，換了衣服，兩屍同臥在一榻之上，等天明時辰到了，下了棺同去安葬。安頓好了，過了一會，女兒走來看時，吃了一驚：兩屍先前同是仰臥的，今却東西相背，各向了一邊。叫聚合家人，多來看着，盡都駭異。【眉批】此爲奇耳，生前常事，不足奇也。有的道：「眼見得生前不合，死後還如此相背。」有的道：「偶然那個移動了，那裏有死屍會掉轉來的？」女兒啼啼哭哭，叫爹叫娘，仍舊把來仰臥好了。到得明日下棺之時，動手起屍，兩個屍骸仍舊多是側眠着，兩背相向的。方曉得果然是生前怨恨之所致也。女兒不忍，畢竟將來同葬了。要知他們陰中也未必相安的。此是夫婦不願成雙的榜樣，比似那生生世世願爲夫婦的，差了多少！

而今説一個做夫妻的被拆散了，死後精靈還歸一處，到底不磨滅的話本。可見世間夫婦，原自有這般情種！有詩爲證：

> 生前不得同衾枕，死後圖他共穴藏。
> 信是世間情不泯，韓憑塚上有鴛鴦。

這個話本，在元順帝至元年間。淮南有個民家，姓劉，生有一女，名唤翠翠。生來聰明異常，見字便認。五六歲時，便能誦讀詩書。父母見他如此，商量索性送他到學堂去，等他多讀些在肚裏，做個不帶冠的秀才。鄰近有個義學，請着個老學究，有好些生童在裏頭從他讀書。劉老也把女兒送去入學。

學堂中有個金家兒子，叫名金定，生來俊雅，又兼賦性聰明。與翠翠一男一女，算是這一堂中出色的了，況又是同年生的。學堂中諸生，多取笑他道：「你們兩個一般的聰明，又是一般的年紀，後來畢竟是一對夫妻。」金定與翠翠雖然口裏不説，心裏也暗地有些自認，兩下相愛。金生曾做一首詩，贈與翠翠，以見相慕之意，詩云：

十二欄杆七寶臺，春風到處艷陽開。
東園桃樹西園柳，何不移來一處栽！

翠翠也依韻和一首答他，詩云：

平生有恨祝英臺，懷抱何爲不肯開？
我願東君勤用意，早移花樹向陽栽。

在學堂一年有餘，翠翠過目成誦，讀過了好些書。已後年已漸長，不到學堂中來了。十六歲時，父母要將他許聘人家。翠翠但聞得有人議親，便關了房門，只是啼哭，連粥飯多不肯吃了。父母初時不在心上，後來見每次如此，心中曉得有些尷尬。仔細問他，只不肯說；再三委曲盤問，許他說了出來必定依他，翠翠然後說道：「西家金定，與我同年。前日同學堂讀書時，心裏已許下了他。今若不依我，我只是死了，決不去嫁別人的。」父母聽罷，想道：「金家兒子雖然聰明俊秀，却是家道貧窮，豈是我家當門對户！」然見女兒說話堅決，動不動哭個不住，又不肯飲食，恐怕違逆了他，萬一做出事來。只得許他道：「你心裏既然如此，卻也不難。我着媒人替你說去。」劉老尋將一個媒媽來，對他說女兒翠翠，要許西邊金家定哥的說話。媒媽道：「金家貧窮，怎對得宅上起？」劉媽道：「我家翠小娘與他家定哥同年，又曾同學。翠小娘不是他不肯出嫁，故此要許他。」媒媽道：「只怕宅上嫌貧不肯。既然肯許，却有何難？老媳婦一說便成。」

媒媽領命，竟到金家來說親。金家父母見說了，慚愧不敢當，回覆媒媽家：「我家甚麼家當，敢去扳他？」媒媽道：「不是這等說。劉家翠翠小娘子，心裏一定要嫁小官人，幾番啼哭不食。別家來說的，多回絶了。難得他父母見女兒立志如此，已許下他肯與你家小官人了。今你家若把貧來推辭，不但失了此一段好姻緣，亦且辜負那小娘子這一片志誠好心。」金老夫妻道：「據着我家定哥才貌，也配得他翠小娘過。只是家下委實貧難，那裏下得起聘定？所以容易應承不得。」媒媽道：「應承由不得不應承，只好把說話放婉曲些。」金老夫妻道：「怎的婉曲？」媒媽道：「而今我替你傳去。只說道：『寒家有子，頗知詩書；貴宅見諭，萬分盛情，敢不從命？但寒家起自蓬蓽，一向貧薄自甘。若要取必聘問婚娶諸儀，力不能辦。是必見亮，毫不責備，方好應承。』如此說去，他家曉得你每下禮不起的，却又違女兒意思不得，必然是件將就了。」金老夫妻大喜道：「多承指教，有勞周全則個。」

媒媽果然把這番話到劉家來復命。劉家父母愛女過甚，心下只要成事。見媒媽說了金家自揣家貧，不能下禮，便道：「自古道：『婚姻論財，夷虜之道。』【眉批】好婦翁！我家只要許得女婿好，那在財禮？但是一件：他家既然不足，我女到他家裏，只怕難過日子。除非招入我每家裏，做個贅婿，這纔使得。」媒媽再把此意到金家去說。這是倒在金家懷裏去做的事，金家有何推托？千歡萬喜，應允不迭。遂憑着劉家揀個好日，把金定招將過去。凡是一應幣帛羊酒之類，多是女家自備了過來。從來有這話的：「入舍女婿，只帶着一張卵袋走。」金家果然不費分毫，竟成了親事。只因劉翠翠堅意看上了金定，父母拗他不得，只得曲意相從了。

當日過門交拜，夫妻相見，兩下裏各稱心懷。是夜翠翠於枕上口占一詞，贈與金生道：

曾向書齋同筆硯，故人今作新人。洞房花燭十分春。汗沾蝴蝶粉，身惹麝香塵。　殢雨尤雲渾未慣，枕邊眉黛羞顰。輕憐痛惜莫辭頻。願郎從此始，日近日相親。（右調《臨江仙》）

金生也依韻和一闋道：

記得書齋同筆硯，新人不是他人。扁舟來訪武陵春。仙居鄰紫府，人世隔紅塵。　誓海盟山心已許，幾番淺笑深顰。向人猶自語頻頻。意中無別意，親後有誰親？（調同前）

兩人相得之樂，真如翡翠之在丹霄，鴛鴦之游碧沼，無以過也。

誰料樂極悲來，快活不上一年，撞着元政失綱，四方盗起。鹽徒張士誠兄弟，起兵高郵，沿海一帶郡縣，盡爲所陷。部下有個李將軍，領兵爲先鋒，到處民間擄掠美色女子。兵至淮安，聞説劉翠翠之名，率領一隊家丁，打進門來。【眉批】此時亦能哭泣不食乎？看得中意，刼了就走。此時，合家只好自顧性命，抱頭鼠竄，那個敢向前争得一句？眼盼盼看他擁着去了。金定哭得個死而復生。欲待跟着軍兵踪迹，尋訪他去，争奈元將官兵，北來征討，兩下争持，干戈不息，路斷行人，恐怕没來由走去撞在亂兵之手，死了也没説處。只得忍酸含苦，過了日子。

至正末年張士誠氣槩弄得大了。自江南江北，三吴兩浙，直拓至兩廣益州，盡歸掌握。元朝不能征剿，只得定議招撫。士誠原没有統一之志，只此局面已自滿足，也要休兵。【眉批】「招撫」二字，乃衰世之妙着，懦將之兵機。因遂通欵元朝，奉其正朔。封爲王爵，各守封疆。民間始得安静，道路方可通行。金生思念翠翠，時刻不能去心。看見路上好走，便要出去尋訪。收拾了幾兩盤纏，結束了一個包裹，來别了自家父母。對丈人、丈母道：「此行必要訪着妻子踪迹。若不得見，誓不還家了。」痛哭而去。

路由揚州，過了長江，進了潤州。風餐水宿，夜住曉行，來到平江。聽得路上人説，李將軍見在紹興守禦。急忙趕到臨安，過了錢塘江，趁着西興夜船，到得紹興。去問人時，李將軍已調在安豐去屯兵了。又不辭辛苦，問到安豐。安豐人説：「早來兩日，也還在此。而今回湖州駐紥，纔起身去的。」金生道：「只怕到湖州時，又要到别處去。」安豐人道：「湖州是駐紥地方，不到别處去了。」金生道：「這等，便遠在天邊，也趕得着。」于是，一路向湖州來。算來金生東奔西走，脚下不知有萬千里路跑過來。在路上也過了好兩個年頭，不能勾見妻子一見，却是此心再不放懈。于路没了盤纏，只得乞丐度日；没有房錢，只得草眠露宿。真正心堅鐵石，萬死不辭。

不則一日，到了湖州。去訪問時，果然有個李將軍開府在那裏。那將軍是張王得力之人，貴重用事，勢焰赫奕。走到他門前去看時，好不威嚴！但見：

門牆新彩，棨戟森嚴。獸面銅鐶，並銜而宛轉；彪形鐵漢，對峙以巍峨。門闌上貼着兩片不寫字的桃符，坐墩邊列着一雙不吃食的獅子。雖非天上神仙府，自是人間富貴家。

金生到了門首，站立了一回，不敢進去，又不好開言。只是舒頭探腦，望裏邊一望，又退立了兩步，躊躇不決。正在没些起倒之際，只見一個管門的老蒼頭走出來問道：「你這秀才，有甚麽事幹，在這門前探頭探腦的？莫不是奸細麽？將軍知道了，不是耍處。」金生對他唱個喏道：「老丈拜揖。」老蒼頭回了半揖道：「有甚麽話？」金生道：「小生是淮安人氏。前日亂離時節，有一妹子失去。聞得在貴府中。所以不遠千里，尋訪到這個所在，意欲求見一面。未知確信，要尋個人問一問。且喜得遇老丈。」蒼頭道：「你姓甚名誰？你妹子叫名甚麽？多少年紀？説得明白，我好替你查將出來，回覆你。」金生把自家真姓藏了，只説着妻子的姓，道：「小生姓劉，名唤金定。妹子叫名翠翠，識字通書。失去時節，年方十七歲。算到今年，該有二十四歲了。」老蒼頭點點頭道：「是呀，是呀。我府中果有一個小娘子，姓劉，是淮安人，今年二十四歲，識得字，做得詩。且是做人乖巧、周全。我本官專房之寵，不比其他。你的説話，不差、不差，依説是你妹子，你是舅爺了。你且在門房裏坐一坐，我去報與將軍知道。」蒼頭急急忙忙奔了進去，金生在門房等着回話，不題。

且説劉翠翠自那年擄去，初見李將軍之時，先也哭哭啼啼，尋死覓活，不肯隨順。李將軍嚇他道：「隨順了，不去難爲你合家老小；若不隨順，將他家寸草不留。」【眉批】以身全家，未爲不是。每見有對賊失節，而一家殄滅無遺者。一個忠成九族殃，傷哉！翠翠惟恐累及父母與丈夫家裏，只能勉强依從。李將軍見他聰明伶俐，知書曉事，愛得他如珠似玉一般，十分擡舉，百順千隨。翠翠雖是支陪笑語，却是無刻不思念丈夫，没有快活的日子。心裏痴想緣分不斷，或者還有時節相會。爭奈日復一日，隨着李將軍東征西戰，没個定踪。不覺已是六七年了。

此日，李將軍見老蒼頭來禀，説有他的哥哥劉金定在外邊求見。李將軍問翠翠道：「你家裏有個哥哥麽？」翠翠心裏想道：「我那得有甚麽哥哥來？多管是丈夫尋到此間，不好説破，故此托名。」遂轉口道：「是有個哥哥，多年隔别了，不知是也不是。且問他甚麽名字纔曉得。」李將軍道：「管門的説是甚麽劉金定。」翠翠聽得「金定」二字，心下痛如刀割，曉得是丈夫冒了劉姓，來訪問的了。説道：「這果然是我哥哥，我要見他。」李將軍道：「待我先出去見過了，然後來唤你。」

將軍分付蒼頭：「去請那劉秀才進來。」蒼頭承命出來，領了金生進去。【眉批】本色之甚。李將軍武夫出身，妄自尊大，走到廳上，居中坐下。金生只得向上再拜。將軍受了禮，問道：「秀才何來？」金生道：「金定姓劉，淮安人氏。先年亂離之中，有個妹子失散，聞得在將軍府中。特自本鄉到此，叩求一見。」將軍見他儀度斯文，出言有序，喜動顔色，道：「舅舅請起。你令妹無恙，即當出來相見。」傍邊站着一個童兒，叫名小竪，就叫他進去傳命道：「劉官人特自鄉中遠來，叫翠娘可快出來相見。」

起初，翠翠見説了，正在心癢難熬之際，聽得外面有請，恨不得兩步做一步移了，急趨出廳中來。擡頭一看，果然是丈夫金定。礙着將軍眼睁睁在上面，不好上前相認，只得將錯就錯，認了妹子，叫聲「哥哥」，以兄妹之禮，在廳前相見。看官聽説：若是此時説話的在傍邊，一把把那將軍扯了開來，讓他每講一程話，叙一程闊，豈不是湊趣的事？爭奈將軍不做美，好像個監場的御史，一眼不煞。坐在那裏。金生與翠翠雖然夫妻相見，説不得一句私房話。【眉批】真難爲情。只好問問父母安否，彼此心照，眼淚從肚裏落下罷了。

昔爲同林鳥，今作分飛燕。

相見難爲情，不如不相見。

又昔日樂昌公主，在楊越公處見了徐德言，做一首詩道：

今日何遷次，新官對舊官。

笑啼俱不敢，方信做人難。

今日翠翠這個光景，頗有些相似。然樂昌與徐德言，楊越公曉得是夫妻的。此處金生與翠翠，只認做兄妹，一發要遮遮飾飾，恐怕識破，意思更難堪也。還虧得李將軍是武夫粗鹵，看不出機關，毫没甚麽疑心。只道是當真的哥子，便認做舅舅，親情的念頭重起來。對金生道：「舅舅既是遠來，道途跋涉，心力勞困，可在我門下安息幾時。我還要替舅舅計較。」分付拿出一套新衣服來，與舅舅穿了，换下身上塵污的舊衣。【眉批】□□之意愈般，還妻之望愈絶矣。又令打掃西首一間小書房，安設床帳被薦，是件整備，請金生在裏頭歇宿。金生巴不得要他留住，尋出機會，與妻子相通。今見他如此認帳，正中心懷，欣然就書房裏宿了。【眉批】真難爲情。只是心裏想着妻子就在裏面，好生難過。

過了一夜，明早起來，小竪來報道：「將軍請秀才廳上講話。」將軍相見已畢，問道：「令妹能認字，舅舅可通文墨麽？」金生道：「小生在鄉中以儒爲業，那詩書是本等。就是經史百家，也多涉獵過的，有甚麽不曉得的勾當？」將軍喜道：「不瞞舅舅説，我自小失學，遭遇亂世，靠着長鎗大戟，掙到此地位。幸得吾王寵任，趨附我的儘多，日逐賓客盈門，没個人替我接待；往來書扎堆滿，没個人替我裁答。【眉批】本色之甚。我好些不耐煩。今幸得舅舅到此，既然知書達禮，就在我門下做個記室，我也便當了好些。況關至親，料舅舅必不棄嫌的。舅舅心下何如？」金生是要在裏頭的，答道：「只怕小生才能淺薄，不稱將軍任使。豈敢推辭？」將軍見説，大喜。連忙在裏頭去取出十來封書啓來，交與金生道：「就煩舅舅替我看詳裏面意思，回他一回。我正爲這些難處，而今却好了！」金生拿書房裏去，從頭至尾，逐封逐封，備審來意，一一回答停當，將稿來與將軍看。將軍就叫金生讀一遍，就帶些解説在裏頭。如畫。【眉批】禰衡之所以服黄祖也。聽罷，將軍拍手道：「妙，妙！句句像我肚裏要説的話。好舅舅，是天送來幫我的了。」從此一發看待得甚厚。

金生是個聰明的人。在他門下，知高識低，温和待人，自内至外，没一個不喜歡他的。他又愈加謹慎，説話也不敢聲高。將軍面前，只有説他好處的。將軍得意，自不必説。却是金生主意，只要安得身牢，尋個空便，見見妻子，剖訴苦情。亦且妻子隨着别人已經多年，不知他心腹怎麽樣了，也要與他説個倒斷。【眉批】此亦要緊。誰想自廳前一見之後，再不能勾相會。欲要與將軍説那要見的意思，又恐怕生出疑心來，反爲不美。私下要用些計較，通個消息，怎當得閨閣深邃，内外隔絶，再不得一個便處。日挨一日，不覺已是幾個月了。

時值交秋天氣，西風夜起，白露爲霜。獨處空房，感嘆傷悲，終夕不寐。思量妻子翠翠，這個時節綉圍錦帳，同人卧起，有甚不快活處？不知心裏還記念着我否？【眉批】真難爲情。怎知我如此冷落孤恓，時刻難過？乃將心事做成一詩道：

好花移入玉闌干，春色無緣得再看。
樂處豈知愁處苦？别時雖易見時難。
何年塞上重歸馬，此夜庭中獨舞鸞。
霧閣雲窗深幾許，可憐辜負月團團。

詩成，寫在一張箋紙上了。要寄進去與翠翠看，等他知其心事，但恐怕洩漏了風聲。生出一個計較來：把一件布袍拆開了領綫，將詩藏在領内了，外邊仍舊縫好，叫那書房中伏侍的小豎來，説道：「天氣冷了，我身上單薄。這件布袍，垢穢不堪。你替我拿到裏頭去，交付我家妹子，叫他拆洗一拆洗，補一補好，拿來與我穿。」再把出百來個錢與他道：「我央你走走，與你這錢買菓兒吃。」小豎見了錢，千歡萬喜，有甚麽推托？拿了布袍，一徑到裏頭去，交與翠翠道：「外邊劉官人叫拿進來付與翠娘整理的。」翠娘曉得是丈夫寄進來的，必有緣故。叫他放下了，過一日來拿。小豎自去了。

翠翠把布袍從頭至尾，看了一遍，想道：「是丈夫着身的衣服，我多時不與他縫紉了。」傷心。眼淚索珠也似的掉將下來。又想道：「丈夫到此多時，今日特地寄衣與我，決不是爲要拆洗，必是甚麽機關在裏面。」掩了門，把來細細拆將開來。剛拆得領頭，果然一張小小字紙縫在裏面，却是一首詩。翠翠將來細讀。一頭讀，一頭哽哽咽咽，只是流淚。讀罷，哭一聲道：「我的親夫呵！你怎知我心事來？」噙着眼淚，慢慢把布袍洗補好，也做一詩縫在衣領內了。仍叫小豎拿出來，付與金生。

金生接得，拆開衣領看時，果然有了回信，也是一首詩。金生拭淚讀其詩道：

一自鄉關動戰鋒，舊愁新恨幾重重。
腸雖已斷情難斷，生不相從死亦從。
長使德言藏破鏡，終教子建賦游龍。
緑珠碧玉心中事，今日誰知也到儂。

金生讀罷其詩，纔曉得翠翠出于不得已，其情已見。又見他把死來相許，料道今生無有完聚的指望了。感切傷心，終日鬱悶涕泣，茶飯懶進，遂成痞鬲之疾。將軍也着了急，爲回書而急也。屢請醫生調治。又道是「心病還須心上醫」，你道金生這病可是醫生醫得好的麽？看看日重一日，只待不起。

裏頭翠翠聞知此信，心如刀刺，只得對將軍説了，要到書房中來看看哥哥的病症。【眉批】何不早些！將軍看見病勢已凶，不好阻他，當下依允。翠翠纔到得書房中來。這是他夫妻第二番相見了。可憐金生在床上，一絲兩氣，轉動不得。翠翠見了，十分傷情。噙着眼淚，將手去扶他的頭起來，低低唤道：「哥哥掙扎着，你妹子翠翠在此看你。」説罷，淚如泉涌。金生聽得聲音，撑開雙眼，見是妻子翠翠扶他。長嘆一聲道：「妹妹，我不濟事了！難得你出來，見這一面。趁你在此，我死在你手裏了，也得瞑目。」【眉批】石人下淚！便叫翠翠坐在床邊，自家强擡起頭來，枕在翠翠膝上，奄然而逝。

翠翠哭得個發昏章第十一。報與將軍知道，將軍也着實可憐他，又恐怕苦壞了翠翠，分付從厚殯殮。替他在道場山脚下，尋得一塊好平坦地面，將棺木送去安葬。翠翠又對將軍説了，自家親去送殯。直看墳塋封閉了，慟哭得幾番死去叫醒，然後回來。自此精神恍惚，坐卧不寧，染成一病。【眉批】纔是幼時不食之初心。李將軍多方醫救，翠翠心裏巴不得要死，並不肯服藥。

展轉床蓐，將及兩月。一日，請將軍進房來，帶着眼淚對他説道：「妾自從十七歲上，抛家相從，已得八載。流離他鄉，眼前並無親人。止有一個哥哥，今又死了。【眉批】言甚可憐，那得不聽！妾病若畢竟不起，切記我言：可將我屍骨埋在哥哥旁邊，庶幾黄泉之下，兄妹也得相依，免做了他鄉孤鬼。便是將軍不忘賤妾之大恩也。」言畢，大哭。將軍好生不忍，把好言安慰他，叫他休把閒事縈心，且自將息。説不多幾時，昏沉上來，早已絶氣。

將軍慟哭一番。念其臨終叮囑之言，不忍違他，果然將去葬在金生塚旁。可憐金生、翠翠二人，生前不能成雙，虧得詭認兄妹，死後倒得做一處了。

已後，國朝洪武初年，于時張士誠已滅，天下一統，路途平静。翠翠家裏淮安劉氏，有一舊僕，到湖州來販絲綿。偶過道場山下，見有一所大房子，緑户朱門，槐柳掩映。門前有兩個人，一男一女打扮，並肩坐着。僕人道大户人家家眷，打點遠避而過。忽聽得兩人聲唤。走近前去看時，却是金生與翠翠。翠翠開口問父母存亡及鄉里光景，僕人一一回答已畢。僕人問道：「娘子與郎君離了鄉里多年，爲何倒在這裏住家起來？」翠翠道：「起初兵亂時節，我被李將軍擄到這裏。後來郎君遠來尋訪，將軍好意，仍把我歸還郎君。鬼話！所以就僑居在此了。」僕人道：「小人而今就回淮安，娘子可脩一封家書，帶去報與老爹、安人知道。省得家中不知下落，終日懸望。」翠翠道：「如此最好。」就領了這僕人進去，留他吃了晚飯，歇了一夜。

明日將出一封書來，叫他多多拜上父母。僕人謝了，帶了書來到淮安，遞與劉老。此時劉、金兩家，久不見二人消耗，自然多道是兵戈死亡了。忽見有家書回來，問是湖州寄來的，道兩人見住在湖州了，真個是喜從天降。叫齊了一家骨肉，盡來看這家書。元來是翠翠出名寫的，乃是長篇四六之書。書上寫道：

伏以父生母育，難酬罔極之恩；夫唱婦隨，夙著三從之義。在人倫而已定，何時事之多艱？曩者漢日將傾，楚氛甚惡。倒持太阿之柄，擅弄潢池之兵。【眉批】此原傳筆也。幽明相通，一訴情事，何至虛文可厭乃爾！老學究伎倆，然改之無端，姑仍其舊。封豕長蛇，互相吞并；雄蜂雌蝶，各自逃生。不能玉碎於亂離，乃至瓦全於倉卒。驅馳戰馬，隨逐征鞍。望高天而八翼莫飛，思故國而三魂屢散。良辰易邁，傷青鸞之伴木鷄；怨耦爲仇，懼烏鴉之打丹鳳。雖應酧而爲樂，終感激以生悲。夜月杜鵑之啼，春風蝴蝶之夢。時移事往，苦盡甘來。今則楊素覽鏡而歸妻，王敦開閤而放妓。蓬島踐當時之約，瀟湘有故人之逢。自憐賦命之屯，不恨尋春之晚。章臺之柳，雖已折於他人；玄都之花，尚不改於前度。將謂瓶沉而簪折，豈期璧返而珠還？【眉批】止重叠叙己事，並不寒喧父母，亦無是理。殆同玉簫女兩世姻緣，難比紅拂妓一時配合。天與其便，事非偶然。煎鸞膠而續斷弦，重諧繾綣；托魚腹而傳尺素，謹致叮嚀。未奉甘旨，先此申復。

讀罷，大家歡喜。劉老問僕人道：「你記得那裏住的去處否？」僕人道：「好大房子！我在裏頭歇了一夜，打發了家書來的，怎不記得？」劉老道：「既如此，我同你湖州去走一遭，會一會他夫妻來。」當下，劉老收拾盤纏，別了家裏，一同僕人徑奔湖州。僕人領至道場山下，前日留宿之處，只叫得聲：「奇怪！」連房屋影響多没有，那裏説起高堂大厦？惟有些野草荒煙，狐踪兔迹，茂林之中兩個墳堆相連。劉老道：「莫不錯了？」僕人道：「前日分明在此。【眉批】酒食却自何來？與我吃的是湖州香稻米飯，苕溪中鮮鯽魚，烏程的酒，明明白白住了一夜去的。怎會得錯？」

正疑怪間，恰好有一個老僧杖錫而來。劉老與僕人問道：「老師父，前日此處有所大房子，有個金官人同一個劉娘子在裏邊居住。今如何不見了？」老僧道：「此乃李將軍所葬劉生與翠翠兄妹兩人之墳，那有甚麽房子來？敢是見鬼了！」劉老道：「見有寫的家書寄來，故此相尋。今家書見在，豈有是鬼之理？」急在纏袋裏模出家書來一看，乃是一副白紙。纔曉得果然是鬼，這裏正是他墳墓。因問老僧道：「適間所言李將軍何在？我好去問他詳細。」老僧道：「李將軍是張士誠部下的，已爲天朝誅滅，骨頭不知落在那裏了。怎得有這樣墳土堆埋呢？【眉批】能幻形見僕而不見父，亦所不解。你到何處尋去？」

劉老見説，知是二人已死，不覺大慟。對着墳墓道：「我的兒！你把一封書賺我千里遠來，本是要我見一面的意思。今我到此地了，你們却潛踪隱迹，没處追尋，叫我怎生過得？我與你父子之情，人鬼可以無間。你若有靈，千萬見我一見，放下我的心罷。」老僧道：「老檀越不必傷悲。此二位官人、娘子，老僧定中時得相見。老僧禪舍，去此不遠。老檀越今日已晚，此間露立不便，且到禪舍中一宿。待老僧定中，與他討個消息回你何如？」劉老道：「如此，極感老師父指點。」遂同僕人隨了老僧，行不上半里，到了禪舍中。老僧將素齋與他主僕吃用，收拾房卧安頓好，老僧自入定去了。

劉老進得禪房，正要上床，忽聽得門響處，一對少年的夫妻走到面前。仔細看來，正是翠翠與金生。一同拜跪下去，悲啼宛轉，說不出話來。劉老也揮着眼淚，撫摩着翠翠道：「兒，你有說話只管說來。」翠翠道：「向者不幸，遭值亂兵。忍耻偷生，離鄉背井。叫天無路，度日如年。幸得良人不棄，特來相訪。托名兄妹，暫得相見。隔絶夫婦，彼此含冤，以致良人先亡，兒亦繼没。猶喜許我附葬，今得魂魄相依。惟恐家中不知，故特托僕人寄此一信。兒與金郎，生雖異處，死却同歸。兒願已畢，父母勿以爲念。」

劉老聽罷，哭道：「我今來此，只道你夫妻還在，要與你們同回故鄉。今卻雙雙去世！我明日只得取汝骸骨歸去，遷于先壟之下，也不辜負我來這一番。」翠翠道：「向者因顧念雙親，寄此一書。今承父親遠至，足見慈愛。故不避幽冥，敢與金郎同來相見。骨肉已逢，足慰相思之苦。若遷骨之命，斷不敢從。」劉老道：「却是爲何？」翠翠道：「兒生前不得侍奉親闈，死後也該依傍祖壟。只是陰道尚静，不宜勞擾。況且在此溪山秀麗，草木榮華，又與金郎同栖一處。因近禪室，時聞妙理。【眉批】心願只在此耳。不久就與金郎托生，重爲夫婦。在此已安，再不必提起他説了。」抱住劉老，放聲大哭。寺裏鐘鳴，忽然散去。

劉老哭將醒來，乃是南柯一夢。老僧走到面前道：「夜來有所見否？」劉老一一述其夢中之言。老僧道：「賢女輩精靈未泯，其言可信也。幽冥之事，老檀越既已見得如此明白，也不必傷悲了。」劉老再三謝別了老僧。一同僕人到城市中，辦了些牲醴酒饌，重到墓間澆奠一番。哭了一場，返棹歸淮安去了。

至今道場山有金翠之墓，行人多指爲佳話。此乃生前隔別，死後成雙，猶自心願滿足，顯出這許多靈異來。真乃是情之所鍾也。有詩爲證：

連理何須一處栽，多情只願死同埋。
試看金翠當年事，憒憒將軍更可哀！

吕使君情媾
宦家妻

吳太守義配
儒門女

卷之七

吕使君情媾宦家妻　吴太守義配儒門女

詞曰：

疏眉秀盼，向春風、還是宣和裝束。貴氣盈盈姿態巧，舉止況非凡俗。宋室宗姬，秦王幼女，曾嫁欽慈族。干戈横蕩，事隨天地翻覆。　一笑邂逅相逢，勸人滿飲，旋旋吹横竹。流落天涯俱是客，何必平生相熟？舊日榮華，如今憔悴，付與杯中醁。興亡休問，爲伊且盡船玉。

這一首詞，名唤《念奴嬌》，乃是宋朝使臣張孝純在粘罕席上有所見之作。當時靖康之變，徽、欽被擄。不知多少帝女王孫，被犬羊之類，群驅北去，正是「内人紅袖泣，王子白衣行」的時節。到得那裏，誰管你是金枝玉葉，多被磨滅得可憐。有些顔色、技藝的，纔有豪門大家收作奴婢，又算是有下落的了。其餘驅來逐去，如同犬彘一般。張孝純奉使到彼雲中府，在大將粘罕席上，見個吹笛勸酒的女子，是南方聲音。私下偷問他，乃是秦王的公主，可憐粘罕取以爲婢。説罷，嗚咽流涕。孝純不勝傷感，故賦此詞。

後來，金人將欽宗遷往大都燕京。在路行至平順州地方，駐宿在館驛之中。時逢七夕佳節，金虜家規制：是日官府在驛中排設酒肆，任從人沽酒會飲。欽宗自在内室坐下，閑看外邊喧鬧。只見一個韃婆，領了幾個少年美貌的女子，在這些飲酒的座頭邊，或歌或舞，或吹笛，斟着酒勸着座客。座客吃罷，各賞些銀鈔或是酒食之類，衆女子得了，就去納在韃婆處。韃婆又嫌多道少，打那討得少的。這個韃婆想就是中華老鴇兒一般。少間，驛官叫一個皂衣吏典，賫了酒食，來送欽宗。其時欽宗只是軟巾長衣，秀才打扮。那韃婆也不曉得是前日中朝的皇帝，道是客人吃酒，差一個吹横笛的女子到室内來伏侍。女子看見是南邊官人，心裏先自悽慘。嗚嗚咽咽，吹不成曲。欽宗對女子道：「我是你的鄉人，你東京是誰家女子？」那女子向外邊看了又看，不敢一時就説。直等那韃婆站得遠了，方説道：「我乃百王宫魏王孫女，先嫁欽慈太后侄孫。京城既破，被賊人擄到此地，賣在粘罕府中做婢。後來主母嫉妒，終日打駡，轉賣與這個胡婦。領了一同衆多女子，在此日夜求討酒錢食物，各有限數。討來不勾，就要痛打，不知何時是了。」官人也是東京人，想也是被擄來的了。」却不道怎的？欽宗聽罷，不好回言，只是暗暗淚落，目不忍視。好好打發了他出去。這個女子便是張孝純席上所遇的那一個。詞中説「秦王幼女」，秦王乃是廷美之後，徽宗時改封魏王。魏王即秦王也。真個是鳳子龍孫，遭着不幸，流落到這個地位，豈不可憐！

然此乃是天地反常時節，連皇帝也顧不得自家身子。這樣事體，不在話下。還有個清平世界，世代爲官的人家，所遭不幸，也墮落了的。若不是幾個好人相逢，怎能勾拔得個身子出來？所以説：

紅顔自古多薄命，若落娼流更可憐。
但使逢人提掇起，淤泥原會長青蓮。

話説宋時饒州德興縣，有個官人董賓卿，字仲臣。夫人是同縣祝氏。紹興初年，官拜四川漢州太守，全家赴任。不想仲臣做不得幾時，死在官上了。一家老小，人口又多，路程又遠，宦囊又薄，算計一時間歸來不得，只得就在那邊尋了房子，權且駐下。仲臣長子元廣，也是祝家女婿。他有祖蔭在身，未及調官，今且守孝在漢州。三年服滿，正要别了母親、兄弟，挈了家小，赴闕聽調，待補官之後，看地方如何，再來商量搬取全家。不料未行之先，其妻祝氏又死，遺有一女。元廣就在漢州娶了一個富家之女，做了繼室。帶了妻女，同到臨安補官。得了房州竹山縣令，地方窄小，又且路遠，也不能勾去四川接家屬。只同妻女在衙中過了三年。

考滿，又要進京。當時挈家東下。且喜竹山到臨安，雖是路長，却自長江下了船，乃是一水之地。有同行駐泊一船，也是一個官人在内，是四川人，姓呂，人多稱他爲呂使君，也是到臨安公幹的。這個官人年少風流，模樣俊俏，雖然是個官人，還像個子弟一般。栖泊相並，兩邊彼此動問。呂使君曉得，董家之船是舊漢州太守的兒子在内，他正是往年治下舊民，過來相拜。董元廣説起親屬尚在漢州居駐，又兼繼室也是漢州人氏，正是通家之誼。【眉批】果然通起家來。大家道是在此聯舟相遇，實爲有緣，彼此欣幸。

大凡出路之人，長途寂寞，巴不得尋些根絆，圖個往來。況且同是衣冠中，體面相等，往來更便。因此，兩家不是你到我船中，就是我到你船中，或是飲酒，或是下棋，或是閑話，真個是無日不會。就是骨肉相與，不過如此。這也是官員每出外的常事。不想董家船上却動火了一個人。你道是那個？正是那竹山知縣的晚孺人。

元來董元廣這個繼室，不是頭婚，先前曾嫁過一個武官。只因他豐姿妖艷，情性淫蕩，武官十分嬖愛。儘力奉承，日夜不歇，淘虚了身子，一病而亡。青年少寡，那裏熬得？待要嫁人，那邊廂人聞得他妖淫之名，没人敢攬頭，故此肯嫁與外方，纔嫁這個董元廣。怎當得元廣禀性怯弱，一發不濟，再不能暢他的意。他欲心如火，無可煞渴之處。因見這呂使君豐容俊美，就了不得動火起來。況且同是四川人，鄉音慣熟，到比丈夫不同。但是到船中來，裏頭添茶暖酒，十分親熱。又抛聲調嗓，要他曉得。那呂使君乖巧之人，頗解其意，只凝着是同袍間，一時也下不得手。誰知那孺人或是露半面，或是露全身，眉來眼去，恨不得一把抱了他進來。日間眼裏火了，没處洩得。但是想起，只做丈夫不着，不住的要幹事。弄得元廣一絲兩氣，支持不過，疾病上了身子。呂使君越來候問殷勤，曉夜無間。趁此就與董孺人眉目送情，兩下做光，已此有好幾分了。舟到臨安，董元廣病不能起。呂使君分付自己船上道：「董爺是我通家，既然病在船上，上去不得，連我行李也不必發上岸，只在船中下着，早晚可以照管。我所有公事，擡進城去勾當罷了。」過了兩日，董元廣畢竟死了，呂使君出身替他經紀喪事。凡有相交來弔的，只說「通家情重，應得代勞」。來往的人盡多贊嘆他高義出人，今時罕有。那曉得他自有一副肚腸藏在裏頭，不與人知道的。【眉批】世人味聲，往往乃爾！正是：

周公恐懼流言日，王莽謙恭下士時。
假若當時身便死，一生真僞有誰知？

呂使君與董孺人計議道：「饒州家鄉又遠，蜀中信息難通。令公棺柩，不如就在臨安權且擇地安葬。他年親丁集會了，別作道理。」商量已定，也都是呂使君擺撥，一面將棺柩厝頓停當。事體已完，孺人率領元廣前妻遺女，出來拜謝使君。孺人道：「亡夫不幸。若非大人周全料理，賤妾煢煢母子，怎能勾亡夫入土？真乃是骨肉之恩也。」使君道：「下官一路感蒙令公不棄，通家往來。正要久遠相處，豈知一旦棄撇？客途無人料理，此自是下官身上之事。小小出力，何足稱謝？只是殯事既畢，而今孺人還是作何行止？」【眉批】還是孺人行止要緊。孺人道：「亡夫家口盡在川中，妾身也是川中人，此間並無親戚可投，只索原回到川中去。只是路途迢遞，煢煢母子，無可倚靠，寸步難行，如何是好？」使君陪笑道：「孺人不必憂慮。下官公事勾當一完，也要即回川中，便當相陪同往。只望孺人勿嫌棄足矣。」孺人也含笑道：「果得如此提挈，還鄉有日。寸心感激，豈敢忘報。」使君帶着笑，丟個眼色道：「且看孺人報法何如？」兩人之言，俱各有意，彼此心照。只是各自一隻官船，人眼又多，性急不便做手脚，只好噙幹唾而已。有一隻《商調·錯葫蘆》，單道這難過的光景：

兩情人，各一舟。總春心，不自由。只落得雙飛蝴蝶夢莊周，活冤家猶然不聚頭。又不知幾時消受。

抵多少眼穿腸斷爲牽牛。

却說那吕使君，只爲要管勾這董孺人，把自家公事攢幹起了，一面支持動身。兩隻船廝幫着，一路而行。前前後後，止隔着盈盈一水。到了一個馬頭上，董孺人整備着一席酒，以謝孝爲名，單請着吕使君。【眉批】乃喜筵耳。吕使君聞召，千歡萬喜，打扮得十分俏倬，趨過船來。孺人笑容可掬，迎進艙裏，口口稱謝。三杯茶罷，安了席，東西對坐了。小女兒在孺人肩下打横坐着。那女兒止得十來歲，未知甚麽頭腦，見父親在時往來的，只說道可以同坐吃酒的了。【眉批】即知亦且奈何。船上外水的人，見他們說的多是一口鄉談，又見日逐往來甚密，無非是關着至親的勾當，那管其中就裏？誰曉得借酒爲名，正好兩下做光的時節。正是：

茶爲花博士，酒是色媒人。

兩人飲酒中間，言來語去，眉目送情。又不須用着馬泊六，竟是自家覿面打話，有什麽不成的事？只是耳目衆多，也要遮飾些個。看看月色已上，只得起身作別。使君道：「匆匆別去，孺人晚間寂寞，如何消遣？」孺人會意答道：「只好獨自個推窗看月耳。」使君曉得意思許他了，也回道：「月色果好。獨睡不穩，也待要開窗玩月，不可辜負此清光也。」你看兩人之言，盡多有意。一個說開窗，一個說推窗，分明約定晚間窗內走過相會了。

使君到了自家船中，叫心腹家僮分付船上：要兩船相並幫着，官艙相對，可以照管。船上水手聽依分付，即把兩船緊緊貼着住了。人静之後，使君悄悄起身，把自己船艙裏窗輕推開來。看那對船時節，艙裏小窗虚掩。使君在對窗咳嗽一聲，那邊把兩扇小窗一齊開了。月光之中，露出身面，正是孺人獨自個在那裏。使君忙忙跳過船來，這裏孺人也不躲閃，兩下相偎相抱，竟到房艙中床上，幹那話兒去了：

一個新寡的文君，正要相如補空；一個獨居的宋玉，專待鄰女成雙。一個是不繫之舟，隨人牽挽；

一個如中流之楫，惟我蕩摇。沙邊鸂鶒好同眠，水底鴛鴦堪比樂。

雲雨既畢，使君道：「在下與孺人無意相逢，豈知得諧夙願！三生之幸也。」孺人道：「前日瞥見君子，已使妾不勝動念。後來亡夫遭變，多感周全。女流之輩，無可别報，今日報以此身。願勿以妾自獻爲嫌，他日相棄，使妾失望耳。」使君道：「承子不棄，且自歡娱，不必多慮。」自此，朝隱而出，暮隱而入，日以爲常。雖外邊有人知道，也不顧了。

一日，正歡樂間，使君忽然長嘆道：「目下幸得同路而行，且喜蜀道尚遠，還有幾時。若一到彼地，你自有家，我自有室，豈能長有此樂哉？」孺人道：「不是這樣説。妾夫既身亡，又無兒女。若到漢州，或恐親屬拘礙。今在途中，惟妾得以自主。就此改嫁從君，不到那董家去了，誰人禁得我來？」使君聞言，不勝欣幸，道：「若得如此，足感厚情。在下益州成都郫縣，自有田宅，莊房儘可居住。那是此間去的便道。到得那裏，我接你上去住了，打發了這兩隻船。董家人願隨的，就等他隨你住了；不願的，聽他到漢州去，或各自散去。漢州又遠，料那邊多是孤寡之人，誰管得到這裏的事？倘有人説話，只説你遭喪在途，我已禮聘爲外室了，却也無奈我何。」孺人道：「這個纔是長遠計較。只是我身邊還有這小妮子，是前室祝氏所生。今這個却無去處，也是一累。」使君道：「這個一發不打緊。目下還小，且留在身邊養着。日後有人訪着，還了他去。没人來訪，等長大了，不拘那裏，着落了便是，何足爲礙？」

兩人一路商量的停停當當，到了郫縣，果然兩船上東西盡情搬上去住了。【眉批】必有宿負，不然何慘至此！可惜董家竹山一任縣令，所有宦資連妻女多屬之他人。隨來的家人，也儘有不平的，却見主母已隨順了，吕使君又是個官宦，誰人敢與他争得？只有氣不伏，不情願的，當下四散而去。吕使君雖然得了這一手便宜，也被這一干去的人，各處把這事播揚開了。但是聞得的，與舊時稱贊他高誼的，盡多識他没行止，鄙薄其人。

有至於董家關親的，見説着這話，一發切齒痛恨，自不必説了。

董家關親的，莫如祝氏最切。他兩世嫁與董家，有好些出任的在外，盡多是他夫人每弟兄叔侄之稱。有一個祝次騫，在朝爲官，他正是董元廣的妻兄。想着董氏一家飄零四散，元廣妻女被人占據，亦且不知去向，日夜係心。其時鄉中王恭肅公到四川做制使，托他在所屬地方訪尋。道裏遼闊，誰知下落？乾道初年，祝次騫任嘉州太守，就除利路運使。那吕使君正補着嘉州之缺，該來與祝次騫交代。吕使君曉得次騫是董家前妻之族，他幹了那件短行之事，怎有膽氣見他？遷延稽留，不敢前來到任。【眉批】此處極宜見他，使其無地自容，且可以偵得其甥。次騫一誤，致有落娼之辱天也。祝次騫也恨着吕使君是禽獸一等人，心裏巴不得不見他。趦他未來，把印綬解卸，交與僚官，權時收着，竟自去了。吕使君到得任時，也就有人尋他別是非，彈上一本。朝廷震怒，狼狽而去。祝次騫枉在四川路上做了一番的官，竟不曾訪得甥女兒的消耗，心中常時抱恨。

也是人有不了之願，天意必然生出巧來。直到乾道丙戌年間，次騫之子祝東老，名震亨，又做了四川總幹之職。受了檄文，前往成都公幹。道經綿州，綿州太守吴仲廣出來迎着，置酒相欵。仲廣元是待制學士出身，極是風流文采的人。是日郡中開宴，凡是應得承直的娼優，無一不集。東老坐間，看見户椽傍邊，立着一個妓女，姿態恬雅，宛然閨閣中人，絶無一點輕狂之度。東老注目不瞬，看勾多時。却好隊中行首到面前來斟酒，東老且不接他的酒，指着那户椽傍邊的妓女問他道：「這個人是那個？」行首笑道：「官人喜他麽？」東老道：「不是喜她。我看他有好些與你們不同處，心中疑怪，故此問你。」行首道：「他叫得薛倩。」

東老正要細問，吴太守走出席來，斟着巨觥來勸東老，只得住了話頭。接着太守手中之酒，放下席間，却推辭道：「賤量實不能飲，只可小杯適興。」太守看見行首正在傍邊，就指着巨觥分付道：「你可在此奉着總幹，是必要總幹飲幹。不然就要罰你。」行首笑道：「不須罰小的。若要總幹多飲，只叫薛倩來奉，自然毫不推辭。」【眉批】妓女撚酸之態。吴太守也笑道：「説得古怪。想是總幹曾與他相識麽？」東老道：「震亨從來不曾到大府這裏，何由得與此輩相接？」太守反問行首道：「這等，你爲何這般説？」行首道：「適間總幹殷殷問及，好生垂情于他。」東老道：「適纔邂逅之間，見他標格如野鶴在鷄群。據下官看起來，不像是個中之人。心裏疑惑，所以在此詢問他爲首的，豈關有甚别意來？」太守道：「既然如此，只叫薛倩侍在總幹席傍勸酒罷了。」行首領命，就唤將薛倩來侍着。

東老正要問他來歷，恰中下懷。命取一個小杌子賜他坐了。低問他道：「我看你定然不是風塵中人，爲何在此？」薛倩不敢答應，只嘆口氣，把閑話支吾過去。東老越越疑心。過會又問道：「你可實對我説。」薛倩只是不開口，要説又住了。東老道：「直説不妨。」薛倩道：「説也無幹，落得羞人。」東老道：「你儘説與我知道，焉知無益？」薛倩道：「尊官盤問不過，不敢不説。其實説來可羞。我本好人家兒女，祖父俱曾做官。所遭不幸，失身辱地。只是前生業債所欠，今世償還，説他怎的？」東老惻然動心道：「汝祖、汝父，莫不是漢州知州、竹山知縣麽？」薛倩大驚，哭將起來道：「官人如何得知？」東老道：「果若是，汝母當姓祝了。」薛倩道：「後來的是繼母，生身亡母，正是姓祝。」東老道：「汝母乃我姑娘也，不幸早亡。我聞你與繼母流落于外，尋覓多年，竟無消耗，不期邂逅于此。却爲何失身妓籍？可備與我説。」薛倩道：「自從父親亡後，即有吕使君來照管喪事，與同繼母一路歸川。豈知得到川中，經過他家門首，竟自盡室占爲已有。繼母與我多隨他居住多年。那年壞官回家，鬱鬱不快，一病而亡。【眉批】元來董孺人又弄死一個了。連繼母無所倚靠，便將我出賣。得了薛媽七十千錢，遂入妓籍，今已是一年多了。追想父親亡時，年紀雖小，猶在目前，豈知流落羞辱到了這個地位？」言畢，失聲大哭。東老不覺也哭將起來。

初時説話低微，衆人見他交頭接耳，盡見道無非是些調情肉麻之態，那裏管他就裏？直見兩人多哭做一堆，方纔一座驚駭，盡來詰問。東老道：「此話甚長，不是今日立談可盡。況且還要費好些周折，改日當與守公細説罷了。」太守也有些疑心，不好再問。酒罷，各散。東老自向公館中歇宿去了。

薛倩到得家裏，把席間事體對薛媽説道：「總幹官府是我親眷，今日説起，已自認帳。明日可到他寓館一見，必有出格賞賜。」【眉批】薛媽望賞賜耳，若知自此失女，必不來也。薛媽千歡萬喜。到了第二日，薛媽率領了薛倩，來到總幹館舍前求見。祝東老見説，即叫放他母子進來。正要與他細話，只見報説：太守吴仲廣也來了。東老笑對薛倩道：「來得正好！」薛倩母子，多未知其意。

太守下得轎，薛倩走過去先叩了頭。太守笑道：「昨日哭得不勾，今日又來補麽？」東老道：「正要見守公，説昨日哭的緣故。此子之父董元廣，乃竹山知縣。祖父仲臣，是漢州太守。兩世衣冠之後。只因祖死漢州，父又死於都下。妻女隨在舟次，所遇匪人，流落到此地位。乞求守公急爲除去樂籍。」太守惻然道：「元來如此！除籍在下官所司，甚爲易事。但除籍之後，此女畢竟如何？若明公有意，當爲效勞。」東老道：「不是這話。此女之母，即是下官之姑。下官正與此女爲嫡表兄妹。今既相遇，必須擇個良人嫁與他，以了其終身。但下官尚有公事須去，一時未得便有這樣湊巧的。愚意欲將此女，暫托之尊夫人處，安頓幾時。下官且到成都往回一番。待此行所得諸臺及諸郡餽遺路贐之物，悉將來爲此女的嫁資。慢慢揀選一個佳婿與他，也完我做親眷的心事。」太守笑道：「天下義事，豈可讓公一人做盡了？我也當出二十萬錢爲助。」東老道：「守公如此高義，此女不幸中大幸矣！」

當下分付薛倩：「隨着吴太守到衙中奶奶處住着，等我來時再處。」太守帶着自去。東老叫薛媽過來，先賞了他十千錢，説道：「薛倩身價，在我身上，加利還你。」薛媽見了是官府做主，怎敢有違？只得凄凄凉凉自去了。東老一面往成都進發，不題。

且説吴太守帶得薛倩到衙裏來，叫他見過了夫人，説了這些緣故。叫夫人好好看待他，夫人應允了。吴太守在衙裏仔細把薛倩舉動看了多時，見他仍是滿面憂愁，不歇的嘆氣，心裏忖道：「他是好人家兒女，一向墮落，那不得意是怪他不得的。今既已遇着表兄相托，收在官衙，他日打點嫁人，已提挈在好處了，爲何還如此不快？他心中畢竟還有掉不下的事。」教夫人緩緩盤問他備細。薛倩初時不肯説。【眉批】吴太守若亦是吕使君，此女不能免矣。吴太守對他道：「不拘有甚麽心事，只管明白説來，我就與你做主。」薛倩方纔説道：「官人再三盤問，不敢不説。説來也是枉然的。」太守道：「你且説來，看是如何。」薛倩道：「賤妾心中，實是有一個人放他不下，所以被官人看破了。」太守道：「是甚麽人？」薛倩道：「妾身雖在烟花之中，那些浮浪子弟，未嘗傾心交往。只有一個書生，年方弱冠，尚未娶妻，曾到妾家往來，彼此相愛。他也曉得妾身出于良家，深加憫恤，越覺情濃。但是入城，必來相叙。他家父母知道，拿回家去痛打一頓，鎖禁在書房中。以後雖是時或有個信來，再不能勾見他一面了。今蒙官人每擡舉，若脱離了此地，料此書生無緣再會。所以不覺心中快快，撇放不開，豈知被官人看了出來。」太守道：「那個書生姓甚麽？」薛倩道：「姓史，是個秀才。家在鄉間。」太守道：「他父親是甚麽人？」薛倩道：「是個老學究。」太守道：「他多少家事，娶得你起麽？」薛倩道：「因是寒儒之家，那書生雖往來了幾番，原自力量不能，破費不多。只爲情上難捨，頻來看覷。他家兀自道破壞了家私，狠下禁鎖，怎有錢財娶得妾身？」太守道：「你看得他做人如何？【眉批】惟其無錢，所以有情。可真心得意他否？」薛倩道：「做人是個忠誠有餘的，不是那些輕薄少年。所以妾身也十分敬愛，誰知反爲妾受累！而今就得意也没處説了。」説罷，早又眼淚落將出來。

太守問得明白，出堂去僉了一張密票，差一個公人，撥與一匹快馬：「急取綿州學史秀才到州，有官司勾當，不可遲悮。」公人得了密票，狐假虎威，扯做了一場火急勢頭。忙下鄉來，敲進史家門去，將硃筆官票與看。乃是府間遣馬追取秀才，立等回話的公事。史家父子，驚得呆了，各没想處。那老史埋怨兒子道：「定是你終日宿娼，被他家告害了。再無他事。」史秀才道：「府尊大人取我，又遣一匹馬來，焉知不是文賦上邊有甚麽相商處？」老史道：「好，來請你！柬帖不用一個，出張硃票！」史秀才道：「決是没人告我。」父子兩個，胡猜不住，公人只催起身。老史只得去收拾酒飯，待了公人，又送了些辛苦錢。打發兒子起身，到州裏來。正是：

烏鴉喜鵲同聲，吉凶全然未保。
今日捉將官去，這回頭皮送了。

史生同了官差，一程來到州中，不知甚麽事由。穿了小服，進見太守。太守教換了公服相見，史生纔把疑心放下了好些。換了衣服，進去行禮已畢，太守問道：「秀才家小小年紀，怎不苦志讀書，倒來非禮之地頻游，何也？」史生道：「小生誦讀詩書，頗知禮法。蓬窗自守，從不游甚非禮之地。」太守笑道：「也曾去薛家走走麽？」史生見道着真話，通紅了兩頰，道：「不敢欺大人，客寓州城，誦讀餘功，偶與朋友輩適興閒步，容或有之，並無越禮之事。」太守又道：「秀才家説話，不必遮飾。試把與薛倩往來事情實訴我知道。」史生見問得親切，曉得瞞不過了，只得答道：「大人問及於此，不敢相誑。此女雖落娼地，實非娼流。乃名門宦裔，不幸至此。小生偶得邂逅，見其標格，有似良人，問得其詳，不勝義憤。自惜身微力薄，不能拔之風塵，所以憐而與游。雖係兒女子之私，實亦士君子之念。然如此鄙事，不知大人何以知而問及？殊深惶愧，只得實陳。伏乞大人容恕。」太守道：「而今假若以此女配足下，足下願以之爲室家否？」史生道：「淤泥青蓮，亦願加以拂拭。【眉批】不敢請耳，固所願也。但貧士所不能，不敢妄想。」太守笑道：「且站在一邊，我教你看一件事。」就掣一枝簽，喚將薛嫣來。

薛媽慌忙來見太守。太守叫庫吏取出一百道官券來與他，道：「昨聞你買薛倩身價，止得錢七十千。今加你價三十千，共一百道，你可領着。」時史生站在傍邊，太守用手指着，對薛媽道：「汝女已嫁此秀才了。此官券即是我與秀才出的聘禮也。」薛媽不敢違拗，只得收了。當下認得史生的，又不好問得緣故。老媽們心性，見了一百千，算來不虧了本。隨他女兒短長，也不在他心上，不管三七二十一，歡歡喜喜自出去了。

此時史生看見太守如此發放，不曉其意。心中想道：「難道太守肯出己錢討來與我不成？這怎麽解？」出了神没可想處。太守唤史生過來，笑道：「足下苦貧，不能得娶。適間已爲足下下聘了。今以此女與足下爲室，可喜歡麽？」史生叩頭道：「不知大人何以有此天恩！出自望外，豈不踴躍？但家有嚴父，不敢不告。若知所娶娼女，事亦未必可諧。所慮在此耳。」太守道：「你還不知，此女爲總幹祝使君表妹。前日在此相遇，已托下官脱了樂籍。俟成都歸來，替他擇婿。下官見此義舉，原許以二十萬錢助嫁。今此女見在我衙中，昨日見他心事不快，問得其故，知與足下兩意相孚，不得成就。下官爲此相請，欲爲你兩人成此好事。適間已將十萬錢還了薛媪，今再以十萬錢助足下婚禮，以完下官口信。待總幹來時，整備成親。若尊人問及，不必再提起薛家。只説總幹表妹，下官爲媒，無可慮也。」史生見説，歡喜非常，謝道：「鯫生何幸，有此奇緣，得此恩遇，雖粉骨碎身，難以稱報！」太守又叫庫吏取一百道官券，付與史生。史生領下，拜謝而去。看見丹墀之下，荷花正開，賦詩一首，以見感恩之意。詩云：【眉批】天掉下美前程。

蓮染青泥埋暗香，東君移取一齊芳。
攀珠擬作銜環報，已學葵心映日光。

史生到得家裏，照依太守説的話，回覆了父母。父母道是喜從天降，不費一錢，攀了好親事。又且見有許多官券，拿回家來。問其來歷，説道是「太守助的花燭之費」，一發支持有餘，十分快活。一面整頓酒筵各項，只等總幹回信不題。【眉批】未有見利而不喜者。

却説吴太守雖已定下了史生，在薛倩面前只不説破。隔得一月，祝東老成都事畢，重回綿州，來見太守。一見便説表妹之事。太守道：「別後已幹辦得一個佳婿在此。只等明公來，便可嫁了。」東老道：「此行所得，合來有五十萬。今當悉以付彼，使其成家立業。」太守道：「下官所許二十萬，已將十萬還其身價，十萬備其婚資。今又有此助，可以不憂生計。況其人可倚，明公可以安心了。」東老道：「婿是何人？」太守道：「是個書生，姓史。今即去召他來相見。」東老道：「書生最好。」太守立刻命人去召將史秀才來到，教他見了東老。東老見他少年，豐姿出衆，心裏甚喜。太守即擇取來日大吉。叫他備轎，明日到州，迎娶家去。

太守回衙，對薛倩道：「總幹已到，佳婿已擇得有人，看定明日成婚。婚資多備。從此爲良人婦了。」薛倩心裏且喜且悲。喜的是虧得遇着親眷，又得太守做主，脱了賤地，嫁個丈夫，立了婦名；悲的是心上書生，從此再不能勾相會了。正是：

笑啼俱不敢，方信做人難。

早知燈是火，落得放心安。

明日祝東老早到州中，坐在後堂。與太守説了，教薛倩出來相見。東老即將五十萬錢之數，交與薛倩道：「聊助子妝奩之費，少盡姑表之情。只無端累守公破費二十萬，甚爲不安。」太守笑道：「如此美事，豈可不許我費一分乎？」薛倩叩謝不已。東老道：「婿是守公所擇，頗爲得人，終身可傍矣。」【眉批】總幹本中表，不足奇也，太守實難及矣。太守笑道：「婿是令表妹所自擇，與下官無干。」東老與薛倩俱愕然不解。太守道：「少頃自見。」

正話間，門上進稟：「史秀才迎婚轎到。」太守立請史秀才進來。指着史生，對薛倩道：「前日你再三不肯説，我道説明白了，好與你做主。今以此生爲汝夫，汝心中没有不足處了麽？」薛倩見説，方敢擡眼一看，正是平日心上之人。方曉得適間之言，心下暗地喜歡無盡。太守立命取香案，教他兩人拜了天地。已畢，兩人隨即拜謝了總幹與太守。太守分付花紅羊酒，鼓樂送到他家。東老又命從人擡了這五十萬嫁資，一齊送到史家家裏來。史家老兒，只説是娶得總幹府表妹，以此爲榮。却不知就是兒子前日爲鬬了厮鬧的表子。後來漸漸明白，却見兩處大官府做主，又平白得了許多嫁資，也心滿意足了。史生夫妻二人感激吴太守，做個木主，供在家堂，奉祀香火不絶。

次年，史生得預鄉薦。東老又着人去漢州訪着了董氏兄弟，托與本處運使，周給了好些生計。來通知史生夫妻二人，教他相通往來。史生後來得第，好生照管妻家。漢州之後，得以不絶。此乃是不幸中之幸。遭遇得好人，有此結果。不然，世上的人多似吕使君，那兩代爲官之後，到底墮落了。天網恢恢，正不知吕使君子女，又如何哩！

公卿宣淫，誤人兒女。不遇手援，焉復其所？瞻彼穹廬，涕零如雨。千載傷心，王孫帝主。

沈將仕三千
買笑錢

王朝議一夜
迷魂陣

卷之八

沈將仕三千買笑錢　王朝議一夜迷魂陣

詞云：

風月襟懷，圖取歡來。戲場中儘有安排。呼盧博賽，豈不豪哉？費自家心，自家力，自家財。有等奸胎，慣弄喬才，巧妝成科諢難猜。非關此輩，忒使心乖。總自家癡，自家狠，自家呆。（詞寄《行香子》）

這首詞，説着人世上諸般戲事，皆可遣興陶情，惟有賭博一途，最是爲害不淺。蓋因世間人總是一個貪心所使，見那守分的一日裏辛辛苦苦，巴着生理，不能勾近得多少錢；那賭場中一得了采，精金白銀，只在一兩擲骰子上收了許多來，豈不是個不費本錢的好生理？豈知有這幾擲贏，便有幾擲輸。贏時節，道是倘來之物，就有粘頭的、討賞的、幫襯的，大家來撮哄。這時節意氣揚揚，出之不吝。到得贏骰過了，輸骰齊到，不知不覺的弄個罄净，却多是自家肉裏錢，傍邊的人不曾幫了他一文。所以只是輸的多，贏的少。有的不伏道：「我贏了就住，不到得輸就是了。」這句話恰似有理，却是那一個如此把得定？有的巴了千錢要萬錢，人心不足不肯住的。【眉批】道盡博場中光景。有的乘着勝采，只道是常得如此，高興了不肯住的；有人怕别人譏誚他小家子相，礙上礙下不好住的。及至臨後輸來，雖悔無及，道先前不曾住得，如今難道就罷？一發住不成了。不到得弄完，決不收場。況且又有一落場便輸了的，總有幾擲贏骰，不勾番本，怎好住得？到得番本到手，又望多少贏些；那裏肯住？所以一耽了這件滋味，定是無明無夜，抛家失業，失魂落魄，忘餐廢寢的。朋友們譏評，妻子們怨悵，到此地位一總不理，只是心心念念記挂此事。【眉批】果能贏，且不顧其他矣。一似擔雪填井，再没個滿的日子了。全不想錢財自命裏帶來，人人各有分限，豈由你空手博來做得人家的？不要説不能勾贏，就是贏了，未必是福處。

宋熙寧年間，相國寺前有一相士，極相得着，其門如市。彼時南省開科，紛紛舉子多來扣問得失。他一一決來，名數不爽。有一舉子姓丁，名湜，隨衆往訪。相士看見大驚道：「先輩氣色極高，吾在此閲人多矣，無出君右者。據某所見，便當第一人及第。」問了姓名，相士就取筆在手，大書數字於紙云：「今年狀元是丁湜。」【眉批】有膽。粘在壁上。向丁生拱手道：「留爲後驗。」丁生大喜自負。别了相士，走回寓中來。不覺心神暢快，思量要尋個樂處。

元來這丁生少年才俊，却有個僻性：酷好的是賭博。在家時，先曾敗掉好些家資，被父親鎖閉空室，要餓死他。其家中有嫗憐之，破壁得逃。到得京師，補試太學，幸得南省奏名，只待廷試。心緒閑暇，此興轉高。況兼破費了許多家私，學得一番奢遮手段，手到處會贏。心中技癢不過。

聞得同榜中有兩個四川舉子，帶得多資，亦好賭博。丁生寫個請帖，着家僮請他二人到酒樓上飲酒。二人欣然領命而來，分賓主坐定。飲到半酣，丁生家童另將一個包袱，放在左邊一張桌子上面，取出一個匣子，開了，拿出一對賞鐘來。二客看見匣子裏面，藏着許多戲具，乃是骨牌、雙陸、圍棋、象棋及五木骰子、枚馬之類，無非賭博場上用的。曉得丁生好此，又觸着兩人心下所好，相視而笑。丁生便道：「我們乘着酒興，三人共賭一回，取樂何如？」兩人拍手道：「絶妙，絶妙！」一齊立起來，看樓上傍邊有一小閣，丁生指着道：「這裏頭到幽静些。」遂叫取了博具，一同到閣中來。相約道：「我輩今日逢場作戲，係是彼此同袍，十分大有勝負，忒難爲人了。每人只以萬錢爲率，盡數贏了，止得三萬；盡數輸了，不過一萬，圖個發興消閒而已。」說定了，方纔下場，相博起來。

初時，果然不十分大來往。到得擲到興頭上，你強我賽，各要爭雄，一二萬錢只好做一擲，怎好就歇得手？兩人又着家童到下處再取東西，下着本錢，頻頻添入，不記其次。丁生煞是好手段，越贏得來，精神越旺。兩人不伏輸，狠將注頭亂推，要博轉來，一注大似一注。怎當得丁生連擲勝采，兩人出注，正如衆流歸海，儘數趕在丁生處了，直贏得兩人油乾火盡。兩人也怕起來，只得忍着性子住了，垂首喪氣而別。丁生總計所贏，共有六百萬錢。命家童等負歸寓中，歡喜無盡。

隔了兩日，又到相士店裏來走走，意欲再審問他前日言語的確。纔進門來，相士一見，大驚道：「先輩爲何氣色大變？連中榜多不能了，何況魁選？」急將前日所粘在壁上這一條紙扯下來，揉得粉碎。嘆道：「壞了我名聲，此番不準了，可恨！可恨！」丁生慌了道：「前日小生原無此望，是足下如此相許。今日爲何改了口？此是何故？」相士道：「相人功名，先觀天庭氣色。前日黄亮潤澤，非大魁無此等光景，所以相許。今變得枯焦且黑滯了，那裏還望功名？【眉批】不敢欺。莫非先輩有甚設心不良，做了些謀利之事，有負神明麽？試想一想看！」丁生悚然，便把賭博得勝之事說出來，道：「難道是爲此戲事？」相士道：「你莫說是戲事，關着財物，便有神明主張。非義之得，自然減福。」丁生悔之無及，忖了一忖，問相士道：「我如今盡數還了他，敢怕仍舊不妨了。」相士道：「纔一發心，暗中神明便知。果能悔過，還可占甲科，但名次不能如舊。五人之下可望。切須留心。」

丁生亟回寓所，着人去請將二人到寓。兩人只道是又來糾賭，正要番手，三脚兩步，忙忙過來。丁生相見了道：「前日偶爾做戲。大家在客中，豈有實得所贏錢物之理？今日特請兩位過來，奉還原物。」兩人出於不意，道：「既已賭輸，豈有竟還之理？或者再博一番，多少等我們翻些䰟使得。」丁生道：「道義朋友，豈可以一時戲耍，損傷客囊財物？小弟誓不敢取一文，也不敢再做此等事了。」即叫家童，各將前物竟送還兩人下處。兩人喜出望外，道是丁生非常高誼，千恩萬謝而去。豈知丁生原爲着自己功名要緊，故依着相士之言，改了前非。

後來廷試唱名，果中徐鐸榜第六人。【眉批】名之與利，不能兩得如此。相士之術，不差毫釐。若非是這一番賭，這狀頭穩是丁湜，不讓別人了。今低了五名，又還虧得悔過遷善，還了他人錢物，尚得高標；倘貪了小便宜，執迷不悟，不弄得功名没分了？所以説錢財有分限，靠着賭博得來，便贏了也不是好事。

況且有此等近利之事，便有一番謀利之術。有一夥賭中光棍，慣一結了一班黨與，局騙少年子弟，俗名謂之「相識」。用鉛沙灌成藥骰，有輕有重。將手指撚將轉來，撚得得法，抛下去多是贏色。若任意抛下，十擲九輸。又有慣使手法，捧紅坐六的；又有陰陽出注，推班出色的。那不識事的小二哥，一團高興，好歹要賭，俗名唤做「酒頭」，落在套中，出身不得。誰有得與你贏了去？奉勸人家子弟，莫要癡心想别人的。看取丁湜故事，就贏了也要折了狀元之福。何況没福的，何況必輸的！不如學好守本分的爲強。有詩爲證：

財是他人物，癡心何用貪？
寢興多失節，飢飽亦相參。
輸去中心苦，贏來衆口饞。
到頭終一敗，辛苦爲誰甜？

小子只爲苦口勸着世人，休要賭博，却想起一個人來，没事閒游，撞在光棍手裏，不知不覺弄去一賭，賭得精光，没些巴鼻。説得來好笑好聽。

風流誤入綺羅叢，自訝通宵依翠紅。
誰道醉翁非在酒，却教眨眼盡成空。

這本話文，乃在宋朝道君皇帝宣和年間。平江府有一個官人，姓沈，承着祖上官蔭，應授將仕郎之職，赴京聽調。這個將仕，家道豐厚，年紀又不多，帶了許多金銀寶貨在身邊。少年心性，好的是那歌樓舞榭，倚翠偎紅，綠水青山，閒茶浪酒；況兼身伴有的是東西，只要撞得個樂意所在，揮金如土，毫無吝色。

大凡世情如此：纔是有個撒漫使錢的勤兒，便有那幫閒攢懶的陪客來了。寓所差不多遠，有兩個游手人户。一個姓鄭，一個姓李。總是些没頭鬼，也没個甚麽真名號，只叫做鄭十哥、李三哥。終日來沈將仕下處，與他同坐同起，同飲同餐。沈將仕一刻也離不得他二人。他二人也有時破些錢鈔，請沈將仕到平康裏中好姊妹家裏擺個還席。吃得高興，就在姊妹人家宿了。少不得串同了他家，扶頭打差，一路兒撮哄，弄出些錢鈔，大家有分，決不到得白折了本。虧得沈將仕壯年貪色，心性不常，略略得味，就要跳槽，不迷戀着一個，也不能起發他大主錢財。【眉批】如此大老官，也算□□的。只好和哄過日，常得嘴頭肥膩而已。

如是盤桓，將及半年。城中樂地，也没有不游到的所在了。一日，沈將仕與兩人商議道：「我們城中各處走遍了。況且塵囂嘈雜，没甚景趣，我要城外野曠去處走走，散心耍子一回，何如？」鄭十、李三道：「有興，有興。大官人一發在行得緊。只是今日有些小事未完，不得相陪。若得遲至明日便好。」沈將仕道：「就是明日無妨，却不可悮期。」鄭李二人道：「大官人如此高懷，我輩若有個推故不去，便是俗物了。明日準來相陪就是。」

兩人别去了一夜，到得次日，來約沈將仕道：「城外之興何如？」沈將仕道：「專等，專等。」鄭十道：「不知大官人轎去馬去？」李三道：「要去閒步散心，又不趕甚路程，要那轎馬何幹？」沈將仕道：「三哥説得是。

有這些人隨着，便要來催你東去西去，不得自由。我們只是散步消遣，要行要止，憑得自家，豈不爲妙？只帶個把家僮去跟跟便了。」沈將仕身邊有物，放心不下，叫個貼身安童，背着一個皮箱，隨在身後。一同鄭、李二人踱出長安門外來。【眉批】不如放在下處的無事。但見：

甫離城廓，漸遠市塵。參差古樹繞河流，蕩漾游絲飛野岸。布簾沽酒處，惟有畊農村老來嘗；小艇載魚還，多是牧豎樵夫來。問炊烟四起，黑雲影裏有人家；路徑多岐，青草痕中爲孔道。别是一番野趣，頓教忘却塵情。

三人信步而行，觀玩景緻。一頭説話，一頭走路。迤邐有二三里之遠，來到一個塘邊。只見幾個粗腿大脚的漢子，赤剥了上身，手提着皮輓，牽着五七匹好馬，在池塘裏洗浴。看見他三人走來至近，一齊跳出塘子，慌忙將衣服穿上，望着三人齊聲迎偌。沈將仕驚疑，問二人道：「此輩素非相識，爲何見吾三人，恭敬如此？」鄭、李兩人道：「此王朝議使君之隸卒也。使君與吾兩人最相厚善，故此輩見吾等走過，不敢怠慢。」沈將仕道：「元來這個緣故。我也道爲何無因至前。」三人又一頭説，一頭走，離池邊上前又數百步遠了。李三忽然叫沈將仕一聲道：「大官人，我有句話商量着。」沈將仕道：「甚話？」李三道：「今日之游，頗得野興。只是信步浪走，没個住脚的去處。若便是這樣轉去了，又無意味。何不就騎着適纔王公之馬，拜一拜王公，豈不是妙？」沈將仕道：「王公是何人？【眉批】果有若等，原是游時最趣事，能不動心。我却不曾認得。怎好拜他？」李三道：「此老極是個妙人。他曾爲一大郡守，家資絶富，姬妾極多。他最喜的是賓客，往來欵接不倦。今年紀已老，又有了些痰病，諸姬妾皆有離心。却是他防禁嚴密，除了我兩人，忘形相知，得以相見，平時等閒不放出外邊來。那些姬妾無事，只是終日合伴頑耍而已。若吾輩去看他，他是極喜的。大官人雖不曾相會，有吾輩同往，只説道欽慕高雅，願一識荆。他看見是吾每的好友，自不敢輕。吾兩人再遞一個春與他，等他曉得大官人是在京調官的，衣冠一脉，一發注意了，必有極精的飲饌相欵。吾每且落得開懷快暢他一晚，也是有興的事。強如寂寂寞寞，仍舊三人走了回去。」沈將仕心裏未決。鄭十又道：「此老真是會快活的人。有了許多美妾，他却又在朋友面上十分殷勤，尋出興趣來。更兼留心飲饌，必要精潔，惟恐朋友們不中意，吃得不盡興。只這一片高興熱腸，何處再討得有？大官人既到此地，也該認一認這個人，不可錯過。」沈將仕也喜道：「果然如此，便同二位拜他一拜也好。」李三道：「我每原回到池邊，要了他的馬去。」【眉批】逐節有興趣。

於是，三人同路而回。走到池邊，鄭、李大聲叫道：「帶四個馬過來。」看馬的不敢違慢，答應道：「家爺的馬，官人每要騎儘意騎坐就是。」鄭、李與沈將仕各騎了一匹，連沈家家僮，捧着箱兒，也騎了一匹。看馬的帶住了馬頭，問道：「官人每要往那裏去？」鄭十將鞭梢指道：「到你爺家裏去。」看馬的道：「曉得了。」在前走着引路。三人聯鑣按轡而行。轉過兩個坊曲，見一所高門。李三道：「到了，到了。」鄭十哥且陪大官人站一會，待我先進去報知了，好出來相迎。」沈將仕開了箱，取個名帖，與李三帶了報去。李三進門内去了，少歇，出來道：「主人聽得有新客到此，甚是喜歡。只是久病倦懶，怕着冠帶，願求便服相見。」沈將仕道：「論來初次拜謁，禮該具服。今主人有命，恐怕反勞。若許便服，最爲灑脱。」

李三又進去説了。只見王朝議命兩個安童扶了，一同李三出來迎客。沈將仕舉眼看時，但見：

儀度端莊，容顔羸瘦。一前一却，渾如野鶴步罡；半喘半吁，大似吴牛見月。深淺躬不思而得，是鵷鷺班裏習將來；長短氣不約而同，敢鶯燕窩中輸了去。

沈將仕見王朝議雖是衰老模樣，自然是士大夫體段，肅然起敬。王朝議見沈將仕少年豐采，不覺笑逐顔開，拱進堂來。沈將仕與二人俱與朝議相見了。沈將仕叙了些仰慕的説話，道：「幸鄭、李兩兄爲紹介，得以識荆。固快夙心，實出唐突。」王朝議道：「兩君之友，即僕友也。況兩君勝士，相與的必是高賢。老朽何幸，得以沾接。」

茶罷，朝議揖客進了東軒，分付當直的設席欵待。分付不多時，杯盤菓饌傾刻即至。沈將仕看時，雖不怎的大擺設，却多精美雅潔，色色在行，不是等閒人家辦得出的。朝議謙道：「一時不能治具，菓菜小酌，勿怪輕褻。」鄭、李二人道：「沈君極是脱灑人。既忝吾輩相知，原不必認作新客。只管盡主人之興，吃酒便是，不必過謙了。」小童二人頻頻斟酒，三個客人忘懷大嚼，主人勉强支陪。

看看天晚，點上燈來。朝議又陪了一晌，忽然喉中發喘，連嗽不止，痰聲曳鋸也似，響震四座，支吾不得。

【眉批】匪夷所思。叫兩個小童扶了，立起身來道：「賤體不快，上客光顧，不能盡主禮，却怎的好？」對鄭生道：「没奈何了，有煩鄭兄代作主人，請客隨意劇飲，不要阻興。老朽略去歇息一會，煮藥吃了，少定即來奉陪。恕罪，恕罪。」朝議一面同兩個小童扶擁而去。剩得他三個在座，小童也不出來斟酒了。李三道：「等我尋人去。」起身走了進去。

沈將仕見主人去了，酒席闌珊，心裏有些失望。欲待要辭了回去，又不曾别得主人，抑且餘興還未盡。

【眉批】俱是突起奇峰。只得走下庭中散步。忽然聽得一陣歡呼擲骰子聲。循聲覓去，却在軒後一小閣中，有些燈影在窗隙裏射將出來。沈將仕將窗隙弄大了些，窺看裏面。不看時萬事全休，一看看見了，真是：

酥麻了半壁，軟癱做一堆。

你道裏頭是甚光景？但見：

明燭高張，巨案中列。擲盧賽雉，纖纖玉手擎成；喝六呼麽，點點朱唇吐就。金步摇，玉條脱，盡爲孤注争雄；風流陣，肉屏風，竟自和盤托出。若非廣寒殿裏，怎能勾如許仙風；不是金穀園中，何處來若干媚質？任是愚人須縮舌，怎教浪子不輸心？

元來沈將仕窗隙中看去，見裏頭是美女七八人，環立在一張八仙桌外。桌上明晃晃點着一枝高燭，中間放下酒榼一架，一個骰盆，盆邊七八堆采物，每一美女面前一堆，是將來作注賭采的。衆女掀拳裸袖，各欲爭雄。燈下偷眼看去，真個個個如嫦娥出世，豐姿態度，目中所罕見。不覺魂飛天外，魄散九霄。看得目不轉睛，頑涎亂吐。

正在禁架不定之際，只見這個李三不知在那裏走將進去，也竄在裏頭了。【眉批】又妙。抓起色子，便待要擲下去。衆女賭到開深處，忽見是李三下注，盡嚷道：「李秀才，你又來鬼廝攪，打斷我姊妹們興頭。」李三頑着臉皮道：「便等我在裏頭與賢妹們幫興一幫興也好。」一個女子道：「總是熟人，不妨事。要來便來，不要酸子氣。快擺下注錢來。」衆女道：「看這個酸鬼，那裏熬得起大注？」一遞一句譏誚着。李三擲一擲，做一個鬼臉。大家把他來做一個取笑的物事。李三只是忍着羞，皮着臉，憑他擘面啐來，只是頑鈍無耻，挨在幫裏。一霎時，不分彼此，竟大家着他在裏面擲了。

沈將仕看見李三情狀，一發神魂摇蕩。頓足道：「真神仙境界也！若使吾得似李三，也在裏頭廝混得一場，死也甘心。」【眉批】摩登迦淫席，雖阿難亦動，況血氣未定者乎！急得心癢難熬，好似熱地上蜒蚰，一歇兒立脚不定。急走來要與鄭十商量。鄭十正獨自個坐在前軒打盹。又妙。沈將仕急摇他醒來道：「虧你還睡得着！我們一樣到此，李三哥却落在蜜缸裏了。」鄭十道：「怎麽的？」沈將仕扯了他手，竟到窗隙邊來，指着裏面道：「你看麽！」

鄭十打眼一看，果然李三與群女在裏頭混賭。鄭十對沈將仕道：「這個李三，好没廉耻！」沈將仕道：「如此勝會，怎生知會他一聲，設法我也在裏頭去擲擲兒，也不枉了今日來走這一番。」鄭十道：「諸女皆王公侍兒。此老方纔去眠宿了，諸女得閒，在此頑耍。吾每是熟極的，故李三插得進去。諸女素不識大官人，主人又不在面前，怎好與他們接對？須比我每不得。」沈將仕情極了，道：「好哥哥，帶挈我帶挈。」鄭十道：「若挨得進去，須要稍物，方纔可賭。」要着。沈將仕道：「吾隨身篋中有金寶千金，又有二三千張茶券子，可以爲稍。只要十哥設法得我進去，取樂得一回，就雙手送掉了這些東西，我願畢矣。」鄭十道：「這等，不要高聲。悄悄地隨着我來，看相個機會，慢慢插將下去。切勿驚散了他們，便不妙了。」

沈將仕謹依其言，不敢則一聲。鄭十拽了他手，轉灣抹角，且是熟溜，早已走到了聚賭的去處。諸姬正賭得酣，各不擡頭，不見沈將仕。鄭十將他捏一把，扯他到一個稀空的所在站下了。偵伺了許久，直等兩下決了輸贏，會稍之時，鄭十方纔開聲道：「容我每也擲擲兒麽？」衆女擡頭看時，認得是鄭十，却見肩下立着個面生的人，大家喝道：「何處兒郎，突然到此？」鄭十道：「此吾好友沈大官人。知卿等今宵良會，願一拭目，幸勿驚訝。」衆女道：「主翁與汝等通家，故彼此各無避忌。如何帶了他家少年來，攙預我良人之會？」一個老成些的道：「既是兩君好友，亦是一體的。既來之，則安之。且請一杯遲到的酒。」遂取一大卮，滿斟着一杯熱酒，奉與沈將仕。沈將仕此時身體皆已麻酥，見了親手奉酒，敢有推辭？雙手接過來，一飲而盡，不剩一滴。奉酒的姬對着衆姬笑道：「妙人也！每人可各奉一杯。」鄭十道：「列位休得炒斷了擲興。吾友沈大官人也願與衆位下一局。一頭擲骰，一頭飲酒助興，更爲有趣。」那老成的道：「妙，妙。雖然如此，也要防主人覺來。」遂唤小鬟：「快去朝議房裏伺候。倘若睡覺，亟來報知，切勿悞事。」小鬟領命去了。諸女就與沈將仕共博。

沈將仕自喜身入仙宫，志得意滿，采色隨手得勝。諸姬頭上釵珥首飾，盡數除下來作采賭賽，盡被沈將仕贏了。須臾之間，約有千金。諸姬個個目睁口呆，面前一空。【眉批】凡扯捏，無不有妙處。鄭十將沈將仕扯一把道：「贏勾了，歇手罷。」怎當得沈將仕魂不附體，他心裏只要多插得一會寡趣便好，不在乎財物輸贏，那裏肯住？只管伸手去取酒吃，吃了又擲，擲了又吃。諸姬又來趂興，奉他不休。沈將仕越肉麻了，風將起來，弄得諸姬皆赤手，無稍可擲。

其間有一小姬年最小，貌最美，獨是他輸得最多。見沈將仕風風世世，連擲采骰。帶着怒容，起身竟去。走至房中，轉了一轉，提着一個羊脂玉花樽到面前，向桌上一攧道：「此瓶值千緡。只此作孤注，輸贏在此一決。」【眉批】怒亦極趣。衆姬問道：「此不是爾所有，何故將來作注？」小姬道：「此主人物也。此一決，得勝固妙，倘若再不如意，一發輸了去，明日主人尋究，定遭鞭捶。然事勢至此，我情已極，不得不然。」衆人勸他道：「不可趕興，萬一又輸，再無挽回了。」小姬怫然道：「憑我自主，何故阻我？」堅意要擲。衆人見他已怒，便道：「本圖歡樂，何故到此地位？」

沈將仕看見小姬光景，又憐又愛，心裏躊躇道：「我本意豈欲贏他？争奈骰子自勝？怎生得幫襯這一擲輸與他了，也解得他的惱怒。不然，反是我殺風景了。」看官聽說：這骰子雖無知覺，極有靈通，最是跟着人意興走的。起初，沈將仕神來氣旺，勝采便跟着他走，所以連擲連贏。歇了一會，勝頭已過，敗色將來。況且心裏有些過意不去，情願認輸，一團鋭氣已自餒了十分了。【眉批】直得一輸。更見那小姬氣忿忿、雄糾糾，十分有趣，魂靈也被他弔了去。心意忙亂，一擲大敗。小姬叫聲：「慚愧！也有這一擲該我贏的！」即把花樽底兒朝天，倒將轉來。沈將仕只道止是個花樽，就是千緡也賠得起，豈知花樽裏頭盡是金釵珠琲塞滿其中。【眉批】若此擲不勝，其中之物必别有妙用，料不至爲沈生攫得也。一倒倒將出來，輝煌奪目，正不知多少價錢。盡該是輸家賠償的。沈將仕無言可對。

鄭、李二人與同諸姬公估價值，所值三千緡錢。沈將仕須賴不得，盡把先前所贏，儘數退還，不上千金。

只得走出，叫家僮取帶來箱子裏面茶券子二千多張，算了價錢，儘作賭資還了。説話的，茶券子是甚物件，可當金銀？看官聽説：茶券子即是茶引。宋時禁茶榷税，但是茶商納了官銀，方關茶引。認引不認人。有此茶引，可以到處販賣。每張之利，一兩有餘。大户人家，儘有當着茶引生利的。所以這茶引當得銀子用。蘇小卿之母受了三千張茶引，把小卿嫁與馮魁，即是此例也。沈將仕去了二千餘張茶引，即是去了二千餘兩銀子。沈將仕自道只輸得一擲，身邊還有剩下幾百張，其餘金寶他物在外不動，還思量再下局去博將轉來。忽聽得朝議裏頭大聲咳嗽，急索唾壺。諸姬慌張起來，忙將三客推出閣外，把火打滅，一齊奔入房去。

三人重複走到軒外元飲酒去處。剛坐下，只見兩個小童又出來勸酒道：「朝議多多致意尊客，夜深體倦，不敢奉陪。求尊客發興多飲一杯。」三人同聲辭道：「酒興已闌，不必再叨了。只要作别了便去。」小童走進去説了。又走出來道：「朝議説：『倉卒之間，多有簡慢。夜已深了，不勞面别。此後三日，再求三位同會此處，更加盡興，切勿相拒。』【眉批】拖此後步更妙，有深情。又叫分付看馬的，仍舊送三位到寓所，轉來回話。」

三人一同沈家家僮，乘着原來的四匹馬，離了王家。行到城門邊，天色將明，城門已自開了。馬夫送沈將仕到了寓所。沈將仕賞了馬夫酒錢，連鄭、李二人的也多是沈將仕出了，一齊打發了去。鄭、李二人别了沈將仕道：「一夜不睡，且各還寓所安息一安息。等到後日再去赴約。」三人别去。

沈將仕自思夜來之事，雖然失去了一二千本錢，却是着實得趣。【眉批】真是着鬼。想來老姬贊他，何等有情；小姬怒他，也自有興；其餘諸姬，遞相勸酒，輪流賭賽，好不風光！多是背着主人做的。可恨鄭、李兩人，先占着這些便宜。而今我既弄入了門，少不得也熟分起來，也與他二人一般受用。或者還有括着個把上手的事在裏頭，也未可知。轉轉得意。

因兩日困倦，不出門。巴到第三日，清早起來，就要去再赴王朝議之約。却不見鄭、李二人到來。急着家僮到二人下處去請，下處人回言走出去了。只得呆呆等着。等到日中，竟不見來。沈將仕急得亂跳，肚腸多爬了出來。想一想道：「莫不他二人不約我，先去了？我既已拜過，擾過，認得的了，何必待他二人？只是要引進内裏去，還須得他每領路。我如今備些禮物，去酬謝前晚之酌。若是他二人先在，不必説了；若是不在，料得必來，好歹在那裏等他每爲是。」叫家僮雇了馬匹，帶了禮物，出了城門。竟依前日之路，到王朝議家裏來。【眉批】此時何不再一裝局哄之？蓋所得已厭，恐再試而或露耳。

到得門首，只見大門拴着。先叫家僮尋着旁邊一個小側門進去，一直到了裏頭，並無一人在内。家僮正不知甚麽緣故，走出來回覆家主。沈將仕驚疑，猶恐差了，再同着家僮走進去一看。【眉批】如夢。只見前堂、東軒與那聚賭的小閣，宛然那夜光景在目，却無一個人影。大駭道：「分明是這個裏頭，那有此等怪事？」急走到大門左側，問着個開皮舖的人道：「這大宅裏王朝議全家那裏去了？」皮匠道：「此是内相侯公公的空房，從來没個甚麽王朝議在此。」沈將仕道：「前夜有個王朝議，與同家眷正在此中居住。我們來拜他，他做主人，留我每吃了一夜酒。分明是此處，如何説從來没有？」皮匠道：「三日前，有好幾個惡少年，挾了幾個上廳有名粉頭，税了此房吃酒賭錢。【眉批】房不可久假，故不得不散。次日分了利錢，各自散去。那裏是甚麽王朝議請客來？這位官人，莫不着了他道兒了？」沈將仕方纔疑道是奸計，裝成圈套，來騙他這些茶券子的。一二千金之物，分明付之一空了。【眉批】惟其如此，所以爲神棍。却又轉一念頭，追思那日池邊喚馬，宅内留賓，後來閣中聚賭，都是無心凑着的，難道是設得來的計較？似信不信道：「只可惜不見兩人！畢竟有個緣故在内。等待幾日，尋着他兩個再問。」

豈知自此之後，屢屢叫人到鄭、李兩人下處去問，連下處的人多不曉得。説道：「自那日出去後，一竟不來。虚鎖着兩間房，開進去並無一物在内。不知去向了。」到此方知前日這些逐段逐節行徑，令人看不出一些，與馬夫、小童多是一套中人物，只在暹這一夜裏頭打合成的。**【眉批】**打合在一夜，其習成非一日之力矣。正是拐騙得十分巧處，神鬼莫測也。

漫道良朋作勝游，誰知胠篋有陰謀？
清閨不是閒人到，只爲癡心錯下籌。

莽兒郎驚散
新鶯燕

㑳梅香認合
玉蟾蜍

卷之九

莽兒郎驚散新鶯燕　㑳梅香認合玉蟾蜍

詩云：

世間好事必多磨，緣未來時可奈何！

直至到頭終正果，不知底事欲蹉跎？

話説從來有人道：「好事多磨。」那到底不成的，自不必説，盡有到底成就的，起初時千難萬難，挫過了多少機會，費過了多少心機，方得了結。就如王仙客與劉無雙兩個，中表兄妹，從幼許嫁，年紀長大，只須劉尚書與夫人做主，兩個一下配合了，有何可説？却又尚書番悔起來，千推萬阻。比及夫人攛掇得肯了，正要做親，又撞着朱泚、姚令言之亂，御駕蒙塵，兩下失散。直到得干戈平静，仙客入京來訪，不匡劉尚書被人誣陷，家小配入掖庭。從此天人路隔，永無相會之日了。姻緣未斷，又得發出宫女打掃皇陵。恰好差着無雙在内，驛庭中通出消息與王仙客，跟尋得希奇古怪的一個俠客古押衙，將茅山道士仙丹，矯詔藥死無雙在皇陵上，贖出屍首來救活了，方得成其夫婦，同歸襄漢。不知挫過了幾個年頭，費過了多少手脚了！早知到底是夫妻，何故又要經這許多磨折？真不知天公主的是何意見！可又有一説：不遇艱難，不顯好處。古人云：

不是一番寒徹骨，怎得梅花撲鼻香！

只如偷情一件，一偷便着，却不早完了事？然没一些光景了。畢竟歷過多少間阻，無限風波，後來到手，方爲希罕。所以在行的道：「偷得着不如偷不着。」真有深趣之言也。

而今說一段因緣，正要到手，却被無意中攪散。及至後來，兩下各不指望了，又曲曲灣灣反弄成了。這是氤氳大使顛倒人的去處。且說這段故事出在那個地方？甚麽人家？怎的起頭？怎的了結？看官不要性急，待小子原原委委說來。有詩爲證：

打鴨驚鴛鴦，分飛各異方。
天生應匹耦，羅列自成行。

話說杭州府有一個秀才，姓鳳，名來儀，字梧賓，少年高才，只因父母雙亡，家貧未娶。有個母舅金三員外，看得他是個不凡之器，是件照管、周濟他。鳳生就冒了舅家之姓，進了學。入場考試，已得登科。朋友往來，只稱鳳生； 榜中名字，却是金姓。金員外一向出了燈火之資，替他在吴山左畔賃下園亭一所，與同兩個朋友做伴讀書。那兩個是嫡親兄弟，一個叫做竇尚文，一個叫做竇尚武。多是少年豪氣，眼底無人之輩。三個人情投意合，頗有管鮑、雷陳之風。竇家兄弟，爲因有一個親眷上京爲官，送他長行，就便往蘇州探訪相識去了。鳳生雖已得中，春試尚遠，還在園中讀書。

一日傍晚時節，誦讀少倦，走出書房散步。至園東，忽見牆外樓上，有一女子，憑窗而立，貌若天人。只隔得一朵牆，差不得多少遠近。那女子看見鳳生青年美質，也似有眷顧之意，毫不躲閃。鳳生貪看，自不必說。四目相視，足有一個多時辰。鳳生只做看玩園中菊花，步來步去，賣弄着許多風流態度，不忍走回。酸相。直等天黑將來，只聽得女子叫道：「龍香，掩上了樓窗。」一個侍女走起來，把窗撲的關了，鳳生方纔回步。心下思量道：「不知鄰家有這等美貌女子！不曉得他姓甚名誰，怎生打聽一個明白便好。」

過了一夜，次日清早起來，也無心想觀看書史。忙忙梳洗了，即望園東牆邊來。擡頭看那鄰家樓上，不見了昨日那女子。正在惆悵之際，猛聽得牆角小門開處，走將一個青青秀秀的丫鬟進來，竟到圃中採菊花。鳳生要撩撥他開口，故作厲聲道：「誰家女子盜取花卉？」那丫鬟啐了一聲，道：「是我鄰家的園子，你是那裏來的野人？反説我盜！」鳳生笑道：「盜也非盜，野也非野。一時失言，兩下退過罷。」丫鬟也笑道：「不退過，找你些甚麽？」鳳生道：「請問小娘子，採花去與那個戴？」丫鬟道：「我家姐姐梳洗已完，等此插帶。」鳳生道：「你家姐姐高姓大名？何門宅眷？」丫鬟道：「我家姐姐姓楊，小字素梅，還不曾許聘人家。」鳳生道：「堂上何人？」丫鬟道：「父母俱亡，傍着兄嫂同居。性愛幽静獨處小樓刺繡。」更妙。鳳生道：「昨日看見在樓上憑窓而立的，想就是了。」丫鬟道：「正是他了。那裏還有第二個？」鳳生道：「這等，小娘子莫非龍香姐麽？」丫鬟驚道：「官人如何曉得？」鳳生本是昨日聽得叫喚，明白在耳朵裏的，却謅一個謊道：「小生一向聞得東鄰楊宅有個素梅娘子，世上無雙的美色。侍女龍香姐，十分乖巧，十分賢惠。仰慕已久了。」

龍香終是丫頭家見識，聽見稱讚他兩句，道是外邊人真個説他好，就有幾分喜動顔色。道：「小婢子有何德能，直教官人知道！」鳳生道：「强將之下無弱兵。恁樣的姐姐，須得恁樣的梅香姐方爲厮稱。小生有緣，昨日得瞥見了姐姐，今日又得遇着龍香姐，真是天大的福分。龍香姐怎生做得一個方便，使小生再見得姐姐一面麽？」龍香道：「官人好不知進退！好人家兒女，又不是煙花門户。知道你是甚麽人，面生不熟，説個一見、再見！」鳳生道：「小生姓鳳，名來儀，今年秋榜舉人。在此園中讀書，就是貼壁緊鄰。你姐姐固是絶代佳人，小生也不愧今時才子。就相見一面，也不辱没了你姐姐。」赸臉。龍香道：「慣是秀才家有這些老臉説話！不耐煩與你纏帳，且將菊花去與姐姐插戴則個。」説罷，轉身就走。鳳生直跟將來送他，作個揖道：「千萬勞龍香姐在姐姐面前，説鳳來儀多多致意。」龍香只做不聽，走進角門，撲的關了。

鳳生只得回步轉來。只聽得樓窗豁然大開，高處有人叫一聲：「龍香，怎麽去了不來？」急擡頭看時，正是昨日憑窗女子。新妝方罷，等龍香採花不來，開窗叫他，恰好與鳳生打個照面。鳳生看上去，愈覺美麗非常。那楊素梅也看上鳳生在眼裏了，呆呆偷覷，目不轉睛。鳳生以爲可動，朗吟一詩道：

幾回空度可憐宵，誰道秦樓有玉簫！
咫尺銀河難越渡，寧交不瘦沈郎腰？

樓上楊素梅聽見吟詩，詳那詩中之意，分明曉得是打動他的了。只不知這俏書生是那一個，又没處好問得。正在心下躊躇，只見龍香手撚了一朵菊花來，與他插好了。就問道：「姐姐，你看見那園中狂生否？」素梅摇手道：「還在那厢摇擺，低聲些，不要被他聽見了。」龍香道：「我正要他聽見。有這樣老臉皮没廉耻的！」素梅道：「他是那個？怎麽樣没廉耻？你且説來。」龍香道：「我自採花，他不知那裏走將來，撞見了，反説我偷他的花。被我搶白了一場。後來問我採花與那個戴，我説是姐姐。他見説出姐姐名姓來，不知怎的就曉得我叫做龍香。説道一向仰慕姐姐芳名，故此連侍女名字多打聽在肚裏的。又説昨日得瞥見了姐姐，還要指望再見見。又被我搶白他是面生不熟之人，他纔説出名姓來，叫做鳳來儀，是今年中的舉人，在此園中讀書，是個緊鄰。我不睬他，他深深作揖，央我致意姐姐，道姐姐是佳人，他是才子。你道好没廉耻麽？」素梅道：「説輕些。看來他是個少年書生，高才自負的。你不理他便罷，不要十分輕口輕舌的沖撞他。」有心人。龍香道：「姐姐怕龍香沖撞了他，等龍香去叫他來見見姐姐，姐姐自回他話罷。」素梅道：「癡丫頭，好個歹舌頭！怎麽好叫他見我？」兩個一頭話，一頭下樓去了。

這裏鳳生聽見樓上唧噥一番，雖不甚明白，曉得是一定説他，心中好生癢癢。直等樓上不見了人，方纔走回書房。從此書卷懶開，茶飯懶吃，一心只在素梅身上。日日在東牆探頭望腦，時常兩下撞見。那素梅也失魂喪魄的，掉那少年書生不下。每日上樓幾番，但遇着便眉來眼去，彼此有意，只不曾交口。又時常打發龍香，只以採花爲名，到花園中探聽他來踪去迹。

龍香一來曉得姐姐的心事，二來見鳳生靦覥，心裏也有些喜歡，要在裏頭撮合。偷期者必籍此等之力。不時走到書房裏傳消遞息，對鳳生説着素梅好生鍾情之意。鳳生道：「對面甚覺有情，只是隔着樓上下，不好開得口。總有心事，無從可達。」龍香道：「官人何不寫封書與我姐姐？」鳳生喜道：「姐姐通文墨麽？」龍香道：「姐姐喜的是吟詩作賦，豈但通文墨而已。」鳳生道：「這等，待我寫一情詞起來，勞煩你替我寄去，看他怎麽説？」鳳生提起筆來，一揮而就。詞云：

木落庭皋，樓閣外、彤雲半擁。偏則向、凄涼書舍，早將寒送。眼角偷傳傾國貌，心苗曾倩多情種。問天公、何日判佳期，成歡寵？（詞寄《滿江紅》）

鳳生寫完，付與龍香。龍香收在袖裏。走回家去，見了素梅，面帶笑容。素梅問道：「你適在那邊書房裏來，有何説話，笑嘻嘻的走來？」龍香道：「好笑那鳳官人，見了龍香，不説甚麽説話，把一張紙、一管筆，只管寫來寫去。被我趂他不見，溜了一張來。姐姐，你看他寫的是甚麽？」素梅接過手來，看了一遍，道：「寫的是一首詞。分明是他叫你拿來的，你却掉謊！」龍香道：「不瞞姐姐説，委實是他叫龍香拿來的。龍香又不識字，知他寫的是好是歹，怕姐姐一時嗔怪，只得如此説。」【眉批】機變捷于紅娘。素梅道：「我也不嗔怪你。只是書生狂妄，不回他幾字，他只道我不知其意，只管歪纏。我也不與他吟詞作賦，賣弄聰明，實實的寫幾句説話，回他便了。」

龍香即時研起墨來，取幅花箋，攤在棹上。好個素梅，也不打稿，提起筆來就寫。寫道：

自古貞姬守節，俠女憐才。兩者俱賢，各行其是。但恐遇非其人，輕諾寡信，俠不如貞耳。與君爲鄰，幸成目遇；有緣與否，君自揣之。勿徒調文琢句，爲輕薄相誘已也。聊此相復，寸心已盡，無多言。

寫罷，封好了，教龍香藏着，隔了一日，拿去與那鳳生。

龍香依言，來到鳳生書房。鳳生驚喜道：「龍香姐來了。那封書兒曾達上姐姐否？」龍香拿個班道：「甚麽書不書，要我替你淘氣！」鳳生道：「好姐姐，如何累你受氣？」龍香道：「姐姐見了你書，變了臉，道：『甚麽人的書，要你拿來？我是閨門中女兒，怎麽與外人通書帖？』只是要打。」鳳生道：「他既道我是外人，不該通書帖，又在樓上眼睁睁看我怎的？是他自家招風攬火，怎倒打你？」龍香道：「我也不到得與他打。我回説道：『我又不識字，知他寫的是甚麽？【眉批】龍香饒有趣致。姐姐不像意，不要看他，拿去還他罷了。何必着惱？』方纔免得一頓打。」鳳生道：「好澹話！若是不曾看着，拿來還了，有何消息？可不悮了我的事！」龍香道：「不管悮事不悮事，還了你，你自看去！」袖中摸出來，撩在地下。

鳳生拾起來，却不是起先拿去的了，曉得是龍香耍他，帶着笑道：「我説你家姐姐不捨得怪我，必是好音回我了。」拆開來細細一看，跌足道：「好個有見識的女子！分明有意于我，只怕我日後負心，未肯造次耳。我如今只得再央龍香姐拿件信物送他，寫封實心實意的話，求他定下個佳期。省得此往彼來，有名無實，白白地想殺了我。」龍香道：「爲人爲徹。快寫來，我與你拿去。我自有道理。」

鳳生開了箱子，取出一個白玉蟾蜍鎮紙來，乃是他中榜之時，母舅金三員外與他作賀的。製作精工，是件古玩。今將來送與素梅作表記。寫下一封書道：

承示玉音，多關肝鬲。儀雖薄德，敢負深情？但肯俯通一夕之歡，必當永矢百年之好。謹貢白玉蟾蜍，聊以表信。荆山之産，取其堅潤不渝；月中之象，取其團圓無缺。乞訂佳期，以慰渴想。

（末寫道）辱愛不才生鳳來儀頓首

素梅娘子妝前

鳳生將書封好，一同玉蟾蜍交付龍香。對龍香道：「我與你姐姐百年好事，千金重擔，只在此兩件上面了。萬望龍香姐竭力周全，討個回音則個。」龍香道：「不須囑付。我也巴不得你們兩個成了事，有話面講，不耐煩如此傳書遞柬。」鳳生作個揖道：「好姐姐，如此幫襯，萬代恩德。」龍香帶着笑拿着去了。

走進房來，回復素梅道：「鳳官人見了姐姐的書，着實贊嘆。説姐姐有見識。又寫一封回書，送一件玉物事在此。」

素梅接過手來，看那玉蟾蜍光潤可愛，笑道：「他送來怎的？且拆開書來看。」素梅看那書時，一路把頭暗點，臉頰微紅，有些沉吟之意。看到「辱愛不才生」幾字，笑道：「騃秀才，那個就在這裏愛你？」【眉批】正真愛所露。龍香道：「姐姐若是不愛，何不絕了他，不許往來？既與他兜兜搭搭，他難道倒肯認做不愛不成？」素梅也笑將起來道：「癡丫頭，就像與他一路的！我倒有句話與你商量。我心上真有些愛他，其實瞞不得你了。如今他送此玉蟾蜍做了信物，要我去會他。這個却怎麽使得？」龍香道：「姐姐若是使不得，空愛他也無用。何苦把這個書生哄得他不上不落的，呆呆地百事皆廢了？」素梅道：「只恐書生薄倖，且顧眼下風光，日後不在心上，撇人在腦後了，如何是好？」龍香道：「這個龍香也做不得保人。姐姐而今要絕他，却又愛他；要從他，却又疑他。如此兩難，何不約他當面一會？看他説話真誠，罰個咒願，方纔憑着姐姐，或短或長，成就其事。若不像個老實的，姐姐一下子丢開，再不要纏他罷了。」素梅道：「你説得有理，我回他字去。難得今夜是十五日團圓之夜，約他今夜到書房裏相會便了。」

素梅寫着幾字，手上除下一個纍金戒指兒，答他玉蟾蜍之贈，叫龍香拿去。龍香應允，一面走到園中，心下道：「佳期只在今夜了，便宜了這酸子！不要直與他説知。」走進書房中來，只見鳳生朝着紙窗，正在那裏呆想。見了龍香，驀地跳將起來，道：「好姐姐！天大的事如何了？」龍香道：「什麽如何、如何！他道你不知進退，開口便問佳期，這等看得容易！一下性子，書多扯壞了，連那玉蟾蜍也摜碎了。」鳳生呆了道：「這般説起來，教我怎的纔是？等到幾時方好？可不害殺了我！」龍香道：「不要心慌，還有好話在後。」鳳生歡喜道：「既有好話，快説來！」龍香道：「好自在性！大着嘴子：『快説來！快説來！』不直得陪個小心？」【眉批】嬌態可掬。鳳生陪笑道：「好姐姐，這是我不是了。」跪下去道：「我的親娘，有什麽好説話，對我説罷。」龍香扶起道：「不要饞臉。你且起來，我對你説。我姐姐初時不肯，是我再三攛掇，已許下日子了。」鳳生道：「在幾時呢？」龍香笑道：「在明年。」鳳生道：「若到明年，我也害死好做周年了。」龍香道：「死了料不要我償命，自有人不捨得你死。有個丹藥方在此醫你。」袖中摸出戒指與那封字來，交與鳳生道：「倒不是害死，却不要快活殺了！」

鳳生接着，拆開看時，上寫道：

徒承往復，未測中心。擬作夜談，各陳所願。固不爲投梭之拒，亦非效踰牆之徒。終身事大，欲訂完盟耳。先以約指之物爲定。言出如金，浮情宜戒，如斯而已。

末附一詩云：

試斂聽琴心，來訪吹簫伴。
爲語玉蟾蜍，清光今夜滿。

鳳生看罷，曉得是許下了佳期，又即在今夜，喜歡得打跌。對龍香道：「虧殺了救命的賢姐，教我怎生報答也！」龍香道：「閒話休題。既如此約定，到晚來切不可放甚麽人在此打攪。」鳳生道：「便是同窗兩個朋友，出去久了；舅舅家裏一個送飯的人，送過便打發他去，不呼唤他，却不敢來。此外别無甚人到此，不妨，不妨。只是姐姐不要臨時變卦便好。」龍香道：「這個倒不消疑慮，只在我身上，包你今夜成事便了。」龍香自回去了。鳳生一心只打點歡會，住在書房中，巴不得到晚。

那邊素梅，也自心裏忒忒地，一似小兒放紙炮，又愛又怕。只等龍香回來，商量到晚赴約。恰好龍香已到，回覆道：「那鳳官人見了姐姐的字，好不快活，連龍香也受了他好些跪拜了。」素梅道：「說便如此說，羞答答地怎好去得？」龍香道：「既許了他，作耍不得的。」素梅道：「不去便怎麽？」龍香道：「不去不打緊，龍香說了這一個大謊，後來害死了他，地府中還要攀累我。」素梅道：「你只管自家的來世，再不管我的終身。」龍香道：「甚麽終身，拚得立定主意嫁了他便是了。」素梅道：「既如此，便依你去走一遭也使得。只要打聽兄嫂睡了方好。」【眉批】大見識女子，非可以馬泊六目之。

說話之間，早已天晚。天上皎團團推出一輪明月。龍香走去了一更多次，走來道：「大官人、大娘子多吃了晚飯，我守他收拾睡了纔來的。我每不要點燈，開了角門，趁着明月，悄悄去罷。」素梅道：「你在前走，我後邊尾着，怕有人來。」果然龍香先行，素梅在後，遮遮掩掩，走到書房前。龍香把手點道：「那有燈的不就是他書房？」素梅見說是書房，便立定了脚。

鳳生正在眄望不到之際，心癢難熬，攢出攢入了一會，略在窓前歇氣。只聽得門外脚步響，急走出來迎着。這裏龍香就出聲道：「鳳官人，姐姐來了，還不拜見？」鳳生月下一看，真是天仙下降，不覺的跪了下去道：「小生有何天幸，勞煩姐姐這般用心。殺身難報。」素梅通紅了臉，一把扶起道：「官人請尊重，有話慢講。」鳳生立起來，就扶着素梅衣袂，道：「外厢不便，請小姐快進房去。」

素梅走進了門内，外邊龍香道：「姐姐，我自去了。」素梅叫道：「龍香，不要去。」鳳生道：「小姐，等他回去，安頓着家中的好。」素梅又叫道：「略轉轉就來。」龍香道：「曉得了。鳳官人關上了門罷。」【眉批】好個會幫襯的龍香。

當下龍香走了轉去，鳳生把門關了，進來一把抱住道：「姐姐，想殺了鳳來儀也！」一手就去素梅懷裏亂扯衣裙。素梅按住道：「官人不要性急，説得明白，方可成歡。」鳳生道：「我兩人心事已明，到此地位，還有何説？」只是抱着推他到床上來。素梅掙定了脚不肯走，道：「終身之事，豈可草草？【眉批】到此不得不草草。你咒也須賭一個，永不得負心。」鳳生一頭推，一頭口裏噥道：「鳳來儀若負此情，永遠前程不吉，不吉。」素梅見他極態，又哄他又愛他，心下已自軟了，不由的脚不放鬆，任他推去。

正要倒在床上，只聽得園門外一片大嚷，擂鼓也似敲門。鳳生正在喉急之際，吃那一驚不小，便道：「作怪了！此時是甚麽人敲門？想來没有别人。姐姐不要心慌，門是關着的，没事。我們且自上床。憑他門外叫唤，不要睬他。」素梅也慌道：「只怕使不得，不如我去休。」鳳生極了，恨性命抱住道：「這等怎使得？這是活活的弄殺我了。」正是色膽如天，鳳生且不管外面的事，把素梅的小衣服解脱了，忙要行事。那曉得花園門年深月久，苦不甚牢，早被外邊一夥人踢開了一扇，一路嚷將進來，直到鳳生書房門首來了。

鳳生聽見來得切近，方纔着忙道：「古怪這聲音却似竇家兄弟兩個。幾時回來的？恰恰到此！我的活寃家，怎麽是好？」只得放下了手，對素梅道：「我去頂住了門，你把燈吹滅了，不要做聲。」素梅心下驚惶，一手把裙袴結好，難爲情。一頭把火吹息，鯫鯫地揀暗處站着，不敢喘氣。鳳生走到門邊，輕輕掇條櫈子，把門再加頂住，要走進來温存素梅。只聽得外面打着門道：「鳳兄快開門！」鳳生戰抖抖的回道：「是是是那個？」一個聲氣小些的道：「小弟竇尚文。」一個大喊道：「小弟竇尚武。兩個月不相聚了，今日纔得回來。這樣好月色，快開門出來，吾們同去吃酒。」鳳生道：「夜深了，小弟已睡在床上了。懶得起來，明日盡興罷。」外邊竇大道：「寒舍不遠，過談甚便。欲着人來請，因怕兄已睡着，未必就來。故此兄弟兩人特來自邀。快些起來。」鳳生道：「夜深風露，熱被窩裏起來，怕不感冒了？其實的懶起，不要相強，足見相知。」竇大道：「兄興素豪，今夜何故如此？」竇二便嚷道：「男子漢見説着吃酒看月有興的事，不知更有有興于此者。披衣便起，怕甚風露？」鳳生道：「今夜偶然没興，望乞見諒(量)。」【眉批】只該説：「今夜正在高興，望乞見量。」竇二道：「終不成使我們掃了興，便自這樣回去了？你若當真不起來時，我們一發把這門打開來，莫怪粗鹵。」

鳳生着了急，自想道：「倘若他當真打進，怎生是好？」低低對素梅道：「他若打將進來，必然事露。姐姐你且躱在床後，待我開門出去，打發了他就來。」素梅也低低道：「撇脱些，我要回去。這事做得不好了，怎麽處？」素梅望床後黑處躱好，鳳生纔掇開櫈子，開出門來。見了他兄弟兩個，且不施禮，便隨手把門扣上了，道：「室中無火，待我搭上了門，和兄每兩個坐話一番罷。」兩竇道：「坐話甚麽？酒盒多端正在那裏了，且到寒家，呼盧浮白，吃到天明。」苦哉。鳳生道：「小弟不耐煩，饒我罷。」竇二道：「我們興高得緊，管你耐煩不耐煩，我們大家扯了去。」兄弟兩個，多動手扯着便走。又加家僮們推的推，攘的攘，不由你不走。鳳生只叫得苦，却又不好説出。正是：

啞子慢嘗黄栢味，難將苦口向人言。

没奈何，只得跟着吆吆喝喝的去了。

這裏素梅在房中，心頭丕丕的跳，幾乎把個膽嚇破了。着實懊悔無盡。聽得人聲漸遠，纔按定了性子，走出床面前來。整一整衣服，望門外張一張，悄然無人。忖道：「此時想没人了，我也等不得他，趂早走回去罷。」去拽那門時，誰想是外邊搭住了的。狠性子一拽，早把兩三個長指甲一齊撅斷了。匆遽之狀，如在目前。要出來，又出來不得；要叫聲「龍香」，又想他決在家裏，那裏在外邊聽得？又還怕被别人聽見了。左右不是，心裏煩躁撩亂，没計奈何。看看夜深了，坐得不耐煩，再不見鳳生來到。心中又氣又恨，道：「難道貪了酒杯，竟忘記我在這裏了？」又替他解道：「方纔他負極不要去，還是這些狂朋，没得放他回來。」轉展躊躇，無聊無賴，身體倦怠，呵欠連天。欲要睡睡，又是别人家床鋪，不曾睡慣，不得伏貼。亦且心下有事，焦焦躁躁，那裏睡得去？悶坐不過，做下一首詞云：

幽房深鎖多情種，清夜悠悠誰共？羞見枕衾鴛鳳。悶則和衣擁。　無端猛烈陰風動，驚破一番新夢。窓外月華霜重，寂寞桃源洞。（詞寄《桃源憶故人》）

素梅吟詞已罷，早已鷄鳴時候了。

龍香在家裏睡了一覺醒來，想道：「此時姐姐與鳳官人也快活得勾了，做夢。不免走去俟候，接了他歸來早些。省得天明有人看見，做出事來。」開了角門，踏着露草，慢慢走到書房前來。只見門上搭着扭兒，疑道：「這外面是誰搭上的？又來奇怪了！」【眉批】聽蛩然足奇而喜，此其時也。自言自語了幾句。

裏頭素梅聽得聲音，便開言道：「龍香來了麽？」龍香道：「是來了。」素梅道：「快些開了門進來。」龍香開進去看時，只見素梅衣妝不卸，獨自一個坐着，驚問道：「姐姐起得這般早？」錯認皆妙。素梅道：「那裏是起早！一夜還不曾睡。」龍香道：「爲何不睡？鳳官人那裏去了？」素梅嘆口氣道：「有這等不湊巧的事！説不得一兩句説話，一夥狂朋，踼進園門來，拉去看月。鳳官人千推萬阻，不肯開門，他直要打進門來。只得開了門，隨他們一路去了，至今不來。且又搭上了門，教我出來又出來不得，坐又坐不過，受了這一夜的罪。而今你來得正好，我和你快回去罷。」龍香道：「怎麽有這等事？姐姐有心，得到這時候了，鳳官人畢竟轉來，還在此等他一等麽？」素梅不覺淚汪汪的，又嘆一口氣道：「還説甚麽等他？【眉批】真可痛哭流涕而長太息者也！只自回去罷了。」正是：

驀地魚舟驚比目，霎時樵斧破連枝。

素梅自與龍香回去不題。

且説鳳生，被那不做美的竇大、竇二不由分説拉去吃了半夜的酒，鳳生真是熱地上蜒蚰，一時也安不得身子。一聲求罷，就被竇二大碗價罰來。鳳生雖是心裏不願，待推却時，又恐怕他們看出破綻。只得勉強發興，指望早些散場。誰知這些少年心性，吃到興頭上，越吃越狂，那裏肯住？鳳生真是没天得叫。直等東方發白，大家酩酊，吃不得了，方纔歇手。鳳生終是留心，不至大醉。帶了些酒意，别了二竇，一步恨不得做十步，踉蹌歸來。到得園中，只見房門大開，急急走進，叫道：「小姐！小姐！」那見個人影？【眉批】未免有情，亦復誰能遣此。想着昨宵在此，今不得見了，不覺的趂着酒興，敲臺拍凳，氣得淚點如珠的下來。罵道：「天殺的竇家兄弟，坑殺了我！千難萬難，到得今日，纔得成就。未曾到手，平白地攪開了。而今不知又要費多少心機，方得圓成！只怕着了這驚，不肯再來了，如何是好？」悶悶不樂，倒在床上。

一覺睡到日沉西，方起得來。急急走到園東牆邊一看，但見樓窗緊閉，不見人踪。【眉批】又在巫山那廂。推推角門，又是關緊了的。没處問個消息，怏怏而回。且在書房納悶，不題。

且説那楊素梅歸到自己房中，心裏還是恍惚不寧的。對龍香道：「今後切須戒着，不可如此。」龍香道：「姐姐，只怕戒不定。覷破。」素梅道：「且看我狠性子戒起來。强話亦妙話。」龍香道：「到得戒時已是遲了。」素梅道：「怎見得遲？」龍香道：「身子已破了。」素梅道：「那裏有此事？你纔轉得身，他們就打將進來。説話也不曾説得一句，那有别事？」龍香道：「既如此，那人怎肯放下？定然想殺了。極不也害個風癲。可不是我們的陰騭？還須今夜再走一遭的是。」素梅道：「今夜若去，你住在外面。一邊等我，一邊看人，方不悮事。」龍香冷笑了一聲。素梅道：「你笑甚麽來？」龍香道：「我笑姐姐好個狠性子，着實戒得定。」

兩個正要商量晚間再去赴期，不想裏面兄嫂處走出一個丫鬟來，報道：「馮老孺人來了。」元來素梅有個外婆，嫁在馮家，住在錢塘門裏。雖没了丈夫，家事頗厚，開個典當鋪在門前，人人曉得他是個富室。那些三姑六婆，没一個不來奉承他的。他只有一女，嫁與楊家，就是素梅的母親。早年夫婦雙亡了。孺人想着外甥女兒，雖然傍着兄嫂居住，未曾許聘人家。一日與媒婆每説起素梅親事，媒婆每道：「若只托着楊大官人出名，説把妹子許人，未必人家動火。須得説是老孺人的親外甥，就在孺人家裏接茶出嫁的，方有門當户對的來。」孺人道是説得有理，亦且外甥女兒年紀長大，也要收拾他身畔來。【眉批】遲了。故此自己擡了轎，又叫了一乘空轎，一直到楊家，要接素梅家去。

素梅接着外婆，孺人把前意説了一遍。素梅暗地吃了一驚，推托道：「既然要去，外婆先請回，等甥女收拾兩日就來。」孺人道：「有什麽收拾？老厭物。我在此等了你去。」【眉批】毒甚。龍香便道：「也要揀個日子。」孺人道：「我揀了來的，今日正是個黄道吉日，就此去罷。」素梅暗暗地叫苦，私對龍香道：「怎生發付那人？」龍香道：「總是老孺人守着在此，便再遲兩日去也會他不得了。不如且依着去了，等龍香自去回他消息，再尋機會罷。」素梅只得懷着不快，跟着孺人去了。所以這日鳳生去望樓上，再不得見面。直到外邊去打聽，纔曉得是外婆家接了去了。跌足嘆恨，悔之無及。又不知幾時纔得回家，再得相會。

正在不快之際，只見舅舅金三員外家金旺來接他回家去，要商量上京會試之事。説道：「園中一應書箱行李，多收拾了家來，不必再到此了。」毒甚！鳳生口裏不説，心下思量道：「誰想當面一番錯過，便如此你東我西，料想那還有再會的日子？只是他十分的好情，教我怎生放得下？」一邊收拾，望着東牆，只管落下淚來。却是没奈何，只得匆匆出門。到了金三員外家裏，員外早已收拾盤纏，是件停當。吃了餞行酒，送他登程，叫金旺跟着，一路伏侍去了。

員外閒在家裏，偶然一個牙婆走來賣珠翠，説起錢塘門裏馮家有個女兒，才貌雙全，尚未許人。員外叫討了他八字來，與外甥合一合看。那看命的看得是一對上好到頭夫妻，夫榮妻貴，並無沖犯。員外大喜，即央人去説合。那馮孺人見説是金三員外，曉得他本處財主，叫人通知了外甥楊大官人，當下許了。擇了吉日，下了聘定，歡天喜地。

誰知楊素梅心裏只想着鳳生，見説許下了甚麽金家，好生不快，又不好説得出來。對着龍香，只是啼哭。龍香寬解道：「姻緣分定。想當日若有緣法，早已成事了。如此對面錯過，畢竟不是對頭。虧得還好，若是那一夜有些長短了，而今又許了一家，却怎麽處？」素梅道：「説那裏話？【眉批】有此意所以到底成就。我當初雖不與他沾身，也曾親熱一番，心已相許。我如今癡想還與他有相會日子，權且忍耐。若要我另嫁別人，臨期無奈，只得尋個自盡，報答他那一點情分便了。怎生撇得他下？」龍香道：「姐姐一片好心，固然如此，只是而今怎能勾再與他相會？」素梅道：「他如今料想在京會試。倘若姻緣未斷，得登金榜，他必然歸來，尋訪着我。那時我辭了外婆，回到家中，好歹設法得相見一番。那時他身榮貴，就是婚姻之事，或者還可挽回。萬一不然，我與他一言面訣，死亦瞑目了。」龍香道：「姐姐也見得是。且耐心着，不要煩煩惱惱，與別人看破了，生出議論來。」

不説兩個唧噥。且説鳳生到京，一舉成名，做了三甲進士。選了福建福州府推官。心裏想道：「我如今便道還家，央媒議親，易如反掌。這姻緣仍在，誠爲可喜。進士不足言也。」正要打點起程，金員外家裏有人到京來，説道：「家中已聘下了夫人，只等官人榮歸畢姻。」鳳生吃了一驚，道：「怎麽聘下了甚麽夫人？」金家人道：「錢塘門裏馮家小姐，見説才貌雙全的。」鳳生變了臉道：「你家員外好没要緊！那知我的就裏？連忙就聘做甚麽？」金家人與金旺多疑怪道：「這是老員外好意，官人爲何反怪將起來？」鳳生道：「你們不曉得，不要多管。」自此心中反添上一番愁緒起來。正是：

姻事雖成心事違，新人歡喜舊人啼。

幾回暗裏添惆悵，說與傍人那得知？

鳳生心中悶悶，且待到家，再作區處。一面京中自起身，一面打發金家人先回報知，擇日到家。這裏金員外曉得外甥歸來快了，定了成婚吉日，先到馮家下那袍段釵鐶請期的大禮。他把一個白玉蟾蜍做壓釵物事。這蟾蜍是一對，前日把一個送外甥了，今日又替他行禮，做了個囫圇人情。教媒婆送到馮家去，說：「金家郎金榜題名，不日歸娶，已起程將到了。」那馮老孺人好不喜歡！旁邊親親眷眷看的人那一個不嘖嘖稱嘆，道：「素梅姐姐生得標緻，有此等大福！」多來與素梅叫喜。誰知素梅心懷鬼胎，只是長吁短嘆，好生愁悶，默默歸房去了。

只見龍香走來道：「姐姐，你看見適纔的禮物麽？」素梅道：「有甚心情去看他！」龍香道：「一件天大僥倖的事，好叫姐姐得知！龍香聽得外邊人說，那中進士聘姐姐的那個人，雖然姓金，却是金家外甥。我前日記得鳳官人也曾說甚麽金家舅舅，只怕那個人就是鳳官人也不可知。」素梅道：「那有此事？」龍香道：「適纔禮物裏邊，有一件壓釵的東西，也是一個玉蟾蜍，與前日鳳官人與姐姐的一模一樣。若不是他家，怎生有這般一對？」素梅道：「而今玉蟾蜍在那裏？設法來看一看。」龍香道：「我方纔見有些蹺蹊，推說姐姐要看，拿將來了。」袖裏取出，遞與素梅。看了一會，果像是一般的。再把自家的在臂上解下來，並一並看，分毫不差。想着前日的情，不覺掉下淚來道：「若果如此，真是姻緣不斷！古來破鏡重圓，釵分再合，信有其事了。只是鳳郎得中，自然說是鳳家下禮，如何只說金家？這裏邊有些不明。怎生探得一個實消息？果然是了便好。」龍香道：「是便怎麽？不是便怎麽？」素梅道：「是他了，萬千歡喜，不必說起。若不是他，我前日說過的，臨到迎娶，自縊而死。」龍香道：「龍香倒有個計較在此。」素梅道：「怎的計較？」龍香道：「少不得迎親之日，媒婆先回話。那時龍香妝做了媒婆的女兒，隨了他去。看得果是那人，即忙回來說知就是。」素梅道：「如此甚好。但願得就是他，這場喜比天還大。」龍香道：「我也巴不得如此。看來像是有些光景的。」兩人商量已定。

過了兩日，鳳生到了金家了。那時馮老孺人已依着金三員外所定日子成親，先叫媒婆去回話，請來迎娶。龍香知道，趕到路上，來對媒婆說：「我也要去看一看新郎。有人問時，只說是你的女兒，帶了來的。」媒婆道：「這等折殺了老身。同去走走就是。只有一件事，要問姐姐。」龍香道：「甚事？」媒婆道：「你家小姐天大喜事臨身，過門去就做夫人了，如何不見喜歡？口裏唧唧噥噥，倒像十分不快活的。這怎麽説？」龍香道：「你不知道。我姐姐自小立願，此謊亦傷得妙。要自家揀個像意的姐夫。而今是老孺人做主，不管他肯不肯，許了他。不知新郎好歹，放心不下，故此不快活。」媒婆道：「新郎是做官的了，有甚麽不好？」龍香道：「夫妻面上，只要人好。【眉批】俗人之見，自然如此。做官有甚麽用處？老娘曉得這做官的姓甚麽？」媒婆道：「姓金了，還不知道？」龍香道：「聞説是金員外的外甥，元不姓金。可知道姓甚麽？」媒婆道：「是便是外甥，而今外邊人只叫他金爺。他肉姓姓得有些異樣的，不好記，我忘記了。」龍香道：「可是姓鳳？」媒婆想了一想，點頭道：「正是這個什麽怪姓。」龍香心裏暗暗喜歡，已有八分是了。【眉批】如畫。

一路行來，已到了金家門首。龍香對媒婆道：「老娘你先進去，我在門外張一張罷。」媒婆道：「正是。」媒婆進去見了鳳生，回覆今日迎親之事。正在問答之際，龍香門外一看，看得果然是了，不覺手舞足蹈起來，嘻嘻的道：「造化！造化！」龍香也有意要他看見，把身子全然露着，早已被門裏面看見了。鳳生問媒婆道：「外面那個隨着你來？」媒婆道：「是老媳婦的女兒。」鳳生一眼瞟去，疑是龍香。便叫媒婆去裏面茶飯，自己踱出來看，果然是龍香了。鳳生忙道：「甚風吹你到此？你姐姐在那裏？」龍香道：「鳳官人還問我姐姐？你只打點迎親罷了。」鳳生道：「龍香姐，小生自那日驚散之後，有一刻不想你姐姐，也叫我天誅地滅！

怎奈是這日一去，彼此分散，無路可通。僥倖往京得中，正要歸來，央媒尋訪，不想舅舅又先定下了這馮家。而今推却不得，没奈何了。豈我情願？」龍香故意道：「而今不情願，也説不得了。只辜負了我家姐姐一片好情，至今還是淚汪汪的。」鳳生也拭淚道：「待小生過了今日之事，再怎麼約得你家姐姐一會面，講得一番心事明白，死也甘心。【眉批】過了今日，還會之何爲？而今你姐姐在那裏？曾回去家中不曾？」龍香哄他道：「我姐姐也許下人家了。」鳳生吃驚道：「咳咳！許了那一家？」龍香道：「是這城裏甚麼金家，新中進士的。」鳳生道：「又來胡説！城中再那裏還有個金家新中進士？只有得我。」龍香道：「官人幾時又姓金？」鳳生道：「這是我娘舅家姓。我一向榜上多是姓金，不姓鳳。」龍香嘻的一笑道：「白日見鬼，枉着人急了這許多時！」鳳生道：「這等説起來，敢是我聘定的就是你家姐姐？【眉批】却不道怎的。却怎麼説姓馮？」龍香道：「我姐姐也是馮老儒人的外甥，故此人只説是馮家女兒，其實就是楊家的人。」鳳生道：「前日分散之後，我問鄰人，説是外婆家接去，想正是馮家了。」龍香道：「正是了。」鳳生道：「這話果真麽？【眉批】疑得是。莫非你見我另聘了，特把這話來耍我的？」

龍香去袖中摸出兩個玉蟾蜍來老大證見。道：「你看這一對先自成雙了，一個是你送與姐姐的，一個是你家壓釵的。眼見得多在這裏了，還要疑心？」鳳生大笑道：「有這樣奇事！可不快活殺了我？」龍香道：「官人如此快活，我姐姐還不知道明白，哭哭啼啼在那裏。」鳳生道：「若不是我，你姐姐待怎麼？」也要問。龍香道：「姐姐看見玉蟾蜍一樣，又見説是金家外甥，故此也有些疑心，先教我來打探。説道不是官人，便要自盡。如今即忙回去報他，等他好梳妝相待。而今他這歡喜，也非同小可。」鳳生道：「還有一件，他事在急頭上，只怕還要疑心是你權時哄他的，未必放心得下。你把他前日所與我的戒指拿去與他看，他方信是實了。可好麽？」龍香道：「官人見得是。」鳳生即在指頭上勒下來交與龍香去了。一面分付鼓樂酒筵齊備，親往迎娶。

却説龍香急急走到家裏，見了素梅，連聲道：「姐姐，正是他！正是他！」素梅道：「難道有這等事？」龍香道：「不信你看這戒指那裏來的？」就把戒指遞將過來，道：「是他手上親除下來與我，叫我拿與姐姐看，做個憑據的。」素梅微笑道：「這個真也奇怪了，你且説他見你説些甚麽？」龍香道：「他説自從那日驚散，没有一日不想姐姐。而今做了官，正要來啚謀這事，不想舅舅先定下了。他不知是姐姐，十分不情願的。」素梅道：「他不匡是我，別娶之後，却待怎麽？」龍香道：「他説原要設法與姐姐一面，説個衷曲，死也瞑目。就眼淚流下來。我見他説得至誠，方與他説明白了這些話。他好不歡喜！」素梅道：「他却不知我爲他如此立志，只説我輕易許了人家，道我没信行的了，怎麽好？」龍香道：「我把姐姐這些意思，盡數對他説了。原説打聽不是，迎娶之日，尋個自盡的。他也着意，恐怕我來回話，姐姐不信，疑是一時權宜之計，哄上轎的説話，故此拿出這戒指來爲信。」素梅道：「戒指在那裏拿出來的？」龍香道：「緊緊的勒在指頭上，可見他不忘姐姐的了。」素梅此時纔放心得下。

須臾，堂前鼓樂齊鳴，新郎冠帶上門，親自迎娶。親人上轎，馮老孺人也上轎，送到金家，與金三員外會了親。吃了喜酒，送入洞房，兩下成其夫婦。恩情美滿，自不必説。

次日，楊家兄嫂多來會親，竇家兄弟兩人也來作賀。鳳生見了二竇，想着那晚之事，不覺失笑。自忖道：「虧得原是姻緣，到底配合了。不然這一場攪散，豈是小可的！」又不好説得出來，只自家暗暗僥倖而已。做了夫妻之後，時常與素梅説着那事，兩個還是打噤的。

因想世上的事最是好笑。假如鳳生與素梅索姓無緣罷了，既然到底是夫妻，那日書房中時節，何不休要生出這番風波來？略遲一會，也到手了。再不然，不要外婆家去，次日也還好再續前約。怎生不先不後，偏要如此間阻。及至後來，兩下多不打點的了，却又無意中聘定，成了夫婦。這多是天公巧處！却像一下子就上了手，反没趣味，故意如此的。却又有一時不偶，便到底不諧的，這又不知怎麼說。有詩爲證：

從來女俠會憐才，到底姻成亦異哉！
也有驚分終不偶，獨含幽怨向琴臺。

趙五虎合計
挑家釁

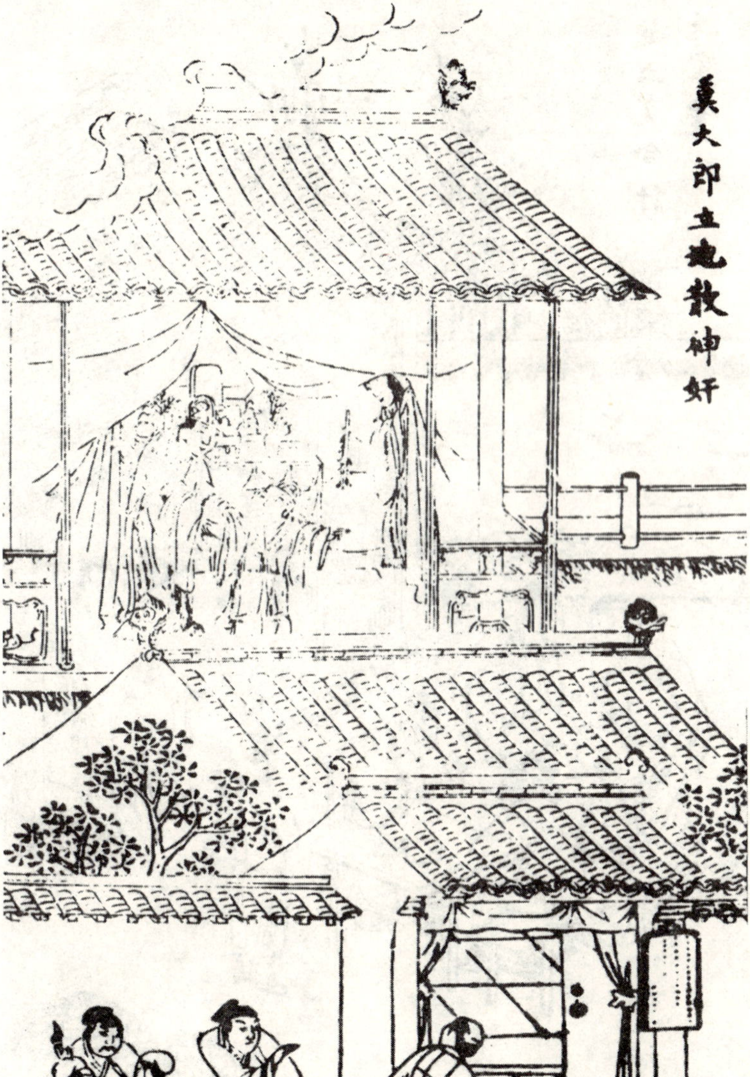
莫大郎立地散神奸

卷之十

趙五虎合計挑家釁　莫大郎立地散神奸

詩曰：

黑蟒口中舌，黄蜂尾上針。
兩般猶未毒，最毒婦人心。

話説婦人家妒忌，乃是七出之條内一條，極是不好的事。却這個毛病像是天生成的一般，再改不來的。宋紹興年間，有一個官人，乃是台州司法，姓葉，名薦。有妻方氏，天性殘妒，猶如虎狼。手下養娘婦女們，棰楚挺杖，乃是常刑。還有灼鐵燒肉，將錐搠腮。性急起來，一口咬住不放，定要咬下一塊肉來；狠極之時，連血帶生吃了。【眉批】原是個活虎。常有致死了的。婦女裏頭，若是模樣略似人的，就要疑心司法喜他，一發受苦不勝了。司法那裏還好解勸得的？雖是心裏好生不然，却不能制得他，没奈他何。所以中年無子，再不敢萌娶妾之念。

後來司法年已六旬，那方氏也有五十六七歲，差不多了。司法一日懇求方氏道：「我年已衰邁，豈還有取樂好色之意？但老而無子，後邊光景難堪。欲要尋一個丫頭，與他養個兒子，爲接續祖宗之計。須得你周全這事方好。」方氏大怒道：「你就匡我養不出，生起外心來了！我看自家晚間盡有精神，只怕還養得出來。

你不要胡想。」司法道：「男子過了六十，還有生子之事；幾曾見女人六十將到了，生得兒子出的？」方氏道：「你見我今年做六十齊頭了麽？」司法道：「就是六十，也差不多兩年了。」【眉批】肯約日子，還算好的。方氏道：「再與你約三年，那時無子，憑你尋一個淫婦，快活死了罷了。」司法唯唯從命，不敢再説。【眉批】肯不失信，也是好的。

過了三年，只得又將前説提起。方氏已許出了口，不好悔得，只得妝聾做啞，聽他娶了一個妾。娶便娶了，只是心裏不伏氣，尋非厮鬧，没有一會清净的。忽然一日對司法道：「我眼中看你們做把戲，實是使不得。我年紀老了，也不耐煩在此争嚷。你那裏另揀一間房，獨自關得斷的，與我住了。我在裏邊脩行，只叫人供給我飲食，我再不出來了。憑你們過日子罷。」司法聽得，不勝之喜，道：「慚愧！若得如此，天從人願！」遂於屋後另築一小院，收拾静室一間，送方氏進去住了。家人們早晚問安，遞送飲食，多時没有説話。司法暗暗喜歡道：「似此清净，還像人家。不道他晚年心性，未得恭喜。這樣改得好了！他既然從善，我們一發要還他禮體。」對那妾道：「你久不去相見了，也該自去問候一番。」妾依主命，獨自走到屋後去了。直到天晚，不見出來。司法道：「難道兩個説得投機，只管留在那裏了？」未得恭喜。未免心裏牽挂，自己悄悄步到那裏去看。

走到了房前，只見門窗關得鐵桶相似，兩個人多不見。司法把門推推，推不開來。用手敲着兩下，裏頭雖有些聲響，却不開出來。司法道：「奇怪了！」回到前邊，叫了兩個粗使的家人，同到後邊去，狠把門亂推亂踢。那門桯脱了，門早已跌倒一邊。一擁進去，只見方氏撲在地下。説時遲，那時快，見了人來，騰身一跳，望門外亂竄出來。衆人急回頭看去，却是一隻大蟲，吃了一驚。再看地上，血肉狼籍，一個人渾身心腹多被吃盡，只剩得一頭兩足。認那頭時，正是妾的頭。司法又苦又驚，道：「不信有這樣怪事！」連忙去趕那虎，已出屋後跳去，不知那裏去了。又去唤集衆人，點着火把，望屋後山上，到處找尋，並無踪迹。

這個事在紹興十九年。此時有人議論：「或者連方氏也是虎吃了的，未必這虎就是他。」【眉批】若是神虎，人虎恐亦能之。却有一件：虎只會吃人，那裏又會得關門閉户來？分明是方氏平日心腸狠毒，元自與虎狼氣類相同。今在屋後獨居多時，忿戾滿腹，一見妾來，怒氣勃發，遂變出形相來，恣意咀啗，傷其性命，方掉下去了。此皆毒心所化也。所以説道婦人家有天生成妒忌的，即此便是榜樣。

小子爲何説這一段希奇事？只因有個人家，也爲内眷有些妒忌，做出一場没了落事，幾乎中了人的機謀，哄弄出拆家蕩産的事來。若不虧得一個人有主意，處置得風恬浪静，不知炒到幾年上纔是了結。有詩爲證：

些小言詞莫若休，不須經縣與經州。
衙頭府底賠杯酒，贏得猫兒賣了牛。

這首詩，乃是宋賢范弇所作，勸人休要争訟的話。大凡人家些小事情，自家收拾了，便不見得費甚氣力。若是一個不伏氣，到了官時，衙門中没一個肯不要賺錢的。不要説後邊輸了，就是贏得來，算一算費用過的財物，已自合不來了。何況人家弟兄們争着祖父的遺産，不肯相讓一些，情願大塊的東西作成别個得去了。又有不肖官府，見是上千上萬的狀子，動了火，起心設法。這邊送將來，便道：「我斷多少與你。」那邊送將來，便道：「我替你斷絶後患。」只管埋着根脚、漏洞，等人家争個没休歇，蕩盡方休。又有不肖縉紳，見人家是争財的事，容易相幫。東邊來説，也叫他「送些與我，我便左袒」。西邊來説，也叫他：「送些與我，我便右袒。」兩家不歇手，落得他自飽滿了。世間自有這些人在那裏，官司豈是容易打的？【眉批】所宜熟玩。自古説：「鷸蚌相持，漁人得利。」到收場想一想，總是被没相干的人得了去。何不自己骨肉，便吃了些虧，錢財還只在自家門裏頭好！今日小子説這有主意的人，便真是見識高强的。

這件事也出在宋紹興年間。吴興地方，有個老翁，姓莫，家資鉅萬。一妻二子，已有三孫。那莫翁富家性子，本好淫慾。少年時節，便有娶妾買婢，好些風流快活的念頭。又不愁家事做不起，隨他討着幾房，粉黛三千，金釵十二，也不難處的。只有一件不湊趣處，那莫老姥却是十分利害，他平生有三恨：

一恨天地，二恨爹娘，三恨雜色匠作。

你道他爲甚麽恨這幾件？他道自己身上生了此物，别家女人就不該生了，爲甚天地没主意？不惟我不爲希罕，又要防着男人。二來爹娘嫁得他遲了些個，不曾眼見老兒破體，到底有些放心不下處。更有一件：女人溺尿，總在馬子上罷了，偏有那些燒窑匠、銅錫匠，弄成溺器，與男人撒溺，將陽物放進放出，形狀看不得。【眉批】奇想。似此心性，你道莫翁少年之時，容得他些鬆寬門路麽？後來生子生孫，一發把這些閒花野草的事體回個盡絶了。

此時莫翁年已望七，莫媽房裏有個丫鬟，名唤雙荷，十八歲了。莫翁晚間睡時，叫他擦背捶腰。莫媽因是老兒年紀已高，無心防他這件事。况且平時奉法惟謹，放心得下慣了。誰知莫翁年紀雖高，慾心未已，乘他身邊伏侍時節，與他捏手捏脚，私下肉麻。那雙荷一來見是家主，不敢則聲，二來正值芳年，情竇已開，也滿意思量那事，盡吃得這一杯酒。背地裏兩個做了一手。有個歌兒，單嘲着老人家偷情的事：

老人家再不把淫心改變，見了後生家只管歪纏，怎知道行事多不便？搵腮是皺面頰；做嘴是白鬚髯；正到那要緊關頭也，却又軟軟軟軟軟。【眉批】殺風景。

説那莫翁與雙荷偷了幾次，家裏人漸漸有些曉得了。因爲莫媽心性利害，只没人敢對他説。連兒子、媳婦，爲着老人家面上，大家替他隱瞞。孝哉！誰知有這樣不做美的寃家勾當？那妮子日逐覺得眉粗眼慢，乳脹腹高，嘔吐不停。起初還只道是病，看看肚裏動將起來，曉得是有胎了。心裏着忙，對莫翁道：「多是你老没志氣，做了這件事，而今這樣不尷尬起來。媽媽心性，若是知道了，肯干休的？我這條性命，眼見得要葬送了。」不住的眼淚落下來。莫翁只得寬慰他道：「且莫着急，我自有個處置在那裏。」

莫翁心下自想道：「當真不是耍處。我一時高興，與他弄一個在肚裏了。媽媽知道，必然打駡不容，枉害了他性命。縱或未必致死，我老人家子孫滿前，却做了此没正經事，炒得家裏不静，也好羞人。【眉批】未爲不是。不如趂這妮子未生之前，尋個人家，嫁了出去。等他帶胎去別人家生育了，糊塗得過再處。」算計已定，私下對雙荷說了。雙荷也是巴不得這樣的，既脱了狠家主婆，又別配個後生男子，有何不妙？方纔把一天愁消釋了好些。【眉批】丫頭見識，不過如此。

果然，莫翁在莫媽面前，尋個頭腦，故意説丫頭不好，要賣他出去。莫媽也見雙荷年長，光景妖嬈，也有些不要他在身邊了。遂聽了媒人之言，嫁出與在城花樓橋賣湯粉的朱三。朱三年紀三十以内，人物盡也濟楚。雙荷嫁了他，算做得郎才女貌，一對好夫妻。莫翁只要着落得停當，不争財物。朱三討得容易，頗自得意，只不知討了個帶胎的老婆來。漸漸朱三識得出了，雙荷實對他説道：「我此胎實係主翁所有，怕媽媽知覺，故此把我嫁了出來，許下我看管終身的。【眉批】老翁自痴，丫頭心已向厥夫矣。你不可説甚麽，打破了機關，落得時常要他周濟些東西，我一心與你做人家便了。」朱三是個經紀行中人，只要些小便宜，那裏還管青黄皂白？況且曉得人家出來的丫頭，那有真正女身？又是新娶情熱，自然含糊忍住了。

娶過來五個多月，養下一個小厮來，雙荷密地叫人通與莫翁知道。莫翁雖是没奈何嫁了出來，心裏還是割不斷的。見説養了兒子，道是自己骨血，瞞着家裏，悄悄將兩挑米、幾貫錢先送去與他吃用。以後首飾衣服，與那小娃子穿着的，没一件不支持了去。朱三反靠着老婆福蔭，落得吃自來食。

那兒子漸漸大起來，莫翁雖是暗地周給他用度無缺，却到底瞞着生人眼，不好認帳。隨那兒子自姓了朱。跟着朱三，也到市上幫做生意。此時已有十來歲，街坊上人點點搐搐，多曉得是莫翁之種。連莫翁家裏兒子、媳婦們，也多曉得老兒有這外養之子，私下在那裏盤纏他家的，却大家妝聾做啞，只做不知。莫姥心裏也有些疑心，不在眼面前了，又没人敢提起，也只索罷了。

忽一日，莫翁一病告殂。家裏成服停喪，自不必説。在城有一夥破落户管閒事、吃閒飯的没頭鬼光棍，一個叫做鐵裏蟲宋禮，一個叫做鑽倉鼠張朝，一個叫做弔睛虎牛三，一個叫得灑墨判官周丙，一個叫得白日鬼王癟子，還有幾個不出名提草鞋的小夥，共是十來個，專一捕風捉影，尋人家閒頭腦，挑弄是非、扛幫生事。那五個爲頭，在黑虎玄壇趙元帥廟裏歃血爲盟，結爲兄弟。【眉批】神其吐之乎？盡多改姓了趙，總叫做趙家五虎，不拘那裏有事，一個人打聽將來，便合着伴去做，得利平分。平日曉得賣粉朱三家兒子是莫家骨血，這日見説莫翁死了，衆兄弟商量道：「一樁好買賣到了！莫家乃巨富之家，老媽媽只生得二子，享用那二三十萬不了。我們攛掇朱三家那話兒去告争，分得他一股，最少也有幾萬數，我們幫的也有小富貴了。就不然，只要起了官司，我們打點的打點，賣陣的賣陣，這邊不着那邊着，好歹也有幾年纏帳了。【眉批】好算計。也強似在家裏嚼本。」大家拍手道：「造化，造化！」鐵裏蟲道：「我們且去見那雌兒，看他主意怎麽的，設法誘他上這條路便了。」多道：「有理。」一齊向朱三家裏來。朱三平日賣粉湯，這五虎日日在衙門前後走動，時常買他的點飢，是熟主顧家。

朱三見了，拱手道：「列位光降，必有見諭。」那弔睛虎道：「請你娘子出來，我有一事報他。」朱三道：「何事？」白日鬼道：「他家莫老兒死了。」雙荷在裏面聽得，哭將出來道：「我方纔聽得街上是這樣説，還道未的，而今列位來説，一定是真了。」一頭哭，一頭對朱三説：「我與你失了這泰山的靠傍，今生再無好日了。」

鑽倉鼠便道：「怎説這話？如今正是你們的富貴到了。」五人齊聲道：「我兄弟們特來送這一套横財與你們的。」朱三夫妻多驚疑道：「這怎麽説？」鐵裏蟲道：「你家兒子乃是莫老兒骨血。而今他家裏萬萬貫家財，田園屋宇，你兒子多該有分。何不到他家去，要分他的？他若不肯分，拚與他吃場官司，料不倒斷了你們些去！撞住打到底，苦你兒子不着，與他滴起血來，怕道不是真的？這一股穩穩是了。」朱三夫妻道：「事倒委實如此，我們也曉得。只是輕易起了個頭，一時住不得手的。自古道：『貧莫與富鬥。』吃官司全得財來使費，我們怎麽敵得他過？弄得後邊不伶不俐，反爲不美。況且我每這樣人家，一日不做，一日没得吃的，那裏來的人力，那裏來的工夫去吃官司？」鐵裏蟲道：「這個誠然也要慮到，打官司全靠使費與那人力兩項。而今我和你們熟商量，要人力時，我們幾個弟兄相幫你倆門做事，盡勾了。只這使費難處，我們也説不得，小錢不去，大錢不來，五個弟兄，一人應出一百兩，先將來下本錢，替你使用去。你寫起一千兩的借票來，我們收着。直等日後斷過家業，來到了手，你每照契還我。只近得你每一本一利，也不爲多。此外謝我們的，憑你們另商量了。那時是白得來的東西，左右是不費之惠，料然決不怠慢了我們。」

朱三夫妻道：「若得列位如此相幫，可知道好。只是打從那裏做起？」鐵裏蟲道：「你只依我們調度，包管停當。且把借票寫起來爲定。」朱三只得依着寫了，押了個字，連兒子也要他畫了一個，交與衆人。衆人道：「今日我每弟兄且去。一面收拾銀錢停當了，明日再來計較行事。」朱三夫妻道：「全仗列位看顧。」當下衆人散了去。

雙荷對丈夫道：「這些人所言，不知如何。可做得來的麽？」朱三道：「總是不要我費一個錢，看他們怎麽主張。依得的只管依着做去，或者有些油水也不見得。用去是他們的，得來是我們的，有甚麽不便宜處？」雙荷道：「不該就寫紙筆與他。」朱三道：「秤我們三個做肉賣，也值不上幾兩。他拿了我千貫的票子，若不奪得家事來，他好向那裏討？【眉批】庸人專以膽大貽後累。果然奪得來時，就與他些也不難了。況且不寫得與他，他怎肯拿銀子來應用？有這一紙安定他每的心，纔肯盡力幫我。」雙荷道：「爲甚孩子也要他着個字？」朱三道：「奪得家事是孩子的，怎不叫他着字？這個倒多不打緊，只看他們指撥怎麽樣做法便了。」

不説夫妻商量。且説五虎出了朱家的門，大家笑道：「這家子被我們説得動火了！只是扯下這樣大謊，那裏多少得些，與他起個頭？」鐵裏蟲道：「當真我們有得己裏錢先折去不成？只看我略施小計，不必用錢。」這四個道：「有何妙計？」鐵裏蟲道：「我如今只要拿一匹粗麻布，做件衰衣，與他家小廝穿了，叫他竟到莫家去做孝子。撩得莫家母子惱躁起來。吾每只一個錢白紙告他一狀，這就是五百兩本錢了。」四個拍手道：「妙，妙！事不宜遲，快去，快去。」

鐵裏蟲果然去膽挪了一匹麻布，到裁衣店剪開了，縫成了一件衰衣。手裏拿着道：「本錢在此了。」一湧的望朱三家裏來。

朱三夫妻接着，道：「列位還是怎麽主張？」鐵裏蟲道：「叫你兒子出來，我教道他事體。」雙荷對着孩子道：「這幾位伯伯，幫你去討生身父母的家業。你只依着做去便了。」那兒子也是個乖的，説道：「既是我生身的父親，那家業我應得有的。只是我娃子家，教我怎的去討纔是？」鐵裏蟲道：「不要你開口討，只着了這件孝服，我們引你到那裏。你進門去，到了孝堂裏面，看見靈幃，你便放聲大哭。哭罷就拜。拜了四拜，往外就走。有人問你説話，你只不要回他，一徑到外邊來。我們多在左側茶坊裏等你便了。這個却不難的。」朱三道：「只如此，有何益？」衆人道：「這是先送個信與他家。你兒子出了門，第二日就去進狀，我們就去替你使用打點。你兒子又小，官府見了，只有可憐，決不難爲他的。況又實實是骨血，脚踏硬地，這家私到底是穩取的了。只管依着我們做去。」朱三對妻子道：「列位説來的話，多是有着數的。只教兒子依着行事，決然停當。」那兒子道：「只如方纔這樣説的話，我多依得。我心裏也要去見見親生父親的影像，哭他一場，拜他一拜。」【眉批】此天籟也，可憐！可憐！雙荷掩淚道：「乖兒子，正是如此。」朱三道：「我倒不好隨去得。既是列位同行，必然不差，把兒子交付與列位了。我自到市上做生意去，晚來討消息罷。」

當下，朱三自出了門，五虎一同了朱家兒子，徑往莫家來。將到門首，多走進一個茶坊裏面坐下，吃個泡茶。叮囑朱家兒子道：「那門上有喪牌孝簾的，就是你老兒家裏。你進去，依着我言語行事。」遂把衰衣與他穿着停當了。

那孩子依了説話，不知甚麽好歹，大踏步走進門裏面來。一直到了孝堂，看見靈幃，果然哭天倒地價哭起來；也是孩子家天性所在。那孝堂裏頭，聽見哭響，只道是弔客來到，盡皆來看。只見是一個小廝，身上打扮與孝子無二，且是哭得悲切，口口聲聲叫着「親爹爹」。孝堂裏看的，不知是甚麽緣故，人人驚駭道：「這是那裏説起？」莫媽聽得哭着「親爹」，又見這般打扮，不覺怒從心上起，惡向膽邊生，嚷道：「那裏來這個野猫？哭得如此異樣！」虧得莫大郎是個老成有見識的人，早已瞧科了八九分，忙對母親説道：「媽媽，切不可造次，這件事了不得。我家初喪之際，必有奸人動火，要來挑釁，紮成火囤。落了他們圈套，這人家不經折的。只依我指分，方免禍患。」莫媽一時間見大郎説得利害，也有些慌了。且住着不嚷，冷眼看那外邊孩子。只見他哭罷就拜。【眉批】大手段人。拜了四拜，正待轉身，莫大郎連忙跳出來，一把抱住道：「你不是那花樓橋賣粉湯朱家的兒子麽？」孩子道：「正是。」大郎道：「既是這等，你方纔拜了爹爹，也就該認了媽媽。你隨我來。」一把扯他到孝幔裏頭，指着莫媽道：「這是你的嫡母親，快些拜見。」莫媽倉卒之際，只憑兒子，受了他拜已過。大郎指自家道：「我乃是你長兄，你也要拜拜過。」又指點他拜了二兄，以次至大嫂、二嫂，多叫拜見了。又領自己兩個兒子，兄弟一個兒子，立齊了，對孩子道：「這三個是你侄兒，你該受拜。」

拜罷，孩子又望外就走。大郎道：「你到那裏去？你是我的兄弟，父親既死，就該住在此居喪。這是你家裏了，還到那裏去？」大郎領他到裏面，交付與自己娘子道：「你與小叔叔把頭梳一梳，替他身上出脱一出脱，把舊時衣服脱掉了，多替他换了些新鮮的。而今是我家裏人了。」孩子見大郎如此待得他好，心裏雖也歡喜，只是人生面不熟，又不知娘的意思怎麽，有些不安貼，還想要去。大郎曉得光景，就着人到花樓橋朱家，去唤那雙荷到家裏來，説道：「有要緊説話。」

雙荷曉得是兒子面上的事了，亦且原要來弔喪，急忙换了一身孝服，來到莫家靈前。哭拜已畢，大郎即對他説：「你的兒子今早到此，我們已認做兄弟了。而今與我們一同守孝，日後與你們一樣分家，你不必記挂。所有老爹爹在日給你的飯米衣服，我們照帳按月送過來與你，與在日一般。這是有你兒子面上。【眉批】處得斬然，自可無異詞矣。你没事不必到這裏來，因你是有丈夫的，恐防議論，到妝你兒子的醜。只今日起，你兒子歸宗姓莫，不到朱家來了。你分付你兒子一聲，你自去罷。」

雙荷聽得，不勝之喜：「若得大郎看死的老爹爹面上，如此處置停當，我燒香點燭祝報大郎不盡。」説罷，進去見了莫媽與大嫂、二嫂，只是拜謝。莫媽此時也不好生分得，大家没甚説話，打發他回去。雙荷叮囑兒子：「好生住在這裏，小心奉事大媽媽與哥哥、嫂嫂。你落了好處，我放心得下了。方纔大郎説過，我不好長到這裏。你在此過幾時，斷了七七四十九日，再到朱家來相會罷。」孩子既見了自家的娘，又聽了分付的話，方纔安心住下。雙荷自歡歡喜喜，與丈夫説知去了。

且説那些没頭鬼光棍趙家五虎，在茶房裏面坐地，眼巴巴望那孩子出來就去做事，壯子多打點停當了。誰知守了多時，再守不出。看看到晚，不見動静，疑道：「莫非我們閒話時，那孩子出來，錯了眼，竟到他家裏去了？」走一個到朱家去看。見説兒子不曾到家，倒叫了娘子去，一發不解。走來回覆衆人，大家疑惑，就像熱盤上蟻子，坐立不安。再着一個到朱家伺候，又説見雙荷歸來，老大歡喜，説兒子已得認下收留了。衆人尚在茶坊未散，見了此説，個個木呆。正是：

思量撥草去尋蛇，這回却没蛇兒弄。
平常家裏没風波，總有良平也無用。

説這幾個人，聞得孩子已被莫家認作兒子了，許多焰騰騰的火氣，却像淋了幾桶的冰水，手臂多索解了。大家嚷道：「悔氣！撞着這樣不長進的人家。難道我們商量了這幾時，當真倒單便宜了這小厮不成？」鐵裏蟲道：「且不要慌，也不到得便宜了他，也不到得我們白住了手。」衆人道：「而今還好在那裏入脚？」鐵裏蟲道：「我們原説與他奪了人家，要謝我們一千銀子。他須有借票在我手裏，是朱三的親筆。」衆人道：「他家先自收拾了，我們並不曾幫得他一些，也不好替朱三討得。況且朱三是窮人，討也没幹。」鐵裏蟲道：「昨日我要那孩子也着個字的，而今揀有頭髮的揪。過幾時只與那孩子討。等他説没有，就告了他。他小厮家新做了財主，定怕吃官司的，央人來與我們講和。須要贖得這張紙去，纔乾净。難道白了不成？」衆人道：「有見識！不枉叫你做鐵裏蟲，真是見識硬掙！」鐵裏蟲道：「還有一件：只是眼下還要從容。一來那票子上日子，没多兩日，就討就告，官府要疑心。二來他家方纔收留，家業未有得就分與他，他也便没有得拿出來還人。這是半年一年後的事。」衆人道：「多説得是。且藏好了借票，再耐心等等弄他。」自此一夥各散去了。

這裏莫媽性定，抱怨兒子道：「那小業種來時，爲甚麽就認了他？」大郎道：「我家富名久出，誰不動火？這兄弟實是爹爹親骨血。我不認他時，被光棍弄了去，今日一狀，明日一狀，告將來，告個没休歇。衙門人役，個個來詐錢，親眷朋友，人人來拐騙，還有官府思量起發，開了口不怕不送。不知把人家折到那裏田地！及至拌得到底，問出根由，少不得要斷這一股與他。【眉批】格言。何苦作成别人肥了家去？所以不如一面收留，省了許多人的妄想，有何不妙？」媽媽見説得明白，也道是了，一家喜歡過日。

忽然一日，有一夥人走進門來，説道要見小三官人的。這裏門上方要問明，内一人大聲道：「便是朱家的拖油瓶。」大郎見説得不好聽，自家走出來。見是五個人，雄赳赳的來施禮，問道：「小令弟在家麽？」大郎道：「在家裏。列位有何説話？」五個人道：「令弟少在下家裏些銀子，特來與他取用。」大郎道：「這個却不知道。叫他出來就是。」

大郎進去，對小兄弟説了。那孩子不知是甚麽頭腦，走出來一看，認得是前日趙家五虎，上前見禮。那幾個見了孩子，道：「好個小官人！前日是我們送你來的，你在此做了財主，就不記得我們了。」孩子道：「前日這邊留住了，不放我出門，故此我不出來得。」五虎道：「你而今既做了財主，這一千銀子該還得我們了。」孩子道：「我幾曾曉有甚麽銀子？」五虎道：「銀子是你晚老子朱三官所借，却是爲你用的。你也着得有花字。」孩子道：「前日我也見説，説道恐防吃官司，要銀子用，故寫下借票。而今官司不吃了，那裏還用你們什麽銀子？」五虎發狠道：「現有票在這裏，你賴了不成？」大郎聽得聲高，走出來看時，五虎告訴道：「小令弟在朱家時，借了我們一千銀子不還，而今要賴起來。」大郎道：「我這小小兄弟，借這許多銀子何用？」孩子道：「哥哥不要聽他。」五虎道：「現有借票，我和你衙門裏説去。」一鬨而散了。

大郎問兄弟道：「這是怎麽説？」孩子道：「起初這幾個攛掇我母親告狀，母親回他没盤纏吃官司。他們説：『只要一張借票，我每借來與你。』以後他們領我到這裏來，哥哥就收留下，不曾成官司。他怎麽要我還起銀子來？」大郎道：「可恨這些光棍！早是我們不着他手。而今既有借票在他處，他必不肯干休，定然到官。你若見官，莫怕，只把方纔實情，照樣是這等一説，官府自然明白的。没有小小年紀，斷你還他銀子之理。且安心坐着，看他怎麽。」

次日，這五虎果然到府裏告下一紙狀來，告了朱三、莫小三兩個名字，騙劫千金之事。來到莫家提人。莫大郎、二郎等商量，與兄弟寫下一紙訴狀，訴出從前情節，就用着兩個哥哥爲證。竟來府裏投到。

府裏太守姓唐，名彖，是個極精明的。一干人提到了，聽審時，先叫宋禮等上前問道：「朱三是何等人？要這許多銀子來做甚麽用？」宋禮道：「他説要與兒子置田買産，借了去的。」太守叫朱三問道：「你做甚麽勾當？借這許多銀子！」朱三道：「小的是賣粉羹的經紀，不上錢數生意。要這許多做甚麽？」宋禮道：「見有借票。我們五人，二百兩一個，交付與他及兒子莫小三的。」太守拿上借票來看，問朱三道：「可是你寫的票？」朱三道：「是小的寫的票，却不曾有銀子的。」宋禮道：「票是他寫的，銀子是莫小三收去的。」太守叫：「莫小三！」那莫家孩子應了一聲，走上去。

太守看見是個十來歲小的，一發奇異道：「這小廝收去這些銀子何用？」宋禮争道：「是他父親朱三寫了票，拿銀子與這莫小三買田的。【眉批】好指實。」太守道：「父姓朱，怎麽兒子姓莫？」朱三道：「瞞不得老爺，這小廝原是莫家孽子，他母親嫁與小的，所以他自姓莫。專爲衆人要幫他莫家去争産，哄小的寫了一票，做争訟的用度。【眉批】朱三也合與杖。不想一到莫家，他家大娘與兩個哥子，竟自認了，分與田産。小的與他家没訟得争了，還要借銀做甚麽用？他而今據了借票，生端要這銀子，這那裏得有？」太守問莫小三，其言也是一般。

太守點頭道：「是了，是了。」就叫莫大郎起來，問道：「你當時如何就肯認了？」莫大郎道：「在城棍徒，無風起浪，無洞掘蟹。虧得當時立地就認了，這些人還道放了空箭，未肯住手，致有今日之告。若當時略有推托，一涉訟端，正是此輩得志之秋。不要説兄弟這千金要被他詐了去，家裏所費，又不知幾倍了。」太守笑道：「妙哉！不惟高義，又見高識。可敬，可敬。我看宋禮等五人也不像有千金借人的，朱三也不像借人千金的。元來真情如此，實爲可恨。若非莫大有見，此輩人人飽滿了。」提起筆來判道：

千金重利，一紙足憑。乃朱三赤貧，貸則誰與？莫子乳臭，須此何爲？細訊其詳，始燭其詭。宋禮立褁蹄之約，希蝸角之争；莫大以對床之情，消鬩牆之釁。既漁群謀而喪氣，猶挾故紙以垂涎。重創其奸，立毁其券。

當時將宋禮等五人，每人三十大板，問擬了「教唆詞訟，詐害平人的律，脊杖二十，刺配各遠惡軍州。吴興城裏去了這五虎，小民多是快活的。做出幾句口號來：

鐵裏蟲有時蛀不穿，鑽倉鼠有時吃不飽，弔睛老虎没威風，灑墨判官齊跌倒，白日裏鬼胡行，這回兒不見了。

唐太守又旌獎莫家，與他一個「孝義之門」的匾額，免其本等差徭。此時莫媽媽纔曉得兒子大郎的大見識。世間弟兄不睦，靠着外人相幫起訟者，當以此爲鑒。詩曰：

世間有孽子，亦是本生枝。只因靳所爲，
反爲外人資。漁翁坐得利，鷸蚌枉相持。何如存一讓，是名不漏巵。

滿少卿飢附飽颺

焦文姬生讎死報

卷之十一

滿少卿飢附飽颺　焦文姬生仇死報

詩云：

十年磨一劍，霜刃未曾試。
今日把贈君，誰有不平事？

話説天下最不平的，是那負心的事。所以冥中獨重其罰，劍俠專誅其人。那負心中最不堪的，尤在那夫妻之間。蓋朋友内忘恩負義，拚得絶交了他，便無别話；惟有夫妻是終身相倚的，一有負心，一生怨恨，不是當耍可以了帳的事。古來生死寃家，一還一報的，獨有此項極多。

宋時衢州有一人姓鄭，是個讀書人。娶着會稽陸氏女，姿容嬌媚。兩個伉儷綢繆，如膠似漆。一日正在枕蓆情濃之際，鄭生忽然對陸氏道：「我與你二人相愛，已到極處了。物極必反。萬一他日不能到底，我今日先與你説過：我若死，你不可再嫁；你若死，我也不再娶了。」【眉批】便是死徵。陸氏道：「正要與你百年偕老，怎生説這樣不祥的話？」不覺的光陰荏苒，過了十年，已生有二子。鄭生一時間得了不起的症候，臨危時，對父母道：「兒死無所慮，只有陸氏妻子，恩深難捨，況且年紀少艾。日前已與他説過：『我死之後，不可再嫁。』今若肯依所言，兒死亦瞑目矣。」【眉批】盡在不言中。陸氏聽説到此際，也不回言，只是低頭悲哭，十分哀切。連父母也道他没有二心的了。

死後數月，自有那些走千家、管閒事的牙婆每，打聽脚踪，探問消息。曉得陸氏青年美貌，未必是守得牢的人。挨身入來，與他來往。那陸氏並不推拒那一夥人。見了面，就千歡萬喜，燒茶辦菓，且是相待得好。公婆看見這些光景，心裏嫌他，説道：「居孀行徑，最宜穩重。此輩之人，没事不可引他進門。況且丈夫臨終，怎麽樣分付的！没有别的心腸，也用這些人不着。」【眉批】惟其然耳。陸氏由公婆自説，只當不聞。後來慣熟，連公婆也不説了。果然與一個做媒的説得入港，受了蘇州曾工曹之聘。公婆雖然惱怒，心裏道：「是他立性既自如此，留着也落得做寃家，不是好住手的。不如順水推船，等他去了罷。」只是想着自己兒子臨終之言，對着兩個孫兒，未免感傷痛哭。可傷在此。【眉批】此爲大見。陸氏多不放在心上，纔等服滿，就收拾箱匣停當，也不顧公婆，也不顧兒子，依了好日，喜喜歡歡，嫁過去了。

成婚七日，正在親熱頭上，曾工曹受了漕帥檄文，命他考試外郡。只得收拾起身，作别而去。去了兩日，陸氏自覺淒凉。傍晚之時，走到廳前閒步。忽見一個後生，像個遠方來的，走到面前，對着陸氏叩了一頭，口稱道：「鄭官人有書拜上娘子。」遞過一封柬帖來。陸氏接着，看那外面封筒上，題着三個大字，乃是「示陸氏」三字。認認筆踪，宛然是前夫手迹。正要盤問，那後生忽然不見。陸氏懼怕起來。拿了書，急急走進房裏來。剔明燈火，仔細看時，那書上寫道：

十年結髮之夫，一生祭祀之主。朝連暮以同歡，資有餘而共聚。忽大幻以長往，慕他人而輕許。遺棄我之田疇，移蓄積於别户。不念我之雙親，不恤我之二子。義不足以爲人婦，慈不足以爲人母。吾已訴諸上蒼，行理對於冥府。

陸氏看罷，嚇得冷汗直流，魂不附體，心中懊悔無及。懷着鬼胎，十分懼怕，説不出來。茶飯不吃，嘿嘿不快，三日而亡。眼見得是負了前夫，得此果報了。

却又一件：天下事有好些不平的所在。假如男人死了，女人再嫁，便道是失了節，玷了名，污了身子，是個行不得的事，萬口訾議。及至男人家喪了妻子，却又憑他續弦再娶，置妾買婢，做出若干的勾當，把死的丢在腦後，不提起了，並没人道他薄幸負心，做一塲説話。就是生前房室之中，女人少有外情，便是老大的醜事，人世羞言；及至男人家撇了妻子，貪淫好色，宿娼養妓，無所不爲，總有議論不是的，不爲十分大害。所以女子愈加可憐，男人愈加放肆。這些也是伏不得女娘們心裏的所在。不知冥冥之中，原有分曉。若是男子風月塲中，略行着脚，此是尋常勾當，難道就比了女人失節一般？但是果然負心之極，忘了舊時恩義，失了初時信行，以至誤人終身，害人性命的，也没一個不到底報應的事。從來説王魁負桂英，畢竟桂英索了王魁命去。此便是一個男負女的榜樣，不止女負男，如所説的陸氏方有報應也。

今日待小子説一個賽王魁的故事，與看官每一聽，方曉得男子也是負不得女人的。有詩爲證：

由來女子號癡心，癡得真時恨亦深。

莫道此癡容易負，寃寃隔世會相尋。

話説宋時有個鴻臚少卿，姓滿。因他做事没下稍，諱了名字不傳，只叫他滿少卿。未遇時節，只叫他滿生。那滿生是個淮南大族，世有顯宦。叔父滿貴，見爲樞密副院。族中子弟，遍滿京師，盡皆富厚本分。惟有滿生心性不羈，狂放自負，生得一表人材，風流可喜。懷揣着滿腹文章，道早晚必登高第。抑且幼無父母，無些拘束，終日吟風弄月，放浪江湖，把些家事多弄掉了，連妻子多不曾娶得。族中人漸漸不理他，滿生也不在心上。有個父親舊識，出鎮長安。滿生便收拾行裝，離了家門，指望投托於他，尋些潤濟。到得長安，這個官人已壞了官，離了地方去了。只得轉來。

滿生是個少年孟浪，不肯仔細的人。只道尋着熟人，財物廣有，不想托了個空，身邊盤纏早已罄盡。行至汴梁中牟地方，有個族人在那裏做主簿，打點去與他尋些盤費還家。那主簿是個小官，地方没大生意，連自家也只好支持過日，送得他一貫多錢。【眉批】于人之難如此！世間有最喜打抽豐者，不知何意？還了房錢、飯錢，餘下不多，不能勾回來。此時已是十二月天氣，滿生自思：「囊無半文，空身家去，難以度歲。不若只在外廂行動，尋些生意，且過了年又處。」關中還有一兩個相識在那裏做官，仍舊掇轉路頭，往西而來。

到了鳳翔地方，遇着一天大雪，三日不休，正所謂：

雲横秦嶺家何在？雪擁藍關馬不前！

滿生阻住在飯店裏，一連幾日。店小二來討飯錢，還他不勾，連飯也不來了。想着：「自己是好人家子弟，胸藏學問，視功名如拾芥耳。一時未際，浪迹江湖，今受此窮途之苦，誰人曉得我是不遇時的公卿？此時若肯雪中送炭，真乃勝似錦上添花。爭奈世情看冷暖，望着那一個救我來？」不覺放聲大哭。早驚動了隔壁一個人，走將過來道：「誰人如此啼哭？」那個人怎生打扮？

頭戴玄狐帽套，身穿羔羊皮裘。紫膛顔色帶着幾分酒，臉映紅桃；蒼白鬚髯沾着幾點雪，身如玉樹。疑在浩然驢背下，想從安道宅中來。

那個人走進店中，問店小二道：「誰人啼哭？」店小二答道：「覆大郎，是一個秀才官人。在此三五日了，不見飯錢拿出來；天上雪下不止，又不好走路。我們不與他飯吃了。想是肚中飢餓，故此啼哭。」那個人道：「那裏不是積福處？既是個秀才官人，你把他飯吃了，在我的帳上，我還你罷。」店小二道：「小人曉得。」

便去拿了一分飯，擺在滿生面前道：「客官，是這大郎叫拿來請你的。」滿生道：「那個大郎？」只見那個人已走到面前道：「就是老漢。」滿生忙施了禮，道：「與老丈素昧平生，何故如此？」那個人道：「老漢姓焦，就在此酒店間壁居住。因雪下得大了，同小女燙幾杯熱酒暖寒。聞得這壁廂悲怨之聲，不像是個以下之人，故步至此間尋問。店小二說是個秀才，雪阻了的。【眉批】肯念斯文一脉者，今世絶少。老漢念斯文一脉，怎教秀才忍飢？故此教他送飯。荒店之中，無物可吃。況如此天氣，也須得杯酒兒敵寒。個中人。秀才寬坐，老漢家中叫小廝送來。」滿生喜出望外，道：「小生失路之人，與老丈不曾識面。承老丈如此周全，何以克當？」【眉批】此老可謂具眼，詎知反爲所悞。焦大郎道：「秀才一表非俗。目下偶困，決不是落後之人。老漢是此間地主，應得來管顧的。秀才放心。但住此一日，老漢支持一日，直等天色晴霽，好走路了，再商量不遲。」滿生道：「多感，多感！」焦大郎又問了滿生姓名、鄉貫明白，慢慢的自去了。【眉批】與不期多寡，但期當厄，此可謂當厄矣。他日何忍忘之。滿生心裏喜歡道：「誰想絶處逢生，遇着這等好人！」

正在徯倖之際，只見一個籠頭的小廝，拿了四碗嗄飯，四碟小菜，一壺熱酒，送將來道：「大郎送來與滿官人的。」滿生謝之不盡。收了，擺在桌上食用。小廝出門去了。

滿生一頭吃酒，一頭就問店小二道：「這位焦大郎是此間甚麽樣人？怎生有此好情？」小二道：「這個大郎，是此間大户，極是好義，平日扶窮濟困。至於見了讀書的，尤肯結交，再不怠慢的。自家好吃幾杯酒，若是陪得他過的，一發有緣了。」滿生道：「想是家道富厚。」俗腸。小二道：「有便有些産業，也不爲十分富厚，只是心性如此。【眉批】不富而好客，更爲難得。然富者必不好客也。官人造化，遇着了他，便多住幾日，不打緊的了。」滿生道：「雪晴了，你引我去拜他一拜。」小二道：「當得，當得。」過了一會，焦家小廝來收家伙，傳大郎之命，分付店小二道：「滿大官人供給，只管照常支應。用酒時，到家裏來取。」店小二領命，果然支持無缺。滿生感激不盡。

過了一日，天色晴明。滿生思量走路，身邊並無盤費，亦且受了焦大郎之恩，要去拜謝。真叫做：「人心不足，得隴望蜀。」見他好情，也就有個希冀借些盤纏之意。叫店小二在前引路，竟到焦大郎家裏來。

焦大郎接着，滿面春風。滿生見了大郎，倒地便拜。謝他：「窮途周濟，殊出望外。倘有用着之處，情願效力。」焦大郎道：「老漢家裏也非有餘，只因看見秀才如此困厄，量濟一二，以盡地主之意。原無他事，如何説個效力起來？」滿生道：「小生是個應舉秀才，異時倘有寸進，不敢忘報。」此時偏會説話。大郎道：「好説，好説。目今年已傍晚，秀才還要到那裏去？」滿生道：「小生投人不着，囊匣如洗，無面目還鄉。意思要往關中一路，尋訪幾個相知。不期逗留於此，得遇老丈，實出萬幸。而今除夕在近，前路已去不迭。真是『前不巴村，後不巴店』，没奈何了，只得在此飯店中且過了歲，再作道理。」大郎道：「店中冷落，怎好度歲？秀才不嫌家間澹薄，搬到家下，與老漢同住幾日，隨常茶飯，等老漢也不寂寞。過了歲朝再處。秀才意下何如？」滿生道：「小生在飯店中，總是叨忝老丈的；就來潭府，也是一般。只是萍踪相遇，受此深恩，無地可報，實切惶愧耳。」大郎道：「四海一家，况且秀才是個讀書之人，前程萬里。他日不忘村落之中，有此老朽，便是願足，何必如此相拘哉？」【眉批】有前程的人，他日偏善忘。

元來焦大郎固然本性好客，却又看得滿生儀容俊雅，丰度超群，語言倜儻，料不是落後的，所以一意周全他。也是滿生有緣，得遇此人。果然叫店小二店中發了行李，到焦家來。是日，焦大郎安排晚飯與滿生同吃。滿生一席之間，談吐如流。更加酒興豪邁，痛飲不醉。大郎一發投機，以爲相見之晚。直吃到興盡方休。安置他書房中歇宿了，不提。

大郎有一室女，名唤文姬，年方一十八歲。美麗不凡，聰慧無比。焦大郎不肯輕許人家，要在本處尋個衣冠子弟，讀書君子，贅在家裏，照管暮年。因他是個市户出身，一時没有高門大族來求他的；以下富室癡兒，他又不肯。高不凑，低不就，所以蹉跎過了。那文姬年已長大，風情之事，盡知相慕。只爲家裏來往的人，庸流凡輩頗多，没有看得上眼的。聽得説父親在酒店中，引得外方一個讀書秀才來到，他便在裏頭東張西張，要看他怎生樣的人物。那滿生儀容舉止，盡看得過，便也有一二分動心了。這也是焦大郎的不是。便做道疏財仗義，要做好人，只該賫發滿生些少，打發他走路纔是。況且室無老妻，家有閨女，那滿生非親非戚，爲何留在家裏宿歇？只爲好着幾杯酒，貪個人做伴，又見滿生可愛，傾心待他。誰想滿生是個輕薄後生，一來看見大郎殷勤，道是敬他人才，安然托大，忘其所以。此意最惡。二來曉得内有親女，美貌及時，未曾許人，也就懷着希冀之意，指望圖他爲妻。又不好自開得口，待看機會。日挨一日，徑把關中的念頭，丢過一邊，再不提起了。

焦大郎終日懵懵醉鄉，没些搭煞，不加提防。怎當得他每兩下烈火乾柴，你貪我愛，各自有心，竟自勾搭上了。情到濃時，未免不避形迹。焦大郎也見了些光景，有些疑心起來。大凡天下的事，再經有心人冷眼看不起的。起初滿生在家，大郎無日不與他同飲同坐，毫無説話。比及大郎疑心了，便覺滿生飲酒之間，没心没想，言語參差，好些破綻出來。

大郎一日推個事故，走出門去了。半日轉來，只見滿生醉卧書房，風飄衣起，露出裏面一件衣服來。看去有些紅色，像是女人襖子模樣。走到身邊仔細看時，正是女兒文姬身上的；又弔着一個交頸鴛鴦的香囊，也是文姬手繡的。大驚咤道：「奇怪！奇怪！有這等事！」【眉批】事甚不奇，留之者奇。

滿生睡夢之中，聽得喊叫，突然驚起，急斂衣襟不迭。已知爲大郎看見，面如土色。大郎道：「秀才身上衣服，從何而來？」滿生曉得瞞不過，只得謅個謊道：「小生身上單寒，忍不過了。向令愛姐姐處，看老丈有舊衣借一件。不想令愛竟將一件女襖拿出來。小生怕冷，不敢推辭，權穿在此衣内。」大郎道：「秀才要衣服，只消替老夫講，豈有與閨中女子自相往來的事？是我養得女兒不成器了！」抽身望裏邊就走。

恰撞着女兒身邊一個丫頭，叫名青箱，一把搊過來道：「你好好實說，姐姐與那滿秀才的事情，饒你的打。」青箱慌了，只得抵賴道：「没曾見甚麽事情。」大郎焦燥道：「還要胡說！眼見得身上襖子多脱與他穿着了。」青箱没奈何，遮飾道：「姐姐見爹爹十分敬重滿官人，平日兩下撞見時，也與他見個禮。他今日告訴身上寒冷，故此把衣服與他，别無甚説話。」大郎道：「女人家衣服，豈肯輕與人着？況今日我又不在家，滿秀才酒氣噴人，是那裏吃的？」青箱推道：「不知。」大郎道：「一發胡說了。他難道再有别處噇酒？他方纔已對我説了。你若不實招，我活活打死你。」青箱曉得没推處，只得把從前勾搭的事情，一一説了。

大郎聽罷，氣得抓耳撓腮，没個是處。喊道：「不成才的歪貨！他是别路來的，與他做下了事，打點怎的？」青箱説：「姐姐今日見爹爹不在，私下擺個酒盒，要滿官人對天罰誓：『你娶我嫁，終身不負。』故此與他酒吃了，又脱一件衣服，一個香囊與他，做記念的。」大郎道：「怎了？怎了？」嘆口氣道：「多是我自家熱心腸的不是，不消説了。」反背了雙手，踱出外邊來。

文姬見父親搊了青箱去，曉得有些不尷尬。仔細聽時，一句一句説到真處來。在裏面正急得要上吊，忽見青箱走到面前，已知父親出去了，纔定了性。對青箱道：「事已敗露至此，却怎麽了？我不如死休！」青箱道：「姐姐不要性急，我看爹爹嘆口氣，自怨不是，走了出去，到有幾分成事的意思在那裏。」文姬道：「怎見得？」青箱道：「爹爹極敬重滿官人。已知有了此事，若是而今趕逐了他去，不但惡識了，把從前好情多丢失，却怎生了結姐姐？他今出去，若問得滿官人不曾娶妻的，畢竟還配合了，纔好住手。」文姬道：「但願得如此便好。」

果然大郎走出去，思量了一回，竟到書房中帶着怒容，問滿生道：「秀才，你家中可曾有妻未？」滿生跼蹐無地，戰戰兢兢回言道：「小生湖海飄流，實未曾有妻。」大郎道：「秀才家既讀詩書，也該有些行止。吾與你本是一面不曾相識，憐你客途，過爲拯救。豈知你所爲不義若此！點污了人家兒女，豈是君子之行？」讀詩書者遂有行止乎？滿生慚愧難容，下地叩頭道：「小生罪該萬死！小生受老丈深恩，已爲難報。今爲兒女之情，一時不能自禁，猖狂至此。若蒙海涵，小生此生，以死相報，誓不忘高天厚地之恩。」大郎又嘆口氣道：「事已至此，雖悔何及？總是我生女不肖，致受此辱。今既爲汝污，豈可别嫁？汝若不嫌地遠，索性贅入我家，做了女婿，養我終身，我也嘆了這口氣罷。」滿生聽得此言，就是九重天上飛下一紙赦書來，怎不滿心歡喜。又叩着頭道：「若得如此玉成，滿某即粉身碎骨，難報深恩。滿某父母雙亡，家無妻子，便當奉侍終身，豈再他往？」【眉批】輕諾者必寡信。大郎道：「只怕後生家看得容易了，他日負起心來。」滿生道：「小生與令愛恩深義重，已設誓過了。若有負心之事，教滿某不得好死。」應驗。

大郎見他言語真切，抑且没奈何了，可憐！只得胡亂揀個日子，擺些酒席，配合了二人。【眉批】所以起後日之輕薄也。正是：

綺羅叢裏唤新人，錦綉窩中看舊物。

雖然後娶屬先奸，此夜恩情翻較密。

滿生與文姬，兩個私情，得成正果，天從人願，喜出望外。文姬對滿生道：「妾見父親敬重君子，一時仰慕，不以自獻爲羞，致於失身。原料一朝事露，不能到底，惟有一死而已。今幸得父親配合，終身之事已完，此是死中得生，萬千僥倖。他日切（竊）不可忘。」滿生道：「小生飄蓬浪迹，幸蒙令尊一見如故，解衣推食，恩已過厚。又得遇卿不棄，今日成此良緣，真恩上加恩。他日有負，誠非人類。」兩人愈加如膠似漆，自不必説。滿生在家無事，日夜讀書，思量應舉。焦大郎見他如此，道是許嫁得人，暗裏心歡。自此内外無間。

過了兩年，時值東京春榜招賢。滿生即對丈人説，要去應舉。焦大郎收拾了盤費，賫發他去。滿生别了丈人、妻子，竟到東京，一舉登第。纔得唱名，滿生心裏放文姬不下，曉得選除未及，思量道：「汴梁去鳳翔不遠。今幸已脱白挂緑，何不且到丈人家裏，與他們歡慶一番，再來未遲。」此時，滿生已有僕人使喚，不比前日。便叫收拾行李，即時起身。不多幾日，已到了焦大郎門首。

大郎先已有人報知。是日整備迎接，鼓樂喧天，鬧動了一個村坊。滿生緑袍槐簡，摇擺進來，見了丈人，便是納頭四拜。【眉批】僅博得此耳。拜罷，長跪不起，口裏稱謝道：「小婿得有今日，皆賴丈人提携。若使當日困窮旅店，没人救濟，早已填了丘壑，怎能勾此身榮貴？」叩頭不止。大郎扶起道：「此皆賢婿高才，致身青雲之上，老夫何功之有？當日困窮失意，乃賢士之常。今日衣錦歸來，有光老夫多矣。」滿生又請文姬出來，交拜行禮，各各相謝。

其日，鄰里看的，挨擠不開。個個説道：「焦大郎能識好人，又且平日好施恩德，今日受此榮華之報，那女兒也落了好處了。」有一等輕薄的道：「那女兒聞得先與他有些（須）説話了，後來配他的。」有的道：「也是大郎有心把女兒許他，故留他在家裏，住這幾時。便做道先有些甚麽，左右是他夫妻。而今一床錦被遮蓋了，正好做院君夫人去，還有何妨？」

議論之間，只見許多人牽羊擔酒，持花捧幣，盡是些地方鄰里親戚，來與大郎作賀稱慶。

大郎此時，把個身子擡在半天裏了，好不風騷！【眉批】易盈者易涸，每每如此。一面置酒欵待女婿，就先留幾個相知親戚相陪。次日又置酒請這一干作賀的。先是親眷，再是鄰里，一連吃了十來日酒，焦大郎費掉了好些錢鈔。正是「歡喜破財，不在心上」。滿生與文姬夫妻二人，愈加厮敬厮愛，歡暢非常。連青箱也算做日前有功之人，另眼看覷，别是一分顔色。有一首詞，單道着得第歸來，世情不同光景：

世事從來無定，天公任意安排。寒酸忽地上金堦，立看許多滲瀨。孰識還須再認，至親也要疑猜。夫妻行事别開懷，另似一張卵袋。【眉批】真真可以絶倒。

話説滿生夫榮妻貴，暮樂朝歡。焦大郎本是個慷慨心性，愈加扯大，道是靠着女兒、女婿，不憂下半世不富貴了。未必。盡心竭力，供養着他兩個，惟其所用。滿生總是慷他人之慨，落得快活過了幾時。選期將及，要往京師。大郎道是選官須得使用，纔有好地方，只得把膏腴之産，盡數賣掉了，湊着偌多銀兩，與滿生帶去。焦大郎家事原只如常，經這一番大弄，已此十去八九，只靠着女婿選官之後，再圖興旺，所以毫不吝惜。

滿生將行之夕，文姬對他道：「我與你恩情非淺。前日應舉之時，已曾經過一番離别，恰是心裏指望好日，雖然牽繫，不甚傷情。今番得第已過，只要去選地方，眼見得只有好處來了，未必。不知爲甚麽，心中只覺凄慘，不捨得你别去。【眉批】非已見矣，正是算不定的。莫非有甚不祥？」滿生道：「我到京即選。甲榜科名，必爲美官。一有地方，便着人從來迎你與丈人同到任所，安享榮華。此是算得定的日子，别不多時的，有甚麽不祥之處？切勿挂慮。」文姬道：「我也曉得是這般的。只不知爲何有此異樣，不由人眼淚要落下來，更不知爲甚緣故。」滿生道：「這番熱鬧了多時，今我去了，頓覺冷静，所以如此。」文姬道：「這個也是。」兩人絮聒了一夜，無非是些恩情濃厚，到底不忘的話。

次日天明，整頓衣裝，别了大郎父子，帶了僕人，徑往東京選官去了。這裏大郎與文姬父女兩個，互相安慰。把家中事件收拾并叠，只等京中差人來接，同去赴任，懸懸指望，不題。

且説滿生到京，得授臨海縣尉。正要收拾起身，轉到鳳翔，接了丈人妻子，一同到任。揀了日子，將次起行。只見門外一個人，大踏步走將進來，口裏叫道：「兄弟，我那裏不尋得你到？你元來在此！」滿生擡頭看時，却是淮南族中一個哥哥，滿生連忙接待。那哥哥道：「兄弟，幾年遠游，家中絶無消耗，舉族疑猜。不知兄弟却在那裏到京？一舉成名，實爲莫大之喜。【眉批】未見榜時，何不見相接。家中叔叔樞密相公，見了金榜，即便打發差人，到京來相接。四處尋訪不着，不知兄弟又到那裏去了？而今選有地方，少不得出京家去。恁哥哥在此做些小前程，幹辦已滿，收拾回去，已顧下船在汴河，行李多下船了。各處挨問，得見兄弟。你打迭已完，只須同你哥哥回去，見見親族，然後到任便了。」滿生心中，一肚皮要到鳳翔，那裏曾有歸家去的念頭？見哥哥說來，意思不對，却又不好直對他說，只含糊回道：「小弟還有些別件事幹，且未要到家裏。」那哥哥道：「却又作怪！看你的裝裹多停當了，只要走路的。不到家裏，却又到那裏？」滿生道：「小弟流落時節，曾受了一個人的大恩，而今還要向西路去謝他。」那哥哥道：「你雖然得第，還是空囊。謝人先要禮物爲先，這些事自然是到了任再處。況且此去到任所，一路過東，少不得到家邊過。是順路却不走，反走過西去怎的？」

滿生此時，只該把實話對他講，說個不得已的緣故，他也不好阻當得。【眉批】終是「偷情」二字不能消化。争奈滿生有些不老氣，恰像還要把這件事瞞人的一般，並不明說。但只東支西吾，憑那哥哥說得天花亂墜，只是不肯回去。那哥哥大怒起來，罵道：「這樣輕薄無知的人！書生得了科名，難道不該歸來會一會宗族鄰里？這也罷了，父母墳墓邊也不該去拜見一拜見的？我和你各處去問一問，世間有此事否？」滿生見他發出話來，又說得正氣了，一時也沒得回他，通紅了臉，不敢開口。那哥哥見他不說了，叫些隨來的家人，把他的要緊箱籠，不由他分說，只一搬，竟自搬到船上去了。滿生沒奈何，心裏想道：「我久不歸家了。【眉批】還鄉何妨，只要立得□□定耳。況我落魄出來，今衣錦還鄉，也是好事。便到了家裏，再去鳳翔，不過遲得些日子，也不爲礙。」對那哥哥道：「既恁地，便和哥哥同到家去走走來。」只因這一去，有分交：

綠袍年少，別牽繫足之繩；青鬢佳人，立化望夫之石。

滿生同那哥哥回到家裏，果然這番宗族鄰里比前不同，盡多是呵脬捧屁的。滿生心裏也覺快活。隨去見那親叔叔滿貴。那叔叔是樞密副院，致仕家居。既是顯官，又是一族之長。【眉批】正是勢利總頭。見了侄兒，曉得是新第回來，十分歡喜。道：「你一向出外不歸，只道是流落他鄉，豈知却能挣扎得第，做官回來？誠然是與宗族争氣的。」滿生滿口遜謝。滿樞密又道：「却還有一件事，要與你說。你父母早亡，壯年未娶；今已成名，嗣續之事，最爲緊要。【眉批】惟有名方留心，然既有名，亦不勞汝留心矣。前日我見你登科録上有名，便已爲你留心此事。宋都朱從簡大夫有一次女，我打聽得才貌雙全。你未來時，我已着人去相求，他已許下了。此極是好姻緣。我知那臨海前官尚未離任，你到彼之期，還可以從容。且完此親事，夫妻一同赴任，豈不爲妙？」

滿生見説，心下吃驚，半晌做聲不得。滿生若是個有主意的，此時便該把鳳翔流落、得遇焦氏之事，是長是短，備細對叔父説一遍，道：「成親已久，負他不得。須辭了朱家之婚，一刀兩斷。」【眉批】若有情之人，自應爾爾。説得決絶，叔父未必不依允。爭奈滿生諱言的是前日孟浪出游光景，恰像鳳翔的事是私下做的，不肯當場明説，但只口裏唧噥。樞密道：「你心下不快，敢慮着事體不周備麽？十分體貼。一應聘定禮物，前日是我多已出過。【眉批】如此便宜，怎肯回個決絶。目下成親所費，總在我家支持，你只打點做新郎便了。」滿生道：「多謝叔叔盛情，容侄兒心下再計較一計較。」樞密正色道：「事已定矣，有何計較？」滿生見他詞色嚴毅，不敢回言，只得唯唯而出。

到了家裏，悶悶了一回，想道：「若是應承了叔父所言，怎生撇得文姬父子恩情？欲待辭絶了他的，不但叔父這一段好情不好辜負，只那尊嚴性子，也不好沖撞他。況且姻緣又好，又不要我費一些財物周折，也不該挫過。做官的人，娶了兩房，原不爲多。欲待兩頭絆着，文姬是先娶的，須讓他做大，這邊朱家又是官家小姐，料不肯做小，却又兩難。」心裏真似十五個弔桶打水，七上八落的，反添了許多不快活。躊躇了幾日，委決不下。

到底滿生是輕薄性子，見説朱家是宦室之女，好個模樣，又不費己財，先自動了十二分火。【眉批】病根在此。只有文姬父子這一點念頭，還有些良心，不能盡絶。肚裏展轉了幾番，却就變起卦來。大凡人只有初起這一念是有天理的，依着行去，好事盡多。若是多轉了兩個念頭，便有許多奸貪詐僞没天理的心來了。滿生只爲親事擺脱不開，過了兩日，便把一條肚腸换了轉來。自想道：「文姬與我，起初只是兩下偷情，算得個外遇罷了。後來雖然做了親，元不是明婚正配。況且我既爲官，做我配的，須是名門大族。焦家不過市井之人，門户低微，豈堪受朝廷封誥，作終身伉儷哉？【眉批】焦氏被絶，只爲始不以正。信乎女子不可不慎也。我且成了這邊朱家的親，日後他來通消息時，好言回他，等他另嫁了便是。倘若必不肯去，事到其間，要我收留，不怕他不低頭做小了。」算計已定，就去回覆樞密。

樞密揀個黄道吉日，行禮到朱大夫家，娶了過來。那朱家既是宦家，又且嫁的女婿是個新科，愈加要齊整，妝奩豐厚，百物具備。那朱氏女生長宦門，模樣又是著名出色的，真是德、容、言、功，無不具足。滿生快活非常，把那鳳翔的事丢在東洋大海去了。正是：

花神脉脉殿春殘，争賞慈恩紫牡丹。
別有玉盤承露冷，無人起就月中看。

滿生與朱氏，門當户對，年貌相當，你敬我愛，如膠似漆。滿生心裏，反悔着鳳翔多了焦家這件事。却也有時念及，心上有些遣不開。因在朱氏面前，索性把前日焦氏所贈衣服、香囊拿出來，忍着性子，一把火燒了，意思要自此絶了念頭。【眉批】此則忍極矣。朱氏問其緣故，滿生把文姬的事，略略説些始末，道：「這是我未遇時節的事，而今既然與你成親，總不必提起了。」朱氏是個賢慧女子，倒説道：「既然未遇時節相處一番，而今富貴了，也不該便絶了他。我不比那世間妒忌婦人，倘或有便，接他來同住過日，未爲不可。」怎當得滿生負了盟誓，難見他面，生怕他尋將來，不好收場，那裏還敢想接他到家裏？【眉批】李君虞當日亦以不見小玉爲事。亦且怕在朱氏面上不好看，一意只是斷絶了，回言道：「多謝夫人好意。他是小人家兒女，我這裏没消息到他，他自然嫁人去了。不必多事。」自此再不提起。

初時，滿生心中懷着鬼胎，還慮他有時到來，喜得那邊也絶無音耗。俗語云：「孝重千斤，日減一斤。」滿生日遠一日，竟自忘懷了。

自當日與朱氏同赴臨海任所，後來作尉任滿，一連做了四五任美官，連朱氏封贈過了兩番。不覺過了十來年，累官至鴻臚少卿，出知齊州。那齊州廳舍甚寬，合家人口，住得像意。到任三日，裏頭收拾已完，内眷人等要出私衙之外，到後堂來看一看。少卿分付衙門人役，盡皆出去，屏除了閒人。同了朱氏，帶領着幾個小厮、丫鬟、家人、媳婦，共十來個人，一起到後堂散步。各自東西閒走看耍。少卿偶然走到後堂右邊天井中，見有一小門。少卿推開來看，裏頭一個穿青的丫鬟，見了少卿，飛也似跑了去。少卿急趕上去看時，那丫鬟早已走入一個破簾内去了。少卿走到簾邊，只見簾内走出一個女人來。少卿仔細一看，正是鳳翔焦文姬。

少卿虚心病，元有些怕見他的。【眉批】恨其不早耳。亦且出於不意，不覺驚惶失措。文姬一把扯住少卿，哽哽咽咽哭將起來，道：「寃家，你一别十年，向來許多恩情，一些也不念及，頓然忘了，真是忍人！」少卿一時心慌，不及問他從何而來，且自辨説道：「我非忘卿。只因歸到家中，叔父先已别聘，强我成婚。我力辭不得，所以蹉跎至今，不得來你那裏。」文姬道：「你家中之事，我已盡知，知得奇。不必提起。吾今父親已死，田産俱無，剛剩得我與青箱兩人，别無倚靠。没奈何了，所以千裏相投。前日方得到此，門上人又不肯放我進來。求懇再三，今日纔許我略在别院空房之内，駐足一駐足，幸而相見。今一身孤單，茫無栖泊。你既有佳偶，我情願做你側室，奉事你與夫人，完我餘生。前日之事，我也不計較短長，付之一嘆罷了。」説一句，哭一句。説罷，又倒在少卿懷裏，發聲大慟。連青箱也走出來見了，哭做一堆。少卿見他哭得哀切，不由得眼淚也落下來。又恐怕外邊有人知覺，連忙止他道：「多是我的不是。你而今不必啼哭，管還你好處。且喜夫人賢慧，你既肯認做一分小，就不難處了。你且消停在此，等我與夫人説去。」

少卿此時也是身不由己的，走來對朱氏道：「昔年所言鳳翔焦氏之女，間隔了多年，只道他嫁人去了。不想他父親死了，帶了個丫鬟，直尋到這裏。今若不收留他，没個着落，叫他没處去了。却怎麽好？」朱氏道：「我當初原説接了他來家，你自不肯，直誤他到此地位。還好不留得他？快請來與我相見。」【眉批】賢哉。若爲男子，必不似滿生。少卿道：「我説道夫人賢慧！」就走到西邊去，把朱氏的説話，説與文姬。文姬回頭對青箱道：「若得如此，我每且喜有安身之處了。」兩人隨了少卿，步至後堂，見了朱氏，相叙禮畢。文姬道：「多蒙夫人不棄，情願與夫人鋪床叠被。」朱氏道：「那有此理？只是姐妹相處便了。」就相邀了，一同進入衙中。

朱氏着人替他收拾起一間好卧房，就着青箱與他同住，隨房伏侍。文姬低頭伏氣，且是小心。朱氏見他如此，甚加憐愛，且是過得和睦。住在衙中幾日了，少卿終是有些羞慚不過意，縮縮朒朒，未敢到他房中歇宿去。

一日，外厢去吃了酒，歸來有些微醺了。望去文姬房中，燈火微明，不覺心中念舊起來。醉後却膽壯了，踉踉蹌蹌，竟來到文姬面前。文姬與青箱慌忙接着，喜喜歡歡，摝擁他去睡了。這邊朱氏聞知，笑道：「來這幾時，也該到他房裏去了。」當夜，朱氏收拾了自睡。

到第二日，日色高了，合家多起了身，只有少卿未起。合家人指指點點，笑的話的，道是：「十年不相見了，不知怎地舞弄，這時節還自睡哩！」青箱丫頭在旁邊聽得不耐煩，想也倦了，連他也不起來。有老成的道：「十年的說話，講也講他大半夜，怪道天明多睡了去。」衆人議論了一回，只不見動静。

朱氏梳洗已過，也有些不愜意道：「這時節也該起身了，難道忘了外邊坐堂？」同了一個丫鬟，走到文姬房前聽一聽，不聽得裏面一些聲響。推推門看，又是裏面關着的。家人每道：「日日此時，出外理事去久了，今日遲得不像樣。我每不妨催一催。」一個就去敲那房門。初時低聲，逐漸聲高，直到得亂敲亂叫，莫想裏頭答應一聲。盡來對朱氏道：「有些奇怪了。等他開出來不得。夫人做主，我們掘開一壁進去看看。停會相公嗔怪，全要夫人擔待。」朱氏道：「這個在我，不妨。」衆人盡皆動手，須臾之間，已撥開了一垛壁。衆人走進裏面一看，開了口合不攏來。正是：

宣子慢傳無鬼論，良宵自昔有寃償。
若還死者全無覺，落得生人不善良。

衆人走進去看時，只見滿少卿直挺挺倘在地下，口鼻皆流鮮血。近前用手一摸，四肢冰冷，已氣絶多時了。房内並無一人，那裏有甚麽焦氏，連青箱也不見了。剛留得些被卧在那裏。

衆人忙請夫人進來。朱氏一見，驚得目睜口呆，大哭起來。哭罷，道：「不信有這樣的異事！難道他兩個人擺佈死了相公，連夜走了？」衆人道：「衙門封鎖，插翅也飛不出去。況且房裏兀自關門閉户的，打從那裏走得出來？」朱氏道：「這等，難道青天白日，相處這幾時，這兩個却是鬼不成？」似信不信。一面傳出去，說：「少卿夜來暴死，着地方停當後事。」

朱氏悲悲切切，到晚來步進卧房，正要上床睡去，只見文姬打從床背後走將出來，對朱氏道：「夫人休要煩惱。滿生當時，受我家厚恩。後來負心，一去不來。吾舉家懸望，受盡苦楚，抱恨而死。我父見我死無聊，老人家悲哀過甚，與青箱丫頭，相繼淪亡。今在冥府訴准，許自來索命。十年之怨，方得申報。我而今與他冥府對證去。蒙夫人相待好意，不敢相侵，特來告别。」【眉批】所以好人落得做。朱氏正要問個備細，一陣冷風遍體，颯然驚覺，乃是南柯一夢。纔曉得文姬、青箱兩個真是鬼，少卿之死，被他活捉了去，陰府對理。【眉批】公道。

朱氏前日原知文姬之事，也道少卿没理的。今日死了，無可怨悵，只得護喪南還。單苦了朱氏下半世，亦是滿生之遺孽也。世人看了如此榜樣，難道男子又該負得女子的？

癡心女子負心漢，誰道陰中有判斷！
雖然自古皆有死，這回死得不好看！

硬勘案大
儒爭閒氣

甘受刑俠
女著芳名

卷之十二

硬勘案大儒争閒氣　甘受刑俠女著芳名

詩云：

世事莫有成心，成心專會認錯。
任是大聖大賢，也要當着不着。

看官聽説：從來説的書，不過談些風月，述些異聞，圖個好聽。最有益的，論些世情，説些因果，等聽了的觸着心裏，把平日邪路念頭，化將轉來。這個就是説書的一片道學心腸，却從不曾講着道學。而今爲甚麼説個不可有成心？只爲人心最靈，專是那空虚的纔有公道。一點成心入在肚裏，把好歹多錯認了。就是聖賢，也要偏執起來，自以爲是，却不知事體竟不是這樣的了。道學的正派，莫如朱文公晦翁，讀書的人那一個不尊奉他？豈不是個大賢？只爲成心上邊，也曾錯斷了事。

當日在福建崇安縣知縣事，有一小民告一狀道：有祖先墳塋，縣中大姓奪占，做了自己的墳墓，公然安葬了。晦翁精於風水，况且福建又極重此事，豪門富户見有好風水吉地，專要占奪了小民的，以致興訟。這樣事日日有的，晦翁準了他狀，提那大姓到官。大姓説是自家做的墳墓，與别人毫不相干的，怎麼説起占奪來？小民道：「原是我家祖上的墓，是他富豪倚勢占了。」兩家争個不歇。叫中證問時，各人爲着一邊，也没個的據。晦翁道：「此皆口説無憑，待我親去踏看明白。」當下帶了一干人犯及隨從人等，親到墳頭。看見山明水秀，鳳舞龍飛，果然是一個好去處。晦翁心裏道：「如此吉地，怪道有人争奪！」心裏先有些疑心：必是小民先世葬着，大姓看得好，起心要他的了。

大姓先稟道：「這是小人家裏新造的墳。泥土工程，一應皆是新的，如何説是他家舊墳？相公龍目一看，便了然明白。」小民道：「上面新工程，是他家的；底下須有老土，這原是家裏的，他奪了纔裝新起來」。晦翁叫取鋤頭鐵鍬，在墳前挖開來看。挖到鬆泥將盡之處，「瑺」的一聲響，把個挖泥的人震得手疼。撥開浮泥看去，乃是一塊青石頭，上面依稀有字。晦翁叫取起來看。從人拂去泥沙，將水洗浄，字文見將出來，却是「某氏之墓」四個大字。傍邊刻着細行，多是小民家裏祖先名字。大姓吃驚道：「這東西那裏來的？」晦翁喝道：「分明是他家舊墳，你倚強奪了他的。石刻見在，有何可説？」小民只是叩頭道：「青天在上，小人再不必多口了。」晦翁道是見得已真，起身竟回縣中。把墳斷歸小民，把大姓問了個強占田土之罪。小民口口「青天」，拜謝而去。

晦翁斷了此事，自家道：「此等鋤強扶弱的事，不是我，誰人肯做？」深爲得意。豈知反落了奸民之計。因元來小民詭詐，曉得晦翁有此執性，專怪富豪大户欺侮百姓。此本是一片好心，却被他們看破的拿定了。因貪大姓所做墳地風水好，造下一計：把青石刻成字，偷埋在他墳前了多時，忽然告此一狀。大姓睡夢之中，説是自家新做的墳，一看就明白的；誰知地下先做成此等圈套，當官發將出來？晦翁見此明驗，豈得不信？况且從來只有大家占小人的，那曾見有小人謀大家的？所以執法而斷。【眉批】今之賢守令，亦有坐此者。

那大姓委實受冤，心裏不伏，到上邊監司處再告將下來。仍發崇安縣問理。晦翁越加嗔惱，道是大姓刁悍抗拒，一發狠，着地方勒令大姓遷出棺柩，把地給與小民安厝祖先，了完事件。争奈外邊多曉得是小民欺詐，晦翁錯問了事，公議不平，沸騰喧嚷。也有風聞到晦翁耳朵内。晦翁認是大姓力量大，致得人言如此。【眉批】寧折不彎，朱子所以爲朱子也。慨然嘆息道：「看此世界，直道終不可行。」遂棄官不做，隱居本處武夷山中。

後來有事經過其地，見林木蓊然，記得是前日踏勘，斷還小民之地。再行閒步一看，看得風水真好，葬下該大發人家。因尋其旁居民問道：「此是何等人家，有福分葬此吉地？」居民道：「若説這家墳墓，多是欺心得來的，難道有好風水報應他不成？」晦翁道：「怎生樣欺心？」居民把小民當日埋石在墓内，騙了縣官，詐了大姓這塊墳地，葬了祖先的話，是長是短，備細説了一遍。晦翁聽罷，不覺兩頰通紅，悔之無及，道：「我前日認是奉公執法，怎知反被奸徒所騙？」一點恨心，自丹田裏直貫到頭頂來，想道：「據着如此風水，該有發蹟好處！【眉批】愈見奸民可恨，朱子未嘗不公。據着如此用心貪謀來的，又不該有好處到他了。」遂對天祝下四句道：

此地若發，是有地理。
此地不發，是有天理。

祝罷而去。是夜大雨如傾，雷電交作，霹靂一聲，屋瓦皆響。次日看那墳墓，已毁成一潭，連屍棺多不見了。可見有了成心，雖是晦菴大賢，不能無悮。及後來事體明白，纔知悔悟，天就顯出報應來。此乃天理不泯之處，人若欺心，就騙過了聖賢，占過了便宜，葬過了風水，天地原不容的。

而今爲何把這件説這半日？只爲朱晦翁還有一件：爲着成心上邊，硬斷一事，屈了一個下賤婦人，反致得他名聞天子，四海稱揚，得了個好結果。有詩爲證：

白面秀才落得争，紅顔女子落得苦。

寬仁聖主兩分張，反使娼流名萬古。

話説天台營中，有一上廳行首，姓嚴，名蕊，表字幼芳，乃是個絶色的女子。一應琴棋書畫，歌舞管弦之類，無所不通。善能作詩詞，多自家新造句子，詞人推服。又博曉古今故事。行事最有義氣，待人常是真心。所以人見了的，没一個不失魂蕩魄在他身上。四方聞其大名，有少年子弟慕他的，不遠千裏，直到台州來求一識面。正是：

十年不識君王面，始信嬋娟解悮人。

此時台州太守，乃是唐與正，字仲友。少年高才，風流文彩。宋時法度：官府有酒，皆召歌妓承應，只站着歌唱送酒，不許私侍寢席。却是與他謔浪狎昵，也算不得許多清處。仲友見嚴蕊如此，十全可喜，儘有眷顧之意。只爲官箴拘束，不敢胡爲。但是良辰佳節，或賓客席上，必定召他來侑酒。一日，紅白桃花盛開，仲友置酒賞玩，嚴蕊少不得來供應。飲酒中間，仲友曉得他善於詞詠，就將紅白桃花爲題，命賦小詞。嚴蕊應聲成一闋，詞云：

道是梨花不是，道是杏花不是。白白與紅紅，别是東風情味。曾記，曾記，人在武陵微醉。（詞寄《如夢令》）

吟罷，呈上仲友。仲友看畢，大喜，賞了他兩匹縑帛。

又一日，時逢七夕，府中開宴。仲友有一個朋友謝元卿，極是豪爽之士，是日也在席上。他一向聞得嚴幼芳之名，今得相見，不勝欣幸。看了他這些行動舉止，談諧歌唱，件件動人，道：「果然名不虛傳！」大觥連飲，興趣愈高。對唐太守道：「久聞此子長於詞賦，可當面一試否？」仲友道：「既有佳客，宜賦新詞。此子頗能，正可請教。」元卿道：「就把七夕爲題，以小生之姓爲韵，求賦一詞。小生當飲滿三大甌。」嚴蕊領令，即口吟一詞道：

碧梧初墜，桂香纔吐，池上水花初謝。穿針人在合歡樓，正月露玉盤高瀉。蛛忙鵲懶，畊慵織倦，空做古今佳話。人間剛道隔年期，怕天上方纔隔夜。（詞寄《鵲橋仙》）

詞已吟成，元卿三甌酒剛吃得兩甌，不覺躍然而起道：「詞既新奇，調文適景，且才思敏捷，真天上人也！我輩何幸，得親沾芳澤！」亟取大觥相酹，道：「也要幼芳分飲此甌，略見小生欽慕之意。」嚴蕊接過吃了。太守看見兩人光景，便道：「元卿客邊，可到嚴子家中做一程兒伴去。」元卿大笑，作個揖道：「不敢請耳，固所願也。但未知幼芳心下如何？」仲友笑道：「嚴子解人，豈不願事佳客？【眉批】好主人。況爲太守做主人，一發該的了。」嚴蕊不敢推辭得。酒散，竟同謝元卿一路到家。是夜遂留同枕席之歡。

元卿意氣豪爽，見此佳麗、聰明女子，十分趑懷，只恐不得他歡心。在太守處凡有所得，盡情送與他家。留連半年，方才別去。【眉批】便一年何妨。也用掉若干銀兩，心裏還是歉然的。可見嚴蕊真能令人消魂也。表過不題。

且說婺州永康縣，有個有名的秀才，姓陳，名亮，字同父。賦性慷慨，任俠使氣，一時稱爲豪傑。凡縉紳士大夫有氣節的，無不與之交好。淮帥辛稼軒居鉛山時，同父曾去訪他，將近居傍，遇一小橋，騎的馬不肯走。同父將馬三躍，馬三次退却。【眉批】奇人。同父大怒，跋出所佩之劍，一劍揮去馬首，馬倒地上。【眉批】稼軒亦奇人。同父面不改容，徐步而去。稼軒適在樓上看見，大以爲奇，遂與定交。平日行徑如此，所以唐仲友也與他相好。因到台州來看仲友，仲友資給館穀，留住了他。閒暇之時，往來講論。仲友喜的是俊爽名流，惱的是道學先生。【眉批】不差。同父意見亦同，常說道：「而今的世界，只管講那道學、說正心誠意的，多是一班害了風痹病、不知痛癢之人。【眉批】絶頂議論，宋時之礟砭。君父大仇全然不理，方且揚眉袖手，高談性命，不知性命是什麼東西?」所以與仲友説得來。只一件:同父雖怪道學,却與朱晦菴相好。晦菴也曾薦過同父來。同父道他是實學有用的,不比世儒迂闊。惟有唐仲友,平日持才,極輕薄的是朱晦菴,道他字也不識的。爲此,兩個議論有些左處。

同父客邸興高,思游妓館。此時嚴蕊之名,布滿一郡。人多曉得是太守相公作興的,異樣興頭,没有一日閒在家裏。同父是個爽利漢子,那裏有心情伺候他空閒?聞得有一個趙娟,色藝雖在嚴蕊之下,却也算得是個上等的衕衕,台州數一數二的。同父就在他家游耍。繾綣多時,兩情歡愛。同父揮金如土,毫無吝嗇。妓家見他如此,百倍趨承。趙娟就有嫁他之意,同父也有心要娶趙娟。兩個商量了幾番,彼此樂意。只是是個官身,必須落籍,方可從良嫁人。同父道:「落籍是府間所主,只須與唐仲友一説,易如反掌。」趙娟道:「若得如此,最好。」

陳同父特爲此來府裏見唐太守,把此意備細説了。唐仲友取笑道:「同父是當今第一流人物,在此不交嚴蕊而交趙娟,何也?」同父道:「吾輩情之所鍾,便是最勝,那見還有出其右者?況嚴蕊乃守公所屬意,即使與交,肯便落了籍,放他去否?」仲友也笑將起來道:「非是屬意。果然嚴蕊若去,此邦便覺無人,自然使不得。若趙娟要脱籍,無不依命。但不知他相從仁兄之意已決否?」同父道:「察其詞意,似出至誠。還要守公贊襄,作個月老。」仲友道:「相從之事,出於本人情願,非小弟所可贊襄。小弟只管與他脱籍便了。」同父别去,就把這話回覆了趙娟,大家歡喜。

次日府中有宴,就唤將趙娟來承應。飲酒之間,唐太守問趙娟道:「昨日陳官人替你來説,要脱籍從良,果有此事否?」趙娟叩頭道:「賤妾風塵已厭,若得脱離,天地之恩。」太守道:「脱籍不難。脱籍去,就從陳官人否?」趙娟道:「陳官人名流貴客,只怕他嫌棄微賤,未肯相收。今若果有心於妾,妾焉敢自外?一脱籍就從他去了。」太守心裏想道：「這妮子不知高低，輕意應承，豈知同父是個殺人不眨眼的漢子？況且手段揮霍，家中空虛，怎能了得這妮子終身？」【眉批】此處原是仲友多事。也是一時間爲趙娟的好意，冷笑道：「你果要從了陳官人，到他家去，須是會忍得飢、受得凍纔使得。」趙娟一時變色，想道：「我見他如此撒漫使錢，道他家中必然富饒，故有嫁他之意。若依太守相公的説話，必是個窮漢子，豈能了我終身之事？」好些不快活起來。

唐太守一時取笑之言，只道他不以爲意。豈知姊妹行中心路最多，一句關心，陡然疑變。唐太守雖然與了他脱籍文書，出去見了陳同父，並不提起嫁他的説話了。連相待之意，比平日也冷澹了許多。同父心裏怪道：「難道娼家薄情得這樣滲瀨？哄我與他脱了籍，他就不作准了！」再把前言問趙娟，趙娟回道：「太守相公説來，到你家要忍凍餓。這着甚麽來由？」同父聞得此言，勃然大怒道：「小唐這樣憊賴！只許你喜歡嚴蕊罷了，也須有我的説話處！」他是個直性尚氣的人，也就不戀了趙家，也不去别唐太守，一徑到朱晦菴處來。

此時朱晦菴提舉浙東常平倉，正在婺州。同父進去相見已畢，問説是台州來，晦菴道：「小唐在台州如何？」同父道：「他只曉得有個嚴蕊，有甚别勾當？」晦菴道：「曾道及下官否？」同父道：「小唐説公尚不識字，如何做得監司？」【眉批】真是秀才間氣。晦菴聞之，默然了半日。蓋是晦菴早年登朝，茫茫仕宦之中，著書立言，流布天下，自己還有些不慊意處。見唐仲友少年高才，心裏常疑他要來輕薄的。聞得他説已不識字，豈不愧怒？怫然道：「他是我屬吏，敢如此無禮？然背後之言，未卜真僞。」遂行一張牌下去，説台州刑政有枉，重要巡歷，星夜到台州來。

晦菴是有心尋不是的，來得急促。唐仲友出於不意，一時迎接不及，來得遲了些。晦菴信道是「同父之言不差，果然如此輕薄，不把我放在心上。」這點惱怒再消不得了。當日下馬，就追取了唐太守印信，交付與郡丞，説：「知府不職，聽參。」連嚴蕊也拿來收了監，要問他與太守通奸情狀。晦菴道是仲友風流，必然有染；況且婦女柔脆，吃不得刑拷，不論有無，自然招承，便好參奏他罪名了。誰知嚴蕊苗條般的身軀，却是鐵石般的性子！隨你朝打暮駡，千棰百拷，只説：「循分供唱，吟詩侑酒是有的，曾無一毫他事。」【眉批】俠骨天生。受盡了苦楚，監禁了月餘，到底只是這樣話。晦菴也没奈他何，只得糊涂做了不合蠱惑上官，狠毒將他痛杖了一頓，發去紹興，另加勘問。一面先具本參奏，大略道：

唐某不伏講學，罔知聖賢道理，却詆臣爲不識字。居官不存政體，褻昵娼流，鞫得奸情，再行覆奏。取進止。等因。

唐仲友有個同鄉友人王淮，正在中書省當國。【眉批】貴有此耳。也具一私揭，辨晦菴所奏，要他達知聖聽。大略道：

朱某不遵法制，一方再按，突然而來。因失迎候，酷逼娼流，妄污職官。公道難泯，力不能使賤婦誣服。尚辱瀆奏，明見欺妄。等因。

孝宗皇帝看見晦菴所奏，正拿出來與宰相王淮平章。王淮也出仲友私揭與孝宗看。孝宗見了，問道：「二人是非，卿意何如？」王淮奏道：「據臣看着，此乃秀才争閒氣耳。【眉批】實話也，好宰相、聖主。一個道譏了他不識字，一個道不迎候得他，此是真情。其餘言語，多是增添的。可有一些的正事麽？多不要聽他就是。」孝宗道：「卿説得是。却是上下司不和，地方不便。可兩下平調了他每便了。」王淮奏謝道：「陛下聖見極當，臣當分付所部奉行。」這番京中，虧得王丞相幫襯，孝宗有主意，唐仲友官爵安然無事。

只可憐這邊嚴蕊，吃過了許多苦楚，還不算帳；出本之後，另要紹興去聽問。紹興太守也是一個講學的，嚴蕊解到時，見他模樣標緻，太守便道：「從來有色者必然無德。」就用嚴刑拷他，討拶來拶指。嚴蕊十指纖細，掌背嫩白，太守道：「若是親操井臼的手，決不是這樣，所以可惡。」又要將夾棍夾他。當案孔目禀道：

「嚴蕊雙足甚小，恐經折挫不起。」太守道：「你道他足小麽？此皆人力矯揉，非天性自然也。」着實被他騰倒了一番，要他招與唐仲友通奸的事。嚴蕊照前不招，只得且把來監了，以待再問。

嚴蕊到了監中，獄官着實可憐他。分付獄中牢卒，不許難爲。好言問道：「上司加你刑罰，不過要你招認，你何不早招認了？這罪是有分限的：女人家犯淫，極重不過是杖罪。况且已經杖斷過了，罪無重科。何苦捨着身子，熬這等苦楚？」嚴蕊道：「身爲賤伎，縱是與太守有奸，料然不到得死罪。招認了有何大害？但天下事真則是真，假則是假，豈可自惜微軀，信口妄言，以污士大夫？【眉批】士人之所難能。今日寧可置我死地，要我誣人，斷然不成的。」獄官見他詞色凛然，十分起敬，盡把其言禀知太守。太守道：「既如此，只依上邊原斷，施行罷。【眉批】何苦。可惡這妮子崛强，雖然上邊發落已過，這裏原要決斷。」又把嚴蕊帶出監來，再加痛杖。這也是奉承晦菴的意思。

叠成文書，正要回覆提舉司，看他口氣，别行定奪，却得晦菴改調消息，方纔放了嚴蕊出監。嚴蕊恁地悔氣！官人每自争閒氣，做他不着。兩處監裏無端的監了兩個月，强坐得他一個不應罪名，到受了兩番科斷！其餘逼招拷打，又是分外的受用。正是：

規圓方竹杖，漆却斷紋琴。

好物不動念，方成道學心。

嚴蕊吃了無限的磨折，放得出來，氣息奄奄，幾番欲死。【眉批】公道在人。將息杖瘡，幾時見不得客，却是門前車馬比前更盛。只因死不肯招唐仲友一事，四方之人重他義氣。那些少年尚氣節的朋友，一發道是堪比古來義俠之倫，一向認得的要來問他安，不曾認得的要來識他面，所以挨擠不開。一班風月場中人，自然與道學不對，但是來看嚴蕊的，没一個不駡朱晦菴兩句。

晦菴此番，竟不曾奈何得唐仲友。落得動了好些唇舌，外邊人言喧沸，嚴蕊聲價騰湧，直傳到孝宗耳朵内。孝宗道：「早是前日兩平處了。【眉批】□得如此。若聽了一偏之詞，貶謫了唐與正，却不屈了這有義氣的女子没申訴處？」

陳同父知道了，也悔道：「我只向晦菴説得他兩句説話，不道認真的大弄起來。今唐仲友只疑是我害他。」無可辨處，因致書與晦菴道：

亮平生不曾會説人是非，唐與正乃見疑相譖，真足當田光之死矣。然困窮之中，又自惜此潑命。一笑。

看來陳同父只爲唐仲友破了他趙娟之事，一時心中憤氣，故把仲友平日説話，對晦菴講了出來。原不料晦菴狠毒，就要擺佈仲友起來。至於連累嚴蕊受此苦拷，皆非同父之意也。這也是晦菴成心不化，偏執之過。以後改調去了。

交代的是岳商卿，名霖。到任之時，妓女拜賀。【眉批】此人比煞風景者何如？商卿問：「那個是嚴蕊？」嚴蕊上前答應。商卿擡眼一看，見他舉止異人。在一班妓女之中，却像鷄群内野鶴獨立，却是容顔憔悴。商卿曉得前事：他受過折挫，甚覺可憐。因對他道：「聞你長於詞翰。你把自家心事做成一詞訴我，我自有主意。」嚴蕊領命，略不搆思，應聲口占《卜算子》道：

不是愛風塵，似被前緣悮。花落花開自有時，總賴東君主。去也終須去，住也如何住。若得山花插滿頭，莫問奴歸處。

商卿聽罷，大加稱賞道：「你從良之意決矣。此是好事，我當爲你做主。」立刻取伎籍來，與他除了名字，判與從良。嚴蕊叩頭謝了，出得門去。有人得知此説的，千斤幣聘，争來求討，嚴蕊多不從他。有一宗室近屬子弟，喪了正配。悲哀過切，百事俱廢。賓客們恐其傷性，拉他到伎館散心。説着别處，多不肯去。直等説到嚴蕊家裏，纔肯同來。嚴蕊見此人滿面慽容，問知爲着喪偶之故，曉得是個有情之人，關在心裏。那宗室也慕嚴蕊大名。飲酒中間，彼此喜樂，因而留住。傾心來往了多時，畢竟納了嚴蕊爲妾。嚴蕊也一意隨他，遂成了終身結果。雖然不得到夫人、縣君，却是宗室自取嚴蕊之後，深爲得意，竟不續婚。一根一蒂，立了婦名，享用到底。也是嚴蕊立心正直之報也。

後人評論這個嚴蕊，乃是真正講得道學的。有七言古風一篇，單説他的好處：

天台有女真奇絶，揮毫能賦謝庭雪。
搽粉虞侯太守筵，酒酣未必呼燭滅。
忽爾監司飛檄至，桁楊横掠頭搶地。
章臺不犯士師條，肺石會疏刺史事。
賤質何妨輕一死，豈承浪語污君子！
罪不重科兩得答(笞)，獄吏之威止是耳。
君侯能講毋自欺，乃遣女子誣人爲！
雖在縲絏非其罪，尼父之語胡忘之？
君不見貫高當時白趙王，身無完膚猶自強。
今日蛾眉亦能爾，千載同聞俠骨香。
含顰帶笑出狴犴，寄聲合眼閉眉漢：
山花滿頭歸去來，天潢自有梁鴻案。

鹿胎巷客人作寺主

氣獨住否？」直生道：「我輩大丈夫，氣吞湖海，鬼物所畏，有甚沒膽氣處？你每自去，我竟到菴中自宿罷。」竹林道：「如此却好。只是小僧心上過意不去。明日歸來，罰做一個東道請罪罷。」直生道：「快去快去，省得爲我少得了襯錢。明日就將襯錢來破除也好。」竹林就在腰間解下鑰匙來，付與直生道：「官人，你可自去開了門，歇宿去。肚中飢餓時，厨中有糕餅，竈下有見成米飯，食物多有，隨你權宜吃用。將就過了今夜，明日絶早，小僧就回。托在相知，敢如此大膽，幸勿見責。」直生取笑道：「不要開進門去，撞着了什麼避忌的人在裏頭，你放心不下。」竹林也笑道：「山菴淺陋，料沒有婦女藏得，不妨不妨。」直生道：「若有在裏頭，正好我受用他一夜。」【眉批】豈知此夜□有受用乎？竹林道：「但憑受用，小僧再不吃醋。」大笑而别。竹林自下山去了。

直生接了鑰匙，一徑踱上山來。端的好夜景：

栖鴉争樹，宿鳥歸林。隱隱鐘聲，知是禪關清梵；紛紛煙色，看他比屋晚炊。徑僻少人行，惟有樵夫肩擔下；山深無客至，並稀稚子候門迎。微茫幾點疏星，户前相引；燦爛一鈎新月，木末來邀。室内知音，只是滿堂木偶；庭前好伴，無非對座金剛。若非德重鬼神欽，也要心疑魑魅至。

直生走進菴門，竟趨禪室。此時明月如晝，將鑰匙開了房門，在佛前長明燈内，點個火起來，點在房中了。到竈下看時，鉢頭内有炊下的飯，將來鍋内熱一熱。又去傾瓶倒罐，尋出些笋乾木耳之類，好些物事來。笑道：「只可惜沒處得幾杯酒吃吃。」僧房未必無之。把飯吃飽了，又去燒些湯，點些茶起來吃了。走入房中，掩上了門，展一展被卧停當，息了燈，倒頭便睡。

一時間睡不去，還在翻覆之際，忽聽得扣門響。直生自念：「菴僧此時，正未歸來，鄰旁别無人迹，有何人到此？必是山魑木魅，不去理他。那門外扣得轉急。直生本有膽氣，毫無怖畏，大聲道：「汝是何物，敢來作怪？」門外道：「小弟是山下劉念嗣，不是甚麽怪。」直生見説出話來，側身去聽，果然是劉念嗣聲音；原是他相好的舊朋友。恍忽之中要起開門。想一想道：「劉念嗣已死過幾時，這分明是鬼了。」不走起來。門外道：「你不肯起來放我，我自家會走進來。」説罷，只聽得房門矻矻有聲，一直走進房來，月亮裏邊看去果然是一個人，踞在禪椅之上，肆然坐下。直生道：「你死了，爲何到此？」鬼道：「與足下往來甚久，怎不起來相揖？」直生道：「你死了，爲何到此？」【眉批】非有膽者此時亦驚死矣。大呼道：「公言，公言，故人到此，怎不起來我？」直生道：「我而今想起來，你是某年某月某日死的，我于某日到你家送葬，葬過了纔回家的。你如今却來這裏作怪，你敢道我怕鬼，故戲我麽？我是鐵漢子，膽氣極壯，隨你甚麽千妖百怪，我決不怕的。」鬼笑道：「不必多言。實對足下説，小弟果然死久了。所以不避幽明，昏夜到此，尋足下者，有一腔心事要訴與足下，求足下出一臂之力。足下許我，方纔敢説。」直生道：「有何心事，快對我説。我念平日相與之情，倘可用力，必然盡心。」

鬼嘆息了一會，方説道：「小弟不幸去世，不上一年，山妻房氏，即便改嫁。嫁也罷了，凡我所有箱匣貨財、田屋文券，席捲而去。我止一九歲兒子，家財分毫没分。又不照管他一些，使他飢寒伶仃，在外邊乞丐度日。説到此處，豈不傷心？便哽哽咽咽哭將起來。直生好生不忍，便道：「你今來見我之意，想是要我收拾你令郎麽？」鬼道：「幽冥悠悠，徒自悲傷，没處告訴。今特來見足下，要足下念平生之好，替我當官一説，申此寃恨，追出家財，付與吾子，使此子得以存活，我瞑目九泉之下，當効結草啣環之報。」

直生聽罷，義氣憤憤，便道：「既承相托，此乃我身上事了。明日即當往見縣官，爲兄申理此事。但兄既死無對證，只我口説，有何憑據？」鬼道：「我一一説來，足下須記得明白。我有錢若干，粟若干，布帛若干，在我妻身邊有一細帳，在彼減妝匣内，匙鑰緊繫身上。田若干畝，在某鄉；屋若干間，在某里。俱有文契，在彼房内紫漆箱中，時常放在床頂上。又有白銀五百兩。寄在彼親賴某家。聞得往取幾番，彼家不肯認帳。若得官力，也可追出。此皆件件有據，足下肯爲我留心，不怕他少了。只是兒子幼小無能，不是足下幫扶到底，成不得事。」直生一一牢記。恐怕忘了，又叫他説了再説，説了兩三遍。把許多數目欵項，俱明明白白了。直生道：「我多已記得。此事在我，不必多言。只是你一向在那裏？今日又何處來？」鬼道：「我死去無罪，不入冥司，各處游蕩，看見家中如此情態。既不到陰司，没處告理；陽間官府處，又不是鬼魂可告的。所以含忍至今。今日偶在山下人家赴齋，知足下在此山上，故特地上來，表此心事，求懇出力。萬祈留神。」

直生與他言來語去，覺得更深了，心裏動念道：「他是個鬼，我與他説話已久，不要爲鬼氣所侵，被他迷了。趂心裏清時，打發他去罷。」因對他道：「劉兄所托既完，可以去了。我身子已倦，不要妨了我睡覺。」説罷，就不聽見聲響了。叫兩聲「劉兄」、「劉念嗣」，並不答應了。直生想道已去。揭帳看時，月光朦朧，禪椅之上，依然有個人坐着不動。直生道：「可又作怪！鬼既已去，此又何物？」大聲咳嗽，禪椅之物也依樣咳嗽。直生不理他，假意鼾呼。椅上之物也依樣鼾呼。【眉批】此却無解，或因其自恃有膽而戲之，或亦迫其下山白事乎？及至仍前叫「劉兄」，他却不答應。

直生初時膽大，與劉鬼相問答之時，竟把生人待他一般，毫不爲異。此時精神既已少倦，又不見説話了，却只如此作影響，心裏就怕將起來道：「萬一走上床來，却不利害。」急急走了下床，往外便跑。椅上之物，從背後一路趕來。直生走到佛堂中，聽得背後脚步響，想道：「曾聞得人説：鬼物行步，但會直前，不能曲折。我今環繞而走，必然趕不着。」遂在堂柱邊繞了一轉。那鬼物踉蹌，走不迭了，撲在柱上，就抱住不動。直生見他抱了柱，叫聲：「慚愧」！一道煙望門外溜了。兩三步並作一步，一口氣奔到山脚下。

天色已明，只見山下兩個人前後走來，正是竹林與行童。見了直生道：「官人起得這等早，爲甚恁地喘氣？」直生喘息略定，道：「險些嚇死了人。」竹林道：「爲何呢？」直生把夜來的事，從頭説了一遍，道：「你們撇了我，在檀越家快活，豈知我在山上，受如此驚怕？今我下了山，正不知此物怎麽樣了。」竹林道：「好教官人得知：我每撞着的事，比你的還希奇哩。」直生道：「難道還有奇似我的？」竹林道：「我們做了大半夜佛事，正要下棺，摇動靈杵，念過真言，抛個頌子。揭開海被一看，正不知死人屍骸在那裏去了。合家驚慌了，前後找尋，並無影響。送斂的諸親，多嚇得走了。孝子無頭可奔。滿堂鼎沸，連我們做佛事的，没些意智，只得散了回來。你道作怪麽？」直生摇着頭道：「奇！奇！奇！【眉批】也是一場好看的事。世間人事改常，變怪不一，真個是天翻地覆的事。若不眼見，説着也不信。」竹林道：「官人，你而今往那裏去？」直生道：「要尋劉家的兒子，與他説去。」信人也。竹林道：「且從容。昨夜不曾相陪得，又吃了這樣驚恐。而今且到小菴裏坐坐，吃些早飯再處。」直生道：「我而今青天白日，便再去尋尋昨夜光景，看是怎的。」就同了竹林，一行三個，一頭説，一頭笑，踱上山來。

一宵兩地作怪，聞説也須驚壞。

禪師不見不聞，未必心無罣礙。

三人同到菴前，一齊擡起頭來，直生道：「元來還在此！」竹林看時，只見一個死人，抱住在堂柱上。行童大叫一聲，把經箱撲的摜在地上了，連聲喊道：「不好！不好！」竹林啐了一口道：「有我兩人在此，怕怎的？且仔細看看着。」竹林把菴門大開，向亮處一看，叫聲：「奇怪！」把個舌頭伸了出來，縮不進去。直生道：「昨夜與我講了半夜話，後來趕我的，正是這個。依他説，只該是劉念嗣的屍首。今却不認得。」竹林道：「我仔細看他，分明像是張家主翁的模樣。敢就是昨夜失去的？却如何走在這裏？」直生道：「這等，是劉念嗣借附了屍首，來與我講話的了。怪道他説到山下人家赴齋來的。可也奇怪得緊！我而今且把他分付搶匿物事。」

那一干如狼似虎的人，得了口氣，打進房來。只除地皮不翻轉，把箱籠多搬到官面前來。內中一箱沉重，知縣叫打開來看。賴某曉得有銀子在裏頭的，着了急，就喊道：「也要開看。」「此是親眷所寄。」知縣道：「這個明是盜贜了。」盜犯也趑口喊道：「這正是我劫來的東西。」賴某道：「此非小人所有，乃是親眷人家寡婦房氏之物。他起身再醮，權寄在此，豈是盜贜？」知縣道：「信你不得。你寫個口詞到縣驗看。」

賴某當下寫了個某人寄頓銀兩數目明白，押了個字，隨着到縣間來。却好房氏押出去尋着了兒子，直生也撞見了，一同進縣裏回話。知縣叫賴某過來，道：「你方纔説銀兩不是盜贜，是房氏寄的麽？」賴某道：「是。」知縣道：「寄主今在此，可還了他。果然盜情與你無干，趕出去罷！」賴某見了房氏，對口無言，只好直看。用了許多欺心，却被賺了出來，又吃了一個虛驚，沒興自去了。

知縣喚過劉家兒子來看了，對直生道：「如此孩子，正好提攜。而今帳目文券俱已見在，只須去交點明白；追出銀兩，也給與他去。【眉批】貪者必改□□爲入官矣。這已後多是先生之事了。」直生道：「大人神明，奸欺莫遁。亡友有知，九泉啣感。此子成立之事，是亡友幽冥見托。既仗大人申理，若小生有始無終，不但人非，難堪鬼責。」知縣道：「先生誠感幽冥，故貴友猶相托。今鬼語無一不真，亡者之靈，與生者之誼，可畏可敬。豈知此一場鬼怪之事，却勘出此一案來，真奇聞也。」當下就押房氏與兒子出來，照帳目交收了物事。將文契查了田房，一一踏實僉管了，多是直生與他經理。一個乞丐小厮，遂成富室之子。固是直生不負所托，也全虧得這一夜鬼話。

彼時，晚夫幸德，見房氏説是前夫托夢與知縣相公，故知得這等明白，心中先有些害怕。夫妻二人怎敢違拗一些？後來曉得鬼來活現了一夜，托與直秀才的，一發打了好些寒噤。略略有些頭疼腦熱，就生疑惑。後來破費了些錢鈔，薦度了幾番，方得放心。可見人雖已死之鬼，不可輕負也。有詩爲證：

何緣世上多神鬼？只爲人心有不平。
若使光明如白日，縱然有鬼也無靈。

趙尋君舍
送黃柑

吳宣教乾
償白鏹

卷之十四

趙縣君喬送黄柑　吴宣教乾償白鏹

詩云：

睹色相悦人之情，個中原有真縁分。
只因無假不成真，就裏藏機不可問。
少年鹵莽浪貪淫，等閒踹入風流陣。
饅頭不吃惹身羶，世俗傳名紥火囤。

聽説世上男貪女愛，謂之風情。只這兩個字害的人也不淺，送的人也不少。其間又有奸詐之徒，就在這些貪愛上面，想出個奇巧題目來。做自家妻子不着，裝成圈套，引誘良家子弟，許他一個小富貴，謂之「紥火囤」。若不是識破機關，硬浪的郎君，十個着了九個道兒。

記得有個京師人，靠着老婆吃飯的。其妻塗脂抹粉，慣賣風情，挑逗那富家郎君。到得上了手的，約會其夫，只做撞着，要殺要剮，直等出財買命，饜足方休。被他弄得，也不止一個了。有一個潑皮子弟，深知他行徑，佯爲不曉，故意來纏。其妻與了他些甜頭，勾引他上手。正在床裏作樂，其夫打將進來。别個着了忙的，定是跳下床來，尋躲避去處。怎知這個人不慌不忙，且把他妻子摟抱得緊緊的，不放一些寬鬆，伏在肚皮上，大言道：「不要嚷亂，等我完了事再講。」其妻殺猪也似喊起來，亂顛亂推，只是不下來。其夫進了門，揎起帳子，喊道：「幹得好事！要殺！要殺！」【眉批】便殺不成了。將着刀背放在頸子上，捩了一捩，却不下手。潑皮道：「不必作腔，要殺就請殺。小子固然不當，也是令正約了來的，死便死做一處，做鬼也風流。終不然獨殺我一個不成？」其夫果然不敢動手，放下刀子，拿起一個大捍杖來，喝道：「權寄顆驢頭在頸上，我且痛打一回。」一下子打來。那潑皮溜撒，急把其妻番過來，早在臀脊上受了一杖。其妻又喊道：「是我，是我。不要錯打了。」【眉批】妙！妙！潑皮道：「打也不錯，也該受一杖兒。」

其夫假勢頭已過，早已發作不出了。潑皮道：「老兄放下性子！小人是箇中人，我與你熟商量。【眉批】猜着心事。你要兩人齊殺，你嫂子是摇錢樹，料不捨得。若拋得到官，只是和奸，這番打破機關，你那營生弄不成了。不如你捨着嫂子，與我往來，我公道使些錢鈔，幫你買煤買米。若要紮火囤，別尋個主兒弄弄，須靠我不着的。」其夫見説出海底眼，無計可奈，没些收場，只得住了手，倒縮了出去。【眉批】烏龜法，得縮且縮。潑皮起來，從容穿了衣服。對着婦人叫聲「聒噪」，摇摇擺擺竟自去了。正是：

强中更有强中手，得便宜處失便宜。

恰是富家子弟郎君，多是嬌嫩出身，誰有此潑皮膽氣，潑皮手段？所以着了道兒。

宋時向大理的衙内向士肅，出外拜客，喚兩個院長相隨。到軍將橋，遇個婦人，鬢髮蓬松，涕泣而來。一個武夫着青紵絲袍，狀如將官，帶劍牽驢，執着皮鞭，一頭走，一頭駡那婦人，或時將鞭打去，怒色不可犯。隨後就有健卒十來人，抬着幾扛箱籠，且是沉重，跟着同走。街上人多立駐看他，也有説的，也有笑的。士肅不知其故，方在疑訝，兩個院長笑道：「這番經紀做着了。」士肅問道：「怎麽解？」院長道：「男女們也試猜，未知端的。衙内要知備細，容打聽的實來回話。」去了一會，院長來了，回説詳細。

元來浙西一個後生官人，到臨安赴銓試，在三橋黄家客店樓上下着。每下樓出入，見小房青簾下有個婦人行走，姿態甚美。撞着了多次，心裏未免欣動。問那送茶的小童道：「簾下的是店中何人？」小童攢着眉頭道：「一店中被這婦人累了三年了。」官人驚道：「却是爲何？」小童道：「前歲一個將官，帶着這個婦人，説是他妻子，要住個潔净房子。住了十來日，就要到那裏近府去，留這妻子守着房卧行李，説道去半個月就好回來。自這一去，杳無信息。起初婦人自己盤纏，後來用得没有了，苦央主人家説：『賒了吃時，只等家主回來算還。』主人辭不得，一日供他兩番。而今多時了，也供不起了，只得替他募化着同寓這些客人，輪次供他。也不是常法。不知幾時纔了得這業債。」【眉批】豈知非店家業債，乃此官人業債耶。

官人聽得，滿心歡喜，問道：「我要見他一見，使得麽？」小童道：「是好人家妻子，丈夫又不在，怎肯見人？」官人道：「既缺飲食，我尋些吃口物事送他，使得麽？」小童道：「這個使得。」

官人急走到街上茶食大店裏，買了一包蒸酥餅，一包菓餡餅，在店家討了兩個盒兒，妝好了，叫小童送去。説道：「樓上官人聞知娘子不方便，特意送此點心。」婦人受了，千恩萬謝。

明日，婦人買了一壺酒，妝着四個菜碟，叫小童來答謝，官人也受了。自此，一發注意不舍。隔兩日，又買些物事相送，婦人也如前買酒來答。【眉批】買酒菜之本又自何出？官人即燙其酒來吃。篋内取出金杯一隻，滿斟着一杯，叫茶童送下去道：「樓上官人奉勸大娘子。」婦人不推，吃乾了。茶童復命。官人又斟一杯下去，説：「官人多致意娘子。出外之人，不要吃單杯。」婦人又吃了。官人又叫茶童下去致意道：「官人多謝娘子不棄，吃了他兩杯酒。官人不好下來自勸，意欲奉邀娘子上樓，親獻一杯，如何？」往返兩三次，婦人不肯來。官人只得把些錢來買囑茶童道：「是必要你設法他上來見見。」茶童見了錢，歡喜起來，又去説風説水道：「娘子受了兩杯，也該去回敬一杯。」被他一把拖了上來，道：「娘子來了。」官人没眼得看。婦人道了個萬福。官人急把酒斟了，唱個肥偌，親手遞一杯過來，道：「承蒙娘子見愛，滿飲此杯。」婦人接過手來，一飲而乾，把杯放在桌上。官人看見杯内還有餘瀝，拿過來吮嘬個不歇。酸態。婦人看見，嘻的一笑，急急走了下去。

官人看見情態可動，厚贈小童，叫他做着牽頭，時常弄他上樓來飲酒。以後便留他同坐。漸不推辭，不像前日走避光景了。眉來眼去，彼此動情，勾搭上了手。然只是日裏偷做一二，晚間隔開，不能同宿。

如此兩月餘，婦人道：「我日日自下而升，人人看見，畢竟免不得起疑。官人何不把房遷了下來？與奴相近，晚間便好相機同宿了。」官人大喜過望，立時把樓上囊橐搬下來，放在婦人間壁一間房裏。推説道：「樓上有風，睡不得，所以搬了。」晚間虛閉着房門，竟自在婦人房裏同宿。自道是此樂即並頭之蓮，比翼之鳥，無以過也。

纔得兩晚，一日早起，尚未梳洗，兩人正自促膝而坐。只見外邊店裏一個長大漢子，大踏步踹將進來，大聲道：「娘子那裏？」驚得婦人手脚忙亂，面如土色，慌道：「壞了！壞了！吾夫來了！」那官人急閃了出來，已與大漢打了照面。大漢見個男子在房裏走出，不問好歹，一手揪住婦人頭髮，喊道：「幹得好事！幹得好事！」提起醋鉢大的拳頭只是打。那官人慌了，脱得身子，顧不得甚麽七長八短，急從後門逃了出去。剩了行李囊貲，盡被大漢打開房來，席捲而去。適纔十來個健卒扛着的箱篋，多是那官人房裏的了。他恐怕有人識破，所以還妝着丈夫打駡妻子模樣走路。其實婦人、男子、店主、小童，總是一夥人也。

士肅聽罷，道：「那裏這樣不睹事的少年，遭如此圈套！可恨，可恨！」後來常對親友們説此目見之事，以爲笑話。雖然如此，這還是到了手的。便紮了東西去，也還得了些甜頭兒。更有那不識氣的小二哥，不曾沾得半點滋味，也被別人弄了一番手脚，折了偌多本錢，還悔氣哩！正是：

美色他人自有緣，從傍何用苦垂涎？
請君只守家常飯，不害相思不損錢。

話説宣教郎吴約，字叔惠，道州人，兩任廣右官。自韶州録曹赴吏部磨勘。宣教家本饒裕，又兼久在南方，珠翠香象，蓄積奇貨頗多，盡帶在身邊隨行。作寓在清河坊客店。因吏部引見留滯，時時出游伎館，衣服鮮麗，動人眼目。

客店相對，有一小宅院，門首掛着青簾。簾内常有個婦人，立着看街上人做買賣。宣教終日在對門，未免留意體察。時時聽得他嬌聲媚語，在裏頭説話。又有時露出雙足在簾外來，一灣新笋，着實可觀。只不曾見他面貌如何。心下惶惑不定，恨不得走過去揎開簾子一看，再無機會。那簾内或時巧囀鶯喉，唱一兩句詞兒。仔細聽那兩句，却是：

柳絲只解風前舞，誚繫惹那人不住。

雖是也間或唱着别的，只是這兩句爲多。想是喜歡此二語，又想是他有甚麽心事。【眉批】便非好舉止，當局自逐耳。宣教但聽得了，便跌足嘆賞道：「是在行得緊，世間無此妙人。想來必定標緻，可惜未能勾一見。」懷揣着個提心弔膽，魂靈多不知飛在那裏去了。

一日，正在門首坐地，呆呆的看着對門簾内。忽有個經紀，挑着一籃永嘉黄柑子過門。宣教叫住問道：「這柑子可要博的？」紀經道：「小人正待要博兩文錢使使，官人作成則個。」宣教接將頭錢過來，往下就撲。那經紀墩在柑子籃邊，一頭拾錢，一頭數數。怎當得宣教一邊撲，一心牽掛着簾内那人在裏頭看見，没心没想的抛下去，何止千撲，再撲不成一個渾成來。算一算，輸了一萬錢。宣教還是做官人心性，不覺兩臉通紅，「哏」的一聲道：「壞了我十千錢，一個柑不得到口，可恨！可恨！」欲待再撲，恐怕撲不出來，又要貼錢；欲待住手，輸得多了，又不甘伏。

正在嘆恨間，忽見個青衣童子，捧一個小盒，在街上走進店内來。你道那童子生得如何？

短髮齊眉，長衣拂地。滴溜溜一雙俊眼，也會撩人；黑洞洞一個深坑，盡能害客。癡心偏好，反言勝似妖嬈；拗性酷貪，還是圖他撇脱。身上一團孩子氣，獨聳孤陽；腰間一道木樨香，合成衆唾。

向宣教道：「官人，借一步説話。」宣教引到僻處，小童出盒道：「趙縣君奉獻官人的。」宣教不知是那裏説起，疑心是錯了。且揭開盒子來看一看，元來正是永嘉黄柑子十數個。【眉批】與不期多寡，期于當阸，此之謂也。宣教道：「你縣君是那個？與我素不相識，爲何忽地送此？」小童用手指着對門道：「我縣君即是街南趙大夫的妻室。適在簾間，看見官人撲柑子折了本錢，不曾嘗得他一個，有些不快活，縣君老大不忍。偶然藏得此數個，故將來送與官人見意。縣君道：『可惜止有得這幾個，不能勾多，官人不要見笑。』」宣教道：「多感縣君美意。你家趙大夫何在？」小童道：「大夫到建康探親去了。兩個月還未回來，正不知幾時到家。」

宣教聽得此話，心裏想道：「他有此美情，況且大夫不在，必有可圖。【眉批】木必先蠹也，而後蟲生之。煞是好機會！」連忙走到卧房内，開了篋，取出色彩二端來，對小童道：「多謝縣君送柑。客中無可奉答，小小生活二匹，伏祈笑留。」

小童接了，走過對門去。須臾又將這二端來還，上覆道：「縣君多多致意，區區幾個柑子，打甚麽不緊的事，要官人如此重酬？決不敢受。」宣教道：「若是縣君不收，是羞殺小生了，連小生黄柑也不敢領。你依我這樣説去，縣君必收。」小童領着言語，對縣君説去，此番果然不辭了。

明日，又見小童拿了幾瓶精緻小菜，走過來道：「縣君昨日蒙惠過重。今見官人在客邊，恐怕店家小菜不中吃，手製此數瓶，送來奉用。」宣教見這般知趣着人，必然有心於他了，好不徯幸。想道：「這童子傳來傳去，想必在他身傍講得話，做得事的。好歹要在他身上圖成這事，不可怠慢了他。」急叫家人去買些魚肉菓品之類，燙了酒來，與小童對酌。小童道：「小人是趙家小廝，怎敢同官人坐地？」宣教道：「好兄弟，你是趙縣君心腹人兒，我怎敢把你做等閑厮覷？放心飲酒。」小童告過無禮，吃了幾杯，早已臉紅，道：「吃不得了。若醉了，縣君須要見怪。打發我去罷。」宣教又取些珠翠花朵之類，答了來意，付與小童去了。

隔了兩日，小童自家走過來玩耍，宣教又買酒請他。酒間，與他說得入港，宣教便道：「好兄弟，我有句話兒問你：你家縣君多少年紀了？」小童道：「過新年纔廿三歲，是我家主人的繼室。」宣教道：「模樣生得如何？」小童搖頭道：「没正經！早是没人聽見，怎把這樣說話來問？生得如何，便待怎麽？」宣教道：「總是没人在此，說話何妨？我既與他送東送西，往來了兩番，也須等我曉得他是長是短的。」小童道：「說着我縣君容貌，真個是世間少比，想是天仙裏頭摘下來的。除了畫圖上仙女，再没見這樣第二個。」宣教道：「好兄弟，怎生得見他一見？」小童道：「這不難。等我先把簾子上的繫帶解鬆了，你明日只在對門。等他到簾子下來看的時節，我把簾子揎將出來，揎得重些，繫帶散了，簾子落了下來，他一時回避不及，可不就看見了？」宣教道：「我不要是這樣見。」小童道：「要怎的見？」宣教道：「我要好好到宅子裏面，拜見一拜見，謝他平日往來之意，方稱我願。」小童道：「這個知他肯不肯？我不好自專得。官人有此意，待我回去稟白一聲，好歹討個回音來覆官人。」宣教又將銀一兩送與小童，叮囑道：「是必要討個回音。」

去了兩日，小童復來說：「縣君聞得要見之意，說道：『既然官人立意惓切，就相見一面也無妨。只是非親非戚，不過因對門在此，禮物往來得兩番，没個名色，遽然相見，恐怕惹人議論。』是這等說。」宣教道：「也是，也是。怎生得個名色？」想了一想道：「我在廣裏來，帶得許多珠寶在此，最是女人用得着的。我只做當面送物事來與縣君看，把此做名色，相見一面，如何？」小童道：「好倒好，也要去對縣君說過，許下方可。」

小童又去了一會，來回言道：「縣君說：『使便使得。只是在廳上見一見就要出去的。』」宣教道：「這個自然，難道我就捱住在宅裏了不成？」小童笑道：「休得胡說。快隨我來。」宣教大喜過望，整一整衣冠，隨着小童，三脚兩步走過趙家前廳來。小童進去禀知了。門響處，宣教望見縣君打從裏面從從容容走將出來。但見：

衣裳楚楚，珮帶飄飄。大人家舉止端詳，没有輕狂半點；小年紀面龐嬌嫩，並無肥重一分。清風引出來，道不得雲是無心之物；好光挨上去，真所謂容是誨淫之端。犬兒雖已到籬邊，天鵝未必來溝裏。

宣教看見縣君走出來，真個如花似玉，不覺的滿身酥麻起來。急急趨上前去，唱個肥喏，口裏謝道：「屢蒙縣君厚意，小子無可答謝，惟有心感而已。」縣君道：「惶愧，惶愧。」宣教忙在袖裏取出一包珠寶來，捧在手中道：「聞得縣君要换珠寶，小子隨身帶得有些，特地過來面奉與縣君揀擇。」一頭説，一眼看，只指望他伸手來接。誰知縣君立着不動，呼唤小童，接了過來。口裏道：「容看過議價。」【眉批】偏作莊嚴，使人可死。只説了這句，便抽身往裏面走了進去。

宣教雖然見了一見，並不曾説得一句倬俏的説話，心裏猾猾突突，没些意思。走了出來，到下處，想着他模樣行動，嘆口氣道：「不見時猶可，只這一番相見，定害殺了小生也。」以後遇着小童，只央及他設法再到裏頭去見見，無過把珠寶做因頭。前後也曾會過五六次面。只是一揖之外，再無他詞，顔色莊嚴，毫不可犯。等閒不曾笑了一笑，説了一句没正經的話。那宣教没入脚處，越越的心魂撩亂，注戀不捨了。

那宣教有個相處的粉頭，叫做丁惜惜，甚是相愛的。只因想着趙縣君，把他丢在腦後了，許久不去走動。丁惜惜邀請了兩個幫閒的再三來約宣教，叫他到家裏走走。宣教一似掉了魂的，那裏肯去？被兩個幫閒的不由分説，强拉了去。丁惜惜相見，十分温存。怎當得吴宣教一些不在心上。丁惜惜撒驕撒癡了一會，免不得攞上東道來。宣教只是心不在焉光景。丁惜惜唱個歌兒嘲他道：

俏寃家，你當初纏我怎的？到今日又丢我怎的？丢我時頓忘了纏我意。纏我又丢我，丢我去纏誰？似你這般丢人也，少不得也有人來丢了你。

當下，吴宣教没情没緒，吃了兩杯。一心想着趙縣君生得十分妙處，看了丁惜惜，有好些不像意起來。想着那個，借這個出火的。雲雨已過，身體疲倦。正要睡去，只見趙家小童走來道：「縣君特請宣教叙話。」宣教聽了這話，急忙披衣起來，隨着小童就走。小童領了，竟進内室。只見趙縣君雪白肌膚，脱得赤條條，的眠在床裏，專等吴宣教來。小童把吴宣教盡力一推，推進床裏。吴宣教喜不自勝，騰的番上身去，叫一聲：「好縣君，快活殺我也！」用得力重了，一個失脚，跌進裏床，吃了一驚。醒來見惜惜睡在身邊，朦朧之中，還認做是趙縣君，仍舊跨上身去。丁惜惜也在睡裏驚醒道：「好饞貨！怎不好好的，做出這個極模樣？」吴宣教直等聽得惜惜聲音，方記起身在丁家床上，適纔是夢裏的事，連自己也失笑起來。丁惜惜再四問他：「你心上有何人，以致七顛八倒如此？」宣教只把閒話支吾，不肯説破。

【眉批】人情如此。却是身既到此，没及奈何，只得勉强同惜惜上床睡了。雖然少不得幹着一點半點兒事，也是

到了次日，别了出門。自此以後，再不到丁家來了，無晝無夜，一心只癡想着趙縣君，思量尋機會挨光。

忽然一日，小童走來道：「一句話對官人説：明日是我家縣君生辰。官人既然與縣君往來，須辦些壽禮去，與縣君作賀。一作賀，覺得人情面上愈加好看。」宣教喜道：「好兄弟，虧你來説。你若不説，我怎知道？這個禮節，最是要緊，失不得的。」亟將彩帛二端封好，又到街上買了些時鮮菓品、鷄鴨熟食，各一盤，酒一罇，配成一副盛禮。先令家人一同小童送了去，説：「明日虔誠拜賀。」小童領家人去了。趙縣君又叫小童來推辭了兩番，然後受了。

明日起來，吴宣教整肅衣冠，到趙家來，定要請縣君出來拜壽。趙縣君也不推辭，盛裝出到前廳，比平日更齊整了。吴宣教没眼得看，足恭下拜。趙縣君慌忙答禮，口説道：「奴家小小生朝，何足掛齒？却要官人費心，賜此厚禮。受之不當。」宣教道：「客中乏物爲敬，甚愧菲薄。縣君如此稱謝，反令小子無顔。」縣君回顧小童道：「留官人吃了壽酒去。」宣教聽得此言，不勝之喜，道既留下吃酒，必有光景了。誰知縣君説罷，竟自進去。宣教此時如熱地上螞蟻，不知是怎的纔是。又想那縣君如設帳的方士，不知葫蘆裏賣甚麽藥出來。呆呆的坐着，一眼望着内裏。

須臾之間，兩個走使的男人，擡了一張桌兒，揩抹乾净。小童從裏面捧出攢盒酒菓來，擺設停當。掇張椅兒，請宣教坐。宣教輕輕問小童道：「難道没個人陪我？」小童也輕輕道：「縣君就來。」宣教且未就坐，還立着徘徊之際，小童指道：「縣君來了。」果然趙縣君出來，雙手纖纖捧着杯盤，來與宣教安席。【眉批】妙在没主人。道了萬福，説道：「拙夫不在，没個主人做主。誠恐有慢貴客，奴家只得冒耻奉陪。」宣教大喜道：「過蒙厚情，何以克當？」在小童手中，也討個杯盤來與縣君回敬。安席了，兩下坐定。宣教心下只説此一會必有眉來眼去之事，便好把幾句説話撩撥他，希圖成事。誰知縣君意思雖然濃重，容貌却是端嚴，除了請酒請饌之外，再不輕説一句閑話。宣教也生煞煞的浪開不得閑口，便宜得飽看一回而已。【眉批】老手段。

酒行數過，縣君不等宣教告止，自立起身，道：「官人慢坐，奴家家無夫主，不便久陪，告罪則個。」吴宣教心裏恨不得伸出兩隻臂來，將他一把抱住，却不好强留得他。眼盻盻的看他洋洋走了進去，宣教一場掃興。裏邊又傳話出來，叫小童送酒。宣教自覺獨酌無趣，只得分付小童：「多多上覆縣君，厚擾不當，容日再謝。」慢慢地踱過對門下處來。真是一點甜糖抹在鼻頭上，只聞得香，却餂不着。心裏好生不快。有《銀絞絲》一首爲證：

前世裏寃家，美貌也人，挨光已有二三分。好温存，幾番相見意殷勤。眼兒落得穿，何曾近得身？鼻凹中糖味，那有唇兒分？一個清白的郎君，發了也昏。我的天那，陣魂迷，迷魂陣。

是夜，吴宣教整整想了一夜，躊躇道：「若説是無情，如何兩次三番許我會面，又留酒，又肯相陪？【眉批】無情有情之間，正可參破機関矣，而墮其術者不竟。若説是有情，如何眉梢眼角不見些些光景？只是恁等板板地往來，有何了結？思量他每常簾下歌詞，畢竟通知文義，且去討討口氣看，看他如何回我？」算計停當，次日起來，急將西珠十顆，用個沉香盒子盛了。取一幅花箋，寫詩一首在上。詩云：

心事綿綿欲訴君，洋珠顆顆寄殷勤。
當時贈我黄柑美，未解相如渴半分。

寫畢，將來同放在盒内。用個小記號圖書印，封皮封好了。忙去尋那小童過來，交付與他道：「多拜上縣君：昨日承蒙厚款，些些小珠，奉去添妝，不足爲謝。」小童道：「當得拿去。」宣教道：「還有數字在内。須縣君手自拆封，萬勿漏洩則個。」小童笑道：「我是個有柄兒的紅娘，替你傳書遞簡。」宣教道：「好兄弟，是必替我送送。倘有好音，必當重謝。」小童道：「我縣君詩詞歌賦，最是精通。若有甚話寫去，必有回答。」宣教道：「千萬在意。」小童説：「不勞分付，自有道理。」

小童去了半日，笑嘻嘻的走將來道：「有回音了。」袖中拿出一個碧甸匣來，遞與宣教。宣教接上手看時，也是小小花押封記着的。宣教滿心歡喜，慌忙拆將開來。中又有小小紙封，裹着青絲髮二縷，挽着個同心結兒。一幅羅紋箋上，有詩一首。詩云：

好將鬒髮付并刀，只恐經時失俊髦。
妾恨千絲差可擬，郎心雙挽莫空勞！

末又有細字一行云：

原珠奉璧。唐人云「何必珍珠慰寂寥」也。

宣教讀罷，跌足大樂。對小童道：「好了！好了！細詳詩意，縣君深有意於我了。」小童道：「我不懂得，可解與我聽。」宣教道：「他剪髮寄我，詩裏道要挽住我的心，豈非有意？」小童道：「既然有意，爲何不受你珠子？」宣教道：「這又有一説。這是一個故事在裏頭。」小童道：「甚故事？」宣教道：「當時唐明皇寵了楊貴妃，把梅妃江采蘋貶入冷宫。後來思想他，懼怕楊妃，不敢去，將珠子一封，私下賜與他。梅妃拜辭不受，回詩一首，後二句云：『長門盡日無梳洗，何必珍珠慰寂寥。』今縣君不受我珠子，却寫此一句來，分明説你家主不在，他獨居寂寥，不是珠子安慰得的。却不是要我來伴他寂寥麽？」小童道：「果然如此，官人如何謝我？」宣教道：「惟卿所欲。」小童道：「縣君既不受珠子，何不就送與我了？」宣教道：「珠子雖然回來，却還要送去。我另自謝你便是。」

宣教箱中去取通天犀簪一枝，海南香扇墜二個，將出來送與小童道：「權爲寸敬，事成重謝。這珠子再煩送一送去，我再附一首詩在内，要他必受。」詩云：

往返珍珠不用疑，還珠垂淚古來癡。
知音但使能欣賞，何必相逢未嫁時？

宣教便將一幅冰綃帕寫了，連珠子付與小童。小童看了，笑道：「這詩意，我又不曉得了。」宣教道：「也是用着個故事。唐張籍詩云：『還君明珠雙淚垂，恨不相逢未嫁時。』今我反用其意，説道：只要有心，便是嫁了何妨？你縣君若有意於我，見了此詩，此珠必受矣。」小童笑道：「元來官人是偷香的老手。」宣教也笑道：「將就看得過。」未必然。小童拿了，一徑自去。此番不見來推辭，想多應受了。宣教暗自喜歡，只待好音。

丁惜惜那裏，時常叫小二來請他走走，宣教好一似朝門外候旨的官，惟恐不時失悞了宣召，那裏敢移動半步？【眉批】可謂風流志誠種，惜悞用于匪人耳。忽然一日傍晚，小童笑嘻嘻的走來道：「縣君請官人過來說話。」宣教聽罷，忖道：「平日只是我去挨光，纔設法得見面，並不是他着人來請我的。這番却是先叫人來相邀，必有光景。」因問小童道：「縣君適纔在那裏？怎生對你說，叫你來請我的？」小童道：「適來縣君在卧房裏，卸了妝飾，重新梳裹過了，叫我進去，問說：『對門吴官人可在下處否？』我回說：『他這幾時只在下處，再不到外邊去。』縣君道：『既如此，你可與我悄悄請過來，竟到房裏來相見。切不可驚張。』如此分付的。」宣教不覺踴躍道：「依你說來，此番必成好事矣！」小童道：「我也覺得有些異樣，決比前幾次不同。只是一件：我家人口頗多，耳目難掩。日前只是體面上往來，所以外觀不妨。恐亦有妨。今却要到内室裏去，須瞞不得許多人。就是悄着些，是必有幾個知覺。露出事端，彼此不便，須要商量。」宣教道：「你家中事體，我怎生曉得備細？須得你指引我道路，應該怎生纔妥。」小童道：「常言道：『有錢使得鬼推磨。』世上那一個不愛錢的？你只多把些賞賜分送與我家裏人了，我去調開了他每。他每各人心照，自然躲開去了，任你出入。就有撞見的，也不說破了。」宣教道：「說得甚是有理，真可以築壇拜將。你前日說我是老偷香手，今日看起來，你也像個老馬泊六了。」小童道：「好意替你計較，休得取笑。」

當下，吴宣教拿出二十兩零碎銀兩，付與小童，說道：「我須不認得宅上甚麼人，煩你與我分派一分派，是必買他們盡皆口静方妙。」小童道：「這個在我，不勞分付。我先行一步，停當了衆人，看個動静，即來約你同去。」宣教道：「快着些個。」小童先去了。吴宣教急揀時樣濟楚衣服，打扮得齊整，真個賽過潘安，強如宋玉。眼巴巴只等小童到來，即去行事。正是：

羅綺層層稱體裁，一心指望赴陽臺。

巫山神女雖相待，雲雨寧知到底諧！

說這宣教坐立不定，只想赴期。須臾小童已至，回覆道：「衆人多有了賄賂。如今一去，徑達寢室，毫無阻礙了。」宣教不勝歡喜，整一整巾幘，灑一灑衣裳，隨着小童便走，過了對門。不由中堂，在旁邊一條弄裏，轉了一兩個彎曲，已到卧房之前。只見趙縣君懶梳妝模樣，早立在簾兒下等候。見了宣教，滿面堆下笑來，全不比日前的莊嚴了。開口道：「請官人房裏坐地。」一個丫鬟掀起門簾，縣君先走了進房，宣教隨後入來。只見房裏擺設得精緻，爐中香煙馥鬱，案上酒肴齊列。宣教此時蕩了三魂，失了六魂，不知該怎麽樣好。【眉批】此境若真，原可銷魂。只得低聲柔語道：「小子有何德能，過蒙縣君青盼如此！」縣君道：「一向承蒙厚情，今良宵無事，不揣特請官人清話片晌，別無他說。」宣教道：「小子客居旅邸，縣君獨守清閨，果然兩處寂寥。每遇良宵，不勝懷想。前蒙青絲之惠，小子緊繫懷袖，勝如貼肉。今蒙寵召，小子所望豈在酒食之類哉？」縣君微笑道：「休說閒話，且自飲酒。」宣教只得坐了。縣君命丫鬟一面斟下熱酒，自己舉杯奉陪。

宣教三杯酒落肚，這點熱團團興兒直從脚跟下冒出天庭來，那裏按納得住？面孔紅了又白，白了又紅，箸子也倒拿了，酒盞也潑翻了，手脚都忙亂起來。覷個丫鬟走了去，連忙走過縣君這邊來，跪下道：「縣君可憐見，急救小子性命則個！」縣君一把扶起道：「且休性急。妾亦非無心者。【眉批】急來緩受。自前日博柑之日，便覺鍾情於子。但禮法所拘，不敢自逞。今日久情深，清夜思動，愈難禁制。冒禮忘嫌，願得親近。既到此地，決不教你空回去了。略等人静後，從容同就枕席便了。」宣教道：「我的親親的娘！既有這等好意，早賜一刻之歡也是好的。叫小子如何忍耐得住？」縣君笑道：「怎恁地饞得緊！」即唤丫鬟們：「快來收拾。」

未及一半，只聽得外面喧嚷，似有人喊馬嘶之聲，漸漸近前堂來了。【眉批】太刻毒。宣教方在神魂蕩颺之際，恰像身子不是自己的。雖然聽得有些詫異，没工夫得疑慮别的，還只一味癡想。忽然一個丫鬟慌慌忙忙撞進房來，氣喘喘的道：「官人回來了！官人回來了！」縣君大驚失色道：「如何是好？快快收拾過了桌上的！」即忙自己幫着搬得桌上罄淨。宣教此時任是奢遮膽大的，不由得不慌張起來，道：「我却躲在那裏去？」縣君也着了忙道：「外邊是去不及了。」引着宣教的手，指着床底下道：「權躲在這裏面去，勿得做聲。」宣教思量走了出去便好，又恐不認得門路，撞着了人。左右看着房中，却別無躲處。一時慌促，没計奈何，只得依着縣君説話，望着床底下一鑽，顧不得甚麼塵灰齷齪。且喜床底寬闊，戰陡陡的蹲在裏頭，不敢喘氣。一眼偷覷着外邊。

那暗處望明處，却見得備細。看那趙大夫大踏步走進房來，口裏道：「這一去不覺許久，家裏没事麼？」縣君着了忙的，口裏牙齒捉對兒廝打着，回言道：「家、家、家裏没事，你、你、你如何今日纔來？」大夫道：「家裏莫非有甚事故麼？如何見了我舉動慌張，語言失措，做這等一個模樣？」縣君道：「没、没、没甚事故。」大夫對着丫鬟問道：「縣君却是怎的？」丫鬟道：「果、果、果然没有甚麼怎、怎、怎的。」宣教在床下着急，恨不得替了縣君、丫鬟的説話，只是不敢爬出來。

大夫遲疑了一回，道：「好詫異！好詫異！」縣君按定了性兒，纔説得話兒囫圇，重複問道：「今日在那裏起身？怎夜間到此？」大夫道：「我離家多日，放心不下。今因有事在婺州，在此便道，暫歸來一看。明日五更，就要起身過江的。」宣教聽得此言，驚中有喜，恨不得天也許下了半邊道：「原來還要出去，却是我的造化也。」縣君又問道：「可曾用過晚飯？」大夫道：「晚飯已在船上吃過，只要取些熱水來洗脚。」

縣君即命丫鬟安好了足盆，厨下去取熱水來傾在裏頭了。大夫便脱了外衣，坐在盆間，大肆澆洗。澆洗了多時，潑得水流滿地，一直淌進床下來。蓋是地板房子，鋪床處壓得重了，地板必定低些，做了下流之處。那吴宣教正蹲在裏頭，身上穿着齊整衣服。起初一時極了，顧不得惹了灰塵，鑽了進去；而今又見水流來了，恐怕污了衣服，不覺的把袖子東收西斂，來避那些齷齷水，未免有些窸窸窣窣之聲。大夫道：「奇怪！床底下是甚麼響？敢是蛇鼠之類？可拿燈燭來照照。」丫鬟未及答應，大夫急急揩抹乾净，即伸手桌子上去取燭臺過來，捏在手中，向床底下一看。不看時萬事全休，這一看，好似：

霸王初入垓心内，張飛剛到灞陵橋。

大夫大吼一聲道：「這是個甚麼鳥人，躲在這底下？」縣君支吾道：「敢是個賊？」大夫一把將宣教拖出來道：「你看，難道有這樣齊整的賊？怪道方纔見吾慌張，元來你在家養着奸夫！我去得幾時，你就是這等羞辱門户！」先是一掌打去，把縣君打個滿天星。縣君啼哭起來。大夫喝教衆奴僕都來，此時小童也只得隨着衆人行止。大夫叫將宣教四馬攢蹄，捆做一團，聲言道：「今夜且與我送去廂裏弔着，明日臨安府推問去。」大夫又將一條繩來親自動手，也把縣君縛住，道：「你這淫婦！也不與你干休。」縣君只是哭，不敢回答一言。大夫道：「好惱！好惱！且盪酒來，我吃着消悶。」從人丫鬟們多慌了，急去竈上撮哄些嗄飯，燙了熱酒拿來。大夫取個大甌，一頭吃，一頭罵。又取過紙筆寫下狀詞。一邊寫，一邊吃酒。吃得不少了，不覺懵懵睡去。

【眉批】□睡使□通消息也。

縣君悄對宣教道：「今日之事，固是我誤了官人；也是官人先有意向我。誰知隨手事敗！若是到官，兩個都不好了。爲之奈何？」宣教道：「多蒙縣君好意相招，未曾沾得半點恩惠。今事若敗露，我這一官，只當斷送在你這冤家手裏了。」縣君道：「没奈何了，官人只是下些小心求告他。他也是心軟的人，求告得轉的。」

正説之間，大夫醒來，口裏又喃喃的罵道：「小的們，打起火把，快將這賊弟子孩兒，送到廂裏去。」衆人答應一聲，齊來動手。宣教着了急，喊道：「大夫息怒，容小子一言。小子不才，忝爲宣教郎。因赴吏部磨勘，寓居府上對門。蒙縣君青盼，往來雖久，實未曾分毫犯着玉體。今若到公府，罪犯有限，只是這官職有累。望乞高擡貴手，饒過小子。容小子拜納微禮，贖此罪過罷。」大夫大笑道：「我是個宦門，把妻子來换錢麽？」宣教道：「今日便壞了小子微官，與君何益？不若等小子納些錢物，實爲兩便。小子亦不敢輕，即當奉送五百千過來。」大夫道：「如此口輕！你一個官，我一個妻子，只值得五百千麽？」宣教聽見論量多少，便道是好處的事了，滿口許道：「便再加一倍，湊做千緡罷。」大夫還只是摇頭。

縣君在傍哭道：「我只爲買這官人的珠翠，約他來議價，實是我的不是。誰知撞着你來，捉破了。我原不曾點污。今若拿這官人到官，必然扳下我來。我也免不得當官對理，出乖露醜，也是你的門面不雅。不如你看日前夫妻之面，寬恕了我，放了這官人罷。」大夫冷笑道：「難道不曾點污？」衆從人與丫鬟們，先前是小童賄賂過的，多來磕頭討饒道：「其實此人不曾犯着縣君，只是暮夜不該來此。【眉批】主意在此。他既情願出錢贖罪，官人罰他重些，放他去罷。一來免累此人官職，二來免致縣君出醜，實爲兩便。」縣君又哭道：「你若不依，我只是尋個死路罷了。」大夫默然了一晌，指着縣君道：「只爲要保全你這淫婦，要我忍這樣臟污！」

小童忙攛到宣教耳邊厢低言道：「有了口風了，快快添多些，收拾這事罷。」宣教道：「錢財好處，放綁要緊，手脚多麻木了。」大夫道：「要我饒你，須得二千緡錢。還只是買那官做，羞辱我門庭之事，只當不曾提起，便宜得多了。」宣教連聲道：「就依着是二千緡，好處，好處。」大夫便喝從人，教且鬆了他的手。小童急忙走去，把索子頭解開，鬆出兩隻手來。大夫叫將紙墨筆硯拿過來，放在宣教面前，叫他寫個不願當官的招伏。宣教只得寫道：

吏部候勘宣教郎吴某，只因不合闖入趙大夫内室，不願經官，情甘出錢二千貫贖罪，並無詞説。私供是實。

趙大夫取來看過，要他押了個字。便叫放了他綁縛，只把脖子拴了，叫幾個方纔隨來家的帶大帽、穿一撒的家人，押了過對門來，取足這二千緡錢。

此時亦有半夜光景，宣教下處幾個手下人，已此都睡熟了。這些趙家人個個如狼似虎，見了好東西便搶。珠玉犀象之類，狼藉了不知多少，這多是二千緡外加添的。吴宣教足足取勾了二千數目，分外又把些零碎銀兩送與衆家人，做了東道錢，衆家人方纔住手。賫了東西，仍同了宣教，押至家主面前，交割明白。大夫看過了東西，還指着宣教道：「便宜了這弟子孩兒！」喝叫：「打出去！」宣教抱頭鼠竄，走歸下處。下處店家燈尚未熄。

宣教也不敢把這事對主人説，討了個火，點在房裏了。坐了一回，驚心方定。無聊無賴，叫起個小厮來，燙些熱酒，且圖解悶。一邊吃，一邊想道：「用了這幾時工夫，纔得這個機會。再差一會兒也到手了。誰想却如此不偶，反費了許多錢財！」又自解道：「還算造化哩！若不是縣君哭告，衆人拜求，弄得到當官，我這官做不成了。只是縣君如此厚情厚德，又爲我如此受辱，他家大夫説明日就出去的，這到還好個機會，只怕有了這番事體，明日就使不在家，是必分外防守，未必如前日之便了，不知今生到底能勾相傍否？」【眉批】着迷到底。心口相問，不覺潸然淚下。【眉批】亦可憐。鬱抑不快，呵欠上來，也不脱衣服，倒頭便睡。

只因辛苦了大半夜，這一睡直睡到第二日晌午，方纔醒來。走出店中，舉眼看去，對門趙家門也不關，簾子也不見了。一望進去，直看到裏頭。内外洞然，不見一人。他還懷着昨夜鬼胎，不敢自進去。悄悄叫個小厮，一步一步，挨到裏頭探聽。直到内房，左右看過，並無一個人走動踪影，只見幾間空房。連家伙什物，一件也不見了。出來回覆了宣教。宣教忖道：「他原説今日要到外頭去，恐怕出去了我又來走動，所以連家眷帶去了。只是如何搬得這等罄净？難道再不回來住了？其間必有緣故。」試問問左右鄰人，纔曉得這趙家也是那裏搬來的，住得不十分長久，這房子也只是賃下的，原非已宅，是用着美人之局，弄了火囤去了。【眉批】如何起初不先打聽打聽？

宣教渾如做了一個大夢一般，悶悶不樂，且到丁惜惜家裏消遣一消遣。惜惜接着宣教，笑容可掬道：「甚好風吹得貴人到此？」連忙置酒相待。飲酒中間，宣教頻頻的嘆氣。惜惜道：「你向來有了心上人，把我冷落了多時。今日既承不棄到此，如何只是嗟嘆，象有甚不樂之處？」宣教正是事在心頭，巴不得對人告訴，只是把如何對門作寓，如何與趙縣君往來，如何約去私期，却被丈夫歸來拿住，將錢買得脱身，備細説了一遍。惜惜大笑道：「你枉用癡心，落了人的圈套了！你前日早對我説説，我敢也先點破你，不着他道兒也不見得。我那年有一夥光棍，將我包到揚州去，也假了商人的愛妾，弄了一個少年子弟千金。這把戲我也曾弄過的。如今你心愛的縣君，又不知是那一家的歪剌貨也。你前日瞞得我好，撇得我好，也叫你受些業報。」宣教滿臉羞慚，懊恨無已。丁惜惜又只顧把説話盤問，見説道身伴所有剩得不多，衍衍家本色，就不十分親熱得緊了。

宣教也覺怏怏，住了一兩晚，走了出來。滿城中打聽，再無一些消息。看看盤費不勾用了，等不得吏部改秩，急急走回故鄉。親眷朋友曉得這事的，把來做了笑柄。宣教常時忽忽如有所失，感了一場纏綿之疾，竟不及調官而終。可憐吴宣教一個好前程，惹着了這一些魔頭，不自尊重，被人弄得不尷不尬，没個收場如此。奉勸人家少年子弟每，血氣未定，貪淫好色，不守本分，不知利害的，宜以此爲鑒。詩云：

一臠肉味不曾嘗，已遣纏頭罄橐裝。
盡道陷人無底洞，誰知洞口賺劉郎！

韓侍郎婢作夫人

闞提控掾居
郎署

卷之十五

韓侍郎婢作夫人　顧提控掾居郎署

詩云：

曾聞陰德可回天，古往今來效灼然。
奉勸世人行好事，到頭元是自周全。

話説湖州府安吉州地浦灘有一居民，家道貧窘。因欠官糧銀二兩，監禁在獄。【眉批】好話。家中止有一妻，抱着個一周未滿的小兒子度日，別無門路可救。欄中畜養一豬，算計賣與客人，得價還官。因性急銀子要緊，等不得好價，見有人來買，即便成交。婦人家不認得銀子好歹，是個白晃晃的，説是還得官了。客人既去，拿出來與銀匠熔着銀子。銀匠説：「這是些假銀，要他怎麽？」婦人慌問：「有多少成(呈)色在裏頭？」銀匠説：「那裏有半毫銀氣！多是鉛銅錫鑞裝成，見火不得的。」婦人着了忙，拿在手中，走回家來，尋思一回道：「家中並無所出，止有此豬，指望賣來救夫。【眉批】看他慘狀，用假銀之人亦必有惡報。今已被人騙去，眼見得丈夫出來不成。這是我不仔細上害了他，心下怎麽過得去？我也不要這性命了。」待尋個自盡，看看小兒子，又不捨得。發個狠道：「罷，罷，素性抱了小寃家，同赴水而死，也免得牽挂。」急急奔到河邊來。

正待攛下去，恰好一個徽州商人立在那裏，見他忙忙投水，一把扯住，問道：「清白後生，爲何做此短見勾當？」婦人拭淚答道：「事急無奈，只圖一死。」因將救夫賣猪，誤收假銀之説，一一告訴。徽商道：「既然如此，與小兒子何干？」婦人道：「没爺没娘，少不得一死。不如同死了乾净。」徽商惻然道：「所欠官銀幾何？」婦人道：「二兩。」徽商道：「能得多少，壞此三條性命！我下處不遠，快隨我來。我捨銀二兩，與你還官罷。」婦人轉悲作喜，抱了兒子，隨着徽商行去。不上半裏，已到下處。徽商走入房，秤銀二兩出來，遞與婦人道：「銀是足紋，正好還官。不要又被别人騙了。」婦人千恩萬謝。轉去央個鄰舍，同到縣裏納了官銀，其夫始得放出監來。

到了家裏，問起道：「那得這銀子還官救我？」婦人將前情述了一遍，説道：「若非遇此恩人，不要説你不得出來，我母子兩人，已作黄泉之鬼了。」其夫半喜半疑，喜的是得銀解救，全了三命；疑的是婦人家没志行，敢怕獨自個一時喉極了，做下了些不伶俐勾當，方得這項銀子，也不可知。不然，怎生有此等好人，直如此湊巧？口中不説破他，心生一計道：「要見明白，須得如此如此。」問婦人道：「你可認得那恩人的住處麼？」婦人道：「隨他去秤銀的，怎不認得？」其夫道：「既如此，我與你不可不去謝他一謝。」婦人道：「正該如此。今日安息了，明日同去。」其夫道：「等不得明日，今夜就去。」婦人道：「爲何不要白日裏去，到要夜間？」其夫道：「我自有主意，你不要管我。」婦人不好拗得，只得點着燈，同其夫走到徽商下處門首。

此時已是黄昏時候，人多歇息寂静了。其夫叫婦人扣門。婦人道：「我是女人，如何叫我黑夜敲人門户？」其夫道：「我正要黑夜試他的心事。」婦人心下曉得丈夫有疑了，想到：「一個有恩義的人，到如此猜他，也不當人子。」却是恐怕丈夫生疑，只得出聲高叫。

徽商在睡夢間，聽得是婦人聲音，問道：「你是何人，却來叫我？」婦人道：「我是前日投水的婦人。因蒙恩人大德，救了吾夫出獄，故此特來踵門叩謝。」看官，你道徽商此時若是個不老成的，聽見一個婦女黑夜尋他,又是施恩過來的,一時動了不良之心,未免説句把倬俏綽趣的話。開出門來,撞見其夫,可不是老大一場没趣?把起初做好事的念頭多弄臟了。不想這個朝奉煞是有正經,聽得婦人説話,便厲聲道:「此我獨卧之所,豈汝婦女家所當來?况昏夜也不是謝人的時節。【眉批】可敬。但請回步,不必謝了。」其夫聽罷,纔把一天疑心,盡多消散。婦人乃答道:「吾夫同在此相謝。」

徽商聽見其夫同來,只得披衣下床,要來開門。走得幾步,只聽得天崩地塌之聲,連門外多震得動。徽商慌了,自不必説;夫婦兩人,多吃了一驚。徽商忙叫小二掌火來看,只見一張卧床,壓得四脚多折,滿床盡是磚頭泥土。元來那一垛牆走了,一向床遮着不覺得,此時偶然坍將下來,若有人在床時,便是銅筋鐵骨,也壓死了。徽商看了,伸了舌頭出來,一時縮不進去。就叫小二開門,見了夫婦二人,反謝道:「若非賢夫婦相叫起身,幾乎一命難存。」夫婦兩人看見牆坍床倒,也自大加驚異,道:「此乃恩人洪福齊天,大難得免。莫非恩人陰德之報。」兩相稱謝。徽商留夫婦茶話少時,珍重而别。

只此一件,可見商人二兩銀子,救了母子兩命,到底因他來謝,脱了牆壓之厄,仍舊是自家救了自家性命一般。此乃上天巧於報德處。所以古人説「與人方便,自己方便」,小子起初説「到頭元是自周全」,並非誑語。看官每不信,小子而今單表一個周全他人,仍舊周全了自己一段長話,作個正文。有詩爲證:

有女顔如玉,酬德詎能足?
遇彼素心人,清操同秉燭。
蘭蕙保幽芳,移來貯金屋。
容臺粉署郎,一朝畀掾屬。
聖明重義人,報施同轉轂。

這段話文，出在弘治年間直隸太倉州地方。州中有一個吏典，姓顧名芳。平日迎送官府出城，專在城外一個賣餅的江家做下處歇脚。那江老兒名溶，是個老實忠厚的人。生意盡好，家道將就過得。看見顧吏典舉動端方，容儀俊偉，不像個衙門中以下人，私心敬愛他。每遇他到家，便以「提控」呼之，待如上賓。江家有個嬷嬷，生得個女兒，名唤愛娘，年方十七歲，容貌非凡。顧吏典家裏也自有妻子，便與江家内裏通往來，竟成了一家骨肉一般。

常言道：「一家飽暖千家怨。」江老雖不怎的富，别人看見他生意從容，衣食不缺，便傳説了千金、幾百金家事。有那等眼光淺、心不足的，目中就着不得，不由得不妒忌起來。忽一日，江老正在家裏做活，只見如狼似虎一起捕人打將進來，喝道：「拿海賊！」把店中家火打得粉碎。江老出來分辨，衆捕一齊動手，一索子捆倒。江嬷嬷與女兒顧不得羞耻，大家啼啼哭哭嚷將出來，問道：「是何事端？説個明白。」捕人道：「崇明解到海賊一起，有江溶名字，是個窩家。還問什麽事端？」江老夫妻與女兒叫起撞天屈來，説道：「自來不曾出外，那裏認得什麽海賊？却不屈殺了平人！」捕人道：「不管屈不屈，到州裏分辨去，與我們無干。快些打發我們見官去。」

江老是個鄉子裏人，也不曉得盗情利害，也不曉得該怎的打發公差，合家只是一味哭。捕人每不見動静，便發起狠來道：「老兒奸詐，家裏必有贜物，我們且搜一搜。」衆人不管好歹，打進内裏，一齊動手，險些把地皮多翻了轉來。見了細軟，便藏匿了。江老夫妻女兒三口，殺猪也似的叫喊，擂天倒地價哭。捕人每揎拳裸手，耀武揚威。正在没擺佈處，只見一個人踱將進來，喝道：「有我在此，不得無理。」【眉批】此時要緊。

衆人定睛看時，不是别人，却是州裏顧提控。大家住手道：「提控來得正好！我們不要粗魯，但憑提控便是。」江老一把扯住提控道：「提控救我一救。」顧提控問道：「怎的起？」捕人拿牌票出來看，却是海賊指扳窩家，巡捕衙裏來拿的。提控道：「賊指的事，多出仇口。此家良善，明是寃屈。你們爲我面上，須要周全一分。」捕人道：「提控在此，誰敢多話？只要分付我們，一面打點見官便是。」提控即便主張江老，支持酒飯魚肉之類，擺了滿桌，任他每狼飧虎咽，吃個盡情。又摸出幾兩銀子做差使錢。衆捕人道：「提控分付，我每也不好推辭，也不好較量，權且收着，凡百看提控面上，不難爲他便了。」提控道：「列位別無幫襯處，只求遲帶到一日，等我先見官人，替他分訴一番，做個道理，然後投牌，便是列位盛情。」捕人道：「這個當得奉承。」當下，江老隨捕人去了。【眉批】若是他人，即于此時埋伏圖女根脚矣。提控轉身安慰他母子道：「此事只要破費，須有分辨處，不妨大事。」母子啼哭道：「全仗提控搭救則個。」提控道：「且關好店門，安心坐着，我自做道理去。」

出了店門，進城來，一徑到州前來見捕盜廳官人，道：「顧某有個下處主人江溶，是個良善人户。今被海賊所扳，想必是仇家陷害。望乞爺臺爲顧某薄面，周全則個。」捕官道：「此乃堂上公事，我也不好自專。」提控道：「堂上老爺，顧某自當禀明。只望爺臺這裏帶到時，寬他這一番拷究。」捕官道：「這個當得奉命。」須臾知州升堂，顧提控覷個堂事空便，跪下禀道：「吏典平日伏侍老爺，並不敢有私情冒禀。今日有個下處主人江溶，被海賊誣扳。吏典熟知他是良善人户，必是仇家所陷，故此斗膽禀明。望老爺天鑒之下，超豁無辜。若是吏典虚言妄禀，罪該萬死。」知州道：「盜賊之事，非同小可。你敢是私下受人買囑，替人講解麽？」提控叩頭道：「吏典若有此等情弊，老爺日後必然知道，吏典情願受罪。」知州道：「待我細審，也聽不得你一面之詞。」提控道：「老爺『細審』二字，便是無辜超生之路了。」【眉批】會話。復叩一頭，走了下來。想道：「官人方纔説聽不得一面之詞，我想人衆則公，明日約同同衙門幾位朋友，大家禀一聲，必然聽信。」是日拉請一般的十數個提控，到酒館中坐一坐。把前事説了，求衆人明日幫他一説。衆人平日與顧提控多有往來，無有不依的。

次日，捕人已將江溶解到捕廳。【眉批】便宜多了。捕廳因顧提控面上，不動刑法，竟送到堂上來。正值知州投文，挨牌唱名。點到江溶名字，顧提控站在旁邊，又跪下來禀道：「這江溶，即是小吏典昨日所禀過的，果是良善人户。中間必有寃情，望老爺詳察。」知州作色道：「你兩次三番，替人辨白，莫非受了賄賂，故敢大膽？」提控叩頭道：「老爺當堂明查，若不是小吏典下處主人，及有賄賂情弊。打死無怨。」只見衆吏典多跪下來禀道：「委是顧某主人，别無情弊。衆吏典敢百口代保。」知州平日也曉得顧芳行徑，是個忠直小心的人，心下有幾分信他的。説道：「我審時自有道理。」便問江溶：「這夥賊人扳你，你平日曾認得一兩個否？」江老兒叩頭道：「爺爺，小的若認得一個，死也甘心。」知州道：「他們有人認得你否？」江老兒道：「這個小的雖不知，想來也未必認得小的。」知州道：「這個不難。」唤一個皂隸過來，教他脱下衣服與江溶穿了，扮做了皂隸；却叫皂隸穿了江溶衣服，扮做了江溶。分付道：「等强盗執着江溶時，你可替他折證，看他認得認不得。」皂隸依言，與江溶更换停當，然後帶出監犯來。

知州問賊首道：「江溶是你窩家麽？」賊首道：「爺爺，正是。」知州敲着氣拍，故意問道：「江溶怎麽説？」這個皂隸扮的江溶假着口氣道：「爺爺，並不干小人之事。」賊首看着假江溶，那裏曉得不是，一口指着道：「他住在城外，倚着賣餅爲名，專一窩着我每贜物。怎生賴得？」皂隸道：「爺爺，寃枉。小的不曾認得他的。」賊首道：「怎生不認得？我們長在你家吃餅。某處贜若干，某處贜若干，多在你家，難道忘了？」

知州(府)明知不是，假意説道：「江溶是窩家，不必説了，却是天下有名姓相同。」一手指着真江溶扮皂隸的道：「我這個皂隸也叫得江溶，敢怕是他麽？」【眉批】此一反跌更妙。賊首把皂隸一看，那裏認得，連喊道：「爺爺，是賣餅的江溶，不是皂隸江溶。」知州又手指假江溶道：「這個賣餅的江溶，可是了麽？」賊首道：「正是這個。」知州冷笑了一聲，連敲氣拍兩三下，指着賊首道：「你這殺剮不盡的奴才！自做了歹事，又受人買囑，扳陷良善。」賊首連喊道：「這江溶果是窩家，一些不差，爺爺。」知州喝叫：「掌嘴！」打了十來下。知州道：「還要嘴強！早是我先換過了，試驗虛實，險些兒屈陷平民。這個是我皂隸周才，你却認做了江溶，就信口扳殺他。這個扮皂隸的，正是賣餅江溶，你却又不認得，就說道無干。可知道你受人買囑，來害江溶，元不曾認得江溶的麽！」賊首低頭無語，只叫：「小的該死。」

知州叫江溶與皂隸仍舊換過了衣服，取夾棍來，把賊首夾起，要招出買他指扳的人來。賊首是頑皮賴肉，那裏放在心上？任你夾打，只供稱是：「因見江溶殷實，指望扳賠贓物是實，別無指使。」知州道：「眼見得是江溶仇家所使，無得可疑。今這奴才死不肯招，若必求其人，他又要信口誣害，反生株連。我只釋放了江溶，不根究也罷。」江溶叩頭道：「小的也不願曉得害小的的仇人，省得中心不忘，寃寃相結。」【眉批】呂文穆願知誚者姓名，同見。知州道：「果然是個忠厚人！」提起筆來，把名字注銷，喝道：「江溶無干，直趕出去。」當下，江溶叩頭不止，皂隸連喝：「快走！」江溶如籠中放出飛鳥，歡天喜地，出了衙門。衙門裏許多人撮空叫喜，擁住了不放。又虧得顧提控走出來，把幾句話解散開了衆人，一同江溶走回家來。

江老兒一進門，便喚過妻女來道：「快來拜謝恩人！這番若非提控搭救，險些兒相見不成了。」三個人拜做一堆。提控道：「自家家裏，應得出力。況且是知州老爺神明做主，與我無干。快不要如此。」江嬤嬤便問老兒道：「怎生回來得這等撇脱？不曾吃虧麽？」江老兒道：「兩處俱仗提控先説過了，並不動一些刑法。天字號一場官司，今没一些干涉，竟自平净了。」江嬤嬤千恩萬謝。提控立起身來道：「你們且慢慢細講，我還要到衙門去謝謝官府去。」當下提控作别自去了。

江老送了出門，回來對嬤嬤説：「正是『閉門家裏坐，禍從天上來』，誰想遭此一場飛來横禍！若非提控出力，性命難保。今雖然破費了些東西，幸得太平無事。我每不可忘了恩德，怎生酬報得他便好？」嬤嬤道：「我家家事，向來不見怎的，只好度日。不知那裏動了人眼，被天殺的暗算，招此非灾。前日衆捕人一番擄掠，狠如打劫一般。細軟東西，盡被抄紮過了。今日有何重物，謝得提控大恩？」江老道：「便是没東西難處。就湊得些少，也當不得數，他也未必肯受，怎麽好？」嬤嬤道：「我到有句話商量：女兒年一十七歲，未曾許人。我們這樣人家，就許了人，不過是村莊人户。不若送與他做了妾，扳他做個女婿，支持門户，也免得外人欺侮。可不好？」江老道：「此事倒也好，只不知女兒肯不肯。」嬤嬤道：「提控又青年，他家大娘子又賢惠，平日極是與我女兒説得來的。敢怕也情願。」遂唤女兒來，把此意説了。女兒道：「此乃爹娘要報恩德，女兒何惜此身？」江老道：「雖然如此，提控是個近道理的人，若與他明説，必是不從。不若你我三人只作登門拜謝，以後就留下女兒在彼，他便不好推辭得。」嬤嬤道：「言之有理。」

當下三人計議已定，拿本歷日來看，來日上吉。次日起早，把女兒裝扮了。江老夫妻兩個步行，女兒乘着小轎，擡進城中，竟到顧家來。提控夫妻接了進去，問道：「何事光降？」江老道：「老漢承提控活命之恩，今日同妻女三口，登門拜謝。」提控夫妻道：「有何大事，直得如此？且勞煩小娘子過來，一發不當。」江老道：「老漢有一句不知進退的話奉告。老漢前日若是受了非刑，死於獄底，留下妻女，不知流落到甚處。今幸得提控救命重生，無恩可報。止有小女愛娘，今年正十七歲，與老妻商議，送來與提控娘子鋪床叠被，做個箕帚之妾。提控若不棄嫌粗醜，就此俯留，老漢夫妻終身有托。今日是個吉日，一來到此拜謝，二來特送小女上門。」提控聽罷，正色道：「老丈説那裏話？顧某若做此事，天地不容。」提控娘子道：「難得老伯伯、乾娘、妹妹一同到此，且請過小飯，有話再説。」提控一面分付厨下擺飯相待。

飲酒中間，江老又把前話提起。出位拜提控一拜道：「提控若不受老漢之托，老漢死不瞑目。」提控情知江老心切，暗自想道：「若不權且應承，此老必不肯住，又去別尋事端謝我，反多事了。【眉批】真忠厚有心人。且依着他言語，我日後自有處置。」飯罷，江老夫妻起身作別，分付女兒留住，道：「你在此伏侍大娘。」愛娘含羞忍淚，應了一聲。提控道：「休要如此説。荆妻且權留小娘子盤桓幾日，自當送還。」江老夫妻也道是他一時門面説話，兩下心照罷了。

兩口兒去得，提控娘子便請愛娘到裏面自己房裏坐了，又擺出細菓茶品請他。分付走使丫鬟，鋪設好了一間小房，一床被卧。連提控娘子心裏也只道提控有意留住的，今夜必然趂好日同宿。【眉批】惟人心如此，愈見不染之難。他本是個大賢惠、不撚酸的人，又平日喜歡着愛娘，故此是件周全停當，只等提控到晚受用。正是：

一朵鮮花好護持，芳菲只待賞花時。
等閒未動東君意，惜處重將帷幕施。

誰想提控是夜竟到自家娘子房裏來睡了，不到愛娘處去。提控娘子問道：「你爲何不到江小娘那裏去宿？莫要忌我。」提控道：「他家不幸遭難，我爲平日往來，出力救他。今他把女兒謝我，我若貪了女色，是乘人危處，遂我欲心。與那海賊指扳，應捕搶擄，肚腸有何兩樣？顧某雖是小小前程，若壞了行止，永遠不吉。」提控娘子見他説出咒來，知是真心，便道：「果然如此，也是你的好處。只是日間何不力辭脱了，反又留在家中做甚？」提控道：「江老兒是老實人。若我不允女兒之事，他又剜肉做瘡，别尋道路謝我，反爲不美。他女兒平日與你相愛，通家姊妹，留下你處住幾日，這却無妨。我意欲就此看個中意的人家子弟，替他尋下一頭親事，成就他終身結果，也是好事。【眉批】真正有心人，不止忠厚。所以一時不辭他去，原非我自家有意也。」提控娘子道：「如此却好。」當夜無詞。

自此，江愛娘只在顧家住，提控娘子與他如同親姐妹一般，甚是看待得好。**【眉批】**空嘸唾。他心中也時常打點提控到他房裏的，怎知道：

落花有意隨流水，流水無情戀落花。
直待他年榮貴後，方知今日不爲差。

提控只如常相處，並不曾起一毫邪念，説一句戲話，連愛娘房裏脚也不蹤進去一步。愛娘初時疑惑，後來也不以爲怪了。

提控衙門事多，時常不在家裏，匆匆過了一月有餘。忽一日，得閑在家中，對娘子道：「江小娘在家，初意要替他尋個人家，急切裏湊不着巧，而今一月多了。久留在此，也覺不便，不如備下些禮物，送還他家。他家父母，必然問起女兒相處情形。他曉得我心事如此，自然不來強我了。」提控娘子道：「説得有理。」當下把此意與江愛娘説明了，就備了六個盒盤，又將出珠花四朵，金耳環一雙，送與江愛娘插戴好。一乘轎，着個從人徑送到江老家裏來。

江老夫妻接着轎子，曉得是顧家送女兒回家，心裏疑道：「爲何叫他獨自個歸來？」問道：「提控在家麽？」從人道：「提控不得工夫來。多多拜上阿爹，這幾時有慢了小娘子，今特送還府上。」江老見説話蹺蹊，反懷着一肚子鬼胎道：「敢怕有甚不恰當處？」忙忙領女兒到裏邊坐了，同嬷嬷細問他這一月的光景。愛娘把顧娘子相待甚厚，并提控不進房、不近身的事，説了一遍。江老呆了一晌道：「長要來問個信，自從爲事之後，生意淡薄，窮忙，没有工夫；又是素手，不好上門。欲待央個人來，急切裏没便處。只道你一家和睦，無些別話，誰想却如此行徑！這怎麽説？」嬷嬷道：「敢是日子不好？與女兒無緣法？」**【眉批】**老嫗見識。得個人解禳解禳便好。」江老道：「且等另揀個日子，再送去又做處。」愛娘道：「據女兒看起來，這個提控不是貪財好色之人，乃是個正人君子。我家強要謝他，他不好推辭得，故此權留這幾時，誓不玷污我身。今既送了歸家，自不必再送去。」江老道：「雖然如此，他的恩德，畢竟不曾報得，反住在他家，打攪多時，又加添禮物送來，難道便是這樣罷了？還是改日再送去的是。」愛娘也不好阻當，只得憑着父母說罷了。

過了兩日，江老夫妻做了些餅食，買了幾件新鮮物事，辦着十來個盒盤，一壇泉酒，僱個擔夫挑了，又是一乘轎擡了女兒。留下嬤嬤看家，江老自家伴送過顧家來。提控迎着江老，江老道其來意。提控作色道：「老丈難道不曾問及令愛來？顧某心事，唯天可表。老丈何不見諒如此？此番決不敢相留。盛惠謹領，令愛不及款接，原轎請回。改日登門拜謝。」江老見提控詞色嚴正，方知女兒不是誑語。連忙出門止住來轎，叫他仍舊擡回家去。提控留江老轉去茶飯，江老也再三辭謝，不敢叨領。當時别去。

提控轉來，受了禮物，出了盒盤，打發了脚擔錢，分付多謝去了。進房對娘子說江老今日復來之意。娘子道：「這個便老没正經。難道前番不諧，今番有再諧之理？只是難爲了愛娘又來一番，不曾會得一會去。」提控道：「若等他下了轎，接了進來，又多一番事了。不如決絶回頭了的是。這老兒真誠，却不見機。既如此把女兒相贐，此後往來倒也要稀疏了些。【眉批】老成之見，忠厚之心。外人不知就裏，惹得造下議論來，反害了女兒終身，是要好成歉了。」娘子道：「説得極是。」自此，提控家不似前日十分與江家往來得密了。

那江家原無甚麽大根基，不過生意濟楚。自經此一番横事剥削之後，家計蕭條下來。自古道：「人家天做。」運來時，撞着就是趂錢的，火焰也似長起來；運退時，撞着就是折本的，潮水也似退下去。江家悔氣頭裏，連五熱行裏生意多不濟了。做下餅食，常管五七日不發市，就是餿蒸氣了，喂猪狗也不中。你道爲何如此？先前爲事時不多幾日，只因驚怕了，自女兒到顧家去後，關了一個多月店門不開，主顧家多生疏，改向别家去，就便拗不轉來。況且竊盜爲事，聲名揚開去不好聽。別人不管好歹，信以爲實。就怕來纏帳。以此生意冷落，日吃日空，漸漸支持不來。要把女兒嫁個人家，思量靠他過下半世，又高不湊、低不就。光陰眨眼，一錯就是論年，女兒也大得過期了。

忽一日，一個徽州商人經過，偶然間瞥見愛娘顏色。訪問鄰人，曉得是賣餅江家。因問：「可肯與人家爲妾否？」鄰人道：「往年爲官事時，曾送與人做妾。那家行善事，不肯受，還了的。做妾的事，只怕也肯。」徽商聽得此話去，央個熟事的媒婆，到江家來說此親事。只要事成，不惜重價。媒婆得了口氣，走到江家，便說出徽商許多富厚處，情願出重禮，聘小娘子爲偏房。江老夫妻正在喉急頭上，見說得動火，便問道：「討在何處去的？」媒婆道：「這個朝奉，只在揚州開當种(中)鹽。大孺人自在徽州家裏。今討去做二孺人，住在揚州當中，是兩頭大的，好不受用！亦且路不多遠。」江老夫妻道：「肯出多少禮？」媒婆道：「說過只要事成，不惜重價。你每能要得多少？那富家心性，料必勾你每心下的。憑你們討禮罷了。」江老夫妻商量道：「你我心下不割捨得女兒。欲待留下他，遇不着這樣好主。有心得把與別處人去，多討得些禮錢，也勾下半世做生意度日方可。是必要他三百兩，不可少了。」商量已定，對媒婆說過。媒婆道：「三百兩忒重些。」江嬤嬤道：「少一厘我也不肯。」媒婆道：「且替你們說說看。只要事成後，謝我多些兒。」

三個人盡說三百兩是一大主財物，極頂價錢了。不想商人慕色心重，二三百金之物，那裏在他心上？一說就允。如數下了財禮，揀個日子，娶了過去，開船往揚州。江愛娘哭哭啼啼，自道終身不得見父母了。江老雖是賣去了女兒，心中淒楚，却幸得了一主大財，在家别做生理，不題。

却說顧提控在州六年，兩考役滿，例當赴京聽考。吏部點卯過，撥出在韓侍郎門下辦事效勞。那韓侍郎是個正直忠厚的大臣，見提控謹厚小心，儀表可觀，也自另眼看他，時留在衙前聽候差使。

一日，侍郎出去拜客，提控不敢擅離衙門左右，只在前堂伺候歸來。等了許久，侍郎又往遠處赴席，一時未還。提控等得不耐煩，困倦起來，坐在檻上打盹，朦朧睡去。見空中雲端裏黄龍現身，彩霞一片，映在自己身上。正在驚看之際，忽有人蹴他起來，颯然驚覺。乃是後堂傳呼，高聲喝：「夫人出來！」提控倉惶失措，連忙趨避不及。

夫人步至前堂，親看見提控荒遽走出之狀，着人唤他轉來。提控自道失了禮度，必遭罪責。趨至庭中跪倒，俯伏地下，不敢仰視。夫人道：「擡起頭來我看。」提控不敢放肆，略把脖子一伸。夫人看見道：「快站起來。你莫不是太倉顧提控麽？爲何在此？」提控道：「不敢。小吏顧芳，實是太倉人。考滿赴京，在此辦事。」夫人道：「你認得我否？」提控不知甚麽緣故，摸個頭路不着，不敢答應一聲。夫人笑道：「妾身非是別人，即是賣餅江家女兒也。昔年徽州商人娶去，以親女相待。後來嫁與韓相公爲次房。正夫人亡逝，相公立爲繼室，今已受過封誥。想來此等榮華，皆君所致也。若是當年非君厚德，義還妾身，今日安能到此地位？妾身時刻在心，正恨無由補報。今天幸相逢於此，當與相公説知就裏，少圖報效。」提控聽罷，恍如夢中一般。偷眼覷着堂上夫人，正是江家愛娘。心下道：「誰想他却有這個地位？」又尋思道：「他分明賣與徽州商人做妾了，如何却嫁得與韓相公？方纔聽見説徽商以親女相待，這又不知怎麽解説？」

當下退出外來，私下偷問韓府老都管，方知事體備細：當日徽商娶去時節，徽人風俗，專要鬧房吵新郎。凡親戚朋友相識的，在住處所在，聞知娶親，就携了酒榼，前來稱慶。説話之間，名爲祝頌，實半帶笑耍。把新郎灌得爛醉，方以爲樂。是夜，徽商醉極，講不得甚麽雲雨勾當。在新人枕畔，一覺睡倒，直到天明。朦朧中見一個金甲神人，將瓜鎚撲他腦蓋一下，蹴他起來道：「此乃二品夫人，非凡人之配，不可造次胡行。若違我言，必有大咎。」徽商驚醒，覺得頭疼異常，只得爬了起來。自想此夢稀奇，心下疑惑。平日最信的是關聖靈籤，梳洗畢，開個隨身小匣，取出十個錢來，對空虔誠禱告，看與此女緣分何如。卜得個乙戊，乃是第十五籤。籤曰：

兩家門户各相當，不是姻緣莫較量。
直待春風好消息，却調琴瑟向蘭房。

詳了籤意，疑道：「既明説『不是姻緣』了，又道『直待春風』、『却調琴瑟』，難道放着見貨，等待時來不成？」心下一發糊塗。再缴一籤，卜得個辛丙，乃是第七十三籤。籤曰：

憶昔蘭房分半釵，而今忽報信音乖。
癡心指望成連理，到底誰知事不諧。

得了這籤，想道：「此籤説話明白，分明不是我的姻緣，不能到底的了。夢中説有『二品夫人』之分，若把來另嫁與人，看是如何？」禱告過，再卜一籤，得了個丙庚，乃是第二十七籤。籤曰：

世間萬物各有主，一粒一毫君莫取。
英雄豪傑本天生，也須步步循規矩。

徽商看罷，道：「籤句明白如此，必是另該有個主。吾意決矣。」

雖是這等説，日間見他美色，未免動心。然但是有些邪念，便覺頭疼。到晚來走近床邊，愈加心神恍惚，頭疼難支。徽商想道：「如此蹺蹊，要見夢言可據，籤語分明。【眉批】此商亦有一段後緣，故決此意。若強然冒行，必得奇禍。萬一破他女身，必爲神明所惡。不如放下念頭，認他做個乾女兒，尋個人嫁了他。後來果得富貴，也不可知。」遂把此意對江愛娘説道：「在下年四十餘歲，與小娘子年紀不等；況且家中原有大孺人，今揚州典當内，又有二孺人。前日只因看見小娘子生得貌美，故此一時聘娶了來。昨晚夢見神明説，小娘子是個貴人，與在下非是配偶。今不敢胡亂，辱莫了小娘子。在下癡長一半年紀，不若認義爲父女，等待尋個好姻緣配着，圖個往來。小娘子意下何如？」江愛娘聽見説不做妾，做女，有甚麼不肯處？答應道：「但憑尊意，只恐不中擡舉。」當下起身，插燭也似拜了徽商四拜。以後只稱徽商做爹爹，徽商稱愛娘做大姐，各床而睡。

同行至揚州當裏，只説是路上結拜的朋友女兒，托他尋人家的。也就分付媒婆，替他四下裏尋親事。正是春初時節，恰好湊巧，韓侍郎帶領家眷上任，舟過揚州。夫人有病，要娶個偏房，就便伏侍夫人。停舟在關下，此話一聞，那些做媒的如蠅聚羶，來的何止三四十起。各處尋將出來，多看得不中意。落末有個人説：「徽州當裏有個乾女兒，説是太倉州來的，模樣絶美，也是肯與人爲妾的，問問也好。」其間就有媒婆叨攬去當裏來説。

元來徽州人有個僻性，是烏紗帽、紅綉鞋，一生只這兩件不争銀子，其餘諸事慳吝了。【眉批】是徽人行狀。聽見説個韓侍郎娶妾，先自軟攤了半邊，自誇夢兆有准，巴不得就成了。韓府也叫人看過，看得十分中意。徽商認做自己女兒，不争財物，反賠嫁裝。只貪個紗帽往來，便自心滿意足。韓府仕宦人家，做事不小，又見徽商行徑冠冕，不説身價，反輕易不得了。連釵環首飾段匹銀兩，也下了三四百金禮物。徽商受了，增添嫁事，自己穿了大服，大吹大擂，將愛娘送下官船上來。侍郎與夫人看見人物標致，更加禮儀齊備，心下喜歡，另眼看待。到晚雲雨之際，儼然是處子，一發敬重。一路相處，甚是相得。

到了京中，不料夫人病重不起，一應家事，盡囑愛娘掌管。愛娘處得井井有條，勝過夫人在日。内外大小，無不喜歡。韓相公得意，揀個吉日，立爲繼房。恰遇弘治改元覃恩，竟將江氏入册報去，請下了夫人封誥，從此内外俱稱夫人了。

自從做了夫人，心裏常念先前嫁過兩處，若非多遇着好人，怎生保全得女兒之身，致今日有此享用？那徽商認做乾爺，兀自往來不絶，不必説起，只不知顧提控近日下落。忽然堂前相遇，恰恰正在門下走動，正所謂：

一葉浮萍歸大海，人生何處不相逢？

夫人見了顧提控，返轉内房。等候侍郎歸來，對侍郎説道：「妾身有個恩人，没路報效，誰知却在相公衙門中服役。」侍郎問是誰人，夫人道：「即辦事吏顧芳是也。」侍郎道：「他與你有何恩處？」夫人道：「妾身原籍太倉人，他也是太倉州吏。因妾家裏父母被盗扳害，得他救解，幸免大禍。父母將身酬謝，堅辭不受。强留在彼，他與妻子待以賓禮，誓不相犯，獨處室中一月，以禮送歸。【眉批】侍郎身試可信，故此段轉加感激，不然難免于疑矣。後來過繼與徽商爲女，得有今日。豈非恩人？」侍郎大驚道：「此柳下惠、魯男子之事，我輩所難。不道掾吏之中，却有此等仁人君子！不可埋没了他。」竟將其事寫成一本，奏上朝廷。本内大略云：

竊見太倉州吏顧芳，暴白寃事，俠骨著於公庭；峻絶謝私，貞心矢乎暗室。品流雖賤，衣冠所難。合行特旌，以章篤行。

孝宗見奏大喜道：「世間那有此等人？」即召韓侍郎面對，問其詳細。侍郎一一奏知，孝宗稱嘆不置。侍郎道：「此皆陛下中興之化所致，應與表揚。」孝宗道：「何止表揚？其人堪爲國家所用。今在何處？」侍郎道：「今在京中考滿，撥臣衙門辦事。」孝宗回顧内侍，命查那部裏缺司官。司禮監秉筆内監奏道：「昨日吏部上本，禮部儀制司缺主事一員。」孝宗道：「好，好。禮部乃風化之原，此人正好。」即御批：「顧芳除補，吏部知道」。韓侍郎當下謝恩而出。

侍郎初意，不過要將他旌表一番，與他個本等職銜，夢裏也不料聖意如此嘉奬，驟與殊等美官，真個喜出望外。出了朝中，竟回衙來，説與夫人知道。夫人也自歡喜不勝，謝道：「多感相公爲妾報恩，妾身萬幸。」侍郎看見夫人歡喜，心下愈加快活，忙叫親隨報知顧提控。

提控聞報，猶如地下陞天，還服着本等衣服，隨着親隨，進來先拜謝相公。侍郎不肯受禮，道：「如今是朝廷命官，自有體制。且換了冠帶，謝恩之後，然後私宅少叙不遲。」須臾，便有禮部衙門人來伺候，伏侍去到鴻臚寺報了名。次早午門外謝了聖恩，到衙門到任。正是：

昔年蕭主吏，今日叔孫通。
兩翅何曾異？只是錦袍紅。

當日顧主事完了衙門裏公事，就穿着公服，竟到韓府私宅中來拜見侍郎。顧主事道：「多謝恩相提携，在皇上面前極力薦舉，故有今日。此恩天高地厚。」韓侍郎道：「此皆足下陰功浩大，以致聖主寵眷非常，得此殊典。老夫何功之有？」拜罷，主事請拜見夫人，以謝推許大恩。侍郎道：「賤室既忝同鄉，今日便同親戚。」傳命請夫人出來相見。夫人見主事，兩相稱謝，各拜了四拜。夫人進去治酒。是日侍郎款待主事，盡歡而散。夫人又傳問顧主事：離家在幾時，父母的安否下落。顧主事回答道：「離家一年。江家生意如常，却幸平安無事。」侍郎與顧主事商議，待主事三月之後，給個假限回籍，就便央他迎取江老夫婦。顧主事領命。果然給假，衣錦回鄉，鄉人無不稱羡。因往江家拜候，就傳女兒消息。江家喜從天降。主事假滿，携了妻子回京復任。就分付一號船裏，着落了江老夫婦。到京相會，一家歡忭無極。

自此，侍郎與主事通家往來，儼如伯叔子侄一般。顧家大娘子與韓夫人愈加親密，自不必説。後來顧主事三子，皆讀書登第。主事壽登九十五歲，無病而終。此乃上天厚報善人也。所以奉勸世間行善，原是積來自家受用的。有詩爲證：

美色當前誰不慕？況是酬恩去復來。
若使偶然通一笑，何緣掾吏入容臺？

一

遲取券毛烈
賴原錢

失還魂牙儈
索剩命

卷之十六

遲取券毛烈賴原錢　失還魂牙儈索剩命

詩云：

一陌金錢便返魂，公私隨處可通門。
鬼神有德開生路，日月無光照覆盆。
貧者何緣蒙佛力？富家容易受天恩。
早知善惡多無報，多積黃金遺子孫。

這首詩，乃是令狐譔所作。他鄰近有個烏老，家資巨萬，平時奸貪不義。死去三日，重復還魂。問他緣故，他説：「死後虧得家裏廣作佛事，多燒楮錢，冥官大喜，所以放還。」令狐譔聞得，大爲不平道：「我只道只有陽世間貪官污吏受財枉法，賣富差貧，豈知陰間也自如此！」所以做這首詩。後來冥司追去，要治他謗訕之罪。被令狐譔是長是短，辨析一番。冥司道他持論甚正，放教還魂，仍追烏老置之地獄。蓋是世間没分剖處的冤枉，盡拚到陰司裏理直。若是陰司也如此糊塗，富貴的人只消作惡造業，到死後分付家人多做些功果，多燒些楮錢，便多退過了，却不與陽間一樣没分曉？【眉批】造業者恃有此耳。所以令狐生不伏，有此一詩。其實陰司報應，一毫不差的。

宋淳熙年間，明州有個夏主簿，與富民林氏，共出本錢，買撲官酒坊地店，做那沽拍生理。夏家出得本錢多些，林家出得少些。却是經紀營運，盡是林家家人主當，夏家只管在裏頭照本算帳，分些乾利錢。夏主簿是個忠厚人，不把心機堤防，指望積下幾年，總收利息。雖然零碎支動了些，攏統算着，還該有二千緡錢多在那裏。若把銀算，就是二千兩了。去到林家取討時，林家在店管帳的共有八個，你推我推，只說算帳未清，不肯付還。討得急了兩番，林家就説出没行止話來道：「我家累年價辛苦，你家打點得自在錢，正不知錢在那裏哩！」

夏主簿見説得蹊蹺，曉得要賴他的，只得到州裏告了一狀。林家得知告了，笑道：「我家將猫兒尾拌猫飯吃，拚得將你家利錢折去了一半，官司好歹是我贏的。」遂將二百兩送與州官。連夜叫八個幹僕，把簿籍盡情改造，數目字眼多换過了。【眉批】何不還了夏家。反説是夏家透支了，也訴下狀來。州官得過了賄賂，那管青紅皂白，竟斷道：夏家欠林家二千兩。把夏主簿收監追比。

其時郡中有個劉八郎，名原，人叫他做劉元八郎，平時最有直氣。見了此事，大爲不平，在人前裸臂揎拳的嚷道：「吾鄉有這樣寃枉事！主簿被林家欠了錢，告狀反致坐監。要那州縣何用？他若要上司去告，指我作證，我必要替他伸寃理枉。等林家這些没天理的，個個吃捧。」到一處嚷一處。

林家這八個人，見他如此行徑，恐怕弄到官府知道了，公道上去不得，翻過案來。商量道：「劉元八郎是個窮漢，與他些東西，買他口静罷。」就中推兩個有口舌的，去邀了八郎，到旗亭中坐定。八郎問道：「兩位何故見款？」兩人道：「仰慕八郎義氣，敢此沽一杯奉敬。」酒中説起夏家之事，兩人道：「八郎不要管别人家閑事，且只吃酒。」酒罷，兩人袖中摸出官券二百道來，送與八郎道：「主人林某，曉得八郎家貧，特將薄物相助。以後求八郎不要多管。」八郎聽罷，把臉兒漲得通紅，大怒起來道：「你每做這樣没天理的事，又要把没天理的東西贜污我！我就餓死了，決不要這樣財物！」嘆一口氣道：「這等看起來，你每財多力大，夏家這件事，在陽世間不能勾明白了。陰間也有官府，他少不得有剖雪處。且看，且看。」忿忿地叫酒家過來問道：「我每三個吃了多少錢鈔？」酒家道：「算該一貫八百文。」八郎道：「三個同吃，我該出六百文。」就解一件衣服，到隔壁櫃上解當了六百文錢，付與酒家。對這兩人拱拱手道：「多謝攜帶。我是清白漢子，不吃這樣不義無名之酒。」【眉批】果是清白漢子。大踏步竟自去了。兩個人反覺没趣，算結了酒錢，自散了。

且説夏主簿遭此無妄之灾，没頭没腦的被貪贜州官收在監裏。一來是好人家出身，不曾受慣這苦；二來被別人少了錢，反鬭在牢中，心中氣蠱。染了牢瘟，病將起來。家屬央人保領，方得放出，已病得八九分了。臨將死時，分付兒子道：「我受了這樣寃恨。今日待死。凡是一向撲官酒坊公店，並林家欠錢帳目，與管帳八人名姓，多要放在棺内，吾替他地府申辦去。」纔死得一月，林氏與這八個人，陸陸續續，盡得暴病而死。眼見得是陰間狀准了。

又過一個多月，劉八郎在家，忽覺頭眩眼花，對妻子道：「眼前境界不好，必是夏主簿要我做對證，勢必要死。奈我平時没有惡業，對證過了，還要重生，且不可入斂。三日後不還魂，再作道理。」果然死去。兩日，活將轉來，拍手笑道：「我而今纔出得這口惡氣！」家人問其緣故，八郎道：「起初見兩個公吏邀我去，走勾百來里路，到了一個官府去處，見一個緑袍官人，在廊房中走出來。仔細一看，就是夏主簿，再三謝我道：『煩勞八郎來此。這裏文書都完，只要八郎略一證明，不必憂慮。』我擡眼看見丹墀之下，林家與八個管帳人共頂着一塊長枷，約有一丈五六尺長，九個頭齊齊露出在枷上。【眉批】此處用賄不着了。我正要消遣他，忽報：『王升殿了。』吏引我去見過。王道：『夏家事已明白，不須説得。旗亭吃酒一節，明白説來。』我供道：『是兩人見招飲酒，與官會二百道，不曾敢接。』王對左右嘆道：『世上却有如此好人，須商議報答他。可檢他壽

（來）算。』吏稟：『他該七十九歲。』元不少了。王道：『窮人不受錢，更爲難得，豈可不賞？添他陽壽一紀。』就着元追公吏，送我回家。出門之時，只見那一夥連枷的人，趕入地獄裏去了。必然細細要償還他的，料不似人世間葫蘆提。我今日還魂，豈不快活也！」後來，此人整整活到九十一歲，無疾而終。可見陽世間有寃枉，陰司事再没有不明白的。

只是這一件事，陰報雖然明白，陽世間欠的錢鈔，到底不曾顯還得，未爲大暢。而今説一件，陽間賴了，陰間斷了，仍舊陽間還了，比這事説來好聽。

陽世全憑一張紙，是非顛倒多因此。
豈似幽中業鏡臺，半點欺心没處使。

話説宋紹興年間，廬州合江縣趙氏村有一個富民，姓毛，名烈。平日貪奸不義，一味欺心，設謀詐害。凡是人家有良田美宅，百計設法，直到得上手纔住。挣得潑天也似人家，心裏不曾有一毫止足。看見人家略有些小釁隙，便在裏頭挑唆，於中取利。没便宜不做事。其時昌州有一個人，姓陳，名祈，也是個狠心不守分之人，與這毛烈十分相好。你道爲何？只因陳祈也有好大家事。他一母所生，還有三個兄弟，年紀多幼小。只是他一個年紀長成，獨掌家事。時常恐怕兄弟每大來，這家事須四分分開，要趁權在他手之時，做個計較，打些偏手，討些便宜。曉得毛烈是個極有算計的人，早晚用得他着，故此與他往來交好。【眉批】臭味相投。毛烈也曉得陳祈有三個幼弟，却獨掌着家事，必有欺心毛病，他日可以在裏頭看景生情，得些漁人之利。所以兩下親密，語話投機，勝似同胞一般。

一日，陳祈對毛烈計較道：「吾家小兄弟們，漸漸長大，少不得要把家事四股分了。我枉替他們白做這幾時奴才，心不甘伏。怎麼處？」毛烈道：「大頭在你手裏，你把要緊好的藏起了些不得？」陳祈道：「藏得的藏了，田地是露天盤子，須藏不得。」毛烈道：「只要會計較，要藏時，田地也藏得。」陳祈道：「如何計較藏地？」毛烈道：「你如今只推有甚麽公用，將好的田地賣了去，收銀子來藏了，不就是藏田地一般？」陳祈道：「祖上的好田好地，又不捨得賣掉了。」毛烈道：「這更容易。【眉批】爲己之業。你只揀那好田地，少些價錢，權典在我這裏。目下拿些銀子去用用，以後直等你們弟兄已將見在田地四股分定了，然後你自將原銀在我處贖了去，這田地不多是你自己的了？」陳祈道：「此言誠爲有見。但你我雖是相好，産業交關，少不得立個文書，也要用着個中人纔使得。」毛烈道：「我家出入銀兩，置買田産，大半是大勝寺高公做牙儈。如今這件事，也要他在裏頭做個中見罷了。」陳祈道：「高公我也是相熟的。我去查明了田地，寫下了文書，去要他着字便了。」

元來這高公，法名智高，雖然是個僧家，到有好些不像出家人處。頭一件是好利，但是風吹草動，有些個賺得錢的所在，他就鑽的去了，所以囊鉢充盈，經紀慣熟。【眉批】豈僧人所爲？大户人家，做中做保，倒多是用得他着的，分明是個没頭髮的牙行。毛家債利出入，好些經他的手；就是做過幾件欺心事體，也有與他首尾過來的。陳祈因此央他做了中，將田立券，典與毛烈。因要後來好贖，十分不典他重價錢，只好三分之一，做個交易的意思罷了。陳祈家裏田地廣有，非止一處。但是自家心裏貪着的，便把來典在毛烈處做後門。如此一番，也累起本銀三千多兩了。其田足值萬金，自不消説。毛烈放花作利，已此便宜得多了。只爲陳祈自有欺心，所以情願把便宜與毛烈得了去。

以後陳祈母親死過，他將見在户下的田産分做四股，把三股分與三個兄弟，自家得了一股。【眉批】何不便宜了兄弟？兄弟們不曉得其中委曲，見眼前分得均平，多無説話了。過了幾時，陳祈端正起贖田的價銀，徑到毛烈處取贖。毛烈笑道：「而今這田，却不是你獨享的了？」陳祈道：「多謝主見高妙。今兄弟們皆無言可説，要贖了去自管。」隨將原價一一交明，毛烈照數收了，將進去交與妻子張氏藏好。

此時毛烈若是個有本心的，就該想着出的本錢原輕，收他這幾年花息，便宜多了。今有了本錢，自該還他去，有何可説？誰知狠人心性，却又不然。道這田總是欺心來的，今贖去獨吞，有好些放不過。他就起個不良之心，出去對陳祈道：「原契在我拙荆處。一時有些身子不快，不便簡尋。過一日還你罷。」陳祈道：「這等，寫一張收票與我。」【眉批】省錢者大都無字。毛烈笑道：「你曉得我寫字不大便當，何苦難我？我與你甚樣交情，何必如此？待一二日間，翻出來就送還罷了。」陳祈道：「幾千兩往來，不是取笑。我交了這一主大銀子，難道不要討一些把柄回去？」毛烈道：「正爲幾千兩的事，你交與我了，又好賴得没有不成？要甚麽把柄？老兄忒過慮了。」陳祈也托大，道是毛烈平日相好，其言可信，料然無事。

隔了兩日，陳祈到毛烈家去取前券，毛烈還推道一時未尋得出。又隔了兩日去取，毛烈躲過，竟推道不在家了。如此兩番，陳祈走得不耐煩，再不得見毛烈之面，纔有些着急起來。走到大勝寺高公那裏去商量，要他去問問毛烈下落。高公推道：「你交銀時，不曾通我知道，我不好管得。」陳祈没奈何，只得又去伺候毛烈。一日撞見了，好言與他取券，毛烈冷笑道：「天下欺心事，只許你一個做？你將衆兄弟的田，偷典我處，今要出去自吞。我便公道欺心，再要你多出兩千，也不爲過。」陳祈道：「原只典得這些，怎要我多得？」毛烈道：「不與我，我也不還你券，你也管田不成。」【眉批】毛烈惡矣，以之處陳祈亦快。陳祈大怒道：「前日説過的説話，怎倒要詐我起來？當官去説，也只要的我本錢。」毛烈道：「正是，正是。當官説不過時，還你罷了。」

陳祈一忿之氣，歸家寫張狀詞，竟到縣裏告了毛烈。當得毛烈預先防備這着的，先將了些錢鈔去尋縣吏丘大，送與他了，求照管此事。丘大領諾。比及陳祈去見時，丘大先自裝腔了，問其告狀本意。陳祈把實情告訴了一遍，丘大只是摇頭道：「説不去。許多銀兩交與他了，豈有没個執照的理？教我也難幫襯你。」陳祈道：「因爲相好的，不防他欺心，不曾討得執照。今告到了官，全要提控説得明白。」丘大含糊應承了，却在知縣面前，只替毛烈説了一邊的話，又替毛家送了些孝順意思與知縣了。知縣聽信，到得兩家聽審時，毛烈把交銀的事一口賴定。陳祈其實一些執照也拿不出。知縣聲口有些向了毛烈，陳祈發起極來，在知縣面前，指神罰咒。知縣道：「就是銀子有的，當官只憑文券。既没有文券，把甚麽做憑據斷還得你？分明是一刬混賴！」倒把陳祈打了二十個竹篦，問了不合圖賴人罪名，量決脊杖。這三千銀子，只當丢去東洋大海，竟没説處。

陳祈不服，又到州裏去告，准了。及至問起來，知是縣間問過的，不肯改斷，仍復照舊。又到轉運司告了，批發縣間，一發是原問衙門，只多得一番紙筆，有甚麽相干？落得費壞了脚手，折掉了盤纏。毛烈得了便宜，暗地喜歡。【眉批】世間事每如此。陳祈失了銀子，又吃打吃斷，竟没處伸訴。正所謂：

渾身似口不能言，遍體排牙説不得。

欺心又遇狠心人，賊偷落得還賊没。

看官，你道這事多只因陳祈欺瞞兄弟，做這等奸計，故見得反被别人賺了，也是天有眼力處。却是毛烈如此欺心，難道銀子這等好使的不成？不要性急，還有話在後頭。

且説陳祈受此冤枉，没處叫撞天屈，氣忿忿的，無可擺佈。宰了一口猪，一隻鷄，買了一對魚，一壺酒。左近邊有個社公祠，他把福物拿到祠裏，擺下了，跪在神前道：「小人陳祈，將銀三千兩與毛烈贖田，毛烈收了銀子，賴了券書，告到官司，反問輸了小人。小人没處申訴，天理昭彰，神目如電。【眉批】此時亦知有神乎？還是毛烈賴小人的，小人賴毛烈的？是必三日之内，求個報應。」叩了幾個頭，含淚而出。到家裏，晚上得一夢。夢見社神來對他道：「日間所訴，我雖曉得明白，做不得主。你可到東嶽行宫訴告，自然得理。」

次日，陳祈寫了一張黄紙，捧了一對燭，一股香，竟望東嶽行宫而來。進得廟門，但見：

殿宇巍峨，威儀整肅。離婁左視，望千里如在目前；師曠右邊，聽九幽直同耳畔。草參亭内，爐中焚百合明香；祝獻臺前，案上放萬靈杯珓。夜聽泥神聲喏，朝聞木馬號嘶。比岱宗具體而微，雖行館有呼必應。若非真正寃情事，敢到莊嚴法相前？

陳祈唧了一天怨忿，一步一拜，拜上殿來。將心中之事，是長是短，照依在社神面前時一樣，表白了一遍。只聽得幡帷裏面，彷彿有人聲到耳朵内道：「可到夜間來。」陳祈吃了一驚，曉得靈感，急急站起，走了出來。候到天色晚了，陳祈是氣忿在胸之人，雖是幽暗陰森之地，並無一些畏怯，一直走進殿來。【眉批】平素欺心者，亦宜畏怯。將黄紙狀在燭上點着火，燒在神前爐内了，照舊通誠。拜禱已畢，又聽得隱隱一聲道：「出去。」陳祈親見如此神靈，明知必有報應。不敢再瀆，悚然歸家。此時是紹興四年四月二十日。

陳祈時時到毛烈家邊去打聽。過了三日，只見説毛烈死了，陳祈曉得蹊蹺。去訪問鄰舍間，多説道：「毛烈走出門首，撞見一個着黄衣的人，走入門來揪住。毛烈奔脱，望裏面飛也似跑。口裏喊道：『有個黄衣人捉我，多來救救！』説不多幾句，倒地就死。從不見死得這樣快的！」陳祈口裏不説，心裏暗暗道：「是告的陰狀有應，現報在我眼裏了。」

又過了三日，只見有人説：大勝寺高公，也一時卒病而死。陳祈心裏疑惑道：「高公不過是原中，也死在一時。看起來，莫不要陰司中對這件事麽？」不覺有些恍恍惚惚。走到家裏，就昏暈了去。少頃醒將轉來，分付家人道：「有兩個人追我去對毛烈事體。聞得説我陽壽未盡，未可入殮。你們守我十來日着，敢怕還要轉來。」分付畢，即倒頭而卧，口鼻俱已無氣。家人依言，不敢妄動，呆呆守着，自不必説。

且説陳祈隨了來追的人，竟到陰府。果然毛烈與高公多先在那裏了，一同帶見判官。判官一一點名過了，問道：「東嶽發下狀來，毛烈賴了陳祈三千銀兩，這怎麽説？」陳祈道：「是小人與他贖田，他親手接受，後來不肯還原券，竟賴道没有。小人在陽間與他争訟不過，只得到東嶽大王處告這狀的。」毛烈道：「判爺休聽他胡説。若是有銀與小人時，須有小人收他的執照。」判官笑道：「這是你陽間哄人，可以借此厮賴。」指着毛烈的心道：「我陰間只憑這個，要甚麽執照不執照？」【眉批】所以陰司公道。毛烈道：「小人其實不曾收他的。」判官叫取業鏡過來。旁邊一個吏就拿着銅盆大一面鏡子來，照着毛烈。毛烈、陳祈與高公三人，一齊看那鏡子裏面。只見裏頭照出陳祈交銀，毛烈接受，進去付與妻子張氏，張氏收藏。是那日光景，宛然見在。判官道：「你看我這裏，可是要甚麽執照的麽？」毛烈没得開口。陳祈合着掌向空裏道：「今日纔表明得這件事，陽間官府要他做甚麽幹？」高公也道：「元然這銀子果然收了，却是毛大哥不通。」

當下，判官把筆來寫了些甚麽，就帶了三人，到一個大庭内。只見旁邊列着兵衛甚多，也不知殿上坐的是甚麽人，遠望去是冕旒衮袍的王者。判官走上去説了一回，殿上王者大怒，叫取枷來。將毛烈枷了。口裏大聲分付道：「縣令聽決不公，削去已後官爵。縣吏丘大，火焚其居，仍削陽壽一半。」又唤僧人智高問道：「毛烈欺心事，與你商同的麽？」智高道：「起初典田時，曾在裏頭做交易中人，以後事體多不知道。」又唤陳祈問道：「贖田之銀，固是毛烈要賴欺心；將田出典的緣故，却是你的欺心。」陳祈道：「也是毛烈教道的。」王者道：「這個推不得。與智高僧人做牙儈一樣，該量加罰治。【眉批】此處瞞不過了，心不易欺也。兩人俱未合死，只教陽世受報。毛烈作業尚多，押入地獄受罪。」説畢，只見毛烈身邊就有許多牛頭夜叉，手執鐵鞭鐵棒，趕得他去。

毛烈一頭走，一頭哭，對陳祈高公説道：「吾不能出頭了。二公與我傳語妻子，快作佛事救援我。陳兄原券在床邊木箱之内。還有我平日貪謀强詐得别人家田宅文券，共有一十三紙，也在箱裏。可叫這一十三家的人來，一一還了他，以減我罪。【眉批】還券望減則可，佛事不足恃也。二公切勿有忘。」陳祈見說着還他原契，還要再問個明白，一個夜叉把一根鐵棍在陳祈後心窩裏一擣，喝道：「快去！」陳祈慌忙縮退，颯然驚醒，出了一身冷汗。只見妻子坐在床沿守着，問他時節，已過了七晝夜了。

妻子道：「因你分付了，不敢入斂。況且心頭溫溫的，只得坐守。幸喜得果然還魂轉來，畢竟是毛烈的事對得明白否？」陳祈道：「東嶽真個有靈，陰間真個無私，一些也瞞不得。大不似陽世間官府，沒清頭沒天理的。」因把死後所見事體，備細說了一遍。

抖擻了精神，坐定了性子一回，先叫人到縣吏丘大家一看。三日之前，已被火燒得精光。止燒得這一家，火就息了。陳祈越加敬信。再叫人到大勝寺中訪問高公，看果然一同還魂，意思要約他做了證見，索取毛家文券。人回來說：「三日之前，寺中師徒已把他荼毗了。」說話的，怎麽叫做「荼毗」？看官，這就是僧家西方的說話，又有叫得「闍維」的，總是我們華言「火化」也。陳祈見說高公已火化了，吃了一大驚，道：「他與我同在陰間，說陽壽未盡，一同放轉世的。如何就把來化了？叫他還魂在何處？這又是了不得的事了，怎麽收場？」

陳祈心下忐忑，且走到毛家，去取文券。看見了毛家兒子，問道：「尊翁故世，家中有甚麽影響否？」毛家兒子道：「爲何這般問及？」陳祈道：「在下也死去七日，倒與尊翁會過一番來，故此動問。」毛家兒子道：「見家父光景何如？有甚說話否？」陳祈道：「在下與尊翁，本是多年相好的。只因不還我典田文書，有這些爭訟。昨日倒虧得陰間對明，說文書在床前木箱裏面，所以今日來取。」毛家兒子道：「文書便或者在木箱裏面，只是陰間說話，誰是證見，可以來取？」陳祈道：「有倒有個證見。那時大勝寺高師父，也在那裏，同見說了，一齊放還魂的。可惜他寺中已將他身屍火化，沒了個活證。却有一件可信：你尊翁還說另有一十三家文券，也多是來路不明的田產，叫還了這一十三家，等他受罪輕些。又叫替他多做些佛事，這須是我造不出的。」

毛家兒子聽說，有些呆了。你道爲何？元來陰間業鏡照出毛妻張氏同受銀子之時，張氏在陽間恰像做夢一般，也夢見陰司對理之狀，曾與兒子說過，故聽得陳祈說着陰間之事，也有些道是真的了。走進去與母親說知，張氏道：「這項銀子，委實有的。你父親只管道便宜了他，勒措着文書不與他，意思還要他分外出些加添。不道他竟自去告了官，所以索性一口賴了。又不料死得這樣咤異。今恐怕你父親陰間不寧，只該還了他。既說道還有一十三紙，等明日一總番將出來，逐一還罷。」毛家兒子把母親說話對陳祈說了，陳祈道：「不要又像前番，回了明日，漸漸賴皮起來。此關係你家尊翁陰間受罪，非同陽間兒戲的。」毛家兒子道：「這個怎麽還敢？」陳祈當下自去了。毛家兒子關了門進來。

到了晚間，聽得有人敲門。開出去却又不見，關了又敲得緊。問是那個，外邊厲聲答道：「我是大勝寺中高和尚。爲你家父親賴了典田銀子，我是原中人，被陰間追去做證見。放我歸來，身屍焚化，今沒處去了。這是你家害我的，須憑你家裏怎麽處我？」

【眉批】人猶不易處，况于鬼乎？

毛家兒子慌做一團，走進去與母親說了。張氏也怕起來，移了火，同兒子走出來。聽聽外邊，越敲得緊了，道：「你若不開時，我門縫裏自會進來。」張氏聽着，果然是高公平日的聲音，硬着膽回答道：「曉得有累師父了。而今既已如此，教我們母子也沒奈何，只好做些佛事，超度師父罷。」外邊鬼道：「我命未該死，陰間不肯收留。還有世數未盡，又去脱胎做人不得。隨你追薦陰功，也無用處。直等我世數盡了，纔得托生。這些時叫我在那裏好？我只是守住在你家，不開去了。」毛家母子只得燒些紙錢，奠些酒飯，告求他去。鬼道：「叫我別無去處，求我也沒幹。」毛家母子沒奈何，只得踢踢蹐蹐，過了一夜。第二日急急去尋請僧道做道場，一來追薦毛烈，二來超度這個高公。

母子親見了這些異樣，怎敢不信？把各家文券，多送去還了。誰知陳祈自得了文券之後，忽然害起心痛來，一痛發便待死去。記起是陰中被夜叉將鐵棍心窩裏擣了一下之故，又親聽見王者道陳祈欺心，陽世受報。曉得這典田事是欺心的，只得叫三個兄弟來，把毛家贖出之田，均作四分分了。【眉批】田終于分，落得心痛并前之受杖，皆利錢也。却是心痛仍不得止。只因平日掌家時，除典田之外，他欺心處還多。自此每一遭痛發，便去請僧道保禳，或是東嶽燒獻。年年所費，不計其數。此病隨身，終不脱體。到得後來，家計倒比三個兄弟消耗了。

那毛家也爲高公之鬼，不得離門，每夜必來擾亂，家裏人口不安。賣掉房子，搬到别處，鬼也隨着不捨。只得日日超度，時時齋醮。以後看看聲音遠了些，説道：「你家福事做得多了。雖然與我無益，時常有神佛在家，我也有些不便。我且暫時去去，終是放你家不過的。」以後果然隔着幾日纔來，這裏就做法事退他，或做佛事度他。如此纏帳多時，支持不過，毛家家私也逐漸消費下來。【眉批】痛耶？鬼耶？皆所以耗不義之財者也。以後毛家窮了，連這些佛事、法事多做不起了，高公的鬼也不來了。

可見欺詐之財，没有得與你入己受用的。陰司比陽世間公道，使不得奸詐，分毫不差池。這兩家顯報，自不必説。只高公僧人，貪財利，管閑事，落得陽壽未終，先被焚燒。雖然爲此攪破了毛氏一家，却也是僧人的果報了。若當時徒弟們不燒其屍，得以重生，畢竟還與陳祈一樣，也要受些現報，不消説得的。人生作事，豈可不知自省？

陽間有理没處説，陰司不説也分明。
若是世人終不死，方可横心自在行。

又有人道這詩未盡，番案一首云：

陽間不辨到陰間，陰間仍舊判陽還。
縱是世人終不死，也須難使到頭頑。

同窗友認假作真

女秀才移花
接木

卷之十七

同窗友認假作真　女秀才移花接木

詩曰：

萬里橋邊薛校書，枇杷窗下閉門居。
掃眉才子知多少，管領春風總不如。

這四句詩，乃唐人贈蜀中妓女薛濤之作。這個薛濤，乃是女中才子。【眉批】便奇。南康王韋皋做西川節度使時，曾表奏他做軍中校書，故人多稱爲薛校書。所往來的是高千里、元微之、杜牧之一班兒名流。又將浣花溪水造成小箋，名曰「薛濤箋」。詞人墨客，得了此箋，猶如拱璧。真正名重一時，芳流百世。

國朝洪武年間，有廣東廣州府人田洙，字孟沂，隨父田百禄到成都赴教官之任。那孟沂生得風流標致，又兼才學過人，書畫琴棋之類，無不通曉。學中諸生日與嬉游，愛同骨肉。過了一年，百禄要遣他回家。孟沂的母親心裏捨不得他去，又且寒官冷署，盤費難處。百禄與學中幾個秀才商量，要在地方上尋一個館與兒子坐坐。一來可以早晚讀書，二來得些館資，可爲歸計。這些秀才巴不得留住他，訪得附郭一個大姓張氏，要請一館賓，衆人遂將孟沂力薦于張氏。張氏送了館約，約定明年正月元宵後到館。至期，學中許多有名的少年朋友，一同送孟沂到張家來，連百禄也自送去。張家主人曾爲運使，家道饒裕。見是老廣文帶了許多時髦到家，甚爲喜歡，開筵相待。酒罷各散。孟沂就在館中宿歇。

到了二月花朝日，孟沂要歸省父母。主人送他節儀二兩，孟沂袋在袖子裏了，步行回去。偶然一個去處，望見桃花盛開，一路走去看。境甚幽僻，孟沂心裏喜歡，佇立少頃，觀玩景緻。忽見桃林中一個美人，掩映花下。孟沂曉得是良人家，不敢顧盼，徑自走過。未免帶些賣俏身子，拖下袖來。袖中之銀，不覺落地。美人看見，便叫隨侍的丫鬟拾將起來，送還孟沂。孟沂笑受，致謝而別。

明日，孟沂有意打那邊經過。只見美人與丫鬟仍立在門首。孟沂望着門前走去，丫鬟指道：「昨日遺金的郎君來了。」美人略略斂身，避入門内。孟沂見了丫鬟，叙述道：「昨日多蒙娘子美情，拾還遺金。今日特來造謝。」美人聽得，叫丫鬟請入内廳相見。孟沂喜出望外，急整衣冠，望門内而進。美人早已迎着，至廳上相見。禮畢，美人先開口道：「郎君莫非是張運使宅上西賓麽？」孟沂道：「然也。昨日因館中回家，道經于此，偶遺少物，得遇夫人盛情，命尊姬拾還，實爲感激。」美人道：「張氏一家親戚，彼西賓即我西賓。還金小事，何足爲謝？」孟沂道：「欲問夫人高門姓氏，與敝東何親？」美人道：「寒家姓平，成都舊族也。妾乃文孝坊薛氏女，嫁與平氏子康，不幸早卒，妾獨孀居于此。與郎君賢東，乃鄉鄰姻婭，郎君即是通家了。」

孟沂見説是孀居，不敢久留。兩杯茶罷，起身告退。美人道：「郎君便在寒舍過了晚去。若賢東曉得郎君到此，妾不能久留款待，覺得没趣了。」即分付快辦酒饌。

不多時，設着兩席，與孟沂相對而坐，坐中殷勤勸酬。笑語之間，美人多帶些謔浪話頭。【眉批】孀居而可茶可酒矣，尚何拘束爲真酸物耳。孟沂認道是張氏至戚，雖然心裏技癢難熬，還拘拘束束，不敢十分放肆。美人道：「聞得郎君倜儻俊才，何乃作儒生酸態？妾雖不敏，頗解吟詠。今遇知音，不敢愛醜，當與郎君賞鑒文墨，唱和詞章。朗君不以爲鄙，妾之幸也。」遂叫丫鬟取出唐賢遺墨，與孟沂看。孟沂從頭細閲，多是唐人真蹟手翰詩詞，惟元稹、杜牧、高駢的最多，墨蹟如新。【眉批】文趣勃然。孟沂愛玩不忍釋手，道：「此希世之寶也。夫人情種此類，真是千古韵人了。」美人謙謝。兩個談話有味，不覺夜已二鼓，孟沂辭酒不飲。美人延入寢室，自薦枕席道：「妾獨處已久。今見郎君高雅，不能無情，願得奉陪。」孟沂道：「不敢請耳，固所願也。」兩個解衣就枕，魚水歡情，極其繾綣。枕邊切切叮寧道：「慎勿輕言。若賢東知道，彼此名節喪盡了。」次日，將一個卧獅玉鎮紙贈與孟沂，送到門外道：「無事就來走走，勿學薄倖人！」孟沂道：「這個何勞分付。」

孟沂到館，哄主人道：「老母想念，必要小生歸家宿歇，小生不敢違命留此。從今早來館中，夜歸家裏便了。」主人信了，説話道：「任從尊便。」自此，孟沂在張家，只推家裏去宿，家裏又説在館中宿，竟夜夜到美人處宿了。整有半年，並没一個人知道。孟沂與美人賞花玩月，酌酒吟詩，曲盡人間之樂。兩人每每你唱我和，做成聯句，如《落花二十四韵》、《月夜五十韵》，鬥巧争妍，真成敵手。詩句太多，恐看官每厭聽，不能盡述。只將他兩人《四時回文詩》表白一遍。美人詩道：

花朵幾枝柔傍砌，柳絲千縷細摇風。
霞明半嶺西斜日，月上孤村一樹松。（《春》）
凉回翠簟冰人冷，齒沁清泉夏月寒。
香篆裊風清縷縷，紙窗明月白團團。（《夏》）
蘆雪覆汀秋水白，柳風凋樹晚山蒼。
孤幃客夢驚空館，獨雁征書寄遠鄉。（《秋》）
天凍雨寒朝閉户，雪飛風冷夜關城。

鮮紅炭火圍爐暖，淺碧茶甌注茗清。（《冬》）

這個詩，怎麽叫得「回文」？因是順讀完了，倒讀轉去，皆可通得。最難得這樣渾成，非是高手不能。美人一揮而就，孟沂也和他四首道：

芳樹吐花紅過雨，入簾飛絮白驚風。
黄添曉色青舒柳，粉落晴香雪覆松。（《春》）
瓜浮甕水凉消暑，藕疊盤冰翠嚼寒。
斜石近階穿笋密，小池舒葉出荷團。（《夏》）
殘石絢紅霜葉出，薄煙寒樹晚林蒼。
鸞書寄恨羞封淚，蝶夢驚愁怕念鄉。（《秋》）
風捲雪蓬寒罷釣，月輝霜柝冷敲城。
濃香酒泛霞杯滿，淡影梅横紙帳清。（《冬》）

孟沂和罷，美人甚喜。真是才子佳人，情味相投，樂不可言。却是「好物不堅牢」，自有散場時節。一日，張運使偶過學中，對老廣文田百禄説道：「令郎每夜歸家，不勝奔走之勞。何不仍留寒舍住宿，豈不爲便？」百禄道：「自開館後，一向只在公家。止因老妻前日有疾，曾留得數日，這幾時並不曾來家宿歇。怎麽如此説？」張運使曉得内中必有蹺蹊，恐礙着孟沂，不敢盡言而别。是晚，孟沂告歸，張運使不説破他，只叫館僕尾着他去。到得半路，忽然不見。館僕趕去追尋，竟無下落，回來對家主説了。運使道：「他少年放逸，必然花柳人家去了。」館僕道：「這條路上，何曾有甚麽伎館？」運使道：「你還到他衙中問問看。」館僕道：「天色晚了，怕關了城門，出來不得。」運使道：「就在田家宿了，明日早辰來回我不妨。」

到了天明，館僕回話，説是不曾回衙。運使道：「這等，那裏去了？」正疑怪間，孟沂恰到。運使問道：「先生昨宵宿于何處？」孟沂道：「家間。」運使道：「豈有此理？學生昨日叫人跟隨先生回去，因半路上不見了先生，小僕直到學中去問，先生不曾到宅，怎如此説？」孟沂道：「半路上偶到一個朋友處講話，直到天黑回家，故此盛僕來時問不着。」館僕道：「小人昨夜宿在相公家了，方纔回來的。田老爹見説了，甚是驚慌，要自來尋問。相公如何還説着在家的話？」孟沂支吾不來，顔色盡變。運使道：「先生若有別故，當以實説。」孟沂曉得遮掩不過，只得把遇着平家薛氏的話説了一遍，道：「此乃令親相留，非小生敢作此無行之事。」運使道：「我家何嘗有親戚在此地方？況親中也無平姓者，必是鬼祟。今後先生自愛，不可去了。」孟沂口裏應承，心裏那裏信他？

傍晚又到美人家裏，備對美人説形迹已露之意。美人道：「我已先知道了。郎君不必怨悔，亦是冥數盡了。」遂與孟沂痛飲，極盡歡情。到了天明，哭對孟沂道：「從此永別矣。」將出灑墨玉筆管一枝，送與孟沂道：「此唐物也。郎君慎藏在身，以爲記念。」揮淚而別。

那邊張運使料先生晚間必去，叫人看着，果不在館。運使道：「先生這事，必要做出來。這是我們做主人的干係，不可不對他父親説知。」遂步至學中，把孟沂之事，備細説與百禄知道。百禄大怒，遂叫了學中一個門子，同着張家館僕，到館中唤孟沂回來。孟沂方別了美人，回到張家，想念道：「他説永別之言，只是怕風聲敗露。我便耐守幾時，再去走動，或者還可相會。」正躊躇間，父命已至，只得跟着回去。百禄一見，喝道：「你書到不讀，夜夜在那裏游蕩？」孟沂看見張運使一同在家了，便無言可對。百禄見他不説，就拿起一條拄杖，劈頭打去，道：「還不實告？」孟沂無奈，只得把相遇之事，及録成聯句一本，與所送鎮紙、筆管二物，多將出來道：「如此佳人，不容不動心，不必罪兒子。」百禄取來逐件一看，看那玉色，是幾百年出土之物，管上有篆刻「渤海高氏清玩」六個字。又揭開詩來，從頭細閲，不覺心服。對張運使道：「物既稀奇，詩又俊逸，豈尋常之怪？我每可同了不肖子，親到那地方去查一查踪迹看。」遂三人同出城來。將近桃林，孟沂道：「此間是了。」進前一看，孟沂驚道：「怎生屋宇俱無了？」百禄與運使齊擡頭一看，只見水碧山青，桃株茂盛。荆棘之中，有塚纍然。張運使點頭道：「是了，是了。【眉批】一段佳話，乃爲俗主俗父所敗。此地相傳是唐妓薛濤之墓。後人因鄭谷詩有『小桃花繞薛濤墳』之句，所以種桃百株，爲春時游賞之所。賢郎所遇，必是薛濤也。」百禄道：「怎見得？」張運使道：「他説所嫁是平氏子康，分明是平康巷了。又説文孝坊，城中並無此坊，『文孝』乃是『教』字，分明是教坊了。平康巷教坊，乃是唐時妓女所居，今云薛氏，不是薛濤是誰？且箋上有高氏字，乃是西川節度使高駢。駢在蜀時，濤最蒙寵待，二物是其所賜無疑。濤死已久，其精靈猶如此，此事不必窮究了。」

百禄曉得運使之言甚確，恐怕兒子還要着迷，打發他回歸廣東。後來孟沂中了進士，常對人説，便將二玉物爲證。雖然想念，再不相遇了。至今傳有《田洙遇薛濤》故事。

小子爲何説這一段鬼話？只因蜀中女子，從來號稱多才。如文君、昭君，多是蜀中所生，皆有文才。所以薛濤一個妓女，生前詩名不減當時詞客，死後猶且詩興勃然。這也是山川的秀氣。唐人詩有云：

錦江膩滑蛾眉秀，幻出文君與薛濤。

誠爲千古佳話。至于黄崇嘏女扮爲男，做了相府掾屬，今世傳有《女狀元》本，也是蜀中故事。可見蜀女多才，自古爲然。至今兩川風俗，女人自小從師上學，與男人一般讀書，還有考試進庠，做青衿弟子。若在别處，豈非大段奇事？而今説着一家子的事，委曲奇咤，最是好聽。

從來女子守閨房，幾見裙釵入學堂？

文武習成男子業，婚姻也只自商量。

話説四川成都府綿竹縣，有一個武官，姓聞，名確，乃是衛中世襲指揮。因中過武舉兩榜，累官至參將，就鎮守彼處地方。家中富厚，賦性豪奢。夫人已故，房中有一班姬妾，多會吹彈歌舞。有一子，也是妾生，未滿三周。有一個女兒，年十七歲，名曰蜚蛾，豐姿絶世。却是將門將種，自小習得一身武藝，最善騎射，直能百步穿楊。模樣雖是娉婷，志氣賽過男子。他起初因見父親是個武出身，受那外人指目，只説是個武弁人家，必須得個子弟在黌門中出入，方能結交斯文士夫，不受人的欺侮。争奈兄弟尚小，等他長大不得，所以一向妝做男子，到學堂讀書。外邊走動，只是個少年學生；到了家中内房，方還女扮。如此數年，果然學得滿腹文章，博通經史。這也是蜀中做慣的事。遇着提學到來，他就報了名，改爲勝傑，説是勝過豪傑男人之意，表字俊卿，一般的入了隊，去考童生。一考就進了學，做了秀才。他男扮久了，人多認他做聞參將的小舍人，一進了學，多來賀喜，府縣迎送到家。參將也只是將錯就錯，一面歡喜開宴。蓋是武官人家，秀才乃極難得的。從此參將與官府往來，添了個幫手，有好些氣色。爲此，内外大小，却像忘記他是女兒一般的，凡事盡是他支持過去。他同學朋友，一個叫做魏造，字撰之。【眉批】久假不歸，俱當妙齡，而以一雌處兩雄，得無隙虞乎？一個叫做杜億，字子中。兩人多是出群才學，英鋭少年，與聞俊卿意氣相投，學業相長。况且年紀差不多，魏撰之年十九歲，長聞俊卿兩歲；杜子中與聞俊卿同年，又是聞俊卿月生大些。三人就像一家弟兄一般，極是過得好。相約了同在學中一個齋舍裏讀書。兩個無心，只認做一伴的好朋友；聞俊卿却有意，要在兩個裏頭揀一個嫁他。兩個人比起來，又覺得杜子中同年所生，凡事彷彿些，模樣也是他標緻些，更爲中意。比魏撰之分外説得投機。

杜子中見聞俊卿意思又好，豐姿又妙，常對他道：「我與兄兩人，可惜多做了男子。未必。我若爲女，必當嫁兄；兄若爲女，我必當娶兄。」魏撰之聽得，便取笑道：「而今世界盛行男色，久已顛倒陰陽，况不必顛倒耶。那見得兩男便嫁娶不得？」聞俊卿正色道：「我輩俱是孔門弟子，以文藝相知，彼此愛重，豈不有趣？若想着淫昵，便把面目放在何處？我輩堂堂男子，人苦不自知。誰肯把身子做頑童乎？魏兄該罰東道便好。」魏撰之道：「適纔聽得杜子中愛慕俊卿，恨不得身爲女子，故爾取笑。【眉批】豈知子中、俊卿皆不必變。若俊卿不愛此道，子中也就變不及身子了。」杜子中道：「我原是兩下的説話，今只説得一半。把我説得失便宜了。」魏撰之道：「三人之中，誰叫你獨小些？自然該吃虧些。」大家笑了一回。

俊卿歸家來，脱了男服，還是個女人。自家想道：「我久與男人做伴，已是不宜。豈可他日舍此同學之人，另尋配偶不成？畢竟止在二人之内了。雖然杜生更覺可喜，魏兄也自不凡。不知後來還是那個結果好？姻緣還在那個身上？」心中委決不下。

他家中一個小樓，可以四望。一個高興，趍步登樓。見一隻烏鴉在樓窗前飛過，却去住在百來步外一株高樹上，對着樓窗呀呀的叫。俊卿認得這株樹乃是學中齋前之樹，心裏道：「叵耐這業畜叫得不好聽，我結果他去。」跑下來自己卧房中，取了弓箭。跑上樓來，那烏鴉還在那裏狠叫。俊卿道：「我借這業畜卜我一件心事則個。」扯開弓，搭上箭，口裏輕輕道：「不要悮我！」颼的一響，箭到處，那邊烏鴉墜地。這邊望去看見，情知中箭了，急急下樓來，仍舊改了男妝，要到學中看那枝箭的下落。

且説杜子中在齋前閑步，聽得鴉鳴正急，忽然撲的一響，掉下地來。走去看時，鴉頭上中了一箭，貫睛而死。子中拔了箭出來道：「誰有此神手？恰恰貫着他頭腦！」仔細看那箭幹上，有兩行細字道：「矢不虛發，發必應弦。」子中念罷，笑道：「那人好誤口！」

魏撰之聽得，跳出來急叫道：「拿與我看！」在杜子中手裏接了過去。正同看時，忽然子中家裏有人來尋，子中掉着箭自去了。魏撰之細看之時，八個字下邊還有「蜚娥記」三小字，想道：「蜚娥乃女人之號。難道女人中有此妙手？這也咤異！適纔子中不看見這三個字，若見時，必然還要稱奇了。」

沉吟間，早有聞俊卿走將來。看見魏撰之捻了這枝箭，立在那裏，忙問道：「這枝箭是兄拾了麽？」撰之道：「箭自何來的？兄却如此盤問！」俊卿道：「箭上有字的麽？」撰之道：「因爲有字，在此念想。」俊卿道：「念想些甚麽？」撰之道：「有『蜚娥記』三字。蜚娥必是女人，故此想着，難道有這般善射的女子不成？」俊卿搗個鬼道：「不敢欺兄，蜚娥即是家姊。」撰之道：「令姊有如此巧藝，曾許聘那家了？」俊卿道：「未曾許人家。」撰之道：「模樣如何？」俊卿道：「與小弟有些厮像。」撰之道：「這等必是極美的了。俗語道：『未看老婆，先看阿舅。』小弟尚未有室，吾兄與小弟做個撮合山何如？」俊卿道：「家下事多是小弟作主。老父面前，只消小弟一説，無有不依。只未知家姐心下如何。」撰之道：「令姊面前，也在吾兄幫襯。通家之雅，料無推拒。」俊卿道：「小弟謹記在心。」撰之喜道：「得兄應承，便十有八九了。**【眉批】**誰知爲他人收藏。誰想姻緣却在此枝箭上？小弟謹當寶此，以爲後驗。」便把箭來收拾在拜匣内了。取出羊脂玉鬧妝一個，遞與俊卿道：「以此奉令姊，權答此箭，作個信物。」俊卿收來，束在腰間。撰之道：「小弟作詩一首，道意于令姊，何如？」俊卿道：「願聞。」撰之吟道：

聞得羅敷未有夫，支機肯許問津無？
他年得射如皋雉，珍重今朝金僕姑。

俊卿笑道：「詩意最妙。只是兄貌不陋，似太謙了些。」撰之笑道：「小弟雖不便似賈大夫之醜，却與令姊相並，必是不及。」俊卿含笑自去了。

從此，撰之胸中，癡癡裏想着聞俊卿有個姊姊，美貌巧藝，要得爲妻。**【眉批】**豈知燈即是火。有了這個念頭，並不與杜子中知道。因爲箭是他拾着的，今自己把做寶貝藏着，恐怕他知因，來要了去。誰想這個箭元有來歷。俊卿學射時節，便懷有擇配之心。竹幹上刻那二句，固是誇着發矢必中，也暗藏個應弦的啞謎。他射那烏鴉之時，明知在書齋樹上。射去這枝箭，心裏暗卜一卦：看他兩人那個先拾得者，即爲夫妻。爲此急急來尋下落。不知是杜子中先拾着，後來掉在魏撰之手裏。【眉批】只此一誤，就纏出許多變態來，人事之巧如此。俊卿只見在魏撰之處，以爲姻緣有定，故假意説是姐姐，其實多暗隱着自己的意思。魏撰之不知其故，憑他搗鬼，只道真有個姐姐罷了。俊卿固然認了魏撰之是天緣，心裏却爲杜子中十分相愛，好些撇打不下。嘆口氣道：「一馬跨不得雙鞍，我又違不得天意。他日别尋件事端，補還他美情罷。」明日來對魏撰之道：「老父與家姊面前，小弟十分攛掇，已有允意，玉鬧妝也留在家姊處了。老父的意思，要等秋試過，待兄高捷了，方議此事。」魏撰之道：「這個也好。只是一言既定，再無翻變纔妙。」俊卿道：「有小弟在，誰翻變得？」魏撰之不勝之喜。

時值秋闈，魏撰之與杜子中、聞俊卿多考在優等，起送鄉試。兩人來拉了俊卿同去。俊卿與父參將計較道：「女孩兒家只好瞞着人，暫時做秀才耍子。【眉批】這秀才怕中舉人，亦奇。若當真去鄉試，一下子中了舉人，後邊露出真情來，就要關着奏請干係，事體弄大了，不好收場，決使不得。」推了有病不行。魏、杜兩生只得撇了，自去赴試。揭曉之日，兩生多得中了。

聞俊卿見兩家報了，也自歡喜。打點等魏撰之迎到家時，方把求親之話，與父親説知，圖成此親事。不想安綿兵備道與聞參將不合，時值軍政考察，在按院處開了款數，遞了一個揭帖，誣他冒用國課，妄報功績，侵尅軍糧，累贜巨萬。按院參上一本，奉聖旨着本處撫院提問。此報一至，聞家合門慌做了一團。也就有許多衙門人尋出事端來纏擾。還虧得聞俊卿是個出名的秀才，衆人不敢十分囉唣。【眉批】此時秀才值錢。過不多時，兵道行個牌到府來，説是奉旨犯人，把聞參將收拾在府獄中去了。聞俊卿自把生員出名，去遞投訴，就求保候父親。府間准了訴詞，不肯召保。俊卿就央了同窗新中的兩個舉人，去見府尊。府尊説：「礙上司分付，做不得情。」三人袖手無計。此時魏撰之自揣道：「他家患難之際，料説不得求親的閑話。」只好不提起。且一面去會試再處。

兩人臨行之時，又與俊卿作別。撰之道：「我們三人，同心之友。我兩人喜得僥倖，方恨俊卿因病蹉跎，不得同登，不想又遭此家難。而今我們匆匆進京去了，心下如割。却是事出無奈。多致意尊翁，且自安心聽問。我們若少得進步，必當出力相助，來白此冤。」子中道：「此間官官相護，做定了圈套陷人。聞兄只在家營救，未必有益。我兩人進去，倘得好處，聞兄不若徑到京來商量，與尊翁尋個出場。還是那邊上流頭好辨白寃枉，我輩也好相機助力。切記，切記。」撰之又私自叮囑道：「令姊之事，萬萬留心。不論得意不得意，此番回來，必求事諧了。」【眉批】畢竟鬧妝得力。俊卿道：「鬧妝現在，料不使兄失望便了。」三人灑淚而別。

聞俊卿自兩人去後，一發没有商量可救父親。虧得官無三日急，到有七日寬，無非湊些銀子，上下分派一分派，使用得停當，獄中的也不受苦，官府也不來急急要問，丢在半邊，做一件未結公案了。參將與女兒計較道：「這邊的官司既未問理，我們正好做手脚。我意要倘下一個辨本，做成一個備細揭帖，到京中訴寃。只没個能幹的人去得，心下躊躇未定。」聞俊卿道：「這件事須得孩兒自去。前日魏、杜兩兄臨別時，也教孩兒進京去，可以相機行事。但得兩兄有一人得第，也就好做靠傍了。」參將道：「雖然你是個女中丈夫，是你去畢竟停當。只是萬里程途，路上恐怕不便。」俊卿道：「自古多稱緹縈救父，以爲美談。他也是個女子。況且孩兒男妝已久，游庠已過，一向算在丈夫之列，有甚去不得？雖是路途遥遠，孩兒弓矢可以防身。倘有甚麽人盤問，憑着胸中見識，也支持得他過，不足爲慮。只是須得個男人隨去，這却不便。孩兒想得有個道理：

家丁聞龍夫妻，多是苗種，多善弓馬。孩兒把他妻子也扮做男人，帶着他兩個，連孩兒共是三人，一起走。既有婦女伏侍又有男僕跟隨，可以放心一直到京了。」參將道：「既然算計得停當，事不宜遲，快打點動身便是。」

俊卿依命，一面去收拾，聽得街上報進士，説魏、杜兩人多中了。俊卿不勝之喜，來對父親説道：「有他兩人在京做主，此去一發不難做事。」就揀定一日，作急起身。在學中動了一個游學呈子，批個文書執照，帶在身邊了。路經省下來，再察聽一察聽上司的聲口消息。

你道聞小姐怎生打扮？

飄飄巾幘，覆着兩鬢青絲；窄窄靴鞋，套着一雙玉笋。上馬衣裁成短後，蠻獅帶妝就偏垂。囊一張玉靶弓，想開時舒臂扭腰多體態；插幾枝雁翎箭，看放處猿啼鵰落逞高強。争羡道能文善武的小郎君，怎知是女扮男妝的喬秀士。

一路來到了成都府中，聞龍先去尋下了一所幽静飯店。聞俊卿後到，歇下了行李，叫聞龍妻子取出帶來的山菜幾件，放在碟内，向店中取了一壺酒，斟着慢吃。

又道是「無巧不成話」，那坐的所在，與隔壁人家窗口相對，只隔得一個小天井。正吃之間，只見那邊窗裏一個女子，掩着半窗，對着聞俊卿不轉眼的看。及至聞俊卿擡起眼來，那邊又閃了進去。遮遮掩掩，只不走開。忽地打個照面，乃是個絶色佳人。聞俊卿想道：「原來世間有這樣標緻的！」看官，你道此時若是個男人，必然動了心，就想妝出些風流家數，兩下做起光景來。怎當得聞俊卿自己也是個女身，那裏放在心上？一面取飯來吃了，且自衙門前幹事去。

到得出去了半日，傍晚轉來，俊卿剛得坐下，隔壁聽見這裏有人聲，那個女子又在窗邊來看了。俊卿私下自笑道：「看我做甚？豈知我與你是一般樣的！」正嗟嘆間，只見門外一個老姥走將進來，手中拿着一個小榼兒。見了俊卿，放下榼子，道了萬福，對俊卿道：「間壁景家小娘子，見舍人獨酌，送兩件果子與舍人當茶。」俊卿開看，乃是南充黄柑、順慶紫梨各十來枚。俊卿道：「小生在此經過的，與娘子非親非戚，如何承此美意？」老姥道：「小娘子説來，此間來萬去千的人，不曾見有似舍人這等豐標的，必定是富貴家的出身。及至問人來，説是參府中小舍人。小娘子説，這俗店無物可口，叫老媳婦送此二物來解渴。」俊卿道：「小娘子何等人家，却居此間壁？」老姥道：「這小娘子是井研景少卿的小姐。只因父母雙亡，他依着外婆家住。他家裏自有萬金家事，只爲尋不出中意的丈夫，所以還未嫁人。外公是此間富員外。這城中極興的客店，多是他家的房子，何止有十來處，進益甚廣。只有這裏幽静些，却同家小每住在間壁。他也不敢主張把外甥許人，恐怕錯（做）了對頭，後來怨悵。常對景小娘子道：『憑你自家看得中意的，實對我説，我就主婚。』這個小娘子也古怪，自來會揀相人物，再不曾説那一個好。方纔見了舍人，便十分稱贊，敢是舍人有些姻緣動了？」俊卿不好答應，微微笑道：「小生那有此福？」老姥道：「好説，好説。老媳婦且去着。」俊卿道：「致意小娘子，多承佳惠，客中無可奉答，但有心感盛情。」老姥去了。

俊卿自想一想，不覺失笑道：「這小娘子看上了我，却不枉費春心！」吟詩一首，聊寄其意。詩云：

却慚未是求凰客，寂莫囊中緑綺琴。
爲念相如渴不禁，交梨邛橘出芳林。

次日早起，老姥又來。手中將着四枚剥净的熟鷄子，做一碗盛着，同了一小壺好茶，送到俊卿面前道：「舍人吃點心。」俊卿道：「多謝媽媽盛情。」老姥道：「這是景小娘子昨夜分付了，老身支持來的。」俊卿道：「又是小娘子美情。小生如何消受？有一詩奉謝，煩媽媽與我帶去。」俊卿就把昨夜之詩，寫在箋紙上，封好了付媽媽。詩中分明是推却之意。

媽媽將去與景小姐看了。景小姐一心喜着俊卿，見他以相如自比，反認做有意于文君，後邊二句，不過謙讓些説話。遂也回他一首，和其末韵。詩云：

宋玉牆東思不禁，願爲比翼止同林。
知音已有新裁句，何用重挑焦尾琴？

吟罷，也寫在烏絲繭紙上，教老姥送將來。

俊卿看罷，笑道：「元來小姐如此高才，難得！難得！」俊卿見他來纏得緊，生一個計較，對老姥道：「多謝小姐美意。小生不是無情，争奈小生已聘有妻室，不敢欺心妄想。上覆小姐，這段姻緣，種在來世罷。」老姥道：「既然舍人已有了親事，老身去回覆了小娘子，省得他牽腸挂肚，空想壞了。」

老姥去得，俊卿自出門去，打點衙門事體，央求寬緩日期。諸色停當，到了天晚，纔回得下處。是夜無詞。

來日天早，這老姥又走將來笑道：「舍人小小年紀，到會掉謊！老婆滾到身邊，推着不要。昨日回了小娘子，小娘子教我問一問兩位管家，多説道舍人並不曾聘娘子過。【眉批】落花有意隨流水。小娘子喜歡不勝，已對員外説過。少刻員外自來奉拜説親，好歹要成事了。」俊卿聽罷，呆了半晌道：「這寃家帳那裏説起？只索收拾行李起來，趁早去了罷。」分付聞龍與店家會了鈔，急待起身。只見店家走進來報道：「主人富員外相拜聞相公。」説罷，一個七十多歲的老人家，笑嘻嘻進來。堂中望見了聞俊卿，先自歡喜，問道：「這位小相公想就是聞舍人了麽？」老姥還在店内，也跟將來説道：「正是這位。」富員外把手一拱道：「請過來相見。」聞俊卿見過了禮，整了客座，坐了。富員外道：「老漢無事不敢冒叩新客。老漢有一外甥，乃是景少卿之女，未曾許着人家。舍甥立願不肯輕配凡流，老漢不敢擅做主張，憑他意中自擇。昨日對老漢説：『有個聞舍人下在本店，豐標不凡，願執箕帚。』所以要老漢自來奉拜，説此親事。老漢今見足下，果然俊雅非常。舍甥也有幾分姿容，況且粗通文墨，實是一對佳耦，足下不可錯過。」聞俊卿道：「不敢欺老丈：小生過蒙令甥謬愛，豈敢自外？一來令甥是公卿閥閲，小生是武弁門風，恐怕攀高不着。二來老父在難中，小生正要入京辨冤。此事既不曾告過，又不好爲此擔閣，所以應承不得。」員外道：「舍人是簪纓世胄，況又是黌宫名士，指日飛騰，豈分甚麽文武門楣？若爲令尊之事，慌速入京，何不把親事議定了？待歸時禀知令尊，方纔完娶。既安了舍甥之心，又不悮了足下之事，有何不可？」

聞俊卿無計推托。心下想道：「他家不曉得我的心中病，如此相逼。却又不好十分過却，打破機關。我想魏撰之有竹箭之緣，不必説了。還有杜子中更加相厚，到不得不閃下了他。一向有個主意，要在骨肉女伴裏邊，别尋一段姻緣，發付他去。【眉批】此轉甚妙，真絶處逢生。而今既有此事，我不若權且應承，定下在這裏。他日作成了杜子中，豈不爲妙？那時曉得我是女身，須怪不得我説謊。萬一杜子中也不成，那時也好開交了，不像而今礙手。」算計已定，就對員外説：「既承老丈與令甥如此高情，小生豈敢不受人提挈？只得留下一件信物在此爲定，待小生京中回來，上門求娶就是了。」【眉批】鬧妝方得實際。説罷，就在身上解下那個羊脂玉鬧妝，雙手遞與員外道：「奉此與令甥表信。」富員外千歡萬喜，接受在手，一同老姥去回覆景小姐道：「一言已定了。」員外就叫店中辦起酒來，與聞舍人餞行。俊卿推却不得，吃得盡歡而罷。相别了，起身上路。少不得風飧水宿，夜住曉行。

不一日，到了京城。叫聞龍先去打聽魏、杜兩家新進士的下處，問着了杜子中一家。元來那魏撰之已在部給假回去了。杜子中見説聞俊卿來到，不勝之喜，忙差長班來接到下處。兩人相見，寒温已畢，俊卿道：「小弟專爲老父之事，前日别時，承兄每分付入京圖便，切切在心。後聞兩兄高發，爲此不辭跋涉，特來相托。不想魏撰之已歸。今幸吾兄尚在京師，小弟不致失望了。」杜子中道：「仁兄先將老伯被誣事專款，做一個揭帖逐一辨明，刊刻起來，在朝門外逢人就送。等公論明白了，然後小弟央個相好的同年在兵部的，條陳別事，帶上一段，就好到本籍去生發出脱了。」俊卿道：「老父有個本稿，可以上得否？」子中道：「而今重文輕武。老伯是按院題的，若武職官出名自辨，他們不容起來，反致激怒，弄壞了事。不如小弟方纔説的爲妙。仁兄不要輕率。」俊卿道：「感謝指教。小弟是書生之見，還求仁兄做主行事。」【眉批】書生不止，只怕是女流之見。子中道：「異姓兄弟，原是自家身上的事，何勞叮嚀？」俊卿道：「撰之爲何回去了？」子中道：「撰之原與小弟同寓了多時，他説有件心事，要歸來與仁兄商量。問其何事，又不肯説。小弟説仁兄見吾二人中了，未必不進京來。他説這是不可期的，況且事體要來家裏做的，必要先去。【眉批】正不知事體不必家裏做也。所以告假去了。正不知仁兄却又到此，可不兩相左了？敢問仁兄：他果然要商量何等事？」俊卿明知是爲婚姻之事，却只做不知，推説道：「連小弟也不曉得他爲甚麽，想來無非爲家裏的事。」子中道：「小弟也想他没甚麽，爲何恁地等不得？」

兩個説了一回，子中分付治酒接風。就叫聞家家人安頓好了行李，不必另尋寓所，只在此間同寓。蓋是子中先前與魏家同寓，今魏家去了，房舍儘有，可以下得聞家主僕三人。子中又分付打掃聞舍人的卧房，就移出自己的榻來，相對鋪着，説晚間可以聯床清話。俊卿看見，心裏有些突兀起來。想道：「平日與他們同學，不過是日間相與，會文會酒，並不看見我的卧起，所以不得看破。而今弄在一間房内了，須閃避不得，露出馬脚來怎麽處？却又没個説話可以推掉得兩處宿。只是自己放着精細，遮掩過去便了。」

雖是如此説，却是天下的事是真難假，是假難真。亦且終日相處，這些細微舉動，水火不便的所在，那裏妝飾得許多來？聞俊卿日間，雖是長安街上去送揭帖，做着男人的勾當；晚間宿歇之處，有好些破綻現出在杜子中的眼裏了。杜子中是聰明的人，有甚省不得的事？曉得有些咤異，越加留心閒覷，越看越是了。

這日，俊卿出去忘鎖了拜匣，子中偷揭開來一看，多是些文翰柬帖。內有一幅草稿，寫着道：

成都綿竹縣信女聞氏，焚香拜告關真君神前：願保父聞確寃情早白，自身安穩還鄉，竹箭之期，鬧妝之約，各得如意。謹疏。

子中見了，拍手道：「眼見得公案在此了！我枉爲男子，被他瞞過了許多時。今不怕他飛上天去。只是後邊兩句，解他不出，莫不許過了人家？怎麽處？」心裏狂蕩不禁。

忽見俊卿回來，子中接在房裏坐了。看着俊卿，只是笑。俊卿疑怪，將自己身子上下前後看了又看，問道：「小弟今日有何舉動差錯了？」【眉批】絶好光景。仁兄見哂之甚。」子中道：「笑你瞞得我好。」俊卿道：「小弟到此來做的事，不曾瞞仁兄一些。」子中道：「瞞得多哩，俊卿自想麽！」俊卿道：「委實没有。」子中道：「俊卿記得當初同齋時言語麽？原説弟若爲女，必當嫁兄；兄若爲女，必當娶兄。可惜弟不能爲女，誰知兄果然是女，却瞞了小弟。不然，娶兄多時了。怎麽還説不瞞？」俊卿見説着心中病，臉上通紅起來，道：「誰是這般説？」子中袖中摸出這紙疏頭來，道：「這須是俊卿的親筆？」俊卿一時低頭無語。

子中就挨過來坐在一處了。笑道：「一向只恨兩雄不能相配，今却遂了人願也。」俊卿站了起來道：「行踪爲兄識破，抵賴不得了。只有一件：一向承兄過愛，慕兄之心，非不有之，争奈有件緣事，已屬了撰之，不能再以身事兄，望兄見諒。」子中愕然道：「小弟與撰之同爲俊卿窗友，論起相與意氣，還覺小弟勝他一分。俊卿何得厚于撰之，薄于小弟？況且撰之又不在此間，現鐘不打，反去鍊銅，這是何説？」俊卿道：「仁兄有所不知，仁兄可看疏上竹箭之期的説話麽？」子中道：「正是不解。」俊卿道：「小弟因爲與兩兄同學，心中願卜所從。那日向天暗禱：『箭到處先拾得者，即爲夫婦。』後來這箭却在撰之處。小弟詭説是家姐所射，撰之遂一心想慕，把一個玉鬧妝爲定。此時小弟雖不明言，心已許下了。此天意有屬，非小弟有厚薄也。」子中大笑道：「若如此説，俊卿宜爲我有無疑了。」俊卿道：「怎麽説？」子中道：「前日齋中之箭，原是小弟拾得。看見幹上有兩行細字，以爲奇異。正在念誦，撰之聽得，走出來，在小弟手裏接去看。此時偶然家中接小弟，就把竹箭掉在撰之處，不曾取得。何曾是撰之拾取的？若論俊卿所卜天意，一發正是小弟應占了。撰之他日可問，須混賴不得。」俊卿道：「既是曾見箭上字來，可記得否？」子中道：「雖然看時節倉卒無心，也還記是『矢不虚發，發必應弦』八個字。【眉批】即非拾箭，此時豈能不相偶乎？小弟須是造不出。」

俊卿見説得是真，心裏已自軟了。説道：「果是如此，乃天意了。只是枉了魏撰之，望空想了許多時，而今又趕將回去，日後知道，甚麽意思？」子中道：「這個説不得。從來説：『先下手爲强。』況且元該是我的。」就擁了俊卿求歡道：「相好弟兄，而今得同衾枕，天上人間，無此樂矣。」俊卿推拒不得，只得含羞走入幃帳之内，一任子中所爲。有一首《山坡羊》單道其事：

這小秀才有些兒怪樣，走到羅帷，忽現了本相。本是個黌宫裏折桂的郎君，改换了章臺内司花的主將。金蘭契，只覺得肉味馨香；筆硯交，果然是有筆如鎗。皺眉頭，忍着疼，受的是良朋針砭；趔胸懷，揉着竅，顯出那知心酣暢。用一番切切偲偲，來也，哎呀，分明是遠方來，樂意洋洋。思量，一羅一羅，是聯句的篇章；慌忙，爲雲爲雨，還錯認了龍陽。

事畢，聞小姐整容而起。嘆道：「妾一生之事，付之郎君，妾願遂矣。只是哄了魏撰之，如何回他？」忽然轉了一想，將手床上一拍道：「有處法了。」【眉批】不得不驚。此處用不得兩全之術。杜子中倒吃了一驚道：「這事有甚處法？」小姐道：「好教郎君得知：妾身前日行至成都，在店内安歇。主人有個甥女，窺見了妾身，對他外公説了，逼要相許。是妾身想個計較，將信物權定，推道歸時完娶。當時妾身意思，道魏撰之有了竹箭之約，恐怕冷澹了郎君。又見那個女子才貌雙全，可爲君配，故此留下這頭姻緣。今妾既歸君，他日回去，魏撰之問起所許之言，就把這家的説合與他成了，豈不爲妙？況且當時只説是姊姊，他心裏並不曾曉得是妾身自己，也不是哄他了。」子中道：「這個最妙！足見小姐爲朋友的美情。有了這個出場，就與小姐配合，與撰之也無嫌了。誰曉得途中有又這件奇事！還有一件要問：途中認不出是女容，不必説了。但小姐雖然男扮，同兩個男僕行走，好些不便。」小姐笑道：「誰説同來的多是男人？他兩個元是一對夫婦。一男一女，打扮做一樣的。所以途中好伏侍走動，不必避嫌也。」子中也笑道：「有其主必有其僕。有才思的人，做來多是奇怪的事。」小姐就把景家女子所和之詩拿出來與子中看。子中道：「世間也還有這般的女子！魏撰之得此，也好意足了。」

小姐再與子中商量着父親之事。子中道：「而今説是我丈人，一發好措詞出力。我吏部有個相知，先央他把做對頭的兵道調了地方，就好營爲了。」小姐道：「這個最是要着，郎君在心則個。」子中果然去央求吏部。數日之間，推陞本上，已把兵道改陞了廣西地方。子中來回覆小姐道：「對頭改去，我今作速討個差，與你回去，救取岳丈了事。此間辨白已透，撫按輕擬上來，無不停當了。」小姐愈加感激，轉增恩愛。

子中討下差來，解餉到山東地方，就便回籍。小姐仍舊扮做男人，一同聞龍夫妻，擎弓帶箭，照前妝束。騎了馬，傍着子中的官轎。家人原以舍人相呼。行了幾日，將過鄭州。曠野之中，一枝響箭擦着官轎射來。小姐曉得有歹人來了，分付轎上：「你們只管前走，我在此對付他。」真是「忙家不會，會家不忙。」扯出囊弓，扣上弦，搭上箭。只見百步之外，一騎馬飛也似的跑來。小姐掣開弓，喝聲道：「着！」**【眉批】**此技又勝同窗者一籌。那邊人不防備的，早中了一箭，倒撞下馬，在地下掙扎。小姐疾鞭着坐馬，趕上前轎，高聲道：「賊人已了當了，放心前去。」一路的人，多贊稱小舍人好箭，個個忌憚。子中轎裏得意，自不必説。

自此完了公事，平平穩穩，到了家中。父親聞參將，已因兵道陞去，保候在外了。小姐進見，備説了京中事體，及杜子中營爲調去了兵道之事。參將感激不勝，説道：「如此大恩，何以爲報？」小姐又把被他識破，已將身子嫁他，共他同歸的事也説了。參將也自喜歡道：「這也是郎才女貌，配得不枉了。你快改了妝，趁他今日榮歸吉日，我送你過門去罷。」小姐道：「妝還不好改得，且等會過了魏撰之着。」參將道：「正要對你説：魏撰之自京中回來，不知爲何，只管叫人來打聽，説我有個女兒，他要求聘。我只説他曉得些風聲，是來説你了，及至問時，又説是同窗舍人許他的，仍不知你的事。我不好回得，只是含糊説等你回家。你而今要會他怎的？」小姐道：「其中有許多委曲，一時説不及，父親日後自明。」

正説話間，魏撰之來相拜。元來魏撰之正爲前日婚姻事，在心中放不下，故此就回。不想問着聞舍人，又已往京。叫人探聽舍人有個姐姐的説話，一發言三語四，不得明白。有的説：「參將只有兩個舍人，一大一小，並無女兒。」又有的説參將有個女兒，就是那個舍人。弄得魏撰之滿肚疑心，胡猜亂想。見説聞舍人回來了，所以亟亟來拜，要問明白。聞小姐照舊時家數，接了進來。寒温已畢，撰之急問道：「仁兄，令姊之説如何？」小弟特爲此趕回來的。」小姐説：「包管兄有一位好夫人便了。」撰之道：「小弟叫人宅上打聽，其言不一，何也？」小姐道：「兄不必疑。玉鬧妝已在一個人處，待小弟再略調停，準備迎娶便了。」撰之道：「依兄這等説，不像是令姐了？」小姐道：「杜子中盡知端的，兄去問他就明白。」撰之道：「兄何不就明説了？又要小弟去問？」小姐道：「中多委曲，小弟不好説得，非子中不能詳言。」説得魏撰之愈加疑心。

他正要去拜杜子中，就急忙起身，來到杜子中家裏。不及説別樣説話，忙問聞俊卿所言之事。杜子中把京中同寓，識破了他是女身，已成夫婦的始末根由，説了一遍。魏撰之驚得木呆道：「前日也有人如此説，我却不信，誰曉得聞俊卿果是女身！這分明是我的姻緣，平白錯過了。」子中道：「怎見得是兄的？」撰之述當初拾箭時節就把玉鬧妝爲定的説話。子中道：「箭本小弟所拾，原係他向天暗卜的。只是小弟當時不知其故，不曾與兄取得此箭在手，今仍歸小弟，原是天意。兄前日只認是他令姐，原未嘗屬意他自身，這個不必追悔。

兄只管鬧妝之約不脱空罷了。」撰之道：「符已去矣，怎麽還説不脱空？難道當真還有個令姐？」子中又把聞小姐途中所遇景家之事，説了一遍，道：「其女才貌非常。那日一時難推，就把兄的鬧妝權定在彼。而今想起來，這就有個定數在裏邊了。豈不是兄的姻緣麽？」撰之道：「怪不得聞俊卿道自己不好説，元來有許多委曲！只是一件：雖是聞俊卿已定下在彼，他家又不曾曉得明白，小弟難以自媒，何由得成？」子中道：「小弟與聞氏雖已成夫婦，還未曾見過岳翁。打點就是今日迎娶。少不得還借重一個媒妁，而今就煩兄與小弟做一做。小弟成禮之後，代相恭敬，也只在小弟身上撮合就是了。」撰之大笑道：「當得，當得！只可笑小弟一向在睡夢中，又被兄占了頭籌。而今不使小弟脱空，也還算是好了。既是這等，小弟先到聞宅去道意，兄可隨後就來。」

魏撰之討大衣服來換了，竟擡到聞家。此時聞小姐已改了女妝，不出來了。聞參將自己出來接着。魏撰之述了杜子中之言，聞參將道：「小女嬌癡慕學，得承高賢不棄。今幸結此良緣，蒹葭倚玉，惶恐惶恐。」聞參將已見女兒説過，是件整備。門上報説：「杜爺來迎親了。」鼓樂喧天，杜子中穿了大紅衣服，擡將進門。真是少年郎君，人人稱羨。走到堂中，站了位次，拜見了聞參將。請出小姐來，又一同行禮。謝了魏撰之，啟轎而行。迎至家裏，拜告天地，見了祠堂。杜子中與聞小姐正是新親舊朋友，喜喜歡歡，一樁事完了。

只有魏撰之有些眼熱，心裏道：「一樣的同窗朋友，偏是他兩個成雙。【眉批】不得不眼熱。平時杜子中分外相愛，常恨不將男作女，好做夫妻，誰知今日竟遂其志！也是一段奇話。只所許我的事，未知果是如何。」次日，就到子中家裏賀喜，隨問其事。子中道：「昨晚弟婦就和小弟計較，不知新婦幾時開言的？今日專爲此要同到成都去。弟婦誓欲以此報兄，全其口信，必得佳音方回來。」撰之道：「多感，多感。一樣的同窗，也該記念着我的冷静。但未知其人果是如何？」子中走進去，取出景小姐前日和韵之詩，與撰之看了。撰之道：「果得此女，小弟便可以不妒兄矣。」子中道：「弟婦贊之不容口，大略不負所舉。」撰之道：「這件事做成，真愈出愈奇了。小弟在家顒望。」俱大笑而別。

杜子中把這些説話，與聞小姐説了。聞小姐道：「他盼望久了的，也怪他不得。只索作急成都去，周全了這事。」小姐仍舊帶了聞龍夫妻跟隨，同杜子中到成都來。認着前日飯店，歇在裏頭了。【眉批】新進士可以止兒啼。

杜子中叫聞龍拿了帖，徑去拜富員外。員外見説是新進士來拜，不知是甚麽緣故，吃了一驚。慌忙迎接進去，坐下了，道：「不知爲何大人貴足賜踹賤地？」子中道：「學生在此經過，聞知有位景小姐，是老丈令甥，才貌出衆。有一敝友，也叨過甲第了，欲求爲夫人，故此特來奉訪。」員外道：「老漢是有個甥女，他自要擇配，前日看上了一個進京去的聞舍人，已納下聘物。大人見教遲了。」子中道：「那聞舍人也是敝友，學生已知他另有所就，不來娶令甥了。所以敢來作伐。」員外道：「聞舍人也是讀書君子，既已留下信物，兩心相許，怎悮得人家兒女？舍甥女也畢竟要等他的回信。」子中將出前日景小姐的詩箋來，道：「老丈試看此紙，不是令甥寫與聞舍人的麽？因爲聞舍人無意來娶了，故把與學生做執照，來爲敝友求令甥。即此是聞舍人的回信了。」

員外接過來看，認得是甥女之筆，沉吟道：「前日聞舍人也曾説道聘過了。不信其言，逼他應承的。元來當真有這話。老漢且與甥女商量一商量，來回覆大人。」員外別了，進去了一會，出來道：「適間甥女見説，甚是不快。他也説得是：就是聞舍人負了心，是必等他，親身見一面，還了他玉鬧妝，以爲訣別，方可別議姻親。」【眉批】説話未嘗不是，然畢竟是愛根未斷耳。子中笑道：「不敢欺老丈説，那玉鬧妝也即是敝友魏撰之的聘物，非是聞舍人的。聞舍人因爲自己已有姻親，不好回得，乃爲敝友轉定下了。是當日埋伏機關，非今日無因至前也。」員外道：「大人雖如此説，甥女豈肯心伏？必得聞舍人自來説明，方好處分。」子中道：「聞舍人不能復來，有拙荆在此，可以進去一會令甥，等他與令甥説這些備細，令甥必當見信。」員外道：「有尊夫人在此，正好與舍甥面會一會。有言可以盡吐，省得傳消遞息。最妙，最妙。」就叫前日老姥來接取杜夫人。

老姥一見聞小姐，舉止形容，有些面善，只是改妝過了，一時想不出。一路相着，只管遲疑。接到間壁，裏邊景小姐出來相接，各叫了萬福。聞小姐對景小姐笑道：「認得聞舍人否？」景小姐見模樣厮像，還只道或是舍人的姊妹，答道：「夫人與聞舍人何親？」聞小姐道：「小姐恁等識人，難道這樣眼鈍？前日到此，過蒙見愛的舍人，即妾身是也。」景小姐吃了一驚，仔細一認，果然一毫不差。連老姥也在旁拍手道：「是呀！是呀！我方纔道面龐熟得緊，那知就是前日的舍人？」景小姐道：「請問夫人，前日爲何這般打扮？」聞小姐道：「老父有難，進京辨寃，故喬妝作男，以便行路。所以前日過蒙見愛，再三不肯應承者，正爲此也。後來見難推却，又不敢實説真情，所以代友人納了聘，以待後來説明。今納聘之人，已登黄甲，年紀也與小姐相當。故此，愚夫婦特來奉求，與小姐了此一段姻親，報答前日厚情耳。」

景小姐見説，半晌做聲不得。老姥在旁道：「多謝夫人美意。只是那位老爺姓甚名誰？【眉批】原該疑心。夫人如何也叫他是友人？」聞小姐道：「幼年時節，曾共學堂，後來同在庠中。與我家相公三人，年貌多相似，是異姓骨肉。知他未有親事，所以前日就有心替他結下了。這人姓魏，好一表人物，就是我相公同年。也不辱没了小姐，小姐一去也就做夫人了。」要緊的。

景小姐聽了這一篇説話，曉得是少年進士，有甚麼不喜歡？叫老姥陪住了聞小姐，背地去把這些説話，備細告訴員外。員外見説是許個進士，豈有不攛掇之理？【眉批】進士之妙如此。真個是一讓一個肯，回覆了聞小姐，轉説與杜子中。一言已定，富員外設起酒來謝媒。外邊款待杜子中，内裏景小姐作主，款待杜夫人。兩個小姐説得甚是投機，盡歡而散。

約定了回來，先教魏撰之納幣。揀個吉日，迎娶回家。花燭之夕，見了模樣，如獲天人。因説起聞小姐鬧妝納聘之事，撰之道：「那聘物元是我的。」景小姐問：「如何却在他手裏？」魏撰之又把先時竹箭題字，杜子中拾得，掉在他手裏，認做另有個姐姐，故把玉鬧妝爲聘的根由，説了一遍。一齊笑道：「彼此夙緣，顛顛倒倒，皆非偶然也。」

明日，魏撰之取出竹箭來與景小姐看。小姐道：「如今只該還他了。」似有醋意。撰之就提筆寫一柬與子中夫妻道：

既歸玉環，返卿竹箭。兩段姻緣，各從其便。一笑，一笑。

寫罷，將竹箭封了，一同送去。杜子中收了與聞小姐拆開來看，方見八字之下，又有「蜚娥記」三字。問道：「『蜚娥』怎麽解？」聞小姐道：「此妾閨中之名也。」子中道：「魏撰之錯認了令姊，就是此二字了。若小生當時曾見此二字，這箭如何肯便與他？」聞小姐道：「他若没有這箭起這些因頭，那裏又絆得景家這頭親事來？」兩人又笑了一回。也題了一柬戲他道：

環爲舊物，箭亦歸宗。兩俱錯認，各不落空。一笑，一笑。

從此兩家往來，如同親兄弟姊妹一般。兩個甲科，合力與聞參將辨白前事，世間情面那裏有不讓縉紳的？逐件贜罪，得以開釋，只處得他革任回衛。聞參將也不以爲意了。後邊魏、杜兩人，俱爲顯官。聞、景二小姐，各生子女，又結了婚姻，世交不絶。

這是蜀多才女，有如此奇奇怪怪的妙話。卓文君成都當壚，黄崇嘏相府掌記，又平平了。詩曰：

世上誇稱女丈夫，不聞巾幗竟爲儒。
朝廷若也開科取，未必無人待賈沽。

甄監生浪吞秘藥

春花餌誤濺
風情

卷之十八

甄監生浪吞秘藥　春花婢誤洩風情

詩云：

自古成仙必有緣，仙緣不到總徒然。
世間多少癡心者，日對丹爐取藥煎。

話説昔日有一個老翁，極好奉道。見有方外人經過，必厚加禮待，不敢怠慢。一日，有個雙髽髻的道人，特來訪他。身上甚是藍褸不像，却神色豐滿和暢。老翁疑是異人，迎在家中，好生管待。那道人飲酒食肉，且是好量。老翁只是支持與他，並無厭倦。道人來去了幾番，老翁相待到底是一樣的。道人一日對老翁道：「貧道叨擾吾丈久矣，多蒙老丈再無棄嫌。貧道也要老丈到我山居中，尋幾味野蔬，少少酧答厚意一番。未知可否？」老翁道：「一向不曾問得仙莊在何處，有多少遠近？老漢可去得否？」道人道：「敝居只在山深處，原無多遠。若隨着貧道走去，頃刻就到。」【眉批】語有深意。老翁道：「這等，必定要奉拜則個。」

當下，道人在前，老翁在後，走離了鄉村鬧市去處，一步步走到荒田野徑中，轉入山路裏來。境界清幽，林木茂盛。迤逦過了幾個山嶺，山凹之中露出幾間茅舍來。道人用手指道：「此間已是山居了。」不數步，走到面前。道人開了門，拉了老翁一同進去。老翁看那裏面光景時：

雖無華屋朱門氣，却有琪花瑤草香。

道人請老翁在中間堂屋裏坐下。道人自走進裏面去了一回，走出來道：「小蔬已具。老丈且消停坐一會，等貧道去請幾個道伴，相陪閒話則個。」老翁喜的是道友，一發歡喜道：「師父自尊便，老漢自當坐等。」道人一徑望外去了。

老翁呆呆坐着，等候多時，不見道人回來。老翁有些不耐煩起來，前後走看。此時肚裏也有些餓了，想尋些甚麽東西吃吃。料道厨房中必有，打從傍門走到厨房中來。誰想厨房中鍋竈俱無，止有些挪瓢棘匕之類。又有兩個陶器的水缸，用笠篷蓋着。老翁走去揭開一個來看，吃了一驚，原來是一盆清水，内浸着一隻雪白小狗子，毛多撏乾净了的。老翁心裏道：「怪道他酒肉不戒，還吃狗肉哩！」再揭開這一缸來看，這一驚更不小。水裏浸着一個小小孩童，手足多完全的，只是没氣。老翁心裏纔疑道：「此道人未必是好人了。吃酒吃肉，又在此荒山居住，没個人影的所在，却家裏放下這兩件東西。狗也罷了，如何又有此死孩子？莫非是放火殺人之輩？我一向錯與他相處了。今日在此也多兇少吉。」【眉批】着眼。欲待走了去，又不認得來時的路，只得且耐着。

正疑惑間，道人同了一夥道者走來，多是些龐眉皓髮之輩，共有三四個。進草堂中，與老翁相見，叙禮坐定。老翁心裏懷着鬼胎，看他們怎麽樣。只見道人道：「好教列位得知：此間是貧道的主人，一向承其厚款，無以爲答。今日恰恰尋得野蔬二味在此，特請列位過來，陪着同享，聊表寸心。」道人説罷，走進裏面，將兩個瓦盆，盛出兩件東西來，擺在桌上。就每人面前放一雙棘匕，向老翁道：「勿嫌村鄙，略嘗些少則個。」

老翁看着桌上擺的二物，就是水缸内浸的那一隻小狗、一個小孩子。衆道流掀髯拍掌道：「老兄何處得此二奇物？」盡打點動手。先向老翁推遜，老翁慌了道：「老漢自小不曾破犬肉之戒，何況人肉！今已暮年，怎敢吃此？」道人道：「此皆素物，但吃不妨。」老翁道：「就是餓死也不敢吃。」衆道流多道：「果然立意不吃，也不好相強。」拱一拱道：「恕無禮了。」四五人攢做一堆，將兩件物事吃個罄盡。盆中濺着幾點殘汁，也把來餂乾净了。老翁呆着臉，不敢開言，只是默看。

道人道：「老丈既不吃此，枉了下顧這一番，乏物相款。肚裏飢了怎好？」又在裏面取出些白糕來，遞與老翁道：「此是家製的糕，儘可充飢，請吃一塊。」老翁看見是糕，肚裏本等又是餓了，只得取來吞嚼，略覺有些澀味。正是餓得荒時，也管不得好歹了。纔吃下去，便覺精神陡搜起來。想道：「長安雖好，不是久戀之家。趁肚裏不餓了，走回去罷。」來與道人作別。道人也不再留，但説道：「可惜了此會。有慢老丈，反覺不安。貧道原自送老丈回去。」與衆道流同出了門。衆道流叫聲：「多謝！」各自散去。

道人送老翁到了相近鬧熱之處，曉得老翁已認得路，不別而去。老翁獨自走了家來，心裏只疑心這一干人，多不是善男子，好相識，眼見得吃狗肉、吃人肉慣的，是一夥方外採割生靈，做歹事的強盜，也不見得。過了兩日，那個雙髽髻的道人又到老翁家來，對老翁拱手道：「前日有慢老丈。」老翁道：「見了異樣食品，至今心裏害怕。」道人笑道：「此乃老丈之無緣也。貧道歷劫脩來，得遇此二物，不敢私享。念老丈相待厚意，特欲邀至山中，同衆道侣食了此味，大家得以長生不老。豈知老丈仙緣尚薄，不得一嘗。」老翁道：「此一小犬、小兒，豈是仙味？」道人道：「此是萬年靈藥，其形相似，非血肉之物也。如小犬者，乃萬年枸杞之根，食之可活千歲；如小兒者，乃萬年人參成形，食之可活萬歲。皆不宜犯煙火，只可生吃。若不然，吾輩皆是人類，豈能如虎狼吃那生犬、生人，又毫無骸骨吐棄乎？」老翁纔想着前日吃的光景，果然是大家生啖，不見骨頭吐出來，方信其言是真。懊悔道：「老漢前日直如此懵懂！師父何不明言？」道人道：「此乃生成的緣分。没有此緣，豈可洩漏天機？今事已過了，方可説破。」老翁搥胸跌足道：「眼面前錯過了仙緣，悔之何及！師父而今還有時，再把一個來老漢吃吃。」道人笑道：「此等靈根，尋常豈能再遇？老丈前日雖不曾嘗得二味，也曾吃過千年茯苓。自此也可一生無疫，壽過百歲了。」老翁道：「甚麽茯苓？」道人道：「即前日所食白糕便是。老丈的緣分只得如此，非貧道不欲相度也。」道人説罷而去，已後再不來了。自此，老翁整整直活到一百餘歲，無疾而終。

可見神仙自有緣分。仙藥就在面前，又有人有心指引的，只爲無緣，兀自不得到口。却有一等癡心的人，聽了方士之言，指望煉那長生不死之藥。死砒死汞，弄那金石之毒到了肚裏，一發不可復救。古人有言：「服藥求神仙，多爲藥所誤。」自晉人作興那五石散、寒食散之後，不知多少聰明的人被此壞了性命。臣子也罷，連皇帝裏邊藥發不救的也有好幾個。這迷而不悟，却是爲何？只因製造之藥，其方未嘗不是仙家的遺傳。却是神仙製煉此藥，須用身心寧静，一毫嗜慾俱無，所以服了此藥，身中水火自能勻煉，故能骨力堅強，長生不死。【眉批】只此是丹頭。今世製藥之人，先是一種貪財好色之念，横于胸中，正要借此藥力，掙得壽命，可以恣其所爲，意思先錯了。【眉批】透極世人之弊。又把那耗精勞形的軀殻，要降伏他金石熬煉之藥，怎當得起？所以十個九個敗了。朱文公有《感遇》詩云：

飄摇學仙侶，遺世在雲山。
盗啟元命秘，竊當生死關。
金鼎蟠龍虎，三年養神丹。
刀圭一入口，白日生羽翰。
我欲往從之，脱屣諒非難。
但恐逆天理，偷生詎能安？」【眉批】果能偷得生來，不必如此講道學。

看了文公此詩，也道仙藥是有的，只是就做得來，也犯造化所忌，所以不願學他。豈知這些不明道理之人，只要蠻做蠻吃，豈有天上如此没清頭，把神仙與你這夥人做了去？落得活活弄殺了。而今說一個人，信着方上人，好那丹方鼎器，弄掉了自己性命，又幾乎連累出幾條人命來。

欲作神仙，先去嗜欲。
愚者貪淫，惟日不足。
借力藥餌，取歡枕褥。
一朝藥敗，金石皆毒。
詩言鼎器，鼎覆其餗。

話說國朝山東曹州，有一個甄廷詔，乃是國子監監生。家業富厚，有一妻二妾。生來有一件僻性，篤好神仙黄白之術。何謂黄白之術？方上丹客，哄人煉丹，說養成黄芽，再生白雪，用藥點化爲丹，便鉛汞之類皆變黄金白銀。故此煉丹的叫做黄白之術。有的只貪圖銀子，指望丹成；有的說丹藥服了，就可成仙度世，又想長生起來。【眉批】其說未有不相兼者。有的又說内丹成，外丹亦成。却用女子爲鼎器，與他交合，採陰補陽，捉坎填離，煉成嬰兒姹女，以爲内丹。名爲採戰功夫，乃黄帝、容成公、彭祖御女之術。又可取樂，又可長生。其中有本事不濟，等不得女人精至，先自戰敗了的，只得借助藥力，自然堅强耐久。有許多話頭做作，哄動這些血氣未定的少年，其實有枝有葉，有滋有味。那甄監生心裏也要煉銀子，也要做神仙，也要女色取樂，無所不好，但是方士所言之事，無所不依。【眉批】願力大矣。世間豈有如許便宜事？被這些人弄了幾番諠頭，提了幾番罐子，只是不知懊悔，死心塌地在裏頭。把一個好好的家事，弄得七零八落，田產多賣盡，用度漸漸不足了。同鄉有個舉人朱大經，苦口勸諫了幾遭，只是不悟。乃作一首口號嘲他道：

曹州有個甄廷詔，養着一夥真强盜。
養砂乾汞立投詞，採陰補陽去禱告。
一股青煙不見踪，十頃好地隨人要。
家間妻子低頭惱，街上親朋拍手笑。

又做一首歌，警戒他道：

聞君多智兮，何邪正之混施？【眉批】歌不見佳，如何能動人？聞君好道兮，何妻子之嗟咨？

予知君不孝兮，棄祖業而無遺；又知君不壽兮，耗元氣而難醫。

甄監生得知了，心裏惱怒，發個冷笑道：「朱舉人肉眼凡夫，那裏曉得就裏？說我棄了祖業，這是他只據目前，怪不得他說，也罷；怎反道我不壽？看你們倒做了仙人不成？」恰像與那個鬬氣一般的，又把一所房子賣掉了。賣得一二百兩銀子，就一氣討了四個丫頭，要把來採取做鼎器。內中一個喚名春花，獨生得標緻出衆，甄監生最是喜歡，自不必說。

一日，請得一個方士來，没有名姓，道號玄玄子。與甄監生講着內外丹事，甚是精妙。甄監生說得投機，留在家裏多日，把向來弄過舊方請教他。玄玄子道：「方也不甚差。藥材不全，所以不成。若要成事，還要養煉藥材。這藥材須到道口集上去買。」甄監生道：「藥材明日我與師父親自買去，買了來從容養煉。至于內外事口訣，先要求教。」

玄玄子先把外丹養砂乾汞許多話頭傳了，再說到內丹採戰，抽添轉换，升提呼吸，要緊關頭。甄監生聽得津津有味，道：「學生于此事究心已久，行之頗得其法。只是到得没後一着，不能忍耐。有時提得氣上，忍得牢了，却又興趣已過，便自軟痿，不能抽送。以此不能如意。」玄玄子道：「此事最難。在此地位，須是形交而神不交，方能守得牢固。然功夫未熟，一個主意要神不交，纔付之無心，便自軟痿。所以初下手人，必須借力于藥。【眉批】便是旁門外道。有不倒之藥，然後可以行久御之術；有久御之功，然後可以收陰精之助。到得後來，收得精多，自然剛柔如意，不必用藥了。若不先資藥力，竟自講究其法，便有些説時容易做時難，弄得不尷尬，落得損了元神。」甄監生道：「藥不過是春方，有害身子。」玄玄子道：「春方乃小家之術，豈是仙家所宜用？小可有煉成秘藥，服之久久，便可骨節堅強，長生度世。若試用鼎器，陽道壯偉堅熱，可以膠結不解，自能紳縮，女精立至。即夜度十女，金槍不倒。此乃至寶之丹，萬金良藥也。」甄監生道：「這個就要相求了。」

玄玄子便去葫蘆内傾出十多丸來，遞與甄監生道：「此藥每服一丸，然未可輕用。還有解藥。那解藥合成，尚少一味，須在明日一同這些藥料買去。」

甄監生收受了丸藥，又要玄玄子參酌内丹口訣異同之處。玄玄子道：「此須晚間卧榻之上，纔指點得穴道明白，傳受得做法手勢親切。」【眉批】再得一女子，當面教道爲妙。甄監生道：「總是明日要起早，到道口集上去買藥，今夜學生就同在書房中一處宿了，講究便是。」當下分付家人：「早起做飯，天未明就要起身。倘或睡着了，飯熟時來叫一聲。」家人領命已訖。是夜遂與玄玄子同宿書房，講論房事，傳授口訣。約莫一更多天，然後睡了。

第二日天未明，家人們起來做飯停當，來叫家主起身。連呼數聲，不聽得甄監生答應，却驚醒了玄玄子。玄玄子摸摸床子，不見主人家，回説道：「昨夜一同睡的。我睡着了，不知何往，今不在床上了。」家人們道：「那有此話？」推進門去，把火一照，只見床上裏邊玄玄子睡着，外邊脱下裏衣一件，却不見家主。盡道：「想是原到裏面睡去了。」走到裏頭敲門問時，説道：「昨晚不曾進來。」合家驚起，尋到書房外邊一個小室之内，只見甄監生直挺挺眠于地上。看看口鼻時，已是没氣的了。大家慌張起來，道：「這死得希奇！」

其子甄希賢聽得，慌忙走來，仔細看時，口邊有血流出。希賢道：「此是中毒而死。必是方士之故。」希賢平日見父親所爲，心中不伏氣，怪的是方士。【眉批】元不差，只是李代桃僵耳。不匡父親這樣死得不明，不恨方士恨誰？領了家人，一頭哭，一頭走，趕進書房中，揪着玄玄子，不管三七二十一，拳頭脚尖齊上，先是一頓肥打。玄玄子不知一些頭腦，打得口裏亂叫：「老爺，相公，親爹爹，且饒狗命，有話再説。」甄希賢道：「快還我父親的性命來。」玄玄子慌了道：「老相公怎的了？」家人走上來，一個巴掌，打得廳聲響，道：「怎的了？怎的了？你難道不知道的？假撇清麼！」一把抓來，將一條鐵鏈，鎖住在甄監生屍首邊了，一邊收拾後事。

待天色大明了，寫了一狀，送這玄玄子到縣間來。知縣當堂問其實情。甄希賢道：「此人哄小人父親煉丹，晚間同宿，就把毒藥藥死了父親，口中現有血流。是謀財害命的。」玄玄子訴道：「晚間同宿是真。只是小的睡着了，不知幾時走了起去，以後又不知怎麼樣死了，其實一些也不知情。」知縣道：「胡説！既是同宿，豈有不知情的？况且你每這些游方光棍，有甚麼事做不出來？」玄玄子道：「小人見這個監生好道，打點哄他些東西，情是有的。至于死事，其實不知。」知縣冷笑道：「你難道肯自家説是怎麼樣死的不成？自然是賴的。」叫左右：「將夾強盜的頭號夾棍，把這光棍夾將起來！」可憐那玄玄子：

管什麼玄之又玄，只看你熬得不得。吆呵力重，這算做洗髓伐毛；叫喊聲高，用不着存神閉氣。口中白雪流將盡，穀道黄芽挣出來。

當日把玄玄子夾得一佛出世，二佛生天，又打勾一二百榔頭。【眉批】雖非其罪，然方士花報，固宜有此。玄玄子雖然是江湖上油嘴棍徒，却是慣哄人家好酒好飯吃了，叫「先生」、叫「師父」尊敬過的，到不曾吃着這樣苦楚，好生熬不得。只得招了道：「用藥毒死，圖取財物是實。」知縣叫畫了供，問成死罪。把來收了大監，待疊成文案，再申上司。

鄉里人聞知的，多説甄監生尊信方士，却被方士藥死了。雖是甄監生迷而不悟，自取其禍。那些方士這樣没天理的！今官府明白，將來抵罪，這纔爲現報了。親戚朋友没個不歡喜的。至于甄家家人，平日多是恨這些方士入骨的，今見家主如此死了，恨不登時咬他一塊肉。斷送得他在監裏問罪，人人稱快，不在話下。

豈知天下自有寃屈的事！元來甄監生二妾四婢，惟有春花是他新近寵愛的，終日在閨門之内輪流侍寢，採戰取樂。終久人多耳目衆，覺得春花興趣頗高，礙着同伴竊聽，不能盡情。【眉批】此豈成仙根器耶？意思要與他私下在那里弄一個翻天覆地的快活。是夜口説在書房中歇宿，其實暗地裏約了春花，晚間開出來，同到側邊小室中行事。春花應允了。

甄監生先與玄玄子同宿，教導術法，傳授了一更多次。習學得熟，正要思量試用，看見玄玄子睡着，即走下床來，披了衣服，悄悄出來。走到外邊，恰好春花也在裏面走出來。兩相遇着，拽着手，竟到側邊小室中。有一把平日坐着運氣的禪椅在内，叫春花脱了下衣，坐好在上面了。甄監生就舞弄起來，按着方法，九淺一深，你呼我吸，弄勾多時。那春花花枝也似一般的後生，興趣正濃，弄得渾身酥麻，做出千嬌百媚，哼哼嚬嚬的聲氣來。【眉批】秘戲圖。身子好像蜘蛛做網一般，把屁股向前突了一突，又突一突；兩隻脚一伸一縮，踏車也似的不住。間深之處，緊抱住甄監生，叫聲：「我的爹，快活死了！」早已陰精直洩。甄監生看見光景，興動了，也有些喉急，忍不住，急按住身子，閉着一口氣，將尾閭往上一趨，如忍大便一般，纔阻得不來。那些清水游精，也流個不住。雖然忍住了，只好站着不動，養在陰户裏面。要再抽送，就差不多丢出來。甄監生極了，猛想道：「日間玄玄子所與秘藥，且吃他一丸，必是耐久的。」就在袖裏摸出紙包來，取一丸，用唾津嚥了下去。纔嚥得下，就覺一股熱氣，竟趨丹田。一霎時，陽物振盪起來，其熱如火，其硬如鐵，毫無起初欲洩之意了。發起狠來，儘力抽送。春花快活連聲。甄監生只覺他的陰户窄小了好些。元來得了藥力，自己的肉具漲得黃瓜也似大了。用手摸摸，兩下湊着肉，没些些縫地。甄監生曉得這藥有些妙處，越加樂意。只是陰户塞滿，微覺抽送艱澀。

却是這藥果然靈妙，不必抽送，裏頭肉具自會伸縮。【眉批】樂事也，妙樂也，何異成仙，只恐樂極悲來耳。弄得春花死去活來，又丢過了一番。甄監生虧得藥力，這番耐得住了。誰知那陽物得了陰精之助，一發熱硬壯偉，把陰中淫水熯乾，兩相吸牢，扯拔不出。甄監生想道：「他日間原説還有解藥，不曾合成。方纔性急頭上，一下子吃了，而今怎得藥來解他？」心上一急，便有些口渴氣喘起來。對春花道：「怎得口水來吃吃便好。」春花道：「放我去取水來與你吃。」甄監生待要拔出時，却像皮肉粘連，生了根的。略略扯動，兩下叫疼的了不得。甄監生道：「不好，不好。待我高聲叫個人來取水罷。」春花道：「似此粘連的模樣，叫個人來看見，好不羞死！」甄監生道：「這等，如何能勾解開？」春花道：「你丢了不得？」甄監生道：「説得是。雖是我們内養家不可輕洩，而今弄到此地位，説不得了。」因而一意要洩。

誰知這樣古怪：先前不要他住，却偏要鑽將出來；而今要洩了時，却被藥力澀住，落得頭紅面熱，火氣反望上攻。【眉批】不如意事常八九。口裏哼道：「活活的急死了我！」咬得牙齒格格價響，大喊一聲道：「罷了我了！」兩手撒放，撲的望地上倒了下來。春花只覺陰户螫得生疼，且喜已脱出了。連忙放下雙脚，站起身來道：「這是怎的説？」去扶扶甄監生時，聲息俱無，四肢挺直，但身上還是熱的，叫問不應了。藥力未散。春花慌了手脚道：「這事利害！若聲張起來，不要説羞人，我這罪過須逃不去。總是夜裏没人知道，瞞他娘罷。」且不管家主死活，輕輕的脱了身子，望自己卧房裏只一溜，溜進去睡了，並没一個人知覺。到得天明，合家人那查夜來細帳？却把一個甚麽玄玄子頂了缸，以消平時惡氣，再不説他冤枉的了。只有春花肚裏明白，懷着鬼胎，不敢則聲。眼盼盼便做這個玄玄子悔氣不着也罷。

看官，你道這些方士固然可恨，却是此一件事是甄監生自家悮用其藥，不知解法，以致藥發身死，並非方士下手故殺的。況且平時提了罐、着了道兒的，又別是一夥，與今日這個方士没相干。只爲這一路的人，衆惡所歸，官打見在，正所謂「張公吃酒李公醉」，又道是「拿着黄牛便當馬」。又是個無根蒂的，没個親戚朋友與他辨訴一紙狀詞，活活的頂罪罷了。却是天理難昧。元不是他謀害的，畢竟事久辨白出來，這放着做後話。

且説甄希賢自從把玄玄子送在監裏了，歸家來成了孝服，把父親所作所爲，盡更變過來。將藥爐、丹竈之類，打得粉碎，一意做人家，先要賣去這些做鼎器的使女。【眉批】幹父之蠱。其時有同里人李宗仁，是個富家子弟，新斷了絃。聞得甄家使女多有標緻的，不惜重價，來求一看。希賢叫將出來看時，頭一名就點中了春花。用掉了六十多兩銀子，討了家去。宗仁明曉得春花不是女身，却容貌出衆，風情動人，兩下多是少年，你貪我愛，甚是過得綢繆。

春花心性飄逸，好吃幾杯酒。有了酒，其興愈高。也是甄家家裏操煉過，是能征慣戰的手段。宗仁肉麻頭裏，高興時節，問他甄家這些採戰光景，春花不十分肯説。直等有了酒，纔略略説些出來。宗仁一日有親眷家送得一小罎美酒，夫妻兩個，將來對酌。宗仁把春花勸得半醉，兩個上床，乘着酒興，乾起事來，就便問起甄家做作。春花也斜着雙眼道：「他家動不動吃了藥做事，好不爽利煞人。」只有一日，正弄得極快活，可惜就收場了。」宗仁道：「怎的就收場了？」春花道：「人多弄殺了，不收場怎的？」宗仁道：「我正見説甄監生被方士藥死了的。」春花道：「那裏是方士藥死？這是一椿寃屈事。其實只是吃了他的藥，不解得，自弄死了。」宗仁道：「怎生不解得弄死了？」春花却把前日晚間的事，是長是短，備細説了一遍。宗仁道：「這等説起來，你當時却不該瞞着。急急叫起人來，或者還可有救。」春花道：「我此時慌了，只管着自己身子乾净，躲得過便罷了，那裏還管他死活？」破綻處。宗仁道：「這等，你也是個没情的。」利害。春花道：「若救活了，今日也没你的分了。」淡話亦好。兩個一齊笑將起來。

雖然是一番取笑説話，自此宗仁心裏畢竟有些嫌鄙春花，不足他的意思。看官聽説：大凡人情，專有一件古怪：心裏熱落時節，便有些缺失之處，只管看出好來；略有些小不像意起頭，隨你承奉他，多是可嫌的，並那平日見的好處，也要揀相出不好來。【眉批】彌子瑕以餘桃駕車得罪，正此意。這多是緣法在裏頭。有一隻小詞兒單説那緣法盡了的：

緣法兒盡了，諸般的改變。緣法兒盡了，要好也再難。緣法兒盡了，恩成怨。緣法兒若盡了，好言當惡言。緣法兒盡了也，動不動變了臉。

今日説起來，也是春花緣法將盡，不該趂酒興把這些話柄，一盤托了出來。【眉批】夫妻且説三分話，正以此。男子漢心腸，見説了許多用藥淫戰之事，先自有些撚酸不耐煩，覺得十分輕賤。又兼説道弄死了在地上，不管好歹，且自躲過，是個無情不曉事的女子，心裏澹薄了好些。朝暮情意，漸漸不投。春花看得光景出來，心裏老大懊悔，正是「一言既出，駟馬難追」，此時便把舌頭剪了下來，嘴唇縫了攏去，也没一毫用處。思量一轉，便自搥胸跌足，時刻不安。

也是合當有事。一日公婆處有甚麽不合意，罵了他「弄死漢子的賊淫婦。」春花聽見，恰恰道着心中之事。又氣惱，又懊悔，没怨悵處。婦人短見，走到房中，一索弔起。無人防備的，那個來救解？不上一個時辰，早已嗚呼哀哉。

只緣身作延年藥，一服曾經送主終。
今日投繯殆天意，雙雙採戰夜臺中。

却説春花含羞自縊而死。過了好一會，李宗仁纔在外厢走到房中，忽見了這件打鞦韆的物事，吃了一驚。慌忙解放下來，早已氣絶的了。宗仁也有些不忍，哭將起來。父母聽得，急走來看時，只叫得苦。老公婆兩個互相埋怨道：「不合駡了他幾句。誰曉得這樣心性，就做短見的事！」宗仁明知道是他自懷羞愧之故，不好説將出來。鄰里地方，聞知了來問的，只含糊回他道：「妻子不孝，毁駡了公婆，懼罪而死。」幸喜春花是甄家遠方討來的，設有親戚，無人生端告執人命。却自有這夥地方人等要報知官府，投遞結狀，相驗屍傷，許多套數。宗仁也被纏得一個不耐煩，費掉了好些盤費，纔得停妥。也算是大悔氣。

春花既死，甄監生家裏的事越無對證，這方士玄玄子永無出頭日子。誰知天理所在，事到其間，自有機會出來。其時山東巡按是靈寶許襄毅公，按臨曹州，會審重囚。看見了玄玄子這宗案卷，心裏疑道：「此輩不良，用藥毒人，固然有這等事。只是人既死了，爲何不走？」次早提問這事，先叫問甄希賢。希賢把父親枉死之狀説了一遍。許公道：「汝父既與他同宿，被他毒了，想就死在那房裏的了。」希賢道：「死在外邊小室之中。」許公道：「爲何又在外邊？」希賢道：「想是藥發了當不得，亂走出來尋人，一時跌倒了的。」許公道：「這等，那方士何不逃了去？」希賢道：「彼時合家驚起，登時拿住，所以不得逃去。」許公道：「死了幾時，你家纔知道？」希賢道：「約了天早同去買藥，因家人叫呼不應，不見踪迹，前後找尋，纔看見死了的。」【眉批】讞事肯如此精細，未看不得情者。許公道：「這等，他要走時也去久了。還在父親身邊，不曾拿得去。」許公道：「這等，他招上説謀財害命，謀了你家多少財？而今在那裏？」希賢道：「止是些買藥之本，十分不多。還在父親身邊，不曾拿得去。」許公道：「這等，他毒死你父親何用？」希賢道：「正是不知爲何這等毒害。」

許公就叫玄玄子起來，先把氣拍一敲道：「你這夥人，死有餘辜！你藥死甄廷詔待要怎的？」玄玄子道：「廷詔要小人與他煉外丹，打點哄他些銀子，這心腸是有的。其實藥也未曾買，正要同去買了，纔弄起頭，小人爲何先藥死他？前日熬刑不過，只得屈招了。」許公道：「與你同宿是真的麼？」玄玄子道：「先在一床上宿的。【眉批】自是真情景，可聽。後來睡着了，不知幾時走了去。小人睡夢之中，只見許多家人打將進來，拿小人去償命，小人方知主人死了。其實一些情也不曉得。」許公道：「爲甚麽與你同宿？」玄玄子道：「要小人傳内事功夫。小人傳了他些口訣，又與了他些丸藥，小人自睡了。」許公道：「丸藥是何用的？」【眉批】只因口訣方藥，便想出試用之欲來，可謂精察。玄玄子道：「是房中秘戲之藥。」許公點頭道：「是了，是了。」

又叫甄希賢，問道：「你父親房中有幾人？」希賢道：「有二妾四女。」許公道：「既有二妾，焉用四女？」希賢道：「父親好道，用爲鼎器。」許公道：「六人之中，誰爲最愛？」希賢道：「二妾已有年紀，四女輪侍，春花最愛。」許公道：「春花在否？」希賢道：「已嫁出去了。」許公道：「嫁在那裏？快唤將來。」希賢道：「近日死了。」許公道：「怎樣死了？」希賢道：「聞是自縊死的。」許公哈哈大笑道：「即是一樁事，一個情也。其夫是何名姓？」希賢道：「是李宗仁。」

許公就掣一籤，差個皁隸去，不一時拘將李宗仁來。許公問道：「你妻子爲何縊死的？」宗仁磕頭道：「是不孝公姑，懼罪而死。」許公故意作色道：「分明是你致死了他，還要胡説！」宗仁慌了道：「妻子與小人從來好的，並無説話。地方鄰里見有干結在官。委是不孝小人的父母，父母要聲説，自知不是，縊死了的。」許公道：「你且説他如何不孝？」宗仁一時説不出來，只得支吾道：「毁駡公姑。」許公道：「胡説！既敢毁駡，是個放潑的婦人了。有甚懼怕，就肯自死？」指着宗仁道：「這不是他懼怕，還是你的懼怕。」宗仁道：「小人有甚懼怕？」許公道：「你懼怕甄家醜事彰露出來，鄉里間不好聽，故此把不孝懼罪之説，支吾過了，可是麽？」【眉批】可謂神明矣。宗仁見許公道着真情，把個臉漲紅了，開不得口。許公道：「你若實説，我不打你。若有隱匿，必要問你償命。」

宗仁慌了，只得實實把妻子春花，吃酒醉了，説出真情：甄監生如何相約，如何採戰，如何吃了藥不解得，一口氣死了的話，備細述了一遍，道：「自此以後，心裏嫌他，委實没有好氣相待。妻子自覺失言，悔恨自縊，此是真情。因怕鄉親耻笑，所以只説因罵公姑，懼怕而死。今老爺所言，分明如見，小人不敢隱瞞一句。只望老爺超生。」許公道：「既實説了，你原無罪，我不罪你。」一面録了口詞，就叫玄玄子來道：「我曉得甄廷詔之死，與你無干。只是你藥如此誤事，如何輕自與人？」玄玄子道：「小人之藥，原用解法。今甄廷詔自家妄用，喪了性命，非小人之罪也。」許公道：「却也悮人不淺。」提筆寫道：

審得甄廷詔誤用藥而死于淫，春花婢醉洩事而死于悔，皆自貽伊戚，無可爲抵。兩死相償足矣。玄玄子財未交涉，何遽生謀？死尚身留，必非毒害。但淫藥誤人，罪亦難免。甄希賢痛父執命，告不爲誣；李宗仁無心喪妻，情更可憫。俱免擬釋放。

當下，將玄玄子打了廿板，引「庸醫殺人」之律，問他杖一百，逐出境，押回原籍。又行文山東六府：凡軍民之家，敢有聽信術士道人邪説，採取煉丹者，一體問罪。發放了畢。

甄希賢（監生）回去與合家説了，纔曉得當日甄監生死的緣故，却因春花；春花又爲此縊死，深爲駭異。盡道：「雖不干這個方士的事，却也是平日誤信此輩，致有此禍也。」六府之人，見察院行將文書來，張挂告示，三三兩兩，盡傳説甄家這事，乃察院明斷，以爲新聞。好些好此道的，也不敢妄做了。真足爲好内外丹事者之鑒。

從來内外有丹術，不是貪財與好色。
外丹原在廣施濟，内丹却用調呼吸。
而今燒汞要成家，採戰無非圖救急。
縱有神仙累劫脩，不及庸流眼前力。
一盆火内煉能成，兩片皮中抽得出。

田舍翁時〻
經理

牧童見夜二
尊榮

卷之十九

田舍翁時時經理　牧童兒夜夜尊榮

詞云：

擾擾勞生，待足、何時足？據見定、隨家豐儉，便堪龜縮。得意濃時休進步，須防世事多翻覆。枉教人白了少年頭，空碌碌。

此詞乃是宋朝詩僧晦菴所作《滿江紅》前闋，説人生富貴榮華，常防翻覆，不足憑恃。勞生擾擾，巴前筭後，每懷不足之心，空白了頭没用處，不如隨緣過日的好。

只看宋時嘉祐年間，有一個宣議郎萬延之，乃是錢塘南新人，曾中乙科出仕。性素剛直，做了兩三處地方州縣官，不能屈曲，中年拂衣而歸。徙居餘杭，見水鄉陂澤，可以畊種作田的，因爲低窪，有水即没，其價甚賤。萬氏費不多些本錢，買了無數。也是人家該興，連年亢旱，是處低田大熟，歲收租米萬石有餘。萬宣議喜歡，每對人道：「吾以萬爲姓，今歲收萬石，也勾了我了。」自此營建第宅，置買田園，扳結婚姻。有人來獻勤作媒，第三個公子説合駙馬都尉王晋卿家孫女爲室。約費用二萬緡錢，纔結得這頭親事。兒子因是駙馬孫婿，得補三班借職。一時富貴薰人，詐民無算。

他家有一個瓦盆，是希世的寶物。乃是初選官時，在都下，爲銅禁甚嚴，將十個錢市上買這瓦盆來盥洗。

其時天氣凝寒，注湯沃面過了，將殘湯傾去，還有傾不了的，多少留些在盆內。過了一夜，凝結成冰，看來竟是桃花一枝。人來見了，多以爲奇，説與宣義。宣義看見道：「冰結攏來，原是花的。偶像桃花，不是奇事。」不以爲意。明日又復剩些殘水在内，過了一會看時，另結一枝開頭牡丹，花朵豐滿，枝葉繁茂，人工做不來的。報知宣義來看，道：「今日又換了一樣，難道也是偶然？」宣義方纔有些驚異，道：「這也奇了！且待我再試一試。」親自把瓦盆拭浄，另灑些水在裏頭。次日再看，一發結得奇異了：乃是一帶寒林，水村竹屋，斷鴻翹鷺，遠近煙巒，宛如圖畫。

宣義大駭，曉得是件奇寶。唤將銀匠來，把白金鑲了外層，將錦綺做了包袱，什襲珍藏。但遇凝寒之日，先期約客，張筵置酒，賞那盆中之景，是一番另結一樣，再没一次相同的。雖是名家畫手，見了遠愧不及。前後色樣甚多，不能悉紀。只有一遭最奇異的，乃是上皇登極，恩典下頒，致仕官皆得遷授一級，宣義郎加遷德郎。敕下之日，正遇着他的生辰，親戚朋友來賀喜的，滿坐堂中。是日天氣大寒，酒席中放下此盆，灑水在内，須臾凝結成象。却是一塊山石上，坐着一個老人，左邊一龜，右邊一鶴，儼然是一幅壽星圖。滿堂飲酒的，無不喜躍讚嘆。内中有知今識古的士人議論道：「此是瓦器無非凡火燒成，不是甚麽天地精華、五行間氣結就的。有此異樣，理不可曉，誠然是件罕物。」又有小人輩協肩諂笑，掇臀捧屁，稱道：「分明萬壽無疆之兆。不是天下大福人，也不能勾有此異寶。」當下盡歡而散。

此時萬氏又富又貴，又與皇親國戚聯姻，豪華無比，勢焰非常。盡道是用不盡的金銀，享不完的福禄了。誰知過眼雲煙，容易消歇。宣德郎萬延之死後，第三兒子補三班的也死了。駙馬家裏見女婿既死，來接他郡主回去，説道萬家家資，多是都尉府中帶來的，夥着二三十男婦，内外一搶，席捲而去。萬家兩個大兒子，只好眼睜睜看他使勢行兇，不敢相争。内財一空，所有低窪田千頃，每遭大水淹没，反要賠糧，巴不得推與人了倒乾浄，憑人占去。家事盡消，兩子寄食親友，流落而終。此寶盆被駙馬家取去，後來歸了蔡京太師。識者道：「此盆結冰成花，應着萬氏之富猶如冰花一般，原非堅久之象，乃是不祥之兆。」【眉批】可入五行志。然也是事後如此猜度。當他盛時，那個肯是這樣想？敢是這樣説？直待後邊看來，真個是如同一番春夢。所以古人寓言，做着《邯鄲夢記》、《櫻桃夢記》，盡是説那富貴繁華直同夢境。却是一個人做得一個夢了却一生，不如莊子説那牧童做夢，日裏是本相，夜裏做王公，如此一世，更爲奇特。聽小子敷演來看：

人世原同一夢，夢中何異醒中？
若果夜間富貴，只算半世貧窮。

話説春秋時魯國曹州有座南華山，是宋國商丘小蒙城莊子休流寓來此，隱居著書，得道成仙之處。後人稱莊子爲南華老仙，所著書就名爲《南華經》，皆因此起。彼時山畔有一田舍翁，姓莫，名廣，專以耕種爲業。家有肥田數十畝，耕牛數頭，工作農夫數人，茆檐草屋，衣食豐足，算做山邊一個土財主。他並無子嗣，與莊家老姥夫妻兩個早夜算計思量，無非只是耕田鋤地、養牛牧猪之事。有幾句詩單道田舍翁的行徑：

田舍老翁性夷逸，僻向小山結幽室。生意不滿百畝田，力耕水耨艱爲食。春晚喧喧布穀鳴，春雲靄靄檐溜滴。呼童載犁躬負鋤，手牽黄犢頭戴笠。一耕不自已，再耕還自力。三耕且插苗，看看秀而碩。夏耘勤勤秋復來，禾黍如雲堪刈銍。擔籬負囊紛斂歸，倉盈囷滿居無隙。教妻囊酒賽田神，烹羊宰豚享親戚。擊鼓鼕鼕樂未央，忽看玉兔東方白。

那個莫翁，勤心苦胝（底），牛畜漸多，莊農不足，要尋一個童兒，專管牧養。其時本處有一個小厮兒，祖家姓言。因是父母雙亡，寄養在人家，就叫名寄兒。生來愚蠢，不識一字，也没本事做别件生理，只好出力做工度活。一日在山邊拔草，忽見一個雙丫髻的道人走過。把他來端相了一回，道：「好個童兒！儘有道骨。可惜癡性頗重，苦障未除。肯跟我出家麽？」寄兒道：「跟了你，怎受得清淡過？」道人道：「不跟我，怎受得煩惱過？也罷，我有個法兒，教你夜夜快活，你可要學麽？」寄兒道：「夜裏快活，也是好的，怎不要學？師父可指教我？」道人道：「你識字麽？」寄兒道：「一字也不識。」道人道：「不識也罷。我有一句真言，只有五個字。既不識字，口傳心授，也容易記得。」遂叫他：「將耳朵來，説與你聽，你牢記着。」是那五個字？乃是：

婆珊婆演底。

道人道：「臨睡時，將此句念上百遍，管你有好處。」寄兒謹記在心。道人道：「你只依着我，後會有期。」捻着漁鼓簡板，口唱道情，飄然而去。

是夜，寄兒果依其言，整整念了一百遍，然後睡下。纔睡得着，就入夢境。正是：

人生勞擾多辛苦，已遜山間枕石眠。
況是夢中游樂地，何妨一覺睡千年。

看官牢記話頭：這回書一段説夢，一段説真，不要認錯了。却説言寄兒睡去，夢見身爲儒生，粗知文義，正在街上斯文氣象，摇來擺去。忽然見個人來説道：「華胥國王黄榜招賢，何不去求取功名，圖個出身？」【眉批】莫廣者，廣莫也；言寄者，寄言也；華者，華言不實也，總是子虚無是之類。寄兒聽見，急取官名寄華，恍恍惚惚，不知塗抹了些甚麽東西，叫做萬言長策，將去獻與國王。國王發與那掌文衡看閲。寄華使用了些，裹蹄金作爲贄禮，掌文衡的大悦，説：「這個文字乃驚天動地之才，古今罕有。」加上批點，呈與國王。國王授爲著作郎，主天下文章之事。旗幟鼓樂，高頭駿馬，送入衙門到任。寄華此時身子如在雲裏霧裏，好不風騷！正是：

電光石火夢中身，白馬紅纓衫色新。

我貴我榮君莫羡，做官何必讀書人？

寄華跳下得馬，一個虚跌，驚將醒來。擦擦眼看一看，仍睡在草鋪裏面。叫道：「呸！呸！作他娘的怪！我一字也不識的，却夢見獻甚麽策，得做了官，管甚麽天下文章，你道是真夢麽？且看他怎生應驗？」嗤嗤的還定着性想那光景。

只見平日往來的鄰里沙三走將來，叫寄兒道：「寄哥，前村莫老官家尋人牧牛，你何不投與他家了，省得短趂，間了一日便待嚼本。」寄兒道：「投在他家，可知好哩！只是没人引我去。」沙三道：「我昨日已與他家説過你了，今日我與你同去，只要寫下文券就成了。」寄兒道：「多謝美情指點則個。」兩個説説話話，一同投到莫家來。莫翁問其來意，沙三把寄兒勤謹過人，願投門下牧養，説了一遍。莫翁看寄兒模樣老實，氣力粗夯，也自歡喜，情願傭情，叫他寫下文券。寄兒道：「我須不識字，寫不得。」沙三道：「我寫了，你畫個押罷。」沙三曾在村學中讀過兩年書，儘寫得幾個字，便寫了一張「情願受傭，專管牧畜」的文書。雖有幾個不成的字兒，意會得去也便是了。後來年月之下要畫個押字，沙三畫了，寄兒拿了一管筆，不知左畫是右畫是，自想了暗笑道：「不知昨夜怎的獻了萬言長策！」來捻着筆千斤來重，沙三把定了手，纔畫得一個十字。莫翁當下發了一季工食，着他在山邊草房中住宿，專管牧養。寄兒領了匙鑰，與沙三同到草房中。寄兒謝了沙三些常例媒錢，是夜就在草房中宿歇。依着道人念過五字真言，百遍倒翻身便睡。

看官，你道從來只有説書的續上前因，那有做夢的接着前事？而今煞是古怪，寄兒一覺睡去，仍舊是昨夜言寄華的身分，頂冠束帶，新到著作郎衙門，升堂理事。只見蹌蹌蹡蹡，一群儒生，將着文卷，多來請教。寄華一一批答。好的歹的，圈的抹的，發將下去，紛紛争看。衆人也有服的，也有不服的，諠譁閙嚷起來。寄華發出規條，分付多要遵繩束，如不伏者，定加鞭笞。衆儒方弭耳拱聽，不敢放肆，俱各從容雅步，逡巡而退。

【眉批】字俱有。是日同衙門官擺着公會筵席，特賀到任。美酒嘉餚，珍羞百味。歌的歌，舞的舞，大家盡歡。直吃到斗轉參横，纔得席散，回轉衙門裏來。

那邊就寢，這邊方醒，想着明明白白記得的，不覺失笑道：「好怪麽！那裏説起？又接着昨日的夢，身做高官，管着一班士子，看甚麽文字！我曉得文字中吃的不中吃的？落得吃了些酒席，倒是快活。」起來抖抖衣服，看見襤褸，嘆道：「不知昨夜的袍帶多在那裏去了？」將破布襖穿着停當，走下得床來，只見一個莊家老蒼頭，奉着主人莫翁之命，特來交盤牛畜與他。一群牛共有八九只，寄兒逐隻看相，用手去牽他鼻子。那些牛不曾認得寄兒，是個面生的，有幾隻馴擾不動，有幾隻奔突起來。老蒼頭將一條皮鞭付與寄兒，寄兒趕去，將那奔突的牛兩三鞭打去。那些牛不敢違拗，順順被寄兒牽來，一處拴着，寄兒慢慢喂放。

老蒼頭道：「你新到吾主翁家來，我們該請你吃三杯。昨日已約下沙三哥了，這早晚他敢就來。」説未畢，沙三提了一壺酒，一個籃，籃裏一碗肉，一碗芋頭，一碟豆走將來。老蒼頭道：「正等沙三哥來商量吃三杯，你早已辦下了。我補你分罷。」寄兒道：「甚麽道理要你們破鈔？我又没得回答處。我也出個分在内罷了。」老蒼頭道：「甚麽大事，值得這個商量？我們盡個意思兒罷。」【眉批】如此會飲，未必不樂于衙門公酒。三人席地而坐，吃將起來。寄兒想道：「我昨夜夢裏的筵席，好不齊整！今却受用得這些東西，豈不天地懸絶？」却是怕人笑他，也不敢把夢中事告訴與人。正是：

對人説夢，説聽皆痴。
如魚飲水，冷暖自知。

寄兒酒量元淺，不十分吃得多。飲了一杯，有些醺意。兩人别去，寄兒就在草地上一眠，身子又到華胥國中去。國王傳下令旨：訪得著作郎能統率多士，繩束嚴整，特賜錦衣冠帶一襲，黄蓋一頂，導從鼓吹一部。

出入鳴騶，前呼後擁，好不興頭。忽見四下火起，忽然驚覺，身子在地上眠着。東方大明，日輪紅焰焰鑽將出來了。

起來吃些點心，就騎着牛，四下裏放草。那日色在身上曬得熱不過，走來莫翁面前告訴。莫翁道：「我這裏原有蓑笠一副，是牧養的人一向穿的。又有短笛一管，也是牧童的本等。今拿出來交付與你，你好好去看養。若瘦了牛畜，要與你說話的。」牧童道：「再與我一把傘遮遮身便好。若只是笠兒，只遮得頭，身子須曬不過。」莫翁道：「那裏有得傘？池內有的是大荷葉，你日日摘將來遮身不得？」寄兒唯唯，受了蓑笠、短笛，果在池內摘張大荷葉擎着，騎牛前去。牛背上自想道：「我在華胥國裏是貴人，今要一把日照也不能勾了，却叫我擎着荷葉遮身！」猛然想道：「這就是夢裏的黄蓋了！【眉批】牧童大慧。蓑與笠就是錦袍官帽了！」横了笛吹了兩聲，笑道：「這可不是一部鼓吹麽？我而今想來，只是睡的快活。」有詩爲證：

草鋪横野六七里，笛弄晚風三四聲。
歸來飽飯黄昏後，不脱蓑衣卧月明。

自此之後，但是睡去，就在華胥國去受用富貴；醒來只在山坡去處做牧童。無日不如此，無夢不如此，不必逐日逐夜件件細述。但只揀有些光景的，纔把來做話頭。

一日，夢中國王有個公主，要招贅駙馬，有人啟奏著作郎言寄華才貌出衆，文彩過人，允稱此選。國王準奏，就着傳旨：「欽取著作郎爲駙馬都尉，尚范陽公主。」迎入駙馬府中成親。燈燭輝煌，儀文璀璨，好不富貴！有《賀新郎》詞爲證：

瑞氣籠清曉。捲珠簾、次第笙歌，一時齊奏，無限神仙離蓬島。鳳駕鸞車初到，見擁個、仙娥窈窕。玉珮叮璫風縹緲，望嬌姿、一似垂楊裊。天上有，世間少。

那范陽公主生得面長耳大，曼聲善嘯，規行矩步，頗會周旋。【眉批】字句有眼。寄華身爲王婿，日夕公主之前對案而食。比前受用，更加貴盛。

明日睡醒，主人莫翁來喚。因爲家中有一匹拽磨的牝驢兒，一並交與他牽去餵養。寄兒牽了，暗笑道：「我夜間配了公主，怎生烜赫！却今日來弄這個買賣，伴這個衆生！」跨在背上，打點也似騎牛的騎了到山邊去。誰知騎上了背，那驢兒只是團團而走，並不前進。蓋因是平日拽的磨盤走慣了。寄兒没奈何，只得跳下來，打着兩鞭，牽着前走。從此又添了牲口。恐怕走失，飲食無暇，只得備了乾糧，隨着四處放牧。莫翁又時時來稽查，不敢怠慢一些兒。辛苦一日，只圖得晚間好睡。

是夜又夢見在駙馬府裏，正同着公主歡樂。有鄰邦玄菟、樂浪二國，前來相犯。華胥國王傳旨：命駙馬都尉言寄華討議退兵之策。言寄華聚着舊日著作衙門一干文士到來，也不講求如何備禦，也不商量如何格鬥，只高談「正心誠意，強鄰必然自服」。【眉批】大人派頭如此。諸生之中，也有情願對敵的，多退着不用。只有兩生獻策：他一個到玄菟，一個到樂浪，捨身往質，以圖講和。言寄華大喜，重發金帛，遣兩生前往。兩生屈己聽命，飽其所欲，果然那兩國不來。言寄華誇張功績，奏上國王，國王大悦。叙録軍功，封言寄華爲黑甜鄉侯，加以九錫。身居百僚之上，富貴已極。有詩爲證：

當時魏絳主和戎，豈是全將金幣供？
厥後宋人偏得意，一班道學自雍容。

言寄華受了封侯錫命，緑輅衮冕，鸞路乘馬，彤弓盧矢，左建朱鉞，右建金戚，手執圭瓚，道路輝煌。自朝歸第，有一個書生叩馬上言道：「日中必昃，月滿必虧。明公功名到此，已無可加，急流勇退，此其時矣。直待福過灾生，只恐悔之無及。」言寄華此時志得意滿，那裏聽他？【眉批】富貴人只據現在胸中人人如此。笑道：「我命中生得好，自然富貴逼人，有福消受。何須過慮？只管目前享用勾了。寒酸見識，曉得甚麽？」大笑墜車，吃了一驚，醒將起來。

點一點牛數，只叫得苦，内中不見了二隻。山前山後，到處尋訪踪迹。元來一隻被虎咬傷，死在坡前；一隻在河中吃水，浪湧將來，没在河裏。寄兒看見，急得亂跳，道：「夢中甚麽兩國來侵，誰知倒了我兩頭牲口！」急去報與莫翁。

莫翁聽見，大怒道：「此乃你的典守！人多説你只是貪睡，眼見得坑了我頭口！」取過匾擔來要打。寄兒負極，辯道：「虎來時，牛尚不敢敵，況我敢與他争奪，救得轉來的？那水中是牛常住之所，波浪湧來，一時不測，也不是我力攩得住的。」莫翁雖見他辯得也有些理，却是做家心重的人，那裏捨得兩頭牛死？怒吽吽不息，定要打匾擔十下。【眉批】夢念甚奇幻。寄兒哀告討饒，纔饒得一下，打到九下住了手。寄兒淚汪汪的走到草房中，摸摸臀上痛處，道：「甚麽九錫九錫，到打了九下屁股！」想道：「夢中書生勸我歇手，難道教我不要看牛不成？從來説夢是反的，夢福得禍，夢笑得哭。我自念了此咒，夜夜做富貴的夢，所以日裏到吃虧。我如今不念他了，看待怎的？」

誰知這樣作怪！此咒不念，恐怖就來。是夜夢境，范陽公主疽發于背，偃蹇不起。寄華盡心調治未痊。國中二三新進小臣，逆料公主必危，寄華勢焰將敗，摭拾前過，糾彈一本，説他禦敵無策，冒濫居功，欺君誤國許多事件。【眉批】世情如此。國王覽奏大怒，將言寄華削去封爵，不許他重登著作堂，鎖去大窖邊聽罪，公主另選良才別降。令旨已下，隨有兩個力士，將鋃鐺鎖了言寄華，到那大糞窖邊墩着。寄華看那糞穢狼籍，臭不堪聞，嘆道：「我只道到底富貴，豈知有此惡境乎？書生之言，今日驗矣。」不覺號咷慟哭起來。

這邊噙淚而醒，啐了兩聲道：「作你娘的怪！這番做這樣惡夢！」看視牲口，那匹驢子蹇卧地下，打也打不起來。看他背項之間，乃是繩損處，爛了老大一片跁踏。寄兒慌了道：「前番倒失了兩頭牛，打得苦惱。今這衆生又病害起來，萬一死了，又是我的罪過。」忙去打些水來，替他澡洗腐肉。再去拔些新鮮好草來喂他。拿着鍥刀，望山前地上下手斫時，有一科草甚韌，刀斫不斷。寄兒性起，連根一拔，拔出泥來。泥鬆之處，露出石板，那草根還纏纏繞繞，絆在石板縫内。寄兒將鍥刀撬將開來，板底下是個周圍石砌就的大窖，裏頭多是金銀。

寄兒看見，慌了手脚，擦擦眼道：「難道白日裏又做夢麽？」蕉中鹿。定睛一看，草木樹石，天光雲影，眼前歷歷可數，料道非夢。【眉批】將得財而夢臭穢，古人之解夢也。便把鍥刀草蔀一撩道：「還幹那營生麽？」取起五十兩一大錠在手，權把石板蓋上，仍將泥草遮覆，竟望莫翁家裏來見莫翁。未敢竟説出來，先對莫翁道：「寄兒蒙公公相托，一向看牛不差。近來時運不濟，前日失了兩牛，今蹇驢又生病，寄兒看管不來。今有大銀一錠，納與公公，憑公公除了原發工銀，餘者給還寄兒爲度日之用。放了寄兒，另着人牧放罷。」莫翁看見是錠大銀，吃驚道：「我田家人苦積勤攢了一世，只有些零星碎銀，自不見這樣大錠。你却從何處得來？莫非你合着外人做那不公不法的歹事？你快説個明白。若説得來歷不明，我須把你送出官府，究問下落。」寄兒道：「好教公公得知，這東西多哩。我只拿得他一件來看樣。」莫翁駭道：「在那裏？」寄兒道：「在山邊一個所在，我因斫草掘着的。今石板蓋着哩。」

莫翁情知是藏物，急叫他不要聲張，悄悄同（問）寄兒到那所在來。寄兒指與莫翁，揭開石板來看，果是一窖金銀，不計其數。莫翁喜得打跌，拊着寄兒背道：「我的兒！偌多金銀東西，我與你兩人一生受用不盡。今番不要看牛了，只在我莊上吃些安樂茶飯，掌管帳目。這些牛隻，另自雇人看管罷。」并主公别降矣。兩人商量，把個草蔀來，裏外用亂草補塞，中間藏着窖中物事。莫翁前走，寄兒駝了後隨。運到家中放好，仍舊又用前法去取。不則一遭，把石窖來運空了。

莫翁到家，歡喜無量。另叫一個蒼頭去收拾牛隻。是夜就留寄兒在家中宿歇。寄兒的床鋪多換齊整了。寄兒想道：「昨夜夢中吃苦，誰想糞窖正應着發財，今日反得好處。【眉批】凡事俱看銀子面。果然夢是反的。我要那夢中富貴則甚？那五字真言，不要念他了。」

其夜睡去，夢見國王將言寄華家產抄没，發在養濟院中度日。只見前日的扣馬書生高歌將來道：

落葉辭柯，人生幾何？六戰國而漫流人血，三神山而查隔鯨波。任誇百斛明珠，虛延遐算；若有一卮芳酒，且共高歌。

寄華聞歌，認得其人，邀住他道：「前日承先生之教，不能依從，今日至于此地。先生有何高見，可以救我？」那書生不慌不忙，説出四句來道：

顛顛倒倒，何時局了？遇着漆園，還汝分曉。

説罷，書生飄然而去。寄華扯住不放，被他袍袖一摔，閃得一跌，即時驚醒。張目道：「還好，還好。一發没出息，弄到養濟院裏去了。」

須臾，莫翁走出堂中。元來莫翁因得了金銀，晚間對老姥説道：「此皆寄兒的造化掘着的，功不可忘。【眉批】親之如兒，所以愛之如子。我與你没有兒女，家事無傳。今平地空得來許多金銀，雖道好没取得他的？不如認義他做個兒子，把家事付與他，做了一家一計，等他養老了我們。這也是我們知恩報恩處。」老姥道：「説得有理。我們眼前没個傳家的人，别處平白地尋將來，要承當家事，我們也氣不干。【眉批】是女人的話。今這個寄兒，他見有着許多金銀，付在我家，就認義他做了兒子，傳我家事，也還是他多似我們的，不叫得過分。」商量已定，莫翁就走出來，把這意思説與寄兒。寄兒道：「這個折殺小人，怎麼敢當？」莫翁道：「若不如此，這些東西我也何名享受你的？我們兩老口議了一夜，主意已定，不可推辭。」寄兒没得説，當下納頭拜了四拜，又進去把老姥也拜了。自此改姓名爲莫繼，在莫家莊上做了乾兒子。

本是驢前厮養，今爲舍内螟蛉。

何緣分外親熱？只看黄金滿籯。

却是此番之後，晚間睡去就做那險惡之夢。不是被火燒水没，便是被盗劫官刑。初時心裏道：「夢雖不妙，日裏落得好處，不像前番做快活夢時，日裏受辛苦。」以爲得意。後來到得夜夜如此，每每驚魘不醒，纔有些慌張，認舊念取那五字真言，却不甚靈了。你道何故？只因財利迷心，身家念重，時時防賊發火起，自然夢魂顛倒。【眉批】觀者着眼。怎如得做牧童時，無憂無慮，飽食安眠，夜夜夢裏消遥，享那王公之樂。莫繼（寄）要尋前番夢境，再不能勾。【眉批】飽病難醫。心裏鶻突，如醉如癡，生出病來。

莫翁見他如此，要尋個醫人來醫治他。只見門前有一個雙丫髻的道人走將來，口稱「善治人間恍惚之症」。莫翁接到廳上，教莫繼出來相見。元來正是昔日傳與真言的那個道人。見了莫繼道：「你的夢還未醒麽？」莫繼道：「師父，你前者教我真言，我不曾忘了。只是前日念了，夜夜受用。後來因夜裏好處，多應着日裏歹處，一程兒不敢念，便再没快活的夢了。而今就念煞也無用了，不知何故。」道人道：「我這五字真言，乃是主夜神咒。《華嚴經》云：

善財童子參善知識，至閻浮提摩竭提國迦毗羅城，見主夜神，名曰婆珊婆演底。神言：我得菩薩破一切生癡暗法，光明解脱。

所以持念百遍，能生歡喜之夢。前見汝苦惱不過，故使汝夢中快活。【眉批】一部《南華》。汝今日間要受富貴，晚間宜受恐怖，此乃一定之理。人世有好必有歉，有榮華必有銷歇，汝前日夢中豈不見過了麽？」

莫繼言下大悟，倒身下拜道：「師父，弟子而今曉得世上没有十全的事，要那富貴無幹，總來與我前日封侯拜將一般。不如跟的師父出家去罷。」道人道：「吾乃南華老仙漆園中高足弟子。老仙道汝有道骨，特遣我來度汝的。汝既見了境頭，宜早早回首。」莫繼遂是長是短述與莫翁、莫姥。兩人見是真仙來度他，不好相留。况他身子去了，遺下了無數金銀，兩人儘好受用，有何不可？只得聽他自行。

莫繼隨也披頭髮，挽做兩丫髻，跟着道人，雲游去了。後來不知所終，想必成仙了道去了。看官不信，只看《南華真經》，有此一段因果。話本説徹，權作散場。

總因一片婆心，日向痴人説夢。
此中打破關頭，棒喝何須拈弄。

賈魚訪舊竹府麟

商功父陰攝
江起

卷之二十

賈廉訪贋行府牒　商功父陰攝江巡

詩曰：

世人結交須黄金，黄金不多交不深。
總令然諾暫相許，終是悠悠行路心。

這四句乃是唐人之詩，説天下多是勢利之交，没有黄金，成不得相交。這個意思，還説得淺。不知天下人但是見了黄金，連那一向相交人也不顧了。不要説相交的，總是至親骨肉，關着財物面上，就換了一條肚腸，使了一番見識，當面來弄你，算計你。幾時見爲了親眷，不要銀子做事的？【眉批】最透世情。幾曾見眼看親眷富厚，不想來設法要的？至于撞着有些不測事體，落了患難之中，越是平日往來密的，頭一場先是他騙你起了。

直隸常州府武進縣，有一個富户，姓陳，名定。有一妻一妾。妻巢氏，妾丁氏。妻已中年，妾尚少艾。陳定平日情分，在巢氏面上淡些，在丁氏面上濃些，却也相安無説。巢氏有兄弟巢大郎，是一個鬼頭鬼腦的人，奉承得姊夫、姊姊好，陳定托他掌管家事。他内外攬權，百般欺侵。巴不得姊夫有事，就好科派用度，落來肥家。

一日，巢氏偶染一病。大凡人病中性子，易得惹氣。又且其夫有妾，一發易生疑忌，動不動就嘔氣，説道：「巴不得我死了，讓你們自在快樂，原自厭隙。省做你們眼中釘。」那陳定男人家心性，見大娘子有病在床，分外與小老婆肉麻的榜樣，也是有的。遂致巢氏不堪，日逐嗔惱罵詈。也是陳定與丁氏合該悔氣，平日既是好好的，讓他是個病人，忍耐些個罷了；陳定見他聒絮不過，回答他幾句起來。巢氏倚了病勢，要死要活的顛了一場。陳定也没好氣的，也不來管他好歹。巢氏自此一番，有增無減。陳定慌了，竭力醫禱無效。丁氏也自盡心伏侍。争奈病痛犯拙，畢竟不起，嗚呼哀哉了。

陳定平時家裏飽暖，妻妾享用。【眉批】皮爲之災。鄉鄰人忌尅他的多，看想他的也不少。今聞他大妻已死，有曉得他病中相争之事的，來挑着巢大郎道：「聞得令姊之死，起于妻妾相争。你是他兄弟，怎不執命告他？你若進了狀，我鄰里人家，少不得要執結人命虚實，大家有些油水。」巢大郎是個乖人，便道：「我終日在姊夫家裏走動，翻那面皮不轉。不若你們聲張出首，我在裏頭做好人。少不得聽我處法，我就好幫襯你們了。只是你們要硬着些，必是到得官，方起發得大錢。只説過了：處來要對分的。」【眉批】世間無此輩，天下治平矣。鄰里人道：「這個當得。」兩下寫開合同。

果然鄰里閒合出三四個要有事、怕太平的人來，走到陳定家裏喧嚷，説：「人命死得不明，必要經官，入不得殮。」巢大郎反在裏頭勸解，私下對陳定説：「我是親兄弟，没有説話，怕他外人怎的？」陳定謝他道：「好舅舅，你退得這些人，我自重謝你。」巢大郎即時揚言道：「我姊姊自是病死的，有我做兄弟的在此，何勞列位多管？」鄰里人自有心照，曉得巢大郎是明做好人之言，假意道：「你自私受軟口湯，到來吹散我們！我們自有説話處。」一閧而散。陳定心中好不感激巢大郎！怎知他却暗裏串通地方，已自出首武進縣了。

武進縣知縣是個貪夫，其時正有個鄉親，在這裏打抽豐未得打發，見這張首狀，是關着人命，且曉得陳定名字，是個富家，要在他身上設處些，打發鄉親起身。【眉批】好縣官，是處皆作興此道矣。立時準狀，僉牌來拿陳定到官，不由分説，監在獄中。

陳定急了，忙叫巢大郎到監門口，與他計較，叫他快尋分上。巢大郎正中機謀，説道：「分上固要，原首人等，也要洒派些，免得他每做對頭，纔好脱然無累。」陳定道：「但憑舅舅主張。要多少時，我寫去與小妾，教他照數付與舅舅。」【眉批】若如此訟安得息？巢大郎道：「這個定不得數，我去用看，替姊夫省得一分是一分。」陳定道：「只要快些完得事，就多着些也罷了。」

巢大郎别去，就去尋着了這個鄉里，與他説倒了銀子，要保全陳定無事。陳定面前説了一百兩，取到了手，實與得鄉里四十兩。鄉里是要緊歸去之人，挑得籃裏便是菜。一個信送將進去，登時把陳定放了出來。巢大郎又替他説合地方鄰里，約費了百來兩銀子，盡皆無説。少不得巢大郎又打些虛帳，又與衆人私下平分，替他做了好些買賣。當官歸結了。

鄉里得了銀子，當下動身回去。巢大郎貪心不足，想道：「姊夫官事，其權全在于我，要息就息。前日鄉里分上，不過保得出獄，何須許多銀子？【眉批】狠人儘做，每害大事。他如今已離了此處，不怕他了。不免趕至中途，倒他的出來。」遂不通陳定知道，竟連夜趕到丹陽。撞見鄉里正在丹陽寫轎，一把扭住，討取前物。鄉里道：「已是説倒見效過的，爲何又來翻帳？」巢大郎道：「官事問過，地方原無詞説，屍親願息，自然無事的。起初無非費得一保，怎值得許多銀子？」兩不相服，争了半日。巢大郎要死要活，又要首官，那個鄉里是個有體面的，忙忙要走路，怎當得如此歪纏？恐怕惹事，忍着氣，拿出來還了他。巢大郎千歡萬喜轉來了。

鄉里受了這場虧，心裏不甘，稍個便信，把此事告訴了武進縣知縣。知縣大怒，出牌重問。連巢大郎也標在牌上，説他私和人命，要拿來出氣。巢大郎虛心，曉得是替鄉里報仇，預先走了。【眉批】此亦爲官者所恒有。

只苦的是陳定，一同妾丁氏，俱拿到官。不由分說，先是一頓狠打，發下監中。出牌弔屍，叫集了地方人等，簡驗起來。陳定不知是那裏起的禍，没處設法一些手脚。知縣是有了成心的，只要從重坐罪。先分付仵作，報傷要重。仵作揣摩了意旨，將無作有，多報的是拳毆脚踢，致命傷痕。巢氏幼時喜吃甜物，面前牙齒落了一個，也做了硬物打落之傷。竟把陳定問了鬥毆殺人之律，妾丁氏威逼期親尊長致死之律，各問絞罪。陳定央了幾個分上來說，只是不聽。

丁氏到了女監，想道：「只爲我一身，致得丈夫受此大禍。不若做我一個不着，好歹出了丈夫。」他算計定了，解審察院，見了陳定，遂把這話説知。當官招道：「不合與大妻厮鬧，手起凳子，打落門牙，即時暈地身死。並與丈夫陳定無干。」察院依口詞，駁將下來，刑館再問，丁氏一口承認。

丁氏曉得有了此一段說話在案內了，丈夫到底脱罪。【眉批】丁氏難其人。然必須身死，問官方肯見信，作做實據，游移不得。亦且丈夫可以速結。是夜在監中自縊而死。獄中呈報。刑館看詳巢氏之死，既係丁氏生前招認下手，今已懼罪自盡，堪以相抵，原非死後添情推卸。陳定止斷杖贖發落。

陳定雖然死了愛妾，自却得釋放，已算大幸，一喜一悲。到了家内，方纔見有人說巢大郎許多事蹟：「這件是非，全是他起的，在裏頭打偏手使用，得了偌多東西，還不知足，又去知縣鄉里處拔短梯，故重復弄出這個事來。他又脱身走了，枉送了丁氏一條性命。」陳定想着丁氏捨身出脱他罪，一段好情，不覺越恨巢大郎得緊了。只是逃去未回，不得見面。

後來知縣朝覲去了。巢大郎已知陳定官司問結，放膽大了。喜氣洋洋，轉到家裏。【眉批】此即施□外來之景。只道陳定還未知其奸，照着平日光景，前來探望。陳定雖不說破甚麽，却意思冷淡了好些。巢大郎也看得出。且喜財物得過，儘勾幾時的受用，便姊夫怪了，也不以爲意。

豈知天理不容，自見了姊夫歸家來，他妻子便癲狂起來，口説的多是姊姊巢氏的説話，嚷道：「好兄弟，我好端端死了，只爲你要銀子，致得我粉身碎骨，地下不寧。你快超度我便罷，不然，我要來你家作祟，領兩個人去。」巢大郎驚得只是認不是討饒，去請僧道念經設醮。安静得兩日，又换了一個聲口道：「我乃陳妾丁氏。大娘病死，與我何干？爲你家貪財，致令我死于非命。今須償還我。」巢大郎一發懼怕，燒紙拜獻，不敢吝惜，只求無事。怎當得妻妾兩個，推班出色，遞换來擾？【眉批】懼極。不勾幾時，把所得之物，乾净弄完，寧可賠了些。又不好告訴得人，姊夫那裏又不作準了，懨懨氣色，無情無緒，得病而死。此是貪財害人之報。可見財物一事，至親也信不得，上手就騙害的。

小子如今説着宋朝時節一件事，也爲至親相騙，後來報得分明，還有好些希奇古怪的事，做一回正話。

利動人心不論親，巧謀賺取橐中銀。
直從江上巡回日，始信陰司有鬼神。

却説宋時靖康之亂，中原士大夫紛紛避地。大多盡入閩廣之間。有個寶文閣學士賈讜之弟賈謀，以勇爵入官。宣和年間，曾爲諸路廉訪使者。其人貪財無行，詭詐百端。移來嶺南，寓居德慶府。其時有個濟南商知縣，乃是商侍郎之孫，也來寄居府中。商知縣夫人已死，止有一小姐，年已及笄。有一妾，生二子，多在乳抱。家資頗多，盡是這妾掌管，小姐也在裏頭照料，且自過得和氣。賈廉訪探知商家甚富，小姐還未適人，遂爲其子賈成之納聘，取了過門。

後來商知縣死了，商妾獨自一個管理内外家事，撫養這兩個兒子。商小姐放心不下，每過十來日即到家裏，看一看兩個小兄弟，又與商妾把家裏遺存黄白東西在箱匣内的，查點一查點；及逐日用度之類，商量計較而行。【眉批】此女不私夫家，而顧其異母弟，亦是賢媛。習以爲常。

一日，商妾在家，忽見有一個承局打扮的人，來到堂前，口裏道：「本府中要排天中節，是合府富家大户金銀器皿、絹段綾羅，盡數關借一用，事畢一一付還。如有隱匿不肯者，即拿家屬問罪，財物入官。有一張牒文在此。」商妾頗認得字義，見了府牒，不敢不信。却是自家没有主意，不知該應怎的。回言道：「我家没有男子正人，哥兒們又小，不敢自做主，還要去賈廉訪宅上，問問我家小姐與姐夫賈衙内，纔好行止。」承局打扮的道：「要商量快去商量。府中限緊，我還要到别處去催齊回話的，不可有誤。」

商妾見説，即差一個當直的，到賈家去問。須臾來回言道：「小人到賈家，入門即撞見廉訪相公，問小人來意。小人説要見姐姐與衙内。廉訪相公道：『見他怎的？』小人把這裏的事説了一遍。廉訪相公道：『府間來借，怎好不與？你只如此回你家二娘子就是。小官人與娘子處，我替他説知罷了。』小人見廉訪是這樣説，小人就回來了。因恐怕家裏官府人催促，不去見衙内與姐姐。」商妾見説是廉訪相公教借與他，必是不妨。遂照着牒文所開，且是不少，終久是女娘家見識，看事不透，不管好歹，多搬出來，盡情交與這承局打扮的道：「只望排過節，就發來還了，自當奉謝。」承局打扮的道：「那不消説。官府門中，豈肯少着人家的東西？但請放心。把這張牒文留下，若有差池，可將此做執照，當官稟領得的。」當下商妾接了牒文，自去藏好。這承局打扮的捧着若干東西，欣然去了。

隔了幾日，商小姐在賈家來到自家屋裏。走到房中，與商妾相見了，寒温了一會。照着平時，翻翻箱籠看。只見多是空箱，金銀器皿之類，一些也不見，到有一張花邊欄紙票在内。拿起來一看，却是一張公牒，吃了一驚。問商妾道：「這却爲何？」商妾道：「幾日前，有一個承局打扮的，拿了這張牒文，説府裏要排天中節，各家關借東西去鋪設。當日奴家心中疑惑，却教人來問姐姐、姐夫。問的人回來説：撞遇老相公説起，道是該借的。奴家依言借與他去。這幾日望他拿來還我，竟不見來。正要來與姐姐、姐夫商量了，往府裏討去，可是中麽？」商小姐面如土色，想道：「有些尷尬。」不覺眼淚落下來道：「偌多東西，多是我爹爹手澤，敢是被那個拐的去了？怎的好？我且回家與賈郎計較，查個着實去。」

當下亟望賈家來，見了丈夫賈成之，把此事説了一遍。賈成之道：「這個姨姨也好笑，這樣事何不來問問我們？竟自支分了去！」商小姐道：「姨姨説來，曾叫人到我家來問，遇着我家相公，問知其事，説是該借與他。問的人就不來見你我，竟自去回了姨姨，故此借與他去的。」賈成之道：「不信有這等，我問爹爹則個。」賈成之進去問父親廉訪道：「商家借東西與府中，説是來問爹爹，爹爹分付借他，有此話麽？」廉訪道：「果然府中來借，怎好不借？只怕被别人狐假虎威誆的去，這個却保不得他。」【眉批】夫子自道也。賈成之道：「這等，索向府中當官去告，必有下落。」遂與商妾取了那紙府牒，在德慶府裏下了狀子。

府裏太守見説其事，也自吃驚。取這紙公牒去看，明知是假造的，只不知奸人是那個。當下出了一紙文書，給與緝捕使臣，命商家出五十貫當官賞錢，要緝捕那作不是的。訪了多時，並無一些影響。

商家吃這一閃，差不多失了萬金東西，家事自此消乏了。商妾與商小姐但一説着，便相對痛哭不住。賈成之見丈人家裏零替如此，又且妻子時常悲哀，心裏甚是憐惜。認做自家身上事，到處出力，不在話下。

誰知這賺去東西的，不是别人，正是：

遠不遠千里，近只在眼前。

看官，你道賺去商家物事的，却是那個？真個是人心難測，海水難量。元來就是賈廉訪這老兒。曉得商家有資財，又是孤兒寡婦，可以欺騙。其家金銀什物，多曾經媳婦商小姐盤驗，兒子賈成之透明知道。因商小姐帶回數目一本，賈成之有時拿出來看，誇説妻家富饒，被廉訪留心，接過手去，逐項記着。賈成之一時無心，難道有甚麽疑忌老子不成？【眉批】如此老子爲之子者亦信不過。豈知利動人心，廉訪就生出一個計較，假着府裏關文，着人到商家設騙。商家見所借之物多是家中有的，不好推掉，又兼差當值的來，就問着這個日裏鬼，怎不信了？此時商家決不疑心到親家身上。就是賈成之夫妻二人，也只說是甚麽神棍弄了去，神仙也不誆是自家老子。所以偌多時，緝捕人那裏訪查得出？

說話的，依你說，而今爲何知道了？看官聽說，天下事欲人不知，除非莫爲。廉訪拐了這主横財到手，有些毛病出來。俗語道：「偷得爺錢没使處。」心心念念，要拿出來兑换錢鈔使用。争奈多是見成器皿，若拿出來，怕人認得。只得把幾件來鎔化。又不好托得人，便燒熾了炭，親自坯銷。銷開了，却没處傾成錠子。他心生了一計：將毛竹截了一段小管，將所銷之銀傾將下去，却成一個圓餅，將到鋪中兑换錢鈔。鋪中看見廉訪家裏近日使的多是這竹節銀，再無第二樣；便有時零鏨了將出來，那圓處也還看得出。心裏疑惑，問那家人道：「宅上銀兩，爲何却一色用竹筒鑄的？是怎麽說？」家人道：「是我家廉訪手自坯銷，再不托人的。不知爲着甚麽緣故。」三三兩兩，傳將開去，道賈家用竹筒傾銀用，煞是古怪。就有人猜到商家失物這件事上去。却是他兩家兒女至親，誰來執證？不過這些人費得些口舌。有的道：「他們只當一家，那有此事？」有的道：「官宦人家，怕不會唤銀匠傾銷物件，却自家動手？必是碍人眼目的，出不得手，所以如此。况且平日不曾見他這等的，必然蹊蹺。」也只是如此疑猜，没人鑿鑿說得是不是。至于商家，連疑心也不當人子，只好含辛忍苦，自己懊悔怨悵，没個處法。緝捕使臣等聽得這話，傳在耳朵裏，也只好笑笑，誰敢向他家道個不字？這件事只索付之東流了。

只可笑賈廉訪堂堂官長，却做那賊的一般的事。曾記得無名子有詩云：

解賊一金並一鼓，迎官兩鼓一聲鑼。
金鼓看來都一樣，官人與賊不争多。

又，劇賊鄭廣受了招安，得了官位，曾因官員每做詩，他也口吟一首云：

鄭廣有詩獻衆官，衆官與廣一般般。
衆官做官却做賊，鄭廣做賊却做官。

今日賈廉訪所爲，正似此二詩所言：「官人與賊不争多」，「做官却做賊」了。却又施在至親面上，欺孤騙寡，尤爲可恨。若如此留得東西與子孫受用，便是天没眼睛。看官不要性急，且看後來報應。

果然光陰似箭，日月如梭，轉眼二十年，賈廉訪已經身故，賈成之得了出身：現做粤西永寧横州通判。其時商妾長子幼年不育，第二個兒子唤名商懋，表字功父。照通族排來，行在第六十五。同母親不住德慶，還在臨賀地方，與横州不甚相遠。那商功父生性剛直，頗有幹才，做事慷慨，又熱心，又和氣。賈成之本意憐着妻家，後來略聞得廉訪欺心賺騙之事，越加心裏不安。見了小舅子，十分親熱。商小姐見兄弟小時，母子伶仃，而今長大知事，也自喜歡他。所以成之在横州衙内，但是小舅子來，千歡萬喜，上百兩送他，姐姐又還有私贈，至于與人通關節得錢的在外。來一次，一次如此。功父奉着寡母過日，靠着賈家姐姐、姐夫，恁地扶持，漸漸家事豐裕起來，在臨賀置有田産莊宅，廣有生息。又娶富人之女爲妻，規模日大一日，不似舊時母子旅邸荒凉景況。

過了幾時，賈成之死在官上。商小姐急差人到臨賀地方，接功父商量後事。諸凡停當過，要扶柩回葬。商功父攛掇姐姐道：「總是德慶也不過客居，原非本籍。我今在臨賀，已立了家業，姐姐只該同到臨賀，尋塊好地，葬了姐夫，就在臨賀住下，相傍做人家。也好時常照管，豈非兩便？」小姐道：「我是女人家，又是孑身孀居，巴不得依傍着親眷。但得安居，便是住足之地。那德慶也不是我家鄉，還去做甚？只憑着兄弟主張，就在臨賀仝住了。周全得你姐夫入了土，大事便定，吾心安矣。」元來商小姐無出，有媵婢生得兩個兒子，絶是幼小，全仗着商功父提撥行動。

當時計議已定，即便收拾家私，一起望臨賀進發。少時來到，商功父就在自己住宅邊尋個房舍，安頓了姐姐與兩個小外甥。從此兩家相依。功父母親與商小姐兩人，朝夕爲伴。不是我到你家，便是你到我家，彼此無間。

商小姐中年寡居，心貪安逸，又見兄弟能事，是件周到停當，遂把内外大小之事，多托與他執料，錢財出入，悉憑其手，再不問起數目。又托他與賈成之尋陰地，造墳安葬，所費甚多。商功父賦性慷慨，將着賈家之物，作爲己財，一律揮霍。雖有兩個外甥，不是姐姐親生，亦且乳臭未除，誰人來稽查得他？商功父正氣的人，不是要存私，却也只趂着興頭，自做自主，像心像意，那裏還分别是你的我的？久假不歸，連功父也忘其所以。賈廉訪昔年設心拐去的東西，到此仍舊還與商家用度了。這是甕裏來的飯裏去，天理報復之常，可惜賈廉訪眼裏不看得見。

一日，商功父害了傷寒症候，身子熱極。忽覺此身飄浮，直出帳頂，又升屋角。漸漸下來，恣行曠野，茫茫恰像海畔一般，並無一個伴侣。正散蕩間，忽見一個公吏打扮的走來。相見已畢，問了姓名，公吏道：「郎君數未該到此。今有一件公事，郎君合當來看一看，請到府中走走。」商功父不知甚麽地方，跟着這公吏便走。走到一個官府門前，見一個囚犯，頭戴黑帽，頸荷鐵枷，絣在西邊兩扇門外。仔細看這門，是個獄門。但見：

陰風慘慘，殺氣霏霏。只聞鬼哭神號，不見天清日朗。猙獰隸卒挨肩立，蓬垢囚徒側目窺。憑教鐵漢銷魂，任是狂夫失色。

商功父定睛看時，只見這囚犯絣處，左右各有一個人，執着大扇相對而立。把大扇一揮，這枷的囚犯叫一聲

「阿呀」，登時血肉糜爛，淋灕滿地，連囚犯也不見，止剩得一個空枷。少歇須臾，依然如舊。

功父看得渾身打顫，呆呆立着。那個囚犯忽然張目大呼道：「商六十五哥，認得我否？」功父倉卒間不曾細認，一時未得答應。【眉批】暢極。囚犯道：「我乃賈廉訪也。生前做得虧心事頗多，今要一一結證。諸事還一時了不來。得你到此，且與我了結一件。我昔年取你家財，陽世間償還，已差不多了，陰間未曾結絶得。多一件，多受一樣苦。今日煩勞你寫一供狀，認是還足，我先脱此風扇之苦。」説罷，兩人又是一扇，仍如起初狼籍一番。

功父好生不忍。因聽他適間之言，想起家裏事體來，道：「平時曾見母親説，向年間被人賺去家資萬兩，不知是誰，後來有人傳説是賈廉訪，因爲親眷家，不信有這事。而今聽他説起來，這事果然是真了，所以受此果報。【眉批】欺心事做在世上了，做鬼也難見至親之面。看他這般苦楚，吾心何安？況且我家受姐夫許多好處，而今他家家事，見在我掌握之中，元來是前緣合當如此。我也該遞個結狀，解他這一樁公案了。」就對囚犯説道：「我願供結狀。」囚犯就求傍邊兩人，取紙筆遞與功父。兩人見説肯寫結狀，便停了扇不扇。功父看那張紙時，原已寫得有字。囚犯道：「只消舅舅押個字就是了。」功父依言，提起筆來，寫個花押，遞與囚犯。兩人就伸手來，在囚犯處接了，便喝道：「快進去！」囚犯對着功父大哭道：「今與舅舅别了，不知幾時得脱？好苦！好苦！」一頭哭，一頭被兩個執扇的人趕入獄門。

功父見他去了，嘆息了一回，信步走出府門外來。只見起初同來這個公吏，手執一符，引着卒徒數百，多像衙門執事人役，也有掮旗的，也有打傘的，前來聲喏，恰似接新官一般。【眉批】報應其常，此段事情却幻。功父心疑。那公吏上前行起禮來，跪着稟白道：「泰山府君道郎君剛正好義，既抵陰府，不宜空回，可暫充賀江地方巡按使者。天符已下，就請起程。」功父身不自由，未及回答，吏卒前導，已行至江上。

空中所到之處，神祇參謁。但見：

華蓋山、目巖山、白雲山、栄山、歌山、泰山、蒙山、獨山許多山神，昭潭洞、平樂溪、考槃澗、龍門灘、感應泉、瀧江、富江、荔江許多水神，

多來以次相見，待功父以上司之禮，各執文簿呈遞。公吏就請功父一一查勘。查有境中某家肯行好事，積有年數，神不開報，以致久受困窮；某家慣作歹事，惡貫已盈，神不開報，以致尚享福澤；某家外假虛名，存心不善，錯認做好人，冒受好報；某家迹蒙曖昧，心地光明，錯認做歪人，久行廢棄；以致山中虎狼食人，川中波濤溺人，有冥數不該，不行分別，誤傷性命的，多一一詰責，據案部判。隨人善惡細微，各彰報應。【眉批】世間如此案牘多矣，安得巡江使者一一覈之。諸神奉職不謹，各量申罰。諸神喏喏連聲，盡服公平。

迤逦到封川大江口，公吏禀白道：「公事已完。現有福神來迎，明公可回駕了。」就空中還至賀州，到了家裏，原從屋上飛下，走入床中。一身冷汗，颯然驚覺，乃是南柯一夢。汗出不止，病已好了。

功父伸一伸腰，挣一挣眼，叫聲：「奇怪！」走下床來。只見母、妻兩人，正把玄天上帝畫像，挂在床邊，焚香禱請。元來功父身子眠在床上，惛惛不知人事，叫問不應，飲食不進，不死不活，已經七晝夜了。母、妻見功父走將起來，大家歡喜道：「全仗聖帝爺爺保佑之力！」功父方纔省得公吏所言「福神來迎」，正是家間奉事聖帝之應。

功父對母、妻把陰間所見之事，一一說來。母親道：「向來人多傳說，道是這老兒拐去我家東西，因是親家，決不敢疑心。今日方知是真，却受這樣惡報。可見做人在財物上不可欺心如此。」正嗟嘆間，商小姐好到來，問兄弟的病信，見說走起來了，不勝歡喜。商功父見了姐姐，也說了陰間所見。商小姐見說公公如此受苦，心中感動，商議要設建一個醮壇，替廉訪解釋罪業。功父道：「正該如此。神明之事，灼然可畏。我今日

家錢鈔不着，建啟一場黄録大醮，超拔商、賈兩家親經過的，斷無虚妄。」依了姐姐説，擇一個日子，總是做賈亡過諸魂，做了七晝夜道場。【眉批】妙在商家不疑不恨，而冥中原自灼然，所以可畏。功父夢見廉訪來謝道：「多蒙舅舅道力超拔，兩家亡魂，俱得好處托生。某也得脱苦獄，隨緣受生去了。」功父看去，廉訪衣冠如常，不是前日蓬首垢面囚犯形容。覺來與合家説着。商小姐道：「我夜來夢見廉訪相公，説話也如此。可知報應是實。」

功父自此力行善事，敬信神佛。後來年至八十餘，復見前日公吏，執着一紙文書，前來請功父交代。功父沐浴衣冠，無疾而終。自然入冥路爲神道矣。仍舊卒徒數百人，簇擁來迎，一如前日夢裏江上所見光景。

周親忍去騙孤孀，到此良心已盡亡。
善惡到頭如不報，空中每欲借巡江。

許察院感夢擒僧

王氏子因風養蠶

卷之二十一

許察院感夢擒僧　王氏子因風獲盗

詩云：

獄本易冤，况於爲盗！
若非神明，鮮不顛倒。

話説天地間事，只有獄情最難測度。問刑官憑着自己的意思，認是這等了，坐在上面，只是敲打。自古道：「箠楚之下，何求不得？」任是什麽事情，只是招了。見得説道：「重大之獄，三推六問。」大略多守着現成的案，能有幾個伸冤理枉的？至於盗賊之事，尤易冤人。一心猜是那個人了，便覺語言行動，皆竊鐵也件件可疑，越辨越像。除非天理昭彰，顯應出來，或可明白。若只靠着鞫問一節，儘有屈殺了，再無説處的。

記得宋朝隆興元年，鎮江軍將吴超守楚州，魏勝在東海與虜人相抗，因缺軍中賞賜財物，遣統領官盛彦來取。别將袁忠，押了一擔金帛，從丹陽來到。盛彦到船相拜。見船中白物堆積，笑道：「財不可露白。金滿舟累累，晃人眼目如此。」袁忠道：「官物甚人敢輕覷？」盛彦戲道：「吾今夜當令壯士來取了去，看你怎地？」袁忠也笑道：「有膽來取，任從取去。」大家一笑而别。是夜果有强盗二十餘人，跳上船來，將袁將綑縛，掠取船中銀四百錠去了。

次日，袁將到帥府中哭告吴帥，説：「昨夜被統領官盛彦劫去銀四百錠，且被綁縛，伏乞追還究治。」吴帥道：「怎見得是盛彦劫去？」袁將道：「前日袁忠船自丹陽來到，盛統領即來相拜。【眉批】自是告者憒憒。一見銀兩，便已動心，口説道：『今夜當遣壯士來取去。』袁忠還道他是戲言，不想至夜果然上船劫掠了四百錠去，不是他是誰？」吴帥聽罷，大怒道：「有這樣大膽的！」即着四個捕盗人，將盛彦及隨行親校盡數拘來。軍令嚴肅，誰敢有違？須臾，一干人衆拥入轅門，到了庭下。盛統領請問得罪緣由，吴帥道：「袁忠告你帶領兵校，劫了他船上銀四百錠，還説無罪？」盛彦道：「那有此事？小人雖然卑微，也是個職官，豈不曉得法度，幹這樣犯死的事？」袁忠跪下來證道：「你日間如此説了，晚間就失了盗，還推得那裏去？」盛彦道：「日間見你財物太露，故此戲言。豈有當真做起來的？」吴帥道：「這樣事豈可戲得？自然有了這意思，方纔説那話。」盛彦慌了道：「若小人要劫他的，豈肯先自洩機？」吴帥怒道：「正是你心動火了，口裏不覺自露。如此大事，料你不肯自招。」喝教用起刑來。盛彦殺猪也似叫喊冤屈，吴帥那裏肯聽？只是嚴加拷掠，備極慘酷。盛彦熬刑不過，只得招道：「不合見銀動念，帶領親兵夜劫是實。」因把隨來親校，逐個加刑起來。其間有認了的，有不認的。那不認的，落得多受了好些刑法，有甚用處？不由你不胡盧提，一概畫了招伏。

及至追究原臟，一些無有。搜索行囊已遍，别無踪迹。又把來加上刑法。盛統領没奈何，信口妄言道：「即時有個親眷到湖湘，已盡數付他販魚米去了。」吴帥寫了口詞。軍法所係，等不到臟到成獄。三日内便要押赴市曹，先行梟首示衆。盛統領不合一時取笑，到了這個地位。正是：

渾身是口不能言，遍體排牙説不得。

且説鎮江市上有一個破落户，姓王，名林。素性無賴，專一在揚子江中做些不用本錢的勾當。有妻冶容年少，當罏沽酒，私下順便結識幾個倬俏的，走動走動。這一日，王林出去了，正與鄰居一個少年在房中調情，摟着要幹那話。怎當得七歲的一個兒子在房中頑耍，不肯出去。王妻駡道：「小業種，還不走了出去？」那兒子頑到興頭上，那裏肯走？【眉批】天籟。年紀雖小，也倒曉得些光景，便苦毒道：「你們自要入屬，干我甚事？只管來碍着我！」王妻見説着病痛，自覺没趣，起來趕去，一頓栗暴，叉將出去。小孩子被打得疼了，捧着頭號天號地價哭，口裏千入屬、萬入屬的喊。惱得王妻性起，且丢着漢子，抓了一條麵杖，趕來打他。小孩子一頭喊，一頭跑，急急奔出街心，已被他頭上撈了一下。小孩子護着痛，口裏嚷道：「你家幹得甚麽好事，到來打我？好端端的竈頭拆開了，偷别人家許多銀子，放在裏頭，遮好了。【眉批】天籟。不要討我説出來。」嗚哩嗚喇的正在嚷處，王妻見説出海底眼，急走出街心拉了進去。

早有做公的聽見這話，走去告訴與夥伴道：「小孩子這句話，造不出來的，必有緣故。目今袁將官失了銀四百錠，冤着盛統領劫了，早晚處決。不見贜物。這個王林，乃是慣家，莫不有些來歷麽？我們且去察聽個消息。」約了五六個夥伴，到王林店中來買酒吃。

吃得半闌，大叫道：「店主人！有魚肉回些我們下酒。」王妻應道：「我店裏只是腐酒，没有葷菜。」做公的道：「又不白吃了你們的，爲何不肯？」王妻道：「家裏不曾有得，變不出來。誰説白吃？」一個做公的便倚着酒勢，要來尋非，走起來道：「不信没有，待我去搜看。」望着内裏便走。一個趕來相勸。已被他搶入厨房中，故意將竈上一撞，撞下一塊磚來，跌得粉碎。王妻便發話道：「誰人家没個内外？怎吃了酒没些清頭，趕到人家厨房中，竈砧多打碎了！」做公的回嗔作喜道：「店家娘子，不必發怒。【眉批】好做法。竈砧小事，我收拾好還你。」便把手去捥那碎處。王妻慌忙將手來遮掩道：「不妨事，我們自家脩罷。」做公的看見光景有些尷尬，不由分説，索性用力一推，把竈角多推塌了，裏面露出白晃晃大錠銀子一堆來。胡哨一聲道：「在這裏了！」衆人一齊起身，趕進來看見，先把王妻拴起，正要根究王林，只見一個人撞將進來道：「誰在我家羅哴？」衆人看去，認得是王林，喝道：「拿住！拿住！」王林見不是頭，轉身要走。衆做公的如鷹拿燕雀，將索來綁縛了。一齊動手，索性把竈頭扒開。取出銀子數一數看，四百錠多在，不曾動了一些。連人連贜，一起解到帥府。

吴帥取問口詞，王林招説打劫袁將官船上銀兩是實。推究黨與，就是平日與妻子往來的鄰近一夥惡少年，共有二十餘人。密地擒來，不曾脱了一個。招情相同。即以軍法從事立時梟首，妻子官賣。方纔曉得前日屈了盛統領並一干親校，放了出獄。若不是這日王林敗露，再隔一晚，盛統領並親校的頭多不在頸上了。

【眉批】刑官念之。可見天下的事，再不可因疑心，妄坐着人的。

而今也爲一椿失盗的事，疑着兩個人，後來却得清官辨白出來，有好些委曲之處。待小子試説一遍：

訟獄從來假，翻令夢寐真。
莫將幽暗事，冤却眼前人。

話説國朝正德年間，陝西有兄弟二人，一個名唤王爵，一個名唤王禄。祖是個貢途知縣，致仕在家。父是個鹽商，與母俱在堂。王爵生有一子，名一臯；王禄生有一子，名一夔。爵、禄兩人，幼年俱讀書，爵進學爲生員。禄廢業不成，却精于商賈榷算之事。其父就帶他去山東相幫種鹽。見他能事，後來其父不出去了，將銀一千兩，托他自往山東做鹽商去。隨行兩個家人，一個叫做王恩，一個叫做王惠，多是經履風霜、慣走江湖的人。

王禄到了山東，主僕三個，眼明手快，算計過人，撞着時運又順利，做去就是便宜的，得利甚多。自古道：「飽暖思淫欲。」王禄手頭饒裕，又見財物易得，便思量淫蕩起來。接着兩個表子，一個唤做天天，一個唤做蓁蓁，闞宿情濃。索性兑出銀子來，包了他身體。又與家人王恩、王惠各娶了一個小老婆，多揀那少年美貌的。名雖爲家人媳婦，伏侍夭夭、蓁蓁，其實王禄輪轉歇宿，反是王恩、王惠到手的時節甚少。興高之時，四個弄做一床，大家淫戲，彼此無忌。日夜歡歌，酒色無度。不及二年，遂成勞怯。一絲兩氣，看看至死。

王禄自知不濟事了，打發王恩寄書家去與父兄，叫兒子王一夔同了王恩到山東來，交付帳目。王爵看書中說得銀子甚多，心裏動了火，算計道：「侄兒年紀幼小，便去也未必停當。況且病勢不好，萬一等不得，却不散失了銀兩？」意要先趕將去，却交兒子一臯相伴一夔同走。遂分付王恩道：「你慢慢與兩位小官人收拾了，一同後來。待我星夜先自前去，見二官人則箇。」只因此去，有分交：白面書生，遽作離鄉之鬼；緇衣佛子，翻爲入獄之囚。」正是：

福無雙至猶難信，禍不單行果是真。
不爲弟兄多濫色，怎教雙喪異鄉身？

王爵不則一日，到了山東，尋着兄弟王禄。看見病雖沈重，還未曾死。元來這些色病，固然到底不救，却又一時不死，最有清頭的。幸得兄弟兩個，還及相見。王禄見了哥哥，弔下淚來。王爵見了兄弟病勢已到十分，涕泣道：「怎便狼狽至此？」王禄道：「小弟不幸，病重不起。忍着死，專等親人見面。今吾兄已到，弟死不恨了。」王爵道：「賢弟在外日久，營利甚多，皆是賢弟辛苦得來。今染病危急，萬一不好，有甚遺言回覆父母？」王禄道：「小弟遠游，父母、兄長跟前有失孝悌。專爲着幾分微利，以致如此。聞兄說我辛苦，只這句話，雖勞不怨了。【眉批】不私其子，亦是。然不若是恐其子反不得與耳。今有原銀一千兩，奉還父母，以代我終身之養。其餘利銀三千餘兩，可與我兒一夔一半，侄兒一臯一半，兩分分了。幸得吾兄到此，銀既有托，我雖死，亦瞑目地下矣。」分付已畢，王爵隨叫家人王惠，將銀子查點已過。王禄多說了幾句話，漸漸有聲無氣。挨到黄昏，只有出的氣，没有入的氣，嗚呼哀哉，伏惟尚饗。王爵與王惠哭做了一團，四個婦人也陪出了些哀而不傷的眼淚。

王爵着王惠去買了一副好棺木，盛貯了。下棺之時，王爵推説日辰有犯，叫王惠監視着四個婦女，做一房鎖着，一個人也不許來看。殯殮好了，方放出來。隨去喚那天天、蓁蓁的鴇兒到來，寫個領字(子)領了回去。還有這兩個女人，也叫元媒人領還了娘家。【眉批】此時處分甚老成，何他日復以己敗？也不管眼面前的王惠有些不捨得，身背後的王恩不曾相别得，只要設法輕鬆了，便當走路。

當下，一面與王惠收拾打叠起來；將銀五百兩，裝在一個大匣之内。將一百多兩零碎銀子、金首飾二副，放在隨身行囊中，一路使用。王惠疑心，問道：「二官人許多銀兩，如何只有得這些？」王爵道：「恐怕路上不好走，多的我自有妙法藏過，到家便有。所以只剩得這些在外邊。」王惠道：「大官人既有妙法，何不連這五百兩也藏過？路上盤纏勾用罷了。」王爵道：「一個大客商屍棺回去，難道幾百兩銀子也沒有的？别人疑心起來，反要搜根剔齒，便不妙了。不如放此一匣在行李中，原打點送與别人了。也勾看得沈重，别人便再不疑心還有什麽了。」王惠道：「大官人見得極是。」

計較已定，去僱起一輛車來。車户唤名李旺。車上載着棺木，滿貯着行李。自己與王惠短撥着牲口騎了，相傍而行，一路西來。到了曹州東關飯店内歇下，車子也推來安頓在店内空處了。

車户李旺，行了多日，習見匣子沈重，曉得是銀子在内。起個半夜，竟將這一匣抱着，趂人睡熟時，離了店内，連車子撇下，逃了出去。比及天明客起，唤李旺來推車，早已不知所向。急簡點行李物件，正不見了匣子一個。王爵對店家道：「這個匣子裝着銀子五百兩在裏頭，你也脱不得干係。」店家道：「若是小店内失所了，應該小店查還。今却是車户走了。車户是客人前途雇的，小店有何干涉？」王爵見他説得有理，便道：「就與你無干，也是在你店内失去。你須指引我們尋他的路頭。」店家道：「客人，這車户那裏僱的？」王惠道：「是省下僱來的北地裏回頭車子。」店家道：「這等，他不往東去，還只在西去的路上。況且身有重物，行走不便，作速追去，還可擒獲。只是得個官差同去，追獲之時，方無疏失。」王爵道：「這個不打緊。我穿了衣巾，與你同去，禀告州官，差個快手便是。」店家道：「原來是一位相公，一發不難了。」問問州官，却也是個陝西人。王爵道：「是我同鄉，更妙。」

王爵寫個帖子，又寫着一紙失狀。州官見是同鄉，分外用情，即差快手李彪隨着王爵，跟捕賊人，必要擒獲，方準銷牌。王爵就央店家另僱了車夫，推了車子，別了店家，同公差三個人一起走路。

到了開河集上，王爵道：「我們帶了累堆物事，如何尋訪？不若尋一大店安下了，住定了身子，然後分頭緝探消息方好。」李彪道：「相公極説得有理。我們也不是一日訪得着的。訪不着，相公也去不成。此間有個張善店極大，且把喪車停在裏頭，相公住起兩日來。我們四下尋訪，訪得影響，我們回覆相公，方有些起倒。」王爵道：「我正是這個意思。」叫王惠分付車夫，竟把車子推入張善店内。店主人出來接了。李彪分付道：「這位相公是州裏爺的鄉里，護喪回去。有些公幹，要在此地方停住兩日。你們店裏揀潔浄好房，收拾兩間，我們歇宿。相公們安心住幾日就是。」一面擺出常例的酒飯來。王爵自居上房另吃，王惠與李彪同吃。吃過了，李彪道：「日色還早，小人去與集上一班做公的弟兄約會一聲，大家留心一訪。」王爵道：「正該如此。訪得着了，重重相謝。」李彪道：「當得效勞。」説罷自去了。

王爵心中悶悶不樂，問店主人道：「我要到街上閒步一回，没個做伴。你與我同走走。」張善道：「使得。」王爵留着王惠看守行李房卧，自己同了張善走出街上來。在閙熱市裏擠了一番。王爵道：「可引我到幽静處走走。」張善道：「來，來。有一個幽静好去處在那裏。」王爵隨了張善，在野地裏穿將去。走到一個所在，乃是個尼菴。張善道：「這裏甚幽静，裏邊有好尼姑。我們進去討杯茶兒吃吃。」張善在前，王爵在後，走入菴裏。只見一個尼僧，在裏面踱將出來。王爵一見，驚道：「世間有這般標致的！」怎見得那尼僧標致？

尖尖髮印，好眉目新剃光頭；窄窄緇袍，俏身軀雅裁稱體。櫻桃樊素口，芬芳吐氣只看經；楊柳小蠻腰，裊娜逢人旋唱喏。似是摩登女來生世，那怕老阿難不動心！

王爵看見尼姑，驚得蕩了三魂，飛了七魄。固然尼姑生得大有顔色，亦是客邊人易得動火。尼姑見有客來，趨蹌迎進，拜茶。王爵當面相對，一似雪獅子向火，酥了半邊，看看軟了。坐間未免將幾句風話撩他。那尼姑也是多見廣識的，公然不拒。王爵曉得可動，密懷有意。

一盞茶罷，作別起身。同張善回到店中來。暗地取銀一錠，藏在袖中，叮嚀王惠道：「我在此悶不過，出外去尋個樂地適興，晚間不回來也不可知。店家問時，只推不知。你伴着公差，好生看守行李。」王惠道：「小人曉得，官人自便。」

王爵撇了店家，回身重到那個菴中來。尼姑出來見了道：「相公方纔别得去，爲何又來？」王爵道：「心裏捨不得師父美貌，再來相親一會。」尼姑道：「好説。」王爵道：「敢問師父法號。」尼姑道：「小尼賤名真静。」王爵笑道：「只怕樹欲静而風不寧，便動動也不妨。」尼姑道：「相公休得取笑。」王爵道：「不是取笑。小生客邊得遇芳容，三生有幸。若便是這樣去了，想也教人想殺了。小生寓所煩雜，敢具白金一錠，在此要賃一間閒房住幾晚，就領師父清誨。未知可否？」尼姑道：「閑房儘有，只是晚間不便，如何？」王爵笑道：「晚間賓主相陪，極是便的。」【眉批】□□□□□□□□□□□渾閑事。尼姑也笑道：「好一個老臉皮的客人！」元來那尼姑是個經彈的班鳩，着實在行的。況見了白晃晃一錠銀子，心下先自要了。便伸手來接着銀子道：「相公果然不嫌此間窄陋，便住兩日去。」王爵道：「方纔説要主人晚間相陪的。」尼姑微笑道：「夯貨！誰説道叫你獨宿？」王爵大喜，彼此心照。是夜就與真靜一處宿了。你貪我愛，顛鸞倒鳳，恣行淫樂，不在話下。

睡到次日天明，來到店中看看。打發差人李彪出去探訪，仍留王惠在店。傍晚又到真靜處去了。兩下情濃，割扯不開。王惠與李彪見他出去外邊歇宿，只說是在花柳人家，也不查他根腳。店主人張善，一發不干他己事，只曉得他不在店裏宿罷了。

如此多日。李彪日日出去，晚晚回店，並没有些消息。【眉批】主人且留戀閒情，而欲公差上緊訪賊乎？李彪對王爵道：「眼見得開河集上地方没影踪，我明日到濟寧密訪去。」王爵道：「這個却好。」就秤些銀子與他做盤纏，打發他去了。又轉一個念頭道：「緝訪了這幾時，並無下落。從來説做：『公人的，捉賊放賊。』敢是有弊在裏頭？」隨叫王惠：「可趕上去，同他一路走，他便没做手脚處。」王惠領命也去了。王爵剩得一個在店，思量道：「行李是要看守的，今晚須得住在店裏。」日間先走去，與尼姑説了今夜不來的緣故。真靜戀戀不捨。王爵只得硬了肚腸，別了到店裏來。店家送些夜飰吃了，收拾歇宿。店家并叠了家伙，關好了店門，大家睡去。

一更之後，店主張善聽得屋上瓦響。他是個做經紀的人，常是提心弔膽的，睡也睡得惺憁。口不做聲，嘿嘿静聽。須臾之間，似有個人在屋檐上跳下來的聲響。張善急披了衣服，跳將起來，口裏一面喊道：「前面有甚麼響動？大家起來看看。」

張善等不得做工的起身，慌忙走出外邊。脚步未到時，只聽得劈撲之聲，店門已開了。張善曉得着了賊，自己一個人不敢追出來，心下想道：「且去問問王家房裏看。」那王爵這間的住房，門也開了，張善連聲叫：「王相公！王相公！不好了！不好了！快起來點行李！」不見有人應。只見店外邊一個人，氣急咆哮的走將進來道：「這些時怎生未關店門，還在這裏做甚麼？」張善擡頭看時，却是快手李彪。張善道：「適間響動，想是有賊，故來尋問王相公。你到濟寧去了，爲何轉來？」李彪道：「我弔下了隨身腰刀在床鋪裏了，故連忙趕回拿去。既是響動，莫不失所了甚麽？」張善道：「正要去問王相公。」李彪道：「大家去叫他起來。」走到王爵臥房內，叫聲不應。點火來看，一齊喊一聲道：「不好了！」元來王爵已被殺死在床上了。李彪呆了道：「這分明是你店裏的緣故了！見我每二人多不在，他是秀才家孤身，你就算計他了！」張善也變了臉道：「我每睡夢裏聽得響聲，纔起來尋問。不見別人，只見你一個。你既到濟寧去，爲何還在？【眉批】兩下互疑，俱有影似。甚哉，折獄之難也！這殺人事不是你，倒說是我？」李彪氣得眼睜道：「我自掉了刀，轉來尋的。只見你夜晚了還不關門，故此問你。豈知你先把人殺了！」張善也戰抖抖的怒道：「你有刀的，怕不會殺了人？反來賴我！」李彪道：「我的刀須還在床上，不曾拿得在手裏。」隨走去床頭取了出來，燈下與張善看道：「你們多來看看，這可是方纔殺人的？血迹也有一點半點兒？」李彪是公差人，能說能話，張善那裏說得他過？嚷道：「我只爲趕賊，走起來不見到賊，只撞着的是你。一同叫到房裏，纔見王秀才殺死，怎賴得我？」兩個人彼此相疑，大家混争。驚起地方、鄰里人等，多來問故。兩個你說一遍，我說一遍。地方見是殺人公事，道：「不必相争，兩下多走不脱。到了天明，一同見官去。」把兩個人拴起了，收在鋪裏。

一霎時天明，地方人等一齊解到州裏來。知州升堂，地方帶將過去，禀說是人命重情。州官問其緣由，地方人說：「客店内晚間殺死了一個客人。這兩個人互相疑推，多帶來聽爺究問。」李彪道：「小人就是爺前日差出去同王秀才緝賊的公差。因停住在開河張善店內，緝訪無踪。小人昨日同王秀才家人王惠，前往濟寧廣緝，單留得王秀才在下處。店家看見單身，貪他行李，把來殺了。」張善道：「小人是個店家，歇下王秀才在店幾日了。只因訪賊無踪，還未起身。昨日打發公差與家人到濟寧去了，獨留在店。小人晚間聽得有人開門響，這是小人店裏的干係。起來尋問，只見公差重復回店，說是尋刀。當看王秀才時，已被殺死。」知州問李彪道：「你既去了，爲何轉來，得知店家殺了王秀才？」李彪道：「小人也不知。小人路上記起失帶了腰刀，與同行王惠説知，叫他前途等候，自己轉來尋的。【眉批】豈有謀殺客人而不關店門者？即此可知非店主。到得店中，已自更餘。只見店門不關，店主張善正在店裏慌張。看王秀才，已被殺了，不是店家殺了，是誰？」

知州也決斷不開，只得把兩人多用起刑來。李彪終久是衙門中人，説話硬浪，又受得刑起。張善是個經紀人，不曾熬過這樣痛楚的。當不過了，只得屈招道：「是小人見財起意，殺了王秀才是實。」知州取了供詞，將張善發下死囚牢中，申詳上司發落。李彪保候聽結。

且説王惠在濟寧飯店宿歇，等李彪到了，一同訪緝。第二日等了一日，不見來到，心裏不耐煩起來，回到開河來問消息。到得店中，只見店中嚷成一片，説是：「王秀才被人殺了，却叫我家問了屈刑！」王惠只叫得苦。到房中看看家主王爵，頸下飧刀，已做了兩截了。王惠號咷大哭了一場，急簡點行李，已不見了銀子八十兩、金首飾二副。王惠急去買副棺木，盛貯了屍首。恐怕官府要相認，未敢釘蓋，且就停在店内。排個座位，朝夕哭奠。已知張善在獄，李彪保候，他道這件事一來未有原告，二來不曾報得失贓，三來未知的是張善謀殺，下面官府未必有力量歸結，報得冤仇。須得上司告去，纔得明白。聞知察院許公，善能斷無頭事，恰好巡按到來，遂寫下一張狀子，赴察院案下投告。

那個察院，就是河南靈寶有名的許尚書襄毅公，其時在山東巡按。見是人命重情，批與州中審解。州中照了原招，只坐在張善身上，其贓銀候追。張善當官怕打，雖然一口應承，見了王惠，私下對他着實叫屈。且訴説那晚門響，撞見李彪的光景。連王惠心裏也不能無疑，只是不好指定了那一個。一同解到察院來。

許公看了招詞，叫起兩下一問，多照前日説了一番説話。許公道：「既然張善還扳着李彪，如何州裏一口招了？」張善道：「小人受刑不過，只得屈招。其實小人是屋主，些小失脱，還要累及小人追尋，怎敢公然殺死了人，藏了財物？小人待躲到那裏去？那日門開時，小人趕起來，只見李彪撞進來的，怎到不是李彪，却栽着小人身上？」李彪道：「小人是個官差，州裏打發小人隨着王秀才緝賊的。這秀才是小人的干係，殺了這秀才，怎好回得州官？況且小人掉了腰刀，轉身來尋的。進門時，手中無物，難道空拳頭殺得人？已後床頭纔取刀出來，衆目所見的，須不是殺人的刀了。人死在張善店裏，不問張善問誰？」許公叫王惠問道：「你道是那一個？」王惠道：「連小人心裏也胡突。【眉批】此亦易見，恨讞者只欲了事，不顧人寃耳。兩下多可疑，兩下多有辨，說不得是那一個。」許公道：「據我看來，兩個多不是。必有別情。」遂援筆判道：

李彪、張善，一爲根尋，一爲店主，動輒牽連，肯殺人以自累乎？必有別情，監候審奪。

當下把李彪、張善多發下州監，自己退堂進去。心中只是放這事不下。晚間朦朧睡去，只見一個秀才，同着一個美貌婦人，前來告狀，口稱：「被人殺死了。」許公道：「我正要問這事。」婦人口中說出四句道：

無髮青青，彼此來爭。

土上鹿走，只看夜明。

許公點頭記着。正要問其詳細，忽然不見。吃了一驚，颯然覺來，乃是一夢。那四句却記得清清的，仔細思之，不解其意。但忖道：「婦人口裏説的首句，有『無髮』二字。婦人無髮，必是尼姑也。這秀才莫不被尼姑殺了？且待明日細審，再看如何。這詩句必有應驗處。」

次日升堂，就提張善一起再問。人犯到了案前，許公叫張善起來問道：「這秀才自到你店中，晚間只在店中歇宿的麼？」張善道：「自到店中，就只留得公差與家人在店歇宿，他自家不知那裏去過夜的。直到這晚，因爲兩人多差往濟寧，方纔來店歇宿，就被殺了。」許公道：「他曾到本地甚麼菴觀去處麼？」張善想了一想道：「這秀才初到店裏，要在幽静處閒走散心，曾同了小人尼菴内走了一遭。」許公道：「菴内尼姑年紀多少？生得如何？」張善道：「一個少年尼僧，生得美貌。」許公暗喜道：「事有因了。」又問道：「尼僧叫得甚名字？」張善道：「叫得真静。」許公想着，拍案道：「是了！是了！夢中頭兩句：『無髮青青，彼此來争。』『無髮』二字，應了尼僧。下面『青』字，配着個『争』字，可不是個『静』字？這人命只在這真静身上。」就寫個小票，掣了一根簽，差個公人李信：「速拿尼僧真静解院。」

李信承了簽票，竟到菴中來拿。真静慌了，問是何因。李信道：「察院老爺要問殺人公事，非同小可。」真静道：「爺爺呀，小菴有甚殺人事體？」李信道：「張善店内，王秀才被人殺了，説是曾在你這裏走動的，故來拿你去勘問。」真静驚得木呆，心下想道：「怪道王秀才這兩晚不見來，元來被人殺了！苦也，苦也！」求告李信道：「我是個女人，不出菴門，怎曉得他店裏的事？牌頭怎生可憐見，替我回覆一聲，免我見官，自當重謝。」李信道：「察院要人，豈同兒戲？我怎生方便得？」真静見李信不肯，嬌啼宛轉，做出許多媚態來，意思要李信動心，拚着身子陪他，就好討個方便。李信雖知其意，懼怕衙門法度，不敢胡行。只安慰他道：「既與你無干，見見官去，自有明白，也無妨碍的。」拉着就走。真静只得跟了，解至察院裏來。

許公一見真静，拍手道：「是了，是了。此即夢中之人也。煞恁奇怪！」叫他起來跪在案前，問道：「你怎生與王秀才通奸？後來他怎生殺了？你從實説來，我不打你；有一句含糊，就活敲死了。」滿堂皂隸雷也似吆喝一聲。真静年紀不上廿歲，自不曾見官的，膽子先嚇壞了。不敢隱瞞，戰抖抖的道：「這個秀才，那一日到菴内游玩，看見了小尼。到晚來他自拿了白銀一錠，求在菴中住宿。小尼不合留他。一連過了幾日，彼此情濃。他口許小尼道：『店中有幾十兩銀子，兩副首飾，多要拿來與小尼。這一日説道：『有事幹，晚間要在店裏宿，不得來了。』自此一去，竟無影響。小尼正還望他來，怎知他被人殺了？」

許公看見真静年幼，形容嬌媚，説話老實，料道通奸是真，須不會殺的人。如何與夢中恰相符合？及至説所許銀兩物件之類，又與告贓不差，躊躇了一會，問道：「秀才許你東西之時，有人聽見麽？」真静道：「在枕邊説的話，没人聽見。」許公道：「你可曾對人説麽？」真静想了一想，通紅了臉，低低道：「是了，是了。不該與這狠斯説。這秀才苦死是他殺了！」許公拍案道：「怎的説？」真静道：「小尼該死。到此地位，瞞不得了。小尼平日有一個和尚，私下往來。自有那秀才在菴中，不招接了他。這晚秀才去了，他却走來，問起與秀才交好之故。我説秀才情意好，他許下我若干銀兩東西，所以從他。和尚問秀才住處，我説他住在張善大店中，和尚就忙忙的起身去了。【眉批】可知矣。這幾時也不見來。想必這和尚走去，就把那秀才來殺了。」許公道：「和尚叫甚名字？」真静道：「叫名無塵。」許公聽説了和尚之名，跌足道：「是了！是了！『土上鹿走』，不是『塵』字麽？他住在那寺裏？」真静道：「住光善寺。」

許公就差李信去光善寺裏拿和尚無塵，分付道：「和尚幹下那事，必然走了。就拿他徒弟來問去向。但和尚名多相類，不可錯悮生事。那尼僧曉得他徒弟名字麽？」真静道：「他徒弟名月朗，住在寺後。」許公推詳道：「一發是了！夢中道『只看夜明』，『夜明』不是月朗麽？一個個字多應了。但只拏了月朗，便知端的。」

李信領了密旨，去到光善寺拿無塵，果然徒弟回道：「師父幾日前不知那裏去了。」李信問得這徒弟就是月朗，一索套了，押到公庭。許公問無塵去向，月朗一口應承道：「他只在親眷人家，不要驚張，致他走了。小的便與公差去挨出來。」許公就差李信押了月朗，出去訪尋。【眉批】與和尚爲親眷，必不虚認。月朗對李信道：「他結拜往來的親眷甚多，知道在那一家？若曉得是公差訪他，他必然驚走。不若你扮做道人，隨我沿門化飰。訪得的當，就便動手。」李信道：「説得是。」

當下扮做了道人，跟着月朗，走了幾日，不見踪迹。來到一村中人家，李信與月朗進去化齋。正見一個和尚在裏頭吃酒。月朗輕輕對李信道：「這和尚正是師父無塵。」李信悄悄去叫了地方，把牌票與他看了，一同闖入去。李信一把拿住無塵道：「你殺人事發了，巡按老爺要你！」無塵説着心病，慌了手脚，看見李信是個道妝，叫道：「齋公，我與你並無冤仇，何故首我？」李信撲地一掌打過去，道：「我把你這瞎眼的賊秃！我是齋公麽？」掀起衣服，把出腰牌來道：「你睁着驢眼認認看！」無塵曉得是公差，欲待要走，却有一夥地方在那裏，料走不脱，軟軟地跟了出來。看見了月朗，駡道：「賊弟子！是你領他到這裏的？」月朗道：「官府押我出來，我自身也難保。你做了事，須自家當去。我替了你不成？」

李信一同地方押了無塵，俟候許公升堂，解進察院來。許公問他：「爲何殺了王秀才？」【眉批】果若有情，尼姑亦是奇恨。無塵初時抵賴，只推不知。用起刑法來，又叫尼姑真静與他對質。真静心裏也恨他，便道：「王秀才所許東西，止是對你説得，並不曾與别個講。你那時狠狠出門，當夜就殺了，還推得那裏？」李信又禀他在路上與徒弟月朗互相埋怨的説話。許公叫起月朗來，也要夾他。月朗道：「爺爺不要夾得，如今首飾銀兩，還藏在寺中箱裏，只問師父便是。」無塵見滿盤托出，曉得枉熬刑法，不濟事了，遂把真情説出來道：「委實一來忌他占住尼姑，致得尼姑心變了，二來貪他這些財物，當夜到店裏去殺了這秀才，取了銀兩首飾是實。」畫了供狀，押去取了八十兩原銀、首飾二付，封在曹州庫中，等待給主。無塵問成死罪，尼姑逐出菴舍，贖了罪，當官賣爲民婦。張善、李彪與和尚月朗俱供明無罪，釋放寧家。這件事方得明白。若非許公神明，豈不枉殺了人？正是：

兩值命途乖，相遭各致猜。
豈知殺人者，原自色中來？

當下，王惠禀領贜物，許公不肯道：「你家兩個主人俱死了，贜物豈是與你領的？你快去原籍叫了主人的兒子來，方準領去。」王惠只得叩頭而去。走到張善店裏，大家叫一聲：「悔氣！虧得青天老爺追究得出來，不害了平人。」張善燒了平安紙，反請王惠、李彪吃得大醉。

王惠次日與李彪説：「前有個兄弟到家接小主人，此時將到。我和你一同過西去迎他，就便訪緝去。」李彪應允。王惠將主人棺蓋釘好了，交與張善看守。自己收拾了包裹，同了李彪，望着家裏進發。行至北直隸開州長垣縣地方，下店吃飰，只見飯店裏走出一個人來，却是前日家去的王恩。王惠叫了一聲，兩下相見。王恩道：「兩個小主人多在裏面。」王惠進去，叩見一皋、一夔，哭説：「兩位老家主多没有了！」備述了這許多事故。四個人抱頭哭做一團。

哭了多時，李彪上前來勸。三個人却不認得。王惠説：「這是李牌頭，州裏差他來訪賊的。勞得久了，未得影踪。今幸得接着小主人，做一路兒行事，也不枉了。目今兩棺俱停在開河。小人原匡小主們將到，故與李牌頭迎上來。曹州庫中，現有銀八十兩、首飾二副，要得主人們親到，纔肯給領。只這一項，盤纏兩個棺木回去勾了。只這五百兩一匣，未有下落，還要勞着李牌頭。」王恩道：「我去時官人尚有偌多銀子，怎只説得這些？」王惠道：「銀子多是大官人親手着落。前日我見只有得這些發出來，也曾疑心。問着大官人，大官人回説：『我自藏得妙，到家便有。』【眉批】難信。今大官人已故，却無問處了。」王恩似信不信，來對一皋、一夔説：「許多銀兩，豈無下落？連王惠也有些信不得了。小主人記在心下，且看光景行去。道路之間，未可發露。」

五個人出了店門，連王惠、李彪多回轉脚步，一起走路，重到開河來。正行之間，一陣大風起處，捲得灰沙飛起，眼前對面不見，竟不知東西南北了。【眉批】天使之也。五個人互相牽扭，信步行去。到了一個村房，方纔歇了足，定一定喘息。看見風沙少静，天色明朗了，尋一個酒店，買碗酒吃再走。見一酒店中，止有婦人在內，王惠擡眼起來，見了一件物事，叫聲：「奇怪！」即扯着李彪密密說道：「你看店桌上這個匣兒，正是我們放銀子的。如何却在這裏？必有緣故了。」一皋、一夔與王恩多來問道：「說甚麽？」王惠也一一說了。李彪道：「這等，我們只在這家買酒吃，就好相脚手，盤問他。」

一齊走至店中，分兩個座頭上坐了。婦人來問：「客人打多少酒？」李彪道：「不拘多少，隨意燙來。」王惠道：「你家店中男人家那裏去了？」婦人道：「我家老漢與兒子旺哥，昨日去討酒錢，今日將到。」王惠道：「你家姓甚麽？」婦人道：「我家姓李。」王惠點頭道：「慚愧！也有撞着的日子！」低低對衆人道：「前日車户，正叫做李旺。我們且坐在這裏吃酒，等他來認。」五個人多磨槍備箭，只等拿賊。

到日西時，只見兩個人踉踉蹌蹌走進店來。此時衆人已不吃了酒，在店閒坐。那兩個帶了酒意，問道：「你每一起是甚麽人？」王惠認那後生的這一個，正是車户李旺。走起身來，一把扭住道：「你認得我麽？」四人齊聲和道：「我們多是拿賊的！」李旺擡頭，認得是王惠，先自軟了。李彪身邊取出牌來，明開着車户李旺盜銀之事。把出鐵鏈來，鎖了頸項，道：「我每只管車户裏打聽，你却躲在這裏賣酒！」連老兒也走不脱，也把繩來拴了。

李彪終久是衙門人手段，走到竈下，取一根劈柴來，先把李旺打一個下馬威。問道：「銀子那裏去了？」李旺是賊皮賊骨，一任打着，只不開口。王惠道：「匣子贜證現在，你不說便待怎麽？」正施爲間，那店裏婦人，一眼估着竈前地下，只管努嘴。元來這婦人是李旺的繼母，李旺兇狠，不把娘來看待，這婦人巴不得他敗露的。不好說得，只做暗號。一皋、一夔看見，叫王惠道：「且慢着打，可從這地下掘看。」王惠掉了李旺，奔來取了一把厨刀，依着指的去處，挖開泥來，泥内一堆白物。王惠喊道：「在這裏了！」王恩便取了匣子，走進來。將銀只記件數，放在匣中。一皋、一夔將紙筆來，寫個封皮封記了。對李彪道：「有勞牌頭，這許多時，今日幸得成功，人贜俱獲。我們一面解到州裏發落去。」李彪又去叫了本處地方幾個人，一路防送，一直到州裏來。

州官將銀當堂驗過，收貯庫中，候解院過，同前銀一並給領。李彪銷牌記功。就差他做押解，將一起人解到察院來。

許公陞堂，帶進，稟説是王秀才的子侄一皋、一夔，路上適遇盜銀賊人，同公差擒獲，一同解到事情，遂將李旺打了三十，發州問罪，同僧人無塵，一並結案。李旺父親年老免科，一皋、一夔當堂同遞領狀，求批州中，同前入庫贜物，一并給發。許公準了。擡起眼來，看見一皋、一夔多少年俊雅，問他：「作何生理？」稟説：「多在學中。」許公喜歡，分付道：「你父親不安本分，客死他鄉，幾乎不得明白。虧我夢中顯報，得了罪人。今你每路上，無心又獲原賊，似有神助，你二子必然有福。今得了銀子回去，各安心讀書向上，不可效前人所爲了。」

二人叩謝流淚，就稟説道：「生員每還有一言：父親未死之時，寄來家書，銀數甚多。【眉批】此雖訴，亦豈按君事□。今被賊兩番所盜，同貯州庫者不過六百金。據家人王惠所言，此外止有二棺，寄頓飯店，並無所有。必有隱弊，乞望發下州中，推勘前銀下落，實爲恩便。」許公道：「當初你父親隨行是那個？」二子道：「只有這個王惠。」許公便叫王惠問道：「你小主説你家主死時銀兩甚多，今在那裏了？」王惠道：「前日着落銀兩，多是大主人王爵親手搬弄，後來只剩得這些上車。小人當時疑心，就問緣故。主人説：『我有妙法藏了，但到家中，自然有銀。』今可惜主人被殺，就没處問了。小人其實不曉得。」許公道：「你莫不有甚欺心藏匿之弊麽？」王惠道：「小人孤身在此，途路上那裏是藏匿得的所在？況且下在張善店中時，主人還在，止有得此行李與棺木，是店家及推車人、公差李彪衆目所見的，小人那裏存得私？」許公道：「前日王禄下棺時，你在面前麽？」王惠道：「大主人道是日辰有犯，不許看見。」許公笑一笑道：「這不干你事，銀子自在一處。」取一張紙來，不知寫上些甚麽，叫門子封好了，上面用顆印印着，付與二子道：「銀子在這裏頭。但到家時開看，即有取銀之處了。不可在此擔擱，又生出事端來。」

二子不敢再説，領了出來。回到張善店中，看見兩個靈柩，一齊哭拜了一番。哭罷，取了院批的領狀，到州中庫裏領這兩項銀子。州官原是同鄉，周全其事，衙門人不敢勒掯。【眉批】州官不想染指，便是大幸。一些不少，如數領了。到店中將二十兩謝了張善，一向停柩，且累他吃了官司。就央他寫雇誠實車户，車運兩柩回家。明日置辦一祭，奠了兩柩。祭物多與了店家與車脚夫，隨即起柩而行。

不則一日，到了家中。舉家號咷，出來接着。

雄糾糾兩人次第去，四方方兩柩一齊來。

一般喪命多因色，萬里亡軀只爲財。

此時王爵、王禄的父母俱在堂，連祖公公歲貢知縣也還康健，聞得兩個小官人各接着父親棺柩回來，大家哭得不耐煩。慢慢説着彼中事體，致死根由，及許公判斷許多緣故，合家多感戴許公問得明白。不然，幾乎一命也没人償了。其父問起餘銀，一臯、一夔道：「因是餘銀不見，稟告許公，許公發得有單。今既到家，可拆開來看了。」遂將前日所領印信小封，一齊拆開看時，上面寫道：

銀數既多，非僕人可匿。爾父云：「藏之甚秘」，必在棺中。若慮開棺碍法，執此爲照。

看罷，王惠道：「當時不許我每看二官人下棺，後來蓋好了，就不見了許多銀子。想許爺之言，必然明見。」其父道：「既給了執照，况有我爲父的在，開棺不妨。」即叫王惠取器械來，輕輕將王禄靈柩撬開。只見身屍之傍，周圍多是白物。王惠叫道：「好個許爺！若是别個昏官，連王惠也造化低了。」一臯、一夔大家動手，盡數取了出來。眼同一兑，足足有三千五百兩。内有一千，另是一包，上寫道：「還父母原銀。」餘包多寫：「一皋、一夔均分」。【眉批】此老正是在得之候。

合家看見了這個光景，思量他們在外死的苦惱，一齊慟哭不禁。仍把棺木蓋好了，銀子依言分訖。那個老知縣祖公公見説着察院給了執照，開棺見銀之事，討枝香來點了，望空叩頭道：「虧得許公神明。仇既得報，銀又得歸，願他福禄無疆，子孫受享。」舉家頂戴不盡。

可見世間刑獄之事，許多隱昧之情，一些造次不得的。有詩爲證：

世間經目未爲真，疑似繇來易枉人。
寄語刑官須仔細，獄中儘有負冤魂。

痴公子狠
使㴔脾錢

賢丈人巧
逼囬頭壻

兩個一鼓一板，只要公子出脱得些，大家有味。

一日，公子出獵，草叢中驚起一個兔來。兔兒騰地飛跑，公子放馬趕去。連射兩箭，射不着。恰好後騎隨至，趙能武一箭射個正着，兔兒倒了。公子拍手大笑。因貪趕兔兒，路來得遠了，肚中有些飢餓起來。四圍一看，山明水秀，光景甚好。可惜是個荒野去處，並無酒店飯店。賈清夫與一群少年，隨後多到。大家多説道：「好一個所在！只該聚飲一回。」

公子見説，興高得不耐煩。問問後頭跟隨的，身邊銀子也有，銅錢也有，只没設法酒餚處。趙能武道：「眼面前就有東西，怎苦没肴？」衆人道：「有甚麽東西？」趙能武道：「只方纔射倒的兔兒，尋些火煨起，也够公子下酒。」賈清夫道：「若要酒時，做一匹快馬不着，跑他五七里路。遇個村坊去處，好歹尋得些來。只不能勾多帶得，可以暢飲。」公子道：「此時便些少也好。」

正在商量處，只見路旁有一簇人，老少不等，手裏各拿着物件，走近前來迎偌道：「某等是村野小人，不曾識認財主貴人之面。今日難得遇公子貴步至此，謹備瓜果鷄黍、村酒野蔌數品，聊獻從者一飯。」公子聽説是酒肴，喜動顔色，回顧一班隨從的道：「天下有這樣凑巧的事！知趣的人！」賈清夫等一齊拍手道：「此皆公子吉人天相。酒食之來，如有神助。」各下了馬，打點席地而坐。野老們道：「既然公子不嫌飲食粗糲，何不竟到舍下坐飲？椅桌俱便。乃在此草地之上吃酒，不像模樣。」衆人一齊道：「妙，妙。知趣得緊。」

野老們恭身在前引路，衆人扶從了公子，一擁到草屋中來。那屋中雖然窄狹，也倒潔凈。擺出椅桌來，揀一隻齊整些的古老椅子，公子坐了。其餘也有坐椅的，也有坐凳的，也有扯張稻床來做杌子的，團團而坐。

【眉批】也自有興。吃出興頭來，這家老小們供應不迭。賈清夫又打着攛（獵）鼓兒道：「多拿些酒出來，我們要吃得快活。公子是不虧人的。」這家子將醖下的杜茅柴，不住的盪來。吃得東倒西歪，撐腸拄腹。又道是：

「飢者易爲食，渴者易爲飲。」大凡人在飢渴之中，覺得東西好吃。況又在興趣頭上，就是肴饌粗些，鷄肉肥些，酒味薄些，一總不論，只算做第一等(次)嘉肴美酒了。

公子不勝之喜，門客多幫襯道：「這樣凑趣的東道主人，不可不厚報他的。」公子道：「這個自然該的。」便教賈清夫估他約費了多少。清夫在行，多説了些。公子教一倍償他三倍。管事的和衆人剋下了一倍自得，只與他兩倍。這家子道已有了對合利錢，怎不歡喜？當下公子上馬回步，老的少的多來馬前拜謝，兼送公子。公子一發快活道：「這家子這等殷勤！」趙能武道：「不但敬心，且有禮數。」公子再教後騎賞他。管事的策馬上前，問道：「賞他多少？」公子叫打開銀包來，看見有幾兩零碎銀子，何止千百來塊。【眉批】公子氣質。公子道：「多與他們罷，論甚麼多少！」用手只一擡，銀子塊塊落地，只剩得一個空包。那些老小們看見銀子落地，大家來搶，也顧不得尊卑長幼，扯扯拽拽，磕磕撞撞。溜撒的拾了大塊子，又來拈撮；遲夯的將拾到手，又被眼快的先取了去。老人家戰抖抖的拿得一塊，死也不放，還累了兩個地滚。公子看此光景，與衆客馬上拍手大笑道：「天下之樂，無如今日矣！」公子此番雖費了些賞賜，却噪盡了脾胃；這家子賠了些辛苦，落得便宜多了。

這個消息傳將開去，鄉里人家，只嘆惜無緣，不得遇着公子。自此以後，公子出去，就有人先來探聽。馬首所向，村落中無不整頓酒食，争來迎接。真個是：

東馳，西人已爲備饌；南獵，北人就去戒厨。士有餘糧，馬多剩草。一呼百諾，顧盼生輝；此送彼迎，尊榮莫並。憑他出外連旬樂，不必先營隔宿裝。

公子到一處，一處如此。這些人也竭力奉承，公子也加意報答，還自歉然道：「賞勞輕微，謝他們厚情不來。」衆門客又齊聲力贊道：「此輩乃小人，今到一處，即便供帳備具，奉承公子，勝于君王。若非重賞，何以示勸?」公子道:「説得有理。」每每賞了又賞,有增無減。元來這圈套,多是一班門客,串同了百姓們,又是賈、趙二人先定了去向,約會得停當。故所到之處,無不如意。及至得來賞賜,盡皆分取,只是攛掇多些了。

親眷中有老成的人,叫做張三翁。見公子日逐如此費用,甚爲心疼。他曾見過當初尚書公行事來的,偶然與公子會間,勸諷公子道:「宅上家業豐厚,先尚書也不純仗做官得來的宦橐,多半是算計做人家來的。老漢曾經眼見先尚書早起晏眠,算盤天平、文書簿籍不離于手。【眉批】尚書如此原是不福之兆,然尚書不如此者寡矣。别人少他分毫,也要算將出來,變面變孔,費唇費舌。略有些小便宜,即便喜動顔色。如此挣來的家私,非同容易。今郎君十分慷慨撒漫,與先尚書苦挣之意,太不相同了。」公子面色通紅,未及回答。賈清夫、趙能武等一班兒朋友大嚷道:「這樣氣量淺陋之言,怎麽在公子面前講?公子是海内豪傑,豈把錢財放在眼孔上!況且人家天做,不在人爲。豈不聞李太白有言:『天生吾才終有用,黄金散盡還復來。』先尚書這些孜孜爲利,正是差處。公子不學舊樣,盡改前非,是公子超群出衆、英雄不羈之處,豈田舍翁所可曉哉!」公子聽得這一番説話,方纔覺得有些吐氣揚眉,心裏放下。張三翁見不是頭,曉得有這一班小人,料想好言不入,再不開口了。

公子被他們如此舞弄了數年,弄得囊中空虚,看看手裏不能接濟。所有倉房中莊舍内積下米糧,或時糶銀使用,或時即發米代銀,或時先在那裏移銀子用了。秋收還米,也就東扯西拽,不能如意。公子要噪脾時,有些掣肘不爽利。門客每見公子世業不曾動損,心裏道:「這裏面儘有大想頭。」與賈、趙二人商議定了,來見公子獻策道:「有一妙着,公子再不要愁没銀子用了。」公子正苦銀子短少,一聞此言,欣然起問道:「有何妙計?」賈、趙等指手畫脚道:「公子田連阡陌,地占半州,足迹不到所在。不知多少。【眉批】焉得不敗。這許多田地,大略多是有勢之時小民投獻,富家餽送,原不盡用價銀買的。就有些買的,也不過債利盤算,準折將來；或是户絶人窮，止剩得些磽田瘠地，只得收在户内，所以而今荒蕪的多，開墾的少；所值原不多的。租利没有，錢糧要緊。這些東西，留在後邊，貽累不淺的。公子看來，不過是些土泥；小民得了，自家用力耕種，纔方是有用的。公子若把這些作賞賜之費，不是土泥盡當銀子用了？【眉批】中聽。亦且自家省了錢糧之累。」公子道：「我最苦的是時常來要我完甚麽錢糧，激聒得不耐煩。今把來推將去，當得銀子用，這是極便宜的事了。」

自此，公子每要用銀子之處，只寫一紙賣契，把田來準去。那得田的，心裏巴不得，反要妝個腔兒，説：「不情願，不如受些現物好。」【眉批】好做法。門客每故意再三解勸，强他拿去。公子跼蹐不安，惟恐他不受。好人。直等他領了文契，方掉得下。所有良田美産，有富户欲得的，先來通知了賈、趙二人，借打獵爲名，迂道到彼家邊，極意酒食款待，還有出妻獻子的。或又有接了娼妓養在家裏，假做了妻女，來與公子調情的。【眉批】□鰍。公子便有些曉得，只是將錯就錯，自以爲得意。吃得興闌將行，就請公子寫契作賞。公子寫字不甚利便，門客内有善寫的，便來執筆。一個算價錢，一個查簿籍。寫完了，只要公子押字。公子也不知田在那裏，好的歹的，貴的賤的，見説押字，即便押了。又有時反有幾兩銀子找將出來與公子用，公子却像落得的，分外喜歡。妙處。

如此多次，公子連押字也不耐煩了。對賈清夫道：「這些時不要我拿銀子出來，只寫張紙，頗覺便當。只是定要我執筆押字，我有些倦了。」趙能武道：「便是我們掿着槍棒且溜撒，只這一管筆，重得可厭相。」賈清夫道：「這個不打緊。我有一策，大家可以省力。」公子道：「何策？」賈清夫道：「把這些賣契套語，刊刻了板，空了年月。刷印百張，放在身邊。臨時只要填寫某處及多少數目，注了年月。連公子花押也另刻了一個，只要印上去，豈不省力？」公子道：「妙！妙！却有一件：賣契刻了印板，這些小見識的，必然笑我。我那有氣力逐個與他辨？我做一首口號，也刻在後面。等別人看見的，曉得我心事開闊，不比他們猥瑣的。」【眉批】也只是好名之心重。賈清夫道：「口號怎麽樣的？」公子道：「我念來，你們寫着：

千年田土八百翁，何須苦苦較雌雄？
古今富貴知誰在？唐宋山河總是空。
去時却似來時易，無他還與有他同。
若人笑我亡先業，我笑他人在夢中。」【眉批】此原傳中詩也，多是達人口氣，不似痴敗人語。

念罷，叫一個門客寫了。賈清夫道：「公子出口成章如此，何愁不富貴？些須田業，不足戀也。公子若刻此佳作在上面了，去得一張，與公子揚名一張矣。」公子大喜，依言刻了。每日印了十來張，帶在賈、趙二人身邊。行到一處，遇要賞賜，即取出來填注幾字，印了個花押，即已成契了。公子笑道：「真正簡便！此後再不消捏筆了。快活，快活。」其中門客每自家要的，只須自家寫注，偷用花押，一發不難。如此過了幾時，公子只見逐日費得幾張紙，一毫不在心上。豈知皮裏走了肉，田産俱已蕩盡，公子還不知覺。但見供給不來，米糧不繼，印板文契丢開不用，要些使費，别無來處。問問家人：「何不賣些田來用度？」方知田多没有了。門客看見公子艱難了些，又兼有靠着公子做成人家，過得日子的，漸漸散去不來。惟有賈、趙二人，哄得家裏瓶滿甕滿，還想道：「瘦駱駝尚有千斤肉。」戀着未去。勸他把大房子賣了，得中人錢；又替他買小房子住，得後手錢。搬去新居不像意，又與他算計改造，置買木石，落他的。造得像樣，手中又缺了。公子自思：「賓客既少，要這許多馬也没幹。」托着二人，把來出賣，比原價只好十分之一二。公子問：「爲何差了許多？」二人道：「騎了這些時，走得路多了，價錢自減了。」公子也不計論。見着銀子，且便接來應用。起初還留着自己騎坐兩三匹好的，後來因爲賞賜無處，隨從又少，把個出獵之興，叠起在三十三層高閣上了。一總要馬没幹，且喂養費力，賈、趙二人也設法賣了去。價錢不多，又不盡到得公子手裏，勾他幾時用？只得又商量賣那新居。枉自裝脩許多，性急要賣，只賣得原價錢到手。新居既去，只得賃居而住。一向家中牢曹什物，没處藏叠，半把價錢，爛賤送掉。

到得遷在賃的房子内時，連賈、趙二人也不來了，惟有妻上官氏隨起隨倒。當初風花雪月之時，雖也曾勸諫幾次，如水投石，落得反目。後來曉得説着無用，只得憑他。上官氏也是富貴出身，只會吃到口茶飯，不曉得甚麽經求，也不曾做下一些私房。公子有時，他也有得用；公子没時，他也没了。

兩個住在賃房中，且用着賣房的銀子度日。走出街上來，遇見舊時的門客，一個個多新鮮衣服，僕從跟隨。初時撞見公子，還略略叙寒温，已後漸漸掩面而過；再過幾時，對面也不來理着了。一日早晨，撞着了趙能武。能武道：「公子曾吃早飯未曾？」【眉批】還有武人本色。公子道：「正來買些點心吃。」趙能武道：「公子且未要吃點心，到家裏來坐坐，吃一件東西去。」公子隨了他到家裏，趙能武道：「昨夜打得一隻狗，煨得糜爛在這裏，與公子同享。」果然拿出熱騰騰的狗肉來，與公子一同狼飡虎嚥，吃得盡興。公子回來飽了一日，心裏道他還是個好人。没些生意，便去尋他。後來也常時躲過，不十分招攬了。賈清夫遇着公子，原自滿面堆下笑來，及至到他家裏坐着，只是泡些好清茶來，請他評品些茶味，説些空頭話。【眉批】清客小像。再不然，蹺着脚兒，把管簫閒吹一曲，只當是他的敬意。再不去破費半文錢鈔，多少弄些東西來點飢。公子忍餓不過，只得别去。此外再無人理他了。

公子的丈人上官翁，是個達者。初見公子敗時，還來主張争論。後來看他行徑，曉得不了不住，索性不來管他，意要等他乾净了，吃盡窮苦滋味，方有回轉念頭的日子。所以富時也不來勸戒，窮時也不來資助，只像没相干的一般。公子手裏罄盡，衣食不敷，家中别無可賣。一身之外，只有其妻。没做思量處，癡算道：

「若賣了他去，省了一個口食，又可得些銀兩用用。」只是怕丈人，開不得這口。却是有了這個意思，未免露些光景出來。上官翁早已識破其情，想道：「省得他自家蠻做出事來，不免用個計較，哄他在圈套中了，慢作道理。」遂挽出前日勸他好話的那個張三翁來，托他做個說客。商量說話完了，竟來見公子。

公子因是前日不聽其言，今荒涼光景了，羞慚滿面。張三翁道：「郎君纔曉得老漢前言不是迂闊麽？」公子道：「惶愧，惶愧。」張三翁道：「近聞得郎君度日艱難，有將令正娘子改適之意，果否如何？」公子滿面通紅了道：「自幼夫妻之情，怎好輕出此言？只是絶無來路，兩口飦食不給，惟恐養他不活，不如等他别尋好處安身。我又省得多一個口食，他又有着落了，免得跟着我一同忍餓。所以有這一點念頭，還不忍出口。」張三翁道：「果有此意，作成老漢做個媒人何如？」公子道：「老丈有甚麽好人家在肚裏麽？」張三翁道：「便是有個人叫老漢打聽，故如此說。」公子道：「就有了人家，岳丈面前怎好啟齒？」張三翁道：「好教足下得知：令岳正爲足下敗完了人家，令正後邊日子難過，儘有肯改嫁之意。只是在足下身邊起身，甚不雅相。令岳欲待接着家去，在他家門裏擇配人家。那時老漢便做個媒人。等令正嫁了出去，寂寂裏將財禮送與足下，方爲隱秀，不傷體面。足下心裏何如？」公子道：「如此委曲最妙，省得眼睜睜的我與他不好分别。只是既有了此意，岳丈那裏，我不好再走去了。我在那裏問消息？」張三翁道：「只消在老漢家裏討回話。一過去了，就好成事體，我也就來回覆你的。不必挂念。」公子道：「如此做事，連房下面前我不必說破，只等岳丈接他歸家便了。」張三翁道：「正是，正是。」兩下别去。

上官翁一徑打發人來接了女兒，回家住了。

過了兩日，張三翁走來見公子道：「事已成了。」公子道：「是甚麽人家？」張三翁道：「人家豪富，也是姓姚。」公子道：「既是富家，聘禮必多了。」張三翁道：「他們道是中年再醮，不肯出多。是老漢極力稱贊賢能，方得聘金四十兩。你可省吃儉用些，再若輕易弄掉了，別無來處了。」公子見就有了銀子，大喜過望，口口稱謝。張三翁道：「雖然得了這幾兩銀子，一入豪門，終身不得相見了。爲何如此快活？」公子道：「譬如兩個一齊餓死了。而今他既落了好處，我又得了銀子，有甚不快活處？」元來這銀子就是上官翁的，因恐他把女兒當真賣了，故裝成這個圈套，接了女兒家去。把這些銀子，暗暗助他用度，試看他光景。

公子銀子接到手，手段闊慣了的，那裏勾他的用？況且一向處了不足之鄉，未免房錢、柴米錢之類，挂欠些在身上，拿來一出摩訶薩，没多幾時，手裏又空。左顧右盼，雖無可賣，單單剩得一個身子。思量索性賣與人了，既得身錢，又可養口。却是一向是個公子，那個來兜他？又兼目下已做了單身光棍，種火又長，拄門又短，誰來要這個廢物？

公子不揣，各處央人尋頭路。上官翁知道了，又拿幾兩銀子，另挽出一個來，要了文契，叫莊客收他在莊上用。莊客就假做了家主，與他約道：「你本富貴出身，故此價錢多了。既已投靠，就要隨我使用。禁持苦楚，不得違慢。」説過方收留你。」公子思量道：「我當初富盛時，家人幾十房，多是吃了着了閒蕩的，有甚苦楚處？」【眉批】窮根在此，猶不自知。一力應承道：「這個不難。既已靠身，但憑使喚了。」公子初時，看見遇飦吃飦，遇粥吃粥，不消自己經營，頗謂得計。誰知隔得一日，莊客就限他功課起來。早晨要打柴，日裏要挑水，晚要舂穀簸米。勞觔苦骨，没一刻得安閒。略略推故懈惰，就拿着大棍子嚇他。公子受不得那苦，不勾十日，魆地逃去。莊客受了上官翁分付，不去追他，只看他怎生着落。

公子逃去兩日，東不着邊，西不着際，肚裏又餓不過。看見乞兒每討飦，討得來到有得吃，只得也皮着臉，去討些充飢。討了兩日，挨去乞兒隊裏做了一伴了。【眉批】□此再無路矣。自家想着當年的事，還有些氣傲心高，只得作一長歌，當做似《蓮花落》滿市唱着乞食。歌曰：

人道光陰疾似梭，我説光陰兩樣過。昔日繁華人羨我，一年一度易蹉跎。可憐今日我無錢，一時一刻如長年。我也曾輕裘肥馬載高軒，指麾萬衆驅山前。一聲圍合魑魅驚，百姓邀迎如神明。今日黄金散盡誰復矜？朋友離群獵狗烹。晝無饘粥夜無眠，落得街頭唱哩蓮。一生兩截誰能堪？不怨爺娘不怨天。早知到此遭坎坷，悔教當日結妖魔。而今無計可奈何，殷勤勸人休似我。

上官翁曉得公子在街上乞化了，教人密地分付了一班乞兒，故意要凌辱他，不與他一路乞食。及至自家討得些須來，又來搶奪他的，没得他吃飽。略略不順意，便嚇他道：「你無理，就扯你去告訴家主。」公子就慌得手脚無措，東躲西避，又没個着身之處。真個是凍餒憂愁，無件不嘗得到了。

上官翁道：「奈何得他也勾了。」乃先把一所大莊院，與女兒住下了。在後門之傍，收拾一間小房。被窩什物，略略備些在裏邊。又叫張三翁來尋着公子，對他道：「老漢做媒不久，怎知你就流落此中了？」公子道：「此中了，可憐衆人還不容我。」張三翁道：「你本大家，爲何反被乞兒欺侮？我曉得你不是怕乞兒，只是怕見你家主。你主幸不遇着；若是遇着，送你到牢獄中，追起身錢來，你再無出頭日子了。」公子道：「今走身無路，只得聽天命，早晚是死，不得見你了。前日你做媒，嫁了我妻子出去。今不知好過日子否？」説罷大哭。張三翁道：「我正有一句話要對你説：你妻子今爲豪門主母，門庭貴盛，與你當初也差不多。今托我尋一個管後門的。我若薦了你去，你只管晨昏啟閉，再無别事。又不消自爨，享着安樂茶飰，這可好麽？」公子拜道：「若得如此，是重生父母了。」張三翁道：「只有一件：他原先是你妻子，今日是你主母，必然羞提舊事。你切不可妄言放肆，露了風聲，就安身不牢了。」公子道：「此一時，彼一時。他如今在天上，我得收拾門下，免死溝壑，便爲萬幸了。還敢妄言甚麽？」張三翁道：「既如此，你隨我來。我幫襯你成事便了。」

公子果然隨了張三翁去，站在門外等候回音。張三翁去了好一會，來對他道：「好了，好了。事已成了。

你隨我進來。」遂引公子到後門這間房裏來。但見：

床帳皆新，器具粗備。蕭蕭一室，強如菴寺墳堂；寂寂數椽，不見露霜風雨。雖單身之入卧，審容膝之易安。

公子一向草栖露宿，受苦多了，見了這一間清浄房室，器服整潔，吃驚問道：「這是那個住的？」【眉批】不受過苦，豈多此乎？張三翁道：「此即看守後門之房，與你住的了。」公子喜之不勝，如入仙境。張三翁道：「你主母家富，故待僕役多齊整。他着你管後門，你只坐在這間房裏，吃自在飯勾了。憑他主人在前面出入，主母在裏頭行止，你一切不可窺探。他必定羞見你。又萬不可走出門一步，倘遇着你舊家主，你就住在此不穩了。」再三叮囑而去。

公子吃過苦的，謹守其言。心中一來怕這飯碗弄脱了，二來怕露出踪迹，撞着舊主人的是非出來，呆坐守門房，不敢出外。過了兩個月餘，只是如此。

上官翁曉得他野性已收了。忽一日，叫一個人拿一封銀子與他，説道：「主母生日，衆人多有賞。説你管門没事，賞你一錢銀子買酒吃。」公子接了，想一想，這日正是前邊妻子的生辰。思量在家富盛之時，多少門客來作賀，吃酒興頭，今却在別人家了。不覺淒然淚下。藏着這包銀子，不捨得輕用。

隔幾日，又有個人走出來道：「主母喚你後堂説話。」公子吃一驚道：「張三翁前日説他羞見我面，叫我不要露形。怎麽如今唤我説話起來？我怎生去相見得？」又不好推故，只得隨着來人，一步步走進中堂。只見上官氏坐在裏面，儼然是主母尊嚴。公子不敢擡頭，上官氏道：「但見説管門的姓姚，不曉得就是你。你是富公子，怎在此與人守門？」説得公子羞慚滿面，做聲不得。上官氏道：「念你看門勤謹，賞你一封銀子，買衣服穿去。」丫鬟遞出來，公子稱謝受了。上官氏分付，原叫領了門房中來。公子到了房中，拆開封筒一看，乃是五錢足紋，心中喜歡。把來與前次生日裏賞的一錢並做一處，包好藏在身邊。就有一班家人來與他慶鬆，哄他拿出些來買酒吃。公子不肯。衆人又説：「不好獨難爲他一個。我們大家湊些，打個平火。」公子捏着銀子道：「錢財是難得的，我藏着後來有用處。這樣閒好漢再不做了。」衆人強他不得，只得散了。

一日黄昏時候，一個丫鬟走來説道，主母叫他進房中來，問舊時説話。公子不肯道：「夜晚間不是説話時節。我在此住得安穩，萬一有些風吹草動，不要我管門起來，趕出去，就是個死。我只是守着這斗室罷了。你與我回覆主母一聲，決不敢胡亂進來的。」

上官翁逐時叫人打聽。見了這些光景，曉得他已知苦辣了。遂又去挽那張三翁來看公子。公子見了，深謝他舉薦之德。張三翁道：「此間好過日子否？」公子道：「此間無憂衣食，吾可以老死在室内了，皆老丈之恩也。若非老丈，吾此時不知性命在那裏。只有一件：吃了白飯，閒過日子，覺得可惜。吾今積攢幾錢銀子在身邊，不捨得用。老丈是好人，怎生教導我一個生利息的方法兒？或做些本等手業，也不枉了。」張三翁笑道：「你幾時也會得惜光陰、惜財物起來了？」公子也笑道：「不是一時學得的。而今曉得也遲了。」【眉批】□是深造而得，非易易也。張三翁道：「我此來，單爲你有一親眷，要來會你。故着我先來通知。」公子道：「我到此地位，親眷無一人理我了，那個還來要會我？」張三翁道：「有一個在此，你隨我來。」

張三翁引了他走入中堂，只見一個人在裏面，巍冠大袖，高視闊步，踱將出來。公子望去一看，見是前日的丈人上官翁。公子叫聲：「阿也！」失色而走。張三翁趕上，一把拉住道：「是你的令岳，爲何見了就走？」公子道：「有甚麽面孔見他？」張三翁道：「自家丈人，有甚麽見不得？」公子道：「妻子多賣了，而今還是我的丈人？」張三翁道：「他見你有些務實了，原要把女兒招你。」公子道：「女兒已是此家的主母，還有女兒在那裏？」【眉批】解鈴原是繫鈴人。張三翁道：「當初是老漢做媒賣去，而今原是老漢做媒還你。」公子道：「怎麽還得？」張三翁道：「癡騃子！大人家的女兒，豈肯再嫁人？前日恐怕你當真胡行起來，令岳叫人接了家去，只説嫁了。今住的，原是你令岳家的房子。又恐怕你凍餓死在外邊了，故着老漢設法了你家來，收拾在門房裏。今見你心性轉頭，所以替你説明，原等你夫妻完聚。這多是令岳造就你成器的好意思。」公子道：「怪道住在此多時，只見説主母，從不見甚麽主人出入。我守着老實，不敢窺探一些，豈知如此就裏？元來岳丈恁般費心！」張三翁道：「還不上前拜見他去！」一手扯着公子，走將進來。

上官翁也湊將上來，撞着道：「你而今記得苦楚，省悟前非了麽？」公子無言可答，大哭而拜。上官翁道：「你痛改前非，我把這所房子與你夫妻兩個住下，再撥一百畝田與你管運，做起人家來。若是飽暖之後，舊性復發，我即時逐你出去，連妻子也不許見面了。」公子哭道：「經了若干苦楚過來，今受了岳丈深恩，若再不曉得省改，真猪狗不值了。」上官翁領他進去，與女兒相見。夫妻抱頭而哭。説了一會，出來謝了張三翁。

張三翁臨去，公子道：「只有一件不乾浄的事，倘或舊主人尋來，怎麽好？」張三翁道：「那裏甚麽舊主人？多是你令岳捏弄出來的。你只要好做人家，再不必别慮。」公子方得放心。住在這房子裏，做了家主，雖不及得富盛之時，却是省吃儉用，勤心苦胝，衣食儘不缺了。記恨了日前之事，不容一個閒人上門。

那賈清夫、趙能武，見説公子重新做起人家來了，合了一伴，來拜望他。公子走出來道：「而今有飯，我要自吃，與列位往來不成了。」賈清夫把些趣話來説説，議論些簫管。趙能武又説某家的馬健，某人的弓硬，某處地方禽獸多。公子只是冷笑。臨了道：「兩兄看有似我前日這様主顧，也來作成我，做一夥同去，賺他些兒。」兩人見説話不是頭，掃興而去。

上官翁見這些人又來歪纏，把來告了一狀。搜根剔齒，查出前日許多隱漏白占的田産來，盡歸了公子。公子一發有了家業。夫妻竟得温飽而終。可見前日心性，只是不曾吃得苦楚過。世間富貴子弟，還是等他曉得些稼穡艱難爲妙。至于門下往來的人，尤不可不慎也。

貧富交情只自知，翟公何必署門楣？
今朝敗子回頭日。便是奸徒退運時。

巷内看恶鬼善神

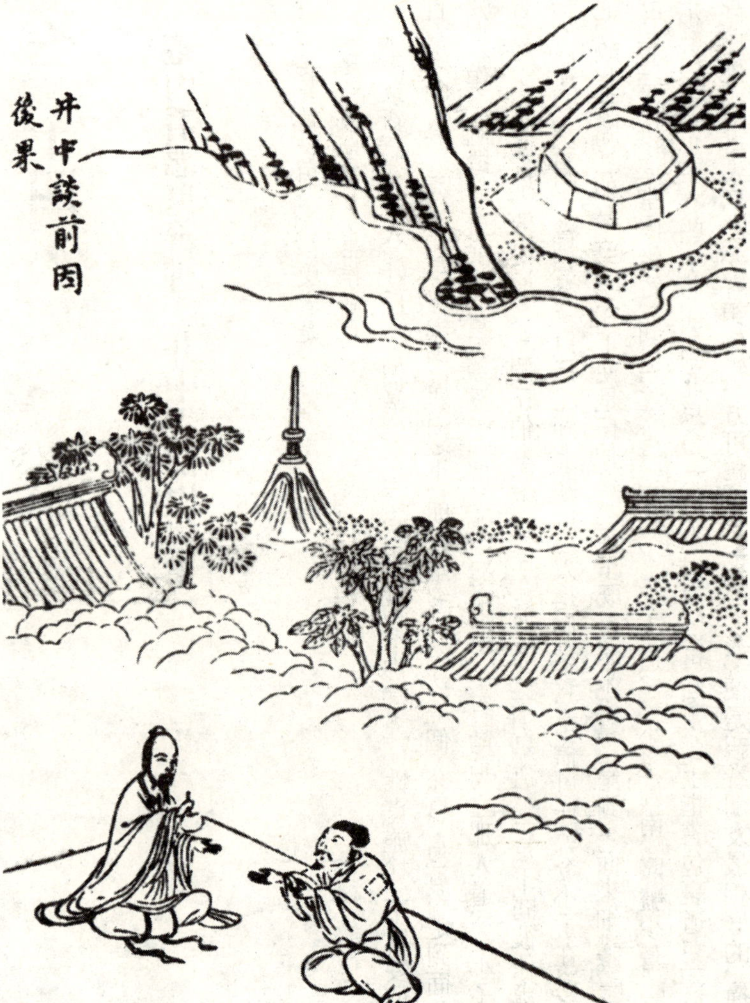
井中談前因
後果

卷之二十四

菴内看惡鬼善神　井中譚前因後果

經云：

要知前世因，今生受者是。
要知來世因，今生作者是。

話説南京新橋有一人，姓丘，字伯皋。平生忠厚志誠，奉佛甚謹。性喜施捨，不肯妄取人一毫一釐，最是個公直有名的人。一日，獨坐在家内屋簷之下，朗聲誦經。忽然一個人背了包裹，走到面前來。放下包裹在地，向伯皋作一個揖道：「借問老丈一聲。」伯皋慌忙還禮道：「有甚話？」那人道：「小子是個浙江人，在湖廣做買賣。來到此地，要尋這裏一個丘伯皋，不知住在何處？」伯皋道：「足下問彼住處，敢是與他舊相識麽？」那人道：「一向不曾相識。只是江湖上聞得這人是個長者，忠信可托。今小子在途路間，有些事體，要干累他，故此動問。」伯皋道：「在下便是丘伯皋。足下既是遠來相尋，請到裏面來細講。」

立起身來，拱進堂内坐定，問道：「足下高姓？」那人道：「小子姓南，賤號少營。」伯皋道：「有何見托？」少營道：「小子有些事體，要到北京會一個人，兩月後可回了。」手指着包裹道：「這裏頭頗有些東西，今單身遠走，路上干係，欲要寄頓停當，方可起程。世上的人，便是親眷朋友最相好的，撞着財物交關，就未必保得心腸不變。【眉批】看得透。一路聞得吾丈大名，是分毫不苟的人，所以要將來寄放在此，安心北去，回來叩領。即此便是干累老丈之處，別無他事。」伯皋道：「這個當得。但請足下封記停當，安放舍下。只管放心自去，萬無一失。」少謍道：「如此多謝。」當下依言，把包裹封記好了，交與伯皋拿了進去。伯皋見他是遠來的人，整治酒飯待他。他又要置辦上京去的幾件物事，未得動身。伯皋就留他家裏住宿兩晚，方纔別去。

過了兩個多月，不見他來。看看等至一年有餘，杳無音耗。伯皋問着北來的浙江人，沒有一個曉得他的。要差人到浙江問他家裏，又不曉得他地頭住處。相遇着浙人，便問南少謍，全然無人認得。伯皋道：「這樁未完事，如何是了？」沒計奈何，巷口有一卜肆甚靈，特去問卜一卦。那占卦的道：「卦上已絕生氣，行人必應沉没在外，不得回來。」

伯皋心下委決不開，歸來與妻子商量道：「前日這人與我素不相識，忽然來寄此包裹。今一去不來，不知包内是甚麽東西。意欲開來看一看，這人道我忠厚可托，故一面不相識，肯寄我處，如何等不得他來？【眉批】若真介守者，并此看亦多。欲待不看，心下疑惑不過。我想只不要動他原物，便看一看，想也無害。」妻子道：「自家没有欺心便是，看看何妨？」取將出來，覺得沉重。打開看時，多是黄金白銀，約有千兩之數。伯皋道：「原來有這些東西在這裏，爲何却不來了？敢卦的説卦上已絕生氣，莫不這人死了，所以不來？我而今有個主意：在他包裹取出五十金來，替他廣請高僧，做一壇佛事。【眉批】也覺多事。祈求佛力，保佑他早早回來。倘若真個死了，求他得免罪苦，早早受生。也是我和他相與一番，受寄多時，盡了一片心。不便是這樣埋没了他的。」妻子道：「若這人不死，來時節動了他五十兩，怎麽回他？」伯皋道：「我只把這實話對他講，説是保佑他回來的，難道怪我不成？十分不認帳，我填還他也罷了。佛天面上，那裏是使了屈錢處？」

算計已定，果然請了幾衆僧人，做了七晝夜功果。伯皋是致誠人，佛前至心祈禱，願他生得早歸，死得早脱。功果已罷，又是幾時，不見音信，眼見得南少營不來了。伯皐雖無貪他東西念頭，却没個還處。自佛事五十兩之外，已此是入己的財物。伯皐心裏常懷着不安。日遠一日，也不以爲意了。

伯皐一向無子，這番佛事之後，其妾即有姙孕。明年生下一男，眉目疏秀，甚覺可喜。伯皐夫妻十分愛惜。養到五六歲，送他上學，取名丘俊。豈知小聰明甚有，見了書就不肯讀，只是賴學。到得長大來，一發不肯學好。專一結識了一班無賴子弟，鬭賭行中一溜，撒漫使錢，戒訓不下。鄉里人見他如此作爲，盡皆嘆息道：「丘伯皐做了一世好人，生下後代乃是敗子！天没眼睛，好善無報如此。」

過了幾時，伯皐與他娶了妻，生有一子。指望他漸漸老成，自然收心。不匡丘俊有了妻兒，越加狂肆。連妻兒不放在心上，棄着不管。終日只是三街兩市，和着酒肉朋友串哄，非賭即鬭，整個月不回家來。便是到家，無非是取錢鈔，要當頭。伯皐氣忿不過。

一日，伯皐出外去。思量他在家非爲，哄他回來，鎖在一間空室裏頭。團團多是牆壁，只留着一個圓洞，放進飲食。就是生了雙翅，也没處飛將出來。伯皐去了多時，丘俊坐在房裏，真如囹圄一般。其大娘甚是憐他，恐怕他愁苦壞了。一日早起，走到房前，在壁縫中張他一張，看他在裏面怎生光景。不看萬事全休，只這一看，那一驚非小可。正是：

分開八片頂陽骨，傾下一桶雪水來。

丘俊的大娘，看見房裏坐的不是丘俊的模樣，吃了一驚。仔細看時，儼然是向年寄包裹的客人南少營。大娘認得明白，不敢則聲，嘿嘿歸房。恰好丘伯皐也回來。妻子説着怪異的事，伯皐猛然大悟道：「是了！是了！不必説了。原是他的東西，我怎管得他浪費？枉做冤家。」登時開了門，放了丘俊出來，聽他仍舊外邊浮浪。快活不多幾時，酒色淘空的身子，一口氣不接，無病而死。伯皐算算所費，恰正是千金的光景。明曉得是因果，不十分在心上，只收拾孫子過日，望他長成罷了。

後邊人議論：丘俊是南少營的後身，來取這些寄下東西的，不必説了；只因丘伯皋是個善人，故來與他家生下一孫，衍着後代，天道也不爲差。但只是如此忠厚長者，明受人寄頓，又不曾貪謀了他的，還要填還本人，還得盡了方休。何況實負欠了人，强要人的，打點受用，天豈容得你過？所以冤債相償，因果的事，説他一年也説不了。小子而今説一個没天理的與看官們聽一聽。

錢財本有定數，莫要欺心胡做。
試看古往今來，只是一本帳簿。

却説元朝至正年間，山東有一人姓元，名自實。田莊爲生，家道豐厚。性質愚鈍，不通文墨，却也忠厚認真，一句説話兩個半句的人。文墨者不必能爾。同里有個姓繆的千户，與他從幼往來相好。一日，繆千户選授得福建地方官職，收拾赴任。缺少路費，要在自實處借銀三百兩。自實慨然應允。繆千户寫了文券送過去，自實道：「通家至愛，要文券做甚麽？他日還不還在你心裏。你去做官的人，料不賴了我的。」【眉批】豈知偏是做官的要賴人。此時自實恃家私有餘，把這幾兩銀子也不放在心上，竟自不收文券，如數交與他去。繆千户自去上任了。

真是事有不測，至正末年間，山東大亂，盗賊四起。自實之家，被群盗劫掠一空，所剩者田地屋宇，兵戈擾攘中，又變不出銀子來。戀着住下，又恐性命難保，要尋個好去處避兵。其時福建被陳友定所據，七郡地方，獨安然無事。自實與妻子商量道：「目今滿眼兵戈，只有福建平静。况繆君在彼爲官，可以投托。但道途阻塞，人口牽連，行動不得。莫若尋個海船，搭了他由天津出海，直趨福州。一路海洋，可以徑達。便可挈家而去了。」商量已定，收拾了些零剩東西，載了一家，上了海船，看了風訊開去。

不則幾時，到了福州地面。自實上岸，先打聽繆千户消息。見説繆千户正在陳友定幕下，當道用事，威權隆重，門庭赫奕。自實喜之不勝，道是來得着了。未必。匆忙之中，未敢就去見他。且回到船裏，對妻子説道：「問着了繆家，他正在這裏興頭，便是我們的造化了。」大家歡喜。

自實在福州城中，賃下了一個住居，接妻子上來，安頓行李停當。思量要見繆千户，轉一個念頭道：「一路受了風波，顔色憔悴，衣裳藍褸。他是興頭的時節，不要討他鄙賤，還宜從容爲是。」住了多日，把冠服多整飾齊楚，面龐也養得黑色退了，然後到門求見。

門上人見是外鄉人，不肯接帖。問其來由，説是山東。門上人道：「我們本官，最怕鄉里來纏。門上不敢禀得，怕惹他惱燥。等他出來，你自走過來覿面見他，須與吾們無干。他只這個時節出來快了。」自實依言，站着等候。果然不多一會，繆千户騎着馬出來拜客。自實走到馬前，躬身打拱。繆千户把眼看别處，毫釐不像認得的。自實急了，走上前去，説了山東土音，把自己姓名大聲叫喊。繆千户聽得，只得叫攏住了馬，認一認，假作吃驚道：「元來是我鄉親！失瞻，失瞻。」下馬來作了揖，拉了他，轉到家裏來，叙了賓主坐定。一杯茶罷，千户自立起身來道：「適間正有小事要出去，不得奉陪。且請仁兄回寓，來日薄具小酌，奉請過來一叙。」自實不曾説得甚麽，没奈何且自别過。

不等到明日，千户着個人拿了一個單帖，來請自實。自實對妻子道：「今日請我，必有好意。」歡天喜地，不等再邀，跟着就走。到了衙内，千户接着。自實只説道長久不見，又遠來相投，怎生齊整待他，誰知千户意思甚澹，草草酒菓三杯。説些地方上大概的話，略略問問家中兵戈光景，親眷存亡之類，毫釐不問着自實爲何遠來，家業興廢若何。比及自實説着遭劫逃難，苦楚不堪，千户聽了，也只如常，並無驚駭憐恤之意。至于借銀之事，頭也不提起，謝也不謝一聲。自實幾番要開口，又想道：「剛到此地，初次相招，怎生就説討債之事？萬一沖撞了他，不好意思。」只得忍了出門。

到了下處，旅寓荒涼，柴米窘急。妻子問說：「何不與繆家說說前銀，也好討些來救急。」自實說初到不好啟齒，未曾說得的緣故。妻子怨悵道：「我們萬里遠來，所幹何事？專爲要投托繆家。今特特請去一番，却只貪着他些微酒食，碍口識羞，不把正經話提起。我們有甚麽别望頭在那裏？」自實被埋怨得不耐煩，躊躇了一夜，次日早起，就到繆千户家去求見。

千户見說自實到來，心裏已有幾分不像意了，免不得出來見他。意思甚倦。叙得三言兩語，做出許多勉强支吾的光景出來。自實只得自家開口道：「在下家鄉遭變，拚了性命，挈家海上遠來，所仗惟有兄長。今日有句話，不揣來告。」千户不等他説完，便接口道：「不必兄說，小弟已知。向者承借路費，于心不忘。雖是一宦蕭條，俸入微薄，恰是故人遠至，豈敢辜恩？兄長一面將文券簡出來，小弟好照依數目，打點陸續奉還。」看官，你道此時繆千户肚裏，豈是忘記了當初借銀之時並不曾有文券的？只是不好當面賴得，且把這話做出推頭，等他拿不出文券來，便不好認真催逼。此乃負心人起賴端的圈套處。

自實是個老實人，見他説得蹊蹺了，吃驚道：「君言差矣。當初鄉里契厚，開口就相借，從不曾有甚麽文契。今日怎麽説出此話來？」千户故意裝出正經面孔來道：「豈有是理？【眉批】奸欺口角，令人啼笑不得。債負往來，全憑文券，怎麽説個没有？或者兵火之後，君家自失去了，容或有之。然既與兄舊交，而今文券有無，也不必論，自然處來還兄。只是小弟也在不足之鄉，一時性急不得。從容些箇，勉强措辦纔妙。」自實聽得如此説了，一時也難相逼，只得唯唯而出。一路想他説話古怪，明是欺心光景。却是既到此地，不得不把他來作傍；他適纔也還有從容處還的話，不是絶無生意的，還須忍耐幾日，再去求他。只是我當初要好的不是，而今權在他人之手，就這般煩難了。」

歸來與妻子説知，大家嘆息了一回，商量還只是求他爲是。只得挨着面皮，走了幾次。常只是這些説話，推三阻四，一千年也不賴，一萬年也不還。耳朵裏時時好聽，並不見一分遞過手裏來。欲待不走時，又別無生路。自實走得一個不耐煩，正所謂：

羝羊觸藩，進退兩難。

自實枉自奔波多次，竟無所得。日挨一日，倏忽半年，看看已近新正。自實客居蕭索，合家嗷嗷，過歲之計，分毫無處。自實没奈何了，只得到繆家去。見了千户，一頭哭，一頭拜將下去道：「望兄長救吾性命則個。」千户用手扶起道：「何至於此？」自實道：「新正在邇，妻子飢寒，囊乏一錢，瓶無一粒粟，如何過得日子？向者所借銀兩，今不敢求還。任憑尊意，應濟多少，一絲一毫，盡算是尊賜罷了。就是當時無此借貸一項，今日故人之誼，也求憐憫一些。」説罷大哭。千户見哭得慌了，也有些不安。此一念也真把手指數一數道：「還有十日，方是除夜，兄長可在家專待。小弟分些禄米，備些柴薪之費，送到貴寓，以爲兄長過歲之資。但勿以輕微爲怪，便見相知。」自實窮極之際，見説肯送些東西了，心下放掉了好些，道：「若得如此，且延殘喘到新年，便是盛德無盡。」歡喜作別。臨別之時，千户再三叮囑道：「除夕切勿他往，只在貴寓等着便是。」惡處在此。自實領諾。歸到寓中，把千户之言，對妻子説了，一家安心。

到了除日，清早就起來坐在家裏等候。欲要出去尋些過年物事，又恐怕一時錯過，心裏還想等有些錢鈔到手了，好去運動。呆呆等着，心腸扒將出來。叫一個小厮站在巷口，看有甚麽動静，先來報知。去了一會，小厮奔來道：「有人挑着米來了。」自實急出門一看，果然一個擔夫，挑着一擔米，一個青衣人，前頭拿了帖兒走來。自實認道是了，只見走近門邊，擔夫並無歇肩之意。那個青衣人也徑自走過了。自實疑心道：「必是不認得吾家，錯走過了。」連忙叫道：「在這裏，可轉來。」那兩個並不回頭。自實只得趕上前去，問青衣人道：「老哥送禮到那裏去的？」青衣人把手中帖與自實看道：「吾家主張員外，送米與館賓的，你問他則甚？」自實情知不是，佯佯走了轉來。又坐在家裏。一會，小厮又走進來道：「有一個公差打扮的，肩上馱了一肩錢走來了。」【眉批】風聲鶴唳。自實到門邊探頭一望，道：「這番是了。」只見那公差打扮的，經過門首，脚步不停，更跑得緊了些。自實越加疑心，跑上前問時，公差答道：「縣裏知縣相公，送這些錢與他鄉里過節的。」自實又見不是，心裏道：「別人家多紛紛送禮，要見只在今日這一日了。如何我家的偏不見到？」自實心裏好像十五個弔桶打水，七上八落的，身子好像鏉盤上螞蟻，一霎也站脚不住。

看看守到下午，竟不見來，落得探頭探腦，心猿意馬。這一日，一件過年的東西也不買得。到街前再一看，家家户户，多收拾起買賣，開店的多關了門，只打點過新年了。自實反爲繆家所誤，粒米束薪，家裏無備。【眉批】可恨！妻子只是怨悵啼哭，別人家歡呼暢飲，爆竹連天，自實攢眉皺目，淒凉相對。

自實越想越氣，雙脚亂跳，大罵：「負心的狠賊！害人到這個所在！」一憤之氣，箱中翻出一柄解腕刀來，在磨石上磨得雪亮，對妻子道：「我不殺他，不能雪這口氣。我拚着這命抵他，好歹三推六問，也還遲死幾時。明日絕早清晨，等他一出門來，斷然結果他了。」妻子勸他且耐性。自實那裏案納得下？捏刀在手，坐到天明。鷄鳴鼓絶，逕望繆家門首而去。

且説這條巷中間，有一個小菴，乃自實家裏到繆家必由(游)之路。菴中有一道者，號軒轅翁，年近百歲，是個有道之士。自實平日到繆家時經過此菴，每走到裏頭歇足，便與菴主軒轅翁叙一會閒話。往來既久，遂成熟識。此日是正月初一日元旦，東方將動，路上未有行人。軒轅翁起來開了門，將一張桌當門放了，點上兩枝蠟燭，朝天拜了四拜。將一卷經，攤在桌上，中間燒起一爐香，對着門坐下，朗聲而誦。誦不上一兩板，看見街上天光熹微中，一個人當前走過，甚是急遽。認得是元自實，因爲怕斷了經頭，由他自去，不叫住他。這個老人家道眼清明，看元自實在前邊一面走，後面却有許多人跟着。仔細一看，那裏是人，乃是奇形異狀之鬼，不計其數，跳舞而行。但見：

或握刀劍，或執椎鑿。

披頭露體，勢甚兇惡。

軒轅翁住了經不念，口裏叫聲道：「怪哉！」把性定一回，重把經念起。不多時，見自實復走回來，脚步懶慢。軒轅翁因是起先詫異了，嘿嘿看他自走，不敢叫破。自實走得過，又有百來個人跟着在後。【眉批】善惡之相，即自己神識變現。軒轅翁着眼細看，此番的人，多少比前差不遠，却是打扮大不相同，盡是金冠玉珮之士。但見：

或擎幢蓋，或舉旌旛。

和容悦色，意甚安閒。

軒轅翁驚道：「這却是甚麽緣故？歲朝清早，所見如此，必是元生死了，適間乃其陰魂。故到此不進門來，相從的多是神鬼。然惡往善歸，又怎麽解説？」心下狐疑未決。一面把經誦完了，急急到自實家中，訪問消耗。

進了元家門内，不聽得裏邊動静。咳嗽一聲，叫道：「有客相拜。」自實在裏頭走將出來，見是個老人家，新年初一相拜，忙請坐下。軒轅翁説了一套隨俗的吉利話，便問自實道：「今日絶清早足下往何處去？去的時節甚是匆匆，回來的時節，甚是緩緩，其故何也？願得一聞。」自實道：「在下有一件不平的事，不好告訴得老丈。」軒轅翁道：「但説何妨？」

自實把繆千户當初到任借他銀兩，而今來取，只是推托，希圖混賴，及年晚哄送錢米，竟不見送，以致狼狽過年的事，從頭至尾，説了一遍。軒轅翁也頓足道：「這等恩將仇報，其實可恨！這樣人必有天報。足下今日出門，打點與他尋鬧麽？」自實道：「不敢欺老丈，昨晚委實氣了一晚。吃虧不過，把刀磨快了，巴到天明，意要往彼門首，等他清早出來，一刀刺殺了，以雪此恨。及至到了門首，再想一想，他固然得罪于我，他尚有老母妻子，平日與他通家往來的，他們須無罪。不争殺了千户一人，他家老母、妻子就要流落他鄉了。【眉批】此念便是仁之端。思量自家一門流落之苦，如此難堪，怎忍叫他家也到這地位？寧可他負了我，我不可做那害人的事。所以忍住了這口氣，慢慢走了來。心想未定，不曾到老丈處奉拜得，却教老丈先降。得罪，得罪。」軒轅翁道：「老漢不是來拜年，其實有椿奇異，要到宅上奉訪。今見足下訴説這個緣故，當與足下稱賀了。」自實道：「有何可賀？」軒轅翁道：「足下當有後禄。適間之事，神明已知道了。」自實道：「怎見得？」軒轅翁道：「方纔清早足下去時節，老漢看見許多兇鬼相隨；回來時節，多换了福神。老漢因此心下奇異。今見足下所言如此，乃知一念之惡，兇鬼便至；一念之善，福神便臨。【眉批】世人着眼。如影隨形，一毫不爽。暗室之内，造次之間，萬不可萌一毫惡念，造罪損德的。足下善念既發，鬼神必當嘿佑，不必愁恨了。」自實道：「雖承老丈勸慰，只是受了負心之騙，一個新歲，錢米俱無，光景難堪。既不殺得他，自家尋個死路罷，也羞對妻子了。」軒轅翁道：「休説如此短見的話。老漢菴中尚有餘糧，停會當送些過來，權時應用，切勿更起他念。」自實道：「多感，多感。」軒轅翁作别而去。

去不多時，果然一個道者領了軒轅翁之命，送一挑米、一貫錢到自實家來。自實枯渴之際，只得受了。轉托道者，致謝菴主。

道者去後，自實展轉思量：「此翁與我向非相識，尚承其好意如此。叵耐繆千户負欠了我的，反一毛不拔。本爲他遠來相投，今失了望，後邊日子如何過得？我要這性命也没幹。况且此恨難消。【眉批】不能殺之陽而求理於陰。可憐！可憐！安得陰中無主者乎？據軒轅翁所言，神鬼如此之近。我陽世不忍殺他，何不尋個自盡，到陰間告理他去？必有伸訴之處。」遂不與妻子説破，竟到三神山下，一個八角井邊，嘆了一口氣，仰天喊道：「皇天有眼！我元自實被人賴了本錢，却教我死於非命。可憐！可憐！」説罷，撲通的跳了下去。

自實只道是水淹將來，立刻可死，誰知道井中可煞作怪，自實脚踏實地，點水也無。伸手一摸，兩邊俱是石壁削成。中間有一條狹路，只好容身。自實將手托着兩壁，黑暗中只管向前，依路走去。走勾有數百步遠，忽見有一綫亮光透入。急急望亮處走去，須臾壁盡路窮，乃是一個石洞小口。出得口時，豁然天日明朗，别是一個世界。又走了幾十步，見一所大宮殿，外邊門上牌額四個大金字，乃是「三山福地」。自實瞻仰了一會，方敢舉步而入。但見：

古殿煙消，長廊晝静。徘徊四顧，闃無人蹤；鐘磬一聲，恍來雲外。自是洞天福地，宜有神仙在此藏；絶非俗境塵居，不帶夙緣那得到？

自實立了一晌，不見一個人面。肚裏飢又飢，渴又渴，腿脚又酸，走不動了。見面前一個石壇，且是潔净。自實軟倒來，只得眠在石壇傍邊，歇息一回。

忽然裏邊走出一個人來，乃是道士打扮。走到自實跟前，笑問自實道：「翰林已知客邊滋味了麽？」自實吃一驚道：「客邊滋味，受得勾苦楚了。如何呼我做翰林？」道士道：「你不記得在興慶殿草詔書了麽？」自實道：「一發好笑。某乃山東鄙人，布衣賤士，生世四十，目不知書，連京裏多不曾認得，曉得甚麽興慶殿？草甚麽詔書？」道士道：「可憐，可憐。人生换了皮囊，便爲嗜慾所汩，飢寒所困，把前事多忘記了。你來此間，腹中已餓了麽？」自實道：「昨晚忿恨不食，直到如今。爲尋死地到此，不期誤入仙境。却是腹中又餓，口中又渴，腿軟觔麻，當不得，暫臥于此。」道士袖裏摸出大梨一顆，大棗數枚，與自實道：「你認得這東西麽？此交梨火棗也。你吃了下去，不惟免了飢渴，兼可曉得過去之事。」自實接來手中，正當飢渴之際，一口氣吃了下去，不覺精神爽健。瞑目一想，惺然明悟。記得前生身爲學士，在大都興慶殿側草詔，猶如昨日。一轂轆扒將起來，拜着道士道：「多蒙仙長佳菓之味，不但解了飢渴，亦且頓悟前生。但前生既如此清貴，未知作何罪業，以致今生受報，弄得如此没下稍了？」道士道：「你前世也無大罪。【眉批】專是清貴，乃有罪業。但在職之時，自恃文學高強，忽略後進之人，不肯加意汲引，故今世罰你愚懵不通文義。【眉批】今之清貴者着眼。又妄自尊大，拒絶交游，毫無情面，故今世罰你漂泊，投人不着。這也是一還一報，天道再不差的。今因你一念之善，故有分到此福地，與吾相遇，救你一命。」

道士因與自實説世間許多因果之事：某人是善人，該得好報；某人是惡人，該得惡報；某人乃是無厭鬼王出世，地下有十個爐替他鑄横財，故在世貪饕不止，賄賂公行，他日福滿，當受幽囚之禍；某人乃多殺鬼王出世，有陰兵五百，多是銅頭鐵額的，跟隨左右，助其行虐，故在世殺害良民，不戢軍士，他日命衰，當受割截之殃。其餘凡貪官污吏，富室豪民，及矯情干譽，欺世盗名，種種之人，無不隨業得報，一一不爽。

自實見説得這等利害明白，打動了心中事，遂問道：「假似繆千户欺心混賴，負我多金，反致得無聊如此，他日豈無報應？」道士道：「足下不必怪他。他乃是王將軍的庫子，財物不是他的，他豈得妄動耶？」自實道：「見今他享榮華，我受貧苦，眼前怎麽當得？」道士道：「不出三年，世運變革，地方將有兵戈大亂，不是這光景了。你快擇善地而居，免受池魚之禍。」自實道：「在下愚昧，不識何處可以躲避？」道士道：「福寧可居。且那邊所在與你略有緣分，可償得你前日好意貸人之物，不必想繆家還了。此皆子善念所至也。今到此已久，家人懸望，只索回去罷！」自實道：「起初自井中下來，行了許多暗路，今不能重記。就尋着了舊路，也上去不得，如何歸去？」道士道：「此間别有一徑可以出外，不必從舊路了。」因指點山後一條路徑，叫自實從此而行。自實再拜稱謝。道士自轉身去了。

自實依着所指之徑，行不多時，見一個穴口。走將出來，另有天日。急回頭認時，穴已不見。自實望去百步之外，遠遠有人行走，奔將去問路。元來即是福州城外，遂急急跑回家來。

家人見了，又驚又喜道：「那裏去了這幾日？」自實道：「我今日去，就是今日來，這麽説幾日？」家人道：「今日是初十了。自那日初一出門，到晚不見回來，只道在軒轅翁菴裏。及至去問時，却又説不曾來。只疑心是有甚麽山高水低，軒轅翁説你家主人還有後禄，定無他事，所以多勉強寬解。這幾日杳然無信，未免慌張。幸得來家，却好了。」自實把憤恨投井，誰知無水不死，却遇見道士，奇奇怪怪許多説話，説了一遍，道：「聞得仙家日月長。【眉批】至此方以爲仙，自實真憒憒。今吾在井裏只得一晌，世上却有十日，這道士多分是仙人。他的説話，必定有准。我們依言，搬在福寧去罷。不要戀戀繆家的東西，不得到手，反爲所誤了。」一面叫家人收拾起來，打點上路。

自實走到軒轅翁菴中，别他一别，説遷去之意。軒轅翁問：「爲何發此念頭？」自實把井中之事，説了一遍。【眉批】識者不遇，遇者不識。天下之事，每每如此。軒轅翁跌足道：「可惜足下不認得人！這道士，乃芙容真人也。我脩煉了一世，不能相遇。豈知足下當面錯過！仙家之言，不可有違，足下遷去爲上。老漢也自到山中去了。若住在此地，必爲亂兵所殺。」自實别了回來，一徑領了妻子，同到福寧。

此時天下擾亂，賦役煩重，地方多有逃亡之屋。自實走去，尋得幾間可以收拾得起的房子，並叠瓦礫，將就脩葺來住。揮鋤之際，錚然有聲。掘將下去，却是石板一塊。掇將開來，中有藏金數十錠。合家見了，不勝之喜。恐怕有人看見，連忙收拾在箱匣中了。自實道：「井中道士所言，此間與吾有些緣分，可還所貸銀兩，正謂此也。」【眉批】既有前言，秤亦不必。將來秤一秤，果是三百金之數，不多不少。自實道：「井中人果是仙人，在此住料然不妨。」從此安頓了老小，衣食也充足了些，不愁凍餒，放心安居。

後來張士誠大軍臨福州，陳平章遭擄，一應官吏多被誅戮。繆千户一家，被王將軍所殺，盡有其家資。自實在福寧竟得無事，算來恰恰三年。道士之言，無一不驗。可見財物有定數，他人東西，强要不得的。爲人一念，善惡之報，一些不差的。有詩爲證：

一念起時神鬼至，何況前生夙世緣。
方知富室多慳吝，只爲他人守業錢。

徐茶酒乘
鬧扭新人

舜息珠鳴冤
冤舊案

卷之二十五

徐茶酒乘鬧劫新人　鄭蕊珠鳴冤完舊案

詞云：

瑞氣籠清，曉捲珠簾。次第笙歌，一時齊奏。無限神仙離蓬島，鳳駕鸞車初到。見擁個、仙娥窈窕。玉珮玎璫風縹緲，望嬌姿、一似垂楊裊。天上有，世間少。劉郎正是當年少。更那堪、天教付與，最多才貌。玉樹瓊枝相映耀，誰與安排忒好？有多少、風流歡笑。直待來春成名了，馬如龍、緑綬欺芳草。同富貴，又偕老。

這首詞，名《賀新郎》，乃是宋時辛稼軒爲人家新婚吉席而作。天下喜事，先説洞房花燭夜，最爲熱鬧。因是這熱鬧，就有趂哄打劫的了。

吴興安吉州富家新婚。當夜有一個做賊的，趂着人雜時節溜將進去，伏在新郎的床底下了，打點人静後，出來捲取東西。怎當這人家新房裏頭，一夜停火到天明。床上新郎、新婦，雲雨歡濃了一會，枕邊切切私語，你問我答，煩瑣不休。説得高興，又弄起那話兒來，不十分肯睡。那賊躲在床下，只是聽得肉麻不過，却是不曾静悄。難熬。又且燈火明亮，氣也喘不得一口，何况脱身出來做手脚。只得耐心伏着不動，水火急時，直等日間床上無人時節，就床下暗角中撒放。

如此三日夜，畢竟下不得手，肚中餓得難堪。顧不得死活，聽得人聲略定，拚着命魆魆走出，要尋路逃去。火影下早被主家守宿人瞧見，叫一聲「有賊！」前後人多爬起來，拿住了。先是一頓拳頭脚尖，見在受用。將繩綑着，整備天明送官。賊人哀告道：「小人其實不曾偷得一毫物事。便做道不該進來，適間這一頓臭打，也折算得過了，說得自在。千萬免小人到官。放了出去，小人自有報效之處。」主翁道：「誰要你報效？你每這樣歹人，只是送到官打死了纔乾凈。」賊人道：「十分不肯饒我，我到官自有說話。你每不要懊悔。」主翁見他說得倔強，更加可恨，又打了幾個巴掌。

綑到次日，申破了地方，一同送到縣裏去。縣官審問時，正是「賊有賊智」，那賊人不慌不忙的道：「老爺詳察，小人不是個賊，不要屈了小人。」【眉批】□極。縣官道：「不是賊，是甚麽樣人，躲在人家床下？」賊人道：「小人是個醫人。只爲這家新婦，從小有個暗疾，舉發之時，疼痛難當，惟有小人醫得，必要親手調治，所以一時也離不得小人。今新婚之夜，只怕舊疾舉發，暗約小人隨在房中，防備用藥。故此躲在床下。這家人不認得，當賊拿了。」縣官道：「那有此話？」賊人道：「新婦乳名瑞姑。他家父親寵了妾生子女，不十分照管他。母親與他一路，最是愛惜。所以有了暗疾，時常叫小人私下醫治。今若叫他到官，自然認得小人。纔曉得不是賊。」知縣見他丁一確二說着，有些信將起來。道：「果有這等事，不要冤屈了平人。而今只提這新婦當堂一認就是了。」【眉批】遂其志矣。元來這賊躲在床下這三夜，備細聽見床上的說話。新婦果然有些心腹之疾，家裏常醫的。因告訴丈夫，被賊人記在肚裏。恨這家不饒他，當官如此攀出來。不惟可以遮飾自家的罪，亦且可以弄他新婦到官，出他家的醜。這是那賊人傯賴之處。那曉縣官竟自被他哄了，果然提將新婦起來。

富家主翁急了，負極去求免新婦出官。縣官那裏肯聽？富家翁又告：「情願不究賊人罷了。」縣官大怒道：「告别人做賊也是你，及至要個證見，就説情願不究，可知是誣賴平人爲盗。若不放新婦出來質對，必要問你誣告。」富家翁計無所出，方悔道：「早知如此，放了這猾賊也罷。而今反受他累了！」衙門中一個老吏，見這富家翁徬徨，問知其故，便道：「要破此猾賊也不難，只要重重謝我。【眉批】原自易破，富家翁自乏智耳。我去禀明了，有方法叫他伏罪。」富家翁許了謝禮十兩，老吏去禀縣官道：「這家新婦初過門，若出來與賊盗同辨公庭，耻辱極矣。老爺還該惜其體面。」縣官道：「若不出來，怎知賊的真假？」老吏道：「吏典倒有一個愚見：想這賊潛藏内室，必然不曾認得這婦人的；他却混賴其婦有約。而今不必其婦到官，密地另使一個婦人代了，與他相對。他認不出來，其誣立見。既可以辨賊，又可以周全這家了。」縣官點頭道：「説得有理。」就叫吏典悄地去唤一娼婦，打扮了良家，包頭素衣，當賊人面前帶上堂來。高聲禀道：「其家新婦瑞姑拿到。」賊人不知是假，連忙叫道：「瑞姑，瑞姑，你約我到房中治病的，怎麽你公公家裏拿住我做賊送官，你就不説一聲？」縣官道：「你可認得正是瑞姑了麽？」賊人道：「怎麽不認得？從小認得的。」縣官大笑道有這樣奸詐賊人！險些被你哄了。元來你不曾認得瑞姑，怎賴道是他約你醫病？這是個娼妓，你認得真了麽？」賊人對口無言。縣官喝叫：「用刑！」賊人方纔訴説不曾偷得一件，乞求減罪。縣官打了一頓大板，枷號示衆。因爲無贓，恕其徒罪。富家翁新婦方纔得免出官。這也是新婚人家一場大笑話。

先説此一段做個笑本。小子的正話，也説着一個新婚人家，弄出好些没頭的官司。直到後來，方得明白。

本爲花燭喜筵，弄作是非苦海。
不因天網恢恢，啞迷何時得解？

却説直隸蘇州府嘉定縣，有一人家姓鄭，也是經紀行中人，家事不爲甚大。生有一女，小名蕋珠，這倒是個絶世佳人，真個有沉魚落雁之容，閉月羞花之貌。許下本縣一個民家，姓謝，是謝三郎，還未曾過門。這個月裏揀定了吉日，謝家要來娶(取)去。三日之前，蕋珠要整容開面，鄭家老兒去喚整容匠。元來嘉定風俗，小户人家女人篦頭剃臉，多用着男人。作法于凉，焉能免是非耶！

其時有一個後生，姓徐，名達。平時最是不守本分，心性奸巧好淫，專一打聽人家女子，那家生得好，那家生得醜。因爲要像心看着内眷，特特去學了那櫛工生活，得以進入内室；又去做那婚筵茶酒，得以窺看新人。如何叫得茶酒？即是那邊儐相之名。因爲贊禮時節，在傍高聲「請茶」、「請酒」，多是他口裏説的，所以如此稱呼。這兩項生意，多傍着女人行止，他便一身兼做了。比時，鄭家就叫他與女兒蕋珠開面。

徐達帶了篦頭家火，一徑到鄭家内裏來。蕋珠做女兒時節，徐達未曾見一面，而今却叫他整容，煞是看得親切。徐達一頭動手，一頭覷玩，身子如雪獅子向火，看看軟起來，那話兒如吃石髓的海燕，看看硬起來。

【眉批】□□爲之□也。可惜碍着前後有人，恨不就勢一把抱住，弄他一會。鄭老兒在傍看見模樣，識破他有些輕薄意思。等他用手一完，急打發他出到外邊來了。

徐達看得渾身似火，背地裏手銃也不知放了幾遭。心裏掉不下，曉得嫁去謝家，就設法到謝家包做了吉日的茶酒。到得那日，鄭老兒親送女兒過門，只見出來迎接的賓相，就是前日的櫛工徐達。心下一轉道：「元來他又在此！」比至新人出轎，行起禮來，徐達没眼看得。一心只在新娘子身上，口裏哩嗹囉嗹，把禮數多七顛八倒起來。但見：

東西錯認，左右亂行。信口稱呼，親翁忽爲親媽；無心贊喝，該拜反做該興。見過泰山，又請岳翁受禮；參完堂上，還叫父母升廳。不管嘈壞郎君，只是貪看新婦。

徐達亂嘈嘈的行過了許多禮數，新娘子花燭已過，進了房中，算是完了，只要款待送親吃喜酒。這謝家民户人家，没甚人力，謝翁與謝三郎只好陪客在外邊。裏頭媽媽，率了一二個養娘，親自厨房整酒。有個把當直的，搬東搬西，手忙脚亂，常是來不迭的。徐達相禮，到客人坐定了席，正要「請湯」、「請酒」，是件贊唱。忽然不見了他，兩三次湯送到，只得主人自家請過吃了。將至終席，方見徐達慌慌張張在後面走出來，喝了兩句。比至酒散，謝翁見茶酒如此參前失後，心中不喜，要叫他來埋怨幾句，早又不見。當值的道：「方纔往前面去了。」謝翁道：「怎麽尋了這樣不曉事的？如此淘氣！」親家翁不等茶酒來贊禮，自起身謝了酒。謝三郎走進新房，不見新娘子在内，疑他床上睡了。揭帳一看，仍然是張空床。前後照着，竟不見影。跑至厨房問人時，厨房中人多嚷道：「我們多只在這裏收拾。新娘子花燭過了，自坐房中，怎麽倒來問我們？」

三郎叫了當直的，後來各處找尋。到後門一看，門又關得好好的。走出堂前説了，合家驚惶。當直的道：「這個茶酒，一向不是個好人。方纔喝禮時節，看他没心没想，兩眼只看着新人，又兩次不見了他，而今竟不知那裏去了。莫不是他有甚麽奸計，藏過了新人麽？」鄭老兒道：「這個茶酒，元不是好人。小女前日開面也是他，因見他輕薄態度，正心裏怪恨。不想宅上茶酒也用着他！」鄭家隨來的僕人也説道：「他元是個游嘴光棍，這篦頭、贊禮，多是近新來學了，攛哄過日子的。畢竟他有緣故。去還不遠，我們追去。」謝家當直的道：「他要内裏拐出新人，必在後門出後巷裏去了。方纔後門關好，必是他復身轉來關了，使人不疑。所以又到堂前衍這一回。必定從前面轉至後巷去了，故此這會不見。是他無疑。」

此時是新婚人家，簠子火把，多有在家裏，就每人點着一根。兩家僕人與同家主，共是十來個，開了後門，多望後巷裏趕來。元來謝家這條後門路，是一個直巷，也無彎曲，也無傍路。火把照起，明亮猶同白日，一望去多是看見的。遠遠見有兩三個人走，前頭差一段路。去了兩個，後邊有一個還在那裏。疾忙趕上，拿住火把一照，正是徐茶酒。問道：「你爲何在這裏？」徐達道：「我有些小事，等不得酒散，我要回去。」衆人道：「你要回去，直不得對本家説聲！況且好一會不見了你，還在這裏行走，豈是回去的？你好好説，拐將新娘子那裏去了？」徐達支吾道：「新娘子在你家裏，豈是我掌禮人包管的？」衆人打的打，推的推，喝道：「且拿這游嘴光棍到家裏拷問他出來！」一群人擁着徐達，到了家裏。兩家親翁一同新郎各各盤問，新郎更紧。徐達只推不知。一齊道：「這樣頑皮賴骨，私下問他，如何肯説？挷他在柱上，待天明送到官去，難道當官也賴得？」遂把徐達做一團綑住，只等天明。此時第一個是謝三郎掃興了。

不能勾握雨携雲，整備着鼠牙雀角。

喜筵前枉喚新郎，洞房中依然獨覺。

衆人閙閙嚷嚷，簇擁着徐達，也有嚇他的，也有勸他的，一夜何曾得睡？徐達只不肯説。

須臾天已大明，謝家父子教衆人帶了徐達，寫了一紙狀詞，到縣堂上告准，面禀其故。知縣驚異道：「世間有此事！」遂唤徐達問道：「你拐的鄭蕋珠那裏去了？」徐達道：「小人是婚筵的茶酒，只管得行禮的事，怎曉得新人的去向？」謝公就把他不辭而去，在後巷趕着之事，説了一遍。知縣喝叫用刑起來。徐達雖然是游花光棍，本是柔脆的人，熬不起刑。初時支吾兩句，看看當不得了，只得招道：「小人因爲開面時見他美貌，就起了不良之心。曉得嫁與謝家，謀做了婚筵茶酒，預先約會了兩個同伴，埋伏在後門了。趁他行禮已完，外邊只要上席，小人在裏面一看，只見新人獨坐在房中。小人哄他還要行禮，新人隨了小人走出。新人却不認得路，被小人引他到了後門，就把新人推與門外二人。小人關好了後門，望前邊來了。仍舊從前邊抄至後巷，趕着二人。正要奔脱，看見後面火把明亮，知是有人趕來。那兩個人，顧不得小人，竟自飛跑去了。小人有這個新人在旁，動止不得。恰好路傍有個枯井，一時慌了，只得抱住了他，攛了下去。却被他們趕着，拿了送官。這新人現在井中。只此是實。」知縣道：「你在他家時，爲何不説？」徐達道：「還打點遮掩得過，取他出井來受用。痴心可恨。而今熬刑不起，只得實説了。」知縣寫了口詞，就差一個公人，押了徐達，與同謝、鄭兩家人，快到井邊來勘實回話。

一行人到了井邊，鄭老兒先去望一望，井底下黑洞洞，不見有甚聲響。疑心女兒此時畢竟死了，扯着徐達，狠打了幾下，道：「你害我女兒死了，怕不償命！」衆人勸住道：「且撈了起來，不要廝亂。自有官法處他。」鄭老兒心裏又慌又恨，且把徐達咬住一塊肉，不肯放。徐達殺猪也似叫喊。

這邊謝公叫人停當了竹兜繩索，一面下井去救人。一個膽大些的家人，紮縛好了，挂將下去。井中無水，用手一摸，果然一個人蹲倒在裏面。推一推看，已是不動的了。抱將來放在兜中，弔將上去。衆人一看，那裏是甚麽新娘子，却是一個大鬍鬚的男子，奇！奇！鮮血模糊，頭多打開的了。衆人多吃了一驚。鄭老兒將徐達又是一巴掌，道：「這是怎麽説？」連徐達看見，也嚇得呆了。謝公道：「這又是甚麽蹺蹊的事？」對了井中，問下邊的人道：「裏頭還有人麽？」井裏應道：「並無甚麽了。接了我上去。」隨即放繩下去，接了那個家人上來。一齊問道：「井中還有甚麽？」家人道：「止有些石塊在内，是一個乾枯的井。方纔黑洞洞地摸起來的人，不知死活，可正是新娘子麽？」衆人道：「是一個死了的鬍子，那裏是新人？你看麽！」押差公人道：「不要鳥亂了！回覆官人去。還在這個入娘的身上尋究新人下落。」鄭、謝兩老兒多道：「説得是。」就叫地方人看了屍首，一同公人去禀白縣官。

知縣問徐達道：「你説把鄭蕊珠推在井中，而今井中却是一個男屍，且説鄭蕊珠那裏去了？這屍是那裏來的？」徐達道：「小人只見後邊趕來，把新人推下井裏是實。而今却是一個男屍，連小人也猜不出了。」知縣道：「你起初約會這兩個同伴，叫做甚麽名字？必是這二人的緣故了。」徐達道：「一個張寅，一個李卯。」

知縣寫了名字、住址，就差人去拿來。甕中捉鱉，立時拿到。每人一夾棍，只招得道：「徐達相約後門等待，後見他推出新人來，負了就走。徐達在後趕來，正要同去。望見後面火把齊明，喊聲大震，我們兩個膽怯了，把新人掉與徐達，只是拚命走脱了。已後的事，一些也不知。」又對着徐達道：「你當時將的新人那裏去了？怎不送了出來？要我們替你吃苦。」徐達對口無言。知縣指着徐達道：「還只是你這奴才奸巧！」喝叫：「再夾起來！」徐達只喊得：「是小人該死。」説來説去，只説到推在井中，便再説不去了。

知縣便叫鄭、謝兩家父親，與同媒妁人等，又拘齊兩家左右鄰裏，備細訪問。多只是一般不知情，没有甚麽别話，也没有一個認得這屍首的。知縣出了一張榜文，召取屍親家屬認領埋葬，也不曾有一個説起的。鄭、謝兩家自備了賞錢，知縣又替他寫了榜文訪取鄭蕊珠下落，也没有一個人曉得影響的。知縣斷決不開，只把徐達收在監中，五日一比。謝三郎苦毒，時時催稟。縣官没法，只得做他不着，凡爲官者皆如此耳。也不知打了多多少少。徐達起初一時做差了事，到此不知些頭腦，教他也無奈何。只好巴過五日，吃這番痛棒，也没個打聽的去處，也没個結局的法兒，真正是没頭的公事。表過不提。

再説鄭蕊珠，那晚被徐達拐至後門，推與二人，便見把後門關了，方曉得是歹人的做作。欲待叫着本家人，自是新來的媳婦，不曾知道一個名姓，一時叫不出來。亦且門已關了，便口裏喊得兩句「不好了」，也没人聽得。那些後生背負着只是走。心裏正慌，只見後面趕來，兩個人撇在地下，竟自去了。那個徐達一把拖來，丢在井裏。井裏無水，又不甚深，只跌得一下，毫無傷損。聽見上面衆人喧嚷，曉得是自己家人。又火把齊明，照得井裏也有光。鄭蕊珠負極叫喊「救人」，怎當得上邊人拿住徐達，你長我短，嚷得一個不耐煩。忙中錯過，天下事每每如此。婦人聲音，終久嬌細，又在井裏，那個聽見？多揍擁着徐達，吆吆喝喝，一路去了。

鄭蕊珠聽得人聲漸遠，只叫得苦，大聲啼哭。看看天色明亮，蕊珠想道：「此時上邊未必無人走動。」高叫兩聲：「救人！」又大哭兩聲。果然驚動了上邊兩個人，只因這兩個人走將來，有分教：

黄塵行客，翻爲墜井之魂；緑鬢新人，竟作離鄉之婦。

説那兩個人，是河南開封府杞縣客商。一個是趙申，一個是錢巳。合了本錢，同到蘇松做買賣。得了重利，正要回去。偶然在此經過，聞得啼哭喊叫之聲，却在井中出來。兩個多走到井邊，望下一看，此時天光照下去，隱隱見是個女人。問道：「你是甚麽人，在這裏頭？」下邊道：「我是此間人家新婦，被强盗劫來，丢在此的。快快救我出來，到家自有重謝。」兩人聽得，自商量道：「從來説『救人一命，勝造七級浮屠』。況是個女人，怎能勾出來？没人救他，必定是死。我每撞着，也是有緣。行囊中有長繩，我每墜下去救了他起來。」趙申道：「我溜撒些，等我下去。天命也。」錢巳道：「我身子坌，果然下去不得。我只在上邊弔着繩頭，用些坌氣力罷。」

也是趙申悔氣到了，見是女子，高興之甚。揎拳裸袖，把繩縛在腰間，雙手弔着繩。錢巳一脚踹着繩頭，雙手提着繩，一步步放將下去。到了下邊，見是没水的，他就不慌不忙，對鄭蕋珠道：「我救你則個。」鄭蕋珠道：「多謝大恩。」趙申就把身上繩頭解下來，將鄭蕋珠腰間如法縛了，道：「你不要怕。只把雙手弔着繩，上邊自提你上去。縛得牢，不掉下來的。快上去了，把繩來弔我。」鄭蕋珠巴不得出來，放着膽，弔了繩。上邊錢巳見繩急了，曉得有人弔着，儘氣力一扯一扯的弔出井來。錢巳擡眼一看，却是一個艷妝的女子：

猛地井裏現身，疑是龍宫拾得。

雖然鬢亂釵横，却是天姿國色。

大凡人不可有私心，私心一起，就要幹出没天理的勾當來。起初錢巳與趙申商量救人，本是好念頭。一下子救將起來，見是個美貌女子，就起了打偏手之心。老子不見可欲自是妙理。思量道：「他若起來，必要與我争，不能勾獨享。況且他囊中本錢儘多，而今生死之權，掺在我手。我不放他起來，這女子與囊橐，多是我的了。」歹念正起，聽得井底下大叫道：「怎不把繩下來？」錢巳發一個狠道：「結果了他罷！」在井傍掇起一塊大石頭來，照着井中，叫聲：「下去！」可憐趙申眼盻盻望着上邊放繩下來，豈知是塊石頭？不曾堤防的，回避不及，打着腦蓋骨，立時粉碎，嗚呼哀哉了。

鄭蕋珠在井中出來，見了天日，方抖搜衣服，略定得性，只見錢巳如此做作，驚得魂不附體，口裏只念：「阿彌陀佛！」錢巳道：「你不要慌。此是我仇人，故此哄他下去，結果了他性命。」鄭蕋珠心裏道：「是你的仇人，豈知是我的恩人！」也不敢說出來。只求送在家裏去。錢巳道：「好自在話！我特特在井裏救你出來，是我的人了。我怎肯送還你家去？我是河南開封富家，你到我家裏，就做我家主婆，享用富貴了。快隨我走！」鄭蕋珠昏天暗地，不認得這條路是那裏，離家裏是近是遠。又没個認得的人在傍邊，心中没個主見。錢巳催促他走動道：「你若不隨我，仍舊攛你在井中，一石頭打死了。你見方纔那個人麽？」鄭蕋珠懼怕，思量無計，只得隨他去。正是：

纔脱風狂子，又逢輕薄兒。
情知不是伴，事急且相隨。

錢巳一路分付鄭蕋珠，教道他：「到家見了家人，只說蘇州討來的；有人來問趙申時，只回他還在蘇州就是了。」不多幾日，到了開封杞縣，進了錢巳家裏。

誰知錢巳家中，還有一個妻子萬氏，小名叫做蟲兒。其人狠毒的甚。一見鄭蕋珠，就放出手段來，無所不至擺佈他。家有此賢妻，何苦欺心殺人害他女子？將他頭上手飾、身上衣服，盡多奪下，只許他穿着布衣服。打水做飯，一應粗使生活，要他一身支當。一件不到，大棒打來。鄭蕋珠道：「我又不是嫁你家的，你家又不曾出銀子討我的。平白地強我來，怎如此毒打得我？」那個萬蟲兒那裏聽你分訴？也不問着來歷，只說是小老婆，妒婦心事。就該一味吃醋蠻打罷了。

萬蟲兒一向做人惡劣，是鄰裏婦人，没一個不相罵斷的。有一個鄰媽，看見他如此毒打鄭蕋珠，心中常抱不平。忽聽見鄭蕋珠口中如此説話，心裏道：「又不嫁，又不討，莫不是拐來的？做這樣陰騭事，坑着人家兒女！」把這話留在心上。

一日，錢巳出到外邊去了。鄭蕋珠打水，走到鄰媽家借水桶。鄰媽留他坐着，問道：「看娘子是好人家出身，爲何宅上爹娘肯遠嫁到此，吃這般磨折？」鄭蕋珠哭道：「那裏是爹娘嫁我來的？」鄰媽道：「這等，怎得到此？」鄭蕋珠把身許謝家，初婚之夜，被人拐出，抛在井中之事，説了一遍。鄰媽道：「這等，是錢家在井中救出了你，你隨他的了。」鄭蕋珠道：「那裏是？其時還有一個人下井，親身救我起來的。這個人好苦！指望我出井之後，就將繩接他，誰知錢家那厮狠毒，就把一塊大石頭丢下去，打死了那人，拉了我就走。我彼時一來認不得家裏，二來怕他那殺人手段，三來他説道到家就做家主婆。豈知墮落在此，受這樣磨難！」鄰媽道：「當初你家的與前村趙家一同出去爲商。今趙家不回來，前日來問你家時，説道還在蘇州。他家信了。依小娘子説起來，那下井救你吃打死的，必是趙家了。小娘子何不把此情，當官告明了，少不得牒送你回去，可不免受此間之苦？」鄭蕋珠道：「只怕我跟人來了，也要問罪。怯女子不知事，枉受多時苦。」鄰媽道：「你是婦人家，被人迫誘，有何可罪？我如今替你把此情先對趙家説了，趙家必定告狀。再與你寫一張首狀，當官遞去。你只要實説，包你一些罪也没有，且得還鄉見父母了。」鄭蕋珠道：「若得如此，重見天日了。」

計較已定，鄰媽一面去與趙家説了，趙家赴縣理告。這邊鄭蕋珠也拿首狀到官。杞縣知縣問了鄭蕋珠口詞，即時差捕錢巳到官。錢巳欲待支吾，却被鄭蕋珠是長是短，一口證定。錢巳抵賴不去，恨恨的向鄭蕋珠道：「我救了你，你倒害我！」鄭蕋珠道：「那個救我的，你怎麽打殺了他？」錢巳無言。趙家又來求判填命。知縣道：「殺人情真，但皆係口詞，屍首未見，這裏成不得獄。這是嘉定縣地方做的事，鄭蕋珠又是嘉定縣人，屍首也在嘉定縣，我這裏只録口詞成招，將一行人連文卷押解到嘉定縣結案就是了。」

當下，先將錢巳打了三十大板，收在牢中。鄭蕋珠召保，就是鄰媽替他遞了保狀。且喜與那個惡婦萬蟲兒不相見了。當官告明之故。

杞縣一面疊成文卷，僉了長解，把一干人多解到蘇州府嘉定縣來。是日正逢五日比較之期，嘉定知縣帶出監犯徐達，恰好在那裏比較。開封府杞縣的差人投了文，當堂將那解批上姓名逐一點過。叫到鄭蕋珠，蕋珠答應。徐達擡頭一看，却正是這個失去的鄭蕋珠，是開面時認得親切的。大叫道：「這正是我的冤家！我不知爲你打了多少，你却在那裏來？莫不是鬼麽？」知縣看見，問徐達道：「你爲甚認得那婦人？」徐達道：「這個正是井裏失去的新人，不消比較小人了。」知縣也駭然道：「有這等事！」喚鄭蕋珠近前，一一細問。鄭蕋珠照前事細説了一遍。知縣又把來文逐一簡看，方曉得前日井中死屍，乃趙申被錢巳所殺。遂弔取趙申屍首，令仵作人簡驗得頭骨碎裂，係是生前被石塊打傷身死。將錢巳問成死罪，抵趙申之命。徐達拐騙，雖事不成，禍端所自，問三年滿徒。張寅、李卯，各不應杖罪。鄭蕋珠所遭不幸，免科，給還原夫謝三郎完配。趙申屍骨，家屬領埋；係隔省，埋訖，釋放寧家。

知縣發落已畢，笑道：「若非那邊弄出，解這兩個人來，這件未完何時了結也？」嘉定一縣，傳爲新聞。可笑謝三郎，好端端的新婦，直到這日方得到手，已是個弄殘的了。又爲這事，壞了兩條性命。其禍皆在男人開面上起的。所以内外之防，不可不嚴也。有關世教。

男子何當整女容？致令惡少起頑兇。
今朝試看含香蕋，已動當年函谷封。

惜教官委
女不受報

窮庠生助
師得令終

卷之二十六

懵教官愛女不受報　窮庠士助師得令終

詩曰：

朝日上團團，照見先生盤。
盤中何所有？苜蓿長闌干。

這首詩乃是廣文先生所作，道他做官清苦處。蓋因天下的官，隨你至卑極小的，如倉大使、巡簡司，也還有些外來錢，惟有這教官，管的是那幾個酸子，有體面的還來送你幾分節儀，没體面的，終年面也不來見你，有甚往來交際？所以這官極苦。然也有時運好，撞着好門生，也會得他的氣力起來。這又是各人的造化不同。

浙江温州府，曾有一個廩膳秀才，姓韓，名贊卿。屢次科第不得中式，挨次出貢，到京赴部聽選。選得廣東一個縣學裏的司訓。那個學直在海邊，從來選了那裏，再無人去做的。你道爲何？元來與軍民府州一樣，是個有名無實的衙門。【眉批】教官衙門，何處是有名有實的？有便有幾十個秀才，但是認得兩個上大人的字脚，就進了學，再不退了。平日只去海上尋些道路，直到上司來時，穿着衣巾，擺班接一接、送一送，就是他向化之處了。不知國朝幾年間曾創立得一個學舍，無人來住，已自東倒西歪。旁邊有兩間舍房，住一個學吏，也只管記記名姓簿籍。没事得做，就合着秀才一夥去做生意。這就算做一個學了。韓贊卿悔氣，誰知倒不是悔氣。却選着了這一個去處。曾有走過廣裏的，備知詳細，説了這樣光景。合家恰像死了人一般，哭個不歇。

韓贊卿家裏窮得火出，守了一世書窗，指望巴個出身，多少挣些家私。今却如此遭際，没計奈何。韓贊卿道：「難道便是這樣罷了不成？窮秀才結煞，除了去做官，再無路可走了。我想朝廷設立一官，畢竟也有個用處。見放着一個地方，難道是去不得、哄人的？也只是人自怕了。我總是没事得做，擴着窮骨頭去走一遭。或者撞着上司可憐，有些别樣處法，作成些道路，就强似在家裏坐了。」遂發一個狠，決意要去。親眷們阻當他，多不肯聽。措置了些盤纏，别了家眷，冒冒失失，竟自赴任。

到了省下，見過幾個上司，也多説道：「此地去不得。住在會城，守幾時，别受些差委罷。」韓贊卿道：「朝廷命我到此方行教，豈有身不履其地，算得爲官的？畢竟是大頭巾話。是必到任一番，看如何光景。」上司聞知，多笑是迂儒腐氣，憑他自去了。

韓贊卿到了海邊地方，尋着了那個學吏，拿出吏部急字號文憑與他看了。學吏吃驚道：「老爹，你如何直走到這裏來？」韓贊卿道：「朝廷教我到這裏做教官，不到這裏，却到那裏？」學吏道：「舊規但是老爹們來，只在省城住下，寫個諭帖，來知會我們，開本花名册子送來，秀才廪糧中扣出一個常例一同送到，一件事就完了。老爹每俸薪，自在縣裏去取，我們不管。以後陞除去任，我們總不知道了。今日如何却竟到這裏？」韓贊卿道：「我既是這裏官，須管着這裏秀才。你去叫幾個來見我。」

學吏見過文憑，曉得是本管官，也不敢怠慢，急忙去尋幾個爲頭的積年秀才，與他説知了。秀才道：「奇事！奇事！有個先生來了！」一傳兩，兩傳三，一時會聚了十四五個，商量道：「既是先生到此，我們也該以禮相見。【眉批】還是孔夫子降伏得人。有幾個年老些的，穿戴了衣巾，其餘的只是常服，多來拜見先生。

韓贊卿接見已畢，逐個問了姓，叙些寒温，盡皆歡喜。略略問起文字大意，一班兒都相對微笑。老成的道：「先生不必拘此，某等敢以實情相告。某等生在海濱，多是在海裏去做生計的。當道恐怕某等在内地生事，作成我們穿件藍袍，做了個秀才，羈縻着。唱得幾個喏，寫得幾字，就是了。其實不知孔夫子義理怎麽樣的。所以再没有先生們到這裏的。今先生辛辛苦苦來走這番，這所在不可久留；却又不好叫先生便如此空回去。賢弟子。先生且安心住兩日。讓吾們到海中去，五日後却來見先生，就打發先生起身。只看先生造化何如。」説畢，哄然而散。韓贊卿聽了這番説話，驚得呆了，做聲不得。只得依傍着學吏，尋間民房，權且住下。【眉批】有信有義，非尋常秀才也。

這些秀才去了五日，果然就來。見了韓贊卿道：「先生大造化！這五日内，生意不比尋常，足足有五千金，勾先生下半世用了。弟子們説過的話，毫釐不敢入己，盡數送與先生，見弟子們一點孝意。先生可收拾回去，是個高見。」韓贊卿見了許多東西，嚇了一跳，道：「多謝列位盛意。只是學生帶了許多銀兩，如何回去得？」衆秀才道：「先生不必憂慮，弟子們着幾個與先生做伴，同送過嶺，萬無一失。」韓贊卿道：「學生只爲家貧無奈，選了這裏，不得不來。豈知遇着列位，用情如此！」衆秀才道：「弟子們從不曾見先生面的。今勞苦先生一番，周全得回去，也是我們弟子之事。如此好缺，已後到任者必多矣。已後的先生不消再勞了。」

當下，衆秀才替韓贊卿打叠起來。水陸路程舟車之類，多是衆秀才備得停當。有四五個陪他一路起身。但到泊舟所在，有些人來相頭相脚，面生可疑的，這邊秀才不知口裏説些甚麽，抛個眼色，就便走開了去。直送至交界地方，路上太平的了，然後别了韓贊卿告回。韓贊卿謝之不盡，竟帶了重貲回家。一個窮儒，一旦饒裕了。可見有造化的，只是這個教官，又到了做不得的地方，也原有起好處來。

在下爲何把這個教官説這半日？只因有一個教官，做了一任回來，貧得徹骨，受了骨肉許多的氣。又虧得做教官時一個門生之力，挣了一派後運，争盡了氣，好結果了。正是：

世情看冷暖，人面逐高低。

任是親兒女，還隨阿堵移。

話説浙江湖州府近太湖邊地方，叫做錢篓。有一個老廪膳秀才，姓高，名廣，號愚溪。爲人忠厚，生性古執。生有三女，俱已適人過了。妻石氏已死，並無子嗣。止有一侄，名高文明，另自居住，家道頗厚。這高愚溪積祖傳下房屋一所，自己在裏頭住，侄兒也是有分的。只因侄兒自挣了些家私，要自家像意，見這祖房坍塌下來，脩理不便，便自己置買了好房子，搬出去另外住了。若論支派，高愚溪無子，該是侄兒高文明承繼的。只因高愚溪諱言這件事，況且自有三女，未免偏向自己骨血；有積攢下的束脩、本錢，多零星與女兒們去了。後來挨得出貢，選授了山東費縣教官，轉了沂州，又陞了東昌府。做了兩三任歸來，囊中也有四五百金寬些。看官聽説：大凡窮家窮計，有了一二兩銀子，便就做出十來兩銀子的氣質出來。況且世上人的眼光極淺，口頭最輕，見一兩個箱兒匣兒略重些，便猜道有上千上萬的銀子在裏頭；還有鑿鑿説着數目，恰像親眼看見、親手兑過的一般。總是一剗的窮相。彼時高愚溪帶得些回來，便就聲傳有上千的數目了。

三個女兒曉得老子有些在身邊，争來親熱，一個賽一個的要好。高愚溪心裏歡喜，道：「我雖是没有兒子，有女兒們如此殷勤，老景也還好過。」又想一想道：「我總是留下私蓄，也没有别人得與他，何不拿些出來，分與女兒們了，等他們感激，越堅他每的孝心。」【眉批】大手段，不是做教官的。當下取三百兩銀子，每女兒與他一百兩。女兒們一時見了銀子，起初時千歡萬喜，也自感激。後來聞得説身邊還多，就有些過望起來，不見得十分足處。大家唧噥道：「不知還要留這偌多與那個用？」雖然如此説，心裏多想他後手的東西，不敢沖撞，只是趕上前的討好。侄兒高文明照常往來，高愚溪不過體面相待。雖也送他兩把俸金，幾件人事，恰好侄兒也替他接風洗塵，只好直退。侄兒有些身家，也不想他的，不以爲意。

那些女兒鬧閧了幾日，各要回去，只剩得老人家一個，在這些敗落舊屋裏面居住，覺得淒涼。三個女兒你也說，我也說，多道：「來接老爹家去住幾時。」各要争先。愚溪笑道：「不必争，我少不得要來看你們的。我從頭而來，各住幾時便了。」别去不多時，高愚溪在家清坐了兩日，寂莫不過，收拾了些東西，先到大女兒家裏住了幾時。第二個，第三個女兒，多着人來相接。高愚溪以次而到。女兒們只怨悵來得遲，住得不長遠。過得兩日，又來接了。

高愚溪周而復始，住了兩巡。女兒們殷殷勤勤，東也不肯放，西也不肯放。高愚溪思量道：「我總是不生得兒子，如今年已老邁，又無老小，何苦獨自個住在家裏？有此三個女兒，輪轉供養，勾過了殘年了。只是白吃他們的，心裏不安。前日雖然每人與了他百金，他們也費些在我身上了。我何不與他們説過，索性把身邊所有，盡數分與三家，等三家輪供養了我。【眉批】豈知愈不得自繇自在矣。我落得自繇自在，這邊過幾時，那邊過幾時。省得老人家還要去買柴糴米，支持辛苦。最爲便事。」把此意與女兒們說了。女兒們個個踴躍從命，多道：「女兒養父親，是應得的。就不分得甚麽，也說不得。」高愚溪大喜，就到自屋裏，把隨身箱籠有些實物的，多搬到女兒家裏來了。私下把箱籠東西，拼拼湊湊，還有三百多兩。裴好漢，發個慷慨，再是一百兩一家，分與三個女兒，身邊剩不多些甚麽了。三個女兒接受，盡皆歡喜。

自此，高愚溪只輪流住在三個女兒家裏過日，不到自家屋裏去了。這幾間祖屋，久無人住，逐漸坍將下來。公家物事，賣又賣不得。女兒們又攛掇他，説是：「有分東西，何不拆了些來？」愚溪總是不想家去住了，道是有理。但見女婿家裏，有些甚麽工作脩造之類，就去悄悄載了些作料來，增添改用。東家取了一條梁，西家就想一根柱。甚至猪棚屋，也取些椽子板障來拉一拉。多是零碎取了的，侄兒子也不好小家子樣來争。聽憑他没些搭煞的，把一所房屋狼籍完了。

祖宗締造本艱難，公物將來棄物看。
自道婿家堪畢世，寧知轉眼有炎寒？

且說高愚溪，初時在女婿家裏過日，甚是熱落，家家如此。【眉批】自然之事勢。以後手中没了東西，要做些事體也不得自繇，漸漸有些不便當起來。亦且老人家心性，未免有些嫌長嫌短，左不是、右不是的難爲人。略不像意，口裏便恨恨毒毒的説道：「我還是吃用自家的，不吃用你們的。」聒絮個不住。到一家，一家如此。那些女婿家裏，未免有些厭倦起來。況且身邊無物，没甚麽想頭了，就是至親如女兒，心裏較前也懈了好些。説不得個推出門，却是巴不得轉過別家去了，眼前清净幾時。所以，初時這家住了幾時，未到滿期，那家就先來接他，而今就過日期也不見來接，只是巴不得他遲來些。高愚溪見未來接，便多住了一兩日。這家子就有些言語出來，道：「我家住滿了，怎不到别家去？」再略動氣，就有的發話道：「當初東西三家均分，又不是我一家得了的。」言三語四，耳朵裏聽不得。高愚溪受了一家之氣，忿忿地要告訴這兩家，怎當得這兩家真是一個娘養的，過得兩日，這些光景也就現出來了。閒話中間，對女兒們説着姊妹不是，開口就護着姊妹夥的。至於女婿，一發彼此相爲。外貌解勸之中，帶些尖酸譏評，只是丈人不是，更當不起。高愚溪惱怒不過，只是尋是尋非的吵鬧，合家不寧。數年之間，弄做個老厭物，推來攘去。【眉批】原有取厭之道。有了三家，反無一個歸根着落之處了。

看官，若是女兒、女婿説起來，必定是老人家不達時務，惹人憎嫌。若是據着公道評論，其實他分散了好些本錢，把這三家做了靠傍，凡事也該體貼他意思一分，纔有人心天理。怎當得人情如此，與他的便算已物，用他的便是冤家。【眉批】人人有此病。況且三家相形，便有許多不調匀處。假如要請一個客，做個東道，這家便嫌道：「何苦定要在我家請？」口裏應承時，先不爽利了。就應承了去，心是懈的日挨一日。挨得滿了，又過了一家。到那家提起時，又道：「何不在那邊時節請了，偏要留到我家來請？」到底不請得，撒開手。難道遇着大小一事，就三家各派不成？所以一件也成不得了。怎教老人家不氣苦？這也是世態自然到此地位的。只是起初不該一味溺愛女兒，輕易把家事盡情散了。而今權在他人之手，豈得如意？只該自揣了些巳也罷，却又是親手分過銀子的，心不甘伏。欲待憋(彆)了口氣，別走道路，又手無一錢，家無片瓦，争氣不來，動彈(憚)不得。要去告訴侄兒，平日不曾有甚好處到他，今如此行徑，没下稍了，恐怕他們見笑，没臉嘴見他。左思右想，恨道：「只是我不曾生得兒子，致有今日！枉有三女，多是負心向外的，一毫没幹，反被他們賺得没結果了！」使一個性子，噙着眼淚，走到路傍一個古廟裏坐着，越想越氣。累天倒地的哭了一回，猛想道：「我做了一世的儒生，老來弄得這等光景，要這性命做甚麽？我把胸中氣不忿處，哭告菩薩一番，就在這裏尋個自盡罷了。」

又道是「無巧不成話」。高愚溪正哭到悲切之處，恰好侄兒高文明在外邊收債回來，船在岸邊摇過，只聽得廟裏哭聲。終是關着天性，不覺有些動念。仔細聽着，像是伯伯的聲音。便道：「不問是不是，這個哭得好古怪。就住攏去看一看，怕做甚麽？」叫船家一櫓邀住了船，船頭湊岸，撲的跳將上去。走進廟門，喝道：「那個在此啼哭？」各擡頭一看，兩下多吃了一驚。高文明道：「我說是伯伯的聲音，爲何在此？」

高愚溪見是自家侄兒，心裏悲酸起來，越加痛切。高文明道：「伯伯老人家，休哭壞了身子，且説與侄兒，受了何人的氣，以致如此？」高愚溪道：「説也羞人。我自差了念頭，死靠着女兒，不留個後步，把些老本錢，多分與他們了。今日却没一個理着我了。氣忿不過，在此痛哭，告訴神明一番，尋個自盡。不想遇着我侄，甚爲有愧！」高文明道：「伯伯怎如此短見？姊妹們是女人家見識，與他認甚麽真？」愚溪道：「我寧死于此，不到他三家去了。」高文明道：「不去也憑得伯伯，何苦尋死？」愚溪道：「我已無家可歸，不死何待？」高文明道：「侄兒不才，家裏也還奉養得伯伯一口起，怎説這話？」愚溪道：「我平時不曾有好處到我侄，些些家事多與了别人，今日剩得個光身子，怎好來擾得你？」高文明道：「自家骨肉，如何説個擾字？」愚溪道：「便做道我侄不棄，侄媳婦定嫌憎的。【眉批】此處却明白起來。我出了偌多本錢，買别人嫌憎過了，何況孑然一身！」高文明道：「侄兒也是個男子漢，豈繇婦人做主？況且侄婦頗知義理，必無此事。伯伯只是隨着侄兒到家裏罷了，再不必遲疑。快請下船同行。」高文明也不等伯子回言，一把扯住衣袂，拉了就走。竟在船中載回家來。

高文明先走進去，對娘子説着伯伯苦惱、思量尋死的話。高娘子吃驚道：「而今在那裏了？」高文明道：「已載他在船裏回來了。」高娘子道：「雖然老人家没搭煞，討得人輕賤，却也是高門裏的體面，原該收拾了回家來，免被别家耻笑。」高文明還怕娘子心未定，故意道：「老人家雖没用了，我家養這一群鵝在圈裏，等他在家，早晚看看也好的，不到得吃白飯。」娘子道：「説那裏話？家裏不争得這一口。就吃了白飯，也是自家骨肉，又不養了閒人。没有侄兒叫個伯子來家看鵝之理。不要説這話，快去接了他起來。」高文明道：「既如此説，我去請他起來，你可整理些酒飯相待。」

説罷，高文明三脚兩步走到船邊，請了伯子起來，到堂屋裏坐下。就搬出酒肴來，伯侄兩人吃了一會。高愚溪還想着可恨之事，提起一兩件來告訴侄兒，眼淚簌簌的下來。高文明只是勸解。自此且在侄兒處住下了。

三家女兒知道，曉得老兒心裏怪了，却是巴不得他不來。雖體面上也叫個人來動問動問，不曾有一家説來接他去的。那高愚溪心性古撇，便接也不肯去了。

一直到了年邊，三個女兒家纔假意來説接去過年。也只是説聲，不見十分殷勤。高愚溪回道：「不來。」也就住了。高文明道：「伯伯過年，正該在侄兒家裏住的，祖宗影神也好拜拜。若在姊妹們家裏，挂的是他家祖宗，伯伯也不便。」高愚溪道：「侄兒説得是。我還有兩個舊箱籠，有兩套圓領在裏頭，舊紗帽一頂，多在大女兒家裏。可着人去取了來，過年時也好穿了拜拜祖宗。」高文明道：「這是要的。可寫兩個字去取。」隨着人到大女兒家裏去討這些東西。那家子正怕這厭物再來，見要這付行頭，曉得在別家過年了。恨不得急燒一付退送紙，連忙把箱籠交還不迭。高愚溪見取了這些行頭來，心裏一發曉得女兒家裏不要他來的意思，安心在侄兒處過年。

大凡老休在屋裏的小官，巴不得撞個時節吉慶，穿着這一付紅閃閃的摇擺摇擺，以爲快樂。當日高愚溪着了這一套，拜了祖宗。侄兒、侄媳婦也拜了尊長。一家之中，甚覺和氣，强似在别人家了。只是高愚溪心裏時常不快，道是不曾掉得甚麽與侄兒，今反在他家打攪，甚爲不安。就便是看鵝的事，他也肯做，早是侄兒不要他去。

同枝本是一家親，纔屬他門便路人。
直待酒闌人散後，方知葉落必歸根。

一日，高愚溪正在侄兒家閒坐，忽然一個人，公差打扮的，走到面前，拱一拱手道：「老伯伯，借問一聲，此間有個高愚溪老爹否？」高愚溪道：「問他怎的？」公差道：「老伯伯指引一指引。一路問來，説道在此間。在下要見他一見，有些要緊説話。」高愚溪道：「這是個老朽之人，尋他有甚麽勾當？」公差道：「福建巡按李爺，山東沂州人，是他的門生。今去到任，迂道到此，特特來訪他。找尋兩日了。」愚溪笑道：「則我便是高廣。」公差道：「果然麽？」愚溪指着壁間道：「你不信，只看我這頂破紗帽。」【眉批】早知破紗帽猶如此有靈，女家不宜輕放還矣。公差曉得是實，叫聲道：「失敬了。」轉身就走。愚溪道：「你且説山東李爺叫甚名字？」公差道：「單諱着一個某字。」愚溪想了一想道：「元來是此人。」公差道：「老爹家裏收拾一收拾，他等得不耐煩了。小的去禀，就來拜了。」公差訪得的實，喜喜歡歡自去了。

高愚溪叫出侄兒高文明來，與他説知此事。高文明道：「這是興頭的事。貴人來臨，必有好處。伯伯當初怎麽樣與他相處起的？」愚溪道：「當初吾在沂州做學正，他是童生新進學，家裏甚貧，出那拜見錢不起，有半年多了，不能勾來盡禮。齋中兩個同僚，攛掇我出票去拿他，我只是不肯。後來訪得他果貧，去唤他來見。是我一個做主，難得。分文不要他的。齋中見我如此，也不好要得了。我見這人身雖寒儉，意氣軒昂，模樣又好。問他家裏，連燈火之資多難處的。我倒助了他些盤費回去，又替他各處贊揚。第二年就有了一個好館。在東昌時節，又府裏薦了他。歸來這幾時不相聞了。後來見説中過進士，也不知在那裏爲官。我已是老邁之人，無意世事，總不記在心上，也不去查他了。不匡他不忘舊情，一直到此來訪我。」高文明道：「這也是個好人了。」

正説之間，外邊喧嚷起來，説：「一個大船，泊將攏來了，一齊來看！」高文明走出來，只見一個人拿了紅帖，竟望門裏直奔。高文明接了，拿進來看。高愚溪忙將古董衣服穿戴了，出來迎接。船艙門開處，摇摇擺擺，踱上個御史來。那御史生得齊整。但見：

胸蟠豸繡，人避驄威。攬轡想像澄清，停車動摇山嶽。霜飛白簡，一筆裏要管閑非；清比黄河，滿面上專尋不是。若不爲學中師友誼，怎肯來林外野人家？

那李御史見了高愚溪，口口稱爲老師，滿面堆下笑來，與他拱揖進來。李御史退後一步，不肯先走，扯得個高愚溪氣喘不迭，涎唾鼻涕亂來。李御史帶着笑，只是謙遜。高愚溪强不過，只得扯着袖子，占先了些，一同行了。進入草堂之中，御史命設了毯子，納頭四拜，拜謝前日提携之恩。高愚溪還禮不迭。拜過，即送上禮帖，候敬十二兩。高愚溪收下，整椅在上面。御史再三推辭，定要傍坐，只得左右相對。御史還不肯占上，必要愚溪右手高些，纔坐了。御史提起昔日相與之情，甚是感謝。說道：「僥倖之後，日夕想報師恩，時刻在念。今幸適有此差，道繇貴省，迂途來訪。不想高居如此鄉僻。」高愚溪道：「可憐，可憐。老朽那得有居？此乃舍侄之居，老朽在此趁住的。」御史道：「老師當初必定有居。」愚溪道：「老朽拙算，祖居盡廢。今無家可歸，只得在此強顔度日。」【眉批】此副急淚落得着也。說罷，不覺哽咽起來。老人家眼淚極易落的，撲的掉下兩行來。御史惻然不忍道：「容門生到了地方，與老師設處便了。」愚溪道：「若得垂情老朽，至死不忘。」御史道：「門生到任後，便着承差來相候。」説勾一個多時的話，起身去了。

愚溪送動身，看船開了，然後轉來。將適纔所送銀子來看一看，對侄兒高文明道：「此封銀子，我侄可收去，以作老漢平日供給之費。」【眉批】畢竟手段爽利，宜其有後禄。高文明道：「豈有此理！供養伯伯是應得的。此銀伯伯留下，隨便使用。」高愚溪道：「一向打攪，心實不安。手中無物，只得靦顔過了。今幸得門生送此，豈有累你供給了，我白收物事自用之理？你若不收我的，我也不好再住了。」高文明推却不得，只得道：「既如此說，侄兒取了一半去，伯伯留下一半别用罷。」高愚溪依言，各分了六兩。

自李御史這一來，鬧動了太湖邊上，把這事説了幾日。女兒家知道了，見説送來銀子，分一半與侄兒了，有的不氣干道：「光輝了他家，又與他銀子！」有的道：「這些須銀子，也不見幾時用，不要欣羨他。免得老厭物來家也勾了，料没得再有幾個御史來送銀子。」各自唧噥不題。

且説李御史到了福建，巡歷地方，祛蠹除奸，雷厲風行，且是做得利害。一意行事，隨你天大分上挽回不來。三月之後，即遣承差到湖州公幹。順便賫書一封，遞與高愚溪，約他到任所。先送程儀十二兩，教他收拾了，等承差公事已畢，就接了同行。高愚溪得了此信，與侄兒高文明商量，伯侄兩個，一同去走走。收拾停當，承差公事已完，來促起身。一路上多是承差支持，毫不費力。不二十日，已到了省下。

此時察院正巡歷漳州。開門時節，承差進禀：「請到了高師爺。」察院即時送了下處，打轎出拜。拜時趕開閒人，敘了許多時説話。回到衙内，就送下程。又分付辦兩桌酒，吃到半夜方散。外邊見察院如此綢繆，那個不欽敬？府縣官多來相拜送下程，盡力奉承。大小官吏，多來掇臀捧屁，希求看覷，把一個老教官擡在半天裏。【眉批】比女兒家人情何如？因而有求薦獎的，有求免參論的，有求出罪的，有求免贓的，多來鑽他分上。察院密傳意思，教且離了所巡境地，或在省下，或游武夷，已叮囑了心腹府縣，其有所托之事，釘好書扎，附寄公文封筒進來，無有不依。

高愚溪在那裏半年，直到察院將次復命，方纔收拾回家。總計所得，足足有二千餘兩白物，其餘土産貨物、尺頭禮儀之類甚多，真叫做滿載而歸。只這一番，比似先前自家做官時倒有三四倍之得了。伯侄兩人，滿心歡喜，到了家裏搬將上去。鄰裏之間，見説高愚溪在福建巡按處抽豐回來，盡來觀看。看見行李沉重，貨物堆積，傳開了一片，道：「不知得了多少來家！」

三家女兒知道了，多着人來問安，又各説着要接到家裏去的話。高愚溪只是冷笑，心裏道：「見我有了東西，又來親熱了！」【眉批】看得破。接着幾番，高愚溪立得主意定，只是不去。正是：

自從受了賣糖公公騙，至今不信口甜人。

這三家女兒，見老子不肯來，約會了一日，同到高文明家裏來。見高愚溪，個個多撮得笑起，説道：「前日不知怎麼樣沖撞了老爹，再不肯到家來了。今我們自己來接，是必原到我每各家來住住。」高愚溪笑道：「多謝，多謝。一向打攪得你們勾了，今也要各自揣己，再不來了。」三個女兒，你一句，我一句説道：「親的只是親，怎麼這等見棄我們？」高愚溪不耐煩起來，走進房中去了一會，手中拿出三包銀子來，每包十兩，每一個女兒與他一包道：「只此見我老人家之意，以後我也再不來相擾，你們也不必再來相纏了。」又拿一個束帖來付高文明，就與三個女兒看一看。衆人争上前看時，上面寫道：

平日空囊，止有親侄收養。今茲餘槖，無用他姓垂涎。一生宦資，已歸三女；身後長物，悉付侄兒。書此爲照。

女兒中頗有識字義者，見了此紙，又氣忿，又没趣，只得各人收了一包，且自各回家裏去了。高愚溪罄將所有，盡交付與侄兒。高文明那裏肯受？説道：「伯伯留些防老，省得似前番缺乏了，告人便難。」【眉批】妙話。高愚溪道：「前番分文没有時，你兀自肯白養我。今有東西與你了，倒怠慢我不成？」【眉批】識得破。我老人家心直口直，不作久計了。你收下我的，一家一計過去，我倒相安。休分彼此，説是你的我的。」高文明依言，只得收了。以後盡心供養，但有所需，無不如意。高愚溪到底不往女兒家去，善終於侄兒高文明之家。所剩之物，盡歸侄兒。也是高文明一點親親之念不衰，畢竟得所報也。

廣文也有遇時人，自是人情有假真。
不遇門生能報德，何緣愛女復思親？

僞漢裔奪
妻山中

假将軍還
姝江上

卷之二十七

僞漢裔奪妾山中　假將軍還姝江上

詩云：

曾聞盜亦有道，其間多有英雄。
若逢真正豪傑，偏能掉臂於中。

昔日宋相張齊賢，他爲布衣時，值太宗皇帝駕幸河北，上太平十策。太宗大喜，用了他六策，餘四策斟酌再用。齊賢堅執道：「是十策皆妙，盡宜亟用。」太宗笑其狂妄，還朝之日，對真宗道：「我在河北，得一宰相之才，名曰張齊賢，留爲你他日之用。」真宗牢記在心，後來齊賢登進士榜，却中在後邊。真宗見了名字，要拔他上前，争奈榜已填定。特旨：一榜盡賜及第。他日直做到宰相。

這個張相未遇時節，孤貧落魄，却倜儻有大度。一日偶到一個地方，投店中住止。其時適有一夥大盜，劫掠歸來，在此經過。下在店中，造飯飲酒，鎗刀森列，形壯猙獰。居民恐怕拿住，東逃西匿，連店主多去躲藏。張相剩得一身在店内，偏不走避。看見群盜吃得正酣，張相整一整巾幘，岸然走到群盜面前，拱一拱手道：「列位大夫請了。小生貧困書生，欲就大夫求一醉飽，不識可否？」群盜見了容貌魁梧，語言爽朗，便大喜道：「秀才乃肯自屈，何不可之有？但是吾輩粗疎，恐怕秀才見笑耳。」即立起身來，請張相同坐。張相道：「世人不識諸君，稱呼爲盗。不知這盗非是齷齪兒郎做得的。【眉批】聞此等言，安得不喜。諸君多是世上英雄，小生也是慷慨之士。今日幸得相遇，便當一同歡飲一番，有何彼此。」説罷，便取大碗斟酒，一飲而盡。群盗見他吃得爽利，再斟一碗來，也就一口吸乾。連吃個三碗。又在桌上取過一盤猪蹄來，略擘一擘開，狼飧虎嚥，吃個罄盡。群盗看了，皆大驚異，共相希咤道：「秀才真宰相器量！【眉批】賞鑒不下太宗。能如此不拘小節，決非凡品。他日做了宰相，宰制天下，當念吾曹爲盗，多示於不得已之情。今日塵埃中，願先結納，幸秀才不棄。」各各身畔將出金帛來贈。你強我賽，堆了一大堆。【眉批】受得妙。張相毫不推辭，一一簡取。將一條索子綑縛了，携在手中，叫聲：「聒噪！」大踏步走出店去。此番所得，倒有百金。張相盡付之酒家，妙！供了好些時酣暢。只此一段氣魄，在貧賤時，就與人不同了。這個是膽能玩盗的。有詩爲證：

等閒卿相在塵埃，大嚼無慚亦異哉。
自是胸中多磊落，直教劇盗也憐才。

山東萊州府掖縣，有一個勇力之士邵文元，義氣勝人，專要路見不平，拔刀相助。有人在知縣面前，謗他恃力爲盗。知縣初到，不問的實，尋事打了他一頓。及至知縣朝覲入京，纔出境外，只見一人騎着馬、跨着刀，跑至面前，下馬相見。知縣認得是邵文元，只道他來報仇，吃了一驚。問道：「你自何來？」文元道：「小人特來防衛(魏)相公入京。前途劇賊頗多，然聞了小人之名，無不退避的。」知縣道：「我無恩於你，你怎倒有此好心？」文元道：「相公前日戒訓小人，也只是要小人學好。況且相公清廉，小人敢不盡心報效？」【眉批】官評公于銓曹。知縣心裏方纔放了一個大疙瘩。文元隨至中途，別了自去，果然絶無盗警言。

一日出行，過一富翁之門，正撞着強盗四十餘人，在那裏打劫他家。將富翁綑縛住，着一個強盗將刀加頸，嚇他道：「如有官兵救應，即先下手。」其餘強盗盡劫金帛。【眉批】盗未爲不是。富翁家裏有一個錢堆，高與屋齊。強盗算計拿他不去，盡笑道：「不如替他散了罷。」號召居民，多來分錢。居民也有怕事的，不敢去；也有好事的，去看光景；也有貪財大膽的，拿了家伙，稱心的兜取，弄得錢滿堦墀。

邵文元聞得這話，要去玩弄這些強盗。在人叢中側着肩膊，挨將進去，高聲叫道：「你們做甚的？做甚的？」衆人道：「強盗多着哩，不要惹事。」文元走到鄰家，取一條鐵叉，立在門內，大叫道：「邵文元在此，你們還了這家銀子，快散了罷。」富翁聽得，恐怕強盗見有救應，即要動刀，大叫道：「壯士快不要來。若來，先殺我了。」文元聽得，權且走了出來。

群盗齊把金銀裝在囊中，馱在馬背上，有二十馱。仍綁押了富翁，送出境外二十里，方纔解縛。富翁披髪，狼狽而歸。誰知文元自出門外，騎着馬，即遠遠隨來。看見富翁已回，急鞭馬追趕。強盗見是一個人，不以爲意。文元喝道：「快快把金銀放在路傍！汝等認得邵文元否？」強盗聞其名，正慌張未荅，文元道：「汝等遲遲，且着你看一個樣！」颼的一箭，已把内中一個，射下馬來，死了。衆盗大驚，一齊下馬，跪在路傍，告求饒命。文元喝道：「留下東西，饒你命去罷！」強盗盡把囊物丢下，空身上馬，逃遁而去。文元就在人家借幾匹馬，負了這些東西，竟到富翁家裹，一一交還。【眉批】富翁亦達。富翁迎着，叩頭道：「此乃壯士出力奪來之物，已不是我物了。願送至君家，吾不敢吝。」文元怒叱道：「我哀憐你家横禍，故出力相助。吾豈貪私邪？」盡還了富翁，不顧而去。【眉批】還得妙。這個是力能制盗的。有詩爲證：

白晝探丸勢已兇，不堪壯士笑談中。
揮鞭能返相如璧，盡却酧金更自雄。

再説一個見識能作弄強盗的汪秀才，做回正話。看官要知這個出處，先須聽我《瀟湘八景》：

雲暗龍堆古渡，湖連鹿角平田。薄暮長楊垂首，平明秀麥齊肩。人羡春游此日，客愁夜泊如年。

(《瀟湘夜雨》)湘妃初理雲鬟,龍女忽開曉鏡。銀盤水面無塵,玉魄天心相映。一聲鐵笛風清,兩岸畫闌人靜。(《洞庭秋月》)八桂城南路杳,蒼梧江月音稀。昨夜一天風色,今朝百道帆飛。對鏡且看妾面,倚樓好待郎歸。(《遠浦歸帆》)湖平波浪連天,水落汀沙千里。蘆花冷澹秋容,鴻雁差池南徙。有時小棹經過,又遣幾群驚起。(《平沙落雁》)軒帝洞庭聲歇,湘靈寶瑟香銷。湖上長煙漠漠,山中古寺迢迢。鐘擊東林新月,僧歸野渡寒潮。(《煙嶼晚鐘》)湖頭俄頃陰晴,樓上徘徊晚眺。霏霏雨障輕過,閃閃夕陽回照。漁翁東岸移舟,又向西灣垂釣。(《漁村夕陽》)石港湖心野店,板橋路口人家。少婦篋中麥芡,村翁筒裏魚蝦。蜃市依稀海上,嵐光咫尺天涯。(《山市晴嵐》)隴頭初放梅花,江面平鋪柳絮。樓居萬玉叢中,人在水晶深處。一天素幔低垂,萬里孤舟歸去。(《江天暮雪》)

此八詞多道着楚中景致,乃一浙中縉紳所作。楚中稱道此詞,頗得真趣,人人傳誦的。這洞庭湖八百裏,萬山環列,連着三江,乃是盜賊淵藪。國初時,僞漢陳友諒,據楚稱王,後爲太祖所滅。今其子孫,住居瑞昌、興國之間,號爲柯陳,頗稱蕃衍。世世有勇力出衆之人,推立一個爲主。其族負險善鬭,劫掠客商。地方有亡命無賴,多去投入夥中,官兵不敢正眼覷他。雖然設立有游擊、把總等巡游武官,堤防地方非常事變,却多是與他們豪長通同往來,地方官不奈他何的。【眉批】各處弁□盜皆然。宛然宋時梁山泊光景。

且説黄州府黄岡縣,有一個汪秀才,身在黌官,家事富厚,家僮數十,婢妾盈房。做人倜儻不羈。豪俠好游。又兼權略過人。凡事經他布置,必有可觀,混名稱他爲汪太公。蓋比他吕望一般智術。他房中有一愛妾,名曰回風。真個有沉魚落雁之容,閉月羞花之貌。更兼吟詩作賦,馳馬打彈,是少年場中之事,無所不能。汪秀才不惟寵冠後房,但是游行,再没有不帶他同走的。怎見得回風的標致?

雲鬟輕梳蟬翼,翠眉淡掃春山。朱唇綴一顆櫻桃,皓齒排兩行碎玉。花生丹臉,水剪雙眸。意態自然，技能出衆。直教殺人壯士回頭覷，便是入定禪師轉眼看。

一日，汪秀才領了回風，來到岳州，登了岳陽樓。望着洞庭皓渺，巨浪拍天。其時冬月水落，自樓上望君山，隔不多些水面。遂出了岳州南門，拿舟而渡。不上數里，已到山脚。顧了肩輿，與回風同行十餘里，下輿謁湘君。祠右數十步，榛莽中有二妃塚。汪秀才取酒來與回風各酹一杯。步行半里，到崇勝寺之外，三個大字，是「有緣山」。汪秀才不解，回風笑道：「只該同我們女眷游的。【眉批】雅謔。不然，何稱有緣？」汪秀才去問僧人。僧人道：「此處山靈，妒人來游。每將渡，便有惡風濁浪阻人。得到此地者，便是有緣。故此得名。」汪秀才笑對回風道：「這等説來，我與你今日到此，可謂僥倖矣。」其僧遂指引汪秀才許多勝處，説有：

軒轅臺乃黄帝鑄鼎於此。酒香亭乃漢武帝得仙酒於此。

朗吟亭乃吕仙遺迹。柳毅井乃柳毅爲洞庭君女傳書處。

汪秀才別了僧人，同了回風，繇方丈側出去，登了軒轅臺。憑欄四顧，水天一色，最爲勝處。又左側過去，是酒香亭。繞出山門之左，登朗吟亭。再下柳毅井，旁有傳書亭。亭前又有刺橘泉許多古迹。

正游玩間，只見山脚下走起一個大漢來，儀容甚武，也來看玩。回風雖是遮遮掩掩，却没十分好躲避處。那大漢看見回風美色，不轉眼的上下瞟覷，跟定了他兩人，步步傍着不捨。

汪秀才看見這人有些尷尬，急忙下山。將到船邊，只見大漢也下山來，口裏一聲胡哨。左近一隻船中，吹起號頭答應。船裏跳起一二十彪形大漢來，對岸上大漢聲喏。【眉批】毫不費力。大漢指定回風道：「取了此人，獻大王去。」衆人應一聲，一齊動手，猶如鷹拿燕雀，竟將回風搶到那隻船上。拽起滿蓬，望洞庭湖中而去。汪秀才只叫得苦。這湖中盜賊去處，窟穴甚多，竟不知是那一處的強人弄的去了。凄凄惶惶，雙出單回，甚是苦楚。正是：

不知精爽落何處，疑是行雲秋水中。

汪秀才眼看愛姬失去，難道就是這樣罷了？他是個有擘劃的人，即忙着人四路找聽。是省府州縣鬧熱市鎮去處，即貼了榜文：「但有知風來報的，賞銀百兩。」各處傳遍道：「汪家失了一妾，出着重賞招票。」從古道：「重賞之下，必有勇夫。」汪秀才一日到省下來，有一個都司向承勳，是他的相好朋友，擺酒在黄鶴樓請他。飲酒中間，汪秀才憑欄一望，見大江浩渺，雲霧蒼茫，想起愛妾回風，不知在煙水中那一個所在。投袂而起，亢聲長歌蘇子瞻《赤壁》之句云：

渺渺兮予懷，望美人兮天一方。

歌之數回，不覺潸然淚下。向都司看見，正要請問，旁邊一個護身的家丁，慨然向前道：「秀才飲酒不樂，得非爲家姬失去否？」【眉批】家丁亦是好漢家數。汪秀才道：「汝何以知之？」家丁道：「秀才遍榜街衢，誰不知之？秀才但請與我主人盡歡，管還秀才一個下落。」汪秀才納頭便拜道：「若得知一個下落，百觥也不敢辭。」向都司道：「爲一女子，直得如此着急？且滿飲三大卮，教他說明白。」

汪秀才即取大卮過手，一氣吃了三巡。再斟一卮，奉與家丁道：「願求壯士明言，當以百金爲壽。」家丁道：「小人是興國州人，住居闔閭山下，頗知山中柯陳家事體。爲頭的叫做柯陳大官人，有幾個兄弟，多有勇力，專在江湖中做私商勾當。他這一族最大。江湖之間，各有頭目，惟他是個主。前日聞得在岳州洞庭湖，劫得一美女回來，進與大官人，甚是快活，終日飲酒作樂。小人家裏離他不上十里路，所以備細得知。這個必定是秀才家裏小娘子了。」汪秀才道：「我正在洞庭湖失去的，這消息是真了。」向都司便道：「他這人慷慨好義，雖係草竊之徒，多曾與我們官府往來，上司處也私有進奉。【眉批】好官府，好上司，盜寧不滋廣？盤結深固，四處響應。不比其他盜賊，可以官兵緝拿得的。若是尊姬被此處弄了去，只怕休想再合了，天下多美婦人，仁兄只宜丢開爲是。且自暢飲，介懷無益。」汪秀才道：「大丈夫生於世上，豈有愛姬被人所據，既已知下落，不能用計奪轉來的？【眉批】已有成竹于胸中。某雖不才，誓當返此姬，以博一笑。」向都司道：「且看仁兄大才。談何容易？」當下汪秀才放下肚腸，開懷暢飲而散。

次日，汪秀才即將五十金送與向家家丁，以謝報信之事。就與都司討此人去做眼，事成之後，再奉五十金，以湊百兩。向都司笑汪秀才癡心，不解人每如此。立命家丁到汪秀才處，聽憑使用，看他怎麽作爲。家丁接了銀子，千歡萬喜，頭顛尾顛，巴不得隨着他使唤了。就向家丁問了柯陳家裏弟兄名字。汪秀才胸中算計已定，寫下一狀，先到兵巡衙門去告。兵巡看狀，見了柯陳大等名字，已自心裏虚怯。【眉批】好兵道。對這汪秀才道：「這不是好惹的。你無非只爲一婦女小事，我若行個文書下去，差人拘拿對理，必要激起争端，致成大禍。決然不可。」汪秀才道：「小生但求得一紙牒文，自會去與他講論曲直，取討人口。【眉批】秀才可容兵道數百。不須大人的公差，也不到得與他争競，大人可以放心。」兵巡見他説得容易，便道：「牒文不難。即將汝狀判准，排號用印，付汝持去就是了。」汪秀才道：「小生之意，也只欲如此，不敢別求多端。有此一紙，便可了一樁公事來回覆。」兵巡似信不信，分付該房如式端正，付與汪秀才。

汪秀才領了此紙，滿心歡喜，就像愛姬已取到手了一般的。來見向都司道：「小生狀詞已准，來求將軍助一臂之力。【眉批】好都司。都司摇頭道：「若要我們出力，添撥兵卒，與他厮鬭，這決然不能的。」汪秀才道：「但請放心，多用不着，我自有人。只那平日所駕江上樓船，要借一隻，巡江哨船，要借二隻；與平日所用傘蓋、旌旗、冠服之類，要借一用。此外不勞一個兵卒相助。只帶前日報信的家丁去就勾了。」向都司道：「意欲何爲？」汪秀才道：「漢家自有制度，此時不好説得，做出便見。」向都司依言，盡數借與汪秀才。

汪秀才大喜，罄備了一個多月糧食。唤集幾十個家人，又各處借得些號衣，多打扮了軍士，一齊到船上去，撑駕開江。鼓吹喧闐，竟像武官出汛一般。有詩爲證：

舳艫千里傳赤壁，此日江中行畫鷁。
將軍漢號是樓船，這回投却班生筆。

汪秀才駕了樓船，領了人從，打了游擊牌額，一直行到闔閭山江口來。未到岸四五里，先差一隻哨船，載着兩個人前去。一個是向家家丁，一個是心腹家人汪貴。拿了一張硬牌，去叫齊本處地方居民，迎接新任提督江洋游擊。就帶了幾個紅帖，把汪姓去了一畫，帖上寫名「江萬里」，竟去柯陳大官人家投遞。【眉批】只因平日武弁慣通強盗，所以計出于此。幾個兄弟，每人一個帖子，説：「新到地方的官，慕大名就來相拜。」兩人領命去了。汪秀才分付船户，把船漫漫自行。

且説向家家丁是個熟路，得了汪家重賞，有甚不依他處？領了家人汪貴，一同下在哨船中了。頃刻到了岸邊，掮了硬牌，上岸各處一説。多曉得新官船到，整備迎接。家丁引了汪貴，同到一個所在，元來是一座莊子。但見：

冷氣侵人，寒風撲面。三冬無客過，四季少人行。團團蒼檜若龍形，鬱鬱青松如虎迹。已昇紅日，莊門内鬼火熒熒；未到黄昏，古澗邊悲風颯颯。盆盛人酢醬，板蓋鑄錢爐。驀聞一陣血腥來，元是強人居止處。

家丁原是地頭人，多曾認得柯陳家裏的，一徑將帖兒進去報了。柯陳大官人認得向家家丁，是個官身，有甚麽疑心？與同兄弟柯陳二、柯陳三等會集，商議道：「這個官府，甚有吾每體面。【眉批】強盗體面，□是何等！他既以禮相待，我當以禮接他。而今吾每辦了菓盒，帶着羊酒，結束鮮明，一路迎將上去。一來見我每有禮體，二來顯我每弟兄有威風。看他舉止如何，斟酌待他的厚薄就是了。」商議已定，外報「游府船到江口。

一面叫轎夫打轎拜客，想是就起來了。」柯陳弟兄果然一齊戎裝，點起二三十名嘍囉，牽羊擔酒，擎着旗旛，點着香燭，迎出山來。

汪秀才船到泊裏，把借來的紗帽、紅袍穿着在身，叫齊轎夫，四擡四插，擡上岸來。【眉批】妙甚。先是地方人等聲喏已過，柯陳兄弟站着兩傍，打個躬，在前引導。汪秀才分付一徑擡到柯陳家莊上來。擡到廳前，下了轎。柯陳兄弟忙掇一張坐椅擺在中間。柯陳大開口道：「大人請坐，容小兄弟拜見。」汪秀才道：「快不要行禮。賢昆玉多是江湖上義士好漢，下官未任之時，聞名久矣。【眉批】只此一語，便是遇盜妙法。今幸得守此地方，正好與諸公義氣相與，所以特來奉拜，豈可以官民。之禮相拘？只是個賓主相待，倒好久長。」柯陳兄弟跪將下去。汪秀才一手扶起，口裏連聲道：「快不要這等。吾輩豪傑不比尋常，決不要拘於常禮。」柯陳兄弟謙遜一回，請汪秀才坐了，三人侍立。汪秀才急命取坐來，分左右而坐。

柯陳兄弟道游府如此相待，喜出非常，急忙治酒相款。【眉批】推心置腹，未有不服人者。汪生雖出于詭，然自是禦盜之法。汪秀才解帶脱衣，盡情歡宴，猜拳行令，不存一毫形迹。行酒之間，説着許多豪傑勾當，揿拳裸袖，只恨相見之晚。柯陳兄弟不唯心服，又且感恩，多道：「若得恩府如此相待，我輩赤心報效，死而無怨。江上有警，一呼即應。決不致自家作孽，有負恩府青目。」汪秀才聽罷，越加高興。接連百來巨觥，引滿不辭。自日中起，直飲至半夜，方纔告別下船。

此一日算做柯陳大官人的酒。第二日就是柯陳二做主，第三日就是柯陳三做主，各各請過。柯陳大官人又道：「前日是倉卒下馬，算不得數。」又請吃了一日酒。俱有金帛折席。汪秀才多不推辭，□□□□慣的。欣然受了。

酒席已完，回到船上。柯陳兄弟，多來謝拜。汪秀才留住在船上，隨命治酒相待。柯陳兄弟推辭道：

「我等草澤小人，承蒙恩府不棄，得獻酒食，便爲大幸。豈敢上叨賜宴？」汪秀才道：「禮無不答。難道只是學生叨擾，不容做個主人還席的？況我輩相與，不必拘報施常規。前日學生到宅上，就是諸君作主；今日諸君見顧，就是學生做主。逢場作戲，有何不可？」柯陳兄弟不好推辭。早已排上酒席，擺設已完。汪秀才定席已畢，就有帶來一班梨園子弟，上場做戲。【眉批】必是弋陽腔。做的是《桃園結義》、《千里獨行》許多豪傑襟懷的戲文。柯陳兄弟，多是山野之人，見此花閧，怎不貪看？豈知汪秀才先已密密分付行船的，但聽戲文鑼鼓爲號，即便魆地開船，趂着月明，沿流放去，緩緩而行，要使艙中不覺。行來數十餘里，戲文方完。興未肯闌，仍舊移席團坐，飛觴行令。樂人清唱，勸酧大樂。

汪秀才曉得船已行遠，方發言道：「學生承諸君見愛，如此傾倒，可謂極歡。但胸中有一件小事，甚不便於諸君，要與諸君商量一個長策。」柯陳兄弟愕然道：「不知何事。但請恩府明言，愚兄弟無不聽令。」汪秀才叫從人掇一個手匣過來，取出那張榜文來，捏在手中。問道：「有一個汪秀才告着諸君，説道劫了他愛妾。有此事否？」柯陳兄弟兩兩相顧，不好隱得。柯陳大回言道：「有一女子，在岳州所得，名曰回風，説是汪家的。而今見在小人處，不敢相瞞。」汪秀才道：「一女子是小事。那汪秀才是當今豪傑，非凡人也。今他要去上本，奏請征剿，先將此狀告到上司。上司密行此牒，托與學生勾當此事。學生是江湖上義氣在行的人，豈可興兵動卒，前來攪擾？所以邀請諸君到此，明日見一見上司，與汪秀才質證那一件公事。」

柯陳兄弟見説，驚得面如土色，道：「我等豈可輕易見得上司？一到公庭，必然監禁。好歹是死了！」人人思要脱身。立將起來，推窗一看，大江之中，煙水茫茫，既無舟楫，又無崖岸，巢穴已遠，救應不到，再無個計策了。正是：

有翅幇飛騰天上，有鱗甲鑽入深淵。

既無窟地升天術，目下灾殃怎得延？

柯陳兄弟明知着了道兒，一齊跪下道：「恩府救命則個。」汪秀才道：「到此地位，若不見官，學生難以回覆。若要見官，又難爲公等。是必從長計較，使學生可以銷得此紙，就不見官罷了。」柯陳兄弟道：「小人愚昧，願求恩府良策。」汪秀才道：「汪生只爲一妾着急，今莫若差一隻哨船，飛棹到宅上，取了此妾來船中。學生領去，當官交付還了他，這張牒文可以立銷。公等可以不到官了。」柯陳兄弟道：「這個何難？待寫個手書與當家的，做個執照，就取了來了。」汪秀才道：「事不宜遲，快寫起來。」

柯陳大寫下執照，汪秀才立唤向家家丁與汪貴兩個到來。他一個是認得路的，一個是認得人的。悄地分付，付與執照。打發兩隻哨船，一齊棹去，立等回報。船中且自金鼓迭奏，開懷吃酒。柯陳兄弟見汪秀才意思坦然，雖覺放下了些驚恐，也還心緒不安，牽觔縮脉。汪秀才只是一味豪興，談笑洒落，飲酒不歇。

候至天明，兩隻哨船已此載得回風小娘子飛也似的來報。汪秀才立教請過船來。回風過船，汪秀才大喜，叫一壁厢房艙中去。一壁厢將出四錠銀子來，兩個去的人各賞一錠，兩船上各賞一錠。衆人齊聲稱謝。

分派已畢，汪秀才再命斟酒三大觥，與柯陳兄弟作别道：「此事已完，學生竟自回覆上司，不須公等在此了。【眉批】原自豪傑作事，語言行徑皆爽利。就此請回。」柯陳兄弟感激，稱謝救命之恩。汪秀才把柯陳大官人鬚髯捋一捋道：「公等果認得汪秀才否？我學生便是。那裏是甚麽新陞游擊，只爲不捨得愛妾，做出這一場把戲。今愛妾仍歸于我，落得與諸君游宴數日，備極歡暢，莫非結緣。多謝諸君，從此别矣！」柯陳兄弟如夢初覺，如醉方醒，纔放下心中疙瘩，不覺大笑道：「元來秀才恢諧至此！如此豪放不羈，真豪傑也！吾輩粗人，幸得陪侍這幾日，也是有緣。小娘子之事，失於不知，有愧，有愧！」各解腰間所帶銀兩出來，約有三十餘兩，贈與汪秀才道：「聊以贈小娘子添妝。」汪秀才再三推却不得，笑而受之。柯陳兄弟求差哨船一送。汪秀才分付：「送至通岸大路，即放上岸。」柯陳兄弟殷勤相别，登舟而去。汪秀才道：「而今仍歸吾手，舊事不必再提。且吃一杯酒壓驚。」兩人如渴得漿，吃得盡歡，遂同宿於舟中。

汪秀才房船中唤出回風來，説前日驚恐的事。回風嗚咽告訴。汪秀才把假妝新任、拜他賺他的話，備細説了一遍，道：「多在尊使肚裏。小生也仗尊使之力不淺。」向都司道：「有此奇事！【眉批】没用都司，可以愧死！真正有十二分膽智，纔弄得這個伎倆出來。仁兄手段，可以行兵。」當下，汪秀才再將五十金送與向家家丁，完前日招票上許出之數。另顧下一船，裝了回風小娘子，再與向都司討了一隻哨船護送，並載家僮人等。

次日起身，已到武昌馬頭上。來見向都司道：「承借船隻家伙等物，今已完事，一一奉還。」向都司道：「尊姬已如何了？」汪秀才道：「叨仗尊庇，已在舟中了。」向都司道：「如何取得來？」【眉批】封皮動了。

安頓已定，進去回覆兵巡道，繳還原牒。兵巡道問道：「此事已如何了？却來繳牒。」汪秀才再把始終之事，備細一禀。兵巡道笑道：「不動干戈，能入虎穴，取出人口，真奇才奇想！【眉批】不知兵道肯薦之朝廷否？秀才他日爲朝廷所用，處分封疆大事，料不難矣。」大加賞嘆。汪秀才謙謝而出，遂載了回風，還至黄岡。黄岡人聞得此事，盡多驚嘆道：「不枉了汪太公之名，真不虚傳也！」有詩爲證：

> 自是英雄作用殊，虎狼可狎與同居。
> 不須竊伺驪龍睡，已得探還頷下珠。

程朝奉單遇
無頭婦

王通判雙雪
不明冤

卷之二十八

程朝奉單遇無頭婦　王通判雙雪不明寃

詩云：

人命關天地，從來有報施。
其間多幻處，造物顯其奇。

話説湖廣黄州府有一地方，名曰黄圻𪩘，最産得好瓜。有一老圃，以瓜爲業，時時手自灌溉，愛惜倍至。圃中諸瓜，獨有一顆結得極大，塊壘如斗。老圃特意留着，待等味熟，要獻與豪家做孝順的。一日，手中持了鋤頭，去圃中掘菜。忽見一個人撩撩縮縮，在那瓜地中。急趕去看時，乃是一個乞丐，在那裏偷瓜吃，把個籬笆多扒開了。仔細一認，正不見了這顆極大的，已被他打碎，連瓤連子，在那裏亂啃。老圃見偏摘掉了加意的東西，不覺怒從心上起，惡向膽邊生，提起手裏鋤頭，照頭一下。【眉批】原可恨。却元來不禁打，打得腦漿迸流，死于地下。老圃慌了手脚，忙把鋤頭鋤開一楞地來，把屍首埋好，上面將泥鋪平。且喜是個乞丐，並没個親人來做苦主討命，竟没有人知道罷了。

到了明年，其地上瓜愈盛，仍舊一顆獨結得大，足抵得三四個小的，也一般加意愛惜，不肯輕採。偶然縣官衙中，有個害熱渴的，想得個大瓜清解。各處買來，多不中意，累那買辦衙役比較了幾番。衙役急了，四處尋訪。見説老圃瓜地專有大瓜，遂將錢與買。進圃選擇，果有一瓜，比常瓜大數倍，欣然出了十個瓜的價錢，買了去，送進衙中。衙中人大喜。見這個瓜大得異常，集了衆人共剖。剖將開來，瓤水亂流，多嚷道：「可惜好大瓜，是爛的了！」仔細一看，多把舌頭伸出，半晌縮不進去。你道爲何？元來滿桌多是鮮紅血水，滿鼻是血腥氣的。衆人大驚，稟知縣令。縣令道：「其間必有冤事。」遂叫那買辦的來問道：「這瓜是那裏來的？」買辦的道：「是一個老圃家裏地上的。」縣令道：「他怎生法兒，養得這瓜恁大。喚他來，我要問他。」買辦的不敢稽遲，隨去把個老圃喚來當面。縣令問道：「你家的瓜，爲何長得這樣大？一圃中多是這樣的麽？」老圃道：「其餘多是常瓜，只有這顆，不知爲何恁大。」【眉批】縣令亦細。縣令道：「往年也這樣結一顆兒麽？」老圃道：「去年也結一顆，没有這樣大，略比常瓜大些。今年這一顆，大得古怪，自來不曾見這樣。」縣令笑道：「此必異種。他的根畢竟不同，快打轎，我親去看。」

當時擡至老圃家中，叫他指示結瓜的處所。縣令教人取鋤頭掘將下去，看他根是怎麽樣的。掘不多深，只見這瓜的根在泥土中，却像種在一件東西裏頭的。扒開泥土一看，乃是個死人的口，張着，其根直在裏面出將起來。衆人發聲喊，把鋤頭亂挖開來，一個死屍全見。縣令叫挖開他口中，滿口尚是瓜子。縣令叫把老圃鎖了，問其死屍之故。老圃賴不得，只得把去年乞丐偷瓜吃，誤打死了、埋在地下的事，從實説了。縣令道：「怪道這瓜瓤内的多是血水，元來是這個人冤氣所結。他一時屈死，膏液未散，滋長這一科根苗來。天教我衙中人渴病，揀選大瓜，得露出這一場人命。乞丐雖賤，生命則同。總是偷竊，不該死罪。也要抵償，把老圃問成毆死人命絞罪，後來死於獄中。

可見人命至重。一個乞丐死了，又没人知見的，埋在地下，已是一年，又如此結出異樣大瓜來，弄一個明白，正是天理昭彰的所在。而今還有一個，因這一件事露出那一件事來，兩件不明不白的官司，一時顯露。

説着也古怪。有詩爲證：

從來見説没頭事，此事没頭真莫猜。
及至有時該發露，一頭弄出兩頭來。

話説國朝成化年間，直隸徽州府有一個富人，姓程。他那邊土俗，但是有貲財的，就呼爲朝奉。蓋宋時有朝奉大夫，就像稱呼富人爲員外一般，總是尊他。這個程朝奉，擁着巨萬家私。真所謂「飽暖生淫欲」；心裏只喜歡的是女色。見人家婦女，生得有些姿容的，就千方百計，必要弄他到手纔住。隨你費下幾多東西，他多不吝，只是以成事爲主。所以花費的也不少，上手的也不計其數。自古道天道禍淫，纔是這樣貪淫不歇，便有希奇的事體做出來，直教你破家辱身。【眉批】少年着眼。急忙分辨得來，已吃過大虧了。這是後話。

且説徽州府巖子街，有一個賣酒的，姓李，叫做李方哥。有妻陳氏，生得十分嬌媚，豐采動人。程朝奉動了火，終日將買酒爲繇，甜言軟語，哄動他夫妻二人。雖是纏得熟分了，那陳氏也自正正氣氣，一時也勾搭不上。程朝奉道：「天下的事，惟有利動人心。這家子是貧難之人，我拚捨着一主財，怕不上我的鈎？私下鑽求，不如明買。」

一日，對李方哥道：「你一年賣酒，得利多少？」李方哥道：「靠朝奉福廕，借此度得夫妻兩口，便是好了。」程朝奉道：「有得贏餘麽？」李方哥道：「若有得一兩二兩贏餘，便也留着些做個根本。而今只好綳綳拽拽，朝升暮合過去，那得贏餘？」程朝奉道：「假如有個人幫你十兩五兩銀子做本錢，你心下何如？」李方哥道：「小人若有得十兩五兩銀子，便多做些好酒起來，開個興頭的槽坊。一年之間，度了口，還有得多。只是没尋那許多東西。就是有人肯借，欠下了債，要賠利錢。不如守此小本經紀罷了。」朝奉道：「我看你做人也好。假如你有一點好心到我，我便與你二三十兩，也不打緊。」來了。李方哥道：「二三十兩，是朝奉的毫毛，小人得了，却一生一世受用不盡了。只是朝奉怎麽肯？」朝奉道：「肯到肯，只要你好心。」李方哥道：「教小人怎麽樣的，纔是好心？」朝奉笑道：「我喜歡你家裏一件物事，是不費你本錢的。也有本錢。我借來用用，仍舊還你。若肯時，我即時與你三十兩。」李方哥道：「我家裏那裏有朝奉用得着的東西？況且用過就還，有甚麽不奉承了朝奉？却要朝奉許多銀子！」朝奉笑道：「只怕你不肯。【眉批】有銀者如此，口亦易開，可見錢神之横。你肯了，又怕你妻子不捨得。你且兩個去商量一商量，我明日將了銀子，來與你現成講兑。今日空口説白話，未好就明説出來。」笑着去了。

李方哥晚上把這些話與陳氏説道：「不知是要我家甚麽物件？」陳氏想一想道：「你聽他油嘴！若是別件動用物事，又説道借用就還的，隨你奢遮寶貝，也用不得許多貫錢。必是癡心想到我身上來討便宜的説話了。聰明。你男子漢，放些主意出來，不要被他騰倒。」李方哥笑笑道：「那有此話！」

隔了一日，程朝奉果然拿了一包銀子，來對李方哥道：「銀子已現有在此，打點送你的了。只看你每意思如何。」朝奉當面打開包來，白燦燦的一大包。李方哥見了，好不眼熱。道：「朝奉明説是要怎麽，小人好如命奉承。」朝奉道：「你是個曉事人，定要人説個了話！你自想家裏是甚東西是我用得着的，又這般直錢，就是了。」李方哥道：「教小人没想處。除了小人夫妻兩口身子外，要直上十兩銀子的家伙，一件也不曾有。」朝奉笑道：「正是身上的，那個説是身子外邊的？」李方哥通紅了臉道：「朝奉没正經，怎如此取笑？」【眉批】此人亦自老辣。朝奉道：「我不取笑。現錢買現貨，願者成交。若不肯時，也只索罷了。我怎好强得你？」説罷，打點袖起銀子了。

自古道：清酒紅人面，黄金黑世心。

李方哥見程朝奉要收拾起銀子，便呆着眼不開口，來了。儘有些沉吟不舍之意。程朝奉蚤已瞧科，就中取着三兩多重一錠銀子，塞在李方哥袖子裏，道：「且拿着這錠去做樣，妙。一樣十錠就是了。你自家兩個計較去。」李方哥半推半就的接了。程朝奉正是會家不忙，見接了銀子，曉得有了機關。說道：「我去去再來討回音。」

李方哥進到內房，與妻陳氏說道：「果然你昨日猜得不差，元來真是此意。被我搶白了一頓，他没意思，把這一錠銀子作爲陪禮，未必。我拿將來了。」陳氏道：「你不拿他的便好。拿了他的，已似有肯意了，更聰明。他如何肯歇這一條心？」李方哥道：「我一時没主意，拿了。他臨去時，就說：『像得我意，十錠也不難。』我想我與你在此苦挣一年，挣不出幾兩銀子來。他的意思，倒肯在你身上捨主大錢。我每不如將計就計哄他，與了他些甜頭，便起他一主大銀子，也不難了。也強如一盞半盞的與別人論價錢。」

李方哥說罷，就將出這錠銀子放在桌上。陳氏拿到手來看一看道：「你男子漢，見了這個東西，就捨得老婆養漢了？」李方哥道：「不是捨得。難得財主家倒了運，來想我們。【眉批】自是龜談。我們拚忍着一時羞耻，一生受用不盡了。而今總是混帳的世界，我們又不是甚麽閥閱人家，就守着清白，也没人來替你造牌坊。落得和同了些。」陳氏道：「是倒也是。羞人答答的，怎好兜他？」李方哥道：「總是做他的本錢不着，我而今辦着一個東道，在房裏請他晚間來吃酒。我自到外邊那裏去避一避。【眉批】自是龜見。等他來時，只說我偶然出外就來的，先做主人陪他。飲酒中間，他自然撩撥你，你看着機會，就與他成了事。等得我來時，事已過了。可不是不知不覺的，落得賺了他一主銀子！」陳氏道：「只是有些害羞，使不得。」李方哥道：「程朝奉也是一向熟的，有甚麽羞？你只是做主人陪他吃酒，又不要你先去兜他。只看他怎麽樣來，纔回答他就是，也没甚麽羞處。」陳氏見說，算來也不打緊的，當下應承了。

李方哥一面辦治了東道，走去邀請程朝奉。說道：「承朝奉不棄，晚間整酒在小房中，特請朝奉一敘。

朝奉就來則個。」程朝奉見説，喜之不勝，道：「果然利動人心！他已商量得情願了。今晚請我，必然就成事。」巴不得天晚，前來赴約。

從來好事多磨。程朝奉意氣洋洋，走出街來。只見一般兒朝奉姓汪的，拉着他水口去看甚麽新來的表子王大捨，一把拉了就走。程朝奉推説没功夫得去。他説：「有甚麽貴幹？」程朝奉心忙裏，一時造不出來。汪朝奉見他没得説，便道：「原没事幹，怎如此推故掃興？」不管三七二十一，同了兩三個少年子弟，一推一攮的，牽的去了。到了那裏，汪朝奉看得中意，就秤銀子，辦起東道來，在那裏入馬。

程朝奉心上有事，被帶住了身子，好不耐煩。三杯兩盞，逃了席就走，已有二更天氣。此時李方哥已此尋個事繇，避在朋友家裏了，没人再來相邀的。【眉批】□候蚤臨。程朝奉徑自急急忙忙，走到李家店中。見店門不關，心下意會了。進了店，就把門拴着。那店中房子，苦不深邃。擡眼望見房中燈燭明亮，酒肴羅列，悄無人聲。走進看時，不見一個人影。忙把桌上火移來一照，大叫一聲：「不好了！」正是：

分開八片頂陽骨，傾下一桶雪水來。

程朝奉看時，只見滿地多是鮮血。一個没頭的婦人，淌在血泊裏，不知是甚麽事繇。驚得牙齒捉對兒廝打。抽身出外，開門便走。到了家裏，只是打顫，蹲站不定，心頭丕丕的跳。曉得是非要惹到身上，一味惶惑不題。

且説李方哥在朋友家裏，捱過了更深。料道程朝奉與妻子事體已完，從容到家，還好趂吃杯兒酒，一步步踱將回來。只見店門開着，心裏道：「那朝奉好不精細。既要私下做事，門也不掩掩着。」走到房裏，不見甚麽朝奉，只有個没頭的屍首躺在地下。看看身上衣服，正是妻子。驚得亂跳道：「怎的起？怎的起？」一頭哭，一頭想道：「我妻子已是肯的。有甚麽言語沖撞了他，便把來殺了。須與他討命去。」連忙把家裏收拾乾净了，鎖上了門，徑奔到程朝奉家敲門。

程朝奉不知好歹，聽得是李方哥聲音，正要問他個端的，慌忙開出門來。李方哥一把扭住道：「你幹得好事！爲何把我妻子殺了？」程朝奉道：「我到你家裏，並不見一人，只見你妻子已殺倒在地。怎說是我殺了？」李方哥道：「不是你是誰？」程朝奉道：「我心裏愛你的妻子。若是見了，奉承還恐不及，捨得殺他？你須訪個備細，不要冤我。」李方哥道：「好端端兩口住在家裏，是你來起這些根繇。而今却把我妻子殺了，還推得那個？和你見官去，好好還我一個人來！」兩下你争我嚷，天已大明，結扭了一直到府裏來叫屈。

府裏見是人命事，准了狀，發與三府王通判審問這件事。王通判帶了原、被兩人，先到李家店中，相驗屍首。相得是個婦人身體，被人用刀殺死的，現無頭顱。通判着落地方，把屍盛了。帶原、被告到衙門來。先問李方哥的口詞。李方哥道：「小人李方，妻陳氏，是開酒店度日的。是這程某看上了小人妻子，乘小人不在，以買酒爲繇，來强奸他。想是小人妻子不肯，他就殺死了。」通判問：「程某如何説？」程朝奉道：「李方夫妻賣酒，小人是他的熟主顧。李方昨日來請小人去吃酒，小人因有事，去得遲了些。到他家裏，不見李方，只見他妻子不知被何人殺死在房。小人慌忙走了家來。與小人並無相干。」通判道：「他説你以買酒爲繇，去强奸他；你又説是他請你到家。他既請你，是主人了，爲何他反不在家？這還是你去强奸是真了。」程朝奉道：「委實是他來請小人，小人纔去的。當面在這裏，老爺問他，他須賴不過。」李方道：「請是小人請他的。小人未到家，他先去强奸，殺了人了。」王通判道：「既是你請他，怎麽你未到家，他倒先去行奸殺人？你其時不來家做主人，到在那裏去了？其間必有隱情！」【眉批】賠了夫人又折兵。取夾棍來，每人一夾棍，只得多把實情來説了。李方哥道：「其實程某看上了小人妻子，許了小人銀兩，要與妻子同吃酒。小人貪利，不合許允，請他吃酒是真。小人怕碍他眼，只得躲過片時。後邊到家，不想妻子被他殺死在地，他逃在家裏去了。」程朝奉道：「小人喜歡他妻子，要營勾他是真。他已自許允，請小人吃酒了，小人爲甚麽反要殺他？【眉批】辨得也是。其實到他家時，妻子已不知爲何殺死了。小人慌了，走了回家，實與小人無干。」通判道：「李方請吃酒，賣奸是真；程某去時，必是那婦人推拒，一時殺了也是真。平白地要謀奸人妻子，原不是良人行徑。這人命自然是程某抵償了。」程朝奉道：「小人不合見了美色，輒起貪心，是小人的罪了。至于人命，委是不知。不要説他夫婦商同請小人吃酒，已是願從的了；即使有些勉強，也還好慢慢央求，何至下手殺了他？」王通判惱他奸淫起禍，不差。那裏聽他辨説，要把他問個強奸殺人死罪，却是死人無頭，又無行兇器械，成不得招。責了限期，要在程朝奉身上追那顆頭出來。正是：

官法如爐不自繇，這回惹着怎干休？
方知女色真難得，此日何來美婦頭？

程朝奉比過幾限，只没尋那顆頭處。程朝奉訴道：「便做道是強奸不從，小人殺了，小人藏着那顆頭做甚麽用？【眉批】辨得又是。在此挨這樣比較！」王通判見他説得有理，也疑道是或者另有人殺了這婦人，也不可知。且把程朝奉與李方哥多下在監裏了，便叫拘集一干鄰里人等，問他事體根繇，與程某殺人真假。鄰里人等多説：「他們是主顧家，時常往來的，也未見甚麽奸情事。至于程某，是個有身家的人，貪淫的事，或者有之，從來也不曾見他做甚麽兇惡歹事過來。人命的事，未必是他。」通判道：「既未必是程某，你地方人必曉得李方家的備細，與誰有仇，那處可疑，該推詳得出來。」鄰里人等道：「李方平日賣酒，也不見有甚麽仇人。他夫妻兩口做人多好，平日與人鬬口的事多没有的。【眉批】也吃做人好了的虧。這黑夜間不知何人所殺，連地方人多没猜處。」通判道：「你們多去外邊訪一訪。」衆人領命，正要走出，内中一個老者走上前來禀道：「據小人愚見，猜着一個人，未知是否？」通判道：「是那個？」只因説出這個人來，有分交：

乞化游僧，明投三尺之法；沉埋朽骨，趂白十年之冤。

正是：

善惡到頭終有報，只爭來早與來遲。

老者道：「地方上向有一個遠處來的游僧，每夜敲梆高叫，求人布施，已一個多月了。自從那夜李家婦人被殺之後，就不聽得他的聲響了。若道是別處去了，怎有這樣恰好的事？況且地方上不曾見有人布施他的，怎肯就去？這個事着實可疑。」通判聞言道：「殺人作歹，正是野僧本等。這疑也是有理的。只那尋這個游僧處？」老者道：「重賞之下，必有勇夫。老爺喚那程某出來，説與他知道。他家道殷富，要明白這事，必然不吝重賞。這游僧也去不久，不過只在左近地方，要訪着他也不難的。」

通判依言，獄中帶出程朝奉來，把老者之言説與他。程朝奉道：「有此疑端，便是小人生路。只求老爺與小人做主，出個廣捕文書，着落幾個應捕，四處尋訪。小人情願立個賞票，認出謝金就是。」當下通判差了應捕出來。程朝奉托人邀請衆應捕説話，先送了十兩銀子做盤費。又押起三十兩，等尋得着這和尚，即時交付。衆應捕應承去了。

元來應捕黨與極多，耳目最衆，但是他們上心的事，没有個訪拿不出的。見程朝奉是可擾之家，又兼有了厚贈，怎不出力？不上一年，已訪得這叫夜僧人在寧國府地方乞化，夜夜街上叫了轉來，投在一個古廟裏宿歇。衆應捕帶了一個地方人，認得面貌是真，正是在巖子鎮叫夜的了。衆應捕商量道：「人便是這個人了，不知殺人是他不是他。【眉批】甚細。就是他了，没個憑據，也不好拿得他。只可智取。」算計去尋了一件婦人衣服，把一個少年些的應捕，打扮起來，裝做了婦人模樣，一同衆人去埋伏在一個林子内，是街上回到古廟必經之地。

守至更深，果然這僧人叫夜轉來。捧了梆，正自獨行。林子裏假做了婦人，低聲叫道：「和尚，還我頭來！」初時一聲，那僧人已吃了一驚，立定了脚。【眉批】誘法絶佳，不得不露矣。昏黑之中，隱隱見是個穿紅的婦人，心上虚怯不過了。只聽得一聲不了，又叫：「和尚，還我頭來！」連叫不止。那僧人慌了，顫篤篤的道：「頭在你家上三家鋪架上不是？休要來纏我！」衆人聽罷，情知殺人事已實。胡哨一聲，衆應捕一齊鑽出，把個和尚細住道：「這賊禿！你巖子鎮殺了人，還躲在這裏麽？」先是一頓下馬威，打軟了，然後解到府裏來。

通判問應捕如何拿得着他，應捕把假裝婦人嚇他，他説出真情，纔擒住他的話，禀明白了。帶過僧人來，僧人明知事已露出，混賴不過，只得認道：「委實殺了婦人是的。」通判道：「他與你有甚麽冤仇，殺了他？」僧人道：「並無冤仇。只因那晚叫夜，經過這家門首。見店門不關，挨身進去，只指望偷盗些甚麽。不曉得燈燭明亮，有一個美貌的婦人，盛裝站立在床邊。【眉批】慢藏誨盗。此處便有鬼神使之。看見了，不繇得心裏不動火，抱住求奸。他抵死不肯。一時性起，拔出戒刀來殺了，提了頭就走。走將出來，纔想道：『要那頭做甚麽？』其時把來挂在上三家鋪架上了。只是恨他那不肯，出了這口氣。當時連夜走脱此地。而今被拿住，是應得償他命的，别無他話。」

通判就出票去，提那上三家鋪上人來，問道：「和尚招出人頭在鋪架上，而今那裏去了？」鋪上人道：「當時實有一個人頭，挂在架上。天明時見了，因恐怕經官受累，悄悄將來，移上前去十來家趙大門首一顆樹上挂着，已後不知怎麽樣了。」通判差人押了這三家鋪人，來提趙大到官。趙大道：「小人那日蚤起，果然見樹上挂着一顆人頭。心中驚懼，思要首官，誠恐官司牽累，當下悄地拿到家中，埋在後園了。」通判道：「而今現在那裏麽？」趙大道：「小人其時就怕後邊或有是非，要留做證見。埋處把一棵小草樹記認着的，怎麽不現在？」通判道：「只怕其間有詐僞，須得我親自去取驗。」

通判即時打轎，擡到趙大家裏。叫趙大在前引路。引至後園中，趙大指着一處道：「在這底下。」通判叫從人掘將下去。剛鈀得土開，只見一顆人頭，連泥帶土，轂碌碌滾將出來。衆人發聲喊道：「在這裏了！」通判道：「這婦人的屍首，今日方得完全。」從人把泥土拂去，仔細一看，驚道：「可又古怪！這婦人怎生是有髭鬚的？」送上通判看時，但見這顆人頭：

雙眸緊閉，一口牢關。頸子上也是刀刃之傷，嘴兒邊却有鬚髯之覆。早難道骷髏能作怪，致令得男女會差池！

王通判驚道：「這分明是一個男子的頭，不是那婦人的了。這頭又出見得作怪，其中必有蹺蹊。」喝道：「把趙大鎖了！」尋那趙大時，先前看見掘着人頭不是婦人的，已自往外跑了。

王通判就走出趙大前邊屋裏，叫擡張桌兒做公座，坐了。帶那趙大的家屬過來，且問這顆人頭的事。【眉批】亦是能吏。趙大妻子一時難以支吾，只得實招道：「十年前，趙大曾有個仇人姓馬，被趙大殺了。帶這頭來埋在這裏的。」通判道：「適纔趙大在此，而今躲在那裏了？」妻子道：「他方纔見人頭被掘將出來，曉得事發，他一徑出門，連家裏多不説那裏去了。」王通判道：「立刻的事，他不過走在親眷家裏，料去不遠。快把你家甚麽親眷住址，一一招出來。」妻子怕動刑法，只得招道：「有個女婿姓江，做府中令史，必是投他去了。」通判即時差人押了妻子，竟到這江令史家裏來拿。通判坐在趙大家裏，立等回話。果然：

甕中捉鼈，手到拿來。

且説江令史是衙門中人，曉得利害。見丈人趙大，急急忙忙走到家來，説道：「是殺人事發，思要藏避。」令史恐怕累及身家，不敢應承，勸他往別處逃走。趙大一時未有去向，心裏不決。正躊躇間，公差已押着妻子來要人了。江令史此時火到身上，且自圖滅熄，不好隱瞞，只得付與公差，仍帶到趙大自己家裏來。妻子路上已自對他説道：「適纔老爺問時，我已實説了。你也招了罷，免受痛苦。」

趙大見通判時，果然一口承認。通判問其詳細，趙大道：「這姓馬的，先與小人有些仇隙，後來在山路中遇着小人。因在那裏砍柴，帶得有刀在身邊，把他來殺了。恐怕有人認得，一時傳遍，這事就露出來。所以既剥了他的衣服，就割下頭來，藏到家裏。【眉批】如此周密，何以卒露？豈非天意耶！把衣服燒了，頭埋在園中。後來馬家不見了人，尋問時，只見有人説山中有個死屍，因無頭的，不知是不是，不好認得。而今事已經久，連馬家也不提起了。這埋頭的去處，與前日婦人之頭，相離有一丈多地。只因有這個頭在地裏，恐怕發露，所以前日埋那婦人頭時，把草樹記認的。因爲隔得遠，有膽氣掘下去。不知爲何，一掘倒先掘着了。這也是宿世冤業，應得填還。早知如此，連那婦人的頭也不説了。」通判道：「而今婦人的頭，畢竟在那裏？」趙大道：「只在那一塊，這是記認不差的。」通判又帶他到後園，再命從人打舊掘處掘下去，果然又掘出一顆頭來。認一認，纔方是婦人的了。通判笑道：「一件人命，却問出兩件人命來，莫非天意也！」

鎖了趙大，帶了兩顆人頭，來到府中。出張牌去，唤馬家親人來認。馬家兒子見説，纔曉得父親不見了十年，果是被人殺了，來補狀詞。王通判准了。把兩顆人頭，一顆給與馬家埋葬去，一顆唤李方哥出來認看，果是其妻的了。把叫夜僧與趙大各打三十板，多問成了死罪。程朝奉不合買奸致死人命，問成徒罪，折價納贖。李方哥不合賣奸，問杖罪的決；斷程朝奉出葬埋銀六兩，給與李方哥，葬那陳氏。三家鋪人不合移屍，各該問罪，因不是這等，不得并發趙大人命，似乎天意明冤，非關人事，釋罪不究。

王通判這件事問得清白，一時清結了兩件没頭事，申詳上司，各各稱奬，至今傳爲美談。只可笑程朝奉空想一個婦人，不得到手，枉葬送了他一條性命，自已吃了許多驚恐，又坐了一年多監，費掉了百來兩銀子，方得明白，有甚便宜處？那陳氏立個主意，不從夫言，也不見得被人殺了。至于因此一事，那趙大久無對證的人命一並發覺，越見得天心巧處。可見欺心事做不得一些的。有詩爲證：

冶容誨淫從古語，會見金夫不自主。
稱觴已自不有躬，何怪啟寵納人侮。
彼黠者徒恣強暴，將此頭顱向何許？
幽冤鬱積十年餘，彼處有頭欲出土。

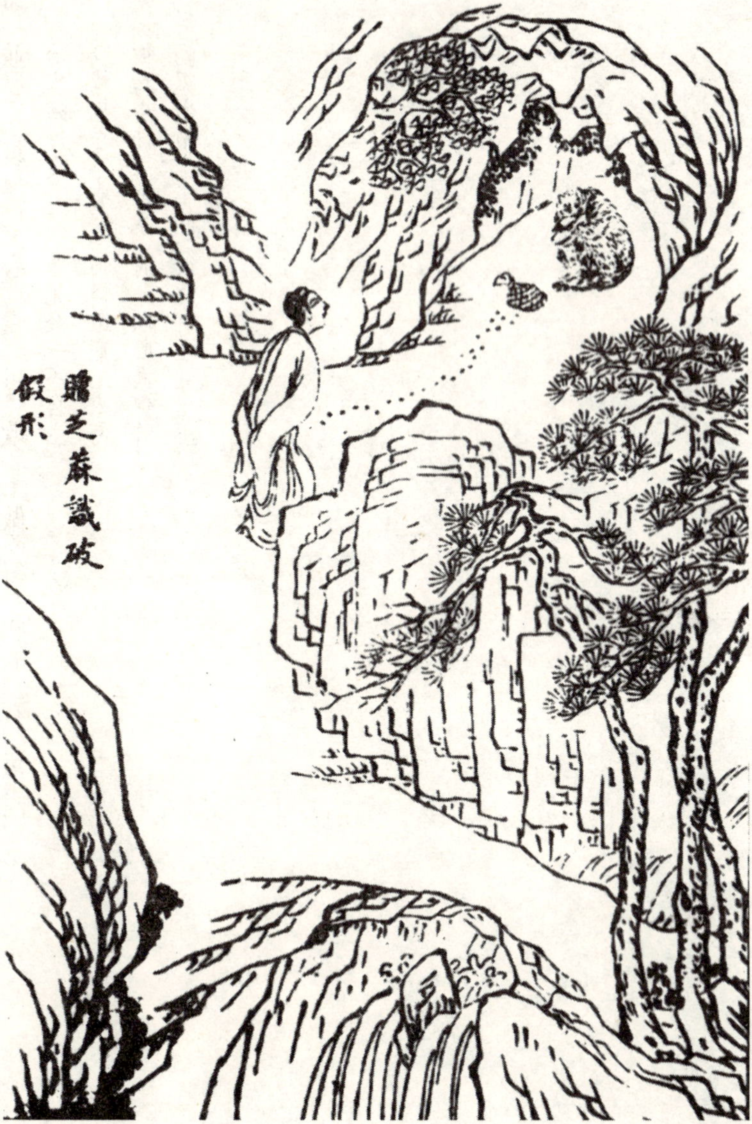
贈芝蔴識破
假形

擷草桑巧諧
真偶

卷之二十九

贈芝蔴識破假形　擷草藥巧諧真偶

詩曰：

萬物皆有情，不論妖與鬼。
妙藥可通靈，方信岐黄理。

話説宋乾道年間，江西一個官人，赴調臨安都下。因到西湖上游玩，獨自一人，各處行走，走得路多了，覺得疲倦。道傍有一民家，門前有幾株大樹，樹傍有石塊可坐，那官人遂坐下少息。望去屋内，有一雙鬟女子，明艷動人。官人見了，不覺心神飄蕩，注目而視。那女子也回眸流盼，似有寄情之意。官人眷戀不舍，自此時時到彼處少坐。那女子是店家賣酒的，就在裏頭做生意，不避人的。見那官人走來，便含笑相迎，竟以爲常。往來既久，情意綢繆。官人將言語挑動他，女子微有羞澁之態，也不惱怒。只是店在路傍，人眼看見，内有父母，要求諧魚水之歡，終不能勾。但只兩心眷眷而已。

官人已得注選，歸期有日。掉那女子不下，特到他家告别。恰好其父出外，女子獨自在店。見説要别，拭淚私語道：「自與郎君相見，彼此傾心。欲以身從郎君，父母必然不肯。若私下隨着郎君去了，淫奔之名，又羞耻難當。今就此别去，必致夢寐焦勞，相思無已。如何是好？」那官人深感其意，即央他鄰近人，將着厚禮求聘爲婚。那父母見説是江西外郡，如何得肯？那官人只得怏怏而去，自到家收拾赴任，再不能與女子相聞音耗了。

隔了五年，又赴京聽調。剛到都下，尋個旅館，歇了行李，即去湖邊尋訪舊游。只見此居已換了别家在内。問着五年前這家，茫然不知。鄰近人也多换過了，没有認得的。心中悵然不快。

回步中途，忽然與那女子相遇。看他年貌，比昔時已長大，更加標致了好些。那官人急忙施禮相揖。女子萬福不迭，口裏道：「郎君隔闊許久，還記得奴否？」那官人道：「爲因到舊處尋訪不見，正在煩惱。幸喜在此相遇。不知宅上爲何搬過了？今在那裏？」女子道：「奴已嫁過人了，在城中小巷内。吾夫坐庫務，監在獄中，故奴出來求救于人。不匡撞着五年前舊識，郎君肯到我家啜茶否？」那官人欣然道：「正要相訪。」

兩個人一頭説，一頭走。先在那官人的下處前經過。官人道：「此即小生館舍，可且進去談一談。」那官人正要營勾着他，了還心願。思量下處儘好就做事，那裏還等得到他家裏去？一邀就邀了進來。關好了門，兩個抱了一抱，就推倒床上，行其雲雨。

那館舍是個獨院，甚是僻静。館舍中又無别客，止是那江西官人一個住着。女子見了光景，便道：「此處無人知覺，儘可偷住，與郎君歡樂。不必到吾家去了。吾家裏有人，反更不便。」官人道：「若就肯住此，更便得緊了。」一留半年。女子有時出外，去去即時就來，再不提着家中事，也不見他想着家裏。【眉批】便自可疑，溺于情而不覺耳。那官人相處得濃了，也忘記他是有夫家的一般。

那官人調得有地方了，思量回去。因對女子道：「我而今同你悄地家去了，可不是長久之計麼？」女子見説要去，便流下淚來道：「有句話對郎君説，郎君不要吃驚。」官人道：「是甚麼話？」女子道：「奴自向時别了郎君，終日思念，懨懨成病，期年而亡。【眉批】可憐！可憐！父母之過也。今之此身，實非人類。以夙世緣契，幽魂未散，故此特來相從這幾時。歡期有限，冥數已盡，要從郎君遠去，這却不能勾了。恐郎君他日有疑，不敢避嫌，特與郎君説明。但陰氣相侵已深，奴去之後，郎君腹中必當暴下。可快服平胃散，補安精神，即當痊愈。」官人見説，不勝驚駭了許久。又聞得教服平胃散，問道：「我曾讀《夷堅志》，見孫九鼎遇鬼，亦服此藥。吾思此藥皆平平，何故奏効？」女子道：「此藥中有蒼術，能去邪氣，你只依我言就是了。」説罷，涕泣不止。那官人也相對傷感。是夜同寢，極盡歡會之樂。將到天明，慟哭而別。出門數步，倏已不見。果然別後，那官人暴下不止，依言贖平胃散服過纔好。那官人每對人説着此事，還悽然淚下。可見情之所鍾，雖已爲鬼，猶然眷戀如此。況別後之病，又能留方服藥醫好，真多情之鬼也。【眉批】□其不能。而今説一個妖物，也與人相好了，留着些草藥。不但醫好了病，又弄出許多姻緣事體，成就他一生夫婦，更爲奇怪。有《憶秦娥》一詞爲證：

> 堪奇絶，陰陽配合真丹結。真丹結，歡娱雖就，精神亦竭。　殷勤贈物機關泄，姻緣盡處傷離別。傷離別，三番草藥，百年歡悦。

這一回書，乃京師老郎傳留，原名爲《靈狐三束草》。天地間之物，惟狐最靈，善能變幻，故名狐魅。北方最多，宋時有「無狐魅，不成村」之説。又性極好淫，其涎染着人，無不迷惑。故又名「狐媚」，以比世間淫女，唐時有「狐媚偏能惑主」之檄。然雖是個妖物，其間原有好歹。如任氏以身殉鄭鋆，連貞節之事也是有的。至於成就人功名，度脱人灾厄，撮合人夫婦，這樣的事，往往有之。莫謂妖類，便無好心，只要有緣遇得着。

國朝天順甲申年間，浙江有一個客商，姓蔣，專一在湖廣、江西地方做生意。那蔣生年紀二十多歲，生得儀容俊美，眉目動人。同伴裏頭，道是他模樣可以選得過駙馬。起他混名，叫做「蔣駙馬」。他自家也以風情自負，看世間女子，輕易也不上眼。道是必遇絕色，方可與他一對。雖在江湖上走了幾年，不曾撞見一個中心滿意女子。也曾同着朋友，衏衏人家走動兩番，不過是遣興而已。公道看起來，還則是他失便宜與婦人了。一日置貨到漢陽馬口地方，下在一個店家，姓馬，叫得馬月溪店。那個馬月溪，是本處馬少卿家裏的人，領着主人本錢，開着這個歇客商的大店。店中儘有幽房邃閣，可以容置上等好客，所以遠方來的斯文人，多來投他。

店前走去不多幾家門面，就是馬少卿的家裏。馬少卿有一位小姐，小名叫得雲容，取李青蓮「雲想衣裳花想容」之句。果然纖姣非常，世所罕有。他家内樓小窗，看得店前人見。那小姐閒了，時常登樓，看望作耍。一日正在臨窗之際，恰被店裏蔣生看見。蔣生遠望去，極其美麗，生平目中所未覩。一步步走近前去細玩。走得近了，看得較真，覺他没一處生得不妙。蔣生不覺魂飛天外，魄散九霄。心裏妄想道：「如此美人，得以相叙一宵，也不枉了我的面龐風流。却怎生能勾？」只管仰面癡看。那小姐在樓上瞧見有人看他，把半面遮藏，也窺着蔣生是個俊俏後生，恰像不捨得就躲避着一般。【眉批】婦人恒態。蔣生越道是樓上留盼，賣弄出許多飄逸身分出來，要惹他動火。【眉批】惿子恒態。直等那小姐下樓去了，方纔走回店中，關着房門，默默暗想：「可惜不曾曉得丹青！若曉得時，描也描他一個出來。」

次日問着店家，方曉得是主人之女，還未曾許配人家。蔣生道他是個仕宦人家，我是個商賈，又是外鄉。若只論起一雙的面龐，却該做一對纔不虧了人。怎生得氤氳大使做一個主便好！」大凡是不易得動情的人，張生是也。一動了情，再按納不住的。蔣生自此行着思，坐着想。不放下懷。

【眉批】本宜自揣，所以妄想者止自負其貌耳。冶容誨淫，寧獨女子？雖是未許下丈夫，料不是我想得着的。

他原賣的是綵紬綾絹，女人生活之類。他央店家一個小的，拿了箱籠，引到馬家宅裏去賣。指望撞着那小姐，得以飽看一回。果然賣了兩次，馬家家眷們你要買長，我要買短，多討箱籠裏東西自家翻看，覿面講價。那小姐雖不十分出頭露面，也在人叢之中，遮遮掩掩的看物事。有時也眼瞟着蔣生，四目相視。蔣生回到下處，越加禁架不定，長吁短氣，恨不身生雙翅，飛到他閨閤中做一處。晚間的春夢也不知做了多少。

俏寃家，驀然來，懷中摟抱。羅帳裏，交着股，耍下千遭。裙帶頭滋味十分妙，你貪我又愛，臨住再加饒。

啞夢兒裏相逢，夢兒裏就去了。

蔣生眠思夢想，日夜不置。真所謂：

思之思之，又從而思之。
思之不得，鬼神將通之。

一日晚間，關了房門，正待獨自去睡，只聽得房門外有行步之聲，輕輕將房門彈響。蔣生幸未熄燈，急忙挑明了燈，開門出看。只見一個女子，閃將入來。定睛仔細一認，正是馬家小姐。蔣生吃了一驚，道：「難道又做起夢來了？」正心一想，却不是夢。燈兒明亮，儼然與美貌的小姐相對。蔣生疑假疑真，惶惑不定。小姐看見意思，先開口道：「郎君不必疑怪，妾乃馬家雲容也。承郎君久垂顧盼，妾亦關情多時了。今偶乘家間空隙，用計偷出重門，不自嫌其醜陋，願伴郎君客中岑寂。郎君勿以自獻爲笑，妾之幸也。」

蔣生聽罷，真個如飢得食，如渴得漿，宛然劉阮入天台，下界凡夫得遇仙子。快樂徯倖，難以言喻。忙關好了門，挽手共入鴛帷，急講于飛之樂。雲雨既畢，小姐分付道：「妾見郎君韶秀，不能自持，致于自薦枕席。然家嚴剛厲，一知風聲，禍不可測。【眉批】只恐蔣生識破耳，悲慮他人也。郎君此後切不可輕至妾家門首，也不可到外邊閒步，被別人看破行徑。只管夜夜虛掩房門相待。人定之後，妾必自來。萬勿輕易漏泄，始可歡好得久長耳。」蔣生道：「遠鄉孤客，一見芳容，想慕欲死。雖然夢寐相遇，還道仙凡隔遠；豈知荷蒙不棄，垂盼及於鄙陋，得以共枕同衾，極盡人間之樂。小生今日，就死也瞑目了。何況金口分付，小生敢不記心？小生自此足不出户，口不輕言，只呆呆守在房中，等到夜間，候小姐光降相聚便了。」

天未明，小姐起身，再三計約了夜間，然後別去。

蔣生自想，真如遇仙，胸中無限快樂，只不好告訴得人。小姐夜來明去。蔣生守着分付，果然輕易不出外一步，惟恐露出形迹，有負小姐之約。蔣生少年，固然精神健旺，竭力縱慾，不以爲疲。當得那小姐深自知味，一似能征慣戰的一般，一任顛鸞倒鳳，再不推辭，毫無厭足，蔣生倒時時有怯敗之意。【眉批】閱人多矣。那小姐竟像不要睡的，一夜何曾休歇？蔣生心愛得緊，見他如此高興，道是深閨少女，乍知男子之味，又兩情相得，所以毫不避忌，儘着性子喜歡做事。難得這樣真心，一發快活，惟恐奉承不周。【眉批】所謂把飄蓬此身來儘也。把個身子不放在心上，拚着性命做，就一下走了陽，死了也罷了。弄了多時，也覺有些倦怠，面顔看看憔悴起來。正是：

二八佳人體似酥，腰間仗劍斬愚夫。
雖然不見人頭落，暗裏教君骨髓枯。

且説蔣生同伴的朋友，見蔣生時常日裏閉門昏睡，少見出外。有時略略走得出來，呵欠連天，像夜間不曾得睡一般。又不曾見他搭伴夜飲，或者中了宿酲；又不曾見他妓館留連，或者害了色病。不知爲何如此？及來牽他去那裏吃酒、宿娼，未到晚，必定要回店中，並不肯少留在外邊一更二更的。衆人多各疑心道：「這個行徑，必然心下有事的光景。想是背着人做了些甚麽不明的勾當了。我們相約了，晚間候他動静，是必要捉破他。」

當夜天色剛晚，小姐已來。蔣生將他藏好。恐怕同伴疑心，反走出來談笑一會，同吃些酒。直等大家散了，然後關上房門，進來與小姐上床。上得床時，那交歡高興，弄得你死我活，哼哼嘛嘛的聲響，也顧不得傍人聽見。又且無休無歇，外邊同伴竊聽的道：「蔣駙馬不知那裏私弄個婦女，在房裏受用，這等久戰！站得不耐煩，一個個那話兒直竪起來。多是出外久了的人，怎生禁得？【眉批】傍覩者難爲情。各自歸房，有的硬忍住了，有的放了手銃，自去睡了。

次日起來，大家道：「我們到蔣駙馬房前守他，看甚麼人出來。」走在房外，房門虛掩。推將進去，蔣生自睡在床上，並不曾有人。衆同伴疑道：「那裏去了？」蔣生故意道：「甚麼那裏去了？」同伴道：「昨夜與你弄那話兒的。」蔣生道：「何曾有人？」同伴道：「我們衆人多聽得的，怎麽混賴得？」蔣生道：「你們見鬼了。」同伴道：「我們不見鬼，只怕你着鬼了。」蔣生道：「我如何着鬼？」同伴道：「晚間與人幹那話，聲響外聞。早來不見有人，豈非是鬼？」【眉批】即此亦該生疑。蔣生曉得他衆人夜來竊聽了，虧得小姐起身得早，去得無迹，不被他們看見，實爲萬幸。一時把説話支吾道：「不瞞衆兄説，小生少年出外，鰥曠日久。晚來上床，忍制不過，學作交歡之聲，以解慾火。其實只是自家喉急的光景，不是真有個人在裏面交合。説着甚是惶恐。衆兄不必疑心。」同伴道：「我們也多是喉急的人，若果是如此，有甚惶恐？只不要着了甚麽邪妖，便不是要事。」蔣生道：「並無此事，衆兄放心。」同伴似信不信的，也不説了。

只見蔣生漸漸支持不過，一日疲倦似一日，自家也有些覺得了。同伴中有一個姓夏的，名良策，與蔣生最是相愛。見蔣生如此，心裏替他耽憂，特來對他説道：「我與你出外的人，但得平安，便爲大幸。今仁兄面黄肌瘦，精神恍惚，語言錯亂。及聽兄晚間房中，每每與人切切私語，此必有作怪蹺蹊的事。仁兄不肯與我每明言，他日定要做出事來，性命干係，非同小可。【眉批】亦惜其貌耳。可惜這般少年，葬送在他鄉外府，我輩何忍？況小弟蒙兄至愛，有甚麽勾當，便對小弟説説，斟酌而行也好，何必相瞞？小弟賭個咒，不與人説就是了。」

蔣生見夏良策説得痛切，只得與他實説道：「兄意思真懇，小弟實有一件事，不敢瞞兄。此間主人馬少卿的小姐，與小弟有些緣分，夜夜自來歡會。兩下少年，未免情慾過度。小弟不能堅忍，以致生出疾病來。然小弟性命，還是小事。若此風聲一露，那小姐性命，也不可保了。再三叮囑小弟慎口，所以小弟只不敢露。今雖對仁兄説了，仁兄萬勿漏洩，使小弟有負小姐。」夏良策大笑道：「仁兄差矣。馬家是鄉宦人家，重垣峻壁，高門邃宇，豈有女子夜夜出得來？【眉批】大是，大是。此亦易曉，惑者不致詳也。況且旅館之中，衆人雜沓，女子來來去去，雖是深夜，難道不隄防人撞見？此必非他家小姐可知了。」蔣生道：「馬家小姐，我曾認得的。今分明是他，再有何疑？」夏良策道：「聞得此地慣有狐妖，善能變化惑人。仁兄所遇，必是此物。仁兄今當謹慎自愛。」蔣生那裏肯信？

夏良策見他迷而不悟，躊躇了一夜，心生一計道：「我直教他識出踪迹來，方纔肯住手。」只因此一計，有分交：

深山妖牝，難藏醜穢之形；幽室香軀，陡變温柔之質。

用着那神仙洞裏千年草，成就了卿相門中百歲緣。

且説蔣生心神惑亂，那聽好言？夏良策勸他不轉，來對他道：「小弟有一句話，不礙兄事的。兄是必依小弟而行。」蔣生道：「有何事教小弟做？」夏良策道：「小弟有件物事，甚能分別邪正。仁兄等那人今夜來時，把來贈他拿去。若真是馬家小姐，也自無妨。若不是時，須有認得他處。這却不礙仁兄事的。仁兄當以性命爲重，自家留心便了。」蔣生道：「這個却使得。」夏良策就把一個粗蔴布袋，袋着一包東西，遞與蔣生。

蔣生收在袖中。夏良策再三叮囑道：「切不可忘了。」蔣生不知何意，但自家心裏也有些疑心，便打點依他所言試一試看，料也無碍。

是夜小姐到來，歡會了一夜。將到天明去時，蔣生記得夏良策所囑，便將此袋出來贈他道：「我有些少物事，送與小姐拿去，且到閨閤中慢慢自看。」那小姐也不問是甚麽物件，見説送他的，欣然拿了就走，自出店門去了。蔣生睡到日高，披衣起來，只見床面前多是些碎芝蔴粒兒，一路出去，洒到外邊。蔣生恍然大悟道：「夏兄對我説，此囊中物，能別邪正。元來是一袋芝蔴！【眉批】夏生可用。芝蔴那裏是辨別得邪正的？他以粗麻布爲袋，明是要他撒將出來，就此可以認他來踪去迹。這個就是教我辨别邪正了。我而今跟着這芝蔴踪迹尋去，好歹有個住處，便見下落。」

蔣生不説與人知，只自心裏明白，逐步暗暗看地上有芝蔴處便走。眼見得不到馬家門上，明知不是他家出來的人了。紆紆曲曲，穿林過野，芝蔴不斷。一直跟尋到大别山下，見山中有個洞口，芝蔴從此進去。蔣生曉得有些詫異，擔着一把汗，望洞口走進。果見一個牝狐，身邊放着一個蔴布袋兒，放倒頭在那裏鼾睡。

幾轉雌雄坎與離，皮囊改换使人迷。
此時正作陽臺夢，還是爲雲爲雨時。

蔣生一見大驚，不覺喊道：「來魅吾的，是這個妖物呀！」那狐性極靈，雖然睡卧，甚是警醒。一聞人聲，倏把身子變過，仍然是個人形。蔣生道：「吾已識破，變來何幹？」那狐走向前來，執着蔣生手道：「郎君勿怪！我爲你看破了行藏，也是緣分盡了。」蔣生見他仍復舊形，心裏老大不捨。那狐道：「好教郎君得知，我在此山中脩道，將有千年。專一與人配合雌雄，鍊成内丹。向見郎君韶麗，正思借取元陽，無門可入。【眉批】自開門引賊。却得郎君鍾情馬家女子，思慕真切，故爾效仿其形，特來配合。一來助君之歡，二來成我之事。

今形迹已露，不可再來相陪，從此永别了。但往來已久，與君不能無情。君身爲我得病，我當爲君治療。【眉批】狐有良心，勝人多矣。那馬家女子，君既心愛，我又假托其貌，邀君恩寵多時，我也不能恝然。當爲君謀取，使爲君妻，以了心願，是我所以報君也。」

説罷，就在洞中手擷出一般希奇的草來，束做三束，對蔣生道：「將這頭一束，煎水自洗，當使你精完氣足，壯健如故。這第二束，將去悄地撒在馬家門口暗處，馬家女子即時害起癩病來。然後將這第三束去，煎水與他洗濯，這癩病自好，女子也歸你了。新人相好時節，莫忘我做媒的舊情也。」遂把三束草一一交付蔣生。蔣生收好，那狐又分付道：「慎之，慎之，莫對人言。我亦從此逝矣。」言畢，依然化爲狐形，跳躍而去，不知所往。

蔣生又驚又喜，謹藏了三束草，走歸店中來。叫店家燒了一鍋水，悄地放下一束草，煎成藥湯。是夜將來自洗一番，果然神氣開爽，精力陡健。沉睡一宵，次日將鏡一照，那些萎黄之色，一毫也無了。方知仙草靈驗。謹閟其言，不向人説。

夏良策來問昨日踪迹，蔣生推道：「尋至水邊已住，不可根究，想來是個怪物。我而今看破，不與他往來便了。」夏良策見他容顔復舊，便道：「兄心一正，病色便退。可見是個妖魅。今不被他迷了，便是好了，連我們也得放心。」【眉批】良友也。蔣生口裏稱謝，却不把真心説出來，只是一依狐精之言，密去幹着自己的事。

將着第二束草，守到黄昏人静後，走去馬少卿門前，向户檻底下牆角暗處，各各撒放停當，自回店中，等待消息。

不多兩日，紛紛傳説：馬家雲容小姐，生起癩瘡來。初起時，不過二三處，雖然嫌憎，還不十分在心上。漸漸渾身癩發，但見：

腥臊遍體，臭味難當。玉樹亭亭，改做魚鱗皴皺；花枝嫋嫋，變爲蟲蝕纍堆。癢動處不住爬搔，滿指甲霜飛雪落；痛來時豈勝啾唧，鎮朝昏抹淚揉眵。誰家女子恁般撑，聞道先儒以爲癩。

馬家小姐忽患癩瘡，皮癢膿腥，痛不可忍。一個絶色女子，弄成人間厭物。父母無計可施，小姐求死不得。請個外科先生來醫，説得甚不值事，敷上藥去就好。依言敷治，過了一會，渾身針刺，却像剥他皮下來一般疼痛，頃刻也熬不得，只得仍舊洗掉了。又有内科醫家，前來處方，説是：「内裏服藥，調得血脉停當，風氣開散，自然痊可。只是外用敷藥，這叫得治標，決不能除根的。」聽了他，把煎藥日服兩三劑，落得把脾胃盪壞了，全無功效。【眉批】病家情景，醫家陋惡，一一逼真。外科又争説是他專門，必竟要用擦洗之藥；内科又説是肺經受風，必竟要吃消風散毒之劑。落得做病人不着，挨着疼痛，熬着苦水。今日换方，明日改藥。醫生相駡了幾番，你説我無功，我説你没用，總歸没帳。

馬少卿大張告示在外：「有人能醫得痊愈者，贈銀百兩。」這些醫生看了告示，只好噤唖。真是孝順郎中，也算做竭盡平生之力，查盡秘藏之書，再不曾見有些些小效處。小姐已是十死九生，只多得一口氣了。馬少卿束手無策，對夫人道：「女兒害着不治之症，已成廢人。今出了重賞，再無人能醫得好。莫若捨了此女，待有善醫此症者，即將女兒與他爲妻，倒賠妝奩，招贅入室。我女兒頗有美名，或者有人慕此，獻出奇方來救他，也未可知。就未必門當户對，譬如女兒害病死了。就是不死，這樣一個癩人，也難嫁着人家。還是如此，庶幾有望。」遂大書於門道：

小女雲容，染患癩疾。一應人等，能以奇方奏效者，不論高下門户，遠近地方，即以此女嫁之，贅入爲婿。立此爲照。【眉批】告示先爲將生張本矣。

蔣生在店中，已知小姐病癩、出榜招醫之事，心下暗暗稱快。然未見他説到婚姻上邊，不敢輕易兜攬。

只恐遠地客商，他日便醫好了，只有金帛酬謝，未必肯把女兒與他。故此藏着機關，靜看他家事體。果然病不得痊，換過榜文，有醫好招贅之說，蔣生撫掌道：「這番老婆到手了！」即去揭了門前榜文，自稱能醫。門公見說，不敢遲滯，立時奔進通報。

馬少卿出來相見，見了蔣生一表非俗，先自喜歡。問道：「有何妙方，可以醫治？」蔣生道：「小生原不業醫。曾遇異人，傳有仙草，專治癩疾，手到可以病除。但小生不慕金帛，惟求不爽榜上之言，小生自當効力。」馬少卿道：「下官止此愛女，德容俱備。不幸忽犯此疾，已成廢人。若得君子施展妙手，起死回生，榜上之言，豈可自食？自當以小女餘生，奉侍箕帚。」【眉批】先自說出，亦是江湖上人老辣處。蔣生道：「小生原籍浙江，遠隔異地。又是經商之人，不習儒業，只恐有玷門風。今日小姐病顔消減，所以捨得輕許。他日醫好復舊，萬一悔却前言，小生所望，豈不付之東流？先須說得明白。」馬少卿道：「江浙名邦，原非異地。經商亦是善業，不是賤流。看足下器體，亦非以下之人。何況有言在先，遠近高下，皆所不論。【眉批】人貌榮名。惟其縉紳，乃易于爽信。只要醫得好，下官忝在縉紳，豈爲一病女，就做爽信之事？足下但請用藥，萬勿他疑。」

蔣生見說得的確，就把那一束草叫煎起湯來，與小姐洗澡。小姐聞得藥草之香，已自心中爽快。到得傾下浴盆，通身澡洗，可煞作怪，但是湯到之處，疼的不疼，癢的不癢，透骨清凉，不可名狀。小姐把膿污抹盡，出了浴盆，身子輕鬆了一半。眠在床中一夜，但覺瘡痂漸落，粗皮層層脱下來。過了三日，完全好了。再復清湯浴過一番，身體瑩然如玉，比前日更加嫩相。

馬少卿大喜，去問蔣生下處。元來就住在本家店中。即着人請得蔣生過家中來，打掃書房，與他安下。只要揀個好日，就將小姐贅他。蔣生不勝之喜，已在店中把行李搬將過來，住在書房，等候佳期。馬家小姐心中感激蔣生救好他病，見說就要嫁他，雖然情願，未知生得人物如何。【眉批】要見前日相遇時，未必不關情。叫梅香探聽，元來即是曾到家裏賣過綾絹的客人，多曾認得他，面龐標致的。心裏就放得下。吉日已到，馬少卿不負前言，主張成婚。兩下少年，多是美麗人物，你貪我愛，自不必說。但蔣生未成婚之先，先有狐女假扮，相處過多時，偏是他熟認得的了。

一日，馬小姐說道：「你是別處人，甚氣力到得我家裏？天教我生出這個病來，成就這段姻緣。那個仙方，是我與你的媒人，誰傳與你的？不可忘了。」蔣生笑道：「是有一個媒人，而今也沒謝他處了。」小姐道：「你且說是那個？今在何處？」蔣生不好說是狐精，捏個謊道：「只爲小生曾瞥見小姐芳容，眠思夢想，寢食俱廢，心意志誠了，感動一位仙女，假托小姐容貌，來與小生往來了多時。後被小生識破，他方纔說，果然不是真小姐，小姐應該目下有災。就把一束草，教小生來救小姐，說當有姻緣之分。今果應其言，可不是個媒人？」小姐道：「怪道你見我就像舊識一般，元來曾有人假過我的名來。【眉批】有醋意。而今在那裏去了？」蔣生道：「他是仙家。一被識破，就不再來了，知他在那裏？」小姐道：「幾乎被他壞了我名聲，却也虧他救我一命，成就我兩人姻緣。還算做個恩人了。」蔣生道：「他是個仙女，恩與怨總不挂在心上。只是我和你合該做夫妻，遇得此等仙緣，稱心滿意。但愧小生不才，有屈了小姐耳。」小姐道：「夫妻之間，不要如此說。況我是垂死之人，你起死回生的大恩，正該終身奉侍君子，妾無所恨矣。」自此，如魚似水。蔣生也不思量回鄉，就住在馬家終身。夫妻偕老，這是後話。

那蔣生一班兒同伴，見說他贅在馬少卿家了，多各不知其繇。【眉批】原難解。惟有夏良策，曾見蔣生說着馬小姐的話，後來道是妖魅的假托，而今見真個做了女婿，也不明白他備細。多來與蔣生慶喜。夏良策私下細問根繇，蔣生瞞起用草生癩一段話，只說：「前日假托馬小姐的，是大別山狐精。後被夏兄粗布芝蔴之計追尋踪迹，認出真形。他贈此藥草，教小弟去醫好馬小姐，就有姻緣之分。小弟今日之事，皆狐精之力也。」

衆人見説，多稱奇道：「一向稱仁兄爲蔣駙馬，今仁兄在馬口地方作客，住在馬月溪店，竟爲馬少卿家之婿，不脱一個馬字。可知也是天意，生出這狐精來，成就此一段姻緣。駙馬之稱，便是前讖了。」

大家相傳，以爲佳話。【眉批】痴人前不可説夢。有等癡心的，就恨怎生我偏不撞着狐精，得有此奇遇，妄想得一個不耐煩。有詩爲證：

人生自是有姻緣，得遇靈狐亦偶然。
妄意洞中三束草，豈知月下赤繩牽！

野史氏曰：

生始窺女而極慕思，女不知也。狐實陰見，故假女來。生以色自惑，而狐惑之也。思慮不起，天君泰然，即狐何爲？然以禍始而以福終，亦生厚幸。雖然，狐媒猶狐媚也，終死色刃矣。

瘞遺骸王玉英
配夫

筒聘金缔秀才
赌手

卷之三十

瘞遺骸王玉英配夫　償聘金韓秀才贖子

詩云：

晋世曾聞有鬼子，今知鬼子乃其常。
既能成得雌雄配，也會生兒在冥壤。

話説國朝隆慶年間，陝西西安府，有一個易萬户，以衛兵入屯京師。同鄉有個朱工部，相與得最好。兩家夫人各有妊孕。萬户與工部偶在朋友家裏同席，一時説起，就兩下指腹爲婚。依俗禮各割衫襟，彼此互藏，寫下合同文字爲定。後來工部建言，觸忤了聖旨，欽降爲四川瀘州州判。萬户陞了邊上參將，各奔前程去了。

萬户這邊生了一男，傳聞朱家生了一女。相隔既遠(越)，不能勾圖完前盟。過了幾時，工部在謫所水土不服，全家不保。剩得一兩個家人，投托着在川中做官的親眷，經紀得喪事回鄉，殯葬在郊外。其時萬户也爲事革任回衛，身故在家了。

萬户之子易大郎年已長大，精熟武藝，日夜與同伴馳馬較射。一日，正在角逐之際，忽見草間一兔騰起。大郎舍了同伴，挽弓趕去。趕到一個人家門口，不見了兔兒。望内一看，元來是一所大宅院。宅内一個長者走出來，衣冠偉然，是個士大夫模樣。將大郎相了一相道：「此非易郎麽？」大郎見是認得他的，即下馬相揖。長者拽了大郎之手，步進堂内來，重見過禮。即分付裏面治酒相款。酒過數巡，易大郎請問長者姓名。長者道：「老夫與易郎葭莩不薄，老夫教易郎看一件信物。」隨叫書童在裏頭取出一個匣子來，送與大郎開看。

大郎看時，内有羅衫一角，文書一紙，合縫押字半邊，上寫道：

朱、易兩姓，情既斷金，家皆種玉。得雄者爲婿，必諧百年。背盟者天厭之，天厭之。

隆慶某年月日朱某、易某書，坐客某某爲證。

大郎仔細一看，認得是父親萬户親筆，不覺淚下交長頤。只聽得後堂傳説：「孺人同小姐出堂。」大郎擡眼看時，見一個年老婦人，珠冠緋袍，擁一女子，嬝嬝婷婷，走出廳來。那女子真色澹容，藴秀包麗，世上所未曾見。長者指了女子對大郎道：「此即弱息，尊翁所訂以配君子者也。」

大郎拜見孺人已過，對長者道：「極知此段良緣，出於先人成命。但媒妁未通，禮儀未備，奈何？」長者道：「親口交盟，何須執伐？至於儀文末節，更不必計較。郎君倘若不棄，今日即可就甥館。萬勿推辭。」大郎此時意亂心迷，身不自主。女子已進去妝梳，須臾出來行禮。花燭合巹，悉依家禮儀節。是夜送歸同房，兩情歡悦，自不必説。

正是歡娱夜短，大郎匆匆一住數月，竟不記得家裏了。一日，忽然念着道：「前日驟馬到此，路去家不遠。何不回去看看就來？」把此意對女子説了。女子稟知父母。那長者與孺人堅意不許。大郎問女子道：「岳父母爲何不肯？」女子垂淚道：「只怕你去了不來。」大郎道：「那有此話！我家裏不知我在這裏，我回家説聲就來。一日内的事，有何不可？」女子只不應允。大郎見他作難，就不開口。

又過了一日，大郎道：「我馬閒着，久不騎坐，只怕失調了。我須騎出去盤旋一回。」其家聽信。大郎走出門，一上了馬，加上數鞭，那馬四脚騰空，一跑數里。馬上回頭看那舊處，何曾有甚麽莊院？【眉批】早知如此，不宜輕歸。急盤馬轉來一認，連人家影迹也没有。但見群塚累累，荒藤野蔓而已。歸家昏昏了幾日，纔與朋友們説着這話。有老成人曉得的道：「這兩家割襟之盟，果是有之。但工部舉家已絶，郎君所遇，乃其幽宫。想是夙緣未了，故有此異。幽明各路，不宜相侵，郎君勿可再往。」大郎聽了這話，又眼見奇怪，果然不敢再去。

自到京師，襲了父職回來，奉上司檄文，管署衛印事務。夜出巡堡，偶至一處，忽見前日女子，懷抱一小兒，迎上前來，道：「易郎認得妾否？郎雖忘妾，襁中之兒，誰人所生？此子有貴徵，必能大君門户。今以還郎，撫養他成人，妾亦籍手不負於郎矣。」大郎念着前情，不復顧忌。抱那兒子一看，只見眉清目秀，甚是可喜。大郎未曾娶妻有子的，見了好個孩兒，豈不快活？走近前去，要與那女子重叙離情，再説端的。那女子忽然不見，竟把懷中之子掉下去了。大郎帶了回來。

後來大郎另娶了妻，又斷絃再續了兩番。立意要求美色，娶來的皆不能如此女之貌，又絶無生息。惟有得此子長成，勇力過人，兼有雄略。大郎因前日女子有「大君門户」之説，見他不凡，深有大望。一十八歲了，大郎倦於戎務，就讓他襲了職。以累建奇功，累官至都督，果如女子之言。

這件事，全似晋時范陽盧充與崔少府女金椀幽婚之事。然有地有人，不是將舊説附會出來的。可見姻緣未完，幽明配合，鬼能生子之事，往往有之。這還是目前的鬼，魂氣未散；更有幾百年鬼，也會與人生子，做出許多話柄來，更爲奇絶。要知此段話文，先聽幾首七言絶句爲證：

洞裏仙人路不遥，洞庭煙雪晝瀟瀟。雨洞字犯。

莫教吹笛城頭閣，尚有銷魂烏鵲橋。（其一）

莫訝鴛鸞會有緣，桃花結子已千年。

塵心不識藍橋路，信是蓬萊有謫仙。（其二）

朝暮雲驂闖楚關，青鸞信不斷塵寰。

乍逢仙侶抛桃打，笑我清波照霧鬟。（其三）

這三首，乃女鬼王玉英憶夫韓慶雲之詩。那韓慶雲是福建福州府福清縣的秀才，他在本府長樂縣藍田石尤嶺地方開館授徒。一日散步嶺下，見路傍有枯骨在草叢中，心裏惻然道：「不知是誰人遺骸，暴露在此。吾聞收掩胔骼，仁人之事。今此骸無主，吾在此間開館，既爲吾所見，即是吾責了。」就歸向鄰家，借了鋤𨫼畚鍤之類。又没個人幫助，親自動手，瘞埋停當。撮土爲香，滴水爲酒，以安他魂靈，致敬而去。【眉批】此念即宜受報。

是夜獨宿書館，忽見籬外畢畢剥剥，敲得籬門響。韓生起來，開門出看，乃是一個端麗女子。韓生慌忙迎揖。女子道：「且到尊館，有話奉告。」韓生在前引導，同至館中。女子道：「妾姓王，名玉英，本是楚中湘潭人氏。宋德祐年間，父爲閩州守，將兵禦元人，力戰而死。妾不肯受胡虜之辱，死此嶺下。當時人憐其貞義，培土掩覆。經今二百餘年，骸骨偶出。蒙君埋藏，恩最深重，深夜來此，欲圖相報。」【眉批】誰知後來有種種佳境。韓生道：「掩骸小事，不足挂齒。人鬼道殊，何勞見顧？」玉英道：「妾雖非人，然不可謂無人道。君是讀書之人，幽婚冥合之事，世所常有。妾蒙君葬埋，便有夫妻之情。況夙緣甚重，願奉君枕蓆，幸勿爲疑。」韓生孤館寂寥，見此美婦，雖然明説是鬼，然行步有影，衣衫有縫，濟濟楚楚，絶無鬼意。又且説話明白可聽，能不動心？遂欣然留與同宿。交感之際，一如人道，毫無所異。

韓生與之相處一年有餘，情同伉儷。忽一日對韓生道：「妾于去年七月七日，與君交接，腹已受娠，今當產了。」是夜即在館中產下一兒。初時，韓生與玉英往來，俱在夜中，生徒俱散，無人知覺。今已有子，雖是玉英自己乳抱，却是嬰兒啼聲，瞞不得人許多，漸漸有人知覺。但亦不知女子是誰，嬰兒是誰，没個人家主名，也没人來查他細帳。只好胡猜亂講，總無實據。

傳將開去，韓生的母親也知道了。對韓生道：「你山間處館，恐防妖魅。外邊傳説你有私遇的事，果是怎麽樣的，可實對我説？」韓生把掩骸相報，及玉英姓名説話，備細述一遍。韓母驚道：「依你説來，是個多年之鬼了。一發可慮。」韓生道：「説也奇怪，雖是鬼類，實不異人。已與兒生下一子了。」韓母道：「不信有這話！」韓生道：「兒豈敢造言欺母親？」韓母道：「果有此事，我未有孫，正巴不得要個孫兒。你可抱歸來與我看一看，方信你言是真。」韓生道：「待兒與他説着。」果將母親之言與玉英説知。玉英道：「孫子該去見婆婆。只是兒受陽氣尚淺，未可便與生人看見。待過幾時再處。」韓生回覆母親，韓母不信，定要捉破他踪迹，不與兒子説知，忽一日，自己魆地到書館中來。玉英正在館中樓上，將了菓子餵着兒子。韓母一直闖將上樓去。玉英望見有人，即抱着兒子，從窗外逃走。【眉批】既與人無異，如何見此鬼態？餵兒的菓子多遺棄在地，看來像是蓮肉。拾起仔細一看，元來是蜂房中白子。韓母大驚道：「此必是怪物！」教兒子切不可再近他。韓生口中唯唯，心下實捨不得。

等得韓母去了，玉英就來對韓生道：「我因有此兒在身，去來不便。【眉批】只欲寄養，何必湘潭？如此等處，皆不可解。豈所謂夙緣宜然耶？今婆婆以怪物疑我，我在此也無顔。我今抱了他，回故鄉湘潭去，寄養在人間，他日相會罷。」韓生道：「相與許久，如何舍得離别？相念時節，教小生怎生過得？」玉英道：「我把此兒寄養了，自身去來繇我。今有二竹筴，留在君所。倘若相念，及有甚麽急事要相見，只把兩筴相擊，我當自至。」説罷，即飄然而去。

玉英抱此兒到了湘潭，寫七字在兒衣帶上道：「十八年後當來歸。」又寫他生年月日在後邊了，棄在河傍。湘潭有個黄公，富而無子。到河邊遇見，拾了回去，養在家裏。玉英已知，來對韓生道：「兒已在湘潭黄家。吾有書在衣帶上，以十八年爲約。彼時當得相會，一同歸家。今我身無累，可以任從去來了。」

此後韓生要與玉英相會，便擊竹筴。玉英即來，凡有疾病禍患，與玉英言之，無不立解。甚至他人禍福，玉英每先對韓生説過。韓生與人説，立有應驗。外邊傳出去，盡道韓秀才遇了妖邪，以妖言惑衆。恰好其時主人有女淫奔於外，又有疑韓生所遇之女，即是主人家的。弄得人言肆起，韓生聲名頗不好聽。玉英知道，説與韓生道：「本欲相報，今反相累。」漸漸來得希踈，相期一年只來一番，來必以七夕爲度。韓生感其厚意，竟不再娶。【眉批】十八年只十八番，無乃太踈。

如此一十八年，玉英來對韓生道：「衣帶之期已至，豈可不去一訪之？」韓生依言，告知韓母，遂往湘潭。正是：

阮脩倡論無鬼，豈知鬼又生人？
昔有尋親之子，今爲尋子之親。

且説湘潭黄翁，一向無子。偶至水濱，見有棄兒在地，抱取回家。看見眉清目秀，聰慧可愛，養以爲子。看那衣帶上面，有「十八年後當來歸」七字，心裏疑道：「還是人家嫡妾想忌，没奈何抛下的？還是人家生得兒女多了，怕受累棄着的？既已抛棄，如何又有十八年之約？此必是他父母既不欲留，又不忍舍，明白記着，寄養在人家，他日必來相訪。我今現在無子，且收來養着，到十八年後再看如何。」

黄翁自拾得此兒之後，忽然自己連生二子。早知爾爾，必不拾矣。因將所拾之兒取名鶴齡，自己二子分開他二字，一名鶴算，一名延齡，同共送入學堂讀書。鶴齡敏惠異常，過目成誦；二子雖然也好，總不及他。總丱之時，三人一同游庠。黄翁歡喜無盡，也與二子一樣相待，毫無差别。此却難得。二子是老來之子，黄翁急欲他早成家室，目前生孫，十六七歲，多與他畢過了姻。只有鶴齡因有衣帶之語，怕父母如期來訪，未必不要歸宗，是以獨他遲遲未娶。却是黄翁心裏過意不去，道：「爲我長子，怎生反未有室家？」先將四十金與他定了裏中易氏之女。那鶴齡也曉得衣帶之事，對黄翁道：「兒自幼蒙撫養深恩，已爲翁子。但本生父母既約得有期，豈可娶而不告？雖蒙聘下妻室，且待此期已過，父母不來，然後成婚，未爲遲也。」黄翁見他講得有理，只得憑他。

既到了十八年，多懸懸望着，看有甚麽動静。一日，有個福建人在街上與人談星命。訪至黄翁之家，求見黄翁。黄翁心裏指望二子立刻科名，見是星相家，無不延接。聞得遠方來的，疑有異術，遂一面請坐，將着三子年甲，央請推算。談星的假意推算了一回，指着鶴齡的八字，對黄翁道：「此不是翁家之子。他生來不該在父母身邊的，必得寄養出外，方可長成。及至長成之後，即要歸宗。目下已是其期了。」黄公見他説出真底實話，面色通紅道：「先生好胡説！此三子皆我親子，怎生有寄養的話説！況説的更是我長子，承我宗祧，那裏還有宗可歸處？」談星的大笑道：「老翁豈忘衣帶之語乎？」黄翁不覺失色道：「先生何以知之？」談星的道：「小生非他人，即是十八年前棄兒之父韓秀才也。恐翁家不承認，故此假扮做談星之人，來探踪迹。今既在翁家，老翁必不使此子昧了本姓。」黄翁道：「衣帶之約，果然是真，老漢豈可昧得？況我自有子，便一日身亡，料已不填溝壑，説得響。何必賴取人家之子？但此子爲何見棄，乞道其詳。」

韓生道：「説來事涉怪異，不好告訴。」黄翁道：「既有令郎這段緣契，便是自家骨肉，説與老夫知道，也好得知此子本末。」韓生道：「此子之母，非今世人，乃二百年前貞女之魂也。此女在宋時，父爲閩官，禦敵失守，全家死節。其魂不泯，與小生配合生兒。因被外人所疑，他説家世湘潭，將來貴處寄養。衣帶之字，皆其親書。今日小生到此，也是此女所命。不想果然遇着，敢請一見。」黄翁道：「有如此作怪異事！想令郎出身如此，必當不凡。今令郎與小兒，共是三兄弟，同到長沙應試去了。」韓生道：「小生既遠尋到此，就在長沙也要到彼一面。只求老翁念我天性父子，恩使歸宗，便爲萬幸。」黄翁道：「父子至親，誼當使君還珠。況是足下冥緣，豈可間隔？但老夫十八年撫養，已不必説，只近日下聘之資，也有四十金。子既已歸足下，此聘金須得相還。」韓生道：「老翁恩德難報。至於聘金，自宜奉還。容小生見過小兒之後，歸與其母計之，必不敢負義也。」

韓生就别了黄翁，徑到長沙，訪問黄翁三子應試的下處，已問着了。就寫一帖，傳與黄翁大兒子鶴齡。鶴齡一見衣帶説話，感動於心，驚出請見道：「足下何處人氏？何以知得衣帶事體？」韓生看那鶴齡時：

【眉批】帖寫得妙。帖上寫道：「十八年前與聞衣帶事人韓某。」

年方弱冠，體不勝衣。清標固稟父形，嫣質猶同母貌。恂恂儒雅，盡道是十八歲書生；邈邈源流，豈知乃二百年鬼子。

韓生看那鶴齡模樣，儼然與王玉英相似，情知是他兒子。遂答道：「小郎君可要見寫衣帶的人否？」鶴齡道：「寫衣帶之人，非吾父，即吾母。原約在今年，今足下知其人，必是有的信。望乞見教。」韓生道：「寫衣帶之人，即吾妻王玉英也。若要相見，先須認得我。」鶴齡見説知是其父，大哭抱住道：「果是吾父！如何捨得棄了兒子一十八年？」韓生道：「汝母非凡女，乃二百年鬼仙，與我配合生兒。因乳養不便，要寄托人間。汝母原籍湘潭，故將至此地。我實福建秀才，與汝母姻緣也在福建。今汝若不忘本生父母，須别了此間義父，還歸福建爲是。」鶴齡道：「吾母如今在那裏？兒也要相會。」韓生道：「汝母倏去倏來，本無定所。若要相會，也須到我閩中。」鶴齡至性所在，不勝感動。

兩弟鶴算、延齡，在旁邊聽見説着要他歸福建説話，少年心性，不覺大怒起來，道：「那裏來這野漢，造此不根之談，來誘哄人家子弟，説着不達道理的説話！好耽耽一個哥哥，却教他到福建去，有這樣胡説的？」那家人每見説，也多嗔怪起來，對鶴齡道：「大官人不要聽這個游方人。他每專打聽着人家事體，來撰造是非，哄誘人的。」不管三七二十一，扯的扯，推的推，要搡他出去。韓生道：「不必囉唣，我已湘潭見過了你老主翁，他只要完得聘金四十兩，便可贖回，還只是我的兒子。你們如何胡説？」衆人那裏聽他？只是推他出去爲浄。鶴齡心下不安，再三戀戀，衆人也不顧他。兩弟狠狠道：「我兄無主意，如何與這些閒棍講話？饒他一頓打，便是人情了。」鶴齡道：「衣帶之語，必非虚語，此實吾父來尋盟。他説道曾在湘潭見過爹爹來，回去到家裏，必知端的。」鶴算、延齡兩人與家人只是不信，管住了下處門首，再不放他進去與鶴齡相見了。

韓生自思：「兒子雖得見過，黄家婚聘之物，理所當還。今没個處法還得他。空手在此，一年也無益，莫要想得兒子歸去。不如且回家去，再做計較。」心裏主意未定，到了晚間，把竹筴擊將起來，王玉英即至。韓生因説着已見兒子，黄家要償取聘金，方得贖回的話。玉英道：「聘金該還，此間未有處法。不如且回閩中，別圖機會。易家親事，亦是前緣。待處了聘金，再到此地完成其事，未爲晚也。」

韓生因此決意回閩。一路浮湘涉湖，但是波浪險阻，玉英便到舟中護衛。至於盤纏缺乏，也是玉英暗地資助，得以到家。到家之日，里鄰驚駭。道是韓生向來遇妖，許久不見，是被妖魅拐到那裏去，必然喪身在外，不得歸來了。今見好好還家，以爲大奇。平日往來的，多來探望。

韓生因爲衆人疑心壞了他，見來問的，索性一一把實話從頭至尾，備述與人，一些不瞞。衆人見他不死，又果有兒子在湘潭，方信他説話是實，反共説他遇了仙緣，多來慕羡他。【眉批】庸人之見，往往如此。不認得的，盡想一識其面。有問韓生爲何不領了兒子歸來，他把聘金未曾還得，湘潭養父之家不肯的話説了。有好事

的，多願相助。不多幾時，湊上了二十餘金。尚少一半。夜間擊筊，與王玉英商量。玉英道：「既有了一半，
你只管起身前去，途中有湊那一半之處。」韓生隨即動身。

到了半路，在江邊一所古廟邊經過。玉英忽來對韓生道：「此廟中神厨裏坐着，可得二十金，足還聘金
了。」韓生依言，泊船登岸，走入廟裏看時，只見：

廟門頹敗，神路荒凉。執撾的小鬼無頭，拿簿的判官没帽。庭中多獸迹，狐狸在此宵藏；地上少人
踪，魍魎投來夜宿。存有千年香火樣，何曾一陌紙錢飄。

韓生到神厨邊，揭開帳幔來看，灰塵堆來有寸多厚。心裏道：「此處那裏來的銀子？」然想着玉英之言，
未曾有差，且依他説話，爬上去蹲在厨裏。

喘息未定，只見一個人慌慌忙忙，走將進來，將手在案前香爐裏亂塞。【眉批】吾誰欺。塞罷，對着神道聲
喏道：「望菩薩遮蓋遮蓋，所罰之咒，不要作准。」又見一個人在外邊嚷進來道：「你欺心偷過了二十兩銀子，
打點混賴。我與你此間神道面前罰個咒。罰得咒出，便不是你。」先來那個人便對着神道口裏念誦道：「我
若偷了銀子，如何如何。」後來這個人見他賭得咒出，遂放下臉子道：「果是與你無干，不知在那裏錯去了。」
先來那個人，把身子抖一抖，兩袖洒一洒道：「你看我身邊須没藏處。」【眉批】可笑那人一番勞碌，竟爲韓生奔波。
今之爲此勾當者可醒矣。兩個唧唧噥噥，一路説着，外邊去了。

韓生不見人來了，在神厨裏走將出來。摸一摸香爐，看適間藏的是甚麽東西，摸出一個大紙包來。打開
看時，是一包成錠的銀子，約有二十餘兩。妙在如數。韓生道：「慚愧！眼見得這先入來的瞞起同伴的銀子，
藏在這裏。【眉批】神目如電。等賭過咒，搜不出時，慢慢來取用。豈知已先爲鬼神所知，歸我手也。」欲待不取，
總來是不義之財；欲待還那失主，又明顯出這個人的偷竊來了。不如依着玉英之言，且將去做贖子之本，有

何不可？」當下取了，出廟下船。船裏從容一秤，果有二十兩重，分毫不少。韓生大喜。

到了湘潭，徑將四十金來送還黄翁聘禮，求贖鶴齡。黄翁道：「婚盟已定，男女俱已及時。老夫欲將此項，與令郎完了姻親，此後再議歸閩。唯足下喬梓自做主張，則老夫事體也完了。」韓生道：「此皆老翁玉成美意，敢不聽命？」

黄翁着媒人與易家説知此事，易家不肯起來道：「我家初時只許嫁黄公之子，門當户對，又同里爲婚，彼此俱便。今聞此子原籍福建，一時配合了，他日要離了歸鄉，相隔着四五千里，這怎使得？必須講過，只在黄家不去的，其事方諧。」媒人來對黄翁説了。黄翁巴不得他不去的，將此語一一告訴韓生道：「非關老夫要留此子，乃親家之意如此。況令郎名在楚籍，婚在楚地，還閩之説，必是不妥。爲之奈何？」

韓生也自想有些行不通，再擊竹筴與玉英商量。玉英道：「一向説易家親事是前緣，既已根絆在此，怎肯放去？況妾本籍湘中，就等兒子做了此間女婿，成立在此也好。郎君只要父子相認，何必歸閩？」韓生道：「閩是吾鄉，我母還在。若不歸閩，要此兒子何用？」玉英道：「事數到此，不繇君算。若執意歸閩，兒子婚姻，便不可成。郎君將此兒歸閩中，又在何處另結良緣？不如且從黄、易兩家之言，成了親事。他日兒子自有分曉也。」韓生只得把此意回覆了黄翁，一憑黄翁主張。黄翁先叫鶴齡認了父親，就收拾書房，與韓生歇下了。然後將此四十兩銀子，支分作花燭之費，到易家道了日子。易家見説不回福建了，無不依從。

成親之後，鶴齡對父韓生説，要見母親一面。韓生説與玉英，玉英道：「是我自家的兒子，正要見他。但此間生人多，非我所宜。可對兒子説，人静後房中悄悄擊筴，我當見他夫婦兩人一面。」韓生對鶴齡説知，就把竹筴密付與他。鶴齡領着去了。

等到黄昏，鶴齡擊筴，只見一個澹妝女子，在空中下來。鶴齡夫妻知是尊嫜，雙雙跪下。玉英撫摹一番道：「好一對兒子媳婦！我爲你一點骨血，精緣所牽，一百年貞静之性，不得安閒。【眉批】所以不安閒，亦似自生多事。然或緣之所在，固宜爾爾。今幸已成房立户，我願已完矣。」鶴齡道：「兒子頗讀詩書，曾見古今事蹟。如我母數百年精魂，猶然游戲人間，生子成立，誠爲稀有之事。不知母親何術致此？望乞見教。」玉英道：「我以貞烈而死，後土録爲鬼仙，許我得生一子，延其血脉。【眉批】然則子之所關大矣。汝父有掩骸之仁，陰德可紀，故我就與配合，生汝以報其恩。此皆生前之注定也。」鶴齡道：「母親既然靈通如此，何不即留迹人間，使兒媳輩得以朝夕奉養？」玉英道：「我與汝父有緣，故得數見於世，然非陰道所宜。今日特爲要見吾兒與媳婦一面，故此暫來。此後也不再來了。直待歸閩之時，石尤嶺下，再當一見。我兒前程遠大，勉之勉之。」説罷，騰空而去。鶴齡夫婦恍恍自失了半日，纔得定性。事雖怪異，想着母親之言，句句有頭有尾，鶴齡自嘆道：「讀盡稗官野史，今日若非身爲之子，隨你傳聞，豈肯即信也？」次日與黄翁及兩弟説了，俱各驚駭。

鶴齡隨將竹筴交還韓生，備説母親夜來之言。韓生道：「今汝托義父恩庇，成家立業，俱在於此。歸閩之期，知在何時？只好再過幾時，我自回去看婆婆罷了。」鶴齡道：「父親不必心焦。秋試在即，且待兒子應試過了再商量就是。」從此韓生且只在黄家住下。

鶴齡與兩弟俱應過秋試，鶴齡與鶴算一同報捷。黄翁、韓生盡皆歡喜。鶴齡要與鶴算同去會試，韓生住湘潭無益，思量暫回閩中。黄翁贈與盤費，鶴齡與易氏各出所有送行。韓生仍到家來，把上項事一一對母親説知。韓母見説孫兒娶婦成立，巴不得要看一看，只恨不得到眼前。此時連媳婦是個鬼也不説了。

次年鶴齡、鶴算，春榜連捷。鶴齡給假省親，鶴算選授福州府閩縣知縣，數也。一同回到湘潭。鶴算接了黄翁，全家赴任。鶴齡也乘此便，帶了妻易氏附舟到閩訪親。登堂拜見祖母，喜慶非常。韓生對兒子道：「我館在長樂石尤嶺，乃與汝母相遇之所。連汝母骨骸也在那邊。今可一同到彼，汝母必來相見。前日所約，原自如此。」遂合家同到嶺下。

方得駐足館中，不須擊筊，玉英已來。拜韓母道：「今孫兒媳婦多在婆婆面前，況孫兒已得成名，妾所以報郎君者已盡。妾幽陰之質，不宜久在陽世周旋。只因夙緣，故得如此。今合門完聚，妾事已了，從此當靜脩玄理，不復再入塵寰矣。」韓生道：「往還多年，情非朝夕。即爲兒子一事，費過多少精神！今甫得到家，正可安享子媳之奉，如何又説要別的話來？」鶴齡夫婦，涕泣請留。玉英道：「冥數如此，非人力所強。若非數定，幾曾見有二百年之精魂，還能同人道生子，又在世間往還二十多年的事？你每亦當以數自遣，不必作人間離別之態也。」言畢，翩然而逝。鶴齡痛哭失聲，韓母與易氏各各垂淚，惟有韓生不十分在心上。他是慣了的，道夜靜擊筊，原自可會。

豈知此後隨你擊筊，也不來了。守到七夕常期，竟自杳然。韓生方忽忽如有所失，一如斷絃喪偶之情。思他平時相與時節，長篇短詠，落筆數千言，清新有致，皆如前三首絶句之類，傳出與人，頗爲衆口所誦。韓生取其所作成集，計有十卷。因曾賦《萬鳥鳴春》四律，韓生即名其集爲《萬鳥鳴春》，流布于世。【眉批】有理。

韓生後來去世，鶴齡即合葬之石尤嶺下。鶴齡改復韓姓，別號黃石，以示不忘黃家及石尤嶺之意。三年喪畢，仍與易氏同歸湘潭，至今閩中盛傳其事。

二百年前一鬼魂，猶能生子在乾坤。
遺骸掩處陰功重，始信骷髏解報恩。

行孝子到底不簡屍

殉節婦留

卷之三十一

行孝子到底不簡屍　殉節婦留待雙出柩

詩云：

削骨蒸肌豈忍言？世人籍口欲伸冤。
典刑未正先殘酷，法吏當知善用權。

話說戮屍棄骨，古之極刑。今法被人毆死者，必要簡屍。簡得致命傷痕，方準抵償，問入死罪，可無冤枉。本爲良法。自古道：「法立弊生。」只因有此一簡，便有許多奸巧做出來。那把人命圖賴人的，不到得就要這個人償命，只此一簡，已彀奈何着他了。你道爲何？官府一准簡屍，地方上搭廠的就要搭廠錢，跟官、門、皁、轎夫、吹手多要酒飯錢，仵作人要開手錢、洗手錢。至於官面前桌上要燒香錢、朱墨錢、筆硯錢。氈條坐褥，俱被告人所備。還有不肖佐貳要擺案酒，要折盤盞。各項名色甚多，不可盡述。就簡得雪白無傷，這人家已去了七八了。就問得原告招誣，何益於事？所以奸徒與人有仇，便思將人命爲奇貨。官府動筆判個「簡」字，何等容易，道人命事應得的，豈知有此等害人不小的事？除非真正人命，果有重傷簡得出來，正人罪名，方是正條。然刮骨蒸屍，千零百碎，與死的人計較，也是不忍見的。律上所以有「不願者聽」及「許屍親告遞免簡」之例，正是聖主曲體人情處。豈知世上慘刻的官，要見自己風力，或是私心嗔恨被告，不肯聽屍親免簡，定要劣撅做去，以致開久殮之棺，掘久埋之骨。【眉批】司法者宜加少省。隨你傷人子之心，墮傍觀之淚，他只是硬着肚腸不管。原告不執命，就坐他受賄；親友勸息，就誣他私和。一味蠻刑，打成獄案。自道是與死者伸冤，不知死者慘酷已極了。這多是絶子絶孫的勾當。

閩中有一人，名曰陳福生，與富人洪大壽家傭工。偶因口語不遜，被洪大壽痛打一頓。那福生纔吃得飯過，氣鬱在胸，得了中懣之症。看看待死。臨死對妻子道：「我被洪家長痛打，致恨而死。但彼是富人，料掙他不倒。莫要聽了人教唆，賴他人命，致將我屍首簡驗，粉骨碎身。只略與他説説。他怕人命纏累，必然周給後事，供養得你每終身，便是便益了。」妻子聽言，死後果去見那家長，但道：「因被責罰之後，得病不痊，今已身死。惟家長可憐孤寡，做個主張。」洪大壽見因打致死，心裏虚怯的。見他説得揣己，巴不得他没有説話，給與銀兩，厚加殯殮，又許了時常周濟他母子。已此無説了。

陳福生有個族人陳三，混名陳喇虎，是個不本分、好有事的。見洪大壽是有想頭的人家，況福生被打而死，不爲無因，就來攛掇陳福生的妻子，教他告狀執命。妻子道：「福生的死，固然受了財主些氣，也是年該命限。況且死後他一味好意，殯殮有禮，我們翻臉子不轉，只自家認了悔氣罷。」喇虎道：「你每不知事體。這出銀殯殮，正好做告狀張本。這樣富家，一條人命，好歹也起發他幾百兩生意，如何便是這樣住了？」妻子道：「貧莫與富鬭。打起官司來，我們先要銀子下本錢，那裏去討？不如做個好人住手。他財主每或者還不虧我處。」

陳喇虎見説他不動，自到洪家去嚇詐道：「我是陳福生族長。福生被你家打死了，你家私買下了他妻子，便打點把一場人命糊塗了。你們須要我口浄，也得大家吃塊肉兒。【眉批】如此等人聽之不可，收之又必不能。不然，明有王法，不到得被你躲過了。」洪家自恃福生妻子已無説話，天大事已定，傍邊人閒言閒語，不必怕他。不教人來兜攬，任他放屁喇撒一出，没興自去。

喇虎見無動静，老大没趣，放他不下。思量道：「若要告他人命，須得是他親人。他妻子是扶不起的了。若是自己出名，告他不得。我而今只把私和人命，首他一狀，連屍親也告在裏頭，須教他開不得口。」登時寫下一狀，往府裏首了。

府裏見是人命，發下理刑館。那理刑推官最是心性慘刻的，喜的是簡屍，好的是入罪，是個拆人家的祖師。見人命狀到手，訪得洪家巨富，就想在這椿事上顯出自己風力來。【眉批】此病不可醫。連忙出牌拘人，弔屍簡驗。陳家妻子實是怕事，與人商量道：「遞了免簡，就好住得。」急寫狀去遞。推官道：「分明是私下買和的情了。」不肯准狀。洪家央了分上去説：「屍親不願，可以免簡。」推官一發怒將起來道：「有了銀子，王法多行不去了？」反將陳家妻子拶出，定要簡屍。胡説。没奈何，只得擡出棺木，解到屍場。聚齊了一干人衆，如法蒸簡。

仵作人曉得官府心裏要報重的，敢不奉承？把紅的説紫，青的説黑，報了致命傷兩三處。推官大喜，道是拿得倒一個富人，不肯假借，我聲名就重了。【眉批】胸有癖疾，必害人不小。立要問他抵命。怎當得將律例一查，家長毆死雇工人，只斷得埋葬，問得徒贖，並無抵償之條。只落得洪家費掉了些銀子，陳家也不得安寧，陳福生殮好入棺了，又狼狼籍籍這一番，大家多事。陳喇虎也不見沾了甚麽實滋味，推官也不見增了甚麽好名頭，枉做了難人。

一場人命結過了，洪家道陳氏母子到底不做對頭，心裏感激，每每看管他二人，不致貧乏。

陳喇虎指望個小富貴，竟落了空，心裏常懷怏怏。一日在外酒醉，晚了回家，忽然路上與陳福生相遇，福生埋怨道：「我好好的安置在棺内，爲你妄想嚇詐别人，致得我屍骸零落，魂魄不安。我怎肯干休？你還我債去！」將陳喇虎按倒在地，滿身把泥來搓擦。陳喇虎掙扎不得，直等後邊人走來，陳福生放手而去。喇虎悶倒在地，後邊人認得他的，扶了回家。家裏道是酒醉，不以爲意。不想自此之後，喇虎渾身生起癩來，起床不得。【眉批】惡人下場。要出門來扛幫教唆，做些㦬懞的事，再不能勾了。淹纏半載，不能支持。到臨死纔對家人説着：「路上遇陳福生，嫌我出首，簡了他屍，以此報我。我不得活了。」説罷就死。死後，家人信了人言，道癩疾要纏染親人，急忙擡出，埋於淺土。被狗子乘熱拖將出來，吃了一半。此乃陳喇虎作惡之報。

却是陳福生不與打他的洪大壽爲仇，反來報替他執命的族人，可見簡屍一事，原非死的所願。做官的人要曉得，若非萬不得已，何苦做那極慘的勾當？倘若屍親苦求免簡，也該依他爲是。【眉批】有司所宜知之。至於假人命，一發不必説。必待審得人命逼真，然後行簡定罪。只一先後之着，也保全得人家多了。而今説一個情願自死，不肯簡父屍的孝子，與看官每聽一聽。

父仇不報忍模糊，自有雄心托湛盧。
梟獍一誅身已絶，法官還用簡屍無？

話説國朝萬曆年間，浙江金華府武義縣有一個人，姓王名良，是個儒家出身。有個族侄王俊，家道富厚，氣岸凌人。專一放債取利，行兇剥民。就是族中支派，不論親疏，但與他財利交關，錙銖必較，一些面情也没有的。【眉批】富人如此者多。王良不合曾借了他本銀二兩，每年將束脩上利。積了四五年，還過他有兩倍了。王良意思，道自家屋裏，還到此地，可以相讓；此後利錢，便不上緊了些。王俊是放債人心性，那管你是叔父？道逐年還煞，只是利銀，本錢原根不動，利錢還須照常，豈算還過多寡？一日，在一族長處會席，兩下各持一説，争論起來。王俊有了酒意，做出財主的樣式，支手舞脚的發揮。王良氣不平，又自恃尊輩，喝道：「你如此氣質，敢待打我麽？」王俊道：「便打了，只是財主打了欠債的。」趁着酒性，那管尊卑，撲的一掌打過去。王良不堤防的，一交跌倒。王俊索性趕上，拳頭脚尖一齊來。族長道：「使不得！使不得！」忙來勸時，已打得不亦樂乎了。

大凡酒德不好的人，酒性發了，也不認得甚麽人，也不記得甚麽事，但只是使他酒風，狠戾暴怒罷了，不管別人當不起的。當下一個族侄把個叔子打得七損八傷。族長勸不住，猛力解開，教人負了王良家去。王俊没個頭主，没些意思，耀武揚威，一路吆吆喝喝。醉景。也走去了。

詎知王良打得傷重，次日身危。王良之子王世名，也是個讀書人。父親將死之時，唤過分付道：「我爲族子王俊毆死，此仇不可忘。」王世名痛哭道：「此不共戴天之仇，兒誓不與俱生人世。」王良點頭而絶。王世名拊膺號慟，即具狀到縣間，告爲立殺父命事，將族長告做見人。縣間准行，隨出牌弔屍到官，伺候相簡。

王俊自知此事決裂，到不得官，苦央族長處息，任憑要銀多少，總不計論；處得停妥，族長分外酧謝，自不必説。族長見有些油水，來勸王世名罷訟，道：「父親既死，不可復生。他家有的是財物，怎與他争得過？要他償命，必要簡屍。他使用了仵作，將傷報輕了，命未必得償，屍骸先吃這番狼籍，大不是算。依我説，乘他懼怕成訟之時，多要了他些，落得做了人家。大家保全得無事，未爲非策。」王世名自想了一回道：「若是執命，無有不簡屍之理。不論世情敵他不過，縱是償得命來，傷殘父骨，我心何忍？【眉批】本意已定。只存着報仇在心，拚得性命，那處不着了手？何必當官拘着理法，先將父屍經這番慘酷？又三推六問，幾年月日，纔正得典刑？不如目今權依了他們處法，詐癡佯呆，住了官司。且保全了父骨，别圖再報。」回覆族長道：「父親委是冤死，但我貧家，不能與做頭敵，只憑尊長所命罷了。」

族長大喜，去對王俊説了。主張將王俊膏腴田三十畝，與王世名爲殯葬父親、養膳老母之費。王世名同母當官遞個免簡，族長隨遞個息詞，永無翻悔。王世名一一依聽了。來對母親説道：「兒非見利忘仇。若非如此，父骨不保。兒所以權聽其處分，使彼絶無疑心也。」世名之母，婦女見識，是做人家念頭重的。見得了這些肥田，可以受享，也自甘心罷了。

世名把這三十畝田所收花利，每歲藏貯封識，分毫不動。外邊人不曉得備細，也有議論他得了田業、息了父命的，世名也不與人辨明。王俊懷着鬼胎，倒時常以禮來問候叔母。世名雖不受他禮物，却也像豪無嫌隙的，照常往來。【眉批】妙處在此。有時撞着杯酒相會，笑語酧酢，略無介意。衆人又多有笑他忘了父仇的。事已漸冷，徑没人提起了。怎知世名日夜提心弔膽，時刻不忘！悄地鑄一利劍，鏤下兩個篆字，名曰「報仇」。出入必佩。請一個傳真的，繪畫父像，挂在齋中，就把自己之形，也圖在上面，寫他持劍侍立父側。有心人。有人問道：「爲何畫作此形？」世名答道：「古人出必佩劍，故慕其風，别無他意。」有詩爲證：

戴天不共敢忘仇？晝筆常將心事留。

説與傍人渾不解，腰間寶劍自颼颼。

且説王世名日間對人嘻笑如常，每到歸家，夜深人静，便撫心號慟。【眉批】□武□□□之□也。世名妻俞氏，曉得丈夫心不忘仇，每對他道：「君家心事，妾所洞知。一日仇死君手，君豈能獨生？」世名道：「爲子死孝，吾之職分。只恐仇不得報耳。若得報，吾豈願偷生耶？」俞氏道：「君能爲孝子，妾亦能爲節婦。」世名道：「你身是女子，出口大易，有好些難哩。」俞氏道：「君能爲男子之事，安見妾身就學那男子不來？他日做出便見。」世名道：「此身不幸，遭罹仇難。娘子不以兒女之見相阻，却以男子之事相勉，足見相成了。」【眉批】夫婦相語，各有生氣，可敬，可敬。夫妻各相愛重。

五載之内，世名已得游泮，做了秀才。妻俞氏又生下一兒。世名對俞氏道：「有此呱呱，王氏之脉不絶了。一向懷仇在心，隱忍不報者，正恐此身一死，斬絶先祀，所以不敢輕生做事。如今我死可瞑目。上有老母，下有嬰兒，此汝之責。我托付已過，我不能再顧了。」遂仗劍而出。

也是王俊冤債相尋，合該有事。他新相處得一個婦人在鄉間，每飯後不帶僕從，獨往相叙。便有死機。世名打聽在肚裏，曉得在蝴蝶山下經過，先伏在那邊僻處了。王俊果然摇摇擺擺，獨自一人踱過嶺來。世名正是：

恩人相見，分外眼明。

仇人相見，分外眼睁。

看得明白，颼的鑽將過來，喝道：「還我父親的命來！」王俊不堤防的，吃了一驚，不及措手，已被世名劈頭一剁。説時遲，那時快，王俊倒在地下挣扎，世名按倒，梟下首級。脱件衣服下來，包裹停當，帶回家中。見了母親，大哭拜道：「兒已報仇，頭在囊中。今當爲父死，不得侍母膝下了。」拜罷，解出首級，到父靈位前拜告道：「仇人王俊之頭，今在案前，望父陰靈不遠。【眉批】好漢！好漢！孝子！孝子！兒今赴官投死去也。」隨即取了歷年所收田租帳目，左手持刀，右手提頭，竟到武義縣中出首。

此日縣中傳開，説王秀才報父仇，殺了人，拿頭首告，是個孝子。一傳兩，兩傳三，閧動了一個縣城。但見：

人人竪髮，個個伸眉。竪髮的恨那數載含冤，伸眉的喜得今朝吐氣。挨肩叠背，老人家擠壞了腰脊厲聲呼；裸袖舒拳，小孩子踏傷了脚指號咷哭。任俠豪人齊拍掌，小心怯漢獨驚魂。

王世名到了縣堂，縣門外喊發連天，何止萬人擠塞。武義縣陳大尹不知何事，慌忙出堂坐了。問其緣故。王世名把頭與劍放下在堦前，跪禀道：「生員特來投死。」陳大尹道：「爲何？」世名指着頭道：「此世名族人王俊之頭。世名父親被此人打死，昔年告得有狀。世名法該執命，要他抵償。但不忍把父屍簡驗，所以只得隱忍。今世名不煩官法，手刃其人，以報父仇，特來投到請死，乞正世名擅殺之罪。」大尹道：「汝父之事，聞和解已久，如何忽有此舉？」世名道：「只爲要保全父屍，先憑族長議處，將田三十畝養贍老母。世名一時含糊應承，所收花息，年年封貯，分毫不動。今既已殺却仇人，此項義不宜取，理當入官。寫得有簿籍在此，伏乞驗明。」大尹聽罷，知是忠義之士，説道：「君行孝子之事，不可以文法相拘。但事干人命，須請詳上司爲主，縣間未可擅便。且召保候詳。王俊之頭，先着其家領回候驗。」【眉批】公道在人心。看的人恐怕縣官難爲王秀才，個個伸拳裸臂，候他處分。見説申詳上司，不拘禁他，方纔散去。

陳大尹曉得衆情如此，心裏大加矜念，把申文多寫得懇切。説先經王俊毆死王良是的，要緊。今王良之子世名報仇殺了王俊，論來也是一命抵一命。但王世名不繇官斷，擅自殺人，也該有罪。【眉批】縣官亦通。本人係是生員，特爲申詳斷決。申文之外，又加上禀揭，替他周全，説：「孝義可敬，宜從輕典。」上司見了，也多嘆羡。遂批與金華縣汪大尹，會同武義審決這事。汪大尹訪問端的，備知其情，一心要保全他性命。商量道：「須把王良之屍一簡。若果然致命傷重，王俊原該抵償，王世名殺人之罪就輕了。」【眉批】意是而見迂。

會審之時，汪大尹如此倡言。王世名哭道：「當初專爲不忍暴殘父屍，故隱忍數年，情願殺仇人而自死。豈有今日仇已死了，反爲要脱自身，重簡父屍之理？前日殺仇之日，即宜自殺。所以來造邑庭，正來受朝庭之法，非求免罪也。大人何不見諒如此？」汪大尹道：「若不簡父屍，殺人之罪，難以自解。」王世名道：「原不求解。望大人放歸別母，即來就死。」汪大尹道：「君是孝子烈士，自來投到者，放歸何妨？但事須斷決，可歸家與母、妻再一商量。倘肯把父屍一簡，我就好周全你了。此本縣好意，不可錯過。」

王世名主意已定，只不應承。回來對母親説汪大尹之意。母親道：「你待如何？」王世名道：「豈有事到今日，反失了初心？兒久已拚着一死，今特來別母而去耳。」説罷，抱頭大哭。妻俞氏在傍，也哭做了一團。

從所議，故此同來也。」王世名身穿囚服，一見兩大尹，即稱謝道：「多蒙兩位大人曲欲全世名一命。世名心兄去相講一遭。」王世名即進去拜了母親，四拜道：「從此不得再侍膝下了。」又拜妻俞氏兩拜，托以老母、幼子。欲裂。容到縣堂再面計之。」衆秀才道：「兩令之意，不過如此。兄今往一決，但得相從，事體便易了。弟輩同伴熟思之。」王世名道：「諸兄皆是謬愛小弟，肝鬲之言。兩令君之意，弟非不感激。但小弟提着簡屍二字，便心酸却枉殘現在之體，亦非正道。何如勉從兩父母之言，一簡以白親冤，以全遺體，未必非尊翁在天之靈所喜。惟兄得死罪，是以兩命抵得他一命，尊翁之命，原爲徒死。【眉批】儒談亦自辨才。況子者，親之遺體，不忍傷既死之骨，小弟輩來達知此意，與兄商量。依小弟輩愚見，尊翁之死，實出含冤，仇人本所宜抵。今若不從簡驗，兄須脫不勸王秀才。還把前言來講道：「兩父母意見相同，只要輕兄之罪。必須得一簡驗，使仇罪應死，兄可得生。特使

正哀慘間，外邊有二三十人喧嚷，是金華、武義兩學中秀才，與王世名曾往來相好的，乃汪、陳兩令央他們來

孩子不須乳哺了。此時當從君地下，君亦不能禁我也。凜凜！」

的死，也死得不正當了。你只與我保全孩子，便是你的大恩。」俞氏哭道：「既如此，爲君姑忍三歲。三歲之後，了，而居官獨懵，何也？世名道：「古人言：『死易，立孤難。』你若輕一死，孩子必絕乳哺，是絕我王家一脉。」連我不難相從，故爾聽君行事。今事已至此，若欲到底完翁屍首，非死不可。妾豈可獨生以負君乎？」此意婦女亦

道：「君向來留心報仇，誓必身死。別人不曉，獨妾知之。所以再不阻君者，知君立志如此，君能捐生，妾亦今不得已而死，你與我事母、養子，纔是本等。我在九原，亦可瞑目。從死之説，萬萬不可，切莫輕言。」俞氏

俞氏道：「前日與君説過，君若死孝，妾亦當爲夫而死。」王世名道：「我前日已把老母與嬰兒相托於你。我

非木石，豈不知感恩？但世名所以隱忍數年，甘負不孝之罪於天地間，靦顔嘻笑者，正爲不忍簡屍一事。今欲全世名之命，復致殘久安之骨，是世名不是報仇，明是自殺其父了。總是看得世名一死太重，故多此議論。世名已別過母、妻，特來就死。【眉批】何如□□□□以徼矜恤。今執意乃爾，則王生不能活矣。惟求速賜正罪。」

兩大尹相顧持疑，諸生輩雜遝亂講，世名只不改口。汪大尹假意作色道：「殺人者死。王俊既以毆死，致爲人殺。論法自宜簡所毆之屍，有傷無傷，何必問屍親願簡與不願簡？吾們只是依法行事罷了。」王世名見大尹執意不回，憤然道：「所以必欲簡視，止爲要見傷痕。便做道世名之父毫無傷，王俊實不宜殺，也不過世名一死當之，何必再簡？今日之事，要動父親屍骸必不能勾；若要世名性命，只在頃刻可了，決不偷生以負初心。」言畢，望縣堂堦上一頭撞去。眼見得世名被衆人激得焦燥，用得力猛，早把顱骨撞碎，腦漿迸出而死。

囹圄自可從容入，何必須臾赴九泉？

只爲書生拘律法，反令孝子不回旋。

兩大尹見王秀才如此決烈，又驚又慘，一時做聲不得。兩縣學生一齊來看王秀才，見已無救，情義激發，哭聲震天。對兩大尹道：「王生如此死孝，真爲難得？今其家惟老母、寡妻、幼子，身後之事，兩位父母主張從厚，以維風化。」兩大尹不覺垂淚道：「本欲相全，豈知其性烈如此！前日王生曾將當時處和之産，封識花息，當官交明，以示義不苟受。今當立一公案，以此項給其母、妻，爲終老之資，庶幾兩命相抵。獨多着王良一死無着落，即以買和産業周其眷屬，亦爲得平。」【眉批】王生必不願也。諸生衆口稱是。兩大尹隨各捐俸金十兩，諸生共認捐三十兩，共成五十兩，召王家親人來將屍首領回，從厚治喪。

兩學生員，爲文以祭之，云：

嗚呼王生，父死不鳴。刃加仇頸，身即赴冥。欲全其父，寧棄其生。一時之死，千秋之名。哀哉尚饗！

諸生讀罷祭文，放聲大哭。哭得山摇地動，聞之者無不淚流。哭罷，隨請王家母、妻拜見，面送賻儀。說道：「伯母、尊嫂，宜趂此資物，出喪殯殮。」王母道：「謹領尊命，即當與兒媳商之。」俞氏哭道：「多承列位盛情。吾夫初死，未忍遽殯。尚欲停喪三年，盡妾身事生之禮。三年既滿，然後議葬。列位伯叔，不必性急。」諸生不知他甚麽意思，各自散去了。

此後，但是親戚來往，問及出柩者，俞氏俱以言阻説，必待三年。親戚多道：「從來説入土爲安，爲何要拘定三年？」俞氏只不肯聽，停喪在家。直至服滿除靈，俞氏痛哭一場。自此絶食。旁人多不知道。不上十日，肚腸飢斷，嗚呼哀哉了。學中諸生聞之，愈加希奇，齊來弔視。王母訴出：「媳婦堅貞之性，矢志從夫。三年之中，如同一日，使人不及堤防，竟以身殉。今止剩三歲孤兒與老身，可憐，可憐！」諸生聞言，慟哭不已，齊去禀知陳大尹。大尹驚嘆道：「孝子節婦，出於一家，真可敬也！」即報各上司，先行獎恤，候撫按具題旌表。諸生及親戚，又義助含殮。告知王母，擇日一同出柩。方知俞氏初時，必欲守至三年，不肯先葬其夫者，專爲等待自己雙雙同出也。遠近聞之，人人稱嘆。巡按馬御史奏聞於朝，下詔旌表其門曰「孝烈」，建坊保榮。有《孝烈傳志》行於世。

父死不忍簡，自是人子心。
懷仇數年餘，始得伏斧鍖。
豈肯自吝死，復將父骨侵？
法吏拘文墨，枉効書生忱。

寧知俠烈士，一死無沉吟。
彼婦激餘風，三年蓄意深。
一朝及其期，地下遂相尋。
似此孝與烈，堪爲薄俗箴。

張福娘一心
貞守

榮天錫萬里
荷名

卷之三十二

張福娘一心貞守　朱天錫萬里符名

詩云：

耕牛無宿草，倉鼠有餘糧。
萬事分已定，浮生空自忙。

話説天下凡事，皆繇前定。如近在目前，遠不過數年，預先算得出，還不足爲奇；儘有世間未曾有這樣事，未曾生這個人，幾十年前先有前知的道破了，或是幾千里外恰相湊着的，真令人夢想不到。可見數皆前定也。

且説宋時宣和年間，睢陽有一官人，姓劉，名槩，與孺人年皆四十外了。屢生子不育，惟剩得一幼女。劉官人到京師調官去了。這幼女在家，又得病而死，將出瘞埋。孺人看他出門，悲痛不勝，哭得發昏，倦坐椅上。只見一個高髻婦人，走將進來道：「孺人何必如此悲哭？」孺人告訴他屢喪嗣息，止存幼女，今又夭亡，官人又不在家這些苦楚。那婦人道：「孺人莫心焦，從此便該得貴子了。官人已有差遣，這幾日内就歸。歸來時節，但往城西魏十二嫂處，與他尋一領舊衣服留着。【眉批】令世此輩婦人如此荒誕者儘有，乃應驗則必不然耳。待生子之後，借一個大銀盒子，把衣裙鋪着，將孩子安放盒内。略過少時，抱將出來。取他一個小名，或是合住，或是蒙住。即易長易養，再無損折了。可牢牢記取老身之言。」孺人婦道家心性，最喜歡聽他的是這些説話。見話得有枝有葉，就問道：「姥姥何處來的，曉得這樣事？」婦人道：「你不要管我來處去處，我憐你哭得悲切，又見你貴子將到，故教你個法兒，使你以後生育得實了。」孺人問：「高姓大名？後來好相謝。」婦人道：「我慣救人苦惱，做好事，不要人謝的。」説罷，走出門外，不知去向。

果然過得五日，劉官人得調滁州法曹掾，歸到家裏。孺人把幼女夭亡，又逢着高髻婦人的説話，説了一遍。劉官人感傷了一回。也是死怕了兒女的心腸，見説着婦人之言，便做個不着，也要試試看。況説他得差回來，已此准了，心裏有些信他。

次日即出西門，遍訪魏家。走了二里多路，但只有姓張、姓李、姓王、姓趙，再没有一家姓魏。劉官人道：「眼見得説話作不得准了。」走回轉來。到了城門邊，走得口渴。見一茶坊，進去坐下，吃個泡茶。問問主人家，恰是姓魏。店裏一個後生，是主人之侄，排行十一。劉官人見他稱呼出來，打動心裏，問魏十一道：「你家有兄弟麽？」十一道：「有兄弟十二。」劉官人道：「令弟有嫂子了麽？」十一道：「娶個弟婦，生過了十個兒子，並無一個損折。見今同居共食。貧家支撑，甚是煩難。」劉官人見有了十二嫂，又是個多子的，讖兆相合，不覺大喜。就把實情告訴他，説屢損幼子及婦人教導向十二嫂假借舊衣之事：「今如此多子，可見魘樣之説，不爲虚妄的。」十一見是個官人，圖個往來，心裏也喜歡。忙進去對兄弟説了。魏十二就取了自穿的一件舊絹中單衣出來，送與劉官人。劉官人身邊取出帶來紙鈔二貫答他，魏家兄弟斷不肯受，道：「但得生下貴公子之時，吃杯喜酒，日後照顧寒家照顧勾了。」劉官人稱謝，取了舊衣回家。

不多幾時，孺人果然有了姙孕。將五個月，夫妻同赴滁州之任。一日在衙對食，劉官人對孺人道：「依那婦人所言，魏十二嫂已有這人，舊衣已得，生子之兆，顯有的據了。却要個大銀盒子！吾想盛得孩子的盒子，也好大哩，料想自置不成。甚樣人家有這樣盒子，好去借得？這却是荒唐了。」孺人道：「正是這話。人家料没有的。就有，我們從那裏知道，好與他借？只是那姥姥説話，句句不妄，且看應驗將來。」夫妻正在疑惑間，劉官人接得府間文書，委他查盤滁州公庫。劉官人不敢遲慢，分付庫吏取齊了簿籍。凡公庫所有，盡皆簡出備查。滁州荒僻，庫藏蕭索，别不見甚好物，獨内中存有大銀盒二具。劉官人觸着心裏，又疑道：「何故有此物事？」試問庫吏。庫吏道：「近日有個欽差内相譚稹到浙西公幹。所過州縣，必要獻上土宜。那盛土宜的，俱要用銀做盒子，連盒子多收去。所以州中備得有此。後來内相不打從滁州過，却在别路去了，銀盒子得以不用，留在庫中收貯，作爲公物。」劉官人記在心裏，回與孺人説其緣故，共相詫異。

過了幾月，生了一子。遂到庫中借此銀盒，照依婦人所言，用魏十二家舊衣襯在底下，把所生兒子眠在盒子中間。將有一個時辰，纔抱他出來，取小名做蒙住。看那盒子底下，鐫得有字，乃是「宣和庚子年製」。想起婦人在睢陽説話的時節，那盒子還未曾造起，不知爲何他先知道了。這兒子後名孝曌，字正甫，官到兵部侍郎，果然大貴。高髻婦人之言，無一不驗。真是數已前定，並那件物事世間還不曾有，那貴人已該在這裏頭眠一會，屭樣得長成，説過在那裏了，可不奇麽？

而今説一個人在萬里之外，兩不相知，這邊預取下的名字，與那邊原取下的竟自相同。這個定數，還更奇哩。要知端的，先聽小子四句口號：

有母將雛横遣離，誰知萬里遇還時！
試看兩地名相合，始信當年天賜兒。

這回書，也是説宋朝蘇州一個官人，姓朱，字景先，單諱着一個銓字。淳熙丙申年間，主管四川茶馬使。有個公子名遜，年已二十歲。聘下妻室范氏，是蘇州大家。未曾娶得過門，隨父往任。那公子青春正當强盛，衙門獨處無聊，慾念如火，按納不下。央人對父親朱景先説，要先娶一妾，以侍枕席。景先道：「男子未娶妻，先娶妾，有此禮否？」公子道：「固無此禮，而今客居數千里之外，只得反經行權，目下圖個伴寂寥之計。他日娶了正妻，遣還了他，亦無不可。」【眉批】娶妾可也，不宜遣還之説，先自作法子凉。景先道：「這個也使得。只恐他日溺於情愛，更遣就煩難了。」公子道：「説過了話，男子漢做事，一刀兩段，有何煩難？」景先許允。公子遂托衙門中一個健捕胡鴻，出外訪尋。胡鴻訪得成都張姓家裏，有一女子，名曰福娘，姿容美麗，性格温柔，來與公子説了。將着財禮銀五十兩，取將過來爲妾。福娘與公子年紀相仿，正是：

少女少郎，其樂難當。
兩情歡愛，如膠似漆。

過了一年，不想蘇州范家見女兒長成，女婿遠方隨任，未有還期，恐怕擔閣了兩下青春，一面整辦妝奩，父親范翁親自伴送到任上成親。將入四川境中，先着人傳信到朱家衙内。已知朱公子一年之前，娶得有妾，便留住行李不行，寫書去與親家道：

先妻後妾，世所恒有。【眉批】此丈人亦狼，然今世往往有此。妻未成婚，妾已入室，其義何在？今小女於歸戒途，吉禮將成，必去駢枝，始諧連理。此白。

看官聽説：這個先妾後妻，果不是正理。然男子有妾，亦是常事。【眉批】正論。今日既已娶在室中了，只合講明了嫡庶之分，不得以先後至有僭越，便可相安，纔是處分得妥的。争奈人家女子，無有不妒。只一句有妾，即已不相應了。必是逐得去，方拔了眼中之釘。與他商量，豈能相容？做父親的有大見識，當以正言勸勉，説：「媵妾雖賤，也是良家兒女。既已以身事夫，便亦是終身事體，如何可輕説一個去他？使他别嫁，亦非正道。到此地位，只該大度含容，和氣相與，等人頌一個賢惠。他自然做小伏低，有何不可？」若父親肯如此說，那未婚女子雖怎生嫉妒，也不好滲滲瀨瀨，就放出手段，要長要短的。當得人家父親，護着女兒，不曉得調停爲上，正要幫他立出界牆來，那管這一家增了好些難處的事！只這一封書去，有分交：

錦窩愛妾，一朝劍析延津；遠道孤兒，萬里珠還合浦。

正是：

世間好物不堅牢，彩雲易散琉璃碎。
無緣對面不相逢，有緣千里能相會。

朱景先接了范家之書，對公子說道：「我前日曾說過的，今日你岳父以書相責，原說他不過。他又說必先遣妾，然後成婚，你妻已送在境上，討了回話，然後前進。這也不得不從他了。」公子心裏，委是不捨得張福娘。然前日要娶妾時，原說過了娶妻遣還的話，今日父親又如此說，丈人又立等回話，若不遣妾，便成親不得。真也是左難右難，眼淚從肚子裏落下來。只得把這些話與張福娘說了。

張福娘道：「當初不要我時，憑得你家。【眉批】□話也直。今既娶了進門，我没有得罪，須趕我去不得。便做討大娘來時，我只是盡禮奉事他罷了，何必要得我去？」公子道：「我怎麽捨得你去？只是當初娶你時節，原對爹爹說過，待成正婚之日，先行送還。今爹爹把前言責我，范家丈人又帶了女兒住在境上，要等送了你去，然後把女兒過門。我也處在兩難之地，没奈何了。」【眉批】賢而可憐。張福娘道：「妾乃是賤輩，唯君家張主。君家既要遣去，豈可强住，以阻大娘之來？但妾身有件不得已事，要去也去不得了。」公子道：「有甚不得已事？」張福娘道：「妾身上已懷得有孕，此須是君家骨血。妾若回去了，他日生出兒女來，到底是朱家之人，難道又好那裏去得不成？【眉批】已辨苦守矣。把似他日在家守着，何如今日不去的是。」公子道：「你若不去，范家不肯成婚，可不擔閣了一生婚姻正事？就强得他肯了，進門以後，必是没有好氣，相待得你刻薄起來，反爲不美。不如權避了出去，等我成親過了，慢慢看個機會，勸轉了他，接你來同處，方得無碍。」【眉批】未嘗非老成之見。張福娘没奈何，正是：

人生莫作婦人身，百年苦樂繇他人。

福娘主意不要回去，却是堂上主張發遣，公子一心要遵依丈人説話，等待成親。福娘四不拗六，徒增些哭哭啼啼，怎生撇強得過？只得且自回家去守着。

這朱家即把此信報與范家，范翁方纔同女兒進發。晝夜兼程，行到衙中，擇吉成親。朱公子男人心性，一似荷葉上露水珠兒，這邊缺了，那邊又圓。且全了范氏伉儷之歡，管不得張福娘仳離之苦。夫妻兩下，且自過得恩愛，此時便没有這妾也罷了。

明年，朱景先茶馬差滿。朝廷差少卿王渥交代，召取景先還朝。景先揀定八月離任。此時福娘已將分娩，央人來説，要隨了同歸蘇州。景先道：「論來有了娠孕，原該帶了同去爲是。但途中生産，好生不便。且看他造化。若得目下即産，便好帶去了。」福娘再三來説：「已嫁從夫。當時只爲避取大娘，暫回母家，原無絶理。況腹中之子，是那個的骨血，可以棄了竟去麽？不論即産與不産，嫁鷄逐鷄飛，自然要一同去的。」朱景先是仕宦中人，被這女子把正理來講，也有些説他不過。説與夫人，勸化范氏媳婦，要他接了福娘來衙中，一同東歸。【眉批】此處分方是。

范氏已先見公子説過兩番，今翁姑來説，不好違命。他是詩禮之家出身的，曉得大體，一面打點接取福娘了。怎當得：

天有不測風雲，人有旦夕禍福。

朱公子是色上要緊的人，看他未成婚時，便如此忍耐不得，急於取妾，以致害得個張福娘上不得，下不得，豈不是個喉急的？【眉批】公子罪之魁也。今與范氏夫妻，你貪我愛，又遭了張福娘，新換了一番境界，把從前毒火，多注在一處，朝夜探討。早已染了癆怯之症，吐血絲，發夜熱，醫家只戒少近女色。景先與夫人商量道：「兒子已得了病，一個媳婦，還要勸他分床而宿。若張氏女子，再娶將來，分明是油鍋內添上一把柴了。還只是立意回了他不帶去罷。」只可惜他已將分娩，是男是女，這是我朱家之後，捨不得撇他。」景先道：「兒子、媳婦，多是青年。只要兒子調理得身體好了，那怕少了孫子？趁着張家女子尚未分娩，黑白未分，還好辭得。【眉批】此乃是□□□□□肚腸□□目前耳。他若不日之間産下一子，到不好撇他了。而今只把途間不便生産去說，十分說不倒時，權約他日後來相接便是。」計議已定，當下力辭了張福娘，離了成都，歸還蘇州去了。

張福娘因朱家不肯帶去，在家哭了幾場。他心裏一意守着腹中消息。朱家去得四十日後，生下一子。因道少不得要歸朱家，只當權寄在四川，小名就唤做寄兒。福娘既生得有兒子，就甘貧守節，誓不嫁人。隨你父母鄉裏，百般說諭，並不改心。只績紡補紉，資給度日，守那寄兒長成。

寄兒生得眉目疏秀，不同凡兒。與里巷同伴一般的孩童戲耍，他每每做了衆童的頭，自稱是官人，把衆童呼來喝去，儼然讓他居尊的模樣。到了七八歲，張福娘送他上學從師。所習詩書，一覽成誦。【眉批】真見。福娘一發把做了大指望，堅心守去，也不管朱家日後來認不認的事了。

且不說福娘苦守教子。那朱家自回蘇州，與川中相隔萬里，彼此杳不聞知。過了兩年，是庚子歲，公子朱遜，病不得痊，嗚呼哀哉。范氏雖做了四年夫妻，到有兩年不同房，寸男尺女皆無。朱景先又只生得這個公子，並無以下小男小女，一死只當絶了後代了。有詩爲證：

不孝有三無後大，誰料兒亡竟絶孫。
早知今日淒凉景，何故當時忽妄姙？

朱景先雖然仕宦榮貴，却是上奉老母，下撫寡媳，膝下並無兒孫，光景孤單，悲苦無聊，再無開眉歡笑之日。直至乙巳年，景先母太夫人又喪，景先心事，一發只有痛傷。此時連前日兒子帶妊還妾之事，盡多如隔了一世的，那裏還記得影響起來？又道是：「無巧不成話。」四川後任茶馬王渥少卿，聞知朱景先丁了母憂，因是他交手的前任官，多有首尾的，特差人賫了賻儀奠帛，前來致弔。你道來的是甚麼人？正是那年朱公子托他討張福娘的舊役健步胡鴻。他隨着本處一個巡簡鄒圭到蘇州公幹的便船，來至朱家。送禮已畢，朱景先問他川中舊事，是件備陳。朱景先是個無情無緒之人，見了手下舊使役的，偏喜是長是短的婆兒氣，消遣悶懷。【眉批】人情也。

那胡鴻住在朱家了幾時，講了好些閒説話。也看見朱景先家裏事體光景在心，便問家人道：「可惜大爺青年短壽。今不曾生得有公子，還與他立個繼嗣麼？」家人道：「立是少不得立他一個，總是別人家的肉，那裏煨得熱？所以老爺還不曾提起。」【眉批】胡鴻亦是有心人。胡鴻道：「假如大爺留得一股真骨血在世上，老爺喜歡麼？」家人道：「可知道喜歡！却那裏討得出？」胡鴻道：「有是有些緣故在那裏，只不知老爺意思怎麼樣。」家人見説得蹊蹺，便問道：「你説的話，那裏起？」胡鴻道：「你每豈忘記了大爺在成都曾娶過妾麼？」家人道：「娶是娶過，後來因娶大娘子，還了他娘家了。」胡鴻道：「而今他生得有兒子。」家人道：「他別嫁了丈夫，就生得有兒子，與我家甚麼相干？」胡鴻道：「寃屈！寃屈！他那曾嫁人？還是你家帶去的種哩。」家人道：「我每不敢信你這話。對老爺説了，你自説去。」

家人把胡鴻之言，一一來禀朱景先。朱景先却記起那年離任之日，張家女子將次分娩，再三要同到蘇州之事，明知有遺腹在彼地。見説是生了兒子，且驚且喜，急喚胡鴻來問他的信。胡鴻道：「小人不知老爺主意怎麼樣，小人不敢亂講出來。」朱景先道：「你只説前日與大爺做妾的那個女子，而今怎麼樣了就是。」胡鴻道：「不敢瞞老爺説，當日大爺娶那女子，即是小人在裏頭做事的，所以備知端的。大爺遣他出去之時，元是有娠。後來老爺離任得四十多日，即産下一個公子了。」景先道：「而今見在那裏？」胡鴻道：「這個公子，生得好不清秀伶俐，極會讀書。而今在娘身邊，母子相守，在那裏過日。」景先道：「難道這女子還不嫁人？」胡鴻道：「説這女子也可憐，他縫衣補裳，趂錢度日，養那兒子，供給讀書，不肯嫁人。父母多曾勸他，鄉里也有想他的，連小人也巴不得他有這日，在裏頭再賺兩數銀子。【眉批】細人之見，細人之言。怎當得他心堅如鐵，再説不入。後來看見兒子會讀了書，一發把這條門路絶了。」景先道：「若果然如此，我朱氏一脉，可以不絶，莫大之喜了。只是你的説話可信麽？」胡鴻道：「小人是老爺舊役，從來老實，不會説謊。況此女是小人的首尾，小人怎得有差？」景先道：「雖然如此，我嗣續大事，非同小可。今路隔萬里，未知虚實。你一介小人，豈可因你一言，造次舉動得？」胡鴻道：「老爺信不得小人一個的言語，小人附舟來的是巡簡鄒圭，他也是老爺的舊吏。老爺問他，他備知端的。」

朱景先見説話有來因，巴不得得知一個詳細。即差家人請那鄒巡簡來。鄒巡簡見是舊時本官相召，不敢遲慢。忙寫了禀帖，來見朱景先。朱景先問他蜀中之事，他把張福娘守貞教子，與那兒子聰明俊秀不比尋常的話説了一遍。與胡鴻所説，分毫不差。景先喜得打跌，進去與夫人及媳婦范氏備言其故。【眉批】是時纔驚喜，何不當初携歸。合家驚喜道：「若得如此，絶處逢生，祖宗之大慶也。」

景先分付備治酒飯，管待鄒巡簡，與鄒巡簡商量川中接他母子來蘇州説話。鄒巡簡道：「此路迢遥，況一個女人，一個孩子，跋涉艱難。非有大力，不能周全得直到這裏。小官如今公事已完，早晚回蜀。恩主除非乘此便，致書那邊當道，支持一路舟車之費。小官自當效犬馬之力，着落他母子起身，一徑到府上，方可無誤。」景先道：「足下所言，實是老成之見。下官如今寫兩封書，一封寫與制置使留尚書，一封即寫與茶馬王少卿，托他周置一應路上事體，保全途中母子無虞。至于兩人在那裏收拾起身之事，全仗足下與胡鴻照管停當。下官感激不盡，當有後報。」鄒巡簡道：「此正小官與胡鴻報答恩主之日，敢不隨便盡心，曲護小公子到府？恩主作速寫起書來，小官早晚即行也。」

朱景先遂一面寫起書來。書云：

銓不禄，母亡子夭，目前無孫。前發蜀時，有成都女子張氏爲兒妾，懷娠留彼。今據舊胥巡簡鄒圭及舊役胡鴻，俱言業已獲雄，今計八齡矣。遺孽萬里，實係寒宗如綫。欲致其還吴，而伶仃母子，跋涉非易。敢祈鼎力覆庇，使舟車無虞。非但骨肉得以會合，實令祖宗藉以綿延，感激非可名喻也。銓白。

一樣發書二封，附與鄒巡簡將去。就便賞了胡鴻。致謝王少卿相弔之禮。各厚贈盤費，千叮萬囑。兩人受托而去。朱景先道是既有上司主張，又有舊役幇襯，必是停當得來的。合家日夜只望好音，不題。

且説鄒巡簡與胡鴻，回去到了川中。鄒巡簡將留尚書的書，去至府中遞過。胡鴻也回覆了王少卿的差使，就遞了舊茶馬朱景先謝帖并書一封。王少卿遂問胡鴻這書内的詳細，胡鴻一一説了。王少卿留在心上，就分付胡鴻道：「你先去他家通此消息，教母子收拾打叠停當了，來禀着我。我早晚乘便周置他起身就路便是。」

胡鴻領旨，竟到張家見了福娘，備述身被差遣、直到蘇州朱家作弔太夫人的事。福娘忙問：「朱公子及合家安否？」胡鴻道：「公子已故了五六年了。」張福娘大哭一場，又問公子身後事體。胡鴻道：「公子無嗣，朱爺終日煩惱。偶然説起娘子這邊有了兒子，娘子教他讀書，苦守不嫁。朱爺不信，遂問得鄒巡簡之言相仝，十分歡喜。有兩封書，托這邊留制使與王少卿，要他每設法護送着娘子與小官人到蘇州。我方纔見過少卿了。少卿叫我先來通知你母子，早晚有便，就要請你們動身也。」張福娘前番要跟回蘇州，是他本心。因不得自豁，只得強留在彼，又不肯嫁人，如此苦守。今見朱家要來接他，正是葉落歸根事務，心下豈不自喜？一面謝了胡鴻報信，一面對兒子説了，打點東歸。只看王少卿發付。

王少卿因會着留制使，同提起朱景先托致遺孫之事，一齊道：「這是完全人家骨肉的美事，我輩當力任之。」適有蜀中進士馮震武，要到臨安，有舟東下。其路必經蘇州，且舟中寬敞，儘可附人。王少卿知得，報與留制使，各發柬與馮進士説了。如此兩位大頭惱，去説那些小附舟之事，你道敢不依從麽？馮進士分付了船户，將好艙口分别得内外的，要緊。收拾潔浄，專等朱家家小下船。留制使與王少卿各贈路費、茶果銀兩，即着鄒巡簡、胡鴻兩人，賫發張福娘母子動身，復着胡鴻防送到蘇州。

張福娘隨别了自家家裏，同了八歲兒子寄兒，上在馮(張)進士船上。馮(張)進士曉得是縉紳家屬，又是制使茶馬使所托，加意照管，自不必説。一路進發，尚未得到。

這邊朱景先家裏，日日盼望消息，真同大旱望雨。一日，遇着朝廷南郊禮成，大賫恩典，侍從官員當蔭一子，無子即孫。【眉批】此時□□子孫□□。朱景先待報有子孫來，目前實是没有！待説没有來，已着人四川勾當去了。雖是未到，不是無指望的，難道虚了恩典不成？心裏計較道：「寧可先報了名字去，他日可把人來補蔭。」主意已定，只要取下一個名字，就好填了。想一想道：「還是取一個甚麽名字好？」

有恩須賫(賚)子和孫，争奈庭前未有人。
萬里已迎遺腹孽，先將名諱報金門。

朱景先輾轉一夜，未得佳名。次早心下猛然道：「蜀中張氏之子，果收拾回來，此乃是數年絶望之後，從天降下來的，豈非天賜？《詩》云：『天錫公純嘏。』取名天錫，既含蓄天幸得來的意思，又覺字義古雅，甚妙！甚妙！」遂把有孫朱天錫填在册子上，報到儀部去。准了恩蔭，只等蜀中人來頂補。

不多幾時，忽然胡鴻復來叩見。將了留尚書、王少卿兩封回書來禀道：「事已停當。兩位爺給發盤纏，張小娘子與小公子多在馮進士船上附來，已到河下了。」朱景先大喜，正要着人出迎，只見馮進士先將帖來進拜。景先接見馮進士，訴出留、王二大人相托，順帶令孫母子在船上來，幸得安穩，已到府前説話。朱景先稱謝不盡，答拜了馮進士，就接取張福娘母子上來。

張福娘領了兒子寄兒，見了翁姑與范氏大娘。感起了舊事，全家哭做了一團。又教寄兒逐位拜見過，又合家歡喜。朱景先問張福娘道：「孫兒可叫得甚麽名字？」福娘道：「乳名叫得寄兒。兩年之前，送入學堂從師，那先生取名天錫。」朱景先大驚道：「我因儀部索取恩蔭之名，你每未來到，想了一夜，纔取這兩個字，預先填在册子上送去。豈知你每萬里之外，兩年之前，已取下這兩個字作名了？可見天數有定若此！真爲奇怪之事。」合家嘆異。

那朱景先忽然得孫，直在四川去認將來，已此是新聞了；又兩處取名適然相仝，走進門來，只消補蔭，更爲可駭。傳將開去，遂爲奇談。後來朱天錫襲了恩蔭，官位大顯。張福娘亦受封章。這是他守貞教子之報。有詩爲證：

娶妾先妻亦偶然，豈知棄妾更心堅！
歸來萬里繇前定，善念陰中必保全。

揚袖罵生
請杖

富家郎宿
受驚

卷之三十三

楊抽馬甘請杖　富家郎浪受驚

詩云：

敕使南來坐畫船，袈裟猶帶御爐煙。
無端種着曹公相，二十皮鞭了宿緣。

這四句詩，乃是 國朝永樂年間，少師姚廣孝所作。這個少師乃是僧家出身，法名道衍，本貫蘇州人氏。他雖是個出家人，廣有法術，兼習兵機，乃元朝劉秉忠之流。太祖分封諸王，各選一高僧伴送之國。道衍私下對燕王説道：「殿下討得臣去作伴，臣當送一頂白帽子與大王戴。」「白」字加在「王」字上，乃是個皇字。他藏着啞謎，説道輔佐他做皇帝的意思。燕王也有些曉得他不凡，果然面奏太祖，討了他去。後來贊成靖難之功，出師勝敗，無不未卜先知。燕兵初起時，燕王問他利鈍如何，他説：「事畢竟成，不過廢得兩日工夫。」後來敗于東昌，方曉得「兩日」是個「昌」字。他説道：「此後再無阻了。」果然屢戰屢勝。燕王直正大位，改元永樂。道衍賜名廣孝，封至少師之職。雖然受了職銜，却不肯留髮還俗，仍舊光着個頭，穿着蟒龍玉帶，長安中出入。文武班中，曉得是他佐命功臣，誰不欽敬？

一日，成祖皇帝御筆親差他到南海普陀落伽山進香。少師隨坐了幾號大樣官船，從長江中起行。不則數日，來到蘇州馬頭上，灣船在姑蘇館驛河下。蘇州是他父母之邦，他有心要上岸觀看風俗，比舊同異如何。屏去從人，不要跟隨，獨自一個，穿着直掇在身，只做野僧打扮。從胥門走進街市上來行走。

正在看玩之際，忽見喝道之聲，遠遠而來。市上人雖不見十分驚惶，却也各自走開在兩邊了讓他。有的說是：「管糧曹官人來了。」少師雖則步行，自然不放他在眼裏的，只在街上摇擺不避。須臾之間，那個官人看看擡近轎前。皂快人等高聲喝罵道：「秃驢，怎不回避？」少師只是微微冷笑。就有兩個應捕，把他推來搶去。少師口裏只說得一句道：「不得無理！我怎麽該避你們的？」應捕見他不肯走開，道是衝了節，一把拏住。只等轎到面前，應捕口禀道：「一個野僧衝道。拏了，聽候發落。」轎上那個官人問道：「你是那裏野和尚，這等倔强？」少師只不做聲。那個官人大怒，喝教：「拿下，打着！」衆人喏了一聲，如鷹拏燕雀，把少師按倒在地，打了二十板。【眉批】知難忍。少師再不分辨，竟自忍受了。

纔打得完，只見府裏一個承差，同一個船上人，飛也似跑來道：「那裏不尋得少師爺到，却在這裏？」衆人驚道：「誰是少師爺？」承差道：「適纔司道府縣各爺，多到欽差少師姚老爺船上迎接。說着了小服，從胥門進來了。故此同他船上水手，急急趕來。各位爺多在後面來了。你們何得在此無理？」衆人見說，大驚失色，一哄而散。連擡那官人的轎夫，把個官來撇在地上了，丢下轎子，恨不爺娘多生兩隻脚，盡數跑了。【眉批】走爲上着。剛剛剩下得一個官人在那裏。元來這官人姓曹，是吴縣縣丞。當下承差將出繩來，把縣丞拴下，聽候少師發落。

須臾，守巡兩道、府縣各官多來迎接，把少師簇擁到察院衙門裏坐了。各官挨次參見已畢。承差早已各官面前禀過少師被辱之事。各官多跪下待罪，就請當面治曹縣丞之罪。少師笑道：「權且寄府獄中，明日早堂發落。」當下把縣丞帶出，監在府裏。各官别了出來，少師是晚即宿于察院之中。

次早開門，各官又進見。少師開口問道：「昨日那位孟浪的官人在那裏？」各官禀道：「見監府獄。未得鈞旨，不敢造次。」少師道：「帶他進來。」各官道是此番曹縣丞必不得活了，曹縣丞也道性命只在霎時，戰戰兢兢，隨着解人，膝行到庭下，叩頭請死。少師笑對各官道：「少年官人不曉事。即如一個野僧在街上行走，與你何涉？定要打他！」各官多道：「這是有眼不識泰山，罪應萬死。只求老大人自行誅戮，賜免奏聞，以寬某等失于簡察之罪，便是大恩了。」少師笑嘻嘻的，袖中取出一個柬帖來，與各官看，即是前詩四句。各官看罷，少師哈哈大笑道：「此乃我前生欠下他的。昨日微服閒步，正要完這夙債。今事已畢，這官人原没甚麼罪過，各請安心做官罷了。學生也再不提起了。」衆官盡嘆伏少師有此等度量！却是少師是曉得過去未來事的，這句話必非混帳之語。

看官若不信，小子再説宋時一個奇人，也要求人杖責了前欠的。已有個榜樣過了。這人却有好些奇處，聽小子慢慢説來，做回正話。

從來有奇人，其術堪玩世。
一切真實相，僅足供游戲。

話説宋朝蜀州江源有一個奇人，姓楊，名望才，字希呂。自小時節，不知在那裏遇了異人，得了異書，傳了異術。七八歲時在學堂中，便自蹺蹊作怪，專一聚集一班學生，要他舞仙童，跳神鬼，或扮個《劉關張三戰呂布》，或扮個《尉遲恭單鞭奪槊》，口哩不知念些甚麼，任憑隨心搬演，那些村童，無不一一按節跳舞，就像教師教成了一般的。傍觀着實好看。及至舞畢，問那些童子，毫釐不知。一日，同學的有錢數百文在書笥中，並没人知道。楊生忽地向他借起錢來。同學的推説没有。楊生便把手指掐道：「你的錢有幾百幾十幾文，見在笥中，如何賴道没有？」衆學生不信，群然啟那同學的書笥看，果然一文不差。于是傳將開去，盡道楊家學生有希奇術數。年紀漸大，長成得容狀醜怪，雙目如鬼，出口靈驗。遠近之人，多來請問吉兇休咎，百發百中。因爲能與人抽簡禄馬，川中起他一個混名，叫做楊抽馬。但是經過抽馬説的，近則近應，遠則遠應，正則正應，奇則奇應。且略述他幾樁怪異去處：

楊家住居南邊，有大木一株，蔭蔽數丈。忽一日寫個帖子出去，貼在門首道：

明日午未間，行人不可過此，恐有奇禍。

有人看見，傳説將去道：「抽馬門首，有此帖子。」多來争看。看見了的，曉得抽馬有些古怪，不敢不信。相戒明日午未時候，切勿從他門首來走。果然到了其期，那株大木忽然摧撲下來，盈塞街市。兩傍房屋，略不少損。這多是楊抽馬魘樣過了，所以如此。又恐怕人不知道，失誤傷犯，故此又先通示，得免于禍。若使當時不知，在街上摇擺時節，不好似受了孫行者金框棒一壓，一齊做了肉餅了？

又常持縑帛入市貨賣。那買的接過手量着，定是三丈四丈長的，價錢且是相應。買的還要討他便宜，短少些價值，他並不争論。及至買成，叫他再量量看，出得多少價錢，原只長得多少。隨你是量過幾丈的，價錢只有尺數，那縑也就只有幾尺長了。

出去拜客，跨着一匹騾子，且是雄健。到了這家門内，將騾繫在庭柱之下。賓主相見，茶畢，推説别故暫出，不牽騾去。騾初時叫跳不住。去久不來，騾亦不作聲，看看縮小。主人怪異，仔細一看，乃是紙剪成的。

四川制置司有三十年前一宗案牘，急要對勘。年深塵積，不知下落。司中吏胥，傍徨終日，竟無尋處。有人教他請問楊抽馬，必知端的。吏胥來問，抽馬應聲答道：「在某屋某櫃第幾沓下。」依言去尋，果然即在那裏翻出來。

一日，眘山琛禪師造門相訪，適有鄉客在座。那鄉客新得一馬，黑身白鼻，狀頗駿異。楊抽馬見了道：

「君此馬不中騎，只該送與我罷了。君若騎他，必有不利之處。」鄉客大怒道：「先生造此等言語，意欲嚇騙吾馬。吾用錢一百千買來的，乘坐未久，豈肯輕爲你賺去麽？」抽馬笑道：「我好意替你解此大厄，你不信我，也是你的命了。今有禪師在此爲證，你明年五月二十日，宿冤當有報應，切宜記取，勿可到馬房看他芻秣。又須善護左肋。直待過了此日，還可望再與你相見耳。」鄉客見他説得荒唐，又且利害，越加忿怒，不聽而去。到了明年此日，鄉客那裏還把他言語放在心上，果然親去餵馬。那匹馬忽然跳躍起來，將雙蹄亂踢。鄉客倒地，那馬見他在地上了，急向左肋用力一踹，肋骨齊斷。鄉客叫得一聲「阿也」，連吼是吼，早已後氣不接，嗚呼哀哉。琛禪師問知其事，大加驚異。每向人説楊抽馬靈驗，這是他親經目見的説話。

虞丞相自荆襄召還，子公亮遣書來叩所向。抽馬答書道：

得蘇不得蘇，半月去作同僉書。

其時僉書未有帶同字的，虞公不信。以後守蘇臺，到官十五日，果然召爲同僉書樞密院事。時錢處和先爲僉書，故加「同」字。其前知不差如此。

果州教授關壽卿，名耆孫。有同僚聞知楊抽馬之術，央他遣一僕，致書問休咎。關僕未至，抽馬先知，已在家分付其妻道：「快些造飯，有一關姓的家僕來了，須要待他。」其妻依言造飯。飯已熟了，關僕方來。未及進門，抽馬迎着笑道：「足下不問自家事，却爲别人來奔波麽？」關僕驚拜道：「先生真神仙也！」其妻即將所造之飯，欵待此僕。抽馬答書，備言禍福而去。

元來他這妻子姓蘇，也不是平常的人。原是一個娼家女子，模樣也只中中，却是拿班做勢，不肯輕易見客。及至見過的客，他就評論道：「某人是好，某人是歹，某人該興頭，某人該落泊，某人有結果，某人没散場。」【眉批】安得有妓如此一問□事乎。恰像請了一個設帳的相士一般，看了氣色，是件斷將出來。却面前不十分明説，背後説一兩句，無不應驗的。因此也名重一時，來求見的頗多。王孫公子，車馬盈門。中意的晚上也留幾個，及至有的往來熟了，欲要娶他，只説道：「目前之人皆非吾夫也。」後來一見楊抽馬，這樣醜頭怪臉，偏生喜歡道：「吾夫在此了。」抽馬一見蘇氏，便像一向認得的一般，道：「元來吾妻混迹于此！」兩下説得投機，就把蘇氏娶了過來。好一似桃花女嫁了周公，家裏一發的：

陰陽有準，禍福無差。

楊抽馬之名，越加著聞。就是身不在家，只消到他門裏問着，也是不差的。所以門前熱鬧，家裏喧闐。王侯貴客，無一日没有在座上的。

忽地一日，抽馬在郡中。郡中中走出兩個皂隸來，少不得是叫做張千、李萬，多是認得抽馬的，齊來聲喏。抽馬一把拉了他兩人出郡門來道：「請兩位到寒舍有句要緊話相央則個。」那兩個是公門中人，見説請他到家，料不是白差使，自然願隨鞭鐙，跟着就行。抽馬道：「兩位平日所用官杖，望乞就便帶了去。」張千、李萬道：「到宅上去，要官杖子何用？難道要我們去打那個不成？」抽馬道：「有用得着處，到彼自知端的。」張千、李萬曉得抽馬是個古怪的人，莫不真有甚麽事得做？依着言語，各掮了一條杖子，隨到家來。

抽馬將出三萬錢來，送與他兩個。張千、李萬道：「不知先生要小人那厢使唤。未曾效勞，怎敢受賜？」抽馬道：「兩位受了薄意，然後敢相煩。」張千、李萬道：「先生且説將來，可以効得犬馬的，自然奉命。」抽馬走進去，唤妻蘇氏出來，與兩位公人相見。張千、李萬不曉其意，爲何出妻見子？各懷着疑心，不好做聲。只見抽馬與妻每人取了一條官杖，奉與張千、李萬道：「在下别無相煩，止求兩位牌頭將此杖子，責我夫妻二人，每人一十杖，便是盛情不淺。」【眉批】真正奇怪。張千、李萬大驚道：「那有此話？」抽馬道：「兩位不要管，但依我行事，足見相愛。」張千、李萬道：「且説明是甚麽緣故。」抽馬道：「吾夫婦目下當受此杖，不如私下請牌頭來，完了這業債，省得當場出醜。兩位是必見許則個。」張千、李萬道：「不當人子！不當人子！小人至死也不敢胡做。」抽馬與妻嘆息道：「兩位畢竟不肯，便是數已做定，解禳不去了。有勞兩位到此，雖然不肯行杖，請收了錢去。」【眉批】先送杖錢更奇。張千、李萬道：「尊賜一發出于無名。」抽馬道：「但請兩位收去，他日略略用些盛情就是。」張千、李萬雖然推托，公人見錢，猶如蒼蠅見血，一邊接在手裏了，道：「既蒙厚賞，又道是『長者賜，少者不敢辭』，他日有用着兩小人處，水火不避便了。」兩人真是無功受賞，頭輕脚重，歡喜不勝而去。

且說楊抽馬平日祠神，必設六位。東邊二位，空着虛座，道是神位。西邊二位，却是他夫妻二人坐着作主。底下二位，每請一僧一道同坐。又不知奉的是甚麽神，又不從僧，又不從道，人不能測。地方人見他行事古怪，就把他祠神詭異，説是「左道惑衆，論法當死」，首在郡中。郡中准詞，差人捕他到官。未及訊問，且送在監裏。

獄吏一向曉得他是有手段的，蹺蹊作怪人，懼怕他的術法利害，不敢加上杻杻，曲意奉承他。却又怕他用術逃去，没尋他處，心中甚是憂惶。抽馬曉得獄吏的意思了，對獄吏道：「但請足下寬心，不必慮我。我當與妻各受刑責，其數已定，萬不可逃。自當含笑受之。」獄吏道：「先生有神術，總使數該受刑，豈不能趨避？爲何自來就他？」抽馬道：「此魔業使然，避不過的。度過了厄，始可成道耳。」獄吏方纔放下了心。果然楊抽馬從容在監，並不作怪。

郡中把他送在司理楊忱處議罪。司理曉得他是法術人，有心護庇他。免不得外觀體面，當堂鞫訊一番。楊抽馬不辨自己身上事，仰面對司理道：「令叔某人，這幾時有信到否？可惜！可惜！」司理不知他所説之意，默然不答。只見外邊一人走將進來，道是成都來的人，正報其叔訃音。司理大驚退堂，心服抽馬之靈。

其時司理有一女久病，用一醫者陳生之藥，屢服無效。司理私召抽馬到衙，意欲問他。抽馬不等開口，便道：「公女久病，陳醫所用某藥，一毫無益的，不必服他。此乃後庭樸樹中小蛇爲祟，我如今不好治得，因身在牢獄，不能役使鬼神。待我受杖後，以符治之，可即平安，不必憂慮。」司理把所言對夫人説。夫人道：「説來有因。小姐未病之前，曾在後園見一條小蛇，緣在樸樹上。從此心中恍惚得病起的。他既知其根繇，又説能治，必有手段。快些周全他出獄，要他救治則個。」司理有心出脱他，把罪名改輕，説元非左道惑衆死罪，不過術人妄言禍福，只問得個不應、決杖。申上郡堂去。郡守依律科斷，將抽馬與妻蘇氏各決臀杖二十。元來那行杖的皂隸，正是前日送錢與他的張千、李萬。兩人各懷舊恩，又心服他前知，加意用情，手腕偷力，蒲鞭示辱而已。抽馬與蘇氏盡道業數該當，又且輕杖，恬然不以爲意。受杖歸來，立書一符，又寫幾字，作一封送去司理衙中，權當酬謝周全之意。司理拆開，見是一符，乃教他挂在樹上的。又一紅紙，有六字寫道：「明年君家有喜。」司理先把符來試挂，果然女病洒然。留下六字，看明年何喜。果然司理兄弟四人，明年俱得中選。

抽馬奇術如此類者，不一而足。獨有受杖一節，説是度厄，且預先要求皂隸自行杖責解禳，及後皂隸不敢依從，畢竟受杖之時，用刑的仍是這兩人，真堪奇絶。有詩爲證：

禍福從來有宿根，要知受杖亦前因。
請君試看楊抽馬，有術何能強避人？

楊抽馬術數高奇，語言如響，無不畏服。獨有一個富家子，與抽馬相交最久，極稱厚善，却帶一味狎玩，不肯十分敬信。抽馬一日偶有些事幹，要錢使用，須得二萬。囊中偶乏，心裏想道：「我且蒿惱一個人着。」來向富家借貸一用。富家子聽言，便有些不然之色。看官聽説，大凡富人，没有一個不慳吝的。【眉批】絶項議論。惟其看得錢財如同性命一般，寶惜倍至，所以錢神有靈，甘心跟着他走。若是把來不看在心上，東手接來，西手去的，觸了錢神嗔怒，豈肯到他手裏來？故此非慳不成富家，纔是富家，一定慳了。真個「説了錢，便無緣」。這富子雖與楊抽馬相好，只是見他興頭有術，門面撮哄而已，忽然要與他借貸起來，他就心中起了好些歹肚腸。一則説是江湖行術之家，貪他家事，起發他的，借了出門，只當捨去了。一則説是朋友面上，就還得本錢，不好算利。一則説是借慣了手脚，常要歆動，是開不得例子的。只回道是：「家間正在缺乏，不得奉命。」抽馬見他推辭，哈哈大笑道：「好替你借，你却不肯。我只教你吃些驚恐，看你借我不迭，那時纔見手段哩！」自此，見富家子再不提起借錢之事。富家子自道回絶了他，甚是得意。

偶然那一日，獨自在書房中歇宿。時已黄昏人定，忽聞得叩門之聲。起來開看，只見一個女子，閃將入來，含顰萬福道：「妾東家之女也。丈夫酒醉逞兇，横相逼逐，勢不可當。今夜已深，不可遠去，幸相鄰近，願借此一宿。天未明，即當潛回家裏，以待丈夫酒醒。」富家子看其模樣，儘自飄逸有致，私自想道：「暮夜無知，落得留他伴寢。他説天未明就去，豈非神鬼不覺的？」【眉批】也值得二萬錢。遂欣然應允道：「既蒙娘子不棄，此時没人知覺，安心共寢一宵。明早即還尊府便了。」那婦人並無推拒，含笑解衣，共枕同衾，忙行雲雨。

一個孤館寂寥，不道佳人猝至；一個夜行凄楚，誰知書舍同歡。兩出無心，略覺情形忸怩；各因乍會，翻驚意態新奇。未知你弱我強，從容試看；且自抽離添坎，熱鬧爲先。

行事已畢，俱各困倦。睡到五更，富家子恐天色乍明，有人知道，忙呼那婦人起來。叫了兩聲，推了兩番，既不見聲響答應，又不見身子展動。心中正疑，鼻子中只聞得一陣陣血腥之氣，甚是來得狠。富家子疑怪，只得起來挑明燈盞，將到床前一看，叫聲「阿也」！正是：

分開八片頂陽骨，澆下一桶雪水來。

你道却是怎麽？元來昨夜那婦人，身首已斫做三段，鮮血横流，熱腥撲鼻，恰像是纔被人殺了的。【眉批】

惡取笑。

富家子慌得只是打顫，心裏道：「敢是丈夫知道，趕來殺了他？却怎不傷着我？我雖是弄了兩番，有些疲倦，可也忒睡得死。同睡的人被殺了，怎一些也不知道？而今事已如此，這屍首在床，血痕狼籍，倏忽天明，他丈夫定然來這裏討人，豈不決撒？若要并叠過，一時怎能乾净得？這禍事非同小可。除非楊抽馬，他廣有法術，或者可以用甚麽障眼法兒，遮掩得過。須是連夜去尋他！」也不管是四更五更，日裏夜裏，正是慌不擇路，急走出門，望着楊抽馬家裏亂亂攛攛跑將來。擂鼓也似敲門，險些把一雙拳頭敲腫了。楊抽馬方纔在裏面答應出來道：「是誰？」富家子忙道：「是我，是我。快開了門，有話講。」此時富家子正是：

急驚風撞着了慢郎中。

抽馬聽得是他聲音，且不開門，一路數落他道：「所貴朋友交厚，緩急須當相濟。前日借貸些少，尚自不肯；今如此黑夜，來叫我甚麽幹？」富家子道：「有不是處，且慢講。快與我開開門着。」

抽馬從從容容把門開了。富家子一見抽馬，且哭且拜道：「先生救我奇禍則個。」抽馬道：「何事恁等慌張？」富家子道：「不瞞先生説，昨夜黄昏時分，有個鄰婦投我，不合留他過夜。夜裏不知何人所殺，今横屍在家。乃飛來大禍，望乞先生妙法救解。」抽馬道：「事體特易。只是你不肯顧我緩急，我顧你緩急則甚？」富家子道：「好朋友！念我和你往來多時。前日偶因缺乏，多有得罪。今若救得我命，此後再不敢吝惜在先生面上了。」抽馬笑道：「休得驚慌。我寫一符與你拿去，貼在所卧室中，亟亟關了房門，切勿與人知道。天明開看，便知端的。」富家子道：「先生勿耍我。倘若天明開看，仍復如舊，可不悮了大事？」抽馬道：「豈有是理！若是如此，是我符不靈，後來如何行術？况我與你相交有日，怎悮得你？只依我行去，包你一些没事便了。」富家子道：「若果蒙先生神法救得，當奉錢百萬相報。」【眉批】閒時不燒香，極來抱佛脚，正是此等人。抽馬笑道：「何用許多？但只原借我二萬足矣。」富家子道：「這個敢不相奉。」

抽馬遂提筆畫一符與他。富家子袖了急去。幸得天尚未明，慌慌忙忙，依言貼在房中。自身走了出來，緊把房門閉了，站在外邊。牙齒還是捉對兒廝打的，氣也不敢多喘。守至天大明了，纔敢走至房前。未及開門，先向門縫窺看，已此不見甚麽狼籍意思。急急開進看時，但見乾乾浄浄，一床被卧，不曾有一點漬污，那裏還見甚麽屍首？富家子方纔心安意定，喜歡不勝。【眉批】此時偏爽剎了。

隨即備錢二萬，并分付僕人攜酒持肴，特造抽馬家來叩謝。抽馬道：「本意只求貸二萬錢。得此已勾，何必又費酒肴之惠？」富家子道：「多感先生神通廣大，救我難解之禍。欲加厚酬，先生又分付只須二萬。自念莫大之恩，無可報謝，聊奉卮酒，圖與先生遣興笑談而已。」抽馬道：「這等，須與足下痛飲一回。但是家間窄隘無趣，又且不時有人來尋，攪擾雜沓，不得快暢，明日攜此酒肴，一往郊外，盡興何如？」富家子道：「這個絶妙。先生且留此酒肴自用，明日再攜杖頭來，邀先生郊外一樂可也。」抽馬道：「多謝，多謝。」遂把二萬錢與酒肴多收了進去。富家子别了回家。

到了明日，果來邀請出游。抽馬隨了他，到郊外來。行不數里，只見一個僻浄幽雅去處，一條酒帘子，飄飄揚揚在那裏。抽馬道：「此處店家潔静，吾每在此小飲則個。」富家子即命僕人，將盒兒向店中座頭上安放已定，相拉抽馬進店，相對坐下。唤店家取上等好酒來。只見裏面一個當壚的婦人，應將出來，手拏一壺酒，走到面前。富家子擡頭看時，吃了一驚，元來正是前夜投宿被殺的婦人，面貌一些不差，但只是像個初病起來的模樣。【眉批】妙甚。那婦人見了富家子，也注目相視，暗暗癡想，像個心裏有甚麽疑惑的一般。

富家子有些鶻突，問道：「我們與你素不相識。你見了我們，只管看了又看，是甚麽緣故？」那婦人道：「好教官人得知，前夜夢見有人邀到個所在，乃是一所精緻書房，内中有少年留住。那個少年模樣，頗與官人有些厮像，故此疑心。」富家子道：「既然留住，後來却怎麽散場了？」婦人道：「後來直至半夜，方纔醒來。只覺身子異常不快，陡然下了幾斗鮮血，至今還是有氣無力的。平生從來無此病，不知是怎麽樣起的。」楊抽馬在旁，只不開口，暗地微笑。富家子曉得是他的作怪，不敢明言。私念着一晌歡情，重賞了店家婦人，教他服藥調理。楊抽馬也笑嘻嘻的袖中取出一張符來，付與婦人道：「你只將此符貼在睡的床上，那怪夢也不做，身體也自平復了。」婦人喜歡稱謝。

兩人出了店門，富家子埋怨楊抽馬道：「前日之事，正不知禍從何起，元來是先生作戲！纔知。既累了我受驚，又害了此婦受病，先生這樣耍法，不是好事。」抽馬道：「我只召他魂來誘你，你若主意老成，那有驚恐？誰教你一見就動心營勾他，不驚你驚誰？」富家子笑道：「深夜美人來至，遮莫是柳下惠、魯男子，也忍耐不住，怎教我不動心？雖然後來吃驚，那半夜也是我受用過了。而今再求先生致他來與我敘一敘舊，更感高情，再容酬謝。」抽馬道：「此婦與你元有些小前緣，故此致得他魂來，不是輕易可以弄術的。豈不怕鬼神責罰麽？你夙債原少我二萬錢，只爲前日若不如此，你不肯借，偶爾作此頑耍勾當。我原説二萬之外，要也無用。我也不要再謝，你也不得再妄想了。」富家子方纔死心塌地，敬服抽馬神術。

抽馬後在成都賣卜，不知所終。要知雖是絶奇術法，也脱不得天數的。

異術在身，可以驚世。
若非夙緣，不堪輕試。
杖既難逃，錢豈妄覬？
不過前知，游戲三昧。

任君用恣乐深闺

楊太尉戲宮館客

卷之三十四

任君用恣樂深閨　楊太尉戲宮館客

詩曰：

「黄金用盡教歌舞，留與他人樂少年。」

此語祇傷身後事，豈知現報在生前！

且説世間富貴人家，没一個不廣蓄姬妾。自道是左擁燕姬，右擁趙女，嬌艷盈前，歌舞成隊，乃人生得意之事。豈知男女大欲，彼此一般，一人精力要周旋幾個女子，便已不得相當。況富貴之人，必是中年上下，取的姬妾，必是花枝也似一般的後生，枕蓆之事，三分四路，怎能勾滿得他們的意，盡得他們的興？所以滿閨中不是怨氣，便是醜聲。總有家法極嚴的，鐵壁銅牆，提鈴喝號，防得一個水洩不通，也只禁得他們的身，禁不得他們的心。略有空隙，就思量弄一場把戲，那有情趣到你身上來？【眉批】絶頂議論，富貴人宜熟玩之。只把做一個厭物看承而已。似此有何好處？費了錢財，用了心機，單買得這些人的憎嫌。試看紅拂離了越公之宅，紅綃逃了勳臣之家，此等之事，不一而足。可見生前已如此了。何況一朝身死，樹倒猢猻散，殘花嫩蕊，盡多零落於他人之手。要那做得關盼盼的，千中没有一人。這又是身後之事，管不得許多，不足慨嘆了。争奈富貴之人，只顧眼前，以爲極樂。小子在旁看的，正替你擔着愁布袋哩。【眉批】所以乞靈于春藥。

宋朝有個京師士人，出游歸來，天色將晚。經過一個人家後苑，牆缺處苦不甚高，看來像個跳得進的。此時士人帶着酒興，一躍而過。只見裏面是一所大花園子，好不空闊。四圍一望，花木叢茂，路徑交雜，想來煞有好看。一團高興，隨着石砌階路，轉灣抹角，漸走漸深，悄不見一個人，只管踱的進去，看之不足。

天色有些黑下來了，思量走回，一時忘了來路。正在追憶尋索，忽地望見紅紗燈籠，遠遠而來。想道：「必有貴家人到。」心下慌忙。一發尋不出原路來了。恐怕撞見不便，思量躲過。看見道左有一小亭，亭前太湖石畔，有叠成的一個石洞。洞口有一片小氈遮着，想道：「躲在這裏頭去，外面人不見，權可遮掩過了，豈不甚妙。」【眉批】又有早行人。忙將這片小氈揭將開來。正要藏身進去，猛可裏一個人在洞裏鑽將出來，幻甚。那一驚可也不小！士人看那人時，是一個美貌少年，不知爲何先伏在這裏頭。忽見士人揭開來，只道抄他跟脚的，也自老大吃驚，急忙奔竄，不知去向了。【眉批】兩驚皆有趣味。士人道：「慚愧！且讓我躲一躲着。」於是吞聲忍氣，蹲伏在内。只道必無人見，豈知事不可料，冤家路窄，那一盞紅紗燈籠，偏生生地向那亭子上來。士人洞中是暗處覷出去，看那燈亮處較明，乃是十來個少年婦人，靚妝麗服，一個個妖冶舉止，風騷動人。士人正看得動火，不匡那一夥人一窩蜂的多搶到石洞口，衆手齊來揭氈。看見士人面貌生疏，俱各失驚道：「怎的不是那一個了？」面面厮覷，没做理會。

一個年紀略老成些的婦人，奪將紗燈在手，提過來把士人仔細一照，道：「就這個也好。」【眉批】畢究老成。隨將纖手拽着士人的手，一把挽將出來。士人不敢聲問，料道没甚麽歹處，軟軟隨他全走。引到洞房曲室，只見酒肴并列，衆美争先，六博争雄，交杯换盞，以至摟肩交頸，搵臉接唇，無所不至。幾杯酒下肚，一個個多興熱如火，不管三七二十一，一把推士人在床上了。齊攢入帳中，脱褌的脱褌，抱腰的抱腰，不知怎的一個輪法，排頭弄將過來。士人精洩，就有替他品咂的，摸弄的，不繇他不再舉。幸喜得士人是後生，還放得兩枝連珠箭。却也無休無歇，隨你鐵鑄的，也怎有那樣本事。厮炒得不耐煩，直到五鼓，方纔一個個逐漸散去。士人早已弄得骨軟筋麻，肢體無力，行走不動了。【眉批】替死鬼。那一個老成些的婦人，將一個大擔箱，放士人在内，叫了兩三個丫鬟扛擡了。到了牆外，把擔箱傾了士人出來，急把門閉上了，自進去了。此時天色將明，士人恐怕有人看見，惹出是非來。没奈何强打精神，一步一步挨了回來，不敢與人説知。

過了幾日，身體健旺，纔到舊所旁邊，打聽缺牆内是何處。聽得人説，是蔡太師家的花園。【眉批】覆帳不起。士人伸了舌頭出來，一時縮不進去，擔了一把汗，再不敢打從那裏走過了。

看官你想，當時這蔡京太師何等威勢！何等法令！有此一班兒姬妾，不知老頭子在那裏昏寐中，眼睛背後，任憑他們這等胡弄。約下了一個，驚去了，又换了一個。恣行淫樂，如同無人。太師那裏拘管得來？也只爲多蓄姬妾，所以有只等醜事。

同時稱高、童、楊、蔡四大奸臣，與蔡太師差不多權勢的楊戩太尉，也有這樣一件事。後來敗露，妝出許多笑柄來。看官不厭，聽小子試道其詳：

滿前嬌麗恣淫荒，雨露誰曾得飽嘗？
自有陽臺成樂地，行雲何必定襄王。

話説宋時楊戩太尉，恃權怙寵，靡所不爲。聲色之奉，姬妾之多，一時自蔡太師而下，罕有其比。一日，太尉要到鄭州上塜，携帶了家小同行。是上前的幾位夫人，與各房隨使的養娘、侍婢，多跟的西去。餘外有年紀過時了些的，與年幼未諳承奉的，又身子嬌怯、怕歷風霜的，月信方行、轎馬不便的，剩下不去。合着養娘、侍婢們，也還共有五六十人，留在宅中。太尉心性猜忌，防閑緊嚴。中門以外，直至大門，盡皆鎖閉。添上硃筆封條，不通出入。惟有中門内前廊壁間挖一孔，裝上轉輪盤，在外邊傳將食物進去。一個年老院奴姓李的在外監守，晚間督人巡更，鳴鑼敲梆，通夕不歇。外邊人不敢正眼覷視他。

内宅中留下不去的，有幾位奢遮出色，乃太尉寵幸有名的姬妾。一個叫得瑶月夫人，一個叫得築玉夫人，一個叫得宜笑姐，一個叫得餐花姨姨，同着一班兒侍女，關在裏面。【眉批】留者如此，去者可知。日長夜永，無事得做，無非是抹骨牌、鬭百草、戲鞦韆、蹴氣毬，消遣過日。然意味有限，那裏當得甚麼興趣？況日間將就扯拽過了，晚間寂寞，何以支吾？

這個築玉夫人，原是長安玉工之妻，資性聰明，儀容美艷，私下也通些門路，京師傳有盛名。楊太尉偶得瞥見，用勢奪來，十分寵愛，立爲第七位夫人，呼名築玉。説他標致，如玉琢成一般的人，也就暗帶着本來之意。可謂不忘舊。他在女伴中伶俐異常，妖淫無賽。太尉在家之時，尚兀自思量背地裏溜將個把少年進來取樂。今見太尉不在，鎮日空閒，清清鎖閉着，怎叫他不妄想起來？

太尉有一個館客，姓任，表字君用，原是個讀書不就的少年子弟。寫得一筆好字，也代做得些書啟簡札之類。模樣俊秀，年紀未上三十歲。摠角之時，多曾與太尉後庭取樂過來，極善恢諧幫襯。又加心性熨貼，所以太尉喜歡他，留在館中作陪客。太尉鄭州去，因是途中姬妾過多，轎馬上下之處，恐有不便，故留在家間外舍不去。任生有個相好朋友，叫做方務德，是從幼同窗。平時但是府中得暇，便去尋他閒話飲酒。此時太尉不在家，任生一發身畔無事，日裏只去拉他各處行走。晚間或同宿娼家，或獨歸書館，不在話下。

且説築玉夫人，晚間寂守不過，有個最知心的侍婢，叫做如霞。唤來床上做一頭睡着，與他説些淫欲之事，消遣悶懷。説得高興，取出行淫的假具，教他縛在腰間，權當男子行事。如霞依言而做，夫人也自哼哼嗊嗊，將腰往上亂聳亂顛。如霞弄得興頭上，問夫人道：「可比得男子滋味麽？」夫人道：「只好略取解饞，成得甚麽正經？【眉批】慧女子話。若是真男子滋味，豈止於此！」如霞道：「真男子如此值錢，可惜府中倒閒着一個在外舍。」夫人道：「不是任君用麽？」如霞道：「正是。」夫人道：「這是太尉相公最親愛的客人，且是好個人物，我們在裏頭窺見他，常自火動的。」如霞道：「這個人若設法得他進來，豈不妙哉！」夫人道：「果然此人閒着，只是牆垣高峻，豈能飛入？」如霞道：「只好説耍，自然進來不得。」夫人道：「待我心生一計，定要取他進來。」如霞道：「後花園牆下，便是外舍書房。我們明日早起，到後花園相相地頭。夫人怎生設下好計弄進來，大家受用一番。」夫人笑道：「我未曾到手，你便思想分用了。」如霞道：「夫人不要獨吃自痾，我們也大家有興，好做幫手。」夫人笑道：「是，是。」一夜無話。

到得天明，梳洗已畢，夫人與如霞開了後花園門，去摘花戴，就便去相地頭。行至鞦韆架邊，只見械索高懸。夫人看了，笑一笑道：「此件便有用他處了。」又見脩樹梯子，倚在太湖石畔，夫人叫如霞道：「你看，你看，有此二物，豈怕内外隔牆？」如霞道：「計將安出？」夫人道：「且到那對外廂的牆邊，再看個明白，方有道理。」如霞領着夫人，到兩株梧桐樹邊，指着道：「此外正是外舍書房，任君用見今獨居在内了。」夫人仔細相了一相，又想了一想，道：「今晚端的只在此處，取他進來一會，不爲難也。」如霞道：「却怎麽？」夫人道：「我與你悄地把梯子拿將來，倚在梧桐樹旁。你走上梯子，再在枝幹上踏上去兩層，即可以招呼得外廂聽見了。」如霞道：「這邊上去不難，要外廂聽見也不打緊。如何得他上來？」夫人道：「我將幾片木板，用鞦韆索縛住兩頭，隔一尺多，縛一片板。收將起來，只是一綑；撒將直來，便似梯子一般。如與外邊約得停當了，便從梯子走到梧桐枝上去，把索頭紮緊在丫叉老幹，生了根，然後將板索多抛向牆外，挂下去，分明是張軟梯。隨你再多幾個，也次第上得來，何況一人乎？」如霞道：「妙哉！妙哉！事不宜遲，且如法做起來試試看。」笑嘻嘻且向房中取出十來塊小木板，遞與夫人。夫人叫解將鞦韆索來，親自紮縛得堅牢了，對如霞道：「你且將梯兒倚好，走上梯去，望外邊一望，看可通得個消息出去？倘遇不見人，就把這法兒，先墜你下去，約他一約也好。」如霞依言，將梯兒靠穩，身子小巧利便，一轂碌溜上枝頭，望外邊書舍一看。

也是合當有事，恰恰任君用同方務德外邊游耍，過了夜，方纔轉來。正要進房，牆裏如霞笑指道：「兀的不是任先生？」【眉批】牆外行人，牆內佳人笑，逼真語景。任君用聽得牆頭上笑聲，擡頭一看，却見是個雙鬟女子，指着他説話，認得是宅中如霞。他本是少年的人，如何禁架得定？便問道：「姐姐説小生甚麽？」如霞是有心招風攬火的，答道：「先生這早在外邊回來，莫非昨晚在那處行走麽？」任君用道：「小生獨處難捱，怪不得要在外邊走走。」如霞道：「你看我牆內，那個不是獨處的？你何不到裏面走走，便大家不獨了。」任君用道：「我不生得雙翅，飛不進來。」如霞道：「你果要進來，我有法兒，不消飛得。」任君用向牆上唱一個肥偌道：「多謝姐姐，速教妙方。」如霞道：「待禀過了夫人，晚上伺候消息。」説罷了，溜下樹來。任君用聽得明白，不勝傒倖道：「不知是那一位夫人，小生有此緣分？却如何能進得去？且到晚上看消息則個。」一面只望着日頭下去。正是：

無端三足鳥，團圓光皎灼。
安得后羿弓，射此一輪落。

不説任君用巴天晚，且説築玉夫人在下邊看見如霞和牆外講話，一句句多聽得的，不待如霞回覆，各自心照，笑嘻嘻的且回房中。如霞道：「今晚管不寂寞了。」夫人道：「萬一後生家膽怯，不敢進來，這樣事也是有的。」如霞道：「他方纔恨不得立地飛了進來，聽得説有個妙法，他肥偌就唱不迭，豈有膽怯之理？只准備今宵取樂便了。」築玉夫人暗暗歡喜。

久作阱中猿馬，今思野外鴛鴦。安排芳餌鈎檀郎，百計圖他歡暢。(詞寄《西江月》)
床上添鋪異錦，爐中滿爇名香。榛松細菓貯教嘗，美酒佳茗頓放。

是日將晚，夫人喚如霞同到園中，走到梯邊。如霞仍前從梯子溜在梧桐枝去，對着牆外，大聲咳嗽。外面任君用看見天黑下來，正在那裏探頭探腦，伺候聲響。忽聞有人咳嗽，仰面瞧處，正是如霞在樹枝高頭站着。忙道：「好姐姐，望穿我眼也！快用妙法，等我進來。」如霞道：「你在此等着，就來接你。」急下梯來，對夫人道：「那人等久哩。」夫人道：「快放他進來。」如霞即取早間紮縛停當的索子，搿在腋下，望梯上便走。到樹枝上，牢繫兩頭。如霞口中叫聲道：「着！」把木板繩索，向牆外一撇，那索子早已挂了下去。任君用外邊凝望處，見一件物事抛將出來，却是一條軟梯索子，喜得打跌。將脚試踹，且是結得牢實，料道可登。踹着木板，雙手弔索，一步一步，弔上牆來。如霞看見，急跑下來道：「來了！來了！」夫人覺得有些害羞，走退一段路，在太湖石畔坐着等候。

任君用跳過了牆，急從梯子跳下。一見如霞，向前雙手抱住道：「姐姐恩人，快活殺小生也！」如霞啐一聲道：「好不識羞的！不要饞臉，且去前面見夫人。」任君用道：「是那一位夫人？」如霞道：「是第七位築玉夫人。」任君用道：「可正是京師極有名標致的麼？」如霞道：「不是他還有那個？」任君用道：「小生怎敢就去見他？」如霞道：「是他想着你，用見識教你進來的，你怕怎地？」任君用道：「果然如此，小生何以克當？」如霞道：「不要虚謙遜，造化着你罷了，切莫忘了我引見的。」任君用道：「小生以身相謝，不敢有忘。」

一頭説話，已走到夫人面前。如霞抛聲道：「任先生已請到了。」任君用滿臉堆下笑來，深深拜揖道：「小生下界凡夫，敢望與仙子相近。今蒙夫人垂盻，不知是那世裏積下的福！」夫人道：「妾處深閨，常因太尉晏會，窺見先生丰采，渴慕已久。【眉批】厚臉皮。今太尉不在，閨中空閒，特邀先生一敘。倘不棄嫌，妾之幸也。」任君用道：「夫人擡舉，敢不執鞭墜鐙？只是他日太尉知道，罪犯非同小可。」夫人道：「太尉昏昏的，那裏有許多背後眼？况如此進來，無人知覺，先生不必疑慮，且到房中去來。」夫人叫如霞在前引路，一隻手挽着任君用同行。任君用到此，魂靈已飛在天外，那裏還顧甚麽利害？隨着夫人，輕手輕脚，竟到房中。此時天已昏黑，各房寂静。如霞悄悄擺出酒肴，兩人對酌，四目相視，甜語温存。三杯酒下肚，欲心如火，偎偎抱抱，共入鴛帳。兩人之樂，不可名狀。

本爲旅館孤栖客，今向蓬萊頂上游。
偏是乍逢滋味别，分明織女會牽牛。

兩人雲雨盡歡。任君用道：「久聞夫人美名，今日得同枕席，天高地厚之恩，無時可報。」【眉批】豪門中不可不知此等心事。夫人道：「妾身頗慕風情，奈爲太尉拘禁，名雖朝歡暮樂，何曾有半點情趣！今日若非設法得先生進來，豈不辜負了好天良夜？自此當永圖偷聚，雖極樂而死，妾亦甘心矣。」任君用道：「夫人玉質冰肌，但得挨皮靠肉，福分難消。【眉批】俱是拚死吃河豚。何况親承雨露之恩，實遂于飛之願。摠然事敗，直得一死了。」兩人笑談歡謔，不覺東方發白。如霞走到床前來，催起身道：「快活了一夜，也勾了。趁天色未明，不出去了，更待何時？」任君用慌忙披衣而起，夫人不忍舍去，執手留連，叮嚀夜會而别。分付如霞送出後園中，元從來時方法，在索上挂將下去。到晚夕仍舊進來。真個是：

朝隱而出，暮隱而入。
果然行不繇徑，早已非公至室。

如此往來數晚，連如霞也弄上了手，滚得熱做一團。築玉夫人心歡喜，未免與同伴中笑語之間，有些精神恍惚，説話没頭没腦的，露出些馬脚來。同伴裏面初時不覺，後來看出意態，頗生疑心。到晚上，有有心的，多方察聽，已見了些聲響。大家多是吃得杯兒的的，巴不得尋着些破綻，同在渾水裏攪攪，只是没有找着來踪去迹。

一日，衆人偶然高興，説起打鞦韆，一哄的走到架邊，不見了索子，大家尋將起來。築玉夫人與如霞兩個多做不得聲。元來先前兩番，任君用出去了，便把索子解下藏過，以防别人看見。以後多次，便有些托大了，曉得夜來要用，不耐煩去解他。任君用雖然出去了，索子還弔在樹枝上挂向外邊，未及收拾。却被衆人尋見了，道：「兀的不是鞦韆索！如何縛在這裏樹上，抛向外邊去了？」宜笑姐年紀最小，身子輕便，見有梯在那裏，便溜在樹枝上去，弔了索頭，收將進來。

衆人看見，一節一節，縛着木板，共驚道：「奇怪！奇怪！可不有人在此出入的麽？」築玉夫人通紅了臉，半晌不敢開言。瑶月夫人道：「眼見得是甚麽人在此通内了，我們該傳與李院公查出，等候太尉來家，禀知爲是。」口裏一頭説，一頭把眼來瞅着築玉夫人。築玉夫人只低了頭。餐花姨姨十分瞧科了，笑道：「築玉夫人爲何不説一句？莫不心下有事？不如實對姐妹們説了，通同作個商量，倒是美事。」

如霞料是瞞不過了，對築玉夫人道：「此事若不通衆，終須大家炒壞，便要獨做，也做不成了。大家和同些説明白了罷。」衆人拍手道：「如霞姐説得有理，不要瞞着我們了。」築玉夫人纔把任生在此牆外做書房，用計取他進來的事，説了一遍。瑶月夫人道：「好姐姐，瞞了我們做這樣好事！」宜笑姐道：「而今不必説了。既是通同知道，我每合伴取些快樂罷了。」瑶月夫人故意道：「做的自做，不做的自不做，怎如此説？」【眉批】行濁者言必清。餐花姨姨道：「就是不做，姐妹情分，只是幫襯些爲妙。」宜笑姐道：「姨姨説得是。」大家哄笑而散。

元來瑶月夫人，内中與築玉夫人兩下最説得來，曉得築玉有此私事，已自上心要分他的趣了。碍着衆人在面前，只得説假撇清的話。比及衆人散了，獨自走到築玉房中，問道：「姐姐，今夜來否？」築玉道：「不瞞姐姐説，連日慣了的，爲甚麽不來？」【眉批】有情語。瑶月笑道：「來時仍是姐姐獨樂麽？」築玉道：「姐姐纔說不做的自不做。」瑶月道：「纔方是大概説話，我便也要學做做兒的。」築玉道：「姐姐果有此意，小妹理當奉讓。今夜唤他進來，送到姐姐房中便了。」瑶月道：「我與他又不厮熟，羞答答的，怎好就叫他到我房中？我只在姐姐處做個幫户便使得。」築玉笑道：「這件事，用不着人幫。」瑶月道：「没奈何，我初次害羞，只好頂着姐姐的名，嘗一嘗滋味，不要説破是我，等熟分了再處。」築玉道：「這等，姐姐須權躲躲過，待他到我床上，脱衣之後，吹息了燈，掉了包就是。」瑶月道：「好姐姐，彼此幫襯些個。」築玉道：「這個自然。」兩個商量已定。

到得晚來，仍叫如霞到後花園，把素兒收將出去，叫了任君用進來。築玉夫人打發他先睡好了，將燈吹滅，暗中拽出瑶月夫人來，推他到床上去。瑶月夫人先前兩個説話時，已自春心蕩樣。【眉批】洞見肺肝。適纔閃在燈後偷覷任君用進來，暗處看明處較清，見任君用俊俏風流態度，着實動了眼裏火。趂着築玉夫人來拽他，心裏巴不得就到手。況且黑暗之中，不消顧忌，也没甚麽羞耻，一轂碌鑽進床去。

床上任君用只道是築玉夫人，輕車熟路，也不等開口，翻過身就弄起來。瑶月夫人慾心已熾，猛力承受。弄到間深之處，任君用覺得肌膚凑理，與那做作態度，略是有些異樣。又且不見則聲，未免有些疑惑。低低叫道：「親親的夫人，爲甚麽今夜不開了口？」瑶月夫人不好答應，任君用越加盤問。瑶月轉閉口息聲，氣也不敢出。急得任君用連叫：「奇怪！」按住身子不動。

築玉在床沿邊站着，聽這一會，聽見這些光景，不覺失笑。輕輕揭帳，將任君用狠打一下，道：「天殺的！便宜了你，只管絮叨甚麽？今夜换了個勝我十倍的瑶月夫人，你還不知哩！」任君用纔曉得果然不是。便道：「不知又是那一位夫人見憐，小生不曾叩見，輒敢放肆了！」瑶月夫人方出聲道：「文謅謅甚麽？曉得便罷。」任君用聽了嬌聲細語，不繇不興動，越加鼓煽起來。瑶月夫人樂極道：「好知心姐姐，肯讓我這一會，快活死也！」陰精早洩，四肢懈散。築玉夫人聽得，當不住興發，也脱下衣服，跳上床來。任君用且喜旗鎗未倒。瑶月已自風流興過，連忙幫襯，放下身來，推他到築玉夫人那邊去。任君用換了對主，另復交鋒起來。正是：

倚翠偎紅情最奇，巫山黯黯雨雲迷。
風流一似偷香蝶，纔過東來又向西。

不説三人一床高興。且説宜笑姐、餐花姨姨，日裏見説其事，明知夜間任君用必然進内，要去約瑶月夫人，同守着他，大家取樂。且自各去吃了夜飯，然後走到瑶月夫人房中。早已不見夫人，心下疑猜，急到築玉夫人處探聽。房外遇見如霞，問道：「瑶月夫人在你處否？」如霞笑道：「老早在我這裏。今在我夫人床上睡哩。」兩人道：「同睡了，那人來時却有些不便。」如霞道：「有甚不便，且是便得忒煞，三人做一頭了。」兩人道：「那人已進來了麽？」如霞道：「進來，進來。此時進進出出得不耐煩。」宜笑姐道：「日裏他見我説了合伴取樂，老大撇清，今反是他先來下手。」餐花姨姨道：「偏是説喬話的最要緊。」宜笑姐道：「我兩個炒進去，也不好推拒得我每。」【眉批】有見識。餐花姨姨道：「不要，不要。而今他兩個弄一個，必定消乏，那裏還有甚麽本事輪到得我每？」附着宜笑姐的耳朵説道：「不如耐過了今夜，明日我每先下些功夫，弄到了房裏，不怕他不讓我每受用。」宜笑姐道：「説得有理。」兩下各自歸房去了，一夜無詞。

次日早放了任君用出去。如霞到夫人床前説昨晚宜笑、餐花兩人來尋瑶月夫人的説話。瑶月聽得，忙問道：「他們曉得我在這裏麽？」如霞道：「怎不曉得！」瑶月驚道：「怎麽好？須被他們耻笑。」築玉道：「何妨，索性連這兩個丫頭也弄在裏頭了，省得彼此顧忌。那時小任也不必早去夜來，只消留在這裏，大家輪流，一發無些阻碍，有何不可？」【眉批】有見識。瑶月道：「是倒極是，只是今日難見他們。」築玉道：「姐姐今日只如常時，不必提起甚麽。等他們不問便罷，若問時我便乘機兜他在裏面做事便了。」一瑤月放下心腸，因是夜來困倦，直睡到晌午起來，心裏暗暗得意樂事，只堤防宜笑、餐花兩人要來饒舌，見了帶些没意思。豈知二人已自有了主意，并不説破一字。兩個夫人各像没些事故一般，怡然相安，也不提起。

到了晚來，宜笑姐與餐花姨商量，竟往後花園中，迎候那人。兩人走到那裏，躲在僻處。瞧那樹邊，只見任君用已在牆頭上過來，從梯子下地，整一整巾幘，抖一抖衣裳，正舉步要望裏面走去。宜笑姐搶出來喝道：「是何閒漢？越牆進來做甚麽！」餐花姨也走出來，一把扭住道：「有賊！有賊！」任君用吃了一驚，慌得顫抖抖道：「是，是，是裏頭兩位夫人約我進來的。姐姐休高聲。」

宜笑姐道：「你可是任先生麽？」任君用道：「小生正是任君用，並無假冒。」餐花姨道：「你偷好了兩位夫人，罪名不小！你要官休、私休？」任君用道：「是夫人們教我進來的，非干小生大膽，却是官休不得，情願私休。」宜笑姐道：「官休時，拿你交付李院公，等太尉回來，禀知處分，叫你了不得。既情願私休，今晚不許你到兩位夫人處去，只隨我兩個悄悄到裏邊，憑我們處置。不怕。任君用笑道：「這裏頭料没有苦楚勾當，只隨兩位姐姐去罷了。」當下三人捏手捏脚，一直領到宜笑姐自己房中，連餐花姨也留做了一床。翻雲覆雨，倒鳳顛鸞，自不必説。

這邊築玉、瑤月兩位夫人，等到黄昏時候，不見任生到來。叫如霞拿燈去後花園中，隔牆支會一聲。到得那裏，將燈照着樹邊，只見鞦韆索子挂向牆裏邊來了。元來任君用但是進來了，便把索子收向牆内，恐防挂在外面，有人瞧見，又可以隨着尾他踪迹，故收了進來，以此爲常。如霞看見，曉得任生已自進來了，忙來回覆道：「任先生進來過了，不到夫人處，却在那裏？」築玉夫人想了一想，笑道：「這等，有人剪着綹去也。」瑤月夫人道：「料想只在這兩個丫頭處。」即着如霞去看。

如霞先到餐花房中，見房門閉着，內中寂然。隨到宜笑房前，聽得房內笑聲哈哈，床上軋軋震動不住。明知是任生在床做事，如霞好不口饞，急跑來對兩個夫人道：「果然在他那裏，正弄得興哩。我們快去炒他。」瑶月夫人道：「不可，不可。昨夜他們也不捉破我們，今若去炒，便是我們不是，須要傷了和氣。」築玉道：「我正要弄他兩個在裏頭，不匡他先自留心，已做下了，正合我的機謀。今夜且不可炒他，我與他一個見識，絶了明日的出路，取笑他慌張一回，不怕不打做一團。」瑶月道：「却是如何？」築玉道：「只消叫如霞去把那鞦韆索解將下來，藏過了，且看他明日出去不得，看他們怎地瞞得我們？」如霞道：「有理，有理。是我們做下這些機關，弄得人進來，怎麽不通知我們一聲，竟自邀截了去，不通，不通。」手提了燈，一性子跑到後花園，溜上樹去，把索子解了下來，做一捆抱到房中來，道：「解來了，解來了。」築月夫人道：「藏下了，到明日再處，我們睡休。」兩個夫人各自歸房中，寂寂寞寞睡了。正是：

一樣玉壺傳漏出，南宫夜短北宫長。

那邊宜笑、餐花兩人，摟了任君用，不知怎生狂蕩了一夜，約了晚間再會，清早打發他起身出去。任君用前走，宜笑、餐花兩人蓬着頭，尾在後邊，悄悄送他同到後花園中。任生照常登梯上樹，早不見了索子軟梯，出牆外去不得，依舊走了下來，道：「不知那個解去了索子？必是兩位夫人見我不到，知了些風，有些見怪，故意難我。而今怎生别尋根索子，弄出去罷。」宜笑姐道：「那裏有這樣粗索，弔得人起，墜得下去的？」任君用道：「不如等我索性去見見兩位夫人，告個罪，大家商量。」餐花姨姨道：「只是我們不好意思些。」

三人正躊躇間，忽見兩位夫人，同了如霞，趕到園中來，拍手笑道：「你們瞞了我們，幹得好事！怎不教飛了出去？」宜笑姐道：「先有人幹過了，我們學樣的。」餐花道：「且不要鬭口，原説道大家幫襯，只爲兩位夫人撇了我們，自家做事，故此我們也打一場偏手。而今不必説了，且將索子出來，放了他出去。」築玉夫人大笑道：「請問還要放出去做甚麽？【眉批】畢竟慧人。既是你知我見，大家有分了，便終日在此，還碍着那個？落得我們成群合夥，喧閧過日。」一齊笑道：「妙！妙！夫人之言有理。」築玉便挽了任生，同衆美步回内庭中來。

從此任生晝夜不出，朝歡暮樂。不是與夫人每並肩叠股，便與姨姐們作對成雙，淫慾無休，身體勞憊。思量要歇息一會兒，怎繇得你自在？没奈何，求放出去兩日，又没個人肯。各人只將出私錢，買下肥甘物件，進去調養他。慮恐李院奴有言，各湊重賞，買他口浄。真是無拘無忌，受用過火了。所謂：

志不可滿，樂不可極。

福過灾生，終有敗日。

任生在裏頭快活了一月有餘，忽然一日，外邊傳報進來，説太尉回來了。衆人多在睡夢昏迷之中，還未十分准信。不知太尉立時就到，府門院門，豁然大開。衆人慌了手脚，連忙着兩個送任生出後花園，叫他越牆出去。任生上得牆頭，底下人忙把梯子掇過，口裏叫道：「快下去！快下去！」不顧死活，没頭的奔了轉來。那時多着了忙，那曾仔細，竟不想不曾繫得鞦韆索子，却是下去不得。這邊没了梯子，又下來不得。想道：「有人撞見，煞是利害！」欲待奮身跳出，争奈淘虚的身子，手脚酸軟，膽氣虚怯，掙着便簌簌的抖。只得騎着牆簷脊上坐着。好似：

羝羊觸籓，進退兩難。

自古道：「寃家路兒窄。」誰想太尉回來，不問别事，且先要到院中各處牆垣上看有無可疑踪迹。一徑走到後花園來。太尉擡起頭來，早已看見牆頭上有人。此時任生在高處望下，認得是太尉自來，慌得無計可施，只得把身子伏在脊上，這叫得「兔子掩面」，只不就認得是他，却藏不得身子。【眉批】鼠見猫了。太尉是奸狡有餘的人，明曉得内院牆垣，有甚事却到得這上頭，畢竟連着閨門内的話，恐怕傳播開去，反爲不雅。假意揚聲道：「這牆垣高峻，豈是人走得上去的？那上面有個人，必是甚邪祟憑附着他了，可尋梯子扶下來，問他端的。」左右從人應聲去掇張梯子，將任生一步步扶掖下地。任生明明聽得太尉方纔的説話，心生一計，將錯就錯，只做懵懂，不省人事的一般，任憑衆人扯扯拽拽，拖至太尉跟前。

太尉認一認面龐道：「兀的不是任君用麽？元何這等模樣？必是着鬼了。」任生緊閉雙目，只不開言。太尉叫去神樂觀裏請個法師來救解。太尉的威令，誰敢稽遲？不一刻，法師已到。太尉叫他把任生看一看。法師捏鬼道：「是個着邪的。」手裏仗了劍，口裏哼了幾句呪語，噴了一口浄水，道：「好了，好了。」任生果然睁開眼來，道：「我如何却在這裏？」太尉道：「你方纔怎的來？」任生謅出一段謊來道：「夜來獨坐書房，恍惚之中，有五個錦衣花帽的將軍來説，要隨他天宫裏去抄寫甚麽。小生疑他怪樣，抵死不肯。他叫從人扯捉，騰空而起。小生慌忙弔住樹枝，口裏喊道：『我是楊太尉爺館賓，你們不得無禮。』那些小鬼見説出楊太尉三字，便放鬆了手，推跌下來，一時昏迷不省。好副急話。不知却在太尉面前。太尉幾時回來的？這裏是那裏？」傍邊人道：「你方纔被鬼迷在牆頭上伏着，是太尉教救下來的。這裏是後花園。」太尉道：「適間所言，還是何神怪？」法師道：「依他説來，是五通神道，見此獨居無伴，作怪求食的。今與小符一紙，貼在房中，再將些三牲酒菓安一安神，自然平穩無事。」太尉分付當直的，依言而行。送了法師回去。任生扶在館中將息。

任生心裏道：「慚愧！天字號一場是非，早被瞞過了也。」未得且喜。任生因是幾時斵喪過度了，精神元是虚耗的，做這被鬼迷了，要將息的名頭，在館中調養了十來日。

終是少年易復，漸覺旺相。進來見太尉，稱謝道：「不是太尉請法師救治，此時不知怎生被神鬼所迷，喪了殘生，也不見得。」太尉也自忻然道：「且喜得平安無事。老夫與君用久闊，今又值君用病起，安排幾品，暢飲一番則個。」隨命取酒共酌，猜枚行令，極其歡洽。任生隨機應變，曲意奉承。酒間任生故意説起遇鬼之事，要探太尉心上如何。【眉批】老奸口吻。但提起，太尉便道：「使君用獨居遇魅，原是老夫不是。」着實安慰。任生心下私喜道：「所做之事，點滴不漏了。只是衆美人幾時能勾再會？此生只好做夢罷了。」書房静夜，常是相思不歇。却見太尉不疑，放下了老大的鬼胎，不擔干繫，自道僥倖了。

豈知太尉有心，從牆頭上見了任生，已瞧科了九分在肚裏。及到築玉夫人房中，不想那條做軟梯的索子，自那夜取笑，將來堆在壁間，終日喧閧，已此忘了，一時不曾藏得過，被太尉看在眼裏。料道此物正是接引人進來的東西了。即將如霞拷問，如霞吃苦不過，一一招出。太尉又各處查訪，從頭徹尾的事，無一不明白了。却只毫不發覺出來，待那任生一如平時，寧可加厚些。正是：

腹中懷劍，笑裏藏刀。

撩他虎口，怎得開交。

一日，太尉召任生吃酒。直引至内書房中，歡飲多時，唤兩個歌姬出來唱曲，輪番勸酒。任生見了歌姬，不覺想起内裏相交過的這幾位來，心事悒怏，只是吃酒，被灌得酩酊大醉。太尉起身走了進去，歌姬也隨時進來了。只留下任生，正在椅子上打盹。忽然四五個壯士，走到面前，不繇分説，將任生綑縛起來。任生此時醉中，不知好歹，口裏胡言亂語，没個清頭。早被衆人擡放一張卧榻上，一個壯士拔出風也似一把快刀來。任生此時，正是：

命如五鼓銜山月，身似三更油盡燈。

看官，你道若是要結果任生性命，這也是太尉家慣做的事。況且任生造下罪業不小，除之亦不爲過，何必將酒誘他在内室了，然後動手？元來不是殺他，那處法實是希罕。只見拏刀的壯士，褪下任生腰褌，將左手扯他的陽物出來，右手颼的一刀割下，隨即剔出雙腎。任生昏夢之中，叫聲：「阿呀！」痛極暈絶。那壯士即將神効止疼生肌的敷藥，敷在傷處，放了任生綑縛，緊閉房門而出。

這幾個壯士是誰？乃是平日内裏所用閹工，專與内相浄身的。太尉怪任生淫污了他的姬妾，又平日喜歡他知趣，着人不要徑自除他，故此分付這些閹工，把來閹割了。因是閹割的見不得風，故引入内裏密室之中。古人所云：「下蠶室」，正是此意。太尉又分付如法調治他，不得傷命。飲食之類，務要加意。任生疼得十死九生，還虧調理有方，得以不死。明知太尉洞曉前事，下此毒手，忍氣吞聲，没處申訴，且喜留得性命。

過了十來日，勉強挣扎起來，討些湯來洗面。但見下頦上微微幾莖髭鬚，盡脱在盆内。急取鏡來照時，儼然成了一個太監之相。看那小肚之下，結起一個大疤。這一條行淫之具，已丢向東洋大海裏去了。任生摸了一摸，淚如雨下。有詩爲証：

昔日花叢多快樂，今朝獨坐悶無聊。（膫）
始知裙帶喬衣食，也要生來有福消。

任君用自被閹割之後，楊太尉見了，便帶笑容，越加待得他殷勤。索性時時引他到内室中，與妻妾雜坐，宴飲耍笑。蓋爲他身無此物，不必顧忌，正好把來做玩笑之具了。起初瑶月、築玉等人，凡與他有一手者，時時説起舊情，還十分憐念他。却而今没蛇得弄，中看不中吃，要來無幹。任生對這些舊人道：「自太尉歸來，我只道今生與你們永無相會之日了。豈知今日時時可以相會，却做了個無用之物，空嚥唾津。可憐，可憐！」

自此，任生十日倒有九日在太尉内院，希得出外。又兼頦浄聲雌，太監嘴臉，怕見熟人，一發不敢到街上閒走。平時極往來得密的方務德，也有半年不見他面。務德曾到太尉府中探問，乃太尉分付過的，盡説道他死了。

一日，太尉帶了姬妾，出游相國寺，任生隨在裏頭。偶然獨自走至大悲閣下，恰恰與方務德撞見。務德看去，模樣雖像任生，却已臉皮改變。又聞得有已死之説，心裏躊躇，不敢上前相認，走了開去。任生却認得是務德不差，連忙呼道："務德，務德，你爲何不認我故人了？"務德方曉得真是任生，走來相揖。任生一見故友，手握着手，不覺嗚咽流涕。務德問他許久不見，及有甚傷心之事？任生道："小弟不才遭變，一言難盡。"遂把前後始末之事，細述一遍。道："一時狂興，豈知受禍如此！"痛哭不止。務德道："你受用太過，正經話。故折罰至此。已成往事，不必追悔。今後只宜出來相尋同輩，消遣過日。"任生道："何顏復與友朋相見？貪戀餘生，苟延旦夕罷了。"務德大加嗟嘆而别。

後來打聽任生鬱鬱不快，不久竟死於太尉府中。這是行淫的結果。方務德每見少年好色之人，即舉任君用之事以爲戒。

看官聽説，那血氣未定後生們，固當謹慎；就是太尉，雖然下這等毒手，畢竟心愛姬妾，被他弄過了。此亦是富貴人多蓄婦女之鑒。

堪笑纍垂一肉具，喜者奪來怒削去。
寄語少年漁色人，大身勿受小身累。

又一詩笑楊太尉云：

削去淫根淫已過，尚留殘質共婆娑。
譬如宫女尋奄尹，一樣多情奈若何！

錯調情賈母罵子

誤告狀縣郎
妾

卷之三十五

錯調情賈母詈女　誤告狀孫郎得妻

詩曰：

婦女輕自縊，就裏別貞淫。
若非能審處，枉自命歸陰。

話說婦人短見，往往没奈何了便自輕生。所以縊死之事，惟婦人極多。然有死得有用的，有死得没用的。湖廣黄州蘄水縣有一個女子陳氏，年十四歲，嫁與周世文爲妻。世文年紀，更小似陳氏兩歲，未知房室之事。其母馬氏，是個寡婦，却是好風月淫濫之人。先與奸夫蔡鳳鳴私通，後來索性贅他入室，作做晚夫。慾心未足，還要吃一看二。有個方外僧人性月，善能養龜，廣有春方，也與他搭上了。蔡鳳鳴正要學些抽添之法，借些藥力幫襯，並不吃醋撚酸，反與僧人一路宣淫，曉夜無度。有那媳婦陳氏在面前走動，一來碍眼，二來也帶些羞慚，要一網兜他在裏頭。况且馬氏中年了，那兩個奸夫見了少艾女子，分外動火，巴不得到一到手。

三人合伴，百計來哄誘他，陳氏只是不從。婆婆馬氏怪他不肯學樣，羞他道：「看你獨造了貞節牌坊不成！」先是毒罵，漸加痛打。蔡鳳鳴假意旁邊相勸，便就捏捏撮撮撩撥他。陳氏一頭受打，一頭口裏亂罵鳳嗚道：「繇婆婆自打，不干你這野賊事，不要你來勸得！」婆婆道：「不知好歹的賤貨！必要打你肯順隨了纔住。」陳氏道：「揀得打死，決難從命。」蔡鳳嗚趁勢抱住道：「乖乖，偏要你從命，不捨得打你。」馬氏也來相幫，扯袴拏腿，強要奸他。怎當得陳氏亂顛亂滾，兩個人用力，只好捉得他身子住，那裏有閑空湊得着道兒行淫？原來世間強奸之説，元是説不通的。忙中冷語。落得馬氏費壞了些氣力，恨毒不過，狠打了一場纔罷。

陳氏受這一番作踐，氣忿不過，跑回到自己家裏，哭訴父親陳東陽。那陳東陽是個市井小人，不曉道理的，不指望幫助女兒，反説道：「不該逆着婆婆。凡事隨順些，自不討打。」【眉批】女子以順爲正，此事詎可隨順乎？陳氏曉得分理不清的，走了轉來，一心只要自盡。家裏還有一個太婆，年紀八十五了，最是疼他的。陳氏對太婆道：「媳婦做不得這樣狗彘的事，尋一條死路罷，不得伏侍你老人家了。却是我決不空死，我決來要兩個同去。烈哉！可畏！可敬！」太婆道：「我曉得你是個守志的女子，不肯跟他們胡（狐）做。却是人身難得，快不要起這念樣頭。」陳氏主意已定，恐怕太婆老人家婆兒氣，又或者來防閑着他，假意道：「既是太婆勸我，我只得且忍着過去。」是夜在房，竟自縊死。

死得兩日，馬氏晚間取湯澡牝，正要上床與蔡鳳嗚快活，忽然一陣冷風過處，見陳氏拖出舌頭尺餘，當面走來，叫聲：「不好了！媳婦來了！」驀然倒地，叫唤不醒。蔡鳳嗚看見，嚇得魂不附體，連夜逃走英山地方，思要躲過。不想心慌不擇路，走脱了力。次日發寒發熱，口發譫語，不上幾日也死了。眼見得必是陳氏活拿了去。

此時是六月天氣，起初陳氏死時，婆婆恨他，不曾收殮。今見顯報如此，鄰里喧傳，争到周家來看。那陳氏停屍在低簷草屋中，烈日炎蒸，面色如生，豪不變動。説起他死得可憐，無不垂涕。又見惡姑、奸夫俱死，又無不拍手稱快。有許多好事儒生，爲文的爲文，作傳的作傳，備了牲禮，多來祭奠。呈明上司，替他立起祠堂。後來察院采風，奏知朝廷，建坊旌表爲烈婦。果應着馬氏「獨造牌坊」之讖。這個縊死可不是死得有用的了！

蓮花出水，不染泥淤。
均之一死，唾罵在姑。

湖廣又有承天府景陵縣一個人家，有姑嫂兩人。姑未嫁出，嫂也未成房，尚多是女子，共居一個小樓上。樓後有別家房屋一所，被火焚過，餘下一塊老大空地，積久爲人堆聚糞穢之場。因此樓牆後窗，直見街道。二女閑空，就到窗邊看街上行人往來光景。有鄰家一個學生，朝夕在這街上經過，貌甚韶秀。二女年俱二八，情慾已動，見了多次，未免妄想起來。便兩相私語道：「這個標緻小官，不知是那一家的？若得與他同宿一晚，死也甘心。」

正說話間，恰好有個賣糖的小廝喚做四兒，敲着鑼，在那裏後頭走來。姑嫂兩人多是與他賣糖廝熟的，樓窗內把手一招，四兒就挑着擔，走轉向前門來，叫道：「姑娘們買糖？」姑嫂多走下樓來，與他買了些糖。【眉批】女子管閑事就咤異了。便對他道：「我問你一句說話：方才在你前頭走的小官，是那一家的？」四兒道：「可是那生得齊整的麽？」二女道：「正是。」四兒道：「這個是錢朝奉家哥子。」二女道：「爲何日日在這條街上走來走去？」四兒道：「他到學堂中去讀書。」姑娘問他怎的？」二女笑道：「不怎的。我們看見，問問着。」

四兒年紀雖小，到是點頭會意的人。曉得二女有些心動，便道：「姑娘喜歡這哥子，我替你們傳情，叫他來耍耍何如？」二女有些羞縮，多紅了臉，半晌方纔道：「你怎麽叫得他來？」四兒道：「這哥子在書房中，我時常挑擔去賣糖，極是熟的。他心性好不風月！說了兩位姑娘好情，他巴不得在裏頭的。只是門前不好來得，却怎麽處？」二女笑道：「只他肯來，我自有處。」四兒道：「包管我去約得來。」二女就在汗巾裏解下一串錢來，遞與四兒道：「與你買菓子吃。煩你去約他一約，只叫他在後邊糞場上走到樓窗下來。我們在樓上窗裏，抛下一個布兜兜他上來就是。」四兒道：「這等，我去説與他知道了，討了回音，來復兩位姑娘。」三個多是孩子家，不知甚麽利害，歡歡喜喜，各自散去。

四兒走到書房來尋錢小官，撞着他不在書房，不曾説得。走來回復。把鑼敲得響，二女即出來問。四兒便説未得見他的話。二女苦央他再去一番，千萬等個回信。【眉批】真是合該有事，若一番即遇，無此變態矣。四兒去了一會，又走來道：「偏生今日他不在書房中，待走到他家裏去與他説。」二女又千叮萬囑道：「不可忘了。」似此來去了兩番。

對門有一個老兒，姓程，年紀七十來歲，終日坐在門前一隻櫈上，矇眬着雙眼，看人往來。是老人圖。見那賣糖的四兒，在對門這家去了又來，頻敲糖鑼。那裏頭兩個女人但是敲鑼，就走出來與他交頭接耳。想道：「若只是買糖，一次便了，爲何這等藤纏？終是閱歷世情熟透了。裏頭必有緣故。」跟着四兒到僻浄處，便一把扯住，問道：「對門這兩個女兒，托你做些甚麽私事？你實對我説了，我與你菓兒吃。」四兒道：「不做甚麽事。」程老兒道：「你不説，我只不放你。」四兒道：「老人家休纏我，我自要去尋錢家小哥。」程老兒道：「想是他兩個與那小官有情，故此叫你去麽？」

四兒被纏不過，只得把實情説了。程老兒帶着笑説道：「這等，今夜若來，就成事了。」四兒道：「却不怎的！」程老兒笑嘻嘻的扯着四兒道：「好對你説，作成了我罷。老而不死。」四兒拍手大笑道：「他是女兒家，喜歡他小官，要你老人家做甚麽？」程老兒道：「我老則老，興趣還高。我黑夜裏坐在布兜内上去了，不怕他們推了我出來。那時，臨老入花叢，我之願也。」四兒道：「這是我哄他兩個了，我做不得這事。」程老兒道：「你若依着我，我明日與你一件衣服穿；若不依我，我去對他家家主說了，還要拿你這小猴子去擺佈哩。」四兒有些着忙了，道：「老爹爹果有此意，只要重賞我，我便假說是錢小官，送了你上樓罷。」程老兒便伸手腰間錢袋内摸出一塊銀子來，約有一錢五六分重，遞與四兒道：「你且先拿了這些須去，明日再與你衣服。」

四兒千歡萬喜，果然不到錢家去。竟謅一個謊，走來回復二女道：「說與錢小官了，等天黑就來。」二女喜之不勝，停當了布匹等他，一團春興。誰知程老兒老不識死，想要剪綹。

四兒走來回了他話，他就獃獃等着日晚。家裏人叫他進去吃晚飯，他回說：「我今夜有夜宵主人，不來吃了。」磕磕撞撞，撞到糞場邊來。走至樓窗下面，咳嗽一聲。時已天黑，不辨色了。兩女聽得人聲，向窗外一看。但見黑魆魆一個人影，料道是那話來了。急把布來每人捏緊了一頭，放將中段下去。程老兒見布下來了，即兜在屁股上坐好。樓上見布中已重，知是有人，扯將起去。那程老兒老年的人，身體乾枯，苦不甚重。二女趁着興高，用力一扯，扯到窗邊。正要伸手扶他，樓中火光照出窗外，却是一個白頭老人，吃了一驚。【眉批】死而後已。手臂索軟，布扯不牢，一個失手，程老兒早已頭輕脚重，跌下去了。二女慌忙把布收進，顫篤篤的關了樓窗。一場掃興，不在話下。

次日，程老兒家兒家主夜晚不回，又不知在那一家宿了，分頭去親眷家問，没個踪迹。忽見糞場牆邊，一個人死在那裏，認着衣服，正是程翁。報至家裏，兒子每來看着，不知其繇，只道是老人家脚蹉，自跌死了的。齊哭着，扛擡回去。一面開喪入殮，家裏嚷做一堆。

那賣糖的四兒還不曉得緣故，指望討夜來信息，希冀衣服，莽莽走來。聽見裏面聲喧，進去看看。只見程老兒直挺挺的躺在板上。心裏明知是昨夜做出來的，不勝傷感，點頭嘆息。程家人看見了道：「昨夜晚上請吃晚飯時，正見主翁同這個小廝在那裏唧噥些甚麽，想是牽他到那處去。今日却死在牆邊。那廂又不是街路，死得蹺蹊。這小廝必定知情！」衆人齊來一把拿住道：「你不實説，活活打死你纔住。」四兒慌了，只得把昨日的事一一説了，道：「我只曉得這些緣故。以後去到那裏，怎麽死了，我實不知。」程家兒子們聽了這話道：「雖是我家老子老没志氣，牽頭是你。這條性命，斷送在你身上，干休不得。」就把四兒縛住，送到官司告理。

四兒到官，把首尾一十一五説了。事情干連着二女，免不得出牌行提。二女見説，曉得要出醜了，雙雙縊死樓上。只爲一時没正經，不曾做得一點事，葬送了三條性命。這個縊死，可不是死得没用的了？

二美屬目，睠睠戀童。

老翁夙孽，彼此兇終。

小子而今説一個縊死的，只因一弔，倒弔出許多妙事來。正是：

失馬未爲禍，其間自有緣。

不因俱錯認，怎得兩團圓？

話説吳淞地方，有一個小官人，姓孫，也是儒家子弟。年方十七，姿容甚美。隔鄰三四家，有一寡婦，姓方。嫁與賈家，先年其夫亡故。止生得一個女兒，名唤閏娘。也是十七歲，貌美出群。只因家無男子，止是娘女兩個過活，雇得一個秃小廝使唤，無人少力，免不得出頭露面。鄰舍家個個看見的，人人稱羨。孫小官自是讀書之人，又年紀相當，時時撞着。兩下眉來眼去，各自有心。只是方媽媽做人刁鑽，心性兇暴，不是好惹的人。拘管女兒，甚是嚴緊。日裏只在面前，未晚就收拾女兒到房裏去了。雖是賈閏娘有這個孫郎在肚裏，只好空自嘸唾。孫小官恰像經布一般，不時往來他門首，只弄得個眼熟，再無便處下手。幸喜得方媽媽見了孫小官，心裏也自愛他一分的，只怕也眼裏火。時常留他吃茶，與他閑話，算做通家子弟，還得頻來走走，捉空與閏娘説得句把話。閏娘恐怕娘疑心，也不敢十分兜攬。似此多時，孫小官心癢難熬，没個計策。

一日，賈閏娘穿了淡紅掛子，在窗前刺繡。孫小官走來，看見無人，便又把語言挑他。賈閏娘提防娘瞧着，只不答應。孫小官不離左右的踅了好兩次，賈閏娘只怕露出破綻，輕輕的道：「青天白日，只管人面前來晃做甚麽？」【眉批】其語故自可念。孫小官聽得，只得走了去。思量道：「適間所言，甚爲有意。教我青天白日不要來晃，敢是要我夜晚些來？或有個機會，也不見得。」

等到傍晚，又踅來賈家門首，呆呆立着。見賈家門已閉了。忽聽得呀的一響，開將出來。孫小官未知是那個，且略把身子退後。望把門開處，走出一個人來。影影看去，正是着淡紅掛子的。孫小官喜得了不得，連忙尾來，只見走入坑厠裏去了。孫小官也跳進去，攔腰抱住道：「親親姐姐，我被你想殺了。你叫我日裏不要來，今已晚了，你怎生打發我？」那個人啐了一口道：也該將錯就錯。「小入娘賊，你認做那個哩！」元來不是賈閏娘，是他母親方媽媽。活驚殺！爲晚了，到坑厠上收拾馬子。因是女兒換下掛子在那裏，他就穿了出來。孫小官一心想着賈閏娘，又見衣服是日裏的打扮，娘女們身分必定有些厮像，眼花撩亂認錯了。直等聽得聲音，方知是差訛。打個失驚，不要命的一道煙跑了去。

方媽媽吃了一場没意思，氣得顫抖抖的，提了馬子回來。想着道：「適纔小猢猻的言語，甚有蹺蹊。必是女兒與他做下了，有甚麽約會，認錯了我，故作此行徑，不必説得。」一忿之氣，走進房來對女兒道：「孫家小猢猻在外頭，叫你快出去。」賈閏娘不知一些清頭，説道：「甚麽孫家、李家，却來叫我？」方媽媽道：「你這臭淫婦約他來的，還要假撇清！」賈閏娘叫起屈來道：「那裏説起？我好耽耽坐在這裏，却與誰有約來？把這等話臟污我！」方媽媽道：「方纔我走出去，那小猢猻急急趕來，口口叫姐姐，不是認做了你這臭淫婦麽？做了這樣齷齪人，不如死了罷！」賈閏娘没口得分剖，大哭道：「可不是寃殺我！我那知他這些事體來？」方媽媽道：「你渾身是口，也洗不清。平日不調得喉慣，没些事體，他怎敢來動手動脚？」方媽媽平日本是難相處的人，就碎聒得一個不了不休。賈閏娘欲待辨來，往常心裏本是有他的，虚心病説不出强話；欲待不辨來，其實不曾與他有勾當，委是寃屈。思量一轉，淚如泉涌，道：「以此一番，防範越嚴，他走來也無面目。這因緣料不能勾了。【眉批】此慮爲重。況我當不得這擦刮，受不得這腌臢，不如死了，與他結個來生緣罷。」哭了半夜，趁着方媽媽炒罵興闌，精神疲倦，昏昏熟睡，輕輕床上起來，將束腰的汗巾，懸梁高弔。正是：

未得野鴛交頸，且做羚羊挂角。

且説方媽媽一覺睡醒，天已大明，口裏還咋咋叨叨説昨夜的事，帶着駡道：「只會引老公、招漢子，這時候還不起來，挺着屍做甚麽？」【眉批】酷肖悍母。一頭碎聒，一頭穿衣服，静悄悄不見有人聲響，嚷道：「索性不見則聲，還嫌我做娘的多嘴哩！」夾着氣蠱，跳下床來。擡頭一看，正見女兒挂着，好似打鞦韆的模樣，叫聲：「不好了！」連忙解了下來，早已滿口白沫，鼻下無氣了。

方媽媽又驚又苦又懊悔，一面抱來放倒在床上，搥胸跌脚的哭起來。哭了一會，狠的一聲道：「這多是孫家那小入娘賊，害了他性命，更待干罷！必要尋他來抵償，出這口氣。」又想道：「若是小入娘賊得知了這個消息，必定躲過我。且趁着未張揚時，去賺得他來，留住了，當官告他。不怕他飛到天外去。」忙叫秃小斯來，不與他説明，只教去請孫小官來講話。

孫小官正想着昨夜之事，好生没意思。聞知方媽媽請他，一發心裏縮縮朒朒起來道：「怎倒反來請我？敢怕要發作我麽！」却又是平日往來的，不好推辭得。只得含着些羞慚之色，隨着秃小斯來到。見了方媽媽，方媽媽撮起笑容來道：「小哥夜來好莽撞，敢是認做我小女麽？」孫小官面孔通紅，半晌不敢答應。方媽媽道：「吾家與你家門當户對，你若喜歡着我女兒，只消明對我説，一絲爲定，便可成事。何必做那鼠竊狗偷、没道理的勾當？」孫小官聽了這一片好言，不知是計，喜之不勝，道：「多蒙媽媽厚情。【眉批】此媽媽可□婆對□。待小子去備些薄意，央個媒人來説。」方媽媽道：「這個且從容。我既以口許了你，你且進房來，與小女相會一相會，再去央媒也未遲。」孫小官正像尼姑菴裏賣卵袋，巴不得要的，歡天喜地，隨了方媽媽進去。

方媽媽到得房門邊，推他一把道：「在這裏頭，你自進去。」孫小官冒冒失失，踹脚進了房。方媽媽隨把房門拽上了，鏗的一聲，下了鎖。隔着板障大聲罵道：「孫家小猢猻聽着：你害我女兒弔死了，今挺屍在床上，交付你看守着。我到官去告你因奸致死，看你活得成活不成？」孫小官初時見關了門，正有些慌忙，道不知何意。及聽得這些説話，方曉得是方媽媽因女兒死了，賺他來討命。看那床上，果有個死人躺着，老大驚惶。却是門兒已鎖，要出去又無别路。在裏頭哀告道：「媽媽，是我不是。且不要經官，放我出來再商量着。」門外悄没人應。元來方媽媽叫禿小廝跟着，已去告訴了地方，到縣間遞狀去了。

孫小官自是小小年紀，不曾經過甚麽事體，見了這個光景，豈不慌怕？思量道：「弄出這人命事來，非同小可。我這番定是死了。」嘆口氣道：「就死也罷。只是我雖承姐姐顧盼好情，不曾沾得半分實味。今却爲我而死，我免不得一死償他。無端的兩條性命，可不是前生(緣)前世欠下的業債麽？」看着賈閏娘屍骸，不覺傷心大哭道：「我的姐姐，昨日還是活潑潑與我説話的，怎今日就是這樣了？【眉批】難爲情。却害着我！」正傷感間，一眼覷那賈閏娘時：

雙眸雖閉，一貌猶生。嫋嫋腰肢，如不舞的迎風楊柳；亭亭體態，像不動的出水芙蕖。宛然美女獨眠時，只少才郎同伴宿。

孫小官見賈閏娘顔面如生，可憐可愛，將自己的臉偎着他臉上，又把口嗚嘬一番。將手去摸摸肌膚身體，還是和軟的，不覺興動起來。【眉批】事固奇，而此時之想亦奇。心裏想道：「生前不曾沾着滋味，今旁無一人，落得任我所爲。我且解他的衣服開來。雖是死的，也弄他一下，還此心願，不枉把性命賠他。」就揭開了外邊衫子與裙子，把褲子解了帶扭，褪將下來，露出雪白也似兩腿。看那牝處，尚自光潔無毛。真是：

陰溝渥丹，火齊欲吐。

兩腿中間，兀自氣騰騰的。孫小官按不住慾心如火，騰的跳上身去，分開兩股，將鐵一般硬的玉莖，對着牝門，用些唾津潤了，弄將進去，抽拽起來。嘴對着嘴，恣意親咂。只見賈閏娘口鼻中漸漸有些氣息，喉中咯咯聲響。元來起初放下時，被汗巾勒住了氣，一時不得回轉，心頭温和，原不曾死。方媽媽性子不好，一看見死了，就耐不得，只思報仇害人，一下子奔了出去，不曾仔細解救。今得孫小官在身體上騰那，氣便活動；口鼻之間，又接着真陽之氣，㦬㦬的甦醒轉來。

孫小官見有些奇異，反驚得不敢胡動。跳下身來，忙把賈閏娘欵欵扶起。閏娘得這一起，胸口痰落，忽地叫聲：「哎呀！」早把雙眼矇朧閃開。看見是孫小官扶着他，便道：「我莫不是夢裏麽？」孫小官道：「姐姐，你險些害殺我也。」閏娘道：「我媽媽在那裏了，你到得這裏？這問要緊。」孫小官道：「你家媽媽道你死了，哄我到此，反鎖着門，當官告我去了。不想姐姐却得重醒轉來。而今媽媽未來，房門又鎖得好好的，可不是天叫我兩個成就好事了！」閏娘道：「昨夜受媽媽炒聒不過，拚着性命。誰知今日重活，又得見哥哥在此，只當另是一世人了。」【眉批】真天假之緣也。孫小官抱住要雲雨，閏娘羞阻道：「媽媽昨日没些事體，尚且百般醜駡。若今日知道與哥哥有些甚麽，一發了不得。」孫小官道：「這是你媽媽自家請我上門的，須怪不得别人。况且姐姐你適纔未醒之時，我已先做了點點事了。而今不必推掉得。」閏娘見説，自看身體上，纔覺得裙袴俱開，陰中生楚，已知着了他手。况且原是心愛的人，有何不情愿？只算任憑他舞弄。」孫小官重整旗槍，兩下交戰起來。

一個朦朧初醒，一個熱鬧重興。烈火乾柴，正是相逢對手；疾風暴雨，還饒未慣嬌姿。不怕隔垣聽，喜的是房門靜閉；何須牽綫合，妙在那覿面成交。兩意濃時，好似渴中新得水；一番樂處，真爲死去再還魂。

兩人無拘無管，盡情盡意，樂了一番。閏娘道：「你道媽媽回家來見了，却怎麽？」畢竟怕娘。孫小官道：「我兩人已成了事，你媽媽來家，推也推我不出去，怕他怎麽？誰叫他鎖着你我在這裏的！」

兩人情投意合，親愛無盡。也只詎媽媽就來，誰知到了天晚，還不見回。閏娘自在房裏取着火種，到厨房中做飯與孫小官吃。孫小官也跟着相幫動手，已宛然似夫妻一般。至晚，媽媽竟不來家，兩人索性放開肚腸，一床一卧，相偎相抱睡了。妙甚。自不見有這樣湊趣幫襯的事！那怕方媽媽住在外邊，過了年回來。這厢不題。

且說方媽媽這日哄着孫小官，鎖禁在房了，一徑到縣前來叫屈。縣官唤進審問。方媽媽口訴因奸致死人命事情。縣官不信道：「你們吴中風俗不好，婦女刁潑。必是你女兒病死了，想要圖賴鄰裏的。」方媽媽說：「女兒不從縊死，奸夫現獲在家。只求差人押小婦人到家，便可扭來，登堂究問。如有虚誑，情愿受罪。」縣官見他説得的確，纔叫個吏典將紙筆責了口詞，准發該房出牌行拘。

方媽媽終是個女流，被衙門中刁難，要長要短的，詐得不耐煩，纔與他差得個差人出來。【眉批】衙門人皆兩人之恩人也。差人又一時不肯起身，藤纏着要錢，羈絆住身子。轉眼已是兩三日，方得同了差人來到自家門首。方媽媽心裏道：「不詎一出門，擔閣了這些時，那小猢猻不要説急死，餓也該餓得零丁了。」

先請公差到堂屋裏坐下，一面將了鑰匙去開房門。只聽得裏邊笑語聲響，心下疑惑道：「這小猢猻在裏頭，却和那個說話？」忙開進去，擡眼看時，只見兩個人並肩而坐，正在那裏知心知意的商量。方媽媽驚得把雙眼一擦，看着女兒道：「你幾時又活了？」孫小官笑道：「多承把一個死令愛交我相伴，而今我設法一個活令愛還了。【眉批】說得響。這個人是我的了。」方媽媽呆了半晌，開口不得。思量沒收塲，只得拗曲作直，說道：「誰叫你私下通奸？我已告在官了。」孫小官道：「我不曾通奸，是你鎖我在房裏的。當官我也不怕。」

方媽媽正有些沒擺佈處，心下躊躇，早忘了支分公差。外邊公差每焦燥道：「怎麼進去不出來了？打發我們回復官人去！」方媽媽只得走出來，把實情告訴公差道：「起初小女實是縊死了，故此告這狀。不想小女仍復得活，而今怎生去回得官人便好？」公差變起臉來道：「匾大的天，憑你掇出掇入的！人命重情，告了狀，又說是不死。你家老子做官，也說不通。誰教你告這樣謊狀？」方媽媽道：「人命不實，奸情是真，我也不爲虛情。有煩替我帶人到官，我自會說。」就把孫小官交付與公差。孫小官道：「我須不是自家走來的。況且人又不曾死，不犯甚麼事，要我到官何幹？」公差道：「這不是這樣說。你牌上有名，有理沒理，你自見官分辨，不干我們事。我們來一番，須與我們差使錢去。」孫小官道：「我身子被這裏媽媽鎖住，餓了幾日。而今擦得見官，那裏有使用？但憑媽媽怎樣罷了。」

當下方媽媽反輸一帖，只得安排酒飯，欵待了公差。公差還要連閏娘帶去，方媽媽求免女兒出官。公差道：「起初說是死的，也少不得要相驗屍首。而今是個活的，怎好不見得官？」賈閏娘聞知，說道：「果要出醜，我不如仍舊縊死了罷。」方媽媽沒奈何，苦苦央及公差。公差做好做歉了一番，又送了東西，公差方肯住手。只帶了孫小官同原告方媽媽到官回復。

縣官先叫方媽媽問道：「你且說女兒怎麼樣死的？」方媽媽因是女兒不曾死，頭一句就不好答應。只得說：「爺爺，女兒其實不曾死。」縣官道：「不死怎生就告人因奸致死？」方媽媽道：「起初告狀時節，是死的。

爺爺准得狀回去，不想又活了。」縣官道：「有這樣胡說！原說吴下婦人刁，多是一派虚情。人不曾死，就告人命。好打！」方媽媽道：「人雖不死，奸情實是有的。小婦人現獲正身在此。」

縣官就叫孫小官上去，問道：「方氏告你奸情，是怎麽説？」孫小官道：「小人委實不曾有奸。」縣官道：「你方纔是那裏拿出來的？」孫小官道：「在賈家房裏。」縣官道：「可知是行奸被獲了！」孫小官道：「小人是方氏騙去鎖在房裏，非小人自去的，如何是小人行奸？」縣官又問方媽媽道：「你如何騙他到家？」方媽媽道：「他與小婦人女兒有奸。小婦人知道了，罵了女兒一場，女兒當夜縊死。所以小婦人哄他到家鎖住了，特來告狀。及至小婦人到得家裏，不想女兒已活，雙雙的住在房裏了幾日。這奸情一發不消説起了。」孫小官道：「小人與賈家女兒鄰居，自幼相識，原不曾有一些甚麽事。不知方氏與女兒有何話説，却致女兒上弔。道是女兒死了，把小人哄到家裏，一把鎖鎖住，小人並不知其繇。及至小人慌了，看看女兒屍首時，女兒忽然睁開雙目，依然活在床上。此時小人出來又出來不得，便做小人是柳下惠、魯男子時，也只索同這女兒住在裏頭了。【眉批】妙語可聽。不跧一住就是兩三日，却來拿小人到官。這不是小人自家走進去住在裏頭的，須怪小人不得。望爺爺詳情。」

縣官見説了，笑將起來道：「這説的是真話。只是女兒今雖不死，起初自縊，必有隱情。」孫小官道：「這是他娘女自有相争，小人却不知道。」縣官叫方氏起來問道：「且説你女兒爲何自縊？」方媽媽道：「方纔説過，是與孫某有奸了。」縣官道：「怎見得他有奸？拏奸要雙，你曾拏得他着麽？」方媽媽道：「他把小婦人認做了女兒，趕來把言語調戲，所以疑心他有奸。」縣官笑道：「疑心有奸，怎麽算得奸？以前反未必有這事，是你疑錯了。以後再活轉來，同住這兩日夜，這就不可知。却是你自鎖他在房裏，成就他的，此莫非是他的姻緣了。况已死得活，世所罕有，當是天意。我看這孩子儀容可觀，説話伶俐。你把女兒嫁了他，這些多不消饒舌了。」方媽媽道：「小婦人原與他無仇。只爲女兒死了，思量没處出這口氣，要擺佈他。今女兒不死，小婦人已自悔多告了這狀了。只憑爺爺主張。」

縣官大笑道：「你若不出來告狀，女兒與女婿怎能勾先相會這兩三日？」遂援筆判道：

孫郎、賈女，貌若年當。疑奸非奸，認死不死。欲絷其鑽穴之身，反遂夫同衾之樂。似有天意，非屬人爲。宜效綢繆，以消怨曠。

判畢，令吏典讀與方媽媽孫小官聽了，俱各喜歡。兩兩拜謝而出。孫小官就去擇日行禮，與賈閏娘配爲夫婦。這段姻緣，分明在這一弔上成的。有詩爲証：

姻緣分定不須忙，自有天公作主張。
不是一番寒徹骨，怎得梅花撲鼻香？

王滌翁捨錢
宗三寶

白水僧盗物
喪雙生

卷之三十六

王漁翁捨鏡崇三寶　白水僧盜物喪雙生

詩云：

資財自有分定，貪謀枉費躊躇。
假使取非其物，定爲神鬼揶揄。

話説宋時淳熙年間，臨安府市民沈一，以賣酒營生。家居官巷口，開着一個大酒坊。又見西湖上生意好，在錢塘門外豐樂樓買了一所庫房，開着一個大酒店。樓上臨湖玩景，游客往來不絶。沈一日裏在店裏監着酒工賣酒，傍晚方回家去。日逐營營，算計利息，好不興頭。

一日，正值春盡夏初，店裏吃酒的甚多，到晚未歇，收拾不及。不回家去，就在店裏宿了。將及二鼓時分，忽地湖中有一大船，泊將攏岸。鼓吹喧闐，絲管交沸。有五個貴公子，各戴花帽，錦袍玉帶，挾同姬妾十數輩，徑到樓下。唤酒工過來，問道：「店主人何在？」酒工道：「主人沈一，今日不回家去，正在此間。」五客多喜道：「主人在此更好，快請相見。」沈一出來見過了。五客道：「有好酒只管拿出來，我每不虧你。」沈一道：「小店酒頗有，但憑開量洪飲。請到樓上去坐。」五客擁了歌童舞女，一齊登樓，暢飲更餘。店中百來罈酒，吃個罄盡。算還酒錢，多是雪花白銀。

沈一是個乖覺的人，見了光景，想道：「世間那有一樣打扮的五個貴人？況他容止飄然，多有仙氣。只這用了無數的酒，決不是凡人了。必是五通神道無疑。既到我店，不可錯過了。」一點貪心忍不住，向前跪拜道：「小人一生辛苦經紀，趕趁些微末利錢，只勾度日。不道十二分天幸，得遇尊神，真是夙世前緣，有此遭際。願求賜一場小富貴。」五客多笑道：「要與你些富貴也不難，只是你所求何等事？」沈一叩頭道：「小人市井小輩，別不指望，只求多賜些金銀便了。」【眉批】笑中便有譏意。五客多笑着點頭道：「使得，使得。」即叫一個黄巾力士聽使用。力士向前聲喏。五客内中一個爲首的唤到近身，附耳低言，不知分付了些甚麽，領命去了。

須臾回覆，背上負一大布囊來，擲於地。五客教沈一來，與他道：「此一囊金銀器皿，盡以賞汝。然須到家始看，此處不可洩露。」沈一伸手去隔囊捏一捏，捏得囊裏塊塊纍纍，其聲鏗鏘，大喜過望，叩頭稱謝不止。俄頃鷄鳴，五客率領姬妾上馬，籠燭夾道，其去如飛。沈一心裏快活，不去再睡，要䭾回到家開看。慮恐入城之際，囊裏狼犺，被城門上盤詰。掔一個大錘，隔囊鎚擊，再加蹴踏匾了，使不聞聲。【眉批】妙處在此。然後背在肩上，急到家裏。妻子還在床上睡着未起。

沈一連聲喊道：「快起來！快起來！我得一主横財在這裏了。尋秤來與我秤秤看。」妻子道：「甚麽横財？昨夜家中櫃裏頭異常響聲，疑心有賊。只得起來照看，不見甚麽。爲此一夜睡不着，至今未起。你且先去看看櫃裏着，再來尋秤不遲。」沈一走去取了鑰匙，開櫃一看，那裏頭空空的了。元來沈一城内、城外兩處酒坊，所用銅錫器皿家伙，與妻子金銀首飾，但是值錢的，多收拾在櫃内，而今一件也不見了。驚異道：「奇怪！若是賊偷了去，爲何鎖都不開的？」

妻子見説櫃裏空了，大哭起來道：「罷了！罷了！一生辛苦，多没有了。」沈一道：「不妨。且將神道昨夜所賜來看看，儘勾受用哩。」慌忙打開布袋來看時，沈一驚得呆了。說也好笑，一件件拿出來看，多是自家櫃裏東西，只可惜被夜來那一頓鎚踏，多弄得歪的歪、匾的匾，不成一件家伙了。」沈一大叫道：「不好了！不好了！被這夥潑毛神作弄了。」【眉批】惡謔，妙謔。妻子問其緣故，乃說：「昨夜遇着五通神道，求他賞賜金銀，他與我這一布囊。誰知多是自家屋裏東西，叫個小鬼來搬去的。」妻子道：「爲何多打壞了？」沈一道：「這却是我怕東西狼犺，撞着城門上盤詰，故此多敲打實落了。那知有這樣□，自家害着自家了。」

沈一夫妻多氣得不耐煩，重新喚了匠人，逐件置造過，反費了好些工食。不指望橫財，倒折了本。傳聞開去，做了笑話。沈一好些時不敢出來見人。只因一念貪癡，妄想非分之得，故受神道侮弄如此。可見世上不是自家東西，不要欺心貪他的。

小子說一個欺心貪別人東西，不得受用，反受顯報的一段話，與看官聽一聽。冷一冷這些欺心要人的肚腸。有詩爲証：

異寶歸人定夙緣，豈容旁睨得垂涎？
試看欺隱皆成禍，始信冥冥自有權。

話說宋朝隆興年間，蜀中嘉州地方，有一個漁翁，姓王，名甲。家住岷江之旁，世代以捕魚爲業。每日與同妻子棹着小舟，往來江上，撒網施罟。一日所得，恰好供給一家。這個漁翁，雖然行業落在這裏頭了，却一心好善敬佛。每將魚蝦市上去賣，若勾了一日食用，便肯將來布施與乞丐。或是寺院裏打齋化飯，禪堂中募化腐菜，他不拘一文二文，常自喜捨不吝。他妻子見慣了的，況是女流，愈加信佛，也自與他一心一意。雖是生意淺薄，不多大事，没有一日不捨兩文的。

一日正在江中棹舟，忽然看見水底一物，蕩様不定，恰像是個日頭的影一般，火采閃爍，射人眼目。王甲對妻子道：「你看見麽？此下必有奇異，我和你設法取他起來，看是何物。」遂教妻子理網，搜的一聲，撒將下去。不多時，掉轉船頭，牽將起來。看那網中光亮異常，笑道：「是甚麽好物事呀？」取上手看，却元來是面古鏡。周圍有八寸大小，雕鏤着龍鳳之文，又有篆書許多字，字形像符籙一般樣，識不出的。王甲與妻子看了道：「聞得古鏡值錢。這個鏡雖不知值多少，必然也是件好東西。我和你且拏到家裏藏好。看有識者，纔取出來與他看看，不要等閒褻瀆了。」

看官聽説：原來這鏡果是有來歷之物。乃是軒轅黄帝所造，採着日精月華，按着奇門遁甲，揀取年月日時，下罏開鑄。上有金章寶篆，多是秘笈靈符。但此鏡所在之處，金銀財寶多來聚會，名爲聚寶之鏡。只爲王甲夫妻好善，也是夙世前緣，合該興旺，故此物出現，却得取了回家。自得此鏡之後，財物不求而至。在家裏掃地，也掃出金屑來，墾田也墾出銀窖來，船上去撒網也牽起珍寶來，剖蚌也剖出明珠來。

一日，在江邊捕魚，只見灘上有兩件小白東西，趕來趕去。盤旋數番，急跳上岸。將衣襟兜住，却似蓮子兩大塊小石子。生得明净瑩潔，光彩射人，甚是可愛。藏在袖裏，帶回家來，放在匣中。是夜即夢見兩個白衣美女，自言是姊妹二人，特來隨侍。醒來想道：「必是二石子的精靈，可見是寶貝了。」把來包好，結在衣帶上。

隔得幾日，有一個波斯胡人，特來尋問。見了王甲道：「君身上有寶物，願求一看。」王甲推道：「没甚寶物。」胡人道：「我遠望寶氣在江邊，跟尋到此，知在君家。及見君走出，寶氣却在身上。千萬求看一看，不必瞞我。」王甲曉得是個識寶的，身上取出與他看。胡人看了，嘖嘖道：「有緣得遇此寶。况是一雙，尤爲難得。不知可肯賣否？」王甲道：「我要他無用，得價也就賣了。」胡人見説肯賣，不勝之喜，道：「此寶本没有定價。今我行囊止有三萬緡，盡數與君，買了去罷。」王甲道：「吾無心得來，不識何物。價錢既不輕了，不敢論量。

只求指明，要此物何用？」胡人道：「此名澄水石，放在水中，隨你濁水皆清。帶此泛海，即海水皆同湖水，淡而可食。」王甲道：「只如此，怎就值得許多？」胡人道：「吾本國有寶池，内多奇寶。只是淤泥濁水，水中有毒。人下去的，起來無不即死。所以要取寶的，必用重價募着捨性命的下水。那人死了，還要養贍他一家。如今有了此石，只須帶在身邊，水多澄清，如同凡水。任從取寶揔無妨了。豈不值錢？」王甲道：「這等，只買一顆去勾了，何必兩顆多要？」【眉批】如此異物，非有善緣，何以得遇。胡人道：「有個緣故。此寶形雖兩顆，氣實相聯。彼此相逐，纔是活物，可以長久。若拆開兩處，用不多時，就枯槁無用。所以分不得的。」

王甲想胡人識貨，就取出前日的古鏡出來，求他賞識。胡人見了，合掌頂禮道：「此非凡間之寶，其妙無量，連咱也不能盡知其用。必是世間大有福的人，方得有此。咱就有錢，也不敢買。只買此二寶去也勾了。此鏡好好藏着，不可輕覷了他。」王甲依言，把鏡來藏好，遂與胡人成了交易，果將三萬緡買了二白石去。

王甲一時富足起來，然還未舍漁船生活。一日天晚，遇着風雨，掉船歸家。望見江南火把明亮，有人喚船求渡，其聲甚急。【眉批】皆以善心得報。王甲料此時没有别舟，若不得渡，這些人須吃了苦。急急冒着風，掉過去載他。元來是兩個道士，一個穿黄衣，一個穿白衣。下在船裏了，摇過對岸。道士對王甲道：「如今夜黑雨大，没處投宿。得到宅上權歇一宵，實爲萬幸。」王甲是個行善的人，便道：「家裏雖蝸窄，尚有草榻可以安寢，師父每不妨下顧的。」遂把船拴好，同了兩道士到家裏來。分付妻子安排齋飯。兩道士苦辭道：「不必賜飧，只求一宿。」果然茶水多不吃，徑到一張竹床上，一鋪睡了。

王甲夫妻夜裏睡覺，只聽得竹床栗喇有聲，撲的一響，像似甚重物跌下地來的光景。王甲夫妻猜道：「莫不是客人跌下床來？然是人跌，没有得這樣響聲。」王甲疑心，暗裏走出來。聽兩道士宿處，寂然没一些聲息，愈加奇怪。走轉房裏，尋出火種，點起個燈來。出外一照，叫聲：「阿也！」【眉批】非常道。元來竹床壓破，兩道士俱落在床底下，直挺挺的眠着。伸手去一摸，嚇得舌頭伸了出去，半個時辰縮不進來。你道怎麽？但見這兩個道士：

冰一般冷，石一樣堅。儼焉兩個皮囊，塊然一雙寶體。黄黄白白，世間無此不成人；重重癡癡，路上非斯難算客。

王甲叫妻子起來道：「變了何物？」王甲道：「火光之下，看不明白。不知是銅是錫，是金是銀。直待天明，纔知分曉。」妻子道：「這等會作怪通靈的，料不是銅錫東西。」王甲道：「也是。」

漸漸天明，仔細一看，果然那穿黄的是個金人，那穿白的是一個銀人，約重有千百來斤。王甲夫妻驚喜非常，道此是天賜，只恐這等會變化的，必要走了那裏去。急急去買了一二十簍山炭，歸家熾煽起來，把來銷鎔了。但見黄的是精金，白的是紋銀。王甲前此日逐有意外之得，已是漸饒；又賣了二石子，得了一大主錢。今又有了這許多金銀，一發瓶滿甕滿，幾間破屋没放處了。

王甲夫妻是本分的人，雖然有了許多東西，也不想去起造房屋，也不想去置買田産，但把漁家之事閣起，不去弄了，只是安守過日。尚且無時無刻没有横財到手，又不消去做得生意。兩年之間，富得當不得。却只是夫妻兩口，要這些家私竟没用處，自己反覺多得不耐煩起來。【眉批】窮神到了。心裏有些惶懼不安，與妻子商量道：「我家自從祖上到今，只是以漁釣爲生計。一日所得，極多有了百錢，再没去處了。今我每自得了這寶鏡，動不動上千上萬，不消經求，憑空飛到，夢裏也是不打點的。我每且自思量着：我與你本是何等之人，驟然有這等非常富貴，只恐怕天理不容。【眉批】如此知足知止之人，不宜實去而貧。況我每粗衣淡飯，便自過日，要這許多來何用？今若留着這寶鏡在家，只有得增添起來。我想天地之寶，不該久留在身邊，自取罪業。不如拿到蛾眉山白水禪院，捨在聖像上，做了圓光，永做了佛家供養，也盡了我每一片心，也結了我每一個緣，豈不爲美？」妻子道：「這是佛天面上好看的事，況我每知時識務，正該如此。」

于是，兩個志志誠誠，吃了十來日齋，同到寺裏，獻此寶鏡。寺裏住持僧法輪問知來意，不勝贊嘆道：「此乃檀越大福田事。」王甲央他寫成意旨，就使邀集合寺僧衆，做一個三日夜的道場。辦齋糧，施襯錢，費過了數十兩銀錢。道場已畢，王甲即將寶鏡交付住持法輪，作別而歸。法輪久已知得王甲家裏此鏡聚寶，乃謙詞推托道：「這件物事，天下至寶，神明所惜。【眉批】奸僧似講學聲口。檀越肯將來施作佛供，自是檀越結緣，吾僧家何敢與其事？檀越自奉着，置在三寶之前，頂禮而去就是了。貧僧不去沾手。」王甲夫妻依言，親自把寶鏡安放佛頂後面停當，拜了四拜，别了法輪，自回去了。

誰知這個法輪，是個犴狡有餘的僧人。明知這鏡是至寶，王甲鉅富，皆因於此。見説肯捨在佛寺，已有心貪他的了。又恐怕日後番悔，原來取去，所以故意説個不敢沾手，他日好賴。王甲去後，就取將下來，密喚一個絶巧的鑄鏡匠人，照着形模，另鑄起一面來。鑄成，與這面寶鏡分毫無異，隨你識貨的人也分别不出的。法輪重謝了匠人，教他謹言。隨將新鑄之鏡，裝在佛座，將真的换去藏好了。那法輪自得此鏡之後，金銀財物，不求自至，悉如王甲這兩年的光景。以致衣鉢充牣，買祠部度牒度的僮奴，多至三百餘人。寺刹興旺，富不可言。

王甲回去，却便一日衰敗一日起來。元來人家要窮，是不打緊的。不消得盗劫火燒，只消有出無進，七顛八倒，做事不着，算計不就，不知不覺的漸漸消耗了。況且王甲起初財物原是來得容易的，慷慨用費，不在心上。好似没底的弔桶一般，只管漏了出去。不想寶鏡不在手裏，更没有得來路，一用一空。只勾有兩年光景，把一個大財主仍舊弄做個漁翁身分，一些也没有了。俗語説得好：

寧可無了有，不可有了無。

王甲潑天家事，弄得精光，思量道：「我當初本是窮人，只爲得了寶鏡，以致日遇横財，如此富厚。若是好端端放在家中，自然日長夜大，那裏得個窮來？無福消受，却没要緊的舍在白水寺中了。【眉批】自此有此悔。而今這寺裏好生興旺，却教我仍受貧窮，這是那裏説起的事？」

夫妻兩個，互相埋怨道：「當初是甚主意，怎不阻當一聲？」王甲道：「而今也好處。我每又不是賣絶與他，是白白捨去供養的。今把實情去告訴住持長老，原取了來家。這須是我家的舊物，他也不肯不得。若怕佛天面上不好看，等我每照舊豐富之後，多出些布施，莊嚴三寶起來，也不爲失信行了。【眉批】終是善心人。妻子道：「説得極是。爲甚麽睁着眼看别人富貴，自己受窮？作急去取了來，不可遲了。」商議已定，明日王甲徑到峨眉山白水禪院中來。

昔日輕施重寶，是個慷慨有量之人；今朝重想舊踪，無非窮促無聊之計。一般檀越，貧富不同；總是登臨，苦樂頓别。

且説王甲見了住持法輪，説起爲捨鏡傾家，目前無奈，只得來求還原物。王甲口裏雖説，還怕法輪有些不與事，正爲後來必有重取之日，小僧何苦又在裏頭經手？小僧出家人，只這個色身尚非我有，何況外物乎？【眉批】好説，恐今之僞作高僧者者皆如是耳。但恐早晚之間，有些不測，或被小人偷盗去了，難爲檀越好情，見不得檀越金面。今得物歸其主，小僧睡夢也安，何敢吝惜？」遂分付香積厨中辦齋，管待了王甲已畢。却令王甲自上佛座，取了寶鏡下來。王甲捧在手中，反覆仔細轉看，認是舊物宛然，一些也無疑心。拏回家裏來，與妻子看過，十分珍重，收藏起了。指望一似前日，財物水一般湧來。豈知一些也不靈驗，依然貧困。時常拿出鏡子來看看，光彩如舊，毫不濟事。嘆道：「敢是我福氣已過，連寶鏡也不靈了。」夢裏也不道是假的。有改字陳朝駙馬詩爲証：

鏡與財俱去，鏡歸財不歸。
無復珍奇影，空留明月輝。

王甲雖然寶藏鏡子，仍舊貧窮，那白水禪院只管一日興似一日。外人聞得的，盡疑心道：「必然原鏡還在僧處，所以如此。」起先，那鑄鏡匠人打造時節，只説寺中住持無非看樣造鏡，不知其中就裏。今見人議論，説出王家有鏡聚寶，捨在寺中，被寺僧偷過，致得王家貧窮，寺中豐富一段緣繇，匠人纔省得前日的事，未免對人告訴出來。聞知的越恨那和尚欺心了。却是王甲有了一鏡，雖知其假，那從證辨？不好再向寺中争論得，只得吞聲忍氣，自恨命薄。妻子叫神叫佛，寃屈無申，没計奈何。法輪自謂得計，道是没有盡藏的，安然享用了。

看官，你道若是如此，做人落得欺心，到反便宜，没個公道了。怎知：

量大福亦大，機深禍亦深。

法輪用了心機，藏了别人的寶鏡，自發了家。天理不容，自然生出事端來。漢嘉來了一個提點刑獄使者，姓渾，名耀，是個大貪之人。聞得白水寺僧十分富厚，已自動了頑涎，後來察聽，聞知有鏡聚寶之説。想道：「一個僧家，要他上萬上千，不爲難事。只是萬千也有盡時，况且動人眼目。【眉批】是要吕祖指頭者。何如要了他這鏡，這些財富盡跟了我走，豈不是無窮之利？亦且只是一件物事，甚爲穩便。」當下差了一個心腹吏典，叫得宋喜，特來白水禪院，問住持要借寶鏡一看。

這(只)一句話正中了法輪的心病，如何應承得？回吏典道：「好交提控得知，幾年前有個施主，曾將古鏡一面，捨在佛頂上，久已討回去了。【眉批】何不反求王家者與之？小寺中那得有甚麽寶鏡？萬望提控回言一聲。」宋喜道：「提點相公坐名要問這寶鏡，必是知道些甚麽來歷的。今如何回得他？」法輪道：「委實没有，叫小僧如何生得出來？」宋喜道：「就是恁地時，在下也不敢回話。須討嗔怪。」法輪曉得他作難，寺裏有的是銀子，將出十兩來，送與吏典道：「是必有煩提控回一回。些小薄意，勿嫌輕鮮。」宋喜見了銀子，千歡萬喜道：「既承盛情，好歹替你回一回去。」

法輪送吏典出了門，回身轉來，與親信的一個行者真空商量道：「此鏡乃我寺發蹟之本，豈可輕易露白，放得在別人家去的？不見王家的樣麽？况是官府來借，他不還了，没處叫得撞天屈。又是瞞着别人家的東西，明白告訴人不得的事。如今只是緊緊藏着，推個没有。隨他要得急時，做些銀子不着，買求罷了。」真空道：「這個自然。怎麽好輕與得他？隨他要了多少物事去，只要留得這寶貝在，不愁他的。」師徒兩個，愈加謹密不題。

且説吏典宋喜去回渾提點相公的話。提點大怒道：「僧家直恁無狀！吾上司官取一物，輒敢抗拒不肯！」宋喜道：「他不是不肯，説道原不曾有。」提點道：「胡説！吾訪得真實在這裏。是一個姓王的富人，捨與寺中。他却將來換過，把假的還了本人。真的還在他處，怎説没有？必定你受了他賄賂，替他解説。如取不來，連你也是一頓好打。」宋喜慌了道：「待吏典再去與他説，必要取來就是。」提點道：「快去，快去。没有鏡子，不要思量來見我。」

宋喜唯唯而出，又到白水禪院來見住持，説：「提點相公必要鏡子，連在下也被他焦燥得不耐煩。而今没有鏡子，莫想去見得他。」法輪道：「前日已奉告過，委實還了施主家了。而今還那裏再有？」宋喜道：「相公説得丁一卯二的，道有姓王的施主，捨在寺中，以後來取，你把假的還了他，真的自藏了。不知那裏訪問在肚裏的，怎好把此話回得他？」法輪道：「此皆左近之人，見小寺有兩貫浮財，氣苦眼熱，造出些無端説話。」宋喜道：「而今説不得了。他起了風，少不得要下些雨。既没有鏡子，須得送些甚麽與他，纔熄得這火。」法輪道：「除了鏡子，隨分要多少，敝寺也還出得起。小僧不敢吝，憑提控怎麽分付。」宋喜道：「若要周全這事，依在下見識，須得與他千金，纔打得他倒。」法輪道：「千金也好處，只是如何送去？」**【眉批】**如此貪官，自然有門路方法。宋喜道：「這多在我，我自有送進的門路方法。」法輪道：「只求停妥得，不來再要便好。」即命行者真空在箱内取出千金，交與宋喜明白，又與三十兩，另謝了宋喜。

宋喜將的去，又藏起了二百，止將八百送進提點衙内。禀道：「僧家實無此鏡，備些鏡價在此。」宋喜心裏道：「量便是寶鏡，也未必值得許多，可以罷了。」提點見了銀子，雖然也動火的，却想道：「有了聚寶的東西，這七八百兩只當毫毛，有甚希罕？叵耐這賊秃，你摠是欺心賴别人的，怎在你手裏了，就不捨得拏出來？而今只是推説没有，又不好奈何得？」心生一計道：「我須是刑獄重情衙門。我只把這幾百兩銀，做了贓物，坐他一個私通賄賂，夤緣刑獄，污衊官府的罪名，拏他來敲打。不怕不敲打得出來。」當下將銀八百兩，封貯庫内。即差下兩個公人，竟到白水禪院拏犯法住持僧人法輪。

法輪見了公人來到，曉得别無他事，不過寶鏡一樁前件未妥。分付行者真空道：「提點衙門來拏我，我别無詞訟干連，料没甚事。他無非生端，詐取寶鏡，我只索去見一見。看他怎麽説話，我也講個明白。他住了手，也不見得。前日宋提控送了這些去，想是嫌少。攛得再添上兩倍，量也有數。你須把那話藏好些，一發露形不得了。」真空道：「師父放心。師父到衙門，要甚使用，只管來取。至於那話，我一面將來藏在人尋不到的去處，隨你甚麽人來，只不認帳罷了。」法輪道：「就是指了我名來要，你也決不可説是有的。」兩下約定好。管待兩個公人，又重謝了差使錢了，兩個公人各各歡喜。

法輪自恃有錢，不怕官府。挺身同了公人，竟到提點衙門來。渾提點升堂，見了法輪，變起臉來，拍案大怒道：「我是生死衙門，你這禿賊，怎麽將着重賄，營謀甚事？見獲贓銀在庫，中間必有隱情。快快招來。」法輪道：「是相公差吏典要取鏡子，小寺没有鏡子，吏典教小僧把銀子來准的。」提點道：「多是一㓸胡説！那有這個道理？必是買囑私情，不打不招。」喝叫皂隸拖番，將法輪打得一佛出世，二佛涅槃，收在監中了。

提點私下又教宋喜去把言詞哄他，要説鏡子的下落。法輪咬定牙關，只説：「没有鏡子，寧可要銀子，去與我徒弟説，再湊些送他，贖我去罷。」宋喜道：「他只是要鏡子，不知可是增些銀子完得事體的？待我先討個消息，再商量。」宋喜把和尚的口語回了提點，提點道：「與他熟商量，料不肯拏出來。就是敲打他也無益。【眉批】奸僧、貪吏，正是好對手。我想，他這鏡子無非只在寺中。我如今密地差人把寺圍了，只説查取犯法贓物，把他家資盡數抄將出來，簡驗一過，那怕鏡子不在裏頭？」就分付吏典宋喜，監押着四個公差，速行此事。

宋喜受過和尚好處的，便暗把此意通知法輪。法輪心裏思量道：「來時曾囑付行者，行者説把鏡子藏在密處，料必搜尋不着。家資也不好盡抄没了我的。」遂對宋喜道：「鏡子原是没有，任憑箱匣中搜索也不妨。只求提控照管一二，有小徒在彼，不要把家計東西乘機散失了，便是提控周全處。小僧出去，另有厚報。」宋喜道：「這個當得効力。」别了法輪，一同公差到白水禪院中來，不在話下。

且説白水禪院行者真空，原是個少年風流淫浪的僧人，又且本房饒富，儘可憑他撒漫。只是一向碍着住持師父，自家像不得意。目前見師父官提了去，正中下懷，好不自繇自在。俗語云：「偷得爺錢没使處。」平日結識的私情，相交的表子，没一處不把東西來亂塞亂用，費掉了好些過了。又偷將來各處寄頓下，自做私房，不計其數。猛地思量道：「師父一時出來，須要查算，却不決撒？況且根究鏡子起來，我未免不也纏在裏頭。目下趁師父不在，何不捲擄了這偌多家財，連鏡子多帶在身邊了，星夜逃去他州外府，養起頭髮來，做了俗人，快活他下半世，豈不是好？」【眉批】又有收人在後頭。算計已定，連夜把箱籠中細軟值錢的，并叠起來，做了兩擔。次日，自己挑了一擔，顧人挑了一擔。衆人面前只説到州裏救師父去，竟出山門去了。

去後一日，宋喜纔押同四個公差來到，聲説要搜簡住持僧房之意。寺僧回説：「本房師父在官，行者也出去了，止有空房在此。」公差道：「説不得，我們奉上司明文，搜簡違法贓物，那管人在不在，打進去便了。」當即毁門而入。在房内一看，裏面止是些粗重家火，椅桌狼犺，空箱空籠，並不見有甚麽細軟貴重的東西了。就將房裏地皮翻了轉來，也不見有甚麽鏡子在那裏。宋喜道：「住持師父叮囑我，教不要散失了他的東西。今房裏空空，却是怎麽呢？」合寺僧衆多道：「本房行者不過出去看師父消息，爲甚把房中搬得恁空？敢怕是乘機走了。」四個公差見不是頭，曉得没甚大生意，且把遺下的破衣舊服亂捲擄在身邊了。問衆僧要了本房僧人在逃的結狀，一同宋喜來回覆提點。

提點大怒道：「這些秃驢，這等奸猾！分明抗拒我，私下教徒弟逃去了，有甚難見處？」立時提出法輪，又加一頓臭打。那法輪本在深山中做住持，富足受用的僧人，何曾吃過這樣苦？今監禁得不耐煩，指望折些銀子，早晚得脱。見説徒弟逃走，家私已空，心裏已此苦楚，更是一番毒打，真個雪上加霜，怎經得起？到得監中，不勝狼狽，當晚氣絶。【眉批】豈非自作之孽？提點得知死了，方纔歇手。眼見得法輪欺心，盗了别人的寶物，受此果報。有詩爲証：

> 贋鏡偷將寶鏡充，翻令施主受貧窮。
> 今朝財散人離處，四大元來本是空。

且説行者真空，偷竊了住持東西，逃出山門。且不顧師父目前死活，一徑打點他方去享用。把目前寄頓在别人家的物事，多討了攏來，同寺中帶出去的，放做一處。駕起一輛大車，裝載行李。顧個脚夫，推了前走。看官，你道住持偌大家私，况且金銀體重，豈是一車載得盡的？不知宋時盡行官鈔，又叫得紙幣，又叫得官會子，一貫止是一張紙。就有十萬貫，止是十萬張紙，甚是輕便。那住持固然有金銀財寶，這個紙鈔兀自有了幾十萬，所以携帶不難。行者身邊藏了寶鏡，押了車輛，穿山越嶺，待往黎州而去。

到得竹公溪頭，忽見大霧漫天，尋路不出。一個金甲神人，閃將出來。

軀長丈許，面有威容。身披鎖子黄金，手執方天畫戟。

大聲喝道：「那裏走？還我寶鏡來！」驚得那推車的人丢了車子，跑回舊路。只恨爺娘不生得四隻脚，不顧行者死活，一道煙走了。那行者也不及來照管車子，慌了手脚，帶着寶鏡，只是望前亂竄，走入林子深處。忽地起陣狂風，一個斑斕猛虎，跳將出來，照頭一撲，把行者拖的去了。【眉批】可惜不見貪吏後來如何。眼見得真空欺心，盗了師父的物件，害了師父的性命，受此果報。有詩爲証：

盗竊原爲非分財，况兼寶鏡鬼神猜。
早知虎口應難免，何不安心守舊來？

再説漁翁王甲，討還寺中寶鏡，藏在家裏，仍舊貧窮。又見寺中日加興旺，外人紛紛議論。已曉得和尚欺心調换，没處告訴。他是個善人，只自家怨悵命薄。夫妻兩個，説着寶鏡在家時節許多妙處，時時嘆恨而已。【眉批】到底善人得便宜。一日，夫妻兩個，同得一夢，見一金甲神人，分付道：「你家寶鏡，今在竹公溪頭，可去收拾了回家。」兩人醒來，各述其夢。王甲道：「此乃我們心裏想着，所以做夢。」妻子道：「想着做夢，也或有之，不該兩個相同。敢是我們還有些造化，故神明有此警報。既有地方的，便到那裏去尋一尋看也好。」

王甲次日問着竹公溪路，徑穿山度嶺，走到溪頭。只見一輛車子，倒在地上，内有無數物件，金銀鈔幣，約莫有數十萬光景。左右一看，並無人影。想道：「此一套無主之物，莫非是天賜我的麼？夢中說寶鏡在此，敢怕也在裏頭。」把車內逐一簡過，不見有鏡子。又在前後地下草中四處尋遍，也多不見。笑道：「鏡子雖不得見，這一套富貴，也勾我下半世了。不如趂早取了他去，省得有人來。」整起車來，推到路口，顧一脚夫，推了一直到家裏來。對妻子道：「多蒙神明指點，去到溪口尋寶鏡。寶鏡雖不得見，却見這一車物事在那裏。等了一會，並没個人來，多管是天賜我的，故取了家來。」妻子當下簡看，盡多是金銀寶鈔，一一收拾，安頓停當。

夫妻兩人，不勝之喜。只是疑心道：「夢裏原説寶鏡，今雖得此横財，不見寶鏡影踪，却是何故？還該到那裏仔細一尋。」王甲道：「不然，我便明日再去走一遭。」到了晚間，復得一夢，仍舊是個金甲神人來説道：「王甲，你不必癡心。此鏡乃神天之寶，因你夫妻好善，故使暫出人間，作成你一段富貴，也是你的前緣。不想兩入奸僧之手。今奸僧多已受報，此鏡仍歸天上去矣。你不要再妄想。昨日一車之物，原即是寶鏡所聚的東西，所以仍歸於你。你只堅心好善，就這些也享用不盡了。」颯然驚覺，乃是南柯一夢。王甲逐句記得明白，一一對妻子説。明知天意，也不去尋鏡子了。夫妻享有寺中之物，儘勾豐足，仍舊做了嘉陵富翁。此乃好善之報，亦是他命中應有之財，不可强也。

休慕他人富貴，命中所有方真。
若要貪圖非分，試看兩個僧人。

三救尼海神顯靈

卷之三十七

疊居奇程客得助　三救厄海神顯靈

詩曰：

窈渺神奇事，文人多寓言。
其間應有實，豈必盡虛玄？

話說世間稗官野史中，多有紀載那遇神、遇仙、遇鬼、遇怪，情慾相感之事。其間多有偶因所感，撰造出來的。如牛僧孺《周秦行記》，道是僧孺落第時，遇着薄太后，見了許多異代、本朝妃嬪、美人；如戚夫人、齊潘妃、楊貴妃、昭君、綠珠，詩詞唱和，又得昭君伴寢，許多怪誕的話。却乃是李德裕與牛僧孺有不解之讐，教門客韋瓘作此計誣着他，只説是他自己做的，中懷不臣之心，妄言汚衊妃后，要坐他族滅之罪。這個記中事體，可不是一些影也没有的了？又有那《后土夫人傳》，説是韋安道遇着后土之神，到家做了新婦，被父母疑心是妖魅，請明崇儼行五雷天心正法，遣他不去。後來父母教安道自央他去，只得去了，却要安道隨行。安道到他去處，看見五嶽四瀆之神，多來朝他。又召天后之靈，囑他予安道官職錢鈔。安道歸來，果見天后傳令洛陽城中訪韋安道，與他做魏王府長史，賜錢五百萬。説得有枝有葉，元來也是借此譏着天后的。後來宋太宗好文，太平興國年間，命史官編集從來小説，以類分載，名爲《太平廣記》。不論真的假的，一揔收拾在內。議論的道：「上自神祇仙子，下及昆蟲草木，無不受了淫褻污點。」道是其中之事，大略是不可信的。

不知天下的事，纔有假，便有真。那神仙鬼怪，固然有假托的，也原自有真實的。未可執了一個見識，道揔是虚妄的事。只看《太平廣記》以後許多記載之書，中間儘多遇神遇鬼的，説得的的確確，難道盡是假托出來不成？只是我朝嘉靖年間，蔡林屋所記遼陽海神一節，乃是千真萬真的。蓋是林屋先在京師，京師與遼陽相近，就聞得人説有個商人遇着海神的説話，半疑半信。也還只曉得在遼的事，以後的事不明白。直到林屋做了南京翰林苑孔目，撞着説話，説得詳細，方信其實。後見遼東一個僉憲、一個揔兵到京師來，兩人一樣這人來游雨花臺，林屋知道了，着人邀請他來相會，特問這話。方説得始末根由備備細細。林屋叙述他覿面自己説的話，作成此傳，無一句不真的。方知從古來有這樣事的，不盡是虚誕了。

説話的，畢竟那個人是甚麽人？那個事怎麽樣起？看官，聽小子據着傳文敷演出來。正是：

> 怪事難拘理，明神亦賦情。
> 不知精爽質，何以戀凡生？

話説徽州商人，姓程，名宰，表字士賢，是彼處漁村大姓。世代儒門，少時多曾習讀詩書。却是徽州風俗，以商賈爲第一等生業，科第反在次着。正德初年，與兄程寀，將了數千金，到遼陽地方爲商，販賣人參、松子、貂皮、東珠之類。往來數年，但到處必定失了便宜，耗折了貲本，再没一番做得着。徽人因是專重那做商的，所以凡是商人歸家，外而宗族朋友，内而妻妾家屬，只看你所得歸來的利息多少爲重輕。【眉批】足見惡俗。得利多的，盡皆愛敬趨奉；得利少的，盡皆輕薄鄙笑。猶如讀書求名的中與不中歸來的光景一般。程宰弟兄兩人，因是做折了本錢，怕歸來受人笑話，羞慚慘沮，無面目見江東父老，不思量還鄉去了。

那徽州有一般做大商賈的，在遼陽開着大鋪子。程宰兄弟因是平日是慣做商的，熟於帳目出入，盤算本利。這些本事，是商賈家最用得着的。他兄弟自無本錢，就有人出些束脩，請下了他專掌帳目，徽州人稱爲二朝奉。兄弟兩人，日裏只在鋪内掌帳，晚間却在自賃的下處歇宿。那下處一帶兩間，兄弟各駐一間，只隔得中間一垛板壁。住在裏頭，就像客店一般湫隘，有甚快活？也是没奈何了，勉強度日。

如此過了數年，那年是戊寅年秋間了。邊方地土，天氣早寒。一日晚間，風雨暴作。程宰與兄各自在一間房中，擁被在床，想要就枕。因是寒氣逼人，程宰不能成寐。翻來覆去，不覺思念家鄉起來。只得重複穿了衣服，坐在床裏，浩嘆數聲。自想：「如此凄凉情狀，不如早死了倒乾净。」此時燈燭已滅，又無月光，正在黑暗中苦挨着寒冷。忽地一室之中，豁然明朗，照耀如同白日。室中器物之類，纖毫皆見。程宰心裏疑惑，又覺異香撲鼻，氤氲滿室，毫無風雨之聲，頓然和暖，如江南二三月的氣候起來。程宰越加驚愕，自想道：「莫非在夢境中了？」不免走出外邊，看是如何。他原披衣服在身上的，亟跳下床來，走到門邊，開出去看。只見外邊陰黑風雨，寒冷得不可當，慌忙奔了進來。纔把門關上，又是先前光景，滿室明朗，别是一般境界。程宰道：「此必是怪異！」心裏慌怕，不敢移動脚步，只在床上高聲大叫。其兄程寀，止隔得一層壁，隨你喊破了喉嚨，莫想答應一聲。

程宰着了急，没奈何了，只得鑽在被裏，把被連頭蓋了，撒得緊緊，向裏壁睡着。【眉批】無聊之計。此劉尚書之鎖却大門也。圖得個眼睛不看見，憑他怎麽樣了。却是心裏明白，耳朵裏聽得出的。遠遠的似有車馬喧闐之聲，空中管絃金石音樂迭奏，自東南方而來。看看相近。須臾之間，已進房中。程宰輕輕放開被角，露出眼睛偷看。只見三個美婦人，朱顔緑鬢，明眸皓齒，冠帔盛飾，有像世間圖畫上后妃的打扮。渾身上下，金翠珠玉，光采奪目。容色風度，一個個如天上仙人，絶不似凡間模樣。年紀多只可二十餘歲光景。前後侍女無數，盡皆韶麗非常。各有執事，自分行列。但見：

或提罏，或揮扇；或張蓋，或帶劍；或持節，或捧琴；或秉燭花，或挾圖書；或列寶玩，或荷旌幢；或擁衾褥，或執巾帨；或奉盤匜，或擎如意；或舉殽核，或陳屏障；或布几筵，或陳音樂。

雖然紛紜雜沓，仍自嚴肅整齊。只此一室之中，隨從何止數百。說話的，你錯了。這一間空房，能有多大，容得這幾百人？若一個個在這扇房門裏走將進來，走也走他一兩個更次，擠也要擠坍了。看官，不是這話。列位曾見《維摩經》上的說話麽？那維摩居士，止方丈之室，乃有諸天，皆在室内，又容得十萬八千獅子坐。難道是地方着得去？【眉批】真透！芥子納須卿之微義。無非是法相神通。今程宰一室有限，那光明境界無盡。譬如一面鏡子，能有多大？内中也着了無盡物像。這只是個現相，所以容得數百個人，一時齊在面前，原不是從門裏一個兩個進來的。

閑話休絮，且表正事。那三個美人，内中一個更覺齊整些的，走到床邊，將程宰身上撫摩一過。隨即開鶯聲，吐燕語，微微笑道：「果然睡熟了麽？吾非是有害於人的。與郎君有夙緣，特來相就，不必見疑。且吾已到此，萬無去理。郎君便高聲大叫，必無人聽見，枉自苦耳。不如作速起來，與吾相見。」程宰聽罷，心裏想道：「這等靈變光景，非是神仙，即是鬼怪。他若要擺佈着我，我便不起來，這被頭裏豈是躲得過的？他既說是有夙緣，或者無害，也不見得。我且起來見他，看是怎地？」遂一轂轆跳將起來，走下卧床，整一整衣襟，跪在地下道：「程宰下界愚夫，不知真仙降臨，有失迎迓。罪合萬死，伏乞哀憐。」美人急將纖纖玉手，一把拽將起來道：「你休懼怕，且與我同坐着。」挽着程宰之手，雙雙南面坐下。那兩個美人，一個向西，一個向東，相對侍坐。

坐定，東西兩美人道：「今夕之會，數非偶然，不要自生疑慮。」即命侍女設酒進饌，品物珍美，生平目中所未曾睹。纔一舉筯，心胸頓爽。美人又命取紅玉蓮花巵進酒。巵形絶大，可容酒一升。程宰素不善酌，竭力推辭不飲。美人笑道：「郎怕醉麽？此非人間麯蘖所醖，不是吃了迷性的，多飲不妨。」手舉一巵，親奉程宰。程宰不過意，只得(到)接了到口。那酒味甘芳，却又爽滑清洌，毫不粘滯。雖醴泉甘露的滋味，有所不及。程宰覺得好吃，不覺一巵俱盡。美人又笑道：「郎信吾否？」一連又進數巵。【眉批】美人滿坐，酒品又佳，多此奏樂。三美人皆陪飲。程宰越吃越清爽，精神頓開，略無醉意。每進一巵，侍女們八音齊奏，音調清和，令人有超凡遺世之想。

酒闌，東西二美人起身道：「夜已向深，郎與夫人可以就寢矣。」隨起身褰帷拂枕，叠被鋪床，向南面坐的美人告去。其餘侍女，一同隨散。眼前凡百具器，霎時不見。門户皆閉，又不知打從那裏去了。當下止剩得同坐的美人一個，挽着程宰道：「衆人已散，我與郎解衣睡罷。」程宰私自想道：「我這床上，布衾草褥，怎麽好與這樣美人同睡的？」舉眼一看，只見枕衾帳褥，盡皆换過，錦繡珍奇，一些也不是舊時的了。程宰雖是有些驚惶，却已神魂飛越，心裏不知如何纔好，只得一同解衣登床。美人卸了簪珥，徐徐解開髻髮綹辮，揔綰起一窩絲來。那髮又長又黑，光明可鑑。【眉批】何脩得此。脱下裏衣，肌膚瑩潔，滑若凝脂，側身相就。程宰湯着，遍體酥麻了。真個是：

豐若有餘，柔若無骨。雲雨初交，流丹浹藉。若遠若近，宛轉嬌怯。儼如處子，含苞初坼。

程宰客中荒凉，不意得了此味，真個魂飛天外，魄散九霄。實出望外，喜之如狂。美人也自愛着程宰，枕上對他道：「世間花月之妖，飛走之怪，往往害人。所以世上説着便怕，惹人憎惡。我非此類，郎慎勿疑。我得與郎相遇，雖不能大有益於郎，亦可使郎身體康健，資用豐足。【眉批】人生如此足矣。倘有患難之處，亦可出小力周全。但不可漏洩風聲，就是至親如兄，亦慎勿使知道。能守吾戒，自今以後，便當恒奉枕席，不敢有廢。若一有漏言，不要説我不能來，就有大禍臨身，吾也救不得你了。慎之，慎之。」程宰聞言甚喜，合掌罰誓道：「某本凡賤，誤蒙真仙厚德，雖粉身碎骨，不能爲報。既承法旨，敢不銘心？倘違所言，九死無悔。」誓畢，美人大喜，將手來勾着程宰之頸，説道：「我不是仙人，實海神也。與郎有夙緣甚久，故來相就耳。」語話纏綿，恩愛萬狀，不覺鄰鷄已報曉二次。美人攬衣起道：「吾今去了，夜當復來。郎君自愛。」

説罷，又見昨夜東西坐的兩個美人，與衆侍女，齊到床前，口裏多稱：「賀喜夫人、郎君！」美人走下床來，就有捧家火的侍女，各將梳洗應用的物件，伏侍梳洗罷，仍帶簪珥冠帔，一如昨夜光景。美人執着程宰之手，叮嚀再四：「不可洩漏。」徘徊眷戀，不忍捨去。衆女簇擁而行，尚回顧不止。人間夫婦，無此愛厚。程宰也下了床，穿了衣服，佇立細看，如癡似呆，歡喜依戀之態不能自禁。轉眼間室中寂然，一無所見。看那門窗，還是昨日關得好好的。回頭再看房内，但見：

土坑上鋪一帶荆筐，蘆席中拖一條布被。欹頹牆角，堆零星幾塊煤煙；坍塌地爐，擺缺綻一行瓶罐。渾如古廟無香火，一似牢房不潔清。

程宰恍然自失道：「莫非是做夢麽？」定睛一想，想那飲食笑語，以及交合之狀，盟誓之言，歷歷有據，絶非是夢寐之境。肚裏又喜又疑。

頃刻間，天已大明。程宰思量道：「吾且到哥哥房中去看一看。莫非夜來事體，他有些聽得麽？」走到間壁，叫聲：「阿哥。」程寀正在床上起來，看見了程宰，大驚道：「你今日面上神彩異常，不似平日光景，甚麽緣故？」程宰心裏躊躇道：「莫非果有些甚麽怪樣，惹他們疑心？」只得假意説道：「我與你時乖運蹇，失張失志，落魄在此，歸家無期。昨夜暴冷，愁苦的當不得，展轉悲嘆，一夜不曾合眼，阿哥必然聽見的。有甚麽好處？却説我神彩異常起來！」程寀道：「我也苦冷，又想着家鄉，通夕不寐。聽你房中，静悄悄地，不聞一些聲響。我怪道你這樣睡得熟，何曾有愁嘆之聲？却説這個話！」程宰見哥哥説了，曉得哥哥不曾聽見夜來的事了，心中放下了跎踏。等程寀梳洗了，一同到舖裏來。

那鋪裏的人見了程宰，没一個不吃驚道：「怎地今日程宰哥面上這等光彩？」程寀對兄弟笑道：「我説麽！」程宰只做不曉得，不來接口。却心裏也自覺神思清爽，肌肉潤澤，比平日不仝，暗暗快活，惟恐他不再來了。

是日頻視晷影，恨不速移。剛纔傍晚，就回到下處。托言腹痛，把門扃閉，静坐虔想，等待消息。到得街鼓初動，房内忽然明亮起來，一如昨夜的光景。程宰顧盼間，但見一對香罏前導，美人已到面前。侍女止是數人，儀從之類稀少，連那傍坐的兩個美人也不來了。美人見程宰嘿坐相等，笑道：「郎果有心如此！但須始終如一方好。」即命侍女設饌進酒，歡謔笑談，更比昨日熟分親熱了許多。須臾徹席就寢，侍女俱散。顧看床褥，並不曾見有人去鋪設，又復錦繡重叠。程宰心忖道：「床上雖然如此，地下塵埃穢污，且看是怎麽樣的？」纔一起念，只見滿地多是錦裀鋪襯，毫無寸隙了。是夜兩人綢繆好合，愈加親狎。依舊鷄鳴兩度，起來梳妝而去。

此後人定即來，鷄鳴即去，率以爲常，竟無虚夕。每來必言語喧鬧，音樂鏗鏘。兄房只隔層壁，到底影響不聞，也不知是何法術如此。自此情愛愈篤。程宰心裏想要甚麽物件，即刻就有，極其神速。

一日，偶思閩中鮮荔枝，即有帶葉百餘顆，香味珍美，顔色新鮮，恰像樹上纔摘下的。又説：「此味只有江南楊梅可以相匹。」便有楊梅一枝，墜於面前。枝上有二萬餘顆，甘美異常。此時已是深冬，況此二物，皆不是北地所産，不知何自得來？又一夕談及鸚鵡，程宰道：「聞得説有白的，惜不曾見。」纔説罷，便有幾隻鸚鵡，飛舞將來，白的、五色的多有。或誦佛經，或歌詩賦，多是中土官話。一日，程宰在市上看見大商將寶石二顆來賣，名爲硬紅。色若桃花，大似拇指，索價百金。程宰夜間與美人説起，口中嘖嘖稱爲罕見。美人撫掌大笑道：「郎如此眼光淺，真是夏蟲不可語冰。我教你看着！」説罷，異寶滿室，珊瑚有高丈餘的，明珠有如鷄卵的，五色寶石，有大如栲栳的，光艷奪目，不可正視。程宰左顧右盼，應接不暇。須臾之間，盡皆不見。【眉批】只夜間如此，已不可得，復何多想爲！

程宰自思：「我夜間無欲不遂，如此受用，日裏仍是人家傭工，美人那知我心事來？」遂把往年貿易耗折了數千金，以致流落於此，告訴一遍，不勝嗟嘆。美人又撫掌大笑道：「正在歡會時，忽然想着這樣俗事來，何乃不脱洒如此！雖然，這是郎的本業，也不要怪你。我再教你看一個光景。」説罷，金銀滿前，從地上直堆至屋梁邊，不計其數。美人指着問程宰道：「你可要麽？」程宰是個做商人的，見了偌多金銀，怎不動火？心熱口饞，支手舞脚，却待要取。美人將筯去饌碗内夾肉一塊，擲程宰面上道：「此肉粘得在你面上麽？」【眉批】指迷之語。程宰道：「此是他肉，怎粘得在吾面上？」美人指金銀道：「此亦是他物，豈可取爲己有？若目前取了些，也無不可。只是非分之物，得了反要生禍。世人爲取了不該得的東西，後來加倍喪去的，或連身子不保的，何止一人一事？我豈忍以此誤你？你若要金銀，你可自去經營，吾當指點路徑，暗暗助你，這便使得。」程宰道：「只這樣也好了。」【眉批】足矣。

其時是己卯初夏，有販藥材到遼東的，諸藥多賣盡，獨有黄栢、大黄兩味賣不去，各剩下千來斤。此是賤物，所值不多。那賣藥的見無人買，只思量丢下去了。美人對程宰道：「你可去買了他的，有大利錢在裏頭。」程宰去問一問價錢，那賣的巴不得脱手，略得些就罷了。程宰深信美人之言，料必不差。身邊積有傭工銀十來兩，盡數買了他的歸來，搬到下處。哥子程寀，看見纍纍堆堆，偌多東西，却是兩味草藥。問知是十多兩銀子買的，大駡道：「你敢失心風了？將了有用的銀子，置這樣無用的東西！雖然買得賤，這偌多幾時脱得手去，討得本利到手？有這樣失算的事！」誰知隔不多日，遼東疫癘盛作，二藥各鋪多賣缺了，一時價錢騰貴起來。程宰所有，多得了好價，賣得罄盡，共賣了五百餘兩。程宷不知袖裏，只説是兄弟偶然造化到了，做着了這一樁生意，大加欣羨。道：「倖不可屢僥。今既有了本錢，該圖些傍實的利息，不可造次了。」程宰自有主意，只不説破。

過了幾日，有個荆州商人販彩段到遼東的，途中遭雨濕歷黦，多發了斑點，一匹也没有顔色完好的。荆商日夜啼哭，惟恐賣不去。只要有捉手，便可成交，價錢甚是將就。美人又對程宰道：「這個又該做了。」【眉批】彷彿人棄我取之意。程宰罄將前日所得五百兩銀子，買了他五百匹，荆商大喜而去。程宷見了道：「我説你福薄。前日不意中得了些非分之財，今日就倒竈了。這些彩段，全靠顔色。顔色好時，頭二兩一匹，還有便宜。而今斑斑點點，那個要他？這五百兩不撩在水裏了！似此做生意，幾能勾挣得好日回家？」説罷大慟。衆商夥中知得這事，也有惜他的，也有笑他的。誰知時運到了，自然生出巧來。程宰頓放彩段，不上一月，江西寧王宸濠造反，殺了巡撫孫公、副使許公，謀要順流而下，破安慶，取南京，僭寶位。東南一時震動。朝廷急調遼兵南討。飛檄到來，急如星火。軍中戎裝旗幟之類，多要整齊，限在頃刻。這個邊地上，那裏立地有這許多段匹？一時間價錢騰貴起來。只買得有就是，好歹不論。程宰所買這些斑斑點點的，盡多得了三倍的好價錢。這一番除了本錢五百兩，分外足足撰了千金。

庚辰秋間，又有蘇州商人販布三萬匹到遼陽。陸續賣去，已有二萬三四千匹了，剩下粗些的，還有六千多匹。忽然家信到來，母親死了，急要奔喪回去。美人又對程宰道：「這件事又該做了。」程宰兩番得利，心知靈驗，急急去尋他講價。那蘇商先賣去的，得利已多了。今止是餘剩，況歸心已急，只要一夥賣，便照原來價錢也罷。程宰遂把千金，盡數買了他這六千多匹回來。明年辛巳三月，武宗皇帝駕崩，天下人多要戴着國喪。遼東遠在塞外，地不産布，人人要件白衣，一時那討得許多布來？一匹粗布，就賣得七八錢銀子。程宰這六千匹，又賣了三四千兩。

如此事體，逢着便做，做來便希奇古怪，得利非常。記不得許多。四五年間，展轉弄了五七萬兩，比昔年所折的，倒多了幾十倍了。正是：

人棄我堪取，奇贏自可居。
雖然神暗助，不得浪貪圖。

且說遼東起初聞得江西寧王反時，人心危駭，流傳訛言，紛紛不一。有的說在南京登基了，有的說兵過兩淮了，有的說過了臨清，到德州了。一日幾番說話，也不知那句是真，那句是假。程宰心念家鄉切近，頗不自安。私下問美人道：「那反叛的到底如何？」美人微笑道：「真天子自在湖湘之間，與他甚麽相干？他自要討死吃，故如此猖狂，不日就擒了。不足爲慮。」此是七月下旬的說。再過月餘，報到，果然被南贛巡撫王陽明擒了解京。程宰見美人說天子在湖湘，恐怕江南又有戰爭之事，心中仍舊懼怕。再問美人，美人道：「不妨，不妨。國家慶祚靈長，天下方享太平之福，只在一二年了。」後來　嘉靖自湖廣興藩，入繼大統，海内安寧，悉如美人之言。

到嘉靖甲申年間，美人與程宰往來，已是七載。兩情繾綣，猶如一日。程宰囊中幸已豐富，未免思念故鄉起來。一夕，對美人道：「某離家已二十年了。【眉批】妻子也該吃醋。一向因本錢耗折，回去不得。今蒙大造，囊資豐饒，已過所望。意欲暫與家兄歸到鄉裏，一見妻子，便當即來。多不過一年之期，就好到此，永奉歡笑，不知可否？」美人聽罷，不覺驚嘆道：「數年之好，止於此乎！郎宜自愛，勉圖後福。我不得侍左右了。」欷歔泣下，悲不自勝。程宰大駭道：「某暫時歸省，必當速來，以圖後會。豈敢有負恩私？夫人乃說此斷頭話！」美人哭道：「大數當然，彼此做不得主。郎適發此言，便是數當永訣了。」

言猶未已，前日初次來的東、西二美人及諸侍女儀從之類，一時皆集。音樂競奏，盛設酒筵。美人自起，酌酒相勸，追叙往時初會，與數年情愛，每説一句，哽咽難勝。【眉批】雖曰欲界諸天，不妨有偶。如此牽情，何以爲神？程宰大聲號慟，自悔失言。恨不得將身投地，將頭撞壁。兩情依依，不能相捨。諸女前來稟白道：「大數已終，法駕齊備，速請夫人登途，不必過傷了。」美人執着程宰之手，一頭垂淚，一頭分付道：「你有三大難，今將近了。時時宜自警省，至期吾自來相救。過了此後，終身吉利，壽至九九。吾當在蓬萊三島，等你來續前緣。如此何必悲傷爲？你自宜居心清浄，力行善事，以副吾望。吾與你身雖隔遠，你一舉一動，吾必曉得。也要防跳槽。萬一做了歹事，以致墮落，犯了天條，吾也無可周全了。後會迢遥，勉之！勉之！」叮寧了又叮寧，何止十來番。程宰此時神志俱喪，説不出一句話，只好唯唯應承，蘇蘇落淚而已。正是：

世上萬般哀苦事，無非死别與生離。
天長地久有時盡，此恨綿綿無限期。

須臾，鄰鷄群唱，侍女催促，訣别啟行。美人還回頭顧盻了三四番，方纔寂然，一無所見。但有：

蟋蟀悲鳴，孤燈半滅。淒風蕭颯，鐵馬玎璫。曙星東升，銀河西轉。頃刻之間，已如隔世。

程宰不勝哀痛，望着空中，禁不住的號哭起來。纔發得聲，哥子程寀隔房早已聽見。不像前番，隨你間壁翻天覆地，揔不知道的。哥子聞得兄弟哭聲，慌忙起來問其緣故。程宰支吾道：「無過是思想家鄉。」口裏強説，聲音還是悽咽的。程宰道：「一向流落，歸去不得。今這幾年來，生意做得着，手頭饒裕，要歸不難。爲何反哭得這等悲切起來？從來不曾見你如此，想必有甚傷心之事，休得瞞我。」程宰被哥子説破，曉得瞞不住，只得把昔年遇合美人，夜夜的受用，及生意所以做得着，以致豐富，皆出美人之助，從頭至尾，述了一遍。程寀驚異不已，望空禮拜。【眉批】兄之拜，拜其相助豐富耳。明日與客商伴裏説了。遼陽城内外，没一個不傳説程士賢遇海神的奇話。程宰自此，終日鬱鬱不樂，猶如喪偶一般。原無兩樣。與哥子商量，收拾南歸。且尋舊妻。

其時有個叔父在大同做衛經歷，程宰有好幾時不相見了。想道：「今番歸家，不知幾時又到得北邊。須趂此便，打那邊走一遭，看叔叔一看去。」先打發行李資囊，付托哥子程寀監押，從潞河下在船内，沿途等候着他。他自己却顧了一個牲口，翛京師出居庸關，到大同地方。見了叔父，一家骨肉，久别相聚，未免留連幾日，不得動身。晚上睡去，夢見美人走來催促道：「禍事到了，還不快走？」程宰記得臨别之言，慌忙向叔父告行。叔父又留他餞别。直到將晚，方出得大同城門。時已天黑，程宰道：「揔是前途趕不上多少路罷了，不如就在城外且安宿了一晚，明日早行。」睡到三鼓，夢中美人又來催道：「快走！快走！大難就到，略遲脱不去了。」程宰當時驚醒，不管天早天晚，騎了牲口，忙趕了四五里路。只聽得砲聲連響，回頭看那城外時，火光燭天，照耀如同白日。元來是大同軍變。

且道如何是大同軍變？大同參將賈鑑，不給軍士行粮。軍士鼓噪，殺了賈鑑。廵撫都御史張文錦出榜招安，方得平静。張文錦密訪了幾個爲頭的，要行正法，正差人出來擒拏，軍士重番鼓噪起來，索性把張廵撫也殺了，據了大同，謀反朝廷。要搜尋内外壯丁，一同叛逆，故此點了火把出城。凡是飯店經商，盡被拘刷了轉去，收在夥内，無一得脱。若是程宰遲了些個，一定也拿將去了。此是海神來救了第一遭大難了。

程宰得脱，兼程到了居庸。夜宿關外，又夢見美人來催道：「趂早過關。略遲一步，就有牢獄之灾了。」程宰又驚將起來，店内同宿的，多不曾起身。他獨自一個急到關前挨門而進。行得數里，忽然宣府軍門，行將文書來：因爲大同反亂，恐有奸細混入京師，凡是在大同來進關者，不是公差吏人有官文照驗在身者，盡收入監内，盤詰明白，方准釋放。是夜與程宰同宿的人，多被留住，下在獄中。後來有到半年方得放出的，也有染了病，竟死在獄中的。程宰若非文書未到之前，先走脱了，便乾浄無事，也得耐煩坐他五七月的監。此是海神來救他第二遭的大難了。

程宰趕上了潞河船隻，見了哥子，備述一路遇難，因夢中報信得脱之故，兩人感念不已。一路無話，已到了淮安府高郵湖中。忽然：

黑雲密布，狂風怒號。水底老龍驚，半空猛虎嘯。左掀右蕩，渾如落在簸箕中；前蹻後擲，宛似滚起飯鍋内。雙桅折斷，一舵飄零。等閑要見閻王，立業須游水府。

正在危急之中，程宰忽聞異香滿船，風勢頓息。須臾黑霧四散，中有彩雲一片，正當船上。雲中現出美人模樣來，上半身毫發分明，下半身霞光擁蔽，不可細辨。【眉批】下半身更要緊。程宰明知是海神又來救他，況且别過多時，不能厮見，悲感之極，涕泗交下。對着雲中，只是磕頭禮拜。美人也在雲端舉手答禮，容色戀戀，良久方隱。船上人多不見些甚麽，但見程宰與空中施禮之狀，驚疑來問。【眉批】如此多情之神，何緣得一遇乎？程宰備説緣故如此，盡皆瞻仰。此是海神來救他第三遭的大難，此後再不見影響了。

後來程宰年過六十，在南京遇着蔡林屋時，容顔只像四十來歲的，可見是遇着異人無疑。若依着美人蓬萊三島之約，他日必登仙路也。但不知程宰無過是個經商俗人，有何緣分，得有此一段奇遇。説來也不信，却這事是實實有的。可見神仙鬼怪之事，未必盡無。有詩爲証：

流落邊關一俗商，却逢神眷不尋常。

寧知鍾愛緣何許，談罷令人欲斷腸。

兩錯認莫大姐私奔

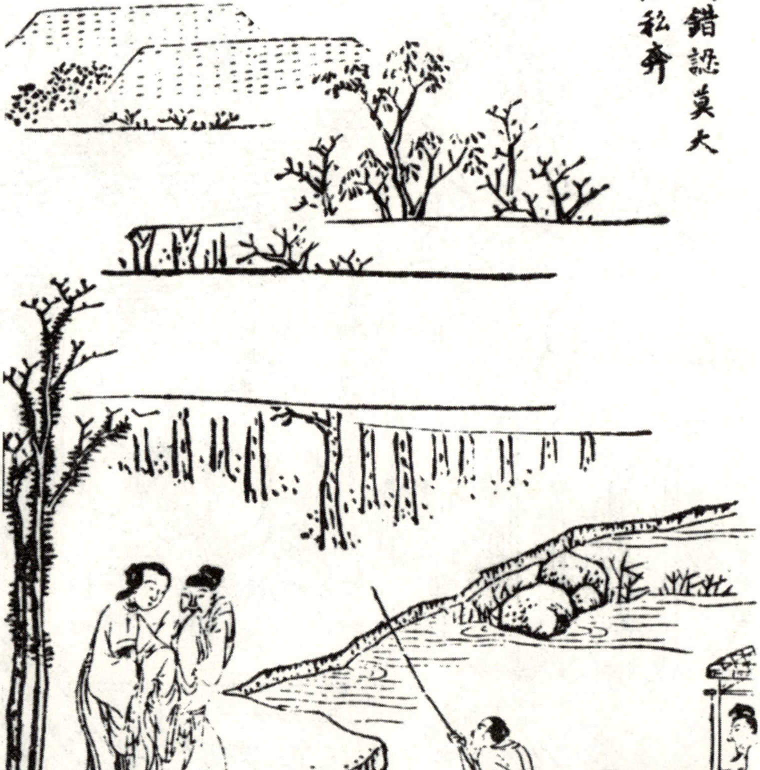

再成交楊二
郎正本

卷之三十八

兩錯認莫大姐私奔　再成交楊二郎正本

詩云：

李代桃殭，羊易牛死。
世上冤情，最不易理。

話説宋時南安府大庾縣，有個吏典黄節，娶妻李四娘。四娘爲人，心性風月，好結識個把風流子弟，私下往來。向與黄節生下一子，已是三歲了。不肯收心，只是貪淫。一日，黄節因有公事，住在衙門中了十來日。四娘與一個不知姓名的奸夫説通了，帶了這三歲兒子，一同逃去。出城門不多路，那兒子見眼前光景生疏，啼哭不止。四娘好生不便，竟把兒子丢棄在草中，自同奸夫去了。

大庾縣中有個手力人李三，到鄉間行公事。纔出城門，只聽得草地裏有小兒啼哭之聲。急往前一看，見是一個小兒，眠在草裏，擂天倒地價哭。可憐！李三看了，心中好生不忍，又不見一個人來睬他，不知父母在那裏去了。李三走去抱扶着他。那小兒半日不見了人，心中虚怯，哭得不耐煩。今見個人來偎傍，雖是面生些，也倒忍住了哭，任憑他抱了起來。元來這李三不曾有兒女，看見歡喜。也是合當有事，道是天賜與他小兒，一徑的抱了回家。家人見孩子生得清秀，盡多快活。養在家裏，認做是自家的了。

這邊黄節衙門中出來，回到家裏，只見房闥寂静，妻子多不見了。駭問鄰舍，多道是：「押司出去不多日，娘子即抱着小哥，不知那裏去了。」黄節情知妻四娘有些毛病的，着了忙。各處親眷家問，並無下落。黄節只得寫下了招子，各處訪尋，情愿出十貫錢做報信的謝禮。

一日，偶然出城數里，恰恰經過李三門首。那李三正抱着這拾來的兒子，在那裏與他作耍。黄節仔細一看，認得是自家的兒子，喝問李三道：「這是我的兒子，你却如何抱在此間？我家娘子那裏去了？」李三道：「這兒子吾自在草地上拾來的，那曉得甚麽娘子？」黄節道：「我妻子失去，遍貼招示，誰不知道？今兒子既在你處，必然是你作奸犯科，誘藏了我娘子，有甚麽得解説？」李三道：「我自是拾得的，那知這些事？」

黄節扭住李三，叫起屈來。驚動地方鄰裏，多走將攏來。黄節告訴其事。衆人道：「李三元不曾有兒子。抱來時節，實是有些來歷不明。却不知是押司的。」黄節道：「兒子在他處了，還有我娘子不見，是他一同拐了來的。」衆人道：「這個我們不知道。」李三發極道：「我那見甚麽娘子？那日草地上只見得這個孩子在那裏哭，我抱了回家。今既是押司的，我認了悔氣，還你罷了。怎的還要賴我甚麽娘子？」黄節道：「放你娘的屁！是我賴你！我現有招貼在外的。你這個奸徒，我當官與你説話。」對衆人道：「有煩列位與我帶一帶，帶到縣裏來。事關着拐騙良家子女，是你地方鄰裏的干係，不要走了人。」李三道：「我没甚欺心事，隨你去見官，自有明白。一世也不走。」

黄節隨同了衆人，押了李三，抱了兒子，一直到縣裏來。黄節寫了紙狀詞，把上項事一一禀告縣官。縣官審問李三，李三只説：「路遇孩子，抱了歸來是實，並不知别項情繇。」縣官道：「胡説！他家不見了兩個人，一個在你家了，這一個又在那裏？這樣奸詐，不打不招。」遂把李三上起刑法來，打得一佛出世，二佛生回。彼此春心蕩漾，偎抱到床中，褪下小衣，弄將起來。

一個醉後掀騰，一個醒中摩弄。醉的如迷花之夢蝶，醒的似採蕋之狂蜂。醉的一味興濃，擔承愈勇；醒的半兼趣勝，玩視偏真。此貪彼愛不同情，你醉我醒皆妙境。

兩人戰到間深之處，莫大姐不勝樂暢，口裏哼哼的道：「我二哥，親親的肉！我一心待你，只要同你一處去快活了罷。我家天殺的不知趣，又來拘管人，怎如得二哥這等親熱有趣。」説罷，將腰下亂攧亂聳，緊緊抱住郁盛不放，口裏只叫：「二哥，親親」。

元來莫大姐醉得極了，但知快活異常，神思昏迷，忘其所以。真個「醉裏醒時言」，又道是「酒道真性」，平時心上戀戀的是楊二郎，恍恍惚惚，此是妙境亦是化境竟把郁盛錯認。幹事的是郁盛，説的話多是對楊二郎的話。【眉批】妙境。郁盛原曉得楊二郎與他相厚的，明明是醉裏認差了。郁盛道：「叵耐這浪淫婦，你只記得心上人！【眉批】醒眼看醉人已知，何況男女私事。我且將計就計，餂他説話，看他説甚麽來。」就接口道：「我怎生得同你一處去快活？」莫大姐道：「我前日與你説的，收拾了些家私，和你別處去過活，一向不得空便。今秋分之日，那天殺的進城上去，有那衙門裏勾當。我與你趁那晚走了罷。」郁盛道：「走不脱却怎麽？」莫大姐道：「你端正下船兒。一搬下船，連夜摇了去。等他城上出來知得，已此趕不着了。」郁盛道：「夜晚間把甚麽爲暗號？」莫大姐道：「你只在門外拍拍手掌，我裏頭自接應你。我打點停當好幾時了，你不要錯過。」口裏糊糊塗塗，又説好些，摠不過肉麻説話。郁盛只揀那幾句要緊的，記得明明白白在心。

須臾雲收雨散，莫大姐整一整頭髻，頭眩眼花的走下床來。郁盛先此已把酒飯與轎夫吃過了，叫他來打着轎，挽扶莫大姐上轎去了。郁盛回來，道是占了彩頭，心中歡喜。却又得了他心腹裏的話，笑道：「咤異，咤異。那知他要與楊二郎逃走，盡把相約的事對我説了，又認我做了楊二郎，你道好笑麽？我如今將錯就錯，顧下了船，到那晚剪他這綹。【眉批】昏者太昏，狠者太狠。落得載他娘在别處去，受用幾時，有何不可？」郁盛是個不學好的人，正撓着的癢處，以爲得計。一面料理船隻，只等到期行事，不在話下。

且説莫大姐歸家，次日病了一日酒。昨日到郁家之事，猶如夢裏，多不十分記得。只依稀影響，認做已約定楊二郎日子過了。收拾停當，只待起身。豈知楊二郎處，雖曾説過兩番，曉得有這個意思，反不曾精細叮嚀得，不做整備的。

到了秋分這夜，夜已二鼓，莫大姐在家裏等候消息。只聽得外邊拍手响，莫大姐心照，也拍拍手。開門出去，黑影中見一個人在那裏拍手，心裏道是楊二郎了。急回身進去，將衣囊箱籠，逐件遞出。那人一件件接了，安頓在船中。莫大姐恐怕有人瞧見，不敢用火，將房中燈打滅了，虚鎖了房門，黑裏走出。那人扶了上船，如飛把船開了。船中兩個，多是低聲細語，況是慌張之際，莫大姐只認是楊二郎，急切辨不出來。莫大姐失張失志，歷碌了一日，下得船纔心安。倦將起來，不及做甚麽事。説得一兩句話，那人又不十分回答。莫大姐放倒頭，和衣就睡着了去。

比及天明，已在潞河，離家有百十里了。撑開眼來，看那艙裏同坐的人，不是楊二郎，却正是齊化門外的郁盛。莫大姐吃了一驚，道：「如何却是你？」郁盛笑道：「那日大姐在嶽廟歸來，途中到家下小酌，承大姐不棄，賜與歡會。是大姐親口約下我的，如何倒吃驚起來？」莫大姐呆了一回，仔細一想，纔省起前日在他家吃酒，酒中淫媾之事。【眉批】大昏大昏，酒昏酒昏，合而爲一，所以愈甚。後來想是錯認，把真話告訴了出來。醒來記差，只説是約下楊二郎了，豈知錯約了他？今事已至此，説不得了，只得隨他去。只是怎生發付楊二郎呵？因問道：「而今隨着哥哥，到那裏去纔好？」郁盛道：「臨清是個大碼頭去處，我有個主人在那裏。我與你那邊去住了，尋生意做。我兩個一窩兒作伴，豈不快活？」莫大姐道：「我衣囊裏儘有些本錢。哥哥要營運時，足可生發度日的。」郁盛道：「這個最好。」從此，莫大姐竟同郁盛到臨清去了。

話分兩頭。且説徐德衙門公事已畢，回到家裏，家裏悄没一人。箱籠什物，皆已搬空。徐德駡道：「這歪刺姑，一定跟得奸夫走了！」問一問鄰舍，鄰舍道：「小娘子一個夜裏，不知去向。第二日我們看見門是鎖的了，不曉得裏面虚實。」徐德道：「有甚麽難見處？料只在楊二郎家裏。」鄰舍道：「這猜得着，我們也是這般説。」徐德道：「小人平日家醜，須瞞列位不得。【眉批】俗語云：「嫌人不着，被人笑殺。」你老人家自想着，無過是平日有往來的人約的去。」徐德道：「有甚麽難見處？料只在楊二郎家裏。」今日做出事來，眼見得是楊二郎的緣故。這事少不得要經官，有煩兩位做一做見證。而今小人先到楊家去問一問下落，與他鬧一場則個。」鄰舍道：「這事情那一個不知道的？到官時，我們自然講出公道來。」徐德道：「有勞，有勞。」

當下一忿之氣，奔到楊二郎家裏。恰好楊二郎走出來，徐德一把扭住道：「你把我家媳婦子拐在那裏去藏過了？」楊二郎雖不曾做這事，却是曾有這話關着心的，驟然聞得，老大吃驚。【眉批】是非只爲多開口。口裏嚷道：「我那知這事，却來賺我？」徐德道：「街坊上那一個不曉得你營勾了我媳婦子？你還要賴哩！我與你見官去，還我人來。」楊二郎道：「不知你家嫂子幾時不見了？我好耽耽在家裏，却來問我要人。就見官，我不相干。」徐德那聽他分説，只是拖住了，交付與地方，一同送到城上兵馬司來。

徐德衙門情熟，爲他的多。兵馬司先把楊二郎下在鋪裏。次日，徐德就將奸拐事情，在巡城察院衙門告將下來。批與兵馬司嚴究。兵馬審問楊二郎，楊二郎初時只推無干。徐德拉同地方，衆口證他有奸，兵馬喝叫加上刑法。楊二郎熬不過，只得招出平日通奸往來是實。兵馬道：「奸情既真，自然是你拐藏了。」楊二郎道：「只是平日有奸。逃去一事，委實與小的無涉。」兵馬又唤地方與徐德問道：「他妻子莫氏，還有别個奸夫麽？」徐德道：「並無别人，只有楊二郎奸稔是真。」地方也説道：「鄰裏中，也只曉楊二郎是奸夫，别一個不見說起。」兵馬喝楊二郎道：「這等，還要強辯！你實說拐來藏在那裏。」楊二郎道：「其實不在小的處。小的知他在那裏？」兵馬大怒，喝叫：「重重夾起！必要他說。」楊二郎只得又招道：「曾與小的商量，要一同逃去，這說話是有的。小的不曾應承，故此未約得定。而今却不知怎的不見了。」兵馬道：「既然曾商量同逃，而今走了，自然知情。他無非私下藏過，只圖混賴一時，背地裏却去奸宿。我如今收在監中，三日五日一比，看你藏得到底不成？」

遂把楊二郎監下，隔幾日就帶出鞫問一番。楊二郎只是一般說話，招不出人來。徐德又時時來催稟，不過做楊二郎屁股不着，打得些屈棒，毫無頭緒。楊二郎正是俗語所云：

從前作事，没興齊來。

烏狗吃食，白狗當災。

楊二郎當不過屈打，也將霹誣枉禁事情在上司告下來，提到別衙門去問。却是徐德家裏實實没了人，奸情又招是真的，不好出脱得他。有矜疑他的，教他出了招帖，許下賞錢，募人緝訪。然是十個人内倒有九個說楊二郎藏過了是真的，那個說一聲其中有寃枉？【眉批】衆口鑠金，三言投抒。此亦是楊二郎淫人妻女，應受的果報。也盡有不報的。

女色從來是禍胎，奸淫誰不惹非灾？【眉批】格言。

雖然逃去渾無涉，亦豈無端受枉來！

且不說這邊楊二郎受累，累年不決的事。再表郁盛自那日載了莫大姐，到了臨清地方，賃間閑房住下，兩人行其淫樂，混過了幾時。豈知那裏受苦。莫大姐終久有這楊二郎在心裏，好人。身子雖現隨着郁盛，畢竟是勉強的。終日價没心没想，哀聲嘆氣。郁盛豈初綢繆，相處了兩個月，看看兩下裏各有些嫌憎，不自在起來。【眉批】自然之事。 郁盛自想道：「我目下用他的，帶來的東西，須有盡時，我又不會做生意，日後怎生結果？況且是別人的妻子，留在身邊，到底怕露將出來，不是長便。我也要到自家裏去的，那裏守得定在這裏？【眉批】太狠。 我不如尋個主兒，賣了他。他模樣儘好，倒也還值得百十兩銀子。我得他這些身價，與他身邊帶來的許多東西，也儘勾受用了。」打聽得臨清渡口驛前，樂户魏媽媽家裏，養許多粉頭，是個興頭的鴇兒，要的是女人。尋個人去與他説了。魏媽只做訪親，來相探望。看過了人物，還出了八十兩價錢。交兑明白，只要擡人去。

郁盛哄着莫大姐道：「這魏媽媽是我家外親，極是好情分。你我在此異鄉，圖得與他做個相識往來，也不寂寞。魏媽媽前日來望過了你，你今日也去還拜他一拜纔是。」莫大姐女眷心性，巴不得尋個頭腦，外邊去走走的。見説了，即便梳妝起來。郁盛就去雇了一乘轎，把莫大姐竟擡到魏媽媽家裏。【眉批】鴇兒腔。

莫大姐看見魏媽媽笑嘻嘻相頭相脚，只是上下看覷，大剌剌的不十分接待；又見許多粉頭在面前，心裏道：「甚麼外親？看來是個衏衏人家了。」吃了一杯茶，告別起身。魏媽媽笑道：「你還要到那裏去？」莫大姐道：「家去。」魏媽媽道：「還有甚麼家裏？你已是此間人了。」莫大姐吃一驚道：「這怎麼説？」魏媽媽道：「你家郁官兒得了我八十兩銀子，把你賣與我家了。」莫大姐道：「那有此話？我身子是自家的，誰賣得我？」魏媽媽道：「甚麼自家不自家，銀子已拏得去了，我那管你？」莫大姐道：「等我去和那天殺的説個明白。」魏媽媽道：「此時他跑自家的道兒，敢走過七八里路了。你那裏尋他去？我這裏好道路，你安心住下了罷。不要討我殺威棒兒吃。」

莫大姐情知被郁盛所賺，叫起撞天屈來，大哭了一場。魏媽媽喝住，只説要打。衆粉頭做好做歉的來勸住。莫大姐原是立不得貞節牌坊的，到此地位，落了圈套，没計奈何，只得和光同塵，隨着做娼妓罷了。此亦是莫大姐做婦女不學好，應受的果報。此却報得忒好了。

婦女何當有異圖？貪淫只欲悶親夫！
今朝更被他人悶，天報昭昭不可誣。

莫大姐自從落娼之後，心裏常自想道：「我只圖與楊二郎逃出來快活，誰道醉後錯記，却被郁盛天殺的賺來賣我在此！而今不知楊二郎怎地在那裏？我家裏不見了人，又不知怎樣光景？」時常切切於心。有時接着相投的孤老，也略把這些前因説説。只好感傷流淚，那裏有人管他這些勞叨？

光陰如箭，不覺已是四五個年頭。一日，有一個客人來嫖宿飲酒。見了莫大姐，目不停瞬，只管上下瞧覷。莫大姐也覺有些面染，兩下疑惑。莫大姐開口問道：「客官貴處？」那客人道：「小子姓幸，名逢，住居在張家灣。」莫大姐見説張家灣三字，不覺潸然淚下，道：「既在張家灣，可曉得長班徐德家裏麽？」幸客驚道：「徐德是我鄰人，他家裏失去了嫂子幾年。適見小娘子面龐，有些廝像，莫不正是徐嫂子麽？」莫大姐道：「奴正是徐家媳婦，被人拐來，坑陷在此。方纔見客人面龐，奴家道有些認得，豈知却是日前鄰舍幸官兒！」元來幸逢也是風月中人，向時看見莫大姐有些話頭，也曾噡着乾唾的，故此一見就認得。幸客道：「小娘子，你在此不打緊，却害得一個人好苦。」莫大姐道：「是那個？」幸客道：「你家告了楊二郎，累了幾年官司，打也不知打了多少。至今還在監裏，未得明白。」莫大姐見説，好不傷心，輕輕對幸客道：「日裏不好盡言，晚上留在此間，有句説話奉告。」

幸客是晚就與莫大姐同宿了。莫大姐悄悄告訴他，説委實與楊二郎有交，被郁盛冒充了楊二郎，拐來賣在這裏。從頭至尾，一一説了。又與他道：「客人可看平日鄰舍面上，到家説知此事。一來救了奴家出去；二來説清了楊二郎，也是陰功；三來吃了郁盛這廝這樣大虧，等得見了天日，咬也咬他幾口。」【眉批】此更要緊。

幸客道：「我去説，我去説。楊二郎、徐長班多是我一塊土上人，況且貼得有賞單。今我得實，怎不去報？郁盛這厮，有名刁鑽，天理不容，也該敗了。」莫大姐道：「須得密些纔好。若漏了風，怕這家又把我藏過了。」幸客道：「只你知我知。而今見人，再不要提起。我一到彼，就出首便是。」

兩人商約已定，幸客竟自回轉張家灣，來見徐德道：「你家嫂子已有下落，我親眼見了。」徐德道：「見在那裏？」幸逢道：「我替你同到官面前，還你的明白。」

徐德遂同了幸逢，齊到兵馬司來。幸逢當官遞上一紙首狀。狀云：

首狀人幸逢，係張家灣民，爲舉首略賣事。本灣徐德，失妻莫氏，告官未獲。今逢目見本婦，身在臨清樂户魏鴇家倚門賣奸。本婦稱係市棍郁盛略賣在彼是的。販良爲娼，理合舉首。所首是實。

兵馬即將首狀判准在案。一面申文察院，一面密差兵番拏獲郁盛，到官刑鞫。郁盛抵賴不過，供吐前情明白。當下收在監中，俟莫氏到時質證定罪。

隨即奉察院批發明文，押了原首人幸逢與本夫徐德，行關到臨清州，眼同認拘莫氏，及買良爲娼樂户魏鴇到司審問，原差守提。臨清州裏即忙添差公人，一同行拘。一干人到魏家，好似：

甕中捉鱉，手到拿來。

臨清州點齊了，發了批回，押解到兵馬司來。楊二郎彼時還在監中，得知這事，連忙寫了訴狀，稱是與己無干，今日幸見天日等情，投遞兵馬司。准了，等候一同發落。

其時人犯齊到聽審。兵馬先唤莫大姐問他。莫大姐將郁盛如何騙他到臨清，如何哄他賣娼家，一一説了備細。又唤魏鴇兒問道：「你如何買了良人之婦？」魏媽媽道：「小婦人是個樂户，靠那取討娼妓爲生。郁盛稱説自己妻子願賣，小婦人見了是本夫做主的，與他討了。豈知他是拐來的？」徐德走上來道：「當時妻子失去，還帶了家裏許多箱籠貲財去。今人既被獲，還望追出贓私，給還小人。」莫大姐道：「郁盛哄我到魏家，我只走得一身去，就賣絶在那裏。一應所有，多被郁盛得了，與魏家無干。」兵馬拍桌道：「那郁盛這樣可惡！既拐了人去奸宿了，又賣了他身子，又没了他貲財，有這等没天理的！」喝叫：「重打！」郁盛辯道：「賣他在娼家，是小人不是，甘認其罪。【眉批】只到不差。至於逃去，是他自跟了小人走的，非干小人拐他。」兵馬問莫大姐道：「你當時爲何跟了他走？不實説出來，討拶！」莫大姐只得把與楊二郎有奸，認錯了郁盛的事，一一招了。兵馬笑道：「怪道你丈夫徐德告着楊二郎。楊二郎雖然屈坐了監幾年，徐德不爲全誣。莫氏雖然認錯，郁盛乘機盗拐，豈得推故？」喝教把郁盛打了四十大板，問略販良人軍罪，押追帶去贓物給還徐德；莫氏身價八十兩，追出入官。魏媽買良，係不知情，問個不應罪名；出過身價，有幾年賣奸得利，不必償還。楊二郎先有奸情，後雖無干，也問杖贖，釋放寧家。幸逢首事得實，量行給賞。

判斷已明，將莫大姐發與原夫徐德收領。徐德道：「小人妻子背了小人逃出了幾年，又落在娼家了，小人還要這濫淫婦做甚麽？情愿當官休了，等他別嫁個人罷。」兵馬道：「這個繇你。且保領出去，自尋人嫁了他，再與你立案罷了。」

一干人衆，各到家裏。楊二郎自思：「別人拐去了，却寃了我坐了幾年監，更待干罷！」告訴鄰裏，要與徐德厮鬧。徐德也有些心怯，過不去，轉央鄰裏和解。鄰裏商量調停這事，議道：「總是徐德不與莫大姐完聚了，現在尋人別嫁。【眉批】只調停甚爲得肯。何不讓與楊二郎娶了，消釋兩家寃仇？」與徐德説了，徐德也道：「負累了他，便依議也罷。」楊二郎聞知，一發正中下懷，笑道：「若肯如此，便多坐了幾時，我也永不提起了。」正所謂苦盡甘來。

鄰裏把此意三面約同，當官禀明。兵馬備知楊二郎頂缸坐監，有些屈在裏頭。依地方處分，准徐德立了婚書，給與楊二郎爲妻。莫大姐稱心像意，得嫁了舊時相識。**【眉批】**若不收心，楊二郎又一徐德也。因爲吃過了這些時苦，也自收心學好，要緊。不似前時惹騷招禍，竟與楊二郎到了底。這莫非是楊二郎的前緣？然也爲他吃苦不少了，不爲美事。後人當以此爲鑒。

枉坐囹圄已數年，而今方得保嬋娟。
何如自守家常飯，不害官司不損錢？

神偷寄興
一枝梅

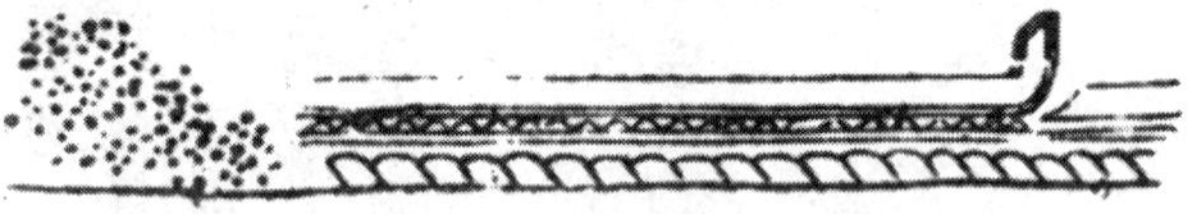

俠盜慣行
三昧戲

卷之三十九

神偷寄興一枝梅　俠盜慣行三昧戲

詩曰：

劇賊從來有賊智，其間妙巧亦無窮。
若能收作公家用，何必疆場不立功？

自古說孟嘗君養食客三千，鷄鳴狗盜的，多收拾在門下。後來被秦王拘留，無計得脱。秦王有個愛姬傳語道：「聞得孟嘗君有領狐白裘，價值千金。若將來送了我，我替他討個人情，放他歸去。」孟嘗君當時只有一領狐白裘，已送上秦王，收藏内庫，那得再有？其時狗盜的便獻計道：「臣善狗偷，往内庫去偷將出來便是。」你道何爲狗偷？乃是此人善做狗嘷。就假做了狗，爬牆越壁，快捷如飛，果然把狐白裘偷了出來。送與秦宫愛姬，纔得善言放脱，連夜行到函谷關。孟嘗君恐怕秦王有悔，後面追來，急要出關。當得關上直等鷄鳴纔開。孟嘗君着了急。那時食客道：「臣善鷄鳴，此時正用得着。」就曳起聲音，學作鷄啼起來，果然與真無二。啼得兩三聲，四下群鷄皆啼。關吏聽得，把關開了。孟嘗君纔得脱去。

孟嘗君平時養了許多客，今脱秦難，却得此兩小人之力。可見天下寸長尺技，俱有用處。而今世上只重着科目，非此出身，縱有奢遮的，一概不用。所以有奇巧智謀之人，没處設施，多趕去做了爲非作歹的勾當。

若是善用人材的收拾將來，隨宜酌用，未必不得他氣力，且省得他流在盜賊裏頭去了。

且如宋朝臨安有個劇盜，叫做「我來也」。不知他姓甚名誰，但是他到人家偷盜了物事，一些踪影不露出來，只是臨行時，壁上寫着「我來也」三個大字。第二日人家看見了字，方纔簡點家中，曉得失了賊。若無此字，竟是神不知、鬼不覺的，煞好手段。臨安中受他蒿惱不過，紛紛告狀。府尹責着緝捕使臣，嚴行挨查，要獲着真正寫「我來也」三字的賊人。却是没個姓名，知是張三、李四？拿着那個纔肯認帳？使臣人等受那比較不過，只得用心體訪。元來隨你巧賊，須瞞不過公人。占風望氣，定然知道的。只因拿得甚緊，畢竟不知怎的緝着了他的真身，解到臨安府裏來。

府尹升堂。使臣禀説：「緝着了真正『我來也』，雖不曉得姓名，却正是寫這三字的。」府尹道：「何以見得？」使臣道：「小人們體訪甚真，一些不差。」那個人道：「小人是良民，並不是甚麽『我來也』。公人們比較不過，拿小人來冒充的。」使臣道：「的是真正的。賊口聽他不得。」府尹只是疑心。使臣們禀道：「小人們費了多少心機，纔訪得着。若被他花言巧語，脱了出去，後來小人們再没處拏了。」府尹欲待要放，見使臣們如此説，又怕是真的，萬一放去了，難以尋他，再不好比較緝捕的了。【眉批】原何足信。只得權發下監中收監。

那人一到監中，便好言對獄卒道：「進監的舊例，該有使費。我身邊之物，盡被做公的搜去。我有一主銀兩，在嶽廟裏神座破磚之下，送與哥哥做拜見錢。哥哥只做去燒香，取了來。」獄卒似信不信，免不得跑去一看。果然得了一包東西，約有二十餘兩。獄卒大喜，遂把那人好好看待，漸加親密。

一日，那人又對獄卒道：「小人承蒙哥哥盛情，十分看待得好。小人無可報效，還有一主東西，在某處橋垜之下，哥哥去取了，也見小人一點敬意。」【眉批】妙在緩緩而來。獄卒道：「這個所在是往來之所，人眼極多，如何取得？」那人道：「哥哥將個筐籃，盛着衣服，到那河裏去洗。摸來放在籃中，就把衣服蓋好，却不拏將來了？」獄卒依言，如法取了來，没人知覺。簡簡物事，約有百金之外。獄卒一發喜謝不盡，愛厚那人，如同骨肉。晚間買酒請他。

酒中，那人對獄卒道：「今夜三更，我要到家裏去看一看，五更即來。哥哥可放我出去一遭。」獄卒思量道：「我受了他許多東西，他要出去，做難不得。萬一不來了怎麼處？」那人見獄卒遲疑，便道：「哥哥不必疑心。小人被做公的冒認做『我來也』，送在此間。既無真名，又無實迹，須問不得小人的罪，小人少不得辨出去。一世也不私逃的。但請哥哥放心，只消兩個更次，小人仍舊在此了。」獄卒見他說得有理，想道：「一個不曾問罪的犯人，就是失了，没甚大事。他現與了我許多銀兩，撲得與他使用些，好歹糊塗得過。況他未必不來的。」就依允放了他。那人不繇獄門，竟在屋檐上跳了去。屋瓦無聲，早已不見。

到得天未大明，獄卒宿酒未醒，尚在朦朧，那人已從屋檐跳下。摇起獄卒道：「來了，來了。」獄卒驚醒，看了一看道：「有這等信人！」那人道：「小人怎敢不來，有累哥哥？【眉批】止欲脱身，□所不貪矣。多謝哥哥放了我去，已有小小謝意，留在哥哥家裏，哥哥快去收拾了來。小人就要別了哥哥，當官出監去了。」獄卒不解其意，急回到家中。家中妻子說：「有件事正要你回來得知。昨夜更鼓盡時，不知梁上甚麼響，忽地掉下一個包來。解開看時，盡是金銀器物。敢是天賜我們的？」獄卒情知是那人的緣故，急摇手道：「不要露聲。快收拾好了，慢慢受用。」獄卒急轉到監中，又謝了那人。

須臾，府尹升堂，放告牌出。只見紛紛來告盗情事，共有六七紙，多是昨夜失了盗，牆壁上俱寫得有「我來也」三字，妙甚。懇求着落緝捕。【眉批】當面哄去而不覺，真神奇手。府尹道：「我元疑心前日監的，未必是真『我來也』，果然另有這個人在那裏。那監的豈不冤枉？」即叫獄卒來分付：「快把前日監的那人放了。」另行責着緝捕使臣，定要訪個真正「我來也」解宫，立限比較。豈知真的却在眼前放去了。只有獄卒心裏明白，伏他神機妙用。受過重賄，再也不敢説破。

看官，你道如此賊人智巧，可不是有用得着他的去處麽？這是舊話，不必説。只是我朝嘉靖年間，蘇州有個神偷懶龍，事蹟頗多。雖是個賊，煞是有義氣，兼帶着戲耍，説來有許多好笑好聽處。有詩爲證：

誰道偷無道？神偷事每奇。
更看多慷慨，不是俗偷兒！

話説蘇州亞字城東，玄妙觀前第一巷，有一個人，不曉得他的姓名，後來他自號懶龍，人只稱呼他是懶龍。其母村居，偶然走路，遇着天雨，走到一所枯廟中避着，却是草鞋三郎廟。其母坐久，雨尚不住。昏昏睡去，夢見神道與他交感，歸來有娠。滿了十月，生下這個懶龍來。懶龍生得身材小巧，膽氣壯猛，心機靈變，度量慨慷。且説他的身體行徑：

柔若無骨，輕若御風。大則登屋跳梁，小則捫牆摸壁。隨機應變，看景生情。撮口則爲鷄犬貍鼠之聲，拍手則作簫鼓絃索之弄。飲啄有方，律吕相應。無弗酷肖，可使亂真。出没如鬼神，去來如風雨。果然天下無雙手，真是人間第一偷。

懶龍不但伎倆巧妙，又有幾件希奇本事，咤異性格：自小就會着了靴在壁上走，又會説十三省鄉談。【眉批】天生絶技。夜間可以連宵不睡，日間可以連睡幾日，不茶不飯，像陳摶一般。有時放量一吃，酒數斗，飯數升，不轂一飽；有時不吃起來，便動幾日不餓。鞋底中用稻草灰做襯，走步絶無聲響。與人相撲，掉臂往來，倏忽如風。想來《劍俠傳》中白猿公，《水滸傳》中鼓上蚤，其矯捷不過如此。

自古道：「性之所近。」懶龍既有這一番啤㗋，便自藏埋不住，好與少年無賴的人往來，習成偷兒行徑。一時偷兒中高手，有：

盧茄茄（骨瘦如青蘆枝，探丸白打最勝。）

刺毛鷹（見人輒隱伏，形如蕙螢，能宿梁壁上。）

白搭膊（以素練爲腰纏，角上挂大鐵鉤，以鉤向上拋擲，遇胃挂，便攀緣腰纏上升，欲下亦籍鉤力，梯其腰纏，翩然而落。）

這數個多是吴中高手，見了懶龍手段，盡皆心伏，自以爲不及。懶龍原没甚家緣家計，今一發棄了，到處爲家，人都不曉得他歇在那一個所在。白日行都市中，或閃入人家，但見其影，不見其形。闇夜便竊入大户、朱門尋宿處，玳瑁梁間，鴛鴦樓下，繡屏之内，畫閣之中，縮做刺蝟一團，没一處不是他睡場。得便就做他一手，因是終日會睡，變幻不測如龍，所以人叫他懶龍。所到之處，但得了手，就畫一枝梅花在壁上，在黑處將粉寫白字，在粉牆將煤寫黑字，再不空過。所以人又叫他做一枝梅。

嘉靖初年，洞庭兩山出蛟，太湖邊山崖崩塌，露出一古塚朱漆棺。寶物無數，盡被人盜去無遺。有人傳説到城，懶龍偶同親友泛湖，因到其處。看見藤蔓纏棺，已被斬斷。開發棺中，惟枯骸一具，塚傍有斷碑模糊。懶龍道是古來王公之墓，不覺惻然，就與他掩蔽了。即時出些銀兩，顧本處土人聚土埋藏好了，把酒澆奠。奠畢將行，懶龍見草中一物碍脚。俯首取起，乃是古銅鏡一面。急藏襪中，不與人見。及到城中，將往僻處，刷浄泥滓細看。那鏡小小，只有四五寸。面上精光閃爍，背上鼻鈕四傍，隱起窮奇饕餮、魚龍波浪之形。滿身青緑，盡蝕朱砂水銀之色。試敲一下，其聲泠然。曉得是件寶貝，將來佩帶身邊。到得晚間，將來一照，暗處皆明，雪白如晝。懶龍得了此鏡，出入不離，夜行更不用火，一發添了一助。别人怕黑時節，他竟同日裏行走，偷法愈便。却是懶龍雖是偷兒行徑，却有幾件好處：不肯淫人家婦女；不入良善與患難之家；許（説）了人説話，再不失信。亦且仗義疏財，偷來東西，隨手散與貧窮負極之人；最要薅惱那慳吝財主、無義富人，逢場作戲，做出笑話。因此到所在，人多倚草附木，成行逐隊來皈依他，義聲赫然。懶龍笑道：「吾無父母妻子可養。借這些世間餘財，聊救貧人，正所謂損有餘，補不足，天道當然，非關吾的好義也。」

一日，有人傳説：一個大商下千金在織人周甲家。懶龍要去取他的。酒後錯認了所在，誤入了一個人家。其家乃是個貧人，房内止有一張大几。四下一看，別無長物。既已進了房中，一時不好出去，只得伏在几下，看見貧家夫妻對食，盤餐蕭瑟。夫滿面愁容，對妻道：「欠了客債要緊，別無頭腦可還，我不如死了罷。」妻子道：「怎便尋死？【眉批】與劍俠何異？不如把我賣了，還好將錢營生。」説罷，夫妻淚如雨下。懶龍忽然跳將出來，夫妻慌怕。懶龍道：「你兩個不必怕我，我乃懶龍也。偶聽人言，來尋一個商客，錯走至此。今見你每生計可憐，我當送二百金與你，助你經營。快不可別尋道路，如此苦楚。」夫妻素聞其名，拜道：「若得義士如此厚恩，吾夫妻死裏得生了。」懶龍出了門去，一個更次，門内鏗然一響。夫妻走起看時，果然一個布囊，有銀二百兩在内。乃是懶龍是夜取得商人之物。夫妻喜躍非常，寫個懶龍牌位，奉事終身。

有一貧兒，少時與懶龍游狎，後來消乏。與懶龍途中相遇，身上襤褸，自覺羞慚，引扇掩面而過。懶龍掣住其衣，問道：「你不是某舍麼？」貧兒跼蹐道：「惶恐，惶恐。」懶龍道：「你一貧至此，明日當同你大一大家，取些來付你。勿得妄言。」貧兒曉得懶龍手段，又是不哄人的。明日傍晚，來尋懶龍。懶龍與他共至一所，乃是士夫家池館。但見：

暮鴉繚亂，碧樹蒙籠。
萬籟凄清，四隅寂静。

懶龍分付貧兒止住在外，自己竦身攀樹，踰垣而入。許久不出。貧兒屏氣吞聲，蹲踞牆外。又被群犬嘷吠，趕來咋嚙。貧兒繞牆走避。微聽得牆内水響，倏有一物，如没水鸕鷀，從林影中墮地。仔細看看，却是懶龍，渾身沾濕，狀甚狼狽。對貧兒道：「吾爲你幾乎送了性命。裏面黄金無數，可以斗量，我已取到了手。因爲外邊犬吠得緊，驚醒裏面的人，追將出來。只得丢棄道傍，輕身走脱。此乃子之命也。」貧兒道：「老龍平日手到拿來，今日如此，是我命薄。」嘆息不勝。懶龍道：「不必煩惱，改日别作道理。」貧兒怏怏而去。

過了一個多月，懶龍路上又遇着他，哀告道：「我窮得不耐煩了。今日去卜問一卦，遇着上上大吉，財爻發動。先生説：『當有一場飛來富貴，是别人作成的。』我想不是老龍，還那裏指望？」懶龍笑道：「吾幾乎忘了。前日那家金銀一箱，已到手了。若竟把來與你，恐那家發覺，你藏不過，做出事來。所以權放在那家水池内，再看動静。今已個月期程，不見聲息，想那家不思量追訪了。【眉批】如此用心，所以不敗。可以取之無礙。晚間當再去走遭。」貧兒等到薄暮，來約懶龍同往。懶龍一到彼處，但見：

度柳穿花，捷若飛鳥。
馳波濺沫，矯似游龍。

須臾之間，背負一箱而出。急到僻處開看，將着身帶寶鏡一照，裏頭盡是金銀。懶龍分文不取，也不問多少，盡數與了貧兒。分付道：「這些財物，可勾你一世了。好好將去用度，不要學我懶龍混帳，半生不做人家。」貧兒感激謝教，將着做本錢，後來竟成富家。懶龍所行之事，每多如此。

説話的，懶龍固然手段高强，難道只這等游行無礙，再没有失手時節？看官聽説：他也有遇着不巧，受了窘迫，却會得逢急智生，脱身溜撒。

曾有一日，走到人家，見衣橱開着，急向裏頭藏身，要取橱中衣服。不匡這家子臨上床時，將衣橱關好，上了大鎖，竟把懶龍鎖在橱内了。懶龍出來不得，心生一計，把橱内衣飾緊纏在身，又另包下一大包，俱挨着橱門。口裏就做鼠咬衣裳之聲。主人聽得，叫起老嫗來道：「爲何把老鼠關在橱内了，可不咬壞了衣服？快開了橱，趕了出來。」老嫗取火開橱。纔開得門，那挨着門口包兒先滚了下地。説時遲，那時快，懶龍就這包滚下來頭裏，一同滚將出來，就勢撲滅了老嫗手中之火。老嫗吃驚，大叫一聲。懶龍恐怕人起難脱，急取了那個包，隨將老嫗要處一撥，撲的跌倒在地，望外便走。房中有人走起，地上踏着老嫗，只説是賊，拳脚亂下。老嫗喊叫連天。房外人聽得房裏嚷亂，盡奔將來。點起火一照，見是自家人厮打。方喊得住，懶龍不知已去過幾時了。

有一織紡人家，客人將銀子定下紬羅若干。其家夫妻收銀箱内，放在床裏邊。夫妻同寢在床，夜夜小心謹守。懶龍知道，要取他的。閃進房去，一脚踏了床沿，挽手進床内掇那箱子。婦人驚醒，覺得床沿上有物。暗中一摸，曉得是隻人脚。急用手抱住不放，忙叫丈夫道：「快起來，吾捉住賊脚在這裏了。」懶龍即將其夫之脚，用手抱住一掐。其夫負痛，忙喊道：「是我的脚，是我的脚。」婦人認是錯拿了夫脚，即時把手放開。懶龍便掇了箱子，如飛出房。夫妻兩人還争個不清，妻道：「分明拿的是賊脚，你却教放了。」夫道：「現今我脚掐得生疼，那裏是賊脚？」【眉批】互相歸咎之狀如畫。妻道：「你脚在裏床，我拿的在外床，況且吾不曾掐着。」夫道：「這等，是賊掐我的脚。你只不要放那隻脚便是。」妻道：「我聽你喊將起來，慌忙之中，認是錯了，不覺把手放鬆，他便抽得去了。着了他賊見識，定是不好了。」摸摸裏床，箱子果是不見。夫妻兩個，我道你錯，你道我差，互相埋怨不了。

懶龍又走在一個買衣服的鋪裏，尋着他衣庫，正要揀好的捲他。黑暗難認，却把身邊寶鏡來照。又道是：

隔牆須有耳，門外豈無人？

誰想隔鄰人家，有人在樓上做房，樓窗看見間壁衣庫亮光一閃，如閃電一般，情知有些蹊蹺。忙敲樓窗，向鋪裏叫道：「隔壁仔細，家中敢有小人了。」鋪中人驚起，口喊「捉賊」。懶龍聽得在先，看見庭中有一隻大醬缸，上蓋蓬箄。懶龍慌忙揭起，蹲在缸中，仍復反手蓋好。那家人提着燈各處一照，不見影響，尋到後邊去了。懶龍在缸裏想道：「方纔只有缸内不曾開看，今後頭尋不見，此番必來。我不如往看過的所在躲去。」又思身上衣已染醬，淋漓開來，掩不得踪迹，便把衣服卸在缸内，赤身脱出來。把脚踪印些醬迹在地下，一路到門，把門開了。自己翻身進來，仍入衣庫中藏着。【眉批】虚虚實實，皆行兵之法也。

那家人後頭尋了一轉，又將火到前邊來。果然把醬缸蓋揭開。看時，却有一套衣服在内，認得不是家裏的。多道：「這分明是賊的衣裳了。」又見地下脚迹，自缸邊直到門邊，門已洞開，盡皆道：「賊見我們尋，慌躲在醬缸裏面。我們後邊去尋時，他却脱下衣服逃走了。可惜看得遲了些個，不然，此時已被我們拏住。」店主人家道：「趕得他去也罷了。關好了門，歇息罷。」一家盡道賊去無事，又歷碌了一會，放倒了頭，大家酣睡。詎知賊還在家裏。懶龍安然住在錦繡叢中，把上好衣服，繞身繫束得緊峭，把一領青舊衣外面蓋着。又把細軟好物，裝在一條布被裏面，打做個包兒。弄了大半夜，寂寂負了，從屋檐上跳出。這家子没一人知覺。

跳到街上，正走時，天尚黎明，有三四一起早行的人，前來撞着。見懶龍獨自一個，負着重囊，侵早行走，疑他來路不正氣，遮住道：「你是甚麽人？在那裏來？説個明白，方放你走。」懶龍口不答應，伸手在肘後摸出一包，團圞如毬，抛在地下就走。那幾個人多來搶看。見上面牢捲密紥，道他必是好物，争先來解。解了一層，又有一層，就像剥笋殼一般。且是層層綑得緊，剥了一尺多，裏頭還不盡，剩有拳頭大一塊。疑道：「不知裏着甚麽？」衆人不肯住手，還要奪來解看。那先前解下的，多是敝衣破絮，零零落落，堆得滿地。

正在鬧嚷之際，只見一夥人趕來道：「你們偷了我家鋪裏衣服，在此分贜麽！」不繇分説，拿起器械，蠻打將來。衆人呼喝不住，見不是頭，各跑散了。中間拏住一個老頭兒，天色黯黑之中，也不來認面龐，一步一棍，直打到鋪裏。老頭兒口裏亂叫亂喊道：「不要打，不要打，你們錯了。」衆人多是興頭上，人住馬不住，那裏聽他？看看天色大明，店主人仔細一看，乃是自家親家翁，在鄉里住的。【眉批】奇迹。連忙喝住衆人，已此打得頭虚面腫。店主人忙賠不是，置酒請罪。因説失賊之事。老頭兒方訴出來道：「適纔同兩三個鄉里人作伴到此，天未明亮。因見一人背馱一大囊行走，正闌住盤問，不匡他丢下一件包裹，多來奪看。他乘鬧走了。誰想一層一層，多是破衣敗絮，我們被他哄了，不拿得他。却被這裏人不分皂白，混打這番，把同伴人驚散。便宜那賊骨頭，又不知走了多少路了。」衆人聽見這話，大家驚悔。鄰裏聞知某家捉賊，錯打了親家公，傳爲笑話。原來那個毬就是懶龍在衣橱裏把閒工結成，帶在身邊，防人尾追，把此抛下做緩兵之計的。這多是他臨危急智，脱身巧妙之處。有詩爲證：

巧技承蜩與弄丸，當前賣弄許多般。
雖然賊態何堪述，也要臨時猝智難。

懶龍神偷之名，四處布聞。衛中巡捕張指揮訪知，叫巡軍拿去。指揮見了問道：「你是個賊的頭兒麼？」懶龍道：「小人不曾做賊，怎説是賊的頭兒？小人不曾有一毫贜私犯在公庭，亦不曾見有竊盗賊夥扳及小人。小人只爲有些小智巧，與親戚朋友作耍之事，間或有之。爺爺不要見罪小人，或者有時用得小人着，水裏火裏，小人不辭。」指揮見他身材小巧，語言爽快，想道：「無贜無證，難以罪他。」又見説肯出力，思量這樣人有用處，便没有難爲的意思。

正説話間，有個閶門陸小閒將一隻紅嘴緑鸚哥來獻與指揮。指揮教把鎖鐙挂在檐下，笑對懶龍道：「聞你手段通神，你雖説戲耍無贜，偷人的必也不少。今且權恕你罪，我只要看你手段。你今晚若能偷得我這鸚哥去，明日送來還我，凡事不計較你了。」懶龍道：「這個不難。容小人出去，明早送來。」懶龍叩頭而出。

指揮當下分付兩個守夜軍人：「小心看守架上鸚哥。倘有疏失，重加責治。」兩個軍人聽命，守宿在檐下，一步不敢走離。雖是眼皮壓將下來，只得勉強支持。一陣盹睡，聞聲驚醒，甚是苦楚。夜已五鼓，懶龍走在指揮書房屋脊上，挖開椽子，溜將下來。只見衣架上有一件沉香色潞紬披風，几上有一頂華陽巾，壁上挂一盞小行燈，上寫着：「蘇州衛堂」四字。懶龍心思有計，登時把衣巾來穿戴了，袖中拿出火種，吹起焠煤，點了行燈，提在手裏，裝着老張指揮聲音步履，儀容氣度，無一不像。【眉批】戲得有趣。走到中堂壁門邊，把門剳然開了。遠遠放住行燈，踱出廊檐下來。此時月色蒙龍，天光昏慘，兩個軍人，大盹小盹，方在困倦之際。懶龍輕輕剔他一下道：「天色漸明，不必守了，出去罷。」一頭說，一頭伸手去提了鸚哥鎖鐙，望中門裏面摇擺了進去。【眉批】如羚羊挂角。兩個軍人，閉眉刷眼，正不耐煩，聽得發放，猶如九重天上的赦書來了，那裏還管甚麽好歹，一道煙去了。

須臾天明，張指揮走將出來，鸚哥不見在檐下。急喚軍人問他，兩個多不在了。忙教拏來，軍人還是殘夢未醒。指揮喝道：「叫你們看守鸚哥，鸚哥在那裏？你們倒在外邊來？」軍人道：「五更時，恩主親自出來，取了鸚哥進去，發放小人們歸去的，怎麽反問小人要鸚哥？」指揮道：「胡說！我何曾出來？你們見鬼了！」軍人道：「分明是恩主親自出來，我們兩個人同在那裏，難道一齊眼花了不成？」指揮情知蹺蹊，走到書房，仰見屋椽有孔道，想必在這裏着手去了。

正持疑間，外報懶龍將鸚哥送到。指揮含笑出來，問他何繇偷得出去。懶龍把昨夜着衣戴巾假裝主人，取進鸚哥之事，説了一遍。指揮驚喜，大加親幸。懶龍也時常有些小孝順，要緊。指揮一發心腹相托，懶龍一發安然無事了。普天下巡捕官偏會養賊，從來如此。有詩爲證：

猫鼠何當一處眠？總因有味要垂涎。

繇來捕盗皆爲盗，賊黨安能不熾然？

雖如此説，懶龍果然與人作戲的事體多。曾有一個博徒，在賭場得了采，背負千錢回家。路上撞見懶龍，博徒指着錢戲懶龍道：「我今夜把此錢放在枕頭底下，你若取得去，明日我輸東道。若取不去，你請我吃東道。」懶龍笑道：「使得，使得。」博徒歸到家中，對妻子説：「今日得了采，把錢藏在枕下了。」妻子心裏歡喜，殺一隻鷄，盪酒共吃。鷄吃不完，還剩下一半，收拾在厨中，上床同睡。又説了與懶龍打賭賽之事，夫妻相戒：「大家醒覺些個。」

豈知懶龍此時已在窗下，一一聽得。見他夫婦惺憁，難以下手，心生一計。便走去竈下，拾根麻骨，放在口中，嚼得膈膊有聲，竟似猫兒吃鷄之狀。婦人驚起道：「還有老大半隻鷄，明日好吃一餐，不要被這亡人拖了去。」連忙走下床來，去開厨來看。懶龍閃入天井中，將一塊石頭，抛下井裏，洞的一聲響。博徒聽得驚道：「不要爲這點小小口腹，失脚落在井中了，不是耍處。」急出門來看時，懶龍已隱身入房，在枕下挖錢去了。夫婦兩人黑暗裏叫唤相應，方知無事，挽手歸房。到得床裏，只見枕頭移開，摸那錢時，早已不見。夫妻互相怨悵道：「清清白白兩個人，又不曾睡着，却被他當面作弄了去，也倒好笑。」到得天明，懶龍將錢來還了，來索東道。博徒大笑，就勒下幾百放在袖裏，與懶龍前到酒店中，買酒請他。

兩個飲酒中間，細説昨日光景，拍掌大笑。酒家翁聽見，來問其故，與他説了。酒家翁道：「一向聞知手段高強，果然如此！」指着桌上錫酒壺道：「今夜若能取得此壺去，我明日也輸一個東道。」懶龍笑道：「這也不難。」酒家翁道：「我不許你毁門壞户，只在此桌上，憑你如何取去。」懶龍道：「使得，使得。」起身相别而去。

酒家翁到晚，分付牢關門户，自家把燈四處照了，料道進來不得。想道：「我停燈在桌上了，擇得坐着，守定這壺，看他那裏下手？」酒家翁果然坐至夜分，絶無影響。意思有些不耐煩了，倦怠起來，瞌睡到了。起初還着實勉強，支撑不過，就斜靠在桌上睡去，不覺大鼾。懶龍早已在門外聽得，就悄悄的扒上屋脊，揭開屋瓦，將一猪脬緊紮在細竹管上。竹管是打通中節的，徐徐放下，插入酒壺口中。酒店裏的壺，多是肚寬頸窄的。懶龍在上邊把一口氣從竹管裏吹出去，那猪脬在壺内漲將開來，已滿壺中。懶龍就掐住竹管上眼，便把酒壺提將起來。仍舊蓋好屋瓦，不動分毫。酒家翁一覺醒來，桌上燈還未滅，酒壺已失。急起四下看時，窗户安然，毫無漏處。竟不知甚麽神通，攝得去了。」

又一日，與二三少年，同立在北潼子門酒家。河下船中，有個福建公子，令從人將衣被在船頭上曬曝，錦繡璨爛，觀者無不嘖嘖。内中有一條被，乃是西洋異錦，更爲奇特。衆人見他如此炫燿，戲道：「我們用甚法取了他的，以搏一笑纔好？」盡推懶龍道：「此時懶龍不逞技倆，更待何時？」懶龍笑道：「今夜讓我弄了他來，明日大家送還他。要他賞錢，同諸公取醉。」懶龍説罷，先到混堂把身子洗得潔浄。再來到船邊，看相動静。

守到更點二聲，公子與衆客盡帶酣意，潦倒糢糊。打一個混同鋪，吹滅了燈，一齊籍地而寢。懶龍倏忽閃爍；已雜入衆客鋪内，挨入被中。説着閩中鄉談，故意在被中挨來擠去。衆客睡不像意，口裏和囉埋怨。懶龍也作閩音，説睡話。趂着挨擠雜鬧中，扯了那條異錦被，捲作一束。就作睡起要瀉溺的聲音，公然拽開艙門，走出瀉溺。徑跳上岸去了。船中諸人一些不覺。

及到天明，船中不見錦被，滿艙鬧嚷。公子甚是嘆惜。與衆客商量：要告官，又不直得；要住了，又不捨得。只得許下賞錢一千，招人追尋踪迹。懶龍同了昨日一干人，下船中對公子道：「船上所失錦被，我們已見在一個所在。公子發出賞錢與我們弟兄買酒吃，包管尋來奉還。」公子立教取出千錢來放着，待被到手即發。懶龍道：「可叫管家隨我們去取。」公子分付親隨家人，同了一夥人，走到徽州當内，認着錦被，正是元物。親隨便問道：「這是我船上東西，爲何在此？」當內道：「早間一人拿此被來當。我們看見此錦，不是這裏出的，有些疑心，不肯當錢與他。那個人道：『你每若放不下時，我去尋個熟人，來保着，秤銀子去就是。』我們說：『這個使得。』那人一去，竟不來了。我元道必是來歷不明的，既是尊舟之物，拏去便了。等那個來取時，小當還要捉住了他，送到船上來。」

衆人將了錦被，去還了公子，就說當中說話。公子道：「我們客邊的人，但得原物不失罷了，還要尋那賊人怎的？」就將出千錢，送與懶龍等一夥報事的人。衆人收受，俱到酒店裏破除了。元來當裏去的人，也是懶龍央出來，把錦被卸脫在那裏，好來請賞的。如此作戲之事，不一而足。正是：

臚傳能發塚，穿窬何足薄？
若托大儒言，是名善戲謔。

懶龍固然好戲，若是他心中不快意的，就連真帶耍，必要擾他。有一夥小偷，置酒邀懶龍游虎丘。船經山塘，暫停米店門口河下。穿出店中，買柴沽酒。米店中人嫌他停泊在此，出入攪擾，厲聲推逐，不許繫纜。衆偷不平爭嚷。懶龍丟個眼色道：「此間不容借走，我們移船下去些，別尋好上岸處罷了，何必動氣？」【眉批】睚眦必報。遂教把船放開，衆人還忿忿。懶龍道：「不須角口，今夜我自有處置他所在。」衆人請問，懶龍道：「你們去尋一隻站船來。今夜留一樽酒、一個榼及暖酒家火、薪炭之類，多安放船中。我要歸途一路賞月色到天明。你們明日便知，眼下不要說破。」

是夜虎丘席罷，衆人散去。懶龍約他明日早會。止留得一個善飲的爲伴，一個會行船的持篙，下在站船中回來。經過米店河頭，店中已扃閉得嚴密。其時河中賞月，歸舟吹唱過往的甚多。米店裏頭人，安心熟睡。懶龍把船貼米店板門住下。日間看在眼裏，有米一囤在店角落中，正臨水次近板之處。懶龍袖出小刀，看板上有節處一挖，那塊木節囫圇的落了出來，板上老大一孔。懶龍腰間摸出竹管一個，兩頭削如藕披。將一頭在板孔中，插入米囤。略擺一擺，只見囤内米簌簌的從管裏瀉將下來，就如注水一般。懶龍一邊對月舉杯，酣呼跳笑，與瀉米之聲相雜，來往船上多不知覺。那家子在裏面睡的，一發夢想不到了。看看斗轉參横，管中没得瀉下，想米囤中已空，看那船艙也滿了。便叫解開船纜，慢慢的放了船去。

到一僻處，衆偷皆來。懶龍説與緣故，盡皆撫掌大笑。懶龍拱手道：「聊奉列位衆分，以答昨夜盛情。」竟自一無所取。【眉批】臨財毋苟得。那米店直到開囤，纔知其中已空，再不曉得是幾時失去，怎麽樣失了的。

蘇州新興百柱帽。少年浮浪的，無不戴着裝幌。南園側東道堂白雲房一起道士，多私下置一頂，以備出去游耍，好裝俗家。【眉批】即已不良。一日夏月天氣，商量游虎丘，已叫下酒船。有個紗王三，乃是王織紗第三個兒子，平日與衆道士相好，常合伴打平火。衆道士嫌他慣討便宜，且又使酒難堪，這番務要瞞着了他。不想紗王三已知道此事，恨那道士不來約他，却尋懶龍商量，要怎生敗他游興。懶龍應允，即閃到白雲房，將衆道常戴板巾盡取了來。紗王三道：「何不取了他新帽，要他板巾何用？」懶龍道：「若他失去了新帽，明日不來游山了，有何趣味？【眉批】文字做得深一步纔有趣。你不要管，看我明日消遣他。」紗王三終是不解其意，只得繇他。

明日，一夥道士輕衫短帽，裝束做少年子弟，登舟放浪。懶龍青衣相隨下船，蹲坐舵樓。衆道只道是船上人，船家又道是跟的侍者，各不相疑。開得船時，衆道解衣脱帽，縱酒歡呼。懶龍看個空處，將幾頂新帽，捲在袖裏，腰頭摸出昨日所取幾頂板巾，放在其處。行到斟酌橋邊，攏船近岸，懶龍已望岸上跳將去了。

一夥道士正要着衣帽，登岸瀟洒，尋帽不見，但有常戴的紗羅板巾，壓摺整齊，安放做一堆在那裏。衆道大嚷道：「怪哉，怪哉。我們的帽子多在那裏去了？」船家道：「你們自收拾，怎麽問我？船不漏針，料没失處。」衆道又各處尋了一遍，不見踪影。問船家道：「方纔你船上有個穿青的瘦小漢子，走上岸去。叫來問他一聲，敢是他見在那裏？」船家道：「我船上那有這人？是跟隨你們下來的。」衆道嚷道：「我們幾曾有人跟來？這是你串同了白日揰，偷了我帽子去了。我們帽子，幾兩一頂結的，決不與你干休。」扭住船家不放。船家不伏，大聲嚷亂。岸上聚起無數人來，蜂擁争看。

人叢中走出一個少年子弟，撲的跳下船來，道：「爲甚麽喧鬧？」衆道與船家各各告訴一番。衆道認得那人，道是决幫他的。不匡那人正色起來，反責衆道道：「列位多是羽流，自然只戴板巾上船。今板巾多在那裏，再有甚麽百柱帽？分明是誣詐船家了。」看的人聽見，纔曉得是一夥道士，板巾見在，反要詐船上賠帽子，發起喊來。就有那地方游手好閒幾個攬事的光棍來出尖，伸拳擄手道：「果是賊道無理，我們打他一頓，拏來送官。」那人在船裏摇手止(指)住道：「不要動手，不要動手。等他們去了罷。」那人忙跳上岸。衆道怕惹出是非來，叫快開了船。一來没了帽子，二來被人看破，裝幌不得了，不好登山，怏怏而回。枉費了一番東道，落得掃興。

你道跳下船來這人是誰？正是紗王三。懶龍把板巾换了帽子，知會了他，趂擾攘之際，特來證實道士本相，掃他這一場。道士回去，還纏住船家不歇。紗王三叫人將幾頂帽子送將來還他，上覆道：「已後做東道，要洒浪那帽子時，千萬通知一聲。」衆道纔曉得是紗王三耍他。又曾聞懶龍之名，曉得紗王三平日與他來往，多是懶龍的做作了。

其時鄰境無錫有個知縣，貪婪異常，穢聲狼籍。有人來對懶龍道：「無錫縣官衙中金寶山積，無非是不義之財。何不去取他些來？分惠貧人也好。」懶龍聽在肚裏，即往無錫地方，晚間潛入官舍中，觀看動静。那衙裏果然富貴，但見：

連箱綿綺，累架珍奇。元寶不用紙包，叠成行列；器皿半非陶就，擺滿金銀。大象口中牙，蠢婢將來揭火；犀牛頭上角，小兒拿去盛湯。【眉批】可以垂淚。不知夏楚追呼，拆了人家幾多骨肉；更兼苞苴混濫，捲了地方到處皮毛。費盡心，要傳家裏子孫；覥着面，且認民之父母。

懶龍看不盡許多奢華，想道：「重門深鎖，外邊梆鈴之聲不絶，難以多取。」看見一個小匣，十分沈重，料必是精金白銀，溜在身邊。心裏想道：「官府衙中之物，省得明日胡猜亂猜，屈了無干的人。」【眉批】陰德事。摸出筆來，在他箱架邊牆上，畫着一枝梅花，然後輕輕的從屋檐下望衙後出去了。

過了兩三日，知縣簡點宦囊，不見一個專放金子的小匣兒。約有二百餘兩金子在内，價值一千多兩銀子。各處尋看，只見傍邊畫着一枝梅，墨迹尚新。知縣吃驚道：「這分明不是我衙裏人了。卧房中誰人來得？却又從容畫梅爲記！此不是個尋常之盜，必要查他出來。」遂唤取一班眼明手快的應捕，進衙來看賊迹。衆應捕見了壁上之畫，吃驚道：「覆官人，這賊小的們曉得了，却是拏不得的。此乃蘇州城中神偷，名曰懶龍。身到之處，必寫一枝梅在失主家爲認號。其人非比等閒手段，出有入無，更兼義氣過人，死黨極多。尋他要緊，怕生出别事來。失去金銀還是小事，不如放捨罷了。不可輕易惹他。」知縣大怒道：「你看這班奴才！既曉得了這人名字，豈有拿不得的？你們專慣與賊通同，故意把這等話黨庇他。多打一頓大板纔好！今要你們拏賊，且寄下在那裏。十日之内不拏來見我，多是一個死。」應捕不敢回答。知縣即唤書房寫下捕盜批文，差下捕頭兩人，又寫下關子，關會長、吴二縣，必要拿那懶龍到官。應捕無奈，只得到蘇州來走一遭。

正進閶門，看見懶龍立在門口，應捕把他肩甲拍一拍道：「老龍，你取了我家官人東西罷了，賣弄甚麽手段，畫着梅花？今立限與我們，必要拿你到官，却是如何？」懶龍不慌不忙道：「不勞二位費心，且到店中坐坐細講。」

懶龍拉了兩個應捕，一同到店裏來，占副座頭吃酒。懶龍道：「我與兩位商量：你家縣主果然要得我緊，怎麽好累得兩位？只要從容一日，待我送個信與他，等他自然收了牌票。【眉批】悍哉。不敢問兩位要我，何如？」應捕道：「這個雖好，只是你取得他的忒多了，他説多是金子，怎麽肯住手？我們不同得你去，必要爲你受虧了。」懶龍道：「就是要我去，我的金子也没有了。」應捕道：「在那裏了？」懶龍道：「當下就與兩位分了。」應捕道：「老龍不要取笑，這樣話，當官不是耍處。」懶龍道：「我平時不曾説謊語，原不取笑。兩位到宅上去，一看便見。」扯着兩個人耳朵，説道：「只在家裏瓦溝中，去尋就有。」應捕曉得他手段，忖道：「萬一當官這樣説起來，真個有贓在我家裏，豈不反受他累？」遂商量道：「我們不敢要老龍去了，而今老龍待怎麽分付？」懶龍道：「兩位請先到家，我當隨至。包管知縣官人不敢提起，决不相累就罷了。」腰間摸出一包金子，約有二兩重，送與兩人道：「權當盤費。」從來説：「公人見錢，如蒼蠅見血。」兩個應捕看見赤艷艷的黄金，怎不動火？笑欣欣接受了。就想：「此金子未必不就是本縣之物？」一發不敢要他同去了。兩下别過。

懶龍連夜起身，早到無錫，晚來已閃入縣令衙中。縣官有大小孺人，這晚在大孺人房中宿歇，小孺人獨自在帳中。懶龍揭起帳來，伸手進去一摸。摸着頂上青絲髻，真如盤龍一般。懶龍將剪子輕輕剪下。再去尋着印箱，將來撬開，把一盤髮髻，塞在箱内，仍與他關好了。【眉批】作用皆靈妙。又在壁上畫下一枝梅。别樣不動分毫，輕身脱走。

次日，小孺人起來，忽然頭髮紛披，覺得異様。將手一摸，頂髻俱無，大叫起來。合衙驚怪，多跑將來問緣故。小孺人哭道：「誰人使促掐，把我的頭髮剪去了！」必疑大妻矣。忙報知縣來看。知縣見帳裏坐着一個頭陀，不知那裏作怪起。想着平日緑雲委地，好不可愛，今却如此模樣，心裏又痛又驚，道：「前番金子失去，尚在嚴捉未到；今番又有歹人進衙了！别件猶可，縣印要緊。」亟取印箱來看，看見封皮完好，鎖鑰俱在。

隨即開來看時，印章在上格不動，心裏略放寬些。又見有頭髮纏繞，掇起上格，底下一堆髻髮，散在箱裏。再簡點別件，不動分毫。又見壁上畫着一枝梅，連前湊做一對了。知縣嚇得目睁口呆，道：「元來又是前番這人！見我追得急了，他弄這神通出來，報信與我。剪去頭髮，分明説可以割得頭去；放在印箱裏，分明説可以盗得印去。這賊直如此利害！前日應捕們勸我不要惹他，元來果是這等。若不住手，必遭大害。【眉批】美政可想！金子是小事，擡得再做幾個富户不着，便好補填了。不要追究的是。」連忙掣籤，去唤前日差往蘇州下關文的應捕來銷牌。

兩個應捕自那日與懶龍别後，來到家中。依他説話，各自家裏屋瓦中尋。果然各有一包金子，上寫着日月封記，正是前日縣間失賊的日子。不知懶龍幾時送來藏下的。應捕老大心驚，噙着指頭道：「早是不拏他來見官。他一口招出，搜了贜去，渾身口洗不清。只是而今怎生回得官人的話？」叫了夥計，正自商量躊躇，忽見縣裏差籤來到。只道是拏違限的，心裏慌張；誰知却是來叫銷牌的。應捕問其緣故，來差把衙中之事，一一説了，道：「官人此時，好不驚怕，還敢拏人？」應捕方知懶龍果不失信，已到這裏，弄了神通去了，委實好手段。

嘉靖末年，吴江一個知縣，治行貪穢，心術狡狠。忽差心腹公人，賫了聘禮，到蘇城求訪懶龍，要他到縣相見。懶龍應聘而來，見了知縣，禀道：「不知相公呼唤小人那厢使用？」知縣道：「一向聞得你名，有一機密事，要你做去。」懶龍道：「小人是市井無賴，既蒙相公青目，要幹何事，小人水火不避。」知縣屏退左右，密與懶龍商量道：「叵耐巡按御史到我縣中，只管來尋我的不是。我要你去察院衙裏，偷了他印信出來，處置他不得做官了，方快我心。你成了事，我與你百金之賞。」懶龍道：「管取手到拏來，不負台旨。」

果然去了半夜，把一顆察院印信，弄將出來，雙手遞與知縣。知縣大喜道：「果然妙手！雖紅綫盗金盒，不過如此神通罷了。」急取百金賞了懶龍，分付他快些出境，不要留在地方。懶龍道：「多謝相公厚賜，只是相公要此印怎麽？」知縣笑道：「此印已在我手，料他奈何我不得了。」懶龍道：「小人蒙相公厚德，有句忠言要説。」知縣道：「怎麽？」懶龍道：「小人躲在察院梁上半夜，偷看巡按爺燭下批詳文書，運筆如飛，處置極當。**【眉批】**更具知人之鑒。這人敏捷聰察，瞞他不過的。相公明日，不如竟將印信送還，只説是夜巡所獲，賊已逃去。御史爺縱然不能無疑，却是又感又怕，自然不敢與相公異同了。」縣令道：「還了他的，却不依舊讓他行事去？豈有此理！你自走你的路，不要管我。」懶龍不敢再言，潛蹤去了。

却説明日察院在私衙中開印來用，只剩得空匣。叫内班人等，遍處尋覓，不見蹤迹。察院心裏道：「再没處去。那個知縣曉得我有些不像意他，此間是他地方，奸細必多，叫人來設法過了。我自有處。」分付衆人，不得把這事漏洩出去，仍把印匣封鎖如常。推説有病，不開門坐堂，一應文移，權發巡捕官收貯。一連幾日。知縣曉得這是他心病發了，暗暗笑着，却不得不去問安。

察院見傳報知縣來到，即開小門請進。直請到内衙床前，歡然談笑。説着民風土俗，錢粮政務，無一不剖膽傾心，津津不已。一茶未了，又是一茶。知縣見察院如此肝鬲相待，反覺跼蹐，不曉是甚麽緣故。正絮話間，忽報厨房發火，内班門皂、厨役紛紛趕進，只叫：「燒將來了！爺爺快走。」**【眉批】**妙者！察院變色，急走起來，手取封好的印匣，親付與知縣道：「煩賢令與我護持了出去，收在縣庫。就撥人夫快來救火。」知縣荒忙失錯，又不好推得，只得抱了空匣出來。此時地方水夫俱集，把火救滅，只燒得厨房兩間，公廨無事。察院分付把門關了。這個計較，乃是失印之後，察院預先分付下的。

知縣回去思量道：「他把這空匣交在我手，若仍舊如此送還，他開來不見印信，我這干係須推不去。」展轉無計，只得潤開封皮，把前日所偷之印，仍放匣中，封鎖如舊。明日升堂，抱匣送還。察院就留住知縣，當堂開驗印信，印了許多前日未發放的公文。就於是日發牌起馬，離却吴江。却把此話告訴了巡撫都堂。兩個會同，把這知縣不法之事，參奏一本，論了他去。知縣臨去時，對衙門人道：「懶龍這人是有見識的。我悔不用其言，以至於此。」正是：

枉使心機，自作之孽。

無梁不成，反輸一帖。

懶龍名既流傳太廣，未免别處賊情，也有疑猜着他的，時時有些株連着身上。適遇蘇州府庫失去元寶十來錠，做公的私自議論道：「這失去得没影響，莫非是懶龍？」懶龍却其實不曾偷。見人錯疑了他，反要打聽明白此事。他心疑是庫吏知情。夜藏府中公廨黑處，走到庫吏房中静聽。忽聽庫吏對其妻道：「吾取了庫銀，外人多疑心懶龍，我落得造化了。」却是懶龍怎肯應承？我明日把他一生做賊的事迹，纂成一本，送與府主，不怕不拿他來做頂缸。」懶龍聽見，心裏思量道：「不好，不好。本是與我無干，今庫吏自盗，他要卸罪，官面前暗栽着我。官吏一心，我又不是没一點黑蹟的，怎辨得明白？不如逃去了爲上着，免受無端的拷打。」連夜起身，竟走南京。詐妝了雙盲的，在街上賣卦。

蘇州府太倉吏亭有個張小舍，是個有名極會識賊的魁首。偶到南京街上，撞見了道：「這盲子來得蹊蹺！」仔細一相，認得是懶龍詐妝的。一把扯住，引他到僻静處，道：「你偷了庫中元寶，官府正在追捕，你却遁來這裏，妝此模樣躲閃麽！你怎生瞞得我這雙眼過？」懶龍挽了小舍的手道：「你是曉得我的，該替我分剖這件事，怎麽也如此説？那庫裏銀子，是庫吏自盗了。我曾聽得他夫妻二人床中私語，甚是的確。他商量要推在我身上，暗在官府處下手。我恐怕官府信他説話，故逃亡至此。你若到官府處，把此事首明，不但得了府中賞錢，亦且辨明了我事，我自當有薄意孝敬你。今不要在此處破我的道路。」

小舍原受府委，要訪這事的。今得此的信，遂放了懶龍，走回蘇州出首。果然在庫吏處，一追便見。與懶龍並無干涉。

張小舍首盗得實，受了官賞。過了幾時，又到南京撞見懶龍，仍妝着盲子在街上行走。小舍故意撞他一肩道：「你蘇州事已明，前日説話的怎麽忘了？」懶龍道：「我不曾忘。你到家裏灰堆中去看，便曉得我的薄意了。」小舍欣然道：「老龍自來不掉謊的。」別了回去。到得家裏，便到灰中一尋，果然一包金銀，仝着白晃晃一把快刀埋在灰裏。小舍伸舌道：「這個狠賊！他怕我只管纏他，故雖把東西謝我，却又把刀來嚇我。不知幾時放下的，真是神手段。悍哉！我而今也不敢再惹他了。」

懶龍自小舍第二番遇見，回他蘇州事明，曉得無碍了。恐怕終久有人算他，此後收拾起手段，再不試用，實實賣卜度日。栖遲長干寺中，數年竟得善終。雖然做了一世劇賊，並不曾犯官刑，刺臂字。至今蘇州人還説他狡獪耍笑事體不盡。似這等人，也算做穿窬小人中大俠了。【眉批】罵絶一世。反比那面是背非、臨財苟得、見利忘義一班峨冠博帶的不同。況兼這番神技，若用去偷營劫寨，爲間作諜，那裏不幹些事業？可惜太平之世，守文之時，只好小用伎倆，供人話柄而已。正是：

世上於今半是君，猶然説得未均匀。
懶龍事蹟從頭看，豈必穿窬是小人！

《蘇老泉文集》
《蘇長公表啟》
《東坡書傳》
《東坡禪喜集》

凌濛初全集

捌

魏同賢
安平秋　主編

鳳凰出版傳媒集團
鳳凰出版社

第八册目録

蘇老泉文集

高章采 黄屏 標點

説　明

《蘇老泉文集》十三卷，凌濛初雙色套印本，每半葉六行，行十八字，有眉批、行間批，批皆彩印。「老泉」指蘇洵，文集分類輯集，已較齊備地搜羅了蘇洵文章。蘇洵文以長于議論見稱于文壇，其《幾策》、《權論》、《衡論》等均在文學史上占有重要地位。凌濛初在序中不但指出老泉文與孟子的淵源關係，且進一步闡釋了子瞻文對前者的脉承統緒，這是很有見地的。

凌濛初除了自己附加批語二百八十七條外，還輯集了前後十九家的批語四百七十余條，較多的爲茅坤、唐順之、焦竑、錢穀、穆文熙、姜寶等，在這些批語中，既可顯現時代作家的文學觀點，亦足以追尋到他們對蘇洵文的歷史評價。

目録

卷四

六經論

卷五

太玄論

卷六

洪範論

卷七

雜論

卷八

上書

卷九

書

卷十

書

卷十一

譜

卷十二

雜文

卷十三

雜詩

凡例

一、文推三蘇，世共傳習，諸集中獨老泉文儉於數，讀之常恐其易盡，乃廣搜全集若干首，以快士林掛一漏萬之憾云。

一、毘陵荆川唐公、歸安鹿門茅公，海内巨眼，其評隲老泉文，獨竟其帙，世奉爲指南。所評者貴，評之者益尊，敢一一登之額。

一、老泉文賞之非一人，幾百年來，名公鉅儒各間有議論，星現史册，乃覓珠蒼海，錯陳于兩公間，非直文同完璧，而點評如門錦焉。

一、評文者更僕，評詩者絶響，如妄作贋鼎，吾亦愛吾鼎。

一、稽前作者動稱老泉文二十卷，遍閲藏本凡二三，咸缺略不一，無可考，仍其舊可也。獨分卷嫌其瑣，遂合爲十三卷。

蘇老泉本傳

蘇洵字明允，眉州人。年二十七始發憤爲學，歲餘舉進士，又舉茂才異等，皆不中。退而嘆曰：「此不足爲吾學也。」悉取所爲文數百篇焚之，益閉户讀書，絶筆不爲文辭者五六年。久之，慨然曰：「可矣。」由是下筆頃刻數千言。

嘉祐間，與其二子軾、轍皆至京師，翰林學士歐陽修見其所著書二十二篇，稱之曰：「荀卿子之文也。」宰相韓琦奏於朝，召試舍人院，辭疾不至，遂除校書郎。會太常修纂建隆以來禮書，乃以爲霸州文安縣主簿，與陳州項城令姚闢同修禮書，爲《太常因革禮》一百卷。書成，方奏未報，卒。賜其家縑銀二百，子軾辭所賜，求贈官，特贈光禄寺丞。有《文集》二十卷，《謚法》三卷。

曾鞏曰：「洵蓋少或百字，多或千言，其指事析理，引物托喻，侈能盡之約，遠能見之近，大能使之微，小能使之著，煩能不亂，肆能不流。其雄壯俊偉若決江河而下也，其輝光明白若引星辰而上也。」

蘇老泉文集序

文有統宗，有火候。譬之書，晉以右軍爲冠軍，乃其規摹鍾太傅、衛夫人見而掩泣，今之臨池者而能溯右軍之統宗於鍾、衛乎？至於池水盡黑，則其火候也。譬之詩，唐以少陵爲大家，乃其熟精《文選》理，至以之諭子，今之琢句者而能探少陵之統宗於《文選》乎？至「語不驚人死不休」，則其火候也。海内之於子瞻蓋不啻家傳户誦，幾奪老泉之席，然老泉能槖籥子瞻，而子瞻不能爲老泉，使子瞻回龍顧祖，斂其一往奔詣之才，以步趨若翁，恐未免盤饑封而失故步。子瞻之自評曰「爲萬斛源泉，隨地而出，行乎其所不得不行，止乎其所不得不止」，可爲其文傳神矣。而譏之者曰：「子瞻嶺海以後文，大略信手泛筆。」王元美亦曰：「讀子瞻之文知才矣，却似絶無學者。」蓋其長處亦在此，短處亦在此。正以統宗於老泉能不爲老泉，而不能爲老泉，則火候所至也。喜學蘇者當按老泉之統宗於子瞻，騐子瞻之火候於老泉，庶得窺其一斑耳。若寓目於孟門吕梁之澎湃，而忘其源於崑崙星宿可乎？抑聞諸先正云：老泉平生最嗜孟夫子文，丹鉛不一，藏爲帳中秘，寤寐於是。子瞻疑爲異出，再三請觀而不得，他日竊發而見之。老泉一日見子瞻文而驚曰：「豈嘗見吾孟子耶？何以驟能爾？」問得其故，因嘆曰：「吾不夙示子以此也，今不復進矣。」此其統宗火候之故，豈不戛戛乎難哉！後世學者未知搦管，輒言塗鴉，統宗耶，火候耶！其以此集爲三年之艾可也。

吴興後學凌濛初撰並書

卷一

幾策 焦竑曰：「《易》言：幾者吉之先見者也。何不兼言凶？見幾而作，凶亦吉倚，老泉《幾策》所以作也。」

審勢

治天下者定所上，立一句大意起。所上一定，至於千萬年而不變，使民之耳目純于一，而子孫有所守，易以爲治。故三代聖人，其後世遠者至七八百年。夫豈惟其民之不忘其功以至于是，蓋其子孫得其祖宗之法而爲依據，可以永久。夏之尚忠，商之尚質，周之尚文，視天下之所宜尚而固執之，以此而始，以此而終，不朝文而暮質，以自潰亂。故聖人者出，必先定一代之所尚。

周之世，蓋有周公爲之制禮，而天下遂尚文。後世有賈誼者説漢文帝，亦欲先定制度，而其説不果用。今者天下幸方治安，子孫萬世帝王之計，不可不預定于此時。然萬世帝王之計，常先定所尚，使其子孫可以安坐而守其舊，至於政弊，然後變其小節，而其大體卒不可革易，故享世長遠，而民不苟簡。

今也考之于朝野之間，句蘊藉。以觀國家之所尚者，而愚猶有惑也。何則？天下之勢有强弱，聖人審其勢而應之以權。勢强矣，强甚而不已則折；勢弱矣，弱甚而不已則屈。聖人權之，而使其甚不至於折與屈者，威與惠也。夫强甚者威竭而不振，弱甚者惠褻而下不以爲德。故處弱者利用威，而處强者利用惠。乘强之威以行惠，則惠尊；乘弱之惠以養威，則威發而天下震慄。故威與惠者，所以裁節天下强弱之勢也。故有天下者，必先審知天下之勢，而後可與言用威惠。不先審知其勢，而徒曰我能用威、我能用惠者，末也。故有强而益之以威，弱而益之以惠，以至於折與屈者，是可悼也。譬之人身，將欲飲藥餌石以養其生，必先審觀其性之爲陰，其性之爲陽，而投之以藥石。藥石之陽而投之以陰，藥石之陰而投之以陽，故陰不至於涸，而陽不至於亢。苟不能先審觀己之爲陰與己之爲陽，而以陰攻陰，以陽攻陽，則陰者固死於陰，而陽者固死於陽，不可救也。是以善養身者，先審其陰陽，而善制天下者，先審其强弱以爲之謀。

然而不知强弱之勢者，有殺人之威而下不懼，有生人之惠而下不喜。何者？威竭而惠褻故也。

昔者周有天下，諸侯大盛。當其盛時，大者已有地五百里，而畿内反不過千里，其勢爲弱。秦有天下，散爲郡縣，聚爲京師，守令無大權柄，伸縮進退，無不在我，其勢爲强。然方其成、康在上，諸侯無小大莫不臣伏，弱之勢未見於外。及其後世失德，而諸侯禽奔獸遁，各固其國以相侵攘，而其上之人卒不悟，區區守姑息之道，而望其能以制服强國，是謂以弱政濟弱勢，故周之天下卒斃於弱。秦自孝公，其勢固已駸駸焉日趨於强大，及其子孫已並天下而亦不悟，專任法制以斬撻平民，是謂以强政濟强勢，故秦之天下卒斃於强。周拘於惠而不知權，秦勇於威而不知本，二者皆不審天下之勢也。

吾宋制治，有縣令，有郡守，有轉運使，以大系小，絲牽繩聯，總合於上。雖其地在萬里外，方數千里，擁兵百萬，而天子一呼于殿陛間，三尺竪子，馳傳捧詔，召而歸之京師，則解印趨走，惟恐不及。如此之勢，秦之所恃以强之勢也。勢强矣，然天下之病，常病於弱。噫！有可强之勢如秦而反陷於弱者，何也？習於惠而怯於威也，惠太甚而威不勝也。夫其所以習於惠而惠太甚者，賞數而加於無功也；怯於威而威不勝者，刑弛而兵不振也。由賞與刑與兵之不得其道，是以有弱之實著于外焉。何謂弱之實？曰官吏曠惰，職廢不舉，而敗官之罰，不加嚴也；多贖數赦，不問有罪，而典刑之禁，不能行也；冗兵驕狂，負力幸賞，而維持姑息之恩，不敢節也；將帥覆軍，匹馬不返，而敗軍之責，不加重也；羌胡强盛，凌壓中國，而邀金繒、增幣帛之耻不爲怒也。若此類者，太弱之實也。久而不治，則又將有大於此，而遂浸微浸消，釋然而潰，以至於不可救止者乘之矣。

然愚以爲弱在於政，不在於勢，是謂以弱政敗强勢。今夫一輿薪之火，入喻方醒人。衆人之所憚而不敢犯者也，舉而投之河，則何熱之能爲？是以負强秦之勢，而溺於弱周之弊，而天下不知其强焉者，以此也。雖然，政之弱，非若勢弱之難治也。借如弱周之勢，必變易其諸侯，而後强可能也。天下之諸侯，固未易變易，此又非一日之故也。若夫弱政，則用威而已矣，可以朝改而夕定也。夫齊，古之强國也，而威王，又齊之賢王也，當其即位，委政不治，諸侯並侵，而人不知其國之爲强國也。一旦發怒，裂萬家，封即墨大夫，召烹阿大夫與常譽阿大夫者，而發兵擊趙、魏，趙、魏盡走請和，而齊國人人震懼，不敢飾非者，彼誠知其政之弱，而能用其威以濟其弱也。況今以天子之尊，藉郡縣之勢，言脱於口而四方響應，其所以用威之資，固已完具，且有天下者患不爲，焉有爲而不可者？今誠能一留意于用威，一賞罰，一號令，一舉動，無不一切出於威，嚴用刑法而不赦有罪，力行果斷而不牽衆人之是非，用不測之刑，用不測之賞，而使天下之人視之如風雨雷電，遽然而至，截然而下，不知其所從發，而不可逃遁。朝廷如此，然後平民益務檢慎，而奸民猾吏，亦常恐恐然懼刑法之及其身，而斂其手足，不敢輒犯法。此之謂强政。政强矣，爲之數年，而天下之勢可以復强。愚故曰：乘弱之惠以養威，則威發而天下震慄。然則以當今之勢，求所謂萬世爲帝王，而其大體卒不可革易者，其尚威而已矣。

或曰：當今之勢，事誠無便於尚威者，然孰知夫萬世之間，其政之不變，而必曰威耶？愚應之曰：威者，君之所恃以爲君也。一日而無威，是無君也。久而政弊，變其小節而參之以惠，應起。使不至若秦之甚，可也，舉而棄之，過矣。或者又曰王者「任德不任刑」，是他自脱。任刑，霸者之事，非所宜言。此又非所謂知理者也。夫湯、武皆王也，桓、文皆霸也，武王乘紂之暴，出民於炮烙斬刖之地，苟又遂多殺人多刑人以爲治，則民之心去矣，故其治一出於禮義。彼湯則不然，桀之惡固無以異紂，然其刑不若紂暴之甚也，而天下之民化其風，淫惰不事法度，《書》曰：「有衆率怠弗協。」而又諸侯昆吾氏首爲亂，於是誅鋤其强梗、怠惰、不法之人，以定紛亂，故《記》曰：商人「先罰而後賞」。至於桓、文之事，則又非皆任刑也。桓公用管仲，管仲之書好言刑，故桓公之治常任刑。文公長者，其佐狐、趙、先、魏皆不説以刑法，其治亦未嘗以刑爲本，而號亦爲霸。而謂湯非王而文非霸也得乎？故用刑不必霸，而用德不必王，各觀其勢之何所宜用而已。然則今之勢，何爲不可用刑？用刑何爲不曰王道？彼不先審天下之勢，而欲應天下之務，難矣！

【眉批】

茅坤曰：「宋忠厚立國，其失也弱，故蘇氏父子往往注議于此，以矯當世。看他回護轉换，救首救尾之妙。」

唐順之曰：「老泉自負才如賈誼，故竪議每援據賈誼。」

焦竑曰：「賴小變一轉，不然幾于膠柱刻舟。」

焦竑曰：「權從審勢來，權亦是經。」

茅坤曰：「强弱二字，八轉雙關，而文不可羈制。」

焦竑曰：「如子産戒水濡所以救世也，孔子正謂遺愛。」

茅坤曰：「周、秦二證極快。」
焦竑曰：「周曰不知權，秦曰不知本，老蘇意中原以惠爲本，威以救敝耳。作者苦心斟酌處。」
唐順之曰：「欲言宋弱，先言宋强，此議却妙。」
茅坤曰：「只説個影。」
焦竑曰：「老泉識此等弱幾，故《權書》、《衡書》正對病發藥，與《七術》篇論威取及刑棄灰重輕罪者不同。」
茅坤曰：「轉款正在政不在勢一句。」
茅坤曰：「本旨在此。」
茅坤曰：「疾風驟雨，所謂不測之刑賞。」
茅坤曰：「總不出申韓窠臼。」
焦竑曰：「威與刑須辨，如秋荼，如凝脂，如猛虎，如蒼鷹，刑而非威也。」
茅坤曰：「從强政説歸强勢。」
錢穀曰：「王不純任德，伯不純任刑，擘空議論，亦是真實議論。」
焦竑曰：「《春秋》亦記霣霜不殺菽，老泉非好刑也。」
唐順之曰：「一步緊一步。」

審敵論

中國，内也；四夷，外也。憂在内者，本也；憂在外者，末也。夫天下無内憂，必有外懼。本既固矣，盍釋其末以息肩乎？曰：未也。古者夷狄憂在外，今者夷狄憂在内。釋其末可也，而愚不識方今夷狄之憂爲末也。古者夷狄之勢，大弱則臣，小弱則遁，大盛則侵，小盛則掠。吾兵良而食足，將賢而士勇，則患不在中原，如是而曰外憂可也。今之蠻夷，姑無望其臣與遁，求其志止於侵掠而不可得也。北胡驕恣，爲日久矣，歲邀金繒以數十萬計。曩者幸吾有西羌之變，出不遜語以撼中國，天子不忍使邊民重困於鋒鏑，是以虜日益驕，一篇爲此而發。而賄日益增，迨今凡數十百萬而猶慊然未滿其欲，視中國如外府然，則其勢又何止數十百萬也。夫賄益多，則賦斂不得不重，賦斂重，則民不得不殘。新法之起，此已道破。故雖名爲息民，而其實愛其死而殘其生也；名爲外憂，而其實憂在内也。外憂之不去，聖人猶且耻之，内憂而不爲之計，愚不知天下之所以久安而無變也。

古者匈奴之强，不過冒頓。當暴秦刻剥，劉、項戰奪之後，中國溘然矣。以今度之，彼宜遂踐入中原，如决大河，潰蟻壞，然卒不能越其疆以有吾尺寸之地，何則？中原之疆，固皆百倍於匈奴，雖積衰新造，而猶足以制之也。五代之際，中原無君，晋瑭苟一時之利，以子行事匈奴，割幽、燕之地以資其强大。孺子繼立，大臣外叛，匈奴掃境來寇，兵不血刃而京師不守，天下被其禍，匈奴自是始有輕中原之心，以爲可得而取矣。及吾宋景德中，大舉來寇，章聖皇帝一戰而却之，遂與之盟以和。許絹二十萬匹、銀十萬兩，誤矣，禍兆于此。夫人之情，勝則狃，狃則敗，敗則懲，懲則勝。匈奴狃石晋之勝，而有景德之敗，懲景德之敗，而愚未知其所勝，甚可懼也。

雖然，數十年之間，能以無大變者，何也？匈奴之謀，必曰：我百戰而勝人，人雖屈而我亦勞，馳一介入中國，以形凌之，以勢邀之，歲得金錢數十百萬，如此數十歲，我益數百千萬，而中國損數百千萬，吾日以富，中國日以貧，然後足以有爲也。天生北狄，謂之犬戎，投骨於地，狺然而争者，犬之常也。今則不然，邊境之上，豈無可乘之釁？使之來寇，大足以奪一郡，小亦足以殺掠數千人，而彼不以動其心者，此其志非小也。將以蓄其鋭而伺吾隙，以伸其所大欲，故不忍以小利而敗其遠謀。古人有言曰：「爲虺弗摧，爲蛇奈何？」匈奴之勢，日長炎炎，今也柔而養之，以冀其卒無大變，其亦惑矣。且今中國之所以竭生民之力以奉其所欲，而猶恐恐焉懼一物之不稱其意者，非謂中國之力不足以支其怒耶？

然以愚度之，當今中國雖萬無有如石晉可乘之勢者，匈奴之力雖足以犯邊，然今十數年間，吾可以必無犯邊之憂，何也？非畏吾也，其志不止犯邊也。其志不止犯邊，而力又未足以成其所欲爲，則其心惟恐吾之一旦絶其好，以失吾之厚賂也。然而驕傲不肯少屈者，何也？其意曰邀之而後固也。鷙鳥將擊，必匿其形。料敵。昔者冒頓冒頓者墨特匈奴須曼太子。欲以攻漢，漢使至，輒匿其壯士健馬。故《兵法》曰：「辭卑者進也，辭强者退也。」今匈奴之君臣，莫不張形勢以夸我，此其志不欲戰明矣。闔閭之入楚也，因唐、蔡；勾踐之入吴也，因齊、晋。匈奴誠欲與吾戰耶，曩者陝西有元昊之叛，河朔有王則之變，嶺南有智高之亂，此亦可乘之勢矣，然終以不動，則其志之不欲戰又明矣。吁！彼不欲戰，一總。而我遂不與戰，則彼既得其志矣。《兵法》曰：「用其所欲，兵情名言。行其所能，廢其所不能。於敵反是。」今無乃與此異乎？且匈奴之力，既未足以伸其所大欲，而奪一郡殺掠數千人之利，彼又不以動其心，則我勿賂而已。主意在此。勿賂而彼以爲辭，則對曰：爾何功於吾？歲欲吾賂，吾有戰而已，賂不可得也。雖然，以下辨難縱横。天下之人必曰：此愚人之計也。天下孰不知賂之爲害而勿賂之爲利，顧勢不可耳。愚以爲不然。

當今夷狄之勢，如漢七國之勢。昔者高祖急於滅項籍，故舉數千里之地以王諸將，項籍死，天下定，而諸將之地，因遂不可削。當是時，非劉氏而王者八國，高祖懼其且爲變，故大封吴、楚、齊、趙同姓之國以制之。既而信、越、布、綰皆誅死，而吴、楚、齊、趙之强反無以制。當是時，諸侯王雖名爲臣，而其實莫不有帝制之心，膠東、膠西、濟南又從而和之，於是擅爵人，赦死罪，戴黄屋，刺客公行，匕首交於京師。罪至彰也，勢至逼也，然當時之人，猶且徜徉容與，若不足慮，月不圖歲，朝不計夕，循循而摩之，煦煦而吹之，幸而無大變。以及於孝景之世，有謀臣曰鼂錯，始議削諸侯地以損其權。天下皆曰：「諸侯必且反。」錯曰：「固也，削亦反，不削亦反。削之則反疾而禍小，不削則反遲而禍大。吾懼其不及今反也。」天下皆曰鼂錯愚。吁！七國之禍，期於不免，與其發於遠而禍大，不若發於近而禍小。以小禍易大禍，雖三尺童子皆知其當然。就客情發主情。而其所以不與錯者，彼皆不知其勢將有遠禍，與知其勢將有遠禍，而度己不及見，謂可以寄之後人，以苟免吾身者也。然則錯爲一身謀則愚，而爲天下謀則智，人君又安可捨天下之謀，而用一身之謀哉！

今者匈奴之强，不減於七國，而天下之人，又用當時之議，因循維持以至於今，方且以爲無事。而愚以爲天下之大計不如勿賂，勿賂則變疾而禍小，賂之則變遲而禍大。畏其疾也，不若畏其大；樂其遲也，不若樂其小。天下之勢，如坐弊船之中，駸駸乎將入於深淵，不及其尚淺也，舍之而求所以自生之道，而於濡足爲解者，是固夫覆溺之道也。

聖人除患於未萌，然後能轉而爲福。今也不幸養之以至此，而近憂小患，又憚而不決，則是遠憂大患，終不可去也。赤壁之戰，惟周瑜、吕蒙知其勝。伐吴之役，惟羊祜、張華以爲是。然則宏遠深切之謀，固不能合庸人之意，此鼂錯所以爲愚也。雖然，錯之謀猶有遺憾，何者？錯知七國必反，而不爲備反之計，山東變起，而關内騷動。今者匈奴之禍，又不若七國之難制。七國反，中原半爲敵國。匈奴叛，中國以全制其後，此又易爲謀也。然則謀之奈何？曰匈奴之計不過三：一曰聲，二曰形，三曰實。匈奴謂中國怯久矣，以吾爲終不敢與之抗，且其心常欲固前好而得厚賂，以養其力，今也遽絶之，彼必曰戰而勝，不如坐而得賂之爲利也。華人怯，吾可以先聲脇之，彼將復賂我。於是宣言於遠近，我將以某日圍某所，以某日攻某所，如此謂之聲。命邊郡休士卒，偃旗鼓，寂然若不聞其聲。聲既不能動，則彼之計將出於形。除道翦棘，多爲疑兵，以臨吾城，如此謂之形。深溝固壘，清野以待，寂然若不見其形。形又不能動，則技止此矣，將遂練兵秣馬以出於實。實而與之戰，破之易爾。彼之計，必先出於聲與形而後出於實者。出於聲與形，期我懼而以重賂請和也；出於實，不得已而與我戰，以幸一時之勝也。夫勇者可以施之於怯，不可以施之於智。今夫叫呼跳踉，以氣先者，世之所謂善鬥者也。雖然，蓄全力以待之，則未始不勝。彼叫呼者，聲也；跳踉者，形也。無以待之，則聲與形者亦足以乘人於卒，不然，徒自弊其力於無用之地，是以不能勝也。韓許公節度宣武軍，李師古忌公嚴整，使來告曰：「吾將假道伐滑。」公曰：「爾能越吾界爲盜邪？有以相待，無爲虛言。」滑帥告急，公使謂曰：「吾在此，公安無恐。」或告除道翦棘，兵且至矣。公曰：「兵來不除道也。」師古詐窮，遷延以遁。愚故曰：彼計出於聲與形而不能動，則技止此矣，與之戰，破之易耳。

方今匈奴之君有內難，新立，意其必易與。鄰國之難，霸王之資也。且天與不取，將受其弊。賈誼曰：「大國之王，幼弱示壯，漢之所置傅相，方握其事。數年之後，大抵皆冠，血氣方剛，漢之傅相以病而賜罷，當是之時而欲爲安，雖堯舜不能。」嗚呼！是七國之勢也。

【眉批】

茅坤曰：「揣料匈奴脅制中國之狀，極盡事情。蘇氏父子論虜大略祖此。」

唐順之曰：「大爲宋朝增氣。」

焦竑曰：「景德時，敗且得賂，況懲而勝乎！當時寇公不欲賂以貨財，且欲要其稱臣，獻幽、薊地。使寇計獲伸，不惟無慶曆之悔，亦無靖康之禍矣。」

茅坤曰：「灼見。」

錢穀曰：「既説志不止犯邊，又説心恐失賂。見賂則予其所恐失，而轉侈其不止犯邊之志，文情最曲折可喜。」

唐順之曰：「宋朝無時非惰，歸之氣以忌戰耳。此不欲戰兩段，真足起懦。」

姜寶曰：「宋國之弱，原于賂敵。老泉欲絶賂而修戰備，正對病之藥。此策獻歐、韓諸公，而當時亦未見用，豈深知老泉者？」

茅坤曰：「引證漢事，激發宋人。」

錢穀曰：「大封不度，已開亂源，況激于提局，釀于賜杖，至議削而堅冰已見矣。君子所以戒履霜也。」

焦竑曰：「太史公斷錯爲之不以漸，似謂錯疏于謀，老泉正取其疾而禍小、愚而忠者也。」

唐順之曰：「高識。」

茅坤曰：「應鼂錯一段，有結構。」

茅坤曰：「自影。」

按：龜山先生以漢之七國未若魯之三家，處之有道，三家且可墮都，而鼂錯何以召亂而取禍，則無以鎮服其心耳。老泉所云遺憾。

焦竑曰：「葉適欲于沿邊守作家計，固壯藩籬，以保堂奥，不可納賂請和，與此論合。然得與戰易破，句氣更雄。」

唐順之曰：「能戰所以能勿賂，然所以戰勝之術，此篇未盡。」

唐順之曰：「潁濱《北狄論》以作氣爲戰守之要，意本此。」

茅坤曰：「假道伐滑一段，應聲不能動；除道翦棘一段，應形不能動；師古詐窮，應戰之易破。」

茅坤曰：「豈契丹當時亦幼主耶？」

茅坤曰：「此結法以客爲主，冷淡有味。」

卷二

權書

權書叙

人有言曰：儒者不言兵。仁義之兵，無術而自勝。使仁義之兵無術而自勝也，則武王何用乎太公？而牧野之戰，「四伐五伐、六伐七伐，乃止齊焉」，又何用也？《權書》，兵書也，而所以用仁濟義之術也。吾疾夫世之人不究本末，而妄以我爲孫武之徒也。夫孫氏之言兵，爲常言也，而我以此書爲不得已言之之書也。故仁義不得已，而後吾《權書》用焉，然則權者爲仁義之窮而作也。

【眉批】

茅坤曰：《書》皆孫、吴餘智，余不欲刪其文，故並存之。然于此參以《孫武十三篇》，兵事思過半矣。」

錢穀曰：「權以用仁濟義，何干櫓之非詩書。老泉説得無弊。」

心術

爲將之道，當先治心。泰山崩於前而色不變，麋鹿興於左而目不瞬，然後可以制利害，可以待敵。

凡兵上義，不義，雖利勿動。非一動之爲害，而他日將有所不可措手足也。夫惟義可以怒士，士以義怒，可與百戰。

凡戰之道，未戰養其財，將戰養其力，既戰養其氣，既勝養其心。謹烽燧，嚴斥堠，使耕者無所顧忌，所以養其財；豐犒而優游之，所以養其力；小勝益急，小挫益厲，所心養其氣；五段各用一體法變。用人不盡其所欲爲，所以養其心。故士常蓄其怒、懷其欲而不盡，怒不盡則有餘勇，欲不盡則有餘貪，故雖並天下而士不厭兵，此黄帝之所以七十戰而兵不殆也。不養其心，一戰而勝，不可用矣。

凡將欲智而嚴，凡士欲愚。智則不可測，嚴則不可犯，故士皆委己而聽命，夫安得不愚？夫惟士愚而後可與之皆死。

凡兵之動，知敵之主，知敵之將，而後可以動於險。鄧艾縋兵於穴穴一作蜀。中，非劉禪之庸，任黄皓正其庸處。則百萬之師可以坐縛。彼固有所侮而動也。故古之賢將，能以兵嘗敵，而又以敵自嘗，故去就可以決。

凡主將之道，知理而後可以舉兵，知勢而後可以加兵，知節而後可以用兵。知理則不屈，知勢則不沮，知節則不窮。見小利不動，見小患不避。小利小患，不足以辱吾技也，夫然後可以支大利大患。夫惟養技而自愛者，無敵於天下。故一忍可以支百勇，一靜可以制百動。

兵有長短，敵我一也。敢問吾之所長，吾出而用之，彼將不與吾校；吾之所短，吾蔽而置之，彼將强與吾角，奈何？曰：吾之所短，吾抗而暴之，使之疑而却；吾之所長，吾陰而養之，使之狎而墮其中。此用長短之術也。

善用兵者，使之無所顧，有所恃。無所顧，則知死之不足惜；有所恃，則知不至於必敗。尺箠當猛虎，奮呼而操擊；徒手遇蜥蜴，變色而却步：人之情也。知此者，可以將矣。袒裼而按劍，則烏獲不敢逼；冠冑衣甲，據兵而寢，則童子彎弓殺之矣。故善用兵者以形固，夫能以形固，則力有餘矣。

【眉批】

唐順之曰：「自孫子《謀攻》篇傳神來，老泉自謂孫、吴之簡切無不如意是也。」

茅坤曰：「此文多名言，但每段自爲支節。蓋按古兵法與傳記而雜出者，非通章起伏開合之文也。」

焦竑曰：「智而嚴，可了篇中將道。」

焦竑曰：「孫子所謂『行千里而不勞者』。」

焦竑曰：「孫子所謂『雜于利而務可信，雜于害而患可解』。」

茅坤曰：「此一段用詰論起，有變化。」

錢穀曰：「孫之减竈，虞之增竈，趙之開營，檀之唱籌，術正如此。」

唐順之曰：「末歸于有備無患。」

茅坤曰：「前言物，後言人，意同而法幻。」

法制

將戰必審知其將之賢愚。與賢將戰，則持之；與愚將戰，則乘之。持之，則容有所伺而爲之謀；乘之，則一舉而奪其氣。雖然，非愚將勿乘。乘之不動，其禍在我。分兵而迭進，所以持之也；並力而一戰，所以乘之也。

古之善軍者，以刑使人，以賞使人，以怒使人，而其中必有以義附者焉。不以戰，不以掠，而以備急難，故越有君子六千人。按《索隱》曰：「君子，君養之如子者。」韓之戰，秦之鬥士倍於晋，而出穆公於淖者，赦食馬者也。

兵或寡而易危，或衆而易叛，莫難於用衆，莫危於用寡。治衆者法欲繁，繁則士難以動；治寡者法欲簡，簡則士易以察。不然，則士不任戰矣。惟衆而繁，雖勞不害爲强。以衆入險阻，必分軍而疏行。夫險阻必有伏，伏必有約，軍分則伏不知所擊，而其約攜矣。險阻懼蹙，疏行以紓士氣。

兵莫危於攻，莫難於守，客主之勢然也。故地有二不可守，兵少不足以實城，城小不足以容兵。夫惟賢將能以寡爲衆，以小爲大。當敵之衝，人莫不守，我以疑兵，彼愕不進，雖告之曰此無人，彼不信也。度彼所襲，潛兵以備，彼不我測，謂我有餘，夫何患兵少？偃旗仆鼓，寂若無氣，嚴戢兵士，敢譁者斬，時令老弱登埤示怯，乘懈突擊，其衆可走，夫何患城小？

背城而戰，陣欲方，欲踞，欲密，欲緩。夫方而踞，密而緩，則士心固，固則不懾。背城而戰，欲其不懾。面城而戰，陣欲直，欲鋭，欲疏，欲速。夫直而鋭，疏而速，則士心危，危則致死。面城而戰，欲其致死。

夫能静而自觀者，可以用人矣。吾何爲則怒，吾何爲則喜，吾何爲則勇，吾何爲則怯，夫人豈異於我？天下之人，孰不能自觀其一身？是以知此理者，塗之人皆可以將。

平居與人言，一語不循故，猶且睨而忌。敵以形形我，恬而不怪，亦已固矣。是故智者視敵有無故之形，必謹察之勿動。疑形二：可疑於心則疑，而爲之謀，心固得其實也；可疑於目勿疑，彼敵疑我也。是故心疑以謀應，目疑以静應。彼誠欲有所爲邪，不使吾得之目矣。

【眉批】

茅坤曰：「此書似《十三篇》中作戰虚實類。」

焦竑曰：「忍辱巾幗得持之術，楊儀整兵便思乘之。」

焦竑曰：「挾纊投醪，多是此意。然《兵法》有曰『驕子不可用』，此處更有權宜在。」

茅坤曰：「隨衆隨寡，隨易隨險，經絡俱中，未知老泉實試之何如耳？」

焦竑曰：「用人者怒而撓之，利而誘之，强而避之，亂而取之，此云以自觀者用人，文便多采。」

焦竑曰：「《兵法》『佯北勿從』，亦是此意。」

强　弱

知有所甚愛，知有所不足愛，可以用兵矣。故夫善將者，以其所不足愛者，養其所甚愛者。士之不能皆鋭，馬之不能皆良，器械之不能皆利，固也，處之而已矣。兵之有上中下也，是兵之有三權也。孫臏有言曰：「以君下駟與彼上駟，取君上駟與彼中駟，取君中駟與彼下駟。」此兵説也，非馬説也。下之不足以與其上也，吾既知之矣，吾既棄之矣。中之不足以與吾上，下之不足以與吾中，吾不既再勝矣乎？

得之多於棄也，吾斯從之矣。彼其上之不得其中下之援也，乃能獨完耶？故曰：兵之有上中下也，是兵之有三權也。三權也者，以一致三者也。

管仲曰：「攻堅則瑕者堅，攻瑕則堅者瑕。」嗚呼！不從其瑕而攻之，天下皆强敵也。漢高帝之憂在項籍耳，雖然，親以其兵而與之角者蓋無幾也。隋何取九江，韓信取魏，取代，取趙，取齊，然後高帝起而取項籍。夫不汲汲於其憂之所在，而彷徨乎其不足恤之地，彼蓋所以孤項氏也。秦之憂在六國，蜀最僻，最小，最先取，楚最强，最後取，非其憂在蜀也。不説孤楚。諸葛孔明一出其兵，乃與魏氏角，其亡宜也。取天下，取一國，取一陣，皆如是也。

范蠡曰：「凡陣之道，益左以爲牡，設右以爲牝。」春秋時楚伐隋，季梁曰：「楚人上左，君必左，無與王遇。且攻其右，右無良焉，必敗，偏敗，衆乃攜。」蓋一陣之間，必有牝牡左右，要當以吾强攻其弱耳。唐太宗曰：「吾自興兵，習觀行陣形勢，每戰，視敵强其左，吾亦强吾左，弱其右，吾亦弱吾右。使弱常遇强，强常遇弱。敵犯吾弱，追奔不過數十百步，吾擊敵弱，常突出自背，反攻之，以是必勝。」後之庸將，既不能處其强弱以敗，而又曰：「吾兵有老弱雜其間，非舉軍精鋭，以故不能勝。」不知老弱之兵，兵家固亦不可無。無之，是無以耗敵之强兵，而全吾之鋭鋒，敗可俟矣。故智者輕棄吾弱，而使敵輕用其强，忘其小喪，而志於大得，夫固要其終而已矣。

【眉批】

茅坤曰：「大略祖孫武子三駟中議論。三駟者，射千金之術，非大將謀國之全也。」

茅坤曰：「通篇以古事立論，而經緯成文。」

錢穀曰：「諸葛不亡，漢必不亡，豈角魏之故？」

焦竑曰：「善用弱正善用强，《攻守》篇所謂伏道，然敵有餌兵，勿食者又奈何？」

茅坤曰：「結簡健。」

攻守

古之善攻者，不盡兵以攻堅城；善守者，不盡兵以守敵衝。夫盡兵以攻堅城，則鈍兵費糧而緩於成功；盡兵以守敵衝，則兵不分，而彼間行襲我無備。故攻敵所不守，守敵所不攻。攻者有三道焉，守者有三道焉。三道：一曰正，二曰奇，三曰伏。坦坦之路，車轂擊，人肩摩，出亦此，入亦此，我所必攻，彼所必守者，曰正道。大兵攻其南，鋭兵出其北，大兵攻其東，鋭兵出其西者，曰奇道。大山峻谷，中盤絶徑，潛師其間，不鳴金，不撾鼓，突出乎平川，以衝敵人腹心者，曰伏道。故兵出於正道，勝敗未可知也。出於奇道，十出而五勝矣。出於伏道，十出而十勝矣。何則？正道之城，堅城也；正道之兵，精兵也。奇道之城，不必堅也；奇道之兵，不必精也。伏道則無城也，無兵也。攻正道而不知奇道與伏道焉者，其將木偶人是也。守正道而不知奇道與伏道焉者，其將亦木偶人是也。

今夫盗之於人，此段肖孟子文。抉門斬關而入者有焉，他户之不扃鍵而入者有焉，乘壞垣坎牆趾而入者有焉。抉門斬關而主人不之察，幾希矣。他户之不扃鍵而主人不之察，太半矣。乘壞垣坎牆趾而主人不之察，皆是矣。爲主人者宜無曰門之固，就譬上一轉波瀾。而他户牆隙之不恤焉。夫正道之兵，抉門之盗也；奇道之兵，他户之盗也；伏道之兵，乘垣之盗也。

所謂正道者，若秦之函谷，吴之長江，蜀之劍閣是也。昔者六國嘗攻函谷矣，而秦將敗之。曹操嘗攻長江矣，而周瑜走之。鍾會嘗攻劍閣矣，而姜維拒之。何則？其爲之守備者素也。劉濞反攻大梁，千古隻眼。田禄伯請以五萬人别循江、淮，收淮南、長沙，以與濞會武關。岑彭攻公孫述，自江州泝都江，破侯丹兵，徑拔武陽，繞出延岑軍後，疾以精騎赴廣都，距成都不數十里。李愬攻蔡，蔡悉精卒以抗李光顔而不備愬，愬自文成破張柴，疾馳二百里，夜半到蔡，黎明擒元濟。此用奇道也。漢武攻南越，唐蒙請發夜郎兵，浮船牂牁江，道番禺城下，以出越人不意。鄧艾攻蜀，自陰平由景谷攀木緣磴，魚貫而進，至江油而降馬邈，至綿竹而斬諸葛瞻，遂降劉禪。田令孜守潼關，關之左有谷曰禁而不之備，林言、尚讓入之，夾攻關而關兵潰。此用伏道也。吾觀古之善用兵者，一陣之間，尚猶有正兵、奇兵、伏兵三者以取勝，况守一國，攻一國，而社稷之安危係焉者，其可以不知此三道而欲使之將耶？

【眉批】

茅坤曰：「按古傳記論奇道、伏道處，古今名言。」

按：鄧艾伐蜀，自陰平行無人之地七百里，可曰攻所不守。周亞夫平七國，堅壁拒吴，吴奔壁東南陬，亞夫使備西北，已而吴兵果奔西北，不得入，遂亂遁走，可曰守所不攻。

唐順之曰：「純任奇者，亦非善將。兵以正合，以奇勝，奇正還相生，如環之無端，故武侯不用子午谷之計，非惡奇也，以其純任奇也。」

焦竑曰：「文字援證固難，此援證凡九，錯而辨，宕而嚴，法之最化者。」

茅坤曰：「攻守之策，具見此篇，老蘇胸中有武庫。」

又曰：「欲識經綸，不可不讀輿地圖。」

用間

孫武既言五間，則又有曰：「商之興也，伊摯在夏；周之興也，吕牙在商。故明君賢將，能以上智爲間者，必成大功。此兵之要，三軍所恃而動也。」按《書》：伊尹適夏，醜夏歸亳。《史》：太公嘗事紂，去之歸周。所謂在夏在商，誠矣。然以爲間，何也？湯、文王固使人間夏、商耶？伊、吕故與人爲間耶？桀、紂固待間而後可伐耶？是雖甚庸，亦知不然矣。

然則吾意天下存亡寄於一人。伊尹之在夏也，湯必曰：桀雖暴，一旦用伊尹，則民心復安，吾何病焉。及其歸亳也，湯必曰：桀得伊尹不能用，必亡矣，吾不可以安視民病。遂與天下共亡之。吕牙之在商也，文王必曰：紂雖虐，一旦用吕牙，則天禄必復，吾何憂焉。及其歸周也，文王必曰：紂得吕牙不能用，必亡矣，吾不可以久遏天命。遂命武王與天下共亡之。然則夏商之存亡，待伊、吕用否而決。

今夫問將之賢者，必曰：能逆知敵國之勝敗。問其所以知之之道，必曰：不愛千金，故能使人爲之出萬死以間敵國。或曰：能因敵國之使而探其陰計。嗚呼！其亦勞矣。伊、吕一歸而夏、商之國爲決亡。使湯、武無用間之名與用間之勞，而得用間之實，此非上智，其誰能之？

夫兵雖詭道，而本於正者，終亦必勝。今五間之用，其歸於詐，成則爲利，敗則爲禍。且與人爲詐，人亦將且詐我，故能以間勝者，亦或以間敗。吾間不忠，反爲敵用，一敗也；不得敵之實，而得敵之所僞示者以爲信，二敗也；受吾財而不能得敵之陰計，懼而以僞告我，三敗也。夫用心於正，一振而群綱舉；用心於詐，百補而千穴敗。智於此，不足恃也。故五間者，非明君賢將之所上，明君賢將之所上者，上智之間也。是以淮陰、曲逆，義不事楚，而高祖擒籍之計定。左車、周叔不用於趙、魏，而淮陰進兵之謀決。嗚呼！是亦間也。

【眉批】

唐順之曰：「五間之外，更想出一間來，意議出《孫子上》。」

茅坤曰：「奇險之議。」

按：孫子一曰鄉間，如韋孝寬以金帛啗齊人，而齊人遥通書疏。一曰内間，如越王之賂太宰嚭，吴王之納伍子胥。一曰反間，如陳平佯驚楚使，而離間范增，趙奢善食秦間而歸告其將。一曰死間，如酈生之見烹于齊，曹太尉使僧吞蠟丸入西夏，而並其謀臣亦見殺。一曰生間，如婁敬之覘匈奴，秦使之入晋軍。

焦竑曰：「命武王與天下共危之句太險，所謂文人之口，難以理程者也。」

茅坤曰：「論三敗刺骨。」

茅坤曰：「賴有此證。」

孫武

求之而不窮者，天下奇才也。天下之士，與之言兵，而曰我不能者幾人？求之於言而不窮者幾人？言不窮矣，求之於用而不窮者幾人？嗚呼！至於用而不窮者，吾未之見也。《孫武十三篇》，兵家舉以爲師。然以吾評之，其言兵之雄乎？今其書論奇權密機，出入神鬼，自古以兵著書者罕所及，以是而揣其爲人，必謂有應敵無窮之才。不知武用兵乃不能必克，與書所言遠甚。吳王闔廬之入郢也，武爲將軍，及秦、楚交敗其兵，越王入踐其國，外禍内患，一旦迭發，吳王奔走，自救不暇，武殊無一謀以弭斯亂。

若按武之書以責武之失，凡有三焉。《九地》曰：「威加於敵，則交不得合。」而武使秦得聽包胥之言，出兵救楚，無忌吳之心，斯不威之甚，其失一也。《作戰》曰：「久暴師，則鈍兵挫鋭，屈力殫貨，則諸侯乘其弊而起。」且武以九年冬伐楚，至十年秋始還，可謂久暴矣，越人能無乘間入國乎？其失二也。又曰：「殺敵者，怒也。」今武縱子胥、伯嚭鞭平王尸，復一夫之私忿以激怒敵，此司馬戌、子西、子期所以必死讐吳也。勾踐不頳舊冢而吳服，田單譎燕掘墓而齊奮，知謀與武遠矣。武不達此，其失三也。然始吳能以入郢，乃因胥、嚭、唐、蔡之怒，及乘楚瓦之不仁，武之功蓋亦鮮矣。夫以武自爲書，尚不能自用，以取敗北，况區區祖其故智餘論者而能將乎！

且吳起與武，一體之人也，皆著書言兵，世稱之曰「孫吳」。然而吳起之言兵也，輕法制，草略無所統紀，不若武之書詞約而意盡，天下之兵説皆歸其中。然吳起始用於魯，破齊，及入魏，又能制秦兵，入楚，楚復霸，而武之所爲反如是，書之不足信也固矣。

今夫外御一隸，内治一妾，是賤丈夫亦能，夫豈必有人而教之？及夫御三軍之衆，闔營而自固，或且有亂，然則是三軍之衆惑之也。故善將者，視三軍之衆與視一隸一妾無加焉，故其心常若有餘。夫以一人之心，當三軍之衆，而其中恢恢然猶有餘地，此韓信之所以「多多而益辦〔善〕」也。故夫用兵豈有異術哉，能勿視其衆而已矣。

【眉批】

茅坤曰：「通篇按武成敗事以責之，而文多煙波生色處。」

按：東坡論孫武，亦曰：「智有餘而未知其所以用智。」

茅坤曰：「當考越之入吴，武猶生而將兵否？」

焦竑曰：「太史公《孫吴·贊》有曰：『能行之者未必能言，能言之者未必能行。』則二子若無上下。」

茅坤曰：「數轉番覆，烟波可愛。」

焦竑曰：「老泉論治衆如治寡，更出孫子分數之外。」

子貢

君子之道，智信難。信者，所以正其智也，而智常至於不正；智者，所以通其信也。而信常至於不通，是故君子慎之也。世之儒者曰：徒智可以成也。人見乎徒智之可以成也，則舉而棄乎信。吾則曰：徒智可以成也，而不可以繼也。

子貢之以亂齊、滅吴、存魯也，吾悲之。彼子貢者，游説之士，苟以邀一時之功，而不以可繼爲事，故不見其禍。使夫王公大人而計出於此，則吾未見其不旋踵而敗也。吾聞之，王者之兵，計萬世而動；霸者之兵，計子孫而舉；强國之兵，計終身而發：求可繼也。子貢之兵，是明日不可用也。故子貢之出也，吾以爲魯可存也，而齊可無亂，吴可無滅。何也？田常之將篡也，憚高、國、鮑、晏，故使移兵伐魯。爲賜計者，莫若抵高、國、鮑、晏弔之，彼必愕而問焉，則對曰：田常遣子之兵伐魯，吾竊哀子之將亡也。彼必詰其故，則對曰：齊之有田氏，猶人之養虎也。子之於齊，猶肘股之於身也。田氏之欲肉齊久矣，然未敢逞志者，懼肘股之捍也。今子出伐魯，肘股去矣，田氏孰懼哉？吾見身將磔裂，而肘股隨之，所以弔也。彼必懼而咨計於我，因教之曰：子悉甲趨魯，壓境而止，吾請爲子潛約魯侯，以待田氏之變，帥其兵，從子入討之。爲齊人計之，彼懼田氏之禍，其勢不得不聽。歸以約魯侯，魯侯懼齊伐，其勢亦不得不聽。因使練兵蒐乘以俟齊釁，誅亂臣而定新主，齊必德魯，數世之利也。

吾觀仲尼以爲齊人不與田常者半，故請哀公討之。今誠以魯之衆，從高、國、鮑、晏之師，加齊之半，可以轘田常於都市，其勢甚便，其成功甚大，惜乎賜之不出於此也。

齊哀王舉兵誅吕氏，吕氏以灌嬰爲將拒之，至滎陽，嬰使使諭齊及諸侯連和，以待吕氏變，共誅之。今田氏之勢，何以異此？有魯以爲齊，有高、國、鮑、晏以爲灌嬰，惜乎賜之不出於此也！

【眉批】

茅坤曰：「亂齊、滅吴、存魯，戰國傾危之習，决非子貢事，而老泉此論却足以補子貢之所不及。」

又曰：「蘇氏父子之學，出于戰國縱横者多，故此策大略竊陳軫、蘇秦之餘，而爲計甚工。」

按：《家語》有亂齊滅吴之事。孔子曰：「存魯吾之初願，强晋以敝吴，使吴亡而越伯者，賜之説也。美言傷信，慎言哉。」《左傳》越滅吴在哀公二十二年，是時孔子卒已七年，則非孔子所及言矣。而子貢使齊之事，亦不經見，惟《韓非子》曰：「齊將攻魯，魯使子貢説齊，不聽而卒加兵于魯。」初無説吴越事。

錢穀曰：「老泉之計智不妨信。」

茅坤曰：「引證切事情。」

又曰：「一句中主客相形作結，筆力奇雋。」

六國

六國破滅，非兵不利，戰不善，弊在賂秦。賂秦而力虧，破滅之道也。或曰六國互喪，一轉伏齊亡案。率賂秦耶？曰：不賂者以賂者喪，蓋失强援，不能獨完。故曰弊在賂秦也。

秦以攻取之外，小則獲邑，大則得城。較秦之所得，與戰勝而得者，其實百倍。諸侯之所亡，與戰敗而亡者，其實亦百倍。則秦之所大欲，諸侯所大患，固不在戰矣。思厥先祖父暴霜露，斬荆棘，以有尺寸之地，子孫視之不甚惜，舉以與人，如棄草芥，今日割五城，明日割十城，然後得一夕安寢，起視四境，而秦兵又至矣。然則諸侯之地有限，暴秦之欲無厭，奉之彌繁，侵之愈急，故不戰而强弱勝負已判矣。至於顛覆，理固宜然。古人云：「以地事秦，猶抱薪救火，薪不盡，火不滅。」此言得之。

齊人未嘗賂秦，終繼五國遷滅，何哉？與嬴而不助五國也。五國既喪，齊亦不免矣。燕、趙之君，始有遠略，能守其土，義不賂秦，是故燕雖小國而後亡，斯用兵之效也。至丹以荆卿爲計，始速禍焉。趙嘗五戰于秦，二敗而三勝。後秦擊趙者再，李牧連却之。洎牧以讒誅，邯鄲爲郡，惜其用武而不終也。且燕、趙處秦革滅殆盡之際，可謂智力孤危，戰敗而亡，誠不得已。向使三國楚、韓、魏。各愛其地，齊人勿附于秦，刺客不行，良將猶在，趙。燕。則勝負之數，存亡之理，當與秦相較，或未易量。

嗚呼！以賂秦之地封天下之謀臣，以事秦之心禮天下之奇才，並力西嚮，則吾恐秦人食之不得下咽也。悲夫，有如此之勢，而爲秦人積威之所劫，日削月割，以趨於亡，爲國者無使爲積威之所劫哉！

夫六國與秦皆諸侯，其勢弱於秦，而猶有可以不賂而勝之之勢，苟以天下之大，旨在此句。而從六國破亡之故事，是又在六國下矣。

【眉批】
唐順之曰：「立論在賂秦滅國，寓意在宋賂契丹事，真深謀遠慮。」
茅坤曰：「議從戰國縱人來，文亦與《戰國策》相伯仲。」
焦竑曰：「韓、魏塞秦之衝，蔽山東諸侯，爲諸侯計者，莫如厚韓、魏以擯秦，秦人不敢踰韓、魏以窺齊、楚、燕、趙，而齊、楚、燕、趙因得自完。故韓、魏、楚賂秦，則齊雖恬處，燕、趙雖累勝，究竟俱亡。」
焦竑曰：「一燕、趙如此，况六國一志乎！」
茅坤曰：「忽入時事感慨。」

高帝

漢高帝挾數用術以制一時之利害，不如陳平；揣摩天下之勢，舉指摇目以劫制項羽，不如張良。微此二人，則天下不歸漢，而高帝乃木强之人而止耳。然天下已定，後世子孫之計，陳平、張良智之所不及，則高帝常先爲之規畫處置以中，後世之所爲，曉然如目見其事而爲之者。蓋高帝之智，明於大而暗於小，至於此而後見也。

帝常語吕后曰：「周勃厚重少文，然安劉氏必勃也，可令爲太尉。讀書有眼力。」方是時，劉氏既安矣，勃又將誰安邪？故吾之意曰：高帝之以太尉屬勃也，知有吕氏之禍也。辨得悉。雖然，其不去吕后，何也？勢不可也。

昔者武王没，成王幼，而三監叛。帝意百歲後，將相大臣及諸侯王有武庚禄父者，而無有以制之也，獨計以爲家有主母，而豪奴悍婢不敢與弱子抗。吕后佐帝定天下，爲大臣素所畏服，獨此可以鎮壓其邪心，以待嗣子之壯，故不去吕后者，爲惠帝計也。吕后既不可去，故削其黨以損其權，使雖有變而天下不摇。是故以樊噲之功，一旦遂欲斬之而無疑。嗚呼！彼豈獨於噲不仁耶？且噲與帝偕起，拔城陷陣，功不爲少矣。方亞夫嗾項莊時，波瀾。微噲誚讓羽，則漢之爲漢，未可知也。一旦人有惡噲欲滅戚氏者，時噲出伐燕，立命平、勃即斬之。夫噲之罪未形也，惡之者誠僞未必也，且高帝之不以一女子斬天下之功臣，亦明矣。彼其娶於吕氏，悉斬噲之由。吕氏之族，若產、禄輩，皆庸才不足恤，獨噲豪健，一篇主意。諸將所不能制，後世之患，無大於此矣。

夫高帝之視吕后也，猶醫者之視堇也，使其毒可以治病，而無至於殺人而已矣。樊噲死，則吕氏之毒將不至於殺人，高帝以爲是足以死而無憂矣。彼平、勃者，遺其憂者也。噲之死於惠之六年也，天也。其使尚在，又生波瀾。則吕禄不可紿，太尉不得入北軍矣。此數句便無力。或謂噲於帝最親，洗發作掉尾。使之尚在，未必與產、禄叛。夫韓信、黥布、盧綰皆南面稱孤，而綰又最爲親幸，然及高祖之未崩也，皆相繼以逆誅。誰謂百歲之後，椎埋屠狗之人，見其親戚乘勢爲帝王而不欣然從之邪？吾故曰：彼平、勃者，遺其憂者也。

【眉批】

唐順之曰：「先抑後揚，文家虚實法。」

茅坤曰：「雖非確論，行文却縱横可愛。」

□希元曰：「安劉必勃之言，若爲吕氏，必不對吕后言，其斬噲者，或溺愛戚姬中讒發後耶？」

錢穀曰：「高帝崩，太后即命吕台、吕産將南北軍。惠帝崩，太后即欲立諸吕爲王。想在高帝時必有端可見。老泉不甚駕空。」

李載贄曰：「此論因高祖命平、勃即軍中斬樊噲事，遂作一段議論，是窮思極慮刻苦作文處。」

按：漢高使平、勃斬噲而畏高后，乃執噲詣長安，則帝已崩矣，故云「遺其憂」。

茅坤曰：「高帝死，而吕后獨任陳平，未必不由不斬噲一著。然噲不死亦未必助禄、産叛，觀其誚羽鴻門與排闥而諫，噲亦似有氣岸而能守正者，豈可以屠狗之雄遽逆其詐哉！蘇氏父子兄弟，往往以事後成敗摭拾人得失，類如此。」

項籍

吾嘗論項籍有取天下之才，主客並起作勢。而無取天下之慮；曹操有取天下之慮，而無取天下之量；「慮」字、「量」字爲骨。劉備有取天下之量，而無取天下之才。故三人者，終其身無成焉。

且夫不有所棄，虚案。不可以得天下之勢；不有所忍，不可以盡天下之利。是故地有所不取，城有所不攻，勝有所不就，敗有所不避。其來不喜，其去不怒。肆天下之所爲而徐制其後，乃克有濟。

嗚呼！項籍有百戰百勝之才，入題一跌。而死於垓下，無惑也。吾觀其戰於鉅鹿也，振起。見其慮之不長，量之不大，未嘗不怪其死於垓下之晚也。方籍之渡河，沛公始整兵嚮關，本旨。籍於此時，有經略。若急引軍趨秦，及其鋒而用之，可以據咸陽，制天下。不知出此，而區區與秦將争一旦之命，既全鉅鹿，而猶徘徊河南、新安間，至函谷，則沛公入咸陽數月矣。夫秦人既已安沛公而讐籍，則其勢不得强而臣。故籍雖遷沛公漢中，而卒都彭城，使沛公得還定三秦，則天下之勢在漢不在楚，楚雖百戰百勝，尚何益哉？故曰：兆垓下之死者，鉅鹿之戰也。

或曰：雖然，籍必能入秦乎？難。曰：項梁死，解。章邯謂楚不足慮，故移兵伐趙，有輕楚心，而良將勁兵，盡於鉅鹿，籍誠能以必死之士，擊其輕敵寡弱之師，入之易耳。且亡秦之守關，洗發。與沛公之守，善否可知也。沛公之攻關，與籍之攻，善否又可知也。以秦之守而沛公攻入之，沛公之守而籍攻入之，然則亡秦之守，籍不能入哉！

或曰：秦可入矣，難。如救趙何？曰：虎方捕鹿，解。羆據其穴，搏其子，虎安得不置鹿而返？以喻爲實，妙。返則碎於羆明矣。軍志所謂攻其必救也。使籍入關，王離、涉間必釋趙自救，籍據關逆擊其前，趙與諸侯救者十餘壁躡其後，覆之必矣。是籍一舉解趙之圍，而收功於秦也。戰國時魏伐趙，齊救之，田忌引兵疾走大梁，因存趙而破魏。彼宋義號知兵，殊不達此，屯安陽不進，而曰待秦敝，吾恐秦未敝而沛公先據關矣，籍與義俱失焉。

是故古之取天下者，掉尾。常先圖所守。諸葛孔明棄荆州而就西蜀，吾知其無能爲也。且彼未嘗見大險也，借客相影以衍議論。彼以爲劍門者可以不亡也。吾嘗觀蜀之險，其守不可出，其出不可繼，兢兢而自完猶且不給，而何足以制中原哉？若夫秦、漢之故都，沃土千里，洪河大山，真可以控天下，又烏事夫不可以措足如劍門者而後曰險哉？

今夫富人必居四通五達之都，就客身作案，自是灑落。使其財布出於天下，然後可以收天下之利。有小丈夫者，得一金，櫝而藏諸家，拒户而守之，嗚呼，是求不失也，非求富也。大盜至，劫而取之，又焉知其果不失也。

【眉批】

唐順之曰：「此借項藉論宋時當都關中。」

茅坤曰：「文特雄，近《戰國策》。」

唐順之曰：「本以形勢立論。」又云：「安沛公而仇藉，其勢不得强而臣，又進形勢一步。」

陳繼儒曰：「項藉戰鉅鹿，沛公得乘虚破關，天也人與？然項藉慓悍，所遇殘滅，諸將不願與入秦，故楚王遣沛公，則垓下之死，又不在鉅鹿，而在不仁。」

焦竑曰：「老泉非不知孔明之勢與孔明之心，特主意重關中，故説劍門不足爲耳。」

按：張南軒曰：「武侯首陳取荆州之策，先主不能用，其後争之于吴而不得，吴止分數郡以與之，及關羽敗，並數郡亦失，况都之乎。且荆襄南北咽喉，在三國爲必争之地，乃戎馬之場，非帝王之都也。」

卷三

衡論

衡論叙

事有可以盡告人者，有可告人以其端而不可盡者。盡以告人，其難在告；告人以其端，其難在用。今夫衡之有刻也，於此爲銖，於此爲石，求之而不得，曰是非善衡焉，善衡正是善權，妙論。可也，曰權罪者，非也。

始吾作《權書》，以爲其用可以至於無窮，而亦可以至於無用，於是又作《衡論》十篇。嗚呼！從吾說而不見其成，乃今可以罪我焉耳。

【眉批】

茅坤曰：「此老泉經世之文也。其議論多雜以申、韓。第謂其與舉子業較近，故並録之。」

遠慮

聖人之道，有經，有權，有機，是以有民，有群臣，而又有腹心之臣。曰經者，天下之民舉知之可也。曰權者，民不得而知矣，群臣知之可也。曰機者，雖群臣亦不得而知矣，腹心之臣知之可也。夫使聖人而無權，則無以成天下之務；無機，則無以濟萬世之功。然皆非天下之民所宜知。而機者，又群臣所不得聞。群臣不得聞，誰與議？不議不濟。然則所謂腹心之臣者，不可一日無也。

後世見三代取天下以仁義，而守之以禮樂也，則曰聖人無機。夫取天下與守天下，無機不能。顧三代聖人之機，不若後世之詐，故後世不得見耳。有機也，是以有腹心之臣。禹有益，湯有伊尹，武王有太公望。是三臣者，聞天下之所不聞，知群臣之所不知。禹與湯、武倡其機於上，而三臣者和之於下，以成萬世之功。下而至於桓、文，有管仲、狐偃爲之謀主，闔廬有伍員，勾踐有范蠡、大夫種。高祖之起也，大將任韓信、黥布、彭越，裨將任曹參、樊噲、滕公、灌嬰，游説諸侯任酈生、陸賈、樅公，至於奇機密謀，群臣所不與者，唯留侯、酇侯二人。唐太宗之臣多奇才，而委之深、任之密者，亦不過曰房、杜。

夫君子爲善之心，與小人爲惡之心，一也。君子有機以成其善，小人有機以成其惡。有機也，雖惡亦或濟；無機也，雖善亦不克。是故腹心之臣，不可以一日無也。司馬氏，魏之賊也，有賈充之徒爲之腹心之臣以濟。陳勝、吴廣，秦民之湯、武也，無腹心之臣以不克。何則？無腹心之臣者，無機也，有機而泄也。夫無機與有機而泄者，譬如虎豹食人，而不知設陷阱，設陷阱而不知以物覆其上者也。以上是取天下者。

或曰：機者，創業之君所假以濟耳，守成之世，其奚事機而安用夫腹心之臣？嗚呼！守成之世，能遂熙然如太古之世矣乎？未也。吾未見機之可去也。且夫天下之變，常伏於燕安，田文所謂「子少國危，大臣未附」，如此等事，何世無之？當是之時，而無腹心之臣，可爲寒心哉。昔者高祖之末，天下既定矣，而又以周勃遺孝惠、孝文。武帝之末，天下既治矣，而又以霍光遺孝昭、孝宣。蓋天下雖有泰山之勢，而聖人常以累卵爲心，故雖守成之世，以上是守成者。而腹心之臣不可去也。《傳》曰：「百官總己以聽于冢宰。」彼冢宰者，非腹心之臣，天子安能舉天下之事委之三年，而不置疑於其間邪？又曰：「五載一巡狩。」彼無腹心之臣，五載一出，捐千里之畿而誰與守邪？今夫一家之中必有宗老，一介之士必有密友，以開胸心，以濟緩急，奈何天子而無腹心之臣乎？

近世之君，抗然于上，而使宰相眇然于下，上下不接，而其志不通矣。臣視君如天之遼然而不可親，而君亦如天之視人，泊然無愛之之心也。是以社稷之憂，彼不以爲憂，社稷之喜，彼不以爲喜。君憂不辱，君辱不死。一人譽之則用之，一人毁之則捨之。宰相避嫌畏譏且不暇，何暇盡心以憂社稷？數遷數易，視相府如傳舍，百官泛泛於下，而天子惸惸於上，一旦有卒然之憂，吾未見其不顛沛而殞越也。

聖人之任腹心之臣也，尊之如父師，愛之如兄弟，握手入卧内，同起居寢食，知無不言，言無不盡，百人譽之不加密，百人毁之不加疏，尊其爵，厚其禄，重其權，而後可以議天下之機，慮天下之變。太祖用趙中令也，得其道矣。近者寇萊公亦誠其人，然與之權輕，故終以見逐，而天下幾有不測之變。然則其必使之可以生殺人而後可也。

【眉批】

唐順之曰：「通篇雖係老泉縱横之旨，亦世主不可不知。」

茅坤曰：「文如怒馬，奔逸絶塵，不可羈制。大略老蘇文奇邁奮迅，令人心掉如此。」

焦竑曰：「妙在『不若後世之詐』句，不然機械機變，殊非遠慮。」

焦竑曰：「子少國危，腹心臣自不可少。然有才無節，司馬仲達失之；有節無氣，荀息失之。高之取勃以厚重，武之取光以無他技，如宋王曾、韓琦可稱其任。」

茅坤曰：「指時弊極痛快」。

錢穀曰：「澶淵之役誠自卓如，乾祐天書，説者以爲不學無術。」

御將

人君御臣，相易而將難。將有二，有賢將，有才將，而御才將尤難。御相以禮，御將以術。御賢將之術以信，御才將之術以智。不以禮，不以信，是不爲也；不以術，不以智，是不能也。故曰御將難而御才將尤難。六畜，其初皆獸也。彼虎豹能搏能噬，而馬亦能蹄，牛亦能觸。先王知能搏能噬者不可以人力制，故殺之。殺之不能，驅之而後已。蹄者可馭以羈紲，觸者可拘以楅衡，故先王不忍棄其才而廢天下之用。如曰是能蹄，是能觸，當與虎豹並殺而同驅，則是天下無騏驥終無以服乘邪？

先王之選才也，自非大奸劇惡如虎豹之不可以變其搏噬者，未有不欲制之以術，而全其才以適於用。況爲將者，又不可責以廉隅細謹，顧其才何如耳。漢之衛、霍、趙充國，唐之李靖、李勣，賢將也。漢之韓信、黥布、彭越，唐之薛萬徹、侯君集、盛彦師，才將也。賢將既不多有，得才者而任之，苟又曰是難御，則是不肖者而後可也。結以重恩，主意。示以赤心，美田宅，大飲饌，歌童舞女，以極其口腹耳目之欲，而折之以威，此先王之所以御才將也。

近之論者或曰：轉。將之所以畢智竭慮，犯霜露、蹈白刃而不辭者，冀賞耳。爲國家者，不如勿先賞以邀其成功。或曰：賞所以使人，不先賞，人不爲我用。是皆一隅之說，非通論也。將之才固有小大，傑然於庸將之中者，才小者也；傑然於才將之中者，才大者也。才小志亦小，又番一小字。才大志亦大。人君當觀其才之大小而爲之制御之術，以稱其志，一隅之說，不可用也。

夫養騏驥者，豐其芻粒，潔其羈絡，居之新閑，浴之清泉，而後責之千里。彼騏驥者，其志常在千里也，夫豈以一飽而廢其志哉？至於養鷹則不然，獲一雉，飼以一雀，獲一兔，飼以一鼠，彼知不盡力於擊搏，則其勢無所得食，故然後爲我用。才大者，騏驥也，不先賞之，是養騏驥者饑之而責其千里，不可得也。才小者，鷹也，先賞之，是養鷹者飽之而求其擊搏，亦不可得也。是故先賞之說，可施之才大者，不先賞之說，可施之才小者，兼而用之可也。

昔者漢高祖一見韓信，而授以上將，解衣衣之，推食哺之，一見黥布，而以爲淮南王，供具飲食如王者，一見彭越，而以爲相國。當是時，三人者未有功於漢也。厥後追項籍垓下，與信越期而不至，捐數千里之地以畀之，如棄弊屣。項氏未滅，天下未定，而三人者已極富貴矣。何則？高帝知三人者之志大，不極於富貴，則不爲我用，雖極於富貴而不滅項氏，不定天下，則其志不已也。至於樊噲、滕公、灌嬰之徒則不然，拔一城，陷一陣，而後增數級之爵，否則終歲不遷也。項氏已滅，天下已定，樊噲、滕公、灌嬰之徒，計百戰之功，而後爵之通侯。夫豈高帝至此而嗇哉？知其才小而志小，雖不先賞，不怨，而先賞之，則彼將泰然自滿而不復以立功爲事故也。

噫！一轉。方韓信之立於齊，蒯通、武涉之說未去也。當此之時而奪之王，一唱三嘆。漢其殆哉。又一轉。夫人豈不欲三分天下而自立者？而彼則曰：「漢王不奪我齊也。」故又轉。齊不捐，則韓信不懷，韓信無内心，則天下非漢之有。嗚呼！高帝可謂知大計矣。收拾。

【眉批】

茅坤曰：「論將以起相，論相以起將，客伴主，蘇文家法。」

茅坤曰：「老蘇論御才將以智，引漢高待韓、彭一著，似痛快矣。獨不思宋祖御將，更有處分。智之一字，决非至理。」

焦竑曰：「其才何如，白舍後才有大小意。」

茅坤曰：「先爲兩端以發己所見。」

焦竑曰：「大才小才，前已説盡，得此一喻一正，文有波致。」

唐順之曰：「古人論事，必有所據。」

姜寶曰：「是老蘇善讀史處，看破漢高駕馭英雄之意。」

錢穀曰：「老泉志在才大之將難馭，故獨言韓信。」

茅坤曰：「三轉譬諸懸千里之江、漢而注之海，更作一番波瀾湍急處。」

任相

古之善觀人之國者，觀其相何如人而已。議者常曰：將與相均。將特一大有司耳，非相侔也。國有征伐，而後將權重；有征伐，無征伐，相皆不可一日輕。相賢邪，則群有司皆賢，而將亦賢矣。將賢邪，相雖不賢，將不可易也。故曰：將特一大有司耳，非相侔也。

任相之道，與任將不同。爲將者大概多才，而或頑鈍無恥，非皆節廉好禮不可犯者也，故不必優以禮貌，而其有不羈不法之事，則亦不可以常法御。何則？豪縱不趨約束者，亦將之常態也。武帝視大將軍，往往踞厠，而李廣利破大宛，侵殺士卒之罪，則寢而不問。此任將之道也。

若夫相，必節廉好禮者爲也，又非豪縱不趨約束者爲也，故接之以禮而重責之。古者相見於天子，天子爲之離席起立；在道，爲之下輿；有病，親問；不幸而死，親弔，待之如此其厚。然其有罪，亦不私也。天地大變，天下大過，而相以不起聞矣。相不勝任，策書至而布衣出府免矣。相有他失，而棧車牝馬歸以思過矣。夫接之以禮，然後可以重其責而使無怨言，責之重，然後接之以禮而不爲過。禮薄而責重，彼將曰：主上遇我以何禮，而重我以此責也，甚矣。責輕而禮重，彼將遂弛然不肯自飭。故禮以維其心，而重責以勉其怠，而後爲相者，莫不盡忠於朝廷而不恤其私。

吾觀賈誼書，借此入當時。至所謂「長太息」者，常反覆讀不能已，以爲誼生文帝時，文帝遇將相大臣，不爲無禮，有感慨。獨周勃一下獄，誼遂發此，使誼生於近世，見其所以遇宰相者，則當復何如也！

夫湯、武之德，三尺豎子皆知其爲聖人，而猶有伊尹、太公者爲師友焉。伊尹、太公，非賢於湯、武也，而二聖人者特不顧以師友之，以明有尊也。噫！近世之君，姑勿責於此。本旨。天子御坐見宰相而起者有之乎？無矣。在輿而下者有之乎？亦無矣。天子坐殿上，宰相與百官趨走於下，掌儀之官名而呼之，若郡守召胥吏耳。詞言委婉。雖臣子爲此亦不過，而尊尊貴貴之道，不若是褻也。

夫既不能接之以禮，則其罪之也，吾法將亦不得用。何者？不果於用禮，而果於用刑，則其心不服。故法曰：有某罪而加之以某刑。乃其免相也，既曰有某罪，而刑不加焉，不過削之一官而出之大藩鎮，此其弊皆始於不爲之禮。賈誼曰，中罪而自弛，大罪而自裁。夫人不我誅，而安忍棄其身，此必有大愧於其君。故人君者，必有以愧其臣，故其臣有所不爲。武帝嘗以不冠見平津侯，故當天下多事，朝廷憂懼之際，使石慶得容於其間而無怪焉。然則必其待之如禮，而後可以責之如法也。

且吾聞之，結縱。待以禮而彼不自效以報其上，重其責而彼不自勉以全其身，安其禄位，成其功名者，天下無有也。彼人主傲然於上，不禮宰相以自尊大者，孰若使宰相自效以報其上之爲利？宰相利其君之不責而豐其私者，孰若自勉以全其身，安其禄位，成其功名之爲福？吾又未見去利而就害，遠福而求禍者也。

【眉批】

茅坤曰：「任相以禮。」

焦竑曰：「陳應求常告孝宗曰，近時宰相罷去，則所用之人一切罷去。觀此言，宋時待相之薄可知，老泉有感而發。」

唐順之曰：「宋祖之待漢超，其武帝之術乎？大約善物物者，右術而左威。」

焦竑曰：「此等議論，可爲黼扆之箴，不可爲人臣開一綫之路。」

唐順之曰：「老泉此論，果于用禮者，亦可果于用刑，非刑不上大夫之意也。吕頤浩謂高宗曰：「輔弼大臣縱有大罪，止從貶竄。」至哉是言，與老泉之論加罪，賈誼之論自裁者迴别。」

茅坤曰：「單收一句，輕捷且有冷致。」

重遠

武王不泄邇，不忘遠，仁矣乎？非仁也，勢也。天下之勢猶一身。一身之中，手足病於外，則腹心爲之深思靜慮於内，而求其所以療之之術。腹心病於内，則手足爲之奔掉於外，而求其所以療之之物。腹心手足之相救，非待仁而後然。吾故曰：武王之不泄邇，不忘遠，非仁也，勢也。勢如此其急，而古之君獨武王然者，何也？人皆知一身之勢，而武王知天下之勢也。夫不知一身之勢者，一身危，而不知天下之勢者，天下不危乎哉？秦之保關中，一證凛然。自以爲子孫萬世帝王之業，而陳勝、吴廣乃楚人也。由此觀之，天下之勢，遠近如一。

然以吾言之，近之可憂，未若遠之可憂者深也。近之官吏賢邪，民譽之歌之，不賢邪，譏之謗之。譽歌譏謗者衆則必傳，傳則必達於朝廷，是官吏之賢否易知也。一夫不獲其所，訴之刺史，刺史不問，裹糧走京師，緩不過旬月，撾鼓叫號，而有司不得不省矣。是民有寃易訴也。吏之賢否易知，而民之寃易訴，亂何從始邪？遠方之民，雖使盗蹠爲之郡守，檮杌、饕餮爲之縣令，郡縣之民，群嘲而聚駡者，雖千百爲輩，朝廷不知也。白日執人於市，誣以殺人，雖其兄弟妻子聞之，亦不過訴之刺史，不幸而刺史又抑之，則死且無告矣。彼見郡守縣令，據案執筆，吏卒旁列，箠械滿前，駭然而喪膽矣，則其謂京師天子所居者當復如何？而又行數千里，費且百萬，富者尚或難之，而貧者又何能乎？故其民常多怨而易動。吾故曰：近之可憂，未若遠之可憂之深也。

國家分十七路，河朔、陝右、南廣、川峽實爲要區。河朔、陝右，二虜之防，而中國之所恃以安。南廣、川峽，貨財之源，而河朔、陝右之所恃以全，其勢之輕重如何哉？曩者北胡驕恣，西寇勃叛，河朔、陝右，尤所加恤，一郡守，一縣令，未嘗不擇。至於南廣、川峽，則例以爲遠官，審官差除，取具臨時，竄謫量移，往往而至。凡朝廷稍所優異者，不復官之南廣、川峽，而其人亦以南廣、川峽之官爲失職庸人，無所歸，故常聚於此。嗚呼！知河朔、陜右之可重，而不知河朔、陜右之所恃以全之地之不可輕，是欲富其倉而蕪其田，倉不可得而富也。矧其地控制南夷、氐蠻，最爲要害。土之所産，又極富夥，明珠大貝，紈錦布帛，皆極精好，陸負水載，出境而其利百倍。然而關譏、門征、僦雇之費，非百姓私力所能辦。故貪官專其利，而齊民受其病。不招權，不鬻獄者，世俗遂指以爲廉吏矣，而招權鬻獄者，又豈盡無？嗚呼！吏不能皆廉，而廉者又止如此，是斯民不得一日安也。

方今賦取日重，科斂日煩，*以此爲慮，與安石自别。*罷弊之民不任，官吏復有所規求於其間矣。淳化中，李順竊發於蜀，州郡數十望風奔潰，近者智高亂廣南，乘勝取九城如反掌。國家設城池，養士卒，蓄器械，儲米粟，以爲戰守備，而凶豎一起，若涉無人之地者，吏不肖也。

今夫以一身任一方之責者，莫若漕刑。南廣、川峽既爲天下要區，而其中之郡縣，又有爲南廣、川峽之要區者，其牧宰之賢否，實一方所以安危。幸而賢則已，其戕民黷貨，的然有罪可誅者，漕刑固亦得以舉劾。若夫庸陋巽耎不才而無過者，漕刑雖賢明，其勢不得易置，此猶弊車躄馬而求僕夫之善御也。郡縣有敗事，不以責漕刑則不可，責之，則彼必曰：敗事者某所，治某所者某人也，吾將何所歸罪？故莫若使漕刑自舉其人而任之，它日有敗事，則謂之曰：爾謂此人堪此職也，今不堪此職，是爾欺我也。責有所任，罪無所逃，然而擇之不得其人者蓋寡矣。其餘郡縣，雖非一方之所以安危者，亦當詔審官，俾勿輕授，贓吏冗流勿措其間，則民雖在千里外，無異於處畿甸中矣。*結句有力。*

【眉批】

唐順之曰：「論重吏處，旨悉。」

茅坤曰：「益切今世事情，録以備舉子家經濟之。」

茅坤曰：「論遠近唇齒確。」

焦竑曰：「今京官課殿，則出補外，外可藏垢乎？安能禁其爲盗蹠爲梼杌乎？名曰重内，内實受病。」

唐順之曰：「推説廣南、川峡之當恤，老泉爲宗室深慮正在此。」

焦竑曰：「不忘遠在制廉吏而又重責漕刑以保任諸吏，要而不煩。」

焦竑曰：「懲貪又振駑，説得周到，不然第取鎮雅，奚以理煩。」

廣士

古之取士，取於盗賊，取於夷狄。欲説胥吏賤，更先説盗賊夷狄。古之人非以盗賊、夷狄之事可爲也，以賢之所在而已矣。夫賢之所在，貴而貴取焉，賤而賤取焉。是以盗賊下人，夷狄異類，雖奴隸之所耻，而往往登之朝廷，坐之郡國，而不以爲怍。而繩趨尺步華言華服者，往往反擯棄不用。何則？天下之能繩趨而尺步，華言而華服者衆也。朝廷之政，郡國之事，非特如此而可治也。彼雖不能繩趨而尺步，華言而華服，然而其才果可用於此，則居此位可也。

古者，天下之國大而多士大夫者，不過曰齊與秦也。而管夷吾相齊，證冒意。賢也，而舉二盗焉。穆公霸秦，賢也，而舉由余焉。是其能果於是非而不牽於衆人之議也，未聞有以用盗賊、夷狄而鄙之者也。今有人非盗賊、非夷狄而猶不獲用，關本意。吾不知其何故也。

夫古之用人，又振起。無擇於勢，布衣寒士而賢則用之，公卿之子弟而賢則用之，武夫健卒而賢則用之，巫醫方技而賢則用之，胥史賤吏而賢則用之。今也布衣寒士，持方尺之紙，書聲病剽竊之文，而至享萬鍾之禄。卿大夫之子弟飽食於家，一出而驅高車、駕大馬以爲民上。武夫健卒有灑掃之力，奔走之舊，久乃領藩郡，執兵柄。巫醫方技一言之中，大臣且舉以爲吏。若此者，皆非賢也，皆非功也，是今之所以進之之塗多於古也，而胥史賤吏，本旨。獨棄而不録，使老死於敲榜趨走，而賢與功者不獲一施，吾甚惑也。不知胥吏之賢，優而養之，則儒生武士或所不若。

昔者漢有天下，平津侯、樂安侯輩皆號爲儒宗，而卒不能爲漢立不世大功，而其卓絶雋偉震耀四海者，乃其賢人之出於吏胥中者耳。夫趙廣漢，河間之郡吏也；尹翁歸，河東之獄吏也；張敞，太守之卒史也；王尊，涿郡之書佐也。是皆雄雋明博，出之可以爲將，而内之可以爲相者也。而皆出於吏胥中者，有以也。夫發揮本旨。吏胥之人，少而習法律，長而習獄訟，老奸大豪，畏憚懾伏，吏之情狀、變化出入，無不諳究。因而官之，則豪民滑吏之弊，表裏毫末畢見於外，無所逃遁，而又上之人擇之以才，遇之以禮，而其志復自知得自奮於公卿，故終不肯自棄於惡以賈罪戾，而敗其終身之利。故當此時，士君子皆優爲之，而其間自縱於大惡者，大約亦不過幾人，而其尤賢者乃至成功如是。

今之吏胥則不然，始而入之不擇也，終而遇之以犬彘也。長吏一怒，不問罪否，袒而笞之。喜而接之，乃反與交手爲市。其人常曰：長吏待我以犬彘，我何望而不爲犬彘哉？是以平民不能自棄爲犬彘之行，不肯爲吏矣，况士君子而肯俯首爲之乎！然欲使之謹飾可用如兩漢，區處得回顧法。亦不過擇之以才，待之以禮，恕其小過而棄絶其大惡之不可貰忍者，而後察其賢有功，而爵之、禄之、貴之，勿棄之於冗流之間。則彼有冀於功名，自尊其身，不敢匄奪，而奇才絶智出矣。

夫人固有才智奇絶而不能爲章句名數聲律之學者，又有不幸而不爲者。苟一之以進士制策，是使奇才絶智有時而窮也。使吏胥之人，得出爲長吏，是使一介之才無所逃也。進士制策，網之於上，此又網之於下，而曰天下有遺才者，吾不信也。

【眉批】

茅坤曰：「韓子不幸而出于胥商之族一段議論，與此略同。」

唐順之曰：「我朝用人，科貢二塗外，雜流異品不得互主薦紳，議功名于世，余不能無感。」

詹惟修曰：「今之伏穴而磨旗，汩淵而唱棹者，在在有焉。取人不廣，則若人者不帶牛佩犢，則南越北胡矣。往者劉烈、藍瑞卿、鄔本恕、齊彦名以華亂華，喜寧、田小兒、宋素卿、莫登庸以華入夷，是可鑒也。」

茅坤曰：「大惡一轉，揚中之抑，文情頓挫。」

張之象曰：「賈太傅云，如遇犬馬，彼將犬馬自爲也；如遇官徒，彼將官徒自爲也。大臣且然，況胥吏乎！」

養才

夫人之所爲，有可勉强者，有不可勉强者。煦煦然而爲仁，孑孑然而爲義，不食片言以爲信，不見小利以爲廉，雖古之所謂仁與義與信與廉者，不止若是，而天下之人，亦不曰是非仁人，是非義人，是非信人，是非廉人，此則無諸己而可勉强以到者也。

在朝廷而百官肅，在邊鄙而四夷懼，坐之於繁劇紛擾之中而不亂，投之於羽檄奔走之地而不惑。爲吏而爲吏，爲將而爲將，若是者，非天之所與，性之所有，不可勉强而能也。道與德可勉以進也，才不可强揠以進也。今有二人焉，一人善揖讓，一人善騎射，則人未有不以揖讓賢於騎射矣。然而揖讓者未必善騎射，而騎射者捨其弓以揖讓於其間，則未必失容。何哉？才難强而道易勉也。吾觀世之用人，好以可勉强之道與德，而加之不可勉强之才之上，而曰我貴賢賤能，是以道與德未足以化人，而才有遺焉。

然而爲此者，亦有由矣，有才者而不能爲衆人所勉强者耳。何則？奇傑之士，常好自負，疏雋傲誕，不自繩檢，往往冒法律，觸刑禁，叫號讙呼，以發其一時之樂而不顧其禍，嗜利酗酒，使氣傲物，志氣一發，則僩然遠去，不可羈束以禮法。然及其一旦翻然而悟，照上捨弓揖讓意。折節而不爲此，以留意於嚮所謂道與德可勉强者，則何病不至？奈何以樸樕小道加諸其上哉！其轉。不肯規規以事禮法，而必自縱以爲此者，乃上之人之過也。古之養奇傑也，任之以權，尊之以爵，厚之以禄，重之以恩，責之以措置天下之務，反覆明盡。而易其平居自縱之心，而聲色耳目之欲，又以極於外，故不待放恣而後爲樂。今則不然，奇傑無尺寸之柄，位一命之爵，食斗升之禄者過半，照上人之過，以了自負一段。彼又安得不越法逾禮而自快邪？我又安可急之以法，使不得泰然自縱邪？今我繩之以法，亦已急矣。急之而不已，而隨之以刑，則彼有北走胡，南走越耳。

噫！無事之時，既不能養，及其不幸，一旦有邊境之患，繁亂難治之事，而後優詔以召之，豐爵重禄以結之，則彼已憾矣。夫彼固非純忠者也，又安肯默然於窮困無用之地而已邪？

周公之時，天下號爲至治，四夷已臣服，卿大夫士已稱職。當是時，雖有奇傑，無所復用，而其禮法風俗尤復細密，舉朝廷與四海之人，無不遵蹈，而其八議之中猶有曰「議能」者。況當今天下未甚至治，四夷未盡臣服，卿大夫士未盡稱職，禮法風俗又非細密如周之盛時，而奇傑之士復有困於簿書米鹽間者，則反可不議其能而恕之乎？本旨。所宜哀其才而貰其過，無使爲刀筆吏所困，則庶乎盡其才矣。

或曰：奇傑之士有過得以免，則天下之人孰不自謂奇傑而欲免其過者，是終亦潰法亂教耳。曰：是則然矣。然而奇傑之所爲，必挺然出於衆人之上，苟指其已成之功以曉天下，俾得以贖其過。而其未有功者，則委之以難治之事，而責其成績。則天下之人，不敢自謂奇傑，而真奇傑者出矣。

【眉批】

茅坤曰：「養奇傑之才，而挈出古者議能一段，直是刺骨。」

錢穀曰：「論奇如此，與不飛不鳴，若滅若没者縣矣。」

唐順之曰：「歸責于君，爲上段出脱。」

焦竑曰：「衛懿之戰，人以鶴辭，足爲不養士之鑒。」

唐順之曰：「讀漢武《賢良詔》，曰泛駕之馬，跅弛之才，亦在御之而已。老泉議祖此。」

焦竑曰：「非真奇傑一繳，則好龍不得真，毒龍深可慮，老泉識力處。」

申法

古之法簡，今之法繁。簡者不便於今，而繁者不便於古，非今之法不若古之法，而今之時不若古之時也。先王之作法也，莫不欲服民之心。服民之心，必得其情。情然邪而罪亦然，則固入吾法矣。而民之情又不皆如其罪之輕重大小，是以先王忿其罪而哀其無辜，故法舉其略，而吏制其詳。殺人者死，傷人者刑，則以著于法，使民知天子之不欲我殺人傷人耳。若其輕重出入，求其情而服其心者，則以屬吏。任吏而不任法，故其法簡。今則不然，吏奸矣，不若古之良，民媮矣，不若古之淳。吏奸，則以喜怒制其輕重而出入之，或至於誣執。民媮，則吏雖以情出入，而彼得執其罪之大小以爲辭。故今之法，纖悉委備，不執于一，左右前後，四顧而不可逃。是以輕重其罪，出入其情，皆可以求之法。吏不奉法，輒以舉劾。任法而不任吏，故其法繁。古之法若方書，論其大概，而增損劑量，則以屬醫者，使之視人之疾而參以己意。今之法若鬻屨，既爲其大者，又爲其次者，又爲其小者，以求合天下之足。故其繁簡則殊，而求民之情以服其心則一也。

然則今之法不劣於古矣，而用法者尚不能無弊。何則？律令之所禁，畫一明備，雖婦人孺子皆知畏避，而其間有習於犯禁而遂不改者，舉天下皆知之而未嘗怪也。先王欲杜天下之欺也，一私杜衡。爲之度，以一天下之長短；爲之量，以齊天下之多寡；爲之權衡，以信天下之輕重。故度、量、權衡，法必資之官，資之官而後天下同。今也，庶民之家刻木比竹繩絲縋石以爲之，富商豪賈內以大，出以小。齊人適楚，不知其孰爲斗，孰爲斛，持東家之尺而校之西鄰，則若十指然。此舉天下皆知之而未嘗怪者一也。先王惡奇貨之蕩民，二禁金玉。且哀夫微物之不能遂其生也，故禁民採珠貝，惡夫物之僞而假真，且重費也，故禁民糜金以爲塗飾。今也採珠貝之民溢於海濱，糜金之工肩摩於列肆。此又舉天下皆知之而未嘗怪者二也。先王患賤之凌貴，三奢犯禁。而下之僭上也，故冠服器皿皆以爵列爲等差，長短大小莫不有制。今也工商之家曳紈錦，服珠玉，一人之身循其首以至足，而犯法者十九。此又舉天下皆知之而未嘗怪者三也。先王懼天下之吏，四和買。負縣官之勢以侵劫齊民也，故使市之坐賈，視時百物之貴賤而録之，旬輒以上。百以百聞，千以千聞，以待官吏之私債，十則損三，三則損一以聞，以備縣官之公糴。今也吏之私債而從縣官公糴之法，民曰公家之取於民也固如是，是吏與縣官斂怨于下。此又舉天下皆知之而未嘗怪者四也。先王不欲人之擅天下之利也，五帶私貨。故仕則不商，商則有罰，不仕而商，商則有征。是民之商不免征，而吏之商又加以罰。今也吏之商既幸而不罰，又從而不征，資之以縣官公糴之法，負之以縣官之徒，載之以縣官之舟，關防不譏，津梁不呵，然則爲吏而商，誠可樂也，民將安所措手？此又舉天下皆知之而未嘗怪者五也。若此之類，不可悉數，天下之人耳習目熟，以爲當然，憲官法吏目擊其事，亦恬而不問。夫法者天子之法也，法明禁之而人明犯之，是不有天子之法也，衰世之事也。而議者皆以爲今之弊，不過吏胥骫法以爲奸，而吾以爲吏胥之奸由此五者始。今有盜白晝持梃入室，而主人不知之禁，則踰垣穿穴之徒，必且相告而恣行於其家。其必先治此五者，而後詰吏胥之奸可也。

【眉批】

唐順之曰：「古今分款，如《鹽鐵》中古今之異一段。」

茅坤曰：「情曲而事龐，文則卺。」

莊元臣曰：「奸吏固難任，任法則奸吏並其法而竊之。此處宜别有裁置。」

茅坤曰：「以下五條皆非治法之大。」

錢穀曰：「同律度量衡，固是古法。」

錢穀曰：「投珠抵壁，寧徒自民禁。」
錢穀曰：「賈誼遺論。」
錢穀曰：「倚縣官劫齊民，當不止此。」
錢穀曰：「官與民争利，謂養廉何？」
詹惟修曰：「吏胥之奸由此五者，亦在蕭墻，不在朐邴意。」

議法

古者以仁義行法律，後世以法律行仁義。三代之盛王，其教化之本出於學校，蔓延於天下，而形見於禮樂。下之民被其風化，循循翼翼，務爲仁義以求避法律之所禁，故其法律雖不用，而其所禁亦不爲不行於其間。下而至於漢、唐，其教化不足以動民，而一於法律，故其民懼法律之及其身，亦或相勉爲仁義。唐之初，大臣房、杜輩爲《刑統》，毫釐輕重，明辨別白，附以仁義，無所阿曲，不知周公之刑何以易此？但不能先使民務爲仁義，使法律之所禁不用而自行如三代時，然要其終，亦能使民勉爲仁義。而其所以不若三代者，則有由矣，政之失，非法之罪也。是以宋有天下，因而循之，變其節目而存其大體，比閭小吏奉之以公，則老奸大猾束手請死，不可漏略。然而獄訟常病多，盗賊常病衆者，則亦有由矣，法之公而吏之私也。夫舉公法而寄之私吏，猶且若此，而况法律之間又不能無失，含輕贖、減刑二意。其何以爲治？

今夫天子之子弟，卿大夫與其子弟，皆天子之所優異者，有罪而使與甿隸並笞而偕戮，則大臣無耻而朝廷輕，故有贖焉，以全其肌膚而厲其節操。故贖金者，朝廷之體也，所以自尊也，非與其有罪也。夫刑者，必痛之而後人畏焉，罰者不能痛之，必困之而後人懲焉。今也大辟之誅，輸一石之金而免。貴人近戚之家，一石之金不可勝數，是雖使朝殺一人而輸一石之金，暮殺一人而輸一石之金，金不可盡，身不可困，況以其官而除其罪，則一石之金，又不皆輸焉，是恣其殺人也。且不笞不戮，彼已幸矣，而贖之又輕，是啓奸也。

夫罪固有疑，今有或誣以殺人而不能自明者，有誠殺人而官不能折以實者，是皆不可以誠殺人之法坐，由是有減罪之律，當死而流。使彼爲不能自明者耶，去死而得流，刑已酷矣。使彼爲誠殺人者耶，流而不死，刑已寬矣，是失實也。故有啓奸之釁，則上之人常幸，而下之人雖死而常無告。有失實之弊，則無辜者多怨，而僥倖者易以免。

今欲刑不加重，赦不加多，獨於法律之間，變其一端，而能使不啓奸、不失實，其莫若重贖。然則重贖之說何如？曰：古者五刑之尤輕者止於墨，而墨之罰百鍰。逆而數之，極於大辟，而大辟之罰千鍰。此穆王之罰也。周公之時，則又重於此。然千鍰之重，亦已當今三百七十斤有奇矣。方今大辟之贖，不能當其三分之一。古者以之赦疑罪，而不及公族，今也貴人近戚皆贖，而疑罪不與。《記》曰：公族有死罪，致刑于甸人，雖君命宥，不聽。今欲貴人近戚之刑，舉從于此，則非所以自尊之道，故莫若使得與疑罪皆重贖，且彼雖號爲富强，苟數犯法而數重困於贖金之間，貴戚。則不能不斂手畏法。彼罪疑者，雖或非其辜，不能自明者。而法亦不至殘潰其肌體，若其有罪，誠殺人者。則法雖不刑，而彼固亦已困於贖金矣。夫使有罪者不免於困，而無辜者不至陷於笞戮，一舉而兩利，斯智者之爲也。

【眉批】

茅坤曰：「輕贖、減罪兩端深中宋時優柔之弊，而重贖一說，尤古今來有識名言。」

茅坤曰：「以上言法公而吏私，下又轉法不能公，發重贖一識。」

唐順之曰：「發不可不盡贖，痛快。」

茅坤曰：「以上兩條分説。」

按：穆王竊《舜典》「金作贖刑」之語而作《吕刑》，《舜》所贖者官府學校之刑，而五刑未嘗贖也，穆王則雖大辟亦贖矣。

茅坤曰：「以下是溷説。」

茅坤曰：「照前刑不加重，赦不加多，收拾法好。」

兵制

三代之時，舉天下之民皆兵也。兵民之分，自秦、漢始。三代之時，聞有諸侯抗天子之命矣，未聞有卒伍叫呼衡行者也。秦、漢以來，諸侯之患不減於三代，而御卒伍者乃如畜虎豹，圈檻一缺，咆勃四出，其故何也？三代之兵，耕而食，蠶而衣，故勞，勞則善心生。秦、漢以來，所謂兵者，皆坐而衣食於縣官，故驕，驕則無所不爲。三代之兵，皆齊民，老幼相養，疾病相救，出相禮讓，入相慈孝，有憂相弔，有喜相慶，其風俗優柔而和易，故其兵畏法而自重。秦、漢以來，號齊民者，比之三代，則既已薄矣，况其所謂兵者，乃其齊民之中尤爲凶悍桀黠者也，故常慢法而自棄。夫民耕而食，蠶而衣，雖不幸而不給，猶不我咎也。今謂之曰：爾毋耕，爾毋蠶，爲我兵，吾衣食爾。他日一不充其欲，彼將曰：嚮謂我毋耕毋蠶，今而不我給也，然則怨從是起矣。夫以有善心之民，畏法自重而不我咎，欲其爲亂，不可得也。既驕矣，又慢法而自棄，以怨其上，欲其不爲亂，亦不可得也。

且夫天下之地，不加於三代，天下之民，衣食乎其中者，又不減於三代，平居無事，占軍籍，畜妻子，而仰給於斯民者，則徧天下不知其數，洗發民不能給兵，以起下職分、籍没二款。奈何民之不日剥月割以至於流亡而無告也。其患始於廢井田，開阡陌，一壞而不可復收。故雖有明君賢臣焦思極慮，而求以救其弊，卒不過開屯田，置府兵，使之無事則耕而食耳。嗚呼！屯田府兵，其利既不足以及天下，而後世之君又不能循而守之，以至於廢。陵夷及於五代，燕帥劉守光又從而爲之黥面涅手之制，天下遂以爲常法，使之判然不得與齊民齒，故其人益復自棄，視齊民如越人矣。太祖既受命，懲唐季五代之亂，聚重兵京師，宋軍法：一禁兵，二廂兵，三鄉兵，四蕃兵。而邊境亦不曰無備，損節度之權，而藩鎮亦不曰無威。周與漢、唐邦鎮之兵强，秦之郡縣之兵弱。兵强故末大不掉，兵弱故天子孤睽。周與漢、唐則過，而秦則不及，得其中者，惟吾宋也。雖然，置帥之方，則遠過於前代，而制兵之術，吾猶有疑焉。

何者？自漢迄唐，或開屯田，或置府兵，使之無事則耕而食，而民猶且不勝其弊。今屯田蓋無幾，而府兵亦已廢，欲民之豐阜，勢不可也。國家治平日久，民之趨於農者日益衆，而天下無萊田矣。以此觀之，謂斯民宜如生三代之盛時，而乃戚戚嗟嗟無終歲之畜者，兵食奪之也。

三代井田，雖三尺童子知其不可復，雖然，依仿古制，漸而圖之，則亦庶乎其可也。方今天下之田，在官者惟二：職分也，籍没也。職分之田，募民耕之，斂其租之半而歸諸吏。籍没則鬻之，否則募民耕之，斂其租之半而歸諸公。職分之田，徧于天下，自四京以降，至於大藩鎮，多至四十頃，下及一縣，亦能千畝。籍没之田，不知其數，今可勿復鬻，然後量給其所募之民，家三百畝以爲率。前之斂其半者，今可損之，三分而取其一，以歸諸吏與公。使之家出一夫爲兵，其不欲者，聽其歸田而他募，謂之新軍。毋黥其面，毋涅其手，毋拘之營。三時從之，一時集之，授之器械，教之戰法，而擇其技之精者以爲長，在野督其耕，在陣督其戰，則其人皆良農也，皆精兵也。夫籍没之田既不復鬻，則歲益多。田益多，則新軍益衆，而嚮所謂仰給於斯民者，雖有廢疾死亡，可勿復補。如此數十年，則天下之兵，新軍居十九，而皆力田不事他業，則其人必純固樸厚，無叫呼衡行之憂，而斯民不復知有餽餉供億之勞矣。

或曰：昔者斂其半，今三分而取一，其無乃薄於吏與公乎？曰：古者公卿大夫之有田也以爲禄，而其取之亦不過什一。今吏既禄矣，給之田則已甚矣，况三分而取一，則不既優矣乎？民之田不幸而籍没，非官之所待以爲富也，三分而取一，不猶愈於無乎？且不如是，則彼不勝爲兵故也。

或曰：古者什一而税，取之薄，故民勝爲兵。今三分而取一，可乎？曰：古者一家之中，一人爲正卒，其餘爲羡卒，田與追胥竭作。今家止一夫爲兵，况諸古則爲逸，故雖取之差重而無害。此與周制稍甸縣都役少輕而税十二無異也。夫民家出一夫而得安坐以食數百畝之田，征徭科斂不及其門，然則彼亦優爲之矣。

【眉批】

茅坤曰：「老泉欲以職分、藉没之田作養兵之費，不知當時通天下皆有是田否？其數亦可幾何？若今時，則又難行矣。」

茅坤曰：「無中生有。」

楊慎曰：「井田之廢，起于管仲。元陳孚《題管仲井》詩：『盡野分民亂井田，百王禮樂散寒煙。平生一勺潢污水，不信東溟浪沃天。』可謂闡幽之論。」

焦竑曰：「屯田誠便，恨如趙過者絶少。」

莊元臣曰：「唐太宗分天下爲十道，置府六百三十四，其在關中者二百六十一。有事既後，則將解兵歸朝，兵解甲歸府，庶幾古意焉。後承平久，朝廷不惜武士衛將佐，有假干貴戚爲傭奴者，而折衝諸帥，亦積歲不遷，烏得不變？而彍騎、而神策，而卒至敗壞不救也。」

焦竑曰：「以民養兵，而債帥爲之，府能無枵腹乎？無脱巾乎？任田作貢，庶額有定，不至後漁。然非教之戰法一段，則又不免冗兵。」

茅坤曰：「回顧『勞則善心生』一段。」

焦竑曰：「説不薄于官真不薄，説不刻于民真不刻。自難自解，斬釘截鐵議論。」

田制

古之税重乎？今之税重乎？周公之制，園廛二十而税一，近郊十一，遠郊二十而(二)〔三〕，稍甸縣都皆無過十二，漆林之征二十而五。蓋周之盛時，其尤重者至四分而取一，其次者乃五而取一，然後以次而輕，始至於十一，而又有輕者也。今之税雖不啻十一，然而使縣官無急征，無横斂，則亦未至乎四而取一與五而取一之爲多也。是今之税與周之税，輕重之相去無幾也。

雖然，當周之時，天下之民歌舞以樂其上之盛德，而吾之民反慼慼不樂，常若擢筋剥膚以供億其上。周之税如此，吾之税亦如此，而其民之哀樂何如此之相遠也？其所以然者，蓋有由矣。

周之時用井田，井田廢，田非耕者之所有，而有田者不耕也。耕者之田資於富民，富民之家地大業廣，阡陌連接，募召浮客，分耕其中，鞭笞驅役，視以奴僕，安坐四顧，指麾於其間。而役屬之民，夏爲之耨，秋爲之穫，無有一人違其節度以嬉，而田之所入，已得其半，耕者得其半。有田者一人，而耕者十人，是以田主日累其半以至於富强，耕者日食其半以至於窮餓而無告。夫使耕者至於窮餓，而不耕不穫者坐而食富强之利，猶且不可，而况富强之民輸租於縣官，而不免於怨嘆嗟憤。何則？彼以其半而供縣官之税，不若周之民以其全力而供其上之税也。周之十一，以其全力而供十一之税也，使以其半供十一之税，猶用十二之税然也。况今之税，又非特止於十一而已，則宜乎其怨嘆嗟憤之不免也。噫！貧民耕而不免於饑，富民坐而飽以嬉，又不免於怨，其弊皆起於廢井田。井田復，則貧民有田以耕，穀食粟米，不分於富民，可以無饑，而富民亦不得多占田以錮貧民，其勢不耕則無所得食，以地之全力，供縣官之税，又可以無怨，是以天下之士争言復井田。

既又有言者曰：奪富民之田以與無田之民，則富民不伏，此必生亂。如乘大亂之後，土曠而人稀，可以一舉而就。高祖之滅秦，光武之乘漢，可爲而不爲，以是爲恨。吾又以爲不然。今雖使富民皆奉其田而歸諸公，乞爲井田，其勢亦不可得。何則？井田之制，九夫爲井，井間有溝，四井爲一邑，四邑爲丘，四丘爲甸，甸方八里，旁加一里爲一成。成間有洫，其地百井而方十里。四甸爲縣，四縣爲都，四都方八十里，旁加十里爲一同。同間有澮，其地萬井而方百里。百里之間爲澮者一，細而工。爲洫者百，爲溝者萬。既爲井田，又必兼修溝洫。溝洫之制：夫間有遂，遂上有徑，十夫有溝，溝上有畛，百夫有洫，洫上有涂，千夫有澮，澮上有道，萬夫有川，川上有路，萬夫之地，蓋三十二里有半，而其間爲川爲路者一，爲澮爲道者九，爲洫爲涂者百，爲溝爲畛者千，爲遂爲徑者萬。此二者非塞谿壑、平澗谷、夷丘陵、破墳墓、壞廬舍、徙城廓、易疆壠不可爲也。縱使能盡得平原廣野而遂規畫於其中，亦當驅天下之人，竭天下之糧，窮數百年專力於此，不治他事，而後可以望天下之地盡爲井田，盡爲溝洫，已而又爲民作屋廬於其中，以安其居而後可。吁！亦已迂矣。井田成而民之死，其骨已朽矣。古者井田之興，其必始於唐虞之世乎？非唐虞之世，則周之世無以成井田。唐虞啓之，至於夏、商，稍稍葺治，至周而大備。周公承之，因遂申定其制度，疏整其疆界，非一日而遽能如此也，其所由來者漸矣。

夫井田雖不可爲，而其實便於今，今誠有能爲近井田者而用之，則亦可以蘇民矣乎。聞之董生曰：「井田雖難卒行，宜少近古，限民名田，以贍不足。」名田之説，蓋出於此。而後世未有行者，非以不便民也，懼民不肯損其田以入吾法，而遂因此以爲變也。孔光、何武曰：「吏民名田，無過三十頃，期盡三年，而犯者没入官。」夫三十頃之田，周民三十夫之田也，縱不能盡如周制，一人而兼三十夫之田，亦已過矣。而期之三年，是又迫蹙平民，使自壞其業，非人情難用。吾欲少爲之限，而不禁其田禁茅作奪。嘗已過吾限者，但使後之人不敢多占田以過吾限耳。要之數世，富者之子孫，或不能保其地以復於貧，而彼嘗已過吾限者，散而入於他人矣，或者子孫出而分之以爲幾矣。如此，則富民所占者少而餘地多，餘地多則貧民易取以爲業，不爲人所役屬，各食其地之全利。又照貧富半供全供意。利不分於人而樂輸於官，夫端坐於朝廷，下令於天下，不驚民，不動衆，不用井田之制，而獲井田之利，雖周之井田，何以遠過於此哉！

【眉批】

唐順之曰：「有發董生之所未發者。」

茅坤曰：「限田之制，良爲復古一端，惜乎其難行也。」

茅坤曰：「自此至廢井田一段，論井田廢而貧富不得其所，明悉痛切。」

茅坤曰：「一以半供，一以全供，了前古之樂、今之怨意。」

按：馬端臨曰：「據周授田制，則民口之衆寡所當知，農之勤惰所當知，民之或長、或少、或士、或商、或工所當知。蓋古分土而治，外而公侯子男，内而孤卿大夫，所治不過百里，世其土，子其民，故得取其田疇而伍之。秦至今分田均田之法，隨起隨隳，則無封建以維持井田耳。」

茅坤曰：「詳次井田如畫。」

茅坤曰：「以上了井田不可復之意。」

焦竑曰：「區博諫莽曰，雖堯舜復起，而無有百年之漸，弗能行也。老泉論意同此。楊用修以爲至論。」

茅坤曰：「此説亦不可行，蓋後世隱蔽詭寄之弊多也。」

卷四

六經論

易論

聖人之道，得禮而信，得《易》而尊。信之而不可廢，尊之而不敢廢，故聖人之道所以不廢者，禮爲之明而《易》爲之幽也。

生民之初，無貴賤，生動有趣。無尊卑，無長幼，不耕而不饑，不蠶而不寒，故其民逸。民之苦勞而樂逸也，若水之走下。而聖人者獨爲天地之象以爲爻，通陰陽之變以爲卦，考鬼神之情以爲辭。探之茫茫，索之冥冥，童而習之，白首而不得其源，故天下視聖人如神之幽，如天之高，尊其人而其教亦隨而尊，故其道之所以尊於天下而不敢廢者，《易》爲之幽也。

凡人之所以見信者，以其中無所不可測者也；人之所以獲尊者，以其中有所不可窺者也。是以禮無所不可測，而《易》有所不可窺。故天下之人，信聖人之道而尊之。不然，則《易》者，豈聖人務爲新奇秘怪以夸後世邪？

聖人不因天下之至神，歸根此句是本旨。則無所施其教。卜筮者，天下之至神也。而卜者聽乎天而人不預焉者也，筮者决之天而營之人者也。龜，漫而無理者也，灼荆而鑽之，方功義弓，惟其所爲，而人何預焉？聖人曰：是純乎天技耳。技何所施吾教？於是取筮。夫筮之所以或爲陽或爲陰者，必自分而爲二始。掛一，吾知其爲一而掛之君臣，而使天下貴役賤，爲之父子，而使天下尊役卑，爲之兄弟，而使天下長役幼。蠶而後衣，耕而後食，率天下而勞之。一聖人之力，固非足以勝天下之民之衆，而其所以能奪其樂，而易之以其所苦，而天下之民亦遂肯棄逸而即勞，欣然戴之以爲君師，而遵蹈其法制者，禮則使然也。

聖人之始作禮也，其説曰：天下無貴賤，無尊卑，無長幼，是人之相殺無已也。不耕而食鳥獸之肉，不蠶而衣鳥獸之皮，是鳥獸與人相食無已也。有貴賤，有尊卑，有長幼，則人不相殺。食吾之所耕，而衣吾之所蠶，以不相殺爲生亦粗人而無禮，何不遄死便入細。則鳥獸與人不相食。人之好生也甚於逸，而惡死也甚於勞，聖人奪其逸死而與之勞生，此雖三尺豎子知所趨避矣。故其道之所以信於天下而不可廢者，禮爲之明也。

雖然，明則易達，易達則褻，褻則易廢。論敘處只用兩句。聖人懼其道之廢而天下復於亂也，然後作《易》，轉出《易》來。觀之也。揲之以四，吾知其爲四而揲之也；歸奇於扐，吾知其爲一、爲二、爲三、爲四而歸之也，人也。分而爲二，吾不知其爲幾而分之也，天也。聖人曰：是天人參焉，道也，道有所施吾教矣。於是因而作《易》以神天下之耳目，而其道遂尊而不廢。此聖人用其機權以持天下之心，而濟其道於無窮也。

【眉批】

唐順之曰：「《禮》經《易》緯。」

茅坤曰：「文有煙波。而以禮爲明，以《易》爲幽，謂聖人用其機權以持天下，過矣。」

焦竑曰：「清明在躬，志氣如神，覺卜筮亦多事，卜筮爲恒人設教耳。」

按：《春官》卜師掌開龜之四兆：一曰方兆，二曰功兆，三曰義兆，四曰弓兆。

焦竑曰：「鄭康成《六藝論》云：伏義時《易》書既章，禮事亦著。可佐老泉《易》《禮》相表裏之説。」

焦竑曰：「禮之用妙矣，養辨以養安，我安並人均亦安，令人之不相殺與鳥獸之不相食，以成我之生，老泉見大處。」

焦竑曰：「有此理則有此象，有此數，故以卜筮盡《易》亦可。」

詹惟修曰：「行禮處有文有質，有遲有疾，卜度慎重便是《易》。符契自信，妙神自尊矣。老泉説得出。」

禮論

夫人之情，安於其所常爲，無故而變其俗，則其勢必不從。聖人之始作禮也，不因其勢之可以危亡困辱之者以厭服其心，而徒欲使之輕去其舊而樂就吾法，不能也。故無故而使之事君，無故而使之事父，無故而使之事兄。彼其初，非如今之人知君父兄之不事則不可也，而遂翻然以從我者，吾以耻厭服其心也。

彼爲吾君，彼爲吾父，彼爲吾兄，聖人曰：彼爲吾君父兄，何以異於我？於是坐其君與其父以及其兄，而己立於其旁，且俯首屈膝於其前以爲禮，而爲之拜，率天下之人而使之拜其君父兄。夫無故而使之拜其君，無故而使之拜其父，無故而使之拜其兄，則天下之人，將復嗤笑以爲迂怪而不從，而君父兄又不可以不得其臣子弟之拜，一轉幻而宕。而徒爲其君父兄，於是聖人者又有術焉，以厭服其心，而使之肯拜其君父兄。然則，聖人者果何術也？耻之而已。

古之聖人，將欲以禮治天下之民，故先自治其身，使天下皆信其言。曰：此人也，其言如是，是必不可不如是也。故聖人曰：天下有不拜其君父兄者，吾不與之齒。而使天下之人亦曰：彼將不與我齒也。於是相率以拜其君父兄，以求齒於聖人。

雖然，彼聖人者，必欲天下之拜其君父兄，又轉上文乃透，此正了君父兄不可不得共拜一句。何也？其微權也。彼爲吾君，彼爲吾父，彼爲吾兄，聖人之拜不用於世，吾與之皆坐於此，皆立於此，比肩而行於此，無以異也。吾一旦而怒，真不可不得其拜。奮手舉梃而搏逐之可也。何則？彼其心常以爲吾儕也，不見其異於吾也。聖人知人之安於逸而苦於勞，故使貴者逸而賤者勞，且又知坐之爲逸，而立且拜者之爲勞也，故舉其君父兄坐之於上，而使之立且拜於下。明日彼將有怒作於心者，徐而自思之，必曰：此吾嚮之所坐而拜之，且立於其下者也。聖人固使之逸而使我勞，是賤於彼也。奮手舉梃以搏逐之，吾心不安焉。刻木而爲人，朝夕而拜之，他日析之以爲薪，而猶且忌之。彼其始，木也，已拜之猶且不敢以爲薪，故聖人以其微權而使天下尊其君父兄。而權者又不可以告人，故先之以耻。綰結到耻字。嗚呼！其事如此，然後君父兄得以安其尊而至於今，今之匹夫匹婦莫不知拜其君父兄，乃曰拜起坐立，禮之末也，不知聖人其始之教民拜起坐立如此之勞也。此聖人之所慮，而作《易》以神其教也。

【眉批】

唐順之曰：「先説一遍，覆説一遍。」

茅坤曰：「以禮爲强世之術，即荀子性惡之遺。文甚縱横，而議則頗僻矣。」

焦竑曰：「羊羔跪乳，鴻雁列飛，豈由教哉？而况于人！耻字亦季世法，然可以耻激，原是性善。」

錢穀曰：「韓子謂取情而去貌，將拜立爲僞首乎？貌以宣情，自是不能已，第貌肖其情，即爲去貌。」

茅坤曰：「取喻沁心。」

莊元臣曰：「君父兄凡十八遍，轉説轉覺爽快，減一個不得。」

焦竑曰：「論禮入《易》，見老蘇學有本源。」

樂論

禮之始作也難而易行，既行也易而難久。天下未知君之爲君，父之爲父，兄之爲兄，而聖人爲之君父兄。天下未有以異其君父兄，而聖人爲之拜起坐立。天下未肯靡然以從我拜起坐立，而聖人身先之以耻。嗚呼！其亦難矣。天下惡夫死也久矣，聖人招之曰：來，解出易意。吾生爾。既而其法果可以生天下之人，天下之人視其嚮也如此之危，而今也如此之安，則宜何從？故當其時，雖難而易行。既行也，天下之人視君父兄如頭足之不待别白而後識，視拜起坐立如寢食之不待告語而後從事。雖然，百人從之，一人不從，則其勢不得遽至乎死，天下之人不知其初之無禮而死，而見其今之無禮而不至乎死也，解出難意。則曰：聖人欺我。故當其時，雖易而難久。

嗚呼！聖人之所恃以勝天下之勞逸者，獨有死生之説耳。死生之説不信於天下，則勞逸之説將出而勝之。勞逸之説勝，則聖人之權去矣。酒有鴆，肉有堇，然後人不敢飲食。藥可以生死，然後人不敢以苦口爲諱。去其鴆，徹其堇，則酒肉之權固勝於藥。聖人之始作禮也，其亦逆知其勢之將必如此也，曰：告人以誠，而後人信之。幸今之時，吾之所以告人者，其理誠然，而其事亦然，故人以爲信。吾知其理，而天下之人知其事，事有不必然者，則吾之理不足以折天下之口，此告語之所不及也。告語之所不及，必有以陰驅而潛率之。

於是觀之天地之間，得其至神之機，而竊之以爲樂。隱隱谹谹而謂之雷者，彼何用也？陰凝而不散，物蹙而不遂，雨之所不能濕，日之所不能燥，風之所不能動，雷一震焉而凝者散，蹙者遂。曰雨者，曰日者，曰風者，以形用。曰雷者，以神用。用莫神於聲，故聖人因聲以爲樂。爲之君臣父子兄弟者，禮也。禮之所不及，而樂及焉。正聲入乎耳，而人皆有事君事父事兄之心，則禮者固吾心之所有也，吾心固有禮，論耻字所從來。而聖人之説，又何從而不信乎？

【眉批】

茅坤曰：「論樂之旨非是。而文特婀娜百折，無限煙波。」

唐順之曰：「多是空中布景，絶處逢生，令人有凌虚御風之意。」

錢穀曰：「此處爲斤力。」

錢穀曰：「緩緩轉出樂來，與《易論》同一杼柚。」

焦竑曰：「宫動脾而和正聖，商動肺而和正義，角動肝而和正仁，徵動心而和正禮，羽動腎而和正智。《樂論》曰：莫神于聲。意本太史公。」

焦竑曰：「宋樂三變，而主者皆不知。或謂士夫必竟不如工師，工師果真樂乎？合得禮來方是樂。」

詩論

人之嗜欲，好之有甚於生，而憤憾怨怒，有不顧其死，於是禮之權又窮。禮之法曰：好色不可爲也。爲人臣，爲人子，爲人弟，不可以有怨於其君父兄也。使天下之人皆不好色，皆不怨其君父兄，夫豈不善？使人之情皆泊然而無思，和易而優柔，以從事於此，則天下固亦大治。而人之情又不能皆然，好色之心敺諸其中，是非不平之氣攻諸其外，炎炎而生，不顧利害，趨死而後已。噫！禮之權止於死生，天下之事不至乎可以博生者，則人不敢觸死以違吾法。今也人之好色與人之是非不平之心，勃然而發於中，以爲可以博生也，而先以死自處其身，則死生之機固已去矣。死生之機去，則禮爲無權。區區舉無權之禮，以强人之所不能，則亂益甚，而禮益敗。

今吾告人曰：必無好色，必無怨而君父兄，彼將遂從吾言而忘其中心所自有之情邪？將不能也。彼既已不能純用吾法，將遂大棄而不顧吾法。既已大棄而不顧，則人之好色與怨其君父兄之心，將遂蕩然無所隔限，而易内竊妻之變，與弒其君父兄之禍，必反公行於天下。聖人憂焉，曰：禁人之好色而至於淫，轉出《詩》來。禁人之怨其君父兄而至於叛，患生於責人太詳。好色之不絕，而怨之不禁，則彼將反不至於亂。

故聖人之道嚴於禮而通於《詩》。禮曰：必無好色，必無怨而君父兄。《詩》曰：好色而無至於淫，怨而君父兄而無至於叛。嚴以待天下之賢人，通以全天下之中人。吾觀《國風》婉孌柔媚，「《國風》好色而不淫，《小雅》怨誹而不亂，」出太史公。而卒守以正，好色而不至於淫者也。《小雅》悲傷詬讟，而君臣之情卒不忍去，怨而不至於叛者也。故天下觀之，曰：聖人固許我以好色，而不尤我之怨吾君父兄也。許我以好色，不淫可也。不尤我之怨吾君父兄，則彼雖以虐遇我，我明譏而明怨之，使天下明知之，則吾之怨亦得當焉，不叛可也。夫背聖人之法而自棄於淫叛之地者，非斷不能也。斷之始，生於不勝。人不自勝其忿，然後忍棄其身。故《詩》之教，不使人之情至於不勝也。

夫橋之所以爲安於舟者，以有橋而言也。水潦大至，橋必解而舟不至於必敗。故舟者，所以濟橋之所不及也。吁！禮之權窮於易達，而有《易》焉；窮於後世之不信，而有樂焉；窮於强人，而有《詩》焉。吁！聖人之慮事也蓋詳。

【眉批】

茅坤曰：「説《詩》愈支，而文自澎湊可觀。」

焦竑曰：「太史公謂古詩三千餘篇，孔子去其重復，取其可施于禮義者三百五篇，可見《詩》禮自是一致。」

姜寶曰：「好色怨君父，不如可群可怨，語意渾洽。」

唐順之曰：「古有《二南》而無《國風》之名，《國風》之名出于《左》、《荀》，蓋南、雅、頌爲樂詩，而諸國爲徒詩也。太師比次詩之六義，曰風、曰賦、曰比、曰興、曰雅、曰頌者，猶云詩各有其體，如此耳。故雅亦有云其風肆好。」

楊慎曰：「言《國風》、《小雅》，見《小雅》與風騷相類，而《大雅》不可並言。詠『呦呦鹿鳴』，便識《小雅》與趣，誦『文王在上』，便識《大雅》氣象。」

焦竑曰：「《易》、《詩》、《樂》俱從禮上結意，老泉學問貫串。」

書論

風俗之變，聖人爲之也。聖人因風俗之變而用其權，聖人之權用於當世，而風俗之變益甚，以至於不可復反。幸而又有聖人焉，承其後而維之，則天下可以復治，不幸其後無聖人，其變窮而無所復入，則已矣。

昔者吾嘗欲觀古之變而不可得也，入題灑脱。於《詩》見商與周焉而不詳，及觀《書》，然後見堯舜之時，與三代之相變，如此之亟也。自堯而至於商，其變也皆得聖人而承之，故無憂。至於周，而天下之變窮矣。忠之變而入於質，質之變而入於文，其勢便也。及夫文之變三入喻法最不羈。而又欲反之於忠也，是猶欲移江河而行之山也。人之喜文而惡質與忠也，猶水之不肯避下而就高也。彼其始未嘗文焉，故忠質而不辭。今吾日食之以太牢，而欲使之復茹其菽哉？嗚呼！其後無聖人，其變窮而無所復入，則已矣。周之後而無王焉，固也。其始之制其風俗也，固不容爲其後者計也，而又適不值乎聖人，固也，後之無王者也。

當堯之時，舉天下而授之舜，舜得堯之天下而又授之禹。方堯之未授天下於舜也，天下未嘗聞有如此之事也，度其當時之民，莫不以爲大怪也。然而舜與禹也，受而居之，安然若天下固其所有，而其祖宗既已爲之累數十世者，未嘗與其民道其所以當得天下之故也，又未嘗悅之以利，而開之以丹朱、商均之不肖也。其意以爲天下之民，以我爲當在此位也，則亦不俟乎援天以神之，譽己以固之也。

湯之伐桀也，囂囂然數其罪而以告人，如曰彼有罪，我伐之宜也。既又懼天下之民不已悅也，則又囂囂然以言柔之，曰：「萬方有罪，在予一人。予一人有罪，無以爾萬方。」如曰我如是而是爾之君，爾可以許我焉爾。吁！亦既薄矣。至於武王，而又自言其先祖父偕有顯功，既已受命而死，其大業不克終，今我奉承其志，舉兵而東伐，而東國之士女束帛以迎我，紂之兵倒戈以納我。吁！又甚矣。如曰吾家之當爲天子久矣，如此乎民之欲我速入商也。伊尹之在商也，如周公之在周也，伊尹攝位三年，而無一言以自解，周公爲之紛紛乎急於自疏其非篡也。

夫固由風俗之變而後用其權，權用而風俗成，吾安坐而鎮之，夫孰知夫風俗之變而不復反也。

【眉批】

茅坤曰：「此篇識見好，法度亦勝。」

莊元臣曰：「正意只在後兩段，起繳自爲照應。」

楊慎曰：「夏尚忠，商尚質，周尚文。仲舒倡之，司遷贊之，孔孟無是説也。」

唐順之曰：「此以三代忠、質、文之異，言風俗之變。」

唐順之曰：「此以舜、禹、湯、武得天下之異，言風俗之變」。

茅坤曰：「證切。」

春秋論

賞罰者，天下之公也；是非者，一人之私也。公私一篇眼目。位之所在，則聖人以其權爲天下之公，而天下以懲以勸；道之所在，則聖人以其權爲一人之私，而天下以榮以辱。

周之衰也，位不在夫子，而道在焉，夫子以其權是非天下可也。而《春秋》賞人之功，赦人之罪，去人之族，絶人之國，貶人之爵，諸侯而或書其名，大夫而或書其字，不惟其法，惟其意，不徒曰此是此非，而賞罰加焉。則夫子固曰：我可以賞罰人矣。賞罰人者，天子諸侯事也。夫子病天下之諸侯、大夫僭天子、諸侯之事而作《春秋》，而已則爲之，其何以責天下？

位，公也。道，私也。私不勝公，則道不勝位。位之權得以賞罰，而道之權不過於是非。道在我矣，而不得爲有位者之事，則天下皆曰：位之不可僭也如此。不然，天下其誰不曰道在我。則是道者，位之賊也。一難。

曰：夫子豈誠賞罰之邪，言賞罰非真，不得爲僭。徒曰賞罰之耳，庸何傷？一解。曰：我非君也，非吏也，執塗之人而告之曰：某爲善，某爲惡，可也。繼之曰：某爲善，吾賞之，某爲惡，吾誅之，則人有不笑我者乎？夫子之賞罰何以異此？然則何足以爲夫子？何足以爲《春秋》？二難。曰：夫子之作《春秋》也，非曰孔氏之書也，又非曰我作之也。賞罰之權，不以自與也。曰：此魯之書也，言賞罰即真，亦是魯賞罰人。魯作之也。有善而賞之，曰：魯賞之也。有惡而罰之，曰：魯罰之也。何以知之？曰：夫子繫《易》謂之《繫辭》，言《孝》謂之《孝經》，皆自名之，則夫子私之也。而《春秋》者，魯之所以名史，而夫子托焉，則夫子公之也。公之以魯史之名，則賞罰之權固在魯矣。二解。《春秋》之賞罰自魯而及于天下，天子之權也。魯之賞罰不出境，而以天子之權與之，何也？三難。曰：天子之權在周，夫子不得已而以與魯也。

武王之崩也，天子之位當在成王，而成王幼，周公以爲天下不可以無賞罰，故不得已而攝天子之位以賞罰天下，以存周室。周之東遷也，天子之權當在平王，而平王昏，故夫子亦曰：天下不可以無賞罰，而魯，周公之國也，居魯之地者，宜如周公不得已而假天子之權以賞罰天下，以尊周室，三解。故以天子之權與之也。言與魯者以其爲周後。

然則假天子之權宜如何？四難。曰：如齊桓、晉文可也。四解。夫子欲魯如齊桓、晉文，而不遂以天子之權與齊、晋者，何也？五難。齊桓、晋文陽爲尊周，而實欲富强其國，故夫子與其事而不與其心。周公心存王室，雖其子孫不能繼，而夫子思周公而許其假天子之權以賞罰天下。其意曰：有周公之心，而後可以行桓、文之事，此其所以不與齊、晋而與魯也。夫子亦知魯君之才不足以行周公之事矣，顧其心以爲今之天下無周公，故至此。是故以天子之權與其子孫，所以見思周公之意也。五解。

吾觀《春秋》之法，皆周公之法，而又詳内而略外，此其意欲魯法周公之所爲，且先自治而後治人也明矣。夫子嘆禮樂征伐自諸侯出，而田常弑其君，則沐浴而請討，然則天子之權，夫子固明以與魯也。子貢之徒，不達夫子之意，續經而書孔丘卒。夫子既告老矣，大夫告老而卒，不書，而夫子獨書。夫子作《春秋》以公天下，而豈私一孔丘哉？嗚呼！夫子以爲魯國之書，而子貢之徒以爲孔氏之書也歟！

遷、固之史，有是非而無賞罰，彼亦史臣之體宜爾也。後之效夫子作《春秋》者吾惑焉。《春秋》有天子之權，天下有君，則《春秋》不當作，天下無君，則天下之權，吾不知其誰與。天下之人，烏有如周公之後之可與者，與之而不得其人則亂，不與人而自與則僭，不與人不自與而無所與則散。嗚呼！後之春秋亂邪、僭邪、散邪？

【眉批】

茅坤曰：「此文自謝枋得以爲名筆，學者遂相傳爲千年絶倫。予謂老蘇論經處，以强詞軋正理，第其行文委折似煙波耳。」

唐順之曰：「只一事問答，纏綿到底。」

詹惟修曰：「此含自與。」

唐順之曰：「夫子魯人也，故所修者魯史。其時周也，故所用者王制。如曰以天子之權與魯，則夫子爲其實，而魯受其名，夫子不願自僭而使魯僭之。不然也，乃老泉周公之心，一轉自有微旨。」

詹惟修曰：「就魯使周公事妙。」

詹惟修曰：「此關與之不得其人則亂。」

詹惟修曰：「此關無所與則散。」

焦竑曰：「有君無君，皆不當作，杜絶妄奸之萌，忠論。」

卷五

太玄論

太玄論上

蘇子曰：言無有善惡也，苟有得乎吾心而言也，則其辭不索而獲。夫子之於《易》，吾見其思焉而得之者也；於《春秋》，吾見其感焉而得之者也；於《論語》，吾見其觸焉而得之者也。思焉而得，故其言深；感焉而得，故其言切；觸焉而得，故其言易。聖人之言得之天，而不以人參焉。故夫後之學者，可以天遇，而不可以人得也。方其爲書也，猶其爲言也，方其爲言也，猶其爲心也。書有以加乎其言，言有以加乎其心，聖人以爲自欺。後之不得乎其心而爲言，不得乎其言而爲書，吾於揚雄見之矣。

疑而問，問而辯，問辯之道也。揚雄之《法言》，作《法言》準《論語》。辯乎其不足問也，問乎其不足疑也，求聞於後世，而不待其有得，君子無取焉耳。《太玄》者，雄之所以自附於夫子而無得於心者也。使雄有得於心，吾知《太玄》之不作。何則？瘍醫之不爲疾醫，樂其有得於瘍也。疾醫之不能爲，而喪其所以爲瘍，此瘍醫之所懼也。若夫妄人礪針磨砭，乃欲爲俞跗、扁鵲之事，彼誠無得於心而侈於外也。使雄有孟軻之書，而肯以爲《太玄》邪？惟其所得之不足樂，故大爲之名以僥倖於聖人而已。

且夫《易》之所爲作者，雄不知也。以爲數邪？以爲道邪？惟其爲道也，故六十卦而無加，六十四卦而無損。及其以爲數，而後有六日七分之說生焉。聖人之意曰：六十四卦者《易》也，六日七分者，吾以爲歷也。在歷以數勝，在《易》以道勝。然則《易》之所爲作，其亦可知矣。

蓋自漢以來，《六經》始有異論。夫聖人之言，無所不通，而其用意固有所在也。惟其求而不可得，於是乃始雜取天下奇怪可喜之說而納諸其中，而天下之工乎曲學小數者，亦欲自附於《六經》，以求信於天下，然而君子不取也。

《太玄》者，雄所以擬《易》也。觀其始於一而終於八十一，是四乘之極而不可加也。從三方之算而九之，並夜於晝，爲二百四十有三日，三分其方而一以爲三州，三分其州而一以爲三部，三分其部而一以爲三家。此猶六十之不可加，而六十四之不可損也。雄以爲未也，從而加之曰《踦》，又曰《贏》，曰：吾以求合乎三百六十有五與夫四分之一者也。曰《踦》也，曰《贏》也，是何爲者？或曰以象四分之一，四分之一在《贏》而不在《踦》。踦者，斗之二十六也。或曰以象閏，閏之積也，起於《難》之七，而於此加焉。《難》首次七拔石砂：力沒以盡測曰拔石；砂，砂時也。是强爲之辭也。此段專剥不宜加二贊。且其言曰：譬諸人，增則贅，而割則虧。今也重不足於歷，而輕以其書加焉，是不爲《太玄》也，爲《太初歷》也。聖人之所略，揚雄之所詳，聖人之所重，揚雄之所忽，是其爲道不足取也。

道之不足取也，吾乃今求其數。求合乎三百六十有五與夫四分之一者，固雄意也，贊之七百三十有一，是日之三百六十有五與夫四分之一也。後之學者曰：吾不知夫二十八宿之次與夫日行之度也，而於《太玄》焉求之。則吾懼夫積日之無以處也。歷者，天下之至微，要之千載而可行者也。四分而加一，是四歲而加一日也。率四歲而加之，千載之後，吾恐大冬之爲大夏也。且夫四分其日而贊得二焉，故贊者可以爲偶，而不可以爲奇，其勢然也。雄之所欲加者四分之三，而所加者四，是其爲數不足考也。

君子之爲書，猶工人之作器也，見其形以知其用。有鼎而加柄焉，是無問其工之材不材，與其金之良苦，而其不可以爲鼎者，固已明矣。況乎加《踦》與《贏》而不合乎二十八宿之度，是柄而不任操，吾無取也已。

【眉批】

唐順之曰：「《玄》不可以擬《易》，劉歆見謂覆瓶，則已甚之毁；桓譚比之聖人，則過情之譽。」

鮑魯齋曰：「蘇氏解《易》，且不識性，宜其不取《太玄》之儗《易》。《易》有奇一，耦--，而子雲有心焉。人謂其好奇字而怪也，多載酒以問之，豈知其多識先秦古書焉。今觀商卣所刻，一象天，--象地，---象人。其文已見，豈子雲所杜撰者。人見其數以三起，謂一生三，而近于老也，詎知太極函三爲一，而《易》乾初畫亦止有三焉。由是推之，三三而九，三九二十七，三其天三，三其地四，三其天五，三其地六。其數，無不與《易》合，豈五千文之可例耶？學雖未純，亦一奇也。自莽大夫之書出，于朱子而後，諸儒始有議論，乃朱子于《玄》間亦有取焉，必有見也。」

楊慎曰：「揚雄《玄》非擬《易》，乃明天人始終之理，君臣上下之分，蓋疾莽而作也。桓譚曰：是書也，可與大《易》準。班固曰：經莫大于《易》，故作《太玄》。使子雲被僭經之名，二子之過也。」

按：《踦》贊一：凍登赤天，晏入玄泉。《贏》贊二：一虛一盈，踦奇所生。葉子奇曰：聖人見天地間不過陰陽，因畫奇象陽，畫偶象陰，馴而至于六十四卦，三百八十四爻，其餘歲數雖不永合，而自無不合。《玄》首畫既不同，別立九贊，以兩贊當一日，凡七百二十九贊當一歲，三百六十四日半外立《踦》、《贏》二贊，當氣盈朔虛，雖于歲數似合，亦模仿于曆，以附會焉，恐彌綸天地之經，不如是。

錢穀曰：「論理處忽以喻取致。」

太玄論中

四分日之一，或曰一百分日之二十五，在四以爲一，在百以爲二十五，唯其所在而加之，豈有常數哉？六日七分者，以八十言者也。苟有以適於用，吾斯從而加之矣。《坎》、《離》、《震》、《兑》各守其方，而六十卦之爻分散於三百六十日。聖人不以五日四分日之一者害其爲《易》，而以七分者加焉，此非有所法乎？日月星辰之度，天地五行之數也，以爲上之不可以八，而下之不可以六，故以七分者加之，使夫《易》者亦不爲無用於歷而已矣。夫八十分與夫七分者，皆非其所以爲《易》也。上、下而爲卦，九、六而爲爻，此其所以爲《易》也。

聖人不於其所以爲《易》者加之，故加焉而不害其爲《易》。若夫四位而爲首，九行而爲贊，此正其所以爲《太玄》者也。而雄於此加焉，故吾不知其爲《太玄》也。始於《中》之一，而訖於《養》之九，闕焉而未見者，四分日之三而已矣。以一百八分而爲日，以一分而加之，一首之外盡八十一首，而四分日之三者可以見矣。觀《周》之一，此論理粹，與唐王廣津同。知晝夜之不在乎奇偶，而在其所承。觀《中》之九，知休咎之不在乎晝夜，而在其所處。故積其分至於《養》之九，而可以無患。蓋《易》之本六日以爲卦，《太玄》之初四日有半以爲首，而皆以四百八十七分，求合乎二十八宿之度，加分而其數定，二句是旨。去《踦》、《嬴》而其道勝，吾無憾焉耳。

【眉批】

錢穀曰：「以《易》之不加卦爻之外，辨《玄》之妄加，透論上踦嬴之説。」

按：葉子奇曰：卦與首既不同，爻與位亦有異，如擬中于《中孚》，擬周于《復》，擬礥閑爲《屯》，不知何中之虛，何陽之復，何剛柔始生而難生。

按：《周》首初一，還于天心，何德之僭否，測曰：還心之否，中不恕也。《中》首上九，巔靈氣形反，測曰：巔靈之反時不克也。

太玄論下

《太玄》之策三十有六，虛三而三十有三用焉。曰其説出於《易》。《易》曰：「大衍之數五十，其用四十有九。」是雄之所以爲虛三之説也。夫大衍之數，是數之宗，而萬物之所取用也。今夫蓍亦用者之一而已矣。或用其千萬，或用其一二，唯其所用，而蓍也用其四十有九焉。五者生之終也，十者成之極也。生之終，成之極，則天下又何以過之？故曰五十。五十者，五十有五云也，非四十有九而益一云也。天下之數，於是宗焉，則《玄》無乃亦將取之。且夫四十有九者，豈有他哉？極其所當用之數，而取之於大衍者，衍其所當用之策數，而舉其大略焉耳。吾將以老陽之九而明之，則夫七八六者，可以從而見焉。今夫一爻而三變，一變而挂一，是三用也。四四揲之，歸奇於扐，是十用也。既扐而數其餘，是三十有六用也。三與十與三十六，而四十九之數成焉，增之則贏，損之則虧。四十有九，足以成爻，而未始有虛一之道，吾不知先儒何從而得之也。

聖人之所爲，當然而然耳。區區於天地五行之數而牽合於其間者，亦見其勞而無取矣。聖人觀乎三才之體，而取諸其象，故八卦皆以三畫，及其欲推之於六十四也，則從而六之，吾又不知先儒之何以配乎六也。聖人之意，直曰非六無以變。非六無以變，是非四十九無以揲也。《太玄》之算極於三，以三而計之，掛其一，再扐其五，而數其餘之二十七，是亦三十三之數，不可以有加也。今其說曰三六，又曰二九，又曰倍天之數，又曰地虛三以扐天三，皆求《易》之過也。

夫卜筮者，聖人所以探吉凶之自然，故爲是不可逆知之數，而寓諸其無心之物，故雖折草毀瓦，而皆有以前禍福之兆。聖人懼無以自神其心，而交於冥莫恍惚之間也，故擇時日，登龜取蓍而廟藏焉。聖人之視蓍龜也，若或依之以自神其心，而非蓍龜之能靈也。況乎區區牽合於天地五行之數，其說固已迂矣。卜筮者，爲不可逆知者也。旦筮用三經皆奇，夕筮用三緯，日中夜中用二經一緯，皆奇偶雜。則是吉凶之純駁不在其逢，而在其時，使夫旦筮者不爲大休，則爲大咎，而日中夜中與夫夕筮者，大休大咎，終不可得而遇也。《中》之九曰顛，靈氣形反，當晝而凶，蓋有之矣。占從其詞，不從其數，其誰曰不可？吾欲去其《踦》與其《羸》，合中、下二論結案。加其首之一分，損其蓍之三策，不從其數之可以逆知，而從其詞之不可以前定，庶乎其無罪也。

【眉批】

按：《繫辭》曰：大衍之數五十，其用四十有九。無虛一之說。後儒謂數始于一，而終于九，九者究也，然十舉全數，九之餘復一也，雖謂之始于一終于一可也。故大衍之數五十，其用四十有九，虛一不用者，所以用九也。

焦竑曰：「論聖人從違在筮龜之先，精當。」

楊慎曰：「龜取生數一三五七九，蓍取成數二四六八十。」

按：葉子奇曰：聖人于《易》雖扶陽抑陰，然陰陽者造化之本，不可相無，未嘗以陽全吉而陰全凶也。

《玄》例以晝吉夜凶，陰禍陽福，亦未盡微旨，老泉意亦如此。

按：王涯曰：《中》之上九既陽位又當晝時，例所當吉，而群陽亢極，有巔靈之凶，與《易》之亢龍其義同驗。

太玄總例 並引

吾既作《太玄論》，或者讀楊子之書未知其詳，而以意詰吾説，病辭之不給也，爲作此例。凡雄之法，與夫先儒之論，其可取者皆在，有未盡傳之己意，曰姑觀是焉。蓋雄者好奇而務深，故辭多夸大，而可觀者鮮。始之以十八策，中之以三十六，終之以七十二，積之以二萬六千二百四十四，張而不已，誰不能然，蓋總例之外無觀焉。

四位

《玄》首之數在乎方、州、部、家。初揲而得之爲家，逆而次之極於方，凡所以謂之方、州、部、家者，義不在乎其數也，取天下有别之名而加之耳。夫天下之大，所以略别之者謂之方，方之中分之稍詳者謂之州，舉一類而爲之所者謂之部，舉一人而爲之别者謂之家。蓋方者别之大，而家者其小别者也。故《玄》家一一而轉而有八十一家，部三三而轉而有七十七部，州九九而轉而有九州，方二十七而轉而有三方，四者旋相爲配而無所不遇，故有八十一首。

【眉批】

按：《考索》曰：方、州、部、家，名曰元，何義也，正元則以方、州、部、家而爲爻之形象，而以上下名，真是以正太元之四重，亦猶《易》卦之有上下爻也。

九贊

方、州、部、家之於《玄》，一首而加一算，故四位皆及於三，而其算止於八十一，率一算而九贊系之。贊者，所以爲首之日，而算者，所以爲首之次也。故二者並行而其用各異，非如《易》之六畫有以應乎六爻之詞也。《玄》之大體以二贊而當一日，贊之奇偶，或以爲晝，或以爲夜。奇首之晝在乎贊之奇，偶首之晝在乎贊之偶，率十有八贊而後九日備。一首而九贊，其勢然也。故於九贊之間，三三相附，以當天之始、中、終，地之下、中、上，與人之思、禍、福，三者自相變，而皆可以當其一首之贊。故《玄》之所以有九行者，亦以其贊言也。五行之次，水始於一、六，土終五、十，一水二火三木四金五土六水七火八木九金。而《玄》數不及十。說者以爲：土，君象也。水火木金土，四者當先後於土者也。至於八十一首之間，則亦以九九相從，以當天、地、人三者之變，與夫九行之數，故舉其首之當水，與天之始始、地之下下、人之思內一者思之致，故曰內。者以爲九天。誠有內者存乎中，宣而出者存乎羡，雲行雨施存乎從，變節易度存乎更，珍光淳全存乎晬，虛中弘外存乎廓，削退消部存乎減，隆隧幽藏存乎沉，考終性命存乎成。

【眉批】

按：　王涯曰：　九贊之位，類夫爻者也。

焦竑曰：「《易》爻有六，辭亦有六，《玄》畫四贊九，是上所明下無所屬，首自首，贊自贊，子奇所謂求而未通者。

按：　立天之道有始、中、終，因而三之，故有始始、始中、始終，及中始、中中、中終，及終始、終中、終終。立地之道有下、中、上，立人之道有思、禍、福。三三相乘，猶終始也。一者思之微者也，四者福之資者也，七者禍之階者也，三者思之崇者也，六者福之隆者也，九者禍之窮者也，二、五、八三者之中也，福則往而禍則承也，九虛設關，君子小人所爲宫也。

八十一首

一首而九贊，二贊爲一日，率一首而四日有半，奇首之次九，范注周之初一日入牛六度，礥之初一日入女二度。爲偶首初一之晝，故自奇之一至於偶之一，而後得爲五日。觀范望之注而考之其星度，則奇首之九贊爲五日，而偶首止於四。《玄視》曰：「九日平分。」范説非也。蓋一首之數定，而八十一首之數從可知矣。日之周天三百六十五度四分度之一，《玄》之八十一首而未增《踦》、《嬴》也，當其三百六十四度有半，於天度爲不及，故《踦》與《嬴》者又加其一度焉。

夫方、州、部、家之算，雖無與乎贊之日，然及夫推而求其日也，皆舉算而以九乘焉。故夫算者，亦可以通之於日也。四位皆及於三，而周天之日亦可以概見於其中矣。三方之算，五十有四九之半之爲二百四十三日。三州之算，十有八九之半之爲八十一日。三部之算，六九之半之爲二十七日。三家之算，三九之半之爲十三日有半，而《踦》、《贏》不與焉。故列方、州、部、家之極數，而以所得之日，系之其下而爲圖。《玄》以《太初曆》作，故節候星辰皆據焉。

【眉批】

按：八十一首擬夫掛者也。

三　方

中一牛二天玄二十 三四 五六 七八 九周一 二三
七首。**冬至**
四五 六七 八九女 礥一二 三四 五六
七八 九閑一 二三 四五**小寒** 六七 八九
少一二 三四 五六虛 七八 九戾一 二三
四五 六七 八九 上一二 三四 五六
七八危 **大寒** 九干一 二三 四五 六七 八九
狩一二 三四 五六 七八 九羡一 二三
四五 六七 八九 差一二**立春** 三四 五六室
七八 九童一 二三 四五 六七 八九

增一二
四五**雨水**
七八
耎一二奎
四五
七八
釋一二
四五
七八
争一二
四五昴
七八
斷一二
四五
七八
密一二
四五
七八
睟一二

三四
六七
九交一
三四
六七
九進一
三四**春分**
六七
九藥一
三四
六七
九更一**穀雨**地
玄二十七首
三四
六七
九衆一
三四
六七
九彊一
三四

五六
八九
二三
五六
八九
二三
五六
八九
二三
五六
八九
二三
五六
八九
二三觜
五六
八九井**小滿**
二三
五六

七八
達一二壁
四五
七八
從一二
四五
七八
夷一二
四五
七八
事一二
四五
七八
裝一二
四五
七八
斂一二
四五
七八

九鋭一
三四
六七
九徯一**驚蟄**
三四
六七婁
九格一
三四胃
六七**清明**
九務一
三四
六七
九毅一
三四**立夏**
六七
九親一
三四
六七
九盛一

二三
五六
八九
二三
五六
八九
二三
五六
八九
二三
五六
八九畢
二三
五六
八九參
二三
五六
八九
二三**芒種**

四五 六七 八九 居一二 三四 五六
七八 九法一 二三 四五 六七 八九
應一二 三四 五六**夏至** 七八 九迎一 二三鬼
四五 六七 八九 過一二柳 三四 五六
七八 九竃一 二三 四五 六七 八九**小暑**
大一二 三四 五六 七八 九廓一 二三
四五星 六七 八九 文一二 三四 五六
七八 九禮一張 二三 四五**大暑** 六七 八九
逃一二 三四 五六 七八 九唐一 二三
四五 六七 八九 常一二 三四 五六
七八**立秋** 九度一翼 二三 四五 六七 八九
永一二 三四 五六 七八 九昆一 二三
四五 六七 八九

三 州

減一二**處暑** 三四 五六 七八 九唫一軫 二三
人玄二十七首
四五 六七 八九 守一二 三四 五六
七八 九翕一 二三 四五**白露** 六七 八九

聚一二 三四 五六 七八角 九積一 二三
四五 六七 八九 飾一二 三四 五六
七八**秋分** 九疑一 二三 四五亢 六七 八九
視一二 三四 五六 七八 九沈一 二三
四五氐 六七 八九 內一二 三四**寒露** 五六
七八 九去一 二三 四五 六七 八九
晦一二 三四 五六 七八房 九疊一 二三
四五 六七**霜降** 八九心 窮一二 三四 五六
七八 九割一尾 二三 四五 六七 八九
止一二 三四 五六 七八 九堅一**立冬** 二三
四五 六七 八九

九部

成一二 三四 五六 七八 九斗一箕 二三
四五 六七 八九 失一二 三四**小雪** 五六
七八 九劇一 二三 四五斗 六七 八九
馴一二 三四 五六 七八 九將一 二三

四五　六七　八九大雪

三家

難一二　三四　五六　七八　九勤一　二三

四五　六七　八九　養一二　三四　五六

七八　九

揲法

三十有六而策視焉。天以三分，終於六成，故十八策。一二三之别數是爲三分，三分之積數是爲六成，三六之相乘是爲十八策。天不施地不成，因而倍之。地則虚三以扐天。故蓍之數三十有六，而揲用三十三。别一以挂于左手之小指，中分其餘，以三數之，並餘於扐。再扐之後而三數其餘，七爲一，八爲二，九爲三。八扐而四位成。雄之説曰：「一扐之後，而數其餘。」夫一挂一扐之多不過乎六，既六而其餘二十七者可以爲九，而不可以爲八九，况夫不至於六哉。《太玄》雄作，其揲法宜不謬，意者傳之失也。王涯之説，一扐之後而三三數之，三七之餘而一一數之，及八以爲二，及九以爲三，不及八，不及九，從三三之數而以三七爲一，是苟以牽合乎一扐之言，而不知夫八者須挂一扐三而後成，而扐終不可以三也。《易》之三揲也，每分輒挂，而列乎三指之間。《玄》之再扐也，再扐不挂，而歸於初扐之指。吾於其挂而後分也見焉。《易》分而後挂，故每分輒挂，挂必異處，故列乎三指之間。《玄》挂而後分，故再扐不挂，再扐不挂，故歸於初扐之指。指者，視其挂者也。然則不再扐，吾知雄之不先挂也。

【眉批】

穆文熙曰：「上述《玄》揲法下以先挂斷，其不再扐之訛。」

穆文熙曰：「辨才。」

占法

占有四：曰星，曰時，曰數，曰辭。星者，二十八宿與五行之從違也。時者，所筮之時，與所遇之首之從違也。數者，首贊奇偶之從違也。辭者，辭之從違也。

首贊奇偶解：

一、三、五、七、九，陽家之晝，夜（陰）家之夜。二、四、六、八，陽家之夜，陰家之晝，晝詞多休，夜詞多咎。《太玄》因經緯以分三表，南北爲經，東西爲緯，一、六水在北，二、七火在南，五土在中，故一、二、五、六、七爲經。三、八木在東，四、九金在西，故三、四、八、九爲緯。取三經以爲旦，筮之一表，一、五、七是也。取緯以爲夕，筮之一表，三、四、八是也。取二經一緯以爲日中、夜中，筮之一表，二、六、九是也。旦筮遇奇首，曰一從、二從、三從，爲大休。遇偶首反是。日中夜中，筮遇偶首，曰一從、二從、三違，始、中休，終咎。遇奇首反是。夕筮遇奇首，曰一從、二違、三違，始休，中、終咎。遇偶首反是。

【眉批】

按：星者，如《中首》所配，牽牛、北斗、水行，與首同德，是星從也。時者，如冬至筮遇十月已前首爲逆，冬至已後首爲順也。數者，陰陽奇偶之數，以完所遇之晝夜，夜咎晝休。辭者，九贊之詞，與所筮之意相違否也。

推玄算

家，一置一，二置二，三置三。部，一勿增，二增三，三增六。州，一勿增，二增九，三增十八。方，一勿增，二增二十七，三增五十四。四位之積算則是其首。積算八十一首。

求表之贊

置首去《中》太始爲中首。策數，減一而九之，增贊，半之，則得贊去冬至日數矣。偶不增一爲百八十爲偶。爲所得日之夜，奇增一則奇。爲所明日之晝。九之者，爲贊也。減一者，爲增贊也。半之者，爲日也。如應之一，日當在井二十九度半。求星從牽牛始，除算盡，則是其日也。除算盡，則是其日者，星之度，日之日也。斗振而進，斗隨天動左回故曰進。日違天而退。日行右回故曰退。《玄》日書斗書，而月不書。

【眉批】按：應去中四十一，則置四十一，減一爲四十，九乘之而得三百六十，因增一爲三百六十一，半之而得百八十有半，則是應之一去冬至百八十日有半也，諸首如此。

曆　法

十九歲爲一章，二十七章、五百一十三歲爲一會，三會、八十一章、千五百三十九歲爲一統，三統、九會、二百四十三章、四千六百一十七歲爲一元。一章閏分盡，一會月蝕盡，一統朔分盡，一元六甲盡。「自子至辰，自辰至申，自申至子，是爲三元。冠之以甲，而章、會、統、元，與月蝕俱没。」此雄之自述云爾。

夫盡者生於不齊者也，不齊之積而至於齊，是以有盡也。斗與天而東，日違天而西，終日而成度，盡度而成期，故不齊者，非出於斗與日，出於月也。日舒而月速，於是有晦朔、弦望、進退之不齊。惟其不齊，故要之於四千六百一十七歲，而後四者皆盡。又從而三之，萬有三千八百五十一歲，冬至朔旦復得甲子，而十二辰盡也。此五盡者，曆之所以有法也。今《玄告》曰：「《玄》日書斗書，而月不書。」夫七百三十一贊，二贊而爲一日，固其勢不得書月也。苟月而不書，則夫曆法之可見於《玄》者，止於一基。而此五盡也，雄之所强存而已，是故列其一基之法於前，而存其五盡之數於後，蓋不詳云

【眉批】

按：范望曰：《玄》與《太初曆》相應，亦有顓頊之曆焉？此之謂也。

按：朱子曰：天道與日月五星皆左旋，天道日周天而過一度，日不及一度，月不及十三度十九分度之一，今人説月行速，日行遲，非也。

穆文熙曰：「一篇全剥其日書斗書，而月不書。」

卷六

洪範論

洪範論叙

《洪範》其不可行歟，何説者之多，而行者之寡也？曰：諸儒使然也。譬諸律令，其始作者非不欲人之難犯而易避也，及吏胥舞之，則千機百阱。吁！可畏也。夫《洪範》亦猶是耳。吾病其然，因作三論，大抵斥末而歸本，褒經而擊傳，剗磨瑕垢，以見聖秘。復列二圖，一以指其謬，一以形吾意。噫！人吾知乎？不吾知，其謂吾求異夫先儒而以爲新奇也。

【眉批】

唐順之曰：「《洪範》不是《洛書》。」

按：王禕《洛書辨》謂《河圖》、《洛書》皆伏羲之所以作《易》，而《洪範》九疇則禹所自叙。

洪範上

《洪範》之原出于天，而畀之禹，禹傳之箕子。箕子死，後世有孔安國爲之《注》，劉向父子爲之《傳》，孔穎達爲之《疏》。是一聖五賢之心，未始不欲人君審其法，從其道矣。禹與箕子之言，經也。幽微宏深，不可以俄而曉者，經之常也。然而所審當得其統，所從當得其端，是故宜責孔、劉輩。今求之於其所謂《注》與《傳》與《疏》者而不獲，故明其統，二語要領。舉其端，而欲人君審從之易也。

夫致至治總乎大法，樹大法本乎五行，理五行資乎五事，正五事賴乎皇極。五行，含羅九疇者也；五事，檢御五行者也；皇極，裁節五事者也。儻終於身，驗於氣，則終始常道之次，靡有不順焉。然則含羅者，其統也。裁節者，其端也。執其端而御其統，古之聖人正如是耳。

今夫皇極之建也，貌必恭，恭作肅；言必從，從作乂；視必明，明作哲；聽必聰，聰作謀；思必睿，睿作聖。如此，則五行得其性，雨、暘、燠、寒、風皆時，而五福應矣。若夫皇極之不建也，貌不恭，厥咎狂；言不從，厥咎僭；視不明，厥咎豫；聽不聰，厥咎急；思不睿，厥咎蒙。如此，則五行失其性，雨、暘、燠、寒、風皆常，而六極應矣。噫！曰得，曰時，曰福，人君孰不欲趨之？曰失，曰常，曰極，人君孰不欲逃之？然而罕能者，諸儒之過也。

夫禹之疇，分之則幾五十矣。諸儒不求所謂統與端者，願爲之傳，則嚮之五十，又將百焉。人之心一，固不能兼百，難之而不行也。欲行之，莫若歸之易，不歸之五十，五十歸之九，九歸之三。三，五行也，五事也，皇極也。而又以皇極裁節五事，五事得而五行從，是三卒歸之一也。然則所守不亦約而易乎。所守約而易，則人君孰欲棄得取失，棄時取常，棄福取極哉？以一治三，了前「皇極裁節五事」一句。以三治九，以九治五十，以五十治百，天意也，禹意也，箕子意也。

【眉批】

焦竑曰：「《胤征》、《吕刑》皆托詞于天，《尚書》言必稱天，此其常也，非天以此分畀禹也。向熊氏説亦如是。」

姜寶曰：「讀葉適《洪範》五行，曰劉向爲王氏考災異，著《五行傳》，歸于切劘當世。而漢儒之言陰陽者，其學亦各有所主，然《洪範》之説由此隳裂。得老泉統端之論，而《洪範》無郢書，後學無燕説矣。」

洪範中并圖

或曰：古人言《洪範》莫深於歆、向之《傳》，吾嘗學而得之矣。今觀子之論，子其未之學耶？何遽反之也？子之論曰：「皇極裁節五事，其建不建爲五事之得失。」《傳》則擬五事而言之，其咎、其罰、其極與五事比，非所以裁節五事也。子又曰：「皇極建則五福應，皇極不建則六極應。」《傳》則條福、極而配之貌與言、與視、與聽、與思、與皇極，又非皇極兼獲福、極也。然則劉之《傳》，子之論，孰得乎？

曰：爾以箕子之知《洪範》與歆、向之知，孰愈？必曰：箕子之知愈也。則吾從之。彼歆、向拂箕子意矣，吾復何取哉？雖然，彼豈不知求從箕子乎？求之過深而惑之愈甚矣。歆、向之惑，始於福、極分應五事，遂强爲之説，故其失寖廣而有五焉。今其《傳》以極之惡、福之攸好德歸諸貌，極之憂、福之康寧歸諸言，極之疾、福之壽歸諸視，極之貧、福之富歸諸德，極之凶短折、福之考終命歸諸思。所謂福止此而已，所謂極，則未盡其弱焉。遂曲引皇極以足之。皇極非五事匹，其不建之咎，止一極之弱哉？其失一也。且逆而極，順而福，《傳》之例也。至皇之不極，則其極既弱矣，吾不識皇之極，則天將以何福應之哉？若曰五福皆應，則皇之不極，惡、憂、疾、貧、凶短折，曷不偕應哉？此乃自廢其例。其失二也。箕子謂咎曰狂、僭、豫、急、蒙而已，罰曰雨、暘、燠、寒、風而已。今《傳》又增咎以眊，增罰以陰，此其揠聖人之言以就固謬。況眊與蒙無異，而陰可兼雨，而別名之，得乎？其失三也。經之首五行而次五事者，徒以五行天而五事人，人不可以先天耳。然五行之逆順，必視五事之得失，使吾爲傳，必以五事先五行。借如傳貌之不恭，是謂不肅，厥咎狂，則木不曲直，厥罰常雨，其餘亦如之。察劉之心，非不欲爾。蓋五行盡於思，無以周皇極，苟如庶驗增之，則雖蠢亦怪駭矣。故離五行五事而爲解，以蔽其釁。其失四也。《傳》之於木，其説以爲貌矣，及火、土、金、水，則思、言、視、聽殊不及焉，自相駁亂。其失五也。

夫九疇之於五行，可以條而入者惟二，箕子陳之，蓋有深旨矣。五事一也，庶驗二也。驗之肅、乂、哲、謀、聖，一出於五事。事之貌、言、視、聽、思，一出於五行。此理之自然，可不條而入之乎。其他八政、五紀、三德、稽疑、福極，其大歸雖無越於五行五事，非可條而入之者也。條而入之，非理之自然，故其《傳》必鈎牽扳援，文致而强附之，然後可以僅知此福此極之所以應此事者。立言如此，其亦勞矣。

且《傳》於福、極既爾，則於八政、五紀、三德、稽疑亦當爾。而今又不爾，何也？《經》曰：「五，皇極。皇建其有極。斂時五福，用敷錫厥庶民。」此言皇極建而五福備。使《經》云皇極之不建，則必以六極易五福矣，焉在其條而入之乎？且皇極，九疇之尤貴者，故聖人位之於中，以貫上下。譬若庶驗然，曰雨、曰暘、曰燠、曰寒、曰風、曰時，時於雨、暘、燠、寒、風，各冠其上耳，又可列之以爲一驗乎？若是，則劉之《傳》惑且强明矣。

噫！《傳》之法，一劉唱之，班固志之，後之史志五行者孰不師而效之？世之讀者又孰不從而然之？是以膠爲一論，莫有考正，吾得無言哉！

【眉批】

姜寶曰：「此論即上論翻來，實指歆、向失處。」

姜寶曰：「一辨以不極屬弱，遇剛爲惡，遇柔爲弱，均與好德反。劉《傳》分屬便支離。」

姜寶曰：「二辨以不極屬一弱，而以極屬五福，福、極對證透快。」

姜寶曰：「三辨增咎以眊，增罰以陰。」

姜寶曰：「四辨離五行五事而爲解。」

姜寶曰：「五辨火、土、金、水與木《傳》不等。」

姜寶曰：「此言五事應驗之外，不可條入五行。」

姜寶曰：「始終皇極，裁節五事，論須極確。」

一圖指《傳》之謬

田獵不宿，飲食不享，出入不節，奪民農時，及有奸謀。木不曲直貌之不恭，是謂不肅。厥咎狂厥罰常雨	厥極惡，説曰順之，其福攸好德
棄法律，逐功臣，殺太子，以妾爲妻。火不炎上言之不從，是謂不乂。厥咎僭厥罰常暘	厥極憂，説曰順之，其福康寧

治宮室，飾臺榭，內淫亂，犯親戚，侮父兄。稼穡不成視之不明，是謂不哲。厥咎豫厥罰常燠	厥極疾，説曰順之，其福壽
好戰功，輕百姓，飾城郭，侵邊境。金不從革聽之不聰，是謂不謀。厥咎急厥罰常寒	厥極貧，説曰順之，其福富
簡宗廟，不禱祠，廢祭祀，逆天時。水不潤下思之不睿，是謂不聖。厥咎蒙厥罰常風	厥極凶短折，説曰順之，其福考終命
皇之不極　厥咎眊厥罰常陰	厥極弱

一圖形今之意

皇極之建	貌恭肅 言從乂 視明哲 聽聰謀 思睿聖	木曲直 金從革 火炎上 水潤下 土稼穡	時雨 時暘 時燠 時寒 時風　五福
皇極不建	貌不恭狂 言不從僭 視不明豫 聽爲聰急 思不睿蒙	木不曲直 金不從革 火不炎上 水不潤下 土不稼穡	常雨 常暘 常燠 常寒 常風　六極

洪範下

吾既剔去《傳》疵以粹《經》，猶有秘處，而先儒不白其意，或解失其旨者非一，今辨正以中之。

《經》曰：「鯀陻洪水，汩陳其五行，帝乃震怒，不畀《洪範》九疇。」夫五行，一疇耳，一汩而九不畀。蓋五行綱九疇，綱壞而目廢也。然則五行之汩，非五事之失乎？五事之失，非皇極之不建乎？蓋箕子微見其統與端矣。

《經》之次第五行也以生數，至於五事也，求之五行則相剋，何也？從五常，斯與相剋合矣。先民之論五行也，水性智而事聽，火性禮而事視，木性仁而事貌，金性義而事言，土性信而事思。及其論五常也，以爲德莫大於仁，仁或失於弱，故以義斷之。義或失於剛，故以禮節之。禮或失於拘，故以智通之。智或失於詐，故以信正之。此五常次第所以然也，五事從之所以亦然也。

三，八政，曰食，曰貨，曰祀，曰賓，曰師，五者不以官名之。鄭康成以食爲稷，以貨爲司貨賄，以賓爲大行人，是三百六十官，箕子於九疇中區區焉錯舉其八耳。孔穎達則曰：司貨賄、大行人皆事主，非復民政。夫事雖非民，亦未害爲政，孔之失滋甚焉。吾以爲不然。箕子言國家之政，無越是八者，周公制禮，酌而用之，故建六官以主八政。食與貨則天官，祀與賓則春官，師則夏官，司空則冬官，司徒則地官，司寇則秋官。此得其正矣。

「七稽疑，擇建立卜筮人。」孔安國謂「知卜筮人而立之」。夫知卜筮人，天下不爲鮮矣，孜孜然以擇此爲事，則委瑣不亦甚乎？吾意卜筮至神，人所諒而從者。導之善，人必諒而從之，蜀莊是矣。導之惡，人亦諒而從之，丘子明是也。聖人懼後人輕其職，使有如丘子明輩，故曰「擇建立卜筮人」，謂擇賢也。不然，司空、司徒、司寇，其擇之又當甚於此云者。彼天子之卿，不若卜筮之官爲後世所輕，雖婦人孺子知其不可不擇故也。嗚呼！聖人之言，枝分派别，不得其源，紛莫可曉，譬之日月、五星、十二次、二十八宿，使昧者觀之，固憒憒如也。不知晷度躔次，的不可紊，差之眇忽，寒暑乖逆，吾故於《洪範》明其統，舉其端，削劉之惑，繩孔之失，使經意炳然，如從璣衡中窺天文矣。

【眉批】

按：鄭樵《禹貢洪範論》曰：「九疇之綱領在于五行，五行之綱領在于水，故一汩而五行皆汩。」

姜寶曰：「此段述《經》之序五行、五事，以明皇極裁節五事，五事檢御五行，五行含羅九疇之意。」

姜寶曰：「如《周禮》便覺八政之該，如鄭、如孔則隘矣。」

姜寶曰：「不精不筮，不軌不筮，卜筮人須擇也可見。」

按：漢嚴君平卜筮于成都市，以卜筮賤業而可以惠衆人，有邪惡之問，則依龜筮爲言，與子言孝，與弟言順，與臣言忠，各因勢道之以善。漢武帝時，丘子明以卜筮見寵，素有睚眦不快，因公行誅，恣意所傷，以破族滅門者，不可勝數，百僚蕩恐，皆曰龜筮能言。後事覺奸窮，亦誅三族。

洪範後序

吾論《洪範》，以五福六極系皇極之建與不建，而且不與二劉之增眊與陰，或者猶以劉向、夏侯勝之説爲惑。劉向之言：「皇極之建，總爲五福，皇極之不建，不能主五事，下與五事齒，而均獲一極，猶平王之時，降而爲《國風》。」夏侯勝之言曰：「天久陰不雨，臣下將有謀上者。」已而果然。以劉向之説，則皇極之不建，不可系以六極。以夏侯勝之説，則眊與陰不可廢。是皆不然。

夫福、極之於五事，非若庶驗也，陰陽而推之，律曆而求之，人事而揆之。庶驗之通於五事，可指而言也，且聖人之所可知也。今指人而謂之曰：「爾爲某事，明日必有某福，爾爲某事，明日必有某極。」是巫覡卜相之事也，而聖人何由知之？故吾以爲皇極之建，五事皆得，而五福皆應，不曰應其事者必某福也。皇極不建，五事皆失，而六極皆應，不曰應某事者必某極也。五事之間得與失參焉，則亦不曰必某福必某極應也，亦曰福與極參焉耳。

今劉以爲皇極建而爲五事主，故加之五福。及其不建也，不加之以六極，而以平王之詩爲説，其意以爲不建則不能爲五事主，故不加之六極以爲貶也。今有人有九命之爵，及有罪而曰削其爵，使至一命以貶之，曰貶可也，此猶「平王之詩，降而爲《國風》」，曰降可也。若夫有罪人當具五刑，而曰是人也罪大，不當加之以五刑，姑以墨辟論，以重其責。是得爲重其責耶？今欲重不建之罪，不曰六極皆應，而曰獨弱之極應，乃引平王之詩以爲説，平王之詩固不然也。

夫天地之間，非人力所爲而可以爲驗者多矣，聖人取其尤大而可以有所兼者五，而使其餘者可以遂見焉。今也力分其一端以爲二，而必曰陰爲陰，雨爲雨。且《經》之庶驗有曰陽矣，而豈獨遺陰哉？蓋陰之極盛於雨，而聖人舉其極者言也。吾觀二劉之傳「金不從革」與傳「常雨」也，乃言雷電雨雪皆在，而獨於此別雨與陰，何也？

然則夏侯勝之言何以必應？曰：事固有幸而中者。公孫臣以漢爲土德而黄龍當見，黄龍則見矣。而漢乃火德也，可以一黄龍而必謂漢爲土德耶？必不可也。其所謂眊者蒙矣，胡復多言哉？

【眉批】

姜寶曰：「兩立案後一一擊斷。」

焦竑曰：「托《春秋》言災異，不言事應，使言偶然，言乾封，言天變不足畏者爲口實，則事應之説寧過存毋寧過棄。」

陳仁錫曰：「義即是利，如蘇解似未精，然行文偉雋，不妨模範。」

陳仁錫曰：「文章妙在虛弄。」

卷七

雜論

史論引

史之難其人久矣。魏、晉、宋、齊、梁、隋間，觀其文則亦固當然也。所可怪者，唐三百年文章非三代兩漢無敵，史之才宜有如丘明、遷、固輩，老泉公論。而卒無一人可與范曄、陳壽比肩。巢子之書，世稱其詳且博，然多俚辭俳狀，使之紀事當當一作將。復甚乎其嘗所譏誚者。唯子餗《例》爲差愈。吁！其難而然哉。夫知其難，故思之深，思之深，故有得，因作《史論》三篇。

【眉批】

茅坤曰：「老蘇《史論》頗得史家之髓，故並存之，三篇當合看。」

楊愼曰：「子玄《史通》妙處實中前人膏肓，取節焉可也。黄山谷謂論文則《文心雕龍》，論史則《史通》，二書不可不觀。」

史論上

史何爲而作乎？其有憂也。何憂乎？憂小人也。何由知之？以其名知之。楚之史曰《檮杌》。《檮杌》，四凶之一也。君子不待褒而勸，不待貶而懲，然則史之所懲勸者獨小人耳。仲尼之志大，故其憂愈大，憂愈大，故其作愈大。是以因史修經，卒之論其效者，必曰亂臣賊子懼。由是知史與經皆憂小人而作，其義一也。其義一，其體二，故曰史焉，曰經焉。大凡文之用四：事以實之，詞以章之，道以通之，法以檢之。此經史所兼而有之者也。雖然，經以道、法勝，史以事、詞勝。經不得史無以證其褒貶，史不得經無以酌其輕重，經非一代之實録，史非萬世之常法，體不相沿，而用實相資焉。

夫《易》、《禮》、《樂》、《詩》、《書》，言聖人之道與法詳矣，然弗驗之行事。仲尼懼後世以是爲聖人之私言，故因赴告策書以修《春秋》，旌善而懲惡，此經之道也。猶懼後世以爲己之臆斷，故本《周禮》以爲凡，此經之法也。至於事則舉其略，詞則務於簡。吾故曰經以道、法勝。史則不然，事既曲詳，詞亦夸耀，所謂褒貶，論贊之外無幾。吾故曰史以事、詞勝。使後人不知史而觀經，則所褒莫見其善狀，所貶弗聞其惡實。吾故曰經不得史無以證其褒貶。使後人不通經而專史，則稱謂不知所法，懲勸不知所沮。吾故曰史不得經無以酌其輕重。經或從僞赴而書，或隱諱而不書，若此者衆，皆適於教而已。吾故曰經非一代之實録。史之一紀，一世家，一傳，其間美惡得失，固不可以一二數，則其論贊數十百言之中，安能事爲之褒貶，使天下之人動有所法如《春秋》哉？吾故曰史非萬世之常法。

夫規矩準繩，所以制器，器所待而正者也。然而不得器則規無所效其圓，矩無所用其方，準無所施其平，繩無所措其直。史待經而正，不得史則經晦。吾故曰體不相沿，而用實相資焉。噫！一規一矩，一準一繩，足以制萬器，後之人其務希遷、固實録可也，慎無若王通、陸長源輩，囂囂然冗且僭則善矣。

【眉批】

茅坤曰：「經史並言，是對客論主法。」

按：元儒張紳《序通鑑續編》衍老泉説曰：太史公之《史》，其體本乎《尚書》，司馬公之《通鑑》，其體本乎左氏，朱子之《綱目》，其體本乎《春秋》，杜佑之《通典》，其體本乎《周禮》，惟《易》、《詩》之體未有得之者，而韓嬰之《韓詩外傳》，即雍之《皇極演易》，可謂傑出矣。楊用修以爲此論甚新。

茅坤曰：「餘波作掉尾。」

史論中

遷、固史雖以事詞勝，然亦兼道與法而有之，故時得仲尼遺意焉。吾今擇其書有不可以文曉而可以意達者四，悉顯白之：其一曰隱而章，其二曰直而寬，其三曰簡而明，其四曰微而切。

遷之傳廉頗也，議救閼與之失不載焉，見之《趙奢傳》。傳酈食其也，謀撓楚權之繆不載焉，見之《留侯傳》。固之傳周勃也，汗出洽背之恥不載焉，見之《王陵傳》。傳董仲舒也，議和親之疏不載焉，見之《匈奴傳》。夫頗、食其、勃、仲舒，皆功十而過一者也。苟列一以疵十，後之庸人必曰：智如廉頗，辯如酈食其，忠如周勃，賢如董仲舒，而十功不能贖一過，則將苦其難而怠矣。是故本傳晦之，而他傳發之，則其與善也，不亦隱而章乎。

遷論蘇秦，稱其智過人，不使獨蒙惡聲。論北宫伯子，多其愛人長者。固贊張湯，與其推賢揚善。贊酷吏，人有所褒，不獨暴其惡。夫秦、伯子、湯、酷吏，皆過十而功一者也。苟舉十以廢一，後之凶人必曰：蘇秦、北宫伯子、張湯、酷吏，雖有善不録矣，吾復何望哉？是窒其自新之路，而堅其肆惡之志也。故於傳詳之，於論於贊復明之，則其懲惡也，不亦直而寬乎？

遷表十二諸侯，首魯訖吴，實十三國，而越不與焉。夫以十二名篇而載國十三，何也？不數吴也。皆諸侯耳，獨不數吴，何也？用夷禮也。不數而載之者，何也？周裔而霸盟上國也。《春秋》書哀七年，公會吴于鄫，書十二年，公會吴于橐皋，書十三年，公會晉侯及吴子于黄池。此其所以雖不數而猶獲載也。若越區區於南夷豺狼狐狸之與居，不與中國會盟以觀華風，而用夷俗之名以赴，故君子即其自稱以罪之。《春秋》書定五年，於越入吴，書十四年，於越敗吴於檇李，書哀十三年，於越入吴。此《春秋》所以夷狄畜之也。苟遷舉而措之諸侯之末，則山戎、獫狁亦或庶乎其間，是以絶而棄之，將使後之人君觀之曰：不知中國禮樂，雖勾踐之賢，猶不免乎絶與棄，則其賤夷狄也，不亦簡而明乎？

固之表八而王侯六，書其人也，必曰某土某王若侯某。或功臣外戚，則加其姓，而首目之曰號謚姓名。此異姓列侯之例也。諸侯王其目止號謚，豈以其尊，故不曰名之邪？不曰名之，而實名之，豈以不名則不著邪？此同姓諸侯王之例也。王子侯其目爲二，上則曰號謚名名之，而曰名之殺一等矣。此同姓列侯之例也。及其下則曰號謚姓名。夫以同姓列侯而加之異姓之例，何哉？察其故，蓋元始之間，王莽僞褒宗室而封之者也，非天子親親而封之者也。宗室，天子不能封，而使王莽封之，故從異姓例，示天子不能有其同姓也。將使後之人君觀之曰：權歸於臣，雖同姓不能有，名器誠不可假人矣，則其防僭也，不亦微而切乎。

噫！隱而章，則後人樂得爲善之利；直而寬，則後人知有悔過之漸；簡而明，則人君知中國禮樂之爲貴；微而切，則人君知强臣專制之爲患。用力寡而成功博，其能爲《春秋》繼，而使後之史無及焉者以是夫。

【眉批】

唐順之曰：「老泉論史，眼力心力俱到。」

茅坤曰：「分段議論體，古人讀史，刻畫如此。」

茅坤曰：「躬嚴。」

焦竑曰：「功十過一、過十功一之論，與《春秋》『善善也長，惡惡也短』合旨。歐陽公《非非堂記》云：『是近乎諂，非非近乎訕，與其諂也寧訕』，非君子之言也。」

楊慎曰：「《春秋》嚴華夷如此，夷狄之禍兆端于元海，濫觴于元魏，洋溢于遼金，滔天于蒙古，正因御之者不知《春秋》。」

錢穀曰：「先儒謂王莽僞僭，得固之筆而益嚴，得老泉之論而益顯，信然。」

茅坤曰：「與得仲尼遺意句相應。」

史論下

或問：子之論史，鉤抉仲尼、遷、固潛法隱義，善矣。仲尼則非吾所可評，吾惟意遷、固非聖人，其能如仲尼無一可指之失乎？曰：遷喜雜説，不顧道所可否。固貴諛僞，賤死義。大者此既陳議矣，又欲寸量銖稱以摘其失，則煩不可舉，今姑告爾其尤大彰明者焉。

遷之辭淳健簡直，足稱一家。而乃裂取《六經》、傳、記雜於其間，以破碎汨亂其體。《五帝》、《三代紀》多《尚書》之文，《齊》、《魯》、《晋》、《楚》、《宋》、《衛》、《陳》、《鄭》、《吴》、《越世家》多《左傳》、《國語》之文，《孔子世家》、《仲尼弟子傳》多《論語》之文。夫《尚書》、《左傳》、《國語》、《論語》之文，非不善也，雜之則不善也。今夫綉繪錦縠，衣服之窮美者也，尺寸而割之，錯而紉之以爲服，則綈繒之不若。遷之書無乃類是乎。其《自叙》曰：「談爲太史公。」又曰：「太史公遭李陵之禍。」是與父無異稱也。先儒反謂固没彪之名，不若遷讓美於談。吾不知遷於《紀》於《表》於《書》於《世家》於《列傳》，所謂太史公者，果其父耶？抑其身耶？此遷之失也。

固贊漢自創業至麟趾之間，襲蹈遷論以足其書者過半。且褒賢貶不肖，誠己意也，盡己意而已。今又剽他人之言以足之，彼既言矣，申言之何益？及其傳遷、揚雄，皆取其《自叙》，屑屑然曲記其世系，固於他載，豈若是之備哉？彼遷、雄自叙可也，己因之，非也。此固之失也。

或曰：遷、固之失既爾，遷、固之後爲史者多矣，范曄、陳壽實巨擘焉，然亦有失乎？曰：烏免哉？曄之史之傳，若《酷吏》、《宦者》、《列女》、《獨行》，多失其人。間尤甚者，董宣以忠毅概之《酷吏》，鄭衆、吕强以廉明直諒概之《宦者》，蔡琰以忍耻妻胡概之《列女》，李善、王忳以深仁厚義概之《獨行》，與夫前書張湯不載於《酷吏》、《史記》姚、杜、仇、趙之徒，不載於《游俠》遠矣。又其是非頗與聖人異，論竇武、何進，則戒以宋襄之違天，論西域則惜張騫、班勇之遺佛書。是欲相將苟免以爲順天乎？中國叛聖人以奉戎神乎？此曄之失也。

壽之志三國也，紀魏而傳吴、蜀。夫三國鼎立稱帝，魏之不能有吴、蜀，猶吴、蜀之不能有魏也。壽獨以帝當魏，而以臣視吴、蜀，吴、蜀於魏何有而然哉？此壽之失也。

噫！固譏遷失，而固亦未爲得。曄譏固失，而曄益甚，至壽復爾。史之才誠難矣！後之史宜以是爲監，無徒譏之也。

【眉批】

茅坤曰：「評騭諸家，如酷吏斷獄。」

楊慎曰：「《史記》自左氏而下未有其比，非獨太史公父子筆力，亦由其書會萃左氏、《國語》、《戰國策》、《世本》，及司馬相如、東方朔輩諸名人文章以爲楨幹也。」

焦竑曰：「老泉自謂有得，故不許班固蹈襲，然固亦有勝遷處，如《平準書》『令遠方各以其物貴時，商賈所轉販者爲賦而相灌輸』。此説未明，固曰『令遠方各以其物如異時商賈所轉販』云云，此説涣矣。添『如異時』三字是驅農民以效商之爲也。紀事之文惟貴明白，故《通鑑》取志語。」

焦竑曰：「老泉謂遷、固之雄剛，投之所向無不如意，如范、如陳自不啻臧獲。」

焦竑曰：「温公書諸葛亮入寇，先儒以爲冠履倒置，則壽之失可知，然第曰鼎立稱帝，亦未確。」

諫論上

古今論諫，常與諷而少直，其説蓋出於仲尼。吾以爲諷直一也，顧用之之術何如耳。伍舉進隱語，楚王淫益甚。茅焦解衣危論，秦帝立悟。諷固不可盡與，直亦未易少之。吾故曰：顧用之之術何如耳。

然則仲尼之説非乎？曰：仲尼之説，純乎經者也。吾之説，參乎權而歸乎經者也。如得其術，則人君有少不爲桀、紂者，吾百諫而百聽矣，况虚己者乎？不得其術，則人君有少不若堯、舜者，吾百諫而百不聽矣，况逆忠者乎？

然則奚術而可？曰：機智勇辯如古游説之士而已。夫游説之士，以機智勇辯濟其詐，吾欲諫者以機智勇辯濟其忠。賴此句。請備論其效。周衰，游説熾於列國，自是世有其人，吾獨怪夫諫而從者百一，説而從者十九；諫而死者皆是，説而死者未嘗聞。然而抵觸忌諱，説或甚於諫。由是知不必乎諷，而必乎術也。

説之術可爲諫法者五，理諭之、勢禁之、利誘之、激怒之、隱諷之之謂也。觸龍以趙后愛女賢於愛子，未旋踵而長安君出質。甘羅以杜郵之死詰張唐，而相燕之行有日。趙卒以兩賢王之意語燕，而立歸武臣。此理而諭之也。子貢以内憂教田常，而齊不得伐魯。武公以麋鹿脅頃襄，而楚不敢圖周。魯連以烹醢懼垣衍，而魏不果帝秦。此勢而禁之也。田生以萬户侯啓張卿，而劉澤封。朱建以富貴餌閎孺，而辟陽赦。鄒陽以愛幸悦長君，而梁王釋。此利而誘之也。蘇秦以牛後羞韓，而惠王按劍太息。范睢以無王耻秦，而昭王長跪請教。酈生以助秦凌漢，而沛公輟洗聽計。此激而怒之也。蘇代以土偶笑田文，楚人以弓繳感襄王，蒯通以娶婦悟齊相。此隱而諷之也。五者，相傾險詖之論。雖然，施之忠臣，足以成功。何則？理而諭之，此段文如錦簇。主雖昏必悟；勢而禁之，主雖驕必懼；利而誘之，主雖怠必奮；激而怒之，主雖懦必立；隱而諷之，主雖暴必容。悟則明，懼則恭，奮則勤，立則勇，容則寬，致君之道盡於此矣。

吾觀昔之臣，言必從，理必濟，莫如唐魏鄭公，其初實學縱横之説，此所謂得其術者歟？噫！龍逄、比干不獲稱良臣，無蘇秦、張儀之術也。蘇秦、張儀不免爲游説，無龍逄、比干之心也。是以龍逄、比干吾取其心，不取其術，蘇秦、張儀吾取其術，不取其心，以爲諫法。

【眉批】

唐順之曰：「文字摹荀卿。」

茅坤曰：「千古絶調。賢君不時有，忠臣不時得，故作《諫論》。」

焦竑曰：「看權字精。」

唐順之曰：「道有道術，仁有仁術，術字善看亦無病。」

康海曰：「所援不過春秋戰國人，所以不免戰國縱横之議，被一術字壞了。」

敖英曰：「老泉何淺之待忠臣哉？有龍逄、比干之心者，不肯爲蘇秦、張儀之術，有蘇秦、張儀之術者，不能存龍逄、比干之心。」

諫論下

夫臣能諫，不能使君必納諫，非真能諫之臣。君能納諫，不能使臣必諫，非真能納諫之君。欲君必納乎，嚮之論備矣，欲臣必諫乎，吾其言之。

夫君之大，天也，其尊，神也，其威，雷霆也。人之不能抗天，觸神，忤雷霆，亦明矣。聖人知其然，故立賞以勸之，《書》曰「臣下不正，其刑墨」是也。人之情非病風喪心，未有避賞而就刑者，何苦而不諫哉？賞與刑不設，則人之情又何苦而抗天、觸神、忤雷霆哉？自非性忠義，不悦賞，不畏罪，誰欲以言博死者？人君又安能盡得性忠義者而任之？

令有三人焉，一人勇，一人勇怯半，一人怯。有與之臨乎淵谷者，且告之曰：能跳而越，此謂之勇，不然爲怯。彼勇者耻怯，必跳而越焉，其勇怯半者與怯者則不能也。又告之曰：跳而越者與千金，不然則否。彼勇怯半者奔利，必跳而越焉，其怯者猶未能也。須臾顧見猛虎暴然向逼，則怯者不待告跳而越之，如康莊矣。然則（收一句。）人豈有勇怯哉？要在以勢驅之耳。君之難犯，（入本意。）猶淵谷之難越也。所謂性忠義、不悦賞、不畏罪者，勇者也，故無不諫焉。悦賞者，勇怯半者也，故賞而後諫焉。畏罪者，怯者也，故刑而後諫焉。先王知勇者不可常得，（以喻意寫正意，文以趣勝。）故以賞爲千金，以刑爲猛虎，使其前有所趨，後有所避，其勢不得不極言規失，此三代所以興也。末世不然，遷其賞於不諫，遷其刑於諫，宜乎臣之噤口卷舌，而亂亡隨之也。間或賢君欲聞其過，亦不過賞之而已。嗚呼！不有猛虎，彼怯者肯越淵谷乎？此無它，墨刑之廢耳。三代之後，如霍光誅昌邑不諫之臣者，不亦鮮哉。

今之諫賞，時或有之，不諫之刑，缺然無矣。苟增其所有，有其所無，則諛者直，佞者忠，況忠直者乎。誠如是，欲聞讜言而不獲，吾不信也。

【眉批】

陳繼儒曰：「無一語不精融，無一語落蹊徑。」

茅坤曰：「束上緊嚴，取醒人目。」

焦竑曰：「以下喻意、正意相御而行，巧而縱。」

茅坤曰：「重刑上見老泉得解處。」

茅坤曰：「結語老鍊，百尺竿頭進步。」

制敵

兵何難？曰：難乎制敵。曷難乎制敵？曰：古者六師之中，士不能皆鋭，馬不能皆良，器械不能皆利，故其兵必有上中下輩。力扼虎，射命中，捕敵敢前，攻壘敢先乘，上兵也。習行陣，曉擊刺，進而進，退而退，中兵也。奔則蹶，負則喘，迎刃而殪，望敵而走，下兵也。凡上兵一，說得明。支中兵十，中兵十，支下兵百。此非獨吾有，敵亦不無也。爲將者不以計用之，而曰敵以上兵來，吾無上兵乎？以中兵來，吾無中兵乎？以下兵來，吾無下兵乎？然則勝負何時而决也？夫勝負久而不决，不能無老師費財。吾故曰難乎制敵也。

若其善兵者則不然。堂然而陣，填然而鼓，視敵之兵有挺刃大呼而争奮者，此其上兵也，以吾下兵委之。吾進亦進，吾退亦退者，此其中兵也，以吾上兵乘之。滿鏃佳句。而向之，其色動，介馬而馳之，其轍亂者，此其下兵也，以吾中兵襲之。夫如此，敵之上兵樂吾下兵之易攻也，必盡鋭不顧而擊之，吾得以上兵臨其中，中兵臨其下，此皆以一克十，以十克百之兵也，焉往而不勝哉？是則敵三克吾一，而吾三克敵二。况其上兵雖勝，而中兵下兵即既爲吾克，其勢不能獨完，亦終爲吾所並耳。噫！一失而三得，與三失而一得，爲將者宜何取耶？

昔田忌與齊諸公子逐射，孫臏見其馬有上中下，因教之曰：以君下駟與彼上駟，取君上駟與彼中駟，取君中駟與彼下駟。忌從之，一不勝而再勝，卒獲千金。夫臏之説乃吾向之説也。徒施之射，是以知其能獲千金而止耳，苟取而施之兵，雖穰苴、吴起，何以易此哉！

【眉批】

焦竑曰：「此即《强弱》篇三權之説而暢言之。」

焦竑曰：「我善兵，敵亦善兵，奈何想有持之一注在。」

錢穀曰：「文甚紆迴可愛。」

錢穀曰：「述孫臏一段，見老泉善學兵略。」

嚳妃論

《史記》載帝嚳元妃曰姜原，次妃曰簡狄。簡狄行浴，見燕墮其卵，取吞之，因生契，爲商始祖。姜原出野，見巨人迹，忻然踐之，因生稷，爲周始祖。其祖商、周信矣。其妃之所以生者，神奇妖濫，不亦甚乎！商周有天下七八百年，正論。是其享天之禄以能久有社稷，而其祖宗何如此之不祥也？使聖人而有異於衆庶也，吾以爲天地必將搆陰陽之和，積元氣之英以生之，又焉用此二不祥之物哉？燕墮卵於前，取而吞之，簡狄其喪心乎。巨人之迹，隱然在地，走而避之且不暇，忻然踐之，何姜原之不自愛也？又謂行浴出野而遇之，是以簡狄、姜原爲婬泆無法度之甚者。帝嚳之妃，稷、契之母，不如是也。

雖然，史遷之意，必以《詩》有「天命鳦鳥，降而生商」、「厥初生民，時惟姜原。生民如何，克禋克祀。以弗無子，履帝武敏歆。攸介攸止，載震載夙，載生載育，時惟后稷」而言之。吁！此又遷求《詩》之過也。毛公之傳《詩》也，以鳦鳥降爲祀郊禖之候，有理，《月令》玄鳥至，是月祀郊禖以祈子。履帝武爲從高辛之行。及鄭之箋而後有吞踐之事。當毛之時，未始有遷《史》也。遷《史》之説出於疑《詩》，而鄭之説又出於信遷矣。故天下皆曰：聖人非人，人不可及也。甚矣，遷之以不祥誣聖人也。夏之衰，二龍戲於庭，藏其漦，至周而發之，化爲黿，以生褒姒，以滅周。使簡狄而吞卵，姜原而踐迹，則其生子當如褒姒以妖惑天下，奈何其有稷、契也？

或曰：然則稷何以棄？曰：稷之生也，無菑無害，或者姜原疑而棄之乎？鄭莊公寤生，驚姜氏，姜氏惡之，事固有然者也。吾非惡夫異也，惡夫遷之以不祥誣聖人也。棄之而牛羊避，遷之而飛鳥覆，吾豈惡之哉？楚子文之生也，虎乳之，吾固不惡夫異也。

【眉批】

茅坤曰：「辨。」

楊慎曰：「卵不出蓐，燕不徙巢，何由而墮？」

楊慎曰：「如黄帝之生，電虹繞樞，蓋值電虹見之時也。傅説爲箕星，生之月直箕也。蕭何爲昴星，生之日直昴也。

《楚辭》曰：「攝提貞于孟陬兮，惟庚寅吾以降。」屈原非真攝提之苗裔也，此可正玄鳥之解。」

錢穀曰：「入鄭莊公、楚子文，論確，文亦奇雋。」

管仲論

管仲相桓公，霸諸侯，攘戎狄，終其身齊國富强，諸侯不叛。管仲死，豎刁、易牙、開方用，桓公薨於亂，五公子争立，其禍蔓延，訖簡公，齊無寧歲。以上兩叙事。

夫功之成非成於成之日，蓋必有所由起；禍之作不作於作之日，亦必有所由兆。則齊之治也，轉摺。吾不曰管仲，客。而曰鮑叔。及其亂也，吾不曰豎刁、易牙、開方，主。而曰管仲。何則？豎刁、易牙、開方三子，彼固亂人國者，顧其用之者，桓公也。夫有舜而後知放四凶，有仲尼而後知去少正卯。彼桓公何人也？省語。顧其使桓公得用三子者，管仲也。仲之疾也，公問之相。當是時也，吾以仲且舉天下之賢者以對，是本。而其言乃不過曰豎刁、易牙、開方三子，是末。非人情不可近而已。嗚呼！一段。仲以爲桓公果能不用三子矣乎？仲與桓公處幾年矣，亦知桓公之爲人矣乎？桓公聲不絶乎耳，色不絶乎目，而非三子者則無以遂其欲。彼其初之所以不用者，徒以有仲焉耳。一日無仲，則三子者可以彈冠相慶矣。仲以爲將死之言，可以縶桓公之手足邪？夫二段。齊國不患有三子，而患無仲。有仲，則三子者三匹夫耳。不然，天下豈少三子之徒哉？雖桓公幸而聽仲，誅此三人，而其餘者，仲能悉數而去之邪？嗚呼！仲可謂不知本者矣。因桓公之三段，入本旨。問，舉天下之賢者以自代，則仲雖死，而齊國未爲無仲也，夫何患三子者，不言可也。

五霸莫盛於桓公。證切。文公之才不過桓公，其臣又皆不及仲，靈公之虐不如孝公之寬厚，文公死，諸侯不敢叛晉，晉襲文公之餘威，得爲諸侯之盟主者百有餘年。何者？其君雖不肖，而尚有老成人焉。桓公之薨也，一亂塗地。無惑也，彼獨恃一管仲，而仲則死矣。夫天下未嘗無賢者，蓋有有臣而無君者矣。桓公在焉，而曰天下不復有管仲者，吾不信也。仲之書有記其將死，論鮑叔、賓胥無之爲人，且各疏其短，是其心以爲是數子者，皆不足以托國，而又逆知其將死，則其書誕謾不足信也。

吾觀史鰍以不能進蘧伯玉而退彌子瑕，故有身後之諫。蕭何且死，舉曹參以自代。大臣之用心固宜如此也。一國以一人興，以一人亡，賢者不悲其身之死，而憂其國之衰，故必復有賢者而後有以死。彼管仲者，何以死哉！一句結。

【眉批】

茅坤曰：「通篇責仲不能臨没薦賢，起伏不窮。」

唐順之曰：「看他接。大凡文字使事起，須接得省力。」

茅坤曰：「措詞得慨嘆。」

胡秋宇曰：「韓非言管仲薦隰朋，而桓公不能用，似未可深罪管仲。」

茅坤曰：「文公一證，切甚。」

詹惟修曰：「先得此二事爲證，然後立論。」

明論

天下有大知，有小知。人之智慮有所及，有所不及。聖人以其大知而兼其小知之功，賢人以其所及而濟其所不及，愚者不知大知，而以其所不及喪其所及。故聖人之治天下也以常，添時字、常字，襯上二段。而賢人之治天下也以時。既不能常，又不能時，悲夫殆哉！夫惟大知而後可以常，以其所及濟其所不及而後可以時。常也者，無治而不治者也；時也者，無亂而不治者也。

日月經乎中天，此段喻常。大可以被四海，而小或不能入一室之下，彼固無用此區區小明也。故天下視日月之光，儼然其若君父之威。故自有天地而有日月以至于今，而未嘗可以一日無焉。天下嘗有言曰：此段喻時。叛父母，褻神明，則雷霆下擊之。雷霆固不能爲天下盡擊此等輩也，而天下之所以競競然不敢犯者，有時而不測也。使雷霆日轟轟焉繞天下以求夫叛父母、褻神明之人而擊之，則其人未必能盡，而雷霆之威無乃褻乎！故夫知日月雷霆之分者，可以用其明矣。

聖人之明，吾不得而知也。吾獨愛夫賢者之用其心約而成功博也，吾獨怪夫愚者之用其心勞而功不成也。是無他也，專於其所及而及之，則其及必精，兼於其所不及而及之，則其及必粗。及之而精，曲盡人情。人將曰：是惟無及，及則精矣。不然，吾恐奸雄之竊笑也。齊威王證賢人之明。即位，大亂三載，威王一奮而諸侯震懼二十年，是何修何營邪？夫齊國之賢者，非獨一即墨大夫明矣。多則難及。亂齊國者，非獨一阿大夫與左右譽阿而毀即墨者幾人亦明矣。一即墨大夫易知也，一阿大夫易知也，左右譽阿而毀即墨者幾人易知也，從其易知而精之，故用心甚約而成功博也。

天下之事，譬如有物十焉，吾舉其一，賢。而人不知吾之不知其九也。歷數之至於九，愚。而不知其一，不如舉一之不可測也，而況乎不至於九也。

【眉批】

茅坤曰：「此蘇老泉本色學問。宋迂齋謂其意脉自《戰國策》來，良是。」

唐順之曰：「轉展游衍。」

唐順之曰：「聖人句擺脱好，是文字緊慢用舍法。」

焦竑曰：「不免挾數理亦如此，兵法攻堅攻瑕亦然。」

焦竑曰：「老泉結法如此雋甚。」

辨奸

事有必至，理有固然，惟天下之靜者，乃能見微而知著。月暈而風，礎潤而雨，人人知之。人事之推移，理勢之相因，其疏闊而難知，變化而不可測者，孰與天地陰陽之事，而賢者有不知其故，何也？好惡亂其中而利害奪其外也。

昔者山巨源見王衍，曰：「誤天下蒼生者，必此人也。」郭汾陽見盧杞，曰：「此人得志，吾子孫無遺類矣。」自今而言之，其理固有可見者。以吾觀之，王衍之爲人，容貌言語，固有以欺世而盜名者，然不忮不求，與物浮沉，使晉無惠帝，僅得中主，雖衍百千，何從而亂天下乎？盧杞之奸，固足以敗國，然而不學無文，容貌不足以動人，言語不足以眩世，非德宗之鄙暗，亦何從而用之？由是言之，二公之料二子，亦容有未必然也。

今有人口誦孔、老之言，身履夷、齊之行，收召好名之士，不得志之人，相與造作言語，私立名字，以爲顏淵、孟軻復出，而陰賊險狠，與人異趣，是王衍、盧杞合而爲一人也，其禍豈可勝言哉？

夫面垢不忘洗，衣垢不忘澣，朱文公曰：以此爲奸，思不然也。此人之至情也。今也不然，衣臣虜之衣，食犬彘之食，囚首喪面而談《詩》、《書》，此豈其情也哉？凡事之不近人情者，拓開。鮮不爲大奸慝，豎刁、易牙、開方是也。以蓋世之名而濟其未形之患，雖有願治之主，好賢之相，猶將舉而用之，則其爲天下患必然而無疑者，非特二子之比也。孫子曰：善用兵者無赫赫之功。使斯人而不用也，則吾言爲過，而斯人有不遇之嘆。孰知禍之至於此哉？不然，天下將被其禍，而吾獲知言之名，悲夫！

【眉批】

唐順之曰：「開口便含安石必亂天下意。」

茅坤曰：「荆川讀韓非《八奸》篇，謂是照妖鏡，予于此論亦云。」

按：張文定公撰老蘇《墓表》云：「嘉祐初，王安石名始盛，黨友傾一時。其命相制曰：『生民以來，數人而已。』造作語言，至以爲幾于聖人。歐陽修亦善之，勸先生與之游，而安石亦願交于先生。先生曰：『吾知其人矣，是不近人情者，鮮不爲天下患。』安石之母死，士大夫皆往弔，先生獨不往，作《辨奸》一篇。及安石用事，人服其先見云。

楊慎曰：「王安石大類商鞅，鞅進由景監，安石進由藍元；鞅禁誹謗，安石置邏卒；鞅排甘龍、杜摯之議，安石彈言新法之人。秦亡以鞅，宋亡以安石。安石嘗有詩云：『今人未可非商鞅，商鞅能令令必行。』是其本相盡露。」

茅坤曰：「上略拓開，此就歸本人，何等起伏。」

陳仁錫曰：「如此轉作結，極斌媚。」

三子知聖人污論

孟子曰：「宰我、子貢、有若，知足以知聖人污。」吾爲之説曰：污，下也。宰我、子貢、有若三子者，其智不足以及聖人高深幽絶之境，而徒得其下者焉耳。宰我曰：「以予觀於夫子，賢於堯、舜遠矣。」子貢曰：「由百世之後，等百世之王，莫之能違也。」有若曰：「出乎其類，拔乎其萃，自生民以來，未有夫子之盛也。」是知夫子之大矣，而未知夫子之所以大矣，宜乎謂其知足以知聖人污而已也。

聖人之道一也，大者見其大，小者見其小，高者見其高，下者見其下，而聖人不知也。苟有形乎吾前者，吾以爲無不見也，而離婁子必將有見吾之所不見焉，是非物罪也。太山之高百里，有却走而不見者矣，有見而不至其趾者矣，有至其趾而不至其上者矣，而太山未始有變也。有高而已耳，有大而已耳。見之不逃，不見不求見；至之不拒，不至不求至。而三子者，至其趾也。

顔淵從夫子游，出而告人曰：吾有得於夫子矣。夫子之道一也，而顔淵得之以爲顔淵，宰我、子貢、有若得之以爲宰我、子貢、有若，夫子不知也。宰我、子貢、有若從夫子游，出而告人曰：吾有得於夫子矣。夫子之道，有高而又有下，猶太山之有趾也。高則難知，下則易從。難知，故夫子之道尊；易從，故夫子之道行。非夫子下之而求行也，道固有下者也。太山非能有趾，而不能無趾也。

子貢謂夫子曰：「夫子之道至大也，故天下莫能容夫子。夫子蓋少貶焉！」夫子不悦。夫有其大，而後能安其大；有其小焉，則亦不狹乎其小。夫子有其大，而子貢有其小，然則無惑乎子貢之不能安夫夫子之大也。

【眉批】

沈穆曰：「臭腐神奇，是一是兩，舍櫝求珠，舍筌求魚可乎？」

沈穆曰：「機趣自然之文，非雕繪所至。」

沈穆曰：「文章天性之説，似即趾即巔了。」

姜寶曰：「有高有下，看道太歧。」

利者義之和論

義者，所以宜天下，而亦所以拂天下之心。苟宜也，宜乎其拂天下之心也。求宜乎小人邪？求宜乎君子邪？求宜乎君子也，吾未見其不以至正而能也。抗至正而行，宜乎其拂天下之心也。然則義者，聖人戕天下之器也。

伯夷、叔齊殉大義以餓于首陽之山，天下之人安視其死而不悲也。天下而果好義也，伯夷、叔齊其不以餓死矣。雖然，非義之罪也，賴此周全。徒義之罪也。武王以天命誅獨夫紂，揭大義而行，夫何恤天下之人？而其發粟散財，何如此之汲汲也？意者雖武王亦不能以徒義加天下也。以武爲徒義，朱子曰：「兵忌憚。」《乾·文言》曰：「利者，義之和。」又曰：「利物足以和義。」嗚呼，盡之矣。君子之恥言利，亦恥言夫徒利而已。

聖人聚天下之剛以爲義，其支派分裂而四出者，爲直，爲斷，爲勇，爲怒，於五行爲金，於五聲爲商。凡天下之言剛者，皆義屬也。是其爲道，决裂慘殺而難行者也。雖然，無之則天下將流蕩忘反，而無以節制之也。故君子欲行之，必即於利。即於利，則其爲力也易；戾於利，則其爲力也艱。利在則義存，利亡則義喪。故君子樂以趨徒義，而小人悦懌以奔利義。必也天下無小人，而後吾之徒義始行矣。嗚呼！難哉。

聖人滅人國，殺人父，刑人子，而天下喜樂之，有利義者。與人以千乘之富而人不奢，爵人以九命之貴而人不驕，有義利也。義利、利義相爲用，而天下運諸掌矣。

五色必有丹而色和，五味必有甘而味和，義必有利而義和。《文言》之所云，雖以論天德，而《易》之道，本因天以言人事。說《易》者不求之人，故吾猶有言也。

【眉批】

陳仁錫曰：「義亦性也。真義何拂，乃曰『戕天下』，曰『慘殺難行』，涉荀卿性惡之説。朱子所謂學儒不至而流于詖淫邪遁者也。然文自雄深敏妙。」

又曰：「誅討是義，散財發粟亦是義。」

陳仁錫曰：「義即是利，如蘇解似未精。然行文偉雋，不妨模範。」

卷八

上書

上皇帝書

嘉祐三年十二月一日，眉州布衣臣蘇洵謹頓首再拜，冒萬死上書皇帝闕下。臣前月五日，蒙本州録到中書劄子，連牒臣：以兩制議上翰林學士歐陽修奏臣所著《權書》、《衡論》、《幾策》二十篇，乞賜甄録。陛下過聽，召臣試策論舍人院，仍令本州發遣臣赴闕。臣本田野匹夫，名姓不登於州閭，今一旦卒然被召，實不知其所以自通於朝廷，承命悸恐，不知所爲。以陛下躬至聖之資，又有群公卿之賢，與天下士大夫之衆，如臣等輩，固宜不少，有臣無臣，不加損益。臣不幸有負薪之疾，不能奔走道路以副陛下搜揚之心，憂惶負罪，無所容處。

臣本凡才，無路自進。當少年時，亦嘗欲僥幸於陛下之科舉，有司以爲不肖，輒以擯落，蓋退而處者十有餘年矣。今雖欲勉强扶病戮力，亦自知其疏拙，終不能合有司之意，恐重得罪以辱明詔。且陛下所爲千里而召臣者，其意以臣爲能有所發明，以庶幾有補於聖政之萬一。而臣之所以自結髮讀書，至于今兹，犬馬之齒幾已五十，而猶未敢廢者，其意亦欲效尺寸於當時，以快平生之志耳。今雖未能奔伏闕下，以累有司，而猶不忍嘿嘿卒無一言而已也。天下之事，其深遠切至者，臣自惟疏賤，未敢遽言。而其近而易行，淺而易見者，謹條爲十通，以塞明詔。

其一曰：臣聞利之所在，核實用人。天下趨之。是故千金之子，欲有所爲，則百家之市無寧居者。古之聖人，執其大利之權以奔走天下，意有所嚮，則天下争先爲之。今陛下有奔走天下之權，而不能用，何則？古者賞一人而天下勸，今陛下增秩拜官，動以千計，其人皆以爲己所自致，而不知戮力以報上之恩，至於臨事，誰當効用？此由陛下輕用其爵禄，使天下之士積日持久而得之。譬如傭力之人，計工而受直，雖與之千萬，豈知德其主哉？是以雖有能者，亦無所施，以爲謹守繩墨，切今世事情。足以自致高位。官吏繁多，溢於局外，使陛下皇皇汲汲求以處之，而不暇擇其賢不肖，以病陛下之民，而耗竭大司農之錢穀。此議者所欲去而未得也。臣竊思之，蓋今制天下之吏，自州縣令録幕職而改京官者皆未得其術，是以若此紛紛也。今雖多其舉官而遠其考，重其舉官之罪，此適足以隔賢者而容不肖。且天下無事，雖庸人皆足以無過，一旦改官，無所不爲。彼其舉者曰：此廉吏，此能吏。朝廷不知其所以爲廉與能也。幸而未有敗事，則長爲廉與能矣。雖重其罪，未見有益。上下相蒙，請托公行。莅官六七考，求舉主五六人，此誰不能者？臣愚以爲舉人者當使明著其迹，曰：某人廉吏也，嘗有某事以知其廉；某人能吏也，嘗以某事以知其能。雖不必有非常之功，而皆有可紀之狀，其特曰廉能而已者不聽。如此，則夫庸人雖無罪而不足稱者，不得入其間，老於州縣，不足甚惜，而天下之吏，必皆務爲可稱之功，與民興利除害，惟恐不出諸己。此古之聖人，所以驅天下之人而使争爲善也。有功而賞，有罪而罰，其實一也。今降官罷任者，必奏曰某人有某罪，其罪當然，然後朝廷舉而行之。今若不著其所犯之由，而特曰此不才貪吏也，則朝廷安肯以空言而加之罪？今又何獨至於改官而聽其空言哉？是不思之甚也。或以爲如此，則天下之吏，務爲可稱，用意過當，生事以爲己功，漸不可長。臣以爲不然。蓋聖人必觀天下之勢而爲之法。方天下初定，民厭勞役，則聖人務爲因循之政，與之休息。及其久安而無變，則必有不振之禍，是以聖人破其苟且之心，而作其怠惰之氣。漢之元、成，惟不知此，以至於亂。今天下少惰矣，宜有以激發其心，使踴躍於功名，以變其俗。況乎冗官紛紜如此，不知所以節之，而又何疑於此乎？且陛下與天下之士相期於功名而毋苟得，此待之至深也。若其宏才大略，不樂於小官而無聞焉者，使兩制得以非常舉之，此天下亦不過幾人而已。吏之有過而不得遷者，亦使得以功贖，如此，亦以示陛下之有所推恩而不惟艱之也。

其二曰：臣聞古者之制爵禄，任子之不可。必皆孝弟忠信，修潔博習，聞於鄉黨，而達於朝廷以得之。及其後世不然，曲藝小數，皆可以進，然其得之也，猶有以取之，其弊不若今之甚也。今之用人最無謂者，其所謂任子乎？因其父兄之資以得大官，而又任其子弟，子將復任其孫，孫又任其子，是不學而得者嘗無窮也。夫得之也易，則其失之也不甚惜。以不學之人，而居不甚惜之官，其視民如草芥也固宜。朝廷自近年始有意於裁節，然皆知損之而未得其所損，此所謂制其末而不窮其源，見其粗而未識其精，僥倖之風少衰而猶在也。夫聖人之舉事，不唯曰利而已，必將有以大服天下之心。今欲有所去也，必使天下知其所以去之之説，故雖盡去而無疑。何者？恃其説明也。夫所謂任子者，亦猶曰信其父兄而用其子弟云爾。彼其父兄固學而得之也。學者任人，不學者任於人，此易曉也。今之制苟幸而其官至於可任者，舉使任之，不問其始之何從而得之也。且彼任於人不暇，又安能任人？此猶借資之人，而欲從之匄貸，不已難乎？臣愚以爲父兄之所任而得官者，雖至正郎，宜皆不聽任子弟。唯其能自修飾而越録躐次，以至於清顯者，乃聽。如此，則天下之冗官必大衰少，而公卿之後皆奮志爲學，不待父兄之資。其任而得官者，知後不得復任其子弟，亦當勉强，不肯終老自棄於庸人，此其爲益豈特一二而已？

其三曰：論考課。臣聞自設官以來，皆有考績之法。周室既亡，其法廢絶。自京房建考課之議，其後終不能行。夫有官必有課，有課必有賞罰。有官而無課，是無官也。有課而無賞罰，是無課也。無官無課，而欲求天下之大治，臣不識也。然更歷千載而終莫之行，行之則益以紛亂，而終不可考，其故何也？天下之吏，不可以勝考，今欲人人而課之，必使入於九等之中，此宜其顛倒錯謬而不若無之爲便也。臣觀自昔行考課者，皆不得其術。蓋天下之官，皆有所屬之長，有功有罪，其長皆得以舉刺。如必人人而課之於朝廷，則其長爲將安用？惟其大吏無所屬，而莫爲之長也，則課之所宜加。何者？其位尊，故課一人而其下皆可以整齊；其數少，故可以盡其能否而不謬。今天下所以不大治者，守令丞尉賢不肖混淆而莫之辨也。夫守令丞尉賢不肖之不辨，其咎在職司之不明。職司之不明，其咎在無所屬而莫爲之長。陛下以無所屬之官，而寄之以一路，其賢不肖，當使誰察之？古之考績者，皆從司會而至於天子。古之司會，即今之尚書，尚書既廢，唯御史可以總察中外之官。臣愚以爲可使朝臣議定職司考課之法，而於御史臺別立考課之司，中丞舉其大綱，而屬官之中，選强明者一人，以專治其事。以舉刺多者爲上，以舉刺少者爲中，以無所舉刺者爲下。因其罷歸而奏其治要，使朝廷有以爲之賞罰。其非常之功，不可掩之罪，又當特有以償之，使職司知有所懲勸。則其下守令丞尉不容復有所依違，而其所課者，又不過數十人，足以求得其實。此所謂用力少而成功多，法無便於此者矣。今天下號爲太平，其實遠方之民窮困已甚，其咎皆在職司。臣不敢盡言，陛下試加採訪，乃知臣言之不妄。

其四曰：監司太守待縣令當以禮。臣聞古者諸侯，臣妾其境内，而卿大夫之家，亦各有臣。陪臣之事其君，如其君之事天子。此無他，其一境之内，所以生殺與奪富貴貧賤者，皆自我制之，此固有以臣妾之也。其後諸侯雖廢，而自漢至唐，猶有相君之勢。何者？其署置辟舉之權，猶足以臣之也。是故太守刺史坐於堂上，州縣之吏拜於堂下，雖奔走頓伏，其誰曰不然？自太祖受命，收天下之尊歸之京師，一命以上皆上所自署，而大司農衣食之。自宰相至于州縣吏，雖貴賤相去甚遠，而其實皆所以比肩而事主耳。是以百餘年間，天下不知有權臣之威，而太守刺史猶用漢、唐之制，使州縣之吏事之如事君之禮，皆受天子之爵，皆食天子之禄，不知其何以臣之也。小吏之於大官，不憂其有所不從，惟恐其從之過耳。今天下以貴相高，以賤相諂，奈何使州縣之吏，趨走於太守之庭，不啻若僕妾，唯唯不給。故大吏常恣行不忌其下，而小吏不能正，以至於曲隨諂事，助以爲虐，其能中立而不撓者固已難矣。此不足怪，其勢固使然也。夫州縣之吏，位卑而禄薄，去於民最近，而易以爲奸。朝廷所恃以制之者，特以厲其廉隅，全其節概，而養其氣，使知有所耻也。且必有異材焉，後將以爲公卿，而安可薄哉？其尤不可者，今以縣令從州縣之禮。夫縣令官雖卑，其所負一縣之責，與京朝官知縣等耳。其吏胥人民，習知其官長之拜伏於太守之庭，如是之不威也，故輕之。輕之，故易爲奸。此縣令之所以爲難也。臣愚以爲州縣之吏事太守，可恭遜卑抑，此句少不得。不敢抗而已，不至於通名贊拜，趨走其下風，所以全士大夫之節，且以儆大吏之不法者。

其五曰：論武舉。臣聞爲天下者必有所不可窺，是以天下有急，不求其素所不用之人，使天下不能幸其倉卒而取其禄位，唯聖人爲能然。何則？其素所用者，緩急足以使也；臨事而取者，亦不足用矣。《傳》曰：「寛則寵名譽之人，急則用介冑之士。今者所用非所養，所養非所用。」國家用兵之時，購方略，設武舉，使天下屠沽健兒，皆能徒手攫取陛下之官，而兵休之日，雖有超世之才，而惜斗升之禄，臣恐天下有以窺朝廷也。今之任爲將帥，卒有急難而可使者誰也？陛下之老將，曩之所謂戰勝而善守者，今亡矣。臣愚以爲可復武舉，而爲之新制，以革其舊弊。且昔之所謂武舉者蓋疏矣，其以弓馬得者，不過挽强引重，市井之粗材。而以策試中者，亦皆記録章句，區區無用之學。又其取人太多，天下之知兵者不宜如此之衆，而待之又甚輕，其第下者不免於隸役。故其所得皆貪污無行之徒，豪傑之士耻不忍就。宜因貢士之歲，使兩制各得舉其所聞，有司試其可者，而陛下親策之。權略之外，便於弓馬，可以出入險岨，勇而有謀者，不過取一二人，待以不次之位，試以守邊之任。文有制科，武有武舉，陛下欲得將相，於此乎取之，十人之中，豈無一二？斯亦足以濟矣。

其六曰：言信任大臣。臣聞法不足以制天下。以法而制天下，法之所不及，天下斯欺之矣，且法必有所不及也。先王知其有所不及，是故存其大略，而濟之以至誠，使天下之所以不吾欺者，未必皆吾法之所能禁，亦其中有所不忍而已。人君御其大臣，不可以用法，如其左右大臣而必待法而後能御也，則其疏遠小吏，當復何以哉？以天下之大而無可信之人，則國不足以爲國矣。臣觀今兩制以上，非無賢俊之士，然皆奉法供職，無過而已，莫肯於繩墨之外，爲陛下深思遠慮，有所建明。何者？陛下待之於繩墨之内也。臣請得舉其一二以言之。夫兩府與兩制，宜使日夜交於門以講論當世之務，且以習知其爲人，臨事授任，以不失其才。今法不可以相往來，意將以杜其告謁之私也。君臣之道不同，人臣惟自防，法言。人君惟無防之，是以歡欣相接而無間。以兩府兩制爲可信邪，當無所請屬，以爲不可信邪，彼何患無所致其私意，安在其相往來邪？今兩制知舉，不免用封彌謄録，既奏而下，然此終不可已。一切撤去，彼稍有知，宜不忍負。御史親往莅之，凛凛如鞫大獄，使不知誰人之辭，又何其甚也？臣愚以爲如此之類，一切撤去，彼稍有知，宜不忍負。若其猶有所欺也，則亦天下之不才無耻者矣。陛下赫然震威，誅一二人，可以使天下奸吏重足而立，想聞朝廷之風，亦必有倜儻非常之才，爲陛下用也。

其七曰：惜名器。臣聞爲天下者，可以名器授人，而不可以名器許人。人之不可以一日而知也久矣。國家以科舉取人，四方之來者如市，一旦使有司第之，此固非真知其才之高下大小也，特以爲姑收之而已。將試之爲政，而觀其悠久，則必有大異不然者。今進士三人之中，釋褐之日，天下望爲卿相，不及十年，未有不爲兩制者。且彼以其一日之長，而擅終身之富貴，舉而歸之，如有所負。如此則雖天下之美才，亦或怠而不修，其率意恣行者，人亦望風畏之，不敢按。此何爲者也？且又有甚不便者。先王制其天下，尊尊相高，貴貴相承，使天下仰視朝廷之尊，如太山喬嶽，非扳援所能及。苟非有大功與出群之才，則不可以輕得其高位。是故天下知有所忌，而不敢覬覦。今五尺童子，斐然皆有意於公卿，得之則不知愧，不得則怨。何則？彼習知其一旦之可以僥倖而無難也。如此則匹夫輕朝廷。臣愚以爲三人之中苟優與一官，足以報其一日之長，館閣臺省，非舉不入。彼果不才者也，其安以入爲？彼果才者也，其何患無所舉？此非獨以愛惜名器，將以重朝廷耳。

其八曰：慎夷使。臣聞古者敵國相觀，不觀於其山川之崄，士馬之衆，相觀於人而已。高山大江，必有猛獸怪物，時見其威，故人不敢褻。夫不必戰勝而後服也，使之常有所忌而不敢發，使吾常有所恃而無所怯耳。今以中國之大，使夷狄視之不甚畏，敢有煩言以瀆亂吾聽。此其心不有所窺，其安能如此之無畏也？敵國有事，相待以將，無事，相觀以使。今之所謂使者亦輕矣，曰此人也，爲此官也，則以爲此使也。今歲以某，其來歲當以某，又來歲當以某，如縣令署役，必均而已矣。人之才固有所短而不可强，其專對捷給勇敢，又非可以學致也。今必使强之，彼有倉惶失次，爲夷狄笑而已。古者大夫出疆，有可以安國家、利社稷則專之。今法令大密，使小吏執簡記其旁，一摇足輒隨而書之，雖有奇才辨士，亦安所效用？彼夷狄觀之，以爲罇俎談燕之間，尚不能辦，軍旅之際，固宜其無人也。如此，將何以破其奸謀而折其驕氣哉？臣愚以爲奉使宜有常人，唯其可者而不必均。彼其不能者，陛下責之以文學政事，不必强之於言語之間，以敗君事，而亦稍寬其法，使得有所施。且今世之患，以奉使爲艱危，故必均而後可。陛下平世使人，而皆得以辭免，後有緩急，使之出入死地，將皆逃邪！此臣又非獨爲出使而言也。

其九曰：不可郊赦。臣聞刑之有赦，其來遠矣。周制八議，有可赦之人，而無可赦之時。名言。自三代之衰，始聞有肆赦之令，然皆因天下有非常之事，凶荒流離之後，盜賊垢汚之餘，於是有以沛然洗濯於天下，而猶不若今之因郊而赦，使天下之凶民，可以逆知而僥倖也。平時小民畏法，不敢趦趄，當郊之歲，盜賊公行，罪人滿獄，爲天下者將何利於此？而又糜散帑廩，以賞無用冗雜之兵，一經大禮，費以萬億，賦斂之不輕，民之不聊生，皆此之故也。以陛下節用愛民，非不欲去此矣。顧以爲所從來久遠，恐一旦去之，天下必以爲少恩，而凶豪無賴之兵，或因以爲詞而生亂，此其所以重改也。蓋事有不可改而遂不改者，其憂必深，改之，則其禍必速。惟其不失推恩，而有以救天下之弊者，臣愚以爲先郊之歲，可因事爲詞，特發大號，如郊之赦，與軍士之賜。且告之曰：吾於天下非有惜乎推恩也，惟是凶殘之民，知吾當赦，輒以犯法以賊害吾良民，今而後赦不於郊之歲，以爲常制。天下之人，喜乎非郊之歲而得郊之賞也，何暇慮其後？其後四五年而行之，七八年而行之，又從而盡去之，天下晏然不知，而日以遠矣。且此出於五代之後，兵荒之間，所以姑息天下而安反側耳，後之人相承而不能去，以至于今。法令明具，四方無虞，何畏而不改？今不爲之計，使奸人猾吏，養爲盜賊，而後取租賦以啖驕兵，乘之以饑饉，鮮不及亂矣。當此之時，欲爲之計，其猶有及乎？

其十曰：盡去小人。臣聞古者所以採庶人之議，爲其疏賤而無嫌也。不知爵禄之可愛，故其言公；不知君威之可畏，故其言直。今臣幸而未立于陛下之朝，無所愛惜顧念於其心者，是以天下之事，陛下之諸臣所不敢盡言者，臣請得以僭言之。陛下擢用俊賢，思致太平，今幾年矣。事垂立而輒廢，功未成而旋去，陛下知其所由乎？陛下知其所由，則今之在位者，皆足以有立；若猶未也，雖得賢臣千萬，天下終不可爲。何者？小人之根未去也。陛下遇士大夫有禮，凡在位者不敢用褻狎戲嫚以求親媚於陛下，而讒言邪謀之所由至於朝廷者，天下之人皆以爲陛下不疏遠宦官之過。陛下特以爲耳目玩弄之臣，而不知其陰賊險詐，爲害最大。天下之小人，無由至於陛下之前，故皆道於宦官。珠玉錦綉所以爲賂者絡繹於道，以間關齟齬賢人之謀。陛下縱不聽用，而大臣常有所顧忌，以不得盡其心。臣故曰：小人之根未去也。竊聞之道路，陛下將有意去而疏之也。若如所言，則天下之福。然臣方以爲憂，而未敢賀也。古之小人，有爲君子之所抑，而反激爲天下之禍者，臣每痛傷之。蓋東漢之衰，宦官用事，陽球爲司隸校尉，發憤誅王甫等數人，磔其尸于道，中常侍曹節過而見之，遂奏誅陽球，而宦官之用事，過於王甫之未誅。其後竇武、何進又欲去之，而反以遇害。故漢之衰至於掃地而不可救。夫君子之去小人，老識。惟能盡去，乃無後患。惟陛下思宗廟社稷之重，與天下之可畏，既去之，又去之，既疏之，又疏之。刀鋸之餘，必無忠良，縱有區區之小節，不過闒闟掃灑之勤，無益於事。惟能務絶其權，使朝廷清明，而忠言嘉謨易以入，則天下無事矣。惟陛下無使爲臣之所料，而後世以臣爲知言，不勝大願。

曩臣所著二十篇，略言當世之要。陛下雖以此召臣，然臣觀朝廷之意，特以其文采詞致，稍有可嘉，而未必其言之可用也。天下無事，臣每每狂言，以迂闊爲世笑，然臣以爲必將有時而不迂闊也。賈誼之策，不用於孝文之時，而使主父偃之徒得其餘論，而施之於孝武之世。夫施之於孝武之世，固不如用之於孝文之時之易也。臣雖不及古人，惟陛下不以一布衣之言而忽之，不勝越次憂國之心，效其所見。且非陛下召臣，臣言無以至於朝廷。今老矣，恐後無由復言，深情。故云云之多至於此也，惟陛下寬之。臣洵誠惶誠懼，頓首頓首，謹書。

【眉批】

茅坤曰：「文章政事，具見此書。」

錢穀曰：「古人讀書專爲經濟如此。」

焦竑曰：「固是明試以功之法，第恐僞增户口者亦或蒙賞。」

錢穀曰：「吠聲而賞功，亦可含沙而罰罪，末世空言，寧獨改官也。」

茅坤曰：「塞議者之口。」

錢穀曰：「覈實中又入此兩款，亦憐才盛心。」

焦竑曰：「王吉言吏任子弟，率多驕傲，不通古今，得老泉論而愈暢。」

焦竑曰：「當時范富亦議裁： 凡長子不限年，諸子孫必年過十五，弟侄年過二十，乃得蔭。 不如老泉此論之精確。」

唐順之曰：「當問『所屬之長』何如人。」

茅坤曰：「嚴考課之議雖未審，亦當時所急。」

茅坤曰：「重縣令之體，假兩制之權，與高第者不得按名叙用，此三款似無大關係。」

楊慎曰：「太守刺史溷論之非也。 漢制三輔而外分九州，九州控郡國，州部有刺史，郡國有太守，刺史職督察，太守職豈弟。」

焦竑曰：「大小相制，何必云善事上官。」

茅坤曰：「又挈言縣令，議論委析。」

茅坤曰：「與今弊略同。」

茅坤曰：「復武舉之議亦未審。」

茅坤曰：「繩墨相蒙，今朝事亦然。」

穆文熙曰：「先儒云： 非是科舉累人，自是人累科舉。 安知科舉不可爲茂林。」

茅坤曰：「與今亦同。」

焦竑曰：「富鄭公使契丹也，而得專之，則納之一字，當不受屈，然安必夏竦等不以爲開邊。」

焦竑曰：「得人之外又有寬法一議，是爲皇華生色，不然主憂臣辱，不敢愛死者幾人哉？」

茅坤曰：「此宋最無爲之法，故蘇氏父子每每注意。」

錢穀曰：「禁俗而不駭俗，老泉機權可想。」

詹惟修曰：「治天下者如牧馬，去其害馬者而已。老泉慎赦，非臆説也。」

茅坤曰：「宦官一節，恐非宋朝時事之切者。」

穆文熙曰：「仁宗無儲，屬意英宗，任守忠欲立昏邀利，老泉意謂是與韓琦空頭赦，大快朝論。」

焦竑曰：「賈誼一策，文脉開從，且自許卓然。」

卷九

書

上韓樞密書

太尉執事：洵著書無他長，及言兵事，論古今形勢，至自比賈誼。所獻《權書》雖古人已往成敗之迹，苟深曉其義，施之於今，無所不可。昨因請見，求進末議，太尉許諾，謹撰其說，言語朴直，非有驚世絶俗之談，甚高難行之論，太尉取其大綱，而無責其纖悉。

蓋古者非用兵決勝之爲難，一篇大旨。而養兵不用之可畏。今夫水激之山，放之海，決之爲溝塍，壅之爲沼沚，是天下之人能之。喻起之易。委江河，注淮泗，匯爲洪波，瀦爲大湖，萬世而不溢者，自禹之後未之見也。喻收之難。夫兵者，聚天下不義之徒，從來無人如此說。授之以不仁之器，而教之以殺人之事，夫惟天下之未安，用兵決勝。盜賊之未殄，然後有以施其不義之心，用其不仁之器，而試其殺人之事。當是之時，勇者無餘力，智者無餘謀，巧者無餘技，故其不義之心，變而爲忠，不仁之器，加之於不仁，而殺人之事，施之於當殺。及夫天下既平，養兵不用。盜賊既殄，不義之徒聚而不散，勇者有餘力，則思以爲亂，智者有餘謀，則思以爲姦，巧者有餘技，則思以爲詐，於是天下之患雜然出矣。蓋虎豹終日而不殺，則跳踉大叫以發其怒；蝮蝎終日而不螫，則噬齧草木以致其毒，其理固然，無足怪者。

昔者劉、項奮臂於草莽之間，秦、楚無賴子弟，千百爲輩，争起而應者應天下未安。不可勝數。轉門五六年，天下厭兵，項籍死而高祖亦已老矣。方是時，分王諸將，改定律令，與天下休息。應天下既平。而韓信、黥布之徒，相繼而起者七國，高祖死於介胄之間而莫能止也。連延及於吕氏之禍，訖孝文而後定。是何起之易而收之難也？劉、項之勢，初若决河，順流而下，誠有可喜。及其崩潰四出，放乎數百里之間，拱手而莫能救也，嗚呼！不有聖人，何以善其後？

太祖、太宗躬環甲胄，跋履險阻，以斬刈四方之蓬蒿。用兵數十年，謀臣猛將滿天下，一旦卷甲而休之，傳四世而天下無變，此何術也？荆楚九江之地，不分於諸將，而韓信、黥布之徒，無以啓其心也。雖然，天下無變而兵久不用，則其不義之心，蓄而無所發，飽食優游，求逞於良民。觀其平居無事，出怨言以邀其上，一日有急，是非人得千金，不可使也。往年詔天下繕完城池，西川之事，洵實親見。凡郡縣之富民，舉而籍其名，得錢數百萬，以爲酒食餽餉之費，杵聲未絶，城輒隨壞，如此者數年而後定。卒事，官吏相賀，卒徒相矜，若戰勝凱旋而圖賞者。比來京師，游阡陌間，其曹往往偶語，無所諱忌。聞之土人，方春時尤不忍聞。蓋時五六月矣，會京師憂大水，鋤耰畚築，列於兩河之壖，縣官日費千萬，傳呼勞問之聲不絶者數十里，猶且睊睊狼顧，莫肯效用。且夫内之如京師之所聞，外之如西川之所親見，天下之勢，今何如也？

御將者天子之事也，御兵者將之職也。天子者養尊而處優，樹恩而收名，與天下爲喜樂者也，故其道不可以御兵。人臣執法而不求情，盡心而不求名，出死力以捍社稷，天下之心，繫於一人，而已不與焉。故御兵者人臣之事，不可以累天子也。今之所患，大臣好名而懼謗。好名則多樹私恩，懼謗則執法不堅，是以天下之兵，豪縱至此，而莫之或制也。

頃者狄公在樞府，號爲寬厚愛人，狎昵士卒，得其歡心。而太尉適承其後。彼狄公者知御外之術，而不知治内之道，此邊將材也。古者兵在外，愛將軍而忘天子，在内，愛天子而忘將軍。愛將軍所以戰，愛天子所以守。狄公以其御外之心而施諸其内，太尉不反其道而何以爲治？或者以爲兵久驕不治，一旦繩以法，恐因以生亂。昔者郭子儀去河南，李光弼實代之，將至之日，張用濟斬於轅門，三軍股栗。夫以臨淮之悍，而代汾陽之長者，三軍之士，竦然如赤子之脱慈母之懷，而立乎嚴師之側，何亂之敢生？

且夫天子者，天下之父母也；將相者，天下之師也。師雖嚴，赤子不以怨其父母；將相雖厲，天下不以咎其君，其勢然也。天子者可以生人殺人，故天下望其生，及其殺之也，天下曰是天子殺之，故天子不可以多殺。人臣奉天子之法，雖多殺，天下無以歸怨。此先王所以威懷天下之術也。

伏惟太尉思天下所以長久之道，而無幸一時之名，盡至公之心，而無恤三軍之多言。夫天子推深仁以結其心，太尉厲威武以振其墮。彼其思天子之深仁，則畏而不至於怨；思太尉之威武，則愛而不至於驕。君臣之體順，而畏愛之道立，非太尉吾誰望邪？不宣。洵再拜。

【眉批】

唐順之曰：「前段論兵驕，後段論制驕，當時有用文字。」

茅坤曰：「老泉厭當日兵法太弱，故勸韓魏公以誅戮，而行文似西漢，雄宕可觀。」

陳仁錫曰：「似韓非、商鞅。」

茅坤曰：「應前江河一喻。」

陳仁錫曰：「千里一拳砥柱，然後歸過聖人，接入宋事，騎龍手也。」

茅坤曰：「所云養兵不用之可畏。」

陳仁錫曰：「時事一一如手指。」

茅坤曰：「好名懼謗，固是通弊。」

陳仁錫曰：「戰守二字，文字不困。」

陳仁錫曰：「此意可行于專閫臨□之日，不可行于樞筦執國之時。」

茅坤曰：「議論從《韓非》等書來，六經無此意。」

陳仁錫曰：「結整。」

上富丞相書

相公閣下：往年天子震怒，出逐宰相，選用舊臣堪付屬以天下者，使在相府，與天下更始，而閣下之位實在第三。方是之時，天下咸喜相慶，以爲閣下惟不爲宰相也，故默默在此，方今困而後起，起而復爲宰相，而又值乎此時也，不爲而何爲？且吾君之意，待之如此其厚也，不爲而何以副吾望？故咸曰：後有下令而異於他日者，必吾富公也。朝夕而待之，難。跂首而望之，望望然而不獲見也，戚戚然而疑。嗚呼！其弗獲聞也，必其遠也。進而及於京師，亦無聞焉。難。不敢以疑，猶曰天下之人如此其衆也，解。數十年之間如此其變也，皆曰賢人焉。或曰彼其中則有説也，而天下之人則未始見也，然而不能無憂。轉。

蓋古之君子，愛其人也，則憂其無成，且嘗聞之，古之君子，以下始昌言之。相是君也，與是人也皆立於朝。則使吾皆知其爲人皆善者也，而後無憂，且一人之身而欲擅天下之事，雖見信於當世，而同列之人，一言而疑之，則事不可以成。今夫政出於他人而不懼，事不出於己而不忌，是二者惟善人爲能，然猶欲得其心焉。若夫衆人，政出於他人而懼其害己，事不出於己而忌其成功，是以有不平之心生。夫或居於吾前，或立於吾後，而皆有不平之心焉，則身危。故君子之出處於其間也，一結。不使之不平於我也。

周公立於明堂以聽天下，而召公惑，何者？天下固惑乎大者也，召公猶未能信乎吾之此心也。周公定天下，誅管、蔡，告召公以其志，以安其身，以及於成王，故凡安其身者，以安乎周也。召公之於周公，管、蔡之於周公，是二者亦皆有不平之心焉，以爲周之天下，公將遂取之也。周公誅其不平而不可告語者，告其可以告語者而和其不平之心。然則非其必不可以告語者，則君子未始不欲和其心。天下之人從仕而至於鄉大夫，宰相集處其上，將有所爲，何慮而不成？不能忍其區區之小忠，以成其不平之釁，則害其大事。是以君子忍其小忿以容其小過，又一結。而杜其不平之心，然後當大事而聽命焉。且吾之小忿，不足以易吾之大事也，故寧小容焉，使無芥蔕於其間。

古之君子與賢者並居而同樂，故其責之也詳；不幸而與不肖者偶，不圖其大而治其細，則闊遠於事情而無益於當世。故天下無事而後可與争此，不然則否。昔者諸吕用事，切證。陳平憂懼，計無所出。陸賈入見，説之使交歡周勃。陳平用其策，卒得絳侯北軍之助以滅諸吕。夫絳侯木强之人也，非陳平致之而誰也？故賢人者致其不賢者，非夫不賢者之能致賢者也。

曩者，陛下即位之初，寇萊公爲相，惟其側有小人，不能誅，又不能與之無忿，故終以斥去。及范文正公在相府，又欲以歲月盡治天下事，失於急與不忍小忿，故群小人亦急逐之，一去遂不復用，以歿其身。伏惟閣下以不世出之才，立於天子之下，百官之上，此其深謀遠慮，必有所處，而天下人猶未獲見。應起。洵，西蜀之人也，竊有志於今世，願一見於堂上。伏惟閣下深思之，無忽。

【眉批】

茅坤曰：「老泉欲富公和處其下，以就功名。似疑富公於並相察貳間有不相能者。」

茅坤曰：「文忌方，此奇致波屬。」

焦竑曰：「《君奭》篇乃召公自以盛滿難居，欲避權位，周公反復告諭以留之。而《書》序乃曰召公爲保，周公爲師，相成王爲左右，召公不悦，周公作《君奭》。故《史記》謂召公疑周公當國踐祚。老泉亦爲序文所誤。」

穆文熙曰：「頓兩手提挈而諛百人之輿瓢，則又雷同。老泉曰，不以小忿害大事，是容之非過者矣。且其論周公曰，誅其不可告語者，真挽强手段，不徒模稜也。」

錢穀曰：「責備賢者，老泉善言。」

茅坤曰：「宋朝諸君子斥逐之禍，正坐不能忍，老泉識得破。」

上文丞相書

昭文相公執事：天下之事，制之在始，始不可制，制之在末。是以君子慎始而無後憂。救之於其末，而其始不爲無謀，失諸其始而邀諸其終，而天下無遺事。是故古者之制其始也，客。有百年之前而爲之者也。蓋周公營乎東周，數百年而待乎平王之東遷也。然及其收天下之士，主。而責其賢不肖之分，則未嘗於其始焉而制其極。蓋常舉之於諸侯，考之於太學，引之於射宫，而試之弓矢，如此其備矣。然而管叔、蔡叔，文王之子，而武王、周公之弟也，生而與之居處，習知其性之所好惡，與夫居之於太學，而習之於射宫者，宜愈詳矣。然其不肖之實，卒不見於此時。及其出爲諸侯監國，臨大事而不克自定，然後敗露以見其不肖之才。且夫張弓而射之，一不失容，此不肖者或能焉，而聖人豈以爲此足以盡人之才？蓋將爲此名以收天下之士，而後觀其臨事而黜其不肖，故曰始不可制，制之在末。於此有人求金於沙，斂而揚之，惟其揚之也精，是以責金於揚，而斂則無擇焉。不然，金與沙礫皆不録而已矣。故欲求盡天下之賢俊，莫若略其始，本旨。欲求責實於天下之官，莫若精其終。

今者天下之官自相府而至於一縣之丞尉，其爲數實不可勝計。然而大數已定，餘吏濫於官籍，大臣建議減任子，削進士，以求便天下。竊觀古者之制，略於始而精於終，使賢者易進，而不肖者易犯。夫易犯故易退，易進故賢者衆，衆賢進而不肖者易退，夫何患官冗？今也艱之於其始，竊恐夫賢者之難進，與夫不肖者之無以異也。

方今進退天下士大夫之權，内則御史，外則轉運，而士大夫之間，潔然而無過，可任以爲吏者，其實無幾。且相公何不以意推之，往年吴中復在犍爲，一月而發二吏。中復去職，而吏之以罪免者，曠歲無有也。雖然，此特洵之所見耳，天下之大，則又可知矣。國家法令甚嚴，洵從蜀來，見凡吏商者皆不征，非追胥調發，皆得役天子之夫，是以知天下之吏，犯法者甚衆。從其犯而黜之，十年之後，將分職之不給，此其權在御史轉運，而御史轉運之權實在相公，顧甚易爲也。今四方之士會於京師，口語籍籍，莫不爲此，然皆莫肯一言於其上，誠以爲近於私我也。

洵西蜀之人，方不見用於當世，幸又不復以科舉爲意，是以肆言於其間而可以無嫌。伏惟相公慨然有憂天下之心，征伐四國以安天子，毅然立朝以威制天下，名著功遂，文武並濟，此其亨功業之重而居富貴之極，於其平生之所望無復慊然者，惟其獲天下之多士而與之皆樂乎。應略始意。此可以復動其志，故遂以此告其左右，惟相公亮之。

【眉批】

茅坤曰：「今國家患冗吏之壅，削進士之數，甚非計。曷用老泉説而精之于終。」

錢穀曰：「大奸既任，恐未易退，歸權于御史、轉運，而又主之丞相，是矣。然亦須問丞相何如人。」

上田樞密書

天之所以與我者夫豈偶然哉？一篇柱子。堯不得以與丹朱，舜不得以與商均，而瞽叟不得奪諸舜。發於其心，出於其言，見於其事，確乎其不可易也。聖人不得以與人，父不得奪諸其子，於此見天之所以與我者不偶然也。夫其所以與我者，必有以用我也。我知之，不得行之，不以告人，天固用之，我實置之，其名曰棄天。自卑以求幸其言，自小以求用其道，天之所以與我者何如，而我如此也，其名曰褻天。棄天，我之罪也；褻天，亦我之罪也。不棄不褻，而人不我用，不我用之罪也，其名曰逆天。然則棄天褻天者，其責在我，逆天者，其責在人。在我者，吾將盡吾力之所能爲者，以塞夫天之所以與我之意，而求免乎天下後世之譏。在人者，吾何知焉？吾求免夫一身之責之不暇，而爲人憂乎哉？

孔子、孟軻之不遇，老於道塗而不倦不慍不怍不沮者，夫固知夫責之所在也。衛靈、魯哀、齊宣、梁惠之徒之不足相與以有爲也，我亦知之矣，抑將盡吾心焉耳。吾心之不盡，吾恐天下後世無以責夫衛靈、魯哀、齊宣、梁惠之徒，而彼亦將有以辭其責也，然則孔子、孟軻之目將不瞑於地下矣。

夫聖人賢人之用心也固如此。如此而生，如此而死，如此而貧賤，如此而富貴，升而爲天，沉而爲泉，流而爲川，止而爲山，彼不預吾事，吾事畢矣。竊怪夫後之賢者之不能自處其身也，饑寒窮困之不勝而號於人。嗚呼！使吾誠死於饑寒窮困邪，則天下後世之責將必有在，彼其身之責不自任以爲憂，而我取而加之吾身，不已過乎？

今洵之不肖，何敢以自列於聖賢，然其心亦有所不甚自輕者。何則？天下之學者，孰不欲一蹴而造聖人之域？然及其不成也，求一言之幾乎道而不可得也。千金之子，可以貧人，可以富人。非天之所與，雖以貧人富人之權，求一言之幾乎道，不可得也。天子之宰相，可以生人，可以殺人。非天之所與，雖以生人殺人之權，求一言之幾乎道，不可得也。今洵用力於聖人賢人之術，亦已久矣。其言語，其文章，雖不識其果可以有用於今而傳於後與否，獨怪其得之之不勞。方其致思於心也，若或起之，得之心而書之紙也，若或相之。夫豈無一言之幾乎道？千金之子，天子之宰相，求而不得者，一旦在己，故其心得以自負，或者天其亦有以與我也。

曩者見執事於益州，當時之文，淺狹可笑，饑寒窮困亂其心，而聲律記問又從而破壞其體，不足觀也已。數年來退居山野，自分永棄，於世俗日疏闊，得以大肆其力於文章。詩人之優柔，騷人之精深，孟、韓之溫淳，遷、固之雄剛，孫、吳之簡切，投之所嚮，無不如意。常以爲董生得聖人之經，其失也流而爲迂；鼂錯得聖人之權，其失也流而爲詐。有二子之才而不流者，其惟賈生乎？惜乎今之世，愚未見其人也。自任賈生。作策二道，曰《審勢》、《審敵》，作書十篇，曰《權書》。洵有山田一頃，非凶歲可以無饑，力耕而節用，亦足以自老。不肖之身不足惜，而天之所與者不忍棄，來脉至此一結。且不敢褻也。執事之名滿天下，天下之士用與不用在執事，故敢以所謂策二道、《權書》十篇者爲獻。平生之文，遠不可多致，有《洪範論》、《史論》七篇，近以獻內翰歐陽公。度執事與之朝夕相從而議天下之事，則斯文也，其亦庶乎得陳於前矣。若夫其言之可用，與其身之可責與否者，應其責在人。執事事也，執事責也，於洵何有哉。

【眉批】

茅坤曰：「此文自于襄陽書中來，而氣特雄。」

唐順之曰：「氣宇開闊。」

王鏊曰：「若或起，若或相，正暗影大與意。」

茅坤曰：「《與歐內翰書》説學文工大甚難，此却説甚易，見老泉學力到處。」

錢穀曰：「窮困亂心則文淺狹，世俗疏闊則文幾道，解此者可與語文。」

唐順之曰：「本欲求知，却説士當自重，便不放倒架子。」

上余青州書

洵聞之楚人高令尹子文之行曰：引古立案。「三以爲令尹而不喜，三奪其令尹而不怒。」其爲令尹也，楚人爲之喜，而其去令尹也，楚人爲之怒。已不期爲令尹，而令尹自至。夫令尹子文豈獨惡夫富貴哉？知其不可以求得，就容身一斷。而安其自得，是以喜怒不及其心，而人爲之囂囂。嗟夫！豈亦不足以見己大而人小邪？脱然爲棄於人，而不知棄之爲悲；紛然爲取於人，而不知取之爲樂。人自爲棄我取我，而吾之所以爲我者如一，則亦不足以高視天下而竊笑矣哉！

昔者，明公之初自奮於南海之濱，而爲天下之名卿。當其盛時，激昂慷慨，論得失，定可否，左摩西羌，右揣契丹，奉使千里，彈壓强捍不屈之虜，其辯如决河流而東注諸海，名聲四溢於中原，而滂薄於戎狄之國，可謂至盛矣。及至中廢而爲海濱之匹夫，蓋其間十有餘年，明公無求於人，而人亦無求於明公者。其後，適會南蠻縱横放肆，充斥萬里，而莫之或救，明公乃起於民伍之中，折尺箠而笞之，不旋踵而南方乂安。夫明公豈有求而爲之哉？適會事變以成大功，功成而爵禄至。明公之於進退之事，蓋亦綽綽乎有餘裕矣。

悲夫！世俗之人紛紛於富貴之間而不知自止，達者安於逸樂，而習爲高岸之節，顧視四海，饑寒窮困之士，莫不嚬蹙嘔噦而不樂。窮者藜藿不飽，布褐不暖，習爲貧賤之所摧折，仰望貴人之輝光，則爲之顛倒而失措。此二人者，皆不可與語於輕富貴而安貧賤。何者？彼不知貧富貴賤之正味也。夫惟天下之習於富貴之榮，而狃於貧賤之辱者，而後可與語此。

今夫天下之所以奔走於富貴者，我知之矣，而不敢以告人也。富貴之極，止於天子之相，而天子之相，果誰爲之名？豈天爲之名邪？其無乃亦人之自相名邪？夫天下之官，上自三公，至於卿大夫，而下至於士，此四人者，皆人之所自爲也，而人亦自貴之。天下以爲此四者絶群離類，特立於天下而不可幾近，則不亦大惑矣哉？盍亦反其本而思之。夫此四名者，其初蓋出於天下之人出其私意以自相號呼者而已矣。夫此四名者，果出於人之私意所以自相號呼也，則夫世之所謂賢人君子者，亦何以異此？有才者爲賢人，而有德者爲君子，此二名者夫豈輕也哉！而今世之士得爲君子者，一爲世之所棄，則以爲不若一命士之貴，而况以與三公争哉。且夫明公昔者之伏於南海，與夫今者之爲東諸侯也，君子豈有間於其間，而明公亦豈有以自輕而自重哉？洵以爲明公之習於富貴之榮，而狃於貧賤之辱，其嘗之也蓋以多矣，是以極言至此而無所迂曲。

洵西蜀之匹夫，嘗有志於當世，因循不遇，遂至於老。然其嘗所欲見者天下之士，蓋有五六人。五六人者已略見矣，而獨明公之未嘗見，每以爲恨。今明公來朝，而洵適在此，是以不得不見。伏惟加察，幸甚。

【眉批】
唐順之曰：「以文青州入議，以文青州結議。」
焦竑曰：「不第曰安其自得，而曰有德有才，老泉挾持可想，非徒驕語岩穴已者。」
穆文熙曰：「期余公以不驕，期己以不諂。」
茅坤曰：「雖頌余公，實以自許。」
穆文熙曰：「大力負趨，令人志澹，想其十年間所見到此。」
茅坤曰：「氣多奇杰處。」

上歐陽内翰第一書

内翰執事：洵布衣窮居，嘗切有嘆，以爲天下之人，不能皆賢，不能皆不肖。故賢人君子之處於世，合必離，離必合。往者天子方有意於治，而范公在相府，富公爲樞密副使，執事與余公、蔡公爲諫官，尹公馳騁上下，用力於兵革之地。方是之時，天下之人，毛髮絲粟之才，紛紛然而起，合而爲一。言合。而洵也，自度其愚魯無用之身，不足以自奮於其間，退而養其心，幸其道之將成，而可以復見於當世之賢人君子。不幸道未成，而范公西，富公北，執事與余公、蔡公分散四出，言離。而尹公亦失勢，奔走於小官。洵時在京師，親見其事，忽忽仰天嘆息，以爲斯人之去，而道雖成，不復足以爲榮也。既復自思念，往者衆君子之進於朝，其始也必有善人焉推之，今也亦必有小人焉間之。今之世無復有善人也則已矣，如其不然也，吾何憂焉！姑養其心，使其道大有成而待之，何傷？退而處十年，雖未敢自謂其道有成矣，然浩浩乎其胸中若與曩者異。而余公適亦有成功於南方，言復合。執事與蔡公復相繼登於朝，富公復自外入爲宰相，其勢將復合爲一。喜且自賀，以爲道既已粗成，而果將有以發之也。既又反而思其嚮之所慕望愛悦之而不得見之者，蓋有六人。今將往見之矣，而六人者已有范公、尹公二人亡焉，則又爲之潸然出涕以悲。嗚呼！二人者不可復見矣。而所恃以慰此心者，猶有四人也，則又以自解。思其止於四人也，則又汲汲欲一識其面，以發其心之所欲言。而富公又爲天子之宰相，遠方寒士，未可遽以言通於其前，余公、蔡公，遠者又在萬里外，獨執事在朝廷間，而其位差不甚貴，可以叫呼扳援而聞之以言。而饑寒衰老之病，又痼而留之，使不克自至於執事之庭。夫以慕望愛悦其人之心，十年而不得見，而其人已死如范公、尹公二人者，則四人之中，非其勢不可遽以言通者，何可以不能自往而遽已也？

執事之文章，天下之人莫不知之。然竊自以爲洵之知之特深愈於天下之人。何者？《孟子》之文，語約而意盡，不爲巉刻斬絶之言，而其鋒不可犯。韓子之文，如長江大河，渾浩流轉，魚黿蛟龍，萬怪惶惑，而抑遏蔽掩，不使自露，而人望見其淵然之光，蒼然之色，亦自畏避，不敢迫視。執事之文，紆餘委備，往復百折，而條達疏暢，無所間斷，氣盡語極，急言竭論，而容與閑易，無艱難勞苦之態。此三者，皆斷然自爲一家之文也。惟李翺之文，其味黯然而長，其光油然而幽，俯仰揖讓，有執事之態。陸贄之文，遺言措意，切近的當，有執事之實。而執事之才，又自有過人者。蓋執事之文，非《孟子》、韓子之文，而歐陽子之文也。夫樂道人之善而不爲諂者，以其人誠足以當之也。彼不知者，則以爲譽人以求其悦己也。夫譽人以求其悦己，洵亦不爲也，而其所以道執事光明盛大之德，而不自知止者，亦欲執事之知其知我也。雖然，執事之名滿於天下，雖不見其文，而固已知有歐陽子矣。而洵也不幸墮在草野泥塗之中，而其知道之心，又近而粗成，而欲徒手奉咫尺之書，自托於執事，將使執事何從而知之，何從而信之哉？

洵少年不學，生二十五歲，始知讀書，從士君子游。年既已晚，而又不遂，刻意厲行，以古人自期，而視與己同列者，皆不勝己，則遂以爲可矣。其後困益甚，然後取古人之文而讀之，始覺其出言用意，與己大異。時復内顧，自思其才則又似夫不遂止於是而已者。由是盡燒曩時所爲文數百篇，戛戛乎陳言之是去，妙。取《論語》、《孟子》、韓子及其他聖人賢人之文，而兀然端坐，終日以讀之者七八年。方其始也，入其中而惶然，博觀於其外，而駭然以驚。及其久也，讀之益精，而其胸中豁然以明，若人之言固當然者，然猶未敢自出其言也。時既久，胸中之言日益多，不能自制，試出而書之，已而再三讀之，渾渾乎覺其來之易矣，然猶未敢以爲是也。近所爲《洪範論》、《史論》凡七篇，執事觀其如何？嘻，區區而自言，不知者又將以爲自譽以求人之知己也。惟執事思其十年之心如是之不偶然也而察之。句結盡。

【眉批】

茅坤曰：「一段叙諸君子之離合見己望慕之切。二段稱歐陽公之文，見己知公之深。三段自叙功力，欲歐陽公之知己。」

唐順之曰：「忽入議論，作波瀾。」

焦竑曰：「諸賢合則欣欣，離則戚戚。老泉臭味如此，使得柄政，建豎可想。」

茅坤曰：「掣前覆説一番，舒卷得趣。」

茅坤曰：「評三子文章，直如寫生。」

穆文熙曰：「高適五十始作詩，爲少陵所推，老泉二十五歲始讀書，爲歐陽所許。功深力到，無蚤晚也。

東坡詩云：「下士晚聞道，聊以拙自修。」文公每以引後學。

焦竑曰：「兀然端誦，當作何想，此真讀書者。《晉書》謂淵明讀書不求甚解，而楊用修以爲世俗之見，不曉淵明。」

穆文熙曰：「文家妙處至不能自制，渾渾乎來之易則極矣。《南華》所云天籟。」

上歐陽内翰第二書

内翰諫議執事：士之能以其姓名聞乎天下後世者，夫豈偶然哉？以今觀之，乃可以見。生而同鄉，學而同道，以某問某，蓋有曰吾不聞者焉，而況乎天下之廣，後世之遠，雖欲求髣髴，豈易得哉？古之以一能稱、以一善書者，愚未嘗敢忽也。今夫群群焉而生，逐逐焉而死者，更千萬人，不稱不書也。彼之以一能稱、以一善書者，皆有以過乎千萬人者也。

自孔子没，百有餘年而孟子生。孟子之後，數十年而至荀卿子。荀卿子後，乃稍闊遠，二百餘年而楊雄稱於世。楊雄之死，不得其繼，千有餘年而後屬之韓愈氏。韓愈氏没三百年矣，不知天下之將誰與也？自任。且以一能稱、以一善書者，皆不可忽，則其多稱而屢書者，其爲人宜尤可貴重。奈何數千年之間，四人而無加，此其人宜何如也？天下病無斯人，天下而有斯人也，宜何以待之？

洵一窮布衣，於今世最爲無用，思以一能稱、以一善書而不可得者也。況夫四子者之文章，誠不敢冀其萬一。頃者張益州見其文，以爲似司馬子長。洵不悦，辭焉。夫以布衣，而王公大人稱其文似司馬遷，不悦而辭，無乃爲不近人情。誠恐天下之人不信，且懼張公之不能副其言，重爲世俗笑耳。若執事，天下所就而折衷者也。不知其不肖，稱之曰：「子之《六經論》，荀卿子之文也。」平生爲文，求於千萬人中使其姓名髣髴於後世而不可得，今也一旦而得齒於四人者之中，天下烏有是哉？意者其失於斯言也。執事於文稱師魯，於詩稱子美、聖俞，未聞其有此言也，意者其戲也。惟其愚而不顧，日書其所爲文，惟執事之求而致之。既而屢請而屢辭焉，曰：吾未暇讀也。退而處，不敢復見，甚慚於朋友，曰：信矣，其戲也。雖然，天下不知其爲戲，將有以議執事，洵亦且得罪。執事憐其平生之心，苟以爲可教，亦足以慰其衰老，唯無曰荀卿云者，幸甚。

【眉批】

茅坤曰：「文有起伏頓挫，而其自任卓然。」

唐順之曰：「叙次不板，然以荀、楊埒孔、孟，論人得其概否？」

唐順之曰：「照歐陽待之不當。」

錢穀曰：「前後照應生致。」

上歐陽内翰第三書

洵啓：昨出京倉惶，遂不得一别，去後數日，始知悔恨。蓋一時間變出不意，遂擾亂如此，怏悵怏悵。不審日來尊履何似？

二子軾、轍，竟不免丁憂。今已到家月餘，幸且存活。洵道途奔波，老病侵陵，成一翁矣。自思平生羈蹇不遇，年近五十，始識閣下，傾蓋晤語，便若平生。非徒欲援之於貧賤之中，乃與切磨論議，其爲不朽之計，而事未及成，輒聞此變。孟軻有云：「行或使之，止或尼之。」豈信然邪？

洵離家時，無壯子弟守舍，歸來屋廬倒壞，籬落破漏，如逃亡人家。今且謝絶過從，杜門不出，亦稍稍取舊書讀之。時有所懷，輒欲就閣下評議，忽驚相去已四千里，思欲跂首望見君子之門庭，不可得也。所示范公碑文，議及申公事節，最爲深厚。近試以語人，果無有曉者。每念及此，鬱鬱不樂。閣下雖賢俊滿門，足以笑歌俯仰，終日不悶，然至於不言而心相諭者，閣下於誰取之？自許相知。

自蜀至泰（秦），山行一月，自秦至京師，又沙行數千里。非有名利之所驅，與凡事之不得已者，孰爲來哉？洵老矣，恐不能復東，閣下當時賜音問，以慰孤耿。病中無聊，深愧疏略，惟千萬珍重。

【眉批】

錢穀曰：「以道德相友，交情第一。」

焦竑曰：「獨對心如勝于笑歌滿座，誠難，誠難。」

上歐陽内翰第四書

洵啓：夏熱，伏惟提舉内翰尊候萬福。嚮爲京兆尹，天下謂公當由此得政。其後聞有此授，或以爲拂世戾俗，過在於不肯鹵莽。然此豈足爲公損益哉？洵久不奉書，非敢有懈，以爲用公之奏而得召，恐有私謝之嫌。今者洵既不行，而朝廷又欲必致之，恐聽者不察，以爲匹夫而要君命，苟以爲高而求名，亦且得罪於門下，是故略陳其一二，以曉左右。

聞之孟軻曰：「仕不爲貧，而有時乎爲貧。」洵之所爲欲仕者，爲貧乎？實未至於饑寒而不擇。以爲行道乎？道固不在我，且朝廷將何以待之？今人之所謂富貴高顯而近於君可以行道者，莫若兩制。然猶以爲不得爲宰相，有所牽制於其上，而不得行其志。爲宰相者，又以爲時不可爲，而我將有所待。若洵又可以行道責之邪？

始公進其文，自丙申之秋至戊戌之冬，凡七百餘日而得召。朝廷之事，其節目期限，如此之繁且久也。使洵今日治行，數月而至京師，旅食於都市以待命，而數月間，得試於所謂舍人院者，然後使諸公專考其文，亦一二年，幸而以爲不謬，可以及等而奏之，從中下相府，相與擬議，又須年載間，而後可以庶幾有望於一官。如此，洵固以老而不能爲矣。人皆曰求仕將以行道，若此者，果足以行道乎？既不足以行道，而又不至於爲貧，應起。是二者皆無名焉，是故其來遲遲而未甚樂也。

王命且再下，洵若固辭，必將以爲沽名而有所希望。今歲之秋，軾、轍已服闋，亦不可不與之俱東，恐内翰怪其久而不來，是以略陳其意。拜見尚遠，唯千萬爲國自重。

【眉批】

錢穀曰：「老泉欲超格簡拔，然後道行，自負不小。」

穆文熙曰：「吐哺握髮，風斯邈矣，《廣才》、《養士》等篇所以作歟？」

上歐陽内翰第五書

内翰侍郎執事：洵以無用之才，久爲天下之棄民，行年五十，未嘗見役於世。執事獨以爲可收而論之於天子，再召之試，而洵亦再辭。獨執事之意，叮寧而不肯已。朝廷雖知其不肖，不足以辱士大夫之列，而重違執事之意，譬之巫醫卜祝，特捐一官以乞之。自顧無分毫之功有益於世，而王命至門，不知辭讓，不畏簡書，朋友之譏而苟以爲榮，此所以深愧於執事，久而不至于門也。

然君子之相從，本非以求利，蓋亦樂乎天下之不知其心，而或者之深知之也。執事之於洵，未識其面也，見其文而知其心；既見也，聞其言而信其平生。洵不以身之進退出處之間有謁於執事，而執事亦不以稱譽薦拔之故有德於洵。再召而辭也，執事不以爲矯，而知其耻於自求；一命而受也，執事不以爲貪，而知其不欲爲異。其去不追，而其求不拒，其大不榮，而其小不辱。此洵之所以自信於心者，而執事舉知之。故凡區區而至門者，爲是謝也。

《禮》曰：「仕而未有禄者，君有餽焉曰獻，使焉曰寡君。違而君薨，弗爲服也。」古之君子重以其身臣人者，蓋爲是也哉！子思、孟軻之徒，至於是國，國君使人餽之，其詞曰：「寡君使某有獻於從者。」布衣之尊而至於此，惟不食其禄也。今洵已有名於吏部，執事其將以道取之邪，則洵也猶得以賓客見。不然，其將與奔走之吏同趨於下風，此洵所以深自憐也。唯所裁擇。

【眉批】

茅坤曰：「風旨脩然。」

穆文熙曰：「重相知，不重榮寵。」

唐順之曰：「雄風颯颯。」

焦竑曰：「先儒云，孟子太山巖巖之象，吾于老泉亦然。」

卷十

書

上王長安書

判府左丞閣下：天下無事，首段激忿。天子甚尊，公卿甚貴，士甚賤。從士而逆數之至於天子，其積也甚厚，其爲變也甚難。是故天子之尊至於不可指，而士之卑至於可殺。嗚呼！見其安而不見其危，如此而已矣。衛懿公之死，非其無人也，以鶴辭而不與戰也。方其未敗也，安。天下之士望爲其鶴而不可得也；及其敗也，危。思以千乘之國與匹夫共之而不可得也。人知其卒之至於如此，則天子之尊可以慄慄於上，而士之卑，可以肆志於下，又焉敢以勢言哉？故夫士之貴賤，其勢在天子，天子之存亡，其權在士。世衰道喪，天下之士學之不明，持之不堅，於是始以天子存亡之權，下而就一匹夫貴賤之勢。甚矣夫天下之惑也！持千金之璧以易一瓦缶，幾何其不舉而棄諸溝也。

古之君子，其道相爲徒，其徒相爲用。故一夫不用乎此，則天下之士，相率而去之。使夫上之人有失天下士之憂，而後有失一士之懼。今之君子，幸其徒之不用以苟容其身，故其始也輕用之，而其終也亦輕去之。嗚呼！其亦何便於此也？

當今之世，非有賢公卿不能振其前，非有賢士不能奮其後。洵從蜀來，明日將至長安見明公而東，伏惟讀其書而察其心，以輕重其禮，與前篇賓客奔走意同。幸甚，幸甚。

【眉批】

茅坤曰：「運峪峭之思，爲鑱畫之論，其鋒鍔不可嚮邇。」

唐順之曰：「太峻。」

茅坤曰：「歸到薦士上，隱諷王長安。」

姜寶曰：「韓文公《上于襄陽書》云：『莫爲之前美而不彰，莫爲之後盛而不傳。』《與邢鳳相書》云：『布衣雖甚賤而不諂，王公雖甚貴而不驕。』此書從此變化，而引鶴一段尤奇。」

上張侍郎第一書

侍郎執事：明公之知洵，洵知之。明公知之，他人亦知之。洵之所以獲知於明公，明公之所以知洵者，雖暴之天下，皆可以無愧。今也將有所私告於執事。今將以屑屑之私，壞敗其至公之節，欲忍而不言而不能，欲言而不果，勃然交於胸中，心不寧而顔忸怩者，累月而後决。

竊見古之君子，知其人也憂其人，以至於其父母昆弟妻子，以至於其親族朋友，憂之固其責也。雖然，自我求之，則君子譏焉。知之而不憂，不憂而求人憂，則君子交譏之。洵之意以爲寧在我，而無寧在明公，故用此决其意而發其言，以私告於下執事，明公試一聽之。

洵有二子軾、轍，齠齓授經，不知他習，進趨拜跪，儀狀甚野，而獨於文字中有可觀者。始學聲律，既成，以爲不足盡力於其間，讀孟、韓文，一見以爲可作，引筆書紙，日數千言，坌然溢出，若有所相。年少狂勇，未嘗更變，以爲天子之爵禄可以攫取。聞京師多賢士大夫，欲往從之游，因以舉進士。洵今年幾五十，以懶鈍廢於世，誓將絶進取之意，惟此二子，不忍使之復爲湮淪棄置之人。今年三月，將與之如京師，一門之中，行者三人，而居者尚十數口。爲行者計則害居者，爲居者計則不能行，恓恓焉無所告訴。夫以負販之夫，左提妻，右挈子，奮身而往，尚不可禦。有明公以爲主，夫焉往而不濟？今也望數千里之外，茫然如梯天而航海，蓄縮而不進，洵亦羞見朋友。

明公居齊桓、晋文之位，惟其不知洵，惟其知而不憂，則又何説。不然，何求而不克？輕之於鴻毛，重之於泰山，高之於九天，遠之於萬里，明公一言，天下誰議？將使軾、轍求進於下風，明公引而察之。有一不如所言，願賜誅絶，以懲欺罔之罪。

【眉批】

穆文熙曰：「老泉談文推孟、韓，其庭訓亦然。」

焦竑曰：「安石柄國，進取何如沉淪。」

焦竑曰：「慷慨。」

焦竑曰：「羅前『知』字『憂』字爲束。」

上張侍郎第二書

省主侍郎執事：洵始至京師時，平生親舊，往往在此，不見者蓋十年矣，惜其老而無成。問所以來者，既而皆曰：「子欲有求，無事他人，須張益州來乃濟。」且云：「公不惜數千里走表爲子求官，苟歸，立便殿上與天子相唯諾，顧不肯邪？」退自思公之所與我者，蓋不爲淺，所不可知者，唯其力不足而勢不便。不然，公於我無愛也。聞之古人：「日中必熭，操刀必割。」當此時也，天子虛席而待公，力足勢便。其言宜無不聽用。洵也與公有如此之舊，適在京師，且未甚老，而猶足以有爲也。此時而無成，亦足以見他人之無足求，激切。而他日之無及也已。

昨聞車馬至此有日，西出百餘里迎見。雪後苦風，晨至鄭州，唇黑面烈，僮僕無人色。從逆旅主人得束薪緼火，良久乃能以見。出鄭州十里許，有導騎從東來，驚愕下馬，立道周。云宋端明且至，從者數百人，足聲如雷，已過，乃敢上馬徐去。私自傷至此，含蘊無盡。伏惟明公所謂潔廉而有文，可以比漢之司馬子長者，蓋窮困如此，豈不爲之動心而待其多言邪！

【眉批】

茅坤曰：「告知己者之前，情詞可涕。」

姜寶曰：「仿佛文公代張藉《與李浙東書》。」

茅坤曰：「描畫有情。」

茅坤曰：「冷語相激，不説出有求來。」

上韓舍人書

舍人執事：方今天下雖號無事，有心世故之談。而政化未清，獄訟未衰息，賦斂日重，府庫空竭，而大者又有二虜之不臣。天子震怒，大臣憂恐，自兩制以上，宜皆苦心焦思，日夜思念，求所以解吾君之憂者。洵自惟閑人，於國家無絲毫之責，得以優游終歲，咏歌先王之道以自樂，時或作爲文章，亦不求人知，以爲天下方事事，而王公大人豈暇見我哉？是以踰年在京師，而其平生所願見如君侯者，未嘗一至其門。有來告洵以所欲見之意，洵不敢不見，然不知君侯見之何也？天子求治如此之急，君侯爲兩制大臣，豈欲見一閑布衣，與之論閑事邪？此洵所以不敢遽見也。

自閑居十年，人事荒廢，漸不喜承迎將逢，拜伏拳跽。王公大人苟能無以此求之，使得從容坐隅，時出其所學，或亦有足觀者。今君侯辱先求之，此其必有所異乎世俗者矣。

《孟子》曰：「段干木踰垣而避之，泄柳閉門而不納，是皆已甚。迫，斯可以見矣。」嗚呼！吾豈斯人之徒歟！欲見我而見之，不欲見而徐去之，傲骨。何傷？况如君侯，平生所願見者，又何辭焉？不宣。

【眉批】

茅坤曰：「老蘇強項如此，與前篇詞旨不同。」

穆文熙曰：「言見以求治，正欲待以不次意。《幾策》等書，真可自信者。」

上韓丞相書

洵年老無聊，家産破壞，欲從相公乞一官職，非敢望如朝廷所以待賢俊，使之志得道行者，但差勝於今，粗可以養生遺老者耳。去歲蒙朝廷授洵試校書郎，亦非敢少之也。使朝廷過聽而洵僥倖，不過得一京官，終不能如漢唐之際所以待處士者。想顧在此。則京官之與試銜，又何足分多少於其間，而必爲彼不爲此邪？然其所以區區無厭，復有求於相公者，實以家貧無貲，得六七千錢，誠不足以贍養，又況忍窮耐老，望而未可得邪？

凡人爲官，稍可以紓意快志者，至京朝官始有其髣髴耳。自此以下者，皆勞劬苦骨，摧折精神，爲人所役使，去僕隸無幾也。然天下之士所以求之如不及，道破人情。得之而喜者，彼誠少年，將有所忍於此，以待至於紓意快志者也。若洵者，計其年豈足以有待邪？今且守選數年，然後得窺尚書省門，又待闕歲餘而到任，幸而得免於負犯廢放，又守選，又待闕，如此十四五年，謹守以滿七八考，又幸而有舉主五六人，然後敢望於改官。當此之時，洵蓋七十矣。譬如豫章橘柚，非老人所種也。

洵久爲布衣，無官長拘轄，自覺筋骨疏强，不堪爲州縣趨走拜伏小吏。相公若别除一官而幸與之，願得盡力。就使無補，亦必不至於恣睢漫漶以傷害王民也。今朝廷糊名以取人，保任以得官，苟應格者，雖屠沽不得不與。何者？雖欲愛惜而無由也。今洵幸爲諸公所知，似不甚淺，而相公尤爲有意。至於一官，則反覆遲疑不決者累歲。嗟夫！豈天下之官，以洵故冗邪？

洵少時自處不甚卑，以爲遇時得位，當不鹵莽，及長，知取士之難，遂絶意於功名，而自托於學術，實亦有得而足恃。自去歲以來，始復讀《易》，作《易傳》百餘篇。此書若成，則自有《易》以來未始有也。今也亦不甚戀戀於一官，如必無可推致之理，亦幸明告之，無使其首鼠不決，欲去而遲遲也。

世人施恩則望報，苟有以相博，則叩之也易。今洵已潦倒，有二子又皆抗拙如洵，相公豈能施此不報之恩邪？相公往時爲洵言，欲爲歐陽公言子者數矣，而見輒忘之以爲怪。洵誠懼其或有意欲收之也，而復忘之，故忍恥而一言。不宣，洵再拜。

【眉批】

錢穀曰：「禄以養廉，貧仕亦可，然乘田委吏無此去取。」

錢穀曰：「盡力一轉，方是爲貧，亦爲道。」

錢穀曰：「老泉實有所恃，故栩栩自尊。」

上韓昭文論山陵書

四月二十三日，將仕郎、守霸州文安縣主簿、禮院編纂蘇洵，惶恐再拜，上書昭文相公執事：洵本布衣書生，才無所長，相公不察而辱收之，使與百執事之末，平居思所以仰報盛德而不獲其所。今者先帝新棄萬國，天子始親政事，當海内傾耳側目之秋，而相公實爲社稷柱石莫先之臣，有百世不磨之功，伏惟相公將何以處之？古者天子即位，天下之政必有所不及安席而先行之者。蓋漢昭即位，休息百役，與天下更始，故具爲天子曾未逾月，而恩澤下布於海内。竊惟當今之事，天下之所謂最急而天子之所宜先行者，輒敢以告於左右。

竊見先帝以儉德臨天下，在位四十餘年，而宫室游觀無所增加，幃簿器皿弊陋而不易，天下稱頌，以爲文、景之所不若。今一旦奄棄臣下，而有司乃欲以末世葬送無益之費，侵削先帝休息長養之民，掇取厚葬之名而遺之，以累其盛明。故洵以爲當今之議，莫若薄葬。竊聞頃者癸酉赦書既出，郡縣無以賞兵，例皆貸錢於民。民之有錢者，皆莫肯自輸，於是有威之以刀劍，驅之以笞箠，爲國結怨，僅而得之者。小民無知，不知與國同憂，方且狼顧而不寧，而山陵一切配率之科又以復下，計今不過秋冬之間，海内必將騷然，有不自聊賴之人。竊惟先帝平昔之所以愛惜百姓者如此其深，應起儉德意。而其所以檢身節儉者如此其至也，推其平生之心而計其既没之意，則其不欲以山陵重困天下，亦已明矣。而臣下乃獨爲此過當逾禮之費，以拂戾其平生之意，竊所不取也。且使今府庫之中，財用有餘，應起貸錢。一物不取於民，盡公力而爲之，以稱遂臣子不忍之心，猶且獲譏於聖人，況夫空虚無有，一金以上非取於民則不獲，而冒行不顧以徇近世失中之禮，亦已惑矣。

然議者必將以爲古者「君子不以天下儉其親」，以天下之大，而不足於先帝之葬，於人情有所不順。洵亦以爲不然。使今儉葬而用墨子之説，則是過也。不廢先王之禮，而去近世無益之費，是不過矣。子思曰：「三日而殯，凡附於身者必誠必信，勿之有悔焉耳矣。三月而葬，凡附於棺者必誠必信，勿之有悔焉耳矣。」古之人所由以盡其誠信者，不敢有略也，而外是者則略之。昔者華元厚葬其君，君子以爲不臣。漢文葬於霸陵，木不改列，藏無金玉，天下以爲聖明，而後世安於太山。故曰：莫若建薄葬之議，上以遂先帝恭儉之誠，總收法老。下以紓百姓目前之患，内以解華元不臣之譏，而萬世之後，以固山陵不拔之安。

洵竊觀古者厚葬之由，未有非其時君之不達，欲以金玉厚其親於地下，而其臣下不能禁止，僶俯而從之者，未有如今日之事，太后至明，天子至聖，而有司信近世之禮，而遂爲之者，是可深惜也。且夫相公既已立不世之功矣，而何愛一時之勞而無所建明？洵恐世之清議，將有任其責者。如曰詔敕已行，制度已定，雖知不便而不可復改，則此又過矣。

蓋唐太宗之葬高祖也，欲爲九丈之墳，而用漢氏長陵之制，百事務從豐厚，及群臣建議以爲不可，於是改從光武之陵，高不過六丈，而每事儉約。夫君子之爲政，與其坐視百姓之艱難而重改令之非，孰若改令以救百姓之急？不勝區區之心，敢輒以告。惟恕其狂易之誅，幸甚，幸甚。不宣，洵惶恐再拜。

【眉批】

茅坤曰：「論葬禮透甚，當與劉向《昌陵疏》參看。」

焦竑曰：「一説先帝恭儉之誠，次説百姓目前之憂，此猶是世情中語，末引先王之禮，言之確然。道法合看，見老泉論事周到。」

錢穀曰：「禮不敢不及，亦不敢過，薄字可商。」

茅坤曰：「以一禮壓群議。」

茅坤曰：「下三轉責成韓公。」

焦竑曰：「老泉任政，定是雷厲風行。」

與梅聖俞書

聖俞足下：暌間忽復歲晚，昨九月中嘗發書，計已達左右。洵閑居經歲，益知無事之樂，舊病漸復散去。獨恨淪廢山林，不得聖俞、永叔相與談笑，深以嗟惋！

自離京師，行已二年，不意朝廷尚未見遺，以其不肖之文猶有可者，前月承本州發遣赴闕就試。聖俞自思僕豈欲試者？惟其平生不能區區附合有司之尺度，是以至此窮困。今乃以五十衰病之身，奔走萬里以就試，不亦爲山林之士所輕笑哉！自思少年嘗舉茂才，中夜起坐，裹飯携餅，待曉東華門外，逐隊而入，屈膝就席，俯首據案。其後每思至此，即爲寒心。今齒日益老，尚安能使達官貴人復弄其文墨，以窮其所不知邪？且以永叔之言，與夫三書之所云，皆世之所見。今千里召僕而試之，蓋其心尚有所未信，此尤不可苟進以求其榮利也。

昨適有病，遂以此辭。然恐無以答朝廷之恩，因爲《上皇帝書》一通以進，蓋以自解其不至之罪而已。不知聖俞當見之否？冬寒，千萬加愛。

【眉批】

陳繼儒曰：「無事可以却病，或以泉石膏肓爲無事，正多一無事之事，寧獨慕羶之多事也。」

穆文熙曰：「諸艱歷試，古亦有之，末世試以筆墨，真贋奚判。」

錢穀曰：「銷多少英氣，然月旦果平，何妨屈膝。」

錢穀曰：「百試之亦止三書中見解耳，將信之否？」

答雷太簡書

太簡足下：前月辱書，承諭朝廷將有召命，且教以東行應詔。旋屬郡有符，亦以此見遣。承命自笑，恐不足以當，遂以病辭，不果行。計太簡亦已知之。

僕已老矣，固非求仕者，亦非固求不仕者。自以閒居田野之中，魚稻蔬筍之資，足以養生自樂，俯仰世俗之間，竊觀當世之太平，其文章議論，亦可以自足於一世。何苦乃以衰病之身，委曲以就有司之權衡，以自取輕笑哉？然此可爲太簡道，不可與流俗人言也。

嚮者《權書》、《衡論》、《幾策》，皆僕閑居之所爲，其間雖多言今世之事，亦不自求出之於世，乃歐陽永叔以爲可進而進之。苟朝廷以爲其言之可信，則何所事試？苟不信其平居之所云，而其一日倉卒之言，又何足信邪？恐復不信，祇以爲笑。

久居閑處，終歲幸無事。昨爲州郡所發遣，徒益不樂爾。楊旻至今未歸，未得所惠書。歲晚，京師寒甚，惟多愛。

【眉批】

姜寶曰：「待賈之意，可以免誚北山。」

錢穀曰：「不宜就試之意，洗發委婉。」

與楊節推書

洵白：節推足下，往者見托以先丈之埋銘，示之以程生之《行狀》。洵於子之先君，耳目未嘗相接，未嘗輒交談笑之歡。夫古之人所爲志夫其人者，知其平生，而閔其不幸以死，悲其後世之無聞，此銘之所爲作也。然而不幸而不知其爲人，而有人焉告之以其可銘之實，則亦不得不銘。此則銘亦可以信《行狀》而作者也。

今余不幸而不獲知子之先君，所恃以作銘者，正在其《行狀》耳。而《狀》又不可信，嗟夫難哉！然余傷夫人子之惜其先君無聞於後以請於我，我既已許之，而又拒之，則無以恤乎其心，是以不敢遂已，而卒銘其墓。凡子之所欲使子之先君不朽者，兹亦足以不負子矣。謹録以進如左。然又恐子不信《行狀》之不可用也，故又具列于後。

凡《行狀》之所云，皆虚浮不實之事，是以不備論，論其可指之迹。《行狀》曰：「公有子美琳，公之死由哭美琳而慟以卒。」夫子夏哭子，止於喪明，而曾子譏之，而况以殺其身，此何可言哉？余不愛夫吾言，恐其傷子先君之風。《行狀》曰：「公戒諸子，無如鄉人父母在而出分。」夫子之鄉人，誰非子之兄與子之舅甥者？而余何忍言之？而况不至於皆然，則余又何敢言之？此銘之所以不取於《行狀》者有以也，子其無以爲怪。洵白。

【眉批】

錢穀曰：「説《行狀》不可信，是老蘇愛人以德處。」

與吴殿院書

洵啓：京師會遇，殊未及從容，屬家有變故，蒼遽西走，遂不得奉别，怏悵不可勝言也。嚮每見君侯談笑輒盡歡，而在京師逾年，相見至少，誠恐憲官職重，是以不敢數數自通，然亦老懶不出之故。及今相去數千里，求復一見，不可得也。

曩曾議及故友史沆骨肉淪落荆楚間，慨然太息，有收恤之心。沆有兄經臣者，雖卧病，而志氣卓然，以豪傑稱鄉里，使得攝尺寸之柄，當不鹵莽。常以爲沆死而有經臣者在，或萬一能有所雪，今不幸亦已死矣。追思沆平生孤直不遇，而經臣亦以剛見廢，又皆以無後死。當其生時，舉世莫不讐疾，惟君侯一人，獨爲哀閔，而數年間兄弟相繼淪喪，使仁人之心不克少施。嗚呼！豈其命之窮薄至於此邪？

經臣死，家無一人，後事所囑，辦於朋友。今其家遺孤骨肉存者，獨沆有弱女在襄州耳，君侯尚可以庇之，使無失所否？阻遠未能一一，伏惟裁悉。不宣，洵白。

【眉批】

穆文熙曰：「一死一生，乃見交情，想志氣卓然處，遂成金蘭。」

謝趙司諫書

洵啓：鄉家居眉陽，以病懶不獲問從者。常以爲閣下之所在，聲之所振，德之所加，士以千里爲近，而洵獨不能走二百里一至於門，縱不獲罪，固以爲君子之棄人矣。

今年秋，始見太守竇君京師，乃知閣下過聽，猥以鄙陋上塞明詔。不知閣下何取於洵也？洵固無取，然私獨嘉以爲可辭於世者，其不以馳騖得明矣。

洵不識閣下，然仰聞君子之風，常以私告於朋友，特恨其身之不肖，不得交於當世以偏致閣下之美，所告者皆饑寒自謀不暇之人，雖告而無益，然猶以素不相識之故，得免於希勢苟附之嫌，是其不識賢於識也。

今世之所尚，相見則以數至門爲勤，不相見則以數至書爲忠。夫數至門者，虛禮無用；數至書者，虛詞無觀。得其無用與其無觀而加喜，不得而怒，此與嬰兒之好惡無異。今閣下舉人而取於不相識之中，則其去世俗遠矣。

寓居雍丘，無故不至京師，詹望君子，日以復日。頃者朝廷猥以試校書郎見授，洵不能以老身復爲州縣之吏，然所以授者，嫌若有所過望耳。以閣下知我，故言及此，無怪。

【眉批】

穆文熙曰：「賤者覬光分宵燭，貴者耻門可張羅，舉世相冒以爲矣，老泉真是皎。」

卷十一

譜

譜例

古者諸侯世國，卿大夫世家，死者有廟，生者有宗，以相次也，是以百世而不相忘。此非獨賢士大夫尊祖而貴宗，蓋其昭穆存乎其廟，遷毀之主存乎其太祖之室，其族人相與爲服，死喪嫁娶相告而不絶，則其勢將自至於不忘也。

自秦、漢以來，仕者不世，然其賢人君子猶能識其先人，或至百世而不絶，無廟無宗而祖宗不忘，宗族不散，其勢宜忘而獨存，則由有譜之力也。蓋自唐衰，譜牒廢絶，士大夫不講，而世人不載。於是乎由賤而貴者，耻言其先，由貧而富者，不録其祖，而譜遂大廢。

昔者洵嘗自先子之言而咨考焉，由今而上得五世，由五世而上得一世，一世之上失其世次，而其本出於趙郡蘇氏，以爲《蘇氏族譜》。它日歐陽公見而嘆曰：「吾嘗爲之矣。」出而觀之，有異法焉。曰：「是不可使獨吾二人爲之，將天下舉不可無也。」以厚教人。洵於是又爲《大宗譜法》，以盡譜之變，而並載歐陽氏之譜以爲譜例，附以歐陽公《題劉氏碑後》之文以告當世之君子，蓋將有從焉者。

【眉批】
穆文熙曰：「得敦睦遺意。」
穆文熙曰：「歐、蘇相知，不專在文章。」

蘇氏族譜

蘇氏之譜，譜蘇氏之族也。蘇氏出自高陽，而蔓延于天下。唐神龍初，長史味道刺眉州，卒于官，一子留於眉，眉之有蘇氏自是始。而譜不及焉者，親盡也。親盡則曷爲不及？譜爲親作也。凡子得書而孫不得書，何也？以著代也。自吾之父以至吾之高祖，仕不仕，娶某氏，享年幾，某日卒，皆書，而他不書，何也？詳吾之所自出也。自吾之父以至吾之高祖，皆曰諱某，而他則遂名之，何也？尊吾之所自出也。譜爲蘇氏作，而獨吾之所自出得詳與尊，何也？譜，吾作也。

嗚呼！觀吾之譜者，孝弟之心可以油然而生矣。情見于親，親見于服，服始於衰，而至於緦麻，而至於無服。無服則親盡，親盡則情盡，情盡則喜不慶，憂不吊。喜不慶，憂不吊，則塗人也。吾之所以相視如塗人也，其初兄弟也。兄弟，其初一人之身也。悲夫！一人之身分而至於塗人，此吾譜之所以作也。其意曰：分而至於塗人者，勢也。勢，吾無如之何也已。幸其未至於塗人也，使之無至於忽忘焉可也。嗚呼！觀吾之譜者，孝弟之心可以油然而生矣。系之以詩曰：

吾父之子，今爲吾兄。吾疾在身，兄呻不寧。數世之後，不知何人。彼死而生，不爲戚欣。兄弟之親，如足于手。其能幾何？彼不相能，彼獨何心！

【眉批】

茅坤曰：「議論簡嚴，情事曲折，氣格自《穀梁》來。」

霍韜曰：「譜以族名，公之也。獨吾親之詳與尊焉，又似不公。老泉固曰：『譜吾作也，詳與尊，吾得專之。』不思數世後，族有良焉，而續吾譜，彼亦得專之，人誰禁之耶？孰若公之可繼。」

穆文熙曰：「恭桑梓，叶棠棣，老泉寧第文士。」

穆文熙曰：「陶淵明詩云：『同源分派，人易世疏，慨然寤嘆，念茲厥初。』與老泉此引均堪俯仰。」

族譜後録上篇

蘇氏之先，出於高陽。高陽之子曰稱，稱之子曰老童，老童生重黎及吴回。重黎爲帝嚳火正曰祝融，以罪誅。其後爲司馬氏。而其弟吴回復爲火正。吴回生陸終，陸終生子六人：長曰樊，爲昆吾；次曰惠連，爲參胡；次曰籛，爲彭祖；次曰來言，爲會人；次曰安，爲曹姓；季曰季連，爲芈姓。六人者皆有後，其後各分爲數姓。昆吾始姓己氏，其後爲蘇、顧、温、董。

當夏之時，昆吾爲諸侯伯，歷商而昆吾之後無聞。至周有忿生，爲司寇，能平刑以教百姓，周公稱之，蓋《書》所謂司寇蘇公者也。司寇蘇公與檀伯達皆封於河，世世仕周，家於其封，故河南、河内皆有蘇氏。六國之際，秦及代、厲，其苗裔也。至漢興而蘇氏始徙入秦。或曰：高祖徙天下豪傑以實關中，而蘇氏遷焉。其後曰建，家於長安杜陵。武帝時，爲將以擊匈奴有功，封平陵侯，其後世遂家於其封。建生三子：長曰嘉，次曰武，次曰賢。嘉爲奉車都尉。其六世孫純爲南陽太守。生子曰章，當順帝時爲冀州刺史，又遷爲並州，有功於其人，其子孫遂家於趙州。其後至唐武后之世，有味道者。味道聖曆初爲鳳閣侍郎，以貶爲眉州刺史，遷爲益州長史，未行而卒。有子一人，不能歸，遂家焉。自是眉始有蘇氏。故眉之蘇皆宗益州長史味道，趙郡之蘇皆宗并州刺史章，扶風之蘇皆宗平陵侯建，河南、河内之蘇皆宗司寇忿生，而凡蘇氏皆宗昆吾樊，昆吾樊宗祝融、吴回。

蓋自昆吾樊至司寇忿生，自司寇忿生至平陵侯建，自平陵侯建至并州刺史章，自并州刺史章至益州長史味道，自益州長史味道至吾之高祖，其間世次皆不可紀。而洵始爲《族譜》以紀其族屬，譜之所紀，上至於吾之高祖，下至於吾之昆弟，昆弟死而及昆弟之子。曰：嗚呼！高祖之上不可詳矣。自吾之前，而吾莫之知焉，已矣。自吾之後，而莫之知焉，則從吾譜而益廣之，可以至於無窮。蓋高祖之子孫，家授一譜而藏之。其法曰：凡嫡子而後得爲譜，爲譜者皆存其高祖，而遷其高祖之父，世世存其先人之譜，無廢也。而其不及高祖者，自其得爲譜者之父始，而存其所宗之譜，皆以吾譜冠焉。其説曰：此古之小宗也。古者有大宗，有小宗，《傳》曰：「别子爲祖，繼别爲宗，繼禰者爲小宗。有百世不遷之宗，有五世則遷之宗。百世不遷者，别子之後也。宗其繼别子之所自出者，百世不遷者也。宗其繼高祖者，五世則遷者也。别子者，公子及士之始爲大夫者也。别子不得禰其父，而自使其嫡子後之，則爲大宗，故曰「繼别爲宗」。族人宗之，雖百世而大宗死，則爲之齊衰三月，其母妻亡亦然。死而無子，則支子以其昭穆後之，此所謂「百世不遷之宗」也。别子之庶子又不得禰别子，而自使其嫡子爲後，則爲小宗。故曰「繼禰者爲小宗」。小宗五世之外，則易宗。其繼禰者，親兄弟宗之；其繼祖者，從兄弟宗之；其繼曾祖者，再從兄弟宗之；其繼高祖者，三從兄弟宗之；死而無子，則支子亦以其昭穆後之，此所謂「五世則遷之宗」也。凡今天下之人，惟天子之子與始爲大夫者，而後可以爲大宗，其餘則否。獨小宗之法，猶可施於天下。故爲族譜，其法皆從小宗。

凡吾之宗，其繼高祖者，高祖之嫡子祈。祈死無子，天下之宗法不立，族人莫克以其子爲之後，是以繼高祖之宗亡而虚存焉。其繼曾祖者，曾祖之嫡子宗善，宗善之嫡子昭圖，昭圖之嫡子惟益，惟益之嫡子允元。其繼祖者，祖之嫡子諱序，序之嫡子澹，澹之嫡子位。其繼禰者，禰之嫡子澹，澹之嫡子位。曰：嗚呼！始可以詳之矣。百世之後，凡吾高祖之子孫，得其家之譜而觀之，則爲小宗。得吾高祖之子孫之譜而合之，而以吾譜考焉，則至於無窮，而不可亂也。是爲譜之志云爾。

【眉批】

茅坤曰：「叙事文字，法度恰好，大略本史遷《自叙》中來。」

茅坤曰：「以上次數千年來一綫如匹練。」

茅坤曰：「以下並按《禮記》宗子之法而詳次之。」

茅坤曰：「以下詳其譜中高祖而後世系。」

族譜後録下篇

蘇氏之先，自昆吾以來，其最顯者司寇忿生。三代之事，其聞於今不詳，周公作《立政》而特稱之，以教太史。其後周宣衰，司寇之子孫亦曰蘇公，遭讒，作詩以刺暴公，名曰《彼何人斯》。惟此二人，見於《詩》、《書》，是以其傳至今。自蘇氏入秦，而平陵侯建、典屬國武始顯。遷於趙，而並州刺史章、益州長史味道始有聞於世。遷於眉，而至於今無聞，夫是惟譜不立也。

自昆吾至《書》之蘇公，五百有餘年，自《書》之蘇公至《詩》之蘇公，二百有餘年，自《詩》之蘇公至平陵侯建、典屬國武，七百有餘年。自平陵侯建、典屬國武至並州刺史章，二百有餘年，自並州刺史章至益州長史味道，五百有餘年，自益州長史味道至吾之高祖，二百有餘年。以三十年而一易世，則七十有餘世也。七十有餘世，亦容有賢不賢焉。不賢者隨世磨滅，不可得而聞，而賢者獨有七人。七十有餘世，其賢者亦容不止於七人矣，而其餘不傳，則譜不立之過也。故洵既爲《族譜》，又從而記其所聞先人之行。

昔吾先子嘗有言曰：「吾年少而亡吾先人，先世之行，吾不及有聞焉。蓋嘗聞其略曰：蘇氏自遷於眉而家於眉山，自高祖涇則已不詳。自曾祖釿而後稍可記。曾祖娶黄氏，以俠氣聞於鄉閭。生子五人，而吾祖祐最少最賢，以才幹精敏見稱，生於唐哀帝之天祐二年，而殁于周世宗之顯德五年，蓋與五代相終始。殁之一年，而吾太祖始受命。是時王氏、孟氏相繼據蜀，蜀之高才六人，皆不肯出仕，曰不足輔。仕於蜀者，皆其年少輕鋭之士，故蜀以再亡。至太祖受命，而吾祖不及見也。吾祖娶於李氏。李氏，唐之苗裔，太宗之子曹王明之後世曰瑜，爲遂州長江尉，失官，家於眉之丹稜。祖母嚴毅，居家肅然，多才略，猶有竇太后、柴氏主之遺烈。生子五人，其才皆不同，宗善、宗晏、宗昇，循循無所毁譽。少子宗晁，輕俠難制。而吾父杲最好善，事父母極於孝，與兄弟篤於愛，與朋友篤於信，鄉閭之人，無親疏皆愛敬之。娶宋氏夫人，事上甚孝謹，而御下甚嚴。生子九人，而吾獨存。善治生，有餘財。時蜀新破，其達官争棄其田宅以入覲，吾父獨不肯取，曰：『吾恐累吾子。』終其身田不滿二頃，屋弊陋不葺也。好施與，曰：『多財而不施，吾恐他人謀我，然施而使人知之，人將以我爲好名。』是以施而尤惡使人知之。族叔父玩嘗有重獄，將就逮，曰：『入獄而死，妻子以累兄。請爲我詗獄之輕重，輕也以肉饋我，重也以菜饋我。』既而得釋，玩曰：『吾非知之，人將以我爲好名。』……

無他兄弟，可以寄死生者惟子。』及將殁，太夫人猶執吾手曰：『盍以是屬子之兄弟。』笑曰：『而子賢，雖非吾兄弟，亦將與之；不賢，雖吾兄弟，亦將棄之。屬之何益，善教之而已。』遂卒。卒之歲，蓋淳化五年。推其生之年，則晉少帝之開運元年也。」此洵常得之先子云爾。

先子諱序，字仲先，生於開寶六年，而歿於慶曆七年。娶史氏夫人，生子三人，長曰澹，次曰渙，季則洵也。先子少孤，喜爲善而不好讀書。晚乃爲詩，能白道，敏捷立成，凡數十年，得數千篇，上自朝廷郡邑之事，下至鄉閭子孫畋漁治生之意，皆見於詩。觀其詩雖不工，然有以知其表裏洞達，豁然偉人也。性簡易，無威儀，薄於爲己而厚於爲人，與人交，無貴賤皆得其歡心。見士大夫，曲躬盡敬，人以爲諂，及其見田父野老，亦然，然後人不以爲怪。外貌雖無所不與，然其中心所以輕重人者甚嚴。居鄉閭，出入不乘馬，曰：「有甚老於我而行者，吾乘馬，無以見之。」敝衣惡食，處之不耻，務欲以身處衆之所惡，蓋不學《老子》而與之合。居家不治家事，以家事屬諸子。至族人有事就之謀者，常爲盡其心，反覆而不厭。凶年嘗鬻其田以濟饑者，既豐，人將償之，曰：「吾自有以鬻之，非爾故也。」卒不肯受。力爲藏退之行，以求不聞於世。然行之既久，則鄉人亦多知之，以爲古之隱君子莫及也。以渙登朝授大理評事。史氏夫人眉之大家，慈仁寬厚。宋氏姑甚嚴，夫人常能得其歡以和族人。先公十五年而卒，追封蓬萊縣太君。

洵聞之，自唐之衰，其賢人皆隱於山澤之間，以避五代之亂。及其後，僭僞之國相繼亡滅，聖人出而四海平一，然其子孫猶不忍去其父祖之故以出仕於天下，是以雖有美才而莫顯於世。及其教化洋溢，風俗變改，然後深山窮谷之中，向日之子孫，乃始振迅相與從官於朝。然其才氣，則既已不若其先人質直敦厚，可以重任而無疑也。而其先人之行，乃獨隱晦而不聞，洵竊深懼焉。於是記其萬一而藏之家，以示子孫。至和二年九月日。

【眉批】

穆文熙曰：「不惟識先人之行，亦以作子孫之規。譜法深遠。」

大宗譜法

《蘇氏族譜》，小宗之法也。凡天下之人，皆得而用之，而未及大宗也。大宗之法，冠以别子，由别子而列之，至於百世而至無窮，皆世自爲處，别其父子而合其兄弟。父子者，無窮者也；兄弟者，有窮者也。無窮者相與處，則害於無窮，其勢不得不别。然而某之子某，某之子某，則是猶不别也，是爲大宗之法云爾。

故爲大宗之法三世，自三世而推之，無不及也。人設二子而廣之，無不載也。蓋立法以爲譜，學者之事也。由譜而知其先，以及其旁子弟，以傳於後世，是古君子之所重，而士大夫之所當知也。以學者之事不立，而古君子之所重與士大夫之所當知者隨廢，是學者之罪也。於是存之《蘇氏族譜》之末，以俟後世君子有採焉。

別子

一世　別子之適子甲　庶子乙

二世　甲之適子丙

庶子丁
乙之適子戊
庶子己
三世 丙之適子庚
庶子辛
丁之適子壬
庶子癸
戊之適子子
庶子丑
己之適子寅
庶子卯

【眉批】
陳繼儒曰：「别而不别，見水木本源之思。」

蘇氏族譜亭記

匹夫而化鄉人者，吾聞其語矣。國有君，邑有大夫，而争訟者訴於其門；鄉有庠，里有學，而學道者赴於其家。鄉人有爲不善於室者，父兄輒相與恐曰：「吾夫子無乃聞之。」嗚呼！彼獨何修而得此哉？意者其積之有本末，而施之有次第耶？

今吾族人猶有服者不過百人，而歲時蜡社，不能相與盡其歡欣愛洽，稍遠者至不相往來，是無以示吾鄉黨鄰里也。乃作《蘇氏族譜》，立亭於高祖墓塋之西南而刻石焉。既而告之曰：「凡在此者，死必赴，冠、娶妻必告，少而孤，則老者字之，貧而無歸，則富者收之，而不然者，族人之所共誚讓也。」

歲正月，相與拜奠於墓下。既奠，列坐於亭。其老者顧少者而嘆曰：「是不及見吾鄉鄰風俗之美矣。自吾少時，見有爲不義者，則衆相與疾之，如見怪物焉，慄焉而不寧，其後少衰也，猶相與笑之，今也則相與安之耳！是起於某人也。夫某人者，是鄉之望人望人字可玩。也，而大亂吾俗焉。是故其誘人也速，其爲害也深。自斯人之逐其兄之遺孤子而不恤也，而骨肉之恩薄；自斯人之多取其先人之貲田而欺其諸孤子也，而孝弟之行缺；自斯人之爲其諸孤子之所訟也，而禮義之節廢；自斯人之以妾加其妻也，而嫡庶之別混；自斯人之篤於聲色，而父子雜處，讙譁不嚴也，而閨門之政亂；自斯人之瀆財無厭，惟富者之爲賢也，而廉耻之路塞。此六行者，吾往時所謂大慚而不容者也。今無知之人皆曰：『某人何人也，猶且爲之。』其輿馬赫奕，正是望人。婢妾靚麗，足以蕩惑里巷之小人；其官爵貨力，足以摇動府縣；其矯詐修飾言語，足以欺罔君子。是州里之大盜也。吾不敢以告鄉人，而私以戒族人焉：髣髴於斯人之一節者，願無過吾門也。」

予聞之，懼而請書焉。老人曰：「書其事而闕其姓名，使他人觀之，則不知其爲誰，而夫人之觀之，與匹夫化鄉人應。則面熱内慚，汗出而食不下也。且無彰彰一作名。之，庶其有悔乎？」予曰：「然。」乃記之。

【眉批】

穆文熙曰：「匹夫化鄉人，何必借權勢，見老泉隨地是功業矣。本末次第，乃先族子而化及鄉人意。」

茅坤曰：「族約似略而盡。」

姜寶曰：「設爲惡行以示戒，實未必有是人，蓋《子虛賦》『亡是叟』之類也。」

茅坤曰：「《禮記》文字。」

錢穀曰：「字孤，譜中第一義，故再三言之。」

錢穀曰：「思以匹夫矯望人之行。」

卷十二

雜文

張益州畫像記

至和元年秋，蜀人傳言有寇至，邊軍夜呼，野無居人，妖言流聞，京師震驚。方命擇帥，天子曰：「毋養亂，毋助變。衆言朋興，朕志自定。外亂不作，變且中起。不可以文令，又不可以武競，惟朕一二大吏，孰爲能處茲文武之間，其命往撫朕師？」乃惟曰：「張公方平其人。」天子曰：「然。」公以親辭，不可，遂行。冬十一月至蜀。至之日，歸屯軍，撤守備，使謂郡縣：「寇來在吾，無爾勞苦。」明年正月朔旦，蜀人相慶如他日，遂以無事。

又明年正月，相告留公像于净衆寺，公不能禁。眉陽蘇洵言於衆曰：「未亂易治也，既亂易治也。有亂之萌，無亂之形，是謂將亂。將亂難治。不可以有亂急，亦不可以無亂弛。是惟元年之秋，如器之欹，未墜於地，惟爾張公安坐於其旁，顏色不變，徐起而正之。既正，油然而退，無矜容，爲天子牧小民不倦。惟爾張公，爾繄以生，惟爾父母。且公嘗爲我言：『民無常性，惟上所待。人皆曰蜀人多變，於是待之以待盗賊之意，而繩之以繩盗賊之法，重足屏息之民，而以碪斧令。於是民始忍以其父母妻子之所仰賴之身，而棄之於盗賊，故每每大亂。夫約之以禮，驅之以法，惟蜀人爲易。至於急之而生變，雖齊、魯亦然。吾以齊、魯待蜀人，而蜀人亦自以齊、魯之人待其身。若夫肆意於法律之外以威劫其民，吾不忍爲也。』嗚呼！愛蜀人之深，待蜀人之厚，自公而前，吾未始見也。」皆再拜稽首曰：「然。」蘇洵又曰：「公之恩在爾心，爾死在爾子孫，其功業在史官，無以像爲也。且公意不欲，如何？」皆曰：「公則何事於斯？雖然，於我心有不釋焉。今夫平居聞一善，必問其人之姓名，與鄉里之所在，以至於其長短大小美惡之狀，甚者或詰其平生所嗜好，以想見其爲人，而史官亦書之於其傳，意使天下之人思之於心，則存之於目，存之於目，故其思之於心也固。由此觀之，像亦不爲無助。」蘇洵無以詰，遂爲之記。

公南京人，慷慨有節，以度量容天下，天下有大事，公可屬。系之以詩曰：

天子在祚，歲在甲午。西人傳言，有寇在垣。庭有武臣，謀夫如雲。天子曰嘻，命我張公。公來自東，旗纛舒舒。西人聚觀，于巷于塗。謂公暨暨，公來于于。公謂西人，安爾室家，無敢或訛。訛言不祥，往即爾常。春爾條桑，秋爾滌場。西人稽首，公我父兄。公在西囿，草木駢駢。公宴其僚，伐鼓淵淵。西人來觀，祝公萬年。有女娟娟，閨闥閑閑。有童哇哇，亦既能言。昔公未來，期汝棄捐。禾麻芃芃，倉庾崇崇。嗟我婦子，樂此歲豐。公在朝廷，天子股肱。天子曰歸，公敢不承？作堂嚴嚴，有廡有庭。公像在中，朝服冠纓。西人相告，無敢逸荒。公歸京師，公像在堂。

【眉批】

姜寶曰：「此《記》有難下語處。一則張公到益州，非有汗馬之勞，一則老泉于蜀爲父母之邦，説蜀無亂不得，説蜀横逆不得，看他如何推重張公，如何回護蜀人。」

焦竑曰：「至蜀設施，合前天子命意。」

唐順之曰：「翻出將亂難治意來，便見張公有功。不急不弛，與起文武二句相顧。」

唐順之曰：「老泉是蜀人，故此一轉尤妙。」

唐順之曰：「結學《史記》。」

彭州圓覺禪院記

人之居乎此也，其必有樂乎此也。居斯樂，不樂不居也。居而不樂，不樂而不去，爲自欺，且爲欺天。蓋君子恥食其食而無其功，恥服其服而不知其事，故居而不樂，吾有吐食脱服以逃天下之譏而已耳。天之畀我以形，而使我以心馭也。今日欲適秦，明日欲適越，天下誰我禦？故居而不樂，不樂而不去，是其心且不能馭其形，而况能以馭他人哉？

自唐以來，天下士大夫争以排釋老爲言，故其徒之欲求知於吾士大夫之間者，往往自叛其師以求容於吾，而吾士大夫亦喜其來而接之以禮。靈師、文暢之徒，飲酒食肉以自絶於其教。嗚呼！歸爾父子，復爾室家，而後吾許爾以叛爾師。父子之不歸，室家之不復，而師之叛，是不可以一日立于天下。《傳》曰：「人臣無外交。」故季布之忠於楚也，雖不如蕭、韓之先覺，而比丁公之貳則爲愈。

予在京師，彭州僧保聰來求識予甚勤，及至蜀，聞其自京師歸，布衣蔬食以爲其徒先，凡若干年，而所居圓覺院大治。一日爲予道其先師平潤事，與其院之所以得名者，請予爲記。予佳聰之不以叛其師悦予也，故爲之記曰：

彭州龍興寺僧平潤講《圓覺經》有奇，因以名院。院始弊不葺，潤之來始得隙地以作堂宇。凡更二僧而至于保聰，聰又合其鄰之僧屋若干於其院以成，是爲記。

【眉批】

穆文熙曰：「只此一段，見老泉自有主張人。」

穆文熙曰：「應居而不樂。」

穆文熙曰：「入室操戈，徧世皆是，寧免老泉之惡。」

穆文熙曰：「應居斯樂。」

極樂院造六菩薩記

始予少年時，父母俱存，兄弟妻子備具，終日嬉游，不知有死生之悲。自長女之夭，不四五年而丁母夫人之憂，蓋年二十有四矣。其後五年而喪兄希白，又一年而長子死，又四年而幼姊亡，又五年而次女卒，至于丁亥之歲，先君去世，又六年而失其幼女，服未既而有長姊之喪，悲憂慘愴之氣，鬱積而未散，蓋年四十有九而喪妻焉，嗟夫！三十年之間，而骨肉之親零落無幾。

逝將南去，由荆、楚走大梁，然後訪吴、越，適燕、趙，徜徉於四方以忘其老。將去，慨然顧墳墓，追念死者，恐其魂神精爽，滯於幽陰冥漠之間，而不復曠然游乎逍遥之鄉。於是造六菩薩並龕座二所。蓋釋氏所謂觀音、勢至、天藏、地藏、解冤結、引路王者，置於極樂院阿彌如來之堂。庶幾死者有知，或生於天，或上於四方上下，所適如意，亦若余之游於四方而無繫云爾。應上南去段。

【眉批】

錢穀曰：「將遠行而念墳墓，用意敦厚。」

穆文熙曰：「老泉爲死者造六菩薩像，東坡爲老泉捨四菩薩板，意思一樣。可謂俗緣，亦可謂真諦。」

木假山記

木之生，或糵而殤，或拱而夭。幸而至於任爲棟梁則伐，不幸而爲風之所拔，水之所漂，或破折，或腐。幸而得不破折，不腐，則爲人之所材而有斧斤之患。其最幸者，漂沉汩没於湍沙之間，不知其幾百年，而其激射囓食之餘，或髣髴於山者，則爲好事者取去，强之以爲山，然後可以脱泥沙而遠斧斤。而荒江之濆，此轉尤妙。如此者幾何？不爲好事者所見，而爲樵夫野人所薪者，何可勝數！則其最幸者之中，又有不幸者焉。

予家有三峰，予每思之，則疑其有數存乎其間。且其糵而不殤，拱而不夭，任爲棟梁而不伐，風拔水漂而不破折不腐，不破折不腐而不爲人所材，以及於斧斤。出於湍沙之間，而不爲樵夫野人之所薪，而後得至乎此，則其理似不偶然也。

然予之愛之，則非徒愛其似山，而又有所感焉，非徒愛之而又有所敬焉。予見中峰魁岸踞肆，自況。意氣端重，若有以服其旁之二峰。二峰者莊栗刻峭，況二子。凛乎不可犯，雖其勢服於中峰，而岌然無阿附意。吁！其可敬也夫，其可以有所感也夫！

【眉批】

茅坤曰：「即木假山看出許每幸不幸來，有感慨，有態度。凡六轉入山。末又一轉，有百尺竿頭之意。」

唐順之曰：「一一抱前，極緊嚴，極活潑。」

錢穀曰：「一曰魁岸踞肆，一曰莊栗刻峭，自是倜儻不凡氣象，令人有高山仰止之思。」

老翁井銘

丁酉歲，余卜葬亡妻，得武陽安鎮之山。山之所從來，甚高大壯偉，其末分而爲兩股，回轉環抱，有泉坌然出於兩山之間，而北附右股之下，畜爲大井，可以日飲百餘家。卜者曰吉，是其葬書爲神之居。蓋水之行常與山俱，山止而泉冽，則山之精氣勢力自遠而至者，皆畜於此而不去，是以可葬無害。他日乃問泉旁之民，皆曰是爲老翁井。問其所以爲名之由，曰：往歲十年，山空月明，天地開霽，則常有老人蒼顔白髮偃息於泉上，就之則隱而入於泉，莫可見。蓋其相傳以爲如此者久矣。因爲作亭於其上，又甃石以禦水潦之暴，而往往優游其間，酌泉而飲之，以庶幾得見所謂老翁者，幻想。以知其信否。然余又閔其老於荒榛巖石之間，千歲而莫知也，今乃始遇我而後得傳於無窮。遂爲銘曰：

山起東北，翼爲南西。涓涓斯泉，坌溢以瀰。斂以爲井，可飲萬夫。汲者告吾，有叟於斯。里無斯人，將此謂誰？山空寂寥，或嘯而嬉。更千萬年，自潔自好。誰其知之，乃訖遇我。惟我與爾，將遂不泯。無溢無竭，以永千祀。

王荆州畫像贊

太山崇崇，東海滔滔，蟠爲山東。公惟齊人，齊方千里，而吾獨見公。公在荆州，或象其儀，白髮紅顏。謂公方壯，公生辛丑，天子之老。誰謂公老？其威桓桓，鎮天子之南邦。

吴道子畫五星贊

世稱善畫，曹興、張繇。墻破紙爛，兵火所燒。至于有唐，道子姓吴。獨稱一時，蔑張與曹。歷歲數百，其有幾何？或鑱于碑，以獲不磨。吾世貧窶，非有富豪。堂堂五行，道子所摹。歲星居前，不武不挑。木。求之古人，其有帝堯。盛服佩劍，其容昭昭。熒惑惟南，左弓右刀。火。赫烈奮怒，木石焚焦。震怛下土，莫敢有驕。崔崔土星，瘦而長腰。土。四方遠游，去如飛飆。倏忽萬里，遠莫可招。太白惟將，宜其壯夫。金。今惟婦人，長裙飄飄。抱撫四弦，如聲嘈嘈。辰星北方，不麗不妖。水。執筆與紙，凝然不囂。妝非今人，唇傅黑膏。唯是五星，筆勢莫高。昔始得之，爛其生綃。及今百年，墨昏而消。愈後愈遠，知其若何？吾苟不言，是亦不遭。

【眉批】

楊慎曰：「閻立本，畫家之李白，吴道子則杜甫也。」

王世貞曰：「狗馬難，鬼神易，五星亦鬼神例耳。」

焦竑曰：「荆浩謂吴道子有筆無墨，五星之肖，可想而知。」

仲兄字文甫説

洵讀《易》至《涣》之六四，曰：「涣其群，元吉。」曰：嗟夫，群者，聖人所欲涣以混一天下者也。蓋余仲兄名涣，而字公群，則是以聖人之所欲解散滌蕩者以自命也，而可乎？他日以告，兄曰：「子可無爲我易之？」洵曰：「唯。」

既而曰：請以文甫易之，如何？且兄嘗見夫水之與風乎？油然而行，淵然而留，渟洄汪洋，滿而上浮者，是水也，而風實起之。蓬蓬然而發乎大空，不終日而行乎四方，蕩乎其無形，飄乎其遠來，既往而不知其迹之所存者，是風也，而水實形之。今夫風水之相遭乎大澤之陂也，紆餘委蛇，蜿蜒淪漣，安而相推，怒而相凌，舒而如雲，蹙而如鱗，疾而如馳，徐而如徊，揖讓旋辟，相顧而不前，其繁如縠，其亂如霧，紛紜鬱擾，百里若一，汩乎順流，至乎滄海之濱，滂薄洶涌，號怒相軋，交横綢繆，放乎空虚，掉乎無垠，横流逆折，濆旋傾側，宛轉膠戾，回者如輪，縈者如帶，直者如燧，奔者如焰，跳者如鷺，投者如鯉，殊狀異態，而風水之極觀備矣。故曰：「風行水上涣。」此亦天下之至文也。

然而此二物者豈有求乎文哉？無意乎相求，不期而相遭，而文生焉。是其爲文也，非水之文也，非風之文也。二物者非能爲文，而不能不爲文也。物之相使而文出於其間也，故此天下之至文也。

今夫玉非不温然美矣，而不得以爲文，刻鏤組綉，非不文矣，而不可與論乎自然。故夫天下之無營而文生之者，唯水與風而已。

昔者君子之處於世，不求有功，不得已而功成，則天下以爲賢；不求有言，不得已而言出，則天下以爲口實。嗚呼！此不可與他人道之，唯吾兄可也。

【眉批】

楊慎曰：「李善云：『有物有文曰色，風雖地氣，然亦有光。』毛萇《詩注》云：『風行水上曰漪。』《易》曰：『風行水上涣。』按老泉文甫《字説》本之《易》，衍之《詩經》，而發其旨者，李善也。」

茅坤曰：「肖《莊子》。」

茅坤曰：「又轉進一步。」

茅坤曰：「借二物相形，文不枯淡。」

唐順之曰：「本意在此。」

茅坤曰：「有此一段文字，地步便高。」

名二子説

輪輻蓋軫，皆有職乎車，而軾獨若無所爲者。雖然，去軾，則吾未見其爲完車也。軾乎，吾懼汝之不外飾也。

天下之車，莫不由轍，而言車之功者，轍不與焉。雖然，車仆馬斃，而患亦不及轍，是轍者，善處乎禍福之間也。轍乎，吾知免矣。

【眉批】

茅坤曰：「此老泉逆論二子之終也。率之長公，再以斥廢，僅而能免。少公終得以遺老自解脱，悠悠卒歲，亦奇矣。」

又曰：「文字僅百，而無限宛轉，無限情思。」

題張僊畫像

洵嘗於天聖庚午重九日至玉局觀無礙子卦肆中見一畫像，筆法清奇，乃云：「張僊也，有感必應。」因解玉環易之。洵尚無子嗣，每旦，必露香以告。逮數年，既得軾，又得轍，性皆嗜書。乃知真人急於接物，而無礙子之言不妄矣。故識其本末，使異時求嗣者於此加敬云。

【眉批】

穆文熙曰：「嗣真可從張僊求否？」

送吴侯職方赴闕序

因天地萬物有可以如此之勢，而寓之於事，則其始不强而易成，其成也窮萬物而不可變。聖人見天地之間以物加物，而不能皆長，不能皆短，於是有度。見一人之手，不能盛江河之沙礫，而太山之谷，納一石而不加淺，於是有量。見物横於空中，首重而末舉，於是有權衡。長短之相形，大小之相盛，輕重之相抑昂，皆物之所自有，而度量權衡者因焉。故度量權衡，家有之而不可闕。至于後世，有作者出，以爲因物之自然以成物，不足以見吾智，於是作器，使之不擊而自鳴，不觸而自轉，虛而欹，水實其中而覆半，而端如常器。嗚呼，殆矣！吾見其朝作而暮廢也。

夫不忍而謂之仁，忍而謂之義。見踏水者不忍而拯其手，而仁存焉。見井中之人，度不能出，忍而不從，而義存焉。無傷其身而活一人，人心有之。不肯殺其身以濟必不能生之人，人心有之。有人焉，以爲人心之所自有，而不足以驚人也，乃曰：「殺吾身雖不能生人，吾爲之。」此人心之所自有邪？强之也？强不能以及遠，使人之心不忍殺人，而亦不以無故殺其身，是亦足以爲仁矣乎？嗚呼！有餘矣。誰能不忍視人之死，而亦不肯妄殺其身者，然則異世驚衆之行，亦無有以加之也。

吴侯職方有名於當時，其胸中泊然無崖岸限隔，又無翹然躍然務出奇怪之操，以震撼世俗之志。是誠使刻厲險薄之人見之，將不識其所以與常人異者。然使之退而思其平生大方，則淳淳渾渾不可遽測。此所謂能充其心之所自有，而天下之君子也。吴侯有名於世三十年，而猶於此爲遠官。今其東歸，其不碌碌爲此官矣哉！

【眉批】

穆文熙曰：「不得已而成功，則天下以爲賢，亦此因勢寓事意。其贊乃父曰合老子，想老泉亦得道法自然之教者。」

焦竑曰：「但曰不殺身，恐嫌坐視，當曰有自然可捄之道在。」

錢穀曰：「老泉亦近人情。」

送石昌言使北引

昌言舉進士時，吾始數歲，未學也。憶與群兒戲先府君側，昌言從旁取棗栗啖我，家居相近，又以親戚故，甚狎。昌言舉進士，日有名。吾後漸長，亦稍知讀書，學句讀屬對聲律，未成而廢。昌言聞吾廢學，雖不言，察其意甚恨。

後十餘年，昌言及第第四人，守官四方，不相聞。吾以壯大，乃能感悔，摧折復學。又數年，游京師，見昌言長安，相與勞苦如平生歡，出文十數首，昌言甚喜，稱善。吾晚學無師，雖日爲文，中甚自慚，又聞昌言説，乃頗自喜。今十餘年，又來京師，而昌言官兩制，乃爲天子出使萬里外强悍不屈之虜庭，建大旆，從騎數百，送車千乘，出都門，意氣慨然。自思爲兒時見昌言先府君旁，安知其至此！

富貴不足怪，吾於昌言獨有感也。丈夫生不爲將，得爲使，折衝口舌之間足矣。往年彭任從富公使還，爲我言，既出境，宿驛亭，聞介馬數萬騎馳過，劍槊相摩，終夜有聲，從者怛然失色。及明，視道上馬迹，尚心掉不自禁。凡虜所以夸耀中國者多此類，中國之人不測也。故或至於震懼而失辭，以爲夷狄笑。嗚呼！何其不思之甚也！昔者奉春君使冒頓，壯士健馬皆匿不見，是以有平城之役。今之匈奴，吾知其無能爲也。《孟子》曰：「説大人者，藐之。」況於夷狄。請以爲贈。

【眉批】

茅坤曰：「文有生色，當與韓昌黎送殷員外等序相伯仲。」

茅坤曰：「老泉生平意氣如此。」

錢穀曰：「《上皇帝書》云使惟其可意，其自許乎？」

錢穀曰：「此心疑目疑之説也。老蘇似目無全敵。」

茅坤曰：「結意在此，蓋欲昌言不受虜欺。」

丹稜楊君墓誌銘

楊君諱某，字某，世家眉之丹稜。曾大父諱某，大父某，父某，皆不仕。君娶某氏女，生子四人：長曰美琪，次曰美琳，次曰美珣，其幼美球。美球嘗從事安靖軍。余游巴東，因以識余。嘉祐二年某月某日，君卒，享年若干。四年十一月某日，葬于某鄉某里。將葬，從事來請余銘，以求不泯于後，余不忍逆。蓋美琳先君之喪一月而卒，美琪、美珣皆志於學，而美球既仕於朝。銘曰：

歲在己亥月在子，培高穴深托后土，夫子骨肉歸安此。生有四息三哭位，後昆如雲不勝記，其後豈不富且貴？囑余作銘賴其季，更千萬年豈不偉！

祭史彦輔文

嗚呼彦輔，胡爲而然，胡負於天？誰不壽考，而於彦輔，獨嗇其年！誰不富貴，使終賤寒！誰無子孫，詵詵戢戢，滿眼蚳蝝！於天何傷，獨愛一孺，使殞其傳？噡噡其帷，其下惟誰，有童未冠。彦輔從子，帶經而哭，稽顙未前。天高茫茫，慟哭不聞，誰知此冤？

輟哭長思，念初結交，康定、寶元。子以氣豪，縱横放肆，隼擊鵰騫。奇文怪論，卓若無敵，悚怛旁觀。憶子大醉，中夜過我，狂歌叫讙。氣豪。予不喜酒，正襟危坐，終夕無言。他人竊驚，宜若不合，胡爲甚歡？嗟人何知，吾與彦輔，契心忘顔。飛騰雲霄，無有遠邇，我後子先。擠排澗谷，無有嶮易，我溺子援。破窗孤燈，冷灰凍席，與子無眠。旅游王城，飲食寤寐，相恃以安。

慶曆丁亥，詔策告罷，予將西轅。慨然有懷，吾親老矣，甘旨未完。往從南公，奔走乞假，遂至于虔。子時亦來，止于臨江，繫馬解鞍。愛弟子凝，倉卒就獄，舉家驚喧。及秋八月，予將北歸，亦既具船。有書晨至，開視驚叫，遂丁大艱。故鄉萬里，泣血行役，敢期生還？中途逢子，握手相慰，曰無自殘。旅宿魂驚，中夜起行，長江大山。前呼後應，告我無恐，相從入關。歸來幾何，子以病廢，手足若攣。我嘉子心，壯若鐵石，氣豪。益固而堅。瞋目大呼，屋瓦爲落，聞者竦肩。子凝之喪，大臨嘔血，傷心破肝。我游京師，强起來餞，相顧留連。我還自東，二子喪母，歸懷心酸。子病告革，奔走往問，醫云已難。問以後事，口不能語，悲來塞咽。遺文墜藁，應「奇文怪論」。爲子收拾，以葺以編。我知不朽，千載之後，子名長存。嗚呼彦輔，天實喪之，予哭寢門。白髮班班，疾病來加，卧不能奔。哭書此文，命軾往奠，以慰斯魂。尚饗。

【眉批】

穆文熙曰：「激楚之文，亦饒韻致，祭文中之最勝者。」

穆文熙曰：「兩聯括大意。」

穆文熙曰：「斷金之誼。」

祭任氏姊文

昔我曾祖，子孫滿門。姊之先人，實惟其孫。不幸而亡，又不有嗣。後世饗祀，其托在姊。祭於女家，聞者欷歔。姊不永存，後益以疏。

姊之未亡，洵作族譜。昆弟諸子，可以指數。念子之先，其後爲誰？周旋反覆，不見而悲。悲其早喪，宜姊壽考。春秋薦獻，終姊之老。今姊永歸，遂及良人。皆葬于原，送哭酸辛。姊之子孫，恭願良謹。當有達者，以塞此恨。跪讀此文，告以無憾。鬼神有知，尚克來鑒。

祭亡妻文

嗚呼！與子相好，相期百年。不知中道，棄我而先。我徂京師，不遠當還。嗟子之去，曾不須臾。子去不返，我懷永哀。反覆求思，意子復回。人亦有言，死生短長。苟皆不欲，爾避誰當？我獨悲子，生逢百殃。有子六人，今誰在堂？唯軾與轍，僅存不亡。咻呴撫摩，既冠既昏。教以學問，畏其無聞。晝夜孜孜，孰知子勤？提攜東去，出門遲遲。今往不捷，後何以歸？二子告我，母氏勞苦。今不汲汲，奈後將悔。大寒酷熱，崎嶇在外。亦既薦名，試于南宫。文字煒煒，嘆驚群公。二子喜躍，我知母心。非官實好，要以文稱。我今西歸，有以藉口。故鄉千里，期母壽考。歸來空堂，哭不見人。傷心故物，感涕殷勤。

嗟予老矣，四海一身。自子之逝，内失良朋。孤居終日，有過誰箴？昔予少年，游蕩不學。子雖不言，耿耿不樂。我知子心，憂我泯没。感嘆折節，以至今日。嗚呼死矣，不可再得！

安鎮之鄉，里名可龍。隸武陽縣，在州北東。有蟠其丘，惟子之墳。鑿爲二室，期與子同。骨肉歸土，魂無不之。我歸舊廬，無不改移。魂兮來泯，不日來歸。

【眉批】穆文熙曰：「『教以學問，畏其無聞』，二子。曰『要以文稱』、『游蕩不學』、『耿耿不樂』。老泉。曰『有過誰箴』，家庭師友，可慕可則。」

祭侄位文

嘉祐五年六月十四日，叔洵以家饌酒果，祭于亡侄之靈。

昔汝之生，後余五年。余雖汝叔父，而幼與汝同戲如兄弟然。其後余日以長，汝亦以壯大。余適四方，而汝留故國。余既歸止，汝乃隨汝仲叔旅居東都，十有三歲而不還。今余來東，汝遂溘然至死而不救，此豈非天邪？

嗟夫！數十年之間，與汝出處參差不齊，曾不如其幼之時。方將與汝旅于此，汝又一旦而殁。人事之變，何其反覆而與人相違！嗟余伯兄，其後之存者，今日以往，獨汝季弟與汝之二孺，此所以使余增悲也。汝殁之五日，汝家將殯汝于京城之西郊，魂如有知，於此永別。尚饗。

祭史親家祖母文

嗟人之生，其久幾何？百年之間，逝者如麻。反顧而思，可泣可悲！夫人之孫，歸于子轍。自初許嫁，以及今日。旻天不吊，禍難薦結。始自丁亥，天崩地折，先君殁世。次及近歲，子婦之母，亦以奄棄。顧惟荼毒，謂亦止此。誰知于今，乃或有甚。室家不祥，死而莫救。及于夫人，亦罹此咎。子喪其妣，婦喪祖母。誰謂人生，而至於是。嘆嗟傷心，悲不能止！

議修禮書狀

右洵先奉敕編禮書，後聞臣僚上言，以爲祖宗所行，不能無過差，不經之事，欲盡芟去，無使存録。洵竊見議者之説，與敕意大異。何者？前所授敕，其意曰纂集故事，而使後世無忘之耳，非曰制爲典禮而使後世遵而行之也。然則洵等所編者，是史書之類也。遇事而記之，不擇善惡，詳其曲折，而使後世得知而善惡自著者，是史之體也。若夫存其善者，而去其不善，則是制作之事，而非職之所及也。而議者以責洵等，不已過乎？且又有所不可者，今朝廷之禮，雖爲詳備，然大抵往往亦有不安之處，非特一二事而已。而欲有所去焉，不識其所去者果何事也？既欲去之，則其勢不得不盡去，盡去則禮缺而不備。苟獨去其一，而不去其二，則適足以爲抵捂齟齬而不可齊一。

且議者之意，不過欲以掩惡諱過，以全臣子之義，如是而已矣。昔孔子作《春秋》，惟其惻怛而不忍言者而後有隱諱。蓋桓公薨，子般卒，没而不書，其實以爲是不可書也。至於成宋亂，及齊狩，躋僖公，作丘甲，用田賦，丹桓宫楹，刻桓宫桷，若此之類，皆書而不諱，其意以爲雖不善而尚可書也。今先世之所行，雖小有不善者，猶與《春秋》之所書者甚遠，自救。而悉使洵等隱諱而不書，如此，將使後世不知其淺深，徒見當時之臣子至於隱諱而不言，以爲有所大不可言者，則無乃欲益而反損歟？《公羊》之説，滅紀滅項，皆所以爲賢者諱，然其所謂諱者，非不書也，書而迂曲其文耳，然則其實猶不没也。其實猶不没者，非以彰其過也，以見其過之止於此也。今無故乃取先世之事而没之，後世將不知而大疑之，此大不便者也。班固作《漢志》，凡漢之事，悉載而無所擇。今欲如之，則先世之小有過差者，不足以害其大明，而可以使後世無疑之之意，且使洵等爲得其所職，而不至於侵官者。

謹具狀申提舉參政侍郎，欲乞備録聞奏。

【眉批】

茅坤曰：「一篇柱子。」

唐順之曰：「老泉論史，曰史以事辭勝，故其居職亦如是。然欲使後世不疑，依然以道法勝。」

焦竑曰：「觀桓公一轉，假使先行，有必不可書者，老蘇亦自不書。議論周到。」

焦竑曰：「史尚實録，以懲君過。老泉曰以微君過，從來無人道破。」

賀歐陽樞密啓

伏審光奉帝詔，入持國樞，士民讙譁，朝野響動。恭惟國家所以設樞密之任，乃是天下未能忘威武之防。雖號百歲之承平，未嘗一日而無事。兵不可去，職爲最難。任文教則損國威，專武事則害民政。

伏自近歲，屢更大臣，皆由省府而來，以答勳勞之舊。一歷二府，遂超百官，既無跋足之求，僅若息肩之所。自聞此命，欣賀實深。蓋因物議之所歸，以慰民心之大望。伏惟某官一時之傑，舉代所推。經世之文，服膺已久；致君之略，至老不衰。顧惟平昔起於小官，曷嘗須臾忘於當世？以爲天下之未大治，蓋自賢者之在下風。自今而言，夫復何難？願因千載之遇，一新四海之瞻。

洵受恩至深，爲喜宜倍。嘗謂未死之際，無由知王道之大行；不意臨老之年，猶及見君子之得位。阻以在外，闕於至門，仰祈高明，俯賜亮察。

【眉批】穆文熙曰：「以規爲賀，不似趨炎世態。」

謝相府啓

朝廷之士，伏孟子。進而不知休；山林之士，伏孔子。退而不知反：二者交譏于世，學者莫獲其中。洵幼而讀書，固有意于從宦；壯而不仕，豈爲異以矯人。上之則有制策誘之于前，下之則有進士驅之于後。常以措意，晚而自慚。

蓋人未之知而自衒以求用，世未之信而有望于効官，仰而就之，良亦難矣。以爲欲求於無辱，莫若退聽之自然。有田一廛，足以爲養；行年五十，將復何爲？不意貧賤之姓名，偶自徹聞于朝野。向承再命以就試，固以大異其本心。且不試而審觀其才，則上之人猶未信其可用，未信而有求于上，則洵之意以爲近于強人。遂以再辭，亦既獲命。于匹夫之賤，而必行其私意；豈王命之寵，而敢望其曲加？

昨承詔恩，被以休寵，退而自顧，愧其無勞。此蓋昭文相公，左右元君，舒慘百辟。句奇。德澤所暢，刑威所加；不暘而熙，不寒而慄。顧惟無似，或謂可收。不忍棄之于庶人，亦使與列于一命。上以慰夫天下賢俊之望，下以解其終身饑寒之憂。仰惟此恩，孰可爲報？

昔者孟子不願召見，影己之不就試。而孔子不辭小官，影己之不辭官。夫欲正其所由得之之名，是以謹其所以取之之故。蓋孟子不爲矯，孔子不爲卑，苟窮其心，則各有説。雖自知其不肖，常願附其下風。區區之心，惟所裁擇。

【眉批】

穆文熙曰：「與張侍郎、歐陽内翰書，亦每求仕，可謂聽之自然乎？然嘗曰『欲見我而見之，不欲見而去之』，則其自然可想。」

穆文熙曰：「夜光暗投，無不按劍，老泉不肯强人，識高。」

穆文熙曰：「老泉以己爲獲其中矣。」

卷十三

雜詩

雲興于山

雲興于山，霧霧爲霧。匪山不仁，天實不顧。山川我享，爲我百訴。豈不畏天，哀此下土。班班鳴鳩，穀穀晨號。天乎未雨，余不告勞。誰爲山川，不如羽毛。

有驥在野

有驥在野，百過不呻。子不我良，豈無他人？縶我于厩，乃不我駕。遇我不終，不如在野。禿毛于霜，寄肉于狼。寧彼我傷，寧人不我顧？無子我忘。

有觸者犢

有觸者犢，再箠不却。爲子已觸，安所置角？天實畀我，子欲已我。惡我所爲，盍奪我有？子欲不觸，盍索之笠？

朝日載昇

朝日載昇，蕘蕘伊氓。于室有績，于野有耕。于塗有商，于邊有征。天生斯民，相養以寧。嗟我何爲？踽踽無營。初孰與我？今孰主我？我將往問，安所處我？

我客至止

我客至止，我逆於門。來升我堂，來飲我罇。羞鼈不時，詈我不勤。求我何多，請辭不能。客謂主人：「唯子我然。求子之多，責子之深，期子于賢。」

顔　書

任君北方來，手出《郃州碑》。爲是魯公寫，遺我我不辭。魯公實豪傑，慷慨忠義姿。憶在天寶末，變起漁陽師。猛士不敢當，儒生横義旗。感激數十郡，連衡鬥羌夷。新造勢尚弱，胡爲力未衰。用兵竟不勝，嘆息真數奇。杲兄死常山，烈士淚滿頤。魯公不死敵，天下皆熙熙。奈何不愛死，再使踏鯨鰭。公固不畏死，吾實悲當時。緬邈念高誼，惜哉生我遲。近日見異説，不知作者誰。云公本不死，此事亦已奇。大抵天下心，人人屬公思。加以不死狀，慰此苦嘆悲。我欲哭公墓，莽莽不可知。愛其平生迹，往往或孑遺。此字出公手，一見減嘆咨。使公不善書，筆墨紛訛癡。思其平生事，豈忍棄路岐？况此字頗怪，堂堂偉形儀。駿極有深穩，骨老成支離。點畫乃應和，關連不相違。有如一人身，鼻口耳目眉。彼此異狀貌，各自相結維。離離天上星，分如不相持。左右自綴會，或作斗與箕。骨嚴體端重，安置無攲危。篆鼎兀大腹，高屋無弱楣。

古器合尺度，法物應矩規。想其始下筆，莊重不自卑。虞柳豈不好，結束煩羈羈。筆法未離俗，庸手尚敢窺。自我見此字，得紙無所施。一車會百木，斤斧所易爲。團團彼明月，欲畫形終非。誰知忠義心，餘力尚及斯。因此數幅紙，使我重嘆嘻！

歐陽永叔白兔

飛鷹搏平原，禽獸亂衰草。蒼茫就擒執，顛倒莫能保。白兔不忍殺，嘆息愛其老。獨生遂長拘，野性始驚矯。貴人織筠籠，馴擾漸可抱。誰知山林寬，穴處頗自好。高飆動槁葉，群竄迹如掃。異質不自藏，照野明暠暠。獵夫指之笑，自匿苦不早。何當騎蟾蜍，靈杵手自擣。

答二任

魯人賤夫子，鳴丘指東家。當時雖未遇，弟子已如麻。奈何鄉閭人，曾不爲嘆嗟！區區吳越間，問骨不憚遐。習見反不怪，海人等龍蝦。嗟我何足道，窮居出無車！昨者入京洛，文章彼人夸。故舊未肯信，聞之笑呀呀。獨有兩任子，知我有足嘉。遠游苦相念，長篇寄芬葩。道我亦未爾，子得無增加？貧窮已衰老，短髮垂髿髿。重禄無意取，思治山中畬。往歲栽苦竹，細密如蒹葭。庭前三小山，本爲山中楂。當前鑿方池，寒泉照谽谺。玩此可竟日，胡爲踏朝衙？何當子來會，酒食相邀遮？願爲久相敬，終始無疵瑕。閑居各無事，數來飲流霞。

丙申歲余在京師鄉人陳景回自南來棄其官得太子中允景回舊有地在蔡今將治園囿於其間以自老余嘗有意於嵩山之下洛水之上買地築室以爲休息之館而未果今景回欲余詩遂道此意景回志余言異日可以知余之非戲云爾

岷山之陽土如腴，江水清滑多鯉魚。古人居之富者衆，我獨厭倦思移居。平川如手山水蹙，恐我後世鄙且愚。經行天下愛嵩嶽，遂欲買地居妻孥。晴原漫漫望不盡，山色照野光如濡。民生舒緩無夭扎，衣冠堂堂偉丈夫。吾今隱居未有所，更後十載不可無。聞君厭蜀樂上蔡，占地百頃無邊隅。草深野闊足狐兔，水種陸取身不劬。誰知李斯顧秦寵，不獲牽犬追黄狐。今君南去已足老，行看嵩少當吾廬。

憶山送人

少年喜奇迹，落拓鞍馬間。縱目視天下，愛此宇宙寬。山川看不厭，浩然遂忘還。岷峨最先見，晴光厭西川。遠望未及上，但愛青若鬟。大雪冬没脛，夏秋多蛇蚖。乘春乃敢去，匍匐攀孱顔。有路不容足，左右號鹿猿。陰崖雪如石，迫暖成高瀾。經日到絶頂，目眩手足顛。自恐不得下，撫膺忽長嘆。坐定聊四顧，風色非人寰。仰面躡雲霞，垂手撫百山。臨風弄襟袖，飄若風中仙。朅來游荆渚，談笑登峽船。峽山無平岡，峽水多悍湍。長風送輕帆，瞥過難詳觀。其間最可愛，巫廟十數巔。聳聳青玉幹，折首不見端。其餘亦詭怪，土老崖石頑。長江渾渾流，觸齧不可欄。苟非峽山壯，浩浩無隅邊。恐是造物意，特使險且堅。江山兩相值，後世無水患。水行月餘日，泊舟事征鞍。爛熳走塵土，耳囂目眵昏。中路逢漢水，亂流愛清淵。道逢塵土客，洗濯無瑕痕。振鞭入京師，累歲不得官。悠悠故鄉念，中夜成慘然。《五噫》不復留，馳車走轘轅。自是識嵩岳，蕩蕩容貌尊。不入衆山列，體如鎮中原。幾日至華下，秀色碧照天。上下數十里，映睫青巑巑。迤邐見鍾南，岸口蟠長安。一月看山岳，懷抱斗以騫。漸漸大道盡，倚山棧奅緣。下瞰不測溪，石齒交戈鋋。虛閣怖馬足，險崖摩吾肩。左山右絶澗，中如一繩慳。傲睨駐鞍轡，不忍驅以鞭。累累斬絶峰，兀不相屬聯。背出或逾峻，遠鶩如争先。或時度岡領，下馬步險艱。怪事看愈好，勤劬變清歡。行行上劍閣，勉强踵不前。矯首望故國，漫漫但青煙。及下鹿頭坂，始見平沙田。歸來顧妻子，壯抱難留連。遂使十餘載，此路常周旋。又聞吴越中，山明水澄鮮。百金買駿馬，往意不自存。投身入廬岳，首挹瀑布源。飛下二千尺，强烈不可干。餘潤散爲雨，遍作山中寒。次入二林寺，遂獲高僧言。問以絶勝境，導我同躋攀。逾月不倦厭，岩谷行欲殫。下山復南邁，不知已南虔。五嶺望可見，欲往苦不難。便擬去登玩，因得窺群巒。此意竟不償，歸抱愁煎煎。到家不再出，一頓俄十年。昨聞廬山郡，太守雷君賢。往求與識面，復見山鬱蟠。絶壁横三方，有類大破鐶。包裹五六州，倚之爲長垣。大抵蜀山峭，巉刻氣不温。不類嵩華背，氣象多濃繁。吴君潁川秀，六載爲蜀官。簿書苦爲累，天鶴因籠樊。岷山青城縣，峨眉亦南犍。黎雅又可到，不見宜悒然。有如烹脂牛，過眼不得餐。始謂泛峽去，此約今又愆。只有東北山，依然送歸軒。他山已不見，此可著意看。

上田侍制詩

日落長安道，大野渺荒荒。吁嗟秦皇帝，安得不富强！山大地脉厚，小民十尺長。耕田破萬頃，一稔粟柱梁。少年事游俠，皆可荷弩槍。勇力不自驕，頗能啖乾糧。天意此有謂，故使連西羌。古人遭邊患，累累門兩剛。方今正似此，猛士强如狼。跨馬負弓矢，走不擇澗岡。脱甲森不顧，袒裼搏敵場。嗟彼誰治此，跋邊鄙有積倉。秦境古何在？秦人多戰傷。此事久不報，此時將何償。得此報天子，爲侯歌之章。

途次長安上都漕傅諫議

丈夫正多念，老大自不安。居家不能樂，忽忽思中原。慨然棄鄉廬，劫劫道路間。窮山多虎狼，行路非不難。昔者倦奔走，閉門事耕田。蠶穀聊自給，如此已十年。緬懷當今人，草草無復閑。堅卧固不起，芒背實在肩。布衣與食肉，幸可交口言。默默不以告，未可遽罪愆。驅車入京洛，藩鎮皆達官。長安逢富侯，願得説肺肝。貧賤吾老矣，不復苦自嘆。富貴不足愛，浮雲過長天。中懷邈有念，惝恍難自論。世俗不見信，排斥僅得存。昨者東入秦，大麥黄滿田。秦民可無饑，爲君喜不眠。禁軍幾千萬，仰此填其咽。西蕃久不反，老賊非常然。士飽可以戰，吾寧爲之先。傅侯君在西，天子憂東藩。烽火尚未滅，何策安西邊？傅侯君謂何，明日將東轅。

答陳公美

少壯事已遠，舊交良可懷。百年能幾何？十載不得偕。念昔居鄉里，游處了無猜。飲食不相捨，談笑久所陪。拜君以爲兄，分密誰能開？齒髮俱未老，未至衰與頹。我子在襁褓，君猶無嬰孩。君後獨捨去，爲吏天一涯。我又厭奔走，遠引不復來。歲月杳難恃，區區老吾儕。况從與君别，多事歲若排。心力不能救，衰病侵骨骸。二子皆已冠，如吾苦無才。君亦已有嗣，骨目秀且佳。人事知幾變，會合終不諧。昨者本不出，豪傑苦自咍。鬱鬱自不樂，誰爲子悲哀？翻然感其説，東走陵巔崖。不意君在此，得奉笑與詼。君顏蔚如故，大噱飛塵灰。我老應可怪，白髮生兩顋。新句辱先贈，古詩許見推。賢俊非獨步，故舊每所垂。作詩報嘉貺，亦聊以相催。

又答陳公美三首

仲尼魯司寇，官職亦已優。從祭肉不及，戴冕奔諸侯。當時不之知，爲肉誠可羞。君子意有在，衆人但愆尤。置之待後世，皎皎無足憂。

仲尼爲群婢，一走十四年。荀卿老不出，五十干諸田。顧彼二夫子，豈其陷狂顛？出處固無定，不失稱聖賢。彼亦誠自信，誰能恤多言！

公孫昔放逐，牧羊滄海濱。勉强聽鄉里，垂老西游秦。自固未爲壯，徒爲久辛勤。君子豈必隱？孔孟皆旅人。

送李才元學士知邛州

貧賤羞妻子，富貴樂鄉關。不見李夫子，得意今西還。白馬渡滻水，紅旗照蜀山。歸來未解帶，故舊已滿門。平生浪游處，何者哀王孫？壯士勿齷齪，千金報一飧。

送陸權叔提舉茶税

君家本江湖，南行即鄰里。税茶雖冗繁，漸喜官資美。嗟君本篤學，寤寐好文字。往年在巴蜀，憶見《春秋》始。名家亂如髮，棼錯費尋理。今來未五歲，新傳滿盈几。又言欲治《易》，雜説書萬紙。君心不可測，日夜湧如水。何年重相逢，祇益使余畏。但恐茶事多，亂子《易》中意。茶《易》兩無妨，知君足才思。

送王吏部知徐州

東徐三齊之南鄰，夫子豈是三齊人？辭囂乞静得此守，走兔入藪魚投津。徐州絶勝不須問，請問項籍何去秦？江山雄豪不相下，衣錦游戲欲及晨。霸王事業今已矣，但有太守朱兩輪。還鄉據勢與古並，豈有漢戟窺城闉？論安較利乃公勝，行矣正及汴水匀。

藤　樽

枯藤生幽谷，蹙縮似無材。不意猶爲累，刳中作酒杯。君知我好異，贈我酌村醅。衰意方多感，爲君當數開。藤樽結如螺，村酒緑如水。開樽自獻酬，竟日成野醉。青莎可爲席，白石可爲機。何當酌清泉，永以思君子。

送任師中任清江

吾老尚喜事，羨君方少年。有如伏櫪馬，看彼始及鞍。奔騰過吾目，蕭條正思邊。誰知脱吾羈，傲睨登太山。君今始得縣，翱翔大江干。大江多風波，渺然天欲翻。浩蕩吞九野，開闔壯士肝。人生患不出，局束守一廛。未嘗見大物，不識天地寬。今君吾鄉秀，固已見西川。去年作邊吏，出入烽火間。儒冠雜武弁，屢與氈裘言。又當適南土，大浪泛目前。胸中芥蔕心，吹盡爲平田。陳湯喜形勝，所至常縱觀。吾想君至彼，胸膽皆豁然。

送吴待制中復知潭州二首

十年嘗作犍爲令，四脉嘗聞慼俗詩。共嘆才高堪御史，果能忠諫致戎麾。會稽特欲榮公子，馮翊猶將試望之。船繫河堤無幾日，南公應已怪來遲。

臺省留身凡幾歲，江湖得郡喜今行。卧聽曉鼓朝眠穩，行入淮流鄉味生。細雨滿村蓴菜長，高風吹旆彩船獰。到家應有壺觴勞，倚賴比鄰不畏卿。

從叔母楊氏挽詞

老人凋喪悲宗黨，寒月凄凉葬舊林。白髮已知鄰里暮，傷懷難盡子孫心。幾年贈命涵幽壤，當有銘文記德音。千里緘詞托哀恨，嗚嗚引者涕中吟。

次韻和縉叔游仲容西園

春入禁城懷舊隱，偶來芳圃似還家。番番翠蔓纏松上，粲粲朱梅入竹花。客慢空勞嚴置兕，酒多無用早成蛇。相公猶有遺書在，欲問郎君借五車。

栽松成徑百餘尺，隔徑開堂似兩家。厭事共邀終日飲，渴春先賞未開花。客來亭樹鳴寒鵲，酒入肌膚憶冷蛇。衰病不勝杯酌困，醉歸傾倒欲乘車。

香

擣麝篩檀入範模，潤分薇露合鷄蘇。一絲吐出青烟細，半炷燒成玉筯粗。道士每占經次第，佳人惟驗綉工夫。軒窗几席隨宜用，不待高擎鵲尾爐。

蘇長公表啓

李夢生　標點

説明

《蘇長公表啓》表三卷、啓兩卷，合計五卷，首輯選者錢櫝序、輯評編纂者凌濛初序。朱墨套印。正文每半葉八行，行十八字。白口，中縫鎸書名、卷次、葉碼。有眉批，行間批和文后按語。評批者有錢士鰲、李彝、鍾惺、茅坤、唐順之等共十家三百餘條。

本書選輯者錢櫝爲明浙江會稽人，字岳陽，萬曆八年進士，曾知袁州，督學江西，以文章名世。他將蘇軾所作表啓輯爲專書，不但供人們便于了解蘇氏在該文體領域所取得的成就，且足以借此熟知作者的生平途徑。評批者中值得特别注意的是錢麓屏，明錢塘人，名士鰲，字季梁，號石庵、存庵。弱冠舉于鄉，萬曆十四年成進士，授六安知州，徙刑部員外郎，調知福寧州，卒于官。《仁和鄉志》稱其「生平最嗜太史公、老蘇之文」，從其對蘇軾表啓所作的一百七十五條批語和十七條文後按語看來，可見其對蘇軾的生平和文章既熟悉又欽佩。

目録

蘇長公表卷三

蘇長公啓卷一

蘇長公啓卷二

蘇長公表啓叙

夫八卦陳而奇偶分，六律出而清濁辨。揆厥物情，可以識文矣。是以《大傳》著易簡之章，《春秋》明比事之訓，雖數言或殊，而命意則一也。至於詩人儷歌，大夫聯詞，意至而就，不勞經營。降自近代，構思彌密，契機者入巧，浮僞者無功，故麗詞之體有四，雙比空辭者曰言對，並舉故實者曰事對，理殊趣合者曰反對，事異義同者曰正對。推此而求，萬條自昭矣。然四體之中又有二難存焉，是故言對者貴於精巧，事對者務在允當。若兩事相配而優劣不均，抑又何尚焉。有宋蘇文忠公體三才之茂典，踐得二之庶幾。宏覽載籍，博游才藝，含沉鬱之思，衍黼黻之篇。或緝熙帝圖，或宣達民瘼，或寄情於伐木，或托興於采榮，其詞渢渢乎可謂兼四體而備二難者矣。後之修詞者匪此奚式？譬之金不淬礪弗爲干將，驥不調習焉可導御哉。余故取文忠表啓凡五卷，校其訛舛，付之剞劂，用貽同志者覽焉。吴郡錢櫝撰。

松陵盛文明書

蘇長公表啓叙

粵自兩京而上，文質互宜；六朝以還，駢俳始切。蓋沿賦七連珠之綺習，復繩四聲八病之嚴科。故貞觀之間絶無散語，惟昌黎之作爰起衰風。嗣是判爲兩途，不能滙爲一派。其告君而事公者則聲律之耦俱也，其言文而行遠者則結撰之各體也。獨至趙宋諸家，實能别闢異境，化莊嚴爲流走，易綺靡爲自然。驟讀連章，忘其拘於步伐；細循字句，仍自嚴於止齊。則淮陰之兵市人可戰，而細柳之壁天子不馳。體異而用則同，法殊而道則合者也。眉山長公自目「萬斛之泉，不擇地出」，宜尋聲琢句之難工，式觀偶言之屬殊本天成，更隨方逐圓之入妙。稚年帶馬之擬對已稱賞於避地之歐陽，他時堯鯀之獄詞乃見奇於操戈之李定。仇口之不難心服，徑則爲之；宗工之非出私阿，蓋可知已。豈不跨越一代而鞭駕六朝哉！後之君子爲是學者，不作鏤金刻玉之想，而存行雲流水之觀，寤寐於斯，堂奥即在。就一種以得東坡諸文，因一人以概全宋諸子。則排體無束縛之苦，而散局悟啣勒之微。可不判爲兩途，自爾滙爲一派矣。

吴興後學凌濛初撰並書

蘇長公表卷一

密州謝上表

臣軾言：昨奉敕差知密州軍州事，已於今月三日到任上訖。草芥賤微，敢干洪造；乾坤廣大，曲遂私誠。受命撫躬，已自知其不稱；入境問俗，又復過於所期。臣軾中謝。伏念臣家世至寒，性資甚下。學雖篤志，本先朝進士篆刻之文；論不適時，皆老生常談陳腐之説。分於聖世，處以散材。一自離去闕庭，屢更歲籥。塵埃筆硯，漸忘舊學之淵源；奔走簿書，粗識小人之情僞。欲自試於民社，庶有助於涓涘。以爲公朝不廢私願。携孥上國，預憂桂玉之不充；請郡東方，實欲弟昆之相近。自惟何幸，動獲所求。雖父兄所以處臣，其僥倖不過如此。雖云疏外，有此遭逢。此蓋伏遇皇帝陛下，躬上聖之資，建太平之業。以爲人無賢愚，皆有可用，故雖如臣等輩，猶未盡捐。臣敢不仰認至恩，益堅素守。推廣中和之政，撫綏疲瘵之民。要使民之安臣，則爲臣之報國。臣無任瞻天荷聖、激切屏營之至。

按：公知密州時，方行手實法，使民自疏財産以定户等，又使人得告其不實。司農文下諸路，不時施行者，以違制論。公謂提舉常平官曰：「違制之坐，若自朝廷，誰敢不從？今出于司農，是擅造律也，若何？」使者驚曰：「公姑徐徐。」未幾，朝廷知手實之禍，罷之。密人私以爲幸。麓屏

【眉批】

錢麓屏曰：出着實語而情備至。

李卓吾曰：時已改詩賦之科，故公云爾。

卓吾曰：已近于怨矣。

卓吾曰：更怨。

麓屏曰：安民報國，具見忠懇。

徐州謝上表

臣軾言：分符高密，已竊名邦；改命東徐，復塵督府。荷恩深厚，撫己競慚。臣軾中謝。伏念臣奮身農畝，托迹書林。信道直前，曾無坎井之避；立朝寡助，誰爲先後之容？向者屢獻瞽言，仰塵聖鑒。豈有意於爲異，蓋篤信其所聞。顧慚迂闊之言雖多而無益，惟有朴忠之素既久而猶堅。遠不忘君，未忍改其常度；言之無罪，實深恃於至仁。知臣者謂臣愛君，不知臣者謂臣多事。空懷此意，誰復見明。伏惟皇帝陛下，日月照臨，乾坤覆燾。察孤危之易毁，諒拙直之無他。安全陋軀，畀付善地。民淳俗簡，殊無施設之方；食足身閑，仰愧生成之賜。顧力報之無所，懷孤忠而自憐。

按：熙寧十年，公在密州，就差知河中，已而改知徐州，四月赴任。麓屏

【眉批】

麓屏曰：切實典則，悃款惻然。

又曰：可悲可泣，足動人主。

徐州謝獎諭表

臣軾言：伏奉今月四日敕，以臣去歲修城捍水，粗免疏虞，特賜獎諭者。奔走服勤，人臣之常事；褒稱勞勉，學者之至榮。自惟何人，乃辱斯語！伏念臣學無師法，才與世疏。經術既已不深，吏事又其所短。累忝優寄，卒無異稱。寬如定遠之言，平平無取；拙比道州之政，下下宜然。乃者河決澶淵，毒流淮泗。百堵皆作，蓋僚吏之劬勞；三板不沈，本朝廷之盛德。而臣下掠衆美，上貪天功。獨竊璽書之榮，以爲私室之寶。此蓋伏遇皇帝陛下，天覆四海，子養萬民。哀無辜之遭罹，特遣使以存問。既蠲免其賦調，又飲食其饑寒。所以録臣之微勞，蓋將責臣之來效。臣敢不躬親畚築，益修今歲之防；安集流亡，盡復平時之業。庶殫朽鈍，少補絲毫。臣無任。

按：公知徐州，水患大作。七月十七日河決澶州曹村，八月二十一日及徐州城下。公治亦有功，至十月五日水漸退，城以全，朝廷降詔獎諭。麓屏

【眉批】

詹六弘曰：四六對偶俱工，所謂謝彼春華，敦此秋實，非復徐庾輕薄之體矣。

麓屏曰：定遠、道州二聯，僚吏、朝廷二聯，最得謝体。

徐州賀河平表

竊聞黄河決口已遂閉塞者。聖謨獨運，天眷莫違。庶邦子來，民罔告病。萬杵雷動，役不逾時。遂消東北莫大之憂，然後麥禾可得而食。人無後患，喜若再生。臣軾中謝。伏以大河爲災，歷世所病，禹治兖州之野，十有三載乃同；漢築宣防之宫，二十餘年而定。未有收狂瀾於既潰，復故道於將堙，俯仰而成，神速若此。恭惟皇帝陛下，至仁博施，神智無方。達四聰以來衆言，廣大孝以安宗廟。水當潤下，河不溢流。屬歲久之無虞，故患生於所忽。方其決也，本吏失其防而非天意；及其復也，蓋天助有德而非人功。振古所無，溥天同慶。維豐沛之大澤，實汴泗之所鍾。伊昔横流，凛孤城之若塊；迨茲平定，蔚秋稼以如雲。害既廣則利多，憂獨深而喜倍。雖官守有限，不獲趨外庭以稱觴；而民意所同，亦能抒下情而作頌。臣無任。

婉轉如迴風流雪，決非天意，復非人工，最爲得體。即其工緻蓋淺於江淹、切于徐陵也。桃浪

【眉批】

麓屏曰：卓有典據。

又曰：轉到天助處婉溢。

又曰：模寫致賀處宛然聳然。

湖州謝上表

臣軾言：蒙恩就移前件差遣，已於今月二十日到任上訖者。風俗阜安，在東南號爲無事；山水清遠，本朝廷所以優賢。顧惟何人，亦與兹選。臣軾中謝。伏念臣性資頑鄙，名迹堙微。議論闊疏，文學淺陋。凡人必有一得，而臣獨無寸長。荷先帝之誤恩，擢置三館；蒙陛下之過聽，付以兩州。非不欲痛自激昂，少酬恩造，而才分所局，有過無功。法令具存，雖勤何補；罪固多矣，臣猶知之。夫何越次之名邦，更許借資而顯受。顧惟無狀，豈不知恩。此蓋伏遇皇帝陛下，天覆群生，海涵萬族。用人不求其備，嘉善而矜不能。知其愚不適時，難以追陪新進；察其老不生事，或能牧養小民。而臣頃在錢塘，樂其風土。魚鳥之性既自得於江湖，吴越之人亦安臣之教令。敢不奉法勤職，息訟平刑。上以廣朝廷之仁，下以慰父老之望。臣無任。

按：元豐二年三月，公自徐州移知湖州，四月到任。是歲言事者以是謝表爲謗，七月使皇甫遵道湖州追攝就獄。麓屏

【眉批】

麓屏曰：清韻逸才，最妙在寫意處。

卓吾曰：怨而甚矣。

到黄州謝表

臣軾言：去歲十二月二十九日，準敕責授臣檢校尚書水部員外郎，充黄州團練副使，本州安置，不得僉

書公事。臣已於今月一日到本所説者。狂愚冒犯，固有常刑。仁聖矜憐，特從輕典。赦其必死，許以自新。祇服訓辭，惟知感涕。中謝。伏念臣早緣科第，誤忝縉紳。親逢睿哲之興，遂有功名之意。亦嘗召對便殿，考其所學之言；試守三州，觀其所行之實。而臣用意過當，伯敬曰：語有斟酌。日趨於迷。賦命衰窮，天奪其魄。叛違義理，辜負恩私。茫如醉夢之中，不知言語之出。雖至仁屢赦，而衆議不容。案罪責情，固宜伏斧鑕於兩觀；推恩屈法，猶當禦魑魅於三危。豈謂尚玷散員，更叨善地。投畀磨鼯之野，保全樗櫟之生。臣雖至愚，豈不知幸。此蓋伏遇皇帝陛下，德刑並用，善惡兼容。欲使法行而知恩，是用小懲而大戒。天地能覆載之而不能容之於度外，父母能生育之而不能出之於死中。伏惟此恩，何以爲報？惟當蔬食没齒，杜門思愆。深悟積年之非，永爲多士之戒。貪戀聖世，不敢殺身。庶幾餘生，未爲棄物。若獲盡力鞭箠之下，必將捐軀矢石之間。指天誓心，有死無易。臣無任。

按：湖州謝表中有「愚不識時，難以追陪新進；老不生事，或能牧養小民」句，御史何中正惡其安自尊大。又李定，王安石客也，恨公劾其不服母喪，故自湖州繫獄御史臺。後獄俱止，安置黄州。麓屏

【眉批】

詹五聚曰：對偶精奇，造語的當。惟空空説去，自是川月嶺雲，不可把玩。宜与王元之謫守黄崗表出入。

卓吾曰：引咎之詞哀而不傷，遜而不絀，善哉爲言。

鍾伯敬曰：温恭不必言，隱隱氣骨在筆舌内外。

麓屏曰：懇惻可憐之狀，見者酸心，安得不動聖明之聽？此坡公所以獨免群小貝錦之禍也。

謝失覺察妖賊放罪表

臣軾言：去年十二月十五日，准淮南轉運司牒，奉聖旨差官取勘臣前任知徐州日，不覺察百姓李鐸、郭進等謀反事。臣等具析在任日，曾選差沂州百姓程棐，令緝捕凶逆賊人，致棐告獲前件妖賊，因依乞勘會施行。至今年七月二日，復准轉運司牒，坐准尚書刑部牒。奉聖旨：蘇軾送尚書刑部，更不取勘。盜發所臨，守臣固當重責；罪疑則赦，聖主所以廣恩。自驚廢逐之餘，猶在愍憐之數。臣軾誠惶誠恐，頓首頓首。伏念臣早蒙殊遇，擢領大邦。上不能以道化民，達忠孝於所部；下不能以刑齊物，消奸宄於未萌。致使妄庸，敢圖僭逆。原其不職，夫豈勝誅。況茲溝瀆之中，重遇雷霆之譴。無官可削，撫已知危。至於捕斬群盜之功，乃是憐近一夫之力。靖言其始，偶出於臣。雖爲國督奸，常懷此志；而因人成事，豈足言勞。勉自列於涓埃，庶少寬於斧鉞。豈謂蕩然之澤，許以勿推。收驚魄於散亡，假餘生之晷刻。退思所自，爲幸何多。此蓋伏遇皇帝陛下，舞虞舜之干，示人不殺；祝成湯之網，與物求生。其間用刑，本不得已；稍有可赦，無不從寬。務在考實而原情，何嘗記過而忘善。益悟向時之所坐，皆是微臣之自貽。感愧終身，論報無地。布衣蔬食，或未死於饑寒；石心木腸，誓不忘於忠義。臣無任。

【眉批】

　　麓屏曰：備吐事實，而情緒尤懇惻可愍。

　　又曰：「無官」二語儘凄婉。

　　又曰：頌聖引事切。

謝量移汝州表

臣軾言：伏奉正月二十五日誥命，特授臣汝州團練副使，本州安置，不得僉書公事者。稍從内遷，示不終棄。罪已甘於萬死，恩實出於再生。祇服訓詞，惟知感涕。伏念臣向者名過其實，食浮於人。兄弟並竊於賢科，衣冠或以爲盛事。旋從册府，出領郡符。既無片善可紀於絲毫，而以重罪當膏於斧鉞。雖蒙恩貸，有愧平生。隻影自憐，命寄江湖之上；伯敬曰：可憐。驚魂未定，夢游縲紲之中。憔悴非人，章狂失志。妻孥之所竊笑，伯敬曰：罵人。親友至於絶交。疾病連年，人皆相傳爲已死；飢寒並日，臣亦自厭其餘生。豈謂草芥之賤微，尚煩朝廷之紀録。開其惆悔，許以甄收。此蓋伏遇皇帝陛下，湯德日新，堯仁天覆。建原廟以安祖考，正六宫而修典刑。百廢具興，多士爰集。彈冠結綬，共欣千載之逢；掩面向隅，不忍一夫之泣。故推涓滴，以及焦枯。顧惟效死之無門，殺身何益；更欲呼天而自列，尚口乃窮。徒有此心，期於異日。臣無任。

按：神宗嘗語宰相王珪、蔡確，命公成國史。珪有難色。帝曰：「軾不可，姑用曾鞏。」鞏進太祖總論，帝意不允，手札移公汝州。　麓屏

【眉批】

麓屏曰：凄慘憤惋，令人噭噭欲絶。

卓吾曰：長歌之哀。

又曰：自道實事。

蔣一葵曰：「疾病」四語，達者之言。

乞常州居住表

臣軾言：臣聞聖人之行法也，如雷霆之震草木，威怒雖甚，而歸於欲其生；人主之罪人也，如父母之譴子孫，鞭撻雖嚴，而不忍致之死。臣漂流棄物，枯槁餘生。泣血書詞，呼天請命。願回日月之照，一明葵藿之心。此言朝聞，夕死無憾。臣昔者嘗對便殿，親聞德音。似蒙聖知，不在人後。而狂狷妄發，上負恩私。既有司皆以爲可誅，雖明主不得而獨赦。一從吏議，坐廢五年。積憂薰心，驚齒髮之先變；抱恨刻骨，傷皮肉之僅存。近者蒙恩，量移汝州。伏讀訓詞，有人材實難、弗忍終棄之語。豈獨知免於縲紲，亦將有望於桑榆。但未死亡，終見天日。豈敢復以遲暮爲嘆，更生僥覬之心；但以禄廪久空，衣食不繼，累重道遠，不免舟行。自離黄州，風濤驚恐。舉家重病，一子喪亡。今雖已至泗洲，而貲用罄竭，去汝尚遠，難於陸行。無屋可居，無田可食，二十餘口，不知所歸，饑寒之憂，近在朝夕。與其强顔忍耻，干求於衆人；不若歸命投誠，控告於君父。臣有薄田，在常州宜興縣，粗給饘粥，欲望聖慈許於常州居住，又恐罪戾至重，未可聽從便安，輒叙微勞，庶蒙恩貸。臣先任徐州日，以河水浸城，幾至淪陷，臣日夜守捍，偶獲安全，曾蒙朝廷降敕奬諭。又嘗選用沂州百姓程棐，令購捕凶黨，致獲謀反妖賊李鐸、郭進等一十七人，亦蒙聖恩。保明放罪，皆臣子之常分，無涓埃之可言。冒昧自陳，出於窮迫。庶幾因緣僥倖，功過相除，稍出羈囚，得從所便。重念臣受性剛褊，賦命奇窮。既獲罪於天，又無助於下。怨仇交積，罪惡横生。群言或起於愛憎，孤忠遂陷於疑似。中雖無愧，不敢自明。向非人主獨賜保全，則臣之微生豈有今日！伏惟皇帝陛下，聖神天縱，文武生知。得天下之英才，已全三樂；躋斯民於仁壽，不棄一夫。勃然中興，可謂盡善。而臣抱百年之永嘆，悼一飽之無時。貧病交攻，死生莫保。雖鳧雁飛集，何足計於江湖；而犬馬蓋帷，猶有求於君父。敢祈仁聖，少賜矜憐。臣見一面前去，至南京以來聽候朝旨。干冒天威，臣無任。

觀子瞻乞恩君父處，不以一字低眉權貴，可知今人媚權貴而抗君父以爲名，真罪人也。伯敬

【眉批】

麓屏曰：文婉而麗，意悲而遐，在顛沛中忠誠可掬。悲夫！四六精緻，此不足爲難，而曲盡情景，描寫毫素，千載如見，是爲難耳。

伯敬曰：字字不肯饒人。

麓屏曰：長公到此可憐。

又曰：轉語宛摯。

又曰：敘事如畫，顧虎頭神技也。

到常州謝表二首

臣軾言：先蒙恩授汝州團練副使，本州安置。尋上表乞於常州居住，奉聖旨依所乞。臣已於今月二十二日，到常州訖者。積釁難磨，未經洗滌。至仁易感，許即便安。祇荷寵靈，惟知感涕。中謝。伏念臣所犯罪戾，本合誅夷。向非先帝之至明，豈有餘生於今日。銜恩未報，有志不從。已分没身，寄殘骸於魑魅；取期擇地，收暮景於桑榆。此蓋伏遇皇帝陛下，仁孝生知，聰明天縱。寅奉上帝之眷命，述修累聖之成謀。念此管蒯之微，庶幾簪履之舊。俾安田畝，稍出縲囚。飽食無思，但日陶於新化；杜門自省，當益念於往愆。臣

無任。

又

罪大人微，自甘永棄。食貧口衆，未免求安。忽奉俞音，出於獨斷。仰銜恩施，不覺涕零。中謝。伏念臣猥以凡材，早塵仕籍。生逢有作之聖，獨抱不移之愚。廢棄六年，已忘形於田野；泝沿萬里，偶脱命於江潭。豈謂此生，得從所便。此蓋伏遇太皇太后陛下，厚德載物，至仁代天。春生秋成，本無心於草木；風行雷動，自有信於蟲魚。致此幽頑，亦叨恩宥。耕田鑿井，得漸齒於平民；碎首刳肝，尚未知其死所。臣無任。

按：公未至汝州，上書自言飢寒，有田在常州，願居之。朝奏夕報可，因到常州謝表。麓屏

【眉批】

麓屏曰：言言愴恍。

又曰：此首更覺懇至。

登州謝上表二首之一

登雖小郡，地號極邊。自驚縲絏之餘，忽有民社之寄。拜恩不次，隕涕何言。中謝。臣聞臣不密則失身，而臣無周身之智；人不可以無學，而臣有不學之愚。積此兩愆，本當萬死。坐受六年之謫，甘如五鼎之珍。擊鼓登聞，止求自便；買田陽羨，誓畢此生。豈期枯朽之中，有此遭逢之異。收召魂魄，復爲平人。洗濯瑕玼，盡還舊物。此蓋伏遇皇帝陛下，内行曾閔之孝，外發禹湯之仁。日將旦而四海明，天方春而萬物作。於

其黨而觀過，謂臣或出於愛君；就所短而求長，知臣稍習於治郡。致兹異寵，驟及非才。恭惟先帝全臣於衆怒必死之中，陛下起臣於散官永棄之地。没身難報，碎首爲期。臣無任。

按：公前年上書求居常州，及到南京，有放歸陽羡之命，遂居常。五月内復朝奉郎，知登州。麓屏

【眉批】

麓屏曰：詞不雕琢而實雕琢，忠婉之言，讀者不忍釋手。

伯敬曰：引咎語，有身分有地步。

辭免起居舍人第二狀

右臣近奉乞辭免起居舍人，恩命准尚書省劄子，奉聖旨不許辭免者。天威在顔，不違咫尺。父命於子，惟所東西。况兹久廢之餘，敢有不回之意。伏念臣受性褊狷，賦命奇窮。既早竊於賢科，復濫登於册府。多取天下之公器，又處衆人之所争。若此而全，從來未有。今者出於九死之地，始有再生之心。危迹粗安，驚魂未返。若驟膺非分之寵，恐别生意外之憂。縱無人灾，必有鬼責。伏望聖慈，廓天地包函之量，推父母愛憐之心。知其實出於至誠，止欲自處於無過。追還新命，更選異材。使之識分以安身，孰與包羞而冒寵。再伸微懇，伏俟重誅。所有告身，臣不敢祗受。

按：元豐八年，公知登州，再過密州，到郡五日，以禮部郎召。到省半月，除起居舍人。麓屏

【眉批】

麓屏曰：長公亦慮及此。

又曰：誠然。

辭免中書舍人狀

右臣准閤門告報，已降告命，除臣試中書舍人者。伏念臣頃自貶所，起知登州。到州五日，而召以省郎。到省半月，而擢爲右史。欲自勉强，少酬恩私，而才無他長，職有常守。出入禁闥，三月有餘，考論事功，一毫無取。今又冒榮直授，躐衆驟遷。非次之升，既難以處；不試而用，尤非所安。願回異恩，免速官謗。所有告身，臣不敢祗受。

謝中書舍人表二首

按：元祐元年，公以七品服入侍延和，改賜銀緋，尋除中書舍人。麓屏

臣軾言：伏奉制命，授臣試中書舍人，仍改賜章服者。右史記言，已塵高選；西垣視草，復玷近班。皆儒者之至榮，豈平生之所望。竊以詞命之職，古今所難。非獨取之於文，蓋將試之以事。至於機務，亦或與聞。雖四户擅權，非當時之公議；而五花判事，亦前代之美談。及夫三字之除，乃是一切之政。但謂内朝之法從，安知宰相之屬官。既任止於訓詞，故權移於胥吏。恬不知怪，習爲故常。先皇帝道冠百王，法垂萬世。建六官而修故事，闢三省以待異人。典章一新，名實皆正。遂申明於四禁，俾分領於六曹。遠則追直閣之

司，近則通檢正之任。雖未聞政而聞事，蓋須有德而有言。如臣之愚，無一而可。草創潤色，既非鄭國之材；除書德音，又乏唐人之譽。忽當此選，莫測其由。此蓋伏遇皇帝陛下，將聖與仁，能哲而惠。雖在三年不言之際，已有十日並照之光。而臣日侍邇英，親聞訪道。仰天威之甚近，知聖鑒之難逃。謂臣嘗受先朝之知，實無左右之助。棄瑕往昔，責效將來。臣敢不益勵素心，無忘舊學。上體周公煩悉之誥，助成漢家深厚之文。苟無曠官，其敢言報。臣無任。

又

聖神獨斷，出成命於省中；衰病增光，溢虚名於朝右。訓詞之重，士論所榮。臣聞有言逆心，此古人所以顛沛；積毁銷骨，非聖主莫能保全。臣本受知於裕陵，亦嘗見待以國士。嘉其好直，許以能文。雖竄謫流離之餘，決無可用；而哀憐收拾之意，終不少衰。抱弓劍以長號，分簪履之永棄。豈期晚遇，又過初心。矧外制之深嚴，極西垣之清要。在唐之盛，以馬周、岑文本爲得人；近世所傳，有楊億、歐陽修之故事。不試而用，于今幾人？遂超同列之先，遠繼前修之末。夫何頑鈍，有此遭逢。此蓋伏遇太皇太后陛下，憂國忘家，愛民如子。憂深故任其事者重，愛極故爲之慮也長。敷求哲人，以遺嗣聖。所以兼收而並用，庶幾有得於其間。臣敢不盡其所能，期於無愧。始終自誓，故常以道而事君；夷嶮不同，則必見危而授命。臣無任。

【眉批】

纜屏曰：精緻雅妙，使居正始之間，必在能言之流，四六之能無論耳。

六弘曰：天然的對。

又曰：隊仗整齊。

麓屏曰：何人思索到此。

五聚曰：「常受先朝」二句用實事。

一葵曰：「在唐之盛」二聯以近事對古事也。

辭免翰林學士第二狀

右臣近者，奏乞辭免翰林學士、知制誥恩命，伏蒙降詔不允者。天地之恩，義無所謝；父母之訓，理不可違。而臣至愚，尚守所見，再傾微懇，不避重誅。非獨以學問荒唐，文詞鄙淺，已試無效，如前所陳。實以勞舊尚多，必有積薪之誚；兄弟並進，豈無連茹之嫌。誠不自安，非敢矯飾。伏望聖慈，亮其悃愊，特許追還。庶免人言，俾得自效。所有告命，臣不取祗受。

按：元祐元年，公爲中書舍人，復遷翰林學士、知制誥。麓屏

【眉批】

麓屏曰：偶語如此流動。

蘇長公表卷二

謝宣召入院狀二首之一

右臣今月日西頭供奉官充待詔董士隆至臣所居，奉宣聖旨，召臣入院充學士者。詔語春温，再命而僂；使華天降，一節以趨。在故事以嘗聞，豈平生之敢望。省循非稱，愧汗交深。竊以視草之官，自唐爲盛。雖職親事秘，號爲北門學士之榮；而禄薄地寒，至有京兆掾曹之請。豈如聖代，一振儒風。非徒好爵之縻，兼享大烹之養。玉堂賜篆，仰淳化之彌文；寶帶重金，佩元豐之新渥。既厚其禮，愈難其人。而臣以空疏冗散之材，衰病流離之後，生還萬里，坐閲三遷。不緣左右之容，躐處賢豪之上。此蓋伏遇皇帝陛下，生資文武，天祚聖神。雖諒陰不言，尚隱高宗之德；而訪落求助，已啓成王之心。首擇輔臣，次求法從。知人材之難得，采虚名而用臣。敢不益勵初心，力圖後効。才不逮古，雖慚内相之名；志實在民，庶免私人之誚。

【眉批】

六弘曰：在禁院表章，須要官樣。「玉堂賜篆」一聯便是臺閣氣象，末聯尤見切當。

一葵曰：起用成語，妙甚。

又曰：是一篇翰林院記。

麓屏曰：清廟明堂之音，冠裳佩玉之度。

一葵曰：按淳化中，太宗嘗御書「玉堂之署」四字扁翰林院。故事，學士賜御仙花帶而不佩魚，惟二府佩之，號曰重金學士。得佩則元豐新制也。

謝對衣金帶馬表二首

臣軾言：伏蒙聖慈，以臣入院，特賜衣一對、金腰帶一條、金鍍銀鞍轡馬一匹。被三品之服章，君子所以昭令德；分六閑之騆駿，朝廷所以旌有功。顧惟何人，亦與兹寵。拜恩俯僂，流汗交並。臣軾中謝。伏念臣人微地寒，性迂才短。襲布韋而自薦，偶忝縉紳；駕款段以言歸，終安畎畝。豈謂便蕃之錫，萃於衰病之軀。此蓋伏遇皇帝陛下，總覽衆工，財成大化。至誠樂與，有緇衣之好賢；俊民用章，無白駒於空谷。不違寒陋，亦被光華。攬佩以思，遂識斷金之義；舉鞭自誓，敢忘希驥之心。臣無任。

又

命服出笥，榮動搢紳。左驂在廷，光生徒馭。德不稱物，愧無所容。臣軾中謝。伏念臣衰朽無功，蠢愚不學。已分鵜梁之刺，敢逃負乘之譏。再惟此恩，何自而至。此蓋伏遇太皇太后陛下，至神廣運，盛德兼容。躬周公之勤勞，而逸於委任；寶老氏之慈儉，而侈於禮賢。致此光榮，下及微陋。慨然攬轡，敢有意於澄清；束以立朝，尚可言於賓客。臣無任。

着意精核，摛詞鑑鍧，試擲地必作金聲。麓屏

【眉批】

麓屏曰：開口便整雅。

又曰：出經入傳。

又曰：用語典據切題，氣象亦軒偉。

謝除侍讀表二首之一

臣軾言：今月一日，蒙恩除臣兼侍讀者。北門視草，已叨儒者之極榮；西學上賢，復玷侍臣之高選。省循非稱，愧汗交懷。中謝。竊惟講讀之臣，止以言語爲職。考功課吏，無殿最之可書；陳善閉邪，有膏澤之潛潤。豈臣愚陋，亦所克堪。此蓋伏遇太皇太后陛下，憂思深長，德業久大。受先帝投艱之托，爲神孫經遠之謀。故選左右前後之人，罔非吉士；使知興亡治亂之效，莫若多聞。謂臣雖無大過人之才，知臣粗有不欺君之實。故使朝夕，與於討論。奉永日之清閑，未知所報；畢微生於盡瘁，終致此心。臣無任。

【眉批】

麓屏曰：此表簡質，無甚風味。

謝賜御書詩表

臣軾言：今月十五日，賜宴東宮，伏蒙聖恩，差中使就賜臣御書詩一首者。玉斝金尊，霈若雲天之澤；寶章宸翰，焕乎奎璧之文。喜溢心顔，光生懷袖。伏念臣猥緣末技，獲玷清流。早歲數奇，已老江湖之上；餘生何幸，得依日月之光。入侍燕閑，與聞講學。卒桓榮之業，因人而成；登劉洎之床，則臣豈敢。夫何珍賜，亦及微軀。此蓋伏遇皇帝陛下，道本生知，才惟天縱。文不數於游夏，書已逼於鍾王。心慕手追，陋文皇之由學；筆縱字大，笑宋武之末工。知臣遭遇之難，欲以顯榮其老。鏤之金石，庶傳玩於人人；付與子孫，俾輸忠於世世。臣無任。

【眉批】六弘曰：雲錦天章，迴映簡册。用事引意，允升游夏之堂，鍾王之室矣。若朱邪赤子自可坐於廊廡之間。

謝三伏早出院表

臣軾言：君逸臣勞，固上下之分；金伏火見，亦消長之常。乃緣異恩，而許夙退。中謝。伏念臣等，誤緣末技，得罪禁林。戴星而朝，雖粗輸其勤拙；窮日之力，卒無補於絲毫。遽蒙假借之私，得遂委蛇之樂。此蓋伏遇太皇太后陛下，嚴於恭己，恕以馭臣。事既省於清心，日自長於化國。朝而不夕，前追静治之風；伏當早歸，下遂疏愚之性。臣無任。

【眉批】麓屏曰：精切典要，不容增減一字。

謝除龍圖閣學士表二首

臣軾言：伏蒙聖恩，以臣累章請郡，特除臣龍圖閣學士知杭州者。中禁寶儲，上應奎壁之象；先朝謨訓，遠同河洛之符。隸職其間，省躬非據。伏念臣學非有得，愚至不移。雖叨過實之名，卒無適用之器。少時妄意，蓋嘗有志於事功；晚歲積憂，但欲歸安於田畝。屬聖神之履運，荷識拔之非常。猶冀桑榆之收，遽迫犬馬之疾。力求閑散，庶免顛擠。豈謂皇帝陛下，聖度包荒，天慈委照。察其才有所短，不欲强置之禁嚴；知其進不由人，故特保全其終始。遂加此職，以賁其行。臣敢不仰緣末光，益勵素守。往何之而不可，中無愧之爲安。但未死亡，必期報塞。臣無任。

又

北扉清密，久愧素餐；内閣深嚴，復膺殊寵。以榮爲懼，有靦在顔。伏念臣賦命數奇，與人多忤。遭遇仁祖，忝竊賢科。繼蒙英廟之深知，尤荷裕陵之見器。而流離若此，窮薄可知。晚親日月之光，常恐缾罍之溢。故求閑散，以避灾迍。豈謂太皇太后陛下，天高聽卑，坤厚載物。愛惜臣下，固無異於子孫；委任官師，本不分於中外。致兹衰病，不失清華。然臣辭寵而益榮，求閑而得劇。雖云稍遠於争地，尚恐終非其所安。敢不磨鈍自修，履冰知戒。庶全孤節，少答殊私。

【眉批】麓屏曰：按元祐元年公任翰林學士，二年兼侍讀，四年公度不爲當軸者所容，遂請外，拜龍圖閣學士知杭州。

又曰：恐當時未必體亮至此。

又曰：長公直節忠胆，具見筆端。

六弘曰：盛稱仁祖、英廟、裕陵知遇之深，忽接以流離二語，而復不露所以流離窮薄之故，令人主思而自得之。

又曰：文情曲折。

謝賜對衣金帶馬表

臣軾言：伏蒙聖恩，特賜衣一對、金腰帶一條、金渡銀鞍轡一副、馬一匹者。命服斯皇，《詩》詠周宣之德；康侯用錫，《易》稱王母之仁。惠澤所加，臣工知勸。伏念臣資材朽鈍，學術空疏。矧茲衰病之餘，豈復光華之羨。荷寵章之蕃庶，人以爲榮；顧形影之支離，臣惟自愧。此蓋伏遇太皇太后陛下，知人堯哲，徧物舜仁。時遣拾遺補過之臣，出爲承流宣化之任。子衣安吉，不待請而得之；我馬虺隤，蓋知勞而賜者。敢不勉思忠盡，務報國勤。永惟厩庫之珍，莫非民力；無忘獄市之寄，以副上心。

寥寥數語，具見工切。鹿門

【眉批】

麓屏曰：典雅如出夙構。

又曰：出入風雅，居然先民矩矱。

杭州謝上表二首

始衰而病，豈非滿溢之災；乞越得杭，又過平生之望。中謝。伏念臣起自廢黜，驟登禁嚴。畢命馳驅，未償萬一；懷安退縮，豈所當然。蓋散材不任於斧斤，而病馬空縻於芻粟。故求外補，以盡餘年。豈期避寵而益榮，求閑而得劇。此蓋伏遇皇帝陛下，剛健中正，緝熙光明。無爲蓋虞舜之仁，篤學有仲尼之智。而臣猥以末技，日奉講帷。凛然威光，近在咫尺。惟古人責難之意，每不自量；方陛下好問之初，遽以疾去。推之理數，可謂奇窮。荷眷遇之不移，竊恩榮而愈重。雖雨露之施，初不擇物；而犬馬之報，期於殁身。

又

入奉禁嚴，出膺方面，皆人臣之殊選，在儒者以尤榮。中謝。伏念臣受寵逾涯，積憂成疾。既思退就於安養，又欲少逃於滿盈。仰荷至仁，曲從微願。江山故國，所至如歸。父老遺民，與臣相問。知朝廷輟近侍爲太守，蓋聖主視天下如一家。鞭朴未施，争訟幾絶。臣之厚幸，豈易名言。此蓋伏遇太皇太后陛下，天地之仁，賢愚兼取。日月之照，邪正自分。每包函其蠢迂，欲保全其終始。兄弟孤立，嘗親奉於德音；死生不移，更誓名於晚節。臣無任。

【眉批】

麓屏曰：似不經意而出，更饒神景，此正長公長技。

又曰：「知朝廷」一聯巧妙天然。

杭州謝放罪表二首

臣軾言：臣近以法外刺配本州百姓顔章、顔益二人，上章待罪，奉聖旨特放罪者。職在承宣，當遵三尺之約束；事關利害，輒從一切之便宜。曲荷天慈，不從吏議。伏念臣早緣剛拙，屢致憂虞。用之朝廷則逆耳之奏形于言，施之郡縣則疾惡之心見于政。雖知難每以爲戒，而臨事不能自回。苟非日月之明，肝膽必照；則臣豈惟獲罪於今日，久已見傾於衆言。恭惟皇帝陛下，睿哲生知，清明旁達。委任群下，退托於不能；愛養成材，惟恐其有過。知臣欲去一方之積弊，須除二猾以示民。特屈憲章，以全器使。臣敢不省循過咎，祇服簡書。眷此善良，自不犯於漢法；時有貸捨，用益廣於堯仁。臣無任。

又

亂群之誅，不請而決。蓋恩威之無素，致奸猾之敢行。方俟譴訶，豈期寬宥。伏以法吏網密，蓋出於近年；守臣權輕，無甚於今日。觀祖宗信任之意，以州郡責成於人。豈有不擇師帥之良，但知繩墨之馭。若平居僅能守法，則緩急何以使民？顧臣不才，難以議此。恭惟太皇太后陛下，寬仁從衆，信順得天。推一身之至公，納萬方於無罪。而臣始終被遇，中外蒙恩。謂事有專而合宜，情無他而可恕。故加貸捨，以示寵綏。朝廷之明，粗以臣爲可信；吏民自服，當不令而率從。臣無任。

【眉批】鹿門曰：長公往往以疏直得罪，故其言多危多懼。

賀明堂赦書表二首之一

臣軾言：宗祀告成，修累朝之盛典；端門肆眚，答萬宇之歡心。凡有識知，舉增抃躍。竊謂祖宗恩信之所被，譬如天地寒暑之不差。將推作解之仁，必在當郊之歲。恭惟皇帝陛下，憲章六聖，左右三靈。上帝眷而風雨時，壬人去而蠻夷服。講明大禮，對越昊天。懷柔百神，嚮用五福。大河修復，奏軌道於東流；藩邸顧懷，錫鴻名於西府。臣備員法從，待罪守臣。想聞路寢之鼓鐘，曾叨奉引；嘉與海隅之草木，同被恩私。臣無任。

【眉批】麓屏曰：典博古雅，璀璨陸離。

謝賜曆日詔書表二首之一

臣軾言：伏蒙聖恩，特賜臣詔書並元祐五年曆日一卷者。竊惟稽古之君，必以授時爲急。底日不失日，官既有常；先時不及時，罰在無赦。申以丁寧之詔，致其惻怛之誠。習見頒行，正謂有司之故事；考其情實，則本聖人之用心。臣軾中謝。恭惟太皇太后陛下，元功在天，盛德冠古。順帝之則，雖並用於恩威；與物爲春，蓋同歸於仁厚。而臣入奉講學，出牧農民。忝布詔書，悉傳閭里。庶德音之昭格，致嗣歲之豐穰。臣無任。

【眉批】

麓屏曰：確有根据。

賀興龍節表

臣軾言：天佑民而作君，惟德是輔；帝王商而立子，有開必先。納富壽於方來，實兆基於兹日。臣軾中賀。恭惟皇帝陛下，文思天縱，聖敬日躋。以若稽古之心，上遵王路；行不忍人之政，下酌民言。神聽靖共，天壽平格。臣久塵法從，出領郡符。奉萬年之觴，雖阻陪於下列；接千歲之統，猶及見於升平。草木之情，日月所照。臣無任。

【眉批】

麓屏曰：無一祝君套語，只寫仁壽氣象，乃其深於祝也。

賀坤成節表

臣軾言：仁惟天助，壽不假於禱祈；澤在民心，言自成於雅頌。恭臨誕月，仰祝聖期。雖凡庶之何知，亦臣子之常分。中謝。恭惟太皇太后陛下，儲神天地，托國祖宗。元勳本自於無心，神智實生於至静。同守大器，于兹六年。放億萬之羽毛，未若消兵以全赤子；飯無數之緇褐，豈如散廪以活飢民。臣躬領郡符，目睹兹事，載瞻象闕，阻奉瑶觴。嘉與海隅之人，同聲華封之祝。臣無任。

【眉批】六弘曰：此表得贊頌母后體。

侍講説書官爲經筵進講《孟子》終篇謝賜金帶牙簡同侍讀修注官謝賜御筵及鞍馬香茶進詩表

華光講藝，備觀亞聖之書；蓬省賜筵，並錫多儀之寵。感洪恩而播詠，瞻丹扆以颺言。竊以漢帝論經，虎觀侈賜衣之渥；唐宗嚮學，瀛洲疏給膳之榮。意皆寓于隆儒，禮特豐于節下。矧軻書之妙旨，傳孔道之正宗。由義居仁，七篇之言靡不載；垂憲詒後，百世之王莫能違。于穆熙朝，若稽丕訓。祖禹發明于元祐，表臣敷繹于紹興。逮聖神尊德以有爲，于問學逢原而自得。細旃書訪，聆責難陳善之規；峨弁星環，探知性盡心之藴。華編甫徹，諛聞奚裨。疇侍言講學之勞，暨著記纂修之職。鏐聲絢采，復放象齒之珎；玉斝示慈，咸綴麟臺之席。上駟式調于沃轡，團龍交粲于奇芬。稽古所無，省躬莫稱。歸美以報，拜手載朝。贊至聖之大成，述君臣之相説。辭陳約禮，遠希積翠之篇；句寫賜餞，俯效集仙之飲。退慚斐墨，曷對閎休。兹蓋伏遇皇帝陛下，居安資深，守約施博。覽大賢之論集，興盛治之雍熙。德醉從容，秩太清之華燕；幣將舄奕，邁崇政之燊文。臣等職愧痁疑，恩沾同樂。讀古書而尚友，諒懷望道之思；頌清廟以致平，期盡事君之義。

【眉批】

五聚曰：表目甚繁，而一氣渾成，絶無斷綴遺漏之病。

又曰：工致典切。

麓屏曰：月華星彩，呈露篇中。

賀立皇后表二首之一

臣軾言：伏睹制書，今月十六日，皇后受册禮成者。纘女維莘，俔天之妹。事關廟社，喜溢人神。中賀。臣聞三代之興，皆有内助；《二南》之化，實本人倫。維《關雎》正始之風，具《既醉》太平之福。民有所恃，邦其永昌。恭惟皇帝陛下，自誠而明，惟睿作聖。輯寧夷夏，德既茂於治朝；輔順陰陽，政兼修於内職。既膺大慶，益廣至仁。下逮海隅，夫婦無有愁嘆；上符天造，日月爲之光明。受禄無疆，與民同樂。臣無任。

賀坤成節表

臣軾言：歲復六壬，襲嘉祥於太史；火流七月，紀令節於詩人。盡海宇之含生，舉欣榮於兹日。臣某中賀。臣聞君以民爲心體，天用民爲聰明。未有心胖而體不紓，民悦而天不應。故好生惡殺，是爲仁壽之基；捐利與民，斯獲豐年之慶。恭惟太皇太后陛下，恭儉一德，勤勞百爲。推天覆地載之心，阜成民物；盡父教母憐之道，誨養臣鄰。共知難報之恩，必享無疆之福。臣以出守淮海，無由躬詣闕庭，臣無任。

【眉批】

麓屏曰：起一聯雋。

謝賜對衣金帶馬狀二首

三賜之重，貺隆於車馬；五采之貴，兼施於衣裳。汝必有功，服之無斁。而臣衰年弱幹，固難强於馳驅；枯木朽株，本不願於文綉。寵加意外，愧溢顔間。此蓋伏遇皇帝陛下，因能任官，稱物平施。操名器以勵士，上有誠心；正銜勒以馭人，下無遺力。臣敢不思稱其服，益勵厥躬。雖愧立朝，乏能言之近用；猶希辨道，輸老智於暮年。臣無任。

又

服章在笥，賁及衰殘；銜勒過庭，喜先徒御。伏以物生有待，天施無窮。草木何知，冒慶雲之渥采；魚鰕至陋，借滄海之榮光。雖若可觀，終非其有。妻拏相顧，驚屢致於匪頒；道路竊窺，或反增於指目。此蓋伏遇太皇太后陛下，聰明齊聖，陳錫哉周。含垢匿瑕，而察於求賢；卑宫菲食，而侈於養士。士豈輕於千里，念非其人；言有重於兼金，當思所報。臣無任。

【眉批】

麓屏曰：兩狀筆端淋漓，如百花飲露，姿態各出。

一葵曰：警策可誦。

麓屏曰：工巧絶倫。

上太皇太后賀正表

堯曆授時，夏正建統。氣迎交泰之會，祥應重明之朝。恭惟太皇太后陛下，道無能名，德溥而化。天人所助，本義《易》之益謙；慈儉不居，得老氏之三寶。時逢吉旦，福集清言。臣職守江湖，心馳象魏。天威咫尺，想聞清蹕之音；眉壽萬年，遠奉稱觴之慶。

【眉批】

五聚曰：莊嚴典雅。

謝宣召再入學士院二首

右臣今月十一日，翰林待詔梁迪至臣所居，奉宣聖旨，召臣入院充學士承旨。使星下燭，生蓬蓽之光華；天澤旁流，失桑榆之枯槁。國有用儒之盛，士知稽古之榮。伏以翰墨之林，號稱内相。文章之外，不取他才。至於用人，可以觀政。文武並用，或成頗、牧之功；邪正雜居，至有丕、文之患。惟貴且近，故難其人。而況金鑾玉堂，親被絲綸之密；北廳東閣，獨稱年德之高。必有異人，以齊衆口。而臣本緣衰病，出守江湖。以一方凋弊之餘，當二年水潦之厄。戴星而治，僅免流離；及瓜而還，恍如夢寐。交親迎勞，都邑聚觀。驚華髮之半空，笑丹心之未折。宜投閑散，以養衰殘。豈期過採於虛名，復使榮加於舊物。此蓋伏遇皇帝陛下，德如乾健，明配日中。既祖述於堯仁，復躬行於舜孝。才難之嘆，人誦斯言。緣先帝之德音，收孤臣於散地。言雖直而無罪，身愈遠而益親。委曲保全，始終録用。臣敢不更磨朽鈍，少補涓埃。麓屏曰：精忠貫日。難得者時，未有捐軀之會；勿欺而犯，誓無患失之心。臣無任。

又

衰遲無用，寵既溢於當年；眷待有加，恩復隆於晚節。使華臨賁，天語丁寧。聳里巷之驚觀，嘆朝廷之用舊。伏以禁林分直，法本六人；帝語親承，舊惟一老。不緣名次之先後，斷自上心之簡求。冠内朝供奉之班，極儒者遭逢之盛。凡膺此選，宜得異材。而臣本以愚忠，累塵器使。初無已試之效，但有過實之名。千里闕庭，二年江海。憂深投杼，豈無三至之言；詔復賜環，不待一人之譽。此伏遇太皇太后陛下，道無私載，公生至明。以七年之照臨，觀群臣之邪正。知臣剛褊自用，雖有寬饒之狂；察臣招麾不移，庶幾長孺之守。故還舊物，益茂新恩。臣敢不早夜以思，死生不易。雖桑榆之景，已迫殘年；而犬馬之心，猶思後效。臣無任。

【眉批】

麓屏曰：按元祐六年，公在杭州，召還，除翰林承旨，復侍邇英。

又曰：詞麗意懇，昂然可掬。

又曰：按公嘗鎖宿禁中，召對便殿。宣仁后曰：「卿官遽至此，乃先帝意也。先帝每誦卿文章，必嘆曰奇才奇才，但未及進用卿耳。」公不覺哭失声。宣仁后與哲宗亦泣。

五聚曰：數聯俱切召用意。

謝賜對衣金帶馬狀二首

漢官三服，已分密麗之珍；唐監八坊，復下權奇之駿。拜嘉甚寵，省己何功。伏念臣受材迂疏，賦命寒蹇。幼師季路，止服緼袍；長慕少游，欲乘下澤。目眩重金之耀，神驚四牡之良。俯仰自惟，周章失次。此蓋伏遇皇帝陛下，憂勤黎庶，寤寐俊賢。故損既庫之儲，以廣英雄之彀。致兹孱陋，亦被寵光。臣敢不求稱于衷，益鞭其後。薄德盛服，當戒《維鵜》之篇；强力安邦，庶幾《有駜》之頌。臣無任。

又

鏤錫金軛，示有馳驅之勞；寶帶襲衣，豈無約束之義。上既循名而責實，下當因物以貢誠。伏念臣少則賤貧，長而困厄。仲卿龍具，追晏子之一裘；伯厚鷄栖，陋景公之千駟。無功拜賜，服寵汗顏。顧惟何人，膺此異數。此蓋伏遇太皇太后陛下，躬行慈儉，德貫天人。約於奉己，而侈於養賢。嚴於私親，而寬於馭衆。憐其朽鈍，借以光華。臣敢不衣被訓詞，服勤鞭箠。惟德其物，永觀不易之言；思馬斯徂，更厲無邪之志。臣無任。

【眉批】

罷屏曰：長公衣金帶馬狀至此凡六見矣，每篇自爲體格，各成韻調，直如玄圃積玉，無非夜光。

謝兼侍讀表二首

用非其分，寵至若驚。滿溢之憂，逡巡莫避。伏念臣與弟轍，同登進士，並擢賢科。内外分掌於制書，先後迭居於翰苑。今臣以經史入侍，司言行于中；轍以丞轄立朝，督綱條于外。恭承明詔，不許固辭。以爲兄弟之同升，自是朝廷之盛事。承明三入，僅比古人；大雅一門，無慚舊史。人非木石，恩重丘山。恭惟太皇太后陛下，明極照臨，憂深付托。欲爲社稷之衛，莫如臣僕之賢。以帝堯之哲，而甚畏於壬人；以孔子之聖，而思見於狷者。致茲選擢，驟及迂愚。臣敢不淬勵初心，激昂晚歲。誓堅必死之節，少報不貲之恩。臣無任。

【眉批】

一葵曰：時頻濱已居政地，不許引嫌故也。

謝三伏早休表二首

大火既中，三庚云伏。炎熹之病，貴賤所同。忽蒙退食之恩，遂失流金之酷。恭惟皇帝陛下，仁均動植，明燭幽微。上有無逸之勤，下無獨賢之嘆。臣等逢時多暇，竊禄安居。共揚扇腸之風，以安黎庶；更勵飲冰之節，少答生成。臣等無任。

又

星火見而金微，日方可畏；朝氣鋭而晝惰，恩獲少休。上既知勞，下皆忘暑。恭惟太皇太后陛下，勞謙恭己，内恕及人。雖天地無一物之私，而父母有至誠之愛。臣等仰蒙寬假，動獲便安。未明無顛倒之衣，省循何幸；夙退有委蛇之食，歌詠而歸。臣等無任。

【眉批】

麓屏曰：用句用字俱不苟。

又曰：典而麗。

謝除龍圖閣學士知潁州表二首

臣軾言：伏蒙聖恩，以臣累章乞郡，除臣龍圖閣學士、知潁州者。引嫌求避，顧舊典之甚明；易職寵行，荷新恩之至厚。疏愚自省，慚悚交並。中謝。伏念臣學陋無聞，性迂難合。受四朝之知遇，竊五郡之蕃宣。

吴會二年，但坐縻於廩禄；禁林數月，曾未補於絲毫。敢冀殊私，復還舊物。恭惟太皇太后陛下，仁涵動植，明燭幽微。知臣獨受於聖知，欲使曲全於晚節。憐其無用，許以少安。凡力請八章而後從，使不爲一乞而遽去。在臣進退，可謂光榮。雖老病懷歸，已功名之無望；而衷誠思報，尚生死之不移。臣無任。

又

備員經席，幸依日月之光；引避親嫌，實有簡書之畏。恩還舊職，寵奇近蕃。衰朽增華，省循知愧。中謝。伏念臣生無他技，天與愚忠。雖所向之奇窮，獨受知於仁聖。力求便郡，蓋常懷老退之心；伏讀訓詞，有不爲朕留之語。殊私難報，危涕自零。恭惟皇帝陛下，緝熙光明，剛健篤實。方收文王之四友，以集孔子之大成。而臣苟念餘生之安，莫伸一割之用。桑榆暮齒，恐遂齎志而莫償；犬馬微心，猶恐蓋棺而後定。臣無任。

【眉批】

五聚曰：二表旨懇而氣和，居然四六之勝。

麓屏曰：長公四六妙在不著一毫脂粉。

麓屏曰：讀之愴然。

蘇長公表卷三

謝賜對衣金帶馬狀二首

錫之上駟，敢忘致遠之勞；佩以良金，無復忘腰之適。執鞭請事，顧影知慚。恭惟皇帝陛下，禹儉中修，堯文外焕。長轡以御，卒皆四牡之良；所寶惟賢，豈徒三品之貴。出捐車服，收輯事功。而臣衰不待年，寵常過分。枯羸之質，匪伊垂之而帶有餘；一葵曰：見成語亦復見成用之。斂退之心，非敢後也而馬不進。徒堅晚節，難報深恩。臣無任。

又

出笥之珎，以旌有德；在坰之駟，豈及無功。而臣首尾四年，叨塵三錫。省躬内灼，服寵汗流。恭惟太皇太后陛下，慈儉自居，龍光四達。德被海宇，豈惟一襲之衣；恩結華夷，何止十圍之帶。群賢在馭，六轡自調。而臣頃以衰羸，止求安便。奉宣德意，庶幾五袴之謡；收斂壯心，無復千里之志。更期力報，有愧空言。臣無任。

【眉批】

麓屏曰：按公年十歲，見老蘇誦歐公謝宣召赴學士院，仍謝賜對衣金帶及馬表，老蘇令公擬之，其間有

「匪伊垂之帶有餘，非敢後也，馬不進」，老蘇喜曰：「此子他日當自用之。」

潁州謝到任表二首

臣軾言：伏蒙聖恩，除臣龍圖閣學士知潁州，臣已於今月二十二日到任訖者。避嫌引疾，慚無國士之風；揣分知難，粗守人臣之節。曲蒙温詔，遂假名邦。已見吏民，惟知感怍。臣某中謝。伏念臣早緣多難，無意軒裳；晚以虚名，偶塵侍從。雖云時可，每與願違。既末決於歸田，故力求於治郡。慈母愛子，但憐其無能；明君知臣，終護其所短。自欣投老，漸獲安身。此蓋伏遇太皇太后陛下，慈儉臨民，剛柔布政。參天地而有信，喜怒不陳；體水鏡之無心，忠邪自辨。致兹愚直，亦克保全。雖任職居官，無過人者；而見危授命，蓋有志焉。臣無任。

又

支郡責輕，未即滿盈於小器；豐年事簡，非徒飽暖於一家。覽几席之溪湖，雜簿書於魚鳥。平生所樂，臨老獲從。伏以汝潁爲州，邦畿稱首。土風備於南北，人物推於古今。賓主俱賢，蓋宗資、范孟博之舊治；文獻相續，有晏殊、歐陽修之遺風。顧臣何人，亦與兹選。此蓋伏遇皇帝陛下，丕承六聖，總攬群英。生知仁孝之全，學識文武之大。謂臣簪履之舊物，嘗忝帷幄之近臣。奉事七年，崎嶇一節。意其忠義許國，故暫召還；察其老病畏人，復許補外。置之安地，養此散材。更少勉於桑榆，誓不忘於畎畝。臣無任。

【眉批】

麓屏曰：按元祐六年，公自杭州再召入院作承旨，以弟子由任尚書右丞，避嫌請郡，復舊職知潁州。

伯敬曰：亦斌媚亦倔强。

麓屏曰：此表與湖州表同一機局。

一葵曰：當家語渾雄典則。

伯敬曰：自作行狀。

上清儲祥宮成賀德音表二首

臣軾言：伏睹九月二十七日德音，以上清儲祥宮成，減决四京及諸道見禁罪人者。靈光下燭，慶新宮之落成；霈澤旁流，洗庶獄之多罪。散爲和氣，坐致豐年。臣聞舜禹之心，以奉先爲孝本；釋老之道，以損己爲福田。永惟坤作之成，每辭天下之養。卑宮何陋，大練爲安。故能捐萬金之資，以成二聖之意。爲國迎祥而國無所費，與民祈福而民不知勞。鑾輅親臨，神靈昭格。睹士女之和會，既同其休；念囹圄之幽囚，或非其罪。用孚大號，以達惠心。恭惟太皇太后陛下，恭儉以仁，明哲作則。愛惜帑廩，不供浮費之私；重慎典刑，每存數赦之戒。一寬湯網，衆識堯心。臣以從官，出臨近甸。率吏民而拜慶，助父老之歡謡。永望闕庭，實同咫尺。臣無任。

又

琳館告成，神人交慶。綸音下霈，過故盡除。臣聞漢武築通天之臺，魏明作凌雲之觀。皆厲民而私己，或秘祝以蘄年。然猶形於詠歌，被之金石。而况文孫哲宗。繼志，神母太皇太后。考祥。追六聖之心，本枝百世；均萬方之慶，囹圄一空。豈惟洗濯於丹書，固已光華於青史。恭惟皇帝陛下，知人堯哲，克己禹勤。積德之宫，以文章爲藻飾；庇民之厦，以仁義爲基扃。眷樸斵之成能，亦聖神之餘事。臣久參法從，夙侍經幃。樂石銘詩，雖幸執太史之筆；大圭薦祼，不獲践屬車之塵。徒與吏民，共兹慶澤。臣無任。

【眉批】
五聚曰：先叙作宫，次叙赦罪，後入賀德音意，森然部伍而出之，復排蕩自如，故佳。
麓屏曰：得揄揚體，詞麗而洒，最有風度。
又曰：整雅之極。
又曰：頌聖宣朗。

賀興龍節表

臣軾言：天佑我邦，祥開是日。山川貢瑞，日月增華。伏以上聖所儲，有慈儉不争之寶；輿情共獻，蓋憂懃無逸之龜。不待禱祠而來，自然天人之應。恭惟皇帝陛下，堯仁舜孝，禹勤湯寬。德莫大於好生，故以不殺爲神武；道莫尊於問學，故以所聞爲高明。錫厥庶民，嚮用五福。臣備員内閣，出守近畿。雖違咫尺天威，乃身在外；而上千萬歲壽，此意則同。臣無任。

【眉批】

六弘曰：真至語。

賀駕幸太學表二首

臣軾言：恭聞十月十五日，駕幸太學者。輦回原廟，既崇廣孝之風；幄次儒宫，復示右文之化。禮行一日，風動四方。臣聞五學之臨，三代所共。蓋天子不敢自聖，而盛德必有達尊。在漢永平，始舉是禮。雖臨雍拜老有先王之規，而正坐自講非人主之事。豈如允哲，退托不能。奠爵伏興，意默通於先聖；横經問難，言各盡於諸儒。恭惟皇帝陛下，文武憲邦，聰明齊聖。大度同符於藝祖，至仁追配於昭陵。故舉舊章，以興盛節。臣早塵法從，久侍經幃。永矣馳誠，想聞合語於東序；斐然作頌，行觀獻馘於西戎。臣無任。

又

濟濟多士，靈承上帝之休；雍雍在宫，服膺文母之教。風傳海宇，慶溢臣工。臣聞學校太平之文，而以得士爲實；經術致治之具，而以愛民爲心。心既立而具乃行，實先充而文斯應。永惟坤載之厚，輔成天縱之能。惟使文子文孫莫不仁，故於先聖先師無所愧。恭惟太皇太后陛下，憂深祖構，德燕孫謀。黄裳之文，斧藻萬物；青衿之政，長育群材。豈惟鼓舞於士夫，實亦光華於史册。臣冒榮滋久，被遇最深。外告成功，行喜鴞音之革；中修潛德，孰知麟趾之風。臣無任。

【眉批】

麓屏曰：亦藻亦雅。

又曰：切幸學。

五聚曰：餘韻鏗然。

麓屏曰：吐詞簇錦，行氣流虹。

謝賜曆日表二首

迎日推筴，雖曰百王之常；後天奉時，惟我二后之德。伏讀詔旨，灼知聖心。中謝。伏以嗣歲將興，舊章畢舉。三朝受海内之圖籍，七月陳王業之艱難。冬有祁寒，知民言之可畏；陽居大夏，識天道之至仁。故於頒朔之初，更下布新之詔。恭惟太皇太后陛下，視民如子，以國爲家。振廩勸分，人自忘於艱歲；消兵去殺，天必報之豐年。臣敢不省事清心，貴農時之不奪；思患預備，期歲計之有餘。庶竭微誠，少裨洪造。臣無任。

又

歲頒正朔，蓋春秋統始之經；郡賜璽書，亦漢家寬大之詔。實爲令典，豈是空文。伏以望歲者，生民之至情；畏天者，人君之大戒。所以常言報應而不言時數，每奏水旱而不奏嘉祥。上有消復之心，下有爕調之道。固資共理，同底純熙。恭惟皇帝陛下，祇敬三靈，憂勤萬宇。爲仁一日，自然天下之歸；教民七年，豈無善人之效。臣敢不仰遵堯典，寅奉夏時。謹隄防溝洫之修，行勞來安定之政。庶殫緜力，少助至仁。臣無任。

【眉批】

麓屏曰：組織處大是典麗精工。

伯敬曰：恒而奇言之，小而大言之，亦復無借題發論之迹。

五聚曰：親切有巧思。

揚州謝到任表二首

臣軾言：伏蒙聖恩，除臣知揚州，臣已於今月二十六日到任訖者。支郡養痾，裁能免咎；通都移牧，自愧何功。屢玷恩榮，實深慚汗。臣某中謝。伏念臣早緣竊禄，稍習治民。在先帝日，已歷三朝；近八年間，復忝四郡。平生所願，滿足無餘。志大才疏，信天命而自遂；人微地重，恃聖眷以少安。恭惟太皇太后陛下，子惠萬民，器使多士。以謂朝廷之德澤，付於郡縣與監司；乃眷江淮之間，久罹水旱之苦。鄰封二浙，飢疫相薰；積欠十年，豐凶皆病。臣敢不上推仁聖之意，下盡疲駑之心。庶復流亡，少寬憂軫。臣無任。

又

一麾出守，方愧媮安；十國爲連，復膺寵寄。恩榮既溢，慚汗靡寧。臣某中謝。伏念臣本以鯫生，冒居禁從。頃緣多病，力求潁尾之行；曾未半年，復有廣陵之請。蓋以魚鳥之質，老於江湖之間。習與性成，樂居其舊；天從民欲，許擇所安。恭惟皇帝陛下，欽明文思，剛健純粹。天功默運，灼知萬化之情；人材並收，各取一長之用。如臣衰朽，尚未遐遺。命至蹇而禄已盈，每懷憂懼；志雖大而才不副，莫報恩私。臣無任。

【眉批】

麓屏曰：按元祐六年，公以龍圖閣學士知潁州。七年，改知揚州。

又曰：只三朝四郡一聯，道盡履歷。

五聚曰：感激悲愴。

謝賜恤刑詔書表二首

臣軾言：伏蒙聖恩，賜臣欽恤刑獄詔書一道者。時令舉行，雖云故事；天心惻怛，本出至誠。德既洽於好生，民雖死而無憾。伏以刻木畫地，志士不居；鑠石流金，平人猶病。宜軫聖神之念，實爲哀敬之先。訓誥丁寧，吏民感動。恭惟皇帝陛下，禹湯罪己，堯舜性仁。以不忍人之心，行若稽古之政。豈止緩獄，實期無刑。臣敢不推廣上恩，厚風俗於無犯；申嚴法意，消盗賊於未萌。少假歲時，庶空囹圄。臣無任。

又

暑雨其咨，既軫小民之病；麥秋已至，復虞輕繫之淹。祇服訓詞，灼知天意。臣某中謝。伏以仁聖之德，哀矜爲先。常内恕以及人，故深居而念遠。齋戒處掩，則知暴露之勤；袗絺袢延，不忘縲絏之苦。吏既罔懈，民知無冤。恭惟太皇太后陛下，事法祖宗，德參天地。凱風養物，散爲扇暍之凉；靈雨應時，同沾執熱之濯。臣敢不盡其哀敬，濟以寬明。奉漢律之嚴，毋令瘦死；推慈母之意，務在平反。庶竭愚忠，少行德意。臣無任。

【眉批】

六弘曰：痛切懇至，勝於路温舒尚德緩刑書。

又曰：長者之言。

謝除兵部尚書賜對衣金帶馬狀二首之一

伏以在笥之珍，本出於民力；脱驂之賜，以結於士心。顧臣何人，屢膺此寵。伏念臣學本爲己，材不適時。乘伯厚之車，雖云疾惡；東公西之帶，愧不能言。而二年之間，三拜是賜。此蓋伏遇太皇太后陛下，心存社稷，德協天人。以長策駕馭四方，以盛德藩飾多士。故令衰朽，猶玷光華。豈曰無衣，蓋獨求於安吉；慨然攬轡，敢有志於澄清。臣無任。

【眉批】

麓屏曰：續衣金帶馬狀數篇，可想長公儲材之富。

謝兼侍讀表二首

伏奉制書，除臣守兵部尚書兼侍讀者。重地隆名，不擇所付。清資厚禄，以養不才。中謝。伏念臣以草木之微，當天地之澤。七典名郡，再入翰林；兩除尚書，三忝侍讀。雖當世之豪傑，猶未易居；矧如臣之孤危，其何能副？恭惟皇帝陛下，聖神格物，文武憲邦。重離繼明，何煩爝火之助；大厦既構，尚求一木之支。而臣白首復來，丹心已折。望西清之帷幄，久立徬徨；聞長樂之鼓鐘，恍如夢寐。莫報丘山之施，猶貪頃刻之榮。臣無任。

又

流汗恩榮，再詞莫獲。强顔衰朽，一節以趨。臣軾中謝。恭惟先帝復六卿之名，本欲後人識三代之舊。古今殊制，閑劇異宜。武選隸於天官，兵政總於樞輔。故司馬之職，獨省文書；而師氏之官，職在論説。命臣兼領，聖意可知。恭惟太皇太后陛下，約己裕民，忘家憂國。知先王之兵，必本於道德，故以儒臣爲七兵；知人主之學，必通於民情，故目郡守爲五學。而臣迂疏，不可强合。早緣衰病，難以久居。終當自效於所長之間，或可報恩於未死之日。臣無任。

【眉批】

鼇屏曰：通篇如伯牙鼓琴，仰駟馬而舞玄鶴。

又曰：此篇似遜前篇一籌。

五聚曰：説兵學處鑿鑿。

進郊祀慶成詩表

伏睹今月十四日，郊祀禮成者。親奠璧琮，始見天地。兼陳祖宗六廟之典，參用漢唐三代之文。夷夏來同，人神允答。臣某中賀。恭惟皇帝陛下，聿追來孝，對越在天。外修神考之文章，内服文母之慈儉。四方觀禮，百辟宅心。雪止風恬，驗神祇之來饗；雲黄歲美，知豐凶之在天。臣以藝文，入侍帷幄。考事而知天意，陳詩以達民言。雖無足觀，亦各其志。臣無任。

【眉批】

五聚曰：「雪止」一聯，描寫欒成景色，即關郊祀意。「考事」一聯，纔切進詩，叙題有次。

謝除兩職守禮部尚書表

衰年自引，久抱此心；異數並加，實爲非意。辭不獲命，愧何以堪。臣軾中謝。竊惟以殿命官，本緣麟趾之舊；因時修廢，近正金華之名。歷代所榮，於今爲甚。自元豐之末，官制以來，若非身兼數器之人，未有名冠兩職之重。而况秩宗之任，邦禮是司，豈臣迂愚，所當兼領。此蓋伏遇太皇太后陛下，憂深社稷，慮極安危。求忠臣於愚直之中，論治道於文字之外。知臣難進而易退，或非患失之鄙夫；故授以禮樂清閑之司，使專於論説琢磨之事。此恩難報，願輸歲月之勤；度己所宜，終遂江湖之請。臣無任。

又

備員西學，已愧空疏；易職東班，尤驚忝冒。遂領宗卿之事，並爲儒者之榮。臣軾中謝。始臣之學也，以適用爲本而耻空言；故其仕也，以及民爲心而慚尸禄。乃者屢請治郡，兼乞守邊。欲及殘年，少施實効。而有志莫遂，負愧何言。今乃以文字爲官常，語言爲職業。下無所見其能否，上無所考其幽明。循省初心，有覥面目。故於拜恩之日，少陳有益之言。孔子曰：一言可以興邦，而孟子亦曰：一正君而天下定。昔漢文帝悦張釋之長者之言，則以德化民，輔成刑措之功；而孝景帝入晁錯數術之語，則以智馭物，馴致七國之禍。乃知爲國安危之本，祇在聽言得失之間。恭惟皇帝陛下，即位以來，學如不及，問道八年，寒暑不廢。講讀之官，談王而不談霸，言義而不言利。八年之間，指陳文理，何啻千萬。雖所論不同，然其要不出六事：一曰慈，二曰儉，三曰勤，四曰慎，五曰誠，六曰明。慈者，謂好生惡殺，不喜兵刑。儉者，謂約己自省，不傷民財。勤者，謂躬親庶政，不邇聲色。慎者，謂畏天法祖，不輕人言。誠者，謂推心待下，不用智數。明者，謂專信君子，不雜小人。此六者，皆先王之陳迹，老生之常談，言無新奇，人所忽易。譬之飲膳，則爲穀米羊豕，雖非異味，而有益於人。譬之藥名，則爲茋朮參苓，雖無近効，而有益於命。若陛下信受此言，如御飲膳，如服藥石，則天人自應，福禄難量，而臣等所學先王之道，亦不爲無補於世。若陛下聽而不受，受而不信，信而不行，如聞春禽之聲，秋蟲之鳴，過耳而已，則臣等雖三尺之喙，日誦五車之書，反不如醫卜執技之流，簿書奔走之吏，其爲尺素，死有餘誅。伏望陛下一覽臣言，少留聖意，天下幸甚。

【眉批】

麓屏曰：按元祐七年，公自潁州改知揚州，已而以兵部召復侍讀。是年南郊命爲鹵簿使，尋遷禮部尚書兼端明、侍讀二學士。

伯敬曰：此便是一篇奏疏。

麓屏曰：不拘拘律對，而音節鏗鏘，風致飛迅。且一段忠款，委婉可掬。

又曰：精於譬喻。

又曰：轉入轉妙，殆不可言。

定州謝到任表

兵民重寄，本禦侮以折衝；疆埸久安，但坐嘯而畫諾。才微禄厚，恩重命輕。臣軾中謝。伏念臣一去闕庭，三换符竹。坐席未暖，召節已行。筋力疲於往來，日月逝於道路。未經周歲，復典兩曹。朝廷非不用臣，愚蠢自不安位。所宜竄逐，更冒寵榮。此蓋伏遇皇帝陛下，離明正中，乾健獨運。追述東朝之遺意，收此散材；眷言西學之舊臣，付之善地。致此衰朽，尚未棄捐。臣敢不勤恤民勞，密修邊備。苟無大過，以及基年。漸還魚鳥之鄉，以畢桑榆之景。臣無任。

按：元祐八年，宣仁后崩，哲宗親政，公乞補外，以兩學士知定州。麓屏

【眉批】五聚曰：長公生平涉歷盡于片楮尺幅間。

謝賜曆日表

夙頒温詔，寵拜新書。吏得承宣，民知蚤晚。臣軾中謝。臣聞言天道者有數，故閏以正時；訓農事者在人，則王無罪歲。豈獨典常之舊，必存忠利之心。恭惟皇帝陛下，輔相裁成，聰明時憲。居德刑於冬夏，意與

天同；暨聲教於朔南，責在臣等。敢不時使薄斂，思患預防。勤恤鰥孤，幸流亡之盡復；兼明威惠，庶戎夏以皆安。臣無任。

【眉批】

六弘曰：其款製居然商周間物。

謝賜衣襖表

十一月九日，翰林醫官王宗古至，伏蒙聖慈，傳宣存問，賜臣等敕，及初冬衣襖者。齊官三服，已寬卒歲之憂；漢札十行，更佩先春之暖。恩均吏士，聲動華夷。臣軾中謝。伏以《禮》著始裘，《詩》歌無褐。邊陲更戍，本爲臣子之常；朔易早寒，特軫聖神之念。惟德其物，豈曰無衣。恭惟皇帝陛下，廣運聰明，力行恭儉。威風旁振，方戰栗於天驕；温詔下融，遂流澌於河凍。既無功而坐食，實有愧於解衣。敢不推廣朝廷之仁，益收凍餒；申嚴祖宗之法，少肅惰媮。庶收汗馬之勞，以解濡鵜之誚。臣無任。

【眉批】

麓屏曰：語意妥切工典。

又曰：湊泊天然。

又曰：「天驕」一聯雄壯。

一葵曰：自然合拍。

到惠州謝表

先奉告命，落兩職，追一官，以承義郎和英州軍州事。續奉告命，責授臣寧遠軍節度副使、惠州安置。已於今月二日，到惠州公參訖者。仁聖曲全，本欲畀之民社；群言交擊，必將致之死亡。尚荷寬恩，止投荒服。臣軾中謝。伏念臣性資褊淺，學術荒唐。但信不移之愚，遂成難赦之咎。迹其狂妄，久合誅夷。方尚口乃窮之時，盖擢髮莫數其罪。豈謂天幸，得存此生。此蓋伏遇皇帝陛下，以大有爲之資，行不忍人之政。湯網開其三面，舜干舞于兩階。念臣奉事有年，少加憐愍。知臣老死無日，不足誅鋤。明降德音，許全餘息。故使既櫝之馬，猶獲蓋帷；觳觫之牛，得違刀几。臣敢不服膺嚴訓，托命至仁。洗心自新，没齒無怨。但以瘴癘之地，魑魅爲鄰。衰疾交攻，無復首丘之望；精誠未泯，空餘結草之忠。臣無任。

【眉批】

麓屏曰：按紹聖元年，公定州就任，落二學士職，知英州。行至南康軍，再貶寧遠軍節度副使，惠州安置。

五聚曰：余嘗讀公詩云：「飽吃惠州飯，細和淵明詩。」便欠畏敬之意。此表詞雖可憫，非其心也。公作韓公碑「要观南海，窺衡湘」，是諫時冀欲去國以圖名高千古也。聖賢去魯去齊，豈若是恝哉！

一葵曰：真是作家。

卓吾曰：可憐！

到昌化軍謝表

並鬼門而東騖，浮瘴海以南遷。生無還期，死有餘責。臣軾中謝。伏念臣頃緣際會，偶竊寵榮。曾無毫髮之能，而有丘山之罪。宜三黜而未已，跨萬里以獨來。恩重命輕，咎深責淺。此蓋伏遇皇帝陛下，堯文炳煥，湯德寬仁。赫日月之照臨，廓天地之覆育。譬之蠕動，稍賜矜憐；俾就窮途，以安餘命。而臣孤老無托，瘴癘交攻。子孫慟哭於江邊，已爲死別；魑魅逢迎於海上，寧許生還。念報德之何時，悼此心之永已。俯伏流涕，不知所云。臣無任。

【眉批】

麓屏曰：按紹聖四年五月，告命謫授瓊州别駕、昌化軍安置。公隨即離惠州至昌化軍訖。

一葵曰：愴然心悲。

提舉玉局觀謝表

臣先自昌化軍貶所，奉敕移廉州安置。又自廉州奉敕，授臣舒州團練副使、永州居住。今行至英州，又奉敕授臣朝奉郎、提舉成都府玉局觀，在外州軍，任便居住者。七年遠謫，不自意全；萬里生還，適有天幸。驟從縲絏，復齒縉紳。臣軾中謝。伏念臣才不逮人，性多忤物。剛褊自用，可謂小忠；猖狂妄行，乃蹈大難。皆臣自取，不敢怨尤。會真人之勃興，與萬物而更始。而臣獨在幽遠，最爲冥頑。迨兹起廢之初，倍費生成之力。終蒙記録，不遂棄捐。此蓋伏遇皇帝陛下，正位龍飛，對時虎變。神武不殺，豈非受命之符；清浄無爲，坐獲消兵之福。聰明不作，邪正自分。使臣得同草木之微，共霑雷雨之解。臣敢不益堅素守，深念往愆。没齒何求，不厭飯蔬之陋；蓋棺未已，猶懷結草之忠。臣無任。

【眉批】
鹿門曰：一驚一喜。
一葵曰：所襯字皆漢人語。

慰皇太后上仙表

伏睹正月十四日，大行皇太后遺誥者。慟發六宫，悲纏九土。奉諱哀殞，不知所云。臣軾中謝。大行皇太后德冠三朝，化行四海。獨决大策，措天下於太山之安；退避東朝，復明辟爲萬世之法。奄終壽禄，莫曉天心。恭惟皇帝陛下，仁孝自天，哀傷過禮。惟聖達節，豈復行曾閔之難；以民爲心，則當法舜禹之大。願少寛於追慕，庶下答於臣民。臣以外郡居住，不獲奔赴闕庭，無任哀痛隕越之至。

謝御膳表

臣伏蒙聖恩，特賜寛假，將理，今月七日，又再蒙中使臨賜御膳，問其治療之增損，督以朝參之日辰。臣下履淵冰，上負芒刺。蹄涔雖小，能延兩耀之光；寸草何知，莫報三春之澤。正使豚魚幽陋，木石堅頑；亦將激勵忘軀，奔走赴職。而臣尚有無厭之請，敢守不移之愚。在法當誅，原情可憫。實以負薪之疾，積以歲時；勿藥之祥，恐非旦夕。終願江淮之一郡，以安犬馬之餘生。尚冀此身，未填溝壑；期於異日，别效涓埃。臣無任。

【眉批】

鼈屏曰：此篇一句一轉。

五聚曰：圓轉快便，略無一字餖飣，彈丸妙技。

代滕達道景靈宫奉安表

衣冠出游，巍乎宫闕之盛；祖考來格，燦然日月之明。新禮光前，彌文範後。繼以作解之雷雨，仍收繪像之子孫。聳觀華夷，淪浹枯朽。竊以祀無豐疏，祭不欲昵。自仁率親，故同宫而合享；惟聖作則，實考古而便今。庶民子來，五福交應。蔚山河之增氣，紛嶽瀆以來朝。仙木蟠根，五聖既聯於龍衮；靈芝擢秀，九莖復出於齋房。皇帝陛下，舜孝格天，堯文冠古。損益漢唐之典故，潤色祖宗之規摹。壽考萬年，永作人神之主；本支百世，共承宗廟之休。臣出守遠方，阻觀盛禮。會祠壇下，莫睹煒然之光；留滯周南，竊興命也之嘆。

【眉批】

五聚曰：纍詞玉于毫端，擲金聲于紙上。

代滕達道湖州謝上表

郡壓五湖，城交二水。既先世舊居之地，亦年少初仕之邦。父老縱觀，不謂微臣之尚在；吏民感涕，共知洪造之難酬。中謝。臣聞忠臣可使死封疆，而不能受無根之謗議；志士本不求富貴，而不能安有道之賤貧。况臣早蒙希世之恩，常有捐軀之意。豈容曖昧，略不辨明。然疑似之難知，實古今之通患。漢文帝賢君也，而不能信賈生之屈；尹吉甫慈父也，而不能雪伯奇之冤。此小人譖夫，所以得志而欺天；忠臣孝子，所以抱恨而入地。况臣結累朝之深怨，無半面之先容。而訴章朝聞，恩詔夕下，歷數千載，唯臣一人。此蓋伏遇皇帝陛下，妙物言神，睿思作聖。謂天蓋遠，以窮呼而必聞；如日之明，雖浸潤而不受。念茲七年之厄，收之九死之餘。臣敢不更勵初心，馴圖後効。老當益壯，未甘結草之幽途；死且不辭，尚欲據鞍于前殿。臣無任。

【眉批】

麓屏曰：激烈慷慨，大類燕歌。

又曰：轉接處自有机神暗遞。

伯敬曰：看他摇擺。

杭州賀冬表二首

月臨天統，首冠于三正；氣應黄鍾，復來于七日。君道浸長，陽德光亨。恭惟皇帝陛下，清明在躬，仁孝偏物。垂衣南面，天何言而四時成；問孝西清，日將旦而群陰伏。蠻夷奔走，年穀順成。豈惟四海之歡心，自識三靈之陰贊。臣祗膺詔命，恪守郡符。身雖在於江湖，顔不忘於咫尺。敢同率土，惟祝後天。臣無任。

又

消長有時，候微陽之來復；賢愚同慶，知君子之彙征。德化所加，神人並應。恭惟太皇太后陛下，睿明天縱，慈儉身先。振海嶽以不傾，地無私載；順陰陽之自化，天且不違。成功已陋于漢唐，論德蓋高于任姒。黄雲可望，共沾至治之祥；彤史何知，莫贊無爲之德。臣備員法從，祗役海隅。東閣拜章，阻陪於百辟；南山獻壽，徒頌於萬年。

【眉批】

六弘曰：起句莊嚴。

麓屏曰：「日將旦」句寓意自深。

上皇帝賀冬表

《易》稱來復，蓋知天地之心；《禮》戒無爲，以待陰陽之定。恭惟皇帝陛下，堯仁冠古，舜道通神。種德兆民，躬行文、景之儉；游心六藝，灼知周、孔之情。人既和而歲自豐，天不違而壽無極。臣久緣衰病，待罪江湖。莫瞻北極之光，但罄南山之祝。

【眉批】

麓屏曰：出經入傳。

又曰：天人感通，至理如此。

英州謝上表

罪盈義絶，誅九族以猶輕；威震怒行，置一州而大幸。驚魂方散，感涕徒零。伏念草芥賤儒，岷峨冷族。襲先人之素業，借一第以竊名。雖幼歲勤勞，實學聖人之大道；而終身窮薄，常爲天下之罪人。先帝念臣於衆怒必死之中，陛下起臣於散官永棄之地。恩深報蔑，每憂天地之難欺；福眇禍多，是亦古今之罕有。自悲棄物，猶欲籲天。惟上聖纂宗廟之圖，方太母聽簾帷之政。招延俊乂，登進老成。何期章句之諛才，使掌絲綸之要職。凡一時黜陟進退之衆，皆兩宫威禍賞福之公。既在代言，敢思逃責。苟不能敷揚上意，尊朝廷于日月之明；則何以聳動四方，鼓號令于雷霆之震。固當昭陳功罰，直喻正邪。豈臣愚敢有於私心，蓋王言不可以匿旨。當今之天奪其魄，但謂守官；今日之臣肆其言，期于必戮。賴父母之深憫，免子弟之偕誅。罪雖駭於聽聞，怒終歸於寬宥。不獨再生于東市，猶令尸禄于南州。五聚曰：指英州。累歲寵榮，固已太過。此時竄責，誠所宜然。瘴癘炎陬，去若清凉之地；蒼顔素髮，誰憐衰暮之年？恩重丘山，感藏骨髓。此蓋伏遇皇帝陛下，知惟天錫，行自生知。巍巍繼大聖之神休，孜孜盡二宫之孝養。深原心迹，曲示哀矜。臣實何人，恩常異衆。在先朝偶脱其誅戮，故此日復煩于典刑。頑戾如斯，生存何面？臣敢不噬臍悔過，吞舌知非。革再三不改之愆，庶萬一善終之望。殺身莫喻，敢懷窮困之憂；守土非輕，尚畀遐荒之俗。儻沐先朝之化，永惟結草之忠。臣無任。

按：哲宗紹聖元年，全臺復言蘇軾知制誥時撰吕惠卿誥詞，謗訕先皇帝，故黜軾知英州。夫以代言得過，吕之餘焰可畏哉。余嘗誦《烏臺詩案》，見公之以言得罪屢矣，故畢仲游戒之以書，文與可戒之以詩，公不能用。晚年自珠崖量移合浦，郭功父寄詩云：「君恩浩蕩似陽春，海外移來住海濱。莫向沙邊弄明月，夜深無數採珠人。」其意亦深矣。五聚

【眉批】

麓屏曰：來得慨切。

又曰：酷似《陳情表》。

五聚曰：此正言宣仁貶惠卿等制書。

麓屏曰：莊嚴偉麗。

又曰：此正言全臺事。

麓屏曰：即面陳亦不過是。

移廉州謝上表

使命遠臨，初聞喪膽。詔詞温厚，亟返驚魂。拜望闕庭，喜溢顏面。否極泰遇，雖物理之常然；昔棄今收，豈罪餘之敢望。伏膺知幸，揮涕無從。中謝。伏念臣頃以狂愚，遽遭譴責。荷先帝之厚德，寬蕭律之重誅。投彼遐荒，幸逃鼎鑊。風波萬里，嘆衰病以何堪；烟瘴五年，賴喘息之猶在。憐之者謂之已甚，嫉之者

恨其太輕。考圖經止曰海隅，其風土疑非人世。食有並日，衣無禦冬。凄凉百端，顛躓萬狀。恍若醉夢，已無意于生還；豈謂優容，許承恩而近徙。雖云僥倖，實有夤緣。此蓋伏遇皇帝陛下，道本生知，性由天縱。舊勞于外，爰及小人之依；堪家多艱，鑒于先帝之德。奉聖母之慈訓，擇正人而與居。凡有嘉謀，出于睿斷。憫臣以孤忠援寡，察臣以衆忌獲愆。許以更新，庶使改過。天地有造化之大，不能使人之再生；父母有鞠育之恩，不能全身于必死。報期碎首，言豈渝心。濯于淤泥，已有遭逢之便；擴開雲日，復觀於變之時。此生敢更求榮，處世但知緘默。臣無任。

【眉批】

六弘曰：長公表如芙蓉出水，天然去雕琢。內一聯與黄州謝表同意，而造語迴殊，只見筆端之妙。

謝復賜看墳寺表

名書罪籍，慚負明時。思念私塋，特還舊剎。九泉受賜，荒隴生光。伏念臣早以空疏，叨居近密，始終無補，愚不自量，恩禮誤加，驟及既往。一被黨人之目，上遺先臣之憂。舊恩已移，没齒何覬。豈謂詔書一出，舊物復還。山隴絶芻牧之虞，松檟變焦枯之色。骨肉感涕，里巷咨嗟。伏遇皇帝陛下，性仁無私，聖孝不匱。覽二帝初潛之地，動一夫失所之懷。號令所加，存殁感賴。臣衰病已久，報國之日不長；子孫在前，教忠之心未替。臣無任。

【眉批】

麓屏曰：此表如青松獨鶴，風韻幽遠。

又曰：真是寫生手。

蘇長公啓卷一

謝館職啓

試言無取，錫命過優。進貽朋友之譏，退有簡書之畏。覥顔就列，撫己若驚。國家取士之門至多，而制舉號爲首冠；育才之地非一，而册府處其最高。觀其所以待之，蓋亦可謂至矣。知寶玉璠璵，難得而易毁，故篋櫝以養其全；知梗楠豫章，積歲而後成，故封殖以待其長。施等天地，恩均父師。恭惟先帝臨御以來，四十二載，所擢賢良方正之士，十有五人，其志莫不欲舉明主於三代之隆，其言莫不欲措天下於泰山之固。大則欲興禮樂以範來世，小則欲操數術以馭四夷。然而進有後先，名有隱顯，命有窮達，時有重輕。或已踐廟堂之崇，或已登侍從之列。或反流落於遠郡，或尚滯留於小官。或死生之乖睽，已爲陳迹；或擯斥於罪戾，僅夷平民。雖曰功名富貴所由之塗，亦爲毁譽得喪必争之地。名重則於實難副，論高則與世常疏。故雖絶異之資，猶有不任之懼。軾之内顧，豈不自知。性任己以直前，學師心而無法。自始操筆，知不適時。會欲得之求。其爲戇愚，可爲危慄。是以一參賓幕，輒蹈危機。已嘗名挂于深文，不自意全於今日。而况大明宗伯之選掄，疾時文之靡弊，擢居異等，以風四方。不知滿溢之憂，復玷良能之舉。負賢者所難之任，争四海繼照，百度惟新。理財訓兵，有鞭笞戎狄之志；信賞必罰，有追述祖宗之風。凡用人歷試其能，苟敗事必誅無赦。此太平可待之日，豈不肖兼容之時。而乃度越賢豪，曲收微賤。縱不能力辭而就下，亦當知非分以自有踰等倫。欲報無緣，將何望於頑鄙；遇寵知懼，庶不至於惰媮。欲辨大事，務兼寸尺之長；將求多聞，故引涓埃之助。致此忝冒，慚。此蓋伏遇某官，志在斯民，仁爲己任。

【眉批】

麓屏曰：材既天授，筆自豪華。

又曰：奇而麗一。

鹿門曰：錯舉十五人所遭，以致感慨。

麓屏曰：斐亹多致，華端欲流。

又曰：精神百吾。

賀韓丞相啓

伏審誕膺策命，首冠輔臣。四方聳觀，萬口同慶。自古在昔，治少亂多。夫天將欲措世於大安，必有異人之間出，使民莫不回心而向道，類非俗吏之所能。方陋漢唐，將追堯舜。洪惟上聖之后，眷求一德之臣，謂莫如公，遂授以政。付八音於師曠，孰敢争能；捐六轡於王良，坐將致遠。引領以望，惟日爲年。恭以昭文相公，全德難名，巨才不器。亹亹申伯之望，堂堂漢相之風。出入三朝，險夷一節。蕞爾種羌之叛命，慨然當宁以請行。威聲所加，膻穢自屏。淮蔡既定，而裴度相；徐方不回，而召虎歸。縱復遺種龍荒，游魂沙海，譬之癬疥，豈足爬搔。必將訓兵擇帥，而授之規摹；積穀堅城，而磨以歲月。破斧之惡四國，實願周公之亟還；折箠以鞭赤眉，無煩鄧禹之久外。天下是望，豈惟一人。即日邊徼苦寒，台候何似？伏冀爲國，善調寢興。謹奉啓起居。

【眉批】

五聚曰：據事直叙，自是簡勁莊嚴。

麓屏曰：韓公爾時實中外倚以爲重，故公云然。非如今之啓尊貴者，從以佞舌相諛已也。

答曾學士啓

伏審祇奉詔恩，榮升册府。允厭朝論，增輝士林。伏惟慶慰。恭以聖神在御，政化惟新。顧籲俊之無方，豈拔賢而待次。賤如莘野，猶爲席上之珎；遠若傅巖，盡入彀中之選。而況圭璋之質，近生閥閱之家，固宜首膺寤寐之求，於以助成肅雍之化。府判學士，天資粹美，儒術講明。向屈處於下僚，蓋避嫌而自悔。屬文子之請老，察少翁之最賢。撫念老成，聿求義訓。豈獨褒崇之盛典，固將樂育於英材。自顧庸虚，獲聯齋舍。忽捧書詞之辱，益知謙德之光。喜愧于心，踧踖無措。

【眉批】

又曰：此啓似少韻致，未盡坡公所長。

賀歐陽少師致仕啓

伏審抗章得謝，釋位言還。天眷雖隆，莫奪已行之志；士流太息，共高難繼之風。凡在庇庥，共增慶慰。伏以懷安天下之公患，去就君子之所難。世靡不知，人更相笑。而道不勝欲，私於爲身。君臣之恩，係縻之于前；妻子之計，擁荷之於後。至於山林之士，猶有降志於垂老；而况廟堂之舊，欲使辭福於當年。有其言而無其心，有其心而無其決。愚智共蔽，古今一塗。是以用捨行藏，仲尼獨許於顔子；存亡進退，《周易》不及於賢人。自非智足以周知，仁足以自愛，道足以忘物之得喪，志足以一氣之盛衰，則孰能見幾禍福之先，脱屣塵垢之外。常恐兹世不見其人。伏惟致政觀文少師，全德難名，巨材不器。事業三朝之望，文章百世之師。功存社稷而人不知，躬履艱難而節乃見。縱使耄期篤老，猶當就見質疑；而乃力辭於未及之年，退托以不能而止。大勇若怯，大智如愚。至貴無軒冕而榮，至仁不導引而壽。較其所得，孰與昔多？軾受知最深，聞道有自。雖外爲天下惜老成之去，而私喜明哲得保身之全。伏暑向闌，台候何似。伏冀爲時自重，少慰輿情。

【眉批】

荆川曰：儷詞婉轉清便，使孝標諸人持筆，便組織矣。

鹿門曰：内多名言。

五聚曰：林下何曾見一人，正坐此弊。

又曰：肖其爲人。

麓屏曰：頌詞確當。

王聖俞曰：走筆成對，語必洞心，作啓家上乘。

賀韓丞相再入啓

伏睹詔書，登庸舊德。傳聞四海，歡喜一辭。竊以君臣之間，古今異道。任法而不任人，則責輕而憂淺，庸人之所安；任人而不任法，則責重而憂深，賢者之所樂。凡吾君所以推心忘己，一切不問而聽其所爲，蓋其後必將責報收功，三年有成而底於至治。自非量足以容物，智足以知人，强足以濟艱難，勇足以斷取舍，則何以首膺民望，力報主知。公惟史館相公，忠誠在天，德望冠世。如《乾》之中正，挺然而純粹精；如《坤》之六二，隤然而直方大。更練三朝之用舍，出入四方之險夷。疲民系心，有識引領。必將發其藴蓄，以次施行。始緩獄以裕民，終措刑而隆禮。軾登門最舊，荷顧亦深。喜忭之懷，實倍倫等。

【眉批】鹿門曰：此數言長公平生所獨見處，故及之。

密州到任謝執政啓

帶山負海，號爲持節之邦；多病無功，久在散材之目。授非所稱，愧靡自任。矧兹願治之辰，方以求賢爲急。宜得敏鋭兼人之器，以副厲精更化之懷。如軾者，天與愚忠，家傳樸學。議論止於污俗，交游謂之陳人。出佐郡條，薦更歲籥。雖僅脱網羅之患，然卒無毫髮之稱。豈伊寵榮，偶及衰鈍。此蓋伏遇某官，股肱元聖，師表萬邦。欲隆太平極治之風，故開兼收並採之路。重使一夫之不獲，特捐支郡以見收。荷恩至深，於報何所。謹當鐫磨朽鈍，箠策疲駑。雖無望於功名，庶少逃於罪戾。過此以往，未知所裁。

【眉批】

麓屏曰：按長公判杭州四載，以弟子由在濟南，求爲東州守，乃移知密州。到任時乃熙寧之八年也。

答楊屯田啓二首

伏承枉顧，寵示長書。禮數過隆，既匪妄庸之稱；文詞深厚，足爲衰拙之光。反復究觀，愧汗交集。伏惟通判屯田，學深經術，名重薦紳。頃者劍外，屈臨百里之間；已是部中，受賜一人之數。豈伊幸會，復此逢迎。聽其言，信仁人之溥哉；居是邦，蓋大夫之賢者。欲報瓊瑶之貺，適苦簿書之煩。言之不文，永以爲好。

又

向者不遺，特蒙枉顧。愧無琴瑟旨酒，以樂我嘉賓；但喜直亮多聞，真古之益友。謂將繼此而得見，豈意闕然而有行。伏讀誨音，惟知感嘆。伏惟通判屯田，才猷通敏，學術深純。非獨東州杞梓之珍，將爲清廟璠璵之寶。暫臨邊服，行履要津。而軾早以空疏，加之衰病，不緣曠官而罷去，則當引分以歸耕。自兹恐遂有出處之疏，故臨紙不能無悵惘之意。惟祈自重，少副下情。

【眉批】

又曰：成語似出天然。

又曰：信手拈來，便成對偶。筆性之靈至此。

又曰：公亦自知不爲世容，無奈其疏直之性固然。

謝監司薦舉啓

猥以庸虛，過蒙知遇。既免尤譴，復加薦論。自省孤危，加之衰病，生而賦樸野之性，愚不識禍福之機。但知任己以直前，不復周防而慮後。動觸時忌，言爲身灾。擠而去之，則爲有功；引而進之，亦或招悔。自非不以利禄爲意，而以仁厚爲心，顧兹鈍頑，誰肯收録。伏惟某官，時望至重，主知已深。方將長育於群材，專務掩覆於小過。憐其謀身之甚拙，進絶望而退無歸；知其爲政之雖迂，歲有餘而日不足。特矯世俗，借之齒牙。軾敢不祗畏簡書，益自修飭。豈云報德，苟不辱知，過此以還，未知所措。

【眉批】

五聚曰：説破世情，然而氣亦微不平矣。

麓屏曰：當時授職未幾，輙復遷謫，誰肯以歲計耶？長公「歲有餘而日不足」一句含情無限。

徐州謝兩府啓

移守河中，已愧超升之異；改臨泗上，仍叨藩鎮之雄。既見吏民，周覽風俗。地形襟要，當東南水陸之衝；民食艱難，正春夏旱蝗之際。宜得一時之循吏，以安千里之疲民。如軾者，才不逮人，學非適用。冒塵策府，自知拙直之難安；屢乞守符，意謂苟全之善計。然自往來三郡，首尾七年。足蹈危機，僅脱風波之險；心存吏役，都忘學術之源。既未決於歸耕，敢復來於善地。伏遇某官，權衡萬物，高下一心。頑礦悍堅，實費陶鎔之力；散材疏惡，徒施封殖之恩。謹當箠策疲駑，鐫磨朽鈍，上酬天造，次答己知。

【眉批】五聚曰：和平温雅。

賀呂副樞啓

伏審近膺告命，入總樞機。中外聳觀，朝廷增重，伏惟慶慰。竊以古之爲國，權在用人。德厚者輔其才而名益隆，望重者無所爲而人自服。是以淮南叛國，先止謀於長孺；汾陽元老，尚改觀於公權。樽俎可以折衝，藜藿爲之不採。哀此風流之莫繼，久矣寂寥而無聞。天亦厭於凡才，上復思於舊德。恭惟樞密侍郎，性資仁義，世濟忠嘉。豈惟清節以鎮浮，固已直言而中病。出領數郡，若將終身。小人謂之失時，君子意其復用。迨兹顯拜，夫豈偶然。然而荷三朝兩世之恩，當春秋賢者之責。推之不去，凛乎其難。進伯玉而退子瑕，人皆望於門下；烹桑羊而斬樊噲，公無愧於古人。莫若盡行疇昔之言，庶幾大慰天下之望。軾登門最舊，稱慶無緣。踴躍之懷，實倍倫等。

【眉批】

麓屏曰：起聯莊重。

又曰：千古確論。

賀趙大資致仕啓

伏審抗章得謝，奉册言還。搢紳聳觀，閭里相慶。竊謂富貴不爲至樂，功名非有甚難。樂莫樂於還故鄉，難莫難於全大節。歷數當今之卿相，或寓他邦；究觀自古之忠賢，少有完傳。錦衣而夜行者多矣，狐裘而羔袖者有之。至若百行渾圓，五福純備，當世所羡，非公而誰？恭惟致政大資少保，道心精微，德望宏遠。無施不可，尤高臺諫之風；所臨有聲，最宜吳蜀之政。才不究於大用，命乃係於生民。與時偕行，不可則止。見故人而一笑，綽有餘歡；念平生之百爲，一無可恨。方將深入不二，獨游無何。默追粲可之風，坐致喬松之壽。軾荷知有素，貪禄忘歸。慕鸞鵠之高翔，眷樊籠而永嘆。傾頌之素，敷寫莫窮。

【眉批】

麓屏曰：想暗有所指。

又曰：讀賀趙大資啓，二疏不得擅美于前矣。

答陳齋郎啓

伏審祗膺寵命，榮踐亨塗。拜慶庭闈，溢歡聲於觀者；馳書士友，掞華藻之燦然。顧此衰羸，實難當捧。伏惟齋郎，天資深茂，學術淹通。經行兩純，窮達一操。久困有司之尺度，退從老圃於丘園。陋彼素餐，是聞也，非達也；凜然遺直，惟有之，則似之。假道一官，權輿千里。幅巾藜杖，願爲二老之風流；甲第高門，坐看諸郎之富貴。欣頌之至，筆舌難周。

【眉批】

六弘曰：天然工巧，而若以不思得之。

登州謝兩府啓

迂愚之守，没齒不移；廢逐之餘，歸田已幸。豈謂承宣之寄，忽爲枯朽之榮。眷此東州，下臨北徼。俗習齊、魯之厚，迹皆秦、漢之陳。賓出日於麗譙，山川炳焕；傳夕烽于海嶠，鼓角清閑。顧静樂之難名，笑妄庸之竊據。此蓋伏遇某官，股肱元聖，師保萬民。才全而德不形，任重而道愈遠。謂使功不如使過，而觀過足以知仁。特借齒牙，曲成羽翼。軾敢不服勤簿領，祗畏簡書。策蹇磨鈆，少答非常之遇；息黥補劓，漸收無用之身。過此以還，未知所措。

【眉批】

五聚曰：寫登州風景如畫。

纛屏曰：長公所以有觀過知仁論。

謝中書舍人啓

起於貶所，未及期年。擢置周行，遽參法從。省躬無有，被寵是驚。竊惟人材進退之間，實爲風俗隆替之漸。必欲致治，在於積賢。雖一薛居州，齊言不能移楚；而用范武子，晋盗可使奔秦。崔琰進而廉儉成風，楊綰用而淫侈改度。誠國是之先定，雖民散而可收。拔茅茹者，以彙而征；附馬棧者，必先其直。用舍既見，好惡自明。人知所趨，勢有必至。今朝廷方講當世之務，力追前代之隆。雖改定法令，足以便事，而未足以安民；寬弛賦役，足以安民，而未足以成俗。是以登進耆老，搜求雋良。將使士知向方，民亦有耻。如軾者，山林下士，軒冕棄材。少而學文，本聲律雕蟲之技；出而從仕，有狂狷嬰鱗之愚。溝中不願於青黄，爨下無心於宫徵。誤蒙收拾，已出優恩。薦履禁嚴，殊非素望。此蓋伏遇某官，德配前哲，望隆本朝。名重圭璋，上助廟堂之用；言爲蓍蔡，下同卿士之謀。餘論所加，虚名增重。知丹心之尚在，憐白首之無歸。特借寵光，以寬衰病。任隆才下，恩重報輕，直道而行，恐非所以安愚；不肖之分，充位而已，又不足以解卿大夫之憂。蚤夜以思，進退惟谷，恐懼戰越，不知所裁。

【眉批】

又曰：自占地步。

五聚曰：談時務鑿鑿。

蘿屏曰：眉宇軒舉，絶無寒氣態。

又曰：數語道出本懷。

答試館職人啓

伏承射策玉堂，方觀筆陣；校文天禄，逐秀儒林。黨友增華，縉紳共慶。國家求賢之道，必於閑暇無事之時；賢者報國之功，乃在緩急有爲之際。養之無素，則一旦欲用而何由；待以非常，則臨事欲辭而不可。故納之於英俊相從之地，觀之以世俗不見之書。非獨使之業廣而材成，抑將待其資深而望重。某官學優而仕，行浮於名。詞令從容，議論慷慨。追還正始，文章爲之一新；傳寫都城，紙墨幾於驟貴。得士之喜，非我敢私。軾衰病侵尋，文思荒落。職在翰苑，當發策而莫辭；試匪通儒，懼品藻之不稱。過煩臨貺，寵以書詞。永爲巾笥之珍，愧乏瓊瑶之報。

【眉批】

蘿屏曰：按治平二年，英宗在藩邸時聞長公名，欲用唐故事召入翰林。時富、韓二公當國，韓公以歐陽公力薦尚欲不次待之，富公獨持不可，曰姑少待之，故召試只與館職。觀此啓中，養之有素二聯，則長公不無銜意。

答李寶文啓

伏審祇奉異恩，遠臨全蜀。奎文寶訓，方入直於禁嚴；井絡提封，旋出分於憂顧。風猷所暨，謡頌率同。恭惟知府寶文，望重搢紳，材宜廊廟。譬之金石，蓋闇然而日彰；浩若江河，固窮之而益遠。西南之俗，信服已深。民物子來，氣復岷峨之舊；舟車雲集，惠通秦楚之商。曾未下車，已聞報政。軾倦游滋久，寤寐懷歸。空詠甘棠之思，莫展維桑之敬。悵焉永望，言不寫心。

【眉批】

又曰：詞語典實。

答王欽臣啓

伏審祇奉明綸，特膺異選。以高才望册府，以令德正僕臣。側聞除書，大慰輿論。伏惟太僕學士，文鳴早歲，學記前人。豫章雖老於中林，瑚璉終升於清廟。萬事不理，問伯始而可知；三篋雖亡，得安世而何患。清塗方踐，遠業難量。愧修慶之未遑，辱移書之見及。感佩之至，但切下懷。

【眉批】五聚曰：讀之易竟，味之有餘。

謝賈朝奉啓

自蜀徂京，幾四千里；携孥去國，蓋二十年。側聞松楸，已中梁柱。過而下馬，空瞻董相之陵；酹以隻鷄，誰副橋公之約。宦游歲晚，坐念涕流。未報不貲之恩，敢懷盍歸之意。常恐樵牧不禁，行有雍門之悲；雨露既濡，空引太行之望。豈謂通判某官，政先慈孝，義篤友朋。首隆學校之師儒，次訪里閭之耆舊。自嗟來暮，不聞拔薤之規；尚意神交，特致生芻之奠。父老感嘆，桑梓光華。深衣練冠，莫克垂涕於墓道；昔襦今袴，尚能鼓舞於民謡。仰佩之深，力占難盡。

【眉批】鹿門曰：此必賈公過臨老蘇墓，而長公陳謝者。
麓屏曰：讀之黯然。

賀范端明啓

恭承明詔，追録舊勳。名升秘殿之嚴，實遂安車之養。仍惟餘澤，以及後昆。聞命以還，有識相慶。竊謂死生之事，聖賢有不能了；父子之際，古今以爲難言。方其犯雷霆於一時，豈意收功名於今日。惟天知我，絶口不言。偉事發之相重，非人謀之所及。恭惟致政端明學士，至誠格物，隱德在人。弼亮四世如畢公，壽考百年如衛武。獨立不懼，舍之則藏。惟有青蒲之言，尚在金縢之匱。白日一照，浮雲自開。坐使遺民，復觀盛事。子孫歸沐，下萬石之里門；君相乞言，授三老之几杖。更延眉壽，永作元龜。軾無任。

【眉批】

又曰：全用流水走對，纍如貫珠。

又曰：凡矯激於一時，與邀名于日後，皆非忠也。唯天知我，絶口不言，自古忠臣類如此。

答范端明啓

伏審參稽古樂，追述新書。琢石鑄金，成之有數。立鈞出度，施及無窮。搢紳雲集於奉常，端冕天臨於便座。偉兹壯觀，自我元臣。竊以樂之盛衰，寄於人之存否。秦漢以下，《鄭》、《衛》律行。雖喜三雍之成，旋遘五湖之亂。平陳之後，粗獲雅音。天寶之中，遂雜胡部。道喪久矣，孰能起之？獨求三代之遺聲，允屬四朝之舊德。恭惟致政端明丈人，耄期稱道，直亮多聞。進不謀安，昔既以身而徇義；退猶憂國，今推所學以及人。豈惟盡力於考音，至復傾家而制器。蓋事關於治忽，必幽贊於神明。得《商頌》十二篇於周大師，雖賢者之事也；獲古磬十六枚於犍爲郡，豈偶然而已哉！軾本非知音之人，空荷移書之辱。究觀累日，喜愧兼懷。徒誦詠於再三，豈發明於萬一。

【眉批】

五聚曰：清淑典麗，鏗然瑩然。

又曰：叙法錯綜。

杭州謝執政啓

小器易盈，宜處不争之地；大恩難報，終爲有愧之人。到郡浹旬，汗顔數四。湖山如舊，魚鳥亦怪其衰殘；争訟稍稀，吏民習知其遲鈍。雖尚膺於寵劇，庶漸即於安閑。顧此蠢愚，亦蒙儌倖。此蓋伏遇某官，輔世以德，事君以仁。嘉善而矜不能，與人不求其備。故令狂直，得保始終。指步武於夷途，收桑榆之暮景。軾敢不欽承令德，推本上心。政拙催科，自占陽城之考；奸容獄市，敢師齊相之言。庶寡悔尤，少償知遇。

【眉批】

又曰：情出至悃，故詞調警絶。

答杭州交代啓

罷直禁中，本緣衰病；分符浙右，更竊寵榮。既尋少壯之舊游，復繼老成之前躅。養痾卧治之所，蒙成坐嘯之餘。顧此鈍頑，實爲忝昧。伏惟知府待制，宏才緯俗，雅望鎮浮。神馳方切於望塵，心照已先於傾蓋。

借之餘潤，成此虛名。滕大夫之才，豈堪治劇；楚令尹之政，或許告新。望見有期，瞻依愈切。

【眉批】

麓屏曰：句句是答交代語，一字移易不動。

謝生日詩啓

蓬矢之祥，雖世俗之所尚；蓼莪之感，迨衰老而不忘。豈謂某官，意重瓊瑤，文成黼黻。推仁心而錫類，出妙語以嘘枯。攝提正於孟陬，已光初度；月宿直於南斗，更借虛名。永惟難報之珍，但結無窮之好。

【眉批】

又曰：此啓用字根據典切。

賀林待制啓

伏審圖舊聖時，升華法從。僉言諧允，有識嘆咨。萬木歲寒，配喬松於巨栢；衆星夜艾，凛明月與長庚。斧藻昌期，領袖後進。傳聞四遠，歡喜一詞。恭惟某官，名重弱齡，望高晚節。文章爾雅，蓋西漢之餘風；悃愊無華，亦東京之循吏。凡閲四朝而復用，獨爲三館之老臣。著書已成，特未寫之琬琰；立功何晚，會當收之桑榆。軾交舊最深，慰喜良甚。尺書爲賀，鄙志莫宣。

【眉批】又曰：喬松巨栢，明月長庚，影語俱切。

賀蔣發運啓

伏審上計入覲，拜恩言還。擁節東南，上寄一方之休戚；考圖廣内，示將大用之權輿。凡在庇庥，舉增忭躍。恭惟某官，受材秀傑，秉德純忠。蔚然西漢之文，深厚爾雅；展矣東京之吏，悃愊無華。雖已得正法眼藏於大祖師，猶有一大事因緣於當來世。固將入踐卿相，坐致功名。以斯道而結主知，隨所寓而作佛事。某竄流已久，衰病相仍。方稱慶之未皇，忽移書之見及。欣感之幸，筆舌難宣。

【眉批】五聚曰：蔣公殆究心禪學者耶？

謝制科啓

臨軒策士，方搜絶異之材；隨問獻言，誤占久虚之等。忽從佐縣，擢與評刑。内自顧於無堪，凛不知其所措。恭惟致治之要，惟有取人之難。用法者畏有司之不公，故舍其平生而論其一日；通變者恐人才之未盡，故詳於採聽而略於臨時。兹二者之相形，顧兩全而未有。一之於考試，而掩之於倉卒，所以爲無私也。然而才行之迹，無由而深知，委之於察舉，而要之於久長，所以爲無失也。然而請屬之風，或因而滋長，此隋唐進士之所以爲有弊，魏晋中正之所以爲多奸。惟是賢良茂異之科，兼用考試察舉之法，每中年輒下明詔，使兩制各舉所聞。在家者能孝而恭，在官者能廉而慎。臨之以患難而能不變，邀之以寵利而能不回。既已得其行己之大方，然後責其當世之要用。學博者又須守約而後取，文麗者或以用寡而見尤。特於萬人之中，求其百全之美。凡與中書之召命，已爲天下之選人。而又有不可測知之論，以觀其默識之能；無所不問之策，以效其博通之實。至於此而不去，則其人之可知。然猶使御史得以求其疵，諫官得以考其素。一陷清議，輒爲廢人。是以始由察舉，而無請謁公行之私；終用考試，而無倉卒不審之患。蓋其取人也，如此之密，則夫不肖者，安得而容？軾才不逮人，少而自信。治經獨傳於家學，爲文不顧於世知。特以饑寒之憂，出求斗升之禄。不謂諸公之過聽，使與群豪而並游。始不自量，欲行其志，遂竊俊良之舉。不知氣力之微，論事迂闊，而不能動人；讀書疏略，而無以應敵。取之甚愧，得而益慚。此蓋伏遇某官，德爲世之望人，位爲時之顯處。聲稱所被，四方莫不奔趨，議論一加，多士以爲進退。致兹庸末，亦與甄收。然而志卑處高，德薄寵厚，歷觀前輩由此爲致君之資，敢以微軀自今爲許國之始。過此以往，未知所裁。

【眉批】

麓屏曰：行伍森列，自是節制之兵。

聖俞曰：以議論入駢偶中，因方爲珪，遇圓成璧，無所不到。

麓屏曰：言言關切，殆非浮談蔓語。
又曰：才氣如長江大河，一瀉千里。
又曰：收煞有力。
又曰：贊頌得體。

賀楊龍圖啓

伏審新改直職，擢司諫垣。傳聞遐邇，疏動觀聽。咸謂國家之鉅福，乃用諫諍之真才。必能深言，以補大化。方今朝廷之上，號爲無諱，而太平之美，終不能全。臺諫之列，歲不乏人，而衆弊之原，猶或未去。豈聽之者徒能容而不能用，言之者但爲名而不爲功。歷觀古人之效忠，皆因當世而用智。不務過直，期於必行。右尹子革，因墳典而道《祈招》之詩；左師觸龍，語饘粥而及長安之質。徒盡拳拳之意，不求赫赫之名。此仁人及物之休功，忠臣愛君之至分。伏自頃歲，所更幾人。席未暖而輒遷，踵相躡而繼去。一身之譏，固足以免矣；而積歲之病，當使誰去之？恐習慣以爲常，遂因循而不振。雖在僻陋，顧常隱憂。以爲必得樸忠憂國之人，而又加以辯智得君之術。言苟獲用，國其庶幾。伏惟諫院龍圖，才雄於世，而常若不勝；節過於人，而未嘗自異。素練邊事，深知兵驕；頃持銓衡，實識官冗。必將舉大體而不論小事，務實效而不爲虛名。軾最蒙深知，愧無少補。方傾耳以聽，願續書諫苑之篇；若有待而言，或能著争臣之論。阻以在外，無由至門。踴躍之懷，實倍倫等。

【眉批】

又曰：言者爲名，而聽者徒能容，真古今通弊。

又曰：至此入手。

又曰：用韓愈著《諍臣論》譏陽城事箴規處。

賀吴副樞啓

頃聞休命，擢領上都。曾安坐之未皇，已聲歡之布出。即欲裁問，少通勤拳。以爲不久當有非常之聞，是以未敢輕爲率爾之賀。逮兹未幾，果已如言。釋府事之喧繁，總兵權於禁密。傳聞四遠，歡喜一詞。伏惟某官，機略足以應無方，而有朴忠沉厚之量；文華足以表當世，而有簡素質直之風。置之於都會，則其爲效也速而所及者廉；委之於樞機，則其成功也遲而所被者廣。深惟賢者之處世，皆以得時爲至難。幸而得之，或已老矣。今以明公之至盛，正如大川之方增。天下方將以未獲之事，盡付於明公，明公宜愛此不貲之軀，以畢其能事。區區之意，言不能勝。

【眉批】

又曰：此啓較灑脱有致，蓋賀吴公與賀歐陽諸公位分自不同。

又曰：結有進規意。

賀文太尉啓

伏審孚號揚庭，臨軒遣使。出節少府，授鉞齋壇。夷夏聳觀，兵民交慶。蓋功業盛大，則極名器而後稱；惟德度宏遠，故舉富貴而若無。蔚爲三世之宗臣，豈獨一時之盛事。恭惟留守尉文人，道本天合，德爲人師。信及二川之豚魚，威加兩河之草木。身任休戚，言爲重輕。始若留侯，弱冠而遇高祖；晚同尚父，黄髮而亮武王。既奉册書，益新民聽。方將威懷北虜，係頸長纓；約束河公，軌流故道。然後入調伊傅之鼎，歸躡松喬之游。輿論所期，斯言可必。軾謫官有限，趨侍無緣。踴躍之心，宣寫難盡。

【眉批】

五聚曰：氣象峥嵘。

鳳翔到任謝執政啓

違去軒屏，忽已改歲。向風瞻戀，何翅饑渴。前月十四日到任，翌日尋已交割訖。軾本凡材，繆承選取。忽從州縣，便與賓佐。捫躬自省，豈不愧幸！伏自到任已來，日夜厲精。雖無過人，庶幾寡過。伏惟昭文相公，素所獎庇，曲加搜揚。既蒙最深之知，遂有自重之意。所任僉署一局，兼掌五曹文書。內有衙司，最爲要事。編木栰竹，東下河渭；飛芻挽粟，西赴邊陲。大河有每歲之防，販務有不蠲之課。破蕩民業，忽如春冰。于今雖有優輕酬獎之名，其實不及所費百分之一。救之無術，坐以自慚。惟有署置之必均，姑使服勞而無怨。過此以往，未知所裁。

【眉批】

麓屏曰：的是鄭俠繪流民圖。

又曰：署置必均，亦是爾時無聊之計。若長公當日才得自展，想更有救時之術在。

定州到任謝執政啓

燕南趙北，昔稱謀帥之難；尺短寸長，今以乏人而授。幸此四夷之守，忘其一障之乘。坐食何功，捫心知愧。伏念軾愚忠自信，樸學無華。孔融意廣才疏，訖無成效；嵇康性褊傷物，頻致怨憎。叨逢聖世之休明，未分昔人之憂患。故求散地，以養衰年。終成命之莫回，悼此心之未亮。伏惟某官，躬行周、孔，力致唐、虞。燮和天人，方遂萬物之性；虚受海宇，固容一介之微。眷此餘生，實無他望。老如安國，既倦北平之遷；蠢比方回，終有會稽之請。歸依之至，筆舌奚周。

【眉批】

又曰：時張、蔡之徒已以紹述爲名，盡貶斥元祐諸賢，長公之出知定州，蓋岌岌乎有憂色矣。故謝啓中時帶悲惋之意。

回蘇州黃龍圖啓

伏審政成京口，詔徙吴都。眷惟疆境之鄰，首被風聲之美。亟蒙音誨，良慰望思。伏惟某官，賦才敏明，秉德仁厚。踐揚臺省，既久簡於上心；偃息江湖，尚歷試以民事。仰膺殊用，以協群言。欣頌之誠，口占難盡。

代大中公賀歐陽樞密啓

伏審拜恩王庭，署事兵府，非徒儒者之盛節，實爲天下之殊休。苟居下風，孰不欣抃。切以國家分設二府，紀綱百官。凡奉法循令，所以撫民於內者，皆效節於中書；秉義蹈忠，所以捍城於外者，皆受制於樞密。未有不能文而能幹兵事，未有不知兵而能爲宰臣。職雖或偏，道未始異。蓋近古之制，兵農混於一民；自漢以還，文武分爲二職。所上者係乎其世，所長者存乎其人。求其兼通，豈復容易！恭以樞密侍郎，名冠當代，才雄萬夫。通習世務，而皆有本源；講明經術，而不爲迂闊。擢居大位，實快群心。武夫悍卒，自以爲盡得其才；賢士大夫，皆以爲得行其道。某分守遠郡，寓居近畿。仰大賢之登庸，助率土之歡詠。

【眉批】

五聚曰：撫内捍外，説得如許相關。

一葵曰：言者不諂，受者不怍。

蘇長公啓卷二

謝制科啓

軾以薄材，親承大問，論議群起，予奪相乘。不意聖恩之曲加，猶獲從吏之殊寵。伏讀告命，重積震惶。嘉其愛君之心，期以克終之譽。辭不獲命，愧無以堪。某生於遠方，性有愚直。幼承父兄之餘訓，教以强己之力行。雖爲朝廷之直臣，常欲挺身而許國。位卑力薄，自許過深。言發譴生，事勢宜爾。追尋策問之微意，實皆安危之大端。自謂不及，則曰志勤道遠；開其不諱，則曰無悼後害。竊以制策之及此，又念科目之謂何。罄其平時之所懷，猶懼不足以仰對。言多迂闊，罪豈容誅。伏以國家取人之科，惟是剛柔適中之士。太剛則惡其猖狂不審，太柔則畏其遜懦不勝。將求二者之中，屬之以事，固非一介之賤，所或能當。某之不才，過乃由此。然而訐切憤悱，爲知士之所不許；因循鹵莽，又有國之所樂聞。使舉世將以從容而自居，則天下誰當以奮發而爲意。此蓋某官，羽翼盛時，冠冕多士，思盡蒭蕘之議，以明寬厚之風。羈危之所恃以爲無憂，紛紜之所恃以爲定論。顧惟無似，尚辱甄收；感恩至深，求報無所。昔者西漢之盛，莫如文、景、孝武之賢；制策所興，世稱晁、董、公孫之對。然而數子者，頌詠德美，而不及其譏刺。故三帝者，好愛文字，而無聞於寬容。豈其時君不可爲之深言，抑其群臣亦將有所不悦。某才雖不逮，時或見容。非懷爵禄之榮，竊喜幸會之至。

【眉批】

麓屏曰：慷慨激烈，有味乎其言之也。

五聚曰：文氣悠揚。

麓屏曰：一腔熱血，淋漓楮墨間。

答館職啓

伏審奉詔明廷，升華册府。國有得賢之慶，士知稽古之榮。虎觀石渠，極諸儒之妙選；鰲宫金闕，笑方士之遠求。自喜六年，獲觀盛事。某官學本自得，道惟造深。温故爲君子之儒，多聞推益者之友。奇字可學，知子雲之苦心；亡書復存，賴安世之默識。不試而用，知賢則深。軾方此賜環，遽承枉駕。沐誨音之已厚，愧馳謁之未遑。

揚州到任謝執政啓

擇地而安，本非臣子之達節；有求必獲，足見廟堂之兼容。釋汝潁之清閑，當江淮之衝要。舊游所樂，習俗相諳。已見吏民，具述朝廷之意；不爲條教，自然獄市之清。此蓋伏遇某官，師保斯民，蓍龜當代。折衝禦侮，已獲萬人之英；補隙輔疏，更收一木之用。軾敢不益求民瘼，勉盡鄙才。但未歸田之須臾，猶思報國之萬一。

答許狀元啓

伏以賢俊之士，固將有以挾持；富貴之來，豈能爲之損益。昔者在貧賤之辱，所有無以異於今；一朝居豪傑之先，而人然後知其貴。伏惟狀元僉判廷評，以粹美之質，負傑異之才。自遠方而游上都，以一日而蓋天下。士既望風而知不敵，人皆斂衽而謂當然。苟非素與交游之流，安敢輕爲賀問之禮。不期謙抑，過録庸虚。忽承牋牘之臨，皆自聽聞之誤。禮非所稱，愧靡自任。先皇帝未明求衣，久已格於至治；洮盥憑几，尚不忘於選賢。庸登哲民，以遺後聖。雖喜車旌之召，旋興弓劍之悲。臣子之心，遠邇若一。即日承已拜命，計將就塗。念展謁之何時，徒向風而永望。謹奉啓陳謝不宣。

【眉批】

麓屏曰：他人殫力不能道者，長公惟以輕機快語出之，蓋四六中之俊鶻也。

又曰：四語形容曲盡。

謝秋賦試官啓

伏以聖人設文章之教，本以御民；君子在野田之間，亦學爲政。故知《禮》《樂》者，可與言化；通《春秋》者，長於治人。蓋三代之所常行，於六經可以備見。事爲之制，曲爲之防。使學者皆能明其心，則天下可以運諸掌。降及近世，析爲二塗。凡王政皆出於刑書，故儒術不通於吏事。惟其所以治民者，固不本於學；而其所以爲學者，亦無施於民。游庠校者忘朝廷，讀法律者捐詩賦。場屋後進，挾聲伎以相夸；王公大人，顧雕蟲而自笑。舊學無用，古風遂忘。終始之意，曾不相沿。貴賤之間，亦因遂闊。下之士有學古之志而無學古之功，上之人有用儒之名而無用儒之實。顧茲媮弊，常竊憫嗟。苟非當世之大賢，孰拯先王之墜典。伏惟某官，才出間世，志存生民。曩在布衣，能通天下之務；旋居要職，又爲儒者之宗。明習政事而皆有本原，守持經術而不爲迂闊。世之系望，上所深知。輟自朝聯，付之文柄。命題甚易，而不肖者無所兼容；用法至寬，而犯令者未嘗苟免。觀其發問於策，足以盡人之材。講求先聖之心，考其詩義；深悲古學之廢，訊以歷書。條任子之便宜，訪成均之故事。不泥於古，不牽於今。非有苛碎難知之文，將觀磊落不羈之士。使天下知文章誠可以制治，知聲律不足以入官。失之者固因而自新，得之者不至於捐舊。疇昔所欲，於今遂忘。軾才無他長，學以自守。爲文病拙，不能當世俗之心；奏籍有名，大懼辱賢材之舉。翻然如畀之羽翼，追逸翮以並游；沛然如假之舟航，臨長川而獲濟。偶緣大庇，粗遂一名。方將區區於簿書米鹽之間，碌碌於塵埃箠楚之地。雖識恩之所自，顧力報之未由。感懼之懷，不知所措。

【眉批】

五聚曰：氣脉流轉，不爲偶律所拘。唐四六体至此盡變矣。

六弘曰：説得盡興。

五聚曰：仕學分爲二途，當今通弊。

麓屏曰：切中。

又曰：纍纍可頌。

謝韓舍人啓

古者至治之世，天子推恩，以收天下之望；有司執法，以繩天下之媮。蓋不推恩，則無所兼容；不執法，則有所僥倖。有司推恩而求名，則侵君之權；天子執法而責實，則失民之望。爲君者常病於察，爲臣者又失之寬。古之明天子，信其臣而不惑於多言，故有司執法而無所忌；古之良有司，憂其君而不恤於私計，故天下歸怨而不敢辭。況欲選材而置官，是將教民而圖任。唯所利國，豈容樹恩。今聖上推不忍之心，使賢愚皆遂其所欲。而大臣用至明之法，使工拙不至於相淆。嚮者哀憐老儒，故爲特奏之令；憫惻連坐，又開別試之塗。此天下所以詠歌至仁，鼓舞盛德，君臣之體，夫豈同條。伏惟舍人執事，爲時求材，愛國忘己。所圖甚遠，將深計於安危；自信至明，曾不牽於毀譽。變苟且依違之俗，去浮僞囂譁之文。罷黜俗儒，動以千計；講通經術，得者九人。顧兹小才，偶在殊選。惟天子推恩如此之厚，惟大臣執法如此之堅。將天下實被其休功，豈一無獨遂其私願。感荷激切，不能自勝。

【眉批】

五聚曰：「恩法」兩字是一篇之眼。

又曰：關鍵甚密。

又曰：照應。

謝王内翰啓

竊以取士之道，古難其全。欲求倜儻超拔之才，則懼其放蕩而或至於無度；欲求規矩尺寸之士，則病其齷齪而不能有所爲。進士之科，昔稱浮剽，本朝更制，漸復古風。博觀策論，以開天下豪俊之塗；精取詩賦，以折天下英雄之氣。使齷齪者望而不敢進，放蕩者退而有所裁。此聖人所以網羅天下之逸民，追復先王之舊迹。元臣大老，皆出此塗。伏惟内翰執事，天材俊麗，神氣横溢。奇文高論，大或出於繩檢；比聲協句，小亦合於方圓。蓋天下望爲権衡，故明主委之黜陟。軾之不肖，與在下風。顧惟山野之見聞，安識朝廷之忌諱。軾亦恃有執事之英鑒，以爲小節之何拘。執事亦將收天下之遺才，觀其大綱之所在。驟置殊等，實聞四方。使知大國之選材，非顧當時之所悦。眇然陋器，雖不能勝多士之喧言；卓爾大賢，自足以破萬人之浮議。方將奔走厥職，厲精乃心。苟庶幾無朝夕之愆，以辱知己；亦萬一有毛髪之效，少答至仁。感懼之懷，不知所措。

【眉批】

纜屏曰：此言取士之難。

又曰：此言本朝取士有法。

潁州到任謝執政啓

入參兩禁，每玷北扉之榮；出典二邦，輒爲西湖之長。皆縁天幸，豈復人謀。惟汝水之名邦，乃裕陵之故國。人醇事簡，地壤泉甘。豈惟暫養於不才，抑亦此生之可老。恭惟某官，嘉猷經世，茂德範時。元老廟堂，自有權衡之信；餘生江海，得同品物之安。感佩之私，筆舌難既。

賀彭發運啓

伏審拜詔十行，觀風六路。允符公論，克振先聲。恭承曩契之隆，得與屬城之末。瞻依有素，感慰居多。伏惟發運吏部年兄，士聳英風，時推舊德。用久淹而未盡，才歷試而愈高。船滿潭中，行奏韋堅之課；錢流地上，佇觀劉晏之能。喜抃之深，力占難盡。

【眉批】

五聚曰：詞理清真，組繪者不能道。

上監司謝禮啓

燕南趙北，昔爲百戰之場；地利人和，今乃四夷之守。觀累朝之命帥，皆一代之名臣。豈謂寵榮，曲加疲陋。顧吏民之易治，幸衰拙之少安。此蓋伏遇某官，碩德庇民，宏才緯世。餘膏所燭，常分無盡之光；蒙霧而行，坐獲不知之潤。眷言朽鈍，未遂顛擠。勉加策勵之勤，少答吹揚之賜。

【眉批】

麓屏曰：分光獲潤，此亦感德常語。添一無盡之光，不知之潤，則感荷倍常矣。

賀鄰帥及監司正旦啓

新曆既頒，蓋履端歸餘之歲；群情交泰，正贊陽出滯之辰。恭惟某官，厚德鎮浮，高名華國。非獨疇咨之用，已簡上心；更膺難老之祥，以符民望。官守所限，展慶無由。欣頌之深，敷陳罔既。

答丁連州朝奉啓

七年遠謫，不知骨肉之存亡；萬里生還，自笑音容之改易。久恬颶霧，稍習蛙蛇。自疑本儋崖之人，難復見魯衛之士。而况清時雅望，令德高標，固已聞名而自慚，蓋欲通書而未敢。豈謂知郡朝奉，仁無擇物，義有逢時。每憐遷客之無歸，獨振孤風而愈厲。固無心於集菀，而有力於噓枯。遠移一紙之書，何啻百朋之錫。過情之譽，雖知無其實而愧于中；起廢之文，猶欲借此言以華其老。窮途易感，永好難忘。

【眉批】

又曰：吐語便凄其可涕。

又曰：言簡意佳，欲尋端倪，迄無探索處耳。

答陳提刑啓

久竄島夷，偶未書於鬼録；逃歸空谷，固喜聞於足音。况清廟瑚璉之姿，爲明堂杞梓之用。欲聞名而未敢，豈流問之或先。恭惟提刑刑部，才高一時，望重多士。魯諸儒之德業，緣飾政刑；漢循吏之風流，本源經術。暫屈雲霄之步，來蘇嶺嶠之民。憐遷客之無歸，墜尺書而起廢。助其羽翼，借以齒牙。但憂枯朽之餘，難副吹嘘之力。既感且怍，不知所云。

【眉批】

鹿門曰：此以下竄南海時所作。

答彭賀州啓

竄流海國，脱身羈鬼之林；灑掃真祠，拜賜散人之號。喜歸田之有漸，悼報國之無期。方自愧於心顔，敢聞名於左右。豈謂某官，曲敦雅好，深軫窮途。賜以尺書，借之餘論。温詞曲盡，賢於十部之見臨；陋質增華，果已五漿之先餽。但慚衰朽，虚辱品題。敬佩至言，永以爲好。

【眉批】

又曰：此必新念放歸時所作。

答臨江軍知軍王承議啓

泮水受成，繆膺桑梓之敬；海邦畫諾，又觀枳棘之栖。多難百罹，流年半世。恍如昨夢，復見故人。伏惟知郡承議，居以才稱，進由德選。淵源師友，舊仰鄭公之高；歌詠風流，近傳邵父之繼。不忘疇昔，曲賜拊存。豈獨憐衰朽而借餘光，蓋將敦風義以勵流俗。感佩之至，筆舌難周。

【眉批】又曰：以編管而逢故知，情誼婉然。

答王幼安宣德啓

俯仰十年，忽焉如昨；間關百罹，何所不有。頃者没外，澹乎蓋將終焉；偶然生還，置之勿復道也。方將求田問舍，爲三百指之養；杜門面壁，觀六十年之非。豈獨江湖之相忘，蓋已寂寥而喪我。不謂某官，講修舊好，收録陳人。粲然雲漢之章，被此枯朽之質。欲其洗濯宿負，激昂晚節。粗行平生之志，少慰朋友之望。此意厚矣，我心悠哉。如焦穀牙，如伏櫪馬。非吹嘘之所及，縱鞭策以何加。藏之不忘，永以爲好。

【眉批】麓屏曰：此啓吐露情緒，疏澹有致。

鹿門曰：亦自瀟宕。

孫屏曰：飄然之趣，見于言外。

求婚啓

結縭早歲，已聯昆弟之姻親；垂白南荒，尚念子孫之嫁娶。敢憑良妁，往款高閎。軾長子某之第二子符，天質下中，生有蓬麻之陋；祖風綿邈，庶幾弓冶之餘。伏承故令弟子立先輩之愛女，第十四小娘子，稟粹德門，教成家廟。中郎墳典之付，豈在他人；太真姑舅之婚，復見今日。仰緣夙契，祗聽俞音。

【眉批】

又曰：懇款備至。

謝交代趙祠部啓

近審新命，屈領此邦。名實所加，吏氏交慶。夫何駑蹇之步，偶玆糠粃之先。雖甚内慚，實爲大幸。恭惟某官，清名肅物，雅望在人。以博學而濟雄文，以高才而行直道。久試蕭生於馮翊，尤煩長孺於淮陽。眷此東原，幾爲大澤。尚呻吟之未復，豈罷陋之所堪。望公之來，以日爲歲。祝頌之素，寫述難周。

賀孫樞密啓

伏審對揚綸綍，進領樞机。道不虚行，必賴股肱之力；人惟求舊，允符夷夏之瞻。恭惟某官，德充山甫之將明，氣備孟軻之剛大。聲華傾於衆望，功業見於有爲。擁節常山，遠過長城之備；剸繁京兆，遂令鳴鼓之稀。公議益崇，貴名愈白。用致非常之命，以圖保大之勳。惟時運籌，既壯王猷之塞；佇觀秉軸，更堪帝載之熙。某限以郡符，阻趨墻仞，欣抃之至，徒切下懷。

【眉批】又曰：体莊詞雄，若冰蠶嘔處，費天絲之織。

謝求婚啓

敢議婚姻，蓋恃鄉閭之末；遂忘門閥，亦緣聲氣之同。龜筮既從，祖考咸喜。伏承令子俱二小娘子，慶闈擢秀，豈獨衛公之五長；而某第二子某，駑質少文，庶幾南容之三復。恭馳不腆之幣，永結無窮之歡。悚忭于懷，敷述罔既。

【眉批】五聚曰：簡而文。

麓屏曰：對仗精工。

賀正啓

伏以物壯則老，肅殺所以成歲功；否終必傾，反復然後知天意。凡在含生之類，俱有向榮之心。恭惟某官，履信體仁，秉德植義。才無施而不可，道得時而愈隆。方當彙征元吉之辰，宜享既醉太平之福。某限居官守，阻候門墻。瞻頌之深，敷宣罔既。

【眉批】

又曰：議論大而確。

賀冬啓

伏以候緹室之清宫，謦告以日；卜臺觀之黄祲，史書有年。共安消長之來，以待陰陽之定。恭惟某官，才猷傑異，道德深醇。請共正直之休，順獲天人之助。某恪守官次，阻稱壽觴。坐馳傾向之心，莫罄安榮之遇。

賀正啓

伏以葦桃在户，磔禳以餞餘寒；椒柏稱觴，燔烈以興嗣歲。在時爲泰，與物咸新。恭惟某官，德治斯民，才高當世。迹難淹於外補，望已隆於本朝。慶此朋來之辰，必有彙征之福。某官守所繫，展謁無階。頌咏之深，敷寫難盡。

【眉批】

六弘曰：「葦桃」一聯，括盡代謝乘陰之景。

謝孫舍人啓

拜命中宸，代言西掖；聳聞中外，交慶士夫。竊惟二聖之心，蓋以多士爲急。滅烽仆鼓，而以將帥爲籓垣；抵璧捐金，而以公卿爲帑廩。蓋樽俎有折衝之恃，則藜藿無見採之憂。某官瑚璉之才，杞梓其用。學不專於爲己，才已效於臨民。穆如清風，草木皆靡；炳然白日，霰雪自消。兹爲收拾之儲，豈特絲綸之任。不遺衰朽，過辱緘封。永敦爲好之懷，深負難酬之作。

【眉批】

麓屏曰：怒罵詈恚皆成珠玉。

又曰：豪邁逼人。

答新蘇州黄龍圖啓

伏審光膺詔函，移牧吴會。先聲所被，惠政已孚；自顧妄庸，敢論疇昔。既聯法從之末，又竊鄰光之餘。金華玉堂，帝左右之高選；武林茂苑，江東南之要藩。雖才分闊絶於賢愚，而步武差池於先後。其爲喜幸，宜倍等流。伏惟某官，文秀士林，才任國器。學已試而可用，望久養而益隆。偃息均勞，叔度莫窺於萬頃；治行稱首，次公行踐於三槐。潤澤所加，迂愚有托。辱移書之周厚，實借寵於衰遲。銘感之深，筆舌難喻。

【眉批】

六弘曰：澹蕩濃郁，風雅高華。

答曾舍人啓

伏審顯膺制命，榮進掖垣；風聲所加，中外同慶。伏以取才之道，自昔爲難。惟君子之所爲，固衆人之莫識。奢儉異俗，不害徐公之有常；用舍皆天，孰知令尹之無喜。某官異材秀出，博學名家。世以文鳴，遠繼父兄之業；早緣德進，簡在裕陵之心。今乃援而進之，論者惜其晚矣。訓詞一出，皆丹青潤色之文；老拙自降，有糠粃在前之嘆。過蒙寵顧，辱示華牋。恨無酬德之言，徒有得賢之慶。感怍之素，寫述難周。

【眉批】

麐屏曰：風韻灑然。

答秀州胡朝奉啓

伏審初見吏民，首行條教。鄰封甚邇，欣謡頌之藹然；緘牘先蒙，愧勞謙之過矣。某官望推朝論，才映士林。用已試於盤根，所居見紀；政方觀於餘地，不令而行。某待罪江湖，苟安衰病。眷言一郡，幸繫柝之相聞；矜式百爲，知伐柯之不遠。其爲欣詠，難盡名言。

【眉批】

麐屏曰：冲雅懇至。

上虢州太守啓

伏審光奉宸恩，寵分郡寄。惟此山河之勝，宜膺師帥之權。凡在庇庥，莫不欣忭。切以弘農故地，虢國舊邦。周分同姓之親，唐以本支爲尹。富庶雅高於二陜，鶯花不謝於三川。韓公三十一篇，風光咸在；賈島五十六字，景色如初。有洪溜灌溉之饒，被女郎雲雨之施。四時無旱，百物常豐。寶産金銅，充仞諸邑。良材松柏，贍給中都。至於事簡訟稀，瀟灑有道山之况；魚肥鶴浴，依稀同澤國之風。自匪巨賢，不輕假守。

故來者未嘗淹久，而優恩已見遷除。非總一路之轉輸，則入六曹而侍從。前人可考，新命何疑。伏惟御府某官，學造淵源，道升堂奧。精裕盡天人之藴，高明窮性命之微。中外屢更，功名茂著。銅虎暫淹於百里，朱轓聊寄於三堂。仰望精微，俯臨民社。共傒星言而夙駕，思承道化乎其民。某仕版寒蹤，賓僚俗吏。久仰圭璋之望，素欽星斗之名。豈謂此時，獲依巨庇。惟良作牧，已興來暮之歌謡；有隕自天，惟恐別膺於綸綍。無任丹懇，倍切馳情。

【眉批】又曰：縟翠萼于詞林，發鮮花于筆苑，此啓亦復如是。

賀時宰啓

伏審光膺考慎，峻陟宰司。孚號揚廷，士識上心之所尚；置郵傳命，人知聖澤之將流。靡不欣愉，至於鼓舞。恭以某官，直方以大，廣博而良。進以正而正邦，異乎求以求政。貫六經百子之學，焕三代兩漢之詞。昴稟自殊，偉蕭侯之八尺；斗南莫競，凛梁公之一人。加以絶識見微，曠度舉遠。清心省事，則法可使復結繩之約；强本節用，則貨可使若流泉之長。材無不可範而成也，譬泥之在鈞；俗無不可易而善也，猶風之靡草。是皆還至而有效，安見爲事而無功。蓋神考貽謀，已完具而可按；故成王纘要，宜纖悉以勿加。此大雅兼持而不移，矧清衷圖任之愈篤。豈繄疏逖，所獨詠歌。惟民罔知，合語則聖。凡有詔令，率先惠慈。固已遐邇争傳，室家胥慶。顧此民逢此日之何幸，謂吾相勸吾君以愛人。歡聲格於九天，乖氣消於萬彙。在昔小國，如彼景公。捐己一言，退星三舍。又況以禹湯大信之誥，有夔契同寅之言。蠢爾憑生，猶知助順；赫然在上，豈不降康。某愚有赤心，老無佞舌。輒忘犯分，顧欲輸誠。然有難言，是在精智。蓋無交而莫與，苟好謀則必成。不惡而嚴，匪怒伊教。終成大賴，豈曰自私。伏念某遭時休明，賦命衰薄。蚤粗蒙於遴選，比久幸於退藏。天雨何私，笑流行之木偶；滄溟不改，嘆自蕩之波臣。重以傾歲周旋，竊嘗撰屨；末塗流落，無復掃門。豈賴補息劓黥，雕污糞朽。出蔀見日，去盆望天。悵未力之將殫，愧明恩之莫報。乃利用安身之何有，儻奉法循理之可爲。民社非輕，猶承宣而惴惴；天淵靡外，亦戾躍以欣欣。某限以在外，不獲躬詣省庭，預百執事賀。鈞屏下情，無任。

【眉批】

又曰：駢偶工緻，識學淵宏，真四六之鼻祖也。

又曰：言言有根據。

又曰：出經入史，略無斧痕，大爐冶在中故也。

又曰：雋語。

下財啓

夙緣契好，獲媾婚姻。顧門閥之雖微，恃臭味之不遠。敬陳納幣之禮，以行奠雁之儀。庶徼福于前人，永交歡於二姓。

答求親啓

藐爾諸孤，雖本軒裳之後；閔然衰緒，莫閑纂組之功。伏承某人，儒術飭修，鄉評茂著。許敦兄弟之好，永結琴瑟之歡。瞻望高門，獲接登龍之峻；恪勤中饋，庶幾數馬之恭。

【眉批】

五聚曰：「登龍」「數馬」切對。

與邁求親啓

里閈之游，篤於早歲；交朋之分，重以世婚。某長子邁，天資樸魯，近憑游藝之師傳；賢小娘子，姆訓夙成，遠有萬石之家法。聊申不腆之幣，願結無窮之歡。

黄州還回太守畢仲遠啓

五年嚴譴，已甘魚鳥之鄉；一舸生還，復與縉紳之末。屢將通問，輒復自疑。方兹入境之初，遽已誨音之辱。披緘驚眩，撫己汗惶。恭惟某官，師帥斯民，表儀多士。道德龔、黄之右，牢圄坐空；風流王、謝之間，嘯歌自得。豈特居人之安堵，固將遷客之忘歸。路轉湖陰，益聽風謡之美；神馳鈴下，如聞謦咳之音。瞻詠實芳，敷宣罔既。

【眉批】

六弘曰：流水之音，韻度自别，政不在瑰瑋。

賀提刑馬宣德啓

奉命按刑，捧節入境。吏民相慶，已戴二天之仁；衰病自私，獨先一日之雅。恭承榮問，有激懦衷。伏惟某官，才映士林，望高朝論。治行聳聞於中外，家聲洋溢於縉紳。眷三吴之疲民，困連年之積療。疇咨明哲，宣布厚恩。匪惟痌瘝之獲蘇，抑亦庸虚之知勉。其爲喜幸，豈易名言。

上執政謝獎諭啓

事有服勤，此實守臣之職；功無可録，遽膺褒詔之榮。聞命惟驚，反身自愧。伏自河失故道，遺患及於東方；徐居下流，受害甲於他郡。比緣衆力，獲保孤城。灑沈澹灾，無補洪源之塞；增卑培薄，僅循下策之施。敢圖天聽之卑，乃辱璽書之賜。兹蓋伏遇某官，左右元聖，師保萬民。方以一夫不獲爲己羞，故衆人皆樂以善告。遂緣過聽，致此曲恩。某敢不祗服訓詞，益修吏職，深自策其駑鈍，庶有補於涓埃。過此以還，罔知所措。

【眉批】

麓屏曰：按公徙徐州，水患大作，及徐州城下。公詣武衛營呼率長爲盡力，率長曰：太守猶不避塗潦，吾儕小人當效命。命率其徒持畚鍤以出，遂築東南長堤，兩日夜不止。城不沈者三版。復請于朝，增築故城，爲木岸以虞水之再至。

上留守宣徽啓

右某啓。少年游學，方成都樂職之秋；壯歲效官，復淮陽卧理之日。矧留都之清净，眷幕府之優閑。再枉辟書，重收孤迹。哀憐廢棄之久，誰復肯然；綢繆樽俎之歡，亦非偶爾。伏惟留守宣徽大尉，才高一世，望重屢朝。體河嶽之兼容，納涓塵而不間。衣食有奉，已寬盡室之憂；道德照人，况復終身之幸。其爲感激，難盡敷陳。

【眉批】

又曰：説得可憐。

六弘曰：意興深至，故不覺爲此楚語。

答杜侍郎啓

伏審荐膺天寵，榮貳卿曹。士友喜於彙征，朝廷爲之增重。伏惟兵部侍郎，温文亮達，宏遠清通。直道不回，貫今昔而無愧；處躬自厚，蹈世俗之所難。事愈練而益明，用雖晚而必濟。自聞休命，實起懦衷。遽承問訊之先，益佩謙光之過。

謝本路監司啓

多病早衰，屢有江湖之請；誤恩過聽，遂分疆埸之憂。才無取於折衝，愧已深於卧鎮。敢緣厚德，尚許兼容。伏惟某官，名重搢紳，望隆中外。承宣帝澤，民忘流殍之灾；肅振臺風，吏若親臨之畏。顧惟朽鈍，得奉教條。但交欣悚之懷，莫罄瞻依之頌。

定州到狀

得請近藩，假塗治境。即諧披奉，預切忻愉。

謝監司啓

伏念傾蓋若故，雖自慰於宿心；盡言非書，故未紓於誠意。即膺寵復，實佩謙光。退屬紛縈，遂疏上記。遽叨榮問，徒益厚顔。恭惟某官，造道惟深，養氣以直。理財不愆於義，行法不失其恩。竊聆下風，倍仰厚德。不圖幸會，遽隸屬封。吏畏民懷，既仰安於明哲；心勞政拙，庶粗免於譴訶。喜抃至深，敷陳莫罄。煩歊尚熾，參對未期。伏冀精頤，别即迅召。

【眉批】

五聚曰：僅僅百餘字而鋪情叙事纖悉無遺。

賀高陽王待制啓

伏審顯奉恩綸，榮更帥閫。鎮武垣之衝要，聯内閣之高華。公議交俞，貴名愈白。恭惟某官，膺天大任，於時有爲。發揮才謀，更歷事任。道能濟而不過，事雖難而不辭。簡在聖心，遂益柄任。峻登秘近之直，重易關防之雄。有恩有威，方結東人之愛；允文允武，更紓北顧之憂。即觀成功，進陟近輔。

賀青州陳龍圖啓

伏審光奉詔書，往司留憲。漢恩予告，暫優三最之勤；商夢懷人，方溪巨川之濟。於公自計，爲喜可量。伏惟某官，文武憲邦，忠嘉致主。衆謂老成之托，孰逾舊學之賢。而乃力謀退安，示有疾病。揮金故里，雖榮疏傅之歸；雅意本朝，日望蕭公之入。無由追餞，徒切瞻依。

謝大使土物啓

伏審揚舲造朝，弭節就舍。歸時事於宰旅，方勞遠勤；發私幣於公卿，亦蒙見及。莫遑辭避，但切感銘。

【眉批】

麓屏曰：只數語亦自曲折。

謝管設大使啓

嗚鹿食野，方主禮之粗陳；驪駒在門，嘆賓歡之莫盡。遽辱移書之重，益慚爲具之疏。即遂願言，徒增銘佩。

賀新運使張大夫啓

伏承抗旌入境，揆日臨民。方一節之風馳，已列城之雲靡。矧惟雅故，尤激懽悰。伏惟某官，早以異材，著聞美績。議法造令，久裨於廟謀；宣化承流，益試之民事。自聞新命，實慰輿情。再惟衰朽之餘，得荷寬明之庇。其爲厚幸，未易究陳。

答喬舍人啓

某聞人才以智術爲後，而以識度爲先；文章以華采爲末，而以體用爲本。國之將興也，貴其本而賤其末；道之將廢也，取其後而棄其先。用舍之間，安危攸寄。故議論慨慷，則東漢多徇義之夫；學術夸浮，則西晋無可用之士。興言及此，太息隨之。元祐以來，真人在位。並興多士，以出異材。眷惟淮海之英，久屈江湖之上。迨兹顯擢，實慰輿情。伏惟某官，名重儒林，才爲國器。深厚爾雅，非近世之時文；直諒多聞，蓋古人之益友。代言未幾，華國著稱。豈惟臺省之光，抑亦邦家之慶。過蒙疏示，深服撝謙。顧慚衰病之餘，莫究欣承之意。

【眉批】

麓屏曰：駢語純用議論，此四六之变體也。

謝右史啓

比者誤被聖恩，軫及棄物。起於貶所，付以名藩。牧養疲民，曾未施於薄效；躋攀近侍，已再被於寵光。

禄既多則功不可微，職既崇而責猶當重。顧懇辭之莫獲，念圖報之未能。方以爲憂，敢辱見慶。此蓋某官，德惟樂善，志務達人。重緣姻好之私，賁以文詞之美。捧讀數四，退增愧慚。屬春候之向和，宜福禄之益固。未遂披奉，但切傾懷。

【眉批】

五聚曰：婉轉清便。

麓屏曰：長公之自期自不薄。

徐州謝鄰郡陳彦升啓

受代膠西，甫違仁庇；分符泗上，復托恩私。祇見吏民，布宣條教。郡有溪山之樂，庭無争訟之煩。曾何妄庸，獲此僥倖。此蓋某官，紀綱千里，儀表一方。議論信於中朝，予奪公於多士。衰罷無術，既常荷於兼容；勉勵自將，或無忝於知遇。感懼之素，敷染難宣。

湖州上監司先狀

弭棹江郊，聳聞風采。馳神德守，若奉誨音。欣抃之深，敷宣莫究。

東坡書傳

周劭 李夢生 標點

説明

《東坡書傳》二十卷，爲蘇軾注經之作。凌濛初選輯袁了凡、楊用修、沈則新、陳子淵等十餘家評語，並加序文，予以朱墨套印。正文每半葉九行，行十九字。白口，中縫鎸書名、卷次和葉碼。

《東坡書傳》十三卷見於《宋史·藝文志》。晁公武《郡齋讀書志》並加考訂：「熙寧以後，專用王氏（王安石）之説，進退多士，此書駁異其説爲多。又以《胤征》爲羿篡位時事，《康王之誥》爲失禮，引左氏爲證，與諸儒之説不同。」陳振孫《直齋書録解題》則謂：「其於《胤征》，以爲羲和貳於羿而忠于夏；於《康王之誥》，以釋衰服冕爲非禮。曰『予於《書》見聖人之所不取而猶存者有二』。可謂卓然獨見於千載之後者。又言昭王南征不復，穆王初無憤耻之意，哀痛惻怛之語；平王當傾覆禍敗之極，其書與平康之世無異，有以知周德之衰，而東周之不復興也。嗚呼！其論偉矣。」《四庫全書總目》卷一一《經部·書類一》在晁、陳二氏考訂的基礎上更詳加分析，並給予較高評價，稱其「就其書而論，則軾究心經世之學，明於世變，又長於議論，於治亂興亡披抉明暢，較他經獨爲擅長。」

所輯各家評批，不但給予蘇軾注文以較高評價，且亦注意於注文的深層涵義並加闡發，既反映了明人解經的特點，也足以啓發後人對經書的理解。其中，袁了凡爲袁黄，明浙江嘉善人，字坤儀，號了凡，學海、兩行齋、兩行堂、趙田逸民、了凡道人等。萬曆十四年進士，授寶坻知縣，官至兵部職方司主事。通天文、術數、醫學、水科，著有《曆法新書》、《皇都水利》、《群書備考》、《評注八代文宗》。其他評批者爲沈則新、陳子淵等則生平不詳。

目録

蘇長公書傳序

傳注之家有二派焉：一曰博洽，旁蒐廣列，引客證主，裴松之之注《三國志》、劉孝標之注《世説》、酈道元之注《水經》也；一曰聰明，發揮己見，以意逆志，韓非之《解老》《喻老》、向秀之注《莊》、王冰之解《素問》、張商英之注《素書》也。訓詁而餖飣之下矣，釋義而經生之下之下矣。國朝以宋儒蔡沈《尚書傳》頒之學宫，而七政左旋之説業已不愜高皇帝意。楊用修氏之説經，多取漢儒，其言曰：漢世去孔子未遠，傳之人雖劣，其説宜得其真；宋儒去孔子千五百年，雖其聰穎過人，安能一旦盡棄舊而獨悟於心耶？故自謂觀《尚書》亦可廢古注，以孔安國爲漢人，又孔子後也，見固卓然矣。蘇氏雖亦宋人乎，然其博洽異常，可於其詩知之，其聰明蓋世，可於其文知之，固非一時諸儒所可望項背者，此其於餖飣、經生之二豎未入膏肓也。與其祧漢而宋乎，則毋乃廊廡諸儒而兩楹蘇矣。

吴興凌濛初撰並書

東坡書傳卷一

虞　書

堯典第一

昔在帝堯，聰明文思，

聰者，無所不聞。明者，無所不見。文者，其法度也。思者，其智慮也。

光宅天下。

聖人之德，如日月之光，貞一而無所不及也。

將遜于位，

遜，遁也。

讓于虞舜，作《堯典》。

言常道也。

曰若稽古帝堯，曰放勳，欽明文思安安。

若，順也。稽，考也。放，法也。有功而可法，曰放勳。猶孔子曰「巍巍乎其有成功」，此論其德之辭也。

自孟子、太史公咸以放勳、重華、文命爲堯、舜、禹之名，然有不可者，以類求之，則皋陶爲名允迪乎。欽，敬也。或言其聰，或言其敬，初無異義，而學者因是以爲説，則不勝異説矣。凡若此者，皆不取。欽明文思，才之絶人者也。以絶人之才而安於無事，此德之盛也。夫惟天下之至仁，爲能安其安。

允恭克讓，光被四表，格于上下。

允，信也。克，能也。表，外也。格，至也。上下，天地也。恭有僞，讓有不克，故以允克爲賢。

克明俊德，以親九族。

明，揚也。俊，傑也。堯之政，以舉賢爲首，親親爲次。九族，高祖玄孫之族也。

九族既睦，平章百姓。

平，和也。章，顯用其賢者也。百姓，凡國之大族，民之望也。大族予之，民莫不予也。方是時，上世帝皇之子孫，其得姓者蓋百餘族而已，故曰百姓。

百姓昭明，協和萬邦，黎民於變時雍。

協，合也。黎，衆也。變，化也。雍，和也。

乃命羲和，欽若昊天，曆象日月星辰，敬授人時。

昊，廣大也。曆者，其書也。象者，其器也，璿璣玉衡之類是也。星，四方中星也。辰，日月所會也。或曰星，五星；辰，三辰；心伐北辰也。重黎之後，羲氏和氏，世掌天地四時之官，故堯以是命之。

分命羲仲，宅嵎夷，曰暘谷。

《禹貢》：嵎夷在青州，又曰暘谷，則其地近日而先明，當在東方海上。以此推之，則昧谷當在西極朔方，幽都當在幽州，而南交爲交趾明矣。春曰宅嵎夷，夏曰宅南交，冬曰宅朔方，而秋獨曰宅西。徐廣曰：西，今天水之西縣也。羲和之任亦重矣。堯都於冀州，而其所重任之臣，乃在四極萬里之外，理或不然，當是致日景以定分至，然後曆可起也。故使往驗於四極，非常宅也。

寅賓出日，平秩東作。

寅，敬也。賓，導也。秩，次序也。東作，春作也。西成，秋成也。春夏欲民早起，故先日出而作，是謂寅賓出日。秋冬寒不能早起，故令民候日入而息，是謂寅餞納日。二叔不言餞者，因仲之辭。

日中星鳥，以殷仲春。

日中者，晝夜平也。二分皆晝夜平，而春言日中，秋言宵中者，互相備也。春分，朱鳥七宿昏見於南方，夏至則青龍，秋分則玄武，冬至則白虎，而夏秋冬獨舉一宿者，舉其中也。殷，當也。《書》曰：九江孔殷。

厥民析，

冬寒無事，民入室處。春事既起，丁壯就田，其民老壯分析。見《漢·志》。

鳥獸孳尾。

乳化曰孳，交接曰尾。

申命羲叔，

申，重也。

宅南交，平秩南訛，敬致。

訛，化也。叙南方化育之事，以敬致其功。

日永星火，以正仲夏。

永，長也。火，心也。

厥民因，

老弱畢作，因就在田之丁壯也。

鳥獸希革。

其羽毛希少而革易也。

分命和仲，宅西，曰昧谷。寅餞納日，

餞，送也。

平秩西成。宵中星虛，以殷仲秋。厥民夷，

夷，平也。農事至秋稍緩，可以漸休，故曰夷。

鳥獸毛毨。

毨，理也。毛更生整理。

申命和叔，宅朔方，曰幽都。平在朔易，

在，察也。朔易，歲于此改易也。《禮》：十二月，天子與公卿大夫共飭國典，論時令，以待來歲之宜。

日短星昴，以正仲冬。厥民隩，

隩，室也。民老幼皆入室。

鳥獸氄毛。

氄，軟厚也。

帝曰：咨！汝羲暨和，基三百有六旬有六日，以閏月定四時成歲。

暨，與也。周四時曰期，期當三百六十五日四分日之一，而云六日，舉其全也。歲止得三百五十四日，故以閏月定而正之。有讀爲又，古「有」「又」通。

允釐百工，庶績咸熙。

釐，理。工，官也。績，功也。熙，光明也。

帝曰：疇咨，若時登庸？

疇，誰也。咨，嗟也。時，是也。猶曰時乎，嗟哉，能順是者，我登進而用之。

放齊曰：胤子朱啓明。帝曰：吁！嚚訟可乎？

放齊，臣名。胤，國，子爵。朱，名。書有胤侯。吁，疑怪之辭也。口不道忠信之言爲嚚。或曰，太史公曰：嗣子丹朱開明。

帝曰：疇咨，若予采。

采，事也。

驩兜曰：都，共工方鳩僝功。

驩兜，臣名。都，于，嘆美之辭也。共工，其先爲是官者，因以氏也。方，類也。鳩，聚也。僝，布也。言共工能類聚而布其功也。

帝曰：吁！静言庸違，象恭滔天。

静則能言，用則違之。貌象恭敬，而實滅其天理。滔，滅也。

帝曰：咨，四岳，

孔安國以四岳爲羲和四子，而太史公以羲和爲司馬之先，以四岳爲齊太公之祖，則四岳非羲和也。當以史爲正。

湯湯洪水方割，蕩蕩懷山襄陵，浩浩滔天。

湯湯、蕩蕩、浩浩，皆水之狀也。割，害也。懷，包也。襄，上也。水逆流曰襄。

下民其咨，有能俾乂？

俾，使也。乂，治也。

僉曰，於，鯀哉！

僉，皆也。鯀，崇伯之名。

帝曰：吁，咈哉！方命圮族。

咈，戾也。方命，負命也。族，類也。圮族，敗類也。

岳曰：异哉！試可乃已。

异，舉也。時未有賢于鯀者，故岳曰舉而試之，可以治水，則已無求其他。

帝曰：往，欽哉！九載，績用弗成。

載，年也。九年三考而功不成。

帝曰：咨，四岳，朕在位七十載，

堯年十六，以唐侯爲天子，在位七十年，時年八十六。

汝能庸命，巽朕位。岳曰：否德忝帝位。

巽，受也。否，不也。忝，辱也。

曰：明明揚側陋。

明其高明者，揚其側陋者，言不擇貴賤也。

師錫帝曰：有鰥在下，曰虞舜。

師，衆也。錫，予也。無妻曰鰥，舉舜而言其鰥者，欲帝妻之也。帝知岳不足禪而禪之，岳知舜可禪而不舉，何也？以天下予庶人，古無是道也，故必先自岳始，岳必不敢當也。岳不敢當，而後及其餘。曰：吾不擇貴賤也。而衆乃敢舉舜，理勢然也。堯之知舜至矣。而天下不足以盡知之，故將授之天下，使其事發於衆，不發於堯，故舜受之也安。

帝曰：俞，予聞，如何？

俞，然也。曰然，予亦聞之，其德果何如哉。

岳曰：瞽子，父頑，母嚚，象傲，克諧以孝，烝烝乂，不格奸。

瞽，舜父名也。其字瞍，心不則德義之經爲頑。象，舜弟也。諧，和也。烝，進也。奸，亂也。舜能以孝和諧父母昆弟，使進於德，不及於亂。而孟子、太史公皆言象日以殺舜爲事。塗廩浚井，僅脱于死。至欲室其二嫂，其爲格奸也甚矣。故凡言舜之事，不告而娶，避堯之子于南河之南，舉皆齊東野人之語，而二子不察也。

帝曰：我其試哉！女于時，觀厥刑于二女。釐降二女于嬀汭，嬪于虞。帝曰：欽哉！

刑，法也。釐，理也。嬀，水名也。婦敬曰嬪。虞其族也。舜能以理下二女於嬀水之陽，耕稼陶漁之地，使二女不獨敬其親，而通敬其族，舜之所謂諸難無難於此者也，雖付之天下可也。堯以是信之矣，而人未足以信之矣。更試之以五典百揆四門六麓之事。

【眉批】

袁了凡曰：此篇文字極雅馴，古來第一史筆。

又曰：注以「曰若」爲發語詞，又引周楚越若來三月爲例。及解《召誥》則曰：越若來，迤邐而來也。分明自悖其例矣，疏謬之極。

姚承庵曰：篤恭而天下平，一恭焉足矣。揖讓而天下治，一讓焉足矣。必兼言之，又於恭上着一允字，讓上着一克字，蓋總之極贊其德之盛而形容之耳。

楊用修曰：蔡氏注云「百姓者，畿内之民；黎民者，四方之民」；此不通古今之説也。聖人之視民，遠近一也，豈分畿内與四方哉？百姓蓋禄而有土、仕而有爵者，能自明其德，而後協同萬國，萬國諸侯協和而後黎民於變時雍，此其序也。若以百姓爲民庶，則黎民又是何物，亦豈有民庶先於諸侯者哉。

沈則新曰：當日若無堯整頓一番，今日雖在日月星辰之下、四時之中，亦長夜耳。此堯之所以爲放勳、爲則天也。

用修曰：按柳仲塗云：朱鳥者，南方之宿，以主於夏，龍星乃春之星，今不曰日中星龍者，蓋歲周其序，春居其始，四星各復其方，聖人南面而坐以觀天下，故春之時朱鳥之星當其前，故云觀之以正仲春。柳氏之説，超古注疏矣，然猶未盡也。殷之爲言，正也，正即正朔也，故春須春朔而夏須夏朔，秋須秋朔，冬須冬朔，所謂四殷者即四朔也，皆敬天時而勤民也。故下文遂言民事。

又曰：析因夷隩，一重春耕，一急夏芒，一急秋收，一謹冬藏，皆勤民事也。今蔡傳但云驗氣之和，氣之平，是平居無事，觀物隱居者之養生月覽耳，不待帝堯欽若曆象，不待羲和寅賓敬致也。觀《尚書》所以不可廢古注歟？

則新曰：即一「登」字便有無限妙理在内，委是言簡義豐，恨經生無眼，不能推盡底裏耳。

了凡曰：「滔天」字只作闕文。

則新曰：「静言庸違」説盡千古生人病痛。

又曰：异，漢詁以爲已也，退也。蔡以其義不協，遂委爲未詳。按《説文》异，舉也。《列子》「因衆桔可以异哉」，即以舉什之，甚通。

子淵曰：堯在位七十載，所紀乃只此二三事。荀卿曰：「五帝無傳，政遠故也。」

東坡書傳卷二

虞書

舜典第二

虞舜側微，堯聞之聰明，將使嗣位，歷試諸難，作《舜典》。

曰：若稽古帝舜，曰重華，協于帝。

重，襲也。華，文也。襲堯之文也。

濬哲文明，温恭允塞。

濬，深也。哲，智也。塞，實也。《書》曰：剛而塞。《詩》曰：秉心塞淵。

玄德升聞，

玄，幽也。

乃命以位。慎徽五典，五典克從。納于百揆，百揆時叙。賓于四門，四門穆穆。

徽，和也。五典，五教也，司徒之事也。揆，度也。《書》曰：有能奮庸熙帝之載，使宅百揆亮采，惠疇。僉曰，伯禹作司空。而《左氏傳》亦云使主后土以揆百事，則百揆司空之事也。四門，四方之門也。穆穆，美也。諸侯之來朝者，舜賓迎之，宗伯之事也。

納于大麓，烈風雷雨弗迷。

舊説：麓，録也。舜大録萬機之政，陰陽和，風雨時，自漢以來有是説。故章帝始置太傅，録尚書事。而晋以後强臣將簒者爲之，其源出于此。考其所由，蓋古文麓作禁，故學者誤以爲録耳。或曰：大麓，太山麓也。古者易姓告代，必因泰山，除地爲墠以告天地，故謂之禪。其禮既不經見，而考《書》之文，則堯見舜爲政三年，而五典從，百揆叙，四門穆，風雨不迷，而後告舜以禪位，而舜猶讓不敢當也。而堯乃於未告舜禪之前，先往太山以易姓告代，豈事之實也哉？《書》云：烈風雷雨弗迷。是天有烈風雷雨，而舜弗迷也。今乃以爲陰陽和風雨時，逆其文矣。太史公曰：堯使舜入山林川澤，暴風雷雨，舜行不迷。此其實也。堯之所以試舜者，亦多方矣。洪水爲患，使舜入山林，相視原隰，雷雨大至，衆懼失常而舜不迷，其度量有絶人者，而天地鬼神亦或有以相之歟。且帝王之興，其受命之祥，卓然見於《書》、《詩》者多矣，河圖洛書、《玄鳥》《生民》之詩，豈可謂誣也哉。恨學者推之太詳讖緯，而後之君子亦矯枉過正，舉從而廢之，以爲王莽、公孫述之流，沿此作亂，使漢不失德，莽、述何自而起，而歸罪三代受命之符，亦過矣。故夫君子之論，取其實而已矣。

帝曰：格，汝舜，詢事考言，乃言厎可績。三載，汝陟帝位。

格，來也。詢，謀也。厎，致也。猶受命而往，返而致命也。陟，升也。舜之始見堯也，必有以論天下之事，其措置當爾，其成當如何考，三年而其言驗，乃致其功。

舜讓于德，弗嗣。

以德不能繼爲讓。

正月上日，受終于文祖。

上日，上旬日也。太史公曰：文祖，堯之太祖也。不於其所祖，受堯之終，必于堯之祖廟。有事于祖廟，則餘廟可知。

在璿璣玉衡，以齊七政。

在，察也。璿，美玉也。璣衡，王者正天文之器，可運轉者。七政，日月五星也。

肆類于上帝，

肆，遂也。類，事類也。以事告，非常祀也。凡祀上帝，必及地示。何以知其然也，以郊之有望知之。《春秋》書不郊，猶三望，《傳》曰：望，郊之細也。《書》曰：庚戌柴望，大告武成。柴，祀天也。望，祀山川也。而禮成于一日，祀山川而不及地，此理之必不然者也。是以知祀天必及地也。《詩》曰：昊天有成命。郊祀天地也。漢以來學者考之不詳，而世主或出其私意，五時祭帝，汾陰祀后土，而王莽始合祭天地。世祖以來，或合或否，而唐明皇始下詔合祀，至于今者疑焉，以謂莽與明皇始變禮，而不知祀天之必及地，蓋自舜以來，見于經矣。

禋于六宗，望于山川，徧于群神。

精意以享曰禋。宗，尊也。六宗，尊神也。所祭不經見，諸儒各以意度之，皆可疑。惟晉張髦以爲三昭三穆，學者多從其說，然以《書》考之，受終之初，既有事於文祖，其勢必及餘廟，豈有獨祭文祖于齊七政之前，而別祭餘廟于類上帝之後者乎？以此推之，則齊七政之後，所祭皆天神非人鬼矣。孔安國六宗，四時也，寒暑也，日也，月也，星也，水旱也，其說自西漢有之，意其必有所傳受，非臆度者。其神名壇位，皆不可以禮推，猶秦八神、漢太乙之類，豈區區曲學所能以私意損益者哉！《春秋》不郊猶三望。三望分野之星，與國中山川，乃知古者郊祭天地，必及于天地之間，所謂尊神者，魯諸侯也，故三望而已。前此禋于六宗，望于山川，徧于群神，蓋與類上帝爲一禮耳。又以祭法考之：其曰燔柴于泰壇，祭天也；瘞埋于泰折，祭地也，則此所謂類于上帝者也。埋少牢于泰昭，祭時也；相近于坎壇，祭寒暑也；王宮，祭日也；夜明，祭月也；幽宗，祭星也；雩宗，祭水旱也，則此所謂禋于六宗也。四坎壇，祭四方也。山林川谷丘陵，能出雲，爲風雨，見怪物，皆曰神，有天下者祭百神，則此所謂望于山川，徧于群神也。祭法所叙，蓋郊祀天地，從祀諸神之壇位，而《舜典》之章句義疏也。故星爲幽宗，水旱爲雩宗，合于所謂六宗者。但鄭玄曲爲異説，而改宗爲禜，不可信也。

輯五瑞，既月乃日，覲四岳群牧，班瑞于群后。

輯，斂也。班，還也。五瑞，五玉也。公執桓圭，侯執信圭，伯執躬圭，子執穀璧，男執蒲璧。既，盡也，正月之未盡也。蓋齊七政，類上帝，無暇日見諸侯，既月無事，則四岳群牧，可以日覲矣。古者朝覲贄玉，已事則還之，故始輯而終班。

歲二月東巡狩，至于岱宗，柴。

巡狩者，巡行諸侯之所守也。岱宗，泰山也。柴，燔柴祭天，告至也。

望秩于山川，

東嶽諸侯境内名山大川，如其秩次望祭之，五岳牲祀視三公，四瀆視諸侯，其餘視伯子男。

肆覲東后。

東方諸侯也。

協時月正日，同律度量衡。

合四時之氣節，月之大小，日之甲乙，使齊一也。律，十二律也。

修五禮，五玉，三帛，二生，一死贄。

五禮，吉、凶、軍、賓、嘉也。五玉，五瑞也。三帛，孔安國曰：諸侯世子執纁，公之孤執玄，附庸之君執黄。二生，卿執羔，大夫執雁。一死，士執雉。執以見曰贄。

如五器，卒，乃復。

五器，五玉也。帛生，死則否。

五月南巡守，至于南岳，如岱禮。

八月西巡守，至于西岳，如初。

十有一月朔巡守，至于北岳，如西禮。

南岳，衡山。西岳，華山。北岳，恒山。

歸，格于藝祖，用特。

藝祖，文祖也。特，一牛也。

五載一巡守，群后四朝，敷奏以言，明試以功，車服以庸。

敷，陳也。奏，進也。庸，用也。諸侯四朝各使陳其言而試其功，則賜以車服而用之。

肇十有二州，

肇，始也。禹治水之後，舜分冀州爲幽州、並州，分青州爲營州。

封十有二山，

封，封殖也。十二州之名山，皆禁採伐也。

濬川。象以典刑。

典刑，常刑也，殺人者死，傷人者刑，象其所犯。

流宥五刑，

五刑：墨、劓、剕、宮、辟也。作五流之法，以宥五刑之輕者。墨，薄刑也，其宥乃至于流乎？曰：刑者，終身不可復，而流者，有時而釋，不賢于刑之乎。

鞭作官刑，

官刑以治庶人在官，慢于事，而未入于刑者。

朴作教刑，

朴，榎楚也，教學者所用也。

金作贖刑。

過誤而入于刑，與罪疑者，皆入金以贖。

眚災肆赦，怙終賊刑。

《易》曰：無妄行有眚。眚亦災也。眚災者，猶曰不幸非其罪也。肆，縱也，《春秋》「肆大眚」是也。怙，恃也，終不改也。賊，害也。不幸而有罪，則縱捨之，恃惡不悛以害人，則刑之。

欽哉，欽哉，惟刑之恤哉！

恤，憂也。

流共工于幽洲，

幽洲，北裔。洲，水中可居者。

放驩兜于崇山，

崇山，南裔。

竄三苗于三危，

三苗，縉雲氏之後，爲諸侯。三危，西裔。

殛鯀于羽山，

羽山，東裔，在海中。殛，誅死也。流、放、竄，皆遷也。

四罪而天下咸服。

此四凶族也，其罪則莫得詳矣。至于流且死，則非小罪矣。然堯不誅而待舜，古今以爲疑，此皆世家巨室，其執政用事也久矣，非堯始舉而用之，苟無大故，雖知其惡，勢不可去。至舜爲政而四人者不利，乃始爲惡于舜之世，如管、蔡之于周公也歟。

二十有八載，帝乃徂落，百姓如喪考妣。三載，四海遏密八音。

徂落，死也。考妣，父母也。遏，絶也。密，静也。堯年十六即位七十載，求禪試三載，自正月上日至崩二十八載，凡壽一百一十七歲。

月正元日，舜格于文祖。

月正，正月也。元日，朔日也。向告攝，今告即位。

詢于四岳，闢四門，明四目，達四聰。

咨十有二牧，曰食哉惟時，

十二州之牧，所重民食，惟是而已。

廣視聽于四方。

柔遠能邇，惇德允元，而難任人，蠻夷率服。

能，讀如不相能之能。柔懷遠者，使與近者相能。惇，厚也。元，善也。難，拒也。任人，佞人也。惇厚其德，信用善人，而拒佞人，則蠻夷服，蓋佞人必好功名，不務德而勤遠略也。

舜曰：咨，四岳，有能奮庸熙帝之載，使宅百揆，亮采惠疇？

奮，立也。庸，功也。熙，光也。載，事也。有能立功光堯之事者，當使宅百揆，其能信事而順者，誰乎？

僉曰：伯禹作司空。帝曰：俞，咨，禹，汝平水土，惟時懋哉。

懋，勉也。

禹拜稽首，讓于稷、契，暨皋陶。

居稷官者，棄也。契、皋陶，二臣名。

帝曰：俞，汝往哉！

然其所推之賢，不許其讓也。

帝曰：棄，黎民阻饑，

阻，險難也。

汝后稷，播時百穀。帝曰：契，百姓不親，五品不遜，汝作司徒，敬敷五教，在寬。

五教：父義、母慈、兄友、弟恭、子孝，以此教民，必寬而後可，亟則以德爲怨，否則相率爲僞。

帝曰：皋陶，蠻夷猾夏，寇賊奸宄，

猾，亂也。夏，華夏也。亂在外曰奸，在内曰宄。

汝作士，五刑有服，五服三就，

士，理官也。服，從也。三就，《國語》所謂三次也。大者陳之原野，小者致之市朝。

五流有宅，五宅三居，惟明克允。

三居，如今律。五流，其詳不可知矣。堯、舜以德禮治天下，雖有蠻夷寇賊，時犯其法，然未嘗命將出師。時使皋陶作士，以五刑三就、五流三居之法治之足矣。兵既不用，度其軍政，必寓于農民，當時訓農治民之官，如十二牧、司徒、司空之流，當兼領其事，是以不復立司馬也。而或者因謂堯時士與司馬爲一官，誤矣。夫以將帥之任，而兼之于理官，無時而可也，堯獨安能行之。

帝曰：疇若予工？僉曰：垂哉。帝曰：俞，咨，垂，汝共工。

垂，臣名。

垂拜稽首，讓于殳斨，暨伯與。

二臣名。

帝曰：俞，往哉，汝諧。

諧，宜也。

帝曰：疇若予上下草木鳥獸？

上，山也。下，澤也。

僉曰：益哉。

伯益也。

帝曰：俞，咨，益，汝作朕虞。

虞，掌山澤之官。

益拜稽首，讓于朱虎、熊羆。

二臣名。

帝曰：俞，往哉，汝諧。帝曰：咨，四岳，有能典朕三禮？僉曰：伯夷。

三禮，天、地、人禮。伯夷，臣名，姜姓。

帝曰：俞，咨，伯，汝作秩宗。

秩序宗廟之官。

夙夜惟寅，直哉惟清。

《書》曰：伯夷降典，折民惟刑，禮之所去，刑之所取。故古者禮官兼折刑。夙夜惟寅者，爲禮也。直哉惟清者，爲刑也，惟直則刑清。

伯拜稽首，讓于夔、龍。

二臣名。

帝曰：俞，往，欽哉。帝曰：夔，命汝典樂，教胄子，直而温，寬而栗，剛而無虐，簡而無傲。

栗，莊栗也。教者必因其所長，而輔其所不足，直者患不温，寬者患不栗，剛者患虐，簡者患傲。

詩言志，歌永言，聲依永，律和聲。

言之不足，故長言之，吟詠其言而樂生焉，是謂歌永言。聲者，樂聲也。永者，人聲也。樂聲升降之節，視人聲之所能至，則爲中聲，是謂聲依永。永則無節，無節則不中律，故以律爲之節，是謂律和聲。孔子論玉之德，曰叩之有聲，清越以長，其終詘然樂也。夫清越以長者，永也；其終詘然者，律也。夫樂固成于此二者歟。

八音克諧，無相奪倫，神人以和。夔曰：於！予擊石拊石，百獸率舞。

此舜命九官之際也，無緣夔於此獨稱其功，此《益稷》之文也。簡編脱誤，復見於此。

帝曰：龍，朕堲讒説殄行，震驚朕師，命汝作納言。夙夜出納朕命，惟允。

堲，疾也。殄，絶也。絶行猶獨行，行之不可繼者也。惟讒説獨行，爲能動衆，納言之官，聽下言納于上，受上言宣于下，樞機之官，故能爲天下言行之帥。舜有不問而命，臣有不讓而受者，皆隨其實也。

帝曰：咨，汝二十有二人，

《書》曰：内有百揆四岳。堯欲使巽朕位，則非四人明矣。二十二人者，蓋十二牧、四岳、九官也。而舊説以爲四人，蓋每訪四岳，必僉曰以答之。訪者一而答者衆，不害四岳之爲一人也。

欽哉！惟時亮天功。

亮，弼也。

三載考績，三考黜陟幽明，庶績咸熙，分北三苗。

苗之國，左洞庭，右彭蠡，南方之國也。而竄之西裔，必竄其君耳，其民未也。至此治功大成，而苗民猶不服，故分北之。

舜生三十，

爲民者三十載。

徵庸三十，

歷試三載，攝位二十八載，通爲三十。

在位五十載，陟方乃死。

堯崩，舜服喪三年，然後即位，蓋年六十二矣。在位五十載而崩，壽百有一十二。説者以爲舜巡守南方，死于蒼梧之野。韓愈以爲非，其説曰：地傾東南，巡非陟也。陟方者，猶曰升遐爾。《書》曰「惟新陟王」是也。傳《書》者，以乃死爲陟方之訓，蓋其章句，而後之學者誤以爲經文，此説爲得之。

帝釐下土，方設居方，別生分類，作汩、作九共九篇、稾飫。

凡逸書，不可强通其訓。或曰：九共，九丘也。古文丘、共相近也。其曰述職方以除九丘，非也。九丘逸矣，理或然歟。

【眉批】

了凡曰：此篇文字亦妙，首至「弗嗣」，叙堯讓舜，而舜讓德，唐虞揖遜之風宛然在目。自「正月上日」至「遏密八音」，記舜相堯之事。自「月正元日」至末，記舜即位之事。然只記命官一事，此外更不及他事，而即舉舜之始終焉。此是史筆高處。

則新曰：曰濬曰文，曰温曰允，是形容其玄也。玄方謂之華，所云闇然而日章也。

又曰：此固舜之玄德所感，而不知者便以爲有物相之，亦何物哉？玄德而已矣。

用修曰：按宰我問《書》云：納於大麓，烈風雷雨弗迷，何謂也？孔子曰：此言人之應乎天也。堯既得舜，歷試諸難，使大録萬機之政，是故陰清陽和，五星來備，風雨久，以其應不有迷錯愆，伏明舜之行合於天也。此説與注疏合，意古相傳如此。令以大麓爲山麓，是堯納舜于荒險之地，而以狂風霹靂試其命，何異於茅山道士之鬥法哉！

則新曰：今人俱有言，亦厎可績耶？聖凡之分只在此。

了凡曰：六宗只泛説，注引祭法一段，乃是灾祲祈禱之義，與此初無干涉。漢唐詩儒紛紛之議，皆不足憑。

用修曰：修五禮五玉，班志「五玉」作「五樂」，蓋已有五瑞即五玉也。玉當爲樂，注列五樂之目。

用修曰：按黄帝以後，少昊、高辛皆仍九州，惟舜時暫置十二州，故《書》曰「肇十有二州」。肇之爲言始也，前此九州而今始爲十二州也。不然，則「肇」字無所屬。至夏還爲九州。

了凡曰：墨、劓、剕、宫、大辟，吕刑分明言苗民始制，注忽增入，以誣舜，漢唐諸儒皆無此説。

用修曰：孔平仲以四岳爲一人，通爲二十二人之數，余深然其説。以漢書三公一人，爲三老，次卿一人，爲五更。注云：五更知五行者。安知四岳非知四方者乎？《書》内有百揆四岳。以四岳爲四人，則百揆亦須百人矣。

了凡曰：奮庸熙載，舜原求有功之人，衆舉伯禹，亦論其功，帝曰諸平水土，亦論其奮功也，德降而功，帝王之會豈偶然哉！

又曰：不親不遜，付之司徒，而蠻夷猾夏然後用刑，可以想盛世之風景。

又曰：宗非宗廟，宗尊也。叙次其所尊者，故曰秩宗。今称禮部爲宗伯，亦是重禮之意。

又曰：鷄鳴而起，覺念正惺，夜氣生息，本真獨露，故養心之道以夙夜爲先。

又曰：「惟允」者防讒説也。命之出也，恐讒説托之而行；命之納也，恐讒説乘之而進。故欲核實之。大率讒説害人在納處居多，故以納言名官。

承庵曰：要識舜之初年履曆，看三十徵庸句，便見得。要識舜之受終作爲，看三十在位句，便見得。要識舜之即位經綸，看五載陟方句，便見得。

用修曰：陟方乃死，按《家語》作「五十載，陟方岳死於蒼梧之野」，以方爲方岳，正與《國語》舜勤民事而野死之文合，而文義亦順。今復以升遐訓之，又與下文乃死重複矣。左思《吴都賦》「梁岷豈有陟方之館，行宫之基與」，以陟方對行宫，盖以爲天子巡狩事也，亦與《國語》、《家語》合。

東坡書傳卷三

虞書

大禹謨第三

皋陶矢厥謨，禹成厥功，帝舜申之，作《大禹謨》、《皋陶謨》、《益稷》。

矢，陳也。申，推明之也。

曰：若稽古。大禹曰：文命敷于四海，祗承于帝。

命，教也，以文教布于四海，而繼堯、舜。以文命爲禹名，則布于四海者，爲何事耶？

曰：后克艱厥后，臣克艱厥臣，政乃乂，黎民敏德。

此禹之言也，君臣各艱畏，則非辟無自入，民利在爲善而已，故敏于德。

帝曰：俞，允若兹，嘉言罔攸伏，野無遺賢，萬邦咸寧。

君臣無所艱畏，則易事而簡賢，賢者遁去，而善言不敢出矣。

稽于衆，舍己從人，不虐無告，不廢困窮，惟帝時克。

無告，天民之窮者也。困窮，士之不遇者也。帝，堯也。

益曰：都，帝德廣運，乃聖乃神，乃武乃文，皇天眷命，奄有四海，爲天下君。

都，美也。至道必簡，至言必近，君臣相與艱畏，舍己而用衆，禮鰥寡，達窮士，其爲德若卑約然，此夸者之所小，而世俗之所謂無所至也。故舜特申之曰：是德也，惟堯能之，他人不能也。益又從而贊之曰：是德也，推而廣之，則乃所以爲聖神文武，而天之所以命堯爲天子者，特以是耳。

禹曰：惠迪吉，從逆凶，惟影響。

惠，順也。迪，道也。言吉凶之出于善惡，猶影響之生于形聲。

益曰：吁！戒哉。儆戒無虞，

虞，憂也。自其未有憂而戒之矣。

罔失法度，罔游于逸，罔淫于樂，任賢勿貳，去邪勿疑，

貳，不專任也。

疑謀勿成，百志惟熙。

人之爲不善，雖小人不能無疑，凡疑則已則天下無小人矣。人之所以不能大相過者，皆好行其所疑也。疑謀勿成，則凡所志皆卓然光明，無可愧者。

罔違道以干百姓之譽，罔咈百姓以從己之欲。

民至愚而不可欺，凡其所毁譽天且以是爲聰明，而况人君乎。違道足以致民毁而已，安能求譽哉。以是知堯、舜之間，所謂百姓者，皆謂世家大族也，好行小慧以求譽，于此固不足恤。以爲不足恤，而縱欲以戾之，亦殆矣。咈，戾也。

無怠無荒，四夷來王。

九州之外，世一見曰王。《國語》：日祭月祀，時享歲貢，終王。

禹曰：於！帝念哉！德惟善政，政在養民，水火金木土穀惟修，

所謂六府。

正德、利用、厚生惟和。

所謂三事也。《春秋》傳曰：民生厚而德正，用利而事節正德者，《管子》所謂「倉廩實而知禮節，衣食足而知榮辱」也。利用，利器用也。厚生，時使薄斂也。使民之賴其生也者，厚也。民薄其生，則不難犯上矣。利用厚生，而後民德正。先言正德者，德不正，雖有粟，吾得而食諸？

九功惟叙，九叙惟歌。戒之用休，董之用威，勸之以九歌，俾勿壞。

先事而語曰戒。休，恩也。董，督也。太史公曰：沐浴膏澤，而歌詠勤苦。古之治民者，于其勤苦之事，則歌之使忘其勞，九功之歌，意其若《豳》詩也歟。

帝曰：俞，地平天成，六府三事允治。萬世永賴，時乃功。

水土治曰平，五行叙曰成。賴，利也。乃，汝也。

帝曰：格，汝禹，朕宅帝位，三十有三載，耄期，倦于勤。

八十九十曰耄，百年曰期頤。

汝惟不怠，總朕師。禹曰：朕德罔克，民不依。皋陶邁種德，德乃降，黎民懷之，帝念哉，念茲在茲，釋茲在茲，名言茲在茲，允出茲在茲，惟帝念功。

邁，遠也。降，下也。種德者，如農夫之種殖也。衆人之種其德也，近朝種而莫穫，則其報亦狹矣。皋陶之種其德也遠，造次顛沛，未嘗不在于德，而不求其報也。及其充溢而不已，則沛然下及于民，而民懷之。聖

人之德，必始于念，故曰帝念哉。念兹者固在兹矣，及其念之至也，則雖釋而不念，亦未嘗不在兹也。其始也，念仁而仁，念義而義。及其至也，不念而自仁義也。是謂念兹在兹，釋兹在兹。名言者，其辭命也。允出者，其情實也。孔子曰：名之必可言，言之必可行，是之謂名言，名之以仁固仁矣，名之以義固義矣，是謂名言兹在兹。及其念之至也，不待名言，而情實皆仁義也，是謂允出兹在兹，此帝念念不忘之功也，故曰惟帝念功。禹既以是推皋陶之德，因以是教帝也。曰邁種德者，其德不可以一二數也，念之而已。念之至者，念與不念，未嘗不在德也。其外之辭命，其中之情實，皆德也，而德不可勝用矣。孔子曰：「非禮勿視，非禮勿聽，非禮非言，非禮勿動。」一出于禮，而仁不可勝用矣。舜、禹、皋陶之微言，其傳于孔子者，蓋如此。

帝曰：皋陶，惟兹臣庶，罔或干予正。

干，犯也。

汝作士，明于五刑，以弼五教，期于予治，刑期于無刑，民協于中，時乃功，懋哉！

期，至也。了凡曰：意之所在曰期，蓋用刑而意在無刑，則皋非行法實種德也。民信其心而不疑其法，故翕然咸協于中。

皋陶曰：帝德罔愆，臨下以簡，御衆以寬。罰弗及嗣，賞延于世。宥過無大，刑故無小。罪疑惟輕，功疑惟重。與其殺不辜，寧失不經。好生之德，洽于民心，兹用不犯于有司。

帝因禹之議皋陶，故推其功而勉之。皋陶憂天下後世以刑爲足以治也，故推明其所自，以爲非帝之至德，不能至也。

帝曰：俾予從欲以治，四方風動，惟乃之休。

帝之所欲，欲民仁而壽且富也。風動者，如風動物，而物不病也。

帝曰：來，禹，降水儆予，成允成功，惟汝賢。

降，當作洚。孟子曰：洚水者，洪水也。天以洪水儆予，而禹平之，使聲教信于四海。

克勤于邦，克儉于家，不自滿假，惟汝賢。

假，大也。

汝惟不矜，天下莫與汝争能。汝惟不伐，天下莫與汝争功。予懋乃德，嘉乃丕績，天之歷數在爾躬，汝終陟元后。人心惟危，道心惟微，惟精惟一，允執厥中。

人心，衆人之心也，喜怒哀樂之類是也。道心，本心也，能生喜怒哀樂者也。安危生于喜怒，治亂寄于哀樂，是心之發，有動天地傷陰陽之和者，亦可謂危矣。至于本心果安在哉？爲有耶，爲無耶？有則生喜怒哀樂者，非本心矣；無則孰生喜怒哀樂者。故夫本心，學者不可以力求，而達者可以自得也，可不謂微乎。舜戒禹曰：吾將使汝從人心乎，則人心危而不可據；使汝從道心乎，則道心微而不可見。夫心豈有二哉，不精故也，精則一矣。子思子曰：「喜怒哀樂之未發謂之中，發而皆中節謂之和。」中也者，天下之大本也；和也者，天下之達道也。致中和，天地位焉，萬物育焉。夫喜怒哀樂之未發，是莫可名言者。子思名之曰中，以爲本心之表著。古之爲道者，必識此心，養之有道，則卓然可見于至微之中矣。夫苟見此心，則喜怒哀樂，無非道者，是之謂和。喜則爲仁，怒則爲義，哀則爲禮，樂則爲樂，無所往而不爲盛德之事，其位天地，育萬物，豈足怪哉。若夫道心隱微，而人心爲主，喜怒哀樂，各隨其欲，其禍可勝言哉！道心即人心也，人心即道心也。放之則二，精之則一。桀、紂非無道心也，放之而已。堯、舜非無人心也，精之而已。舜之所謂道心者，子思之所謂中也。舜之所謂人心者，子思之所謂和也。

無稽之言勿聽，弗詢之謀勿庸。可愛非君，可畏非民。衆非元后何戴，后非衆罔與守邦。欽哉！慎乃有位，敬修其可願。

人之所願，與聖人同，而不修其可以得所願者，孟子所謂惡濕而居下，惡醉而强酒也。

四海困窮，天禄永終。

舜之授禹也，天下可謂治矣，而曰四海困窮者，托于不能以讓禹也。

惟口出好興戎，朕言不再。

好，爵禄也。戎，兵刑也。吾言非苟而已，喜則爲爵禄，怒則爲兵刑，其爲授禹也决矣。

禹曰：枚卜功臣，

枚，歷也。

惟吉之從。帝曰：禹，官占，惟先蔽志，昆命于元龜。

蔽，斷也。昆，後也。使卜筮之官占是事，必先斷志而後令龜。

朕志先定，詢謀僉同，鬼神其依，龜筮協從，

其者，意之之詞也，以龜協從知之。

卜不習吉。

習，因也，卜已吉而更卜，爲習吉。

禹拜稽首，固辭。帝曰：毋，惟汝諧。正月朔旦，受命于神宗，

堯之所從受天下者曰文祖，舜之所從受天下者曰神宗，受天下于人，必告于其人之所從受者。《禮》曰：有虞氏禘黄帝而郊嚳，祖顓頊而宗堯，則神宗爲堯明矣。舜、禹之受天下于堯、舜也，及堯、舜之存，而受命于其祖宗矣。舜受命二十八年而堯崩，禹受命十七年而舜崩，既崩三年，然後退而避其子，是猶足信乎？

率百官，若帝之初。帝曰：咨，禹，惟時有苗弗率，汝徂征。

率，循也。徂，往也。

禹乃會群后，誓于師曰：濟濟有衆，咸聽朕命。蠢兹有苗，

蠢，動也。

昏迷不恭。侮慢自賢，反道敗德。君子在野，小人在位。民棄不保，天降之咎。肆予以爾衆士，奉辭伐罪，爾尚一乃心力，

尚，庶幾也。

其克有勳。三旬苗民逆命，益贊于禹，曰：惟德動天，無遠弗届。

届，至也。

滿招損，謙受益，時乃天道。帝初于歷山，往于田，日號泣于旻天、于父母，負罪引慝，祗載見瞽瞍，夔夔齊慄，瞽亦允若。

夔夔，敬懼貌也。

至諴感神，

以誠感物曰諴。

矧兹有苗。禹拜昌言曰：俞。

昌言，盛德之言也。

班師振旅。

班，還也。入曰振旅。

帝乃誕敷文德，

誕，大也。

舞干羽于兩階，

干，楯也。羽，翳也。兩階，賓主之階也。

七旬，有苗格。

世傳《汲冢書》，以堯、舜爲幽囚野死，而伊尹爲太甲所殺，或以爲信然。學者雖非之，而心疑其説。考之于《書》，禹既受命于神宗，出征三苗而反，帝猶在位修文德，舞干羽以來有苗，此豈逼禪也哉。

【眉批】

則新曰：知文命四敷而言克艱實，是聖世君臣之事也。

了凡曰：此句句要見艱字意。

又曰：稽于賢易，稽于衆難。稽于衆易，稽于衆而能舍己以從之難。大舜一生工夫都在這裏。

又曰：不曰「如影響」而曰「惟影響」，曰如猶是二也。世間萬事有影，惟人心無影，事之吉凶即人心善惡之影也。響亦然。

又曰：戒其失宜用威而反用休，督其成宜用休而反用威，盖戒則善心生，董則懼心生也。

又曰：謂之府則天地之藏其出無盡，謂之事則君臣之業其責當修。

則新曰：前禹言養民，故舜亦以總師爲言，下禹亦以民不依及民懷相答。堯、舜、禹所授受者只此民擔而已。

又曰：刑曰明則刑貴知而不貴用，教曰弼則教爲主而刑輔之。

用修曰：帝之德冠古今矣，而皋陶之謨但以罔愆言之。禹之功平天地矣，而孔子之語但以無間言之。文武之謨烈光日月矣，而君臣之書但以罔缺總之。孟子曰：事親若曾子可也。韓子曰：事君若周公可矣。

又曰：按林少潁云：宥過誤則無大者，小者則宥，大者則不宥。刑特故則無小者，大者則刑，小者則不刑。此説極當。

了凡曰：克勤克儉是大禹一生得力處，故舜特言之。

又曰：「欽哉」工夫正在「慎乃有位」處用。慎位工夫正在「敬修」處用。

了凡曰：苗民之罪已着，但有一毫是己非苗之意，便是滿。因其不服而反躬自治，便是謙。

又曰：「誕敷文德」舊謂不事威武便是誕敷，非別有所開大也。蓋其意謂舜之德已極，不可復增耳。聖人之心正不如此，其自視常虛，其視道常無盡，故德已至而益修，敷已徧而益廓也。舜本是天生大聖，然當號泣怨慕之時，動心忍性，必然有所增益。今日經此一番磨練，儼然有負罪引慝之誠，豈無增益之理。

皋陶謨第四

曰：若稽古皋陶，曰：允迪厥德，謨明弼諧。

迪，蹈也。謨，謀也。弼，正也。諧，和也。言世所稱皋陶之德，皋陶信蹈而行之，非虛名也。其爲人謀也明，其正人之失也和，皆皋陶之德也。《書》言「若稽古」者四，蓋史之爲此書也。曰：吾順考古昔而得其爲人之大凡如此。在堯曰放勳，欽明文思安安，允恭克讓，光被四表，格于上下。在舜曰重華協于帝，濬哲文明，温恭允塞。在禹曰文命敷于四海，祇承于帝。在皋陶曰允迪厥德，謨明弼諧。皆有虞氏之世，史官記其所聞之辭也。有虞氏之世，而謂舜、皋陶爲古可乎？曰：自今已上，皆古也，何必異代？《春秋》傳凡《虞書》皆曰《夏書》，則此書作于夏氏之世，亦不可知也。

禹曰：俞，如何？

允迪厥德，謨明弼諧者，史之所述，非皋陶之言也。而禹曰俞，所然者誰乎？此其間必有闕文者矣。皋陶有言，而禹然之，且問之，簡編脱壞而失之耳。

皋陶曰：都，慎厥身修，思永。

慎其身之所修者，思其久遠之至者，《禮》曰：君子過言則民作辭，過動則民作則。故言必慮其所終，行必稽其所敝。

惇叙九族，庶明勵翼，邇可遠在兹。

惇，厚也。叙，次也。庶明，衆顯者，謂近臣也。勵，勉也。翼，輔也。自修身以及九族近臣，此邇可遠之道也。

禹拜昌言曰：俞。

盛德之言故拜。

皋陶曰：都，在知人，在安民。禹曰：吁，咸若時。惟帝其難之，知人則哲，能官人。安民則惠，黎民懷之。能哲而惠，何憂乎驩兜，何遷乎有苗，何畏乎巧言令色孔壬。

孔，甚也。壬，佞也。

皋陶曰：都，亦行有九德，亦言其人有德。乃言曰：載采采。

人有可知之道，而無可知之法，如蕭何之識韓信，此豈有法可學哉。故聖人不敢言知人輕，用人而不疑，與疑人而不用，皆足以敗國而亡家，然卒無知人之法。以諸葛亮之賢，而短于知人，況其下者乎。人主欲常有爲，則事繁而民亂，欲常無爲，則政荒而國削，自古及今，兵强國治而民安者，無有也。人之難安如此，此禹之所畏，堯舜之所病也。皋陶曰：然，豈可以畏其難而不求其術乎。蓋亦嘗試以九德求之，亦行有九德者，以此自修也。亦言其人有德者，以此求人也。論其人，則曰：斯人也有某德。言其德，則曰是德也有某事某事。采者，事也。載采采者，歷言之也。

禹曰：何？皋陶曰：寬而栗，

栗，懼也。寬者，患不戒懼。

柔而立，愿而恭，

愿，愨也。愨者或不恭。

亂而敬，

横流而濟曰亂，故才過人可以濟大難者曰亂，亂臣十人是也。才過人者，患在于夸傲。

擾而毅，

擾，馴也。

直而温，簡而廉，

簡易者，或無廉隅。

剛而塞，

塞，實也。剛者，或色厲而内荏，故以實爲貴。《易》曰：剛健篤實光輝，日新其德。

彊而義。彰厥有常，吉哉！

德惟一，動罔不吉，故常于是德，然後爲吉也。

日宣三德，夙夜浚明有家。

宣，達也。浚，盡其才也。明，察其心也。言九德之中，得三人而宣達之，盡其才而察其心，則卿大夫之家，可得而治也。

日嚴祗敬六德，亮采有邦。

得六人而嚴憚敬用之，信任以事，則諸侯之國，可得而治也。

翕受敷施，九德咸事，俊乂在官，百僚師師，百工惟時，撫于五辰，庶績其凝。

翕，合也。有治才曰乂。撫，循也。五辰，四時也。凝，成也。九德並至，文武更進，剛柔雜用，則以能合而受之爲難。能合而受之矣，則以能行其言爲難，故曰翕受敷施，九德咸事，此天子之事也。古之知言者，忘言而取意，故言無不通。後之學士，膠于言而責其必然，故多碍，多碍故多説。天子用九德，諸侯用六，大夫用三，言不得不爾，而其實未必然也。孔子曰：天子有争臣七人，諸侯五人，大夫三人。使諸侯而有争臣七人，可得謂之僭天子乎？故觀《書》者，取其意而已。或曰：皋陶之九德，區區剛柔之迹耳，何足以與知人之哲乎？然則皋陶何爲立此言也。曰：何獨皋陶。舜命夔曰：直而温，寬而栗，剛而無虐，簡而無傲；箕子教武王正直剛克柔克，沉潛剛克，高明柔克。雖三聖之所陳，詳略不同，然皆以長短相輔、剛柔相濟，爲不知人者立寡過之法也。其意曰，不知人者，以此觀人，參其短長剛柔而用之，可以無大失矣。譬如藥之有方，聚衆毒而治一病，君臣相使，畏惡相制，幸則愈疾，不幸亦不至殺人者，此豈爲秦越人、華陀設乎？

無教逸欲有邦，兢兢業業，一日二日萬幾。

事無不待教而成，惟國君之逸欲，莫有以教之者而自能也。位不期驕，禄不期侈，故一日二日之間，而可致危亡者，至于無數。幾，危也。

無曠庶官，天工人其代之。

天有是事，則人有此官，官非其人，與無官同，是廢天事也而可乎？

天叙有典，勑我五典五惇哉！

勑，正也。

天秩有禮，自我五禮五庸哉！

秩，亦叙也，庸，常也。

同寅協恭，和衷哉！

寅，敬也。衷，誠也。

天命有德，五服五章哉！天討有罪，五刑五用哉！政事懋哉，懋哉！

懋，勉也。父義母慈，兄友弟恭子孝，皆出于民性之自然，孰爲此叙者非天乎？我特從而正之，使益厚耳。豺獺之敬，啁啾之悲，交際之歡，攘奪之怒，牝牡之好，此五禮之所從出也，孰爲此秩者非天乎？我特從而修之，使有常耳。此二者，道德之事，非君臣同其誠敬，莫能致也。五等車服，天所以命有德，而我章之。刑罰，天所以討有罪，而我用之。此二者，政事也，勉之而已。

天聰明，自我民聰明；天明畏，自我民明威。達于上下，敬哉有土。

上帝付耳目于民者，以其衆而無私也。民所喜怒，威福行焉。自天子達不避貴賤，有土者可不敬哉。

皋陶曰：朕言惠，

惠，順也。

可底行？禹曰俞，乃言底可績。皋陶曰：予未有知，思曰贊贊襄哉。

曰，當作日。

【眉批】

了凡曰：「知人則哲」以下句句形容其交盡之難。

則新曰：從人説到德，從德説到行，從行説到事，則無不知之人矣。蓋因顯以測微也。

又曰「彰」應上「行」字「采」字，有常應下「日宣」「日嚴」。

三德、六德與亦行有九德應，浚明亮采與載采應。

又曰：德不止於三與六，故欲翕受而敷施之，則不特三德有家之事，六德有邦之事，而九德之人咸事。

無惟九德咸事，故俊乂不在野而在官，在官則爲百僚矣。

則新曰：一人逸欲，究竟要到教有邦地位，亦是勢所必至，故聖賢劈頭斬絶之耳。

又曰：敕五典自五禮，工夫全在寅恭處。此句以君爲主而臣輔之，是知人中得來。

子淵曰：古文用哉字。

了凡曰：前曰「日宣日嚴」又曰「一日二日」，至此又曰「日贊」，有惜時圖治之意。

東坡書傳卷四

虞書

益稷第五

帝曰：來，禹，汝亦昌言。禹拜曰：都，帝予何言，予思日孜孜。

汝亦昌言者，因皋陶之言以訪禹也。皋陶曰：予未有知者，猶曰吾不知其他也，思日夜贊襄而已。贊，進也。襄，上也，讀如「懷山襄陵」之襄。皋陶之意曰：吾不知其他也，思日夜進益而已，知進而不知退，知上而不知下也。《易》曰：天行健，君子以自强不息。行健者，如登高，進而不知止，雖超太山可也。禹亦因皋陶之言而進之，曰：予何言。何言者，亦猶皋陶之未有知也。又曰：予思日孜孜。思日孜孜者，亦猶皋陶之思日贊贊襄哉也。其言皆相因之辭，予是以知曰之當爲日也。伏生以《益稷》合于《皋陶謨》，有以也夫。

皋陶曰：吁！如何？禹曰：洪水滔天，浩浩懷山襄陵，下民昏墊。

昏，瞀也。墊，陷也。

予乘四載，隨山刊木，暨益奏庶鮮食。

水行乘舟，陸行乘車，泥行乘輴，山行乘樏，秦、漢以來師傳如此，且孔氏之舊也。故安國知之，非諸儒之臆説也。四載之解，雜出于《尸子》、《慎子》，而最可信者太史公也，亦如六宗之説，自秦、漢以來尚矣，豈可以私意曲學鎸鑿附會爲之哉。而或者以爲鯀治水九載，兖州作十有三載乃同，禹之代鯀，蓋四載而成功也。世或喜其説，然詳味本文，予乘四載，隨山刊木，則是駕此四物以行于山林川澤之間，非以四因九通爲十三載之辭也。按《書》之文，鯀九載績用弗成，在堯未得舜之前，而殛鯀在舜登庸歷試之後，鯀殛而後禹興，則禹治水之年，不得與鯀之九載相接，兖州之功，安得通四與九爲十三乎？禹之言曰：娶于塗山，辛壬癸甲。是娶在治水之中。又曰啓呱呱而泣，予弗子，惟荒度土功。是啓生在水患未平之前也。禹服鯀三年之喪，自免喪而至于娶而至于子，自有子至于止禹而泣亦久矣，安得在四載之中乎？反覆考之，皆與《書》文乖異，《書》所云作十有三載乃同者，指兖州之事，非謂天下共作十三載也。近世學者喜異而巧于鑿，故詳辯之以解世之惑。

予决九州，距四海。

九州之名川也。

濬畎澮，距川。

畎遂溝洫澮，皆通水之道，達于川者也。

暨稷播奏庶艱食鮮食，懋遷有無化居，烝民乃粒，萬邦作乂。

播，種也。奏，進也。鮮食，肉食也。禹之在山林也，與益同之，益，朕虞也。其鮮食，鳥獸也。其在川澤也，與棄同之。棄，后稷也。其鮮食，魚鼈也。艱食者，草木根實之類，凡施力艱難而得者也。艱食鮮食，民粗無飢矣。乃勉之遷易其有無，以變化其所居積，而農事作矣。

臯陶曰：俞，師汝昌言。

禹所謂孜孜者，其言至約而近也，故臯陶吁而問之。禹乃極言孜孜之功効，其所建立成就巍巍如此。故皋陶曰：俞，師汝昌言。夫以一言而濟天下、利萬世，可不師乎？

禹曰：都，帝慎乃在位。帝曰：俞。禹曰：安汝止，惟幾惟康，其弼直，惟動丕應徯志，以昭受上帝，天其申命用休。帝曰：吁，臣哉鄰哉，鄰哉臣哉。禹曰：俞。

止，居也，安汝居者，自處于至静也。防患于微曰幾，幾則思慮周。無心于物曰康，康則視聽審。思慮周而視聽審，則輔汝者，莫不盡其直也。反而求之，無意于防患，則思慮淺。有心于求物，則視聽亂。思慮淺而視聽亂，則輔汝者，皆諂而已。士之志于用者衆矣，待汝而作，故曰徯志。汝既能安居幾康而觀利害之實，是惟無動。動則凡徯志者，皆應矣。夫豈獨人應之，天必與之。鄰，近臣也。帝以其言切而道大，故嘆曰：我獨成此，非臣誰與共之，助我者四鄰之臣，而助四鄰者，凡在朝之臣也。故曰：臣哉鄰哉，鄰哉臣哉。

帝曰：臣作朕股肱耳目，予欲左右有民，汝翼。

左右，助也。助我所有之民也，輔翼之也。

予欲宣力四方，汝爲。

朝諸侯，服四夷，凡富國强兵之事也。

予欲觀古人之象，日月星辰，山龍華蟲作會，宗彝藻火粉米黼黻絺綉，以五采彰施于五色，作服汝明。

日，日也。月，月也。星，五緯之星也。辰，心伐北辰三辰也。山，山也。龍，龍也。華蟲，雉也。日也，月也，星辰也，山也，龍也，華蟲也，此六章者，畫之于宗廟之彝樽，故曰作會。宗，彝也。藻，水草也。火，火也。粉，粉也。米，米也。黼，斧也。黻，兩已也。藻也，火也，粉也，米也，黼也，黻也，此六章者，綉之于絺以爲裳，絺，葛之精者也，故曰絺綉。以五采彰施于五色作服者，通言十二章也，上六章繪而爲衣，下六章綉而爲裳，故曰作服也。自孔安國、鄭玄、王肅之流，各傳十二章，紛然不齊，予獨爲此解，與諸儒異者，以《虞書》

之文爲正也。

予欲聞六律五聲八音，在治忽，以出納五言，汝聽。

在，察也。忽，不治也。聲音與政通，故可以察治否也。五言者，詩也，以諷詠之言，寄之于五聲，蓋以聲言也，故謂之五言。

予違汝弼，汝無面從，退有後言，欽四鄰。

帝感禹言有臣鄰之嘆，故條四事以責其臣，而又戒之曰，欽四鄰。

庶頑讒説，若不在時，侯以明之，撻以記之。書用識哉，欲並生哉。工以納言，時而颺之，格則承之庸之，否則威之。

《論語》曰：有耻且格。格，改過也。《春秋》傳曰：奉承齊犧。古者謂奉牲幣而薦之曰承，承，薦也。衆頑讒説之人，不率是教者，舜皆有以待之。夫化惡莫若進善，故擇其可進者，以射侯之禮舉之，其不率教之甚者，則撻之，其小者，則書其罪以記之，欲其並居而知耻也。此士之有罪而未可終棄者，故使樂工采其謳謡諷諫之言而颺之，以觀其心。其改過者，則薦之，且用之。其不悛者，則威之，夏楚之，寄之之類是也。

禹曰：俞哉！

《春秋》傳：太子欲殺渾良夫，公曰：諾哉。諾哉云者，口諾而心不然也。禹之所以然者，曰俞而已。俞哉云者，亦有味其言矣。舜舉四事以責其臣，立射侯書撻等法以待庶頑，皆治理也。而禹獨有味于斯言也者，蓋其心有所不可于此，以爲身修而天下自服也。

帝光天之下，至于海隅蒼生，萬邦黎獻，衆賢也。

共惟帝臣，惟帝時舉，敷納以言，明試以功，車服以庸，誰敢不讓，敢不敬應。帝不時，敷同，日奏罔功。無若丹朱傲，惟慢游是好，傲虐是作，罔晝夜頟頟。

頑狠之狀。

罔水行舟，朋淫于家，用殄厥世。予創若時，娶于塗山，辛壬癸甲。

創，懲也。懲丹朱之惡，辛日娶于塗山，甲日復往治水。

啓呱呱而泣，予弗子，惟荒度土功。

啓，禹子也。禹治水，過門不入，聞啓泣而不暇子也，惟大度土工而已。

弼成五服，至于五千，

五服，侯、甸、綏、要、荒也。服五百里，四方相距，爲方五千里。

州十有二師。

凡二千五百人，一州用三萬人，九州二十七萬人。

外薄四海，咸建五長。

五國立賢者一人爲方伯，謂之五長。

各迪有功，苗頑弗即工，帝其念哉。

禹見帝憂讒邪之甚，故推廣其意曰：帝之德光被天下，至于海濱草木，而況此衆賢乎。考其言，明其功，誰敢不從。帝不能如是布宣其德，以同天下，使苗民逆命日進而終無功者，豈其修己有未至也哉。故戒之曰：無若丹朱傲。而歷數其惡曰，我惟以丹朱爲戒，故能平治水土，弼成五服。今天下定矣，而苗猶不即工者，帝不可以不求諸己也。故曰：帝其念哉。此禹得之于益班師而歸，諫舜之詞也。而説者乃謂禹勸舜當念三苗之罪而誅之。夫所謂念哉者，豈誅有罪之言乎？

帝曰：迪朕德，時乃功惟叙。皋陶方祗厥叙，方施象刑惟明。夔曰：戛擊鳴球，搏拊琴瑟，以詠。祖考來格，虞賓在位，群后德讓。

此堂上樂也。戛擊，柷敔也。鳴球，玉磬也。搏拊以韋爲之，實之以糠，所以節樂。虞賓，丹朱也，二王後，故稱賓。

下管鼗鼓，合止柷敔，笙鏞以間，鳥獸蹌蹌，簫韶九成，鳳凰來儀。

此堂下樂也。鏞，大鐘也。夔作樂而鳥獸舞、鳳凰儀，信乎？曰：何獨夔也，樂工所以不能致氣召物如古者，以不得中聲故爾。樂不得中聲者，器不當律也。器不當律，則與擿植鼓盆無異，何名爲樂乎？使律能當律，則致氣召物，雖常人能之，蓋見于古今之傳多矣，而况于夔乎？夫能當一律則衆律皆得。衆律皆得，則樂之變動，猶鬼神也。是以降天神，格人鬼，來鳥獸，皆無足疑者，不如此何以使孔子忘味三月乎？丹朱之惡，幾于桀、紂，罔水行舟，朋淫于家，非紂而何？今乃與群后濟濟相讓，此其難化，蓋甚于鳥獸也。

夔曰：于予擊石拊石，百獸率舞，庶尹允諧。

舜聞禹諫則曰：道我德者，皆汝功也。今苗民逆命，皋陶方祗厥叙而行法焉。故夔又進而諫曰：鬼神猶可以樂格，鳥獸猶可以樂致也，而况于人乎？此所謂工執藝事以諫者也。

帝庸作歌曰：敕天之命，惟時惟幾。乃歌曰：股肱喜哉，元首起哉，百工熙哉。皋陶拜手稽首颺言曰：念哉，率作興事，慎乃憲，欽哉。屢省乃成，欽哉。乃賡載歌曰：元首明哉，股肱良哉，庶事康哉。又歌曰：元首叢脞哉，

叢脞，細碎也。

股肱惰哉，萬事墮哉。帝拜曰：俞，往欽哉。

帝至此納禹之諫，乃作歌曰：天命不可常也，待禍福之至而慮之，則晚矣，當以時慮其微者。蓋始從禹之諫而取益之言，有畏滿思謙之意也。皋陶颺言曰：念哉，申禹之諫也。曰凡所興作，慎用刑，廣禹之意也。雖成功猶内自省，終益之戒也。帝之歌曰，股肱喜，則元首起而百工熙。皋陶反之曰，良康惰壞，皆元首之致也。嗚呼！唐虞之際，于斯爲盛，而學者不論，惜哉。

【眉批】

用修曰：按《尸子》云：行塗以楯，行險以撮，行山乘樏，行沙乘軌。輴、軌、樏、撮是曰四載。舟車常所乘，宜不在四内也。

了凡曰：按血食曰鮮，恐未然。若以庶鮮食爲衆鳥獸之肉，則庶艱食將何指耶？況益烈山澤，禽獸逃匿，又安所得其肉也？水土未平，自食之難，則曰艱。自食之少，則曰鮮。烝民乃粒，非至此始。粒食乃是向之鮮者廣，艱者易，而人皆粒食也。若謂至是始粒食，則前暨稷所播者豈但種而不食乎？

用修曰：《漢書·律曆志》引《古文尚書》：予欲聞六律五聲，八音七始詠，以出納五言，今文「七始詠」作「在治忽」。史绳祖據漢郊祀歌「七始華始，肅倡和聲」而以今文「在治忽」近于傅會。以予考之，此言聲律音韻是一類事，但《漢書》注不注七始之義。今之切韻宫、商、角、徵、羽之外又有半商、半徵，蓋牙齒舌喉唇之外有深喉、淺喉二音，此即所謂「七始詠」，詠即韻也。汗簡隸古七始詠夾始，蓋古文七作桼，桼與夾相近而誤，猶可驗史氏之説爲是。由此言之，切韻之法自舜世已然，不起于西域胡僧又可知，予表出之。

又曰：聖人與惡人人品相懸，而其机原不甚相遠。一念虚便是舜，一念滿便是丹朱。故以無若丹朱戒舜，非洞明聖凡之戒者不能。

了凡曰：堂上之樂以歌爲主，而鳴球琴瑟皆輕清，而在堂上者，以之合于八聲，故曰以詠。堂下之樂以管爲主，而鼗鼓笙鏞與上間作，故曰以間。

王炎曰：八音以石爲君，而韶樂以球爲首，故獨言石。

王仲山曰：夔之言非出于一時，而虞史並記之，亦非定以宗庙朝廷對言也。

用修曰：脞，徐邈讀作瑣。

東坡書傳卷五

夏　書

禹貢第一

禹别九州，隨山濬川，任土作貢。

不貢所無及所難得。

禹敷土，

敷道修載叙乂，皆治也。

隨山刊木，

山行多迷，刊木以表之，且以通道。《史記》云：山行表木。

奠高山大川。

奠，定也。高山，五岳。大川，四瀆。定其名秩，祀禮所視。

冀州，

堯河水爲患最甚，江次之，淮次之。河行冀、兗爲多，而青、徐其下流，被害亦甚。堯都于冀，故禹行自冀始，次于兖，次于青，次于徐，四州治而河患衰矣。雍、豫雖近河，以下流既治，可以少緩也，故次乎揚，次乎荆，以治江淮，江淮治而水患平。次于豫，次于梁，次于雍，以治江河上流之餘患，而雍最高，故終焉。八州皆言自某及某爲某州，而冀獨否，蓋以餘州所至而知之，先賦後田，不言貢篚，皆與餘州異。

既載壺口，治梁及岐。

壺口，在河東屈縣東南。梁山，在左馮翊夏陽縣西北。岐山，在扶風美陽縣西北。梁、岐二山在雍州。今于冀州言之者，豈當時河患上及梁、岐乎？禹通砥柱，則壺口平，而梁、岐自治。因河而言，非以二山爲冀州之地也。

既修太原，至于岳陽。

太原，晋陽也。岳，太岳也，亦號霍太山，在彘縣東。

覃懷底績，至于衡漳。

覃懷，河内懷縣，漳水横流入河。衡，横也。濁漳水出長子縣東，至鄴，入清漳。清漳水出上黨沾縣大黽谷東北，至渤海阜城縣入河。

厥土惟白壤，

無塊曰壤。

厥賦惟上上錯，厥田惟中中。

賦田所出，穀米兵車之類，《禹貢》田賦皆九等，此爲第一雜出第二之賦。冀州，畿内也，田中中而賦上上，理不應爾，必當時事有相補除者，豈以不貢而多賦耶，然不可以臆説也。

恒、衛既從，大陸既作。

恒水，出常山上曲陽縣，東入滱水。衛水，出常山靈壽縣，東北入滹沲。大陸，在鉅鹿縣北，水已復故道，則大陸之地可耕作。

島夷皮服。

東北海夷也，水患除故服皮服。

夾右碣石，入于河。

碣石，海畔山，在北平驪城縣西南。河自碣石山南渤海之北入海。夾，挾也，自海入河，逆流而西，右顧碣石，如在挾掖也。

濟河惟兗州。

河、濟之間，相去不遠兗州之境，北距河，東南跨濟，非止于濟也。

九河既道，

河水自平原以北，分爲九道，其名據《爾雅》，則徒駭也，太史也，馬頰也，覆釜也，胡蘇也，簡也，潔也，鈎槃也，鬲津也。漢成帝時，河堤都尉許商上書曰：古記九河之名，有徒駭、胡蘇、鬲津，今見在成平、東光、鬲縣。自鬲津以北，至徒駭，其間相去二百餘里。以許商之言考之，徒駭最北，鬲津最南。蓋徒駭是河之本道，東出分爲八枝，徒駭在成平，胡蘇在東光，鬲津在鬲縣，其餘不可復知也。然《爾雅》九河之次，自北而南，既知三河之處，則其餘六者，太史、馬頰、覆釜，當在東光之北，成平之南。簡潔、鈎槃，當在東光之南，鬲縣之北也。其河堙塞，時有故道，《春秋緯·寶乾圖》云：移河爲界，在齊呂填閼八荒以自廣。故鄭玄云：齊威公塞之，同爲一河。今河間弓高以東，至平原、鬲津，往往有其遺處，蓋塞其八枝，並使歸于徒駭也。

雷、夏既澤，灉、沮會同。

灉、沮，二水。雷澤，在濟陰成縣西北。

桑土既蠶，是降丘宅土。厥土黑墳，

黑而墳起。

厥草惟繇，厥木惟條。

繇，茂也。條，長也。

厥田惟中下，厥賦貞。

貞，正也。賦當隨田高下，此其正也。其不相當者，蓋必有故，如向所云相補除者，非其正也。此州田中下，賦亦中下，皆第六。

作十有三載，乃同。

兖州河患最甚，故功後成，至于作十有三載。

厥貢漆絲，厥篚織文。

幣帛盛于篚，《書》曰：篚厥玄黄。

浮于濟、漯，達于河。

順流曰浮。因水入水曰達。漯水，出東郡東武陽縣，至樂安千乘縣入海。濟水，具下文，自漯入濟，自濟入河。

海岱惟青州。

西南至岱宗，東北跨海至遼東。舜十二州，分青爲營，營州，即遼東也。漢末公孫度據遼東，自號青州刺史。

嵎夷既略，濰、淄其道。

嵎夷即《堯典》嵎夷也。略，用功少也。濰水，出瑯邪箕屋山北，至都昌縣入海。淄水，出太山萊蕪縣原山東北，至千乘博昌縣入海。

厥土白墳，海濱廣斥。

《説文》云：東方謂之斥，西方謂之鹵。鹵，鹹地也。

厥田惟上下，厥賦中上。

田第三，賦第四。

厥貢鹽、絺，

絺，細葛也。

海物惟錯，

錯，雜也，魚鰕之類。

岱畎絲枲，鉛松怪石。

畎，谷也。枲，麻也。鉛，錫也。怪石，石似玉者。貢此八物。

萊夷作牧，

《春秋》夾谷之會，萊人以兵劫魯侯，孔子曰：兩君合好，而裔夷之俘，以兵亂之。以是知古者東萊之有夷也。牧，芻牧也。《傳》曰：牧隰皋，井衍沃。蓋海水患除，始芻牧也。

厥篚檿絲。

《爾雅》：檿，桑，山桑。惟東萊出，此絲以織繒，堅韌異常，萊人謂之山璽。萊夷作牧而後有此，故書篚在作牧之後。

浮于汶，達于濟。

汶水，出太山萊蕪縣，西南入濟。諸州之末，皆記入河水道。以堯都在冀，而河行于冀也。雖不言河，濟固達河也。

海岱及淮惟徐州。

東至海，北至岱，南及淮。

淮、沂其乂，蒙羽其藝。

淮水，出桐栢山，其原遠矣，于此言之者，淮水至此而大，爲害尤甚，喜其治故于此記之。沂水，出太山，蓋縣臨樂子山，南至下邳入泗。蒙山，在太山蒙陰縣西南。羽山，在東海祝其縣南。二水既治，則二山可種。

大野既豬，東原厎平。

大野澤，在山陽鉅野縣北。東原，今東平郡也。水之停曰豬。

厥土赤埴墳，

土黏曰埴。

草木漸包。

進長曰漸，藂生曰包。

厥田惟上中，厥賦中中，

田第二，賦第五。

厥貢惟土五色。

王者封五色土爲社，建諸侯，則以其方色土賜之。燾以黄土，苴以白茅，使歸其國立社。

羽畎夏翟，

夏翟，雉也。羽中旌旄，羽山之谷有之。

嶧陽孤桐，

東海下邳縣西，有葛嶧山，即此山也。其特生之桐，中琴瑟。

泗濱浮磬，

泗水依山，水中見石，若浮于水上，此石可爲磬。

淮夷蠙珠，曁魚，

《詩》有淮夷，知古者淮有夷也。蠙，蚌屬，出珠，惟淮夷有珠，曁魚，如萊夷之有檿絲也，貢此六物。

厥篚玄纖縞。

玄，黑繒。縞，白繒。纖，細也。

浮于淮泗，達于河。

自淮泗入河，必通于汴，世謂隋煬帝始通汴入泗，禹時無此水道，以疑《禹貢》之言，此特學者考之不詳而已。謹按《前漢書》：項羽與漢約中分天下，割鴻溝以西爲漢，以東爲楚。文穎注云：于滎陽下，引河東南爲鴻溝，以通宋、鄭、陳、蔡、曹、衛，與濟、汝、淮、泗會于楚，即今官渡是也。魏武與袁紹相持于官渡，乃楚、漢分裂之處，蓋自秦、漢以來有之，安知非禹迹耶。《禹貢》九州之末，皆記入河水道，而淮泗獨不能入河，帝都所在，理不應爾，意其必開此道以通之，其後或爲鴻溝，或爲官渡，或爲汴，上下百餘里間不可必，然皆引河水而注之淮泗也。故王濬伐吴，杜預與之書曰：足下既摧其西藩，當徑取秣陵，討累世之逋寇，釋吴人于塗炭，自江入淮，逾于泗汴，泝河而上，振旅還都，亦曠世一事也。王濬舟師之盛，古今絶倫，而自泗汴泝河，可以班師，則汴水之大小當不減于今，又足以見秦、漢、魏、晋皆有此水道，非煬帝創開也。自唐以前，汴泗會于彭城之東北，然後東南入淮，近歲汴水直達于淮，不復入泗矣。吴王夫差闕溝通水，與晋會于黄池，而江始有入淮之道，禹時則無之。故《禹貢》曰：沿于江海，達于淮泗，明非自海入淮，則江無通淮之道，今之末直云浮于淮泗，達于河，不言自海，則鴻溝、官渡、汴水之類，自禹以來有之明矣。

淮海惟揚州。

北跨淮，南跨海。

彭蠡既豬，陽鳥攸居。

陽鳥，鴻雁之屬也。去寒就暖，九月而南，正月而北。彭蠡在彭澤西北，北方之南，南方之北也，故陽鳥多留于此。用修曰：日之行，夏至漸南，冬至漸北，鴻雁南北與日進退，隨陽之鳥，故稱陽鳥也。

三江既入，震澤底定。

三江之入，古今皆不明，予以所見考之。自豫章而下，入于彭蠡，而東至海，爲南江。自蜀岷山至于九江彭蠡，以入于海，爲中江。自嶓冢導漾，東流爲漢，過三澨大别，以入于江，東匯澤爲彭蠡以入于海，爲北江。此三江，自彭蠡以上爲二，自夏口以上爲三，江、漢合于夏口，而與豫章之江皆匯于彭蠡，則三江爲一，過秣陵、京口以入于海，不復三矣。然《禹貢》猶有三江之名，曰北、曰中者，以味别也。蓋此三水性不相入，江雖合而水則異，故至于今而有三泠之説。古今稱唐陸羽知水味，三泠相雜而不能欺，不可誣也。予又以《禹貢》之言考之，若合符節。禹之叙漢水也，曰嶓冢導漾，東流爲漢，又東爲滄浪之水，過三澨，至于大别，南入于江，至于東，匯澤爲彭蠡，東爲北江，入于海。夫漢既已入江，且匯爲彭蠡矣，安能復出爲北江以入于海乎？

知其以味別也。禹之叙江水也，曰岷山導江，東別爲沱，又東至于澧，過九江，至于東陵，東迤北，會于匯東爲中江，入于海。夫江既已與漢合，且匯爲彭蠡矣，安能自別爲中江，以入于海乎，知其以味別也。漢爲北江，岷山之江爲中江，則豫章之江爲南江，不言而可知矣，禹以味別信乎。曰濟水既入于河，而溢爲滎，禹不以味別，則安知滎之爲濟也。堯水之未治也，東南皆海，豈復有吴越哉。及彭蠡既豬，三江入海，則吴越始有可宅之土，水之所鍾，獨震澤而已。故曰三江既入，震澤底定。孔安國以爲自彭蠡江分爲三，入震澤爲北入于海，疏矣。蓋安國未嘗南游，按經文以意度之，不知三江距震澤遠甚，決無入理，而震澤之大小，決不足以受三江也。班固曰：南江從會稽陽羨東入海，北江從會稽毗陵縣北東入海，會稽並陽羨有此三江，然皆是東南枝流小水，自相派別而入海者，非《禹貢》所謂中江、北江自彭蠡出者也。徒見《禹貢》有南、北、中三江之名，而不悟一江三泠合流而異味也。故雜取枝流小水以應三江之數，如使此三者爲三江，則是與今京口入海之江爲四矣。京口之江，視此三者，猶畎澮，禹獨遺大而數小何耶？

篠簜既敷，

篠，竹箭也。簜，大竹闊節曰簜。

厥草惟夭，厥木惟喬。

少長曰夭，喬高也。

厥土惟塗泥，厥田惟下下，厥賦下上上，錯。

田第九，賦第七，雜出第六。

厥貢惟金三品。

金、銀、銅。

瑶琨篠簜，

瑶琨，石似玉者。

齒革羽毛惟木，

齒，象齒。革，犀革之類。毛，旄牛尾之類。木，楩楠豫章之類。貢此數物。

島夷卉服，厥篚織貝，

南海島夷，績草木爲服，如今吉貝木綿之類，其紋斕斑如貝，故曰織貝。《詩》曰：萋兮斐兮，成是貝錦。

厥包橘柚錫貢。

小曰橘，大曰柚。包，裹而致也。《禹貢》言錫者三，大龜不可常得，磬錯不常用，而橘柚常貢，則勞民害物，如漢永平、唐天寶荔枝之害矣，故皆錫命乃貢。

沿于江海，達于淮泗。

達泗，則達河矣。

荆及衡陽惟荆州。

舊有三條之説，北條荆山，在馮翊懷德縣南。南條荆山，在南郡臨沮縣東北。自南條荆山至衡山之陽，爲荆州。自北條荆山至于河，爲豫州。

江漢朝宗于海。

二水經此州入海，百川以海爲宗。宗，尊也。

九江孔殷，

九江，在今廬江潯陽縣南，《潯陽記》有九江名。一曰烏白江，二曰蚌江，三曰烏江，四曰嘉靡江，五曰畎江，六曰源江，七曰廩江，八曰提江，九曰菌江。般，當也，得水所當行也。

沱潛既道。

《爾雅》：水自江出爲沱，自漢出爲潛。南郡枝江縣有沱水，尾入江，華容縣有夏水，首出江，尾入沔，此荆州之沱潛也。蜀郡郫縣有沱江，及漢中安陽，皆有沱水、潛水，尾入江漢，此梁州之沱潛也。孔安國云：沱潛發源梁州，入荆州。孔穎達云：雖于梁州合流，還于荆州分出，猶如濟水入河，還從河出也。以安國、穎達之言考之，則味别之説，古人蓋知之久矣。梁州、荆州相去數千里，非以味别，安知其合而復出耶。

雲土夢作乂。

《春秋》傳曰：楚子與鄭伯，田于江南之夢。□□□寢于雲中，則雲與夢二土名也。而云雲土夢者，古語如此，猶曰玄纖縞云爾。

厥土惟塗泥，厥田惟下中，厥賦上下。

田第八，賦第三。

厥貢羽毛齒革，惟金三品，杶幹栝柏，

杶，杻也，以爲弓幹。柏葉松身曰栝。

礪砥砮丹，惟箘簵楛。

箘簵，美竹。楛，中矢幹。貢此十物。

三邦底貢厥名。

三邦，大國、次國、小國也。杶幹栝柏，礪砥砮丹，與箘簵楛，皆物之重者。荆州去冀最遠，而江無達河之道，難以必致重物，故使此州之國，不以大小，但致貢其名數而準其物，易以輕資致之京師，重勞人也。

包匭菁茅，

匭，匣。菁茅，以供祭縮酒者。

厥篚玄纁璣組，

纁，絳也。三入爲纁。璣，珠類。組，綬類。

九江納錫大龜。

尺二寸曰大龜，寶龜也，不可常得，故錫命乃納之。

浮于江沱潛漢，逾于洛，至于南河。

江無達河之道，捨舟陸行以達于河，故逾于洛，自洛則達河矣。河行冀州之南，故曰南河。

荆河惟豫州。

自北條荆山，至河甚近，當是跨荆而南，猶濟河惟兖州也。

伊洛瀍澗，既入于河。

伊水，出弘農盧氏縣東熊耳山，東北入洛。洛水，出弘農上洛縣冢領山，東北至鞏縣入河。瀍水，出河南穀城縣潛亭北，東南入洛。澗水，入弘農新安縣東南入洛。三水入洛，洛入河。

滎波既豬，

沇水入河，溢爲滎澤。堯時滎澤常波而今始豬也。今滎陽在河南，春秋衛、狄戰于滎澤，當在河北。孔穎達謂此澤跨河而南北也。

導菏澤，被孟豬。

沇水東出于陶丘北，又東爲菏澤，在濟陰定陶縣東。孟豬，在梁國睢陽縣東北。水流溢，覆被之。

厥土惟壤，下土墳壚。

壚，疏也，或曰黑也。

厥田惟中上，厥賦錯上中。

田第四，賦第二，雜出第一。

厥貢漆臬絺紵。

貢此四物。

厥篚纖纊，

細綿也。

錫貢磬錯。

治磬錯也。以玉爲磬，故以此石治之。

浮于洛，達于河。

自華山之南，至黑水，皆梁州。華陽黑水惟梁州。

岷嶓既藝，沱潛既道。

岷山、嶓冢，皆山名也。沱水出于江，潛水出于漢，二水發源此州而復出于荆州，故于荆州亦云。

蔡蒙旅平，

蔡、蒙，二山。蒙山在蜀郡青衣縣，今曰蒙頂。祭山曰旅，水患平始祭也。

和夷底績。

和夷，西南夷名。

厥土青黎。

黎，黑也。

厥田惟下上，厥賦下中，三錯。

田第七，賦第八，雜出第七第九。

厥貢璆鐵，銀鏤砮磬，

璆，美玉也。鏤，剛鐵也，可以鏤者。

熊羆狐狸，織皮。

以罽者曰織，以裘者曰皮。

西傾因桓是來，浮于潛，逾于沔。

西傾，山名，在隴西臨洮縣西南，桓水出焉。桓入潛，潛入河，漢始出爲漾，東南流爲沔，至漢中東行爲漢。

入于渭，亂于河。

沔在梁州山南，而渭在雍州山北，沔無入渭之道。然按《前漢書》，武帝時人有上書，欲通褒斜道及漕，事下張湯，問之云：褒水通沔，斜水通渭，皆可以漕，從南陽下沔，入褒，褒絶水至斜間百餘里，以車轉從斜下渭，如此，漢中穀可致，此則自沔入渭之道也。然褒斜之間絶水百餘里，故曰逾于沔，蓋禹時通謂褒爲沔也。

黑水西河惟雍州。

西跨黑水，東至河，河在冀州西。

弱水既西，

衆水皆東，此水獨西。

涇屬渭汭。

涇水入渭。屬，連也。汭，水涯也。

漆沮既從，

從，如少之從長，渭大而漆沮小，故言從。

灃水攸同。

灃、渭相若，故言同。

荆、岐既旅，

荆，北條荆山也。

終南、惇物，至于鳥鼠。

三山名，武功縣東，有太一山，即終南山。有垂山，即惇物。

原隰厎績，至于豬野。

《詩》云度其隰原，即此原隰也。豳地武威縣東，有休屠澤，即豬野。

三危既宅，三苗丕叙。

《春秋》傳曰：先王居檮杌于四裔，允姓之奸，居于瓜州。杜預云：允姓之祖，與三苗俱放于三危。瓜州，今敦煌也。

厥土惟黄壤，厥田惟上上，厥賦中下。

田第一，賦第六。

厥貢惟球琳琅玕。

球琳，玉。琅玕，石而似珠。貢此二物。

浮于積石，至于龍門、西河，會于渭汭。

積石山，在金城河關縣西南，河所經也。龍門山，在馮翊夏陽縣北，禹鑿以通河也。渭水至長安東北入河，河始大，自渭汭而下，巨舟重載，皆可以達冀州矣。

織皮，崑崙、析枝、渠搜，西戎即叙。

《禹貢》之所篚，皆在貢後立文，而青、徐、揚三州，皆萊夷、淮夷、島夷所篚。此云織皮，崑崙、析枝、渠搜，西戎即叙，大意與上三州無異，蓋言因西戎即叙而後崑崙、析枝、渠搜三國，皆篚織皮，但古語有顛倒詳略爾。其文當在「厥貢惟球琳琅玕」之下，其「浮于積石，至于龍門、西河，會于渭汭」三句，當在「西戎即叙」之下，以記入河水道，結雍州之末，簡編脱誤，不可不正也。

導岍及岐，至于荆山。

岍山，在扶風，即南岳也。荆山，北條荆山也。孔子叙《禹貢》曰：禹别九州，隨山濬川。蓋言此書一篇而三致意也。既畢九州之事矣，則所謂隨山與濬川者，復申言之。隨山者，隨其地脉而究其終始也。何謂地脉？曰地之有山，猶人之有脉也。有近而不相連者，有遠而相屬者，雖江河不能絶也。自秦蒙恬始言地脉，而班固、馬融、王肅治《尚書》皆有三條之説，鄭玄則以爲四列，古之達者已知此矣。北條山道，起岍岐而逾于河，以至太岳，東盡碣石以入于海，是河不能絶也。南條之山自嶓冢岷山，至于衡山，過九江，至于敷淺原，是江不能絶也。皆禹之言卓然見于經者，非地脉而何？自此以下至敷淺原，皆隨山之事也。

逾于河，壺口、雷首，至于太岳。

三山之名也。雷首，在河東蒲坂南。太岳者，霍太山也。

底柱、析城，至于王屋。

底柱，在陝東北。析城，在河東濩澤西南。王屋，在河東垣縣東北。

太行、恒山，至于碣石，入于海。

太行山，在河内山陽縣西北。恒山，在上曲陽縣西北。

西傾、朱圉、鳥鼠，

西傾山，在隴西臨洮縣西南。朱圉山，在天水冀縣南。鳥鼠同穴山，在隴西首陽縣西南。

至于太華。

太華，在京兆華陰南。

熊耳、外方、桐柏，至于陪尾。

熊耳山，在弘農盧氏縣東。外方，嵩高山也，在潁川。桐柏在南陽平氏縣東南。陪尾山，在江夏安陸縣東北。

導嶓冢，至于荆山。

東條荆山。

内方，至于大别。

内方山，在江夏竟陵縣東北，《春秋》傳曰：吴、楚夾漢而陳，自小别至于大别。二别山皆在漢上。

岷山之陽，至于衡山。

岷山，在蜀郡湔氏西。衡山，在長沙湘南縣東南。

過九江，至于敷淺原。

豫章歷陵縣南，有博陽山，即敷淺原。

導弱水，至于合黎，餘波入于流沙。

合黎山，在張掖郡删丹縣。弱水自此西至酒泉。合黎，張掖郡有居延澤，在縣東即流沙也。自此以下，皆濬川之事也。所導者九，弱水不能載物，入居延澤中不復見，此水之絶異者也。黑水、漢水與四瀆，皆特入海，渭、洛皆入河達冀之道。故特記此九者，餘不録也。

導黑水，至于三危，入于南海。

黑水得越河入南海者，河自積石以西，皆多伏流，故黑水得越而南也。

導河積石，至于龍門。

施功發于積石。

南至于華陰，東至于底柱，又東至于孟津。

孟津，在河内河陽縣南，都道所湊，古今以爲津。

東過洛汭，至于大伾。

洛汭，洛入河處，在河南鞏縣東。大伾山，在黎陽，或曰成皋。

北過降水，至于大陸。

河至大伾而北，降水在信都。

又北播爲九河，同爲逆河，入于海。

播，分也。逆，迎也。既分爲九，又合爲一，以一迎八而入于海，即渤海也。

嶓冢導漾，東流爲漢，

嶓冢山，在梁州南。

又東爲滄浪之水。

出荆州東南，流爲滄浪之水，即漁父所歌者也。

過三澨，至于大别，

三澨水，在江夏竟陵。

南入于江，

觸大别山而南。

東匯澤爲彭蠡。

匯，迴也。

東爲北江，入于海。岷山導江，東别爲沱。

江東南流，沱東行。

又東至于澧。

澧水在荆州，《楚詞》云：遺予佩兮澧浦。

過九江，至于東陵，東迤北，會于匯。

迤，迤邐也。匯，彭蠡也。

東爲中江，入于海。

今金山以北，取中泠水，味既殊絶，稱之輕重亦異，蓋蜀江所爲也。

導沇水，東流爲濟，入于河，溢爲滎。

濟水，出河東垣縣王屋山東南，至河内武德縣，入河並流而南截河，又並流溢出，乃爲滎澤也。

東出于陶丘北。

陶丘，在濟陰定陶西南。

又東至于菏，又東北會于汶，

汶入濟也。

又北東入于海。導淮自桐栢，

淮水出胎簪山東北，過桐栢。胎簪，蓋桐柏之傍小山也。

東會于泗沂，東入于海。

泗水，出濟陰乘氏縣，至臨淮睢陵縣入淮，沂水先入泗，泗入淮也。

導渭自鳥鼠同穴，東會于澧。

澧入渭也。

又東會于涇，

涇入渭也。涇水出安定涇陽縣西，東南至馮翊陽陵縣入渭。

又東過漆沮，入于河。

沮水出北地直路縣東入洛，鄭渠在太上皇陵東南，濯水入焉，俗謂之漆水，又謂之漆沮。其水東入洛，此言東會于澧，又東會于涇，又東過漆沮者，渭水自西而東之次也。雍州所云涇屬渭汭，漆沮既從，澧水攸同者，散言境内諸水，非西東之次也。《詩》云：自土沮漆。乃豳地，非此漆沮。

導洛自熊耳，東北會于澗瀍。又東會于伊，又東北入于河。九州攸同，書同文，車同軌。

四隩既宅。

隩，深也。四方深遠者，皆可居。

九山刊旅，九川滌源，九澤既陂，四海會同。六府孔修，

水火金木土穀。

庶土交正，厎愼財賦，咸則三壤，成賦中邦。

交，通也。正，平準也。庶土不通有無，則輕重偏矣，故交通而平準之。九州各則壤之高下，以制國用，爲賦入之多少。中邦，諸夏也。貢篚有及于四夷者，而賦止于諸夏也。

賜土姓，

《春秋》傳曰：天子建國，因生以賜姓，胙之土而命之氏。

祗台德先，不距朕行。

台，我也。我以德先之，則民敬而不違矣。

五百里甸服，

王畿千里，面五百里也。甸，田也，爲天子治田。

百里賦納總，

總，藁穟並也，最近故納總。

二百里納銍，

銍，刈也。刈其穟，不納藁。

三百里納秸服，

秸，藁也，以藁爲藉薦之類，可服用者。

四百里粟，五百里米。

稍遠故所納者愈輕。

五百里侯服，

此五百里始有諸侯，故曰侯服。

百里采，

卿大夫之采也。

二百里男邦，

與百里采通爲二百里也，男邦小國也。

三百里諸侯。

自三百里以往，皆諸侯也。諸侯，大國次國也，小國在內，依天子而國，大國在外以禦侮也。

五百里綏服，

綏，安也。

三百里揆文教，二百里奮武衛。五百里要服，

總其大要，法不詳也。

三百里夷，

雜夷俗也。

二百里蔡。

放有罪曰蔡。《春秋》傳曰：殺管叔而蔡蔡叔。

五百里荒服，

其法荒略。

三百里蠻，二百里流。

罪大者流于此。

東漸于海，西被于流沙，朔南暨，聲教訖于四海。禹錫玄圭，告厥成功。

以五德王天下，所從來尚矣。黄帝以土故曰黄，炎帝以火故曰炎，禹以治水得天下，故從水而尚黑。殷人始以兵王，故從金而尚白。周人有流火之祥，故從火而尚赤。湯用玄牡，蓋初克夏，因其舊也。《詩》云：有客有客，亦白其馬。是殷尚白也。帝錫禹以玄圭，爲水德之瑞，是夏尚黑也。此五德所尚之色，見于經者也。

【眉批】

了凡曰：《禹貢》文字極好，視後世圖經、地志之作，筆力萬倍。

又曰：《禹貢》一書只重治水上。夫治水莫先于知地勢之高下，故敷土；莫先于知水勢之緩急，故隨刊；又莫先于知水勢之出入，故奠山川。

用修曰：《禹貢》奠高山大川，其九州之名，以地名州而不以州分地，盖荆衡萬古不徙之山，而河濟者萬古不泯之水也。以故荆兖之名得附河濟荆衡而不減，萬世而下求禹貢九州之域者，皆可得而考也。九州惟冀無所至者，舉八州而界自見，亦所以别帝都而大一統也。九疇之皇極，貢法之公田，見于此矣。揚不南，青、雍不言北，則以其境接蠻狄提封，叛服不常乎？

了凡曰：梁、岐相去近，中間無別山，故曰及。太原、岳陽相去遠，中間非一處，故曰至。

又曰：冀爲王都，貢皆並入賦内，故第一。然猶雜出第二者，地力有上下年分之不同，如周官田一易再易之類也。

用修曰：右碣石即河赴海處，右北平郡南二十里。左碣右在高麗。唐書云「碣山在漢樂浪郡遂城縣，長城起于此山。」

了凡曰：九河即禹播之而爲九者，在今滄、瀛、景、德之間，未嘗淪入於海。徒駭等名出自《爾雅》，蔡仲默合簡潔爲一，而謂其一即河之經流，誤也。今南皮縣明有簡河，何嘗與潔爲一河？既播之爲九，又安得有經流乎？

用修曰：《九州要記》云：睢渙之間出文章，天子郊廟御服出焉。所謂「厥篚織文」也。《述異記》：睢渙二水波文皆若五色，其人多文章，故名繢水。《文選》陳琳書云：游睢渙者嘗藻繢之彩。杜詩：衣冠迷適越，藻繢憶游睢。

了凡曰：《漢志》謂濰水出瑯琊箕屋山，北至東昌入海。蔡謂出濰山，豈濰山即箕屋山歟？淄水出岱北之原山，東北至博昌入海。蔡謂入泲，誤也。濰在東南，淄在西北。

用修曰：古書解者多失，其義遠害於理。《尚書》注怪石之貢，以爲奇怪之石，若後世灵壁、太湖，嵌空玲瓏，以供戲玩。是禹爲牛僧孺、米元章也。又解《禹貢》三江之水味别，是以聖人爲品水鬭茶，如陸羽、張又新之流也。思之可發一笑。

又曰：檿，烏簞切。《説文》：山桑有點文者。引《詩》「其檿其柘」。《國語》「檿弧箕服」。孔氏書注：食檿之蠶，絲可以弦琴瑟。檿，《史記》作「酓」。

邵二泉曰：江漢水漲，彭蠡鬱不流，逆爲巨浸，無仰其入，而有賴其過。彼不過則此不積，所謂滙也者如此，故曰「比會於滙」。滙言其外也，蠡言其内也。于滙不于彭蠡，勢則然也，蓋實志也。江水濬發，最在上流，其次則漢自北入，其次則彭蠡自南北入。三水並持而東，則江爲中江，漢爲北江，彭蠡所入爲南江可知已，非判然異派之謂也。且江漢之合，茫然一水，難見其爲江也，不見其爲漢也，故曰中江，曰北江，然其勢則相敵也，故曰江漢朝宗。凡集傳謂經誤者非是。

魏莊渠曰：《禹貢》東滙澤爲彭蠡，無仰于江漢也。噫，胡不求諸禹未疏鑿以前耶？江右山勢四盤，衆水同出，彭蠡爲口，形則高仰，非得江漢外水闌之，還能瀦而後泄耶？

《爾雅》云：東南之美者，有會稽之箭竹焉。是揚州之竹尤美，故别出之也。南地温暖，故草皆少長，而木皆上疏。河朔地寒，雖抱拱之木，不能高也。

用修曰：塗音怕，平聲，地泉濕也。《東方朔傳》：伊優牙老柏塗。解云：塗者，伽漸濘也。可知其音矣。

用修曰：潛一作灊。江原有郪江，首出江南，至犍爲、武陽又入江，豈沱之類與？

了凡曰：江北爲雲，江南爲夢。雲之地止于土見，而夢之地已可耕治，豈江南高于江北歟？楊升庵譏蔡傳之悮，有辨甚明。

用修曰：闞駰《十三州記》曰：不言入而言被者，明不常入也，水盛方乃覆被矣。《史記》夏禹紀作「道菏澤，被明都」。索隱：明都，音益豬，澤在梁國睢陽縣。《周禮》又作望諸。

了凡曰：按蔡氏云：雍之東北境則自積石至于西河，西南境則會于渭汭。夫積石在雍之西境，而此云東北，誤矣。雍東距河，若果東北境，應徑自入河矣，何煩從積石耶？

又曰：按蔡氏云：三國皆貢皮衣，故以織衣冠之。皆西方戎落，故以西戎總之。雍州水患既平，而餘功及于西戎，故附于末。蘇氏之説恐未是。

又曰：此導大河北境之山，與導河導沉二節相應，以沸出王屋，而餘皆河所經也。

又曰：此導大河南境之山，爲下導洛導誰導渭經始也。上導河之北境，故自雍而盡于冀之東北。此導河之南境，故自雍而盡于豫之東南。

又曰：此導江漢北境之山也。

又曰：此導江漢南境之山也。

用修曰：敷淺原，孔安國以爲博陽山，非也。《通典》云：蒲塘驛，漢歷陵縣，有敷淺原。驛西數十里有望夫山，蓋望敷淺原耳，猶望江、望都之例也。地志以婦望征夫説之，蓋妄矣。今崇陽縣西二百二十里有雲谿山，峻峭清流，界道如帶，即所謂敷淺原也。

了凡曰：按黑水出雍之西而南入于南海，爲雍、梁二州之西界。自積石西傾，岷山、岡脊以東之水，東入河漢，而岡脊山西之水皆入黑水，故其源亦非一也。

又曰：一播一同，此大禹治河之要領。

又曰：今之談沸水者，皆云發源爲沉一見也，自沇而下又伏矣。東流爲沸一見也，入河潛行又伏矣。溢爲滎一見也，自滎而下又伏矣。東出陶丘又一見也，自此不復伏。又東至于菏，又東北會于汶。此不但不得《禹貢》之意，並蔡傳之意而失之者也。夫既曰浮于汶，達于濟。又曰浮于濟漯，達于河。則自汶而沸，自沸而河，皆相通也明矣。斷續若此，何以通舟哉？傳之所謂既見而伏者，就王屋崖下而言也。由此歷虢公臺而西南入于河，溢而爲滎，河滿而沸溢也。東出于陶丘北者，即滎之沸東至沸之西而流出于陶丘之北也，傳未嘗言伏也。

又曰：詳經文之例，凡言導某水自某山者，皆水出其山之名也。惟河不出積石，故不言自。蔡氏拘于先言山而後言水，先言水而後言山之説，則孔疏有一言斷之曰：漾先山後水，淮、渭、洛先水後山，皆是史文詳略，無義例也。

又曰：「祗台」二句或謂禹自言。或作史臣之詞。曰台曰朕，夏史指禹爲我，猶孔子《春秋》指魯爲我也。一部《禹貢》皆史臣紀事之詞，無緣二句特紀禹言，還是史臣語氣。

用修曰：材生于天，不係乎地。《禹貢》紀山川而不紀風俗，風俗由乎上之教也。紀物産而不犯人才，人才由乎下之化也。

東坡書傳卷六

夏書

甘誓第二

啓與有扈，戰于甘之野，作《甘誓》。

《史記》：有扈，禹之後，其國扶風鄠縣是也。《國語》曰：夏有觀、扈，周有管、蔡。以比管、蔡兄弟之國也。甘，扈之南郊也。

大戰于甘，乃召六卿。

天子六師，其將皆命卿。

王曰：嗟！六事之人，予誓告汝，有扈氏威侮五行，怠棄三正。

王者各以五行之德，王易服色，及正朔。孔子曰：行夏之時，自舜以前，必有以建子建丑爲正者。有扈氏不用夏之服色正朔，是叛也，故曰威侮五行，怠棄三正。

天用剿絶其命，今予惟恭行天之罰。左不攻于左，汝不恭命；右不攻于右，汝不恭命。

左，車左也，主射。右，車右，執戈矛。攻，治也。

御非其馬之正，汝不恭命。

《春秋》傳曰：「楚許伯御樂伯，攝叔爲右，以致晉師。樂伯曰：『吾聞致師者，左射以菆。』攝叔曰：『吾聞致師者，右入壘，折馘執俘而還。』」是古者三人同一車，而御在中也。車六馬，兩服、兩驂、兩騑，各任其事，御之正也。王良曰：「吾爲之範我馳驅，終日而不獲一，爲之詭遇，一朝而獲十。」此所謂御非其馬之正也。

用命賞于祖，不用命戮于社，

孔子曰：當七廟五廟無虛主，師行，載遷之主以行，無遷廟，則以幣，曰主命，故師行有祖廟也。武王伐紂，師渡孟津，有宗廟，有將舟。將舟，社主在焉，故師行有社也。戮人必于社，故哀公問社，宰我對以戰栗。

予則孥戮汝。

戮及其子曰孥，堯、舜之世，罰弗及嗣。武王數紂之罪曰：罪人以族。孥戮非聖人之事也。言孥戮者，惟啓與湯，知德衰矣。然亦言之而已，未聞真孥戮人也。

【眉批】了凡曰：啓與有扈戰甘之野，據《書》序與《史記》、《説苑》皆稱禹與有扈氏三戰不服，修德一年，有扈請服。《莊子》亦稱禹攻有扈，國爲虛厲。《逸周書》亦稱有夏方興，扈氏弱，不恭。《墨子》稱甘誓之文，則稱禹誓。然則戰于甘者禹也，非啓也。

五子之歌第三

太康失邦，

太康，啓子也。

昆弟五人，

皆啓子。

須于洛汭，作《五子之歌》。

須，待也。

太康尸位，

尸，主也。

以逸豫滅厥德，黎民咸貳。

貳，携貳也。

乃盤游無度，

盤，樂也。

畋于有洛之表，

洛表，水南也。夏都河北，而畋于洛南，言其去國之遠也。

十旬弗反。有窮后羿，因民弗忍，距于河。

有窮，國名，羿其君也。《春秋》傳曰：后羿自鉏遷于窮石。忍，堪也。

厥弟五人，御其母以從，徯于洛之汭。

母徯焉而不歸，以著太康之不孝也。

五子咸怨，述大禹之戒以作歌。其一曰：皇祖有訓，民可近，不可下。民惟邦本，本固邦寧。予視天下，愚夫愚婦，一能勝予，一人三失。

皇祖，禹也。民可近者，言民可親近而不可疏也。不可下者，言民可敬而不可賤。若自賢而愚人，以愚視天下，則一夫可以勝我矣。一人三失者，失民則失天，失天則失國也。

怨豈在明，不見是圖。

怨不在大，當及其未明而圖之。

予臨兆民，

十萬曰億，十億曰兆。

凜乎若朽索之馭六馬。爲人上者，奈何不敬。

馭民若朽索之馭馬，不已過乎？曰：天下皆有所恃，民恃有司以安其身，有司恃天子之法以安其位，惟天子無所恃，恃民心而已。民心携，則天子爲獨夫，謂之朽索，不亦宜乎。

其二曰：訓有之：內作色荒，外作禽荒。甘酒嗜音，峻宇雕墻。有一于此，未或不亡。其三曰：惟彼陶唐，有此冀方。

陶唐，堯也。堯都平陽，舜都蒲坂，禹都安邑，皆在冀州。

今失厥道，亂其紀綱，乃底滅亡。

大曰綱，小曰紀，舜、禹皆守堯之綱紀。

其四曰：明明我祖，萬邦之君。有典有則，貽厥子孫。關石和鈞，王府則有。荒墜厥緒，覆宗絶祀。

關，通也。和，平也。緒，餘也。古者有五權，百二十斤曰石，三十斤曰鈞，舉其二則餘可知矣。太史公曰：禹以聲爲律，以身爲度，左準繩，右規矩，知度量權衡，凡法度之器，至禹明具。故曰我祖有典法以遺子孫，凡法度之器具在王府而吾不能守以亡也。

其五曰：嗚呼曷歸！予懷之悲，萬姓仇予，予將疇依？鬱陶乎予心，顔厚有忸怩，弗慎厥德，雖悔可追。

鬱陶，憤懑也。顔厚，色愧也。有，讀曰又。忸怩，心慚也。姚承庵曰：冐歸而懷之，悲情可憐矣。仇予而將疇依，尤可哀矣。鬱陶乎予心，其憂思也何如？

【眉批】

了凡曰：五子不咎羿而曰萬姓仇予，不咎萬姓而曰弗慎厥德，不咎太康而惟自怨艾，所謂怨而不怒也。太康失國由于不敬慎耳，始曰奈何不敬，終曰不慎厥德，以是終始焉。

胤征第四

羲和湎淫，廢時亂日，胤往征之，作《胤征》。

羲和掌天地四時之官，堯時爲四人，今此有國邑，而以沈湎得罪，則一人而已，不知其何自爲一也。按《史記》及《春秋》傳，晋魏绛、吴伍員，言帝太康、帝仲康、帝相、帝少康四世事甚詳。蓋羿既逐太康，太康崩，其弟仲康立而羿爲政。仲康崩，其子相立，相爲羿所逐。羿爲家衆所殺，寒浞代之。浞因羿室生澆及豷。使澆伐滅二斟，且殺相。相之后曰緡，方娠而逃于有仍，以生少康。少康復逃于有虞，虞思邑之于綸，少康布德以收夏衆，夏之遺臣靡，收二斟之餘民以滅浞，而立少康。少康滅澆與豷，然後祀夏配天，不失舊物。以此考之，則太康失國之後，至少康祀夏之前，皆羿、浞專政僭位之年，如曹操之于漢、司馬仲達之于魏也。胤征之事，蓋出于羿，非仲康之所能專明矣。羲和湎淫之臣也，而貳于羿，蓋忠于夏也。如王淩、諸葛誕之叛晋、尉遲迥之叛隋。故羿假仲康之命以命胤侯，而往征之。何以知其然也，曰：胤侯數羲和之罪，至于殺無赦，然其實狀，止于酣酒，不知日食而已。此一法吏所辦耳，何至于六師取之乎？夫酒荒廢職之人，豈復有渠魁脅從之事，是强國得衆者也。孔子叙《書》，其篇曰：羲和湎淫，廢時亂日者，言其罪止于此也。曰胤往征之者，見征伐號令之出于胤，非仲康之命也。此《春秋》之法。曰：然則孔子何取于此篇而不删去乎？曰：《書》固有非聖人之所取而猶存者也。孟子曰：盡信《書》不如無《書》。吾于《武成》取二三策而已。紂之衆既已倒戈，然猶縱兵以殺，至于血流漂杵，聖人何取焉？予于《書》見聖人所不取而猶存者二，《胤征》之挾天子令諸侯，與《康王之誥》，釋斬衰而服衮冕也。《春秋》晋侯召王而謂之巡狩，孔子書之于策曰：天王狩于河陽。若無簡牘之記，則後世以天王爲真狩也。胤征之事，孔氏必有師傳之説也，久遠而亡之耳。

惟仲康肇位四海，胤侯命掌六師。

胤，國名。

羲和廢厥職，酒荒于厥邑，胤后承王命徂征。告于衆曰：嗟予有衆，聖有謨訓，明徵定保，先王克謹天戒，臣人克有常憲，百官修輔，厥后惟明明。

徵，猶《書》所謂庶徵也。保，猶《詩》所謂天保也。羲和之罪，止于日食不知，故首引天事以誓之。

每歲孟春，遒人以木鐸，徇于路。

孟春觀治象之法，徇以木鐸，此《周禮·小宰》之事，而在夏則道人之職也。道之言，聚也。木鐸，金口木舌也。昔者有文事，則徇以木鐸，有武事，則徇以金鐸。

官師相規，工執藝事以諫。

工各執其事諫，如虞人之箴也。

其或不恭，邦有常刑。惟時羲和，顛覆厥德，沈亂于酒，畔官離次。

官局所在曰次。

俶擾天紀，

俶，始也，擾，亂也。

遐棄厥司。乃季秋月朔，辰弗集于房，瞽奏鼓，嗇夫馳，庶人走。

日月合朔于十二辰，今季秋之朔而不合于房，日食也。古有伐鼓用幣救日之事，《春秋》傳曰：惟正陽之月則然，餘否。今季秋而行此禮，蓋夏禮，與周異。漢有上林嗇夫，嗇夫，小臣。庶人，庶人之在官者。

羲和尸厥官，罔聞知，昏迷于天象，以干先王之誅。政典曰：先時者殺無赦，不及時者殺無赦。

先後時罪之薄者，必殺無赦，非虚政乎。惟軍中法，則或用之，穰苴斬莊賈是也。傳曰：國容不入軍，軍容不入國。此政典，夏之司馬法止用于軍中，今無以加羲和之罪，乃取軍法一切之政，而爲有司沈湎失職之罰，蓋文致其罪，非實事也。

今予以爾有衆，奉將天罰。爾衆士同力王室，尚弼予欽承天子威命。

曹操、司馬仲達、楊堅之流，討貳己者，未嘗不以王室爲辭也。

火炎崑岡，玉石俱焚。天吏逸德，烈于猛火。殲厥渠魁，脇從罔治。舊染污俗，咸與維新。

玉石俱焚，言不擇善惡也，天吏之勢猛于火，故脅從染污，皆非其罪，言此者以壞其黨與也。

嗚呼！威克厥愛，允濟，愛克厥威，允罔功。其爾衆士，懋戒哉。

先王之用威愛，稱事當理而已，不惟不使威勝愛，若曰：與其殺不辜，寧失不經。又曰：不幸而過，寧僭無濫。是堯、舜已來常務使愛勝威也。今乃謂威勝愛，則事濟，愛勝威，則無功，是爲堯、舜不如申、商也而可乎。此胤后之黨，臨敵誓師一切之言，當與申、商之言同棄不齒，而近世儒者，欲行猛政，輒以此藉口，予不可以不辨。

自契至于成湯，八遷，湯始居亳，從先王居，作《帝告》、《釐沃》。

自契至湯十四世，凡八徙都。契之世，父帝嚳都亳，湯自商丘遷焉，故曰從先王居。五篇皆《商書》也，經亡而序存，文無所托，故附《夏書》之末。

湯征諸侯，葛伯不祀，湯始征之，作《湯征》。

葛，梁國寧陵葛鄉也。征葛事見《孟子》。

伊尹去亳，適夏，既醜有夏，復歸于亳。

古稱伊尹五就湯，五就桀。夫湯與桀，敵國也，伊尹往來其間，皆聞其政，而兩國不疑，則伊尹聖人也，其道大矣，其信于天下深矣。是以廢太甲，復立之，而太甲安焉，非聖人而何。

入自北門，乃遇汝鳩、汝方，作《汝鳩》、《汝方》。

二臣名。

【眉批】

了凡曰：按李靖兵法云：凡將先有恩愛及于民，然後可以嚴刑。若愛未加而用竣法，鮮克濟焉。太宗舉「威克厥愛」問之，靖曰：愛設于先，威行于後，孫子之法，萬代不易。蓋李靖在兵中久知軍情，故以《尚書》之言不敢進。予謂《書》言不錯，解書者誤也。克，能也。軍中誅罰約束威□，於誅罰之中，而能行慈惠，是威能其愛也，撫循加惠愛也。於愛之中而能爲慘刻，是愛能其威也。如此看，方與上文「逸德猛火，罔治維新」之旨相合。

東坡書傳卷七

商書

湯誓第一

伊尹相湯伐桀。

古之君臣有如二君而不相疑者，湯之于伊尹，劉玄德之于諸葛孔明是也。湯言聿求元聖，與之戮力，而伊尹曰：惟尹躬暨湯，咸有一德。其君臣相期如此。故孔子曰：伊尹相湯伐桀，太甲不明而廢之，思庸而復之，君臣相安，此聖人之事也。玄德、孔明，雖非聖人，然其君臣相友之契，亦庶幾于此矣。玄德之將死也，囑孔明曰：「禪可輔輔之，不可君自取之。」非伊尹之流而可以屬此乎？孔明專蜀，事二君，雍容進退，初不自疑，人亦莫之疑者，使常人處之，不爲竇武、何進，則爲曹操、司馬仲達矣。世多疑伊尹之事，至謂太甲爲殺伊尹者，皆以常情度聖賢也。

升自陑，遂與桀戰於鳴條之野，作《湯誓》。

孔安國以謂桀都安邑，陑在河曲之南，安邑之西，湯自亳往，當由東行，故以升自陑爲出不意。又言武王觀兵孟津，以卜諸侯之心，而退以示弱，其言湯、武皆陋甚。古今地名道路有改易不可知者，安知陑、鳴條之必在安邑西耶？升陑以戰，記事之實，猶《秦誓》師渡孟津而已。或曰：升高而戰，非地利，以人和而已。夫恃人和而行師于不利之地，亦非人情，故皆不取。

王曰：格爾衆庶，悉聽朕言。非台小子，敢行稱亂，有夏多罪，天命殛之。今爾有衆，汝曰：我后不恤我衆，舍我穡事，而割正夏。予惟聞汝衆言，夏氏有罪，予畏上帝，不敢不正。今汝其曰：夏罪其如台，夏王率遏衆力，率割夏邑。有衆率怠弗協，曰：時日曷喪，予及汝皆亡。夏德若兹，今朕必往。

桀之惡，不能及商民，商民安于無事，而畏伐桀之勞，故曰我后不恤我衆，舍我穡事而割正夏，夏氏之罪，其能若我何。故湯告之曰：夏王遏絶衆力，以割夏邑。其民皆曰：何時何日當喪，吾欲與之皆亡。其亟若此，不可以不救。

爾尚輔予一人，致天之罰，予其大賚汝。爾無不信，朕不食言，爾不從誓言，予則孥戮汝，罔有攸赦。湯既勝夏，欲遷其社不可，作《夏社》、《疑至》、《臣扈》。

《春秋》傳曰：共工氏有子曰句龍，爲后土，后土爲社。烈山氏之子曰柱，爲稷，自夏以上祀之。周棄亦爲稷，自商以來祀之。是湯以棄易柱，而無以易句龍者，故曰欲遷其社不可。

夏師敗績，湯遂從之，遂伐三朡。

俘厥寶玉，誼伯、仲伯作《典寶》。

三朡，今定陶。四篇亡。

【眉批】

用修曰：蘇子由云：商人之書簡潔而明肅，其詩奮發而嚴厲，非深于文者不能爲此言。

仲虺之誥第二

湯歸自夏，至于大坰，

大坰，地名，《史記》作泰卷陶。

仲虺作誥。

《春秋》傳曰：薛之皇祖奚仲居薛，以爲夏車正，仲虺居薛，以爲湯左相。

成湯放桀于南巢，

廬江六縣東有居巢城，《書》有巢伯來朝，《春秋》楚人圍巢。桀奔于此，湯不殺也。

惟有慚德，曰予恐來世，以台爲口實。

後世放殺其君者，必以湯武藉口，其爲病也大矣。

仲虺乃作誥曰：嗚呼！惟天生民，有欲無主，乃亂，惟天生聰明時乂。有夏昏德，民墜塗炭，天乃錫王勇智，

凡聖人之德，仁義孝弟忠信禮樂之類，皆可以學至，惟勇也、智也，必天予而後能；非天予而欲以學求之，則智勇皆凶德也。漢高祖識三傑于衆人之中，知周勃、陳平于一世之後，此天所予智也。光武平生畏怯，見大敵勇，此天所與勇也，豈可學哉。若漢武帝、唐德宗之流，則古之學勇智者也，足以敝其國殘其民而已矣。故天不與是德，則君子不敢言智勇，短于智勇而厚于仁，不害其爲令德之主也。周公亦曰：今天其命哲，命吉凶，命歷年。哲者知人之謂也。知人與不知人，乃與吉凶歷年同出于天命，蓋教成王不强其所無也。

表正萬邦，纘禹舊服，兹率厥典，奉若天命。

纘，繼也。服，五服也。

夏王有罪，矯誣上天，以布命于下。帝用不臧，式商受命，用爽厥師。簡賢附勢，實繁有徒。肇我邦于有夏，若苗之有莠，若粟之有秕，小大戰戰，罔不懼于非辜。矧予之德，言足聽聞。

矯，詐也。臧，善也。式，用也。爽，明。肇，啓也。簡，慢也。帝既不善桀，故用湯爲受命之君，彰明其衆于天下，而桀之黨惡之流，欲並我以啓其國，若欲去莠秕然，故小大戰戰，無罪而懼，况我以德見忌乎？蓋言我不放桀，則桀必滅我也。

惟王不邇聲色，不殖貨利，德懋懋官，功懋懋賞。用人惟己，

如自己出。

改過不吝，克寬克仁，彰信兆民。乃葛伯仇餉，初征自葛，東征西夷怨，南征北狄怨。曰奚獨後予？攸徂之民，室家相慶，曰徯予后？后來其蘇。民之戴商，厥惟舊哉。

用兵如施針石，則病者惟恐其來之後也。

佑賢輔德，顯忠遂良，兼弱攻昧，取亂侮亡，推亡固存，邦乃其昌。

善者自遂，惡者自亡，湯豈有心哉，應物而已。

德日新，萬邦惟懷。志自滿，九族乃離。王懋昭大德，建中于民，以義制事，以禮制心，

未嘗作事也，事以義起。未嘗有心也，心以禮作。

垂裕後昆。

裕，餘也。

予聞曰：能自得師者王，謂人莫己若者亡。好問則裕，

裕，廣也。

自用則小。嗚呼！慎厥終，惟其始，殖有禮，覆昏暴，欽崇天道，永保天命。

湯之慚德，仁人君子莫大之病也。仲虺恐其憂愧不已，以害維新之政，故思有以廣其意者。首言桀得罪于天，天命不可辭，次言桀之必害己，終言湯之勳德，足以受天下者。乃因極陳爲君艱難，安危禍福可畏之道，以明今者受夏，非以利己，乃爲無窮之恤，以慰湯而解其慚。仲虺之忠愛可謂至矣。然而湯之所慚，來世口實之病，仲虺終不敢謂無也。夫君臣之分，放弒之名，雖其臣子有不能文，况萬世之後乎。

【眉批】

了凡曰：成湯放桀于南巢，便是《春秋》書法之祖。曰成者何？著武功之成也。湯不稱王臣也，曰放，以罪人待之也。桀不爵而書名，獨夫也。曰于南巢，記其放之實也。不言出奔，諱之也。討罪之權在湯，故云成湯放桀南巢之地。非桀之地，亦湯之地也，故云成湯放桀于南巢。功不慚而德慚，故曰惟有慚德。湯不特慚堯舜禹之君，而亦有慚于天，故仲虺道天以解之。不特有慚于天，而亦有慚于民，故仲虺道民以解之。

又曰：湯處萬世君臣之變，而虺以爲「兹率厥典」，蓋以下奉上，固綱常之正，而以臣伐君亦所以全此典常也。釋湯之慚，全在此處。

湯誥第三

湯既黜夏命，復歸于亳，作《湯誥》。

亳在梁國穀熟縣。

王歸自克夏，至于亳，誕告萬方。

誕，大也。

王曰：嗟爾萬方有衆，明聽予一人誥。惟皇上帝，降衷于下民，若有恒性，克綏厥猷惟后。

衷，誠也。若，順也。仁義之性人所咸有，故曰天降也。順其有常之性，其無常者，喜怒哀樂之變，非性也，能安此道，乃君也。

夏王滅德作威，以敷虐于爾萬方百姓。爾萬方百姓，罹其凶害，弗忍荼毒，並告無辜于上下神祇。天道福善禍淫，降灾于夏，以彰厥罪。肆台小子，將天命明威，不敢赦。敢用玄牡，敢昭告于上天神后，請罪有夏，聿求元聖，與之戮力，以與爾有衆請命。

請罪者，爲桀謝罪。請命者，爲民祈福。

上天孚佑下民，罪人黜服，天命弗僭，賁若草木，兆民允殖。

僭，不信也。言天命有信，視民所與則殖之，所不與則蹶之，若草木然。民所殖則生，不殖則死。賁，飾也，其理明甚，炳然如丹青也。

俾予一人，輯寧爾邦家。兹朕未知，獲戾于上下，慄慄危懼，若將隕于深淵。

此亦慚德之言也。

凡我造邦，無從匪彝，無即慆淫。

彝，常也。慆，慢也。戒諸侯之言。

各守爾典，以承天休。爾有善，朕弗敢蔽，罪當朕躬，弗敢自赦，惟簡在上帝之心。

言上帝當簡察其善惡。

其爾萬方有罪，在予一人。予一人有罪，無以爾萬方。嗚呼！尚克時忱，乃亦有終。

庶幾能信此也。

咎單作《明居》。

一篇亡。

伊訓第四

成湯既没，太甲元年，伊尹作《伊訓》、《肆命》、《徂后》。

《史記》：湯之子太丁未立而卒，湯崩，太丁之弟外丙立。二年崩，外丙之弟仲壬立，四年崩。伊尹乃立太丁之子太甲。太史公按《世本》湯之後二帝七年，而後至太甲，其迹明甚，不可不信。而孔安國獨據經臆度，以爲成湯没而太甲立，且以是歲改元，學者因謂太史公爲妄，初無二帝，而太史公妄增之，豈有此理哉。經云：湯既没，太甲元年者，非謂湯之崩在太甲元年也。伊尹稱湯以訓，故孔子叙書亦以湯爲首，殷道親親，兄死弟及，若湯崩，舍外丙而立太丁之子，則殷道非親親矣，而可乎？以此知《史記》之不妄也。安國謂湯崩之歲，而太甲改元，不待明年者，亦因經文以臆也。經云：惟元祀十有二月，伊尹祠于先王，奉嗣王祗見厥祖者，蓋太甲立之明年正月也。正月而謂之十二月，何也？殷之正月，則夏之十二月也，殷雖以建丑爲正，猶以夏正數月，亦猶周公作《豳》詩于成王之世，而云七月流火，九月授衣，皆夏正也。《史記》：秦始皇三十一年十二月，更名臘曰嘉平。夫臘必建丑之月也，秦以十月爲正，則臘當在三月，而云十二月，以是知古者雖改正朔，然猶以夏正數月也。崩年改元，亂世之事，不容伊尹在而有之，不可以不辨。

惟元祀十有二月乙丑，伊尹祠于先王，奉嗣王祗見厥祖，侯甸群后咸在，百官總己，以聽冢宰。

湯崩雖久矣，而仲壬之服未除，故冢宰爲政也。

伊尹乃明言烈祖之成德，以訓于王。曰：嗚呼！古有夏先后，方懋厥德，罔有天灾，山川鬼神，亦莫不寧，暨鳥獸魚鼈咸若。于其子孫弗率，皇天降灾，假手于我有命。

我有，天命之臣湯也。

造攻自鳴條，朕哉自亳。

造、哉皆始也，始攻自鳴條，始建號自亳。

惟我商王，布昭聖武，代虐以寬，兆民允懷。今王嗣厥德，罔不在初，立愛惟親，立敬惟長，始于家邦，終于四海。嗚呼！先王肇修人紀，

戒其恃天命，不修人事。

從諫弗咈，先民時若。居上克明，爲下克忠。

言君明，則臣忠也。

與人不求備，檢身若不及，以至于有萬邦，茲惟艱哉。敷求哲人，俾輔于爾後嗣，制官刑，儆于有位。曰敢有恒舞于宫，酣歌于室，時謂巫風。

《詩》云：無冬無夏，值其鷺羽。此巫風也。

敢有殉于貨色，恒于游畋，

從流上而忘反，謂之游。

時謂淫風。敢有侮聖言，逆忠直，遠耆德，比頑童，時謂亂風。惟茲三風十愆，卿士有一于身，家必喪。邦君有一于身，國必亡。臣下不匡，其刑墨，具訓于蒙士。

匡，正也，謂諫也。

蒙，童也。士自童幼即以此訓之也。

嗚呼！嗣王祇厥身，念哉。聖謨洋洋，嘉言孔彰。惟上帝不常，作善降之百祥，作不善降之百殃。爾惟德罔小，萬邦惟慶，爾惟不德罔大，墜厥宗。

爾若作德，雖小善足以慶萬邦，若其不德，不待大惡而亡。

《肆命》、《徂后》

二篇亡。

【眉批】

了凡曰：大而難測者莫如天，遠而難格者莫如山川鬼神，微而難知者莫如鳥獸魚鼈。今皆得所，則形容極治之象，儼然在目。

邵二泉曰：風愆在卿士，邦君有喪亡之禍，況王乎？不曰王而曰儆于有位，重輔也。不惟訓有位而蒙士，亦訓重豫也。

太甲上第五

太甲既立，不明，伊尹放諸桐三年，復歸于亳。思庸，伊尹作《太甲》三篇。

思用伊尹之言也。湯放桀，伊尹放太甲，古未有是，皆聖人不得已之變也。故湯以慚德爲法受惡，曰：此我之所以甚病也。亂臣賊子，庶乎其少衰矣。湯不放桀，伊尹不放太甲，不獨病一時而已，將使後世無道之君，謂天下無奈我何，此其病與口實之慚均耳。聖人以爲寧慚己以救天下，後世故不得已而爲之，以爲不得已之變，則可以爲，道固當爾則不可。使太甲不思庸，伊尹卒放之而更立主，則其慚有大于湯者矣。

惟嗣王不惠于阿衡。

惠，順也。阿，倚也。衡，平也。言天下之所倚平也。阿衡，伊尹之號，猶曰師尚父云爾。師其官也，尚父其號也。

伊尹作書曰：先王顧諟天之明命，

顧，眷也。以言許人曰諟，言湯爲天命之眷許也。

以承上下神祇，社稷宗廟，罔不祇肅。天監厥德，用集大命，撫綏萬方。惟君躬克左右厥辟宅師，

肆嗣王丕承基緒。惟尹躬先見于西邑夏，

伊尹助其君，居集天下之衆也。

丕，大也，夏都在亳西。

自周有終，

自，由也。忠信爲周，由忠信之道，則有終也。

相亦惟終。其後嗣王罔克有終，相亦罔終。

言君臣一體，禍福同也。

嗣王戒哉，祗爾厥辟。

辟，君也，敬其爲君之道。

辟不辟，忝厥祖。王惟庸，罔念聞。

忝，辱也。以不善爲常，聞伊尹之訓，若不聞然。

伊尹乃言曰：先王昧爽丕顯，坐以待旦。

方天昧明之間，先王已大明其心，思道以待旦。

旁求俊彦，啓迪後人，

彦，美士也，以賢者遺子孫開道之。

無越厥命以自覆。

越，墜失也。

慎乃儉德，惟懷永圖。

以約失之者鮮矣，未有泰侈而能久者也。

若虞機張，往省括于度，則釋。

虞，虞人也。機張，所以射鳥獸者。省，察也。括，隱括也。度，機之準望也。釋，捨也。《詩》曰：舍矢如破。準望有毫氂之差，則所中有尋丈之失矣。言人君所爲得失微而禍福大，亦如此也。

欽厥止。

止，居也。孔子曰：居敬而行簡。

率乃祖攸行，惟朕以懌，萬世有辭。

辭，所以名言于天下後世者也。

王未克變。伊尹曰：兹乃不義，習與性成。

性無不善者，今王習爲不義，則性淪于習中，皆成于惡也。

予弗狎于弗順，營于桐宫，密邇先王其訓，無俾世迷。

狎，近也。王之不義，以近群小故也。故獨使居于桐宫密邇先王之陵墓，以思哀而生善心，此先王之訓也。迷，讀如懷寶迷邦之迷。我不訓正太甲，則是懷道以迷天下也。

王徂桐宫居憂，克終允德。

【眉批】

陳子淵曰：此議甚確。

又曰：此看顧字、湜字與常解異。

則新曰：此以夏先王爲商先王影子，夏嗣王爲商嗣王影子也。還須從影索形始得。

了凡曰：「慎乃儉德」二句，正無越命，自覆事永圖，即謀所不覆其命者，所謂有終者也。

則新曰：只一欽止，便了却此重矣。

太甲中第六

惟三祀，十有二月朔，

此亦二年正月也。

伊尹以冕服，奉嗣王歸于亳。

始吉服也。

作書曰：民非后，罔克胥匡以生。

胥匡，相正也。

后非民，罔以辟四方。

言民去之，則吾無與爲君者。

皇天眷佑有商，俾嗣王克終厥德，實萬世無疆之休。王拜手稽首曰：予小子不明于德，自底不類。

不類，猶失常也。

欲敗度，縱敗禮，以速戾于厥躬。天作孽，猶可違，自作孽，不可逭。

孽，妖也。違、逭，皆避也。妖祥之來，有可以避者，此天作也。若妖由人興，則無可避之理。

既往背師保之訓，弗克于厥初，尚賴匡救之德，圖惟厥終。伊尹拜手稽首曰：修厥身，允德協于下，惟明后。

允德，信有德也，下之協從，從其非僞者，蓋欲天下中心悦而誠服。苟非其德出于其固有之誠心，未有能至者。

先王子惠困窮，民服厥命，罔有不悦，並其有邦厥鄰，乃曰：徯我后，后來無罰。

上失其道，民散久矣，凡麗于罰，皆君使之，湯來則我自無罪矣。

王懋乃德，視乃烈祖，無時豫怠。奉先思孝，接下思恭，視遠惟明，聽德惟聰。

視不及遠非明，聽不擇善非聰。

朕承王之休無斁。

厭也，

【眉批】

則新曰：視遠惟明，聽德惟聰，總來只是一個無時豫怠耳。

太甲下第七

伊尹申誥于王，

申，重也。

曰：嗚呼！惟天無親，克敬惟親。民罔常懷，懷于有仁。鬼神無常享，享于克誠。天位艱哉。德惟治，否德亂，與治同道罔不興，與亂同事罔不亡。

堯、舜讓而帝，之噲讓而絶，湯、武行仁義而王，宋襄公行仁而亡，與治同道罔不興，與亂同事罔不亡也。必同道而後興，道同者事未必同也。周厲王弭謗，秦始皇禁偶語；周景王鑄大錢，王莽作泉貨；紂積鉅橋之粟，隋煬帝洛口諸倉，其事同，其道無不同者，故與亂同事則亡矣。

終始慎厥與，惟明明后。

慎所與之人也，君子難合而易離，能與君子固難矣，能終始之尤難。

先王惟時懋敬厥德，克配上帝。

湯惟能如是勉敬厥德，故能配天，天無言無作，而四時行，百物生，王亦如是。老子曰：王乃天，天乃道。

今王嗣有令緒，尚監茲哉。若升高必自下，若陟遐必自邇。

邇者，遠之始。下者，高之本。升高而不自下，陟遐而不自邇，慕道而求速達，皆自欺而已。

無輕民事惟難，無安厥位惟危。

輕之則難，安之則危。

慎終于始。

慮終，必自其始慎之。

有言逆于汝心，必求諸道。有言遜于汝志，必求諸非道。嗚呼！弗慮胡獲，弗爲胡成，一人元良，萬邦以貞。

伊尹憂太甲之深，故所戒者非一，有言合于道，則逆汝心，合于非道，則順汝志，如此則是患不可勝慮、事不可勝爲矣。故嘆曰：嗚呼！弗慮胡獲，弗爲胡成，亦治其元良而已。此所謂要道也。元，始也。良，其良心也。人君能治其始有之良心，則萬邦不令而自正，前言皆蘧蒢矣。

君罔以辯言亂舊政，臣罔以寵利居成功，邦其永孚于休。

天下之亂必始于君臣携離。君以辯言亂舊政，則大臣懼。臣以寵利居成功，則人主疑。亂之始也。

【眉批】

了凡曰：有德則必有道，故云與治同道，不德則無道矣。然其所以致亂者，必有事，故云與亂同事。道精而事粗，道大而事小，道指全體而事指一節，見興之難而亡之易也。

則新曰：不必説他縱欲，視民如傷，知爲君難，自是聖賢事。

又曰：余讀「罔以寵利居成功」一語而知伊尹大權智，大作用，大經濟也。蓋丙番犯手，實出不得已，今既已桀放而甲復矣，設久居朝署，疑畏横生，毋乃爲小人利耶？況前日之勢在廟廊重，今日之勢在田野重，近之足生憸人間隔，遠之可操國家重輕，事勢自是如此，尹盖籌之熟矣，非僅如後世大臣避賢者路已也。經生治經，凡此等處都要識得。

咸有一德第八

伊尹作《咸有一德》。

伊尹既復政厥辟，將告歸，乃陳戒于德，曰：嗚呼！天難諶，

諶，信也。

命靡常，常厥德，保厥位，厥德靡常，九有以亡。

九有，九州也。

夏王弗克庸德，慢神虐民，皇天弗保，監于萬方，啓迪有命，眷求一德，俾作神主。惟尹躬暨湯，咸有一德，克享天心，受天明命，以有九有之師，爰革夏正。非天私我有商，惟天佑于一德。非商求于下民，惟民歸于一

德。德惟一，動罔不吉。德二三，動罔不凶。惟吉凶不僭在人，惟天降灾祥在德。今嗣王新服厥命，惟新厥德，終始惟一，時乃日新。

一者，不變也。如其善而一也，不亦善乎。如其不善而一也，不幾桀乎。曰：非此之謂也，中有主之謂一。中有主，則物至而應，物至而應，則日新矣。中無主，則物爲宰，凡喜怒哀樂，皆物也，而誰使新之。故伊尹曰：終始惟一，時乃日新。予嘗有言，聖人如天，時殺時生，君子如水，因物賦形，天不違仁，水不失平。惟一故新，惟新故一，一故不流，新故無斁。此伏羲以來所傳要道也。伊尹恥其君不如堯、舜，故以是訓之，如衆人之言新，則不能一而一非新也。伊尹曰：一所以新也，是謂萬物並育而不相害，道並行而不相悖。

任官惟賢才，左右惟其人，臣爲上爲德，爲下爲民。

士之所求者爵禄，而爵禄我有也。挾是心以輕士，此最人主之大患，故告之曰：臣之所以爲民上者，非爲爵禄也，爲德也。德非位不行，其所以爲我下者，非爲爵禄也，爲民屈也。知此，則知敬其臣，知敬其臣，而後天位安。

其難其慎，惟和惟一。

和，如晏平仲之所謂和也。

德無常師，主善爲師。善無常主，協于克一。

中無主者，雖爲善皆僞也。

俾萬姓咸曰：大哉王言。

又曰：一哉王心。

名之必可言，言之必可行，是謂大。

如天地之有信，可恃以安也。

克綏先王之禄，永底烝民之生。嗚呼！七世之廟，可以觀德，萬夫之長，可以觀政。

非德無以遺後，非政無以齊衆。

后非民罔使，民非后罔事。無自廣以狹人，匹夫匹婦，不獲自盡，民主罔與成厥功。

沃丁既葬伊尹于亳，咎單遂訓伊尹事，作《沃丁》。

咎單訓伊尹事，猶曹參述行蕭何之政也。咎單作明居，司空之職也，舜宅百揆，亦司空之事也。禹作司空，以此考之，自堯、舜至商，蓋嘗以司空爲政也歟。沃丁，太甲子，自克夏至沃丁，五十有三年，伊尹亦上壽矣。

伊陟相太戊，

伊陟，伊尹子。太戊帝，太庚之子。

亳有祥桑穀共生于朝。

桑穀合生于朝，七日而拱，妖也。

伊陟贊于巫咸，作《咸乂》四篇。

《書》曰：在太戊時，巫咸乂王家。

太戊贊于伊陟，作《伊陟》、《原命》。仲丁遷于囂，作《仲丁》。

仲丁，太戊子，自亳遷囂，囂在陳留浚儀縣。或曰：今河南敖倉。

河亶甲居相，作《河亶甲》。

河亶甲，仲丁弟，相在河北。

祖乙圮于耿，作《祖乙》。

祖乙，河亶甲子，耿在河東皮氏縣耿鄉。圮，毁也。都邑爲水所毁。凡十篇亡。

【眉批】

了凡曰：終始惟一，即是日新，此伊尹傳心之論。

用修曰：穀，音構，木名，皮可爲紙，《王羲之傳》「窮萬穀之皮」是也。共，奇拱。

東坡書傳卷八

商書

盤庚上第九

盤庚五遷，將治亳，殷民咨胥怨，作《盤庚》三篇。

咨，嗟也。盤庚陽甲弟。湯遷于亳，仲丁遷于囂，河亶甲居相，祖乙圮于耿，而盤庚遷于殷。

盤庚遷于殷，民不適有居，

祖乙圮于耿，盤庚不得不遷，而小人懷土，故不肯適新居。

率籲衆慼，出矢言。

籲，呼也。矢，誓也。盤庚知民怨，故呼衆憂之人而告誓之。

曰：我王來，既爰宅于兹，重我民無盡劉，不能胥匡以生。卜稽曰：其如台。先王有服，恪謹天命。兹猶不常寧，不常厥邑，于今五邦。今不承于古，罔知天之斷命，矧曰：其克從先王之烈。

爰，於也。劉，殺也。匡，救也。我先王祖乙既宅于耿，耿圮欲遷而不忍。曰民勞矣，無盡致之死。然民終不能相救以生。乃稽之卜曰：是圮者無若我何，我先王自湯以來，奄有五服，以謹天命之故，猶不敢寧居，遷者五邦矣。今若不承古而遷，則天其斷棄我命，況能從先王之烈乎。

若顛木之有由蘖，天其永我命于茲新邑，紹復先王之大業，底綏四方。

木之蠹病者，雖勤于封殖，不能使復遂茂顛仆也。既仆而蘖生之，然後有復盛之道，不顛則無所從蘖也。言天之欲復興殷，必在新邑矣。

盤庚斆于民，由乃在位，以常舊服，正法度，曰：無或敢伏小人之攸箴。

斆，教也。由乃在位者，教自有位而下也。箴，規也。服，事也。矇誦工諫，士傳言，庶人謗于市，此先王之舊服正法也。今民敢相聚怨誹，疑當立新法，行權政，以一切之威治之。盤庚仁人也，其下教于民者，乃以常舊事而已，言不造新令也，以正法度而已，言不立權政也。曰無或敢伏小人之攸箴者，憂百官有司，逆探其意，而禁民言也。盤庚遷而殷復興，用此道歟。

王命衆，悉至于庭。王若曰：

《書》凡言若曰者，非盡當時之言，大意若此而已。

格汝衆，予告汝訓汝，猷黜乃心，無傲從康。

謀自抑黜其心，無傲，無懷安也。

古我先王，亦惟圖任舊人共政。

此篇數言用耆舊，又戒其侮老成，以此推之，凡不欲遷者，皆衆穉且狂也。盤庚言非獨我用舊，先王亦用舊耳，豈可違哉。

王播告之修，不匿厥指。王用丕欽，罔有逸言，民用丕變。

不仁者，鄙慢其民，曰民可與樂成，難與慮始，故爲一切之政，若雷霆鬼神然，使民不知其所從出，其肯敷心腹腎腸以與民謀哉。今吾布告民以所修之政，無所隱匿，是大敬民也。言之必可行，無過也，是以信而變從我也。逸，過也。

今汝聒聒，起信險膚，予弗知乃所訟。

險者，利口相傾覆也。孔子曰：浸潤之譖，膚受之愬不行焉，可謂明也已矣。巧言之入人，如水之漸漬，如病之自肌理入也，是之謂膚。今汝聒聒以險膚之言起信于人，將誰訟乎？

非予自荒茲德，惟汝含德，不惕予一人，予若觀火，予亦拙謀，作乃逸。

荒，廣也，猶《詩》曰「遂荒大東」，《書》曰「予荒度土功」也。含，容也。逸，過也。言汝妄造怨誹，若非我自廣此德以遂其事，但汝容，使汝不惕畏我，則我亦不仁矣。如觀火作而不救，能終不救乎，終必撲滅之。容爾而不問，能終不問乎？終必誅絶之。不忍于小而忍于大，則是我拙謀成汝過也。作，成也。

若網在綱，有條而不紊。

綱無綱，縱之亂也。

若農服田力穡，乃亦有秋。

農不力穡，安于逸也。

汝克黜乃心，施實德于民，至于婚友，丕乃敢大言，汝有積德，乃不畏戎毒于遠邇。

戎，大也。毒，害也。商之世家大族造言以害遷者，欲以苟悦小民爲德也。故告之曰：是何德之有？汝曷不施實德于汝民與汝婚友乎？勞而有功，此實德也。汝能勞而有功，則汝乃敢大言曰：我有積德如此，則汝自得衆而多助，豈復畏從我遠遷之大害乎？

惰農自安，不昬作勞，不服田畝，越其罔有黍稷。

昬，强也。

汝不和吉言于百姓，惟汝自生毒，乃敗禍奸宄，以自灾于厥身，乃既先惡于民，乃奉其恫，汝悔身何及。

吉，善也。奉，承也。恫，痛也。汝今所施，乃惡也，非德也，當自承其疾痛。

相時憸民，猶胥顧于箴言，其發有逸口，矧予制乃短長之命。

憸民，小人也。小人尚顧箴規之言，小人違箴言，其禍敗之發，有過于口舌之相傾覆，矧予制汝死生之命，而敢違之乎。

汝曷弗告朕，而胥動以浮言，恐沈于衆。

恐，動。沈，溺于衆人也。

若火之燎于原，不可嚮邇，其猶可撲滅。則惟爾衆，自作弗靖，非予有咎。遲任有言曰：人惟求舊，器非求舊，惟新。

遲任，古賢人。言人舊則習，器舊則敝，當常使舊人用新器。我今所以從老成之言而遷新邑也。

古我先王，暨乃祖乃父，胥及逸勤，予敢動用非罰。

我先王與汝祖父，同其勞逸，我其敢動用非法之罰于其子孫乎。

世選爾勞，予不掩爾善。茲予大享于先王，爾祖其從與享之，作福作災，予亦不敢，動用非德。

古者功臣，配食于大烝。王言吾固欲選用功臣之子孫也，然爾祖與先王，同享于廟，能作福作灾者，吾亦不敢動用非德之賞于其子孫也。

予告汝于難，若射之有志。

志，所射表的也。射而無志，則孰爲中，孰爲否，王事艱難，當各分守，無爲浮言，當若射之有志，後有以考其功罪也。

汝無侮老成人，無弱孤有幼。

有又通，猶言孤與幼也。

各長于厥居，勉出乃力，聽予一人之作猷，無有遠邇。

汝無侮老弱幼，各爲久居之計，無有遠邇，惟予所謀是從。

用罪伐厥死，用德彰厥善。

有罪不伐，則人將長惡不悛，必死而後已。故我薄刑小罪者，以伐其當死者也。

邦之臧，惟汝衆，邦之不臧，惟予一人有佚罰。凡爾衆，其惟致告。

國有不善，則我有餘罪矣，爾衆當盡以告我。佚，餘也。致，盡也。

自今至于後日，各恭爾事，齊乃位，度乃口，

度，法也。

罰及爾身弗可悔。

【眉批】

了凡曰：民之惑于利害而不肯遷者，由于臣之胥動浮言。其明于利害而不能遷者，由于臣之排擊阻難。

故教民必由在位始。

又曰：此即所謂舊服也。

又曰：前曰猷黜，此曰克黜，欲以其所謀者而實踐之。前曰含德，此曰施德，欲以其所含者而宣布之。

林氏曰：此篇文勢皆相顧成文，既說力穡有秋，又曰惰農罔有黍稷。既曰明若觀火，又曰若火之燎原。

文雖渙散，意實相屬。

子淵曰：一氣説下。

又曰：稱其世功以勸其從也。

盤庚中第十

盤庚作，惟涉河，

作，起也。

以民遷，乃話民之弗率。

民之弗率，不以政令齊之，而以話言曉之，此盤庚之仁也。

誕告用亶，其有衆咸造，勿褻在王庭。

褻，慢也。

盤庚乃登進厥民，曰：明聽朕言，無荒失朕命。嗚呼！古我前后，罔不惟民之承，保后胥慼，鮮以不浮于天時。

承，敬也。古者謂過曰浮，浮之言勝也，以敬民故民保衛其后，相與憂其憂，雖有天時之災，鮮不以人力勝之也。

殷降大虐，先王不懷，厥攸作，視民利用遷。

先王以天降災虐，不敢懷安，其所作而遷者視民利而已。

汝曷不念我古后之聞，承汝俾汝，惟喜康共，非汝有咎，比于罰。

我古后所以敬汝使汝者，喜與汝同安耳，非爲有咎之日使汝同受其罰也。

予若籲懷兹新邑，亦惟汝故，以丕從厥志。

予所以召呼懷來新邑之人者，亦惟以汝故也。將使汝久居而安，以大從我志。

今予將試以汝遷，安定厥邦，汝不憂朕心之攸困，乃咸大不宣乃心，欽念以忱，動予一人。爾惟自鞠自苦，若乘舟汝弗濟，臭厥載。

困，病也。鞠，窮也。汝不憂我心之所病者，乃不布心腹敬念，以誠動我，但作怨誹以自窮苦，譬如臨一作流。水具一作乘。舟，能終不濟乎？無遲留以臭敗其所載也。

爾忱不屬，惟胥以沈，不其或稽，自怒曷瘳。

爾誠不能上達也，但相與沈溺，莫或考其利害者，自怨自怒，何損于病乎。

汝不謀長以思乃灾，汝誕勸憂。

汝不謀長策以慮患，則是勸憂矣。勸憂，猶言樂禍也。

今其有今罔後，汝何生在上。

不謀其長，有今而無後，汝何以生于民上乎？

今予命汝一，

命汝一德一心也。

無起穢以自臭。

起穢者，未能臭人，先自臭也。

恐人倚乃身，迂乃心，予迓續乃命于天，予豈汝威，用奉畜汝衆。

出怨言者，或愚人爲人所使，故告之曰：恐人倚托乃身以爲奸，迂僻乃心，俾迷惑失道，予故導迎汝，以績汝命于天，予豈汝威哉，以奉養汝衆而已。

予念我先神后之勞爾先，予丕克羞爾，用懷爾然。

爾之先祖有勳勞于湯，故我大進用爾，以懷爾也。

失于政，陳于兹，高后丕乃崇降罪疾，曰曷虐朕民。

陳，久也。崇，大也。耽圮而不遷以病我民，是失政而久于此也。湯必大降罪疾于我，以我爲虐民也。

汝萬民乃不生生，暨予一人猷同心，先后丕降與汝罪疾，曰：曷不暨朕幼孫有比。

樂生興事，則其生也厚，是謂生生。比，同德也。

故有爽德，自上其罰汝，汝罔能迪。

非獨先後罰汝也，汝有失德，天其罰汝，汝何道自免乎。

古我先后，既勞乃祖乃父，汝共作我畜民。汝有戕則在乃心，我先后綏乃祖乃父，乃祖乃父，乃斷棄汝，不救乃死。

則，象也。汝同我養民，而有戕民之象見于心，故爲鬼神之所斷棄也。

兹予有亂政同位，具乃貝玉，乃祖乃父，丕乃告我高后曰，作丕刑于朕孫。迪高后，丕乃崇降弗祥。

亂政，猶言亂臣也。具者，多取而兼有之之謂也。《春秋》傳曰：昔平王東遷，七姓從王，牲用備具，王賴之而賜之騂旄之盟。鄭子産曰：我先君威公與商人皆出自周，庸次比耦以艾殺此地，斬之蓬蒿藜藿而共處之，世有盟誓以相信也。曰：爾無我叛，我無强賈，毋或匄奪，爾有利市寶賄，我勿與知。蓋遷國，危事也。方道路之勤，營築之勞，寶賄暴露，而貪吏擾之，易以生變。故于其將行，先盟之鬼神曰：凡我亂政同位之臣，敢利汝貝玉，則其父祖，當告我高后而誅之。不獨如此而已，王亦自誓于衆曰：朕不肩好貨，又曰無總于貨寶。丁寧如此，所以儆百官而安民心，此古者遷國之法也。

嗚呼！今予告汝不易，永敬大恤，無胥絶遠。

遷國大憂也，君臣與民，一德一心而後可，相絶遠則殆矣。

汝分猷念以相從，

各分其事以謀之。

各設中于乃心。

中，公平也。

乃有不吉不迪，

不吉，凶人也。不迪，不道者也。

顛越不恭，

行險以犯上者。

暫遇奸宄，

劫掠行道爲奸者也。

我乃劓殄滅之，

輕者劓之，重者殄滅之。

無遺育，無俾易種于兹新邑。往哉生生，今予將試以汝遷，永建乃家。則新曰：曰「生生」又曰「永建乃家」，然則遷殷者爲君耶，爲民耶，可知已。

【眉批】

了凡曰：從民一時之欲，其從小；從民永建之利，其從大。故曰丕。

又曰：中字即上一字，設中乃心，則事幾未動，至理常凝内，必不敢不宣乃心，而外亦不敢爲人迂乃心。

又曰：前曰「汝萬民乃不生生」，此曰「往哉生生」，蓋欲其以不謀同心者而謀生生之利也。前云「今予將試以汝遷安定厥邦」，此曰「永建厥家」，蓋家國相因，家永建則邦安定矣。

盤庚下第十一

盤庚既遷，奠厥攸居，乃正厥位，

郊廟朝社之位。

綏爰有衆。曰：無戲怠，懋建大命。

生者有以養，死者有以葬祭，勉立此大命也。

今予其敷心腹腎腸，歷告爾百姓于朕志。罔罪爾衆，爾無共怒，協比讒言予一人。古我先王，將多于前功，適于山，用降我凶德，嘉績于朕邦。今我民用蕩析離居，罔有定極，爾謂朕曷震動萬民以遷。

古我先王將求多于前人之功，故即于高原近山而居，而天降此凶災之德，我先王不即遷者，嘉與汝民共施功于我舊邦。而民終不免流離無所定止，我豈無故震動萬民以遷哉。

肆上帝將復我高祖之德，亂越我家。

濟及我家也。

朕及篤敬，恭承民命，用永地于新邑。

我當及此時，敬承上帝恤民之命，以永居于新邑。

肆予冲人，非廢厥謀，弔由靈各，非敢違卜，用宏兹賁。

冲，童也。弔，至也。靈，善也。宏，大也。賁，飾也。我非敢不與衆謀，但至用其善者，自遷至于奠居，無所不用卜，以大此郊廟朝市之飾。

嗚呼！邦伯師長，百執事之人，尚皆隱哉。

邦伯，諸侯也。師長，公卿也。隱，閔也。

予其懋簡相爾，

擇賢以助爾。

念敬我衆。朕不肩好貨，敢恭生生，鞠人謀人之保居，叙欽。

肩，任也，不任好貨之人也。敢，果也。恭者必慎，果于利，慎于厚生之道也。鞠人，窮人也。謀人，富人也。富則能謀，貧富相保而居，各以其叙相敬也。此教民厚生之道也。

今我既羞告爾于朕志，若否，罔有弗欽。

若，順我而遷者也。否，不順者也。

無總于貨寶，

總，聚也。

生生自庸。

各自用其厚生之道。

式敷民德，永肩一心。

民不悦而猶爲之，先王未之有也。祖乙圮于耿，盤庚不得不遷，然使先王處之，則動民而民不懼，勞民而民不怨。盤庚德之衰也，其所以信于民者未至，故紛紛如此。然民怨誹逆命而盤庚終不怒，引咎自責，益開衆言，反覆告諭，以口舌代斧鉞，忠厚之至，此殷所以不亡而復興也。後之君子厲民以自用者，皆以盤庚藉口，予不可以不論。

【眉批】

了凡曰：人謀鬼謀皆大事所不可廢，故遷都之舉，謀之於衆，復謀之於卜。

説命上第十二

高宗夢得説，使百工營求諸野，得諸傅巖，作《説命》三篇。

高宗，武丁也，帝小乙之子。傅巖之野，在虞、虢之間。

王宅憂，諒陰三祀。

諒，信也。陰，默也。居憂信任冢宰而不言。

既免喪，其惟弗言，群臣咸諫于王曰：嗚呼！知之曰明哲，明哲實作則。

天子惟君萬邦，百官承式。

自知曰明，知人曰哲。

式，法也。

王言惟作命，不言臣下罔攸稟令。王庸作書以誥曰：以台正于四方，台恐德弗類，茲故弗言。恭默思道，夢帝賚予良弼，其代予言。

信一夢，而以天下之政授匹夫，此事之至難者也。武丁恭默思道，神交于上帝，得良弼于夢中，武丁自信可也，天下其孰信之？故三年不言，既免喪而猶默也。夫天子三年不言，百官萬民，莫不憂懼以待命，若大旱之望時雨也。故一言而天下信之若神明然。昔楚莊王、齊威王皆三年不出令，而以一言致强霸，亦此道也。恨其所得，非傅説之流，是以不王，然亦可謂神而明之者矣。

乃審厥象，俾以形，旁求于天下。説築傅巖之野，惟肖，爰立作相。

肖，似也。《史記》：高宗得説與之語，果聖人，乃舉以爲相。蓋非直以夢而已。

王置諸其左右，命之曰：朝夕納誨，以輔台德。若金，用汝作礪，若濟巨川，用汝作舟楫，若歲大旱，用汝作霖雨。啓乃心，沃朕心。

渴其言也。

若藥弗瞑眩，厥疾弗瘳，若跣弗視地，厥足用傷。

瞑眩，憒眊也。藥有毒者，必瞑眩，人所畏也。跣不視地，爲棘茨瓦礫所傷，人所不畏也。君子爲國，有革弊去惡之政，如用毒藥，瞑眩非所畏也。謀之不審，慮之不周，以敗國事，如跣不視地以傷足，乃所當畏也。

惟暨乃僚，罔不同心，以匡乃辟。俾率先王，迪我高后，以康兆民。嗚呼！欽予時命，其惟有終。説復于王曰：惟木從繩則正，后從諫則聖，后克聖，臣不命其承，疇敢不祗若王之休命。

説以匹夫得政，而王虛心以待之者如此，意其必有高世絶人之謀。今其所以復于王者，曰：從諫而已。

大哉仁人之言，約而至也。唐太宗，中主也，其事父兄，畜妻子，正身治家，有不正者多矣。然所以致刑措，其成功去聖人無幾者，特以從諫而已。說以爲此一言可以聖也，故首進之，以太宗觀之，知從諫之可使狂作聖也。

【眉批】

用修曰：劉禹錫之言曰：在舜之庭，元凱舉焉。曰舜用之，不曰天授。在殷中宗襲亂而興，心知說賢，乃曰帝賚。禹錫之言，盖本莊子，彼以武丁之用說，猶田單之妄用一男子爲軍師，類乎聖人之神道設教，以幾成務，而不使民知，恐不如是也。其所云夢賚者，實帝感其恭默之誠，而賚之也。其性情治者，其夢寐不亂，乃可以孔子夢周公同觀，而非叔孫之踐妖，漢文之啓倖矣。鄭人夢鹿而得真鹿，心誠於得鹿也。心誠於得鹿者非天理之公也，而尚可以得，况誠於求矣，而有不得者乎？

說命中第十三

惟說命，總百官，乃進于王曰：嗚呼！明王奉若天道，建邦設都，樹后王君公，承以大夫師長，不惟逸豫，惟以亂民。

古之天者，皆言民也。民不難出其力，以食諸侯卿士，以養天子者，豈獨以逸樂之哉，將使濟己也，此所以爲天道也。

惟天聰明，惟聖時憲，惟臣欽若，惟民從乂。

未嘗視也而無不見，未嘗聽也而無不聞，此天聰明也，而聖人法之。

惟口起羞，

多言數窮，故吉人之辭寡。

惟甲胄起戎，

《春秋》傳曰：無戎而城，讎必保焉。無故而好甲兵，民疑且畏，致寇之道也。

惟衣裳在笥，

笥也，篚也，皆所以盛衣裳幣帛者也。以貢曰篚，以賜下曰笥。趙簡子曰：帝賜我二笥衣裳，不藏之府庫，而常在笥，以待命而賜有功，勸其不忘于進善也。

惟干弋省厥躬。

苗頑弗即工，帝其念哉是也。

王惟戒茲，允茲克明，乃罔不休。惟治亂在庶官，官不及私昵，惟其能，爵罔及惡德，惟其賢。慮善以動，動惟厥時。有其善，喪厥善，矜其能，喪厥功。惟事事，乃其有備，有備無患。無啓寵納侮，

小人有寵，則慢其君，故啓寵則納侮之道也。

無耻過作非。惟厥攸居，政事惟醇。

居不醇，則駁雜之政也。史佚曰：無始禍，無怙亂。孔子曰：無欲速，無見小利。顔淵曰：無伐善，無施勞。同語不同，此所謂立言者也。譬之藥石米粟，天下後世，其皆以藉口。今傅説之言，皆散而不一。一言一藥，皆足以治天下之公患，豈獨以訓武丁哉！人至于今誦之也。

黷于祭祀，時謂弗欽。禮煩則亂，事神則難。

高宗之祀，豐數于近廟，故説因以戒之也。

王曰：旨哉！説乃言惟服。

可服行也。

乃不良于言，予罔聞于行。説拜稽首曰：非知之艱，行之惟艱。王忱不艱，允協于先王成德。惟説不言，有厥咎。

【眉批】

則新曰：惟以亂民是一篇大綱領。

説命下第十四

王曰：來，汝説，台小子舊學于甘盤，既乃遯于荒野，入宅于河，自河徂亳，既厥終罔顯。

古之君子，明王之世而不肯仕，蓋有之矣。許由不仕堯舜，夷齊不仕周，商山之老不仕漢，懷寶迷邦以終其身，是或一道也。武丁爲太子，則學于甘盤。武丁即位而甘盤遯去，隱于荒野。武丁使人求之，迹其所往，則居河濱。自河徂亳，不知其所終。武丁無與共政者，故相説也。舊説乃謂武丁遯于荒野。武丁爲太子而遯，決無此理。遯則如吴太伯，豈復立也哉！學者徒見《書》云其在高宗時舊勞于外，故以武丁爲遁。小乙使武丁劬勞于外，以知艱難，決非荒野之遁。又以《書》曰在武丁時，則有若甘盤，故謂武丁即位而甘盤在也。甘盤武丁師也，蓋配食其廟，其曰在武丁時固宜，豈必即位而後師之哉！若武丁遁而復立，不當云暨厥終罔顯也。

爾惟訓于朕志，若作酒醴，爾惟麴蘖；若作和羹，爾惟鹽梅。

礪切磨己者也，舟楫濟己者也，霖雨澤民者也，麴蘖鹽梅和而不同者也。

爾交修予，罔予棄，予惟克邁乃訓。説曰：王，人求多聞，時惟建事。

學道，將以見之行事也，非獨知之而已。

學于古訓，乃有獲。事不師古，以克永世，匪説攸聞。惟學遜志，務時敏，厥修乃來。允懷于兹，道積于厥躬。

説既勉王以學，又憂其所學者非道也，故曰：「惟學遜志。」遜之言隨也，隨其所志而得之。志于仁則所得于學者皆仁也，志于義則所得于學者皆義也。若志于功利，則所得于學者皆功利而已。智足以飾非，辯足以拒諫，皆學之力也。敏于是，則隨其所志而至矣。故必先懷仁義之道，然後積學以成之。

惟斅學半，

王者之學，且學且教。既以教人，因以修其身，其功半于學。

念終始典于學，厥德修罔覺。

積善如長，不自覺也。

監于先王成憲，其永無愆。惟説式克欽承，旁招俊乂，列于庶位。王曰：嗚呼，説！四海之内，咸仰朕德。時乃風，股肱惟人，良臣惟聖。

以良臣惟聖，猶以股肱惟人也。

昔先正保衡，

伊尹亦號保衡。

作我先王，乃曰：予弗克俾厥后惟堯舜，其心愧耻，若撻于市。一夫不獲，則曰時予之辜。佑我列祖，格于皇天。爾尚明保予。罔俾阿衡，專美有商。惟后非賢不乂，惟賢非后不食。其爾克紹乃辟于先王，永綏民。説拜稽首曰：敢對揚天子之休命。

【眉批】

子淵曰：荒野之遁是甘盤非武丁也。得蘇氏之辨，可正舊説之訛。

又曰：看遜字與常解别，其説自覺。

了凡曰：「斅學半」者，言惟斅與學半也，非全也。高宗欲全資乎人，故説以此告之。

高宗肜日第十五

高宗祭成湯，有飛雉升鼎耳而雊，祖己訓諸王，作《高宗肜日》、《高宗之訓》。

此一篇亡。

高宗肜日，越有雊雉。祖己曰：惟先格王，正厥事。乃訓于王曰：惟天監下民，典厥義，降年有永有不永，非天夭民，民中絶命。民有不若德，不聽罪，天既孚命正厥德，乃曰其如台。嗚呼！王司敬民，罔非天胤，典祀無豐于昵。

祭之明日又祭，殷曰肜，周曰繹。雊，號也。格，正也。典，常也。孚，信也。司，主也。胤，嗣也。昵，親也。繹祭之日，野雉雊于鼎耳，此爲神告王以宗廟祭祀之失審矣。故祖己以謂當先格王心之非。蓋武丁不專修人事，數祭以媚神，而祭又豐于親廟，儉于遠者，敬其父，薄其祖，此失德之大者，故傅此祖己皆先格而正之。祖己之言曰：天之監人有常義，無所厚薄，而降年有永有不永者，非天夭人，人或以中道自絶于天也。人有不順之德，不聽之罪，天未即誅絶，而以孽祥爲符信，以正其德。人乃不悔禍，曰是孽祥其如我何，則天必誅絶之矣。今王專主于敬民而已，數祭無益也。夫先王孰非天嗣者，常祀而豐于昵其可乎？此理明甚，而或者乃謂先王遇灾異，非可以象類求，天意獨正其事而已。高宗無所失德，惟以豐昵無過，此乃諂事世主者。言天人本不相與，欲以廢洪範五行之説。予以爲五行傳未易盡廢也，《書》曰「越有雊雉」足矣。而孔子又記其雊于耳，非以耳爲祥乎？而曰不可以象類求，過矣。人君于天下無所畏，惟天可以儆之。今乃曰天灾不可以象類求，我自視無過則已矣。爲國之害，莫大于此，予不可以不論。

【眉批】

了凡曰：「典厥義」「義」字是格心之本。

西伯戡黎第十六

殷始咎周，
　咎，惡也。
周人乘黎，
　乘，勝也。黎在上黨壺關。

祖伊恐，奔告于受，作《西伯戡黎》。

祖己後也。受，紂也，帝乙子。西伯，文王也。戡，亦勝也。

西伯既戡黎，祖伊恐，奔告于王，曰：天子，天既訖我殷命，格人元龜，罔敢知吉。

人至于道爲格人，其言與蓍龜同也。

非先王不相我後人，惟王淫戲用自絶。故天棄我，不有康食，不虞天性，不迪率典。

天棄我，故天地鬼神無有安食于我者。不虞天性者，父子之親，不相虞度也。不迪率典者，五典之親，不相道率也。

今我民罔弗欲喪，曰天曷不降威。大命不摯，今王其如台。

摯，鷙也。言天何不摯取王乎？今王無若我何，民不忌王如此。

王曰：嗚呼！我生不有命在天。祖伊反，曰：嗚呼！乃罪多參在上，乃能責命于天。

天子固有天命以保己，今汝罪之聞于天者衆矣，天將去汝，豈可復責天以保己之命耶？

殷之即喪，指乃功，不無戮于爾邦。

功，事也。視汝所行之事，雖邦人猶當戮汝，而况于天乎？孔子曰：紂之不善，不如是之甚也。予乃今知之，祖伊之諫，盡言不諱，漢唐中主所不能容者，紂雖不改，而終不怒，祖伊得全，則後世人主有不如紂者多矣。

微子第十七

殷既錯天命，

錯，亂也。

微子作誥，父師、少師。

微子，紂兄也。父師，箕子，紂之諸父。少師，比干也。

微子若曰：父師、少師，殷其弗或亂正四方。我祖底遂陳于上。

致成其法度，以陳示後人。

我用沈酗于酒，用亂敗厥德于下。殷罔不小大，好草竊奸宄，卿士師師非度。

相師于非法。

凡有辜罪，乃罔恒獲，小民方興，相爲敵讎。今殷其淪喪，若涉大水，其無津涯。殷遂喪，越至于今。曰父師、少師，我其發出狂，吾家耄遜于荒。今爾無指告，予顛隮，若之何其。

我其奔走去國，若狂人然。吾家之耆老，知紂之必亡，而遯于荒野者多矣。今爾無意告教我，其若顛隮何！

父師若曰：王子，天毒降災荒殷邦，方興沈酗于酒。乃罔畏畏，

不畏其可畏乎。

咈其耇長，舊有位人。今殷民乃攘竊神祇之犧牷牲，用以容，將食無災。

色純曰犧，體完曰牷，牛羊豕曰牲。用，器也。盗天地宗廟之牲器以相容匿，且以祭器食而曰無災。

降監殷民，用乂讎斂，召敵讎不怠。

言殷之君臣，下視其民，若仇讎而聚斂之。以此爲治，力行不怠，皆召敵讎之道也。

罪合于一，多瘠罔詔。

瘠，病也。君臣爲一皆病矣，無從告之者。

商今其有災，我興受其敗。商其淪喪，我罔爲臣僕。

商之有灾而未亡也，我起而正之則受其禍。若其既已也，我又無與爲臣僕者。此所以祥狂而爲奴也。

詔王子出迪，我舊云刻子，王子弗出，我乃顛隮。

刻，害也。箕子在帝乙時，以微子長且賢，欲立之，而帝乙不可，卒立紂。紂忌此兩人，故箕子曰：子之出固其道也。我舊所云者害子，子若不出，則我與子皆危矣。

自靖，

靖，安也。微子之告箕子，若欲與之皆去。然箕子曰：吾三人者各行其志，自用其心之所安者而已。

人自獻于先王，

人各自以其意，貢于先王。微子以去之爲續先王之國，箕子以爲之奴爲全先王之嗣，比干以諫而死爲不負先王也。

我不顧行遯。

不念與汝皆行也。

則新曰：比干無言，比干之志定矣。讀此乃知三人令身各任一事，所以爲三仁。

【眉批】

張言若曰：讀《微子》一篇，見三仁之心。

又曰：紂敗德處甚多，沉酗是其本源，故《酒誥》獨于妹邦兢兢。

又曰：天地間事到無可奈何處，只有一點此心人人可以自盡，立異不得，强同不得，此忠臣孝子之經天理人情之極。自靖就自獻，不愧生者，即可以對先王也。

東坡書傳卷第九

周書

泰誓上第一

惟十有一年，武王伐殷。一月戊午，師渡孟津，作《泰誓》三篇。

文王受命九年而崩，武王以大統未集，故即位而不改元。十一年喪畢，觀兵于商而歸。至十三年，乃復伐商。叙所謂十一年武王伐殷者，觀兵之事也。所謂一月戊午，師渡孟津作《泰誓》者，十三年之事也。而並爲一年言之，疑叙文有闕誤。

惟十有三年春，大會于孟津。王曰：嗟，我友邦冢君，越我御事、庶士，明聽誓。

天子有友諸侯之義。冢，大也。御，治也。

惟天地萬物父母，惟人萬物之靈。亶聰明作元后，元后作民父母。今商王受，弗敬上天，降灾下民。沈湎冒色，敢行暴虐。罪人以族，官人以世。

孥戮湯事也。而罪人以族，則爲紂罪，賞延于世，舜德也。而官人以世，則爲紂惡者，湯之孥戮，徒言之而不用，舜之賞延，非官人也。

惟宫室臺榭陂池侈服，以殘害于爾萬姓。焚炙忠良，刳剔孕婦。皇天震怒，命我文考，肅將天威，大勳未集。肆予小子發，以爾友邦冢君，觀政于商。

或曰：武王觀政于商，欲紂改過。不幸而不悛，若其悛也，則武王當復北面事之歟？曰：否。文王武王之王也久矣。紂若改過，不過存其社稷宗廟而封諸商，使爲二王後也。以爲武王退而示弱固陋矣，而曰復北面事之者，亦過也。

惟受罔有悛心，乃夷居。

安居自若也。

弗事上帝神祇，遺厥先宗廟弗祀，犧牲粢盛，既于凶盗，乃曰：吾有民有命，罔懲其侮。天佑下民，作之君，作之師。惟其克相上帝，寵綏四方，有罪無罪，予曷敢有越厥志。同力度德，同德度義。

力均以德，德均以義，則知勝負矣。

受其臣億萬，惟億萬心；予有臣三千，惟一心。商罪貫盈，天命誅之。予弗順天，厥罪惟鈞。予小子夙夜祗懼，受命文考，類于上帝，宜于冢土。

冢土，社也。祭社曰宜。

以爾有衆，底天之罰。天矜于民，民之所欲，天必從之。爾尚弼予一人，永清四海，時哉弗可失。

【眉批】

子淵曰：如紂惡果悛，武王定北面事之矣。封商之説，恐未是。

泰誓中第二

惟戊午，王次于河朔。群后以師畢會，王乃徇師而誓。曰：嗚呼！西土有衆，咸聽朕言。我聞吉人爲善，惟日不足；凶人爲不善，亦惟日不足。今商王受，力行無度，播棄黎老，昵比罪人。淫酗肆虐，臣下化之，朋家作仇，脅權相滅。無辜籲天，穢德彰聞。惟天惠民，惟辟奉天。有夏桀，弗克若天，流毒下國，天乃佑命成湯，降黜夏命。惟受罪浮于桀，剥喪元良，

剥，落也。喪，去也。古者謂去國爲喪。元良，微子也。微子，紂之同母兄，而謂之庶子不得立者，生于帝乙未即位之前也。以禮言之，當與紂均爲嫡子，而微子長，故成王命之曰殷王元子。

賊虐諫輔，

比干也。

謂己有天命，謂敬不足行，謂祭無益，謂暴無傷，厥監惟不遠，在彼夏王。天其以予乂民，朕夢協朕卜，

高宗言夢，文王、武王言夢，孔子亦言夢者，其情性治，其夢不亂。

襲于休祥，戎商必克。受有億兆夷人，離心離德；予有亂臣十人，同心同德。

夷人，平民也。古今傳十人，爲文母、周公、太公、召公、畢公、榮公、太顛、閎夭、散宜生、南宫括。孔子曰：有婦人焉，九人而已。

雖有周親，不如仁人。

十人之中，雖有周、召之親，然皆仁人，非以親用也。

天視自我民視，天聽自我民聽。百姓有過，在予一人，今朕必往。我武惟揚，侵于之疆，取彼凶殘，我伐用張，

于湯有光。

湯放桀而有慚德，今我亦爲之，湯不愧矣。

朂哉夫子，罔或無畏，寧執非敵。百姓懔懔，若崩厥角。

朂，勉也。戒民無輕敵，寧執是心曰：我不足以敵紂，民畏紂之虐，若崩厥角也。

嗚呼！乃一德一心，立定厥功，惟克永世。

【眉批】

子淵曰：玩通章氣脉，聯絡如貫珠。

又曰：「朕夢協」合下一步進一步，總見必克之意。

泰誓下第三

時厥明，

戊午之明日也。

王乃大巡六師，明誓衆士。王曰：嗚呼！我西土君子，天有顯道，厥類惟彰。

天有明人之道，明其類德者。

今商王受，狎侮五常，

五常，五典也。狎侮五典，以人倫爲戲也。

荒怠弗敬，自絶于天，結怨于民。斮朝涉之脛，剖賢人之心。作威殺戮，毒痡四海。

痡，病也。

崇信奸回，放黜師保。屏棄典刑，囚奴正士。郊社不修，宗廟不享。作奇技淫巧以悦婦人。上帝弗順，祝降時喪。

祝，斷也。

爾其孜孜，奉予一人，恭行天罰。古人有言曰："撫我則后，虐我則讐。"獨夫受，洪惟作威，乃汝世讐。樹德務滋，除惡務本。

滋，廣也。言止取紂也。

肆予小子，誕以爾衆士，殄殲乃讐。爾衆士其尚迪果毅，以登乃辟。功多有厚賞，不迪有顯戮。嗚呼！惟我文考，若日月之照臨，光于四方，顯于西土。惟我有周，誕受多方。予克受，非予武，惟朕文考無罪；受克予，非朕文考有罪，惟予小子無良。

兵，凶事也。以武王與紂猶有勝負之憂，爲文王羞，是以先王重用兵也。

牧誓第四

武王戎車三百兩，虎賁三百人，

虎賁，猛士也，若虎之奔獸。

與受戰于牧野，作《牧誓》。

春秋晋與楚戰，皆七八百乘。武王能以三百乘、三百人克紂者，其德與政皆勝，且諸侯之兵助之者衆也。

時甲子昧爽，王朝至于商郊牧野，

在朝歌南。

乃誓。王左杖黄鉞，右秉白旄以麾，

黄鉞，以金飾也。軍中指麾白，則見遠。王無自用鉞之理，以爲儀耳，故左杖黄鉞。麾非右手不能，故右秉白旄。此事理之常，本無異説，而學者妄相附致，張爲議論，皆非其實，凡若此者不取。

曰：逖矣，西土之人！

逖，遠也。

王曰：嗟，我友邦冢君，御事、司徒、司馬、司空，

御事，治事也，指此三卿也。六卿止言三，古者官不必備，或三公兼之。

亞旅、師氏、

亞旅，衆大夫，其位次卿。師氏，亦大夫，主以兵守門。

千夫長、百夫長，及庸、蜀、羌、髳、微、盧、彭、濮人。

《春秋》傳：楚饑，庸與百濮伐之。庸，上庸縣。濮，即百濮也。又楚伐羅，羅與盧戎兩軍之。蓋南蠻之屬楚者。羌，先零罕开之屬。彭，今屬武陽。有彭亡，髳、微闕，則知此數國皆西南之夷。

稱爾戈，比爾干，立爾矛，予其誓。王曰：古人有言曰：牝鷄無晨。牝鷄之晨，惟家之索。今商王受，惟婦言是用，昏棄厥肆祀，弗答。

肆祀，所陳祭祀也。祀，所以報也，故謂之答。

昏棄厥遺王父母弟，不迪。

王父母及母弟，皆先王之遺胤，不以道遇之也。

乃惟四方之多罪逋逃，是崇是長，是信是使，是以爲大夫卿士，俾暴虐于百姓，以奸宄于商邑。今予發，惟恭行天之罰。今日之事，不愆于六步、七步，乃止齊焉。夫子勗哉！不愆于四伐、五伐、六伐、七伐，乃止齊焉。

孫武言用兵，其勢險，其節短，故不過六步七步，四伐五伐、六伐七伐必少休而整齊之。伐，擊刺也。

勗哉夫子！尚桓桓，如虎如貔，如熊如羆，于商郊。弗迓克奔，以役西土。

紂師能來奔者，勿復迎擊，以勞役我西土之人。

勗哉夫子！爾所弗勗，其于爾躬有戮。

【眉批】

用修曰：「逖矣西土」一句，有無限奮激之意，止説慰勞便淺。

言若曰：「惟婦言」句爲主，正是昏處，所謂牝鷄之晨也，廢祀矣。親比佞害民皆由婦用而然，即惟家之索。

武成第五

武王伐殷，往伐歸獸，識其政事，作《武成》。

自往伐至歸牛馬，皆記之。

惟一月壬辰旁死魄，越翼日癸巳，王朝步自周，于征伐商。厥四月哉生明，王來自商，至于豐。

壬辰未有事先書旁死魄者，記月之生死，使千載之日，後世可考也。曆法以月起，故書多記生死，朏望皆先事而書，所以正曆也。

乃偃武修文，歸馬于華山之陽，放牛于桃林之野，示天下弗服。

華山之陽，有山川焉，然地至險絶，可入而不可出。桃林之野，在華山東，亦險阻，歸馬牛于此，示天下弗服也。《春秋》傳曰：天生五材，民並用之，闕一不可。誰能去兵？兵不可去，則牛馬不可無。雖堯舜之世，牛馬之政，不可不修，而武王歸馬休牛，倒載干戈，包之虎皮，示不復用者，蓋勢有不得不然者也。夫以兵雄天下，殺世主而代之，雖盛德所在，懼者衆矣。武庚，紂子也。殺其父，用其子，付之以殷民，武王知其必叛矣，然必用之。紂子且用，況其餘乎？所以安諸侯之懼也。楚靈王既縣陳蔡，朝諸侯，卜曰：當得天下。民患王之無厭也，故從亂如歸。知伯、夫差，皆以此亡。戰勝而不已，非獨諸侯懼也，吾民先叛矣。湯武皆畏之，故湯以慚德，令諸侯曰：慄慄危懼，若將隕于深淵。其敢復言兵乎？武王之偃武，則湯之慚德也。秦漢惟不知此，故始皇不及一世而天下亂；漢雖不亡，然諸侯功臣皆叛，高祖以流矢崩，不偃武之過也。

丁未，祀于周廟，邦甸侯衛，駿奔走，執豆籩。越三日庚戌，柴望，大告武成。既生魄，庶邦冢君暨百工，受命于周。王若曰：嗚呼！群后，惟先王建邦啓土，公劉克篤前烈，至于大王，肇基王迹，王季其勤王家。

先王，當作先公，后稷也。或曰：先王，謂舜也。舜始封后稷于邰。公劉，后稷曾孫，鞠之子。太王，后稷十二世孫，公叔祖類之子，謂古公亶父也。其子王季，謂季歷也。

我文考文王，克成厥勳，誕膺天命，以撫方夏。大邦畏其力，小邦懷其德，惟九年大統未集。

文王以虞芮質厥成之後改元，九年而崩。

予小子其承厥志。底商之罪，告于皇天后土，所過名山大川，曰惟有道曾孫周王發，有道，指其父祖也。

將有大正于商。今商王受無道，暴殄天物，害虐烝民，爲天下逋逃主，萃淵藪。

天下有罪而逃歸紂者，紂皆主之，藏如淵藪之聚鳥獸也。

予小子既獲仁人，

謂亂臣十人。

敢祇承上帝，以遏亂略。華夏蠻貊，罔不率俾。恭天成命，肆予東征，綏厥士女。惟其士女，篚厥玄黄，昭我周王。天休震動，用附我大邑周。惟爾有神，尚克相予，以濟兆民，無作神羞。既戊午，師渡孟津。癸亥，陳于商郊，俟天休命。甲子昧爽，受率其旅若林，會于牧野。罔有敵于我師，前徒倒戈，攻于後以北，血流漂杵。

紂師自相攻，至血流漂杵，非武王之罪。然孟子不取者，謂其應兵也，惡其以此自多而言之也。

一戎衣，天下大定。乃反商政，政由舊，釋箕子囚，封比干墓，式商容閭。

商容賢者而紂不用，車過其閭，式以禮之。

散鹿臺之財，發鉅橋之粟。大賚于四海，而萬姓悦服。

非獨以惠民，亦以示不復用兵也。

列爵惟五，

公侯伯子男。

分土惟三。

公侯百里，伯七十里，子男五十里，自《孟子·王制》皆云爾。此周制也。鄭子産言：列國一同，今大國數圻，若無侵小，何以至焉？而《周禮》乃曰：公之地五百里，侯四百里，伯三百里，子二百里，男百里，凡五等。《禮》曰：封周公于曲阜，地方七百里。皆妄也。先儒以謂周衰，諸侯相並，自以國過大違禮，乃除滅舊文而爲此說。獨鄭玄之徒，以謂周初因商三等，其後周公攘戎狄，斥廣中國，大封諸侯。夫攘戎斥地，能拓邊耳。自荒服以内諸侯固自如也。周公得地于邊，而增封于内，非動移諸侯，遷其城郭廟社，安能增封乎？知玄之妄也。而近歲學者，必欲實《周禮》之言，則爲之說曰：公之地百里而已。五百里者，並附庸言之。夫以五百里之地，公居其一，而附庸居其四，豈有此理哉！予專以《書》、《孟子·王制》及鄭子産之言考之，知《周禮》非聖人之全書明矣。

建官惟賢，位事惟能。重民五教，惟食喪祭。惇信明義，崇德報功，垂拱而天下治。

【眉批】

子淵曰：此篇叙克商以後之事，不必考定，自然成文。歸馬放牛，舉見在而言，甲子昧爽，則追叙之詞也。

又曰：癸亥至于商郊，甲子昧爽以後，追事之詞，並非錯簡。

東坡書傳卷十

周書

洪範第六

武王勝殷，殺受立武庚，以箕子歸，作《洪範》。

《洪範》，大法也。武王殺受立武庚，非所以問洪範者。而孔子于此言之，明武王之得箕子，蓋師而不臣也。箕子之言曰：殷其淪喪，我罔爲臣僕。殷亡則箕子無復仕之道，以此表正萬世爲君臣之法，如伯夷、叔齊之志也。箕子之道德，賢于微子，而況武庚乎？武王將立殷後，必以箕子爲首，微子次之。而卒立武庚者，必二子辭焉。武庚死而立微子，則是箕子固辭而不可立也。太史公曰：武王封箕子朝鮮而不臣也。非五服之外，賓客之國，則箕子不可得而侯也。然則曷爲？爲武王陳洪範也。天以是道畀禹，而傳至于箕子，不可使自我而絶也。以武王而不傳，則天下無復可傳者矣。故爲箕子之道者，傳道則可，仕則不可，此孔子叙《書》之意也。

惟十有三祀，王訪于箕子。

商曰祀，周曰年。在周而稱祀，亦箕子不事周之意。

王乃言曰：嗚呼！箕子，惟天陰騭下民，相協厥居，我不知其彝倫攸叙。

騭，升。彝，常也。倫，理也。天人有相通之道，若顯然而通之以交于天地鬼神之間，則家爲巫史矣。故堯命重黎絶地天通，惟達者爲能默然而心通也，謂之陰騭。君子而不通天道，則無以助民而合其居矣，故武王以天人常類之次訪箕子。

箕子乃言曰：

乃言曰，難之也。王虚心而後問，箕子辭讓而後對也。

我聞在昔，鯀陻洪水，汨陳其五行，帝乃震怒，不畀洪範九疇，彝倫攸斁。鯀則殛死，禹乃嗣興。天乃錫禹洪範九疇，彝倫攸叙。

汨，亂也。九疇，如草木之區别也。斁，厭也。執一而不知變，鮮不厭者。孔子曰：克伐怨慾不行焉，可謂仁矣。好勝之謂克。治民而求勝民者必亡，治病而求勝病者必殺人。堯謂鯀方命圮族。《楚詞》云：鯀婞直以亡身。知其剛愎好勝者也。五行，土勝水，鯀知此而已，不通其變。夫物之方壯，不達其怒而投之以其所畏，其争必大，豈獨水哉！以其殛死，知帝之震怒也。舊説河出圖，洛出書。河圖爲八卦，洛書爲九疇。其傳也尚矣，學者或疑而不敢言。以予觀之，圖書之文，必粗有八卦、九疇之象數，以發伏羲與禹之知，如《春秋》之以麟作也，豈可謂無也哉！

初一曰五行，

無所不用五行，故不言用。

次二曰敬用五事，次三曰農用八政，

農，厚也。

次四曰協用五紀，次五曰建用皇極，次六曰乂用三德，次七曰明用稽疑，次八曰念用庶徵，次九曰嚮用五福、威用六極。

嚮，趨也。用福極，使人知所趨避也。

一五行：一曰水，二曰火，三曰木，四曰金，五曰土。

此五行生數也。生成之數，解見《易》傳。

水曰潤下，火曰炎上，木曰曲直，金曰從革，土爰稼穡。

皆其德也。水不潤下，則不能生物，故水以潤下爲德。火不炎上，則不能熟物，故火以炎上爲德。木曰曲直，謂其能從繩墨也。木不曲直，則不能棟宇，故木以曲直爲德。金曰從革，謂其能就鎔範也。金不變化，則不能成器，故金以從革爲德。土無所不用，不可以一德名，而其德盛于稼穡。不曰曰而曰爰，爰，于也，曰者，所以名之也。無成名，無專氣，無定位，蓋曰于此稼穡，而非所以名之也。

潤下作鹹，炎上作苦，曲直作酸，從革作辛，稼穡作甘。

五行之所作，不可勝言也，可言者聲色臭味而已。人之用是四者，惟味爲急，故舉味以見其餘也。

二五事：一曰貌，二曰言，三曰視，四曰聽，五曰思。貌曰恭，言曰從，視曰明，聽曰聰，思曰睿。恭作肅，從作乂，明作哲，聰作謀，睿作聖。

人生而有耳目口鼻，視聽言思之具，中有知而外有容，與生俱生者也。今五事先貌而次言，然後有視聽，已而乃有思，何也？人之生也，五事皆具而未能用也。自其始孩，而貌知恭，見其父母，匍匐而就之，擎跽而禮之，是貌恭者先成也。稍長而知言語以達其意，故言從者次之。于是始有識別，而目乃知物之美惡，耳乃知事之然否，于是而致其思，無所不至矣。故視明聽聰思睿者又次之。睿者，達也，窮理之謂也。貌恭而人畏之謂之肅，言從而民服之謂之乂，視明而不爲色所眩謂之哲，聽聰而不爲言所移謂之謀，致思自窮理盡性以至于命謂之聖。此天理之自然，由匹夫而爲聖人之具也。聖人以爲此五者之事可以交天人之際，治陰陽之變。山川之有草木，如人之有容色威儀也，故貌爲木而可以治雨。金之聲如人之有言也，故言爲金而可以治暘。火之外景如人之有目也，故視爲火而可以治燠。水之内景如人之有耳也，故聽爲水而可以治寒。土行于四時，金木水火得之而後成，如人心之無所不在也，故思爲土而可以治風。此《洪範》言天人之大略也。或曰：五事之叙，與五行之叙異，蓋從其相勝者。是殆不然。聖人叙五事，專以人事之理爲先後，如向所云者，其合于五勝，適會其然耳，從而爲之説則過矣。

三八政：一曰食，二曰貨，三曰祀，四曰司空，五曰司徒，六曰司寇，七曰賓，八曰師。

食爲首，貨次之，祀次之。食貨所以養生，而祀所以事死也。生死之理得，則司空定其居。居定而後可教，既教而後可誅。故司空、司徒、司寇次之。所以治民者至矣，然後治諸侯。治諸侯莫若禮，所以賓之者備矣。而猶不服，則兵可用，故賓而後師。

四五紀：一曰歲，

歲，星所次也。

二曰月，

月所躔也。

三曰日，

日所在也。

四曰星辰，

星，二十八宿。辰，十二次也。星辰者，歲月日之所行也。此四者，所以授民時也。

五曰曆數。

以曆授民時，則並彼四者爲一矣，豈復與彼四者列而爲五哉？予以是知曆者，授民時者也。數者，如陽九百六之類，聖人以是前知吉凶者也。《書》曰：天之曆數在爾躬。

五皇極：

大而無際謂之皇。《莊子》曰：無門無旁，四達之皇。皇至而無餘謂之極。子思子曰：喜怒哀樂之未發謂之中。道有進此者乎？故曰極，亦曰中。孔子曰：過猶不及。學者因是以謂中者，過與不及之間之謂也。陋哉斯言也！聵者之言，不粗則微，何也？耳之官廢，則粗微之制，不在我也。聰者之言無粗微，豈復擇粗微之間而後言乎？中則極，極則中，中極一物也。學者知此，則幾矣。

皇建其有極，

大立是道以爲民極。

斂時五福，用敷錫厥庶民。惟時厥庶民，

我有是道，五福自至，可以錫庶民矣。

于汝極，

我有是道，則民皆取中于我。

錫汝保極。

我有是道，則民皆保我以安。我以五福錫民，民以保安錫我。

凡厥庶民，無有淫朋，人無有比德，惟皇作極。凡厥庶民，有猷，有爲，有守，汝則念之，不協于極，不罹于咎，皇則受之。而康而色，曰：予攸好德，汝則錫之福，時人斯其惟皇之極。無虐煢獨而畏高明，人之有能有爲，使羞其行，而邦其昌。凡厥正人，既富方穀，汝弗能使有好于而家，時人斯其辜。于其無好德，汝雖錫之福，其作汝用咎。

皇極之道大矣，無所不受，無所不可，苟非淫朋比德，自棄于邪者，皆可受而成就之，與作極也。有猷者，有謀慮者也。有爲者，有材力者也。有守者，有節守者也。皆可與作極者也，汝則念之勿忘也。雖不協于極，而未麗于惡者，汝則受之勿棄也。有自言者曰：我所好者德也。雖眞僞未可知，汝則錫之福，則人知爲善之利，斯大作極矣。虐煢獨而畏高明，則人慕富貴，厭貧賤，利不在于爲善矣。人之有能有爲，皆得自進而邦乃昌。雖正人亦有見而後仁，既富而後爲善者。汝知其不邪，斯可進矣，不必待其有善而後禄也。汝見正人而不能進，使與汝國家相好，則此正人亦或去而爲惡也。于其無好德者，所謂淫朋比德，自棄于邪者也。斯人而錫之福，則汝亦有咎矣。大哉皇極之道，非大人其孰能行之？嗚呼！此固硜硜者之所大失也歟？不協于極而受之，自言好德而信之，必有欺我而敗事者矣。然得者必多，失者必少。唐武氏之無道也，獨于進人無所留難。非徒人得一士，亦許自舉其材。其後開元賢臣致刑措者，皆武氏所收也。德宗好察而多忌，士無賢愚，皆不得進，國空無人，以致奉天之禍。故陸贄有言：武后以易得人，而陛下以精失士。至哉斯言也！昔常衮爲相，艱于進人，賢愚同滯。及崔祐甫代之，未期年，除吏八百，多其親舊。其曰：非親舊，莫由知之。若祐甫與贄，眞可與論皇極者也。

無偏無陂，遵王之義。無有作好，遵王之道。無有作惡，遵王之路。無偏無黨，王道蕩蕩。無黨無偏，王道平平。無反無側，王道正直。會其有極，歸其有極。

偏陂反側而作好惡，此最害皇極者。皇極無可作，可作非皇極也。去其害皇極而已。

曰：皇極之敷言，是彝是訓，于帝其訓。

天之錫禹九疇，不能如是諄諄也。蓋粗有象數而已。禹、箕子推而廣之，至皇極尤詳。曰此非皆帝之言也，皇極之敷言也。帝以數象告而我敷廣其言爲彝訓，亦與帝言無異，故曰于帝其訓。

凡厥庶民，極之敷言，是訓是行，以近天子之光。曰：天子作民父母，以爲天下王。

皇極，非獨天子事也。使庶人而能訓行此敷言者，其功烈豈可勝言哉！亦足以附益天子之光明，且能使其民愛其君，如父母也。

六三德：一曰正值，二曰剛克，三曰柔克。平康正直，强弗友剛克，燮友柔克。

不剛不柔曰正直。孔子曰：以直報怨。平安無事，用正直而已。燮，和也。過强不順者，則以剛勝之人治之。和順者，則以柔順之人養之。所謂剛亦不吐，柔亦不茹也。

沈潛剛克，高明柔克。

沈潛，地也，坤至柔而動也剛，是以剛勝也。高明，天也，天爲剛德，猶不干時，是以柔勝也。《坤》六二，直方大。《乾》上九，亢龍有悔。臣當執剛以正君，君當體柔以納臣也。

惟辟作福，惟辟作威，惟辟玉食。臣無有作福作威玉食，臣之有作福作威玉食，其害于而家，凶于而國。人用側頗僻，民用僭忒心。

聖人之憂世深矣。其言世爲天下則，既陳天地君臣剛柔之道矣，則憂後世因是以亂君臣之分，故復深戒之。

七稽疑：擇建立卜筮人，

將與卿士皆謀及之，其可不擇而立乎？

乃命卜筮：

卜筮必命此人，不使不立者占也。

曰雨，

其兆如雨。

曰霽，

如雨止。

曰蒙，

如蒙霧。

曰驛，

兆絡驛不相屬。

曰克，

兆相錯入也。

曰貞，曰悔，

《春秋》傳曰：秦伯伐晋，卜，徒父筮之，遇《蠱》，曰蠱之貞風也，其悔山也。是内卦爲「貞」，外卦爲「悔」也。卦之不變者，占卦而不占爻，故用貞悔。占者變者，則止以所變之爻占之。其謂之貞悔者，古語如此，莫知其訓也。

凡七。卜五，占用二，衍忒。

衍，推也。忒，過也。謂變而適他卦者也。卜用其五，占也于二，曰貞曰悔，此其不變者耳。又當推其變者皆占之。

立時人作卜筮，三人占，則從二人之言。

既立此人爲卜筮矣，則當信而從之。其占不同，則當從衆。

汝則有大疑，謀及乃心，謀及卿士，謀及庶人，

聖人無私之至，視其心與卿士庶人如一，皆謀及之。《周禮》有外朝致民之法，然上酌民言，聽輿人之誦，皆謀及之道也。

謀及卜筮。汝則從，龜從，筮從，卿士從，庶民從，是之謂大同。身其康强，子孫其逢吉。汝則從，龜從，筮從，卿士逆，庶民逆，吉。卿士從，龜從，筮從，汝則逆，庶民逆，吉。庶民從，龜從，筮從，汝則逆，卿士逆，吉。汝則從，龜從，筮逆，卿士逆，庶民逆，作内吉，作外凶。龜筮共違于人，用静吉，用作凶。

内，祭祀昏冠之類。外，出師征伐之類。

八庶徵：曰雨，曰暘，曰燠，曰寒，曰風，曰時。

貌，木也，其徵爲雨。言，金也，其徵爲暘。視，火也，其徵爲燠。聽，水也，其徵爲寒。思，土也，其徵爲風。聖人何以知之？以四時知之也。四時之氣，木爲春，春多雨，故雨爲貌徵。金爲秋，秋多旱，故暘爲言徵。火爲夏，夏多燠，故燠爲視徵。水爲冬，冬多寒，故寒爲聽徵。土爲四季，而風行于四時，故風爲思徵。箕子既叙此五徵矣，則又有曰時者，明此五徵以四時五行推知之也。

五者來備，各以其叙，庶草蕃廡。一極備，凶；一極無，凶。

備者，皆有而不過也。極備者，過多也。極無者，過少也。此五者有一如此，則皆凶也。

曰休徵：曰肅，時雨若。曰乂，時暘若。曰哲，時燠若。曰謀，時寒若。曰聖，時風若。曰咎徵：曰狂，恒

雨若。

貌不肅則狂。

曰僭，恒暘若。

言不從則僭。僭，不信也。

曰豫，恒燠若。

視不哲則豫。豫，淫樂于色也。

曰急，恒寒若。

聽不聰則曰急。急，過察也。

曰蒙，恒風若。

思不睿則蒙。蒙，暗也。

曰王省惟歲，

自此以下，皆五紀之文也。簡編脱誤，是以在此。其文當在五曰曆數之後。莊子曰：除日無歲。王省百官而不兼有司之事，如歲之總日月也。

卿士惟月，師尹惟日。

卿士亦不侵師尹之職也。

歲月日時無易，百穀用成，乂用明，俊民用章，家用平康。日月歲時既易，百穀用不成，乂用昏不明，俊民用微，家用不寧。

歲月日時相奪，則百穀不成。君臣相侵，則治不明。俊民微而家不寧。

庶民惟星，星有好風，星有好雨，日月之行，則有冬有夏，月之從星，則以風雨。

箕好風，畢好雨。月在箕則多風，在畢則多雨。言歲之寒燠由日月，其風雨由星，以明卿士之能爲國休戚，庶民之能爲君禍福也。

九五福：一曰壽，二曰富，三曰康寧，

無疾病。

四曰攸好德，

作德心逸日休，其爲福也大矣。

五曰考終命。六極：

極，窮也。

一曰凶短折，

不得其死曰凶。

二曰疾，

多疾病。

三曰憂，

人有常戚戚者，亦命也。

四曰貧，五曰惡，

醜陋也。

六曰弱。

尫劣也。福之反則極也，極之對則福也。五與六豈其盡之。皇極之建則多福，不建則多極，皆其大略也。必曰何以致之，則過矣。

武王既勝殷，邦諸侯，班宗彝，作《分器》。

宗彝，宗廟彝尊也。以爲諸侯，分器。一篇亡。

【眉批】

了凡曰：《洪範》一篇，首尾都歸皇極上。

則新曰：即一「祀」字見箕子不爲臣，尚留商祚一綫。

薛方山曰：以天乃錫禹爲洛出書，則天乃錫湯爲何所與乎？本文原不説洛書，此是後儒臆見，況龜文只有九數，五行五事等乃禹所自第，雖禹所自第，而實天啓其衷也。

用修曰：目擊道存之謂睿，故其字從目。聲入心通之謂聖，故其字從耳。故曰聖人時人之耳目。

子淵曰：此以五事配五行，分屬精當。

了凡曰：治内之政六，而司寇居後。治外之政二，而師居末。蓋教養兼舉而後麗于刑，則刑之可以無憾。

諸侯遠人懷之而後征不庭，則武不爲黷。

則新曰：敷錫正建極也，蓋皇建非爲一身，原爲天下也。

又曰：「汝弗能使有好于而家，時人斯其辜」，真所云建極也。蓋天理只在人情，人情不能體貼，何以爲建極。

東坡書傳卷十一

周　書

旅獒第七

西旅獻獒，太保作《旅獒》。

召公也。

惟克商，遂通道于九夷八蠻，西旅厎貢厥獒。

西方之國，有以獒爲貢者。旅，陳也。《春秋》傳曰：庭實旅百。犬四尺曰獒。

太保乃作《旅獒》，用訓于王。曰：嗚呼！明王慎德，四夷咸賓。無有遠邇，畢獻方物，惟服食器用。王乃昭德之致于異姓之邦，無替厥服。

如以肅慎楛矢，分陳之類，使知王能以德致四夷之物，況諸夏乎？

分寶玉于伯叔之國，時庸展親，

如以夏后氏之璜分魯之類，以布親親之意。

人不易物，惟德其物。

同是物也，有德則貴，無德則賤。

德盛不狎侮，狎侮君子，罔以盡人心。

君使臣以禮。

狎侮小人，罔以盡其力。

小人學道則易使。

不役耳目，百度惟貞。

不以聲色爲役。

玩人喪德，玩物喪志。志以道寧，言以道接。

玩人，則人不我敬，故喪德。玩物，則志以物移，故喪志。志喪則中亂，故志以道寧。德喪則人離，故言以道接。

不作無益害有益，功乃成；不貴異物賤用物，民乃足。

民爭爲異物以中上好，則農工病矣。

犬馬非其土性不畜，珍禽奇獸，不育于國。不寶遠物，則遠人格。

夷狄性貪，故喜廉而畏貪。古之循吏，能以廉服夷狄者多矣，而貪吏亦足以致寇，况于王乎？周穆王得狼鹿爾而荒服因以不至。

所寶惟賢，則邇人安。嗚呼！夙夜罔或不勤，不矜細行，終累大德。爲山九仞，功虧一簣。

大德，細行之積也。九仞，一簣之積也。

允迪兹，生民保厥居，惟乃世王。

巢伯來朝，芮伯作《旅巢命》。

芮在馮翊臨晋縣。一篇亡。

【眉批】

則新曰：經不言武之之受獒，故召公訓中不露一獒。今人説出許多獒字，殊失古人杜于未形口吻。

子淵曰：慎德是一篇大關目。

則新曰：召公專以盛滿爲戒，故言大德九仞。

金縢第八

武王有疾，周公作《金縢》。

《金縢》之書，緣周公而作，非周公作也。周公作金縢策書爾。

既克商二年，王有疾弗豫。

猶言不懌也。

二公曰：我其爲王穆卜。

太公、召公也。穆，敬也。

周公曰：未可以戚我先王。

二公欲卜於廟，周公曰：王疾無害，未可以憂我先王。周公欲自以身禱，故以此言拒二公。

公乃自以爲功，

功，事也。

爲三壇同墠。

築土曰壇，除地曰墠。

爲壇於南方北面，周公立焉。植璧秉圭，乃告太王、王季、文王。

植，置也。秉，執圭。

史乃册祝，

史，太史也。册，祝册也，告神祝辭，書之册以告。

曰：惟爾元孫某遘厲虐疾，若爾三王，是有丕子之責于天，以旦代某之身。

某，發也。丕，壯大也。言爾三王，天必欲取其一壯大子孫者，則旦亦丕子也，可以代之。

予仁若考能，多材多藝，能事鬼神。乃元孫不若旦多材多藝，不能事鬼神。乃命于帝庭，敷佑四方。用能定爾子孫于下地，四方之民，罔不祗畏。嗚呼！無墜天之降寶命，我先王亦永有依歸。

我仁孝能順父祖，且多材多藝，于事鬼神爲宜。乃元孫材藝不若旦，而有人君德度，留以王天下爲宜。死生有可相代之理，世多疑之。予觀近世匹夫匹婦，爲其父母發一至誠之心，以動天地鬼神者多矣，況周公乎？且周公之禱，非獨弟爲兄，臣爲君也，乃爲天下爲先王禱也。上帝聽而從之，無足疑者。世之所以疑者，以己之多僞，而疑聖人之不情也。

今我即命于元龜，爾之許我，我其以璧爲〔與〕珪，歸俟爾命。爾不許我，我乃屏璧與珪。乃卜三龜，一習吉。

啓籥見書，乃並是吉。公曰：體！王其罔害。予小子新命于三王，惟永終是圖。

龜之兆吉凶也詳矣，故許不許，皆聽命于龜。已而視龜之體，知王之罔害，已亦莫之代也，故曰予受命于

三王，王之壽考長，終可圖也。

茲攸俟，能念予一人。

一人者，指武王也。武王臨天下未久，人之念其德者尚淺，周公憂其崩而或叛之，故欲以身代。既見三

龜之吉，知王之未崩，天假之年以紹其德，故曰此可以待天下之能念王也。

公歸，乃納册于金縢之匱中。

縢，緘也。以金緘之，欲人之不發也。

王翼日乃瘳。武王既喪，管叔及其群弟乃流言於國，

管叔鮮，武王弟也。群弟，蔡叔度、霍叔處之流也。武王崩，成王幼，周公專國政，故群叔疑而流言也。

曰：公將不利于孺子。

成王也。

周公乃告二公曰：我之弗辟，我無以告我先王。

辟，誅也。管叔之當誅者，挾殷以叛也。

周公居東二年，則罪人斯得。

二年而後克明，管、蔡亦得衆也。

于後，公乃爲詩以貽王，名之曰《鴟鴞》，

《豳》詩。鴟鴞，惡鳥也，破巢取卵，以取管、蔡之害王室及成王也。

王亦未敢誚公。

未敢誚，明其心之疑也。

秋，大熟，未穫，天大雷電以風，禾盡偃，大木斯拔。邦人大恐，王與大夫盡弁，以啓金縢之書，

皮弁也，意當時占國休咎之書，皆藏金縢，故周公納册于此，而成王遇灾而懼，亦啓此書也。

乃得周公所自以爲功代武王之説。二公及王乃問諸史與百執事，對曰：信。噫，公命我勿敢言。王執書以泣曰：其勿穆卜。昔公勤勞王家，惟予冲人弗及知。今天動威以彰周公之德。惟朕小子其新逆，

自新，且使人逆公，公時尚在東也。

我國家禮亦宜之。王出郊，

郊，告謝罪也。

天乃雨，反風，

雨降風回，天意得而灾乃解。

禾則盡起。二公命邦人凡大木所偃，盡起而築之，歲則大熟。

大木既拔，築之而復生，此豈人力之所及哉！予以是知天人之不相遠，凡灾異可以推知其所自，五行傳未易盡廢也。

【眉批】

則新曰：以旦代某之身，不爲兄爲天下也。即其誅管、蔡亦與代武王同一心事，蓋有益于天下，可以代其死，有害于天下，可以致之死，聖人何心哉！

承庵曰：《詩》曰：爾卜爾筮，體無咎言。正此體字。然曰「予小子新受命于三王，惟永終是圖」，煞何等欣幸之至。曰「兹攸俟，能念予一人」，煞何等冀望之至。

則新曰：此謂上下不致喧騰，人心不至摇動也。聖人之權智如此，最當着眼。

了凡曰：注言商人兄死弟立者多，故疑周公，又言管叔爲兄，尤所覬覦，恐未然。周公心事，天下信之，豈有親如管叔而疑之？竊謂三叔不服，亦本文王三分有二以服事殷之意，謂周公處商未若文王之盡善，恐頑民未服，大難將作，必將貽害于幼主，故流言曰公將不利于孺子。

則新曰：假使四年之前周公不請武王，不瘳二叔，流言更當何如耶？始見周公之請爲王業也，非爲兄也。其誅管、蔡也，亦爲王業也，非爲兄也。

又曰：卜疾則瘳，迎公則雨，天人感應，如聲取響。

大誥第九

武王崩，三監及淮夷叛，周公相成王，將黜殷，作《大誥》。

三監，管、蔡、武庚，淮夷，徐奄之屬也。

王若曰：猷！大誥爾多邦，越爾御事。

猷，謀也。越，及也。

弗弔，天降割於我家，不少延。

天弗弔恤我，降喪于我邦家，不少延武王之命。

洪惟我幼冲人，嗣無疆大歷服。弗造哲，迪民康，矧曰其有能格知天命。

服，事也。造，至也。大哉我幼冲人，繼此大歷事也，我尚不能至於知人迪吉以安民者，况能至于知天命乎！

已，予惟小子，若涉淵水，予惟往求朕攸濟。

已矣，今予但求所濟而已。

敷賁，敷前人受命，兹不忘大功。

賁，飾也。我之所敷者，以飾敷前人受命，而不忘其功也。

予不敢閉于天降威。

天降威，三監叛也。天欲絶殷，故使之叛也。

用寧王遺我大寶龜，紹天明，即命

當時謂武王爲寧王，以見其克殷，寧天下也。下文曰乃寧考，知其爲武王。舊説以爲文王，非也。曰前寧人者，亦謂武王之舊臣也。天降威于殷，予不敢隱閉，用武王所遺寶龜卜之，所以繼天明而待命也。

曰：有大艱于西土，西土人亦不静，

此龜所以告者也。

越兹蠢。

蠢，動也。及此三監果動。

殷小腆誕敢紀其叙。天降威，知我國有疵，民不康。曰：予復，反鄙我周邦。

腆，厚也。殷少富厚，乃敢紀其既亡之叙，蓋天降威，亦其心，知我國有三叔之疵而民不安，故欲作難以鄙我周邦也。

今蠢今翼，日，民獻有十夫予翼，以于敉寧、武圖功。

獻，賢也。敉，撫也。四國蠢動之明日，民之賢者有十夫來助我，求往征四國，撫循寧王之武事，以圖功也。周公之東征，邦君卿士，皆疑天下騷動，而此十夫者至，故周公喜之，表其人以令天下。漢高祖討陳豨，至趙，得四人，皆封之千户，曰：吾以羽檄徵天下兵，未有一人至者，吾何愛四千户不以慰趙子弟乎？此亦周公之意也。

我有大事休，朕卜並吉。肆予告我友邦君，越尹氏庶士御事，曰：予得吉卜，予惟以爾庶邦，于伐殷逋播臣。爾庶邦君越庶士御事，罔不反曰：艱大，民不静，亦惟在王宫邦君室，越予小子考翼，不可征，王害不違卜。

休，美也。尹，正也，官之表正也。翼，敬也。害，曷也。《詩》曰：害澣害否。我事既美矣，而我卜又吉，故告爾以東征殷之叛臣。今汝反曰：難哉此大事也，民之不静，亦惟在王與邦君之家及王之身，考德敬事，修己以正之，不可征也，王曷不違卜而用人言乎？

肆予沖人，永思艱曰：嗚呼！允蠢鰥寡，哀哉！予造天役，遺大投艱于朕身，越予沖人，不卬自恤。義爾邦君，越爾多士，尹氏御事，綏予曰：無毖于恤，不可不成乃寧考圖功。

卬，我也。毖，畏也。我聞汝衆言，亦永思其難，曰：是行也，信動鰥寡，哀哉！然予爲天子，作天之役，天實以大艱遺我，故勉而從天，非我自憂也。爾衆人義當以言安我，曰無畏此所憂之事，惟當一心以成汝寧考所圖之功。今乃不然，故深責之也。

已，予惟小子，不敢替上帝命。天休于寧王，興我小邦周。寧王惟卜用，克綏受兹命。今天其相民，矧亦惟卜用。嗚呼！天明畏，弼我丕丕基。

已矣，予惟不敢替上帝命。帝美寧王之德而興周，王惟用卜以安受帝命，至于今，天其猶助我民，況我亦用卜哉！天所以動四國明威命者，非以困我，欲輔成我大業也。

王曰：爾惟舊人，爾丕克遠省。爾知寧王若勤哉！

王又特命久老之人，逮事武王者，曰：爾當大省久遠，爾知武王之勤勞，若此也哉！

天閟毖我成功所，予不敢不極卒寧王圖事。

閟，閉也。天所以閉塞艱碍我國者，使我知畏而成功於此，我其敢不盡力，以終寧王所圖之事哉？

肆予大化誘我友邦君，

王告此舊人，我已大化誘我友邦君，無不從我矣。

天棐忱辭，其考我民，予曷其不于前寧人圖功攸終。

天既助我至誠之辭，其必考之於民以驗其實。我其可不與寧王之舊臣，圖功之所終乎？

天亦惟用勤毖我民，若有疾，予曷敢不于前寧人攸受休畢。

天所以勤勞憂畏我民者，使我日夜思念，如人有疾之不忘醫也，予其可不與前寧人同受休終哉！

王曰：若昔朕其逝，朕言艱日思。

如我本意，則昔者已往矣，所以至今者，以言艱而日思之也。

若考作室既底法，厥子乃弗肯堂，矧肯構？

王以築室喻也。父已準望高下，程度廣狹，以致法矣，子乃不肯爲基，矧肯構屋乎？

厥父菑，厥子乃弗肯播，矧肯穫？

王又以農喻也。菑，耕也。播，種也。穫，斂也。

厥考翼其肯曰：予有後，弗棄基。

父難敬其事，而子不繼其父，其肯曰：我有後，不棄我基乎？

肆予曷敢不越卬敉寧王大命？

我其敢不及我身之存，以撫循寧王之大命乎？

若兄考，乃有友伐厥子，民養其勸弗救？

養，厮養也。父兄而與朋友伐其子，其家之民養當助父兄歟？抑助其子歟？其將相勸助其父兄弗救其子也。今王與諸侯征伐四國，如父兄與朋友伐其子爾，衆人孰當助乎？

王曰：嗚呼，肆哉！爾庶邦君越爾御事。

肆，過也。過矣哉爾衆人也，不助父而助子！

爽邦由哲，亦惟十人，迪知上帝命，

邦之明，乃能用哲。今十人歸我而不助彼，則帝命可知矣。

越天棐忱，爾時罔敢易法。矧今天降戾于周邦，惟大艱人，誕鄰胥伐于厥室，爾亦不知天命不易。

及天之方輔誠以助我，爾時我猶不敢不畏法度，矧今天降戾，使我大艱難之民，與强大之鄰，相伐于厥室。鄰室相攻可謂急矣，汝猶不知天命不易，欲安而不問也。

予永念曰：天惟喪殷若穡夫，予曷敢不終朕畝？

天使我喪殷，若農夫之去草，其敢不盡力乎！

天亦惟休于前寧人，予曷其極卜，敢弗于從？率寧人有指疆土。矧今卜並吉，肆朕誕以爾東征。天命不僭，卜陳惟若兹。

方是時，武王之舊臣皆欲從王征伐，故王曰：天若欲休息此前寧人者，予何敢盡用卜，敢不從衆而止乎？今寧人指我以疆域所至，不可坐受侵略，況今卜並吉，是天欲征而不欲休也，我其必往，蓋卜之久矣。陳，久也。盤庚大誥，皆違衆自用者，所以藉口也。使盤庚不遷都，周公不攝政，天下豈有異議乎？平居無事，變亂先王之政，而民不悅，則以盤庚、周公自比，此王之所以作大誥也。

【眉批】

子淵曰：金縢言管叔而不及武庚，止流言而未協武庚，以叛也。此言武庚則始叛而將討矣。

又曰：「予小子」成王自謂，「考翼」指武王也。謂封武庚、任三叔事由武王也，豈有人臣於君前自稱曰小子，稱武王曰考翼耶？

又曰：寧王、寧人或並指前王，通篇前後寧王、寧人只一義，無分君臣。

又曰：「日」字應上「昔」字，「思」字宜連下讀。

又曰：「肆哉」宜連下讀，語詞也，是過文。

又曰：十人還當指民獻十夫，非亂臣十人也。若亂臣則九人而已，焉有十人？以十人爲亂臣，故解語志不明快。

又曰：曷，何不也。何敢不盡用卜，敢不惟卜是從。

微子之命第十

成王既黜殷，命殺武庚，命微子啓代殷後，作《微子之命》。王若曰猷，殷王元子，惟稽古崇德象賢。

《禮》曰：繼世以立諸侯，象賢也。用庶人之賢者，不如用世家之賢者，民服也。

統承先王，修其禮物，

用其正朔禮樂，使不失舊物也。

作賓于王家，

二王後客禮。

與國咸休，永世無窮。嗚呼！乃祖成湯，克齊聖廣淵，

齊，肅也。《史記》：生而徇齊。

皇天眷佑，誕受厥命，撫民以寬，除其邪虐，功加于時，德垂後裔。爾惟踐修厥猷，舊有令聞。恪慎克孝，肅恭神人。予嘉乃德，曰篤不忘。上帝時歆，下民祗協，

予嘉乃德，曰若厚而已，帝且歆之，民且歸之。

庸建爾于上公，尹兹東夏。欽哉！往敷乃訓，慎乃服命。

服，章。命，令也。

率由典常，以蕃王室，弘乃烈祖，

成湯也。

律乃有民，

律，法也。

永綏厥位，毗予一人，世世享德，萬邦作式，俾我有周無斁。嗚呼！往哉惟休，無替朕命。

方武庚叛後而封微子，微子蓋處可疑之地。而命之曰上帝時歆，又曰弘乃烈祖，又曰萬邦作式，此三代之事，後世所不能及也。

唐叔得禾異畝同穎，獻諸天子。王命唐叔歸，周公于東作《歸禾》。

成王弟，唐叔虞也。禾各生一壟，而合爲一穟。

周公既得命禾，旅天子之命，作《嘉禾》。

二篇亡。

東坡書傳卷十二

周　書

康誥第十一

成王既伐管叔、蔡叔，以殷餘民封康叔，作《康誥》、《酒誥》、《梓材》。

康叔封，文王子，封爲衛侯。

惟三月哉生魄，周公初基，作新大邑于東國洛。四方民大和會，侯甸男邦，采衛百工，播民和，見士于周。

百工，百官也。播民和，布法也。《周禮》：正月之吉，始和布治于邦國都鄙。諸侯來朝，公行師從，故見士于周。

周公咸勤，

皆勞來之。

乃洪大誥治。

自「惟三月哉生魄」至此，皆《洛誥》文，當在《洛誥》「周公拜手稽首」之前。何以知之？周公東征二年，乃克管、蔡，即以殷餘民封康叔。七年而復辟，營洛在復辟之歲，皆經文明甚。則封康叔之時，決未營洛。又此文終篇，初不及營洛之事，知簡編脱誤也。

王若曰：孟侯，朕其弟，小子封。

孟，長也。康叔，成王叔父，而周公弟，謂之孟侯則可，謂之小子則不可。且謂武王爲寡兄，此豈成王之言？蓋周公雖以王命命康叔，而其實訓誥皆周公之言也，故曰朕其弟小子封。

惟乃丕顯考文王，克明德愼罰，不敢侮鰥寡，庸庸祇祇威威，顯民。

用可用，敬可敬，刑可刑，以治顯人，言敬鰥寡而治强禦也。

用肇造我區夏，越我一二邦，以修我西土。惟時怙冒，

怙，恃也。冒，被也。

聞于上帝，帝休，天乃大命文王殪戎殷，

殪，殺也。戎殷，比之戎虜也。

誕受厥命，越厥邦厥民。惟時敘，乃寡兄勖，肆汝小子封在兹東土。

民與國皆敘，乃汝寡有之兄武王勖勉之力。言汝小子封，承文武之澤，乃得列爲諸侯也。

王曰：嗚呼！封，汝念哉！今民將在祗遹乃文考，紹聞衣德言，

遹，循也。紹，繼也。衣，服也。繼其所聞，而服行其德言也。

往敷求于殷先哲王，用保乂民。汝丕遠惟商耇成人，宅心知訓。别求聞由古先哲王，用康保民。

文王與殷先哲王，及商耇成人之德，皆遠而易法，有以居己而知訓矣，則更求殷以前古先哲王之道，以安民也。

弘于天，若德裕乃身，不廢在王命。

既求古聖賢，以弘大汝天性，順成其德，則汝身綽綽然有餘裕矣。然終不廢用天子之法令，此所謂雖有庇民之大德，而有事君之小心也。

王曰：嗚呼！小子封，恫瘝乃身，敬哉！

恫，痛也。瘝，疾也。常若有疾痛在身，不忘治也。

天畏棐忱，民情大可見，小人難保，往盡乃心，無康好逸豫，乃其乂民。

天威可畏也，然可恃以安者，輔誠也。誠則天與之者可必矣。民歸有道，懷有德，其情大略可見也。然不可恃以安者，小人也。故盡心于誠以求天輔，不可好逸豫以遠小人也。

我聞曰：怨不在大，亦不在小。惠不惠，懋不懋。

怨無大小，不順不勉，皆足以致怨。

已，汝惟小子，乃服惟弘王。應保殷民，亦惟助王宅天命，作新民。

服，事也。弘，廣也。應者，觀民設教也。作，治也。殷民，衛之舊民也。武庚之亂，征伐之餘民，流徙無常居，故康叔之國，有新民也。新誅武庚，故命康叔曰：汝之事，在廣天子之意，觀民設教以保安殷民。又當助王宅天命，治新民也。方三監叛周之初，天命蓋岌岌矣，黜殷而封康叔，天命乃定。

王曰：嗚呼！封，敬明乃罰。人有小罪非眚，乃惟終，自作不典，式爾，有厥罪小，乃不可不殺。乃有大罪非終，乃惟眚灾，適爾，既道極厥辜，時乃不可殺。

近時學者解此書，其意以謂，人有小罪，非過眚也，惟終成其惡，非詿誤也，乃惟自作不善，原其情，乃惟不以爾爲典式，是人當殺之無赦。乃有大罪，非能終成其惡也，乃惟過眚，原其情，乃惟適爾，非敢不以爾爲典式也，是人當赦之不可殺。信如此言，周公虐刑殺非死罪，且教康叔以人之向背以爲喜怒，而出入其生死也。法當死，原情以生之可也。法不當死，而原情以殺之可乎？情之輕重，寄於有司之手，則人人可殺矣。雖大無道嗜殺人之君，不立此法，而謂周公爲之歟？吾嘗問之知法者，曰：此假設法也。周公設爲甲乙二人，皆犯死罪，而議其輕重也。甲之罪小於乙之謂也，非謂其罪不至死也。然其罪，乃非眚災，而惟終之，乃惟自作不法，而曰法固當爾如是者，當據法殺之，不可讞也。乙之罪雖大，然非終之者，乃惟眚災適爾，適爾者，適會其如此也，是則真可讞也。末世法壞，違經背禮，然終無許有司論殺小罪之法，況使諸侯自以向背爲喜怒，而專殺非死罪者歟？以今世之法考之，謀殺已傷雖未殺皆死，雖未傷而置人于必死之地亦死。鬥殺故殺雖已殺而情可愍者讞，過失殺雖已殺皆贖。夫以未傷未殺而皆云既殺，豈非小罪殺而大罪赦乎？豈可以非死罪爲不罪也。所謂既道極辜者，是人之罪重情輕，盡道以責備，則信有大罪矣，而以常情恕之，則不可殺。孟子曰：夫謂非其有而取之爲盗者，是充類至義之盡也。夫充類至義，則《書》之所謂盡道也。予恐後世好殺者，以周公爲口實，故具論之。

王曰：嗚呼！封，有序，

如此，則刑有序也。

時乃大明服，

《春秋》傳曰：乃大明服。已則不明，而殺人以逞，不亦難乎？

惟民其敕懋和。

敕，正也。

若有疾，惟民其畢棄咎。若保赤子，惟民其康乂。非汝封，刑人殺人，

刑人殺人者，法也，非汝意也。

無或刑人殺人。非汝封，

雖非汝意，然生殺必聽汝，不可使在人也。

又曰劓刵人，無或劓刵人。

劓，割鼻。刵，割耳也。言非獨生殺也，劓刵亦如此。其文略，蓋因前之辭也。

王曰：外事，汝陳時臬，

德爲内，政爲外。臬，闑也。凡政事，汝當陳此法以爲限節也。

司師，兹殷罰有倫。

司，專也。專司此則殷罰有倫矣。

又曰：要囚，服念五六日，至于旬時，丕蔽要囚。

要，獄辭也。服念至旬日，爲囚求生道也。求之旬日而終無生道，乃可殺。

王曰：汝陳時臬事，罰蔽殷彝，

汝陳此以限節事，罰以蔽殷之常法也。

用其義刑義殺，勿庸以次汝封。

次，就也。

乃汝盡遜，曰時叙，惟曰未有遜事。

常自以爲不足也。

已，汝惟小子，未其有若汝封之心，朕心朕德惟乃知。

將有以深告之，故言我與汝相知如此。

凡民自得罪，寇攘奸宄，殺越人于貨，暋不畏死，

越，顛越也。暋，强也。

罔弗憝。

憝，惡也。人無不惡之者。

王曰：封，元惡大憝，矧惟不孝不友，子弗祗服厥父事，大傷厥考心。于父不能字厥子，乃疾厥子。于弟弗念天顯，乃弗克恭厥兄。兄亦不念鞠子哀，大不友于弟。惟弔茲，不于我政人得罪，天惟與我民彝大泯亂。曰乃其速由文王作罰，刑茲無赦。不率大戛。

商紂之後，三監之世，殷人之父子兄弟，以相賊虐爲俗。周公之意蓋曰：孝友民之天性也，不孝不友，必有以使之。子弟固有罪矣，而父兄獨無過乎？故曰：凡民有自棄於奸宄者，此固爲元惡大憝矣，政刑之所治也。至于父子兄弟，相與爲逆亂，則治之當有道，不可與寇攘同法。我將誨其子曰：汝不服父事，豈不大傷父心？又誨其父曰：此非汝子乎？何疾之深也！又誨其弟曰：長幼天命也，其可不順？又誨其兄曰：此汝弟也，獨不念先父母鞠養劬勞之哀乎？人非木石禽犢，稍假以日月，須其善心油然而生，未有不爲君子也。我獨弔閔此人，不幸而得罪於三監之世，不得罪于我政人之手，天與我民五常之性，而吏不知訓以大泯亂，乃迫而蹙之曰：乃其速由文王作罰，刑茲無赦，則民將辟罪不暇，而父子兄弟，益相忿疾，至于賊殺而已。後雖大戛擊痛傷之，民不率也。舜命契爲司徒，曰：敬敷五教在寬。寬之言緩也。五教所以復其天性，當緩而不當速也。

矧惟外庶子訓人？

《禮》曰：庶子之正于公族者，教之以孝弟睦友子愛，明父子之義，長幼之序。言治之以峻急，雖國君不

能，况庶子乎？

惟厥正人越小臣諸節，

正人，官長也。諸節，諸有符節之吏也。

乃別播敷，造民大譽，弗念弗庸，瘝厥君，時乃引惡，惟朕憝。

汝既不由此道，諸臣等又各出私意以布教令，要一切之譽，不念人之不庸以病厥君，如是長惡，我亦惡之矣。

已，汝乃其速由兹義率殺。亦惟君惟長，不能厥家人，

汝若速用此道以率民，民不率則殺之，乃是汝爲人君長，而不能治其家人也。

越厥小臣外正。惟威惟虐，大放王命，乃非德用乂。

至于小臣皆爲威虐，放棄王命，此速由兹義率殺之致也。

汝亦罔不克敬典，乃由裕民，惟文王之敬忌，乃裕民，曰我惟有及，則予一人以懌。

居敬而行寬裕，先法文王之所敬畏，乃裕民曰：我惟有及，緩之至也。欲速者，惟恐不及。

王曰：封，爽惟民迪吉康。

明哉，民之迪于吉且安也。

我時其惟殷先哲王德，用康乂民，作求。

作求者，爲民所求也。王弼曰：無者求有，有者不求所與。危者求安，安者不求所保。火有其炎，寒者附之。已苟安焉，則不寧方來矣。是之謂作求。

矧今民罔迪不適，不迪則罔政在厥邦。

適，從也。矧今民無有道之而不從者，若聽其所爲而莫之道，則是民爲政也。

王曰：封，予惟不可不監，告汝德之説，于罰之行。

德有説。説者，其理之謂也。《易》曰：和順于道德而理于義。作德而不知其所以然之理，則其德若假貨然，非己有也。己且不能有，安能移諸人？此罰所以不行也。

今惟民不静，未戾厥心，迪屢未同。爽惟天其罰殛我，我其不怨。惟厥罪無在大，亦無在多，矧曰其尚顯聞于天。

同，從也。戾，止也。今殷民不静其心，無所止戾。道之而屢不從者，罪在我也。天其罰殛我明矣，我其敢怨？無曰我無罪，罪豈在大與多乎？言行之失，毫釐爲千里，况其顯聞于天者乎？

王曰：嗚呼！封，敬哉！無作怨，勿用非謀非彝，蔽時忱，丕則敏德。

非謀，不與衆謀者也。非彝，非故常者也。非謀非彝，事之危疑者也。忱，言所信者也。汝當以所信者决危疑，不當以危疑决所信也。

用康乃心，顧乃德，遠乃猷，裕乃以民寧，不汝瑕殄。

汝惟寬裕，則民安。不汝瑕疵，亦不汝遠絶也。

王曰：嗚呼！肆汝小子封，惟命不于常，汝念哉，無我殄享。

無自絶天享也。

明乃服命，

明汝車服教令。

高乃聽，

聽于先王爲高。

用康乂民。王若曰：往哉，封！勿替敬典，聽朕告汝，乃以殷民世享。

【眉批】

了凡曰：《荀子》引《書》云「弘覆乎天，若德裕乃身」，則此脱一「覆」字無疑。

子淵曰：棐匪同，見匡衡傳注，又見《韻會》，若訓輔則難通矣。

又曰：勉其不勉者，順其不順者。

又曰：《詩》曰：戎雖小子，而式弘大。見《左傳》。言所係大。

了凡曰：罪輕情重者，在所必刑，則情罪俱重者可知。罪重情輕者在所必赦，則情罪俱輕者可知。

子淵曰：司字當連上讀，臬司疏之臬司，下文臬事。

子淵曰：此言人臣之犯法。

又曰：此戒康叔自身。

又曰：此武王自嚴厥身。

了凡曰：心出入無常，全要寧謐，故曰康。德原固有貴，迴光返照，故曰顧。謀用刑則狹小，用德則正大，故曰遠。

酒誥第十二

王若曰：明大命于妹邦。

妹，沬也。《詩》所謂沬之鄉矣，在朝歌以北。俗化紂德，沈湎于酒，故以酒戒。

乃穆考文王，

文王于世次爲穆。

肇國在西土。厥誥毖庶邦庶士，越少正御事，

少正，官之副貳也。

朝夕曰：祀兹酒。

朝夕敕之，惟祭祀則用酒。

惟天降命，肇我民，惟元祀。

酒行于天下，非小物細故也。故本之天，天始令民知作酒者，本爲祭祀而已。

天降威我民，用大亂喪德，亦罔非酒惟行。越小大邦用喪，亦罔非酒惟辜。文王誥教小子，有正有事，無彝酒，

彝，常也。有正，有所繩治也。有事，有所興作也。有正有事，無常酒，容其飲于燕閒也。

越庶國，飲惟祀，德將無醉。

因祭賜胙乃飲，猶曰以德自將，無醉也。

惟曰我民迪小子，惟土物愛，厥心臧。聰聽祖考之彝訓，越小大德，小子惟一。妹土，嗣爾股肱，純其藝黍稷，奔走事厥考厥長。肇牽車牛，遠服賈，用孝養厥父母。厥父母慶，自洗腆，致用酒。庶士有正，越庶伯君子，

其爾典聽朕教。爾大克羞耇惟君，爾乃飲食醉飽。丕惟曰爾克永觀省，作稽中德。爾尚克羞饋祀，爾乃自介用逸，茲乃允惟王正事之臣，茲亦惟天若元德，永不忘在王家。

純，大也。純其藝黍稷者，大修農事也。洗腆，逸樂之狀也。羞，進也。羞耇惟君者，猶曰寡君之老也。介，副也。惟曰我民迪于小子之教，懷土安居，嗇于用物，其心無惡，以聽祖考之訓。小大上下，德我小子如一。如妹土之民，皆竭其股肱之力，以繼其上之事。或大修農事，或遠服商賈，以養父母。父母洗腆自慶，則汝民可以飲食醉飽也。汝小子封能自觀省，作稽中德，常有則于內以察物至。又有耇老賢臣，可以代汝進饋于廟者，則汝亦可以此人自副，而休逸飲食醉飽。如此，則汝小子乃爲王正事之臣，亦爲天所順予元德之君，永世不忘矣。飲酒，人情之所不免，禁而絶之，雖聖人有所不能，故獨戒其沈湎之禍，而開其德飲之樂，則其法不廢。聖人之禁人也蓋如此。

王曰：封，我西土棐徂邦君，御事小子，尚克用文王教，不腆于酒。

徂，往也。我西土邦君，輔武王同往伐紂者，下至于其御事小子，皆用文王教，不腆于酒。

故我至于今，克受殷之命。王曰：封，我聞惟曰：在昔殷先哲王，迪畏天顯小民，經德秉哲。自成湯咸至于帝乙，成王畏相，惟御事厥棐有恭，不敢自暇自逸，矧曰其敢崇飲。越在外服，侯甸男衛邦伯。越在內服，百僚庶尹惟亞惟服宗工，越百姓里居，罔敢湎于酒。不惟不敢，亦不暇。惟助成王德顯，越尹人祇辟。

崇，聚也。宗工，大臣也。我聞惟曰殷之先王，畏天道，顯民德，常德秉哲，自成湯、太甲、太戊、祖乙、盤庚、武丁、帝乙七王，皆成德之王，皆畏敬其輔相。至于御事之臣，所以輔王者，皆恭敬不敢暇逸，況敢聚飲。至于外服諸侯，內服百僚，皆服事其大臣。至于百姓大族居于閭里者，皆不湎于酒。不惟不敢，亦不暇，惟以助王之顯民德，及以助庶尹之祇厥辟也。

我聞亦惟曰：在今後嗣王酣身，厥命罔顯于民，祗保越怨不易。誕惟厥縱淫泆于非彝，用燕喪威儀，民罔不衋傷心。惟荒腆于酒，不惟自息乃逸。厥心疾狠，不克畏死。辜在商邑，越殷國滅無罹。弗惟德馨香祀，登聞于天。誕惟民怨，庶群自酒，腥聞在上，故天降喪于殷，罔愛于殷，惟逸。天非虐，惟民自速辜。

今後嗣王，紂也。祇，適也。衋，痛也。紂酣樂其身，命令不下行于民，本以求慢易之樂也。然其得適足以爲怨仇之保，未嘗樂易也。紂燕喪其威儀，望之不似人君，民莫不痛其將亡也。而猶荒湎，不少休息，其心爲酒所使，忿疾强狠，不復畏死。不醉而怒曰哭，明醉者常怒也。國君醉則殺人，士庶人則相殺，明酒之能使人怒也。紂之怒至於殺其身而不畏，惟多罪逋逃，萃于商邑，上下沈湎，及殷之滅，此等皆無罹乎，言與紂俱死也。天不聞明德之馨，但聞刑戮之腥，故天之降喪于殷，無所愛慼者，皆以其逸耳。非天之虐殷，人自速其辜也。

王曰：封，予不惟若兹多誥。古人有言曰：人無于水監，當于人監。今惟殷墜厥命，我其可不大監撫于時。

撫，安也。

予惟曰：汝劼毖殷獻臣侯甸男衛，

劼，固也。堅固汝心，敬畏殷賢臣之在侯甸男衛者。

矧大史友內史友，

越獻臣百宗工。

當時二賢臣封所友者。

矧惟爾事，服休服采。

及汝之賢臣與凡大臣百執也。

休，德也。采，事也。服休，以德爲事者也。服采，以事爲事者也。

矧惟若疇圻父，

疇，誰也。司馬主封圻曰圻父，所以訶問寇敵者。賈誼曰：陳利兵而誰何。

薄違農父，

薄，近也。違，去也。司徒訓農，敷五教，曰農父，去民最近也。

若保宏父，

保，安也。宏，大也。司空斥大都邑曰宏父，以保安民居者。

定辟，

諸侯以定位爲難，故《春秋》傳曰：厚問定君于石子，又秦伯謂晋惠公入而未定列。故周公戒康叔敬畏衆賢士以定位也。

矧汝剛制于酒。

酒非剛者不能制。

厥或誥曰：群飲，汝勿佚，盡執拘以歸于周，予其殺。

予其殺者，未必殺也。猶今法曰當斬者，皆具獄以待命，不必死也。然必立死法者，欲人畏而不敢犯也。群飲，蓋亦當時之法。有群聚飲酒，謀爲大奸者，其詳不可得而聞矣。如今之法，有曰夜聚曉散者，皆死罪。蓋聚而爲妖逆者也。使後世不知其詳，而徒聞其名，凡民夜相過者，輒殺之可乎？舊説以爲群飲者，周人則殺之，殷人則勿殺也。民同犯一罪，而殺其一，不殺其一，周人其肯服乎？民群飲則死，公卿大夫群飲可不誅乎？不誅吏則無以禁民，吏民皆誅，則桀紂之虐不至于此矣。皆事之必不然者，予不可以不論。

又惟殷之迪諸臣惟工，乃湎于酒，勿庸殺之，姑惟教之。有斯明享，乃不用我教辭。惟我一人，弗恤弗蠲，乃事時同于殺。

此謂凡湎于酒，而不爲他大奸者也。不擇殷周，而周公特言殷者，蓋爲妹邦化紂之德，諸臣百工皆沉湎，而况民乎？故凡湎于酒者，皆可教不可殺，不分殷周也。有斯明享者，哀敬之意，達于民，如達于神也，如此豈復有不用命者乎？若我初不知恤此，不潔治其事，則是陷民于死，同于我殺之也。

王曰：封，汝典聽朕毖，勿辯乃司，民湎于酒。

禁之難行者莫若酒，周公憂之深矣，故卒告之曰：汝既常聽用我所畏慎者，又當專建一司以察沉湎。若以泛責群吏而不辯其司，禁必不行矣。或曰：自漢武帝以來，至于今，皆有酒禁，刑者有至流賞或不貲，未嘗以少縱，而私釀終不能絶也，周公獨何以禁之？曰：周公無所利于酒也，以正民德而已。甲乙皆答其子，甲之子服，乙之子不服，何也？甲答其子而責之學，乙答其子而奪之食，此周公所以能禁酒也。

【眉批】

子淵曰：泛言不指人。

又曰：洗腆句結上。

又曰：章法精嚴整飭。

承庵曰：此以下通着「我聞」字，見此歷歷耳目所睹記，爲世之勸監昭然也。

子淵曰：通下二章皆説殷先王。

又曰：敘先王時如此。

了凡曰：上言臣之罪輕于民，故待臣必寬于民。此言民之治由于臣，故教民當先于臣。

了凡曰：三「矧」字一節深一節。

子淵曰：此處章法一氣發下，如一句然，妙妙。

了凡曰：自「酣身」至「無罹」與「迪畏小民」相反，自「弗惟德」至「在上」與「迪畏天顯」相反。

又曰：此説殷不憚煩。

東坡書傳卷十三

周　書

梓材第十三

王曰：封，以厥庶民暨厥臣，達大家。以厥臣達王，惟邦君。

大家者，如晉六卿，魯三桓，齊諸田，楚昭屈景之類，此晉、魯、齊、楚之所恃以爲骨幹者，無之則無以爲國也。故曰：季氏亡則魯不昌。然其擅威福，竊國命，則有之矣。古者國君馭此爲難，孟子所謂「不得罪于巨室」者。周公教康叔曰：汝上不得罪于王，下不得罪於巨室，則國安矣。人君多疾惡于巨室，所惡于巨室者，惡其危國也。周公曰：無庸疾也，汝得民與臣而國自安，巨室何爲乎？故曰以厥庶民暨厥臣，達大家，以厥臣達王。上下情通謂之達，以爾臣民之心，達大家之心，以爾賢臣聘于周，以達王心，而國安矣。

汝若恒越曰：我有師師司徒司馬司空尹旅。曰予罔厲殺人，亦厥君先敬勞，肆徂厥敬勞，肆往，姦宄殺人歷人宥，肆亦見厥君事，戕敗人宥。王啓監，厥亂爲民，曰：無胥戕，無胥虐，至于敬寡，至于屬婦，合由以容。王其效邦君，越御事，厥命曷以，引養引恬，自古王若茲，監罔攸辟。

自此以下，文多不類，古今解者，皆隨文附致，不厭人情，當以意求之乃得。蓋當時衛有大家，得罪于衛，當誅而未決者，周公之意以謂新殺武庚、管叔，刑不可遂，故教康叔以和緩治之。越，及也。汝當晏然如平常時。及曰此我之官師相師，不可去也。以至于三卿之正長，及其旅士，亦皆曰：我非危殺人者也。君臣皆爲寬辟，以逸罪人使亡也。此大家之長，先爲國君之所敬勞，今雖有罪，未可殺也。當徂此敬勞者而已。蓋使之去國也，然後治其餘黨，亦不可盡法也。往者，流也，肆往奸宄殺人歷人宥者，謂以流宥五刑也。歷人者，罪人之所過律，所謂知情藏匿貲給者，此殺人與歷人，皆以流宥之也。肆亦見厥君事，戕敗人宥者，傷毁人四肢面目，漢律所謂痍也。是人因爲君幹事而痍傷人者，可以直宥也。于是王乃啓監厥亂爲民，而寬慰之曰：無相戕，無相虐。王又收恤此大家破亡之餘，而鎮撫之，禮敬其鰥寡，比次其婦女，使共由此道以相容也。至矣王之仁也！邦君御事，所當則效，其命令當何所用乎？亦用此而已。亂生于激，事不小忍而求速決，則釁故横生，靡所不至。小引延之，人静而亂自衰，使相容養以至恬安，是謂引養引恬。古我先王，未有不順此者，監無所用殺也。

惟曰：若稽田，既勤敷菑，惟其陳修，爲厥疆畎。

稽，考也。敷，治也。菑，去草棘也。陳修，修舊也。疆，畔也。畎，壟也。

若作室家，既勤垣墉，惟其塗塈茨。

塗塈，墐飾之也。茨，苫蓋也。

若作梓材，既勤樸斲，惟其塗丹雘。

梓，良材，可爲器者。丹雘，膠漆五采也。田既敷菑，室既垣墉，器既樸斲，則當因舊守成而潤色之，不當復有所建立除治也。以言康叔既已立國定位，不當復有所斬艾斲削也。

今王惟曰：先王既勤用明德，懷爲夾，

夾，近也，懷遠爲近也。

庶邦享，作兄弟方來。亦既用明德，

享，朝享也。王謂諸侯爲兄弟，凡言用德者，皆謂不用刑也。

后式典集，庶邦丕享。

后，今王也。亦用此常道以集天下也。

皇天既付中國民，越厥疆土于先王。

此言專言王惟不殺，則子孫萬年享國，故以天付爲言。

肆王惟德用，和懌先後迷民，

民迷失道，故先後之。

用懌先王受命。

不惟以悦民心，亦以悦天命也。

已，若兹監，惟曰：欲至于萬年，惟王子子孫孫永保民。

《大誥》、《康誥》、《酒誥》、《梓材》，其文皆奥雅，非世俗所能通。學者見其書紛然若有殺罰之言，因爲之説曰：《康誥》所戒，大抵先言殺罰。蓋衛地服紂成俗，小人衆多，所以治之先後緩急當如此。予詳考四篇之文，雖古語淵慤，然皆粲有條理。反覆丁寧，以殺爲戒，以不殺爲德。此《易》所謂聰明睿智、神武而不殺者。故周有天下八百餘年。後之王者，以不殺享國，以好殺殃其身，及其子孫者多，一天人之際，有不可盡知者，至于殺不殺之報，一一若符契可見也。而世主不以爲監，小人又或附會六經，醖釀鐫鑿以勸之殺，悲夫殆哉！唐末五代之亂，殺人如飲食。周太祖叛漢，漢隱帝使開封尹劉銖屠其家百口。太祖既克京師，夜召其故人知星者趙延義，問漢祚所以短促者，延義答曰：「漢本未亡，以刑殺冤濫，故不及期而滅。」時太祖方以兵圍銖及蘇逢吉第，旦且滅其族，聞延義言，矍然貸之，誅止其身。予讀至此，未嘗不流涕太息，故表其事于《書》傳以救世云。

【眉批】

則新曰：武王命康叔而持以達大家，言何？蓋商之故都大家爲多，又受惡所染，所以達大家爲重。

又曰：此正所謂「以厥臣」也。三卿尹旅皆有用刑之責，故示以罔厲殺人。然言教必須身教，故又言「亦厥君先敬勞」云。

又曰：「王啓監」以下此便是以厥民工夫。

用修曰：丹丘之山產丹，青丘之山產臒。

則新曰：讀此篇文字斷斷續續，真是古色紛披，可愛可玩。作脱簡可，不作脱簡亦可。

召誥第十四

成王在豐，

文王都豐，豐在京兆鄠縣東。

欲宅洛邑，使召公先相宅，作《召誥》。

武王克商，遷九鼎于洛，則已有都洛之意，而周公、成王成之。且以殷餘頑民爲憂，故營洛而遷焉。太史公曰：洛邑武王營之，成王使召公卜居，居九鼎焉。而周復都豐鎬，至犬戎敗幽王，周乃東遷洛邑。所謂周葬于畢，在郭東南社昆明。成王雖營洛而不遷都，蓋嘗因巡狩，而朝諸侯于洛邑云。

惟二月既望，越六日乙未，王朝步自周，則至于豐。

王自鎬至豐，以營洛之事，告文王廟。鄗在上林昆明北，有鎬池，去豐二十五里。

惟太保先周公相宅，越若來，三月惟丙午朏。

朏，明也。月二日明生之名。

越三日戊申，太保朝至于洛，卜宅。厥既得卜，則經營。越三日庚戌，太保乃以庶殷攻位于洛汭。越五日甲寅，位成。

庶殷，凡殷民也。位，朝市宗廟郊社之位。洛汭，洛水北。

若翼日乙卯，周公朝至于洛，則達觀于新邑營。

徧觀所營也。

越三日丁巳，用牲于郊，牛二。

帝及配者各一牛。

越翼日戊午，乃社于新邑，牛一，羊一，豕一。

用太牢也。

越七日甲子，周公乃朝用書，命庶殷侯甸男邦伯。

《春秋》傳曰：士彌牟營成周，計丈數，揣高卑，度厚薄，仞溝洫，物土方，議遠邇，量事期，計徒庸，慮財用，書餱糧，以令役于諸侯。屬役賦丈書以授帥而效諸劉子。此之謂書。

厥既命殷庶，庶殷丕作。

言殷人悦而聽命也。

太保乃以庶邦冢君出取幣，乃復入，錫周公曰：拜手稽首，旅王若公。

旅讀如「庭實旅百」之旅，諸侯之幣，旅王而及公者，尊周公也。

誥告庶殷，越自乃御事。嗚呼！皇天上帝，改厥元子，兹大國殷之命。惟王受命，無疆惟休，亦無疆惟恤。嗚呼！曷其奈何弗敬。

庶殷諸侯皆在，故召公托爲遜辭曰：誥告汝御事以下也。言殷嘗以元子嗣位，而帝改其命以授周。今王受命，雖無疆之福，亦無疆之憂，其可不敬乎？

天既遐終大邦殷之命，兹殷多先哲王在天，越厥後王後民，兹服厥命。厥終智藏瘝在。夫知保抱携持厥婦子，以哀籲天，徂厥亡，出執。嗚呼！天亦哀于四方民，其眷命用懋，王其疾敬德。

此所謂無疆之憂也。殷雖滅，其先哲王固在天也。其後王後民，至于今兹，猶服用其福禄，其心終不忘報怨以復國也，如武庚蓄謀以伺隙者多矣。其智藏于中，其病則在也。夫，夫人也，猶曰人人也。各抱持其婦子，以哀痛呼天，徂往其逃亡，解出其囚執，以叛我者，蓋有之矣，王其可不大畏乎？天其哀我民，其亦眷命于勉德者。王其速敬德，定天命也。召公之誥王也，庶殷皆在而出此言，亦如《微子之命》，有上帝時歆，萬邦作式之語。古之人無所忌諱，忠厚之至也。

相古先民有夏，天迪從子保，面稽天若，今時既墜厥命。今相有殷，天迪格保，面稽天若，今時既墜厥命。今冲子嗣，則無遺壽耇，曰其稽我古人之德，矧曰其有能稽謀自天。

從子，與子也。堯舜與賢，禹與子。面，嚮也。言我觀夏殷之世，天之迪夏也，迪其與子而保安之，其迪殷也，迪其能用伊尹格天之臣而保安之。夏殷之哲王，皆能嚮天之所順以考其意，而其後王皆以失道而墜厥命矣。今王其無棄老成人，以考古人之德，況能博謀于衆以求天心乎？

嗚呼！有王雖小，元子哉！其丕能諴于小民，今休。

王雖幼，周之元子也。其大能以誠感民矣，當及今休其德。

王不敢後，

王疾敬德，不肯遲也。

用顧畏于民碞。

碞，險也。民，猶水也，水能載舟，亦能覆舟，物無險于民者矣。

王來紹上帝，自服于土中。

服，事也。洛邑爲天下中。

旦曰：其作大邑，其自時配皇天，毖祀于上下。其自時中乂，王厥有成命，治民今休。王先服殷御事，比介于我有周御事，節性惟日其邁。王敬作所，不可不敬德。

王能訓服殷之御事，使比附介副于我周御事矣。又當節文殷人之善性，使日進于善。作所者，所作政事也。既敬其事，又敬其德，則至矣。

我不可不監于有夏，亦不可不監于有殷。我不敢知曰，有夏服天命，惟有歷年。我不敢知曰，不其延。惟不敬厥德，乃早墜厥命。我不敢知曰，有殷受天命，惟有歷年。我不敢知曰，不其延。惟不敬厥德，乃早墜厥命。今王嗣受厥命，我亦惟茲二國命，嗣若功，

召公恐成王恃天命以自安，故又戒之曰：夏殷之所以多歷年，與其所以不永延者，其受天命，皆非我所

敢知也。所知者惟不敬德以墜厥命也。今王亦監此二國，修人事而已。功，事也。

王乃初服。嗚呼！若生子，罔不在厥初生，自貽哲命，

習于上則智，習于下則愚。

今天其命哲，命吉凶，命歷年，知今我初服，宅新邑，肆惟王其疾敬德。王其德之用，祈天永命。

惟德是用，不用刑也。

其惟王勿以小民淫用非彝，亦敢殄戮用乂民，若有功。其惟王位在德元，小民乃惟刑用于天下，越王顯。

古今説者，皆謂召公戒王過用非常之法，又勸王亦須果敢殄滅殺戮以爲治。嗚呼！殄滅殺戮，桀紂之事。桀紂猶有所不果，而召公乃勸王使果于殄戮而無疑。嗚呼，儒者之叛道，一至于此哉！皋陶曰：「與其殺不辜，寧失不經。」人主之用刑，憂其不慎，不憂其不果也。憂其殺不辜，不憂其失不經也。今召公方戒王以慎罰，言未終而又勸王以果于殄戮，則皋陶不當戒舜以寧失不經乎？季康子問孔子曰：「如殺無道就有道何如？」孔子曰：「子爲政，焉用殺。子欲善而民善矣，君子之德風，小人之德草，草上之風必偃。」夫殺無道以就有道，爲政者之所不免，其言蓋未爲過也，而孔子惡之如此，惡其恃殺以爲政也。今予詳考召公之言，本不如説者之意。蓋曰王勿以小民過用非法之故，亦敢于法外殄戮以治之。民自用非法，我自用法，民自過，我自不過，稱罪作刑而已。民之有過，罪實在我。及其有功，則王亦有德。何也？王之位民德之先倡也。如此則法用于天下，王亦顯矣。兵固不可弭也，而佳兵者必亂。刑固不可廢也，而恃刑者必亡。痛召公之意，爲俗儒所誣，以啓後世之虐政，故具論之。

上下勤恤，其曰我受天命，丕若有夏歷年，式勿替有殷歷年。欲王以小民受天永命。

君臣一心以勤恤民，庶幾王受命歷年如夏殷，且以民心爲天命也。

拜手稽首曰：予小臣敢以王之讐民，百君子，越友民，保受王威命明德。王末有成命，王亦顯，我非敢勤，惟恭奉幣，用供王能祈天永命。

庶殷雖以丕作，召公憂其間尚有反側自疑者，故因其大和會而協同之。讐民，殷之頑民，與三監叛者。友民，周民也。百君子者，殷周之賢士大夫也。自今以往，殷人周人，與百君子，皆保受王之威德，王當終永天命，以顯于後世。我非敢以此爲勤勞也，奉幣贊王祈天永命而已。

【眉批】

用修曰：大夫不徒行也，王何以步也？黄公紹曰：步，步輦也。謂人荷而行，不駕馬也。兹説吾取之。

了凡曰：四方民大和會而獨言殷庶，著其難也。庶邦家君咸在，而獨命邦伯，統于尊也。

子淵曰：「誥告庶殷，越自乃御事」，即後章「先服殷御」，及「有周御事」也。

又曰：厥終云云，言其後則不然也。

子淵曰：諴，和也。咸和小民以成今之休美，而不可後也。

用修曰：嵒，徐咸切，僭也。孔曰：嵒即巖也，參差不齊之義，故爲僭也。

子淵曰：節性自王身而言，即下敬德也。

又曰：此結上節。

子凡曰：《召誥》一篇，初段終于冲子，又從冲子生出第二段。二段終于初服，又從初服生出第三段。意若貫珠。

子淵曰：「自貽哲命」主君説。

又曰：「宅新邑」三字連上句，「肆」字作過文。

又曰：「若有功」「若」語辭，以治民爲有功也，應前「嗣若功」。

則新曰：「雠民」二字，煞有警醒。

又曰：「惟恭」二句找轉敢不敢意，甚緊。

洛誥第十五

召公既相宅，周公往營成周，使來告卜，作《洛誥》。

周人謂洛爲成周，謂鎬爲宗周。此下有脱簡在《康誥》「自惟三月哉生魄」至「洪大誥治」下，屬周公拜手稽首之文。

周公拜手稽首曰：朕復子明辟。

周公雖不居位稱王，然實行王事，至此歸政則成王之德，始明于天下，故曰復子明辟。曰子者，叔父家人之辭。

王如弗敢及天基命定命，予乃胤保大相東土，其基作民明辟。

基，始也。周公以營洛爲定天命，何也？《易》曰：涣，亨，王假有廟。言天下方涣散，而王乃有宗廟，則民心一。方漢之初定，蕭何築未央宫，東闕北闕武庫，宫室極壯麗，亦所以示天下不渝，而定民心也。周公言我欲歸政久矣，王之意，若有所不敢及天命之始而定命者。我所以少留，嗣行保佑之事，以卒營洛之功，爲復辟之始也。

予惟乙卯，朝至于洛師。我卜河朔黎水，

今河朔黎陽也。周公營東都，本以處殷餘民。民懷土重遷，故以都河朔爲近便。卜不吉，然後卜洛也。

我乃卜澗水東，瀍水西，惟洛食。我又卜瀍水東，亦惟洛食。

卜必以墨，墨食乃兆，蓋有龜不兆者。

伻來，以圖及獻卜。

伻，使也。

王拜手稽首曰：公不敢不敬天之休，來相宅，其作周匹休。公既定宅，伻來，來視予卜休恒吉。我二人共貞。公其以予萬億年敬天之休，拜手稽首誨言。

周公歸政，王未敢當，欲與周公共政，若二君然，故曰作周匹休。再卜皆吉，我二人當共正天下也。

周公曰：王肇稱殷禮，祀于新邑，咸秩無文。

稱，舉也。殷禮，盛禮也。雖不在祀典者，皆次秩而祭之。

予齊百工，伻從王于周。予惟曰庶有事。今王即命曰：記功，宗以功作元祀。惟命曰：汝受命篤弼，丕視功載，乃汝其悉自教工。孺子其朋，孺子其朋，其往。無若火始焰焰，厥攸灼叙，弗其絕。厥若彝及撫事如予，惟以在周工，往新邑，伻嚮即有僚，明作有功，惇大成裕，汝永有辭。

成王欲與周公共政如二君，周公不可，曰：汝用我言足矣。我整齊百官，使從汝于周者，將使辦事也。今王肇稱盛禮，祀于新邑，且命我曰：記功臣之尊者，使列于祭祀。又命曰：汝受命厚輔我。其重且嚴如此。今我大閱視爾功賞載籍，而所用者，乃汝自受教之官，皆汝私人，非我所齊百工也。于是周公乃訓責成王曰：孺子其有黨乎？自今以往，孺子其以黨爲政乎？此雖小過，如火始作，不即撲滅，則其所灼爍者，漸不可絶矣。自今以往，凡處彝常，及有所鎮撫之事，當如我爲政時惟用周官，勿參以私人。今在新邑，使人有所嚮往，皆當即用舊僚，而明作其有功者，惇大汝心，裕廣汝德，勿牽于私昵，則汝永有辭于天下矣。

公曰：已，汝惟冲子惟終。汝其敬識百辟享，亦識其有不享。享多儀，儀不及物。惟曰不享，惟不役志于享。凡民惟曰不享，惟事其爽侮。

享，朝享也。儀不及物，與不朝同。爽，失也。禮失而人慢也。小人以賄説人，必簡于禮，故孔子曰：獨飽于少施氏者，遠小人也。周公戒成王責諸侯以禮不以幣，恐其役志于物，而不役志于禮，則諸侯慢，而王室輕矣。此治亂之本，故周公特言之。《春秋》傳曰：晋趙文子爲政，薄諸侯之幣而重其禮，謂魯穆叔曰：自今以往，兵其少弭矣。夫以列國之卿，輕幣重禮，猶足以弭兵，王而好賄，則其致寇也必矣。唐之衰，君相皆可以賄取，方鎮爭貢羡餘，行苞苴，而天子始失政以至于亡。周公之戒，至矣哉！

乃惟孺子頒朕，

徒以高爵厚禄賜我而已。

不暇聽朕教汝于棐民彝，

曾不暇聽我教汝輔民之常道也。

汝乃是不蘉，乃時惟不永哉。

蘉，勉也。成王曰：公其以予億萬年。公答以永年之道如此，則不永也。

篤叙乃正父，罔不若予，不敢廢乃命，

正父，諸正國之老，如圻父、農父、宏父之類。

汝往敬哉。茲予其明農哉，彼裕我民，無遠用戾。

勤王修農事者，民有餘裕，則不去也。我不裕民，而彼或裕之，則無遠而逝矣。

王若曰：公明保予冲子，公稱丕顯德，以予小子揚文武烈，奉答天命，和恒四方民，

和恒，常和也。

居師。

定民居也。

惇宗將禮，稱秩元祀，咸秩無文。

惇宗，厚宗族也。將禮，秉禮也。稱秩元祀，舉大祀也。

惟公德明光于上下，勤施于四方，旁作穆穆，迓衡不迷文武勤教。

迓衡，導我于治平。

予冲子夙夜毖祀。

祭則我冲子，政則周公。

王曰：公功棐迪篤，

公之功，輔我以道者厚矣。

罔不若時。王曰：公，與小子其退，即辟于周，命公後。

成王許周公復辟之事，曰：我其退歸宗周，而即辟焉，今當命伯禽爲公後。

四方迪亂，未定于宗禮，亦未克敉公功。

方以道濟四方，凡宗廟之禮，所以鎮撫公之元勳者亦未定也。成王蓋有賜周公以天子禮樂之意。

迪將其後，監我士師工，

惟以伯禽爲諸侯，以監臨我士民及庶官也。

誕保文武受民，亂爲四輔。

保濟文武所受民，爲周四方之輔也。

王曰：公定，予往已。

公留相我，我歸宗周矣。

公功肅將祇歡，

祇，大也。公之功，肅將民心，大得其歡。

公無困哉。

去我，則困我也。

我惟無斁其康事，

不厭康民之事。

公勿替刑，四方其世享。

刑，儀刑也。

周公拜手稽首曰：王命予來，承保乃文祖受命民，越乃光烈考武王，弘朕恭。

弘大成王之恭德。

孺子來相宅，其大惇典殷獻民，

厚施典法于賢人。

亂爲四方新辟，作周恭先。

後世言周之恭王者，以成王爲先。古之言恭者，甚盛德，不敢居也。《詩》曰：自古在昔，先民有作，温恭朝夕，執事有恪。

曰：其自時中乂，萬邦咸休，惟王有成績。予旦以多子越御事，篤前人成烈，答其師，作周孚先。

多子，衆賢也。後世言周之信臣者，以周公爲先也。

考朕昭子刑，乃單文祖德。

考我所以明子之法，乃盡文王德也。

伻來毖殷，乃命寧予，以秬鬯二卣，曰明禋，拜手稽首休享。

秬，黑黍也。鬯，鬱金香草也。卣，中尊也。以黑黍爲酒，合以鬱鬯所以祼也。宗廟之禮，莫盛于祼。王使人來戒飭庶殷，且以秬鬯二卣綏寧周公，拜手稽首而致之公，曰明禋，曰休享者，何也？事周公如神明也。古者有大賓客，以享禮禮之。酒清人渴而不飲，肉乾人飢而不食也，故享有體荐。豈非敬之至者，則其禮如祭也歟？

予不敢宿，

周公不敢當此禮，即日致之文武，不敢以王命宿于家。

則禋于文王、武王。惠篤叙，無有遘自疾，萬年厭于乃德，殷乃引考。王伻殷，乃承叙萬年，其永觀朕子懷德。

周公以秬鬯二卣，禋于文、武，且祝之曰：使我國家，順厚以叙，身其康强，無有遇疾，子孫萬年，厭飽乃德，殷人亦永壽考。王使殷人承叙萬年，其永觀法，我孺子而懷其德。

戊辰，王在新邑烝祭歲。

是歲始冬烝于洛。

文王騂牛一，武王騂牛一。

宗廟用太牢，此云牛一者，告立周公後加之。周尚赤，故騂牛。

王命作册，逸祝册，惟告周公其後。王賓殺禋咸格，

王賓諸侯殺騂，以禋諸侯咸格。

王入太室祼。

太室，清廟中央室也。祼，以圭瓚酌秬鬯，以灌地求神也。

王命周公後，作册逸誥，

前告神後告伯禽也。

在十有二月。惟周公誕保文武受命，惟七年。

【眉批】

則新曰：「如弗敢及」四字最妙，此即文王罔敢知之家法。

了凡曰：按《召誥》召公得卜而經營，即此卜是也。周公以爲我卜者二公同心，召公之卜即周公之卜也。

則新曰：按王安石配享而宋政亂，小人假紹述以濟其私，豈不焰焰攸灼叙弗。

又曰：公無他囑，只是一个敬以裕民。

又曰：總是留之之語。

又曰：王歸成周亦可説自時中乂，況周公治洛即王之中乂，何必留王同治洛哉！況成王既不遷治，周公亦無留之之理。但説王歸周，我留洛，作周恭先，作周孚先，不可不各自勉云。

東坡書傳卷十四

周書

多士第十六

成王命多士，周公傳之，作《多士》。

惟三月，周公初于新邑洛，用告商王士。

始于三月，冀王自遷也。商王士，有殷民在。

王若曰：爾殷遺多士，弗弔，旻天大降喪于殷。我有周佑命，將天明威，致王罰。

明威王罰一也，在天則明威，在人則王罰。

敕殷命，終于帝。肆爾多士，非我小國，敢弋殷命。惟天不畀，允罔固亂，弼我，我其敢求位？

敕，正也。不論勢而論理，曰小國非有勝商之形，曰非敢非有剪商之心。

惟帝不畀，惟我下民秉爲，惟天明畏。我聞曰：上帝引逸，

人心不異乎天心，天心常導乎人心。

有夏不適逸，則惟帝降格，嚮于時夏。弗克庸帝，大淫泆有辭。惟時天罔念聞，

順理則逸，從欲則危。雖有釋非之辭，帝不聽也。

厥惟廢元命，降致罰。乃命爾先祖成湯革夏，俊民甸四方。

甸，治也。

自成湯至于帝乙，罔不明德恤祀。亦惟天丕建，保乂有殷，殷王亦罔敢失帝，罔不配天其澤。在今後嗣王，誕罔顯于天，矧曰其有聽念于先王勤家，誕淫厥泆，罔顧于天顯民祇。惟時上帝不保，降若茲大喪。惟天不畀，不明厥德。凡四方小大邦喪，罔非有辭于罰。

言天不畀紂，使不明于德，凡小大邦爲紂所刑喪者，皆有辭于罰不暇也。

王若曰：爾殷多士，今惟我周王，丕靈承帝事。

言我周文王、武王，皆繼行大事。

有命曰割殷，告敕于帝。

將有割殷之事，必先告正于天而後行，曰將有大正于商是也。

惟我事不貳適，惟爾王家我適。

我有事于四方，曷嘗有再舉而後定者乎？故曰：惟我事不貳適。貳適，再往也。惟于伐殷，則觀政而歸，已而再往，是我先王不忍滅商之意也。故曰惟爾王家我適，不申言貳適者，因前之辭也。

予其曰：惟爾洪無度，我不爾動，自乃邑。予亦念天即于殷大戾，肆不正。

今三監叛，予惟曰：此乃汝大無法，非予爾動，變起于爾邑。予亦念天命不可不征，即於其首亂罪大者而誅之。謂殺武庚、管叔也。肆不正者，言其餘不盡繩治也。

王曰：猷，告爾多士，予惟時其遷居西爾。

洛邑在故殷西南。

非我一人，奉德不康寧。時惟天命，無違。朕不敢有後，無我怨。

既遷爾于洛，乃安居無後命矣。

惟爾知，惟殷先人有册有典，殷革夏命。

言湯之革夏，其故事皆在典册，爾所知也。

今爾又曰：夏迪簡在王庭，有服在百僚。

夏臣之有道者湯皆選用爲近臣，在王庭，其可以任事者，則爲百僚，而今不然以爲怨。

予一人惟聽用德，肆予敢求爾于天邑商。

我知用德而已，爾乃與三監叛，我豈敢求爾於商邑而用之乎？

予惟率肆矜爾，

循湯故事而矜赦汝則可。

非予罪，時惟天命。王曰：多士，昔朕來自奄，予大降爾四國民命。我乃明致天罰，移爾遐逖，比事臣我宗多遜。

東征誅三監及奄，遷四國民于遠。當此時，爾協比以事我宗臣多遜不違也。

王曰：告爾殷多士，今予惟不爾殺，予惟時命有申。今朕作大邑于茲洛，予惟四方罔攸賓，亦惟爾多士，攸服奔走，臣我多遜。

我惟不忍爾殺，故申明此命。爾我所以營洛者，以四方諸侯至而無所容，亦爲爾等服事奔走，臣我多遜，而無所居故也。

爾乃尚有爾土，爾乃尚寧幹止。

幹，事也。止，居也。

爾克敬，天惟畀矜爾；爾不克敬，爾不啻不有爾土，予亦致天之罰于爾躬。今爾惟時宅爾邑，繼爾居，爾厥有幹有年予〔于〕兹洛。爾小子乃興，從爾遷。

汝能敬天安居，汝子其有興者，非遷洛何從得之。殷人之怨，不在王庭百僚，故成王以此答其意也。

王曰：又曰時予乃或言，爾攸居。

王言爾子孫當有顯者，殷人喜而記之，異日王告之曰，及爾子孫之顯，是時我當復言之于爾所居。信其言以大慰之也，非一日之言，故以又曰别之。

【眉批】

了凡曰：興亡皆出于天，正見其公也。

則新曰：匹夫之志不可奪，故曰秉。

又曰：「引逸」二字絶妙，人能思此，終身受用不盡。

又曰：必言夏商者，聖人之權智也。雖非口實，夏商定足以杜頑民之口。

了凡曰：罔敢失帝隱微處，操存此心，配天澤民，發用上廣大無際。

又曰：私意圖度，不得謂之靈。私意一毫未化，不得謂之丕靈。

則新曰：言外有汝若率德改行，我必如殷之于夏士，迪簡王庭，有服百僚之意。此亦權智也。

又曰：敬只照不反測，言傳言動句落一層。

又曰：說到「爾小子乃興，從爾遷」，頑民自格矣，大權智也，然却是實事。

無逸第十七

周公作《無逸》。

周公曰：嗚呼！君子所其無逸，先知稼穡之艱難乃逸，則知小人之依。

舊説先知農事之艱難，乃謀逸豫，非也。周公方以逸爲深戒，何其謀逸之亟也。蓋曰：王當先知稼穡之道爲艱難，乃所以逸樂，則知小人之所依怙以生者。知此則不妨農時，不奪民利，不盡民力也。

相小人，厥父母勤勞稼穡，厥子乃不知稼穡之艱難，

雖農夫之子，生而飽暖，則不知艱難，而况王乎？以訓王，無忘太王、王季、文、武之勤勞王業也。

乃逸乃諺。既誕，否則侮厥父母，曰昔之人無聞知。

戲侮曰諺，大言曰誕。信哉，周公之言也！曰：昔之人無聞知，至于今閭巷田里之民，有不令子弟，猶皆相師爲此言也。是蟣蝨螻蟻，周公何誅焉？而載于書，曰以戒成王也。人君欲自恣於逸樂者，必先詆娸先王，戲玩老成。而小人譸張爲幻者，又勸成之。韓非之言曰：堯之有天下也，堂高三尺，采椽不斲，茅茨不剪。雖逆旅之宿不勤於此矣。冬日鹿裘，夏日葛衣。粢糲之食，藜藿之羹。飲土甂，啜土鉶。雖監門之養不觳于此矣。禹鑿龍門，通大夏，疏九河，曲九防，决停水致之海。股無胈，脛無毛，手足胼胝，面目黧黑，遂以死于外，葬于會稽。雖臣虜之勞不烈于此矣。然則天子所以貴於有天下者，豈欲苦形勞神，自取逆旅之宿，口食監門之養，手持臣虜之作哉！此不肖人之所勉，非賢者之所務也。此其論豈不出于昔之人無聞知也

哉！其言至淺陋，而世主悦之，故韓非一言，覆秦，殺二世，如反掌。自漢以來，學者雖鄙申、韓不取，然世主心悦其言，而陰用之。小人之欲得君者，必私習其説，或誦言稱舉之，故其學至于今猶行也。予是以具論之。

周公曰：嗚呼！我聞曰：昔在殷王中宗，嚴恭寅畏，天命自度，治民祗懼，不敢荒寧，肆中宗之享國，七十有五年。

中宗，太戊也。此書方論享國之長短，故先言享國之最長者，非世次也。

其在高宗時，舊勞于外，爰暨小人，作其即位，乃或亮陰，三年不言，其惟不言，言乃雍。

雍，和也。以其久不言之故，言則天下信之。

不敢荒寧，嘉靖殷邦，至于小大，無時或怨。肆高宗之享國，五十有九年。

高宗，武丁也。

其在祖甲，不義惟王。舊爲小人，作其即位，爰知小人之依，能保惠于庶民，不敢侮鰥寡。肆祖甲之享國，三十有三年。

祖甲，太甲也。

自時厥後，立王，生則逸。生則逸，不知稼穡之艱難，不聞小人之勞，惟耽樂之從。自時厥後，亦罔或克壽，或十年，或七八年，或五六年，或四三年。周公曰：嗚呼！厥亦惟我周太王、王季克自抑畏，文王卑服，即康功田功。

康功，安人之功。田功，農功也。

徽柔懿恭，懷保小民，惠鮮鰥寡。

鮮，貧乏者。

自朝至于日中昃，不遑暇食，用咸和萬民。文王不敢盤于游田，以庶邦惟正之供。

言不以庶邦貢賦供私事也。

文王受命惟中身，

文王九十七而終，即位之年四十七。

厥享國五十年。

令德之主，欲其長有天下以庇民，仁人之意，莫急于此，此周公所以身代武王也。人莫不好逸欲，而其所甚好者生也。以其所甚好，禁其所好，庶幾必信，此《無逸》之所爲作也。然猶不信者，以逸欲爲未必害生也。漢武帝、唐明皇，豈無欲者哉？而壽如此矣。夫多欲而不享國者皆是也，漢武、明皇十一而已，豈可望哉。飲酖食野葛必死，而曹操獨不死，亦可効乎？使人主不壽者五，一曰色，二曰酒，三曰便辟嬖佞，四曰臺榭游觀，五曰田獵。此五者無逸之所諱也。既困其身，又困其民。民怨咨籲天，此最害壽之大者。予欲以惡衣食、遠女色、卑宫室、罷游田、夙興勤勞，以此五物者，爲人主永年之藥石也。

周公曰：嗚呼！繼自今嗣王，則其無淫于觀于逸于游于田，以萬民惟正之供。無皇曰今日耽樂，乃非民攸訓，非天攸若，時人丕則有愆。

以百日之憂，而開一日之樂，疑若可許也。然周公不許，防其漸也，曰此非所以訓民順天也。言此者，必有大咎。

無若殷王受之迷亂，酗于酒德哉！

酗者，用酒而怒，輕用兵刑也。

周公曰：嗚呼！我聞曰：古之人猶胥訓告，胥保惠，胥教誨，民無或胥譸張爲幻。此厥不聽，人乃訓之。乃變亂先王之正刑，至于小大。民否則厥心違怨，否則厥口詛祝。

譸，狂也。張，誕也。變名易實以眩觀者曰幻。古之人，相與訓戒者，其言皆切近明白，世之所共知者也。若曰不殺爲仁，殺爲不仁，薄斂爲有德，厚賦爲無道，此古今不刊之語，先王之正刑也。及小人爲幻，或師申、韓之學，或誦六經以文奸言，則曰多殺所以爲仁也，厚斂所以爲德也，高臺深池、女色畋游皆不害霸，此理之必不然，而其學之有師，言之有章，世主多喜之，此之謂幻。幻能害壽，以其能怨詛也。

周公曰：嗚呼！自殷王中宗，及高祖〔宗〕，及祖甲，及我周文王，兹四人迪哲。

古之哲王，莫不如此。而專言四人，此四人尤以此顯於世也。

厥或告之曰：小人怨汝詈汝。則皇自敬德。厥愆，曰朕之愆。允若時，不啻不敢含怒。此厥不聽，人乃或譸張爲幻，曰小人怨汝詈汝，則信之。則若時，不永念厥辟，不寬綽厥心，亂罰無罪，殺無辜，怨有同，是叢于厥身。

周公曰：嗚呼！嗣王其監于兹。

人不怨讒者而怨聽者。

【眉批】

了凡曰：養生家有曰，「流水不腐，户樞不蠹」，以其常運也。精神常運則常新，是謂所其無逸也。

則新曰：知小人之依，言君心念念及民也。二知字正所其無逸處。

了凡曰：孔子曰：畏天命乃吉凶與奪之所自出。自度乃是此心，對越上帝，以天命爲自己法度也。

則新曰：高宗之不言，有恭默思道意，有多少敬畏在内。

又曰：凡人君之逸，俱始于敢。一知小人之依，則知小人依我安危，自不敢矣。故叙三宗之無逸，一則曰不敢荒寧，一則曰不敢荒寧，一則曰不敢悔鰥寡。

子淵曰：傳勤素儉等語，收拾不全，不可訓。

則新曰：不敢即三宗之不敢同一心也，故其享國亦同。

又曰：兩「無」字正與上「則」字應。酗酒是影説傳猶字最好。

子淵曰：二「否」字因其不便于己而不然之之詞。

則新曰：兩兩較説，自令聽者動心，此是古人絶妙文法。

又曰：看七個「嗚呼」，皆從古人至誠惻怛中流出。我今日讀之，其精神猶恍恍在前也。

東坡書傳卷十五

周　書

君奭第十八

召公爲保，周公爲師，相成王爲左右。

三公論道，左右相任事。周公、召公，以師保爲左右相。

召公不悦，周公作《君奭》。

舊説或謂召公疑周公，陋哉斯言也！方周公攝政，管、蔡流言，周公晏然不自疑，當時大臣亦莫之疑者，何獨召公也。今已復子明辟，召公復何疑乎？然則何爲不悦也？功成身退，天之道也。故伊尹既復政，則告歸，而周公不歸，此召公所以不悦也。然則周公何以不歸也？察成王之德，未可以舍而去也。周公齊百官以從王，而王之所用，悉其私人受教于王者，此其德豈能離師輔而弗反也哉？故召公之不悦，爲周公謀也，人臣之常道也。而周公之不歸，爲周謀也，宗臣之深憂也。召公豈獨欲周公之歸哉！蓋亦欲因復辟之初而退老于厥邑，特以周公未歸，故不敢也。何以知之？此《書》非獨周公自言其當留，亦多留召公語，以此知召公欲去也。

周公若曰：君奭，弗弔，天降喪于殷，殷既墜厥命，我有周既受，我不敢知，曰厥基永孚于休。若天棐忱，我亦不敢知，曰其終出于不祥。嗚呼！君已曰時我，我亦不敢寧于上帝命，弗永遠念天威，越我民罔尤違，惟人。

周公昔嘗告召公曰：天其將使周室永孚于休歟？抑將終出于不祥歟？皆未可知也。于時召公答曰：是在我而已。我若能祇上帝命，不敢荒寧，則天永孚于休，若其以念我天威，及使我民無所尤違，則天將終出于不祥，此皆在人而已。今我不去，正爲此耳，故舉其昔言以喻之。

在我後嗣子孫，大弗克恭上下，遏佚前人光，在家不知天命不易，天難諶，乃其墜命，弗克經歷，嗣前人恭明德。

此皆罪成王之言。在，察也。遏，絶也。佚，失也。經歷，歷年長久。言我察成王之德，大未能事天地，遏絶放失前人之光明。蓋生于深宫之中，不知天命不易。我若去之，其將弗永年矣。周公蓋以丕視功載知其如此。

在今予小子旦，非克有正，迪惟前人光，施于我冲子。

冲子之不正，吾亦安能正之哉！獨示之以前人光明之德，使不習于下流，其爲正也大矣。

又曰：天不可信，我道惟寧王德延，天不庸釋于文王受命。

天命不常，我所以輔成王之道，惟以延武王之德，使天下不捨文王所受之命也。

公曰：君奭，我聞在昔成湯既受命，時則有若伊尹格于皇天。在太甲時則有若保衡。

即伊尹也。

在太戊時則有若伊陟、臣扈，格于上帝，

湯初克夏，欲遷夏社，作《臣扈》之篇。湯享國十三年，又七年而太甲立。太甲享國三十二年，又更四帝，乃至太戊，而臣扈猶在，豈非壽百餘歲哉？

巫咸乂王家。在祖乙時則有若巫賢。

賢，亦巫咸之子孫。

在武丁時則有若甘盤。

殷有聖賢之君七，此獨言五。下文云殷禮陟配天，豈配祀于天者，止此五王，而其臣皆配食于廟乎？在武丁時，不言傅説，豈傅説不配食于配天之王乎？其詳不可得而聞矣。

率惟茲有陳，保乂有殷，故殷禮陟配天，多歷年所。

陳，久也。陟，升遐也。言此諸臣爲政不久，則不能保乂有殷，且使其王升遐。則配天，致殷有天下，多歷年所，此周公所以久留之意也。

天惟純佑命，則商實百姓王人，罔不秉德明恤。小臣屏侯甸，矧咸奔走。惟茲惟德稱，用乂厥辟，故一人有事于四方，若卜筮罔不是孚。

此明主賢臣爲政既久，則天乃爲純佑者是命。商之百族大姓，及王臣之微者，實皆秉德明恤，以至于小臣藩屏侯甸者，皆得其人，況于奔走執事之臣，皆以此道此德舉，用乂厥辟以上下同德，故有事于四方，則民信之若蓍龜然。此又周公久留之意也。

公曰：君奭，天壽平格，保乂有殷，有殷嗣，天滅威。

天壽此中宗、高宗、祖甲和平至道之王，使保乂有殷，此三王皆能繼天滅威。滅威者，除害也。

今汝永念，則有固命，厥亂明我新造邦。

汝若憂思深長，則天命乃可堅固，汝其念有以濟明我邦者。

公曰：君奭，在昔上帝割，申勸寧王之德，其集大命于厥躬。

寧王，武王也。天降割，喪文王，申勸武王之德而集天命也。

惟文王尚克修和我有夏，

諸夏也。

亦惟有若虢叔，

王季子，文王弟。

有若閎夭，有若散宜生，有若泰顛，有若南宫括。

五人，皆賢臣有道德者。不及太公望者，太公專治兵事功臣，非周公所法也。

又曰：無能往來，兹迪彝教，文王蔑德降于國人。

此五人者，文王疏附先後，奔走禦侮之友也。故曰文王若不能與此五人者往來，使以常道教文王，則無德以降于國人也。

亦惟純佑秉德，迪知天威。乃惟時昭文王迪見冒聞于上帝，惟時受有殷命哉。

迪見者，以道顯也。冒聞者，以德被天下聞也。

武王惟兹四人，

虢叔亡矣。

尚迪有禄。後暨武王誕將天威，咸劉厥敵。惟兹四人，昭武王惟冒，丕單稱德。

凡周德之所被及者，其民盡稱誦武王也。

今在予小子旦，若游大川，予往暨汝奭其濟。小子同未在位，誕無我責。

游大川者，必濟而後已。今予與汝奭同濟，小子其可以中流而止乎。

收罔勗不及，耇造德不降，我則鳴鳥不聞，矧曰其有能格。

周人以鸑鷟鳴于岐山，爲文王受命之符，故其詩曰：鳳皇鳴矣，于彼高岡。我與汝奭，皆文王舊臣，同聞鳴鳥者也。我與汝同聞見受命之符，而今又同輔孺子，其可以不俟王業之大成而言去乎？我當收蓄成王不勉不及之心，又當留汝奭耇老成人以自助。汝若不降意小留，則是天不欲我終王業定天命也。天如不欲我終王業定天命，則當時必不使我與汝同聞鳴鳥矣，况能格于皇天乎？

公曰：嗚呼！君，肆其監于兹。我受命無疆惟休，亦大惟艱，告君乃猷裕我，

謀廣我意。

不以後人迷。公曰：前人敷乃心，乃悉命汝作汝民極，曰：汝明勗偶王，在亶乘兹大命，惟文王德丕承無疆之恤。

周公與召公同受武王顧命輔成王，故周公曰：前人敷其心腹以命汝位三公以爲民極，且曰汝當明勗孺子，如耕之有偶也，在于相信，如車之有馭也，並力一心，以載天命。念文考之舊德，以丕承無疆之憂。武王之言如此，而可以求去乎？

公曰：君，告汝朕允，

告汝以我誠心。

保奭，其汝克敬，以予監于殷喪大否，

殷之喪其否塞大亂，至于如此，可不懼乎？

肆念我天威。予不允，惟若兹誥。予惟曰：襄我二人，

襄，成也。予本不欲如此告也，予惟曰，王業之成在我與汝二人而已。

汝有合哉。言曰：在時二人，天休滋至，惟時二人弗戡。

汝聞我言而心有合也，曰：信如我言，在我二人而已。然今天方保周，王室日昌大，在我二人受此福乎？德勝福則安，福勝德則危。今天休滋至，恐二人德不能勝也。由此知召公之不悦，蓋以滿溢爲憂也。

其汝克敬德，明我俊民，在讓後人于丕時。

周公言汝奭以滿溢爲憂乎？則當求俊民而顯明之，他日讓此後人，惟昌大之時而去，未晚也。

嗚呼！篤棐時二人，我式克至于今日休。

以我二人厚輔之，故周室乃有今日之休。

我咸成文王功于不怠。丕冒海隅出日，罔不率俾。

我以今日之休爲未足也，惟至于日月所照，莫不祇服乃已也。

公曰：君，予不惠若兹多誥，

惠若，言願也。

予惟用閔于天越民。

予惟哀天命之不終，及民之無辜也。

公曰：嗚呼！君，惟乃知民德，亦罔不能厥初，惟其終。祇若兹，往敬用治。

【眉批】

子淵曰：通篇並不露出「留」字「去」字，而意獨懇惻，惓惓之表。

用修曰：曰君奭弗吊，天降喪于殷。自後世之私言之，殷之喪周之福也，而曰弗吊，蓋聖賢以天下爲心，不幸遇喪亂而任此責，豈所樂哉。《緯書》乃云武王克紂，前歌後舞。此言謬矣。按高帝哭項羽，曹操哭袁紹，豈有武王而歌舞于克紂之事乎？

子淵曰：「在我」句讀應前「時我」二字。

又曰：自責以感召公。「不知」二字，連下「天命不易」。

則新曰：雖周公自説，言外却有責成召公意在。

子淵曰：「商實」連下讀。

又曰：「天壽平格」應前「多歷年所」，謂國家，下文「固命」是也。

又曰：小子即上文小子旦同。

又曰：盛滿難居，嫌疑當避，人臣皆有是心也。召公意欲與周公皆去，乃周公則欲與召公皆留，一則見幾之智，一則大臣謀國之忠，二人所見有小大。

又曰：我二人，周公自謂己與成王也。下同。

蔡仲之命第十九

蔡叔既没，王命蔡仲踐諸侯位，作《蔡仲之命》。

蔡叔死于囚，不得稱没。仲爲卿士，無囚父用子之理，蓋釋之矣。仲踐蔡叔之舊國，以鮮爲始封之君，則周既赦其罪矣，故得稱没。

惟周公位冢宰，正百工，群叔流言，乃至辟管叔于商，囚蔡叔于郭鄰，郭，虢也。《周禮》：六遂五家爲鄰。

以車七乘。降霍叔于庶人，三年不齒。

周公不以流言殺骨肉，若管叔不挾武庚以叛，亦不誅也。蔡叔囚而不誅，至子乃封。霍叔降而不囚，三年復封之霍。此周公治親之道也。

蔡仲克庸祗德，周公以爲卿士。叔卒，乃命諸王邦之蔡。

蔡叔未卒，仲無君國之理。蒯聵在而輒立，衛是以亂。孔子將爲政于衛，必以正名爲先。則周公封蔡仲，必在叔卒之後也。

王若曰：小子胡，惟爾率德改行，克慎厥猷。肆予命爾侯于東土，往即乃封。敬哉！爾尚蓋前人之愆，惟忠惟孝，爾乃邁迹自身，

邁德自己，使人可以循迹而法汝也。

克勤無怠，以垂憲乃後。率乃祖文王之彝訓，無若爾考之違王命。皇天無親，惟德是輔。民心無常，惟惠之懷。爲善不同，同歸于治。爲惡不同，同歸于亂。爾其戒哉！慎厥初，惟厥終。終以不困，不惟厥終。終以困窮，懋乃攸績。睦乃四鄰，以蕃王室，以和兄弟，康濟小民。率自中，無作聰明亂舊章。

中，情也。治國濟民，皆以情不以僞也。中不足，則必强諸外，故作聰明。而實聰明者，未嘗亂舊章也。

詳乃視聽，罔以側言改厥度，

以一偏之言而改其常度，非其本心也，生于視聽之不審爾。故患在欲速，不在緩，緩則視聽審而事無不中矣。

則予一人汝嘉。王曰：嗚呼！小子胡，汝往哉！無荒棄朕命。

成王東伐淮夷，遂踐奄，作《成王政》。

成王既踐奄，將遷其君于蒲姑，周公告召公，作《將蒲姑》。

晏子謂齊景公，古之居此者有蒲姑氏。樂安縣北有蒲姑城。二篇亡。

【眉批】

了凡曰：克庸祇德，乃蔡仲得封之由。

又曰：戒哉工夫，正在慎初。慎初之道，全在思終。

多方第二十

成王歸自奄，在宗周，誥庶邦，作《多方》。

自《大誥》、《康誥》、《酒誥》、《梓材》、《召》、《洛誥》、《多士》、《多方》八篇，雖所誥不一，然大略以殷人不心服周而作也。予讀《泰誓》、《牧誓》、《武成》，常怪周取殷之易，及讀此八篇，又怪周安殷之難也。多方所告，不止殷人，乃及四方之士，是紛紛焉不心服者，非獨殷人也。予乃今知湯已下七王之德深矣。方紂之虐，人如在膏火中，歸周如流，不暇念先王之德。及天下粗定，人自膏火中出，即念殷先七王如父母。雖以武王、周公之聖相繼撫之，而莫能禁也。夫以西漢道德比之殷，猶珷玞之與美玉也。然王莽、公孫述、隗囂之流，終不能使人忘漢，光武之成功若建瓴然。使周無周公，則殷之復興也必矣。此周公之所以畏而不敢去也。

惟五月丁亥，王來自奄，至于宗周。周公曰：王若曰：猷，告爾四國多方，惟爾殷侯尹民，

周公以王命告諸侯，及凡尹民者。

我惟大降爾命，爾罔不知。

大降爾命，謂誅三監，黜殷時也。

洪惟圖天之命，弗永寅念于祀。

圖天之命，猶曰徼福于天。小人之求福者，必以祭祀。念汝殷人，大惟徼福于天，而不念敬祀，是求非望也。

惟帝降格于夏，有夏誕厥逸，不肯慼言于民，

帝非不降格于夏，而夏乃大厥逸，無憂民之言。雖無憂民之心而有其言，民猶不怒，天猶赦之，猶賢于初無言者棄民之深也。

乃大淫昏，不克終日勸于帝之迪，

桀未嘗肯以一日之力，勉行顧天之道。

乃爾攸聞。厥圖帝之命，不克開于民之麗，

麗，著也。奠民之居，王政之本。民不土著，雖堯舜不能使無亂。桀之所以徼福于天者，皆非其道，未嘗開衣食之源，以定民居也。

乃大降罰，崇亂有夏。因甲于內亂，

甲，始也。亂自內起。

不克靈承于旅。罔丕惟進之恭，洪舒于民。

古者謂大祭祀曰旅。言不能承祀天地鬼神，又不知進德之恭，而大慢于民也。

亦惟有夏之民，叨懫日欽，劓割夏邑。

叨，貪也。懫，忿也。尊用此人，使劓割夏邑。

天惟時求民主，乃大降顯休命于成湯，刑殄有夏。惟天不畀純，

不與桀者亦大矣。

乃惟以爾多方之義民，不克永于多享。

義民，正人也。桀所害者皆正人，天以此，故不可使桀永年而多享也。

惟夏之恭多士，大不克明保享于民。

桀之所尊用者，皆不能知保享于民之道也。

乃胥惟虐于民，至于百爲，大不克開。

開，明也。

乃惟成湯，克以爾多方簡，代夏作民主。

簡，至也。

慎厥麗，乃勸厥民，刑用勸。以至于帝乙，罔不明德慎罰，亦克用勸。要囚殄戮多罪，亦克用勸。開釋無辜，亦克用勸。

自湯以來，皆謹土著之政，民既奠居，則刑罰可以勸，而況于賞乎。

今至于爾辟，弗克以爾多方享天之命。嗚呼！王若曰：誥告爾多方，非天庸釋有夏，非天庸釋有殷。乃惟爾辟，以爾多方大淫圖天之命，屑有辭。

屑，輕也。紂責命于天，輕出怨天之辭。

乃惟有夏，圖厥政，不集于享。天降時喪，有邦間之。

夏政不享于天，則其諸侯間而取之，亦如今殷之爲周取也。

乃惟爾商後王，逸厥逸，圖厥政，不蠲烝，天惟降時喪。

蠲，潔也。烝，升也。其升聞于天者，不潔也。

惟聖罔念作狂，惟狂克念作聖。

世未嘗有自狂作聖，自聖作狂之人，而有自聖作狂，自狂作聖之道，在念不念之間耳。

天惟五年，須暇之子孫，誕作民主，罔可念聽。

須，待也。暇，間也。武王服喪三年，還師二年，天佑殷之子孫，以此五年，暇以待之。夫聖狂之間，如反覆手，而況五年之久，足以悔禍復天命矣。紂惟曰：我民主也，其若我何？其言無可念聽者。

天惟求爾多方，大動以威，開厥顧天。惟爾多方，罔堪顧之。惟我周王，靈承于旅。克堪用德，惟典神天。天惟式教我用休，簡畀殷命，尹爾多方。今我曷敢多誥，我惟大降爾四國民命。爾曷不忱裕之于爾多方，爾曷不夾介乂我周王享天之命。

夾，輔也。介，助也。

今爾尚宅爾宅，畋爾田，爾曷不惠王熙天之命。爾乃迪屢不静，爾心未愛。

爾乃不大宅天命，爾乃屑播天命。

道爾而數不静者，以爾心未仁也。

輕棄天命也。

爾乃自作不典，圖忱于正。我惟時其教告之，我惟時其戰要囚之，我欲汝信于正，故教告之，不改則戰恐要囚之。

至于再，至于三。乃有不用我降爾命，我乃其大罰殛之。非我有周秉德不康寧，乃惟爾自速辜。王曰：嗚呼！猷告爾有方多士，暨殷多士。今爾奔走臣我監五祀。

汝奔走事我，我監視汝所爲，五年于此矣。

越惟有胥伯大小多正，爾罔不克臬。

伯，長也。汝自有相君相長者，至于小大衆正之人，皆汝所能作止也。

自作不和，爾惟和哉。爾室不睦，爾惟和哉。爾邑克明，爾惟克勤乃事。

家不和則邑不明，雖勤于事無益也。

爾尚不忌于凶德，亦則以穆穆在乃位，

服凶人，莫如和敬。

克閲于乃邑謀介。

簡邑人以自介副。

爾乃自時洛邑，尚永力畋爾田，天惟畀矜爾，我有周惟其大介賚爾。

介，助也。

迪簡在王庭，尚爾事，有服在大僚。王曰：嗚呼！多士，爾不克勸忱我命，爾亦則惟不克享，凡民惟曰不享。

爾不我享，民亦不爾敬矣。

爾乃惟逸惟頗，大遠王命，

迪簡之命也。

則惟爾多方探天之威，我則致天之罰，離逖爾土。將遠徙之。

王曰：我不惟多誥，我惟祇告爾命。又曰：時惟爾初，不克敬于和，則無我怨。今既戒汝以和敬，汝不能用，則他日又舉今言以告，汝無怨也。

【眉批】

則新曰：從夏説起，最爲有味。

又曰：讀「甲于内亂」句，便見紂之亡一妲己亂之。「叨懫日欽」，此内亂之所必至也。女謁盛者，小人從此爲奸。蓋女子小人自有臭味也。

又曰：借夏説商，半真半影，大能令多士冷其熱腹，消其壯氣。

又曰：此所云作民主也。以至帝乙云云，見俱能代夏作民主也。

了凡曰：人知宥之爲生，而不知殺亦生也。故殄戮開釋，同是慎罰。

又曰：三個「乃惟」正與兩「非」字應。

則新曰：四節文氣再着不得一襯語。

又曰：此並授之以方略也。蓋殷士之受職者，亦必爲頑民作倆，今既勸勉之，又授之以方略，曰「克閱于乃邑謀介」，實藉此以散其黨也。

又曰：此又誘掖之也。似恩似威，半戒半勸，有無限作用，此《多方》一篇之妙用也。

又曰：「我惟祇告爾命」，猶言只此一番訓造，無他言矣，汝多方敬之戒之，此則隱隱于言外者。

東坡書傳卷十六

周書

立政第二十一

周公作《立政》。

周公若曰：拜手稽首，告嗣天子王矣。用咸戒于王曰：王左右常伯，常任、準人，綴衣、虎賁。周公曰：嗚呼！休兹知恤鮮哉！

周公率群臣進戒于王，贊曰：群臣皆再拜稽首，告天子今王矣，不可以幼沖自待。則進戒曰：王左右有牧民之長曰常伯，有任事之公卿曰常任，有守法之有司曰準人，此三事之外，則有掌服器者曰綴衣，執射御者曰虎賁，此褻御也。周公則戒之曰：非獨三事者當擇人，此褻御者亦當擇人也。能知憂此者，美哉鮮矣。

古之人迪惟有夏，乃有室大競，籲俊尊上帝，

夏后氏之世，王室所以大强者，以求賢爲事天之實也。

迪知忱恂于九德之行，乃敢告教厥后曰：拜手稽首后矣。曰：宅乃事，宅乃牧，宅乃準，兹惟后矣。

事則向所謂常任也。牧則向所謂常伯也。準則向所謂準人也。一篇之中，所論宅俊者參差不齊，然大

要不出是三者，其餘則皆小臣百執事也。古今學者，解三宅三俊多不同，惟專以經訓經，庶得其正。《書》曰：迪知忱恂于九德之行。是九德爲三俊也。皋陶之九德，則箕子三德之詳者也。並三爲一，則九德爲三俊明矣。《書》曰：宅乃事，宅乃牧，宅乃準。是事也，牧也，準也，爲三宅，所以宅三俊也。《書》曰：流宥五刑，五流有宅，五宅三居。又曰：兹乃三宅爲義民。此三宅所以宅五流也。人之有疾也，食而不藥不可，藥而不食亦不可。三宅三俊，如藥食之交相養，而不知食之養藥耶，藥之養食耶，所以宅三俊及所以宅五流者，皆曰三宅。如此而後經之言可通也。

謀面用丕訓德，則乃宅人，兹乃三宅無義民。

謀面，謀其耳目所及者。言自近及遠，皆大訓我德，則可以宅三俊之人。既宅三俊，然後可以宅五流，凡民之無義而有罪者。

桀德，惟乃弗作往任，是惟暴德罔後。

《書》曰：肆往奸宄。是古者謂流爲往也。桀之所往者，無罪之人，所任者，皆小人殘民者也。所往所任，皆出于暴德，是以無後。

亦越成湯，陟丕釐上帝之耿命，乃用三有宅，克即宅，曰三有俊，克即俊。嚴惟丕式，克用三宅三俊，其在商邑，用協于厥邑，其在四方，用丕式見德。

耿，光也。成湯既以升聞，大治上帝之命，則以三宅去凶人。凶人各即其宅，然後宅俊。其所謂俊者，皆真有德者也，故曰三有俊，克即俊。殷人去凶而後用賢，夏后氏用賢而後去凶，各從當時之宜，要之二者相資而成也。《禮》曰：夏后氏先禄而後威，先賞而後罰，殷人先罰而後賞。蓋緣《立政》之文而立此言。不知聖人之賞罰應物而作，無所先後也。湯惟嚴敬用宅俊，故能内協商邑，外以顯德于四方也。

嗚呼！其在受德暋。惟羞刑暴德之人，同于厥邦，乃惟庶習逸德之人，同于厥政。帝欽罰之，乃伻我有夏式商受命，奄甸萬姓。

甸，治也。帝欽我而伐紂，使我有諸夏，法湯受命而治萬姓也。

亦越文王、武王克知三有宅心，灼見三有俊心，以敬事上帝，立民長伯。

君子小人，各知其本心，去凶進賢，各得其實。

立政，任人，準夫，牧，作三事。

任人，常任也。準夫，準人也。牧，常伯也。此三事，皆大臣也。

虎賁，綴衣，趣馬、小尹，

自此以下，皆小臣，或其遠外者。趣馬，掌馬也。小尹，小官之長也。

左右攜僕，

執持器物者。

百司、庶府，

府庫藏吏也。

大都、小伯，

大都之伯，在牧人中矣，此其小伯也。

藝人，

執技以事上者。

表臣百司。

表，外也。有兩百司，此其外者也。

太史、尹伯，庶常吉士，

太史，下大夫，掌六典之貳。尹伯、庶常吉士，皆當時小官。

司徒、司馬，司空、亞旅。

六卿獨數其三，不及冢宰、宗伯、司寇者，周公以師兼冢宰，周公謂蘇忿生爲蘇公，是蘇公以公兼司寇也，而宗伯則召公兼之歟？亞其貳也，旅其士也，卿在當任中矣。此言其亞旅而已。

夷微盧烝，三亳、阪尹。

蠻夷之民，微盧之衆，及三亳、阪險之地，皆有尹正。湯始都亳，其後屢遷，所遷之地，皆有亳名，故曰亳。或曰蒙爲北亳，穀熟爲南亳，偃師爲西亳。歷數此者，欲得其人也。

文王惟克厥宅心，

能知君子小人之心。

乃克立茲常事司牧人，以克俊有德。

常任常伯，必以德選，不言準人者，容以才進也。

文王罔攸兼于庶言、庶獄、庶慎，惟有司之牧夫，是訓用違。庶獄、庶慎，文王罔敢知于茲。

文王不識不知，順帝之則，其所知者，三宅三俊，去凶用賢之事而已。至于庶言，有司所下教令也。庶獄，獄訟也。庶慎，國之禁戒儲備也。文王皆不敢下侵有司之事，惟使有司牧夫，訓治用命及違命者而已。

亦越武王，率惟敉功。不敢替厥義德，率惟謀從容德，以並受此丕丕基。

武王但撫存文王之功，不改其義德，而從其有容之德也。

嗚呼！孺子王矣，繼自今，我其立政，立事準人牧夫，我其克灼知厥若，丕乃俾亂。

其心如其言，是謂若。

相我受民，

助我所受民。

和我庶獄庶慎，時則勿有間之。

既灼知其心而後用，既用則勿以流言讒間之。

自一話一言，我則末惟成德之彥，以乂我受民。

道隱于小成，言隱于榮華。一話一言，聞斯行之，則不勝其弊。以其不勝弊而舉棄之，則所喪亦多矣。必受而繹之，末惟成德之彥，則不可以小道小言眩也。故一話一言，終必付之而後可。

嗚呼！予旦已受人之徽言，咸告孺子王矣。

我受美言于人，不敢自有，而獻之于王也。

繼自今文子文孫，其勿誤于庶獄庶慎，惟正是乂之。

心有邪正，事有是非，正心而求其理，未有不得也。

自古商人，亦越我周文王，立政，立事牧夫準人，則克宅之，克由繹之，茲乃俾乂。

人有臨事而失其常，不如所期者，故已宅則復繹之者，紬繹其所已行之事也。

國則罔有立政，用憸人，不訓于德，是罔顯在厥世。繼自今立政，其勿以憸人，其惟吉士，用勱相我國家。

勱，勉也。何謂憸人？賈誼賦曰：鳳皇翔于千仞兮，覽德輝而下之。見世德之憸微兮，遥增擊而去之。是之謂憸人。

今文子文孫孺子王矣，其勿誤于庶獄，惟有司之牧夫。

夫周公尤以獄爲憂，故此篇之終，特以囑司寇蘇公也。

其克詰爾戎兵，以陟禹之迹，方行天下，至于海表，罔有不服。

罔有不服，則兵初不用也。然不可以不用，而不以時詰治之。

以覲文王之耿光，以揚武王之大烈。嗚呼！繼自今後王立政，其惟克用常人。

人之才德，長于此者，天下之所共推而不可易也，是之謂常人。如廷尉用張釋之、于定國，吏部尚書用山濤，度支用劉晏，此非常人乎？

周公若曰：太史，司寇蘇公，式敬爾由獄，以長我王國，兹式有慎，以列用中罰。

《春秋》傳曰：昔武王克商，使諸侯撫封，蘇忿生以温爲司寇。此言其能敬用獄以長王國，是爲三公也。列者，前後相比，猶今之言例也。以舊事爲比，而用其輕重之中者也。呼太史而告之者，欲書之于史，以爲後世法也。

【眉批】

了凡曰：此言禹之知恤。

又曰：桀以不能知恤而亡，正是知恤之鮮。

又曰：此言湯之知恤。

則新曰：丕式見德，所謂徧爲爾德也。知恤者必至此而始爲極。

了凡曰：此下言文武能知恤。

則新曰：克知灼見，所云知恤也。

了凡曰：曰知猶二之三宅之心，即文王之心也。

又曰：此正克厥宅心之實。

則新曰：成王嗣文武之後，只須率循文武之舊人。故此言武之知恤，不舉其他，只説一不敢替，隱然有動成王之意。

了凡曰：此下又勉王之知恤。

則新曰：曰自古禹在其内，曰亦越我周武在其内，何必俱見其名。

又曰：成王當時尚有徐戎淮夷之竊據，便不能如禹之弼，成王服此，周公所惓惓不釋諸懷者，故論任人而終以詰戎兵，陟禹迹。

又曰：篇末拳拳於兵刑，見此二事國家所不可無，人生所不可有，尤當慎也。

周官第二十二

成王既黜殷命，滅淮夷，還歸豐，作《周官》。

殷未黜，淮夷未滅，則成王有所不暇。

惟周王撫萬邦，巡侯甸，四征弗庭，綏厥兆民。六服群辟，罔不承德，歸于宗周，董正治官。

《書》曰：侯甸男邦采衛。此周五服之名也。《禹貢》五服通畿内，周五服在王畿千里之外，並畿内爲六服。董，督也。治官，治事之官也。

王曰：若昔大猷，制治于未亂，保邦于未危。曰：唐虞稽古，建官惟百，内有百揆四岳，外有州牧侯伯，庶政惟和，萬國咸寧。夏商官倍，亦克用乂。

唐虞官百而天下治，夏商曷爲倍之？德衰而政卑也。堯舜官天下，無患失之憂，故任人而不任法。人得自盡也，故法簡，官少而事省。夏商家天下，惟恐失之，不敢以付人，人與法相持而行，故法煩，官多而事冗。後世德愈衰，政愈卑，人愈不信，而一付之法，吏不敢任事，相倚以苟免，故法愈亂，官愈多，而事不舉。人主知此，則治一作幾。矣。

明王立政，不惟其官，惟其人。

明王觀唐虞夏商之政，而知爲國不在官多而在得人，故官不必備也。

今予小子，祗勤于德，夙夜不逮，仰惟前代時若，訓迪厥官。立太師、太傅、太保，茲惟三公，論道經邦，燮理陰陽。

師傅保皆論道，國以道爲經，以政事緯之，與刑無相奪倫而陰陽和。

官不必備，惟其人。少師、少傅、少保，曰三孤，貳公弘化，寅亮天地，弼予一人。

孤，特也。此雖三公之貳，而非其屬官，故曰孤以重之。

冢宰掌邦治，統百官，均四海。

政教禮刑，無所不掌，謂之邦治，而百官總己以聽焉。故冢宰爲天官，必三公兼之，餘卿或兼或特命。

司徒掌邦教，敷五典，擾兆民。

司徒之職，如地之生物，富而能教之，故爲地官。擾，馴也。

宗伯掌邦禮，治神人，和上下。司馬掌邦政，統六師，平邦國。

王者以禮樂治天下，政所從出，本于禮而成于政和，如天之春，萬物生焉，而盛于夏，故宗伯爲春官，司馬爲夏官。

司寇掌邦禁，詰奸慝，刑暴亂。

如秋之肅殺萬物，故司寇爲秋官。

司空掌邦土，居四民，時地利。

民各有居室，如冬之蓋藏，故司空爲冬官。

六卿分職，各率其屬，以倡九牧，

九州之牧也。

阜成兆民。六年，五服一朝。

一朝，畢朝也。朝以遠近爲疏數，六年而徧五服畢朝也。

又六年，王乃時巡，考制度于四岳。諸侯各朝于方岳，大明黜陟。

夏商以來，人主奉養日侈，供衛日廣，亦不能數巡守，故以五載爲十二年也。

王曰：嗚呼！凡我有官君子，欽乃攸司，慎乃出令，令出惟行，弗惟反，

令出不善，知而改之，猶賢于不反也。我數出數改，則民不復信，上雖有善令不行矣，故教以善令非教其遂非也。

以公滅私，民其允懷。學古入官，議事以制，政乃不迷。

《春秋》傳曰：鄭子産鑄刑書，晋叔向譏之曰：昔先王議事以制不爲刑辟。其言蓋取諸此也。先王人法並任，而任人爲多，故律設大法而已，其輕重之詳，則付之人，臨事而議，以制其出入，故刑簡而政清。自唐以

前，治罪科條，止于今律令而已。人之所犯，日變無窮，而律令有限。以有限治無窮，不聞其有所闕。豈非人法兼行，吏猶得臨事而議乎？今律令之外，科條數萬而不足于用，有司請立新法者，日益而不已。嗚呼！任法之弊，一至于此哉！

其爾典常作之師，無以利口亂厥官。

小人不利于用常法，常以利口亂政。

蓄疑敗謀，

人主聞讒言，不即辨而藏之中曰蓄疑。敗謀害政無大于此者。

怠忽荒政，不學牆面，莅事惟煩。戒爾卿士，功崇惟志，

未有志卑而功崇者。

業廣惟勤，惟克果斷，乃罔後艱。

婾于初，必艱于終。

位不期驕，祿不期侈，恭儉惟德，無載爾僞。

孟子曰：恭儉豈可以聲音笑貌爲哉！

作德心逸日休，作僞心勞日拙。居寵思危，罔不惟畏，弗畏入畏。推賢讓能，庶官乃和，不和政龎。

士無賢不肖，入朝見嫉，自有君臣以來病之矣。惟讓爲能和，是以貴之。

舉能其官，惟爾之能，稱匪其人，惟爾不任。王曰：嗚呼！三事，

三公也。

暨大夫，敬爾有官，亂爾有政，以佑乃辟，永康兆民，萬邦惟無斁。

成王既伐東夷，肅慎來賀。

東夷，淮夷也，在周之東。肅慎，東北遠夷也。

王俾榮伯，作《賄肅慎之命》。

《國語》曰：文王諏于蔡原，訪于辛尹，重之以周召畢榮。豈此榮伯也與？

周公在豐將殁，欲葬成周。公薨，成王葬于畢，告周公，作《亳姑》。

畢有文、武墓。葬公于畢，示不敢臣也。亳姑，蒲姑也。周公告召公，作將蒲姑，至此並告已遷歟？二篇亡。

【眉批】

了凡曰：功崇當田勤而乃曰志，九仞工夫不離一念也。業廣當言志而乃曰勤，入門一步便欲實用其力也。

則新曰：曰「阜成兆民」，曰「永康兆民」，曰「綏厥兆民」，不一而足，乃知建官所以爲民。

君陳第二十三

周公既殁，命君陳分正東郊成周，作《君陳》。

君陳命于周公之後，畢公之前，必周之老臣也。鄭玄以爲周公子，非也。畢公成王之父師，弼亮四世，豈以周公之子先之？周公遷殷頑民于洛，不必遷舊人以宅新民也。洛人在内，殷人在郊，理必然也。分正者，

《畢命》所謂「旌别淑慝，表厥宅里，殊厥井疆，俾克畏慕」也。

王若曰：君陳，惟爾令德孝恭，惟孝友于兄弟，克施有政，命汝尹茲東郊。敬哉！昔周公師保萬民，民懷其德，往慎乃司，茲率厥常，懋昭周公之訓，惟民其乂。我聞曰：至治馨香，感于神明，黍稷非馨，明德惟馨。

物之精華發越于外者，爲聲色臭味，是妙物也，故足以移人，亦足以感鬼神。聖人以至治明德，比于馨香，有以也夫！荀悦有言：君子以情用，小人以形用。榮辱者，賞罰之精華，故禮教榮辱以加君子，化其情也，桎梏鞭樸以加小人，化其形也。君子不犯辱，況于刑乎？小人不忌刑，況于辱乎？若教化之廢，推中人而墜于小人之域，教化之行，引小人而納于君子之塗，此之謂也。

爾尚式時周公之猷訓，惟日孜孜，無敢逸豫。凡人未見聖，若不克見。既見聖，亦不克由聖，爾其戒哉！爾惟風，下民惟草。

豈獨聖也，凡有求而未得也，無所容其愛，既得則愛衰，此人之情也。爲人君者，不能顯諸仁，藏諸用，凡所以治民之具，畢用而常陳，則民狎而玩之矣。故教之惟風，下民惟草，德復有妙于風者乎？

圖厥政，莫或不艱，有廢有興。出入自爾師虞，庶言同則繹。

有所興廢出納皆咨于衆以度之，衆言同則繹之。孔子曰：巽語之言，能無悦乎？繹之爲貴。

爾有嘉謀嘉猷，則入告爾后于内，爾乃順之于外，曰：斯謀斯猷，惟我后之德。嗚呼！臣人咸若時，惟良顯哉！

臣謀之而君能行，此真君之德也，豈待其順之于外云爾也哉！成王之言此者，非貪臣之功，實欲歸功于臣，以來衆言也。

王曰：君陳，爾惟弘周公丕訓，無依勢作威，無倚法以削。寬而有制，從容以和。殷民在辟，予曰辟，爾惟勿辟；予曰宥，爾惟勿宥。惟厥中。有弗若于汝政，弗化于汝訓，辟以止辟，乃辟。

辟而不能止辟者，勿辟也。

狃于奸宄，敗常亂俗，三細不宥。

狃，習也。常者國之舊法，俗者民之所安，而敗亂之，害政之尤。故此三者，所犯雖小，亦不可宥也。

爾無忿疾于頑，無求備于一夫。必有忍，其乃有濟，有容德乃大。

有殘忍之忍，有容忍之忍。《春秋》傳曰：州吁阻兵而安忍。此殘忍之忍。孔子曰：小不忍則亂大謀。此容忍之忍也。古今語皆然，不可亂也。成王指言三細不宥，則其餘皆當宥之，曰必有忍其乃有濟者，正孔子所戒小不忍則亂大謀者也。而近世學者，乃謂當斷不可以不忍，忍所以爲義，是成王教君陳果于刑殺，以殘忍爲義也。夫不忍人之心，人之本心也，故古者以不忍勸人，以容忍勸人也，則有之矣，未有以殘忍勸人者也。不仁之禍，至六經而止。今乃析言誣經以助發之，予不可以不論。

簡厥修，亦簡其或不修。進厥良，以率其或不良。惟民生厚，因物有遷，違上所命，從厥攸好。爾克敬典在德，時乃罔不變，允升于大猷。惟予一人，膺受多福，其爾之休，終有辭于永世。

【眉批】

用修曰：淡所見而甘所聞，貴耳而賤其目，榮古陋今，黨往讎來，日進前而不御，遥聞聲而相思，故曰「凡人未見聖，若不克見聖，既見聖亦不克由聖」。

又曰：「庶言同則繹」者，人離而聽之則愚，合而聽之則聖也。

東坡書傳卷十七

周書

顧命第二十四

成王將崩，命召公、畢公，率諸侯，相康王，作《顧命》。

畢公高周之同姓。

惟四月哉生魄，王不懌。

有疾不豫。

甲子，王乃洮頮水。

發大命，當齋戒沐浴，今有疾不能，洮頮水而已。洮，盥也。頮，頮面也。

相被冕服，憑玉几。

相，相禮者，以衮冕服被王身也。大朝覲，設左右玉几。

乃同召太保奭、

召公爲保，兼冢宰。

芮伯、

司徒。

彤伯、

宗伯。

畢公、

畢公三公，亦兼司馬。

衛侯、

《春秋》傳：康叔爲司寇。

毛公、

司空也。《史記》有毛叔鄭。五人皆姬姓，惟彤伯姒姓。

師氏、

師氏，中大夫，居虎門之左。

虎臣、

虎賁氏。

百尹、御事。王曰：嗚呼！疾大漸，惟幾，

漸，進也。幾，危也。

病日臻。既彌留，

臻，至也。彌，甚也。疾甚，將去而少留也。

恐不獲誓言嗣，茲予審訓命汝。昔君文王、武王，宣重光，奠麗陳教則肄。肄不違，用克達殷集大命。

麗，土著也。文武先定民居，乃教之。既教則集之。民既集教用命，乃能開達殷之喪否也。

在後之侗，

侗，愚也。楊雄曰：倥侗顓蒙。

敬迓天威，嗣守文武大訓，無敢昏逾。今天降疾殆，弗興弗悟。爾尚明時朕言，用敬保元子釗，

康王也。

弘濟于艱難。柔遠能邇，安勸小大庶邦。思夫人自亂于威儀，爾無以釗冒貢于非幾。

恭敬可以濟大難，但世以威儀爲文飾而已，不知其爲濟難之具也，故曰自亂于威儀。幾，危也。非幾者安也。惟安爲可畏，不可以冒進也。死生之際，聖賢之所甚重也。成王將崩之一日，被冕服以見百官，出經遠保世之言，其不死于燕安婦人之手明矣。其致刑措宜哉！

茲既受命還，出綴衣于庭。

綴衣，幄帳也。群臣既出，設幄帳于中庭，王反路寢之室也。

越翼日乙丑，王崩。太保命仲桓、南宫毛，俾爰齊侯呂伋，

伋，太公望子。爰，及也。《詩》曰：爰及姜女。

以二干戈，虎賁百人，逆子釗于南門之外。

成王之崩，子釗固在王所。今乃出之于路寢門外而復逆之，蓋所以表異之也。

延入翼室，

路寢旁，左右翼室也。成王喪在路寢，故子釗廬于翼室。

恤宅宗。

爲憂居之主也。

丁卯，命作册度。

以法度作册也。

越七日癸酉，伯相命士須材。

自西伯入爲相，召公也。須材以供喪用。

狄設黼扆綴衣。

狄，下士。扆，屏風，爲斧文也。

牖間南嚮，

户牖間也。

敷重篾席，

桃竹枝席也。

黼純，

黼，黑白也。純，緣也。

華玉仍几。

華玉，色玉也。仍，因也。《周禮》：吉事變几，凶事仍几。因生時所設色玉左右几也。此見群臣覲諸侯之坐也。

西序東嚮，

東西厢謂之序。

敷重厎席，

厎，蒻席也。

綴純，

綴，雜采也。

文貝仍几。

以文貝飾几。此旦夕聽事之坐也。

東序西嚮，敷重豐席，

豐，莞席也。

畫純，

繪緣也。

雕玉仍几。

以刻玉飾几。此養國老享群臣之坐也。

西夾南嚮，

西厢夾堂。

敷重筍席，

筍，竹席也。

玄紛純，

紛，紺也。以玄紺爲緣。

此親屬私燕之坐也。故几席質儉，無貝玉之飾，將傳先王之顧命也。不知神之所在，于此乎？于彼乎？

故兼設平生之坐也。

漆仍几。

越玉五重，

及玉五重，謂弘璧、琬琰、大土、夷玉、天球也。

陳寶，

謂赤刀以下衆寶。

赤刀、大訓、

虞夏商之書。

弘璧、

大璧也。

琬琰，在西序。大玉、夷玉、天球、河圖，

八卦也。

在東序。胤之舞衣、

胤國所爲舞者之衣。

大貝、鼖鼓，在西房。兑之戈、和之弓、

兑、和，古之巧人。

垂之竹矢，

垂，舜共工。

在東房。

舞衣、鼖鼓、弓、竹矢，皆以古物寶之，如後世寶孔子履也。

大輅在賓階面，

大輅，玉輅。

綴輅在阼階面，

綴輅，金輅。

先輅在左塾之前，

先輅，象輅。塾，夾門堂也。

次輅在右塾之前。

次輅，木輅也。革輅不陳。

二人雀弁執惠，立于畢門之內。

雀弁，赤黑如雀頭色。惠，三隅矛。畢門，路寢門。

四人綦弁，執戈上刃，夾兩階戺。

綦弁，青黑色。堂廉曰戺。

一人冕，執劉，立于東堂。

劉，鉞屬。

一人冕，執鉞，立于西堂。一人冕，執戣，立于東垂。一人冕，執瞿，立于西垂。

戣、瞿，皆戟屬。

一人冕，執鋭，立于側階。

鋭，當作銳。《説文》曰：銳，侍臣所執兵。從金，允聲。《書》曰：一人冕，執銳。讀若鋭。冕，大夫服。弁，士服。

王麻冕黼裳，由賓階隮。

麻冕，三十升麻爲冕，蓋衮冕也。衮冕之裳四章，此獨用黼者，以釋喪服吉，示變也。王方自外入，受命傳命者自阼階升，則王當從賓階也。

卿士邦君麻冕蟻裳，入即位。

《禮》曰：子張之喪，公明儀爲志焉。褚幕丹質，蟻結于四隅，殷士也。鄭玄云：畫者之四角，其文如蟻行，往來相錯，殷之蟻結，似今蛇文畫。豈蟻裳亦爲此文歟？君臣皆吉服，然皆有變。

太保、太史、太宗，皆麻冕彤裳。

太宗、上宗，皆大宗伯也。彤，纁也。纁裳，亦變也。

太保承介圭，上宗奉同瑁，由阼階隮。

介圭，大圭，尺有二寸，王所守也。同，爵名。瑁，四寸，王所執以朝諸侯，傳顧命，授圭瑁，當阼階升也。

太史秉書，由賓階隮，御王册命。

書册也。王在西階上，故太史由此以册御王。凡王所臨所服用，皆曰御。

曰：皇后馮玉几，道揚末命，命汝嗣訓，臨君周邦，率循大卞，燮和天下，用答揚文武之光訓。

成王顧命之言，書之册矣。此太史口陳者。下，法也。

王再拜，興，答曰：眇眇予末小子，其能而亂四方，以敬忌天威。乃受同瑁。王三宿，三祭，三咤。上宗曰：饗。

太保實三爵于王，王受而置之，曰宿，祭先，曰祭，至齒而不飲，曰咤，曰嚌，示飲而實不忍也。上宗曰饗，以嘏王也。

太保受同降盥，以異同，

易爵而洗也。

秉璋以酢。

半珪曰璋。太保實此爵以爲王酢己也。

授宗人同，拜。

宗人，小宗伯。

王答拜。太保受同，祭、嚌、宅，授宗人同，拜。

宅，居其所也。

王答拜。太保降收，

收，徹也。

諸侯出廟門俟。

此路寢門也。而謂之廟，以正殯在焉。

【眉批】

則新曰：「二干戈，虎賁百人」，有防危慮患意在，豈有所監于三監耶？

又曰：平居諸人，原備宿衛，此時亦只嚴宿衛之意。若曰儀衛便是侈觀，恐非成康事。

了凡曰：形裳以上其服同，介圭以下其執異，奉符寶有主道，故由作階，御册命有子道，故由賓階。

康王之誥第二十五

康王既尸，天子遂誥諸侯，作《康王之誥》。

王出在應門之内，

出畢門，立應門内之中庭南面。

太保率西方諸侯入應門左，畢公率東方諸侯入應門右，

二公爲二伯，各率其所領諸侯，隨其方爲位，皆北面。成王之疾久矣，豈西方東方諸侯，來問王疾者歟？

皆布乘黄朱。

陳四馬，黄朱鬣。

賓稱奉圭兼幣，

馬所以先圭幣。

曰：一二臣衛，敢執壤奠。

贄土所出。

皆再拜稽首。王義嗣德答拜。

王義諸侯不忘先王之德，故答拜。

太保暨芮伯咸進相揖，

冢宰、司徒與群臣進戒。

皆再拜稽首，曰：敢敬告天子，皇天改大邦殷之命，惟周文武誕受羑若，

文王出羑里之囚，天命自是始順。周公記之，謂之羑若，猶管仲、鮑叔願齊威公不忘在莒時也。康王生而富貴，故于其初即位，造以文武造邦之艱難，以憂患受命也。

克恤西土。惟新陟王，

陟，升遐也。成王未有謚，故稱新陟王。

畢協賞罰，戡定厥功，用敷遺後人休。今王敬之哉，張皇六師，無壞我高祖寡命。王若曰：庶邦侯甸男衛，惟予一人，釗報誥。昔君文武丕平富，不務咎，底至齊信，用昭明于天下。

《詩》歌文武之德，曰陳錫哉周，言其布大利以賜天下，則天下相率而戴周。及其亡也，以榮夷公專利。今康王所謂丕平富者，豈非陳錫布利也歟？所謂不務咎者，豈非不專利以消怨咎也歟？即位而首言此，其與成王皆致刑措，宜也。

則亦有熊羆之士，不二心之臣，保乂王家，用端命于上帝。皇天用訓厥道，付畀四方。乃命建侯樹屏，在我後之人。今予一二伯父，尚胥暨顧，綏爾先公之臣服于先王。

言諸臣忠于我，所以安汝先人事先王者，如盤庚告教之意也。

雖爾身在外，乃心罔不在王室，用奉恤厥若，

使我雖宅憂，而人無不順者。

無遺鞠子羞。

鞠子，稚子也。

群公既皆聽命，相揖趨出。王釋冕，反喪服。

成王崩，未葬，君臣皆冕服，禮歟？曰：非禮也。謂之變禮可乎？曰：不可。禮變于不得已。嫂非溺，終不援也。三年之喪既成服，釋之而即吉，無時而可者。曰：先王之命不可以不傳，既傳不可以喪服受也。曰：何爲其不可也？曰：以喪冠者雖三年之喪可也。既冠于次，入哭踴者三乃出。孔子曰：將冠子未及期日而有大功齊衰之服。則因喪服而冠，冠吉一作嘉禮也，猶可以喪服行之。受顧命見諸侯，獨不可以喪服乎？太保使大史奉册授王于次，諸侯入哭于路寢，而見王于次。王喪服受教戒諫哭踴答拜，聖人復起，不易斯言也。始死方升，孝子釋服離次，出居路門之外，受干戈虎賁之逆，此何禮也？漢宣帝以庶人入立，故遣宗正太僕奉迎以顯異之。康王元子也，天下莫不知，何用此紛紛也？《春秋》傳曰：鄭子皮如晋葬晋平公，將以幣行。子産曰：喪安用幣？子皮固請以行。既葬，諸侯之大夫欲因見新君，叔向辭之曰：大夫之事畢矣，而又命孤。孤斬焉在衰絰之中，其以嘉服見，則喪禮未畢；其以喪服見，是重受弔也，大夫將若之何？皆無辭以退。今康王既以嘉服見諸侯，又受乘黄玉帛之幣，曾謂盛德之王，不若衰世之侯，召、畢公不如子産、叔向乎？使周公在，必不爲此。然則孔子何取于此一書也？曰：至矣，其父子君臣之間，教戒深切著明者，猶足以爲後世法，孔子何爲不取哉？然其失禮則不可以不論。

【眉批】

則新曰：「張皇六師」，權智語也。新舊交换之際，恐有奸雄窺視，特拈此以折之耳。

東坡書傳卷十八

周書

畢命第二十六

康王命作册，畢公居里成周郊，作《畢命》。

畢公弼亮四世，蓋嘗相文王也，至是耄矣，而猶勤小物，亦可謂盛德也哉。

惟十有二年六月庚午朏，越三日壬申，王朝步自宗周，至于豐，以成周之衆，命畢公保釐東郊。

畢公蓋嘗相文王，故康王就豐文王廟命之。

王若曰：嗚呼父師！惟文王、武王敷大德于天下，用克受殷命。惟周公左右先王，綏定厥家，毖殷頑民，遷于洛邑，密邇王室，式化厥訓，既歷三紀，

十二年爲一紀。

世變風移，四方無虞，予一人以寧。

方三監叛，天下騷動，天子亦不安。

道有升降，政由俗革，

子思子曰：昔吾先君子，道隆則從而隆，道污則從而污。伋則安能，惟聖人爲能與道升降，因俗立政也。

不臧厥臧，民罔攸勸。惟公懋德，克勤小物，

有道者，不以小大變易，不忽小物，斯不難大事矣。

弼亮四世，正色率下，罔不祗師言，

雖正色不言而自服，然常敬衆言也。

嘉績多于先王，

自文武時，已立功矣。

予小子垂拱仰成。王曰：嗚呼父師！今予祗命公以周公之事，往哉！旌别淑慝，表厥宅里，彰善癉惡，

癉，病也。

樹之風聲，弗率訓典，殊厥井疆，俾克畏慕，申畫郊圻，慎固封守，以康四海。政貴有恒，辭尚體要，不惟好異，商俗靡靡，利口惟賢，餘風未殄，公其念哉。

予以《書》考之，知商俗似秦俗，蓋二世似紂也。張釋之諫文帝，秦以任刀筆之吏，争以亟疾苛察相高，其弊徒文具無惻隱之實，以故不聞其過。陵夷至于二世，天下土崩。今以嗇夫口辯而超遷之，臣恐天下隨風而靡，争爲口辯而無其實。凡釋之所論，則康王以告畢公者也。

我聞曰：世禄之家，鮮克由禮，以蕩陵德，實悖天道，敝化奢麗，萬世同流。

惟惡能及遠，故秦之俗，至今猶在也。秦疑當作殷。

兹殷庶士，席寵惟舊。

乘勢勝物曰席。

怙侈滅義，服美于人。

用美物多，則爲人所畏服。鄭子産言伯有用物弘而取精多，則生爲人豪，死爲厲鬼。

驕淫矜侉，將由惡終。雖收放心，閑之惟艱。資富能訓，惟以永年。

富而能訓，則可以久安其富。

惟德惟義，時乃大訓，不由古訓，于何其訓。王曰：嗚呼父師！邦之安危，惟兹殷士，不剛不柔，厥德允修。惟周公克慎厥始，惟君陳克和厥中，惟公克成厥終。三后協心，同底于道。道洽政治，澤潤生民。四夷左衽，罔不咸賴。予小子永膺多福。

康王以爲邦之安危在殷士，又以保釐之任，爲足以澤生民而服四夷。其言若過，然殷民至此亦不能睥睨周室如三監時矣。然猶重其事如此。賈誼言秦俗婦乳其兒，與翁並踞，母取箕帚，立而誶語，以此痛哭流涕大息，以爲漢之所憂無大于此者。正此意也。古之知治體者，其論安危蓋如此。

公其惟時成周建無窮之基，亦有無窮之聞，子孫訓其成式惟乂。嗚呼！罔曰弗克，惟既厥心。罔曰民寡，惟慎厥事。

曰弗克者，畏其難而不敢爲者也。曰民寡者，易其事以爲不足爲者也。

欽若先王成烈，以休于前政。

前政，謂周公、君陳也。

【眉批】

了凡曰：此史臣紀事之詞，筆力高古，以「成周」二句尤得肯綮，「保釐」二字括盡一篇大意。

又曰：言善善而不言惡惡，此以保爲釐之意。

則新曰：以成王之時，四世元老之畢公，又周公、君陳所慎始和中之殷民，而叮嚀誥戒乃爾，所以爲成周也，尚君非成王，時非成周，臣非畢公，政非成終，更當何如耶？

君牙第二十七

穆王命君牙爲周大司徒，作《君牙》。

穆王滿，康王孫，昭王子。

王若曰：嗚呼！君牙，惟乃祖乃父，世篤忠貞，服勞王家，厥有成績，紀于太常。

《周禮·司勳》：凡有功者，銘書于王之太常，祭于太烝。日月爲常。

惟予小子，嗣守文武成康遺緒。亦惟先王之臣，克左右亂四方。心之憂危，若蹈虎尾，涉于春冰。今命爾予翼，作股肱心膂，纘乃舊服，無忝祖考。弘敷五典，式和民則。爾身克正，罔敢弗正，民心罔中，惟爾之中。夏暑雨，小民惟曰怨咨。冬祁寒，小民亦惟曰怨咨。厥惟艱哉，思其艱以圖其易，民乃寧。

方周之盛，越裳氏來朝，曰：久矣，天之無疾風暴雨也，中國其有聖人乎！方是時，四夷之民，莫不戴王。雖風雨天事非人力者，亦歸德于王。及其衰也，一寒一暑，亦惟王之怨。是故聖人以民心爲存亡。一失其心，無動而非怨者。賞則謂之私，罰則謂之虐，作德則謂之僞，不作則謂之漫，出令而不信，無事而致謗，皆王之咎也。夏諺曰：吾王不游，吾何以休。吾王不豫，吾何以助。游豫且以爲德，豈復有風雨寒暑之怨乎？

嗚呼！丕顯哉文王謨！丕承哉武王烈！啓佑我後人，咸以正罔缺。爾惟敬明乃訓，用奉若于先王，對揚文武之光命，追配于前人。王若曰：君牙，乃惟由先正舊典時式。

先正，周、召、畢公之流。

民之治亂在兹，率乃祖考之攸行，昭乃辟之有乂。

嗚呼！予讀穆王之書一篇，然後知周德之衰有以也。夫昭王南征而不復，至齊桓公乃以問楚。是終穆王之世，君弒而賊不討也。而王初無憤耻之意，乃欲以車轍馬迹周于天下。今觀君牙、伯冏二書，皆無哀痛惻怛之語，但曰嗣先人、宅丕后而已。足以見無道之情，非祭公謀父以《祈招》之詩，收王之放心，則王不復矣。《吕刑》有哀敬之情蓋在感悔之後，時已耄矣。

【眉批】

則新曰：君牙有祖父，穆王亦有文武成康，恐全靠君牙不得。

冏命第二十八

穆王命伯冏爲周太僕正，作《冏命》。

太僕正，太御中大夫。

王若曰：伯冏，惟予弗克于德，嗣先人宅丕后，怵惕惟厲，中夜以興，思免厥愆。昔在文武，聰明齊聖。小大之臣，咸懷忠良，其侍御僕從，罔匪正人。以旦夕承弼厥辟，出入起居，罔有不欽，發號施令，罔有不臧。下民祇若，萬邦咸休。惟予一人無良，實賴左右前後有位之士，匡其不及，繩愆糾謬。格其非心，俾克紹先烈。今予命汝作大正，正于群僕侍御之臣，懋乃后德，交修不逮。慎簡乃僚，無以巧言令色便辟側媚，其惟吉士。僕臣正，厥后克正。僕臣諛，厥后自聖。

至哉此言！可以補《説命》之缺也。孔子取于君牙、伯冏二書者，獨斯言歟？

后德惟臣，不德惟臣。爾無昵于憸人充耳目之官，迪上以非先王之典。非人其吉，惟貨其吉。若時瘝厥官，惟爾大弗克祇厥辟，惟予汝辜。

引小人以昵王，人臣不敬，莫不于此。

王曰：嗚呼，欽哉！永弼乃后于彝憲。

憲，典也。迪上以先王之典也。

東坡書傳卷十九

周書

呂刑第二十九

呂命穆王訓夏贖刑，作《呂刑》。

穆王命呂侯作此書。《史記》作甫侯。堯舜之刑，至禹明備。後王德衰而政煩，故稍增重，積累世之漸，非一人之意也。至周公時，五刑之屬各五百。周公非不能改以從夏，蓋世習重法而驟輕之，則奸民肆，而良民病矣。及成康刑措，穆王之末，奸益衰少，而後乃敢改也。周公之刑二千五百，穆王之三千，雖增其科條，而入墨劓者多，入宮辟者少也。贖者，疑赦之罰耳。然訓刑必以贖者，非贖之鍰數無以爲五刑輕重之率也。如今世徒流皆折杖，非以杖數折不知徒流增減之率也。呂刑，《孝經》、《禮記》皆作「甫刑」，說者謂呂侯後封甫，《詩》之申甫是也。

惟呂命，王享國百年，耄荒度作刑以詰四方。

刑必老者制之，以其更事而仁也。耄荒度作刑者，以耄年而大度作刑，猶禹曰予荒度土功。度，約也，猶漢高祖約法三章也。

王曰：若古有訓，蚩尤惟始作亂，延及于平民，罔不寇賊，鴟義奸宄，奪攘矯虔。

炎帝世衰，蚩尤作亂，黄帝誅之。自蚩尤以前，未有以兵强天下者。鴟義，以鷙殺爲義，如後世所謂俠也。矯，詐。虔，劉也。凡民爲奸者，皆祖蚩尤。

苗民弗用靈，制以刑，惟作五虐之刑曰法。殺戮無辜，爰始淫爲劓刵椓黥。越兹麗刑並制，罔差有辭。

蚩尤既倡民爲奸，苗民又不用善，但過作劓鼻刵耳椓竅黥面，殺戮五虐之刑而謂之法，苟麗于法者必刑之，並制無罪，不復以冤訴爲差别，有辭無辭，皆刑之也。自苗民以前，亦未有作五虐之刑者。故舉此二人以爲亂始。

民興胥漸，泯泯棼棼，罔中于信，以覆詛盟。

人無所訴，則訴于鬼神。德衰政亂，則鬼神制世，民相與反覆詛盟而已。

虐威庶戮，方告無辜于上。上帝監民，罔有馨香德刑，

無德刑之香也。

發聞惟腥。皇帝哀矜庶戮之不辜，報虐以威，遏絶苗民，無世在下。

皇帝，堯也。分北三苗，遷其君于三危。

乃命重黎，絶地天通，

民瀆于詛盟祭祀，家爲巫史，堯乃命重黎授時勸農，而禁淫祀，人神不復相亂，故曰絶地天通。重黎，即羲和也。

罔有降格。

虢之亡也，有神降于莘，蓋此類也。

群后之逮在下，明明棐常，鰥寡無蓋。

自諸侯以及其臣下，皆修明人事而輔常道，故鰥寡無蔽塞之者。

皇帝清問下民，鰥寡有辭于苗，

國無政，天子欲聞民言，豈易得其實哉！故政清而後民可問也。

德威惟畏，德明惟明。

非德之威，所謂虐也。非德之明，所謂察也。

乃命三后，恤功于民。伯夷降典，折民惟刑。

失禮則入刑，禮刑一物也。折，折衷也。

禹平水土，主名山川。稷降播種，農殖嘉穀。三后成功，惟殷于民。

殷，富也。

士制百姓于刑之中，以教祗德。

士，臯陶也。

穆穆在上，明明在下。灼于四方，罔不惟德之勤。故乃明于刑之中，率乂于民棐彝。典獄非訖于威，惟訖于富。

訖，盡也。威貴有勢者，乘富貴之勢以爲奸，不可以不盡法。非盡于威，則盡于富。其餘貧賤者，則容有所不盡也。

敬忌罔有擇言在身，惟克天德，自作元命，配享在下。

修其敬畏，至于口無擇言，此盛德之士也。何以貴之于典獄？曰：獄賤事也，而聖人盡心焉，其德入人之深，動天地，感鬼神，無大于獄者，故盛德之士，皆屑爲之。皋陶遠矣，莫得其詳。如漢張釋之、于定國、唐徐有功，民皆自以爲不冤，其不信之信，幾于聖與仁者，豈非口無擇言，身無擇行之人哉！若斯人者，將與文合德，子孫其必有興者，非「自作元命，配享在下」而何？漢楊賜辭廷尉之命，曰：三后成功，惟殷于民，皋陶不與焉。蓋吝之也。《書》蓋以爲「惟克天德，自作元命」者，何吝之有？此俗儒妄論也。或然之，不可以不辨。

王曰：嗟！四方司政典獄，非爾惟作天牧，

爲天牧民，非爾而誰？

今爾何監。非時伯夷播刑之迪，其今爾何懲，惟時苗民，匪察于獄之麗。

麗于獄，輒刑之，不復察也。

罔擇吉人，觀于五刑之中，惟時庶威奪貨，

貴者以威亂政，富者以貨奪法。

斷制五刑，以亂無辜。上帝不蠲，降咎于苗。苗民無辭于罰，乃絶厥世。

言當以伯夷爲監，苗民爲戒也。

王曰：嗚呼！念之哉！伯父伯兄仲叔季弟，幼子童孫，皆聽朕言，庶有格命。

諸侯群臣，自其父行至于兄弟子孫，皆聽朕言，庶以格天命。

今爾罔不由慰日勤，爾罔或戒不勤。

獄非盡心力，不得其實，故無獄不以勤爲主由用也。爾當用獄吏慰安之而日愈勤者，不當用戒敕之而終不勤者。

天齊于民，俾我一日非終，惟終在人。

刑獄非所恃以爲治也，天以是整齊亂民而已。蓋使我爲一日之用，非究竟要道也，可恃以終者，其惟得人乎？

爾尚敬逆天命，以奉我一人，雖畏勿畏，雖休勿休，

休，喜也。典獄者不可以有所畏喜。

惟敬五刑，以成三德。一人有慶，兆民賴之，其寧惟永。

三德，《洪範》三德也。以刑成德，王有慶，民有利，則其安長久也。

王曰：吁！來，有邦有土，告爾祥刑。

祥，善也。

在今爾安百姓，何擇非人，何敬非刑，何度非及。

罪非己造爲人所累曰及，秦漢之間謂之逮，此最爲政者所當慎，故特立此法。謂之及，因有大獄，獄吏以多殺爲功，以不遺支黨爲忠，胥史皁隸以多逮廣繫爲利，故古者大獄有萬人者，國之安危，運祚長短，或寄于此，故曰何度非及。度其非同惡者則勿逮可也。

兩造具備，師聽五辭。

訟者兩至，則士聽其辭。

五辭簡孚，正于五刑。

簡，核也。孚，審慮也。簡孚而無辭乃正五刑。

五刑不簡，正于五罰。

罰，贖也。

五罰不服，正于五過。

過失，則當宥也。

五過之疵，惟官，惟反，惟内，惟貨，惟來。其罪惟均，其審克之。

刑之而不服則贖，贖之而不服則宥，無不可者，但恐其有疵弊耳。官者，吏爲請求也。反者，報也。報德怨也。内，女謁也。貨，鬻獄也。來，親友往來者爲言也。法當同坐，故曰其罪惟均。克，勝也。勝其非也。

五刑之疑有赦，五罰之疑有赦，其審克之。簡孚有衆，惟貌有稽。

既簡且孚，衆證之矣。口服而貌不服，此必有故，不可以不稽也。

無簡不聽，

初無核實之狀，則此獄不當聽也。

具嚴天威。

所以如此者，畏天威也。

墨辟疑赦，其罰百鍰，閲實其罪。

刻其顙而涅之曰墨。六兩曰鍰。

劓辟疑赦，其罰惟倍，閲實其罪。

截鼻爲劓。倍之爲二百鍰。

剕辟疑赦，其罰倍差，閲實其罪。

刖足曰剕。倍之又半之，爲五百鍰。

宫辟疑赦，其罰六百鍰，閲實其罪。

宫，淫刑也。男子腐，婦人閉。

大辟疑赦，其罰千鍰，閲實其罪。

大辟，死刑也。五刑疑則入罰，不降相因古之制也。所謂疑者，其罪既閲實矣，而于用法疑耳。

墨罰之屬千，劓罰之屬千，剕罰之屬五百，宫罰之屬三百，大辟之罰其屬二百，

墨、劓、剕、宫、辟，皆真刑也。罰者，罰應贖者也。屬，類也。凡五刑五罰之罪，皆分門而類別之也。

五刑之屬三千。

《周禮》五刑之屬二千五百，而此三千，《孝經》據而用之，是孔子以夏刑爲正也。

上下比罪，

比，例也。以上下罪參驗而立例也。

無僭亂辭，

僭，差也。亂辭，辭與情違者也。

勿用不行，

立法必用衆人所能者，然後法行。若責人以所不能，則是以不可行者爲法也。

惟察惟法，其審克之。

察我心也，法國法也。内合我心，外合國法，乃爲得之。

上刑適輕下服，下刑適重上服。

世或謂大罪法重而情輕則服下刑，此猶可也，不失爲仁。若小罪法輕情重而服上刑，則不可。古之用刑者，有出于法内，無入于法外。與其殺不辜，寧失不經。故知此説之非也。請設爲甲乙以解此二言。甲初欲

爲强盜，既至其所，則不强而竊，當以竊法坐之，此之謂上刑適輕下服。乙初欲竊爾，既至其所，則强，當以强法坐之，此之謂下刑適重上服。刑貴稱罪，報其所犯之功，不報其所犯之意也。

輕重諸罰有權。

一人同時而犯二罪，一罪應剕，一罪應劓，劓剕不並論，當以一重剕之而已。然是人所犯，劓罪應刑，剕罪應贖，則刑之歟？抑贖之歟？蓋當其劓罪而贖其餘。何謂餘？曰：劓之罰二百鍰，既刑之矣，則又贖三百鍰，以足剕罰五百鍰之數，以此爲率，如權石之推移以求輕重之詳，故曰輕重諸罰有權。

刑罰世輕世重，惟齊非齊，有倫有要。

穆王復古而不是古，變今而不非今，厚之至也，曰各隨世輕重而已。民有犯罪于改法之前，而論法于今日者，可復齊于一乎？舊法輕則從舊，今法輕則從今。任其不齊，所以爲齊也。倫者，其例也。要者，其辭也。辭例相參考，必有以處之矣。

罰懲非死，人極于病，

時有議新法之輕，多罰而少刑，恐不足以懲奸者，故王言罰之所懲，雖非殺之也，而民出重贖，已極于病，言如是亦足矣。

非佞折獄，惟良折獄，罔非在中，

佞，口給也。良，精也。辯者服其口，不服其心也。

察辭于差，

事之真者不謀而同，從其差者而詰之，多得其情。

非從惟從。

囹圄之中，何求而不得？固有畏吏甚者，寧死而不辯，故因之言惟吏是從者，皆非其實，不可用也。

哀敬折獄，明啓刑書胥占，咸庶中正。

律令，當令獄囚及僚吏明見相與占考之，庶幾共得其中正也。

其刑其罰，其審克之，獄成而孚，輸而孚。

輸，不成也。囚無罪，如傾瀉出之也。孚，審慮也。成與不成，皆當與衆審慮也。

其刑上備，有並兩刑。

其上刑已有餘罪矣，則並兩刑從一重論。

王曰：嗚呼！敬之哉！官伯族姓，

呼其大官大族而戒之。

朕言多懼。

民命之存亡，天意之喜怒，國本之安危在焉，不得不懼。

朕敬于刑，有德惟刑。今天相民，作配在下，明清于單辭，民之亂，罔不中聽獄之兩辭，

欲濟民于險難者，當竭其中，以聽兩辭也。

無或私家于獄之兩辭。獄貨非寶，惟府辜功，報以庶尤，永畏惟罰。非天不中，惟人在命。天罰不極，庶民罔有令政在于天下。

府，聚也。辜功，猶言罪狀也。古者論罪有功，意功其迹狀也。言獄貨，非所以爲寶也。但與汝典獄者，聚罪狀耳，我報汝以衆罪，而所當長畏者，天罰也。非天不中，惟汝罪在人命也。天既罰汝不中之罪，則民皆咎我，我無復有善政在天下矣。

王曰：嗚呼！嗣孫，今往何監？非德于民之中，尚明聽之哉。

王耄矣，諸侯多其孫矣，自今當安所監，非以此德爲民中乎？

哲人惟刑，

古之哲人，無不以刑作德。

無疆之辭，屬于五極，咸中有慶。

無窮之聞，必由五刑咸得其中，則有慶。五極，五常也。

受王嘉師，監于兹祥刑。

嘉，善也。王所以能輕刑者，以民善故也。

【眉批】

子淵曰：按此篇專訓贖刑，蓋本《舜典》「金作贖刑」之語。今詳此書罰贖特爲篇中之一事耳。小序專言「訓夏贖刑」，遂使解者肆爲譏詆，惜哉！

了凡曰：士師之官，專主刑辟，而其意乃用以教民敬德。雖用刑而意不在刑也。伯夷，禮官也，乃以禮而止刑。皋陶，刑官也，乃用刑而教德。可以想聖世之治法。

子淵曰：棐匪篚通用，不專訓輔也。《湯誥》無從匪彝，以刑中治民之從匪彝者。

了凡曰：告典獄而欲其爲天牧民，重養不重刑也。

則新曰：「天牧」二字可思，既曰牧，如何淫刑？若伯夷之廸乃牧也，非刑也。故可監若苗民之亂，是刑也，非牧也，故可懲。

又曰：安百姓只一敬刑。但敬刑必得其人而後可敬，故先言擇人，而度及又敬刑中之緊要處，故並言之。

又曰：此下俱敬刑中事也。

師聽有出入自爾，師虞庶言同則繹之意。

又曰：說至罰懲非死，人極于病，則仁人之心可思矣，豈專以罰爲事乎？

東坡書傳卷二十

周書

文侯之命第三十

平王錫晉文侯秬鬯圭瓚，作《文侯之命》。

平王，幽王之子宜臼也。文侯仇，義和其字也。以圭爲杓柄曰圭瓚。

王若曰：父義和，丕顯文武，克慎明德，昭升于上，敷聞在下，惟時上帝，集厥命于文王，亦惟先正克左右昭事厥辟，越小大謀猷，罔不率從，肆先祖懷在位。

懷，安也。

嗚呼！閔予小子，嗣造天丕愆，

痛幽王犬戎之禍也。

殄資澤于下民，侵戎我國家純。

殄，絶也。純，大也。言無以資給惠利下民，民莫爲用者，故爲犬戎所侵害我國家者亦大矣。

即我御事，罔或耆壽俊在厥服，

西周之所以亡者，無人也。耇而俊者，皆不在位。《春秋》傳曰：惡角犀豐滿而近頑童焉。

予則罔克。曰惟祖惟父，其伊恤朕躬。

諸侯在我祖父行者，其誰恤我哉！

嗚呼！有績予一人，

有能致功予一人者乎？

永綏在位。父義和，汝克昭乃顯祖。

謂唐叔也。

汝肇刑文武，用會紹乃辟，追孝于前文人。

汝始法文武之道，以和會紹接我，使得追孝于前文人，奉祭祀也。

汝多修扞我于艱，

多所修完扞衛我于艱難也。

若汝予嘉。王曰：父義和，其歸視爾師，寧爾邦。用賚爾秬鬯一卣，彤弓一，彤矢百，盧弓一，盧矢百，

賜弓矢，使得征伐。

馬四匹。父往哉！柔遠能邇，惠康小民，無荒寧，簡恤爾都，

簡閱其士，惠恤其民。

用成爾顯德。

予讀《文侯》篇，知東周之不復興也。宗周傾覆，禍敗極矣，平王宜若衛文公、越句踐然，今其書乃施施焉與平康之世無異。《春秋》傳曰：厲王之禍，諸侯釋位以間王政，宣王有志而後效官。讀《文侯》之篇，知平王

之無志也。唐德宗奉天之難，陸贄爲作制書，武夫悍卒，皆爲出涕，唐是以復興。嗚呼，平王獨無此臣哉！

費誓第三十一

魯侯伯禽宅曲阜，徐夷並興，東郊不開，作《費誓》。

伯禽，周公子。費在東海郡，後爲季氏邑，非魯近郊，蓋當時治兵于費。

公曰：嗟！人無譁，聽命。

譁，讙也。

徂兹淮夷，徐戎並興。

成王征淮夷滅奄，蓋此徐州之戎，及淮浦之夷，叛已久矣，及伯禽就國，則並起攻魯，故曰「徂兹淮夷，徐戎並興」。徂、並者，猶云往者云爾。

善穀乃甲胄，敿乃干，無敢不弔。備乃弓矢，鍛乃戈矛，礪乃鋒刃，無敢不善。

穀、敿、鍛、礪，皆修治也。弔，精至也。

今惟淫舍牿牛馬，

牿，所以械牛馬者。今當用之于戰，故大釋其牿。淫，大也。

杜乃擭，敜乃阱，無敢傷牿，牿之傷，汝則有常刑。

擭，機檻也。敜，塞也。恐傷此釋牿之牛馬，此令軍所在居民也。

馬牛其風，臣妾逋逃，勿敢越逐，祗復之，我商賚汝。乃越逐不復，汝則有常刑。

軍亂生于動，故軍以各居其所不動爲法。若牛馬風逸，臣妾逋逃，而聽其越逐，則軍或以亂，亦恐奸人規亂我軍，故竊牛馬誘臣妾以發之，禁其主使不得捕逐，則軍自定。得此風逃者，當敬復其主，我當商度有以賜汝。若其越逐，與其得而不復者，皆有常刑。

無敢寇攘，踰垣墻，竊馬牛，誘臣妾，汝則有常刑。甲戌，我惟征徐戎。峙乃糗糧，無敢不逮，汝則有大刑。魯人三郊三遂，峙乃楨榦。甲戌，我惟築，

糗，糒也。師遠行則用之。楨榦，皆木也，所以築者。徐戎淮夷，近在魯東郊，不伐之于郊，而載糗糧，遠征其國，既以甲戌築，又以甲戌行，何也？古來未有知其説者。以予考之，伯禽初至魯，魯人未附，韓信所謂非素拊循士大夫，驅市人而戰者。若伐之于東郊，魯人自戰其地，易以敗散，築城而守之，徐夷必争，使土功不得成。故以是日築，亦以是日行。徐夷方空國寇魯，魯侯乃以大兵往攻其巢穴。師興之日，東郊之圍自解。所謂攻其必救，築者亦得成功也。《費誓》言征言築而終不言戰，蓋妙于用兵。周公之子，蓋亦多材藝耳。

無敢不供，汝則有無餘刑非殺。

汝敢不供楨榦，則吾之刑汝，不遺餘力矣，特不殺而已。糗糧芻茭不供則軍飢，故皆用大刑。大刑，死刑也。楨榦不供，比芻糧差緩，故用無餘刑而非殺。近時學者，乃謂無餘刑，孥戮其妻子，非止殺其身而已。夫至于殺而猶不止，誰忍言之？伯禽周公子也，而至于是哉！

魯人三郊三遂，峙乃芻茭，無敢不多，汝則有大刑。

言魯人以别之，知當時有諸侯之師也。楨榦芻茭皆重物，故獨使魯人供之。三郊三遂，南西北方郊遂之人，東郊以備寇不供也。徐夷作難久矣，魯國受其害，而以宅伯禽，知周公不私其子。伯禽生而富貴安佚，始侯于魯，遇難而能濟，達于政，練於兵，皆見于《費誓》，見周公教子之有方也。孔子叙書，蓋取此也。

秦誓第三十二

秦穆公伐鄭，

秦穆公任好。

晉襄公帥師，

襄公歡，文公子。

敗諸崤，還歸，作《秦誓》。

秦穆公違蹇叔以貪勤民，爲晉所敗，不殺孟明而復用之，悔過自誓，孔子蓋有取焉。崤在弘農澠池縣西。

公曰：嗟！我士聽無譁，予誓告汝群言之首。

此篇首要言也。

古人有言曰：民訖自若，是多盤。

孔子曰：人之言曰，予無樂乎爲君，惟其言而莫予違也。孔子蓋以爲一言而喪邦者，此言也。民訖自若，是民盡順我而不我違，樂則樂矣，不幾于游盤無度，以亡其國，如夏太康乎！

責人斯無難，惟受責俾如流，是惟艱哉。

人知聲色之害己也，然終好之。知藥石之壽己也，然終惡之。豈好死而惡生哉？私欲勝也。夫惟少私寡欲者，爲能受責而不責人，是以難也。

我心之憂，日月逾邁，若弗云來。

己犯之惡既成而不可追，未遷之善未成而不可補，日月逝而不復反，我心皇皇，若無明日，悔之至也。

惟古之謀人，則曰未就予忌。惟今之謀人，姑將以爲親。

我視在朝之謀人，未見可以就問，使我敬畏如古人者，故且用今之流親己者而已。

雖則云然，尚猷詢兹黄髮，則罔所愆。

雖不免且用孟明，然必訪諸黄髮，如蹇叔之流也。

番番良士，旅力既愆，我尚有之。

番番，老者，雖旅力既愆，我猶庶幾得而用之。

仡仡勇夫，射御不違，我尚不欲。

仡仡，勇者。雖射御不違，我猶庶幾疏而遠之。

惟截截善諞言，俾君子易辭，我皇多有之。

諞，巧也。皇，暇也。仡仡勇夫且不欲，而巧言令色使君子變志易辭者，我何暇復多有之哉！

昧昧我思之。如有一介臣，斷斷猗無他技，其心休休焉，其如有容。人之有技，若己有之。人之彦聖，其心好之，不啻如自其口出，是能容之，以保我子孫黎民，亦職有利哉。

我昧旦而起則思之矣，曰安得是人哉？得是人而付之子孫黎民，我無恨矣。

人之有技，冒疾以惡之。人之彦聖，而違之俾不達，是不能容，以不能保我子孫黎民，亦曰殆哉。

至哉穆公之論此二人也。前一人似房玄齡，後一人似李林甫。後之人主，鑒此足矣。

邦之杌隉，

不安也。

曰由一人。邦之榮懷，亦尚一人之慶。

懷，安也。

【眉批】

了凡曰：平王爲衰周之共主，而歸其命者取其有復仇之心。秦穆爲五伯之末侯，而録其誓者取其有悔過之意。

又曰：按良士指百里奚，勇夫指公子縶、子桑輩。蓋魯僖二年，百里奚入秦，惟務息兵養民。至僖二十八年，始有入滑之師。自此一戰外，未嘗用兵。他皆與晋共成尊王尊事耳。此篇當作于其時。雖獲晋□非其體養之初心也。故穆公深悔，而夫子取焉。若以爲作于敗殽之時，而良士謂蹇叔，則此後再用三用孟明，與晉連兵，易世不止，烏在其能悔過也。

東坡禪喜集

李夢生　標點

説明

《東坡禪喜集》十四卷，凌濛初朱墨套印於「天啓辛酉春季」（即明熹宗朱由校天啓元年，一六二一）。正文每半葉八行，行十八字，白口，中縫署書名、卷次、葉次。有眉批和行間校字。

正文卷一題「真實居士馮夢禎批點」、「即空居士凌濛初輯增」，前置陸樹聲和陳繼儒二序文，後列唐文獻、馮夢禎二跋文及凌濛初的識語和長跋。從這些序跋文獻中較詳細地叙述了《東坡禪喜集》的成書經過、馮夢禎的批點情況，以及凌濛初輯增内容和刻印過程。其中，馮夢禎、陳繼儒均爲文壇大家，陸樹聲、唐文獻皆有文名，但初創者的徐長孺却生平不詳。不過，通過一部規模不大的《東坡禪喜集》却將晚明江南一些文化名人聯系了起來，從中可窺見他們的文化愛好、志趣修養，以至友朋交往，這確是值得重視的。

目録

東坡禪喜集卷三

偈

東坡禪喜集卷四

銘

東坡禪喜集卷五

書後

題東坡禪喜集

坡老平生喜談般若，得此中三昧，故信口拈成，無非勝妙，參寥亦謂老坡牙頰間別有一副爐鞴。觀其平日煅煉佛祖，縱横自在，且世智辨才以翰墨化佛事，而他日復謂無始以來結習口業未空言語文字。惟其自道若此，然此一公案須此老自判，他人豈易承當。

希維居士陸樹聲題

東坡禪喜集序

唐宋而後，天下無才子，聰明辨才之士往往竄爲高僧，如永明、覺範、大慧、中峰，其所爲文章，縱横自在，有今之文人不能措其一語者。然而獨網漏一眉山之長公。何也？長公少年之文，與欒城先生皆得老泉法，而終未盡其變。晚而游於禪那，與佛印、參寥諸子互呈伎倆，於是掀翻寶藏，以三寸轆轤舌，顛撲半生。譬張僧繇畫龍，一點眼便欲昂首飛去；妖狐老猿竊獲真人符籙，則千奇萬怪，跳梁於青天白日之下，而終不可以尺組約束，今《禪喜集》是也。此集輯自徐長孺，而唐元徵欲刻之以示同志，且以廣諸才子之學爲文而窮於變者。長公爲五祖戒後身，其母與子由弟皆親夢見之。祖戒陝右人，而長公七八歲亦時時夢游關中。宋二百年僅得此人，乃前生又爲高僧所羅，五祖逸出之而始得爲東坡，不者宋幾無才子矣。

居士陳繼儒題

東坡禪喜集卷一

真實居士馮夢禎批點
即空居士凌濛初輯增

頌

釋迦文佛頌並引

端明殿學士兼翰林侍讀蘇軾，爲亡妻同安郡君王氏閏之，請奉議郎李公麟敬書釋迦文佛及十大弟子。元祐八年十一月十一日，設水陸道場供養。軾拜手稽首而作頌曰：

我願世尊，足指按地。三千大千，净琉璃色。其中衆生，靡不解脱。如日出時，眠者皆作。如雷霆時，蟄者皆動。同證無上，永不退轉。

【眉批】

茅鹿門曰：東坡頌此等文字，韓、歐所不欲爲。此等見解，韓、歐所不能及。由蘇長公少悟禪宗，及過南海後，遍歷幻劫，以此心性超朗，乃至于此，可謂絶世之文矣。

王聖俞曰：坡公諸頌得意處冥然忘言。作如是語，坡公曰可中矣。

阿彌陀佛頌 並序

錢塘圓照律師，普勸道俗，歸命西方極樂世界阿彌陀佛。眉山蘇軾敬捨亡母蜀郡太君程氏遺留簪珥，命工胡錫采書佛像，以薦父母冥福。謹再拜稽首而獻頌曰：

佛以大圓覺，充滿河沙界。我以顛倒想，出没生死中。云何以一念，得往生净土。我造無始業，本從一念生。既從一念生，還從一念滅。生滅滅盡處，則我與佛同。如投水海中，如風中鼓橐。雖有大聖智，亦不能分别。願我先父母，與一切衆生，在處爲西方，所遇皆極樂。人人無量壽，無往亦無來。

【眉批】

直透佛頂。

卓老删去「願我」以下數句，亦大曰眼。正欲透宗，忽墮聲聞。然在虚所遇，無往無來，亦自廓然，不作麽粘帶。

觀世音菩薩頌 並引

金陵崇因禪院長老宗襲，自以衣鉢造觀世音像，極相好之妙。予南遷，過而禱焉，曰：吾北歸，當復過此而爲之頌。建中靖國元年五月日，自海南歸至金陵，乃作頌曰：

慈近乎仁，悲近乎義，忍近乎勇，憂近乎智。四者似之，而卒非是。有大圓覺，平等無二。無冤故仁，無親故義，無人故勇，無我故智。彼四雖近，有作有止。此四本無，有取有一作無。匱。有二長者，皆樂檀施。其一大富，千金日費。其一甚貧，百錢而已。我説二人，等無有二。吁觀世音，净聖大士。徧滿空界，挈携天地。大解脱力，非我敢議。若其四無，我亦如此。

【眉批】

是一是二，道似不似，當下宜一喝一棒。

應是無匱。

纔平等。

是一是二，道似不似，當下又宜一喝一棒。

石恪書維摩頌

我觀衆工工一師，人持一藥療一病。風勞欲寒氣欲暖，肺肝胃腎更相克。挾方儲藥如丘山，卒無一藥堪施用。有大醫王拊掌笑，謝遣衆工病隨愈。問大醫王以何藥，還是衆工所用者。我觀三十二菩薩，各以意談不二門。而維摩詰默無語，三十二義一時墮。我觀此義亦不墮，維摩初不離是説。譬如油蠟作燈燭，不以火點終不明。忽見默然無語處，三十二説皆光焰。佛子若讀《維摩經》，當作是念爲正念。我觀維摩方丈室，能受九百萬菩薩。三萬二千師子坐，我悉容受不迫迮。又能分布一鉢飯，饜飽十方無量衆。斷取妙喜佛世界，如持針鋒一棗葉。云是菩薩不思議，住大解脱神通力。我觀石子一處士，麻鞋破帽露兩肘。能使筆端出維摩，神力又過維摩詰。若云此書無實相，毗耶城中亦非實。佛子若見維摩像，應作此觀爲正觀。

【眉批】

李卓吾曰：趣甚。

因藥生病，因知解生魔，孔門賜也，何敢望回。

末却只似題書耳，然有宗，莫草草。

卓老去此四句，以爲住得趣，然作不了語亦得，作了語亦得。

十八大阿羅漢頌並跋

蜀金水張氏，書十八大阿羅漢。軾謫居儋耳，得之民間。海南荒陋，不類人世，此書何自至哉？久逃空谷，如見師友，乃命過公第三子。躬易其裝標，設燈塗香果以禮之。張氏以書羅漢有名，唐宋蓋世擅其藝。今成都僧敏行，其玄孫也。梵相奇古，學術淵博，蜀人皆曰：此羅漢化生其家也。軾外祖父程公，少時游京師，還遇蜀亂，絶粮不能歸，困卧旅舍，有僧十六李作十八。人往見之，曰：「我公之邑人也。」各以錢二百貸之，公以是得歸，竟不知僧所在。公曰：「此阿羅漢也。」歲設大供四。公年九十，凡設二百餘供。今軾雖不親睹其人，而困厄九死之餘，鳥言卉服之間，乃獲此奇勝，豈非希闊之遇也哉！乃各即其體像而窮其思致以爲之頌。

第一尊者，結跏正坐，蠻奴側立，有鬼使者稽顙於前，侍者取其書通之。頌曰：

月明星稀，孰在孰亡？煌煌東方，惟有啓明。咨爾上座，及阿闍梨，代佛出世，惟大弟子。

第二尊者，合掌趺坐，蠻奴捧櫝於前，老人發之，中有琉璃缾，貯舍利十數。頌曰：

佛無滅生，通塞在人。墻壁瓦礫，誰非法身？尊者斂手，不起於坐。示有敬耳，起心則那。

第三尊者，扶烏木養和正坐，下有白沐猴獻果，侍者執盤受之。頌曰：

我非標人，人莫吾識。是雪衣者，豈具眼隻。方食知獻，何愧於猿。爲語柳子，勿憎王孫。

第四尊者，側坐屈三指，答胡人之問，下有蠻奴捧函，童子戲捕龜者。頌曰：

彼問云何？計數以對。爲三爲七，莫有知者。雷動風行，屈信音伸。指間。汝觀明月，在我指端。

第五尊者，臨淵濤，抱膝而坐，神女出水中，蠻奴受其書。頌曰：

形與道一，道無不在。天宫鬼府，奚往而礙。婉彼奇女，躍於濤瀧。神馬尻輿，攝衣從之。

第六尊者，右手支頤，左手拊稺師子，顧視侍者擇瓜而剖之。頌曰：

手拊雛猊，目視瓜獻。甘芳之意，若達於面。王聖俞曰：靈妙絶倫。六塵並入，心亦徧知。即此知者，爲大摩尼。

第七尊者，臨水側坐，有龍出焉，吐珠其手中，胡人持短錫杖，蠻奴捧鉢而立。頌曰：

我以道眼，爲傳法宗。爾以願力，爲護法龍。道成願滿，見佛不怍。盡取玉函，以畀思邈。

第八尊者，並膝而坐，加肘其上，侍者汲水過前，有神人涌出於地，捧盤獻寶。頌曰：

爾以捨來，我以慈受。各獲其心，實則誰有。視我如爾，取與則同。我爾福德，如四方空。

第九尊者，食已撲鉢，持數珠誦呪而坐，下有童子，構火具茶，又有埋筒注水蓮池中者。頌曰：

飯食已畢，撲鉢而坐。童子茗供，吹籥發火。我作佛事，淵乎妙哉。空山無人，水流花開。

第十尊者，執經正坐，有仙人侍女，焚香於前。頌曰：

飛仙玉潔，侍女雲眇。稽首炷香，敢問至道。我道大同，有覺無修。豈不長生，非我所求。

第十一尊者，趺坐焚香，侍者拱手，胡人捧函而立。頌曰：

前聖後聖，相喻以言。口如布穀，而意莫傳。鼻觀寂如，諸根自例。孰知此香，一炷千偈。

第十二尊者，正坐入定枯木中，其神騰出於上，有大蟒出其下。頌曰：

默坐者形，空飛者神。二俱非是，孰爲此身？佛子何爲？懷毒不已。願解此相，問誰縛爾。

第十三尊者，倚杖垂足側坐，侍者捧函而立，有虎過前，有童子怖匿而竊窺之。頌曰：

是與我同，不噬其妃。一念之差，墮此髬髵。導師悲憫，爲爾顰嘆。以爾猛烈，復性不難。指示精進法門。

第十四尊者，持鈴杵正坐誦呪，侍者整衣於右，胡人横短錫，跪坐於左，有虬一角，若仰訴者。頌曰：

彼髯而虬，王聖俞曰：此虬字指胡人。長跪自言。特角亦來，身移怨存。以無言音，誦無説法。風止火滅，無相仇者。

第十五尊者，須眉皆白，袖手趺坐，胡人拜伏於前，蠻奴手持拄杖，侍者合掌而立。頌曰：

聞法最先，事佛亦久。耄然衆中，是大長老。薪水井臼，老矣不能。摧伏魔軍，不戰而勝。

第十六尊者，横如意趺坐，下有童子發香篆，侍者注水花盆中。頌曰：

盆花浮紅，篆烟繚青。無問無答，如意自横。點瑟既希，昭琴不鼓。此間有曲，可歌可舞。

第十七尊者，臨水側坐，仰觀飛鶴，其一既下集矣，侍者以手拊之，有童子提手籃取果實投水中。頌曰：

引之浩茫，與鶴皆翔。藏之幽深，與魚皆沉。大阿羅漢，入佛三昧。俯仰之間，再拊海外。

第十八尊者，植拂支頤，瞪目而坐，下有童子，破石榴以獻。頌曰：

植拂支頤，寂然跏趺。尊者所游，物之初耶。聞之於佛，及吾子思。名不用處，是未發時。

跋尾

佛滅度後，閻浮提衆生剛狠自用，莫肯信入，故諸賢聖皆隱不現，獨以像設遺言，提引未悟。而峨眉、五臺、廬山、天台猶出光景變異，使人了然見之。軾家傳十六羅漢像，每設茶供，則化爲白乳，或凝爲雪花，桃李芍藥，僅可指名。或云羅漢慈悲深重，急於接物，故多現神變，儻其然乎？今於海南得此十八羅漢像，以授子由弟，使以時修敬，遇夫婦生日，輒設供以祈年集福，並以前所作頌寄之。子由以二月二十日生，其婦德陽郡夫人史氏以十一月十七日生。是歲中元日題。陶石簣曰：目擊道存，依稀作華嚴境界矣。

【眉批】

陳眉公曰：東坡所作禪家文字多矣，然皆一時率笔成趣，獨《十八羅漢頌》沉思而得之。景既幽澹，句復淵妙，當爲獨步。

李卓吾曰：事奇。

王聖俞曰：此十八題意外有會，予最愛之。

是有階級，是無階級，祇見波瀾起，不測洞庭深。

王聖俞曰：悠然有遠思。

王聖俞曰：澹絶奇絶。

稍落文字禪。

王聖俞曰：甚懈弱，讀至此短氣。

王聖俞曰：屈三指却云爲三爲七，大是慧心。

無第二月。

王聖俞曰：如止水魚鱗鬣可數。

道成願滿，何眼何龍。

畀思邈又多事，不道挾方儲藥如丘山來。

吾有大患，爲吾大身。

不聞人聲，但聞落子。

火傳也，不知其盡也。

還令縛者解之。

王聖俞曰：妃字奇絶。

又曰：有至理，語復柔澹。

便當作獅子吼，見大神力。

身移而怨尚存，豈身移而性不存乎？《楞嚴》所以反覆開喻也。

王聖俞曰：身移怨存，謂此一角虬前身亦胡人也。

騏驥不能捕鼠，一日可以千里。

王聖俞曰：楚丘先生意趣。

世尊默然，乃是許可；維摩無語，衆義皆墮。

引恁麽，藏恁麽。《詩》云：鳶飛戾天，魚躍于淵，鶴鳴于九皋，魚潛在淵。

勘儒釋不二處。

王聖俞曰：不援儒更好。

病在自用，若剛狠是信入種字，所謂以爾猛烈復性不難也。

王聖俞曰：是彼中語。

魚枕冠頌

瑩净魚枕冠，細觀初何物。形氣偶相值，忽然而爲魚。不幸遭網罟，剖魚而得枕。方其得枕時，是枕非復魚。湯火就模範，巉然冠五岳。方其爲冠時，是冠非復枕。成壞無窮已，究竟亦非冠。假使未變壞，送與無髮人。簪導無所施，是名爲何物。我觀此幻身，已作露電觀。而況身外物，露電亦無有。佛子慈閔故，願受我此冠。若見冠非冠，即知我非我。五濁煩惱中，清浮一作净。常歡喜。

【眉批】

王聖俞曰：《魚枕冠頌》全學《楞嚴經》。

機鋒從莊周夢蝶來。

李卓吾曰：趣甚。

卓吾删末二句，卓見。

答孔子君頌

夢中投井，入半而止。出入不能，本非住處。我今何爲？自作此苦。忽然夢覺，身在床上。不知向來，本元無井。不應復作，出入住想。道無深淺，亦無遠近。見物失空，空未嘗滅。物去空現，亦未嘗生。應當正遠，作如是觀。

【眉批】

王聖俞曰：立喻奇，他人夢想不到。

全是《楞嚴》。

陳眉公曰：「正遠」疑作「正念」。

禪戲頌

已熟之肉，無復活理。投在東坡無礙羹釜中，有何不可？問天下禪和子，且道是肉是素，吃得是吃不得是。大奇大奇，一碗羹，勘破天下禪和子。

【眉批】

不葷不素，吃也得不吃也得，商量便落思議。

王聖俞曰：雖戲而有玄情。

又曰：此處畢竟如何作答？胡海陵云：莫安排。

答子由頌並引

子由問黄蘗長老疾云：「五蘊皆非四大空，身心河嶽盡圓融。病根何處容他住，日夜還將藥石攻。」不知黄蘗如何答。老僧代云：

有病宜須着藥攻，寒時火燭熱時風。病根既是無容處，藥石還同四大空。

【眉批】

藥石仍是投入無礙羹茶也。

東坡羹頌並叙

東坡羹，蓋東坡居士所煮菜羹也。不用魚肉五味，有自然之甘。其法以菘，若蔓菁，若蘆菔，若薺，皆揉洗數過，去辛苦汁，先以生油少許塗釜緣，及瓷碗下。菜湯中入生米爲糝，及少生薑，以油碗覆之，不得觸，觸則生油氣，至熟不除。其上置甑，炊飯如常法。碗不可遽覆，須生菜氣出盡乃覆之。羹每沸涌，遇油輙下，又爲碗所壓，故終不得上，不爾，羹上薄飯，則氣不得達，而飯不熟矣。飯熟，羹亦爛可食。

若無菜，用瓜茄皆切破，不揉洗，入罨熟赤豆與粳米半爲糝，餘如煮菜法。應純道人將適廬山，求其法以遺山中好事者，以頌問之。

甘苦常從極處回，醎酸未必是鹽梅。問師此個天真味，根上來麼塵上來。

【眉批】天真自在根上着了安排也。

食豆粥頌

道人親煮豆粥，大衆齊念般若。老夫試挑一口，已覺西家作馬。

醉僧圖頌

人生得坐且穩坐，劫劫地走覓什麼。今年且痾東禪屎，明年去拽西林磨。

【眉批】今朝有酒今朝醉，明日愁來明日愁也。

東坡禪喜集卷二

贊

如來出山相贊

頭鬅鬙，耳卓朔。適從何處來，碧色眼有角。明星未出萬家閒，外道天魔皆奏樂。錯不錯，安得無上菩提，成等正覺。

【眉批】

茅鹿門曰：坡公諸贊，游神言外，點綴淋漓。

錢麓屏曰：坡公諸小贊，疏宕清古，寒水孤峰。

陳眉公曰：坡公諸贊銘，理言玄箸，亦復興趣幽微。

所以老宿云：指天畫地作獅子吼時，宜一棒打殺。

阿彌陀佛贊並序

蘇軾之妻王氏，名閏之，字季章，年四十六，元祐八年八月一日，卒於京師。臨終之夕，遺言捨所受用，使其子邁、迨、過爲書阿彌陀佛。紹聖元年六月九日，像成，奉安於金陵清涼寺。贊曰：

佛子在時百憂繞，臨行一念何由了。口誦南無阿彌陀，如日出地萬國曉。何況自捨所受用，画此圖滿天日表。見聞隨喜悉成佛，不擇人天與蟲鳥。但當長作平等觀，本無憂樂與壽夭。丈六金身不爲大，方寸千佛夫豈小。此心平處是西方，閉眼便到無魔嬈。

【眉批】是生西方訣。

藥師琉璃光佛贊並引

佛弟子蘇籥，與其妹德孫，病久不愈，其父過、母范氏，供養祈禱藥師琉璃光佛，遂獲痊損。其大父軾，特爲造畫尊像，敬拜手稽首，爲之頌曰：

我佛出現時，衆生無病惱。世界悉琉璃，大地皆藥草。我今衆稺孺，仰佛如翁媪。面頤既圓平，風末亦除掃。弟子籥與德，前世衲衣老。敬造世尊像，壽命仗佛保。

【眉批】

琉璃世界時，藥草亦無有用處。

綉佛贊

凡作佛事，各以所有。富者以財，壯者以力。巧者以技，辯者以言。若無所有，各以其心。見聞隨喜，禮拜讚嘆。曾未及彼，一針之勞。而其獲報，等無有二。若復緣此，得度成佛。則此綉者，乃是導師。

【眉批】

李卓吾曰：趣。綉者以技，坡公以言，等無有二。

静安縣君許氏綉觀音贊

太岳之裔，邑於静安。學道求心，妙湛自觀。觀觀世音，凛不違顔。三年之後，心法自圓。聞思修王，如日現前。心識其容，口莫能言。發於六用，以所能傳。自手達針，自針達綫。爲針幾何？巧歷莫算。針若是佛，佛當千萬。若其非佛，此相曷緣。孰融此二，爲不二門。拜手敬贊，東坡老人。

【眉批】

此觀想法味。

夫子學琴于師襄而得文之境界如此。

是佛即非是佛即是佛。

應夢觀音贊

稽首觀音，宴坐寶石。忽忽夢中，應我空寂。觀音不來，我亦不往。水在盆中，月在天上。

【眉批】

我來問道無餘法，雲在青天水在瓶。

水中却有第二月，是一是二？答曰：即心即佛，作麽生下注脚。

傅大士贊

善慧執板，南泉作舞。借我門槌，爲君打鼓。

觀音羅漢贊十七首并引

興國浴室院法真大師慧汶，傳寶禪月大師貫休所書十六大阿羅漢，左朝散郎集賢校理歐陽棐爲其女爲軾子婦者，捨所服用裝新之。軾亦家藏度州小孟書觀世音，捨爲中尊。各作贊一首，爲亡者追福滅罪。

觀音贊

衆生墮八難，身心俱喪失。惟有一念在，能呼觀世音。火坑與刀山，猛獸諸毒藥。衆苦萃一身，呼者常不痛。呼者若自痛，則必不能呼。若其了不痛，何用呼菩薩。當自救痛者，不煩觀音力。衆生以二故，一身受衆苦。若能真不二，則是觀世音。八萬四千人，同時俱赴救。

【眉批】能呼者誰？覺痛者何物？了此一關，便是菩薩不二，不煩觀音力。

羅漢贊

第一

正坐斂眉，扼腕立拂。問此大士，爲言爲默？默如雷霆，言如墻壁。非言非默，百祖是式。

【眉批】
此亦宜似前頌，著其畫相，令觀者便于領會，不然下根人恐模擬錯却。
嘿如雷霆，吾無隱乎。爾言如墻壁，夫子之言性與天道不可得而聞也。

第二

旃檀非煙，火亦無香。是從何生，俯仰在亡。彈指贊嘆，善思念之。是一炷香，是天人師。

第三

我觀西方，度無量國。諸佛陀耶，在我掌握。右顧瞱然，汝則皆西。隨我所印，識道不迷。

【眉批】
舊本誤重用後禪月所畫第九戒博迦尊者贊，而以此爲第四，今考全集正之。

第四

袖手不言，跏趺終日。兩眉雖舉，六用皆寂。寂不爲身，動不爲人。天作時雨，山川出雲。

【眉批】
亦舊本以此爲第六，今正。

第五

掌中浮圖，舍利所宅。放大光明，照十方剎。櫝而藏之，了無見聞。衆所發心，與佛皆存。

【眉批】

亦已發未發之解。

舊本誤重用後第二迦諾迦代蹉尊者贊，而以此爲第十，今正。

第六

手中竹根，所指如意。云何不動，無意可指。食已宴坐，便腹果然。是中空洞，以受世間。

【眉批】

舊本誤以此爲十三，今正。

無意可指，便已如意竟。

第七

梵書旁行，俯首注視。不知有經，而况字義。佛子云何，飽食晝眠。勤苦功用，諸佛亦然。

【眉批】

舊本誤用後第十二那迦犀那尊者贊，而以此爲第十四，今正。不立文字，正在着衣吃飯處。

第　八

衆生顛倒，爲物所轉。我轉是珠，以一貫萬。過現不住，未則未來。舉珠示人，孰爲輪迴。

【眉批】舊本誤以此爲第十五，今正。
以刀割水，無有斷時。不住則未者無箇未來理，請於此拈出一過現未不接處來，將不出當與一棒。

第　九

栢子庭際，正覺妙慧。悟最上乘，了第一義。爲大摩尼，傳鷄足衣。示現虚寂，端坐俯眉。

【眉批】舊本誤重用後第十五慶友尊者贊，今正。

第　十

半肩磨衲，爲誰緩頰。彼以誠叩，此緣問答。佛意玄微，有覺無爲。肉眼執着，捧函捕龜。

【眉批】舊本誤用第五，今正。

何其似前第四尊者畫像。

第十一

幻體有累，法身無着。幻法兩忘，圓明寥廓。以人願力，援諸有情。見聞悉入，真妄一真。

【眉批】舊本誤用後羅漢贊爲第十一，今正。

第十二

長江皎潔，可鑑毛髮。師心水心，一般奇絶。目寓波中，意若擾龍。真機掣電，微妙玄通。

【眉批】舊本誤重用後第十一羅怙羅尊者贊，今正。淺義。

第十三

默坐無説，是名妙説。月槃芹獻，花開子結。寶錫一枝，中含真機。悟此機者，處士泉飛。

【眉批】

舊本誤用第六，今正。

第十四

攝衣跏趺，觀此烟穗。與我定香，本無内外。貝葉琅函，三乘指南。胡人捧立，云誰啓緘。

【眉批】

舊本誤用第七，今正。

緘者啓之。

第十五

何去何從，叩應感通。如響答聲，聲寂還空。訴者誰釁，皆有佛性。去爾嗔恚，隨處清净。

【眉批】

舊本誤用第八，今正。

似亦是虬一角仰訴之類。

第十六

一般心眼，兩般見解。將人我礦，烹鍊沙汰。廓然圓明，超悟上乘。示現慈悲，授諸有情。

【眉批】

舊本誤重用後第十六注半托迦尊者贊，今正。

水陸法像贊並引

蓋聞净明之鉢，屬饜萬口；寶積之蓋，徧覆十方。若知法界本造於心，則雖凡夫皆具此理。昔在梁武皇帝，始作水陸道場。以十六名，盡三千界。用狹而施博，事約而理詳。後生莫知，隨世增廣。若使一二而悉數，雖至千萬而靡周。惟我蜀人，頗存古法。觀其像設，猶有典刑。虔召請於三時，分上下者八位。但能起一念於慈悲之上，自然撫四海於俯仰之間。軾敬發願心，具嚴繪事。而大檀越張侯致禮，樂聞其事，共結勝緣，請法雲寺法涌禪師善本，善擇其徒，修營此會。永爲無礙之施，同守不刊之儀。軾拜手稽首，各爲之贊，凡十六首。

【眉批】

從《維摩經》來。

既知一念，十六亦多，未必少于千萬。

上八位

一切常住佛陀耶衆

謂此爲佛，是事理障。謂此非佛，是斷滅相。事理既融，斷滅亦空。佛自現前，如日之中。

【眉批】大自了了。

一切常住達摩耶衆

以意爲根，是謂法塵。以佛爲體，是謂法身。風止浪静，非有别水。放爲江河，匯爲沼沚。

【眉批】其爲物不二，其生物不測。

一切常住僧伽耶衆

佛既強名，法亦非真。神而明之，存乎其人。惟佛法僧，非三非一。如雲出雨，如水現日。

一切常住大菩薩衆

神智無方，解脱無礙。以何因緣，得大自在。障盡願滿，反於自然。無始以來，亡者復存。

一切常住大辟支迦衆

現無佛處，修第二乘。如日入時，膏火爲燈。我説二乘，如應病藥。敬禮辟支，即大圓覺。

【眉批】 又爲辟支説法。

一切常住大阿羅漢衆

大不可知，山隨綫移。小入無間，澡身薰持。我雖不能，能設此供。知一切人，具此妙用。

一切五通神仙衆

孰云飛仙，高舉違世。湛然神凝，物不疵厲。爲同爲異，本自無同。契我無生，長生之宗。

【眉批】 又爲道家説法。

一切護法龍神衆

外道壞法，如刀截風。壞者既妄，護者亦空。偉兹龍神，威而不怒。示有四友，佛之禦侮。

【眉批】 佛不必禦侮，爲有佛性者禦耳。

下八位

一切官僚吏從衆

至難者君，至憂者臣。以衆生故，現宰官身。以難爲易，以憂爲樂。樂兼萬人，慨倍衆惡。

【眉批】便是儒者恒語。

一切天衆

苦極則修，樂極則流。禍福無窮，糾纏相求。遂超欲色，至非非想。不如一念，真發無上。

一切阿修羅衆

正念淳想，則爲飛行。毫釐之差，遂墮戰争。以此爲道，穴胸隕首。是真作家，當師子吼。

【眉批】差之毫釐，失之千里，放下屠刀，立地成佛。亦是猛烈，復性不難也。

一切人衆

地獄天宫,同一念頭。涅槃生死,同一法性。抱寳號窮,鑽穴索空。今夕何夕,當選大雄。

【眉批】

貧子衣中珠。

一切地獄衆

汝一念起,業火熾然。非人燔汝,乃汝自燔。觀法界性,起滅電速。知惟心造,是破地獄。

一切餓鬼衆

説食無味,涎流妄咽。真食無火,中虚妄見。羹從妄生,惡亦幻成。知幻即離,既飽且寧。

一切畜生衆

欲人不知,心則有負。此念未成。角尾已具。集我道場,一洗濯之。盡未來劫,愧者勿爲。

一切六道外者衆

陋劣之極,蕩於眇冥。胎卵濕化,莫從而生。聞吾法音,飈起雷動。如夢覺人,不復見夢。

【眉批】

以上諸贊,喜其不作僞宗門野狐禪語。

自海南歸過清遠峽寶林寺敬贊禪月所書十八大阿羅漢

第一賓度羅跋囉墮尊者

白氎在膝，貝多在巾。目視超然，忘經與人。匃顱百皺，不受刀𨨏。疑作箭。無心掃除，留此殘雪。

【眉批】

錢麓屏曰：諸羅漢贊，縱有是了悟，不能有是瀟洒。

第二迦諾迦代蹉尊者

耆年何老，粲然復少。我知其心，佛不妄笑。嗔喜雖幻，笑則非嗔。施此無憂，與無量人。

第三迦諾迦跋哩隨闍尊者

揚眉注目，拊膝橫拂。問此大士，爲言爲默。默如雷霆，言如墻壁。非言非默，百祖是式。

第四蘇頻陀尊者

聃耳垂一作屬。肩，綺眉覆顴。佛在世時，見此耆年。開口誦經，四十餘齒。時聞雷雹，出一彈指。

第五諾矩羅尊者

善心爲男，其室法喜。背癢孰爬，有木童子。高下適當，輕重得宜。使真童子，能知一作如。茲乎？

【眉批】

自癢自爬。

第六跋陀羅尊者

美狠惡婉，自昔所聞。不圓其輔，有圓者存。現六極相，代衆生報。使諸佛子，具佛相好。

第七迦理迦尊者

佛子三毛，髮眉與須。既去一作芸。其二，一則有餘。因以示衆，物無兩遂。既得無生，則無生死。

第八代闍羅佛多尊者

兩眼方用，兩手自寂。用者注經，寂者寄膝。二法相忘，亦不相捐。是四句偈，在我指端。

第九戒博迦尊者

一劫七日，刹那三世。何念之勤，屈指默計。屈者已往，信音申。者未然。孰能住此，屈信音申。之間。

【眉批】

仲尼逝水，莊子藏舟，皆屈伸之間。

第十半托迦尊者

垂頭没肩，俯目注視。不知有經，而況字義。佛子云何，飽食晝眠。勤苦功用，諸佛亦然。

【眉批】

與第七羅漢贊同，但首四字異耳。

第十一羅怙羅尊者

面門月滿，瞳子電爛。示和猛容，作威喜觀。龍象之姿，魚鳥所驚。以是幻身，爲護法城。

第十二那迦犀那尊者

以惡轆物，如火自爇。以信入佛，如水自濕。垂肩捧手，爲誰虔恭。大師無德，水火無功。

第十三因揭陀尊者

捧經持珠，杖則倚肩。植杖而起，經珠乃閑。不行不立，不坐不卧。問師此時，經杖何在？

【眉批】

無時不行，住坐卧行，住坐卧離，得經杖無在無不在。

第十四代那婆斯尊者

六塵既空，出入息滅。松摧石隕，路迷草合。逐獸於原，得箭亡弓。偶然汲水，忽焉相逢。

第十五阿氏多尊者

勞我者晳，休我者黔。如晏如岳，鮮不僻淫。是哀駘它，澹臺滅明。各妍於心，得法眼正。

【眉批】

晏，何晏；岳，潘岳，皆貌美。哀駘它、澹臺皆貌惡。此設喻頗類莊子，意此尊者像貌黑而陋者耶？

第十六注茶半托迦尊者

以口説法，法不可説。以手示人，手去法滅。生滅之中，自一作了。然真常。是故我法，不離色聲。

第十七慶友尊者

以口誦經，以手嘆法。是二道場，各自起滅。孰知毛竅，八萬四千。皆作佛事，説法熾然。

第十八賓頭盧尊者

右手持杖，左手拊石。爲手持杖，爲杖持手。宴坐石上，安以杖爲？無用之用，世人莫知。

興國寺浴室院六祖畫贊並序

予嘉祐初舉進士，館於興國浴室老僧德香之院。浴室之南有古屋，東西壁畫六祖像，其東刻木爲樓閣堂宇以障之，不見其全，而西壁三師皆神宇靖深，中空外夷，意非知是道者不能爲此。書其上曰：蜀僧令宗筆。予初不聞宗名，而家有僞蜀待詔丘文播筆畫相似，殆不可辨，曰宗豈師播者耶？已而問諸蜀父老曰：文播，漢州人。弟曰文曉，而令宗其異父弟。或曰其表弟也。皆善畫山水人物竹石，其品在黄荃、句龍爽之間。而文播之子仁慶，尤長於花實羽毛，蜀人趙昌所師者。予去三十一年，而中書舍人彭君器資亦館於是，予往見之，則院中人無復識予者。獨主僧惠汶，蓋當時堂上侍者，然亦老矣，導予觀令宗畫，則三祖依然尚在蔭翳間。予與器資相顧太息，汶曰：「嘻，去是也何有？」乃徙置所謂樓閣臺宇者，北向而出之，六祖相視，如言如笑，如以法相授。都人聞之，觀者日衆，汶乃作欄楯以護之，而器資請予爲贊之曰：

少林儤壁，不以爲礙。彌天同輦，不以爲泰。稽首六師，昔晦今明。不去不來，何損何增。俯仰屈信，三十一年。我雖日化，其孰能遷之。

【眉批】

不惟于此有得，且宛然當日畫工妙手。坡公以筆爲舌皆此類。不化者存，且道不化是何物。

馬祖龐公真贊

南岳坐下，一馬四蹄，踏殺天下。馬後復一老龐，一口吸盡西江。天下是老師脚，西江即渠儂口。不知誰踏誰殺，何緣自吸自受。

【眉批】

李卓吾曰：趣甚。

辯才大師真贊並引

予頃年嘗聞妙法於辯才老師，今見其畫像，乃以所聞者贊之。即之浮雲無窮，去之明月皆同。欲知明月所在，在汝吐霧之中。

【眉批】

王聖俞曰：以朔贊贊白，以曹叙叙勝，此不事援引，即以所聞爲贊，坡公我用我法。

又曰：不須去霧，明月自親。

李卓吾曰：無趣。

僧伽贊

盲人有眼不自知，忽然見日喜而舞。非謂日月有在亡，實自慶我眼根在。泗濱大士誰不見？而有熟視不見者。彼豈無眼業障故，以知見者皆希有。若能便作希有見，從此成佛如反掌。傳摹世間千萬億，皆自大士法身出。麻田供養東坡贊，見者無數悉成佛。

【眉批】

以一見性，説法到底。

東林第一代廣慧禪師真贊

忠臣不畏死，故能立天下之大事。勇士不顧生，故能立天下之大名。是人於道亦未也，特以義重而身輕。然猶所立如此，而況於出三界，了萬法，不生不老，不病不死，應物而無情者乎？堂堂總公，僧中之龍。呼吸爲雲，噫欠爲風。且置是事，聊觀其一戲。蓋將拊掌談笑，不起於坐，而使廬山之下，化爲梵釋龍天之宫。

【眉批】却以文字起。

髑髏贊

黄沙枯髑髏，本是桃李面。而今不忍看，當是一作時。恨不見。業風相鼓轉，巧色美倩盼。無師無眼禪，看便成一片。

【眉批】滄海桑田，桑田滄海。

金山長老寶覺師真贊

望之儼然，即之也温。是惟寶覺，大士之像。因是識師，是則非師。因師識道，道亦如是。

【眉批】以儒語贊禪，頭頭是道。末四句便是恐人認指爲月，發此老婆心也。

資福白長老真贊

是是是，奇。是資福，白老子。身如空，我如爾，無一事。長歡喜，東坡有，老居士。見此真，欲擬議，未開口，落第二。有一語，略相似，門如市，心如水。

【眉批】曾子以忠恕解一貫。

净因净照臻老真贊

净故能照，爲照故净。亦如是身，孰知其正。四大是假，此反爲真。從古聖賢，所莫能分。視彼如此，凡賊皆子。喜甲怒乙，雖子猶賊。人方自我，物固相物。是故東坡，即此爲實。

【眉批】

誠則明，明則誠。

大透。

一贊直發出許多透宗話來，要是萬物一體之解。

無名和尚傳贊

道無分成，佛無滅生。如影外光，孰在孰亡。如井中空，孰虛孰盈。無名和尚，蓋名無名。

海月辯公真贊並引

錢塘佛寺之盛，蓋甲天下，道德才智之士，與妄庸巧僞之人，雜處其間，號爲難齊，故於僧職正副之外，別補都僧正一員，簿帳案牒，奔走將迎之勞，專責正副以下，而都師領略其要，實以行解表衆而已，然亦通號爲僧官。故高舉遠引，山栖絶俗之士，不屑爲之，惟清通端雅外涉世而中遺物者，乃任其事，蓋亦難矣。卓吾去此四字。予通守錢塘時，海月大師惠辯者實在此位。神宇澄穆，不見慍喜，而緇素悦服，予固喜從之游。時東南多事，吏治少暇，而予方年壯氣盛，不安厥官，每往見師，清坐相對，時聞一言，則百憂冰解，形神俱泰。回悟莊周所言，東郭順子之爲人，人貌而天虛，緣而葆真，清而容物，物無道，正容以悟之，使人之意也消，蓋師之謂也歟。一日師卧疾，使人請予入山。適有所未暇，旬餘乃往，則師之化四日矣。遺言須予至乃闔棺，趺坐如生，頂尚温也。予在黄州，夢至西湖，上有大殿，榜曰彌勒下生，而故人辯才、海月之流皆行道其間。師没後二十一年，予謫居惠州，天竺浄惠師屬叅寥子以書遺予曰：檀越許與海月作真贊，久不償此願，何也？予矍然而起，爲説贊曰：

人皆趍世，出世者誰？人皆遺世，世誰爲之？爰有大士，處此兩間。非濁非清，非律非禪。惟是海月，都師之式。庶復見之，衆縛自脱。我夢西湖，天宫化城。見兩天竺，宛如平生。雲坡月滿，遺像在此。誰其贊之，惟東坡子。

【眉批】總之在世、出世更難于遺世，夫子所以不可及也。

湜長老真贊

道與之貌，天與之形。雖同乎人，而實無情。彼真清隱，何殊丹青。日照月明，雷動風行。夫孰非幻，忽然而成。此畫清隱，可謁雨晴。

光道人真贊字晏然。

海口山顴，犀顱鸖肩。定眼水止，秀眉月弦。自一而兩，至百億千。即妄而真，是真晏然。

小篆般若心經贊

草隸用世今千載，少而習之手所安。如舌於言無揀擇，終日應對惟所問。忽然使作大小篆，如正行走值墻壁。縱復學之能粗通，操筆欲下仰尋索。譬如鸚鵡學人語，所習則能否則默。心存形聲與點畫，何暇復求字外意。世人初不離世間，而欲學出世間法。舉足動念皆塵垢，而以俄頃作禪律。禪律若可以作得，所不作處安得禪。善哉李子小篆字，其間無篆亦無隸。心忘其手手忘筆，筆自落紙非我使。正使忽忽不少暇，倏忽千百初無難。稽首般若多心經，請觀何處非般若。

【眉批】

即以學書法體會禪法，真左右逢源。

王聖俞曰：以字證禪，與若逵篇同而理更造微，且於人情痛癢處更真。

磨衲贊並叙

長老佛印大師了元游京師，天子聞其名，以高麗所貢磨衲賜之。客有見而嘆曰：「嗚呼，善哉！未曾有也。嘗試與子攝其齊衽，循其鉤絡。舉而振之，則東盡嵎夷，西及昧谷，南放交趾，北屬幽都，紛然在吾箴孔綫蹊之中矣。」佛印听然而笑曰：「甚矣，子言之陋也！吾以法眼視之，一一箴孔有無量世界滿中，衆生所有毛竅，所衣之衣箴孔綫蹊，悉爲世界。如是展轉，經八十反，吾佛光明之所照，與吾君聖德之所被，如以大海注一毛竅，如以大地塞一箴孔，曾何嵎夷、昧谷、交趾、幽都之足云乎？當知此衲非大非小，非短非長，非重非輕，非薄非厚，非色非空。一切世間，折膠墮指，此衲不寒；爍石流金，此衲不熱；五濁流浪，此衲不垢；劫火洞然，此衲不壞。云何以有思惟心，生下劣想。」於是蜀人蘇軾，聞而贊之曰：

匣而藏之，見衲而不見師。衣而不匣，見師而不見衲。惟師與衲，非一非兩。眇而視之，蟣蝨龍象。

【眉批】

听，魚謹反，今不識字者皆讀爲聽，可笑。

佛印一段，卓老所删，却是轉語掀翻，不可不存公案。

無論玄理，文亦有舌。

王聖俞曰：自是個中語，令人解頤。

六觀堂贊

我觀衆生，念念爲人。晝不見心，夜不見身。佛言如夢，非想非因。夢中常覺，孰爲形神。我觀衆生，終日疑怖。土偶不然，無罣礙故。佛言如幻，永離愛惡。饑飡畫餅，無有是處。我觀衆生，起滅不停。以是爲故，乃有死生。佛言如泡，泡本無成。能壞能成，雖佛不能。我觀衆生，顛倒已久。以光爲無，以影爲有。佛言光影，我亦舉手。從此永斷，日中狂走。我觀衆生，同游露中。對面不見，衣沾眼蒙。佛言如露，一照而通。蒙者既滅，照者亦空。我觀衆生，神通自在。於電光中，建立世界。佛言如電，言發意會。佛與衆生，了無雜壞。垂慈老人，當作是觀。自一至六，六生千萬。生故無窮，一故不亂。東坡無言，孰爲此贊。

【眉批】

六觀者，《金剛經》偈云：一切有爲法，如夢幻泡影，如露亦如電，應作如是觀也。

若只似土偶，不然又是盲修瞎鍊。

光字應是如字。

東莞資福寺老栢再生贊

生石首肯，奘松肘回。是心苟真，金石爲開。堂去栢枯，其留復生。此栢無我，誰爲枯榮。方其枯時，不枯者存。一枯一榮，皆方便門。世人不聞，瓦礫説法。今聞此栢，熾然常説。

【眉批】

生石，生公點頭石也。奘松，三藏西來松也。如此用事，亦隔文字障。

猶有尊從者存。

羅漢贊

左手持經，右手引帶。爲卷爲開，是義安在。已讀則卷，未讀則開。我無所疑，其音如雷。

東坡禪喜集卷三

偈

靈感觀音偈並引

或問居士：佛無不在，云何僧榮所常供養觀世音像，獨稱靈感？居士答言：譬如静夜，天清無雲，我目無病，未有舉頭而不見月。今此畫像，方其畫時，工適清浄，又此僧榮，方供養時，秉心端嚴，不入諸相，無有我人，衆生壽者，則觀世音廓然自現。爾時居士，作此言已，心開形解，隨其所得，而説偈言：

夫物芸芸，各升其英。爲天蒼蒼，爲日月星。無在不在，容光則明。矧我大士，淵兮浄神。妙湛生光，積光爲形。亭亭空中，靡所倚憑。眷此幻身，如鬼如氓。生則囿物，軒昂權衡。地所不載，而能空行。滅則蕩空，附離四生。不可控摶，矧此亭亭。涕淚請救，摶頰頓纓。如月下照，著心寒清。不因修爲，得法眼浄。碎身微塵，莫執聖靈。

【眉批】

陳眉公曰：誦坡公諸偈，肺腑清凉。

余楚客曰：以才人韻説佛祖禪。非善薩靈，仍是自心靈。

無名和尚頌觀音偈

我觀諸佛及菩薩，皆以六塵作佛事。雖有妙智如觀音，根性亦自聞思復。佛子流浪無始劫，未空言語文字性。譬如多財石季倫，知財爲害不早散，手揮金寶棄溝壑，不如施與貧病者。纍纍三百五十珠，持與觀音作纓絡。

觀藏真畫布袋和尚像偈

王聖俞曰：《莊子》有云：無聽之以耳而聽之以心，無聽之以心而聽之以氣。凡禪宗文字，半須氣聽。

拄杖指天，布袋着地。掉却數珠，好一覺睡。

【眉批】

別本此偈末有「参罷也洗鉢盂去」七字。

爲下轉語曰：睡得安穩，何用數珠。指天着地，皆是睡魔。

木峰偈並引

元豐七年臘月朔日，東坡居士過臨淮，謁普照王塔，過襄師房，觀所藏佛骨舍利，捨山木一峰供養，乃說偈言：

枵然無根，生意永斷。劫火洞然，爲君作炭。

送海印禪師偈並引

海印禪師紀公將赴峨眉，往別太子少保趙公于三衢，公以三詩贈行，復枉道過軾於齊安，亦求一偈。公以元臣大老，功成而歸，軾以非才竊禄，得罪而去，禪師道眼了無分別，乃知法界海慧，照了萬殊，大小縱橫，不相留礙。

直從巴峽逢僧晏，道到東坡別紀公。當時半破峨眉月，還在平羌江水中。

請以此偈附於三詩之末。

南屏激水偈

水激之高，如所從來。屈信相報，報盡而止。止不失平，於以觀法。

【眉批】

可以觀世態生平等心。

王聖俞曰：居士蓋有道者也。

佛心鑑偈並引

軾第三子過蓄烏銅鑑，圓徑數寸，光明洞徹。元豐八年十一月二日，游登州延洪禪院，院僧文泰方造釋迦文佛像，乃捨爲佛心鑑，且説偈曰：

鑑中面像熱時炎，無我無造無受者。心花發明照十方，還度如是常沙衆。

送僧應托偈並引

蘇壽明巢穀僧應托，與東坡居士皆眉人也。會於黄岡，將之廬山，作偈送之。

一般口眼，兩般腸肚。認取鄉人，閧早歸去。

送壽聖聰長老偈並序

佛説作、止、任、滅，是謂四病。如我所説，亦是諸佛四妙法門。我今亦作亦止，亦任亦滅。滅則無作，作則無止，止則無任，任則無滅，是四法門，更相掃除。火出木盡，灰飛烟滅。如佛所説，不作不止，不任不滅，是則滅病，否即任病。如我所説，亦作亦止，亦任亦滅，是則作病，否即止病。我與佛説，既同是法，亦同是病。昔維摩詰默然無語以對文殊，而舍利弗亦復默然以對天女，此二人者，有何差別？我以是知苟非其人，道不虚行。時長老聰師自筠來黄，復歸於筠，東坡居士爲説偈言。

珍重壽聖師，聽我送行偈。願閔諸有情，不斷一切法。人言眼睛上，一物不可住。我謂如虛空，何物住不得。我亦非然我，而不然彼義。然則兩皆然，否則無然者。

【眉批】

李卓吾曰：趣。

又曰：透。

未是真諦，却是辨才。

朱壽昌梁武懺贊偈並序

我觀世間諸得道者，多因苦惱，苦惱之極，無所告訴，則呼父母，父母不聞，仰而呼天，天不能救，則當歸命於佛世尊。佛以大悲方便開示，令知諸苦，以愛爲本。得愛則喜，犯愛則怒，失愛則悲，傷愛則懼。而此愛根，何所從生？展轉觀察，愛盡苦滅，得安樂處。諸佛亦言，愛別離苦。父母離別，其苦無量。於離別中，生離最苦。有大長者曰朱壽昌，生及七歲，而母捨去，長大懷思，涕泣追求，刺血寫經，禮佛懺悔四十餘年，乃見其母。念報佛恩，欲度衆苦。觀諸教門，切近周至，莫如梁武，所説懺悔，文既繁重，旨亦淵秘。一切衆生有不能了，乃以韻語諧諸音律，使一切人歌咏讚嘆，獲福無量。時有居士蜀人蘇軾，見聞隨喜，而説偈曰：

長者失母，常自念言：母本生我，我生母去。有我無母，不如無我。誓以此身，出生入死，母若不見，我亦隨盡。在衆人中，猶如狂人，終日皇皇，四十餘年，乃見其母。我初不記，母之長短，大小肥瘠。云何一見，便知是母。母子天性，自然冥契。如磁石針，不謀而合。我未見母，不求何獲？既見母已，即無所求。諸佛子等，歌詠懺文。既懺罪已，當求佛道。如我所説，作求母觀。

【眉批】

正喜其淺淺許。

又借此喻道。

十二時中偈並引

十二時中，常切覺察，這個是什麽？十二月二十日，自泗守席上迴，忽然夢得個消息，乃作偈云：

百衮油鐺裏，恣把心肝煠。遮個在其中，不寒亦不熱。似則是似則未是，王聖俞曰：隨説隨掃。不唯遮個不寒熱，那個也不寒熱。咄！甚叫做遮個那個。又曰：又掃一層。

【眉批】

王聖俞曰：此因忽若有得而記之者，故序載月日。

似是有得，若無所得，不惟那個寒熱遮個也寒熱。

遮箇即這個，禪門語然。

無相庵偈

出庵見庵，入庵見圓。問此圓相，何所因起？非土非木，亦非虛空。求此圓相，了不可得。乃至無有，無有亦無。是中有相，名大圓覺。是佛心也，是諸魔種。

【眉批】

一間耳。

玉石偈

嘻嘻呀呀三伏中，草木生烟地生火。遺君玉石百有八，願君置之白石盆。注以碧蘆井中泉，遺君肝肺涼如水。熱惱既除心自定，當觀熱相無去來。寒至折膠熱流金，是我法身一呼吸。寒人者冰熱者火，冰火初不自寒熱。一切世間我四大，畢竟誰受寒熱者。願以法水浸摩尼，當觀此石如瓦礫。

【眉批】

受寒熱者受之耶，知寒熱者受之耶！思之，思之。

寒熱偈

今歲大熱，八十餘日。物我同病，是熱非虛。方其熱時，謂不復凉。及其既凉，熱復安在。凡此寒熱，更相顯見。熱既無有，凉從何立？今我又復，認此爲凉。後日更凉，此還是熱。畢竟寒熱，爲無爲有。如此分別，皆是衆生，客塵浮想。以此爲達，無有是處。使謂爲迷，則又不可。如火燒木，從木成炭，從炭成灰，爲灰不已，了無一物。當以此偈，更問子由。

戲答佛印偈

僕在黄州戲書，爲江夏李樂道持去。後七年，復相見京師，出此書，茫然如夢中語也。

百千燈作一燈光，盡是恒沙妙法王。是故東坡不敢惜，借君四大作禪床。

【眉批】佛印本偈見後紀事中。

養生偈

閑邪存誠，練氣養精。一存一明，一練一清。清明乃極，丹元乃生。坎離乃交，梨棗乃成。中夜危坐，服此四藥。一藥一至，到極則處，幾費千息。閑之廓然，存之卓然，養之郁然，煉之赫然。守之以一，成之以久。

功在一日，何遲之有。

《易》曰：閑邪存其誠。詳味此字，知邪中有誠，無非邪者，閑亦邪也。至於無所閑，乃見其誠者。

幻滅滅故，非幻不滅。

【眉批】

王聖俞曰：曲折隨勢，如油木几不施雕琢。

王晉卿前生圖偈并引

王晉卿得破墨三昧，又嘗聞祖師第一義，故畫邢和璞、房次律論前生圖以寄其高趣。東坡居士既作破琴詩記夢異矣，復説偈言。

前夢後夢真是一，此幻彼幻非有二。正好長松水石間，更憶前身後身事。

【眉批】

久此境界，人人憶得。

油水偈并引

熙寧元年七月二十八日，元叔設食嘉祐，謁長老觀佛牙。趙郡蘇某爲之偈曰：

水在油中，見火則起。油水相搏，水去油住。湛然光明，不知有火。在火能定，一作在穴能實。内外净故。若不經火，油水同定。非真定故，見火復起。

【眉批】如此勘破定字，以非指非馬喻也。

地獄變相偈

我聞吴道子，初作酆都變。都人懼罪業，兩月罷屠宰。此盡無實相，筆墨假合成。譬如説食飽，何從生怖汗。乃知法界性，一切惟心造。若人了此言，地獄自破碎。

【眉批】証得切近。

東坡禪喜集卷四

銘

真相院釋迦舍利塔銘并序

洞庭之南有阿育王塔，分葬釋迦如來舍利。嘗有作大施會，出而浴之者，緇素傳捧，涕泣作禮。有比丘竊取其三，色如含桃，大如薏苡，將置之他方，爲衆生福田，久而不能，以授白衣方子明。元豐三年，軾之弟轍謫官高安，子明以畀之。七年，軾自齊安恩徙臨汝，過而見之。八年，軾移守文登，召爲尚書禮部郎，過濟南，長清真相院僧法泰方爲塼塔十有三層，峻峙蟠固，人天鬼神所共瞻仰，而未有以葬。軾默念曰：予弟所寶釋迦舍利，意將止於此耶？昔余先君文安主簿贈中大夫諱洵，先夫人武昌大君程氏，皆性仁行廉，崇信三寶，捐館之日，追述遺意，捨所愛作佛事，雖力有所止，而志則無盡，自頃憂患，廢而不舉，將二十年矣。復廣前事，庶幾在此。泰聞踴躍，明年來請於京師，探篋中得金壹兩，銀陸兩，使歸求之衆人，以具棺槨。銘曰：

如來法身無有邊，化爲丈六一作舍利。示人天。偉哉有形斯有年，紫金光聚飛爲烟。惟有堅固百億千，輪王阿育願力堅。役使空界鬼與仙，分置衆刹奠山川。棺槨十襲閟精圜，神光晝夜發層顛。誰其取此智且權，佛身普現衆目前。昏者坐受遠近遷，冥行黑月墮坎泉。分身來化會有緣，流轉至此誰使然。並包齊魯窮海壖，懭悍柔淑冥愚賢。願持此福達我先，生生世世離垢纏。

【眉批】

樓迂齋曰：坡公最長于物理，上推到義理，精微處妙于形容，讀諸銘可見。

廣州東莞縣資福寺舍利塔銘並序

自有生人以來，人之所爲見於世者何可勝道，其鼓舞天下，經緯萬世，有偉於造物者矣。考其所從生，實出於一念。巍乎大哉，是念也，物復有烈於此者乎？是以古之真人，以心爲法，自一身至一世界，自一世界至百千萬億世界，於屈信臂頃，作百千萬億變，如佛所言，皆真實語，無可疑者。至於持身厲行，練精養志，或乘風而仙，或解形而去，使枯槁之餘，化爲金玉，時出光景，以作佛事者，則多有矣。其見伏去來皆有時會，非偶然者。予在惠州，或示予以古舍利，狀若覆盂，圓徑五寸，高三寸，重一斤一兩，外密而中疏，其理如芭蕉，舍利生其中無數，五色具。意必真人大士之遺體，蓋腦之在顱中，顱亡而腦存者。予曰：是當以施僧，與衆共之，藏私家非是。其人難之。適有東莞資福長老祖堂來惠州，見而請之曰：「吾方建五百羅漢閣，壯麗甲於南海，舍利當栖我閣上。」則以犀帶易之。有自京師至者，得古玉璧，試取以薦舍利，若合符契。堂喜，遂並璧持去，曰：「吾當以金銀琉璃爲崒堵波置閣上。」銘曰：

真人大士何所修，心精妙明含九州。此身性海一浮漚，委蛻如遺不自收。戒光定力相烝休，結爲寶珠散若旒。流行四方獨此留，帶犀微矣何足酬。璧來萬里端相投，我非予堂堂非求，共作佛事知誰由。瑞光一起三千秋，永照南海通羅浮。

【眉批】

李卓吾曰：事奇。

坡公若非祖戒後身，何以多緣而見爾許物。

南安軍常樂院新作經藏銘

佛以一口，而説千法，千佛千口，則爲幾説？我法不然，非千非一，如百千燈，共照一室，雖各徧滿，不相壞雜。咨爾學者，云何覽閱？自非正眼，表裏洞達。已受將受，則相陵奪；惟回屢空，無所不悦。是名耳順，亦號莫逆。以此轉經，有轉無竭。道人山居，僻介楚越。常樂我静，一食破衲。達磨耶藏，勤苦建設。我無一錢，檀波羅蜜。施此法水，以灌爾睫。

【眉批】

所施已多。

大别方丈銘

閉目而視，目之所見，冥冥蒙蒙。掩耳而聽，耳之所聞，隱隱隆隆。耳目雖廢，見聞不斷，以摇其中。孰能開目，而未嘗視，如鑑寫容。孰能傾耳，而未嘗聽，如穴受風。不視而見，不聽而聞，根在塵空。湛然虚明，遍照十方，地獄天宫。蹈冒水火，出入金石，無往不通。我觀大别，三門之外，大江方東。東西萬里，千溪百谷，爲江所同。我觀大别，方丈之内，一燈常紅。門門不開，光出於隙，曄如長虹。問何爲然，笑而不答，寄之盲聾。但見龐然，秀眉月面，純漆點瞳。我作銘詩，相其木魚，與其鼓鐘。

【眉批】「相其木魚，與其鼓鐘」，開目而未嘗視，傾耳而未嘗聽也。

寶月大師塔銘并序

寶月大師惟簡，字宗可，姓蘇氏，眉山人，於余爲無服兄。九歲，事成都中和勝相院慧悟大師。十九得度，二十九賜紫，三十六賜號。其同門友文雅大師惟度爲成都都僧統，所治萬餘人，鞭笞不用，中外肅服。度博學通古今，善爲詩，至於持律總衆，酬酢事物，則師密相之也。凡三十餘年，人莫知其出於師者。師清亮敏達，綜練萬事。端身以律物，勞己以裕人。人皆高其才，服其心，凡所欲爲趍成之。更新其精舍之在成都與郫者，凡二百七十三間，經藏一，盧舍那、阿彌陀、彌勒、大悲像四，塼橋二十七，皆談笑而成，其堅致可支一世。師於佛事雖若有爲，譬之農夫，畦而種之，待其自成，不數數然也，故余嘗以爲修三摩鉢提者。蜀守與使者，皆一時名公卿，人人與師善。然師嘗罕見寡言，務自却遠，蓋不可得而親疏者。喜施藥，所活不可勝數。少時瘠黑如梵僧，既老而皙，若復少者。或曰：是有陰德發於面，壽未可涯也。紹聖二年六月九日，始得微疾，即以書告於往來者，敕其子孫，皆佛法大事，無一語私其身。至二十二日，集其徒，問日蚤莫，及辰曰：「吾行矣。」遂化。年八十四。是月二十六日，歸骨於城東智福院之壽塔。弟子三人，海慧大師士瑜先亡，次士隆，次紹賢，爲成都副僧統。孫十四人：悟遷、悟清、悟文、悟真、悟緣、悟深、悟微、悟開、悟通、悟誠、悟益、悟權、悟緘。曾孫三人：法舟、法榮、法源。以家法嚴，故多有聞者。師少與蜀人張隱君少愚善，吾先君宗師亦深知之，曰：「此子才用不減澄觀，若事當有立於世，爲僧亦無出其右者。」已而果然。余謫居惠州，舟實來請銘。銘曰：

大師寶月，可字簡名。出趙郡蘇，東坡之兄。自少潔齊，老而彌剛。領袖萬僧，名聞四方。壽八十四，臘六十五。瑩然摩尼，歸於真土。錦城之東，松栢森森。子孫如林，蔽芾其陰。

【眉批】

乃真有爲。

云十四人，名止十三。

法雲寺鐘銘並序

元豐七年十月，有詔大長老圓通禪師法秀住法雲寺。寺成而未有鐘，大檀越駙馬都尉武勝軍節度觀察留後張敦禮與冀國大長公主唱之，從而和者若干人，元祐元年四月鐘成萬斤。東坡居士蘇軾爲之銘曰：

有鐘誰爲撞，有撞誰撞之？三合而後鳴，聞所聞爲五。闕一不可得，汝則安能聞。汝聞竟安在，耳視目可聽。當知所聞者，鳴寂寂時鳴。大圜空中師，獨處高廣座。卧士無所著，人引非引人。二俱無所説，而説無説法。法法雖無盡，問則應曰三。汝應如是聞，不應如是聽。

【眉批】

總自《楞嚴》來。

邵伯埭鐘銘並序

邵伯埭之東，寺僧子康募千人爲千斤銅鐘，蜀人蘇軾爲之銘曰：

無量智慧火，燒此無明銅。戒定以爲模，鑄成無漏鐘。以汝平等手，執彼慈悲撞。聲從無有出，遍滿無邊空。

【眉批】

萬物自生聽，太空恒寂寥。

蘇程庵銘并序

程公庵，南華長老辨公爲吾表弟程德孺作也。吾南遷過之，更其名曰蘇程，且銘之曰：

辨作庵，寶林南。程取之，不爲貪。蘇後到，住者三。蘇既住，程則去。一彈指，三世具。如我說，無是處。百千燈，同一光。一塵中，兩道場。齊說法，不相妨。本無通，安有礙。程不去，蘇亦在。各徧滿，無雜壞。

【眉批】

李卓吾曰：趣甚。

道並行而不相悖。

清隱堂銘

已去清隱，而老崇慶。崇慶亦非，何者爲正。清者其行，隱者其言。非彼非此，亦非中間。在清隱時，念念不住。今者何人，補清隱處。八萬四千，劫火洞然。但隨他去，何處不然。

【眉批】

了當。

思無邪齋銘並序

東坡居士問法于子由，子由報以佛語曰：「本覺必明，無明明覺。」居士欣然有得于孔子之言曰：「《詩》三百，一言以蔽之，曰思無邪。」夫有思皆邪也，無思則土木也。吾何自得道，其唯有思而無所思乎？於是幅巾危坐，終日不言，明目直視，而無所見，攝心正念，而無所覺，于是得道。乃名其齋曰思無邪，而銘之曰：

大患緣有身，無身則無病。廓然自圓明，鏡鏡非我鏡。如以水洗水，二水同一净。浩然天地間，唯我獨也正。

【眉批】

應無所住而生其心。

齋名殊自宋氣。

談妙齋銘

南華長老，端静簡潔。浮雲掃盡，但掛孤月。吾宗伯固，通亮英發。大圭不琢，天驥超絶。室空無有，獨設一榻。空毘耶城，奔走竭蹶。二士共談，必説妙法。彈指千偈，卒無所説。有言皆幻，無起不滅。問我何爲，鏤冰琢雪。人人造語，一一説法。孰知東坡，非問非答。

【眉批】

非問非答，便不饒舌。

淡軒銘

以船撐船船不行，以鼓打鼓鼓不鳴。子欲察味而辨色，何不坐于淡軒之上，出淡語以問淡叟，則味自味而色自形。吾然後知淡叟之不淡，蓋將盡口眼之變而起無窮之爭。其自謂叢林之一害，豈虚名也哉？

【眉批】

王聖俞曰：老子云正言若反，此足盡禪理。

又曰：數淡字有味。

夢齋銘并序

至人無夢。或曰：高宗、武王、孔子皆夢，佛亦夢，夢不異覺，覺不異夢，夢即是覺，覺即是夢，此其所以爲無夢也與？衛玠問夢于樂廣，廣對以想，曰：形神不接而夢，此豈想哉？對曰：因也。或問因之説，東坡居士曰：世人之心，因塵而有，未嘗獨立也。塵之生滅，無一念住，夢覺之間，塵塵相授，數傳之後，失其本矣，則以爲形神不接，豈非因乎？人有牧羊而寢者，因羊而念馬，因馬而念車，因車而念蓋，遂夢曲蓋鼓吹，身爲王公。夫牧羊之與王公亦遠矣，想之所因，豈足怪乎？居士始與芝相識于夢中，旦以所夢求而得之，今二十四年矣，而五見之。每見輒相視而笑，不知是處之爲何方，今日之爲何日，我爾之爲何人也。題其所寓室曰夢齋，而子由爲之銘曰：

法身充滿，處處皆一。幻身虛妄，所至非實。我觀世人，生非實中。以寤爲正，以寐爲夢。忽寐所遇，執寤所遭。積執成堅，如丘山高。若見法身，寤寐皆非。知其皆非，寤寐無爲。一作處。遨游四方，齋則不遷。南北東西，法身本然。

【眉批】故自説夢，筆法遂似漆園。

菩薩泉銘並序

陶侃爲廣州刺史，有漁父每夕見神光海上，以白侃。侃使迹之，得金像，視其款識，阿育王所鑄文殊師利像也。初送武昌寒溪寺，及侃遷荆州，欲以像行，人力不能動，益以牛車三十乘，乃能至船，船復没，遂以還寺。其後惠遠法師迎像歸廬山，了無艱礙，山中世以二僧守之。會昌中，詔毀天下寺，二僧藏像錦綉谷。比釋教復興，求像不可得，而谷中至今有光景，往往發見，如峨眉五臺所見。蓋遠師文集載處士張文逸之文，及山中父老所傳如此。今寒溪少西數百步，别爲西山寺，有泉出于嵌竇間，色白而甘，號菩薩泉，人莫知其本末。建昌李常謂余，豈昔像之所在乎？且屬余爲銘。銘曰：

像在廬阜，宵光屬天。旦朝視之，寥寥空山。誰謂寒溪，尚有斯泉。盍往鑒之，文殊了然。

【眉批】

李卓吾曰：事奇。

佛之伏見，大具因緣。

此與恕先在烏，呼之或出，同一機括也。

卓錫泉銘並序

六祖初住曹溪，卓錫泉湧，清涼滑甘，贍足大衆，逮今數百年矣。或時小竭，則衆汲于山下。今長老辨公住山四歲，泉日涌溢，聞知嗟異，爲作銘曰：

祖師無心，心外無學。有來扣者，雲涌泉落。問何從來，初無所從。若有從處，來則有窮。初住南華，集衆須水。水性融會，豈有無理。引錫指名，寒泉自洌。衆渴得飲，如我説法。云何至今，有溢有枯。泉無溢枯，蓋其人乎？辯來四年，泉水洋洋。烹煮濯溉，飲及牛羊。手不病汲，肩不病負。匏勺瓦盂，莫知其故。我不求水，水則許我。訊于祖師，其亦可哉。

【眉批】

求之與，抑與之與？夫子之求之也，其諸異乎人之求之與？

參寥泉銘並序

予謫居黄，參寥子不遠數千里從予于東城。留基年，嘗與同游武昌之西山，夢相與賦詩，有「寒食清明，石泉槐火」之句，語甚美，而不知其所謂。其後七年，予出守錢塘，參寥子在焉。明年，卜智果精舍居之。又明年，新居成，而予以寒食去郡，實來告行。舍下舊有泉，出石間，是月又鑿石得泉加洌，參寥子擷新茶鑽火煮泉而瀹之，笑曰：「是見于夢九年，衛公之爲靈也久矣。」坐人皆悵然太息，有知命無求之意，乃名之參寥泉。爲之銘曰：

在天雨露，在地江湖。皆我四大，滋相所濡。偉哉參寥，彈指八極。退守斯泉，一謙四益。予晚聞道，夢幻是身。真即是夢，夢即是真。石泉槐火，九年而信。夫求何伸，實弊汝神。

【眉批】

李卓吾曰：事奇。

本是：寒食清明多過了，石泉槐火一時新。

可以息人躁心妄想。

石塔戒衣銘

石塔得三昧，初從戒定入。是故常寶護，登壇受戒衣。吾聞得道人，一物亦不留。云何此法衣，補緝成百衲。諸法念已逝，此衣非昔衣。此法非生滅，衣亦無壞者。振此無塵衣，洗此無垢人。壞則隨他去，是故終不壞。

大覺鼎銘

樂全先生，遺我鼎甗。我復以餉，大覺老禪。在昔宋魯，取之以兵。書曰郜鼎，以器從名。樂全東坡，予之以義。書曰大覺之鼎，以名從器。挹山之泉，烹以其薪。爲苦爲甘，咨爾學人。

【眉批】自若自知。

東坡禪喜集卷五

書　後

書孫元忠所書《華嚴經》後

余聞世間凡富貴人，及諸天龍鬼神，具大威力者，修無上道難，造種種福業易。所發菩提心，旋發旋忘，如飽滿人，厭棄飲食；所作福業，舉意便成，如一滴水，流入世間，即爲江河。是故佛説此等真可畏怖，一念差失，萬劫墮壞，一切龍服地行天飛，佛在依佛，佛滅依僧，皆以是故。維鎮陽平山二龍，靈變莫測，常依覺實二大比丘。有大檀越孫温靖公，實能致龍與相賓友，曰雨曰霽，惟公所欲。公之與此二大比丘，及此二龍，必同事佛，皆受佛記，故能于未來世，各以願力而作佛事。觀公奏疏，本欲爲龍作廟，又恐血食與龍增業，故止乞度僧以奉祠宇。公之愛龍，如愛其身，秪令作福，不令造業。若推此心，以及世間，待物如我，待我如物，予知此人，與佛無二。覺既圓寂，公亦棄世。其子元忠爲公親書《華嚴經》八十卷，累萬字，無有一點一畫見怠墮相。人能攝心一念專静，便有無量應感，而元忠此心盡八十卷終始若一，予知諸佛悉已見聞。若以此經置此山中，則公與二士若龍在在處處皆當相見，共度衆生，無有窮盡，而元忠與予亦當與焉。

【眉批】

陳眉公曰：蘇黄題跋，人並推重，至如烟光花氣，若有若無，山谷遠不逮公。

亦大奇事。

此與龍友皆締佛緣，非豢龍氏比也，然亦以佛力能友龍乎？

書若逵所書經後

懷楚比丘示我若逵所書二經，經爲幾品，品爲幾偈，偈爲幾句，句爲幾字，字爲幾畫，其數無量，而此字畫平等若一，無有高下輕重大小。云何能一？以忘我故。若不忘我，一畫之中已現二相，而况多畫。如海上沙，是誰磋磨，自然匀平，無有粗細。如空中雨，是誰揮灑，自然蕭散，無有疏密。咨爾楚逵，若能一念，了是法門，于刹那頃，轉八十藏，無有忘失，一句一偈。東坡居士説是法已，復還其經。

【眉批】

李卓吾曰：亦趣。

王聖俞曰：故是慧心。

又曰：就字參禪。

就書法即説佛法。

王聖俞曰：文章之妙，自然應節，亦復如是。

陶石簣曰：海沙空雨，了達之語。

書《金光明經》後

軾之幼子過，其母同安郡君王氏，諱閏之，字季章，享年四十有六，以元祐八年八月一日卒於京師，殯于城西惠濟院。過未免喪，而從軾遷于惠州，日以遠去其母之殯爲恨也，念將祥除，無以申罔極之痛，故親書《金光經》四卷，手自裝治，送虔州崇慶禪院新經藏中，欲以資其母之往生也。泣而言于軾曰：「書經之勞役矣，不足以望豐報，要當口誦而心通，手書而身履之，乃能感通佛祖，升濟神明。而小子愚冥，不知此經皆真實語耶，抑寓言也？當云何見，云何行？」軾曰：「善哉問也！吾嘗聞之張文定公安道曰：佛乘無大小，言亦非虛實，顧我所見如何耳。萬法一致也，我若有見，寓言即是實語；若無所見，實寓皆非。故《楞嚴經》云：若一衆生未成佛，終不于此取涅槃。若諸菩薩急于度人，不急於成佛，盡三界衆生皆成佛已，我乃涅槃。若諸菩薩覺知此身無始以來，皆衆生相，冤親拒受，內外障護，即卵生相。壞彼成此，損人益己，即胎生相。愛染留連，附記有無，即濕生相。一切幻變，爲己主宰，即化生相。此四衆生相者，與我流轉，不覺不知。勤苦修行，幻力成就，則此四相，仗我諸根，爲涅槃相。以此成佛，無有是處。此二菩薩，皆是正見。乃知佛語非寓非實。今汝若能爲流水長者，以大願力象，取無礙法水，以救汝流浪渴涸之魚。又能觀諸世間雖甚可愛而虛幻無實，終非我有者，汝即捨離，如薩埵王子捨身。雖甚可惡而業所驅迫，深可憐憫者，汝即布施，如薩埵王子施虎。行此捨施，如饑就食，如渴求飲，則道可得，佛可成，母可拔也。」過再拜稽首，願書其末。紹聖二年八月一日。

書《楞伽經》後

《楞伽阿跋多羅寶經》，先佛所說，微妙第一，真實了義，故謂之佛語心品。祖師達磨以付二祖曰：「吾觀震旦所有經教，惟《楞伽》四卷，可以印心。」祖祖相受以爲心法，如醫之有《難經》，句句皆理，字字皆法，後世達者，神而明之，如槃走珠，如珠走槃，無不可者。若出新意，而棄舊學，以爲無用，非愚無知，則狂而已。近歲學者，各宗其師，務從簡便，得一句一偈，自謂了證，至使婦人孺子，抵掌嬉笑，争譚禪悅，高者爲名，下者爲利，餘波末流，無所不至，而佛法微矣。譬如俚俗醫師，不由經論，直授方藥，以之療病，非不或中，至于遇病輒應，懸斷死生，則與知經學古者，不可同日語矣。世人徒見其有一至之功，或捷于古人，因謂《難經》不學而可，豈不悮哉！《楞伽》義趣幽眇，文字簡古，讀者或不能句，而况遺文以得義，忘義以了心者乎？此其所以寂寥于世，幾廢而僅存也。太子太保樂全先生張公安道，以廣大心，得清浄覺，慶曆中嘗爲滁州，至一僧舍，偶見此經，入手悅然，如獲舊物，開卷未終，夙障冰解，細視筆畫，手迹宛然，悲喜太息，從是悟入，常以經首四偈發明心要。軾游于公之門三十年矣，今年二月過南都，見公於私第。公時年七十九，幻滅都盡，慧光渾圜，而軾亦老于憂患，百念灰冷，公以爲可教者，乃授此經，且以錢三十萬，使印施于江淮間。而金山長老佛印大師了元曰：印施有盡，若書而刻之，則無盡。軾乃爲書之。而元使其侍者曉機走錢塘，求善工刻之板，遂以爲金山常住。元豐八年九月日，朝奉郎、新差知登州軍州兼管内勸農事、騎都尉借緋蘇軾書。

【眉批】

今世諸佻達少年，揚眉高談，自謂上乘正坐此。

《金剛經》跋尾

聞昔有人，受持諸經，攝心專妙，常以手指作捉筆狀，於虚空中寫諸經法。是人去後，此寫經處，自然嚴净，雨不能濕。凡見聞者，孰不贊嘆，此希有事。有一比丘，獨拊掌言：惜此藏經，止有半藏。乃知此法，有一念在，即爲塵勞，而况可以聲求色見。今此長者譚君文初，以念親故示入諸相，取黄金屑書《金剛經》，以四句偈悟入本心，灌流諸根，六塵清净。方此之時，不見有經而况其字，字不可見，何者爲金？我觀譚君，孝慈忠信，内行純備，以是衆善莊嚴此經，色相之外，炳然焕發。諸世間眼，不具正見，使此經法，缺陷不全，是故我説，應如是見。東坡居士説是法已，復還其經。

【眉批】

又奇。

王聖俞曰：譚君特富兒佞佛者耳，東坡着反詞以藥之，然亦諛直相半。

書柳子厚《大鑒禪師碑》後

釋迦以文教其譯于中國，必托于儒之能言者然後傳遠。故大乘諸經至《楞嚴》，則委曲精盡，勝妙獨出者，以房融筆授故也。柳子厚南還，始究佛法，作曹谿南嶽諸碑，妙絶古今，而南華今無刻石者。長老重辯師，儒釋兼通，道學純備，以謂自唐至今，頌述祖師者多矣，未有通亮簡正如子厚者，蓋推本其言，與孟軻氏合，其可不使學者晝見而夜誦之，故具石請予書其文。唐史：元和中馬總自虔州刺史遷南安都護，徙桂管經略觀察使，入爲刑部侍郎。今以碑考之，蓋自南安遷南海，非桂管也。韓退之祭馬公文亦云自交州抗節番禺，曹谿謚號，決非桂帥所當請。以是知唐史之誤，當以碑爲正。紹聖二年六月九日。

書正信和尚塔銘後

太安楊氏世出名僧，正信表公兄弟三人，其一曰仁慶，故眉僧；其一曰元俊，故極樂院主，今太安治平院也，皆有高行；而表公行解超然，晚以静覺。三人皆與吾先大父職方公、吾先君中大夫游相善也。熙寧初，軾以服除，將入朝，表公適卧病，入室告別，霜髮寸餘，目光瞭然，骨盡出如畫須菩提像，可畏也。軾盤桓不忍去，表曰：「行矣，何處不相見？」軾曰：「公能不遠千里相從乎？」表笑曰：「佛言生正信家，千里從公，無不可者。然吾蓋未也。」已而果無恙。至六年，乃寂。是歲軾在錢塘，夢表若告別者。又十五年，其徒法用以其所作偈頌及塔記相示，乃書其末。

【眉批】

了知去來若此。

佛乘語。

書黄魯直《李氏傳》後

無所厭離，何從出世。無所欣慕，何從入道。欣慕之至，亡子見父。厭離之極，燖鷄出湯。不極不至，心地不净。如飯中沙，王聖俞曰：精語。與飯皆熟，若不含糊，與飯俱咽，即須吐出，與沙俱棄。善哉佛子，作清净飯，淘米去沙，終不能盡。不如即用，本所自種，元無沙米。此米無沙，亦不受沙。又曰：更進。非不受也，無受處故。王聖俞曰：道中不涉諸趣，由趣乃以入道。此爲中人以下方便説法，在上乘則不須也。

【眉批】

譬語必極切當明快，是熟讀諸經得來。

陶石簣曰：説法從《蓮華》喻品來。

真見本來。

東坡禪喜集卷六

記

大悲閣記

陶石簣曰：是《楞嚴》「入流亡所」一段注疏，亦是「易無思也」一段注疏，長公勘破此意，便爾玩世。

大悲者，觀世音之變也。觀世音由聞而覺，始於聞而能無所聞，始于無所聞而能無所不聞。能無所聞，雖無身可也。能無所不聞，雖千萬億身可也，而況于手與目乎？雖然，非無身無以舉千萬億身之衆，非千萬億身無所示無身之至，故散而爲千萬億身，聚而爲八萬四千母陁羅臂，八萬四千清凈寶目，其道一爾。昔吾嘗觀于此。王聖俞曰：自佛引入人事。吾頭髮不可勝數，而身毛孔亦不可勝數。牽一髮而頭爲之動，拔一毛而身爲之變，然則髮皆吾頭而毛孔皆吾身也。彼皆吾頭而不能爲頭之用，彼皆吾身而不能具身之智，則物有以亂之矣。吾將使世人左手運斤，而右手執削，目數飛雁而耳節鳴鼓，首肯旁人而足識梯級，雖有智者有所不暇矣，而況千手異執而千目各視乎？及吾燕坐寂然，心念凝默，湛然如大明鏡，人鬼鳥獸雜陳乎吾前，色聲香味交遘乎吾體，心雖不起而物無不接，接必有道，即千手之出，千目之運，雖未可得見，而理則具矣。彼佛菩薩亦然。又曰：自人身復歸于佛。雖一身不成二佛，而一佛能遍河沙諸國。非有他也，觸而不亂，至而能應，理有必至，而何獨疑于大悲乎？成都，西南大都會也。佛事最勝，而大悲之像，未睹其傑。有法師敏行者，能讀内外教，博通其義，欲以如幻三昧爲一方首，乃以大旃檀作菩薩像。端嚴妙麗，具慈愍性。手臂錯出，開合捧執，指彈摩拊，于態具備。手各有目，無妄舉者。復作大閣以覆菩薩，雄偉壯峙，工與像稱。都人作禮，因敬生悟。余游于四方二十餘年矣，雖未得歸而想見其處。敏行使其徒法震乞文，爲道其所以然者，且頌之曰：

吾觀世間人，兩目兩手臂，物至不能應，狂惑失所措。其有欲應者，顛倒作思慮。思慮非真實，無異無手目。菩薩千手目，與一手目同。物至心亦至，曾不作思慮。隨其所當應，無不得其當。引弓挾白羽，劍盾諸械器。經卷及香華，盂水青楊枝。珊瑚大寶炬，白拂朱藤杖。所遇無不執，所執無有疑。緣何得無疑，以我無心故。若猶有心者，千手當千心。一人而千心，内自相攫攘，何暇能應物。千手無一心，手手得其處。稽首大悲尊，願度一切衆。皆證無心法，皆具千手目。

【眉批】

樓迂齋曰：看拈起一種甚麽話頭，便被他對付了。觀此文如生蛇活虎，不惟義理通徹，亦是佛書精熟，所謂信手拈來，物物真者。

王聖俞曰：脱去陳骸，自標形神。

頭與身豈又復二。

王聖俞曰：參玄如參獄案，參得透時翻覆如意。

樓迂齋曰：自起頭至此宛轉分明，變態百出，更不曾有剩語。

筆如塑工。

一心可貫萬事，二心不能應一事，理自爾爾。

錢文登曰：言言是佛。

勝相院經藏記

元豐三年，歲在庚申，有大比丘惟簡，號曰寶月，修行如幻三摩鉢提，在蜀成都大聖慈寺故中和院，賜名勝相，以無量寶黄金丹砂琉璃真珠旃檀衆香，莊嚴佛語及菩薩語，作大寶藏。湧起于海，有大天龍背負而出，及諸小龍糾結環繞。諸化菩薩及護法神，鎮守其門。天魔鬼神各執其物，以禦不祥。是諸衆寶，及諸佛子，光色聲香，自相磨激，璀璨芳郁，玲瓏宛轉，生出諸相，變化無窮，不假言語，自然顯見，苦空無我，無量妙義。凡見聞者，隨其根性，各有所得。如衆飢人，入于太倉，雖未得食，已有飽意。又如病人，游于藥市，聞衆藥香，病自衰減。更能取米，作無碍飯，恣食取飽，自然不飢。又能取藥，以療衆病，衆病有盡，而藥無窮。須臾之間，無病可療。以是因緣，度無量衆。時見聞者，皆争施舍。富者出財，壯者出力，巧者出技，皆捨所愛，及諸結習，而作佛事，求脱煩惱，濁惡苦海。有一居士，其先蜀人，與是比丘，有大因緣。去國流浪，在江淮間。聞是比丘，作是佛事，即欲隨衆，捨所愛習。周視其身，及其室廬，求可捨者，了無一物。如焦穀芽，如石女兒，乃至無有毫髮可捨。私自念言：我今惟有無始已來結習口業，妄言綺語，論説古今是非成敗，以是業故，所出言語猶如鐘磬，黼黻文章，悦可耳目。如人善博，日勝日負，王聖俞曰：精語。自云是巧，不知是業。今捨此業，作寶藏偈，願我今世，作是偈已，盡未來世，永斷諸業，塵緣一作客塵。妄想，及諸理障。一切世間，無取無捨，無憎無愛，無可無不可。時此居士，稽首西望而説偈言：

我游衆寶山，見山不見寶。岩谷及草木，虎豹諸龍蛇。雖知寶所在，欲取不可得。復有求寶者，自言已得寶。見寶不見山，亦未得寶故。譬如夢中人，未嘗知是夢。既知是夢已，所夢即變滅。見我不見夢，因以我爲覺。不知真覺者，覺夢兩無有。我觀大寶藏，如以蜜説甜。衆生未喻故，復以甜説蜜。甜蜜更相説，千劫無窮盡。自蜜及甘蔗，查黎與橘柚。説甜而得酸，以及鹹辛苦。忽然反自味，舌根有甜相。我爾默自知，不煩更相説。我今説此偈，于道亦云遠。如眼根自見，是眼非我有。當有無耳人，聽此非舌言。於一彈指頃，洗我千劫罪。

【眉批】

王聖俞曰：叙致璀璨，而玄理自呈，所謂象教者也。

又曰：佛教惟寂，至于思議不參而反借莊嚴色相以顯其趣，此記學彼法中語全似。

夸哉。

按王荆公居鍾山，一日於客處得此記，展誦于風簷之下，喜見鬚眉，曰：「子瞻人中龍也。然有一字未妥。」客請聞之，公曰：「日勝日貧，不若日勝日負。」坡公聞之，拊掌大笑，以爲知己。

如魚飲水，冷暖自知也。

虔州崇慶禪院新經藏記

如來得阿耨多羅三藐三菩提，日以無所得故而得。舍利弗得阿羅漢道，亦日以無所得故而得。如來與舍利弗若是同乎？曰：何獨舍利弗，至于百工賤技，承蜩意鈎，履狶畫墁，未有不同者也。夫道之大小，雖至于大菩薩，其視如來猶若天淵然。及其以無所得故而得，則承蜩意鈎、履狶畫墁未有不與如來同者也。以吾之所知，推至其所不知。嬰兒生而導之言，稍長而教之書，口必至于忘聲而後能言，手必至于忘筆而後能書。此吾之所知也。口不能忘聲，則語言難于屬文；手不能忘筆，則字畫難于刻雕。及其相忘之至，則形容心術，酬酢萬物之變，忽然而不自知也。自不能者而觀之，其神智妙達，不既超然與如來同乎？故《金剛經》曰：一切賢聖，皆以無爲法而有差别。以是爲技則技疑神，以是爲道則道疑聖。古之人與人皆學而獨至于是，其必有道矣。吾非學佛者，不知其所自入，獨聞之孔子曰：「《詩》三百，一言以蔽之，曰思無邪。」夫有思皆邪也，善惡同而無思則土木也。云何能使有思而無邪，無思而非土木乎？嗚呼！吾老矣，安得數年之暇，托于佛僧之宇，盡發其書，以無所思心，會如來意，庶幾于無所得故而得者。謫居惠州，終歲無事，宜若得行其志。而州之僧舍，無所謂經藏者，獨榜其所屋室曰思無邪齋，而銘之，致其志焉。始吾南遷過虔州，與通守承議郎俞君括游。一日訪廉泉，入崇慶院，觀寶輪藏，君曰：「是于江南壯麗爲第一，其費二千餘萬。前長老曇秀始作之，幾于成而寂。今長老惟湜嗣成之。奔走二老之間，勸導經營，銖積寸累，十有六年而成者，僧知錫也。子能愍此三士之勞，以一言記之乎？」吾蓋心許之。俞君博學能文，敏于從政而恬於進取，數與吾書，欲棄官相從學道。自虔罷歸，道病，卒于廬陵。虔之士民，有巷哭者。吾亦爲出涕，故作此文以遺湜錫，並論孔子思無邪之意，與吾有志無書之嘆，使刻于石，且與俞君結未來之因乎。紹聖二年五月二十七日記。

【眉批】

譬喻無不切當明快，心口了然。

廣州資福寺羅漢閣碑記

衆生以愛故入生死，由於愛境有逆有順而生喜怒，造種種業，展轉六趣，至千萬劫，本所從來，唯有一愛，更無餘病。佛大醫王對病爲藥，唯有一捨，更無餘藥。常以此藥，而治此病，如水救火，應手當滅。云何衆生，不滅此病，是導師過，非衆生咎。何以故？衆生所愛，無過身體。父母有疾，割肉刺血，初無難色。若復鄰人從其求乞，一爪一髮，終不可得。有二導師，其一清浄，不入諸相，能知衆生，生死之本，能使衆生，了然見知，不生不死，出輪迴處，是處安樂，堪永依怙，無異父母，支體可捨，而况財物。其一導師以有爲心，行有爲法，縱不求利，即自求名，譬如鄰人求乞爪髮終不可得，而况肌肉。以此觀之，愛吝不捨，是導師過。設如有人，無故取米，投坑阱中，見者爲恨。若以此米施諸鳥雀，見者皆喜。鳥雀無知，受我此施，何異坑阱，而人自然有喜有愠。如使導師有心有爲，則此施者與棄何異？以此觀之，愛吝不捨，非衆生咎。四方之民，皆以勤苦而得衣食，所得毫末，其苦無量。獨此南越嶺海之民，貿遷重寶，坐獲富樂，得之也易，享之也愧，是故其人以愧故捨。海道幽險，死生之間，曾不容髮，而况飄墮羅刹鬼國，呼號神天佛菩薩僧，以脱須臾，當此之時身非己有，而况財物，實同糞土，是故其人以懼故捨。愧、懼二法，助發善心，是故越人輕施樂捨，甲于四方。東莞古邑，資福禪寺有老比丘，祖堂其名，未嘗戒也而律自嚴，未嘗求也而人自施。人之施堂如物在衡，損益銖黍了然覺知。堂之受施如水涵影，雖千萬過無一留者。堂以是故，創作五百大阿羅漢嚴浄寶閣，涌地千柱，浮空三成，壯麗之極，寶冠南越。東坡居士見聞隨喜而説偈言：

五百大士栖此城，南珠大貝皆東傾。衆心回春栢再榮，鐵林東來閣乃成。寶骨未到先通靈，赤蛇白璧珠夜明。三十襲吉誰敢争，層簷飛空俯日星。海波不摇颶無聲，天風徐來韻流鈴。一洗瘴霧冰雪清，人無南北壽且寧。

【眉批】

此論施捨真中不捨人心事，求捨人病根，至當至快。是個能受施者。

薦誠禪院五百羅漢記

熙寧十年，余方守徐州，聞河決澶淵，入巨野，首灌東平，吏民恟懼不知所爲。有僧應言建策，鑿清冷口，道積水北入于古廢河，又北東入于海。吏方持其議，言强力辯口，慨然論可決狀甚明。吏不能奪，卒以其言決之，水所入如其言，東平以安，言有力焉。衆欲爲請賞，言笑謝去。余固異其人。後二年，移守湖州，而言自鄆來見余於官，曰：「吾鄆人也，少爲僧，以講爲事。始錢公子飛使吾創精舍于鄆之東阿北新橋鎮，且造鐵浮屠十有三級，高伯二十尺。既成而趙公叔平請諸朝，名吾院曰薦誠，歲度僧以守之。今將造五百羅漢像於錢塘，而載以歸。度用錢五百萬，自丞相潞公以下，皆吾檀越也。」余于是益知言真有過人者。又六年，余自黄州遷於汝，過宋而言適在焉，曰：「像已成，請爲我記之。」嗚呼！士以功名爲貴，然論事易，作事難，作事易，成事難。使天下士皆如言論必作、作必成者，其功名豈少哉！其可不爲一言？

【眉批】

是個能幹辦者。

其意全不爲言而發。

應夢羅漢記

元豐四年正月二十一日，余將往岐亭，宿于團封。夢一僧破面流血，若有所訴。明日至岐亭，過一廟中，有阿羅漢像，左龍右虎，儀制甚古，而面爲人所壞。顧之惘然，庶幾疇昔所見乎？遂載以歸，院新而龕之，設于安國寺。四月八日先妣武陽君忌日，飯僧于寺，乃記之。

【眉批】

非祖戒後身，焉得時有感應乃爾。

黄州安國寺記

元豐二年十二月，余自吴興守得罪，上不忍誅，以爲黄州團練副使，使思過而自新焉。其明年二月至黄，舍館粗定，衣食稍給，閉門却掃，收召魂魄，退伏思念，求所以自新之方。反觀從來舉意動作，皆不中道，非獨今之所以得罪者也。欲新其一，恐失其二。觸類而求之，有不可勝悔者，於是喟然嘆曰：道不足以御氣，性不足以勝習，不鋤其本而耘其末，今雖改之，後必復作，盍歸誠佛僧，求一洗之。得城南精舍曰安國寺，有茂林修竹，陂池亭榭，間一二日輒往，焚香默坐，深自省察，則物我相忘，身心皆空，求罪始所從生而不可得，一念清净，染污自落，表裏翛然，無所附麗，私竊樂之，旦往而暮還者五年于此矣。寺僧曰繼連，爲僧首七年，得賜衣又七年，當賜號欲謝去，其徒與父老相率留之。連笑曰：「知足不辱，知止不殆。」卒謝去。余以是愧其人。七年，余將有臨汝之行，連曰：「寺未有記，具石請記之。」余不得辭。寺立于僞唐保大二年，始名護國，嘉祐八年賜今名。堂宇齋閣，連皆易新之，嚴麗深穩，悦可人意，至者忘歸。歲正月男女萬人會庭中飲食作樂，且祠瘟神，江淮舊俗也。四月六日，汝州團練副使員外置眉山蘇軾記。

【眉批】

名曰思過，却得禪味，固知焚香嘿坐大有功。

仍是無罪。

方丈記

年月日住持傳法沙門惟謹重建方丈，上祝天子萬壽，永作神主。斂時五福，敷錫庶民。地獄天宮，同爲净土。有性無性，齊成佛道。

南華長老題名記

學者以成佛爲難乎？累土畫沙，童子戲也，皆足以成佛。以爲易乎？受記得道，如菩薩大弟子，皆不任問疾，是義安在。方其迷亂顛倒，流浪苦海之中，一念正真，萬法皆具。及其勤苦功用，爲山九仞之後，毫厘差失，千劫不復。嗚呼，道固如是也，豈獨佛乎！子思子曰：夫婦之不肖，可以能行焉。及其至也，雖聖人亦有所不能焉。孟子則以爲聖人之道，始於不爲穿窬。而穿窬之惡，成於言不言。人未有欲爲穿窬者，雖穿窬亦不欲也。自其不欲爲之心而求之，則穿窬足以爲聖人。可以言而不言，不可以言而言，雖賢人君子有不能免也。回其不能免之過而遂之，則賢人君子有時而爲盜。是二法者，相反而相爲用，儒與釋皆然。南華長老明公，其始蓋學於子思、孟子者，其後棄家爲浮屠氏。不知者以爲逃儒歸佛，不知其猶儒也。南華自六祖大鑒示滅，其傳法得眼者，散而之四方，故南華爲律寺。至吾宋天禧三年，始有詔以智度禪師普遂住持，至今明公蓋十一世矣。明公告東坡居士曰：「宰官行世間法，沙門行出世間法。世間即出世間，等無有二。今宰官傳授，皆有題名壁記，而沙門獨無有。矧吾道場實補佛祖處，其可不嚴其傳？子爲我記之。」居士曰：「諾。」乃爲論儒釋不謀而同者以爲記。

【眉批】

舌根顛倒，良知僞學皆不能飾。

觀妙堂記

不憂道人謂歡喜子曰：「來，我所居室，汝知之乎？沈寂湛然，無有喧爭。嗒然其中，死灰槁木，以異而同。我既名爲觀妙矣，汝其爲我記之。」歡喜子曰：是室云何而求我？況乎妙事，了無可觀。既無可觀，亦無可說。欲求少分可以觀者，如石女兒終無有欲。求多分可以説者，如虛空花究竟非實。不說不觀，了達無礙，超出三界，入智慧門。雖然，如是置之，不可執偏，強生分別。以一味語，斷之無疑。譬用筌蹄以得魚兔，及施燈燭以照丘坑。獲魚兔矣，筌蹄了忘；知丘坑處，燈燭何施？今此居室，孰爲妙與？蕭然是非，行住坐卧，飲食語默，具足衆妙，無不現前，覽之不有，睹之不無，倏知覺知，要妙如此。當持是言，普示來者。入此室時，作如是觀。

法雲寺禮拜石記

夫供養之具，最爲佛事先，其法不一。他山之石平不容垢，横展如席，願爲一座具之用。晨夕禮佛，以此皈依。當敬禮無所觀時，運心廣博，無所不在。天上人曰，以至地下，悉觸智光。聞我佛修道時芻泥巢頂，霑佛氣分，後皆受報。則禮佛也其心實重，有德者至是禮也，願一拜一起，無過父母。乘此願力，不墮三塗。佛力不可盡，石不可盡，願力不可盡。三者既不可盡，一一親獲福生生世世亦不可盡。今對佛宣白，惟佛實臨之。

靜常齋記

虛而一，直而正，萬物之生芸芸，此獨漠然而自定，吾其命之曰靜。泛而出，渺而藏，萬物之逝滔滔，此獨且然而不忘，吾其命之曰常。無古無今，無生無死，無終無始，無後無先，無我無人，無能無否，無離無着，無證無修。即是以觀，非愚則癡。舍是以求，非病則狂。昏昏默默，了不可得。混混沌沌，茫不可論。雖有至人，亦不可聞，聞爲真聞，亦不可知，知爲真知。是猶在聞見之域而不足以髣髴，况緣迹逐響以希其至，不亦難哉！既以是爲吾號，又以是爲吾室，則有名之累，吾何所逃？然亦趨寂之指南而求道之鞭影乎！

清風閣記

文慧大師應符居成都玉谿上，爲閣曰清風，以書來求文爲記。五返而益勤，余不能已，戲爲浮屠語以問之曰：符而所謂身者，汝之所寄也。而所謂閣者，汝之所以寄所寄也。身與閣，汝不得有而名烏乎施？名將無所施而安用記乎？雖然，我爲汝放心遺形而强言之，汝亦放心遺形而强聽之。木生于山，水流于淵。山與淵且不得有，而人以爲己有，不亦惑與？天地之相磨，虚空與有物之相推，而風於是焉生。執之而不可得也，逐之而不可及也，汝爲居室而以名之，吾又爲汝記之，不亦大惑與？雖然，世之所謂已有而不惑者，其與是奚辨？若是而可以爲有耶，則雖汝之有，是風可也。雖爲居室而以名之，吾又爲汝記之可也，非惑也。風起于蒼茫之間，彷徨乎山澤，激越乎城郭道路，虚徐演漾，以汎汝之軒窗欄楯幔帷而不去也，汝隱几而觀之，其亦有得乎？力生于所激而不自爲力，故不勞；形生于所遇而不自爲形，故不窮。嘗試以是觀之。

【眉批】

自以爲浮屠語，然實是漆園一派文章耳。

一篇主意在此，得力亦在此。

李卓吾曰：此後欠婉轉，正在此處着力乃妙。

四菩薩閣記

始吾先君於物無所好，燕居如齋，言笑有時，顧嘗嗜畫，弟子門人無以悦之，則争致其所嗜，庶幾一解其顏，故雖爲布衣，而致畫與公卿等。長安有故藏經龕，唐明皇帝所建。其門四達八版皆吴道子畫，陽爲菩薩，陰爲天王，凡十有六軀。廣明之亂爲賊所焚，有僧忘其名，於兵火中拔其四版以逃。既重不可負，又迫於賊，恐不能全，遂竅其兩版以受荷，西奔於岐而寄死於烏牙之僧舍。版留於是百八十年矣。客有以錢十萬得之以示軾者，軾歸其直而取之以獻諸先君。先君之所嗜，百有餘品，一旦以是四版爲甲。治平四年，先君没於京師。軾自汴入淮，泝于江，載是四版以歸。既免喪，所嘗與往來浮屠人惟簡，誦其師之言，教軾爲先君捨施，必所甚愛與所不忍捨者。軾用其説，思先君之所甚愛、軾之所不忍捨者，莫若是版，故遂以與之。且告之曰：「此明皇帝之所不能守而焚於賊者也，而况於余乎？余視天下之蓄此者多矣，有能及三世者乎？其始求之若不及，既得惟恐失之，而其子孫不以易衣食者鮮矣。余惟自度不能長守此也，是以與子，子將何以守之？」簡曰：「吾以身守之。吾眼可霍，吾足可斮，吾畫不可奪。若是足以守之歟？」軾曰：「未也。足以終子之世而已。」簡曰：「又盟於佛而以鬼守之，凡取是者，與凡以是予人者其罪如律。若是足以守之歟？」軾曰：「未也。世有無佛而蔑鬼者。」「然則何以守之？」曰：「軾之以是予子者，凡以爲先君捨也。天下豈有無父之人歟？李卓吾曰：妙。其誰忍取之？若其聞是而不悛，不惟一觀而已，將必取之然後爲快，則其人之賢愚，與廣明之焚此者一也，又曰：妙。全其子孫難矣，又曰：趣。而况能久有此乎？且夫不可取者存乎子，取不取者存乎人，子勉之矣，爲子之不可取者而已，又何知焉？」既以予簡，簡以錢百萬度爲大閣以藏之，且畫先君像其上。軾助錢二十之一，期以明年冬閣成。熙寧元年十月二十六日記。

【眉批】

此記事語俱奇，至後段板𧦝□□，遂引之爲禪門佳話。而舊集禪喜者不録之，不可解。

李卓吾曰：趣。

王聖俞曰：長公愛道子畫爲障而對惟簡語甚奇。

罵極矣，豈貪夫俗子猶燒琴煮鶴耶。

語更有深解，非僅謂守畫板耳。

大悲閣記

羊豕以爲羞，五味以爲和，秫稻以爲酒，麴糵以作之，天下之所同也。其村同，其水火之齊均，其寒暖燥濕之候一也，而二人爲之，則美惡不齊，豈其所以美者，不可以數取歟？然古之爲方者，未嘗遺數也。能者即數以得妙，不能者循數以得其略。其出一也，有能有不能而精粗見焉。人見其二也，則求精於數外而棄迹以逐妙，曰：我知酒食之所以美也。而略其分齊，捨其度數，以爲不在是也。而一以意造，則其不爲人之所嘔棄者寡矣。今吾學者之病亦然。天文、地理、音樂、律曆、宫廟、服器、冠昏、喪紀之法，《春秋》之所去取，禮之所可，刑之所禁，歷代之所以廢興，與其人之賢不肖，此學者之所宜盡力也。曰是皆不足學，學其不可載於書而傳於口者。子夏曰：「日知其所亡，月無忘其所能。可謂好學也已。」古之學者，其所亡與其所能，皆可以一二數，而日月見也。如今世之學，其所亡者果何物，而所能者果何事歟？孔子曰：「吾嘗終日不食，終夜不寢，以思，無益，不如學也。」由是觀之，廢學而徒思者，孔子之所禁，而今世之所上也。豈惟吾學者，至於爲佛者亦然。齋戒持律，講誦其書，而崇飾塔廟，此佛之所以日夜教人者也。而其徒或者以爲齋戒持律不如無心，講誦其書不如無言，崇飾塔廟不如無爲。其中無心，其口無言，其身無爲，則飽食而嬉而已。是爲大以欺佛者也。杭州鹽官安國寺僧居則，自九歲出家，十年而得惡疾，且死，自誓於佛，願持律終身，且造千手眼觀世音像，而誦其名千萬遍。已而力不給，則縮衣節口三十餘年，銖積寸累，以迄於成。其高九仞，爲大屋四重以居之，而求文以爲記。余嘗以斯言告東南之士矣，蓋僅有從者，獨喜則之勤苦從事於有爲，篤志守節，老而不衰，異夫爲大以欺佛者，故爲記之，且以風吾黨之士云。

【眉批】

此發明有爲之法亦甚辨，而舊本不録，當回成都一記其名同而誤删之耳。

未免宋人習氣在。

操此等解以自誤誤人，儒釋皆然。不知者且謂此上乘解人，即彼亦自高爲標，自謂難與俗人言也，却被坡公一口喝破。

東坡禪喜集卷七

序

送錢塘僧思聰歸孤山叙

天以一生水，地以六成之。一六合而水可見，雖有神禹，不能知其孰爲一，孰爲六也。子思子曰：自誠明，謂之性。自明誠，謂之教。誠則明矣，明則誠矣。誠明合而道可見，雖有黄帝、孔丘，不能知其孰爲誠，孰爲明也。佛者曰：戒生定，定生慧。慧獨不生定乎？伶玄有言：慧則通，通則流。是焉知真慧哉！醉而狂，醒而止，慧之生定，通之不流也審矣。故夫有目而自行，則褰裳疾走，常得大通；無目而隨人，則車輪曳踵，常仆坑阱。慧之生定，速于定之生慧也。王聖俞曰：至理。錢塘僧思聰，七歲善彈琴，十二捨琴而學書，書既工，十五捨書而學詩。詩有奇語，遂讀《華嚴經》，入法界海慧。今年二十有九，老師宿儒皆愛敬之，秦少游取楞嚴觀世音語字之曰聞復。使聰日進而不已，自聞思修以至于道，則華嚴法界海慧盡爲蘧廬，而况書詩與琴乎？雖然古之學道，無自虚空入者。輪扁斲輪，傴僂承蜩，苟可以發其巧智，物無陋者。聰若得道琴與書皆與有力，詩其尤也。聰能如水鏡以一含萬，則書與詩當益奇，吾將觀焉，以爲聰得道淺深之候。

王聖俞曰：坡公倅杭州，曾令聰和參寥昏字詩，後聰挾琴游梁，日登中貴門，久之，遂還俗爲御前使臣。則聰之得道淺耶，深耶？

【眉批】

陶石簣曰：一六、誠明、定慧諸解，都不從人間來。至得道淺深之候一語，真聖諦也。長公造語近諧，却有至理。

李卓吾曰：好。

妙手快筆，聽其轉翻，不必入理不入理也。

似此僧書與詩當佳，而於道猶隔。

王聖俞曰：更深。

東坡禪喜集卷八

傳

僧圓澤傳

洛師惠林寺，故光禄卿李憕居第。禄山陷東都，憕以居守死之。子源，少時以貴游子豪侈，善歌，聞于時。及憕死，悲憤自誓，不仕，不娶，不食肉，居寺中五十餘年。寺有僧圓澤，富而知音。源與之游，甚密，促膝交語竟日，人莫能測。一日相約游蜀青城、峨眉山。源欲自荆州泝峽，澤欲取長安斜谷路，源不可，曰：「吾已絶世事，豈可復道京師哉？」澤默然久之，曰：「行止固不由人。」遂自荆州路。舟次南浦，見婦人錦襠負罌而汲者，澤望而泣曰：「吾不欲由此者，爲是也。」源驚問之，澤曰：「婦人姓王氏，吾當爲之子。孕三歲矣，吾不來，故不得乳。今既見，無可逃者。公當以符咒助我速生。三日浴兒時，願公臨我，以笑爲信。後十三年，中秋月夜，杭州天竺寺外，當與公相見。」源悲悔而爲具沐浴易服，至暮，澤亡而婦乳。三日，往視之。兒見源果笑。具以語王氏，出家財葬澤山下。源遂不果行，反寺中，問其徒，則既有治命矣。後十二年，自洛適吴，赴其約。至所約，聞葛洪川畔有牧童扣牛角而歌之曰：「三生石上舊精魂，賞月吟風不要論。慚愧情人遠相訪，此身雖異性長存。」呼問澤公健否，答曰：「李公真信士，然俗緣未盡，慎勿相近。惟勤修不墮，乃復相見。」又歌曰：「身前身後事茫茫，欲話因緣恐斷腸。吴越山川尋已遍，却回煙棹上瞿唐。」遂去，不知所之。後二年，李德裕奏源忠臣子，篤孝，拜諫議大夫，不就，竟死寺中，年八十。

【眉批】

李卓吾曰：事奇。

一不可一嘿然，各見其品其識。

多此一泣，未免粘帶在。

多此一悲，未免粘帶在。

多此一慚，未免粘帶在。

多此一恐，未免粘帶在。

東坡禪喜集卷九

文

南華長老重辯師逸事

契嵩禪師常瞋人，未嘗見其笑。海月慧辯師常喜人，未嘗見其怒。予在錢塘親見二人，皆趺坐而化。嵩既茶毘，火不能壞，益薪熾火，有終不壞者五。海月比葬面如生，且微笑。乃知二人以瞋喜作佛事也。世人視身如金玉，不旋踵爲糞土，至人反是。余以是知一切法以愛故壞，以捨故常在，豈不然哉！予遷嶺南，始識南華重辯長老。語終日，知其有道也。予自海南還，則辯已寂久矣。過南華吊其衆，問塔墓所在，衆曰：「我師昔作壽塔南華之東數里，有不悦師者葬之别墓，既七百餘日矣。今長老明公，獨奮不顧，發而歸之壽塔。改棺易衣，舉體如生，衣皆鮮芳，衆乃太服。」東坡居士曰：「辯視身爲何物，棄之尸陀林以飼烏鳥何有，安以壽塔爲？明公知辨者，特欲以化服同異而已。」乃以茗果奠其塔而書其事以遺其上足南華塔主可興師。時元符三年十二月十九日。王聖俞曰：禪家言體不化，面如生者甚多，恐亦有所附會。且至于死則衆流歸盡，是區區者曾何足言。惟得東坡文，差可死耳。

【眉批】

先引二証佐文亦奇。

王聖俞曰：不言五者渾雅。

又曰：引事本起下南華改棺事，故須着此數語涵泳。

又曰：改棺句是主意。

具眼。

祭龍井辯才文

嗚呼！孔老異門，儒釋分宫，又于其間，禪律相攻。我見大海，有北南東。江河雖殊，其至則同。雖大法師，自戒定通。律無持破，垢净皆空。講無辯訥，事理皆融。如不動山，如常撞鐘。如一月水，如萬竅風。八十一年，生雖有終，遇物而應，施則無窮。我初適吴，尚見五公。講有辯臻，禪有璉嵩。後二十年，獨餘此翁。今又往矣，後生誰宗。道俗欷歔，山澤改容。我去杭時，白叟黄童，要我復來，已許于中。山無此老，去將安從。噫參寥子，往奠必躬。誰持一杯，往吊井龍。豈無他人，莫寫我胸。

【眉批】

好調停法。

捨銅龜子文

蘇州報恩寺重造古塔，諸公皆捨所藏舍利，予無舍利可捨，獨捨盛舍利者，敬爲四恩三有捨之。故人王頤爲武功宰，長安有修古塔者，發舊葬，得之以遺余，余以藏私印。成壞者有形之所不免，而以藏舍利則可以久存，藏私印或以速壞。貴舍利而賤私印，樂久存而悲速壞，物豈有是哉！余其並是捨之。

【眉批】

李卓吾曰：趣。

寸水烟波。

東坡禪喜集卷十

疏

請净慈法涌禪師入都疏

京師禪學之盛，發于本、秀二公。本既還山，秀復入寂。駙馬都尉張君子來聘法涌，繼揚宗風。東坡居士適在錢塘，實爲敦勸。太丘道廣，廣則難周。仲舉性峻，峻則少通。法涌童子畫沙，已具佛智；維摩無語，猶涉二門。雖吾先師不異是說，質之孔孟，蓋有成言。不爲穿窬，仁義不可勝用；博施濟衆，堯舜其猶病諸。我願法涌廣大慈悲，印宗仁得仁之侶；深嚴峻峙，訶未證謂證之人。本自不然，伏惟珍重。

【眉批】世界如此等人多矣，安得人人訶之以爲快。

重請戒長老住石塔疏

大士未曾説法，誰作金毛之聲；衆生各自開堂，何關石塔之事。去無作相，住亦隨緣。長老戒公，開不二門，施無盡藏。念西湖之久別，本是偶然；爲東坡而少留，無不可者。一時作禮，重聽白椎。渡口船回，依舊空山之色；秋來雨過，一新鐘鼓之音。

【眉批】佳句。

東坡禪喜集卷十一

雜　文

怪石供

《禹貢》青州有鉛松怪石，解者曰：怪石，石似玉者。今齊安江上往往得美石，與玉無辨，多紅黄白色，其文如人指上螺，精明可愛，雖巧者以意繪畫，有不能及。豈古所謂怪石者耶？凡物之醜好生于相形，吾未知其果安在也。使世間石皆若此，則今之凡石覆爲怪矣。海外有形語之國，口不能言而相喻以形。其以形語也，捷于口，使吾爲之，不已難乎？故夫天機之動，忽焉而成，而人真以爲巧也。雖然，自禹以來怪之矣。王聖俞曰：此句冷雋妙絶。齊安小兒浴于江，時有得之者，戲以餅餌易之，既久，得二百九十有八枚。大者兼寸，小者如棗栗菱芡。其一如虎豹，有口鼻眼處，以爲群石之長。又得古銅盆一枚以盛石，挹水注之粲然。而廬山歸宗佛印禪師適有使至，又曰：陡接。遂以爲供。禪師嘗以道眼觀一切世間，混淪空洞，了無一物，雖夜光尺璧與瓦礫等，而况此石？雖然，願受此供，灌以墨池水，强爲一唄，使自今已往山僧野人欲供禪師而力不能辦衣服飲食卧具者，皆得以净水注石爲供，蓋自蘇子瞻始。陶石簣曰：戲笑説法，頑石亦應點頭。

【眉批】

供石既趣，供石而作文復趣，而文更趣。

王聖俞曰：議論勝，自是宋文而指趣則清雅。

又曰：生議論。

又曰：事不同而理同，凡悟後引證皆如此。

後怪石供

蘇子既以怪石供佛印，佛印以其言刻諸石。蘇子聞而笑曰：「是安所從來哉？予以餅易諸小兒者也。以可食易無用，予既足笑矣，彼又從而刻之。今以餅供佛印，佛印必不刻也。石與餅何異？」參寥子曰：「然。供者幻也，受者亦幻也，刻其言者亦幻也。夫幻何適而不可？」舉手而示蘇子曰：「拱此而揖人，人莫不喜。王聖俞曰：妙喻。戟此而詈人，人莫不怒。同是手也，而喜怒異，世未有非之者也。子誠知拱戟之皆幻，則喜雖存而根亡，刻與不刻無不可者。」蘇子大笑曰：「子欲之耶？」乃亦以供之，凡二百五十並二石槃云。王聖俞曰：結處指實。

【眉批】

王聖俞曰：因供參寥，故再作此文，卻借佛印刻石起本，又假參寥之言引入，純用虛機，須是覷破。

供餅有文，佛印亦刻之矣。

袁石公曰：供幻受亦幻，刻亦幻，文亦幻。些些小事，發許多大議論，增出許多大韻致來。記數更趣，亦作文法也。

東坡禪喜集卷十二

書

答范蜀公書

承别紙示諭，麴糵有毒，平地生出醉鄉，土偶作祟，眼前妄見佛國，公欲哀而救之。問所以救者，小子何人，固不敢妄對。公方立仁義以爲城池，操詩書以爲干楯，則舟中之人盡爲敵國，雖公盛德，小子亦未知勝負所在。願公宴坐静室，常作是念，當觀彼能惑之性，安所從生；又觀公欲救之心，作何形段。此猶不立，彼復何依。雖黄面瞿曇，亦須斂衽，而况學之者耶？聊復信筆以發公千里一笑而已。陳眉公曰：新詞巧意，亹亹迭出。

【眉批】

范公雖方語却所致。

李卓吾曰：有趣。

王聖俞曰：此朱子所譏抱薪救火。

范欲闢佛，乃更以禪語詰之。

答畢仲舉書

所云讀佛書、及合藥救人二事，以爲閑居之賜，甚厚。佛書舊亦常看，但闇塞不能通其妙，獨時取其粗淺假説以自洗濯，若農夫之去草，旋去旋生，雖若無益，然終愈於不去也。若世之君子所謂超然玄悟者，僕不識也。往時陳述古好論禪，自以爲至矣，而鄙僕所言爲淺陋。僕嘗語述古，公之所談，譬之飲食，龍肉也；而僕之所學，猪肉也。猪之與龍，則有間矣。然公終日説龍肉，不如僕之食猪肉，食美而真飽也。不知君所行於佛書者果何耶？爲出生死超三乘，遂作佛乎？抑尚與僕輩俯仰也。學佛老者，本期於静而達。静似懶，達似放，學者或未至其所期，而先得其所似，不爲無害。僕常以此自疑，故亦以爲獻。來書云：處世得安穩無病，粗衣飽飯，不造寃業，乃爲至足。三復斯言，感嘆無窮。世人所作舉足動念無非是業，不必刑殺無罪，取非其有，然後爲寃業也。無緣面論，以當一笑而已。

【眉批】欲救學佛之范，既以佛語詰之，勸讀佛書之畢，又以浪語答之。蘇公强口自負乃爾。

答參寥書

净慧琳老及諸僧至，因見致懇，知爲默禱於佛，令亟還中州，甚荷至意。自揣省事以來，亦粗爲知道者。但道必數起，數爲世樂所移奪，恐是諸佛知其難化，故以萬里之行相調伏耳。少游不憂其不了此境，但得他老兒不動懷，其餘不足云也。

【眉批】

李卓吾曰：吁，孰知其正難調伏也哉！

修養帖寄子由

任性逍遥，隨緣放曠，但盡凡心，别無勝解。以我觀之，凡心盡處，勝解卓然。但此勝解，不屬有無，不通言語，故祖師教人到此便住。如眼翳盡，眼自有明，醫師只有除翳藥，何曾有求明藥？明若可求，即還是翳，固不可於翳中求明，即不可言翳外無明。而世之昧者，便將頽然無知，認作佛地。若如此是佛，猫兒狗兒，得飽熟睡，腹摇鼻息，與土木同，當恁麽時，可謂無一毫思念，豈謂猫狗已入佛地？故凡學者，觀妄除愛，自粗及細，念念不忘。會作一日，得無所住。弟所教我者，是如此否？因見二偈警策，孔君不覺聳然，更以聞之。書至此，墻外有悍婦與夫相毆，詈聲飛灰火，如猪嘶狗嘷。因念他一點圓明正在猪嘶狗嘷裏面，譬如江河鑒物之性，長在飛砂走石之中，尋常静中推求，常患不見，今日鬧裏，忽捉得些子。元豐六年三月二十五日。

【眉批】

此中頗多禪解，舊本乃不録，當因「修養帖」三字而誤以爲道家事耳，亦大憒憒。

王聖俞曰：東坡之于禪襲取耳。觀此篇，執捉尋索，伎倆盡露矣，然正可資吾輩商量。

又曰：娑羅園語云：瓦礫泥沙，盡存佛性。此語可參。

東坡禪喜集卷十三

雜志

近讀《六祖壇經》，指説法、報、化三身，使人心開目開，然尚少一喻。試以喻眼，見是法身，能見是報身，所見是化身。何謂見是法身？眼之見性，非有非無，無眼之人，不免見黑，眼枯睛亡，見性不滅，故云見是法身。何謂能見是報身？見性雖存，眼根不具，則不能見，若能安養其根，不爲物障，常使光明洞徹，見性乃全，故云能見是報身。何謂所見是化身？根性既全，一彈指頃，所見千萬，縱横變化，俱是妙用，故云所見是化身。此喻既立，三身愈明，如此是否？

《觀音經》云：呪咀諸毒藥，所欲害身者，念彼觀音力，還着於本人。東坡居士曰：觀音慈悲者也。今人遭呪咀，念觀音之力而使還着於本人，則豈觀音之心哉？今改之曰：呪咀諸毒藥，所欲害身者。念彼觀音力，兩家總没事。

《泗洲大聖僧伽傳》云：和尚何國人也。又：世云莫知其所從來云，不知何國人也。近讀《隋史·西域傳》，乃有何國。予在惠州，忽被命責儋耳，太守方子容自携告身來，且弔予曰：「此固前定可無恨。吾妻沈素事僧伽謹甚，一夕夢和尚告别。沈問所往，答曰：當與蘇子瞻同行，後七十二日，當有命。今適七十二日矣。豈非前定乎？」余以謂事之前定者，不待夢而知。然予何人也，而和尚辱與同行，得非夙世有少緣契乎？

袁宏《漢紀》曰：浮屠，佛也。西域天竺國有佛道焉。佛者，漢言覺也。將以覺悟群生也。其教也，以修善慈心爲主，不殺生，專務清净。其精者爲沙門，沙門，漢言息也。蓋息意去欲，歸於無爲。又以爲人死，精神不滅，隨復受形，生時善惡皆有報應，故貴行修善道以煉精神，以至無生而得爲佛也。東坡居士曰：此殆中國始知有佛時語也。雖淺近，大略具足矣。野人得鹿，正爾煮食之耳。其後賣與市人，遂入公庖中，饌之百方，然鹿之所以美未有絲毫加於煮食時也。

身如芭蕉，心如蓮花，百節疏通，萬竅玲瓏，來時一，去時八萬四千。此義出《楞嚴》，世未有知之者也。元符三年九月二十一日書贈都嶠邵道士。元符三年八月，予在合浦，有老人蘇佛兒來訪，年八十二，不飲酒食肉，兩目爛然，蓋童子也。自言十二歲齋居修行，無妻子，有兄弟三人，皆持戒念道，長者九十二，次者九十。與論生死事，頗有所知。居州城東南六七里。佛兒嘗賣菜之東城，見老人言即心是佛，不在斷肉。予言勿作此念，衆人難感易流。老人大喜曰：「如是，如是。」

錢塘壽禪師，本北郭税務專知官。每見魚蝦，輒買放生，以是破家，後遂盜官錢爲放生之用，事發，主死，領赴市矣。吳越錢王使人視之，若悲懼如常人，即殺之，否則捨之。禪師淡然無異色，乃捨之，遂出家。得法服净禪師應以市曹得度，故菩薩乃現市曹以度之。學出生死法，得向死地走這一遭，抵三十年修行。吾竄逐海上，去死地稍近，當於此證阿羅漢果。

世人有見古德、見桃花悟道者，争頌桃花，便將桃花作飯，五十年轉没交涉。正如張長史見擔夫與公主争路，而得草書之氣。欲學長史書，便曰就擔夫求之，豈可得哉？

【眉批】

此數則皆《東坡志林》中者，于禪大有關會，而舊本却不知録，何也？

説法洞了，非有慧性有根器，豈遽能爾。

雖涉戲，却平等。

事奇。

亦是祖戒後身一證佐。

王聖俞曰：世之學佛者，皆務深求之，千蹊萬徑，轉益迷悶。東坡乃更淺求之。淺求之以出其真味，而後精深者有所依而立。

又曰：妙喻。

爲下根人作佛事不得不如此。

即道家所謂忍辱鍊魔也。

今世學人類此者多。

東坡禪喜集卷十四

禪喜紀事

蘇子由謫高安，雲安時時相過。有聰禪師亦蜀人。一夕雲安夢同子由、聰迓五祖戒禪師，既覺，語子由，而聰亦至。子由曰：「方與洞山説夢，子今來同説夢乎？」聰曰：「夜來夢吾三人迎戒和尚。」子由曰：「世間果有同夢者。」久之，東坡書至曰：「已至奉新，旦夕相見。」三人喜，出城而坡至，則以語坡。坡曰：「軾七八歲常夢是僧。又先妣方孕時，夢一僧來托宿。」及謫英州，雲遣書至南昌，坡引㕧大書曰：「戒和尚又錯脱也。」後監玉局觀，作偈答南華長老曰：「惡一作宿。業相纏四十年，常行八棒十三禪。卻着衲衣歸玉局，自疑身是一作可憐化作。五通仙。」《冷齋夜話》

蘇子瞻九日尋臻闍黎，遂泛小舟，至惠勤師院。詩云：「白髮長嫌歲月侵，病眸兼怕酒杯深。南屏老宿閑相訪，東閣郎君懶重尋。試碾露芽烹白雪，休拈霜蕊嚼黄金。扁舟又載平湖去，欲訪孤山支道林。」《西湖游覽志餘》

有室曰楞伽。宋太子少保張安道自翰林學士出守滁州，一日入瑯琊山藏院呼梯，梯梁得木匣，發而視之，乃《楞伽經》也。恍然覺其前身蓋知藏僧也，寫《楞伽經》未終而化。安道續書殘軸，筆迹宛然如昔。元豐末，東坡居士蘇軾過南都，安道出此經授軾，且以錢三十萬，使鏤板印施於江淮間。軾曰：「此經在他人猶爲希世之寶，況於公乎？請家藏爲子孫無窮之福。」金山童游寺主僧了元謂軾曰：「印施有盡，書而刻之則無盡矣。」軾乃留金山，元請代書之，使侍者曉機走錢塘求善工鏤板，流傳四方。乾道丙子主僧寶印，即軾寫經處，扁曰楞伽室。《説郛》戴埴

風篁嶺多蒼筤篠蕩，風韻凄清，至此林壑深沈，迥出塵表，流淙活活，自龍井而下，四時不絶。嶺故叢薄荒密，元豐中僧辨才淬治潔楚，名曰風篁。蘇子瞻訪辨才龍井，送至嶺上，左右驚曰：「遠公過虎溪矣！」辨才笑曰：「杜子有云：與子成二老，來往亦風流。」遂作亭嶺上，名曰過溪，亦曰二老，子瞻紀之。詩云：「日月轉雙轂，古今同一丘。惟此鶴骨老，凛然不知秋。去住兩無礙，人士争挽留。去如龍出水，雷雨捲潭湫。來如珠還浦，魚鱉争駢頭。此生暫寄寓，常恐名實浮。我比陶令愧，師爲遠公優。送我過虎谿，溪水當逆流。聊使此山人，永記二老游。大千在掌握，寧有别離憂。」田汝成

東坡在惠州時，其家居江浙，以地遠無人致書爲憂。有道人卓契順者，慨然嘆曰：「惠州不在天上，行即到矣。」因請書以行。佛印因致書云：常讀退之《送李愿歸盤谷序》，愿不遇知於主上者，猶能坐茂樹以終日。子瞻中大科，登金門，上玉堂，遠放寂莫之濱，權臣忌子瞻爲宰相耳。人生一世間，如白駒之過隙，二三十年，功名富貴，轉盼成空，何不一筆勾斷，尋取自家本來面目。萬劫常住，永無墮落，縱未得到如來地，亦可以驂駕鸞鶴，翱翔三島，爲不死人。何乃膠柱守株，待入惡趣。昔有問師佛法在甚麽處，師云：在行住坐卧處，着衣吃飯處，痾屎撒溺處，没理没會處，死活不得處。子瞻胸中有萬卷書，下筆無一點塵。到這地位，不知性命所在，一生聰明要做甚麽。三世佛則是一個有血性的漢子。子瞻若能脚下承當，把三二十年富貴功名賤如泥土。努力向前，珍重珍重。錢世昭

哲宗問左右：「蘇軾襯朝章者何服？」對曰：「道衣。」南行時帶一軸彌陀，曰此軾生西方公據也。《唾玉集》

子由誦《楞嚴經》，悟一解六亡之義，自言於此道更無礙然。其作風痺詩，乃有「數盡吾則行，未應墮冥

漠」之句，則於理尚有礙也。而東坡乃謂子由聞道先我何耶？東坡奉新別子由詩云：「何以解我憂，粗了一事大。」笑遯兒詩云：「中年忝聞道，夢幻講以詳。」故贈錢道人詩云：「首斷故應無斷者，冰消那復有冰知。主人苦苦令儂認，認主人人竟是誰。」又云：「有主還須更有賓，不如無鏡自無塵。只從半夜安心後，失卻當年覺痛人。」贈東林總老詩云：「溪聲便是廣長舌，山色豈非清淨身。夜來八萬四千偈，他日如何舉似人。」如此善句，雖宿老衲不能屈也。《詩話總龜》

東坡元豐末年得請歸耕陽羨，舟次瓜步，以書抵金山了元禪師曰：「不必出山，當學趙州三等接人。」元得書徑來，東坡迎笑問之，以偈爲獻曰：「趙州當日少謙光，不出山門見趙王。争似金山無量相，大千都是一禪床。」東坡拊掌稱善。《詩話總龜》作會。

東坡求龍井辨才師塔碑於黄門書云：「兄自覺譚佛不如弟。」今此文見《欒城後集》。又天竺海月塔碑以坡與之游，故銘云：「我不識師面，知其心中事。」儒者談佛爲坡公所取，惜火失其書翰。《蘇籀》

錢塘西湖壽星寺老僧則廉，言先生作郡倅日，始與參寥子同登方丈，即顧謂參寥曰：「某生平未嘗至此，而眼界所視，皆若素所經歷者。自此上至懺堂，當有九十二級。」遣人數之，果如其言。即謂參寥子曰：「某前身山中僧也。今日寺僧皆吾法屬耳。」後每至寺，即解衣盤礴，久而始去。則廉時爲僧雛侍側，每暑月袒露竹陰間，細視公背有黑子若星斗狀，世人不得見也。即北山君謂顔魯公曰「誌金骨記名仙籍」是也。

仲殊嗜蜜，思聰嗜琴，東坡詩所謂「招得琴聰與蜜殊」者是也。仲殊善詞，而小調尤勝，如《訴衷情》詠西湖、詠夏景，風流藴藉，不減少年，然恐非蓮社本色也。《西湖游覽志餘》

雲闍黎者，居寶山。蘇子佐都游寶山，偶入方丈，小院閴然，有僧隱几低頭讀書，與之語漠然不對。問其鄰僧曰：「此雲闍黎也。不出十五年矣。」不數月卒。蘇子再往訪之，吊以詩云：「雲師來寶山，一住十五秋。

讀書常閉户，客至不舉頭。去年造其室，清坐忘百憂。我初無言説，師亦無對酬。今來復扣户，空房但飀飀。云已滅無餘，薪盡火不留。郤疑此室中，常有斯人否。所遇孰非夢，事過吾何休。」《西湖游覽志餘》

蘇子瞻守杭日，有妓名琴操，頗通佛書，解言辭，子瞻喜之。一日游西湖，戲語琴操曰：「我作長老，汝試參禪。」琴操敬諾。子瞻問曰：「何謂湖中景？」對曰：「落霞與孤鶩齊飛，秋水共長天一色。」「何謂景中人？」對曰：「裙拖六幅湘江水，鬢挽巫山一段雲。」「何謂人中意？」對曰：「隨他楊學士，鱉殺鮑參軍。」「如此究竟何如？」子瞻曰：「門前冷落車馬稀，老大嫁作商人婦。」琴操言下大悟，遂削髮爲尼。《西湖游覽志餘》

子瞻在黄州，參寥子自錢唐訪之，酒中，子瞻令官妓馬娉娉乞詩於參寥子。參寥口占云：「多謝尊前窈窕娘，好將幽夢惱襄王。禪心已作粘泥絮，不逐春風上下狂。」子瞻喜曰：「予嘗見柳絮落泥中，謂可入詩料，不意此老收得，可惜也。」同上

蘇子瞻嘗謂余曰：「釋氏之徒，諸佛教法所繫，不可以庶俗待之。或有事至庭下，則吾徒當以付囑流通爲念，與之闊略可也。」張商英

皎然禪師贈吴馬處士詩云：「世人不知心是道，只言道在他方妙。還如瞽者望長安，長安在東望西笑。」東坡代答曰：「寒時便懼熱時風，饑漢那知食藥功。莫怪禪師向西笑，緣師身在長安東。」《百斛明珠》

「人間無漏仙，兀兀三杯醉。世上無眼禪，昏昏一覺睡。雖然無交涉，其奈略相似。相似尚如此，何況真個是。」余奉使關西，見邸店壁上書此數句，愛而誦之，故海上作《濁醪有妙理賦》曰：「嘗回既醉之適，方識此心之正。」此老言心之正，與孟子言人之性善何異。同上

東坡游廬山，至東林，作一偈曰：「溪聲便是廣長舌，山色豈非清净身。夜來八萬四千偈，他日如何舉似人？」「横看成嶺側成峰，遠近看山了不同。不識廬山真面目，只緣身在此山中。」山谷曰：「此老於般若，横

説竪説，了無剩語。非筆端有口，安能吐此不傳之妙乎？」《冷齋夜話》

東坡居士過龍光，求大竹作肩輿，得兩竿，時南華珪首座方受請爲北山長老，乃留一偈院中，待其至授之，以爲他時語録。中第一問云：「斫得龍光竹兩竿，持歸嶺上萬人看。竹中一滴曹溪水，漲起江頭十八灘。」

東坡南遷，有侍兒王朝雲，請從行。坡佳之，作詩有序云：「世謂白樂天有鬻駱馬、放楊枝詞，佳其至老病不忍去也。然夢得詩云：『春盡絮飛留不得，隨風好去落誰家。』樂天亦曰：『病與樂天相伴住，春隨樊素一時歸。』則樊素竟去也。余有數妾，四五年間相繼别去，獨朝雲隨余南遷。因讀樂天詩，戲作此贈之云。」「不學楊枝别樂天，且同通德伴伶玄。阿奴絡秀方同老，天女維摩總解禪。經卷藥鑪新活計，舞衫歌扇舊因緣。丹成逐我三山去，不作巫陽雲雨仙。」蓋紹聖元年十一月也。三月七月朝雲卒，葬於西禪寺松林中，直大聖塔，和前詩云：「苗而不秀豈其天，不使童烏與我玄。駐景恨無千歲藥，贈行惟有小乘禪。傷心一念償前債，彈指三生斷後緣。歸卧竹根無遠近，夜深惟禮塔中仙。」

予過濟南龍山鎮，監税宋寶國出王氏《華嚴經解》相示曰：「公之於道可謂至矣。」予問寶國：「《華嚴》有八十卷，今獨解其一何也？」寶國曰：「王氏謂我此佛語深妙，其餘皆菩薩語爾。」予曰：「予藏經取佛語數句置菩薩語中，復取菩薩語置佛語中，子能識其是非乎？」曰：「不能也。」「非獨子不能，王氏亦不能。予昔在坡下，聞沂陽猪肉至美，遣人置之。使者醉，猪夜逸，置他猪以償，吾不知也，而與客食，皆大詫以爲非他産所及。已而事敗，客皆大慚。今王氏之猪未敗耳，昔者買肉娼女歌或因以悟。若一念清净，墻壁瓦礫，皆説無上法，而云佛語深妙，菩薩不及，豈非夢中語乎？」寶國曰：「唯唯。」

東坡云：日者王實、王寧見訪。實，韓持國少傅之婿也。因問持國安否，實、寧皆曰：「自致政尤好觀伎，嘗自謂人曰：吾已癃老，且將聲樂酒色以娱年，不爾，無以度日。」東坡曰：「惟其殘年，正不當爾。君兄弟至親且舊，願爲某傳一語於持國，可乎？」實、寧曰：「諾。」坡曰：「頃有一老人，未嘗參禪而雅合禪理，死生之際，極爲了然。一日置酒大會親友，酒闌，語衆曰：『老人即今且去。』因攝衣正坐，將奄奄焉。諸子乃遑遽呼號曰：『大人今日乃與世訣乎？願留一言爲教。』老人曰：『本欲無言，今爲汝懇。只是第一五更起。』諸子未諭，曰：『何也？』老人曰：『惟五更可以勾當自家事。日出之後，欲勾當則不可矣。』諸子曰：『家中幸豐，何用蚤起？舉家諸事，皆是自家事也，豈有分别？』老人曰：『不然。所謂自家事者，是死時將得去者。吾平生治生，今日就化，可將何者去？』諸子頗悟。今持國果自以謂殘年，請二君言與持國，但言某請持國勾當自家事。與其勞心聲酒，不若爲可以死時將去者計也。」坡又曰：「范景仁平生不好佛，晚年清慎，減節嗜慾，一物不芥蔕於心，真卻是學佛作家。然至死常不取佛法。某謂景仁雖不學佛而達佛理，雖毁佛駡祖亦不害也。」

東坡泛潁詩：「散爲百東坡，頃刻復在兹。」劉須溪謂本《傳燈録》。按《傳燈録》：良價禪師因過水睹影而悟，有偈云：「切忌從他覓，迢迢與我疏。我今獨自往，處處得逢渠。渠今正是我，我今不是渠。」《丹鉛總録》

蘇東坡自謂竄逐海上，去死地稍近，心頗憂之，願學壽禪師放生以證善果，敬以亡母蜀郡太君程氏遺留簪珥，盡買放生，以薦父母冥福。其子邁在東坡之側，見所買放生，盈軒蔽地，或掉尾乞命，或悚翅哀鳴，邁憐悲其意，亟請放之。旁有侍妾名朝雲，見邁衣衿有蠉動，視之乃蝨也。妾遽以指爪隕其命，東坡訓之曰：「聖人言近取諸身，遠取諸物。我今遠取諸物以放之，汝今近取諸身以殺之耶？」妾曰：「奈嚙我何？」東坡曰：「是汝氣體感召而生者，不可罪彼。要當捨而放之可也。今人殺害禽魚之命，是豈禽魚嚙人耶？」妾大悟，自後罕茹腥物，多食蔬菜而已。東坡舅氏諭之曰：「心即是佛，不在斷肉。」東坡曰：「不可作如是言。小人女子難感易流，幸其作如是相，有何不可？」

黄魯直謂子瞻曰：「鳥之將死，其鳴也哀。某適到市橋，見生鵞繫足在地，鳴叫不已，得非哀祈於我耶？」子瞻曰：「某昨日買十鳩，中有四活，即放之，餘者幸作一杯羹。今日吾家常膳買魚數斤以水養之，活者放而救渠命，殪者烹而悦吾口。雖腥羶之慾，未能盡斷，且一時從權爾。」魯直曰：「吾兄從權之説善哉！」魯直因作頌曰：「我肉衆生肉，名殊體不殊。元同一種性，只是别形軀。苦惱從他受，肥甘爲我須。莫教閻老判，自揣看何如。」子瞻聞斯語，愀然嘆曰：「我猶未免食肉，安知不被閻老之責乎？」黄魯直師民瞻詩注云：佛印禪師，法名了元，饒州人。公久與之游。時住持潤州金山寺，公赴杭過潤，爲留數月。一日值師挂牌與弟子入室，公便服入方丈見之。師云：「内翰何來？此間無坐處。」公戲云：「暫借和尚四大用作禪床。」師曰：「山僧有一轉語，内翰言下即答，當從所請。如稍涉擬議，所係玉帶願留以鎮山門。」公許之，便解玉帶置几上。師云：「山僧四大本無，五蘊非有，内翰欲於何處坐？」公擬議未即答，師急呼侍者云：「收此玉帶，永鎮山門。」公笑而與之。師遂取衲裙相報，因有二絶，公次韻答之。余嘗聞廣漢天寧泰長老話其事，泰云：「是時在金山挂搭，目擊公與元老問答如此。」余故叙於題下，使後人知其本末云：

病骨難堪玉帶圍，鈍根仍落箭鋒機。欲教乞食歌姬院，故與雲山舊衲衣。《冷齋夜話》云：先生悟其前生，五戒禪師常衣衲衣，故云。

此帶閲人如傳舍，流傳到我亦悠哉。錦袍錯落真相稱，乞與佯狂老萬回。《傳燈録》：萬回法雲公八九歲時，其兄戍安西，師持信朝往夕返萬餘里，故號萬回。唐武后賜以錦袍玉帶。

子由在筠作《東軒記》，或戲之爲東軒長老。其婿曹焕往筠，余作一絶句送曹以戲子由。曹過廬山出以示圓通慎長老，慎欣然亦作一絶。送客出門，歸入室，趺坐化去。子由聞之，乃作一絶，一以答予，一以答慎。明年，余過圓通，始得其詳，乃追次慎韻：

君到高安幾日回，一時得藪舊塵埃。贈君一籠牢收取，盛取東軒長老來。余送曹

東軒長老未相逢，已見黄州一信通。何必楊眉資自擊，須知千里事同風。慎和余詩

東軒只似虚空樣，何處人家籠解盛。縱使盛來無處着，雪堂自有老師兄。子由答余詩

擔頭挑得黄州籠，行過圓通一笑開。卻到山前人已寂，亦無一物可擔回。子由答慎詩

大士何曾有生死，小儒底處覓窮通。偶留一吷千山上，散作人間萬竅風。余和慎詩

舊説房琯開元中嘗宰盧氏，與道士邢和璞出游，過夏口邨，入廢佛寺，坐古松下。和璞使人鑿地得甕中所藏婁師德與永禪師書，謂琯曰：「頗憶此耶？」琯因悵然，悟前生之爲永師也。故人柳子玉寶此畫，云是唐本宋復古所臨者。元祐六年三月十九日，予自杭州還朝，宿吴松江，夢長老仲殊挾琴過予彈之，有異聲，就視，琴頗損而有十三弦。予方嘆惜不已，殊曰：「雖損尚可修。」曰：「奈十三弦何？」殊不答，誦詩云：「度數形名本偶然，破琴今有十三弦。此生若遇邢和璞，方信秦箏是響泉。」予夢中了然識其所謂，既覺而忘之。明日晝寢復夢殊來，理前語，再誦其詩。方驚覺而殊適至，意其非夢也，問之，殊蓋不知。是歲六月，見子玉之子子文，京師求得其畫，乃作詩並書所夢其上。子玉名瑾，善作詩及行草書。復古名迪，畫山水草木，蓋妙絶一時。仲殊本書生，棄家學佛，通脱無所着，皆奇士也。

破琴雖未修，中有琴意足。誰云十三弦，音節如佩玉。新琴空高張，次聲不附木。宛然七弦箏，動與世好逐。陋矣房綠律，因循墮流俗。懸知董庭蘭，不識無弦曲。破琴詩引

范蜀公不信佛説，大蘇公嘗與公論佛，詰其所以不信之説。范公云鎮平生事，非目所見者，未嘗信。蘇公曰：「公亦安能然哉？設公有疾，令人醫切脉，曰寒，則服熱藥；曰熱，則餌寒藥。公何嘗見脉而信之如此，何獨至於佛而必待見耶？」張耒

東坡議學校貢舉書，斥士大夫主佛老之爲非。又策别云：天子有七廟，今又飾佛老之宫而爲之祠，固已過矣。又使大臣兼官以領之，歲給貲以鉅萬，此何爲者耶？其言與佛骨表何異。又作《勝相院記》，謂治其學者，大抵設械以應敵，匿形以逃敗，窘則推墮滉漾，不可捕捉，如是而已矣。此數句盡禪學自欺欺人之病。果東坡於禪學深入冥契，而其言若此，何也？蓋其與世不合，姑以消其不平。莊子云：因之以曼衍，所以窮年也。其東坡之謂乎？《丹鉛總録》

東坡參玉泉皓禪師，師問尊官高姓，坡曰：「姓秤。秤天下長老輕重。」師喝曰：「且道這一喝重多少？」坡無對，於是尊禮之。後過金山，坡題自己照容偈曰：「心似已灰之木，身如不繫之舟。問汝平生功業，黄州瓊州惠州。」燕石齋補《五燈會元》

石塔來别居士，居士云：「經過草草不見石塔。」塔起立云：「遮個是磚浮圖耶？」居士云：「有縫。」答云：「無縫何以容世間螻蟻？」坡首肯之。元豐八年八月二十七日。《外紀》

東坡食肉誦經，或云不净，坡取水漱口。或云一碗水如何漱得，坡云：「慚愧，闍黎會得。」《志林》

蘇臺定惠院净人卓契順，不遠數千里，陟嶺渡海，候無恙於東坡。東坡問將甚麽土物來，順展兩手。坡云：「可惜許數千里空手來。」順作荷擔勢信步而去。《志林》

【眉批】

别本有題曰南華長老寵示四頌，事忙只還一偈。

前已云鏤板，此復云刻，何也？必有誤。坡公自書《楞伽經後》止曰印施，無前鏤板字，豈印即臨摹之謂耶。

有心人。
行即到矣，學道亦然。
此等語豈凡僧所能耶。
他日如何又説内翰没坐處也。
祖戒即在此寺耶？不然必有一妄也。
琴操口頭禪，子瞻直指真面目。
不似宋人肚腸。
東家之西即西家之東。
首四句即用八人名，有此詩體否，然非所以責宋人也。
起不似詩。
王聖俞曰：人情蔽惑，每每如此。
又曰：昔李贊皇使人置金山泉，其人舉棹忘之，至石頭城方憶，汲以獻。李飲之曰：「此頗似石頭城下水。」世固有辨之者，恐佛語菩薩語亦然。
業已合矣，要參他恁底。
人人宜念之。
所謂雖不參禪，而雅合禪理。
此處却頭巾。
如此大是不必禁朝雲殢虱也。

師發端常語耳。

李卓吾曰：俗物不成語。

《北夢瑣言》云：裴休常披毳衲衣歌姬院持鉢乞食。

正謂師取衲裙相報耳，夜話注非也。

已後皆舊本所無，不可解。

見其本有所擔荷，非空手也。或曰似謂虛而往實而歸也。

跋東坡禪喜集後

子瞻廬山偈云：「溪聲便是廣長舌，山色豈非清净身。」說者謂子瞻猶是門外漢。無山無水時，全身跳入黑茫茫地。大抵禪爲生死，不爲文字。生死之根，根於瞥起初念。瞥起一念，若使如蛾赴焰，如蚊嘬鐵。心路既斷，生死冰消。故一切老胡痛棒熱喝，總向人生死初根一齊斬截，到此方云盡大地是個悟門，盡一切微塵皆轉法輪。此何以故？於瞥起處心路不行，則草木瓦石無非大善知識。草摇木動，瓦飄石鳴，無非老胡痛棒熱喝。如是者是名真禪喜。子瞻平生熟於荀、孟、孫、吴，晚遇貶謫，落落窮鄉，遂以内典爲擯愁捐痛之物。浸淫久之，斐然有得。唐有香山，宋有子瞻，其風流往往相類，而其借禪以爲文章，二公亦差去不遠。香山云：「外以儒行修其身，内以釋教汰其心，旁以琴酒山水詩歌樂其志。」則分明一眉山之老人而已。子瞻於生死二字雖不能與維摩、龐蘊争一綫，然其譚笑輕安，坦然而化，如其爲文章則餔禪之糟而因茹其華者多也。徐長孺彙集成編，余故喜而刻之，使天下老居士有生死心者一披此卷。或士大夫熱鬧中欲乞清凉扇子，不妨向子瞻案前燒一瓣香。其或心力勇猛，不願作文字禪者，則請置之，毋以不肖爲戎首。

心空居士唐文獻

跋傳燈録

宗門不立文字，不妨有文字。《景德傳燈録》余所畜舊本甚佳，竊寶惜之，未暇探索。今春遇若凌玄房誇示余此本，與余藏本無異，而裝潢有加焉，檢卷末知爲勝國至元間板。元板之精，幾亂宋板，又爲《傳燈》可寶也。此外又有續燈、聯燈、廣燈等，當必有佳本如此録者，安得盡有之爲快。雖然，能加探索一則兩則，便可穿佛祖鼻孔，不然徒寶惜之，以供蠹魚無爲也。余老矣，願以勉玄房。

萬曆癸卯春日，真實居士馮夢禎

識

此開之先生所跋余元板《傳燈録》語也。先生批閲兩禪喜竟，余時無公海内意，故不及丐其數語作序，今不可追矣，聊附此以見先生禪宗之一班耳。其所稱玄房，則余稚年時舊字也。

凌濛初識

跋

歲之癸卯，開之先生有吴閶之游，招余同往。因聯舟以行，各有詩，今《快雪集》中所書正月訂吴門之約是也。舟中煮茗相對，輒手一帙商榷。時嘉禾方刻《研北雜志》成，先生爲之正訛字數十，且多億中以爲快。

校竟問余奚囊携得何書，余以《景德傳燈録》及蘇黄《禪喜集》對。蘇集舊多挂漏，而余蓋稍益之者也。先生愛《傳燈録》之精好，爲書一跋，又點閲二《禪喜集》。在坐有釋行忞，先生時舉妙義相證，隨筆具上方。吴閶返棹，二集皆卒業。向秘之笥中，迄今凡十九年，先生墓木已拱，而余亦鏡有秋霜縷許矣。付之剞劂一新，恍如昨游，爲之慨然。

天啓辛酉春季，吴興凌濛初跋並書

《世説新語鼓吹》

凌濛初全集

柒

魏同賢 安平秋 主編

鳳凰出版傳媒集團
鳳凰出版社

第七册目録

世説新語鼓吹

高洪鈞　標點

説　明

《世説新語鼓吹》涵《世説新語》六卷、《世説新語補》四卷，爲凌濛初考訂、編纂王世貞所纂《世説新語補》而成。王氏原書係從何良俊《語林》中選取部分條目，纂入《世説新語》相應門類中，並收《世説新語》少量條目加以删改，故名爲《世説新語補》。凌氏慮其「盛行于世，一再傳，而後海内不知有臨川矣」，故爲考訂，一來恢復《世説新語》舊貌，二來將王氏删除、改竄、增補内容，「録爲别卷」，認爲是「合而兩傷，離而並美」的措施。

本書雙色套印，每半葉九行，行二十字，雙行注，有眉批。中縫魚尾，鎸書名、卷次、類目、葉次。《世説新語》署「宋劉義慶撰，梁劉峻注，明凌濛初訂」，《補》署「明何良俊撰補，王世貞删定，張文柱校注，凌濛初考訂」。

本書保留了大量眉批，其中，南宋末年劉辰翁、劉應登等的批語尤可珍貴。凌濛初亦有批語二百餘條，反映了凌氏的文學鑒賞志趣。

世説新語鼓吹序

蓋稗官家獨《世説》稱絶，何元朗衍之而作《語林》。《語林》漫而雜，王元美删潤而作《補》。《補》一出而學士大夫争佩誦焉。然晋以前頗爲臨川溝中之斷，晋以後則貂尾矣。宋、元事入藝場，都不雅馴，好古者或遺之。乃臨川本流傳已少，獨《補》盛行于世，一再傳，而後海内不復知有臨川矣。余慨然思舊，顧恐不滿喜新者之口，一時耳目，復古或難焉。説者又謂：千古微言，晋後獨絶。《南北世説》、《大唐新語》，繼有作者，效顰增厭。况人與母猴，母猴與玃，遞遠面目矣。元美操觚，幾于楮葉。以其《世説》亂《世説》，不可；以其《世説》爲《世説》，可。余特録爲别卷，而臨川一因其舊：元美之改竄者復故，元美之芟除者畢收，仍加標明，爲元美取志焉。書成而名之曰《世説鼓吹》。「鼓吹」者，取《世説》語名之也。按孝標解，「鼓吹」爲羽翼意。元美足羽翼《世説》，而非《世説》也。合而兩傷，離而並美，脱臨川于陽九，即于元美稱忠臣，亦可也。

吴興后學凌濛初初成父書

凡例

一、《世説》夙有善本，耳食者多舍而重《補》，舊本寥寥若晨星矣，故重授剞劂氏。

一、《補》，鷄肋也。删之可惜，留之輒溷，拈出爲别帙。柏梁餘材，武昌剩竹，楮葉也，非厖尾也。

一、《世説》原本，本上中下各有上下，而爲六卷。翻本者患卷少而艱射利，遂分爲八卷。卷首有餘行强删之，使少而相湊；卷首有缺行强增之，使多以相接。鶴頸遂短，鳧頸遂長。致欲增深公之注，而遽以爲殷浩；欲删叔度之文，而竟去其汝南。諸如此類，俱閲者所襲舛而不知也，悉爲訂正。

一、諸書不可有評。評者，爲疣贅，爲指枝。獨《世説》單詞片語，本是譚資，月旦陽秋，不妨饒舌，况劉會孟譚言微中，王敬美剔垢磨瑕，諸家指陳皆足發明餘藴。不佞參考，頗亦有功前賢，獨惡其爲評，而易之以「鼓吹」。「鼓吹」非評也。

一、舊本段析處，偶與後段接，遂加圈其上以别之，既爲不雅，或不别則又溷矣。是刻每首行必高一黍。

一、分目既多，按題而索，殊爲不便，則刻題於中行。

一、弇州所删去不啻十之三，今遽復其故。觀者非所經見則啞然驚，反疑所從來者有之，而弇州移宫换羽亦復不少。要皆有意，非漫爾爲之者，盡標出其上。

一、弇州之《補》，其採孝標之注者十之一。宣武竹馬，豈容輒取；孝伯坐簟，亦非長物。留注而删《補》，仍於注上標明，恐不覺者翻謂有所掛漏于《補》也。

一、《補》本前有《釋名》一卷，而都不詳備。如：魏文自字子桓，而不之録；王忱自字元達，而竟云佛大；郗超字景興，亦稱嘉賓以爲字而不載。諸如此類，不可枚舉。又竄入宋、齊以後，蓋爲《補》設，而據《補》亦未能全，悉爲删正，别名之爲《世説人物》。其一人異稱者爲一項，止列名字者爲一項，有名無字、有字無名者爲一項，姓字俱不著者爲一項，婦人名爲一項，帝王名爲一項，名與字同者爲一項，同姓名者爲一項，僞朝爲一項，方外爲一項，一人兩名者爲一項。

一、《世説》舊有諸序，其爲《世説》者列之《世説》之前，其爲《補》者列之《補》前。《語林》二序亦多發明《世説》，况《補》多祖《語林》，列之《補》前。

一、《世説》爲《補》删者，遂無須溪批，今考須溪本增入上方。

一《補》而名之曰「鼓吹」，一者尚有鼓吹，二爲《明世説》也。《明世説》脱稿未易，而前《世説》陽九已極，故先爲刊布之。

吴興後學凌濛初初成父識

世説新語舊序

劉應登序

晋人樂曠多奇情，故其言語文章别是一色，《世説》可睹已。《説》爲晋作，及于漢、魏者，其餘耳。雖典雅不如左氏《國語》，馳鶩不如諸《國策》，而清微簡遠，居然玄勝。概舉如衞虎渡江，安石教兒，機鋒似沉，滑稽又冷，類入人夢思，有味有情，咽之愈多，嚼之不見。蓋于時諸公專以一言半句爲終身之目，未若後來人士俯焉下筆，始定名價。臨川善述，更自高簡有法。反正之評，戾實之載，豈不或有？亦當頌之，使與諸書並行也。晚後淺俗，奈解人正不可得。嗚呼！人言江左清談遺事，槃槃一老，出其游戲餘力，尚足辦此百萬之敵，兹非談之宗歟？抑吾取其文而非論其人也。丙戌長夏，病思無聊，因手校家本，精剗其長注，間疏其滯義。明年以授梓，乃五月既望梓成。耘廬劉應登首書其端。是爲序。

袁褧序

嘗考載記所述，晋人話言，簡約玄澹，爾雅有韻。世言江左善清談，今閲《新語》，信乎其言之也。臨川撰爲此書，采掇綜叙，明暢不繁。孝標所注，能收録諸家小史，分釋其義，詁訓之賞，見於高似孫《緯略》。余家藏宋本，是放翁校刊本。謝湖躬耕之暇，手披心寄，自謂可觀。爰付梓人，傳之同好。因嘆昔人論司馬氏之祚亡於清談，斯言也，無乃過甚矣乎！竹林之儔，希慕沂樂；蘭亭之集，詠歌堯風。陶荆州之勤敏，謝東山之恬鎮。解《莊》、《易》，則輔嗣、平叔擅其宗；析梵言，則道林、法深領其乘。或詞冷而趣遠，或事瑣而意奥，風旨各殊，人有興托。王茂弘、祖士雅之流，才通氣峻，心翼王室，又斑斑載諸册簡，是可非之者哉！《詩》不云乎：「濟濟多士，文王以寧。」余以瑯琊王之渡江，諸賢弘贊之力爲多，非强説也。夫諸晤言，率遇藻裁，遂爲終身品目，故類以標格相高。玄虚成習，一時雅尚，有東京厨俊之流風焉。然曠達拓落，濫觴莫拯，取譏世教，撫卷惜之。此於諸賢，不無遺憾焉耳矣。刻成，序之，嘉靖乙未歲立秋日也。吴郡袁褧撰。

王世懋序

《易》稱：「書不盡言，言不盡意。」然則書者言之餘響，而言者意之景測也。是以莫逆之旨，恒存乎相視；糟粕之喻，無與於心傳。由百世之下，讀其書而欲想見其爲心，不亦遠乎？此立言者之所以難也。晋人雅尚清談，風流暎於後世。而臨川王生長晋末，沐浴浸溉，述爲此書，至今諷習之者，猶能令人舞蹈，若親睹其獻酬。儻在當時，聆樂衛之韶音，承殷劉之潤響，引宫刻羽，貫心入脾，尚書爲之含笑，平子由斯絶倒，不亦宜乎？蓋晋人之談，所謂「言之近意」，而臨川此書，抑亦「書之近言」者也。余幼而酷嗜此書，中年彌甚，恒著巾箱，鉛槧數易，韋編欲絶。第其句或勾棘，語近方言，句深則難斷，語異則難通，積思累校，小獲疏明。終乎闕疑，以遵聖訓。至於孝標一注，博引旁綜，前無古人，裴松之《三國志注》，差得比肩，而頗爲俗夫攙入叔世之談，恨不能盡别淄澠。時一標出，以洗卯金氏之冤。初雖閟之帳中，既欲公之炙嗜。而參知喬公見之，亟相賞譽，即授梓人。爰綴末章，叙所繇梓。是編也成，吾豈敢謂二氏之忠臣，抑庶幾不爲風雅之辠人乎？萬曆庚辰穐，吴郡王世懋書。

吴瑞徵序

或有問於余曰：「蓋聞聖作明述，經傳攸分。或鑿混沌之竅，或抉古人之藏。辯士争鳴於炙轂，文人騁技於雕龍。詞賦襲荀、宋之遺，紀傳摹《左》、《史》之軌。作者之致，蓋云備矣。而《世説》獨標義例於篇章之表，發妙語於典籍之餘。名理析於單詞，雌黄寄於隻語。令讀者味之而忘倦，覽者飫之而自得。斯其奧義何居，可得聞其概乎？」余曰：斯道也，余嘗求之矣。夫不言而躬行者，上世之淳風也；先行而後言者，中古之芳躅也。逮道喪世衰，行微言顯，於是舐筆之徒，操觚之士，騁劇談於黄馬，縱雄辯於碧鷄。所以班生有餘事之談，揚子有雕蟲之嘆。浸潯以往，忘其本始矣。然而言雖一途，其端有二：操文染翰，則秇士所以争長；揮麈清談，則名流以之宣意。原夫清言之旨倡於何、鄧，揚其波者竹林七子，暢其流者王、樂諸人。自茲以降，波瀾浸廣，雖鉦鼓捹耳，而高論轉激；干戈眩目，而玄理自伸。關河蕩析，諸賢雖負微愆，而高風與霄漢俱懸，逸韻共翔鴻並駕。能使俗士頮濯其鄙吝，庸流輸寫其澳濁，良足多也。是以臨川叙次芳規，采掇餘論，以昭一代之尚，以成一家之言，雖廣諸篇目，而語言爲宗矣。然語言之歸解各不同。約而論之，其義有六：

夫詞之飾言，猶衣之飾體也。使毛嬙、西施，荷氈披褐，則觀者愛弛；嫫母、倭傀，紉蘭蓀振華袿，則過者止觀。故思有玄而即朽，意有淺而見傳，非必青雲失附，而玉樹得依也。任鄙野者難爲響，工聲帨者易爲永耳。若鄧遐愧破甑於叔達，楊彪慚舐犢於日磾。登北固而懷古，有褰裳濡足之言；游會稽而覽勝，有雲興霞蔚之咏。所謂玄黄其質、金玉其相，含艷藻於綺心，飄繁英於綉口，非其言之能文，行之自遠者乎？是曰雅言，其解一也。夫干將之見珍者，爲其立斷也；騹騮之取貴者，爲其逸足也。若搦朽磨鈍，則鉛刀皆能一决；徐行翔佯，則駑蹇亦可取道。當其言之赴會，若矢之應弦，出必中竅，發不後時。艾艾之誚，飾説鳳兮；了了之稱，解嘲座客。顛倒衣裳之對，一拜一起之酬，假刃於敵人之手，轉丸於棘刺之顛。所以倣言居八兵之一，舌端同銛劍之鋒，是曰捷言，其解二也。白與黑陳，則逾表其潔；薰與蕕列，則彌著其馨。白非加皎，而薰不益香也，相形之勢然也。故盜跖與仲尼並篇，蒙莊所以尊聖；老子與韓非同傳，馬遷所以崇聃。蓋事有端言而逾晦，理有正舉而滋疑。旁解則事乃通，援客而理自暢。是以譽直長而反稱子敬之美，鄙玄度而翻嘆巢許之高。舉賢則以愚爲準，指慝則以淑爲程。比物連類，屈轂無不破之瓠；泛引旁通，罔象無難狀之貌。是曰形言，其解三也。事或反經以合道，言或倒行而逆施。弦高以誕而存鄭，紀信以僭而全漢。使二子蹈忠信之常經，則北門之管不還，而滎陽之旌不返矣。事誠如是，言亦宜然。正言直指，不發耳目；詭詞拗説，多傾聽聞。譏壽春而比蹤於禹湯，輕賓客而自遜於夷甫。有佳兒以戲厥子，無鄙言以誚太真。率皆寄哭於笑，寓往於復，凡以馳驟人心，聳動觀聽云爾。是曰反言，其解四也。夫言爲意設，情以詞宣。意鬱則累牘非駢，情顯則片言可削。自古著作之匠，提屑玉之斤，秉剪雲之鋸，周疏尋繹，披割蕪穢。語上則遺其下，舉甲則略其乙。凡謂意以不虧爲至，言以不盡爲工也。故稱年少之見勝，匪止圍棊；語亡國之可悲，不獨一士。思餘而語已止，扣歇而音自長。蓋駢言廣譬，祇酬未知；舉端而明，自宜中輟。而必欲繁稱文詞，牽裾强聽，則是磬擊而吹竽不斷，水窮而築堰不休，蛇足鳧脛，取譏往哲矣。是以達人止乎當止，不贅一詞。是謂偏言，其解五也。夫議也者有不明也，辨也者有不見也。同明而言，則繁不如簡；同智而語，則俗不如玄。故大辯若訥，至言去言。長松有風，彰荆産之匪德；清風懷想，著玄度之高標。人見阿恭，而識元規非假；我乃生瑍，而知靈運當生。是皆簡之又簡，玄之又玄，意相示而枝葉忘，精相通而口耳喪，斯立言之要眇，俗士之唾餘。是曰超言，其解六也。凡此六解，清論之宗。裴僕射之談藪，褚季野之陽秋；真長之伐異標同，茂先之出《史》入《漢》；謝太傅之綸至，王長史之韶音。茂弘所以忘疲，平子因之絶倒。窺其旨要，不出此六端。所以提衡當世，獻酬群心者，罄盡於斯矣。若其叙次簡當，則左氏之遺音；肖物班形，則史遷之長技；托旨玄勝，則莊、列之眇指；囊括宏贍，則《説苑》之精英。采衆美以成芳，集群葩而呈秀。方之發淫趣於一竅，享敝帚於千金者，不亦遠乎。子徒知垂名竹帛，必以篇章，而不知著論立言各有攸當也。是書隨在有刻，而獨患無小本，于是縮板而鐫之，雖孝標之注，博通精覈，爲箋釋家之冠，猶慮簡帙之繁，寧略而不載也。他日戴短帽、躡高屐，携此小本挂杖頭，逐孝標車後，令人呼爲塵垢囊，不大快事耶！丙申仲夏剞劂告成，遂略陳其概若此。

渤海吴瑞徵仲庚氏序。

愚按：是序發明《世説》，頗快人意。然楊彪舐犢之對，我乃生奂之言，皆《補》中事，臨川本所未嘗有也。亦沿襲於《補》而誤用之耳。《補》之竄正，其誤人蓋若此。

世説舊題見高氏《緯略》

宋臨川王義慶采擷漢、晋以來佳事佳話爲《世説新語》，極爲精絶，而猶未爲奇也。梁劉孝標注此書，引援詳確，有不言之妙。如引漢、魏、吴諸史及子傳地理之書皆不必言，只如晋氏一朝史，及晋諸公列傳譜録文章，凡一百六十六家，皆出於正史之外。記載特詳，聞見未接，實爲注書之法。

世説新語題詞

喬懋敬題詞

西晋士風，號稱「簡禮」，甚矣！而棋功絲竹，尚蒙史氏之譏，至其推明《老》、《莊》之旨，諸爲譚辯，渺漫無根，猶時時爲理屈也。吾觀今世儒者，皆知宗孔氏，而其説未曾不奇于玄空。乃若薦紳守禮之家，不見譏于史氏者，能幾何哉？吾是以知西晋之士，未爲甚詭于先聖，其風猶有可存者。是書爲臨川王所著，而孝標之注往往補其闕而剔其訛，足備一代之言。顧其説時相牴牾，又或不可句解者尚多也。督學麟洲王公該洽今古，于是書尤爲篤嗜，時有批評竄點，覃精絶韋，不自知其用心之勤矣。余幸而獲觀焉，闡幽發隱，睦耳愿心，致足樂也，遂請而俾諸梓。烏乎！極晋人立言之意，所謂「蕩而有歸」者，參之以次公之論，庶幾其意可求于以翼世教者非鋭矣。若曰苟資譚説而已，則豈深于是書者哉？萬曆辛巳之夏月，雲間喬懋敬允德甫撰。

世説舊跋

董弅跋

右《世説》三十六篇，世所傳釐爲十卷。或作四十五篇，而末卷但重出前九卷中所載。余家舊藏，蓋得之王原叔家。後得晏元獻公手自校本，盡去重複，其注亦小加剪截，最爲善本。晋人雅尚清談，唐初史臣修書，率意竄定，多非舊語，尚賴此書以傳後世。然字有譌舛，語有難解，以它書證之，間有可是正處，而注亦比晏本時爲增損。至於所疑，則不敢妄下雌黄，姑亦傳疑，以竢通博。紹興八年夏四月癸亥，廣川董弅題。

陸游跋

郡中舊有《南史》、《劉賓客集》版，皆廢于火，《世説》亦不復在。游到官，始重刻之，以存故事。《世説》最後成，因並識于卷末。淳熙戊申重五日，新定郡守笠澤陸游書。

《世説新語》紀事多謬 見《七修類稿》

蘇峻之亂，因庾亮輕下詔徵之，既而下石頭，朝廷傾覆。亮奔温嶠，嶠勸亮因陶侃，蓋時起義兵，而衆推侃爲盟主也。侃意正欲誅亮以謝天下，亮猶豫不敢。此事重出，其一曰：温云「溪狗我所悉知，卿但見之」，因而陶見庾貌丰姿神爽，遂改觀，歡宴終日。一曰：卿但遥拜，保無他也。陶見之，不覺什然。殊不知陶乃尚事功而厭清談，飲有限而鄙時流者，豈丰姿神爽使能改欲誅之意，且得歡宴竟日耶？又使遥拜保無他，亮亦天子以下人，此言輕可語之耶？《陶傳》自云：庾詣拜謝，陶曰：「元規乃拜士行耶？」此足以見其實也，況二條自相矛盾。若望蔡是謝惔居宦地名，著爲惔之小字；惔之小字，末婢也。王敦與錢鳳謀逆，夜爲王允之所聞，允之吐被酣睡，記爲王右軍者，紛紛不一。又如：劉尹撫王長史背曰：「阿奴比丞相，但有都長。」王長史酒酣起舞，劉尹曰：「阿奴，今日不復減向子期。」又俱重出，此類尤甚。但此書以清談奇譃，高尚穎敏之事爲主，故多取于晋者，似不作可也。

世説人物

帝王

魏

武帝操字孟德　亦稱曹公　亦稱魏武

文帝丕字子桓　亦稱文帝　亦稱魏文帝　亦稱五官中郎

明帝叡字元仲

高貴鄉公髦字彦士

任城王彰字子文

陳思王植字子建　亦稱東阿

吴

吴長沙桓王策字伯符

吴大帝權字仲謀

吴景帝休字子烈

附歸命侯皓字元宗　一名彭祖

晋

文王昭字子上　亦稱司馬文王
景王師字子元　亦稱司馬景王
武帝炎字安宇
簡文帝昱字道萬　亦稱簡文　亦稱會稽王　亦稱相王
元帝叡字景文
成帝衍字世根
康帝岳字世同
海西公奕字延齡
孝武帝昌明
梁王肜字子徽
趙王倫字子彝
扶風王駿字子臧
成都王穎字叔度
長沙王乂字士度
會稽王道子　亦稱太傅
齊王冏字景治
齊王攸字大猷

梁王珍之字景度
彭城王權字子輿
愍王丞字元敬　亦稱譙王
附太宰晞字道升
太傅越字玄超

僞朝

趙

石虎字世龍
石勒字季龍

秦

符堅字永固

蜀

李勢字子仁

名字

東方朔字曼倩　京房字君明　陳蕃字仲舉　范滂字孟博
李膺字元禮　黄憲字叔度　許虔字子政　徐穉字孺子

謝甄字子微
蔡邕字伯喈
邊讓字文禮
諸葛亮字孔明
陸抗字幼節
諸葛誕字公休
楊修字德祖
荀彧字文若
裴綽字仲舒
禰衡字正平
郭淮字伯濟
陳騫字休淵
劉禎字公幹
鍾會字士季
陳群字長文
武陔字元夏
王弼字輔嗣
杜預字元凱

顧邵字孝則
馬融字季長
孔融字文舉
龐統字士元
全琮字子黄
韋誕字仲將
邴原字根矩
荀静字叔慈
裴瓚字國寶
周馥字祖宣
王凌字彦雲
陳本字休元
陸遜字伯元
諸葛恪字元遜
武周字伯南
王朗字景興
傅嘏字蘭碩
裴潛字文行

袁宏字奉高
鄭玄字康成
劉表字景升
鍾繇字元常
喬玄字公祖
崔琰字季圭
管寧字幼安
荀顗字景倩
蘇則字文師
劉輿字慶孫
辛昆字佐治
潘尼字正叔
鍾皓字季明
陳紀字元方
陳忠字孝先
服虔字子慎
荀粲字奉倩
何晏字平叔

郭泰字林宗
顧雍字元嘆
司馬徽字德操
陸績字公舉
諸葛瑾字子瑜
王粲字仲宣
華歆字子魚
裴康字仲豫
公孫度字叔濟
宗承字世林
夏侯玄字太初
賈充字公閭
鍾毓字穉叔
陳諶字季方
陳泰字玄伯
崔烈字威考
和嶠字長輿
鄧颺字玄茂

陸凱字敬風
何曾字穎考
潘滔字陽仲
鄭冲字文和
劉寶字道真
王濟字武子
李陽字景祖
華軼字彥夏
羊琇字稚舒
孔沈字德度
顧悦字君叔
羊權字道輿
羊祜字叔子
羅企生字宗伯
阮修字宣子
劉伶字伯倫
夏侯湛字孝若
庾闡字仲初

管輅字公明
周浚字開林
張華字茂先
陸亮字長興
胡毋輔之字彥國
許元字士宗
裴秀字季彥
張翰字季鷹
崔豹字正熊
孫濳字齊由
郗邁字思遠
伏滔字玄度
顧愷之字長康
諸葛厷字茂達
袁準字孝尼
劉袒字公榮
太叔廣字季思
山該字伯倫

李豐字安國
孫秀字俊忠
胡威字伯虎
王倫字太冲
滿奮字武秋
陳述字嗣祖
郭奕字泰業
祖約字士少
劉琨字越石
孫放字齊莊
周翼字子卿
習鑿齒字彥威
庾龢字道季
向秀字子期
左思字太冲
畢卓字茂世
摯虞字仲治
向雄字茂伯

孫登字公和
衛瓘字伯玉
周鎮字康時
李喜字季和
諸葛靚字仲思
郭豫字泰寧
羊繇字堪甫
楊濟字文通
摯瞻字景游
劉邵字彥祖
羊秉字長達
高柔字世遠
李充字弘度
郭象字子玄
皇甫謐字士安
潘岳字安仁
郭璞字景純
盧毓字子家

盧珽字子笏
羊忱字長和
謝石字石奴
梅頤字仲真
范寧字武子
裴邈字景聲
王劭字敬倫
束晳字廣微
王應字安期
阮武字文業
嚴隱字仲弼
劉漠字冲嘏
李胤字曼長
向純字長悌
董養字仲道
戴儼字若思
賈寧字建寧
荀寓字景伯

葛旟字虚璵
羊楷字道茂
刁協字玄亮
嵇紹字延祖
謝重字景重
阮孚字遥集
庾希字始彦
孟嘉字萬年
王彬字世儒
褚陶字季雅
張暢字威伯
馮播字友聲
阮渾字長成
向悌字叔遜
温幾字元甫
楊淮字始立
杜乂字弘治
劉許字文生

董艾字叔智
諸葛衡字峻文
顧顯字孟著
張天錫字公純嘏
馮懷字祖思
羊曼字延祖
蔡系字子叔
王玄字眉子
王舒字處明
吴展字士季
劉粹字純嘏
馮蓀字惠卿
山簡字季倫
王綏字萬子
劉疇字王喬
劉綏字萬安
劉恢字道生
鄒湛字潤甫

盧志字子通
謝裒字幼儒
蘇峻字子高
毛玄字伯成
張憑字長宗
羊固字道安
戴逵字安道
楊朗字世彦
阮咸字仲容
朱誕字永長
劉宏字終嘏
邢喬字曾伯
阮瞻字千里
趙穆字季子
王邃字處仲
徐寧字安期
蔡充字子尼
鄭詡字思淵

荀隱字鳴鶴
任愷字元裒
吕安字中悌
翟湯字道淵
韓壽字德真
索元字天保
楊喬字國彦
杜育字方叔
丁潭字世康
劉奭字文時
陳逵字林道
桓謙字敬祖
趙悦字悦子
王烈字陽秀
羊綏字仲彦
張闓字敬緒
王緒字仲業
王訥字文開

干寶字令升
袁耽字彦道
嵇喜字公穆
孟陋字少孤
周處字子隱
桓範字允明
楊髦字士彦
閭丘冲字賓卿
王穎字茂英
蘇愉字休豫
李志字温祖
虞球字和琳
魏隱字安時
殷允字子思
江夷字茂遠
沈充字士居
周馥字湛隱
羊孚字子道

范汪字玄平
羅友字他仁
李廞字宗子
戴逯字安丘
孟昶字彦達
蕭輪字祖周
劉納字令言
郝隆字弘始
王敞字茂平
蘇紹字世嗣
王操之字子重
江惇字思悛
王耆之字修載
劉簡字仲約
車胤字武子
陸邁字功高
桓豁字朗子
鍾雅字彦胄

劉爰之字遵祖
王廞字伯輿
何準字幼道
孫秀字彦才
羊欣字敬元
江灌字道群
周恢字弘武
虞退字思行
謝聘字弘遠
孫統字承公
袁恪之字元祖
衛永字君長
王堪字世胄
羅含字君章
傅瑗字叔玉
桓道恭字祖猷
王詡字季胤
劉超字世踰

許柳字季祖
山遐字彥林
陸退字黎民
桓胤字茂祖
許猛字子豹
王會字直明
魏覬字長齊
高柔字世遠
王雅字茂建
歐陽建字堅石

許永字思妣
王珉字季琰
范啓字榮期
劉毅字仲雍
王廣字公淵
孫繪之字季倫
符朗字元達
王和之字興道
阮牖字彥倫
司馬無忌字公壽

虞存字道長
羊輔字幼仁
顧夷字君齊
劉牢之字道堅
王經字彥偉
桓亮字景真
庾鴻字伯鸞
錢鳳字世儀
任瞻字育長
傅迪字長猷

虞謇字道真
王訥之字永言
曹毗字輔佐
許奇字子太
郝普字道佳
伏系字敬魯
祖廣字淵度
李軌字弘範
殷師字師子
傅亮字季友

名字異稱

荀淑字季和　亦稱朗陵
陳寔字仲弓　亦稱太丘
張昭字子布　亦稱輔吳
陳群字長文　亦稱司空
顧榮字彥先　亦稱驃騎　亦稱元公
鄧攸字伯達　亦稱僕射
王廙字世將　亦稱平南

王昶字文舒　亦稱司空
裴徽字文季　亦稱冀州
裴頠字逸民　亦稱僕射　亦稱成公　亦稱裴公
陸機字士衡　亦稱平原
陸雲字士龍　亦稱清河
蔡洪字叔開　亦稱秀才
羊祜字叔子　亦稱羊公
王乂字叔元　亦稱平北
王衍字夷甫　亦稱太尉
阮籍字嗣宗　亦稱步兵　亦稱阮公
嵇康字叔度　亦稱中散　亦稱嵇公
王戎字濬冲　亦稱安豐　亦稱阿戎
山濤字巨源　亦稱司徒　亦稱山公
裴楷字叔則　亦稱裴令　亦稱令公
樂廣字彦輔　亦稱樂令
荀勗字公曹　亦稱濟北
謝鯤字幼輿　亦稱豫章
賀邵字興伯　亦稱太傅

賀循字彦先　亦稱司空　亦稱賀生
王澄字平子　亦稱阿平
王敦字處仲　亦稱阿黑　亦稱大將軍
王導字茂弘　亦稱阿龍　亦稱丞相　亦稱王公　亦稱司空
庾亮字元規　亦稱庾公　亦稱文康　亦稱太尉
祖納字士言　亦稱光禄
王湛字處冲　亦稱汝南
温嶠字太真　亦稱温公　亦稱忠武
諸葛恢字道明　亦稱諸葛令
謝裒字幼儒　亦稱尚書
卞壼字望之　亦稱卞令
庾敳字子嵩　亦稱中郎
庾琮字子躬　亦稱庾公
祖逖字士稚　亦稱車騎
衛玠字叔寶　亦稱虎　亦稱洗馬
周顗字伯仁　亦稱僕射　亦稱周侯
周謨字叔治　亦稱阿奴
陶侃字士行　亦稱陶公

桓彝字茂倫　亦稱廷尉　亦稱常侍
殷羡字洪喬　亦稱豫章
褚裒字季野　亦稱褚公
殷融字洪遠　亦稱太常
劉惔字真長　亦稱劉尹
王承字安期　亦稱東海
韓伯字康伯　亦稱豫章
許詢字玄度　亦稱阿訥　亦稱許掾
顧和字君孝　亦稱司空
郗鑒字道徽　亦稱太尉　亦稱太傅　亦稱司空　亦稱郗公
王恭字孝伯　亦稱寧
謝尚字仁祖　亦稱鎮西
謝奕字無奕　亦稱安西　亦稱晉陵
謝奉字弘道　亦稱安南
謝安字安石　亦稱太傅　亦稱謝公　亦稱文靖　亦稱僕射
謝萬字萬石　亦稱阿萬　亦稱中郎
高崧字茂琰　亦稱阿酃　亦稱侍中　亦稱高靈
王述字懷祖　亦稱藍田　亦稱宛陵

王胡之字修齡　亦稱阿齡　亦稱司州
王濛字仲祖　亦稱阿奴　亦稱長史
張湛字處度　亦稱驎
江虨字思玄　亦稱僕射
裴遐字叔道　亦稱散騎
王微字幼仁　亦稱荆産
孫綽字興公　亦稱長樂
郗愔字方回　亦稱司空　亦稱郗公
桓温字元子　亦稱桓公　亦稱征西　亦稱大司馬　亦稱宣武　亦稱荆州
王羲之字逸少　亦稱右軍　亦稱臨川
荀羨字令則　亦稱中郎
庾翼字穉恭　亦稱征西　亦稱小庾　亦稱小征西
何充字次道　亦稱驃騎　亦稱揚州
蔡謨字道明　亦稱蔡公　亦稱司徒
阮裕字思曠　亦稱光禄　亦稱阮公　亦稱主簿
庾冰字季堅　亦稱司空
陶範字道則　亦稱胡奴
袁宏字彦伯　亦稱虎

應詹字思遠　亦稱鎮南
庾統字長仁　亦稱赤玉
李重字茂重　亦稱平陽
孫騰字伯海　亦稱僧奴
王謐字雅遠　亦稱武岡
孔巖字彭祖　亦稱西陽
孔淳之字克深　亦稱隱士
謝混字叔源　亦稱益壽

名與字同

敫仲文字仲文
孔安國字安國

同姓名

袁宏字彦伯　亦稱虎　此與伏滔比肩者
袁宏字奉高　此與黄叔度交者
郝隆字佐治　此以小草譏謝安石者
郝隆字弘始　此與閭丘冲滿奮並者

王渾字玄冲　亦稱司徒　此王濟父
王渾字長原　此王戎父
王愷字君夫　此與石崇争豪者
王愷字茂仁　此王坦之子娶桓温第一女者

一人兩名

荀爽字慈明　一名諝
鄧艾字士載　一名範字士則
趙至字景真　一名翼字陽

名字不備

陳嬰
符宏
劉璵
敫仲堪　亦稱荆州
袁山松　亦稱府君
顧辟彊
秦子羽

桓石虔

鄭中

荀巨伯

陳遺

孫恩　亦名靈秀

袁閬　袁閬字奉高即袁閎然世說兩見

虞嘯父

任讓

任顒

謝靈運

庾法暢

姓名不備

中朝小兒

梁國楊氏子

郗司空家傖奴

北來道人

方外

竺法汰　亦稱汰法師
竺法深　亦稱深公
支遁字道林　亦稱林公　亦稱支公　亦稱支法師　亦稱林道人　亦稱林法師
尸黎密　本稱高坐道人
竺德　本稱道壹道人
惠遠　姓賈本稱遠公
康僧淵
于法開
僧意
法虔
支愍度道人
法岡道人
釋道安　姓衛
提婆　姓瞿曇
佛圖澄
濟尼

婦人名字

鄭阿春	元帝后字	
王法惠	孝武帝后諱	王蘊女
賈南風	惠帝后字	
王穆之	哀帝后	王濛女
廬陵長公主名南弟	劉惔尚	
舞陽公主字修禕	王敦尚	
王嬙字昭君		
李婉字叔文	賈充前婦	李豐女
郭玉璜	賈充後婦名	郭配女
李絡秀	周浚妾名	
郗璿字子房	王羲之妻	郗鑒女
曹淑	王導妻名	曹韶女
阮幼娥	劉綏妻字	阮蕃女
鍾琰之	王渾妻名	
劉静女	庾翼妻字	劉綏女
范蓋	王坦之妻名	范汪女
王荃	謝萬妻名	王述女

郗道茂
謝道蘊
謝月鏡
周馬頭
王綏
王英彥
諸葛文虎
諸葛文熊
桓伯子
孫阿恒
童秦姬
桓女幼
謝僧要
謝僧韶
王僧首
庾三壽
王女宗
庾姚

王獻之先娶妻名
王凝之妻名
王愔之妻
郗超妻名
謝胡兒母名
殷仲堪妻字
庾會妻名
謝石妻名
王愷妻字
王虔之妻字
吴堅妻名
庾宣妻字
庾龢妻
殷歆妻
羊輔妻字
王訥妻字
桓冲前妻字
桓冲後妻字

郗曇女
謝景重女
周閔女
王韜女
王臨之女
諸葛恢大女
諸葛恢小女
桓温女
孫綽女
童僧女
桓豁女
謝尚長女
謝尚次女
王訥之女
庾琮女
王恬女
庾蔑女

鼓吹諸家姓氏

劉會孟名辰翁號須溪　采須溪本

王元美名世貞稱弇州先生　采《藝苑卮言》等書

王敬美名世懋　采豫章本

何孟春字子元　采本集

張仲立名文柱　注《世説補》

楊用修名慎　采《丹鉛總録》等書

陳志華名基虞　采《客齋詩話》

王乾開名三陽　采《都水浪言》

張伯起名鳳翼　采《文選纂注》

吴文仲名安國　采《纍瓦編》

郎仁寶名瑛　采《七修類稿》

不佞濛初，字初成。間有一二鄙見，例從諸君子，稱字於上方云。

世説新語目録

世説新語卷上之上

宋　劉義慶　撰
梁　劉　峻　注
明　凌濛初　訂

德行第一

陳仲舉言爲士則，行爲世範，登車攬轡，有澄清天下之志。《汝南先賢傳》曰：「陳蕃字仲舉，汝南平輿人。有室，荒蕪不掃除，曰：『大丈夫當爲國家掃天下。』值漢桓之末，閹豎用事，外戚豪橫。及拜太傅，與大將軍竇武謀誅宦官，反爲所害。」爲豫章太守，《海内先賢傳》曰：「蕃爲尚書，以忠正忤貴戚，不得在臺，遷豫章太守。」至，便問徐孺子所在，欲先看之。謝承《後漢書》曰：「徐穉字孺子，豫章南昌人。清妙高跱，超世絶俗。前後爲諸公所辟，雖不就，及其死，萬里赴弔。常預炙鷄一隻，以綿漬酒中，暴乾以裹鷄，徑到所赴冢隧外，以水漬綿，斗米飯，白茅爲藉，以鷄置前，酹酒畢，留謁即去，不見喪主。」主簿白：「群情欲府君先入廨。」陳曰：「武王式商容之閭，席不暇煖。許叔重曰：「商容，殷之賢人，老子師也。」車上跽曰式。吾之禮賢，有何不可！」袁宏《漢紀》曰：「蕃在豫章，爲穉獨設一榻，去則懸之。見禮如此。」

【眉批】

劉會孟曰：「《世説》所載多無識語，然皆今人所有之，則古亦不可謂無，故自未可棄耳。」

劉本《注》：「謂陳欲便看孺子，而主簿欲其候入廨後。」

按：凡稱「劉本《注》」俱劉應登本中者。劉序云「間疏其滯義」，意或應登自注，又或孝標原注，俱不可考，概列之上方。

楊用修曰：「蕃亦癡矣，爲郡守采一郡之風謠，爲宰相以天下爲耳目。若閉閤懸榻乃干木、泄柳所爲，豈郡守、宰相之事乎？宦官之事，宜其及矣。」

周子居常云：「吾時月不見黄叔度，則鄙吝之心已復生矣。」子居别見。《典略》曰：「黄憲字叔度，汝南慎陽人。時論者咸云『顔子復生』。而族出孤鄙，父爲牛醫。潁川荀季和執憲手曰：『足下吾師範也！』後見袁奉高曰：『卿國有顔子，寧知之乎？』奉高曰：『卿見吾叔度邪？』戴良少所服下，見憲則自降薄，悵然若有所失。母問：『汝何不樂乎？復從牛醫兒所來邪？』良曰：『瞻之在前，忽焉在後，所謂良之師也。』」

郭林宗至汝南造袁奉高，《續漢書》曰：「郭泰字林宗，太原介休人。泰少孤，年二十，行學至城阜屈伯彦精廬，乏食，衣不蓋形，而處約味道，不改其樂。李元禮一見稱之曰：『吾見士多矣！無如林宗者也。』及卒，蔡伯喈爲作碑，曰：『吾爲人作銘，未嘗不有慚容，唯爲《郭有道碑頌》無愧耳。』初，以有道君子徵。泰曰：『吾觀乾象人事，天之所廢，不可支也。』遂辭以疾。」《汝南先賢傳》曰：「袁宏字奉高，慎陽人。友黄叔度於童齒，薦陳仲舉於家巷。辟太尉掾，卒。」車不停軌，鸞不輟軛。詣黄叔度，乃彌日信宿。人問其故，林宗曰：「叔度汪汪如萬頃之陂，澄之不清，擾之不濁，其器深廣，難測量也。」《泰别傳》曰：「薛恭祖問之，泰曰：『奉高之器，譬諸泛濫，雖清易挹也。』」

【眉批】

按：弇州以此入《品藻》。

王敬美曰：「叔度值是難窺，究竟雅量第一。」

劉會孟曰：「不濁易見，不清難知。故是能言。」

按：交叔度者，袁閬字奉高耳。獨《世説》以奉高爲袁宏。後又有袁彦伯亦名宏。

劉會孟曰：「本語云奉高『清而易挹』，四字有味，不宜去。」

李元禮風格秀整，高自標持，欲以天下名教是非爲己任。薛瑩《後漢書》曰：「李膺字元禮，潁川襄城人。抗志清妙，有文武俊才。遷司隸校尉，爲黨事自殺。」後進之士，有升其堂者，皆以爲登龍門。《三秦記》曰：「龍門，一名河津，去長安九百里。水懸絶，龜魚之屬莫能上，上則化爲龍矣。」

【眉批】

劉會孟曰：「此復何德行？」

李元禮嘗嘆荀淑、鍾皓《先賢行狀》曰：「荀淑字季和，潁川潁陰人也。所拔韋褐芻牧之中，執案刀筆之吏，皆爲英彦。舉方正，補朗陵侯相，所在流化。鍾皓字季明，潁川長社人。父、祖至德著名。皓高風承世，除林慮長，不之官。人位不足，天爵有餘。」曰：「荀君清識難尚，鍾君至德可師。」《海内先賢傳》曰：「潁川先輩，爲海内所師者：定陵陳稺叔，潁陰荀淑，長社鍾皓。少府李膺宗此三君，常言：『荀君清識難尚，陳鍾至德可師。』」

陳太丘詣荀朗陵，貧儉無僕役，《陳寔傳》曰：「寔字仲弓，潁川許昌人。爲聞喜令、太丘長，風化宣流。」乃使元方將車，《先賢行狀》曰：「陳紀字元方，寔長子也。至德絶俗，與寔高名並著，而弟諶又配之。每宰府辟召，羔雁成群，世號『三君』，百城皆圖畫。」季方持杖後從，長文尚小，載著車中。既至，荀使叔慈應門，慈明行酒，餘六龍下食，張璠《漢紀》曰：「淑有八子：儉、鯤、靖、燾、汪、爽、肅、敷。淑居西豪里，縣令苑康曰：『昔高陽氏有才子八人。』遂署其里爲高陽里。時人號曰『八龍』。」文若亦小，坐著膝前。于時太史奏：「真人東行。」檀道鸞《續晉陽秋》曰：「陳仲弓從諸子姪造荀父子，于時德星聚，太史奏：『五百里賢人聚。』」

【眉批】

劉會孟曰：「『六龍』語鄙。」

又曰：「元注有『五百里内』，復不可少。」

按：《續晉陽秋》注，劉本所無，故云。

客有問陳季方：《海内先賢傳》曰：「陳諶字季方，寔少子也。才識博達，司空掾公車徵，不就。」「足下家君太丘，有何功德，而荷天下重名？」季方曰：「吾家君譬如桂樹生泰山之阿，上有萬仞之高，下有不測之深；上爲甘露所霑，下爲淵泉所潤。當斯時，桂樹焉知泰山之高，淵泉之深？不知有功德與無也。」

【眉批】

按：此則弇州所删。

劉會孟曰：「意是尚覺此語爲煩。」

陳元方子長文，有英才，《魏書》曰：「陳群字長文，祖寔，嘗謂宗人曰：『此兒必興吾宗。』及長，有識度，其所善皆父黨。」與季方子孝先，《陳氏譜》曰：「諶子忠，字孝先。州辟不就。」各論其父功德，爭之不能決。咨於太丘，太丘曰：「元方難爲兄，季方難爲弟。」一作「元方難爲弟，季方難爲兄。」

【眉批】

凌初成曰：「《注》語更自可思。」

劉會孟曰：「家翁語。」

荀巨伯遠看友人疾，《荀氏家傳》曰：「巨伯，漢桓帝時人也。亦出潁川，未詳其始末。」值胡賊攻郡，友人語巨伯曰：「吾今死矣，子可去！」巨伯曰：「遠來相視，子令吾去，敗義以求生，豈荀巨伯所行邪！」賊既至，謂巨伯曰：「大軍至，一郡盡空，汝何男子，而敢獨止？」巨伯曰：「友人有疾，不忍委之，寧以我身代友人命。」賊相謂曰：「我輩無義之人，而入有義之國。」遂班軍而還，一郡並獲全。

【眉批】

劉會孟曰：「巨伯固高，此賊亦入《德行》之選矣。」

王敬美曰：「賊語亦佳。」

華歆遇子弟甚整，雖閒室之内，嚴若朝典。《魏志》曰：「歆字子魚，平原高唐人。」《魏略》曰：「靈帝時，與北海邴原、管寧俱游學相善，時號三人爲一龍，謂歆爲龍頭，寧爲龍腹，原爲龍尾。」陳元方兄弟恣柔愛之道，而二門之裏，兩不失雍熙之軌焉。

【眉批】

楊用修曰：「《三國志》云『管寧爲龍頭，邴原爲龍腹，華歆爲龍尾。』余謂華歆爲蠆尾。」

劉會孟曰：「寫得可觀。」

吴文仲曰：「歆勒兵弑后，此乃逆賊之尤，與幼安、根矩，不啻由、跖，而可並論耶？」

管寧、華歆共園中鋤菜，《傅子》曰：「寧字幼安，北海朱虚人，齊相管仲之後也。」見地有片金，管揮鋤與瓦石不異，華捉而擲去之。又嘗同席讀書，有乘軒冕過門者，寧讀如故，歆廢書出看。寧割席分坐，曰：「子非吾友也。」《魏略》曰：「寧少恬静，常笑邴原、華子魚有仕宦意。及歆爲司徒，上書讓寧。寧聞之，笑曰：『子魚本欲作老吏，故榮之耳。』」

【眉批】

劉會孟曰：「『捉』『擲』未害其真，强生優劣。其優劣不在此。」

王乾開曰：「金未捉，心未動也。捉金，勉一擲之耳。後附阿瞞，破壁牽后，見金已不見人，豈復能擲哉？」

凌初成曰：「既『捉而擲去』，便是華歆一生小様子。」

王朗每以識度推華歆。《魏書》曰：「朗字景興，東海郯人，魏司徒。」歆蜡日，《禮記》曰：「天子大蜡八。伊耆氏始爲蜡。蜡，索也。歲十二月，合聚萬物而索饗之。」《五經要義》曰：「三代名臘，夏曰嘉平，殷曰清祀，周曰大蜡，總謂之臘。」晋博士張亮議曰：「蜡者，合聚百物索饗之，歲終休老息民也。臘者，祭宗廟五祀。《傳》曰：『臘，接也。祭則新故交接也。』秦、漢已來，臘之明日爲祝歲，古之遺語也。」嘗集子侄燕飲，王亦學之。有人向張華説此事，張曰：「王之學華，皆是形骸之外，去之所以更遠。」王隱《晋書》曰：「張華字茂先，范陽人也。累遷司空，而爲趙王倫所害。」

【眉批】

按：弇州以此入《品藻》。

劉會孟曰：「名言。」

華歆、王朗俱乘船避難，有一人欲依附，歆輒難之。朗曰：「幸尚寬，何爲不可？」後賊追至，王欲舍所携人。歆曰：「本所以疑，正爲此耳。既已納其自托，寧可以急相棄邪？」遂携拯如初。世以此定華、王之優劣。華嶠《譜叙》曰：「歆爲下邽令，漢室方亂，乃與同志士鄭太等六七人避世。自武關出，道遇一丈夫獨行，願得與俱，皆哀許之。歆獨曰：『不可。今在危險中，禍福患害，義猶一也。今無故受之，不知其義，若有進退，可中棄乎？』衆不忍，卒與俱行。此丈夫中道墮井，皆欲棄之。歆乃曰：『已與俱矣，棄之不義。』卒共還，出之而後别。」

【眉批】

劉會孟曰：「閲世而後知其難，賴有此語。」

又曰：「管勝華，華復勝王，人不可以無辨。」

王祥事後母朱夫人甚謹。《晉諸公贊》曰：「祥字休徵，琅邪臨沂人。」《祥世家》曰：「祥父融，娶高平薛氏，生祥。繼室以盧江朱氏，生覽。」《晉陽秋》曰：「後母數譖祥，屢以非理使祥，弟覽輒與祥俱。又虐使祥婦，覽妻亦趨而共之。母患，方盛寒冰凍，母欲生魚，祥解衣將剖冰求之，會有處冰小解，魚出。」蕭廣濟《孝子傳》曰：「祥後母忽欲黄雀炙，祥念難卒致。須臾，有數十黄雀飛入其幕。母之所須，必自奔走，無不得焉。其誠至如此。」家有一李樹，結子殊好，母恒使守之。時風雨忽至，祥抱樹而泣。蕭廣濟《孝子傳》曰：「祥後母庭中有李，始結子，使祥晝視鳥雀，夜則趍鼠。一夜風雨大至，祥抱泣至曉，母見之惻然。」祥嘗在別床眠，母自往闇斫之。值祥私起，空斫得被。既還，知母憾之不已，因跪前請死。母於是感悟，愛之如己子。虞預《晉書》曰：「祥以後母故，陵遲不仕。年向六十，刺史吕虔檄爲別駕。時人歌之曰：『海沂之康，實賴王祥；邦國不空，別駕之功。』累遷太保。」

【眉批】

凌初成曰：「祥既難及，覽亦難，覽妻更難。」

劉會孟曰：「六十而仕，不害爲太保。」

劉本《注》：「按臨沂王氏衣冠極盛，與江左六朝相終始，皆祥之家。豈非孝友之報？」

晉文王稱阮嗣宗至慎，每與之言，言皆玄遠，未嘗臧否人物。《魏書》曰：「文王諱昭，字子上，宣帝第二子也。」《魏氏春秋》曰：「阮籍字嗣宗，陳留尉氏人，阮瑀子也。宏達不羈，不拘禮俗。兖州刺史王昶請與相見，終日不得與言。昶愧嘆之，自以不能測也。口不論事，自然高邁。」李康《家誡》曰：「昔嘗侍坐於先帝，時有三長史俱見，臨辭出，上曰：『爲官長當清、當慎、當勤，修此三者，何患不治乎？』並受詔。上顧謂吾等曰：『必不得已而去，於斯三者何先？』或對曰：『清固爲本。』復問吾，吾對曰：『清慎之道，相須而成，必不得已，慎乃爲大。』上曰：『此諸人者，温恭朝夕，執事有恪，亦各共慎也。然天下之至慎者，其唯阮嗣宗乎！每與之言，言及玄遠，而未嘗評論時事，臧否人物，可謂至慎乎！』」

【眉批】

劉會孟曰：「曠達之人，而稱其『至慎』，老賊復自有見也。」

凌初成曰：「猶多青白眼。」

王戎云：「與嵇康居二十年，未嘗見其喜愠之色。」《康集叙》曰：「康字叔夜，譙國銍人。」王隱《晋書》曰：「嵇本姓奚，其先避怨徙上虞，移譙國銍縣。以出自會稽，取國一支，音同本奚焉。」虞預《晋書》曰：「銍有嵇山，家於其側，因氏焉。」《康別傳》曰：「康性含垢藏瑕，愛惡不争於懷，喜怒不寄於顔。所知王濬冲在襄城，面數百，未嘗見其疾聲朱顔。此亦方中之美範，人倫之勝業也。」《文章叙録》曰：「康以魏長樂亭主婿，遷郎中，拜中散大夫。」

【眉批】

按：此則弇州所删。

劉會孟曰：「又與忤物致憎靳鍾會意别。」

王戎、和嶠同時遭大喪，俱以孝稱。王雞骨支床，和哭泣備禮。《晉諸公贊》曰：「戎字濬沖，琅邪人，太保祥宗族也。文皇帝輔政，鍾會薦之曰：『裴楷清通，王戎簡要。』即俱辟爲掾。晉踐阼，累遷荆州刺史，以平吴功，封安豐侯。」《晉陽秋》曰：「戎爲豫州刺史，遭母憂，性至孝，不拘禮制，飲酒食肉，或觀棋奕，而容貌毁悴，杖而後起。時汝南和嶠，亦名士也，以禮法自持。處大憂，量米而食，然顦顇哀毁，不逮戎也。」武帝謂劉仲雄曰：王隱《晉書》曰：「劉毅字仲雄。東萊掖人，漢城陽景王後也。亮直清方，見有不善，必評論之。王公大人，望風憚之。僑居陽平，太守杜恕致爲功曹，沙汰郡吏三百餘人。三魏僉曰：『但聞劉功曹，不聞杜府君。』累遷尚書司隸校尉。」「卿數省王、和不？聞和哀苦過禮，使人憂之。」仲雄曰：「和嶠雖備禮，神氣不損；王戎雖不備禮，而哀毁骨立。臣以和嶠生孝，王戎死孝。陛下不應憂嶠，而應憂戎。」《晉陽秋》曰：「世祖及時談以此貴戎也。」

【眉批】

劉本注：「言其骨立。」

梁王、趙王，朱鳳《晉書》曰：「宣帝張夫人生梁孝王彤，字子徽，位至太宰。桓夫人生趙王倫，字子彝，位至相國。」國之近屬，貴重當時。裴令公《晉諸公贊》曰：「裴楷字叔則，河東聞喜人，司空秀之從弟也。父徽，冀州刺史，有俊識，楷特精《易》義，累遷河南尹、中書令，卒。」歲請二國租錢數百萬，以恤中表之貧者。或譏之曰：「何以乞物行惠？」裴曰：「損有餘，補不足，天之道也。」《名士傳》曰：「楷行己取與，任心而動，毁譽雖至，處之晏然，皆此類。」

【眉批】

劉會孟曰：「此語可入佛經注疏。第己奉不足，中表恨偏。」

王戎云：「太保居在正始中，不在能言之流。及與之言，理中清遠，將無以德掩其言？」《晉陽秋》曰：「祥少有美德行。」

【眉批】

劉會孟曰：「戎從祖語似同時。」

王安豐遭艱，至性過人。裴令往弔之，曰：「若使一慟果能傷人，濬沖必不免滅性之譏。」《曲禮》曰：「居喪之禮，毀瘠不形，視聽不衰。不勝喪，乃比於不慈不孝。」《孝經》曰：「毀不滅性，聖人之教也。」

【眉批】

劉會孟曰：「形容甚至。」

王戎父渾，有令名，官至涼州刺史。《世語》曰：「渾字長原。有才望，歷尚書、涼州刺史。」渾薨，所歷九郡義故，懷其德惠，相率致賻數百萬，戎悉不受。虞預《晉書》曰：「戎由是顯名。」

【眉批】

王敬美曰：「晚節乃握牙籌，鑽李核。」

劉道真嘗爲徒。《晋百官名》曰：「劉寶字道真，高平人。」徒，罪役作者。扶風王駿虞預《晋書》曰：「駿字子臧，宣帝第十七子，好學至孝。」《晋諸公贊》曰：「駿八歲爲散騎常侍，侍魏齊王講。晋受禪，封扶風王，鎮關中，爲政最美。薨，贈武王。西土思之，但見其碑贊者，皆拜之而泣，其遺愛如此。」以五百匹布贖之，既而用爲從事中郎。當時以爲美事。

【眉批】

按：此則弇州所删。

王平子、胡毋彦國諸人，皆以任放爲達，或有裸體者。《晋諸公贊》曰：「王澄字平子，有達識，荆州刺史。」《永嘉流人名》曰：「胡毋輔之字彦國，泰山奉高人，湘州刺史。」王隱《晋書》曰：魏末阮籍，嗜酒荒放，露頭散髮，裸袒箕踞。其後貴游子弟阮瞻、王澄、謝鯤、胡毋輔之之徒，皆祖述於籍，謂得大道之本。故去巾幘，脱衣服，露醜恶，同禽獸。甚者名之爲通，次者名之爲達也。」樂廣笑曰：「名教中自有樂地，何爲乃爾也？」廣，别見。

郗公值永嘉喪亂，在鄉里，甚窮餒。鄉人以公名德，傳共飴之。公常携兄子邁及外甥周翼二小兒往食，鄉人曰：「各自饑困，以君之賢，欲共濟君耳，恐不能兼有所存。」公於是獨往食，輒含飯著兩頰邊，還，吐與二兒。後並得存，同過江。《郗鑒别傳》曰：鑒字道徽，高平金鄉人，漢御史大夫郗慮後也。少有體正，耽思經籍，以儒雅著名。永嘉末，天下大亂，饑饉相望，冠帶以下，皆割己之資供鑒。元皇徵爲領軍，遷司空、太尉。」《中興書》曰：「鑒兄子邁，字思遠，有幹世才略，累遷少府、中護軍。」郗公亡，翼爲剡縣，解職歸，席苫於公靈床頭，心喪終三年。《周氏譜》曰：「翼字子卿，陳郡人。（祖奕，上谷太守。父優，車騎咨議。歷剡令、青州刺史、少府卿。六十四而卒。」

【眉批】

按：此則弇州所删。

劉本《注》：「謂傳食於衆人。」

劉會孟曰：「兩頰所著能幾，足哺二兒？兒非甚小，在穀氣不絶耳。哀哉！」

顧榮在洛陽，嘗應人請，覺行炙人有欲炙之色，因輟己施焉。同坐嗤之。榮曰：「豈有終日執之，而不知其味者乎？」後遭亂渡江，每經危急，常有一人左右己，問其所以，乃受炙人也。《文士傳》曰：「榮字彦先，吴郡人。其先越王勾踐之支庶，封於顧邑，子孫遂氏焉。世爲吴著姓。大父雍，吴丞相。父穆，宜都太守。榮少朗俊機警，風穎標徹。歷廷尉正。曾在省與同僚共飲，見行炙者有異於常僕，乃割炙以噉之。後趙王倫篡位，其子爲中領軍，逼用榮爲長史。及倫誅，榮亦被執，凡受戮等輩十有餘人。或有救榮者，問其故，曰：『榮省中受炙臣也。』榮乃悟而嘆曰：『一餐之惠，恩今不忘。古人豈虚言哉！』」

【眉批】

劉本《注》：「謂以酒食請之。」

劉會孟曰：「不可謂無。」

凌初成曰：「壺飧善馬之報，往往而是。」

祖光禄少孤貧，性至孝，常自爲母炊爨作食。王隱《晋書》曰：「祖納字士言，范陽遒人，九世孝廉。納諸母三兄，最治行操，能清言。歷太子中庶子、廷尉卿。避地江南，温嶠薦爲光禄大夫。」王平北聞其佳名，以兩婢餉之，因取爲中郎。《王乂別傳》曰：「乂字叔元，琅邪臨沂人。時蜀新平，二將作亂，文帝西之長安，乃徵爲相國司馬，遷大尚書，出督幽州諸軍事，平北將軍。」有人戲之者曰：「奴價倍婢。」祖云：「百里奚亦何必輕於五羖之皮邪！」《楚國先賢傳》曰：「百里奚字井伯，楚國人。少仕於虞爲大夫。晉欲假道於虞以伐虢，諫而不聽，奚乃去之。」《説苑》曰：「秦穆公使賈人載鹽於虞，諸賈人買百里奚以五羊皮。穆公觀鹽怪其牛肥，問其故，對曰：『飲食以時，使之不暴，是以肥也。』公令有司沐浴衣冠之，公孫支讓其卿位，號曰『五羖大夫』。」

【眉批】

王敬美曰：「詳時人之戲以王平北用二婢換得一奴，故光禄戲答如此。始雖稱祖孝行，既乃入於排調。」

劉本《注》：「謂奴價高，故以婢餉之。戲言也。」

周鎮罷臨川郡還都，未及上，住泊青溪渚。《永嘉流人名》曰：「鎮字康時，陳留尉氏人也。祖父和，故安令。父震，司空長史。」《中興書》曰：「鎮清約寡欲，所在有異績。」王丞相往看之。《丞相別傳》曰：「王導字茂弘，琅邪人。祖覽，以德行稱。父裁，侍御史。導少知名，家世貧約，恬暢樂道，未嘗以風塵經懷也。」時夏月，暴雨卒至，舫至狹小，而又大漏，殆無復坐處。王曰：「胡威之清，何以過此！」即啓用爲吴興郡。《晉陽秋》曰：「胡威字伯虎，淮南人。父質，以忠清顯。質爲荊州，威自京師往省之。及告歸，質賜威絹一匹。威跪曰：『大人清高，於何得此？』質曰：『是吾奉禄之餘，故以爲汝糧耳。』威受而去。每至客舍，自放驢，取樵爨炊。食畢，復隨旅進道。質帳下都督陰齎糧要之，因與爲伴，每事相助經營之，又進少飯，威疑之，密誘問之，乃知都督也，謝而遣之。後以白質，質杖都督一百，除其吏名。父子清慎如此。及威爲徐州，世祖賜見，與論邊事及平生，帝嘆其父清，因謂威曰：『卿清孰與父？』對曰：『臣清不如也。』帝曰：『何以爲勝汝邪？』對曰：『臣父清畏人知，臣清畏人不知，是以不如遠矣！』」

【眉批】

按：此則弇州所删。

劉會孟曰：「政自畏人知耳，善推其父。」

按：弇州節取此注，入《品藻》。

鄧攸始避難，於道中棄己子，全弟子。《晋陽秋》曰：「攸字伯道，平陽襄陵人。七歲喪父母及祖父母，持重九年。性清慎平簡。」鄧粲《晋紀》曰：「永嘉中，攸爲石勒所獲，召見，立幕下與語，説之，坐而飯焉。攸車所止，與胡人鄰轂。胡人失火燒車營，勒吏案問胡，胡誣攸，攸度不可與争，乃曰：『向爲老姥作粥，失火延逸，罪應萬死。』勒知，遣之。所誣胡厚德攸，遺其驢馬，護送令得逸。」王隱《晋書》曰：「攸以路遠斫壞車，以牛馬負妻子以逃，賊又掠其牛馬。攸語妻曰：『吾弟早亡，唯有遺民。今當步走，儋兩兒盡死，不如棄己兒，抱遺民。吾後猶當有兒。』婦從之。」《中興書》曰：「攸棄兒於草中，兒啼呼追之，至莫復及。攸明日繫兒於樹而去，遂渡江。至尚書左僕射，卒。弟子綏，服攸齊衰三年。」既過江，取一妾，甚寵愛。歷年後，訊其所由，妾具説是北人遭亂，憶父母姓名，乃攸之甥也。攸素有德業，言行無玷，聞之哀恨終身，遂不復畜妾。

【眉批】

劉會孟曰：「謂繫兒樹上者，喜談全侄而甚之也。使其追及，任所能行，何事於繫？言繫者謬，罪繫又非。」

王敬美曰：「世難萬不兩全，勢不周旋，則可，何爲苦縶之樹，必欲殺之？本欲頌鄧公高誼，乃令成一大忍人！《中興書》於是爲不情矣。」

郎仁寶曰：「須溪之言當也。然考之本傳及當時之言皆同，則又實有是情。嗚呼！可與同行而又縶之樹，有人心者可忍之耶？此所以伯道無兒，豈天道無知哉？噫！晋之好名，至此極矣。」

劉本《注》：「按攸棄兒全侄，局於勢之不可兩全耳。兒追及之，縶之而去，毋乃無人心天理乎！不復有子，于此見天道之不誣也。」

按：本注如此，故前會孟批云然。

王長豫爲人謹順，事親盡色養之孝。《中興書》曰：「王悦字長豫，丞相導叔子也。仕至中書侍郎。」丞相見長豫輒喜，見敬豫輒嗔。《文字志》曰：「王恬字敬豫，導次子也。少卓犖不羈，疾學尚武，不爲導所重。至中軍將軍。多才藝，善隸書，與濟陽江彪以善奕聞。」長豫與丞相語，恒以慎密爲端。丞相還臺，及行，未嘗不送至車後。恒與曹夫人並當箱篋。長豫亡後，丞相還臺，登車後，哭至臺門。曹夫人作簏，封而不忍開。《王氏譜》曰：「導娶彭城曹韶女，名淑。」

【眉批】

按：此則弇州所删。

按：《搜神後記》曰：「導夢人以百萬錢買悦，導潛爲祈禱者備矣。尋掘地得錢百萬，意甚惡之，一一皆藏閉。及悦疾篤，導念特至，忽見一人，形狀甚偉，被甲持刃，曰：『僕蔣侯也。公兒不佳，欲爲請命，故來爾。公勿復憂。』導因與之食，遂至數升。食畢，勃然謂導曰：『中書命盡，非可救也。』言訖不見。悦亦殞絶。」

按：諸本俱是「及未行嘗不送」，誤。今考《晋書》及劉本改正。

桓常侍聞人道深公者，輒曰：「此公既有宿名，加先達知稱，又與先人至交，不宜説之。」《桓彝别傳》曰：「彝字茂倫，譙國龍亢人，漢五更桓榮十世孫也。父穎，有高名。彝少孤，識鑒明朗，避亂渡江。累遷散騎常侍。」僧法深，不知其俗姓，蓋衣冠之胤也。道徽高扇，譽播山東，爲中州劉公弟子。值永嘉亂，投迹楊土，居止京邑，内持法綱，外允具瞻，弘道之法師也。以業慈清净，而不耐風塵，考室剡縣東二百里岇山中，同游十餘人，高栖浩然。支道林宗其風範，與高麗道人書，稱其德行。年七十有九，終於山中也。

【眉批】

按：此則弇州所删。

劉本《注》：「謂父之交，不欲人言其名。」

劉會孟曰：「謂不欲人名其父交，非也。意必有長短之論。」

庾公乘馬有的盧，《晋陽秋》曰：「庾亮字元規，潁川鄢陵人，明穆皇后長兄也。淵雅有德量，時人方之夏侯太初、陳長文之倫。侍從父琛避地會稽，端拱嶷然，郡人嚴憚之，覲接之者，數人而已。累遷征西大將軍、荆州刺史。」伯樂《相馬經》曰：「馬白額入口至齒者，名曰榆雁，一名的盧。奴乘客死，主乘棄市，凶馬也。」或語令賣去，《語林》曰：「殷浩勸公賣馬。」庾云：「賣之必有買者，即復害其生，寧可不安己而移於他人哉？昔孫叔敖殺兩頭蛇以爲後人，古之美談。賈誼《新書》曰：「孫叔敖爲兒時，出，道上見兩頭蛇，殺而埋之。歸見其母，泣。問其故，對曰：『夫見兩頭蛇者，必死。今出見之，故爾。』母曰：『蛇今安在？』對曰：『恐後人見，殺而埋之矣。』母曰：『夫有陰德，必有陽報，爾無憂也。』後遂興於楚朝，及長，爲楚令尹。」效之，不亦達乎！」

【眉批】

劉本《注》：「凶馬也，不利上。」

按：「生」字劉本作「主」

阮光禄在剡，曾有好車，借者無不皆給。有人葬母，意欲借而不敢言，阮後聞之，嘆曰：「吾有車而使人不敢借，何以車爲？」遂焚之。《阮光禄別傳》曰：「裕字思曠，陳留尉氏人。祖略，齊國内史。父顗，汝南太守。裕淹通有理識，累遷侍中。以疾築室會稽剡山，徵金紫光禄大夫，不就。年六十一卒。」

謝奕作剡令，《中興書》曰：「謝奕字無奕，陳郡陽夏人。祖衡，太子少傅。父裒，吏部尚書。奕少有器鑒，辟太尉掾、剡令，累遷豫州刺史。」有一老翁犯法，謝以醇酒罰之，乃至過醉而猶未已。太傅時年七八歲，箸青布絝，在兄膝邊坐，諫曰：「阿兄，老翁可念，何可作此！」奕於是改容曰：「阿奴欲放去耶？」遂遣之。

【眉批】

凌初成曰：「奕亦自誕」

王乾開曰：「治訟者飲以醇酒，獲盗者遺以布帛，雖以隆古稱要，非今人事也。」

王敬美曰：「此不當入《夙惠》耶？然在兒年，故爲盛德。」

謝太傅絶重褚公，常稱「褚季野雖不言，而四時之氣亦備。」《文字志》曰：「謝安字安石，奕弟也。世有學行，安弘粹通達，温雅融暢。桓彝見其四歲時，稱之曰：『此兒風神秀徹，當繼蹤王東海。』善行書。累遷太保，録尚書事，贈太傅。」《晋陽秋》曰：「褚裒字季野，河南陽翟人。祖䂮，安東將軍。父治，武昌太守。裒少有簡貴之風，冲默之稱。累遷江、兖二州刺史。贈侍中、太傅。」

【眉批】

劉本《注》：「謂外雖不言，而未嘗中無分别，即陽秋之意。」

劉尹在郡，臨終綿惙，聞閤下祠神鼓舞，正色曰：「莫得淫祀！」《劉尹别傳》曰：「惔字真長，沛國蕭人也。漢氏之後。真長有雅裁，雖蓽門陋巷，晏如也。歷司徒左長史、侍中、丹陽尹。爲政務鎮静信誠，風塵不能移也。」外請殺車中牛祭神，真長答曰：「丘之禱久矣，勿復爲煩。」包氏《論語》曰：「禱，請也。」孔安國曰：「孔子素行合於神明，故曰：『丘之禱久矣。』」

【眉批】

劉本《注》：「謂祠祭禱疾。劉尹名惔，不信鬼神，故不欲其爲淫祀也。」

凌初成曰：「真長口過，自須檮禳。」

謝公夫人教兒，問太傅：「那得初不見君教兒？」答曰：「我常自教兒。」《謝氏譜》曰：「安取沛國劉耽女。」

按：太尉劉子真，清潔有志操，行己以禮，而二子不才，並瀆貨致罪，子真坐免官。客曰：「子奚不訓導之？」子真曰：「吾之行事，是其耳目所聞見，而不放效，豈嚴訓所變邪？」安石之旨，同子真之意也。

【眉批】

劉會孟曰：「使人想見其度，益嘆其真。後人衿飾曠廢，皆當愧此。」

劉本《注》：「按謝公之言，即子真之意。但安石雅善清言，故其詞微旨遠，子真不過直致。《世説》取此棄彼，亦言語文字之法也。」

晉簡文爲撫軍時，《續晉陽秋》曰：「帝諱昱，字道萬，中宗少子也。仁聞有智度。穆帝幼冲，以撫軍輔政。大司馬桓温廢海西公而立帝，在位二年而崩。」所坐床上，塵不聽拂，見鼠行迹，視以爲佳。有參軍見鼠白日行，以手板批殺之，撫軍意色不説。門下起彈教曰：「鼠被害，尚不能忘懷，今復以鼠損人，無乃不可乎？」

【眉批】

按：此則弇州所删。

劉會孟曰：「此復何足與于德行？正應彈鼠，不應彈人。」

劉本《注》：「謂恐因彈鼠，而誤發傷人也。」

劉會孟曰：「解誤，可笑！」

范宣年八歲，後園挑菜，誤傷指，大啼。人問：「痛邪？」答曰：「非爲痛，身體髮膚，不敢毀傷，是以啼耳。」《宣別傳》曰：宣字子宣，陳留人，漢萊蕪長范丹後也。年十歲，能誦《詩》《書》。兒童時，手傷改容，家人以其年幼，皆異之。徵太學博士、散騎常侍，一無所就。年五十四卒。」宣絜行廉約，韓豫章遺絹百匹，不受。《中興書》曰：「宣家至貧，罕交人事。豫章太守殷羡見宣茅茨不完，欲爲改室，宣固辭。羡愛之，以宣貧，加年饑疾疫，厚餉給之。宣又不受。」《續晉陽秋》曰：「韓伯字康伯，潁川人。好學，善言理。歷豫章太守、領軍將軍。」減五十匹，復不受。如是減半，遂至一匹，既終不受。韓後與范同載，就車中裂二丈與范，云：「人寧可使婦無褌邪？」范笑而受之。

【眉批】

劉會孟曰：「情真語快。」

王子敬病篤，道家上章，應首過，問子敬：「由來有何異同得失？」子敬云：「不覺有餘事，唯憶與郗家離婚。」《王氏譜》曰：「獻之娶高平郗曇女，名道茂，後離婚。」《獻之別傳》曰：「獻之字子敬。祖父曠，淮南太守。父羲之，右將軍。咸寧中，詔尚餘姚公主，遷中書令，卒。」

【眉批】

王敬美曰：「此得入《德行》者，見子敬生平無隱慝耳。離婚以奉詔尚主，子敬嘗有書遺故婦，辭甚楚。宋弘律之，不得爲無過。」

凌初成曰：「即此語猶自楚。」

劉會孟曰：「人生至此，足稱寡過，更以尚主爲慊耳。」

殷仲堪既爲荆州，值水儉食，常五碗盤，外無餘肴，飯粒脱落盤席間，輒拾以噉之。雖欲率物，亦緣其性真素。每語子弟云：「勿以我受任方州，云我豁平昔時意，今吾處之不易。貧者，士之常，焉得登枝而捐其本！爾曹其存之。」《晋安帝紀》曰：「仲堪，陳郡人，太常融孫也。車騎將軍謝玄請爲長史，孝武説之，俄爲黄門侍郎。自殺袁悦之後，上深爲晏駕後計，故先出王恭爲北蕃。荆州刺史王忱死，乃中詔用仲堪代焉。」

【眉批】

劉會孟曰：「五碗即不爲少。」

初，桓南郡、楊廣共説殷荆州，宜奪殷覬南蠻以自樹。《桓玄别傳》曰：「玄字敬道，譙國龍亢人，大司馬温少子也。幼童中，温甚愛之，命以爲嗣。年七歲，襲封南郡公。拜太子洗馬、義興太守。不得志，少時去職，歸其國。與荆州刺史殷仲堪素舊，情好甚隆。」周祇《隆安記》曰：「廣字德度，弘農人，楊震後也。」《晋安帝紀》曰：「覬字伯道，陳郡人。由中書郎出爲南蠻校尉。覬亦以率易才悟著稱，與從弟仲堪俱知名。」《中興書》曰：「初，仲堪欲起兵，密邀覬，覬不同。楊廣與弟佺期勸殺覬，仲堪不許。」覬亦即曉其旨，嘗因行散，率爾去下舍，便不復還，内外無預知者。意色蕭然，遠同鬥生之無愠。時論以此多之。《春秋傳》曰：「楚令尹子文，鬥氏也。」《論語》曰：「令尹子文，三仕爲令尹，無喜色；三已之，無愠色。」

【眉批】

劉會孟曰：「如此去官亦大善。」

王僕射在江州，爲殷、桓所逐，奔竄豫章，存亡未測。徐廣《晉紀》曰：「王愉字茂和，太原晋陽人，安北將軍坦之次子也。以輔國司馬出爲江州刺史。愉始至鎮，而桓玄、楊佺期舉兵以應王恭，乘流奄至。愉無防，惶遽奔臨川，爲玄所得。玄篡位，遷尚書左僕射。」王綏在都，既憂慽在貌，居處飲食，每事有降。時人謂爲「試守孝子」。《中興書》曰：「綏字彦猷，愉子也。少有令譽。自王渾至坦之，六世盛德，綏又知名于時，冠冕莫與爲比。位至中書令、荆州刺史。桓玄敗後，與父愉謀反，伏誅。」

【眉批】

按：此則弇州所删。

劉會孟曰：「俗人薄語，正是不得不爾！」

劉本《注》：「謂未測其父存亡，而先爲喪容，故曰『試守』。但王愉爲江州刺史，因桓玄、楊佺期舉兵應王恭，乘流奄至而奔，而今曰殷、桓，與此小異，何也？」

桓南郡玄也。既破殷荆州，收殷將佐十許人，咨議羅企生亦在焉。《玄别傳》曰：「玄克荆州，殺殷道護及仲堪參軍羅企生、鮑季禮，皆仲堪所親仗也。」桓素待企生厚，將有所戮，先遣人語云：「若謝我，當釋罪。」企生答曰：「爲殷荆州吏，今荆州奔亡，存亡未判，我何顔謝桓公！」《中興書》曰：「企生字宗伯，豫章人。殷仲堪初請爲府功曹，桓玄來攻，轉咨議參軍。仲堪多疑少决，企生深憂之，謂其弟遵生曰：『殷侯仁而無斷，事必無成。成敗天也，吾當死生以之。』及仲堪走，文武並無送者，唯企生從焉。路經家門，遵生紿之曰：『作如此分别，何可不執手！』企生回馬授手，遵生便牽下之，謂曰：『家有老母，將欲何行？』企生揮泣曰：『今日之事，我必死之。汝等奉養，不失子道，一門之内，有忠與孝，亦復何恨！』遵生抱之愈急，仲堪於路待之。企生遥呼曰：『今日死生是同，願少見待。』仲堪見其無脱理，策馬而去。俄而玄至，人士悉詣玄，企生獨不往，而營理仲堪家。或謂曰：『玄性情急，未能取卿誠節，若遂不詣，禍必至矣。』企生正色曰：『我殷侯吏，見遇以國士，不能共殄醜逆，至此奔敗，何面目就桓求生乎？』玄聞，怒而收之，謂曰：『相遇如此，何以見負？』企生曰：『使君口血未乾，而生此奸計，自傷力劣，不能剪定凶逆，我死恨晚爾！』玄遂斬之，時年三十有七。衆咸悼之。」既出市，桓又遣人問：「欲何言？」答曰：「昔晋文王殺嵇康，而嵇紹爲晋忠臣。王隱《晋書》曰：「紹字延祖，譙國銍人。父康，有奇才俊辯。紹十歲而孤，事母孝謹。累遷散騎常侍。惠帝敗於蕩陰，百官左右皆奔散，唯紹儼然端冕，以身衞帝。兵交御輦，飛箭雨集，遂以見害也。」從公乞一弟以養老母。」桓亦如言宥之。桓先曾以一羔裘與企生母胡，胡時在豫章，企生問至，即日焚裘。

【眉批】

劉會孟曰：「恨哉！此母亦以是傳。」

王恭從會稽還，周祇《隆安記》曰：「恭字孝伯，太原晉陽人。祖父濛，司徒左長史，風流標望。父蘊，鎮軍將軍，亦得世譽。」《恭别傳》曰：「恭清廉貴峻，志存格正，起家著作郎，歷丹陽尹、中書令，出爲五州都督、前將軍，青、兖二州刺史。」王大看之。王忱，小字佛大。《晋安帝紀》曰：「忱字元達，平北將軍坦之第四子也。甚得名於當世，與族子恭少相善，齊聲見稱。仕至荆州刺史。」見其坐六尺簟，因語恭：「卿東來，故應有此物，可以一領及我。」恭無言。大去後，即舉所坐者送之。既無餘席，便坐薦上。後大聞之，甚驚，曰：「吾本謂卿多，故求耳。」對曰：「丈人不悉恭，恭作人無長物。」

【眉批】

劉會孟曰：「無緊無要，有襟有度。」

劉本《注》：「謂只有一席，無餘席也。」

吴郡陳遺，未詳。家至孝。母好食鐺底焦飯，遺作郡主簿，恒裝一囊，每煮食，輒貯録焦飯，歸以遺母。後值孫恩賊出吴郡，《晋安帝紀》曰：「孫恩一名靈秀，琅邪人。叔父奉，事五斗米道，以謀反誅。恩逸逃於海上，聚衆十萬人，攻没郡縣。後爲臨海太守辛昺斬首送之。」袁府君山松，别見。即日便征。遺已聚斂得數斗焦飯，未展歸家，遂帶以從軍。戰於滬瀆，敗。軍人潰散，逃走山澤，皆多饑死，遺獨以焦飯得活。時人以爲純孝之報也。

【眉批】

劉會孟曰：「如此細事，寫得宛至，更有不厭。」

孔僕射爲孝武侍中，豫蒙眷接烈宗山陵。孔時爲太常，形素羸瘦，著重服，竟日涕泗流漣，見者以爲真孝子。《續晉陽秋》曰：「孔安國字安國，會稽山陰人，車騎愉第六子也。少而孤貧，能善樹節，以儒素見稱。歷侍中、太常、尚書，遷左僕射、特進，卒。」

【眉批】按：此則弇州所删。

吴道助、附子兄弟居在丹陽郡。後遭母童夫人艱，道助，坦之小字。附子，隱之小字也。《吴氏譜》曰：「坦之字處靖，濮陽人。仕至西中郎將功曹。父堅，取東苑童儈女，名秦姬。」朝夕哭臨。及思至，賓客弔省，號踊哀絶，路人爲之落淚。韓康伯時爲丹陽尹，母殷在郡，每聞二吴之哭，輒爲凄惻，語康伯曰：「汝若爲選官，當好料理此人。」康伯亦甚相知。韓後果爲吏部尚書，大吴不免哀制，小吴遂大貴達。鄭緝《孝子傳》曰：「隱之字處默，少有孝行，遭母喪，哀毁過禮。時與太常韓康伯鄰居。康伯母，揚州刺史殷浩之妹，聰明婦人也。隱之每哭，康伯母輒輟事流涕，悲不自勝，終其喪如此。謂康伯曰：『汝後若居銓衡，當用此輩人。』後康伯爲吏部尚書，乃進用之。」《晉安帝紀》曰：「隱之既有至性，加以廉潔，奉禄頒九族，冬月無被。桓玄欲革嶺南之敝，以爲廣州刺史。去州二十里有貪泉，世傳飲之者其心無厭。隱之乃至水上，酌而飲之，因賦詩曰：『石門有貪泉，一歃重千金。試使夷齊飲，終當不易心。』爲盧循所攻，還京師。歷尚書、領軍將軍。」《晉中興書》曰：「舊云：往廣州，飲貪泉，失廉潔之性。吴隱之爲刺史，自酌貪泉飲之，題石門爲詩云云。」

【眉批】劉會孟曰：「本爲二吴孝行，而韓母在焉，善觀人者也。」

王敬美曰：「隱之孝廉，乃爲桓玄吏。人無完行。」

言語第二

邊文禮見袁奉高，閎也。失次序。《文士傳》曰：「邊讓字文禮，陳留人。才儁辯逸。大將軍何進聞其名，召署令史，以禮見之。讓占對閑雅，聲氣如流，坐客皆慕之。讓出就曹，時孔融、王朗等並前爲掾，共書刺從讓，讓平衡與交接。後爲九江太守，爲魏武帝所殺。」奉高曰：「昔堯聘許由，面無怍色。皇甫謐曰：「由字武仲，陽城槐里人也。堯、舜皆師而學事焉。後隱於沛澤之中，堯乃致天下而讓焉。由爲人據義履方，邪席不坐，邪饍不食，聞堯讓而去。其友巢父聞由爲堯所讓，以爲污己，乃臨池洗耳。池主怒曰：『何以污我水？』由於是遁耕於中嶽潁水之陽，箕山之下，終身無經天下色。死葬箕山之巔，在陽城之南十里。堯因就其墓，號曰箕山公神，以配食五嶽，世世奉祀，至今不絶也。」先生何爲顛倒衣裳？」文禮答曰：「明府初臨，堯德未彰，是以賤民顛倒衣裳耳。」按：袁閎卒於太尉掾，未嘗爲汝南，斯説謬矣。

【眉批】

劉會孟曰：「奉高如此，不足道。」

劉本《注》：「奉高見一士，乃以堯聘許由自比，亦非。」

劉會孟曰：「又添一怪。」

徐孺子穉也。年九歲，嘗月下戲，人語之曰：「若令月中無物，當極明邪？」《五經通議》曰：「月中有兔、蟾蜍者何？月，陰也；蟾蜍，亦陰也；而與兔並明，陰繫於陽也。」徐曰：「不然。譬如人眼中有瞳子，無此必不明。」

【眉批】

按：弇州以此入《夙惠》。

劉會孟曰：「此語極未易，正是充勝。」

孔文舉融也。年十歲，隨父到洛。時李元禮有盛名，爲司隸校尉，詣門者皆俊才清稱及中表親戚乃通。文舉至門，謂吏曰：「我是李府君親。」既通，前坐。元禮問曰：「君與僕有何親？」對曰：「昔先君仲尼與君先人伯陽，有師資之尊，是僕與君奕世爲通好也。」元禮及賓客莫不奇之。太中大夫陳韙後至，人以其語語之。韙曰：「小時了了，大未必佳。」文舉曰：「想君小時，必當了了。」韙大踧踖。《續漢書》曰：「孔融字文舉，魯國人，孔子二十四世孫也。高祖父尚，鉅鹿太守。父宙，泰山都尉。」《融別傳》曰：「融四歲，與兄食梨，輒引小者。人問其故，答曰：『小兒法當取小者。』年十歲隨父詣京師。河南尹李膺有重名，融欲觀其爲人，遂造之。膺問：『高明父祖，嘗與僕周旋乎？』融曰：『然。先君孔子與君先人李老君，同德比義，而相師友，則融與君累世通家也。』衆坐莫不嘆息，僉曰：『異童子也！』太中大夫陳韙後至，同坐以告。韙曰：『人小時了了者，長大未必能奇。』融應聲曰：『即如所言，君之幼時，豈實慧乎？』膺大笑，顧謂融曰：『長大必爲偉器！』」

【眉批】

按：弇州以此入《夙惠》。

凌初成曰：「機鋒太迅。大自佳，大不免禍耳！」

王敬美曰：「注不如。」

孔文舉有二子，大者六歲，小者五歲。晝日父眠，小者床頭盜酒飲之，大兒謂曰：「何以不拜？」答曰：「偷，那得行禮！」

【眉批】

劉本《注》：「此與後鍾毓、鍾會同，疑只一事，訛而二之。」

按：此則弇州所删。

王敬美曰：「此兩段可稱《夙惠》，未足當《言語》。」

孔融被收，中外惶怖。時融兒大者九歲，小者八歲。二兒故琢釘戲，了無遽容。融謂使者曰：「冀罪止於身，二兒可得全不？」兒徐進曰：「大人豈見覆巢之下，復有完卵乎？」尋亦收至。《魏氏春秋》曰：「融對孫權使有訕謗之言，坐棄市。二子方八歲、九歲，融見收，奕棋端坐不起。左右曰：『而父見執。』二子曰：『安有巢覆而卵不破者哉？』遂俱見殺。」《世語》曰：「魏太祖以歲儉禁酒，融謂『酒以成禮，不宜禁』，由是惑衆，太祖收置法焉。二子齠齔，見收，顧謂二子曰：『何以不辟？』二子曰：『父尚如此，復何所辟？』」裴松之以爲《世語》云融兒不辟，知必俱死，猶差可安。孫盛之言，誠所未譬。八歲小兒，能懸了禍患，聰明特達，卓然既遠，則其憂樂之情，固亦有過成人矣。安有見父被執，而無變容，奕棋不起，若在暇豫者乎？昔申生就命，言不忘父，不以己之將死，而廢念父之情也。父安尚猶若兹，而况顛沛哉！盛以此爲美談，無乃賊夫人之子與！蓋由好奇情多，而不知言之傷理也。

【眉批】

按：弇州以此入《夙惠》。

劉會孟曰：「語自可傷。」

王敬美曰：「此論甚正可據。」

潁川太守髡陳仲弓。按寔之在鄉里，州郡有疑獄不能决者，皆將詣寔。或到而情首，或中途改辭，或托狂悖，皆曰：「寧爲刑戮所苦，不爲陳君所非。」豈有盛德感人，若斯之甚，而不自衞，反招刑辟，殆不然乎？此所謂東野之言耳！客有問元方：「府君何如？」元方曰：「高明之君也。」「足下家君何如？」曰：「忠臣孝子也。」客曰：「《易》稱：『二人同心，其利斷金；同心之言，其臭如蘭。』王廙注《繫辭》曰：「金至堅矣，同心者其利無不入。蘭，芳物也。無不樂者，言其同心者，物無不樂也。」何有高明之君，而刑忠臣孝子者乎？」元方曰：「足下言何其謬也！故不相答。」客曰：「足下但因傴爲恭，而不能答。」元芳曰：「昔高宗放孝子孝己，《帝王世紀》曰：「殷高宗武丁有賢子孝己，其母蚤死，高宗惑後妻之言，放之而死，天下哀之。」尹吉甫放孝子伯奇，《琴操》曰：「尹吉甫，周卿也，有子伯奇，母死，更娶，後妻生子曰伯邦，乃譖伯奇於吉甫。於是放伯奇於野。宣王出游，吉甫從，伯奇乃作歌，以言感之。宣王聞之，曰：『此孝子之辭也。』吉甫乃求伯奇於野，而射殺後妻。」董仲舒放孝子符起。未詳。唯此三君，高明之君；唯此三子，忠臣孝子。」客慚而退。

【眉批】

凌初成曰：「刑辟之招，政不必不在盛德。世途足畏，是非何常？」

荀慈明與汝南袁閬相見，荀爽一名諝。《漢南紀》曰：「諝文章典籍無不涉，時人諺曰：『荀氏八龍，慈明無雙。』潛處篤志，徵聘無所就。」張璠《漢紀》曰：「董卓秉政，復徵爽，爽欲遁去，吏持之急。起布衣，九十五日而至三公。」問潁川人士，慈明先及諸兄。閬笑曰：「士但可因親舊而已乎？」慈明曰：「足下相難，依據者何經？」閬曰：「方問國士，而及諸兄，是以尤之耳。」慈明曰：「昔者祁奚内舉不失其子，外舉不失其讎，以爲至公。《春秋傳》曰：「祁奚爲中軍尉，請老，晋侯問嗣焉，稱解孤，其讎也。將立之而卒。又問焉，對曰：『午也可。』其子也。君子謂祁奚可謂能舉善矣。稱其讎不爲諂，立其子不爲比。」公旦《文王》之詩，不論堯、舜之德而頌文、武者，親親之義也。《春秋》之義，内其國而外諸夏。且不愛其親而愛他人者，不爲悖德乎？」

【眉批】

按：此袁閬不注名字，必前奉高即此奉高，意或有二名耶？

禰衡被魏武謫爲鼓吏，正月半試鼓，衡揚枹爲《漁陽摻檛》，淵淵有金石聲，四坐爲之改容。《典略》曰：「衡字正平，平原般人也。」《文士傳》曰：「衡，不知先所出，逸才飄舉。少與孔融作爾汝之交，時衡未滿二十，融已五十，敬衡才秀，共結殷勤，不能相違。以建安初北游，或勸其詣京師貴游者，衡懷一刺，遂至漫滅，竟無所詣。融數與武帝牋，稱其才，帝傾心欲見。衡稱疾不肯往，而數有言論。帝甚忿之，以其才名不殺，圖欲辱之，乃令録爲鼓吏。後至八月朝會，大閲試鼓節，作三重閣，列坐賓客。以帛絹製衣，作一岑牟，一單絞及小幝。鼓吏度者，皆當脱其故衣，著此新衣。次傳衡，衡擊鼓爲《漁陽摻檛》，蹋地來前，躡駁脚足，容態不常，鼓聲甚悲，音節殊妙。坐客莫不慷慨，知必衡也。既度，不肯易衣。吏呵之曰：『鼓吏，何獨不易服？』衡便止，當武帝前，先脱幝，次脱餘衣，裸身而立。徐徐乃箸單絞，後乃箸幝。畢，復擊鼓摻槌而去，顔色無怍。武帝笑謂四坐曰：『本欲辱衡，衡反辱孤。』至今有《漁陽摻檛》，自衡造也。爲黄祖所殺。」孔融曰：「禰衡罪同胥靡，不能發明王之夢。」皇甫謐《帝王世紀》曰：「武丁夢天賜己賢人，使百工寫其像，求諸天下。見築者胥靡，衣褐於傅巖之野，是謂傅説。」張晏曰：「胥靡，刑名。胥，相也；靡，從也。謂相從坐輕刑也。」魏武慚而赦之。

【眉批】

劉本注：「摻，所斬切。」

劉會孟曰：「只如《世説》，自可增入脱衣無害。但覺度者在前，極是辛苦，彼鼓吏易衣，豈必在前耶？」

劉會孟曰：「倉卒爲操掩羞，固當有此。」

南郡龐士元聞司馬德操在潁川，故二千里候之。至，遇德操采桑，士元從車中謂曰：「吾聞丈夫處世，當帶金佩紫，焉有屈洪流之量，而執絲婦之事？」《蜀志》曰：「龐統字士元，襄陽人。少時樸鈍，未有識者。潁川司馬徽有知人之鑒，士元弱冠往見徽，徽采桑樹上，坐士元樹下，共語，自晝至夜。徽異之，曰：『生當爲南州士人之冠冕。』由是漸顯。」《襄陽記》曰：「士元，德公之從子也。年少未有識者，唯德公重之。年十八，使往見德操，與語，嘆曰：『德公誠知人，實盛德也！』後劉備訪世事於德操，德操曰：『俗士豈識時務，此間自有伏龍、鳳雛。』謂諸葛孔明與士元也。」《華陽國志》曰：「劉備引士元爲軍師中郎將，從攻洛，爲流矢所中，卒，時年三十八。」德操曰：《司馬徽别傳》曰：「徽字德操，潁川陽翟人。有人倫鑒識。居荊州，知劉表性暗，必害善人，乃括囊不談議時人。有以人物問徽者，初不辯其高下，每輒言『佳』。其婦諫曰：『人質所疑，君宜辯論，而一皆言『佳』，豈人所以咨君之意乎！』徽曰：『如君所言，亦復佳。』其婉約遜遁如此。嘗有妄認徽猪者，便推與之；後得其猪，叩頭來還，徽又厚辭謝之。劉表子琮往候徽，遣問在不。會徽自鋤園，琮左右問：『司馬君在邪？』徽曰：『我是也。』琮左右見其醜陋，駡曰：『死庸！將軍諸郎欲求見司馬君，汝何等田奴，而自稱是邪！』徽歸，刈頭箸幘，出見。琮左右見徽故是向老翁，恐，向琮道之。琮起，叩頭辭謝。徽乃謂曰：『卿真不可。然吾甚羞之，此自鋤園，唯卿知之耳。』有人臨蠶求簇箔者，徽自棄其蠶而與之。或曰：『凡人損己以贍人者，謂彼急我緩也。今彼此正等，何爲與人？』徽曰：『人未嘗求己，求之不與，將慚。何有以財物令人慚者？』人謂劉表曰：『司馬德操，奇士也，但未遇耳。』表後見之，曰：『世間人爲妄語，此直小書生耳！』其智而能愚皆此類。荊州破，爲曹操所得，操欲大用，會其病死。」「子且下車。子適知邪徑之速，不慮失道之迷。昔伯成耦耕，不慕諸侯之榮；《莊子》曰：「堯治天下，伯成子高立爲諸侯。禹爲天子，伯成辭諸侯而耕於野。禹往見之，趨就下風而問焉，子高曰：『昔堯治天下，不賞而民勸，不罰而民畏。今子賞罰而民且不仁，德自此衰，刑自此立。夫子盍行邪？毋落吾事！』」原憲桑樞，不易有官之宅。《家語》曰：「原憲字子思，宋人，孔子弟子。居魯，環堵之室，茨以生草，蓬户不完，桑樞而瓮牖，上漏下濕，坐而弦歌。子貢軒車不容巷，往見之，曰：『先生何病也？』憲曰：『憲聞無財謂之貧，學而不能行謂之病。今憲貧也，非病也。夫希世而行，比周而友。學以爲人，教以爲己。仁義之慝，輿馬之飾，憲不忍爲也。』」何有坐則華屋，行則肥馬，侍女數十，然後爲奇？此乃許、父許由、巢父。所以忼慨，夷、齊所以長嘆。《孟子》曰：「伯夷、叔齊，目不視惡色，耳不聽惡聲，與鄉人居，若在塗炭。蓋聖人之清也。」雖有竊秦之爵，千駟之富，《古史考》曰：「呂不韋爲秦子楚行千金貨於華陽夫人，請立子楚爲嗣。及子楚立，封不韋洛陽十萬户，號文信侯。」以詐獲爵，故曰竊也。《論語》曰：「齊景公有馬千駟，民無德而稱焉。」孔安國曰：「千駟，四千匹。」不足貴也。」士元曰：「僕生出邊垂，寡見大義，若不一叩洪鐘、伐雷鼓，則不識其音響也。」

【眉批】

凌初成曰：「缺陷世界中，此法最高。」

劉公幹以失敬罹罪。《典略》曰：「劉楨字公幹，東平寧陽人。建安十六年，世子爲五官中郎將，妙選文學，使楨隨侍太子。酒酣坐嘆，乃使夫人甄氏出拜，坐上客多伏，而楨獨平視。他日，公聞，乃收楨，減死輸作部。」《文士傳》曰：「楨性辯捷，所問應聲而答。坐平視甄夫人，配輸作部，使磨石。武帝至尚方觀作者，見楨匡坐正色磨石。武帝問曰：『石何如？』楨因得喻己自理，跪而對曰：『石出荆山懸巖之巔，外有五色之章，内含卞氏之珍。磨之不加瑩，雕之不增文，禀氣堅貞，受之自然。顧其理枉屈紆繞而不得申。』帝顧左右大笑，即日赦之。」文帝問曰：「卿何以不謹於文憲？」楨答曰：「臣誠庸短，亦由陛下綱目不疏。」《魏志》曰：「帝諱丕，字子桓，受漢禪。」按諸書或云，楨被刑魏武之世，建安二十年病亡。後七年文帝乃即位，而謂楨得罪黄初之時，謬矣。

【眉批】

凌初成曰：「『平視』自佳。」

劉會孟曰：「狂宜有此，曹公不得不問。磨石甚奇，匡坐似晚。」

又曰：「説『磨石』，甚有情致。」

又曰：「失自責體，以教臣悖。」

王敬美曰：「注是。」

鍾毓、鍾會少有令譽。《魏書》曰：「毓字稺叔，潁川長社人，相國繇長子也。年十四，爲散騎侍郎，機捷談笑，有父風。仕至車騎將軍。」年十三，魏文帝聞之，語其父鍾繇《魏志》曰：「繇字元常。家貧好學，爲《周易》、《老子》訓。歷大理、相國，遷太傅。」曰：「可令二子來。」於是敕見。毓面有汗，帝曰：「卿面何以汗？」毓對曰：「戰戰惶惶，汗出如漿。」復問會：「卿何以不汗？」對曰：「戰戰慄慄，汗不敢出。」

【眉批】

按：此則弇州所删。

劉會孟曰：「可附滑稽。」

鍾毓兄弟小時，值父晝寢，因共偷服藥酒。其父時覺，且托寐以觀之。毓拜而後飲，會飲而不拜。《魏志》曰：「會字士季，繇少子也。敏惠夙成，中護軍蔣濟著論，謂觀其眸子，足以知人。會年五歲，繇遣見濟，濟甚異之，曰：『非常人也！』及壯，有才數，精練名理，累遷黄門侍郎。諸葛誕反，文王征之，會謀居多，時人謂之子房。拜鎮西將軍。伐蜀，蜀平，進位司徒。自謂功名蓋世，不可復爲人下，謂所親曰：『我淮南已來，畫無遺策，四海共知，持此欲安歸乎？』遂謀反，見誅，時年四十。」既而問毓何以拜，毓曰：「酒以成禮，不敢不拜。」又問會何以不拜，會曰：「偷本非禮，所以不拜。」

【眉批】

按：弇州以此入《夙惠》。

魏明帝爲外祖母築館於甄氏。《魏本傳》曰：「帝諱睿，字元仲，文帝太子。以其母廢，未立爲嗣。文帝與俱獵，見子母鹿。文帝射其母，應弦而倒。復令帝射其子，帝置弓泣曰：『陛下已殺其母，臣不忍復殺其子。』文帝曰：『好語動人心。』遂定爲嗣，是爲明帝。」《魏書》曰：「文昭甄皇后，明帝母也。父逸，上蔡令。烈宗即位，追封上蔡君，嫡孫象襲爵。象薨，子暢嗣，起大第，車駕親自臨之。」既成，自行視，謂左右曰：「館當以何爲名？」侍中繆襲曰：《文章叙録》曰：「襲字熙伯，東海蘭陵人。有才學，累遷侍中、光禄動。」「陛下聖思齊於哲王，罔極過於曾、閔。此館之興，情鍾舅氏，宜以渭陽爲名。」《秦詩》曰：「《渭陽》，康公念母也。康公之母，晋獻公之女。文公遭驪姬之難，未反而秦姬卒。穆公納文公，康公時爲太子，贈送文公于渭之陽，念母之不見也。我見舅氏，如母存焉。」按《魏書》：帝於後園爲象母起觀，名其里曰渭陽。然則象母即帝之舅母，非外祖母也。且『渭陽』爲館名，亦乖舊史也。

【眉批】

凌初成曰：「『渭陽』一名，侍中腹笥可測。」

何平叔云：「服五石散，非唯治病，亦覺神明開朗。」《魏略》曰：「何晏字平叔，南陽宛人，漢大將軍進孫也。或云何苗孫也。尚主，又好色，故黄初時無所事任。正始中，曹爽用爲中書，主選舉，宿舊者多得濟拔。爲司馬宣王所誅。」秦丞相《寒食散論》曰：「寒食散之方，雖出漢代，而用之者寡，靡有傳焉。魏尚書何晏首獲神效，由是大行於世，服者相尋也。」

【眉批】

王敬美曰：「六朝貴族病輒云『散』，動以爲佳，往往死而不悟，蓋金石之毒也。平叔實始作俑。」

劉會孟曰：「不足辱《言語》之科。」

嵇中散語趙景真：嵇紹《趙至叙》曰：「至字景真，代郡人。漢末，其祖流宕，客緱氏。令新之官，至年十二，與母共道傍看，母曰：『汝先世非微賤家也，汝後能如此不？』至曰：『可爾耳！』歸便求師誦書。蚤聞父耕叱牛聲，釋書而泣，師問之，答曰：『自傷不能致榮華，而使老父不免勤苦。』年十四，入太學觀，時先君在學寫石經古文，事訖去，遂隨車問先君姓名。先君曰：『年少何以問我？』至曰：『觀君風器非常，故問耳。』先君具告之。至年十五，陽病，數數狂走五里三里，爲家追得，又炙身體十數處。年十六，遂亡命，徑至洛陽，求索先君不得。至鄴，沛國史仲和，是魏領軍史渙孫也，至便依之，遂名翼，字陽和。先君到鄴，至具道太學中事，便逐先君歸山陽，經年。至長七尺三寸，潔白黑髮，赤唇明目，鬢鬚不多，閑詳安諦，體若不勝衣。先君嘗謂之曰：『卿頭小而鋭，瞳子白黑分明，視瞻停諦，有白起風。』至論議清辯，有從横才，然亦不以自長也。孟元基辟爲遼東從事，在郡斷九獄，見稱清當。自痛棄親遠游，母亡不見，吐血發病，服未竟而亡。」「卿瞳子白黑分明，有白起之風。嚴尤《三將叙》曰：「白起，平原君勸趙孝成王受馮亭，王曰：『受之，秦兵必至，武安君必將，誰能當之者乎？』對曰：『澠池之會，臣察武安君小頭而面鋭，瞳子白黑分明，視瞻不轉。小頭而面鋭者，敢斷决也；瞳子白黑分明者，見事明也；視瞻不轉者，執志强也。可與持久，難與争鋒。廉頗爲人，勇鷙而愛士，知難而忍耻，與之野戰則不如，持守足以當之。』王從其計。」恨量小狹。」趙云：「尺表能審璣衡之度，《周髀》曰：「夏至北方二萬六千里，冬至南方十三萬五千里，日中樹表則無影矣。周髀長八尺，夏至，日晷尺六寸。髀，股也。晷，勾也。正南千里，勾尺五寸；正北千里，勾尺七寸。」周髀之書也。寸管能測往復之氣。《呂氏春秋》曰：「黄帝使伶倫自大夏之西，崑崙之陰，取竹之嶰谷生，其竅厚薄均者，斷兩節，間而吹之，以爲黄鍾之管。制十二筩，以聽鳳凰之鳴。雄鳴六，雌鳴六，以爲律吕。」《續漢書·律曆志》曰：「十二律之變，至於六十，以律候氣。候氣之法：爲室三重，户閉，塗釁必周，密布緹幔，以木爲案，加律其上，以葭莩灰抑其内，爲氣所動者，其灰散也。以此候之。」何必在大，但問識如何耳。」

【眉批】

王敬美曰：「世人但知蔡中郎石經，不知有嵇中散。此注具一大故事。」

劉會孟曰：「爲貪慕叔夜至此，情痛可矜。嵇紹叙它，感發來歷，皆别此孺子忽忽過一生。惜哉！」

劉會孟曰：「本語量狹，文采支離可恨爾！」

司馬景王東征，《魏書》曰：「司馬師字子元，相國宣文侯長子也。以道德清粹重於朝廷，爲大將軍，録尚書事。毋丘儉反，師自征之。薨，謚景王。」取上黨李喜，以爲從事中郎。因問喜曰：「昔先公辟君不就，今孤召君，何以來？」喜對曰：「先公以禮見待，故得以禮進退；明公以法見繩，喜畏法而至耳。」《晋諸公贊》曰：「喜字季和，上黨銅鞮人也。少有高行，研精藝學。宣帝爲相國，辟喜，喜固辭疾。景帝輔政，爲從事中郎，累遷光禄大夫、特進，贈太保。」

【眉批】

劉會孟曰：「語意疏直。」

鄧艾口吃，語稱「艾艾」。《魏志》曰：「艾字士載，棘陽人。少爲農人養犢。年十二，隨母至潁川，讀故太丘長碑，文曰：『言爲世範，行爲士則。』遂名範，字士則，後宗族有同者，故改焉。每見高山大澤，輒規度指畫軍營處所，時人多笑焉。後見司馬宣王，三辟爲掾。累遷征西將軍，伐蜀，蜀平，進位太尉。爲衞瓘所害。」晋文王戲之曰：「卿云『艾艾』，定是幾艾？」對曰：「『鳳兮鳳兮』，故是一鳳。」朱鳳《晋紀》曰：「文王諱昭，字子上，宣帝次子也。」《列仙傳》曰：「陸通者，楚狂接輿也。好養性，游諸名山。嘗遇孔子而歌曰：『鳳兮鳳兮，何德之衰！往者不可諫，來者猶可追。』後入蜀，在峨眉山中。」

【眉批】

劉會孟曰：「佳對。」

王敬美曰：「倉卒對，乃妙絶。」

按：文王諱字，已見《德行》。注中引《魏書》者，此爲補所删。」

嵇中散既被誅，向子期舉郡計入洛，文王引進，問曰：「聞君有箕山之志，何以在此？」對曰：「巢、許狷介之士，不足多慕。」王大咨嗟。《向秀别傳》曰：「秀字子期，河内人。少爲同郡山濤所知，又與譙國嵇康、東平吕安友善，並有拔俗之韻，其進止無不同，而造事營生，業亦不異。常與嵇康偶鍛於洛邑，與吕安灌園於山陽。不慮家之有無，外物不足佛其心。弱冠著《儒道論》，棄而不録，好事者或存之。或云是其族人所作，困於不行，乃告秀，欲假其名。秀笑曰：『可復爾耳。』後康被誅，秀遂失圖，乃應歲舉，到京師，詣大將軍司馬文王，文王問曰：『聞君有箕山之志，何能自屈？』秀曰：『常謂彼人不達堯意，本非所慕也。』一坐皆説。隨次轉至黄門侍郎、散騎常侍。」

【眉批】

按：此則弇州所删。

劉會孟曰：「向之此語，如負叔夜。」

晋武帝始登阼，探策得「一」。《晋世譜》曰：「世祖諱炎，字安宇。咸熙二年受魏禪。」王者世數，繫此多少。帝既不説，群臣失色，莫能有言者。侍中裴楷進曰：「臣聞天得一以清，地得一以寧，侯王得一以爲天下貞。」帝說，群臣嘆服。王弼《老子注》云：「一者，數之始，物之極也。各是一物，所以爲主也。各以其一，致此清、寧、貞。」

【眉批】

王敬美曰：「此固自應至此。」

王元美曰：「此雖取絶捷供奉語，不妨雅致。」

滿奮畏風，在晉武帝坐，北窗作琉璃屏，實密似疏，奮有難色。帝笑之。荀綽《冀州記》曰：「奮字武秋，高平人，魏太尉寵之孫也。性清平，有識。自吏部郎出爲冀州刺史。」《晉諸公贊》曰：「奮體量清雅，有曾祖寵之風。遷尚書令，爲荀顗所害。」奮答曰：「臣猶吴牛，見月而喘。」今之水牛，唯生江淮間，故謂之「吴牛」也。南土多暑，而此牛畏熱，見月疑是日，所以見月則喘。

【眉批】

按：滿奮豐肥，肉潰膚裂，每至暑夏，輒膏汗流溢。見《異苑》。如此人乃云「畏風」，不可曉。

劉會孟曰：「謂其作勞過多，畏見月疑日。若見月而喘，直常語耳。」

諸葛靚在吴，於朝堂大會，《晉諸公贊》曰：「靚字仲思，琅邪人，司空誕少子也。雅正有才望。誕以壽陽叛，遣靚入質於吴，以靚爲右將軍、大司馬。」孫皓問：「卿字仲思，爲何所思？」對曰：「在家思孝，事君思忠，朋友思信，如斯而已。」

【眉批】

按：此則弇州所删。

劉會孟曰：「與前『得一』皆過本色。」

蔡洪《洪集録》曰：「洪字叔開，吴郡人，有才辯，初仕吴朝。太康中，本州從事，舉秀才。」王隱《晋書》曰：「洪仕至松滋令。」赴洛，洛中人問曰：「幕府初開，群公辟命，求英奇於仄陋，采賢俊於巖穴。君吴、楚之士，亡國之餘，有何異才而應斯舉？」蔡答曰：「夜光之珠，不必出於孟津之河；舊説云：「隋侯出行，有蛇斬而中斷者，侯連而續之，蛇遂得生而去，後銜明月珠以報其德，光明照夜同晝，因曰『隋珠』」。左思《蜀都賦》所謂「隋侯鄙其夜光」也。盈握之璧，不必采於崑崙之山。韓氏曰：「和氏之璧，蓋出於井里之中。」大禹生於東夷，文王生於西羌。按《孟子》曰：「舜生於諸馮，東夷人也。文王生於岐周，西戎人也。」則東夷是舜，非禹也。聖賢所出，何必常處。昔武王伐紂，遷頑民於洛邑，《尚書》曰：「成周既成，遷殷頑民，作《多士》。」孔安國《注》曰：「殷大夫心不則德義之經，故徙於王都，邇教誨也。」得無諸君是其苗裔乎？」按華令思舉秀才入洛，與王武子相酬對，皆與此言不異，無容二人同有此辭。疑《世説》穿鑿也。

【眉批】

凌初成曰「未便是《排調》、《輕詆》。」

諸名士共至洛水戲。《竹林七賢論》曰：「王濟諸人嘗至洛水解禊事。明日，或問濟曰：『昨游有何語議？』濟云云。」還，樂令廣也。問王夷甫曰：「今日戲，樂乎？」虞預《晋書》曰：「王衍字夷甫，琅邪臨沂人，司徒戎從弟。父乂，平北將軍。夷甫蚤知名，以清虛通理稱。仕至太尉，爲石勒所害。」王曰：「裴僕射善談名理，混混有雅致；《晉惠帝起居注》曰：「裴頠字逸民，河東聞喜人，司空秀之少子也。」《冀州記》曰：「頠弘濟有清識，稽古善言名理，履行高整，自少知名。歷侍中、尚書、左僕射。爲趙王倫所害。」張茂先論《史》、《漢》，靡靡可聽；《晉陽秋》曰：「華博覽洽聞，無不貫綜。世祖嘗問漢事，及建章千門萬户，華畫地成圖，應對如流，張安世不能過也。」我與王安豐説延陵、子房，亦超超玄箸。』《晉諸公贊》曰：「夷甫好尚談稱，爲時人物所宗。」

【眉批】

劉會孟曰：「玄箸猶沈著。」

王敬美曰：「古本原作『箸』字，殆不可曉，後皆仿此。」

按：劉本作『著』。

王武子、《晉諸公贊》曰：「王濟字武子，太原晉陽人，司徒渾第二子也。有俊才，能清言。起家中書郎，終太僕。」孫子荊《文士傳》曰：「孫楚字子荊，太原中都人也。」《晉陽秋》曰：「楚，驃騎將軍資之孫，南陽太守宏之子。鄉人王濟，豪俊公子，爲本州大中正，訪問宏爲鄉里品狀，濟曰：『此人非鄉評所能名，吾自狀之。』曰：『天才英特，亮拔不群。』仕至馮翊太守。」各言其土地人物之美。王云：「其地坦而平，其水淡而清，其人廉且貞。」孫云：「其山嶵巍以嵯峨，其水泙渫而揚波，其人磊砢而英多。」按《三秦記》、《語林》載，蜀人伊籍稱吴土地人物，與此語同。

【眉批】

王敬美曰：「注是也。吴、蜀當此語是本色。按王、孫同爲太原人，不當土風之異如此。」

樂令女適大將軍成都王穎，虞預《晋書》曰：「樂廣字彦輔，南陽人。清夷沖曠，加有理識。累遷侍中、河南尹。在朝廷用心虚淡，時人重其貞貴。代王戎爲尚書令。」《八王故事》曰：「司馬穎字叔度，世祖第十九子，封成都王、大將軍。」王兄長沙王執權於洛，《晋百官名》曰：「司馬乂，字士度，封長沙王。」《八王故事》曰：「世祖第十七子。」遂構兵相圖。長沙王親近小人，遠外君子，凡在朝者，人懷危懼。樂令既允朝望，加有婚親，群小讒於長沙。嘗問樂令，樂令神色自若，徐答曰：「豈以五男易一女？」《晋陽秋》曰：「成都王之起兵，長沙王猜廣，廣曰：『寧以一女而易五男？』乂猶疑之，遂以憂卒。」由是釋然，無復疑慮。

【眉批】

劉會孟曰：「一語坦然。敬服！敬服！」

陸機詣王武子，《晋陽秋》曰：「機字士衡，吴郡人。祖遜，吴丞相。父抗，大司馬。機與弟雲並有俊才，司空張華見而説之，曰：『平吴之利，在獲二俊。』《機别傳》曰：「博學善屬文，非禮不動。入晋，仕著作郎，至平原内史。」武子前置數斛羊酪，指以示陸曰：「卿江東何以敵此？」陸云：「有千里蓴羹，但未下鹽豉耳！」

【眉批】

劉會孟曰：「最得占對之妙。言外謂下鹽豉後，尚未止此。第語深約，可以意得，難以俊賞耳。」

王敬美曰：「千里，湖名。今志猶可考。」

陳志華曰：「《晋書》『千里蓴羹，末下鹽豉。』或云：『謂千里、末下是蓴、豉所出之地。』張鉅山詩曰：『一出修門道，重觀末下蓴。』」

按：岡南《因話録》曰：「『末』字，誤爲『未』。末下、千里皆地名，其地今屬平江。」

中朝有小兒，父病，行乞藥。主人問病，曰：「患瘧也。」主人曰：「尊侯明德君子，何以病瘧？」答曰：「來病君子，所以爲瘧耳！」俗傳行瘧鬼小，多不病巨人。故光武嘗謂景丹曰：「嘗聞壯士不病瘧，大將軍反病瘧耶？」

【眉批】

王敬美曰：「轉語佳甚。」

按：《續博物志》曰：「蜀人以痎瘧爲奴婢瘧。」

崔正熊詣都郡，都郡將姓陳，問正熊：「君去崔杼幾世？」答曰：「民去崔杼，如明府之去陳恒。」《晋百官名》曰：「崔豹字正熊，燕國人。惠帝時，官至太傅丞。」

【眉批】

王敬美曰：「此問者自責破綻。」

元帝始過江，朱鳳《晋書》曰：「帝諱叡，字景文。祖伷，封琅邪王。父恭王瑾嗣。帝襲爵爲琅邪王。少而明惠，因亂過江起義，遂即皇帝位。」《謚法》曰：「始建國都曰『元』。」謂顧驃騎曰：「寄人國土，心常懷慚。」榮跪對曰：「臣聞王者以天下爲家，是以耿、亳無定處，《帝王世紀》曰：「殷祖乙徙耿，爲河所毀。」今河東皮氏耿鄉是也。「盤庚五遷，復南居亳。」今景亳是也。九鼎遷洛邑，《春秋傳》曰：「武王克商，遷九鼎於洛邑。」今之偃師是也。願陛下勿以遷都爲念！」

【眉批】

按：此則弇州所删。

庾公造周伯仁，虞預《晋書》曰：「周顗字伯仁，汝南安城人，揚州刺史浚長子也。」《晋陽秋》曰：「顗有風流才氣，少知名，正體嶷然，儕輩不敢媟也。汝南賁泰，淵通清操之士，嘗嘆曰：『汝、潁固多賢士，自頃陵遲，雅道殆衰。今復見周伯仁，伯仁將祛舊風，清我邦族矣！』舉寒素，累遷尚書僕射。爲王敦所害。」伯仁曰：「君何所欣説而忽肥？」庾曰：「君復何所憂慘而忽瘦？」伯仁曰：「吾無所憂，直是清虚日來，滓穢日去耳！」

【眉批】

劉會孟曰：「極鄙而隱。」

過江諸人，每至美日，輒相邀新亭，藉卉飲宴。《丹陽記》曰：「新亭，吴舊立，先基崩淪。隆安中，丹陽尹司馬恢之徙創今地。」周侯顗也。中坐而嘆曰：「風景不殊，正自有山河之異！」皆相視流淚。唯王丞相導也。愀然變色曰：「當共戮力王室，克復神州，何至作楚囚相對！」《春秋傳》曰：「楚伐鄭，諸侯救之。鄭執鄖公鍾儀獻晉。景公觀軍府，見而問之，曰：『南冠而縶者爲誰？』有司對曰：『楚囚也。』使稅之。問其族，對曰：『伶人也。』『能爲樂乎？』曰：『先父之職，敢有二事。』與之琴，操南音。范文子曰：『楚囚，君子也。樂操土風，不忘舊也。君盍歸之？以合晉、楚之成。』」

【眉批】

凌初成曰：「『藉卉』二字頗妙，花茵祖此。」

劉會孟曰：「俯仰情至。」

衞洗馬初欲渡江，形神慘顇，語左右云：「見此芒芒，不覺百端交集。苟未免有情，亦復誰能遣此！」《晉諸公贊》曰：「衞玠字叔寶，河東安邑人。祖父瓘，太尉。父恒，黄門侍郎。」《玠别傳》曰：「玠穎識通達，天韻標令。陳郡謝幼輿敬以亞父之禮。論者以爲出王眉子、平子、武子之右，世咸謂『諸王三子，不如衞家一兒。』娶樂廣女。裴叔道曰：『妻父有冰清之姿，婿有壁潤之望，所謂秦、晉之匹也。』爲太子洗馬。永嘉四年，南至江夏，與兄别於梁里澗，語曰：『在三之義，人之所重。今日忠臣致身之道，可不勉乎？』行至豫章，乃卒。」

【眉批】

王敬美曰：「至今讀之欲絶，況在當時德音面聆者耶？」

劉會孟曰：「似癡似懶，似多似少。轉使柔情易断，非丈夫語，然非我輩未易能言。」

按：《玠別傳》數語弇州采入《品藻》。

劉本注：「按：此匆匆出語耳，而微辭逸旨，超然風埃之表。江左諸公，叔寶真言語之科也。」

凌初成曰：「竟不言『看殺』。」

顧司空未知名，詣王丞相。丞相小極，對之疲睡。顧思所以叩會之，《顧和別傳》曰：「和字君孝，吴郡人。祖容，吴荆州刺史。父相，晋臨海太守。和總角知名，族人顧榮雅相器愛，曰：『此吾家之騏驥也，必振衰族。』累遷尚書令。」因謂同坐曰：「昔每聞元公顧榮。道公協贊中宗，保全江表。鄧粲《晋紀》曰：「導與元帝有布衣之好。知中國將亂，勸帝渡江，求爲安東司馬，政皆决之，號『仲父』。晋中興之功，導實居其首。體小不安，令人喘息。」丞相因覺，謂顧曰：「此子珪璋特達，機警有鋒。」

【眉批】

按：此則弇州所删。

劉本注：「僞言導病，以發其對。」

劉會孟曰：「《世説》長處，在寫一時小小節次，如見可想。」

會稽賀生，體識清遠，言行以禮。賀循，别見。不徒東南之美，《爾雅》曰：「東南之美者，有會稽之竹箭焉。」實爲海内之秀。

【眉批】

按：此則弇州所删。

凌初成曰：「甚似《賞譽》。」

劉琨雖隔閡寇戎，志存本朝。王隱《晋書》曰：「琨字越石，中山魏昌人。祖邁，有經國之才。父璠，光禄大夫。琨少稱俊朗，累遷司徒長史、尚書右丞。迎大駕於長安，以有殊勳，封廣武侯。年三十五，出爲並州刺史。爲段日磾所害。」謂温嶠曰：「班彪識劉氏之復興，馬援知漢光之可輔。《漢書·叙傳》曰：「彪字叔皮，扶風人，客於天水。隴西隗囂有窺覦之志，彪作《王命論》以諷之。」《東觀漢記》曰：「馬援字文淵，茂陵人。從公孫述、隗囂游。後見光武，曰：『天下反覆，盗名字者不可勝數。今見陛下寥廓大度，同符高祖，乃知帝王自有真也。』帝甚壯之。」今晋阼雖衰，天命未改，吾欲立功於河北，使卿延譽於江南，子其行乎？」温曰：「嶠雖不敏，才非昔人，明公以桓、文之姿，建匡立之功，豈敢辭命！」虞預《晋書》曰：「嶠字太真，太原祁人。少標俊清徹，英穎顯名。爲司空劉琨左司馬。是時，二都傾覆，天下大亂。琨聞元皇受命中興，忼慨幽、朔，志存本朝。使嶠奉使，嶠喟然對曰：『嶠雖乏管、張之才，而明公有桓、文之志，敢辭不敏，以違高旨。』以左長史奉使勸進，累遷驃騎大將軍。」

温嶠初爲劉琨使來過江，于時江左營建始爾，綱紀未舉。温新至，深有諸慮。既詣王丞相，陳主上幽越，社稷焚滅，山陵夷毁之酷，有《黍離》之痛。温忠慨深烈，言與泗俱，丞相亦與之對泣。叙情既畢，便深自陳結，丞相亦厚相酬納。既出，歡然言曰：「江左自有管夷吾，此復何憂！」《史記》曰：「管仲夷吾者，潁上人。相齊桓公，九合諸侯，一匡天下。」《語林》曰：「初温奉使勸進，晋王大集賓客見之。温公始入，姿形甚陋，合坐盡驚。既坐，陳説九服分崩，皇室弛絶，晋王君臣莫不歔欷。及言天下不可以無主，聞者莫不踴躍，植髮穿冠。王丞相深相付托。温公既見丞相，便游樂不住，曰：『既見管仲，天下事無復憂。』」

【眉批】

按：此則弇州所删。

劉會孟曰：「此處大少彷彿。」

王敦兄含，爲光禄勳。《含别傳》曰：「含字處弘，琅邪臨沂人。累遷徐州刺史、光禄勳。與弟敦作逆，伏誅。」敦既逆謀，屯據南州，含委職奔姑孰。鄧粲《晋記》曰：「初，王導協贊中興，敦有方面之功。敦以劉隗爲閒己，舉兵討之，故含南奔武昌，朝廷始警備也。」王丞相詣闕謝。《中興書》曰：「導從兄敦舉兵討劉隗，導率子弟二十餘人，旦旦到公車，泥首謝罪。」司徒、丞相、揚州官僚問訊，倉卒不知何辭。顧司空時爲揚州别駕，援翰曰：「王光禄遠避流言，明公蒙塵路次，群下不寧，不審尊體起居何如？」

【眉批】

按：此則弇州所删。

凌初成曰：「寒温耳。粉飾可憎。」

郗太尉拜司空，語同坐曰：「平生意不在多，值世故紛紜，遂至台鼎。朱博翰音，實愧於懷。」《漢書》曰：「朱博字子元，杜陵人。爲丞相，臨拜，延登受策，有大聲如鐘鳴。上問揚雄、李尋，對曰『《洪範》所謂鼓妖者也。人君不聽，空名得進，則有無形之聲。』博後坐事自殺。」故《序傳》曰：「博之翰音，鼓妖先作。」《易·中孚》曰：「上九，翰音登于天，貞凶。」王弼《注》曰：「翰，高飛也；音者，音飛而實不從也。」

【眉批】

劉會孟曰：「解得精實。」

高坐道人不作漢語。或問此意，簡文曰：「以簡應對之煩。」《高坐别傳》曰：「和尚胡名尸黎密，西域人。傳云國王子，以國讓弟，遂爲沙門。永嘉中，始到此土，止於大市中。和尚天姿高朗，風韻遒邁，丞相王公一見奇之，以爲吾之徒也。周僕射領選，撫其背而嘆曰：『若選得此賢，令人無恨！』俄而周侯遇害，和尚對其靈坐，作胡祝數千言，音聲高暢，既而揮涕收淚。其哀樂廢興皆此類。性高簡，不學晋語。諸公與之言，皆因傳譯，然神領意得，頓在言前。」《塔寺記》曰：「尸黎密冢曰高坐，在石子岡，常行頭陀，卒於梅岡，即葬焉。晋元帝於冢邊立寺，因名高坐。」

【眉批】

王敬美曰：「高坐，寺名，迄今無改。」

劉會孟曰：「可以逃敗。」

周僕射雍容好儀形。詣王公，初下車，隱數人，王公含笑看之。既坐，傲然嘯詠。王公曰：「卿欲希嵇、阮邪？」答曰：「何敢近舍明公，遠希嵇、阮！」鄧粲《晋紀》曰：「伯仁儀容弘偉，善於俯仰應答，精神足以蔭映數人。深自持，能致人而未嘗往焉。」

【眉批】

王敬美曰：「『隱』字費解，不如《注》中『蔭映』二字。

劉本《注》：「隱，映也。」

凌初成曰：「伯仁乃作爾語，阿智故當火攻。」

庾公嘗入佛圖，見卧佛，《涅槃經》云：「如來背痛，於雙樹間北首而卧。」故後之圖繪者爲此象。曰：「此子疲於津梁。」于時以爲名言。

【眉批】

劉會孟曰：「有味外味。」

凌初成曰：「請於此處着一喝。」

摯瞻曾作四郡太守、大將軍户曹參軍，復出作内史。《摯氏世本》曰：「瞻字景游，京兆長安人，太常虞兄子也。父育，凉州刺史。瞻少善屬文，起家著作郎。中朝亂，依王敦爲户曹參軍，歷安豐、新蔡、西陽太守。見敦以故壞裘賜老病外部都督，瞻諫曰：『尊裘雖故，不宜與小吏。』敦曰：『何爲不可？』瞻時因醉，曰：『若上服皆可用賜，貂蟬亦可賜下乎？』敦曰：『非喻所引，如此不堪二千石。』瞻曰：『瞻視去西陽如脱屣耳！』敦反，乃左遷隨郡内史。」年始二十九。嘗别王敦，敦謂瞻曰：「卿年未三十，已爲萬石，亦太蚤。」瞻曰：「方於將軍，少爲太蚤；比之甘羅，已爲太老。」《摯氏世本》曰：「瞻高亮有氣節，故以此答敦。後知敦有異志，建興四年，與弟五琦據荆州以距敦，竟爲所害。」《史記》曰：「甘羅，秦相茂之孫也。年十二，而秦相吕不韋欲使張唐相燕，唐不肯行，甘羅説而行之。又請車五乘以使趙，還報秦。秦封甘羅爲上卿，賜以甘茂田宅。」

【眉批】

凌初成曰：「俗口實，市井能言。」

梁國楊氏子，九歲，甚聰惠。孔君平王隱《晋書》曰：「孔坦字君平，會稽山陰人。善《春秋》，有文辯。歷太子舍人，累遷廷尉卿。詣其父，父不在，乃呼兒出。爲設果，果有楊梅。孔指以示兒曰：「此是君家果。」兒應聲答曰：「未聞孔雀是夫子家禽。」

【眉批】

按：弇州編入《夙惠》。

孔廷尉以裘與從弟沈，《孔氏譜》曰：「沈字德度，會稽山陰人。祖父奕，全椒令。父群，鴻臚卿。沈至琅邪王文學。」沈辭不受。廷尉曰：「晏平仲之儉，祠其先人，豚肩不掩豆，猶狐裘數十年，劉向《别録》曰：「晏平仲名嬰，東萊夷維人。事齊靈公、莊公，以節儉力行重於齊。」《禮記》曰：「晏平仲祀其先人，豚肩不掩豆，君子以爲儉也。」又曰：「晏子一狐裘三十年，晏子焉知禮？」《注》：「豚，俎實也。豆，徑尺。言並豚之兩肩，不能掩豆，喻少也。」卿復何辭此！」於是受而服之。

【眉批】

按：此則弇州所删。

佛圖澄與諸石游，《澄别傳》曰：「道人佛圖澄，不知何許人，出於燉煌，好佛道，出家爲沙門。永嘉中，至洛陽，值京師有難，潛遁草澤間。石勒雄異好殺害，因勒大將軍郭默略見勒，以麻油塗掌，占見吉凶。數百里外，聽浮圖鈴聲，逆知禍福。勒甚敬信之。虎即位，亦師澄，號『大和尚』。自知終日，開棺無屍，唯袈裟法服在焉。」林公曰：「澄以石虎爲海鷗鳥。」《趙書》曰：「虎字季龍，勒從弟也。征伐每斬將搴旗。勒死，誅勒諸兒，襲位。《莊子》曰：「海上之人好鷗者，每旦之海上從鷗游，鷗之至者數百而不止。其父曰：『吾聞鷗鳥從汝游，取來玩之。』明日之海上，鷗舞而不下。」

【眉批】

劉會孟曰：「謂玩虎於掌中耳。」

王敬美曰：「今史虎爲勒從子。」

謝仁祖年八歲，謝豫章鯤子，别見。將送客，爾時語已神悟，自參上流。諸人咸共嘆之，曰：「年少一坐之顔回。」仁祖曰：「坐無尼父，焉别顔回？」《晋陽秋》曰：「謝尚字仁祖，陳郡人，鯤之子也。齠齔喪兄，哀慟過人。及遭父喪，温嶠嘷之，尚號叫極哀，既而收涕告訴，有異常童。嶠奇之。由是知名。仕至鎮西將軍、豫州刺史。」

【眉批】

按：此則弇州所删。

劉會孟曰：「啓龐納侮。」

陶公疾篤，都無獻替之言，朝士以爲恨。《陶氏叙》曰：「侃字士衡，其先鄱陽人，後徙尋陽。侃少有遠概綱維宇宙之志。舉孝廉入洛，司空張華見而謂曰：『後來匡主寧民，君其人也！』劉弘鎮沔南，取爲長史，謂侃曰：『昔吾爲羊太傅參佐，見語云：君後當居身處。今相觀，亦復然矣。』累遷湘、廣、荆三州刺史，加羽葆鼓吹，封長沙郡公、大將軍，贊拜不名，劍履上殿。進太尉，贈大司馬，謚桓公。」按王隱《晋書》載侃臨終表曰：「臣少長孤寒，始願有限，過蒙先朝歷世異恩。臣年垂八十，位極人臣，啓手啓足，當復何恨？但以餘寇未誅，山陵未復，所以憤慨兼懷，唯此而已。猶冀犬馬之齒，少可少延。欲爲陛下北吞石虎，西誅李雄。勢遂不振，良圖永息。臨書振腕，涕泗横流。伏願遴選代人，使必得良才，足以奉宣王猷，遵成志業。則雖死之日，猶生之年。」有表若此，非無獻替。仁祖聞之，曰：「時無豎刁，故不貽陶公話言。」《吕氏春秋》曰：「管仲病，桓公問曰：『子如不諱，誰代子相者？豎刁何如？』管仲曰：『自宫以事君，非人情，必不可用。』後果亂齊。」時賢以爲德音。

【眉批】

劉會孟曰：「表辭甚佳！丈夫本志，反復略盡，復何求哉？若以外臣輒及君側，有非可必于身後，流俗近言非事實。」

又曰：「似厚似譏。」

竺法深在簡文坐，劉尹問：「道人何以游朱門？」答曰：「君自見其朱門，貧道如游蓬户。」《高逸沙門傳》曰：「法師居會稽，皇帝重其風德，遣使迎焉。法師暫出應命。司徒會稽王天性虚澹，與法師結殷勤之歡。師雖升履丹墀，出入朱邸，泯然曠達，不異蓬宇也。」或云卞令。别見。

【眉批】

凌初成曰：「『如游蓬户』已多一重公案，直言『君自見朱門』可耳。」

孫盛爲庾公記室參軍，《中興書》曰：「盛字安國，太原中都人。博學强識。歷著作郎、瀏陽令。庾亮爲荆州，以爲征西主簿，累遷秘書監。」從獵，將其二兒俱行，庾公不知，忽於獵場見齊莊，時年七八歲，庾謂曰：「君亦復來邪？」應聲答曰：「所謂『無小無大，從公于邁』。」

【眉批】

按：下三則弇州俱編入《夙惠》。

孫齊由、齊莊二人，小時詣庾公。公問齊由何字，答曰：「字齊由。」公曰：「欲何齊邪？」曰：「齊許由。」《晋百官名》曰：「孫潛字齊由，太原人。」《中興書》曰：「潛，盛長子也。豫章太守殷仲堪下討王國寶，潛時在郡，逼爲咨議參軍，固辭不就，遂以憂卒。」齊莊何字，答曰：「字齊莊。」公曰：「欲何齊？」曰：「齊莊周。」公曰：「何不慕仲尼而慕莊周？」對曰：「聖人生知，故難企慕。」庾公大喜小兒對。《孫放別傳》曰：「放字齊莊，監君次子也。年八歲，太尉庾公召見之。放清秀，欲觀試，乃授紙筆令書，放便自疏名字。公題後問之曰：『爲欲慕莊周邪？』放書答曰：『意欲慕之。』公曰：『何故不慕仲尼而慕莊周？』放曰：『仲尼生而知之，非希企所及；至於莊周，是其次者，故慕耳。』公謂賓客曰：『王輔嗣應答恐不能勝之。』卒長沙王相。」

張玄之、顧敷是顧和中外孫，皆少而聰惠，和並知之，而常謂顧勝，親重偏至，張頗不厭。敷別見。《續晉陽秋》曰：「張玄之字祖希，吴郡太守澄之孫也。少以學顯，歷吏部尚書，出爲冠軍將軍、吴興太守、會稽内史。謝玄同時之郡，論者以爲『南北之望』。玄之名亞謝玄，時亦稱『南北二玄』，卒於郡。」于時，張年九歲，顧年七歲。和與俱至寺中，見佛般泥洹像，弟子有泣者，有不泣者。和以問二孫。玄謂：「被親故泣，不被親故不泣。」敷曰：「不然。當由忘情故不泣，不能忘情故泣。」《大智度論》曰：「佛在陰庵羅雙樹間，入般涅槃，卧其首，大地震動。諸三學人僉然不樂，郁伊交涕。諸無學人，但念諸法，一切無常。」

【眉批】

劉會孟曰：「非小兒語。」

王敬美曰：「不辯優劣，令人自見。注引經綸，又恰破的。」

按：「被親」「不被親」，劉本作「彼親」「彼不親」。

庾法暢造庾太尉，握麈尾至佳。公曰：「此至佳，那得在？」法暢曰：「廉者不求，貪者不與，故得在耳。」

法暢氏族所出未詳。法暢著《人物論》，自叙其美云：「暢悟鋭有神，才辭通辯。」

庾穉恭爲荆州，《庾翼别傳》曰：「翼字穉恭，潁川鄢陵人也。少有大度，時論以經略許之。兄太尉亮薨，朝議推才，乃以翼都督七州，進征南將軍、荆州刺史。」以毛扇上武帝，武帝疑是故物。傅咸《羽扇賦序》曰：「昔吴人直截鳥翼而摇之，風不減方圓二扇，而功無加，然中國莫有生意者。滅吴之後，翕然貴之，無人不用。」按庾懌以白羽扇獻武帝，帝嫌其非新，反之。不聞翼也。侍中劉劭曰：《文字志》曰：「劭字彦祖，彭城叢亭人。祖訥，司隸校尉。父松，成皋令。劭博識好學，多藝能，善草隸。初仕領軍參軍。太傅出東，劭謂京洛必危，乃單馬奔揚州。歷侍中、豫章太守。」「柏梁雲構，工匠先居其下；管弦繁奏，鍾、夔先聽其音。鍾，鍾期也。夔，舜樂正。穉恭上扇，以好不以新。」庾後聞之，曰：「此人宜在帝左右。」

【眉批】王敬美曰：「劉公幹《答魏太子書》云：『夏屋初成，而大匠先立其下；嘉禾始熟，而農夫先嘗其粒。』邵語本此。」

又曰：「駢語乃玄。」

何驃騎亡後，何充，别見。徵褚公入。既至石頭，王長史、劉尹同詣褚，褚曰：「真長何以處我？」真長顧王曰：「此子能言。」褚因視王，王曰：「國自有周公。」《晋陽秋》曰：「充之卒，議者謂太后父裒宜秉朝政。裒自丹徒入朝，吏部尚書劉遐勸裒曰：『會稽王令德，國之周公也。足下宜以大政付之。』裒長史王胡之亦勸歸藩，於是固辭歸京。」

【眉批】

劉本注：「謂宜遜會稽王也。」

桓公北征，經金城，見前爲琅邪時種柳，皆已十圍，慨然曰：「木猶如此，人何以堪！」攀枝執條，泫然流淚。《桓温别傳》曰：「温字元子，譙國龍亢人，漢五更桓榮後也。父彝，有識鑒。温少有豪邁風氣，爲温嶠所知，累遷琅邪内史，進征西大將軍，鎮西夏。時逆胡未誅，餘燼假息。温親勒郡卒，建旗致討，清蕩伊、洛，展敬園陵。薨，謚宣武侯。」

【眉批】

劉會孟曰：「寫得沈至，正在後八字耳。若止於桓大口語，安得如此凄愴？」

王敬美曰：「大都是王敦擊唾壺意。」

簡文作撫軍時，嘗與桓宣武俱入朝，更相讓在前。宣武不得已而先之，因曰：「伯也執殳，爲王前驅。」《衛詩》也。殳，長一丈二尺，無刃。簡文曰：「所謂『無小無大，從公于邁』。」

【眉批】

劉會孟曰：「兩得詞體。」

凌初成曰：「大不似簸揚沙汰。」

顧悦與簡文同年，而髮蚤白。《中興書》曰：「悦字君叔，晋陵人。初爲殷浩揚州别駕。浩卒，上疏理浩。或諫以浩爲太宗所廢，必不依許。悦固争之，浩果得申，物論稱之。後至尚書左丞。」簡文曰：「卿何以先白？」對曰：「蒲柳之姿，望秋而落；松柏之質，經霜彌茂。」顧凱之爲父《傳》曰：「君以直道陵遲於世。入見王，王髮無二毛，而君已斑白。問君年，乃曰：『卿何偏蚤白？』君曰：『松柏之姿，經霜猶茂，臣蒲柳之質，望秋先零。受命之異也。』王稱善久之。」

桓公入峡，絶壁天懸，騰波迅急，《晋陽秋》曰：「温以永和二年，率所領七千餘人伐蜀，拜表輒行。」乃嘆曰：「既爲忠臣，不得爲孝子，如何？」《漢書》曰：「王陽爲益州刺史，行部至邛僰九折坂，嘆曰：『奉先人遺體，奈何數乘此險！』以病去官。後王尊爲刺史，至其坂，問吏曰：『非王陽所畏之道邪？』吏曰：『是。』叱其馭曰：『驅之！王陽爲孝子，王尊爲忠臣。』」

初，熒惑入太微，尋廢海西。《晋陽秋》曰：「泰和六年閏十月，熒惑守太微端門。十一月，大司馬桓温廢帝爲海西公。」《晋安帝紀》曰：「桓温於枋頭奔敗，知民望之去也，乃屠袁真於壽陽。既而謂郗超曰：『足以雪枋頭之耻乎？』超曰：『未厭有識之情也。公六十之年，敗於大舉，不建高世之勳，未足以鎮厭民望。』因説温以廢立之事。時温夙有此謀，深納超言，遂廢海西。」簡文登阼，復入太微，帝惡之。徐廣《晋紀》曰：「咸安元年十二月，熒惑逆行入太微，至二年七月猶在焉。帝懲海西之事，心甚憂之。」時郗超爲中書，在直。《中興書》曰：「超字景興，高平人，司空愔之子也。少而卓犖不羈，有曠世之度。累遷中書郎、司徒左長史。」引超入曰：「天命修短，故非所計。政當無復近日事不？」超曰：「大司馬方將外固封疆，内鎮社稷，必無若此之慮。臣爲陛下以百口保之。」帝因誦庾仲初詩庾闡《從征詩》也。曰：「志士痛朝危，忠臣哀主辱。」聲甚凄厲。郗受假還東，帝曰：「致意尊公，家國之事，遂至於此。由是身不能以道匡衛，思患預防。愧嘆之深，言何能喻！」因泣下流襟。《續晋陽秋》曰：「帝外壓强臣，憂憤不得志，在位二年而崩。」

【眉批】

按：此則弇州所删。

凌初成曰：「簡文通玄，何不勸汝一杯酒！」

簡文在暗室中坐，召宣武。宣武至，問上何在。簡文曰：「某在斯。」時人以爲能。《論語》曰：「師冕見，及階，子曰：『階也。』及席，子曰：『席也。』皆坐，子告之曰：『某在斯，某在斯。』」《注》：「歷告坐中人也。」

【眉批】

按：此則弇州所删。

劉會孟曰：「似譏不見也。」

簡文入華林園，顧謂左右曰：「會心處不必在遠，翳然林水，便自有濠、濮閑想也。濠濮，二水名也。《莊子》曰：「莊子與惠子游濠梁水上，莊子曰：『儵魚出游從容，是魚樂也。』惠子曰：『子非魚，安知魚之樂邪？』莊子曰：『子非我，安知我之不知魚之樂也？』」「莊周釣在濮水，楚王使二大夫造焉，曰：『願以境内累莊子。』莊子持竿不顧，曰：『吾聞楚有神龜者，死已三千年矣，巾笥而藏於廟。此寧曳尾於塗中，寧留骨而貴乎？』二大夫曰：『寧曳尾於塗中。』莊子曰：『往矣！吾亦寧曳尾於塗中。』」覺鳥獸禽魚，自來親人。」

【眉批】

劉會孟曰：「清言徑造。」

按：劉本作「不覺」。

謝太傅語王右軍曰：「中年傷於哀樂，與親友別，輒作數日惡。」王曰：《文字志》曰：「王羲之字逸少，琅邪臨沂人。父曠，淮南太守。羲之少朗拔，爲叔父廙所賞。善草隸。累遷江州刺史、右軍將軍、會稽内史。」「年在桑榆，自然至此，正賴絲竹陶寫，恒恐兒輩覺，損欣樂之趣。」

【眉批】

劉會孟曰：「自家潦倒，憂及兒輩，真鍾情語也。此少有喻者。」

支道林常養數匹馬，或言「道人畜馬不韻」。支曰：「貧道重其神駿。」《高逸沙門傳》曰：「支遁字道林，河内林慮人，或曰陳留人，本姓關氏。少而任心獨往，風期高亮，家世奉法。嘗於餘杭山沈思道行，泠然獨暢。年二十五，始釋形入道。年五十三，終於洛陽。

【眉批】

劉會孟曰：「高視世外。」

劉尹與桓宣武共聽講《禮記》。桓云：「時有入心處，便覺咫尺玄門。」劉曰：「此未關至極，自是金華殿之語。」《漢書叙傳》曰：「班伯少受《詩》於師丹，大將軍王鳳薦伯於成帝，宜勸學，召見宴昵，拜爲中常侍。時上方向學，鄭寬中、張禹朝夕入説《尚書》、《論語》於金華殿，詔伯受之。」

【眉批】

劉本《注》：「蓋言其講説可聽，而未到至處耳。」

劉會孟曰：「能言。」

凌初成曰：「宣武慕玄，不及舞晉略有所聞，時時推附。」

羊秉爲撫軍參軍，少亡，有令譽，夏侯孝若爲之叙，極相讚悼。《羊秉叙》曰：「秉字長達，太山平陽人。漢南陽太守續曾孫。大父魏郡府君，即車騎掾元子也。府君夫人鄭氏無子，乃養秉。齠齔而佳，小心敬慎。十歲而鄭夫人薨，秉思容盡哀。俄而公府掾及夫人並卒，秉群從父率禮相承，人不間其親，雍雍如也。仕參撫軍將軍事。將奮千里之足，揮冲天之翼，惜乎春秋三十有二而卒。昔罕虎死，子産以爲無與爲善。自夫子之没，有子産之嘆矣！亡後有子男，又不育。是何行善而禍繁也？豈非司馬生之所惑歟？」羊權爲黄門侍郎，侍簡文坐。帝問曰：「夏侯湛别見。作《羊秉叙》，絶可想。是卿何物？有後不？」《羊氏譜》曰：「權字道輿，徐州刺史忱之子也。仕至尚書左丞。」權潸然對曰：「亡伯令問夙彰，而無有繼嗣。雖名播天聽，然胤絶聖世。」帝嗟慨久之。

【眉批】

劉本《注》：「謂是卿何親也？」

劉會孟曰：「重一語，故悲苦。」

按：劉本無「雖」字。

王長史與劉真長別後相見，《王長史別傳》曰：「濛字仲祖，太原晉陽人。其先出自周室，經漢、魏，世爲大族，祖父佐，北軍中候。父訥，葉令。濛神氣清韶，年十餘歲，放邁不群，弱冠檢尚，風流雅正，外絶榮競，内寡私欲。辟司徒掾、中書郎，以后父贈光禄大夫。」王謂劉曰：「卿更長進。」答曰：「此若天之自高耳。」《語林》曰：「仲祖語真長曰：『卿近大進。』劉曰：『卿仰看邪？』王問何意，劉曰：『不爾，何由測天之高也。』」

【眉批】

按：此則弇州所删。

劉本《注》：「蓋不喜王有『長進』之言，故謂己如天之本自高，特看者不測耳，非近日方長進也。皆戲語。」

劉會孟曰：「深于談者，有深有淺，其義常解不能盡。」

王敬美曰：「語大無當。」

劉尹云：「人想王荆産佳，此想長松下當有清風耳！」荆産，王微小字也。《王氏譜》曰：「微字幼仁，琅邪人。祖父乂，平北將軍。父澄，荆州刺史。微歷尚書郎、右軍司馬。」

【眉批】

劉本《注》：「以其名家，意想其佳耳。」

劉會孟曰：「竟似不滿。」

王仲祖聞蠻語不解，茫然曰：「若使介葛盧來朝，故當不昧此語。」《春秋傳》曰：「介葛盧來朝魯，聞牛鳴，曰：『是生三犧，皆用之矣。其音云。』問之而信。」杜預注曰：「介，東夷國；葛盧，其君名也。」

【眉批】

劉本《注》：「介葛盧能辨牛語，謂蠻語亦然。」

劉真長爲丹陽尹，許玄度出都，就劉宿，《續晋陽秋》曰：「許詢字玄度，高陽人，魏中領軍允玄孫。總角秀惠，衆稱神童。長而風情簡素，司徒掾辟，不就，蚤卒。」床帷新麗，飲食豐甘。許曰：「若保全此處，殊勝東山。」劉曰：「卿若知吉凶由人，吾安得不保此！」《春秋傳》曰：「吉凶無門，唯人所召。」王逸少在坐，曰：「令巢、許遇稷、契，當無此言。」二人並有愧色。

【眉批】

劉會孟曰：「不謂真長、玄度有此謬談。」

王敬美曰：「二君故復有此破綻耶？」

王右軍與謝太傅共登冶城，《揚州記》曰：「冶城，吴時鼓鑄之所，吴平，猶不廢。王茂弘所治也。」謝悠然遠想，有高世之志。王謂謝曰：「夏禹勤王，手足胼胝；《帝王世紀》曰：「禹治洪水，手足胼胝。」世傳禹病偏枯，足不相過。今稱「禹步」是也。文王旰食，日不暇給。《尚書》曰：「文王自朝至于日昃，不遑暇食。」今四郊多壘，《禮記》曰：「四郊多壘，卿大夫之辱也。」宜人人自效；而虚談廢務，浮文妨要，恐非當今所宜。」謝答曰：「秦任商鞅，二世而亡，《戰國策》曰：「衞商鞅，諸庶孽子，名鞅，姓公孫氏。少好刑名學，爲秦孝公相，封於商。」豈清言致患邪？」

【眉批】

劉本《注》：「右軍之言，真當時之藥石。謝傳引秦喻晉，亦不類矣。」

王敬美曰：「此在謝自爲德音，然王是救時急務。」

劉會孟曰：「惟謝東山能爲此言，他人不近。」

謝太傅寒雪日内集，與兒女講論文義，俄而雪驟，公欣然曰：「白雪紛紛何所似？」兄子胡兒曰：胡兒，謝朗小字也。《續晉陽秋》曰：「朗字長度，安次兄據之長子。安蚤知之。文義豔發，名亞於玄。仕至東陽太守。」「撒鹽空中差可擬。」兄女曰：「未若柳絮因風起。」公大笑樂。即公大兄無奕女，左將軍王凝之妻也。《王氏譜》曰：「凝之字叔平，右將軍羲之第二子也。歷江州刺史、左將軍、會稽内史。」《晉安帝紀》曰：「凝之事五斗米道。孫恩之攻會稽，凝之謂民吏曰：『不須備防，吾已請大道，許遣鬼兵相助，賊自破矣。』既不設備，遂爲恩所害。」《婦人集》曰：「謝夫人名道藴，有文才，所著詩、賦、誄、頌傳於世。」

【眉批】

按：弇州以此入《賢媛》。

劉會孟曰：「有女子風致，愈覺『撒鹽』之俗。」

凌初成曰：「如此，寧不使有心女子恨極天壤！」

王中郎令伏玄度、習鑿齒《王中郎傳》曰：「坦之字文度，太原晉陽人。祖東海太守丞，清淡平遠。父述，貞貴簡正。坦之器度淳深，孝友天至，譽輯朝野，標的當時。累遷侍中、中書令，領北中郎將，徐、兗二州刺史。」《中興書》曰：「伏滔字玄度，平昌安丘人。少有才學，舉秀才。大司馬桓温參軍，領大著作，掌國史，游擊將軍，卒。習鑿齒字彦威，襄陽人。少以文稱，善尺牘。桓温在荆州，辟爲從事。歷治中、別駕，遷滎陽太守。」論青、楚人物。《滔集》載其論，略曰：「滔以春秋時鮑叔、管仲、隰朋、召忽、輪扁、寧戚、麥丘人、逢丑父、晏嬰、涓子，戰國時公羊高、孟軻、鄒衍、田單、荀卿、鄒奭、莒大夫、田子方、檀子、魯連、淳于髡、盼子、田光、顔歜、黔子、於陵仲子、王叔、即墨大夫，前漢時伏徵君、終軍、東郭先生、叔孫通、萬石君、東方朔、安期先生，後吴時大司徒、伏三老、江革、逢萌、禽慶、承幼子、徐防、薛方、鄭康成、周孟玉、劉祖榮、臨孝存、侍其元矩、孫賓碩、劉仲謀、劉公山、玉儀伯、郎宗、禰正平、劉成國，魏時管幼安、邴根矩、華子魚、徐偉長、任昭先、伏高陽，此皆青士有才德者也。鑿齒以神農生於黔中，《邵南》詠其美化，《春秋》稱其多才；《漢廣》之風，不同《鷄鳴》之篇；子文、叔敖，羞與管晏比德；接輿之歌《鳳兮》，漁父之詠《滄浪》，漢陰丈人之折子貢，市南宜僚、屠羊説之不爲利回，魯仲連不及老萊夫妻，田光之於屈原，鄧禹、卓茂無敵於天下，管幼安不勝龐公，龐士元不推華士魚；何、鄧二尚書，獨步於魏朝，樂令無對於晋世。昔伏羲葬南郡，少昊葬長沙，舜葬零陵。比其人，則準的如此；論其土，則群聖之所葬；考其風，則詩人之所歌；尋其事，則未有赤眉、黄巾之賊。此何如青州邪？」滔與相往反，鑿齒無以對也。臨成，以示韓康伯，康伯都無言。王曰：「何故不言？」對曰：「無可無不可。」馬融注《論語》曰：「唯義所在。」

【眉批】

按：據此注則鑿齒爲勝矣，何又言無以對也？豈滔又別有難耶？

劉尹云：「清風朗月，輒思玄度。」《晋中興士人書》曰：「許詢能清言，于時士人皆欽慕仰愛之。」

【眉批】

凌初成曰：「可思。」

荀中郎在京口，《晋陽秋》曰：「荀羡字令則，潁川人，光禄大夫崧之子也。清和有識裁，少以主婿爲駙馬都尉。是時殷浩參謀百揆，引羡爲援，頻莅義興、吴郡，超授北中郎將、徐州刺史，以蕃屏焉。」《中興書》曰：「羡年二十八，出爲徐、兖二州。中興方伯之少，未有若羡者也。」登北固望海云：《南徐州記》曰：「城西北有別嶺入江，三面臨水，高數十丈，號曰北固。」「雖未睹三山，便自使人有凌雲意。若秦漢之君，必當褰裳濡足。」《史記・封禪書》曰：「蓬萊、方丈、瀛洲，此三山世傳在海中，去人不遠。嘗有至者，言諸仙人不死藥在焉。黄金白銀爲宫闕，草物禽獸盡白，望之如雲。及至反居水下。欲到，即風引船而去，終莫能至。秦始皇登會稽，並海上，冀遇三神山之奇藥。漢武帝既封泰山，無風雨變至。方士更言蓬萊諸藥可得，於是上欣然東至海，冀獲蓬萊者。」

謝公云：「賢聖去人，其間亦邇。」子侄未之許。公嘆曰：「若郗超聞此語，必不至河漢。」《超別傳》曰：「超精於理義，沙門支道林以爲一時之儁。」《莊子》曰：「肩吾問於連叔曰：『吾聞言於接輿，大而無當，往而不反。怪怖其言，猶河漢而無極也。』」

【眉批】

凌初成曰：「便是孔孟舊旨，何必嘉賓？」

支公好鶴，住剡東峁山。《支公書》曰：「山去會稽二百里。」有人遺其雙鶴，少時翅長欲飛，支意惜之，乃鎩其翮。鶴軒翥不復能飛，乃反顧翅，垂頭視之，如有懊喪意。林曰：「既有陵霄之姿，何肯爲人作耳目近玩！」養令翮成，置使飛去。

謝中郎經曲阿後湖，問左右：「此是何水？」《中興書》曰：「謝萬字萬石，太傅安弟也。才氣高俊，蚤知名。歷吏部郎、西中郎將、豫州刺史、散騎常侍。」答曰：「曲阿湖。」《太康地記》曰：「曲阿本名雲陽，秦始皇以有王氣，鑿北阬山以敗其勢，截其直道，使其阿曲，故曰曲阿也。吴還爲雲陽，今復名曲阿。」謝曰：「故當淵注渟著，納而不流。」

晋武帝每餉山濤恒少。謝太傅安也。以問子弟，車騎玄也。答曰：「當由欲者不多，而使與者忘少。」《謝車騎家傳》曰：「玄字幼度，鎮西奕第三子也。神理明俊，善微言。叔父太傅嘗與子侄燕集，問：『武帝任山公以三事，任以官人，至於賜予，不過斤合，當有旨不？』玄答有辭致也。」

謝胡兒語庾道季：道季，庾龢小字。徐廣《晋紀》曰：「龢字道季，太尉亮子也。風情率悟，以文談致稱於時。歷仕至丹陽尹，兼中領軍。」「諸人莫當就卿談，可堅城壘。」庾曰：「若文度來，我以偏師待之；康伯來，濟河焚舟。」《春秋傳》曰：「秦伯伐晋，濟河焚舟。」杜預曰：「示必死。」

李弘度常嘆不被遇。《中興書》曰：「李充字弘度，江夏鄳人也。祖康、父矩，皆有美名。充初辟丞相掾、記室參軍，以貧求剡縣，遷大著作、中書郎。」殷揚州殷浩，别見。知其家貧，問：「君能屈志百里不？」李答曰：「《北門》之嘆，久已上聞。《衞詩·北門》，刺仕不得志也。窮猿奔林，豈暇擇木？」遂授剡縣。

王司州至吴興印渚中看，《王胡之别傳》曰：「胡之字修齡，琅邪臨沂人，王廙之子也。歷吴興太守，徵侍中、丹陽尹、秘書監，並不就。拜使持節，都督司州諸軍事、西中郎將、司州刺史。」《吴興記》曰：「於潛縣東七十里有印渚，渚傍有白石山，峻壁四十丈。印渚蓋衆溪之下流也。印渚已上至縣悉石瀨惡道，不可行船，印渚已下水道無險，故行旅集焉。」嘆曰：「非唯使人情開滌，亦覺日月清朗。」

謝萬作豫州都督，新拜，當西之都邑，相送累日，謝疲頓。於是高侍中往，《中興書》曰：「高崧字茂琰，廣陵人。父悝，光禄大夫。崧少好學，善史傳。累遷吏部郎、侍中，以公累免官。」徑就謝坐，因問：「卿今仗節方州，當疆理西蕃，何以爲政？」謝粗道其意。高便爲謝道形勢，作數百語。謝遂起坐。高去後，謝追曰：「阿酃故粗有才具。」阿酃，崧小字也。謝因此得終坐。

【眉批】

按：此則弇州所删。

袁彦伯爲謝安南司馬，安南，謝奉，别見。都下諸人送至瀨鄉。將别，既自凄惘，嘆曰：「江山遼落，居然有萬里之勢。」《續晋陽秋》曰：「袁宏字彦伯，陳郡人，魏郎中令焕六世孫也。祖猷，侍中。父勗，臨汝令。宏起家建威參軍、安南司馬記室。太傅謝安賞宏機捷辯速，自吏部郎出爲東陽郡，乃祖之於冶亭，時賢皆集。安欲卒迫試之，執手將别，顧左右取一扇而贈之。宏應聲答曰：『輒當奉揚仁風，慰彼黎庶。』合坐嘆其要捷。性直亮，故位不顯也。在郡卒。」

【眉批】

劉會孟曰：「黯然銷魂。直是注情語耳，未在能言。」

孫綽賦《遂初》，築室畎川，自言見止足之分。《中興書》曰：「綽字興公，太原中都人。少以文稱。歷太學博士、大著作、散騎常侍。」《遂初賦·叙》曰：「余少慕老、莊之道，仰其風流久矣。卻感於陵賢妻之言，悵然悟之，乃經始東山，建五畝之宅，帶長阜，倚茂林，孰與坐華幕、擊鐘鼓者同年而語其樂哉！」齋前種一株松，恒自手壅治之。高世遠時亦鄰居，世遠，高柔字也。別見。語孫曰：「松樹子非不楚楚可憐，但永無棟梁用耳！」孫曰：「楓柳雖合抱，亦何所施？」

桓征西治江陵城甚麗，盛弘之《荆州記》曰：「荆州城臨漢江，臨江王所治，王被徵，出城北門而車軸折。父老泣曰：『吾王去不還矣！』從此不開北門。」會賓僚出江津望之，云：「若能目此城者，有賞。」顧長康時爲客在坐，目曰：「遥望層城，丹樓如霞。」桓即賞以二婢。

【眉批】

劉會孟曰：「堇堇四字，不直堪妒。」

凌初成曰：「虎頭每有畫意，此遜正本。」

王子敬語王孝伯曰：「羊叔子自復佳耳，然亦何與人事？《晋諸公贊》曰：「羊祜字叔子，太山平陽人也。世長吏二千石，至祜九世，以清德稱。爲兒時，游汶濱，有行父止而觀焉，嘆息曰：『處士大好相，善爲之。未六十，當有重功於天下。即富貴，無相忘！』遂去，莫知所在。累遷都督荆州諸軍事。自在南夏，吴人説服，稱曰羊公，莫敢名者。南州人聞公喪，號哭罷市。」故不如銅雀臺上妓。」魏武《遺令》曰：「以吾妾與妓人皆著銅雀臺上，施六尺床、繐帷，月朝十五日，輒使向帳作伎。」

【眉批】

劉本《注》：「此亦戲言。謂羊公清德自佳而已，不如銅雀妓可以娱人耳目。」

劉會孟曰：「此正墮淚之言，人不能識耳。」

王敬美曰：「羊公盛德，此語殊傷子敬之厚。」

林公見東陽長山，曰：「何其坦迤？」《會稽土地志》曰：「山靡迤而長，縣因山得名。」

【眉批】

劉會孟曰：「如此四字，極似無謂，亦有可思。」

顧長康從會稽還，人問山川之美，顧云：「千巖競秀，萬壑争流，草木蒙籠其上，若雲興霞蔚。」丘淵之《文章録》曰：「顧愷之字長康，晉陵人。父悦，尚書左丞。愷之，義熙初爲散騎常侍。」

【眉批】

王敬美曰：「便是虎頭畫思。」

簡文崩，孝武年十餘歲，立，至瞑不臨。宋明帝《文章志》曰：「孝武皇帝諱昌明，簡文第三子也。初，簡文觀讖書曰：『晋氏阼盡昌明。』及帝誕育，東方始明，故因生時以爲諱，而相與忘告。簡文問之，乃以諱對。簡文流涕曰：『不意我家昌明便出。』帝聰惠，推賢任才。年三十五崩。」左右啓：「依常應臨。」帝曰：「哀至則哭，何常之有？」

【眉批】

按：弇州此入《夙惠》。

劉本《注》：「讖後不驗。」

劉會孟曰：「甚達。」

孝武將講《孝經》，謝公兄弟與諸人私庭講習。《續晋陽秋》曰：「寧康三年九月九日，帝講《孝經》，僕射謝安侍坐，吏部尚書陸納、兼侍中卞耽讀，黄門侍郎謝石、吏部袁宏兼執經，中書郎車胤、丹陽尹王混摘句。」車武子難苦問謝，車胤，別見。謂袁羊曰：「不問則德音有遺，多問則重勞二謝。」袁羊，喬小字也。《袁氏家傳》曰：「喬字彦升，陳郡人。父環，光禄大夫。喬歷尚書郎、江夏相。從桓温平蜀，封湘西伯、益州刺史。」袁曰：「必無此嫌。」車曰：「何以知爾？」袁曰：「何嘗見明鏡疲於屢照，清流憚於惠風？」

【眉批】

劉本《注》：「摘句者，摘其疑以問。」

劉本《注》：「二謝當對車言，不欲重煩之，似有劣謝意。袁故曰：何曾見明鏡以屢照而疲，水之清者雖惠風揚亦不能溷也。」

王子敬云：「從山陰道上行，《會稽土地志》曰：「邑在山陰，故以名焉。」山川自相映發，使人應接不暇。若秋冬之際，尤難爲懷。」《會稽郡記》曰：「會稽境特多名山水，峰崿隆峻，吐納雲霧。松栝風柏，擢幹疏條。潭壑鏡徹，清流寫注。王子敬見之曰：『山水之美，使人應接不暇。』」

【眉批】

凌初成曰：「合長康、子敬語一閱，便可卧游山陰道。」

謝太傅問諸子侄：「子弟亦何預人事，而正欲使其佳？」諸人莫有言者，車騎答曰：謝玄。「譬如芝蘭玉樹，欲使其生於階庭耳。」

【眉批】

劉會孟曰：「對易問難，他人無此懷也。」

道壹道人好整飾音辭，王珣《游嚴陵瀨詩叙》曰：「道壹姓竺氏，名德。」《沙門題目》曰：「道壹文鋒富贍。孫綽爲之贊曰：『馳騁游説，言固不虚。唯兹壹公，綽然有餘。譬若春圃，載芬載敷。條柯猗蔚，枝幹扶疏。』」從都下還東山，經吴中。已而會雪下，未甚寒。諸道人問在道所經。壹公曰：「風霜固所不論，乃先集其慘澹。郊邑正自飄瞥，林岫便已皓然。」

【眉批】

劉會孟曰：「小兒學語，體格未成，利錐書袋，面目可憎。」

張天錫爲凉州刺史，稱制西隅。既爲苻堅所禽，用爲侍中。後於壽陽俱敗，至都，張資《凉州記》曰：「天錫字公純嘏，安定烏氏人，張耳後也。曾祖軌，永嘉中爲凉州刺史，值京師大亂，遂據凉土。天錫纂位，自立爲凉州牧。苻堅使將姚萇攻没凉州，天錫歸長安，堅以爲侍中、比部尚書、歸義侯。從堅至壽陽。堅軍敗，遂南歸。拜散騎常侍、西平公。」《中興書》曰：「天錫後以貧拜盧江太守。薨，贈侍中。」爲孝武所器，每入言論，無不竟日。頗有嫉己者，於坐問張：「北方何物可貴？」張曰：「桑椹甘香，鴟鴞革響。《詩・魯頌》曰：「翩彼飛鴞，集于泮林。食我桑椹，懷我好音。」淳酪養性，人無嫉心。」《西河舊事》曰：「河西牛羊肥，酪過精好，但寫酪置革上，都不解散也。」

【眉批】

王敬美曰：「世乃有三字字，不可曉。後過江爲人所笑，減一字。」

劉本《注》：「譏問者之嫉己。」

顧長康拜桓宣武墓，作詩云：「山崩溟海竭，魚鳥將何依！」宋明帝《文章志》曰：「愷之爲桓温參軍，甚被親昵。」人問之曰：「卿憑重桓乃爾，哭之狀其可見乎？」顧曰：「鼻如廣莫長風，眼如懸河決溜。」《春秋考異郵》曰：「距不周風四十五日，廣莫風至。廣莫者，精大備也，蓋北風也。一曰寒風。」或曰：「聲如震雷破山，淚如傾河注海。」

【眉批】

按：此則弇州所删。

劉會孟曰：「問哭近騃，答故當俳。」

毛伯成既負其才氣，常稱：「寧爲蘭摧玉折，不作蕭敷艾榮。」《征西寮屬名》曰：「毛玄字伯成，潁川人。仕至征西行軍參軍。」

【眉批】

劉會孟曰：「恨甚！」

范寧作豫章，《中興書》曰：「寧字武子，慎陽縣人。博學通覽，累遷中書郎、豫章太守。」八日請佛有板，衆僧疑或欲作答。有小沙彌在坐末，曰：「世尊默然，則爲許可。」衆從其義。

【眉批】

按：此則弇州所删。

劉會孟曰：「代佛何數，小沙彌故俊。」

司馬太傅齋中夜坐，《孝文王傳》曰：「王諱道子，簡文皇帝第五子也。封會稽王，領司徒、揚州刺史，進太傅。爲桓玄所害。贈丞相。」于時天月明净，都無纖翳，太傅嘆以爲佳。謝景重在坐，《續晋陽秋》曰：「謝重字景重，陳郡人。父朗，東陽太守。重明秀有才會，終驃騎長史。」答曰：「意謂乃不如微雲點綴。」太傅因戲謝曰：「卿居心不净，乃復强欲滓穢太清邪！」

【眉批】

凌初成曰：「謝故有致。」

王中郎甚愛張天錫，問之曰：「卿觀過江諸人，經緯江左，軌轍有何偉異？後來之彦，復何如中原？」張曰：「研求幽邃，自王、何以還；因時修制，荀、樂之風。」荀顗、荀勗修定法制，樂則未聞。王曰：「卿知見有餘，何故爲苻堅所制？」張資《凉州記》曰：「天錫明鑒穎發，英聲少著。」答曰：「陽消陰息，故天步屯蹇；否剥成象，豈足多譏？」

【眉批】

按：此則弇州所删。

謝景重女適王孝伯兒，二門公甚相愛美。《謝女譜》曰：「重女月鏡，適王恭子愔之。」謝爲太傅長史，被彈，王即取作長史，帶晋陵郡。太傅已構嫌孝伯，不欲使其得謝，還取作咨議，外示縶維，而實以乖間之。及孝伯敗後，太傅繞東府城行散，《丹陽記》曰：「東府城西有簡文爲會稽王時第，東則孝文王道子府。道子領揚州，仍住先舍，故俗稱東府。」僚屬悉在南門，要望候拜。時謂謝曰：「王寧異謀，阿寧，王恭小字也。云是卿爲其計。」謝曾無懼色，斂笏對曰：「樂彦輔有言：豈以五男易一女。」太傅善其對，因舉酒勸之曰：「故自佳，故自佳。」

【眉批】

按：此則弇州所删。

劉本《注》：「謂謝已與道子有嫌，王亦與道子成隙，恐謝去職而還爲道子所害，故留之依已也。」

按：「行散」又見此。

桓玄義興還後，見司馬太傅，太傅已醉，坐上多客。問人云：「桓温來欲作賊，如何？」《晋安帝紀》曰：「温在姑孰，諷朝廷求九錫。謝安使吏部郎袁宏具其草以示僕射王彪之，彪之作色曰：『丈夫豈可以此事語人邪？』安徐問其計，彪之曰：『聞其疾已篤，且可緩其事。』安從之，故不行。」桓玄伏不得起。謝景重時爲長史，舉板答曰：「故宣武公黜昏暗，登聖明，功超伊、霍，紛紜之議，裁之聖鑒。」太傅曰：「我知，我知。」即舉酒云：「桓義興，勸卿酒！」桓出謝過。檀道鸞論之曰：「道子可謂易於由言，謝重能解紛紜矣。」

【眉批】

按：此則弇州所删。

劉本《注》：「言其父惡，故伏地不起。」

劉本「超」作「越」。

劉本《注》：「按此乃道子醉中易言耳，謝乃舉其廢立之事言之。蓋温廢海西立簡文，道子乃簡文第五子也。可謂善解紛矣。」

宣武移鎮南州，制街衢平直。人謂王東亭曰：《王司徒傳》曰：「王詢字元琳，丞相導之孫，領軍洽之子也，少以清秀稱。大司馬桓温辟爲主薄，從討袁真，封交趾望海縣東亭侯，累遷尚書左僕射，領選，進尚書令。」「丞相初營建康，無所因承，而制置紆曲，方此爲劣。」《晋陽秋》曰：「蘇峻既誅，大事克平之後，都邑殘荒。温嶠議徙都豫章以即豐全。朝士及三吴豪傑謂可選都會稽。王導獨謂：『不宜遷都。建業往之秣陵，古者既有帝王所治之表，又孫仲謀、劉玄德俱謂是王者之宅。今雖凋殘，宜修勞來旋定之道，鎮静群情。且百堵皆作，何患不克復乎？』終至康寧，導之策也。」東亭曰：「此丞相乃所以爲巧。江左地促，不如中國。若使阡陌條暢，則一覽而盡；故紆餘委曲，若不可測。」

桓玄詣殷荆州，殷在妾房晝眠，左右辭不之通。桓後言及此事，殷云：「初不眠，縱有此，豈不以賢賢易色也！」孔安國注《論語》曰：「言以好色之心好賢人則善。」

【眉批】

按：此則弇州所删。

凌初成曰：「飾語，厚顔。」

桓玄問羊孚：《羊氏譜》曰：「孚字子道，泰山人。祖楷，尚書郎。父綏，中書郎。孚歷太學博士、州别駕、太尉參軍。年四十六卒。」「何以共重吴聲？」羊曰：「當以其妖而浮。」

【眉批】

按：此則弇州所删。

王敬美曰：「既曰妖浮，那得共重？若謂輕詆則可耳。」

謝混問羊孚：「何以器舉瑚璉？」《晋安帝紀》曰：「混字叔源，陳郡人，司空琰少子也。文學砥礪立名。累遷中書令、尚書左僕射。坐黨劉毅，伏誅。」《論語》：「子貢問曰：『賜也何如？』子曰：『汝器也。』曰：『何器也？』曰：『瑚璉也。』」鄭玄注曰：「黍稷器，夏曰瑚，殷曰璉。」羊曰：「故當以爲接神之器。」

【眉批】

按：此則弇州所删。

劉會孟曰：「瑚璉者，不患不貴重；有時不可無耳。」

桓玄既篡位後，御床微陷，群臣失色。侍中殷仲文進曰：《續晋陽秋》曰：「仲文字仲文，陳郡人。祖融，太常。父康，吴興太守。仲文聞玄平京邑，棄郡投焉。玄甚説之，引爲咨議參軍。時王謐見禮而不親，卞範之被親而少禮，其寵遇隆重，兼於王、卞矣。及玄篡位，以佐命親貴，厚自封崇，輿馬器服，窮極綺麗，後房妓妾數十，絲竹不絶音。性甚貪吝，多納賄賂，家累千金，常若不足。玄既敗，先投義軍。累遷侍中、尚書，以罪伏誅。」「當由聖德淵重，厚地所以不能載。」時人善之。

【眉批】

王元美曰：「縱極澹辭，不能令人不嘔穢。」

王敬美曰：「群醜獻諛，讀之嘔噦，那得稱佳！」

劉本《注》：「此特諂篡之巧言爾！斯亦不足録也，而曰『時人善之』，何善諂也！」

桓玄既篡位，將改置直館，問左右：「虎賁中郎省應在何處？」有人答曰：「無省。」當時殊忤旨。問：「何以知無？」答曰：「潘岳《秋興賦·叙》曰：『余兼虎賁中郎將，寓直散騎之省。』」岳，别見。其賦叙曰：「晋十有四年，余年三十二，始見二毛。以太尉掾兼虎賁中郎將，寓直散騎之省。高閣連雲，陽景罕曜。僕野人也。猥厠朝列，譬猶池魚籠鳥，有江湖山藪之思。於是染翰操紙，慨然而賦。于時秋至，故以《秋興》命篇。」玄咨嗟稱善。劉謙之《晋紀》曰：「玄欲復虎賁中郎將，疑應直與不，訪之僚佐，咸莫能定。參軍劉簡之對曰：『昔潘岳《秋興賦·叙》云：「余兼虎賁中郎將，寓直于散騎之省。」以此言之，是應直也。』玄歡然從之。」此語微異，又答者未知姓名，故詳載之。

【眉批】

王敬美曰：「注爲詳。」

謝靈運好戴曲柄笠，丘淵之《新集録》曰：「靈運，陳郡陽夏人。祖玄，車騎將軍。父涣，秘書郎。靈運歷秘書監、侍中、臨川内史，以罪伏誅。」孔隱士謂曰：「卿欲希心高遠，何不能遺曲蓋之貌？」《宋書》曰：「孔淳之字彦深，魯國人。少以辭榮就約，徵聘無所就。元嘉初，散騎郎徵，不到，隱上虞山。」謝答曰：「將不畏影者，未能忘懷。」《莊子》云：「漁父謂孔子曰：『人有畏影惡迹而去之走者，舉足逾數而迹逾多，走逾疾而影不離，自以尚遲，疾走不休，絶力而死。不知處陰以休影，處静以息迹，愚亦甚矣！子修心守真，還以物與人，則無異矣。不修身而求之人，不亦外事者乎？』」

【眉批】

劉會孟曰：「『將不』猶『將無』也。」

世説新語卷上之下

宋 劉義慶 撰
梁 劉峻 注
明 凌濛初 訂

政事第三

陳仲弓爲太丘長，時吏有詐稱母病求假。事覺收之，令吏殺焉。主簿請付獄，考衆奸。仲弓曰：「欺君不忠，病母不孝。不忠不孝，其罪莫大。考求衆奸，豈復過此？」陳寔已别見。

【眉批】

按：此則弇州所删。

凌初成曰：「恐亦未免矯枉。」

陳仲弓爲太丘長，有劫賊殺財主，主者捕之。未至發所，道聞民有在草不起子者，回車往治之。主簿曰：「賊大，宜先按討。」仲弓曰：「盜殺財主，何如骨肉相殘？」按後漢時賈彪有此事，不聞寔也。

【眉批】

劉本《注》：「謂生子不收育之。」

陳元方年十一時，陳紀，已見。候袁公。袁公問曰：「賢家君在太丘，遠近稱之，何所履行？」元方曰：「先父在太丘，强者綏之以德，弱者撫之以仁，恣其所安，久而益敬。」袁宏《漢紀》曰：「寔爲太丘，其政不嚴而治，百姓敬之。」袁公曰：「孤往者嘗爲鄴令，正行此事。不知卿家君法孤，孤法卿父？」檢衆《漢書》，袁氏諸公，未知誰爲鄴令，故闕其文，以待通識者。元方曰：「周公、孔子，異世而出，周旋動静，萬里如一。周公不師孔子，孔子亦不師周公。」

【眉批】

按：此則弇州所删。

劉本《注》：「時元方尚小，仲弓必在，而稱爲先父，不以爲諱。」

劉會孟曰：「必無父在稱『先父』之理，未可以年十一故意之。如此注書或誤來者。

又曰：「袁公語謬。」

賀太傅作吴郡，初不出門，吴中諸强族輕之，乃題府門云：「會稽鷄，不能啼。」環濟《吴紀》曰：「賀邵字興伯，會稽山陰人。祖齊，父景，並歷美官。邵歷散騎常侍，出爲吴郡太守，後遷太子太傅。」賀聞，故出行，至門反顧，索筆足之曰：「不可啼，殺吴兒。」於是至諸屯邸，檢校諸顧、陸役使官兵及藏逋亡，悉以事言上，罪者甚衆。陸抗時爲江陵都督，《吴録》曰：「抗字幼節，吴郡人，丞相遜子，孫策外孫也。爲江陵都督，累遷大司馬、荆州牧。」故下請孫皓，然後得釋。

【眉批】

王敬美曰：「賀公雅士，恐不當爾。」

劉會孟曰：「謂以此故下都不成語。」

山公以器重朝望，年踰七十，猶知管時任。虞預《晋書》曰：「山濤字巨源，河内懷人。祖本，郡孝廉。父曜，冤句令。濤蚤孤而貧，少有器量，宿士猶不慢之。年十七，宗人謂宣帝曰：『濤當與景、文共綱紀天下者也。』帝戲曰：『卿小族，那得此快人邪？』好《莊》、《老》，與嵇康善。爲河内從事，與石鑒共傳宿，濤夜起蹋鑒曰：『今何等時而眠也，知太傅卧何意？』鑒曰：『宰相三日不朝，與尺一令歸第，君何慮焉！』濤曰：『咄！石生，無事馬蹄閑也！』投傳而去。果有曹爽事，遂隱身不交世務。累遷吏部尚書、僕射、太子少傅、司徒。年七十九薨，謚康侯。」貴勝年少若和、裴、王之徒，並共宗詠。有署閣柱曰：「閣東有大牛，和嶠鞅，裴楷鞦，王濟剔嬲不得休。」王隱《晋書》曰：「初，濤領吏部，潘岳内非之，密爲作謡曰：『閣東有大牛，王濟鞅，裴楷鞦，和嶠刺促不得休。』」《竹林七賢論》曰：「濤之處選，非望路絶。故貽是言。」或云潘尼作之。《文士傳》曰：「尼字正叔，滎陽人。祖勗，尚書左丞。父滿，平原太守。並以文學稱。尼少有清才，文詞温雅。初應州辟，終太常卿。」

【眉批】

按：此則弇州所删。

王敬美曰：「嵇、阮以識推山公，此是也。」

王敬美曰：「此又似『排調』、『輕詆』，殊不與『政事』。」

賈充初定律令，《晋諸公贊》曰：「充字公閭，襄陵人。父逵，魏豫州刺史。充起家爲尚書，遷廷尉，聽訟稱平。晋受禪，封魯郡公。充有才識，明達治體，加善刑法，由此與散騎常侍裴楷共定科令，蠲除密網，以爲《晋律》。薨，贈太宰。」與羊祜共咨太傅鄭沖，王隱《晋書》曰：「沖字文和，滎陽開封人。有核練才，清虚寡欲，喜論經史，草衣縕袍，不以爲憂。累遷司徒、太保。晋受禪，進太傅。」沖曰：「皋陶嚴明之旨，非僕闇懦所探。」羊曰：「上意欲令小加弘潤。」沖乃粗下意。《續晋陽秋》曰：「初，文帝命荀勗、賈沖、裴秀等分定禮儀律令，皆先咨鄭沖，然後施行也。」

【眉批】

劉會孟曰：「亦非『政事』。」

山司徒前後選，殆周遍百官，舉無失才，凡所題目，皆如其言。唯用陸亮，是詔所用，與公意異，争之，不從。亮亦尋爲賄敗。《晋諸公贊》曰：「亮字長興，河内野王人，太常陸乂兄也。性高明而率至，爲賈充所親待。山濤爲左僕射，領選。濤行業既與充異，自以爲世祖所敬，選用之事，與充咨論，充每不得其所欲。好事者説充：『宜授心腹人爲吏部尚書，參同選舉。若意不齊，事不得諧，可不召公與選，而實得叙所懷。』充以爲然，乃啓亮公忠無私。濤以亮將與己異，又恐其協情不允。累啓亮可爲左丞相，非選官才。世祖不許，濤乃辭疾還家。亮在職，果不能允，坐事免官。」

嵇康被誅後，山公舉康子紹爲秘書丞。《山公啓事》曰：「詔選秘書丞，濤薦曰：『紹平簡温敏，有文思，又曉音，當成濟也。猶宜先作秘書郎。』詔曰：『紹如此，便可爲丞，不足復爲郎也。』」《晋諸公贊》曰：「康遇事後二十年，紹乃爲濤所拔。」王隱《晋書》曰：「時以紹父康被法，選官不敢舉。年二十八，山濤啓用之，世祖發詔以爲秘書丞。」紹咨公出處，《竹林七賢論》曰：「紹懼不自容，將解褐，故咨之於濤。」公曰：「爲君思之久矣。天地四時，猶有消息，而况人乎！」王隱《晋書》

曰：「紹字延祖，雅有文才。山濤啓武帝云云。」

【眉批】

劉會孟曰：「也是語言，不當入《政事》。」

王安期爲東海郡。《名士傳》曰：「王承字安期，太原晉陽人。父湛，汝南太守。承冲淡寡欲，無所循尚。累遷東海内史，爲政清静，吏民懷之。避亂渡江，是時道路寇盜，人懷憂懼，承每遇艱險，處之怡然。元皇爲鎮東，引爲從事中郎。」小吏盜池中魚，綱紀推之。王曰：「文王之囿，與衆共之。《孟子》曰：『齊宣王問：「文王之囿方七十里，有諸？若是其大乎？」對曰：「民猶以爲小也。」王曰：「寡人之囿方四十里，民猶以爲大，何邪？」孟子曰：「文王之囿，蒭蕘者往焉，與民同心。民以爲小，不亦宜乎？今王之囿，殺麋鹿者如殺人罪，是以四十里爲阱於國中也，民以爲大，不亦宜乎？」』池魚復何足惜！」

王安朝作東海郡，吏録一犯夜人來。王問：「何處來？」云：「從師家受書還，不覺日晚。」王曰：「鞭撻甯越以立威名，恐非致理之本！」《吕氏春秋》曰：「甯越者，中牟鄙人也。苦耕稼之勞，謂其友曰：『何爲可以免此苦也？』其友曰：『莫如學也。學，三十歲則可以達矣！』甯越曰：『請以十五歲。人將休，吾不敢休；人將卧，吾不敢卧。』學十五歲，而爲周威公之師也。」使吏送令歸家。

【眉批】

凌初成曰：「或是誑托，果甯越耶？」

成帝在石頭，《晉世譜》曰：「帝諱衍，字世根，明帝太子，年二十二崩。」任讓在帝前戮侍中鍾雅、《晉陽秋》曰：「讓，樂安人，諸任之後。隨蘇峻作亂。」《雅別傳》曰：「雅字彦胄，潁川長社人。魏太傅鍾繇弟仲常曾孫也。少有才志，累遷至侍中。」右衛將軍劉超。《晉陽秋》曰：「超字世踰，琅邪人。漢成陽景王六世孫，封臨沂慈鄉侯，遂家焉。父徵，爲琅邪國上將軍。超爲縣小吏，稍遷記室掾、安東舍人。忠清慎密，爲中宗所拔。自以職在中書，絶不與人交關書疏，閉門不通賓客，家無擔石之儲。討王敦有功，封零陽伯，爲義興太守，而受拜及往還朝，莫有知者。其慎默如此。遷右衛大將軍。」帝泣曰：「還我侍中。」讓不奉詔，遂斬超、雅。《雅別傳》曰：「蘇峻逼主上幸石頭，雅與劉超並侍帝側匡衛，與石頭中人密期拔至尊出，事覺，被害。」事平之後，陶公與讓有舊，欲宥之。許柳《許氏譜》曰：「柳字季祖，高陽人。祖允，魏中領軍。父猛，吏部郎。」劉謙之《晉紀》曰：「柳妻，祖逖子渙女。蘇峻招祖約爲逆，約遣柳以衆會。峻既克京師，拜丹陽尹，後以罪誅。」兒思妣者至佳，諸公欲全之。《許氏譜》曰：「永字思妣。」若全思妣，則不得不爲陶全讓。於是欲並宥之。事奏，帝曰：「讓是殺我侍中者，不可宥！」諸公以少主不可違，並斬二人。

【眉批】

按此則弇州所删。

劉本《注》：「任讓劫帝居石頭。」

王丞相拜揚州，賓客數百人並加霑接，人人有説色。唯有臨海一客姓任《語林》曰：「任名顒，時官在都，預王公坐。」及數胡人爲未洽。公因便還到過任邊，云：「君出，臨海便無復人。」任大喜説。因過胡人前，彈指云：「蘭闍！蘭闍！」群胡同笑，四坐並歡。《晉陽秋》曰：「王導接誘應會，少有牾者。雖疏交常賓，一見多輸寫款誠，自謂爲導所遇，同之舊昵。」

【眉批】

劉會孟曰：「如此爲佞，亦足稱『政事』耶？」

陸太尉詣王相咨事，過後輒翻異。王公怪其如此，後以問陸。《陸玩別傳》曰：「玩字士瑤，吴郡吴人。祖瑁，父英，仕郡有譽。玩器量淹雅，累遷侍中、尚書左僕射、尚書令，贈太尉。」陸曰：「公長民短，臨時不知所言，既後覺其不可耳。」

【眉批】

劉本《注》：「民乃自稱之辭，謂身有長短，當時聞之不悉，過後方覺耳。」

丞相嘗夏月至石頭看庾公，庾公正料事。丞相云：「暑，可小簡之。」庾公曰：「公之遺事，天下亦未以爲允。」《殷羡言行》曰：「王公薨後，庾冰代相，網密刑峻。羡時行，遇收捕者於途，慨然嘆曰：『丙吉問牛喘，似不爾。』嘗從容謂冰曰：『卿輩自是網目不失，皆是小道小善耳。至如王公，故能行無理事。』謝安石每嘆詠此唱。庾赤玉曾問羡：『王公治何似？詎是所長？』羡曰：『其餘令績不復稱論。然三仕三治，三休三敗。』」

丞相末年，略不復省事，正封籙諾之。自嘆曰：「人言我憒憒，後人當思此憒憒。」徐廣《歷紀》曰：「導阿衡三世，經綸夷險，政務寬恕，事從簡易，故垂遺愛之譽也。」

【眉批】

劉會孟曰：「當其時或自有見，以爲政事法，則不可。」

陶公性儉厲，勤於事。《晋陽秋》曰：「侃練核庶事，勤務稼穡，雖戎陳武士，皆勸厲之。有奉饋者，皆問其所由。若力役所致，歡喜慰賜；若他所得，則呵辱還之。是以軍民勤於農稼，家給人足。性纖密好問，頗類趙廣漢。嘗課營種柳，都尉夏施盗拔武昌郡西門所種。侃後自出，駐車施門，問：『此是武昌西門柳，何以盗之？』施惶怖首伏。三軍稱其明察。侃勤而整，自强不息，又好督勤於人。常云：『民生在勤。大禹聖人，猶惜寸陰，至於凡俗，當惜分陰，豈可游逸！生無益於時，死無聞於後，是自棄也。又《老》、《莊》浮華，非先王之法言而不敢行。君子當正其衣冠，攝以威儀，何有亂頭養望，自謂宏達邪？』」《中興書》曰：「侃嘗檢校佐吏，若得樗蒲博奕之具，投之曰：『樗蒲，老子入胡所作，外國戲耳。圍棋，堯、舜以教愚子。博奕，紂所造。諸君國器，何以爲此？若王事之暇，患邑邑者，文士何不讀書？武士何不射弓？』談者無以易也。」作荆州時，敕船官悉録鋸木屑，不限多少，咸不解此意。後正會，值積雪始晴，聽事前除雪後猶濕，於是悉用木屑覆之，都無所妨。官用竹，皆令録厚頭，積之如山。後桓宣武伐蜀，装船，悉以作釘。又云，嘗發所在竹篙，有一官長連根取之，仍當足，乃超兩階用之。

【眉批】

劉本《注》：「謂就連竹根用爲篙，以代鐵足。」

劉會孟曰：「非此解，殆不喻。」

何驃騎作會稽，《晋陽秋》曰：「何充字次道，廬江人。思韻淹通，有文義才情。累遷會稽内史、侍中、驃騎將軍、揚州刺史，贈司徒。」虞存弟謇作郡主簿，孫統《存誄叙》曰：「存字道長，會稽山陰人也。祖陽，散騎常侍。父偉，州西曹。存幼而卓拔，風情高逸。歷衛軍長史、尚書吏部郎。」范汪《棋品》曰：「謇字道真，仕至郡功曹。」以何見客勞損，欲白斷常客，使家人節量。擇可通者，作白事成以見存。存時爲何上佐，正與謇共食，語云：「白事甚好，待我食畢作教。」食竟，取筆題白事後云：「若得門庭長如郭林宗者，當如所白。《泰别傳》曰：「泰字林宗，有人倫鑒識。題品海内之士，或在幼童，或在里肆，後皆成英彦，六十餘人。自著書一卷，論取士之本，未行，遭亂亡失。」汝何處得此人？」謇於是止。

【眉批】

劉本《注》：「謂擇可通者書之以白，所書成，以示其兄。」

按：此注非也。白事，白家人節量之事。若擇可通者書之，家人可按書而通，何必林宗？

劉本《注》：「謂司客之人如林宗之鑒别，則可以擇人而白見之也。」

劉會孟曰：「語甚是，然亦非所謂『政事』。」

王、劉與林公共看何驃騎，驃騎看文書，不顧之。《晋陽秋》曰：「何充與王濛、劉惔好尚不同，由此見譏於當世。」王謂何曰：「我今故與林公來相看，望卿擺撥常務，應對玄言，那得方低頭看此邪？」何曰：「我不看此，卿等何以得存？」諸人以爲佳。

桓公在荆州，全欲以德被江、漢，耻以威刑肅物。《温别傳》曰：「温以永和元年自徐州遷荆州刺史，在州寬和，百姓安之。」令史受杖，正從朱衣上過。桓式年少，從外來，式，桓歆小字也。《桓氏譜》曰：「歆字叔道，温第三子。仕至尚書。」云：「向從閣下過，見令史受杖，上捎雲根，下拂地足。」意譏不著。桓公云：「我猶患其重。」

【眉批】

凌初成曰：「每見桓公有仁厚之處，愈覺阿黑之狠。」

簡文爲相，事動經年，然後得過。桓公甚患其遲，常加勸勉。太宗曰：「一日萬機，那得速！」《尚書·皋陶謨》：「一日萬機。」孔安國曰：「幾，微也。言當戒懼萬事之微。」

【眉批】

王敬美曰：「簡文能言。謝安石以爲惠帝之流，其當坐此。」

劉會孟曰：「一日萬機，正欲速。」

山遐去東陽，王長史就簡文索東陽，云：「承藉猛政，故可以和静致治。」《東陽記》云：「遐字彦林，河内人。祖濤，司徒。父簡，儀同三司。遐歷武陵王友、東陽太守。」《江惇傳》曰：「山遐爲東陽，風政嚴苛，多任刑殺，郡内苦之。惇隱東陽，以仁恕懷物，遐感其德，爲微損威猛。」

【眉批】

按：此則弇州所删。

劉本《注》：「謂求爲代也。」

劉會孟曰：「大是乖漢！」

殷浩始作揚州，《浩别傳》曰：「浩字淵源，陳郡長平人。祖識，濮陽相。父羡，光禄勳。浩少有重名，仕至揚州刺史、中軍將軍。」《中興書》曰：「建元初，庾亮兄弟、何充等相尋薨，太宗以撫軍輔政，徵浩爲揚州，從民譽也。」劉尹行，日小欲晚，便使左右取襆。人問其故，答曰：「刺史嚴，不敢夜行。」

【眉批】

王敬美曰：「襆，被也。」

劉本《注》：「襆，如今人包複之類。欲早宿也。」

謝公時，兵厮逋亡，多近竄南塘下諸舫中。或欲求一時搜索，謝公不許，云：「若不容置此輩，何以爲京都？」《續晋陽秋》曰：「自中原喪亂，民離本域。江左造創，豪族並兼，或客寓流離，名籍不立。太元中，外禦强氐，蒐簡民實。三吴頗加澄檢，正其里伍。其中時有山湖遁逸，往來都邑者。後將軍安方接客，時人有於坐言：宜糾舍藏之失者。安每以厚德化物，去其煩細，又以强寇入境，不宜加動人情，乃答之云：『卿所憂在於客耳，然不爾，何以爲京都？』言者有慚色。」

【眉批】

劉會孟曰：「此語有可，有不可：游手尚可容，軍政不可忽也。」

王大爲吏部郎，王忱，已見。嘗作選草，臨當奏，王僧彌來，聊出示之。僧彌，王珉小字也。《珉别傳》曰：「珉字季琰，琅邪人，丞相導孫，中領軍洽少子。有才藝，善行書，名出兄珣右。累遷侍中、中書令，贈太常。」僧彌得，便以己意改易所選者近半，王大甚以爲佳，更寫即奏。

【眉批】

按：此則弇州所删。

劉會孟曰：「兩得。」

王東亭與張冠軍善。張玄，已見。王既作吴郡，人問小令曰：《續晋陽秋》曰：「王獻之爲中書令，王珉代之。時人曰大、小王令。」「東亭作郡，風政何似？」答曰：「不知治化何如，唯與張祖希情好日隆耳。」

【眉批】

王敬美曰：「此似非愛兄之言。」

殷仲堪當之荆州，王東亭問曰：「德以居全爲稱，仁以不害物爲名。方今宰牧華夏，處殺戮之職，與本操將不乖乎？」殷答曰：「皋陶造刑辟之制，不爲不賢。《古史考》曰：「庭堅號曰皋陶，舜謀臣也。舜舉之於堯，堯令作士，主刑。」孔丘居司寇之任，未爲不仁。」《家語》曰：「孔子自魯司空爲大司寇，七日而誅亂法大夫少正卯。」

【眉批】

按：此則弇州所删。

文學第四

鄭玄在馬融門下，《融自叙》曰：「融字季長，右扶風茂陵人。少而好問，學無常師。大將軍鄧騭召爲舍人，棄游武都。會羌虜起，自關以西道斷。融以謂古人有言：『左手據天下之圖，而右手刎其喉，愚夫不爲。』何則？生貴於天下也。豈以曲俗咫尺爲羞，滅無限之身哉？因往應之。爲校書郎，出爲南郡太守。」三年不得相見，高足弟子傳授而已。嘗算渾天不合，諸弟子莫能解。或言玄能者，融召令算，一轉便決，衆咸駭服。及玄業成辭歸，既而融有「禮樂皆東」之嘆，《高士傳》曰：「玄字康成，北海高密人。八世祖崇，漢尚書。」《玄别傳》曰：「玄少好學書數，十三誦《五經》，好天文、占候、風角、隱術。年十七，見大風起，詣縣曰：『某時當有火災。』至時果然，智者異之。年二十一，博極群書，精歷數圖緯之言，兼精算術。遂去吏，師故兖州刺史第五元先。就東郡張恭祖受《周禮》、《禮記》、《春秋傳》。周流博觀，每經歷山川，及接顔一見，皆終身不忘。扶風馬季長以英儒著名，玄往從之，參考同異。季長后戚，嫚於待士，玄不得見，住左右，自起精廬。既因紹介得通。時涿郡盧子幹爲門人冠首，季長又不解剖裂七事，玄思得五，子幹得三。季長謂子幹曰：『吾與汝皆弗如也。』季長臨别，執玄手曰：『大道東矣，子勉之！』後遇黨錮，隱居著述，凡百餘萬言。大將軍何進辟玄，乃縫掖相見。玄長八尺餘，須眉美秀，姿容甚偉。進待以賓禮，授以几仗。玄多所匡正，不用而退。袁紹辟玄，及去，餞之城東，欲玄必醉。會者三百餘人，皆離席奉觴，自旦及莫，度玄飲三百餘杯，而温克之容，終日無怠。獻帝在許都，徵爲大司農，行至元城，卒。」恐玄擅名而心忌焉。玄亦疑有追，乃坐橋下，在水上據屐。融果轉式逐之，告左右曰：「玄在土下水上而據木，此必死矣。」遂罷追，玄竟以得免。馬融海内大儒，被服仁義。鄭玄名列門人，親傳其業，何猜忌而行鴆毒乎？委巷之言，賊夫人之子。

【眉批】

一説：康成師馬融三載無聞，融鄙而遣還。玄過樹陰假寢，夢一老父，以刀開腹心，傾墨汁着肉，曰：「子可以學矣！」於是寤而即返，遂精洞典籍。融嘆曰：「《詩》、《書》、《禮》、《樂》，皆以東矣！」潛欲殺玄，玄知而竊去。融推式以算玄，玄當在土木上，躬騎馬襲之。玄入一橋下，俯伏柱上，融踟蹰橋側云：「土木之間，此則當矣，有水非也。」從此而歸。玄用免焉。《異苑》中二説並載。

按：《續搜神記》曰：「張華原爲豫章太守，善《易》卜，令當死者悉放歸别父母。時有一人在路號哭，經趙朔家，朔問故，曰：『爲盜犯法，給假辭别，限滿就刑，所以悲苦。』朔曰：『何不逃去？』曰：『使君善《易》，逃者皆獲，是以不敢。』朔曰：『可取竹筒盛水三尺，安於腹上，仍於黄沙中卧三日，可免矣！』其人從之。至假滿，法司以名申聞。華原卜之卦成，曰：『腹上水深三尺，背卧黄沙，必投水而死矣。』」與此絶似。

劉本《注》：「師友之懿如此，而謂融忌其能，使人追殺之，有此理否？玄又先疑其師追之，預坐橋下，融以其在土下水上，便以爲死。皆謬亂之詞，此一節當止于『禮樂皆東』之一句。」

劉會孟曰：「『式』所以卜追也，其兆如此，故知其死，而不知其出于逃遁之術也。」

又曰：「皆其門人互相神聖，所傳不足多辨。」

王敬美曰：「《注》駁甚正。」

鄭玄欲注《春秋傳》，尚未成時，行與服子慎遇，宿客舍。先未相識，服在外車上與人説己注《傳》意，《漢南紀》曰：「服虔字子慎，河南滎陽人。少行清苦，爲諸生，尤明《春秋左氏傳》，爲作訓解。舉孝廉，爲尚書郎、九江太守。」玄聽之良久，多與已同。玄就車與語曰：「吾久欲注，尚未了。聽君向言，多與吾同，今當盡以所注與君。」遂爲《服氏注》。

鄭玄家奴婢皆讀書。嘗使一婢，不稱旨，將撻之。方自陳説，玄怒，使人曳箸泥中。須臾，復有一婢來，問曰：「胡爲乎泥中？」《衛・式微》詩也。毛公曰：「泥中，衛邑名也。」答曰：「薄言往愬，逢彼之怒。」《衛、邶・柏舟》之詩。

【眉批】

凌初成曰：「寧馨哉婢，胡爲乎泥中？康成不韻。」

服虔既善《春秋》，將爲注，欲參考同異。聞崔烈集門生講傳，摯虞《文章志》曰：「烈字威考，高陽安平人，駰之孫，瑗之兄子也。靈帝時，官至司徒、太尉，封陽平亭侯。」遂匿姓名，爲烈門人賃作食。每當至講時，輒竊聽戶壁間。既知不能踰己，稍共諸生叙其短長。烈聞，不測何人，然素聞虔名，意疑之。明蚤往，及未寤，便呼：「子慎！子慎！」虔不覺驚應，遂相與友善。

【眉批】

凌初成曰：「然明故智。」

鍾會撰《四本論》始畢，甚欲使嵇公一見，置懷中，既定，畏其難，懷不敢出，於户外遥擲，便回急走。《魏志》曰：「會論才性同異，傳於世。」《四本》者，言才性同，才性異，才性合，才性離也。尚書傅嘏論同，中書令李豐論異，侍郎鍾會論合，屯騎校尉王廣論離。文多不載。

【眉批】

王敬美曰：「令人畏至此，那得不爲所中！」

何晏爲吏部尚書，有位望，時談客盈坐。《文章叙録》曰：「晏能清言，而當時權勢，天下談士多宗尚之。」《魏氏春秋》曰：「晏少有異才，善談《易》、《老》。」王弼未弱冠，往見之。晏聞弼名，《弼别傳》曰：「弼字輔嗣，山陽高平人。少而察惠，十餘歲，便好《莊》、《老》，通辯能言，爲傅嘏所知。吏部尚書何晏甚奇之，題之曰：『後生可畏。若斯人者，可與言天人之際矣。』以弼補臺郎。弼事功雅非所長，益不留意，頗以所長笑人，故爲時士所嫉。又爲人淺而不識物情。初與王黎、荀融善，黎奪其黄門郎，於是恨黎，與融亦不終好。正始中，以公事免。其秋，遇癘疾亡，時年二十四。弼之卒也，晋景帝嗟嘆之累日，曰：『天喪予！』其爲高識悼惜如此。」因條向者勝理語弼曰：「此理僕以爲極，可得復難不？」弼便作難，一坐人便以爲屈。於是弼自爲客主數番，皆一坐所不及。

【眉批】

王敬美曰：「此清言始禍。」

何平叔注《老子》始成，詣王輔嗣，見王注精奇，乃神伏曰：「若斯人，可與論天人之際矣！」因以所注爲《道》、《德》二論。《魏氏春秋》曰：「弼論道約美不如晏，自然出拔過之。」

【眉批】

按：此則弇州所删。

王輔嗣弱冠詣裴徽，《永嘉流人名》曰：「徽字文季，河東聞喜人，太常潛少弟也。仕至冀州刺史。」徽問曰：「夫無者，誠萬物之所資，聖人莫肯致言，而老子申之無已，何邪？」《弼别傳》曰：「弼少爲尚書郎，裴徽爲吏部郎，徽見異之，故問。」弼曰：「聖人體無，無又不可以訓，故言必及有；老、莊未免於有，恒訓其所不足。」

【眉批】

劉會孟曰：「看得又别。」

王敬美曰：「弼明《老》、《莊》，此言似爲退一舍，恐非本色。」

凌初成曰：「皮膚語耳，未是妙理。」

傅嘏善言虚勝，《魏志》曰：「嘏字蘭碩，北地泥陽人，傅介子之後也。累遷河南尹、尚書。嘏嘗論才性同異，鍾會集而論之。」《傅子》曰：「嘏既達治好正，而有清理識要，如論才性，原本精微，鮮能及之。司隸鍾會年甚少，嘏以明知交會。」荀粲談尚玄遠，《粲别傳》曰：「粲字奉倩，潁川潁陰人，太尉彧少子也。粲諸兄儒術論議各知名。粲能言玄遠，常以子貢稱『夫子之言性與天道，不可得而聞也』，然則六籍雖存，固聖人之糠粃。能言者不能屈。」每至共語，有争而不相喻。裴冀州釋二家之義，通彼我之懷，常使兩情皆得，彼此俱暢。《粲别傳》曰：「粲太和初到京邑，與傅嘏談，嘏善名理，而粲尚玄遠，宗致雖同，倉卒時或格而不相得意。裴徽通彼我之懷，爲二家釋。頃之，粲與嘏善。」《管輅傳》曰：「裴使君有高才逸度，善言玄妙也。」

何晏注《老子》未畢，見王弼自説注《老子》旨。何意多所短，不復得作聲，但應諾諾，遂不復注，因作《道德論》。《文章叙録》曰：「自儒者論以老子非聖人，絶禮棄學。晏説與聖人同，著論行於世也。」

【眉批】

凌初成曰：「不足復出。」

按：劉本作「但應之」。

中朝時有懷道之流，有詣王夷甫咨疑者。值王昨已語多，小極，不復相酬答，乃謂客曰：「身今少惡，裴逸民亦近在此，君可往問。」《晋諸公贊》曰：「裴頠談理與王夷甫不相推下。」

裴成公作《崇有論》，時人攻難之，莫能折。唯王夷甫來，如小屈。時人即以王理難裴，理還復申。《晋諸公贊》曰：「自魏太常夏侯玄、步兵校尉阮籍等，皆著《道德論》。于時，侍中樂廣、吏部郎劉漢亦體道而言約，尚書令王夷甫講理而才虚，散騎常侍戴奥以學道爲業，後進庾敳之徒，皆希慕簡曠。頠疾世俗尚虚無之理，故著《崇有》二論以折之，才博喻廣，學者不能究。後樂廣與頠清閑，欲説理，而頠辭喻豐博，廣自以體虚無，笑而不復言。」《惠帝起居注》曰：「頠著二論，以規虚誕之弊，文詞精富，爲世名論。」

【眉批】楊用修曰：「晋世人士皆尚虚無，而裴頠作《崇有論》；皆尚《莊》學，而王坦之作《廢莊論》：可謂卓然自立，不隨俗尚矣。然夷考其所爲，成公之欲而無厭，自取伊戚，徒能言之耳！坦之風格忠鯁，始終不易，殆不愧其言云。

諸葛厷年少不肯學問，始與王夷甫談，便已超詣。王嘆曰：「卿天才卓出，若復小加研尋，一無所愧。」厷後看《莊》、《老》，更與王語，便足相抗衡。王隱《晋書》曰：「厷字茂遠，琅邪人，魏雍州刺史緒之子。有逸才，仕至司空主簿。」

【眉批】按：「天」劉本作「大」。

衛玠總角時，問樂令夢，樂云「是想」。衛曰：「形神所不接而夢，豈是想邪？」樂云：「因也。未嘗夢乘車入鼠穴，擣虀噉鐵杵，皆無想無因故也。」《周禮》有六夢：一曰正夢，謂無所感動，平安而夢也；二曰噩夢，謂驚愕而夢也；三曰思夢，謂覺時所思念也；四曰寤夢，謂覺時道之而夢也；五曰喜夢，謂喜説而夢也；六曰懼夢，謂恐懼而夢也。按樂所言「想」者，蓋思夢也；「因」者，蓋正夢也。衛思「因」經日不得，遂成病。樂聞，故命駕爲剖析之，衛即小差。樂嘆曰：「此兒胸中當必無膏肓之疾。」《春秋傳》曰：「晋景公有疾，求醫於秦，秦伯使醫緩爲之。未至，公夢疾爲二竪子，曰：『彼良醫也，懼傷我焉。』其一曰：『居肓之上，膏之下，若我何？』醫至，曰：『疾不可爲也。在肓之上，膏之下，攻之不可達，刺之不可及，藥不至焉。』公曰：『良醫也！』」注：「肓，鬲也，心下爲膏。」

【眉批】

劉本《注》：「謂無此事，世無此夢。世無鼠穴容車、齏堪鐵杵之事。」

按：「噉」字劉本作「取」。

劉本《注》：「言其有疑必求剖釋而後已，不留以成痼。」

庾子嵩讀《莊子》，開卷一尺許便放去，曰：「了不異人意。」《晉陽秋》曰：「庾敳字子嵩，潁川人，侍中峻第三子。恢廓有度量，自謂是老莊之徒。曰：『昔未讀此書，意嘗謂至理如此；今見之，正與人意暗同。』仕至豫州長史。」

【眉批】

劉會孟曰：「自是讀《莊子》法。」

王元美曰：「此本無所曉，而漫爲大言者；使曉人得之，便當沈湎濡首。」

客問樂令旨不至者，樂亦不復剖析文句，直以麈尾柄确几曰：「至不？」客曰：「至。」樂因又舉麈尾曰：「若至者那得去？」夫藏舟潛往，交臂恒謝。一息不留，忽焉生滅。故飛鳥之影，莫見其移；馳車之輪，曾不掩地。是以去不去矣，庸有至乎？至不至矣，庸有去乎？然則前至不異後至，至名所以生；前去不異後去，去名所以立。今天下無去矣，而去者非假哉！既爲假矣，而至者豈實哉？於是客乃悟服。樂辭約而旨達，皆此類。

【眉批】

劉會孟曰：「此時諸道人乃未知此，此我輩禪也，在達摩前。」

王敬美曰：「此乃禪機轉語。」

又曰：「『注』名理甚精。」

初，注《莊子》者數十家，莫能究其旨要。向秀於舊注外爲解義，妙析奇致，大暢玄風。《秀別傳》曰：「秀與嵇康、呂安爲友，趣舍不同。嵇康傲世不羈，安放逸邁俗，而秀雅好讀書，二子頗以此嗤之。後秀將注《莊子》，先以告康、安，康、安咸曰：『此書詎復須注，徒棄人作樂事耳。』及成，以示二子。康曰：『爾故復勝不？』安乃驚曰：『莊周不死矣！』後注《周易》，大義可觀，而與漢世諸儒互有彼此，未若隱《莊》之絶倫也。」秀本《傳》或言：秀游托數賢，蕭屑卒歲，都無注述，唯好《莊子》，聊應崔譔所注，以備遺忘云。《竹林七賢論》云：「秀爲此義，讀之者無不超然，若已出塵埃而窺絶冥，始了視聽之表，有神德玄哲，能遺天下，外萬物。雖復使動競之人顧觀所徇，皆悵然自有振拔之情矣。」唯《秋水》、《至樂》二篇未竟，而秀卒。秀子幼，義遂零落，然猶有別本。郭象者，爲人薄行，有俊才，《文士傳》曰：「象字子玄，河內人。少有才理，慕道好學，托志老、莊，時人咸以爲王弼之亞。辟司空掾、太傅主簿。」見秀義不傳於世，遂竊以爲己注。乃自注《秋水》、《至樂》二篇，又易《馬蹄》一篇，其餘衆篇，或定點文句而已。《文士傳》曰：「象作《莊子注》，最有清辭道旨。」後秀義別本出，故今有向、郭二《莊》，其義一也。

阮宣子有令聞，太尉王夷甫見而問曰：「老、莊與聖教同異？」對曰：「將無同？」太尉善其言，辟之爲掾。世謂「三語掾」。衛玠嘲之曰：「一言可辟，何假於三！」宣子曰：「苟是天下人望，亦可無言而辟，復何假一？」遂相與爲友。《名士傳》曰：「阮修字宣子，陳留尉氏人。好《老》、《易》，能言理，不喜見俗人，時誤相逢，即舍去。傲然無營，家無儋石之儲，晏如也。琅邪王處仲爲鴻臚卿，謂曰：「鴻臚丞差有禄，卿常無食，能作不？」修曰：「爲復可耳。」遂爲鴻臚丞、太子洗馬。」

【眉批】

楊用修曰：「『將無同』，解者不一。余按：《世説》褚裒見庾亮，問孟嘉何在。亮令裒自覓之，裒指嘉曰：『將無是？』晋人語言務簡，且爲兩可之辭。『將無』，疑辭，言畢竟同也。悟此言筌，千載如面矣。」

按：此則弇州所删。

劉會孟曰：「『將無同』正是一言耳，何謂三？」

按：劉本作「遂相友善」。

裴散騎娶王太尉女。婚後三日，諸婿大會，《晋諸公贊》曰：「裴遐字叔道，河東人。父綽，長水校尉。遐少有理稱，辟司空掾、散騎郎。」《永嘉流人名》：「衍字夷甫，第四女適遐也。」當時名士，王、裴子弟悉集。郭子玄在坐，挑與裴談。子玄才甚豐贍，始數交未快。郭陳張甚盛，裴徐理前語，理致甚微，四坐咨嗟稱快。鄧粲《晋紀》曰：「遐以辯論爲業，善叙名理，辭氣清暢，冷然若琴瑟。聞其言者，知與不知無不嘆服。」王亦以爲奇，謂諸人曰：「君輩勿爲爾，將受困寡人女婿。」

【眉批】

按：劉本「悉」上有「皆」字。

劉會孟曰：「此豈王夷甫口中語，可笑可憎！市門婦所不道。」

衛玠始渡江，見王大將軍。《敦别傳》曰：「敦字處仲，琅邪臨沂人。少有名理，累遷青州刺史。避地江左，歷侍中，丞相、大將軍、揚州牧，以罪伏誅。」因夜坐，大將軍命謝幼輿。《晋陽秋》曰：「謝鯤字幼輿，陳郡人。父衡，晋碩儒。鯤性通簡，好《老》、《易》，善音樂，以琴書爲業。避亂江東，爲豫章太守，王敦引爲長史。」《鯤别傳》曰：「鯤四十三卒，贈太常。」玠見謝，甚説之，都不復顧王，遂達旦微言。王永夕不得豫。玠體素羸，恒爲母所禁。爾夕忽極，於此病篤，遂不起。《玠别傳》曰：「玠少有名理，善《易》、《老》。自抱羸疾，初不於外擅相酬對，時友嘆曰：『衛君不言，言必入真。』武昌見大將軍王敦，敦與談論，咨嗟不能自已。」

【眉批】

按：此則弇州所删。

劉會孟曰：「却不是看殺，是論極。」

舊云，王丞相過江左，止道《聲無哀樂》、嵇康《聲無哀樂論》略曰：「夫殊方異俗，歌笑不同，使錯而用之，或聞哭而歡，或聽歌而戚，然哀樂之情均也。今用均同之情，發萬殊之聲，斯非音聲之無常乎？」《養生》、嵇叔夜《養生論》曰：「夫蝨著頭而黑，麝食柏而香，頸處險而癭，齒居晋而黄。豈唯蒸之使重無使輕，芬之使香勿使延哉？誠能蒸以靈芝，潤以醴泉，無爲自得，體妙心玄。庶與美門比壽，王喬爭年，何爲不可養生哉？」《言盡意》、歐陽堅石《言盡意論》略曰：「夫理得於心，非言不暢。物定於彼，非名不辨。名逐物而遷，言因理而變，不得相與爲二矣。苟無其二，言無不盡矣。」三理而已，然宛轉關生，無所不入。

殷中軍爲庾公長史，按《庾亮僚屬名》及《中興書》，浩爲亮司馬，非爲長史也。下都，王丞相爲之集，桓公、王長史、王藍田、《王述別傳》曰：「述字懷祖，太原晋陽人。祖湛，父承，並有高名。述蚤孤，事親孝謹。簞瓢陋巷，宴安永日。由是爲有識所知，襲爵藍田侯。」謝鎮西並在。丞相自起解帳帶麈尾，語殷曰：「身今日當與君共談析理。」既共清言，遂達三更。丞相與殷共相往反，其餘諸賢，略無所關。既彼我相盡，丞相乃嘆曰：「向來語，乃竟未知理源所歸，至於辭喻不相負。正始之音，正當爾耳！」明旦，桓宣武語人曰：「昨夜聽殷、王清言，甚佳，仁祖亦不寂寞，我亦時復造心；顧看兩王掾，王濛、王述，並爲王導所辟。輒翣如生母狗馨。」

【眉批】

劉會孟曰：「《世説》『身』字，時或可厭。」

王敬美曰：「此言太粗，且仲祖何肯談出桓下？」

劉會孟曰：「豈有所不可！故爾形容不服善之態，常有此。」

殷中軍見佛經，云：「理亦應阿堵上。」佛經之行中國尚矣，莫詳其始。《牟子》曰：「漢明帝夜夢神人，身有日光。明日，博問群臣通人。傅毅對曰：『臣聞天竺有道者號曰佛，輕舉能飛，身有日光。殆將其神也。』於是遣羽林將軍秦景、博士弟子王遵等十二人之大月氏國，寫取佛經四十二部，在蘭臺石室。」劉子政《列仙傳》曰：「歷觀百家之中，以相檢驗，得仙者百四十六人，其七十四人已在佛經，故撰得七十，可以多聞博識者遐觀焉。」如此，即漢成、哀之間已有經矣，與《牟子》傳記便爲不同。《魏略·西戎傳》曰：「天竺城中有臨兒國。《浮屠經》云：其國王生浮圖。浮圖者，太子也。父曰屑頭邪，母曰莫邪。浮圖者，身服色黄，髮如青絲，爪如銅，其母夢白象而孕，及生，從右脇出而有髻，墜地能行七步。天竺又有神人曰沙律。昔漢哀帝元壽元年，博士弟子景慮，受大月氏王使伊存口傳《浮屠經》，曰復豆者，其人也。」《漢武故事》曰：「昆邪王殺休屠王，以其衆來降，得其金人之神，置之甘泉宫。金人皆長丈餘，其祭不用牛羊，唯燒香禮拜。上使依其國俗祀之。」此神全類於佛，豈當漢武之時，其經未行於中土，而但神明事之邪？故驗劉向、魚豢之説，佛至自哀、成之世明矣。然則牟傳所言四十二者，其文今存非妄。蓋明帝遣使廣求異聞，非是時無經也。

謝安年少時，請阮光禄道《白馬論》，《孔叢子》曰：「趙人公孫龍云：『白馬非馬。馬者所以命形，白者所以命色。夫命色者，非命形。故曰白馬非馬也。』」爲論以示謝。于時謝不即解阮語，重相咨盡。阮乃嘆曰：「非但能言人不可得，正索解人亦不得！」《中興書》曰：「裕甚精論難。」

【眉批】

王元美曰：「『文章千古事，得失寸心知』，亦謂此耳。夫劇鉢心腑，指摘造化，如探大海出珊瑚，奈何令逐臭吠聲之士輕讀之也？至於有美必賞，如響之應。連城隱璞，下生動容；流水離弦，鍾子掮心。古人重知己而薄感恩，夫豈欺我？

王敬美曰：「謝公猶然，況它人乎？」

按：劉本作「亦不可得。」

褚季野語孫安國褚裒、孫盛，並已見。云：「北人學問淵綜廣博。」孫答曰：「南人學問清通簡要。」支道林聞之，曰：「聖賢固所忘言。自中人以還，北人看書，如顯處視月；南人學問，如牖中窺日。」支所言，但譬成孫、褚之理也。然則學廣則難周，難周則識闇，故如顯處視月；學寡則易覈，易覈則智明，故如牖中窺日也。

【眉批】

劉本《注》：「褚北人，孫南人。」

劉會孟曰：「牖中窺日外面光，顯處視月罅隙透。」

劉真長與殷淵源談，劉理如小屈，殷曰：「惡卿不欲作將善雲梯仰攻？」《墨子》曰：「公輸般爲高雲梯，欲以攻宋。墨子聞之，自魯往，裂裳裹足，日夜不休，十日十夜而至於郢。見楚王曰：『聞大王將攻宋，有之乎？』王曰：『然。』墨子曰：『請令公輸般設攻宋之具，臣請試守之。』於是公輸般設攻宋之計，墨子縈帶守之。輸九攻之，而墨子九卻之，不能入，遂輟兵。」

【眉批】

王敬美曰：「此言戲劉雖善攻，不能當己之善守。」

殷中軍云：「康伯未得我牙後慧。」《浩別傳》曰：「浩善《老》、《易》，能清言。康伯，浩甥也，甚愛之。」

謝鎮西少時，聞殷浩能清言，故往造之。殷未過有所通，爲謝標榜諸義，作數百語。既有佳致，兼辭條豐蔚，甚足以動心駭聽。謝注神傾意，不覺流汗交面。殷徐語左右：「取手巾與謝郎拭面。」按殷浩大謝尚三歲，便是時流。或當貴其勝致，故爲之揮汗。

【眉批】

劉會孟曰：「作如此璅語，又似可厭。」

王敬美曰：「此等政不必解，注似癡人前説夢，寧是孝標手段？」

按：劉本原無此注。

宣武集諸名勝講《易》，《易·乾鑿度》曰：「孔子曰：『易者，易也，變易也，不易也。三成德，爲道苞籥者，易也。其德也，光明四通，日月星辰布，八卦序，四時和也。變也者，天地不變，不能成朝；夫婦不變，不能成家。不易者，其位也。天在上，地在下；君南面，臣北面；父坐，子伏。此其不易也。故易者，天地人道也。」鄭玄序《易》曰：「易之爲名也，一言而函三義，簡易一也，變易二也，不易三也。」《繫辭》曰：「《乾》、《坤》，《易》之藴也，《易》之門户也。」又曰：「《乾》，確然示人易矣；《坤》，隤然示人簡矣。易則易知，簡則易從。」此言其簡易法則也。又曰：「其爲道也屢遷，變動不居，周流六虚，上下無常，剛柔相易。不可以爲典要，唯變所適。」此則言其從時出入移動也。又曰：「天尊地卑，《乾》、《坤》定矣。卑高以陳，貴賤位矣。動静有爲，剛柔斷矣。」此則言其張設布列不易也。據此三義，而説《易》之道，廣矣，大矣。日説一卦。簡文欲聽，聞此便還，曰：「義自當有難易，其以一卦爲限邪？」

有北來道人好才理，與林公相遇於瓦官寺，講《小品》。于時竺法深、孫興公悉共聽。此道人語，屢設疑難，林公辯答清析，辭氣俱爽。此道人每輒摧屈。孫問深公：「上人當是逆風家，向來何以都不言？」庾法暢《人物論》曰：「法深學義淵博，名聲蚤著，弘道法師也。」深公笑而不答。林公曰：「白旃檀非不馥，焉能逆風？」《成實論》曰：「波利質多天樹，其香則逆風而聞。」深公得此義，夷然不屑。

【眉批】

劉本《注》:「孫謂禪家多難問,今何不言?」

又曰:「波利質多天樹,其香逆風而聞。今反之云:『白檀非不香,豈能逆風?』言深非不能難之,正不必難之也。」

孫安國往殷中軍許共論,往反精苦,客主無間。左右進食,冷而復煗者數四。彼我奮擲麈尾,悉脱落滿餐飯中,賓主遂至莫忘食。殷乃語孫曰:「卿莫作强口馬,我當穿卿鼻!」孫曰:「卿不見决鼻牛,人當穿卿頰!」《續晋陽秋》曰:「孫盛善理義。時中軍將軍殷浩擅名一時,能與劇談相抗者,唯盛而已。」

【眉批】

按:此則弇州所删。

劉會孟曰:「亦是何等往復,傳之後世?」

王敬美曰:「何至作對駡?」

《莊子·逍遥》篇,舊是難處,諸名賢所可鑽味,而不能拔理於郭、向之外。支道林在白馬寺中,將馮太常共語,《馮氏譜》曰:「馮懷字祖思,長樂人。歷太常、護國將軍。」因及《逍遥》。支卓然標新理於二家之表,立異義於衆賢之外,皆是諸名賢尋味之所不得。後遂用支理。向子期、郭子玄《逍遥義》曰:「夫大鵬之上九萬,尺鷃之起榆枋,小道雖差,各任其性,苟當其分,逍遥一也。然物之芸芸,同資有待,得其所待,然後逍遥耳。唯聖人與物冥而循大變,爲能無待而常通。豈獨自通而已，又從有待者不失其所待，不失則同於大通矣。」支氏《逍遥論》曰：「夫逍遥者，明至人之心也。莊生建言大道，而寄指鵬、鷃。鵬以營生之路曠，故失適於體外；鷃以在近而笑遠，有矜伐於心内。至人乘天正而高興，游無窮於放浪。物物而不物於物，則遥然不我得；玄感不爲，不疾而速，則逍然靡不適。此所以爲逍遥也。若夫有欲，當其所足，足於所足，快然有似天真，猶饑者一飽，渴者一盈，豈忘烝嘗於糗糧，絶觴爵於醪醴哉？苟非至足，豈所以逍遥乎？」此向、郭之注所未盡。

【眉批】

王敬美曰：「今注從作順，義一也。」

劉會孟曰：「支理如此，有何高妙而稱道甚至？」

王敬美曰：「此論亦新奇，可備一種《莊》注。」

殷中軍浩也。嘗至劉尹所，清言良久，殷理小屈，游辭不已，劉亦不復答。殷去後，乃云：「田舍兒，强學人作爾馨語！」劉惔，已見。

【眉批】

凌初成曰：「真長前豈可露此破綻伎倆！」

殷中軍雖思慮通長，然於才性偏精，忽言及《四本》，便苦湯池鐵城，無可攻之勢。《神農書》曰：「夫有石城七仞，湯池百步，帶甲百萬而無粟者，不能自固也。」

【眉批】

劉本《注》：「《四本論》也。」

支道林造《即色論》，《支道林集・妙觀章》云：「夫色之性也，不自有色，色不自有，雖色而空。故曰：『色即爲空，色復異空。』」論成，示王中郎，王坦之，已見。中郎都無言。支曰：「默而識之乎？」《論語》曰：「默而識之，誨人不倦，何有於我哉？」王曰：「既無文殊，誰能見賞？」《維摩詰經》曰：「文殊師利問維摩詰云：『何者是菩薩入不二法門？』時維摩詰默然無言，文殊師利嘆曰：『是真入不二法門也。』」

【眉批】

劉會孟曰：「殆未是維摩詰也。」

王逸少作會稽，初至，支道林在焉。孫興公謂王曰：「支道林拔新領異，胸懷所及乃自佳，卿欲見不？」王本自有一往雋氣，殊自輕之。後孫與支共載往王許，王都領域，不與交言。須臾支退。後正值王當行，車已在門，支語王曰：「君未可去，貧道與君小語。」因論《莊子・逍遥游》。支作數千言，才藻新奇，花爛映發。王遂披襟解帶，留連不能已。《支法師傳》曰：「法師研十地，則知頓悟於七住；尋莊周，則辯聖人之逍遥。當時名勝，咸味其音旨。」《道賢論》以七沙門比竹林七賢，遁比向秀，雅尚《莊》、《老》，二子異時，風尚玄同也。」

【眉批】

按：此則弇州所删。

劉會孟曰：「『領域』未喻。」

三乘佛家滯義，支道林分判，使三乘炳然。諸人在下坐聽，皆云可通。支下坐，自共説，正當得兩，入三便亂。今義弟子雖傳，猶不盡得。《法華經》曰：「三乘者，一曰聲聞乘，二曰緣覺乘，三曰菩薩乘。聲聞者，悟四諦而得道也。緣覺者，悟因緣而得道也。菩薩者，行六度而得道也。然則羅漢得道，全由佛教，故以聲聞爲名也。辟支佛得道，或聞因緣而解，或聽環珮而得悟，神能獨達，故以緣覺爲名也。菩薩者，大道之人也。方便則止行六度，真教則通修萬善，功不爲己，志存廣濟，故以大道爲名也。」

【眉批】

王敬美曰：「意謂大乘與最上乘，總是一乘，故云『正當得兩』。注似未喻。」

又曰：「詳林公意，豈以『聲聞』、『緣覺』總之爲一乘理耶？」

凌初成曰：「意惟支能三乘炳然，諸人輒渾矣。敬美之解未是。自共説者，諸人共説也。」

許掾詢也。年少時，人以比王苟子，苟子，王修小字也。《文字志》曰：「修字敬仁，太原晋陽人。父濛，司徒左長史。修明秀有美稱，善隸行書，號曰流奕清舉。起家著作佐郎、琅邪王文學，轉中軍司馬，未拜而卒，時年二十四。昔王弼之没，與修同年，故修弟熙乃嘆曰：『無愧於古人，而年與之齊也。』」許大不平。時諸人士及林法師並在會稽西寺講，王亦在焉。許意甚忿，便往西寺與王論理，共決優劣，苦相折挫，王遂大屈。許復執王理，王執許理，更相覆疏，王復屈。許謂支法師曰：「弟子向語何似？」支從容曰：「君語佳則佳矣，何至相苦邪？豈是求理中之談哉？」

林道人詣謝公，東陽時始總角，新病起，體未堪勞。與林公講論，遂至相苦。東陽，謝朗也，已見。《中興書》曰：「朗博涉有逸才，善言玄理。」母王夫人在壁後聽之，再遣信令還，而太傅留之。王夫人因自出，云：「新婦少遭家難，一生所寄，唯在此兒。」因流涕抱兒以歸。謝公語同坐曰：「家嫂辭情忼慨，致可傳述，恨不使朝士見！」《謝氏譜》曰：「朗父據，取太康王韜女，名綏。」

【眉批】

王敬美曰：「此亦可入《賢媛》。」

支道林、許掾諸人共在會稽王齋頭，簡文。支爲法師，許爲都講。《高逸沙門傳》曰：「道林時講《維摩詰經》。」支通一義，四坐莫不厭心，許送一難，衆人莫不抃舞。但共嗟詠二家之美，不辯其理之所在。

【眉批】

劉會孟曰：「理誠有之，各以辭勝，偏曲未有不通也。」

謝車騎在安西艱中，安西，謝奕。已見。林道人往就語，將夕乃退。有人道上見者，問云：「公何處來？」答云：「今日與謝孝劇談一出來。」《玄别傳》曰：「玄能清言，善名理。」

【眉批】劉會孟曰：「此何足載！」

支道林初從東出，住東安寺中。《高逸沙門傳》曰：「遁居會稽，晋哀帝欽其風味，遣中使至東迎之。遁遂辭丘壑，高步天邑。」王長史宿構精理，並撰其才藻，往與支語，不大當對。王叙致作數百語，自謂是名理奇藻。支徐徐謂曰：「身與君别多年，君義言了不長進。」王大慚而退。

【眉批】劉會孟曰：「豈無此等，亦穢清流？」

殷中軍讀《小品》，釋氏《辨空經》有詳者焉，有略者焉。詳者爲《大品》，略者爲《小品》。下二百籤，皆是精微，世之幽滯。嘗欲與支道林辯之，竟不得。今《小品》猶存。《高逸沙門傳》曰：「殷浩能言名理，自以有所不達，欲訪之於遁，遂邂逅不遇，深以爲恨。其爲名識賞重，如此之至焉。」《語林》曰：「浩於佛經有所不了，故遣人迎林公。林乃虚懷欲往，王右軍駐之曰：『淵源思致淵富，既未易爲敵，且已所不解，上人未必能通。縱復服從，亦名不益高；若佻脱不合，便喪十年所保。可不須往。』林公亦以爲然，遂止。」

【眉批】凌初成曰：「惜哉！逸少一阻，遂令妙義永絶。」

又曰：「猶是救飢術工，噉名念重。」

劉會孟曰：「逸少護林公如此，足稱沙門，然傳之貽笑。」

佛經以爲袪練神明，則聖人可致。釋氏經曰：「一切衆生，皆有佛性。但能修智慧，斷煩惱，萬行具足，便成佛也。」簡文云：「不知便可登峰造極不？然陶練之功，尚不可誣。」

于法開始與支公爭名，後精漸歸支，意甚不分，遂遁迹剡下。遣弟子出都，語使過會稽。于時支公正講《小品》。開戒弟子：「道林講，比汝至，當在某品中。」因示語攻難數十番，云：「舊此中不可復通。」弟子如言詣支公。正值講，因謹述開意，往反多時，林公遂屈，厲聲曰：「君何足復受人寄載來！」《名德沙門題目》曰：「于法開才辨從橫，以數術弘教。」《高逸沙門傳》曰：「法開初以義學著名，後與支遁有競，故遁居剡縣，更學醫術。」

【眉批】

按：此則弇州所删。

王敬美曰：「『精』字恐當作『積』。」

按：劉本作「情」。

王敬美曰：「此亦豈是求理于談？」

殷中軍問：「自然無心於禀受，何以正善人少，惡人多？」諸人莫有言者。劉尹答曰：「譬如寫水著地，正自縱横流漫，略無正方圓者。」一時絶嘆，以爲名通。《莊子》曰：「天籟者，吹萬不同，而使其自已也。」郭子玄注曰：

「無既無矣，則不能生有；有之未生，又不能爲生。然則生生者誰哉？塊然而自生耳，非我生也。我不生物，物不生我，則自然而已然，謂之天然，天然非爲也。故以天言之，所以明其自然故也。」

【眉批】

按：此則弇州所删。

王敬美曰：「《楞嚴經》中具明問答，但以鏡答自明，殊勝此論。」

康僧淵初過江，未有知者，恒周旋市肆，乞索以自營。忽往殷淵源許，值盛有賓客，殷使坐，粗與寒温，遂及義理，語言辭旨，曾無愧色，領略粗舉，一往參詣，由是知之。僧淵氏族，所出未詳，疑是胡人。尚書令沈約撰《晋書》，亦稱其有義學。

【眉批】

按：此則弇州所删。

殷、謝諸人共集。殷浩、謝安。謝因問殷：「眼往屬萬形，萬形來入眼不？」《成實論》曰：「眼識不待到而知，虚塵假空與明，故得見色。若眼到色到，色間則無空明，如眼觸目則不能見彼，當知眼識不到而知。」依如此説，則眼不往，形不入，遥屬而見也。謝有問，殷無答，疑闕文。

【眉批】

王敬美曰：「《楞嚴經》中具明問答，但以鏡答自明，殊勝此論。」

人有問殷中軍：「何以將得位而夢棺器，將得財而夢矢穢？」殷曰：「官本是臭腐，所以將得而夢棺屍；財本是糞土，所以將得而夢穢汚。」時人以爲名通。

【眉批】

王敬美曰：「名言！名言！」

殷中軍被廢東陽，浩黜廢事，别見。始看佛經。初視《維摩詰》，僧肇《注維摩經》曰：「維摩詰者，秦言浄名。蓋法身之大士，見居此土以弘道也。」疑「般若波羅密」太多；後見《小品》，恨此語少。波羅密，此言到彼岸也。經云：「到者有六焉：一曰檀，檀者，施也；二曰毗黎，毗黎者，持戒也；三曰羼提，羼提者，忍辱也；四曰尸羅，尸羅者，精進也；五曰禪，禪者，定也；六曰般若，般若者，智慧也。然則五者爲舟，般若爲導。導則俱絶有相之流，升無相之彼岸也。故曰波羅密也。」淵源未暢其致，少而疑其多；已而究其宗，多而患其少也。

支道林、殷淵源俱在相王許，簡文。相王謂二人：「可試一交言。而才性殆是淵源崤函之固，崤謂二陵之地；函，函谷關也。並秦之險塞，王者之居。左思《魏都賦》曰：「崤、函，帝王之宅。」君其慎焉！」支初作，改轍遠之，數四交，不覺入其玄中。相王撫肩笑曰：「此自是其勝場，安可争鋒！」

【眉批】

劉會孟曰：「作如此語，更不成文。」

謝公因子弟集聚，問：「《毛詩》何句最佳？」遏稱曰：謝玄小字，已見。「昔我往矣，楊柳依依；今我來思，雨雪霏霏。」公曰：「訏謨定命，遠猷辰告。」《大雅》詩也。毛萇注曰：「訏，大也；謨，謀也；辰，時也。」鄭玄注曰：「猷，圖也。大謀定命，謂正月始和，布政于邦國都鄙。」謂此句偏有雅人深致。

【眉批】

按：此則弇州所删。

劉會孟曰：「各情性所近，非謝公識量此語爲有施，誰省？」

張憑舉孝廉，出都，負其才氣，謂必參時彦。欲詣劉尹，鄉里及同舉者共笑之。張遂詣劉。劉洗濯料事，處之下坐，唯通寒暑，神意不接。張欲自發無端。頃之，長史諸賢來清言，客主有不通處，張乃遥於末坐判之，言約旨遠，足暢彼我之懷，一坐皆驚。真長延之上坐，清言彌日，因留宿至曉。張退，劉曰：「卿且去，正當取卿共詣撫軍。」張還船，同侣問何處宿，張笑而不答。須臾，真長遣傳教覓張孝廉船，同侣惋愕。即同載詣撫軍，至門，劉前進謂撫軍曰：「下官今日爲公得一太常博士妙選。」既前，撫軍與之話言，咨嗟稱善，曰：「張憑勃窣爲理窟。」即用爲太常博士。宋明帝《文章志》曰：「憑字長宗，吴郡人。有意氣，爲鄉閭所稱。學尚所得，敏而有文。太守以才選舉孝廉，試策高第，爲惔所舉，補太常博士，累遷吏部郎、御史中丞。」

【眉批】

按：弇州以此入《寵禮》。

劉會孟曰：「此纖悉曲折，可尚。」

汰法師云：「『六通』、『三明』同歸，正異名耳。」《安法師傳》曰：「竺法汰者，體器弘簡，道情冥到，法師友而善焉。」一説法汰即安公弟子也。經云：「六通者，三乘之功德也。一曰天眼通，見遠方之色；二曰天耳通，聞障外之聲；三曰身通，飛行隱顯；四曰它心通，水鏡萬慮；五曰宿命通，神知已往；六曰漏盡通，慧解累世。三明者，解脱在心，朗照三世者也。」然則天眼、天耳、身通、它心、漏盡，此五者，皆見在心之明也。宿命，則過去心之明也。因天眼發未來之智，則未來心之明也。同歸異名，義在斯矣。

支道林、許、謝盛德，共集王家。許詢、謝安、王濛。謝顧謂諸人：「今日可謂彦會。時既不可留，此集固亦難常，當共言詠，以寫其懷。」許便問主人：「有《莊子》不？」正得《漁父》一篇。《莊子》曰：「孔子游乎緇帷之林，休坐乎杏壇之上。孔子弦歌鼓琴，奏曲未半，有漁者下船而來，鬚眉交白，被髮揄袂，行原以上，距陸而止。左手據膝，右手持頤以聽。曲終，而招子貢、子路語曰：『彼何爲者也？』曰：『孔氏。』曰：『孔氏何治？』子貢曰：『服忠信，行仁義，飾禮樂，選人倫，孔氏之所治也。』曰：『有土之君歟？』曰：『非也。』漁父曰：『仁則仁矣，恐不免其身。』孔子聞而求問之，遂言八疵、四病，以誡孔子。」謝看題，便各使四坐通。支道林先通，作七百許語，叙致精麗，才藻奇拔，衆咸稱善。於是四坐各言懷畢，謝問曰：「卿等盡不？」皆曰：「今日之言，少不自竭。」謝後粗難，因自叙其意，作萬餘語，才峰秀逸，《文字志》曰：「安神情秀悟，善談玄遠。」既自難干，加意氣擬托，蕭然自得，四坐莫不厭心。支謂謝曰：「君一往奔詣，故復自佳耳。」

【眉批】

劉會孟曰：「《漁父》僞書，何足千萬！」

殷中軍、孫安國、王、謝能言諸賢，悉在會稽王許。殷與孫共論《易》象，妙於見形，其論略曰：「聖人知觀器不足以達變，故表圓應於耆龜；圓應不可爲典要，故寄妙迹於六爻。六爻周流，唯化所適。故雖一畫而吉凶並彰，微一則失之矣。擬器托象，而慶咎交著，繫器則失之矣。故設八卦者，蓋緣化之影迹也。天下者，寄見之一形也。圓影備未備之象，一形兼未形之形。故盡二儀之道，不與《乾》、《坤》齊妙；風雨之變，不與《巽》、《坎》同體矣。」孫語道合，意氣干雲。一坐咸不安孫理，而辭不能屈。會稽王慨然嘆曰：「使真長來，故應有以制彼。」即迎真長，孫意己不如。真長既至，先令孫自叙本理，孫粗説己語，亦覺殊不及向。劉便作二百許語，辭難簡切，孫理遂屈。一坐同時拊掌而笑，稱美良久。

【眉批】

按：此則弇州所删。

凌初成曰：「寫得安國小巫形態逼真。」

僧意在瓦官寺中，未詳僧意氏族所出。王苟子來，苟子，王修小字。與共語，便使其唱理。意謂王曰：「聖人有情不？」王曰：「無。」重問曰：「聖人如柱邪？」王曰：「如籌算，雖無情，運之者有情。」僧意云：「誰運聖人邪？」苟子不得答而去。諸本無僧意最後一句，意疑其闕。慶校衆本皆然，唯一書有之，故取以成其義。然王修善言理，如此論特不近人情，猶疑斯文爲謬也。

【眉批】

王敬美曰：「此慶非臨川，即非孝標矣。」

按：此意爲臨川所自注。

司馬太傅問謝車騎：「惠子其書五車，何以無一言入玄？」謝曰：「故當是其妙處不傳。」《莊子》曰：「惠施多方，其書五車，其道舛駁，其言不中。謂卵有毛，鷄三足，馬有卵，犬可爲羊，火不熱，目不見，龜長於蛇，丁子有尾，白狗黑，連環可解。能勝人之口，不能服人之心，蓋辯者之囿也。」

【眉批】

按：弇州以此入《品藻》。

殷中軍被廢，徙東陽，大讀佛經，皆精解，唯至「事數」處不解。事數，謂若五陰、十二入，四諦、十二因緣、五根、五力、七覺之屬。遇見一道人，問所籤，便釋然。

【眉批】

按：此則弇州所刪。

劉會孟曰：「果然。」

殷仲堪精覈玄論，人謂莫不研究。殷乃嘆曰：「使我解《四本》，談不翅爾。」周祗《隆安記》曰：「仲堪好學而有理思也。」

【眉批】

劉本《注》：「《四本》疑爲《四本論》。」

殷荆州曾問遠公：張野《遠法師銘》曰：「沙門釋惠遠，雁門樓煩人。本姓賈氏，世爲冠族。年十二，隨舅令狐氏游學許、洛。年二十一，欲南渡就范宣子學，道阻不通，遇釋道安，以爲師。抽簪落髮，研求法藏。釋曇翼每資以燈燭之費。誦鑒淹遠，高悟冥賾。安常嘆曰：『道流東國，其在遠乎？』襄陽既没，振錫南游，結宇靈嶽。自年六十，不復出山。名被流沙，彼國僧衆，皆稱漢地有大乘沙門。每至然香禮拜，輒東向致敬。年八十三而終。」「《易》以何爲體？」答曰：「《易》以感爲體。」殷曰：「銅山西崩，靈鐘東應，便是《易》耶？」《東方朔》傳曰：「孝武皇帝時，未央宫前殿鐘無故自鳴，三日三夜不止。詔問太史待詔王朔，朔言：『恐有兵氣。』更問東方朔，朔曰：『臣聞銅者，山之子；山者，銅之母。以陰陽氣類言之，子母相感，山恐有崩弛者，故鐘先鳴。《易》曰：「鳴鶴在陰，其子和之。」精之至也。其應在後五日内。』居三日，南郡太守上書言山崩，延袤二十餘里。」《樊英別傳》曰：「漢順帝時，殿下鐘鳴。問英，對曰：『蜀峕山崩，山於銅爲母，母崩子鳴，非聖朝災。』後蜀果土山崩，日月相應。」二説微異，故並載之。遠公笑而不答。

【眉批】

劉會孟曰：「不答最是。」

王敬美曰：「按《易》理精微廣大，謂此非《易》不可，執此言《易》又不可，遠公所以笑而不答。」

羊孚弟娶王永言女，孚弟，輔也。《羊氏譜》曰：「輔字幼仁，泰山人。祖楷，尚書郎。父綏，中書郎。輔仕至衞軍功曹，娶琅邪王訥之女，字僧首。」及王家見婿，孚送弟俱往。時永言父東陽尚在，《王氏譜》曰：「訥之字永言，琅邪人。祖彪之，光禄大夫。父臨之，東陽太守。訥之歷尚書左丞、御史中丞。」殷仲堪是東陽女婿，亦在坐。《殷氏譜》曰：「仲堪娶琅邪王臨之女，字英彦。」孚雅善理義，乃與仲堪道《齊物》，《莊子》篇也。殷難之。羊云：「君四番後，當得見同。」殷笑曰：「乃可得盡，何必相同？」乃至四番後一通。殷咨嗟曰：「僕便無以相異！」嘆爲新拔者久之。

【眉批】

按：此則弇州所删。

劉會孟曰：「言有經緯，至料及三四，非强支持者。却恨不傳。」

殷仲堪云：「三日不讀《道德經》，便覺舌本閑强。」《晋安帝紀》曰：「仲堪有思理，能清言。」

【眉批】

王敬美曰：「『强』作去聲，如今俗語。」

提婆初至，爲東亭第講《阿毗曇》。《出經・叙》曰：「僧伽提婆，罽賓人，姓瞿曇氏，俊朗有深鑒。符堅至長安，出諸經。後渡江，遠法師請譯《阿毗曇》。」遠法師《阿毗曇・叙》曰：「阿毗曇心者，三藏之要領，詠歌之微言。源流廣大，管綜衆經，領其宗會，故作者以心爲名焉。罽賓沙門僧伽提婆少玩斯文，因請令譯焉。」阿毗曇者，晋言大法也。道標法師曰：「阿毗曇者，秦言無比法也。」始發講，坐裁半，僧彌便云：「都已曉。」即於坐分數四有意道人，更就餘屋自講。提婆講竟，東亭問法岡道人曰：法岡未詳氏族。「弟子都未解，阿彌那得已解？所得云何？」曰：「大略全是，故當小未精覈耳。」《出經・叙》曰：「提婆以隆安初游京師，東亭侯王珣迎至舍，講《阿毗曇》。提婆宗致既明，振發義奥，王僧彌一聽，便自講，其明義易啓人心如此。未詳年卒。」

【眉批】

按：此則弇州所删。

王敬美曰：「此是僧彌難弟處。」

桓南郡與殷荆州共談，每相攻難。年餘後，但一兩番，桓自嘆才思轉退。殷云：「此乃是君轉解。」周祗《隆安記》曰：「玄善言理，棄郡還國，常與殷荆州仲堪終日談論不輟。」

【眉批】

劉會孟曰：「兩語得反覆之妙！」

王敬美曰：「以上以玄理論文學，文章另出一條，從魏始。蓋一目中復分兩目也。」

按：《補》依時次溷列，便失作者之意。

文帝嘗令東阿王七步中作詩，不成者行大法。應聲便爲詩曰：「煮豆持作羹，漉菽以爲汁。萁在釜下燃，豆在釜中泣。本自同根生，相煎何太急！」帝深有慚色。《魏志》曰：「陳思王植，字子建，文帝同母弟也。年十餘歲誦詩論及辭賦數萬言。善屬文，太祖嘗視其文曰：『汝倩人邪？』植跪曰：『出言爲論，下筆成章。顧當面試，奈何倩人。』時鄴銅雀臺新成，太祖悉將諸子登之，使各爲賦。植援筆立成，可觀。性簡易，不治威儀。輿馬服飾，不尚華麗。每見難問，應聲而答。太祖寵愛之，幾爲太子者數矣。文帝即位，封鄄城侯，後徙雍丘，復封東阿。植每求試不得，而國亟遷易，汲汲無歡。年四十一薨。」

【眉批】

按：此則弇州所删。

劉會孟曰：「『萁在釜下然，豆在釜中泣』，十字自然，不待下句。妙！妙！」

魏朝封晉文王爲公，備禮九錫，文王固讓不受。公卿將校當詣府敦喻，司空鄭冲，已見。馳遣信就阮籍求文。籍時在袁孝尼家，《袁氏世紀》曰：「準字孝尼，陳郡陽夏人。父渙，魏郎中令。準忠信居正，不恥下問，唯恐人不勝己也。世事多險，故恬退不敢求進。著書十萬餘言。」荀綽《兗州記》曰：「準有俊才，太始中，位給事中。」宿醉扶起，書札爲之，無所點定，乃寫付使。時人以爲神筆。顧愷之《晉文章記》曰：「阮籍《勸進》，落落有宏致，至轉説徐而攝之也。」一本

注：阮籍《勸進文》略曰：「竊聞明公固讓，冲等眷眷，實懷愚心，以爲聖王作制，百代同風，褒德賞功，其來久矣。周公藉已成之業，據既安之勢，光宅曲阜，奄有龜、蒙。明公宜奉聖旨，受兹介福也。」

【眉批】

劉會孟曰：「筆平順適不少多，謂爲慚筆固非，謂爲神語亦謬。直不當作耳！」

劉本《注》：「此即以居攝之事啓之，嗣宗此筆爲大節之玷矣！」

劉會孟曰：「凡稱周公，未見即是居攝。」

張伯起曰：「嗣宗雖爲勸進，牋末乃勗以支伯、許由，誚以小讓，可謂頌功而不失其正，與他勸進文不同。」

凌初成曰：「今讀其文，首援伊、周，末稱支、許，文王隱衷，悉爲勘破，若知有他日者，毛髮可鑒，何云慚筆！千古眯目，致疑豪傑。」

左太冲作《三都賦》初成，《思别傳》曰：「思字太冲，齊國臨淄人。父雍，起於筆札，多所掌練，爲殿中御史。思蚤喪母，雍憐之，不甚教其書學。及長，博覽名文，遍閲百家。司空張華辟爲祭酒，賈謐舉爲秘書郎。謐誅，歸鄉里，專思著述。齊王冏請爲記室參軍，不起，時爲《三都賦》未成也。後數年，疾終。其《三都賦》改定，至終乃上。初，作《蜀都賦》云：『金馬電發於高岡，碧鷄振翼而雲披。鬼彈飛丸以礌礉，火井騰光以赫曦。』今無『鬼彈』，故其賦往往不同。思爲人無吏幹而有文才，又頗以椒房自矜，故齊人不重也。」時人互有譏訾，思意不愜。後示張公，張華，已見。張曰：「此二京可三。然君文未重於世，宜以經高名之士。」思乃詢求於皇甫謐，王隱《晉書》曰：「謐字士安，安定朝那人，漢太尉嵩曾孫也。祖叔獻，灞陵令。父叔侯，舉孝廉。謐族從皆累世富貴，獨守寒素。所養叔母嘆曰：『昔孟母以三徙成子，曾父以烹豕存教。豈我居不卜鄰，何爾魯之甚乎？修身篤學，自汝得之，於我何有？』因對之流涕，謐乃感激。年二十餘，就鄉里席坦受書，遭人而問，少有寧日。武帝借其書二車，遂博覽。太子中庶子、議郎徵，並不就，終于家。」謐見之嗟嘆，遂爲作敘。於是先相非貳者，莫不斂衽讚述焉。《思别傳》曰：「思造張載，問岷、蜀事。交接亦疏。」皇甫謐西州高士，摯仲治宿儒知名，非思倫匹。劉淵林、衞伯輿並蚤終，皆不爲思賦序注也。凡諸注解，皆思自爲，欲重其文，故假時人名姓也。

【眉批】

何子元曰：「文章定價，本自明白，而時世耳目不足取信如此。士君子中藴内晦難出而未試者，欲以求知皮相之士，豈不難哉！」

按：太冲作賦，門庭藩溷，必置筆硯，十稔乃成。薛宣令人納薪以炙筆硯。

王敬美曰：「思三賦不朽，士安非此序幾不傳，時人薄思，故肆譏彈耳。士安一序，何足重思，而時人傳乃爾！孝標於是爲無識矣。

劉伶著《酒德頌》，意氣所寄。《名士傳》曰：「伶字伯倫，沛郡人，肆意放蕩，以宇宙爲狹。常乘鹿車，携一壺酒，使人荷鍤隨之，云：『死便掘地以埋。』土木形骸，遨游一世。」《竹林七賢論》曰：「伶處天地間，悠悠蕩蕩，無所用心。嘗與俗士相忤，其人攘袂而起，欲必築之。伶和其色曰：『鷄肋豈足以當尊拳！』其人不覺廢然而返。未嘗措意文章，終其世，凡著《酒德頌》一篇而已。其辭曰：『有大人先生者，以天地爲一朝，萬期爲須臾，日月爲扃牖，八荒爲庭衢。行無轍迹，居無室廬，幕天席地，縱意所如。行則操卮執瓢，動則挈榼提壺，唯酒是務，焉知其餘。有貴介公子、縉紳處士，聞吾風聲，議其所以。乃奮袂攘襟，怒目切齒，陳説禮法，是非鋒起。先生於是方捧罌承糟，銜杯漱醪，奮髯箕踞，枕麴藉糟。無思無慮，其樂陶陶。兀然而醉，怳爾而醒。静聽不聞雷霆之聲，孰視不見太山之形。不覺寒暑之切肌，利欲之感情，俯觀萬物之擾擾，如江漢之載浮萍。二豪侍側焉，如蜾蠃之與螟蛉。』」

【眉批】

按：此則弇州所删。

樂令善於清言，而不長於手筆。將讓河南尹，請潘岳爲表。《晋陽秋》曰：「岳字安仁，滎陽人。夙以才穎發名。善屬文，清綺絶世，蔡邕未能過也。仕至黄門侍郎，爲孫秀所害。」潘云：「可作耳，要當得君意。」樂爲述己所以爲讓，標位二百許語。潘直取錯綜，便成名筆。時人咸云：「若樂不假潘之文，潘不取樂之旨，則無以成斯矣。」

夏侯湛作《周詩》成，《文士傳》曰：「湛字孝若，譙國人，魏征西將軍夏侯淵曾孫也。有盛才，文章巧思，善補雅詞，名亞潘岳。歷中書侍郎。」湛《集》載其《叙》曰：「《周詩》者，《南陔》、《白華》、《華黍》、《由庚》、《崇丘》、《由儀》六篇，有其義而亡其辭，湛續其亡，故云《周詩》也。」示潘安仁，安仁曰：「此非徒温雅，乃别見孝悌之性。」其詩曰：「既殷斯虔，仰説洪恩。夕定辰省，奉朝侍昏。宵中告退，鷄鳴在門。孳孳恭誨，夙夜是敦。」潘因此遂作《家風詩》。岳《家風詩》，載其宗祖之德及自戒也。

【眉批】

按：此則弇州所删。

孫子荆除婦服，作詩以示王武子。孫楚《集》云：「婦，胡毋氏也。」其詩曰：「時邁不停，日月電流。神爽登遐，忽已一周。禮制有叙，告除靈丘。臨祠感痛，中心若抽。」王曰：「未知文生於情，情生於文？一作「文於情生，情於文生。」覽之凄然，增伉儷之重。」

【眉批】王元美曰：「此語極有致。文生于情，世所恒曉；情生于文，則未易論。蓋有出之者偶然，而覽之者實際也。吾平生時遇此境，亦見同調中有此。」

太叔廣甚辯給，而摯仲治長於翰墨，俱爲列卿。每至公坐，廣談，仲治不能對。退，著筆難廣，廣又不能答。王隱《晉書》曰：「廣字季思，東平人。拜成都王爲太弟，欲使詣洛。廣子孫多在洛，慮害，乃自殺。摯虞字仲治，京兆長安人。祖茂，秀才。父模，太僕卿。虞少好學，師事皇甫謐，善校練文義，多所著述。歷秘書監、太常卿，從惠帝至長安，遂流離鄠、杜間。性好博古，而文籍蕩盡。永嘉五年，洛中大饑，遂餓而死。」虞與廣名位略同，廣長口才，虞長筆才，俱少政事。衆坐廣談，虞不能對；虞退，筆難廣，廣不能答。於是更相嗤笑，紛然於世。廣無可記，虞多所録，於斯爲勝也。

【眉批】劉本《注》：「廣，晋宗屬。」

江左殷太常父子並能言理，亦有辯訥之異。揚州口談至劇，太常輒云：「汝更思吾論。」《中興書》曰：「殷融字洪遠，陳郡人。桓彝有人倫鑒，見融，甚嘆美之。著《象不盡意》、《大賢須易論》，理義精微，談者稱焉。兄子浩，亦能清言，每與浩談，有時而屈，退而著論，融更居長。爲司徒左西屬。飲酒善舞，終日嘯詠，未嘗以世務自嬰。累遷吏部尚書、太常卿，卒。」

【眉批】

劉本《注》：「浩長于談，融長于筆也。」

按：此「亦有辯訥，」「亦」字承上太叔廣來，《補》竄入桓南郡「博解」之後，便自不倫。

庾子嵩作《意賦》成。《晋陽秋》曰：「敳，永嘉中爲石勒所害。先是，敳見王室多難，知終嬰其禍，乃作《意賦》以寄懷。」從子文康見，問曰：「若有意邪，非賦之所盡；若無意邪，復何所賦？」答曰：「正在有意無意之間。」

【眉批】

王元美曰：「此是遯辭。料子嵩文必不能佳，然有意無意之間，却是文章妙用。」

王敬美曰：「此從《莊子》得來。」

郭景純詩云：「林無静樹，川無停流。」王隱《晋書》曰：「郭璞字景純，河東聞喜人。父瑗，建平太守。」《璞别傳》曰：「璞奇博多通，文藻粲麗，才學賞豫，足參上流。其詩賦誄頌，並傳於世。而訥於言，造次詠語，常人無異。又不持儀檢，形質穢索，縱情嫚惰，時有醉飽之失。友人于令升戒之曰：『此伐性之斧也。』璞曰：『吾所受有分，恒恐用之不盡，豈酒色之能害？』王敦取爲參軍。敦縱兵都輦，乃咨以大事，璞極言成敗，不爲回屈。敦忌而害之。」詩，璞《幽思篇》者。阮孚云：阮孚，别見。

「泓峥蕭瑟，實不可言。每讀此文，輒覺神超形越。」

【眉批】

劉會孟曰：「八字慨然，不必有所起，不必有所指。」

又曰：「『泓峥蕭瑟』，乃不成語。」

庾闡始作《揚都賦》，道温、庾云：「温挺義之標，庾作民之望。方響則金聲，比德則玉亮。」庾公聞賦成，求看，兼贈貺之。闡更改「望」爲「俊」，以「亮」爲「潤」云。《中興書》曰：「闡字仲初，潁川人，太尉亮之族也。少孤，九歲便能屬文。遷散騎侍郎，領大著作。爲《揚都賦》，邈絶當時。五十四卒。」

【眉批】

劉本《注》：「疑温嶠、庾亮俱曾爲揚州。」

又曰：「欲避庾公名，故並更旁韻也。」

劉會孟曰：「作佞之俑。」

孫興公作《庾公誄》，袁羊曰：「見此張緩。」于時以爲名賞。《袁氏家傳》曰：「喬有文才。」

【眉批】

王敬美曰：「此未詳，恐有誤。」

按：此則弇州所删。

劉會孟曰：「似謂此張紙耳。」

庾仲初作《揚都賦》成，以呈庾亮。亮以親族之懷，大爲其名價，云：「可三《二京》，四《三都》。」於此人人競寫，都下紙爲之貴。謝太傅云：「不得爾，此是屋下架屋耳，事事擬學，而不免儉狹。」王隱論揚雄《太玄經》曰：「《玄經》雖妙，非益也，是以古人謂其屋下架屋。」

【眉批】

按：此則弇州所删。

凌初成曰：「太傅陽秋，紙當减價。」

習鑿齒史才不常，宣武甚器之，未三十，便用爲荆州治中。鑿齒謝牋亦云：「不遇明公，荆州老從事耳！」後至都見簡文，返命，宣武問：「見相王何如？」答云：「一生不曾見此人！」從此忤旨，出爲衡陽郡，性理遂錯。於病中作《漢晋春秋》，品評卓逸。《續晋陽秋》曰：「鑿齒少而博學，才情秀逸，温甚奇之。自州從事，歲中三轉，至治中。後以忤旨，左遷户曹參軍、衡陽太守。在郡著《漢晋春秋》，斥温覬覦之心也。」鑿齒《集》載其論，略曰：「静漢末累世之交争，廓九域之蒙晦，大定千載之盛功者，皆司馬氏也。若以魏有代王之德，則不足；有静亂之功，則孫、劉鼎立。共王、秦政，猶不見叙於帝王，況暫制數州之衆哉？且漢有係周之業，則晉無所承魏之迹矣。春秋之時，吴、楚稱王，若推有德，彼必自係於周，不推吴、楚也。況長轡廟堂，吴、蜀兩定，天下之功也。」

【眉批】

劉會孟曰：「『不常』即非常。」

又曰：「與奸雄語，正自難。然亦何至狂疾？」

孫興公云：「《三都》、《二京》，五經鼓吹。」言此五賦，是經典之羽翼。

【眉批】

王敬美曰：「『鼓吹』二字，殊妙！正不得以羽翼解。」

謝太傅問主簿陸退：《陸氏譜》曰：「退字黎民，吴郡人。高祖凱，吴丞相。祖仰，吏部郎。父伊，州主簿。退仕至光禄大夫。」「張憑何以作母誄，而不作父誄？」退答曰：「故當是丈夫之德，表於事行；婦人之美，非誄不顯。」《陸氏譜》曰：「退，憑婿也。」

王敬仁年十三作《賢人論》，長史送示真長，真長答云：「見敬仁所作論，便足參微言。」修《集》載其論曰：「或問：『《易》稱賢人黄裳元吉，苟未能闇與理會，何得不求通？求通則有損，有損則元吉之稱將虚設乎？』答曰：『賢人誠未能闇與理會，當居然人從，比之理盡，猶一豪之領一梁。一豪之領一梁，雖於理有損，不足以撓梁。賢有情之至寡，豪有形之至小，豪不至撓梁，於賢人何有損之者哉！』」

【眉批】

劉本《注》：「濛，修父也。」

王敬美曰：「此等論在今世未免撫掌，當時所謂『名理』乃爾，文章一大厄也。」

孫興公云：「潘文爛若披錦，無處不善；《續文章志》曰：「岳爲文，選言簡章，清綺絶倫。」陸文若排沙簡金，往往見寶。」《文章傳》曰：「機善屬文，司空張華見其文章，篇篇稱善，猶譏其作文大治。謂曰：『人之作文，患於不才；至子爲文，乃患太多也。』」

【眉批】

王元美曰：「然則陸之文病在多而蕪也，余不以爲然。陸病不在多，而在模擬，寡自然之致。」

又曰：「陸翩翩藻秀，頗見才致，無奈俳弱何？潘氣力勝之，旨趣不足。」

簡文稱許掾云：「玄度五言詩，可謂妙絶時人。」《續晋陽秋》曰：「詢有才藻，善屬文。自司馬相如、王褒、楊雄諸賢世尚賦頌，皆體則《詩》、《騷》，傍綜百家之言。及至建安，而詩章大盛。逮乎西朝之末，潘、陸之徒雖時有質文，而宗歸不異也。正始中，王弼、何晏好《莊》、《老》玄勝之談，而世遂貴焉。至過江，佛理尤盛，故郭璞五言始會合道家之言而韻之，詢及太原孫綽轉相祖尚，又加以三世之辭，而《詩騷》之體盡矣。詢、綽並爲一時文宗，自此作者悉體之。至義熙中，謝混始改。」

【眉批】

王敬美曰：「《注》意引此，似非簡文過許，注理爲得。」

按：此則弇州所删。

孫興公作《天台賦》成，以示范榮期，《中興書》曰：「范啓字榮期，慎陽人。父堅，護軍。啓以才義顯於世，仕至黄門郎。」云：「卿試擲地，要作金石聲！」范曰：「恐子之金石，非宫商中聲。」然每至佳句，「赤城霞起而建標，瀑布飛流而界道。」此賦之佳處。輒云：「應是我輩語。」

桓公見謝安石作簡文謚議，看竟，擲與坐上諸客曰：「此是安石碎金。」劉謙之《晋紀》載安《議》曰：「謹按謚法，一德不懈曰簡，道德博聞曰文。《易》簡而天下之理得，觀乎人文，化成天下，儀之景行，猶有彷彿。宜尊號曰太宗，謚曰簡文。」

【眉批】

劉會孟曰：「此語無識，列之《文學》亦然。」

凌初成曰：「何以便是碎金？」

袁虎少貧，虎，袁宏小字也。嘗爲人傭載運租。謝鎮西經船行，其夜清風朗月，聞江渚間估客船上有詠詩聲，甚有情致；所誦五言，又其所未嘗聞，嘆美不能已。即遣委曲訊問，乃是袁自詠其所作《詠史》詩。因此相要，大相賞得。《續晋陽秋》曰：「虎少有逸才，文章絶麗。曾爲《詠史》詩，是其風情所寄。少孤而貧，以運租爲業。鎮西謝尚時鎮牛渚，乘秋佳風月，率爾與左右微服泛江。會虎在運租船中諷詠，聲既清會，辭文藻拔，非尚所曾聞，遂往聽之。乃遣問訊，答曰：『是袁臨汝郎誦詩，即其《詠史》之作也。』尚佳其率有勝致，即遣要迎，談話申旦。自此名譽日茂。」

孫興公云：「潘文淺而净，陸文深而蕪。」

裴郎作《語林》，始出，大爲遠近所傳。時流年少，無不傳寫，各有一通。載王東亭作《經王公酒壚下賦》，甚有才情。《裴氏家傳》曰：「裴榮字榮期，河東人。父穉，豐城令。榮期少有風姿才氣，好論古今人物，撰《語林》數卷，號曰《裴子》。」檀道鸞謂裴松之以爲啓作《語林》，榮儻别名啓乎？

【眉批】

劉會孟曰：「與黄公壚語不多争。」

按：范啓字榮期。裴郎或亦名啓，字榮期耳。以爲名榮者，因字而誤也。

謝萬作《八賢論》，與孫興公往反，小有利鈍。《中興書》曰：「萬善屬文，能談論。」萬《集》載其叙四隱四顯爲《八賢》之論，謂漁父、屈原、季主、賈誼、楚老、龔勝、孫登、嵇康也。其旨以處者爲優，出者爲劣。孫綽難之，以謂體玄識遠者，出處同歸。文多不載。謝後出以示顧君齊，《顧氏譜》曰：「夷字君齊，吴郡人。祖厥，孝廉。父霸，少府卿。夷辟州主簿，不就。」顧曰：「我亦作，知卿當無所名。」

【眉批】

王敬美曰：「此語難解，似謂我亦算作相知者，然不能爲卿名也。」

桓宣武命袁彦伯作《北征賦》，《續晋陽秋》曰：「宏從温征鮮卑，故作《北征賦》，宏文之高者。」既成，公與時賢共看，咸嗟嘆之。時王珣在坐，云：「恨少一句，得『寫』字足韻，當佳。」袁即於坐攬筆益云：「感不絶於余心，溯流風而獨寫。」公謂王曰：「當今不得不以此事推袁。」宏《集》載其賦云：「聞所聞於相傳，云獲麟於此野，誕靈物以瑞德，奚授體於虞者！悲尼父之慟泣，似實慟而非假。豈一物之足傷，實致傷於天下。感不絶於余心，遡流風而獨寫。」《晋陽秋》曰：「宏嘗與王珣、伏滔同侍温坐。温令滔讀其賦，至『致傷於天下』，於此改韻，云：『此韻所詠，慨深千載。今於「天下」之後便移韻，於寫送之致，如爲未盡。』滔乃云：『得益寫一句，或當小勝。』桓公語宏：『卿試思益之。』宏應聲而益，王、伏稱善。」

【眉批】

劉會孟曰：「談文有法，補句自佳。」

孫興公道曹輔佐才如白地明光錦，《中興書》曰：「曹毗字輔佐，譙國人，魏大司馬休曾孫也。好文籍，能屬詞。累遷太學博士、尚書郎、光禄勳。」裁爲負版絝。《論語》曰：「孔子式負版者。」鄭氏注曰：「版謂邦國籍也，負之者，賤隷人也。」非無文采，酷無裁製。

袁彦伯作《名士傳》成，宏以夏侯太初、何平叔、王輔嗣爲正始名士，阮嗣宗、嵇叔夜、山巨源、向子期、劉伯倫、阮仲容、王濬沖爲竹林名士，裴叔則、樂彦輔、王夷甫、庾子嵩、王安期、阮千里、衛叔寶、謝幼輿爲中朝名士。見謝公。公笑曰：「我嘗與諸人道江北事，特作狡獪耳，彦伯遂以著書。」

【眉批】

按：此則弇州所删。

劉會孟曰：「是謝公語別。」

凌初成曰：「作《世説》亦然。」

王東亭到桓公吏，既伏閤下，桓令人竊取其白事，東亭即於閤下更作，無復向一字。《續晋陽秋》曰：「珣學涉通敏，文高當世。」

【眉批】

按：此則弇州所删。

劉本《注》：「謂一字不犯前本。」

桓宣武北征，《温别傳》曰：「温以太和四年，上疏自征鮮卑。」袁虎時從，被責免官。會須露布文，唤袁倚馬前令作。手不輟筆，俄得七紙，殊可觀。東亭在側，極嘆其才。袁虎云：「當令齒舌間得利。」

【眉批】

王敬美曰：「按此語最深，難解。言袁有此才而官不利，徒得東亭嘆賞，齒舌間得利而已，何益於事！」

又曰：「自古文人同恨。」

劉本《注》：「謂文須利口也。」

劉會孟曰：「謂露布流傳，須剪裁瀏亮，可稱誦。」

袁宏始作《東征賦》，都不道陶公。胡奴誘之狹室中，臨以白刃，胡奴，陶範，别見。曰：「先公勳業如是，君作《東征賦》，云何忽略？」宏窘蹙無計，便答：「我大道公，何以云無？」因誦曰：「精金百鍊，在割能斷。功則治人，職思靖亂。長沙之勳，爲史所讚。」《續晋陽秋》曰：「宏爲大司馬記室參軍。後爲《東征賦》，悉稱過江諸名望。時桓温在南州，宏語衆云：『我决不及桓宣城。』時伏滔在温府，與宏善，苦諫之。宏笑而不答。滔密以啓温，温甚忿。以宏一時文宗，又聞此賦有聲，不欲令人顯問之。後游青山，飲酌既歸，公命宏同載，衆爲危懼。行數里，問宏曰：『聞君作《東征賦》，多稱先賢，何故不及家君？』宏答曰：『尊公稱謂，自非下官所敢專，故未呈啓，不敢顯之耳。』温乃云：『君欲爲何辭？』宏即答云：『風鑒散朗，或搜或引。身雖可亡，道不可隕。則宣城之節，信爲允也。』温泫然而止。」二説不同，故詳載焉。

或問顧長康：「君《箏賦》何如嵇康《琴賦》？」顧曰：「不賞者作後出相遺，深識者亦以高奇見貴。」《中興書》曰：「愷之博學有才氣，爲人遲鈍而自矜尚，爲時所笑。」宋明帝《文章志》曰：「桓温云：『顧長康體中癡黠各半，合而論之，正平平耳！』世云有三絶：畫絶，文絶，癡絶。」《續晋陽秋》曰：「愷之矜伐過實，諸年少因相稱譽，以爲戲弄。爲散騎常侍，與謝瞻連省，夜於月下長詠，自云得先賢風制，瞻每遥贊之。愷之得此，彌自力忘倦。瞻將眠，語搥脚人令代，愷之不覺有異，遂幾申旦而後止。」

【眉批】

凌初成曰：「『後出相遺』，人人然，古亦然，今亦然。」

殷仲文天才宏贍，《續晋陽秋》曰：「仲文雅有才藻，著文數十篇。」而讀書不甚廣博，亮嘆曰：亮，别見。「若使殷仲文讀書半袁豹，丘淵之《文章叙》曰：「豹字士蔚，陳郡人。祖耽，歷陽太守。父質，琅邪内史。豹隆安中著作佐郎，累遷太尉長史、丹陽尹。義熙九年卒。」才不減班固。《續漢書》曰：「固字孟堅，右扶風人。幼有俊才，學無常師。善屬文，經傳無不究覽。」

【眉批】

王敬美曰：「按『傳』字訛爲『博』以就上文。今改正爲『傳』。」

按：「博」字從原本耳，敬美説自是。

劉本《注》：「亮，庾亮。」

羊孚作《雪贊》云：「資清以化，乘氣以霏。遇象能鮮，即潔成輝。」桓胤遂以書扇。《中興書》曰：「胤字茂祖，譙國人。祖冲，太尉。父嗣，江州刺史。胤少有清操，以恬退見稱。仕至中書令。玄敗，徙安成郡，後見誅。」

【眉批】

劉會孟曰：「未造理所。」

王孝伯在京，行散至其弟王睹户前，睹，王爽小字也。《中興書》曰：「爽字季明，恭第四弟也。仕至侍中。恭事敗，贈太常。」問：「古詩中何句爲最？」睹思未答。孝伯詠「『所遇無故物，焉得不速老？』此句爲佳。」

【眉批】

王敬美曰：「散，是五石散。行散，行藥也。」

按：弇州以此入《品藻》。

按：鮑明遠《行藥至城東橋詩》注：因疾服藥，行而宣導之。「行散」亦是此解，前殷覬已有此，後復見王恭。

桓玄嘗登江陵城南樓云：「我今欲爲王孝伯作誄。」因吟嘯良久，隨而下筆，一坐之間，誄以之成。《晋安帝紀》曰：「隆安二年九月十七日，前將軍、青、兖二州刺史太原王孝伯薨。川岳降神，哲人是育。既爽其靈，不貽其福。天道茫昧，孰測倚伏？犬馬反噬，豺狼翹陸。嶺摧高梧，林殘故竹。人之云亡，邦國喪牧。于以誄之，爰旌芳郁。」文多，不盡載。

【眉批】

劉本《注》：「王恭爲司馬道子所害，桓玄復殺道子。」

劉本《注》：「史稱玄文翰之美，高於一世，信然。」

劉會孟曰：「此何難至？粗遣而已。」

桓玄初並西夏，領荆、江二州，二府、一國。《玄别傳》曰：「玄既克殷仲堪後，楊佺期遣使諷朝廷，朝廷以玄都督八州，領江州、荆州二刺史。」于時始雪，五處俱賀，五版並入。玄在聽事上，版至，即答版後，皆粲然成章，不相揉雜。

【眉批】

劉本《注》：「謂答賀雪之版。」

桓玄下都，羊孚時爲兗州別駕，從京來詣門，牋云：「自頃世故睽離，心事淪藴。明公啓晨光於積晦，澄百流以一源。」桓見牋，馳喚前云：「子道，子道，來何遲？」即用爲記室參軍。孟昶别見。爲劉牢之主簿，《續晋陽秋》曰：「牢之字道堅，彭城人，世以將顯。父遁，征虜將軍。牢之沈毅多計，數爲謝玄參軍。符堅之役，以驍猛成功。及平王恭，轉徐州刺史。桓玄下都，以牢之爲前鋒，行征西將軍。玄至，歸降，用爲會稽内史。欲解其兵，奔而縊死。」詣門謝，見云：「羊侯，羊侯，百口賴卿！」

【眉批】

按：此則弇州所删。

世説新語卷中之上

宋 劉義慶 撰
梁 劉峻 注
明 凌濛初 訂

方正第五

陳太丘與友期行，期日中，過中不至，太丘舍去，去後乃至。元方時年七歲，門外戲。陳寔及紀，並已見。客問元方：「尊君在不？」答曰：「待君久不至，已去。」友人便怒曰：「非人哉！與人期行，相委而去。」元方曰：「君與家君期日中。日中不至，則是無信；對子罵父，則是無禮。」友人慚，下車引之。元方入門不顧。

【眉批】

王敬美曰：「小兒語，故自方正。」

按：弇州以此入《夙惠》。

南陽宗世林，魏武同時，而甚薄其爲人，不與之交。及魏武作司空，總朝政，從容問宗曰：「可以交未？」答曰：「松栢之志猶存。」世林既以忤旨見疏，位不配德。文帝兄弟每造其門，皆獨拜床下，其見禮如此。《楚國先賢傳》曰：「宗承字世林，南陽安衆人。父資，有美譽。承少而修德雅正，確然不群，徵聘不就，聞德而至者如林。魏武弱冠，屢造其門，值賓客猥積，不能得言。乃伺承起，往要之，捉手請交，承拒而不納。帝後爲司空，輔漢朝，乃謂承曰：『卿昔不顧吾，今可爲交未？』承曰：『松栢之志猶存。』帝不説，以其名賢，猶敬禮之。敕文帝修子弟禮，就家拜漢中太守。武帝平冀州，從至鄴，陳群等皆爲之拜。帝猶以舊情介意，薄其位而優其禮，就家訪以朝政，居賓客之右。文帝徵爲直諫大夫。明帝欲引以爲相，以老固辭。」

魏文帝受禪，陳群有慽容。帝問曰：「朕應天受命，卿何以不樂？」群曰：「臣與華歆服膺先朝，今雖欣聖化，猶義形於色。」華嶠《譜叙》曰：「魏受禪，朝臣三公以下並受爵位。華歆以形色忤時，徙爲司空，不進爵。文帝久不懌，以問尚書令陳群曰：『我應天受命，百辟莫不説喜，形於聲色，而相國及公獨有不怡者，何邪？』群起離席長跪曰：『臣與相國曾事漢朝，心雖説喜，義干其色，亦懼陛下，實應見憎。』帝大説，嘆息良久，遂重異之。」

【眉批】

按：此則弇州所删。

王敬美曰：「華歆以虚名居首揆，陳群以心膂當新寵，猶爲此大言，寧不爲荀彧地下所笑？覽《注》稍知所以。臨川以入《方正》，不亦幸乎！」

凌初成曰：「所言正佞之尤。」

劉會孟曰：「『欣聖化』是何等語，『義形於色』，不當自言。」

郭淮作關中都督，甚得民情，亦屢有戰庸。《魏志》曰：「淮字伯濟，太原陽曲人。建安中，除平原府丞。黄初元年，奉使賀文帝踐阼，而稽留不及。群臣歡會，帝正色責之曰：『昔禹會諸侯於塗山，防風氏後至，便行大戮。今溥天同慶，而卿最留遲，何也？』淮曰：『臣聞五帝先教，導民以德，夏后政衰，如用刑辟。今臣遭唐、虞之世，是以知免防風氏之誅。』帝説之，擢爲雍州刺史，遷征西將軍。淮在關中三十餘年，功績顯著，遷儀同三司，贈大將軍。」淮妻，太尉王凌之妹，坐凌事，當並誅，《魏略》曰：「凌字彦雲，太原祈人。歷司空、太尉、征東將軍。密欲立楚王彪，司馬宣王自討之。凌自縛歸罪，遥謂太傅曰：『卿直以折簡召我，我當不至邪？』太傅曰：『以卿非肯逐折簡旨也。』遂使人送至西。凌自知罪重，試索棺釘以觀太傅意，太傅給之。凌行至項城，夜呼掾屬與决曰：『行年八十，身名俱滅，命邪！』遂自殺。」使者徵攝甚急，淮使戒裝，克日當發。州府文武及百姓勸淮舉兵，淮不許。至期，遣妻，百姓號泣追呼者數萬人。行數十里，淮乃命左右追夫人還，於是文武奔馳，如徇身首之急。既至，淮與宣帝書曰：「五子哀戀，思念其母。其母既亡，則無五子。五子若殞，亦復無淮。」宣帝乃表，特原淮妻。《世語》曰：「淮妻當從坐，侍御史往收，督將及羌胡渠帥數千人叩頭，請淮上表留妻。淮不從。妻上道，莫不流涕，人人扼腕，欲劫留之。淮五子叩頭流血請淮。淮不忍視，乃命追之。於是數千騎往追還。淮以書白司馬宣王曰：『五子哀母，不惜其身。若無其母，是無五子。五子若亡，亦無淮也。今輒追還，若於法未通，當受罪於主者。』書至，宣王乃表原之。」

【眉批】

按《異苑》曰：「宣帝誅王凌後寢疾，日見凌來逼。帝呼曰：『彦雲緩我！』身上便有打處。賈逵亦爲祟，少日遂薨。初，凌既被執，過賈逵廟，呼曰：『賈梁道，王凌魏之忠臣，惟爾有神知之。』故逵助焉。」

劉會孟曰：「語甚感動，節次皆是。」

凌初成曰：「號泣追呼，言之過情，不足信。如《注》流涕扼腕，則有之耳。」

王敬美曰：「《世語》簡而盡，前後相應，叙事工拙見矣。」

諸葛亮之次渭濱，關中震動。《蜀志》曰：「亮字孔明，琅邪陽都人。客于荆州，躬耕隴畝，好爲《梁甫吟》。長八尺，每自比管仲、樂毅，時人莫之許也。唯博陵崔州平、潁川徐元直謂爲信然。先主屯新野，徐庶見先主曰：『諸葛孔明，卧龍也。將軍豈願見之乎？』先主曰：『君與俱來。』庶曰：『此人可就見，不可屈致也。』先主遂詣亮，謂關羽、張飛曰：『孤之有孔明，猶魚之有水也。』累遷丞相、益州牧。率衆北征，卒於渭南。」魏明帝深懼晋宣王戰，乃遣辛毗爲軍司馬。《魏志》曰：「毗字佐治，潁川陽翟人，累遷衛尉。」宣王既與亮對渭而陳，亮設誘譎萬方。宣王果大忿，將欲應之以重兵。亮遣間諜覘之，還曰：「有一老夫，毅然仗黄鉞，當軍門立，軍不得出。」亮曰：「此必辛佐治也。」《晋陽秋》曰：「諸葛亮寇于郿，據渭水南原，詔使高祖拒之。亮善撫禦，又戎政嚴明，且僑軍遠征，糧運艱澀，利在野戰。朝廷每聞其出，欲以不戰屈之，高祖亦以爲然。而擁大軍禦侮於外，不宜遠露怯弱之形，以虧大勢，故秣馬坐甲，每見吞並之威。亮雖挑戰，或遺高祖巾幗。巾幗，婦女之飾，欲以激怒，冀獲曹咎之利。朝廷慮高祖不勝忿憤，而衛尉辛毗骨鯁之臣，帝乃使毗仗節爲高祖軍司馬。亮果復挑戰，高祖乃奮怒，將出應之。毗仗節中門而立，高祖乃止。將士聞見者，益加勇鋭。識者以人臣雖擁衆千萬，而屈於王人，大略深長，皆如此之類也。」

【眉批】

按：此則弇州所删。

按《異苑》曰：「太初以當時才望，爲司馬景王所忌而殺之。宗族爲之設祭。見玄來靈坐上，脱頭置其傍，悉取果食魚肉之屬，以内頸中畢，還自安其頭。既而言曰：『吾得訴於上帝矣！司馬子元無嗣也。』尋有永嘉之亂，軍還，世祖殂而無子。後有巫見帝涕泗云：『國家傾覆，正由曹爽、夏侯玄訴怨得伸故也。』爽以勢族致誅，玄以時望被戮。」

夏侯玄既被桎梏，《魏氏春秋》曰：「玄字太初，譙國人，夏侯尚之子，大將軍前妻兄也。風格高朗，弘辯博暢。正始中，護軍曹爽誅，徵爲太常。內知不免，不交人事，不畜筆研。及太傅薨，許允謂玄曰：『子無復憂矣。』玄嘆曰：『士宗，卿何不見事乎？此人尤能以通家年少遇我，子元、子上不吾容也。』後中書令李豐惡大將軍執政，遂謀以玄代之。大將軍聞其謀，誅豐，收玄送廷尉。」干寶《晋紀》曰：「初，豐之謀也，使告玄，玄答曰：『宜詳之爾！』不以聞也，故及於難。」時鍾毓爲廷尉，鍾會先不與玄相知，因便狎之。玄曰：「雖復刑餘之人，未敢聞命。」《世語》曰：「玄至廷尉，不肯下辭，廷尉鍾毓自臨履玄，玄正色曰：『吾當何辭，爲令史責人邪？卿便爲吾作。』毓以玄名士，節高不可屈，而獄當竟，夜爲作辭，令與事相附，流涕以示玄。玄視之曰：『不當若是邪！』鍾會年少於玄，玄不與交。是日於毓坐狎玄，玄正色曰：『鍾君何得如是！』」《名士傳》曰：「初，玄以鍾毓志趣不同，不與之交。玄被收時，毓爲廷尉，執玄手曰：『太初何至於此？』玄正色曰：『雖復刑餘之人，不可得交。』」按：郭頒，西晋人，時世相近，爲《晋魏世語》，事多詳覈。孫盛之徒皆采以著書，並云玄距鍾會。而袁宏《名士傳》最後出，不依前史，以爲鍾毓，可謂謬矣。考掠初無一言，臨刑東市，顔色不異。《魏志》曰：「玄格量弘濟，臨斬，顔色不異，舉止自若。」

【眉批】

劉會孟曰：「其狎之，未必以故非納交比。」

夏侯泰初與廣陵陳本善。本與玄在本母前宴飲，《世語》曰：「本字休元，臨淮東陽人。」《魏志》曰：「本，廣陵東陽人。父矯，司徒。本歷郡守、廷尉，所在操綱領，舉大體，能使群下自盡，有率御之才。不親小事，不讀法律，而得廷尉之稱。遷鎮北將軍。」本弟騫《晋陽秋》曰：「騫字休淵，司徒第二子。無謇諤風，滑稽而多智謀。仕至大司馬。」行還，徑入，至堂戶。

泰初因起曰：「可得同，不可得而雜。」《名士傳》曰：「玄以鄉黨貴齒，本不論德位，年長者必爲拜。與陳本母前飲，騫來而出，其可得同不可得而雜者也。」

【眉批】

劉會孟曰：「亦似未見其弟不可。」

高貴鄉公薨，内外諠譁。《魏志》曰：「高貴鄉公諱髦，字彦士，文帝孫，東海定王霖之子也。初封郯縣。高貴鄉公好學夙成。齊王廢，群臣迎之，即皇帝位。」《漢晋春秋》曰：「自曹芳事後，魏人省徹宿衛，無復鎧甲，諸門戎兵，老弱而已。曹髦見威權日去，不勝其忿，召侍中王沈、尚書王經、散騎常侍王業，謂曰：『司馬昭之心，路人所知也。吾不能坐受廢辱，今日當與卿自出討之。』王經諫，不聽，乃出懷中板令投地曰：『行之決矣。正使死，何所恨，況不必死邪！』於是入白太后。沈、業奔走告昭，昭爲之備。髦遂率僮僕數百，鼓譟而出。昭弟屯騎校尉伷入，遇髦於東止車門，左右訶之，伷衆奔走。中護軍賈充又逆髦，戰於南闕下。髦自用劍，衆欲退。太子舍人成濟問充曰：『事急矣，當云何？』充曰：『公畜汝等，正爲今日。今日之事，無所問也。』濟即前刺髦，刃出於背。」《魏氏春秋》曰：「帝將誅大將軍，詔有司復進位相國，加九錫。帝夜自將冗從僕射李昭、黄門從官焦伯等下陵雲臺，鎧仗授兵，欲因際會，遣使自出致討。會雨而卻。明日，遂見王經等，出黄素詔於懷曰：『是可忍也，孰不可忍！今當决行此事。』帝遂拔劍升輦，率殿中宿衛倉頭官僮，擊戰鼓，出雲龍門。賈充自外而入，帝師潰散，帝猶稱天子，手劍奮擊，衆莫敢逼。充率厲將士，騎督成倅、弟濟以矛進，帝崩于師。時暴雨，雷電晦冥。」司馬文王問侍中陳泰曰：《魏志》曰：「泰字玄伯，司空群之子也。」「何以静之？」泰云：「唯殺賈充，以謝天下。」文王曰：「可復下此不？」對曰：「但見其上，未見其下。」干寶《晋紀》曰：「高貴鄉公之殺，司馬文王召朝臣謀其故。太常陳泰不至，使其舅荀顗召之，告以可不。泰曰：『世之論者，以泰方於舅，今舅不如泰也。』子弟内外咸共逼之，垂涕而入。文王待之曲室，謂曰：『玄伯，卿何以處我？』對曰：『可誅賈充以謝天下。』文王曰：『爲吾更思其次。』泰曰：『唯有進於此，不知其次。』文王乃止。」《漢晋春秋》曰：「曹髦之薨，司馬昭聞之，自投於地曰：『天下謂我何？』於是召百官議其事。昭垂涕問陳泰曰：『何以居我？』泰曰：『公光輔數世，功蓋天下，謂當並迹古人，垂美於後。一旦有殺君之事，不亦惜乎！速斬賈充，猶可以自明也。』昭曰：『公閭不可得殺也。卿更思餘計。』泰厲聲曰：『意唯有進於此耳，餘無足委者也。』歸而自殺。」《魏氏春秋》曰：「泰勸大將軍誅賈充，大將軍曰：『卿更思其他。』泰曰：『豈可使泰復發後言！』遂嘔血死。」

【眉批】

凌初成曰：「如此兒，乃與父並列，薰蕕同器。」

王敬美曰：「千載凛凛，群有慚德矣。」

劉本注：充，親弑魏帝者。

王敬美曰：「合數説，以實玄伯之正。」

劉會孟曰：「真《方正》之目也，神志凛然。」

和嶠爲武帝所親重，語嶠曰：「東宫頃似更成進，卿試往看。」還問：「何如？」答云：「皇太子聖質如初。」《晋諸公贊》曰：「嶠字長輿，汝南西平人。父逌，太常，知名。嶠少以雅量稱，深爲賈充所知，每向世祖稱之。歷尚書、太子少傅。」干寶《晋紀》曰：「皇太子有醇古之風，美於信受。侍中和嶠數言於上曰：『季世多僞，而太子尚信，非四海之主。憂太子不了陛下家事，願追思文、武之阼。』上既重長適，又懷齊王，朋黨之論，弗入也。後上謂嶠曰：『太子近入朝，吾謂差進，卿可與荀侍中共往言。』及顗奉詔還，對上曰：『太子明識弘新，有如明詔。』問嶠，嶠對曰：『聖質如初。』上默然。」《晋陽秋》曰：「世祖疑惠帝不可承繼大業，遣和嶠、荀勗往觀察之。既見，勗稱嘆曰：『太子德更進茂，不同於故。』嶠曰：『皇太子聖質如初，此陛下家事，非臣所盡。』天下聞之，莫不稱嶠爲忠，而欲灰滅勗也。」按荀顗清雅，性不阿諛。校之二説，則孫盛爲得也。

【眉批】

劉本注：「似更成進」，謂太子近勝於前也。「聖質如初」，謂無進處。

王敬美曰：「荀顗亦未可保。」

諸葛靚後入晋，除大司馬，召不起。以與晋室有讎，常背洛水而坐。與武帝有舊，帝欲見之而無由，乃請諸葛妃呼靚。既來，帝就太妃間相見。禮畢，酒酣，帝曰：「卿故復憶竹馬之好不？」靚曰：「臣不能吞炭漆身，今日復睹聖顏。」因涕泗百行。帝於是慚悔而出。《晋諸公贊》曰：「吴亡，靚入洛，以父誕爲太祖所殺，誓不見世祖。世祖叔母琅邪王妃，靚之姊也。帝後因靚在姊間，往就見焉。靚逃於廁中，於是以至孝發名。時嵇康亦被法，而康子紹死蕩陰之役。談者咸曰：『觀紹、靚二人，然後知忠孝之道，區以别矣。』」

武帝語和嶠曰：「我欲先痛駡王武子，然後爵之。」嶠曰：「武子儁爽，恐不可屈。」帝遂召武子，苦責之，因曰：「知愧不？」《晋諸公贊》曰：「齊王當出藩，而王濟諫請無數，又累遣常山王，與婦長廣公主，共入稽顙，陳乞留之。世祖甚恚，謂王戎曰：『我兄弟至親，今出齊王，自朕家計，而甄德、王濟連遣婦入來，生哭人邪，濟等尚爾，況餘者乎！』濟自此被責，左遷國子祭酒。」武子曰：「『尺布斗粟』之謡，常爲陛下耻之。《漢書》曰：「淮南厲王長，高祖少子也。有罪，文帝徙之於蜀，不食而死。民作歌曰：『一尺布，尚可縫；一斗粟，尚可舂。兄弟二人，不能相容。』」瓚注曰：「言一尺布帛，可縫而共衣；一斗米粟，可舂而共食。況以天下之廣，而不相容也。」它人能令疏親，臣不能使親疏。以此愧陛下。」

杜預之荆州，頓七里橋，朝士悉祖。王隱《晋書》曰：「預字元凱，京兆杜陵人，漢御史大夫延年十一世孫。祖畿，魏太保。父恕，幽州、荆州刺史。預智謀淵博，明於治亂，常稱立德者非所企及，立功、立言所庶幾也。累遷河南尹，爲鎮南將軍，都督荆州諸軍事，鎮襄陽。以平吴勳封當陽侯。預無伎藝之能，身不跨馬，射不穿札，而每有大事，輒在將帥之限。贈征南將軍，儀同三司。」預少賤，好豪俠，不爲物所許。楊濟既名氏雄俊，不堪，不坐而去。《八王故事》曰：「濟字文通，弘農人，楊駿弟也。有才識，累遷太子太保。與駿同誅。」須臾，和長輿來，問：「楊右衛何在？」客曰：「向來，不坐而去。」長輿曰：「必大夏門下盤馬。」往大夏門，果大閲騎，長輿抱内車，共載歸，坐如初。

【眉批】

按：此則弇州所删。

王敬美曰：「杜元凱千載名士，楊濟倚外戚爲豪，此何足爲方正！」

杜預拜鎮南將軍，朝士悉至，皆在連榻坐。《語林》曰：「中朝方鎮還，不與元凱共坐。預征吴還，獨榻，不與賓客共也。」時亦有裴叔則。羊稺舒後至，曰：「杜元凱乃復連榻坐客？」不坐便去。《晋諸公贊》曰：「羊琇字稺舒，泰山人。通濟有才幹。與世祖同年相善，謂世祖曰：『後富貴時，見用作領護軍各十年。』世祖即位，累遷左將軍、特進。」杜請裴追之，羊去數里住馬，既而俱還杜許。

【眉批】

按：此則弇州所删。

王敬美曰：「羊琇何物，與王愷爲戚里争富者，乃亦以慢鎮南爲方正耶！叔則名士，渠何獨不去？」

凌初成曰：「臨川似左祖慢鎮南者，何耶？」

晉武帝時，荀勗爲中書監，虞預《晉書》曰：「勗字公曾，潁川潁陰人，漢司空爽曾孫也。十餘歲能屬文，外祖鍾繇曰：『此兒當及其曾祖。』爲安陽令，民生爲立祠。累遷侍中、中書監。」和嶠爲令。故事：監、令由來共車。嶠性雅正，常疾勗諂諛。王隱《晉書》曰：「勗性佞媚，譽太子，出齊王。當時私議：損國害民，孫、劉之匹也。後世若有良史，當著《佞倖傳》。」後公車來，嶠便登，正向前坐，不復容勗。勗方更覓車，然後得去。監、令各給車自此始。曹嘉之《晉紀》曰：「中書監、令常同車入朝，至和嶠爲令，而荀勗爲監，嶠意强抗，專車而坐，乃使監、令異車，自此始也。」

【眉批】

王敬美曰：「此故是長輿方正，嘉之，《紀》不得云强抗。」

山公大兒著短帢，車中倚。武帝欲見之，山公不敢辭，問兒，兒不肯行。時論乃云勝山公。《晉諸公贊》曰：「山該字伯倫，司徒濤長子也。雄有器識，仕至左衛將軍。」

【眉批】

劉會孟曰：「直自愧其矮耳，不足言勝。」

向雄爲河内主簿，有公事不及雄，而太守劉淮横怒，遂與杖遣之。雄後爲黄門郎，劉爲侍中，初不交言。

武帝聞之，敕雄復君臣之好。雄不得已，詣劉再拜曰：「向受詔而來，而君臣之義絶，何如？」於是即去。武帝聞尚不和，乃怒問雄曰：「我令卿復君臣之好，何以猶絶？」《漢晋春秋》曰：「雄字茂伯，河内人。」《世語》曰：「雄有節概，仕至黄門郎、護軍將軍。」按王隱《孫盛不與故君相聞議》曰：「昔在晋初，河内温縣領校向雄，送御犧牛，不先呈郡，輒隨比送洛。值天大熱，郡送牛多暍死。臺法甚重，太守吴奮召雄與杖，雄不受杖，曰：『郡牛者亦死也，呈牛者亦死也。』奮大怒，下雄獄，將大治之。會司隸辟雄都官從事，數年，爲黄門侍郎。奮爲侍中，同省，相避不相見。武帝聞之，給雄酒禮，使詣奮解。雄乃奉詔。」此則非劉淮也。《晋諸公贊》曰：「淮字君平，沛國杼秋人。少以清正稱，累遷河内太守、侍中、尚書僕射、司徒。」雄曰：「古之君子，進人以禮，退人以禮。今之君子，進人若將加諸膝，退人若將墜諸淵。臣於劉河内不爲戎首，亦已幸甚，安復爲君臣之好？」武帝從之。《禮記》曰：「穆公問於子思曰：『爲舊君反服，古邪？』子思曰：『古之君子，進人以禮，退人以禮，故有舊君反服之禮。今之君子，進人若將加諸膝，退人若將墜諸淵，無爲戎首，不亦善乎，又何反服之有？』」鄭玄曰：「爲兵主求攻伐，故曰戎首也。」

【眉批】

劉本注：謂非雄之罪，而太守杖之，故憾之之深也。

王敬美曰：「《注》引爲真，《晋書》遂兩用之。」

劉會孟曰：憾而已，非方正之選也。

齊王冏爲大司馬，輔政，虞預《晋書》曰：「冏字景治，齊王攸子也。少聰惠，及長，謙約好施。趙王倫篡位，冏起義兵誅倫，拜大司馬，加九錫，政皆决之。而恣用群小，不復朝覲，遂爲長沙王所誅。」嵇紹爲侍中，詣冏咨事。冏設宰會，召葛旟，《齊王官屬名》曰：「旟字虚旟，齊王從事中郎。」《晉陽秋》曰：「齊王起義，轉長史。既克趙王倫，與董艾等專執威權。冏敗見誅。」董艾等《八王故事》曰：「艾字叔智，弘農人。祖遇，魏侍中。父綏，秘書監。艾少好功名，不修士檢。齊王起義，艾爲新汲令，赴軍，用艾領右將軍。王敗，見誅。」共論時宜。旟等白冏：「嵇侍中善於絲竹，公可令操之。」遂送樂器。紹推卻不受。冏曰：「今日共爲歡，卿何卻邪？」紹曰：「公協輔皇室，令作事可法。紹雖官卑，職備常伯。操絲比竹，蓋樂官之事，不可以先王法服，爲伶人之業。今逼高命，不敢苟辭，當釋冠冕，襲私服，此紹之心也。」旟等不自得而退。

【眉批】

王敬美曰：「中散兒故自不凡。」

盧志於衆坐《世語》曰：「志字子通，范陽人，尚書珽少子。少知名，起家鄴令，歷成都王長史、衛尉卿、尚書郎。」問陸士衡：「陸遜、陸抗，是君何物？」抗已見。《吴書》曰：「遜字伯言，吴郡人，世爲冠族。初領海昌令，號神君，累遷丞相。」答曰：「如卿於盧毓、盧珽。」《魏志》曰：「毓字子家，涿人。父植，有名於世。累遷吏部郎、尚書。選舉，先性行而後言才，進司空。珽，咸熙中爲泰山太守，字子笏，位至尚書。」士龍失色，雲，别見。既出户，謂兄曰：「何至如此，彼容不相知也？」士衡正色曰：「我父、祖名播海内，寧有不知，鬼子敢爾！」《孔氏志怪》曰：「盧充者，范陽人。家西三十里，有崔少府墓。充先冬至一日，出家西獵，見一麞，舉弓而射，即中之。麞倒而復起，充逐之，不覺遠。忽見一里門如府舍，門中一鈴下有唱家前。充問：『此何府也？』答曰：『少府府也。』充曰：『我衣惡，那得見貴人？』即有人提襆新衣迎之。充著盡可體，便進見少府，展姓名。酒炙數行，崔曰：『近得尊府君書，爲君索小女婚，故相延耳。』即舉書示充。充父亡時雖小，然已見父手迹，便歔欷無辭。崔即敕内，令女郎莊嚴，使充就東廊。充至，婦已下車立席頭，共拜。爲三日畢，還見崔。崔曰：『君可歸矣！女有娠相，生男當以相還，生女當留自養。』敕外嚴車送客。崔送至門，執手零涕，離别之感，無異生人。復致衣一襲，被褥一副。充便上車，去如電逝，須臾至家。家人相見，悲喜推問，知崔是亡人而入其墓，追以懊惋。居四年，三月三日臨水戲，忽見一犢車，乍浮乍没。既上岸，充往開車後户，見崔氏女與三歲男兒共載。充見之忻然，欲捉其手。女舉手指後車曰：『府君見人。』即見少府。充往問訊，女抱兒還充，又與金碗，别，並贈詩曰：『煌煌靈芝質，光麗何猗猗。華豔當時顯，嘉異表神奇。含英未及秀，中夏罹霜萎。榮曜長幽滅，世路永無施。不悟陰陽運，哲人忽來儀。會淺離别速，皆由靈與祇。何以贈余親，金碗可頤兒。愛恩從此别，斷絶傷肝脾。』充取兒、碗及詩，忽不見二車處。將兒還，四坐謂是鬼魅，僉遥唾之，形如故。問兒：『誰是汝父？』兒徑就充懷。衆初怪惡，傳省其詩，慨然嘆死生之玄通也。充詣市賣碗，高舉其價，不欲速售，冀有識者。欻有一老婢，問充得碗之由。還報其大家，即女姨也。遣視之，果是。謂充曰：『我姨姊崔少府女未嫁而亡，家親痛之，贈一金碗著棺中。今視卿碗甚似，得碗本末可得聞不？』充以事對。即詣充家迎兒。兒有崔氏狀，又似充貌。姨曰：『我甥三月末間産。父曰：「春煖温也，願休强也。」即字温休。「温休」，蓋幽婚也。其兆先彰矣。』兒遂成爲令器。歷數郡二千石，皆著績。其後生植，爲漢尚書。植子毓，爲魏司空。冠蓋相承至今也。」議者疑二陸優劣，謝公以此定之。

【眉批】

凌初成曰：「士龍亦自雅量。」

王元美曰：「武帝嘗問吾彦：『陸喜、陸抗二人，誰多也？』彦曰：『道德名望，抗不及喜；立功立事，喜不及抗。』後彦爲交州，餉士衡兄弟。士衡將受之，士龍曰：『彦本微賤，爲先公所拔。而答詔不善，安可受之？』乃止。此段事絶與此同，乃大相反，何也？要之致嚴取與，覺士龍爲勝。」

凌初成曰：「何以便劣？」

王元美曰：「士龍詩故不如士衡耳。」

王敬美曰：「士龍亦別有勝兄處。」

羊忱性甚貞烈，趙王倫爲相國，忱爲太傅長史，乃版以參相國軍事。使者卒至，忱深懼豫禍，不暇被馬，於是帖騎而避。使者追之。忱善射，矢左右發，使者不敢進，遂得免。《文字志》曰：「忱字長和，一名陶，泰山平陽人。世爲冠族。父繇，車騎掾。忱歷太傅長史、揚州刺史，遷侍中。永嘉五年，遭亂被害，年五十餘。」

【眉批】

按：此則弇州所删。

王太尉不與庾子嵩交，王夷甫、庾敳。庾卿之不置。王曰：「君不得爲爾。」庾曰：「卿自君我，我自卿卿。我自用我法，卿自用卿法。」

【眉批】

劉會孟曰：「似狎爾，非方正也。」

阮宣子伐社樹，阮修，已見。《春秋傳》曰：「共工氏有子曰勾龍，爲后土，后土爲社。」《風俗通》曰：「《孝經》稱社者，土也。廣博不可備敬，故封土以爲社而祀之，報功也。」然則社自祀勾龍，非土之祭也。有人止之，宣子曰：「社而爲樹，伐樹則社亡。樹而爲社，伐樹則社移矣。」

【眉批】

按：此則弇州所删。

王敬美曰：「可稱曰辨，未是方正。」

阮宣子論鬼神有無者，或以人死有鬼，宣子獨以爲無，曰：「今見鬼者云，著生時衣服，若人死有鬼，衣服復有鬼邪？」《論衡》曰：「世謂人死爲鬼，非也。人死不爲鬼，無知，不能害人。如審鬼者死人精神，人見之，宜從裸袒之形，無爲見衣帶被服也。何則？衣無精神也。由此言之，見衣服象人，則形體亦象人。象人，知非死人之精神也。凡天地之間有鬼，非人死之精神也。」

【眉批】

按：此則弇州所删。

王敬美曰：「此王充癡話。世以阮宣子論無鬼，故附會此說。《注》引《論衡》有意。」

劉會孟曰：「振古絶俗，得意之名言。」

劉本注：此兩則皆言阮不信鬼神。前謂若因社而樹之，則其社亡。今因樹而社之，則此樹不在社，又移而他之矣。後謂若言所見之鬼者死人之精神，則鬼所著衣，亦死人衣服之精神耶？

元皇帝既登阼，以鄭后之寵，欲舍明帝而立簡文。時議者咸謂：「舍長立少，既於理非倫，且明帝以聰亮英斷，益宜爲儲副。」周、王諸公，並苦争懇切。《中興書》曰：「鄭太后字阿春，滎陽人。少孤，先嫁田氏，夫亡，依舅吴氏。時中宗敬后虞氏先崩，將納吴氏，后與吴氏女游後園，有言之於中宗者，納爲夫人，甚寵，生簡文。帝即位，尊之曰文宣太后。」唯刁玄亮獨欲奉少主，以阿帝旨。元帝便欲施行，慮諸公不奉詔，於是先唤周侯、丞相入，然後欲出詔付刁。刁協。周、王既入，始至階頭，帝逆遣傳詔，遏使就東厢。周侯未悟，即卻略下階。丞相披撥傳詔，徑至御床前曰：「不審陛下何以見臣。」帝默然無言，乃探懷中黄紙詔裂擲之。由此皇儲始定。周侯方慨然愧嘆曰：「我常自言勝茂弘，今始知不如也。」《中興書》曰：「元皇以明帝及琅邪王裒並非敬后所生，而謂裒有大成之度，勝於明帝，因從容問王導曰：『立子以德不以年，今二子孰賢？』導曰：『世子、宣城俱有爽明之德，莫能優劣。如此，故當以年。』於是更封裒爲琅邪王。」而此與《世説》互異，然法盛采摭典故，以何爲實？且從容諷諫，理或可安。豈有登階一言，曾無奇説，便爲之改計乎？

【眉批】

按：此則弇州所删。

王敬美曰：「《注》駁是。」

王丞相初在江左，欲結援吴人，請婚陸太尉。對曰：「培塿無松柏，薰蕕不同器。杜預《左傳注》曰：「培塿，小阜。松柏，大木也。薰，香草。蕕，臭草。」玩雖不才，義不爲亂倫之始。」玩，已見。

【眉批】

劉會孟曰：「亂倫似謂不類耳。」

諸葛恢大女適太尉庾亮兒，《恢別傳》曰：「恢字道明，琅邪陽都人。祖誕，司空。父靚，亦知名。恢少有令問，稱爲明賢。避難江左，中宗召補主簿，累遷尚書令。」《庾氏譜》曰：「庾亮子會，娶恢女，名文虎。」庾會別見。次女適徐州刺史羊忱兒。《羊氏譜》曰：「羊楷，字道茂。祖繇，車騎掾。父忱，侍中。楷仕至尚書郎，娶諸葛恢次女。」亮子被蘇峻害，改適江虨。虨，別見。恢兒娶鄧攸女。《諸葛氏譜》曰：「恢子衡，字峻文。仕至滎陽太守。娶河南鄧攸女。」于時謝尚書求其小女婚。恢乃云：「羊、鄧是世婚，江家我顧伊，庾家伊顧我，不能復與謝裒兒婚。」《永嘉流人名》曰：「裒字幼儒，陳郡人。父衡，博士。裒歷侍中、吏部尚書、吴國内史。」《謝氏譜》曰：「裒子石，娶恢小女，名文熊。」《中興書》曰：「石字石奴，歷尚書令。聚斂無厭，取譏當世。」及恢亡，遂婚。於是王右軍往謝家看新婦，猶有恢之遺法，威儀端詳，容服光整。王嘆曰：「我在遣女，裁得爾耳。」

【眉批】

按：此則弇州所刪。

劉會孟曰：「是纏綿語。」又曰：「委曲細碎，可觀。」

劉本注：「謂恢亡，遣女能如此。我雖在，亦僅能如此也。」

周叔治作晉陵太守，周侯、仲智往別。叔治以將別，涕泗不止。仲智恚之曰：「斯人乃婦女，與人別唯啼泣！」便舍去。鄧粲《晋紀》曰：「周謨字叔治，顗次弟也。仕至中護軍。嵩字仲智，謨兄也。性狡直果俠，每以才氣陵物。顗被害，王敦使人弔焉。嵩曰：『亡兄天下有義人，爲天下無義人所殺，復何所弔？』敦甚銜之。猶取爲從事中郎，因事誅嵩。」《晋陽秋》曰：「嵩事佛，臨刑猶誦經。」周侯獨留與飲酒言話，臨别流涕，撫其背曰：「奴好自愛。」阿奴，謨小字。

【眉批】

劉會孟曰：「一樣兄弟，厚薄如此。少年陵物，大有以此爲方正。奇矯取名，取害心術，亦不得不辨。」

王敬美曰：「仲智傲恨，伯仁友愛，正都無關方正。」

周伯仁爲吏部尚書，在省内，夜疾危急。時刁玄亮爲尚書令，營救備親好之至，良久小損。虞預《晋書》曰：「刁協字玄亮，勃海既安人。少好學，雖不研精，而多所博涉。中興制度，皆稟於協。累遷尚書令。中宗信重之。爲王敦所忌，舉兵討之。奔至江南，敗死。」明旦，報仲智，仲智狼狽來。始入户，刁下床對之大泣，説伯仁昨危急之狀。仲智手批之，刁爲辟易於户側。既前，都不問病，直云：「君在中朝，與和長輿齊名，那與佞人刁協有情！」徑便出。

【眉批】

劉會孟曰：「斯人於倫好如此，尚足論名品耶。」

王敬美曰：「此稍近方正，然得無過耶。」

劉本注：「仲智如恚弟之泣别，責兄之容佞，其言似正，亦大不近人情矣。」

王含作廬江郡，貪濁狼籍。王敦護其兄，故於衆坐稱：「家兄在郡定佳，廬江人士咸稱之。」時何充爲敦主簿，在坐，正色曰：「充即廬江人，所聞異於此。」敦默然。旁人爲之反側，充晏然，神意自若。《中興書》曰：「王敦以震主之威，收羅賢俊，辟充爲主簿。充知敦有異志，逡巡疏外。及敦稱含有惠政，一坐畏敦，擊節而已，充獨抗之。其時衆人爲之失色。由是忤意，出爲東海王文學。」

【眉批】

按：此則弇州所删。

凌初成曰：「次道如此故可，何以不滿拜相？」

顧孟著嘗以酒勸周伯仁，伯仁不受。顧因移勸柱而語柱曰：「詎可便作棟梁自遇。」周得之欣然，遂爲衿契。徐廣《晋紀》曰：「顧顯字孟著，吴郡人，驃騎榮兄子。少有重名。泰興中爲騎郎。蚤卒，時爲悼惜之。」

【眉批】

劉本注：「言伯仁以棟梁自居，而絶人也。」

劉會孟曰：「勸柱語柱自佳，語又佳。」

按：此則弇州所删。

明帝在西堂會諸公飲酒，未大醉，帝問：「今名臣共集，何如堯、舜？」時周伯仁爲僕射，因厲聲曰：「今雖同人主，復那得等於聖治！」帝大怒，還内，作手詔滿一黄紙，遂付廷尉令收，因欲殺之。按明帝未即位，顗已爲王敦所殺。此説非也。後數日，詔出周，群臣往省之。周曰：「近知當不死，罪不足至此。」王大將軍當下，時咸謂無緣爾。伯仁曰：「今主非堯、舜，何能無過？且人臣安得稱兵以向朝廷，處仲狼抗剛愎，王平子何在？」《顗别傳》曰：「王敦討劉隗，時温太真爲東宫庶子，在承華門外，與顗相見，曰：『大將軍此舉有在，義無有濫。』顗曰：『君年少，希更事，未有人臣若此而不作亂，共相推戴數年而爲此者乎！處仲狼抗而强忌，平子何在？』」《晋陽秋》曰：「王澄爲荆州，群賊並起，乃奔豫章，而恃其宿名，猶陵侮敦。敦仗勇士路戎等搤而殺之。」《裴子》曰：「平子從荆州下，大將軍因欲殺之。而平子左右有二十人，甚健，皆持鐵楯、馬鞭。平子恒持玉枕。大將軍乃犒荆州文武，二十人積飲食，皆不能動，乃借平子玉枕，便持下床。平子手引大將軍帶絶，與力士鬥甚苦，乃得上屋上，久許而死。」

【眉批】

王敬美曰：「《注》是，或當作元帝。」

按：劉本「王大將軍當下」另是一則，近諸家本俱合，疑誤。然王大將軍二句原自難解，姑仍近本，復記此，以俟知者。

劉會孟曰：「咸恐是人名。」

劉本注：「王澄常抗王敦，爲所害。此謂咸言敦未必至此。伯仁言其爲人如此，必有此事，如殺王平子可見。」

王敦既下，住船石頭，欲有廢明帝意。賓客盈坐，敦知帝聰明，欲以不孝廢之。每言帝不孝之狀，而皆云：「温太真所説。温嘗爲東宫率，後爲吾司馬，甚悉之。」須臾，温來。敦便奮其威容，問温曰：「皇太子作人何似？」温曰：「小人無以測君子。」敦聲色並厲，欲以威力使從己，乃重問温：「太子何以稱佳？」温曰：「鉤深致遠，蓋非淺識所測。然以禮侍親，可稱爲孝。」劉謙之《晉紀》曰：「敦欲廢明帝，言於衆曰：『太子子道有虧，温司馬昔在東宫，悉其事。』嶠既正言，敦忿而愧焉。」

【眉批】

王敬美曰：「叙事如畫。」

王大將軍既反，至石頭，周伯仁往見之。謂周曰：「卿何以相負？」對曰：「公戎車犯正，下官忝率六軍，而王師不振，以此負公。」《晉陽秋》曰：「王敦既下，六軍敗績。顗長史郝嘏及左右文武勸顗避難。顗曰：『吾備位大臣，朝廷傾撓，豈可草間求活，投身胡虜邪？』乃與朝士詣敦。敦曰：『近日戰有餘力不？』對曰：『恨力不足，豈有餘邪？』」

【眉批】

王敬美曰：「可稱曰正。」

蘇峻既至石頭，百僚奔散，王隱《晉書》曰：「峻字子高，長廣掖人。少有才學，仕郡主簿，舉孝廉。值中原亂，招合流舊三千餘家，結壘本縣，宣示王化，收葬枯骨，遠近感其恩義，咸共宗焉。討王敦有功，封公，遷歷陽太守。峻外營將表曰：『鼓自鳴。』峻自斫鼓曰：『我鄉里時，有此則空城。』有頃，詔書徵峻。峻曰：『臺下云我反，反豈得活邪？我寧山頭望廷尉，不能廷尉望山頭。』乃作亂。」《晋陽秋》曰：「峻率衆二萬，濟自横江，至於蔣山，王師敗績。」唯侍中鍾雅獨在帝側。或謂鍾曰：「國亂不能匡，君危不能濟，而各遜遁以求免，吾懼董狐將執簡而進矣。」「見可而進，知難而退，古之道也。君性亮直，必不容於寇讎，何不用隨時之宜，而坐待其弊邪？」鍾曰：

庾公臨去，顧語鍾後事，深以相委。鍾曰：「棟折榱崩，誰之責邪？」庾曰：「今日之事，不容復言，卿當期克復之效耳。」鍾曰：「想足下不愧荀林父耳。」《春秋傳》曰：「楚莊王圍鄭，荀林父率師救鄭，與楚戰於邲，晋師敗績。桓子歸，請死。晋平公將許之，士貞子諫而止。侈林父敗赤狄于曲梁，賞桓子狄臣千室，亦賞士伯以瓜衍之田，曰：『吾獲狄田，子之功也。微子，吾喪伯氏矣。』」

【眉批】

按：此則弇州所删。

劉本注：「亮因避蘇峻也。」

劉本注：「謂林父終以功贖敗也。」

劉會孟曰：「靳之甚，非相期望也。」

按：此鍾因承上文，遂不言名字。《世説》原有斷而不斷之意，不得擅攙改。

劉會孟曰：「情誓甚真，宜在朝廷之上。」

蘇峻時，孔群在横塘，爲匡術所逼。王丞相保存術，《會稽後賢記》曰：「群字敬休，會稽山陰人。祖竺，吴豫章太守。父奕，全椒令。群有智局，仕至御史中丞。」《晋陽秋》曰：「匡術爲阜陵令，逃亡無行。庾亮徵蘇峻，術勸峻誅亮，遂與峻同反。後以宛城降。」因衆坐戲語，令術勸群酒，以釋横塘之憾。群答曰：「德非孔子，厄同匡人。《家語》曰：「孔子之宋，匡簡子以甲士圍之。子路怒，奮戟將戰。孔子止之曰：『夫《詩》《書》之不講，《禮》《樂》之不習，是丘之過也。若述先王之道而爲咎者，非丘罪也。命也夫！歌，予和汝。』子路彈劍，孔子和之。曲三終，匡人解甲罷。」雖陽和布氣，鷹化爲鳩，至於識者，猶憎其眼。」《禮記·月令》曰：「仲春之月，鷹化爲鳩。」鄭玄曰：「鳩，播穀也。」《夏小正》曰：「鷹則爲鳩，鷹也者，其殺之時也。鳩也者，非殺之時也。善變而之仁，故具之。」

【眉批】

王敬美曰：「丞相末年，大不滿人意，在保存諸叛賊。蓋渠於『節、義』二字，不大分曉。」

王敬美曰：「正氣語，乃作爾許巧妙。」

蘇子高事平，《靈鬼志·謠徵》曰：「明帝初，有謠曰：『高山崩，石自破。』高山，峻也。碩，峻弟也。後諸公誅峻，碩猶據石頭，潰散而逃，追斬之。」王、庾諸公，欲用孔廷尉爲丹陽。孔坦。亂離之後，百姓雕弊，孔慨然曰：「昔肅祖臨崩，諸君親升御床，並蒙眷識，共奉遺詔。孔坦疏賤，不在顧命之列。既有艱難，則以微臣爲先，今猶俎上腐肉，任人膾截耳。」於是拂衣而去，諸公亦止。按王隱《晉書》：「蘇峻事平，陶侃欲將坦上，用爲豫章太守，坦辭母老不行。臺以爲吴郡。吴郡多名族，而坦年少，乃授吴興内史，不聞尹京。」

【眉批】

按：此則弇州所删。

劉會孟曰：「小人語，豈識國家大體，見辱方正。」

王敬美曰：「避難且懷夙憾，那得爲方正耶？《注》得之矣。」

孔車騎與中丞共行，《孔愉别傳》曰：「愉字敬康，會稽山陰人。初辟中宗參軍，討華軼有功，封餘不亭侯。愉少時嘗得一龜，放於餘不溪中，龜中路左顧者數過。及後鑄印，而龜左顧，更鑄猶如此。印師以聞，愉悟，取而佩焉。累遷尚書左僕射，贈車騎將軍。」中丞，孔群也。在御道逢匡術，賓從甚盛，因往與騎共語。中丞初不視，直云：「鷹化爲鳩，衆鳥猶惡其眼。」術大怒，便欲刃之。車騎下車，抱術曰：「族弟發狂，卿爲我宥之。」始得全首領。

【眉批】

按：此則弇州所删。

王敬美曰：「此語不當重出。」

劉會孟曰：「與前則同，而造次幾惡語異，故知記載難。」

梅頤嘗有惠於陶公，後爲豫章太守，有事，王丞相遣收之。侃曰：「天子富於春秋，萬機自諸侯出，王公既得録，陶公何爲不可放。」乃遣人於江口奪之。《晋諸公贊》曰：「頤字仲真，汝南西平人。少好學隱退，而求實進止。」《永嘉流人名》曰：「頤，領軍司馬。頤弟陶，字叔真。」鄧粲《晋紀》曰：「初有讚侃於王敦者，乃以從弟廙代侃爲荆州，左遷侃廣州。侃文武距廙而求侃，敦聞大怒。及侃將莅廣州，過敦，敦陳兵欲害侃。敦咨議參軍梅陶諫敦，乃止，厚禮而遣之。」王隱《晋書》亦同。按二書所叙，則有惠於陶是梅陶，非頤也。頤見陶公，拜，陶公止之。頤曰：「梅仲真膝，明日豈可復屈邪？」

【眉批】

按：此則弇州所删。

王敬美曰：「王、陶二公，當亂後欺幼主，擅收擅奪，無所可紀。梅既是陶私人，放免而拜，雖有是言，寧便足稱方正。」

劉會孟曰：「陶語殊横。」

又曰：「其感激不輕，復自有佳處。」

王丞相作女伎，施設床席。蔡公先在坐，不説而去，王亦不留。《蔡司徒别傳》曰：「謨字道明，濟陽考城人。博學有識，避地江左，歷左光禄、録尚書事、揚州刺史。薨，贈司空。」

何次道、庾季堅二人並爲元輔。《晋陽秋》曰：「庾冰字季堅，太尉亮之弟也。少有檢操，兄亮常器之，曰：『吾家晏平仲。』累遷車騎將軍、江州刺史。」成帝初崩，于時嗣君未定，何欲立嗣子，庾及朝議以外寇方强，嗣子冲幼，乃立康帝。《中興書》曰：「帝諱岳，字世同，成帝同母弟也。成帝崩，即位，年二十二。」康帝登阼，會群臣，謂何曰：「朕今所以承大業，爲誰之議？」何答曰：「陛下龍飛，此是庾冰之功，非臣之力。于時用微臣之議，今不睹盛明之世。」《晋陽秋》曰：「初，顯宗臨崩，庾冰議立長君，何充謂宜奉皇子。争之不得，充不自安，求處外任。及冰出鎮武昌，充自京馳還，言於帝曰：『冰不宜出，昔年陛下龍飛，使晋德再隆者，冰之勳也。臣無與焉。』」帝有慚色。

【眉批】

按：此則弇州所删。

王敬美曰：「《陽秋》義爲安。」

江僕射年少，王丞相呼與共棋。王手嘗不如兩道許，而欲敵道戲，試以觀之。江不即下。王曰：「君何以不行？」江曰：「恐不得爾。」徐廣《晋紀》曰：「江虨字思玄，陳留人。博學知名，兼善奕，爲中興之冠。累遷尚書左僕射、護軍將軍。」傍有客曰：「此年少戲乃不惡。」王徐舉首曰：「此年少非唯圍棋見勝。」范汪《棋品》曰：「虨與王恬等，棋第一品，導第五品。」

【眉批】

劉會孟曰：「丞相雅量，此年少不讓小伎，自多宜戒。」

王敬美曰：「語藴藉似王公。」

孔君平疾篤，庾司空爲會稽，省之，庾冰。相問訊甚至，爲之流涕。庾既下床，孔慨然曰：「大丈夫將終，不問安國寧家之術，乃作兒女子相問！」庾聞，回謝之，請其話言。王隱《晋書》曰：「坦方直而有雅望。」

【眉批】

劉會孟曰：「此却非周嵩比。」

又曰：「惜不見話言以下。」

桓大司馬詣劉尹，卧不起。桓彎彈彈劉枕，丸迸碎床褥間。劉作色而起曰：「使君如馨地，寧可鬥戰求勝？」《中興書》曰：「温曾爲徐州刺史。」沛國屬徐州，故呼温使君。鬥戰者，以温爲將也。桓甚有恨容。劉尹，真長。已見。

【眉批】
劉會孟曰：「如怒如笑。如馨，即如此。」
王敬美曰：「當以使君爲句，義自明。」

後來年少多有道深公者。深公謂曰：「黄吻年少，勿爲評論宿士。昔嘗與元、明二帝，王、庾二公周旋。」《高逸沙門傳》曰：「晋元、明二帝，游心元虚，托情道味，以賓友禮待法師。王公、庾公傾心側席，好同臭味也。」

【眉批】
按：此則弇州所删。
王敬美曰：「道人乃藉人主，名卿拒人口吻，寧是方正？」
劉會孟曰：「此語可，第深公自道不可。」
又曰：「狠語見誚方正。」

王中郎年少時，坦之，已見。江虨爲僕射領選，欲擬之爲尚書郎。有語王者，王曰：「自過江來，尚書郎正用第二人，何得擬我！」江聞而止。按《王彪之别傳》曰：「彪之從伯導謂彪之曰：『選曹舉汝爲尚書郎中，可作諸王佐邪。』」此知郎官寒素之品也。

【眉批】

按：此則弇州所删。

王敬美曰：「王氏有名者，初出多作秘書郎，故以尚書郎爲第一人。」

王述轉尚書令，事行便拜。文度曰：「故應讓杜、許。」藍田云：「汝謂我堪此不？」文度曰：「何爲不堪！但克讓自是美事，恐不可闕。」藍田慨然曰：「既云堪，何爲復讓？人言汝勝我，定不如我。」《述别傳》曰：「述常以謂人之處世，當先量己而後動，義無虚讓，是以應辭便當固執。其貞正不踰，皆此類。」

【眉批】

按：此則弇州所删。

劉會孟曰：「乃盛德語。」

劉會孟曰：「亦取其真耳。」

王敬美曰：「《注》引别傳，以實述之方正，真臨川忠臣也。」

孫興公作《庾公誄》，文多托寄之辭。《綽集》載《誄》文曰：「咨予與公，風流同歸。擬量托情，視公猶師。君子之交，相與無私。虚中納是，吐誠誨非。雖實不敏，敬佩弦韋。永戢話言，口誦心悲。」既成，示庾道恩。庾見，慨然送還之，曰：「先君與君，自不至於此。」道恩，庾義小字。徐廣《晋紀》曰：「義字叔和，太尉亮第三子。拔尚率到，位建威將軍、吴國内史。」

【眉批】

王敬美曰：「孫多穢行，故累受此辱。」

劉本注：「惡其自托謟交。」

王長史求東陽，撫軍不用。簡文。後疾篤，臨終，撫軍哀嘆曰：「吾將負仲祖於此！」命用之。長史曰：「人言會稽王癡，真癡。」王濛，已見。

【眉批】

按：弇州以此入《輕詆》。

王敬美曰：「此何與方正？」

劉本注：「此謂撫軍於其臨終方以此命之。」

凌初成曰：「至死方得，長史枉爾巧言。」

劉簡作桓宣武别駕，後爲東曹參軍，《劉氏譜》曰：「簡字仲約，南陽人。祖喬，豫州刺史。父挺，潁川太守。簡仕至大司馬參軍。」頗以剛直見疏。嘗聽訊，簡都無言。宣武問：「劉東曹何以不下意？」答曰：「會不能用。」宣武亦無怪色。

【眉批】

按：此則弇州所删。

劉會孟曰：「謂我若言，君亦不用。『聽訊』，謂同坐問囚語，都不白。『不下意』，如不着意。」

劉真長、王仲祖共行，日旰未食。有相識小人貽其餐，肴案甚盛，真長辭焉。仲祖曰：「聊以充虛，何苦辭？」真長曰：「小人都不可與作緣。」孔子稱：「唯女子與小人爲難養，近之則不遜，遠之則怨。」劉尹之意，蓋從此言也。

【眉批】

劉會孟曰：「謂從此作因緣。」

王敬美曰：「此語殊有益。」

王修齡嘗在東山，甚貧乏。司州，已見。陶胡奴爲烏程令，胡奴，陶範小字也。《陶侃别傳》曰：「範字道則，侃第十子也。侃諸子中最知名。歷尚書、秘書監。」何法盛以爲第九子。送一船米遺之。卻不肯取，直答語：「王修齡若饑，自當就謝仁祖索食，不須陶胡奴米。」

【眉批】

劉本注：「惡其人，却其物。」

阮光禄阮裕，已見。赴山陵，至都，不往殷、劉許，過事便還。諸人相與追之。既亦知時流必當逐己，乃遄疾而去，至方山不相及。《中興書》曰：「裕終日頹然，無所錯綜，而物自宗之。」劉尹時爲會稽，乃嘆曰：「我入，當泊安石渚下耳，不敢復近思曠傍。伊便能捉杖打人，不易。」

【眉批】

劉會孟曰：「更無倫理。」

王敬美曰：「安石渚，會稽地名。」

王、劉與桓公共至覆舟山看。酒酣後，劉牽脚加桓公頸。桓公甚不堪，舉手撥去。既還，王長史語劉曰：「伊詎可以形色加人不？」《温别傳》曰：「温有豪邁風氣也。」

【眉批】

劉本注：「薄温之詞。」

劉會孟曰：「亦且不成語。」

桓公問桓子野：「謝安石料萬石必敗，何以不諫？」子野，桓伊小字也。《續晋陽秋》曰：「伊字叔夏，譙國銍人。父景，護軍將軍。伊少有才藝，又善聲律，加以標悟省率，爲王濛、劉惔所知。累遷豫州刺史，贈右將軍。」子野答曰：「故當出於難犯耳。」桓作色曰：「萬石撓弱凡才，有何嚴顔難犯？」

【眉批】

按：此則弇州所删。

王敬美曰：「此無處著方正。」

羅君章曾在人家，主人令與坐上客共語，答曰：「相識已多，不煩復爾。」《羅府君别傳》曰：「含字君章，桂陽耒陽人。蓋楚熊姓之後，啓土羅國，遂氏族焉。後寓湘境，故爲桂陽人。含，臨海太守彦曾孫，滎陽太守綏少子也。桓宣武辟爲别駕，以官廨諠擾，於城西池小洲上立茅茨，伐木爲床，織韋爲席，布衣蔬食，晏若有餘。桓公嘗謂衆坐曰：『此自江左之清秀，豈唯荆楚而已！』累遷散騎常侍、廷尉、長沙相。致仕中散大夫，門施行馬。含自在官舍，有一白雀栖集堂宇。及致仕還家，階庭忽蘭菊挺生。豈非至行之徵邪？」

韓康伯病，拄杖前庭消摇。韓伯，已見。見諸謝皆富貴，轟隱交路，嘆曰：「此復何異王莽時？」《漢書》曰：「王莽宗族凡十侯，五大司馬。」

【眉批】

按：此則弇州所删。

王敬美曰：「是不平語。」

王文度爲桓公長史，時桓爲兒求王女，王許咨藍田。既還，藍田愛念文度，雖長大，猶抱著膝上。文度因言桓求己女婚。藍田大怒，排文度下膝，曰：「惡見文度已復癡，畏桓温面？兵，那可嫁女與之！」文度還報云：「下官家中先得婚處。」桓公曰：「吾知矣，此尊府君不肯耳。」後桓女遂嫁文度兒。王坦之，王述，並已見。《王氏譜》曰：「坦之子愷，娶桓温第二女，字伯子。」《中興書》曰：「愷字茂仁，歷吴國内史、丹陽尹，贈大常。」

【眉批】

王敬美曰：「舊以面兵爲句，再不可解。今始曉所以言文度癡兒，畏桓温面孔。渠兵也，那可嫁女與兵。」

按：此當以「面兵那」爲句，如「公是韓伯休那，乃不二價」，如「汝欲作沐德信那」，俱是此法。言文度癡兒，畏桓面兵耶，可嫁女與之乎？若敬美之説亦是，然費解，又無此等文理。

王子敬數歲時，嘗看諸門生樗蒲。見有勝負，因曰：「南風不競。」《春秋傳》曰：「楚伐鄭。師曠曰：『不害，吾驟歌南風。南風不競，多死聲，楚必無功。』」杜預曰：「歌者吹律，以詠八風，南風音微，故曰不競也。」門生輩輕其小兒，乃曰：「此郎亦管中窺豹，時見一斑。」子敬瞋目曰：「遠慚荀奉倩，近愧劉真長！」遂拂衣而去。荀、劉，已見。

【眉批】

按：弇州以此入《夙惠》。

劉會孟曰：「竟是小兒。」

王敬美曰：「子敬故慕此二人。」

謝公聞羊綏佳，致意令來，終不肯詣。《羊氏譜》曰：「綏字仲彦，太山人。父楷，尚書郎。綏仕至中書侍郎。」後綏爲太學博士，因事見謝公，公即取以爲主簿。

【眉批】

按：此則弇州所删。

王敬美曰：「謝公欲用人，何必須其一詣！」

王右軍與謝公詣阮公，阮思曠也。至門，語謝：「故當共推主人。」謝曰：「推人正自難。」

【眉批】

王敬美曰：「意未肯降。」

太極殿始成，徐廣《晋紀》曰：「孝武寧康二年，尚書令王彪之等啓改作新宫。太元三年二月，内外軍六千人始營築，至七月而成。太極殿高八丈，長二十七丈，廣十丈。尚書謝萬監視，賜爵關内侯。大匠毛安之，關中侯。」王子敬時爲謝公長史，謝送版，使王題之。王有不平色，語信云：「可擲著門外。」謝後見王曰：「題之上殿何若？昔魏朝韋誕諸人，亦自爲也。」王曰：「魏阼所以不長。」謝以爲名言。宋明帝《文章志》曰：「太元中，新宫成，議者欲屈王獻之題榜，以爲萬代寶。謝安與王語次，因及魏時起陵雲閣忘題榜，乃使韋仲將縣梯上題之。比下，須髮盡白，裁餘氣息。還語子弟云：『宜絶楷法！』安欲以此風動其意。王解其旨，正色曰：『此奇事。韋仲將魏朝大臣，寧可使其若此？有以知魏德之不長。』安知其心，乃不復逼之。」

【眉批】

劉會孟曰：「謂薄待大臣也，然殿牌比之甕芻擲去，似爲不可。」

王敬美曰：「《注》更委悉。」

王恭欲請江盧奴爲長史，晨往詣江，江猶在帳中。王坐，不敢即言，良久乃得及。江不應，盧奴，江敳小字也。《晉安帝紀》曰：「敳字仲凱，濟陽人。祖正，散騎常侍。父彪，僕射。並以義正器素，知名當世。敳歷位内外，簡退著稱，歷黄門侍郎、驃騎咨議。」直喚人取酒，自飲一杯，又不與王。王且笑且言：「那得獨飲？」江云：「卿亦復須邪？」更使酌與王。王飲酒畢，因得自解去。未出户，江嘆曰：「人自量，固爲難。」《宋書》曰：「敳即湘州江夷之父也。夷字茂遠，湘州刺史。」

【眉批】

按：弇州以此入《簡傲》。

王敬美曰：「此亦僅得簡傲耳。」

孝武問王爽："卿何如卿兄？"王答曰："風流秀出，臣不如恭，忠孝亦何可以假人！"《中興書》曰："爽忠孝正直。烈宗崩，王國寶夜開門入，爲遺詔。爽爲黄門郎，距之曰：'大行晏駕，太子未立，敢有先入者，斬！'國寶懼，乃止。"

【眉批】

劉會孟曰："善對。"

王爽與司馬太傅飲酒，太傅醉，呼王爲"小子"。王曰："亡祖長史，與簡文皇帝爲布衣之交。亡姑、亡姊，伉儷二宫。何小子之有？"《中興書》曰："王濛女諱穆之，爲哀帝皇后。王蘊女諱法惠，爲孝武皇后。"

【眉批】

劉會孟曰："捷急語耳，非方正。"

凌初成曰："直是賣弄。"

張玄與王建武先不相識，張玄已見。建武，王忱也。《晋安帝紀》曰："忱初作荆州刺史，後爲建武將軍。"後遇於范豫章許，范令二人共話。范寧已見。張因正坐斂衽，王熟視良久，不對。張大失望，便去。范苦譬留之，遂不肯住。范是王之舅，《王氏譜》曰："王坦之娶順陽郡范汪女，名蓋，即寧妹也，生忱。"乃讓王曰："張玄，吴士之秀，亦見遇於時，而使至於此，深不可解。"王笑曰："張祖希若欲相識，自應見詣。"范馳報張，張便束帶造之。遂舉觴對語，賓主無愧色。

【眉批】

按：此則弇州所删。

按：「話」，劉本作「語」。

劉會孟曰：「玄事分耳，非方正。」

雅量第六

豫章太守顧劭，環濟《吴紀》曰：「劭字孝則，吴郡人。年二十七起家爲豫章太守，舉善以教民，風化大行。」是雍之子。劭在郡卒，雍盛集僚屬，自圍棊。《江表傳》曰：「雍字元嘆，曾就蔡伯喈，伯喈賞異之，以其名與之。」《吴志》曰：「雍累遷尚書令，封陽遂鄉侯，拜侯還第，家人不知。爲人不飲酒，寡言語。孫權嘗曰：『顧侯在坐，令人不樂。』位至丞相。」外啓信至，而無兒書，雖神氣不變，而心了其故。以爪掐掌，血流沾褥。賓客既散，方嘆曰：「已無延陵之高，豈可有喪明之責？」《禮記》曰：「延陵季子適齊，及其反也，其長子死，葬於嬴、博之間。孔子曰：『延陵季子，吴之習於禮者也。』往而觀其葬焉。其坎深不至於泉，其斂以時服。既葬而封，廣輪掩坎，其高可隱也。既封，左袒，右還其封，且號者三，曰：『骨肉歸復于土，命也。若魂氣，則無不之也。』而遂行。孔子曰：『延陵季子之於禮也，其合矣乎！』子夏哭其子而喪其明，曾子弔之曰：『朋友喪明則哭之。』曾子哭，子夏亦哭，曰：『天乎！予之無罪也。』曾子怒曰：『商，汝何無罪也？吾與汝事夫子於洙、泗之間，退而老於西河之上，使西河之民，疑汝於夫子，爾罪一也。喪爾親，使民未有聞焉，爾罪二也。喪爾子，喪爾明，爾罪三也。』子夏投其杖而拜曰：『吾過矣！吾過矣！』」於是豁情散哀，顏色自若。

【眉批】

按：伯喈與名注，弇州采入《文學》。

嵇中散臨刑東市，神氣不變，索琴彈之，奏《廣陵散》。曲終曰：「袁孝尼嘗請學此散，吾靳固不與，《廣陵散》於今絶矣。」《晋陽秋》曰：「初，康與東平吕安親善。安嫡兄遜淫安妻徐氏，安欲告遜遣妻，以咨於康。康喻而抑之。遜内不自安，陰告安撾母，表求徙邊。安當徙，訴自理，辭引康。」《文士傳》曰：「吕安罹事，康詣獄以明之。鍾會庭論康曰：『今皇道開明，四海風靡，邊鄙無詭隨之民，街巷無異口之議。而康上不臣天子，下不事王侯，輕時傲世，不爲物用，無益於今，有敗於俗。昔太公誅華士，孔子戮少正卯，以其負才亂群惑衆也。今不誅康，無以清潔王道。』於是録康閉獄，臨死，而兄弟親族咸與共别。康顔色不變，問其兄曰：『向以琴來不邪？』兄曰：『以來。』康取調之，爲《太平引》，曲成，嘆曰：『《太平引》於今絶也！』」太學生三千人上書，請以爲師，不許。文王亦尋悔焉。王隱《晋書》曰：「康之下獄，太學生數千人請之。于時豪俊皆隨康入獄，悉解喻，一時散遣。康竟與安同誅。」

【眉批】

王元美曰：「每嘆嵇生琴、夏后色，令千古他人覽之，猶爲不堪，况其身乎？與陶徵士《自祭》、《預挽》，皆超脱人累，默契禪宗，得蘊空解，證無生忍者。」

按《異苑》曰：「叔夜少嘗晝寢，夢人身長丈餘，自稱黄帝伶人，骸骨在公舍東三里林中，爲人發露，乞爲葬埋，當厚相報。康至其處，果有白骨，腰長三尺，收葬之。其夜復夢長人來，授以《廣陵散》曲。及覺，撫琴而作，其聲正妙，都不遺忘。」

夏侯太初嘗倚柱作書，時大雨，霹靂破所倚柱，衣服焦然，神色無變，書亦如故。賓客左右皆跌蕩不得住。見顧愷之《書贊》。《語林》曰：「太初從魏帝拜陵，陪列於松柏下。時暴雨霹靂，正中所立之樹，冠冕焦壞。左右睹之皆伏，太初顔色不改。」臧榮緒又以爲諸葛誕也。

【眉批】

王敬美曰：「夏侯故雅量，然得無傳之小過。」

劉本注：「言太初無變色，衆人莫不辟易。」

王戎七歲，嘗與諸小兒游。看道邊李樹多子折枝，諸兒競走取之，唯戎不動。人問之，答曰：「樹在道邊而多子，此必苦李。」取之信然。《名士傳》曰：「戎由是幼有神童之稱也。」

【眉批】

按：弇州以此入《夙惠》。

王敬美曰：「此自是夙惠，何關雅量。」

劉會孟曰：「當入《夙惠》。」

魏明帝於宣武場上斷虎爪牙，縱百姓觀之。王戎七歲，亦往看。虎承間攀欄而吼，其聲震地，觀者無不辟易顛仆。戎湛然不動，了無恐色。《竹林七賢論》曰：「明帝自閣上望見，使人問戎姓名而異之。」

【眉批】

按：此則弇州所刪。

王戎爲侍中，南郡太守劉肇遺筒中箋布五端，戎雖不受，厚報其書。《晋陽秋》曰：「司隸校尉劉毅奏：南郡太守劉肇以布五十四、雜物遺前豫州刺史王戎，請檻車徵付廷尉治罪，除名終身。戎以書未達，不坐。」《竹林七賢論》曰：「戎報肇書，議者僉以爲譏。世祖患之，乃發口詔曰：『以戎之爲士，義豈懷私？』議者乃息。戎亦不謝。」

【眉批】

按：此則弇州所刪。

凌初成曰：「握牙籌者，亦偶爾耶，有福！有福！」

裴叔則被收，神氣無變，舉止自若。求紙筆作書。書成，救者多，乃得免。後位儀同三司。《晋諸公贊》曰：「楷息瓚，取楊駿女。駿誅，以相婚黨，收付廷尉。侍中傅祗證楷素意，由此得免。」《名士傳》曰：「楚王之難，李肇惡楷名重，收將害之。楷神色不變，舉動自若。諸人請救得免。」《晋陽秋》曰：「楷與王戎俱加儀同三司。」

【眉批】

按：此則弇州所刪。

王夷甫嘗屬族人事，經時未行，遇於一處飲燕，因語之曰：「近屬尊事，那得不行？」族人大怒，便舉樏擲其面。夷甫都無言，盥洗畢，牽王丞相臂，與共載去。在車中照鏡，語丞相曰：「汝看我眼光，乃出牛背上。」王夷甫蓋自謂風神英俊，不至與人校。

裴遐在周馥所，馥設主人。鄧粲《晉紀》曰：「馥字祖宣，汝南人。代劉淮爲鎮東將軍，鎮壽陽。移檄四方，欲奉迎天子。元皇使甘卓攻之，馥出奔，道卒。」遐與人圍棊，馥司馬行酒。遐正戲，不時爲飲。司馬恚，因曳遐墜地。遐還坐，舉止如常，顔色不變，復戲如故。王夷甫問遐：「當時何得顔色不異？」答曰：「直是闇當故耳。」一作闇故當耳。一作真是鬥將故耳。

【眉批】

劉會孟曰：「孫玄問譚峻，所闇書正合平聲。」

劉慶孫在太傅府，于時人士，多爲所構。唯庾子嵩縱心事外，無迹可間。後以其性儉家富，說太傅令換千萬，冀其有吝，於此可乘。《晉陽秋》曰：「劉輿字慶孫，中山人。有豪俠才算，善交結。爲范陽王虓所昵。虓薨，太傅召之，大相委任，用爲長史。」《八王故事》曰：「司馬越字元超，高密王泰長子。少尚布衣之操，爲中外所歸。累遷司空、太傅。」太傅於衆坐中問庾，庾時頹然已醉，幘墮几上，以頭就穿取。徐答云：「下官家故可有兩娑千萬，隨公所取。」於是乃服。後有人向庾道此，庾曰：「可謂以小人之慮，度君子之心。」

【眉批】

劉會孟曰：「換借摸。」

王夷甫與裴景聲志好不同，景聲惡欲取之，卒不能回。乃故詣王，肆言極罵，要王答己，欲以分謗。王不爲動色，徐曰：「白眼兒遂作。」《晉諸公贊》曰：「邈字景聲，河東聞喜人。少有通才，從兄頠器賞之。每與清言，終日達曙。自謂理構多如，輒每謝之，然未能出也。歷太傅從事中郎、左司馬，監東海王軍事。少爲文士，而經事爲將，雖非其才，而以罕重稱也。」

王夷甫長裴成公四歲，不與相知。時共集一處，皆當時名士，謂王曰：「裴令令望何足計？」王便卿裴，裴曰：「自可全君雅志。」裴頠，已見。

【眉批】

按：此則弇州所删。

有往來者云：「庾公有東下意。」或謂王公：「可潛稍嚴，以備不虞。」王公曰：「我與元規雖俱王臣，本懷布衣之好。若其欲來，吾角巾徑還烏衣，《丹陽記》曰：「烏衣之起，吳時烏衣營處所也。江左初立，琅邪諸王所居。」何所稍嚴。」《中興書》曰：「於是風塵自消，内外緝穆。」

王丞相主簿欲檢校帳下，公語主簿：「欲與主簿周旋，無爲知人几案間事。」

祖士少好財，阮遥集好屐，並恒自經營。同是一累，而未判其得失。《祖約别傳》曰：「約字士少，范陽道人。累遷平西將軍、豫州刺史，鎮壽陽。與蘇峻反，峻敗，約投石勒。約本幽州冠族，賓客填門，勒登高望見車騎，大驚。又使占奪鄉里先人田地，地主多恨。勒惡之，遂誅約。」《晉陽秋》曰：「阮孚字遥集，陳留人，咸第二子也。少有智調，而無俊異。累遷侍中、吏部尚書、廣州刺史。」人有詣祖，見料視財物。客至，屏當未盡，餘兩小簏著背後，傾身障之，意未能平。或有詣阮，見自吹火蠟屐，因嘆曰：「未知一生當著幾量屐？」神色閑暢。於是勝負始分。《孚别傳》曰：「孚風韻疏誕，少有門風。」

許侍中、顧司空俱作丞相從事，爾時已被遇，游宴集聚，略無不同。《晉百官名》曰：「許璪字思文，義興陽羨人。」《許氏譜》曰：「璪祖甝，字子良，永興長。父裴，字季顯，烏程令。璪仕至吏部侍郎。」嘗夜至丞相許戲，二人歡極，丞相便命使入己帳眠。顧至曉回轉，不得快孰。許上床便咍臺大鼾。丞相顧諸客曰：「此中亦難得眠處。」顧和字君孝，少知名。族人顧榮曰：「此吾家騏驥也，必興吾宗。」仕至尚書令。五子：治、隗、淳、履、之。

【眉批】

劉會孟曰：「勝負本不待此，寫得祖士少慚惶殺人。」

劉會孟曰：「茂弘語謬。」

凌初成曰：「丞相自謂難得眠，司空安得不至曉回轉！」

庾太尉風儀偉長，不輕舉止，時人皆以爲假。亮有大兒數歲，雅重之質，便自如此，人知是天性。温太真嘗隱幔怛之，此兒神色恬然，乃徐跪曰：「君侯何以爲此？」論者謂不減亮。蘇峻時遇害。《庾氏譜》曰：「會字會宗，太尉亮長子，年十九，咸和六年遇害。」或云：「見阿恭，知元規非假。」阿恭，會小字也。

褚公於章安令遷太尉記室參軍，按庾亮《啓參佐名》，裒時直爲參軍，不掌記室也。名字已顯而位微，人未多識。公東出，乘估客船，送故吏數人，投錢唐亭住。《錢唐縣記》曰：「縣近海，爲潮漂沒。縣諸豪姓斂錢雇人，輦土爲塘，因以爲名也。」爾時吴興沈充爲縣令，未詳。當送客過浙江，客出，亭吏驅公移牛屋下。潮水至，沈令起彷徨，問：「牛屋下是何物人？」吏云：「昨有一傖父來寄亭中，《晋陽秋》曰：「吴人以中州人爲傖。」有尊貴客，權移之。」令有酒色，因遥問：「傖父欲食餅不？姓何等？可共語。」褚因舉手答曰：「河南褚季野。」遠近久承公名，令於是大遽，不敢移公。便於牛屋下修刺詣公，更宰殺爲饌具，於公前鞭撻亭吏，欲以謝慚。公與之酌宴，言色無異，狀如不覺。令送公至界。

【眉批】
王敬美曰：「非王敦客也。」
按劉本無「充」字，《注》云未詳。沈名若充，則字士居。見《晋陽秋》。而後《注》復有之，不得云未詳。

郗太傅在京口，遣門生與王丞相書，求女婿。丞相語郗信：「君往東廂，任意選之。」門生歸，白郗曰：「王家諸郎，亦皆可嘉，聞來覓婿，咸自矜持。唯有一郎，在東床上坦腹卧，如不聞。」郗公云：「正此好！」訪之，乃是逸少，因嫁女與焉。《王氏譜》曰：「逸少，羲之小字。羲之妻，太傅郗鑒女，名璿，字子房。」

【眉批】
王敬美曰：「晋人以使爲信。」

劉會孟曰：「晋人風致著此，故爲第一。在古人中，真不可無。」

過江初，拜官，輿飾供饌。羊曼拜丹陽尹，客來蚤者，並得佳設。日晏漸罄，不復及精，隨客早晚，不問貴賤。《曼别傳》曰：「曼字延祖，泰山南城人。父暨，陽平太守。曼頽縱宏任，飲酒誕節，與陳留阮放等號兖州八達。累遷丹陽尹，爲蘇峻所害。」羊固拜臨海，竟日皆美供。雖晚至，亦獲盛饌。時論以固之豐華，不如曼之真率。《明帝東宫僚屬名》曰：「固字道安，太山人。」《文字志》曰：「固父坦，車騎長史。固善草行，著名一時，避亂渡江，累遷黄門侍郎。褒其清儉，贈大鴻臚。」

周仲智飲酒醉，瞋目還面，謂伯仁曰：「君才不如弟，而横得重名！」須臾，舉蠟燭火擲伯仁。伯仁笑曰：「阿奴火攻，固出下策耳！」《孫子兵法》曰：「火攻有五：一曰火人，二曰火積，三曰火車，四曰火軍，五曰火隊。」凡軍必知五火之變，故以火攻者，明也。

【眉批】

劉會孟曰：「仲智傲狠，故無别淚。」

顧和始爲揚州從事，月旦當朝，未入頃，停車州門外。周侯詣丞相，歷和車邊，《語林》曰：「周侯飲酒已醉，著白袷憑兩人，來詣丞相。」和覓蝨，夷然不動。周既過，反還，指顧心曰：「此中何所有？」顧搏蝨如故。徐應曰：「此中最是難測地。」周侯既入，語丞相曰：「卿州吏中有一令僕才。」《中興書》曰：「和有操量，弱冠知名。」

庾太尉與蘇峻戰，敗，率左右十餘人，乘小船西奔。《晋陽秋》曰：「蘇峻作逆，詔亮都督征討，戰于建陽門外，王師敗績，亮於陳攜二弟奔温嶠。」亂兵相剥掠，射誤中柂工，應弦而倒。舉船上咸失色分散，亮不動容，徐曰：「此手那可使著賊！」衆乃安。

【眉批】

劉會孟曰：「謂此箭若著賊，則亦當應弦而倒矣。謬喜其射藝之工，以悦安之。」

又曰：「當時直復難處，苟以悦安之矯情，見謂雅量，孰知其窘？」

庾小征西嘗出未還。婦母阮是劉萬安妻，《劉氏譜》曰：「劉綏妻陳留阮蕃女，字幼娥。」綏，别見。與女上安陵城樓上。俄頃，翼歸，策良馬，盛輿衛。阮語女：「聞庾郎能騎，我何由得見？」婦告翼，《庾氏譜》曰：「翼娶高平劉綏女，字静女。」翼便爲於道開鹵簿盤馬，始兩轉，墜馬墮地，意色自若。

【眉批】

按：此則弇州所删。

劉會孟曰：「顔之厚耳，非雅量。」

宣武桓温。與簡文、太宰武陵王晞。共載，密令人在輿前後鳴鼓大叫。鹵簿中驚擾，太宰惶怖求下輿。顧看簡文，穆然清恬。宣武語人曰：「朝廷間故復有此賢。」《續晋陽秋》曰：「帝性温深，雅有局鎮。嘗與桓温、太宰武陵王晞同乘，至板橋，温密敕令無因鳴角鼓譟，部伍並驚馳。温陽駭異，晞大震，帝舉止自若，音顔無變。温每以此稱其德量，故論者謂温服憚也。」

王劭、王薈共詣宣武，《劭薈別傳》曰：「劭字敬倫，丞相導第五子。清貴簡素，研味玄頤，大司馬桓温稱爲『鳳雛』。累遷尚書僕射、吴國内史。薈字敬文，丞相最小子。有清譽，夷泰無競。仕至鎮軍將軍。」正值收庾希家。《中興書》曰：「希字始彦，司空冰長子。累遷徐、兖二州刺史。希兄弟貴盛，桓温忌之，諷免希官。遂奔于暨陽。初，郭璞筮冰子孫必有大禍，唯固三陽可以有後。故希求鎮山陽，弟友爲東陽，希自家暨陽。及温誅希，弟柔倩，聞希難，逃於海陵。後還京口聚衆，事敗，爲温所誅。」薈不自安，逡巡欲去。劭堅坐不動，待收信還，得不定乃出。論者以劭爲優。

【眉批】

按：此則弇州所删。

桓宣武與郗超議芟夷朝臣，條牒既定，其夜同宿。《續晋陽秋》曰：「超謂温雄武，當樂推之運，遂深自委結。温亦深相器重，故潛謀密計，莫不預焉。」明晨起，呼謝安、王坦之入，擲疏示之，郗猶在帳内。謝都無言，王直擲還，云：「多！」宣武取筆欲除，郗不覺竊從帳中與宣武言。謝含笑曰：「郗生可謂入幕賓也。」帳，一作帷。

【眉批】

劉會孟曰：「古人常留此等與後人笑，今人則不然。」

謝太傅盤桓東山時，與孫興公諸人泛海戲。《中興書》曰：「安元居會稽，與支道林、王羲之、許詢共游處。出則漁弋山水，入則談説屬文，未嘗有處世意也。」風起浪涌，孫、王諸人色並遽，便唱使還。太傅神情方王，吟嘯不言。舟人以公貌閑意説，猶去不止。既風轉急，浪猛，諸人皆諠動不坐。公徐云：「如此，將無歸！」衆人即承響而回。於是審其量，足以鎮安朝野。

【眉批】

按：「並」，劉本作「變」。

桓公伏甲設饌，廣延朝士，因此欲誅謝安、王坦之。《晉安帝紀》曰：「簡文晏駕，遺詔桓温依諸葛亮、王導故事。温大怒，以爲黜其權，謝安、王坦之所建也。入赴山陵，百官拜于道側，在位望者，戰慄失色。」或云自此欲殺王、謝。王甚遽，問謝曰：「當作何計？」謝神意不變，謂文度曰：「晉阼存亡，在此一行。」相與俱前。王之恐狀，轉見於色。謝之寬容，愈表於貌，望階趨席，方作洛生詠，諷「浩浩洪流」。桓憚其曠遠，乃趣解兵。按宋明帝《文章志》曰：「安能作洛下書生詠，而少有鼻疾，語音濁。後名流多斆其詠，弗能及，手掩鼻而吟焉。桓温止新亭，大陳兵衛，呼安及坦之，欲於坐害之。王入失厝，倒執手版，汗流霑衣。安神姿舉動不異於常，舉目徧歷温左右衛士，謂温曰：『安聞諸侯有道，守在四鄰，明公何有壁間著阿堵輩？』温笑曰：『正自不能不爾。』於是矜莊之心頓盡，命部左右，促燕行觴，笑語移日。」王、謝舊齊名，於此始判優劣。

【眉批】

凌初成曰：「洛生詠何物，足解大厄？」

按：「憚」，劉本作「選」。

謝太傅與王文度共詣郗超，日旰未得前，王便欲去。謝曰：「不能爲性命忍俄頃？」超得寵桓温，專殺生之威。

【眉批】

按：此則弇州所删。

王敬美曰：「此意又異雅量。」

劉會孟曰：「與前泛海，各得自在。」

支道林還東，《高逸沙門傳》曰：「遁爲哀帝所迎，游京邑久，心在故山，乃拂衣王都，還就巖穴。」時賢並送於征虜亭。《丹陽記》曰：「太安中，征虜將軍謝安立此亭，因以爲名。」蔡子叔前至，坐近林公。《中興書》曰：「蔡系字子叔，濟陽人，司徒謨第二子。有文理，仕至撫軍長史。」謝萬石後來，坐小遠。蔡暫起，謝移就其處。蔡還，見謝在焉，因合褥舉謝擲地，自復坐。謝冠幘傾脱，乃徐起振衣就席，神意甚平，不覺瞋沮。坐定，謂蔡曰：「卿奇人，殆壞我面。」蔡答曰：「我本不爲卿面作計。」其後，二人俱不介意。

【眉批】

劉會孟曰：「送一僧，何至争近至此？子叔小人，語更深狠。」

郗嘉賓欽崇釋道安德問，《安和上傳》曰：「釋道安者，常山薄柳人，本姓衛，年十二作沙門。神性聰敏而貌至陋，佛圖澄甚重之。值石氏亂，於陸渾山木食修學，爲慕容駿所逼，乃住襄陽。以佛法東流，經籍錯謬，更爲條章，標序篇目，爲之注解。自支道林等皆宗其理。無疾卒。」餉米千斛，修書累紙，意寄殷勤。道安答直云：「損米。」愈覺有待之爲煩。

【眉批】

劉會孟曰：「是道人語。」

謝安南免吏部尚書還東，《晋百官名》曰：「謝奉字弘道，會稽山陰人。」《謝氏譜》曰：「奉祖端，散騎常侍。父鳳，丞相主簿。奉歷安南將軍、廣州刺史、吏部尚書。」謝太傅赴桓公司馬，出西，相遇破岡。既當遠别，遂停三日共語。太傅欲慰其失官，安南輒引以它端。雖信宿中塗，竟不言及此事。太傅深恨在心未盡，謂同舟曰：「謝奉故是奇士。」

【眉批】

劉會孟曰：「我輩人也。」

劉會孟曰：「甚善，我輩所不及。」

戴公從東出，謝太傅往看之。謝本輕戴，見，但與論琴書。戴既無吝色，而談琴書愈妙。謝悠然知其量，《晋安帝紀》曰：「戴逵字安道，譙國人。少有清操，恬和通任，爲劉真長所知。性甚快暢，泰於娱生。好鼓琴，善屬文，尤樂游燕，多與高門風流者游，談者許其通隱。屢辭徵命，遂著高尚之稱。」

謝公與人圍棋，俄而謝玄淮上信至。看書竟，默然無言，徐向局。客問淮上利害，答曰：「小兒輩大破賊。」意色舉止，不異於常。《續晋陽秋》曰：「初，苻堅南寇，京師大震。謝安無懼色，方命駕出墅，與兄子玄圍棋。夜還乃處分，少日皆辦。破賊又無喜容。其高量如此。」《謝車騎傳》曰：「氐賊苻堅，傾國大出，衆號百萬。朝廷遣諸軍距之，凡八萬。堅進屯壽陽，玄爲前鋒都督，與從弟琰等選精鋭決戰。射傷堅，俘獲數萬計，得僞輦及雲母車，寶器山積，錦駝萬端，牛、馬、驢、騾、駝十萬頭匹。」

【眉批】
劉會孟曰：「只如此，本分！本分！」
凌初成曰：「竟不言折屐齒。」

王子猷、子敬曾俱坐一室，上忽發火。子猷遽走避，不惶取屐；《晋百官名》曰：「王徽之，字子猷。」《中興書》曰：「徽之，羲之第五子。卓犖不覊，欲爲傲達，仕至黄門侍郎。」子敬神色恬然，徐唤左右，扶憑而出，不異平常。《續晋陽秋》曰：「獻之雖不修賞貫，而容止不妄。」世以此定二王神宇。

苻堅游魂近境，堅，别見。謝太傅謂子敬曰：「可將當軸，了其此處。」

【眉批】

按：此則弇州所删。

劉會孟曰：「謂及我在位時攻之，自任吞虜。」

王僧彌、謝車騎共王小奴許集。王珉、謝玄，並已見。小奴，王薈小字也。僧彌舉酒勸謝云：「奉使君一觴。」謝曰：「可爾。」謝玄曾爲徐州，故云使君。僧彌勃然起，作色曰：「汝故是吴興溪中釣碣耳，何敢譸張！」玄叔父安，曾爲吴興，玄少時從之游，故珉云然。謝徐撫掌而笑曰：「衛軍，僧彌殊不肅省，乃侵陵上國也。」

【眉批】

劉會孟曰：「語都無取，獨釣碣可用。」

王敬美曰：「此不可解。」

按：衛軍或是呼小奴，豈即以僧彌小字爲戲耶！

王東亭爲桓宣武主簿，既承藉，有美譽，公甚欲其人地爲一府之望。初見謝失儀，而神色自若。坐上賓客即相貶笑。公曰：「不然，觀其情貌，必自不凡，吾當試之。」後因月朝閤下伏，公於内走馬直出突之，左右皆宕仆，而王不動。名價於是大重，咸云：「是公輔器也。」《續晋陽秋》曰：「珣初辟大司馬掾，桓温至重之，常稱『王掾必爲黑頭公，未易才也』。」

【眉批】

劉會孟曰：「何等試法？」

太元末，長星見，孝武心甚惡之。徐廣《晉紀》曰：「泰元二十年九月，有蓬星如粉絮，東南行，歷須女，至央星。」按泰元末，唯有此妖，不聞長星也。且漢文八年，有長星出東方。文穎《注》曰：「長星有光芒，或竟天，或長十丈，或二三丈，無常也。」此星見，多爲兵革事。此後十六年，文帝乃崩。蓋知長星非關天子，《世説》虛也。夜，華林園中飲酒，舉杯屬星云：「長星！勸爾一杯酒。自古何時有萬歲天子？」

【眉批】

按：「時」劉本作「曾」。

殷荆州有所識，作賦，是束皙慢戲之流。《文士傳》曰：「皙字廣微，陽平元城人，漢太子太傅疏廣後也。王莽末，廣曾孫孟達自東海避難元城，改姓，去『疏』之足以爲束氏。皙博學多識，問無不對。元康中，有人自嵩高山下得竹簡一枚，上兩行科斗書，司空張華以問皙。皙曰：『此明帝顯節陵中策文也。』檢校果然。曾爲《餅賦》諸文，文甚俳譃。三十九歲卒，元城爲之廢市。」殷甚以爲有才，語王恭：「適見新文，甚可觀。」便於手巾函中出之。王讀，殷笑之不自勝。王看竟，既不笑，亦不言好惡，但以如意帖之而已。殷悵然自失。

【眉批】

劉會孟曰：「甚得體，慢戲復何足贊？」

凌初成曰：「良悵！良悵！」

王敬美曰：「如見其情狀。」

羊綏第二子孚，少有俊才，與謝益壽相好。益壽，謝混小字也。嘗蚤往謝許，未食。俄而王齊、王睹來。王睹已見。齊，王熙小字也。《中興書》曰：「熙字叔和，恭次弟，尚鄱陽公主，太子洗馬，蚤卒。」既先不相識，王向席有不説色，欲使羊去。羊了不眄，唯脚委几上，詠矚自若。謝與王叙寒温數語畢，還與羊談賞，王方悟其奇，乃合共語。須臾食下，二王都不得餐，唯屬羊不暇。羊不大應對之，而盛進食，食畢便退。遂苦相留，羊義不住，直云：「向者不得從命，中國尚虚。」二王是孝伯兩弟。

【眉批】

按：此則弇州所删。

劉會孟曰：「寫得直截可憎，又自如見。人情有此，傳聞之穢，小説不厭。」

王敬美曰：「此等語，亦傷雅。」

識鑒第七

曹公少時見喬玄，玄謂曰：「天下方亂，群雄虎争，撥而理之，非君乎？然君實是亂世之英雄，治世之奸賊。恨吾老矣，不見君富貴，當以子孫相累。」《續漢書》曰：「玄字公祖，梁國睢陽人。少治《禮》及嚴氏《春秋》。累遷尚書令。玄嚴明有才略，長於知人。初，魏武帝爲諸生，未知名也，玄甚異之。」《魏書》曰：「玄見太祖曰：『吾見士多矣，未有若君者。天下將亂，非命世之才不能濟也。能安之者，其在君乎？』」按《世語》曰：「玄謂太祖：『君未有名，可交許子將。』太祖乃造子將，子將納焉。」孫盛《雜語》曰：「太祖嘗問許子將：『我何如人？』固問，然後子將答曰：『治世之能臣，亂世之奸雄。』太祖大笑。」《世説》所言謬矣。

【眉批】

按：此則弇州所删。

吴文仲曰：「按諸書皆云『治世之能臣，亂世之奸雄』，若云『奸賊』，恐不應太峻如此。」

王敬美曰：《注》是。

曹公問裴潛曰：「卿昔與劉備共在荆州，卿以備才如何？」潛曰：「使居中國，能亂人，不能爲治。若乘邊守險，足爲一方之主。」《魏志》曰：「潛字文行，河東人。避亂荆州，劉表待之賓客禮。潛私謂王粲、司馬芝曰：『劉牧非霸王之才，而欲以西伯自處，其敗無日矣。』遂南渡，適長沙。」

【眉批】

按：此則弇州所删。

王敬美曰：「此語似事後論人，不宜預知至此。」

劉會孟曰：「此語未有喻者。」

何晏、鄧颺、夏侯玄並求傅嘏交，而嘏終不許。《魏略》曰：「鄧颺字玄茂，南陽宛人，鄧禹之後也。少得士名。明帝時爲中書郎，以與李勝等爲浮華被斥。正始中，遷侍中尚書。爲人好貨，臧艾以父妾與颺，得顯官，京師爲之諂曰：『以官易富鄧玄茂。』何晏選不得人，頗由颺，以黨曹爽誅。」諸人乃因荀粲説合之，謂嘏曰：「夏侯太初一時之傑士，虚心於子，而卿意懷不可交。合則好成，不合則致隙。二賢若穆，則國之休，此藺相如所以下廉頗也。」《史記》曰：「相如以功大拜上卿，位在廉頗右。頗怒，欲辱之。相如每稱疾，望見，引車避匿。其舍人欲去之，相如曰：『夫以秦王之威而吾廷叱之，何畏廉將軍哉？顧秦强趙弱，秦以吾二人，故不敢加兵於趙。今兩虎鬥，勢不俱生。吾以公家急而後私讐也。』頗聞，謝罪。」傅曰：「夏侯太初志大心勞，能合虚譽，誠所謂利口覆國之人。何晏、鄧颺有爲而躁，博而寡要，外好利而内無關籥，貴同惡異，多言而妒前。多言多釁，妒前無親。以吾觀之，此三賢者皆敗德之人爾，遠之猶恐罹禍，況可親之邪？」後皆如其言。《傅子》曰：「是時何晏以才辯，顯於貴戚之間。鄧颺好交通，合徒黨，鬻聲名於閭閻。夏侯玄以貴臣子，少有重名。皆求交於嘏，嘏不納也。嘏友人荀粲有清識遠志，然猶勸嘏結交云。」

【眉批】

王敬美曰：「據此傳，藺、頗先識擇交，故當動與福會。而别傳乃云鍾會年少，嘏以明智交會。交太初不猶勝於交叛臣乎？」

劉會孟曰：「名言。」

晋武帝講武於宣武場，帝欲偃武修文，親自臨幸，悉召群臣。山公謂不宜爾。因與諸尚書言孫、吴用兵本意，遂究論。舉坐無不咨嗟，皆曰：「山少傅乃天下名言。」《史記》曰：「孫武，齊人。吴起，衛人。並善兵法。」《竹林七賢論》曰：「咸寧中，吴既平，上將爲桃林華山之事，息役弭兵，示天下以大安。於是州郡悉去兵，大郡置武吏百人，小郡五十人。時京師猶講武，山濤因論孫、吴用兵本意。濤爲人常簡默，蓋以爲國者不可以忘戰，故及之。」《名士傳》曰：「濤居魏、晋之間，無所標明，嘗與尚書盧欽言及用兵本意。武帝聞之，曰：『山少傅名言也。』」後諸王驕汏，輕遘禍難，於是寇盜處處蟻合，郡國多以無備，不能制服，遂漸熾盛，皆如公言。時人以謂山濤不學孫、吴，而闇與之理會。王夷甫亦嘆云：「公闇與道合。」《竹林七賢論》曰：「永寧之後，諸王構禍，狡虜欻起，皆如濤言。」《名士傳》曰：「王夷甫推嘆濤『晻晻爲與道合，其深不可測』。皆此類也。」

【眉批】

劉會孟曰：「兵不當廢，何在孫、吴！」

王夷甫父乂爲平北將軍，有公事，使行人論不得。時夷甫在京師，命駕見僕射羊祜、尚書山濤。夷甫時總角，姿才秀異，叙致既快，事加有理，濤甚奇之。既退，看之不輟，乃嘆曰：「生兒不當如王夷甫邪？」羊祜曰：「亂天下者，必此子也。」《晋陽秋》曰：「夷甫父乂，有簡書，將免官。夷甫年十七，見所繼從舅羊祜，申陳事狀，辭甚俊偉。祜不然之，夷甫拂衣而起。祜顧謂賓客曰：『此人必將以盛名處當世大位，然敗俗傷化者，必此人也。』」《漢晋春秋》曰：「初，羊祜以軍法欲斬王戎，夷甫又忿祜言其必敗，不相貴重。天下爲之語曰：『二王當朝，世人莫敢稱羊公之有德。』」

【眉批】

劉會孟曰：「代父致辭。」

王敬美曰：「羊公識更高於巨源。」

又曰：「別史云：『二王當國，羊公無德。』更佳。」

潘陽仲見王敦小時，謂曰：「君蜂目已露，但豺聲未振耳。必能食人，亦當爲人所食。」《晋陽秋》曰：「潘滔字陽仲，滎陽人，太常尼從子也。有文學才識。永嘉末，爲河南尹，遇害。」《漢晋春秋》曰：「初，王夷甫言東海王越，轉王敦爲揚州。潘滔初爲太傅長史，言於太傅曰：『王處仲蜂目已露，豺聲未發，今樹之江外，肆其豪强之心，是賊之也。』」《晋陽秋》曰：「敦爲太子舍人，與滔同僚，故有此言。」習、孫二説，便小遷異。《春秋傳》曰：「楚令尹子上謂世子商臣，蜂目而豺聲，忍人也。」

【眉批】

王敬美曰：「無容面斥之，《注》語是也。」

石勒不知書，《石勒傳》曰：「勒字世龍，上黨武鄉人，匈奴之苗裔也。雄勇好騎射。晋元康中，流宕山東，與平原茌平人師歡家庸，耳恒聞鼓角鞞鐸之音，勒私異之。初，勒鄉里原上地中生石，日長，類鐵騎之象。國中生人参，葩葉甚盛。于時父老相者皆云：『此胡體貌奇異，有不可知。』勸邑人厚遇之，人多哂而不信。永嘉初，豪傑並起，與胡王陽等十八騎詣汲桑爲左前督。桑敗，共推勒爲主，攻下川縣，都於襄國。後僭正號，死，謚明皇也。」使人讀《漢書》。聞酈食其勸立六國後，刻印將授之，大驚曰：「此法當失，云何得遂有天下！」至留侯諫，乃曰：「賴有此耳。」鄧粲《晋紀》曰：「勒手不能書，目不識字，每於軍中令人誦讀，聽之皆解其意。」《漢書》曰：「項羽急圍漢王於滎陽，漢王與酈食其謀撓楚權。食其勸立六國後，王令趣刻印。張良入諫，以爲不可。輟食吐哺，罵酈生曰：『豎儒，幾敗乃公事！』趣令銷印。」

【眉批】

凌初成曰：「異哉！此虜識乃在漢高上。」

衛玠年五歲，神衿可愛。祖太保曰：「此兒有異，顧吾老，不見其大耳。」《晋諸公贊》曰：「瓘字伯玉，河東安邑人。少以明識清允稱。傅嘏極貴重之，謂之甯武子。仕至太保，爲楚王瑋所害。」《玠别傳》曰：「玠有虚令之秀，清勝之氣，在群伍之中，有異人之望。祖太保見玠五歲曰：『此兒神爽聰令，與衆大異，恐吾年老，不及見爾。』」

【眉批】

按：此則弇州所删。

劉越石云：「華彦夏識能不足，强果有餘。」虞預《晋書》曰：「華軼字彦夏，平原人，魏太尉歆曾孫也。累遷江州刺史。傾心下士，甚得士歡心。以不從元皇命見誅。」《漢晋春秋》曰：「劉琨知軼必敗，謂其自取之也。」

【眉批】

按：此則弇州所删。

張季鷹辟齊王東曹掾，在洛見秋風起，因思吴中菰菜羹、鱸魚膾，曰：「人生貴得適意爾，何能羈宦數千里以要名爵。」遂命駕便歸。俄而齊王敗，時人皆謂爲見機。《文士傳》曰：「張翰字季鷹。父儼，吴大鴻臚。翰有清才美望，博學善屬文，造次立成，辭義清新。大司馬齊王冏辟爲東曹掾。翰謂同郡顧榮曰：『天下紛紛未已，夫有四海之名者，求退良難。吾本山林間人，無望於時久矣。子善以明防前，以智慮後。』榮捉其手，愴然曰：『吾亦與子採南山蕨，飲三江水爾！』翰以疾歸，榮以輒去除吏名。性至孝，遭母艱，哀毁過禮。自以年宿，不營當世，以疾終于家。」

【眉批】

凌初成曰：「羹膾故可思，然亦見敗機耳。」

諸葛道明初過江左，自名道明，名亞王、庾之下。《中興書》曰：「恢避難過江，與潁川荀道明、陳留蔡道明，俱有名譽，號曰『中興三明』。時人爲之語曰：『京都三明各有名，蔡氏儒雅荀葛清。』」先爲臨沂令，丞相謂曰：「明府當爲黑頭公。」《語林》曰：「丞相拜司空，諸葛道明在公坐，指冠冕曰：『君當復著此。』」

【眉批】
按：此則弇州所删。

王平子素不知眉子，曰：「志大其量，終當死塢壁間。」《晉諸公贊》曰：「王玄字眉子，夷甫子也。東海王越辟爲掾，後行陳留太守。大行威罰，爲塢人所害。」

【眉批】
王敬美曰：「人敗可耳，何得定知死塢壁間？傅會多如此。」

王大將軍始下，楊朗苦諫不從，遂爲王致力，乘中鳴雲露車徑前，曰：「聽下官鼓音，一進而捷。」王先把其手曰：「事克，當相用爲荆州。」既而忘之，以爲南郡。《晉百官名》曰：「朗字世彦，弘農人。」《楊氏譜》曰：「朗祖囂，典軍校尉。父淮，冀州刺史。」王隱《晉書》曰：「朗有器識才量，善能當世。仕至雍州刺史。」王敗後，明帝收朗，欲殺之。帝尋崩，得免。後兼三公，署數十人爲官屬。此諸人當時並無名，後皆被知遇，于時稱其知人。

【眉批】
按：此則弇州所删。

周伯仁母，冬至舉酒賜三子曰：「吾本謂度江托足無所，爾家有相，爾等並羅列吾前，復何憂？」周嵩起，長跪而泣曰：「不如阿母言。伯仁爲人志大而才短，名重而識闇，好乘人之弊，此非自全之道。嵩性狼抗，亦不容於世。唯阿奴碌碌，當在阿母目下耳。」鄧粲《晉紀》曰：「阿奴，嵩之弟周謨也。」三周並已見。

【眉批】

劉會孟曰：「語甚可悲。」

凌初成曰：「自知不容於世，然猶手批玄亮，火攻伯仁。」

王大將軍既亡，王應欲投世儒，世儒爲江州。王含欲投王舒，舒爲荆州。含語應曰：「大將軍平素與江州云何，而汝欲歸之？」應曰：「此乃所以宜往也。《晉陽秋》曰：「應字安期，含子也。敦無子，養爲嗣，以爲武衛將軍，用爲副貳，伏誅。」江州當人强盛時，能抗同異，此非常人所行。及睹衰危，必興愍惻。《王彬别傳》曰：「彬字世儒，琅邪人。祖覽，父正，並有名德。彬爽氣出儕類，有雅正之韻。與元帝姨兄弟，佐佑皇業，累遷侍中。從兄敦下石頭，害周伯仁，彬與顗素善，往哭其尸，甚慟。既而見敦，敦怪其有慘容而問之。答曰：『向哭周伯仁，情不能已。』敦曰：『伯仁自致刑戮，汝復何爲者哉？』彬曰：『伯仁清譽之士，有何罪？』因數敦曰：『抗旌犯上，殺戮忠良。』音辭忼慨，與淚俱下。敦怒甚。丞相在坐，代爲之解，命彬曰：『拜謝。』彬曰：『有足疾。比來見天子尚不能拜，何跪之有！』敦曰：『脚疾何如頸疾？』以親故，不害之。累遷江州刺史、左僕射。贈衛將軍。」荆州守文，豈能作意表行事？」含不從，遂共投舒。舒果沈含父子于江。《王舒傳》曰：「舒字處明，琅邪人。祖覽，知名。父會，御史。舒器業簡素，有文武幹。中宗用爲北中郎將、荆州刺史、尚書僕射。出爲會稽太守。以父名會，累表自陳。討蘇峻有功，封彭澤侯，贈車騎大將軍。」彬聞應當來，密具船以待之。竟不得來，深以爲恨。含之投舒，舒遣軍逆之，含父子赴水死。昔酈寄賣友見譏，況皈兄弟以求安，舒非人矣。

【眉批】

劉會孟曰：「英賢獨見，爲鑒後來，龜不自靈，可傷可戒！江州未必不以滅親自詭，不知舒後如何？」

武昌孟嘉作庾太尉州從事，已知名。褚太傅有知人鑒能。豫章遠過武昌，問庾曰：「聞孟從事佳，今在此不？」庾云：「卿自求之。」褚眄睞良久，指嘉曰：「此君小異，得無是乎？」庾大笑曰：「然。」于時既嘆褚之默識，又欣嘉之見賞。《嘉別傳》曰：「嘉字萬年，江夏鄳人。曾祖父宗，吴司空。祖父揖，晋盧陵太守。宗葬武昌陽新縣，子孫家焉。嘉少以清操知名。大尉庾亮領江州，辟嘉部盧陵從事。下都還，亮引問風俗得失。對曰：『待還當問從事吏。』亮舉麈尾，掩口而笑，語弟翼曰：『孟嘉故是盛德人。』轉勸學從事。太傅褚裒有器識，亮正旦大會，裒問亮：『聞江州有孟嘉，何在？』亮曰：『在坐，卿但自覓。』裒歷觀久之，指嘉曰：『將無是乎？』亮欣然而笑，喜裒得嘉，奇嘉爲裒所得，乃益器之。後爲征西桓温參軍。九月九日，温游龍山，參寮畢集。時佐史並著戎服，風吹嘉帽墮落，温戒左右勿言，以觀其舉止。嘉初不覺，良久如厠。命取還之，令孫盛作文嘲之，成，著嘉坐。嘉還，即答，四坐嗟嘆。嘉喜酣暢，愈多不亂。温問：『酒有何好，而卿嗜之？』嘉曰：『明公未得酒中趣爾。』又問：『聽伎，絲不如竹，竹不如肉，何也？』答曰：『漸近自然。』轉從事中郎，遷長史。年五十三而卒。」

【眉批】

王乾開曰：「江州白眉，河南青眼，豪情契合，實爲兩難。」

凌初成曰：「既是異人，復逢善鑒，安得不識。每閱此等，令人愈急知己。」

按：落帽事，弇州采入《雅量》。

按：問酒問伎，弇州采入《言語》。

戴安道年十餘歲，在瓦官寺畫。王長史見之曰：「此童非徒能畫，《續晋陽秋》曰：「逵善圖畫，窮巧丹青也。」亦終當致名。恨吾老，不見其盛時耳。」

【眉批】

按：此則弇州所删。

王仲祖、謝仁祖、劉真長俱至丹陽墓所省殷揚州，殊有確然之志。《中興書》曰：「浩栖遲積年，累聘不至。」既反，王、謝相謂曰：「淵源不起，當如蒼生何？」深爲憂嘆。劉曰：「卿諸人真憂淵源不起邪？」

【眉批】

王敬美曰：「真長能識殷浩，駕馭桓温，豈可王、劉並稱。」

凌初成曰：「真長口角，無處不可畏。」

小庾臨終，自表以子園客爲代。園客，爰之小字也。《庾氏譜》曰：「爰之字仲真，翼第二子。」《中興書》曰：「爰之有父翼風，桓温徙于豫章。年二十六而卒。」朝廷慮其不從命，未知所遣，乃共議用桓温。劉尹曰：「使伊去，必能克定西楚，然恐不可復制。」《陶侃别傳》曰：「庾翼薨，表其子爰之代爲荆州。何充曰：『陶公重勳也，臨終高讓。丞相未薨，敬豫爲四品將軍，于今不改。親則道恩，優游散騎，未有超卓若此之授。』乃以徐州刺史桓温爲安西將軍、荆州刺史。」宋明帝《文章志》曰：「翼表其子代任，朝廷畏憚之。議者欲以授桓温。時簡文輔政，然之。劉惔曰：『温去，必能定西楚，然恐不能復制。願大王自鎮上流，惔請爲從軍司馬。』簡文不許。温後果如惔所算也。」

桓公將伐蜀，在事諸賢，咸以李勢在蜀既久，承藉累葉，且形據上流，三峽未易可克。唯劉尹云：「伊必能克蜀。觀其蒲博，不必得則不爲。」《華陽國志》曰：「李勢字子仁，洛陽臨渭人，本巴西宕渠賨人也。其先李特，因晋亂據蜀。特子雄，稱號成都。勢祖驤，特弟也。驤生壽，壽篡位自立。勢即壽子也。晋安西將軍伐蜀，勢歸降，遷之揚州。自起至亡，六世，三十七年。」《温別傳》曰：「初，朝廷以蜀處險遠，而温衆寡少，縣軍深入，甚以憂懼。而温直指成都，李勢面縛。」《語林》曰：「劉尹見桓公每嬉戲必取勝，謂曰：『卿乃爾好利，何不焦頭？』及伐蜀，故有此言。」

【眉批】

凌初成曰：「如此料法，靡有不中。」

謝公在東山畜妓，簡文曰：「安石必出，既與人同樂，亦不得不與人同憂。」宋明帝《文章志》曰：「安縱心事外，疏略常節，每畜女妓，携持游肆也。」

【眉批】

劉會孟曰：「此語別見幾微者，與劉真長説殷浩同。」

郗超與謝玄不善。苻堅將問晉鼎，既已狼噬梁、岐，又虎視淮陰矣。車頻《秦書》曰：「苻堅字永固，武都氐人也。本姓蒲，祖父洪，詐稱讖文，改曰苻。言己當王，應符命也。堅初生，有赤光流其室。及誕，背赤色，隱起若篆文。幼有美度。石虎司隸徐正名知人，堅六歲時，嘗戲於路，正見而異焉，問曰：『苻郎，此官街，小兒行戲，不畏縛邪？』堅曰：『吏縛有罪，不縛小兒。』正謂左右曰：『此兒有王霸相。』石氏亂，伯父健及父雄西入關，健夢天神使者朱衣冠，拜肩頭爲龍驤將軍。肩頭，堅小字也。健即拜爲龍驤，以應神命。後健僭帝號，死，子生立，凶暴，群臣殺之而立堅。堅立十五年，遣長樂公丕攻没襄陽。十九年，大興師伐晉，衆號百萬，水陸俱進，次于項城。自項城至長安，連旗千里，首尾不絶。乃遣告晉曰：『已爲晉君於長安城中建廣夏之室，今故大舉渡江相迎，克日入宅也。』」于時朝議遣玄北討，人間頗有異同之論。唯超曰：「是必濟事。吾昔嘗與共在桓宣武府，見使才皆盡，雖履屐之間，亦得其任。以此推之，容必能立勳。」元功既舉，時人咸嘆超之先覺，又重其不以愛憎匿善。《中興書》曰：「于時氐賊强盛，朝議求文武良將可鎮靖北方者。衛大將軍安曰：『唯兄子玄可任此事。』中書郎郗超聞而嘆曰：『安違衆舉親，明也。玄必不負其舉。』」

【眉批】

王敬美曰：「正史堅姓從苻，即蒲之變也。此云當『應符命』，從竹非是。」

又曰：「石虎時正姓蒲，不得云『符郎』。」

韓康伯與謝玄亦無深好。玄北征後，巷議疑其不振。康伯曰：「此人好名，必能戰。」《續晉陽秋》曰：「玄識局貞正，有經國之才略。」玄聞之甚忿，常於衆中厲色曰：「丈夫提千兵入死地，以事君親故發，不得復云爲名。」

【眉批】

按：此則弇州所删。

劉會孟曰：「此語自是。」

凌初成曰：「攘臂作事不爲人，亮良苦。」

褚期生少時，謝公甚知之，恒云：「褚期生若不佳者，僕不復相士。」期生，褚爽小字也。《續晋陽秋》曰：「爽字茂弘，河南人，太傅裒之孫，秘書監韶之子。太傅謝安見其少時，嘆曰：『若期生不佳，我不復論士！』及長，果俊邁有風氣。好《老》、《莊》之言，當世榮譽，弗之屑也，唯與殷仲堪善。累遷中（書）郎、義興太守。女爲恭帝皇后。」

郗超與傅瑗周旋。瑗見其二子，並總髮。超觀之良久，謂瑗曰：「小者才名皆勝，然保卿家，終當在兄。」即傅亮兄弟也。《傅氏譜》曰：「瑗字叔玉，北地靈州人。歷護軍長史、安城太守。」《宋書》曰：「迪字長猷，瑗長子也。位至五兵尚書。贈太常。」丘淵之《文章録》曰：「亮字季友，迪弟。歷尚書令，任光禄大夫。元嘉三年，以罪伏誅。」

王恭隨父在會稽，王大自都來拜墓，恭父藴、王忱，並已見。恭暫往墓下看之。二人素善，遂十餘日方還。父問恭：「何故多日？」對曰：「與阿大語，蟬連不得歸。」因語之曰：「恐阿大非爾之友，終乖愛好。」果如其言。忱與恭爲王緒所間，終成怨隙，别見。

車胤父作南平郡功曹，太守王胡之避司馬無忌之難，置郡于酆陰。是時胤十餘歲，胡之每出，嘗於籬中見而異焉。謂胤父曰：「此兒當致高名。」後游集，恒命之。胤長，又爲桓宣武所知。清通於多士之世，官至選曹尚書。《續晋陽秋》曰：「胤字武子，南平人。父育，爲郡主簿。太守王胡之有知人識，裁見，謂其父曰：『此兒當成卿門户，宜資令學問。』胤就業恭勤，博覽不倦。家貧不常得油，夏月則練囊盛數十螢火以繼日焉。及長，風姿美劭，機悟敏率。桓温在荆州取爲從事，一歲至治中。胤既博學多聞，又善於激賞。當時每有盛坐，胤必同之。皆云『無車公不樂』。太傅謝公游集之日，開筵以待之。累遷丹陽尹、護軍將軍、吏部尚書。」

【眉批】

按：此則弇州所删。

王忱死，西鎮未定，朝貴人人有望。時殷仲堪在門下，雖居機要，資名輕小，人情未以方嶽相許。晉孝武欲拔親近腹心，遂以殷爲荆州。事定，詔未出，王珣問殷曰：「陝西何故未有處分？」殷曰：「已有人。」王歷問公卿，咸云：「非。」王自計才地，必應在己，復問：「非我邪？」殷曰：「亦似非。」其夜詔出用殷。王語所親曰：「豈有黄門郎而受如此任！仲堪此舉乃是國之亡徵。」《晉安帝紀》曰：「孝武深爲晏駕後計，擢仲堪代王忱爲荆州。仲堪雖有美譽，議者未以方嶽相許也。既受腹心之任，居上流之重，議者謂其殆矣。終爲桓玄所敗。」

【眉批】

按：此則弇州所删。

世説新語卷中之下

宋　劉義慶　撰
梁　劉　峻　注
明　凌濛初　訂

賞譽第八

陳仲舉嘗歎曰：「若周子居者，真治國之器。《汝南先賢傳》曰：「周乘字子居，汝南安城人。天資聰朗，高峙嶽立，非陳仲舉、黄叔度之儔則不交也。仲舉嘗歎曰：『周子居者，真治國之器也。』爲太山太守，甚有惠政。」譬諸寶劍，則世之干將。」《吴越春秋》曰：「吴王闔閭請干將作劍。干將者，吴人。其妻曰莫邪。干將采五山之精，六金之英，候天地，伺陰陽，百神臨視，而金鐵之精未流。夫妻乃剪髮及爪而投之罏中，金鐵乃濡，遂成二劍。陽曰『干將』，而作龜文，陰曰『莫邪』，而作漫理。干將匿其陽，出其陰以獻闔閭。闔閭甚寶重之。」

世目李元禮「謖謖如勁松下風」。《李氏家傳》曰：「膺嶽峙淵清，峻貌貴重，華夏稱曰：『潁川李府君，頵頵如玉山。汝南陳仲舉，軒軒如千里馬。南陽朱公叔，飂飂如行松柏之下。』」

謝子微見許子將兄弟，曰：「平輿之淵，有二龍焉。」見許子政弱冠之時，歎曰：「若許子政者，有幹國之器。正色忠謇，則陳仲舉之匹；《汝南先賢傳》曰：「謝甄字子微，汝南邵陵人。明識人倫，雖郭林宗不及甄之鑒也。見許子將兄弟弱冠時，則曰『平輿之淵，有二龍』。仕爲豫章從事。許虔字子政，平輿人。體尚高潔，雅正寬亮。謝子微見虔兄弟，嘆曰：『若許子政者，幹國之器也。』虔弟劭，聲未發時，時人以謂不如虔，虔恒撫髀稱劭，自以爲不及也。釋褐爲郡功曹，黜奸發惡，一郡肅然。年三十五卒。」《海内先賢傳》曰：「許劭，字子將，虔弟也，山峙淵停，行應規表。邵陵謝子微高才遠識，見劭十歲時，嘆曰：『此乃希世之偉人也。』初，劭拔樊子昭於市肆，出虞承賢於客舍，召李叔才於無聞，擢郭子瑜於小吏。廣陵徐孟本，來臨汝南，聞劭高名，召功曹。時袁紹以公族爲濮陽長，棄官還。副軍從騎將入郡界，乃嘆曰：『許子將秉持清格，豈可以吾輿服見之邪？』遂單馬而歸。辟公府掾，敦辟皆不就。避地江南，卒於豫章也。」伐惡退不肖，范孟博之風。」張璠《漢紀》曰：「范滂字孟博，汝南伊陽人。爲功曹，辟公府掾，升車攬轡，有澄清天下之志。百城聞滂高名，皆解印綬去。爲黨事見誅。」

公孫度目邴原：「所謂雲中白鶴，非燕雀之網所能羅也。」《魏書》曰：「度字叔濟，襄平人。累遷冀州刺史，遼東太守。」《邴原別傳》曰：「原字根矩，東管朱虚人。少孤，數歲時過書舍而泣。師問曰：『童子何泣也？』原曰：『凡得學者，有親也。一則願其不孤，二則羨其得學，中心感傷，故泣耳。』師惻然曰：『苟欲學，不須資也。』於是就業。長則博覽洽聞，金玉其行。知世將亂，避地遼東，公孫度厚禮之。中國既寧，欲還鄉里，爲度禁絶。原密自治嚴，謂部落曰：『移此近郡。』以觀其意，皆曰：『樂移。』原舊有捕魚大船，請村落，皆令熟醉，因夜去之。數日，度乃覺。吏欲追之。度曰：『邴君所謂雲中白鶴，非鶉鷃之網所能羅也。』魏王辟祭酒，累遷五官中郎長史。」

鍾士季目王安豐：「阿戎了了解人意。」王隱《晉書》曰：「戎少清明曉悟。」謂裴公之談，經日不竭。裴頠已見。吏部郎闕，文帝問其人於鍾會。會曰：「裴楷清通，王戎簡要，皆其選也。」於是用裴。按諸書皆云鍾會薦裴楷、王戎於晉文王，文王辟以爲掾，不聞爲吏部郎。

【眉批】

按：弇州删「裴公之談」以下。

王敬美曰：「《注》謂裴公爲『頠』，大誤。詳語意，即『楷』也。」

王濬沖、裴叔則二人，總角詣鍾士季，須臾去。後客問鍾曰：「向二童何如？」鍾曰：「裴楷清通，王戎簡要，後二十年，此二賢當爲吏部尚書，冀爾時天下無滯才。」《晉陽秋》曰：「戎爲兒童，鍾會異之。」

【眉批】

按：此則弇州所删。

諺曰：「後來領袖有裴秀。」虞預《晉書》曰：「秀字季彦，河東聞喜人。父潛，魏大常。秀有風操，八歲能著文。叔父徽有聲名。秀年十餘歲，有賓客詣徽，出則過秀，時人爲之語曰：『後進領袖有裴秀。』大將軍辟爲掾。父終，推財與兄。年二十五遷黄門侍郎。晉受禪，封鉅鹿公，後累遷左光禄、司空。四十八薨，謚元公，配食宗廟。」

【眉批】

按：此則弇州所删。

裴令公目夏侯太初：「肅肅如入廊廟中，不修敬而人自敬。」《禮記》曰：「周豐謂魯哀公曰：『宗廟社稷之中，未施敬而民自敬。』」一曰：「如大宗廟，琅琅但見禮樂器。見鍾士季，如觀武庫，但睹矛戟。見傅蘭碩，江廧靡所不有。見山巨源，如登山臨下，幽然深遠。」玄、會、嘏、濤，並已見上。

【眉批】

王敬美曰：「據《晉史》作汪翔，蓋『汪』字訛而爲『江』，『翔』音訛而爲『廧』也。然汪翔亦甚費解。」

劉會孟曰：「少得此人。」

羊公還洛，郭弈爲野王令，《晋諸公贊》曰：「弈字泰業，太原陽曲人。累世舊族。弈有才望，歷雍州刺史、尚書。」羊至界，遣人要之，郭便自往。既見，嘆曰：「羊叔子何必减郭太業！」復往羊許，小悉還，又嘆曰：「羊叔子去人遠矣！」羊既去，郭送之彌日，一舉數百里，遂以出境免官。復嘆曰：「羊叔子何必减顔子！」

王戎目山巨源：「如璞玉渾金，人皆欽其寶，莫知名其器。」顧愷之《畫贊》曰：「濤無所標明，淳深淵默，人莫見其際，而其器亦入道。故見者莫能稱謂，而服其偉量。」

羊長和父繇，與太傅祜同堂相善，仕至車騎掾，蚤卒。長和兄弟五人，幼孤。《羊氏譜》曰：「繇字堪甫，太山人。祖續，漢太尉，不拜。父秘，京兆太守。繇歷車騎掾，娶樂國禎女，生五子：秉、洽、式、亮、悦也。」祜來哭，見長和哀容舉止，宛若成人，乃嘆曰：「從兄不亡矣！」

山公舉阮咸爲吏部郎，目曰：「清真寡欲，萬物不能移也。」《名士傳》曰：「咸字仲容，陳留人，籍兄子也。任達不拘，當世皆怪其所爲。及與之處，少嗜欲，哀樂至到，過絶於人，然後皆忘其向議。爲散騎侍郎。山濤舉爲吏部，武帝不用。太原郭奕見之心醉，不覺嘆服。解音，好酒以卒。」山濤《啓事》曰：「吏部郎史曜出，處缺當選。濤薦咸曰：『真素寡欲，深識清濁，萬物不能移也。若在官人之職，必妙絶於時。』詔用陸亮。」《晋陽秋》曰：「咸行已多違禮度，濤舉以爲吏部郎，世祖不許。」《竹林七賢論》曰：「山濤之舉阮咸，固知上不能用，蓋惜曠世之俊，莫識其意故耳。夫以咸之所犯，方外之意；稱其清真寡欲，則迹外之意自見耳。」

【眉批】

劉會孟曰：妙絶舉詞。

王戎目阮文業：「清倫有鑒識，漢元以來未有此人。」杜篤《新書》曰：「阮武字文業，陳留尉氏人。父諶，侍中。武闊達博通，淵雅之士。」《陳留志》曰：「武，魏末河清太守。族子籍，年總角，未知名。武見而偉之，以爲勝己。知人多此類。著書十八篇，謂之《阮子》。終于家。」郭泰友人宋子俊稱泰：「自漢元以來，未有林宗之匹。」

【眉批】

劉會孟曰：「『清倫』亦不成語。」

武元夏目裴、王曰：「戎尚約，楷清通。」虞預《晉書》曰：「武陔字元夏，沛國竹邑人。父周，魏光禄大夫。陔及二弟歆、茂，皆總角見稱，並有器望。鄉人諸父，未能覺其多少。時同郡劉公榮，名知人，嘗造周。周見其三子。公榮曰：『君三子皆國士，元夏器量最優，有輔佐之風，力仕宦，可爲亞公。叔夏、季夏不減常伯納言也。』陔至左僕射。」

【眉批】

按：此則弇州所删。

凌初成曰：「總之清通簡要，何以叠見？」

庾子嵩目和嶠：「森森如千丈松，雖磊砢有節目，施之大厦，有棟梁之用。」《晉諸公贊》曰：「嶠常慕其舅夏侯玄爲人，故於朝士中峨然不群，時類憚其風節。」

王戎云：「太尉神姿高徹，如瑶林瓊樹，自然是風塵外物。」《名士傳》曰：「夷甫天形奇特，明秀若神。」《八王故事》曰：「石勒見夷甫，謂長史孔萇曰：『吾行天下多矣，未嘗見如此人，當可活不？』萇曰：『彼晋三公，不爲我用。』勒曰：『雖然，要不可加以鋒刃也。』夜使推牆殺之。」

王汝南既除所生服，遂停墓所。兄子濟每來拜墓，略不過叔，叔亦不候。濟脱時過，止寒温而已。後聊試問近事，答對甚有音辭，出濟意外，濟極惋愕，仍與語，轉造精微。濟先略無子侄之敬，既聞其言，不覺懔然，心形俱肅，遂留共語，彌日累夜。濟雖俊爽，自視缺然，乃喟然嘆曰：「家有名士，三十年而不知！」濟去，叔送至門。濟從騎有一馬，絶難乘，少能騎者。濟聊問叔：「好騎乘不？」曰：「亦好爾。」濟又使騎難乘馬。叔姿形既妙，回策如縈，名騎無以過之。濟益嘆其難測，非復一事。鄧粲《晋紀》曰：「王湛字處沖，太原人。隱德，人莫之知。雖兄弟宗族，亦以爲癡，唯父昶異焉。昶喪，居墓次。兄子濟往省湛，見床頭有《周易》，謂湛曰：『叔父用此何爲？頗曾看不？』湛笑曰：『體中佳時，脱復看耳。今日當與汝言。』因共談《易》，剖析入微，妙言奇趣，濟所未聞，嘆不能測。濟性好馬，而所乘馬駿駛，意甚愛之。湛曰：『此雖小駛，然力薄不堪苦。近見督郵馬當勝此，但養不至耳。』濟取督郵馬，穀食十數日，與湛試之。湛未嘗乘馬，卒然便馳騁，步驟不異於濟，而馬不相勝。湛曰：『今直行車路，何以别馬勝不，唯當就蟻封耳。』於是就蟻封盤馬，果倒踣。其俊識天才乃爾。」既還，渾問濟：「何以暫行累日？」濟曰：「始得一叔。」渾問其故，濟具嘆述如此。渾曰：「何如我？」濟曰：「濟以上人。」武帝每見濟，輒以湛調之，曰：「卿家癡叔死未？」濟常無以答。既而得叔後，武帝又問如前，濟曰：「臣叔不癡。」稱其實美。帝曰：「誰比？」濟曰：「山濤以下，魏舒以上。」《晋陽秋》曰：「濟有人倫鑒識，其雅俗是非，少所優潤。見湛，嘆服其德宇。時人謂湛上方山濤不足，下比魏舒有餘。湛聞之曰：『欲以我處季孟之間乎？』」王隱《晋書》曰：「魏舒字陽元，任城人。幼孤，爲外氏寧家所養。寧氏起宅，相者曰：『當出貴甥。』外祖母意以盛氏甥小而惠，謂應相也。舒曰：『當爲外氏成此宅相。』少名遲鈍，叔父衡使守水碓，每言：『舒堪八百户長，我願畢矣。』舒不以介意。身長八尺二寸，不修常人近事。少工射，著韋衣，入山澤，每獵大獲。爲後將軍鍾毓長史。毓與參佐射戲，舒常爲坐畫籌。後值朋人少，以舒充數。於是發無不中，加博措閑雅，殆盡其妙。毓嘆謝之曰：『吾之不足盡卿，如此射矣。』轉相國參軍。晉王每朝罷，目送之曰：『魏舒堂堂，人之領袖。』累遷侍中、司徒。」於是顯名，年二十八始宦。

【眉批】

凌初成曰：「豈有如此名士，三十年人不知者？不信，不信。」

凌初成曰：「當時何以每每重此。」

王敬美曰：「不言如父，而言勝己，居然有王子敬意。然濟實有勝父處。」

裴僕射，時人謂爲「言談之林藪」。《惠帝起居注》曰：「頠理甚淵博，贍於論難。」

【眉批】

按：此則弇州所删。

張華見褚陶，語陸平原曰：「君兄弟龍躍雲津，顧彦先鳳鳴朝陽，謂東南之寶已盡，不意復見褚生。」陸曰：「公未睹不鳴不躍者耳。」《褚氏家傳》曰：「陶字季雅，吴郡錢塘人，褚先生後也。陶聰惠絶倫，年十三，作《鷗鳥》、《水碓》二賦，宛陵嚴仲弼見而奇之，曰：『褚先生復出矣。』弱不好弄，清淡閑默，以墳典自娱，語所親曰：『聖賢備在黄卷中，舍此何求？』州郡辟不就。吴歸命世祖，補臺郎、建中校尉。司空張華與陶書曰：『二陸龍躍於江、漢，彦先鳳鳴於朝陽，自此以來，常恐南金已盡，而復得之於吾子。故知延州之德不孤，淵、岱之寶不匱。』仕至中尉。」

有問秀才：「吴舊姓何如？」答曰：「吴府君，聖王之老成，明時之俊乂；朱永長，理物之至德，清選之高望；嚴仲弼，九臯之鳴鶴，空谷之白駒；顧彦先，八音之琴瑟，五色之龍章；張威伯，歲寒之茂松，幽夜之逸光；陸士衡、士龍，鴻鵠之裴徊，懸鼓之待槌。秀才，蔡洪也。集載洪與刺史周浚書曰：「一日侍坐，言及吴士，訽于芻蕘，遂見下問。造次承顔，載辭不舉，敕令條列名狀，退輒思之。今稱疏所知：吴展字士秀，下邳人。忠足矯非，清足厲俗，信可結神，才堪幹世。仕吴爲廣州刺史，吴郡太守。吴平，還下邳，閉門自守，不交賓客。誠聖王之老成，明時之俊乂也。朱誕字永長，吴郡人。體履清和，黄中通理。吴朝舉賢良，累遷議郎。今歸在家。誠理物之至德，清選之高望也。嚴隱字仲弼，吴郡人。稟氣清純，思度淵偉。吴朝舉賢良，宛陵令。吴平，去職。九臯之鳴鶴，空谷之白駒也。張暢字威伯，吴郡人。稟性堅明，志行清朗，居磨涅之中，無淄磷之損。歲寒之松柏，幽夜之逸光也。」《陸雲别傳》曰：「雲字士龍，吴大司馬抗之第五子，機同母之弟也。儒雅有俊才，容貌瓌偉，口敏能談，博聞强記。善著述，六歲便能賦詩，時人以爲項托、楊烏之疇也。年十八，刺史周浚命爲主簿，浚常嘆曰：『陸士龍，當今之顔淵也。』累遷太子舍人、清河内史。爲成都王所害。」凡此諸君，以洪筆爲鉏耒，以紙札爲良田，以玄默爲稼穡，以義理爲豐年，以談論爲英華，以忠恕爲珍寶，著文章爲錦綉，五經爲繒帛，坐謙虚爲席薦，張義讓爲帷幕，行仁義爲室宇，修道德爲廣宅。」按蔡所論士十六人，無陸機兄弟。又無「凡此諸君」以下，疑益之。

人問王夷甫：「山巨源義理何如？是誰輩？」王曰：「此人初不肯以談自居，然不讀《老》、《莊》，時聞其詠，往往與其旨合。」顧愷之《畫贊》曰：「濤有而不恃。」皆此類也。

洛中雅雅有三嘏：劉粹字純嘏，宏字終嘏，漠字沖嘏，是親兄弟，王安豐甥，並是王安豐女婿。宏，真長祖也。《晋諸公贊》曰：「粹，沛國人，歷侍中、南山郎將。宏歷秘書監，光禄大夫。」《晋後略》曰：「漠，少以清識爲名，與王夷甫友善，並好以人倫爲意，故世人許以才智之名。自相國右長史出爲襄州刺史，以貴簡稱。」按《劉氏譜》，劉邠妻武周女，生粹、宏、漢，非王氏甥。洛中錚錚馮惠卿，名蓀，是播子。《晉後略》曰：「播字友聲，長樂人，位至大宗正。生蓀。」《八王故事》曰：「蓀少以才悟，識當世之宜，蚤歷清職，仕至侍中，爲長沙王所害。」蓀與邢喬俱司徒李胤外孫，及胤子順並知名，時稱「馮才清，李才明，純粹邢。」《晉諸公贊》曰：「喬字會伯，河間人，有才學，仕至司隸校尉。順字曼長，仕至太僕卿。」

【眉批】

按：此則弇州所删。

王敬美曰：「不可解，必有誤。」

衛伯玉爲尚書令，見樂廣與中朝名士談議，奇之，曰：「自昔諸人没已來，常恐微言將絶，今乃復聞斯言於君矣。」命子弟造之，曰：「此人，人之水鏡也，見之若披雲霧睹青天。」《晉陽秋》曰：「尚書令衛瓘見廣曰：『昔何平叔諸人没，常謂清言盡矣，今復聞之於君。』」王隱《晉書》曰：「衛瓘有名理，及與何晏、鄧颺等數共談講，見廣，奇之，曰：『每見此人則瑩然，猶廓雲霧而睹青天。』」

王太尉曰：「見裴令公精明朗然，籠蓋人上，非凡識也。若死而可作，當與之同歸。」或云王戎語。《禮記》曰：「趙文子與叔譽觀于九原，文子曰：『死者如可作也，吾誰與歸？』」鄭玄曰：「作，起也。」

王夷甫自嘆：「我與樂令談，未嘗不覺我言爲煩。」《晉陽秋》曰：「樂廣善以約言厭人心，其所不知，默如也。太尉王夷甫、光禄大夫裴叔則能清言，常曰：『與樂令言，覺其簡至，吾等皆煩。』」

郭子玄有俊才，能言《老》、《莊》，庾敳嘗稱之，每曰：「郭子玄何必減庾子嵩。」《名士傳》曰：「郭象字子玄，自黄門郎爲太傅主簿，任事用勢，傾動一府。敳謂象曰：『卿自是當世大才，我疇昔之意都已盡矣。』其伏理推心，皆此類也。」

【眉批】按：此則弇州所删。

王平子目太尉：「阿兄形似道而神鋒太俊。」太尉答曰：「誠不如卿落落穆穆。」王隱《晋書》曰：「澄通朗好人倫，情無所繫。」

【眉批】王敬美曰：「兄弟間品題略盡。」

太傅府有三才：劉慶孫長才，《晋陽秋》曰：「太傅將召劉輿，或曰：『輿，猶膩也，近將污人。』太傅疑而禦之。輿乃密視天下兵簿，諸屯戍及倉庫處所，人穀多少，牛馬器械，水陸地形，皆默識之。是時軍國多事，每會議事，自潘滔以下皆不知所對，輿便屈指籌計所發兵仗處所，糧廪運轉，事無凝滯。於是太傅遂委仗之。」潘陽仲大才，裴景聲清才。《八王故事》曰：「劉輿才長綜覈，潘滔以博學爲名，裴邈强立方正。皆爲東海王所昵，俱顯一府。故時人稱曰：『輿長才，滔大才，邈清才也。』」

林下諸賢，各有俊才子：籍子渾，器量弘曠；《世語》曰：「渾字長成，清虚寡欲，位至太子中庶子。」康子紹，清遠雅正；已見。濤子簡，疏通高素；虞預《晋書》曰：「簡字季倫，平雅有父風，與嵇紹、劉漠等齊名，遷尚書，出爲征南將軍。」咸子瞻，虚夷有遠志，瞻弟孚，爽朗多所遺；《名士傳》曰：「瞻字千里，夷任而少嗜欲，不修名行，自得於懷，讀書不甚研求而識其要。仕至太子舍人，年三十卒。」《中興書》曰：「孚風韻疏誕，少有門風。初爲安東參軍，蓬髮飲酒，不以王務嬰心。」秀子純、悌，並令淑有清流；《竹林七賢論》曰：「純字長悌，位至侍中。悌字叔遜，位至御史中丞。」《晋諸公贊》曰：「洛陽敗，純、悌出奔，爲賊所害。」戎子萬子，有大成之風，苗而不秀；《晋諸公贊》曰：「王綏字萬子，辟太尉掾，不就，年十九卒。」《晋書》曰：「戎子萬，有美號而太肥，戎令食穅，而肥愈甚也。」唯伶子無聞。凡此諸子，唯瞻爲冠，紹、簡亦見重當世。

庾子躬有廢疾，甚知名，家在城西，號曰「城西公府」。虞預《晋書》曰：「琮字子躬，潁川人，太常峻弟二子，仕至太尉掾。」

王夷甫語樂令：「名士無多人，故當容平子知。」《王澄別傳》曰：「澄風韻邁達，志氣不群。從兄戎、兄夷甫，名冠當年。四海人士，一爲澄所題目，則二兄不復措意，云：『已經平子。』其見重如此，是以名聞益盛。天下知與不知，莫不傾注。澄後事迹不逮，朝野失望。及舊游識見者，猶曰『當今名士也』。」

王太尉云：「郭子玄語議，如懸河寫水，注而不竭。」《名士傳》曰：「子玄有俊才，能言《莊》、《老》。」

【眉批】

按：此則弇州所删。

司馬太傅府多名士，一時俊異。庾文康云：「見子嵩在其中，常自神王。」《晋陽秋》曰：「敳爲太傅從事中郎。」

太傅東海王鎮許昌，以王安期爲記室參軍，雅相知重。敕世子毗曰：「夫學之所益者淺，體之所安者深。閑習禮度，不如式瞻儀形；諷味遺言，不如親承音旨。王參軍人倫之表，汝其師之。」或曰：「王、趙、鄧三參軍人倫之表，汝其師之。」謂安期、鄧伯道、趙穆也。《趙吴郡行狀》曰：「穆字季子，汲郡人。真淑平粹，才識清通，歷尚書郎、太傅參軍。後太傅越與穆及王承、阮瞻、鄧攸書曰：『禮，八歲出就外傳，十年曰幼，學，明可以漸先王之教也。然學之所受者淺，體之所安者深。是以閑習禮度，不如式瞻軌儀；諷味遺言，不如親承辭旨。小兒毗，既無令淑之資，未聞道德之風，欲屈諸君，時以閑豫，周旋燕誨也。』穆歷晉明帝師，冠軍將軍、吴郡太守，封南鄉侯。」袁宏作《名士傳》，直云王參軍。或云：「趙家先猶有此本。」

【眉批】

劉會孟曰：「甚善，有味。」

庾太尉少爲王眉子所知，庾過江，嘆王曰：「庇其宇下，使人忘寒暑。」《晋諸公贊》曰：「玄少希慕簡曠。」《八王故事》曰：「玄爲陳留太守，或勸玄過江投琅邪王。玄曰：『王處仲得志於彼，家叔猶不免害，豈能容我？』謂其器宇不容於敦也。」

謝幼輿曰：「友人王眉子清通簡暢，嵇延祖弘雅劭長，董仲道卓犖有致度。」王隱《晋書》曰：「董養字仲道，大始初到洛下，干禄求榮。永嘉中，洛城東北角步廣里中地陷，中有二鵝，蒼者飛去，白者不能飛。問之博識者，不能知。養聞，嘆曰：『昔周時所盟會狄泉，此地也。卒有二鵝，蒼者胡象，後明當入洛；白者不能飛，此國諱也。』」謝鯤《元化論序》曰：「陳留董仲道，於元康中見惠帝廢楊悼后，升太學堂嘆曰：『建此堂也，將何爲乎？每見國家赦書，謀反逆皆赦，孫殺王父母，子殺父母不赦，以爲王法所不容也。奈何公卿處議，文飾禮典，以至此乎？天人之理既滅，大亂斯起。』顧謂謝鯤、阮孚曰：『《易》稱知幾其神乎，君等可深藏矣。』乃與妻荷擔入蜀，莫知其所終。」

【眉批】

王敬美曰：「逢萌、梅福以上人，豈眉子輩可擬。」

王公目太尉：「巖巖清峙，壁立千仞。」顧愷之《夷甫畫贊》曰：「夷甫天形瓌特，識者以爲巖巖秀峙，壁立千仞。」

庾太尉在洛下，問訊中郎，庾敳。中郎留之云：「諸人當來。」尋温元甫、《晋諸公贊》曰：「温幾字元甫，太原人，才性清婉，歷司徒右長史，湘州刺史，卒官。」劉王喬、曹嘉之《晋紀》曰：「劉疇字王喬，彭城人。父訥，司隸校尉。疇善談名理，曾避亂塢壁，有胡數百欲害之，疇無懼色，援笳而吹之，爲《出塞》、《入塞》之聲，以動其游客之思。於是群胡皆泣而去之。位至司徒左長史。」裴叔則俱至，酬酢終日。庾公猶憶劉、裴之才俊，元甫之清中。「中」一作「平」。

【眉批】

按：此則弇州所删。

蔡司徒在洛，見陸機兄弟住參佐廨中，三間瓦屋，士龍住東頭，士衡住西頭。士龍爲人文弱可愛，士衡長七尺餘，聲作鐘聲，言多忼慨。《文士傳》曰：「雲性弘静，怡怡然爲士友所宗。機清厲有風格，爲鄉黨所憚。」

【眉批】

王敬美曰：「二陸即被禍，猶爲名賢憶慕如此，蓋以得見爲幸也。」

王長史是庾子躬外孫，《王氏譜》曰：「濛父訥，娶潁川庾琮之女，字三壽也。」丞相目子躬云：「入理泓然，我已上人。」子躬，子嵩兄也。

庾太尉目庾中郎：「家從談談之許。」《名士傳》曰：「敳不爲辨析之談，而舉其旨要，太尉王夷甫雅重之也。」一作「家從談之祖」，「從」一作「誦」、「許」一作「辭」。

【眉批】王敬美曰：「《注》已不能解。按《史記》『涉之爲王沉沉者』，《注》：『沉沉，猶談談，俗言深也。』『談談』二字見此，意言深深見許也。」

庾公目中郎：「神氣融散，差如得上。」《晉陽秋》曰：「敳頽然淵放，莫有動其聽者。」

【眉批】劉會孟曰：「此神氣又似矜傲。」

劉琨稱祖車騎爲朗詣，曰：「少爲王敦所嘆。」虞預《晉書》曰：「逖字士稚，范陽遒人。豁蕩不修儀檢，輕財好施。」《晉陽秋》曰：「逖與司空劉琨俱以雄豪著名，年二十四，與琨同辟司州主簿，情好綢繆，共被而寢。中夜聞鷄鳴，俱起，曰：『此非惡聲也。』每語世事，則中宵起坐，相謂曰：『若四海鼎沸，豪杰共起，吾與足下相避中原耳。』爲汝南太守，值京師傾覆，率流民數百家南度，行達泗口，安東板爲徐州刺史。逖既有豪才，常忼慨以中原爲己任。乃説中宗雪復神州之計，拜爲豫州刺史，使自招募。逖遂率部曲百餘家，北渡江，誓曰：『祖逖若不清中原而復濟此者，有如大江！』攻城略地，招懷義士。屢摧石虎，虎不敢復闚河南。石勒爲逖母墓置守吏。劉琨與親舊書曰：『吾枕戈待旦，志梟逆虜，常恐祖生先吾著鞭耳。』會其病卒。先有妖星見豫州分，逖曰：『此必爲我也，天未欲滅寇故耳。』贈車騎將軍。」

【眉批】

按：祖逖字，考《晉書》及《世説》諸本，皆作「士稚」，而世人相襲，但知書「士雅」，蓋「雅」與「稚」形相類之誤，然失之千里矣。

時人目庾中郎：「善於托大，長於自藏。」《名士傳》曰：「敳雖居職任，未嘗以事自嬰，從容博暢，寄通而已。是時天下多故，機事屢起，有爲者拔奇吐異，而禍福繼之。敳常默然，故憂喜不至也。」

王平子邁世有儁才，少所推服。每聞衛玠言，輒嘆息絶倒。《玠别傳》曰：「玠少有名理，善通《莊》、《老》。琅邪王平子高氣不群，邁世獨傲，每聞玠之語議，至于理會之間、要妙之際，輒絶倒於坐；前後三聞，爲之三倒。時人遂曰：『衛君談道，平子三倒。』」

【眉批】

劉會孟曰：「可倒。」

王大將軍《與元皇表》云：「舒風概簡正，允作雅人，自多於邃，王舒，已見。《王邃别傳》曰：「邃字處重，琅邪人，舒弟也。意局剛清，以政事稱。累遷中領軍、尚書左僕射。」舒、邃，並敦從弟。最是臣少所知拔。中間夷甫、澄見語：『卿知處明、茂弘，茂弘已有令名，真副卿清論；處明親疏無知之者。吾常以卿言爲意，殊未有得，恐已悔之。』臣慨然曰：『君以此試。』頃來始乃有稱之者。言常人正自患知之使過，不知使負實。」「使」一作「便」。

【眉批】

按：此則弇州所删。

凌初成曰：「古今同患。」

劉本注：「使」字或作「便」，疑訛而爲「使」。

周侯於荆州敗績還，未得用。王丞相與人書曰：「雅流弘器，何可得遺！」鄧粲《晋紀》曰：「顗爲荆州，始至，而建平民傅密等叛，迎蜀賊，顗狼狽失據，陶侃救之，得免。顗至武昌投王敦，敦更選侃代顗，顗還建康，未即得用也。」

【眉批】

按：此則弇州所删。

時人欲題目高坐而未能，桓廷尉以問周侯，周侯曰：「可謂卓朗。」桓公曰：「精神淵著。」《高坐傳》曰：「庾亮、周顗、桓彝，一代名士，一見和尚，披衿致契。曾爲和尚作目，久之未得。有云：『尸利密可稱卓朗。』於是桓始咨嗟，以爲標之極似。宣武嘗云：『少見和尚，稱其精神淵著，當年出倫。』其爲名士所嘆如此。」

王大將軍稱其兒云：「其神候似欲可。」王應也。

【眉批】

按：此則弇州所删。

卞令目叔向：「朗朗如百間屋。」《春秋左氏傳》曰：「叔向，羊舌肸也，晋大夫。」

【眉批】

按：此則弇州所删。

劉本注：「此評古人處。」

王敦爲大將軍，鎮豫章，衛玠避亂，從洛投敦，相見欣然，談話彌日。于時謝鯤爲長史，敦謂鯤曰：「不意永嘉之中，復聞正始之音。阿平若在，當復絶倒。」《玠别傳》曰：「玠至武昌見王敦，敦與之談論，彌日信宿。敦顧謂僚屬曰：『昔王輔嗣吐金聲於中朝，此子今復玉振於江表，微言之緒，絶而復續。不悟永嘉之中，復聞正始之音。阿平若在，當復絶倒。』」

王平子與人書，稱其兒「風氣日上，足散人懷」。《永嘉流人名》曰：「澄弟四子微。」《澄别傳》曰：「微邁上有父風。」

【眉批】

劉會孟曰：「傲也。」

胡毋彦國吐佳言如屑，後進領袖。言談之流，靡靡如解木出屑也。

王丞相云：「刁玄亮之察察，戴若思之巖巖，卞望之之峰距。」《卞壼别傳》曰：「壼字望之，濟陰冤句人。父粹，太常卿。」虞預書曰：「戴儼字若思，廣陵人。才義辯濟，有風標鋒穎。累遷征西將軍，爲王敦所害。贈左光禄大夫，儀同三司。」

壼少以貴正見稱，累遷御史中丞，權門屏迹。轉領軍、尚書令，蘇峻作亂，率衆距戰，父子二人，俱死王難。」鄧粲《晋紀》曰：「初，咸和中，貴游子弟能談嘲者，慕王平子、謝幼輿等爲達。壼厲色於朝曰：『悖禮傷教，罪莫斯甚，中朝傾覆，實由於此。』欲奏治之，王導、庾亮不從，乃止。其後皆折節爲名士。」《語林》曰：「孔坦爲侍中，密啓成帝，不宜往拜曹夫人。丞相聞之，曰：『王茂弘駑痾耳，若卞望之之巖巖，刁玄亮之察察，戴若思之峰距，當敢爾不？』」此言殊有由緒，故聊載之耳。

【眉批】

王敬美曰：「此須注，乃得了然。」

大將軍語右軍：「汝是我佳子弟，按《王氏譜》，羲之是敦從父兄子。當不減阮主簿。」《中興書》曰：「阮裕少有德行，王敦聞其名，召爲主簿。知敦有不臣之心，縱酒昏酣，不綜其事。」

世目周侯「嶷如斷山」。《晋陽秋》曰：「顗正情嶷然，雖一時儕類，皆無敢媟近。」

王丞相招祖約夜語，至曉不眠。明旦有客，公頭鬢未理，亦小倦，客曰：「公昨如是，似失眠。」公曰：「昨與士少語，遂使人忘疲。」

【眉批】

按：此則弇州所删。

王敬美曰：「祖約叛臣何足爾，清談真不足貴。」

凌初成曰：「丞相每與作逆者傾注。」

王大將軍與丞相書，稱楊朗曰：「世彦識器理致，才隱明斷。既爲國器，且是楊侯淮之子，《世語》曰：「淮字始立，弘農華陰人。曾祖彪，祖修，有名前世。父囂，典軍校尉。淮元康末爲冀州刺史。」荀綽《冀州記》曰：「淮見王綱不振，遂縱酒，不以官事規意，消摇卒歲而已。成都王知淮不治，猶以其名士，惜而不遣，召爲軍咨議祭酒，府散停家。關東諸侯欲以淮補三事，以示懷賢尚德之事，未施行而卒，時年二十有七。」位望殊爲陵遲，卿亦足與之處。」

【眉批】

按：此則弇州所删。

何次道往丞相許，丞相以麈尾指坐，呼何共坐曰：「來，來，此是君坐。」何充，已見。丞相治揚州廨舍，按行而言曰：「我正爲次道治此爾。」何少爲王公所重，故屢發此嘆。《晋陽秋》曰：「充，導妻姊之子，明穆皇后之妹夫也。思韻淹濟，有文義才情，導深器之，由是少有美譽，遂歷顯位。導有副貳已使繼相意，故屢顯此指於上下。」

【眉批】

按：此則弇州所删。

王敬美曰：「殊得首相傳鉢心事。」

王丞相拜司徒而嘆曰：「劉王喬若過江，我不獨拜公。」曹嘉之《晋紀》曰：「疇有重名，永嘉中爲閻鼎所害。司徒蔡謨每嘆曰：『若使劉王喬得南渡，司徒公之美選也。』」

王藍田爲人晚成，時人乃謂之癡。《晋陽秋》曰：「述體道清粹，簡貴静正，怡然自足，不交非類。雖群英紛紛，俊乂交馳，述獨蔑然，曾不慕羡。由是名譽久藴。」王丞相以其東海子，辟爲掾。常集聚，王公每發言，衆人競贊之，述於末坐曰：「主非堯、舜，何得事事皆是。」丞相甚相嘆賞。言非聖人，不能無過，意譏讚述之徒。

【眉批】

按：此則弇州所删。

劉本注：「述，承之子。」

凌初成曰：「一語令千古佞諛羞死。」

又曰：「贊丞相也，《注》云贊述，誤。」

世目楊朗沈審經斷，蔡司徒云：「若使中朝不亂，楊氏作公方未已。」謝公云：「朗是大才。」《八王故事》曰：「楊淮有六子，曰喬、髦、朗、琳、俊、仲，皆得美名，論者以謂悉有台輔之望。文康庾公每追嘆曰：『中朝不亂，諸楊作公未已也。』」

【眉批】

按：此則弇州所删。

劉萬安即道真從子，庾公琮字子躬。所謂「灼然玉舉」。又云：「十人亦見，百人亦見。」《劉氏譜》曰：「綏字萬安，高平人。祖奥，太祝令。父斌，著作郎。綏歷驃騎長史。」

【眉批】

劉本注：「言表於衆人中，即『灼然玉舉』之意。」

庾公爲護軍，屬桓廷尉覓一佳吏，乃經年。桓後遇見徐寧而知之，遂致於庾公，曰：「人所應有，其不必有，人所應無，已不必無，真海岱清士。」《徐江州本事》曰：「徐寧字安期，東海郯人。通朗有德素，少知名。初爲輿縣令。譙國桓彝有人倫鑒，而嘗去職無事，至廣陵尋親舊，遇風，停浦中累日，在船憂邑，上岸消揺，見一空宇，有似廨署。彝訪之，云：『輿縣廨也，令姓徐名寧。』彝既獨行，思逢悟賞，聊造之。寧清惠博涉，相遇怡然。遂停宿，因留數夕，與寧結交而別。至都，謂庾亮曰：『吾爲卿得一佳吏部郎。』亮問所在，彝即叙之。累遷吏部郎、左將軍、江州刺史。」

【眉批】

劉會孟曰：「此語甚不容易，不特包罩多風刺。」

桓茂倫云：「褚季野皮裏陽秋。」謂其裁中也。《晋陽秋》曰：「裒簡穆有器識，故爲彝所目也。」

何次道嘗送東人，瞻望見賈寧在後輪中，曰：「此人不死，終爲諸侯上客。」《晋陽秋》曰：「寧字建寧，長樂人，賈氏孽子也。初自結於王應、諸葛瑶。應敗，浮游吴、會，吴人咸侮辱之。聞京師亂，馳出，投蘇峻。峻甚昵之，以爲謀主。及峻聞義軍起，自姑孰屯于石頭，是寧之計。峻敗，先降，仕至新安太守。」

【眉批】

王敬美曰：「賊何足道，當是緣丞相保存意耳。」

劉會孟曰：「一樣語病，此復可可。」

杜弘治墓崩，哀容不稱。庾公顧謂諸客曰：「弘治至羸，不可以致哀。」《晋陽秋》曰：「杜乂字弘治，京兆人。祖預，父錫，有譽前朝。乂少有令名，仕丹陽丞，蚤卒，成帝納乂女爲后。」又曰：「弘治哭不可哀。」

【眉批】

按：此則弇州所删。

世稱庾文康爲豐年玉，穉恭爲荒年穀。庾家論云：「是文康稱恭爲荒年穀，庾長仁爲豐年玉。」謂亮有廊廟之器，翼有臣世之才，各有用也。

【眉批】

劉會孟曰：「好語，有味。」

世目杜弘治標鮮，季野穆少。《江左名士傳》曰：「乂，清標令上也。」

有人目杜弘治標鮮清令，盛德之風，可樂詠也。《語林》曰：「有人目杜弘治標解甚清令，初若熙怡容無韻，盛德之風，可樂詠也。」

【眉批】

按：此則弇州所删。

劉會孟曰：「晋語暢處别。」

庾公云：「逸少國舉。」故庾倪爲碑文云：「拔萃國舉。」倪，庾倩小字也。徐廣《晋紀》曰：「倩字少彦，司空冰子，皇后兄也。有才具，仕至太宰長史。桓温以其宗强，使下邳王晃誣與謀反而誅之。」

【眉批】

按：此則弇州所删。

庾穉恭與桓温書，稱：「劉道生日夕在事，大小殊快，義懷通樂既佳，且足作友，正實良器，推此與君，同濟艱不者也。」宋明帝《文章志》曰：「劉恢字道生，沛國人。識局明濟，有文武才。王濛每稱其思理淹通，蕃屏之高選。爲車騎司馬，年三十六卒，贈前將軍。」

【眉批】
按：此則弇州所删。
劉會孟曰：「真穉恭懷抱。」

王藍田拜揚州，主簿請諱，教云：「亡祖、先君，名播海内，遠近所知。内諱不出於外，《禮記》曰：「婦人之諱不出門。」餘無所諱。」

【眉批】
按：弇州以此入《方正》。
按：此因有「名播海内，遠近所識」，故入《賞譽》耳，《方正》不類。

蕭中郎，孫丞公婦父，劉尹在撫軍坐，時擬爲太常。劉尹云：「蕭祖周不知便可作三公不？自此以還，無所不堪。」《晋百官名》曰：「蕭輪字祖周，樂安人。」劉謙之《晋紀》曰：「輪有才學，善三《禮》，歷常侍、國子博士。」

【眉批】
按：此則弇州所删。
劉會孟曰：「語自慷慨，第載爲人婦父，似婿有佳處。」

謝太傅未冠，始出西，詣王長史，清言良久。去後，苟子問曰：王濛、子修並已見。「向客何如尊？」長史曰：「向客亹亹，爲來逼人。」

【眉批】

劉會孟曰：「問向客，答向客，可觀。」

王右軍語劉尹：「故當共推安石。」劉尹曰：「若安石東山志立，當與天下共推之。」《續晉陽秋》曰：「初，安家於會稽上虞縣，優游山林，六七年間，徵召不至。雖彈奏相屬，繼以禁錮，而晏然不屑也。」

【眉批】

王敬美曰：「劉尹慣不饒人一着。」

凌初成曰：「最毒最毒，狠於『小草』。」

謝公稱藍田掇皮皆真。徐廣《晉紀》曰：「述真審，真意不顯。」

桓温行經王敦墓邊過，望之云：「可兒！可兒！」孫綽《與庾亮牋》曰：「王敦可人之目，數十年間也。」

【眉批】

王敬美曰：「英雄相識，故不以成敗論。」

劉會孟曰：「奸雄自相美，名德乃不之道。」

劉本注：「猶可人也。」

殷中軍道王右軍云：「逸少清貴人，吾於之甚至，一時無所後。」《文章志》曰：「羲之高爽有風氣，不類常流也。」

【眉批】

按：此則弇州所删。

楊用修曰：「清真謂清致而真率也，李太白用其語爲詩，有『君本清真』是其證也。近乃妄改作清貴。」

王仲祖稱殷淵源非以長勝人，處長亦勝人。《晉陽秋》曰：「浩善以通和接物也。」

【眉批】

劉會孟曰：「空函殆智。」

王司州與殷中軍語，嘆云：「已之府奥，蚤已傾寫而見，殷陳勢浩汗，衆源未可得測。」徐廣《晉紀》曰：「浩清言妙辯玄致，當時名流皆爲其美譽。」

王長史謂林公：「真長可謂金玉滿堂。」林公曰：「金玉滿堂，復何爲簡選？」王曰：「非爲簡選，直致言處自寡耳。」謂吉人之辭寡，非擇言而出也。

【眉批】

按：此則弇州所删。

王敬美曰：「觀此，知林公未簡於辭。」

劉本注：「言所藴甚富而言甚寡，非擇言而出。」

王長史道江道群：「人可應有，乃不必有，人可應無，已必無。」《中興書》曰：「江灌字道群，陳留人，僕射彪從弟也。有才器，與從兄道名相亞。仕尚書中護軍。」

【眉批】

劉會孟曰：「不及前語。」

會稽孔沉、魏顗、虞球、虞存、謝奉，並是四族之俊，于時之桀。沉、存、顗、奉，並别見。《虞氏譜》曰：「球字和琳，會稽餘姚人。祖授，吴廣州刺史。父基，右軍司馬。球仕至黄門侍郎。」孫興公目之曰：「沉爲孔家金，顗爲魏家玉，虞爲長、琳宗，謝爲弘道伏。」長、琳即存及球字也。弘道，謝奉字也。言虞氏宗長、琳之才，謝氏伏弘道之美也。

【眉批】

按：此則弇州所删。

王仲祖、劉真長造殷中軍談，談竟俱載去。劉謂王曰：「淵源真可。」王曰：「卿故墮其雲霧中。」《中興書》曰：「浩能言理，談論精微，長於《老》、《易》，故風流者皆宗歸之。」

【眉批】

劉會孟曰：「有美有譏。」

劉尹每稱王長史云：「性至通而自然有節。」《濛别傳》曰：「濛之交物，虛己納善，恕而後行，希見其喜愠之色，凡與一面，莫不敬而愛之。然少孤，事諸母甚謹，篤義穆族，不修小潔，以清貧見稱。」

王右軍道謝萬石「在林澤中爲自遒上」，嘆林公「器朗神俊」，《支遁别傳》曰：「遁任心獨往，風期高亮。」道祖士少「風領毛骨，恐没世不復見如此人」，道劉真長「標雲柯而不扶疏」。《劉尹别傳》曰：「惔既令望，姻婭帝室，故屢居達官。然性不偶俗，心淡榮利，雖身登顯列，而每挹降，閑静自守而已。」

【眉批】

劉會孟曰：「非體」。

簡文目庾赤玉「省率治除」，謝仁祖云：「庾赤玉胸中無宿物。」赤玉，庾統小字。《中興書》曰：「統字長仁，潁川人，衛將軍懌子也。少有令名，仕至尋陽太守。」

殷中軍道韓太常曰：「康伯少自標置，居然是出群器；及其發言遣辭，往往有情致。」《續晋陽秋》曰：「康伯清和有思理，幼爲舅殷浩所稱。」

簡文道王懷祖：「才既不長，於榮利又不淡，直以真率少許，便足對人多多許。」《晉陽秋》曰：「述少貧約，簞瓢陋巷，不求聞達，由是爲有識所重。」

【眉批】

王敬美曰：「道盡藍田。簡文妙於言乃爾。」

劉會孟曰：「與掇皮皆真同。」

又曰：「行狀俱盡。」

林公謂王右軍云：「長史作數百語，無非德音，如恨不苦。」苦，謂窮人以辭。王曰：「長史自不欲苦物。」

殷中軍與人書，道：「謝萬文理轉遒，成殊不易。」《中興書》曰：「萬才器俊秀，善自衒曜，故致有時譽，兼善屬文，能談論，時人稱之。」

王長史云：「江思悛思懷所通，不翅儒域。」徐廣《晉紀》曰：「江惇字思悛，陳留人，僕射虨弟也。性篤學，手不釋書，博覽墳典，儒道兼綜。徵聘無所就，年四十九而卒。」

許玄度送母，始出都，人問劉尹：「玄度定稱所聞不？」劉曰：「才情過於所聞。」《許氏譜》曰：「玄度母，華軼女也。」按詢集，詢出都迎姊，於路賦詩，《續晉陽秋》亦然。而此言送母，疑繆矣。

阮光禄云：「王家有三年少，右軍、安期、長豫。」阮裕、王悦、安期、王應，並已見。

謝公道豫章：「若遇七賢，必自把臂入林。」《江左名士傳》曰：「鯤通簡有識，不修威儀，好迹逸而心整，形濁而言清。居身若穢，動不累高。鄰家有女，嘗往挑之，女方織，以梭投折其兩齒。既歸，傲然長嘯，曰：『猶不廢我嘯歌。』其不事形骸如此。」

王長史嘆林公：「尋微之功，不減輔嗣。」《支遁別傳》曰：「遁神心警悟，清識玄遠。嘗至京師，王仲祖稱其造微之功，不異王弼。」

殷淵源在墓所幾十年，于時朝野以擬管、葛，起不起，以卜江左興亡。《續晉陽秋》曰：「時穆帝幼冲，母后臨朝，簡文親賢民望，任登宰輔。桓温有平蜀、洛之勳，擅强西陜。帝自料文弱，無以抗之。陳郡殷浩素有盛名，時論比之管、葛，故徵浩爲揚州。温知意在抗己，甚忿焉。」

【眉批】

按：此則弇州所删。

殷中軍道右軍：「清鑒貴要。」《晉安帝紀》曰：「羲之風骨清舉也。」

謝太傅爲桓公司馬。《續晉陽秋》曰：「初，安優游山水，以敷文析理自娱。桓温在西蕃，欽其盛名，諷朝廷請爲司馬。以世道未夷，志存匡濟，年四十，起家應務也。」桓詣謝，值謝梳頭，遽取衣幘。桓公云：「何煩此！」因下共語至暝。既去，謂左右曰：「頗曾見如此人不？」

謝公作宣武司馬，屬門生數十人於田曹中郎趙悦子。伏滔《大司馬寮屬名》曰：「悦字悦子，下邳人。歷大司馬參軍、左衛將軍。」悦子以告宣武，宣武云：「且爲用半。」趙俄而悉用之，曰：「昔安石在東山，搢紳敦逼，恐不豫人事。況今自鄉選，反違之邪？」

【眉批】

按：弇州以此入《寵禮》。

劉會孟曰：「悦子自佳。」

桓宣武表云：「謝尚神懷挺率，少致民譽。」温集載其《平洛表》曰：「今中州既平，宜時綏定。鎮西將軍、豫州刺史尚，神懷挺率，少致人譽。是以入贊百揆，出蕃方司。宜進據洛陽，撫寧黎庶。謂可本官都督司州諸軍事。」

【眉批】

按：此則弇州所删。

世目謝尚爲「令達」。阮遥集云：「清暢似達。」或云：「尚自然令上。」《晋陽秋》曰：「尚率易挺達，超悟令上也。」

【眉批】

劉會孟曰：「即欲解不可，而可稱數。」

桓大司馬病，謝公往省病，從東門入。温時在姑孰。桓公遥望嘆曰：「吾門中久不見如此人。」

【眉批】
按：此則弇州所删。
凌初成曰：「門中不可少，然勿令小草之。」

簡文目敬豫爲「朗豫」。王恬，已見。《文字志》曰：「恬識理明貴，爲後進冠冕也。」

【眉批】
劉會孟曰：「此一字連其人名，如謔如謚，更自高簡。」

孫興公爲庾公參軍，共游白石山，衛君長在坐。《衛氏譜》曰：「永字君長，成陽人，位至左軍長史。」孫曰：「此子神情都不關山水，而能作文。」庾公曰：「衛風韻雖不及卿諸人，傾倒處亦不近。」孫遂沐浴此言。

【眉批】
劉會孟曰：「庾言自佳，沐浴何物。」

王右軍目陳玄伯「壘塊有正骨」。陳泰，已見。

王長史云：「劉尹知我，勝我自知。」《濛别傳》曰：「濛與沛國劉惔齊名，時人以濛比袁曜卿，惔比荀奉倩，而共交友，甚相知賞也。」

【眉批】

劉會孟曰：「此亦古人所未道。」

王、劉聽林公講，王語劉曰：「向高坐者，故是凶物。」復東聽，王又曰：「自是鉢釪後王、何人也。」《高逸沙門傳》曰：「王濛恒尋遁，遇祇洹寺中講，正在高坐上。每舉麈尾，常領數百言，而情理俱暢，預坐百餘人皆結舌注耳。濛云：『聽講衆僧，向高坐者，是鉢釪後王、何人也。』」

許玄度言：「《琴賦》所謂『非至精者，不能與之析理』，劉尹其人；『非淵静者，不能與之閑止』，簡文其人。」嵇叔夜《琴賦》也。劉惔真長，丹陽尹。

魏隱兄弟少有學義，《魏氏譜》曰：「隱字安時，會稽上虞人，歷義興太守、御史中丞。弟邈，黄門郎。」總角詣謝奉，奉與語，大説之，曰：「大宗雖衰，魏氏已復有人。」

簡文云：「淵源語不超詣簡至，然經綸思尋處，故有局陳。」

初，法汰北來，未知名，車頻《秦書》曰：「釋道安爲慕容晋所掠，欲投襄陽，行至新野，集衆議曰：『今遭凶年，不依國主，則法事難舉。』乃分僧衆，使竺法汰詣揚州，曰：『彼多君子，上勝可投。』法汰遂渡江至楊土焉。」王領軍供養之。《中興書》曰：「王洽字敬和，丞相導弟三子，累遷吴郡内史，爲士民所懷。徵拜中領軍，尋加中書令，不拜。年二十六而卒。」每與周旋，行來往名勝許，輒與俱，不得汰，便停車不行。因此名遂重。《名德沙門題目》曰：「法汰高亮開達。」孫綽爲汰贊曰：「凄風拂林，明泉映壑，爽爽法汰，校德無怍。事外蕭洒，神内恢廓。實從前起，名隨後躍。」《泰元起居注》曰：「法汰以十二卒，烈宗詔曰：『法汰師喪逝，哀痛傷懷，可贈錢十萬。』」

【眉批】

凌初成曰：「後人如此，便有嗤者。」

王長史與大司馬書，道淵源識致安處，足副時談。

【眉批】

按：此則弇州所删。

謝公云：「劉尹語審細。」孫綽爲惔誄叙曰：「神猶淵鏡，言必珠玉。」

桓公語嘉賓：「阿源有德有言，向使作令僕，足以儀刑百揆，朝廷用違其才耳。」嘉賓，郄超小字也。阿源，殷浩也。

簡文語嘉賓：「劉尹語末後亦小異，回復其言，亦乃無過。」

孫興公、許玄度共在白樓亭，《會稽記》曰：「亭在山陰，臨流映壑也。」共商略先往名達。林公既非所關，聽訖，云：「二賢故自有才情。」

【眉批】

按：此則弇州所删。

凌初成曰：「亭名何謂？」

王右軍道東陽：「我家阿林，章清太出。」「林」應爲「臨」。《王氏譜》曰：「臨之字仲產，琅邪人，僕射彪之子，仕至東陽太守。」

王長史與劉尹書，道：「淵源觸事長易。」

【眉批】

劉會孟曰：「費辭説。」

謝中郎云：「王修載樂托之性，出自門風。」《王氏譜》曰：「耆之字修載，琅邪人，荆州刺史廙弟三子。歷中書郎、鄱陽太守、給事中。」

【眉批】

劉會孟曰：「落魄。」

林公云：「王敬仁是超悟人。」《文字志》曰：「修之少有秀令之稱。」

劉尹先推謝鎮西，謝後雅重劉，曰：「昔嘗北面。」按謝尚年長於惔，神穎夙彰，而曰北面於劉，非可信。

【眉批】

按：此則弇州所删。

凌初成曰：「推重耳，何足致疑？況劉亦堪此，勿論年長。」

謝太傅稱王修齡曰：「司州可與林澤游。」《王胡之別傳》曰：「胡之常遺世務，以高尚爲情，與謝安相善也。」

諺曰：「揚州獨步王文度，後來出人郗嘉賓。」《續晋陽秋》曰：「超少有才氣，越世負俗，不循常檢，時人爲一代盛譽者，語曰：『大才槃槃謝家安，江東獨步王文度，盛德日新郗嘉賓。』」其語小異，故詳録焉。

人問王長史江虨兄弟群從。王答曰：「諸江皆復足自生活。」虨及弟淳、從灌，並有德行，知名於世。

謝太傅道安北：「見之乃不使人厭，然出户去不復使人思。」安北，王坦之也。《續晋陽秋》曰：「謝安初攜幼釋同好，養志海濱，襟情超暢，尤好聲律，然抑之以禮，在哀能至。弟萬之喪，不聽絲竹者將十年。及輔政，而修室第園館，麗車服，雖期功之慘，不廢妓樂，王坦之因苦諫焉。」按謝公蓋以王坦之好直言，故不思爾。

【眉批】

劉會孟曰：「此威儀韻度之則，一見而盡。」

謝公云：「司州造勝遍決。」宋明帝《文章志》曰：「胡之性簡，好達玄言也。」

【眉批】

劉會孟曰：「不可解，亦不足取。」

劉尹云：「見何次道飲酒，使人欲傾家釀。」充飲酒能温克。

謝太傅語真長：「阿齡於此事故欲太厲。」修齡，王胡之小字也。劉曰：「亦名士之高操者。」《胡之别傳》曰：「胡之治身清約，以風操自居。」

【眉批】

劉會孟曰：「何等語！」

王子猷說：「世目士少爲朗，我家亦以爲傲朗。」《晋諸公贊》曰：「祖約少有清稱。」

【眉批】

按：此則弇州所删。

劉會孟曰：「一字是病，一字是德。」

按「傲」字，諸本俱誤爲「徹」。

謝公云：「長史語甚不多，可謂有令音。」《王濛别傳》曰：「濛性和暢，能清言，談道貴理中，簡而有會。商略古賢顯默之際，辭旨劭令，往往有高致。」

謝鎮西道敬仁：「文學鏃鏃，無能不新。」《語林》曰：「敬仁有異才，時賢皆重之。王右軍在郡，迎敬仁，叔仁輒同車，常惡其遲。後以馬迎敬仁，雖復風雨，亦不以車也。」

【眉批】

劉會孟曰：「鏃鏃，説意正是病。」

劉尹道江道群「不能言而能不言」。江灌，已見。

林公云：「見司州，警悟交至，使人不得住，亦終日忘疲。」《王胡之别傳》曰：「胡之少有風尚，才器率舉，有秀悟之稱。」

【眉批】

按：此則弇州所删。

世稱荀子秀出，阿興清和。荀子，已見。阿興，王藴小字。

簡文云：「劉尹茗柯有實理。」「柯」一作「打」，又作「仃」，又作「打」。

【眉批】

劉會孟曰：「五字最妙。」

又曰：「大道之極，昏昏默默。」

劉本注：「言如茗之枝柯，小實，非外博而中虚也。」

楊用修曰：「韓康伯雖無骨幹，然亦膚立。膚立當是茗柯之友。」

謝胡兒作著作郎，嘗作《王堪傳》，《晋諸公贊》曰：「堪字世胄，東平壽張人。少以高亮義正稱。爲尚書左丞，有準繩操。爲石勒所害，贈太尉。」不諳堪是何似人，咨謝公。謝公答曰：「世胄亦被遇。堪，烈之子。《晋諸公贊》曰：「烈字陽秀，蚤知名魏朝，爲治書御史。」阮千里姨兄弟，潘安仁中外，安仁詩所謂『子親伊姑，我父唯舅』。是許允婿。」《潘安仁集》曰：「王堪爲成都王軍司馬，岳送至北邙別，作詩曰：『微微髮膚，受之父母。峨峨三侯，中外之首。子親伊姑，我父唯舅。』」

【眉批】

劉會孟曰：「作文不知來歷，害事，謝公似不通。」

按：「阮千里」以下，舊本另分一則，而《注》云：「阮潘既是表兄弟，又同是女婿。」誤也。此正言王堪耳。況潘乃楊婿，孝標不知耶？劉會孟批亦承訛耳。今依近本改正。

謝太傅重鄧僕射，常言：「天地無知，使伯道無兒。」《晋陽秋》曰：「鄧攸既棄子，遂無復繼嗣，爲有識傷惜。」

【眉批】

劉會孟曰：「誅語如此，千古如生。」

謝公與王右軍書曰：「敬和棲托好佳。」《中興書》曰：「洽於公子中最知名，與潁川荀羨俱有美稱。」

吴四姓舊目云：「張文，朱武，陸忠，顧厚。」《吴録·士林》曰：「吴郡有顧、陸、朱、張爲四姓，三國之間，四姓盛焉。」

【眉批】

按：此則弇州所删。

謝公語王孝伯：「君家藍田，舉體無常人事。」按述雖簡而性不寬裕，投火怒蠅，方之未甚。若非太傅虚相褒飾，則《世説》謬設斯語也。

【眉批】

王敬美曰：「《注》駁是。」

許掾嘗詣簡文，爾夜風恬月朗，乃共作曲室中語。襟情之詠，偏是許之所長，辭寄清婉，有逾平日。簡文雖契素，此遇尤相咨嗟，不覺造膝，共叉手語，達于將旦。既而曰：「玄度才情，故未易多有許。」《續晋陽秋》曰：「詢能言理，曾出都迎姊。簡文皇帝、劉真長説共情旨及襟懷之詠，每造膝賞對，夜以繫日。」

殷允出西，郗超與袁虎書云：「子思求良朋，托好足下，勿以開美求之。」《中興書》曰：「允字子思，陳郡人，太常康弟六子。恭素謙退，有儒者之風。歷吏部尚書。」世目袁爲「開美」，故子敬詩曰：「袁生開美度。」

【眉批】

劉本注：「此語疑勸袁勿友殷，自褎其美。」

謝車騎問謝公："真長性至峭，何足乃重？"答曰："是不見耳。阿見子敬，尚使人不能已。"《語林》曰："羊驎因酒醉，撫謝左軍謂太傅曰：『此家詎復後鎮西？』太傅曰：『汝阿見子敬，便沐浴爲論兄輩。』"推此言意，則安以玄不見真長，故不重耳。見子敬尚重之，況真長乎？

【眉批】

劉會孟曰："不説真長説子敬，晋語高之。"

王敬美曰："不言劉尹，而言子敬，甚妙。"

凌初成曰："峭處猶可，輕薄太甚。"

劉會孟曰：此等語不佳。

劉本注："玄必有别事，疑安不與真長，故發此問。"

謝公領中書監，王東亭有事，應同上省。王後至，坐促，王、謝雖不通，太傅猶斂膝容之。王神意閑暢，謝公傾目。還謂劉夫人曰："向見阿瓜，故自未易有，雖不相關，正是使人不能已已。"王、謝不通事，别見。按王珣小字法護，而此言阿瓜，未爲可解，儻小名有兩耳。

【眉批】

劉本注："阿瓜，王小字，又小字法護。"

王子敬語謝公：「公故蕭洒。」謝曰：「身不蕭洒，君道身最得，身正自調暢。」《續晋陽秋》曰：「安弘雅有氣，風神調暢也。」

【眉批】

王敬美曰：「謝公自知。」

劉會孟曰：「語不足道，而神情自近，愈見其真。」

謝車騎初見王文度，曰：「見文度，雖蕭洒相遇，其復愔愔竟夕。」

【眉批】

劉本注：「謝謂身本不瀟洒，以其言已得其當，故襟懷自暢爾。似戲辭，江左諸人措辭多如此。

范豫章謂王荆州：范寧、王忱並已見。「卿風流俊望，真後來之秀。」王曰：「不有此舅，焉有此甥。」

【眉批】

按：此則弇州所删。

劉會孟曰：「相佞。」

子敬與子猷書，道：「兄伯蕭索寡會，遇酒則酣暢忘反，乃自可矜。」

張天錫世雄涼州，以力弱詣京師，雖遠方殊類，亦邊人之桀也。天錫，已見。聞皇京多才，欽羨彌至。猶在渚住，司馬著作往詣之，未詳。言容鄙陋，無可觀聽。天錫心甚悔來，以遐外可以自固。王彌有俊才，美譽當時，聞而造焉。《續晋陽秋》曰：「珉風情秀發，才辭富贍。」既至，天錫見其風神清令，言話如流，陳説古今，無不貫悉。又諳人物氏族中來，皆有證據。天錫訝服。

【眉批】

按：此則弇州所删。

王恭始與王建武甚有情，後遇袁悅之間，遂致疑隙。《晋安帝紀》曰：「初，忱與族子恭少相善，齊聲見稱，及並登朝，俱爲主相所待，内外始有不咸之論。恭獨深憂之，乃告忱曰：『悠悠之論，頗有異同，當由驃騎簡於朝覲故也，將無從容切言之邪？若主相諧睦，吾徒得勠力明時，復何憂哉。』忱以爲然。而慮弗見令，乃令袁悅具言之。悅每欲間恭，乃於王坐責讓恭曰：『卿何妄生同異，疑誤朝野？』其言切厲。恭雖惋悵，謂忱爲搆己也。忱雖心不負恭，而無以自亮。於是情好大離，而怨隙成矣。」然每至興會，故有相思時。恭嘗行散至京口射堂，于時清露晨流，新桐初引。恭目之曰：「王大故自濯濯。」

【眉批】

凌初成曰：「疑隙而相思，後世亦往往有之，然未易能。」

劉會孟曰：「名流自别。」
王敬美曰：「佳語似賦。」
劉會孟曰：「言因物像如此，而想其精神也。」

司馬太傅爲二王目曰：「孝伯亭亭直上，阿大羅羅清疏。」恭，正亮沈烈；忱，通朗誕放。

【眉批】
劉會孟曰：「羅羅，俚語。」

王恭有清辭簡旨，能叙説，而讀書少，頗有重出。《中興書》曰：「恭雖才不多，而清辯過人。」有人道孝伯常有新意，不覺爲煩。

【眉批】
劉會孟曰：「正是刺譏。」

殷仲堪喪後，桓玄問仲文：「卿家仲堪，定是何似人？」仲文曰：「雖不能休明一世，足以映徹九泉。」《續晉陽秋》曰：「仲堪，仲文之從兄也，少有美譽。」

【眉批】

劉會孟曰：「苦語痛事。」

品藻第九

汝南陳仲舉，潁川李元禮，二人共論其功德，不能定先後。蔡伯喈《續漢書》曰：「蔡伯喈，陳留圉人。通達有俊才，博學善屬文，伎藝術數無不精綜。仕至左中郎將，爲王允所誅。」評之曰：「陳仲舉强於犯上，李元禮嚴於攝下。犯上難，攝下易。」張璠《漢紀》曰：「時人爲之語曰：『不畏强禦陳仲舉，天下模楷李元禮』。」仲舉遂在「三君」之下，謝沉《漢書》曰：「三君者，一時之所貴也。竇武、劉淑、陳蕃，少有高操，海内尊而稱之，故得因以爲目。」元禮居「八俊」之上。薛瑩《漢書》曰：「李膺、王暢、荀緄、朱寓、魏朗、劉佑、杜楷、趙典爲八俊。」《英雄記》曰：「先是張儉等相與作衣冠糾彈，彈中人相調，言：『我彈中誠有八俊、八乂，猶古之八元、八凱也。』」謝沉書曰：「俊者，卓出之名也。」姚信《士緯》曰：「陳仲舉體氣高烈，有王臣之節；李元禮忠壯正直，有社稷之能。海内論之不決，蔡伯喈抑一言以變之，疑論乃定也。」

【眉批】

劉會孟曰：「《世説》之作，正在《識鑒》、《品藻》兩種耳，餘備門類，不得不有，亦不盡然。」

龐士元至吴，吴人並友之。《蜀志》曰：「周瑜領南郡，士元爲功曹。瑜卒，士元送喪至吴，吴人多聞其名。及當還西，並會閶門，與士元言。」見陸績、《文士傳》曰：「績字公紀，幼有俊朗才數，博學多通。龐士元年長於績，共爲交友。仕至鬱林太守。自知亡日，年三十二而卒。」顧劭、全琮，環濟《吴紀》曰：「琮字子黄，吴郡錢塘人。有德行義概，爲大司馬。」而爲之目曰：「陸子所謂駑馬有逸足之用，顧子所謂駑牛可以負重致遠。」或問：「如所目，陸爲勝邪？」曰：「駑馬雖精速，能致一人耳。駑牛一日行百里，所致豈一人哉。」吴人無以難。「全子好聲名，似汝南樊子昭。」蔣濟《萬機論》曰：「許子將褒貶不平，以拔樊子昭而抑許文休。劉曄難曰：『子昭拔自賈竪，年至七十，退能守静，進不苟競。』濟答曰：『子昭誠自幼至長，容貌完潔。然觀其插齒牙，樹頰頦，吐唇吻，自非文休之敵。』」

【眉批】

劉會孟曰：「亦捷急變化語，即駿馬所致，亦如此耳。」

顧劭嘗與龐士元宿語，問曰：「聞子名知人，吾與足下孰愈？」曰：「陶冶世俗，與時浮沉，吾不如子；《吴志》曰：「劭好樂人倫，自州郡庶幾及四方人事，往來相見，或諷議而去，或結友而別，風聲流聞，遠近稱之。」論王霸之餘策，覽倚仗之要害，吾似有一日之長。」劭亦安其言。《吴録》曰：「劭安其言，更親之。」

【眉批】

劉會孟曰：「有懷其人。」

按：「仗」，劉本作「伏」。

凌初成曰：「惜未見其止。」

諸葛瑾弟亮，及從弟誕，《吴書》曰：「瑾字子瑜，其先葛氏，琅邪諸縣人。後徙陽都。陽都先有姓葛者，時人謂諸葛，因爲氏。瑾少以至孝稱，累遷豫州牧，六十八卒。」《魏志》曰：「誕字公休，爲吏部郎。人有所屬托，輒顯其言而亟用之，後有當不，則公議其得失以爲褒貶。自是群寮莫不慎其所舉。累遷揚州刺史、鎮東將軍、司空，謀逆伏誅。」並有盛名，各在一國。于時以爲蜀得其龍，吴得其虎，魏得其狗。誕在魏，與夏侯玄齊名。瑾在吴，吴朝服其弘量。《吴書》曰：「瑾避亂渡江，大皇帝取爲長史，遣使蜀，但與弟亮公會相見，反無私面。而又有容貌思度，時人服其弘量。」

【眉批】

王敬美曰：「後兩語，正自推尊武侯。」

凌初成曰：「不目武侯特妙，《世説》佳處正以此。」

司馬文王問武陔：「陳玄伯何如其父司空？」陔曰：「通雅博暢，能以天下聲教爲己任者不如也。明練簡至，立功立事，過之。」《魏志》曰：「陔與泰善，故文王問之。」

【眉批】

王敬美曰：「亦似得之，但未及其正骨耳。」

凌初成曰：「玄伯父子人品，似難相較。」

正始中，人士比論，以五荀方五陳：荀淑方陳寔，荀靖方陳諶，《逸士傳》曰：「靖字叔慈，潁川人。有俊才，以孝著名。兄弟八人，號『八龍』，隱身修學，動止合禮。弟爽，亦有才學，顯名當世。或問汝南許章：『爽與靖孰賢？』章曰：『二人皆玉也。慈明外朗，叔慈内潤。』太尉辟，不就。年五十終，時人惜之，號玄行先生。」荀爽方陳紀，荀彧方陳群，《典略》曰：「彧字文若，潁川人。爲漢侍中、守尚書令。彧爲人英偉，折節待士，坐不累席。其在臺閣間，不以私欲撓意。年五十薨，謚曰敬侯，以其名德高，追贈太尉。」荀顗方陳泰。《晋諸公贊》曰：「顗字景倩，彧之子。蹈禮立德，思義温雅，加深識國體，累遷光禄大夫。晋受禪，封臨淮公。典朝儀，刊正國式，爲一代之制。轉太尉，爲台輔，德望清重，留心禮教。卒謚康公。」又以八裴方八王。裴徽方王祥，裴楷方王夷甫，裴康方王綏，《晋百官名》曰：「康字仲豫，徽之子。」《晋諸公贊》曰：「康有弘量，歷太子左率。」裴綽方王澄，《王朝目録》曰：「綽字仲舒，楷弟也。名亞於楷，歷中書、黄門侍郎。」裴瓚方王敦，《晋諸公贊》曰：「瓚字國寶，楷之子。才氣爽俊，終中書郎。」裴遐方王導，裴頠方王戎，裴邈方王玄。

【眉批】

按：此則弇州所删。

按：外朗内潤，弇州采作正文。

冀州刺史楊淮二子喬與髦，俱總角爲成器。淮與裴頠、樂廣友善，遣見之。頠性弘方，愛喬之有高韻，謂淮曰：「喬當及卿，髦小减也。」廣性清淳，愛髦之有神檢，謂淮曰：「喬自及卿，然髦尤精出。」淮笑曰：「我二兒之優劣，乃裴、樂之優劣。」論者評之，以爲喬雖高韻，而檢不匝，樂言爲得，然並爲後出之俊。荀綽《冀州記》曰：「喬字國彦，爽朗有遠意。髦字士彦，清平有貴識。並爲後出之俊，爲裴頠、樂廣所重。」《晋諸公贊》曰：「喬似淮而疏，皆爲二千石。髦爲石勒所害。」

【眉批】

王敬美曰：「《世説》意已定，樂優於裴。」

劉令言始入洛，《劉氏譜》曰：「納字令言，彭城叢亭人。祖瑾，樂安長。父虘，魏樂陽令。納歷司隸校尉。」見諸名士而嘆曰：「王夷甫太解明，樂彦輔我所敬，張茂先我所不解，周弘武巧於用短，王隱《晋書》曰：「周恢字弘武，汝南人。祖斐，永寧少府。父隆，州從事。恢仕至秦相，秩中二千石。」杜方叔拙於用長。」《晋諸公贊》曰：「杜育字方叔，襄城鄧陵人，杜襲孫也。育幼便岐嶷，號『神童』。及長，美風姿，有才藻，時人號曰杜聖。累遷國子祭酒。洛陽將没，爲賊所殺。」

【眉批】

王敬美曰：「或作太鮮明。」

按：劉本作鮮明。

凌初成曰：「巧于用短，短亦長；拙于用長，長亦短。」

王夷甫云：「閭丘冲荀綽《兖州記》曰：「冲字賓卿，高平人。家世二千石。冲清平有鑒識，博學有文義。累遷太傅長史，雖不能立功蓋世，然聞義不惑，當世莅事，務於平允。操持文案，必引經誥，飾以文采，未嘗有滯。性尤通達，不矜不假。好音樂，侍婢在側，不釋弦管。出入乘四望車，居之甚夷，不能虧損恭素之行，淡然肆其心志。論者不以爲侈，不以爲僭，至於白首，而清名令望不渝於始。爲光禄勳。京邑未潰，乘車出，爲賊所害，時人皆痛惜之。」優於滿奮、郝隆。《晋諸公贊》曰：「隆字弘始，高平人。爲人通亮清識，爲吏部郎、楊州刺史。齊王冏起兵，隆應檄稽留，爲參軍王邃所殺。」此三人並是高才，冲最先達。《兗州記》曰：「于時高平人士偶盛，滿奮、郝隆達在冲前，名位已顯。而劉寶、王夷甫猶以冲之虚貴足先二人。」

【眉批】

按：此則弇州所刪。

按：此郝隆非矖書郝隆。

王夷甫以王東海比樂令，《江左名士傳》曰：「承言理辨物，但明其旨要，不爲辭費，有識伏其約而能通。太尉王夷甫一世龍門，見而雅重之，以比南陽樂廣。」故王中郎作碑云：「當時標榜，爲樂廣之儷。」

【眉批】

按：此則弇州所刪。

庾中郎與王平子雁行。《晉陽秋》曰：「初，王澄有通朗稱，而輕薄無行。兄夷甫有盛名，時人許以人倫鑒識。常爲天下士目曰：『阿平第一，子嵩第二，處仲第三。』數以澄、敦莫己若也。及澄喪敦敗，數世譽如初。」

【眉批】

按：此則弇州所刪。

劉會孟曰：「故事。」

王大將軍在西朝時，見周侯，輒扇障面不得住。敦性强梁，自少及長。季倫斬妓，曾無異色。若斯傲狠，豈憚於周顗乎？其言不然也。後度江左，不能復爾，王嘆曰：「不知我進伯仁退？」沈約《晉書》曰：「周顗，王敦素憚之，見輒面熱，雖復臘月，亦扇面不休。其憚如此。」

【眉批】

王敬美曰：「亦未可便謂不然。」

劉本注：「謂在洛時，敦尚畏顗。過江後，敦漸得志，不復憚矣。故嘆曰：『不知是我進乎？伯仁退乎？』」

王敬美曰：「觀注引沈書實之，前駁語似非劉筆。」

劉會孟曰：「未嘗不自知。」

會稽虞騤，元皇時與桓宣武同俠，其人有才理勝望。《虞光禄傳》曰：「騤字思行，會稽餘姚人，虞翻曾孫，右光禄潭兄子也。雖機幹不及潭，而至行過之。歷吏部郎、吴興守，徵爲金紫光禄大夫，卒。」王丞相嘗謂騤曰：「孔愉有公才而無公望，丁潭有公望而無公才，愉已見。《會稽後賢記》曰：「潭字世康，山陰人，吴司徒固曾孫也。沈婉有雅望，少與孔愉齊名。仕至光禄大夫。」《晉陽秋》曰：「孔敬康、丁世康、張偉康俱著名，時謂『會稽三康』。偉康名茂，嘗夢得大象，以問萬雅。雅曰：『君當爲大郡而不善也。象，大獸也，取其音狩，故爲大郡。然象以齒喪身。』後爲吴郡，果爲沈充所殺。」兼之者其在卿乎？」騤未達而喪。《虞光禄傳》曰：「騤未登台鼎，時論稱屈。」

【眉批】

劉會孟曰：「故是福不及耳。」

明帝問周伯仁：「卿自謂何如郗鑒？」周曰：「鑒方臣如有功夫。」復問郗，郗曰：「周顗比臣有國士門風。」鄧粲《晉紀》曰：「伯仁清正嶷然，以德望稱之。」

【眉批】

劉會孟曰：「兩語各可觀。」

王大將軍下，庾公問：「聞卿有四友，何者是？」答曰：「君家中郎，我家太尉、阿平，胡毋彦國。《八王故事》曰：「胡毋輔之少有雅俗鑒識，與王澄、庾敳、王敦、王夷甫爲四友。」今故答也。阿平故當最劣。」庾曰：「似未肯劣。」庾又問：「何者居其右？」王曰：「自有人。」又問：「何者是？」王曰：「噫！其自有公論。」左右躡公，公乃止。敦自謂右者在己也。

【眉批】

劉會孟曰：「此語庾目中無王，王目中無庾。」

劉本注：「王謙言其宗人不及。」

又注：「庾公此問甚煩，宜王敦如無人。」

人問丞相：「周侯何如和嶠？」答曰：「長輿嵯櫱。」虞預《晉書》曰：「嶠厚自封植，嶷然不群。」

【眉批】

劉會孟曰：「嵯櫱猶今言牙槎。」

又曰：「得體。」

明帝問謝鯤：「君自謂何如庾亮？」答曰：「端委廟堂，使百官準則，臣不如亮；一丘一壑，自謂過之。」《晉陽秋》曰：「鯤隨王敦下，入朝，見太子於東宮，語及夕。太子從容問鯤曰：『論者以君方庾亮，自謂孰愈？』對曰：『宗廟之美，百官之富，臣不如亮；縱意丘壑，自謂過之。』鄧粲《晉紀》曰：「鯤與王澄之徒，慕竹林諸人，散首披髮，裸袒箕踞，謂之『八達』。故鄰家之女，折其兩齒，世爲謠曰：『任達不已，幼輿折齒。』鯤有勝情遠概，爲朝廷之望，故時以庾亮方焉。」

王丞相二弟不過江，曰頴、曰敞。時論以頴比鄧伯道，敞比温忠武，議郎、祭酒者也。《王氏譜》曰：「頴字茂英，位至議郎，年二十卒。敞字茂平，丞相祭酒，不就，襲爵堂邑公，年二十有二而卒。」

【眉批】

按：此則弇州所删。

劉會孟曰：「此『不過江』語亦隱約。」

劉本注：「曰『不過江』，卒於度江前也。」

明帝問周侯：「論者以卿比郗鑒，云何？」周曰：「陛下不須牽顗比。」按顗死彌年，明帝乃即位。《世説》此言妄矣。

【眉批】按：此則弇州所删。

王丞相云：「頃下論以我比安期、千里，亦推此二人；唯共推太尉，此君特秀。」《晋諸公贊》曰：「夷甫性矜峻，少爲同志所推。」

【眉批】按：此則弇州所删。

宋禕曾爲王大將軍妾，後屬謝鎮西。鎮西問禕：「我何如王？」答曰：「王比使君，田舍貴人耳。」鎮西妖冶故也。未詳宋禕。

【眉批】按：此則弇州所删。王敬美曰：「宋禕是緑珠女弟。」

凌初成曰：「宋禕有國色，善吹笛，在晉明帝宮。後帝病，以賜阮遥集。又《嶺表録異》、《事物考》各書，俱言緑珠梁氏之女，不知其弟何以又姓宋？」

明帝問周伯仁：「卿自謂何如庾元規？」對曰：「蕭條方外，亮不如臣；從容廊廟，臣不如亮。」按諸書皆以謝鯤比亮，不聞周顗。

【眉批】

劉本注：「言王近粗俗，不如謝之治。」

按：此則弇州所删。

王丞相辟王藍田爲掾，庾公問丞相：「藍田何似？」王曰：「真獨簡貴，不減父祖，然曠澹處故當不如爾。」王述狷隘故也。

【眉批】

劉本注：「言述性褊也。」

卞望之云：「郗公體中有三反：方於事上，好下佞己，一反；治身清貞，大修計校，二反；自好讀書，憎人學問，三反。」按太尉劉寔論王肅方於事上，好下佞己；性嗜榮貴，不求苟合；治身不穢，尤惜財物。王、郗志性儻亦同乎？

【眉批】

劉會孟曰：「人人同。」

世論温太真是過江第二流之高者。時名輩共説人物，第一將盡之間，温常失色。《温氏譜序》曰：「晋大夫郤至封於温，子孫因氏，居太原祁縣，爲郡著姓。」

【眉批】

劉本注：「恐不及己。」

王丞相云：「見謝仁祖，恒令人得上。」與何次道語，唯舉手指地曰：「正自爾馨。」前篇及諸書皆云王公重何充，謂必代己相。而此章以手指地，意如輕詆。或清言析理，何不逮謝故邪？

【眉批】

劉本注：「有尊謝卑何之意。」

王敬美曰：「此方言，意云也只如此，故非譽之也。」

劉會孟曰：「得上亦足以發。」

何次道爲宰相，人有譏其信任不得其人。《晋陽秋》曰：「充所昵庸雜，以此損名。」阮思曠慨然曰：「次道自不至此。但布衣超居宰相之位，可恨唯此一條而已。」《語林》曰：「阮光禄聞何次道爲宰相，嘆曰：『我當何處生活？』」此則阮未許何爲鼎輔。二説便相符也。

【眉批】

按：此則弇州所删。

凌初成曰：「此自丞相超居之耳，次道何責焉。」

王敬美曰：「此言毁譽各半，疑是不滿意多。」

劉會孟曰：「此一條不小。」

按《語林》注，弇州采入《輕詆》。

王右軍少時，丞相云：「逸少何緣復減萬安邪！」劉綏，已見。

【眉批】

按：此則弇州所删。

郗司空家有傖奴，知及文章，事事有意。王右軍向劉尹稱之，劉問：「何如方回？」《郗愔别傳》曰：「愔字方回，高平金鄉人，太宰鑒長子也。淵靖純素，無執無競，簡私昵，罕交游。歷會稽内史、侍中、司徒。」王曰：「此正小人有意向耳，何得便比方回。」劉曰：「若不如方回，故是常奴耳。」

【眉批】

劉會孟曰：「謂更勝耳。」

劉本注：「傖奴，北人」

劉會孟曰：「語甚有氣。」

王敬美曰：「劉尹大是輕薄人。」

凌初成曰：「輒問方回，薄態可掬。」

按《集韻》，傖，助庚切，楚人別黨。

時人道阮思曠骨氣不及右軍，簡秀不如真長，韶潤不如仲祖，思致不如淵源，而兼有諸人之美。《中興書》曰：「裕以人不須廣學，正應以禮讓爲先。故終日頹然無所修綜，而物自宗之。」

【眉批】

劉會孟曰：「如此更高。」

簡文云：「何平叔巧累於理，嵇叔夜俊傷其道。」理本真率，巧則乖其致；道唯虛澹，俊則違其宗。所以二子不免也。

【眉批】

劉會孟曰：「篤論。」

時人共論晉武帝出齊王之與立惠帝，其失孰多？《晉陽秋》曰：「齊王攸字大猷，文帝第二子。孝敬忠肅，清和平允，親賢下士，仁惠好施。能屬文，善尺牘。初荀勗、馮紞爲武帝親幸，攸惡勗之佞，勗懼攸或嗣立，必誅己，且攸甚得衆心，朝賢景附。會帝有疾，攸及皇太子入問訊，朝士皆屬目於攸，而不在太子。至是，勗從容曰：『陛下萬年後，太子不得立也。』帝曰：『何故？』勗曰：『百寮内外，皆歸心於齊王，太子安得立乎？陛下試詔齊王歸國，必舉朝謂之不可。若然，則臣言徵矣。』侍中馮紞又曰：『陛下必欲建諸侯，成五等，宜從親始。親莫若齊王。』帝從之。於是下詔使攸之國。攸聞勗、紞間己，憂忿不知所爲。入辭出，歐血薨。帝哭之慟。馮紞侍曰：『齊王名過其實，而天下歸之。今自薨殞，陛下何哀之甚？』帝乃止。劉毅聞之，故終身稱疾焉。」多謂立惠帝爲重。桓温曰：「不然。使子繼父業，弟承家祀，有何不可。」武帝兆禍亂，覆神州，在斯而已。輿隸且知其若此，況宣武之弘俊乎！此言非也。

【眉批】

王敬美曰：「注是。」

劉會孟曰：「未足爲據。」

劉本注：「言其失重。」

按：此則弇州所刪。

人問殷淵源：「當世王公，以卿比裴叔道，云何？」殷曰：「故當以識通暗處。」遐與浩並能清言。

【眉批】

按：此則弇州所刪。

劉會孟曰：「似謂裴頠。」

劉會孟曰：「淺俗。」

撫軍問殷浩：「卿定何如裴逸民？」良久答曰：「故當勝耳。」

【眉批】

劉本注：「此不肯遜，又不敢競之辭。」

王敬美曰：「妙於自夸。《晋書》改一『卿』字，何啻千里。」

桓公少與殷侯齊名，常有競心。桓問殷：「卿何如我？」殷云：「我與我周旋久，寧作我。」

【眉批】

劉本注：「言我寧爲我而已，不與桓比擬也。」

撫軍問孫興公：「劉真長何如？」曰：「清蔚簡令。」「王仲祖何如？」曰：「温潤恬和。」徐廣《晉紀》曰：「凡稱風流者，皆舉王、劉爲宗焉。」「桓温何如？」曰：「高爽邁出。」「謝仁祖何如？」曰：「清易令達。」「阮思曠何如？」曰：「弘潤通長。」「袁羊何如？」曰：「洮洮清便。」「殷洪遠何如？」曰：「遠有致思。」「卿自謂何如？」曰：「下官才能所經，悉不如諸賢。至於斟酌時宜，籠罩當世，亦多所不及。然以不才，時復托懷玄勝，遠詠《老》、《莊》，蕭條高寄，不與時務經懷，自謂此心無所與讓也。」

【眉批】

劉會孟曰：「語煩。」

桓大司馬下都，問真長曰：「聞會稽王語奇進，爾邪？」《桓温別傳》曰：「興寧九年，以温克復舊京，肅静華夏，進都督中外諸軍事、侍中、大司馬，加黄鉞，使入參朝政。」劉曰：「極進，然故第二流中人耳。」桓曰：「第一流復是誰？」劉曰：「正是我輩耳。」

殷侯既廢，桓公語諸人曰：「少時與淵源共騎竹馬，我棄去，已輒取之，故當出我下。」《續晉陽秋》曰：「簡文輔政，引殷浩爲揚州，欲以抗桓。桓素輕浩，未之憚也。」

【眉批】

劉會孟曰：「此語能長人格價。」

人問撫軍：「殷浩談竟何如？」答曰：「不能勝人，差可獻酬群心。」簡文云：「謝安南清令不如其弟，安南，謝奉也，已見。《謝氏譜》曰：「奉弟聘，字弘遠，歷侍中、廷尉卿。」學義不及孔巖，《中興書》曰：「巖字彭祖，會稽山陰人。父儉，黄門侍郎。巖有才學，歷丹陽尹、尚書、西陽侯，在朝多所匡正。爲吴興太守，大得民和。後卒于家。」居然自勝。」言奉任天真也。

未廢海西公時，王元琳問桓元子：「箕子、比干，迹異心同，不審明公孰是孰非？」曰：「仁稱不異，寧爲管仲。」《論語》曰：「微子去之，箕子爲之奴，比干諫而死。子曰：『殷有三仁焉。』子路曰：『桓公殺公子糾，召忽死之，管仲不死，曰未仁乎？』子曰：『桓公九合諸侯，一匡天下，不以兵車，管仲之力。如其仁！如其仁！』」

【眉批】

按：此則弇州所删。

劉丹陽、王長史在瓦官寺集，桓護軍亦在坐，桓伊，已見。共商略西朝及江左人物。或問「杜弘治何如衛虎？」桓答曰：「弘治膚清，衛虎奕奕神令。」王、劉善其言。虎，衛玠小字。《玠别傳》曰：「永和中，劉真長、謝仁祖共商略中朝人。或問：『杜弘治可方衛洗馬不？』謝曰：『安得比，其間可容數人。』」《江左名士傳》曰：「劉真長曰：『吾請評之。弘治膚清，叔寶神清。』論者謂爲知言。」

劉尹撫王長史背曰：「阿奴比丞相，但有都長。」阿奴，濛小字也。都，美也。《司馬相如傳》曰：「閑雅甚都。」《語林》曰：「劉真長與丞相不相得，每曰：『阿奴比丞相條達清長。』」

【眉批】劉本注：「劉與丞相不相得，故爲優漭之言，謂皆勝之也。」

劉尹、王長史同坐，長史酒酣起舞。劉尹曰：「阿奴今日不復減向子期。」類秀之任率也。桓公問孔西陽：「安石何如仲文？」西陽，即孔巖也。孔思未對，反問公曰：「何如？」答曰：「安石居然不可陵踐，其處故乃勝也。」

【眉批】按：劉本無「乃」字。

謝公與時賢共賞説，遏、胡兒並在坐。公問李弘度曰：「卿家平陽，何如樂令？」《晉諸公贊》曰：「李重字茂重，江夏鍾武人。少以清高見稱，歷吏部郎、平陽太守。」於是李潸然流涕曰：「趙王篡逆，樂令親授璽綬。《晉陽秋》曰：「趙王倫篡位，樂廣與滿奮、崔隨進璽綬。」亡伯雅正，耻處亂朝，遂至仰藥，恐難以相比。此自顯於事實，非私親之言。」《晉諸公贊》曰：「趙王爲相國，取重爲左司馬。重以倫將篡，辭疾不就。敦喻之，重不復自治，至於篤甚，扶曳受拜，數日卒，時人惜之。贈散騎常侍。」謝公語胡兒曰：「有識者果不異人意。」

【眉批】王敬美曰：「樂令素著重名，忽有此論，然極是扶植世教語。」

劉會孟曰：「非謝公問，弘度答，那知許事？」

王修齡問王長史：「我家臨川，何如卿家宛陵？」長史未答。修齡曰：「臨川譽貴。」長史曰：「宛陵未爲不貴。」《中興書》曰：「羲之自會稽王友改授臨川太守。王述從驃騎功曹出爲宛陵令。述之爲宛陵，多修爲家之具，初有勞苦之聲。丞相王導使人謂之曰：『名父之子，屈臨小縣，甚不宜爾。』述答曰：『足自當止。』時人未之達也。後屢臨州郡，無所造作，世始嘆服之。」

【眉批】凌初成曰：「直是自相夸勝。」

劉尹至王長史許清言，時苟子年十三，倚床邊聽。既去，問父曰：「劉尹語何如尊？」長史曰：「韶音令辭不如我，往輒破的勝我。」《劉惔別傳》曰：「惔有俊才，其談詠虛勝，理會所歸，王濛略同，而叙致過之，其詞當也。」

【眉批】劉會孟曰：「韶令亦屬矜持。」

謝萬壽春敗後，簡文問郗超：「萬自可敗，那得乃爾失士卒情？」超曰：「伊以率任之性，欲區別智勇。」《中興書》曰：「萬之爲豫州，氐、羌暴掠司、豫，鮮卑屯結並、冀。萬既受方任，自率衆入潁，以援洛陽。萬矜豪傲物，失士衆之心。北中郎郗曇以疾還彭城，萬以爲賊盛致退，便向還南，遂自潰亂，狼狽單歸。太宗責之，廢爲庶人。」

【眉批】

按：此則弇州所删。

劉會孟曰：「人人有區别，正坐失卒情處，可以爲戒。」

按：劉本無「士」字。

劉尹謂謝仁祖曰：「自吾有四友，門人加親。」謂許玄度曰：「自吾有由，惡言不及於耳。」二人皆受而不恨。《尚書大傳》曰：「孔子曰：『文王有四友。自吾得回也，門人加親，是非胥附邪？自吾得賜也，遠方之士至，是非奔走邪？自吾得師也，前有輝，後有光，是非先後邪？自吾得由也，惡言不入於耳，是非禦侮邪？』」

【眉批】

按：此則弇州所删。

劉本注：「此皆語門人弟子之辭，而同輩受之不恨。」

世目殷中軍「思緯淹通」，比羊叔子。羊祜德高一世，才經夷險；淵源蒸燭之曜，豈喻日月之明也。

有人問謝安石、王坦之優劣於桓公。桓公停欲言，中悔，曰：「卿喜傳人語，不能復語卿。」

【眉批】

劉會孟曰：「自佳。」

王中郎嘗問劉長沙曰：「我何如荀子？」《大司馬官屬名》曰：「劉奭字文時，彭城人。」《劉氏譜》曰：「奭祖昶，彭城內史。父濟，臨海令。奭歷車騎咨議、長沙相、散騎常侍。」劉答曰：「卿才乃當不勝荀子，然會名處多。」王笑曰：「癡。」

【眉批】

按：此則弇州所删。

支道林問孫興公：「君何如許掾？」孫曰：「高情遠致，弟子蚤已服膺；一吟一詠，許將北面。」

【眉批】

按：此則弇州所删。

劉會孟曰：「甚未可也。」

王右軍問許玄度：「卿自言何如安石？」許未答，王因曰：「安石故相爲雄，阿萬當裂眼争邪。」《中興書》曰：「萬器量不及安石，雖居藩任，安在私門之時，名稱居萬上也。」

劉尹云：「人言江彪田舍，江乃自田宅屯。」謂能多出有也。

【眉批】

劉會孟曰：「不甚可曉然可用，似謂田宅所屯聚也。」

謝公云：「金谷中蘇紹最勝。」紹是石崇姊夫，蘇則孫，愉子也。石崇《金谷詩叙》曰：「余以元康六年，從太僕卿出，爲使持節監青徐諸軍事、征虜將軍。有別廬在河南縣界金谷澗中，或高或下，有清泉茂林，衆果、竹柏、藥草之屬，莫不畢備。又有水碓、魚池、土窟，其爲娱目歡心之物備矣。時征西大將軍祭酒王詡當還長安，余與衆賢共送往澗中，晝夜游宴，屢遷共坐，或登高臨下，或列坐水濱。時琴瑟笙筑，合載車中，道路並作。及住，令與鼓吹遞奏。遂各賦詩，以叙中懷。或不能者，罰酒三斗。感性命之不永，懼凋落之無期，故具列時人官號，姓名，年紀，又寫詩著後。後之好事者，其覽之哉。凡三十人，吴王師、議郎、關中侯，始平武功蘇紹，字世嗣，年五十，爲首。」《魏書》曰：「蘇則字文師，扶風武功人。剛直疾惡，常慕汲黯之爲人，仕至侍中、河東相。」《晋百官名》曰：「愉字休豫，則次子。」山濤《啓事》曰：「愉忠義有智意。位至光禄大夫。」

【眉批】

按：此則弇州所删。

劉本注：「紹乃則之孫，愉之子。」

劉尹目庾中郎：「雖言不愔愔似道，突兀差可以擬道。」《名士傳》曰：「敳頹然淵放，莫有動其聽者。」

【眉批】

按：此則弇州所删。

孫承公云：「謝公清於無弈，《中興書》曰：「孫統字承公，太原人。善屬文，時人謂其有祖楚風。仕至餘姚令。」潤於林道。」《陳逵别傳》曰：「逵字林道，潁川許昌人。祖淮，太尉。父畛，光禄大夫。逵少有幹，以清敏立名。襲封廣陵公、黄門郎、西中郎將，領梁、淮南二郡太守。」

【眉批】

按：此則弇州所删。

劉會孟曰：「誰知二賢，只見謝公清潤耳。」

或問林公：「司州何如二謝？」林公曰：「故當攀安提萬。」《王胡之别傳》曰：「胡之好談諧，善屬文辭，爲當世所重。」

【眉批】

劉會孟曰：「語强，然有思。」

孫興公、許玄度皆一時名流。或重許高情，則鄙孫穢行；或愛孫才藻，而無取於許。宋明帝《文章志》曰：

「綽博涉經史，長於屬文，與許詢俱與負俗之談。詢卒不降志，而綽嬰綸世務焉。」《續晋陽秋》曰：「綽雖有文才，而誕縱多穢行，時人鄙之。」

郗嘉賓道：「謝公造膝雖不深徹，而纏綿綸至。」又曰：「右軍詣嘉賓。」嘉賓聞之云：「不得稱詣，政得謂之朋耳。」謝公以嘉賓言爲得。凡徹、詣者，蓋深覈之名也。謝不徹，王亦不詣。謝、王於理，相與爲朋儔也。

【眉批】

按：此則弇州所删。

劉會孟曰：「造膝是文談，可厭。」

又曰：「纏綿綸至，可觀。」

劉本注：「此云詣，非其他造之之謂，乃目其於理深詣，即謝之深徹，皆覈至之名。謝不徹，王亦不詣，其於理，但相朋耳，無大高下也。」

庾道季云：「思理倫和，吾愧康伯；志力强正，吾愧文度。自此以還，吾皆百之。」庾龢，已見。

【眉批】

王敬美曰：「道王比中郎恰得。」

王僧恩輕林公，藍田曰：「勿學汝兄，汝兄自不如伊。」僧恩，王褘之小字也。《王氏世家》曰：「褘之字文劭，述次子。少知名，尚尋陽公主。仕至中書郎，未三十而卒。坦之悼念，與桓温稱之。贈散騎常侍。」

【眉批】

劉會孟曰：「似佞其子，而黨林公。」

簡文問孫興公：「袁羊何似？」答曰：「不知者不負其才，知之者無取其體。」言其有才而無德也。

蔡叔子云：「韓康伯雖無骨幹，然亦膚立。」

【眉批】

劉會孟曰：「外貌。」

郗嘉賓問謝太傅曰：「林公談何如嵇公？」謝云：「嵇公勤著脚，裁可得去耳。」《支遁傳》曰：「遁神悟機發，風期所得，自然超邁。」又問：「殷何如支？」謝曰：「正爾有超拔，支乃過殷。然亹亹論辯，恐口欲制支。」

【眉批】

劉會孟曰：「便是争名。」

庾道季云：「廉頗、藺相如雖千載上死人，懔懔恒如有生氣。《史記》曰：「廉頗者，趙良將也，以勇氣聞諸侯。藺相如者，趙人也。趙惠文王時，得楚和氏璧，秦昭王請以十五城易之。趙遣相如送璧，秦受之，無還城意。相如請璧示其瑕，因持璧卻立倚柱，怒髮上衝冠，曰：『王欲急臣，臣頭今與璧俱碎。』秦王謝之。後秦王使趙王鼓瑟，相如請秦王擊筑。趙以相如功大，拜上卿，位在廉頗上。」曹蜍、蜍，曹茂之小字也。《曹氏譜》曰：「茂之字永世，彭城人也。祖韶，鎮東將軍司馬。父曼，少府卿。茂之仕至尚書郎。」李志、《晉百官名》曰：「志字温祖，江夏鍾武人。」《李氏譜》曰：「志祖重，散騎常侍，父慕，純陽令。志仕至員外常侍，南康相。」雖見在，厭厭如九泉下人。人皆如此，便可結繩而治，但恐狐狸猯狢噉盡。」言人皆如曹、李質魯淳慤，則天下無奸民，可結繩致治。然才智無聞，功迹俱滅，身盡於狐狸，無擅世之名也。

【眉批】

凌初成曰：「獨言廉、藺，何也？狐狸猯狢噉者，故亦不止曹、李。」

王敬美曰：「道季此言，亦殊有生氣。」

王元美曰：「人雖不相蒙，意實有會。」

王敬美曰：「此注殊不似孝標，定爲後人攙入。」

按：此注或出劉應登。

衛君長是蕭祖周婦兄，謝公問孫僧奴：僧奴，孫騰小字也。《晉百官名》曰：「騰字伯海，太原人。」《中興書》曰：「騰，統子也，博學，歷中庶子、廷尉。」君家道衛君長云何？」孫曰：「云是世業人。」謝曰：「殊不爾，衛自是理義人。」于時以比殷洪遠。

【眉批】

按：此則弇州所删。

王子敬聞謝公：「林公何如庾公？」謝殊不受，答曰：「先輩初無論，庾公自足没林公。」《殷羨言行》曰：「時有人稱庾太尉理者，羨曰：『此公好舉宗本槌人。』」

【眉批】

按：此則弇州所删。

劉會孟曰：「謂不聞説庾勝林耳。」

又曰：「只是一句。」

劉會孟曰：「便與上句同。」

謝遏諸人共道「竹林」優劣，謝公云：「先輩初不臧貶『七賢』。」《魏氏春秋》曰：「山濤通簡有德，秀、咸、戎、伶朗達有俊才。於時之談，以阮爲首，王戎次之，山、向之徒，皆其倫也。」若如盛言，則非無臧貶。此言謬也。

【眉批】

王敬美曰：「此言亦非公論。」

有人以王中郎比車騎，車騎聞之，曰：「伊窟窟成就。」《續晋陽秋》曰：「坦之雅貴有識量，風格峻整。」

【眉批】

按：此則弇州所删。

謝太傅謂王孝伯：「劉尹亦奇自知，然不言勝長史。」

王黄門兄弟三人俱詣謝公，子猷、子重多説俗事，《王氏譜》曰：「操之字子重，羲之弟六子，歷秘書監、侍中、尚書、豫章太守。」子敬寒温而已。既出，坐客問謝公：「向三賢孰愈？」謝公曰：「小者最勝。」客曰：「何以知之？」謝公曰：「吉人之辭寡，躁人之辭多，推此知之。」

謝公問王子敬：「君書何如君家尊？」答曰：「固當不同。」公曰：「外人論殊不爾。」王曰：「外人那得知。」宋明帝《文章志》曰：「獻之善隸書，變右軍法爲今體，字畫秀媚，妙絶時倫，與父俱得名。其章草疏弱，殊不及父。或訊獻之，云：『羲之書勝不？』莫能判。有問羲之云：『世論卿書不逮獻之。』答曰：『殊不爾也。』它日見獻之，問：『尊君書何如？』獻之不答。又問：『論者云：君固當不如。』獻之笑而答曰：『人那得知之也。』」

【眉批】

按黄魯直曰：「右軍似左氏，大令似莊周。」

王元美曰：「宋齊之際，右軍幾爲大令所掩。梁武一評，右軍復伸；唐文再評，大令大損。若唐文之論是偏好語，不足以服大令心也。人謂右軍内擫，故森嚴而有法；大令外拓，故散朗而多姿。法自兼姿，姿不能無累法也。後人學右軍，終不能似，大令已自逗漏李北海、蘇眉山、趙吴興筆。然則大令之於右軍，直父子耳，不可稱伯仲也。」

按：安石不重獻之書，得之斷作絞紙，或大批紙尾還之。

王孝伯問謝太傅：「林公何如長史？」太傅曰：「長史韶興。」問：「何如劉尹？」謝曰：「噫，劉尹秀。」王曰：「若如公言，並不如此二人邪？」謝云：「身意正爾也。」

人有問太傅：「子敬可是先輩誰比？」謝曰：「阿敬近撮王、劉之標。」《續晋陽秋》曰：「獻之文義並非所長，而能撮其勝會，故擅名一時，爲風流之冠也。」

【眉批】

凌初成曰：「撮標者，亦擅名耶？」

謝公語孝伯：「君祖比劉尹，故爲得逮。」孝伯云：「劉尹非不能逮，直不逮。」言濛質而惔文也。

【眉批】

按：此則弇州所删。

王敬美曰：「孝伯自私其祖，未爲公論，畢竟劉勝王。」

袁彦伯爲吏部郎，子敬與郗嘉賓書曰：「彦伯已入，殊足頓興往之氣。故知捶撻自難爲人，冀小郤當復差耳。」

【眉批】

按：此則弇州所删。

王敬美曰：「足窺子敬狹中。」

王子猷、子敬兄弟，共賞《高士傳》人及贊。子敬賞「井丹高潔」，子猷云：「未若『長卿慢世』。」嵇康《高士傳》曰：「丹字大春，扶風郿人，博學高論，京師爲之語曰：『五經紛綸井大春。』未嘗書刺謁一人。北宫五王更請莫能致，新陽侯陰就使人要之，不得已而行。侯設麥飯葱菜，以觀其意。丹推卻曰：『以君侯能供美膳，故來相過，何謂如此。』乃出盛饌。侯起，左右進輦。丹笑曰：『聞桀、紂駕人車，此所謂人車者邪？』侯即去輦。越騎梁松貴震朝廷，請交丹，丹不肯見。後丹得時疾，松自將醫視之。病愈，久之，松失大男磊，丹一往弔之。時賓客滿廷，丹裘褐不完，入門，坐者皆悚望其顔色。丹四向長揖，前與松語。客主禮畢後，長揖徑坐，莫得與語，不肯爲吏，徑出，後遂隱遁。」其贊曰：「井丹高潔，不慕榮貴。抗節五王，不交非類。顯譏輦車，左右失氣。披褐長揖，義陵群萃。」「司馬相如者，蜀郡成都人，字長卿。初爲郎，事景帝。梁孝王來朝，從游説士鄒陽等，相如説之，因病免游梁。後過臨邛，富人卓王孫女文君新寡，好音，相如以琴心挑之，文君奔之，俱歸成都。後居貧，至臨邛買酒舍。文君當壚，相如著犢鼻幝，滌器市中。爲人口吃，善屬文。仕宦不慕高爵，常托疾，不與公卿大事。終于家。」其贊曰：「長卿慢世，越禮自放。犢鼻居市，不耻其狀。托疾避官，蔑此卿相。乃賦《大人》，超然莫尚。」

有人問袁侍中《袁氏譜》曰：「恪之字元祖，陳郡陽夏人。祖王孫，司徒從事中郎。父綸，臨汝令。恪之仕黄門侍郎。義熙初，爲侍中。」曰：「殷仲堪何如韓康伯？」答曰：「理義所得，優劣乃復未辨。然門庭蕭寂，居然有名士風流，殷不及韓。」故殷作誄云：「荆門晝掩，閑庭晏然。」

王子敬問謝公：「嘉賓何如道季？」答曰：「道季誠復鈔撮清悟，嘉賓故自上。」謂超拔也。

【眉批】

劉會孟曰：鈔撮猶掇拾。

王珣疾，臨困，問王武岡曰：《中興書》曰：「謐字稚遠，丞相導孫，車騎劭子。有才器，襲爵武岡侯，位至司徒。」「世論以我家領軍比誰？」武岡曰：「世以比王北中郎。」東亭轉臥向壁，嘆曰：「人固不可以無年。」領軍王洽，珣之父也。年二十六卒。珣意以其父名德過坦之而無年，故致此論。

【眉批】

王敬美曰：「亦自尊其父耳，王中郎詎可便勝。」

劉本注：「珣謂其父本勝恒之，以年二十六而卒，故德業不彰，僅得比于坦之也，故嘆之。」

王孝伯道謝公濃至。又曰：「長史虛，劉尹秀，謝公融。」謂條暢也。

王孝伯問謝公：「林公何如右軍？」謝曰：「右軍勝林公。林公在司州前，亦貴徹。」不言若義之，而言勝胡之。

【眉批】

按：此則弇州所删。

桓玄爲太傅，大會，朝臣畢集。坐裁竟，問王楨之曰：「我何如卿第七叔？」《王氏譜》曰：「楨之字公幹，琅邪人，徽之子。歷侍中、大司馬長史。」第七叔，獻之也。于時賓客爲之咽氣，王徐徐答曰：「亡叔是一時之標，公是千載之英。」一坐歡然。

【眉批】

按：此則弇州所删。

凌初成曰：「直是怕他。」

桓玄問劉太常曰：「我何如謝太傅？」《劉瑾集叙》曰：「瑾字仲璋，南陽人。祖遐，父暢，暢娶王羲之女，生瑾。瑾有才力，歷尚書、太常卿。」劉答曰：「公高，太傅深。」又曰：「何如賢舅子敬？」答曰：「樝梨橘柚，各有其美。」《莊子》曰：「樝梨橘柚，其味相反，皆可於口也。」

【眉批】

凌初成曰：「最好答法。」

舊以桓謙比殷仲文。《中興書》曰：「謙字敬祖，冲弟三子，尚書僕射、中軍將軍。」《晋安帝紀》曰：「仲文有器貌才思。」桓玄時，仲文入，桓於庭中望見之，謂同坐曰：「我家中軍那得及此也。」

規箴第十

漢武帝乳母嘗於外犯事，帝欲申憲，乳母求救東方朔。《漢書》曰：「朔字曼倩，平原厭次人。」《朔别傳》曰：「朔，南陽步廣里人。」《列仙傳》曰：「朔是楚人，武帝時，上書説便宜，拜郎中。宣帝初，棄官而去，共謂歲星也。」朔曰：「此非唇舌所争，爾必望濟者，將去時，但當屢顧帝，勿言，此或可萬一冀耳。」乳母既至，朔亦侍側，因謂曰：「汝癡耳！帝豈復憶汝乳哺時恩邪！」帝雖才雄心忍，亦深有情戀，乃凄然愍之，即敕免罪。《史記·滑稽傳》曰：「漢武帝少時，東武侯母嘗養帝，後號大乳母。其子孫從奴横暴長安中，當道奪人衣物，有司請徙乳母於邊，奏可。乳母入辭。帝所幸倡郭舍人，發言陳辭雖不合大道，然令人主和説。乳母乃先見，爲下泣。舍人曰：『即入辭，勿去，數還顧。』乳母如其言，舍人疾言駡之曰：『咄，老女子！何不疾行？陛下已壯矣，寧尚須乳母活邪！尚何還顧邪？』於是人主憐之，詔止毋徙，罰請者。」

【眉批】

按：此則弇州所删。

王敬美曰：「本郭舍人事，附會東方生以爲奇。」

京房與漢元帝共論，因問帝：「幽、厲之君何以亡？所任何人？」答曰：「其任人不忠。」房曰：「知不忠而任之，何邪？」曰：「亡國之君各賢其臣，豈知不忠而任之？」房稽首曰：「將恐今之視古，亦猶後之視今也。」《漢書》曰：「京房字君明，東郡頓丘人。尤好鐘律，知音聲，以孝廉爲郎。是時，中書令石顯專權，及友人五鹿充宗爲尚書令，與房同經，論議相是非，而此二人用事。房嘗宴見，問上曰：『幽、厲之君何以亡？所任何人？』上曰：『君亦不明而臣巧佞。』房曰：『知其巧佞而任之邪？將以爲賢邪？』上曰：『賢之。』房曰：『然則今何以知其不賢？』上曰：『以其時亂而君危知之。』房曰：『是任賢而理，任不肖而亂，自然之道也。幽、厲何不覺悟而蚤納賢，何爲卒任不肖以至亡？』於是上曰：『亂亡之君，各賢其臣，令皆覺悟，安得亂亡之君？』房曰：『齊桓、二世何不以幽、厲疑之，而任豎刁、趙高，政治日亂邪？』上曰：『唯有道者能以往知來耳。』房曰『自陛下即位，盜賊不禁，刑人滿市』云云，問上曰：『今治也？亂也？』上曰：『然愈於彼。』房曰：『前二君皆然。臣恐後之視今，猶今之視前也。』上曰：『今爲亂者誰？』房曰：『上所親與圖事帷幄中者。』房指謂石顯及充宗。顯等乃建言：宜試房以郡守。遂以房爲東郡。顯發其私事，坐棄市。」

陳元方遭父喪，哭泣哀慟，軀體骨立。其母愍之，竊以錦被蒙上。郭林宗弔而見之，謂曰：「卿海内之俊才，四方是則，如何當喪，錦被蒙上？孔子曰：『衣夫錦也，食夫稻也，於汝安乎？』《論語》曰：「宰我問：『三年之喪，期已久矣。』子曰：『食夫稻，衣夫錦，於汝安乎？夫君子居喪，食旨不甘，聞樂不樂，居處不安，故不爲也。今汝安，則爲之。』」吾不取也。」奮衣而去。自後賓客絶百所日。「所」一作「許」。

【眉批】

按：此則弇州所删。

凌初成曰：「無意中受謗，莫可自解，古來同恨。」

劉本注：「居喪而戚過，理之常也，母若憫之，勉其少釋而已，私以錦被蒙之，何益之有。元方知之，自應徹去，何待它人之責。愚人且不如此，況陳乎？」

孫休好射雉，至其時，則晨去夕反，群臣莫不止諫：「此爲小物，何足甚耽！」休曰：「雖爲小物，耿介過人，朕所以好之。」環濟《吴紀》曰：「休字子烈，吴大帝弟六子，初封琅邪王，夢乘龍上天，顧不見尾。孫琳廢少主，迎休立之。鋭意典籍，欲畢覽百家之事。頗好射雉，至春，晨出莫反，唯比時舍書。崩，謚景皇帝。」《條列吴事》曰：「休在位烝烝，無有遺事，唯射雉可譏。」

【眉批】

劉會孟曰：「乃似有風。」

劉本作「剛介」。

孫皓問丞相陸凱曰：「卿一宗在朝有幾人？」陸曰：「二相、五侯、將軍十餘人。」皓曰：「盛哉！」陸曰：「君賢臣忠，國之盛也。父慈子孝，家之盛也。今政荒民弊，覆亡是懼，臣何敢言盛。」《吴録》曰：「凱字敬風，吴人，丞相遜族子。忠鯁有大節，篤志好學，初爲建中校尉，雖有軍事，手不釋卷。累遷左丞相。時後主暴虐，凱正直强諫，以其宗族强盛，不敢加誅也。」

【眉批】

王敬美曰：「忠臣之言。」

何晏、鄧颺令管輅作卦，云：「不知位至三公不？」卦成，輅稱引古義，深以戒之。颺曰：「此老生之常談。」《輅别傳》曰：「輅字公明，平原人也。明《周易》，聲發徐州。冀州刺史裴徽舉秀才，謂曰：『何、鄧二尚書，有經國才略，於物理無不精也。何尚書神明清徹，殆破秋豪，君當慎之。自言不解《易》中九事，必當相問。比至洛，宜善精其理。』輅曰：『若九事皆至義，不足勞思。若陰陽者，精之久矣。』輅至洛陽，果爲何尚書問九事，皆明。何曰：『君論陰陽，此世無雙也。』時鄧尚書在，曰：『此君善《易》，而語初不論《易》中辭義，何邪？』輅答曰：『夫善《易》者不論《易》也。』何尚書含笑贊之曰：『可謂要言不煩也。』因謂輅曰：『聞君非徒善論《易》，至於分蓍思爻，亦爲神妙。試爲作一卦，知位當至三公不？又頃夢青蠅數十來鼻頭上，驅之不去，有何意故？』輅曰：『鴟鴞，天下賤鳥也，及其在林食桑椹，則懷我好音。況輅心過草木，注情葵藿，敢不盡忠，唯察之爾。昔元、凱之相重華，宣慈惠和，仁義之至也。周公之翼成王，坐以待旦，敬慎之至也。故能流光六合，萬國咸寧，然後據鼎足而登金鉉，調陰陽而濟兆民。此履道之休應，非卜筮之所明也。今君侯位重山岳，勢若雷霆，望雲赴景，萬里馳風。而懷德者少，畏威者衆，殆非小心翼翼多福之士。又鼻者，艮也，此天中之山，高而不危，所以長守貴也。今青蠅，臭惡之物，而集之焉。位峻者顛，輕豪者亡，必至之分也。夫變化雖相生，極則有害。虛滿雖相受，溢則有竭。聖人見陰陽之性，明存亡之理，損益以爲衰，抑進以爲退。是故山在地中曰《謙》，雷在天上曰《大壯》。謙則裒多益寡，大壯則非禮不履。伏願君侯上尋文王六爻之旨，下思尼父彖象之義，則三公可決，青蠅可驅。』鄧曰：『此老生之常談。』輅曰：『夫老生者見不生，常談者見不談也。』」晏曰：「『知幾其神乎，古人以爲難；交疏吐誠，今人以爲難。今君一面，盡二難之道，可謂『明德惟馨』。《詩》不云乎？『中心藏之，何日忘之。』」《名士傳》曰：「是時曹爽輔政，識者慮有危機。晏有重名，與魏姻戚，内雖懷憂，而無復退也。著五言詩以言志曰：『鴻鵠比翼游，群飛戲太清。常畏大網羅，憂禍一旦並。豈若集五湖，從流唼浮萍。永寧曠中懷，何爲怵惕驚？』蓋因輅言，懼而賦詩。」

【眉批】

按：解九事注，弇州采入《規箴》。

王敬美曰：「何晏悦而不繹，差勝鄧颺，無救敗亡。」

晋武帝既不悟太子之愚，必有傳後意，諸名臣亦多獻直言。帝嘗在陵雲臺上坐，衛瓘在側，欲申其懷，因如醉，跪帝前，以手撫床曰：「此坐可惜。」帝雖悟，因笑曰：「公醉邪？」《晋陽秋》曰：「初，惠帝之爲太子，咸謂不能親政事。衛瓘每欲陳啓廢之，而未敢也。後因會醉，遂跪床前曰：『臣欲有所啓。』帝曰：『公所欲言者何邪？』瓘欲言而復止者三，因以手撫床曰：『此坐可惜。』帝意乃悟。因謬曰：『公真大醉也。』帝後悉召東宫官屬大會，令左右齎尚書處事以示太子，令處決，太子不知所對。賈妃以問外人，代太子對，多引古辭義。給使張弘曰：『太子不學，陛下所知，宜以見事斷，不宜引書也。』妃從之。弘具草奏，令太子書呈。帝大説，以示瓘。於是賈充語妃曰：『衛瓘老奴，幾敗汝家。』妃由是怨瓘，後遂誅之。」

王夷甫婦，郭泰寧女，《晋諸公贊》曰：「郭豫字太寧，太原人。仕至相國參軍，知名，早卒。」才拙而性剛，聚斂無厭，干豫人事。夷甫患之而不能禁。時其鄉人幽州刺史李陽，京都大俠，《晋百官名》曰：「陽字景祖，高尚人，武帝時爲幽州刺史。」《語林》曰：「陽性游俠，盛暑，一日詣數百家别，賓客與别，常填門，遂死于几下。故憚之。」猶漢之樓護，《漢書·游俠傳》曰：「護字君卿，齊人。學經傳，甚得名譽。母死，送葬車三千兩。仕至天水太守。」郭氏憚之。夷甫驟諫之，乃曰：「非但我言卿不可，李陽亦謂卿不可。」郭氏小爲之損。

【眉批】

劉會孟曰：「非夫。」

凌初成曰：「爲畏内者開門户。」

王乾開曰：「可謂計無所之。」

王夷甫雅尚玄遠，常嫉其婦貪濁，口未嘗言「錢」字。《晋陽秋》曰：「夷甫善施舍，父時有假貸者，皆與焚券，未嘗謀貨利之事。」王隱《晋書》曰：「夷甫求富貴得富貴，資財山積，用不能消，安須問錢乎？而世以不問爲高，不亦惑乎？」婦欲試之，令婢以錢繞床，不得行。夷甫晨起，見錢閡行，呼婢曰：「舉卻阿堵物！」

【眉批】

劉會孟曰：「但意不在錢，言錢何害。」

王敬美曰：「人性不同，廉貪不繫貧富，王隱此言非也。如隱言，王安豐豈貧於夷甫耶？」

楊用修曰：「阿堵近世不解此，遂謂錢曰『阿堵』，可笑。晋人云阿堵，猶唐人曰『若個』，今人曰『這個』也。」

劉本注：「阿堵物猶言這個物，非以名錢。」

王平子年十四五，見王夷甫妻郭氏貪欲，令婢路上儋糞。平子諫之，並言不可。郭大怒，謂平子曰：「昔夫人臨終，以小郎囑新婦，不以新婦囑小郎。」《永嘉流人名》曰：「澄父乂，第三，取樂安任氏女，生澄。」急捉衣裾，將與杖。平子饒力，争得脱，踰窗而走。

【眉批】

按：此則弇州所删。

元帝過江猶好酒，王茂弘與帝有舊，常流涕諫。帝許之，命酌酒一酣，從是遂斷。鄧粲《晉紀》曰：「上身服儉約，以先時務。性素好酒。將渡江，王導深以諫。帝乃令左右進觴，飲而覆之，自是遂不復飲。克己復禮，官修其方，而中興之業隆焉。」

【眉批】

劉會孟曰：「一酣語謬。」

凌初成曰：「遂斷不足紀，一酣而斷乃有致。」

謝鯤爲豫章太守，從大將軍下至石頭。敦謂鯤曰：「余不得復爲盛德之事矣。」鯤曰：「何爲其然？但使自今已後，日亡日去耳。」《鯤別傳》曰：「鯤之諷切雅正，皆此類也。」敦又稱疾不朝，鯤諭敦曰：「近者明公之舉，雖欲大存社稷，然四海之內，實懷未達。若能朝天子，使群臣釋然，萬物之心於是乃服。仗民望以從衆懷，盡冲退以奉主上，如斯，則勳侔一匡，名垂千載。」時人以爲名言。《晉陽秋》曰：「鯤爲豫章太守，王敦將肆逆，以鯤有時望，逼與俱行。既克京邑，將旋武昌，鯤曰：『不就朝覲，鯤懼天下私議也。』敦曰：『君能保無變乎？』對曰：『鯤近日入覲，主上側席，遲得見公，宫省穆然，必無不虞之慮。公若入朝，鯤請侍從。』敦曰：『正復殺君等數百，何損於時。』遂不朝而去。」

【眉批】

王敬美曰：「此乃真名言。」

劉會孟曰：「終是晉人。」

元皇帝時，廷尉張闓葛洪《富民塘頌》曰：「闓字敬緒，丹陽人，張昭孫也。」《中興書》曰：「闓，晉陵内史，甚有威德，轉至廷尉卿。」在小市居，私作都門，蚤閉晚開，群小患之，詣州府訴，不得理。遂至檛登聞鼓，猶不被判。聞賀司空出，至破岡，連名詣賀訴。《賀循别傳》曰：「循字彦先，會稽山陰人，本姓慶，高祖純避漢帝諱，改爲賀氏。父劭，吴中書令，以忠正見害。循少嬰家禍，流放荒裔，吴平乃還。乘節高舉，元帝爲安東王，循爲吴國内史。」賀曰：「身被徵作禮官，不關此事。」群小叩頭曰：「若府君復不見治，便無所訴。」賀未語，令：「且去，見張廷尉當爲及之。」張聞，即毁門，自至方山迎賀，賀出見辭之，曰：「此不必見關，但與君門情，相爲惜之。」張愧謝曰：「小人有如此，始不即知，蚤已毁壞。」

【眉批】

按：此則弇州所删。

劉會孟曰：「門情字可稱。」

郗太尉晚節好談，既雅非所經，而甚矜之。《中興書》曰：「鑒少好學博覽，雖不及章句，而多所通綜。」後朝覲，以王丞相末年多可恨，每見，必欲苦相規誡。王公知其意，每引作它言。臨還鎮，故命駕，詣丞相，丞相翹須厲色，上坐便言：「方當乖别，必欲言其所見。」意滿口重，辭殊不流。王公攝其次，曰：「後面未期，亦欲盡所懷，願公勿復談。」郗遂大瞋，冰衿而出，不得一言。

【眉批】

劉會孟曰：「寫得鄭重，可憎。」

王敬美曰：「敘得情狀如畫。」

又曰：「『冰衿』二字未解。」

凌初成曰：「『冰衿』意者寒戰也，人怒極，恒有此。」

王丞相爲揚州，遣八部從事之職，顧和時爲下傳還，同時俱見，諸從事各奏二千石官長得失，至和獨無言。王問顧曰：「卿何所聞？」答曰：「明公作輔，寧使網漏吞舟，何緣采聽風聞，以爲察察之政？」丞相咨嗟稱佳，諸從事自視缺然也。

【眉批】

按：此則弇州所删。

劉會孟曰：「爲爾盛德不難，又看事如何，何徒獨無言。」

王敬美曰：「如此何遣從事爲。」

蘇峻東征沈充，《晋陽秋》曰：「充字士居，吴興人。少好兵，諂事王敦。敦克京邑，以充爲車騎將軍，領吴國内史。明帝伐王敦，充率衆就王含，謂其妻曰：『男兒不建豹尾，不復歸矣。』敦死，充將吴儒斬首於京都。」請吏部郎陸邁與俱。陸碑曰：「邁字功高，吴郡人。器識清敏，風檢澄峻，累遷振威太守、尚書吏部郎。」將至吴，密敕左右，令入閶門放火以示威。

陸知其意，謂峻曰：「吳治平未久，必將有亂。若爲亂階，請從我家始。」峻遂止。

【眉批】

劉本注：「陸恐其放火以禍其鄉，故先爲此言，以破其計。」

劉會孟曰：「謂放火階亂，語稍不白。」

陸玩拜司空，《玩別傳》曰：「是時王導、郗鑒、庾亮相繼薨殂，朝野憂懼。以玩德望，乃拜司空。玩辭讓不獲，乃嘆息謂朋友曰：『以我爲三公，是天下無人矣。』時人以爲知言。」有人詣之，索美酒。得，便自起瀉著梁柱間地，祝曰：「當今乏才，以爾爲柱石之用，莫傾人棟梁。」玩笑曰：「戢卿良箴。」

小庾在荆州，公朝大會，問諸僚佐曰：「我欲爲漢高、魏武何如？」翼別見。宋明帝《文章志》曰：「庾翼名輩，豈應狂狷如此哉！時若有斯言，亦傳聞者之謬矣。」一坐莫答。長史江虨曰：「願明公爲桓、文之事，不願作漢高、魏武也。」

【眉批】

凌初成曰：「無味。」

羅君章爲桓宣武從事，《含別傳》曰：「刺史庾亮初命含爲部從事，桓溫臨州轉參軍。」謝鎮西作江夏，往檢校之。《中興書》曰：「尚爲建武將軍、江夏相。」羅既至，初不問郡事，徑就謝數日，飲酒而還。桓公問：「有何事？」君章云：「不審公謂謝尚何似人？」桓公曰：「仁祖是勝我許人。」君章云：「豈有勝公人而行非者？故一無所問。」桓公奇其意而不責也。

【眉批】

按：弇州以此入《寵禮》。

王右軍與王敬仁、許玄度並善，二人亡後，右軍爲論議更克。孔巖誡之曰：「明府昔與王、許周旋有情，及逝没之後，無慎終之好，民所不取。」右軍甚愧。

【眉批】

王敬美曰：「此規大有益交道。」

謝中郎在壽春敗，臨奔走，猶求玉帖鐙。太傅在軍，前後初無損益之言。爾日猶云：「當今豈須煩此。」按萬未死之前，安猶未仕，高卧東山，又何肯輕入軍旅邪。《世説》此言，迂謬已甚。

【眉批】

按：此則弇州所删。

凌初成曰：「萬北征時，太傅亦常與行，《注》駁未是。」

王敬美曰：「《注》駁是。」

劉會孟曰：「不論有無故實，甚可發明。」

劉本注：「玉帖鐙，馬上具也。」

王大語東亭：「卿乃復論成不惡，那得與僧彌戲。」《續晋陽秋》曰：「珉有俊才，與兄珣並有名，聲出珣右。故時人爲之語曰：『法護非不佳，僧彌難爲兄。』」

【眉批】

劉本注：「言東亭雖不惡，那得及王珉也。」

按：弇州采此注入《品藻》。

按：此則弇州所删。

殷覬病困，看人政見半面。殷荆州興晋陽之甲，《春秋公羊傳》曰：「晋趙鞅取晋陽之甲以逐荀寅、士吉射。寅、吉謝者，君側之惡人。」往與覬别，涕零，屬以消息所患。覬答曰：「我病自當差，正憂汝患耳。」《晋安帝紀》曰：「殷仲堪舉兵，覬弗與同，且以己居小任，唯當守局而已，晋陽之事，非所宜豫也。仲堪每邀之，覬輒曰：『吾進不敢同，退不敢異。』遂以憂卒。」

【眉批】

劉本注：「見半面，病狀也。消息所患，令善治疾。」

遠公在廬山中，《豫章舊志》曰：「廬俗字君孝，本姓匡，夏禹苗裔，東野王之子。秦末，百越君長與吴芮助漢定天下，野王亡軍中，漢八年，封俗鄡陽男，食邑兹部，印曰『廬君』。俗兄弟七人，皆好道術，遂寓于洞庭之山，故世謂廬山。孝武元封五年，南巡狩，浮江，親睹神靈，乃封俗爲大明公，四時秩祭焉。」遠法師《廬山記》曰：「山在江州尋陽郡，左挾彭澤，右傍通川。有匡俗先生出自殷、周之際，遁世隱時，潛居其下。或云匡俗受道於仙人，而共游其嶺，遂托室崖岫，即巖成館，故時人謂爲神仙之廬而命焉。」法師《游山記》曰：「自托此山，二十三載，再踐石門，四游南嶺。東望香鑪峰，北眺九江，傳聞有石井、方湖，中有赤鱗踴出。野人不能叙，直嘆其奇而已矣。」雖老，講論不輟。弟子中或有墮者，遠公曰：「桑榆之光，理無遠照，但願朝陽之暉，與時並明耳。」執經登坐，諷誦朗暢，詞色甚苦，高足之徒，皆肅然增敬。

桓南郡好獵，每田狩，車騎甚盛，五六十里中，旌旗蔽隰，騁良馬，馳擊若飛，雙甄所指，不避陵壑。或行陳不整，麏兔騰逸，參佐無不被繫束。桓道恭，玄之族也，《桓氏譜》曰：「道恭字祖猷，彝同堂弟也。父赤之，太學博士。道恭歷淮南太守，僞楚江夏相，義熙初伏誅。」時爲賊曹參軍，頗敢直言。常自帶絳綿繩箸腰中，玄問此何爲？答曰：「公獵，好縛人士，會當被縛，手不能堪芒也。」玄自此小差。

王緒、王國寶相爲脣齒，並上下權要。《王氏譜》曰：「緒字仲業，太原人。祖延。父乂，撫軍。」《晋安帝紀》曰：「緒爲會稽王從事中郎，以佞邪親幸。王珣、王恭惡國寶與緒亂政，與殷仲堪克期同舉，内匡朝廷。及恭表至，乃斬緒以説諸緒。國寶，平北將軍坦之弟三子。太傅謝安，國寶婦父也，惡而抑之不用。安薨，相王輔政，遷中書令，有妾數百。從弟緒，有寵於王，深爲其説，國寶權動内外。王珣、王恭、殷仲堪爲孝武所待，不爲相王所眄。恭抗表討之，車胤又争之，會稽王既不能拒諸侯兵，遂委罪國寶，付廷尉賜死。王大不平其如此，乃謂緒曰：「汝爲此欻欻，曾不慮獄吏之爲貴乎？」《史記》曰：「有上書告漢丞相欲反，文帝下之廷尉。勃既出，嘆曰：『吾嘗將百萬之軍，安知獄吏之爲貴也。』」

桓玄欲以謝太傅宅爲營，謝混曰：「召伯之仁，猶惠及甘棠。《韓詩外傳》曰：「昔周道之隆，召伯在朝，有司請召民。召伯曰：『以一身勞百姓，非吾先君文王之志也。』乃暴處於棠下而聽訟焉。詩人見召伯休息之棠，美而歌之曰：『蔽芾甘棠，勿剪勿伐，召伯所茇。』」文靖之德，更不保五畝之宅？」玄慚而止。

捷悟第十一

楊德祖爲魏武主簿，時作相國門，始搆榱桷，魏武自出看，使人題門作「活」字，便去。楊見，即令壞之，既竟，曰：「『門』中『活』，『闊』字，王正嫌門大也。」《文士傳》曰：「楊修字德祖，弘農人，太尉彪子。少有才學思幹。魏武爲丞相，辟爲主簿。修常白事，知必有反覆教，豫爲答對數紙，以次牒之而行，敕守者曰：『向白事必教出相反覆，若按此次第連答之。』已而風吹紙文亂，守者不別而遂錯誤。公怒，推問，修慚懼。然以所白甚有理，終亦是修。後爲武帝所誅。」

人餉魏武一杯酪，魏武噉少許，蓋頭上題「合」字，以示衆。衆莫能解。次至楊修，修便噉，曰：「公教人噉一口也，復何疑。」

魏武嘗過曹娥碑下，楊修從。碑背上見題作「黄絹幼婦，外孫齏臼」八字，魏武謂修曰：「解不？」答曰：「解。」魏武曰：「卿未可言，待我思之。」行三十里，魏武乃曰：「吾已得。」令修别記所知。修曰：「黄絹，色絲也，於字爲『絶』；幼婦，少女也，於字爲『妙』；外孫，女子也，於字爲『好』；齏臼，受辛也，於字爲『辭』：所謂『絶妙好辭』也。」魏武亦記之，與修同，乃嘆曰：「我才不及卿，乃覺三十里。」《會稽典録》曰：「孝女曹娥者，上虞人。父盱，能撫節按歌，婆娑樂神。漢安二年，迎伍君神，泝濤而上，爲水所淹，不得其尸。娥年十四，號慕思盱，乃投瓜于江，存其父尸曰：『父在此，瓜當沈。』旬有七日，瓜偶沈，遂自投於江而死。縣長度尚悲憐其義，爲之改葬，命其弟子邯鄲子禮爲之作碑。」按曹娥碑在會稽中，而魏武、楊修未嘗過江也。《異苑》曰：「陳留蔡邕避難過吴，讀碑文，以爲詩人之作，無詭妄也。因刻石旁作八字。魏武見而不能了，以問群寮，莫有解者。有婦人浣於汾渚，曰：『第四車解。』既而禰正平也，衡即以離合義解之。或謂此婦人即娥靈也。」

【眉批】

劉會孟曰：「雖經論注，猶覺難解，不知古人何見作此。」

凌初成曰：「伯喈故好作此無謂語，焉得不秘《論衡》于帳中。」

魏武征袁本初，治裝，餘有數十斛竹片，咸長數寸。衆云並不堪用，正令燒除。太祖思所以用之，謂可爲竹椑楯，而未顯其言，馳使問主簿楊德祖。應聲答之，與帝心同。衆服其辯悟。

【眉批】

按：此則弇州所删。

劉會孟曰：「以上四則，皆德祖之所以可惜，所以致疑也，傷哉！」

王敦引軍垂至大桁，明帝自出中堂。温嶠爲丹陽尹，帝令斷大桁，故未斷，帝大怒瞋目，左右莫不悚懼。按《晋陽秋》、《鄧紀》皆云：敦將至，嶠燒朱雀橋以阻其兵。而云「未斷大桁致帝怒」，大爲謬謬。一本云「帝自勸嶠入」，一本作「嗷飲，帝怒」，此則近也。召諸公來，嶠至，不謝，但求酒炙。王導須臾至，徒跣下地，謝曰：「天威在顔，遂使温嶠不容得謝。」嶠於是下謝，帝乃釋然。諸公共嘆王機悟名言。

【眉批】

劉云：「未見橋當斷不當斷，亦非求酒炙時也。」

郗司空在北府，桓宣武惡其居兵權。《南徐州記》曰：「徐州人多勁悍，號精兵。故桓温常曰：『京口酒可飲，箕可用，兵可使。』」郗於事機素暗，遣牋詣桓，方欲共奬王室，修復園陵。世子嘉賓出行，於道上聞信至，急取牋視，竟，寸寸毀裂，便回，還更作牋，自陳老病，不堪人間，欲乞閑地自養。宣武得牋大喜，即詔轉公督五郡、會稽太守。《晉陽秋》曰：「大司馬將討慕容暐，表求中勸平北將軍愔及袁真等嚴辦。愔以羸疾求退，詔大司馬領愔所任。」按《中興書》：愔辭此行，温責其不從，轉授會稽。《世説》爲謬。

【眉批】

劉會孟曰：「此等後人不能亮也，哀哉！」

又曰：「嘉賓入幕，豈得已哉。觀其處父子間，有足取者。」

王東亭作宣武主簿，嘗春月與石頭兄弟乘馬出郊。時彦同游者連鑣俱進，石頭，桓遐小字。《中興書》曰：「遐字伯道，温長子也。仕至豫州刺史。」唯東亭一人常在前，覺數十步，諸人莫之解。石頭等既疲倦，俄而乘輿回，諸人皆似從官，唯東亭奕奕在前。其悟捷如此。

【眉批】

按：此則弇州所删。

劉會孟曰：「小夫之談，何足言悟。」

夙惠第十二

賓客詣陳太丘宿，太丘使元方、季方炊。客與太丘論議，二人進火，俱委而竊聽，炊忘著箅，飯落釜中。太丘問：「炊何不餾？」元方、季方長跪曰：「大人與客語，乃俱竊聽，炊忘著箅，飯今成糜。」太丘曰：「爾頗有所識不？」對曰：「仿佛志之。」二子俱說，更相易奪，言無遺失。太丘曰：「如此但糜自可，何必飯也。」

何晏七歲，明惠若神，魏武奇愛之，因晏在宫内，欲以爲子。晏乃畫地令方，自處其中。人問其故，答曰：「何氏之廬也。」魏武知之，即遣還。《魏略》曰：「晏父蚤亡。太祖爲司空時，納晏母。其時秦宜禄阿鰾亦隨母在宫，並寵如子，常謂晏爲假子也。」

【眉批】

劉會孟曰：「字形語勢，皆稱奇事奇事。」

晋明帝數歲，坐元帝膝上。有人從長安來，元帝問洛下消息，潸然流涕。明帝問何以致泣，具以東渡意告之。因問明帝：「汝意謂長安何如日遠？」答曰：「日遠。不聞人從日邊來，居然可知。」元帝異之。明日，集群臣宴會，告以此意，更重問之。乃答曰：「日近。」元帝失色，曰：「爾何故異昨日之言邪？」答曰：「舉目見日，不見長安。」

司空顧和與時賢共清言。張玄之、顧敷是中外孫，年並七歲，《顧愷之家傳》曰：「敷字祖根，吳郡吳人。滔然有大成之量，仕至著作郎，二十三卒。」在床邊戲，于時聞語，神情如不相屬。瞑於燈下，二兒共叙客主之言，都無遺失。顧公越席而提其耳曰：「不意衰宗復生此寶。」

【眉批】

王敬美曰：「年歲與本集矛盾。」

韓康伯數歲，家酷貧，至大寒，止得襦，母殷夫人自成之，令康伯捉熨斗，謂康伯曰：「且著襦，尋作複褌。」兒云：「已足，不須複褌也。」母問其故，答曰：「火在熨斗中而柄熱，今既著襦，下亦當煖，故不須耳。」母甚異之，知爲國器。

【眉批】

按：「兒」，劉本作「乃」。

晋孝武年十二，時冬天，晝日不著複衣，但著單練衫五六重，夜則累茵褥。謝公諫曰：「聖體宜令有常，陛下晝過冷，夜過熱，恐非攝養之術。」帝曰：「晝動夜静。」《老子》曰：「躁勝寒，静勝熱。」此言夜静寒，宜重肅也。謝公出，嘆曰：「上理不減先帝。」簡文帝善言理也。

【眉批】

劉會孟曰：「不盡答而具。」

桓宣武薨，桓南郡年五歲，服始除，桓車騎與送故文武別，《桓冲别傳》曰：「冲字玄叔，温弟也。累遷車騎將軍，都督七州諸軍事。」因指語南郡：「此皆汝家故吏佐。」玄應聲慟哭，酸感傍人。車騎每自目己坐曰：「靈寶成人，當以此坐還之。」靈寶，玄小字也。鞠愛過於所生。

豪爽第十三

王大將軍年少時，舊有田舍名，語音亦楚。武帝喚時賢共言伎藝事，人皆多有所知，唯王都無所關，意色殊惡，自言知打鼓吹。帝令取鼓與之。於坐振袖而起，揚槌奮擊，音節諧捷，神氣豪上，傍若無人，舉坐嘆其雄爽。或曰：「敦嘗坐武昌釣臺，聞行船打鼓，嗟稱其能。俄而一槌小異，敦以扇柄撞几曰：『可恨！』應侍側，曰：『不然。此是回颿撾。』使視之，云：『船人入夾口。』應知鼓，又善於敦也。」

【眉批】

劉會孟曰：「王敦楚語。」

王乾開曰：「王大將軍自請鼓吹，桓宣武上馬舞矟，各以技癢，輒不讓人。」

按：弇州采此注入《術解》。

王處仲，世許高尚之目。嘗荒恣於色，體爲之敝，左右諫之。處仲曰：「吾乃不覺爾，如此者甚易耳。」乃開後閣，驅諸婢妾數十人出路，任其所之，時人嘆焉。鄧粲《晉紀》曰：「敦性簡脱，口不言財，其存尚如此。」

【眉批】

劉會孟曰：「自是可傳，傳此者少。」

王大將軍眉目高朗疏率，學通《左氏》。《晉陽秋》曰：「敦少稱高率通朗，有鑒裁。」

【眉批】

按：「眉目」，劉本作「自目」。

按：此則弇州所删。

按：《補》删此一則而留會孟四則，皆處仲批語，令人不解。

王處仲每酒後，輒詠「老驥伏櫪，志在千里。烈士暮年，壯心不已」。魏武帝樂府詩。以如意打唾壺，壺口盡缺。

【眉批】

王敬美曰：「老賊故自豪，此意尤可憐。」

王元美曰：「即玄德悲髀肉生意也。」

劉會孟曰：「四則皆處仲，至此欲盡。」

王元美曰：「其人不足言，其志乃大可憫矣。」

晉明帝欲起池臺，元帝不許。帝時爲太子，好養武士，一夕中作池，比曉便成。今太子西池是也。《丹陽記》曰：「西池，孫登所創，《吴史》所稱西苑也，明帝修復之耳。」

【眉批】

劉會孟曰：「如此，復何請爲？」

凌初成曰：「乃亦溷『豪爽』之科。」

王大將軍始欲下都，處分樹置，先遣參軍告朝廷，諷旨時賢。祖車騎尚未鎮壽春，瞋目厲聲語使人曰：「卿語阿黑，敦小字也。何敢不遜！催攝面去，須臾不爾。我將三千兵槊脚令上。」王聞之而止。

【眉批】

按：「處分」劉本作「更分」。

劉會孟曰：「似謂檻致之耳，古言俗字容有通用。」

庾穉恭既常有中原之志，文康時，權重未在己。及季堅作相，忌兵畏禍，與穉恭歷同異者久之，乃果行。傾荆、漢之力，窮舟車之勢，師次于襄陽，《漢晋春秋》曰：「翼風儀美劭，才能豐贍，少有經緯大略。及繼兄亮居方州之任，有匡維内外，掃蕩群凶之志。是時，杜乂、殷浩諸人盛名冠世，翼未之貴也，常曰：『此輩宜束之高閣，俟天下清定，然後議其所任耳。』其意氣如此。唯與桓温友善，相期以寧濟宇宙之事。初，翼輒發所部奴及車馬萬數，率大軍入沔，將謀伐狄，遂次于襄陽。」《翼别傳》曰：「翼爲荆州，雅有正志，每以門地威重，兄弟寵授，不陳力竭誠，何以報國。雖蜀阻險塞，胡負凶力，然皆無道酷虐，易可乘滅。當此時，不能掃除二寇以復王業，非丈夫也。於是徵役三州，悉其帑實，成衆五萬，兼率荒附，治戎大舉，直指魏、趙，軍次襄陽，耀威漢北也。」大會參佐，陳其旌甲，親授弧矢曰：「我之此行，若此射矣。」遂三起三疊，徒衆屬目，其氣十倍。

【眉批】

按：此則弇州所删。

王敬美曰：「惜其無成。」

劉會孟曰：「聞其語矣，未見其人也。」

桓宣武平蜀，集參僚置酒於李勢殿，巴、蜀搢紳，莫不來萃。桓既素有雄情爽氣，加爾日音調英發，叙古今成敗由人，存亡繫才，其狀磊落，一坐嘆賞。既散，諸人追味餘言。于時尋陽周馥曰：「恨卿輩不見王大將軍。」《中興書》曰：「馥，周撫孫也，字湛隱，有將略，曾作敦掾。」

【眉批】

劉本注：「馥心不服桓，故稱王以劣桓。然桓實勝王。」

王敬美曰：「敦雖敗，猶令人有餘畏，桓温所以嘆爲可兒。」

桓公讀《高士傳》，至於陵仲子，便擲去，曰：「誰能作此溪刻自處。」皇甫謐《高士傳》曰：「陳仲子字子終，齊人。兄戴，相齊，食禄萬鍾。仲子以兄禄爲不義，乃適楚，居於陵。曾乏糧三日，匍匐而食井李之實，三咽而後能視。身自織履，令妻擗纑，以易衣食。嘗歸省母，有饋其兄生鵝者，仲子嚬顣曰：『惡用此鶃鶃爲哉！』後母殺鵝，仲子不知而食之。兄自外入，曰：『鶃鶃肉邪！』仲子出門，哇而吐之。楚王聞其名，聘以爲相，乃夫婦逃去，爲人灌園。」

【眉批】

劉會孟曰：「溪刻雖不可知，要是苦語。」

桓石虔，司空豁之長庶也，《豁別傳》曰：「豁字朗子，温之弟。累遷荆州刺史，贈司空。」小字鎮惡，年十七八，未被舉，而童隸已呼爲鎮惡郎。嘗住宣武齋頭。從征枋頭，車騎冲没陳，左右莫能先救。宣武謂曰：「汝叔落賊，汝知不？」石虔聞之，氣甚奮，命朱辟爲副，策馬於數萬衆中，莫有抗者，徑致冲還，三軍嘆服。河朔後以其名斷瘧。《中興書》曰：「石虔有才幹，有史學，累有戰功，仕至豫州刺史，贈後軍將軍。」

【眉批】

劉會孟曰：「小名鎮惡，遂能斷瘧。弟不知桓温當時愧此兒不？」

陳林道在西岸，《晋陽秋》曰：「逵爲西中郎將，領淮南太守，戍歷陽。」都下諸人共要至牛渚會。陳理既佳，人欲共言折，陳以如意拄頰，望鷄籠山嘆曰：「孫伯符志業不遂。」《吴録》曰：「長沙桓王諱策，字伯符，吴郡富春人。少有雄姿風氣，年十九而襲業，衆號孫郎。平定江東，爲許貢客射破其面，引鏡自照，謂左右曰：『面如此，豈可復立功乎！』乃謂張昭曰：『中國方亂，夫以吴、越之衆，三江之固，足以觀成敗。公等善相吾弟。』呼大皇帝，授以印綬，曰：『舉江東之衆，决機於兩陳之間，卿不如我；任賢使能，各盡其心，我不如卿。慎勿北渡。』語畢而薨，年二十有六。」於是竟坐不得談。

【眉批】

劉會孟曰：「可嘆。」

王司州在謝公坐，詠「入不言兮出不辭，乘回風兮載雲旗」，《離騷·九歌·少司命》之辭。語人云：「當爾時，覺一坐無人。」

【眉批】

劉會孟曰：「此復何足語人。」

桓玄西下，入石頭，外白司馬梁王奔叛，《續晋陽秋》曰：「梁王珍之字景度。」《中興書》曰：「初，桓玄篡位，國人有孔璞者，奉珍之奔尋陽，義旗既興，歸朝廷，仕至太常卿，以罪誅。」玄時事形已濟，在平乘上笳鼓並作，直高詠云：「簫管有遺音，梁王安在哉？」阮籍《詠懷詩》也。

【眉批】

劉會孟曰：「以此爲達，可笑。」

世説新語卷下之上

宋　劉義慶　撰
梁　劉　峻　注
明　凌濛初　訂

容止第十四

魏武將見匈奴使，自以形陋，不足雄遠國，《魏氏春秋》曰：「武王姿貌短小，而神明英發。」使崔季珪代，帝自捉刀立床頭。既畢，令間諜問曰：「魏王何如？」匈奴使答曰：「魏王雅望非常，《魏志》曰：「崔琰字季珪，清河東武城人。聲姿高暢，眉目疏朗，鬚長四尺，甚有威重。」然床頭捉刀人，此乃英雄也。」魏武聞之，追殺此使。

【眉批】

按：弇州以此入《識鑒》。

王敬美曰：「匈奴中乃有此人，然適足自禍。」

劉會孟曰：「謂追殺此使，乃小説常情。」

何平叔美姿儀，面至白。魏明帝疑其傅粉。正夏月，與熱湯餅。既噉，大汗出，以朱衣自拭，色轉皎然。《魏略》曰：「晏性自喜，動静粉帛不去手，行步顧影。」按此言，則晏之妖麗本資外飾，且晏養自宫中，與帝相長，豈復疑其形姿，待驗而明也？

【眉批】

王敬美曰：「晏養宫中時，尚未有明帝，《注》駁未當。」

魏明帝使后弟毛曾與夏侯玄共坐，時人謂「蒹葭倚玉樹」。《魏志》曰：「玄爲黄門侍郎，與毛曾並坐，玄甚耻之，曾説形於色。明帝恨之，左遷玄爲羽林監。」

時人目夏侯太初「朗朗如日月之入懷」。李安國「穨唐如玉山之將崩」。《魏略》曰：「李豐字安國，衛尉李義子也。識别人物，海内注意。明帝得吴降人，問江東聞中國名士爲誰，以安國對之。是時豐爲黄門郎，改名宣。上問安國所在，左右公卿即具以豐對。上曰：『豐名乃被於吴越邪？』仕至中書令，爲晋王所誅。」

【眉批】

劉會孟曰：「何其開爽！」

嵇康身長七尺八寸，風姿特秀。《康别傳》曰：「康長七尺八寸，偉容色，土木形骸，不加飾厲。而龍章鳳姿，天質自然。正爾在群形之中，便自知非常之器。」見者嘆曰：「蕭蕭肅肅，爽朗清舉。」或云：「肅肅如松下風，高而徐引。」山公曰：「嵇叔夜之爲人也，巖巖若孤松之獨立；其醉也，傀俄若玉山之將崩。」

裴令公目王安豐：「眼爛爛如巖下電。」王戎形狀短小，而目甚清炤，視日不眩。

潘岳妙有姿容，好神情。《岳别傳》曰：「岳姿容甚美，風儀閑暢。」少時挾彈出洛陽道，婦人遇者，莫不連手共縈之。左太冲絶醜，《續文章志》曰：「思貌醜顇，不持儀飾。」亦復效岳遨游，於是群嫗齊共亂唾之，委頓而返。《語林》曰：「安仁至美，每行，老嫗以果擲之滿車。張孟陽至醜，每行，小兒以瓦石投之亦滿車。」二説不同。

【眉批】

劉會孟曰：「理不犯群嫗，何至委頓？」

王敬美曰：「大冲縱醜，未聞醜人必爲群嫗所唾，好事者之談也。《語林》亦然。」

淩初成曰：「要之，借彼形此，不足多辨。」

又曰：「老嫗亦復擲果。」

王夷甫容貌整麗，妙於談玄，恒捉白玉柄麈尾，與手都無分别。

潘安仁、夏侯湛並有美容，喜同行，時人謂之連璧。《八王故事》曰：「岳與湛著契，故好同游。」

裴令公有俊容姿，一旦有疾至困，惠帝使王夷甫往看。裴方向壁卧，聞王使至，强回視之。王出，語人曰：「雙眸閃閃，若巖下電，精神挺動，體中故小惡。」《名士傳》曰：「楷病困，詔遣黄門郎王夷甫省之。楷回眸屬夷甫云：『竟未相識。』夷甫還，亦嘆其神俊。」

有人語王戎曰：「嵇延祖卓卓如野鶴之在鷄群。」答曰：「君未見其父耳。」康已見上。

【眉批】

按：「君」，劉本作「卿」。」

裴令公有俊容儀，脱冠冕，粗服亂頭皆好，時人以爲「玉人」。見者曰：「見裴叔則如玉山上行，光映照人。」

劉伶身長六尺，貌甚醜顇，而悠悠忽忽，土木形骸。梁祚《魏國統》曰：「劉伶字伯倫，形貌醜陋，身長六尺，然肆意放蕩，悠焉獨暢，自得一時，常以宇宙爲狹。」

驃騎王武子是衛玠之舅，俊爽有風姿。見玠，輒嘆曰：「珠玉在側，覺我形穢。」《玠别傳》曰：「驃騎王濟，玠之舅也。嘗與同游，語人曰：『昨日吾與外生共坐，若明珠之在側，朗然來照人。』」

【眉批】

劉會孟曰：「覺甥之好。」

有人詣王太尉，遇安豐、大將軍、丞相在坐。往别屋，見季胤、平子。石崇《金谷詩叙》曰：「王詡字季胤，琅邪人。」《王氏譜》曰：「詡，夷甫弟也，仕至修武令。」還，語人曰：「今日之行，觸目見琳琅珠玉。」

王丞相見衛洗馬，曰：「居然有羸形，雖復終日調暢，若不堪羅綺。」《玠别傳》曰：「玠素抱羸疾。」《西京賦》曰：「始徐進而羸形，似不勝乎羅綺。」

【眉批】

劉會孟曰：「婦人語。」

王大將軍稱太尉處衆人中，似珠玉在瓦石間。

【眉批】

按：此則弇州所删。

庾子嵩長不滿七尺，腰帶十圍，頽然自放。

衛玠從豫章至下都，人久聞其名，觀者如堵牆。玠先有羸疾，體不堪勞，遂成病而死。時人謂「看殺衛玠」。《玠别傳》曰：「玠在群伍之中，實有異人之望。齠齔時。乘白羊車於洛陽市上，咸曰：『誰家璧人？』於是家門州黨號爲璧人。」按《永嘉流人名》曰：「玠以永嘉六年五月六日至豫章，其年六月二十日卒。」此則玠之南度豫章四十五日，豈暇至下都而亡乎？且諸書皆云玠亡在豫章，而不云在下都也。

【眉批】

劉會孟曰：「謂候見者多，徒欲看耳。」

周伯仁道桓茂倫「嶔崎歷落，可笑人」。或云謝幼輿言。

【眉批】

劉會孟曰：「太白全用此語，似切似偷。」

周侯説王長史父：《王氏譜》曰：「訥字文開，太原人。祖默，尚書。父祐，散騎常侍。訥始過江，仕至新淦令。」「形貌既偉，雅懷有概，保而用之，可作諸許物也。」

【眉批】

劉會孟曰：「諸許猶言一切也。」

祖士少見衛君長云：「此人有旄仗下形。」

石頭事故，朝廷傾覆，《晋陽秋》曰：「蘇峻自姑孰至于石頭，逼遷天子。峻以倉屋爲宫，使人守衛。」《靈鬼志·謡徵》曰：「明帝末有謡歌：『側側力，放馬出山側，大馬死，小馬餓。』後峻遷帝於石頭，御膳不具焉。」温忠武與庾文康投陶公求救。陶公云：「肅祖顧命不見及，且蘇峻作亂，釁由諸庾，誅其兄弟，不足以謝天下。」徐廣《晋紀》曰：「肅祖遺詔，庾亮、王導輔幼主，而進大臣官，陶侃、祖約不在其例。侃、約疑亮復遺詔也。」《中興書》曰：「初庾亮欲徵蘇峻，卞壼不許。温嶠及三吴欲起兵衛帝室，亮不聽，下制曰：『妄起兵者誅。』故峻得作亂京邑也。」于時庾在温船後，聞之，憂怖無計。别日，温勸庾見陶，庾猶豫未能往。温曰：「溪狗我所悉，卿但見之，必無憂也。」庾風姿神貌，陶一見便改觀，談宴竟日，愛重頓至。

【眉批】

按：此則弇州所删。

王敬美曰：「陶士行不能殺元規，未是英雄。」

庾太尉在武昌，秋夜氣佳景清，使吏殷浩、王胡之之徒登南樓理詠。音調始遒，聞函道中有屐聲甚厲，定是庾公。俄而率左右十許人步來，諸賢欲起避之，公徐云：「諸君少住，老子於此處興復不淺。」因便據胡床，與諸人詠謔，竟坐甚得任樂。後王逸少下，與丞相言及此事，丞相曰：「元規爾時風範不得不小穨。」右軍答曰：「唯丘壑獨存。」孫綽《庾亮碑文》曰：「公雅好所托，常在塵垢之外，雖柔心應世，蠖屈其迹，而方寸湛然，固以玄對山水。」

【眉批】

劉會孟曰：「觀此語，元規巍峨可想。」

王敬美曰：「王意重殷。」

按：弇州采此注入《賞譽》。

王敬豫有美形，問訊王公。王公撫其肩曰：「阿奴，恨才不稱。」又云：「敬豫事事似王公。」《語林》曰：「謝公云：『小時在殿廷會見丞相，便覺清風來拂人。』」

王右軍見杜弘治，嘆曰：「面如凝脂，眼如點漆，此神仙中人。」《江左名士傳》曰：「永和中，劉真長、謝仁祖共商略中朝人士，或曰：『杜弘治清標令上，爲後來之美。又面如凝脂，眼如點漆，粗可得方諸衛玠。』」時人有稱王長史形者，蔡公曰：「恨諸人不見杜弘治耳。」

劉尹道桓公鬢如反猬皮，眉如紫石稜，自是孫仲謀、司馬宣王一流人。宋明帝《文章志》曰：「温爲温嶠所賞，故名温。」《吴志》曰：「孫權字仲謀，策弟也。漢使者劉琬語人曰：『吾觀孫氏兄弟，雖並有才秀明達，皆禄胙不終。唯中弟孝廉，形貌魁偉，骨體不恒，有大貴之表。』」《晋陽秋》曰：「宣王天姿傑邁，有英雄之略。」

【眉批】

劉會孟曰：「英物爾醜。」

王敬倫風姿似父。作侍中，加授桓公公服，從大門入。桓公望之曰：「大奴固自有鳳毛。」大奴，王劭也，已見。《中興書》曰：「劭美姿容，持儀操也。」

【眉批】

王元美曰：「超宗殊有鳳毛，洪景盧以爲始於此。然此不若超宗之切也。王嘉《拾遺記》稱青鳳吉光裘事，亦在桓温語後，恐鳳毛别自有出處，不可曉。

林公道王長史：「斂衿作一來，何其軒軒韶舉。」《語林》曰：「王仲祖有好儀形，每覽鏡自照，曰：『王文開那生如馨兒。』時人謂之達也。」

時人目王右軍「飄如游雲，矯若驚龍」。

【眉批】

凌初成曰：「便似評其書法。」

王長史嘗病，親疏不通。林公來，守門人遽啓之曰：「一異人在門，不敢不啓。」王笑曰：「此必林公。」按《語林》曰：「諸人嘗要阮光禄共詣林公，阮曰：『欲聞其言，惡見其面。』」此則林公之形，信當醜異。

【眉批】

凌初成曰：「闇者識異人，大奇，大奇！」

或以方謝仁祖不乃重者，桓大司馬曰：「諸君莫輕道，仁祖企脚北窗下彈琵琶，故自有天際真人想。」《晋陽秋》曰：「尚善音樂。」《裴子》云：「丞相嘗曰：『堅石挈脚枕琵琶，有天際想。』」堅石，尚小名。

【眉批】

劉會孟曰：「俗語。」

王長史爲中書郎，往敬和許。敬和，王洽，已見。爾時積雪，長史從門外下車，步入尚書，著公服，敬和遥望嘆曰：「此不復似世中人。」

【眉批】

劉會孟曰：「雪中宜爾。」

按：劉本尚書下有一「省」字，無「著公服」三字。

簡文作相王時，與謝公共詣桓宣武。王珣先在内，桓語王：「卿嘗欲見相王，可住帳裏。」二客既去。桓謂王曰：「定何如？」王曰：「相王作輔，自然浩若神君。《續晋陽秋》曰：「帝美風姿，舉止端詳。」公亦萬夫之望，不然，僕射何得自没？」僕射，謝安。

【眉批】

王敬美曰：「此東亭媚語，安石恐未肯便没。」

按劉本作「自是神君」，無「浩若」二字，「不然」作「不如」，「自没」作「自是」。

海西時，諸公每朝，朝堂猶暗，唯會稽王來，軒軒如朝霞舉。

【眉批】

劉會孟曰：「與神君語映。」

謝車騎道謝公游肆，復無乃高唱，但恭坐捻鼻顧睞，便自有寢處山澤間儀。

【眉批】

劉會孟曰：「意態略似，但不成語。」

謝公云：「見林公雙眼黯黯明黑。」孫興公見林公，「稜稜露其爽」。

庾長仁與諸弟入吴，欲住亭中宿。諸弟先上，見群小滿屋，都無相避意。長仁曰：「我試觀之。」乃策杖將一小兒，始入門，諸客望其神姿，一時退匿。長仁，已見。一説是庾亮。

【眉批】

按：「住」劉本作「往」。

王敬美曰：「庾亮爲是。」

按：劉本無「匿」字。

有人嘆王恭形茂者，云：「濯濯如春月柳。」

自新第十五

周處年少時，凶强俠氣，爲鄉里所患。《處别傳》曰：「處字子隱，吴郡陽羨人。父魴，吴鄱陽太守。處少孤，不治細行。」《晋陽秋》曰：「處輕果薄行，州郡所棄。」又義興水中有蛟，山中有邅迹一作「白額」。虎，並皆暴犯百姓，義興人謂爲「三横」，而處尤劇。或説處殺虎斬蛟，實冀三横唯餘其一。處即刺殺虎，又入水擊蛟。蛟或浮或没，行數十里，處與之俱，經三日三夜，鄉里皆謂已死，更相慶。竟殺蛟而出，聞里人相慶，始知爲人情所患，有自改意。《孔氏志怪》曰：「義興有邪足虎，溪渚長橋有蒼蛟，並大噉人，郭西周，時謂郡中三害。」周即處也。乃自吴尋二陸，平原不在，正見清河，具以情告，拜云欲自修改而年已蹉跎，終無所成。清河曰：「古人貴朝聞夕死，况君前途尚可。且人患志之不立，亦何憂令名不彰邪。」處遂改勵，終爲忠臣孝子。《晋陽秋》曰：「處仕晋爲御史中丞，多所彈糾。氐人齊萬年反，乃令處距萬年。伏波孫秀欲表處母老，處曰：『忠孝之道，何當得兩全。』乃進戰，斬首萬計，弦絶矢盡，左右勸退。處曰：『此是吾授命之日。』遂戰而没。」

【眉批】

劉本注：「陸機爲平原内史，陸雲爲清河内史。」

戴淵少時游俠，不治行檢，嘗在江淮間攻掠商旅。陸機赴假還洛，輜重甚盛，淵使少年掠劫。淵在岸上，據胡床指麾左右，皆得其宜。淵既神姿峰穎，雖處鄙事，神氣猶異。機於船屋上遥謂之曰：「卿才如此，亦復作劫邪？」淵便泣涕，投劍歸機，辭厲非常。機彌重之，定交，作筆薦焉。虞預《晋書》曰：「機薦淵於趙王倫曰：『蓋聞繁弱登御，然後高墉之功顯；孤竹在肆，然後降神之曲成。伏見處士戴淵，砥節立行，有井渫之潔；安窮樂志，無風塵之慕。誠東南之遺寶，朝廷之貴璞也。若得寄迹康衢，必能結軌驥騄；耀質廊廟，必能垂光璵璠。夫枯岸之民，果於輸珠；潤山之客，烈於貢玉。蓋明暗呈形，則庸識所甄也。』倫即辟淵。」過江，仕至征西將軍。

企羡第十六

王丞相拜司空，桓廷尉作兩髻，葛帬策杖，路邊窺之，嘆曰：「人言阿龍超，阿龍故自超。」阿龍，丞相小字。不覺至臺門。

王丞相過江，自説昔在洛水邊，數與裴成公、阮千里諸賢共談道。羊曼曰：「人久以此許卿，何須復爾。」

王曰：「亦不言我須此，但欲爾時不可得耳。」「欲」一作「嘆」。

【眉批】

劉會孟曰：「至無緊要語，懷抱相似。」

王右軍得人以《蘭亭集序》方《金谷詩序》，又以己敵石崇，甚有欣色。王羲之《臨河叙》曰：「永和九年，歲在癸丑，暮春之初，會于會稽山陰之蘭亭，修禊事也。群賢畢至，少長咸集。此地有崇山峻嶺，茂林修竹，又有清流激湍，映帶左右，引以爲流觴曲水，列坐其次。是日也，天朗氣清，惠風和暢，娱目騁懷，信可樂也。雖無絲竹管弦之盛，一觴一詠，亦足以暢叙幽情矣。故列序時人，録其所述。右將軍司馬太原孫丞公等二十六人賦詩如左，前餘姚令、會稽謝勝等十五人不能賦詩，罰酒各三斗。」

【眉批】

楊用修曰：「《金谷序》實《蘭亭》之所祖也。」

劉會孟曰：「『敵石崇』，亦何等語？」

按：《金谷序》，《世説・品藻》注中有之，用修集載之，以爲得所未見，殆不可曉。

王司州先爲庾公記室參軍，後取殷浩爲長史，始到，庾公欲遣王使下都，王自啓求住，曰：「下官希見盛德，淵源始至，猶貪與少日周旋。」

郗嘉賓得人以己比苻堅，大喜。

【眉批】

按：此則弇州所删。

王敬美曰：「無謂。」

凌初成曰：「助桓之本色。」

孟昶未達時，家在京口。《晉安帝紀》曰：「昶字彦達，平昌人。父馥，中護軍。昶矜嚴有志局，少爲王恭所知，豫義旗之勳，遷丹陽尹。盧循既下，昶慮事不濟，仰藥而死。」嘗見王恭乘高輿，被鶴氅裘，于時微雪，昶於籬間窺之，嘆曰：「此真神仙中人！」

傷逝第十七

王仲宣好驢鳴，《魏志》曰：「王粲字仲宣，山陽高平人。曾祖龔，父暢，皆爲漢三公。粲至長安，見蔡邕，邕奇之，倒屣迎之，曰：『此王公孫，有異才，吾不及也。吾家書籍盡當與之。』避亂荆州，依劉表，以粲貌寢通脱，不甚重之。太祖以從征吴，道中卒。」既葬，文帝臨其喪，顧語同游曰：「王好驢鳴，可各作一聲以送之。」赴客皆一作驢鳴。按戴叔鸞母好驢鳴，叔鸞每爲驢鳴以説其母。人之所好，儻亦同之。

【眉批】

王敬美曰：「《世説》唯《傷逝》獨妙，無一語不解損神。」

劉會孟曰：「不應送客盡能驢鳴。」

《代醉編》曰：「驢鳴亦何咄咄異人，子以是悦親，友以是悦朋，君以是悦臣，是不可曉。」

王濬冲爲尚書令，著公服，乘軺車，經黄公酒壚下過。韋昭《漢書注》曰：「壚，酒肆也。以土爲墮，四邊高似壚也。」顧謂後車客：「吾昔與嵇叔夜、阮嗣宗共酣飲於此壚。竹林之游，亦預其末。自嵇生夭、阮公亡以來，便爲時所羈紲。今日視此雖近，邈若山河。」《竹林七賢論》曰：「俗傳若此。潁川庾爰之嘗以問其伯文康，文康云：『中朝所不聞，江左忽有此論，蓋好事者爲之耳。』」

孫子荆以有才，少所推服，唯雅敬王武子。武子喪時，名士無不至者。子荆後來，臨屍慟哭，賓客莫不垂涕。哭畢，向靈床曰：「卿常好我作驢鳴，今我爲卿作。」體似真聲，賓客皆笑。孫舉頭曰：「使君輩存，令此人死。」《語林》曰：「王武子葬，孫子荆哭之甚悲，賓客莫不垂涕。既作驢鳴，賓客皆笑。孫曰：『諸君不死，而令武子死乎。』賓客皆怒。」

王戎喪兒萬子，山簡往省之，王悲不自勝。簡曰：「孩抱中物，何至於此。」王曰：「聖人忘情，最下不及情。情之所鍾，正在我輩。」王隱《晋書》曰：「戎子綏，欲取裴遁女。綏既蚤亡，戎過傷痛，不許人求之，遂至老無敢取者。」簡服其言，更爲之慟。一説是王夷甫喪子，山簡弔之。

【眉批】

王敬美曰：「妙語實境。」

有人哭和長輿曰：「峨峨若千丈松崩。」

衛洗馬以永嘉六年喪，謝鯤哭之，感動路人。《永嘉流人名》曰：「玠以六年六月二十日亡，葬南昌城許徵墓東。玠之薨，謝幼輿發哀於武昌，感慟不自勝。人問：『子何恤而致哀如是？』答曰：『棟梁折矣，何得不哀。』」咸和中，丞相王公教曰：「衛洗馬當改葬。此君風流名士，海内所瞻，可修薄祭，以敦舊好。」《玠別傳》曰：「玠，咸和中故遷於江寧。丞相王公教曰：『洗馬明當改葬。此君風流名士，海内民望，可修三牲之祭，以敦舊好。』」

顧彦先平生好琴，及喪，家人常以琴置靈床上。張季鷹往哭之，不勝其慟，遂徑上床，鼓琴作數曲，竟，撫琴曰：「顧彦先頗復賞此不？」因又大慟，遂不執孝子手而出。

庾亮兒遭蘇峻難，遇害。諸葛道明女爲庾兒婦，既寡，將改適，亮子會，會妻父彪，並已見上。與亮書及之。亮答曰：「賢女尚少，故其宜也。感念亡兒，若在初没。」

【眉批】

王敬美曰：「聲有餘痛。」

庾文康亡，何揚州臨葬，云：「埋玉樹著土中，使人情何能已已。」《搜神記》曰：「初，庾亮病，術士戴洋曰：『昔蘇峻事，公於白石祠中許賽車下牛，從來未解，爲此鬼所考，不可救也。』明年，亮果亡。」《靈鬼志·謠徵》曰：「文康初鎮武昌，出石頭，百姓看者於岸歌曰：『庾公上武昌，翩翩如飛鳥；庾公還揚州，白馬牽旒旐。』又曰：『庾公初上時，翩翩如飛鴟；庾公還揚州，白馬牽旐車。』後連徵不入，尋薨，下都葬焉。」

【眉批】

劉會孟曰：「皆無據，獨遺此，第資後人筆墨耳。」

按《搜神記》曰：「文康鎮荆州，登厠，見一物如方相，兩眼盡赤，身有光耀，漸漸從土中出。乃攘臂以拳擊之。應手有聲，縮入地，因而寢疾。術士戴洋云云。」

按：劉本作「蘇峻阻公於白石神祠。」

王長史病篤，寢卧燈下，轉麈尾視之，嘆曰：「如此人曾不得四十！」及亡，劉尹臨殯，以犀柄麈尾著柩中，因慟絶。《濛别傳》曰：「濛以永和初卒，年三十九。沛國劉惔與濛至交，及卒，惔深悼之，雖友于之愛，不能過也。」

支道林喪法虔之後，精神霣喪，風味轉墜。《支遁傳》曰：「法虔，道林同學也。俊朗有禮義，遁甚重之。」常謂人曰：「昔匠石廢斤於郢人，《莊子》曰：「郢人堊漫其鼻端，若蠅翼，使匠石運斤斫之，堊盡而鼻不傷，郢人立不失容。」牙生輟弦於鍾子。《韓詩外傳》曰：「伯牙鼓琴，鍾子期聽之。方鼓琴，志在太山，子期曰：『善哉乎鼓琴，巍巍乎若太山莫景之間。』志在流水，子期曰：『善哉乎鼓琴，洋洋乎若流水。』鍾子期死，伯牙擗琴絶弦，終身不復鼓之。以爲在者，無足爲之鼓琴也。」推己外求，良不虚也。冥契既逝，發言莫賞，中心藴結，余其亡矣。」卻後一年，支遂殞。

【眉批】

王敬美曰：「支公乃爾耶，名理何在？」

郗嘉賓喪，左右白郗公：「郎喪。」既聞不悲，因語左右：「殯時可道。」公往臨殯，一慟幾絶。《中興書》曰：「超年四十一，先愔卒。超所交友，皆一時俊乂。及死之日，貴賤爲誄者四十餘人。」《續晋陽秋》曰：「超黨戴桓氏，爲其謀主。以父愔忠於王室，不令知之。將亡，出一小書箱付門生，云：『本欲焚此，恐官年尊，必以傷愍爲斃。我亡後，若大損眠食，則呈此箱。』愔後果慟悼成疾，門生乃如超旨，則與桓温往反密計。愔見即大怒曰：『小子死恨晚！』後不復哭。」

【眉批】

按：此則弇州所删。

戴公見林法師墓，《支遁傳》曰：「遁，太和元年終于剡之石城山，因葬焉。」曰：「德音未遠，而拱木已積。冀神理緜緜，不與氣運俱盡耳。」王珣《法師墓下詩序》曰：「余以寧康二年命駕之剡石城山，即法師之丘也。高墳鬱爲荒楚，丘隴化爲宿莽，遺迹未滅，而其人已遠。感想平昔，觸物凄懷。」其爲時賢所惜如此。

王子敬與羊綏善。綏清淳簡貴，爲中書郎，少亡。綏已見。王深相痛悼，語東亭云：「是國家可惜人。」

王東亭與謝公交惡。《中興書》曰：「珣兄弟皆婿謝氏，以猜嫌離婚。太傅既與珣絶婚，又離妻，由是二族遂成仇釁。」王在東，聞謝喪，便出都詣子敬，道欲哭謝公。子敬始卧，聞其言，便驚起曰：「所望於法護。」法護，珣小字。王於是往哭。督帥刁約不聽前，曰：「官平生在時，不見此客。」王亦不與語，直前哭，甚慟，不執末婢手而退。末婢，謝琰小字。琰字瑗度，安少子。開率有大度，爲孫恩所害，贈侍中司空。

【眉批】

按《異苑》曰：「謝公於後府接賓。婦劉氏見狗銜謝頭來，久之乃失所在。婦具説之。謝容色無異，是月薨。」

劉本注：「刁乃謝公部下吏」

王子猷、子敬俱病篤，而子敬先亡。獻之以泰元十三年卒，年四十五。子猷問左右：「何以都不聞消息？此已喪矣。」語時了不悲。便索輿來奔喪，都不哭。子敬素好琴，便徑入坐靈床上，取子敬琴彈，弦既不調，擲地云：「子敬，子敬，人琴俱亡。」因慟絶良久。月餘亦卒。《幽明録》曰：「泰元中，有一師從遠來，莫知所出。云：『人命應終，有生樂代者，則死者可生；若逼人求代，亦復不過少時。』人聞此，咸怪其虚誕。王子猷、子敬兄弟特相和睦。子敬疾，屬纊。子猷謂之曰：『吾才不如弟，位亦通塞，請以餘年代弟。』師曰：『夫生代死者，以己年限有餘，得以足亡者耳。今賢弟命既應終，君侯算亦當盡，復何所代？』子猷先有背疾，子敬疾篤，恒禁來往。聞亡，便撫心悲惋，都不得一聲，背即潰裂。推師之言，信而有實。」

【眉批】

劉會孟曰：「亦是何物語，可用言情。」

按《異苑》曰：「王徽之子猷爲交州刺史，在道有客，命索酒炙。言未訖而炙至。徽之取自割，終不食，投地大怒。顧視而炙已變爲徽之頭矣。乃大驚愕。反屬目其首，在空中揮霍而没，至州便殞。」

孝武山陵夕，王孝伯入臨，告其諸弟曰：「雖榱桷惟新，便自有《黍離》之哀。」《中興書》曰：「烈宗喪，會稽王道子執政，寵幸王國寶，委以機任。王恭入赴山陵，故有此嘆。」

羊孚年三十一卒，桓玄與羊欣書曰：「賢從情所信寄，暴疾而殞，孚，已見。《宋書》曰：「欣序敬元，太山南城人。少懷静默，秉操無競，美姿容，善笑言，長於草隸。」《羊氏譜》曰：「孚即欣從祖。」祝予之嘆，如何可言。」《公羊傳》曰：「顔淵死，子曰：『噫，天喪予。』子路亡，子曰：『噫，天祝予。』」何休曰：「祝者，斷也，天將亡夫子耳。」

桓玄當篡位，語卞鞠云：卞範已見。「昔羊子道恒禁吾此意。今腹心喪羊孚，爪牙失索元，《索氏譜》曰：「元字天保，燉煌人。父緒，散騎常侍。元歷征虜將軍、歷陽太守。」《幽明録》曰：「元在歷陽疾病，西界一年少女子姓某，自言爲神所降，來與元相聞，許爲治護。元性剛直，以爲妖惑，收以付獄，戮之於市中。女臨死曰：『卻後十七日，當令索元知其罪。』如期，元果亡。」而忽忽作此詆突，詎允天心？」

【眉批】

按：此則弇州所删。

棲逸第十八

阮步兵嘯聞數百步。蘇門山中，忽有真人，樵伐者咸共傳説。阮籍往觀，見其人擁膝巖側，籍登嶺就之，箕踞相對。籍商略終古，上陳黄農玄寂之道，下考三代盛德之美，以問之，仡然不應。復叙有爲之教、栖神導氣之術以觀之，彼猶如前，凝矚不轉。籍因對之長嘯。良久，乃笑曰：「可更作。」籍復嘯。意盡，退，還半嶺許，聞上嗗然有聲，如數部鼓吹，林谷傳響，顧看，乃向人嘯也。《魏氏春秋》曰：「阮籍常率意獨駕，不由徑路，車迹所窮，輒慟哭而反。嘗游蘇門山，有隱者，莫知姓名，有竹實數斛，杵臼而已。籍聞而從之，談太古無爲之道，論五帝三王之義，蘇門先生翛然曾不眄之。籍乃嘐然長嘯，韻響寥亮。蘇門先生乃逌爾而笑。籍既降，先生喟然高嘯，有如鳳音。籍素知音，乃假蘇門先生之論以寄所懷。其歌曰：『日没不周西，月出丹淵中。陽精晦不見，陰光代爲雄。亭亭在須臾，厭厭將復隆。富貴俯仰間，貧賤何必終。』」《竹林七賢論》曰：「籍歸，遂著《大人先生論》，所言皆胸懷間本趣，大意謂先生與己不異也。觀其長嘯相和，亦近乎目擊道存矣。」

【眉批】

王敬美曰：「『有爲之教』，四字甚深。」

嵇康游於汲郡山中，遇道士孫登，遂與之游。康臨去，登曰：「君才則高矣，保身之道不足。」康集序曰：「孫登者，不知何許人。無家，於汲郡北山土窟住。夏則編草爲裳，冬則被髮自覆。好讀《易》，鼓一弦琴，見者皆親樂之。」《魏氏春秋》曰：「登性無喜怒。或没諸水，出而觀之，登復大笑。時時出入人間，所經家設衣食者，一無所辭，去皆舍去。」《文士傳》曰：「嘉平中，汲縣民共入山中，見一人，所居懸崖百仞，叢林鬱茂，而神明甚察。自云：『孫姓登名，字公和。』康聞，乃從游三年，問其所圖，終不答，然神謀所存良妙，康每薾然嘆息。將别，謂曰：『先生竟無言乎？』登乃曰：『子識火乎？生而有光而不用其光，果然在於用光；人生有才而不用其才，果然在於用才。故用光在乎得薪，所以保其曜；用才在乎識物，所以全其年。今子才多識寡，難乎免於今之世矣。子無多求！』康不能用。及遭吕安事，在獄爲詩自責云：『昔慚下惠，今愧孫登。』」王隱《晋書》曰：「孫登即阮籍所見者也。嵇康執弟子禮而師焉。魏晋去就，易生嫌疑，貴賤並没，故登或默也。」

【眉批】

按：弇州以此入《規箴》。

山公將去選曹，欲舉嵇康，康與書告絶。《康别傳》曰：「山巨源爲吏部郎，遷散騎常侍，舉康，康辭之，並與山絶。豈不識山之不以一官遇己情邪？亦欲標不屈之節，以杜舉者之口耳。乃答濤書，自説不堪流俗而非薄湯、武。大將軍聞而惡之。」

【眉批】

按：此則弇州所删。

李廞是茂曾第五子，清貞有遠操，而少羸病，不肯婚宦。居在臨海，住兄侍中墓下。既有高名，王丞相欲招禮之，故辟爲府掾。廞得牋命，笑曰：「茂弘乃復以一爵假人。」《文字志》曰：「廞字宗子，江夏鍾武人。祖康，秦州刺史。父重，平陽太守。世有名望。廞好學，善草隸，與兄式齊名。躄疾不能行坐，常仰卧彈琴，讀誦不輟。河間王辟太尉掾，以疾不赴。後避難，隨兄南渡，司徒王導復辟之。廞曰：『茂弘乃復以一爵加人。』永和中卒。廞嘗爲二府辟，故號李公府也。式字景則，廞長兄也，思理儒隱，有平素之譽。渡江，累遷臨海太守、侍中。年五十四而卒。」

【眉批】

劉會孟曰：「如云借者。」

何驃騎弟以高情避世，而驃騎勸之令仕，答曰：「予弟五之名，何必減驃騎。」《中興書》曰：「何準字幼道，廬江灊人，驃騎將軍充第五弟也。雅好高尚，徵聘一無所就。充位居宰相，權傾人主，而準散帶衡門，不及世事。于時名德皆稱之。年四十七卒。有女爲穆帝皇后。贈光禄大夫，子恢讓不受。」

【眉批】

劉會孟曰：「古無此語。」

阮光禄在東山，蕭然無事，常内足於懷。《阮裕别傳》曰：「裕居會稽剡山，志存肥遁。」有人以問王右軍，右軍曰：「此君近不驚寵辱，《老子》曰：「寵辱若驚，得之若驚，失之若驚。」雖古之沈冥，何以過此。」《揚子》曰：「蜀莊沈冥。」李軌注曰：「沈冥，猶玄寂，泯然無迹之貌。」

孔車騎少有嘉遁意，年四十餘，始應安東命。未仕宦時，嘗獨寢，歌吹自箴誨。自稱孔郎，游散名山。《孔愉别傳》曰：「永嘉大亂，愉入臨海山中，不求聞達，中宗命爲參軍。」百姓謂有道術，爲生立廟，今猶有孔郎廟。

【眉批】

劉會孟曰：「謬得人敬禮，似死人，可怪，羞可戒。」

南陽劉驎之，高率善史傳，隱於陽岐。于時苻堅臨江，荆州刺史桓冲將盡訏謨之益，徵爲長史，遣人船往迎，贈貺甚厚。驎之聞命便升舟，悉不受所餉，緣道以乞窮乏，比至上明亦盡。一見冲，因陳無用，翛然而退。居陽岐積年，衣食有無，常與村人共。值己匱乏，村人亦如之。甚厚爲鄉閭所安。鄧粲《晋紀》曰：「驎之字子驥，南陽安衆人。少尚質素，虚退寡欲，好游山澤間，志存遁逸。桓冲嘗至其家，驎之方條桑，謂冲：『使君既枉駕光臨，宜先詣家君。』冲遂詣其父。父命驎之，然後乃還，拂短褐與冲言。父使驎之自持濁酒葅菜供賓，冲敕人代之，父辭曰：『若使官人，則非野人之意也。』冲爲慨然，至昏乃退。因請爲長史，固辭。居陽岐，去道斥近，人士往來，必投其家。驎之身自供給，贈致無所受。去家百里，有孤嫗疾將死，謂人曰：『唯有劉長史當埋我耳。』驎之身往候之，值終，爲治棺殯。其仁愛皆如此。以壽卒。」

【眉批】

劉本注：「乞音氣。」

王敬美曰：「《注》尤佳。」

南陽翟道淵與汝南周子南少相友，共隱于尋陽。庾太尉説周以當世之務，周遂仕，翟秉志彌固。其後周詣翟，翟不與語。《晋陽秋》曰：「翟湯字道淵，南陽人，漢方進之後也。篤行任素，義讓廉潔，饋贈一無所受。值亂多寇，聞湯名德，皆不敢犯。」《尋陽記》曰：「初，庾亮臨江州，聞翟湯之風，束帶躡屐而詣焉。亮禮甚恭，湯曰：『使君直敬其枯木朽株耳。』亮稱其能言，表薦之，徵國子博士，不赴。主簿張玄曰：『此君卧龍，不可動也。』終于家。」

【眉批】

王敬美曰：「按此語似深實淺，蓋用鄱陽書中語，雖謙己無能，爲先容誤知，而陰刺庾公，不能自别夜光也。」

孟萬年及弟少孤，居武昌陽新縣。萬年游宦，有盛名當世。少孤未嘗出京邑，人士思欲見之，乃遣信報少孤云：「兄病篤。」狼狽至都，時賢見之者，莫不嗟重。因相謂曰：「少孤如此，萬年可死。」袁宏《孟處士銘》曰：「處士名陋，字少孤，武昌陽新人，吴司空孟宗後也。少而希古，布衣蔬食，栖遲蓬蓽之下，絶人間之事，親族慕其孝。大將軍命會稽王辟之，稱疾不至。相府歷年虚位，而澹然無悶，卒不降志，時人奇之。」

【眉批】

劉會孟曰：「少孤名陋皆怪，萬年何辜。」

又曰：「僞病何死。」

康僧淵在豫章，去郭數十里立精舍，旁連嶺，帶長川，芳林列於軒庭，清流激於堂宇。乃閑居研講，希心理味。庾公諸人多往看之，觀其運用吐納，風流轉佳，加已處之怡然，亦有以自得，聲名乃興。後不堪，遂出。僧淵，已見。

【眉批】

劉會孟曰：「與後差互皆慚甚。」

戴安道既厲操東山，《續晉陽秋》曰：「逵不樂當世，以琴書自娱，隱會稽剡山。國子博士徵，不就。」而其兄欲建式遏之功。《戴氏譜》曰：「逯字安丘，譙國人。祖碩，父綏，有名位。逯以武勇顯，有功，封廣陵侯，仕至大司農。」謝太傅曰：「卿兄弟志業，何其太殊？」戴曰：「下官不堪其憂，家弟不改其樂。」

許玄度隱在永興南幽穴中，每致四方諸侯之遺。或謂許曰：「嘗聞箕山人似不爾耳。」許曰：「筐篚苞苴，故當輕於天下之寶耳。」鄭玄《禮記注》云：「苞苴，裹肉也，或以葦，或以茅。」此言許由尚致堯帝之讓，筐篚之遺，豈非輕邪？

【眉批】
按：此則弇州所删。
劉會孟曰：「小辯有禮。」

范宣未嘗入公門，韓康伯與同載，遂誘俱入郡，范便於車後趨下。《續晉陽秋》曰：「宣少尚隱遁，家于豫章，以清潔自立。」

【眉批】
按：此則弇州所删。

郗超每聞欲高尚隱退者，輒爲辦百萬資，並爲造立居宇。在剡，爲戴公起宅，甚精整。戴始往舊居，與所親書曰：「近至剡，如官舍。」郗爲傳約亦辦百萬資，傳隱事差互，故不果遺。約，瓊小字。

許掾好游山水，而體便登陟。時人云：「許非徒有勝情，實有濟勝之具。」

郗尚書與謝居士善，常稱謝慶緒識見雖不絶人，可以累心處都盡。尚書，郗恢也，別見。檀道鸞《續晉陽秋》曰：「謝敷字慶緒，會稽人。崇信釋氏。初入太平山中，十餘年，以長齋供養爲業，招引同事，化納不倦。以母老，還南山若邪中。內史郗愔表薦之，徵博士，不就。初，月犯少微星，一名處士星，占云：『以處士當之。』時戴逵居剡，既美才藝，而交游貴盛，先敷著名，時人憂之。俄而敷死，會稽人士以嘲吴人云：『吴中高士，便是求死不得。』」

【眉批】

王敬美曰：「此許故未易當。」

賢媛第十九

陳嬰者東陽人。少修德行，著稱鄉黨。秦末大亂，東陽人欲奉嬰爲主，母曰：「不可。自我爲汝家婦，少見貧賤，一旦富貴，不祥。不如以兵屬人，事成少受其利，不成禍有所歸。」《史記》曰：「嬰故東陽令史，居縣素信，爲長者。東陽人欲立長，乃請嬰。嬰母見之，乃以兵屬項梁，梁以嬰爲上柱國。」

漢元帝宮人既多，乃令畫工圖之，欲有呼者，輒披圖召之。其中常者，皆行貨賂。王明君姿容甚麗，志不苟求，工遂毁爲其狀。後匈奴來和，求美女於漢帝，帝以明君充行。既召見而惜之，但名字已去，不欲中改，於是遂行。《漢書·匈奴傳》曰：「竟寧元年，呼韓邪單于來朝，自言願婿漢氏以自親。元帝以後宮良家子王嫱字明君賜之。

單于歡喜，上書願保塞。」文穎曰：「昭君本蜀郡秭歸人也。」《琴操》曰：「王昭君者，齊國王穰女也。年十七，儀形絶麗，以節聞國中。長者求之者，王皆不許，乃獻漢元帝。帝造次不能别房帷，昭君恚怒之。會單于遣使，帝令宫人裝出，使者請一女，帝乃謂宫中曰：『欲至單于者起。』昭君喟然越席而起。帝視之，大驚悔。是時使者並見，不得止，乃賜單于。單于大説，獻諸珍物。昭君有子曰世違。單于死，世違繼立。凡爲胡者，父死妻母。昭君問世違曰：『汝爲漢也，爲胡也？』世違曰：『欲爲胡耳。』昭君乃吞藥自殺。」石季倫曰：「『昭』以觸文帝諱，故改爲『明』。」

【眉批】

按：此則弇州所删。

王敬美曰：「胡族妻後母耳，《漢書·匈奴傳》詳甚，立者故非昭君所生子也。」

凌初成曰：「按《漢書》，胡族妻後母。呼韓邪死，子復株絫復妻昭君。復株絫者，大閼氏子也。昭君爲宁胡閼氏，子伊屠知牙師爲右日逐王，不聞世違繼立，亦不聞吞藥。」

漢成帝幸趙飛燕，飛燕讒班婕妤祝詛，於是考問，辭曰：「妾聞死生有命，富貴在天。修善尚不蒙福，爲邪欲以何望，若鬼神有知，不受邪佞之訴，若其無知，訴之何益？故不爲也。」《漢書·外戚傳》曰：「成帝趙皇后，本長安宫人。初生，父母不舉，三日不死，乃收養之。及壯，屬河陽主家，學歌舞，號曰飛燕。帝微行過主，見而説之，召入宫，大得幸，立爲后。班婕妤者，雁門人。成帝初選入宫，大得幸，立爲婕妤。帝游後庭，嘗欲與同輦，婕妤辭之。趙飛燕譖許皇后及婕妤，婕妤對有辭致，上憐之，賜黄金百斤。飛燕嬌妒，婕妤恐見危，中求供養太后於長信宫。帝崩，婕妤充奉園陵，薨，葬園中。」

魏武帝崩，文帝悉取武帝宫人自侍。及帝病困，卞后出看疾。太后入户，見值侍並是昔日所愛幸者。太后問：「何時來邪？」云：「正伏魄時過。」因不復前而嘆曰：「狗鼠不食汝餘，死故應爾。」至山陵，亦竟不臨。《魏書》曰：「武宣卞皇后，琅邪開陽人。以漢延熹三年生齊郡白亭，有黄氣滿室移日。父敬侯怪之，以問卜者王越。越曰：『此吉祥也。』年二十，太祖納於譙。性約儉，不尚華麗，有母儀德行。」

【眉批】

劉會孟曰：「賦銅雀，復少此，咄咄。」

王敬美曰：「銅雀臺上妓，亦復在邪。」

趙母嫁女，女臨去，敕之曰：「愼勿爲好。」女曰：「不爲好，可爲惡邪？」母曰：「好尚不可爲，其况惡乎？」《列女傳》曰：「趙姬者，桐鄉令東郡虞韙妻，潁川趙氏女也。才敏多覽。韙既没，大皇帝敬其文才，詔入宫省。上欲自征公孫淵，姬上疏以諫。作《列女傳解》，號趙母注，賦數十萬言。赤烏六年卒。」《淮南子》曰：「人有嫁其女而教之者曰：『爾爲善，善人疾之。』對曰：『然則當爲不善乎？』曰：『善尚不可爲，而况不善乎？』」景獻羊皇后曰：「此言雖鄙，可以命世人。」

【眉批】

王敬美曰：「何必減莊子。」

凌初成曰：「便是『無非無儀』本旨。」

許允婦是阮衛尉女，德如妹，《魏略》曰：「允字士宗，高陽人。少與清河崔贊俱發名於冀州。仕至領軍將軍。」《陳留志名》曰：「阮共字伯彦，尉氏人。清真守道，動以禮讓。仕魏至衛尉卿。少子侃，字德如，有俊才，而飭以名理，風儀雅潤。與嵇康爲友。仕至河内太守。」奇醜。交禮竟，允無復入理，家人深以爲憂。會允有客至，婦令婢視之，還，答曰：「是桓郎。」桓郎者，桓範也。《魏略》曰：「範字允明，沛郡人。仕至大司農，爲宣王所誅。」婦云：「無憂，桓必勸入。」桓果語許云：「阮家既嫁醜女與卿，故當有意，卿宜察之。」許便回入内，既見婦，即欲出。婦料其此出無復入理，便捉裾停之。許因謂曰：「婦有四德，卿有其幾？」《周禮》：「九嬪掌婦學之法，以教九御，婦德、婦言、婦容、婦功。」鄭注曰：「德謂貞順，言謂辭令，容謂婉娩，功謂絲枲。」婦曰：「新婦所乏唯容爾。然士有百行，君有幾？」許云：「皆備。」婦曰：「夫百行以德爲首。君好色不好德，何謂皆備？」允有慚色，遂相敬重。

許允爲吏部郎，多用其鄉里，魏明帝遣虎賁收之。其婦出誡允曰：「明主可以理奪，難以情求。」既至，帝覈問之，允對曰：「『舉爾所知』，臣之鄉人，臣所知也。陛下檢校，爲稱職與不？若不稱職，臣受其罪。」既檢校，皆官得其人，於是乃釋。允衣服敗壞，詔賜新衣。初允被收，舉家號哭。阮新婦自若，云：「勿憂，尋還。」作粟粥待。頃之，允至。《魏氏春秋》曰：「初，允爲吏部，選遷郡守。明帝疑其所用非次，將加其罪。允妻阮氏跣出，謂曰：『明主可以理奪，不可以情求。』允領之而入。帝怒詰之，允對曰：『某郡太守雖限滿，文書先至，年限在後，日限在前。』帝前取事視之，乃釋然，遣出，望其衣敗，曰：『清吏也。』」

【眉批】

王敬美曰：「得婦如此，故當耐其奇醜。」

許允爲晉景王所誅，門生走入告其婦。婦正在機中，神色不變，曰：「蚤知爾耳。」《魏志》曰：「初，領軍與夏侯玄、李豐親善。有詐作尺一詔書，以玄爲大將軍，允爲太尉，共録尚書事。無何，有人天未明乘馬以詔版付允門吏，曰：『有詔。』因便驅走，允投書燒之，不以關呈景王。」《魏略》曰：「明年，李豐被收，允欲往見大將軍。已出門，允回遑不定，中道還取絝。大將軍聞而怪之，曰：『我自收李豐，士大夫何爲忽忽乎？』會鎮北將軍劉靜卒，以允代靜。大將軍與允書曰：『鎮北雖少事，而都典一方。念足下震華鼓，建朱節，歷本州，此所謂著綉晝行也。』會有司奏允前擅以厨錢穀乞諸俳及其官屬，減死徙邊，道死。」《魏氏春秋》曰：「允之爲鎮北，喜謂其妻曰：『吾知免矣。』妻曰：『禍見於此，何免之有？』」《晉諸公贊》曰：「允有正情，與文帝不平，遂幽殺之。」《婦人集》載阮氏與允書，陳允禍患所起，辭甚酸愴。文多不録。門人欲藏其兒，婦曰：「無豫諸兒事。」後徙居墓所，景王遣鍾會看之，若才流及父，當收。兒以咨母，母曰：「汝等雖佳，才具不多，率胸懷與語，便無所憂。不須極哀，會止便止。又可少問朝事。」兒從之。會反，以狀對，卒免。《世語》曰：「允二子：奇字子太，猛字子豹，並有治理。」《晉諸公贊》曰：「奇，泰始中爲太常丞。世祀嘗祠廟，奇應行事，朝廷以奇受害之門，不令接近，出爲長史。世祖下詔述允宿望，又稱奇才，擢爲尚書祠部郎。猛禮學儒博，加有才識，爲幽州刺史。」

【眉批】

王敬美曰：「惜不載其書。」

王敬美曰：「高識至此，幾可與司馬宣王對付。」

王公淵娶諸葛誕女，入室，言語始交，王謂婦曰：「新婦神色卑下，殊不似公休。」婦曰：「大丈夫不能仿佛彥雲，而令婦人比蹤英傑！」《魏氏春秋》曰：「王廣字公淵，王凌子也。有風量才學，名重當世。與傅嘏等論才性同異，行於世。」《魏志》曰：「廣有志尚學行，凌誅，並死。」臣謂王廣名士，豈以妻父爲戲，此言非也。

【眉批】

王敬美曰：「《注》駁太迂，且忽下『臣』字，詎是孝標注？」

王經少貧苦，仕至二千石，母語之曰：「汝本寒家子，仕至二千石，此可以止乎。」經不能用。爲尚書，助魏，不忠於晉，被收，涕泣辭母曰：「不從母敕，以至今日。」母都無慽容，語之曰：「爲子則孝，爲臣則忠，有孝有忠，何負吾邪。」《世語》曰：「經字彦偉，清河人。高貴鄉公之難，王沈、王業馳告文王，經以正直不出，因沈、業申意。後誅經及其母。」《晋諸公贊》曰：「沈、業將出，呼經，不從，曰：『吾子行矣。』」《漢晋春秋》曰：「初，曹髦將自討司馬昭，經諫曰：『昔魯昭不忍季氏，敗走失國，爲天下笑。今權在其門久矣，朝廷四方皆爲之致死，不顧逆順之理，非一日也。且宿衛空闕，寸刃無有，陛下何所資用。而一旦如此，無乃欲除疾而更深之邪？』髦不聽。後殺經並及其母。將死，垂泣謝母，母顔色不變，笑而謂曰：『人誰不死！往所以止汝者，恐不得其所也。以此並命，何恨之有？』」干寶《晋紀》曰：「經正直不忠於我，故誅之。」按傅暢、干寶所記，則是經實忠貞於魏，而《世語》既謂其正直，復云因沈、業申意，何其相反乎？故二家之言深得之。

【眉批】

王敬美曰：「讀史至王章妻、王經母，未嘗不流涕也。」

王敬美曰：「是。」

山公與嵇、阮一面，契若金蘭。山妻韓氏，覺公與二人異於常交，問公。公曰：「我當年可以爲友者，唯此二生耳。」妻曰：「負羈之妻亦親觀狐、趙，意欲窺之，可乎？」他日，二人來，妻勸公止之宿，具酒肉。夜穿墉以視之，達旦忘反。公入曰：「二人何如？」妻曰：「君才致殊不如，正當以識度相友耳。」公曰：「伊輩亦常以我度爲勝。」《晉陽秋》曰：「濤雅素恢達，度量弘遠，心存事外，而與時俯仰。嘗與阮籍、嵇康諸人著忘言之契。至于群子屯蹇於世，濤獨保浩然之度。」王隱《晉書》曰：「韓氏有才識，濤未仕時，戲之曰：『忍寒，我當作三公，不知卿堪爲夫人不耳。』」

王渾妻鍾氏生女令淑，虞預《晉書》曰：「渾字玄冲，太原晉陽人，魏司徒昶子。仕至司徒。」武子爲妹求簡美對而未得，有兵家子有俊才，欲以妹妻之，乃白母。《王氏譜》曰：「鍾夫人名琰之，太傅繇之孫。」曰：「誠是才者，其地可遺，然要令我見。」武子乃令兵兒與群小雜處，使母帷中察之。既而母謂武子曰：「如此衣形者，是汝所擬者非邪？」武子曰：「是也。」母曰：「此才足以拔萃，然地寒，不有長年，不得申其才用。觀其形骨，必不壽，不可與婚。」武子從之。兵兒數年果亡。

賈充前婦，是李豐女。豐被誅，離婚徙邊。《婦人集》曰：「充妻李氏，名婉，字淑文。豐誅，徙樂浪。」後遇赦得還，充先已取郭配女，《賈氏譜》曰：「郭氏名玉璜，即廣宣君也。」武帝特聽置左右夫人。李氏別住外，不肯還充舍。《晉諸公贊》曰：「世祖踐阼，李氏赦還。而齊獻王妃欲令充遣郭氏，更納其母。充不許，爲李氏築宅而不往來。充母柳氏將亡，充問所欲言者。柳曰：『我教汝迎李新婦尚不肯，安問他事。』」郭氏語充，欲就省李，充曰：「彼剛介有才氣，卿往不如不去。」《充別傳》曰：「李氏有淑性令才也。」郭氏於是盛威儀，多將侍婢。既至，入户，李氏起迎，郭不覺腳自屈，因跪再拜。既反，語充。充曰：「語卿道何物？」按《晉諸公贊》曰：「世祖以李豐得罪晉室，又郭氏是太子妃母，無離絶之理，乃下詔敕斷，不得往還。」而王隱《晉書》亦云：「充既與李絶婚，更取城陽太守郭配女，名槐。李禁錮解，詔充置左右夫人。充母柳亦敕充迎李。槐怒，攘臂責充曰：『刊定律令，爲佐命之功，我有其分。李那得與我並？』充乃架屋永年里中以安李。槐晚乃知，充出，輒使人尋充。詔許充置左右夫人，充答詔，以謙讓不敢當盛禮。」《晉贊》既云世祖下詔，不遣李還。而王隱《晉書》及《充别傳》並言詔聽置立左右夫人，充憚郭氏，不敢迎李。三家之説並不同，未詳孰是？然李氏不還，别有餘故。而《世説》云自不肯還，謬矣。且郭槐强狠，豈能就李而爲之拜乎？皆爲虚也。

【眉批】

王敬美曰：「駁是。」

賈充妻李氏作《女訓》行於世。李氏女，齊獻王妃。郭氏女，惠帝后。充卒，李、郭女各欲令其母合葬，經年不决。賈后廢，李氏乃祔葬，遂定。《晉諸公贊》曰：「李氏有才德，世稱《李夫人訓》者。生女合，亦才明，即齊王妃。」《婦人集》曰：「李氏至樂浪，遺二女《典式》八篇。」王隱《晉書》曰：「賈后字南風，爲趙王所誅。」

【眉批】

按：此則弇州所删。

王汝南少無婚，自求郝普女。《郝氏譜》曰：「普字道匡，太原襄城人。仕至洛陽太守。」司空以其癡，會無婚處，任其意，便許之。《魏氏志》曰：「王昶字文舒，仕至司空。」既婚，果有令姿淑德，生東海，遂爲王氏母儀。或問汝南：「何以知之？」曰：「嘗見井上取水，舉動容止不失常，未嘗忤觀，以此知之。」《汝南别傳》曰：「襄城郝仲將門至孤陋，非其所偶也。君嘗見其女，便求聘焉。果高朗英邁，母儀冠族。其通識餘裕皆此類。」

王司徒婦，鍾氏女，太傅曾孫，《王氏譜》曰：「夫人，黄門侍郎鍾琰女。」亦有俊才女德。《婦人集》曰：「夫人有文才，其詩賦頌誄行于世。」鍾、郝爲娣姒，雅相親重。鍾不以貴陵郝，郝亦不以賤下鍾。東海家内則郝夫人之法，京陵家内範鍾夫人之禮。

【眉批】

劉會孟曰：「兩婦著書。」

按：此「亦」字，本承上來，《補》亦溷列。

劉本注：「承爲東海守，渾封京陵侯。」

按：諸本俱於「家内」下句，劉本獨於「則」、「範」下句，意「内則」「内範」是王家兩部女書也。故須溪云然。然無據，未知孰是？

李平陽，秦州子，李重，已見。《永嘉流人名》曰：「康字玄胄，江夏人。魏秦州刺史。」中夏名士，于時以比王夷甫。孫秀初欲立威權，咸云：「樂令民望，不可殺，減李重者又不足殺。」《晋諸公贊》曰：「孫秀字俊忠，琅邪人。初趙王倫封琅邪，秀給爲近職小吏。倫數使秀作書疏，文才稱倫意。倫封趙，秀徙户爲趙人，用爲侍郎，信任之。」《晋陽秋》曰：「倫篡位，秀爲中書令，事皆决於秀。爲齊王所誅。」遂逼重自裁。初，重在家，有人走從門入，出髻中疏示重。重看之色動，入内，示其女。女直叫絶，了其意，出則自裁。按諸書皆云：重知趙王倫作亂，有疾不治，遂以致卒。而此書乃言自裁，甚乖謬。且倫、秀凶虐，動加誅夷，欲立威權，自當顯戮，何爲逼令自裁？此女甚高明，重每咨焉。

【眉批】

劉會孟曰：「咸語大毒害事。」

王敬美曰：「駁是。」

周浚作安東時，行獵，值暴雨，過汝南李氏。李氏富足，而男子不在。有女名絡秀，聞外有貴人，與一婢於内宰猪羊，作數十人飲食，事事精辦，不聞有人聲。密覘之，獨見一女子，狀貌非常。浚因求爲妾，父兄不許。絡秀曰：「門户殄瘁，何惜一女。若連姻貴族，將來或大益。」父兄從之。《八王故事》曰：「浚字開林，汝南安城人。少有才名。太康初，平吴，自御史中丞出爲揚州刺史。元康初，加安東將軍。」遂生伯仁兄弟。絡秀語伯仁等：「我所以屈節爲汝家作妾，門户計耳。按《周氏譜》浚取同郡李伯宗女，此云爲妾，妄耳。汝若不與吾家作親親者，吾亦不惜餘年。」伯仁等從命。由此李氏在世得方幅齒遇。

【眉批】

劉本注：「『方幅』，猶言幅員也，即天下。」

劉會孟曰：「方幅者，四面看得一樣也。」

陶公少有大志，家酷貧，與母湛氏同居。同郡范逵素知名，舉孝簾，逵，未詳。投侃宿。于時冰雪積日，侃室如懸罄，而逵馬僕甚多。侃母湛氏語侃曰：「汝但出外留客，吾自爲計。」湛頭髮委地，下爲二髮，一作「髢」。賣得數斛米。斫諸屋柱，悉割半爲薪，剉諸薦以爲馬草。日夕，遂設精食，從者皆無所乏。逵既嘆其才辯，又深愧其厚意。明旦去，侃追送不已，且百里許。逵曰：「路已遠，君宜還。」侃猶不返。逵曰：「卿可去矣。至洛陽，當相爲美談。」侃乃返。逵及洛，遂稱之於羊晫、顧榮諸人，大獲美譽。《晋陽秋》曰：「侃父丹，娶新淦湛氏女，生侃。湛虔恭有智算，以陶氏貧賤，紡績以資給侃，使交結勝己。侃少爲尋陽吏，鄱陽孝廉范逵嘗遇侃宿。時大雪，侃家無草，湛徹所卧薦剉給，陰截髮，賣以供調。逵聞之嘆息。逵去，侃追送之。逵曰：『豈欲仕乎？』侃曰：『有仕郡意。』逵曰：『當相談致。』過盧江，向太守張夔稱之。召補吏，舉孝廉，除郎中。時豫章顧榮或責羊晫曰：『君奈何與小人同輿？』晫曰：『此寒俊也。』」王隱《晋書》曰：「侃母既截髮供客，聞者嘆曰：『非此母不生此子。』乃進之於張夔，羊晫亦簡之。後晫爲十郡中正，舉侃爲鄱陽小中正，始得上品也。」

【眉批】

凌初成曰：「不堪再遇一客。」

劉會孟曰：「富貴可致，此髮不可爲也。」

王敬美曰：「《注》『顧榮』下有刊落。」

陶公少時作魚梁吏，嘗以坩鮓餉母。母封鮓付使，反書責侃曰：「汝爲吏，以官物見餉，非唯不益，乃增吾憂也。」《侃别傳》曰：「母湛氏，賢明有法訓。侃在武昌，與佐吏從容飲燕，常有飲限。或勸猶可少進，侃凄然良久曰：『昔年少，曾有酒失，二親見約，故不敢踰限。』及侃丁母憂，在墓下，忽有二客來弔，不哭而退，儀服鮮異，知非常人，遣隨視之，但見雙鶴冲天而去。」《幽明録》曰：「陶公在尋陽西南一塞取魚，自謂其池曰鶴門。」按吴司徒孟宗爲雷池監，以鮓餉母，母不受。非侃也。疑後人因孟假爲此説。

【眉批】

劉會孟曰：「真陶母。」

桓宣武平蜀，以李勢妹爲妾，甚有寵，常著齋後。主始不知，既聞，與數十婢拔白刃襲之。《續晉陽秋》曰：「温尚明帝女南康長公主。」正值李梳頭，髮委藉地，膚色玉曜，不爲動容。徐曰：「國破家亡，無心至此，今日若能見殺，乃是本懷。」主慚而退。《妒記》曰：「温平蜀，以李勢女爲妾。郡主凶妒，不即知之。後知，乃拔刃往李所，因欲斫之。見李在窗梳頭，姿貌端麗，徐徐結髮，斂手向主，神色閑正，辭甚淒惋。主於是擲刀前抱之，曰：『阿子，我見汝亦憐，何況老奴！』遂善之。」

【眉批】

劉會孟曰：「齋後著妾。」

又曰：「何其傾吐。」

庾玉臺，希之弟也。希誅，將戮玉臺。希，已見。玉臺，庾友小字。《庾氏譜》曰：「友字惠彦，司空永第三子，歷中書郎、東陽太守。」玉臺子婦，宣武弟桓豁女也。《庾氏譜》曰：「友字弘之，長子宣，娶宣武弟桓豁之女，字女幼。」徒跣求進。閽禁不内，女厲聲曰：「是何小人！我伯父門，不聽我前！」因突入，號泣請曰：「庾玉臺常因人，腳短三寸，當復能作賊不？」宣武笑曰：「婿故自急。」遂原玉臺一門。《中興書》曰：「桓温殺庾希弟倩，希聞難而逃。希弟友當伏誅，子婦桓氏女請温，得宥。」

【眉批】

劉本注：「言足短不能自行，因人而行，明其無它。然子婦稱其小字，不以爲怪。」

凌初成曰：「胡毋父子猶稱。」

謝公夫人幃諸婢，使在前作伎，使太傅暫見便下幃。太傅索更開，夫人云：「恐傷盛德。」劉夫人，已見。

【眉批】

王敬美曰：「此直妒耳，何足稱賢。」

桓車騎不好著新衣，浴後，婦故送新衣與。《桓氏譜》曰：「沖娶琅邪王恬女，字女宗。」車騎大怒，催使持去。婦更持還，傳語云：「衣不經新，何由而故？」桓公大笑，著之。

王右軍郗夫人謂二弟司空、中郎曰：司空，愔，已見。《郗曇别傳》曰：「曇字重熙，鑒少子，性韻方質，和正沈簡。累遷丹陽尹、北中郎將，徐兖二州刺史。」「王家見二謝，傾筐倒庋；二謝：安、萬。見汝輩來，平平爾。汝可無煩復往。」

【眉批】

劉會孟曰：「語悉世情，可以有省。」

按「庋」，劉本作「屐」。

王凝之謝夫人既往王氏，大薄凝之。既還謝家，意大不説。太傅慰釋之曰：「王郎，逸少之子，人身亦不惡，汝何以恨乃爾？」答曰：「一門叔父，則有阿大、中郎；群從兄弟，則有封、胡、遏、末。封胡，謝韶小字。遏末，謝淵小字。韶字穆度，萬子，車騎司馬。淵字叔度，奕第二子，義興太守。時人稱其尤彦秀者。或曰封、胡、遏、末，封謂朗，遏謂玄，末謂韶。朗玄淵。一作胡謂淵，遏謂玄，末謂韶也。不意天壤之中，乃有王郎。」

【眉批】

弇州以此入《忿狷》。

劉會孟曰：「怨恨至此，我輩所不能道，未可盡非。」

凌初成曰：「《忿狷》爲是。」

劉本注：「封、胡、遏、韶，朗玄小字末，疑是末婢，琰小字。」

劉本注：「此二則，皆婦人薄忿夫家之事，不當並列《賢媛》中。」

韓康伯母隱古几毁壞。卞鞠見几惡，欲易之。鞠。卞範之，母之外孫也。答曰：「我若不隱此，汝何以得見古物？」

王江州夫人語謝遏曰：「汝何以都不復進？」夫人，玄之妹。爲是塵務經心，天分有限？」

【眉批】

王敬美曰：「此豈女弟待兄言？《注》誤矣，妹當爲姊。」

劉會孟曰：「婦人乃能激發。」

郗嘉賓喪，婦兄弟欲迎妹還，終不肯歸。《郗氏譜》曰：「超娶汝南周門女，名馬頭。」曰：「生縱不得與郗郎同室，死寧不同穴？」《毛詩》曰：「穀則異室，死則同穴。」鄭玄注曰：「穴謂壙中墟也。」

謝遏絶重其姊。張玄常稱其妹，欲以敵之。有濟尼者，並游張、謝二家，人問其優劣，答曰：「王夫人神情散朗，故有林下風氣；顧家婦清心玉映，自是閨房之秀。」

【眉批】

劉本注：「疑即江州夫人。前以爲玄婦，非。」

劉會孟曰：「晋時尼輩亦如此。」

王尚書惠嘗看王右軍夫人，《宋書》曰：「惠字令明，琅邪人。歷吏部尚書，贈太常卿。」問：「眼耳未覺惡不？」《婦人集》載謝表曰：「妾年九十，孤骸獨存。願蒙哀矜，賜其鞠養。」答曰：「髮白齒落，屬乎形骸；至於眼耳，關於神明，那可便與人隔。」

【眉批】

劉本注：「惠爲孫族。」

韓康伯母殷，隨孫繪之之衡陽，《韓氏譜》曰：「繪之字季倫。父康伯，太常卿。繪之仕至衡陽太守。」於闔廬洲中逢桓南郡。卞鞠是其外孫，時來問訊。謂鞠曰：「我不死，見此豎二世作賊！」在衡陽數年，繪之遇桓景真之難也，《續晋陽秋》曰：「桓亮字景真，大司馬温之孫。父濟，給事中。叔父玄，簒逆見誅，亮聚衆於長沙，自號湘州刺史，殺太宰甄恭、衡陽前太守韓繪之等十餘人，爲劉毅軍人郭珍斬之。」殷撫屍哭曰：「汝父昔罷豫章，徵書朝至夕發。汝去郡邑數年，爲物不得動，遂及於難，夫復何言？」

術解第二十

荀勗善解音聲，時論謂之「闇解」，遂調律吕，正雅樂。每至正會，殿庭作樂，自調宫商，無不諧韻。阮咸妙賞，時謂「神解」。每公會作樂，而心謂之不調，既無一言直勗，意忌之，遂出阮爲始平太守。後有一田父耕於野，得周時玉尺，便是天下正尺，荀試以校己所治鐘鼓金石絲竹，皆覺短一黍，於是伏阮神識。《晋後略》曰：「鐘律之器，自周之末廢，而漢成、哀之間，諸儒修而治之。至後漢末，復隳矣。魏氏使協律知音者杜夔造之，不能考之典禮，徒依于時絲管之聲，時之尺寸而制之，甚乖失禮度。於是世祖命中書監荀勗依典制定鐘律。既鑄律管，募求古器，得周時玉律數枚，比之不差。又諸郡舍倉庫，或有漢時故鐘，以律命之，皆不叩而應，聲響韻合，又若俱成。」《晋諸公贊》曰：「律成，散騎侍郎阮咸謂勗所造聲高，高則悲。夫亡國之音哀以思，其民困。今聲不合雅，懼非德政中和之音，必是古今尺有長短所致。然今鐘磬是魏時杜夔所造，不與勗律相應，音聲舒雅，而久不知夔所造，時人爲之，不足改易。勗性自矜，乃因事左遷咸爲始平太守，而病卒。後得地中古銅尺，校度勗今尺，短四分，方明咸果解音，然無能正者。」干寶《晋紀》曰：「荀勗始造《正德》《大象》之舞，以魏杜夔所制律吕校大樂，本音不和。後漢至魏尺，長於古四分有餘，而夔據之，是以失韻。乃依《周禮》積粟以起度量，以度古器，符于本銘。遂以爲式，用之郊廟。」

荀勗嘗在晉武帝坐上食筍進飯，謂在坐人曰：「此是勞薪炊也。」坐者未之信，密遣問之，實用故車腳。

【眉批】

楊用修曰：「王劭奏改火疏云：昔師曠食飯，云是勞薪所炊，晉平公使視之厨，果然車輞。今傳以爲符朗事，非也。」此又作荀勗。

劉會孟曰：「薪豈知勞，而其氣亦異耶。」

按：此則弇州所删。

人有相羊祜父墓，後應出受命君。祜惡其言，遂掘斷墓後以壞其勢。相者立視之，曰：「猶應出折臂三公。」俄而祜墜馬折臂，位果至公。《幽明録》曰：「羊祜工騎乘。有一兒五六歲，端明可喜，掘墓之後，兒即亡。羊時爲襄陽都督，因盤馬落地，遂折臂。于時士林咸嘆其忠誠。」

王武子善解馬性，嘗乘一馬，著連前障泥，前有水，終日不肯渡。王云：「此必是惜障泥。」使人解去，便徑渡。《語林》曰：「武子性愛馬，亦甚别之。故杜預道王武子有馬癖，和長輿有錢癖。武帝問杜預：『卿有何癖？』對曰：『臣有《左傳》癖。』」

【眉批】

劉會孟曰：「馬猶惜物。」

陳述爲大將軍掾，甚見愛重。及亡，郭璞往哭之，甚哀，乃呼曰：「嗣祖，焉知非福！」俄而大將軍作亂，如其所言。《陳氏譜》曰：「述字嗣祖，潁川許昌人。有美名。」

晉明帝解占冢宅，聞郭璞爲人葬，帝微服往看，因問主人：「何以葬龍角？此法當滅族。」主人曰：「郭云此葬龍耳，不出三年，當致天子。」帝問：「爲是出天子耶？」答曰：「非出天子，能致天子問耳。」青烏子《相冢書》曰：「葬龍之角，暴富貴，後當滅門。」

【眉批】

劉會孟曰：「致問無理，致能來耳。」

郭景純過江，居于暨陽，墓去水不盈百步。時人以爲近水，景純曰：「將當爲陸。」《璞別傳》曰：「璞少好經術，明解卜筮。永嘉中，海內將亂，璞投策嘆曰：『黔黎將同異類矣。』便結親昵十餘家南渡江，居于暨陽。」今沙漲，去墓數十里皆爲桑田。其詩曰：「北阜烈烈，巨海混混。壘壘三墳，唯母與昆。」

王丞相令郭璞試作一卦。卦成，郭意色甚惡，云：「公有震厄。」王問：「有可消伏理不？」郭曰：「命駕西出數里，得一栢樹，截斷如公長，置床上常寢處，灾可消矣。」王從其語，數日中，果震柏粉碎。子弟皆稱慶。大將軍云：「君乃復委罪於樹木！」王隱《晉書》曰：「璞消灾轉福，扶厄擇勝，時人咸言京、管不及。」

桓公有主簿，善別酒，有酒輒令先嘗，好者謂「青州從事」，惡者謂「平原督郵」。青州有齊郡，平原有鬲縣；「從事」言到臍，「督郵」言在鬲上住。

郗愔信道甚精勤，嘗患腹內惡，諸醫不可療，聞于法開有名，往迎之。既來便脉，云：「君侯所患，正是精進太過所致耳。」合一劑湯與之。一服即大下，去數段許紙，如拳大，剖看，乃先所服符也。《晉書》曰：「法開善醫術，嘗行，莫投主人，妻産而兒積日不墮。法開曰：『此易治耳。』殺一肥羊，食十餘臠而針之。須臾兒下，羊膋裹而出。其精妙如此。」

【眉批】

按：此則弇州所删。

劉會孟曰：「如此則羊脂可。」

殷中軍妙解經脉，中年都廢。有常所給使，忽叩頭流血。浩問其故，云：「有死事，終不可説。」詰問良久，乃云：「小人母年垂百歲，抱疾來久，若蒙官一脉，便有活理，訖就屠戮無恨。」浩感其至性，遂令舁來，爲診脉處方。始服一劑湯便愈。於是悉焚經方。

【眉批】

凌初成曰：「寫得觳觫，宛轉可矜。」

劉會孟曰：「診之似達，焚方又隘，無益盛德。」

巧藝第二十一

彈棋始自魏宮内，用妝奩戲，傅玄《彈棋賦叙》曰：「漢成帝好蹴踘，劉向以謂勞人體，竭人力，非至尊所宜御。乃因其體作彈棋。今觀其道，蹴踘道也。」按玄此言，則彈棋之戲其來久矣。且《梁冀傳》云：「冀善彈棋格五。」而此云起魏世，謬矣。文帝於此戲特妙，用手巾角拂之，無不中。有客自云能，帝使爲之。客著葛巾角，低頭拂棋，妙踰於帝。《典論》常自叙曰：「戲弄之事少所喜，唯彈棋略盡其妙，少時嘗爲之賦。昔京師少工有二焉，合鄉侯東方世安、張公子，常恨不得與之對也。」《博物志》曰：「帝善彈棋，能用手巾角。時有一書生，又能低頭以所冠葛巾角撇棋也。」

【眉批】

按《藝經》曰：「彈棋二人對局，先列棋相當，上呼下擊之。」《彈棋經後序》曰：「彈棋者雅戲也，澹薄自如，蓋道家所爲導引之法耳。」

王敬美曰：「如此駁皆極精。」

按《西京雜記》曰：「漢武好蹴踘，有進彈棋者以代之。帝賜以青羔裘。」後漢蔡邕已有《彈棋賦》。《注》駁起魏世，不及此，何也？

按：張表臣《詩話》：「奕棋，取一道，人行五子，謂之蹙融。融者戎也。黄帝蹙鞠我旅之間爲戲耳。」庚元規曰：「蹙戎者，今蹙融。漢謂之格五，取五子相格之義以名之耳。」格五之説見此。

陵雲臺樓觀精巧，先稱平衆木輕重，然後造構，乃無錙銖相負揭。臺雖高峻，常隨風摇動，而終無傾倒之理。魏明帝登臺，懼其勢危，別以大材扶持之，樓即頽壞。論者謂輕重力偏故也。《洛陽宮殿簿》曰：「陵雲臺上壁，方十三丈，高九尺；樓方四丈，高五丈；棟去地十三丈五尺七寸五分也。」

韋仲將能書。魏明帝起殿，欲安榜，使仲將登梯題之。既下，頭鬢皓然。因敕兒孫勿復學書。《文章叙録》曰：「韋誕字仲將，京兆杜陵人，太僕端子。有文學，善屬辭。以光禄大夫卒。」衛恒《四體書勢》曰：「誕善楷書，魏宮觀多誕所題。明帝立陵霄觀，誤先釘榜，乃籠盛誕，轆轤長絙引上，使就題之。去地二十五丈，誕甚危懼，乃戒子孫絶此楷法，著之家令。」

【眉批】

凌初成曰：「豈至學書者必遭此。」

鍾會是荀濟北從舅，二人情好不協。荀有寶劍可值百萬，常在母鍾夫人許。《孔氏志怪》曰：「勗以寶劍付妻。」會善書，學荀手迹，作書與母取劍，仍竊去不還。《世語》曰：「會善學人書。伐蜀之役，於劍閣要鄧艾章表，皆約其言，令詞旨倨傲，多自矜伐。艾由此被收也。」荀勗知是鍾而無由得也，思所以報之。後鍾兄弟以千萬起一宅，始成，甚精麗，未得移住。荀極善畫，乃潛往畫鍾門堂作太傅形象，衣冠狀貌如平生。二鍾入門，便大感慟，宅遂空廢。《孔氏志怪》曰：「于時咸謂勗之報會，過於所失數十倍。彼此書畫，巧妙之極。」

羊長和博學工書，《文字志》曰：「忱性能草書，亦善行隸，有稱於一時。」能騎射，善圍棊。諸羊後多知書，而射奕餘藝莫逮。

【眉批】

按：此則弇州所删。

戴安道就范宣學，《中興書》曰：「逵不遠千里，往豫章詣范宣。宣見逵異之，以兄女妻焉。」視范所爲，范讀書亦讀書，范抄書亦抄書。唯獨好畫，范以爲無用，不宜勞思於此。戴乃畫《南都賦圖》，范看畢咨嗟，甚以爲有益，始重畫。

謝太傅云：「顧長康畫，有蒼生來所無。」《續晋陽秋》曰：「愷之尤好丹青，妙絶於時。曾以一厨畫寄桓玄，皆其絶者，深所珍惜，悉糊題其前。桓乃發厨後取之，好加理復。愷之見封題如初，而畫並不存，直云：『妙畫通靈，變化而去，如人之登仙矣。』」

【眉批】

按：此則弇州所删。

戴安道中年畫行像甚精妙。庾道季看之，語戴云：「神明太俗，由卿世情未盡。」戴云：「唯務光當免卿此語耳。」《列仙傳》曰：「務光，夏時人也。耳長七寸，好鼓琴，服菖蒲韭根。湯將伐桀，謀於光。光曰：『非吾事也。』湯曰：『伊尹何如？』務光曰：『强力忍詬，不知其它。』湯克天下，讓於光。光曰：『吾聞無道之世，不踐其土，况讓我乎？』負石自沉於廬水。」

顧長康畫裴叔則，頰上益三毛。人問其故，顧曰：「裴楷俊朗有識具，正此是其識具。看畫者尋之，定覺益三毛如有神明，殊勝未安時。」愷之歷畫古賢，皆爲之贊也。

王中郎以圍棋是坐隱，支公以圍棋爲手談。《博物志》曰：「堯作圍棋以教丹朱。」《語林》曰：「王以圍棋爲手談，故其在哀制中，祥後客來，方幅會戲。」

【眉批】

王元美曰：「雅語。」

顧長康好寫起人形，《續晋陽秋》曰：「愷之圖寫特妙。」欲圖殷荆州，殷曰：「我形惡，不煩耳。」顧曰：「明府正爲眼爾。仲堪眇目故也。但明點童子，飛白拂其上，使如輕雲之蔽日。」「日」，一作「月」。

顧長康畫謝幼輿在巖石裏。人問其所以，顧曰：「謝云：『一丘一壑，自謂過之。』此子宜置丘壑中。」

顧長康畫人，或數年不點目精。人問其故，顧曰：「四體妍蚩，本無闕於妙處，傳神寫照，正在阿堵中。」

顧長康道：「畫『手揮五弦』易，『目送歸鴻』難。」

【眉批】

按：此則弇州所删。

劉會孟曰：「正似留譜與後人。」

按：「目送歸鴻、手揮五弦，」乃嵇叔夜《送秀才入軍》詩中語。

寵禮第二十二

元帝正會，引王丞相登御床。王公固辭，中宗引之彌苦。王公曰：「使太陽與萬物同輝，臣下何以瞻仰。」《中興書》曰：「元帝登尊號，百官陪位，詔王導升御坐，固辭然後止。」

桓宣武嘗請參佐入宿，袁宏、伏滔相次而至。莅名，府中復有袁參軍，彦伯疑焉。令傳教更質。傳教曰：「參軍是袁、伏之袁，復何所疑？」

【眉批】

按：此則弇州所删。

王敬美曰：「莅名」二字，可傳典故。

按：補中删此，令人不知「袁伏之袁」，後須溪之批，竟似無謂。

王珣、郗超並有奇才，爲大司馬所眷拔。珣爲主簿，超爲記室參軍。超爲人多鬚，珣狀短小，于時荆州爲之語曰：「髯參軍，短主簿，能令公喜，能令公怒。」《續晋陽秋》曰：「超有才能，珣有器望，並爲温所昵。」

【眉批】

按：此則弇州所删。

許玄度停都一月，劉尹無日不往，乃嘆曰：「卿復少時不去，我成輕薄京尹。」《語林》曰：「玄度出都，真長九日十一詣之，曰：『卿尚不去，使我成薄德二千石。』」

【眉批】

凌初成曰：「得劉尹如此，甚難，甚難。」

孝武在西堂會，伏滔預坐。還，下車呼其兒，兒即系也。丘淵之《文章録》曰：「系字敬魯，仕至光禄大夫。」語之曰：「百人高會，臨坐未得他語，先問：『伏滔何在？在此不？』此故未易得。爲人作父如此，何如？」

【眉批】

王敬美曰：「何器小乃爾，袁虎所以耻爲伍也。」

卞範之爲丹陽尹。羊孚南州暫還，往卞許，云：「下官疾動，不堪坐。」卞便開帳拂褥，羊徑上大床，入被須枕。卞回坐傾睞，移晨達莫。羊去，卞語曰：「我以第一理期卿，卿莫負我。」丘淵之《文章録》曰：「範之字敬祖，濟陰宛句人。祖嵔，下邳太守。父循，尚書郎。恒玄輔政，範之遷丹陽尹。玄敗，伏誅。」

任誕第二十三

陳留阮籍、譙國嵇康、河内山濤，三人年皆相比，康年少亞之。預此契者，沛國劉伶、陳留阮咸、河内向秀、琅邪王戎。七人常集于竹林之下，肆意酣暢，故世謂「竹林七賢」。《晋陽秋》曰：「于時風譽扇于海内，至于今詠之。」

【眉批】

按：此則弇州所删。

按：此首載竹林，見爲《任誕》之始，不宜删去。

阮籍遭母喪，在晉文王坐，進酒肉。司隸何曾亦在坐，《晉諸公贊》曰：「何曾字穎考，陳郡陽夏人。父夔，魏太僕。曾以高雅稱，加性仁孝。累遷司隸校尉，用心甚正，朝廷憚之。仕晉至太宰。」曰：「明公方以孝治天下，而阮籍以重喪顯於公坐飲酒食肉，宜流之海外，以正風教。」文王曰：「嗣宗毁頓如此，君不能共憂之，何謂？且有疾而飲酒食肉，固喪禮也。」籍飲噉不輟，神色自若。干寶《晉紀》曰：「何曾嘗謂阮籍曰：『卿恣情任性，敗俗之人也。今忠賢執政，綜核名實，若卿之徒，何可長也。』復言之於太祖，籍飲噉不輟。故魏、晉之間，有被髮夷傲之事，皆死忘生之人，反謂行禮者，籍爲之也。」《魏氏春秋》曰：「籍性至孝，居喪雖不率常禮，而毁幾滅性。然爲文俗之士何曾等深所讎疾，大將軍司馬昭愛其通偉，而不加害也。」

【眉批】

按：此則弇州所删。

劉伶病酒，渴甚，從婦求酒。婦捐酒毁器，涕泣諫曰：「君飲太過，非攝生之道，必宜斷之。」伶曰：「甚善。我不能自禁，唯當祝鬼神自誓斷之耳。便可具酒肉。」婦曰：「敬聞命。」供酒肉於神前，請伶祝誓。伶跪而祝曰：「天生劉伶，以酒爲名，一飲一斛，五斗解酲。毛公注曰：『酒病曰酲。』婦人之言，慎不可聽。」便引酒進肉，隗然已醉矣。見《竹林七賢論》。

劉公榮與人飲酒，雜穢非類。人或譏之，答曰：「勝公榮者不可不與飲，不如公榮者亦不可不與飲，是公榮輩者又不可不與飲。故終日共飲而醉。」《劉氏譜》曰：「昶字公榮，沛國人。」《晉陽秋》曰：「昶爲人通達，仕至兖州刺史。」

步兵校尉缺，厨中有貯酒數百斛，阮籍乃求爲步兵校尉。《文士傳》曰：「籍放誕有傲世情，不樂仕宦。晉文帝親愛籍，恒與談戲，任其所欲，不迫以職事。籍常從容曰：『平生曾游東平，樂其土風，願得爲東平太守。』文帝説，從其意。籍便騎上徑到郡，皆壞府舍諸壁障，使内外相望，然後教令清寧，十餘日便復騎驢去。後聞步兵厨中有酒三百石，忻然求爲校尉。於是入府舍，與劉伶酣飲。」《竹林七賢論》又云：「籍與伶共飲步兵厨中，並醉而死。」此好事者爲之言。籍景元中卒，而劉伶太始中猶在。

【眉批】

按：此則弇州所删。

按：東平太守，弇州采作正文。

劉伶恒縱酒放達，或脱衣裸形在屋中。人見譏之，伶曰：「我以天地爲棟宇，屋舍爲幝衣，諸君何爲入我幝中。」鄧粲《晉紀》曰：「客有詣伶，值其裸袒。伶笑曰：『吾以天地爲宅舍，以屋宇爲幝衣，諸君自不當入我幝中，又何惡乎？』其自任若是。」

阮籍嫂嘗還家，籍見與别。或譏之，《曲禮》嫂叔不通問。故譏之。籍曰：「禮豈爲我輩設也。」

阮公鄰家婦，有美色，當壚酤酒。阮與王安豐常從婦飲酒，阮醉，便眠其婦側。夫始殊疑之，伺察，終無他意。王隱《晉書》曰：「籍鄰家處子有才色，未嫁而卒。籍與無親，生不相識，往哭，盡哀而去。其達而無檢，皆此類也。」

阮籍當葬母，蒸一肥豚，飲酒二斗，然後臨訣，直言：「窮矣。」都得一號，因吐血，廢頓良久。鄧粲《晉紀》曰：「籍母將死，與人圍棋如故，對者求止，籍不肯，留與決賭。既而飲酒三斗，舉聲一號，嘔血數升，廢頓久之。」

【眉批】

按：此則弇州所删。

王敬美曰：「非復人情。」

阮仲容、咸也。步兵居道南，諸阮居道北。北阮皆富，南阮貧。七月七日，北阮盛曬衣，皆紗羅錦綺。仲容以竿挂大布犢鼻褌於中庭。人或怪之，答曰：「未能免俗，聊復爾耳。」《竹林七賢論》曰：「諸阮前世皆儒學，善居室，唯咸一家尚道棄事，好酒而貧。舊俗七月七日，法當曬衣。諸阮庭中爛然錦綺，咸時總角，乃竪長竿挂犢鼻褌也。」

阮步兵籍也。喪母，裴令公楷也。往弔之。阮方醉，散髮坐床，箕踞不哭。裴至，下席於地，哭，弔唁畢便去。或問裴：「凡弔，主人哭，客乃爲禮。阮既不哭，君何爲哭？」裴曰：「阮方外之人，故不崇禮制。我輩俗中人，故以儀軌自居。」時人嘆爲兩得其中。《名士傳》曰：「阮籍喪親，不率常禮。裴楷往弔之，遇籍方醉，散髮箕踞，旁若無人。楷哭泣盡哀而退，了無異色。其安同異如此。」戴逵論之曰：「若裴公之制弔，欲冥外以護内，有達意也，有弘防也。」

【眉批】

王敬美曰：「豈可以嗣宗爲得中，此言何可訓也？」

諸阮皆能飲酒，仲容至宗人閑共集，不復用常杯斟酌，以大甕盛酒，圍坐，相向大酌。時有群猪來飲，直接去上，便共飲之。

【眉批】

按：此則弇州所删。

王敬美曰：「無人道矣。」

阮渾長成，風氣韻度似父，亦欲作達。步兵曰：「仲容已預之，卿不得復爾。」《竹林七賢論》曰：「籍之抑渾，蓋以渾未識己之所以爲達也。後咸兄子簡，亦以曠達自居。父喪，行遇大雪寒凍，遂詣浚儀令。令爲它賓設黍臛，簡食之，以致清議，廢頓幾三十年。是時竹林諸賢之風雖高，而禮教尚峻。迨元康中，遂至放蕩越禮。樂廣譏之曰：『名教中自有樂地，何至於此。』樂令之言有旨哉！謂彼非玄心，徒利其縱恣而已。」

【眉批】

凌初成曰：「作達何妨再世。」

劉會孟曰：「不成語。」

裴成公婦，王戎女。王戎晨往裴許，不通徑前。裴從床南下，女從北下，相對作賓主，了無異色。《裴氏家傳》曰：「頠取戎長女。」

【眉批】

按：此則弇州所删。

阮仲容先幸姑家鮮卑婢，及居母喪，姑當遠移，初云當留婢，既發，定將去。仲容借客驢，著重服，自追之，累騎而返，曰：「人種不可失。」即遥集之母也。《竹林七賢論》曰：「咸既追婢，於是世議紛然。自魏末沈淪閭巷，逮晋咸寧中始登王途。」《阮孚别傳》曰：「咸與姑書曰：『胡婢遂生胡兒。』姑答書曰：『《魯靈光殿賦》曰：「胡人遥集於上楹。」可字曰遥集也。』故孚字遥集。」

任愷既失權勢，不復自檢括。或謂和嶠曰：「卿何以坐視元裒敗而不救？」和曰：「元裒如北夏門，拉㩧自欲壞，非一木所能支。」《晋諸公贊》曰：「愷字元裒，樂安博昌人。有雅識國幹，萬機大小多綜之。與賈充不平，充乃啓愷掌吏部。又使有司奏愷用御食器，坐免官，世祖遺遂薄焉。」

劉道真少時，常漁草澤，善歌嘯，聞者莫不留連。有一老嫗，識其非常人，甚樂其歌嘯，乃殺豚進之。道真食豚盡，了不謝。嫗見不飽，又進一豚。食半餘半，乃還之。後爲吏部郎，嫗兒爲小令史，道真超用之，不知所由，問母，母告之，於是齎牛酒詣道真。道真曰：「去，去！無可復用相報。」劉寶，已見。

【眉批】

劉會孟曰：「市井笑語。」

阮宣子常步行，以百錢挂杖頭，至酒店，便獨酣暢，雖當世貴盛，不肯詣也。《名士傳》曰：「修性簡任。」

山季倫爲荊州，時出酣暢，人爲之歌曰：「山公時一醉，徑造高陽池。日莫倒載歸，茗艼無所知。復能乘駿馬，倒著白接䍦。舉手問葛强，何如并州兒。」高陽池在襄陽。强是其愛將，并州人也。《襄陽記》曰：「漢侍中習郁，於峴山南，依范蠡養魚法作魚池。池邊有高堤，種竹及長楸，芙蓉、蔆芡覆水，是游燕名處也。山簡每臨此池，未嘗不大醉而還，曰：『此是我高陽池也。』襄陽小兒歌之。」

張季鷹縱任不拘，時人號爲「江東步兵」。或謂之曰：「卿乃可縱適一時，獨不爲身後名邪？」答曰：「使我有身後名，不如即時一杯酒。」《文士傳》曰：「翰任性自適，無求當世，時人貴其曠達。」

【眉批】

王敬美曰：「季鷹此意甚遠，欲破世間噉名客耳。渠亦那能盡忘，本謂忘名，乃令此言千載。」

畢茂世云：「一手持蟹螯，一手持酒杯，拍浮酒池中，便足了一生。」《晋中興書》曰：「畢卓字茂世，新蔡人。少傲達，爲胡毋輔之所知。太興末爲吏部郎，嘗飲酒廢職。北舍郎釀酒熟，卓因醉，夜至其甕間取飲之。主者謂是盗，執而縛之。知爲吏部也，釋之。卓遂引主人燕甕側，取醉而去。温嶠素知愛卓，請爲平南長史，卒。」

【眉批】

凌初成曰：「持蟹螯猶不如讀《離騷》。」

賀司空入洛赴命，爲太孫舍人，經吴閶門，在船中彈琴。張季鷹本不相識，先在金閶亭，聞弦甚清，下船就賀，因共語，便大相知説。問賀：「卿欲何之？」賀曰：「入洛赴命，正爾進路。」張曰：「吾亦有事北京。」因路寄載，便與賀同發。初不告家，家追問，乃知。

【眉批】

王敬美曰：「此故有致。」

祖車騎過江時，公私儉薄，無好服玩。王、庾諸公共就祖，忽見裘袍重疊，珍飾盈列。諸公怪問之，祖曰：「昨夜復南塘一出。」祖于時恒自使健兒鼓行劫鈔，在事之人亦容而不問。《晋陽秋》曰：「逖性通濟，不拘小節。又賓從多是桀黠勇士，逖待之皆如子弟。永嘉中，流民以萬數，揚土大饑。賓客攻剽，逖輒擁護全衛。談者以此少之，故久不得調。」

【眉批】

王敬美曰：「未聞嵇、阮作賊。」

鴻臚卿孔群好飲酒，王丞相語云：「卿何爲恒飲酒？不見酒家覆瓿布，日月糜爛？」群曰：「不爾。不見糟肉乃更堪久？」群嘗書與親舊：「今年田得七百斛秫米，不了麴蘖事。」群，已見上。

有人譏周僕射與親友言戲，穢雜無檢節。鄧粲《晋紀》曰：「王導與周顗及朝士詣尚書紀瞻觀伎。瞻有愛妾能爲新聲，顗於衆中欲通其妾，露其醜穢，顔無怍色。有司奏免顗官，詔特原之。」周曰：「吾若萬里長江，何能不千里一曲。」

【眉批】
王敬美曰：「達人先須去慾，周顗、謝鯤何乃以色爲達。」

温太真位未高時，屢與揚州、淮中估客樗蒱，與輒不競。嘗一過，大輸物，戲屈，無因得反。與庾亮善，於舫中大喚亮曰：「卿可贖我！」庾即送直，然後得還。經此數四。《中興書》曰：「嶠有俊朗之目，而不拘細行。」

【眉批】
劉會孟曰：「太真賭身奴價。」

温公喜慢語，卞令禮法自居。《卞壼別傳》曰：「壼正色立朝，百寮嚴憚，貴游子弟，莫不祗肅。」至庾公許，大相剖擊，温發口鄙穢，庾公徐曰：「太真終日無鄙言。」重其達也。

周伯仁風德雅重，深達危亂。過江積年，恒大飲酒，嘗經三日不醒。時人謂之「三日僕射」。《晋陽秋》曰：「初，顗以雅望獲海内盛名，後屢以酒失。庾亮曰：『周侯末年，可謂鳳德之衰也。』」《語林》曰：「伯仁正有姊喪三日醉，姑喪二日醉，大損資望，每醉，諸公常共屯守。」

衛君長爲温公長史，温公甚善之。每率爾提酒脯就衛，箕踞相對彌日。衛往温許亦爾。衛永，已見。

【眉批】
按：此則弇州所删。

蘇峻亂，諸庾逃散。庾冰時爲吴郡，單身奔亡。民吏皆去，唯郡卒獨以小船載冰出錢塘口，蘧篨覆之。時峻賞募覓冰，屬所在搜檢甚急。卒捨船市渚，因飲酒醉還，舞棹向船曰：「何處覓庾吴郡，此中便是。」冰大惶怖，然不敢動。監司見船小裝狹，謂卒狂醉，都不復疑。自送過淛江，寄山陰魏家，得免。《中興書》曰：「冰爲吴郡，蘇峻作逆，遣軍伐冰，冰棄郡奔會稽。」後事平，冰欲報卒，適其所願。卒曰：「出自廝下，不願名器。少苦執鞭，恒患不得快飲酒。使其酒足餘年，畢矣。無所復須。」冰爲起大舍，市奴婢，使門内有百斛酒，終其身。時謂此卒非唯有智，且亦達生。

【眉批】
王敬美曰：「爲卒計，誠無踰此。」

殷洪喬作豫章郡。《殷氏譜》曰：「羡字洪喬，陳郡人。父識，鎮東司馬。羡仕至豫章太守。」臨去，都下人因附百許函書。既至石頭，悉擲水中，因祝曰：「沉者自沉，浮者自浮，殷洪喬不能作致書郵。」

【眉批】
王敬美曰：「大亡賴。」

王長史、謝仁祖同爲王公掾，《王濛别傳》曰：「丞相王導辟名士時賢，協贊中興，旌命所加，必延俊乂。辟濛爲掾。」長史云：「謝掾能作異舞。」謝便起舞，神意甚暇。《晋陽秋》曰：「尚性通任，善音樂。」《語林》曰：「謝鎮西酒後，於槃案間爲洛市肆工《鴝鵒舞》，甚佳。」王公熟視，謂客曰：「使人思安豐。」戎性通任，尚類之。

【眉批】

凌初成曰：「舞名亦備一種故事。」

王、劉共在杭南，酣宴於桓子野家，伊，已見。謝鎮西往尚書墓還，葬後三日反哭。諸人欲要之，初遣一信，猶未許，然已停車。重要，便回駕。諸人門外迎之，把臂便下。裁得脱幘，著帽酣宴。半坐，乃覺未脱衰。尚書謝裒，尚叔也。已見。宋明帝《文章志》曰：「尚性輕率，不拘細行。兄葬後往墓還。王濛、劉惔共游新亭，濛欲招尚，先以問惔曰：『計仁祖正當不爲異同耳？』惔曰：『仁祖韻中自應來。』乃遣要之。尚初辭，然已無歸意，及再請，即回軒焉。其率如此。」

【眉批】

凌初成曰：「猶多重要。」

桓宣武少家貧，戲大輸，債主敦求甚切。思自振之方，莫知所出。陳郡袁耽俊邁多能，《袁氏家傳》曰：「耽字彦道，陳郡陽夏人，魏中郎令涣曾孫也。魁梧爽朗，高風振邁。少倜儻不羈，有異才，士人多歸之。仕至司徒從事中郎。」宣武欲求救於耽。耽時居艱，恐致疑，試以告焉，應聲便許，略無慊吝。遂變服，懷布帽，隨温去，與債主戲。耽素有藝名，債主就局，曰：「汝故當不辦作袁彦道邪？」遂共戲。十萬一擲，直上百萬數，投馬絶叫，傍若無人，探布帽擲對人曰：「汝竟識袁彦道不？」《郭子》曰：「桓公樗蒱失數百斛米，求救於袁耽。耽在艱中，便云：『大快，我必作采。卿但大唤。』即脱其衰，共出門去。覺頭上有布帽，擲去，著小帽。既戲，袁形勢呼袒，擲必盧雉，二人齊叫，敵家頃刻失數百萬也。」

王光禄云：「酒正使人人自遠。」光禄，王蘊也。《續晉陽秋》曰：「蘊素嗜酒，末年尤甚。及在會稽，略少醒焉。」

劉尹云：「孫承公狂士，每至一處，賞玩累日。或回至半路卻返。」《中興書》曰：「承公少誕任不羈，家於會稽，性好山水。及求鄞縣，遺心細務，縱意游肆，名阜勝川，靡不歷覽。」

袁彦道有二妹：一適殷淵源，一適謝仁祖。《袁氏譜》曰：「耽大妹名女皇，適殷浩；小妹名女正，適謝尚。」語桓宣武云：「恨不更有一人配卿。」

【眉批】

按：弇州以此入《企羡》。

凌初成曰：「二人已足强人意。」

桓車騎在荆州，張玄爲侍中，使至江陵，路經陽岐村。村臨江，去荆州二百里。俄見一人持半小籠生魚，徑來造船，云：「有魚欲寄作膾。」張乃維舟而納之，問其姓字，稱是劉遺民。《中興書》曰：「劉驎之一字遺民。」已見。張素聞其名，大相忻待。劉既知張銜命，問：「謝安、王文度並佳不？」張甚欲話言，劉了無停意。既進膾，便去，云：「向得此魚，觀君船上當有膾具，是故來耳。」於是便去，張乃追至劉家。爲設酒，殊不清旨，張高其人，不得已而飲之。方共對飲，劉便先起，云：「今正伐荻，不宜久廢。」張亦無以留之。

王子猷詣郗雍州，《中興書》曰：「郗恢字道胤，高平人。父曇，北中郎將。恢長八尺，美鬚髯，風神魁梧，烈宗器之，以爲蕃伯之望。自太子左率擢爲雍州刺史。」雍州在內，見有毾㲪，云：「阿乞那得此物！」阿乞，恢小字。令左右送還家。郗出覓之，王曰：「向有大力者負之而趨。」《莊子》曰：「夫藏舟於壑，藏山於澤，謂之固矣。然有大力者負之而走，昧者不知也。」郗無忤色。

【眉批】

按：此則弇州所删。

劉本注：「毾㲪，氈屬。按《通俗文》曰：『氍毹細者謂之毾㲪，施大床之前，小榻之上，所以登而上床也。』毾㲪亦作毾㲪，音塔登，罽也，按《南史》云：『中天竺國出毾㲪。』」

王敬美曰：「此見郗雅量乃可耳。」

謝安始出西戲，失車牛，便杖策步歸。道逢劉尹，語曰：「安石將無傷？」謝乃同載而歸。

【眉批】

按：此則弇州所删。

襄陽羅友有大韻，少時多謂之癡。嘗伺人祠，欲乞食，往太蚤，門未開。主人迎神出見，問以非時，何得在此。答曰：「聞卿祠，欲乞一頓食耳。」遂隱門側，至曉得食便退，了無怍容。爲人有記功：從桓宣武平蜀，按行蜀城闕觀宇，内外道陌廣狹，植種果竹多少，皆默記之。後宣武漂洲與簡文集，友亦預焉。共道蜀中事，亦有所遺忘，友皆名列，曾無錯漏。宣武驗以蜀城闕簿，皆如其言，坐者嘆服。謝公云：「羅友詎減魏陽元。」後爲廣州刺史，當之鎮，刺史桓豁語令莫來宿，答曰：「民已有前期，主人貧，或有酒饌之費，見與甚有舊。請别日奉命。」征西密遣人察之，至日乃往荆州門下書佐家，處之怡然，不異勝達。在益州，語兒云：「我有五百人食器。」家中大驚，其由來清，而忽有此物，定是二百五十沓烏樏。《晉陽秋》曰：「友字它仁，襄陽人。少好學，不持節檢。性嗜酒，當其所遇，不擇士庶。又好伺人祠，往乞餘食，雖復營署墟肆，不以爲羞。桓温常責之云：『君太不逮。須食，何不就身求，乃至於此。』友傲然不屑，答曰：『就公乞食，今乃可得，明日已復無。』温大笑之。始仕荆州，後在温府，以家貧乞禄。温雖以才學遇之，而謂其誕肆，非治民才，許而不用。後同府人有得郡者，温爲席起别，友至尤晚。問之，友答曰：『民性飮道嗜味，昨奉教旨，乃是首旦出門，於中路逢一鬼，大見揶揄云：「我只見汝送人作郡，何以不見人送汝作郡？」民始怖終慚，回還以解，不覺成淹緩之罪。』温雖笑其滑稽，而心頗愧焉。後以爲襄陽太守，累遷廣、益二州刺史。在藩，舉其宏綱，不存小察，甚爲吏民所安説。薨於益州。」

【眉批】

按：此則弇州所删。

按「功」字，劉本作「初」，屬下句。

劉會孟曰：「烏樏不知何物，當是猥語。」

凌初成曰：「乞祠直齊人之儔，然對桓語自別。」

桓子野每聞清歌，輒喚「奈何」。謝公聞之，曰：「子野可謂一往有深情。」

張湛好於齋前種松柏，《晋東宫官名》曰：「湛字處度，高平人。」《張氏譜》曰：「湛祖嶷，正員郎。父曠，鎮軍司馬。湛仕至中書郎。」時袁山松出游，每好令左右作挽歌。山松别見。《續晋陽秋》曰：「袁山松善音樂。北人舊歌有《行路難》曲，辭頗疏質。山松好之，乃爲文其章句，婉其節制。每因酒酣，從而歌之，聽者莫不流涕。初，羊曇善唱樂，桓伊能挽歌，及山松以《行路難》繼之。時人謂之『三絶』。」今云「挽歌」，未詳。時人謂「張屋下陳屍，袁道上行殯」。裴啓《語林》曰：「張湛好於齋前種松，養鴝鵒。袁山松出游，好令左右作挽歌。時人云云。」

【眉批】

按：此則弇州所删。

劉會孟曰：「何足爲異。」

劉本注：「言松柏可爲棺具。」

凌初成曰：「當因冢墓必栽松柏，故云。」

羅友作荆州從事，桓宣武爲王車騎集别，車騎王洽，别見。友進，坐良久，辭出，宣武曰：「卿向欲咨事，何以便去？」答曰：「友聞白羊肉美，一生未曾得吃，故冒求前耳，無事可咨。今已飽，不復須駐。」了無慚色。

張驎酒後，挽歌甚淒苦。桓車騎曰：「卿非田横門人，何乃頓爾至致？」驎，張湛小字也。譙子《法訓》云：「有喪而歌者，或曰：『彼爲樂喪也，有不可乎？』譙子曰：『《書》云：「四海遏密八音。」何樂喪之有！』曰：『今喪有挽歌者，何以哉？』譙子曰：『周聞之，蓋高帝召齊田横，至于户鄉亭，自刎奉首。從者挽至於宫，不敢哭而不勝哀，故爲歌以寄哀音。彼則一時之爲也。鄰有喪，舂不相引，挽人銜枚，孰樂喪者邪？』」按《莊子》曰：「紼謳所生，必於斥苦。」司馬彪注曰：「紼，引柩索也。斥，疏緩也。苦，用力也。引紼所以有謳歌者，爲人有用力不齊，故促急之也。」《春秋左氏傳》曰：「魯哀公會吴伐齊，其將公孫夏命歌《虞殯》。」杜預曰：「《虞殯》，送葬歌，示必死也。」《史記·絳侯世家》曰：「周勃以吹簫樂喪。」然則挽歌之來久矣，非始起於田横也。然譙氏引禮之文，頗有明據，非固陋者所能詳聞。疑以傳疑，以俟通博。

【眉批】

王敬美曰：「此注即是挽歌事始，博洽乃爾。」

按干寶《搜神記》曰：「挽歌者，喪家之樂；執紼者，相和之聲。挽歌辭有《薤露》、《蒿里》二章，出田横門人。横自殺，門人傷之悲歌，言人如薤上露，易晞滅也。亦謂人死精魂歸于蒿里，故有二章。至李延年分爲二等：《薤露》送王公貴人，《蒿里》送士大夫庶人，使挽柩者歌之。」

按古挽歌辭曰：「薤上露，何易晞，露晞明朝更復結，人生一去何時歸。」

又曰：「蒿里誰家地，聚斂魂魄無賢愚，鬼伯一何相催促，人命不得少踟蹰。」

王子猷嘗暫寄人空宅住，便令種竹。或問：「暫住何煩爾？」王嘯詠良久，直指竹曰：「何可一日無此君。」《中興書》曰：「徽之卓犖不羈，欲爲傲達，放肆聲色頗過度，時人欽其才，穢其行也。」

【眉批】

按：弇州以此入《栖逸》，何元朗《語林》又載入《簡傲》。

王子猷居山陰，夜大雪，眠覺，開室命酌酒，四望皎然。因起仿偟，詠左思《招隱詩》，《中興書》曰：「徽之任性放達，棄官東歸，居山陰也。」左詩曰：「杖策招隱士，荒塗横古今。巖穴無結構，丘中有鳴琴。白雪停陰岡，丹葩曜陽林。」忽憶戴安道。時戴在剡，即便夜乘小船就之。經宿方至，造門不前而返。人問其故，王曰：「吾本乘興而行，興盡而返，何必見戴。」

【眉批】

王敬美曰：「大是佳境。」

凌初成曰：「讀此每令人飄飄欲飛。」

按：「白雪停陰岡」，《文選》作「白雲」。

王衛軍云：「酒正自引人著勝地。」王薈已見。

【眉批】

劉會孟曰：「與自遠同。」

王子猷出都，尚在渚下。舊聞桓子野善吹笛，《續晋陽秋》曰：「左將軍桓伊善音樂。孝武飲燕，謝安侍坐。帝命伊吹笛，伊神色無忤，既吹一弄，乃放笛云：『臣於箏乃不如笛，然自足以韻合歌管。臣有一奴善吹笛，且相便串，請進之。』帝賞其放率，聽召奴。奴既至，吹笛，伊撫箏而歌怨詩，因以爲諫也。」而不相識。遇桓於岸上過，王在船中，客有識之者，云是桓子野。王便令人與相聞，云：「聞君善吹笛，試爲我一奏。」桓時已貴顯，素聞王名，即便回下車，踞胡床，爲作三調。弄畢，便上車去。客主不交一言。

【眉批】王敬美曰：「佳境乃在末語。」

桓南郡被召作太子洗馬，《玄别傳》曰：「玄初拜太子洗馬。時朝廷以温有不臣之迹，故抑玄爲素官。」船泊荻渚。王大服散後已小醉，往看桓。桓爲設酒，不能冷飲，頻語左右令「温酒來」，桓乃流涕嗚咽。王便欲去，桓以手巾掩淚，因謂王曰：「犯我家諱，何預卿事。」《晋安帝紀》曰：「玄哀樂過人，每歡戚之發，未嘗不至嗚咽。」王嘆曰：「靈寶故自達。」靈寶，玄小字也。《異苑》曰：「玄生而有光照室。善占者云：『此兒生有奇耀，宜目爲天人。』宣武嫌其三文，復言爲『神靈寶』，猶復用三，既難重前，卻减『神』一字，名曰靈寶。」《語林》曰：「玄不立忌日，止立忌時。其達而不拘皆此類。」

【眉批】王敬美曰：「道得靈寶哀樂情狀。」

王孝伯問王大：「阮籍何如司馬相如？」王大曰：「阮籍胸中壘塊，故須酒澆之。」言阮皆同相如，而飲酒異耳。

王佛大嘆言：「三日不飲酒，覺形神不復相親。」《晉安帝紀》曰：「忱少慕達，好酒，在荆州轉甚，一飲或至連日不醒，遂以此死。」宋明帝《文章志》曰：「忱嗜酒，醉輒經日，自號『上頓』。世嘐以大飲爲『上頓』，起自忱也。」

王孝伯言：「名士不必須奇才，但使常得無事，痛飲酒，熟讀《離騷》，便可稱名士。」

王長史登茅山，大慟哭曰：「琅邪王伯輿，終當爲情死。」《王氏譜》曰：「廞字伯輿，琅邪人。父薈，衛將軍。廞歷司徒長史。」周祇《隆安記》曰：「初，王恭將唱義，使喻三吴。廞居喪，拔以爲吴國内史。國寶既死，恭罷兵，令廞反喪服。廞大怒，即日據吴都以叛。恭使司馬劉牢之討廞。廞敗，不知所在。」

【眉批】

劉本注：導孫。

簡傲第二十四

晉文王功德盛大，坐席嚴敬，擬於王者，《漢晉春秋》曰：「文王進爵爲王，司徒何曾與朝臣皆盡禮，唯王祥長揖不拜。」唯阮籍在坐，箕踞嘯歌，酣放自若。

【眉批】

按：此則弇州所删。

王戎弱冠詣阮籍，時劉公榮在坐，阮謂王曰：「偶有二斗美酒，當與君共飲，彼公榮者無預焉。」二人交觴酬酢，公榮遂不得一杯，而言語談戲，三人無異。或有問之者，阮答曰：「勝公榮者，不得不與飲酒；不如公榮者，不可不與飲酒；唯公榮，可不與飲酒。」《晋陽秋》曰：「戎年十五，隨父渾在郎舍，阮籍見而説焉。每適渾俄頃，輒在戎室久之。乃謂渾：『濬冲清尚，非卿倫也。』戎嘗詣籍共飲，而劉昶在坐不與焉，昶無恨色。既而戎問籍曰：『彼爲誰也？』曰：『劉公榮也。』濬冲曰：『勝公榮，故與酒；不如公榮，不可不與酒；唯公榮者，可不與酒。』」《竹林七賢論》曰：「初，籍與戎父渾，俱爲尚書郎，每造渾，坐未安，輒曰：『與卿語，不如與阿戎語。』就戎，必日夕而返。籍長戎二十歲，相得如時輩。劉公榮通士，性尤好酒。籍與戎酬酢終日，而公榮不蒙一杯，三人各自得。戎爲物論所先，皆此類。」

【眉批】

劉會孟曰：「殆用公榮語調公榮。」

王敬美曰：「即以公榮語翻出更妙，滑稽之雄。」

鍾士季精有才理，先不識嵇康。鍾要于時賢俊之士，俱往尋康。康方大樹下鍛，向子期爲佐鼓排。康揚槌不輟，傍若無人，移時不交一言。鍾起去，康曰：「何所聞而來？何所見而去？」鍾曰：「聞所聞而來，見所見而去。」《文士傳》曰：「康性絶巧，能鍛鐵。家有盛柳樹，乃激水以圜之，夏天甚清凉，恒居其下傲戲，乃身自鍛。家雖貧，有人説鍛者，康不受直，唯親舊以鷄酒往，與共飲噉清言而已。」《魏氏春秋》曰：「鍾會爲大將軍兄弟所昵，聞康名而造焉。會名公子，以才能貴幸，乘肥衣輕，賓從如雲。康方箕踞而鍛，會至，不爲之禮。會深銜之。後因吕安事，而遂譖康焉。」

嵇康與吕安善，每一相思，千里命駕。《晋陽秋》曰：「安字中悌，東平人，冀州刺史招之第二子。志量開曠，有拔俗風氣。」干寶《晋紀》曰：「初，安之交康也，其相思則率爾命駕。」安後來，值康不在，喜出户延之，不入，《晋百官名》曰：「嵇喜字公穆，歷揚州刺史，康兄也。阮籍遭喪，往弔之。籍能爲青白眼，見凡俗之士，以白眼對之。及喜往，籍不哭，見其白眼，喜不懌而退。康聞之，乃齎酒挾琴而造之，遂相與善。」干寶《晋紀》曰：「安嘗從康，或遇其行，康兄喜拭席而待之，弗顧，獨坐車中。康母就設酒食，求康兒共語戲。良久則去，其輕貴如此。」題門上作「鳳」字而去。喜不覺，猶以爲忻故作。「鳳」字，凡鳥也。許慎《説文》曰：「鳳，神鳥也。從鳥凡聲。」

【眉批】

凌初成曰：「本無謂，適助後人談資。」

陸士衡初入洛，咨張公所宜詣，劉道真是其一。陸既往，劉尚在哀制中。性嗜酒，禮畢，初無他言，唯問：「東吴有長柄壺盧，卿得種來不？」陸兄弟殊失望，乃悔往。

【眉批】

劉會孟曰：「北人凌傲有此，然二陸自佳，不聞説劉道真者。」

王平子出爲荆州，《晋陽秋》曰：「惠帝時，太尉王夷甫言於選者，以弟澄爲荆州刺史，從弟敦爲青州刺史。澄、敦俱詣太尉辭。太尉謂曰：『今王室將卑，故使弟等居齊、楚之地，外可以建霸業，内足以匡帝室，所望於二弟也。』」王太尉及時賢送者傾路。時庭中有大樹，上有鵲巢。平子脱衣巾，徑上樹取鵲子。凉衣拘閡樹枝，便復脱去。得鵲子還，下弄，神色自若，傍若無人。鄧粲《晋紀》曰：「澄放蕩不拘，時謂之達。」

【眉批】

王敬美曰：「此何可取？」

劉會孟曰：「此鸛子，何足以厚？」

高坐道人於丞相坐，恒偃卧其側，見卞令，肅然改容云：「彼是禮法人。」《高坐傳》曰：「王公曾詣和上，和上解帶偃伏，悟言神解。見尚書令卞望之，便斂衿飾容。時嘆皆得其所。」

桓宣武作徐州，時謝奕爲晋陵。《中興書》曰：「奕自吏部郎，出爲晋陵太守。」先粗經虚懷，而乃無异常。及桓遷荆州，將西之間，意氣甚篤，奕弗之疑。唯謝虎子婦王悟其旨，虎子，謝據小字，奕弟也。其妻王氏，已見。每曰：「桓荆州用意殊異，必與晋陵俱西矣。」俄而引奕爲司馬。奕既上，猶推布衣交。在温坐，岸幘嘯詠，無異常日。宣武每曰：「我方外司馬。」遂飲酒，轉無朝夕禮。桓舍入内，奕輒復隨去。後至奕醉，温往主許避之。主曰：「君無狂司馬，我何由得相見？」

【眉批】

按：此則弇州所删。

劉會孟曰：「謝奕如不受駕馭，復以勝嘉。」

謝萬在兄前，欲起索便器。于時阮思曠在坐曰：「新出門户，篤而無禮。」

【眉批】

按：此則弇州所删。

謝中郎是王藍田女婿，《謝氏譜》曰：「萬取太原王述女，名荃。」嘗著白綸巾，肩輿徑至揚州聽事見王，直言曰：「人言君侯癡，君侯信自癡。」藍田曰：「非無此論，但晚令耳。」《述别傳》曰：「述少真獨退静，人未嘗知，故有晚令之言。」

【眉批】

按：此則弇州所删。

王子猷作桓車騎騎兵參軍，桓問曰：「卿何署？」答曰：「不知何署，時見牽馬來，似是馬曹。」《中興書》曰：「桓冲引徽之爲參軍，蓬首散帶，不綜知其府事。」桓又問：「官有幾馬？」答曰：「不問馬，何由知其數。」《論語》曰：「廄焚，孔子退朝曰：『傷人乎？』不問馬。」注：「貴人賤畜，故不問也。」又問：「馬比死多少？」答曰：「未知生，焉知死？」《論語》曰：「子路問死。孔子曰：『未知生，焉知死？』」馬融注曰：「死事難明，語之無益，故不答。」

【眉批】

王敬美曰：「子猷穢行，然風流多爲後世口實，恐亦自佳。」

劉會孟曰：「亦似小説書袋子。」

謝公嘗與謝萬共出西，過吴郡。阿萬欲相與共萃王恬許，恬時爲吴郡守。太傅云：「恐伊不必酬汝，意不足爾。」萬猶苦要，太傅堅不回，萬乃獨往。坐少時，王便入門内，謝殊有欣色，以爲厚待己。良久，乃沐頭散髮而出，亦不坐，仍據胡床，在中庭曬頭，神氣傲邁，了無相酬對意。謝於是乃還，未至船，逆呼太傅。安曰：「阿螭不作爾。」王恬，小字螭虎。

【眉批】

劉會孟曰：「『故作爾』三字，極得情態『何必爾』。」

按：舊本「阿螭故作爾」，故劉云然也。

王敬美曰：「此語猶今諺云『他不作準你』」

王子猷作桓車騎參軍，桓謂王曰：「卿在府久，比當相料理。」初不答，直高視，以手版拄頰云：「西山朝來，致有爽氣。」

謝萬北征，常以嘯詠自高，未嘗撫慰衆士。謝公甚器愛萬，而審其必敗，乃俱行，從容謂萬曰：「汝爲元帥，宜數喚諸將宴會，以説衆心。」萬從之，因召集諸將，都無所説，直以如意指四坐云：「諸君皆是勁卒。」諸將甚忿恨之。謝公欲深著恩信，自隊主將帥以下，無不身造，厚相遜謝。及萬事敗，軍中因欲除之。復云：「當爲隱士。」故幸而得免。萬敗事，已見上。

【眉批】

劉會孟曰：甚得駸態。

劉本注：「隱士指安，時未出仕。」

王子敬兄弟見郗公，躡履問訊，甚修外生禮。及嘉賓死，皆著高屐，儀容輕慢。命坐，皆云：「有事不暇坐。」既去，郗公慨然曰：「使嘉賓不死，鼠輩敢爾。」愔子超，有盛名，且獲寵於桓温，故爲超敬愔。

【眉批】

按：此則弇州所删。

王敬美曰：「慢意可掬。」

凌初成曰：「應未見通桓密謀耳。」

劉會孟曰：「備極世情，只『兒輩』是，別本作『鼠輩』，非。」

按：「鼠」，劉本作「兒」。

王子猷嘗行過吴中，見一士大夫家，極有好竹。主已知子猷當往，乃洒埽施設，在聽事坐相待。王肩輿徑造竹下，諷嘯良久。主已失望，猶冀還當通，遂直欲出門。主人大不堪，便令左右閉門，不聽出。王更以此賞主人，乃留坐，盡歡而去。

【眉批】

王乾開曰：「管馬不知馬曹，看竹寧問主人，風流亦多，猖狂太甚。」

王子敬自會稽經吴，聞顧辟疆《顧氏譜》曰：「辟疆，吴郡人。歷郡功曹，平北參軍。」有名園，先不識主人，徑往其家。值顧方集賓友酣燕。而王游歷既畢，指麾好惡，傍若無人。顧勃然不堪曰：「傲主人，非禮也；以貴驕人，非道也。失此二者，不足齒人，傖耳。」便驅其左右出門。王獨在輿上，回轉，顧望左右移時不至，然後令送著門外，怡然不屑。

【眉批】

按：此則弇州所删。

劉會孟曰：「兄弟所遭不同，達故自堪。」

世説新語卷下之下

宋　劉義慶　撰
梁　劉峻　注
明　凌濛初　訂

排調第二十五

諸葛瑾爲豫州，遣別駕到臺，瑾已見。語云：「小兒知談，卿可與語。」連往詣恪。《江表傳》曰：「恪字元遜，瑾長子也。少有才名，發藻岐嶷，辯論應機，莫與爲對。孫權見而奇之，謂瑾曰：『藍田生玉，真不虚也。』仕吴，至太傅。爲孫峻所害。」恪不與相見。後於張輔吴坐中相遇，環濟《吴紀》曰：「張昭字子布，忠正有才義，仕吴爲輔吴將軍。」別駕唤恪：「咄咄郎君！」恪因嘲之曰：「豫州亂矣，何咄咄之有？」答曰：「君明臣賢，未聞其亂。」恪曰：「昔唐堯在上，四凶在下。」答曰：「非唯四凶，亦有丹朱。」於是一坐大笑。

【眉批】

王敬美曰：「恪發端，殊未見致。」

晋文帝與二陳共車過，唤鍾會同載，即駛車委去，比出已遠。既至，因嘲之曰：「與人期行，何以遲遲？望卿遥遥不至。」會答曰：「矯然懿實，何必同群。」帝復問會：「皋繇何如人？」答曰：「上不及堯、舜，下不逮周、孔，亦一時之懿士。」二陳，騫與泰也。會父名繇，故以「遥遥」戲之。騫父矯，宣帝諱懿，泰父群，祖父寔。故以此酬之。

【眉批】

按：此則弇州所删。

王敬美曰：「今人呼鍾元常名類作，由音觀此，定當稱遥。」

劉本注：「司馬昭是時，魏之臣子，而紀述者直以帝目之，斯爲失矣。此兩節嘲語俱謬，不足録。」

鍾毓爲黄門郎，有機警，在景王坐燕飲。時陳群子玄伯、武周子元夏同在坐，《魏志》曰：「武周字伯南，沛國竹邑人。仕至光禄大夫。」共嘲毓。景王曰：「臯繇何如人？」對曰：「古之懿士。」顧謂玄伯、元夏曰：「君子周而不比，群而不黨。」孔安國注《論語》曰：「忠信爲周，阿黨爲比。黨，助也。君子雖衆，不相私助。」

嵇、阮、山、劉在竹林酣飲，王戎後往，步兵曰：「俗物已復來敗人意！」《魏氏春秋》曰：「時謂王戎未能超俗也。」王笑曰：「卿輩意亦復可敗邪」

晋武帝問孫皓：《吴録》曰：「皓字元宗，一名彭祖，大皇帝孫也。景帝崩，皓嗣位，爲晋所滅，封歸命侯。」「聞南人好作《爾汝歌》，頗能爲不？」皓正飲酒，因舉觴勸帝而言曰：「昔與汝爲鄰，今與汝爲臣。上汝一杯酒，令汝壽萬春。」帝悔之。

孫子荆年少時，欲隱，語王武子「當枕石漱流」，誤曰「漱石枕流」。王曰：「流可枕，石可漱乎？」孫曰：「所以枕流，欲洗其耳。《逸士傳》曰：「許由爲堯所讓，其友巢父責之，由乃過清冷水洗耳拭目，曰：『向聞貪言，負吾之友。』」所以漱石，欲礪其齒。」

【眉批】

王敬美曰：「誤語乃得佳，遂爲口實，此王子敬畫蠅也。」

按：弇州以此入《言語》。

頭責秦子羽云：子羽，未詳。「子曾不如太原温顒，潁川荀寓，温顒，已見。《荀氏譜》曰：「寓字景伯，祖式，太尉。父保，御史中丞。」《世語》曰：「寓少與裴楷、王戎、杜默俱有名，仕晋至尚書。」范陽張華，士卿劉許，《晋百官名》曰：「劉許字文生，涿鹿郡人。父放，魏驃騎將軍。許，惠帝時爲宗正卿。」按許與張華同范陽人，故曰士卿，互其辭也。宗正卿，或曰士卿。義陽鄒湛，河南鄭詡。《晋諸公贊》曰：「湛字潤甫，新野人。以文義達，仕至侍中。詡字思淵，滎陽開封人。爲衛尉卿。祖泰，揚州刺史。父袠，司空。」此數子者，或謇吃無宫商，或尪陋希言語，或淹伊多姿態，或讙譁少智諝，或口如含膠飴，或頭如巾韲杵。《文士傳》曰：「華爲人少威儀，多姿態。」推意此語，則此六句，還以目上六人。而「口如含膠飴」，則指鄒湛。湛辨麗英博，而有此稱。未詳。而猶以文采可觀，意思詳序，攀龍附鳳，並登天府。」《張敏集》載《頭責子羽文》曰：「余友有秦生者，雖有姊夫之尊，少而狎焉。同時好昵，有太原温長仁顒，潁川荀景伯寓，范陽張茂先華，上卿劉文生許，南陽鄒潤甫湛，河南鄭思淵詡。數年之中，繼踵登朝，而此賢身處陋巷，屢沽而無善價，亢志自若，終不衰墮，爲之慨然。又怪諸賢既已在位，曾無《伐木》嚶鳴之聲，甚違王貢彈冠之義。故因秦生容貌之盛，爲頭責之文以戲之，並以嘲六子焉。雖似諧謔，實有興也。」其文曰：「維泰始元年，頭責子羽曰：『吾托子爲頭，萬有餘日矣。大塊稟我以精，造我以形。我爲子植髮膚，置鼻耳，安眉須，插牙齒。眸子摛光，雙顴隆起。每至出入之間，遨游市里，行者辟易，坐者竦跽。或稱君侯，或言將軍，捧手傾側，佇立崎嶇。如此者，故我形之足偉也。子冠冕不戴，金銀不佩，釵以當笄，恰以代幗。旨味弗嘗，食粟茹菜，隈摧園間，糞壤污黑。歲莫年過，曾不自悔。子厭我於形容，我賤子乎意態。若此者乎，必子行己之累也。子遇我如讐，我視子如仇，居常不樂，兩者俱憂，何其鄙哉。子欲爲人寶也，則當如皋陶、后稷、巫咸、伊陟，保乂王家，永見封殖。子欲爲名高也，則當如許由、子威、下隨、務光，洗耳逃禄，千歲流芳。子欲爲游説也，則當如陳軫、蒯通、陸生、鄧公，轉禍爲福，令辭從容。子欲爲進趣也，則當如賈生之求試，終軍之請使，砥礪鋒穎，以幹王事。子欲爲恬淡也，則當如老聃之守一，莊周之自逸，廓然離欲，志陵雲日。子欲爲隱遁也，則當如榮期之帶索，漁父之瀺灂，栖遲神丘，垂餌巨壑。此一介之所以顯身成名者也。今子上不希道德，中不效儒、墨，塊然窮賤，守此愚惑。察子之情，觀子之志，退不爲於處士，進無望於三事，而徒玩日勞形，習爲常人之所喜，不亦過乎！』於是子羽愀然深念而對曰：『凡所教敕，謹聞命矣。以受性拘係，不閑禮義。設以天幸，爲子所寄。今欲使吾爲忠也，即當如伍胥、屈平。欲使吾爲信也，則當殺身以成名。欲使吾爲介節邪，則當赴水火以全貞。此四者，人之所忠，故吾不敢造意。』頭曰：『子所謂天刑地網，剛德之尤。不登山抱木，則褰裳赴流。吾欲告爾以養性，誨爾以優游。而以蟣蝨同情，不聽我謀。悲哉！俱寓人體，而獨爲子頭。且擬人其倫，喻子儕偶：子不如太原温顒，潁川荀寓，范陽張華，士卿劉許，南陽鄒湛，河南鄭詡。此數子者，或謇吃無宫商，或尫陋希言語，或淹伊多姿態，或讙譁少智諝，或口如含膠飴，或頭如巾虀杵，而猶文采可觀，意思詳序，攀龍附鳳，並登天府。夫舐痔得車，沈淵得珠，豈若夫子，徒令唇舌腐爛，手足沾濡哉！居有事之世，而耻爲權圖，譬猶鑿池抱甕，難以求富。嗟乎子羽，何異檻中之熊，深阱之虎，石間饑蟹，竇中之鼠。事力雖勤，見功甚苦。宜其拳局剪蹙，至老無所希也。支離其形，猶能不困，非命也夫。豈與夫子同處也。』」

【眉批】

劉本注：「文甚奇。」

王渾與婦鍾氏共坐，見武子從庭過，渾欣然謂婦曰：「生兒如此，足慰人意。」婦笑曰：「若使新婦得配參軍，生兒故可不啻如此。」《王氏譜》曰：「倫字太冲，司空穆侯中子，司徒渾弟也。醇粹簡遠，貴老、莊之學，用心淡如也。爲《老子例略》、《周紀》。年二十餘，舉孝廉，不行，歷大將軍參軍。年二十五卒。大將軍爲之流涕。」

【眉批】

按：此則弇州所删。

王敬美曰：「此豈婦人所宜言，寧不啓疑？恐《賢媛》不宜有此。」

劉本注：「『不啻』言不但如此。」

荀鳴鶴、陸士龍二人未相識，俱會張茂先坐。張令共語，以其並有大才，可勿作常語。陸舉手曰：「雲間陸士龍。」荀答曰：「日下荀鳴鶴。」陸曰：「既開青雲，睹白雉，何不張爾弓，布爾矢？」荀答曰：「本謂雲龍騤騤，定是山鹿野麋，獸弱弩强，是以發遲。」張乃撫掌大笑。《晋百官名》曰：「荀隱字鳴鶴，潁川人。」《荀氏家傳》曰：「隱祖昕，樂安太守。父岳，中書郎。隱與陸雲在張華坐語，互相反覆，陸連受屈。隱辭皆美麗，張公稱善云。世有此書，尋之未得。歷太子舍人，廷尉平，蚤卒。」

【眉批】

按：此則弇州所删。

劉本注：「雲間、日下者，荀字從日，陸名曰雲。」

陸太尉詣王丞相，陸玩已見。王公食以酪。陸還遂病。明日，與王牋云：「昨食酪小過，通夜委頓。民雖吴人，幾爲傖鬼。」

元帝皇子生，普賜群臣。殷洪喬謝曰：殷羡已見。「皇子誕育，普天同慶。臣無勳焉，而猥頒厚賚。」中宗笑曰：「此事豈可使卿有勳邪！」

諸葛令、名恢。王丞相共争姓族先後。王曰：「何不言葛、王，而云王、葛。」令曰：「譬言驢馬，不言馬驢，驢寧勝馬邪？」

劉真長始見王丞相，時盛暑之月，丞相以腹熨彈棋局，曰：「何乃渹？」吴人以冷爲「渹」。劉既出，人問見王公云何，劉曰：「未見他異，唯聞作吴語耳。」《語林》曰：「真長云：『丞相何奇，止能作吴語及細唾也。』」

【眉批】

王敬美曰：「真長故不喜丞相。」

按：《字書》，渹，虚觥切，水浪聲；《韻書》，呼宏切，水石聲，又大也。

王公與朝士共飲酒，舉琉璃碗謂伯仁曰：「此碗腹殊空，謂之寶器，何邪？」以戲周之無能。答曰：「此碗英英，誠爲清徹，所以爲寶耳。」

【眉批】

劉會孟曰：「伯仁空洞見嘲。」

謝幼輿謂周侯曰：「卿類社樹，遠望之，峨峨拂青天。就而視之，其根則群狐所托，下聚溷而已。」謂顗好媟瀆故。答曰：「枝條拂青天，不以爲高；群狐亂其下，不以爲濁。聚溷之穢，卿之所保，何足自稱。」

【眉批】

劉會孟曰：「二説皆有理，爲伯仁難。」

王長豫幼便和令，丞相愛恣甚篤。每共圍棋，丞相欲舉行，長豫按指不聽。丞相笑曰：「詎得爾，相與似有瓜葛。」蔡邕曰：「瓜葛，疏親也。」

明帝問周伯仁：「真長何如人？」答曰：「故是千斤犗特。」王公笑其言。伯仁曰：「不如捲角牸，有盤辟之好。」以戲王也。

【眉批】

按：此則弇州所删。

王敬美曰：「此定誤作真長，或是道真。」

王丞相枕周伯仁膝，指其腹曰：「卿此中何所有？」答曰：「此中空洞無物，然容卿輩數百人。」

干寶向劉真長《中興書》曰：「寶字令升，新蔡人。祖正，吴奮武將軍。父瑩，丹陽丞。寶少以博學才器著稱，歷散騎常侍。」叙其《搜神記》。《孔氏志怪》曰：「寶父有嬖人，寶母至妒，葬寶父時，因推著藏中。經十年而母喪，開墓，其婢伏棺上，就視，猶暖，漸有氣息，輿還家，終日而蘇。説寶父常致飲食，與之接寢，恩情如生。家中吉凶輒語之，校之悉驗。平復數年後方卒。寶因作《搜神記》，中云『有所感起』是也。」劉曰：「卿可謂鬼之董狐。」《春秋傳》曰：「趙穿攻晋靈公於桃園，趙宣子未出境而復。太史書『趙盾弑其君』，宣子曰：『不然。』對曰：『子爲正卿，亡不越境，反不討賊，非子而誰？』孔子曰：『董狐，古之良史也，書法不隱。趙盾，古之賢大夫也，爲法受惡。』」

許文思往顧和許，顧先在帳中眠，許至，便徑就床角枕共語。許琛，已見。既而唤顧共行，顧乃命左右取枕上新衣，易己體上所著。許笑曰：「卿乃復有行來衣乎。」

【眉批】

王敬美曰：「意似譏其欠真率。」

康僧淵目深而鼻高，王丞相每調之。僧淵曰：「鼻者，面之山。《管輅别傳》曰：『鼻者，天中之山。』《相書》曰：『鼻之所在爲天中，鼻有山象，故曰山。』目者，面之淵。山不高則不靈，淵不深則不清。」

何次道往瓦官寺，禮拜甚勤。充崇釋氏，甚加敬也。阮思曠語之曰：「卿志大宇宙，《尸子》曰：『天地四方曰宇，往古來今曰宙。』勇邁終古。」終古，往古也。《楚辭》曰：「吾不能忍此終古也。」何曰：「卿今日何故忽見推？」阮曰：「我圖數千户郡，尚不能得，卿乃圖作佛，不亦大乎？」思曠，裕也。

【眉批】

凌初成曰：「排調可取，思曠亦陋。」

庾征西大舉征胡，既成行，止鎮襄陽。《晋陽秋》曰：「翼率衆入沔，將謀伐狄。既至襄陽，狄尚强，未可決戰。會康帝崩，兄冰薨，留長子方之守襄陽，自馳還夏口。」殷豫章與書，送一折角如意以調之。豫章，殷羡。庾答書曰：「得所致，雖是敗物，猶欲理而用之。」

桓大司馬乘雪欲獵，先過王、劉諸人許。真長見其裝束單急，問：「老賊欲持此何作？」桓曰：「我若不爲此，卿輩亦那得坐談。」《語林》曰：「宣武征還，劉尹數十里迎之。桓都不語，直云：『垂長衣，談清言，竟是誰功？』劉答曰：『晉德靈長，功豈在爾？』」二人説小異，故詳載之。

【眉批】

劉會孟曰：「此賊終健。」

王敬美曰：「此各不妨兩出。」

褚季野問孫盛：「卿國史何當成？」孫云：「久應竟。在公無暇，故至今日。」褚曰：「古人『述而不作』，何必在蠶室中。」《漢書》曰：「李陵降匈奴，武帝甚忿。太史令司馬遷盛明陵之忠，帝以遷爲陵游説，下遷腐刑。乃述唐、虞以來至于獲麟，爲《史記》。」遷《與任安書》曰：「李陵既生降，僕又茸之以蠶室。」蘇林注曰：「腐刑者，作密室蓄火，時如蠶室。舊時平陰有蠶室獄。」

謝公在東山，朝命屢降而不動。後出爲桓宣武司馬，將發新亭，朝士咸出瞻送。高靈時爲中丞，亦往相祖，先時多少飲酒，因倚如醉，戲曰：「卿屢違朝旨，高卧東山，諸人每相與言：『安石不肯出，將如蒼生何？』今亦蒼生將如卿何？」謝笑而不答。高靈，已見。《婦人集》載桓玄問王凝之妻謝氏曰：「太傅東山二十餘年，遂復不終，其理云何？」謝答曰：「亡叔太傅先正以無用爲心，顯隱爲優劣，始末正當動静之異耳。」

【眉批】

王敬美曰：「似醉不醉，語妙絶。」

初，謝安在東山居，布衣，時兄弟已有富貴者，翕集家門。傾動人物。劉夫人戲謂安曰：「大丈夫不當如此乎？」謝乃捉鼻曰：「但恐不免耳。」

【眉批】

凌初成曰：「婦人心實羡此，劉猶能涉戲，知己，知己。」

又曰：「遠志哉。」

劉會孟曰：「此捉鼻似臭。」

支道林因人就深公買印山，深公答曰：「未聞巢由買山而隱。」《逸士傳》曰：「巢父者，堯時隱人，山居，不營世利，年老，以樹爲巢而寢其上，故號巢父。」《高逸沙門傳》曰：「遁得深公之言，慚恧而已。」

王、劉每不重蔡公，二人嘗詣蔡，語良久，乃問蔡曰：「公自言何如夷甫？」答曰：「身不如夷甫。」王、劉相目而笑曰：「公何處不如？」答曰：「夷甫無君輩客。」

【眉批】

劉會孟曰：「不深不淺許。」

張吴興年八歲，虧齒。玄之，已見。先達知其不常，故戲之曰：「君口中何爲開狗竇？」張應聲答曰：「正使君輩從此中出入。」

郝隆七月七日出日中仰卧，人問其故。答曰：「我曬書。」《征西寮屬名》曰：「隆字佐治，汲郡人，仕吴至征西參軍。」

謝公始有東山之志，後嚴命屢臻，勢不獲已，始就桓公司馬。于時人有餉桓公藥草，中有遠志。公取以問謝：「此藥又名小草，何一物而有二稱？」《本草》曰：「遠志一名棘宛，其葉名小草。」謝未即答。時郝隆在坐，應聲答曰：「此甚易解，處則爲遠志，出則爲小草。」謝甚有愧色。桓公目謝而笑曰：「郝參軍此過乃不惡，亦極有會。」

【眉批】

按《博物志》曰：「遠志苗曰小草，根曰遠志，故以出處爲風。」

王敬美曰：「機鋒偶到，故不可忍，然足成終身大隙。」

庾園客詣孫監，值行，見齊莊在外，尚幼，而有神意。庾試之曰：「孫安國何在？」即答曰：「庾稺恭家。」庾大笑曰：「諸孫大盛，有兒如此。」又答曰：「未若諸庾之翼翼。」還語人曰：「我故勝，得重喚奴父名。」《孫放别傳》曰：「放兄弟並秀異，與庾翼子園客同爲學生。園客少有佳稱，因談笑嘲放曰：『諸孫於今爲盛。』『盛』，監君諱也。放即答曰：『未若諸庾之翼翼。』放應機制勝，時人仰焉。司馬景王、陳、鍾諸賢相酬，無以踰也。」

【眉批】

王敬美曰：「更佳在結，《注》不如矣。」

范玄平在簡文坐，談欲屈，引王長史曰：「卿助我！」《范汪別傳》曰：「汪字玄平，潁陽人，左將軍略之孫。少有不常之志，通敏多識，博涉經籍，致譽於時。歷吏部尚書、徐兖二州刺史。」王曰：「此非拔山力所能助。」《史記》曰：「項羽爲漢兵所圍，夜起歌曰：『力拔山兮氣蓋世，時不利兮騅不逝。』」

郝隆爲桓公南蠻參軍。三月三日會，作詩，不能者罰酒三升。隆初以不能受罰，既飲，攬筆便作一句云：「娵隅躍清池。」桓問：「娵隅是何物？」答曰：「蠻名魚爲娵隅。」桓公曰：「作詩何以作蠻語？」隆曰：「千里投公，始得蠻府參軍，那得不作蠻語也。」

袁羊嘗詣劉恢，恢在内眠未起。袁因作詩調之曰：「角枕粲文茵，錦衾爛長筵。」《唐詩》曰：「晋獻公好攻戰，國人多喪。」其詩曰：「角枕粲兮，錦衾爛兮，予美亡此，誰與獨旦？」袁故嘲之。劉尚晋明帝女，《晋陽秋》曰：「恢尚廬陵長公主，名南弟。」主見詩不平，曰：「袁羊，古之遺狂。」

【眉批】

按：此則弇州所删。

殷洪遠答孫興公詩云：「聊復放一曲。」劉真長笑其語拙，問曰：「君欲云那放？」殷曰：「榼臘亦放，何必其鎗鈴邪？」殷融，已見。

【眉批】

按：此則弇州所删。

王敬美曰：「方言難解。」

劉會孟曰：「何物語取笑。」

桓公既廢海西，立簡文。《晉陽秋》曰：「海西公諱奕，字延齡，成帝子也。興寧中即位。少同閹人之疾，使宫人與左右淫通，生子。大司馬温自廣陵還姑孰，過京都，以皇太后令，廢帝爲海西公。」侍中謝公見桓公，拜。桓驚笑曰：「安石，卿何事至爾？」謝曰：「未有君拜於前，臣立於後。」

郗重熙與謝公書，道王敬仁：「聞一年少懷問鼎，郗曇、王修，已見。《史記》曰：「楚莊王觀兵於周郊，周定王使王孫滿迎勞楚王。王問鼎大小輕重，對曰：『在德不在鼎。』莊王曰：『子無阻九鼎，楚國折鈎之喙，足以爲九鼎也。』」不知桓公德衰，爲復後生可畏。」《春秋傳》曰：「齊桓公伐楚，責苞茅之不貢。」《論語》曰：「後生可畏，焉知來者之不如今。」孔安國曰：「後生，少年。」

【眉批】

按：此則弇州所删。

張蒼梧是張憑之祖，嘗語憑父曰：「我不如汝。」憑父未解所以，蒼梧曰：「汝有佳兒。」《張蒼梧碑》曰：「君諱鎮，字義遠，吴國吴人。忠恕竟明，簡正貞粹。泰安中，除蒼梧太守，討王含有功，封興道縣侯。」憑時年數歲，斂手曰：

「阿翁！詎宜以子戲父？」

習鑿齒、孫興公未相識，同在桓公坐。桓語孫：「可與習參軍共語。」孫云：「蠢爾蠻荆，敢與大邦爲讎！」習云：「薄伐獫狁，至于太原。」《小雅》詩也。《毛詩注》曰：「蠢，動也。荆蠻，荆之蠻也。獫狁，北夷也。」習鑿齒，襄陽人；孫興公，太原人。故因《詩》以相戲也。

桓豹奴是王丹陽外生，形似其舅，桓甚諱之。豹奴，桓嗣小字。《中興書》曰：「嗣字恭祖，車騎將軍冲子也。少有清譽，仕至江州刺史。」《王氏譜》曰：「混字奉正，中軍將軍恬子。仕至丹陽尹。」宣武云：「不恒相似，時似耳。恒似是形，時似是神。」桓逾不説。

王子猷詣謝萬，林公先在坐，瞻矚甚高。王曰：「若林公鬚髮並全，神情當復勝此不？」謝曰：「脣齒相須，不可以偏亡。《春秋傳》曰：「脣亡齒寒。」鬚髮何關於神明。」林公意甚惡，曰：「七尺之軀，今日委君二賢。」

【眉批】

王敬美曰：「觀此知王混不爲風流所與。」

郗司空拜北府，《南徐州記》曰：「舊徐州都督以東爲稱。晋氏南遷，徐州刺史王舒加北中郎將。『北府』之號，自此起也。」王黄門詣郗門拜云：「應變將略，非其所長。」驟詠之不已。郗倉謂嘉賓曰：「公今日拜，子猷言語殊不遜，深不可容。」倉，郗融小字也。《郗氏譜》曰：「融字景山，愔第二子。辟琅邪王文學，不拜，而蚤終。」嘉賓曰：「此是陳壽作諸葛評，《蜀志》陳壽評曰：「亮連年動衆而無成功，蓋應變將略，非其所長也。」王隱《晋書》曰：「壽字承祚，巴西安漢人。好學，善著述，仕至中庶子。初，壽父爲馬謖參軍，諸葛亮誅謖，髡其父頭，亮子瞻又輕壽，故壽撰《蜀志》，以愛憎爲評也。」人以汝家比武侯，復何所言。」

【眉批】

按：此則弇州所删。

王子猷詣謝公，謝曰：「云何七言詩？」《東方朔傳》曰：「漢武帝在柏梁臺上，使群臣作七言詩。」七言詩自此始也。子猷承問，答曰：「昂昂若千里之駒，泛泛若水中之鳧。」出《離騷》。

【眉批】

按：此則弇州所删。

王文度、范榮期俱爲簡文所要，范年大而位小，王年小而位大。將前，更相推在前，既移久，王遂在范後。王因謂曰：「簸之揚之，糠秕在前。」范曰：「洮之汰之，沙礫在後。」王坦之、范啓，已見。《世説》是孫綽、習鑿齒言。

【眉批】

劉會孟曰：「二語易位乃可。」

劉遵祖少爲殷中軍所知，稱之於庾公。庾公甚忻然，便取爲佐。既見，坐之獨榻上，與語。劉爾日殊不稱，庾小失望，遂名之爲「羊公鶴」。昔羊叔子有鶴善舞，嘗向客稱之。客試使驅來，氃氋而不肯舞，故稱比之。徐廣《晉紀》曰：「劉爰之字遵祖，沛郡人。少有才學，能言理，歷中書郎、宣城太守。」

【眉批】

劉會孟曰：「羊公鶴可稱甚多甚多。」

魏長齊雅有體量，而才學非所經。初宦當出，虞存嘲之曰：「與卿約法三章：談者死，文筆者刑，商略抵罪。」魏怡然而笑，無忤於色。《魏氏譜》曰：「顗字長齊，會稽人。祖胤，處士。父説，大鴻臚卿。顗仕至山陰令。」《漢書》曰：「沛公入咸陽，召諸父老曰：『天下苦秦苛法久矣，今與父老約法三章耳：殺人者死，傷人及盗抵罪。』應劭注曰：『抵至也，但至於罪。』」

郗嘉賓書與袁虎，道戴安道、謝居士云：「『恒任之風，當有所弘耳。』」以袁無恒，故以此激之。袁、戴、謝，並已見。

【眉批】

按：此則弇州所删。

范啓與郗嘉賓書曰：「子敬舉體無饒縱，掇皮無餘潤。」郗答曰：「舉體無餘潤，何如舉體非真者？」范性矜假多煩，故嘲之。

【眉批】

按：此則弇州所删。

二郗奉道，二何奉佛，皆以財賄。謝中郎云：「二郗諂於道，二何佞於佛。」《中興書》曰：「郗愔及弟曇奉天師道。」《晋陽秋》曰：「何充性好佛道，崇修佛寺，供給沙門以百數。久在揚州，徵役吏民，功賞萬計，是以爲遐邇所譏。充弟準，亦精勤，唯讀佛經、營治寺廟而已矣。」

【眉批】

按：此則弇州所删。

王文度在西州，與林法師講，韓、孫諸人並在坐。林公理每欲小屈，孫興公曰：「法師今日如著弊絮在荆棘中，觸地挂閡。」

范榮期見郗超俗情不淡，戲之曰：「夷、齊、巢、許，一詣垂名，何必勞神苦形，支策據梧邪？」郗未答，韓康伯曰：「何不使游刃皆虚？」《莊子》曰：「昭文之鼓琴，師曠之支策，惠子之據梧，三子之智幾矣，皆其盛也，故載之末年。」「庖丁爲文惠君解牛，三年之後，未嘗見全牛也。用刀十九年矣，所解數千牛，而刀刃若新發於硎。文惠君問之，庖丁曰：『彼節者有間，而刀刃無厚。以無厚入有間，恢恢乎其於游刃必有餘地。』」

【眉批】

按：此則弇州所删。

劉會孟曰：「韓語别似有法，此處用不得。」

簡文在殿上行，右軍與孫興公在後。右軍指簡文語孫曰：「此噉名客。」簡文顧曰：「天下自有利齒兒。」後王光禄作會稽，謝車騎出曲阿祖之，王蘊、謝玄，已見。王孝伯罷秘書丞，在坐，謝言及此事，因視孝伯曰：「王丞齒似不鈍。」王曰：「不鈍，頗亦驗。」

謝遏夏月嘗仰卧，謝公清晨卒來，不暇著衣，跣出屋外，方躡履問訊。公曰：「汝可謂『前倨而後恭』。」《戰國策》曰：「蘇秦説惠王而不見用，黑貂之裘弊，黄金百斤盡，大困而歸。父母不與言，妻不爲下機，嫂不爲炊。後爲從長，行過洛陽，車騎輜重甚衆，秦之昆弟妻嫂側目不敢視。秦笑謂其嫂曰：『何先倨而後恭？』嫂謝曰：『見季子位高而金多。』秦嘆曰：『一人之身，富貴則親戚畏懼，貧賤則輕易之，而况於他人哉！』」

顧長康作殷荆州佐，請假還東。爾時例不給布颿，顧苦求之，乃得。發至破冢，遭風大敗。周祇《隆安記》曰：「破冢，洲名，在華容縣。」作牋與殷云：「地名破冢，真破冢而出，行人安穩，布颿無恙。」

【眉批】

按：此則弇州所删。

苻朗初過江，裴景仁《秦書》曰：「朗字元達，苻堅從兄。性宏放，神氣爽悟，堅常曰：『吾家千里駒也。』堅爲慕容冲所圍，朗降謝玄，用爲員外散騎侍郎。吏部郎王忱與兄國寶命駕詣之。沙門法汰問朗曰：『見王吏部兄弟未？』朗曰：『非一狗面人心，又一人面狗心者是邪？』忱醜而才，國寶美而狠故也。朗常與朝士宴，時賢並用唾壺。朗欲夸之，使小兒跪而張口，唾而含出。又善識味，會稽王道子爲設精饌，訖，問：『關中之食，孰若於此？』朗曰：『皆好，唯鹽味小生。』即問宰夫，如其言。或人殺鷄以食之，朗曰：『此鷄栖恒半露。』問之，亦驗。又食鵝炙，知白黑之處。咸試而記之，無毫釐之差。著《符子》數十篇，蓋老莊之流也。朗矜高忤物，不容於世，後衆讒而殺之。」王咨議大好事，問中國人物及風土所生，終無極已，《王氏譜》曰：「肅之字幼恭，右將軍羲之第四子。歷中書郎、驃騎咨議。」朗大患之。次復問奴婢貴賤，朗云：「謹厚有識中者乃至十萬，無意爲奴婢問者止數千耳。」

東府客館是版屋，謝景重詣太傅，時賓客滿中，初不交言，直仰視云：「王乃復西戎其屋。」《秦詩叙》曰：「襄公備其兵甲，以討西戎。婦人閔其君子，故作詩曰：『在其版屋，亂我心曲。』」毛公注曰：「西戎之版屋也。」

顧長康噉甘蔗，先食尾。人問所以，云：「漸至佳境。」

孝武屬王珣求女婿，曰：「王敦、桓温，磊砢之流，既不可復得，且小如意，亦好豫人家事，酷非所須。正如真長、子敬比最佳。」珣舉謝混。後袁山松欲擬謝婚，《續晋陽秋》曰：「山松，陳郡人。祖喬，益州刺史。父方平，義興太守。山松歷秘書監、吴國内史。孫恩作亂，見害。初帝爲晋陵公主訪婿於王珣，珣舉謝混，云：『人才不及真長，不減子敬。』帝曰：『如此便已足矣。』」王曰：「卿莫近禁臠。」

【眉批】

劉會孟曰：「謀婿至矣。」

桓南郡與殷荆州語次，因共作了語。顧愷之曰：「火燒平原無遺燎。」桓曰：「白布纏棺竪旒旐。」殷曰：「投魚深淵放飛鳥。」次復作危語。桓曰：「矛頭淅米劍頭炊。」殷曰：「百歲老翁攀枯枝。」顧曰：「井上轆轤卧嬰兒。」殷有一參軍在坐，云：「盲人騎瞎馬，夜半臨深池。」殷曰：「咄咄逼人！」仲堪眇目故也。《中興書》曰：「仲堪父嘗疾患經時，仲堪衣不解帶數年，自分劑湯藥，誤以藥手拭淚，遂眇一目。」

【眉批】

凌初成曰：「如此乃不妨于眇。」

桓玄出射，有一劉參軍與周參軍朋賭，垂成，唯少一破。劉謂周曰：「卿此起不破，我當撻卿。」周曰：「何至受卿撻？」劉曰：「伯禽之貴，尚不免撻，而况於卿。」《尚書大傳》曰：「伯禽與康叔見周公，三見而三笞，康叔有駭色，謂伯禽曰：『有商子者，賢人也，與子見之。』乃見商子而問焉。商子曰：『南山之陽有木焉，名喬。』二三子往觀之，見喬，實高高然而上，反以告商子。商子曰：『喬者，父道也。南山之陰有木焉，名曰梓。』二三子復往觀焉，見梓，實晋晋然而俯，反以告商子。商子曰：『梓者，子道也。』二三子明日見周公，入門而趨，登堂而跪。周公拂其首，勞而食之，曰：『爾安見君子乎！』」《禮記》曰：「成王有罪，周公則撻伯禽。」亦其義也。周殊無怍色。桓語庾伯鸞曰：《晋東宫百官名》曰：「庾鴻，字伯鸞，潁川人。」《庾氏譜》曰：「鴻祖義，吴國内史。父楷，左衛將軍。鴻仕至輔國内史。」「劉參軍宜停讀書，周參軍且勤學問。」

【眉批】

劉本注：「謂周不學，故不知劉説爲譏己。」

劉會孟曰：「謬污。」

凌初成曰：「劉亦何至遂宜停。」

桓南郡與道曜講《老子》，王侍中爲主簿，在坐。桓曰：「王主簿可顧名思義。」王未答，且大笑。桓曰：「王思道能作大家兒笑。」道曜，未詳。思道，王禎之小字也。《老子》明道，禎之字思道，故曰：「顧名思義。」

【眉批】

按：此則弇州所删。

祖廣行恒縮頭，詣桓南郡，始下車，桓曰：「天甚晴朗，祖參軍如從屋漏中來。」《祖氏譜》曰：「廣字淵度，范陽人。父台之，仕光禄大夫。廣仕至護軍長史。」

桓玄素輕桓崖。崖在京下有好桃，玄連就求之，遂不得佳者。崖，桓修小字。《續晋陽秋》曰：「修少爲玄所侮，於言端常嗤鄙之。」玄與殷仲文書，以爲嗤笑，曰：「德之休明，肅慎貢其楛矢。如其不爾，籬壁間物亦不可得也。」《國語》曰：「仲尼在陳，有隼集陳侯之庭而死，楛矢貫之，石砮尺有咫。問於仲尼，對曰：『隼之來遠矣，此肅慎之矢也。昔武王克商，通道于九夷百蠻，使各以方賄貢。於是肅慎氏貢楛矢。古者分異姓之職，使不忘服也，故分陳以肅慎之貢。若求之故府，其可得。』使求，得之金櫝如初。」

輕詆第二十六

王太尉問眉子：「汝叔名士，何以不相推重？」眉子，已見。叔，王澄也。眉子曰：「何有名士，終日妄語！」

【眉批】

劉會孟曰：「兩可之辭。」

庾元規語周伯仁：「諸人皆以君方樂。」周曰：「何樂？謂樂毅邪？」《史記》曰：「樂毅，中山人。賢而爲燕昭王將軍，率諸侯伐齊。終於趙。」庾曰：「不爾，樂令耳。」周曰：「何乃刻畫無鹽，以唐突西子也。」《列女傳》曰：「鍾離春者，齊無鹽之女也，其醜無雙。黄頭深目，長壯大節，鼻昂結喉，肥項少髮，折腰出胸，皮膚若漆，行年三十，無所容入，衒嫁不售。乃自詣齊宣王，乞備後宫，因説王以四殆，王拜爲正后。」《吴越春秋》曰：「越王勾踐得山中採薪女子，名曰西施，獻之吴王。」

深公云：「人謂庾元規名士，胸中柴棘三斗許。」

【眉批】

王敬美曰：「此言得其深。」

庾公權重，足傾王公。庾在石頭，王在冶城坐，大風揚塵，王以扇拂塵曰：「元規塵污人。」按王公雅量通濟，庾亮之在武昌，傳其應下，公以識度裁之，囂言自息。豈或回貳，有扇塵之事乎？王隱《晉書·戴洋傳》曰：「丹陽太守王導，問洋得病七年。洋曰：『君侯命在申，爲土地之主。而於申上冶，火光昭天。此爲金火相爍，水火相炒，以故相害。』導呼冶令奕遜使啓鎮東徙，今東冶是也。」《丹陽記》曰：「丹陽冶城，去宫三里，吴時鼓鑄之所。吴平，猶不廢。」又云：「孫權築冶城，爲鼓鑄之所。」既立石頭大塢，不容近立此小城，當是徙縣治，空城而置冶爾。冶城，疑是金陵本治，漢高六年，令天下縣邑，秣陵不應獨無。

【眉批】

王敬美曰："偶然語，亦難定謂無。"

王右軍少時甚澀訥。在大將軍許，王、庾二公後來，右軍便起欲去，大將軍留之，曰："爾家司空、王丞相，已見。元規，復何所難？"

【眉批】

按：此則弇州所删。

王丞相輕蔡公，曰："我與安期、千里共游洛水邊，何處聞有蔡充兒？"《晋諸公贊》曰："充字子尼，陳留雍丘人。"《充别傳》曰："充祖睦，蔡邕孫也。充少好學，有雅尚，體貌尊嚴，莫有媟慢於其前者。高平劉整有俊才，而車服奢麗，謂人曰：『紗縠，人常服耳。常遇蔡子尼在坐，終日不自安。』見憚如此。是時陳留爲大郡，多人士。琅邪王澄嘗經郡，入境，問：『此郡多士，有誰乎？』吏曰：『有江應元、蔡子尼。』時陳留多居大位者，澄問：『何以但稱此二人？』吏曰：『向謂君侯問人不謂位也。』澄笑而止。充歷成都王東曹掾，故稱東曹。"《妒記》曰："丞相曹夫人性甚忌，禁制丞相，不得有侍御，乃至左右小人亦被檢簡，時有妍妙，皆加誚責。王公不能久堪，乃密營别館，衆妾羅列，兒女成行。後元會日，夫人於青疏臺中望見兩三兒騎羊，皆端正可念。夫人遥見，甚憐愛之，語婢：『汝出問，是誰家兒？』給使不達旨，乃答云：『是第四、五等諸郎。』曹氏聞，驚愕大恚，命車駕，將黄門及婢二十人，人持食刀，自出尋討。王公亦遽命駕，飛轡出門，猶患牛遲，乃以左手攀車闌，右手捉麈尾，以柄助御者打牛，狼狽奔馳，劣得先至。蔡司徒聞而笑之，乃故詣王公，謂曰：『朝廷欲加公九錫，公知不？』王謂信然，自叙謙志。蔡曰：『不聞餘物，唯聞有短轅犢車，長柄麈尾。』王大愧，後貶蔡曰：『吾昔與安期、千里共在洛水集處，不聞天下有蔡充兒。』正忿蔡前戲言耳。」

【眉批】

王敬美曰：「此非注，不得所以。」

劉會孟曰：「人之輕詆，更累其父。」

褚太傅初渡江，嘗入東，至金昌亭，吴中豪右燕集亭中。謝歆《金昌亭詩叙》曰：「余尋師，來入經吴，行達昌門，忽睹斯亭，傍川帶河，其傍題曰金昌。訪之耆老，曰：『昔朱買臣仕漢，還爲會稽内史，逢其迎吏，逆旅北舍，與買臣争席。買臣出其印綬，群吏慚服自裁。因事建亭，號曰金傷，失其字義耳。』」褚公雖素有重名，于時造次不相識，别敕左右多與茗汁，少著粽，汁盡輒益，使終不得食。褚公飲訖，徐舉手共語云：「褚季野。」於是四坐驚散，無不狼狽。

【眉批】

按：此則弇州所删。

王敬美曰：「此殊不近輕詆，大都是縣令沈充意，不足重出。」

凌初成曰：「於此知金昌。」

王右軍在南，丞相與書，每嘆子侄不令，云：「虎㹠、虎犢，還其所如。」虎㹠，王彭之小字也。《王氏譜》曰：「彭之字安壽，琅邪人。祖正，尚書郎。父彬，衛將軍。彭之仕至黄門郎。虎犢，彪之小字也。彪之字叔虎，彭之第三弟，年三十而頭須皓白，時人謂之『王白須』。少有局幹之稱，累遷至左光禄大夫。」

【眉批】

劉本注：「言其真如㹠犢耳。」

褚太傅南下，孫長樂於船中視之。長樂，孫綽。言次及劉真長死，孫流涕，因諷詠曰：「人之云亡，邦國殄瘁。」《大雅》詩。毛公注曰：「殄，盡；瘁，病也。」褚大怒，曰：「真長平生，何嘗相比數，而卿今日作此面向人！」孫回泣向褚曰：「卿當念我。」時咸笑其才而性鄙。

【眉批】

劉會孟曰：「邦國之嘆，何必平生。」

凌初成曰：「孫乃傷真長，真長當屍視。」

謝鎮西書與殷揚州，爲真長求會稽。殷答曰：「真長標同伐異，俠之大者。常謂使君降階爲甚，乃復爲之驅馳邪。」

【眉批】

劉會孟曰：「又有謂真長如此者，爲人自難。」

王敬美曰：「此語亦有情。」

桓公入洛，過淮泗，踐北境，與諸僚屬登平乘樓，眺矚中原，慨然曰：「遂使神州陸沈，百年丘墟，王夷甫諸人不得不任其責。」《八王故事》曰：「夷甫雖居台司，不以事物自嬰，當世化之，羞言名教，自臺郎以下，皆雅崇拱默，以遺事爲高。四海尚寧，而識者知其將亂。」《晉陽秋》曰：「夷甫將爲石勒所殺，謂人曰：『吾等若不祖尚浮虛，不至於此。』」袁虎率爾對曰：「運自有廢興，豈必諸人之過。」桓公懔然作色，顧謂四坐曰：「諸君頗聞劉景升不？《劉鎮南銘》曰：「表字景升，山陽高平人。黄中通理，博識多聞，仕至鎮南將軍、荆州刺史。」有大牛重千斤，噉芻豆十倍於常牛，負重致遠，曾不若一羸牸。魏武入荆州，烹以饗士卒，于時莫不稱快。」意以況袁。四坐既駭，袁亦失色。

【眉批】

凌初成曰：「老賊大狠。」

袁虎、伏滔同在桓公府，桓公每游燕，輒命袁、伏。袁甚耻之，恒嘆曰：「公之厚意，未足以榮國士，與伏滔比肩，亦何辱如之。」

【眉批】

劉會孟曰：「却又效『袁伏之袁』。」

凌初成曰：「不畏烹大牛耶。」

高柔在東，甚爲謝仁祖所重。既出，不爲王、劉所知。仁祖曰：「近見高柔，大自敷奏，然未有所得。」真長云：「故不可在偏地居，輕在角觸奴角反。中，爲人作議論。」高柔聞之，云：「我就伊無所求。」人有向真長學此言者，真長曰：「我實亦無可與伊者。」然游燕猶與諸人書：『可要安固。』安固者，高柔也。孫統爲柔集叙曰：「柔字世遠，樂安人。才理清鮮，安行仁義。婚泰山胡毋氏女，年二十，既有倍年之覺，而姿色清惠，近是上流婦人。柔家道隆崇，既罷司空參軍、安固令，營宅於伏川，馳動之情既薄，又愛玩賢妻，便有終焉之志。尚書令何充取爲冠軍參軍，僶俛應命，眷戀綢繆，不能相舍。相贈詩書，清婉辛切。」

【眉批】

按：此則弇州所删。

劉會孟曰：「真長對仁祖語，大是有情，謂偏處言輕，不足爲高重耳，高柔誤認。別本『愛玩賢妻』，隱而不遂，極可觀。」

按：劉本作「實亦無不與者」。

劉尹、江虨、王叔虎、孫興公同坐，江、王有相輕色。虨以手歙叔虎云：「酷吏。」詞色甚强。劉尹顧謂：

「此是瞋邪？非特是醜言聲、拙視瞻。」言江此言非是醜拙，似有忿於王也。

【眉批】

按：此則弇州所删。

劉會孟曰：「謂真長酷。」

孫綽作《列仙商丘子贊》曰：「所牧何物？殆非真猪。儻遇風雲，爲我龍攄。」《列仙傳》曰：「商丘子晋者，商邑人。好吹竽，牧豕，年七十，不娶妻而不老。問其道要，言：『但食老术、菖蒲根，飲水，如此便不饑不老耳。』貴戚富室聞而服之，不能終歲輒止，謂將有匿術。」孫綽爲贊曰：「商丘卓犖，執策吹竽，渴飲寒泉，饑食菖蒲。所牧何物，殆非真猪。儻逢風雲，爲我龍攄。」時人多以爲能。王藍田語人云：「見孫家兒作文，道『何物真猪』也。」

桓公欲遷都，以張拓定之業。孫長樂上表諫，此議甚有理。桓見表心服，而忿其爲異，令人致意孫云：「君何不尋《遂初賦》，而强知人家國事。」孫綽表諫曰：「中宗龍飛，實賴萬里長江，畫而守之耳。不然，胡馬久已踐建康之地，江東爲豺狼之場矣。」綽賦《遂初》，陳止足之道。

孫長樂兄弟就謝公宿，言至款雜。劉夫人在壁後聽之，具聞其語。謝公明日還，問昨客何似，劉對曰：「亡兄門未有如此賓客。」夫人，劉惔之妹。謝深有愧色。

【眉批】

王敬美曰：「此却輸真長一着，然乃是謝公享福處。」

劉會孟曰：「是與公果不爲真長所許也。」

簡文與許玄度共語，許云：「舉君親以爲難。」簡文便不復答。許去後而言曰：「玄度故可不至於此。」按《邴原別傳》：「魏五官中郎將嘗與群賢共論曰：『今有一丸藥，得濟一人疾，而君、父俱病，與君邪？與父邪？諸人紛葩，或父或君。原勃然曰：『父子一本也。』亦不復難。」君親相校，自古如此。未解簡文誚許意。

【眉批】

劉會孟曰：「似謂玄度無忠國事耳。舉君親謂忠孝兩難也。」

謝萬壽春敗後還，書與王右軍云：「慚負宿顧。」右軍推書曰：「此禹、湯之戒。」《春秋傳》曰：「禹、湯罪己，其興也勃焉。」言禹、湯以聖德自罪，所以能興。今萬失律致敗，雖復自咎，其可濟焉。故王嘉萬也。

按：此則弇州所刪。

【眉批】

王敬美曰：「此右軍故調之。《注》以爲王嘉萬，誤矣。獨不思題是《輕詆》耶？」

蔡伯喈睹睞笛椽，孫興公聽妓振且攞折。伏滔《長笛賦叙》曰：「余同寮桓子野，有故長笛，傳之耆老，云蔡邕伯喈之所製也。初，邕避難江南，宿於柯亭之館，以竹爲椽。邕仰眄之，曰：『良竹也。』取以爲笛，音聲獨絶，歷代傳之至于今。」王右軍聞，大嗔曰：「三祖壽一作臺。樂器，虺瓦一作尫凡。弔孫家兒打折。」

【眉批】

劉會孟曰：「三祖上三代保守此笛。虺瓦弔，若非地名，即不祥短命。」

王中郎與林公絶不相得。王謂林公詭辯，林公道王云：「著膩顔帢，綸布單衣，挾《左傳》，逐鄭康成車後，問是何物塵垢囊？」中郎，坦之。帢，帽也。《裴子》曰：「林公云：『文度著膩顔，挾《左傳》，逐鄭康成，自爲高足弟子。篤而論之，不離塵垢囊也。』」

【眉批】

凌初成曰：「林公禪伯，不怕口業。」

孫長樂作王長史誄云：「余與夫子，交非勢利。心猶澄水，同此玄味。」《禮記》曰：「君子之交淡若水，小人之交甘若醴。」王孝伯見曰：「才士不遜，亡祖何至與此人周旋。」

【眉批】

劉會孟曰：「與公到處爲死人所擯。」

王敬美曰：「與公一生受此苦，至死猶煩人。」

謝太傅謂子侄曰：「中郎始是獨有千載。」車騎曰：「中郎衿抱未虛，復那得獨有？」中郎，謝萬。

庾道季詫謝公曰：「裴郎云：『謝安謂裴郎乃可不惡，何得爲復飲酒？』庾龢、裴啓，已見。裴郎又云：『謝安目支道林如九方皋之相馬，略其玄黄，取其俊逸。』」《支遁傳》曰：「遁每標舉會宗，而不留心象喻，解釋章句，或有所漏，文字之徒，多以爲疑。謝安石聞而善之，曰：『此九方皋之相馬也，略其玄黄而取其俊逸。』」《列子》曰：「伯樂謂秦穆公曰：『臣所與共儋纆薪菜者有九方皋，此其於馬非臣之下也。』公使行求馬，反曰：『得矣，牡而黄。』使人取之，牝而驪。公曰：『毛物牡牝之不知，何馬之能知也。』伯樂曰：『若皋之覲馬者，天機也。得其精，亡其粗；在其内，亡其外；見其所見，不見其所不見；視其所視，遺其所不視。若彼之所相，有貴於馬也。』既而馬果千里足。」謝公云：「都無此二語，裴自爲此辭耳。」庾意甚不以爲好。因陳東亭《經酒壚下賦》。讀畢，都不下賞裁，直云：「君乃復作裴氏學。」於此《語林》遂廢。今時有者，皆是先寫，無復謝語。《續晋陽秋》曰：「晋隆和中，河東裴啓撰漢魏以來迄于今時言語應對之可稱者，謂之《語林》。時人多好其事，文遂流行。後説太傅事不實，而有人於謝坐，叙其黄公酒壚，司徒王珣爲之賦，謝公加以與王不平，乃云：『君遂復作裴郎學。』自是衆咸鄙其事矣。安鄉人有罷中宿縣詣安者，安問其歸資，答曰：『嶺南凋弊，唯有五萬蒲葵扇，又以非時爲滯貨。』安乃取其中者捉之。於是京師士庶競慕而服焉，價增數倍，旬月無賣。夫所好生羽毛，所惡成瘡痏。謝相一言，挫成美於千載；及其所與，崇虚價於百金。上之愛憎與奪，可不慎哉！」

【眉批】

按：「目支」一段，弇州采入《賞譽》。此既是裴郎誑托，不足復存。

劉本注：「賞語自是。」

劉會孟曰：「誑托致敗。」

王北中郎不爲林公所知，乃著論《沙門不得爲高士論》，大略云：「高士必在於縱心調暢。沙門雖云俗外，反更束於教，非情性自得之謂也。」

【眉批】

凌初成曰：「是塵垢囊業報。」

人問顧長康：「何以不作洛生詠？」答曰：「何至作老婢聲。」洛下書生詠音重濁，故云老婢聲。

殷顗、庾恒並是謝鎮西外孫，《謝氏譜》曰：「尚長女僧要適庾龢，次女僧韶適殷歆。」殷少而率悟，庾每不推。嘗俱詣謝公，謝公熟視殷，曰：「阿巢故似鎮西。」巢，殷顗小字也。於是庾下聲語曰：「定何似？」謝公續復云：「巢頰似鎮西。」庾復云：「頰似，足作健不？」《庾氏譜》曰：「恒字敬則。祖亮，父龢。恒仕至尚書僕射。」

舊目韓康伯將肘無風骨。《説林》曰：「范啓云：『韓康伯似肉鴨。』」

苻宏叛來歸國，謝太傅每加接引。宏自以有才，多好上人，坐上無折之者。適王子猷來，太傅使共語。子猷直孰視良久，回語太傅云：「亦復竟不異人。」宏大慚而退。《續晋陽秋》曰：「宏，苻堅太子也。堅爲姚萇所殺，宏將母妻來投，詔賜田宅。桓玄以宏爲將，玄敗，寇湘中，伏誅。」

支道林入東，見王子猷兄弟。還，人問見諸王何如？答曰：「見一群白頸烏，但聞喚啞啞聲。」

【眉批】

按：此則弇州所删。

王中郎舉許玄度爲吏部郎，郗重熙曰：「相王好事，不可使阿訥在坐頭。」訥，詢小字。

【眉批】

劉會孟曰：「甚惡之之詞。」

王興道謂謝望蔡霍霍如失鷹師。《永嘉記》曰：「王和之字興道，琅邪人。祖翼，平南將軍。父胡之，司州刺史。和之歷永嘉太守、正員常侍。」望蔡，謝惔小字也。

【眉批】

按：謝封望蔡侯，非小字也。

桓南郡每見人不快，輒嗔云：「君得哀家梨，當復不烝食不。」舊語：秣陵有哀仲家梨，甚美，大如升，入口消釋。言愚人不別味，得好梨烝食之也。

【眉批】

凌初成曰：「蒸哀家梨者，甚多，甚多。」

劉會孟曰：「說得甚近人意。」

假譎第二十七

魏武少時，嘗與袁紹好爲游俠。觀人新婚，因潛入主人園中，夜叫呼云：「有偷兒賊！」青廬中人皆出觀，魏武乃入，抽刃劫新婦，與紹還出。失道，墜枳棘中，紹不能得動，復大叫云：「偷兒在此！」紹遑迫自擲出，遂以俱免。《曹瞞傳》曰：「操小字阿瞞，少好譎詐，游放無度。」《孫盛雜語》云：「武王少好俠，放蕩不修行業。嘗私入常侍張讓宅中，讓乃手戟於庭，踰垣而出，有絶人力，故莫之能害也。」

【眉批】

劉會孟曰：「倉卒出此，又難。」

凌初成曰：「劫之欲何爲？」

魏武行役，失汲道，軍皆渴，乃令曰：「前有大梅林，饒子，甘酸可以解渴。」士卒聞之，口皆出水。乘此得及前源。

【眉批】

劉會孟曰：「華池解渴之妙，存想有功。」

按：劉本「軍」上有「三」字。

魏武常言人欲危己，己輒心動，因語所親小人曰：「汝懷刃密來我側，我必説『心動』，執汝使行刑，汝但勿言其使，無他，當厚相報。」執者信焉，不以爲懼。遂斬之。此人至死不知也。左右以爲實，謀逆者挫氣矣。《曹瞞傳》曰：「操在軍，廪穀不足，私語主者曰：『何如？』主者云：『可以小斛足之。』操曰：『善。』後軍中言操欺衆，操題其主者背以徇曰：『行小斛，盗軍穀。』遂斬之。仍云：『特當借汝死以厭衆心。』」其變詐皆此類也。

【眉批】

劉會孟曰：「文字中留此，鬼當夜哭。」

王乾問曰：「奸雄假譎，至死欺人，嗟嗟。敗面中風，同愚父及叔父矣，尚何軍士，不在智術簸弄中也。」

魏武常云：「我眠中不可妄近，近便斫人，亦不自覺。左右宜深慎此。」後陽眠，所幸一人，竊以被覆之，因便斫殺。自爾每眠，左右莫敢近者。

【眉批】

凌初成曰：「所爲不良，心亦競競，作此多狡。」

袁紹年少時，曾遣人夜以劍擲魏武，少下不著。魏武揆之，其後來必高。因帖卧床上，劍至果高。按袁、曹後由鼎峙，迹始攜貳。自斯以前，不聞讐隙，有何意故而剚之以劍也。

【眉批】

凌初成曰：「英雄相忌，不必有隙。」

劉會孟曰：「自非露卧，劍至即上，又不如還以避之，小説多巧。」

王大將軍既爲逆，頓軍姑孰。晋明帝以英武之才，猶相猜憚，乃著戎服，騎巴賓馬，齎一金馬鞭，陰察軍形勢。未至十餘里，有一客姥居店賣食，帝過愒之，謂姥曰：「王敦舉兵圖逆，猜害忠良，朝廷駭懼，社稷是憂。故劬勞晨夕，用相覘察。恐形迹危露，或至狼狽，追迫之日，姥其匿之。」便與客姥馬鞭而去，行敦營匝而出。軍士覺，曰：「此非常人也。」敦卧心動，曰：「此必黄須鮮卑奴來。」命騎追之。已覺多許里，追士因問向姥：「不見一黄須人騎馬度此邪？」姥曰：「去已久矣，不可復及。」於是騎人息意而反。《異苑》曰：「帝躬往姑孰，敦時晝寢，卓然驚悟，曰：『營中有黄頭鮮卑奴來，何不縛取！』帝所生母荀氏，燕國人，故貌類焉。」

【眉批】

按：「巴賓馬」《注》不解，杜光庭《録异記》云：巴人呼賊爲賓。然則「巴賓」者，巴所貢也。

王敬美曰：「『愒』字無謂，恐是『謁』字誤耳。」

按：劉本是『謁』字。

凌初成曰：「老賊乃靈。」

按《異苑》尚有「夢日環其城」五字，恐不可少。

王右軍年減十歲時，大將軍甚愛之，恒置帳中眠。大將軍嘗先出，右軍猶未起，須臾錢鳳入，屏人論事，都忘右軍在帳中，便言逆節之謀。《晉陽秋》曰：「鳳字世儀，吴嘉興尉子也。奸慝好利，爲敦鎧曹參軍。知敦有不臣心，因進説。後敦敗，見誅。」右軍覺，既聞所論，知無活理，乃剔吐污頭面被褥，詐孰眠。敦論事造半，方意右軍未起，相與大驚曰：「不得不除之。」及開帳，乃見吐唾從横，信其實孰眠，於是得全。于時稱其有智。按諸書皆云王允之事，而此言羲之，疑謬。

【眉批】

按：「孰」、「熟」通，劉本作「熟」。

陶公自上流來赴蘇峻之難，令誅庾公，謂必戮庾，可以謝峻。《晉陽秋》曰：「是時成帝在繦褓，太后臨朝。中書令庾亮以元舅輔政，欲以風軌格政，繩御四海。而峻擁兵近甸，爲逋逃藪。亮圖召峻，王導、卞壼並不欲。亮曰：『蘇峻豺狼，終爲禮亂。鼂錯所謂削亦反，不削亦反。』遂下優詔，以大司農徵之。峻怒曰：『庾亮欲誘殺我也。』遂克京邑。平南温嶠聞亂，號泣登舟，遣參軍王愆期推征西陶侃爲盟主，俱赴京師。時亮敗績奔嶠，人皆尤而少之，嶠愈相崇重，分兵以配給之。」庾欲奔竄則不可，欲會恐見執，進退無計。温公勸庾詣陶，曰：「卿但遥拜，必無它，我爲卿保之。」庾從温言詣陶，至便拜。陶自起止之，曰：「庾元規何縁拜陶士衡？」畢，又降就下坐。陶又自要起同坐。坐定，庾乃引咎責躬，深相遜謝，陶不覺釋然。

【眉批】

按：此則弇州所删。

王敬美曰：「庾實畏死，遜謝未得云譎。」

劉會孟曰：「陶審自知。」

温公喪婦，從姑劉氏家值亂離散，唯有一女，甚有姿慧。姑以屬公覓婚。公密有自婚意，答云：「佳婿難得，但如嶠比，云何？」姑云：「喪敗之餘，乞粗存活，便足慰吾餘年，何敢希汝比。」卻後少日，公報姑云：「已覓得婚處，門地粗可，婿身名宦，盡不減嶠。」因下玉鏡臺一枚。姑大喜。既婚，交禮，女以手披紗扇，撫掌大笑曰：「我固疑是老奴，果如所卜。」按《温氏譜》，嶠初取高平李暅女，中取琅邪王詡女，後取廬江何邃女，都不聞取劉氏，便爲虛謬。谷口云：「劉氏，政謂其姑爾，非指其女姓劉也。孝標之注，亦未爲得。」玉鏡臺是公爲劉越石長史北征劉聰所得。王隱《晉書》曰：「建興二年，嶠爲劉琨假守左司馬，都督上前鋒諸軍事，討劉聰。」《晉陽秋》曰：「聰一名載，字玄明，屠各人。父淵，因亂起兵，死，聰嗣業。」

【眉批】

凌初成曰：「初婚女子，乃有撫掌之笑。」

王敬美曰：「觀此，明知後人添注。」

諸葛令女庾氏婦，既寡，誓云不復重出。此女性甚正强，無有登車理。即庾亮子會妻。恢既許江思玄婚，江虨，已見上。乃移家近之。初誑女云：「宜徙於是。」家人一時去，獨留女在後。比其覺，已不復得出。江郎莫來，女哭詈彌甚，積日漸歇。江虨暝入宿，恒在對床上。後觀其意轉帖，虨乃詐厭，良久不悟，聲氣轉急。女乃呼婢云：「喚江郎覺。」江於是躍來就之，曰：「我自是天下男子，厭，何預卿事而見喚耶？既爾相關，不得不與人語。」女默然而慚，情義遂篤。葛令之清英，江君之茂識，必不背聖人之正典，習蠻夷之穢行。康王之言，所輕多矣。

【眉批】

楊用修曰：「本『聲鳴轉急』，訛爲『聲氣』。」

按：劉本作「聲鳴」。

王敬美曰：「此政不必有頭巾氣。」

愍度道人始欲過江，與一傖道人爲侶。謀曰：「用舊義往江東，恐不辦得食。」便共立心無義。既而此道人不成渡，愍度果講義積年。《名德沙門題目》曰：「支愍度才鑒清出。」孫綽《愍度贊》曰：「支度彬彬，好是拔新，俱稟昭見，而能越人。世重秀異，咸競爾珍。孤桐嶧陽，浮磬泗濱。」後有傖人來，先道人寄語云：「爲我致意愍度，無義那可立。舊義者曰：「種智有是，而能圓照。然則萬累斯盡，謂之空無。常住不變，謂之妙有。」而無義者曰：「種智之體，豁如太虛。虛而能知，無而能應。居宗至極，其唯無乎？」治此計權救饑爾，無爲遂負如來也。」

【眉批】

劉本注：「二人元知舊義之非，故共謀過江，不用此義。愍度後遂仍用舊義爲人講，以得食，故譏。」

凌初成曰：「劉注似不合。」

王敬美曰：「因悟晉人清談竪義，亦是救饑。」

劉會孟曰：「以無救譏。」

王文度弟阿智，惡乃不翅，當年長而無人與婚。孫興公有一女亦僻錯，又無嫁娶理，因詣文度，求見阿智。既見，便陽言：「此定可，殊不如人所傳，那得至今未有婚處。我有一女，乃不惡，但吾寒士，不宜與卿計，欲令阿智娶之。」文度欣然而啓藍田云：「興公向來，忽言欲與阿智婚。」藍田驚喜。既成婚，女之頑嚚，欲過阿智。方知興公之詐。阿智，王處之小字。處之字文將，辟州别駕，不就。娶太原孫綽女，字阿恒。

【眉批】

凌初成曰：「女頑既無人知，何爲定詐與阿智？那得遂無嫁娶理？」

范玄平爲人好用智數，而有時以多數失會守。失官居東陽，桓大司馬在南州，故往投之。桓時方欲招起屈滯，以傾朝廷，且玄平在京，素亦有譽。桓謂遠來投己，喜躍非常。比入至庭，傾身引望，笑語歡甚。顧謂袁虎曰：「范公且可作太常卿。」范裁坐，桓便謝其遠來意。范雖實投桓，而恐以趨時損名，乃曰：「雖懷朝宗，會有亡兒瘞在此，故來省視。」桓悵然失望，向之虚佇，一時都盡。《中興書》曰：「初，桓温請范汪爲征西長史，復表爲江州，並不就。還都，因求爲東陽太守，温甚恨之。汪後爲徐州，温北伐，令汪出梁國，失期，温挾憾奏汪爲庶人。汪居吴，後至姑孰見温。温語其下曰：『玄平乃來見，當以護軍起之。』汪數日辭歸，温曰：『卿適來，何以便去？』汪曰：『數歲小兒喪，往年經亂，權瘞此境，故來迎之。事竟，去耳。』温愈怒之，竟不屑意。」

【眉批】

劉會孟曰：「真有如此强口者，《世説》雖鄙，然種種備。」

謝遏年少時，好著紫羅香囊，垂覆手。太傅患之，而不欲傷其意，乃譎與賭，得即燒之。遏謝玄小字。

【眉批】

按：此則弇州所删。

劉會孟曰：「爲大人故難。」

黜免第二十八

諸葛厷在西朝，少有清譽。爲王夷甫所重，時論亦以擬王。後爲繼母族黨所讒，誣之爲狂逆。將遠徙，友人王夷甫之徒詣檻車與别。厷問：「朝廷何以徙我？」王曰：「言卿狂逆。」厷曰：「逆則應殺，狂何所徙！」厷，已見。

桓公入蜀，至三峽中，部伍中有得猿子者，《荆州記》曰：「峽長七百里，兩岸連山，略無絶處，重巖疊障，隱天蔽日。常有高猿長嘯，屬引清遠。漁者歌曰：『巴東三峽巫峽長，猿鳴三聲淚沾裳。』」其母緣岸哀號，行百餘里不去，遂跳上船，至便即絶。破視其腹中，腸皆寸寸斷。公聞之怒，命黜其人。

【眉批】

劉會孟曰：「此怒亦何少。」

凌初成曰：「桓公猶有此，大不似阿黑忍殺石家妓。」

殷中軍被廢，在信安，終日恒書空作字。揚州吏民尋義逐之，竊視，唯作「咄咄怪事」四字而已。《晉陽秋》曰：「初，浩以中軍將軍鎮壽陽。羌姚襄上書歸降，後有罪，浩陰圖誅之。會關中有變，符健死，浩爲率軍而行，云修復山陵，襄前驅恐，遂反。軍至山桑，聞襄將至，棄輜重，馳保譙。襄至，據山桑，燒其舟實，至壽陽，略流民而還。浩士卒多叛，征西温乃上表黜浩，撫軍大將軍奏免浩，除名爲民。浩馳還謝罪，既而遷于東陽信安縣。」

桓公坐有參軍椅烝薤，不時解，共食者又不助，而椅終不放，舉坐皆笑。桓公曰：「同盤尚不相助，况復危難乎？」敕令免官。

【眉批】

按：此則弇州所删。

王敬美曰：「譏評可耳，何至免官。」

劉會孟曰：「二怒皆可觀。」

殷中軍廢後，恨簡文曰：「上人著百尺樓上，儋梯將去。」《續晉陽秋》曰：「浩雖廢黜，夷神委命，雅詠不輟，雖家人不見其有流放之戚。外生韓伯始隨至徙所，周年還都。浩素愛之，送至水側，乃詠曹顏遠詩曰：『富貴它人合，貧賤親戚離。』因泣下。」其悲見于外者，唯此一事而已。則書空、去梯之言，未必皆實也。

【眉批】

淩初成曰：「奇恨。」

鄧竟陵免官後赴山陵，過見大司馬桓公。公問之曰：「卿何以更瘦？」《大司馬寮屬名》曰：「鄧遐字應玄，陳郡人，平南將軍岳之子。勇力絶人，氣蓋當世，時人方之樊噲。爲桓温參軍，數從温征伐，歷竟陵太守。枋頭之役，温既懷恥忿，且憚遐，因免遐官。病卒。」鄧曰：「有愧於叔達，不能不恨於破甑。」《郭林宗别傳》曰：「鉅鹿孟敏，字叔度。敦樸質直。客居太原，雜處凡俗，未有所名。嘗至市貿甑，荷擔墮地，壞之，徑去不顧。適遇林宗，見而異之，因問曰：『壞甑可惜，何以不顧？』客曰：『甑既已破，視之何益？』林宗賞其介决，因以知其德性，謂必爲美士，勸令讀書。游學十年，遂知名，三府並辟，不就，東夏以爲美賢。」

【眉批】

劉會孟曰：「甚真。」

桓宣武既廢太宰父子，仍上表曰：「應割近情，以存遠計。若除太宰父子，可無後憂。」簡文手答表曰：「所不忍言，况過於言。」宣武又重表，辭轉苦切。簡文更答曰：「若晉室靈長，明公便宜奉行此詔，如大運去矣，請避賢路。」桓公讀詔，手戰流汗，於此乃止。太宰父子遠徙新安。《司馬晞傳》曰：「晞字道升，元帝第四子。初封武陵王，拜太宰。少不好學，尚武凶恣。時太宗輔政，晞以宗長不得執權，常懷憤慨，欲因桓温入朝殺之。太宗即位，新蔡王晃首辭，引與晞及子綜謀逆，有司奏晞等斬刑，詔原之，徙新安。晞未敗四五年中，喜爲挽歌，自摇大鈴，使左右習和之。又燕會，娼妓作新安人歌舞離别之辭，其聲甚悲，後果徙新安。」

【眉批】

按：此則弇州所删。

劉會孟曰：「桓終可告語者，豈唯不忤而已。」

凌初成曰：「不得不流汗。」

桓玄敗後，殷仲文還爲大司馬咨議，意似二三，非復往日。大司馬府聽前有一老槐，甚扶疏。殷因月朔，與衆在聽，視槐良久，嘆曰：「槐樹婆娑，無復生意。」《晋安帝紀》曰：「桓玄敗，殷仲文歸京師，高祖以其衛從二后，且以大信宜令，引爲鎮軍長史。自以名輩先達，位遇至重，而後來謝混之徒，皆疇昔之所附也，今比肩同列，常怏然自失。後果徙信安。」

殷仲文既素有名望，自謂必當阿衡朝政。忽作東陽太守，意甚不平，《晋安帝紀》曰：「仲文後爲東陽，愈憤怨，乃與相胤謀反，遂伏誅。仲文嘗照鏡不見頭，俄而難及。」及之郡，至富陽，慨然嘆曰：「看此山川形勢，當復出一孫伯符！」孫策，富春人，故及此而嘆。

儉嗇第二十九

和嶠性至儉，家有好李，王武子求之，與不過數十。王武子因其上直，率將少年能食之者，持斧詣園，飽共噉畢，伐之。送一車枝與和公，問曰：「何如君李？」和既得，唯笑而已。《晉諸公贊》曰：「嶠性不通，治家富擬王公，而至儉，將有犯義之名。」《語林》曰：「嶠諸弟往園中食李，而皆計核責錢。故嶠婦弟王濟伐之也。」

王戎儉吝，其從子婚，與一單衣，後更責之。王隱《晉書》曰：「戎性至儉，不能自奉養，財不出外。天下人謂爲膏肓之疾。」

【眉批】按：此則弇州所删。

司徒王戎既貴且富，區宅、僮牧、膏田、水碓之屬，洛下無比。契疏鞅掌，每與夫人燭下散籌算計。《晉諸公贊》曰：「戎性簡要，不治儀望，自遇甚薄，而産業過豐。論者以爲台輔之望不重。」王隱《晉書》曰：「戎好治生，園田周徧天下。翁嫗二人，常以象牙籌晝夜算計家資。」《晉陽秋》曰：「戎多值財賄，常若不足。或謂戎故以此自晦也。」戴逵論之曰：「王戎晦默於危亂之際，獲免憂禍，既明且哲，於是在矣。或曰：『大臣用心，豈其然乎。』逵曰：『運有險易，時有昏明。如子之言，則蘧瑗、季札之徒，皆負責矣。自古而觀，豈一王戎也哉！』」

【眉批】王敬美曰：「晦默吾道，何至作此，王翦請田宅，恐不至是。」

王戎有好李，賣之，恐人得其種，恒鑽其核。

王戎女適裴頠，貸錢數萬。女歸，戎色不説，女遽還錢，乃釋然。

【眉批】

按：此則弇州所删。

【眉批】

按：此則弇州所删。

凌初成曰：「單衣猶責，何疑數萬。」

衛江州在尋陽。《永嘉流人名》曰：「衛展字道舒，河南安邑人。祖列，彭城護軍。父韶，廣平令。展，光熙初，除鷹揚將軍、江州刺史。」有知舊人投之，都不料理，唯餉王不留行一斤，此人得餉便命駕。《本草》曰：「王不留行，生太山，治金瘡，除風，久服之輕身。」李弘範聞之，曰：「家舅刻薄，乃復驅使草木。」《中興書》曰：「李軓字弘範，江夏人。仕至尚書郎。」按軓，劉氏之甥。此應弘度，非弘範也。

王丞相儉節，帳下甘果盈溢不散，涉春爛敗。都督白之，公令舍去，曰：「愼不可令大郎知。」王悦也。

【眉批】

按：此則弇州所删。

蘇峻之亂，庾太尉南奔見陶公，陶公雅相賞重。陶性儉吝，及食，噉薤，庾因留白。陶問：「用此何爲？」庾云：「故可種。」於是大嘆庾非唯風流，兼有治實。

【眉批】
劉會孟曰：「小説取笑，陶未易愚。」
凌初成曰：「直揣竹頭木屑之心。」
王敬美曰：「陶公故可以譎取，豈辦殺元規者。」
按：此則弇州所删。

郗公大聚斂，有錢數千萬，嘉賓意甚不同。常朝旦問訊，郗家法，子弟不坐，因倚語移時，遂及財貨事。郗公曰：「汝正當欲得吾錢耳。」乃開庫一日，令任意用。郗公始正謂損數百萬許，嘉賓遂一日乞與親友，周旋略盡。郗公聞之，驚怪不能已已。《中興書》曰：「超少卓犖而不羈，有曠世之度。」

【眉批】
劉會孟曰：「吾見嘉賓，每有可喜。」

汰侈第三十

石崇每要客燕集，常令美人行酒；客飲酒不盡者，使黄門交斬美人。王丞相與大將軍嘗共詣崇，丞相素不能飲，輒自勉强，至于沈醉。每至大將軍，固不飲以觀其變，已斬三人，顔色如故，尚不肯飲。丞相讓之，大將軍曰：「自殺伊家人，何預卿事！」王隱《晋書》曰：「石崇爲荆州刺史，劫奪殺人，以致巨富。」《王丞相德音記》曰：「丞相素爲諸父所重。王君夫問王敦：『聞君從弟佳人，又解音律，欲一作妓，可與共來。』遂往。吹笛人有小忘，君夫聞，使黄門階下打殺之，顔色不變。丞相還，曰：『恐此君處世，當有如此事。』」兩説不同，故詳録。

【眉批】

按：此則弇州所删。

劉會孟曰：「决無斬人勸飲，血當盈庭矣。」

王敬美曰：「無論處仲忍人，觀作事，晋那得不亂。」

凌初成曰：「直當使竹林中人詣石，以保美人首領。」

石崇廁，常有十餘婢侍列，皆麗服藻飾，置甲煎粉、沉香汁之屬，無不畢備。又與新衣著令出。客多羞不能如廁。王大將軍往，脱故衣，著新衣，神色傲然。群婢相謂曰：「此客必能作賊。」《語林》曰：「劉寔詣石崇，如廁，見有絳紗大床，茵蓐甚麗，兩婢持錦香囊。寔遽反走，即謂崇曰：『向誤入卿室内。』崇曰：『是廁耳。』」

【眉批】

凌初成曰：「何物婢子，乃知人。」

武帝嘗降王武子家，武子供饌並用琉璃器。婢子百餘人，皆綾羅絝襹，以手擎飲食。烝㹠肥美，異於常味。帝怪而問之。答曰：「以人乳飲㹠。」帝甚不平，食未畢，便去。王、石所未知作。襹，一作襬。

【眉批】

劉本注：「王、石，王愷、石崇。」

王君夫以粭精澳釜，石季倫用蠟燭作炊。君夫作紫絲布步障碧綾裏四十里，石崇作錦步障五十里以敵之。石以椒爲泥，王以赤石脂泥壁。《晋諸公贊》曰：「王愷字君夫，東海人，王肅子也。雖無檢行，而少以才力見名，有在公之稱。既自以外戚，晋氏政寬，又性至豪。舊制鴆不得過江，爲其羽櫟酒中，必殺人。愷爲翊軍時，得鴆於石崇而養之，其大如鵝，喙長尺餘，純食蛇虺。司隸奏按愷、崇，詔悉原之，即燒於都街。愷肆其意色，無所忌憚。爲後軍將軍。卒謚曰『醜』。」

【眉批】

按：此則弇州所删。

石崇爲客作豆粥，咄嗟便辦。恒冬天得韭蓱虀。又牛形狀氣力不勝王愷牛，而與愷出游，極晚發，争入洛城，崇牛數十步後迅若飛禽，愷牛絶走不能及。每以此三事爲搤腕。乃密貨崇帳下都督及御車人，問所以。都督曰：「豆至難煮，唯豫作熟末，客至，作白粥以投之。韭蓱虀是擣韭根，雜以麥苗爾。」復問馭人牛所以駛。馭人云：「牛本不遲，由將車人不及制之耳。急時聽偏轅，則駛矣。」愷悉從之，遂爭長。石崇後聞，皆殺告者。《晋諸公贊》曰：「崇性好俠，與王愷競相夸衒也。」

【眉批】按劉貢父曰：「『咄嗟』，宜作『咄喏』，以司空圖詩爲證，不知孫楚詩自有『三命皆有極，咄嗟安可保』。咄嗟，猶言呼吸，蓋是晋人一時語。」

王君夫有牛名八百里駮，常瑩其蹄角。王武子語君夫：「我射不如卿，今指賭卿牛，以千萬對之。」君夫既恃手快，且謂駿物無有殺理，便相然可。令武子先射，武子一起便破的，卻據胡床，叱左右：「速探牛心來！」須臾炙至，一臠便去。《相牛經》曰：「《牛經》出甯戚，傳百里奚。漢世河西薛公得其書，以相牛，千百不失。本以負重致遠，未服輜軿，故文不傳。至魏世，高堂生又傳以與晋宣帝，其後王愷得其書焉。」臣按其相經云：「陰虹屬頸，千里。」注曰：「陰虹者，雙筋白尾骨屬頸。甯戚所飯者也。」愷之牛，其亦有陰虹也。甯戚《經》曰：「棰頭欲得高，百體欲得緊，大膁疏肋難齡䶗，龍頭突目好跳。」又：「角欲得細，身欲促，形欲得如卷。」

【眉批】劉會孟曰：「以此爲快，是略無惜吝意也，要亦君夫殺之。」

王君夫嘗責一人無服餘衵，因直內著曲閣重閨裏，不聽人將出。遂饑經日，迷不知何處去。後因緣相爲，垂死乃得出。

【眉批】按：此則弇州所删。

石崇與王愷爭豪，並窮綺麗，以飾輿服。《續文章志》曰：「崇資産累巨萬金，宅室輿馬，僭擬王者。庖膳必窮水陸之珍，後房百數，皆曳紈綉，珥金翠，而絲竹之藝，盡一世之選。築榭開沼，殫極人巧。與貴戚羊琇、王愷之徒競相高以侈靡，而崇爲居最之首，琇等每愧羨以爲不及也。」武帝，愷之甥也，每助愷。嘗以一珊瑚樹高二尺許賜愷，枝柯扶疏，世罕其比。愷以示崇。崇視訖，以鐵如意擊之，應手而碎。愷既惋惜，又以爲疾己之寶，聲色甚厲。崇曰：「不足恨，今還卿。」乃命左右悉取珊瑚樹，有三尺、四尺，條幹絶世，光彩溢目者六七枚，如愷許比甚衆。愷惘然自失。《南州異物志》曰：「珊瑚生大秦國，有洲在漲海中，距其國七八百里，名珊瑚樹洲，底有盤石，水深二十餘丈，珊瑚生於石上。初生白，軟弱似菌，國人乘大船載鐵網先没在水下，一年便生網目中。其色尚黄，枝柯交錯，高三四尺，大者圍尺餘。三年色赤，便以鐵鈔發其根，繫鐵網於船，絞車舉網。還，裁鑿恣意所作。若過時不鑿，便枯索蟲蠹。其大者輸之王府，細者賣之。」《廣志》曰：「珊瑚，大者可爲車軸。」

【眉批】按：此則弇州所删。

王敬美曰：「石尚有火浣衫事，尤奇。《世説》不載，豈謂更遠情實耶。」

劉會孟曰：「此乃足爲戲耳。」

王武子被責，移第北邙下。《晉諸公贊》曰：「濟與從兄恬不平。濟爲河南尹，未拜，行過王宫，吏不時下道，濟於車前鞭之，有司奏免官。論者以濟爲不長者。尋轉太僕，而王恬已見委任，濟遂斥外。」于時人多地貴，濟好馬射，買地作埒，編錢匝地竟埒。時人號曰「金溝」。溝，一作埒。

【眉批】

按：此則弇州所删。

石崇每與王敦入學戲，見顔、原象《家語》曰：「顔回字子淵，魯人。少孔子一十九歲而髮白，三十二歲蚤死。」原憲，已見。而嘆曰：「若與同升孔堂，去人何必有間！」王曰：「不知餘人云何，子貢去卿差近。」《史記》曰：「端木賜字子貢，衛人，嘗相魯，家累千金，終于齊。」石正色云：「士當令身名俱泰，何至以甕牖語人。」原憲以甕爲户牖。

【眉批】

凌初成曰：「季倫即富，原無村氣。」

彭城王有快牛，至愛惜之。朱鳳《晉書》曰：「彭城穆王權，字子輿，宣帝弟馗子。太始元年封。」王太尉與射，賭得之。彭城王曰：「君欲自乘，則不論，若欲噉者，當以二十肥者代之。既不廢噉，又存所愛。」王遂殺噉。

【眉批】

按：此則弇州所删。

王敬美曰：「南渡後更不能見此汰侈矣。北魏末，諸王復相競爲之，魏尋亂。」

劉會孟曰：「與君父速之同。」

王右軍少時，在周侯末坐，割牛心噉之，於此改觀。俗以牛心爲貴，故義之先食之。

【眉批】

按：此則弇州所删。

劉會孟曰：「何足改觀。」

忿狷第三十一

魏武有一妓，聲最清高，而情性酷惡。欲殺則愛才，欲置則不堪。於是選百人，一時俱教。少時果有一人聲及之，便殺惡性者。

王藍田性急，嘗食鷄子，以筯刺之，不得，便大怒，舉以擲地。鷄子於地圓轉未止，仍下地以屐齒蹍之，又不得。瞋甚，復於地取内口中，齧破即吐之。王右軍聞而大笑曰：「使安期有此性，猶當無一豪可論，況藍田邪。」《中興書》曰：「述清貴簡正，少所推屈，唯以性急爲累。」安期，述父也，有名德，已見。

【眉批】

王乾開曰：「欲蠲人之憂，贈以丹橘，欲蠲之忿，贈以青松，第合歡之草，嵇康可種，藍田食鷄子，性似不可解。故佩韋自緩，佩兹自急，因物憬悟，存乎其人。」

王司州嘗乘雪往王螭許，王胡之、王恬，並已見。恬小字螭虎。司州言氣少有牾逆於螭，便作色不夷。司州覺惡，便輿牀就之，持其臂曰：「汝詎復足與老兄計？」按《王氏譜》，胡之是恬從祖也。螭撥其手曰：「冷如鬼手馨，强來捉人臂。」

桓宣武與袁彦道樗蒱，袁彦道齒不合，遂厲色擲去五木。温太真云：「見袁生遷怒，知顔子爲貴。」《論語》曰：「哀公問：『弟子孰爲好學？』孔子曰：『有顔回者好學，不遷怒，不貳過，不幸短命死矣。』」

【眉批】

劉會孟曰：「于此識彦道。」

謝無奕性粗强，以事不相得，自往數王藍田，肆言極駡。王正色面壁不敢動。半日，謝去。良久，轉頭問左右小吏曰：「去未？」答云「已去」。然後復坐。時人嘆其性急而能有所容。

王令詣謝公，值習鑿齒已在坐，當與並榻。王徙倚不坐，公引之與對榻。去後，語胡兒曰：「子敬實自清立，但人爲爾，多矜咳，殊足損其自然。」劉謙之《晉紀》曰：「王獻之性甚整峻，不交非類。」

【眉批】

劉會孟曰：「矜咳二字極不成語，然極有似。」

王大、王恭，嘗俱在何僕射坐。《中興書》曰：「何澄字子玄，清正有器望，歷尚書左僕射。」恭時爲丹陽尹，大始拜荆州。《靈鬼志·謠徵》曰：「初桓石民爲荆州，鎮上時，民忽歌《黄曇曲》曰：『黄曇英，揚州大佛來士朋。』少時石民死，王忱爲荆州。」佛大，忱小字也。訖將乖之際，大勸恭酒，恭不爲飲，大逼强之，轉苦，便各以裙帶繞手。恭府近千人，悉呼入齋。大左右雖少，亦命前，意便欲相殺。何僕射無計，因起排坐二人之間，方得分散。所謂勢利之交，古人羞之。

【眉批】

按：　此則弇州所删。

劉會孟曰：「何物俗狀。」

桓南郡小兒時，與諸從兄弟各養鵝共鬥。南郡鵝每不如，甚以爲忿。乃夜往鵝欄間，取諸兄弟鵝悉殺之。既曉，家人咸以驚駭，云是變怪，以白車騎。車騎曰：「無所致怪，當是南郡戲耳。」問，果如之。

【眉批】

劉會孟曰：「不聞鬥鵝何如？」

按：《新唐書·田令孜傳》云：「帝冲騃喜鬥鵝，一鵝至直五千萬錢。」司馬温公《考異》云「鵝非可鬥之物」，改爲賭鵝。蓋鬥鵝亦不過出其毛色以相勝耳，如云「鬥草」，草亦豈自能鬥耶？正亦不必改耳。」

讒險第三十二

王平子形甚散朗，内實勁俠。鄧粲《晋紀》曰：「劉琨嘗謂澄曰：『卿形雖散朗，而内勁俠，以此處世，難得其死。』澄默然無以答。後果爲王敦所害。劉琨聞之，曰：『自取死耳。』」

【眉批】

按：此則弇州所删。

凌初成曰：「何與《讒險》。」

袁悦有口才，能短長説，亦有精理。始作謝玄參軍，頗被禮遇。後丁艱，服除還都，唯齎《戰國策》而已。語人曰：「少年時讀《論語》、《老子》，又看《莊》、《易》，此皆是病痛事，當何所益邪？天下要物，正有《戰國策》。」既下，説司馬孝文王，大見親待，幾亂機軸。俄而見誅。《袁氏譜》曰：「悦字元禮，陳郡陽夏人。父朗，給事中。仕至驃騎咨議。太元中，悦有寵於會稽王，每勸專覽朝權，王頗納其言。王恭聞其説，言於孝武，乃托以它罪，殺悦於市中。既而朋黨同異之聲，播於朝野矣。」

孝武甚親敬王國寶、王雅。《雅别傳》曰：「雅字茂建，東海沂人。少知名。」《晋安帝紀》曰：「雅之爲侍中，孝武甚信而重之。王珣、王恭特以地望見禮，至於親幸，莫及雅者。上每置酒燕集，或召雅未至，上不先舉觴。時議謂珣、恭宜傅東宫，而雅以寵幸超授太傅、尚書左僕射。」雅薦王珣於帝，帝欲見之。嘗夜與國寶及雅相對，帝微有酒色，令唤珣，垂至，已聞卒傳聲。國寶自知才出珣下，恐傾奪其寵，因曰：「王珣當今名流，陛下不宜有酒色見之，自可别詔召也。」帝然其言，心以爲忠，遂不見珣。

【眉批】

按：此則弇州所删。

劉會孟曰：情理具是，具是。

王緒數讒殷荆州於王國寶，殷甚患之，求術於王東亭。曰：「卿但數詣王緒，往輒屏人，因論它事。如此則二王之好離矣。」殷從之。國寶見王緒，問曰：「比與仲堪屏人何所道？」緒云：「故是常往來，無它所論。」國寶謂緒於已有隱，果情好日疏，讒言以息。按國寶得寵於會稽王，由緒獲進，同惡相求，有如市賈，終至誅夷，曾不携貳。豈有仲堪微間而成離隙？

【眉批】

劉會孟曰：「小人奸態，殊未易絶，畏哉！」

尤悔第三十三

魏文帝忌弟任城王驍壯，因在卞太后閤共圍棋，並噉棗。文帝以毒置諸棗蒂中，自選可食者而進。王弗悟，遂雜進之。既中毒，太后索水救之，帝預敕左右毁缾罐，太后徒跣趨井，無以汲，須臾遂卒。《魏略》曰：「任城威王彰，字子文，太祖卞太后弟二子。性剛勇而黄須。北討代郡，獨與麾下百餘人突虜而走。太祖聞曰：『我黄須兒可用也。』」《魏志春秋》曰：「黄初三年，彰來朝。初，彰問璽綬，將有異志，故來朝不即得見，有此忿懼而暴薨。」復欲害東阿，太后曰：「汝已殺我任城，不得復殺我東阿。」《魏志・方伎傳》曰：「文帝問占夢周宣：『吾夢磨錢文，欲滅，而愈更明，何謂？』宣悵然不對。帝固問之，宣曰：『陛下家事，雖欲爾，而太后不聽，是以欲滅更明耳。』帝欲治弟植之罪，逼於太后，但加貶爵。」

【眉批】

劉會孟曰：「丕安得爲人，太后所以不哭也。」

王渾後妻，琅邪顔氏女。王時爲徐州刺史，交禮拜訖，王將答拜，觀者咸曰：「王侯州將，新婦州民，恐無由答拜。」王乃止。武子以其父不答拜，不成禮，恐非夫婦，不爲之拜，謂爲「顔妾」，顔氏耻之。以其門貴，終不敢離。婚姻之禮，人道之大，豈由一不拜而遂爲妾媵者乎。《世説》之言，於是乎紕繆。

【眉批】

按：此則弇州所删。

王敬美曰：「此亦非劉注。」

陸平原河橋敗，爲盧志所讒，被誅。王隱《晉書》曰：「成都王穎討長沙王乂，使陸爲都督前鋒諸軍事。」《機别傳》曰：「成都王長史盧志，與機弟雲趣舍不同。又黄門孟玖求爲邯鄲令於穎，穎教付雲。雲時爲左司馬，曰：『刑餘之人，不可以君民。』玖聞此，怨雲，與志讒構日至。及機於七里澗大敗，玖誣機謀反所致，穎乃使牽秀斬機。先是，夕夢黑幰繞車，手決不開，惡之。明旦，秀兵奄至。機解戎服，著衣帢，見秀，容貌自若，遂見害，時年四十三。軍士莫不流涕。是日，天地霧合，大風折木，平地尺雪。」干寶《晉紀》曰：「初，陸抗誅步闡，百口皆盡，有識尤之。及機、雲見害，三族無遺。」臨刑嘆曰：「欲聞華亭鶴唳，可復得乎？」《八王故事》曰：「華亭，吴由拳縣郊外墅也。有清泉茂林。吴平後，陸機兄弟共游於此十餘年。」《語林》曰：「機爲河北都督，聞警角之聲，謂孫丞曰：『聞此不如華亭鶴唳。』」故臨刑而有此嘆。

【眉批】

凌初成曰：「猶是鬼子餘恨。」

劉會孟曰：「三世將忌如此。」

劉琨善能招延，而拙於撫御。一日雖有數千人歸投，其逃散而去，亦復如此，所以卒無所建。鄧粲《晉紀》曰：「琨爲並州牧，糾合齊盟，驅率戎旅，而内不撫其民，遂至喪軍失士，無成功也。」敬徹按：琨以永嘉元年爲並州，于時晉陽空城，寇盗四攻，而能收合士衆，抗行淵、勒，十年之中，敗而能振。不能撫御，其得如此乎？凶荒之日，千里無煙，豈一日有數千人歸之？若一日數千人去之，又安得一紀之間以對大難乎？

【眉批】

按：此則弇州所删。

劉會孟曰：「意氣不足恃，須是規模宏遠，甚可鑒也。」

王敬美曰：「敬徹是何人？大都作頭巾氣者亂劉注，可恨。」

王平子始下，丞相語大將軍：「不可復使羌人東行。」平子面似羌。按王澄自爲王敦所害，丞相名德，豈應有斯言也。

【眉批】

按：此則弇州所删。

劉會孟曰：「導亦爲此言耶？」

王大將軍起事，丞相兄弟詣闕謝，周侯深憂諸王，始入，甚有憂色。丞相呼周侯曰：「百口委卿。」周直過不應。既入，苦相存救。既釋，周大説飲酒。及出，諸王故在門。周曰：「今年殺諸賊奴，當取金印如斗大，繫肘後。」大將軍至石頭，問丞相曰：「周侯可爲三公不？」丞相不答。又問：「可爲尚書令不？」又不應。因云：「如此，唯當殺之耳。」復默然。逮周侯被害，丞相後知周侯救己，嘆曰：「我不殺周侯，周侯由我而死，幽冥中負此人。」虞預《晉書》曰：「敦克京邑，參軍吕猗説敦曰：『周顗、戴淵皆有名望，足以惑衆。視近日之言，無慚懼之色。若不除之，役將未歇也。』敦即然之，遂害淵、顗。初，猗爲臺郎，淵既上官，素有高氣，以猗小器待之，故售其説焉。」

【眉批】

劉會孟曰：「不任，受德可也。爾時當以取金印語爲怨，非不幸也。」

楊用修曰：「是借劍於敦而殺顗也，非敦反乃導友也。」又曰：「此爲漏網逆臣無疑。」

劉會孟曰：「非茂弘不聞此言。」

王敬美曰：「《注》似爲丞相解紛。」

王導、温嶠俱見明帝，帝問温前世所以得天下之由。温未答。頃，王曰：「温嶠年少未諳，臣爲陛下陳之。」王乃具叙宣王創業之始，誅夷名族，寵樹同己，及文王之末高貴鄉公事，宣王創業，誅曹爽、任蔣濟之流者是也。高貴鄉公之事，已見上。明帝聞之，覆面著床曰：「若如公言，祚安得長！」

王大將軍於衆坐中曰：「諸周由來未有作三公者。」有人答曰：「唯周侯邑五馬領頭而不克。」大將軍曰：「我與周洛下相遇，一面頓盡。值世紛紜，遂至於此。」因爲流涕。鄧粲《晉紀》曰：「王敦參軍有於敦坐樗蒱，臨當成都，馬頭被殺，因謂曰：『周家奕世令望，而位不至三公。伯仁垂作而不果，有似下官此馬。』敦慨然流涕曰：『伯仁總角時，與於東宫相遇，一面披衿，便許之三司。何圖不幸，王法所裁。凄愴之深，言何能盡。』」

【眉批】

劉會孟曰：「雖無有益，可以得人。」

王敬美曰：「非《注》幾不知馬頭作何語。」

凌初成曰：「偶同耳。五馬領頭，恐政不似此解。敬美何見？」

温公初受劉司空使勸進，母崔氏固駐之，嶠絶裾而去。《温氏譜》曰：「嶠父憺，娶清河崔參女。」迄於崇貴，鄉品猶不過也。每爵皆發詔。虞預《晋書》曰：「元帝即位，以温嶠爲散騎侍郎。嶠以母亡，逼賊，不得往臨葬，固辭。詔曰：『嶠以未葬，朝議又頗有異同，故不拜。其令人坐議，吾將折其衷。』」

【眉批】

按：此則弇州所删。

劉會孟曰：「語晦昧，略不可曉，不知絶裾之是非。」

王敬美曰：「語遠。」

庾公欲起周子南，子南執辭愈固。庾每詣周，庾從南門入，周從後門出。庾嘗一往奄至，周不及去，相對終日。庾從周索食，周出蔬食，庾亦强飯極歡，並語世故，約相推引，同佐世之任。既仕，至將軍二千石，《尋陽記》曰：「周邵字子南，與南陽翟湯隱於尋陽廬山。庾亮臨江州，聞翟、周之風，束帶躡履而詣焉。聞庾至，轉避之。亮復密往，值邵彈鳥於林，因前與語。還便云：『此人可起。』自拔爲鎮蠻護軍、西陽太守。」其集載與邵書曰：「西陽一郡，户口差實。非履道真純，何以鎮其流遁。詢之朝野，僉曰足下。今具上表，請足下臨之無讓。」而不稱意。中宵慨然曰：「大丈夫乃爲庾元規所賣。」一嘆，遂發背而卒。

【眉批】

劉會孟曰：「初不自知才品功業所稱，二千石不自足以蹬死。」

阮思曠奉大法，敬信甚至。大兒年未弱冠，忽被篤疾。《阮氏譜》曰：「牖字彦倫，裕長子也。仕至州主簿。」兒既是偏所愛重，爲之祈請三寶，晝夜不懈。謂至誠有感者，必當蒙祐。而兒遂不濟。於是結恨釋氏，宿命都除。以阮公智識，必無此弊。脱此非謬，何其惑歟。夫文王期盡，聖子不能駐其年；釋種誅夷，神力無以延其命。故業有定限，報不可移。若請禱而望其靈，匪驗而忽其道，固陋之徒耳，豈可以言神明之智者哉！

【眉批】

劉會孟曰：「思曠如此，復何足道。」

凌初成曰：「祈請既惑，結恨尤僻。」

王敬美曰：「注理高，但人情未可必。」

桓宣武對簡文帝，不甚得語。廢海西後，宜自申叙，乃豫撰數百語，陳廢立之意。既見簡文，簡文便泣下數十行。宣武矜愧，不得一言。

【眉批】

按：此則弇州所删。

桓公卧語曰：「作此寂寂，將爲文、景所笑。」既而屈起坐曰：「既不能流芳後世，亦不足復遺臭萬載邪？」《續晋陽秋》曰：「桓温既以雄武專朝，任兼將相，其不臣之心，形于音迹。曾卧對親僚，撫枕而起曰：『爲爾寂寂，爲文、景所笑。』衆莫敢對。」

【眉批】

王敬美曰：「曲盡奸雄語態，然自非常人語。」

劉會孟曰：「此等較有俯仰，大勝史筆。」

王敬美曰：「文、景，司馬師兄弟也。」

王元美曰：「至今爲書生罵端，然直是大英雄語。」

謝太傅於東船行，小人引船，或遲或速，或停或待。又放船從横，撞人觸岸。公初不呵譴，人謂公常無嗔喜。曾送兄征西葬還，征西，謝奕。日莫雨駛，小人皆醉，不可處分，公乃於車中手取車柱撞馭人，聲色甚厲。夫以水性沈柔，入隘奔激，方之人情，固知迫隘之地，無得保其夷粹。《孟子》曰：「湍水決之東則東，決之西則西。搏而躍之，可使過顙，激而行之，可使在山。豈水之性哉？人可使爲不善，性亦猶是也。」

【眉批】

按：此則弇州所删。

凌初成曰：「獨此則忽入議論，跌宕可喜。」

按：「夷粹」劉本作「純美」。

簡文見田稻，不識，問是何草，左右答是稻。簡文還，三日不出，云：「寧有賴其末而不識其本。」文公種菜，曾子牧羊，縱不識稻，何所多悔？此言必虚。

【眉批】

按：此則弇州所删。

王敬美曰：「簡文生富貴，不知稼穡艱難，此愧大是良心，而注駁之，何居？」

王敬美曰：「二語出《説苑》。」

桓車騎在上明畋獵，東信至，傳淮上大捷，語左右云：「群謝年少大破賊！」因發病薨。談者以爲此死，賢於讓揚之荆。《續晉陽秋》曰：「桓冲本以將相異宜，才用不同。忖己德量不及謝安，故解揚州以讓安，自謂少經軍鎮，及爲荆州，聞苻堅自出淮、肥，深以根本爲慮，遣其隨身精兵三千人赴京師。時安已遣諸軍，且欲外示閑暇，因令冲軍還。冲大驚，曰：『謝安乃有廟堂之量，不閑將略。吾量賊必破襄陽而並力淮、淝。今大敵果至，方游談示暇，遣諸不經事年少，而實寡弱，天下誰知，吾其左衽矣！』俄聞大勳克舉，慚慨而薨。」

【眉批】
按：此則弇州所删。
劉會孟曰：「談者刻薄，豈非更讓荆耶？」
王敬美曰：「此當時誣桓阿謝之言，非盛德語。」

桓公初報破殷荆州，周祇《隆安記》曰：「仲堪以人情注於玄，疑朝廷欲以玄代己，遣道人竺僧俶齎寶物遺相王寵幸媒尼左右，以罪狀玄，玄知其謀而擊滅之。」曾講《論語》，至「富與貴是人之所欲，不以其道得之不處」，孔安國注曰：「不以其道得富貴，則仁者不處。」玄意色甚惡。

紕漏第三十四

王敦初尚主，敦尚武帝女舞陽公主，字修褘。如廁，見漆箱盛乾棗，本以塞鼻，王謂廁上亦下果，食遂至盡。既還，婢擎金澡盤盛水，瑠璃碗盛澡豆，因倒著水中而飲之，謂是乾飯。群婢莫不掩口而笑之。

【眉批】
劉會孟曰：「乾飯語贅。」

元皇初見賀司空，言及吴時事，問：「孫皓燒鋸截一賀頭，是誰？」司空未得言，元皇自憶曰：「是賀劭。」劭，即循父也。皓凶暴驕矜，劭上書切諫，皓深恨之。親近憚劭貞正，譖云謗毁國事，被詰責，後還復職。劭中惡風，口不能言語。皓疑劭托疾，收付酒藏，考掠千數，卒無一言。遂殺之。司空流涕曰：「臣父遭遇無道，創巨痛深，無以仰答明詔。」《禮》云：「創巨者其日久，痛深者其愈遲。」元皇愧慚，三日不出。

【眉批】

按：此則弇州所刪。

蔡司徒渡江，見彭蜞，大喜曰：「蟹有八足，加以二螯。」令烹之。既食，吐下委頓，方知非蟹。後向謝仁祖説此事，謝曰：「卿讀《爾雅》不熟，幾爲《勸學》死。」《大戴禮·勸學篇》曰：「蟹二螯八足，非蛇蟺之穴，無所寄托者，用心躁也。」故蔡邕爲《勸學章》，取義焉。《爾雅》曰：「螖蠌小者勞。」即彭蜞也，似蟹而小。今彭蜞小於蟹而大於彭螖，即《爾雅》所謂螖蠌也。然此三物皆八足二螯，而狀甚相類。蔡謨不精其小大，食而致弊，故謂讀《爾雅》不熟也。

【眉批】

劉本注：「言幾爲《勸學》所誤而死。」

王敬美曰：「彭蜞食之乃不吐，此便非實録。」

按：《埤雅》曰：「彭蜞有毛，海人亦食之。」《本草會編》曰：「彭蜞，處處有之，鄉村間取爲常食。」《蜱史》曰：「味腥，膏薄，食之令人泄瀉。」合諸説，則食彭蜞，不吐明矣。

任育長年少時，甚有令名。武帝崩，選百二十挽郎，一時之秀彦，育長亦在其中。王安豐選女婿，從挽郎搜其勝者，且擇取四人，任猶在其中。童少時，神明可愛，時人謂育長影亦好。自過江，便失志。王丞相請先度時賢共至石頭迎之，猶作疇日相待，一見便覺有異。坐席竟，下飲，便問人云：「此爲茶爲茗？」覺有異色，乃自申明云：「向問飲爲熱爲冷耳。」嘗行從棺邸下度，流涕悲哀。王丞相聞之曰：「此是有情癡。」《晋百官名》曰：「任瞻字育長，樂安人。父琨，少府卿。瞻歷謁者僕射、都尉、天門太守。」

【眉批】

劉會孟曰：「下飲謂設茶也，人才失志，比比甚多。」

劉本注：「此皆失志所爲。」

謝虎子嘗上屋熏鼠，虎子，據小字。據字玄道，尚書褒第二子，年三十三亡。胡兒既無由知父爲此事。聞人道癡人有作此者，戲笑之，時道此，非復一過。太傅既了己之不知，因其言次，語胡兒曰：「世人以此謗中郎，亦言我共作此。」中郎，據也，章仲反。按世有兄弟三人，則謂第二者爲中。今謝昆弟有六，而以據爲中郎，未可解。當由有三時以中爲稱，因仍不改也。胡兒懊熱，一月日閉齋不出。太傅虛托引己之過，以相開悟，可謂德教。

殷仲堪父病虛悸，聞床下蟻動，謂是牛鬥。《殷氏譜》曰：「殷師字師子。祖識，父融，並有名。師至驃騎咨議。生仲堪。」《續晋陽秋》曰：「仲堪父曾有失心病，仲堪腰不解帶，彌年，父卒。」孝武不知是殷公，問仲堪：「有一殷，病如此不？」仲堪流涕而起曰：「臣進退唯谷。」《大雅》詩也。毛公注曰：「谷，窮也。」

虞嘯父爲孝武侍中，帝從容問曰：「卿在門下，初不聞有所獻替。」虞家富春，近海，謂帝望其意氣，對曰：「天時尚煗，鰲魚蝦鮓未可致，尋當有所上獻。」帝撫掌大笑。《中興書》曰：「嘯父，光祿潭之孫，右將軍純之子。

少歷顯位，與王廞同廢爲庶人。義旗初，爲會稽内史。」

【眉批】

王敬美曰：「意氣二字新甚。」

劉會孟曰：「如此謬，子孫之羞也。」

王大喪後，朝論或云國寶應作荆州。《晋安帝紀》曰：「王忱死，會稽王欲以國寶代之，孝武中詔用仲堪，乃止。」國寶主簿夜函白事云：「荆州事已行。」國寶大喜，而夜開閤喚綱紀，話勢雖不及作荆州，而意色甚恬。曉遣參問，都無此事。即喚主簿數之曰：「卿何以誤人事耶？」

【眉批】

凌初成曰：「道意色殊肖。」

劉會孟曰：「傳聞亦不可無。」

惑溺第三十五

魏甄后惠而有色，先爲袁熙妻，甚獲寵。曹公之屠鄴也，令疾召甄，左右白：「五官中郎已將去。」公曰：「今年破賊，正爲奴。」《魏略》曰：「建安中，袁紹爲中子熙娶甄會女。紹死，熙出在幽州，甄留侍姑。及鄴城破，五官將從而入紹舍，見甄怖，以頭伏姑膝上。五官將謂紹妻袁夫人扶甄令舉頭，見其色非凡，稱嘆之。太祖聞其意，遂爲迎娶，擅室數歲。」《世語》曰：「太祖下鄴，文帝先入袁尚府，見婦人披髮垢面，垂涕立紹妻劉後。文帝問，知是熙妻，使令攬髮，以袖拭面，姿貌絶倫。既過，劉謂甄曰：『不復死矣。』遂納之，有寵。」《魏氏春秋》曰：「五官將納熙妻也，孔融與太祖書曰：『武王伐紂，以妲己賜周公。』太祖以融博學，真謂書傳所記。後見融問之，對曰：『以今度古，想其然也。』」

【眉批】

楊用修曰：「何物一女子，致曹氏父子三人交争之。」

按：孔融書，弇州采入《排調》。

荀奉倩與婦至篤，冬月婦病熱，乃出中庭自取冷，還以身熨之。婦亡，奉倩後少時亦卒，以是獲譏於世。《粲别傳》曰：「粲常以婦人才智不足論，自宜以色爲主。驃騎將軍曹洪女有色，粲於是聘焉。容服帷帳甚麗，專房燕婉。歷年後，婦病亡。未殯，傅嘏往唁粲，粲不明而神傷。嘏問曰：『婦人才色並茂爲難。子之聘也，遺才存色，非難遇也。何哀之甚？』粲曰：『佳人難再得。顧逝者不能有傾城之異，然未可易遇也。』痛悼不能已已，歲餘亦亡。亡時年二十九。粲簡貴，不與常人交接，所交者一時俊傑。至葬夕，赴期者裁十餘人，悉同年相知名士也，哭之，感慟路人。粲雖褊隘，以燕婉自喪，然有識猶追惜其能言。」奉倩曰：「婦人德不足稱，當以色爲主。」裴令聞之，曰：「此乃是興到之事，非盛德言，冀後人未昧此語。」何劭論粲曰：「仲尼稱『有德者有言』，而荀粲减於是，力顧所言有餘，而識不足。」

賈公閭《充别傳》曰：「充父逵，晚有子，故名曰充，字公閭，言後必有充閭之異。」後妻郭氏酷妒。有男兒名黎民，生載周，充自外還，乳母抱兒在中庭，兒見充喜踴，充就乳母手中嗚之。郭遥望見，謂充愛乳母，即殺之。兒悲思啼泣，不飲它乳，遂死。郭後終無子。《晋諸公贊》云：「郭氏，即賈后母也。爲性高朗，知后無子，甚憂愛慇懷，每勸厲之。臨亡，誨賈后令盡意於太子，言甚切至。趙充華及賈謐母並勿令出入宫中。又曰：『此皆亂汝事。』后不能用，終至誅夷。」臣按傅暢此言，則郭氏賢明婦人也。向令賈后撫愛慇懷，豈當縱其妒悍，自斃其子？然則物我不同，或老壯情異乎？

【眉批】

劉會孟曰：「周歲也。」

王敬美曰：「此亦非孝標注，然猶近古。」

孫秀降晋，晋武帝厚存寵之，《太原郭氏録》曰：「秀字彦才，吴郡吴人。爲下口督，甚有威恩。孫皓憚，欲除之，遣將軍何定遡江而上，辭以捕鹿三千口供厨。秀豫知謀，遂來歸化。世祖喜之，以爲驃騎將軍，交州牧。」妻以姨妹蒯氏，室家甚篤。妻嘗妒，乃駡秀爲貉子。《晋陽秋》曰：「蒯氏，襄陽人。祖良，吏部尚書；父鈞，南陽太守。」秀大不平，遂不復入。蒯氏大自悔責，請救於帝。時大赦，群臣咸見。既出，帝獨留秀，從容謂曰：「天下曠蕩，蒯夫人可得從其例不？」秀免冠而謝，遂爲夫婦如初。

【眉批】

按：此則弇州所删。

韓壽美姿容，賈充辟以爲掾。充每聚會，賈女於青瑣中看，見壽，説之，恒懷存想，發於吟詠。後婢往壽家，具述如此，並言女光麗。壽聞之心動，遂請婢潛修音問，及期往宿。壽蹻捷絶人，踰墻而入，家中莫知。《晋諸公贊》曰：「壽字德真，南陽赭陽人。曾祖暨，魏司徒，有高行。」壽敦家風，性忠厚，豈有若斯之事。諸書無聞，唯見《世説》，自未可信。自是充覺女盛自拂拭，説暢有異於常。後會諸吏，聞壽有奇香之氣，是外國所貢，一著人則歷月不歇。《十洲記》曰：「漢武帝時，西域月氏國王遣使獻香四兩，大如雀卵，黑如桑椹，燒之，芳氣經三月不歇。」蓋此香也。充計武帝唯賜己及陳騫，餘家無此香，疑壽與女通，而垣墻重密，門閤急峻，何由得爾？乃托言有盜，令人修墻。使反，曰：「其餘無異，唯東北角如有人迹，而墻高非人所踰。」充乃取女左右婢考問，即以狀對。充秘之，以女妻壽。《郭子》謂與韓壽通者，乃是陳騫女，即以妻壽，未婚而女亡；壽因娶賈氏。故世因傳是充女。

王安豐婦常卿安豐。安豐曰：「婦人卿婿，於禮爲不敬，後勿復爾。」婦曰：「親卿愛卿，是以卿卿。我不卿卿，誰當卿卿。」遂恒聽之。

【眉批】

凌初成曰：「長舌婦耳，然故令人溺。」

仇隙第三十六

王丞相有幸妾姓雷，頗預政事，納貨。蔡公謂之「雷尚書」。《語林》曰：「雷有寵，生恬、洽。」

孫秀既恨石崇不與緑珠，干寶《晋紀》曰：「石崇有妓人緑珠，美而工笛。孫秀使人求之。崇別館北邙下，方登凉觀，臨清水。使者以告，崇出其婢妾數十人以示之，曰：『任所以擇。』使者曰：『本受命者，指緑珠也。未識孰是？』崇勃然曰：

『綠珠吾所愛，不可得也。』使者曰：『君侯博古知今，察遠照邇，願加三思。』崇不然。使者已出，又反，崇竟不許。」又憾潘岳昔遇之不以禮。後秀爲中書令，岳省内見之，因喚曰：「孫令，憶疇昔周旋不？」秀曰：「中心藏之，何日忘之？」岳於是始知必不免。王隱《晉書》曰：「岳父文德爲琅邪太守，孫秀爲小吏，給使，岳數蹴蹋秀，而不以人遇之也。」後收石崇、歐陽堅石，同日收岳。《晉陽秋》曰：「歐陽建字堅石，渤海人。有才藻，時人爲之語曰：『渤海赫赫，歐陽堅石。』初，建爲馮翊太守，趙王倫爲征西將軍，孫秀爲腹心，撓亂關中，建每匡正，由是有隙。」王隱《晉書》曰：「石崇、潘岳與賈謐相友善。及謐廢，懼終見危，與淮南王謀誅倫，事泄，收崇及親期以上皆斬之。初，岳母誡岳以止足之道，及收，與母別曰：『負阿母。』崇家河北，收者至，曰：『吾不過流徙交、廣耳。』及車載東市，始嘆曰：『奴輩利吾家之財。』收崇人曰：『知財爲害，何不蚤散。』崇不能答。」石先送市，亦不相知。潘後至，石謂潘曰：「安仁，卿亦復爾邪？」潘曰：「可謂『白首同所歸』！」《語林》曰：「潘、石同刑東市，石謂潘曰：『天下殺英雄，卿復何爲？』潘曰：『俊士填溝壑，餘波來及人。』」潘《金谷集詩》云：「投分寄石友，白首同所歸。」乃成其讖。

劉璵兄弟少時爲王愷所憎，嘗召二人宿，欲默除之。令作阬，阬畢，垂加害矣。石崇素與璵、琨善，聞就愷宿，知當有變，便夜往詣愷，問二劉所在。愷卒迫不得諱，答云：「在後齋中眠。」石便徑入，自牽出，同車而去，語曰：「少年何以輕就人宿。」劉粲《晉紀》曰：「琨與兄璵俱知名，游權貴之間，當世以爲豪傑。」

王大將軍執司馬愍王，夜遣世將載王於車而殺之，當時不盡知也。《晉陽秋》曰：「司馬丞字元敬，譙王遜子也，爲中宗相州刺史。路過武昌，王敦與燕會，酒酣，謂丞曰：『大王篤實佳士，非將御之才。』對曰：『焉知鉛刀不能一割乎？』敦將謀逆，召丞爲軍司馬。丞嘆曰：『吾其死矣，地荒民解，勢孤援絕。赴君難，忠也；死王事，義也。死忠與義，又何求焉。』乃馳檄諸郡丞赴義。敦遣從母弟魏乂攻丞，王廙使賊迎之，薨於車。敦既滅，追贈驃騎，謚曰愍王。」雖愍王家亦未之皆悉，而無忌兄弟皆穉。《無忌别傳》曰：「無忌字公壽，丞子也。才器兼濟，有文武幹。襲封譙王、衛軍將軍。」王胡之與無忌長甚相昵，胡之嘗共游。無忌入告母，請爲饌。母流涕曰：「王敦昔肆酷汝父，假手世將。《司馬氏譜》曰：「丞娶南陽趙氏女。」《王廙别傳》曰：「廙字世將，祖覽，父正。廙高朗豪率。王導、庾亮游于石頭，會廙至。爾日迅風飛颿，廙倚船樓長嘯，神氣甚逸。導謂亮曰：『世將爲復識事。』亮曰：『正足舒其逸耳。』性倨傲，不合己者面拒之，故爲物所疾。加平南將軍，薨。」吾所以積年不告汝者，王氏門强，汝兄弟尚幼，不欲使此聲著，蓋以避禍耳。」無忌驚號，抽刃而出，胡之去已遠。

【眉批】

按：游石頭注，弇州采入《豪爽》。

應鎮南作荆州，王隱《晉書》曰：「應詹字思遠，汝南南頓人，璩曾孫也。爲人弘長有淹度，飾之以文才。司徒何充嘆曰：『所謂文質之士。』累遷江州刺史、鎮南將軍。」王修載、譙王子無忌同至新亭與别。坐上賓甚多，不悟二人俱到。有一客道：「譙王丞致禍，非大將軍意，正是平南所爲耳。」無忌因奪直兵參軍刀，便欲斫。修載走投水，舸上人接取得免。《中興書》曰：「褚裒爲江州，無忌於坐拔刀斫耆之，裒與桓景共免之。御史奏無忌欲專殺害，詔以贖論。」前章既言無忌母告之，而此章復云客叙其事。且王廙之害司馬丞，遐邇共悉，修齡兄弟豈容不知？孫盛之言，皆實録也。

【眉批】

按：此則弇州所删。

王敬美曰：「是。」

王右軍素輕藍田。藍田晚節論譽轉重，右軍尤不平。藍田於會稽丁艱，停山陰治喪。右軍代爲郡，屢言出弔，連日不果。後詣門自通，主人既哭，不前而去，以陵辱之。於是彼此嫌隙大構。後藍田臨揚州，右軍尚在郡。初得消息，遣一參軍詣朝廷，求分會稽爲越州。使人受意失旨，大爲時賢所笑。藍田密令從事數其郡諸不法，以先有隙，令自爲其宜。右軍遂稱疾去郡，以憤慨致終。《中興書》曰：「羲之與述志尚不同，而兩不相能。述爲會稽，艱居郡境。王羲之後爲郡，申對而已，初不重詣，述深以爲恨。喪除，徵拜揚州，就徵，周行郡境，而不歷羲之。臨發，一別而去。羲之初語其友曰：『王懷祖免喪，正可當尚書；投老可得爲僕射。更望會稽，便自邈然。』述既顯授，又檢校會稽郡，求其得失，主者疲於課對。羲之耻慨，遂稱疾去郡。墓前自誓不復仕。朝廷以其誓苦，不復徵也。」

【眉批】

按：此則弇州所删。

劉會孟曰：「右軍審爾，非令德。」

又曰：「右軍爲郡有不法耶？」

凌初成曰：「果苦否？然右軍風流，正不須一仕。」

王東亭與孝伯語，後漸異。孝伯謂東亭曰：「卿便不可復測。」答曰：「王陵廷争，陳平從默，但問克終云何耳。」《漢書》曰：「吕后欲王諸吕，問右相王陵，以爲不可。問左丞相陳平，平曰：『可。』陵出讓平，平曰：『面折廷争，臣不如君；全社稷，定劉氏，君不如臣。』」《晋安帝紀》曰：「初，衛恭赴山陵，欲斬國寶，王珣固諫之，乃止。既而恭謂珣曰：『此日視君，一似胡廣。』珣曰：『王陵廷争，陳平從默，但問克終如何也。』」

王孝伯死，縣其首於大桁。司馬太傅命駕出，至標所，孰視首，曰：「卿何故趣欲殺我邪？」《續晉陽秋》曰：「王恭深懼禍難，抗表起兵。於是遣左將軍謝琰討恭，恭敗走曲阿，爲湖浦尉所擒。初，道子與恭善，欲載出都，面相折數，聞西軍之逼，乃令於兒塘斬之，梟首於東桁也。」

桓玄將篡，桓修欲因玄在修母許襲之，庾夫人云：「汝等近過我餘年，我養之，不忍見行此事。」《桓氏譜》曰：『桓冲後娶潁川庾蔑女，字姚。」《晉安帝紀》曰：「修少爲玄所侮，言論常鄙之，修深恨焉，密有圖玄之意。修母曰：『靈寶視我如母，汝等何忍骨肉相圖。』修乃止。」

【眉批】

凌初成曰：「不如使成之，此便非日磾之明。」

世説新語補舊序

王世貞序

余少時得《世説新語》善本吴中，私心已好之。每讀輒患其易竟，又怪是書僅自後漢終於晋，以爲六朝諸君子，即所持論風旨，寧無一二可稱者。最後得何氏《語林》，大抵規摹《世説》，而稍衍之至元末。然其事詞錯出不雅馴，要以影響而已。至於《世説》之所長，或造微於單辭，或徵巧於隻行，或因美以見風，或因刺以通贊，往往使人短詠而躍然，長思而未罄，何氏蓋未之知也。余治燕趙郡國獄，小間無事，探橐中所藏，則二書在焉。因稍爲删定，合而見其類。蓋《世説》之所去不過十之二，而何氏之所采則不過十之三耳。余居恒謂宋時經儒先生，每譏謫清言致亂，而不知晋宋之于江左一也。驅介冑而經生之乎，則毋乃驅介冑而清言也，其又奚擇矣。嘉靖丙辰季夏，琅琊王世貞撰。

世説新語補跋

王世懋跋

予刻《世説》豫章舊所，病勾棘難通者，亦既有倫矣，惜也。子固讎對之功闕焉。探字疏句，往往而訛，幾於誤人；標評小語，亦續有得。時復循覽而恨其未覈也。家兄元美，嘗並何氏《語林》，删其無當，合爲一編，久乃散落。友人張仲立得而嗜之，次第修注，而更爲訂何氏之乖迕，與益其注之未備，鉛槧經年，殺青滿室。會予將之閩中，手以相示，且請序作者之意。予豫章後重校善本，不吝授之。蓋臨川、孝標功緒略當，元朗、羽翼意亦勤矣。昔猶璋判，今始珪合。予所研覈不置者，將無鄭玄之遇服氏哉。若孝標一注，疑有羼入。中間稍爲指擿，終未得起斯人于九原，令千載洗然也。書以復仲立，仍具此意，相與商求之。是歲乙酉初春，世懋拜識。

王泰亨跋

嘉靖中，華亭何元朗氏，雅以博洽著稱。其所輯《語林》，上遡漢魏，下逮勝國；正史之外，蓋以稗官小説，撮其佳事佳話，分門比類，以擬於臨川之《世説》。要其所擬，亦河汾之于洙泗耳。無論宋以後事，蕪溷而難入也，隋唐諸君子，有片語合作否？其人有江左風致，足模寫者否？即所載司馬家一代事辭，往往摭拾臨川所棄，大官餘庖耳。故愚嘗謂：千載而有臨川，不復能成《世説》矣。家弇州先生，取何氏之書，求其事馴雅者，理中清者，節取之，附諸《世説》，以補臨川所未備。使人讀之，宛然面接嵇、阮之清狂，耳聆劉、許之玄理，目觸王、謝之琳琅，忘其爲晋以後事矣。此曷以故？何氏拙于矜富，弇州巧于見長也。余往歲負濬冲滅性之譏，嘔血數升，神氣都損。嘗得此編，時置案頭，以當枚《發》。友人張仲立、秦汝約數相慰存，見而賞焉，將分校刻之。余病弗果，於是校注之任，專之仲立；讐對則汝約預有勞焉。夫孝標一注，號稱詳贍，然皆二百年間語耳，其人可指數而事可臚列也。况乎大江以北，文獻無徵，孰王、謝諸家乘，則思過半矣。仲立素瓌瑋，博稽群籍，多所訂訛，以相發明，豈惟於博雅之士有裨哉，即何氏歸忠臣而臨川稱冢嫡可也。是歲乙酉春三月阮望，瑯琊王泰亨識。

何氏語林舊序

文徵明序

何氏《語林》三十卷，吾友何元朗氏之所編，類仿劉氏《世説》而作也。初，劉義慶氏采擷漢晉以來理言遺事，論次爲書，摽表揚確，奕奕玄勝。自兹以還，稗官小説，無慮百數，而此書特爲雋永，精深奇逸，莫或繼之。元朗雅好其書，研尋演繹，積有歲年，搜覽篇籍，思企芳躅，昉自兩漢，迄於胡元，下上千餘年，正史所列，傳記所存，奇蹤勝踐，漁獵靡遺，凡二千七百餘事，總十餘萬言。類列義例，一惟劉氏之舊，而凡劉所已見，則不復出。品目盷分，雖三十有八，而原情執要，實惟語言爲宗。單詞隻句，往往令人意消。思致淵永，足深唱嘆。誠亦至理攸寓，文學行義之淵也。而或者以爲摭裂委瑣，無所取裁，骫骳偏駁，獨能發藻飾詞，於道德性命，無所發明。嗚呼！事理無窮，學奚底極。理或不明，固不足以探性命之藴，而辭有不達，道何從見？是故博學詳説，聖訓攸先，修辭立誠，蓄德之源也。宋之末季，學者牽於性命之説，深中厚默，端居無爲，謂足以涵養性真，變化氣質。而考厥所存，多可議者。是雖師授淵源，惑於所見，亦惟簡便日趨，偷薄自畫，假美言以護所不足，甘於面牆，而不自知其墮於庸劣焉爾。嗚呼，玩物喪志之一言，遂爲後學之深痼，君子蓋嘗惜之。元朗於此，真能不爲所惑哉。元朗貫綜深博，文詞粹精，見諸論撰，偉麗淵宏，足自名世，此書特其緒餘耳。輔談式藝，要亦不可以無傳也。辛亥四月之望，文徵明書。

陸師道序

華亭何元朗，擬劉氏《世説》作《語林》成，翰林待詔文公既爲序之以傳矣。又以示師道，俾志其末簡。予惟《世説》紀述漢晋以來佳事話言，以垂法戒，而選集清英，至爲精絶。故房、許諸人，收晋史者往往用以成篇，不知《唐・藝文志》何故乃列之小説家？蓋言此書非實録者，自劉知幾始，而不知義慶去漢晋未遠，其所述載，要自有據，雖傳聞異詞，抑揚緣飾，不無少過，至其言世代崇尚，人士風流，百世之下，可以想見，不謂之良史不可也，豈直與志怪述妖，稽神纂異，誣誕慌惚之談類哉！是故齊梁以來，學士大夫恒喜言之，宗工鉅儒往往爲之注釋綴續，叙録删校，尊信益衆，而此書亦益顯。於是有擬之而作《唐語林》、《續世説》者矣。然或止紀一姓，或僅載數朝，固未及貫綜百代，統論千祀也。其所采摭，亦終不能如劉氏之精。而元朗乃獨上泝西京，下逮朔漠，悉取其精深玄遠之言，瓌詭卓絶之迹，聚而陳之。而劉氏所遺，更加搜抉，翦裁屬比，嚴約整潔，不下前書。自非博雅通方之士，其孰能與於斯哉！抑義慶宗王牧將，幕府多賢，當時如袁淑、陸展、鮑照、何長瑜之徒，皆一世名彦，爲之佐吏，雖曰筆削自已，而檢尋贊潤，夫豈無人？若元朗則藏器海濱，明經應舉，而不以帖括佔僤，奪所嗜好，細繹會萃，不仰同志，校之劉氏，難易豈啻什百哉！况《世説》精絶，亦由孝標作注，詳援確證，有不言之妙。顧事出二手，作述不同。而元朗所注，乃一時並撰，綱目互發，詳略相成，開闔貫通，一無牴牾。至其所引奥篇秘典，靡不具列。視之劉氏，富贍略等，信該洽之鉅觀，而文筆之弘致也。而説者顧以其多取近世雜家，頗傷玄雅，而又以鞮譯之士厠之，中古華夏幾不分虎羊之鞹爲疑。是不知元朗之志在於法戒，則不得不兼取久近而具列焉。耶律、蒙古近而可徵，蓋所謂商監秦喻也，惡得而舍諸！若夫其文則史，隨世污隆者，又安能盡汰之哉。元朗之叙言語篇，固自謂玄虚簡遠，不得盡同劉氏，覽者可自得之矣。元朗著述大方，已詳文序，予獨論其與《世説》所以同異者著之，亦以白作者之苦心云爾。長洲陸師道撰。

世説新語補凡例十則

照原本録

一、是書選次悉從瑯琊原本。第瑯琊公止録正文而注未及也，今以次補入。

一、原本惟録正文，故已見《世説》注中，而《語林》複載者什不下二三，並以入選。失檢矣，今删之。原刻存《補》正文，删去原注。是刻存原注，删去《補》正文。

一、劉氏原注可稱詳備，何氏致多訛闕，想出一人之手，獨智難周耳。今特讐校，遺者補之，訛者正之。

一、劉氏注往往爲義慶補亡，是以顯古者並重焉。若《語林》多有事本相屬，分爲二科者，如劉巴詆張飛，崔慰祖稱劉孝標，眭夸傷崔浩之類，意將示博，味乃索然，今並合之。

一、編中諸人家世、履歷及諸事實，以次隨注。其已見者不注；有未見而詳於後卷者，舊例書「別見」，從之。有未詳者，姑闕以俟。

一、凡魏晋六朝偏安之主，姓字履歷略具注中。漢唐宋帝王昭著耳目，則略焉，俱仿《世説》舊例也。

一、諸人有前稱名字後稱官者，或一人三四稱者，觀者以次詳視可得矣，直恐乍檢無緒，摘其尤者別爲釋名，附之卷末。是刻删去釋名，別作《世説人物》一卷。《補》中人物又別拈出。

一、《世説》豫章本圈釋句讀，特便觀者。《語林》則亦依補，其中雋語別爲圈點，幾於溷矣。且《語林》所無，故不復存。摘奇咀華，各俟乎人。

一、宋劉辰翁校刻《世説》，注稍同異，批評多作隱語。今王學憲亦多發明，並采之，標於上方。劉、王評語，列原《世説》上方，補原無評。

一、是編校勘，亦既偕我同志，窮三餘之晷矣。自揆疏陋，慮有遺失，學士見者，不妨是正。

何元朗發題見何氏《語林》

德行

夫孔門以四科裁士，首列德行之目，故曰「我欲載之空言，不如見之行事」也。嗚呼！夫行胡可以爲僞？然事變遞陳，雜然泛應，士有百行，焉能以一概取哉。狂狷殊途，均能厲聖，剛柔異禀，善克則中。百慮一致，要歸於德爾矣。

言語

余讀《韓詩外傳》，得趙倉唐對魏文侯事，嘆曰：「夫言何可以已哉？排難解結，釋疑辯誣，喻誠通志，協群情，定國是，使當時無倉唐之言，太子不得立，魏國幾殆。嗚呼！夫言何可以已哉！」孔子曰：「誦詩三百，使於四方，不能專對，雖多亦奚以爲。」又曰：「君子居其室，出其言，善則千里之外應之。」正以見言之不可已也。

政事

孔子曰：「政寬則民慢，慢則糾之以猛；猛則民殘，殘則施之以寬。」此因子產遺訓故言，承敝易變之道，大率如此。余觀孔子雅言，及古稱循吏，炳焕竹素者，何嘗用猛哉？太史公曰：「奉法循理，亦可以爲治，何必威嚴哉。」斯言是矣。善哉！劉真長之言曰：「古之善政，司契而已，豈不以敦本正源、鎮静流末乎？」此語可著令甲。苟用此道，雖聖人之篤恭玄默，何以加諸？

文學

仲尼之徒，身通六藝者七十二，而以文學顯者二人，可不謂難哉！子夏序《詩》，與六經並垂宇宙，何可掩也？獨子游無所考見。説者以爲南方之學，得其精華。嗚呼！夫文與義，皆天地之賾也。苟非得其精華者，曷足以與此？後世言有枝葉，若與古少異矣。然覽其豎義綴文，理幹辭條，蔚然並茂，非有義根，曷從生哉？枝葉雖繁，又烏可少也。

方正

《詩·小康》篇曰：「無縱詭隨，以謹無良。式遏寇虐，憯不畏明。」毛公《傳》曰：「詭隨者，詭人之善，而隨人之惡。」鄭氏《箋》曰：「王爲政，無聽於詭人之善不肯行，而隨人之惡者，以此敕慎無善之人。又用此止爲寇虐，曾不畏敬明白之刑罪者。」夫康成之曰「以此」，曰「又用此」，是蓋深得詩人之旨矣。至孔穎達《正義》乃曰：「惡有大小，詭隨小惡，無良其次，寇虐則大惡也。」非惟不知詩人之旨，抑且並鄭氏之意而失之矣。蓋詭隨寇虐，其惡相因，豈有異也。夫苟國是若定，雖寇虐之人亦何能爲害？唯善惡不分，則寇虐者始恣肆而無所畏忌。一人詭隨猶可幾也，一國詭隨而衆論摇矣。乃至於天下詭隨，爲善者復安望哉？故詩人于每章，必著詭隨寇虐，蓋三致意焉。其意以爲此詭隨者，乃無善之人。苟一縱之，則根盤芽茁，其勢必至於憯慨罔極，以衆犯政，繾綣而不可解。必無縱而謹之，則無善者始不敢肆，又用是以止寇虐，庶幾不至于作慝敗政，而小康或可冀也。此詩人之意，而孔氏以爲詭隨小惡，夫乃欲芟夷寇虐而更璽治之耶！嘗讀屈原《卜居篇》曰：「寧廉潔正直以自清，將突梯滑稽，如脂如韋以潔楹。」蓋傷之也。夫一善之不如衆詭明矣。原豈不知卑疵纖趨之足以免禍，寧自沈死而不肯爲。余觀世亦有方正如原者，然皆取禍不旋踵。嗚呼，傷哉！此所載其疾惡似已甚，稍失中，然能使詭隨斂迹，至不得自容，亦良快矣。

雅　量

昔鄙夫争一簞食，聞堯讓天下而非之。仲尼厄於陳蔡，匡坐鼓琴，子路愠見而弗是也。夫苟能人我皆冥，則無物不遣；知有生皆幻，則何險不夷。此亦難與拘見褊心者道也。

識　鑒

夫人情深阻而莫測，事勢倚伏而難定，况乎人方幼而即審其終，事未形而能知其著，可不謂尤難哉？《書》曰：「知人則哲，維帝其難之。」《易》曰：「知幾其神乎！」不虛耳。然子貢億則屢中，夫子顧少之焉。何平叔曰：「子貢不窮理而幸中，亦所以不虛心也。」蓋聖人者心如明鏡，遇物便了，豈有擬議。一涉擬議，或幸中，鮮不失矣，况億以爲知者哉。《易》稱「寂然不動，感而遂通」，釋氏所謂「常寂常照」，皆此道也。後世去古聖賢甚遠，觀其品校人物，推測事幾多奇中，若大賢以下有不能者，何耶？蓋東漢以後尚老釋，宋世好談理性，嗚呼，清虛澄汰之功，又焉可誣也。

賞譽

孔子嘗曰：「吾之於人，誰毀誰譽，如有所譽者，其有所試。」則孔子但不毀人耳，亦何嘗不譽人哉，然必試耳。余觀東漢喜標枘，晋世好加獎飾。然一時雖門閥子弟，皆賢可施於行列。昔人以爲名者，磨世厲鈍之具，豈不信哉。善乎龐士元之言曰：「欲興風俗，長道業，不美其談，即聲名不足企慕，而爲善者少。今拔十失五，猶得其半，而可以崇邁世教，使有志者自勵。」夫古多善俗，或者用此道也。後世欲以深文苛議，激振頹風，然一遭譏貶，而賢者率多自棄。嗚呼，有世道之責者，可無加之慮哉！

品藻

昔子貢方人，夫子曰：「我則不暇。」蓋少之也。及觀夫子之論管仲、晏子、銅鞮、伯華、程本子、蘧伯玉、子産、孟公綽、寧武子諸人，其差次品列，不遺毫髪。此所謂方人者非耶，而何獨少子貢也？蓋夫子嘗曰：「不患人之不己知，患不知人也。」則夫子何嘗不貴知人哉，然所貴知人者，爲其能自考也。不然，知之雖明，奚益哉！漢晋以來，喜人倫，其品目率一二語，皆微中，足以概人終身。此其人豈必盡能自考有所益，然足使後之欲論其世者，宛然若親見其人，則斯語又烏可少哉！

箴規

臧孫有言曰：「石猶生我疢之美，其毒滋多。」嗚呼，自古天子有四海，諸侯饗國，卿大夫持禄守官，士庶人保其家，何可一日不聞讜言乎？

栖逸

余好觀莊生言，見其輕詆舜，至比之黔婁，又言：「堯往見四子，窅然喪其天下。」太過。或者以爲寓言也。然太史公稱：「由光義至高，箕山有許由冢。」似誠有之。世言隱士率多避世，不然，夫古有鑿坏築巖之徒。漢興稱傳東園綺季，東都有周黨、嚴光。斯其人，豈必盡衰世哉。蓋鍾鼎丘園，亦各其性生也。惟有道之君，優顯異節，隱士乃著。若污濁之世，雖神龍威鳳，猶隱鱗藏羽，則隱士常數倍於平世，由不自見，史傳所載什一耳。余所取不必盡巖藪之士，蓋任情達運，冥心出處者，庶幾孔子之所謂時。古稱「陸沉金馬門，即藏史漆園」，皆遁世也。其視後世以終南爲捷徑，既專一壑，聞車馬而驚猜者，相去何如哉！昔謝萬作《八賢論》，孫興公以爲體公識遠，則出處同歸，世以興公理爲得不誣也。

捷悟

漢世稱見事敏速者曰「一日千里」，蓋言捷也。夫有觸即悟，其孔子所云耳順，非耶？然孔子必俟知命之後，而後世小生率能及此。余竊怪之。嘗觀釋氏菩薩乘六度五者皆以慧爲導師，然定復生慧，其與吾儒明則可以至於誠，誠則自無不明一道也。故初地之慧謂之世諦，既定之慧謂之真諦。真諦則與理爲一，即耳順是也。然初地之慧本於賦畀，既定之慧假於修習；賦畀必由天降，修習可以力强，此其難易之辯也。奈何後世初地之慧與古不異，而既定之慧尠焉無聞，豈人之易其所難，顧難其所易耶？孔子曰：「十室之邑，必有忠信如丘者焉，不如丘之好學。」嗚呼，惜哉！

豪爽

夫豪爽者略於檢節，故其小德或多出入。然與齪齪纖嗇，縛窄家人細務狹小者殊矣。

夙惠

世言早慧者大未必佳，自孔文舉小時，大中大夫陳韙已有是語。殆不然，夫黄帝徇齊、后稷岐嶷，此皆大聖人也，豈後果不佳耶？蓋人性皆善，而根有利鈍。若穎脱者，最易爲善。夫既易爲善，則亦易爲惡，在所以養之耳。後人不論所養，而概責之早慧，吁，可嘆哉。

賢媛

夫無非無儀，女婦所貴。然觀王孺仲、樂羊子之妻，與孟德耀、辛憲英諸人，其深識高行，世所稱賢者，尚不敢輕擬，又豈可以一切少之哉？若蔡文姬辱身虜庭，君子耻之，縱文才卓出，又何稱焉。

容止

珠藏淵而川暉，玉韞石而山潤。苟符采炳發，雖重波積壤，何能掩焉。顔子曰：「苟有温良在中，斯眉睫與之矣。」嗚呼！容止之於人，豈直黼黻藻繪而已耶。

自新

堯舜尚不能無過，今之庸衆人乃曰「我無過」，是果堯舜之弗若歟？故人之遂其過，乃至没其身而不悔。惜哉！是以聖人重改過，其稱顔子之好學曰「不二過」，又曰「丘也幸，苟有過，人必知之」。嗚呼！後之人有過而能自知，又不難於自新，亦庶幾孔子之徒矣。

術解

夫術，小數也。然觀其變幻詭異，有不可以理推者。嗚呼！亦神矣。况君子學道，苟至於精義入神，則其妙又曷可勝窮耶？

巧藝

夫德成而上，藝成而下，藝非君子所先也。然孔子曰：「游於藝。」又曰：「吾不試故藝。」至以博奕爲賢於無所用心，則亦豈聖人之所廢哉。余觀莊生言：宋元君將畫圖，一畫史後至，儃儃然不趨，受揖不立，因之舍，則解衣盤礴羸，君曰：「是真畫者也。」後世稱王維之畫爲天機所到。嗚呼！夫能遺人而後可以全于天，是豈維藝哉？進于道矣。他如輪扁之輪，郢人之斤，庖丁之解牛，皆所謂遺人以全天者也，苟僅能執繩墨守途轍而不失者，是工徒之廝役也，曷足以言藝哉。

企羡

夫自賢者日損，見人之賢者日益。夫苟見人之賢，企而望之，常若不及，則其進善，寧有窮乎？故曰：好善優於天下。不虚耳。

寵禮

何良俊曰：今郡縣不請士，宰相不俯眉之日久矣。昔孔子當春秋間，齊、魯、陳、衞之君聘問接輸，其道雖不得大行，然不可謂不知之也，世猶悲其不遇。使生於今之世，苟非守章句擢甲科，曾不得與士之最下者齒，安望其若此哉。三代之風，邈哉邈矣！東漢猶有「徒見二千石，不如一逢掖」之言。或者東漢去古未遠。夫以秦檜當國，猶能優一陸士規。時宋室雖季，非無多聞懿實之士，奈何其所禮者，特文華浮競之徒，卒之挾勢黷賄，而後之不欲下士者，遂爲口實。夫天道下濟而光明，上不下交，世漸否塞，徒使有志之士憤慨盈襟。嗚呼，斯豈特在上者之過哉！

傷逝

夫死生去來，特旦暮耳，而昔人傷之，無乃幾於怛化耶。杜輔玄有言：「共陰而息，尚有將別之悲；窮轍以游，亦興中途之嘆。」況情之所鍾，正在我輩，往而不返，能無傷乎？若氣機迴環，逝川不息，固當知之濠上耳。

任誕

世所謂任誕，其孔門狂者之流與。昔孔子傳道不得中行而思其次，曰：「必也狂狷乎。」豈不以狂者志意高遠，易於入道耶？自東漢尚清名，好爲詭激之行。魏晋以來又喜言莊老，一時如嵇、阮輩，以率情任性爲得大道之本。其後阮孚、謝鯤之徒，咸共祖述，浸以成風。觀其脱落禮教，不持名檢，固多可非。然能嚼然塵埃之表，舉天下不足迴其顧，則豈流俗所能庶幾乎？奈何世無孔子，莫爲折中，以斯人而卒於狂也。惜哉！

簡傲

昔夫子許仲弓以南面，仲弓蓋簡者也，故以子桑伯子爲問。及夫子曰「可也簡」，則又以居敬行簡爲可，居簡行簡爲太簡，仲弓其善於用簡者乎？嘗觀夫子在陳之嘆曰：「吾黨之小子狂簡，不知所以裁之。」夫裁之者亦唯持之以敬而已。此所載曰簡傲，其即太簡者耶。惜無夫子以裁之，終亦爲伯子之流爾矣。

排調

詩美衞武公善謔，即孔子於子游，亦有牛刀之戲，蓋弛張委蛇，先哲之盛事也。下至衰世之君，所爲失德，累數諫而不從者，優伶之徒，往往以一言悟主，易於轉圜。若優孟、優旃、黄幡綽、敬新磨之類是也。太史公稱「談言微中，亦可以解紛」，則排調亦何可少哉！然稍過甚，則亦多爲厲階。故世稱君子雅謔，以不虐爲善。

輕詆

或問子西，孔子曰：「彼哉！彼哉！」蓋厭絶之也。至孟子於管晏，猶或輕之。則聖賢亦詆訶人耶？嗚呼，聖賢之心，非不欲並包兼容，然是非之公，卒何可掩，不有所貶，後將安懲？

假譎

夫君子所貴者誠，假譎則於誠何有哉？蓋雖權以濟事，亦君子所不道也。

黜免

夫尺有所短，寸有所長，况三代以下，士鮮全德。世率以寸朽而棄大材，微累而遺美寶，君子蓋深惜之。

儉嗇

孔子曰：「與其不遜也，寧固。」蓋深惡奢僭甚之也。夫齊相以濯纓見譏，魏人以葛屨興刺。下此則戔戔小人，纖悉委瑣，又安足道哉？

汰侈

《記》曰：「奢則逼上。」正孔子所謂不孫也。夫僭擬者，王誅之所不赦。余觀侈汰之徒，皆取禍不旋踵，蓋有所由來矣。

忿狷

夫以伯夷之隘，尚曰「君子不由」。若夫勁狹之徒，一遭忤忤，即怒目攘臂，其去伯夷何遠哉！然且曰望望然去之。在伯夷則有然矣。故孟子非惡伯夷，惡後世之以伯夷爲口實者。嗚呼！君子何可不知所以自養也。

讒險

夫讒險之毒，慘於戈兵。是以吉甫慈父也，伯奇孝子也，不能不致疑於掇蜂之間；成王明君也，周公賢臣也，猶必有待於風雷之變。故孔子以浸潤之譖，膚受之愬，不行，既謂之明，又謂之遠。嗚呼，難矣。況乎義闕君臣，恩非父子。聽言者非成王、吉甫之能詳，致謗者無周公、伯奇之可指，幾何其不見惑於交搆之徒耶！《巷伯》之詩，取彼譖人，投之有昊，亦豈過也。

尤悔

夫言行君子之樞機也。使言而見尤，行而致悔，豈自修之道耶！故君子於多聞多見，既闕其疑殆，又欲君子之慎其餘也。

紕漏

夫南山之竹，不揉自直，括而羽之，可以射遠。況天之降才爾殊，不必盡會稽之竹箭也。不加櫽括，欲無紕漏，其能免乎？是以君子之貴學也。

惑溺

夫欲之惑人，乃至於溺而不能返，蓋自中人以上有不能免者。其能奮然自拔者幾人哉？故孟子以爲養心莫善於寡欲。老子曰：「爲道日損。」孰能知損之爲道君子哉！

仇隙

甚哉！怨毒之於人，遂相仇陷，有殺其身而不悔者。吁，可畏哉！故一朝之患，忘其身以及其親，亦聖賢之深戒也。

右數則，皆元朗所書於語林中者。動剿《語》、《孟》，雜以訓詁，殊多學究之譚，令人嘔惡。然所發明處，不無與《世説》相長，故悉録之。

世説新語補人物

帝王

漢淮南王安
魏武帝操字孟德
已見《世説》不載名字
劉先主備字玄德

孫策字伯符已見
亦稱討逆
吴大帝權字仲謀已見

晉宣王懿字仲達
已見《世説》不載名字
晉大宰晞已見
亦稱武陵王

晉愍懷太子遹字熙祖
宋武帝諱裕
宋太祖文帝諱義隆
宋世祖諱駿

宋明帝諱彧
宋廢帝子業
宋衡陽王義季
宋新安王子鸞

宋文帝長子邵字休遠
稱元凶
齊高宗諱鸞
齊武帝諱順字宣遠

齊鬱林王諱服業
齊文惠長子懋字雲喬
小字白澤
齊武陵昭王曄

齊輔國將軍季猷
梁高祖諱衍
梁湘東王繹即元帝
梁簡文帝綱字世纘

梁昭明太子統字德施
梁竟陵王子良字雲英
梁魚復侯子響
陳後主諱叔寶

隋高祖諱堅
隋煬帝諱廣
北齊高祖神武皇帝諱歡
北魏彭城王勰

北魏咸陽王禧
唐霍王元軌
唐岐王範
後唐莊宗存勗

漢

龔勝字君賓
竇武字游平
蘇純字桓公
梁松字伯孫
袁隗字次陽
王丹字仲回
朱暉字文季
衛茲字子許
高彪字義方
張劭字元伯
范丹字史雲
任棠
蔣詡字元卿
向長字子平
王充字仲任
袁術字公路

陳咸
王莽字巨君
馬援字文淵
侯霸字君房
張衡字平子
陳遵字孟公
杜密字周甫
高鳳字文通
王柔字叔優
許邵字子將已見
孔奮字君魚
任延字長孫
羊仲
禽慶字子夏
袁紹字本初
劉表字景升已見

亦稱尚書
何武字君公
亦稱伏波
亦稱司徒
鄭崇字子游
趙孝字長平
范滂字孟博已見
圈文生
王澤字季道
孔嵩字仲山
黃琬字子琰
聶季豹
求仲
韓休字伯休
應劭字仲遠
陳登字元龍

楊權字子雲
鮑宣字子都
嚴光字子陵
陸閎字子春
閔貢字仲叔
周澤字穉都　亦稱太常
張堪字君游
梁鴻字伯鸞
范式字巨卿
趙溫字子柔
龐參字仲連
王君公
張仲蔚
朱穆字公叔
楊彪字文先　亦稱太尉
馬日磾字翁叔

陳勗字元茂　王允字子師　皇甫規字威明　亦稱度遼
王符字節信　趙壹字元叔　羊陟　郗慮字鴻豫

三國

司馬防字建公　賈詡字文和　王修字叔治　簡雍字憲和
沐並字德信　杜恕字務伯　鄭泉字文淵　張闓字子臺
許靖字文休　朱然字義封　楊修字德祖已見　脂習字元升
許汜　蒲元　虞翻字仲翔　張紘字子綱
陳琳字孔璋　荀粲字奉倩已見　荀惲字長倩　荀俁字叔倩
荀說字曼倩　荀顗字景倩已見　荀閎字仲茂　袁渙字曜卿
諸葛瞻字思遠　廖化字元儉　宗預字德豔　董和字幼宰　亦稱掌軍
董允字休昭　費禕字文禕　來敏字敬達　夏侯霸字仲權
姜維字伯約　趙達　陳矯字季弼　張昭字子布　亦稱輔吳已見
劉巴字子初　張飛字翼德　張純字元基　張儼字子節
朱異字季文　朱據字子範　張裔字君嗣　雍闓
鄧芝字伯苗　張裕字南和　劉琰字威碩　時苗字德胄
蔣濟字子通　丁儀字正禮　夏侯惇字元讓　夏侯楙字子林
陳壽字承祚　丁廙字敬禮

南北六朝

葛洪字稚川
石崇字季倫已見
桓謙字敬祖已見
李密字令伯
劉玄明
成公簡字宗舒
王尼字孝孫
王隱字處叔
郭瑀字元瑜
何尚之字彦德
周弘正字思行
邢劭字子才
謝朏字敬冲
范曄字蔚宗
謝混字叔源　亦稱益壽
劉柳字叔惠

王褒字偉元
謝石字石奴已見
王悅之字少明
劉胤字承胤
傅翽
石苞字仲容
江統字應元
謝瞻字宣遠　亦稱阿瞻
蘇瓊字珍之
王球字倩玉
袁湛字士深
謝超宗　亦稱參軍
王僧虔
孔熙先
亦稱望蔡
王琇

索靖字幼安
陸納字祖言
劉寔字子真
周處字子隱已見
顏含字弘都
荀邃字道玄
徐廣字野民
羊欣字敬元
何胤字子季
劉季和
周弘直字思方
王儉字仲寶
王曇首
謝綜
謝靈運已見　亦稱康樂
王延之字希季

郭文字文舉
氾毓字稺春
亦稱太常
羊琇字稺舒
亦稱光祿
傅暢字世道
謝晦字宣明
張鳶
周弼
張譏字直言　亦稱參軍
羊曇
亦稱僕射　亦稱文憲
江淹字文通
荀伯子
阮韜字長明

劉湛字弘仁
王遠字景舒
王惠字令明
謝莊字希逸
魯爽小名女生
劉凝之字志安一字隱安
鮑昭字明遠
柳悦字文殊
王瓚之
王敬則
孔道存
孔稚圭字德璋
周顒字彦倫
徐悱字敬業
張緒字思曼
宗炳字少文
傅昭字茂遠

孟顗字彦重
亦稱光禄
戴顒字仲若
王恢之
亦稱豫州
虞玩之字茂瑶
陸慧曉字叔明
柳琰字文通
江湛字徽深
張敬兒
孔徽
顧黯字長孺
劉孝綽字孝綽
阮長之字景茂一字善業
張融字思光
明山賓字孝若
袁粲字景倩　亦稱司徒

謝絢字宣映
王僧佑字胤宗
王敬弘
孔顗字思遠
朱百年
顏延之字延年　亦稱光禄
亦稱東海
劉慎字德願
何偃字仲弘
王奂字道明
沈深
顧歡字景怡一字玄平
亦稱阿士　亦稱長史
顏竣字士遜
亦稱黄門
宗慤字元幹
亦稱袁尹

王微字景玄
王韶之字休泰
亦稱僕射
亦稱中丞
丘靈鞠　亦稱車騎
謝朓字玄暉
柳世隆字彦緒
羊志
王騫字思寂　亦稱長史
劉祥字休徵　亦稱中郎
王弘之字方平
蕭賁字文奂
張嵊字四山
裴昭明　亦稱始安
張充字延符
庾子輿字孝卿
柳瓛字子圭

顧協字正禮
江斅字叔文
劉歊字士光
王彧字景文
王份字季文
謝幾卿
徐陵字孝穆
李謐字永和
盧思道字子行
劉瓛
趙知禮
何遜字仲言
何敬容字國禮
柳遠字季雲
褚淵字彥回
劉書
鄭世翼

亦稱司徒
李德林字公輔
范雲字彥龍
亦稱車騎
亦稱侍中
亦稱長史
亦稱常侍
魏收字伯起
李搔字德沈
李諧字虔和
何思澄字元静
亦稱水部
張纘字伯緒
褚炤字彥宣
亦稱司空
紀僧真
蕭惠開

任昉字彥升
劉峻字孝標
梅蟲兒
王亮字奉叔
何點字子晳
陳暄
侯景字萬景
亦稱佛助
盧詢祖
袁憲字德章
亦稱參軍
何子朗字世明
崔瞻
孫騰字龍雀
亦稱司徒
崔信明
亦稱南郡

蔡廓字子度
劉訏字彥度
謝孺子
李元忠
蕭引字叔休
王規字威明
王肅字恭懿
蕭思話
楊愔字道彥小名秦王
賈思伯字仕休
何戢字惠景
亦稱散騎
卞彬字士蔚
司馬子如字遵業
褚賁字蔚先
謝瀹字義潔　亦稱侍中
徐勉字修仁

孔逷字世遠
孔淳之字彦深已見
宗測字敬微
陶弘景字通明
沈昭略字茂隆
張率字士簡
牛弼
王晏字休點　一字士彦
王融字元長
盧玄字子真
王藴字彦深
張鏡　亦稱新安
何佟之字士威
王泰字仲通　亦稱養
劉諒字求信
宇文述字伯通
李密字法主

王弘字休元
庾杲之字景行
徐羨之字宗文
亦稱隱居　亦稱貞白
盧元明字幼章
孔休源字慶緒
温子昇字鵬舉
江祏字弘業
江從簡
劉子翼字小心
王通字仲淹
崔瞻字彦通
祖瑩字元珍
謝譓
李德林
薛道衡字玄卿
柳機字匡時

夏侯亶字世龍
陶潛字淵明
謝覽字景滌
鄭鮮之字道子
徐孝嗣字始昌
牛弘字里仁
荀伯玉字弄璋
王思遠　亦稱阿成
崔浩字伯深
羊侃字祖忻
到彦之字道豫
劉邕
王筠字元禮
高爽
王令言
楊玄感
柳昂字千里

亦稱豫州
一字元亮
傳亮字季友已見
王晞字沙彌
魏季景
竺景秀
庾信字子山
江革字休暎
眭夸　一名旭
崔悛字長孺
劉顯字嗣芳
劉繪字士章
謝貞字元正
朱昇字彦和
仲長子光字不曜
侯白字君壽
宗如周

蕭詧字理孫

唐

李百藥字重規
褚亮字希明
陽城字亢宗
徐晦
潘師正
虞世南字伯施
朱桃椎
許敬宗字延族
狄仁傑字懷英
陸羽字鴻漸
蘇環字昌容
王方慶
員俶
許謹選
孟浩然字浩然

蔡大寶字敬仁
李勉字元卿　亦稱汧公
杜黃裳字遵素
褚遂良
劉迅字捷卿
田游巖
歐陽詢字信本　亦稱率更
竇軌字士則　亦稱益州
武平一名甄以字行
徐有功
一名疾字季疵
張志和字子周
宋璟
李泌字長源
呂道玄字道子
盧藏用字子潛

祖珽字孝徵
趙師字耶利
張九齡字子壽
楊憑字虛受　亦稱臨賀
權德輿字載之
陳叔建字子聰
楊弘禮
孔極
杜審言
張説字道濟　亦稱燕公
常伯熊
顏真卿字清臣　亦稱平原
宋之問字延清
李白
李思訓　亦稱將軍
司馬承禎字子微

李師古
一名博物
房琯字次律　亦稱太尉
元德秀字紫芝
王績字無功
閻立本
王維字摩詰
盧邁字子玄
姚崇
李季卿
蘇頲字廷碩
沈佺期字雲卿
杜甫字子美　亦稱少陵
韓會字朝宗
高力士

李龜年　蕭至忠　李石字中玉　谷那律

韋臯字武臣　嚴挺之　孔穎達字仲達　嚴武

齊澣字洗心

高叡字仲舒　元稹字微之　劉禹錫字夢得　韓愈字退之　亦稱吏部

李程字表臣　崔群字敦詩　亦稱丞相　張鎰字季權　盧杞字子良

裴佶字行正　白居易字樂天　韋綬　韋楚老

鄭絪字文明　蘇世長　楊再思　裴度字中立　亦稱晉公

司空圖字表聖　路巖字魯瞻　崔鉉字台碩　韋承慶字延休

韋嗣立　韋萬石　韋叔夏　韋述

趙冬曦　呂太乙　柳宗元字子厚　令狐綯字子直

裴寬　蕭穎士字茂挺　蘇源明　亦稱司業　元載　亦稱元相

時溥　李嗣真　李德裕字文饒　亦稱贊皇　韋陟字殷舒

李昌夔　段文昌字墨卿　元絳字厚之　韓彔

李納

五代

馬希範字寶規　趙匡凝字光儀　嚴續字興宗

宋

馮道字可道
羅可
歐陽修字永叔
喻陟字明仲
王安石字介甫
曾鞏字子固
楊傑字次公
葉祖洽字敦禮
范鎮字景仁　亦稱蜀公
丁謂字公言
范純仁字堯夫
梅詢字昌言
宋祁字子京
陳世修
蘇舜欽字子美
林逋字君復

趙普字則平
錢惟演字希聖　亦稱文僖
寇準字平仲　亦稱萊公
劉邠字貢父
亦稱荆公
馮京字當世
黄庭堅字魯直
秦觀字少游　一字太虚
韓維字持國
楊億字大年
亦稱忠宣
亦稱侍讀
亦稱景文
王雱字元澤
杜衍字世昌　亦稱祁公
蘇庠字養直

舒雅
謝絳字希深
司馬光字君實　亦稱溫公
王汾
何承裕
米芾字元章
亦稱太史　亦稱山谷
張耒字文潛
宋敏求字次道
唐介字子方　亦稱參政
章惇字子厚
李師中字誠之　亦稱侍制
崔公孺
范仲淹字希文　亦稱文正
魏野
徐俯字師川

韓熙載字叔言
蘇軾字子瞻　亦稱長公
郭忠恕字恕先
雷有終　亦稱宣徽
吕惠卿字吉甫
王安國字平甫
張方平字安道
李沆字太初
劉恕字道原
韓琦字稺圭　亦稱魏公
范正平字子夷
包拯字希仁
陳執中字昭譽　亦稱恭公
滕元發字達道
种放字明逸
盛度字公量

石中立字表臣　秦檜字會之　劉錡字信叔　葉義問字審言

馬從一　蔡攸字居安

元

岳柱字止所　一字兼山　何澄

方外

慧觀　姓崔　竺道生　亦稱生公　慧亮　姓董　慧隆　姓成

曇斌　姓蘇　竺法崇　湯惠休　道猷

釋慧浄　姓房　蔡晃　晦堂老子

婦人

馬倫　馬融女袁隗妻　蔡琰字文姬　蔡邕女　王貞風　宋明帝明恭皇后　王僧朗女

陸太喜　張琤婉　孫荆玉　王娥兒　俱羊侃歌姬

王韞秀　唐元載妻　上官昭容名婉兒

世說新語補目録

世説新語補卷之一　鼓吹一

明　何良俊　撰補
王世貞　删定
張文柱　校注
凌濛初　考訂

德行

閔仲叔含菽飲水，世稱節士。老病家貧，不能得肉。日買猪肝一片，屠者或不肯與。安邑令聞之，敕吏常給焉。仲叔怪問其故，嘆曰：「閔仲叔豈以口腹累安邑耶？」遂去客沛。謝承《後漢書》曰：「閔貢字仲叔，太原人。」皇甫謐《高士傳》曰：「仲叔同郡周黨，貞介之士，見仲叔食無菜，遺之生蒜。仲叔曰：『我欲省煩耳，今更作煩耶？』受而不食。」

趙孝以父田禾將軍，《後漢書注》曰：「王莽時，置田禾將軍，屯田北邊。」任爲郎。每告歸，常白衣步擔。嘗從長安還，欲止郵亭。亭長先時聞孝當過，掃洒待之。孝既至，不白名，長不肯内。因問曰：「田禾將軍子從長安來，何時至乎？」孝曰：「尋到矣。」於是遂去。范曄《後漢書》曰：「趙孝字長平，沛國蘄人。州郡辟召，進退必以禮。顯宗聞其行，詔拜諫議大夫，遷衛尉。弟禮，爲御史中丞。禮恭謙行己類於孝，帝嘉其兄弟篤行，詔禮十日一就衛尉府，大官送供具，令相對盡歡。」

朱文季范曄《後漢書》曰：「朱暉字文季，南陽宛人。家世衣冠。暉早孤，有氣决。」與張堪范曄《後漢書》曰：「張堪字君游，南陽宛人。志美行厲。世祖召拜郎中，歷漁陽太守。去職之日，乘折轅車，布被囊而已。」同縣。張於太學中見文季，甚重之，把臂語曰：「欲以妻子托朱生。」文季不敢對。張亡後，聞其妻子貧困，自往候視，厚賑贍之。子怪問曰：「大人不與堪爲友，何忽如此？」文季曰：「堪嘗有知己之言，吾以信於心也。」

高文通居鄉時，鄰里有争財，持兵而鬥。文通往解之，不已，乃脱巾叩頭請曰：「仁義遜讓，奈何棄之？」争者投兵謝罪。嵇康《高士傳》曰：「高鳳字文通，南陽葉人。少爲書生，家以農畝爲業。鳳專精誦習，妻常之田，曝麥於庭，令鳳護鷄。時天暴雨，鳳持竿誦經，不覺潦水流麥。妻還怪問，乃省。其後遂爲名儒。」

梁伯鸞少孤，嘗獨止，不與人同食。比舍先炊已，呼伯鸞及熱釜炊。伯鸞曰：「童子鴻，不因人熱者也。」滅竈更燃之。范曄《後漢書》曰：「梁鴻字伯鸞，扶風平陵人。受業太學。家貧，尚節介，博覽不爲章句。學畢，牧豕上林苑中，誤遺火延及他舍。鴻尋訪燒者，悉以豕償之，其主猶以爲少。鴻曰：『無他財，願以身居作。』因爲執勤不懈，鄰家耆老共責讓主人，而稱鴻長者。始敬異焉，悉還其豕。鴻不受而去，歸鄉里。勢家慕其高節，多欲女之。鴻並不娶。同縣孟氏有女，肥醜而黑，力舉石臼，擇對不嫁。父母問其故。女曰：『欲得賢如梁伯鸞者。』鴻聞而聘之。始以裝飾入門，七日而鴻不答。妻跪床下請曰：『竊聞夫子高義，簡斥數婦，妾亦偃蹇數夫。今而見擇，敢不請罪。』鴻曰：『吾欲裘褐之人，可與俱隱深山者。今衣綺縞，傅粉墨，豈鴻所願哉？』妻曰：『以觀夫子之志耳。』乃更爲椎髻，著布衣，操作而前。鴻大喜曰：『此真梁鴻妻也。』字之曰德曜，名孟光。居有頃，妻曰：『常聞夫子欲隱居避患，今何爲默默？無乃欲低頭就之乎？』鴻曰：『諾。』乃入霸陵山中，以耕織爲業，詠詩彈琴以自娱。仰慕高士，爲四皓以來二十四人作頌。因東出關，過京，作《五噫歌》曰：『陟彼北芒兮，噫！顧覽帝京兮，噫！宫室崔嵬兮，噫！人之劬勞兮，噫！遼遼未央兮，噫！』肅宗聞而非之，乃易姓名，居齊魯之間。有頃，去適吴，作詩曰：『游舊邦兮遐征，將遥集兮東南。心惙怛兮傷悴，志菲菲兮升降。欲乘策兮縱邁，疾吾俗兮作讒。競舉枉兮措直，咸先佞兮唌唌。固靡慚兮獨建，冀異州兮尚賢。聊逍遥兮遨嬉，纘仲尼兮周流。儻云睹兮我悦，遂舍車兮即浮。過季札兮延陵，求魯連兮海隅。雖不察兮光貌，幸神靈兮與休。惟季春兮華阜，麥含含兮方秀。哀茂時兮逾邁，愍芳香兮日臭。悼吾心兮不獲，長委結兮焉究！口囂囂兮余訕，嗟恇恇兮誰留？』至吴，依皋伯通，居廡下，爲人賃舂。妻具食，舉案齊眉。伯通異之曰：『彼傭能使其妻敬之如此，非凡人也。』乃舍之於家。鴻潛閉著書十餘篇，疾且困，告主人曰：『昔延陵季子葬子嬴博之間，不歸鄉里，慎勿令我子持喪歸。』及卒，伯通爲求葬地於要離冢傍。咸曰：『要離烈士，伯鸞清高，可令相近。』葬畢，妻子歸扶風。」

范巨卿爲荆州刺史，謝承《後漢書》曰：「范式字巨卿，一名氾，山陽金鄉人。」友人孔仲山，家貧奉親，變姓名，傭爲新野縣街卒。范曄《後漢書》曰：「孔嵩字仲山，南陽新野人。爲阿里街卒，正身厲行。街中子弟，皆服其訓。辟公府，之京師，道宿下亭。盗共竊其馬，尋問知嵩，乃相責讓曰：『孔仲山善士，豈宜侵盗。』送馬謝之。」值巨卿行部，縣選仲山爲導騎。巨卿見仲山，驚捉臂曰：「子非孔仲山耶？吾昔與子俱曳長裾、游息太學。吾蒙國恩，致位牧伯。而子懷道隱身，處於卒伍，不亦惜乎？」仲山曰：「侯嬴長守於賤業，《史記》曰：「魏有隱士侯嬴，家貧，爲大梁夷門監者。魏公子欲厚遺之，不肯受，曰：『臣修身潔行數十年，終不以困故受公子財。』」晨門肆志於抱關。《論語疏》曰：「晨門，閽人也。」《高士傳》曰：「石門守者，魯人也，避世不仕，自隱姓名，爲魯守石門，主晨夜開閉。子路從孔子石門而宿，問子路曰：『奚自？』子路曰：『自孔氏。』遂譏孔子曰：『是知其不可爲之者與？』時人賢焉。」貧者士之宜，豈爲鄙哉！」巨卿敕縣代仲山，仲山以先傭未竟，不肯去。

范史雲遭黨錮，推鹿車載妻子，以捃拾自資。兒嘗拾得五斛麥，鄰人尹臺遺之一斛，囑兒不得通史雲。後知，即令並送六斛還尹。言麥已雜，誓不肯受。范曄《後漢書》曰：「范丹字史雲，陳留外黄人。從樊英、馬融受經。好違時絶俗，爲詭激之行。桓帝時爲萊蕪長，遁居梁沛之間，所止單陋，有時絶粒，窮居自若。後辟太尉府，以疾不行。年七十四卒，謚曰貞節先生。」

徐孺子嘗事江夏黄公，後黄公亡殁，孺子往會葬，無力以自致，齎磨鏡具自隨，所在取直，然後得前。范曄《後漢書》曰：「黄瓊字世英，江夏安陸人。魏郡太守香之子也。初以父任爲太子舍人，辭病不就，五府俱辟，不應。後將出，李固以書逆遺之，歷議郎、尚書僕射。延熹二年，拜太尉，封邟鄉侯。梁冀誅，首居公位。尋而五侯擅權，稱疾不起。」

郭林宗每行宿逆旅，輒躬自洒掃。及明去，後人至見之，曰：「此必郭有道昨宿處也。」

管幼安在遼東，鄰人有牛暴幼安田，幼安牽牛着凉處，自與飲食，過於牛主。牛主得牛，大慚，若犯嚴刑。《魏志》曰：「寧與華歆、邴原俱游學。天下亂，聞公孫度令行海外，與原及王烈至遼東。度虚館候之。」

王叔治七歲喪母。母以社日亡，來歲，鄰里修社會，叔治感念亡母，哀甚初喪，鄰里爲之罷社。《魏志》曰：「王修字叔治，北海營陵人。孔融在北海，召修爲主簿。後舉孝廉，辭。融答曰：『掾清身潔己，歷試諸難，謀而鮮過，惠訓不倦。余嘉乃勳，應乃懿德。用升爾於王庭，其可辭乎？』」

沐德信少以清介名。魚豢《魏略》曰：「沐並字德信，河間人。有志介。黄初中爲成皋令。」吴使諸葛子瑜、諸葛瑾，别見。朱義封《吴志》曰：「朱然字義封，丹陽故鄣人。仕吴爲左大司馬。」圍樊城，遣船兵於峴山東斫材。牂牁兵人作食，有先熟者，呼後熟者共食。後熟者答言：「不煩爾。」呼者曰：「汝欲作沐德信邪！」《魏略》曰：「並豫作終制，戒其子曰：『告雲儀等：夫禮者，生民之始教，百世之中庸也。故力行則爲君子，不務者終爲小人，然非聖人莫能履其從容也。是以富貴者有驕奢之過，貧賤者譏於固陋。於是養生送死，苟竊非禮。由斯觀之，陽虎璵璠，甚於暴骨；桓魋石椁，不如速朽。此言儒學撥亂反正，鳴鼓矯俗之大義，未是窮理盡性，陶冶變化之實論也。若能原始要終，以天地爲一區，萬物爲芻狗。該覽玄通，求形景之宗，同禍福之素，一死生之命，吾有慕於道矣。夫道之爲物，惟怳惟忽。壽爲欺魄，夭爲鳬没。身淪有無，與神消息。含悦陰陽，甘夢太極。奚以棺槨爲牢，衣裳爲纏，屍繫地下，長幽桎梏，豈不哀哉！昔莊周闊達，無所適莫，又楊王孫裸體，至夫末世緣生怨死之徒，含珠鱗柙，玉床象衽，殺人以徇，壙穴之内，錮以紵絮，藉以蜃炭，千載僵燥，托類神仙。於是大教陵遲，競於厚葬。謂莊子爲放蕩，以王孫爲戮屍。豈復識古有衣薪之鬼，而野有狐狸之齧哉。吾以材質滓濁，汙於清流。今年過耳順，奄忽無常。苟得獲没，即以吾身襲於王孫矣。上以贖市朝之逋罪，下以親道化之靈祖。顧爾幼昏，未知臧否？若將逐俗，抑廢吾志，爲棄父之命。誰或矜之，使死而有知，吾將屍視。』」

杜恕著家戒，《魏志》曰：「杜恕字務伯。」杜氏《新書》曰：「恕少與馮翊李豐相善。後豐砥礪名行，以要世譽。而恕誕節直意，與豐殊趣。豐顯仕朝廷，恕猶居家。明帝擢拜散騎，轉黄門侍郎。」道張子臺，《典略》曰：「張閣字子臺，東都人。官至太僕。」視之似鄙朴人，然其心中不知天地間何者美好。作人如此，自可不富貴，患禍當何從而來。

皇甫謐有從姑子梁柳，爲城陽太守。將之官，或勸士安餞之。士安曰：「柳爲布衣時過吾，吾送迎不出門，食不過鹽菜。今送之，是貴城陽太守而輕梁柳，非心所安。」《玄晏春秋》曰：「七年春，予長三尺四寸矣，未通書史，與從姑子梁柳，編荆執荻，分陳相刺，共以爲樂。」

鬲令袁毅，在政貪濁，饋遺朝貴以營舉。《晉書》曰：「陳郡袁毅，嘗爲鬲令，貪濁而賂遺公卿，以求虛譽。」嘗遺山巨源絲百斤。巨源不欲爲異受之，命懸之梁。後毅事露，案驗衆官吏。至巨源，於梁上得絲，已數年，塵埃封印如故。

王偉元門生爲本縣所役，求屬令爲脱。王曰：「卿學不足以庇身，吾德不足以庇卿，屬之何益？」乃步擔乾飯，兒負鹽豉，送所役生到縣。諸生隨者千人。令以偉元詣已，整衣出迎。偉元乃下道，至土牛傍，磬折立，自言門生爲縣役，故來送别。因執手涕泣而去。令即放遣此生，一縣皆以爲耻。王隱《晉書》曰：「王裒字偉元，城陽營陵人。祖修，有名魏世。裒少立操尚，以父儀爲晉文王所害，絶世不仕，立屋墓側，隱居以教授爲務。旦夕常至墓前朝拜，悲號斷絶。墓前一栢，裒常所攀，枝葉爲之枯。」

裴叔則營新宅甚麗，與兄共游。兄心欲之而口不言，叔則知其意，便推使兄住。

郭文舉入吳興餘杭山窮谷中，倚木於樹，苫覆而居，都無壁障。餘杭令顧颺贈以韋袴褶一具，文舉不納，使者置室中而去，乃至衣爛，竟不服用。王隱《晉書》曰：「郭文字文舉，入餘杭山。蘇峻未亂之前，徙臨安山中。臨安令萬寵，迎着縣中養病。及峻破餘杭，臨安如故，人始異之。自後不復語，但舉手以宣其意。病甚，寵問先生可復得幾日？文三舉其手。果以十五日終。」

謝石奴《晉書》曰：「謝石字石奴，丞相安之弟。假節大都督，與兄子玄、琰破苻堅。」請吳隱之爲衛將軍主簿。隱之將嫁女，謝知其貧潔，遣女必當率薄，乃令移厨帳助其經營。使者至，方見一婢牽犬賣之，此外蕭然無辦。

氾毓家世敦睦，客居青州，逮毓七世。人號其家「兒無常父，衣無常主」。《晉中興書》曰：「氾毓字稚春，北海盧人。」

王悅之少厲清操，爲吏部郎時，鄰省有會同者遺之餅一甌，辭不受，曰：「所費誠復小小，然少來不欲當人之惠。」《晉中興書》曰：「王悅之字少明。祖獻之，中書令。父靖之，司徒左長史。悅之少厲清操，亮直有風檢，爲吏部郎。」

王令明兄鑒，頗好聚斂，廣營田業。令明意甚不同，嘗謂鑒曰：「尊何用田爲？」鑒曰：「無田何由得食？」令明曰：「亦復何須得食？」《南史》曰：「王惠字令明，瑯琊人。祖劭，車騎將軍。父默，左光禄大夫。惠幼而夷簡，爲叔父司徒謐所知，恬静不妄交游，未嘗有雜事。宋武帝聞其名，以問其從兄誕。誕曰：『惠後來秀令，鄙宗之美也。』」

王僕射《宋書》曰：「王敬弘，瑯琊臨沂人。本名裕，避高宗諱，故稱字。曾祖廙，晉驃騎將軍。祖胡之，司州刺史。父茂之，晉陵太守。敬弘少有清尚，起家本國左常侍，歷官至僕射。」子恢之，《南史》曰：「恢之，敬弘長子。位至新安太守、中大夫。」被召爲秘書郎。僕射爲求奉朝請，語恢之曰：「秘書有限，故有競，朝請無限，故無競。吾欲使汝處不競之地。」太祖嘉而許之。《宋書》曰：「太祖文帝諱義隆，高祖第三子。」

孔中丞在都，弟道存爲江夏内史。時東土旱儉，都下米貴。道存慮中丞貧乏，遣吏載五百米餉之。中丞呼吏語曰：「我在彼三載，去之日不辦有路糧。郎至未幾，何緣得有此米？可載還。」吏白：「自古無有載米上水者。」中丞不聽，竟載還江夏。《宋書》曰：「孔覬字思遠，會稽山陰人。祖琳之，贈太常。父邈，揚州治中。覬骨鯁有風力，以是非爲己任。口吃，好讀書，舉秀才，補主簿，官至御史中丞。道存官至南海太守。」

朱百年家貧，母以冬月亡，衣並無絮，百年自此不衣綿帛。嘗寒時，就孔思遠宿，衣悉裌布，飲酒醉眠。思遠以卧具覆之。百年初不知，既覺引去，謂思遠曰：「綿定奇温。」因流涕悲慟，思遠亦爲感泣。《南史》曰：

「朱百年，會稽山陰人。祖凱之，晋左衛將軍。父濤，揚州主簿。百年少有高情，親亡，携妻孔氏入會稽南山，伐樵采若爲業。以樵若置道頭，輒爲行人所取。明旦已復如此，人稍怪之。稍久，知是朱隱士所賣，須者隨其多少，留錢而去。頗言玄理，爲詩有高勝之言。與同縣孔顗友善，俱嗜酒，輒酣對盡歡。」

劉凝之隱居荆州，適歲儉，衡陽王《宋書》曰：「衡陽王義季，幼而夷簡，無鄙近之累，特爲太祖所愛。」餉錢十萬。凝之大喜，持錢至市門，見有饑色者，悉分與之，俄頃都盡。酈道元《水經注》曰：「劉凝之字志安，兄盛公，高尚不仕。凝之慕老萊、嚴子陵之爲人，立屋江湖，非力不食。妻梁州刺史郭全女，亦能安貧。元嘉中，夫妻隱於衡山。」《南史》曰：「凝之字隱安。」

齊高帝鎮東府，《齊書》曰：「高帝姓蕭氏，諱道成。初仕宋，以功封齊公。竟代宋，在位四年。」時虞玩之爲少府，躡屐造席，高帝取屐視之，訛黑斜鋭，蔑斷以芒接之，因問卿此屐已幾載？玩之曰：「初釋褐時買之，著已三十年。」高帝咨嗟，因爲贈屐，玩之不受。問其故，答曰：「公之賜，恩華俱重，但遺簪敝履，復不可遺。」帝稱善久之。《南史》曰：「虞玩之字茂瑶，會稽餘姚人。少閑刀筆，泛涉書史，好臧否人物。元徽中爲尚書右丞。」

謝玄暉好獎人才。蕭子顯《齊書》曰：「謝朓字玄暉，陳郡人。少有美名，文章清麗。解褐豫章王行參軍，稍遷尚書吏部郎。江祏等謀立始安王遥光，朓不肯，收下獄死。」會稽孔闓粗有文筆，未爲時人所知。孔稚圭德璋，别見。嘗令草讓表，以示玄暉。玄暉嗟嘆良久，自折簡寫之，語稚圭曰：「是子聲名未立，應共獎成，無惜齒牙餘論。」

陸慧曉爲晋熙王長史，《南史》曰：「晋熙王銶，太祖第十八子。」僚佐造見，必起送之。或語云：「長史貴重，不宜妄自謙屈。」陸曰：「我性惡人無禮，不容不以禮處人。」又未嘗卿士大夫。或問其故，陸曰：「貴人不可卿，而賤者乃可卿。人生何容立輕重於懷抱。」《南齊書》曰：「陸慧曉字叔明，吴郡吴人。高祖玩，晋太尉。祖萬載，侍中。父子貞，元嘉中海陵太守。慧曉清介正立，不雜交游。同郡張暢，見其童幼，便嘉異之。張思曼亦曰：『此江東裴樂也。』」

阮長之爲中書郎，直省，夜往鄰省，誤着屐出閤。長之依事自列。門下以闇夜人不知，不受列狀。長之固遣送，曰：「長之一生不侮闇室。」《南史》曰：「阮長之字景茂，一字善業，陳留尉氏人。祖裕，晉光禄大夫。父普，驃騎將軍。長之除臨海太守，在官常擁敗絮。先是郡中田禄，以芒種爲斷。此前去官，則一年秩禄，皆入後人。長之去武昌，代人未至，以芒種前一日解印綬去，時論多之。」

裴始安在郡還，甚貧罄。世祖《南史》曰：「齊武帝諱頤，字宣遠，高帝長子。」曰：「裴昭明罷郡歸，遂無宅。我不諳書，不知古人中誰比？」《南齊書》曰：「裴昭明，河東聞喜人。宋太中大夫松之孫也。父駰，南中郎參軍。昭明少傳儒史之業，永明中使虜，世祖曰：『卿有將命之才，當以一郡相賞。』還爲始安内史。」

昭明太子姚思廉《梁書》曰：「昭明太子蕭統，字德施，高祖長子也。孝謹天至，精於義學。年三十一薨。」與諸賢泛舟玄圃池，有盛稱此中宜奏女樂。太子初無言，但詠左太冲《招隱詩》曰：「何必絲與竹，山水有清音。」左思别見。

張思光給假東出，蕭子顯《齊書》曰：「張融字思光，吴郡吴人。父暢，會稽太守。融弱冠有名。」世祖問：「卿住在何處？」答曰：「臣陸處無屋，舟居非水。」後日，上以問其從兄思曼。思曼曰：「融近東出，未有居止，權牽小船於岸上住。」《南史》曰：「張緒字思曼。父演，宋太子中舍人。緒少知名，清簡寡欲。從伯敷，及叔父鏡，從叔暢，並貴異之。孝武用爲尚書倉部郎、都令史。」

明山賓初臨青州，所部平陸縣歲儉，啓倉出米，以贍貧民。後刺史以山賓爲耗闕，有司追責，籍其宅入官。山賓默不自理，更市地造宅。《梁書》曰：「明山賓，字孝若，平原鬲人。父僧紹，隱居不仕。山賓七歲能言玄理，十三博通經傳。居喪盡禮。服闋，州辟從事史，起家奉朝請，累遷中書侍郎。」劉璠《梁典》曰：「梁昭明太子聞山賓築室不就，令曰：『明祭酒出撫大藩，擁旄推轂，珥金拖紫，而恒事屢空。聞搆宇未成，今送薄助。』」

庾子輿《南史》曰：「子輿字孝卿，南陽新野人。父域，有孝行。母好鶴唳，域孜孜營求，一日雙鶴來下。子輿幼而岐嶷，五歲讀《孝經》，手不釋卷。或曰：『此書文句不多，何用自苦？』答曰：『孝者德之本，何謂不多！』」父卒官巴西。《南史》曰：「庾域爲巴西、梓潼二郡太守。魏襲巴西，域固守，糧盡，將士齕草供食，無有離心。卒於官。」奉喪歸，至巴東淫預石，瞿塘大灘，秋水猶壯，《水經注》云：「白帝山城水門之西，江中有孤石，名淫預石。江水東徑廣谿峽，乃三峽首也。峽中有瞿塘、黄龕二灘，夏水回復，沿泝所忌。」子輿撫心長叫。其夜水忽减退，安流而下。既渡，水壯如舊。時人爲之語曰：「淫預如襆本不通，瞿塘水退爲庾公。」古樂府《灔澦歌》曰：「灔澦大如襆，瞿塘不可觸。」

傅茂遠泊然靜處，不妄交游。《南史》曰：「傅昭字茂遠，北地靈州人。晋司隸校尉咸七世孫。莅官常以清静，居朝廷無所請謁。普通五年，爲散騎常侍。」袁司徒《宋書》曰：「袁粲字景倩，陳郡陽夏人。太尉淑兄子也。父濯，早卒。祖母哀其幼孤，名之曰『愍孫』。好學有才，清整持風操，著《妙德先生傳》以自況。嘗慕荀奉倩，改名爲粲，字景倩。齊王功德既重，天命有歸，粲以身受顧托，不欲事二姓，由是遇害。」每經其户，輒嘆曰：「經其户，寂若無人；披其帷，其人斯在。豈得非名賢！」

顧常侍清介持操，《南史》曰：「顧協字正禮，吴郡吴人。晋司空和六世孫。少有志操。内弟張率薦於武帝。帝問協年，率言『三十五』。帝曰：『北方高凉，四十强仕；南方卑濕，三十便衰。如協便爲已老。但其事親孝，與友信，亦不可遺於草澤。』於是以協爲太常博士，終散騎常侍、舍人。」爲廷尉正，時冬服單薄。寺卿蔡子度《宋書》曰：「蔡廓字子度，濟陽考城人。曾祖謨，晋司徒。祖系，撫軍長史。父綝，司徒左西屬。廓博涉群書，言行以禮。起家著作佐郎。以方鯁閑素，爲高祖所知，歷官參軍、太尉從事中郎。」謂人曰：「我欲解身上襦與顧郎，恐顧郎難衣食者。」竟不敢遺之。

李德林父校書亡，時正嚴冬，單衰徒跣，自駕靈輿反葬。博陵豪族崔諶者，休假還鄉，將赴弔德林，從者數十騎，稍稍减留，比至德林門，纔餘五騎，云：「不得令李生怪人熏灼。」《隋書》曰：「李德林字公輔，博陵安平人。父敬族，太學博士。德林幼聰敏，數歲誦左思《蜀都賦》，十日便度。十五誦五經古今文，日數千言。該博文典，陰陽緯候，無不通涉。善屬文，調覈而理暢。隋文帝時爲相府屬，加儀同大將軍。」

李汧公少貧，客游梁宋，與諸生共逆旅。諸生病且死，出白金語公曰：「左右無知者，幸君以此葬我。餘則君自取之。」公許之，托葬密置餘金棺下。後其家來謁，共啓墓，出金付之。劉昫《唐書》曰：「李勉字玄卿，鄭王元懿曾孫。幼勤經史，長而沉雅清峻。德宗朝，以司徒平章事。一日，上謂勉曰：『衆人皆言盧杞奸邪，朕何不知？』對曰：『天下皆知其奸邪，獨陛下不知，所以爲奸邪也。』時人多其正直。勉坦率素淡，好古尚奇，清廉簡易，爲宗臣之表。善鼓琴，好屬詩。在相位二十年，禄俸皆遺親黨，身没無私積。其在天官，禮賢下士。以李巡、張参爲判官，卒於幕，三歲之内，每遇宴飲，必設虚位於筵次，陳膳執酹，辭色凄惻，論者美之。」

李師古跋扈，《唐書》曰：「師古淄青節度使李納之子。」憚杜黄裳爲相，未敢失禮，命一幹吏寄錢數千緡，並氈車子一乘。使者未敢遽送，於宅門伺候累日。有緑輿出，從婢二人，青衣襤褸，言是相公夫人。使者遽歸，以告師古。師古折其謀，終身不敢改節。劉昫《唐書》曰：「杜黄裳字遵素，京兆杜陵人。登宏辭科。杜鴻漸深器重之，爲郭子儀朔方從事。貞元二年。爲檢校司空，兼河中尹。封邠國公。」

陽城歲饑，屏迹不過鄰里，屑榆爲粥，講論不輟。有奴都兒化其德，亦方介自約。或哀其餒，與之食，不納。後致糠覈數杯，乃受。宋祁《卓行傳》曰：「陽城字亢宗，定州北平人。好學，貧不能得書，求爲吏，隸集賢院，竊院書讀之，晝夜不出户，六年，無所不通。去隱中條山，與弟堦域，常易衣出。後爲諫議大夫。以沮裴延齡相，出爲道州刺史。」

楊憑得罪，《唐書》曰：「楊憑字虚受，弘農人。官湖南、江西觀察使。工文辭。少負氣節，與母弟凝、凌相友愛，皆有時名。重交游，尚然諾。與穆質、許孟容、李鄘、王仲舒爲友，稱楊、穆、許、李之友。性簡傲，不能接下，人多怨之。及歷二鎮，尤事奢侈，爲李夷簡所劾，責授臨賀尉。」姻友無敢送者，獨徐晦送至藍田。《唐書》曰：「徐晦，進士擢第，登制科，爲楊憑所薦。及憑得罪，交親無敢祖送，獨晦送至藍田。不數日，御史中丞李夷簡請爲監察，晦白夷簡曰：『生平不踐公門，公何取而見將拔？』夷簡曰：『聞君送楊臨賀，不顧犯難，肯負國乎？』由是知名。」權載之謂徐：「君誠厚楊臨賀，無乃爲累乎？」徐曰：「晦自布衣時，楊知我厚，方茲流播，寧忍無言而別。有如公爲奸佞譖斥，敢自同路人乎？」載之嘆其長厚。《唐書》曰：「權德輿字載之，天水略陽人。父皋，天寶中，禄山使之獻俘京師。皋察禄山有異志，詐死逃逸，由是名聞天下。德輿四歲能屬詩，七歲居父喪，以孝聞。後以禮部尚書、平章事。自貞元至元和三十年間，羽儀朝行，直亮寬恕，動作語言，一無外飾，蘊籍風流，爲時稱嚮。於述作特盛，《六經》百氏，游泳漸漬，其文雅正而弘博，王侯將相洎當時名人薨歿，以銘記請者什八九，時爲宗匠焉。」

羅可性度寬宏，嘗有竊刈其園蔬者，適遇見，却避草間以俟其去。又有攘殺其鷄者，可携壺就之曰：「與子同里閭，不能烹鷄以待子，我誠自愧。」呼其妻孥環坐，盡醉而歸。人由是相誡無犯。《墨客揮犀》曰：「羅可，沙陽之碩儒也。嘗應鄉薦，見黜於禮部，遂不復進取，以疏放自適。」

蘇長公卜居陽羡，以五百緡買一宅，將入居。偶夜行，聞老婦人哭極哀。公問嫗：「何爲哀傷如是？」嫗言：「舊居相傳百年，一旦訣別，所以泣也。」問其居所在，正五百緡買者。即取屋券焚之，不索其值。遂還毘陵，不復買地。《東都事略》曰：「蘇軾字子瞻，眉州眉山人。生十歲，而父洵宦學四方，母程氏授以書。比冠，學通經史，屬文日數千言。中進士乙科。英宗朝，直史館。熙寧中，謫黄州團練。哲宗召爲翰林學士。紹聖初，御史論軾譏斥先朝，落職惠州安置。」

言語

漢哀帝問鄭尚書崇：「卿門何以如市？」對曰：「臣門如市，臣心如水。」班固《漢書》曰：「鄭崇字子游，高密大族。祖父以眥徙平陵。崇少爲郡文學史，大司徒傅喜薦擢尚書僕射。數見諫諍，上納用之。每見曳革履，上曰：『我識鄭尚書履聲。』」

鄭康成在袁冀州坐。袁山松《後漢書》曰：「袁紹字本初，汝南汝陽人。司空逢之庶子，出後伯父成。」《英雄記》曰：「紹不妄通賓客，非海内知名不得相見。又好游俠，與張孟卓、何伯求、吴子卿、許子遠、伍德瑜爲奔走之友。」時汝南應劭亦歸於袁，《東觀漢記》曰：「應劭字仲遠，汝南南頓人。父奉，司隸校尉。劭少便篤學，博覽多聞。」因起自贊曰：「故泰山太守應仲遠，北面稱弟子，何如？」鄭笑曰：「仲尼之門，考以四科，回賜之徒，不稱官閥。」應有慚色。

曹公《魏志》曰：「曹操字孟德，沛國譙人。少機警，有權數，任俠放蕩，不治行業。後子丕代漢，稱太祖武皇帝。」以楊太尉范曄《後漢書》曰：「楊彪字文先，弘農華陰人。曾祖震，太尉。祖秉，太尉。父賜，司空。彪少傳家學，以博習舊聞，公車徵拜議郎。中平中，代黄琬爲司空。」與袁公路婚，將誣以同逆。《英雄記》曰：「袁術字公路，汝南汝陽人。司空逢之子。後僭號于壽春。」孔文舉聞之，不及朝服，往見曹曰：「楊公四世清德，海内所瞻。華嶠《漢書》曰：「東京楊氏、袁氏，累世宰相，爲漢名族。然袁氏車馬衣服，極爲奢僭，能守家風，爲世所貴，不及楊氏也。」《周書》父子兄弟罪不相及，《左傳》曰：「《康誥》曰：『父不慈，子不祇；兄不友，弟不恭，不相及也。』」況以袁氏歸罪楊公，《易》稱積善餘慶，徒欺人耳！」《易·坤卦》之傳曰：「積善之家，必有餘慶。」曹云：「此國家之意。」文舉曰：「假使成王殺邵公，周公可得言不知耶？」曹公既殺楊德祖，張騭《文士傳》曰：「楊修字德祖。父彪，漢太尉。修辟丞相府主簿，少有才策，爲曹操所忌，以罪見殺。」後與太尉遇於朝堂，曹問太尉：「公何瘦之甚？」太尉答曰：「愧無日磾先見之明，班固《前漢書》曰：「金日磾子二人，武帝所愛，以爲弄兒。其後弄兒壯大，不謹，自殿下與宫人戲，日磾適見之，惡其淫亂，遂殺弄兒。」猶懷老牛舐犢之愛。」曹公爲之改容。

許汜《襄陽耆舊傳》曰：「許汜是楊慮同里人。少師慮，爲魏武從事中郎。昔在劉表坐，論陳元龍者其人也。」與劉玄德《續漢書》曰：「劉備字玄德，涿郡人。漢景帝子中山靖王勝之後。」並在劉荊州坐，《英雄記》曰：「劉表字景升，山陽高平人。魯恭王之後。領荊州牧。身長八尺，姿貌温偉。與張儉等號爲八顧。」共論人物。許曰：「陳元龍淮海之士，豪氣不除。」謝承《後漢書》曰：「陳登字元龍，下邳淮浦人。學通古今，處身循禮，非法不行；性兼文武，有雄姿異略。領廣陵太守。」玄德問許：「君言豪，寧有事耶？」許曰：「昔遭亂過下邳，見元龍，無客主之意，不相與語，自上大床卧，使客卧下床。」玄德曰：「君有國士之名，今四海横流，帝王失所，而無救世之意，求田問舍，言無可采，是元龍所諱也，何緣當與君語？如我自卧百尺樓上，卧君於地下，何但上下床之間哉！」

孫討逆《吴志》曰：「孫策字伯符，曹操表爲討逆將軍。」既定豫章，還饗將士，謂虞仲翔《吴志》曰：「虞翻字仲翔，會稽餘姚人。初爲王朗功曹。」《吴書》曰：「翻少好學，有高志。年十二，客有候其兄者，不過翻。翻追與書曰：『僕聞虎魄不取腐芥，磁石不受曲針，過而不存，不亦宜乎！』客得書奇之。」曰：「孤昔再至壽春，見馬日磾，《三輔决録》曰：「日磾字翁叔，馬融族孫。獻帝時太傅。與蔡邕、楊賜、堂溪典同校定石經。」及與中州士大夫會，言我東方人多才耳，恨學問不博，語議有所不及。孤意猶謂未爾。卿博學洽聞，故前欲令卿一詣許，交見朝士，以折中國妄語兒。卿不願行，便使張子綱；《吴志》曰：「張紘字子綱，廣陵人。少游學京師，後避地江東。孫策創業，遂委質焉。與張昭並與參謀，常令一人居守，一人征討。」《江表傳》曰：「權於群臣，多呼其字，唯呼張昭曰張公，張紘曰東部，所以重二人也。」恐子綱不能結兒輩舌也。」《吴書》曰：「紘見柟榴枕，愛其文，作賦。陳琳在北見之，以示人曰：『此吾鄉里張子綱所作。』後紘見陳琳作《武庫賦》、《應機論》，與琳書深嘆美之。琳答曰：『自僕在河北，與天下隔，此間率少於文章，易爲雄伯，故使僕受此過差之譚。今景興在此，足下與子布在彼，所謂小巫見大巫，神氣盡矣。』」

李令伯常聘吴，吴主與群臣泛論道義，因言寧爲人弟。令伯曰：「願爲人兄。」吴主問：「何願爲兄？」令伯答曰：「爲兄供養之日長。」吴主及群臣稱善。《華陽國志》曰：「李密字令伯，犍爲武陽人。祖光，朱提太守。父早亡。母何氏，更適人。密養於祖母。治《春秋左氏傳》。博覽多所通涉，機警辯捷。事祖母以孝聞，其侍疾則泣涕側息，日夜不解帶，膳飲湯藥必自口嘗，本郡禮命不應。州辟從事尚書郎。」

王渾平吴之日，《晋書》曰：「渾，沉雅有器量。以平吴功，封一子江陵侯，位至司徒。」登建業宫。釃酒既酣，謂吴人曰：「諸君亡國之餘，得無戚乎？」時周子隱答曰：「漢末分崩，三國鼎立，魏滅於前，吴亡於後。亡國之戚，豈唯一人！」王大有慚色。虞預《晋書》曰：「周處字子隱，吴郡陽羡人。父魴，吴裨將軍。處入晋，爲御史中丞，多所彈糾，不避强禦。齊萬年反，以建威將軍西征，臨陣慷慨，奮不顧命，遂死於戰。」

温太真問郭文舉：「饑則思食，壯則思室，自然之性，先生安獨無情乎？」文舉答曰：「思由憶生，不憶故無情。」《抱朴子》曰：「郭文舉入陸渾山學道，獨能無情，意不生也。」

王安期去官，東渡江，道路梗澀，人懷危懼。王每遇艱險，處之夷然，雖家人不見其憂喜之色。既至下邳，登山北望，嘆曰：「人言愁，我始欲愁。」謝太傅曰：「當爾時覺形神俱往。」

許玄度將弟出都婚，諸人無不欽遲。既至，見其弟乃甚癡，都欲嘲棄之。玄度爲作賓主相對，劉真長笑曰：「玄度爲弟婚，施十重鐵步障。」

桓南郡問謝夫人：「太傅在東山二十餘年，遂復不終，其理云何？」夫人答曰：「亡叔先正，以無用爲心，隱顯爲優劣，始末正當動静之異耳。」

桓靈寶玄小名也，事别見。征殷仲堪，道出廬山，伏滔《游廬山序》曰：「廬山者，江陽之名嶽，蟠根所據，亘數百里，重嶺傑嶂，仰插雲日，俯瞰川湖之流焉。」因詣遠公，慧遠至潯陽，住龍泉精舍。語次及征討之意。遠不答。又問何以見願？遠曰：「願檀越安穩，使彼亦復無他。」桓出山，語左右曰：「實乃生所未見。」

殷仲文勸宋武帝畜伎，帝曰：「我不解聲。」仲文曰：「但畜自解。」帝曰：「畏解故不畜。」《宋書》曰：「帝姓劉氏，諱裕，受晋禪。清簡寡慾，未嘗視珠玉輿馬之飾，後庭無紈綺絲竹之音。在位三年。」

王韶之，少家貧而好學，嘗三日絶糧，執卷不輟。家人誚之曰：「困窮若此，何不耕？」王徐答曰：「我常自耕耳！」沈約《宋書》曰：「王韶之字休泰，瑯琊臨沂人。曾祖廙，晋驃騎將軍。祖羡之，鎮軍掾。父偉之，郎中令。韶之家貧，父爲烏程令，因居縣境。好史籍，博涉多聞。初爲衛將軍謝琰行參軍。」

戴仲若，春日携雙柑斗酒，人問何之？答曰：「往聽黄鸝聲。此俗耳針砭，詩腸鼓吹。」《宋書》曰：「戴顒字仲若，譙郡銍人，戴逵子也。」

宋世祖《宋書》曰：「帝名駿，文帝第三子。」嘗賜謝中書寶劍，《宋書》曰：「謝莊字希逸，陳郡陽夏人，太常弘微子也。七歲能屬文。仕至光禄大夫，卒謚憲子。」《南史》曰：「莊韶令，美風儀，宋文帝見而異之曰：『藍田生玉，豈虚也哉！』」謝以與魯豫州送别。《宋書》曰：「魯爽小名女生，扶風郿人。祖宗之，父軌。爽少有武藝，世祖以爲左軍將軍，都督豫州諸軍事。與南郡王義宣作逆，薛安都臨陣刺爽，傳首京師。」後魯作逆，世祖嘗因宴集，問劍所在。謝曰：「昔與魯爽别，竊爲陛下杜郵之賜。」世祖大悦。《史記》曰：「秦攻趙邯鄲，武安君不肯行，於是免武安君爲士伍，遷之陰密。至杜郵，使使者賜之劍自裁。」

元凶篡立，《宋書》曰：「元凶劭，字休遠，文帝長子也。與始興王濬同謀弒逆。世祖入討，劭伏誅。」以顔延之爲光禄大夫。沈約《宋書》曰：「顔延之字延年，瑯琊人。晋光禄大夫含之曾孫。好讀書，無所不覽，文章之美，冠絶當時。吴國内史劉柳以爲行軍參軍，後爲秘書監。」先是延之子竣，爲世祖參軍。及義師入討，竣參定密謀，兼造書檄。劭召延之，示以檄文，問曰：「此筆誰所造？」延之曰：「竣之筆也。」問何以知之？延之曰：「竣筆體，臣不容不識。」又問：「言辭何至乃爾？」延之曰：「竣尚不顧有老父，何緣復有陛下？」劭意遂釋。《姓氏英賢録》曰：「顔竣字士遜，延之長子也。少有令譽，爲宋孝武撫軍主薄，甚被知遇。竣盡心補益，孝武鎮尋陽，遷南中郎記室。及文帝崩問至，孝武舉兵入討，轉諮議參軍，領軍録事。」

謝孺子特善聲律，《南史》曰：「孺子，陳郡陽夏人。祖景仁，左僕射。父恂，鄱陽太守。孺子少與族兄莊齊名，多藝能，尤善聲律。家貧，求爲西陽太守。」與王車騎張宴桐臺，孺子吹笙，王自起舞。既而嘆曰：「真使人飄飄有伊洛間意。」《南史》曰：「王彧字景文，與明帝諱同，故以字行。祖穆，司徒謐之長兄。父僧朗，尚書。景文美風姿，好言理，少與謝莊齊名，爲從叔球所知。」

王侍中嘗因侍宴，《南史》曰：「王份字季文，瑯琊人。祖僧朗，宋尚書僕射。父粹，黄門侍郎。份歷官侍中、丹陽尹。」高祖問群臣：「朕爲有爲無？」侍中答曰：「陛下應萬物爲有，體至理爲無。」《梁書》曰：「帝姓蕭氏，諱衍。代齊，立四十八年而崩。」

蕭引書法遒逸，《南史》曰：「蕭引字叔休，南蘭陵人。曾祖思話，祖惠休，父介，並有名。引方正有器度，聰敏博學，善屬文。仕梁，位西昌侯主簿。侯景之亂，南奔嶺表，北還，拜尚書金部侍郎。」陳宣帝嘗指其署名，語諸人曰：「此字筆勢翩翩，似鳥之欲飛。」引答曰：「此乃陛下假其羽毛。」《陳書》曰：「帝名頊，始興王子。臨海王廢，乃承大統。」

徐孝穆使魏，魏人授館宴賓。是日甚熱，主客魏收嘲孝穆曰：「今日之熱，當由徐常侍來。」《南史》曰：「徐陵字孝穆，東海郯人。徐摛子也。母臧氏，夢五色雲化爲鳳，集左肩上，已而誕陵。十二通《老》、《莊》義。及長，博涉史集，美文辭。官至中書監，領太子詹事。」孝穆從容答曰：「前王肅至此，爲魏始制禮儀。今我來聘，使卿復知寒暑。」《北史》曰：「王肅字恭懿，瑯琊臨沂人。父奐，齊雍州刺史。肅少聰辯，涉獵經史，頗有大志。位秘書丞。父奐，爲齊武帝所殺，肅自建鄴來奔。孝文虚衿待之，引見問故。肅辭義敏切，辯而有禮，帝甚哀惻之。官散騎常侍、揚州刺史。」

魏佛助《北史》曰：「魏收字伯起，小字佛助，鉅鹿下曲陽人。少機警，不持細行。隨父在邊，好習騎射。後折節讀書，以文華顯。除太學博士，至中書監。」盛譽盧思道，《北齊書》曰：「盧思道字子行。聰爽俊辯。年十六，中山劉松爲人作碑，以示思道。思道多所不解，乃感激讀書，師事邢子才。後復爲文示松，松乃不能甚解，因就魏收求異書。才學兼著，然不持操行，好輕侮人。天保中，《魏史》成，思道多所非毁。由是再被笞辱，落泊不調。楊遵彦薦於朝，解褐司空行參軍，兼散騎侍郎。」以詢祖爲不及。詢祖曰：「見未能高飛者，借其羽毛。知逸勢冲天者，剪其翅翮。」李百藥《齊書》曰：「盧詢祖，范陽涿人。祖父偉，封大夏男。父恭道，蚤卒。詢祖襲爵，有術學，文辭華美，爲後生之俊。舉秀才，官司徒記室。」

薛道衡嘗游鍾山開善寺，《隋書》曰：「道衡字玄卿，河東汾陰人。六歲而孤。專精好學。及長，才名益著。河東裴獻目之曰：『鼎遷河朔，吾謂關西孔子，罕遇其人，今復遇薛君矣。』官至司隸大夫。」謂一沙彌曰：「金剛何爲努目？《法苑珠林》云：「西方有神八人，相貌狰獰，身披金甲，手持寶刀，名曰金剛，嘗衛世尊説法于雷音寺。」菩薩何爲低眉？」《金剛經注》云：「菩，普也，薩，濟也。能普濟衆生，故曰菩薩。猶儒者仁人君子之稱。」沙彌答曰：「金剛努目，所以降伏四魔；《婆娑論問》云：「何故名魔？答曰：『斷慧命，故名魔。復次常行放逸害自身，故名魔。』」《净印法門經》云：「以無所爲心印降諸魔，當知有四：一者蘊魔，二者煩惱魔，三者死魔，四者天魔。」菩薩低眉，所以慈悲六道。」《華嚴經》云：「六道皆有罪過，謂天道、人道、魔道、地獄道、餓鬼道、畜生道。」道衡憮然稱善。

楊遵彦《北史》曰：「楊愔字遵彦，弘農華陰人。楊津子也。小名秦王。兒童時，口若不能言，而風度深敏。六歲舉史書，十一受《詩》、《易》，好《左氏春秋》。仕至開府儀同三司、尚書右僕射。」典選時，以六十人爲一甲。楊令其自叙訖，不省文簿，便次第呼之。嘗誤以盧士深爲士琛。士深自言其名，遵彦曰：「盧郎朗潤，所以加玉。」《三國典略》曰：「東魏以楊愔典選，愔令選人自叙，不省文簿，次第呼之，嘗誤呼慕容爲長孫，一人而已。有選人魯漫漢，自言微賤不蒙記。愔曰：『卿前在元子思坊乘驢，遥見我不下，以方麴障面，我何不識卿邪！』漫漢驚服。」

北使李諧至南《北史》曰：「李諧字虔和。父平，尚書僕射。諧幼有風采，趙郡李搔嘗見之，曰：『領軍門下見一神人。』襲爵彭城侯，歷位中書侍郎。天平末，魏欲與梁和好，以諧聘焉。梁武謂左右曰：『卿輩嘗言北間都無人物，此等何處來？』」梁武與之游歷，至放生處，帝問曰：「彼國亦放生否？」諧答曰：「不取亦不放。」帝大慚。《郡國志》曰：「潤州長命洲，梁武帝放生處。」

賈思伯至性謙和，遇士大夫，雖在街道，停車下馬，接誘恂恂，曾無倦色。客曰：「公今貴重，寧能不驕？」思伯曰：「衰至便驕，何常之有！」當時以爲雅言。《北史》曰：「賈思伯字仕休，齊郡益都人。與弟思同，師事北海陰鳳。業竟，無資酬之，鳳質其衣物。時人爲之語曰：『陰生讀書不免癡，不識雙鳳脱人衣。』思伯累遷中書侍郎，爲孝文所知。」

潘師正居嵩山逍遥谷，高宗召問所須。師正對曰：「臣所須者，茂松清泉，山中不乏。」《唐書》曰：「潘師正，趙州贊皇人。少以孝聞。大業中，度爲道士，師事王知遠。清净寡欲，居嵩山，積二十年，但服松葉，飲水而已。卒，贈體元先生。」

田游巖，頻召不出。高宗幸嵩山，親至其門。游巖野服出拜，儀止謹樸。帝問：「先生比佳否？」游巖對曰：「臣所謂泉石膏肓，煙霞痼疾。」《唐書》曰：「田游巖，京兆三原人。初補太學生，後罷歸。游太白山，遇林泉會意，留連不能去。母及妻子，並有方外之志，同游山水二十餘年。後入箕山，就許由廟東，築室而居。帝後營奉天宫，游巖先居宫側，特令勿毁，仍題曰：『處士田游巖宅。』」

天后嘗召徐有功《唐書》曰：「徐有功，國子博士，文遠孫也。舉明經，除蒲州司法參軍。爲政寬仁，不行杖罰。吏人感其恩信，遞相約曰：『若犯徐司法杖者，衆斥罰之。』由是終於代滿，不戮一人。」責之曰：「公比斷獄，多失出，何邪？」有功答曰：「失出，臣小過，好生，陛下大德。」劉餗《隋唐嘉話》曰：「徐大理有功，見武后將殺人，必據法廷争。嘗與后反覆，辭色愈厲。后大怒，令拽出斬之。猶回顧曰：『臣雖死，法終不可改。』至市臨刑得免，除名爲庶人。如是再三，終不挫折。朝廷倚賴，至今懷之。其子預選，有司皆曰：『徐公之子，豈可拘以常調者乎？』」

陸羽宋祁《隱逸傳》曰：「陸羽字鴻漸，一名疾，字季疵，復州竟陵人。不知所生，有僧得諸水濱。既長，以《易》自筮，得蹇之漸，曰：『鴻漸於陸，其羽可用爲儀。』乃以陸爲氏，名而字之。隱苕溪，自稱桑苧翁。闔門著書，或獨行野中，誦詩擊木，徘徊不得意，或慟哭而歸，時謂今接輿也。」問張志和：「孰與往來？」志和曰：「太虚爲室，明月爲燭，與四海諸公共處，未嘗少别，何有往來。」《唐詩紀事》曰：「張志和字子周，婺州人。母夢楓生腹上而産志和。十六擢明經。肅宗時貶南浦尉，不復仕，居江湖，自稱『煙波釣徒』。著《玄真子》。兄鶴齡，恐其遁世，爲築室越州東郭，與陸羽往還。李德裕稱志和『隱而有名，顯而無事；不窮不達，嚴光之比』云。」

寇萊公鎮大名，北使至，語寇曰：「相公望重，何故不在中書？」寇曰：「主上以朝廷無事，北門鎖鑰，非準不可。」《寇萊公遺事》曰：「公諱準，字平仲，華州人。太宗幸魏，公年十六，以父陷蕃，上書行在，辭色激昂，舉止無畏。上壯之，命有司記姓名。後二年，進士及第，寖以貴顯。」

王荆公作相，裁損宗室恩數。宗子相率馬首陳狀，云：「均是宗廟子孫，那得不看祖宗面？」荆公厲聲曰：「祖宗親盡亦祧，何況賢輩！」於是皆散去。《五朝名臣言行録》曰：「王安石字介甫，撫州人。位至丞相、左僕射，封荆公，追贈舒王。」

王介甫嘗見舉燭，因言：「佛書有日月燈光明佛，燈光豈得配日月？」吕吉甫曰：「日昱乎晝，月昱乎夜。燈光昱乎晝夜，日月所不及，其用無差别。」介甫大以爲然。《東都事略》曰：「吕惠卿字吉甫，泉州晋江人。爲集賢校勘。王安石領制置三司條例司，以惠卿爲檢詳。安石去位，薦爲參知政事。」

馮當世知並州，《東都事略》曰：「馮京字當世，鄂州江夏人。初雋邁不群。舉進士，自鄉選至廷對俱第一。宰相富弼，京之婦翁也。京知制誥日，韓琦爲相，京數月不一見，琦謂其傲，以語弼。弼使往見之，京曰：『公爲宰相，而京不妄詣公者，乃所以重公也，豈傲哉！』官參知政事，謚文簡。」以書寄王平甫曰：「並門歌舞妙麗，閉目不窺，日以談禪爲上。」平甫答曰：「若如所論，未達禪理。閉目不窺，已是一重公案。」王介甫撰《王平甫志》曰：「安國字平甫，臨川人。熙寧間歷官大理寺丞。」

黄太史云：「士大夫三日不讀書，則理義不交於胸中，便覺面貌可憎，語言無味。」《山谷年譜》曰：「公諱庭堅，字魯直，分寧人。治平丙午赴鄉舉，詩題出《野無遺賢》。廬陵李詢，讀先生詩中兩句云『渭水空藏月，傅巖深鎖烟』，擊節稱賞云：『此人不惟文理冠場，異日當以詩名擅四海。』遂膺首選。歷官著作佐郎，兼史館。」

政事

孔君魚爲姑臧長，清儉逼下，有譏之者，答曰：「奮身處脂膏，不能自潤。」《東觀漢記》曰：「孔奮字君魚，扶風茂陵人。守姑臧長。唯老母極膳，妻子但食葱菜。」

龐仲達爲漢陽太守，司馬彪《續漢書》曰：「龐參字仲達，河南緱氏人。官至太尉。」郡人任棠有奇節，隱居教授。仲達到，先候之。棠不交言，但以薤一大本，水一盂，置户屏前，自抱孫兒伏於户下。主簿白以爲倨。仲達思其微意，良久曰：「棠是欲曉太守，水者欲吾清，拔大本薤者欲吾擊强宗，抱兒當户欲吾開門恤孤也。」嘆息而還。仲達在職，抑强助弱，果以惠政得民。《後漢書》曰：「永壽中，太尉黄瓊上疏曰：『伏見處士巴郡黄錯、漢陽任棠，年皆耋耆，有作者七人之志，宜見引致，助崇大化。』詔公車徵，棠竟不至。」

任延爲會稽都尉，時年十九，迎官驚其壯。及到，静泊無爲，唯先遣饋，禮祠延陵季子。范曄《後漢書》曰：「任延字長孫，南陽宛人。年十二爲諸生，學於長安，明《詩》、《易》、《春秋》，顯名太學，學中號爲『任聖童』。更始中，以大司馬屬，拜會稽都尉。」

孔文舉在北海時，教高密令曰：「志士鄧子然告困，焉得愛釜庾之間，以傷烈士之心。」與豆三斛。後乏復言。

孔思遠爲後軍府長史，雖醉日居多，而曉明政理，醒時判決未嘗有壅。衆咸曰：「孔公一月二十九日醉，勝世人二十九日醒。」

劉玄明甚有吏能，歷建康、山陰令，政常爲天下第一。《南史》曰：「劉玄明，臨淮人。官至司農卿。」後傅翽代爲山陰，問玄明曰：「願以舊政告新令尹。」玄明答曰：「我有奇術，卿家譜所不載。《南史》曰：「傅翽，北地靈州人。祖僧祐，山陰令；父琰，爲建康、山陰令，並著能名，二縣謂之傅聖。翽位至驃騎諮議。」孔平仲《續世説》曰：「諸傅有理縣譜，子孫相傳，不以示人。」臨別當以相示。」既而言：「作縣令，唯日食一升飯而不飲酒，此第一策也。」

蘇瓊爲清河太守，清慎無私。有沙門道研求謁，意在理債。瓊每見，則談問玄理，道研無由啓口。弟子問其故，道研曰：「每見府君，徑將我入青雲間，何由得論地上事。」遂焚其券。《北史》曰：「蘇瓊字珍之，長樂武強人。父備，魏衛尉。瓊隨父在邊，東荆州刺史曹芝署爲長流參軍。齊文襄引爲刑獄參軍，每加勞勉。」

楊德幹爲萬年令。高宗朝有宦官恃寵，放鷂不避人禾稼，德幹杖之二十，悉拔去鷂頭。宦者涕泣袒背以示帝，帝曰：「情知此漢獰，何須犯他百姓。」宋祁《唐書》曰：「洛陽令楊德幹，矜酷烈，殺人以立威。歷澤、齊、汴、相四州刺史。時語曰：『寧食三年炭，不逢楊德幹。』」

宋廣平愛民惜物，朝野歸美，人咸謂有脚陽春。劉昫《唐書》曰：「宋璟，邢州南和人。其先自廣平徙焉。璟少耿介有大節，博學攻文翰。弱冠舉進士，累轉鳳閣舍人，當官正色，則天甚重之。玄宗朝，累官尚書、右丞相，封廣平郡公。」

玄宗嘗賜酺三日，《漢書注》曰：「漢律：三人以上，無故飲酒，罰金四兩，故以賜酺爲惠澤。」唐無酺禁，賜酺者聚作伎樂，高年賜酒麪也。上御五鳳樓，觀者喧溢，樂不得奏。金吾白挺如雨，不能遏止。上患之。高力士《唐書》曰：「高力士，馮盎曾孫也，冒姓高氏。武后敕給事左右；玄宗時歷進開府儀同三司。後除籍流巫州，卒。」奏河南丞嚴安之，爲理嚴，爲人所畏，請使止之。上從之。安之至，以手板繞場畫地曰：「犯此者死！」於是三日，指其畫以相戒，無敢犯者。《雲溪友議》曰：「嚴安之、定之，昆弟也。安之爲長安戎曹，權過京尹。」《封氏聞見録》曰：「安之爲赤縣尉，力行猛政。」

開成中，延英奏對。李石《唐書》曰：「石字中玉，隴西人。機辯有方略，尤精吏術。大和三年，爲鄭滑行軍司馬。入朝奏事，占對明辯，文帝嘉之。歷官檢校司空平章事。」言：「嘗西蜀中元日，詣佛寺，見故劍南節度使韋皋圖形。百姓至者，先拜而後謁佛。臣訪於故老，皆曰：『方税重，令公輪年全放，恩深於蜀。』今無此惠澤，追思益切。」《唐書》曰：「韋皋字武臣，京兆人。貞元元年爲劍南西川節度使，以功加檢校司徒中書令，封南康郡王。」

李文靖爲相，《東都事略》曰：「李沆字太初，洺州肥鄉人。父炳，侍御史。沆沉厚寡言，器度宏遠。咸平中，拜平章事。卒，贈中書令，謚文靖。」當太平之際，凡有建議務，更張喜激昂者，一切報罷。曰：「用此報國。」《湘山野録》曰：「李公嘗被同年馬亮責之曰：『外議以兄爲無口瓠。』公笑曰：『吾居政府，然無長才，但中外所陳利害，一切報罷，聊以此補國耳。今國家防制纖悉，密若凝脂，苟徇所陳，一一行之，則所傷實多。』」

文學

淮南王著《鴻烈》二十篇，《楚辭注》曰：「淮南王安，博雅好古。」《西京雜記》曰：「鴻，大也；烈，明也。言大明禮教也。」號《淮南子》，自云字中皆挾風霜之氣。揚子雲以爲一出一入，字直百金。《漢書》曰：「揚雄字子雲，蜀郡成都人。好學博覽。少嗜欲，家無儋石之儲，晏如也。年四十餘游京師，大司馬王音召爲門下史，薦雄待詔，歲餘爲郎中，給事黄門。」

陳孔璋草檄文成，以呈曹公。公先苦頭風，是日疾發，卧讀孔璋所著，翕然而起，曰：「此愈我疾。」《魏略》曰：「陳琳字孔璋，廣陵人。避難冀州，袁紹使典文章。紹檄文，即琳之辭也。後歸太祖。太祖謂曰：『卿昔爲本初移書，但可罪狀孤而已。惡惡止其身，何乃上及父祖邪？』琳謝罪，太祖愛其才而不責也。」

朱公叔耽學專精，鋭意講誦。或時思至，不自知，亡失衣冠，顛墜阬岸。其父以爲專愚，幾不知馬之幾足。張璠《漢記》曰：「朱穆字公叔，南陽宛人。父暉，尚書令。穆五歲好學。」謝承《後漢書》曰：「穆少有英才，學明五經。性矜嚴疾惡，不交非類。」袁山松《後漢書》曰：「穆著論甚美，蔡邕自至其家寫之。穆感時澆薄，慕尚敦篤，乃作《崇厚論》。」

王充著《論衡》成，中土未有傳者。袁山松《後漢書》曰：「王充字仲任，會稽上虞人。幼聰明。詣太學，觀天子臨辟雍，作《六儒論》。」謝承《後漢書》曰：「謝夷吾薦充曰：『充之天才，非學所加。雖前世孟軻、孫卿，近世楊雄、劉向、司馬遷，不能過也。』蔡中郎到江東得之，嘆爲高文，恒秘玩以爲談助。及還北，諸公覺其談更遠，檢求帳中，果得《論衡》一部。袁山松《後漢書》曰：「其後王朗爲會稽太守，又得其書，時人稱其才進。或曰：『不見異人，當得異書。』問之，果以《論衡》之益。」《抱朴子》曰：「時人在蔡邕帳中搜得《論衡》，捉數卷持去。邕丁寧之曰：『唯我與爾共之，勿廣也。』」

潘元茂《文章志》曰：「潘勗字元茂，陳留中都人。少有逸才。獻帝時爲尚書郎，遷東海相。未發，拜尚書左丞，病卒。」作魏公册命，《後漢書》曰：「曹操自爲魏公，加九錫。」人謂與訓誥同風。元茂亡後，王仲宣王粲別見。擅名當時，便疑此册是仲宣所爲。及晉王爲太傅，臘日，大會賓客，語元茂子滿曰：「尊君作魏公册高妙，仲宣亦以爲不如。」人始信是元茂作。文多不載。

荀奉倩諸兄，並以儒術論議。《魏志》曰：「荀粲字奉倩，潁川潁陰人。父彧，尚書令。祖緄，濟南相。曾祖淑，朗陵相。」何劭《荀粲別傳》曰：「粲簡貴，不能與常人交接，所友皆一時俊傑。葬夕，赴者裁十餘人，皆同時知名之士，哭之感慟路人。」《荀氏家傳》曰：「彧五子：惲字長倩，虎賁中郎將；惲弟俁，字叔倩，御史中丞；俁弟詵，字曼倩，大將軍從事中郎。皆知名。詵弟顗，字景倩；顗弟粲。」《晉陽秋》曰：「荀顗博學洽聞，嘗難鍾會，易無互體，見稱於世。」奉倩獨好言道，常以子貢稱夫子之言性與天道，不可得聞，何晏《論語集解》曰：「性者，人之所受以生也。天道者，元亨日新之道深微，故不可得而聞。」然則六籍雖存，固聖人之糠粃也。兄俁難曰：「《易》云：聖人立象以盡意，《繫辭》焉以盡言，則微言胡不可聞？」奉倩答曰：「蓋理之微者，非物象之所舉也。今稱立象以盡意，此非通於意外者也；繫辭焉以盡言，此非言乎繫表者也。斯則象外之意、繫表之言，固蘊而不出矣。」一時能言之士，皆莫能屈。

【眉批】

按：此《世説注》中已有，然無「凡難」以下，故並存之。

管公明與單子春談，文采葩流，枝葉横生，少引聖籍，多發天然。子春與群士，論難鋒起，公明人人答對，言皆有餘，至日向莫，子春語衆人曰：「此年少言論，正似司馬長卿《游獵賦》。」《輅别傳》曰：「輅父爲瑯琊即丘長。公明時年十五，來至官舍，講學郡黌。瑯琊太守單子春雅有材度，聞公明一黌之雋，請與相見。子春大會賓客百餘人，皆才辨之士。公明曰：『府君名士，加有雄貴之姿。輅既年少，膽未堅剛。若欲相難，懼失精神。請先飲二升清酒，然後言之。』子春便酌三升清酒，獨使飲之。酒盡，問子春：『今欲與輅相對者，府君四坐之士邪！』子春曰：『吾自與卿旗鼓相當。』輅言：『學問微淺，未能上引聖人之道，陳秦漢之事，但欲論金木水火土，鬼神之情耳！』子春言：『此至難，而卿更以爲易邪？』於是唱大論之端，遂經於陰陽。單稱嘆不已。」《史記》曰：「司馬相如，字長卿。客游梁，著《子虚之賦》。武帝讀而善之。相如曰：『此乃諸侯之事，未足觀也。請爲天子《游獵賦》。』以『子虚』，虚言也，爲楚稱；『烏有先生』者，烏有此事也，爲齊難；『無是公』者，無是人也，明天子之義。故空藉此三人爲辭，以推天子諸侯之苑囿。其卒章歸之於節儉，因以風諫。奏之天子，天子大悦。」

黄初中有甲乙疑論，《殷基通語》曰：「司馬懿誅曹爽，費褘設甲乙論：甲以爲曹爽兄弟，凡品庸人，以宗子枝屬，得蒙顧命。而驕奢僭逸，交非其人。私樹朋黨，謀以亂國。懿奮誅戮，一朝殄盡。此所以副士民之望也。乙以爲懿感曹仲附己不一，豈爽與相干。事勢不專，以此陰成疵瑕。初無忠告侃爾之訓，一朝屠戮，讒其不意，豈大人經國篤本之事乎！若爽信有謀主之心，大逆已構，而發兵之日更以芳委爽兄弟，懿父子從後閉門，舉兵蹙而向芳，豈忠臣爲君深謀之謂乎？以此推之，爽無大惡明矣。若懿以爽奢僭，廢之可也。滅其尺口，被以不義，絶子丹血食，及何晏魏之親甥亦與同戮，爲僭濫不當矣。」荀仲茂、

《荀氏家傳》曰：「荀閎字仲茂，諶之子，爲太子文學掾。」鍾元常、王景興、袁曜卿《魏志》曰：「袁渙字曜卿，陳郡扶樂人。父滂，漢司徒。渙避地江淮，爲袁術所命。吕布擊術於阜陵，渙往從之，爲布所拘留。」《袁氏世紀》曰：「布之破也，陳群父子亦在布軍，見太祖皆拜。渙獨高揖，太祖甚嚴憚之。時太祖給衆官車各數乘，使取布軍中物。衆人皆重載，渙取書數百卷而已。」議各不同。文帝謂元常曰：「袁、王國士，更爲脣齒；荀閎勁悍，往來鋭師。真君侯之勍敵，左右之深憂。」

葛稚川目陸平原之文如玄圃積玉，無非夜光。《晋書》曰：「葛洪字稚川，丹陽句容人。少好學，家貧，伐薪以貿紙筆，夜輒寫書誦習。性寡欲，無所愛玩，不知棋局幾道，樗蒱齒名。爲人木訥，不好榮利，閉門却掃，未嘗交游。於餘杭山見何幼道、郭文舉，目擊而已，各無所言。尋書問義，不遠數千里，崎嶇冒涉，期於必得。遂究覽典籍，尤好神仙導養之法。」

陸士衡入洛，擬作《三都賦》。聞左太冲作之，臧榮緒《晋書》曰：「思欲作《三都賦》，乃詣著作郎，訪岷邛之事，搆思十稔。門庭藩溷，皆著筆札，遇得一句即疏之。士衡撫掌大笑，與弟士龍書曰：「此間有傖父，欲作《三都賦》。須其成，以覆酒甕耳。」後左賦出，士衡絶嘆伏，以爲不能加。遂輟筆焉。

陸士衡入洛，次河南偃師。近夕結陰，投宿民居，見一少年，姿神端遠，與士衡言，玄妙有辭致。士衡心服其能，乃提緯古今，總驗名實。少年亦不甚欣解。既曉，辭去。士衡脱驂，逆旅嫗曰：「此東數十里無村落，止有山陽王家墓耳。」知所遇者，輔嗣也。士衡由此妙達玄理。酈道元《水經注》曰：「今屍鄉澤野，負原夾郭，多墳隴焉，即陸士衡會王輔嗣處也。」

宋處宗甚有思理，嘗買得一長鳴鷄，籠着窗間。鷄遂作人語，與宋談，極有致。宋因此玄功大進。《晋陽秋》曰：「宋宗字處宗，沛國人。官兖州刺史。」

王右軍少重患，一二年輒發動。後答許掾詩，忽復惡。中得二十字云：「取歡仁智樂，寄暢山水陰；清泠澗下瀨，歷落松竹林。」既醒，左右誦之。誦竟，右軍嘆曰：「癲何預盛德事邪！」《説文》曰：「癲，狂也。」《正韻》

曰：「病也。」

宋文帝嘗問慧觀：釋惠皎《高僧傳》曰：「慧觀，清河人。姓崔。十歲便以博見馳名。弱年出家，游方廬山。諮禀惠遠，風神秀雅，思入玄微。」「頓悟之義，誰復習之？」佛教修入，有頓悟、漸修二宗。答云：「有生公《高僧傳》曰：「竺道生，鉅鹿人。幼穎悟若神。值竺法汰，遂改俗皈依。雋思奇拔，聞義開解。王弘、顏延之，並敬挹風猷。弟子道猷。」《高僧傳》曰：「道猷初爲生公弟子，師亡後，見新出《勝鬘經》，嘆曰：『先師昔義，闇與經同。』因注《勝鬘》，以翌宣遺訓。」即敕臨川郡發遣到京。既至，延入宮内，大集義僧，命猷述頓悟。時競辯之徒，關責互起。猷既積思參玄，又宗源有本，乘機挫鋭，往必摧鋒。帝撫几稱快，《高僧傳》曰：「道生既潛思日久，徹悟言外，乃喟然嘆曰：『夫象以盡意，得意則象忘；言以詮理，入理則言息。自經典東流，譯人重阻，多守滯文，鮮見玄義。若忘筌取魚，始可以言道矣。』於是校閲真俗，研思因果，乃言善不受報，頓悟成佛。又著《二諦論》。」因語諸人曰：「生公孤情絶照，猷公直轡獨上。可謂克明師匠，無忝徽音。」

何子季與周彦倫周顒別見。同時，二人精信佛法。《南史》曰：「何胤字子季，廬江灊人。祖尚之，中書令。父鑠，宋宜都太守。胤八歲居憂，毁若成人。及長，輕薄不羈。晚乃折節好學，師事劉瓛，受《易》及《禮記》、《毛詩》。入鍾山定林寺，聽内典，其業皆通。而縱情誕節，時人未之知也。唯瓛與周顒深器異之。仕齊爲建安太守。永元中，徵太子詹事，梁徵領軍司馬，並不就。子季别立精廬，都無妻妾。文惠太子《齊書》曰：「文惠太子長懋，字雲喬，小字白澤，世祖長子也。」嘗問彦倫：「卿精進何如胤？」彦倫答曰：「三塗八難，按《净名疏》，界内八難曰：「地獄、畜生、餓鬼，三塗也。盲聲喑啞，世智辨聽，佛前佛後，北俱盧洲，人道也。無想天，或指長壽天，天二也。爲凡夫住事八難。界外八難曰：有餘中三十心，爲三惡道；住無我法，名爲北洲；地前法愛，如長壽天；未有初地，十種六相，名諸根不具；地前智淺，如世智辨聽；不窮中理，如佛前佛後，爲二乘住理八難。」共所未免，然各有其累。」太子問所累云何？曰：「周妻何肉。」《南史》曰：「胤侈於味，食必方丈，後稍欲去其甚者，猶食白魚、䱇脯、糖蟹。嘗食蚶蠣，使門人議之。學生鍾岏曰：『䱇之就脯，驟於屈伸，蟹之將糖，躁擾彌甚。仁人用意，深懷如怛。至於車螯蚶蠣，眉目內闕，慚混沌之奇；獷殼外緘，非金人之慎。不悴不榮，曾草木之不若；無馨無臭，與瓦礫其何算。故宜長充庖厨，永爲口實。』竟陵王見岏議大怒。汝南周顒與胤書，勸令食菜，曰：『變之大者，莫過死生。死生之所重，無逾性命。性命之於彼極切，滋味之在我可賒。若云三世理誣，則幸矣良快，如使此道果然，而受形未息，一往一來，生死常事，則傷心之慘，行亦自及。丈人於血氣之類，雖不身踐，至於晨鳧夜鯉，不能不取備屠門。財貝之經盜手，猶爲廉士所棄，生性之一啓鑾刀，寧復慈心所忍。騶虞雖餓，非自死之草不食，聞其風者，豈不使人多愧。丈人得此有素，聊復片言發起耳。』胤末年，遂絶血味。」

何尚之爲丹陽尹，《宋書》曰：「何尚之字彥德，廬江灊人。曾祖準，高尚不仕。祖恢，南康太守。父叔度，恭謹有行業。尚之雅好文義，從容賞會，甚爲宋太祖所知。官至侍中、尚書令。」更置玄學於南郭外，一時名士，慕道來游。王倩玉《宋書》曰：「王球字倩玉，瑯琊臨沂人。父謐，司徒。球素簡貴，不交游。江夏王義恭嘗謂何尚之曰：『當今乏才，群下宜加戮力。而王球放恣，恐宜以法糾之。』尚之曰：『球有素尚，未可以文案索也。』官至太子詹事大夫、尚書僕射。」嘗稱之曰：「尚之西河之風不墜。」西河，子夏所居。

張參軍少有思理，《南史》曰：「張譏字直言，清河武城人。祖僧寶，梁太子洗馬。父仲悦，梁尚書祠部郎。譏幼聰俊有思理，十四通《孝經》、《論語》，篤好玄言。官始安王記室參軍。」爲國子助教時，周弘正在國學，發《周易》題，弘正第四弟弘直亦在講席。參軍與弘正論義，弘正理小屈，弘直危坐厲聲，助其申理。參軍正色曰：「今日義集，辯正名理，雖知兄弟急難，四公不得有助。」弘正語人曰：「吾每登坐，見張譏在席，使人懍然。」《南史》曰：「周弘正字思行。父寶始，梁司徒祭酒。弘正幼孤，及弟弘讓、弘直，爲伯父捨所養。十歲通《老子》、《周易》。官至國子祭酒。弘直字思方。幼聰敏。仕梁爲湘東王記室參軍。」

邢子才有書甚多，不甚讐校，李百藥《齊書》曰：「邢劭字子才，河間鄚人。魏太常貞之後。十歲能屬文，雅有才思，聰明强記，日誦萬言。少在洛陽與時名勝，專以山水游宴爲娱。嘗因霖雨，讀《漢書》，五日略能遍記。後飲讌既倦，廣尋經史，五行俱下，一覽便無遺忘。文章典麗，既贍且速。年未二十，名動衣冠。官至國子祭酒。」嘗謂「誤書思之，更是一適」。《齊書》曰：「劭妻弟李節，亦才學之士，謂劭『思誤書何由便得』？劭答曰：『若思不能得，便不勞讀書。』」

顔延之嘗問鮑明遠：沈約《宋書》曰：「鮑昭字明遠。文辭贍逸。世祖時，爲中書舍人。上好爲文章，自謂物莫能及。昭悟其旨，爲文多鄙言累句。當時咸謂昭才盡，實不然也。臨海王子頊爲荆州，昭爲前軍掌書記。子頊敗，爲亂兵所殺。」「己詩與謝康樂優劣？」鮑曰：「謝五言如初發芙蓉，自然可愛。君詩若鋪錦列綉，亦雕繢滿眼。」《詩品》曰：「湯惠休曰：『謝詩如芙蓉出水，顔如錯彩鏤金。』顔終身病之。」

謝超宗好學，有文辭，《南史》曰：「超宗，謝鳳子，靈運之孫也。隨父徙嶺南，元嘉末得還。歷官至義興太守。後以事賜盡。」爲新安王子鸞常侍。《宋書》曰：「始平孝敬王子鸞，孝武第八子也，改封新安王。」時王母殷淑妃卒，《宋書》曰：「淑妃卒，上庸愛不已，擬漢武《李夫人賦》。」超宗作誄奏之。上大嗟賞，曰：「超宗殊有鳳毛。」

齊世祖問王僕射：「當今誰能爲五言詩？」《南齊書》曰：「儉字仲寶，琅琊臨沂人。祖曇首，父僧綽。儉生而僧綽遇害，數歲襲爵，拜受茅土，流涕嗚咽。幼有神彩，專心篤學，手不釋卷。高帝爲太尉，引爲長史。遷尚書僕射。」王答曰：「謝朏得父膏腴，《南史》曰：「謝朏字敬冲，謝莊子。幼聰慧，十歲能屬文。莊游土山，使朏命篇，攬筆便就。莊撫其背曰：『真吾家千金！』仕至中書監、司徒衞將軍。」江淹有意。劉璠《梁典》曰：「江淹字文通，濟陽人。六歲能屬詩。及長，愛奇尚異。宋桂陽王舉秀才。齊興，爲豫章王記室。天監中，爲金紫光禄大夫。」鍾嶸《詩品》曰：「『文通，詩體總雜，善於摹擬。筋力於王微，成就於謝朓。初，淹罷宣城郡，遂宿冶亭，夢一美丈夫，自稱郭璞，謂淹曰：『吾有筆在卿處多年矣，可以見還。』淹探懷中，得五色筆以授之。爾後爲詩，不復成語。故世傳『江淹才盡』。」

何參軍《南史》曰：「何思澄字元静，東海郯人。父敬叔，齊長城令。思澄少勤學工文，爲《游廬山詩》，沈約大相稱賞，自以爲弗逮。仕至湘東王録事參軍。」與族弟水部、《梁書》曰：「何遜字仲言。東海郯人。曾祖承天，宋御史中丞。遜八歲能賦詩，文章與劉孝綽並重於世，世謂『何劉』。官至尚書水部郎。」散騎，《南史》曰：「何子朗字世明，早有才思。周捨每與談，服其精理。卒於國山令。」俱擅文名，時人爲之語曰：「東海三何，子朗最多。」參軍曰：「外言殊不爾，故當推遜。」

張思光作《海賦》，文辭詭激，融《賦》奇句曰：「窮區没渚，萬里藏岸。湍轉則日月似驚，浪動則星河如覆。却瞻無後，向望何前。長尋高眺，唯水與天。」惜全篇脱落不可讀。以示鎮軍將軍徐凱之。徐曰：「此賦實超玄虚，王儉《七志》曰：「木華字玄虚，廣川人。」傅亮《文章志》曰：「玄虚爲《海賦》，文章雋麗，足繼前良。」但恨不道鹽耳。」思光即求筆益之曰：「漉沙搆白，熬波出素，積雪中春，飛霜暑露。」

薛道衡聘陳，作《人日詩》云：「入春纔七日，離家已二年。」南人嗤之曰：「是底言，誰謂此虜解作詩？」及云：「人歸落雁後，思發在花前。」乃喜曰：「名下固無虚士。」

釋慧净嘗與道士蔡晃談義，晃屢被摧折。僧道宣《傳燈録》曰：「慧净俗姓房氏，常山真定人。隋國子博士，徽遠族子。生知天挺，雅懷篇什，風格標峻，器宇冲邈。弱歲便曉文頌。十四出家，志業弘遠，日頌八千餘言。總持辭義，罕有其比。」國子祭酒孔穎達劉昫《唐書》曰：「孔穎達字仲達，冀州衡水人。八歲就學，日誦千餘言。及長，明《左氏傳》、鄭氏《尚書》、王氏《易》、《毛詩》、《禮記》，兼善算曆，解屬文。同郡劉焯名重海内，穎達造門請質疑滯，多出意表，焯改容敬之。大業初，舉明經。太宗引爲文學館學士，拜國子祭酒。」心存道黨，謂慧净曰：「佛家無諍，《語録》曰：「佛説我得無諍三昧，人中最爲第一。」法師何以屢構斯難？」慧净答曰：「佛破外道，外道不通，《圓覺經注》曰：「外道者，着諸見等以邪智惑人令疑。」反謂佛曰：『汝常自言平等，今既以難破我，即是不平，何謂平等？』《金剛經》曰：「是法平等，無有高下，是名阿耨多羅三藐三菩提。」佛爲通曰：『以我不平，破汝不平，汝若得平，即我平矣。』顧今亦爾以净之諍，破彼之諍，彼得無諍，即净無諍也。」

齊澣善知今事，《唐詩紀事》曰：「齊澣字洗心，定州人。開元間，與蘇晋、蘇頲、賈曾、韓休、許景先、孫逖典詔誥，爲代言最。杜暹當國，表宋璟爲吏部尚書，澣及蘇晋爲侍郎，世謂臺選。常稱希烈、苗晋卿之才，後皆大顯。」高仲舒善知古事。劉昫《唐書》曰：「高叡，雍州萬年人。子仲舒，博通經史，尤明三《禮》及詁訓之書。神龍中，爲相王府文學。開元中授中書舍人。」姚崇每諮此兩人，嘗曰：「欲知古事問仲舒，欲知今事問齊澣。」

元微之劉昫《唐書》曰：「元稹字微之，河南人。魏昭成皇帝之後。父寛，比部郎中。稹九歲能屬文，十五兩經擢第，二十入應制舉才識兼茂明於體用科，稹爲第一，除右拾遺。長慶二年，拜平章事。」《唐詩紀事》曰：「穆宗時，嬪御多誦稹歌詞，宫中號爲元才子。」與劉夢得、《唐書》曰：「劉禹錫字夢得，彭城人。祖雲，父漵，世以儒學稱。禹錫精於古文，善五言詩，今體文章復多才麗。爲監察御史。以附麗王叔文，連加貶逐，終太子賓客，分司東都。」韋楚老《唐詩紀事》曰：「韋楚老，長慶進士。終于拾遺。」在白傅第，《唐書》曰：「白居易字樂天，太原人。北齊五兵尚書建之仍孫。祖鍠，父季庚，世敦儒業。居易聰慧絶人，貞元十四年，高郢擢升甲科，授校書郎。元和中，爲集賢校理。文辭富豔，尤精詩筆。所著歌詩，意存諷賦，箴時之病，補政之闕，士君子多之，往往流聞禁中。章武納諫思理，渴聞黨言，召入翰林爲學士。」各賦金陵懷古詩。劉先成，白覽之曰：「四人探驪龍，子先獲珠，所餘鱗爪何用邪？」《莊子》曰：「河上有家貧，持緯蕭而食者。子没川，得千金珠。謂其子：『取石來鍛之。夫千金之珠，必在九重之泉，驪龍頷下，若能得珠者，遭其睡也。如使驪龍寤，子尚奚微之有哉！』」於是罷唱。劉詩曰：「王濬樓船下益州，金陵王氣黯然收。千尋鐵鎖沉江底，一片降幡出石頭。人世幾回傷往事，山形依舊枕清流。而今四海爲家日，故壘蕭蕭蘆荻秋。」

范蜀公素不飲酒，又詆佛教，《宋史》曰：「范鎮字景仁，成都華陽人。薛奎守蜀，還朝曰：『得一偉人，當以文學名世。』其學本六經，不道佛、老、申、韓之説。歷官端明殿學士，提舉太乙宫，兼侍讀。」在許下，與韓持國《五朝名臣言行録》曰：「韓維字持國，忠獻公億之子。以蔭補官，仕至門下侍郎。」兄弟《宋史論》曰：「億有子，位公府而行各有適。絳適於同，維適於正，縝適於嚴。」往還，諸韓皆崇此二事，李廌《師友談記》曰：「東坡云：日者王寧、王寔見訪，寔，持國少傅之婿也，因問持國安否？皆曰持國嘗語人：『吾已癃老，且將聲樂酒色以娛年。』東坡曰：『頃有一老人，未嘗參禪，而雅合禪理。一日，會親友曰：「老人且去。」因攝衣正坐，將奄奄焉。諸子呼號，願留一言爲教。老人曰：「惟五更起，勾當自家事。」諸子曰：「家中幸豐，何用早起？家事皆自家事，豈有分別？」老人曰：「不然。所謂自家事，是死時將得去者。吾平生治生，今日就化，可將何者去？」諸子頗悟。持國果自以殘年，勞心聲酒，不若爲死時將去者計也。』」公頗病之，貽蘇子瞻書，問救之當以何術？子瞻報曰：「請公試觀能惑之性，何自而生？欲救之心，作何形相？此猶不立，彼復何依。正恐黃面瞿曇，亦須斂衽。《釋迦譜》曰：「浄飯遠祖，捨國修行，受瞿曇姓，故曰瞿曇氏。」況學之者耶！張太史《明道雜志》曰：「范蜀公不信佛説，大蘇公嘗與公論，求其所以不信之説。范公云：『鎮平生事，非目所見者未嘗信。』蘇公曰：『公亦安能然哉！設公有疾，令醫切脉，醫曰寒則服熱藥，曰熱則餌寒藥，公何嘗見脉而信之，何獨至於佛而必待見耶？』」

黃龍寺晦堂老子，嘗問山谷以吾無隱乎爾之義。《寧州志》曰：「黃龍山寺，吴黃武中，有黃龍見于山，因以名。」山谷詮釋再三，晦堂不答。時暑退涼生，秋香滿院，晦堂因問曰：「聞木犀香乎？」山谷曰：「聞。」晦堂曰：「吾無隱乎爾。」山谷乃服。

宋次道家多書，《東都事略》曰：「宋敏求字次道，隨州平棘人。父綬，參知政事。家藏書二萬卷。敏求官龍圖閣學士，以力學被遇。父子繼世掌史。」劉道原就借觀。宋日具酒饌，爲主人禮。道原曰：「此非吾所爲來也。」悉撤去。閉閣抄讀，旬日盡其書而去。《宋史》曰：「劉恕字道原，筠州人。父奂，穎上令。恕少穎悟，書過目成誦，重意義，急然諾。王安石欲引置三司條例，以不習金穀辭。」

世説新語補卷之二 鼓吹一

明 何良俊 撰補
王世貞 删定
張文柱 校注
凌濛初 考訂

方正

陳尚書班固《漢書》曰：「御史大夫陳萬年，子咸，亢直有異才，官廷尉監，累遷尚書。」見王莽司馬光《通鑑》曰：「莽字巨君，孝元后之侄也。初封新都侯。弑平帝，簒漢天下，建國號新。僭位十八年。漢兵殺之。」誅何武、鮑宣，班固《漢書》曰：「何武字君公，蜀郡郫縣人。哀帝時，爲御史大夫。鮑宣字子都，渤海高城人。何武甚敬重焉，薦爲諫大夫。董賢貴幸，上書切諫。王莽秉政，陰有簒國之心，誅不附己者，宣及何武等皆死。」喟然嘆曰：「吾可以逝矣。」父子相與歸鄉里，閉門不出入，猶用漢家祖臘，或問之，答曰：「我先祖豈知王氏臘乎？」祖，道祭也。臘，歲終之大祭也。高堂隆《魏臺訪議》曰：「王者各以其行盛日爲祖，墓日爲臘。漢家以火德王，火盛於午，墓於戌，故以午祖戌臘。」

蘇桓公性强切而持毁譽，士友咸憚之，至相語曰：「見蘇桓公，患其教責人；不見，又思之。」三輔號爲大人。《後漢書·蘇章傳》曰：「章八世祖建，武帝時右將軍。祖父純，字桓公，有高名。」

馬伏波嘗有疾，范曄《後漢書》曰：「馬援字文淵，扶風茂陵人。曾祖父通，封重合侯，坐事誅，故再世不顯。援年十二而孤，少有大志，嘗曰：『丈夫爲志，窮當益堅，老當益壯。』因處田牧，至有牛馬羊數千頭，穀數萬斛。既而嘆曰：『凡殖貨財産，貴能賑施也，否則守錢虜耳。』乃盡散以班昆弟故舊，身衣羊裘皮袴。兄子嚴、敦並喜譏議，而通俠客。援在交阯，以書誡之。建武四年，隗囂使奉書洛陽，歸身漢朝，累立戰功，拜伏波將軍，封新息侯。」梁松來候之，獨拜床下。不答。諸子問曰：

「帝婿貴重，奈何不爲禮？」伏波曰：「我乃松父友，雖貴，何得失其序。」《後漢書》曰：「梁松字伯孫，安定烏氏人。梁統子。少爲郎，尚光武女舞陰長公主。」

王仲回姿性方潔，疾惡强豪。范曄《後漢書》曰：「王丹字仲回，京兆下邽人。哀平間，仕州郡。王莽時，連徵不至。鄧禹至關中，表爲左馮翊。稱疾免歸，後復徵爲太子少傅。」一友人喪親，同郡陳遵，關西大俠，爲護喪事，賻助甚豐。仲回懷一縑，陳於主人前，曰：「如丹此縑，出自機杼。」遵有慚色。班固《漢書》曰：「陳遵字孟公，杜陵人。長八尺餘，容貌甚偉。略涉傳記，贍於文辭，請求不敢逆，所到衣冠懷之。時列侯有與遵同姓氏者，每至人門，曰：『陳孟公。』坐中皆震動。既至而非，因號其人曰『陳驚坐』云。」

侯司徒欲與王仲回交友，仲回被徵，遣子昱候於道。昱迎拜車下，仲回下荅之。昱曰：「家公欲與君結交，何爲見拜？」仲回曰：「君房有是言，丹未之許也。」范曄《後漢書》曰：「侯霸字君房，河南密人。矜嚴有威容，篤志好學。師事九江太守房元，治《穀梁春秋》，爲元都講。建武四年，徵霸與車駕會壽春，拜尚書令。明年，代伏湛爲大司徒。」

周太常清潔守禮，嘗卧病齋宫。妻闚問所苦，周以爲干犯齋禁，大怒，收送詔獄。時人爲之語曰：「生世不諧，作太常妻。一歲三百六十日，三百五十九日齋，一日不齋醉如泥。」《東觀漢記》曰：「周澤字穉都，少修高節，耿介特立。好學問，治《嚴氏春秋》，門徒數百人。隱居上野，不汲汲於時俗。拜太常，果敢數有直言，朝廷嘉其清廉。」

魏文帝爲五官中郎將，賓客如雲。邴根矩邴原别見。獨不往，曹公微使人問之。邴荅曰：「吾聞國危不事冢宰，君老不奉世子。」曹公深重其言。

諸葛思遠初統朝事，《蜀志》曰：「諸葛瞻字思遠，丞相亮之子。亮出武功，與兄瑾書曰：『瞻已八歲，聰慧可愛，嫌其早成，恐不爲重器耳。』丞相亡，蜀人思之，愛瞻才敏，每朝廷有一善政佳事，雖非瞻所建倡，傳相告曰：『葛侯所爲也。』是以美聲溢譽，有過其實。與董厥並平尚書事。蜀亡，死於國難。」廖元儉《蜀志》曰：「廖化字元儉，襄陽人。爲丞相參軍，以果烈稱，官位與張翼齊，而在宗預之右。」過宗德豔，欲與共詣思遠許。德豔曰：「吾年踰七十，所竊已過，但少一死耳，何求於年少輩而屑屑造門耶？」遂不往。《蜀志》曰：「宗預字德豔，南陽安衆人。爲丞相主簿。丞相卒，吴慮魏襲蜀，增巴丘守兵萬人。蜀亦益永安之戍。預將命至吴，孫權問曰：『東之與西，譬猶一家，而西更增白帝之守，何也？』預曰：『東益巴丘之戍，西增白帝之守，皆事勢宜然，不足相問。』權大笑，嘉其伉直。」

王丞相名位隆重，百僚欲爲降禮。馮太常以問顔光禄，《晉書》曰：「顔含字弘都，瑯琊莘人。祖欽，給事中。父默，汝陰太守。含少有操行，以孝聞。仕至光禄勳。」《晉中興書》曰：「顔含嫂病困，須蚺蛇膽，不能得。含憂嘆累日，忽有一童子持青囊授含，乃蛇膽也。童子化爲青鳥飛去。」顔曰：「王公雖重，禮無偏敬。降禮之言，或是諸君事宜，鄙人老矣，不識時務。」既而告人曰：「吾聞伐國不問仁人，向馮祖思問佞於我，我其有邪德乎？」

桓公議移洛陽鐘簴，王懷祖曰：「永嘉不競，暫都江左，方當漸平區宇，旋軫舊京。若其不爾，宜改遷園陵，不應先事鐘簴。」桓不能奪。

會稽王道子專政，委任群小。陸祖言《晉書》曰：「陸納字祖言，吴郡吴人。父玩，官侍中、司空。納少有清操，貞厲絶俗。太原王術雅重之，引爲建威長史，遷吏部郎，出爲吴興太守。」望闕嘆曰：「好家居，纖兒欲撞壞之邪？」朝士稱其忠亮。

戴安道少有高名，武陵王司馬晞，爲太宰，封武陵王。聞其善鼓琴，使人召之。安道就使者前打破琴，直語云：「戴安道不能爲王侯伶人。」

桓玄篡立，徐野民獨哀感，涕泗交流。《晉書》曰：「徐廣字野民，東莞姑臧人。世好學，至廣尤爲精純。謝玄爲兗州，辟從事。桓玄輔政，以爲大將軍祭酒。」謝宣明止之，收淚言曰：「君爲宋朝佐命，身是晉室遺老，憂喜之事，固自不同。」乃更歔欷。《宋書》曰：「謝晦字宣明，陳郡陽夏人。祖朗，東陽太守。父重，司馬道子長史。晦爲孟昶中兵參軍，後風馬不接，無緣扈從。」

殷仲文還姑熟，祖送傾朝。桓敬祖要王參軍同行，王弘之，别見。王曰：「餞離送别，必在有情。下官與殷爲宋高祖中領軍。少帝即位，加中書令，與徐羨之、傅亮共輔政。以事伏誅。」

宋世吏部都令史，咨執選事。陸東海慧曉也。在選，任己獨行，未嘗與語。帝遣人語陸云：「都令史諳悉舊貫，可共參懷。」陸曰：「六十之年，不復能諂都令史爲吏部郎也。上若謂身不堪，便當拂衣而退。」

卞士蔚弱冠時，爲上虞令，《南史》曰：「卞彬字士蔚，濟陰冤人。祖嗣之，中領軍。父延之，上虞令。彬險拔有才，與物多忤。官車騎記室參軍。」甚有剛氣。會稽太守孟顗，以令長裁之。士蔚積不能容，脱幘投地曰：「我所以屈卿者，正謂此幘耳，今已投之。卿以一世勳門，而傲天下國士。」拂衣竟去。顗别見。

任彦升劉璠《梁典》曰：「任昉字彦升，樂安人。四歲誦古詩數十篇，十六舉秀才第一，辭章之美，冠絶當時。好交結獎拔，士友得其延譽，率多升擢。衣冠貴游，争與交親，坐上賓客，恒有數十。時人慕之，號曰任君。官至寧朔將軍、新安太守。」在齊，紆意於梅蟲兒，《南史》曰：「梅蟲兒，吴興人。齊東昏時，爲制局監，甚見愛幸。東昏敗，伏法。」用爲中書郎。彦升造謝尚書令王亮，亮曰：「卿宜謝梅，那忽謝我。」彦升大慚。《南史》曰：「王亮字奉叔，王瑩從父弟也。父昌，宋太宰中郎。亮以名家，宋末，選尚公主。齊竟陵王開西邸，延才俊以爲士林，使工圖其像，亮亦與焉。仕中書監，加散騎常侍。」

褚彦宣《南史》曰：「褚炤字彦宣，淵從父弟也。父法顯，鄱陽太守。炤少有高節，除國子博士，以一目眇，不拜。」常非從兄彦回身事二姓。蕭子顯《齊書》曰：「褚淵字彦回，河南陽翟人。祖秀之，宋太常。父湛之，驃騎將軍，尚主。彦回少有世譽，復尚文帝女。湛之卒，彦回推財與弟，唯取書數千卷。仕宋爲司空。後爲齊朝佐命，官至侍中司徒。」彦回子賁，《南史》曰：「淵長子賁，字蔚先。少耿介。父背袁粲等附高帝，賁深執不同，終身愧恨，有栖退之志。位侍中。」往問訊彦宣。彦宣問曰：「司空今日何在？」賁曰：「奉璽紱在齊大司馬門。」彦宣正色曰：「不知汝家司空，將一家物與一家，亦復何謂？」彦回好戲，詔以軺車給之。彦宣大怒，曰：「着此辱門户，那可令人見。」索火燒之。馭人奔車乃免。司馬光《通鑑》曰：「宋主下詔禪位於齊而不肯臨軒，王敬則勒兵入迎。宋主出就東邸，光禄大夫王琨在晋世已爲郎中，至是攀車慟哭，曰：『人以壽爲歡，老臣以壽爲戚。既不能先驅螻蟻，乃復頻見此事。』嗚咽不自勝。百官雨泣。司空褚淵等奉璽綬詣齊宫，勸進。齊王即皇帝位，以褚淵爲司徒，賀者滿座。炤嘆曰：『彦回少立名行，何意披猖至此？門户不幸，乃復有今日之拜。使彦回作中書郎而死，不當爲一名士邪！名德不昌，乃復有期頤之壽。』」

紀僧真得幸於齊世祖，嘗請曰：「臣出自本縣武吏，邀逢聖時，階榮至此。《南史》曰：「紀僧真，建康人也。少事蕭惠開。惠開密謂曰：『我子弟並無異才，政是蕭道成耳。』僧真乃請事齊高帝，備見親信，嘗令學上手迹，報答書疏皆付之。僧真容貌言吐，雅有士風，武帝嘗目送之，笑曰：『人生何必計門户，紀僧真，常常貴人所不及也。』」無復所須，惟就陛下乞作士大夫。」上曰：「此由江斆、别見。謝瀹。《南史》曰：「瀹字義潔，陳郡人。謝莊子也。仕至太子詹事。」我不得措意，可自詣之。」僧真承旨詣斆，登榻坐定。斆顧命左右曰：「移吾床遠客。」僧真喪氣而退，以告世祖。世祖曰：「士大夫故非天子所命。」

徐勉爲吏部尚書，《梁書》曰：「徐勉字修仁，東海郯人。祖長宗，宋高祖霸府行參軍。父融，南昌相。勉幼孤貧，早勵清節。六歲時屬霖雨，家人祈霽，率爾爲文，見稱耆宿。及長，篤志好學。起家國子生。王儉爲祭酒，稱勉有宰輔之量。歷官侍中，謚簡肅。」嘗與門人夜集。客有求詹事五官，勉正色答云：「今夕止可談風月，不宜及公事。」時人服其無私。勉嘗爲書戒子崧曰：「吾家世清廉，常居貧素，至産業之事，所未嘗言，非直不經營而已。薄躬遭逢，遂至今日，尊官厚禄，可謂備之。每念叨竊若斯，豈由才致，仰藉先代風範，故臻此耳。古人『以清白遺子孫，不亦厚乎』。又曰：『遺子黄金滿籯，不如一經。』詳求此言，信非徒語。吾實有本志，庶得遵奉斯義，不敢墜失。所以顯貴以來，門人故舊，亟薦便宜，或使創闢田園，或勸興立邸舍，又欲舳艫運致，亦令貨殖聚斂。若此事，皆距而不納。非謂拔葵去織，且欲省息紛紜。中年聊於東田營小園者，非在播藝，以要利入，正欲穿池種樹，少寄情賞。又以郊際閑曠，終可爲宅，儻獲懸車致事，實欲歌哭於斯。慧日、十住等，既應營婚，又須住止，吾清明門宅，無相容處。所以爾者，亦復有以。前割西邊施宣武寺，既失西廂，不復方幅，意亦謂此逆旅舍耳，何事須華？常恨時人謂是我宅。古往今來，豪富繼踵，高門甲第，連闥洞房，宛其死矣，定是誰室？但不能不爲培塿之山，雜以花卉，以娱休沐，用托性靈。隨便架立，不在廣大。所以内中逼促，無復房宇。近營東邊兒孫二宅，乃藉十住南還之資，既牽挽不至，又不可中塗而輟，郊間之園，遂不辦保，貨與韋黯，乃獲百金，成就兩宅，已消其半。尋園價所得，何以至此？由吾經始歷年，粗已成立，桃李茂密，桐竹成陰，塍陌交通，渠畝相屬。華樓迥榭，頗有臨眺之美；孤峰叢薄，不無糾紛之興。瀆中並饒菰蔣，湖裏殊富芰蓮。雖云人外，城闕密邇，韋生欲之，亦雅有情趣。追述此事，非有吝心，蓋是筆勢所至耳。憶謝靈運《山家詩》云：『中爲天地物，今成鄙夫有。』吾此園有之二十載矣，今爲天地物，物之與我，相校幾何哉！此吾所餘，今以分汝，營小田舍，親累既多，理亦須此。且釋氏之教，以財物謂之外命；儒典亦稱『何以聚人曰財』。況汝曹常情，安得忘此。聞汝所買姑熟田地，甚爲舄鹵，彌復何安。孔子曰：『居家理治，可移於官。』既以營之，宜使成立。進退兩亡，更貽耻笑。若有所收獲，汝可自分贍内外大小，宜令得所，非吾所知，又復應沾之諸友耳。汝既居長，故有此及。凡爲人長，殊復不易，當使中外諧緝，人無間言，先物後己，然後可貴。老生云：『後其身而身先。』若能爾者，更招巨利。汝當自勗，見賢思齊，不宜忽略以棄日也。棄日乃是棄身，身名美惡，豈不大哉！今之所敕，略言此意，正謂爲家已來，不事資産，陳其始末，無愧懷抱。兼吾年時朽暮，心力稍殫，牽課奉公，略不克舉，其中餘暇，裁可自休。或復冬日之陽，夏日之陰，良辰美景，文案間隙，負杖躡屩，逍遥陋館，臨池觀魚，披林聽鳥，濁酒一杯，彈琴一曲，求數刻之暫樂，庶居常以待終，不宜復勞家間細務。汝交關既定，吾不復言及田事，汝亦勿復與吾言之。假使堯水湯旱，吾豈知如何；若其滿庾盈箱，爾之幸遇。並無俟令吾知也。《記》云：『夫孝者，善繼人之志，善述人之事。』今且望汝全吾此志，則無所恨矣。」

蘇世長從獵於高陵。《唐書》曰：「蘇世長，雍州武功人。祖彤，後魏散騎常侍。父振，周宕州刺史。世長十餘歲上書言事，周武帝問：『讀何書？』對曰：『《孝經》、《論語》。』王世充僭號，署行臺僕射。世充平，以漢南歸國。」是日大獲，陳禽於旌門。高宗顧謂群臣曰：「今日畋樂乎？」蘇對曰：「陛下畋獵，薄廢萬機。不滿十旬，未爲大樂。」高宗色變，既而笑曰：「狂態發邪？」對曰：「臣爲私計則狂，爲陛下國計則忠。」

真宗將立明肅后，《宋史》曰：「劉后，華陽人，指揮通第二女也。母龐，夢月入懷而娠。真宗即位，入爲美人，進德妃。章穆皇后崩，欲立爲后，大臣多以爲不可。卒立之。后性警悟，曉書史，聞朝事，能記其本末，天下封奏，皆得預聞。」令丁謂《東都事略》曰：「丁謂字公言，蘇州人。嘗以文謁王禹偁，王比之韓柳，名遂振。真宗朝拜相，以擅移皇堂，貶崖州司户。」《東軒筆録》曰：「丁謂有才智，然多希合，天下以爲奸邪。及稍進用，即啓真宗以神仙之事，作玉清昭應宫，耗費國帑，不可勝紀。」諭旨於楊大年，令作册文。丁云：「此段不憂不富貴。」楊答曰：「如此富貴，亦不願得。」《東都事略》曰：「楊億字大年，建州浦城人。七歲善屬文，十一以童子召對，試詩賦五篇，下筆立成。太宗嘆異，以爲秘書省正字。歷官翰林學士，謚曰文。」

王介甫雅愛馮道，《五代史》曰：「馮道字可道，瀛州景城人。初事宦者張承業，得薦於晋王。唐莊宗即位，拜户部侍郎。明宗時，同中書門下平章事。晋滅唐，道又事晋，加司徒侍中。契丹滅晋，道又事契丹。漢高祖立，乃歸漢。周滅漢，又事周太祖。世宗時卒。道少能矯行以取稱於世，當晋與梁夾河而軍，道居軍中，爲一茅庵，不設床席，卧一束蒭而已。諸將有拉得美女者，以遺道，置之别室，訪其主還之。父喪，居景城，歲饑，悉出所有以賙鄉里，而退耕於野，有力不能耕者，夜往潛爲之耕。爲大臣，尤務持重以鎮物。事四姓十君，益以舊德自處。當世士皆仰爲元老，而喜爲之稱譽。」唐參政曰：「道爲宰相，使朝易四姓，身事十主，此得爲純臣乎？」王曰：「伊尹五就湯，五就桀者，正在安人而已。」唐曰：「有伊尹之志則可。」介甫爲之變色。《東都事略》曰：「唐介字子方，荆南人。爲御史裏行，論文彦博交結宫禁，貶英州别駕。彦博亦罷相。後文復相，上言：『召臣未召介，臣不敢行。』仁宗即起介通判潭州，尋至大用。」

雅量

孔文舉在青州，范曄《後漢書》曰：「融在北海六年，劉備表爲青州刺史。」爲袁譚袁紹子。所攻，流矢雨集，矛戟内接。孔隱几安坐，讀書論義自若。

諸葛武侯與司馬宣王，《晋紀》曰：「司馬懿字仲達，河内温人。猜忌多權數。魏武聞其有狼顧相，召使前行，令反顧，面正向後而身不動。又嘗夢二馬同食一槽，甚惡焉。謂太子丕曰：『司馬懿，非人臣也，必與汝家事。』太子素與帝善，每相全佑。」《聖賢群輔録》曰：「河内司馬懿仲達，潁川陳群長文，譙朱鑠彦才，濟陰吴質季重，爲魏文帝四友。」治軍渭濱，克日交戰。宣王戎服莅事，使人視武侯，獨乘素輿，葛巾毛扇，指麾三軍，隨其進止。宣王嘆曰：「諸葛君可謂名士矣。」

許司徒喪子，《蜀志》曰：「許靖字文休，汝南平輿人。避亂交阯，依太守士燮。劉章遣使招靖。靖入蜀，璋以爲廣漢太守。先主爲漢中王，拜太傅。靖年逾七十，愛樂人物，誘納後進，清談不倦。丞相諸葛亮皆爲之拜。」董休昭《蜀志》曰：「董允字休昭，南郡枝江人。父和，掌軍中郎將。允秉心公亮，丞相亮欲任以宫省之事。遷侍中。允事爲防制，甚得匡救之理。延熙中，守尚書令。」《華陽國志》曰：「蜀人以諸葛亮、蔣琬、費褘及允爲四相。」與費文偉《蜀志》曰：「費褘字文偉，江夏鄳人。游學益土，與汝南許叔龍、南郡董允齊名。代蔣琬爲尚書令。欲共會其葬所。休昭白其父掌軍請車。《蜀志》曰：「董和字幼宰，南郡枝江人。劉璋時爲益州太守。先主定蜀，爲掌軍中郎將，與武侯並署大司馬府事，獻可替否，共爲交歡。和外牧殊域，内幹機衡，二十餘年，死之日家無儋石之財。亮教與群下曰：『夫參署者，集衆思、廣忠益也。若遠小嫌，難相違覆，曠闕損矣。違覆而得中，猶棄弊蹻而獲珠玉。然人心苦不能盡，惟徐元直處茲不惑，又董幼宰參署七年，事有不至，至於十反，來相啓告。苟能慕元直之十一，幼宰之殷勤，有忠於國，則亮可少過矣。』」掌軍遣開後鹿車給之，休昭有難載之色。文偉便從前先上。及至喪所，諸葛亮及諸貴人悉集，車乘甚鮮。休昭猶神色未泰，文偉晏然自若。持車人還，掌軍問之，知其如此，謂休昭曰：「吾常疑汝於文偉，優劣未别也，自是吾意了矣。」

魏軍次于興平，蜀假費文偉節，督師往禦。《褘别傳》曰：「戰國多事，公務煩猥。褘識悟過人，每省讀書記，舉目暫視，已究其意旨，其速數倍於人，終亦不忘。常以朝晡聽事，其間接納賓客，飲食嬉戲，加之博奕，每盡人之歡，事亦不廢。董允爲尚書令，欲斅禕之所行，旬日之中，事多愆滯，嘆曰：『人才力相懸若此，吾聽事終日，猶不暇爾。』」光禄大夫來敏至文偉許別，就求圍棋。于時羽檄交馳，嚴駕已訖，文偉留意對戲，色無厭倦。敏曰：「聊觀試卿耳，信自可人，必能辦賊者。」《蜀志》曰：「來敏字敬達，義陽新野人。父豔，漢司空。敏涉獵書籍，善《左氏春秋》，尤精《倉》、《雅》訓詁。先主署典學校尉，與孟光皆以樞機不慎，數見貶削。然敏東宫舊恩，特加優待。後爲執慎將軍，欲令以官自警。」

嵇中散嘗於夜中燈火下彈琴，有一人入室，初來時面甚小，斯須轉大，遂長丈餘，顔色甚黑，單衣草帶。嵇熟視既久，乃吹火滅，曰：「耻與魑魅争光。」

阮德如嘗於厠見鬼，長丈餘，色黑而眼大，着皂單衣，平上幘，去之咫尺。德如心定，徐笑語之曰：「人言鬼可憎，果然。」鬼赧愧而退。阮侃別見。

阮千里善彈琴，人聞其能，多往聽之。千里不聞貴賤長幼，至輒與彈，神氣冲和，不知向人所在。内兄潘安仁常令鼓琴，終日達夜，曾無忤色。

謝幼輿初至東海王越太傅府，坐家僮取官稿除名。于時在事諸人，並以謝初登宰府，便遭黜辱，深爲之恨。謝聞之，方清歌鼓琴，不以屑意。時人服其遠暢。

劉越石爲胡騎所圍數重，城中窘迫無計。劉始夕乘月，登樓清嘯。胡賊聞之，皆凄然長嘆。中夜吹奏胡笳，賊皆流涕，人有懷土之切。向曉又吹，賊並起圍奔去。或云是劉王喬。

郗嘉賓嘗三伏之月詣謝公。時炎暑熏赫，諸人雖復當風交扇，猶沾汗流離。謝着故絹衣，食熱白粥，宴然無異。《曆忌釋》曰：「伏者，金氣伏藏之日也。」

王子敬夜齋中卧，有群偷入其室，盗物都盡。王徐曰：「偷兒，青氊我家舊物，可特置之。」

王江州《宋書》曰：「王弘字休元，瑯琊臨沂人。曾祖導，晉丞相。祖洽，中領軍。父珣，司徒。弘少好學，以清恬知名，與尚書僕射謝混善。弱冠，爲會稽王驃騎參軍。」欲識陶淵明，不能致。淵明嘗往廬山，王令淵明故人龐通之齎酒具，於半道栗里要之。淵明有脚疾，使一門生、二兒轝籃輿。既至，欣然便共飲酌。俄頃王至，亦無忤也。梁昭明太子撰《淵明傳》曰：「淵明字元亮，或云潛，字淵明，潯陽柴桑人。曾祖侃，晉大司馬。潛少有高趣，博學不群，親老家貧，爲州祭酒，少日自解歸。州召主簿不就，躬耕自資，遂抱羸疾。後復爲彭澤令，不以家累自隨，送一力給其子，書曰：『此亦人子也，可善遇之。』在官八十餘日，郡遣督郵至縣，吏請曰：『應束帶見之。』潛嘆曰：『我豈能爲五斗米，折腰向鄉里小兒？』即日解印綬去，賦《歸去來辭》。妻翟氏，亦與同志，能安勤苦。夫耕於前，妻鋤於後。潛自以先世爲晉宰輔，耻復屈身後代，自宋高祖王業漸隆，不復肯仕。是歲將復徵之，會卒，世號靖節先生。」《晉書》潛本傳曰：「潛既絶州郡覲謁，未嘗有所造詣，唯至田舍及廬山游觀而已。或有酒要之，或要之共至酒家，坐，雖不識主人，亦欣然無忤。刺史王弘，以元熙中臨州，甚欽遲之，潛稱疾不見。弘每令人候之，密知當往廬山，遣其故人龐通之齎酒，先於半道要之。便引酌，欣然忘進。弘乃出與相聞，歡宴窮日。」《續晉陽秋》曰：「王弘造淵明，無履，弘從人脱履以給之。弘語左右：『爲彭澤作履。』左右請履度。淵明即衆坐伸脚。及履至，著而不疑。」吴正傳《詩話》曰：「本傳，潛故人龐通之，此有答龐參軍四言，及後五言，皆叙鄰曲契好，明是此人。又有怨詩示龐主簿者，豈即龐參軍耶？半道栗里，亦可證移家之事。」

徐羨之沈密寡言，不以憂喜見色。頗工奕棋，觀戲常若未解。《宋書》曰：「徐羨之字宗文，東海郯人。祖寧，尚書吏部郎。父祚之，上虞令。羨之歷官司空，録尚書事。羨之起自布衣，又無學術，直以志力局度，一旦居廊廟，朝野推服，謂有宰臣之望，與謝晦、傅亮同誅。」嘗與謝晦、傅亮《宋書》曰：「傅亮字季友，北地人。博涉經史，尤善文辭。官散騎常侍。」宴聚。晦、亮才學辯博，羨之風度詳整，時然後言。鄭鮮之嘆曰：「觀徐、傅言論，不復以學問爲長。」沈約《宋書》曰：「鄭鮮之字道子，滎陽開封人。高祖渾，魏將作大匠。曾祖襲，大司農。父遵，尚書郎。襲初爲江乘令，因居縣境。鮮之下帷讀書，絶交游之務。初爲桓偉輔國主簿，歷官尚書右僕射。」

宋明帝《宋書》曰：「帝諱彧，文帝第十一子。」賜王景文死，敕至之夜，景文在江州，方與客棋。看敕訖，置在局下，神色恬然。争劫竟，斂子納奩畢，徐言奉敕，見賜以死，方以敕示客。因舉賜鴆謂客曰：「此酒不可相勸。」遂仰飲而絶。《宋書》曰：「景文常以盛滿爲憂，屢辭位，宋主不許。詔報曰：『人居貴要，但問心若爲耳。大明之世，巢、徐、二戴，位不過執戟，而權抗人主。今袁粲爲令僕領選，而人往往不知有粲。以此居貴要，當有致憂競否？夫有心於避禍，不若無心於任運。存亡之要，巨細一揆耳。』至是慮晏駕後，皇后臨朝，景文或有異圖，遣使齎手敕並藥賜死。」

沈昭略《南史》曰：「昭略字茂隆，吴興武康人。祖慶之，宋車騎大將軍，開府儀同三司。父文叔，侍中。昭略性狂雋，使酒仗氣，齊高帝賞之，以爲中書郎，進侍中。永元中，被召入華林省，飲藥酒死。」與徐孝嗣諸人，同賜死華林省。《南齊書》曰：「孝嗣字始昌，東海郯人。祖湛之，宋司空。父聿之，著作郎。孝嗣幼而挺立，風儀端簡，官五兵尚書。明帝崩，受遺托。永元初，帝失德稍彰，不敢諫諍，内懷憂恐，有勸行廢立者。孝嗣遲疑久之，謂無用干戈，須少主出游，閉城門集百僚議廢之。未決，群小稍憎孝嗣，勸帝誅之。召孝嗣等入華林省，遣茹法珍賜藥酒。孝嗣飲至斗餘，方卒。」孝嗣語昭略曰：「見卿使人思夏侯太初。」昭略曰：「明府憶夏侯，便是方寸不能都豁。下官見龍逢、比干，欣然相對。」符子曰：「桀觀炮烙於瑶臺，顧龍逢曰：『樂乎？』曰：『樂。』桀曰：『觀刑而樂，何無惻隱乎？』對曰：『刑固苦矣，然天下苦之，而君樂之。君，心也。臣爲股肱，孰有心悦而股肱不悦者？』桀曰：『聽汝之諫，得，我功之；不得，我刑之。』逢曰：『觀君冠危石而履春冰也。未有冠危石而不壓，履春冰而不陷者。』桀曰：『汝知我亡而不自知其亡。請就炮烙，使君觀汝亡，以知我之不亡。』逢乃歌曰：『休哉，造化者勞我以生，而休我以炮烙也。』遂赴炮烙。」《史記》曰：「帝紂好酒淫樂，嬖於婦人。重刑辟，有炮烙之法，諸侯多叛。王子比干諫，弗聽。微子乃與太師、少師謀遂去。比干曰：『爲人臣者，不得不以死爭。』乃强諫。紂怒曰：『吾聞聖人心有七竅。』剖比干，觀其心。」

齊高宗廢鬱林，領兵入殿，左右驚報謝侍中。瀹也。謝與客圍棋，每下子，輒云：「其當有意。」竟局，乃還齋臥，終不問外事。《南齊書》曰：「高宗諱鸞，始安貞王道生子也。受世祖遺詔，爲侍中尚書令。鬱林王諱昭業，文惠太子長子也。世祖立爲太孫。世祖崩即位，寵幸中書舍人朱隆之、宦者徐龍駒。鸞乃以計誅龍駒等，王心忌之，鸞慮變，定謀廢立。使蕭諶坦之等，率兵入雲龍門，引出西弄，殺之，而立海陵王昭文。已又奉太后令，廢海陵，入纂太位。」

張士簡嗜酒疏脱，忘懷家務。在新安，遣家僮載米三千斛還吴，耗失大半。士簡問其故，答曰：「雀鼠耗也。」士簡笑曰：「壯哉雀鼠。」不復研問。《南史》曰：「張率字士簡，吴郡吴人。祖永，宋征北將軍。父環，右光禄大夫。率性寬雅，十二能屬文，歷黄門侍郎，出爲新安太守。」

張黄門出爲封溪令。蕭子顯《齊書》曰：「帝寵妃殷淑妃薨，建齋，僚佐襯者多至一萬，融獨注襯百錢。帝怒，出爲封溪令。」廣越嶂險，獠賊執張，將殺食之。張神色不動，方作洛生詠。

牛弘弟弼，好酒而酗，嘗因醉射殺弘駕車牛。弘還宅，妻迎謂曰：「叔射殺牛。」弘聞之，無所怪問，直答曰：「作脯。」坐定，其妻又言叔射殺牛，大是異事。弘言已知，顏色自若，讀書不輟。《北史》曰：「牛弘字里仁，安定鶉觚人。襁褓時，相者見之，謂其父曰：『此兒當貴，善愛養之。』及長，鬚貌甚偉，性寬裕，好學博聞。開皇初，授秘書監。大業中，進位上大將軍。」

則天朝，宰相楊再思晨入朝，值一重車，將牽出西門，道滑，牛不前，馭者罵曰：「一群癡宰相，不能和得陰陽，而令我匯行，如此辛苦。」時旱澇，輒閉坊市南門以禳之。再思徐謂之曰：「爾牛亦自弱，不得嗔他宰相。」劉昫《唐書》曰：「再思，鄭州原武人。證聖初鳳閣侍郎。巧佞邪媚，能得人主微旨，恭慎畏忌，未嘗忤物。或曰：『公名高位重，何爲屈折如此？』再思曰：『世路艱難，直者受禍，苟不如此，何以全身。』」

裴晋公不信術數，每語人曰：「鷄猪魚蒜，逢着則吃；生老病死，時至則行。」《唐書》曰：「裴度字中立，河東聞喜人。元和中以門下侍郎，充彰義軍節度使，淮蔡平，封晋國公。」

司空表聖預爲壙，故人來者，引置内賦詩對酌。人或難之，表聖曰：「我非止暫游此中，公何不廣耶？」宋祁《唐書》曰：「司空圖字表聖，河中虞鄉人。累官中書舍人。昭宗召拜兵部侍郎。會遷洛陽，柳璨希賊意，誅天下才望，助喪王室，詔圖入朝。圖陽墮笏，意趣野耄。瑈知無意於世，乃聽還，居中條山王官谷，遂隱不出。」

韓魏公駐兵延安，忽夜有人攜匕首至卧内。魏公起問是誰？曰：「某來殺諫議。」《韓忠獻家傳》曰：「公諱琦，字穉圭，相州人。天聖五年進士第二。方唱名，太史奏日下雲見。後相英、神兩朝，贈魏國忠獻王。」又問誰遣汝？曰：「張相公。」夏國方張元用事也。魏公復就枕曰：「取我首去。」其人曰：「某不忍，得諫議金帶足矣。」遂取帶去。魏公亦不治此事。《宋史》曰：「趙昊元反，琦適自蜀歸，論西師形勢甚悉，即命爲陜西安撫使。琦與仲淹，在兵間久，人心歸之。朝廷倚以爲重，天下稱爲韓范。」

范忠宣謫居永州，《五朝名臣言行録》曰：「范純仁字堯夫，文正公次子。以恩補官，相哲宗。」以書寄人云：「此中羊麪，無異北方。」每日閉門餐餺飥，不知身之在遠。《猗覺寮雜記》曰：「北人食麪名餺飥。揚雄《方言》『餅謂之飥』。《齊民要術》『青稞麥麪，堪作飯及餅飥，甚美』。磨盡無麩，則飥之名已見於漢魏。《五代史·李茂真傳》『朕與宫人，一日食粥，一日食不托』。俗語，當以《方言》爲正，作餺飥字。」

范忠宣謫永州，夫人不如意，《忠宣行狀》曰：「夫人王氏，天章閣待制質之女。」輒罵章惇。《宋史》曰：「惇字子厚，建州浦城人。豪雋，博學善文。嘗與蘇軾游南山，抵仙游潭，下臨萬仞，横木其上。惇平步過之，濡筆書壁，神彩不動。軾曰：『君他日必能殺人。』王安石秉政，悦其才，用爲三司條例官，尋拜參知政事，罷知蔡州。哲宗朝，起爲尚書僕射，尋以紹述爲國是，詆宣仁后，追貶司馬光等。哲宗崩，論其罪，貶雷州司户參軍。」舟過橘洲，大風雨，船破，僅得及岸。正平持蓋，正平字子夷，忠宣次子。公自負夫人以登，燎衣民舍。公顧曰：「豈亦章惇所爲耶？」《宋史》曰：「初吕大防等既竄嶺表，會明堂肆赦，章惇言此數十人當終身勿徙。純仁上言，乞將大防等引赦原放。忤惇意，詆爲同罪，貶武安軍節度副使，安置永州。純仁坐貶，每戒諸子弟，毋得小有不平。聞諸子怨章惇，必怒止之。江行，赴貶所，舟覆，扶出，衣盡濕，顧謂諸子曰：『此豈章惇爲之哉！』」

識鑒

鍾季明爲郡功曹時，陳太丘爲西門亭長，鍾深獨敬異。太丘少鍾十七歲，常禮待與同分義。會辟公府，臨辭，太守問鍾：「誰可代君？」鍾曰：「明府必欲得其人，西門亭長可用。」太丘曰：「鍾君似不察人爲意，不知何獨識我？」

李元禮一世龍門。時同縣聶季寶，小家子，不敢見元禮。杜周甫知季寶賢，不能定名，以語元禮。元禮呼見，坐置砌下牛衣上。一與言，即決曰：「此人當作國士。」後卒如元禮言。范曄《後漢書》曰：「杜密字周甫，潁川考城人。少有厲俗志，爲胡廣所辟。桓帝徵拜尚書令。黨事起，與李膺俱坐，而名行相次，時人亦稱李杜。」

許子將嘗到潁川，多長者之游，唯不詣陳仲弓。又陳仲舉妻喪還葬，鄉人俱至，許獨不往。或問其故，子將曰：「太丘道廣，廣則難周。仲舉性峻，峻則少通。故不造也。」時人服其裁量。范曄《後漢書》曰：「許劭字子將，汝南平輿人。少峻名節，好人倫，多所賞識。與兄靖俱有高名，好共論鄉黨人物，每月輒更其品題，汝南俗有月旦評焉。」

衛子許《先賢行狀》曰：「衛茲字子許，陳留襄邑人。不爲詭激之行，不徇流俗之名，明慮淵深，規略宏遠。爲車騎將軍何苗所辟，司徒楊彪再加旌命。漢室傾蕩，曹公到陳留，與茲相見，同議起兵。茲曰：『亂生久矣，非兵無以整之。』由是首讚洪謀，從太祖入滎陽，力戰終日，失利而歿。」弱冠，與同郡圈文生，同稱盛德。郭林宗與二人俱到市，子許買物，隨價讎直；文生訛呵，減價乃取。林宗曰：「子許少欲，文生多情，此二人非徒兄弟，乃父子也。」後文生以穢貨見捐，子許以烈節致譽。

王叔優與弟季道，小時聞郭林宗有知人之鑒，共往候之，請問才行所宜，以自處業。林宗曰：「卿二人皆二千石才也。然叔優當以仕宦顯，季道宜以經術進。若違才易務，亦不至也。」後叔優至北中郎將，季道代郡太守。《王氏世譜》曰：「王昶字文舒，太原晉陽人。伯父柔，字叔優。父澤，字季道。」

夏侯仲權入蜀，《魏志》曰：「夏侯霸字仲權，夏侯淵子，素爲曹爽所厚。爽誅自疑，亡入蜀。」姜伯約問之曰：「司馬公既得彼政，還復有征伐之志不？」仲權曰：「此人方營立家門，未遑外事。有鍾士季者，其人雖少，終爲吴蜀之憂。」《蜀志》曰：「姜維字伯約，天水冀人。少與母居，好鄭氏學。諸葛亮辟爲奉義將軍。與長史張裔、參軍蔣琬書曰：『姜伯約忠勤時事，思慮精密，考其所有，永南、季常諸人不如也。』」《傅子》曰：「維好立功名，陰養死士，不修布衣之業。」郤正論曰：「姜伯約據上將之重，處群臣之右，宅舍弊薄，資財無餘，側室無妾媵之褻，後庭無聲樂之娱，衣服取供，輿馬取備，飲食節制，不奢不約，官給費用，隨手消盡。察其所以然者，非激貪厲濁，抑情自割也，直謂如是爲足，不在多求。凡人之談，常譽成毁敗，扶高抑下，咸以姜維投厝無所，身死宗滅，以是貶削，不復料擿，異乎《春秋》褒貶之義矣。如姜維之樂學不倦，清素節約，自一時之儀表也。」

裴使君徽也。問管公明，何尚書一代名士，其實何如？管曰：「其才若盆盎之水，所見者清，不見者濁。」

索靖有先識遠量，知天下將亂，指洛陽宫門銅駝，嘆曰：「會見汝在荆棘中。」《晋書》曰：「索靖字幼安，燉煌人。父湛，北地太守。靖少有逸群之量，與鄉人氾衷、張甝、索紒、索永，俱詣太學，馳名海内，稱『燉煌五龍』。靖該博經史，兼通内緯。傅玄、張華，與靖一面，皆厚與之相結，出爲西域戊己校尉。長史張勃表靖才藝絶人，宜在臺閣。武帝擢爲尚書郎，與襄陽羅尚、河南潘岳、吴郡顧榮同官，咸器服焉。」

劉真長標奇清遠，小時諸人比之袁羊。劉喜，還告其母。母有識鑒，謂之曰：「此非汝比，勿受之。」又有方之范汪者，劉復喜，母又不聽。後真長年德轉升，論者比之荀粲。《晋書》曰：「汪少孤，六歲過江，依外家新野庾氏。王澄見而奇之。及長好學。外氏家貧，無以資給，汪乃廬於園中，布衣蔬食，燃薪寫書，誦讀亦遍，博學多通，善談名理。」

宋明帝廢立之際，《明帝紀》曰：「廢帝子業，疑畏諸父，拘之殿内，遇上無禮，將加害。上先與阮佃夫、李道兒等密謀，殞之後堂。」王思遠《南史》曰：「王思遠，晏從父弟也。父羅雲，平西長史。思遠八歲，父卒。祖弘之，及外祖羊敬元，並栖退高尚，故思遠少無仕心。宋建平王景素辟主簿，深見禮遇。後至司徒左長史。」謂從兄晏曰：「兄荷武帝厚恩，今一旦贊人如此事，彼或可以權計相須，未知兄將何以自立？及此引決，猶可保全門户，不失後名。」晏曰：「方噉粥，未暇此事。」及晏拜驃騎，會子弟曰：「隆昌之末，阿戎勸我自裁，若用其語，豈有今日。」思遠遽應曰：「如阿戎所見，猶未晚也。」阿戎，思遠小字。旬日，晏及禍。《宋書》曰：「晏字休默，一字士彦。武帝時爲丹陽尹，位任親重。明帝謀廢立，晏便響應。帝雖以事際須晏，而心相疑斥。晏無防意，居朝，事多專決，數呼相工自視，云當大貴。與客語，好屏人。帝疑晏反，乃密計召晏，於華林省誅之。」

瑯琊王元長，才名甚盛，欲與徐勉相識，每托人召之。徐謂人曰：「王郎名高望促，難可輕襲衣裾。」俄而元長及禍，時人服其幾鑒。蕭子顯《齊書》曰：「王融字元長，瑯琊人。神明警惠，博涉有文才。爲中書郎。帝疾，融先欲立竟陵王子良。及即位，下廷尉獄賜死。」

李密別見。乘一黄牛，被以蒲韉，將《漢書》一帙挂於角上，一手捉牛靷，一手翻《漢書》。越國公楊素，別見。遇見於道，從後按轡躡之。既及，問何處書生，耽學如此。密識是越公，乃下牛再拜，自言姓名。又問所讀書，答云：「《項羽傳》。」越公奇之，與語大悦，謂其子玄感等曰：「吾觀李密識度，女等不及。」《隋書》曰：「楊玄感，司徒素之子也。好讀書，便騎射。以父軍功，位至柱國。」

路巖《唐書》曰：「巖字魯瞻，陽平冠氏人。祖季，諫議大夫。父群，精經學，志行貞潔，爲翰林學士。巖幼聰敏過人，登大中進士，以户部侍郎同平章事，年始三十六。」佐崔鉉於淮南，爲支使。劉昫《唐書》曰：「崔鉉字台碩，義成節度使元略子也。累官户部侍郎。會昌末，以本官平章事，爲同列李德裕所嫉，罷相。」鉉知其必貴，嘗曰：「路十終須作彼一官。」胡三省《通鑑注》曰：「謂作相也。」既而入爲監察御史。不出長安城，十年至宰相。其入翰林日，鉉猶在淮南，聞之曰：「路十今已入翰林，如何得老。」後皆如鉉言。

韓熙載《湘山野録》曰：「韓熙載字叔言，本青社人。事江南三主，時謂之『神仙中人』，風彩照物。每縱轡春城秋苑，人皆圍觀。談笑則聽者忘倦，審音能舞。善八分，及畫，筆皆冠絶。簡介不屈，舉朝未嘗拜一人。每獻替多嘉納，吉凶儀制不如式者，隨事稽正。制誥典雅，有元和之風。屢欲相之，爲宋齊丘深忌，終不進用。」在南唐，多置女僕，晝夜歌舞，語人云：「吾爲此行，正欲避入相之命。」問何故避之？曰：「中原常虎視於此，一旦真主出，江南棄甲不暇，吾不能爲千古笑端。」《南唐書》曰：「熙載在南唐，盡忠直言。後房妓妾，不加檢束，恣其出入。後主屢欲相之，而惡其如此，乃左授右庶子，分司於外。熙載上表乞留，盡出群婢。後主乃喜，以爲秘書監。群婢復集如初。」

李待制誠之《宋史》曰：「李師中字誠之，楚丘人。父緯，爲涇原都監。當責降，師中詣宰相辯詰，由是知名。舉進士，知洛川縣，多善政。歷知兖、濟、舒、瀛等州。」在仁宗朝，因邸吏報包希仁參政，或曰：「朝廷自此多事矣。」李曰：「包公無能爲。今鄞令王安石者，眼多白，甚似王敦，他日亂天下必此人。」《呂氏家塾記》曰：「包拯字希仁，嘗爲京尹，令行禁止，天下皆呼爲包待制。」又曰：「包家故市井小民，及田野之人，見徇私者，皆指笑之曰：『爾一個包家。』見貪污者曰：『爾一個司馬家。』蓋當時亦稱司馬君實爲司馬家。」

賞譽

或問范孟博：「郭林宗何如人？」范曰：「隱不違親，貞不絶俗。天子不得臣，諸侯不得友。吾不知其他。」范曄《後漢書》曰：「范滂字孟博，汝南伊陽人。少厲清節。舉孝廉，登車攬轡，有澄清天下之志。後以黨事繫獄。詔遣中常侍王甫以次辯詰，孟博越次對曰：『臣聞仲尼之言，「見善如不及，見惡如探湯」。欲使善善同其清，惡惡同其污，謂王政之所願聞，不悟更以爲黨。』甫問：『卿更相拔舉，迭爲脣齒，有不合者，動見排斥，其意云何？』孟博慷慨仰天曰：『古之循善，自求多福。今之循善，身陷大戮。身死之日，願埋滂於首陽山側，上不負皇天，下不愧夷、齊。』甫愍然爲之改容。」

脂元升以哭孔文舉尸，魏太祖收欲治罪，以其事直，見原。元升後見太祖，陳謝前愆。太祖呼其字曰：「元升，卿故慷慨。」魚豢《魏略》曰：「脂習字元升，京兆人。公府辟舉高第。天子西遷，及詣許昌，習常隨從。與少府孔融親善。太祖爲司空，威德日盛。融書疏倨傲，習常責融，欲令改節。融被誅時，許中百官與融親善者莫敢收恤，習獨撫而哭之曰：『文舉，卿舍我死，我當復與誰語者！』」

曹子建七步成章，世目爲綉虎。

管公明言：「與裴使君、何、鄧二尚書，何晏，鄧颺。劉太常兄弟語，使人神思清發，昏不假寐。自此以還，殆白日欲寢矣。」《晉書》曰：「劉寔字子真，平原高唐人。家貧苦，賣牛衣以自給。好學讀書，博通古今。清身潔己，行無玷缺。初鍾會、鄧艾伐蜀，或問二將其平蜀乎？寔曰：『破蜀必矣，而皆不還。』竟如其言。寔以世多進趣，廉遜道缺，作《崇尚論》以矯之。弟智字子房，貞素有兄風，以儒行稱。」

山公目嵇叔夜，巖巖如孤松之獨立。

張茂先甚重成公簡，王隱《晉書》曰：「成公簡字宗舒，東郡人。世二千石。性清素不求榮利，潛心味道，罔有干其志者，由是默識過人。」嘗曰：「公簡清静比揚子雲，揚雄《自叙》曰：「雄爲人簡易佚宕，清浄無爲，不汲汲於富貴，不戚戚於貧賤；不修廉隅，以徼名當世。無擔石之儲，晏如也。自有大度，非聖哲之書不好也。非其意，雖富貴不事也。」默識擬張安世。」班固《漢書》曰：「張安世字子孺，少以父任爲郎。以善書給事尚書，精力於職，休沐未嘗出。上幸河東，亡書三篋，詔問莫能知，唯安世識之，具述其事。後以相校，無所遺失。上奇其才，擢爲尚書令。」

衞叔寶是樂彦輔婿，並有海内之名，裴叔道嘗稱之曰：「婦翁冰清，女婿碧潤。」

周弼《晉紀》曰：「弼，咸寧中爲御史中丞。」稱裴逸民：「若武庫，五兵縱横。」《惠帝起居注》曰：「頠理甚淵博，贍於論難。」

謝太傅云：「小時在殿廷，會見王丞相，便覺清風來拂人。」

謝鎮西稱羅君章，可謂湘中之琳琅。《含别傳》曰：「或有人言羅君章，可謂荊楚之杞梓。桓大司馬曰：『此自江左之秀，豈唯荊楚而已。』」

世目王苟子曰：「流奕清舉。」《文字志》曰：「修明秀有美稱。」

謝叔源與從子靈運，並有美名。時人謂叔源風韻爲高，目望蔡，肅肅如寒風振松；叔源襲爵望蔡侯。目康樂，凜凜如霜臺籠日。

王令明素不與謝靈運相識，嘗得一交言，靈運辯博，辭義鋒起，令明時然後言。時荀伯子在坐，退而告人曰：「靈運固自蕭散直上，王郎如萬頃陂。」沈約《宋書》曰：「荀伯子，潁川潁陰人。祖羨，驃騎將軍。父猗，秘書郎。伯子少好學，博覽經傳，而通率好戲，遨游閭里，故失清塗。解褐駙馬都尉，仕至東陽太守。」

宋世爲之語曰：「王光禄如屏風，屈曲從俗，能蔽風露。」《南史》曰：「王遠字景舒，太保弘弟，光禄大夫孺之子也。仕至光禄勳。」

王僧祐少便聰悟，《南史》曰：「王僧祐字胤宗，瑯邪人。父遠，光禄勳。僧祐雅博古，善老莊，不尚繁華。工草隸，善鼓琴。亭然獨立，不交當世，自天子至侯伯，未嘗與一人游。卒於黃門郎。」叔父景玄撫其首曰：「兒神明意用，當不作率爾人。」王智深《宋記》曰：「王微字景元，太保弘之弟子。好學，無不通覽。善屬文，能書。十六舉秀才，除右軍諮議。微素無宦情，徵不就。」

王瓚之歷官五兵尚書，未嘗詣一朝貴。《南史》曰：「瓚之，王敬弘子也。官吏部尚書，謚貞子。」江湛《南史》曰：「江湛字徽深，濟陽考城人。父夷，右僕射。湛居喪，以孝聞。愛文義，善彈棋鼓琴。爲彭城王主簿。司空檀道濟，爲子求娶湛妹，不許。義康有命，又不從。時人重其立志，所畜牛餓，御人求草，湛良久曰：『可與飲。』在選頗有刻覈之譏，而公平無私，不受請謁，論者稱焉。」謂何偃曰：「王瓚之今便是朝隱。」《宋書》曰：「何偃字仲弘，廬江灊人。司空尚之中子。舉秀才，除中軍參軍。歷官吏部尚書。」

益州獻蜀柳數株，枝條甚長，狀若絲縷。武帝植於太昌雲和殿前，嘗嗟賞之，曰：「楊柳風流可愛，似張緒當年。」

袁尹在郡，粲也。嘗於後堂夜集，劉祭酒在座。劉是真長六世孫。袁指庭中柳樹，謂劉曰：「人謂此是劉尹時樹，每想高風，今復見卿，可謂清德不衰。」吴均《齊春秋》曰：「劉瓛字子圭，沛國相人。晋丹陽尹惔六世孫也。五歲，聞舅孔昭先讀《管寧傳》，欣然更請讀。因聽受，曰：可及此耳。」

褚司徒淵也。嘗集袁粲舍，初秋凉夕，風月甚美。彦回援琴奏《别鵠》之曲，宫商既調，風神諧暢。王彧、謝莊並在坐，嘆曰：「以無累之神，合有道之器，宫商暫離，不可得已。」崔豹《古今注》曰：「《别鶴操》，商陵牧子所作。」《琴譜》曰：「琴曲有四大曲，《别鶴操》其一也。」

袁尹見江斆文，嘆曰：「風流不墜，政在江郎。」《南史》曰：「江斆字叔文，濟陽考城人。祖夷，右僕射。父湛，吏部尚書。斆母，宋文帝女淮陽長公主。幼以戚屬召見，孝武謂謝莊曰：『此小兒方當爲名器。』少有美譽，尚孝武女臨汝公主，拜駙馬都尉，爲丹陽丞。」

世目何散騎曰：「人中爽爽何子朗。」

何點嘗目陸慧曉「心如明鏡，遇形觸物，無不朗然」；王思遠「常如懷冰，暑月亦有霜氣」。《南史》曰：「何點字子晳，廬江人。祖尚之。父鑠。點十一，居父母憂，幾至滅性。及長，感家禍，遂絶婚宦。宋徵太子洗馬，梁徵中書侍郎，並不就。」

釋慧亮過江，止何園寺。梁慧皎《高僧傳》曰：「慧亮姓董，先爲東阿靖公弟子。後立寺於臨菑，講法華大小品、十地等，學徒雲集，千里命駕。」顔延之、張緒眷德留連，每嘆曰：「安、汰吐珠玉於前，道安、竺法汰。斌、亮振金聲於後，清言妙緒，將絶復興。」《高僧傳》曰：「釋曇斌姓蘇，南陽人。十歲出家，事道禕爲師。後住江陵辛寺，袁粲請爲母師。」

劉孝標劉孝標《自序》曰：「峻字孝標，平原人。生於秣陵縣。期月，歸故鄉。八歲，遇桑梓顛覆，身充僕圉。永明四年，逃還京師。後爲崔豫州刑獄參軍。天監中，詔掌石渠閣。以病乞骸骨，隱東陽金華山。余嘗自比馮敬通，而有同之者三，異之者四。何則？敬通雄才冠世，志剛金石。余雖不及之，而節亮慷慨，此一同也。敬通逢中興明君，而終不試用；余逢命世英主，亦擯斥當年，此二同也。敬通有忌妻，至於身操井臼；余有悍室，亦令家道轗軻，此三同也。敬通當更始世，手握兵符，躍馬肉食；余自少迄長，戚戚無歡，此一異也。敬通有子仲文，官成名立；余禍同伯道，永無血胤，此二異也。敬通旅力剛强，老而益壯；余有犬馬之疾，溘死無時，此三異也。敬通雖芝殘蕙焚，終塡溝壑，而爲名賢所慕，其風流郁烈芬芳，久而彌盛；余聲塵寂寞，世不吾知，魂魄一去，將同秋草，此四異也。所以力自爲序，遺之好事云。」目劉訏，超然越俗，如半天朱霞；何佟之《梁典》曰：「劉訏字彦度，平原人。與陳留阮孚、李紳申金蘭之契，築室鍾阜之傍，共聽内義，鑽尋典奥。」劉歊矯矯出塵，如雲中白鶴。《梁書》曰：「劉歊字士光，劉懷慰之子。生夕，有香氣滿室。幼有識慧，十二，讀《莊子·逍遥篇》，曰：『此可解耳。』客問之，隨問而答，皆有情理。家人異之，謂爲神童。及長，博學有文，不娶不仕。與族弟訏，隱居求志，遨游林澤，以山水書籍相娱。謚貞節處士。」皆儉歲之粱稷，寒年之纖纊。

周彦倫《南齊書》曰：「周顒字彦倫，汝南安城人。晉僕射顗七世孫。祖虎頭，員外常侍。父恂，歸鄉相。顒解褐海陵國侍郎，轉著作，撰《起居注》。」目慧隆道人曰：「隆公蕭散森疏，若霜下之松竹。」《高僧傳》曰：「釋慧隆姓成，陽平人。」

劉長史幼聰敏，善屬文。《南史》曰：「劉孝綽字孝綽，本名冉。幼聰敏，七歲能屬文，舅王融深賞異之，與同載以適親友，號曰神童。起家著作郎，左遷臨賀王長史。」王中書融深賞異之，嘗嘆曰：「天下文章，若無我，當歸阿士。」孝綽小字。

衞尉趙知禮，見袁德章少時，嘆曰：「袁生舉止詳中，《南史》曰：「袁憲字德章，幼聰敏好學。梁武帝開五館，其一館在憲宅西，憲招引諸生與之談論，新義出人意表，同輩咸嗟服焉。武帝撰《孔子正言章句》，詔下國學。憲十四，被召爲正言生，祭酒到溉愛其神采。博士周弘正謂憲父君正曰：『賢子欲策試不？』君正曰：『未敢令試。』居數日，君正遣門客與憲候弘正。會弘正將升講坐，延憲入室，授以麈尾，令憲豎義。時謝岐、何妥在坐，弘正曰：『二賢雖窮奥賾，得無憚此後生？』何、謝遞起義端，深極理致，憲酬對閑敏。弘正謂妥曰：『恣卿所問，勿以童幼期之。』時觀者重沓，憲神色自若，辨論有餘，弘正亦起數難，終不能屈。因告客曰：『卿還諮袁吴郡，此郎已堪見代博士矣。』故有陳汝之風。」《氏族志》曰：「袁出胡公之後，陳留、汝南、彭城，三望。」

陳後主有玉柄麈尾至佳，手執之曰：「當今雖復多士如林，堪執此者，獨張譏耳。」即授譏。《陳書》曰：「後主諱叔寶，宣帝嫡長子。在位七年，爲隋所滅。」

崔司徒《北史》曰：「浩字伯深，清河東武城人。父宏，仕魏拜天部大人，進爵爲公。浩少好學，經史玄象陰陽百家之言，無不該覽。明元好術數，命浩筮吉凶，參觀天文，考定疑惑，多有應驗。性不好老莊之書，不長屬文，而留心於制度科律。纖妍白皙，如美婦人。長於謀計，自比張良，謂稽古過之。初拜博士祭酒。至特進、撫軍大將軍，左光禄大夫。」每與盧玄談，輒嘆曰：「對子真，使我懷古之情更深。」《北史》曰：「盧玄字子真，范陽涿人。曾祖諶，晋司空從事中郎。祖偃，父邈，仕慕容氏，俱以儒雅稱。神嘉四年，太后辟召儒俊，以玄爲首，授中書博士，遷侍郎。崔浩欲整人倫，分明姓族，玄曰：『創制立事，各有其時。樂爲此者，詎幾人也。宜三思。』浩不納，後終以此敗。」

劉子翼峭直有行，《大業雜記》曰：「劉子翼字小心，劉褘之之父，仕隋至著作郎。」常面折僚友之短，退無餘訾。李百藥嘗語人曰：「劉四雖復罵人，人多不憾。」宋祁《唐書》曰：「李百藥字重規，定州安平人，隋内史令德林子也。七歲能屬文。貞觀初，拜中書舍人。官至散騎常侍。」

太宗嘗出行，有司請載副書以從，上曰：「不須，虞世南在，此行秘書。」劉昫《唐書》曰：「虞世南字伯施，越州餘姚人。父荔，陳太子中庶子。叔父寄，無子，以世南繼後。性沉静寡欲，篤志勤學。少與兄世基，學於顧野王。經十餘年，精思不倦，或累旬不盥櫛。善屬文，祖述徐陵，陵亦言世南得己之意。又沙門智永，善羲之書，世南師焉，妙得其體，由是聲名籍甚。太宗朝，官秘書監，爵永興縣子。」

太宗征遼東，《太宗紀》曰：「貞觀十八年，命英國公李勣等，發天下甲士伐高麗。明年五月，車駕度遼，親率鐵騎圍遼城。高麗別將高延壽，以其衆降。因名所幸山爲駐蹕山，刻石紀功。」拜楊弘禮爲兵部侍郎。《唐書》曰：「楊弘禮，隋尚書令素弟岳之子。高祖受禪，襲爵清河郡公。太宗征遼，以弘禮有文武材，擢兵部侍郎，專典兵機之務。」駐蹕之役，領馬步二十四軍，跳出賊背，所向摧靡。帝自山上望，見其袍仗精整，人人盡力，嘆曰：「越公兒郎，故有家風。」《隋書》曰：「楊素兼文武之資，志懷遠大，以功名自許。高祖龍飛，功臣莫居其右，封越國公。」

玄宗嘗早朝，謂左右曰：「每見張九齡，精神頓生。」劉昫《唐書》曰：「張九齡字子壽，一名博物。曾祖君政，韶州別駕，因家始興。九齡幼聰敏，善屬文，十三以書于刺史王方慶，賞之曰：『此子必能致遠。』玄宗在東宫，舉文藻之士，親加策問。九齡對策高第，遷右拾遺，累官中書令。」

劉捷卿在都，宋祁《唐書》曰：「劉迅字捷卿，知幾第五子也。歷京兆功曹，參軍事。上元中，避地安康，卒。」嘗寢疾。房太尉聞而憂之，通夕不寐，顧語賓從曰：「捷卿有不諱，可謂無復有神理。」劉昫《唐書》曰：「房琯字次律，河南人。平章事融之子。少好學，風儀沉整，性好隱遁。與東平吕向於陸渾伊陽山讀書，凡十餘歲。玄宗幸蜀，拜文部尚書，同平章事。肅宗既立，抗疏請自將兵，戰敗於陳濤斜。」

房太尉言：「見紫芝眉宇，使人名利之心都盡。」劉昫《唐書》曰：「元德秀字紫芝，河南人。性純朴，無緣飾，動師古道。父爲延州刺史。德秀少孤貧，事母以孝聞。開元中，游京師，不忍離親，每行，則自負板輿，與母詣長安。母亡，廬於墓所，食無鹽酪，籍無茵席，刺血畫像，寫佛經。久之，以孤幼牽於禄仕，授邢州南和尉。佐治有惠政，召補龍武參軍，終魯山令。」

韋氏孝友文學有承慶、嗣立，劉昫《唐書》曰：「韋承慶字延休。嗣立，承慶異母弟也。父思謙，則天朝納言。母王氏，遇承慶甚嚴，每有杖罰，嗣立必解衣請代，母不聽，輒自私杖，母察知之，漸加恩貸，議者比王祥、王覽。」邃音樂有萬石，劉昫《唐書》曰：「萬石，韋挺之子。有學業而善音律，爲太常卿。增損郊廟燕會樂調，時以爲稱職。」達禮儀則叔夏，劉昫《儒學傳》曰：「韋叔夏，左僕射安石兄也。精通三禮，官國子祭酒，撰《五禮要記》。」史才博識有述。劉昫《唐書》曰：「述勤成《國史》一百十三卷，事簡而記詳，有良史才，蕭穎士以爲譙周、陳壽之流。述以儒術進，當代宗仰，而純厚長者，澹於勢利。聚書二萬卷，皆自校定，雖御府不逮也。兼古今朝臣圖，歷代知名人畫，魏、晋以來草隸真迹數百卷，古碑、古器、藥方、格式、錢譜、璽譜之類，當代名公尺題，無不畢備。禄山之亂，兩京陷賊，玄宗幸蜀，述抱《國史》藏於南山，經籍資産，焚剽殆盡，述亦陷於賊庭。」時趙冬曦《唐詩紀事》曰：「趙冬曦，定州人。開元初，監察御史。坐事流岳州，召還復官。」兄弟亦有美名。宋祁《唐書》曰：「冬曦兄夏日，弟和璧、安貞、居貞、頤貞、彙貞，皆擢進士第。」張燕公劉昫《唐書》曰：「張説字道濟，其先范陽人。代居河東。後徙洛陽。弱冠對策，授太子校書，預修《三教珠英》。開元中，召説及禮官學士賜宴集賢殿，授説集賢院學士，封燕公。」嘗語人曰：「韋、趙兄弟，人之杞梓。」《春秋傳》曰：「晋大夫皆卿材也，如杞梓皮革。」

宋景文云：《東都事略》曰：「宋祁字子京，與兄庠同試禮部，奏名第一。章獻曰：『弟可先兄乎？』乃以庠第一，而祁爲第十。修《唐書》成，拜翰林學士承旨，謚景文。」歐陽公《歸田録》曰：「宋郊兄弟，自布衣時，名動天下，時稱二宋。」「左太冲詩『振衣千仞岡，濯足萬里流』，左思《咏史詩》。使人飄飄有世表意，不減嵇康『目送飛鴻』語。」康《送兄秀才入軍詩》曰：「息徒蘭圃，秣馬華山。流磻平皋，垂綸長川。目送歸鴻，手揮五弦。俯仰自得，游心太玄。嘉彼釣叟，得魚忘筌。郢人逝矣，誰可盡言。」

品藻

或問汝南許章曰：「叔慈、皇甫謐《高士傳》曰：「荀靖字叔慈，潁川潁陰人。父淑，朗陵侯相。靖少有俊才，動止以禮。及卒，學士製誄者二十六人。潁陰令丘禎追謚曰『玄行先生』。」慈明孰賢？」許曰：「二荀皆玉也，慈明外朗，叔慈內潤。」

【眉批】

按：此《世説注》已有。因玄行之謚，《世説注》不明，故並存此。

邊文禮才辯俊逸，孔北海嘗薦於曹公曰：「邊讓爲九州之被則不足，爲單衣襜褕則有餘。」范曄《後漢書》曰：「蔡中郎深重讓，薦於何進曰：『伏惟幕府初開，博選清英，華髮舊德，並爲元龜。雖振鷺之集西雍，濟濟之在周庭，無以或加。竊見陳留邊讓，天授逸才，聰明賢智。髫齔夙孤，不盡家訓。及就學廬，便受大典。初涉諸經，見本知幾，授者不能對其問，章句不能逮其意。心通性達，口辯辭長。若處狐疑之論，定嫌審之分，經典交至，檢括參合，衆夫寂焉，莫之能奪。使讓生在唐、虞，則元、凱之次，運值仲尼，則顔、冉之亞，豈徒俗之凡偶近器而已。階級名位，亦宜超然。若復隨輩而進，非所以章瓌偉之高價，昭知人之絶明也。傳曰：『函牛之鼎以亨鷄，多汁則淡而不可食，少汁則熬而不可熟。』此言大器之於小用，固有所不宜也。邕竊悁邑，怪此寶鼎未受犧牛大羹之和，久在煎熬臠割之間。願明將軍回謀垂慮，裁加少納，貢之機密，展之力用。若以年齒爲嫌，則顔回不得貫德行之首，子奇終無阿宰之功。苟堪其事，古今一也。』」

陳元龍使功曹陳季弼詣許，謂之曰：「許下論議待吾不足，足下相爲觀察，還以見誨。」季弼還，曰：「聞遠近之論，頗謂明府驕而自矜。」元龍曰：「夫閨門雍穆，有德有行，吾敬陳元方兄弟；淵清玉潔，有禮有法，吾敬華子魚；清修疾惡，有識有義，吾敬趙元達；當即趙達也。《吴志》曰：「趙達，河南人。少從單甫受學，用思精密，謂東南有王者氣，可以避難。脱身渡江，治九宫一算之術，能應機立成，對問若神。自算亡日，如期死。博聞强記，奇逸卓犖，吾敬孔文舉；雄姿傑出，有王伯之略，吾敬劉元德。所敬如此，何驕之有？」《魏志》曰：「陳矯，字季弼，廣陵東陽人。初爲陳登功曹。太祖辟爲司空掾。歷官侍中，司徒。」

陳太丘子紀，紀子群，並有高名。《後漢書》曰：「寔少著清德，連辭徵命，閉門懸車，棲遲養老。中平二年，卒于家。」《傅子》曰：「寔亡，天下致弔會葬者三萬人，制衰麻者百數。」《後漢書》曰：「紀亦以至德稱。兄弟孝養，閨門雍和。」《魏志》曰：「魯國孔融，才高倨傲，年在群、紀之間。先與紀友，後與群交，更爲紀拜，由是顯名。」天下以爲公慚卿，卿慚長。《博物記》曰：「太丘長陳寔，寔子鴻臚紀，紀子司空群，群子泰，四世于漢、魏二朝，並有重名，而其德漸減，時人爲其語曰：『公慚卿，卿慚長。』」

張輔吴《吴紀》曰：「張昭字子布，彭城人。少好學，從白侯子安受《左氏春秋》，博覽衆書，與瑯邪趙昱、東海王朗，俱發名友善，官輔吴將軍。」在孫權坐，《吴志》曰：「孫權字仲謀，兄策。既定諸郡，以權爲陽羡長，郡察孝廉，行奉義校尉。漢遣劉琬，加策錫命。琬語人曰：『吾觀孫氏兄弟，雖各才秀名達，然皆禄祚不終。唯中弟孝廉，形貌奇偉，骨體不恒，大貴之表，年又最壽。』」《江表傳》曰：「堅爲下邳丞時，生權，方頤大口，目有精光。堅異之，以爲有貴象。及策起事江東，權長隨從，性度弘朗，仁而多斷，好俠養士，每參同計謀，策自以爲不及。」嘗論劉子初褊厄，不當拒張飛太甚。《三國志》曰：「劉巴，字子初，零陵烝陽人。少知名。先主定益州，辟爲左將軍西曹掾。陳群嘗與諸葛亮書，問巴消息，稱曰劉君子初，甚敬重焉。」《零陵先賢傳》曰：「張飛嘗就巴宿，巴不與語，飛忿恚。亮謂巴曰：『張飛雖武人，敬慕足下。主公方收合文武，以定大事。足下雖天素高亮，宜少降意。』巴曰：『大丈夫處世，當交四海英雄，如何與兵子共語？』備聞之，怒曰：『孤欲定天下，而子初專亂之，其欲還北，假道於此，豈欲成孤事邪？』備又曰：『子初才智絶人，如孤可任用之，非孤者難獨任也。』亮亦曰：『運籌策於帷幄之中，吾不如子初；若提枹鼓會軍門，使百姓喜勇，當與人議之耳。』」權曰：「若令子初隨世沉浮，容悦元德，交非其人，何足稱高士？」《蜀志》曰：「張飛字翼德，涿郡人。少與關羽俱事先主。先主爲漢王，拜右將軍，爲帳下所殺。」

王平子嘗行經陳留郡界，陳留時爲大郡，名有人士。太守遣吏迎王，王問吏曰：「此郡人士爲誰？」吏曰：「有蔡子尼、江應元。」是時郡人多居大位者，王以其姓名問曰：「甲乙等，非君郡人耶，何稱此二人？」吏曰：「向謂君侯問人，不謂問官位。」王笑而止。到郡，以語太守曰：「舊名此邦有風俗，果然。小吏亦復知此。」《江氏家傳》曰：「江統字應元，東海王越辟爲別駕。時從事中郎庾子嵩，以風韻見重，雅敬君德，每云：『當今可以爲司徒充民望者，江生其人也。』」

支道林目會稽王，有遠體而無遠神。簡文初封會稽王。

或問江左諸人優劣，顏光禄曰：「周伯仁之正，鄧伯道之清，下望之之節，餘則吾不知。」

中朝人共論少正卯、《孔子家語》曰：「孔子爲魯司寇，七日而誅亂政大夫少正卯，戮之于兩觀之下，尸于朝三日。子貢進曰：『夫少正卯，魯之聞人也，今夫子爲政而始誅之，或者爲失乎？』孔子曰：『居，吾語汝以其故。天下有大惡者五，而竊盜不與焉。一曰心逆而險，二曰行僻而堅，三曰言僞而辯，四曰記醜而博，五曰順非而澤。此五者有一于人，則不免君子之誅，而少正卯皆兼有之。其居處足以撮徒成黨，其談説足以飾褒榮衆，其强禦足以反是獨立。此乃人之奸雄者也，不可以不除。』」盜跖，《莊子·雜篇》曰：「柳下季之弟，名曰盜跖。盜跖徒卒九千人，横行天下，侵暴諸侯，穴室樞户，驅人牛馬，取人婦女，貪得忘親，不顧父母兄弟，不祭先祖，所過之邑，大國守城，小國入保，萬民苦之。孔子往説之，盜跖乃方休卒徒太山之陽，膾人肝而餔之。孔子前見謁者，盜跖大怒，目如明星，髮上指冠，曰：『子之罪大極重！疾走歸！不然，將以子肝益晝餔之膳。』」其惡孰深？有人云：「少正卯雖奸，不至剖人充膳，盜跖爲甚。」顏光禄曰：「爲惡彰露，人思加戮；隱伏之奸，非聖不誅。由此言之，少正卯爲甚。」衆莫能屈。

舊以桓謙比殷仲文。《晋安帝紀》曰：「仲文有器貌才思。」桓玄時，仲文入，桓於庭中望見之，謂同坐曰：「我家中軍，那得及此也。」

齊太祖奇愛張思光，時與款接，笑曰：「此人不可無一，不可有二。」《南史》曰：「融風止詭越，坐常危膝，行則曳步，翹身仰首，見則驚異。」

齊神武言：「崔㥄應作令僕，恨其神明太遒。」《魏書》曰：「㥄字長孺，清河東武城人。狀貌偉麗，善於容止。歷覽群書，兼有詞藻。自中興迄於孝武，詔令皆㥄所爲。仕至東兖州刺史。」

霍王元軌《唐書》曰：「元軌，唐高祖第十四子也。始封吴王。少多才藝，太宗嘗問群臣：『朕子弟中孰賢？』魏徵曰：『唯吴王數與臣言，未嘗不自失。』上問：『前代誰比？』徵曰：『經學文雅，漢之間、平也。』改封霍王。」臨徐州，與處士劉玄平爲布衣之交。或問玄平王之所長，玄平答以無長。人問其故，玄平曰：「夫人有短，所以見長。」

中宗正月晦日幸昆明池《西京雜記》曰：「武帝作昆明池，欲伐昆吾夷，教習水戰，因而于上游戲。池周回四十里。」《長安志》曰：「昆明池在上林苑中。」賦詩，群臣應制百餘篇，帳殿前結彩樓，命上官昭容《唐詩紀事》曰：「昭容名婉兒，西臺侍郎儀之孫。父廷芝死，母鄭方姙，夢巨人畀大秤曰：『持此秤量天下。』昭容生踰月，母戲曰：『秤量者豈爾邪？』輒啞然應。後内秉機政，符其夢云。自通天來，内掌詔命。中宗立，進昭容。帝引名儒賜宴賦詩，婉兒常代帝及后、長寧、安樂二公主，衆篇並作，采麗益新。又差第群臣所賦，賜金爵，朝廷靡然成風。當時屬辭，大抵浮靡，然皆可觀，昭容力也。韋后之敗，斬闕下。」選一首爲新翻御製曲，紙落如飛，從臣各認其名而懷之，唯沈、宋二詩不下。《唐詩紀事》曰：「宋之問字延清，汾州人。與沈佺期、劉允濟媚附易之。及敗，貶瀧州參軍，逃歸。景龍中，諂事太平公主。後安樂公主權盛，復往諧結。中宗將用爲中書舍人，太平發其贓，遷越州長史，賦詩流傳京師。睿宗立，以獪險盈惡流欽州，賜死。沈佺期字雲卿，相州人。除給事中、考功郎。受贓劾，未究，會張易之敗，長流驩州。稍遷台州録事參軍。入計召見，拜修文直學士。侍宴爲弄辭悦帝，賜牙緋，尋爲太子詹事。」《唐書》曰：「佺期善屬文，尤長七言，與宋之問齊名，時稱沈宋。」又移時，一紙飛墜，乃沈詩也。昭容評曰：「二詩工力悉敵，沈落句『微臣雕朽質，羞睹豫章材』，蓋辭氣已竭，宋猶陡健舉。」沈詩曰：「法駕乘春轉，神池象漢回。雙星遺舊石，孤月隱殘灰。戰鷁逢時去，恩魚望幸來。山花緹騎繞，堤柳幔城開。思逸横汾唱，歌流宴鎬杯。微臣雕朽質，羞睹豫章材。」宋詩曰：「春豫靈池會，滄波帳殿開。舟凌石鯨度，槎拂斗牛回。節晦蓂全落，春遲柳暗催。象溟看浴景，燒劫辨沉灰。鎬飲周文樂，汾歌漢武才。不愁明月盡，自有夜珠來。」

宋世嘗目莊周爲道家之儀、秦，王通孔門之王莽。高似孫《子略》曰：「《道德》三千言，辭潔旨謐，澹然六經之外，其用則易也。莊周則不然，浚滌沉潛，若老於玄者，而泓崢蕭瑟，乃欲超遥於老氏之表。是以其説意空一塵，倜儻峻拔，無一毫蹈襲沿仍之陋。極天之荒，窮人之僞，放肆迤演，如長江、長河，滚滚灌注，泛濫乎天下。又如萬籟怒號，澎湃洶湧，聲沉影滅，不可控搏。率以荒怪詭誕，狂肆虚眇，不近人情之説，瞽亂而自呼。至於法度森嚴，文辭雋健，自作瓌新，亦一代之奇才乎？戰國多奇士，荀卿之學，有志斯世者也。魯連之辯，獨善其身者也。《寓言》一書，非深乎道者未易造此，顧獨以滑稽發之。士至於無所用其才，而猶區區於矯拂世俗之弊者，不亦恝恝乎。方是時，天下大壞，蕩不可支。攘奪争凌，斬然一律。其意思有以激之回之，矯之夷之，肆意無忌，以放乎辭。矯世之私，曾不一二。而亂天下之過，特不可免於中。若其言，托孔子以自致其過者，二十有九章。又言堯、禹、文王、太公之事，皆非《詩》、《書》所見。而竊快其無稽之論，狎聖侮道，兹亦甚矣。」杜淹撰《文中子世家》曰：「文中子王氏，諱通，字仲淹。六代祖玄，則爲宋弘儒，江左號『王先生』，受其道者曰『王先生業』。文中子之父銅川府君諱隆，傳先生之業，教授門人千餘。開皇四年，文中子生，府君筮之，遇坤之師，曰：『素王之卦也，何爲而來？地二化爲天一，上德而居下位，能以衆正，可以王矣。雖有君德，非其時乎？是子必能通天下之志，名之曰『通』。既冠，慨然有濟蒼生之心。見隋文帝，奏《太平十二策》，不用，作《東征之歌》而歸。後再徵不至，謂所親曰：『我高祖始家於河汾，有墳壠於兹四代矣。有弊廬在，茅簷土階撮如也。道之不行，欲安之乎？退志其道而已。』乃續《詩》、《書》，正《禮》、《樂》，修元經，讚《易》道。九年而六經大就，門人自遠而至，咸北面受王佐之道焉。大業十三年，有疾，謂門人曰：『吾夢顔回稱孔子之命曰歸休乎！』殆夫子召我也。』寢疾七日而終。門人謚曰『文中子』。悉次其書還於王氏，《禮論》二十五篇，《樂論》二十篇，《續書》一百五十篇，《續詩》三百六十篇，《元經》五十篇，《贊易》七十篇，共列爲八十卷。」朱熹論曰：「仲淹生乎百世之下，讀古聖賢之書而粗識其用。然未嘗深探其本，而盡力於其實。不勝其好名欲速之心，汲汲乎以著書立言爲己任。及其無以自托，乃捃拾兩漢以來文字言語之陋，功名事業之卑，而求其天資之偶合，與其近似者，依仿六經，次第采輯，因以牽挽其人，强而躋之二帝三王之列。今考之《中説》而得其規模之大略，則彼之《贊易》，是豈足以知先天後天之相爲體用；而高文武皇之制，是豈有精一執中之傳；曹、劉、顔、謝之詩，是豈有物則秉彝之訓；叔孫通、公孫述、曹褒、荀勉之禮樂，又孰與伯夷、后夔、周公之懿。至於宋魏以來，一南一北，校功度德，蓋未有以相君臣也。則其天命人心之向背，統緒繼承之偏正，亦何足論。而欲攘臂其間，奪彼予此，以自列於孔子之《春秋》哉！蓋既不自知其學之不足以爲周孔，不知兩漢之不足爲三王，而獨以是區區者比而效之於形似影響之間，傲然自謂足以承千聖而紹百王矣，而不知其適以是而自納於吴楚僭王之誅。使夫後世知道之君子，雖或有取於其言，而終不能無恨於此。」

規箴

嚴子陵范曄《後漢書》曰：「嚴光字子陵，會稽餘姚人。少有高名，與光武同游學。及光武即位，變姓名，隱身不見。帝令以物色訪之。齊國上言：『有一男子，披羊裘釣澤中。』帝疑是光，安車聘之，三反而後至，終不能屈。」與侯司徒書曰：「君房足下，位至鼎足，甚善。懷仁輔義天下悦，阿諛順旨腰領絶。」侯得書，封奏之。帝笑曰：「此狂奴故態。」皇甫謐《高士傳》曰：「霸與光素舊，使西曹屬侯子道奉書。光不起，於床上箕踞抱膝，發書，讀訖，問子道曰：『君房素癡，今爲三公寧小差否？』子道曰：『位已鼎足，不癡也。』光曰：『遣卿來何言？』子道：『傳霸言。』光曰：『卿言不癡，是非癡語也。天子徵我三，乃來。人主尚不見，當見人臣乎！』子道求報。光曰：『我手不能書，乃口授之。』使者嫌少，可更足，光曰：『買菜乎？求益也？』」

高義方造馬季長，辭不見，義方覆刺爲書曰：「伏聞高問，爲日已久。冀一見龍光，《小雅》曰：「既見君子，爲龍爲光。」叙腹心之願，不圖辭之以疾。昔周公父兄文武，九命作相，以尹華夏，猶握沐吐食以接白屋之士，天下歸德，《史記》曰：「伯禽就封，周公戒之曰：『我文王之子，武王之弟，成王之叔父。我於天下亦不賤矣。然我一沐三捉髮，一飯三吐哺，起以待士，猶恐失天下之賢人。子之魯，慎無以國驕人。』」歷載邈矣。今君不能相見，宜哉！」季長大愧，追請，徑去。《漢雜事》曰：「高彪字義方，吴郡人。志尚甚高，游太學，博覽經史，善屬文。」

魏文爲五官將時，臨淄侯才名甚盛，幾有奪嫡之議。《三國志》曰：「陳思王植，建安十九年徙封臨淄侯。植既以才見異，而丁儀、丁廙、楊修等爲之羽翼，幾爲太子。而植任性不自雕勵，文帝御之以術，宫人左右，並爲之説，故定爲嗣。」曹公一日諮於賈詡，《魏略》曰：「詡字文和，武威姑臧人。少時人莫知，唯漢陽閻忠異之，謂有良平之奇。太祖領冀州牧，以爲太中大夫。是時文帝爲五官將，而臨淄侯才名方盛，各有黨與，有奪宗之議。文帝使人問詡自固之術，詡曰：『願將軍恢崇德度，躬素士之業，朝夕孜孜，不違子道。如此而已。』」詡默然不對。曹公問不對何也？詡曰：「屬有所思。」問何思？答曰：「思袁本初、劉景升父子也。」於是太子遂定。《魏志》曰：「紹愛少子尚，欲以爲後，而未顯審配、逢紀與辛評、郭圖等争權，配、紀與尚比，評、圖與譚比。紹卒，配等奉尚代紹位。譚至，不得立，由是譚、尚有隙。太祖軍至西平，譚、尚舉兵相攻，皆敗走。劉表及妻愛少子琮，欲以爲後，而蔡瑁、張允爲之支黨，乃出長子琦爲江夏太守。表死，衆遂奉琮爲嗣。琦與琮遂爲讐隙，至於傾覆。」

蜀先主嘗因旱儉，禁酒。刑吏於人家檢得釀具，欲令與釀酒者同罰。時簡雍從先主游，見一男子行道，謂先主曰：「彼人欲行淫，何以不縛？」先主曰：「卿何以知之？」雍曰：「彼有淫具，與欲釀同。」先主大笑，命原欲釀者。《蜀志》曰：「簡雍字憲和，涿郡人。少與先主有舊，隨從周旋。先主至荆州，與麋竺、孫乾同爲從事中郎，常爲談客，往來使命。後拜昭德將軍。優游諷議，性簡傲跌宕。在先主坐，猶箕踞傾倚。適諸葛亮已下，則獨擅一榻，項枕卧語，無所爲屈。」

石季倫嘗與長水校尉孫季舒酣宴。孫慢傲過度，季倫欲表免之，裴叔則聞而謂之曰：「季舒酒狂，四海所知。足下飲人狂藥，責人正禮，不亦乖乎？」王隱《晋書》曰：「石崇字季倫，石苞子，生於青州，故小名齊奴。爲荆州刺史，劫奪殺人，以致巨富。後爲趙王倫所殺。」

謝萬就太傅乞裘，自云畏寒。太傅答曰：「君妄語，正欲以爲豪具耳。若畏寒，無復勝綿者。」乃以三十斤綿與萬。

祖士言深好奕棋，王處叔《晋書》曰：「王隱字處叔，陳郡陳人。世寒素。父銓，少好學，有著述之志，每私録晋事，及功臣行狀，未就而卒。隱以隱素自守，不交勢援，博學多聞。受父遺業，西都舊事，多所諳究。家貧無資，依征西將軍庾亮於武昌。亮供其紙筆，書成，詣闕上之。隱雖好著述而文辭鄙拙，蕪舛不倫。其書次第可觀者，皆父所撰。文體混漫，義不可解者，隱之作也。」謂之曰：「禹惜寸陰，《帝王世紀》曰：「禹有聖德，堯命以爲司空。繼鯀治水，乃勞身涉勤，不重徑尺之璧，而愛日之寸陰。」不聞數棋。」祖云：「聊用忘憂耳。」處叔曰：「古人遭時則以功達其道，不遇則以言達其才，故否泰不窮也。今晋未有書，而天下傾覆，舊事蕩滅。君少長王都，游宦四方，華夷成敗，皆在耳目，何不記述，使有裁成。昔應仲遠作《風俗通》，《漢·藝文志》曰：「應劭篤學多聞，撰《風俗通》，以辯物名號，釋時嫌疑。」崔子真作《政論》，《後漢書》曰：「崔寔字子真，少沈静，好典籍。以郡舉，徵詣公車，除爲郎。論當世事數十條，名爲《政論》，指切時要，言辯而確，當世稱之。仲長統曰：『凡爲人主，宜寫一通，置之坐側。』」蔡伯喈作《勸學篇》，《後漢書》曰：「邕所著《獨斷》、《勸學》、《釋誨》，詩賦碑誄凡百四篇，傳於世。」《唐·藝文志》小學類，有蔡邕《勸學篇》一卷。史游作《急就章》，《漢書注》曰：「游，元帝時爲黄門令。凡書三十二章，雜記姓名諸物五官等字，以教童蒙。急就者，謂字之難知者，緩急可就而求焉。」便爲没而不朽。當其同時人豈少哉，而皆無聞，由無述作也。故君子疾没世而名不稱，况國史明乎得失之迹，何必博奕而後忘憂哉！」祖遂發書薦隱修史。帝以問鍾雅，事遂不行。

王國寶搆謝太傅於孝武帝，太傅患之。帝一日召桓子野飲，太傅亦在坐。帝命桓吹笛。桓神色無忤，即吹爲一弄，乃放笛云：「臣於箏分乃不及笛，然自足以韻合歌管。請以箏歌，並請一吹笛人。」帝善其調達，乃敕御妓吹笛。桓又言：「御府人，于臣必自不合。臣有一奴，善相便串。」帝令召之。奴既吹笛，桓便撫箏而歌曹子建《怨詩》。詩曰：「爲君既不易，爲臣良獨難。忠信事不顯，乃有見疑患。周旦佐文武，金縢功不刊。推心輔王室，二叔反流言。」聲節慷慨，俯仰可觀。太傅泣下沾襟，乃越席就之，捋其鬚曰：「使君於此處不凡。」

王司徒謐，與遠公書曰：「身年始四十，而衰同耳順。」遠答曰：「古人不愛尺璧，而重寸陰。觀其所存，似不在長年耳。檀越既履順而游性，乘佛理以御心。因此而推，復何羨於遐齡邪？聊想斯理，久已得之，爲復酬來信耳。」人皆稱公善誘。

謝康樂父，不慧早亡。《南史》曰：「靈運父瑍，生而不慧，位秘書郎，早亡。」康樂好臧否人物，叔混患之，欲加裁折，未有方也。謂宣遠曰：「非汝莫能。」王儉《七志》曰：「謝瞻字宣遠，陳郡人。幼能屬文。宋黄門郎。《幼童傳》曰：『瞻幼而聰悟，五歲能通玄理。』」乃與晦、曜、《南史》曰：「曜小字阿多，弘微之兄。歷御史中丞，彭城王義康驃騎長史。」弘微等《宋書》曰：「弘微初名密。曾祖萬，晋西中郎將。祖韶，車騎司馬。父思，武昌太守。弘微居身清約，歷位中庶子，加侍中。」共游戲，命瞻與靈運共車。既上，便商較人物，宣遠謂之曰：「秘書早亡，談者亦互有同異。」靈運默然，言論自此衰止。

王仲寶小時，叔父僧虔《南史》曰：「僧虔，光禄大夫僧綽弟也。父曇首，太子詹事。僧虔釋褐太子舍人，退默少交接，與袁淑、謝莊善。淑每嘆曰：『卿文情鴻麗，學解深拔，而滔光潛實，物莫之窺。雖魏陽元之射，王汝南之騎，無以加焉。』」撫之曰：「我不患此兒無名，政恐名太盛。」手書崔子玉《座右銘》貽之。《後漢書》曰：「崔瑗字子玉，涿郡人。早孤。鋭志好學，盡能傳其父業。」銘曰：「無道人之短，無説己之長。施人慎勿念，受施慎勿忘。世譽不足慕，唯仁爲紀綱。隱心而後動，謗議庸何傷。無使名過實，守愚聖所藏。在涅貴不淄，曖曖内含光。柔弱生之徒，老氏誡剛强。行行鄙夫志，悠悠故難量。慎言節飲食，知足勝不祥。行之苟有恒，久久自芬芳。」

顔延之兒竣，既貴重，權傾一朝，凡所資供，延之一無所受。器服不改，宅宇如舊。常乘羸牛敝車，逢竣鹵簿，即屏往道側。嘗語竣曰：「吾平生不喜見要人，今不幸見汝。」竣起大宅，延之謂曰：「善爲之，無令後人笑汝拙也。」

孔中丞二弟在官，覬弟道存，從弟徽。頗營賦賄，嘗請假還東，中丞出渚迎之，輜重十餘船，皆是綿絹紙席。中丞僞喜曰：「我比困乏，得此甚要。」因命上置岸側，既而正色語曰：「汝輩忝預士流，何至還東作賈客邪！」命左右取火燒盡，乃去。《南史》論曰：「覬持身之節，亦曰一時之良，而聽言則悖，晚致覆没。」

齊武帝時，諸弟皆無寵。嘗於御坐曲宴，武陵因醉伏地，以貂杪肉柈。帝笑曰：「污貂。」武陵答曰：「陛下何愛其羽毛，而疏其骨肉？」《南齊書》曰：「武陵昭王曄，高帝第五子也。母以罪誅，曄年四歲，思慕不異成人。高帝雖爲方伯，而居處甚貧，諸子學書無紙筆，曄常以指畫空中學字，遂工篆法。性剛穎雋出。武帝即位，歷中書令、祠部尚書。巫覡或言曄有非常之相，以此自負，故無寵，未嘗處方岳。」

王長史至性凝簡，不狎當世，嘗從容語諸子曰：「吾家門户，所謂素族，自可隨流平進，不須苟求。」《南史》曰：「王騫字思寂，太尉儉之子也。性凝簡，慕樂廣之爲人。諸女子侄皆嬪王尚主，輜軿填咽，非所欲也。有田八十餘頃，與諸宅及故舊共佃之。常曰：『我不如鄭公業有田四百頃，而食常不周，以此爲愧。』仕至度支尚書，加給事中。」

齊高宗從弟季敞，性頗豪縱，上心非之，《南史》曰：「輔國將軍蕭季敞，粗猛無行，善於彌縫。」嘗語之曰：「卿可數詣王思遠。」《南史》曰：「思遠立身簡潔。」

陳江州諸子，多事豪侈，江州不悦。休尚爲郢府主簿，過九江拜别。顯達語之曰：「麈尾蠅拂是王謝家物，汝不須捉此。」即取於前燒除之。《南齊書》曰：「陳顯達，彭城人。仕宋，以軍功封彭澤縣子。武帝徵爲侍中，進征南大將軍、江州刺史。謙厚有智計，自以人微位重，每遷官，有畏懼之色。子十餘人，家既豪富，與敬則諸兒，並精車牛，麗服飾。顯達誡之曰：『我本意不及此，汝勿以富貴凌人。』豫廢鬱林之勳，進爵爲公。東昏立，内懷疑怖，舉兵襲建鄴，敗死。子皆伏誅。」

湘東王繹《梁書》曰：「元帝諱繹，武帝第七子也。初封湘東王，簡文被弒，乃即位於江陵。」入援臺城，頓軍武城，淹留不進。按司馬光《通鑑》，梁大寶元年，湘東王繹移檄封侯景，遣王僧辯次巴陵。繹有他志，僧辯一再有功，復令且頓尋陽，以待兵集，及綱弒棟廢，始遣東下。中記室參軍蕭賁，以繹不早下，心甚非之。嘗與繹雙陸，食子未即下，賁斂手言曰：「殿下都無下意。」《南史》曰：「蕭賁字文奐，形不滿六尺，有文才，能書善畫。起家爲湘東王法曹參軍。」《梁書·侯景傳》曰：「賁骨鯁士也。每恨湘東不入援，嘗與王雙陸，食子未下，賁曰：『殿下都無下意。』王深爲憾，遂因事害之。」

王方慶在政府，劉昫《唐書》曰：「王方慶，雍州咸陽人。周石泉公褒之曾孫。官至太子左庶子。博學好著述，尤精三《禮》。」其子爲眉州司士參軍。《唐書》曰：「方慶長子光輔，開元中官至潞州刺史。」武后嘗問：「卿在相位，何子之遠？」方慶答曰：「廬陵是陛下愛子，今尚在遠。臣之子，庸敢相近。」《唐紀》曰：「則天嗣聖元年二月，廢皇帝爲廬陵王，幽於别所，仍改賜名哲。夏四月，遷廬陵王哲於均州。明年二月，遷廬陵王哲於房州。」

高宗出獵遇雨，問諫議大夫谷那律曰：「油衣若爲不漏？」對曰：「以瓦爲之則不漏。」上因此不復出獵。《唐書》曰：「谷那律，魏州人。淹識群書，褚遂良目爲九經庫。官至弘文館學士。」

蕭至忠依太平公主，《唐詩紀事》曰：「至忠，蕭德言之曾孫。相中宗。後從太平公主謀逆，伏誅。明皇曰：『至忠誠國器，但晚謬耳。』」《唐書》曰：「神龍初，武三思擅權，至忠輔之，擢御史中丞。太平公主用事，至忠遣使申意，求爲京職，召拜刑部尚書。至忠雖清儉刻己，然簡約自高，無所賑施。及籍没，財産甚豐。」後復當國，遇宋璟於道。宋曰：「非所望於蕭傅。」《唐詩紀事》曰：「太平公主，武后所生。后愛之，傾諸女。」《唐書》曰：「太平公主以誅二張功，加號鎮國。睿宗誅韋氏，公主與謀，由此權震天下。宰相七人，五出其門。」

吕太乙爲户部員外郎。户部與吏部鄰司，吏部移牒户部，令牆宇悉樹棘，以防令史交通。太乙報牒曰：「眷彼吏部，銓總之司，當須簡要清通，裴楷清通，王戎簡要。何必設籬種棘。」省中賞其俊拔。《大唐新語》曰：「太乙初爲御史裏行，自負才華而不即真，詠院中叢竹以寄意，曰：『擢擢當軒竹，青青重歲寒。心貞徒見節，籜小未成竿。』後遷户部員外。」

憲宗初，徵柳宗元、劉禹錫至京。俄皆貶謫，柳得柳州，宋祁《唐書》曰：「柳宗元字子厚。父鎮，肅宗時殿中侍御史。宗元第進士博學弘詞科，爲御史裏行。善王叔文、韋執誼，二人者奇其才，及得政，弘内禁近，欲大進用。俄而叔文事敗，貶永州司馬，徙柳州刺史。宗元既放斥，其文思益深，堙厄感鬱，一寓諸文，世號『柳柳州』。年四十七卒。」劉得播州。柳以禹錫須侍老親，播州最爲惡處，請以柳州换。上不許，曰：「但要與惡郡，豈繫母在。」裴晋公進曰：「陛下方侍太后，不合發此言。」《唐書》曰：「順宗莊憲皇后王氏，元和元年尊爲皇太后。册禮畢，憲宗御紫宸殿宣赦，太后居興慶宫。」

韓魏公執政，監司有非其人者，崔公孺進曰：「公居陶鎔之地，宜以造化爲心。造化以蛇虎害人，故置蛇於藪澤，置虎於山林。公今何乃置之通衢？」《涑水紀聞》曰：「崔公孺，諫議大夫立之子，韓魏公夫人之弟。性亮直，喜面折人，魏公甚嚴憚之。」

陳恭公《宋史》曰：「陳執中字昭譽，以父恕任爲秘書省正字，累遷平章事，卒贈侍中。禮官韓維議謚言：『謚法「寵禄光大曰榮」，「不勤成名曰靈」，執中出入將相，以一品就第，寵禄光大矣；得位行政，士大夫無述焉，不勤成名矣，請謚爲榮靈。』詔謚恭。」判亳州，遇生日，親族多獻老人星圖。《春秋元命苞》曰：「嘉置弧此指一大星爲老人星，治平則見，則主壽昌。常以秋分候之南郊。」侄世修獨獻《范蠡游五湖圖》，且贊曰：「賢哉陶朱，霸越平吴。名隨身後，扁舟五湖。」公即日納節。趙曄《吴越春秋》曰：「范蠡既佐越滅吴，爲書遺大夫種曰：『吾聞天有四時，春生冬伐，人有盛衰，泰終必否。知進退存亡而不失其正，惟賢人乎？蠡雖不才，明知進退。高鳥已散，良弓將藏，狡兔已盡，良犬就烹。夫越王爲人，長頸鳥喙，鷹視狼步，可與共患難，而不可共處樂；可與履危，不可與安。子若不去，將害於子明矣。』文種不信，蠡遂辭於王，乘扁舟出入三江五湖，人莫知其所適。後有讒文種於王者，王賜種以屬盧之劍。」

世説新語補卷之三 鼓吹一

明　何良俊　撰補　王世貞　删定
張文柱　校注　凌濛初　考訂

捷悟

楊德祖爲主簿時，操既平漢中，欲討劉備而不得進，欲守又難爲功，護軍不知進止。操出教，唯曰「鷄肋」，外曹莫能曉。德祖曰：「夫鷄肋，食之則無所得，棄之則殊可惜。公歸計决矣。」乃令白外稍嚴，俄操回師。時人服其幾决。

宋文帝時，到彦之北伐，甲兵資實甚盛。《南史》曰：「到彦之字道豫，彭城武原人。楚大夫屈到後也。爲豫州刺史，鎮歷陽。元嘉七年侵魏，回軍，焚舟，步至彭城。」及敗還，委棄蕩盡，武庫一空。一日上與群臣宴，有荒外降人在列，上問庫部郎顧琛：「庫中仗猶有幾許？」琛詭對有十萬人仗。上既問而悔，得琛對，甚喜。沈約《宋書》曰：「顧琛字弘瑋，吴郡吴人。晋司空和之曾孫。祖履之，父惔，並爲司徒左西曹掾。琛謹確，不尚浮華。起家州從事，駙馬都尉，累遷尚書庫部郎。」

梁時有沙門訟田，武帝大署曰「貞」。有司未辯，徧問莫知。劉顯曰：「貞文字爲與上人。」帝忌出之。《梁書》曰：「劉顯字嗣芳，沛國相人。父瓛，晋安内史。顯幼聰敏，當世號曰神童。好學，博涉多通。仕至平西諮議參軍。」

蕭彦瑜嘗與御宴，醉伏筵中，武帝以棗投之。彦瑜取栗擲上，正中面。帝動色，言汝那得如此，豈有説也？彦瑜答曰：「陛下投臣以赤心，臣敢不報以戰栗？」上悦。《南史》曰：「蕭琛字彦瑜，南蘭陵人。祖僧珍，宋廷尉卿。父惠訓，齊巴東相。琛少明悟，有才辯，與梁武有舊。仕至特進金紫大夫。」

劉士章爲南康相，《南史》曰：「劉繪字士章，彭城安上里人。劉勔子也。機悟多能。初爲齊高帝行參軍，仕梁爲大司馬從事中郎。」郡人有姓賴，居穢里，投刺謁士章。士章嘲之曰：「君有何穢而居穢里？」此人應聲答曰：「未審孔丘何闕而居闕里。」《括地志》曰：「兖州曲阜西南三里有闕里，中有孔子宅。」《水經注》曰：「孔廟東南五百步有雙石闕，故名闕里。」

祖元珍《北史》曰：「祖瑩字元珍，范陽道人。祖嶷，馮翊太守。父季真，中書侍郎。瑩八歲能誦詩書。父母恐其耽書成疾，瑩密藏火，父母寢，燃火讀書。以才名拜太學博士，歷國子祭酒黄門侍郎。以文學見重一時。」爲彭城王參軍。《北史》曰：「彭城王勰，獻文皇帝子。敏而耽學，雅好屬文。」時尚書令王肅曾於省中詠《悲平城詩》，詩云：「悲平城，驅馬入雲中，陰山常晦雪，荒松無罷風。」彭城甚嗟其美，欲使更詠，乃失語云《悲彭城詩》。肅因戲云：「何意悲平城爲悲彭城也？」祖在坐，即云：「有所悲彭城，王公自未見耳。」肅云：「可爲誦之。」即應聲曰：「悲彭城，楚歌四面起，屍積石梁亭，血流睢水裏。」彭城退，謂祖曰：「卿定是神口，今日不得卿，幾爲吴子所屈。」

張説女嫁盧氏，女嘗爲其舅求官，説不語，但指搘床龜《史記·龜策傳》曰：「南方老人用龜支床足，行二十餘歲，老人死，移床，龜尚生不死。龜能行氣導引也。」示之。歸告其夫曰：「舅得詹事矣。」《龜策傳》曰：「灼龜觀兆，變化無窮，是以擇賢而用占焉。」《易》曰：「占事知來，以龜示，知爲占事也。」

令狐相鎮淮海日，《唐書》曰：「令狐綯字子直。父楚，官至僕射。綯，太和四年登進士第，開成初爲左拾遺。累官至吏部尚書、右僕射。咸通三年，節度淮南。」嘗游大明寺，西壁題云：「一人堂堂，二曜同光；泉深尺一，點去冰傍。二人相連，不欠一邊；三梁四柱烈火燃，除却雙鈎兩日全。」諸賓幕莫能辨。有支使班蒙曰：「一人，非大字乎？二曜者日月，非明字乎？尺一者十一寸，非寺字乎？點去冰傍，水字；二人相連，天字；不欠一邊，下字；三梁四柱而烈火，無字；兩日除雙勾，比字。得非『大明寺水，天下無比』乎？」衆皆洸然。張又新《水記》載陸羽次第二十水，揚州大明寺第十二。

湖南馬希範，《五代史·楚世家》曰：「馬希範字寶規，馬殷第四子。殷卒，希範襲爵楚王。好學善詩。文士廖光圖、徐仲雅、李皋、拓拔常等十八人，皆故殷時學士也。」唐同光中入貢。莊宗《五代史》曰：「莊宗諱存勗，本沙佗之種。祖國昌，唐咸通中以功賜姓李氏。父克用，封晉王。存勗有奇表，善騎射，代梁有天下。」問洞庭廣狹，《山海經》曰：「洞庭乃沅、澧之交，瀟、湘之淵，九江之口。」《楚志》曰：「洞庭湖闊數百里。」對曰：「洞庭至狹，若車駕南巡，止可飲馬。」莊宗撫背嘉之。《三楚新録》曰：「莊宗反正，下詔徵諸侯入覲。武穆以年老不行，命長子希範入朝。希範多辯，善應對。及至，莊宗謂曰：『朕聞卿部内有洞庭湖，其波無際，有之乎？』對曰：『有之。陛下一旦南巡狩，則此湖不足以飲馬耳。』莊宗大悦。」

夙　惠

黄子琰少即辯惠。建和中，嘗日食，京師不見。子琰祖太尉，以狀聞。太后詔問所食多少，太尉思其對，而未知所況。子琰年七歲，時在側曰：「何不言『日食之餘，如月之初』。」《東觀漢記》曰：「黄琬字子琰，江夏安陸人。琬少失父。曾祖香，祖瓊，並有高名。」《後漢書》曰：「瓊爲司徒，琬以公孫拜童子郎。時司空盛允有疾，太尉遣子琰候問。會江夏上蠻賊事副府，允發書視畢，微戲子琰曰：『江夏大邦，而蠻多士少。』子琰奉手對曰：『蠻夷猾夏，責在司空。』因拂衣辭去。官至司徒太尉。與王允謀誅董卓，不遂，下獄死。」

孔北海被收時，男方九歲，女纔七歲，以幼弱得全，寄住他舍。主人遺以肉汁，男飲之，女曰：「今日之禍，豈得久活，何賴知肉味乎？」或有言於曹操，收之，將加戮，女謂兄曰：「『若死而有知，得見父母，豈非至願。』乃延頸就刑。

孫策年十四，詣袁術。俄而外通劉豫州《蜀志》曰：「先主東屯齊，徐州牧陶謙表爲豫州刺史。」來，孫便求去。袁曰：「劉豫州何若？」答曰：「英雄忌人。」既出，下東階。劉玄德從西階上，但得轉顧，視孫足下行，殆不復能前。

張純、《吴書》曰：「張純字元基，敦之子。」《吴録》曰：「純少厲操行，學博才秀，切問捷對，容止可觀。拜郎中，補廣德令。治有異迹，擢太子輔義都尉。」張儼、《吴録》曰：「張儼字子節，吴人。弱冠知名。以博聞多識，拜大鴻臚，使于晉。皓曰：『今南北通好，以君有出境之才，故相屈行。』對曰：『皇皇者華，蒙其榮耀，無古人延譽之美；磨厲鋒鍔，思不辱命。』既至，賈充、裴秀、荀勗等，欲傲以所不知，而不能屈。僕射羊祜、尚書何禎，並結縞帶之好。朱異《吴志》曰：「朱異字季文，吴郡吴人，朱桓子也。以父任爲郎，拜騎都尉，代桓領兵。孫權與論攻戰，辭對稱意。權謂異從父驃騎將軍據曰：『本知季文憎定，見之復過所聞。』」俱童少知名，嘗同詣驃騎將軍朱據。《吴志》曰：「朱據字子範，吴郡吴人。有姿貌膂力，又能論難。黄武初，拜五官郎中。時選曹尚書暨豔，疾貪污在位，欲沙汰之。據以爲天下未定，宜以功覆過，棄瑕取用，舉清厲濁，足以沮勸，若一時貶黜，懼有後咎。豔不聽，卒敗。權咨嗟將率，追思吕蒙、張温，以據才兼文武，可以繼之，拜建議校尉。」據欲試之，語曰：「老鄙相聞，饑渴甚矣。夫騕褭以迅驟爲功，鷹隼以輕疾爲妙，其爲吾各賦一物，然後入坐。」三人皆隨目賦成，據大笑悦。儼賦犬曰：「守則有嚴，出則有獲；韓盧宋鵲，書名竹帛。」純賦席曰：「席以冬設，簟爲夏施；揖讓而坐，君子攸宜。」異賦弩曰：「南嶽之榦，鍾山之銅；應機命中，獲隼高墉。」

愍懷太子，少便聰慧，武帝甚愛之。六七歲時，宫中嘗夜失火，武帝登樓望之，太子牽上衣裾使入闇中，上問其故，太子對曰：「暮夜倉卒，宜備非常，不宜親近火光，令照見人主。」《晉書》曰：「愍懷太子遹，字熙祖，惠帝長子。幼聰慧，武帝愛之，恒在左右。嘗從帝觀豕牢，言於帝曰：『豕甚肥，何不殺以享士，而使久廢五穀？』帝嘉其意，即便烹之。因撫其背，謂廷尉傅祗曰：『此兒當興我家。』嘗對群臣稱太子似宣帝，於是令譽流於天下。

王養泰小字。年數歲時，祖母集諸孫侄，散棗栗於床。群兒競取之，泰獨不動。祖母問其故，曰：「不取自當得賜。」《梁書》曰：「王泰字仲通，幼敏悟，好學，手所抄寫二千許卷。及長，通温和雅，家人不見喜愠之色，與王筠齊名。沈約常曰：『王有養、炬，謝有覽、舉。』炬即筠小字也。」

李百藥七歲時，中書舍人陸乂嘗過其父德林。有讀徐陵文者云「刈瑯琊之稻」，坐客並不識其事。百藥進曰：「《傳》稱『鄅人藉稻』。《左傳·昭公十八年》。《注》云『鄅國在瑯琊開陽縣』。」人皆服其機穎。

謝元正幼便聰惠，《陳書》曰：「謝貞字元正，陳郡陽夏人。晋太傅安九世孫。父蘭，以孝義稱。貞少有至性，仕始興王録事參軍。」八歲爲《春日閑居》詩。從舅尚書王筠《梁書》曰：「王筠字元禮，瑯琊臨沂人。祖僧虔，齊司空。父楫，大中大夫。筠年十六，爲《芍藥賦》，甚美。官至太子詹事。」奇其有佳致，謂所親曰：「此兒方當大成，至如『風定花猶落』，乃追步惠連矣。」《南史》曰：「惠連十歲能屬文。」鍾嶸《詩品》曰：「小謝才思富捷，恨其蘭玉早凋，故長轡未騁。」

蘇頲年五歲，《唐詩紀事》曰：「蘇頲字廷碩，幼敏悟，一覽至千言。吏侍馬載曰：『古稱一日千里，蘇生是矣。』長安中，爲中書舍人。父子同在禁筦，榮之，開元中爲相。」裴談孟啓《本事詩》曰：「談中宗朝爲御史大夫，崇奉釋氏。妻悍妒，談畏如嚴君。」常過其父，《唐詩紀事》曰：「頲父瓌，字昌容，武功人。以正立朝，相中、睿二宗。」頲方誦庾信《枯樹賦》，避談字諱，因易其韻曰：「昔年移柳，依依漢陰。今看摇落，凄愴江潯。樹猶如此，人何以任。」《周書》曰：「庾信與徐陵，文並綺豔，世號『徐庾體』。」《枯樹賦》曰：「昔年移柳，依依漢南。今看摇落，凄愴江潭。樹猶如此，人何以堪。」皆嘆異之。鄭棨《開天傳信記》曰：「瓌初未知頲，處頲於馬廐中，與傭僕雜作。一日有客詣瓌，頲擁篲趨庭，遺墜文書。客取視之，乃《詠崑崙奴》詩也。瓌出，客問何人？非足下宗族庶孽邪？若加禮收舉，必蘇氏之令子也。瓌自是稍親之。適有人獻兔，瓌乃召頲詠之，立呈詩。瓌大驚，驟加禮敬。由是學問日新，文章蓋代。及上平内難，制詔無非頲出，代稱『小許公』也。」

高定是貞公郢之子。年七歲時，劉昫《唐書》曰：「高定小字董二，聰明絶倫，人以其幼惠，多以小字呼之。尤精王氏

《易》，著《易外傳》二十二卷。」讀《書》至《牧誓》，孔氏《疏》曰：「牧在朝歌南，武王軍於牧野，臨戰，誓衆之言。」問：「奈何以臣伐君？」貞公曰：「應天順人耳。」《易》曰：「湯武革命，應乎天而順乎人。」又問：「用命賞於祖，不用命戮於社，豈是順人？」貞公不能對。《唐書》曰：「高郢字公楚，渤海滄人。九歲通《春秋》，能屬文。登茂才異行科，授華陰尉。嘗以魯不合用天子禮樂，乃引《公羊傳》著《魯議》。累官中書侍郎。」

嚴挺之薄妻而愛其子武。武年八歲，詢其母曰：「大人常厚玄英，挺之妾。未嘗慰省，何至於斯？」母曰：「汝父嫌吾寢陋，枕席數宵，即懷汝，自後相棄。」語罷凄咽。武亦憤惋，候父出，玄英方睡，持小鐵鎚擊破其首。挺之歸，驚愕。左右抵言小郎君戲運鎚而致此。挺之呼武曰：「汝何戲之甚？」武曰：「焉有大朝人士厚其侍妾，困辱兒之母乎？故須擊殺，非戲也。」父曰：「真嚴挺之兒。」劉昫《唐書》曰：「嚴挺之，華陰人。體質昂藏，雅有吏幹，姚崇深器異之。又與張九齡善。張欲引之同居相位，謂之曰：『李尚書深承聖眷，足下宜一造門。』挺之素負氣，竟不肯詣，深爲林甫所嫉。子武，神氣雋爽，敏於聞見，幼有成人之風。官劍南西川節度使。」

開元間，悉召能言佛道孔子者，相答禁中。有員俶，九歲升座，詞辯注射，坐人皆屈。帝異之，曰：「半千孫，固應耳。劉昫《文苑傳》曰：「員半千，晉州臨汾人，本名餘慶。王義方謂之曰：『五百年一賢，足下當之。』因改名『半千』。睿宗朝崇文館學士。」因問：「童子豈有類若者乎？」俶跪奏：「有臣舅子李泌。」帝即馳召之。泌至，帝方與張説觀奕，因使説試其能。説請賦方圓動静，泌逡巡曰：「願聞其略。」説因曰：「方若棋局，圓若棋子；動若棋生，静若棋死。」泌即答曰：「方若行義，圓若用智；動若騁材，静若得意。」説因賀帝得奇童。帝大悦，曰：「是子精神，要大於身。」劉昫《唐書》曰：「李泌字長源，少聰敏，博涉經史，精究《易》象，善屬文，以王佐自負。天寶中上書，召見，待詔翰林。楊國忠忌之。潛遁名山，以習隱自適。肅宗至靈武，泌自嵩、潁赴行在，陳古今成敗之機。延致卧内，動皆顧問。泌稱山人，固辭官秩，特以散官寵之。」

王元澤數歲時，客有以一獐一鹿，同籠以獻。問元澤，何者是獐，何者爲鹿。元澤實未識，良久對曰：「獐邊者是鹿，鹿邊者是獐。」客大奇之。《宋史》曰：「雱字元澤，安石之子。安石執政，除太子中允，崇政殿說書。」

岳柱年八歲時，《元史》曰：「岳柱字止所，一字兼山。自幼容止端嚴，性穎達，有遠識。至大中，授集賢學士。」觀畫師何澄《圖繪寶鑑》曰：「何澄，長沙人，工畫神佛。」畫《陶母剪髮圖》，陶母事別見。指陶母手中金釧詰之曰：「有此可易酒，何用剪髮！」何大驚，即易之。

豪爽

趙温居常嘆曰：「大丈夫當雄飛，安能雌伏！」范曄《後漢書》曰：「温字子柔，蜀郡成都人。先是趙典爲衛尉，典兄子謙，謙弟温，相繼爲三公。」

孔北海居家失勢，賓客日滿其門，愛才樂士，常若不足。每嘆曰：「坐上客常滿，尊中酒不空，吾無憂矣。」

桓宣武與殷、劉談，不如甚，喚左右取黄皮袴褶，上馬舞矟數回，或向殷，或擬劉，意氣始得雄。

王右軍爲會稽内史，謝公就乞牋紙，右軍檢校庫中有九萬，悉以乞謝公。桓宣武聞之曰：「逸少不節。」

宗元幹小時，叔父少文問其所志。元幹答曰：「願乘長風，破萬里浪。」孫巖《宋書》曰：「宗慤字元幹，南陽沮人。兄泌娶妻，始入門，夜被劫。慤年十四，挺身與拒，衆皆披散。叔少文，素著高節，子弟以文義爲業。慤任氣好勇，不爲鄉曲所知。」

李永和杜門却掃，絶迹下帷，棄産營書，手自删削，每嘆曰：「丈夫擁書萬卷，何假南面百城。」《北史》曰：「李謐字永和，少好學，周覽百氏。初師小學博士孔璠。數年後，璠還就謐請業。同門生爲之語曰：『青成藍，藍謝青，師何常，在明經。』徵拜著作佐郎，辭以授弟郁，詔許之。州再舉秀才，公府二辟，並不就，唯以琴書爲業，有絶世之心。及卒，博士孔璠等奏謚爲『貞静處士』。」

裴寬罷郡西歸，宋祁《唐書》曰：「寬，聞喜人。性通敏。景雲中，爲潤州參軍。刺史韋詵登樓，見人於後圃有所瘞藏者，訪是裴參軍居，問狀，答曰：『寬義不以苞苴汚家，適有人以鹿爲餉，致而去，不敢自欺，故瘞之。』詵嗟異，妻以女。天寶中，歷仕至户部尚書。御史大夫李林甫惡之，貶睢陽太守，遷東海，入爲禮部尚書。」見一士坐樹下，甚貧，與語，奇之，舉一船金帛盡與之。此人不辭，登舟，奴婢偃蹇者輒鞭之，乃張徐州也。《唐書》曰：「張建封，字本立，鄧州南陽人。客隱兖州。父价。建封少喜文章，能辯論，慷慨尚氣，自許以功名顯。湖南觀察使韋之晋，辟授兵曹參軍，不樂職，輒去。馬燧雅知之，表爲判官，擢監察御史。李希烈平，以功進御史大夫，徐、泗、濠節度使。治徐凡十年，一軍大治，下皆畏悦，士往如歸。」

李白錢希白《南部新書》曰：「李白，山東人。父任城尉，因家焉。少與魯中諸生孔巢父、韓沔、裴政、張叔明、陶沔，隱於徂徠山，號『竹溪六逸』。天寶中游會稽，與吴筠隱剡中。筠徵赴闕，薦之於朝，待詔翰林。」《唐書》曰：「白有逸才，志氣宏放，飄然有超世之心。玄宗欲造樂府新詞，召白。白已醉卧酒肆。召入，以水洒面，即秉筆成十餘章，上嘉之。嘗沉醉殿上，引足令高力士脱靴，由是斥去，浪迹江湖。嘗月夜乘舟，自采石達金陵，衣宫錦袍，舟中笑傲，傍若無人。後坐永王璘事，長流夜郎，遇赦還。卒於宣城。」登華山落雁峰，《山海經》曰：「太華之山，削成而四方，高五千仞。」《華山志》曰：「三峰直上，晴霽可睹。」曰：「此處呼吸之氣，想通帝坐。《史記》曰：「中端門，門左右掖門。門内六星，諸侯也。其内五星，五帝座。」恨不携謝朓驚人詩來，搔首問青天爾。」《詩品》曰：「朓奇章秀句，往往警遒，至爲後進士子之所嗟慕。」

滕達道微時，《東都事略》曰：「滕元發字達道，東陽人。范仲淹見而奇之。神宗朝拜翰林學士。性疏達，在上前論事，如家人父子，言無文飾，洞見肝膈，神宗知其誠盡。後力言新法之害，落職知筠州。或以爲且有後命，元發曰：『天知吾直，上知吾忠，吾何憂哉。』上章自訟，有曰『樂羊無功，謗書滿篋，即墨何罪，毁言日聞』。上覽之，釋然。改知揚州，卒謚章敏。」爲范文正館客，常私就狹邪飲，范病之。一夕，候其出，徑坐達道書室，明燭讀書，以俟其至。達道大醉，竟入長揖，問范公讀何書？曰：「《漢書》。」復問漢高帝何如人？范逡巡走入。《文正公年譜》曰：「公諱仲淹，字希文，蘇州人。仁宗朝官至參知政事，謚文正。」

蘇子美豪放不羈，好飲酒，《宋史》曰：「蘇舜欽字子美，參知政事易簡之孫。慷慨有大志。范仲淹薦試集賢校理，監進奏院。舜欽娶宰相杜衍女。衍時與仲淹、富弼在政府，多引用一時聞人，御史中丞王拱辰等不便其所爲，會進奏院祠神，舜欽輒鬻故紙公錢召妓樂會客。拱辰廉得之，諷其屬劾奏，因揺動衍。舜欽坐自盜除名。既放廢，寓居吴中，買水石作滄浪亭，益讀書自喜，時發憤懣於歌詩，往往驚人。」在外舅杜祁公家，《宋史》曰：「杜衍字世昌，越州山陰人。父遂良，尚書員外郎。衍苦志厲操，尤篤於學。擢進士甲科，歷龍圖學士、刑部侍郎、樞密副使。」每夕讀書，以一斗爲率。公深以爲疑，密使覘之。子美讀《漢書・張良傳》，至「良與客狙擊秦皇帝」，撫掌曰：「惜乎！擊之不中。」遂滿引一大白。又讀至「良曰『始臣起下邳，與上會於留，此天以授陛下』」，又撫案曰：「君臣相遇，其難如此。」復舉一大白。公笑曰：「有如此下物，一斗不足多也。」《史記》曰：「張良其先五世相韓，秦滅韓，良悉以家財求客刺秦王。嘗學禮淮陽，東見滄海君。得力士，爲鐵椎重百二十斤。秦皇帝東游，良與客狙擊秦皇帝博浪沙中，誤中副車。更名姓，亡匿下邳。漢六年，封功臣，良未嘗有戰鬥功，高帝曰：『運籌策帷幄中，决勝千里外，子房功也，自擇齊三萬户。』良曰：『始臣起下邳，與上會留，此天以臣授陛下，臣願封留足矣。』乃授張良爲留侯。」

容止

陸子春姿容如玉，威儀秀異。《吴地記》曰：「陸閎字子春，吴郡吴人，陸暢之子。」光武嘗登臺，見而偉之，嘆曰：「南方故多佳人。」謝承《後漢書》曰：「陸閎，建武中爲尚書令。美姿貌，喜着越布單衣。上見而好之，自是常敕會稽郡獻越布。」

劉季和嘗言：「荀令君至人家，坐處常三日香。」《襄陽記》曰：「劉季和性愛香，嘗上厠還，過香爐上。主簿張坦曰：『人名公作俗人，不虛也。』季和曰：『荀令君至人家，坐處三日香。爲我如何令君，而惡我愛我也。』坦曰：『古有好婦人，患而捧心嚬眉，見者皆以爲好。其鄰醜婦法之，見者走。公便欲使下官遁走邪？』季和大笑，以是知坦。」

陸士龍好笑，嘗著縗幘上船，水中自見其影，便大笑不已，幾落水。

庾公道「王尼：非唯事事勝人，布置須眉亦勝人，我輩皆出其轅下」。《晋中興書》曰：「王尼字孝孫。洛陽覆没，避亂江夏。王澄時爲荆州，見之欣喜，厚供給之。」

謝晦美風姿，善言笑，眉目分明，鬢髮如墨。時謝混風鑒，爲江左第一，常與晦同在宋武帝前。帝目之曰：「一時頓有兩玉人。」

有人詣謝益壽言，向在劉丹陽坐，見一客殊毛，謝曰：「正是我家阿瞻。」益壽，混小字。

王景文風姿爲一時之冠，袁粲嘆曰：「景文非但風流可悦，乃餔啜亦復可觀。」有客及識謝混者，曰：「景文方謝叔源，則爲野父矣。」粲惆悵曰：「恨眼中不見如此人。」《續世説》曰：「宋孝武選侍中四人，並以風貌。王彧、謝莊爲一雙，阮韜、何偃爲一雙。」

張思曼吐納風流，聽者皆忘饑疲，見者肅然如在宗廟。

梁武平建鄴，朝士皆造之。謝景滌時年二十，意氣閑雅，瞻視聰明。梁武目送良久，謂徐勉曰：「覺此生芳蘭竟體。」《南史》曰：「謝覽字景滌，陳郡陽夏人。父瀹，太子詹事。覽選尚齊錢唐公主，仁梁爲吴興太守。」

陶隱居身長七尺四寸，神儀明秀，朗目疏眉，細形長耳，雖在朱門，閉影不交外物。《南史》曰：「陶弘景字通明，丹陽秣陵人。高其志節，累辭徵命，隱於句容之句曲山中。山立館，自號『華陽隱居』。人間書札，以『隱居』代名。卒謚『貞白先生』。」

李密目瞳子正方，黑白明澈，《隋書》曰：「密字法主，真鄉公衍之從孫也。才兼文武，志氣雄遠，散財養客。後更折節，下帷耽學。楊玄感舉兵，以爲謀主，屢戰克捷。上號魏公，設壇即位，歸身於唐，封邢國公。」煬帝見之，《隋書》曰：「帝諱廣，文帝二子，弑父自立。承富强之業，慨然慕秦皇漢武之爲人，窮侈極欲。巡狩揚州，爲宇文化及所弑。」謂宇文述《隋書》曰：「宇文述字伯通，代郡武川人。周武帝時，以父軍功，起家拜開府。開皇初，拜右衛大將軍。」曰：「左仗下黑色小兒爲誰？」云：「是蒲山公李寬子。」帝曰：「此小兒瞻視異常，無令入衛。」《密傳》曰：「密父寬，驍勇善戰，幹略過人，自周及隋，數經將領。」

朱泚之亂，《唐書》曰：「泚，幽州昌平人。以父資從軍。代宗朝拜幽州盧龍節度使，留京師。涇原兵作亂，奉泚爲主，居白華殿，自稱大秦皇帝。官軍收復京師，斬之。」裴佶與衣冠數人，佯爲奴，求出城。佶最寢陋，自稱甘草。門兵曰：「此數子定非人奴，如甘草者不疑。」劉昫《唐書》曰：「裴佶字弘正，裴耀卿之孫。能屬文，弱冠舉進士。德宗南狩，奔詣行在，拜拾遺。佶清勁温敏，所交皆當時第一流，與鄭餘慶特相友善。佶没，餘慶行朋友之服，縉紳美之。」

趙匡凝每整衣冠，使人持巨鑑，前後照。微覺有塵，即令持紅拂去之。《五代史記》曰：「趙匡凝字光儀，蔡州人。氣貌甚偉，性方嚴。喜自修飾，頗好學問，聚書數千卷，爲政有威惠。」

自新

齊高帝有故吏竺景秀，嘗以過繫作部。高帝語荀伯玉：「卿比看景秀否？」答曰：「數往候之，備加責誚。景秀言若許某自新則吞刀刮腸，飲灰洗胃。帝善其言，乃釋之。《南史》曰：「伯玉字弄璋，廣陵人。祖永，南譙太守。父同之，給事中。伯玉仕宋爲晋安王參軍。高帝爲南兖州，伯玉從，轉驃騎中兵參軍，忠勤盡心，常衛左右，大見親信。永明元年，以事伏誅。」

張延符少不拘檢，肆意畋游。父思曼，請假還吴，始入西郭，延符正獵，左手臂鷹，右手牽犬，遥望見思曼，乃放鷹紲犬，向舟而拜。思曼曰：「一身兩役，無乃勞乎？」延符跪對曰：「充聞三十而立，今二十九矣。請至來歲，終身折節。」思曼曰：「過而能改，乃顔子矣。」明年，番然易操，尋師就學，博覽古籍，鬱爲名士。劉璠《梁典》曰：「張充字延符。父緒，官特進，有重名。充該通《老》、《易》，能言。與從叔稷，俱有令譽。歷殿中郎，終吴郡太守。」

企羡

郭林宗游京師，當還鄉里，送車千許乘，李膺亦在焉。衆人皆詣大槐客舍而别，獨膺與林宗共載，乘薄笨車，上大槐坂。觀者數百人，引領望之，眇若松喬之在霄漢。

庾徵君少給事縣庭，郭林宗見而拔之，勸游學宫，遂爲諸生傭。後能講論，自以卑第，每處下坐，諸生博士皆就讐問，由是學中以下坐爲貴。范曄《後漢書》曰：「庾乘字世游，潁川鄢陵人。徵辟並不起，世號徵君。」

裴國寶《晉諸公贊》曰：「裴瓚字國寶，楷之子。才氣爽儁，終中書郎。」《世説》曰：「正始中，人士比論，以五荀方五陳，八裴方八王，以裴瓚方王敦。」是裴叔則子，風神高邁，特爲王萬子所重。每從之游，萬子父安豐謂之曰：「國寶初不來，汝那得數往？」萬子曰：「國寶雖不知綏，綏自知國寶。」

王曇首李延壽《南史》曰：「王曇首，太保弘之弟。幼有素尚，兄弟分財，曇首唯取圖書而已。辟瑯琊王大司馬屬。」年十四五便歌，諸妓向謝公靈運稱嘆。公甚欲聞之，而王名家年少，無由得聞。諸妓又向王説謝公意。謝後出東府土山上作伎，王時作兩丸髻，著袴褶，騎馬往土山下庾家墓林中，作一曲歌。于時秋月，王因舉頭看北林，卒曲便去。妓白謝公曰：「此是王郎歌。」

謝叔源誅後，及宋武受禪，謝晦言曰：「陛下應天受命，登壇日，恨不得謝益壽奉璽紱。」帝亦嘆曰：「吾甚恨之，使後生不得見其風流。」

張新安少與顏光禄延之鄰居，顏談議飲酒，喧呼不絶，新安静翳無言聲。後顏於籬邊，聞其與客語，設胡床坐聽，辭義清玄。顏指謂坐賓曰：「此中有人。」由此不復酣叫。《南史》曰：「張演四弟：鏡、永、辯、岱，俱知名，時謂『張氏五龍』。鏡名最高，仕至新安太守。」

崔瞻才學風流，爲後來之秀。《北史》曰：「瞻字彦通，㥄之子也。潔白善容止，神采嶷然，言不妄發。才學風流，後來之秀。魏孝静嘗人日登雲龍門，㥄、瞻皆侍宴，有應詔詩。帝問邢劭曰：『瞻詩何如其父？』劭曰：『㥄博雅弘麗，瞻氣調清新，並詩人之冠。』宴罷，共嗟賞之，咸曰：『今日之宴，並爲崔瞻父子。』」侍中李神俊，晚年無子，語邢劭曰：「昨見崔㥄兒，便爲後生第一。我遂無此物，使人傷懷。」

仲長子光王績《仲長先生傳》曰：「先生諱子光，字不曜。自云洛陽人。往來河東，傭力自給，賣藥爲業，人莫之知也。汾陰生游河渚，一睹而伏曰：『東方朔、管輅不如也。』由是顯重。守令至者皆親謁，先生辭以瘖疾，未嘗交語。著《獨游頌》、《河渚先生傳》以自喻。識者知其懸解人也。有請道者，劍書『老易』二字示之。彈琴餌藥以終其世。」王通《中説》曰：『薛收問仲長子光，子曰：『天人也。』收曰：『何謂天人？』子曰：『眇然小乎，所以屬於人；曠哉大乎，獨能成其天。』」隱居北渚，王無功愛其貞素，徙與相近。《唐書》曰：「王績字無功，絳州龍門人。大業中授揚州六合縣丞。棄官結廬河渚，以琴酒自樂。嘗躬耕東皋，時人號東皋。或過酒肆，動經數日，往往題壁作詩，多爲好事者諷詠。臨終，遺命薄葬，預自爲墓誌。」

歐陽率更行見古碑，張懷瓘《書斷》曰：「歐陽詢字信本，長沙汨羅人。官至太子率更令。善書，筆力勁險，篆體尤妙。高麗國王愛其書，遣使請焉。神堯曰：『不意詢之書名，遠播夷狄。』」是索靖所書，羊愔《能書人姓名》曰：「燉煌索靖，張芝姊之孫。官至征南司馬。善草書。」《抱朴子》曰：「善書者，中州則有索靖，用古體，飄乎若起鴻之乘勁風，騰鱗之躡驚雲。」駐馬觀之，良久而去。數百步復還，下馬佇立，疲倦則布毯坐觀，三日乃去。

閻立本善畫，朱景玄《唐朝名畫録》曰：「閻立本，太宗朝官宰相。畫入神品，與兄立德齊名於世。」至荆州，見張僧繇舊迹，曰：「定虚得名耳。」明日又往，曰：「猶近代佳手。」明日又往，曰：「名下定無虚士。」因坐卧觀之，留宿其下。《宣和畫譜》曰：「張僧繇，吴人。天監中，官右將軍。以丹青馳譽于時。嘗於金陵安樂寺畫四龍，不點目睛，謂點之則驤騰而去。人以爲誕，固請點之，因爲落墨。纔及二龍，果雷電破壁，徐視畫已失矣，獨二龍未點睛者在焉。世謂僧繇畫，骨氣奇偉，規模宏逸，六法精備，當與顧、陸並馳争先。」

蕭穎士李華撰《穎士文集序》曰：「蘭陵蕭穎士，字茂挺，十九，進士擢第。淮南連帥表爲揚州功曹。君以文章制度爲己任，時人咸以此許之。及卒，門人謚爲文元先生。」《唐詩紀事》曰：「穎士以拔奬後進爲任，如李陽冰、皇甫冉、陸渭，皆由奬目爲名士，天下推知人，稱蕭功曹。與李華齊名，世號蕭李。」有一僕，事之十餘年，每加箠楚，輒百餘，不堪其苦。人或激之使去，其僕曰：「我非不能他從，所以遲留者，特愛慕其博奥耳。」李冗《獨異志》曰：「穎士常使一傭僕，名杜亮。」

蘇司業《杜工部集》曰：「蘇源明，天寶中守東平，召爲國子司業。禄山陷京師，源明以病不受僞官。肅宗復兩京，權考功郎中，知制誥。」每謂當時名士曰：「僕不幸生於衰俗，所不耻者，識元紫芝。」

寇萊公出入宰相三十年，不營私第。處士魏野贈詩曰：「有官居鼎鼐，無地起樓臺。」公南遷時，北使至内宴，歷視諸宰執，語譯者曰：「孰是無地起樓臺相公？」王聖塗《澠水燕談録》曰：「陜右處士魏野，與蒲中李瀆，俱有高節，以吟詠相善。野於東郊鑿土室方丈，蔭以修竹，泉流其前，曰樂天洞。」

傷逝

龔勝死，《漢書》曰：「龔勝字君賓，楚人。王莽徵之，不食而死。」楚父老來弔，哭甚哀。既而嘆曰：「薰以香自燒，膏以明自煎。嗟哉龔生，竟夭天年。非吾徒也。」《徐州先賢傳》曰：「楚老者，彭城之隱人也。」

陳蕃、竇武爲中官所害，《後漢書》曰：「竇武字游平，扶風平陵人。安豐戴侯融之玄孫也。父奉，定襄太守。武少以經行著稱，桓帝拜城門校尉。在位多辟名士，清身疾惡，禮賂不通。時國政多失，內官專寵，李膺、杜密等，爲黨事考逮，武上疏出之。靈帝立，拜大將軍，封聞喜侯。武既輔政，有誅剪宦官之意，與太傅陳蕃共謀。天下雄俊，莫不延頸企踵，思奮其力。於是盡收諸狡猾無狀者，送北寺獄。會甫等共劫太后，奪璽書，率五營士討武。武走，圍殺之，梟首洛陽都亭。」郭林宗哭之於野，《檀弓》曰：「所知吾哭諸野，於野則已疏。」慟。既而嘆曰：「人之云亡，邦國殄瘁。《大雅・瞻卬》詩。瞻烏爰止，不知於誰之屋。」《小雅・正月》詩。

范巨卿與張元伯爲友。范曄《後漢書》曰：「張劭字元伯，汝南人。與范巨卿交。二人告歸鄉里，式謂元伯曰：『後二年當還，將過拜尊親，見孺子焉。』共剋期日。後期至，元伯具以白母，請設饌候之。母曰：『千里結言，爾何相信之審耶？』對曰：『巨卿信士，必不乖違。』母曰：『若然，當爲爾醖酒。』至日，巨卿果到，升堂拜飲，盡歡而別。」後元伯寢疾，同郡郅君章、殷子徵，晨夜省視。元伯臨盡，嘆曰：「恨不見吾死友！」子徵曰：「吾與君章盡心於子，是非死友，復欲誰求？」元伯曰：「若二子者，吾生友耳。山陽范巨卿，所謂死友也。」元伯尋卒。范忽夢見元伯玄冕垂纓屣履而呼曰：「巨卿，吾以某日死，當以爾時葬，永歸黄泉。子未我忘，豈能相及？」范恍然覺寤，便往奔喪。未及到而喪已發，引柩不肯前，其母撫之曰：「元伯豈有望耶？」遂停。移時，見有素車白馬，號哭而來。母云：「是必范巨卿也。」巨卿既至，叩棺言曰：「行矣元伯！死生異路，永從此辭。」會葬千人，皆爲揮涕。范執紼引柩，喪乃得前。謝承《後漢書》曰：「式少尚節義，游學京師，同業有長沙陳平子，與式未相見，被病將亡，謂其妻曰：『范巨卿烈士，可託死。吾殁後，以尸埋巨卿户前。』裂素爲書，以遺巨卿。時式出行適還，省書愴然，向墳揖哭，以爲死友。營護平子妻兒，身自送喪於臨湘。未至四五里，委素書於柩上，哭别而去。其兄弟尋求，不復見。」

孔北海與蔡中郎素厚。蔡亡後，有虎賁士，貌類於蔡。北海每酒後，引與共坐，曰：「雖無老成人，且有典刑。」《小雅·蕩》詩。

羊太傅好山水，每風景必造峴山，《南雍州記》曰：「峴山臨漢水上，望之隱然。蓋諸山之小者，而其名特著。」置酒言詠，終日不倦。嘗慨然嘆息，顧謂從事中郎鄒湛別見。曰：「自有宇宙，便有此山。由來賢達勝士，登此遠望，如我與卿者多矣，皆湮滅無聞，使人悲傷。如百歲後有知，吾魂魄猶應登此。」《十道志》曰：「祜没，襄人感其德，立祠，刻碑其上，過者莫不流涕。杜預名其碑爲『墮淚碑』。」

羊曇少爲謝太傅所知，《晉書》曰：「羊曇者，泰山人。知名士也。爲謝公所愛重。」太傅亡後，羊輟樂彌年，行不由西州路。嘗因石頭大醉，扶路唱樂，不覺至州門。左右白曰：「此西州門。」羊悲感不已，以馬策叩扉，詠曹子建詩曰：「生存華屋處，零落歸山丘。」曹子建《箜篌引》。慟哭而去。

羊孚年三十一卒。《羊氏譜》曰：「孚年四十一而卒。」桓玄與羊欣書曰：「賢從，情所信寄，暴疾而殞，《宋書》曰：「欣字敬元，太山南城人。少懷靜默，秉操無競；美姿容，善笑言。長於草隸。」《羊氏譜》曰：「孚即欣從祖。」祝予之嘆，如何可言。」《公羊傳》曰：「顔淵死，子曰：『噫！天喪予。』子路亡，子曰：『噫！天祝予。』何休曰：『祝者，斷也。天將亡夫子耳。』」

王東亭亡後，桓敬道與會稽王道子書曰：「元林神情朗悟，經史明徹，風流之美，公私所寄。忽爾喪失，嘆悼之深，豈惟風流相悼而已。」

孝武山陵夕，王孝伯入臨，告其諸弟曰：「雖榱桷惟新，便自有黍離之哀。」《中興書》曰：「烈宗喪，會稽王道子執政，寵幸王國寶，委以機任。王恭入赴山陵，故有此嘆。」

范蔚宗既被繫，上有白團扇甚佳，送令出詩賦美句。曄攬筆書曰：「去白日之昭昭，襲長夜之悠悠。」上爲循覽凄然。沈約《宋書》曰：「范曄字蔚宗，順陽人也。少好學，善爲文章，曉音律。爲高祖相國掾，稍遷太子詹事。坐與孔熙先等謀逆誅。」事別見。

張思曼亡後，從弟融齎酒於靈前，酌酒慟哭曰：「阿兄風流頓盡。」

王威明亡後，簡文與湘東王繹書曰：「威明風韻遒正，神峰標映。千里絶迹，百尺無枝，實俊人也。一爾過隙，永歸長夜。金刀掩芒，長淮絶涸。去歲冬中，已傷劉子。謂孝綽也。今茲寒孟，復悼王生。俱往之傷，信非虚説。」《南史》曰：「王規字威明，尚書騫之子也。幼稱孝童。年十二通五經。起家秘書郎。天監中，除中書黄門侍郎，侍東宫，爲昭明太子所禮。仕至太子中庶子。」

梁簡文《梁書》曰：「帝諱綱，字世纘。武帝第三子。侯景克建康，帥兵入殿，幽於永福省。尋弑之。」爲侯景幽縶，《南史》曰：「侯景字萬景，魏之懷朔鎮人也。初事爾朱榮，高歡誅爾朱氏，遂爲歡用。歡死叛歸於梁。太清二年，陷石頭城，自稱漢王。湘東王繹起兵斬之。」題辟自叙云：「有梁正士蘭陵蕭世纘，立身行道，終始如一。風雨如晦，鷄鳴不已。弗欺暗室，豈況三光。數至於此，命也如何。」《三國典略》曰：「簡文爲侯景所幽，作連珠曰：『吾聞道行則五福俱湊，運閉則六極所鍾。是以麟出而悲，豈唯孔子；途窮則慟，寧止嗣宗。』」

崔浩誅後，《北史》曰：「浩作國書，立石銘以彰直筆。北人忿毒，構浩於帝，使有司案誅之。」眭夸爲之素服，受鄉人弔唁，嘆曰：「崔公死，誰能更容眭夸！」《北史·隱逸傳》曰：「眭夸一名旭，趙郡高邑人。父邃，慕容寶中書令。夸少有大度，耽好書傳，未嘗以世務經心。高尚不仕，與崔浩爲莫逆之交。浩爲司徒，奏徵爲中郎。州郡逼遣入京，與浩相見，惟飲酒談叙平生，不及世利。浩投詔書於夸懷，夸曰：『何足以此勞國士也？吾便將别。』浩以夸所乘騾，内之廄中，冀相維縶。夸遂托鄉人輸租者，謬爲御車出關。時朝法甚峻，夸既私還，將有私歸之咎。浩仍相左右，始得無坐。經年，浩送夸本騾，兼遺以所乘馬，爲書謝之。夸不受其騾馬，亦不復書。及浩没，爲之素服，受鄉人弔唁，經一時乃止。」

咸陽王窮極驕奢，姬妾數十，猶遠有簡娉以姿其情。後以叛誅，宫人爲之歌曰：「可憐咸陽王，奈何作事誤。金床玉几不能眠，夜蹋霜與露。洛水湛湛彌岸長，行人那得渡。」其歌流傳江表。北人在南者，雖至富貴，弦歌奏之，莫不洒泣。《北史》曰：「咸陽王禧，魏獻文皇帝子也。」

雷宣徽頗涉道書，因讀史，廢書流涕曰：「功名者貪夫之鈎餌。横戈開邊，枝劍討叛，死生食息之不顧。及其死也，一棺戢身，萬事都已。悲夫！」《東都事略》曰：「雷有終，同州郃陽人。殿中御史德驤子也。以父任爲萊蕪尉。有平賊功，授保信軍留後。契丹入寇，真宗幸澶淵，有終赴援，威聲甚震。召拜宣徽北院使。」

栖逸

王君公遭亂不去，儈牛自隱，儈，謂平會兩家賣買之價。時人爲之語曰：「避世牆東王君公。」嵇康《高士傳》曰：「君公明易，爲郎，數言事，不用，乃自污與官婢通，免歸，詐狂，儈牛，口無二價也。」《後漢·逢萌傳》曰：「萌與平原王君公友善。」

蔣元卿舍中三徑，唯羊仲、求仲從之游。二仲皆挫廉逃名之士。司馬彪《續漢書》曰：「蔣詡字元卿。父喪，弔者盈門。後母疾之，不得止舊廬，自作小庵於側，往如舊。」

張仲蔚隱居平陵，蓬蒿滿宅，唯開一行徑。《三輔决録》曰：「仲蔚扶風人。少與同郡魏景卿隱身不仕。明天官，博物，好爲詩賦。所居蓬蒿没人。」

向子平讀《易》，至《損》、《益》卦，《易·損卦》曰：「二簋可用享，損益盈虚，與時偕行。」《益卦》曰：「損上益下，民説無彊也。」喟然嘆曰：「吾已知富不如貧，貴不如賤。但不知死何如生耳？」爲子嫁娶畢，敕家事斷之，云：「當如我已死。」與同好禽子夏，俱游五嶽名山，不知所終。魏隸《高士傳》曰：「向長字子平，禽慶字子夏，二人相善。慶隱避不仕王莽，通《老》、《易》，安貧樂道。好事者更饋遺，輒受之，自足還餘，如有不取也。舉措必於中和。司空王邑辟之連年，乃欲薦之於莽，固辭乃止。」《後漢書》曰：「向長，河内朝歌人。」

韓伯休采藥名山，賣於長安市，口不二價，三十餘年。時女子從韓買藥，守價不移。女子怒曰：「公是韓伯休那？乃不二價？」伯休嘆曰：「我本避名，今女子皆知有我，何用藥爲？」乃遁入霸陵山中。范曄《後漢書》曰：「韓康字伯休，京兆霸陵人。桓帝以安車聘之。康辭安車，自乘柴車，冒晨先使者發。至亭，亭長以韓徵君當過，方發人牛修道。及見康柴車幅巾，以爲田叟也，使奪其牛。即釋駕與之。有頃，使者至，奪牛翁乃徵君也。使者欲奏殺亭長，康曰：『此自老子與之，亭長何罪！』乃止。康因道遁，以壽終。」

王右軍既去官，與東土人士營山水弋釣之娱。又與道士許邁，共修服食，偏采名藥，不遠千里，游東中諸郡名山，泛滄海，嘆曰：「我卒當以樂死。」《道學傳》曰：「許邁字叔玄，清虚接真，遐栖表志，所在往而不返，故改名遠游。與王右軍父子爲世外之交。」

張廌隱居頤志，家有苦竹數十頃，張於竹中爲屋，常居其中。王右軍聞而造之。張逃避竹中，不與相見。《永嘉郡記》曰：「樂成縣民張廌，隱居頤志，不應辟命，一郡號爲高士。」

郭元瑜少爲拔俗之韻，《晉書》曰：「郭瑀字元瑜，敦煌人，隱于臨松薤谷。」張天錫遣使備禮徵之。元瑜指翔鴻示使人曰：「此鳥安可籠哉！」天錫《遺瑀書》曰：「先生潛光九皋，懷真獨遠，心與至境冥符，志與四時消息。豈知蒼生倒懸，四海待拯。孔聖車不停軌，墨子駕不俟旦。皆以黔首之禍，不可不救。先生懷濟世之才，故遣使者虚左授綏。」

陶徵士嘗言五六月北窗下卧，遇凉風暫至，自謂是羲皇上人。

宗少文好山水，愛遠游，西陟荆巫，南登衡嶽。因結宇衡山，欲懷尚平向平，《高士傳》作「尚平」。之志。有疾還江陵，嘆曰：「老疾俱至，名山恐難徧睹。唯當澄懷觀道，卧以游之。」凡所游履，皆圖之於室。謂人曰：

「撫琴動操，欲令衆山皆響。」《宋書》曰：「宗炳字少文，南陽涅陽人。祖承，宜都太守。父繇之，湘鄉令。母同郡師氏，聰辯有學義，教授諸子。炳居喪過禮，爲郡閭所稱。宋高祖辟主簿，答曰：『栖丘飲谷，三十餘年。刺史殷仲堪、桓玄屢辟，並不就。』」

孔淳之居會稽剡縣，性好山水，每有所游，必窮其幽峻，或旬日忘歸。《宋書》曰：「孔淳之字彥深，魯郡人。祖惔，尚書祠部郎。父粲，秘書監徵不就。淳之少高尚，愛好墳籍，與徵士戴顒、王弘之，及王敬弘等，共爲人外之游。元嘉初徵散騎郎，不到。」嘗游山，遇沙門釋法崇，因留共止，遂停三載。法崇嘆曰：「緬想人外三十年矣，今乃傾蓋於茲，不覺老之將至。」淳之還反，不告以姓。《會稽舊志》曰：「竺法崇，有律學，精於《法華經》。居剡之葛峴山，茅茨澗飲。孔淳之訪之，信宿不去，神思傾豁。」

江湛舉王景玄爲吏部郎。王與湛書曰：「君平有言，『生我名者殺我身』。天爵猶滅名，安用吏部郎哉？其舉可陋，其事不經。非獨縉紳者不道，僕妾皆笑之。」因與湛告絶，足不踰閾十餘年，栖遲環堵之室，苔草沒階。皇甫謐《高士傳》曰：「嚴遵字君平，蜀人。隱居不仕。賣卜於成都市，日得百錢自給。卜訖，則閉肆下簾，以著書爲事。有富人羅沖，爲具車馬衣糧。君平曰：『吾非不足也，子奈何以不足助有餘。』沖曰：『吾有萬金，子無儋石，乃云有餘，不亦謬乎？』君平曰：『不然。吾宿子家，人定而役未息，晝夜汲汲，未嘗有足。今我以卜爲業，不下床而錢自至，猶餘數百，不知所用。此非我有餘而子不足耶？』沖大慚。君平嘆曰：『益我貨者損我神，生我名者殺我身。』時人服之。」

顧長孺有隱操，《齊書》曰：「顧黯字長孺，吴郡人。有隱操。」與顧景怡《南史》曰：「顧歡字景怡，一字玄平，吴興鹽官人。好黄老，通陰陽，爲術數多驗。隱居不仕。於天台山開館聚徒，受業者常百人。」俱不就徵。景怡晚節，服食不與人通；每日出户，山鳥集其掌取食。

魚復侯《南史》曰：「魚復侯子響，武帝第四子。初封巴東王，貶爲魚復侯。」爲江州，厚餉遺宗敬微。宗辭曰：「少有狂疾，尋山採藥，遠來至此。量腹而進松朮，度形而衣薜蘿。淡然已足，豈容當此横施。」《南史》曰：「測字敬微，南陽涅人，炳之孫也。性静退，不樂人間。居江陵，欲游名山，齎《孔子》、《莊子》自隨。子孫拜辭悲泣，測長嘯不視，遂往廬山。」

庾杲之清素自業，食唯有韮葅、瀹韮、生韮雜菜，或戲之曰：「誰謂庾郎貧，食鮭常有二十七種。」蕭子顯《齊書》曰：「杲之字景行，新野人。祖深之，雍州刺史。父粲，司空參軍。杲之少貞立，韶令和潤，善於音吐。學涉文義。起家奉朝請，太子右衛率。」

孔稚圭風韻清疏，門庭之内，草萊不剪，中有蛙鳴，稚圭曰：「以此當兩部鼓吹。」《南齊書》曰：「孔稚圭字德璋，會稽人。少涉學，有美譽。仕至太子詹事。」

王弘之性好鈎魚，上虞江有一處名三石頭，弘之常垂綸於此。《會稽志》曰：「上虞江，源出剡縣，東流入江，又北流至三江入海。」或問：「漁師得魚賣否？」弘之答曰：「鈎亦不得，得復不賣。」日夕載魚入上虞郭，經親故門，各以一兩頭置門内而去。沈約《宋書》曰：「王弘之字方平，瑯琊人，宣訓衛尉鎮之弟。少孤貧，爲外祖何凖所養。從叔獻之，及太原王恭，甚貴重之。後謝靈運、顔延之並相欽重。靈運與廬陵王義真牋曰：『會境既豊山水，江左嘉遁，並多居之。但季世慕榮，幽栖者寡，或復才爲時求，弗獲從志。若王弘之拂衣歸耕，踰歷三紀；孔淳之隱約窮岫，自始迄今；阮萬齡辭事就閑，纂戎先業；浙河之外，栖遲山澤，如斯而已。既遠同義、唐，亦激貪厲競。殿下愛素好古，常若布衣，每意昔聞，虚想巖穴，若遣一介，有以相存，真可謂千載盛美也。』初爲衛軍參軍，後屢徵太子庶子、散騎常侍。不就卒。」

陶貞白幼有異操，年十歲，得葛洪《神仙傳》，晝夜研尋，便有養生之志。謂人曰：「仰青雲，睹白日，不爲遠矣。」《神仙傳》曰：「洪弟子滕升常問洪曰：『古之仙者，豈有其人乎？』洪曰：『秦阮倉所記數百人，劉向所纂又七十一人，今録集以傳真識之士。』」

王沙彌沙彌，王晞小字也。《北史》曰：「晞字叔朗，北海劇人。淹雅有器度，好學不倦。美容儀，有風則。齊亡，周武帝以爲儀同、大將軍。」母終後，遨游鞏洛，悦其山水，《圖經》曰：「洛水，出洛南縣冢嶺山，經鞏縣，入於河。」蘇軾曰：「洛陽古帝都，山川風氣清明盛麗，居之可樂。平川廣衍東西數百里，嵩山、少室、天壇、王屋，岡巒靡迤，四顧可挹。伊洛瀍澗，流出平地。故其山川之勝，泉流之潔，雖其閭閻之人，與公侯共之。一畝之宫，上矚青山，下聽流水，奇花修竹，布列左右。而其貴家巨室，園囿亭觀之盛，實甲天下。」與范陽盧元明、《北史》曰：「元明字幼章，范陽涿人。涉歷群書，兼有文義，風采閑潤，進退可觀。中山王熙，博識之士，見而嘆曰：『盧郎有如此風神，唯須誦《離騷》，飲美酒，自爲佳士。』太平中，副李諧使梁，南人稱之。」鉅鹿魏季景，結侣同契，往天陵山，浩然有終焉之志。《北齊書》曰：「魏季景，收族叔也。父鸞，有容儀，爲奉車都尉。季景少孤，清苦自立，有文才，官至大司農卿。」

王無功有田十六頃在河渚間，奴婢數人，自課種黍，春秋釀酒，養鳧雁，蒔藥草自供，與仲長子光服食養性。欲見兄弟，輒渡河還家。游北山東皋，著書，自號東皋子。

朱桃椎隱居不仕，披裘帶索，浮沉人間。宋祁《唐書》曰：「桃椎，益州成都人。澹泊無爲，隱居不仕。高士廉在益州，屢遣人存問，見，輒走林草自匿。」竇益州遺以衣服，逼爲鄉正。劉昫《唐書》曰：「竇軌字士則，周雍州牧酇國公恭之子也。武德三年，爲益州道行臺左僕射。」桃椎不言而退，逃入山中，夏則裸形，冬則樹皮自覆，贈遺一無所受。每織芒屩置路傍，見者皆言朱居士屩也，易米置本處，桃椎至夕取之，終不見人。

孔極侍郎，朝回遇雨，避於一叟之廡下，延入廳事。叟烏帽紗巾，逢迎甚恭。因備酒饌，一一精好。孔公借油衣，叟曰：「某寒不出，熱不出，風不出，雨不出，未嘗置油衣也。」孔公不覺頓忘宦情。

王摩詰貯蕙蘭，用黄磁斗，養以綺石，累年彌盛。劉昫《唐書》曰：「王維字摩詰，太原祁人。與弟縉俱有俊才，博學多藝，閨門友悌。兄弟奉佛，居常蔬食，不茹葷血。晚年長齋，不衣文彩。得宋之問藍田别墅，在輞口，輞水周於舍下，竹洲花塢，與道友裴迪浮舟往來，彈琴賦詩，嘯詠終日。在京師，日飯十數名僧，以玄談爲樂。齋中無所有，唯茶鐺、酒臼、經案、繩床而已。退朝之後，焚香獨坐，以禪誦爲事。妻亡不再娶，三十年孤居一室，屏絶塵累。」

顔真卿爲湖州刺史，《唐書》曰：「真卿字清臣，瑯琊臨沂人。五代祖之推，北齊黄門侍郎。真卿少有詞藻，工書。開元中進士，四命爲監察御史，出爲平原太守。禄山反，與從父兄杲卿討賊。代宗立，改尚書右丞，封魯郡公。以正直立朝，爲陽炎、盧杞所忌，遣諭李希烈，不屈，遇害。」張志和來謁。真卿以其舟敝漏，請更之。志和曰：「願爲浮家泛宅，往來苕霅間。」《輿地志》曰：「苕溪一源自天目，一源自獨松嶺，合浮玉山水，至吴興入于太湖。霅溪者，以其合苕溪、前溪、餘不溪、北流四水爲一溪，故曰霅也。又云：四水激射，霅然有聲，謂之霅溪。」

許謹選放曠不拘小節，與親友結宴花圃中，未嘗張幄設坐，只使僮僕聚落花鋪坐下，曰：「吾自有花裀。」按：《開元天寶遺事》載此，是學士許慎選。而《語林》作「謹選」，未知何據。

种明逸至性嗜酒，嘗種秫自釀。每曰：「空山清寂，聊以養和。」王聖塗《澠水燕談》曰：「种放字明逸，舉進士不第，隱於南山豹林谷。學行高古。性頗嗜酒，躬耕種秫以自釀，所居有林泉之勝。景德中召至闕，真宗欲大用，固辭還山。」

林逋隱居孤山，常畜兩鶴，縱之則飛入雲霄，盤旋久之，復入籠中。逋常泛小艇西湖諸寺，有客至逋所居，則一童子應門，延客坐，爲開籠縱鶴，良久，逋必棹小船而歸。蓋常以鶴飛爲客至之驗。《歸田録》曰：「林逋字君復，居杭州西湖之孤山。真宗聞其名，賜號『和靖處士』，詔長吏歲時勞問。逋工畫，善爲詩，如『草泥行郭索，山木叫鉤輈』，頗爲士夫所稱。」

蘇養直隱京口，荃翁《貴耳集》曰：「蘇庠字養直。父伯固，從東坡游。東坡『我命扁舟游震澤』之詞，爲伯固作也。養直『屬玉雙飛水滿塘』之句，亦見賞于坡，坡呼爲『吾家養直』。」紹興間，與徐師川同召。養直不起，師川造朝時，便道過養直，留飲甚歡。二公平日對奕，徐高於蘇，是日養直拈一子，笑視師川曰：「今日還須讓老夫下此一著。」師川有愧色。《宋史》曰：「徐俯字師川，洪州分寧人。以父禧死事，授通直郎。張邦昌僭位，遂致仕。時工部侍郎何昌言，與弟昌辰，避邦昌諱，皆改名。俯買婢爲昌奴，客至，即呼前驅使之。高宗朝，胡直孺、汪藻迭薦之，召爲諫議大夫。」周煇《清波雜志》曰：「師川，紹興初由諫垣遷翰苑，贊機命。」

賢媛

樂羊子游學七年，妻常躬勤養母，又遠饋羊子。常有他舍鷄謬入園中，姑盜殺而食之，妻對鷄泣而不餐。姑怪問其故，對曰：「自傷居貧，使食有他肉。」姑亦感悟棄去。《列女傳》曰：「河南樂羊子之妻，不知何氏之女。有盜欲犯之，先刼其姑，妻舉刀自刎而死。太守以聞，以禮葬之，號曰貞義。」

樂羊子嘗行路，得遺金一餅，還以與妻。妻曰：「妾聞志士不飲盜泉之水，《論語撰考讖》曰：「水名盜泉，仲尼不漱。」廉者不受嗟來之食，《禮記》曰：「齊大饑，黔敖爲食于路，以待餓者。有蒙袂戢屨，貿貿而來。曰：『嗟，來食。』曰：『余唯不食嗟來之食，以至於斯。』從而謝之，不食而死。曾子曰其：『嗟也可去，其謝也可食。』」況拾遺求利以污其行乎！」羊子大慚，乃捐金於野。

袁隗妻《後漢書·袁安傳》曰：「隗字次陽，少歷顯官，獻帝初爲太傅。」馬倫，是季長女，《列女傳》曰：「班姬作《女誡》七篇，馬融善之，令妻女習焉。倫有名於世。妹芝，亦有才義。」少有才辯。融家世豐豪，裝遣甚盛。隗問曰：「婦奉箕帚而已，何乃過珍麗乎？」對曰：「慈親垂愛，不敢逆命。君若欲慕鮑宣、梁鴻之高，妾亦請從少君、孟光之事矣。」《列女傳》曰：「鮑宣妻，桓氏女也，字少君。宣嘗就少君父學。父奇其清苦，以女妻之，裝送甚盛。宣不悦，謂妻曰：『少君生富驕，習美飾。而吾實貧賤，不敢當禮。』妻曰：『大人以先生修德守約，故使賤妾侍執巾櫛。既奉承君子，唯命是從。』宣笑曰：『能如是，是吾志也。』妻乃悉歸侍御服飾，更着短布裳，與宣共挽鹿車歸鄉里。拜姑禮畢，提甕出汲，修行婦道，鄉邦稱之。」隗又曰：「弟先兄，舉世以爲笑。今處姊未適，先行可乎？」對曰：「妾姊高行殊邈，未遭良匹，不似鄙薄苟然而已。」文問曰：「南郡學窮道奧，文爲辭宗。融爲南郡太守。而所在之職，輒以貨財爲損，何邪？」對曰：「孔子大聖，不免武叔之毀；子路至賢，猶有伯寮之愬。家君獲此，固其宜耳。」隗默然不能屈。

曹公問蔡文姬：「聞夫人家先多墳籍，猶能憶識之不？」文姬曰：「昔亡父賜書四千許卷，流離塗炭，罔有存者。今所誦憶，裁四百餘篇。」曹公言：「當使十吏就夫人寫之。」文姬曰：「妾聞男女之別，禮不親授。乞給紙筆，真草唯命。」於是繕寫送上，文無遺誤。范曄《後漢書》曰：「蔡伯喈女名琰，字文姬。博學有才辨，妙于音律。適河東衛仲道，夫亡無子。興平中喪亂，爲胡騎所獲，没于南匈奴左賢王十二年，生二子。曹公素與伯喈善，遣使以金璧贖之，嫁與董祀。」

王江州爲孫恩所害，謝夫人婺居會稽。太守劉柳聞其名，請與談義。夫人素聞劉名，亦不自阻，乃簪髻素褥，坐在帳中。劉束修整帶，造於別榻。夫人風韻高邁，叙致清雅。先及家事，慷慨流漣；徐酬問旨，詞理無滯。劉退而嘆曰：「實頃所未見，瞻察言氣，使人心形俱服。」夫人亦云：「親從凋亡，始遇此士。聽其所問，殊開人心胸。」《晉書》曰：「劉柳字叔惠，南陽人。劉喬之曾孫。少登清宦，歷尚書左右僕射。時右丞傅迪，好廣讀書而不解其義，柳唯讀《老子》而已，迪每輕之。柳云：『卿讀書雖多，而無所解，可謂書簏矣。』時人重其言。」

宋明帝嘗於宮內，大集贏婦人以爲歡笑。明恭后獨以扇障面。帝曰：「外舍家寒乞，今共爲笑樂，何獨不視？」后曰：「爲樂之事，其方自多。豈有姑姊妹集聚，而贏婦人形體，以此爲樂？外舍之爲歡，適與此不同。」帝怒，遣后令起。后兄景文語人曰：「后在家爲儜弱婦人，不知今段遂能剛正如此。」沈約《宋書》曰：「明恭王皇后，諱貞風。瑯邪王僧朗之女。元嘉五年，拜淮陽王妃。太宗即位，立爲皇后。」

劉孝綽三妹，嫁瑯琊王叔英、吴郡張嵊、東海徐悱。《南史》曰：「嵊，字四山。吴郡人。張稷子也。方雅有志操，能清言。爲湘東王長史。」《梁書》曰：「徐悱，字敬業。東海剡人。徐勉子也。幼聰敏，能屬文。仕至晉安内史。」並有文才。

徐妻尤爲清拔。《孝緯傳》曰：「悱妻，所謂劉三娘者也。悱卒，妻爲祭文，辭甚淒愴。勉本欲爲哀文，既睹此文，于是閣筆。」

肅宗宴於宫中，時有蕃將阿布思伏法，其妻配掖庭，因隸樂工，是日爲假官之長。宫中女優，有弄假官戲。其緑衣秉簡者，謂之參軍椿。上及侍宴者笑樂，政和公主獨俯首不視。上問其故，公主曰：「禁中侍女不少，何必須得此人。使阿布思真逆人，其妻亦同刑人，不合迫至尊之座；果冤邪，豈忍使其妻與群優雜處，爲笑謔之具？妾深以爲不可。」上亦憫惻，爲之罷戲。趙璘《因話録》曰：「政和公主，肅宗第三女，降柳潭。」

元相得罪，《唐書》曰：「元載，鳳翔岐山人。」《唐詩紀事》曰：「載羇旅到京，屢陳時務，深符上旨。擢拜中書。以貪吝伏法。」夫人王氏韞秀，少有識量節概，頗聞掖庭，代宗欲令入宫，備彤管箴規之任。王嘆曰：「王家十三娘，二十年太原節度使女，十六年宰相妻，誰能書得長信昭陽之事，得罪亦幸矣。」堅不從命。范攄《雲溪友議》曰：「韞秀，王縉相公之女，右丞維之侄。初王公鎮北京，以韞秀嫁元載，久而見輕。韞秀謂元曰：『何不增學？』所有奩幌資裝，盡爲紙墨之費。元到京，屢陳時務，深契上旨。肅宗擢拜中書。」按《通鑑》及劉昫《唐書》：載妻王忠嗣女，且王縉與載同時作相。史言縉卑體附之，故縉終以載得罪，不應翁婿同時俱在政府，又不應婦翁卑體於女婿，則載妻爲忠嗣女無疑。而《雲溪友議》與《杜陽雜編》以爲韞秀縉女也。夫范攄、蘇鶚，皆唐時人，其所載唐事，尚相抵牾如此，乃知野史所書，固多謬妄也。

中和間，時溥既平黄巢，獻俘於朝，《唐書》曰：「時溥，彭城人。黄巢據長安，詔徵天下兵進討。武寧節度使支詳，遣溥赴難。及巢攻陳州，溥出師討之，戰屢捷。巢之敗也，其將尚讓以數千人降溥。」並巢姬妾百數。僖宗御大元樓受之，宣問姬妾：「汝等皆勳貴子女，世受國恩，何爲從賊？」其居首曰：「狂賊凶逆，國家以百萬之衆，失守宗祧，播遷巴蜀。今陛下以不能拒賊責一女子，置公卿將相於何地乎？」僖宗不復問，皆戮於市。人争與之酒，衆皆悲慟昏醉，居首者獨不飲不泣，至於就刑，神色肅然。《唐書》曰：「黄巢，曹州冤句人。初依尚君長爲亂，踰五嶺，犯湖湘江浙，攻陷京師，僭號大齊。」

宋太祖將北征，京師諠言軍中欲立點檢爲天子。太祖告家人曰：「外間詾詾如此，將若之何？」太祖姊方在厨，引麪杖擊太祖，逐之曰：「丈夫臨大事，可否當自決胸懷，乃來家間恐怖婦女，何爲邪？」太祖默然而出。何氏云：「太祖姊，即魏國長公主。公主，太祖女也，不應以杖擊父。按《宋公主傳》，『秦國大長公主，太祖同母姊也。有姊一人，未笄而夭，追封陳國長公主』，豈即此乎？」

術解

張平子作地動儀，精銅以鑄。其器圓徑八尺，形似酒尊。尊中有都柱，旁行八道，施關發機。外有八龍首銜銅丸，下設蟾蜍承之。地或動，則隨其方面，一龍吐丸。其機關巧制，皆在尊中。范曄《後漢書》曰：「張衡字平子，南陽西鄂人。祖堪，蜀郡太守。衡少善屬文，後游太學，遂通五經。善機巧，尤致思於天文、陰陽、曆算之學。作渾天儀，復造候風地動儀。如有地動，尊則振，龍機發吐丸，而蟾蜍銜之，振聲激揚，伺者因此覺知。雖一龍發機而七首不動，尋其方面，乃知震之所在，合契若神。嘗一龍機發而地不動，咸怪其無徵。後數日驛至，果地震隴西。于是皆服其妙。官太史令，出爲河間相，徵拜尚書。」

蔡中郎在陳留，鄰人召中郎飲。比往，酒已酣。客有彈琴於屏，中郎至門，潛聽之，曰：「以樂召我而有殺心，何也？」遂反。將命者告主人，以蔡君至門而去，中郎素爲鄉邦所宗，主人自起，追問其故，中郎具以告，莫不憮然。彈琴者曰：「我見螳螂方向鳴蟬，蟬將去而未飛，螳螂爲之一前一却。吾心聳然，唯恐螳螂之失蟬也，此豈爲殺心而形於聲者乎？」中郎笑曰：「此足以當之矣。」范曄《後漢書》曰：「吴人燒桐以爨，邕聞火烈聲，知其良木，因裁爲琴，果有美音，而尾猶焦，時人名『焦尾琴』。」

蔡中郎告吴人曰：「吾昔嘗經會稽高遷亭，見屋椽竹，東間第十六，可以爲笛。」取用，果有異聲。

蔡文姬年六歲時，父中郎於夜中鼓琴，弦絶，文姬曰：「第二弦。」中郎復故斷一弦以問之，文姬言「是第四弦」，並不差謬。中郎云：「偶得之耳。」文姬曰：「季札觀吴，知興亡之國；師曠吹律，識南風之不競。由此觀之，何足不知？」《春秋傳》曰：「吴公子札來聘，請觀周樂。使工爲之歌《周南》、《召南》，曰：『美哉！始基之矣，猶未也。然勤而不怨矣。』爲之歌《邶》、《鄘》、《衛》，曰：『美哉，淵乎！憂而不困者也。吾聞衛康叔、武公之德如是，是其衛風乎？』爲之歌《王》，曰：『美哉！思而不懼，其周之東乎？』爲之歌《鄭》，曰：『美哉！其細已甚，民弗堪也，是其先亡乎！』爲之歌《齊》，曰：『美哉，泱泱乎，大風也哉！表東海者，其太公乎！國未可量也。』爲之歌《豳》，曰：『美哉，蕩乎！樂而不淫，其周公之東乎？』爲之歌《秦》，曰：『此之謂夏聲。夫能夏則大，大之至也，其周之舊乎？』爲之歌《魏》，曰：『美哉，渢渢乎！大而婉，險而易行，以德輔此，則明主也。』爲之歌《唐》曰：『思深哉！其有陶唐氏之遺民乎？不然，何憂之遠也。非令德之後，誰能若是？』爲之歌《陳》，曰：『國無主，其能久乎？』自《鄶》以下無譏焉。爲之歌《小雅》，曰：『美哉！思而不貳，怨而不言，其周德之衰乎？猶有先王之遺民焉。』爲之歌《大雅》，曰：『廣哉，熙熙乎！曲而有直體，其文王之德乎？』爲之歌《頌》，曰：『至矣哉！直而不倨，曲而不屈，邇而不偪，遠而不携，遷而不淫，復而不厭，哀而不愁，樂而不荒，用而不匱，廣而不宣，施而不費，取而不貪，處而不底，行而不流，五聲和，八風平，節有度，守有序，盛德之所同也。』見舞《象箾》、《南籥》者，曰：『美哉！猶有憾。』見舞《大武》者，曰：『美哉！周之盛也，其若此乎？』見舞《韶濩》者，曰：『聖人之弘也，而猶有慚德，聖人之難也。』見舞《大夏》者，曰：『美哉！勤而不德，非禹其誰能修之？』見舞《韶箾》者，曰：『德至矣哉！大矣，如天之無不幬也，如地之無不載也，雖甚盛德，其蔑以加於此矣。觀止矣！若有他樂，吾不敢請已！』其出聘也，通嗣君也。故遂聘于齊，説晏平仲，謂之曰：『子速納邑與政！無邑無政，乃免於難。齊國之政，將有所歸，未獲所歸，難未歇也。』故晏子因陳桓子以納政與邑，是以免於欒、高之難。聘於鄭，見子産，如舊相識，與之縞帶，子産獻紵衣焉。謂子産曰：『鄭之執政侈，難將至矣！政必及子。子爲政，慎之以禮。不然，鄭國將敗。』適衛，説蘧瑗、史狗、史鰌、公子荆、公叔發、公子朝，曰：『衛多君子，未有患也。』自衛如晋，將宿於戚。聞鐘聲焉，曰：『異哉！我聞之也：「辯而不德，必加於戮。」夫子獲罪於君以在此，懼猶不足，而又何樂？夫子之在此也，猶燕之巢於幕上。君又在殯，而可以樂乎？』遂去之。文子聞之，終身不聽琴瑟。適晉，説趙文子、韓宣子、魏獻子，曰：『晉國其萃于三族乎！』説叔向，將行，謂叔向曰：『吾子勉之！君侈而多良，大夫皆富，政將在家。吾子好直，必思自免於難。』」

管公明過清河，時適大旱。太守問何當有雨？公明曰：「今夕當大雨。」至日向暮，了無雲氣，衆人並歡嗤。公明言：「樹中已有少女微風，陰鳥和鳴，若少女反風，陰鳥亂翔，其應至矣。」須臾，雲氣四起，大雨傾注。

蒲元性多奇思，於斜谷口爲諸葛武侯鑄刀三千口，自言漢水鈍弱，不任淬用，《水經注》曰：「江水自漢以上至微弱，所謂發源濫觴者也。」蜀江爽烈，是謂大金之元精，《水經注》曰：「蜀中錦工織錦，濯之江流，則錦至鮮明。」命人於成都取江水。蒲以淬刀，言雜涪水，涪水出廣魏涪縣西北。不可用。取水者捍言不雜，蒲以刀畫水，言雜八升。取水者叩頭云：「於涪津覆水，遂以涪水八升益之。」又嘗以竹筒納鐵珠滿中，舉刀斷之，應手虛落，因曰「神刀」。《元别傳》曰：「君性多奇思，得之天然。」陶弘景《刀劍録》曰：「蜀主劉備，嘗令蒲元造刀五千口。」

樂人王令言，妙解音律。大業末，煬帝將幸江都，令言子當從。忽於户外彈胡琵琶，作翻調《安公子曲》。令言時卧室中，聞之大驚，蹶然而起，曰：「變！變！」急呼其子問曰：「此曲興自早晚？」其子言：「頃來有之。」令言欷歔流涕，謂其子曰：「汝慎無從行，帝必不返。」子問其故。令言曰：「此曲宮聲，往而不返。宮者君也，吾是以知之。」帝果於江都遇害。《大業拾遺記》曰：「大業二十年，煬帝將幸江都，命越王侑留守東都。宮女半不隨駕，争泣留帝，言遼東小國，不足煩大駕。帝意不回，因戲飛白題二十字賜守宮女，云：『我夢江都好，征遼亦偶然。但存顔色在，離别只今年。』車駕遂行。」《迷樓記》曰：「帝將再幸江都，有迷樓宮人，抗聲夜歌云：『河南楊柳謝，河北李花榮。楊花飛去落何處，李花結子自然成。』帝召宮女，問：『汝自爲之邪？』曰：『道塗兒童都唱此歌。』帝默然曰：『天啓之也。』因索酒自歌曰：『宮木陰濃燕子飛，興亡自古漫成悲。他日迷樓更好景，宮中吐艷戀紅輝。』後唐帝提兵入京，見迷樓曰：『此皆民膏血所爲。』命焚之，經月火不滅。」

趙耶利善鼓琴，嘗云：「吴聲清宛，若長江廣流，綿綿徐逝，國士之風；蜀聲躁急，若激浪奔雷，亦一時俊決。」《樂纂》曰：「趙師字耶利，天水人。以琴道見重海内。帝王賢貴，靡不欽風。舊錯謬十五弄，皆削凡歸雅，述胡笳五弄譜。弟子達者數人，並當代翹楚。卒於貞觀十年。」

李龜年《楊太真外傳》曰：「上選梨園弟子中尤者，得樂十六色，李龜年以歌擅一代之名。」嘗至岐王宅，《唐書》曰：「惠文太子範，睿宗第四子，封岐王。好學工書，雅愛文章之士；又多聚書畫古蹟，爲時所稱。」聞琴曰：「此秦聲。」良久，又曰：「此楚聲。」主人入問之，則前彈者隴西沈妍，後彈者楊州薛滿。

太常缺黄鍾，鑄不能成。李嗣真居崇業里，疑土中有之，弗得其所。道逢一車，鐸聲甚厲。嗣真曰：「宫聲也。」市以歸，振於空地，若有應者。掘之得鐘，衆樂遂和。劉昫《唐書》曰：「李嗣真，滑州匡城人。博學，曉音律，兼善陰陽、推算之術。永昌中拜御史中丞。爲來俊臣所陷，配流嶺南。」

李贊皇作相日，有親知奉使京口。贊皇曰：「金山泉，揚子江中冷水，張又新《水記》載陸羽品第天下二十水，揚子江南零水第七。各置一壺。」其人舉棹，醉而忘之。至石頭城，方憶，乃汲一瓶歸獻。李飲之，曰：「江南水味，大異頃歲。此頗似建業石頭城下水。」其人謝過不敢隱。《唐書》曰：「李德裕，字文饒，趙郡人。祖栖筠，御史大夫。父吉甫，元和初宰相。德裕幼有壯志，苦心力學。年纔及冠，志業大成。貞元中，以兵部尚書平章事，封贊皇伯。後爲朋黨所搆，貶崖州司户。」

巧藝

蔡中郎性沉審，志好琴道。嘉平中入清溪，訪鬼谷先生故居。山五曲，曲有靈迹。中郎每一曲制一弄，三年曲成，出呈馬季長、王子師輩，皆嘆異之。范曄《後漢書》曰：「王允字子師，太原祁人。少好大節，有志於立功。郭林宗見而奇之，曰：『王生一日千里，王佐才也。』後與士孫瑞結謀，同誅董卓。」

羊敬元，少便静默，美言笑，善容止。父不疑，爲烏程令。王獻之爲吴興太守，羊時年十二，王甚知愛之。嘗夏月入縣，羊著新絹裙晝寢，獻之書裙數幅而去。羊本工書，因此彌善。竇臮《述書賦》注曰：「羊欣字敬元，太山人。宋中散大夫，與丘道護同受獻之筆法。」張懷瓘《書斷》曰：「羊欣師資大令，時多衆賢，非無雲塵之遠，若親承妙旨，入於室者，唯獨此公。亦猶顔回與夫子，有步驟之近。槭若嚴霜之材，婉如流風之雪，鷩禽走獸，絡驛飛馳，可謂王之藎臣，朝之元老。」沈約云：「敬元尤長於隸書，子敬之後，可以獨步。時人云：『買王得羊，不失所望。』」

蕭賁是竟陵王子良之孫，《南史》曰：「子良字雲英，武帝第二子也。少有清尚，禮才好士，天下才學，皆游集焉。」有文才，善書畫。嘗於扇上圖山水，咫尺之内，便覺萬里爲遥。矜慎不傳，自娱而已。

玄宗忽思嘉陵江山水，假吴生驛遞，令往寫貌。朱景玄《唐朝名畫録》曰：「吴道玄，字道子，東京陽翟人。少孤貧。天授之性，年未弱冠，窮丹青之妙，浪迹東洛，明皇知其名，召入内供奉。」及回，帝問之。道玄云：「臣無粉本，並記在心。」遣於大同殿圖之。嘉陵江山水，一日而就。時有李將軍，山水擅名，亦畫大同殿，數月方畢。上曰：「李思訓數月之功，吴道玄一日之迹，各極其妙也。」《唐朝名畫録》曰：「李思訓，開元中除衛將軍。善畫，品格高奇，爲國朝山水第一。」

吴道玄嘗畫殿内五龍，鱗甲飛動，每欲大雨，即生烟霧。

寵禮

皇甫度遼，解官歸鄉。范曄《後漢書》曰：「皇甫規，字威明，安定朝那人。官度遼將軍。與太常張奂然明、太尉段熲紀明，並知名顯達，稱爲凉州三明。」時有以貨得雁門太守者，書刺投謁。度遼卧不時起，既入見，問卿前在郡食雁美乎？有頃，白王節信在門。度遼驚據而起，衣不及帶，屣履出迎，援手入坐，極歡而别。時人爲之語曰：「徒見二千石，不如一逢掖。」范曄《後漢書》曰：「王符字節信，安定臨涇人。少好學，與馬融、竇章、張衡、崔瑗友善。安、和之後，世務游宦，更相薦引，符獨耿介，不同於俗，以此不得升進。志意蘊憤，隱居著書三十餘篇，名《潛夫論》。

趙元叔華嶠《後漢書》曰：「趙壹字元叔，漢陽西縣人。體貌魁梧，身長九尺，美須豪眉，望之甚偉。恃才倨傲，爲鄉里所擯。後屢抵罪，幾至死，友人救得免。乃作《刺世疾邪賦》以舒其怨憤，曰：『伊五帝之不同禮，三王亦又不同樂，數極自然變化，非是故相反駁。德政不能救世溷亂，賞罰豈足懲時清濁？春秋時禍敗之始，戰國愈復增其荼毒。秦、漢無以相踰越，乃更相其怨酷。寧計生民之命，唯利己而自足。于兹迄今，情僞萬方。佞諂日熾，剛克消亡。舐痔結駟，正色徒行。嫗㛂名勢，撫拍豪强。偃蹇反俗，立致咎殃。捷懾逐物，日富月昌。渾然同惑，孰温孰涼。邪夫顯進，直士幽藏。原斯瘼之攸興，實執政之匪賢。女謁掩其視聽兮，近習秉其威權。所好則鑽皮出其毛羽，所惡則洗垢求其瘢痕。雖欲竭誠而盡忠，路絶嶮而靡緣。九重既不可啓，又群吠之狺狺。安危亡於旦夕，肆嗜慾於目前。奚異涉海之失柂，積薪而待燃。榮納由於閃榆，孰知辨其蚩妍。故法禁屈撓於勢族，恩澤不逮於單門。寧飢寒於堯舜之荒歲兮，不飽暖於當今之豐年。秉理雖死而非亡，違義雖生而匪存。有秦客者，乃爲詩曰：河清不可俟，人命不可延。順風激靡草，富貴者稱賢。文籍雖滿腹，不如一囊錢。伊憂北堂上，抗髒倚門邊。魯生聞此辭，繫而作歌曰：勢家多所宜，咳唾自成珠。被褐懷金玉，蘭蕙化爲芻。賢者雖獨悟，所困在群愚。且各守爾分，勿復空馳驅。哀哉復哀哉，此是命矣夫。』」造河南尹羊陟，謝承《後漢書》曰：「羊陟還河南尹，計日受俸，嘗食乾飯茹菜。禁斷豪右，書疏不與交通；斷理冤徒，進用善士，節操者，旌表異行。不得見。趙以公卿中非陟無足以托名，乃日往到門。既通謁，尚卧未起，元叔徑入上堂，遂前臨之，曰：「竊伏西州承高風舊矣，乃今方遇而遽忽然，奈何命也！」因舉聲哭，門下皆驚，奔入滿側。陟知非常人，起，延與語。明旦，大從車騎造元叔。時諸計吏多盛飾車馬帷幕，元叔柴車草屏，露宿其旁，延陟坐於車下，相與言談，至曛夕而去，執其手曰：「良璞不剖，必有泣血以相明者矣。」《琴操》曰：「卞和得玉璞，以獻楚懷王。使樂正子占之，言非玉，以其欺謾，斬其一足。懷王死，子平王立。

和復抱其璞而獻之。平王復以爲欺，斬其一足。平王死，和復獻，恐復見斷，乃抱其玉而哭荆山之下，晝夜不止，泣盡繼之以血。」乃與司空袁逢共稱薦之，名動京師。范曄《後漢書》曰：「袁逢字周陽。曾祖安、祖京、父湯，累世三公，而逢以寬厚篤信著稱於時。官至司空卒。」

謝幼輿爲王大將軍長史。王平子時在敦坐，見幼輿清談無倦，唯嘆謝長史可與言，都不盼敦。

王丞相常懸一麈尾著帳中，後殷中軍來，乃取之與中軍，曰：「今以遺汝。」

謝萬與太傅共詣簡文。萬來，無衣幘可前，簡文曰：「但前，不須衣幘。」即呼使入。萬著白綸巾，鶴氅裘，履板而前，共談移日。

王仲祖病，劉真長爲稱藥，荀令則爲量水。

王孝孫初爲護軍府兵士，《晉書》曰：「尼本兵家子，寓居洛陽，卓犖不羈。初入洛，詣東海王越不拜。越問其故，尼曰：『公無宰相之能，是以不拜。』」時泰山胡毋彦國，與瑯琊王澄、北地傅暢，《晉書》曰：「暢字世道，祖嘏，魏太常。父祗，光禄大夫，侍中、右僕射。暢未弱冠，有重名。以選入侍講東宫，爲秘書丞。尋没于石勒，勒甚重之，以爲大將軍右司馬。」中山劉輿、潁川荀邃、《晉書》曰：「邃字道玄。祖勗，尚書令。父藩，司空。邃解音樂，善談論。弱冠辟趙王倫相國掾，遷太子洗馬。」河東裴遐，共齎羊酒詣門，邀孝孫。門吏疏名呈護軍，護軍驚曰：「諸名士何得來？」孝孫時以給府中養馬，諸人便就馬廄下，炙羊飲酒，醉飽而去，竟不見護軍。護軍大驚，即與孝孫長假。

蕭思話從太祖登鍾山北嶺，中道有磐石清泉，上使於石上彈琴，因賜以酒，謂曰：「相賞有松石間意。」沈約《宋書》曰：「蕭思話，南蘭陵人，孝懿皇后弟子也。涉獵書傳，能隸書，解音律，便弓馬，官至鎮西將軍。」

王僕射儉也。高自標位，常自比漢李膺，時人呼儉府爲入芙蓉池。嘗用庾杲之爲衛軍長史。謂人曰：「昔袁公粲也。作衛軍，欲用我爲長史，雖不獲就，要是意向如此，今亦應須我輩人也。」按《蕭緬與儉書》曰：「盛府元僚，實難其選。庾景行泛渌水，依芙蓉，何其麗也。」時以儉府爲蓮花池，故緬書美之。

柳惔與兄悦小時齊名。王僕射一日造世隆宅，《南史》曰：「世隆字彦緒，河東解人。父叔宗。世隆幼孤，挺然自立，涉獵文史，音吐温潤。位至尚書僕射。性清廉，唯事墳典。張緒問曰：『觀君舉措，當以清名貽子孫耶？』答曰：『一身之外，亦復何須？子孫不才，將爲争府；如其才也，不如一經。』」世隆謂爲詣己，及至門，唯求悦與惔，遣謂世隆曰：「賢子俱有盛才，一日見顧，今故報禮。若仍相造，似非本意，恐年少窺人。」《南史》曰：「柳世隆長子悦，字文殊，少有清致，位中書郎。次子惔，字文通，好學工文，尤曉音律，少與兄悦齊名，仕至尚書左僕射。」

孔休源《梁書》曰：「孔休源字慶緒，會稽人。晋尚書冲八世孫。冲即愉之世父。休源從沈麟士受經，梁臺建，與劉之遴同爲太學博士，當時以爲美選。後爲晋安王長史，加金紫光禄大夫。」爲晋安王長史，簡文初封晋安王。王深相倚仗，嘗於齋中别施一榻，云：「此是孔長史坐。」《續世説》曰：「昭明太子亡後，召休源入宴居殿，與群公參定謀議，立晋安王爲太子。公卿珥貂插筆，奏决於休源前。休源怡然無愧。時人名爲兼天子。」

陶貞白隱茅山，武帝每有征討大事，輒先咨訪，月中常有數信，時謂「山中宰相」。《弘景傳》曰：「弘景家貧，求宰縣不遂。永明十年，止於句曲山，曰：『此山下是第八洞宫，名金壇華陽之天，周迴一百五十里。昔漢有咸陽三茅君，得道來掌此山，故謂之茅山。』乃中山立館，自號華陽隱居。特愛松風，庭院皆植松，每聞其響，欣然爲樂。嘗謂門人曰：『吾見朱門廣厦，雖識其華樂，而無欲住之心。望高巘，瞰大澤，知此難立止，恒自欲就之。』武帝既早與之游，及即位，書問不絶。弘景得神符秘訣，以爲神丹可成，而苦無藥物。帝給黄金、朱砂、曾青、雄黄等，後合飛丹，色如霜雪。帝服有驗，益敬重之，每得其書，焚香拜受。二宫及侯王貴要，相繼贈遺，多不納，縱留者亦作功德。大同二年卒，顔色不變，屈伸如常，香氣累日，氤氲滿山。」

李德林每贊平陳之計，《隋書》曰：「開皇八年，以高熲爲元帥，帥師伐陳。熲謂郎中薛道衡曰：『江東可克乎？』道衡曰：『克之。郭璞言：「江東分王三百年，復與中國合。」今此數將周，一也。主上恭儉勤勞，叔寶荒淫驕侈，二也。國之安危，在所寄任，彼以江總爲相，唯事詩酒；拔小人施文慶，委以政事；蕭摩訶、任蠻奴爲大將，皆一夫之用耳，三也。我有道而大，彼無德而小。量其甲士不過十萬，西自巫峽，東至滄海；分之則勢懸而力弱，聚之則守此而失彼，四也。席卷之勢，事在不疑。』」隋高祖《隋書》曰：「帝諱堅，姓楊氏，漢太尉震之裔。父忠，事魏及周，封隋公。至堅，進爵爲王。明年稱帝。」以馬鞭南指曰：「待平陳之後，會以七寶莊嚴公。」

韋綬在翰林，《唐書・韋貫之傳》曰：「貫之八代祖敻，仕周，號逍遥公。父肇，官至吏部侍郎，有重名。貫之伯兄綬，德宗朝爲翰林學士，貞元之政，多參決於内署，綬所議多合中道，然畏慎致傷，晚多心疾，故不極其用。」德宗嘗至其院，韋妃從幸。《唐書》曰：「韋賢妃，不知氏族所出。貞元二年，册爲賢妃，六宫師其德行。」會綬方寢，學士鄭絪欲馳告之，帝不許。時適大寒，帝以妃蜀纈袍覆而去。劉昫《唐書》曰：「鄭絪字文明，少有奇志，好學，善屬文。張參、蔣乂、楊綰、常衮，皆相知重。憲宗朝，拜中書侍郎，集賢殿大學士。絪以文學進，踐歷華顯者四十年，所居雖無赫奕稱，而守道敦篤，耽悦墳典，與博聞好古之士爲講論名理之游，時人仰其耆德。」

令狐綯在翰林日，夜對禁中，帝命以乘輿金蓮華炬送還。院吏望見，以爲天子來，俄傳呼曰：「學士歸院！」康駢《劇談録》曰：「宣宗皇帝有宵衣旰食之懷，仄席佇賢，每如不及。令狐相國初與學士候對，便以爲有宰輔之才。一夕於禁林寓直，忽有中使召至便殿，引於御榻之前。上自宣令坐，問『卿來從江表，見彼中甿庶安否？廉察郡守字人求瘼之道如何？朕常思四海之大，九州之廣，雖明君不能自理，常須良弼賢佐。邇來竊窺朝廷，皆未睹其忠赤。』相國降階俯伏曰：『聖意如此，微臣便合得罪。』上曰：『卿纔爲翰林學士，所職者朕之絲綸，向來之言，本不相及。』既而復宣令坐，以玉杯斟酒賜之。御床案上有書兩卷，指謂相國曰：『朕聽政之暇，未嘗不披尋史籍。此先朝所述《金鏡》，一卷則《尚書・大禹謨》。』復問：『卿曾讀《金鏡》否？試舉其要。』相國抗聲而誦，至『亂未嘗不任不肖，理未嘗不任忠賢。任忠賢則享天下之福，任不肖則受天下之禍』，上止之曰：『朕每讀至此，未嘗不三復後已。《書》又云：「任賢勿貳，去邪勿疑。」是則欲致升平，當用此言爲首。』相公抃舞而稱曰：『先臣父每言《金鏡》垂裕，可謂萬古格言。自非聰明文思，無以探其壼奥。況堯舜禹湯之道，在典謨訓誥之間。陛下不以黄屋爲尊，每觀之於夙夜，將欲擇賢舉善，使庶績咸熙，如此則功貫百王，事超三五矣。』上曰：『曩者仰卿材器，今日睹卿詞學。』臨軒佇立久之，謂中使曰：『持燭送學士歸院。』及還禁林，夜漏將半，咸以近臣恩澤，殆無其比。」

錢文僖守西都，《東都事略》曰：「錢惟演字希聖，幼有俊才。父俶使賦遠山詩，有『高爲天一柱，秀作海三峰』之句，俶異之。咸平中，獻所爲文章，擢知制誥。惟演少富貴，能志於學，文章與楊億、劉筠齊名。嘗曰：『學士備顧問，不可不該博。』故其家聚書侔於秘府，又多藏古書畫。後以平章事判許州卒，謚文僖。」謝希深、龔明之《中吴紀聞》曰：「謝絳字希深，太子賓客濤之子。楊文公薦其才，召充秘閣校理。寶元初知鄧州。自少而仕，凡五十年，自守不回，而外亦不甚異，一時賢士大夫，無不敬之。子景初、景温，皆爲名儒。」歐陽永叔《東都事略》曰：「歐陽修字永叔，吉州廬陵人。舉進士，試國子監、禮部皆第一。仁宗朝知制誥。帝常目之曰：『如歐陽修者，何處得來！』後以觀文殿學士、太子少師致仕。」同在幕下。一日游嵩山，自潁陽歸，暮抵龍門香山。俄而雪作，登石樓，望都城，各有所懷。希深書曰：「近詔書遣告嵩嶽，讀祝捧幣。府以歐陽永叔、楊子聰分攝。會尹師魯、王幾道至。是時秋清日陰，晚花幽草，虧蔽巖壁，正當人力清壯，加有朋簪談燕之適，升高躡險，氣豪心果。道徑差平，則腰輿以行。嶄崒斗甚，則芒蹻以進。抵峻極上院，躋封禪壇。下瞰群峰，乃向所跂望，謂非插翼不可到者，皆培塿焉。邑居樓觀人物之夥，視若蟻壤。又尋韓文公所謂石室，詣盡東峰頂。夕宿頂上，露下，冷透骨髮。明日訪歸路，出登封西門。道潁陽，縱望太室，覩少室之美。訪石堂山紫雲洞，會將雨而去。題名蓋十有四處。自長夏門入繞崧轘，一匝四百里，可謂窮極勝覽矣。今既還府，便有塵事侵汩，急寫此奉報，庶代一夕之談。」忽於烟靄中，有車馬渡伊水來。既至，則文僖遣厨傳歌妓至。傳公語曰：「山行良佳，少留龍門賞雪，無遽歸也。」其高曠愛才如此。周煇《清波雜志》曰：「思公既貶漢東，王文康公曙代爲留守。一日，訝幕客多游，責曰：『君等自比寇萊公何如？萊公尚坐奢縱取禍，況其下者。』衆不敢對。永叔取手板起立曰：『萊公之禍，不在杯酒，在老不知退耳。』時文康年已高，爲之動。四座偉之。」

世說新語補卷之四 鼓吹一

明　何良俊　撰補　王世貞　删定
張文柱　校注　凌濛初　考訂

任誕

鄭泉臨卒時，語同輩曰：「必葬我陶家之側，庶百歲之後化而成土，幸見取爲酒壺，實獲我心矣。」《吳書》曰：「鄭泉字文淵，陳郡人。博學有奇志，而性嗜酒。仕吳，官太中大夫。使蜀，先主問曰：『吳王何以不答吾書，得無以吾正名不宜乎？』泉曰：『曹氏凌轢漢室，終奪其位。殿下既爲宗室，有維城之責，不荷戈執殳爲海内率先，而於是自名，未合天下之議，是以寡君未復書耳。』先主有慚色。」

王安豐穎脱不持儀形，好乘巴騾馬。雖爲三司，率爾私行，巡省田園，不從一人，自以手巾插腰。《竹林七賢論》曰：「戎故吏多大官，相逢輒下道避之。」

王孝孫早歲喪妻，有一子，貧無居宅，惟畜露車。有牛一頭，每行，輒使御之，暮則共宿車上，常嘆曰：「滄海横流，處不安也。」

光孟祖避難渡江，欲投胡毋彦國。初至，值彦國與謝鯤諸人，散髮裸袒，閉室酣飲，已累日，孟祖將排户，守者不聽。孟祖便於户外，脱衣露頭於狗竇中窺之而大叫。彦國驚曰：「他人決不能爾，必我孟祖。」遽呼入與飲。時人謂之八達。《晋書》曰：「光逸字孟祖，樂安人也。初爲博昌小吏。縣令使送客，冒寒舉體凍濕，還，遇令不在，解衣炙之，入令被中卧。令還，大怒，將加嚴罰。逸曰：『家貧衣單，沾濕無可代。若不暫温，勢必凍死。奈何惜一被而殺一人乎？」令奇而釋之。後舉孝廉。元帝以爲軍諮祭酒。」

胡毋彦國至湘州，爾時三伏中，彦國坐正衙，摇扇視事。其子子光，從容顧語曰：「彦國復何爲自貽伊戚？」《晋陽秋》曰：「彦國子謙之，字子光。」

宋禕是石崇妓緑珠弟子，有國色，善吹笛。後在晋明帝宫，帝疾患危篤，群臣進諫請出宋禕。時朝賢悉見，帝曰：「卿諸人誰欲得者？」衆人無言。阮遥集時爲吏部尚書，對曰：「願以賜臣。」帝即遣出與之。

謝鎮西著紫羅襦，據胡床，在大市佛圖門樓上彈琵琶，作《大道曲》。

陶靖節在家，郡將候陶，值其酒熟，取頭上葛巾漉酒，漉畢，還復著之。

陶淵明爲彭澤令，公田三百畝，悉令吏種秫稻。妻子固請種秔，乃使二頃五十畝種秫，五十畝種秔。

王敬弘爲尚書僕射，關署文案，初不省讀。嘗豫聽訟，上問以疑獄，敬弘不對。上變色，問左右：「何故不以訊牒副僕射？」敬弘曰：「臣乃得訊牒，讀之，政自不解。」

顔延之不能取容當世，宋文帝傳詔召之，頻不肯詣。常日但入酒店，裸袒挽歌，了不應對。他日醉醒，入見帝。帝問以諸子才能。延之曰：「竣得臣筆，測得臣文，奂得臣義，躍得臣酒。」何尚之因問：「誰得卿狂？」答曰：「其狂不可及。」《南史》曰：「竣早有文義，有文集行於世。竣弟測，亦以文章見知，官至江夏王大司馬録事參軍。奂，明帝時擢爲中書侍郎。」

謝康樂因父祖之資，生業甚厚。奴僕既衆，義故門生數百，鑿山浚河，功役無已。尋山陟嶺，必造幽峻。巖嶂千重，莫不遍歷。登躡常著木履，上山則去前齒，下山去其後齒。嘗自始寧南山，伐木開徑，直至臨海，從者數百人。臨海太守王琇驚駭，謂是山賊，徐知是靈運，乃安。沈約《宋書》曰：「靈運要琇更進，琇不肯。靈運贈詩曰：『邦君難地險，旅客易山行。』靈運後在會稽，亦多徒衆，驚動縣邑。」

袁尹疏放好酒，嘗步屧白楊郊野間，道遇一士人，便呼與酣飲。明日，此人謂被知遇，詣門求通。袁曰：「昨日飲酒無偶，聊相邀爾，勿復爲煩。」

謝長史性通脱，會意便行。嘗預樂游苑宴，不得醉而還，因詣道邊酒壚，停車褰幔，與車前三騶對飲，觀者如堵，謝處之自若。《南史》曰：「謝幾卿，靈運之曾孫，超宗子也。十二補國子生。齊文慧太子自臨策試，謂王儉曰：『幾卿本長玄理，今以經義訪之。』儉承旨發問，幾卿辯釋無滯，文慧大稱賞焉。儉謂之曰：『謝超宗爲不死矣。』及長，博學有文。梁天監中，至左光禄長史。」

陳暄文才俊逸，而沉湎過度。兄子秀，致書止之。暄答曰：「速營糟丘，吾將老焉。」《南史》曰：「暄，義興國山人。父慶之，南北司二州刺史。暄文才俊逸，嗜酒，無節操。兄子秀，常憂暄飲酒過多，致書於暄友人何胥，冀其諷諫。暄與秀書曰：『見汝書與孝典，陳吾飲酒過差。吾有此好五十餘年，昔吴國張公亦稱耽嗜，吾見張公時已六十，自言引滿大勝少年。吾今所進亦勝於往日。老而彌篤，唯吾與張季舒耳。吾方與此子交歡地下，汝欲夭我此志耶？昔阮咸、阮籍同游竹林，宣子不明斯言。王湛能玄言巧騎，武子呼爲痴叔。何陳留之風不嗣，太原之氣巋然，翻成可怪！吾既寂寥當世，朽病殘年，産不異於顔原，名未動於卿相，若不日飲醇酒，復欲安歸？汝以飲酒爲非，吾以不飲爲過。昔周伯仁渡江唯三日醒，吾不以爲少；鄭康成一日三百杯，吾不以爲多。吾嘗譬酒猶水也，可以濟舟，亦可以覆舟。故江諮議有言：「酒猶兵也。兵可千日而不用，不可一日而不備，酒可千日而不飲，不可一飲而不醉。」美哉江公，可與論酒矣。汝驚吾墜車侍中之門，陷地武陵之第，遍匝朝野，自言憔悴。「丘也幸，苟有過，人必知之。」吾平生所願，身没之後，題吾墓云「陳故酒徒陳君之神道」。若斯志意，豈避南征之不復，賈誼之慟哭者哉。何水曹眼不識杯鐺，吾口不離瓢杓，汝寧與何同日而醒，與吾同日而醉乎？政言其醒可及，其醉不可及也。』後主用爲散騎常侍，以事發悖死。」

齊神武《北史》曰：「齊高祖神武皇帝，姓高氏，諱歡，勃海蓨人。仕魏爲丞相。百戰而剪凶徒，尊主匡國，功濟天下。卒，備九錫殊禮，謚獻武王。天統元年，改謚神武。」欲用李元忠爲僕射，李百藥《齊書》曰：「李元忠，趙郡平棘人。少厲志操，粗覽書史。神武建義，拜侍中。雖處要任，不以物務干懷。大率常醉，家事大小，了不關心。園庭羅種果藥，親朋尋詣，必留連宴賞。挾彈攜壺，游遨里閈。每言：『寧無食，不可使我無酒，阮步兵吾師也，孔少府豈欺我哉！』後自中書令，復求爲太常卿。以其有音樂而多美酒也。文襄言其常醉，《北史》曰：「文襄帝諱澄，神武長子。」不可委以臺閣。其子搔聞之，請元忠節飲。元忠曰：「我言作僕射，不勝飲酒樂；爾愛僕射，宜勿飲酒。」《齊書》曰：「搔字德沈，時人稱有思理。終於儀曹郎。」

張思光居常嘆曰：「不恨我不見古人，所恨古人不見我。」

王無功待詔門下省，故事，官給酒，日三升。或問待詔何樂耶？無功答曰：「良醖可戀耳。」侍中陳叔達聞之，日給一斗，時號斗酒學士。劉昫《唐書》曰：「陳叔達，字子聰，陳宣帝第十六子也。善容止，有才學，在陳封義陽王。年十餘歲，嘗侍宴，賦詩十韻，援筆便就，僕射徐陵甚奇之。入隋，久不得調。武德四年，拜侍中。」

韓朝宗爲山南採訪，柳子厚《先友記》曰：「韓會字朝宗，昌黎人。善清言，有文章，名最高。然以故多謗，至起居郎，貶官卒。」謂孟浩然深閑詩律，寘諸周行必詠穆如之誦。《雅詩》曰：「吉甫作誦，穆如清風。」因入奏，挾與俱行。先揚于朝，約日引謁。會浩然有故人至，劇飲歡甚。或言與韓公約，不當後期。浩然叱曰：「業已飲矣，身行樂耳，遑恤其他。」漢楊惲《南山種豆歌》曰：「人生行樂耳，須富貴何時？」遂畢飲不赴。王士源《浩然集序》曰：「孟浩然，字浩然，襄陽人。骨貌淑清，風神散朗。救患釋紛，以立義表。灌蔬藝竹，以全高尚。交游之中，通脫傾蓋。機警無匿，學不爲儒。務掇菁藻，文不按古。匠心獨妙，五言詩，天下稱其盡美。」

韓熙載肆情坦率，不持名檢。售妓樂百數人，日與荒樂。所得月俸，散與諸姬。熙載弊衣芒屨，作瞽者，持獨弦琴，俾舒雅執板挽之。馬令《南唐書》曰：「舒雅，宣城人。姿容秀發，以才思自命。嘗因隨計，以所學獻於熙載，一見如疇昔。雅性巧黠，應答如流。熙載與之出入卧內，常與雅易服燕戲；猱雜侍婢，入末念酸，以爲笑樂。或云熙載所著格言，半雅之詞。追熙載知貢舉，以雅爲第一，朝野無間者，以雅之才爲當也。隨房乞食，以爲笑樂。《湘山野録》曰：「韓熙載，北人。仕江南，致位通顯。不防閑婢妾，有北齊徐之才之風。侍兒往往私客，客賦詩，有『最是五更留不住，向人枕畔著衣裳』之句。熙載亦不介意。」

何承裕爲盩厔、咸陽二縣令，醉則露首跨牛趨府。往往召豪吏，接坐引滿。吏因醉，挾私白事，承裕笑曰：「此見罔也，當受杖。」杖訖，復召與飲。《文苑傳》曰：「承裕有清才，好爲歌詩，嗜酒狂逸。初爲中都主簿。桑惟翰鎮兖州，知其真率，不責以吏事。官著作佐郎。出爲盩厔、咸陽令。醉則露首跨牛趨府，府尹王彦昭，以其名士，容之。」

喻明仲妙於長笛，持節數郡，每出按行，至山水佳處，馬上臨風，輒快作數弄。《墨莊漫録》曰：「喻陟字明仲，睦州人。持節數郡，政績藹著。雅善散隸，尤妙長笛。嘗有《馬上吹笛詩》，張芸叟和之。」

蘇子瞻在黄州及嶺外，每旦起，不招客與語，必出訪客。所與游，亦不盡擇，各隨其人高下，談諧放蕩，不復爲畛畦。有不能談者，則强之使説鬼，或辭無有，則曰「姑妄言之」。

簡傲

世祖幸嚴子陵館，子陵卧不起，帝撫其腹曰：「咄咄子陵，不可相助爲理耶。」子陵不應。良久，張目熟視曰：「昔唐堯著德，巢父洗耳。士故有志，何至相迫乎？」帝曰：「子陵，我竟不能下汝耶？」嘆息升輿而去。

十月朝，黄祖在艨衝舟上，《釋名》曰：「外狹而長曰艨衝，以衝突敵船。」會設黍臛，衡年少在坐，《後漢書》曰：「衡往見操，着布單衣、疏巾，手持三尺梲杖，坐大營門，以杖篫地大罵。操曰：『禰衡豎子，孤殺之猶雀鼠耳。顧此人素有虚名，遠近將謂孤不能容之，今送與劉表，視當何如。』表及荆州士大夫先服其才名，甚賓禮之，文章言議，非衡不定。表嘗與諸文人共草章奏，並極其才思。時衡出，還見之，開省未周，因毁以抵地。表憮然爲駭。衡乃從求筆札，須臾立成，辭義可觀。表大悦，益重之。後復侮慢於表，表耻不能容，以江夏太守黄祖性急，故送衡與之，祖亦善待焉。衡爲作書記，輕重疏密，各得體宜。祖持其手曰：『處士，此正得祖意，如祖腹中之所欲言也。』祖長子射爲章陵太守，尤善於衡。嘗與衡俱游，共讀蔡邕所作碑文，射愛其辭，還恨不繕寫。衡曰：『吾雖一覽，猶能識之。唯其中石缺二字，爲不明耳。』因書出之，射馳使寫碑還校，如衡所書，莫不嘆服。射時大會賓客，人有獻鸚鵡者，射舉卮於衡曰：『願先生賦之，以娱嘉賓。』衡攬筆而作，文無加點，辭采甚麗。後黄祖在艨衝船上，大會賓客，而衡言不遜順，祖慚，乃訶之。衡更熟視曰：『死公！云等道？』祖大怒，令五伯將出，欲加箠，衡方大罵，祖恚，遂令殺之。」黍臛至，衡先自飽食，都不顧衆賓，唯舉搏以弄戲。《禰衡别傳》曰：「時江夏有張伯雲，亦在坐，調之曰：『禮教云：何而食此？』正平不答，弄黍如故。祖曰：『處士不當答之也？』衡謂祖曰：『君子寧聞車前馬糟？』祖呵之。衡熟視祖，罵曰：『死鍛錫公！』祖大怒，令五伯將出。欲杖之，而罵不止，遂令絞殺。黄射來救，無所復及，凄愴流涕曰：『此有異才，曹操及劉荆州不殺，大人奈何殺之？』祖曰：『人罵汝父作鍛錫公，奈何不殺！』」

孫子荆爲石苞驃騎參軍，既負其才氣，又侮易苞。初至不拜，但長揖，直語苞曰：「天子命我參卿軍事。」《晉書》曰：「石苞字仲容，渤海南皮人。雅曠有智局。初販鐵於鄴市，市長趙元儒，名知人，嘆苞遠量，當至公輔，由是知名。官至驃騎將軍大司馬。」

王敬弘嘗往何氏看女，《南史》曰：「敬弘女，適何尚之弟述之。」值尚之不在，寄齋中卧。俄頃，尚之還。敬弘使二婢守閤，不聽尚之前，直語云：「正熱，不堪相見，君可且去。」尚之遂移於他室。

謝譓不妄交接，門無雜賓，有時獨醉。嘗曰：「入吾室者，但有清風；對吾飲者，唯當明月。」《南史》曰：「謝譓，祖莊，金紫光禄大夫。父朏，尚書令。譓仕至右光禄大夫。」

高爽嘗經晋陵，詣劉蒨，了不相接，高甚銜之。俄爽代蒨爲縣，蒨迎贈甚厚。爽受餉，答書云：「高晋陵自答。」人問其故，爽曰：「劉蒨自餉晋陵令耳，何關爽事。」《南史》曰：「高爽，廣陵人。博學多才。坐事被繫，作《鑊魚賦》以自况，其文甚工。後遇赦得免。」

范曄善彈琵琶，能爲新聲。宋武帝欲聞之，屢諷以旨，僞爲不曉，終不肯彈。一日因飲宴歡適，謂曄曰：「我欲歌，卿可彈。」曄乃奉旨。上歌既畢，曄亦罷弦。

張思光嘗詣吏部尚書何戢，誤通尚書劉澄。融下車入門曰：「非是。」至户外，望澄，又曰：「非是。」既造席，視澄曰：「都自非是。」乃去。《南史》曰：「何戢字惠景，吏部尚書偃子。美容儀動止。官至吏部尚書，驍騎將軍。」

梁武帝與何子晳有舊，及踐祚，手詔諭舊，賜鹿皮巾。召見，恩禮甚厚，詔徵爲侍中。子晳以手捋帝鬚曰：「乃欲臣老子耶？」辭疾不起。

張吏部《南史》曰：「張纘字伯緒，范陽方城人。衛尉卿弘策子也。眉目疏朗，神采爽發。性好學。兄緬有書萬卷，晝夜披讀不去手。歷官吏部郎。」與何敬容意趣不協。敬容居權軸，賓客輻輳。有過詣吏部者，輒拒不前，曰：「吾不能對何敬容殘客。」《南史》曰：「何敬容字國禮，弱冠尚齊武帝女。天監中，爲建安内史。公清有美績，累遷吏部尚書，侍中僕射，參掌大選，專預機密，而通苞苴賄賂，爲時所鄙。」

劉瓛謙率適美，不以高名自居。游詣故人，唯一門生持胡床隨後。主人未通，便坐問答。

崔瞻在御史臺，恒於宅中送食，備盡珍羞，别室獨餐，處之自若。有一御史姓裴，伺瞻食，便往造焉。瞻不與交言，又不命匕筯。裴坐視瞻，食罷而退。明日，裴自攜匕筯，恣情飲噉。瞻方謂裴曰：「我初不唤君食，亦不共君語，君遂能不拘小節。昔劉毅在京口，冒請鵝炙，豈亦異是，君定名士。」於是每與之同食。《晋書》曰：「劉毅字希樂，彭城沛人。少有大志，不修家人産業。桓玄篡位，與劉裕、何無忌等起義兵。以匡復功，歷都督揚豫五郡諸軍事，封南平郡公，進開府儀同三司。初，毅甚乇窶。在京口，先就府借東堂，與親故出射，江州刺史庾悦後與僚佐徑來詣堂，毅告之曰：『毅輩乇否之人，合一射甚難，君於諸堂並可，望以今日見讓。』悦不許，射者皆散，唯毅留射如故。既而悦食鵞，毅求其餘，悦又不答。毅常銜之，義熙中，故奪悦豫章，解其軍府，使人微示其旨，悦忿懼而死。」

柳季雲性不拘檢，好彈琴飲酒。《北史》曰：「柳玄達，河東解人，魏司徒諮議參軍。子絳。絳弟遠，字季雲，粗放無拘檢，時人謂之柳瘨。孝武初，儀同開府參軍。每出返，家人問有何消息，答曰：『無所聞，縱聞亦不解。』」按《北史》玄達父子不立傳，附《裴叔業傳》中。何氏不詳，誤作裴季雲。近有詞家，遂儼然用裴季雲入簡牘。可笑！予弱冠游雲間，元朗倒屣，締忘年之知，非故纍其所短，要當爲是書之忠臣，毋令重誤千載爾

孫騰《北史》曰：「騰字龍雀，咸陽石安人。少質直，明解吏事。爲齊神武都督長史，神武深信待之，寄以心腹，與高岳、高隆之、司馬子如，號四貴。非法專恣，騰爲甚焉。歷官尚書僕射。」司馬子如、李百藥《齊書》曰：「子如字遵業，河内温人。徙居雲中。神武入洛，以爲行臺尚書，朝夕左右，參知軍國。」嘗共詣李元忠，逢其方坐樹下，擁被對壺，庭室蕪曠，使婢卷兩褥以質酒，徐謂二人曰：「不意今日披藜藿也。」《北史》曰：「元忠每言於執事云：『年漸遲暮，乞在閑穴，以養餘年。』孫騰、司馬子如嘗詣元忠，逢其方坐樹下，葛巾擁被，對壺獨酌，庭室蕪曠，使婢卷兩褥以質酒肉，呼妻出，衣不曳地。二公相視，嘆息而去。大餉米絹，受而散之。」

許敬宗見人多忘之。《唐書》曰：「敬宗字延族，杭州新城人。隋禮部侍郎善心子也。幼善屬文。太宗召補秦府學士。歷官檢校中書侍郎。高宗立武昭儀，敬宗特贊成其計。加太子賓客，進封郡公。」或謂其不聰，曰：「卿自難記，若遇何、劉、沈、謝，何謂遜，劉謂孝綽，沈謂約，謝謂朓也。《梁典》曰：「沈約字休文，吴興武康人。少爲蔡興宗所知，引爲安西記室。梁興，稍遷侍中、丹陽尹。」《南史》曰：「約博物洽聞，當世取則；謝玄暉善爲詩，任彦昇工於筆，約兼而有之。」暗中摹索亦可識。」

杜審言將死，語宋之問、武平一《唐詩紀事》曰：「武平一，名甄，以字行。武后時，畏禍隱嵩山。中宗雖宴豫，常因詩規戒，然不能卓然自引去。明皇時，終亦被謫。雖謫而名不衰。」曰：「吾在，久壓公等。今且死，固大慰，但恨不見替人。」孔平仲《續世説》曰：「杜審言，甫之祖也。恃才蹇傲，爲時輩所疾。登封中，蘇味道爲天官侍郎，審言預選，試判訖，謂人

曰：『味道必死。』人問其故，審言曰：『見吾判，自當羞死。』又謂：『人曰吾之文章，合得屈宋作衙官；吾之書迹，合得王羲之北面。』其矜誕如此。」

南唐嚴續，嘗請韓熙載撰其父神道碑。《南唐書》曰：「續字興宗。父可求，吴相。續少長貴勢，性恭恪。宋齊丘用事，守正不爲黨附。累官門下侍郎。自以少貴倦學，群從子弟皆礪以儒業。」以珍貨幾萬緡，仍輟一歌鬟質冠洞房者，爲濡筆之贈。韓納其請，文既成，但叙譜裔品秩，略不道續事業。續慊之，封還，尚冀改竄，熙載直以向所贈及歌姬悉還之。臨登車，立寫一闋於泥金雙帶而去。《南唐近事》熙載詩曰：「風柳摇摇無定枝，陽臺雲雨夢中歸。他年蓬島音塵斷，留取尊前舊舞衣。」

郭恕先，時與役夫小民入市肆飲食。曰：「吾所與游，皆子類也。」《蘇文忠公集》曰：「郭忠恕，字恕先，洛陽人。少善屬文，及史書小學，通九經。七歲舉童子。漢湘陰公辟從事，與記事董裔争事，謝去。宋初，與御史符昭又争忿朝堂，貶乾州司户。」李方叔《書品》曰：「恕先仕於朝，放浪玩世。卒以傲恣，流竄海島。中道僕地，蜕形仙去。」

曾子固爲中書舍人，《東都事略》曰：「曾鞏字子固，撫州南豐人。生而警敏，十二能文。及冠，游太學。歐陽修見其文而奇之，自是名聞天下。舉進士，爲集賢校理。平生嗜書，家藏至二萬卷。又集古今篆刻，爲《金石録》五百卷。」嘗白事都堂，時章子厚爲門下侍郎，謂之曰：「向見舍人《賀明堂禮成表》，天下奇作。」按：子固表二篇，詞並簡質，不具載。子固一無辭讓，但復問曰：「比班固《典引》如何？」班固《典引叙》曰：「臣固言，永平十七年，臣與賈逵、傅毅、杜矩、展隆、郗萌等，召詣雲龍門。小黄門趙宣，持《秦始皇帝本紀》問臣等曰：『太史遷下贊語中，寧有非邪？』臣對：『此贊貫誼《過秦篇》云：「向使子嬰有庸主之才，僅得中佐，秦之社稷未宜絶也。」此言非是。』即召臣入問：『本聞此論非邪，將見問意開寤耶？』臣具對素聞知狀，詔因曰：『司馬遷著書，成一家之言，揚名後世。至以身陷刑之故，反微文刺譏，貶損當世，非誼士也。司馬相如洿行無節，但有浮華之辭，不周於用。至於疾病而遺忠，主上求取其書，竟得頌述功德，言封禪事，忠臣效也，至是賢遷遠矣。』臣固常伏刻誦聖論，昭明好惡，不遺微細。緣事斷誼，動有規矩。雖仲尼之因史見意，亦無以加。臣固被學最舊，受恩浸深，誠思畢力竭情，昊天罔極。臣固頓首。伏惟相如《封禪》，靡而不典，揚雄《美新》，典而亡實。然皆游揚後世，垂爲舊式。臣固才朽，不及前人，蓋詠雲門者難爲音，觀隨和者難爲珍。不勝區區，竊作《典引》一篇，雖不足雍容明盛萬分之一，猶啓發憤懣，覺悟童蒙，光揚大漢，軼聲前代，然後退入溝壑，死而不朽。』」

米元章守漣水，《宋史》曰：「米芾字元章，吴人。以母侍宣仁后藩邸舊恩，補臨光尉。歷漣水軍使，知無爲軍。召爲書畫學博士，賜對便殿，上其子友仁《楚江清曉圖》，擢禮部員外郎。爲文奇險，不剽襲前人。特妙翰墨，沉著飛翥，得王獻之筆意。畫山水人物，自名一家。尤工臨移，至亂真。遇古器物書畫，則極力求取，必得乃已。立寶晋齋貯之，坐起玩拊，精於鑒裁，一經題品，價增數倍。所與游皆名士。王安石摘其詩句書扇上，蘇軾亦喜稱譽之。冠服效唐人，風神蕭散，音吐清暢，所至人聚觀之。而好潔成癖，至不與人同巾器，時有可傳笑者。又舉止頡頏，不能與世俯仰，故仕數困。」地接靈壁，蓄石甚富，一一品目，入玩則終日不出。楊次公《文苑傳》曰：「楊傑字次公，無爲人。少有名于時。元祐中，爲禮部員外郎。自號無爲子。」爲察使，因往廉焉，正色言曰：「朝廷以千里郡邑付公，那得終日弄石？都不省録郡事。」米徑前於左袖中取一石，嵌空玲瓏，峰巒洞穴皆具，色極清潤，宛轉翻覆，以示楊曰：「如此石，安得不愛！」楊殊不顧，乃納之袖，又出一石，叠巘層巒，奇巧又勝。又納之袖，最後出一石，盡天劃神鏤之巧，顧楊曰：「如此石，安得不愛？」楊忽曰：「非獨公愛，我亦愛也。」即就米手攫得之，徑登車去。《石林燕語》曰：「芾知無爲軍，初入州廨，見立石頗奇，即命取袍笏拜之，每呼曰石丈。」

排調

司馬建公《魏志》曰：「司馬防字建公，宣王之父。」司馬彪《序傳》曰：「防性質直公方，雖閑居宴處，威儀不忒。雅好《漢書》名臣列傳，所諷誦者數十萬言。少仕州郡，歷官洛陽令、京兆尹。以年老轉拜騎都尉，養志閭巷，闔門自守。諸子雖冠成人，不命曰進不敢進，不命曰坐不敢坐，不指有所問不敢言，父子之間肅如也。年七十一，建安二十四年終。」嘗舉曹公爲北部尉。後曹公進爵爲王，召建公到鄴，與歡飲，語之曰：「孤今日可復作尉否？」建公曰：「昔舉大王時，適可作尉耳。」

張君嗣在益州，《蜀志》曰：「張裔字君嗣，蜀郡成都人。治《公羊春秋》，博涉《史》、《漢》。許文休入蜀，謂裔幹理敏捷，是中夏鍾元常之倫也。」爲雍闓縛送孫權。《蜀志》曰：「益州郡殺太守，耆率雍闓恩信著於南土，遠通孫權，乃以裔爲益州太守，徑往至郡。闓遂趑趄不賓，假鬼教曰：『張府君如瓠壺，外雖澤而内實粗，不足殺，令縛與吴。』於是送裔於權。」武侯遣鄧芝使吴，《蜀志》曰：「鄧芝字伯苗，義陽新野人，漢鄧禹之後。避亂入蜀，先主用爲廣漢太守。後先主崩，武侯恐孫權異計，遣芝奉使。芝成好而還，權謂芝曰：『若天下太平，二主分治，不亦樂乎！』芝對曰：『夫天無二日，土無二王，如並魏之後，大王未深識天命，君各茂其德，臣各盡其忠，將提枹鼓，則戰争方始耳。』權笑曰：『君之誠款乃爾耶！』權與亮書曰：『丁厷掞張，陰化不盡，和合二國，唯有鄧芝。』」令言次從權請裔。裔自至吴，流徙伏匿，權未之知，故許芝遣裔。裔臨發，乃引見，問裔曰：「蜀卓氏寡女，亡奔相如，貴土風俗，何以乃爾？」裔曰：「愚以爲卓氏寡女，猶賢於買臣之妻。」班固《漢書》曰：「朱買臣字翁子，吴人。家貧，好讀書，不治産業，常刈薪樵，賣以給食，擔束薪，行且誦書。其妻亦負戴相隨，數止買臣毋歌嘔道中。買臣愈益疾歌，妻羞之，求去。買臣笑曰：『我年五十當富貴，今已四十餘年矣。女苦日久，待我富貴報女功。』妻恚怒曰：『如公等，終餓死溝中耳，何能富貴？』買臣不能留，即聽去。其後買臣獨行歌道中，負薪墓間。故妻與夫家俱上冢，見買臣饑寒，呼飯飲之。後數歲，買臣隨上計吏爲卒，將重車至長安，上書久不報。待詔公車，糧用乏，上計吏卒更乞丐之。會邑子嚴助貴幸，薦拜中大夫，久之拜會稽太守。上謂曰：『富貴不歸故鄉，如衣綉夜行，今子何如？』買臣乘傳入吴界，見其故妻、妻夫治道。買臣駐車，呼令後車載其夫妻，到太守舍，給食之。居一月，妻自經死。」

曾有白頭鳥集吴殿前，孫權問群臣：「此何鳥也？」諸葛元遜對云：「此名白頭翁。」張輔吴自以坐中最老，疑元遜戲之，因曰：「恪欺陛下，未嘗聞鳥名白頭翁者，試使恪復求白頭母。」元遜曰：「鳥名鸚母，未必有對，試使輔吴復求鸚父。」張不能答。

習鑿齒以脚病，廢居里巷。苻堅滅樊、鄧，素聞鑿齒名，與釋道安並致焉，與語大悦。以其蹇疾，裁堪半丁，堅與諸鎮書曰：「晋氏平吴，利在二俊。今破漢南，得士一人半耳。」

王延之、《南史》曰：「延之字希季，都官尚書昇之子也。仕宋爲司徒左長史。清貧，居宇穿漏，明帝餝材官爲起齋屋三間。歷吏部尚書、僕射。進號鎮南將軍。」阮韜《南史》曰：「阮韜字長明，陳留人，晋光禄大夫裕玄孫也。爲兖州别駕。江夏王求資費錢，韜曰：『此朝廷物也。』執不與。」俱是劉湛外甥，並有蚤譽，劉甚愛之，嘗曰：「韜後當爲第一，延之其次也。」延之甚不平。後爲江州，每致餉下都，韜與朝士同例，高祖聞之，與延之書曰：「韜云卿未嘗有别意，當由劉家月旦耶？」《南史》曰：「劉湛字弘仁，南陽涅陽人。祖耽，父柳，並晋光禄大夫、開府儀同三司。湛不尚浮華，博涉史傳，弱年便有宰世情，常自比管、葛。歷官太子詹事，領軍將軍。」

謝康樂小時便文藻艷逸，祖車騎甚奇之，謂親知曰：「我乃生瑍，謂瑍不慧也。瑍那得不生靈運。」鍾嶸《詩品》曰：「初，錢塘杜明師夜夢東南有人來，入其館，是夕即靈運生於會稽，旬日而謝玄亡。其家以子孫難得，送靈運於杜治養之，十五方還都，故名客兒。」

范蔚宗臨刑時，妓妾來别，蔚宗悲涕流漣。謝綜時亦同刑，《宋書》曰：「外甥謝綜，爲曄所知。」顧謂蔚宗曰：「舅殊不同夏侯色。」先是曄在獄作詩曰：「禍福本無兆，性命歸有極。必至定前期，誰能延一息。在生已可知，來緣盡無識。好醜共一丘，何足異枉直。豈論東陵上，寧辯首陽側。雖無嵇生琴，庶同夏侯色。寄言生存子，此路行復即。」故綜以譏曄。沈約《宋書》曰：「曄意入獄便死，上窮治其獄，遂經二旬，曄更有生望。獄吏戲之曰：『外傳詹事或當長繫。』曄聞驚喜。綜、熙先笑曰：『詹事在西池射堂上，躍馬顧盼，自以爲一世之雄。今擾攘紛紜，畏死乃耳。設令今賜以性命，人臣圖主，何顔可以生存？』暉謂獄將曰：『惜哉，趯如此人。』將曰：『不忠之人，亦何足惜。』暉曰：『大將言是也。』」

王儉與王敬則《南史》曰：「王敬則，臨淮射陽人。性倜儻，好刀劍，屠狗商販，徧于三吴。明帝以爲直閣將軍。元徽初，歸誠高帝。遷輔國將軍，知殿内宿衛兵事。永明中，進司空太尉。武帝嘗令群臣賦詩，敬則曰：『臣若解書，不過作尚書都令史爾，那得今日！』」同拜三公，徐孝嗣於崇禮門候儉，因嘲之曰：「今日可謂連璧。」儉曰：「不意老子遂與韓非同傳。」《史記・老子韓非列傳論》曰：「老子所貴道，虚無因應，變化於無爲。故著書辭，稱微妙難識。韓子引繩墨，切事情，明是非，其極慘礉少恩，皆原於道德之意，而老子深遠矣。」

宋太祖嘗面許張思光爲司徒長史，敕竟不下。張乘一馬甚瘦，太祖見之，問曰：「卿馬何瘦？給粟多少？」張曰：「日給粟一石。」上曰：「食粟不少，何瘦如此？」張曰：「臣許而不與。」明日即除司徒長史。

宋世祖至殷貴妃墓，謂劉德願《宋史》曰：「劉慎字德願，爲秦郡太守。性粗率，爲世祖所狎侮。」曰：「卿等哭貴妃若悲，當加厚賞。」劉應聲號慟，涕泗交横，上以爲豫州刺史。帝又令羊志哭，羊亦嗚咽甚哀。他日有問羊者：「卿那得此副急淚？」羊曰：「我爾日自哭亡妾耳。」《宋書》曰：「羊志，醫術人。」

謝鳳子名超宗，謝莊子名朏。宋明帝敕二人由鳳莊門入。超宗曰：「君命不可以不往。」乃趨而入。朏曰：「君處臣以禮。」遂不入。《南史》曰：「靈運子鳳，坐靈運事徙嶺南，早卒。」

朱异遍治《五經》，涉獵文史，博奕書算，皆其所長。年二十詣都，沈約戲語曰：「卿年少，何乃不廉？」异逡巡未達其旨。約曰：「天下惟有文義棊書，卿一時將去，那得云廉。」《南史》曰：「朱异字彦和，錢塘人。祖昭之，以學解稱。父巽之，字處林，有志節，著《辯相論》，顧歡見而異之，以女妻焉。异徧覽經史，兼通雜藝。官侍中，中領軍。」

劉諒《南史》曰：「諒字求信，彭城人。祖繪，大司馬從事中郎。父孝綽，秘書監。諒少好學，有文才，尤悉晋代故事，時號『皮裏晋書。』」爲湘東王所善。湘東一目眇，一日，與諒共游江濱，嘆秋望之美。諒曰：「今日可謂『帝子降於北渚』。」湘東曰：「卿言『目眇眇而愁予』耶？」由此嫌之。見《楚詞・湘夫人》之曲。王逸注曰：「帝子，堯女；眇眇，好貌也。」

盧詢祖甚有口辯，好臧否人物，嘗語人曰：「我昨東方未明，過和氏門外，當謂和士開。《北史》曰：『士開字彥通，清都臨漳人。幼爲國子生。解悟捷疾，爲同業所尚。以傾巧便辟，有寵於齊神武。仕至尚書左僕射。』見二陸機、雲。兩潘，岳、尼也。森然與槐柳齊列。」謂士開當權，文士皆輻輳其門也。劉餗《隋唐嘉話》曰：「思道仕高齊，久不得進。時士開方用事，或謂盧曰：『何不一見和？』思道素自高，欲往恐爲人所見，乃未明而行。比至其門，立者衆矣。盧駐轡望之曰：『彼何人斯，森然而與槐柳齊列。』因鞭馬疾去。」

侯白好俳謔，《隋書》曰：「白字君素，魏郡臨漳人。性滑稽，好爲誹諧雜説，楊素狎之。高祖召與語甚悦。舉秀才，爲儒林郎。再將擢之，輒曰『侯白不勝官』而止。」一日楊素《隋書》曰：「素字處道，弘農華陰人。祖暄，魏輔國將軍。父敷，周汾州刺史。素少有大志，與安定牛弘同志。好學，多所通涉。美鬚髯，有英傑之表。武帝拜爲車騎大將軍。每戰有功，歷位上柱國、尚書僕射、仁壽宮大監、越國公。」與牛弘退朝，白語之曰：「日之夕矣。」素曰：「以我爲牛羊下來耶？」《王風》曰：「日之夕矣，牛羊下來。」

柳機、《北史》曰：「柳機字匡時，河東解人。偉容儀，有器局，頗涉經史。年十九，周武帝引爲記室。」柳昂《北史》曰：「柳昂字千里，河東解人。幼聰穎，有器識，幹局過人。周武帝時，爲内史中大夫。當途用事，百寮皆出其下。」在周朝俱歷要任，隋文帝受禪，並爲外職。時楊素方用事，因文帝賜宴，素戲語機云：「二柳俱摧。」機應聲答曰：「不若孤楊獨聳。」

宗如周面狹長，《後梁書》曰：「宗如周，有才學，爲度支尚書。」蕭詧《梁書》曰：「蕭詧字理孫，昭明子。梁封岳陽郡王。」戲之曰：「卿何爲謗經？」如周曰：「身自來不謗經。」蔡大寶曰：「卿當不謗餘經，正應不信《法華經》

異，令與其子游處，所有墳籍，盡以給之。遂博覽群書，學無不綜。」爾。」蓋《法華經》云：「聞經隨喜，面不狹長。」如周乃悟。《後梁書》曰：「蔡大寶字敬仁，嘗以書干僕射徐勉，勉大賞

盧相邁不食鹽醋，同列問之：「足下不食鹽醋，何堪？」邁笑曰：「足下終日食鹽醋，復又何堪？」劉昫《唐書》曰：「盧邁字子玄，范陽人。以孝友謹厚稱。貞元中，以給事中平章事。大政決於陸贄，公謹身中立，守文奉法而已。」

丁晉公自崖州還，坐客論天下州郡，何地最雄盛？公曰：「唯崖州地望最重。」客問其故。答曰：「宰相只作彼州司户參軍，他州何可及。」

盛度體豐肥，《東都事略》曰：「盛度字公量，餘杭人。累官翰林學士，參知政事。性好學，家居讀書，未嘗釋手。真宗命與李宗諤、楊億、王曾、李維、舒雅、任隨、石中立同編《文苑英華》。所著有《愚谷集》。度肌體豐大，艱於拜起。有拜之者，俯伏不能興，或至詬駡。其偏戾如此。」一日，自殿前趨出，宰相在後。盛初不知，忽見，即欲趨避。行百餘步，乃得直舍，隱於其中。石學士中立，《宋史》曰：「中立字表臣，河南洛陽人，熙載子也。性疏曠，好諧謔，人不以爲怒。」魏泰《東軒筆録》曰：「石參政中立，事太宗，爲館職。至真宗末年，猶爲學士。」見其喘甚，問之。盛告其故。石曰：「相公問否？」盛曰：「不問。」別去十餘步，乃悟，駡曰：「奴乃以我爲牛。」班固《漢書》曰：「丙吉爲相，嘗出，逢清道群鬥者，死傷横道，吉過之不問。前行，逢人逐牛，牛喘吐舌，吉止駐，使騎吏問：『逐牛行幾里矣？』掾吏謂丞相前後失問，或以譏吉，吉曰：『民鬥相殺傷，長安令、京兆尹職所當禁，歲竟丞相課其殿最，奏行賞罰而已。宰相不親小事，非所當於道路問也。方春少陽用事，未可太熱，恐牛近行用暑故喘，此時氣失節，恐有所傷害也。三公典調和陰陽，職所當憂，是以問之。』掾吏乃服，以吉知大體。」

劉貢父、《東軒筆録》曰：「劉邠字貢父，博學有俊才。然滑稽喜謔玩，亦屢以犯人。」《東都事略》曰：「邠與兄敞同學，自刻厲，博讀群書，言行高遠，名亞敞焉。」王汾《東都事略》曰：「王禹偁曾孫汾，舉進士甲科，元祐中爲工部侍郎、寶文閣待制，入

元祐黨籍云。」同在館中，汾病口吃，貢父爲之贊曰：「恐是昌家，《史記》曰：「周昌强力敢直言，高帝欲廢太子，庭争之强，爲人吃，又盛怒，曰：『臣口不能言，然期期知其不可。陛下雖欲廢太子，臣期期不奉詔。』上欣然而笑。」又疑非類，《韓非傳》曰：「非爲人口吃，不能道説，而善著書。」未聞雄名，漢書《揚雄傳》曰：「雄口吃，默而好深湛之思。」只有艾氣。」鄧艾也。

王介甫爲相，大講天下水利。劉貢父嘗造之，值一客獻策曰：「梁山泊梁山泊亦作梁山濼，在東平州五十里。決而涸之，可得良田萬頃，但未擇得利便之地，貯許水耳。」介甫傾首沉思，貢父抗聲曰：「此甚不難。」介甫欣然以爲有策，遽問之。曰：「别穿一梁山泊，則足以貯此水矣。」介甫大笑，遂止。張太史《明道雜志》亦載此事，但云議乾太湖，不言梁山泊也。又《稗史》：「介甫議開梁山濼，貢父應曰：『此事楊蟠無齒。』問之，曰：『楊蟠，杭人，自號浩然居士，言此事浩然無涯也。』」一事而三異。

蘇長公在惠州，《宋史》曰：「紹聖初，御史論軾譏斥先朝，惠州安置三年，泊然無所芥蔕，人無賢愚，皆得其歡心。」天下傳其已死。後七年，北歸，時章丞相方貶雷州。東坡見南昌太守葉祖洽，葉問曰：「世傳端明已歸道山，今尚爾游戲人間邪！」坡曰：「途中見章子厚，乃回反耳。」《宋史》曰：「葉祖洽字敦禮，邵武人。熙寧初，對策投合用事者，考官宋敏求、蘇軾欲黜之，吕惠卿擢爲第一。在官以牟利黷貨聞，終徽閣直學士。」

蘇長公在維揚，一日設客，皆一時名士，米元章亦在坐。酒半，元章忽起立，自贊曰：「世人皆以芾爲顛，願質之子瞻。」公笑答曰：「吾從衆。」《海岳遺事》曰：「米元章嘗爲書畫學博士，後遷禮部員外郎，數遭白簡逐出。一日以書抵蔡京，訴其流落，且言舉室百指，行至陳留，獨得一舟如許大，遂畫一艇於行間，京哂焉。時彈文正謂其顛，而芾又歷告諸執政，自謂久任中外，並被大臣知遇，舉主累數十百，皆用吏能爲稱首，一無有以顛蒙者。世遂傳米老辯顛帖。」

秦太虚爲御史賈所彈，《宋史·文苑傳》曰：「秦觀字少游，一字太虚，揚州高郵人。少豪雋，慷慨溢於文詞，舉進士不中。好大而見奇，蘇軾以爲有屈宋才。元祐初薦除太學博士、國史編修。後坐黨籍，貶監處州酒稅。使者承風旨，伺過失，無所得，以謁告寫佛書爲罪，削秩徙郴州，放還藤州。卒。先自作挽詞，其語甚哀。」張文潛《宋史》曰：「張耒字文潛，楚州淮陰人。十三歲能文，從蘇轍兄弟游。弱冠第進士，歷秘書正字、起居舍人。坐黨籍，落職。晚監南嶽廟，主管崇福宮，卒。耒儀觀甚偉，有雄才，於騷詞尤長。久於投閑，家貧，郡守翟汝文欲爲買公田，謝不取。」戲之曰：「千餘年前賈生過秦，今復爾也。」聞者以爲佳謔。賈誼《新書》有《過秦》上下二篇。

輕詆

禰正平自荆州北游許都，書一刺懷之，漫滅而無所遇。或問之曰：「何不從陳長文、司馬伯達乎？」禰曰：「卿欲使我從屠沽兒輩耶？」又問：「當今復誰可者？」禰曰：「大兒孔文舉，小兒楊德祖。」《魏志》曰：「司馬朗字伯達，河内温人。十二，試經爲童子郎。太祖辟爲司空掾屬，除成皋令，復爲堂陽長，治務寬惠，遷兖州刺史，政化大行。」

劉荆州嘗自作書，欲與孫伯符，以示禰正平。正平嗤之，言：「如是，爲欲使孫策帳下兒讀之耶？將使張子布見乎？」

人問禰正平：「荀令君、趙盪寇，皆足蓋當世乎？」禰答曰：「文若可借面弔喪，稚長可使監厨請客。」其意以荀但有貌，趙健啖肉也。《魏志》曰：「趙稚長爲盪寇將軍。」

虞仲翔在東吴，曹公欲辟之。虞聞之曰：「盜跖欲以餘財污良家邪！」

褚公與孫興公同游曲阿後湖，中流，風勢猛迅，舫欲傾覆。褚公已醉，乃曰：「此舫人皆無可以招天譴者，唯孫興公多塵滓，正當以厭天欲耳。」便欲捉擲水中。孫遽無計，唯大啼曰：「季野卿念我！」

桓公欲遷都以張拓定之業，孫長樂上表諫，此議甚有理，桓見表心服，而忿其爲異，令人致意孫云：「君何不尋《遂初賦》，而强知人家國事。」孫綽表諫曰：「中宗龍飛，實賴萬里長江畫而守之耳，不然，胡馬久已踐建康之地，江東爲豺狼之場矣。」綽賦《遂初》，陳止足之道。」

會稽太守孟顗，事佛精懇，而爲謝靈運所輕。《南史》曰：「孟顗字彦重，平昌安丘人，衛將軍昶弟也。昶、顗並美風姿，時人謂之雙珠。昶貴盛，顗不就辟，昶死後，歷侍中，卒於會稽太守。」謝嘗語顗曰：「得道應須慧業文人，卿生天當在靈運前，成佛必在靈運後。」勤布施，積功行，是欲生天者也。明心見性，直下作佛，是欲成佛者也。康樂自恃慧解，故以譏顗。顗深恨此言。

顔延之每薄湯惠休詩，謂人曰：「休上人制作，委巷間歌謡耳，方當誤後生。」《宋書》曰：「沙門惠休，善屬文，徐湛之與之甚厚。世祖命使還俗，本姓湯。位至揚州從事。」《詩品》曰：「惠休淫靡，情過其才，世遂匹之鮑昭，恐商周矣。羊曜璠云：『是顔公忌昭之文，故立休鮑之論。』」

謝宣映《南史》曰：「謝絢字宣映，謝景重之子。」曾於公坐，戲調其舅袁湛。《南史》曰：「湛字士深，陳郡陽夏人。祖耽，晋歷陽太守。父質，瑯琊内史。湛少與弟豹，並爲從外祖謝安所知。安以兄子玄女妻焉。宋武帝起兵，以從征功，歷仕至太尉司空。」湛甚不堪之，謂曰：「汝父昔已輕舅，汝今復來加我，可謂世無渭陽情也。」《宋書》曰：「景重是王胡之外甥，與舅亦不協。」

丘車騎《南史》曰：「丘靈鞠，吴興烏程人。祖系，秘書監。父道真，護軍長史。靈鞠少好學，善屬文，州辟從事，卒官車騎長史。」常在沈深坐，《南史》曰：「沈懷文，吴興武康人。三子：淡、深、冲，名譽有優劣，世號爲『腰鼓兄弟』。深歷御史中丞。」見王文憲儉謚文憲。詩，沈曰：「王令文章大進。」丘曰：「何如我未進。」

張敬兒拜車騎將軍，《南史》曰：「敬兒南陽冠軍人。父醜。敬兒少便弓馬，有膽氣。王休祐鎮壽陽，求善騎射士，敬兒應選，見寵爲長，兼行參軍，屢立戰功，遷車騎將軍，開府儀同三司。敬兒始不識書，爲方伯，乃學讀《孝經》、《論語》。徵護軍，乃於密室屏人，學揖讓答對，空中俯仰，妾侍窺笑焉。」王敬則戲之，呼爲褚彦回。時咸推褚彦回風度詳雅，敬則以敬兒武臣粗率，故以彦回爲戲也。敬兒曰：「我馬上得之，終不得作華林閣勳。」《南史》曰：「敬則在宋，與壽寂之殺後廢帝於華林園。」

劉中郎性韻剛疏，輕言肆行。《南史》曰：「劉祥字顯徵，穆之之曾孫。少好文學，性韻剛疏。建元中爲正員郎。後爲臨川王驃騎從事中郎。」一日遇褚司徒淵入朝，以腰扇障日。中郎從側過，曰：「作如此舉止，羞面見人，扇障何益。」褚曰：「寒士不遜。」中郎曰：「不能殺袁、劉，安得免寒士。」袁粲、劉秉也。按《南史》，蕭道成既殺蒼梧王，以太后令，召袁粲、褚淵、劉秉，會議迎立安成王。粲、秉密謀誅道成，事敗皆死，道成受宋禪，淵率百官奉璽綬，詣齊宫勸進。王奂《南史》曰：「奂字道明，景文兄子也。仕宋爲侍中、尚書。齊武帝以奂宋室外戚，疑有異志，王晏叩頭保之。永明中累遷尚書僕射。」初拜僕射，劉顯徵與奂子融同載，行至中堂，見路人驅驢，劉曰：「驢，汝好爲之，如汝人才，皆已令僕矣。」《南史》曰：「祥著《連珠》十五首以寄懷。其譏議者云：『希世之寶，違時必賤，偉俗之器，無聖則淪。是以明玉黜於楚岫，章甫窮於越人。』」

徐常侍陵也。聘齊，時魏收文學，北朝之秀。收録其文集以示徐，令傳之江左，徐速濟江沉之，曰：「吾爲魏公藏拙。」

庾信至北，《周書》曰：「庾信字子山，南陽新野人。祖易，齊徵士。父肩吾，梁中書令。信幼俊邁，博覽群書，仕梁爲散騎常侍。聘於東魏，文章辭令，盛爲鄴下所稱。元帝即位，來聘於周，遂留長安。歷仕至驃騎將軍，開府儀同三司。信雖位望通顯，常有鄉關之思，作《哀江南賦》以致意。」唯愛温子昇寒山寺碑。後還，南人問北方何如？信曰：「唯寒山寺一片石堪共語，餘若驢鳴犬吠耳。」《北史》曰：「温子昇字鵬舉，太原人。世居江左。祖恭之，避難歸魏，家於濟陰冤句。父暉，兖州左將軍長史。子昇博覽百家，文章清婉，初爲廣陽王客，作《侯山祠堂碑文》，常景見而善之，曰：『温生是大才士。』年二十二，射策補御史。歷中書舍人、散騎常侍。陽夏守傅標，使吐谷渾，見其國主床頭有書數卷，乃子昇文也。濟陰王暉業嘗云：『江左文人，宋有顔延之、謝靈運，梁有沈約、任昉，我子昇足以陵顔轢謝，含任吐沈。』」

江從簡《南史》曰：「革少子從簡，少有文才。何敬容爲吏部尚書，淺於學術，通賄賂，從簡作《採荷調》刺之，爲時所賞。官至司徒從事中郎。侯景亂，爲任約所害。」是光禄革子，《梁書》曰：「革字休映，濟陽考城人。祖齊之，宋金部郎。父柔之，齊倉部郎。革早有才思，六歲便屬文。仕至光禄大夫。」小時有文情，作《採荷調》以刺何敬容曰：「欲持荷作柱，荷弱不勝梁；欲持荷作鏡，荷暗本無光。」敬容不覺，唯嘆其工。

劉晝作《六合賦》，自謂絶倫，以呈魏收。收曰：「賦名六合，已是大愚，文又愚於六合。君四體又甚於文。」晝大忿，以示邢子才。子才曰：「君此賦，正似疥駱駝，伏而無嫵媚。」《後魏書》曰：「劉晝本大儒，舉秀才入京，考策不第。方復緝綴詞藻，言甚俚拙，作賦一首，以六合爲名，自謂絶倫。」

崔信明嘗自矜其文，謂過李百藥。《唐書》曰：「信明，青州益都人。祖縚，北海郡守。信明博聞强記，下筆成章。高孝基謂人曰：『信明才學富贍，但恨位不達耳。』大業中，爲堯城令。竇建德僭號，隱於太行山。」鄭世翼遇之江中，謂信明曰：「嘗聞有『楓落吴江冷』，願見其餘。」信明欣然多出衆篇。世翼覽未終篇，曰：「所見不逮所聞。」投諸水，引舟徑去。《唐詩紀事》曰：「鄭世翼，滎陽人。武德時，爲揚州録事參軍。以言忤物，貞觀中坐怨謗，流死嶲州。」

狄仁傑爲相，有盧氏堂姨，居午橋别墅。仁傑伏臘修禮甚謹，嘗雪後休暇，候盧氏。適見表弟，挾弧矢，携雉兔歸，羞味進於堂上，顧揖仁傑，意甚輕傲。仁傑因啓曰：「某幸爲相，表弟有所欲，願悉力從其請。」姨曰：「吾止有一子，不欲令事女主。」仁傑慚而去。《唐書》曰：「仁傑字懷英，太原人。神功元年，拜鸞臺侍郎。中宗在房陵，仁傑每奏對，無不以母子恩情爲言。后省悟，召還。中宗反正，追贈司空。」

盧藏用初隱終南、少室二山，時有意當世，人目爲隨駕隱士。晚年乃徇權利。《唐書》曰：「藏用字子潛，度支尚書承慶之侄孫也。少以辭學著稱。隱居終南山，有貞儉之操。及登朝，趦趄詭佞，專事權貴，以此獲譏於世。官至工部侍郎、尚書右丞。」司馬承禎將還山，藏用指終南曰：「此中大有佳處。」《關中記》曰：「終南太乙，左右三十里內，名福地。」承禎徐曰：「以僕視之，仕宦之捷徑耳。」《唐詩紀事》曰：「承禎字子微，事潘師正，傳辟穀導引術。睿宗、明皇，累召至京師。卒贈正一先生。」

嚴武以世舊，待杜甫甚善。甫性偏躁傲誕，嘗醉登武床，瞪視曰：「嚴挺之乃有此兒。」元稹作《子美誌》曰：「晉當陽侯杜氏，十世而生審言。善詩。官膳部員外郎。審言生閑。閑生甫，字子美。天寶中，獻三大禮賦，明皇奇之。京兆亂，步謁行在，授左拾遺，以直言失官。劍南節度使嚴武，拔爲工部員外，參謀軍事。旋又棄官，扁舟下荆楚間。」宋祁《唐書》曰：「甫棄官客秦州，負薪採橡栗自給，流落劍南。會嚴武節度劍南東西川，往依焉。武再帥劍南，表爲參謀檢校工部員外郎。武以世舊，待甫甚善，親詣其家。甫見之，或時不巾也。」范攄《雲溪友議》曰：「武年二十三，爲給事黄門侍郎。明年，擁旄西蜀，累於飲筵對客，騁其筆札。杜甫乘醉言曰：『不謂嚴定之有此兒也。』武恚，目久之，曰：『杜審言孫子，擬捋虎鬚。』合坐皆笑以彌縫之。武母恐害賢良，遂以小舟送甫下峽。」

韓愈《唐書》曰：「愈字退之，昌黎人。幼刻苦學儒。大曆、貞元間，文士多尚古學，效楊雄、董仲舒之述作，獨孤及、梁肅最稱淵奧。愈從其徒游，鋭意鑽仰，欲自振于一代。官至吏部侍郎。」嘗語李程《唐書》曰：「程字表臣，隴西人。貞元中進士。歷翰林學士、中書侍郎、僕射。藝學優深，然性放蕩，不修儀檢，物議輕之。」曰：「崔丞相直是聰明過人。」李曰：「何處是過人者？」答曰：「共愈往還二十餘年，不曾説著文章。」《唐書》曰：「崔群字敦詩，貝州武城人。未冠，舉進士。陸贄知舉，梁肅薦其有公輔器，遂擢甲科。」

杜少陵《宿龍門詩》云：「天闕象緯逼。」王介甫改「闕」爲「閲」，黄山谷對衆極言其是。劉貢父聞之曰：「直是怕他。」西郊野叟《庚溪詩話》曰：「杜子美《游龍門奉先寺詩》曰：『天闕象緯逼，雲卧衣裳冷。』此寺在洛陽之龍門。按韋述《東都記》，龍門號雙闕，以與大内對，屹若天闕然。此詩天闕指龍門也。後人謂其屬對不切，改爲天關，王介甫改爲天閲。

蔡興宗又謂世傳古本作天闕，用《莊子》用管闚天爲證。以余觀之，皆臆說也。且『天闕象緯逼，雲卧衣裳冷』，乃此寺中即事耳。以彼天闕之高，則勢逼象緯；以我雲卧之幽，則冷侵衣裳。語自混成，何必屑屑較瑣碎，失大體哉！」

郭昱狹中詭僻，登進士，耻赴常選；獻書於宰相趙普，自比巢由。朝議惡其矯激，故久不調。後復伺普，望塵自陳。普笑謂人曰：「今日甚榮，得巢由拜於馬首。」《東都事略》曰：「趙普字則平，幽州薊人。沉厚有大略。宋太祖受禪，以佐命功，累官中書令。」

張文潛嘗問張安道：《張文定墓誌》曰：「公諱方平，字安道，揚州人也。仕至參知政事。極言王安石不可用，會安石執政，力求補外。元祐初，以太子太保致仕。」「司馬君實司馬光別見。直言王介甫不曉事，是如何？」安道云：「賢只消去看《字說》。」文潛云：「《字說》也只是二三分不合人意。」安道云：「若然，則足下亦有七八分不解事矣。」王安石《進字說表》曰：「蓋聞佛生而有情，情發而爲聲。聲以類合，皆足相知。人聲爲言，述以爲字。字雖人之所制，本實出于自然。故上下内外，初終前後，中偏左右，自然之位也。衡衺曲直，耦重交析，反缺倒反，自然之形也。發斂呼吸，抑揚合散，虛實清濁，自然之聲也。可視而知，可聽而思，自然之義也。以義自然，故僊聖所宅。雖殊方域，言音乖離，點畫不同，譯而通之，其義一也。道有升降，文物隨之，時變事異，書名或改，原出要歸，亦無二焉。乃若知之所不能與，思之所不能至，則雖非即此而可證，亦非舍此而能學。蓋惟天下之至神，爲能究此。臣頃御燕閑，親承訓敕，抱痾負憂，久無所成。雖嘗有獻，大懼冒浼。退復自力，用忘疾憊。咨諏討論，博盡所疑。冀或涓塵，有助深崇。謹勒成《字說》二十四卷，隨表上進。」

假譎

姚崇《唐書》曰：「崇本名元崇，則天改爲元之，陝州硤石人。父善懿，嶲州都督。崇，則天時歷仕至夏官尚書。張柬之等誅易之兄弟，崇預謀。玄宗先天二年，兵部尚書、同中書門下三品，獨當國務，明於吏道，剖割不滯。年七十二卒，爲遺令以戒子孫。」與張說同爲宰輔，各懷疑阻，張銜之。李濬《松窗雜録》曰：「姚崇爲相，忽一日對便殿，舉左足不甚輕利。上曰：

『卿有足疾邪？』崇曰：『臣有腹心之疾，非足疾也。』因前奏張説罪狀數百言。上怒曰：『卿歸中書，宜宣與御史中丞共按其事。』説之未遭崇搆也，有教授書生，私通於侍婢最寵者。會擒得奸狀，以聞於説，將窮獄於京兆尹。書生厲聲曰：『睹色不能禁，亦人之常情也。公貴爲相，豈無緩急有用人乎？靳於一婢女邪？』説奇其言，以侍兒與歸。書生一跳迹去，旬月餘，無所聞知。忽一日直訪於説，憂色滿面，且言：『某感公之恩，思有謝者久之。今聞公爲姚相國所搆，外獄將具，公不知危之將至矣。某願得公平生所寶者，用計於九公主，必能立釋。』説因自歷指狀所寶之物。書生云：『未足解公之難。』又凝思久之，忽曰：『近有鷄林郡夜明簾爲寄信者。』書生曰：『吾事濟矣。』因請手札數行，懇以情言，遂急趨出。逮夜，始及九公主邸第，具以説旨言之，兼用簾爲贄。明旦，公主入謁，具爲奏之。上感動，急命高力士就御史臺宣前所按事，並宜罷之。書生亦不再見張丞相矣。」崇病，戒諸子曰：「張丞相與吾釁隙甚深，然其人素懷奢侈，尤好服玩。吾没後來弔，汝具陳吾平生服玩、寶帶重器，羅列帳前。張若不顧，汝家族無類矣。若顧此，當録玩用致之，仍以神道碑爲請。既獲其文，登時録進，先礱石以待，至便鐫刻。張丞相見事常遲，數日之後必當有悔。若徵碑文，以刊削爲辭，當引視鐫石，仍告以聞上。」崇没，張果至，目其服玩者三四，崇家悉如崇戒。不數日，文成，叙致該詳，時謂極筆。其略曰：八柱承天，高明之位列；四時成歲，亭毒之功全。數日，果遣使取本，以爲辭未周密，欲加删改。姚氏諸子引使者視其碑，仍告以奏御。使者復命，張悔恨撫膺曰：「死姚崇能算生張説，吾今日方知才之不及遠矣。」《唐書》曰：「崇長子彝，光禄少卿；次子异，坊州刺史；少子奕，禮部侍郎、尚書右丞。」

秦會之夫人常入禁中，《宋史》曰：「秦檜字會之，江寧人。靖康元年，金兵陷汴，二帝北遷，以御史中丞從。與其酋撻懶善，倡割地之議。乃縱之，使與其妻王氏航海奔行在。高宗召見，與議國事，大奇之，驟加褒擢，參大政，力主和議，廷臣異己者，皆斥逐之。」顯仁太后《宋史》曰：「韋賢妃，高宗母也。從上皇北遷，迎還，居慈寧宮。崩謚曰顯仁。」言：「近日子魚大者絶少。」夫人對曰：「妾家有之，當以百尾進。」歸告會之。會之咎其失言，與館客謀，進青魚百尾。顯仁拊掌笑曰：「我道這婆子村，果然。」《西湖志》曰：「憲聖召檜夫人入禁中，賜宴，進淮青魚。憲聖顧問夫人：『曾食此否？』

夫人對曰：『食已久，視此更大，容翌日供進。』蓋檜方秉權，諸道諂奉，踰于上貢也。夫人歸以語檜。檜恚之曰：『夫人不曉事。』翌日，遂易糟鯶魚大者數十枚以進。憲聖笑曰：『我固道無此大青魚，夫人誤認耳。』

黜免

蜀先主銜張裕不遜，兼忿其漏言，《蜀志》曰：「張裕字南和，蜀郡人。明曉占候，而天才過於周群。嘗私語人曰：『歲在庚子，天下當易代，劉氏祚盡矣。主公得益州，九年之後，寅卯之間，當失。』人密白其言。後魏氏之立，先主之薨，皆如裕所刻。」下獄，將誅之。諸葛武侯表請其罪。先主答教曰：「芳蘭當門，不得不鉏。」《蜀志》曰：「裕甚精相術，每舉鏡視面，自知刑死，未嘗不撲之於地也。」

梁武每集文士策經史事，時范雲、《南史》曰：「范雲字彥龍，南鄉舞陰人。祖璩之，宋中書侍郎。父抗，郢府參軍。雲六歲讀《毛詩》，日誦九紙。陳郡殷琰名知人，見之，曰：『公輔才也。』性機警有識，善屬文，下筆輒成，時人疑其宿構。仕齊爲中郎。銜命至梁，梁武拜黄門侍郎，與沈約參贊謨謀，毗佐大業。官至散騎常侍、吏部尚書。」沈約之徒皆引短推長，帝悦，加其賞賚。曾策錦被事，咸言已罄，帝試呼問劉孝標。劉時貧悴冗散，忽請紙筆，疏十餘事，坐客皆驚，帝不覺失色，自是惡之，不復引見。及孝標《類苑》成，帝即命諸學士撰《華林徧略》以高之，竟不見用。劉乃著《辯命論》以寄懷。《南史》曰：「峻好學，寄人廡下，自課讀書，常燎麻炬，從夕達旦。時或昏睡，爇其頭髮，及覺復讀。時魏孝文選盡物望，才學之徒，咸見申擢，峻兄弟不蒙選授。齊永明中，奔江南，自以少未開悟，晚更厲精，聞有異書，必往祈借。清河崔慰祖謂之『書淫』。於是博極群書，文藻秀出。時竟陵王招學士，峻因求爲國職。吏部尚書徐孝嗣抑而不用。齊明帝時，蕭遥欣引爲府刑獄，禮遇甚厚。遥欣尋卒。梁天監初，召入典校秘閣。坐私載禁物，免官。安成王遷荆州，雅重峻，引爲户曹參軍，給其書籍，使撰《類苑》。未成，復以疾去，因游東陽紫巖山，築室居焉，爲《山栖志》，其文甚美。初，梁武招文學之士，有高才者多被引進，擢以不次。峻率性而動，不能隨衆沉浮，竟不見用，乃著《辯命論》以寄懷。論成，中山劉沼致書難之，幾再反，峻並爲申析。會沼卒，不見峻後報者，峻乃爲書以序其事。」《唐·經籍志》曰：「《類苑》一百二十卷，劉孝標撰。」

孟浩然極爲王右丞所知，王待詔金鑾，召浩然商較風雅。上忽臨幸，浩然錯愕，伏床下。王不敢隱，因奏聞。上欣然曰：「朕素聞其人。」因得召見。上曰：「卿將得詩來否？」浩然奏曰：「臣偶不齎所業。」即命吟舊作，浩然拜舞誦詩，至「不才明主棄」，上憮然曰：「卿自不求朕，朕未嘗棄卿。」因放歸南山。浩然《歲莫歸南山詩》曰：「北闕休上書，南山歸弊廬。不才明主棄，多病故人疏。白髮催年老，青陽逼歲除。永懷愁不寐，松月夜窗虛。」

令狐綯曾以舊事訪於温庭筠，庭筠答曰：「事出《南華經》，非僻書也。冀相公燮理之暇，時宜覽古。」綯甚怒，奏庭筠有才無行，不許登第，遂轗軻終身。《摭言》曰：「開成中，温庭筠才名籍甚，然罕拘細行，以文爲貨，識者鄙之。」《唐詩紀事》曰：「庭筠，彦博裔孫。與李商隱俱有名，時號『温李。』」

儉嗇

夏侯豫州性極吝，晚忽好音樂，有妓妾數十，無被服姿容，客至，嘗隔簾奏樂，時呼簾爲「夏侯妓衣」。《南史》曰：「夏侯亶字世龍，譙郡譙人。父詳，天監元年徵爲侍中。亶仕至豫州刺史。」

汰侈

劉威碩在蜀，《蜀志》曰：「劉琰字威碩，魯國人。有風流，善談論。先主在豫州，辟爲從事，厚親待之，隨從周旋，常爲賓客。然不豫國政，領兵千餘，隨諸葛武侯諷議而已。」車服飲食，號爲侈靡。侍妾數十，能爲聲樂，悉教誦讀《魯靈光殿賦》。《博物志》曰：「王子山到魯，賦靈光殿，歸渡湘水溺死。文考，一字子山也。《後漢·王逸傳》曰：『逸子延壽，字文考。少游魯國，作《靈光殿賦》。蔡邕亦造此賦，見延壽所爲，遂輟翰。』」

羊稚舒冬月釀，常令人抱甕，須臾復易人，酒速成而味好。《晉諸公贊》曰：「羊琇字稚舒，泰山人。通濟有才幹，與世祖同年相善，謂世祖曰：『後富貴時，見用作領、護軍各十年。』世祖即位，累遷左將軍、特進。」

羊祖忻性善音律，自造《採蓮》、《棹歌》兩曲，甚有新致。《樂府詩集》曰：「侃有舞人張静婉，容色絶世，侃嘗自造《採蓮歌》兩曲，《樂府》謂之《張静婉採蓮曲》。」姬妾侍列，窮極奢靡。有彈箏人陸太喜，著鹿角爪長七寸，儛人張浄琬，腰圍一尺六寸，時人咸推能掌中舞。又有孫荆玉，能反腰帖地，銜得席上玉簪。敕賚歌人王娥兒，東宫亦賚歌者屈偶之，並妙盡奇曲，一時無對。《南史》曰：「羊侃字祖忻，泰山梁父人。父祉，仕魏。侃少而瓌瑋，身長七尺八寸，膂力絶人，嘗於兖州堯廟，蹋壁直上至五尋，横行得七迹。泗橋有數石人，長八尺，大十圍，侃執以相擊，悉皆破碎。雅好文史。帝嘗製《武宴詩》三十韻示侃，侃即席應詔。帝曰：『吾聞仁者有勇，今見勇者有仁，可謂鄒魯遺風，英賢不絶。』性豪侈，善音律。初赴衡州，於兩艖䑶起三間通梁水齋，飾以珠玉，加之錦績，盛設帷屏，列女樂。乘潮解纜，臨波置酒，緣塘傍水，觀者填咽。大同中，魏使楊斐與侃在北嘗同學，有詔命侃延斐同宴。賓客三百餘人，食器皆金玉雜寶，奏三部女樂。至夕，侍婢百餘人俱執金花燭。侃不飲酒而好賓游，終日獻酬，同其醉醒。性寬厚，有器局。嘗南還至漣口置酒，有客張孺才者，醉於船中失火，延燒七十餘艘，所燔金帛不可勝數。侃聞了不挂意，命酒不輟。孺才慚懼自逃，侃慰喻使還，待之如舊。」

韋陟厨中飲食，香味錯雜，人入其中，多飽飫而歸。時人爲之語曰：「人欲不飯筋骨舒，夤緣須入郇公厨。」《唐書》曰：「陟字殷卿，安石子也。自幼風標峻整，安石尤愛之。早有台輔之望，襲封郇國公，爲李林甫、楊國忠所擠。中原兵起，鬱鬱不得志，乃嘆曰：『吾道窮於此乎？有志不伸，得非天命！』因遘疾，卒於虢州。」《明皇雜録》曰：「陟早以文學識度著名，善屬文，出入清顯，踐歷崇貴，自以門第才華，接物簡傲，未嘗與人款曲。」

李昌夔在荆州打獵，大修裝飾。其妻獨孤氏亦出女隊二千人，皆著紅紫綉襖子，及錦鞍韉。

段文昌《唐書》曰：「文昌字墨卿，西河人。高祖志玄，陪葬昭陵。文昌倜儻有氣義，韋臯在蜀，表授校書。長慶中，朝廷以文昌少在西蜀，詔授西川節度使。敬宗即位，徵拜刑部尚書、右僕射。」富貴後，打金蓮花盆，盛水濯足。或規之，答曰：「人生幾何，要酬平生不足也。」《續世説》曰：「段文昌布素之時，所向不偶。及其達也，揚歷顯重，出入將相垂二十年。服飾玩好，歌童妓女，苟悦於心，無所愛惜，奢侈過度，物議貶之。」

忿狷

時苗《魏略》曰：「苗字德胄，鉅鹿人。爲大官令，領其郡中正，至於叙人才不能寬大，然記人之短，雖在久遠，銜不置。」令壽春日，蔣濟作揚州治中。苗初至謁濟，濟素嗜酒，適會其醉，不時見苗。苗恚恨還，刻木爲人，署曰：「酒徒蔣濟。」豎之牆下，旦夕射之。《魏志》曰：「蔣濟字子通，楚國平阿人。官領軍將軍。著《萬機論》。」《世語》曰：「濟隨司馬宣王屯洛水浮橋，濟書與曹爽，言宣王旨，唯免官而已。爽誅滅，濟病其言之失信，發病卒。」

虞仲翔放棄南方，《吴志》曰：「翻性疏直，數有酒失。權嘗自起行酒，翻伏地，陽醉不持。權去，乃起坐。權手劍欲擊之。大司農劉基抱權諫曰：『大王以三爵之後，手殺善士，雖翻有罪，天下孰知之？且大王以容賢畜衆，海内望風，何故一朝棄之？』權曰：『曹孟德尚殺孔文舉，孤於虞翻何有哉？』基曰：『孟德輕害士人，天下非之。大王欲與堯舜比隆，何得自喻於彼。』由是得免。權又與張昭論神仙，翻指昭曰：『彼皆死人而語神仙，世豈有仙人也！』權積怒非一，遂徙翻交州。雖處罪放，而講學不倦，門徒常數百人。」自恨疏節，骨體不媚，犯上獲罪，當長没海隅。生無可與語，死以青蠅爲弔客，使天下一人知己者，足以不恨。

謝弘微至性寬博，與人未嘗有牾。末年，嘗與友人棋。友人西南棋有死勢，一客唱言西南風急，或至覆舟，其人悟而救之。弘微大怒，投局於地。識者覺其有異，未幾果卒。《南史》曰：「弘微自幼精神詳審，時然後言。」

王彦深不爲群從所禮，《南史》曰：「王藴字彦深，王景文兄子也。父楷。人才凡劣，故藴不爲群從所禮。」常懷耻慨，欲以將領自奮，每撫刀曰：「龍泉、雷次宗《豫章記》曰：『吴未亡，恒有紫氣見斗牛之間，張華聞雷孔章妙達緯象，乃要宿，問天文。孔章曰：『惟斗牛之間有異氣，是寶物也，精在豫章豐城。』張華遂以孔章爲豐城令。至縣，掘深二丈，得玉匣，長八尺。開之，得二劍，一名龍泉，一名太阿。其夕斗牛氣不復見。孔章乃留其一，匣而進之。劍至，光曜煒曄，煥若電發。後張華遇害，此劍飛入襄城水中。孔章臨亡，戒其子恒以劍自隨。後其子爲建安從事，經淺瀨，劍忽於腰間躍出，遂視，見二龍相隨焉。泰阿，《越絶書》曰：「楚王召風胡子而問之曰：『寡人聞吴干將、越區冶子，寡人願請此二人作鐵劍。』乃令風胡子之吴，見區冶子、干將，使作爲鐵劍，曰『泰阿』。晉鄭聞而求之，不得，興師圍楚。於是王引泰阿之劍，登城而麾之。三軍破敗，士卒迷惑，流血千里，江水揚折，晋鄭之頭畢白。」汝知我者。」

蕭南郡除少府，意甚不得。寺内所住齋前有故種花草甚美，悉令剗除，列種白楊樹，每謂人曰：「人生不得行胸懷，雖壽百歲，猶爲天也。」《宋書》曰：「蕭惠開，南蘭陵人，蕭思話子也。少有風氣，涉獵文史。官至少府，加給事中。」

王融自恃人地，三十内望爲公輔。夜直中書省，嘆曰：「作此寂寂，使鄧禹笑人。」《東觀漢記》曰：「鄧禹字仲華，以元功拜太傅。」《鄧禹傳》曰：「禹年二十四，封酇侯。」

虞玩之好臧否人物，王仲寶常舉員外郎孔逷，《南史》曰：「逷字世遠，會稽山陰人。好典故學，與王儉至交。儉爲相，逷常謀議幄帳。永明中，爲太子家令。」玩之頗持異議，仲寶甚恨之。後玩之亡後，有員外郎孔瑄，就仲寶求會稽五官。仲寶方盥，投皂莢於地曰：「卿鄉俗殊惡，虞玩之至死煩人。」《南史》曰：「玩之東歸，儉懷恨不出送，朝廷無祖餞者。中丞劉休與親知書曰：『虞公散髮海隅，同古人之美，而東都之送，殊不藹藹。』」

丘車騎初領驍騎將軍，不樂武位，謂人曰：「我還東掘顧榮冢，江南地方數千里，士子風流，皆出此中。顧忽引諸傖渡，妨我輩塗轍。」陸廣微《吴地記》曰：「榮墓在吴縣東南二十里。」《姑蘇志》曰：「實在葑門東六里。」

梅侍讀晚年，躁於禄位而病足，常撫其足而詈之曰：「是中有鬼，令我不至兩府者，汝也。」《宋史》曰：「梅詢字昌言，宣城人。少好學，有辭辯。進士及第，歷龍圖直學士、侍讀學士、給事中。病足，出知許州。故事，侍讀學士無出外者。天禧中，張知白罷參政，領此職，始出知大名府。非歷二府而出者自詢始。」

讒險

盧杞忌張鎰剛直，欲去之。時朱泚以盧龍卒戍鳳翔，帝擇人代之。杞即謬曰：「鳳翔將校，班秩素高，非宰相信臣，不可鎮撫，臣宜行。」帝不許。杞復曰：「陛下必以臣容貌寢陋，不爲三軍所信，恐後生變，臣不敢自謀，惟陛下擇之。」帝乃顧鎰曰：「文武兼資，望重内外，無易卿者。爲朕撫盧龍士。」乃以中書侍郎爲鳳翔隴右節度。鎰知爲杞陰中，然辭窮，因再拜受詔。《唐書》曰：「張鎰字季權，朔方節度使齊丘之子。郭子儀表爲元帥判官，累遷殿中侍御史。華原令盧樅得罪，鎰按驗樅當免官，有司承風以死論，鎰白母曰：『默則負官，言則爲太夫人憂，敢問所安？』母曰：『兒毋累於道，吾所安。』遂執正其罪。鎰貶撫州司户參軍，徙晋陵令，歷中書侍郎，同平章政事。盧杞忌鎰剛直，擠之，以爲鳳翔節度使。帝幸奉天，鎰罄家貲將自獻行在。營將李楚琳作亂，遂遇害。史臣曰：鎰暴忠王室，爲奸賊所乘，躬可殞而名與嵩岱等矣。」

尤悔

曹公聞丁正禮才美，欲以愛女妻之，《魏略》曰：「丁儀字正禮，沛郡人。父沖，宿與太祖親善。儀有文才，太祖辟爲掾。」以問五官將。五官將曰：「女人觀貌，而正禮目眇，恐愛女未必悦也，不如與伏波子楙。」《魏志》曰：「夏侯惇字元讓，沛國樵人。太祖平河北，以爲伏波將軍。子楙。太祖以女妻之，即清河公主。」《魏略》曰：「楙字子林，惇仲子也。文帝少與親善。及即位，以爲安西將軍，都督關中。」太祖從之。尋辟正禮爲掾。及與論議，嘉其才朗，曰：「丁掾好士，即使其兩目盲，尚當與女，何況但眇？是兒誤我。」

陸平原在洛，夏月，忽思齋東頭竹篠中飲，語劉寶曰：「吾思鄉轉深矣！」

孔熙先與范曄同逆，下獄，被責，望風吐款，辭氣不撓。上奇其才，遣人慰勞之，曰：「以卿之才而滯於集書省，理應有異志。」又詰責前吏部尚書何尚之曰：「使孔熙先年三十作散騎郎，那不作賊。」《宋書》曰：「魯國孔熙先，博學，有縱横才志，爲員外散騎侍郎，久不調。初，熙先父默之，爲廣州刺史，以贓貨下廷尉，彭城王義康保持之。義康被黜，熙先密懷報效，以曄志意不滿，欲引之，與曄戲，故爲不敵，輸物甚多。曄既利其財寶，又愛其文藝，遂申莫逆之好。熙先素善天文，云：『文帝必以非道晏駕，當由骨肉相殘。江州應出天子，以爲義康當之。』遂同搆逆謀。會徐湛之上表告狀，詔收，並皆款服。」

陸鴻漸與常伯熊皆精茶理。范攄《雲溪友議》曰：「鴻漸嘗爲茶論，説茶之功效，並煎茶炙茶之法，造茶具二十四事，以都統籠貯之，遠近傾慕，好事者家藏一副。」宋祁《隱逸傳》曰：「羽著《茶經》，有常伯熊者因羽論，復廣著茶之功。」御史李季卿宣慰江南，劉昫《唐書》曰：「李季卿，丞相適之子也。弱冠舉明經，頗工文詞。代宗時拜御史大夫，奉使江淮宣慰，振拔幽滯，進用忠廉，時人稱之。」至臨懷縣館，或言伯熊善茶，季卿請爲之。伯熊著黄帔衫，烏紗幘，手執茶器，口通茶名，區分指點，左右刮目。茶熟，李爲歠兩杯。既到江外，復請鴻漸爲之。鴻漸身衣野服，隨茶具而入，如伯熊故事。李公心鄙之，茶畢，命努取錢三十文酬博士。鴻漸夙游江介，通狎勝流，及此羞愧，遂著《毁茶論》。張又新《煎茶水記》曰：「李季卿刺湖州，至維揚，逢陸處士鴻漸。李素熟陸名，有傾蓋之歡。因過揚子驛，李曰：『陸君善於茶，蓋天下聞名矣；況揚子南零水，又殊絶。』命軍士挈瓶深詣南零。俄水至，陸曰：『非南零者。』傾之至半，陸遽曰：『自此南零者矣。』使大駭，曰：『某自南零齎至岸，舟蕩覆半，挹岸水增之。處士神鑒，其敢隱焉。』李與賓從皆大駭愕。李因問歷處之水，陸曰：『楚水第一，晋水最下。』李因命筆，口授而次第之。」

紕漏

陳壽將爲國志，《晉書》曰：「陳壽字承祚，巴西安漢人。少師事譙周，仕蜀爲觀閣令史。父喪有疾，使婢丸藥。鄉黨以爲貶議，坐是沉滯者累年。張華愛其才，以爲壽雖不遠嫌，原情不至貶廢，舉孝廉，除佐著作郎。」謂丁梁州曰：「若覓千斛米見借，當爲尊公作佳傳。」丁不與米，遂不爲立傳。《文士傳》曰：「丁廙字敬禮，少有才，博學治聞。建安中爲黄門侍郎。廙嘗從容謂太祖曰：『臨菑侯天性仁孝，發於自然，而聰明智達，其殆庶幾。至於博學淵識，文章絶倫。當今天下賢才，皆願從其游而爲之死，實天命所以鍾福於大魏，而永授無窮之祚也。』欲以勸動太祖。太祖答曰：『植，吾愛之，安能若卿言！吾欲立爲嗣，何如？』廙曰：『此國家所以興衰，天下所以存亡，非愚劣瑣賤者所敢與及。廙聞知臣莫若君，知子莫若父。至於君不論明闇，父不問賢愚，而能常知其臣子者何？蓋由相知非一事一物，相盡非一朝一夕。況明公加之以聖哲，習之以人子。今發明達之命，吐永安之言，可謂上應天命，下合人心，得之於須臾，垂之於萬世也。廙敢不盡言！』太祖深納之。」時論以此少之。《晉書》曰：「壽撰《三國志》，時人稱其善敘事，有良史之才。初，壽父爲馬謖參軍，諸葛亮誅謖，髡其父頭。亮子瞻，又輕壽。故壽撰《蜀志》，作諸葛評曰：『亮連年動衆，而無成功，蓋應變將略，非其所長。』」梁州是敬禮子。

明帝函封詔與庾公，信誤致於王丞相。丞相開詔，末云：「勿使冶城公知。」丞相居冶城，故帝稱爲冶城公。丞相既視，表答曰：「伏讀明詔，似不在臣。臣開臣閉，無有見者。」明帝甚愧，數月不敢見王公。

劉承胤少有淹雅之度，王、庾、温諸公素與周旋，聞其至，共載看之。劉倚被囊，了不與三人言，神味亦不相酬。俄頃賓退，王、庾甚怪此意。温曰：「承胤好賄，新下必有珍寶，當有市井事。」令人視之，果見向囊皆珍玩，正與胡父諧賈。《晉書》曰：「劉胤字承胤，東萊掖人。美姿容，善自任遇，交結時豪，名著海岱間。王敦素與交，請爲右司馬。胤知敦有不臣心，枕疾不視事。忤敦意，出爲豫章太守。咸和初，加散騎常侍，歷平南將軍、江州刺史。位任轉高，矜豪日甚，大殖財貨，商販日萬。後爲郭默所害。」

宋武帝嘗稱謝超宗殊有鳳毛。右衛將軍劉道隆在坐，出候超宗曰：「聞君有異物，欲覓一見。」謝曰：「懸罄之室，何得異物耶？」道隆武人，正觸其父諱曰：「方侍宴至尊，説君有鳳毛。」謝徒跣還内。道隆謂檢覓鳳毛，至暗，待不見得，乃去。超宗父，鳳也。

何敬容在選日，嘗有一客詣之，此人姓吉。敬容問之曰：「卿與丙吉遠近？」答曰：「如明公之與蕭何。」《南史》曰：「敬容職任隆重，而淺於學術。」

祖孝徵放縱不羈，《北史》曰：「祖珽字孝徵，瑩之子也。神情機警，詞藻遒逸。起家秘書郎。性疏率，不能廉慎。嘗守倉曹，受山東課輸大文綾，並連珠孔雀羅等百匹，令諸姬擲樗蒲，調新曲，招城市年少，歌舞爲娱。游諸娼家，與陳元康、穆子容、任冑、元士亮諸人爲聲色之游。」曾至交州刺史司馬世雲家飲酒，遂藏銅疊二面。厨人請搜諸客，果於孝徵懷中探得。《聞見録》曰：「魏神武嘗宴僚屬，於坐失金巨羅。竇太后令飲者皆脱帽，果在孝徵髻中。見者以爲深耻，孝徵怡然不屑。」

貞觀中，尚藥奏求杜若，《爾雅》曰：「杜若，士鹵。」《廣雅》曰：「楚蘅也。范子計然曰：『杜若生南郡漢中。』」敕下度支。有省郎以謝朓詩云「芳洲生杜若」，朓《懷故人詩》曰：「芳洲有杜若，可以贈佳期。」乃委坊州貢之。本州曹官判云：「坊州不出杜若，應由讀謝朓詩誤。華省名郎，作此判事，豈不畏二十八宿笑人邪！」《史記》曰：「太微宫後，二十五星，郎位也。」太宗聞之，改授雍州司法。

褚遂良，《唐書》曰：「遂良，散騎常侍亮之子。博涉文史，尤工隸書，父友歐陽詢甚重之。貞觀中，歷秘書郎、諫議大夫、中書令。前後諫奏，多見采納。高宗册立武昭儀，固執不從，貶潭州都督。」其父亮尚在，乃别開門。敕嘗有賜遂良，使者由正門入，亮出曰：「渠自有門。」《唐詩紀事》曰：「褚亮字希明，錢塘人。警敏工爲詩。貞觀中，爲散騎常侍。太宗爲天策上將軍，宮城西開弘文館，與房玄齡等，並以本官爲學士。」

元絳知福州日，有吏白事，公問如何行遣？吏對：「合依元降指揮。」公曰：「元絳未嘗指揮。」公名絳，故云。吏悚而退。《東都事略》曰：「元絳字厚之，杭州錢塘人。舉進士，除著作佐郎，出知鄆州，召爲翰林學士。卒謚章簡。」

韓昶是吏部子，雖教有義方，而性頗闇劣。嘗爲集賢校理，史傳有金根車，蔡中郎《獨斷》曰：「永安七年，建金根、耕根諸御車，皆一轅或四馬，或六馬。金根，箱輪皆以金，兩臂前後刻金，以作龍虎鳥龜形。」昶以爲誤，悉改爲銀。《唐書》曰：「愈子昶，亦登進士第。」

紹聖間，馬從一監南京排岸司，適漕使至，隨衆迎謁。漕一見即怒，叱之曰：「聞汝不職，未欲按汝，尚敢來見邪！」從一惶恐，自陳湖湘人，迎親竊禄，求哀不已。漕察其語，南音也，乃稍霽威云：「湖南亦有司馬氏乎？」從一答曰：「某姓馬，監排岸司耳。」漕乃微笑曰：「然則勉力職事，可也。」初蓋誤認爲温公《東都事略》曰：「司馬光字君實，陝州夏縣人。位至丞相。忠信孝友，恭儉正直，出於天性。自少及老，語未嘗妄。其好學，如饑之嗜食，於財利紛華，如惡惡臭。誠心自然，天下信之。於學無所不通。卒，贈温國公，謚文正。」族人，故欲害之。自是從一刺謁，但稱監南京排岸而已。傳者皆以爲笑。《宋史》曰：「哲宗初，太皇太后臨政，起光爲門下侍郎。是時天下拭目以觀新政，而議者猶謂『三年無改於父之道』，但毛舉細事，稍塞人言。光曰：『先帝之法，百世不可變也。若安石、惠卿所建，爲天下害者，改之當如救焚拯溺。況太皇太后以母改子，非子改父。』衆議甫定。遂罷保甲團教，不復置保馬；廢市易法，所儲物皆鬻之，不取息，除民所欠錢；京東鐵錢及茶鹽之法，皆復其舊。或謂光曰：『熙、豐舊臣，多憸巧小人，他日有以父子義間上，則禍作矣。』光正色曰：『天若祚宗社，必無此事。』於是天下釋然。至紹聖初，御史周秩首論光誣謗先帝，盡廢其法。章惇、蔡卞請發冢斫棺，帝不許，乃令奪贈謚，仆所立碑，追貶崖州司户參軍。蔡京擅政，復降正議大夫。京撰《奸黨碑》，令郡國皆刻石。石工安民辭曰：『民愚人，固不知立碑之意。但如司馬相公者，海内稱其正直，今謂之奸邪，民不忍刻也。』府官怒，欲加罪，泣曰：『被役不敢辭，乞免鐫安民二字於石末。』聞者愧之。」

金主亮南侵，《金史》曰：「廢帝海陵庶人，名亮。」《劉錡傳》曰：「紹興三十一年，金主亮調軍六十萬，自將南來，彌望數十里，不斷如銀壁。」命葉義問視師江上。《宋史》曰：「義問字審言，嚴州壽昌人。建炎初進士，官吏部侍郎、同知樞密院事。」義問素不習軍旅，會劉錡捷書至，讀之，至「金賊又添生兵」，顧問吏曰：「生兵是何物？」聞者掩口。《宋史》曰：「劉錡字信叔，德順章人，瀘州節度使仲武第九子也。美儀狀，善射，聲如洪鐘。張浚一見，奇其才，以爲涇原經略使，擢江東路副總管、江淮浙西制置使。禦金師，屢戰克捷。金主亮之南也，下令，有敢言錡姓名者，罪不赦。枚舉南朝諸將，問其下孰敢當者，皆隨姓名其答如響，至錡，莫有應者。金主曰：『吾自當之。』然錡卒以病不能成功。」

惑溺

謝太傅劉夫人性忌，不令公有別房。公既深好聲樂，後遂頗欲立妓妾。兄子外生輩，微達此旨，共問訊劉夫人，因方便稱《關雎》、《螽斯》有不忌之德。夫人知以諷己，乃問誰撰此詩？云：「是周公。」夫人曰：「周公是男子相爲耳，若使周姥撰詩，當無此言。」《詩小序》曰：「關雎，后妃之德也。螽斯，后妃子孫衆多也。言若螽斯不妒忌，則子孫衆多也。」

劉道真子婦始入門，遣婢虔劉持之甚苦。婢固不從，劉乃下地叩頭。婢懼而從之，明日語人曰：「手推故是神物，一下而婢子服淫。」

范汪至能噉梅，有人致一斛奩，須臾噉盡。

劉邕《南史》曰：「邕，穆之子。襲封南康郡公。」愛食瘡痂，以爲味似鰒魚。《穆之傳》曰：「邕嘗詣孟靈休，靈休先患灸瘡，痂落在床，邕取食之。靈休大驚，痂未落者，悉褫取飴邕。邕去，靈休與何勗書曰：『劉邕向顧見噉，遂舉體流血。』」

何佟之性好潔，一日之中洗滌者十餘過，猶恨不足，人稱爲水淫。《梁書》曰：「何佟之字士威，廬江灊人，豫州刺史惲六世孫。祖劭之，宋員外散騎常侍。父歆，齊奉朝請。佟之少好《三禮》，師心獨學，强力專精，手不輟卷。讀《禮》論二百篇，略皆上口。起家楊州從事，仍爲總明館學士。仕梁，至尚書左丞。」

玄宗不好琴，嘗一聽弄未畢，叱琴者出，謂内侍曰：「速令花奴將羯鼓來，爲我解穢。」段安節《樂府雜録》曰：「明皇好羯鼓。有汝陽王花奴尤善此伎，時戴研絹帽子，上安葵花，曲終，花不落。黔帥南卓有《羯鼓録》，具述其事。」

李納性辯急，酷尚奕棋，每下子安詳，極於寬緩。有時躁怒，家人輩則密以棋具陳於前。納睹，便欣然改容，取子布算，都忘其恚。《唐書》曰：「李納，平盧淄青節度使正己之子。代宗時，正己遣將兵備秋，召見嘉之，自奉禮郎超拜殿中丞、侍御史，兼總父兵。正己卒，統衆爲亂，爲劉洽所敗，計蹙歸順，詔加檢校工部尚書。」

宋子京多内寵，後庭曳羅綺者甚衆。嘗宴於錦江，微寒，命取半臂。諸婢各送一枚，凡十餘枚皆至。子京視之茫然，恐有厚薄之嫌，竟不敢服，忍凍而歸。

米元章在真州，嘗謁蔡攸於舟中。攸出右軍王略帖示之。元章驚嘆，求以他畫易之，攸有難色。元章曰：「若不見從，某即投此江死矣。」因大呼據船舷欲墮。攸遂與之。《宋史》曰：「蔡攸字居安，京長子也。除秘書郎，加龍圖學士兼侍讀。史局官僚百人，多三館雋游，而攸用大臣子領袖其間，懵不知學，士論不與。靖康元年，安置永州。」

仇隙

獻帝嘗晏見孔文舉與郗鴻豫，司馬彪《續漢書》曰：「郗慮字鴻豫，山陽高平人。少受學於鄭玄。」問文舉曰：「鴻豫何所優長？」文舉言：「可與適道，未可與權。」鴻豫舉笏曰：「融昔宰北海，政散人流，其權安在？」遂與文舉互相短長。范曄《漢書》曰：「操以孔融論建漸廣，慮鯁大業。郗慮承望風旨，以微法奏免融官，因顯明讐怨。操書激厲融曰：『蓋聞唐虞之朝，有克讓之臣，故麟鳳來而頌聲作也。後世德薄，猶殺身爲君，破家爲國。及至其敝，睚眦之怨必讐，一餐之惠必報。故晁錯念國，遘禍於袁盎；屈平悼楚，受譖於椒蘭；彭寵傾亂，起自朱浮；鄧禹威損，失於宗、馮。由此言之，喜怒怨愛，禍福所因，可不慎與！昔廉、藺小國之臣，猶能相下；寇、賈倉卒武夫，屈節崇好；光武不問伯升之怨；齊侯不疑射鈎之虜。夫立大操者，豈累細故哉！往聞二君有執法之平，以爲小介，當收舊好；而怨毒漸積，志相危害，聞之憮然，中夜而起。孤與文舉既非舊好，又於鴻豫亦無恩紀，然願人之相美，不樂人之相傷，是以區區思協歡好。又知二君群小所搆，孤爲人臣，進不能風化海内，退不能建德和人，然撫養戰士，殺身爲國，破浮華交會之徒，計有餘矣。』融報曰：『猥惠書教，告所不逮。融與鴻豫州里比鄰，知之最早。雖嘗陳其功美，欲以厚於見私，信於爲國，不求其覆過掩惡，有罪望不坐也。前者黜退，歡欣受之。昔趙宣子朝登韓厥，夕被其戮，喜而求賀。况無彼人之功，而敢枉當官之平哉！忠非三閭，智非晁錯，竊位爲過，免罪爲幸。乃使餘論遠聞，所以慚懼也。朱、彭、寇、賈，爲世壯士，愛護相攻，能爲國憂。至於輕弱薄劣，猶昆蟲之相嚙，適足還害其身，誠無所至也。晋侯嘉其臣所争者大，而師曠以爲不如心競。性既遲緩，與人無傷，雖出胯下之負，榆次之辱，不知貶減之於己，猶蚊虻之過也。子産謂人心不相似，或矜勢者，欲以取勝爲榮，不念宋人待四海之客，大鑪不欲令酒酸也。至於屈穀巨瓠，堅而無竅，當以無用罪之耳。他者奉尊嚴教，不敢失墜。郗爲故吏，融所推進。趙衰之拔郤穀，不輕公叔之升臣也。知同其愛，訓誨發中。雖懿伯之忌，猶不得念，况恃舊交，而欲自外於賢吏哉！輒布腹心，修好如初。』」

謝玄暉頗輕江祏。《南史》曰：「祏字弘業，濟陽考城人。祖遵，寧朔參軍。父德驎，司徒右長史。祏仕至侍中、中書令，受遺輔政，爲東昏所誅。」祏嘗詣玄暉，玄暉因言有一詩，呼左右取，既而復停。祏問其故？云「定復不急」。祏以爲輕已，《南史》曰：「祏嘗與弟祀、劉渢、劉晏俱候朓。朓謂祏曰：『可謂帶二江之風流。』以嘲弄之。祏轉不堪。」後遂搆害玄暉。《南史》曰：「東昏失德，江祏欲立始安王，致意於朓。朓自以受明帝恩，不肯答。又説劉暄曰：『始安一旦南面，則劉渢、劉晏，居卿今地。』暄陽驚，馳告始安王及祏，搆而害之，暴其過惡，收付廷尉。」

顔平原司馬光《通鑑》曰：「真卿爲侍御史，楊國忠嫉其不附己，出爲平原太守。」不容於盧杞。杞將出之，平原辭曰：「先中丞傳首平原，《唐書》曰：『杞父奕，天寶末爲東臺御史中丞。父子三繼，清節不易。十四載，安禄山犯東都，人吏奔散，奕在臺獨居，爲賊所執，遂見害。』面被流血，吾不敢以衣拭，親舌舐之，公不忍見容乎？」杞矍然下拜，而銜恨切骨。劉昫《唐書》曰：「盧杞字子良，故相懷慎之孫。父奕，御史中丞。安禄山陷洛陽，奕遇害。杞以門蔭，解褐率府兵曹，徵爲御史中丞。時尚父子儀病，百官造問，皆不屏姬侍。杞至，子儀悉屏去，獨隱几待之。家人問故，子儀曰：『杞形陋而心險，左右見之必笑。若此人得權，即吾族無類矣。』及居糾彈之地，論奏稱旨，遷御史大夫。旬日，爲黄門侍郎。」

《琵琶記》
《西厢記》
附録
《凌氏宗譜選録》

凌濛初全集

拾

魏同賢
安平秋 主編

鳳凰出版傳媒集團
鳳凰出版社

第十册目録

琵琶記

孔祥義 標點

説明

《琵琶記》四卷四十四折，元末明初高則誠撰。明烏程凌濛初朱墨套印本，白口、單欄，每半葉八行，行十八字。精圖十葉二十幅。中縫鐫書名、卷次、葉碼。首白雲散仙序，其生平不詳。次凌濛初凡例十則，次三珠生（凌延喜）跋，藉知整理、評批、刻印者爲凌氏叔侄。眉批、行間批八百八十餘條，大抵分屬三個范疇，一是對作品的評論，二是對文本的所謂古本與時本的分辨，三是對韻調的辨别。評批者恢復舊本面貌的努力是值得稱贊的。《琵琶記》正文底本，則全依朱權（臞仙）刻本。

目録

附録

重訂慕容喈琵琶記序

見江陰徐充《暖姝由筆》

白雲散仙歸自蓬萊，爲酒食演《琵琶記》以娱客。客曰：「此南戲之祖，妙哉！」散仙曰：「是戲詞麗調高，謂爲南戲之祖，信矣，然不免誣謗前賢耳。史稱蔡邕三世同居，父子同朝；又稱邕至孝，侍母病不解衣，廬母墓致瑞，蓋非貧仰於鄰而賴妻治葬者也。此戲失真，何以取信于世？」客曰：「必求其真則鑿矣，但取其戲之足以動人可也。」散仙云：「瓊臺先生云：『每見世人扮雜劇，無端誣賴前賢，伯喈受屈十朋冤，九原如可作，怒氣定沖天。』豈不信哉！本記云：『不關風化體，縱好也徒然。』又謂：『伯喈棄親不顧，棄妻别娶。』事斁彝倫，何關風化？趙氏孤身遠行，入寺乞糧，玷身莫甚焉！牛氏背父從夫，九問十八答，不敬莫過焉！又何關於風化乎！此失之大者，小節未可概舉。由是觀之，似非高明者所作。然詞曲富麗，有非庸流可到，竊意作於高明而亂於庸流者耳。」客唯唯而退。散仙就枕，夢一儒者愀然其容，揖散仙而言曰：「予元進士永嘉高則成也，嘗編《琵琶記》以刺東晋慕容喈之不孝、牛金之不義，時爲柳文肅公所責，稿隨焚矣。不意好事者猶録斷稿，中間殘缺，妄意增補，至訛慕容爲蔡邕，則尤可怪。按慕容覆姓名喈，字伯喈，鮮卑慕容廆之族。自廆受晋命，爲平州刺史，而鮮卑人多入中國。喈之祖父恨釋然矣，幸毋靳。」予諾而寤，遂援筆更之，而序其事於首簡。

弘治戊午菊花新時白雲散仙書於雙桂堂

小門深巷春到芳草人閑清晝

臨鏡緑雲撩亂

解鞍沽酒共論文

柳絮簾櫳梨花庭院

芳草斜昜望斷長安路

洛陽富貴花如錦綺紅樓數里無非嬌媚

重門半掩黄昏雨

彩扇重遮羞蛾輕蹙

野曠原空

捲起簾兒明月正上

歸夢杳繞屏山烟樹那是家鄉

金刀下處應心疼

悲風四野吹松栢山雲黯淡日無色

闌干露濕人猶凭

梧葉滿庭除争似我悶懷堆積

金雀釵頭雙鳳軃

兔毫繭紙將他動

金蓮寶炬照迴廊正院宇梅稍月上

苔把磚封笋迸泥路

曲澗小橋邊梅花照眼鮮

琵琶記凡例 凡十則

一、《琵琶》一記，世人推爲南曲之祖，而特苦爲妄庸人强作解事，大加改竄，至真面目，竟蒙塵莫辨。大約起于崐本，上方所稱依古本改定者，正其謁筆，所稱時本作云云者非，則强半古本，顛倒訛謬，爲罪之魁。厥後徽本盛行，則又取其本而以意更易一二處，然仍之者多，而世人遂不復睹元本矣。即今世所行古曲，如《荆釵》、《拜月》，皆受改竄之冤。觀《拜月》末折《尾聲》云：「中山兔穎端溪硯，斷處完成絶處聯，從此梨園儘可搬。」則豈施君美之舊哉！故舊譜所載，多今《拜月》所無者，可爲痛恨，惜無從得一善本正之。獨此曲偶獲舊藏臞仙本，大爲東嘉幸，亟以公諸人，毫髮畢遵，有疑必闕，以見恪守。

一、時本《琵琶》，大加增減。如《考試》一折，古本所無；古本後八折，去其三折。今悉遵原本。但其所增者，人既習見，恐反疑失漏者，則附之末帙。

一、曲有不可不用尾者，有不可用尾者，有可用可不用者，元自有體。今凡見古本無尾者，即妄增一尾，殊爲可笑。然恐人所習熟，以不見而駭，則備記上方，其曲之竟異者亦然。

一、東嘉精於調，故凡宜平宜仄處，上去去上處，以入作平處，皆有深意，非苟作者，悉爲拈出，以俟知音。獨其最喜雜用韻，每有三四韻合爲一曲者，亦曲家所深忌。意東嘉之爲人，必善聲律，而地産音舌不甚正者，今失韻處，亦皆拈出，使瑕瑜不掩。

一、曲有宫調，東嘉所作引子過曲，時不用一宫。時本混刻，難以辨調；又一調雜犯者，時刻止標一牌名，使唱者不得了然。兹悉著某宫引子、某宫過曲，一牌名所犯幾調，俱一一注明。知音者謂此爲《琵琶》作譜可也。

一、此記襯字極多，昧者誤認，易至失調，今覈譜以細書别之。其點板悉遵九宫譜，故有與今時清唱板異者，非不知今時板也。

一、白中科諢，宜喜、宜怒，上文原自了然。故古本時以一介字概之，以俟演者自辨，不屑屑注明，莫以今本致疑也。

一、歷查諸古曲，從無標目。其有標目者，如末上開場、伯喈慶壽之類。皆後人謁增也。且時本亦互相異同，俱不甚雅。從臞仙本，不録。

一、曲中妙處，專取當行本色俊語，非取麗藻。今人選曲，但知賞「新篁池閣」、「長空萬里」等，皆不識真面目。此本加丹鉛處，必曲家勝場，知者自辨。至近時有贋李卓吾批點本，夫真卓吾且不解曲，况效顰拾唾者，益不足論矣。

一、弘治間有白雲散仙者，以東嘉見夢，謂蔡伯喈乃慕容喈之誤，改之行世，以爲東嘉洗垢，亦一奇也。兹附載其序，以發好事者一笑。

即空觀主人識

琵琶記跋

曲有當行之體，有自然之節，自元迄今，僅二百餘年，而此脉幾斬。蓋一壞于不識本色者，徒取藻詞，致編摹者以故實詞華，堆砌成篇，千章一律，諺所謂「八寸三分帽子，人人可戴」者也；再壞於不識法律者，止欲供聽，不辨襯齒，至於字句增損，平仄錯置，相沿不悟。不知古曲有必不可動移處，遵守恪然而可一一按者，竟蔑之若無，不一考索。余向爲憤懣，没由正之。會同叔即空觀主人度《喬合衫襟記》，更悉此道之詳。旋復見考覈《西厢記》，爲北曲一洗塵魔，因請並致力于《琵琶》，以爲雙絶。遂相與參訂，殫精幾年許，始得竣業。此詞壇快事，敢以急公同好，因録其概如此。

西吴三珠生跋

琵琶記卷一

元　高東嘉　填詞

第一折(末上)

【水調歌頭】秋燈明翠幕，夜案覽芸編。今來古往，其間故事幾多般。少甚佳人才子，也有神仙幽怪，瑣碎不堪觀。正是不關風化事，縱好也徒然。　論傳奇，樂人易，動人難。知音君子，這般另作眼兒看。休論插科打諢，也不尋宮數調，只看子孝共妻賢。正是驊騮方獨步，萬馬敢爭先。

(中呂)【沁園春】趙女姿容，蔡邕文業，兩月夫妻。奈朝廷黃榜，遍招賢士；高堂嚴命，强赴春闈。一舉鰲頭，再婚牛氏，利綰名牽竟不歸。饑荒歲，雙親俱喪，此際實堪悲。　堪悲，趙氏支持，剪下香雲送舅姑。把麻裙包土，築成墳墓；琵琶寫怨，徑往京畿。孝矣伯喈，賢哉牛氏，書館相逢最慘凄。重廬墓，一夫二婦，旌表耀門閭。

極富極貴牛丞相，施仁施義張廣才，
有貞有烈趙真女，全忠全孝蔡伯喈。

第二折（生扮蔡伯喈上）

〔正宫引子〕【瑞鶴仙】十可平。載親燈火，論高才絶學，休夸班馬。風雲太平日，正驊騮欲騁，魚龍將化。沉吟一和，可平，去聲。怎離雙親膝下？且盡心甘旨，功名富貴，可平。付之天也。

【眉批】
「沉吟」句，浙本所無，則本調缺四字矣
「怎離」「且盡」俱上去聲，「付」字去聲，「也」字上聲，俱妙。
用韻甚雜。

【鷓鴣天】宋玉多才未足稱，子雲識字浪傳名。奎光已透三千丈，風力行看九萬程。經世手，濟時英，玉堂金馬豈難登？要將萊彩歡親意，且戴儒冠盡子情。蔡邕沉酣六籍，貫串百家，自禮樂名物以及詩賦詞章，皆能窮其妙；由陰陽星曆以至聲音書數，靡不得其精。抱經濟之奇才，當文明之盛世。幼而學，壯而行，雖望青雲之萬里；入則孝，出則弟，怎離白髮之雙親？到不如盡菽水之歡，甘虀鹽之分。正是：行孝于已，責報于天。更喜新娶妻房，纔方兩月。却是陳留郡人，趙氏五娘子。儀容俊雅，也休夸桃李之姿；德性幽閑，儘可寄蘋蘩之托。正是夫妻和順，父母康寧。自家記得《詩》中云：「爲此春酒，以介眉壽。」今喜雙親既壽而康，對此春光，就花下酌杯酒，與雙親稱壽。昨日已分付媳婦安排，不免催促他則個。娘子，安排酒，請爹媽出來。（旦内應介）（外扮蔡公上）

【眉批】

「雖」，諸本作「誰」，非。

如此賓白稱喚，自是元體，試取時本改竄者一對看，便覺雅鄭之分。後仿此。

〔雙調引子〕【寶鼎現】小門深巷，春到芳草，人閑清晝。（净扮蔡婆上）人老去星星非故，春又來年年依舊。（旦扮趙氏上）最喜得今朝春酒熟，滿目花開似綉。（合）願歲歲年年人在，花下常斟春酒。

【眉批】

《寶鼎現》係詩餘名，今人改「現」作「兒」，誤。

時本「巷」字下增「裏」字，「最喜」下去「得」字，「似綉」改作「如綉」，即非《寶鼎現》本調矣。

（外云）孩兒，請爹媽出來做甚麽？（生跪介）告爹媽，人生百歲，光陰幾何？幸得爹媽年滿八旬，孩兒一則以喜，一則以懼；况當此春光佳景，閑居無事，孩兒要與爹媽稱慶則個。（外净）如此也好。（生進酒介）

【眉批】

時本此處增净作醜態語，可恨！

〔雙調過曲〕【錦堂月】（晝錦堂）簾幕風柔，庭幃晝永，朝來峭寒輕透。人在高堂，作平。一喜又還作平。一憂。

（月上海棠）惟願取百作平。歲椿萱，長似他可仄。三春花柳。（合）酌作平。春酒，看取花下高歌，共祝作平。眉壽。

【眉批】

「人」字作「親」，非。

〔換頭〕【前腔】（旦）輻輳，獲配鸞儔。深慚燕爾，持杯自覺嬌羞。怕難主蘋蘩，作平。不堪侍奉箕箒。惟願取偕老夫妻，長侍奉暮「暮」字改平聲乃妙。年姑舅。（合前）

【眉批】

「偕」字，不可唱作「諧」字。

凡前腔之復唱前合曲者，但書「合前」，不復載前文，猶第二曲止云「前腔」，不重書本牌名一例也。考諸古本傳奇，與新舊南宮譜及琴譜皆然。意此亦其體，原非簡略。近惟贋李卓吾本乃備刻之。

【前腔】（外）還愁，白髮蒙頭，紅英滿眼，心驚去年時候。只恐時光，催人去也難留。惟願取黄卷青燈，及早換金章紫綬。（合前）

【前腔】（净）還憂，松竹門幽，桑榆暮景，明年知他安否？嘆蘭玉蕭條，作平。一朵桂花難茂。惟願取連理芳年，得早遂孫枝榮秀。（合前）

【眉批】

時本「知他」下多「健否」二字，非調。

「難茂」即含下一子不忍遣求功名之意，時本作「堪茂」，無解。

「芳年」，先埋伏下「早」字。今本作「芳妍」，自稱對「榮秀」爲工者，非。

【醉公子】「公」，時本作「翁」，誤。(生)回首，嘆瞬息烏飛兔走。(旦)喜爹媽雙全，謝天相佑。(生)不作平。謬，更清淡安閑，樂事如今誰更有？(合)相慶處，但酌酒高歌，共祝眉壽。或作「更復何求」，非。「祝」作平。

【前腔】(外)卑陋，論做人要光前耀後。願我兒青雲萬里，早當馳驟。(净)聽平声剖，真樂在田園，何必當今時本作「區區」，非。公與侯。(合前)

【眉批】

時本此曲下有外與生一段白，且云如此可接「卑陋」。不知古本「不謬」以下係生唱，故外云然。時本疑「爹媽」二字，遂並爲生唱，而旦唱「不謬」以下，則外語不可接，不得不增白矣。豈知元劇「爹媽」乃通稱者乎？本記以後，旦稱「爹媽」者亦不少。

【僥僥令】(生旦)春光明彩袖，春酒滿「滿」，今本作泛。金甌。但願歲歲年年人長在，父母共夫妻相勸酬。

【眉批】《僥僥令》，即《彩旗兒》，又與正宫《彩旗兒》不同。「歲歲年年」，用仄仄平平，妙甚，若平平仄仄，不發調矣。或點板在「共」字、「妻」字上，而「夫」字無板，滯矣。

【前腔】（外净）夫妻長廝守，父母願長久。坐對送青排闥作平。青山好，看將緑護田疇緑作平。水瀲。

【眉批】時本作「坐對兩山排闥青來好，一水護田疇緑繞流」，蓋以荆公詩改之也。今俗亦多從之，然非古本。古本語，思之亦自有味，况「送青」「將緑」，本荆公語中警字乎？

【十二時】（合）山青水緑還依舊，嘆人生青春難又，惟有快活是良謀。

（外）逢時對景且高歌，（净）須信人生能幾何？

（生）萬兩黄金未爲貴，（旦）一家安樂值錢多。

第三折

（末扮院子上）風送爐香歸别院，日移花影上閑庭。晝長人静無他事，惟有鶯啼三兩聲。小人不是别人，却是牛太師府裏一個院子。若論我那太師富貴，真個：只有天在上，更無山與齊；舉頭紅日近，回首白雲低。怎見得富貴？只見勢壓中朝，富傾上苑。白日映河堤，青霜凝畫戟。門外車輪流水，城中甲第連山。瓊樓酹月十二層，錦障藏春五十里。香散綺羅，寫不盡園林景致；影摇珠翠，描不就庭院風光。好耍子的油碧車輕金犢肥，没尋處的流蘇帳暖春鷄報。畫堂内持觴勸酒，走動的是紫綬金貂；綉屏前品竹彈絲，擺列的是紅妝粉面。玳瑁筵中藜寶香，真個是朝朝寒食；琉璃影裏燒銀燭，果然是夜夜元宵。這般福地洞天，可知有仙姝玉女。休言富貴牛太師，且説賢德小娘子。看他儀容嬌媚，一個没包彈的俊臉，似一片美玉無瑕；體態幽閑，半點難勾引的芳心，似幾寸清冰徹底。珠翠叢中長大，倒欣着雅淡梳妝；綺羅隊裏生來，却厭他繁華氣象。怪聽笙歌聲韻，惟貪針黹工夫。愛景清幽，鎮白日何曾離綉閣；笑人游冶，傍青春那肯出香閨。開遍海棠花，也不問夜來多少；飛殘楊柳絮，竟不知春去幾何。要知他半點貞心，惟有穿瑣窗皓月；能回他一雙嬌眼，除非翻翠幌的清風。决非慕司馬的文君，肯學選伯鸞的德耀。更羡他知書知禮，是一個不趨蹌的秀才；若論他有德有行，好一位戴冠兒的君子。多應是相門相種，可惜不做廝兒；少甚麽王子王孫，争要求爲佳配。呀！理會得麽？他是玉皇殿上掌書仙，一點塵心謫九天。莫怪蘭香薰透骨，霞衣曾惹御爐烟。好怪！只見老姥姥和惜春養娘舞將來做甚麽？（净扮老姥姥）

【眉批】

「針黹」，諸本作「針指」，非。

「不知」「知」字，一本作「道」。

「廝兒」，猶言男子。

「養娘」，稱丫頭之别名，元人小説中多如此。俗本作「姐」，非。

（丑扮惜春舞上）

【仙吕入雙調過曲】【雁兒舞】（净）庭院重重，怎不怨苦？要尋個男兒，並無門路。（丑）甚年能勾，和一丈夫，一處裏雙雙雁兒舞？

【眉批】

「怨苦」、「處裏」，俱去上聲，俱妙。

即用《雁兒舞》三字在曲中，古人多用此體。

（相見介）（末）我且問你兩個：每常間不曾恁地戲耍，怎地今日十分快活？（丑）院公，你不得知，我吃小娘子苦，並不許我一步胡踹，並不要男兒邊厢去。苦咳！你不要男兒，我須要。他也道我和他相似，也不放我笑一笑。今日天可憐見，吃我千方百計去説化他，只限我一個時辰，去花園中賞玩一番。苦咳！我如何不快活？（净）便是我，也千不合萬不合前生不種福地，把我這裏做丫頭，苦如何説得？做丫頭老了，並不曾有一日得眉頭開。今日得老相公出去，我且來這裏游賞則個。（末）元來恁地，可知你快活也。（净）你伏侍老相公，公的又撞着公的，我伏侍小娘子，雌的又撞着雌的。（末）又道是鳳隻鸞孤。惜春姐年紀小，也怪他傷春不得。你老老大大，也這般説，甚麽樣子？（净）哼喂！老畜生，吃你識破了秋茄晚結，菊花晚發；老便老，似京棗，外面皺，裏頭好。你不見東村李太婆，年紀七十歲，頭光光的，只是要嫁人。人問他：你老了，嫁甚的？這婆子做四句詩，做得好。（末）四句詩如何説？（净）道是：人生七十古來稀，不去嫁人待何時？正下了頭髻床上睡，枕頭上放出大擂搥。（末）你有些個欠尊重。（净）休閑説，今日能勾得在此閑戲則個，也不是容易。正撞着院公在此，咱每兩三個自作耍子。（丑）還是做甚麽耍好？（净）踢氣球耍。（末）不好。（净）怎地不好？（西江月）（末）白打從來逞勢，官場自小馳名。如今年老脚膁疼，圓社無心馳騁。空使綉襦汗濕，漫教羅襪生塵。兀的是少年子弟俏門庭，不是寶妝行徑。（丑）門百草耍。（末）也不好。（丑）怎的不好？（末）香徑裏攀殘草色，雕闌畔折損花容。又無巧藝動王公，枉費工夫何用？驚起嬌鶯語燕，打開浪蝶狂蜂。若還尋得個並頭紅，早把你芳心引動。（净丑）打鞦韆耍。（末）這個却好。（净丑）打鞦韆怎的便中？（末）你聽我說：玉體輕流香汗，綉裙蕩漾明霞。纖纖玉手把彩繩拿，真個堪描堪畫。本是北方戎戲，移來上苑豪家。女娘撩亂隔墻花，好以半仙戲耍。（净丑）恁地便打鞦韆。只是那裏有鞦韆架？（末）我這花園裏那討鞦韆架？一來老相公不忻，二來娘子又不好，縱有也拆了。（丑）院公，没奈何，咱每三人在這裏，廝輪做鞦韆架，一人打，兩人擡。（末）誰先打？（净丑）我兩人擡，院公，你先打個。（做架介）（貼内叫介）老姥姥，將我的《列女傳》那裏去了？（末丑放，净不跌介）（末）你兩人騙得我好也！（净）今番當我打。（末丑擡，净打介，貼又叫介）惜春，將我針箱那裏去了？（末丑放，净不跌介）（末）你奸得我索性。（丑）今番當我打，疾忙着。（丑打介）（貼扮牛氏上）莫信直中直，須防仁不仁。（末净放走下。丑做不知介）又耍，罷罷，來麼！輪當我打，便奚落人。（貼扯丑耳丑驚介）（貼）賤人！你直恁的爲人不自重，只要閑嬉並閑哄。（丑）娘子，教人怎不去閑嬉？（貼）怎的？（丑）你看麼，鞦韆架尚兀自走動。（貼）賤人！我只教你在此玩賞片時，誰許你在此閑鬨？（丑）娘子，奴家名唤做惜春，見這春去了，自傷春起來，如何不悶？（貼）你有甚傷春？（丑）娘子，我早晨間見疏辣辣寒風，吹散了一簾柳絮；餉午間只見淅零零小雨，打壞了滿樹梨花。一霎時囀幾對黄鸝，猛可地叫幾聲杜宇。見此春去，如何不悶？（貼）春光自去，有甚麼悶來？我和你去習些女工便了。（丑）苦咳！這般天氣，誰不去閑嬉？娘子却教惜春去習女工，兀的不悶殺惜春麼？（貼）婦人家誰許你閑嬉？不習女工，有甚勾當？你却不學不出閨門的。（丑）娘子，你千箱羅綺，滿頭珠翠，少甚麼了，却這般自苦？（貼）賤人好怪麼！做生活是你本分的事，問有和不有做甚麼？（丑）恁地，惜春辭娘子去了，我伏侍别人，與他傳消遞息，隨趁也得些快活。我伏侍着你，見男兒也不許我擡眼。前日艷陽天氣，花紅柳緑，猫兒狗兒也動心，你也不動一動；如今暮春時候，鳥啼花落，誰不傷情？你也不愁一愁。惜春其實難和娘子過活。（貼）賤人！你是狂是顛？我對老相公說，好生施行你。（丑）娘子，可憐見，惜春心裏悶，自這般說。（貼）你看麼！

【眉批】

「草色」，今本改「柳眼」，以犯出「草」字也。

「綉裙」，一作「湘裙」。

時本末、净、丑打時，各有《窣地錦襠》一隻，古本所無，不敢從，恐人疑其掛漏，附載于後。

【越調引子】【祝英臺近】緑成陰，紅似雨，春事已無有。（丑）聞説西郊，車馬尚馳驟。（貼）怎如柳絮簾櫳，梨花庭院，（合）好天氣清明時候。

【眉批】

凡引子皆曰慢詞，過曲皆曰近詞，此當作《祝英臺慢》。但此調出自詩餘，原作《祝英臺近》，不敢改也。

舊譜於「尚」字下增「然」字，今人于「氣」字下增「正是」二字，皆非。

【玉樓春】（丑）清明時節單衣試，争奈晝長人静重門閉？（貼）我芳心不解亂縈牽，羞見游絲與飛絮。（丑）我在綉窗欲待拈針黹，忽聽鶯燕雙雙語。（貼）無情何事管多情？任取春光自來去。（丑）娘子，有甚法度教惜春休悶了？（貼）

【越調過曲】【祝英臺】把幾分春，三月景，分付與東流。（丑）鳥啼花落，須煩惱你。（貼）啼老杜鵑，飛盡紅英，端不爲春閑愁。（丑）不閑愁，也去賞玩否？（貼）休休，婦人家不作平。出閨門，怎去尋花穿柳？（丑）不游賞，只消瘦了你。（貼）把花貌今本作「我花貌」。誰肯因春消瘦？

【眉批】

或作《祝英臺序》。

按第二换頭，與起調處不同，而第三、第四换頭，又與第二不同。「景」字、「鴟」字、「門」字、「飛」字、「隊」字、「輪」字、「鞍」字、「人」字、「簾」字、「懷」字、「年」字、「清」字、「雲」字、「風」字，俱不可用韻，而第三隻「愁」字用韻，非也。

「東流」、「清幽」、「來由」，俱用平平，而「求友」二字，用平上；「休休」、「休憂」，俱用平平，而「難守」、「聽剖」，俱用平上；「誰肯因春消瘦」與「擔閣相如琴奏」用平仄平平平仄，而「終身休配鸞儔」用平平平平仄平平，此正高先生之妙處，詞中之從心所欲，不踰矩也。

【前腔】〔第二换頭〕春晝，只見燕雙飛，今作「燕成雙」，以爲三疊文。蝶引隊，鶯語似求友。（貼）你是人，却説那蟲蟻做甚麼？（丑）那更柳外畫輪，花底雕鞍，都是少年閑游。（貼）賤人！你是婦人家，説那少年事做甚麼？（丑）難守，綉房中清冷無人，我待尋一作平。個佳偶。（貼）呀，賤人！你倒思量男兒。（丑）這般説，作平。我終身休配鸞儔。

【前腔】〔第三换頭〕（貼）知否？我爲何不作平。捲珠簾，獨坐愛清幽？（丑）清幽，清幽，怎奈人愁！（貼）縱有千斛悶懷，百種春愁，難上我的眉頭。（丑）只怕你不長似這般。（貼）休憂，任他春色年年，我的芳心依舊。（丑）只怕風流年少的哄着你。（貼）這文君，可不擔閣了相如琴奏。

【前腔】（丑）今後，方信你徹作平。底澄清，我好没來由。（貼）怎的不收拾了心下？（丑）相像暮雲，分付東風，情到不堪回首。（貼）你怎不學我？（丑）聽剖：　你是蕊宫瓊苑神仙，不比塵凡相誘。（貼）恁地，自隨我習些女工便了。（丑）謹隨侍，窗下拈針挑綉。

【眉批】

坊本增丑一白，以引起「子規啼」句，此弋陽梨園惡套，且與「謹隨侍」句意不合。

（貼）休聽枝上子規啼，（丑）悶在停針不語時。

（貼）窗外日光彈指過，（丑）席前花影坐間移。

第四折（生上）

【南呂引子】【一剪梅】浪暖桃香欲化魚，期逼春闈，詔赴春闈。浙本作「心戀親闈」。郡中空有辟賢書，心戀親闈，浙本作「詔赴春闈」。難捨春闈。

【眉批】

第一句不可用平平仄仄仄平平，第四句不可用仄仄平平仄仄平。今人多混用之，不可不辨。

「魚」字、「書」字，借用魚模韻。

世間好物不堅牢，彩雲易散琉璃脆。蔡邕本欲甘守清貧，力行孝道。誰知道朝廷黃榜招賢，郡中把自家保申上司去了；一壁廂來辟召，自家力以親老爲辭。這吏人雖則已去，只怕明日又來，我只得力辭便了。正是：人爵不如天爵貴，功名争似孝名高？

〔南呂過曲〕【宜春令】雖然讀，萬卷書，論功名非吾意兒。只愁親老，夢魂不作平。到春闈裏。便教我做到九棘三槐，怎撇得萱花椿樹？我這衷腸，一點孝心對着誰語？（末扮張大公上）

【眉批】

「雖然」二字，從來如此，今人皆唱作「然雖」，不知何解？

「夢魂不到」，用仄仄平平亦可。

「書」字、「樹」字、「語」字，借用魚模，「兒」字借用支思。

元曲多「大公」、「大郎」之稱，俗作「太公」，謬。

【前腔】相鄰並，相依倚，往常間有事來相報知。（生）來的却是張大公。（相見介）（末）解元，試期逼矣，早辦行裝前途去。（生）雙親老了，不敢去。（末笑介）子雖念親老孤單，親須望孩兒榮貴。解元，趁此青春，不去更待何日！

【眉批】

「親須望孩兒」，乃是對他親說，故言「孩兒」，亦泛論其理也。今人必欲改作「解元」，是欲改人之不通，而不知自家反不通者也。

解元既不肯去呵，待老員外和老安人出來，如何說，便有分曉。道猶未了，老員外早到。（外上）

【前腔】時光短，雪鬢催，守清貧不圖甚的。有兒聰慧，但得他爲官吾足矣。（外末相見介）（外）孩兒，天子詔招取賢良，秀才每都求科試。快赴春闈，急急整着行李。

【眉批】

諸本作「吾心足矣」，非調。

「試」字，借支思。

（末）兀的老安人也出來了。（净上）

【前腔】娘年老，八十餘，眼兒昏又聾着兩耳，又没個七子八婿，只有一個孩兒要他供甘旨。方纔得六十日夫妻，強逼他争名奪利。細思之，怎生不教老娘嘔氣。

【眉批】

「耳」字、「旨」字，借支思。

净曲，諸本多作《吴小四》云：「眼又昏、耳又聾，家私空又空。只有孩兒肚内聪。若做得官時，我運通，我兩人不怕窮。」則蔡婆亦要伯喈去矣，與後折相背。况《吴小四》在商調，與南吕亦不協。别本有從《宜春令》者，又與此少異，第四句以下云：「有兒聪慧，娶得媳婦方纔六十日，強逼他赴着春闈，怕等不得孩兒榮貴。」餘俱同。

（相見介）（净）我到不合娶媳婦與孩兒，只得六十日，便把我孩兒都瘦了，若過三年，怕不做一個骷髏。（末）只要他不諧。（外）孩兒，如今黄榜招賢，試期已逼，你這般人才，如何不去赴選？（末）老員外和老安人，不可不作成秀才去走一遭。（生）告爹爹：孩兒非不要去，争奈爹媽年老，家中無人侍奉。（净）苦麽！又没七子八婿，只有一個孩兒。老賊！你眼又昏，耳又聾，又走動不得，教孩兒去，萬一有些差池，教誰來看管你？真個没飯吃便着餓死，没衣穿便着凍死。（外）你理會得甚麽！孩兒做官，也改换門閭，如何不教他去？（生）孩兒難去。

【綉帶兒】親年老光陰有幾？行孝正當一作是。今日。作平。終不然爲着一領藍袍，却落後戲一作五。彩班衣。思之，此行榮貴雖可擬，怕親老等不得榮貴。（外）春闈裏紛紛大儒，難道是没爹娘的孩兒方去？

【眉批】

「戲彩」、「費了」，去上聲，「苦恁」，上去聲，俱妙。

「春闈裏」、「百年事」，俱暗用韻于句中，而人不覺者。

「儒」字、「去」字、「拒」字，借魚模，「之」字、「志」字、「兒」字，借支思。

「没爹娘的孩兒方去」，諸本作「没爹娘的方去求試」，何如舊本句法之俊。

【前腔】〔换頭〕休迷！男兒漢凌雲志氣，何必苦恁淹滯？可不乾費了十載青燈，枉捱半世黄虀？須知，此行是親命休固拒。秀才，那些個養親之志？（净）百年事只有此兒。老賊！難道是庭前森森丹桂？

【太師引】（外）他意兒，難提起，這其間就裏我自知。（末）他爲甚麽？（外）他戀着被窩中恩愛，捨不得海角天涯。音奚。你是讀書人，説個比方與你：塗山四日離大禹，你直恁地捨不得分離。（末）敢是如此。秀才，你貪鴛侣守着鳳幃，多誤了鵬程鶚薦消息。

【眉批】
「兒」字，借支思，「禹」字、「侣」字，借魚模，「兒」字、「侣」字，俱暗用韻，惜其借耳。
時本「海角」上增一「離」字，贅甚。
「就裏」、「大禹」、「悮了」，去上聲，俱妙。

【前腔】（净）他意兒，只要供甘旨，又何曾貪歡戀妻。自古道曾參純孝，何曾去應舉及第？功名富貴天付與，天若與不求而至。（生）娘言是，望爹行聽取。孩兒戀媳婦，不肯去呵，天須鑒孩兒不孝的情罪。

【眉批】
「旨」字、「至」字，借支思，「與」字，借魚模。
「付與」，去上聲，妙。
此自父子家門對答，時作跪天而矢，改「孩兒」爲「蔡邕」，覺陋。

告爹爹，教孩兒出去，把爹媽獨自在家，萬一有些差池，別人道孩兒不孝，撇了爹娘去取功名；二來道爹爹所見不達，止有一子，教他遠離；以此上不敢從命。（外）不從我的言語也由你，你但説如何喚做孝？（净）老賊！你年七八十歲，也不識做孝，披麻帶索便是孝。（末收介）（生）告爹爹：凡爲人子者，冬温而夏凊，昏定而晨省，問其燠寒，搔其疴癢，出入則扶持之，問所欲則敬進之。是以父母在，不遠游；出不易方，復不過時。古人的大孝，也只是如此。（外）孩兒，你説的都是小節，不曾説那大孝。（净）老賊！你又不曾死，只管教他做大孝，越出去赴選不得。（末）這話有些個不祥。（外）孩兒，你聽我説：大孝始于事親，中于事君，終于立身。身體髮膚，受之父母，不敢毀傷，孝之始也。立身行道，揚名後世，以顯父母，孝之終也。是以家貧親老，不爲禄仕，所以爲不孝。你去做官時節，也顯得父母好處，不是大孝，却是甚麽？（生）爹爹説得自是。但孩兒此去，知他是做官不做官？若還不中時節，又不能勾事親，又不能勾事君，可謂兩擔閣了。（末）秀才説話差了。老漢嘗聽得秀才每説道：幼而學，壯而行；懷寶迷邦，謂之不仁。孔席不暇暖，墨突不待黔，伊尹負鼎俎干湯，百里五羊皮自鬻，也只是須時行道，濟世安民。秀才，這個正是：學成文武藝，貨與帝王家。秀才，你這般人才，如何不去做官，濟世安民？（净）你都有言語勸我兒去赴選，我有故事説與你聽：在先東村有個李員外孩兒，他爹爹每日只閑炒，只是教孩兒去做官。他吃不過爹爹閑炒，去到長安那里，無人擡舉他，流落教化，見平章宰相，疾忙地上拜着。宰相可憐見他，道：我與你做個養濟院頭目，去管你爹娘。這個人道：做個養濟院頭目，如何去管得爹娘？比及他回來，爹娘果在養濟院裏。他爹問他娘道：我教孩兒去得是，今日我孩兒做頭目，人也不敢欺負我。你今日去，千萬做個養濟院頭目，卑田院大使回來，也休教人欺負我。（末）只有乞丐相，教我聽了半日。（外）孩兒，你便去。（生）孩兒去則不妨，爹媽教誰看管？（末）秀才，自古道：千錢買鄰，八百買舍。老漢既忝在鄰舍，秀才但放心前去，不揀有甚欠缺，或是老員外老安人有些疾病，老漢自當早晚應承。（生）如此，謝得公公！凡事專托公公周濟。卑人没奈何，只得收拾行李便去。

【三學士】謝得公公意可平。甚美，可平。凡事仗托維持。假饒一可平。舉登科日，難道是雙親未老時。可仄。只恐錦衣歸故里，雙親一作「怕雙親」。的不見兒。「未」字，改平声，更妙。「的」字，上聲甚美。「未老」、「故里」，去上声，俱妙。

【眉批】

《三學士》，或改作《玉堂人》，可恨。

按此調第三句，與《解三酲》第三句相似，而實不同，此曲無截板故也。今清唱者，皆与唱《解三酲》同，而梨園中素稱有傳授者，亦踵其訛矣。欲存古調，不亦難哉！

第三句不用韻亦可，「時」字、「兒」字，借支思，「閭」字、「區」字、「書」字、「珠」字，借魚模。

【前腔】（外）萱室椿庭衰老矣，指望你改换門閭。休道無人供奉，你做得官呵，三牲五鼎供朝夕，須勝似啜菽並飲水。你若錦衣歸故里，我便死呵，一靈兒終是喜。

【前腔】（末）托在鄰家相依倚，自當效些區區。秀才，你爲甚十年窗下無人問？只圖個一舉成名天下知。你若不錦衣歸故里，誰知你讀萬卷書？

【前腔】（净）一日分離掌上珠，我這老景憑誰？忍將父母飢寒死，博得孩兒名利歸。你縱然錦衣歸故里，補不得你名行虧。

（外）急辦行裝赴試闈，（生）父親嚴命怎生違？

（净）一舉首登龍虎榜，（末）十年身到鳳凰池。

第五折（旦上）

〔雙調引子〕【謁金門】春夢斷，臨鏡緑雲撩亂。聞道才郎游上苑，又添離别嘆。（生上）苦被爹行逼遣，默默此情何限！（合）骨肉一朝成拆散，可憐難捨弃。

【眉批】

「斷」字、「亂」字、「弃」字，用桓歡，「苑」字、「遣」字，用先天，「限」字、「散」字，用寒山，此高先生痼疾。

「默默」句，言説不出苦情也，時本以「默默」属言語，而改「脉脉」，以爲属情緒，正不必。

(旦)解元，雲情雨意，雖可抛兩月之夫妻；雪鬢霜鬟，竟不念八旬之父母。功名之念一起，甘旨之心頓忘，是何道理？(生)娘子休説那話。膝下遠離，豈無眷戀之意？奈堂上力勉，不聽分剖之辭，咳！教卑人如何是好？(旦)我猜着你了：

【仙呂入雙調過曲】【忒忒令】你讀書思量做狀元，我只怕你學疏才淺。(生)我學也不疏，才也不淺。(旦)只是《孝經》、《曲禮》，早忘了一段。(生)那見忘了？(旦)却不道夏清與冬温，昏須定，晨須省，親在游怎遠？

【眉批】

「段」字，借桓歡。

「一段」，諸本作「一半」，不穩。

【前腔】(旦)我哭哀哀推辭了萬千，他鬧炒炒抵死來相勸。將我深罪，不由人分辨。(旦)罪你甚麼？(生)他道我戀新婚，逆親言，貪妻愛，不肯去赴選。

【眉批】

「赴選」，去上聲，妙甚。

【沉醉東風】你爹行見得好偏，只作平。一子不留在身畔。公婆如今在那裏？（生）在堂上。（旦）既在堂上，我和你同去説。（生）請。（旦）奴家不去了。（生）欲去欲不去，却是爲何？（旦）我去時節呵，他只道我作平。不賢，要將你迷戀。這其間怎不悲怨！（合）爲爹淚漣，爲娘淚漣，何曾爲着夫妻上意牽？

【眉批】

「畔」字，借桓歡。

「要將迷戀」，用仄仄平平，亦可。

末句或作「夫妻意上掛牽」，非也。

【前腔】（生）做孩兒節孝怎全？做爹行不從幾諫。呀！俺爲人子的不當恁地説。也不是要埋冤，影隻形單，我出去有誰來看管。（合前）

（生）娘子，爹媽來了，你且拭了眼淚。（外净上）

〔仙吕過曲〕【臘梅花】孩兒作平。出去在可平。今日中，爹爹媽媽來相送。但願得魚化龍，青雲得作平。路，桂枝高折步蟾宫。

【眉批】

或無「在」字，本調缺一字，非也。

「路」字，可用韻。

（外）孩兒，安排行李了未？（生）安排已了。（外）安排既了，如何不去？（净）他若出去，家中更無第二人，只有一個媳婦，如何不分付幾句？（生）孩兒没別事，只待張大公來，把爹娘托付與他，教他早晚應承，孩兒庶可放心前去。（旦）張大公早來。（末）仗劍對樽酒，耻爲游子顔。所志在功名，離別何足嘆。（相見介）（生）卑人如今出去，家中並無親人。爹媽年老衰倦，一個媳婦只是女流之輩，他理會得甚麽？凡事全賴公公相與扶持，早晚看管，家中倘有些欠缺，亦望公公周濟。昨日已蒙親許，今日特此拜懇。卑人倘有寸進，自當效結草銜環之報，決不忘恩。（末）受人之托，必當終人之事。況一言既出，駟馬難追。昨日已許秀才，去後決不相誤。（生旦）謝得公公！（外）孩兒去。（生）孩兒相辭爹媽便去。

【仙呂入雙調過曲】【園林好】兒今去，爹媽休得要意懸。兒今去今年便還，但願得雙親康健。（合）須有日拜堂前，須有日拜堂前。

【眉批】

諸曲用先天，而雜犯寒山、桓歡二韻。

【前腔】（外）我孩兒不須掛牽，爹只望孩兒貴顯。若得你名登高選，（合）須早把信音傳，須早把信音傳。

【眉批】

「貴顯」，一作「做官」，亦可。「選」字不可唱作去聲。

【江兒水】（净）膝下嬌兒去，堂前老母單，臨行只得密縫針綫。眼巴巴望着關山遠，冷清清倚定門兒盼。（生）母親，且自寬懷消遣。（净）教我如何消遣？（合）要解愁煩，須是頻寄音書回轉。

【眉批】

《江兒水》第四句，須用仄仄平平起，而後人多用平平仄仄，即落調矣。即如此二曲；「六十日夫妻恩情斷」最得體，人皆不學；至「眼巴巴」乃落調敗筆，而人争學之，故識曲貴聽其真，人所難也。

「只得密縫針綫」，諸本作「密密縫針綫」。

「盼」，諸本作「遍」，于「定」字有碍。

【前腔】（旦）妾的衷腸事，有萬千，説來又恐添縈絆。六十日夫妻恩情斷，八十歲父母如何展？教我如何不怨！（合前）

【眉批】

「如何展」，諸本作「教誰看管」，非。

【五供養犯】【五供養】（末）貧窮老漢，托在鄰家，事體相關。此行雖勉強，不必恁留連。你爹娘早晚，早晚裏吾當陪伴。（生悲介）（末）丈夫非無淚，不灑别離間。（合）【月上海棠】骨肉分離，寸腸割斷。（生跪介）諸本少「早晚」二字，調亦不全矣。

【眉批】

第二曲「此際」二字，用仄聲方是《五供養》本調。若如「丈夫非無淚」，「夫」字平聲，唱不順矣。然此止借一「夫」字，「非無」二字俱平聲，未嘗全拗也。而《浣紗》之「忠良應阻隔」，《明珠》之「便教肢體碎」，乃用平平平仄仄，殊誤後學，作詞者不可不嚴。

「不灑」、「偷把」乃襯字也。人皆以實在字唱之，非本調。

【前腔】公公可憐，俺的爹娘，望你周全。此身還貴顯，自當效銜環。（旦）有孩兒也枉然，你爹娘倒教別人看管。此際情何限，偷把淚珠彈。（合前）

【眉批】

此二曲人皆不知其犯《月上海棠》者，而凡作《五供養》者，皆從此，不知其本調末句七字，試查《拜月》、《殺狗》、《白兔》、《八義》等記便知。

【玉交枝】（外）別離休嘆，我心中非不痛酸。非爹苦要輕拆作平。散，也只是圖你榮顯。（净）蟾宫桂枝須早攀，北作平。堂萱草時光短。（合）又不作平。知何日再圓？又不作平。知何日再圓？（生）

【眉批】

「蟾宫」句，當用平平仄平平仄平，後人多用平平仄仄仄平平，或用仄仄平平仄仄平，便無調矣。又不知

「不」字入声作平，此字宜用平。今人改作「未」字，即音律不調，不可入弦索矣。

【前腔】娘子雙親衰倦，你扶持看他老年。飢時勸他加餐飯，寒時頻與衣穿。(旦)做媳婦事舅姑不待你言，做孩兒離父母何日返？(合前)

【川撥棹】(外)歸休晚，莫教人凝望眼。(生)但有日作平。回到家園，但有日回到家園，怕回來雙親老年。(合)怎教人心放寬？不由人珠淚漣。

【前腔】【換頭】(旦)我的埋冤怎盡言？我的一身難上難。(生)你寧可將我來埋冤，你寧可將我來埋冤，莫將我爹娘冷看。(合前)「冷看」，妙甚。坊本作「冷眼看」，非調而且索然。

(生)此行勉強赴春闈，(外)專望明年衣錦歸。

(合)世上萬般哀苦事，　無過死別共生離。

【眉批】

今人或認此換頭爲《嘉慶子》，誤矣。

時本增《尾声》云：「生離遠別何足嘆，但願得名登高選，衣錦還鄉，教人作話傳。」語皆重複不稱，不知譜云：「每牌名各二隻者，俱可不用尾。」且後有吊場，此正不必，益信古本之爲確也。今人于古曲不用尾者，俱妄增，如《拜月》、《金印》及本傳《高陽臺》之類不少，流傳已久，必有反疑其缺者。

（外净末下）（生旦吊場）（旦）秀才，你如何割捨便去？（生）教卑人如何是得？（旦）

〔中呂引子〕【尾犯】懊恨别離輕，悲豈斷弦，愁非分鏡。只慮高堂，風燭不作平。定。（生）腸已斷作平。欲離未忍，淚難收無言自零。（合）空留戀，天涯海角，只在須臾頃。

【眉批】

《尾犯》，詩餘，亦可唱，或多一「引」字，非也。

「懊恨」、「豈斷」、「已斷」，上去聲，「未忍」，去上聲，俱妙。

〔中呂過曲〕【尾犯序】（旦）無限别離情，兩月夫妻，一作平。旦孤另。此去經年，望迢迢玉作平。京。思省，可平。奴不慮山遥路遠，奴不慮衾寒枕冷；奴只作平。慮，公婆没作平。主，一旦冷清清。「主」字、「冷」字，俱上声，妙絶。「路遠」，諸本作「水遠」，非。

【眉批】

「此去」，上去聲，「路遠」，去上聲，妙。

諸本「思省」下，逐句增生問語，極似弋陽醜態。

【前腔】何曾想着那功名？欲盡子情，難拒親命。年老爹娘，望伊家看承。作平。畢竟，你休怨朝雲暮雨，只替我冬温夏清。思量起，如何教我割捨得眼睁睁。

【眉批】

「盡子」、「暮雨」，去上聲，妙。「教我」「我」字、「眼」字，俱上聲，妙甚。

「只替我」，時本作「且爲我」。

【前腔】(旦)儒衣纔換青，快着歸鞭，早辦回程。十里紅樓，休重娶娉婷。叮嚀，不念我芙蓉帳冷，也思親桑榆暮景。我頻一作親。囑付，知他記否空自語惺惺。

【眉批】

「重娶」，時本作「戀着」。「帳冷」、「記否」，上去聲，妙。「語」字，上聲，妙甚。

【前腔】(生)寬心須待等，我肯戀花柳，甘爲萍梗？只怕萬里關山，那更音信難憑。須聽，我没奈何分情破愛，誰下得虧心短行？從今去，相思兩處一樣淚盈盈。

【眉批】

「去」，時本作「後」，非。

(旦)官人去，千萬早早回程。(生)卑人有父母在上，豈敢久戀他鄉。(拜别介)

【仙吕引子】【鷓鴣天】(生)萬可平。里關山萬里愁。(旦)一可平。般心事一般憂。(生)親闈莫可平。景應難保，客可平。館風光怎可平。久留?(生下)(旦)他那裏,漫凝眸,正是馬行十可平。步幾回頭。歸可仄。家只恐傷親意,閣可平。淚汪汪不可平。敢流。(下)

【眉批】

「萬里」、「暮景」、「那裏」,去上聲,「久」字、「馬」字、「九」字、「恐」字、「敢」字,俱上聲,妙甚。

古本「親闈」對下「客館」,諸本作「桑榆」,重上。

凡《鷓鴣天》後不得用落場詩,俗添者謬。

第六折(末扮院子上)

大道青樓御苑東,玉闌朱户閉簾櫳。金鈴犬吠梧桐月,朱鬣馬嘶楊柳風。小人乃是牛太師府中一個院子是也。這幾日老相公入朝,不知有甚勾當,久留省中,未曾回府。聞知府裏幾個使女和老媽媽,但見相公出去,每日在後花園閑耍;今日想必知道老相公回來,都不見了。小人免不得洒掃廳堂,安排書館,等相公回來。好怪麽!只見一個婆子走入來做甚麽?(净扮媒婆上)

【眉批】

時本改用石曼卿「珠晃斜連」四句。

〔仙吕入雙調過曲〕【字字雙】我做媒婆甚妖嬈，談笑。說開說合口如刀，波俏。合作平。婚問卜若都好，可平。有鈔。只怕假做庚作平。帖被人告，可平。吃作平。拷。

（末）婆婆，來做甚麽？（净）院公萬福！老媳婦特來與張直閣做媒。（末）我這小娘子不比別的，老相公不輕許人，你且慢着。又有一個媒婆來了。（丑扮媒婆上）

【前腔】我做媒婆甚艱辛，尋趁。有個新郎要求親，最緊。咱每只得便忙奔，討信。（净介）（丑）路上更有早行人，心悶。

【眉批】

「便忙奔」，一作「忙前奔」。

（末）婆婆，你來做甚麽？（丑）老媳婦特來與李供奉求親。（末）我方纔却對那婆婆說，我這媒難做。（丑）元來這婆婆也來做媒。苦咳！我是張媒婆，幾年在府前住，今日這媒倒吃你做？（净）偏你會做媒？但是門當户對的便成。終不然你在府前住，定要你做媒，你與乞兒做媒，也嫁他？（末）休閙！等相公回來，自有區處。

【眉批】

古白皆直致可喜，時本多添問答之類，葛藤重複，可厭。

（外扮牛太師上）

〔正宮引子〕【齊天樂】鳳可平。凰池上歸環珮，衮可平。袖御香猶在。棨戟門前，平沙堤上，何事車填馬隘？星霜鬢改，怕玉可平。鉉無功，赤可平。舄非材。回可仄。首庭前，凄可仄。凉丹桂好傷懷。

【眉批】

與詩餘同，但詩餘此調，「材」字、「懷」字，俱用仄韻。

首句七字句，本調也。時本「歸」下添「來」字爲句，「環珮」連下，不合調，且不通。

「衮袖」句，即「衣惹御罏香」之意，坊本作「滚滚」者非。

「衮袖」、「馬隘」，上去聲，「鬢改」、「桂好」，去上聲，俱妙。

前「直閣」、「承奉」，乃公子別稱，如「衙内」之類。今人見此是「尚書」、「樞密」，並前亦改之。

（末喏）（净丑見介）（外）這兩個婆子做甚麽的？（净）奴家是張尚書府裏來取親。（丑）奴家是李樞密府裏來做媒。（外）不揀甚麽人，但是有才學，一筆掃盡千張紙的，方可中選。（净）奴家的新郎，一筆掃盡一千五百張。（丑）直屁！我的新郎一筆掃盡五千五百張紙。（净）直屁！我的新郎一筆掃盡三萬三千三百三十單三張紙。（末收介）休得這等鬧炒！（外）不要胡説！除非做得天下狀元，方可嫁他；若是別人，不許問親。（净）告相公：這個新郎庚帖，人算他命，道他做得天下狀元。（丑背後搶介）相公，他的不做狀元，奴家這個庚帖，定做狀元。（又搶打介）（外怒）這兩人到在我家裏無禮！左右，與我搜着，不揀有甚麽庚帖，都與我扯碎。（末扯碎介）左右的，把他兩個吊起，各打十八。（末打介）（外）急把媒婆打離廳。（末）狀元方可問姻親。（净）甘吃十八黄荆杖。（丑）那些個成與不成吃百瓶？（末净丑下）（外）光陰似箭催人老，日月如梭趲少年。自家没了夫人，只有一個女兒，如今不覺長大成人，又未曾問親。只是一件，我的女孩兒性格温柔，是事實會，若將他嫁一個膏粱子弟，怕壞了他；只教他嫁個讀書人，成就他做個賢婦，多少是好。這幾日自不在家，聽得使喚的每日都去後花園中閑耍，這是我的女孩兒不拘束他。如今人來做媒，相將做人媳婦，怎不教道他？孩兒和惜春、老姥姥過來。（貼上）

〔雙調引子〕【花心動】幽可仄。閣深沉，問佳人爲何懶添眉黛？綉可平。綫日長，圖史春閑，誰解屢傍妝臺？絳羅深護奇葩小，不許蝶作平。識作平。蜂猜。（净丑上）笑鎖窗，多少玉人無賴！

【眉批】

「沉」字、「小」字、「窗」字，可用韻。

「絳羅深護」用仄仄平平，或平平仄仄，亦可。

「猜」，詩餘韻作仄，非平聲也。

（見介）（外）婦人之德，不出閨門，你如何不省得？我這幾日入朝去了，見人説道幾個使喚每都在後花園閑耍，却不是你不拘束他。你如今年紀長大，今日是我孩兒，明日做别人媳婦，你如不鈐束他，倘或做出些歹事來，却不把你名兒污了？（貼）謝得爹爹教道！孩兒再不敢違慢。（外）老姥姥年紀大矣，你做管家婆，到哄着女使每閑耍，是何所爲？（净）不干老身事，都是惜春。（丑）這都是你。（净）是你。（外）

〔仙吕入雙調過曲〕【惜奴嬌】你杏臉桃腮，當有松筠節操，蕙蘭襟懷。閨中言語，不出閫閾之外。老媽媽，不教我孩兒伊之罪。惜春，這風情今休再。（合）記再來，把不出閨門的語言相戒。

【眉批】

按《荆釵》「家道貧窮」二曲，亦是此調，而五句下多「空空」、「重重」兩個平聲字，此調當以《荆釵》爲正。

此恐誤後學，不可從也。

【前腔】〔換頭〕(貼)堪哀，萱室先摧。嘆婦儀姆教未曾諳解，蒙爹嚴訓，從今怎敢不改！老媽媽，早晚望伊家將奴誨。惜春，改前非休違背。(合前)

【黑蠊序】(净)看待，父母心，婚姻事須要早諧。勸相公，早畢兒女之債。(外)休呆，「呆」本音「爺」，今叶「崖」。如何女子前，胡將口亂開。(合)記今來，但把不出閨前的，語言相戒。

【眉批】

此《黑蠊序》之換頭也，作者皆用于《夜行船》之後，此用于《惜奴嬌》之後，不得不用其換頭耳。今人但知此，而不知其本調矣。

「父母心」以下十字，又此調之小變也。至于點截板在「諧」字下，不從時點在「要」字下者，因「早諧」早字上聲，難唱。且「父母心」六個字，直趕下，「要」字點不得截板耳，知音者辨之。

【前腔】(丑)輕浼，受寂寞擔煩惱，教我怎捱？細思之，怎不教人珠泪盈腮？(貼)寧耐，温衣並美食，何須苦掛懷？(合前)

(外)婦人不可出閨門，(貼)多謝嚴君教育恩。
(净)休道成人不自在，(丑)須知自在不成人。

第七折（生上）

〔中吕引子〕【滿庭芳】飛絮沾衣，殘花隨馬，輕寒輕暖芳辰。江山風物，偏動别離人。回音高堂漸遠，嘆當時恩愛輕分。傷情處，數聲杜宇，客淚滿衣巾。（末扮秀才上）萋萋芳草色，故園人望，目斷王孫。謾憔悴郵亭，誰與温存？（净丑扮秀才同上）聞道洛陽近也，又還隔幾座城闉。（合）澆愁悶，解鞍沽酒，同醉杏花村。（相見介）

（生）千里鶯啼緑映紅，（丑）水村山郭酒旗風，行人如在畫圖中。（末）不暖不寒天氣好，或來或往旅人逢，此時誰不嘆西東。

【眉批】

「漸遠」、「杜宇」、「淚滿」、「近也」，俱去上聲，「幾座」上去聲，俱妙。

「巾」，時本作「襟」，犯侵尋閉口韻，非，譜亦作「巾」。

「人望」，一作「入望」，非。此言其家人之思慕耳，豈有行日遠而故園反入望乎？

諸本此詞後，妄增入姓字問志等白，而反詭云「古本所有」，可恨。徽本又以《易》、《書》、《春秋》、《禮記》爲題，各唱一曲，益可笑。

〔仙吕過曲〕【甘州歌】（生）【八聲甘州】衷腸悶損，嘆路途千里，日日思親。青梅如豆，難寄隴頭音信。高堂已添雙鬢雪，客路空瞻一作平。片雲。【排歌】（合）途中味，客作平。裏身，争如流水繞柴門？休回首，欲作平。斷魂，數聲啼鳥不堪聞。

【眉批】

「悶損」、「寄隴」，去上聲，「已添」，上平聲，「水蘸」，上去聲，俱妙。

「蘸柴門」，係古詩，吴本改作「舊柴門」，非。

【前腔】〔换頭〕(末)風光正暮春，便縱然勞役，何必作平。愁悶？綠作平。陰紅雨，征袍上染惹芳塵。雲梯月殿，圖貴顯，水宿風餐莫厭貧。(合)乘桃浪，躍作平。錦鱗，一聲雷動過龍門。榮歸去，綠作平。綬新，休教妻嫂笑蘇秦。

【眉批】

「嫂笑」，上去聲，妙。

【前腔】(净)誰家近水濱，見畫橋烟柳，朱門隱隱。鞦韆影裏，墻頭露出紅粉。他無情笑語聲漸杳，却不道惱殺多情墻外人。(合)思鄉遠，愁路貧，肯如十作平。度謁侯門？行看取，朝紫宸，鳳池鰲禁聽絲綸。

【眉批】

「近水」，去上聲，妙。

【前腔】(丑)遥瞻霧靄紛，想洛陽宫闕，行行將近。程途勞倦，欲待共飲芳樽。垂陽瘦馬莫作平。暫停，只見古樹昏鴉栖漸盡。(合)天將暝，日作平。已曛，一聲殘角斷樵門。尋宿處，行步緊，前村燈火已黄昏。

【眉批】

「瞻」，一作「望」，然望平聲，不可唱作去聲。

「霧靄」、「共飲」、「瘦馬」、「步緊」，去上聲，妙。

「垂楊」二句，末一字先平後仄，與前三曲不同，然不失其正，妙哉。

【餘文】(合)向人家，忙投奔，解鞍沽酒共論文，今夜雨打梨花深閉門。

(生)江山風物自傷情，(净)南北東西爲利名。

(丑)路上有花並有酒，(末)一程分作兩程行。

【眉批】

此下諸本增入《考試》一折，古本所無，今恐人駭其缺，附載于後。

第八折(旦上)

〔正宮引子〕【破齊陣】【破陣子頭】翠減祥鸞羅幌，香銷寶鴨金爐。【齊天樂】楚館雲閑，秦樓月冷，動是離人愁思。【破陣子尾】目斷天涯雲山遠，親在高堂雪鬢疏，緣何書也無？

【眉批】

《破齊陣》，諸本多一「引」字，非。

「翠減」，去上聲。「楚館」二字，「遠」字，「也」字，俱上聲，妙。

「思」字，借支思韻。

「目斷」一句，不可用平平仄仄平平仄，慎之。

明明匣中鏡，盈盈曉來妝。憶昔事君子，鷄鳴下君床。臨鏡理笄總，隨君問高堂。一旦遠別離，鏡匣掩清光。流塵暗綺疏，青苔生洞房。零落金釵鈿，慘淡羅衣裳。傷我憔悴容，無復蕙蘭芳。有懷凄以楚，有路阻且長。妾身豈嘆此，所憂在姑嫜。念彼原柔遠，眷此桑榆光。願言盡婦道，游子不可望。忽彈緑綺琴，弦絶令人傷。勿聽《白頭吟》，哀音斷人腸。人事多錯違，羞彼雙鴛鴦。奴家嫁與伯喈，纔方兩月，指望他同事雙親，諧老百年。誰知公公嚴命，强他赴選。自從去後，竟無消息。把公婆抛撇在家，教奴家獨自應承。奴家一來要成丈夫之孝名，二來要盡爲婦之孝道，盡心竭力，朝夕奉養。正是：天涯海角有窮時，只有此情無盡處。

【眉批】

「原柔」，無解，必有誤。時作「猾猱」，且解云「即心猿也」，恐無謂。

「望」，平聲，時作「忘」，非。

【仙吕入雙調過曲】【風雲會四朝元】【五馬江兒水】春闈催赴，同心帶綰初。嘆《陽關》聲斷，送别南浦，早已成間阻。可平。【**桂枝香**】謾羅襟淚漬，謾羅襟淚漬，【**柳摇金**】和那寶瑟塵埋，錦被羞鋪。寂寞瓊窗，瀟條朱户，【**駐雲飛**】空把流年度。嗏，酩子裏自尋思，【**一江風**】妾意君情，一旦如朝露。君行萬里途，可仄。妾作平。心萬般苦。【**朝元令**】君還念妾，迢迢遠遠也須一作「索」，平声。回顧。

【**眉批**】

按詞隱生謂：「高先生慣以『漬』字入魚模，觀後《蘇幕遮》詞可見。」不知他曲自差，而此曲犯《桂枝香》者。此句元可不用韻，觀後「書生愚見」、「危弦已斷」等曲可見。

「漬」字，「思」字，借支思。

「妾心」，諸本作「妾身」，非。

【**前腔**】朱顏非故，緑雲懶去梳。奈畫眉人遠，傅粉郎去，鏡鸞羞自舞。把歸期暗數，把歸期暗數，只見雁杳魚沉，鳳隻鸞孤。緑遍汀洲，又生芳杜，空自思前事。嗏，日近帝王都，芳草斜陽，教我望斷長安路。君身豈蕩子，妾作平。非蕩子婦。其間就裏，千千萬萬有誰堪訴？

【**眉批**】

「事」字，借支思。

【**前腔**】輕移蓮步，堂前問舅姑。怕食缺作平。須進，衣綻須補，要行時須與扶。奈西山景暮，奈西山景暮，教我倩着誰人，傳語我的兒夫。你身上青雲，只怕親歸黄土，我臨别也曾多囑付。嗏，那些個意孜孜，只怕十里紅樓，貪戀着他豪富。雖然是忘了奴，也須念父母。無人説與，這淒淒冷冷怎生辜負？

【眉批】

諸本以後二曲與前二曲雖一調，而句法長短不同，不知不過襯字耳，豈句有異也。呆甚。

「孜」字，借支思。

【前腔】文場選士，紛紛都是才俊徒。少甚麽鏡分鸞鳳，都要榜登龍虎，偏是他將奴悮。也不作平。索作平。氣蠱，也不作平。索作平。氣蠱，既受托蘋蘩，有甚推辭？索性做個孝婦賢妻，也落得名標青史，不枉受了些閑淒楚。嗏，俺這裏自支吾，休得污了他的名兒，左右與他相回護。你便做腰金與衣紫，須記得釵荆與裙布。一場愁緒，堆堆積積宋玉難賦。

【眉批】

「士」字、「辭」字、「史」字，借支思。

俗本此下有添《尾聲》者，可恨。

回首高堂日已斜，游人何事在天涯？

紅顔勝人多薄命，莫怨東風當自嗟。

琵琶記卷二

第九折(末扮首領官上)

朝爲田舍郎，暮登天子堂。將相本無種，男兒當自强。自家不是别人，却是河南府中首領官。每年狀元及第，赴瓊林宴，游街三日，不揀鞍馬、酒食供設，樂人祗應，都是河南府尹提調辦事。今年蔡伯喈做狀元，今日赴宴，府尹相公不出來，委着自家提調。昨日已分付太僕寺掌鞍馬祗侯，洛陽縣管排設的令史，鳴鼓三通，都要到此會，聽點視。(擂鼓介)掌鞍馬的祗侯那裏？(丑上)告大人：馬在。先有一萬匹好馬。(末)怎見得好馬？(丑)但見耳批雙竹，鬃散五花。展開鳳臆龍鬐，擡赴烏頭虎領。轡篤篤翠蹄削玉，點滴滴赤汗流珠。隅目青熒夾鏡懸，肉鬃碨礧連錢動。一跳時尾捎雲漢，横驀過玄圃崆峒；一霎時走遍神州，直趕上流星掣電。九方臯管他稱賞，千金價不枉了追求。(末)有甚顔色的？(丑)布汗、論聖、虎刺、合里烏、赭哑兒、爺屈良、蘇盧、棗騮、栗色、燕色、兔黄、真白、玉面、銀鬃、綉膊、青花。(末)有甚麽好名兒？(丑)飛龍、赤兔、腰裹、驊騮、紫燕、驌驦、嚙膝、踰暉、騏驎、山子、白羲、絶塵、浮雲、赤電、絶群、逸驃、騄驪、龍子、驎駒、騰霜驄、皎雪驄、凝露驄、照影驄、懸光驄、决波騟、飛霞驃、發電赤、流金騧、翔麟紫、奔紅赤、照夜白、一丈烏、九花虬、望雲騅、忽雷駮、卷毛騧、獅子花、玉逍遥、紅叱撥、紫叱撥。青海月氏生下，大宛越睒將來。(末)有甚麽好厩？(丑)飛龍、祥麟、吉良、龍媒、騊駼、駃騠、鵷鸞、出群、天花、鳳苑、奔星、内駒、左飛、右飛、左坊、右坊、東南内、西南内。盡印三花飛鳳字，中藏萬匹好龍媒。(末)怎的打扮？(丑)錦韉燦爛披雲，金鐙熒瑝耀日，香羅帕深護金鞍，紫游繮牽動玉勒。瑪瑙妝就轡頭，珊瑚做成鞍子。(末)如今選幾個在這裏？(丑)告相公：如今無了，只有一萬匹馬，却有一千三百個漏蹄，三千七百個抹靨，二千八百個𡑾瘸，二千二百個慈眼。那更鞍橋又破損，坐子又傾攲。抽轡盡是麻繩，鞭子無非荆杖。餓老鴟全然拉搭，雁翅板一發雕零。鞍轡既不周全，牽鞚何曾完備，其實不中。(末)休胡説！若不完備時節，我禀過府尹相公説，好生打你。(丑)可憐見，小人一壁厢自理會。(末)馬完備時節，牽在午門外，伺候狀元謝恩出來，乘坐騎馬游街。(丑)不妨，只教：春風得意馬蹄疾，一日看遍長安花。(下)(末)洛陽管排設的令史過來。(净上)堂上一呼，堦下百諾。(末)排設完備了未？(净)都完備了。但見珠簾高捲，綉幕低垂。珊瑚席饠饆精神，玳瑁筵安排奇巧。金爐内慢騰騰燒瑞腦，玉瓶中嬌滴滴插奇花。四圍環繞畫屏山，滿座重舖錦褥子。金盤犀筯光錯落，掩映龍鳳珍羞；銀海瓊舟影摇蕩，翻動葡萄玉液。洒掃得乾乾净净，並無半點塵埃；鋪陳得整整齊齊，另是一般氣象。正是：移將金谷繁華景，妝點瓊林富貴春。(末)恁的，你去那裏，等候狀元游街了赴宴。一霎時不完備，定施行你。(净)瓊林勝處風光好，别是人間一洞天。(下)(末)日映宫花明翠幕，藍袍嫩緑新裁。五花門外榜初開。金鞍乘駿馬，敕賜上天堦。十里紅樓簾盡捲，美人争看名魁。黄旗影裏鬧咳咳。大家齊雅静，看取狀元來。(下)(生净丑騎馬上)

【眉批】

按馬色，自「布汗」至「蘇盧」，皆元人胡語。馬名大半是漢以後諸代畜産，馬厩皆是唐宋題額，考諸桓靈以前，此類甚多，豈東嘉未之深思也。

此《臨江仙》詞。

【仙吕入雙調過曲】【窣地錦襠】嫦娥剪可平。就緑雲衣，折得蟾宫第一枝。宫花斜插帽簷低，一舉成名天下知。

【眉批】

「枝」字，借支思。

【哭岐婆】洛陽富貴，花如錦綺。紅樓數里，無非嬌媚。春風得意馬蹄疾，天街賞遍方歸去。

【眉批】

「去」字，借魚模。

（生浄先下）（丑墜馬介）救我！爹爹、媽媽、伯伯、叔叔、哥哥、嫂嫂、孩兒、媳婦，都來救我。（末扮陪宴官騎馬上）

〔越調過曲〕【水底魚兒】朝省尚書，昨日蒙聖旨：道狀元及第，教咱去陪宴席。（丑）跌壞了人了！（末）越着鞭越退，遣人心下疑。（丑叫介）（末）轉頭回望，叫我的還是誰？

【眉批】

此調，細查《拜月》、《荆釵》皆如此，而第四句與第八句，腔亦不同。今人但知有四句，遂誤認舊曲八句者爲二曲矣。末句可從俗重唱，而第四句必不可重，不然，前後全無分别。

漢子，你是誰？（丑）我是墜馬的狀元。（末扶介）（丑）你是誰？（末）我是中書省陪宴官。你爲甚麼墜馬？（丑）

【北正宫叨叨令】鬧炒炒街市上游人亂，（末）你馬驚了？（丑）惡頭口抵死要回身轉。（末）怎的不勒過？（丑）戰競競只怕韁繩斷，（末）爲甚不打他？（丑）怯書生早已神魂散。（末）不害事麽？（丑）險跌折了腿也麽哥，險椿破了頭也麽哥，好似小秦王三跳澗。

（末）你馬那裏去了？（丑）知他那裏去。傷人乎？不問馬。（末）猶古自文驟驟的。我就這裏人家借一個與你騎。（丑）你静辦，你借馬與我騎，便着死。（末）怎的便着死？（丑）你不聞孔夫子説：「有馬者借人乘之，今亡矣夫！」（末）一口胡柴。遠遠望見一簇人來，敢怕有馬，就借一匹與你騎。（生净騎馬上）

【仙吕入雙調過曲】【窣地錦襠】荷衣新惹御香歸，引領群仙下翠微。杏園惟有後題詩，此是男兒得志時。

【眉批】

「詩」字、「時」字，借支思。

（丑）同行也好！我攧得渾身都粉磕麻碎了，你二人自去了。（生）原來足下墜馬。（末）不是小子相搭救時節，險送了他性命。（净）如此，更賴相公之力。（丑）你二人自去赴宴。我到太平坊下李郎中家裏去便來。（衆）去做甚麽？（丑）我去醫攧撲傷損瘡。（衆）你且來，我從人有馬，借一個與你騎。（丑）小子告退，你二人自去。（末）怎道你是狀元，如何不去赴宴？（丑）赴宴也自好，只是騎馬不得。休休，你三人騎馬先走，我隨着你提胡床來。（末）甚模樣？（丑）却有兩説：路上人問你，便説道是使唤的伴當；若是筵席之中，却説是打伴當的人。（末）好窮對副。（衆）

【哭岐婆】玉鞭裊裊，如龍驕騎。黄旗影裏，笙歌鼎沸。如今端的上聲。是男兒，行看錦衣歸故里。

【眉批】

「兒」字，借支思。

（末）這裏便是杏園，請衆人少駐。（丑）馬都牽到僻處。人道四位官員，只三個馬，是甚麽模樣！（末）教誰牽？（丑）小子自牽。（末）自不怕羞。諸公既然到此，年例請留佳作。（净）蔡兄先請。（生）五百名中第一仙，花如羅綺柳如綿。緑袍乍着君恩重，黄榜初開御墨鮮。禮樂三千傳紫禁，風雲九萬上青天。時人謾説登科早，未許嫦娥愛少年。（衆）好詩！（净）小子也有一首詩。（衆）願聞。（净）遲日江山麗，春風花草香。（衆）使不得，這是别人的。（净）魍魎賊！我三場多是别人的，也中了，一首詩，倒使人的不得？（末）又道是七步成章。（净）咳！你道我真個做不得，也閘閘做一首，道是：赴選何曾入棘闈，此身不擬着荷衣。三場盡是渾身代，一個全然放屁龜。自笑持杯濫叨酒，却愁把筆怎題詩？有人問我求佳作，（衆）如何回他？（净）問我先生便得知。（末）又道是當仁不讓于師。（丑）尊兄諸位做律詩，學生不要做律詩，做一篇古風；尊兄都説赴選事，學生不要説那熟套，另立一題。（末）把甚爲題？（丑）便把小子方纔墜馬爲題。這是奇事，不可不入詠。（衆）願聞。（丑）君不見去年騎馬張狀元，跌了左腿不相聯？又不見前年跨馬李試官，跌了窟臀没半邊？世上三般棄命事，行船走馬打鞦韆。小子今年大棄命，也來隨趁跨金鞍。跨金鞍，灾怎躱？叵耐畜生侮弄我。大叫三聲不肯行，連攛兩攛不是耍。便把繮繩緊緊挐，縱有長鞭怎敢打？須臾之間掉下來，一似狂風吹片瓦。昨日行過樞密院，三個軍人來唱喏。小子慌忙走將歸，（末）却如何？（丑）怕他請我交戰馬。（末）這夢休學。（把酒介）

【雙調引子】【五供養】文章過晁董，對丹墀已膺天寵。（合）赴瓊林新宴，顫宫花緩引黄金鞚。（生净丑）九重天上聲名重，紫泥封已傳丹鳳。（合）便催歸玉簡侍宸旒，他日歸來金蓮送。

【眉批】

此《五供養》，與後「終朝垂淚」引子不同，又與前「貧窮老漢」過曲不同，豈《五供養》之名或有僞謬耶？然此調本是引子，而今人以「貧窮老漢」腔板唱之，尤覺牽强，豈有四《山花子》在後，而以一《五供養》居前者耶？况又非同調也。時本以「九重」以下作第二曲，尤誤。

〔中呂過曲〕【山花子】（末）玳筵開處游人擁，争看五百名英雄。（生）喜鰲頭一戰有功，荷君恩奏捷詞鋒。（合）太平時車書一同，干戈盡戢文教崇，人間此時魚化龍。留取瓊林，勝景無窮。

【眉批】

「一同」，諸本作「已同」，非。

【前腔】（净）三千禮樂如泉湧，一作平。筆作平。掃萬丈長虹。（丑）看奎光飛躔紫宫，光耀萬玉班中。（合前）

【前腔】〔换頭〕（生）青雲路通，一舉能高中，三千水擊飛冲。（净）又何必作平。扶桑挂弓？也強如劍倚崆峒。（合前）

【前腔】（丑）恩深九重，絲絡八珍送，無非翠釜駝峰。（末）看吾皇待賢恁隆，不枉了十作平。年窗下書攻。（合前）

【眉批】

「通」字、「重」字，所謂句中韻也。「一舉」、「絲絡」四字，不可點板。

【大和佛】（生）寶篆沉烟香噴濃，（衆）濃熏綺羅叢。瓊舟銀海翻動酒鱗紅，一飲盡教空。（生悲介）持杯自覺心先痛。縱有香醪欲飲，難下我喉嚨。他寂寞高堂菽水誰供奉？俺這裏傳杯諠閧。（衆）休得要，對此歡娱意忡忡。

【眉批】
「濃」字、「薬」字、「紅」字，用平聲，妙妙。
此曲襯字太多，且俱用實字，唱者不可不辨。

【舞霓裳】(合)願取群賢盡貞忠，盡貞忠。管取雲臺畫形容，畫形容。時清莫報君恩重，惟有一作平。封書上勸東封，更撰個河清德頌。乾坤正，看玉柱擎天又何用？

【眉批】
「管取雲臺」，用平平仄仄亦可。

【紅綉鞋】猛棄沉醉東風，東風。倩人扶上玉驄，玉驄。歸去路，望畫橋東。花影亂，日曈曨，沸笙歌影裏紗籠，紗籠。

【眉批】
「曈曨」，俗作「朦朧」，非。
末句今人皆改作「沸笙歌引紗籠」，相沿已久，不知此調矣。

【意不盡】今宵添上繁華夢，明早遥聽清禁鐘，皇恩謝了，鵷行豹尾陪侍從。

【眉批】

「陪侍從」，一作「相陪從」。

（生）名傳金榜換藍袍，（净）酒醉瓊林志氣豪。
（丑）世上萬般皆下品，（末）思量惟有讀書高。

第十折（旦上）

〔商調引子〕【憶秦娥】長吁氣，自憐薄命相遭際。相遭際，暮年姑舅，薄情夫婿。

【眉批】

雜用魚模、齊微、支思三韻。

（清平樂）夫妻兩月，一旦成分別。没主公婆甘旨缺，幾度思量悲咽。家貧先自艱難，那堪不遇豐年。恁的千辛萬苦，蒼天也不相憐。奴家自從兒夫出去，遭此飢荒；况兼公婆年老，朝不保夕。教奴家獨自如何區處？婆婆日日埋怨公公，當初不合教孩兒出去。公公又不伏氣，只管在家煎炒。免不得等公公婆婆出來，着些道理，勸解則個。（外上）

【前腔】〔换頭〕孩兒一去無消息，雙親老景難存濟。（净上扯外耳介）難存濟，不思前日，强教孩兒出去。（旦勸介）（净）老賊！抵死教孩兒出去赴選，今日没飯吃，他便做得狀元，濟你甚事？若是孩兒在家，也會區處裨補，也不到得恁的狼狽。老賊！你死休！（外）我是神仙，知道今日恁的飢荒！誰家不忍餓，誰似你這般埋怨？休休，我死，我死！今日飢荒也是死，被你埋怨，吃不過也是死。(旦扯住介)公公婆婆且息怒，聽奴一句分剖：當初公公教孩兒出去時節，不道今日恁的飢荒，婆婆難埋怨公公。今日婆婆見這般飢荒，孩兒又不在眼前，心下焦燥，公公也休怪婆婆埋怨。請自寬心，奴家如今把些釵梳首飾，典些糧米，以充公婆一時口食。寧可餓死奴家，決不將公婆落後了。(净)媳婦，你説得好，我只恨這老賊。

〔商調過曲〕【金絡索】【金梧桐】區區一個兒，兩口相依倚。没事爲着功名，不要他供甘旨。你教平聲。他做官，【東甌令】要改換門閭，只怕他做得官時你做鬼。你圖他三牲五鼎供朝夕，【針綫箱】今日裏要一口粥湯却教誰與你？【解三酲】相連累，【懶畫眉】我孩兒因你做不得好名儒。【寄生子】(合)空争着閑是閑非，只落得雙垂淚。

【眉批】

此調或作《金索掛梧桐》，非也。

「空争着」句，坊本重一句，唱者亦然。着至《浣紗》等曲竟另增一句，失《寄生子》本調矣。《寄生子》，或作《寄生草》，非也，南曲無《寄生草》。

【前腔】(外)養子教讀書，指望他身榮貴。黄榜招賢，誰不去求科試？譬如范杞良，差去築城池，他的娘親埋怨誰？合作平。生合死皆由命，少甚麽孫子森森也忍飢。休聒絮，畢竟是咱每三口受孤恓。(合前)

【眉批】

「三口」，諸本作「兩口」。

【前腔】(旦)孩兒雖暫離，須有日回家裏。奴有些釵梳，解當充糧米。公公婆婆休爭麽，教傍人道媳婦每，有甚差池，致使公婆爭鬥起。婆婆，他心中愛子指望功名就；公公，他眼下無兒因此埋怨你。難逃避，兀的不是從天降下這災危？(合前)

【南吕過曲】【劉潑帽】(净)有兒却遣他出去，教媳婦怎生區處？媳婦，可憐悮你芳年紀。(合)一度裏思量一度裏肝腸碎。「度裏」，去上聲，妙。

【眉批】

詳味此枝，净全是怨詞，外終不伏氣。諸本置净曲於外曲後，不惟不踵前枝，抑亦頓無争意，徒以净有「媳婦可憐」句，而旦亦有「媳婦便是」句，以爲相接而更之，不知尚隔合前二句也。且各自道其衷，即間外曲，何妨聯貫。

【前腔】(外)我每不久須傾棄，嘆當初是我不是，不如我死了無他慮。(合前)

【前腔】(旦)媳婦便是親兒女，勞役事本分當爲，但願公婆從此相和美。(合前)

(外)形衰力倦怎支吾？(旦)口食身衣只問奴。

(净)莫道是非終日有，(合)果然不聽自然無。

第十一折（末上）

縹緲紗窗映霧烟，深沉金屋鎖嬋娟。屏間孔雀人難中，幕裏紅絲誰敢牽。自家是牛丞相府中堂候官。這幾日聽得府中喧傳，相公要招女婿。我這小娘子，不比别的小娘子，一來丞相之女，二來他才貌兼全，必須有文章、有官職、有福分的，方可做得女婿，如何容易！不知招得甚麽人？只得候相公出來，便知端的。（外上）

〔仙吕引子〕【似娘子】華髮漸星星，憐愛女欲遂姻盟，蟾宫桂子才堪稱。紅樓此日，紅絲待選，須教紅葉傳情。

【眉批】
「桂子」，去上聲，妙。

（末喏）（外）男子生而願爲之有室，女子生而願爲之有家。老夫人傾棄多年，只有一女，美貌娉婷。昨日見官裏，問我：你的女孩兒嫁了未？我回道：不曾。官裏道：如今蔡邕好人物，好才學，你招他做了女婿，却不是好！那時節我謝恩了。官裏又道：我與你主婚。我如今要唤個官媒婆，去蔡伯喈那裏説親，如何？（末）覆相公：男大須婚，女大須嫁。小娘子是瑶臺閬苑神仙，蔡状元是天禄石渠貴客；何况玉音主盟，金口説合。若做了百年夫婦，不枉了一對姻緣。相公，佳人才子實堪夸，天付姻緣事不差。試看月輪還有意，定知丹桂近仙娃。（外笑）既如此，你與我唤府前張媒婆來，教他去説親。（末）領鈞旨。（唤介）（丑扮媒婆拿鞋秤斧上）

〔正宫過曲〕【醉太平】張家李家，都來唤我。我每須勝别媒婆，（末）爲甚麽？（丑）有動使偌多。

【眉批】

此《醉太平》另是一調，與詩餘及《北醉太平》相似。考《張叶傳奇》及《牧羊記》皆有之，與他處異，不知者以其與後「蹉跎光陰易過」不同，遂改爲《踏莎行》，誤矣。

俗本改云：「我做聪俊的媒婆，兩脚疾走如梭。生得不矮又不矬，人都來請我。」此猶不失本調也。而下又接云：「我只要金多銀多，綾羅段匹多，方肯做。張家李家夸談我，道我每須勝别媒婆。」則不知何調矣。乃反謂如彼方叶，何謂？

(末)婆婆，我且問你：你挑着惹多鞋做甚麽？(丑)總領哥，你不知近日來宅院中娘子要嫁得緊了，媒婆與他攛掇出門去，臨行做對鞋謝媒婆。今年知他攛掇了多少親事，鞋都穿不迭，有剩的都賣了。(末)有誰買？(丑)只是宅院小娘子買去。(末)宅院裏小娘子，脚都小小的，買這鞋做甚用？(丑)魍魎賊！他要嫁得緊了，買來謝媒婆，省得做。(末收科介)(外)左右，媒婆那裏？(末引見外介)(外)媒婆，挑着惹多東西做甚麽？(丑)覆相公：這個便是媒婆的招牌。(外)且問你：這斧頭做甚麽？(丑)《毛詩》裏面説得好：「析薪如之何？匪斧弗克。娶妻如之何？匪媒不得。」以此把斧頭爲招牌。(末)你在魯班面前棹快口。(外)更問你襪做什麽？(丑)也是招牌。人都道做媒的執伐。(外)更問你將秤作何用？(丑)最要緊這個，唤做量人秤。凡做媒時節，先把新人新郎稱過，相似，方與説親。去後夫妻便和順不相嫌。若是輕重頭了，夫妻只是相打相駡。老媳婦前日在張宅門前過，見一個小娘子在那裏哭，老媳婦問那小娘子：你爲甚哭？他道：嫁不得一個好人。老媳婦試把秤來唤他兩個稱一稱看，可知不是對。(外末)如何？(丑)新郎稱得二十八斤半，新人只稱得二十三斤。(末)你也不十分平等。(外)且問他將繩要做甚麽？(丑)這是赤繩。做夫妻須把繩繫定他兩個脚，方可做得夫妻。(末)如何繫？(丑)我與你繫看。(丑繫末脚，又繫自脚，糾倒末)(末糾介)(丑)可知不是姻緣。(末外)休得閑説。你來，我昨日奉聖旨，教我女孩兒嫁與蔡伯喈狀元，我如今教你去蔡伯喈那裏説，你好生成就這頭親兒，多多賞你。(丑)

這有甚難處，一來奉聖旨，二來托相公威名，三來小娘子才貌兼全，是人知道；蔡狀元有何不可？（末）這話極說得是。（外）你來，我說與你聽：

【南呂過曲】【瑣窗郎】【瑣窗寒】吾家一作平。女娉婷，不曾許公與卿。作平。昨承聖旨，選個書生。媒婆，你對他說：不作平。須用白璧黃金爲聘。（合）【賀新郎】說作平。道姻緣前世已曾定，今日裏共歡慶。「公與卿」諸本作「與公卿」，非。

【眉批】

《荆釵》中「這門親」至「回俺」數句，即此調。前半曲今人于「富室」下增一截板，遂覺與此調異，且唱彼則極其慢，唱此則極其粗，不知《瑣窗郎》之出于《瑣窗寒》耳，必求歸一之腔，乃妙。

「一女」一字上一板，必不可無。「昨」字或可無板，「許」字用平聲更妙。「已」字拗，改平乃協。

「聖旨」、「事已」、「事體」，去上聲，「選個」、「選中」，上去聲，妙。

【前腔】（丑）住東京極作平。有名聲，論媒婆非自逞。今朝事體，管取完成。怕有一作平。輕一重，全憑這條官秤。（合前）

【前腔】（末）雖然他高占魁名，得相招多少榮縈。一作榮行。依綉幕，選中雀作平。屏。媒婆，你此去，他必作平。從命。（合前）

（丑）管取門楣得俊才，（外）爲傳芳信仗良媒。
（末）百年夫婦今朝合，（合）一段姻緣天上來。

【眉批】

「媒婆」二字係調中字，坊本刻爲細字作白，本調缺二字矣。

第十二折（生上）

〔商調引子〕【高陽臺】夢遠親闈，愁深旅邸，那更音信遼絶。淒楚情懷，怕逢淒楚時節。重門半掩黄昏雨，奈寸腸此際千結。守寒窗，一點孤燈，照人明滅。　當時輕散輕别。嘆玉簫聲杳，小樓明月。一段愁煩，翻成兩下悲切。枕邊萬點思親淚，伴漏聲到曉方徹。鎖愁眉，慵臨青鏡，頓添華髮。

【眉批】

此引用入聲皆作平。

「夢遠」，古本及舊譜皆然，正與「愁深」相對，時本作「繞」字。

「玉簫」句乃用「小樓吹徹玉笙寒」之意，時作「庾樓」，無謂。

「慵臨青鏡」，用平平平仄，與上「一點孤燈」，用仄仄平平，皆可互用。

【減字木蘭花】鰲頭可羨，須知富貴非吾願。雁足難憑，没個音書寄子情。田園將蕪，不知枳菊猶存否？光景無多，争奈椿萱老去何？自家爲父親所强，來此赴選。誰知逗遛在此，竟不能歸。今又復拜皇恩，除爲議郎。雖則任居清要，争奈父母年老，安敢久留他鄉？天那！知我的父母安否如何？知我的妻室侍奉如何？欲待上表辭官，又未知聖意如何？苦！好似和針吞却綫，刺人肚腸繫人心。（末丑上）

【眉批】

白詞，時本失「減字」二字，竟作《木蘭花》，非也。《木蘭花》自有本調。

【仙吕過曲】【勝葫蘆】（末）特奉皇恩賜結婚，來此把信音傳。（丑）若可平。是仙郎肯諧姻眷，一可平。埸好事管取今朝便團圓。

【眉批】

此曲時本多混從商調引子，而不別也。「婚」字，用韻亦可。此「信」、「好事」，俱上去聲，妙。

（生）兒家門户重重閉，春色緣何得入來？未審何人到此？（末丑）奉天子之洪恩，領牛公之嚴命，欲與狀元諧一佳偶。（生）

【商調過曲】【高陽臺】宦可平。海沉身，京塵迷目，名韁利鎖難脱。作平。目斷家鄉，空勞魂夢飛越。作平。閑聒，作平。閑藤野蔓休纏去声。也，俺自有正兔絲的親瓜葛。是誰人，無端調去声。引，謾勞饒舌。「纏」字，不可唱作平聲，即與非爹胡纏也字同。「宦海」、「利鎖」、「纏也」、「自有」、「調引」，俱去上聲，「野蔓」、「俺自」、「引謾」，俱上去聲，妙。

【眉批】

凡入聲韻，有作平者，有作仄者，當按其宜而用之，方能不失音律。高先生喜用入聲，此曲如宜入作平韻唱者，妙。「葛」字、「髮」字，本作仄，亦妙。若「舌」字、「伐」字，乃作平者，既用「謾勞」、「特來」等仄平二字，則其下當用平去平上乃妙。今却用作平之入聲，則與入作上去者混雜，音律欠諧矣，知者辨之。

此雜用歌戈、家麻、魚模、車遮，各入聲韻。

【前腔】【換頭】（末）閥作平。閱，作平。紫閣名公，黄扉元宰，三槐位裏排列。作平。金屋嬋娟，妖嬈那平声。更貞潔。作平。（丑）歡悦，作平。紅樓此日招鳳侶，遣妾每特來執作平。伐。望君家，慇懃肯首，早諧結作平。髮。

【眉批】

「位裏」、「鳳侶」，去上聲，妙。

【前腔】（生）非別，作平。千里關山，一家骨肉，教我怎生抛撇？妻室青春，那更親鬢垂雪。作平。差迭，作平。須知少年自有人愛了，謾勞你嫦娥提挈。滿皇都，豪家無數，豈必作平。卑末？

【眉批】「愛了」、「數豈」，去上聲，妙。

【前腔】（末）不作平。達，作平。相府尋親，侯門納禮，兀自拒他不屑。綉幕奇葩，春光正當十作平。八。（丑）休撇，作平。知君是個折桂手，留此花待君攀折。况親奉，丹墀詔旨，非我自相攛掇。

【眉批】「桂手」，去上聲，妙。

【前腔】（生）心熱，作平。自小攻書，從來知禮，忍使行虧名缺。父母俱存，妻而不告須難説。作平。悲咽，門楣相府雖要選，奈庡廖佳人實難存活。縱然有花容月貌，怎如我自家骨作平。血。

【眉批】「要選」，去上聲，妙。

【前腔】（末）迂闊，作平。他勢壓朝班，威傾京國，你却與他相别。只怕那轉日回天，那時須有個决作平。裂。作平。（丑）虚設，作平。夜静水寒魚不餌，笑滿船空載明月。下絲綸不愁無處，笑伊村殺。

【眉批】

如此作煞語，勁不可言，非庸俗所識。

此後，諸本增《尾声》云：「明朝有事朝金闕，歸家事親心下悦，只怕聖旨不從空自説。」不知此調不拘二曲、四曲、六曲，皆不可用《尾声》，乃反謂無尾者欠結果，妄續貂以訾高先生，冤哉。

（生）你不須多言。果蒙聖恩來，我明日上表辭官，一就辭婚便了。

（末）君王詔旨不相從，（生）明日應須奏九重。

（丑）有緣千里來相會，（合）無緣對面不相逢。

第十三折（外上）

〔黄鍾過曲〕【出隊子】朝夕作平。縈掛，只爲孩兒多用心。不知月老事何因？爲甚冰人没信音？顒望多時，情緒轉深。

【眉批】

「因」字，犯真文。

目斷青鸞瞻碧霧，情深紅葉看金溝。昨日遣人蔡狀元處説親，尚未回音。待他來時，便知分曉。

【前腔】（末丑）喬才堪笑，故阻佯推不肯從。豈無佳婿近乘龍？有甚福作乎。緣能跨鳳？料想書生，只是命窮。（見介）（外）媒婆，你來了，事體若何？（丑）他千不肯，萬不肯，即不肯，又不肯，定不肯，硬不肯，都不肯，只是不肯、不肯。（末）你住休。告相公：蔡狀元道：已有妻房，雙親年老，娶而不告，實難從命。

〔中吕過曲〕【雙鸂鶒】（外）聽伊説教人怒起，漢朝中惟吾獨貴。我有女，偏無貴戚豪家匹配。奉聖旨，使我招狀元爲婿，不知他回話有何言語？

【眉批】

雜用齊微、支思、魚模三韻。

【前腔】〔第二换頭〕（丑）媒婆告相公知：恨那人作怪蹺蹊。道始得及第，縱有花貌休提。他駡相公駡小姐，道脚長尺二。（末）這般説謊没巴臂。

【眉批】

時本「蹺蹊」下有「千不肯，萬推辭，這話頭不惹些兒」。與第三换頭正同，然古本所無。

【前腔】〔第三换頭〕恩官且聽咨啓：蔡狀元聞説皺眉。忠和孝，恩和義。念父母八十年餘，况已娶了妻室，再婚重娶非禮。待早朝，上表文，要辭官家去，請相公别選一佳婿。

【眉批】

此换頭多「忠和孝」至「年餘」十三字。

【前腔】(外)他元來要奏丹墀，敢和我斯挺相持。讀書輩，没道理，不思量違背了聖旨。只教他辭官辭婚俱未得。

【眉批】

此與第三换頭前段正同，而「聖旨」下又少數句，不合調，豈有脱誤耶？時本因其不合，而於「相持」下添「細思之，可奈他將人輕覷。我就寫表奏與我皇知。與他官拜清要地，務要來我處爲門楣」。遂割「讀書輩」以下爲意不盡，及細覈之，又與第三换頭字句不合。及查《千金》、《尋親》皆古傳奇，而《雙瀉鶒》各與此不同，最不可曉，今姑從元本，缺疑以俟知者。

院子，你和官媒婆再去蔡伯喈處説，看他如何？我如今先去朝中奏官裏，只教不准他上表罷。

(外)枉把封章奏帝宫，(末)不如及早便相從。

(合)羈縻鸞鳳青絲網，　牢絡鴛鴦碧玉籠。

第十四折(貼上)

【中呂過曲】【剔銀燈】忒過分爹行所爲，但索强全不顧人議。背飛鳥硬求來諧比翼，隔墻花强攀做連理。姻緣，還是怎的？我與爹爹説呵，婚姻事女孩兒家怎提？

姻緣姻緣，事非偶然。好笑俺爹爹將奴家招取蔡狀元爲婿，那狀元不肯，俺這裏也索罷了，誰想爹爹苦不放過他。他不肯，便做了百年，到底也不和順。奴家待將此事與爹爹説，又不是女孩兒家説的話。苦！好悶呵！（凈上）慚愧慚愧，今日能勾得小姐悶也。小姐你想着甚麽？（貼）我不曾想着甚麽。（凈）既不想甚麽，爲何手托香腮在此憂悶？我且問你：你往常間件件不煩惱，事事不動情，看起來你都是假。你今日這般愁悶，莫不是對景傷情？（貼）你説那裏話！我爲爹爹做事不停當，以此上憂悶。（凈）你爹爹做甚事不停當？（貼）我爹爹要將奴家嫁與蔡狀元，使官媒婆去説親，狀元不肯從命。他既不肯，俺這裏也索罷了。如今爹爹苦不放過他，又叫官媒婆去説，未知若何。老姥姥，你怎生與我對爹爹説一聲也好。（凈）這的事，你爹爹主見，怎的肯聽我説？

【仙吕過曲】【桂枝香】書生愚見，忒不通變。不肯坦腹東床，謾自去哀求金殿。想他每就去上声，妙。裏，他每就裏，將人輕賤。非爹胡纏，去声。怕被人傳，道你是相府公侯，不能勾嫁狀元。

【眉批】

今人於「愚」字、「通」字、「金」字處每用仄聲，誤矣。第五、第六句，有韻亦可，第九句不用韻亦可，但第三句不可用韻。

【前腔】（貼）百年姻眷，須教情願。他那裏抵死推辭，俺這裏不索留戀。想他每就裏，他每就裏，有些牽絆。怕恩多成怨，滿皇都，少甚麽公侯子，何須去嫁狀元？

【眉批】

「滿皇都」自爲句，非連下句。

〔南呂過曲〕【大迓鼓】(净)非干是你爹意堅，怕春花秋月，悮你芳年。况兼他才貌真堪羡，又是五百名中第一仙，故把嫦娥付與少年。

【眉批】

考《大迓鼓》本調，《殺狗記》云：「聽咱説事因，一人心痛，一個腰疼，假意佯推病。果然日久見人心，到此方知没義人。」則此「况兼他」三字、「料想」二字、「付與」「與」字，俱襯。今人俱以實在唱之，而《大迓鼓》本調遂亡矣。

【前腔】(貼)姻緣雖在天，若非人意，到底埋冤。料想赤繩不曾綰，多應他無玉種藍田，强把嫦娥付與少年。

【眉批】

「赤繩」二字，易用平仄乃妙。

第十五折（末扮小黄門上）

【北仙吕點絳唇】夜色將闌，晨光欲散。把珠簾捲，移步丹墀，擺列着金龍案。

【混江龍】官居宫苑，謾道是天威咫尺近龍顔。每日間親隨車駕，只聽鳴鞭。去螭頭上拜跪，隨着豹尾盤旋。朝朝宿衛，早早隨班。做不得卿相當朝一品貴，先隨着朝臣待漏五更寒。空嗟嘆，山寺日高僧未起，算來名利不如閑。

【眉批】

「去螭頭上」以下數句，乃此調增句，至「卿相當朝」以下，始入正調。或於「五更寒」下添四字叠句，而以平平仄一韻句收之，所謂此調可增者止此，非可亂增也。時本不解北曲，而曰：「與《西厢》不類。」又云：「字句可增損，不可一律拘。」夫增可也，於本調損之可乎？此皆不知其深者。

自家是漢朝一個小黄門，往來紫禁，侍奉丹墀。領百官之奏章，傳一人之命令。正是：主德無瑕因宦習，天顔有喜近臣知。如今天色漸明，正是早朝時分，官裏升殿，怕有百官奏事，只得在此祗侯。怎見得早朝？但見銀河清淺，珠斗班斕，數聲角吹落殘星，三通鼓報傳清曙。銀箭銅壺，點點滴滴，尚有九門寒漏；瓊樓玉宇，聲聲隱隱，已聞萬井晨鐘。曈曈曚曚，蒼茫初日映樓臺；拂拂霏霏，葱蒨瑞烟浮禁苑。梟梟巍巍，千尋玉掌，幾點瀼瀼露未晞；澄澄湛湛，萬里璇空，一片團團月初墜。三唱天鷄，咿咿喔喔，共傳紫陌更闌；百囀流鶯，間間關關，報道上林春曉。午門外碌碌剌剌，車兒碾得塵飛；六宫裏嘔嘔啞啞，樂聲奏如鼎沸。只見那建章宫、甘泉宫、未央宫、長楊宫、五柞宫、長秋宫、長信宫、長樂宫，重重叠疊，萬萬千千，盡開了玉闕金鎖；昭陽殿、金華殿、長生殿、披香殿、麒麟殿，鵷鸞殿、太極殿、白虎殿，隱隱約約，三三兩兩，都捲上綉箔珠簾。半空中忽聽得一聲轟轟劃劃，如雷如霆，震耳的鳴梢響；合殿裏只聞得一陣氤氤氳氳，非烟非霧，撲鼻的御爐香。縹縹緲緲，紅雲裏雉尾扇遮着赭黄袍；深深沉沉，丹陛間龍鱗座覆着彤芝蓋。左列着森森嚴嚴，前前後後的羽林軍、旗門軍、控鶴軍、神策軍、虎賁軍，花迎劍佩星初落；右列着蹌蹌蹌蹌，高高下下的金吾衛、龍虎衛、拱日衛、千牛衛、驃騎衛，柳拂旌旗露未乾。金間玉，玉間金，熌熌爍爍，燦燦爛爛的神仙儀從；紫映緋，緋映紫，行行列列，整整齊齊的文武官寮。螭頭陛下，立着一對妖妖嬈嬈，花容月貌，綉鸞袍鴛鴦靴的奉引昭容；豹尾班中，擺着一對端端正正，銅肝鐵膽，白象簡獬豸冠的糾彈御史。拜的拜，跪的跪，那一個敢挨挨挱挱縱喧譁？升的升，下的下，那一個不欽欽敬敬依禮法？但願得常瞻仙仗，聖德日新日新日日新；與群臣共拜天顏，聖壽萬歲萬歲萬萬歲。從來不信叔孫禮，今日方知天子尊。道猶未了，一個奏事官早到。（生上）

〔**黄鍾引子**〕【**點絳唇**】月淡星稀，建章宫裏，千門曉。御爐烟裊，隱隱鳴梢杳。忽憶年時，問寢高堂早。鷄嗚了，悶縈懷抱，此際愁多少！

【**眉批**】

時本作過曲，謬。

此南引子，不可作北曲唱。北第四句平仄平平，南第四句仄平平仄；北不用换頭，南有换頭。今人凡唱此及《粉蝶兒》，俱作北腔，竟不知自有南調也。况《北點絳唇》就在前，有何難辨。

不寢聽金鑰，因風想玉珂。明夜有封事，數問夜如何？自家只爲父母在堂，今日上表辭官，家去侍奉。天色已明，這裏是午門外廂，進入去咱。（末介）

〔黄鍾過曲〕【神仗兒】（生）揚塵舞蹈，揚塵舞蹈，遥瞻天表，見龍鱗日耀。（末）不得升殿。（生）咫尺重瞳高照。□□□□，□□□□。遥拜着赭黄袍，遥拜着赭黄袍。

【眉批】

「高照」下宜尚有八字，向脱落，臞仙空之以俟補。又一舊本有「只須在此，一一細剖」八字，未知的否？然八字本調必不可少者，觀下「多應哀念」八字可知。自《香囊記》偶失此句，後人遂皆不知，而並此亦竟缺矣。曷不觀《牧羊》、《八義》諸古戲乎？可嘆！

【滴溜子】臣邕的，臣邕的，荷蒙聖朝。臣邕的，臣邕的，拜還紫誥。念邕非嫌官小，奈家鄉萬里遥，雙親又老。干瀆天威，萬乞恕饒。（末）吾乃黄門，職掌章奏。有何文表，在此批宣。（生跪介）

〔越調近詞〕【入破第一】議郎臣蔡邕啓：今日蒙恩旨，除臣爲郎官職，重蒙賜婚牛氏。干瀆天威，臣謹誠惶誠恐，稽首頓首：伏念微臣，初來有志，誦詩書，力學躬耕修己，不復貪榮利。事父母，樂田里，初心願如此而已。不想州司，謬取臣邕充試。到京畿，豈料愚蒙，叨居上第。

【眉批】

時本此曲不注宫調，緣不識耳。

此調或作北曲唱，謬矣。

此調一至九，不拘多寡。

「頓首」、「父母」、「謬取」、「又幾」、「更老」、「萬水」、「最可」、「未可」，俱去上聲，「首頓」、「有志」、「豈料」、「有愧」、「享厚」、「守令」，俱上去聲，俱妙。

「愚蒙」，時作「蒙恩」，非。

「婚以」，時作「婚賜」。

【破第二】重蒙聖恩，婚以牛公女。草茅疏賤，如何當此隆遇？況臣親老，一從別後，光陰又幾。廬舍田園，荒蕪久矣。

（末）老親在堂，必有人奉侍，狀元不必憂慮。（生）

【衮第三】那更老親鬢垂白，筋力皆癯瘁。形隻影單，無弟兄，誰奉侍？況隔千山萬水，生死存亡，雖有音書難寄。最可悲，他甘旨不供，我食禄有愧。

【眉批】

「又幾」或作「有幾」，「鬢垂」或作「鬢髮」，「弟兄」或作「兄弟」，皆非也。

【歇拍】不告父母，怎諧匹配？臣又聽得，家鄉里，遭水旱，遇荒飢。多想臣親，必做溝渠之鬼，未可知。怎不教臣，悲傷淚垂？

（末）此非哭泣之處，不得驚動天聽。（生）

【中衮第五】臣享厚禄，紆朱紫，出入承明地。獨念二親，寒無衣，飢無食，喪溝渠。憶昔先朝，買臣出，守會稽；司馬相如，持節錦歸。

【眉批】

或作「朱買臣，守會稽」，非也。

【煞尾】他遭遇聖時，皆得回鄉里。臣何故，别父母，遠鄉閭，没音書，此心違？伏惟陛下，特憫微臣之志。遣臣歸，得侍雙親，隆恩無比！

【出破】若還念臣有微能，鄉郡望安置。庶使臣，忠心孝意，得全美。臣無任瞻天仰聖，激切屏營之至。

【眉批】

《出破》，亦不拘幾曲，至第七而止。

「庶使」，去上聲，「仰聖」，上去聲，俱妙。

（末）元來如此。吾當與汝轉達天聽，汝只在午門外厢，伺候聖旨。正是：眼望捷旌旗，耳聽好消息。（下）（生起介）

〔黄鍾過曲〕【神仗兒】揚塵舞蹈，揚塵舞蹈，見祥雲縹緲，想黄門已到。料應重瞳看了，多應哀念，私情烏鳥。顒望斷九重霄，顒望斷九重霄。

【滴溜子】天應念，天應念，蔡邕拜禱：　雙親的，雙親的，死生未保，可憐恩深難報。一封奏九重，知他聽否？會合分離，都在這遭。

【眉批】

「應」，時本作「憐」，非。

怎的黃門不見回報？想必是官裏准了。天天，若能勾回鄉見父母，何須做官！（末捧詔上）

【前腔】今日裏，今日裏，議郎進表。傳達上，傳達上，聖目看了。道太師昨日先奏，把乘龍女婿招，多少是好！見有玉音，傳降聽剖。

【眉批】

「奏」字，借尤侯。

聖旨已到，跪聽宣讀。（生跪介）（末）皇帝詔曰：孝道雖大，終於事君；王事多艱，豈遑報父！朕以涼德，嗣纘丕基。眷茲警動之風，未遂雍熙之化。爰招俊髦，以輔不逮。咨爾才學，允愜輿情。是用擢居議論之司，以求繩糾之益。爾當恪守乃職，勿有固辭。其所議婚事，可曲從師相之請，以成《桃夭》之化。欽予時命，裕汝乃心。謝恩。（生拜起介）黃門大人，你與我官裏跟前再奏咱，我情願不做官。（末）這秀才好不曉事，聖旨誰敢別，這裏不是你鬧炒去處。（生荒介）我自去拜還聖旨，如何？（末扯介）做甚麼？這秀才好怪麼，你去不得！（生哭介）

【啄木兒】親衰老，妻幼嬌，萬里關山音信杳。他那裏舉目凄凄，俺這裏回首迢迢。他那裏望得眼穿兒不到，俺這裏哭作平。得作平。淚乾親難保。閃殺人一封丹鳳詔。

【眉批】

「音」字、「丹」字，兩平聲，及「望得眼穿」用仄平仄平，「哭得淚乾」用平平仄平，皆絶妙。他人若不用平平仄仄，則用仄平平矣。次隻仿此。

【前腔】（末）何須慮，不用焦，人世上離多歡會少。大丈夫當萬里封侯，肯守着故園空老？畢竟事君事親一般道，人生怎全忠和孝？却不見母死王陵歸漢朝。

【三段子】（生）這懷怎剖？望丹墀天高聽高。這苦怎逃？望白雲山遥路遥。（末）你做官與親添榮耀，高堂管取加封號，與你改換門閭偏不好？

【眉批】

用二《啄木兒》、一《三段子》、一《歸朝歡》，古體也。今本將《三段子》「做官」以下分爲二曲，《歸朝歡》末三句作尾聲，則調俱不全矣。

兩個「這」字，兩個「望」字及「聽」字、「路」字，俱用去聲；兩個「怎」字，又和協「耀」字、「號」字，俱去声，而以上聲收之，尤妙，真作手也。

【歸朝歡】(生)冤家的，冤家的，苦苦見招，俺媳婦埋冤怎了？飢荒歲，飢荒歲，怕他怎熬？俺爹娘怕不做溝渠中餓殍？(末)譬如四方戰争多征調，從軍遠戍沙場草，也只是爲國忘家怎憚勞？

(生)家鄉萬里信難通，(末)争奈君王不肯從？

(合)情到不堪回首處，一齊分付與東風。

第十六折(丑上)

〔仙吕入雙調過曲〕【普賢歌】身充里正實難當，雜泛差徭日夜忙。官司點義倉，並無些子糧，棄一頓拖翻吃大棒。

我做都官管百姓，另是一般行徑。破靴破笠破衣裳，打扮須要厮稱。到州縣百般下情，下鄉村十分高興。討官糧大大做個官升，賣食鹽輕輕弄些喬秤。點催首放富差貧，保上户欺軟怕硬。猛棄把持放潑，畢竟是個畢竟。誰知道天不由人，萬事皆由前定。詐得五兩十兩，到使五錠十錠。主人家不時要饋送，畫卯酉人多要雇倩。田園盡都典賣，並無寸土餘剩。叵耐廳前走隸，叵耐司房典令。把我千樣凌辱，把我萬般督並。動不動丢了破笠，打得黄瘇成病。幾番要自縊投河，不要這條性命。今番又點義倉，並無糧米支應。若還把我拖番，便叫高擡明鏡。小人也不是都官，小人也不是里正，休得錯打了平民。猜你是誰？我是搬戲的副净。苦！往常間把義倉穀搬在家裏去養老婆孩兒了，今日上司官點義倉，支穀賑濟貧民，那裏討穀？且無錢糴還。没奈何我把老婆賣了，取錢糴還義倉。老婆，你且出來。(净上)老公，老公，苦咳！點義倉那裏討穀？又着吃打。(丑)没奈何，一夜夫妻百夜恩，你終不然教我吃打？這般荒年，又供膳不得。我如今把你賣幾貫錢，糴穀還義倉。(净)哼嗯！你怕吃打，便賣老婆。骨髓難得？老婆難得？(丑)没奈何。(扯净叫介)一街兩市，上户官人，里正賣老婆，誰要買麽？(净)我弗賣。(推丑倒介走下)(丑起介)好好，討得這好老婆！没奈何，只有一個孩兒，把他賣了。孩兒出來。(净上)爹爹，你吃打莫要賣了我。(丑)你來。我這孩兒極孝順，阿爹養孩兒，如何不愛惜你？事到頭來，官司逼臨，往常將義倉穀家裏吃，終不然都是我吃了？你也有分。子孫，我如今賣了你，糴穀還官司。(净)苦咳！怕吃打便賣孩兒，骨醫難得？孩兒難得？(丑)不依我説？(扯净叫介)一街兩市，上户官人，里正賣孩兒，誰要買麽？(净推丑倒介走下)(丑起介)好好，討得好老婆，養得好兒子，這是我平日潑皮放刁的報應。我没奈何，與李社長商量看。轉灣抹角，兀的便是李社長家裏。李社長，李社長。(净應介。扮李社長上)

【前腔】身充社長管官倉，老小一家得倉裏養。事發儘不妨，里正先吃棒。尊官打了都官，方打社長。

都官苦了，上司便來，你都不商量糴穀還官司，你吃打也。(丑)教我如何商量？穀都是你吃了，你自着商量。(净)你在這裏，我在相識家張外郎處借些穀子影射便了。(丑)你去便來，我開倉等你。(净)我去，只恐上山擒虎易，開口告人難。(净下)(丑開倉介)好義倉也，没穀在倉裏，不知社長去借有麽？(望介)妙哉！妙哉！社長借穀來了。(净上)求人須求大丈夫，濟人須濟急時無。好好借得兩扛三石七斗四升八合零二百一十五粒在這裏。你上倉去，我在下送上與你。(介)(丑)妙哉！倉滿了。你去看上司官來了未？我在這裏封了倉。(争)我去。正是：眼望捷旌旗，耳聽好消息。(净下)(丑)好了，一倉穀都滿了，省得吃打。不知相公在那裏？免不得向前迎接則個。(行介)(净扮喬孤末引上)

【前腔】親承朝命賑饑荒，躍馬揚鞭到此方。里正那裏？疾忙開義倉，支與百姓糧。從實支收休要謊。

里正，將那支收帳簿來看。(丑介)(净讀介)元管二十九石，新收三十六石，除支一十九石，見在四十六石。開了倉。(末丑)開倉。(净)胡説！這倉裏那有四十六石？(丑)有有，相公。(净)與他取了甘結。(末介)(净)里正，去唤飢民，來此請糧。(丑)小人去。一心忙似箭，兩脚走如飛。(下)(净)那厮説謊，這些兒穀，如何有四十六石？(末)由他，果不勾，只教他賠償便了。(净)也説得是。(丑扮丐子上)

【商調過曲】【吴小四】肚又饑，眼又昏，家私没半分，子哭兒啼不可聞。聞知相公來濟民，請些官糧去救窘。

【眉批】

《吴小四》或作《吴織機》。

（末）老的姓甚？名誰？家裏有幾口？（丑）小的姓丘，名乙已，住上大村，有三千七十口。（净）胡説！（丑）告相公：上大人，丘一已，化三千，七十士。（末）一口胡柴。（净）你實有幾口？（丑）小人夫妻兩口，孩兒兩口。（净）支粮與他。（末）支四口粮了。（丑）小人有五口，如何只支四口？（净）你一個媳婦、兩個孩兒和你，只有四口，如何有五口？（丑）小人媳婦下面有一口。（末）戾家不識吕字法。（丑）正是：一日不識羞，三日吃飽飯。（下）（净）與他勾了帳，已支一名去了。（丑換扮上）怎的里正都不見來？（末）告相公：寧管千軍，莫管一夫。偌多百姓，如何唤得齊到？由他續後來便了。

【前腔】嘆連朝，饑怎忍？家中有八九人。前日老婆典了裙，今日媳婦又典裩，恰好官司來濟貧。

（净）你問他姓甚？名誰？有幾口？（丑）小人姓大，名比丘僧。（末）住在那裏？（丑）小人住在祇樹給孤獨園，與大比丘僧一千二百五十人俱。（末）佛口蛇心。（净）實有幾口？（丑）小人有二個媳婦、三個孩兒和小人，共六口。（净）支粮與他。（末）支六口粮了。（丑）小人有七口。（末）你説了六口，那得七口？（丑）老婆懷胎在肚里，孩兒也要吃飯。（末）且打你吃胎去。（丑）正是：今日得君提挈起，免教人在污泥中。（下）（旦上）

〔雙調引子〕【搗練子】嗟命薄，嘆年艱。含羞和淚向人前，只恐公婆凝望眼。

【眉批】

「含羞」句，用平平仄仄仄平平，與詩餘不同，然皆可唱，但比詩餘偶少一句耳。至于後折辭别去一調，則一字不少矣。

路逢險處難回避，事到頭來不自由。奴家少長閨門，不識途路。今日見官司支粮濟貧，免不得去請些穀救公婆之命。（見净介）（净）婆娘，你姓甚？名誰？（旦）奴家姓趙，名五娘，是蔡伯喈的妻房。（净）你丈夫那裏去了？（旦）

【正宮過曲】【普天樂】兒夫一向留都下。（净）你家裏還有誰？（旦）只有年老的爹和媽。（净）有兄弟也没有？（旦）弟和兄更没一個。（净）誰看奉公婆？（旦）看承盡是奴家。（净）何不使人來請？婦人家怎生路上走？（旦打悲介）歷盡苦誰憐我？怎説得不出閨門的清平話？（净）支糧與他。（末）糧没了。（旦哭介）若無糧，我也不敢回家，豈忍見公婆受餒。嘆奴家命薄，直恁摧挫！

【眉批】

「兒夫一向」四字，欠協，故譜取《拜月亭》「氣全無」一曲。第二句，用六個字乃妙，如散曲「從别後多顛倒」是也。若《拜月亭》「兩頭來往千百步」，則七字矣。故此宜襯「只有」二字。

「的」字，上聲，「盡苦」、「受餒」，俱去上聲，妙。

第七句第一字，必用入聲乃妙。

雜用家麻、歌戈、魚模。

（净）左右，你去拿那里正來，要那厮賠償。（末）小人去。假饒走上焰魔天，脚下騰雲須趕上。（旦）望相公主張，與奴家出些氣力。（净）不妨，不妨。（末押丑上）一似甕中捉鱉，手到拿來。（净罵介）這潑皮賊！你將粮那裏去了？你快招伏。（丑）小人不招。（净介）（末介）（丑）小人招了。（净）讀。（丑讀招介）招狀人姓猫，名貍，見年三十有餘。身上並無疾病，只有白帶不除。今與短狀招伏，蓋爲官粮欠虧。説道義倉情弊，中間無甚蹺蹊。稻熟排門收斂，斂了各自將歸。並無倉庫盛貯，那有帳目收支？縱然有得些小，胡亂寄在民居。官司差人點視，便糴米穀支持。上下得錢便罷，不問倉庫空虚。假饒清官廉吏，吃我影射片時。東家借得十扛，西家借得五簣。但見倉中有穀，其間就裏怎知？年年把當常事，番番一似要嬉。不道今年荒旱，不道今年民飢。不因分俵賑濟，如何會泄天機？假饒奏到三十三天，里正都無甚罪過。（末）爲甚的？（丑）只是點粮詐錢的做馬做驢。招狀執結是實，伏乞相公裁旨。（净）打那厮，要他賠償。（末押丑下）懼法朝朝樂，欺官日日憂。（净旦介）（末押丑上）假饒人心似鐵，怎逃官法如爐？穀在這裏了。（净）將與這小娘子。（旦）謝相公。（丑覷餓介）由你半路去，我但好歹與你奪了。（旦）謝得恩官爲主維。（丑）只教中路有灾危。（末净）正是：當權若不行方便，如入寶山空手回。（净末丑下）（旦）一斟一酌，莫非前定。今日奴家去請糧，誰知道里正作弊，倉中無穀。若不得相公主張，教里正賠償，奴家如何得這些穀回家，救濟二親之餓？正是：飢時得一口，强如飽時得一斗。（欲下）（丑上攔住介）恩人相見，分外眼明；讐人相見，分外眼睁。我也會見你。適來不是你只管告不了，相公如何要我賠償？這穀是我賣老婆、賣家私得來的，你如何把去？（奪介）（旦）

【雙調過曲】【鎖南枝】兒夫去，竟不還，公婆兩人都老年。自從昨日到如今，不能勾一餐飯。奴請糧，他在家凝望眼。念我年老公婆，做方便。（丑介）

【前腔】【换頭】（旦）鄉官可憐見，這是公婆命所關。若是必須將去，寧可脱下衣裳，就問鄉官换。（丑）這等，你身上寒冷。（旦）寧使奴身上寒，只要與公婆，救殘喘。

【眉批】

「間」，借先天韻。

「人都」兩字，俱平。真作家。

細查舊板《戲曲全錦》皆如此，始知「鄉官可憐見」以下，乃換頭也。「自從昨日」一句，元該用六個字，今人用五個字，與下句相對，非也。換頭中，「寧可脱下衣裳」一句亦然。觀下「縱然他不埋冤」、「叮嚀囑付爹娘」、「你在這里閑行」、「不如早赴黄泉」、「兩人一旦身亡」、「到底日久日深」、「縱有八口人家」，皆六字句法，可知矣。但「鄉官」句用五字，與「兒夫去」二句不同。「若是」句同六字，與「公婆兩人」句不同，此定體也。

（丑奪下介）

【前腔】（旦）奪將去，真可憐，公婆望奴奴不見。縱然他不埋冤，道做媳婦有何幹？他忍飢，添我夫罪愆，怎見得我夫面？

我終久是個死，這裏一口井，不免投入井中。（投介）呀！

【前腔】【换頭】將身赴井泉，思量左右難。我丈夫當年分散，叮嚀囑付爹娘，教我與他相看管。我死却，他形影單。夫婿與公婆，可不兩埋怨？（外上）

【前腔】媳婦去，不見還，教人在家凝望眼。（外跌旦扶介）（外）你在這裏閑行，教我望得肝腸斷。（旦）奴請糧，與你充午餐。又誰知，被人騙。

（外）元來你被人騙。

【前腔】【换頭】思量我命乖蹇，不由人珠淚漣。料想終須餓死，不如早赴黄泉，免被相牽絆。媳婦，婆老年，不久延。你須是，好看管。

【前腔】（旦）公公，身傾棄，苦怎言！公還死了婆怎免？你兩人一旦身亡，教我獨自如何展？你吃苦辛，其實難過遣。我痛傷悲，只得强相勸。（外）

【前腔】〔**換頭**〕媳婦，你衣衫盡皆典，囊篋又罄然。縱使目前存活，到底日久日深，你與我難相戀。衣食缺，行孝難。不如活冤家，早拆散。

【眉批】

時本改「不如」二字在「早拆散」上。

【前腔】不豐歲，荒歉年，生離死别真可憐。縱有八口人家，飢餓應難免。子忍飢，妻忍寒。痛苦聲，恁哀怨。

（外投井）（旦救介）（末挑穀上）

【眉批】

時本改「生離」以下作「官司把糧來給散。見一個年老公公，在那裏頻嗟嘆。待向前，仔細看，你兩人在此有何幹？」與舊本迥别。

相逢盡是飢寒苦，安樂何曾見一人？呀！兀的不是蔡員外和小娘子在這裏？員外、娘子，你在這裏做甚麽？（旦）告公公：一言難盡。奴家今日聞知給散義倉，去請些粮穀，與公婆爲口食之資。誰想里正作弊，倉中無穀，謝得相公督令里正賠納，把穀付與奴家。來到半途，又被里正奪去，將奴家推倒。如今公公見説，要投井死。奴家正在此勸解公公。（末）元來恁地。我與你駡那使一和：嘈！官司差設你爲里正，教你管着鄉都。義倉乃豐年聚斂，以爲荒歉之儲。你却與社長偷盜，致令賑濟不敷。比及這娘子到來請穀，倉中已自空虚。相公督並你賠納，于理不亦宜乎！你顛倒半途奪去，又將他推倒街衢。却不道救人一命，勝造七級浮屠。他公公見說要投井死，我倘若來遲，他險喪溝渠。你這般不仁不義，謾自家有贏餘。空吃人的五穀，枉帶人的頭顱。身着人的衣服，一似馬牛襟裾。我歷數你從前過惡，真個罪不容誅。動不動逞凶行惡，你那些個恤寡憐孤！我若早來一步，放不過你横死鑾驢。棄着七十年老命，和你生死在須臾。（介）休休，人知的只道我好心睹事，不知我的道我恃老無藉之徒。小娘子，你丈夫當年出去，把爹娘分付與老夫。今日荒年飢歲，虧殺你獨自支吾。終不然我自飽暖，教你受飢寒勤劬。古語救灾恤鄰，濟人須濟急時無。我也請得些粮在此，小娘子，分了一半與你，胡亂救公姑。（與介）（旦）謝得公公！

【眉批】時本此處作末唱云：「我聽你，説這言，駡那厮銕心腸，昧心漢。你且不須憂慮，我也請得官粮，與你兩下分一半。休恁推，莫弃嫌。且將回，權做兩厨飯。」較此白似雅，且足上换頭爲十隻。但舊本無之，而舊白亦自莽蒼古色。

〔正宫過曲〕【洞仙歌】苦！家可仄。私没半分，靠着奴此身。只要救取公婆，豈辭多苦辛。可仄。（合）空把淚珠揾，誰憐飢與貧？這苦説不盡。

【眉批】「救取」、「這苦」，俱去上聲，「把淚」，上去聲，「此」字、「豈」字、「與」字，俱上聲，俱妙。

【前腔】（外）我本爲泉下人，他救我一命存。只怕我不久身亡，報不得媳婦恩。（合前）

【前腔】（末）見説不可聞，况我托在鄰。終不然我享安和，忍見你受飢窘？（合前）

（旦）命薄多磨受苦辛，（外）不如身死早離分。

（末）惟有感恩並積恨，（合）萬年千載不生塵。

第十七折（五上）

〔越調過曲〕【蠻牌令】終日走千遭，走得脚無毛。何曾見湯水面？也不見半錢糟。到不如做虔婆頂老，也得些鴨作平。汁吃作平。飽。窮酸秀才，直作平。恁喬，老婆與他妝甚麽幺？「妝幺」，元語，即拿班之意。北劇《金錢記》云「今日輪到我妝幺」，可証。時作「故推不要」，不惟直致，而「要」字仄聲，非調。

【眉批】

「窮酸秀才」句，乃襯一「窮」字，六字二句者。《進梅諫》傳奇云：「雕欄畔，曲檻西。」可証。《殺狗》、《牧羊》諸舊曲皆然。自此及後「匆匆的聊附寸箋」，襯一「聊」字。時曲又有「他道是風流汗，濕主腰」，襯「他道是」三字。今人遂認作八九字一長句，乃于「才」字下不點截板，而本腔失矣，况又改名曰《四般宜》乎。

我做媒婆老了，不曾見這般好笑。叵耐一個秀才，老婆與他不要。別人見媒歡喜，他到和我尋鬧。相公又不肯干休，只管在家焦燥。把媒婆放在中間，旋得七顛八倒。走得鞋穿襪綻，説得唇乾口燥。休休，也不怕你親事不成，也不怕你姻

緣不到。不吃你男兒不從，不信你婦人不好。紅羅帳裏快活，不嫌媒婆聒噪。好好，狀元來了。（生上）

〔越調過曲〕【金蕉葉】恨多怨多，俺爹娘知他怎麽？擺不去功名奈何？送將來冤家怎躲？

【眉批】

「恨」字，去聲，妙甚。舊譜改作「恩」字，便索然。時本作「愁」，益非。

「怨」字、「奈」字，去聲，兩「怎」字，「躲」字，上聲，俱妙。

「躲」字若用平聲，則「何」字可用仄聲。

（丑）萬福。狀元賀喜！牛丞相選定今日畢姻，安排已了，請狀元早赴佳期。（生）

〔南呂過曲〕【三換頭】名韁利鎖，先自將人摧挫。況鸞拘鳳束，甚日得到家？我也休怨他，這其間，只是我，不合來，長安看花。閃殺我爹娘也，淚珠空暗墮。（合）這段姻緣也，只是無如之奈何。

【眉批】

舊譜注云：「前二句是《五韻美》，中四句是《蠟梅花》，後四句是《梧葉兒》。今按前二句、後二句，俱近似矣，但中四句不似，而「閃殺」二句亦不似《梧葉兒》。缺疑可也。

【前腔】（丑）鸞臺罷妝，鵲橋初駕，佳期近也。請仙郎到河，此事明知牽掛。這其間，只得把，那壁厢，且都棄捨。況奉君王詔，怎生別了他。（合前）

(丑)及早赴佳期,(生)歡娱成悲怨。

(合)情知不是伴, 事急且相隨。

第十八折(外上)

〔黄鍾引子〕【傳言玉女】燭影摇紅,簾幕瑞烟浮動,畫堂中珠圍翠擁。妝堂對月,下鸞鶴神仙儀從。玉簫聲裏,一雙鳴鳳。

【眉批】

此折本用東鍾,而下轉入,故「龍」字、「宫」字皆與入韻叶耳。

左右何在?(末上)華堂深處風光好,别是人間一洞天。(外)院子過來,我今日與小姐畢姻,筵席安排了未?(末)安排已了。(外)怎見得?(末)(水調歌頭)屏開金孔雀,褥隱綉芙蓉。獸爐烟裊,蓮臺絳燭吐春紅。廣設珊瑚席子,高把真珠簾捲,環列翠屏風。人間丞相府,天上蘂珠宫。錦遮圍,花爛熳,玉玲瓏。繁弦翠管,歡聲鼎沸華堂中。簇擁金釵十二,座列三千珠履,談笑盡王公。正是門闌多喜氣,女婿近乘龍。(外)狀元來了未?(末)望見一簇人馬閙炒,想是狀元來了。(生上)

【女冠子】馬蹄篤速,傳呼齊擁雕轂。(外)金花帽簇,天香袍染,丈夫得志,佳婿乘龍。(貼上)妝成聞唤促,又將彩扇重遮,羞蛾輕蹙。(净丑执掌扇上)這姻緣不俗。(合)金榜題名,洞房花燭。

【眉批】

此以下用入聲韻，「龍」字，龍隴㚘六，亦可轉入入聲者也。

「乘龍」，或作「坦腹」，非。

「彩扇」，一作「嬌面」。

（浄丑）請新人交拜。（生貼介）

【黄鍾過曲】【畫眉序】（生）攀桂步蟾宫，豈料絲蘿在喬木。喜書中今日，有女如玉。作平。堪觀處絲幕牽紅，恰正是荷衣穿緑。（合）這回好個風流婿，偏稱洞房花燭。

【眉批】

俗本增出贊禮等語，惡甚。

宫拱貢各，轉入入聲，以叶下韻，猶前引用「龍」字也。

「紅」字，不用韻，妙。

今人或於「回」字處用韻，亦可。

【前腔】（外）君才冠天禄，作平。我的門楣稍賢淑。看相輝清潤，瑩然如玉。作平。光掩映孔雀屏開，花爛熳芙蓉芮褥。（合前）

【眉批】

按譜，《畫眉序》起句止三字，《八義記》「與民歡」一曲可証。自此四隻俱用五字起，而遍考時曲，皆以五字爲固然，遂不知三字本調矣。

【前腔】（貼）頻催少膏沐，作平。金鳳斜飛鬢雲矗。喜逢他蕭史，愧非弄玉。作平。清風引珮下瑶臺，明月照妝成金屋。（合前）

【前腔】（净丑末）湘裙展六幅，作平。似天上嫦娥降塵俗。喜藍田今已，種成雙玉。作平。風月賽閬苑三千，雲雨笑巫山二六。（合前）

【滴溜子】（生）漫説作平。道姻緣事，果諧鳳卜。細思之此事，豈吾意欲？有人在高堂孤獨。可惜新人笑語諠，不知舊人哭。兀的上声。東床，難教我坦腹。

【眉批】

「漫説道」少一叠句，而另增「姻緣事」三字。「細思之」，亦少一叠句，而止增「此事」二字，皆小變。

【鮑老催】（合）翠眉謾蹙，赤繩已繫夫婦足，作平。芳名已注婚姻牘。空嗟怨，枉嘆息，作平。休摧挫。畫堂富貴如金谷，休戀故鄉生處好，受恩深處親骨肉。

【眉批】

「翠」字，去聲，發調妙甚。

「摧挫」，諸本作「推故」，吴本作「推速」，皆非。

【滴滴金】金猊寶鼎香馥郁，銀海瓊舟泛醽醁。輕飛彩袖呈嬌舞，囀鶯喉，歌麗曲。歌聲斷續，持觴勸酒人共祝。人共祝，百年夫婦永睦。作平。

【眉批】

俗本「永」下增一「和」字，非本調。

【鮑老催】意深愛篤，作平。文章富貴珠萬斛。作平。天教豔質爲眷屬。作平。似蝶戀花，鳳栖梧，鸞停竹。男兒有書須勤讀，書中自有黄金屋，也自有千鍾粟。

【雙聲子】郎多福，郎多福，看紫綬黄金束。娘分福，作平。娘分福，作平。看花誥紋犀軸。兩意篤，作平。兩意篤。作平。豈反覆，豈反覆。似紋鸞彩鳳，兩兩相逐。

【眉批】

「分福」，一作「萬福」，一作「介福」，皆通。

「反覆」，一作「反目」，亦可。一作「非福」，便重上兩福矣。

【餘文】郎才女貌真不俗，占斷人間天上福，作平。百歲歡娛萬事足。作平。

【眉批】

「歡娛」，一作「姻緣」，無味。

清風明月兩相宜，女貌郎才天下奇。
正是洞房花燭夜，果然金榜掛名時。

第十九折(旦上)

〔南呂引子〕【薄倖】野曠原空，人離業敗。謾盡心行孝，力枯形瘁。幸然爹媽，此身安泰。恓惶處，見慟哭飢人滿道，嘆舉目將誰倚賴？

【眉批】

「瘁」，一作「憊」，是韻。然言形則「瘁」字爲是。

曠野蕭疏絶烟火，日色慘淡黯村塢。死别空原婦泣夫，生離他處兒牽母。睹此恓惶實可憐，思量自覺此身難。高堂父母老難保，上國兒郎去不還。力盡計窮淚亦竭，看看氣盡知何日？空原黄土謾成堆，誰把一抔掩奴骨。奴家自從丈夫去後，屢遭飢荒，衣衫首飾盡皆典賣，家計蕭然。争奈公婆死生難保，朝夕又無可爲甘旨之奉，只得鉀鑼幾口淡飯。奴家自把些細米皮糠餜饠吃，苟留殘喘，也不敢交公公婆婆知道，怕他煩惱。奴家吃時，只得回避便了。公公婆婆早來。

【雙調引子】【玉井蓮後】（外净上）忍餓擔飢，未知何日是了？

【眉批】

舊譜亦于題下注一「後」字，但不知全調幾句耳。舊譜「忍餓」上有「終朝」二字，今依古本，不用。然此二句又不叶韻，不可曉也。時刻此爲《夜行船》曲云：「忍餓擔飢何日了，孩兒一去竟無音耗。甘旨蕭條，米粮缺少，真個死生難保。」豈因調之不全，而私意更益之與？

（旦請吃飯介）（净嫌介）雖則是飢荒年歲，只兀的教我怎吃？（外）胡亂。這般時節，分甚好歹？

【南吕過曲】【羅鼓令】【刮鼓令】（净）終朝裏受餒，你將來的飯怎可平。吃？作平。可疾作平。忙便擡，非可仄。干可仄。是我有可平。些饞態。（外）看他衣可仄。衫可仄。都解，好茶飯將甚去買？可平。婆婆兀作平。的上声。是天灾，教媳作平。婦每平声。難佈擺。（旦）婆婆息作平。怒且休罪，待奴霎可平。時却作平。得再安排。【皂羅袍】（合）思量到此，泪可平。珠滿腮。看看做鬼，溝渠裏埋。縱然不作平。死也作平。難捱，去声。【包子令】教人只作平。恨蔡伯喈。

【眉批】

「受餒」、「飯怎」、「佈擺」、「怒且」、「到此」、「做鬼」，俱去上聲，「裏受」、「的是」俱上去聲，俱妙。「餒」字、「罪」字，借齊微。

「也」，上聲，可以作平，不得已而用之，切不可用仄聲。「此」字，必平聲，乃協。

【前腔】(净)如今我試猜：多應他犯着獨噇病來？背地裏自買些鮭菜？我吃飯他緣何不在？這些意兒真是歹。(外)婆婆，他和你甚相愛，不應反面直恁的乖。(旦)我千辛萬苦，有甚情懷？可不道我臉兒黃瘦骨如柴。(合前)

【眉批】

「情懷」，一作「疑猜」。

(净)擡去，擡去。(外)收拾將去罷。(旦收介)待奴家去買些東西，再安排飯。(净外)你去。(旦)正是：啞子謾嘗黃栢味，難將苦口對人言。(下)(净)公公，親的到底只是親，親生兒子不留在家，今日着媳婦供養你呵，前番兀自有些鮭菜；這幾番只是些淡飯，教我怎生過日子！更過幾日，和飯也沒有。你看他前日自吃飯時節，百般躲我，敢是他背地裏自買些東西吃？(外)婆婆，休錯埋冤了人，我看這媳婦不是這般樣人。(净)恁的，等他自吃飯時節，和你看他，便知端的。(外)也說得是。(合)正是：

混濁不分鰱共鯉，水清方見兩般魚。

第二十折(旦上)

【雙調過曲】【山坡羊】亂荒荒不作平。豐稔的年歲，遠迢迢不作平。回來的夫婿。急煎煎不作平。耐煩的二親，軟怯怯作平。怯作平。不作平。濟事的孤身已。衣盡典，可平。寸絲不作平。掛體。幾可平。番要賣了奴身已，争奈没作平。主公婆教誰管取？思之，虚飄飄命怎期？難捱，音移。實丕丕灾共危。

【眉批】

詞隱生曰：「予曾見前輩點《山坡羊》，第一、第二句板如此，深以爲然，故用之。非不知今人點法也。」

「的」字，俱上聲。

「寸絲不掛」、「思要賣身」，極言其窮也。時本以頭巾氣繩之，而改爲「捱死」。

「没主」句，只該七字，人不知「教」字是襯字，故多有用八字者。如時曲「種種思量，樁樁惆悵」是也。

「惆」字，又用平聲，悮而又悮矣。獨不觀此曲「誰管取」之「管」字，「親死時」之「死」字，《拜月亭》「珠淚滿腮」之「滿」字，皆用去聲及上聲耶。

「親」字、「身」字，不可用韻，「典」字，用韻亦可。

「取」字、「之」字、「捱」字、「死」字、「時」字，俱借韻。

【前腔】滴溜溜難窮盡的珠淚，亂紛紛難寬解的愁緒。骨崖崖難扶持的病身，戰兢兢難捱過的時和歲。這糠呵，我待不吃，作平。教奴怎忍飢？我待吃你呵，怎吃得下！（哭介）苦！思量起來不如奴先死，圖得不知他親死。（合前）

奴家早上安排些飯與公婆，非不欲買些鮭菜，奈無錢去買。不想婆婆抵死埋冤，只道奴家背地吃了好東西。不知奴家吃的是細米皮糠，吃時不敢與他知道，怕他煩惱，只得回避他。縱埋冤殺了，也不敢分説。如今不免把這糠來餜饠充飢。（吃吐介）

〔雙調過曲〕【孝順兒】【孝順歌】嘔得我肝腸痛，珠泪垂，喉嚨尚兀自牢嗄住。糠！你遭礱被舂杵，篩你簸颺你，吃作平。盡控持。【江兒水】好似奴家身狼狽，千辛萬苦皆經歷。苦人吃作平。着作平。苦味，兩苦相逢，可知道欲吞不去。

【眉批】

坊本刻作《孝順歌》，人皆捩其腔以唱之，殊覺苦澀。

首句不用韻，妙。

「篩你」「你」字，改平聲乃協。

【前腔】糠和米，本是相倚依，誰人簸揚作兩處飛？一賤與一貴，好似奴家與夫婿，終無見期。丈夫，你便是米麽，米在他方没尋處。奴便是糠麽，怎把糠來救得人饑餒？好似兒夫出去，怎的教奴供膳得公婆甘旨？（不吃放碗介）

【眉批】

「誰」字，時作「被」字。

「賤」字，改平聲字乃叶。

【前腔】思量我生無益，死又值甚的！不如忍饑死了爲餓鬼。公婆老年紀，靠奴家相依倚，只得苟活片時。片時苟活雖容易，到底日久也難相聚。謾把糠來相比，這糠尚兀自有人吃，奴家的骨頭，知他埋在何處？

（外净暗上）（净）媳婦，你在這裏吃甚麽？（旦）奴家不曾吃甚麽。（净）老兒，他在這裏吃好東西。（外）媳婦，你吃的是甚麽？

【前腔】（旦）這是穀中膜，米上皮，將來餜饠堪療饑。（外净）這是糠，你却怎的吃得？（旦）嘗聞古賢書，狗彘食人食，也強如草根樹皮。（净外）恁的不噎殺了你？（旦）齧雪餐氊蘇卿猶健，餐松食栢到做得神仙侶，縱然吃些何慮？公公，婆婆，别人吃不得，奴家吃得。（外净）胡説，偏你如何吃得？（旦）爹媽休疑，奴須是你孩兒的糟糠妻室。

【眉批】

如此收語，則上白自有波致。時本先從上白更之，氣脉俱不接續。

（外净哭介）元來錯埋怨了人，兀的痛殺了我！（倒介）（旦叫）

〔正宫過曲〕【雁過沙】他沉沉向冥途，空教我耳邊呼。可仄。公公，婆婆，我不能盡心可仄。相奉事，可平。翻教你爲我歸黄土。教人道你死緣何故？公公，婆婆，怎生便割捨抛棄了奴？可仄。（外醒介）

【眉批】

時本作仙吕入雙調，誤。

「爲我」、「棄了」，俱去上聲，俱妙。

【前腔】媳婦，你擔饑事舅姑，你擔饑怎生度？媳婦，我錯埋冤了你你也不推辭，到如今始信有糟糠婦。料應我不

久歸陰府，也省得爲我死的累你生的受苦。(旦叫婆婆介)

【前腔】婆婆氣全無，教奴怎支吾？你怎生割捨得便身殂？也不曾有半句親囑付。目前送死無資助，況衣衾棺槨是件皆無。(外叫净介)

【眉批】時本將「你怎生」以下改爲「我千辛萬苦，爲你相看顧。如今到此難回護，只愁母死難留父。況衣衫盡解，囊篋又無」。較古本自覺別。

【前腔】婆婆，我當初不尋思，教孩兒往帝都。把媳婦閃得苦又孤，把婆婆送入黄泉路，算來是我相擔誤。我骨頭未知埋在何處所？

【眉批】末句，時本改爲「不如我死，免把你再辜負」，非調，且譏此與後折「骨頭休埋在土」相背。夫此先言「不知埋在何所」，而後臨死恨極，却言「休埋」，亦何背耶！《琵琶》之改壞，皆此迂陋者之爲也。

(旦)婆婆都不省人事了，且扶入裏面去。正是：青龍與白虎同行，吉凶事全然未保。(旦扶净下)(末上)福無雙至猶難信，禍不單行却是真。自家爲何説這兩句？爲鄰家蔡伯喈妻房，名唤做趙氏五娘，嫁得伯喈秀才，方纔兩月，丈夫便出去赴選。自去之後，連年飢荒，家裏只有公婆兩口，年紀八十餘矣，甘旨之奉，虧殺這趙五娘子，把些衣服首飾之類，盡皆典賣，糴些糧米做飯與公婆吃，他却背地裏把些細米皮糠餵饟充飢。即今這般荒年飢歲，少甚麼有三五個孩兒人家，供膳不得爹娘。這個小娘子，真個今人中少有，古人中難得。那公婆不知道，顛倒把他埋冤；今來聽得他公婆知道，却又疼他，都病倒。俺如今去他家裏探取消息則個。（行看介）呀！蔡小娘怎生恁地走的慌？（旦慌走上）天有不測風雲，人有旦夕禍福。（見末介）公公，我婆婆死了。（末介）（見外介）（外）太公休怪，我起來不得了。（末）不要勞動。（旦）公公，我衣衫首飾盡行典賣，今日婆婆又死，教我如何區處？公公可憐見，相濟則個。（末）不妨，婆婆衣衾棺槨之費，皆出于我。你但盡心承直公公便了。

【仙呂入雙調過曲】【玉抱肚】（旦哭介）千般生受，教奴家如何措手？可平。終不然把他骸骨，可平。没棺槨作平。送在可平。荒圻？可仄。（合）相看到此，不由人淚珠流，不是冤家不作平。聚頭。

【眉批】

「抱」，或作「胞」，非。

此調元只有此一體，此曲第五句用「不由人」三襯字，而後人不解「不由人」句法，于「人」下襯一「不」字，遂謂另有一體，如《四節記》之「明朝管取」，時曲之「中心怏怏」，皆「不由人」下增「不」字誤之也。況古曲中凡「不由人」下並無又增「不」字者。「不由人」猶言由不得我也。

【前腔】（末）不須多憂，送婆婆在吾身上有。但小心承直公公，莫教他又成不作平。救。（合前）「憂」字用仄聲乃協。

【前腔】（外）謝得張公搭作平。救，我媳婦實作平。難啓口。孩兒去後，又遇饑荒，把衣衫典賣無留。（合前）

【眉批】

按《六幺令》、《五供養》、《玉交枝》、《玉抱肚》，第一句俱用四字，但《六幺令》、《五供養》第二字必用仄聲，《玉交枝》、《玉抱肚》必用平聲。

(末)老員外且進裏面去歇息，待我一霎時叫家僮討具棺木來，把老安人盛斂了，選定吉日良時，送去南山安葬。(旦)如此，多謝大公周濟！

(旦)只爲無錢送老娘，(末)須知此事有商量。

(合)歸家不敢高聲哭，　只恐猿聞也斷腸。

琵琶記卷三

第二十一折(生上)

〔南呂引子〕【一枝花】閑庭槐影轉，深可仄。院荷香滿。簾可仄。垂清晝永，怎消遣？十可平。二欄杆，無可仄。事閑凭遍。困來湘簟展，夢可平。到家山，又被翠竹敲風驚斷。

【眉批】

與詩餘《滿路花》同，但無换頭。

(南鄉子)萬竹影摇金，水殿簾櫳映碧陰。人静晝長無個事，沉吟，碧酒金罇懶去斟。幽恨苦相尋，離别經年無信音。寒暑相催人易老，關心，却把閑愁付玉琴。左右，將琴書過來。(末上)黄卷看來消白日，朱弦動處引清風。炎蒸不到珠簾下，人在瑶臺閬苑中。琴書在此。(生)你與我叫學童、琴童出來。(末叫介)(净把扇丑把香爐上)

〔南呂過曲〕【金錢花】自小承直書房，書房。快活其實難當，難當。只管打扇與燒香，荷亭畔好乘凉，吃飽飯上眠床。

【眉批】

譜無「書房」、「難當」二疊句，而云與末六字各重疊唱一句，亦通。

（見介）（生）院子，這琴在先得此材于爨下，斲成此琴，名曰焦尾。自從來到此間，久不整理。今日當此清涼，試操一曲，舒遣悶懷。學童搧涼，琴童管文書，院子管看燒香，休得熳誤。（衆）領鈞旨。（生操琴介）

【懶畫眉】强對南薰奏虞弦，只覺指下餘音不似前，那些個流水共高山。只見滿眼風波惡，似離別當年懷水仙。

【眉批】

此調第一字平仄不拘，第二字必用仄声，第三、第四字必用平声，乃是正體。此三曲皆然。今人首四字多用平平仄仄，絶非調矣。

「懷」字，切不可用上聲、去聲，若無平聲字，用入聲可也。

或于第三句下點一截板，可笑。

（净困掉扇介）（末）告相公：打扇的壞了扇。（生）背起打十三。那斷不中用，只教他燒香。（末）領鈞旨。

【前腔】（生）頓覺餘音轉愁煩，似寡鵠孤鴻和斷猿，又如別作平。鳳乍離鸞。只見殺聲在弦中見，敢只是螳螂來捕蟬。

（丑困滅香介）（净）告相公：燒香的滅了香。（生）背起打十三。那斷不中用，只教他管文書。（末）領鈞旨。

【前腔】（生）日暖藍田玉生烟，似望帝春心托作平。杜鵑，好姻緣翻做惡姻緣。只怕眼底知音少，争得鸞膠續斷弦。

(末掉文書介)(丑)告相公：管文書的壞了文書。(生)背起打十三。(净丑)告相公：夫人出來了。(生)夫人出來，你且回避。(末净丑)有福之人人伏侍，無福之人伏侍人。(並下)(生吊場。貼旦上)

【南吕過曲】【滿江紅】嫩可平。緑池塘，梅雨歇薰風乍可平。轉。瞥然見新凉華屋，已飛乳燕。簟展湘波紈扇冷，歌傳金縷瓊巵暖。炎蒸舊本「炎蒸」上有「是」字，尤俊。不到水亭中，珠簾捲。

【眉批】

或于「歇」字下作句，非也。

「乍轉」、「簟展」、「扇冷」、「到水」俱去上聲，「乳燕」上去聲，俱妙。

(見介)(貼)相公元來在這裏操琴。奴家久聞相公高于音樂，如何來到此間，杳然絶響？相公，今日試操一曲。(生)彈甚麽曲好？(貼)《雉朝飛》何如？(生)彈他做甚麽？這是無妻的曲，我少甚麽媳婦！(貼)如何少甚媳婦？(生弹介)呀！錯了也。只有個媳婦，到弹個《孤鸞寡鵠》。(貼)我一對夫妻正好，説甚麽孤寡？(生)你那裏知他孤寡的？(貼)相公，對此夏景，弹個《風入松》到好。(生)這個却好。(弹錯介)(貼)相公，你弹錯了。(生)呀！我弹個《思歸引》出來。(貼)相公，那個不知道你會弹琴，只管賣弄怎麽？(生)夫人，這弦不中弾。(貼)這弦怎得不中弾？(生)當元是舊弦，俺弾得慣。這是新弦，俺弾不慣。(貼)舊弦在那裏？(生)舊弦撇了多時。(貼)爲甚撇了？(生)只爲有了那新弦，便撇了那舊弦。(貼)何不把新弦撇了？(生)便是新弦難撇，我心裏只想着那舊弦。

【眉批】古本如此白，自是關情，時本改壞。

〔仙呂過曲〕【桂枝香】危弦已斷，新弦不作平。慣。舊弦再上不能，待撇了新弦難棄。我一彈再鼓，一彈再鼓，又被宮商錯亂。（貼）你敢心變了。（生）非干心變。這般好凉天，正是此曲纔堪聽，又被風吹別調間。

【眉批】「再鼓」，去上聲，妙。

【前腔】（貼）非彈不慣，只是你意慵心懶。既道是寡鵠孤鸞，又道是昭君宮怨，想思歸別鶴，思歸別鶴無非愁嘆。相公，你心裏多敢是想着誰？（生）不想着甚麼人。（貼）有何難見，既不然，我猜着你了。你道是除了知音聽，道我不是知音不與彈。

相公，只是你心裏不歡喜，你無心弹。教惜春、老姥姥安排酒過來何如？（生）我懶飲酒，待睡去也。（貼）老姥姥、惜春，安排酒過來。（净丑上）（净）

【眉批】此無非用琴操數名，演而成曲。時本因此曲而改前白，欲其語語照應，亦太拘矣。

〔過曲〕【燒夜香】樓臺倒景入池塘，緑樹陰濃夏日正長。（丑）一架荼蘼滿院香。（合）滿院香，和你飲霞觴。傍晚捲起簾兒，明月正上。

（貼）將酒過來。

【眉批】

此譜載不知宫調中，「倒」字，不可作上聲唱。「夏」字下或無「日」字，亦通。

時本脱「傍晚」二字，非調。

〔南吕過曲〕【梁州新郎】【梁州序】新篁池閣，槐陰庭院，日永紅塵隔斷。碧欄杆外，空飛漱玉清泉。只覺香肌無暑，素質生風，小簟琅玕展。晝長人困也，好清閑，忽聽棋聲驚晝眠。【賀新郎】（合）《金縷》唱，碧筒勸。向冰山雪巘開華宴，清世界，幾人見。

【眉批】

此乃犯《賀新郎》者，刻者仍作《梁州序》，而謂《荆釵記》「家私迭」等爲《古梁州》，不知彼乃是《梁州序》本調也。

「開華」，今作「排佳」。

【前腔】（生）薔薇簾幕，荷花池館，一點風來香滿。湘簾日永，香消寶篆沉烟。漫有枕欹寒玉，扇動齊紈，怎遂黄香願。(作悲介)(貼)爲何掉下淚來？(生)猛然心地熱，透香汗，我欲向南窗一醉眠。

【前腔】【換頭】(貼)向晚來雨過南軒，見池面紅妝零亂。漸輕雷隱隱，雨收雲散。只覺荷香十里，新月一鈎，此景佳無限。蘭湯初浴罷，晚妝殘，深院黄昏懶去眠。(合前)

【前腔】(生)柳陰中忽噪新蟬，見流螢飛來庭院。聽菱歌何處？畫船歸晚。只見玉繩低度，朱户無聲，此景尤堪戀。起來携素手，鬢雲亂，月照紗厨人未眠。(合前)

【節節高】(净丑)漣漪戲彩鴛，把荷翻，清香瀉下瓊珠濺。香風扇，芳沼邊，閑庭畔。坐來不覺人清健，蓬萊閬苑何足羨！(合)只恐西風又驚秋，作平。不覺作平。暗中流年换。

【眉批】

時本「荷」上多一「露」字。

「人」，今作「神」。「戲彩」、「閬苑」，俱去上聲，俱妙甚。「把」字上聲尤妙。「不覺暗中」作平平去平，亦妙。然此四字用平平仄仄亦可。

【前腔】清宵思爽然，好凉天，瑶臺月下清虚殿。神仙眷，開玳筵，重歡宴。任教玉漏催銀箭，水晶宫裏把笙歌按。(合前)

(餘文)(合)光陰迅速如飛電，好良宵可惜漸闌，管取歡娱歌笑喧。

(生)樵樓上幾鼓了？(净)三鼓了。

（貼）歡娱休問夜如何，（生）此景良宵能幾何？

（净）遇飲酒時須飲酒，　得高歌處且高歌。

第二十二折（旦上）

〔越調引子〕【霜天曉角】難捱怎避，灾禍重重至。最苦婆婆死矣，公公病，又將危。

【眉批】

「公公病」，文法略斷，不可連下。

屋漏更遭連夜雨，船遲又被打頭風。奴家自從婆婆死後，萬千狼狽；誰知公公一病，又成危困。如今贖得些藥，安排煎了，更安排一口粥湯。（煎介）

【眉批】

「船遲」句，一舊本作「困龍遇着許真君」。

〔過曲〕【犯胡兵】囊無半點挑藥費，良醫怎求？縱然救得目前，飯食何處有？料應難到後。謾説道有病遇良醫，饑荒怎救？

【眉批】

按譜，此載不知宮調中。

【前腔】公公，病呵，這百愁萬苦千生受，妝成這症候。便做這藥吃時呵，縱然救得目前，怎免得憂與愁？料應不會久。他只爲不見孩兒，故得這病。若要這病好時，除非是子孝父心寬，方纔可救。

【眉批】

時本作「愁萬苦千恁生受」，以爲應後「萬千愁苦」，拘鄙可笑，且平仄俱拗而不調。

〔越調引子〕【霜天曉角】〔換頭〕悄然魂似飛，料應不久矣。縱然擡頭強起，形衰倦，怎支持？

藥已熟了，且扶公公出來吃些，看他如何？（旦扶外上）

【眉批】

此引前已有，故用換頭耳，時本不解，改首句爲「神散魂飛」，以合前調。

（旦）公公寬心！藥熟了，你吃些，將息身己。（外）我吃不得這藥。（旦）

〔南呂過曲〕【香遍滿】論來湯藥，須索是子先嘗方進與父母，公公，莫不是爲無子先嘗恰便尋思苦？你只索將息，怎捨得一命殂？公公再吃口。（外）媳婦，你吃糠，交我吃藥，怎的吃得下？（旦）元來不吃藥，也只爲我糟糠婦。

（旦）公公，吃藥不得，吃一口粥湯如何？（外）我吃不得了。（旦）你。（旦）公公寬心。（背哭介）怕添親怨憶，暗將珠淚墮。（外）媳婦，你吃糠却教我吃粥，怎吃得下！（旦）元來不吃粥，也只爲我糟糠婦。

【前腔】他萬千愁苦，堆積在悶懷成氣蠱，可知道吃了吞還吐。（外）我敢不濟事了，必是死也。孩兒又不回來，只虧了你。

（外）媳婦，我死也不妨，只怨孩兒不在家，虧殺了你。你扶起來，走幾步兒。（旦）有病的，走幾步兒倒好。（外）你站遠些。（作跌倒拜介）

〔越調過曲〕【望歌兒】媳婦，我三年謝得你相奉事，只恨我當初，把你相擔誤。我待欲報你的深恩，待來生做你的兒媳作平。婦。怨只作平。怨蔡邕不作平。孝子，苦只苦趙五娘辛勤婦。

【眉批】

詞隱生曰：「此調刻本皆作《歌兒》，或分作四曲，或並作二曲。細查《九宮十三調譜》，並無《歌兒》。偶閱《周孝子》傳奇，有《望歌兒》，正與譜中越調《望歌兒》相合，況此調後《羅帳裏坐》亦係越調，始爽然自信，此調乃《望歌兒》，而刻者誤也。但《琵琶》是全調，而《周孝子》乃從換頭處起耳。然第三曲又似從頭起，不從換頭起，不可曉也。」

又按：此曲本非《青歌兒》，岷本增一「青」字，又引《中原音韻》所謂字句可增減者以實之。不知彼乃謂《北青歌兒》也，何其謬哉。

此點板亦未必確然，所謂訛以傳訛者也。

(旦)公公，奴家也有三怨。(外)那三怨？(旦)

【前腔】【換頭】一怨你死後有誰祭祀；二怨你有孩兒，不得相看顧；三怨你三年間，沒一個飽暖平聲。的日作平。子。三載相看甘共苦，一朝分別難同死。

【前腔】(外)媳婦，我死後，將我骨頭休埋在土。(旦)公公，百歲後不埋在土放在那裏？(外)媳婦，當初是我誤了你，我甘受折罰，任取屍骸露。(旦)公公，你休這般說，被人談笑。(外)媳婦，不笑着你，留與傍人，道蔡邕不葬親父。怨只怨蔡邕不孝子，苦只苦趙五娘辛勤婦。

【前腔】【換頭】(旦)公公，你死呵，公婆已得做一處所。料想奴家，不久也歸陰府。可憐一家，三個怨鬼在冥途。三載相看甘共苦，一朝分別難同死。

(末上)歲歉無夫婿，家貧喪老親。可憐貞潔女，日夜受艱辛。五娘子，你公公病勢何如？(旦)我公公病勢十分危篤。(末)如此，待我上前看他。老員外，你貴體若何？(外)大公，我不濟事了。畢竟是個死，你正來得好。憑你爲證，寫下遺囑與媳婦收執。待我死後，教他休得守孝，早早改嫁了。(旦)公公，休要這般說。自古忠臣不事二君，烈女不更二夫。公公不要寫罷。(外)媳婦，你取紙筆過來。(旦)公公，奴家生是蔡郎妻，死是蔡郎婦，寫他做甚麼！(外)你不取紙筆來，要氣殺我也。(末)五娘子，你休逆他，待他寫下，那時嫁與不嫁在乎你。(旦取上)公公，紙筆在此。(外)廣才，你與我寫一寫。(末)老員外，這遺囑還是你的親筆纔是。(外)我拿這枝筆，倒有千斤來重。(末)有病人可知道。

【羅帳裏坐】(外)媳婦，你艱辛萬千，是我擔伊誤伊。你不嫁人呵，身衣口食，怎生區處？當元是我拆散了你的夫妻，如今死了呵，終不然又教你，守着靈幃？(放筆介)已知死別在須臾，更與甚麼生人做主。

【眉批】

「擔伊誤伊」，時本作「擔誤了伊」，欠調。

「與甚麽」，近作「有甚麽」，非也。

【前腔】這中間就裏，我難説作平。怎的。五娘子，你若不嫁人，恐非活計；若不守孝，又被人談議。(合)可憐家破與人離，怎不教人淚垂。

【眉批】

「難説怎的」，言不好説得該若何也。下二語正言難説處。時本改作「怎提」，無味甚。

【前腔】(旦)公公嚴命，非奴敢違。只怕嫁了人呵，再如伯喈，却不誤奴一作平。世？我一馬一鞍，誓無他志。合前(外)我憑你爲證，留下這條拄杖，待我那不孝子回來，把他打將出去。(外虛倒，旦扶介)

【眉批】

「再如伯喈，誤奴一世」，則伯喈之誤其半世可知，正恨極伯喈之詞，非真欲嫁人而慮其似也。時本改作「不更二夫」，且駁云：「假使稍勝，便改嫁乎？」頭巾之見，不堪説夢也。且「不更二夫」亦貫不下。

(旦)公公病裏莫生嗔，(末)員外寬心保自身。

(外)正是藥醫不死病，(合)果然佛度有緣人。

第二十三折(生上)

〔正宫引子〕【喜遷鶯】終朝思想，但恨在眉頭，人在心上。鳳侶添愁，魚書絶寄，空勞兩處相平聲望。青鏡瘦顔羞照，寶瑟清音絶響。歸夢杳，繞屏山烟樹，那是家鄉？

【眉批】

「兩處」、「那是」，俱上去聲，「鳳侶」、「夢杳」，俱去上聲，妙。

【踏莎行】怨極愁多，歌慵笑懶，只因添個鴛鴦伴。他鄉游子不能歸，高堂父母無人管。湘浦魚沉，衡陽雁斷，音書要寄無方便。人生光景幾多時，蹉跎負却平生願。

〔正宫過曲〕【雁魚錦】【雁過聲】思量，那日作平。離故鄉。記臨期送别多惆悵，携手共那人不厮放。教他好看承，我爹娘，料他每應不作平。會遺忘。聞知饑與荒，只怕捱不過歲月難存養。若望不見信音却把誰倚仗？【二犯漁家傲】思量，幼讀文章，論事親爲子也須要成模樣。真情未講，怎知道吃盡多磨障？被親强來赴選場，被君强官爲議郎，被婚强效鸞凰。三被强衷腸説與誰行？埋冤難禁這兩廂，這壁廂道咱是個不撑達害羞的喬相識，那壁廂道咱是個不睹事負心的薄倖郎。【二犯漁家燈】悲傷，鷺序鴛行，怎如那慈烏返哺能終養？謾把金章，綰着紫綬，試問班衣，今在何方？斑衣罷想，縱然歸去，又恐怕帶麻執杖。只爲他雲梯月殿多勞攘，落得泪雨如珠兩鬢霜。【喜漁燈】幾回夢裏，忽聞鷄唱。忙驚覺錯呼舊婦，同問寢堂上。待朦朧覺來，依然新人鳳衾和象床。怎不怨香愁玉無心緒？更思想被他攔擋。教我怎不悲傷？俺這裏歡娱夜宿芙蓉帳，他那里寂寞偏嫌更漏長。【錦纏道犯】謾悒怏，把歡娱都成悶腸。菽水既清凉，我何心貪着美酒肥羊？悶殺人花燭洞房，愁殺我掛名在金榜。䰠地裏自思量，正是在家不敢高聲哭，只恐猿聞也斷腸。

【眉批】

「手共」、「倚仗」、「强效」、「睹事」、「反哺」、「紫綬」、「兩鬢」、「水既」、「我掛」、「也斷」，俱上去聲，「未講」、「被强」、「這兩」、「謾把」、「罷想」、「淚雨」、「夢裏」、「問寢」，俱去上聲俱妙。

後四段，每末二句俱犯《雁過聲》。

三個「强」字，藏短韻于句中，不可不知。

「識」字，用韻亦可。

「不撑達」、「不睹事」，皆詞家本色語，或作「不睹親」，非也。

「怨香愁玉無心緒」七字句，時本謂無心緒屬下，非也。

「猿聞」句，不過用成語耳。詞隱生謂：「江邊可説猿聞，在家不可説猿聞。」而改爲「人聞」，亦太拘矣。

院子何在？（末上）有問即對，無問不答。相公有何指揮？（生）院子，你是我心腹人，有一件事與你商量，你休要走漏了我的消息。（末）小人怎麽敢。（生）我自從離了父母妻室，來此赴選，本非吾意。雖則勉强朝命，暫受職名，將謂三年之後，可作歸計。誰想又被牛丞相招爲門婿，一向逗留在此，不能歸去見父母一面。我要和你商量個計策。（末）不鑽不穴，不道不知。男女每常間見相公憂悶不樂，不知這個就裏。相公何不對夫人説知？（生）夫人雖則賢慧，争奈老相公之勢，炙手可熱，我待説與夫人知道，假如老相公得知，只道我去了不來，如何肯放我去？不如姑且隱忍，和夫人都瞞了，且待任滿，尋個歸計。（末）這的却是。（生）我如今要寄一封家書，没個便人。我差你去，又恐夫人知道。你在街坊上，倘有便人，教他進來，寄書回去。（末）領鈞旨。

（生）終朝長痛憶，（末）尋便寄書尺。

（合）眼望捷旌旗，　耳聽好消息。

第二十四折（旦上）

〔雙調引子〕【金瓏璁】饑荒先自窘，那堪連可仄。喪雙親。身獨自，怎支分？我衣衫都解盡，首可平。飾並可平。没分文。無計策，剪香雲。

【蝶戀花】萬苦千辛難擺撥，力盡心窮，兩淚空流血。裙布釵荆今已竭，萱花椿樹連摧折。金剪盈盈明素雪，空照烏雲，遠映愁眉月。一片孝心難盡説，一齊分付青絲髮。奴家在先婆婆没了，却是張大公周濟；如今公公又亡故了，無錢資送，難再去尋張大公，尋思起没奈何了，只得剪下青絲細髮，賣幾貫錢，爲送終之用。雖然這頭髮值不得偌多錢，也只把他做些意兒，一似教化一般。正是：不幸喪雙親，求人不可頻。聊將青絲髮，斷送白頭人。

〔南呂過曲〕【香羅帶】一作平。從鸞鳳分，誰梳鬢雲？妝臺不臨生暗塵，那更釵梳首飾典無存也。頭髮，是我擔閣作平。你，度青春，如今又剪你資送老親。剪髮傷情也，只怨着作平。結作平。髮作平。薄倖人。

【眉批】

一本《香羅帶》起頭更一隻云：「思量兩淚零，如何禁声？哭声父親，哭声母親。前日已身傾也，感得張公周濟，資送老親。何顔再求羞怎忍，剪髮傷情也，恨只恨當年鸞鳳分。」「存」字，是暗用韻處，「情」字，元非用韻。「情」下「也」字，隨意仄声，不比前「也」字，必不可换也。第五、第八句，俱不用韻。

【前腔】思量薄倖人，辜奴此身。欲剪未剪教我先淚零。我當初早披剃入空門也，做個尼姑去，今日免艱辛。咳！只是一件，我的頭髮，比先珠圍翠擁蘭麝熏。呀！似這般光景呵，我的身死，骨自無埋處，説甚麼頭髮作平。愚婦人！

【前腔】堪憐愚婦人，單身又貧。我待不剪你呵，開口告人羞怎忍。我待剪你呵，金刀下處應心疼也。却將堆鴉髻舞鸞鬟，與烏鳥報答鶴髮親。教人道霧鬢雲鬟女，斷送他霜鬢雪鬢人。（剪介。哭介）

〔南吕引子〕【臨江仙】連喪雙親無計策，只得剪下香鬟。非奴苦要孝名傳。正是上山擒虎易，開口告人難。

【眉批】

「無計策」，用仄仄平亦可。

頭髮既已剪下，免不得將去街上貨賣。穿長街，抹短巷，叫幾聲賣頭髮。

〔南吕過曲〕【梅花塘】賣頭髮作平。買的休論價。念我受饑荒，囊篋無些個。丈夫出作平。去，那更連喪了公婆。没奈何，只得剪頭髮作平。資送他。呀！怎的多没人問？

【眉批】

以「髮」字、「價」字，與「個」字、「婆」字、「何」字、「他」字作一韻，此《琵琶記》常態痼疾也。

【香柳娘】看青絲細髮，看青絲細髮，剪來堪愛，如何賣也没人買？論饑荒死喪，論饑荒死喪，怎教我女裙釵，當得這狼狽？况連朝受餒，况連朝受餒，我的脚兒怎擡，其實難捱。去声。（跌倒起介）

【眉批】

「髮」字、「喪」字，不用韻，餘字不可不用韻，但此借韻耳。「剪」字，仄聲，妙甚。「没」字上今人作掣板，非也。「没人買」三字，用四個字亦可。

【前腔】望前街後街，望前街後街，並無人在。我待再叫呵，咽喉氣噎，無如之奈。苦！我如今便死，我如今便死，暴露我尸骸，誰人與遮蓋？天那！我到底也只是個死，將頭髮去賣，將頭髮去賣，把公婆葬埋，奴死有何害？（作倒介）（末上）慈悲勝念千聲佛，造惡徒燒萬炷香。呀！兀的不是蔡小娘子？爲何倒在街上？（旦）公公，救我則個。（末杖扶介）小娘子，你手裏拿着頭髮做甚麽？（旦）奴家公公没了，將這頭髮資送他。（末哭介）元來你公公又死了，你怎的不來和我商量，把這頭髮剪了做甚麽？（旦）奴家多番定害公公了，不敢再來相擾。（末）説那裏話！

【前腔】你兒夫曾付托，兒夫曾付托，我怎生違背？你無錢使用，我須當貸。你將頭髮剪下，將頭髮剪下，跌倒在長街，都緣我之罪。（合）嘆一家破敗，嘆一家破敗，否極何時泰來？各出珠淚。

【前腔】（旦）謝公公慷慨，謝公公慷慨，把錢相貸，我公婆在地下相感戴。只愁奴此身，只愁奴此身，死也没人埋。公公，誰還你恩債？（合前）

（末）五娘子，你先回家去，我即着人送些布帛米穀之類，與你使用。（旦）如此多謝公公，請收這頭髮。（末）咳！難得難得！這是孝婦的頭髮，剪來斷送公婆的。我留在家中，不惟傳流做話名，後日蔡伯喈回來，將與他看，也使他惶愧。

【眉批】一本有末唱一隻云：「我如今算來，又他並無倚賴，尋思只得相擔貸。送錢米布帛，又與你公公買棺材，這頭髮且留在。（合前）」

（旦）謝得公公救妾身。（末）伊夫曾托我親鄰。

（合）從空伸出拿雲手，提起天羅地網人。

第二十五折（净扮拐兒上）

【仙吕入雙調過曲】【打球場】幾年價，爲拐兒，是人都理會得我名兒。遮莫你怎生逋峭的，也落在我圈襀。

【眉批】「幾年價」、「遮莫」、「逋峭」，此曲中常用之。或改「價」爲「間」，或又改爲「假」，或改第二句爲「脱空説説爲最」；或改「遮莫」爲「者末」、「者麽」、「者莫」；或改「逋峭」爲「俌俏」，皆非也。「禬」，音諱，紐也。一本作「圍」。

自家脱空爲活計，掏模作生涯。劍舌槍唇，波俏的也引教他懵懂；虚脾甜口，慳吝的也哄教他妝風。鄉貫何曾有定居，姓名誰人知真實。妝成圈套，見了的便自入來；做就機關，入着的怎生出去？騙了鍾馗手裏蝙蝠，脱得洞賓瓢裏仙丹。但是來無迹，去無踪，對面騙人如撮弄；縱使和你行，和你坐，當場賺你怎埋冤？拐兒陣裏先鋒，哄局門中大將。何用剜牆穵壁，强如黑夜偷兒。不索挾斧持刀，真個白晝劫賊。正是：天不生無禄之人，地不長無根之草。自家正無買賣，聽得隨朝做官蔡伯喈相公，家住陳留，父母在堂，竟無消息。自家在先陳留郡走得却熟，如今只做陳留人，假寫他父母家書遞與他，必有回音。倘或附帶些盤纏回家，也不見得。却覓一小富貴，便不然也索與我些少盤纏回家。這裏便是蔡伯喈相公府，進入去咱。呀！怎的都没一個人？（末）侯門深似海，不許外人敲。（相見介）（末）你那裏人？來府裏有甚勾當？（净）小人從陳留來，蔡伯喈的老官人、老安人有書來。（末）相公正要尋覓方便寄書家去，你來得恰好，待我請相公出來。告相公：有個鄉里要見。（生内）既是鄉里，請他進來。（生上）

【商調引子】【鳳凰閣】尋鴻覓雁，寄個家書無便。謾勞回首望家山，和那白雲不見。淚痕如綫，想鏡裏孤鸞影單。

【眉批】

「便」字、「見」字、「綫」字，俱借先天韻。

「首望」、「想鏡」，俱上去聲，「鏡裏」，去上聲，俱妙。

按此調本是引子，今人妄作過曲唱之，即如《打球場》本過曲，而今人唱作引子也。

院子，他那裏來？（末）他説在陳留郡來。（浄見介）小人是陳留郡來的。（生）你帶我家書來麼？（浄）小人帶書來。（浄遞書介）（生看介）

〔仙呂過曲〕【一封書】一從你去離，我家中常念你。是麼，我也常想家裏。功名事怎的？想多應折桂枝。我功名事成了。幸得爹娘和媳婦，各保安康無禍危。且喜家中安樂。見家書，可知之，及早回來莫更遲。

我怕不要回，争奈不由我。院子，你將紙筆過來，我寫一封書與他去；一就取些金珠過來。（末取上）取紙筆金珠見在。（生寫介）

〔越調過曲〕【下山虎】蔡邕百拜，大人尊前：一自離膝下，頓經數年。目斷萬里關山，鎮日望懸。一向那作平。堪音信斷，名利事嘆縈作仄平仄仄仄亦可。牽，去声。謾空勞珠淚漣。上表辭金殿，要辭了官，争奈君王不作平。見憐。

【眉批】

舊本是「蔡邕」，時本改「男邕」者是，然去声發調。

時本無「空」字，本調缺一字。

【蠻牌令】忽爾拜尊翰，激可平。切慰拳拳。幸喜爹可仄。娘和媳婦，盡安健。可平。況兒身淹留旅邸，不可平。能勾承奉慈顔。匆匆的聊附可平。寸牋，草草伏乞，尊可仄。照不作平。宣。

【眉批】

「匆匆的」六字二句，「聊」字襯字也，詳前「終日走千遭」一隻。

鄉里，我這封書和這金珠將到我家裏。傳示俺雙親：俺早晚便回來，教都放心，不須煩惱。（净）小人理會得。（生）這些個碎銀，與你路上作盤費。（净）謝相公！（生）

〔中吕過曲〕【駐馬聽】書寄鄉關，説起教人心痛酸。你傳示俺八旬爹媽，道與俺兩月妻房，隔涉萬水千山。啼痕緘處翠銷斑，夢魂飛繞銀屏遠。（合）報道平安，想一家賀喜，只説他日再相見。

【眉批】

末句七字，本調也。《拜月亭》、《牧羊》、《周孝子》諸古戲無不然者。今歌者定作八字，致增《拜月亭》「關山淚」爲「關山珠淚」、「今朝醉」爲「今朝沉醉」，不知何意。

【前腔】（末）遥憶鄉關，有個人人凝望眼。他頻看飛雁，望斷孤舟，倚遍危欄。見這銀鈎飛動彩雲箋，玉筯界破殘妝面。（合前）

【前腔】（净）西出陽關，却嘆今朝行路難。念取經年離别，跋涉萬里程途，帶着一紙雲箋。只怕豺狼紛擾路途間，又怕雁鴻不到家鄉畔。（合前）

【眉批】

一舊本此後有末唱一曲云：「滿紙雲烟，説盡離愁事萬千。想那層樓十二，有個人人，倚着危欄。望歸期，數飛雁，阻關山，見書如見經年面。（合前）」

(生)憑伊千里寄佳音,(末)説盡離人一片心。

(净)須知相别經多載,(合)方信家書抵萬金。

第二十六折(旦上)

〔南吕引子〕【掛真兒】四顧青山静悄悄,思量起暗裏魂可用仄平平仄。銷。黄可仄。土傷心,丹楓染淚,謾把孤墳獨作平。造。

【菩薩蠻】白楊蕭瑟悲風起,天寒日淡空山裏。虎嘯與猿啼,愁人添慘凄。窮泉深杳杳,長夜何由曉。洒淚泣雙親,雙親聞不聞?奴家自喪了公婆,誰相扶助?到如今免不得造一所墳,把公婆葬了。又無錢顧人,又無人得央靠,只得自家搬泥運土便了。不免拜了五方,奴家動土。(介)一拜中央戊己土,二拜左青龍右白虎,三拜前朱雀後玄武,四拜四遠八方諸聖土。又恐冒犯神祇,請神各自游仙府。

【眉批】

「静峭」、「暗裏」、「謾把」,俱去上聲,《染淚》上去声,妙。

「淚」字用韻亦可。

〔南吕過曲〕【二犯五更轉】把土泥獨抱,麻裙裹來難打熬。空山静寂無人吊,但我情真實切,到此不憚勞。【五更轉】何曾見葬親兒不作平。到?又道是三匝圍喪,那些個卜作平。其宅作平。兆?思量起,是老親合顛倒。你

如此等白,俱可笑,然元人慣喜用之。今爲學究家駭倒,盡删抹矣。

圖他折作平桂看花早，不道自把一作平。身送在白楊衰草。謾自苦，（打悲介）這苦憑誰告？

【眉批】

詞隱生曰：「前五句似犯《香遍滿》，末二句似犯《賀新郎》末六字，此二調余自查出，未敢明注也。」

「見」字，改作平聲，「葬親」「親」字，改作仄聲，乃協。

【前腔】我只憑十爪，如何能彀墳土高？苦！只見鮮血淋漓濕衣襖。天那！我形衰力倦，死也只這遭。休休！骨頭葬處任他血作平。流好，此喚做骨血之親，也教人稱道。教人道：趙五娘真行孝。苦！心窮力盡形枯槁，只有這鮮血如今也出了。這墳成後，只怕我的身難保。

【前腔】怨苦知多少，兩三人只道同做餓殍。公公，婆婆，我待不葬了你又不了，待葬了你，窮泉一閉無日曉。嘆如今永別，再無由相倚靠。我死和你做一處埋呵，也得相伏侍。只愁我死在他途道，我的骨頭何由來到？從今去，墳呵！只願得中乾燥，福子蔭孫也都難料。便蔭得個三公，也濟不得親老。淚暗滴，把蒼天禱。

呀！使得我力都乏了，免不得得就此歇息，睡一覺則個。

【仙呂引子】【卜算子前】墳土未曾高，筋力還先倦。（睡介）

【中呂引子】【粉蝶兒】（外扮山神上）趙女堪悲，天教小神相濟。

【眉批】

此《粉蝶兒》首二句也。《粉蝶兒》自有全調。「悲」字不必用韻，且無板。今止二句，則須韻，須下一板矣。

善哉！善哉！小神乃是當山土地。昨奉玉帝敕旨：爲趙五娘行孝，特令差撥陰兵，與他助力築造墳臺。不免叫出南山白猿使者、黑虎將軍，交他向前則個。猿、虎二將何在？（净丑扮猿虎上）（外）吾奉玉帝敕旨：爲趙五娘行孝，交與添力築造墳臺。汝等可變成人形，與他攝化土石，便成墳臺。（净丑）領神旨。（外）不得驚動孝婦。（造墳介）（净丑）告大聖：墳臺已成了。（外）趙五娘，你擡起頭來，聽吾囑付：

〔仙吕入雙調過曲〕【好姐姐】五娘聽平声。吾道語：吾特作平。奉玉皇敕作平。旨，憐伊可仄。孝心故遣陰可仄。兵來助你。可平。（合）墳成矣，葬了二親尋夫婿，改换衣裝往帝畿。

【眉批】

「五」字、「孝」字，仄聲，俱妙。

「葬了二親」四字，用去上去平，妙。後人用「花堆錦砌」，索然矣。

【前腔】（净）（丑）我每元是小鬼，蒙上帝差來助你，搬磚運土，兩座墳臺在須臾。（合前）

【眉批】

時本無此一隻。

大抵乾坤都一照，免叫人在暗中行。（外净丑下）（旦醒介）

〔仙吕引子〕【卜算子後】夢裏分明有鬼神，想是天憐憫。

【眉批】

「神」字用韻，故以「憫」字叶。時本改作「念」字，叶前《卜算》「倦」字，不知「倦」、「念」本不同韻，况《卜算》第三句不可無韻乎！《卜算》一調，既分前後，而中又隔别調、别韻，正不必前後一韻也。

怪哉！怪哉！我睡間恍惚之中，似夢非夢，聞人有囑付之語：「道墳成了，教去京畿尋取丈夫。」但我全憑獨自一身，幾時能勾得墳成？（起看介）呀！果然這墳臺都成了。謝天地！分明是神通變化。（末同丑帶鋤器上）

〔正宫近詞〕【劃鍬兒】悲風四起吹松栢，山雲黯淡日無色。虎嘯與猿啼，怎不慘慽！趲步行來到峭壁，都與孝婦添助力。

【眉批】

此非越調《鏵鍬兒》，越調自有「説得好笑」一曲。「劃」，音華，作「剗」、作「鏵」俱非。然此末二句又與譜中《孟姜女》傳奇不同，必犯他調。

自家是蔡老員外的鄰家，張大公的便是。我老夫不忍見他兩個老的死了，虧殺他那媳婦趙五娘子，把羅裙包土，築造墳臺。但人家造一所墳，不着千百工，造不成。他獨自一個女流，如何成得此事？免不得帶將小二，與他添助力氣則個。呀！好怪麽，如何墳都成了？只見松栢森森繞四圍，孤墳新土掩泉扉。五娘子，空山獨自無人問，爲築墳臺有阿誰？（旦）夢裏有神真怪異，陰兵運土與搬泥。築成墳了親分付，教尋取兒夫往帝畿。（丑）公公，自古流傳多有此，畢竟感格上天

知。長城哭倒孟姜女，五娘子，你他日芳名一樣題。（旦）

〔仙吕入雙調過曲〕【好姐姐】念奴流血滿指，獨自要墳成無計，深感老天，暗中相護持。（合）墳成矣，葬了二親尋夫婿，改换衣裝往帝畿。

【前腔】（末）我每平声帶將小二，待與你添助些力氣，誰知有神暗中相救濟。（合前）

【前腔】（丑）你每真個見鬼，這松栢孤墳在何處？恰纔小鬼是我妝做的。（合前）

（末）孝心感格動陰兵，（旦）不是陰兵墳怎成？

（丑）萬事勸人休碌碌，（合）舉頭三尺有神明。

第二十七折（貼上）

〔大石引子〕【念奴嬌】楚可平。天過雨，正波澄木落，秋容光凈。誰可仄。駕玉輪來海底，碾破琉可仄。璃千頃。環珮風清，笙簫露冷，人在清虚境。（凈丑上）真珠簾捲，小樓無限佳興。

【眉批】

時本以「澄」字爲句，則七字起，非調矣。與詩餘同，但不用换頭。

（臨江仙）（貼）玉作人間秋萬頃，銀葩點破琉璃。瑶臺風露冷仙衣，天香飄到處，此景有誰知？（凈丑）未審明年明夜月，此時此景何如？（貼）珠簾高捲醉瓊巵，（合）正是莫辭終夕看，動是隔年期。（貼）老姥姥、惜春，今夜中秋，月色澄霽，你與我請相公出來，賞玩則個。(丑)是是。夫人請相公玩月。(生内應)我睡了，不來。(净)你可知道不請得相公出來，你甚麼臉兒，相公見了好？我去請。(請介)(生上)

【南吕引子】【生查子】逢人曾寄書，書去神亦去。今夜好清光，可惜人千里。

(貼)相公，今夜中秋，月色可愛。我請你賞玩一番，你没事，推阻做甚麼？(生)月有甚麼好處？(貼)怎的不好！你看。(酹江月)玉樓金氣捲霞綃，雪浪寒光澄徹。丹桂飄香清思爽，人在瑶臺銀闕。(生)影透鳳幃，光窺羅帳，露冷蛩聲切。關山今夜，照人幾處離别。(净)須信離合悲歡，還如玉兔有陰晴圓缺。便做人生長宴會，幾見冰輪皎潔？(丑)此夜明多，隔年期遠，莫放金樽歇。(合)但願人長久，年年同賞明月。

【大石調過曲】【念奴嬌序】(貼)長空萬里，見嬋娟可愛，全無一作平。點纖凝。十二欄杆光滿處，凉浸珠箔銀屏。偏稱，身在瑶臺，笑斟作平。玉斝，人生幾見此佳景？(合)惟願取年年此夜，人月雙清。

【眉批】

一作《本序》，蓋引子是《念奴嬌》，而此曲即是《念奴嬌序》，故名，非别名本序也。

白門詞家柳陳父云：「曾見前輩道此與『新篁池閣』非高東嘉筆，乃他人雜取詩餘中《賀新郎》(夏景)諸詞，《念奴嬌》(詠月)諸詞，而爲之者。」觀此記他處多本色，獨二折藻麗，如出二手，意其言不妄也。

「萬里」、「見此」、「願取」、「乍冷」、「萬點」，俱去上聲，可愛。「滿處」、「幾見」「此夜」，俱上去聲，俱妙甚。

【前腔】【换頭】(生)孤影，南枝乍冷，見烏鵲作平。縹緲驚飛，栖止不作平。定。萬點蒼山，何處是修竹吾廬三徑？追省，丹桂曾攀，嫦娥相愛，故人千里謾同情。(合前)

【前腔】【第三換頭】(貼)光瑩,爲命切。我欲吹斷玉作平。簫,驂鸞歸去,不知風露冷瑶京?環珮濕似月下歸來飛瓊。渠盈切。那更,香霧雲鬟,清輝玉作平。臂,廣寒仙子也堪並。(合前)

【前腔】(生)愁聽,吹笛《關山》,敲砧門巷,月中都是斷腸聲。人去遠,幾見明月虧盈。惟應,邊塞征人,深閨思婦,怪他偏向别離明。

〔中吕過曲〕【古輪臺】(净)峭寒生,鴛鴦瓦冷玉壺冰,欄杆露濕人猶凭,貪看玉作平。鏡。萬里清明,皓彩十作平。分端正。三五良宵,此時獨勝。把清光都付與酒杯傾,從教平声。酩酊,棄夜深沉醉還醒。酒闌綺席,漏催銀箭,香銷金鼎。斗轉與參横,銀河耿,轆轤聲已斷金井。

【眉批】

「横」字,在此韻中,當依詩韻,不作紅音。

【前腔】【换頭】(丑)閑評,月有圓缺與陰晴,人世有離合悲歡,從來不作平。定。深院閑庭,處處有清光相映。也有得作平。意人人,兩情暢咏;也有獨守長門伴孤另,君恩不幸。有廣寒仙子娉婷,孤眠長夜,如何捱得更闌寂作平。静?此事果無憑,但願人長永,小樓玩月共同登。

【眉批】

「獨守」一句,比前「把清光」句稍不同,亦變體。

「詠」字、「永」字,在此韻中,不可作「用」字、「勇」字音,當作爲命、爲酩切。

【餘文】(合)聲哀訴，促作平。織鳴。俺這裏歡娛未聽，却笑他幾處寒衣織作平。未成。

【眉批】

「聽」，時本作「罄」，索然無味。

第二十八折(旦上)

(貼)今宵明月正團圓，(生)幾處淒涼幾處喧。

(合)但願人生得長久，　年年千里共嬋娟。

〔雙調引子〕【胡搗練】辭別去，到荒圻，只愁出路煞生受。畫取真容聊藉手，逢人將此勉哀求。

【眉批】

「手」字，可不用韻。

鬼神之事，雖則難明；感應之理，不可不信。奴家昨日獨自在山築墳，正睡間，忽夢中有神人自稱當山土地，帶領陰兵與奴家助力；却又囑付：教奴家改換衣裝，徑往長安，尋取丈夫。待覺來，果然墳臺俱已完備，分明是神道護持。正是：寧可信其有，不可信其無。今二親既已葬了，只得改換衣裝，將着琵琶做行頭，沿街上弹幾個勸行孝的曲兒，教化將去。只是一件，我幾年間和公婆廝守，一旦撇了去，如何下得？奴家從來薄曉得些丹青，何似想像畫取公婆兩個真容，背着一路去，也似相親傍的一般。但遇小祥忌辰，展開與他燒些香紙，奠些凉漿水飯，也是奴家心素。免不得就此畫描真容則個。（描畫介）

【過曲】【三仙橋】一從他每作平。死後，要相逢不作平。能勾。除非夢裏，暫時略作平。聚首。若作平。要描描不就，暗想像，教我未寫先淚流。寫，寫不出他苦心頭；描，描不出作平。他饑證候；畫，畫不出他望孩兒的睜兩眸。只畫得他髮颼颼，和那衣衫敝垢。休休，若畫做好容顔，須不是趙五娘的姑舅。

【眉批】

按譜載不知宫調中。

「若要描」，言夢裏暫見，若描則難。時本作「苦」，且批云：「苦字不通。」不知何謂。

【前腔】【換頭】我待畫他個龐兒帶厚，他可又饑荒消瘦。我待畫你個龐兒展舒，他自來長恁皺。若寫出來真是醜，那更我心憂，也做不出他歡容笑口。不是我不畫好的，我從嫁他家，只見兩月稍優游，他其餘都是愁。兩月稍優游，我又忘了。這三四年間，我只記得他形衰貌朽。這畫呵，便做他孩兒收，也認不得是當初父母。休休，縱認不得是蔡伯喈當初爹娘，須認得是趙五娘近日來的姑舅。

真容已描就了，就在這裏燒紙奠飯，拜辭了公公、婆婆出去。（拜介）

【前腔】非是奴尋夫遠游，只怕我公婆絶後。奴見夫便回，此行安敢久。苦！路途中，奴怎走？望公婆，相保佑我出外州。天那！他兀自没人看守，如何來相保佑？這墳呵，只怕奴去後，冷清清有誰來拜掃？縱使遇春秋，一陌紙錢怎有？休休，你生是受凍餒的公婆，死做個絶祭祀的姑舅。

【眉批】

「掃」字宜韻，而此不用韻，豈「掃」字可依偏旁而叶爲「帚」字耶？高先生最喜借韻，故有此等耳。

奴家既辭了墳墓，背了真容，不免拜辭張大公，多少是好。（末上）衰柳寒蟬不可聞，西風敗葉正紛紛。長安古道休回首，西出陽關無故人。（相見介）（旦）奴家正要到宅拜辭大公。（末）呀！五娘子，你幾時去？（旦）奴家就去了。（末）五娘子，我有幾貫錢在此，與你路上少助盤費。（旦）多謝大公！（末）你手裏挐的是什麽？（旦）公婆的真容。（末）五娘子，没錢没米，畫甚麽真容？（旦）不是畫工畫的。（末）那個畫的？（旦）奴家頗曉丹青，自家畫的。（末）五娘子，畫工畫的不須觀得，五娘子的丹青，借與老夫一觀。（旦）是，大公請看。（末）好畫得像，畫得像！五娘子，你這般孝心，我老夫不愧才疏，與你題個贊兒。（旦）如此多謝公公。（末）（鷓鴣天）死别多應夢裏逢，謾勞孝婦寫遺蹤。可憐不得圖家慶，辜負丹青泣畫工。衣破損，鬢蓬鬆，千愁萬恨在眉峰。只怕蔡郎不識年來面，趙女空描别後容。（旦）多謝大公妙贊！無恩可報。（末）五娘子，還有幾句言語囑付你：少長閨門，豈識途路？當初蔡郎未别時節，你青春嬌媚；如今遭這荒年，你貌陋身單。正是：桃花歲歲相似，人面年年不同。蔡郎臨别之時，可不道來，他道是：若有寸進，即便回來。如今年荒親死，一竟不回，你知他心腹事何如？正是：畫虎畫皮難畫骨，知人知面不知心。又一件：蔡郎元是讀書人，一舉成名天下聞。久留不知因個甚？年荒親死不回門。五娘子，你去京城須仔細，逢人下禮問虚真。見郎謾説千般苦，只把琵琶句語訴元因。未可便説他妻子，未可便説喪雙親。未可便説裙包土，未可便説剪香雲。若得蔡郎思故舊，可憐張老一親鄰。我今年老七十歲，比你公公少一旬。你去時猶有張公送，你回時未審張老死何存？惟有感恩並積恨，萬年千載不生塵。（旦）大公，奴家就此拜别。

【眉批】此題贊，自是口題耳，原未嘗云用筆也。與後觀像折何礙，而時本必欲改之，亦何拘也。

〔越調過曲〕【憶多嬌】公公他魂渺漠，作平。我没作平。倚托。作平。程途萬里懷夜壑，作平。此去孤墳望公公看平声。着。(合)舉目蕭索，作平。舉目蕭索，作平。滿眼盈盈淚落。

【眉批】第三句用平平仄仄平仄平，與《荆釵》平仄平平仄仄平者不同。「着」字在此韻中當作「濯」字音，不可作「朝」字音。

【前腔】(末)我承委托，作平。當領略。作平。孤墳看去声。守决不作平。爽約，願你途中身安樂。(合前)

【鬥黑麻】(旦)深謝得公公，便承允諾。作平。從來的深恩，怎敢忘作平。却！只怕途路遠，體怯弱；作平。病染孤身，力衰倦脚。作平。(合)孤墳寂寞，作平。路途滋味惡。作平。兩處堪悲，兩處堪悲，萬愁怎模？作平。

【眉批】此本宮之《鬥黑麻》也，時本作仙吕入雙調，不知彼乃《黑麻序》之誤爲《鬥黑麻》者，其調迥别。「病染孤身」正與下句相對，或改「孤身爲灾纏」，「力衰」作「衰力」，謬矣。「萬愁」句亦與上句對，或作「千愁萬惡」，可恨。

【前腔】(末)伊夫婿多應是貴官顯爵，作平。伊家去須當審個好惡。只怕你這般喬打扮，他怎知覺？一貴一貧，怕他將錯就錯。(合前)

(旦)爲尋夫婿別孤墳，(末)只怕兒夫不認真。
(合)流泪眼觀流泪眼，　斷腸人送斷腸人。

第二十九折(生上)

〔中吕引子〕【菊花新】封書自可平。寄到親闈，又可平。見關河朔雁飛。梧可仄。葉滿庭除，争如可仄。我悶懷堆積。

【眉批】

「自」或作「遠」，非。前二句用仄仄平平仄仄平、平平仄仄仄平平，亦可。
「除」字，借魚模，「積」字用去聲，更妙。

【生查子】封書寄遠人，寄與萬里親。書去神亦去，兀然空自身。自家昨得家書，報道平安，極切自喜。當時亦付一書回去。不知如何？常懷想念，番成憂悶。正是：　雖無千丈綫，萬里繫人心。(貼上)

〔南吕引子〕【意難忘】緑可平。鬢仙郎，懶拈花弄柳，勸酒持觴。眉顰知有恨，何可仄。事苦相防？(生)夫人，些個事斷人腸。(貼)相公，試説與又何妨？(生)只怕你尋消問息，添可仄。我悽惶。

【眉批】「弄柳」、「勸酒」、「事若」，俱去上聲，「有恨」上去聲，俱妙。與詩餘同，但無換頭。

（貼）古人云：顰有爲顰，笑有爲笑。古之君子，當食不嗟，臨樂不嘆。無事而慼，謂之不祥。相公，你自來此，不明不暗，如醉如痴，鎮長憂慮，爲着什麽？你還少吃的？你還少穿的？

〔南呂過曲〕【紅衲襖】你吃的是煮猩唇和燒豹胎，我待道你少穿的呵，你穿的是紫羅襴繫的是白作平。玉帶。你出入呵，我只見五花頭踏在你馬前擺，三簷傘兒在你頭上蓋。相公，休怪奴家説，你不是草廬中窮秀才，如今做了漢朝中梁棟材。你有甚不作平。足作平。只管鎖了眉頭也，唧唧噥噥不作平。放懷。

【眉批】按此調及《青衲襖》，今人皆以其句法長短不定，遂妄改，多至不成音律。不知襯字只可用在每句上及句中間，至于每句末三字，其平仄断不可易，不然，即不諧矣，作者審之。

據《拜月亭》，似乎《青衲襖》一句、《紅衲襖》七句。及觀此，則《紅衲襖》亦有八句法，與《青衲襖》相似，但增一「也」字及「眉頭」二字，不用韻耳。二記必有一誤，不敢臆説。

又按古曲，如《八義》、《金印》、《拜月》，皆以《紅衲襖》爲引子，獨《琵琶記》不作引子，故舊譜載于過曲，今不敢輕改。然畢竟是引子也，或作北，尤謬。

【前腔】(生)你道我有穿的呵，我穿的是紫羅襴倒拘束得我不自在，我穿的是皂朝靴怎敢胡去踹？你道我有吃的呵，我口裏吃幾口慌張張要辦事的忙茶飯，手裏拿着個戰兢兢怕犯法的愁酒杯。到不如嚴子陵登釣臺，怎做得楊子雲閣作平。上灾？只管待漏隨朝可不誤了秋月春花也？枉干碌碌俱作平。頭又白。

【前腔】(貼)莫不是丈人行性氣乖？(生)不是。(貼)莫不是妾跟前缺作平。管待？(生)不是。(貼)莫不是畫堂中少了三千客？(生)不是。(貼)莫不是綉屏前少了十作平。二釵？(生)那裏是？(貼)又不是，這意兒教人怎猜？這話兒教人怎解？我今番猜着了，敢只是楚館秦樓有個得意人兒也，悶懨懨不作平。放懷？

【前腔】(生)不是。有個人人在天一涯。我不能勾見他，只落得臉銷紅眉鎖黛。(貼)我才道甚麽來？(生)不是。我不是傷秋宋玉無聊賴，有甚心情去戀着閑楚臺？(貼)有甚事，説與我麽。(生)三分話兒也只恁猜，一片心兒也只恁解。(貼)你有甚麽事，問着也不説，如何？(生)罷罷。夫人，你休纏得我無語無言，若還提起那籌兒也，樸簌簌泪滿腮。

(貼)由你，由你。待我不勸你，又只管悶；待我問你，你又不應我。我也没奈何。相公，夫妻何事苦相防？莫把閑愁積寸腸。正是：各人自掃門前雪，莫管他家瓦上霜。(貼下)(生吊場)難將我語和他語，未卜他心似我心。自家取妻兩月，別親數年，朝夕思想，翻成怨嘆。我這新娶媳婦雖則賢慧，累次問及，自家要對他説，也肯放歸去。只是我的岳丈，知我有媳婦在家，必怕我去了不來，如何肯放我去？不如姑且隱忍，改日求一鄉郡除授，那時節却回去見雙親便了。夫人，非是堤防你太深，只愁伊父苦相禁。正是：夫妻且説三分話，(貼)呀！我理會得了，未可全拋一片心。好好！你瞞我也由你，只是你爹娘和你媳婦須怨你。

【眉批】時本作「若知有媳婦，則辭親時幾曾瞞過的。」必如古本自妥。

〔仙吕入雙調過曲〕【江頭金桂】【五馬江兒水】怪得你終朝攧作平。窨，只道你緣何愁悶深？教咱猜着作平。啞謎，爲你沉吟，那籌兒没作平。處尋。【柳摇金】我和你共枕同衾，你瞞我則作平。甚？自撇了爹娘媳作平。婦，屢换光陰，他那裏須怨着作平。没作平。信音。【桂枝香】笑伊家短行，無情忒作平。甚！到如今兀自道且説三分話，未可全拋一片心。

【眉批】

時本单作雙調，非。「攧窨」，元出詩餘，或作「迭窨」，或作「迭喑」。盖「窨」、「喑」二字全音也。北曲或云「攧窨」，或云「迭窨」，而「攧」字與「跌」同，恐「跌」字誤而爲「迭」字。然「攧」字，樂師不甚能識，因而譌作「顛」字。今人言及「顛」字，則皆知出于《琵琶》，言及「攧窨」，則或駭而笑矣。「笑伊」句，不用韻，重叠一句亦可。但此下比《桂枝香》常調少一句，想高則誠因此曲乃三曲集成，或嫌其煩而删去之耳。

高先生最喜借用别韻，獨此用侵尋閉口韻，不失一字。

【前腔】(生)夫人，非是我聲吞氣忍，只爲你爹行勢逼臨。怕他知我要歸去，將人廝平声。禁，要説作平。又將口噤。我待解朝簪，再圖鄉任。他不堤防着作平。我，須遣我到家林，我和你雙雙兩人歸晝錦。雙親老景，存亡未審。我前日附那書回家去，只怕雁杳魚沉。(貼)既有書信附去，怎麽没有回音？(生)又不是烽火連三月，真個家書抵萬金。(貼)元來如此。我去討爹爹説知，和你同去便了。(生)你爹爹如何肯放我回去？你且休説破了。(貼)不妨事，我爹爹身爲太師，風化所關，觀瞻所係，終不然不顧仁義。(生)你休説，不濟事，干枉了。(貼)相公我自有道理，不怕他不從。

（貼）雪隱鷺鷥飛始見，柳藏鸚鵡語方知。
（生）假如染就乾紅色，也被傍人講是非。

第三十折（外上）

〔黄鍾引子〕【西地錦】好可平。怪吾家門婿，鎮可平。日作平。不展愁眉。教人心下常縈繫，也只爲着門楣。

入門休問榮枯事，觀着容顔便得知。自家招贅蔡伯喈爲婿，可謂得人。只一件，自從到此，眉頭不展，面帶憂容，爲着甚麽，必有其故。等俺女孩兒出來問他則個。

【前腔】（貼）只道兒夫何意，如今事理方知。萬里家山要同歸去，未審爹意何如？

（見介）（外）孩兒，吾老入桑榆，自嘆吾之皓首；汝身乖琴瑟，每爲汝而懊懷。夫婿何故憂愁？孩兒必知端的。（貼）告爹爹：他娶妻六十日，即赴科場；别親三五年，竟無消息。温凊之禮既缺，伉儷之情何堪！今欲歸故里，辭至尊家尊而同行；待其事高堂，執子道婦道以盡禮。（外怒介）我乃紫閣名公，汝乃香閨豔質。何必顧此糟糠婦？豈肯事此田舍翁？他久别雙親，何不寄一封之音信？汝從來嬌養，安能涉萬里之程途？休惑夫言，唯從父命。（貼）爹爹，曾觀典籍，未聞婦道而不拜姑嫜；試論綱常，豈有子職而不事父母？若重唱隨之義，尚盡定省之儀。彼荆釵布裙，既已獨奉親闈之甘旨；此金屏綉褥，豈可久留監宅之歡娱？爹爹高居相位，坐理朝綱，豈可斷他人父子之恩？絶他人夫婦之義？使伯喈有貪妻之愛，不顧父母之愆；俾孩兒坐違夫之命，不事姑嫜之罪。望爹爹容恕，特賜矜憐。（外）休胡説！他有媳婦在家裏了，你去做甚麽？（貼）

〔黄鍾過曲〕【獅子序】他媳婦雖有之，念奴家須是他孩兒的妻。那曾有媳婦不事親幃？（外）孩兒，你去有甚麽勾當？（貼）若論做媳婦的道理，須當奉飲食，問寒暄，相扶持，蘋蘩中饋。（外）便做有許多勾當，既有媳婦在家裏了，他孩兒不去也不妨。（貼）爹爹，又道是養兒代老，積穀防饑。

【眉批】

「的妻」或作「次妻」，非也。牛氏在其父前，豈就認次妻？後人不知「的」字是上声，故謂難唱而改之耳。「的」音底，字書皆然。

舊腔點板在「食」字下，而「理」字是正用韻處，反無截板，今依譜改正。

《彩樓》、《白兔》二記，俱有此調，與此各不同，恐有訛謬耳。

（外）既道是養兒代老，何似當初休教他來應試？（貼）

【太平歌】他求科舉，指望錦衣歸，不想道你留他爲女婿。（外）有緣千里能相會，須强他不得。（貼）他埋冤洞房花燭夜，那些個千里能相會？只要保全金榜掛名時，事急且相隨。「你」字是女兒在父前稱你稱我。「骨肉」無父處。今人必欲改作「爹爹」，何也？

【眉批】

《東甌令》屬南吕，近或將此調唱作《東甌令》，或謂此即《東甌令》，此所未解。縱云「指望」二字是襯字，不思「那些個」句是八字，「千」字一板，「能」字掣板，「會」字一板，而《東甌令》第五句只五字，况又難下掣板，止好兩實板，何可扭做一調？

（外）蔡伯喈自悶，與你何干？

【賞宫花】（貼）他終朝慘凄，我如何忍見之？（外）他自慘凄，你管他怎的？（貼）若論爲夫婦，須是共歡娱。（外）不妨，他若在這裏，我教他做個大官，也由得我。（貼）他數載不通魚雁信，枉了十年身到鳳凰池。

【眉批】

第一句，若第一、第二字用平，則第四字亦可用上声；若第二字用仄声，則第四字切不可仄。「我」字元是襯字，後人不知，故「如」字有一板。今按譜查正。

（外）呀！你聽着丈夫的言語，却不聽我說，這妮子好痴迷！（貼）

【降黃龍】須知，非奴痴迷，已嫁從夫，怎違公議？（外）孩兒，你去不妨，只是我没個親人，如何放你去得？（貼）爹猶念女，怎教他爹娘不念孩兒？（外）不是我不放你去，既道有媳婦在家裏，你去時節，只怕擔擱了你。（貼）休提，縱把奴擔擱，比擔擱他爹娘何如？（外）恁地，教伯喈自去便了。（貼）爹爹，那些個夫唱婦隨，嫁鷄逐鷄飛？（外）孩兒，他是貧賤之家，你如何伏侍他去？

【眉批】

此從換頭處起。今人唱此曲于「怎違」下亦如「不念」下及「鷄逐」下拖一長腔，所謂板斷腔不斷者，謬甚。

「爹娘」，時本作「媳婦」，因問答而更之也。

末四字，用仄平平仄爲妙。

〔南吕過曲〕**【大聖樂】**（貼）婚姻事難論高低，論高低何如休嫁與？可平。假饒親賤孩兒貴，終不然便抛棄？（外）

他的孩兒抛不得，你怕怎的？（貼）奴是他親生兒子親媳婦，難道他是何人我是誰？（外）你怎地只管把言語來衝撞我？（貼）爹居相位，怎説着傷風敗俗，非理的言語？

【眉批】

第一句「難」字上一板，必不可無，無之，則板亂矣。今人必欲去之，可恨，可恨！

「終不然」一句，用仄平仄仄平平亦可。

（外）這妮子好無禮！到將言語來衝撞我。我的言語不中聽。孩兒，夫言中聽父言違，料想孩兒見識迷。本待將心托明月，誰知明月照溝渠。（外下）（貼）酒逢知己千鍾少，話不投機半句多。我爹爹好不顧仁義，到説道奴家把言語衝撞他。當元蔡伯喈教我休説的是，如今何顔見他？免不得在此坐一回，尋思個道理，去回他話咱。（坐介）（生上）

【南吕引子】【稱人心】撇呆打墮，早被那人瞧破。要同歸知他爹肯麽？料他每不允諾。呀！夫人，你緣何獨坐？想你爹爹不肯麽？伊家道利齒伶牙，争奈爹行不可。（貼）我爹爹全不顧人笑呵，這其間只是他見差。禍根芽從此起，災來怎可乎。躲？他道我從着夫言，罵我不聽親話。

【眉批】

用韻甚雜。

「打墮」、「早被」俱上去聲，「俐齒」、「奈你」、「道我」、「罵我」俱去上聲，俱妙。

「我爹爹」三字，正對「撇呆」一句，乃換頭也。

〔南吕過曲〕【紅衫兒】(生)你不作平。信我，教伊休説破，到此如何？算你爹心性，可平。我豈不作平。料過，作平。我爲甚亂掩胡遮，只爲着這些二。你直待要打破砂碣，是你招灾攬禍。

【眉批】

「性」字宜用韻，今不用，是其疏處。

「信我」、「到此」、「算你」、「亂掩」、「是你」、「道好」、「地網」、「怨你」、「爲我」，俱去上声，「我爲」、「打破」、「攬禍」、「想道」、「挜把」、「好事」、「你陷」、「懊恨」、「兩下」俱上去聲，俱妙。

【前腔】(貼)不想道相挜把，這做作難禁架。我見你每每咨嗟要調和，誰知道好事多磨起風波。相公，把你陷在地網天羅，如何不作平。怨我？可平。天那！懊恨只爲我一作平。個，可平。却擔擱你兩下。

【眉批】

「挜」中州韻作瓦音，今人作强雅切者，非也。「把」音靶。

「每每咨嗟」句，依譜點板，作襯字如此。然疑此下或是二七字句，换頭之與前腔稍異者。不然，未有襯字本多，而又「咨嗟」二實字也。

〔正宫過曲〕【醉太平】(生)蹉跎，光陰易謝。縱歸去晚景之計如何？名繮利鎖，牢絡在海角天涯。知麽？多應我老死在京華，孝情事一筆都勾罷。苦！這般摧挫，傷情萬感，淚珠偷墮。

【眉批】

此調亦從换頭處起。

「這」字仄声，妙甚。下用「奴」字，平声，便索然矣。

【前腔】（貼）非詐，奴甘死也。縱奴不死時，君去須不可。奴身值甚麽？只因奴誤你一家。差訛，假饒做夫婦也難和，你心怨我心牽掛。奴身棄捨，成伊孝名，救伊爹媽。

相公，妾當初勉承父命，遣事君子。不想君家有白髮之父母，青春之妻房。致君衷腸不滿，名行有虧。如今思之，誤君之父母者，妾也；誤君之妻房者，妾也；使君爲不孝薄倖之人，亦妾也。妾之罪大矣！縱偷生于今世，亦公議所不容。昔者聶政姐死倚屍傍，以成弟之名，王陵母死伏劍下，以全子之節，妾豈愛一身，誤君百行。妾當死於地下，以謝君家，小則可解君之縈掛，大則可以救君之父母，近則可以成孝子之令名，遠則可以免後世之公議，妾死何憾焉！（生）夫人，你只知其一，不知其二。古人云：身體髮膚，受之父母，不敢毁傷；豈可陷親于不義？那時節有人議論，道你從夫言而棄親命。此事不可。（貼）也説得是。（生）且慢着，怕你爹爹也自有回心轉意時節。且更寧耐看如何？

（生）一心只欲轉家鄉，（貼）争奈爹行不忖量。
（合）大鵬飛上梧桐樹，　自有旁人説短長。

第三十一折（旦上）

〔仙吕過曲〕【月雲高】【月兒高】路途勞頓，行可仄。行可仄。甚時近？未到得洛作平。陽縣，盤纏都使盡。回首信道孤墳，空教奴望孤影。他那裏誰偢采？俺這裏將誰投奔？【渡江雲】正是西可仄。出陽關無故人，須可仄。家貧不作平。是貧。

【眉批】

此調犯《渡江雲》，而《渡江雲》本調竟缺。

「縣」字，時本作「城」，此字平聲，非調。

「路」字，去聲，妙。上聲亦可。「使盡」上去聲，妙。

「影」字，借庚青韻。「他那裏誰偢采」作仄仄平仄平平亦可。「無故人」「無」字，用平聲，「不是貧」「不」字，用入作平聲，及後二曲皆然，妙甚。今人則混用平仄矣。

【蘇幕遮】怯山登，愁水渡。暗憶雙親，泪把麻裙漬。回首孤墳何處是？兩下瀟條，一樣愁難訴。玉消容，蓮困步。愁寄琵琶，彈罷添凄楚。惟有真容時一顧，憔悴相看，無語恓惶苦。奴家爲尋丈夫，在路途上多少狼狽。況獨自一身，拿着一個琵琶，背着二親真容，登高履險，宿水餐風，其實難捱。只是一件，去到洛陽，尋見丈夫，相逢如故，也不枉了這遭辛苦；倘或他駟馬高車，前呼後擁，見奴家如此藍縷，不認呵，可不擔閣了奴家？

【前腔】暗中思忖，此去好無準。只怕他身榮貴，把咱不作平。斯認。若是他不瞧，空教奴受艱辛。他未必忘恩義，我這裏自閑評論。他須記一夜夫妻百夜恩，怎做得區區陌作平。路人？

【前腔】只一件，他在府堂深隱，奴身怎生進？他在駟馬高車上，難將他認。我有個道理，來到他跟前，只提起二親真。又恐怕消瘦龐兒，他猶難十分信。他不到得非親却作平。是親，我自須防仁不仁。

哽咽無言對二真，千山萬水好艱辛。
見説洛陽花似錦，只恐來時不遇春。

第三十二折(外上)

〔仙呂引子〕【番卜算】兒女話堪聽，使我心疑惑。暗中思忖覺前非，有個團圓策。

良藥苦口利于病，忠言逆耳利于行。昨日女孩兒要和伯喈歸去，同事雙親，自家不放他去。那孩兒少不得幾句言語勸解自家，自家一時間不勝焦躁。如今尋思起來，他句句有理，節節堪聽。自家待要放他回去，只慮他幼長閨門，難涉途路；況俺年老無人，如何放他去？如今有個道理，不免使一個人，多與盤纏，教他徑往陳留，將蔡伯喈爹娘媳婦都取將來，多少是好？且待叫出女婿、孩兒來，問他則個。

【前腔】(生上)淚眼滴如珠，愁事縈如織。(貼上)早知今日悔當初，何似休明白。

(相見介)(外)孩兒你來。夜間仔細尋思你的言語，都説得有道理。我欲待教你和女婿回去，路途跋跡，這個也難。不如差人去取他父母妻子，同來做一處住。你兩人心下何如？(貼)這個隨爹爹主張。(生)既然如此，多謝岳父！(外)院子李旺何在？(丑上)頻聽指揮黄閣下，又聞呼喚畫堂前。(外)來。我如今使你出去陳留走一遭。(丑)娘咳！陳留且是遠，我不去。(外)胡説！(丑)去做甚麼？若是有錢覓時，李旺便去。(外)如今蔡伯喈老員外、老安人、小娘子三人，在陳留郡裏，我如今教你去請將這裏來。(丑)李旺弗去。(生貼)你去請得來，我這裏自多多賞你。(丑)娘子如今説道多多賞我，我取得來時，娘子又要爭大爭小，厮打時節，不賞李旺了。(外)李旺，即日便要你去，不得推拒。我如今更差幾個後生，伴你同去。(丑)如此却使得。(外)這一封書外，有金銀錢米與你盤纏，休要落後了。(生)李旺，你去時節，須要多方詢問。若是取得來時，路上千萬小心承直。(丑)不妨，我出路慣便，自有分曉。

〔正宮過曲〕【四邊静】(外)你去陳留仔細詢端的，專心去尋覓。請過兩三人，途中好承直。(合)休憂怨憶，寄書咫尺。眼望捷旌旗，耳聽好消息。

【眉批】

「途中」句用平平仄平仄，「耳聽」句用仄仄仄平仄，不可混。

【前腔】(生)饑荒散亂無踪迹，他存亡想不測。何况路途間，難禁這勞役。(合前)

【福馬郎】(貼)李旺，你休説新婚在牛氏宅。(外)便説又待怎的？(貼)他須怨我相擔誤；歸未得，傍人聞把奴責。

(合)若是到京國，相逢處做個大筵席。

【眉批】

「聞」字改作仄聲字尤妙。

【前腔】(丑)相公，多與我盤纏添氣力，萬水千山路，曾慣歷。(拜介)辭却恩官去，免憂憶。(合前)

(外)限伊半載望回音，(生)路上看承須小心。

(貼)但願應時還得見，(丑)果然勝似岳陽金。

琵琶記卷四

第三十三折(末扮五戒上)

年老心閑無別事，麻衣草座亦容身。相逢盡道休官好，林下何曾見一人？自家乃是彌陀寺中一個五戒便是。今日俺寺中建一個無礙道場，不揀甚麼人，或是薦悼雙親，保安身己的，都來這裏聚會。真個好寺院，好道場呵！怎見得好寺院？但見蘭若莊嚴，蓮臺整肅。佛殿嵯峨耀金璧，回廊繚繞畫丹青。千層塔高聳侵雲，半空中時聞清鐸；七寶樓晶光耀日，六時裏頻叩洪鍾。松下山門，紅塵不到；竹邊僧舍，白日難消。阿羅漢神像威儀，如靈山三十六萬億佛祖；比丘僧戒行清潔，似祇園千二百五十人俱。且看旛影石壇高，惟有棋聲花院静。休提清净法界，且説嚴肅道場。只見珠幢寶蓋影飄飄，玉磬金鐘聲斷續。龍瓶中插九品紅蓮，開净土春秋不老；鳳蠟内吐千枝絳蕊，照佛天晝夜常明。齊整整的貝葉同翻，撲簌簌的天花亂墜。旃檀林裏，爇着清净香、道德香；香積厨中，献這禪悦食、法喜食。人人在十洲三島，個個净五蘊六根。擊大法鼓，吹大法螺，仙樂一齊奏動；開甘露門，入甘露城，幽魂盡獲超生。正是：寄言苦海林中客，好向靈山會上修。今日寺中建設大會，怕有官員貴客來此游玩。道猶未了，遠遠望見兩位官人來到。(净丑上)

【中吕過曲】【縷縷金】胡厮啞，兩喬才。家中無宿火，有甚强追陪？自來妝風子，如今難悔。向叢林深處且徘徊，特來看佛會，特來看佛會。

【眉批】

末叠一句，腔板俱與上句不同，時本去之，非也。

(末)官人請坐，告茶。(净)五戒，你這佛會，支費許多錢？(末)便是。官人休怪冒瀆，今日天與之幸，得遇兩位貴客到此，斗膽抄化些添助支費。(丑)五戒，你要抄化，將疏頭來看。錢是倘來之物，何處不使？那裏不用？(净)是。咱每這般人，那一日不使幾貫鈔？我捨五錠。(丑)我也捨五錠。(末)如此，多謝官人。(净)遠遠望見一個婦人來，且是生得好。(丑)真個有個婦人來，背着琵琶，到像你每姐姐。(末收)又道是遠觀不審，近覷分明。(旦上)

【前腔】途路上，實難捱。盤纏都使盡，好狼狽。試把琵琶撥，逢人乞丐。薦公婆魂魄免沉埋，特來赴佛會。

可喜已到洛陽。今日見説彌陀寺中做佛會，只得就此抄化幾文，追荐公公婆婆則個。(净丑)道姑，你背着甚麼東西？(旦)是奴家公婆真容。(净丑)道姑，你從那裏來？(旦)

〔仙吕入雙調過曲〕【銷金帳】聽奴訴與：奴是良人婦，爲兒夫相擔誤。他一向赴選及第，未歸鄉故。饑荒喪了，喪了親的舅姑，我造墳墓。今爲尋夫來到此。(丑)你丈夫在那裏？(旦)尋夫不知，不知在何處所？

【眉批】

「喪了」去上声，妙。

末句如此，乃是本調。時本改作「未知他在何處所」，少一字，而平仄又不合本調。

「不知」用入平二音，妙甚。

（净）道姑，你抱着這個琵琶做甚麽？（旦）奴家將此琵琶弹一兩個曲，抄化幾文鈔，就此寺中追荐公婆。（丑）元來如此。道姑，你會彈甚麽曲兒？你會彈《也兒四》麽？（旦）不會。（净）你會彈《八俏手》麽？（旦）也不會。奴家只會彈些行孝曲兒。（末）道姑，難得兩位官人在此，你好生彈一個曲兒，交他重重賞你。（旦）既然如此，只怕奴家彈得不好，望官人休責。（彈介）凡人養子，懷抱最艱辛。欲語未能行未得，此際苦雙親。

【前腔】凡人養子，最是十月懷擔苦，更三年勞役抱負。休言他受濕推乾，萬千勞苦。真個千般愛惜，愛惜萬般回護。兒有些不安，父母驚惶無措。直待可了，可了歡欣似初。（净）彈得好！彈得好！（末）真個彈得好！（丑）錢鈔那裏不使？我先與你一領好襖子。（脱衣與旦介）（丑）道姑，你再彈一彈。（旦）官人請坐，聽着。（彈介）孩兒漸長成，父母漸歡欣。教語教行並教禮，一意望成人。

【前腔】兒行幾步，父母歡欣相顧，漸能言能走路。指望飲食羹湯，自朝及暮。懸懸望他，望他不知幾度？爲擇良師，只怕孩兒愚魯。略得他長俊，可便歡欣相賀。

（丑）彈得好！彈得好！（末）真個彈得好！（净）錢鈔那裏不用了些？再與他一領好襖子。（脱衣與旦介）（净）道姑，你再彈一彈。（旦）官人請坐，聽着。（彈介）勤於教道，暮史及朝經。願得榮親並耀祖，一舉便成名。

【前腔】朝經暮史，教子勤詩賦。爲春闈催教赴，指望他耀祖榮先，改換門户。懸懸望他，望他腰金衣紫。兒在程途，又怕餐風宿露。求神問卜，問卜把歸期暗數。

（丑）彈得好！彈得好！（末）實是彈得好！（丑）錢鈔是人撰來的，我再與他一領襖子。（脱衣與旦介）（末）元來裏面都是破衣服。官人，把襖子都脱了，身上這般寒，甚麽意思？（净）寒冷由他寒冷，不可壞了局面。咱每這般人使錢慣的，怕甚麽寒冷？道姑，你再唱唱。（末）你再彈，看他再把甚麽與你？（旦彈介）孩兒在外，須早回程。忤逆孩兒並孝子，報應甚分明。

【前腔】兒還念父母，及早歸鄉土。看慈烏亦能返哺，莫學我的兒夫，把雙親擔誤。常言養子，養子方知父母。

算忤逆兒男，和孝順爹娘之子，若無報應，果是乾坤有私。

（末）彈得好！彈得好！（浄）他彈自好，唱自好，我没甚麽與他了。（末）可知道。（浄作寒介）（丑）兄弟，我和你這般的走回家去，成甚麽模樣？（浄）我只賴五戒討那衣裳。（扯末介）（末）呀！你扯我怎的？（丑）扯你怎的？你到妝成騙局，把我每的衣裳都剥去。（末）呸！你自家要他唱，與了他，干我什麽事？（浄）秃驢！你不是妝局騙我！道姑彈了，喝采一聲，你也喝采一聲，只管攛掇把我衣裳剥與他。這不是妝局騙我怎麽？（丑）你不還我，我扯你到洛陽縣裏去。（末）天那！不曾見這般没行止的人。道姑，你没奈何了，把衣服還他去罷。（旦）衣服在這裏，還他去，要做甚麽？（丑）錢鈔那裏不用了？只是寒冷又忍不得。（穿衣介）（浄）道姑，方纔説道你彈得好，唱得好；我尋思起來，你彈得也不好，唱得也不好。你不信時，再彈一曲與我們聽。（旦）我也彈不得了，也唱不得了。（浄）可知道，不敢再彈唱了。（丑）兄弟，他既不敢彈唱了，我和你且回家去。（浄）説得是，和你回去。（丑）五戒，我小子不是豪富。（末）枉了教人題疏。（旦）你衣服敢是借的？（浄丑）可知道，我褪上無個布袴。（末浄丑下）（旦）一斟一酌，莫非前定。奴家準擬今日抄化幾文錢鈔，就此追荐公婆，誰知撞了兩個風子，攪鬧了一場。呀！遠遠望見一簇人馬，想必官員在此拈香，不免且躲在一邊。（末丑隨生上）（生）

【眉批】

俗本此處旦掛真容禮拜，而增一《賞秋月》曲云：「在途路歷盡多辛苦，把公婆魂魄來超度。焚香禮拜祈曲護，願相逢我丈夫。」且批云：「無此，覺掛真容時冷淡。」不知古本只有落真容，無掛真容也。若掛，則豈遽落哉！

【中吕過曲】【縷縷金】時不利，命何乖！雙親在途路上，怕生灾。（末丑）相公，此是彌陀寺，略停車蓋。（合）辦虔誠懇禱拜蓮臺，特來赴佛會，特來赴佛會。

（丑）道姑回避。（打旦介）（旦）休打奴家，奴家自回避。正是：在他矮簷下，怎敢不低頭？（慌下，落真容介）（生）左右，那道姑失落什麼東西在地？（末）是一軸畫像。（生）叫他轉來，還他去。（丑叫不應介）去遠了，叫不應。（生）既叫不應，且與我收下。左右，和尚在那裏？（丑叫介）（净上）

【前腔】能吃酒，會噇齋。吃得醺醺醉，却去打僧戒。講經和回向，全然尷尬。你官人若是有文才，休來看佛會，休來看佛會。

【眉批】

「打僧戒」，時本作「摟新戒」。

（見介）（生）這厮好打！怎麼不見你？（净）小僧正在裏面莊嚴道場，不知老爹下降，有失迎接，萬乞恕罪。（生）和尚，下官爲取雙親來此，不知路上安否何如，特來三寶面前祈個保祐。（净）元來如此，小僧請佛。

【佛賺】如來本是西方佛，西方佛。却來東土救人多，救人多。結跏趺坐坐蓮花，丈六金身最高大。他是十方三界第一個大菩薩，摩訶薩，摩訶般若波羅糖。（末）和尚念差了，是波羅蜜。（净）糖也這般甜，蜜也這般甜，南無南無十方佛。十方法，十方僧，上帝好生不好殺。好人還有好提掇，惡人還有惡鑒察。好人成佛是菩薩，惡人做鬼做羅刹。第一滅却心頭火，心頭火；第二解開眉間鎖，眉間鎖；第三點起佛前燈，佛前燈。真個是好也快活我，快活我。諸惡莫作，奉勸世上人則個，浪裏稍公牢把舵，行正路，莫蹉跎。大家却去誦彌陀，誦彌陀，善男信女笑呵呵。聽大法鼓，鼕鼕鼕鼕；聽大法鐃，乍乍乍乍。手鐘摇動，陳陳陳陳，獅子能舞鶴能歌；

木魚亂敲，逼逼剥；海螺響處，嗩嗩嗩嗩，積善道場隨人做。伏願老相公、老安人、小夫人，西方極樂世界做個老猪婆。（末）和尚，這幾位皆不曾死。（净）恁的佛轉來，來來來，再聽小僧祝讚過。伏願老相公、老安人、小夫人，萬里程途悉安樂。南無菩薩薩摩訶，金剛般若波羅蜜。

請相公拈香。（生炷香拜介）

〔仙呂入雙調過曲〕【古江兒水】如來證明，鑒茲邕啓：雙親在途路不知如何的？仰惟菩薩大慈悲。（合）龍天鑒知，龍神護持，護持他登山渡水。

【眉批】

今人欲以「膝下嬌兒去」之《江兒水》腔板唱之，大不通矣。

【前腔】（净）如來證明，鑒茲情旨。蔡邕的父母望相保庇，仰惟功德不思議。（合前）

【前腔】（末）我東人鎮日，常懷憂慮。只愁二親在路途裏，孝思情意感神祇。（合前）

【眉批】

閩本無末折。

【前腔】（丑）我聞知做會，特來隨喜。饅頭素食多多與，若還不與我自入齋厨。（合前）

【眉批】

時本「齋厨」下增「去取」二字，非調。

浙本無丑折。

（净）與佛有緣蒙寵渥，（生）願親無事不艱難。

（末）因過竹院逢僧話，（丑）又得浮生半日閑。（並下）（旦復上）

〔中吕過曲〕【縷縷金】原來是，蔡伯喈。馬前都喝道，狀元來。料想雙親像，他每留在。敢天教夫歸再和諧，都因這佛會？都因這佛會？

正是：不因漁父引，怎得見波濤。方纔那個官人，奴家詢問起來，到是蔡伯喈。只一件，奴家荒忙中失了真容，想必是他收下。且待明日徑到他家，以乞丐爲由，尋問消息便了。倘或天可憐見，就此相會，未可知道。

薄倖兒夫蔡伯喈，真容收去不疑猜。

縱使侯門深似海，從今引得外人來。

第三十四折（貼上）

〔商調引子〕【十二時】心事無靠托，這幾日翻成悶也。父意方回，夫愁稍可。未卜程途裏的如何，教我怎生放下？

【眉批】

「悶」一作「悲」，「愁」一作「怨」，「放」一作「撇」。

不如意事常八九，可與人言無二三。奴家自嫁蔡伯喈之後，見他常懷憂悶，廢盡心機去問他，他又不說。比及奴家知道，去對爹爹說，要和他同去奉事，誰想爹爹不肯。如今幸得爹心回轉，使人去取他爹娘媳婦。倘或早晚來到，不免尋一個精細的婦人，與他使喚，多少是好。院子那里？（末上）書當快意讀易盡，客有可人期不來。世上幾多能稱意，光陰何用苦相摧。夫人有何使令？（貼）院子，府中却少使喚的，你去街坊上，尋一個精細婦人來用。（末）小人理會得。（行望介）踏破鐵鞋無覓處，得來全不費工夫。覆夫人得知：府前有個教化的道姑，來來往往，生得十分精細。不知他肯做使喚的否？（貼）既是生得精細，叫他入來，問着他則個。（末叫）（旦上）

【繞池游】風餐水卧，甚日能安妥？問天天怎生結果？（貼）梳妝淡雅，看丰姿堪描堪畫。是何人教來問咱。

道姑何來？（旦）貧道是遠方人氏。（貼）到此何幹？（旦）特來抄化。（貼）有甚本事，來此抄化？（旦）貧道大則琴棋書畫，小則針黹女工，次則飲食餚饌，無所不通，無所不曉。（貼）道姑有這等本事，何不在我府中，吃些安樂茶飯如何？（旦）若得如此，感恩非淺。只怕貧道没福，無可當夫人之意。（末）道姑，我且問你：你在嫁出家的？從幼出家的？（旦）貧道是在嫁出家的。（貼）在嫁出家的怎麽説？從幼出家的怎麽説？（末）告夫人知道：在嫁出家是有丈夫的，從幼出家是没丈夫的。他是有丈夫的，難留在府中使用。（貼）險些兒錯了。既有丈夫的，多打發齋糧與他別處抄化。（末）道姑，夫人説你有丈夫，多打發齋糧與你別處去抄化罷。（旦）天那！不合説了有丈夫的。大哥，不來抄化。（末）來做甚麽？（旦）尋取丈夫的。（末）夫人，這道姑不來抄化，尋取丈夫的。（貼）道姑，你丈夫姓甚名誰？（旦）夫人一發問得緊了。臨別時，張大公分付：人前只可三分話，未可全抛一片心。把蔡伯喈三字拆開與他説。夫人，奴家丈夫姓祭，名白諧。（貼）在那裏住過？（旦）人人都説道在牛府廊下住過，敢是夫人認得他。（貼）我怎麽認得他？院子，你管許多廊房，有那姓祭名白諧的麽？（末）小人管五百來家，並没有姓祭名白諧的。（貼）道姑，我這裏没有。（旦）天那！這裏尋不見，教我怎生過活？（貼）可憐這婦人！道姑，你住在我府中，我着院子在街坊上尋取你丈夫，心下何如？（旦）若得夫人收留，重生父母，再長爹娘。（貼）道姑，我老相公不喜這般打扮，我和你改换些衣服，在此走動，多少是好。（旦）貧道有十二年大孝在身。（貼）大孝只有三年，如何有十二年？（旦）貧道公公死了，三年；婆婆死了，三年；丈夫久留都下，一竟不歸，替丈夫帶六年，共有十二年。（貼）這道姑到有孝心。你權且改换衣服，多少是好。（旦）天那！如何是好？（貼）院子，叫惜春取妝奩來。（丑取上）寶劍賣與烈士，紅粉贈與佳人。（貼）道姑照鏡梳妝。（旦）鏡兒，這幾時不曾照你，這等消瘦了。

【商調過曲】【二郎神】容消灑，照孤鸞嘆菱花剖破。（貼）你不梳妝，須改换衣服。（旦）記翠鈿羅襦當日嫁，誰知他去後釵荆裙布無些？（貼）你不换衣服，須帶釵兒。（旦）他金雀釵頭雙鳳觶，奴家若帶了呵！羞殺人形孤影寡。（占）不帶釵兒，簪些花，到好别些吉凶。（旦）説甚麽簪花捻牡丹，教人怨着嫦娥。

【眉批】

「剖破」、「你爲」，俱上去聲，「鳳觶」、「貌若」、「自有」、「甚的」、「命掩」，俱去上聲，俱妙。中間「剖破」二字、「影寡」二字、「話靶」二字，尤妙。後人所作，如《明珠記》之「睡來還覺，餘香猶裊」，《連環記》之「怎生能勾，問君知否」「還」字、「猶」字、「能」字、「知」字俱用平聲，便索然無調矣。《琵琶記》所以不可及，全在此處，而人自不知耳。

【前腔】【换頭】（貼）嗟呀，心憂貌苦，真情怎假？你爲着公婆珠淚墮，道姑，我公婆自有，不作平。能勾承奉杯茶。道姑，你比我没個公婆得承奉呵，不枉了教人做話靶。我且問你：你公婆，爲甚的上声。雙雙命掩黄沙？（旦）

【囀林鶯】荒年萬般遭坎坷，丈夫又在京華。糟糠暗吃擔饑餓，公婆死賣頭髮去埋他。把孤墳自造，土泥盡是我羅裙包裹。（貼）道姑，你好夸口！（旦）也非夸，手指傷，血痕尚在衣羅。

【眉批】

「造」字，還宜用韻。

「也非夸」以下，原非犯《黄鶯兒》，不可强扭其腔以合之也。

【前腔】（貼）愁人見説愁轉多，使我珠泪如麻。我丈夫亦久别雙親下，要辭官被我爹蹉跎。（旦）他家有誰？（貼）他妻雖有麽，怕不似恁看承爹媽。（旦）夫人，如今在那裏？（貼）在天涯，謾取去，知他路上如何？

【啄木鸝】【黄鍾】【啄木兒】（旦）聽言語，交我凄凄多，料想他每也非是假。夫人，他那裏既有妻房，取將來怕不相和。（貼）但得他似你能挃把，我情願侍他居他下。【商調】【黄鶯兒】只愁他，程途上苦辛，教人望巴巴。

【眉批】

舊譜注云：「黄鍾不可居商調之前，恐前高後低也。」此調正犯此病，雖起于高則誠，慎不可學。

「假」字，舊本有作「埋妒」者，於調不甚合，然字却新。

【前腔】（旦）錯中錯，訛上訛，只管鬼門前空占卦。夫人，若要識蔡伯喈的妻房，（貼）他在那裏（旦）奴家便是無差。（貼介）你果然是他非謊詐，你原來爲我吃折挫，你爲我受波查。交伊怨我，交我怨爹爹。

【眉批】時本以對面不宜稱他而改爲「真」，便索然。蓋猶在疑似，故指意中人而稱他耳。有何礙而爲此拘乎？

姐姐請上坐。（旦）夫人在上，奴家不敢坐。（貼）

【金衣公子】一樣和你做渾家，我安然，你受禍，你名爲孝婦我被傍人罵。公死爲我，可乎。婆死爲我，情願把你孝衣穿着把濃妝罷。（合）事多磨，冤家到此，逃不得這波查。

【眉批】「你受」，上去聲，妙。若「你」字用平聲，即不發調矣。「到此」二字，若不得已，寧用平聲於「此」字上，而「到」字必不可用平聲，此調及前二調皆然，足見東嘉之用意也。

【前腔】（旦）他當元也是没奈何，被强將來，赴選科，辭爹不肯聽他話。（貼）他辭官不可，辭婚不可。（旦）三不從做成灾禍天來大。（合前）

（貼）姐姐，休怪我説。你不肯换衣裳，只怕伯喈嫌你藍縷，不肯厮認。况他平日好看文章書史，你何似去書館中，寫幾句言語，打動了他，那時我與你説合。（旦）夫人道得是，便寫不好，也索從他。凡事全靠夫人。（貼）姐姐，説那裏話！

無限心中不平事，一番清話又成空。

(旦)一葉浮萍歸大海，人生何處不相逢？

第三十五折(末上)

爲問當年素服儒，于今腰下佩金魚。分明有個朝天路，何事男兒不讀書？自家乃是蔡老爹府中一個院子，我老爹雖居鳳閣鸞臺，常在螢窗雪案。退朝之暇，手不停披；閑居之際，口不絶吟。如今將次回府，不免洒掃書館，等老爹到來。怎見得好書館？但見明窗消洒，碧紗内烟霧輕盈；净几端嚴，虎皮上塵埃不染。粉壁間掛三四軸古畫，石床上安一兩張清琴。緗帙縹囊，數起看何止一萬卷；牙籤犀軸，乘將來彀有三千車。芸葉分香走魚蠹，芙蓉藏粉養龍賓。鳳味馬肝，和那鴝鵒眼，無非奇巧；兔毫粟尾，和那犀象管，分外精神。積金花玉板之箋，列錦紋銅緑之格。正是：休夸東壁圖書府，賽過西垣翰墨林。且謾着，我老爹昨日去彌陀寺中燒香，拾得一軸畫像，不知是什麽故事，老爹當時交我收下，我如今將來掛在此間。我老爹飽學多才，怕曉得那故事，也未可知。正是：早知不入時人眼，當買胭脂畫牡丹。(下)(旦上)

【仙吕引子】【天下樂】一可平。片花飛故苑空，隨風飄泊到簾櫳。玉人怪問驚春夢，只可平。怕東風羞落紅。

【眉批】

此調雖似七言絶句，然第三句用韻，不可不知。

「故苑」，去上聲，妙。

堦下落紅三四點，交人錯恨五更風。當初只道蔡伯喈貪名逐利，不肯回家，元來被人逗留在此。奴家昨日抄化來到這裏，甚感得牛氏夫人收録；又怕伯喈見奴家一身藍縷，不肯厮認，教奴家到書館中題幾句言語，打動他。奴家只得從命，來到這裏。如今寫在那處好？呀！公婆真容元來也掛在這裏！何似就此真容背面，寫幾句便了。向是受饑荒，雙親已死亡。如今題詩句，報與薄情郎。

〔仙呂過曲〕【醉扶歸】我有緣結髮曾相共，難道是無緣對面不相逢？我鳳衾鸞枕也和去声。他同，到憑免毫繭紙將他動。休休，畢竟一可平。齊分付與東風，把往事也如春夢。

奴家欲要題在粉壁上，恐怕汚了他粉壁，不免就寫在公婆真容後面罷。（題詩介）岷山有良璧，鬱鬱璠璵姿。嗟被一點瑕，掩此連城瑜。人生非孔顔，名節鮮不虧。拙哉西河守，胡不如皋魚？宋弘既以義，黄允何其愚！風木有餘恨，連理無傍枝。寄語青雲客，愼勿乖天彝。

【眉批】

首句，時本作「有緣千里能相會」，雖成句，然不用韻，非也。

「有」字上聲，「鳳枕鸞衾」去上平平，俱妙。「和」字不可作平声唱。今人于第三句，每作平平仄仄仄平平，非也。

【前腔】彩筆作平。墨潤鸞封重，只爲玉簫聲斷鳳樓空。這牛氏夫人見我衣衫藍縷，伯喈不肯相認，我須帶孝來。怕還是教平声。妾作平。若爲容？我不寫這詩打動伯喈呵，只怕爲你難移寵。縱認不得這丹青貌不同，他若認我翰墨教心先痛。

【眉批】

首一句，一作「總是我詞源倒流三峽水，只怕你胸中别是一帆風」。俊則俊矣，然首句須用韻。

末卜兒夫意，聊憑一首詩。

正是得他心肯日，是我運通時。

第三十六折(生上)

〔仙吕引子〕【鵲橋仙】拔香隨宴，上林游賞，醉後人扶馬上。金蓮寶炬照回廊，正院宇梅稍月作平。上。上声。

【眉批】

「隨」字，平聲，妙。或作「侍」，非也。「照」字，去聲，妙。「月」字，不可唱作入聲。「院宇」，去上聲，妙。

日晏下彤闈，平明登紫閣。何如在書案，快哉天下樂。自家早朝長樂，夜直嚴更。召問鬼神，或前宣室之席；光傳太乙，特頒天祿之藜。唯有戴星衝黑出漢宫，安能滴露研朱點《周易》？這幾日且喜朝無煩政，官有餘閑，庶可留志于詩書，從事于翰墨。正是：事業要當窮萬卷，人生須是惜分陰。這是什麽書？是《尚書·堯典》。這《堯典》説道：「舜父頑母嚚象傲，克諧以孝。」他父母那般相待，舜猶自克諧以孝。我父母虧了我什麽？到閃了不能勾厮見。看什麽《尚書》？且看《春秋》到好。(看介)「小臣有母，未嘗君之羹，請以遺之。」古人吃一口湯，兀自尋思着娘。我如今佐官，又享富貴，如何把父母撇了？呀！枉看這書，濟得甚事？你看書中那一句不説着孝義？當元俺爹娘只要俺學些孝義，交我讀書，誰知道到被書誤了？

〔仙吕過曲〕【解三醒】嘆雙親把兒指望，教兒讀古聖「聖」字若用平，則「章」字可去。文章。比我會讀書的到把親撇漾，少甚麽不識字的到得作平。終養。書，我只爲你其中自有黄金屋，却交我撇却椿庭萱草堂。還思想，畢竟是文章誤我，我誤爹娘。

【眉批】

「醒」，或作醒，非也。此曲之病，全在欲用「黄金屋」、「顔如玉」兩成語，遂成拗體。而《香囊記》沿而用之，今遂牢不可破。然此曲换頭起處猶未失體也。後人概用「嘆双親」句法，遂使换頭與起處相似矣。南曲之失體，惟此調爲甚。

「指」字，改平聲，乃順。「古聖」，上去聲，「誤我」、「我誤」，去上、上去聲，俱妙。「黄金」二字，不如改作仄聲爲妙。若用仄，則「屋」字平仄俱可。

【前腔】〔换頭〕比似我做了虧心臺館客，到不如守義終身田舍郎。《白頭吟》記得不曾忘，去声。緑鬢婦何故在他方？書，我只爲你其中有女顔如玉，却交我撇却糟糠妻下堂。還思想，畢竟是文章誤我，我誤妻房。

【眉批】

「比似我」二句，不可與「嘆雙親」二句一般點板。「忘」字，不可作平聲唱。

既不看書，看這壁間山水古畫散悶則個。呀！這一軸畫兒，是我昨日在寺中燒香拾的，院子好没分曉，也拿來掛在這裏。這是什麽故事？一個老兒，一個婆兒，像兩個人。我想不起來。

〔南吕過曲〕【太師引】細端詳，這是誰筆仗？覷着作平。他教我心兒好感傷。（細看介）好似我雙親模樣。既是我雙親，我媳婦趙五娘會做女工針黹，怎穿着作平。破損衣裳？他前日有書來，道別後容顔無恙，怎這般凄凉形狀？假如我蔡邕在此爲官，要寄一封書回去，尚不能勾，他那裏誰來往，直作平。將到洛陽？天下有這等厮像的，須知仲尼和陽虎一般龎。我理會得了。

【眉批】

細查古曲，凡《太師引》皆用前「他意兒難提起」一體，並無有用「別後容顔無恙」句法者，必犯他調，今不可改矣。只末一句，必是《刮鼓令》，聊記以俟知者。蓋此二曲，末後各一句，俱用七字句法，全不與前曲末句相似。况古曲亦無此等句法，而扭捏以唱者。令人俱于「陽虎」下下一截板，「王嬙」上增一「了」字，亦一截板，則高先生之扭捏甚矣。

「詳」字，「往」字、「坊」字、「匠」字，俱是句中暗用韻處。或于「詳」字下打截板，或唱作「誰往來」，皆非。「好似」、「怎這」、「敢是」，俱上去聲，「似我」、「破損」俱去上聲，俱妙。

【前腔】這是街坊，誰劣相，砌庄家形衰貌黃。比我爹娘面貌呵，若没一個媳婦來相傍，少不得也這般凄凉。敢是神圖佛像？正看間，猛可的小鹿兒心頭撞？也不是，當元畫工畫差了。丹青匠，由他主張，須知漢毛延壽悞王嬙。

且謾着，若是神圖佛像，後面必有標題。呀！這詩不是當元寫的，却是纔寫的，墨迹尚未曾乾。這是什麽人到我書房裏來？夫人那裏？（貼上）

【雙調引子】【夜游湖】「胡」或作「朝」，非也。惟恐他心思未到，教他題詩句暗中指挑。或作「暗裏相挑」。翰墨開心，丹青入眼，强如把語言相告。

【眉批】舊譜《九宫十三調》俱無此調，而《琵琶記》俱刻此名，細查與《夜行船》字句皆同，但第一句宜於「心」字下略斷，則句法同矣。若是《夜行船》反當依坊本作「暗裏相挑」。

（見介）（貼）相公，大驚小怪做甚麽？（生）誰人入我書房裏來？（貼）没有人來。（生）我昨日去寺中燒香，拾得這軸畫，掛在這裏，不知誰人背後寫着一首詩。（貼）敢是當元畫工寫的？（生）那裏是？墨迹尚未曾乾。（貼）相公，且讀一番與我聽。（生照前讀介）（貼）相公，奴家不解其意，你解一遍與我聽。（生）夫人聽我解：「崐山有良璧，鬱鬱璠璵姿。」崐山是地名，出得好美玉，玉之美而温潤者，乃是璠璵之資質。「嗟彼一點瑕，掩此連城瑜。」嘆息這一塊美玉没些兒瑕玷，價重連城；若有些兒瑕玷，便没人要了。「人生非孔顔，名節鮮不虧。」孔子、顔子，兩個聖賢，德行渾全。大凡人能忠不能孝，能孝不能忠，所以名節欠缺。「拙哉西河守，胡不如皋魚？」西河守，是戰國時人吴起也。魏文侯着他做西河守，母死不奔喪。皋魚，是春秋時人，只爲周游列國，父母死了，後來回歸，自刎而亡。「宋弘既以義，黄允何其愚！」宋弘，是光武時人，光武要把姐姐湖陽公主嫁他，宋弘不從，對官裏道：貧賤之交不可忘，糟糠之妻不下堂。黄允，桓帝時人，袁隗要把女兒嫁他，他休了前妻，娶了袁隗女兒。「風木有餘恨，連理無傍枝。」孔子聽得皋魚啼哭，問其故，皋魚説道：樹欲静而風不止，子欲養而親不在。西晋時東宫門前有槐樹二枝，連理接脉而生，四傍皆無小枝。「寄語青雲客，慎勿乖天彝。」叫人傳言與做官的，切莫違了天倫。（貼）相公，那不奔喪的和那自刎的，那一個是孝道？（生）那不奔喪的是亂道。（貼）相公，那不奔妻的和那休妻的，那一個是正道？（生）那休妻的是亂道。（貼）比如你，待要學那一個？（生）呀！我的父母知他存亡如何？我决不學那不奔喪的見識。（貼）相公，你雖不學那不奔喪的，且如你這般富貴，腰金衣紫，假有糟糠之婦來尋你，可不辱邈了你？你莫必也索休了。（生）你説那裏話！縱是辱邈殺了我，終是我的妻室，義不可絶。夫人，

〔越調過曲〕【鏵鍬令】你説得好笑，可見你心兒窄小。我不學那黄允見識，没來由漾却苦李，再尋甜桃。古人云：棄

妻有七出之條，他不嫉不淫與不盜，終無去條。那棄妻呵，衆所誚；那不棄妻的呵，人所褒。縱然他醜貌，怎肯相休去了？

【眉批】

此調與正宮之《剗鍬兒》不同，然《剗鍬兒》今多訛爲《剗鍬兒》、《鏟鍬兒》，或又訛爲《鏵鍬兒》，而此曲惟《琵琶》、《牧羊》二記有之，但恐人混于《劃鍬兒》耳。大抵九宫之詞，惟雙調與越調最多錯訛，安能一一正之哉！

《牧羊記》「受盡了千磨百滅」，正與此同調。

【前腔】（貼）伊家富豪，那更青春年少。看你紫袍掛體，金帶垂腰。做你的媳婦呵，應須有封號，金花紫誥。必俊俏，須美嬌，若還他醜貌，相公怎不相休去了？

【前腔】（生）夫人你言顛語倒，惱得我心兒焦躁。莫不是你把咱奚落，特兀自妝喬？引得我淚痕交，樸簌簌這遭。夫人，題詩的是誰？（貼）你待要怎的？（生）他把我嘲，難恕饒。說與我知道，怎肯干休住了？

【前腔】（貼）我心中忖料，想不是個薄情分曉。（生）却怎的？（貼）管交你夫婦會合，在今朝。相公，你認得題詩的麽？（生）我認不得。（貼）伊家枉然焦，只怕你哭聲漸高。是伊大嫂，身姓趙。正要說與你知道，怎肯干休住了？（旦上）

【越調近詞】【入賺】聽得閙炒，敢是我兒夫看詩囉唣。（貼）姐姐出來。（旦）是誰忽叫？想是夫人召。（貼）相公，是他題詩句，你還認得否？（生）夫人，他從那裏來？（貼）他從陳留郡，爲你來尋討。（生認介）你怎的穿着破襖？衣衫盡是素縞？呀！莫不是我雙親不保？（旦介）從別後，遭水旱，（生）是水旱來。（旦）兩三人只道同做餓殍。（生）

張大公曾周濟你麽？（旦）只有張公可憐，嘆雙親别無倚靠。（生）後却如何？（旦）兩口公婆相繼死，我剪頭髮賣錢來送伊妣考。（生）如今安葬也不曾？（旦）安葬了。（生）家中這等艱難，如何就安葬了？（旦）我把墳自造，土泥盡是羅裙裹包。（生）聽得你言語，教我痛腸噎倒。（倒地介）（旦貼叫醒介）（生）娘子，這畫像莫不就是我爹娘的真容麽？（旦）就是。（生）既是我爹娘的真容，將來掛起設拜。

【眉批】

按此調之前後，俱係越調，又俱用蕭豪韻，而此調用在中間，其爲越調無疑矣，故明著之。又按：凡《賺》皆曰《入賺》，非但此曲也，今從時尚耳。

按譜「忽叫」下有「姐姐」二字。

「題詩」下，或無「句」字，「陳留」下，或無「郡」字。「鬧炒」、「爲你」、「破襖」、「素縞」、「是我」、「餓殍」、「繼死」、「是我」、俱去上聲，「敢是」、「想是」、「怎地」、「水旱」、「倚靠」俱上去聲，俱妙。

按譜，無「公婆」二字，俗本改爲「顛連」。

〔越調過曲〕【山桃紅】【下山虎頭】蔡邕不孝，把父母相抛。爹媽，我與别時，也不恁地。早知你形衰耄，怎留漢朝？**【小桃紅中】**娘子，你爲我受煩惱，你爲我受劬勞。謝你葬我爹，葬我娘，你的恩難報也，**【下山虎尾】**又道是養子能代老。（合）這苦知多少，此恨怎消？天降灾殃人怎逃？

【眉批】「父母」、「爲我」、「葬我」、「報也」、「代老」、「這苦」、「恨怎」，俱去上聲，「你爲」、「我受」、「此恨」，俱上去声俱妙。

「養子」二字，俱改平声，乃協。

【前腔】（旦）像容相貌，是我親描。教化把琵琶撥，怎禁路遥？丈夫，説甚麽受煩惱？説甚麽受劬勞？不信看你爹，看你娘，比别後容枯槁也，我的一作平。身難打熬。（合前）

【眉批】「不信」三句，時本作「是我葬你爹來葬你娘，獨把墳塋造也」，與上《入賺》隻犯重。

【前腔】（貼）説着圈套，被我爹相招。逼爲東床婿，怎行孝道？姐姐，你爲我受煩惱，你爲我受劬勞。丈夫，是我悮你爹，悮你娘，悮得你名不孝也，怎做得妻賢夫禍少？（合前）

【前腔】（生）我脱却官帽，卸下藍袍。（旦）急上辭官表，共行孝道。（貼）我豈敢憚煩惱？我豈敢憚劬勞？歸去拜你爹，拜你娘，親把墳塋掃也，與地下亡魂添榮耀。（合前）

【眉批】「添榮耀」者，如此成名而歸，亦是榮事，猶前「錦衣歸故里，一靈兒終是喜也」，有何妨礙？時本批云：

「非賢媛口中語。」而改爲「安宅兆」，可恨。

【尾聲】（合）幾年分別無音耗，奈千山萬水迢遥，只爲三不從生出作平。這禍苗。

（生）我明日和他同歸去，拜守雙親墳臺，行些孝道，你意下何如？（旦）只怕他爹爹不肯。（貼）我爹爹見你這般行孝道，如何不肯？

（生）只爲君王三不從，（旦）致令骨肉兩西東。

（合）今宵剩把銀釭照，猶恐相逢是夢中。

第三十七折（末上）

〔南吕引子〕【虞美人】青山今古何時了，斷送人多少！孤墳誰與掃蒼苔？鄰家陰風吹送紙錢來。

【眉批】

此以後，前輩目爲後八折，其來已舊。時本删其三，遂得五折，而後八折之名虚設矣。

一調二韻，引子中之最有古意者。

冥冥長夜不知曉，寂寂空山幾度秋。泉下長眠人醒未，悲風蕭瑟起松楸。老漢曾受趙五娘之所托，交我爲他看守墳塋。這幾日有些貧冗，不及拜看，今日不免去走一遭。呀！怎地？

〔仙呂入雙調過曲〕【步步嬌】只見敗葉飄飄把墳頭覆，厮趕的皆狐兔。敢是誰砍了木頭？爲甚松楸漸漸疏？（跌介）呀！甚麽東西絆我這一脚！却元來苔把磚封，笋迸泥路。我想起來呵，未歸三尺土，難保百年身。已歸三尺土，難保百年墳。只恐難保百年墳，教憑誰看你三尺土。

遠遠望見一個漢子，不知是甚麽人？（丑上）

【前腔】渡水登山多勞苦，來到荒村塢。遥觀一老夫，試問他家，住在何所。趲步向前行，却是一所荒墳墓。

【眉批】

「敗葉飄飄」、「渡水登山」，俱用仄仄平平，妙甚。凡古曲皆然，觀《荆釵》之「往事今朝」、《金丸》之「昨日來宫」、《唐伯亨》之「半紙功名」可見。若用平平仄仄，即落調矣。「笋迸」、「住在」，亦用仄聲，俱妙。觀《荆釵》用「且自」、《唐伯亨》用「半折」可見。後人用仄平平仄，亦非也。

老漢問路。（末）小哥，你在那裏來的？（丑）我從京師來的。（末）你到我空山中何幹？（丑）我要問那蔡家府？（末）這裏是荒僻去處，没有什麽蔡家府。蔡家庄便有。（丑）既有蔡家庄，怎麽没有個蔡老爹？（末）你每老爹叫甚麽名字？（丑）我小人怎麽敢説他？（末）小哥，怎麽説不得？（丑）這老兒買乾魚放生，不知死活。俺京城中説了蔡老爹的名字，（介）就把頭來哈喇了。（末）京城中便説不得。這裏是荒僻去處，四顧無人，就説也不妨。（丑）我便説。你不要叫喊。（末）你老爹叫甚麽名字？（丑）叫做蔡伯喈。（末）你且禁聲。

【風入松】不須提起蔡伯喈。（丑）老老説起我每老爹，怎麽這等着惱？（末）説着他每平声。忒作平。歹！（丑）他做官的，有甚歹處？（末）他做狀元六作平。七作平。載，撇父母拋妻不作平。采。（丑）老公公，他老老爹、老安人在那裏？

（末）只兀的這磚頭土堆，是他雙親死在此中埋。「忒」譜作「哏」。

【眉批】

細查舊曲，凡《風入松》或一曲或二曲，其後必帶二段，今人謂之《急三槍》，未知是否，未敢遽定其名也。末後一曲，則止用《風入松》本調，更不帶此二段，不知何故。作此調者，如事情多，不妨再增幾曲。但每一曲二曲《風入松》後，必帶二段，末後須用本調，此不可不知也。

「倚」字，改作平聲乃協。

（丑）請問老公公，老老爹、老夫人爲何就死了？（末）

【前腔】一從他別作平。後遇荒灾，更無人倚賴。（丑）有什麼人看待他？（末）虧他媳婦相堪待，把衣服和釵梳都解。（丑）他解當也有個盡時。（末）解當糧米，供膳公婆。他鵵地裏把糟糠自捱，公婆的上声。到疑猜。（丑）敢是疑他吃了東西？（末）正是。（丑）後來？（末）後來親看見，雙雙死，無錢送，剪頭髮賣買棺材。（丑）剪頭髮賣買棺材，怎麼得這所墳墓完成？（末）他去空山裏，把裙包土，血流指，感得神明助，與他築墳臺。

（丑）老老爹、老夫人葬在此處了？小夫人往那裏去了？（末）

【前腔】他如今直作平。往帝京來。（丑）什麼做盤纏？（末）他彈着琵琶做乞作平。丐。（丑）老公公，老爹差小人來請老老爹、老夫人，如今都死了，教小人怎麼回話？（末）你要請他父母，跪上前來，我與你請：老員外、老安人，你孩兒做了大官，差人在此請你，去也不去？老員外、老安人苦，叫他不應魂何在？空教我珠泪盈腮。（丑）我小人去時，對老爹說，教他多做些功果，追荐他便了。（末）他生不能事，死不能葬，葬不能祭，這三不孝逆天罪大，空設醮，枉修齋。（末）你老爹如今在那裏？（丑）如今在京裏。（末）你如今便回，説張老的道與蔡伯喈。（丑）教小人怎麼説？（末）道你拜別人爹娘好美哉，親爹娘死不值你一拜。

（丑）俺老爹在京辭官，官裏不肯；辭婚，牛太師不肯。不是他不肯回來。（末）

【眉批】

「直往」，或作「也往」，或作「徑往」，非也。「直」字宜平。

【前腔】元來他也只是無奈，好一似鬼使神差。他當元在家不肯來赴選，他爹爹不從他，這是三不從把他厮禁害，三不孝亦非其罪。（丑）老公公，這是那個命薄？（末）這只是他爹娘福薄運乖，人生里都是命安排。

（丑）老公公上姓？（末）我老夫張廣才的便是。你如今回去，路上見一個婦人，是道姑打扮，頭戴雲巾，身披鶴氅，手撥琵琶，便是他前妻夫人。你把盤纏承直他便了。（丑）老公公，既如此，小人告別了。

（合）夜静水寒魚不餌，滿船空載月明歸。

妻孤親死兩無依，（末）今日回來也是遲。

第三十八折（外上）

〔雙調引子〕【風入松慢】女可平。羅松可仄。栢望相依，况景入桑榆。他椿庭萱室齊傾棄，怎不想家山桃李。中可平。雀屏看平声。屏可仄裏，乘龍難駐門楣。

【眉批】今人不知此調爲引子，故皆以「不須提起蔡伯喈」腔調唱之，謬甚矣。即《香囊》、《綄紗》諸引子皆然，及至《還帶》、《宝劍》生衝場引子，亦《風入松》也，何獨以引子唱之耶！非知其爲引子也，直以生初上唱，不敢不以引子唱之耳。識曲者能幾人哉！

「裏」字可不用韻，亦可無截板。

此折雜用齊微、魚模、支思。

自古道人無遠慮，必有近憂。自家當初不仔細，一時間招了蔡伯喈爲婿，我指望他養老百年，誰知他有父母妻子在家。如今他父母俱亡，他的妻子竟來尋他，聞說我的女孩兒也要同他回去，不知是否？且叫院子問他則個。院子那裏？(末上)紋犀欲下意沉吟，棋局排來仔細尋。猶恐中間差一着，教人錯認滿盤星。老爺有何使令？(外)院子，蔡狀元的妻子來，我的女孩兒要與他同去，你知道麽？(末)男女不知此事。問老姥姥便知端的。(外)教老姥姥過來。(净上)

【仙吕過曲】【光光乍】女婿要同歸，岳丈意何如？忽叫奴家緣何的？上聲。想必與可平。他作區處。

(見介)(外)老姥姥，見説蔡狀元的父母身故，他媳婦已來了，我的小姐要同他回去，此事實否？(净)小姐果然要去。(外)小姐去做甚麽？(净)老爺，他父母都死了，只靠着一個媳婦。如今小姐要同他回去守孝，有何不可？(外怒介)我的女孩兒，如何與别人帶孝？(净)老爺休怒。聽妾告稟：

【南吕過曲】【女冠子】媳婦事舅姑合體例，怎不作平。教女孩兒同去？當初是你相留住，今日裏怨着誰？(外)我不教女孩兒去，便怎麽？(净)事須近理，怎使威勢？休道朝中太師威如火，更有路上行人口似碑。(合)想起，此事費人區處。

【眉批】

時本《女冠子》上多一「古」字，非也。

【前腔】（末）我相公只慮多嬌女，怕跋踄萬山千水。相公，女生外向從來語，况既已做人妻。夫唱婦隨，不須疑慮。相公，這是藍田種玉結作平。親誤，今日裏到海沉船補漏遲。（合前）

【眉批】

「到海沉船」或作「船到江心」，即與上句不相對矣。

【前腔】（外）當初是我不仔細，誰知道事成差池？念深閨幼女嬌媚，怎跋踄萬餘里？天那！我嫡親有誰，怎生分離？去声。不教愛女擔煩惱，也被旁人講是非。（合前）

（外）老姥姥與院子到説得是，且由他去，我管這閑是非怎的？呀！狀元與小姐來了。（生旦上）

【雙調引子】【五供養】終朝垂淚，爲雙親教我心疼。（貼上）親墳須共守，只得離宸京。（生）夫人，商量個計策，猶恐你爹心不肯。（合）若是他不從，只索向君王請命。

（相見介）（外）賢婿，我聞得你父母傾世，你媳婦來此尋你，此事實否？（生）此事果然。劣婿正欲稟知岳父。（外）這是伯喈的媳婦。（旦）奴家便是。（外）賢哉！賢哉！（貼）孩兒有一事稟覆爹爹知道：孟子云：「娶妻所以養親，是謂奉事舅姑者也。」《論語》云：「生事之以禮，死葬之以禮，祭之以禮，是謂能盡其禮者也。」若姐姐爲蔡氏之婦，生能竭奉養之力，死能備棺槨之禮，葬能盡封樹之勞；你孩兒爲蔡氏婦，生不能供甘旨，死不能盡擗踊，喪不能事窀穸。以此思之，何以爲人？誠得罪于舅姑，實有愧于姐姐。以今特講于爹爹之前，願居于姐姐之次。(外)賢哉！你道得是。(旦)相公，人有貴賤，不可概論。夫人是香閨綉閣之名姝，奴家是裙布荆釵之賤妾。况承君命而成婚，難讓妾身而居右。(外)五娘子，你今日既無父母，又喪公姑，你便是我的女孩兒一般。况你婚先歸與蔡氏，年又長于我兒，此實禮當，不必多辭。(生)他兩個只做姐妹相呼便了。(净)這個説得極是。(生)劣婿今日欲就拜辭岳丈，領二妻同歸故里，共行孝道，待服滿却同來奉侍尊顔。(外)賢婿，我其實捨不得你。奈你爹娘死了，我也難留你。(貼)爹爹，孩兒暫别尊顔，實出無奈。爹爹善保貴體，不必掛念。孩兒此去，想是三年之期。(外)孩兒，你要去呵，路途這般遥遠，如何去得？(貼)皆賴爹爹洪福，且請不必掛念。(外)苦！女孩兒終是外向，兀的不痛殺我也？(旦)相公不須煩惱。(生)

〔大石調過曲〕【催拍】念蔡邕爲雙親命傾，遭不作平。孝逆作平。天罪名，今辭了漢廷。念岳丈深恩，非敢忘情。欲待不作平。歸，又負了亡靈。(合)辭别去同到墳塋，心慽慽淚盈盈。

【眉批】

此調又名《急板令》第二句「逆天」「天」字，「孩兒」「兒」字，「教人」「人」字，「存亡」「存」字，俱平聲，妙。第四句「岳丈」「丈」字、「陰世」「世」字，「悮了」「了」字，「你没」「没」字，俱仄聲，妙。

第三句，今人或重唱一句，亦可。

「念岳丈」四句，當面周全，世情話自應如此，况亦是真情。峴本以「欲待不歸」分明有勉强之意，而改爲「岳丈殷勤，父母恩深」，可恨。

【前腔】(旦)念奴家離鄉背井，謝公相教孩兒共行。非獨作平。故里榮，我陰世公婆，死也目瞑。我自看承你孩

兒，不索叮嚀。（合前）

【前腔】（貼）顧爹爹衰顔皤鬢，思量起教人淚零。爹爹我進退不忍。我待不去，悮了公婆，被人譏評。我待去呵，撇了爹爹，没人温凊。（合前）

【前腔】（外）孩兒，此别去你的吉凶未憑，再來時我的存亡未審。賢婿，吾今已老景，畢竟你没爹娘，我没親生。若念骨肉一家，須要早辦回程。（合前）

【正宫過曲】【一撮掉】（生）岳丈，你寬心等何須苦牽縈？（外）賢婿，把音書寫，頻頻寄郵亭。（貼）老姥姥，爹年老，伊家須好看承。（净）程途裏，各要保安寧。（旦）死别全無準，生離又難定。（合）今去也，何日到京城？

【眉批】

此調，今皆用于《催拍》後，而不知用于《三字令》後尤妙。

（外）孩兒，你三人去，途中須要保重。（生）請不必掛念。（合）

【南吕引子】【哭相思】最苦生離難棄捨，知他再會何時也？（生旦貼並下）

（外）婿女今朝已别離，（净）老身孤苦有誰知？

（合）婦隨夫唱同歸去， 一處歡娱一處悲。

第三十九折（生旦貼行上）（生）

〔中呂引子〕【菊花新】天風四可平。野降寒霜，思可仄。憶雙親哭斷腸。（旦貼）千可仄。裏共奔喪，家何可仄在，夢魂惆悵。

【眉批】

此折爲俗所删。查此調乃《菊花新》，而舊本刻《臨江仙》，謬，今正之。

「裏共」上去聲，「悵」字去聲，俱妙。

（生）朔風刮地天將雪，是處寒林盡吹折。（旦）趲步向前行，（貼）今朝何處歇？（合）爲奔父母喪，豈辭途路涉！（生）

〔仙呂入雙調過曲〕【朝元令】晨星在天，早起離京苑。昏星燦然，好向程途趲。水宿風餐，豈辭遥遠？要盡奔喪痛典，血淚漫漫。天寒地坼行步難。回首望長安，西風夕照邊。（合）洛陽漸遠，何處是陳留名縣？

【眉批】

此折詞隱生亦賞其音律與《荆釵》相合，而更覺和協，非淺學所能撰，遵舊譜收之入新譜，而猶疑其非高則誠所作，當亦惑于時本之皆無耳。

「陳留名縣」，譜作「舊家庭院」。

第一隻乃《朝元令》本調，第二换頭，依舊譜注明；第三、第四换頭，各與第二换頭不同，今悉查注。然所以不同，必自有説。《香囊記》不知其説，而第三、第四亦與第二曲同，其見遠出《荆釵》下矣。「在」字、「燦」字，俱用去聲，而「苑」字、「起」字，俱用上聲，妙甚。「好向」、「首望」、「請自」、「往事」、「好向」、「起暮」、「舉棹」，俱上去聲，「漸遠」、「路古」、「淚眼」、「澗小」、「念我」、「代錦」、「萬水」、「寺晚」，俱去上聲，俱妙。

【前腔】〔第二换頭〕【五馬江兒水】（旦）凛凛風吹雪片。【朝天歌】彤雲四望連，行路古來難。相看淚眼，血痕衣袖斑。【朝元令本調】請自停哀消遣，夫婦團圓，把凄凉往事空自嘆。平声。曲澗小橋邊，梅花照眼鮮。（合前）

【前腔】〔第三换頭〕【五馬江兒水】（貼）念我深閨姻眷，麻衣代錦鮮。崎嶇不慣，萬水千山，素羅鞋不耐穿。【朝天歌】老親哀暮年，誰與我承看？有日得重相見，淚珠空暗彈。【朝元令本調】何處叫哀猿？饑烏落野田。（合前）

【前腔】〔第四换頭〕【五馬江兒水】（合）好向程途催趲，漁翁罷釣還。【柳摇金】聽山寺晚鐘傳，路逐溪流轉。【朝天歌】前村起暮烟，遥望酒旗懸。【朝元令本調】且問竹籬茅舍邊，舉棹更揚鞭，皆因名利牽。（合前）（並下）

第四十折（丑上）

【眉批】

「且問」句，用上平平去平平去，尤妙。

〔仙吕入雙調過曲〕【普賢歌】登山渡水受艱辛，到得陳留不見人。他雙親已身傾，妻室到帝京，只是枉了教人走路程。

【眉批】

丑上曲，時本作《柳穿魚》云：「心忙似箭走如飛，歷盡艱辛有誰知？夜静水寒魚不食，滿船空載月明歸。歸來後，到庭除，未知相公在何處？」

李旺蒙老爺差去陳留，接取蔡狀元的父母妻子，不想他父母都死了，妻子也來了，教我空走這遭。不免回覆知道。呀！老爺還未曾升廳呵！（外上）

【前腔】畫堂深處翠圍屏，舉步閑行出外廳。（丑見介）（外）呀李旺，你去陳留郡，他人還怎生？一一從頭説事因。

【眉批】

外上引，時本作《玩仙燈》云：「門外有人声，是誰來諠譁鬧炒？」

（丑）告老爺知道：小人蒙鈞旨前去陳留，接取蔡狀元父母妻子。不想他的父母都死了，只有他妻子，也到京尋取蔡老爹，不知曾到否？（外）到這裏了，我的小姐與他同去了。（丑）老爺，那裏去？（外）他回家去守孝。李旺，你到陳留，什麼人對你説他父母死了？（丑）老爺聽小人告稟：

【風帖兒】【過曲】到得陳留，逢一個故老，在他每爹娘墳上拜掃。他爹娘呵，果然饑荒都喪了；他媳婦也來到，枉教人走這遭。

【眉批】

此不知宫調者，時本作南呂過曲，憒憒。

一本有外唱前腔云："我如今去，朝廷上奏表，奏他蔡氏一門孝道。管取我皇降丹詔，加封號，把他召。我自去陳留走一遭。"

(丑)老爺，這個趙氏，其實難得。(外)便是，一家都難得。一來蔡伯喈不忘其親，二來趙五娘孝于舅姑，三來我的小姐又能成人之美。一門孝義如此，禮當保奏，請行旌表。(丑)老爺道得是。

(外)五更三點奏朝廷，(丑)今古難逢此樣人。

(合)管取一封天子詔，　果然四海盡傳名。

第四十一折(生上)

【雙調引子】【梅花引】傷心滿目故人疏，看郊墟盡荒蕪。(旦貼上)惟有青山，添得個墳墓。(合)慟哭無由長夜曉，問泉下有人還聽得無？

【眉批】

"墟"字，正是用韻處。高則誠慣于借韻，此調守之惟謹，正自可喜。而舊譜及時本又改"墟"爲"野"，是使則誠必每曲不韻而後已也。然則《琵琶記》之多不韻者，豈皆則誠之過哉？"墓"字改作平聲，"問泉"下改作平上去，尤妙。

【玉樓春】(生)他鄉萬點思親淚，不能滴向家山地。(旦)如今有淚滴家山，欲見雙親渾無計。(貼)荒墳衰草連寒烟，蒼苔黄葉飛蘋蘩。(生)愁聽雁聲來問寢，忽驚蟻夢先歸泉。(旦)人生自古誰無死？嗟君此恨憑誰語？(貼)可憐衰絰拜墳塋，不作錦衣歸故里。(生)如今且喜回到此處，便是雙親墳墓。我和你先拜了雙親，然後去拜謝張大公。(貼)正是如此。(生)

〔仙吕入雙調過曲〕【雁過沙中】【玉雁子】【玉交枝頭】孩兒相悞，爲功名擔閣了父母。都因我孩兒不得歸鄉故，我的爹娘，你怎便先歸黄土？【雁過沙中】乾坤豈容不孝子，名虧行缺不如死。呀！只作平。愁我死缺祭祀。【玉交枝尾】(合)對真容形衰貌枯，想靈魂悲咽作平。痛苦。

【前腔】(旦)百拜公姑，望矜憐恕責我夫。你孩兒贅居牛相府，日夜要歸難離步。你這新媳婦呵，堅心雅意勸親父，同歸故里守孝服，今日雙雙來廬墓。(合前)

【前腔】(貼)不作平。孝的媳作平。婦，恨當初擔閣了我夫。他吃人談笑生何補？我待死又羞見公婆。公公，婆婆，我生前不能勾相奉侍，何如事你向黄泉路？只一件，我死呵，家中老父，教誰看顧？(合前)(末上)

【前腔】樓臺銀鋪，遍青山渾如畫圖。(相見介)(末)蔡相公，乾坤似你齊衰素，故添個縞帶飛舞。你躃作平。踊慟哭直作平。恁苦，那堪大雪添凄楚。抑作平。情就理通今古。(合前)(末)大人恭喜榮回，老夫有失迎接，伏乞恕罪。(生)大公言重，卑人豈敢。卑人多謝得公公周濟。正欲展了父母墳塋，同賤累到宅拜謝大公，何勞大公先施！(末)不敢。老夫聞相公在此展墓，因見天道煞寒，無可慰勞，特備淡酒一杯，與相公敵寒則個。(生)何勞尊賜？(末)相公休謙。(生)

【玉山供】【玉抱肚】公公尊賜，念天寒特來惻吾。我雙親受三載饑寒，我怎不禁一日凄楚？(末)不必推辭，且滿飲一杯，(生)【五供養】我心中想慕，謾有這香醪難度。(合)感此恩情厚，這酒難辭，念取踏雪也來沽。

【眉批】

時本删去此白及後《玉山供》四曲，且譏其前日相斥，今日厚禮，爲前倨後恭。不思前日已對使面言，亦非其罪矣。今見其廬墓之孝，而以舊情慰安之，何不可之有？且舊譜亦收此，自應爲東嘉笔也。

此調本《玉抱肚》、《五供養》合成，故名《玉山供》。自《香囊記》妄刻《玉山頽》，使人不惟不知《玉山供》之來歷，且不知《五供養》之末句只當用七字，凡見《五供養》後有用七字句者，反以爲犯《玉山頽》矣。今唱《香囊記》者，又將中間四字句者，只點二板，並《五供養》舊腔而失之，尤可恨可慨也。

【前腔】(旦)釵荆裙布，謝得公公頻頻相顧。嘆奴未獲報深恩，如今又蒙重賜。(末)夫人請。(旦)大公，此德非奴佩負。我的公婆呵，料想他銜恩在地府。(合前)

【前腔】(貼)勞公尊步，見寒威特來惘奴。(末)夫人請。(貼)公公，這裏是冢上墳間，比不得暖閣紅爐。這般天道呵，誰人愛護？愛護我家中親父。(合前)

【前腔】(末)相公人生如朝露，論生死榮枯有定數。你休只管慟哭爹娘，也須要承他宗祖。况你腰金衣紫，不枉了光門耀户。(合前)

(生)甚勞公公美意，却當後報。(末)老夫何以克當？

(生)多謝深恩不敢違，(末)開懷暢飲免傷悲。

(合)休道世情看冷暖，果然人面逐高低。

【眉批】

落場詩亦用成語之常，見得與前日凄楚迴别，非誚張公也。時本劇譏之，亦太拘矣。

第四十二折(外上)

【南吕過曲】【劉袞】乘驛騎，乘驛騎，陳留去開旨。(净扮祇候，丑扮兀剌赤上)相公略請行軒，到此少住。(外)呀！此間是何處？駐此還怎的？(净丑)此間站裏，待將鞍馬來换取。

【眉批】

此折爲時本所删。

「兀剌赤」，元人稱走站卒子之常，《拜月亭》「兀剌赤門外等多時」可證也。要知此等非今人所增。

(外)左右，這裏既是站裏，叫站官過來，换了鞍馬。(净)小人理會得。(末上)

【前腔】聞知道，聞知道，相公忽來至。(喏介)不及迎接，萬乞恕罪。(外)不索要講理，(丑)疾忙與分例。(末)同去便與，不敢稽遲。

總領哥，不敢拜問！這相公還是去那裏勾當？(净)你不理會得。這是牛太師老相公。(末)他如今那裏去？(丑)他將詔書，去陳留旌表孝子門廬。(外)站官，你疾忙支與分例，换了鞍馬。(末)領鈞旨。(净)兀剌赤，俺路上要吃得勾，須索多討些則個。(丑)有道理。待我取了，你便偷將去，只道不曾與我便了。(净)説得是。(末)兀剌赤，酒四瓶，肉二斤，米兩斗，在此收去。(丑收)(净偷介)(丑)告相公知道：馹官不與我分例。(外)唤那廝來。(净拖末跪介)(外)站官，大體分例，你主什麼意不與？你不服朝廷所管呵？（末）下官怎敢。纔方支與他，都是兀剌赤使人將去了。（外怒介）打那厮。

【黄鍾過曲】【賞宫花】驛官無知，如何不與分例？左右，將他來拖下，打四十。（合）我若還不體好生意，一筆問罪教伊悔遲。

【前腔】（末）相公聽啓：下官怎敢違理？我今從前再支與，望怒息。（合前）

（外）好好支與他，不得仍前無理。（末）領鈞旨。（支無介）（净丑偷介）（净）兀剌赤，怎的不多討來？（丑）那厮説没有了。我和你剥了他衣服。（净）道得是。（丑净剥衣）（外喝住介）（末）告相公，

窮站官吃剥了衣服。（外）潑祇候只爲着口腹。

（丑）大丞相不管閑是非。（净）破衣裳且將來當酒肉。（並下）

第四十三折（生上）

【商調引子】【逍遥樂】寂寞誰憐我，空對孤墳珠淚墮。（旦貼上）光陰撚指過三春，（合）幽魂渺渺，滯魄沉沉，誰與招魂？

【眉批】

「珠淚墮」舊本一作「鎮相隨」，一作「將淚傾」。古本「墮」雖與「我」叶，然二字俱宜用本韻，非如《虞美人》之一調二韻也。此有誤。

（生）夫人，兩木連枝誰手栽？相馴白兔走墳臺。（旦）無情種植呈祥瑞，（貼）否極應須會泰來。（末上）一封丹詔從天下，忽聽傳聞動郊野。説道旌表一門閭，未卜此郡何人也？（相見介）（末）相公賀喜！（生）何喜可賀？（末）外厢喧傳，有詔書到此旌表，想必爲足下而來。（生）人之孝者亦多，卑人何足稱孝？假如周公、曾子之孝，亦是人子當爲之事，何足旌表？（末）相公，你説那裏話！《孝經》云：「孝悌之至，通于神明，光于四海，無所不服。」見今你這墳傍枯木生連理之枝，白兔有馴擾之性。祥瑞若此，吉慶必來。

〔仙吕入雙調過曲〕【六幺令】連枝異木新，見這墳臺，兔走如馴。可仄。相公，禽獸草木尚懷仁，這一封詔，必因君。（合）料天也會相憐憫，料天也會相憐憫。

【眉批】

《六幺令》起句四字，獨此七曲用五字，且俱可止四字。若故加一字者，豈此調又有五字一體，而非襯字耶？第二句皆四字起，今人皆作三字，如《玉交枝》、《玉抱肚》等調，謬也。「料」字，不可用平聲。

【前腔】（生）皇恩若念臣，我也不圖，禄及吾身。只愁恩不到雙親，空孤負，這孤墳。（合前）

【前腔】（旦）知他假與真？謝得公公，報説殷勤。大公，空教你爲我受艱辛，今日有誰旌表你門庭？（合前）

【前腔】（貼）來的是甚人？悶中無由，詢問一聲。無由詢問我家尊，知他安與否，死和存？（合前）（丑扮縣官上）

【前腔】敕書已來近，看街市上，人亂紛紛。我每聽得忙便奔，辦香案，接皇恩。（合前）

（見介）（丑）大人，朝廷差牛丞相賫敕到來，請大人改换吉服。（生）父母大孝，如何改换？（丑）呀！先王制禮，賢者俯而就之，不賢者企而及之。今足下服制已過，有何不可？（生）也説得是。正是：

門閭旌表感吾皇，(旦)孝服今朝换吉裳。
(貼)不是一番寒徹骨，(合)怎得梅花樸鼻香。

第四十四折(外上，净隨上)

【仙吕入雙調過曲】【六幺令】風霜已滿鬢，玉勒雕鞍，走遍紅塵。今日到此喜歡欣，重相見，解愁悶。(合)料天也會相憐憫，料天也會相憐憫。

(外)這是那裏？(净)這是蔡狀元廬墓處，請老爺下馬。(生旦貼上)(生)

【前腔】心荒步又緊，想着皇恩，已到寒門。(旦)披袍秉笏更垂紳，(貼)冠和帶，一番新。(合前)

(外)聖旨已到，跪聽宣讀。皇帝詔曰：朕惟風俗爲教化之基，孝義爲風俗之本。迨今去聖逾遠，淳風日漓。彝倫攸斁，朕甚憫焉。其有克盡孝義，敦尚風化者，可不獎勸，以勉四海？議郎蔡邕，篤于孝行。富貴不足以解憂，甘旨常關于動慮。雖違素志，竟遂佳名。退官弃職，厥聲尤著。其妻趙氏，獨奉舅姑。服勞盡瘁，克終養生送死之情，允一貞潔韋柔之德。糟糠之婦，今已見之。牛氏善諫其父，克相乃夫。罔懷嫉妒之心，實有遜讓之義。曰孝曰義，可謂兼全。斯三人者，朕甚嘉之。使四海億兆，皆當儀刑斯人，取法將來。風移俗易，教美化行，唐虞三代，誠可追配。是用寵錫，以彰孝義。蔡邕授中郎將，妻趙氏封陳留郡夫人，牛氏封河南郡夫人，限日下到京；父蔡從簡贈十六勳，母秦氏贈天水郡夫人。於戲！風木之情何深，允爲教化之本；霜露之恩既極，宜沾雨露之恩。服此休嘉，慰汝悼念。謝恩！(生旦貼介，見介)(生)荷蒙岳丈保奏，卑人何以克當！(貼)自别尊顔，且喜無恙。(外)孩兒，且喜各保安康，再得相見。(丑末見介)(外)此兩位是誰？(丑)下官陳留縣知縣。(末)老漢是鄰人張廣才。(生)卑人父母，多多得他周濟。(外)元來是張大公，俺朝内也聞他名。賢婿，你今起復，與你回朝；未能報他深恩，我有黄金一笏，送與他聊爲報答之禮。(生)如此多謝岳丈！(外送金介)(末)救灾恤鄰，古之道也，何勞相公厚賜？(生)張大公，你且收下，卑人自當效犬馬之報。(外)賢婿，你可整備行裝，起復

赴京謝恩。(生)卑人領命，即當收拾起程。(外)

〔**仙呂過曲**〕【**一封書**】吾親奉聖旨，涉程途千萬里。念親親意甚美，探孩兒並女婿。數載艱辛雖自苦，一旦榮華人怎如？(合)耀門閭，進官職，作平。孝義名傳天下知。

【**眉批**】

雜用齊微、支思、魚模。

【**前腔**】(生)兒不孝有甚德？蒙岳丈特主維。呀！何如免喪親，又何須名顯貴？可惜二親飢餓死，博換得孩兒名利歸。(合前)

【**前腔**】(旦)把真容再畫取，公公，婆婆，到如今封贈伊。把這眉頭放展舒，只愁瘦儀容難做肥。豈獨奴心知感德，料想他銜恩在泉世裏。(合前)

【**前腔**】(貼)從別後痛哀戚，况家中音信稀。爲公姑多怨憶，爲爹行又長淚垂。今見公姑無愧色，又得與爹行相倚依。(合前)

〔**中呂過曲**〕【**永團圓**】(合)名傳四海人怎比？豈獨是耀門閭？人生怕不全孝義，聖明世豈相棄。這隆恩美譽，從教四海何所愧，萬古青編記。如今便去，相隨到京畿。拜謝君恩了，歸庭宇，一家賀喜。共設華筵會，四景常歡聚。

【眉批】
此曲，時本混列之仙呂。
時本無「四海」二字，則本調少二字矣。

【尾聲】願文明開盛治，盡是孝男並孝女，玉燭調和歸聖主。

【眉批】
時本將《尾声》竟混入《永團圓》。
「歸聖主」，譜作「聖主垂衣」。

（生）自居墓室已三年，（旦貼）今日丹書下九天。
（外）要識名高並爵貴，（末）須知子孝共妻賢。

附録

第三折内

〔仙吕入雙調〕【窣地錦襠】（末）花紅柳緑草芊芊，正值春光艷陽天。我和你不來此處打鞦韆，爲人一生也徒然。

【前腔】（净）春光明媚景色鮮，游遍花塢聽杜鵑。那更上苑柳如綿，我和你不來打鞦韆枉少年。

【前腔】（丑）奴是人間快活仙，吃了飽飯愛去眠。若教小姐來撞見，那時高高吊起打三千。

第七折後時本增考試折（末上）

禮闈新榜動長安，九陌人人走馬看。一日聲名遍天下，滿城桃李屬春官。自家不是别人，却是禮部一個祇候的便是。今歲乃大比之年，朝廷委命試官，已在貢院之内，各省中試舉人，俱列棘闈之前。如今試官將次升堂，小人只得在此聽候。正是：一封纔下興賢詔，四海都無遺棄才。道猶未了，試官大人早到。（净扮試官上）

〔南吕引子〕【生查子】承恩拜試官，聲價重丘山。左右，那來科舉的，只問有文材，何必拘鄉貫？（末）那有文材的，如何發落他？（净）取他居上第，做個清要官。（末）那没文材的，如何發落他？（净）縱有父兄勢，也教空手還。

（末）好公道老爹！（净）左右，今年却是大比之年，我爲國薦賢，但是各省府縣赴試的秀才，都唤入來。（末）領鈞旨。

【眉批】

南吕《生查子》止有引子，並無過曲，然引子止有四句，下四句乃其换頭也。諸本刻爲過曲，惑于八句耳，誤矣。

〔黄鍾過曲〕【賞宫花】（生）槐花正黄，赴科場舉子忙。太學拉朋友，一齊整行裝。（合）五百英雄都在此，不知誰做狀元郎？

【前腔】（丑）天地玄黄，略記得三兩行。才學無些子，只是賭命强。（合前）

（末叫開門科）（生）貢院門已開，列位尊兄依次而進。（净）左右，這些秀才，每人給與卷子一本，蠟燭一條，各分東西廊下，伺候題目。（末）領鈞旨。（相見介）（净）你每秀才聽着：朝廷制度，開科取士。雖有定期，立意命題，任從時好，下官是個風流試官，不比往年的試官。往年第一場考文，第二場考論，第三場考策；我今年第一場做對，第二場猜謎，第三場唱曲。若是做得對好，猜得謎着，唱得曲好，就取他頭名狀元，插金花，飲御酒，游街兒耍子。若是對得不好，猜得不着，唱得不好，就將他黑墨搽臉，亂棒打出去。（生丑）學生領命。（净）東廊下秀才蔡邕，過來領題。（生）有。（净）我出天文門一個對與你對。（生）願聞。（净）星飛天放彈。（生）日出海抛球。（净）妙哉！妙哉！且站一邊。西廊下秀才落得嬉，過來領題。（丑）快些。（净）毛詩三百首。（丑）還有十一篇。（净）不好！不好！且站一邊。蔡邕過來，我出天下八個省名的謎兒與你猜。（生）願聞。（净）一聲霹靂震天關，兩個肩頭不得閑。去買紙來作裱褙，欠人錢債未曾還。（生）第一句是京東京西，第二句是江東江西，第三句是湖東湖西，第四句是浙東浙西。（净）妙哉！妙哉！且站一邊。落得嬉過來，我出山上四樣樹名的謎兒與你猜。（丑）快些。（净）雨中妝點望中黄，獨立深山分外長。廊廟之材應見取，家家織就綺羅裳。（丑）第一句是栢樹，第二句是槐樹，第三句是楓樹，第四句是柳樹。（净）不是！不是！且站一邊。蔡邕過來，我唱一隻曲兒，你末後湊一句，要押得韻着。（生）願聞高音。

【北雙調江兒水】（净）長安富貴真罕有，食味皆山獸。熊掌紫駝峰，四座馨香透。你押下韻。（生）把與試官來下酒。

（净笑介）妙哉！妙哉！三場都好，這是個真秀才。且在東廊下伺候。（净）落得嬉過來，我再唱一隻曲兒，你末後也凑一句，要押得韻着。（丑）快唱。

【眉批】

即《清江引》，時本疑即《南江兒水》，而刻爲仙吕入雙調，誤。

〔幺篇〕（净）看你腹中何所有？一袋醃臢臭。若還放出來，見者都奔走。你押下韻。（丑）把與試官來下酒。

（净）不濟！不濟！將他黑墨搽臉，亂棒打出去。（丑）不須打。正是：薄命劉生終下第，厚顔季子且還家。（净）蔡秀才，今科中試舉人雖多，只有你才學高邁，文字老成。俺就復奏聖上，將你取爲第一甲頭名狀元，冠帶游街赴宴。左右，取冠帶過來。（末取上介）正是：袍笏賜進士，鈇鉞贈將軍。（净）蔡狀元换了冠帶，一就隨我入朝謝恩。（换冠帶介）

【眉批】

北體第二曲曰《幺篇》，時刻作《前腔》誤。

〔南吕過曲〕【懶畫眉】（生）君恩喜見上頭時，今日方顯男兒志。布袍脱下换羅衣，腰間横繫黄金帶，駿馬雕鞍真是美。

【眉批】

此《懶畫眉》三曲，平仄頗不甚合本調，嘗深疑東嘉何不協至此？或恐傳刻有誤。今見古本無之，爲之洗然。

【前腔】（净）狀元你讀書萬卷非容易，喜得登科擢上第。功名分定豈誤期？那更三千禮樂無敵手，五百英雄盡讓伊。

【前腔】（末）人生當用顯門閭，廕子封妻榮自己。馬前喝道狀元歸，雁塔揮毫題姓字，一舉成名天下知。

（净）一舉鰲頭獨占魁，（生）誰知平地一聲雷！

（末）明朝跨馬春風裏，（合）盡是皇都得意回。

西厢記

孔祥義　標點

説明

《西厢記》五本，凌濛初朱墨套印本，每半葉八行，行十八字，賓白小字雙行，有王文衡精圖二十幅。白口，左右雙欄，中縫鎸書名、卷次、葉碼。凌氏此本依周憲王朱有燉刻本重刻，以前四本爲王實甫作，第五本爲關漢卿作，並録王元美、王伯良、徐文長、徐士範及凌氏批語三百二十餘條，以及解證三十四條。這些批語和解證給我們提供了大量戲曲資料，舉凡戲曲體制、曲牌源流、韻律正誤、語言習慣等諸多方面，都對戲曲史的研究有所助益。從凡例和批語中，我們可以清晰地看出凌濛初的戲曲理念，其一是在戲曲格調上竭力提倡本色，其二是在戲曲體制上務求規範化，而這在晚明的戲曲運動上是具有積極意義的。

目録

西厢記凡例 十則

一、《北西厢》相沿以爲王實甫撰，《太和正音譜》于王實甫名下首載之。王元美《卮言》則云：「《西厢》久傳爲關漢卿撰，邇來乃有以爲王實甫者，謂『至《郵亭夢》而止』。又云『至「碧雲天」而止』，此後乃漢卿所補也。」徐士範《重刻西厢》則云：「人皆以爲關漢卿，而不知有實甫，蓋自《草橋夢》以前，作於實甫，而其後則漢卿續成之者也。」俱不知何據。元人《詠西厢》詞《煞尾》云：「董解元古詞章，關漢卿新腔韻。參訂西厢的本，晚進王生多議論，把《圍棊》增。」則似謂漢卿翻董彈詞而爲此記，實甫止《圍棊》一折耳，于五本無涉也。又《滿庭芳》云：「王家好忙，沽名吊譽，續短添長，别人肉貼在你腮頰上。」又似乎王續關者。蓋當時關之名盛于王也，亦無從考定矣。但細味實甫别本，如《麗春堂》、《芙蓉亭》，頗與前四本氣韻相似，大約都冶纖麗。至漢卿諸本，則老筆紛披，時見本色。此第五本亦然，與前自是二手。俗眸見其稍質，便謂續本不及前，此不知觀曲者也。兹從周本，以前四本屬王，後一本屬關。

一、評語及《解證》，無非以疏疑滯、正訛謬爲主，而間及其文字之入神者。至如「兜率宫」、「武陵源」、「九里山」、「天台」、「藍橋」之類，雖俱有原始，恐非博雅所須，故不備。近又有注「孤孀」二字云：「孤謂子，孀謂母。」此三尺童子所不屑訓詁也。諸如此類，急汰之。

一、近有改竄本二，一稱徐文長，一稱方諸生。徐，贋筆也；方諸生，王伯良之别稱。觀其本所引徐語與徐本時時異同，王即徐鄉人，益徵徐之爲譌矣。徐解牽强迂僻，令人勃勃。王伯良儘留心於此道者，其辨析有確當處，十亦時稱二三。但其胸中有痼，（如認紅娘定爲帮丁、崔氏一貧如洗之類）故阿其所好，悍然筆削，而又大似村學究訓詁四書（如首某句貫下、後某句承上、某句連上看、某句屬下看之類）爲可惜耳。然堪採者，一一録上方。伯良云：「其復有操戈者，原不爲此輩設也。」第此刻爲表章《西廂》，未嘗操戈伯良，具眼自能陽秋者，此輩也歟哉。

一、北曲每本止四折，其情事長而非四折所能竟者，則又另分爲一本，如吴昌齡《西游記》則有六本；王實甫《破窑記》、《麗春園》、《販茶船》、《進梅諫》、《于公高門》，各有二本；關漢卿《破窑記》、《澆花旦》，亦各有二本，可證。故周王本分爲五本，本各四折，折各有「題目正名」四句，始爲得體。時本從一折直遞至二十折，又復不敢去「題目正名」，遂使南北之體，淆雜不辨矣。

一、北體脚色有正末、付末、狚、狐、靚、鴇、猱、捷譏、引戲共九色，然實末、旦、外、净四人换妝，其更須多人者，則增付末、（亦稱冲末）旦倈、（亦稱冲旦）副净，（女妝者曰花旦）總之不出四名色。故周王本外扮老夫人、正末扮張生、正旦扮鶯鶯、旦倈扮紅娘，自是古體，確然可愛。自時本悉易以南戲稱呼，竟蔑北體，急拈出以詺知者，耳食輩勿反生疑也。

一、北曲襯字，每多于正文，與南曲襯字少者不同。而元之老作家，益喜多用襯字，且偏于襯字中着神作俊語，極爲難辨。時本多混刻之，使觀者不知本調實字。徐、王本亦分別出，然間有誤處，兹以《太和正音譜》細覈之，而襯字、實字了然矣。

一、北體每本止有「題目正名」四句，而以末句作本劇之總名，别無每折之名。不知始自何人，妄以南戲律之，概加名目。（如佛殿奇逢、僧房假寓之類）王伯良復易以二字名目，（如遇艷、投禪之類）皆係紫之亂朱。不思北曲非止一《西廂》，可能一一爲之立名乎？

一、此刻止欲爲是曲洗冤，非欲窮崔張真面目也，故止存《會真記》。若《年譜》、《辨證》及詩詞題詠之類皆不録。其《對弈》一折，（時本所無）不詳何人所增，然大有元人老手，亦非近筆所能，且即鶯紅事，棄之可惜，故特附録之以公好事。

一、是刻實供博雅之助，當作文章觀，不當作戲曲相也，自可不必圖畫。但世人重脂粉，恐反有嫌無像之爲缺事者。故以每本「題目正名」四句句繪一幅，亦獵較之意云爾。

一、此刻悉遵周憲王元本，一字不易置增損。即有一二鑿然當改者，亦但明注上方，以備參考，至本文不敢不仍舊也。

自贋本盛行，覽之每爲髮指，恨不起九原而問之。及得此本，始爲灑然，久欲公之同好，乃揚扢未備。兹幸而竣事，精力雖殫，管窺有限，間猶有一二未決之疑，（如病染非韻、心忙宜仄、打参宜仄之類）或是本元有挂誤。海内藏書家倘有善本在此本前者，不惜指迷，亦藝林一快，余必不敢强然自信也。

即空觀主人識

西廂記舊目

大和正音譜目録

王實甫

西廂記

點鬼簿目録與周憲王本合

王實甫

張君瑞鬧道場

崔鶯鶯夜聽琴

張君瑞害相思

草橋店夢鶯鶯

關漢卿

張君瑞慶團圞

日新堂本目録

第一本　焚香拜月

第二本　冰弦寫恨

第三本　詩句傳情

第四本　雨雲幽會

第五本　天賜團圓

俗本目二十條不載

老夫人閑春院　第一本

新安黃一彬刻

崔鶯鶯燒夜香

小紅娘傳好事

張君瑞鬧道場

張君瑞破賊計　第二本

莽和尚生殺心

小紅娘晝請客

崔鶯鶯夜聽琴

老夫人命醫士　第三本

崔鶯鶯寄情詩

小紅娘問湯藥

張君瑞害相思

小紅娘成好事　第四本

老夫人問由情

短長亭斟別酒

草橋店夢鶯鶯

小琴童傳捷報　第五本

崔鶯鶯寄汗衫

鄭伯常干捨命

張君瑞慶團圞

西厢記第一本　張君瑞鬧道場雜劇

元　王實甫　填詞

楔　子

（外扮老夫人上開）老身姓鄭，夫主姓崔，官拜前朝相國，不幸因病告殂。祗生得個小姐，小字鶯鶯，年一十九歲，針黹女工，詩詞書算，無不能者。老相公在日，曾許下老身之侄，乃鄭尚書之長子鄭恒爲妻。因俺孩兒父喪未滿，未得成合。又有個小妮子，是自幼伏侍孩兒的，唤做紅娘。一個小厮兒，唤做歡郎。先夫棄世之後，老身與女孩兒扶柩至博陵安葬，因路途有阻，不能得去。來到河中府，將這靈柩寄在普救寺内。這寺是先夫相國修造的，是則天娘娘香火院，况兼法本長老，又是俺相公剃度的和尚，因此俺就這西厢下一座宅子安下，一壁寫書附京師去，唤鄭恒來相扶回博陵去。我想先夫在日，食前方丈，從者數百；今日至親則這三四口兒，好生傷感人也呵！

【眉批】院本體止四折，其有情多用白，而不可不唱者，以一二小令爲之，非《賞花時》即《端正好》，如墊棹之以木楔，其取義也。今人不知其解，妄去之而合之于第一折，殊謬。王伯良謂猶南之引曲，亦未是。劇體止末、旦、外、净四脚色，故老夫人以外扮。今人妄以南體律之，易以老旦者，誤。詳《凡例》中。

〔仙吕〕【賞花時】夫主京師禄命終，子母孤孀途路窮，因此上旅櫬在梵王宫。盼不到博陵舊冢，血淚灑杜鵑紅。

今日暮春天氣，好生困人，不免唤紅娘出來分付他。紅娘何在？（旦倈扮紅見科）（夫人云）你看佛殿上没人燒香呵，和小姐閑散心耍一回去來。（紅云）謹依嚴命。（夫人下）（紅云）小姐有請。（正旦扮鶯鶯上）（紅云）夫人着俺和姐姐佛殿上閑耍一回去來。（旦唱）

【眉批】凡楔子不宜同唱，故夫人獨上獨唱先下，而鶯自上自唱，始爲得體。時本亦有從此者，乃他本竟作夫人、鶯、紅同上同唱同下，殊失北體矣。

【幺篇】可正是人值殘春蒲郡東，門掩重關蕭寺中，花落水流紅。閑愁萬種，無語怨東風。（並下）

【眉批】此曲終竟下，亦是北體。時本有落場詩四句，則是南戲矣。

第一折

（正末扮騎馬引倈人上開）小生姓張，名珙，字君瑞，本貫西洛人也。先人拜禮部尚書，不幸五旬之上，因病身亡。後一年喪母。小生書劍飄零，功名未遂，游於四方。即今貞元十七年二月上旬，唐德宗即位，欲往上朝取應。路經河中府，過蒲關上，有一人姓杜，名確，字君實，與小生同郡同學，當初爲八拜之交。後棄文就武，遂得武舉狀元，官拜征西大元帥，統領十萬大軍，鎮守着蒲關。小生就望哥哥一遭，却往京師求進。暗想小生螢窗雪案，刮垢磨光，學成滿腹文章，尚在湖海飄零，何日得遂大志也呵！萬金寶劍藏秋水，滿馬春愁壓繡鞍。

【眉批】

院本皆供應内用，故當場須稱曩時廟號以爲別。考劇戲中無不如此者，蓋其體也。近有譏其稱廟號于即位之日，其言似是，然實學究家見耳。若《高祖還鄉》劇云：「白甚麽改姓更名唤做漢高祖。」《子陵還詔》劇云：「誰識你那中興漢光武。」學究家不更駭倒乎？夏蟲豈可與語冰！

〔仙吕〕【點絳唇】游藝中原，脚根無綫，如蓬轉。望眼連天，日近長安遠。

【混江龍】向詩書經傳，蠹魚似不出費鑽研。將棘圍守暖，把鐵硯磨穿。投至得雲路鵬程九萬里，先受了雪窗螢火二十年。才高難入俗人機，時乖不遂男兒願，空雕蟲篆刻，綴斷簡殘編。

行路之間，早到蒲津。這黄河有九曲，此正古河内之地，你看好形勢也呵。

【眉批】

「才高」二句，止用「男兒願」三字亦可，蓋是其本調。「二十年」以下添四字排句，不拘多寡及不用韻皆可，但須以「平平去」三字，如此「男兒願」及《琵琶記》「休嗟嘆」一韻句接之耳，非此調字句可增減也，作者知之。

【油葫蘆】九曲風濤何處顯，則除是此地偏。這河帶齊梁，分秦晋，隘幽燕。雪浪拍長空，天際秋雲捲；竹索纜浮橋，水上蒼龍偃。東西潰九州，南北串百川。歸舟緊不緊如何見？却便似弩箭乍離弦。

【眉批】「顯」，諸本訛作「險」，犯廉纖閉口韻，非。「何處顯」，言風濤何處顯得，故以「則除是此地偏」接之，語意自明。

【天下樂】只疑是銀河落九天，淵泉，雲外懸，入東洋不離此徑穿。滋洛陽千種花，潤梁園萬頃田，也曾泛浮槎到日月邊。

【眉批】王元美以「滋洛陽」二語、「雲浪拍長空」四句、「東風摇曳」二句、「法鼓金鐸」「不近喧譁」二對爲駢儷中景語。元美七子之習，喜尚高華，不知實未是其勝場。

話説間早到城中。這裏一座店兒，琴童接下馬者。店小二哥那裏？（小二上云）自家是這狀元店里小二哥，官人要下呵，俺這裏有乾净店房。（末云）頭房裏下，先撒和那馬者。小二哥你來，我問你：這裏有甚麽閑散心處？名山勝境、福地寶坊皆可。（小二云）俺這裏有一座寺，名曰普救寺，是則天皇后香火院，蓋造非俗，琉璃殿相近青霄，舍利塔直侵雲漢。南來北往三教九流，過者無不瞻仰。則除那裏可以君子游玩。（末云）琴童料持下晌午飯，那裏走一遭便回來也。（童）安排下飯，撒和了馬，等哥哥回家。(下)(法聰上)小僧法聰，是這普救寺法本長老座下弟子。今日師父赴齋去了，着我在寺中，但有探長老的便記着，待師父回來報知。山門下立地，看有甚麽人來。(末上云)却早來到也。(見聰了。聰問云)客官從何來？(末云)小生西洛至此，聞上刹幽雅清爽，一來瞻仰佛像，二來拜謁長老。敢問長老在麽？(聰云)俺師父不在寺中，貧僧弟子法聰的便是。請先生方丈拜茶。(末云)既然長老不在呵，不必吃茶，敢煩和尚相引，瞻仰一遭，幸甚！(聰云)小僧取鑰匙，開了佛殿、鐘樓、塔院、羅漢堂、香積厨，盤桓一會，師父敢待回來。(末云)是蓋造得好也呵！

【村裏迓鼓】隨喜了上方佛殿，早來到下方僧院。行過厨房近西、法堂北、鐘樓前面。游了洞房，登了寶塔，將迴廊繞遍。數了羅漢，參了菩薩，拜了聖賢。(鶯鶯引紅娘撚花枝上云)紅娘，俺去佛殿上耍去來。(末做見科)呀！正撞着五百年風流業冤。

【眉批】

王伯良曰：「此調舊作《節節高》。」誤，《節節高》係黄鍾宫曲，字句亦稍不同。

按元本原作《村裏迓鼓》。

【元和令】顛不剌剌音辣。的見了萬千，似這般可喜娘的龐兒罕曾見。則着人眼花撩亂口難言，魂靈兒飛在半天。他那裏儘人調戲軃着香肩，只將花笑撚。

【上馬嬌】這的是兜率宫，休猜做了離恨天。呀，誰想着寺裏遇神仙！我見他宜嗔宜喜春風面，偏，宜貼翠花鈿。

【眉批】

「偏」，一字韻句，所謂「曲中短柱」，以後「嗤、嗤的扯做紙條兒」亦「嗤」字爲句。「咍，怎不肯回過臉兒來」

亦然。《上馬嬌》本調如此，凡劇皆然，勿誤認「偏宜」、「嗤嗤」連讀。

【勝葫蘆】則見他宮樣眉兒新月偃，斜侵入鬢雲邊。(旦云)紅娘，你覷「寂寂僧房人不到，滿階苔襯落花紅」。(末云)我死也！未語人前先腼腆，櫻桃紅綻，玉粳白露，半晌恰方言。

【眉批】

「腼腆」，時作靦覥，誤。

王伯良曰：「『玉粳』，齒也。」《曲江池》劇云：「玉粳牙休兜上野狐涎。」綻字原不用韻。

【幺篇】恰便似嚦嚦鶯聲花外囀，行一步可人憐。解舞腰肢嬌又軟，千般裊娜，萬般旖旎，似垂柳晚風前。(紅云)那壁有人，喒家去來。(旦回顧覷末下)(末云)和尚，恰怎麼觀音現來？(聰云)休胡說，這是河中開府崔相國的小姐。(末云)世間有這等的女子，豈非天姿國色乎？休說那模樣兒，則那一對小脚兒，價值百鎰之金。(聰云)偌遠地，他在那壁，你在這壁，繫着長裙兒，你便怎知他脚兒小？(末云)法聰，來，來，來，你問我怎便知，你覷：

【後庭花】若不是襯殘紅芳徑軟，怎顯得步香塵底樣兒淺。且休題眼角兒留情處，則這脚蹤兒將心事傳。慢俄延，投至到櫳門兒前面，剛那了一步遠。剛剛的打個照面，正指上回顧。風魔了張解元。似神仙歸洞天，空餘下楊柳烟，只聞得鳥雀喧。

【眉批】

「風魔了」以下多演數語亦得，但俱須三字節，亦非可以妄增減短長，如徐、王所謂。

【柳葉兒】呀，門掩着梨花深院，粉墻兒高似青天。恨天天不與人行方便，好着我難消遣，端的是怎留連。小姐呵，則被你兀的不引了人意馬心猿？

【眉批】

王伯良曰：「『天天』連讀勿斷，董詞『天天悶得人來彀』，《琵琶》『問天天怎生結果』。」

（聰云）休惹事，河中開府的小姐去遠了也。（末唱）

【寄生草】蘭麝香仍在，珮環聲漸遠。東風摇曳垂楊綫，游絲牽惹桃花片，珠簾掩映芙蓉面。你道是河中開府相公家，我道是南海水月觀音現。

「十年不識君王面，恰信嬋娟解悞人。」小生便不往京師去應舉也罷。（覷聰云）敢煩和尚對長老説知，有僧房借半間，早晚温習經史，勝如旅邸内冗雜，房金依例拜納。小生明日自來也。

【眉批】

俗本「仍」下多「還」字，「漸」下多「去」字，非。

【賺煞】餓眼望將穿，饞口涎空咽，空着我透骨髓相思病染，怎當他臨去秋波那一轉！休道是小生，便是鐵石人也意惹情牽。近庭軒，花柳争妍，日午當庭塔影圓。春光在眼前，争奈玉人不見，將一座梵王宫疑是武陵源。（下）

【眉批】

「病染」「染」字犯廉纖韻，必有誤。朱石津本作「蹇金」，白嶼本作「怎遣」，王伯良改爲「病纏」，以爲獨得。

蓋此字原可平聲，三字皆可，未知誰爲本字耳。「争妍」，徐改「依然」，不知春光在眼前，正即「依然」之意，不必先竄之。

第二折

（夫人上白）前日長老將錢去與老相公做好事，不見來回話。道與紅娘，傳着我的言語去問長老：幾時好與老相公做好事？就着他辦下東西的當了，來回我話者。（下）（净扮潔上）老僧法本，在這普救寺内做長老。此寺是則天皇后蓋造的，後來崩損，又是崔相國重修的。見今崔老夫人領着家眷扶柩回博陵，因路阻暫寓本寺西廂之下，待路通回博陵遷葬。老夫人處事温儉，治家有方，是是非非，人莫敢犯。夜來老僧赴齋，不知曾有人來望老僧否？（唤聰問科）（聰云）夜來有一秀才，自西洛而來，特謁我師，不遇而返。（潔云）山門外覷着，若再來時，報我知道。（末上云）昨日見了那小姐，到有顧盼小生之意。今日去問長老借一間僧房，早晚温習經史。倘遇那小姐出來，必當飽看一會。

【眉批】

「潔」，老僧之渾名，後老潔郎是也。

〔中吕〕【粉蝶兒】不做周方，埋怨殺你個法聰和尚！借與我半間兒客舍僧房，與我那可憎才居止處門兒相向。雖不能勾竊玉偷香，且將這盼行雲眼睛兒打當。

【眉批】

「周方」，舊解周旋方便。

不曰「可愛」，而曰「可憎」，反詞也，猶「寃家」之意。

徐士範曰：「『打當』，猶云『打迭』。」

【醉春風】往常時見傅粉的委實羞，畫眉的敢是謊；今日多情人一見了有情娘，着小生心兒裏早癢、癢。迤逗得腸荒，斷送得眼亂，引惹得心忙。

【眉批】

「多情人」，徐、王俱言古本是「寡情人」，與本文語意及傳意俱合，且仄字起又合調，然不見其本，不敢更。

「心忙」，王改「心癢」，此句自宜仄聲住，然恐與「心癢癢」複。

（末見聰科）（聰云）師父正望先生來哩，只此少待，小僧通報去。（潔出見末科）（末云）是好一個和尚呵！

【迎仙客】我則見他頭似雪，鬢如霜。面如童，少年得內養。貌堂堂，聲朗朗，頭直上只少個圓光，却便似捏塑來的僧伽像。

（潔云）請先生方丈內相見。夜來老僧不在，有失迎迓，望先生恕罪。（末云）小生久聞老和尚清譽，欲來座下聽講，何期昨日不得相遇。今能一見，是小生三生有幸矣。（潔云）先生世家何郡？敢問上姓大名，因甚至此？（末云）小生姓張，名珙，字君瑞。

【石榴花】大師一一問行藏，小生仔細訴衷腸。自來西洛是吾鄉，宦游在四方，寄居咸陽。先人拜禮部尚書多名望，五旬上因病身亡。平生正直無偏向，止留下四海一空囊。

【眉批】

北詞曲中間白之問答甚少，時本混增問語，至云：「老相公棄世，必有所遺」，止欲引起下句，遂使老僧忽發無端俗問。

【鬥鵪鶉】俺先人甚的是渾俗和光，衠一味風清月朗。（潔云）先生此一行必上朝取應去。（末唱）小生無意求官，有心待聽講。小生特謁長老，奈路途奔馳，無以相饋。量着窮秀才人情則是紙半張，又没甚七青八黄，儘着你説短論長，一任待掂斤播兩。

【眉批】

「待」字襯字，時本混刻，徐、王直删去之。

「儘着你」二句，俱恐其嫌輕之意，徐改爲「儘教咱、他則待」，並下語俱不白矣。

徑禀：有白銀一兩，與常住公用，略表寸心，望笑留是幸。（潔云）先生客中，何故如此？（末云）物鮮不足辭，但充講下一茶耳。

【上小樓】小生特來見訪，大師何須謙讓。（潔云）老僧决不敢受。（末云）這錢也難買柴薪，不勾齋糧，且備茶湯。（覷聰云)這一兩銀未爲厚禮。你若有主張，對艷妝，將言詞説上，我將你衆和尚死生難忘。

【眉批】「有主張」以下，以意中事私心作謔也。徐改作「把小張」，無是理。元人謔語自雅，決無如此酸氣。王反謂「有主張」爲謬，可謂阿所好矣。

(潔云)先生必有所請。(末云)小生不揣有懇，因惡旅邸冗雜，早晚難以温習經史。欲假一室，晨昏聽講。房金按月任意多少。(潔云)敝寺頗有數間，任先生揀選。(末唱)

【幺篇】也不要香積厨，枯木堂。遠着南軒，離着東墻，靠着西厢。近主廊，過耳房，都皆停當。(潔云)便不呵，就與老僧同處何如?(末笑云)要恁怎麽。你是必休題着長老方丈。

【眉批】徐本「遠着」上有「怎生」二字，亦可。然下有「都皆停當」而「遠」、「離」、「靠」、「近」、「過」數字，語意俱明，無二字亦無礙。

(紅上云)老夫人着俺問長老：幾時好與老相公做好事?看得停當回話。須索走一遭去來。(見潔科)長老萬福！夫人使侍妾來問：幾時好與老相公做好事?着看的停當了回話。(末背云)好個女子也呵！

【脱布衫】大人家舉止端詳，全没那半點兒輕狂。大師行深深拜了，啓朱唇語言的當。

【小梁州】可喜娘的龐兒淺淡妝，穿一套縞素衣裳。胡伶淥老不尋常，偷睛望，眼挫裏抹張郎。

【眉批】「胡伶」，董詞作「鶻鴒」，言伶利也。眼爲「淥老」，今教坊中猶有此語。董詞「一雙淥老」。

【幺篇】若共他多情的小姐同鴛帳，怎捨得他叠被鋪床。我將小姐央，夫人怏，他不令許放，我親自寫與從良。

【眉批】「怏」字舊本如此，蓋此字宜仄聲。「夫人怏」即「不令許放」之意。時本誤作「央」，王擬改爲「强」。

（潔云）二月十五日，可與老相公做好事。（紅云）妾與長老同去佛殿看了，却回夫人話。（潔云）先生請少坐，老僧同小娘子看一遭便來。（末云）何故却小生？便同行一遭，又且何如？（潔云）便同行。（末云）着小娘子先行，俺近後些。（潔云）一個有道理的秀才。（末云）小生有一句話說，敢道麽？（潔云）便道不妨。（末唱）

【快活三】崔家女艷妝，莫不是演撒你個老潔郎？（潔云）俺出家人那有此事？（末）既不沙，却怎睃趁着你頭上放毫光，打扮的特來晃。

【眉批】「演撒」，教坊市語；「沙」，襯語，猶南曲之「呵」字。「睃」，音梭，邪視曰睃。

(潔云)先生是何言語！早是那小娘子不聽得哩；若知呵，是甚意思！(紅上佛殿科)(末唱)

【朝天子】過得主廊，引入洞房，好事從天降。我與你看着門兒，你進去。(潔怒云)先生，此非先王之法言，豈不得罪于聖人之門乎？老僧偌大年紀，焉肯作此等之態！(末唱)好模好樣忒莽撞，没則羅便罷，煩惱則麽耶唐三藏？怪不得小生疑你，偌大一個宅堂，可怎生别没個兒郎，使得梅香來説勾當。(潔云)老夫人治家嚴肅，内外並無一個男子出入。(末背云)這秃厮巧説。你在我行，口强，硬抵着頭皮撞。

【眉批】

「好模好樣」句，俗作本唱，大謬，本無唱體。

「宅堂」，用韻。一作「院」，王作「司」，皆非。

「治家嚴肅」等話，非生所樂聞，故猶疑本之一時强口耳。王謂：「跟前崛强，皆後有許多輕薄處。」殊失生爾時語意。

(潔對紅云)這齋供道場都完備了，十五日請夫人小姐拈香。(末問云)何故？(潔云)這是崔相國小姐至孝，爲報父母之恩。又是老相公禫日，就脱孝服，所以做好事。(末哭科云)「哀哀父母，生我劬勞，欲報深恩，昊天罔極。」小姐是一女子，尚然有報父母之心；小生湖海飄零數年，自父母下世之後，並不曾有一陌紙錢相報。望和尚慈悲爲本，小生亦備錢五千，怎生帶得一分兒齋，追薦俺父母咱！便夫人知也不妨，以盡人子之心。(潔云)法聰與這先生帶一分者。(末背問聰云)那小姐明日來麽？(聰云)他父母的勾當，如何不來。(末背云)這五千錢使得有些下落者。

【四邊静】人間天上，看鶯鶯强如做道場。軟玉温香，休道是相親傍；若能勾湯他一湯，到與人消灾障。

【眉批】「湯」，猶俗言「搽着」，元人多用之。

（潔云）都到方丈吃茶。（做到科）（末云）小生更衣咱。（末出科云）那小娘子已定出來也，我則在這裏等待問他咱。（紅辭潔云）我不吃茶了，恐夫人怪來遲，去回話也。（紅出科）（末迎紅娘祗揖科）小娘子拜揖！（紅云）先生萬福！（末云）小娘子莫非鶯鶯小姐的侍妾麼？（紅云）我便是，何勞先生動問？（末云）小生姓張，名珙，字君瑞，本貫西洛人也，年方二十三歲，正月十七日子時建生，並不曾娶妻……（紅云）誰問你來？（末云）敢問小姐常出來麼？（紅怒云）先生是讀書君子，孟子曰：「男女授受不親，禮也。」君知「瓜田不納履，李下不整冠」，道不得個「非禮勿視，非禮勿聽，非禮勿言，非禮勿動。」俺夫人治家嚴肅，有冰霜之操。內無應門五尺之童，年至十二三者，非呼召不敢輒入中堂。向日鶯鶯潛出閨房，夫人窺之，召立鶯鶯于庭下，責之曰：「汝爲女子，不告而出閨門，倘遇游客小僧私視，豈不自耻。」鶯立謝而言曰：「今當改過從新，毋敢再犯。」是他親女，尚然如此，何況以下侍妾乎？先生習先王之道，尊周公之禮，不干己事，何故用心？早是妾身，可以容恕，若夫人知其事呵，決無干休。今後得問的問，不得問的休胡說。（下）（末云）這相思索是害也。

【哨遍】聽説罷心懷悒快，把一天愁都撮在眉尖上。說夫人節操凛冰霜，不召呼誰敢輒入中堂。自思想，比及你心兒裏畏懼老母親威嚴，小姐呵，你不合臨去也回頭兒望。待颺下教人怎颺？赤緊的情沾了肺腑，意惹了肝腸。若今生難得有情人，是前世燒了斷頭香。我得時節手掌兒裏奇擎，心坎兒裏温存，眼皮兒上供養。

【眉批】自是當行語，徐文長不以爲好，何足以知之。

【耍孩兒】當初那巫山遠隔如天樣，聽説罷又在巫山那廂。業身軀雖是立在迴廊，魂靈兒已在他行。本待要安排心事傳幽客，我子怕漏泄春光與乃堂。夫人怕女孩兒春心蕩，怪黄鶯兒作對，怨粉蝶兒成雙。

【眉批】

「怪黄鶯」二句，誚夫人不韻，見物類之雙對者而亦猜忌耳。王伯良謂指鶯春心蕩處，則宜言美、言慕，不宜言怨怪也，且解亦甚費添補。

【五煞】小姐年紀小，性氣剛。張郎倘得相親傍，乍相逢厭見何郎粉，看邂逅偷將韓壽香。纔到是未得風流况，成就了會温存的嬌婿，怕甚麽能拘束的親娘。

【四煞】夫人忒慮過，小生空妄想，郎才女貌合相彷。一作訪。休直待眉兒淺淡思張敞，春色飄零憶阮郎。非是咱自夸獎，他有德言工貌，小生有恭儉温良。

【眉批】

「工貌」，俗本作「容貌」，非。

【三煞】想着他眉兒淺淺描，臉兒淡淡妝，粉香膩玉搓咽項。翠裙鴛繡金蓮小，紅袖鸞銷玉笋長。不想呵其實强，你撇下半天風韻，我拾得萬種思量。

【眉批】

王伯良曰：「『咽項』二字連。」

徐文長曰：「言粉玉搓成一條咽項也。」

却忘了辭長老。（見潔科）小生敢問長老，房舍何如？（潔云）塔院側邊西廂一間房，甚是瀟灑，正可先生安下。見收拾下了，隨先生早晚來。（末云）小生便回店中搬去。（潔云）既然如此，老僧準備下齋，先生是必便來。（下）（末云）若在店中人鬧，到好消遣；搬在寺中静處，怎麽捱這凄凉也呵。

【眉批】

王本去此一段白，將西廂根據盡抹殺矣，况法本復在，何時下場耶。

徐士範曰：「此白語却自真境。」

【二煞】院宇深，枕簟凉，一燈孤影摇書幌。縱然酬得今生志，着甚支吾此夜長。睡不着如翻掌，少可有一萬聲長吁短嘆，五千遍倒枕槌床。

【眉批】

徐士範曰：「此處微見痕疵。」

二語何元朗所摘，以其太着相也，只易「一萬聲」、「五千遍」二襯語便妙矣。

【尾】嬌羞花解語，温柔玉有香。我和他乍相逢記不真嬌模樣，我則索手抵着牙兒慢慢的想。（下）

第三折

（正旦上云）老夫人着紅娘問長老去了，這小賤人不來我行回話。（紅上云）回夫人話了，去回小姐話去。（旦云）使你問長老幾時做好事？（紅云）恰回夫人話也，正待回姐姐話：二月十五日，請夫人、姐姐拈香。（紅笑云）姐姐，你不知，我對你説一件好笑的勾當。咱前日寺裏見的那秀才，今日也在方丈裏。他先出門兒外，等着紅娘，深深唱個喏道：「小生姓張，名珙，字君瑞，本貫西洛人也，年二十三歲，正月十七日子時建生，並不曾娶妻。」姐姐，却是誰問他來？他又問：「那壁小娘子莫非鶯鶯小姐的侍妾乎？小姐常出來麼？」被紅娘搶白了一頓呵回來了。姐姐，我不知他想甚麼哩，世上有這等傻角！（旦笑云）紅娘，休對夫人説。天色晚也，安排香案，咱花園内燒香去來。（下）（末上云）搬至寺中，正近西廂居址。我問和尚每來，小姐每夜花園内燒香。這個花園和俺寺中合着。比及小姐出來，我先在太湖石畔墻角兒邊等待，飽看一會。兩廊僧衆都睡着了。夜深人静，月朗風清，是好天氣也呵。正是「閑尋方丈高僧語，悶對西廂皓月吟」。

【眉批】

徐文長曰：「『傻』，音灑，輕慧貌。」宋人謂風流藴藉爲角，故有角妓之名。「傻角」是排調語。

〔越調〕【鬥鵪鶉】玉宇無塵，銀河瀉影；月色横空，花陰滿庭；羅袂生寒，芳心自警。側着耳朵兒聽，躡着脚步兒行：悄悄冥冥，潛潛等等。

【眉批】

《鬥鵪鶉》首句元不用韻，如後「彩筆題詩」、「夜去明來」皆不用韻，故用「塵」字，非以真文誤入庚青也。

【紫花兒序】等待那齊齊整整，嬝嬝停停，姐姐鶯鶯。一更之後，萬籟無聲，直至鶯庭。若是迴廊下没揣的見俺可憎，將他來緊緊的摟定，則問你那會少離多，有影無形。

【眉批】

徐士範曰：「『没揣的』猶云不意中。」

無非謂鶯難得等閑見面，妄擬以此詰之。徐云「『有影』句，張自況」，不通。

【金蕉葉】猛聽得角門兒呀的一聲，風過處花香細生。踮着脚尖兒仔細定睛，比我那初見時龐兒越整。（旦引紅娘上云）開了角門兒，將香桌出來者。（末唱）

（旦云）紅娘，移香桌兒近太湖石畔放者。（末做看科云）料想春嬌厭拘束，等閑飛出廣寒宫。看他容分一臉，體露半襟，嚲香袖以無言，垂羅裙而不語。似湘陵妃子，斜倚舜廟朱扉；如月殿嫦娥，微現蟾宫素影。是好女子也呵！

【眉批】

此白全用董解元語。

【調笑令】我這裏甫能、見娉婷，比着那月殿嫦娥也不恁般撐。遮遮掩掩穿芳徑，料應來小脚兒難行。可喜娘的臉兒百媚生，兀的不引了人魂靈！

【眉批】

王伯良曰：「『甫能』二字作句。」

（旦云）取香來。（末云）聽小姐祝告甚麽？（旦云）此一炷香，願化去先人，早生天界。此一炷香，願堂中老母，身安無事。此一炷香，（做不語科）（紅云）姐姐不祝這一炷香，我替姐姐禱告：願俺姐姐早尋一個姐夫，拖帶紅娘咱！（旦再拜云）心中無限傷心事，盡在深深兩拜中。（長吁科）（末云）小姐倚欄長嘆，似有動情之意。

【小桃紅】夜深香靄散空庭，簾幕東風静。拜罷也斜將曲欄憑，長吁了兩三聲。剔團圞明月如懸鏡，又不是輕雲薄霧，都則是香烟人氣，兩般兒氤氳得不分明。

【眉批】

此後有增一《幺篇》者，語重復支離，古本所無。

我雖不及司馬相如，我則看小姐頗有文君之意。我且高吟一絶，看他則甚。「月色溶溶夜，花陰寂寂春。如何臨皓魄，不見月中人？」（旦云）有人墻角吟詩。（紅云）這聲音便是那二十三歲不曾娶妻的那傻角。（旦云）好清新之詩，我依韻做一首。（紅云）你兩個是好做一首。（旦念詩云）「蘭閨久寂寞，無事度芳春。料得行吟者，應憐長嘆人。」（末云）好應酬得快也呵！

【禿廝兒】早是那臉兒上撲堆着可憎，那堪那心兒裏埋没着聰明。他把那新詩和得忒應聲，一字字，訴衷情，堪聽。

【眉批】

徐士範曰：「『埋没』下字入神。」

【聖藥王】那語句清，音律輕，小名兒不枉了喚做鶯鶯。他若是共小生、廝覷定，隔墻兒酬和到天明。方信道「惺惺的自古惜惺惺」。

【眉批】

元樂府：「葫蘆的憐懵懂，惺惺的惜惺惺。」言人各有臭味也。

【麻郎兒】我拽起羅衫欲行，（旦做見科）他陪着笑臉兒相迎。不做美的紅娘忒淺情，便做道謹依來命。

我撞出去，看他説甚麽。

【眉批】

生欲行，鶯欲迎，而紅在側，故謂其「淺情不做美」。「便做道謹依來命」，言何不便依了我們意也。「謹依來命」是成語，故用之，所取只一「依」字，猶「願隨鞭鐙」之類，此曲家法。徐改爲「不當個」，而王强解云：「不當依夫人之命而促之去。」何啻千里！

（紅云）姐姐，有人，咱家去來，怕夫人嗔着。（鶯回顧下）（末唱）

【幺篇】我忽聽、一聲、猛驚，元來是撲刺刺宿鳥飛騰，顫巍巍花稍弄影，亂紛紛落紅滿徑。

小姐你去了呵，那裏發付小生！

【絡絲娘】空撇下碧澄澄蒼苔露冷，明皎皎花篩月影。白日淒涼枉耽病，今夜把相思再整。

【眉批】

白日裏枉耽淒涼，夜裏再整相思，本明白。徐扭殺「一天好事」二語，竄改紛紛，以「白日」爲「向日」，以「再整」爲「投正」，而硬解「四星」爲有下稍，總之，胸中有僻也。

【東原樂】簾垂下，户已扃，却纔個悄悄相問，他那裏低低應。月朗風清恰二更，厮徯倖：他無緣，小生薄命。徯倖，有僥倖意，有蹺蹊意，有可幾幸意，有無着落意，亦在可解不可解。王解爲戲弄，非也。徯落乃是欺負作弄之解耳。

【綿搭絮】恰尋歸路，佇立空庭，竹稍風擺，斗柄雲横。呀！今夜淒涼有四星，他不偢人待怎生！雖然是眼角傳情，咱兩個口不言心自省。

今夜甚睡到得我眼裏呵。

【眉批】

徐士範曰：「古人以二分半爲一星，四星言十分也。」

我凄凉而彼已進去，即所謂「不倸人」，非與「笑相迎」戾也。

【拙魯速】對着盞碧熒熒短檠燈，倚着扇冷清清舊幃屏。燈兒又不明，夢兒又不成。窗兒外淅零零的風兒透疏櫺，忒楞楞的紙條兒鳴。枕頭兒上孤另，被窩兒裏寂静。你便是鐵石人，鐵石人也動情。

【眉批】

燈「不明」也是孤眠一慘景，徐改爲「不滅」，夫要滅亦何難！

【幺篇】怨不能，恨不成，坐不安，睡不寧。有一日柳遮花映，霧障雲屏，夜闌人静，海誓山盟。恁時節風流嘉慶，錦片也似前程，美滿恩情，咱兩個畫堂春自生。

【尾】一天好事從今定，一首詩分明照證。再不向青瑣闥夢兒中尋，則去那碧桃花樹兒下等。（下）

【眉批】

王伯良曰：「凡北詞佳者，必用俊語收之，不獨《西廂》爲然。」世人作南詞，似少有知此竅者。

第四折

（潔引聰上云）今日二月十五日開啓，衆僧動法器者。請夫人、小姐拈香。比及夫人未來，先請張生拈香。怕夫人問呵，則説道貧僧親者。（末上云）今日二月十五日，和尚請拈香，須索走一遭。〔雙調〕【新水令】梵王宫殿月輪高，碧琉璃瑞烟籠罩。香烟雲蓋結，諷呪海波潮。幡影飄飖，諸檀越盡來到。

【眉批】

王伯良曰：「兩『烟』字重，以『香烟』對『諷呪』亦不的，似有誤字。」

【駐馬聽】法鼓金鐸，二月春雷響殿角；鐘聲佛號，半天風雨灑松梢。侯門不許老僧敲，紗窗外定有紅娘報。害相思的饞眼腦，見他時須看個十分飽。

（末見潔科）（潔云）先生先拈香，恐夫人問呵，則説是老僧的親。（末拈香科）

【沉醉東風】惟願存在的人間壽高，亡化的天上逍遥。爲曾、祖、父先靈，禮佛、法、僧三寶。焚名香暗中禱告：則願得紅娘休劣，夫人休焦，犬兒休惡！佛囉，早成就了幽期密約！總是痴心禱佛之語，王去「早成就了」，而改爲「和尚每回施些」，云以此祈和尚每回施，恐戾。

【眉批】

王謂：「『壽高』宜作『壽考』。」此無不可，但言本調首句末字當用上聲，則未確也。本傳「槐影風摇暮鴉」，《王魁負桂英》劇云「人間語天聞若雷」，《追韓信》劇云「幹功名千難萬難」，《王妙妙哭秦少游》劇云：「虚飄飄拔着短籌」，《武陵春》詞云「瑶華細分明舞裀」，《人月重圓》劇云「同宿在紗厨絳綃」，用平聲者不可勝舉，豈皆無法者耶！

（夫人引旦上云）長老請拈香，小姐，喒走一遭。（末做見科）（覷聽云）爲你志誠呵，神仙下降也。（聽云）這生却早兩遭兒也。（末唱）

【雁兒落】我則道這玉天仙離了碧霄，元來是可意種來清醮。小子多愁多病身，怎當他傾國傾城貌。

【得勝令】恰便似檀口點櫻桃，粉鼻兒倚瓊瑤。淡白梨花面，輕盈楊柳腰。妖嬈，滿面兒撲堆着俏；苗條，一團兒衠是嬌。

【眉批】

「妖嬈」，面龐冶麗；「苗條」，身體嬝娜，各相配，故自妥。徐、王顛轉之，且爲之説，不敢以爲然。

（潔云）貧僧一句話，夫人行敢道麽？老僧有個敝親，是個飽學的秀才，父母亡後，無可相報。對我説：「央及帶一分齋，追薦父母。」貧僧一時應允了，恐夫人見責。（夫人云）長老的親，便是我的親，請來厮見咱。（末拜夫人科）（衆僧見旦發科）（末唱）

【喬牌兒】大師年紀老，法座上也凝眺；舉名的班首真呆傍，覷着法聰頭做金磬敲。

【眉批】

徐士範曰：「『呆傍』是鄉語。」

【甜水令】老的小的，村的俏的，没顛没倒，勝似鬧元宵。稔色人兒，可意冤家，怕人知道，看時節淚眼偷瞧。

【眉批】

「稔色」二句疊呼鶯之詞。怕人知道，與下句意連，惟怕人知，故偷瞧也。

【折桂令】着小生迷留没亂，心癢難撓。哭聲兒似鶯囀喬林，淚珠兒似露滴花梢。大師也難學，把一個發慈悲的臉兒來朦着。擊磬的頭陀懊惱，添香的行者心焦。燭影風摇，香靄雲飄，貪看鶯鶯，燭滅香消。

【眉批】

「撓」字，王以爲上、去二音，平聲無此字，反以周德清韻中有之，爲元人相沿之誤，竟改爲「猱」。且云：「世謂伎女爲猱兒。」夫妓女之解自如此，撓癢之撓非猱也。《看錢奴》劇云「撓不着心上癢」，亦此撓字，韻書在下平四豪，何以云無？韻中注又奴巧切，則上聲者耳。

（潔云）風滅燈也。（末云）小生點燈燒香。（旦與紅云）那生忙了一夜。

【錦上花】外像兒風流，青春年少；内性兒聰明，冠世才學。扭捏着身子兒百般做作，來往向人前賣弄俊俏。

（紅云）我猜那生，黄昏這一回，白日那一覺，窗兒外那會鑊鐸。到晚來向書幃裏比及睡着，千萬聲長吁捱不到曉。

【眉批】

北詞惟一人唱，忽參二旦每唱一曲，非體，疑後人妄添入耳。《折桂令》竟接入《碧玉簫》，亦是合調，但不敢遽删。

（末云）那小姐好生顧盼小子。

【碧玉簫】情引眉梢，心緒你知道；愁種心苗，情思我猜着。暢懊惱！響鐺鐺雲板敲。行者又嚎，沙彌又哨，恁須不奪人之好。

【眉批】

因大家動火而喧嚷，故張曰：「此乃我所好也。」「恁須不奪人之好」，因古有「君子不奪人之好」語，故以此爲謔，元人機局多如此。王謂：「張生不得致其私款，故云。」殊未得。

（潔與衆僧發科動法器了，潔摇鈴跪宣疏了，燒紙科）（潔云）天明了也，請夫人、小姐回宅。（末云）再做一會也好，那裏發付小生也呵！

【鴛鴦煞】有心争似無心好，多情却被無情惱。勞攘了一宵，月兒沉，鐘兒響，鷄兒叫。唱道是玉人歸去得疾，好事收拾得早，道場畢諸人散了。酩子裏各歸家，葫蘆提鬧到曉。（並下）

【眉批】

「唱道是」三字是《鴛鴦煞》本色。《追韓信》劇「唱道是惆悵功名」、《漢宫秋》劇「唱道是佇立多時」可證，徐、王本删之，緣不解耳。

【絡絲娘煞尾】則爲你閉月羞花相貌，少不得剪草除根大小。

【眉批】

此有《絡絲娘尾》者，因四折之體已完，故復爲引下之詞結之，見尚有第二本也。此非復扮色人口中語，乃自爲衆伶人打散語，猶説詞家「有分交」以下之類，是其打院本家數。王謂是搊彈引帶之詞而削去，大無識矣。

題目　老夫人閑春院　崔鶯鶯燒夜香

正名　小紅娘傳好事　張君瑞鬧道場

西厢記第一本解證

楔　子

子母孤孀途路窮徐文長云：「既云窮，則中間『軟玉屏』、『珠簾玉鈎』等句亦當避忌。」夫所謂窮，只此遭喪旅櫬便是窮處，賓白中「路途有阻」是也，豈相公家貲一無所携而言窮耶？吴越語自以貧爲窮耳，古人何嘗以窮字訓貧字？阮籍「車迹所窮，輒慟哭而返」，豈亦以囊無錢耶？可笑。

第一折

望眼一作醉眼，亦可。然王伯良引杜詩及他劇，確證其爲醉眼。彼望眼獨無出處耶？

蠹魚似猶言蠹魚般也，後「錦片也似」亦然。

顛不剌舊解爲美人名，固非。徐及王解云：「顛，輕狂也；不剌，方言助語。『顛不剌』句反起『可喜』句，言輕狂者見了萬千，似鶯鶯之凝重可喜者少。『儘人調戲』三句正見凝重處。」考之「不剌」爲北方助語則是，而其解則非也。「顛不剌」，詞中用之不少，如「顛不剌情理是難甘」、「顛不剌喬症候」等語，豈亦以顛爲輕狂而反起可喜耶？繹其意，似言没頭腦、没正經之意，如「葫蘆提」、「酩子裏」之類，可解不可解之間。湯臨川《邯鄲記》中「顛不剌自裁刮」，用得合。若依徐解，則下「解舞腰肢」四語，豈亦贊其凝重耶？即「嚲香肩」而「笑撚花」，亦非凝重氣象矣。

靦腆上忙扁切，下他蜓切，《中原音韻》並載先天韻中。元曲多有之，《金綫池》劇「使不着撒靦腆」可證。今俗謂羞澀軟賦者，猶有此聲。王伯良易以「面靦」，引《詩》「有靦面目」爲證，而謂字書無蜆字。不知曲中元不用靦字，時本自誤刻耳。若作「面」則從去，竟無此二字音矣。

南海水月觀音現徐以朱氏本作「院」，以爲對「家」字工而改之，並改「南海」爲「海南」，以對「河中」。工則工矣，然自來無海南水月之語，況實甫慣用董解元詞。董云：「我恰纔見水月觀音現」，正直取其句，不以屬對爲工耳。舊本作現，不敢喜新而從徐也。

第二折

小姐央即央及也，與紅娘討分上也。倘其不肯，我自寫與之，甚明。而徐解云「商量得中」，不知何謂。

從良奴婢贖身爲從良，今世猶有行此法者。倡家小侑亦皆然。「寫與從良」便是惜其爲侍女故云，即欲善嫁之之意。徐解云：「未免有得隴望蜀之意。」則張乃自認收幸之爲從良耶？若自用，亦復何須寫？

睃趁着你頭上放毫光猶俗云眼裏放得火出也。徐與王伯良各有解，皆迂拙。

煩惱則麽耶唐三藏舊本元自如此。蓋元人則麽、子麽、怎麽皆一樣解，今本不知其解而改爲怎麽，固不必爲徐解者。偶見舊爲「則麽耶」，遂妄謂亦是僧名，而曰：「言大師非則麽耶、唐三藏之比，淫慾在所不免，何用嗔己之戲謔。」更可笑。「煩惱則麽耶」，正言何用煩惱唐三藏，即調稱「法本煩惱則麽耶唐三藏」，猶「息怒波卓文君」、「學去波漢司馬」，與别本「免禮波雙通叔」、「熱忙也沈東陽」之類一樣句法也。今如徐解，則「煩惱」二字如何連接？且云「何用嗔己之戲謔」，仍是「煩惱則麽」之解矣。或果有僧名則麽耶，亦决不如是用也，況無考者乎！皆好爲異説而不通者。王伯良不從，有見。

第三折

不恁般撑言姮娥亦未必如此撑達也。元本時有此語，《兩世姻緣》雜劇云「看了他容顔兒實是撑」，此句蓋用董解元「便是月殿嫦娥也没恁地撑」也。徐本改爲「不恁般争」，注曰「不争，差也。」又曰「您争，言不與你争，如云不我欺也」，謬其義而强爲之解，白相支離。

四星舊解爲十分，未知何據。然揣其義，不過言其甚也。徐解乃曰：「古人釘秤，末稍用四星，四星謂下稍也。《兩世姻緣》雜劇云『比卓文君有了下稍，没了四星』，是言有上稍没下稍也。今夜雖凄凉，然隔墻酬和是有下稍矣。」其説如此。玩本折尾聲語氣，此説近似，然詞中有「却遮了北斗杓兒柄，這凄凉有四星」；樂府「愁煩迭萬垓，凄凉有四星」；《玉鏡臺》劇云「折莫你發作我半生，我也忍得四星」，又當作何解？恐又非有下稍之説可通耳。要之，十分之意爲是。或曰天南地北參辰卯酉四星，蓋此星朝暮不得相見，詞家往往用爲阻隔之義，意或少近耳。

第四折

犬兒休惡此本無可疑，徐本「犬兒」上添「崔家的」三字，評云：「有此方妥。」可笑之甚。犬之警吠，礙人幽期，故禱之耳。此時張初至寺中，未到崔家書院，豈止崔家者休惡，而寺中餘犬皆可任其嗥吼耶？况崔家止寓寺中耳，豈别有一種崔家犬非寺中犬耶？前謂其「途路窮」，「玉鉤珠簾」皆非所携，而獨牽相府中舊犬豢養之耶？穿鑿鄙陋，可爲粟肌。

稔色人兒，可意冤家，怕人知道，看時節淚眼偷瞧。上二句連呼鶯，言鶯鶯欲看己而怕人知道，故淚眼偷瞧，意本明白，但以腔調所限，倒此「看時節」三字在下耳。徐改「冤家」爲「他家」，而曰：「生指自己，言可意我又怕人知道，故瞧我只偷瞧。」夫以張生自指而代鶯鶯稱「他家」，恐世無此等文理，乃反以「冤家」爲没理，謂與下文無干。夫詞中稱所歡爲「冤家」其常也，是豈詈語，而與下不相接耶？又一古本無「可意」二字，直作「他家怕人知道」。《雍熙樂府》亦作「他怕人知道」，亦自直截。

但《甜水令》本調一少二字、一少三字耳。

鑊鐸方言，猶言囉唣、鬧攘之類。燈詞有：「聽的社火鑊鐸。」《後庭花》雜劇有：「鑊鐸殺了五臟神。」《曲江池》雜劇：「階垓下鬧鑊鐸。」元人用之不一而足。舊解爲往來，固非；徐解爲寺中鈴鐸，謬甚。

西厢記第二本　崔鶯鶯夜聽琴雜劇

元　王實甫　填詞

第一折

（孫飛虎上開）自家姓孫，名彪，字飛虎。方今唐德宗即位，天下擾攘。因主將丁文雅失政，彪統着五千人馬，鎮守河橋。近知先相公崔珏之女鶯鶯，眉黛青顰，蓮臉生春，有傾國傾城之貌，西子太真之顔，見在河中府普救寺借居。我心中想來，當今用武之際，主將尚然不正，我獨廉何哉？大小三軍，聽吾號令：人盡銜枚，馬皆勒口，連夜進兵河中府，擄鶯鶯爲妻，是我平生願足。（下）（潔慌上）誰想孫飛虎將半萬賊兵圍住寺門，鳴鑼擊鼓，吶喊摇旗，欲擄鶯鶯小姐爲妻。我今不敢違悮，即索報知夫人走一遭。（下）（夫人上慌云）如此却怎了？俺同到小姐卧房裏商量去。（下）

【眉批】

元曲時用白中語作曲，以爲照應，因此飛虎口中有「眉黛」等語，故後夫人亦云然，而鶯曲遂述之耳。時本删去，則後來夫人之語何所自？又有並夫人亦無白者，則鶯奈何忽自贊耶？

（旦引紅上云）自見了張生，神魂蕩漾，情思不快，茶飯少進。早是離人傷感，况值暮春天道，好煩惱人也呵！好句有情聯夜月，落花無語怨東風。

【仙吕】【八聲甘州】懨懨瘦損，早是傷神，那值殘春。羅衣寬褪，能消幾度黄昏？風裊篆烟不捲簾，雨打梨花深閉門。無語憑闌干，目斷行雲。

【眉批】

首二句不用韻亦可，然首句儘多用韻者。《雍熙樂府》中「花遮翠擁，香靄飄霞，燭影揺紅」、《明皇望長安》劇云「中秋夜闌，寶篆烟消，玉漏聲殘」、《天寶遺事》引「開元至尊，舞按霓裳，政失君臣」、又「中華大唐，四海衣冠，萬里梯航」是也。至《詠蝶詞》「春光艷陽，人意徊徨，花柳濃妝」，則兩句俱用韻矣，此曲亦然。王謂不用韻而從徐本之「多愁」，雖不妨，然舊本却是「傷神」。

【混江龍】落紅一作花。成陣，風飄萬點正愁人。池塘夢曉，闌檻辭春。蝶粉輕沾飛絮雪，燕泥香惹落花塵。繫春心情短柳絲長，隔花陰人遠天涯近。香消了六朝金粉，清減了三楚精神。王伯良欲易「香消」爲「消疏」、「金粉」爲「烟粉」，不爲無見。

（紅云）姐姐情思不快，我將被兒薰得香香的，睡些兒。（旦唱）

【油葫蘆】翠被生寒壓繡裀，休將蘭麝薰；便將蘭麝薰盡，則索自温存。昨宵個錦囊佳製明勾引，今日個玉堂人物難親近。這些時坐又不安，睡又不穩，我欲待登臨又不快閑行又悶。一作困。每日價情思睡昏昏。登臨又不快，閑行又悶，董詞乃道張生者，移爲鶯語，覺非女人本色。

【眉批】

「蘭麝薰盡」句連，非「薰」字句而「盡」字連下也。

王伯良曰：「『穩』，諸本作『寧』，係庚清韻。」非。「登臨」句，七字句襯二字。

【天下樂】紅娘呵，我則索搭伏定鮫綃枕頭兒上盹。但出閨門，影兒般不離身。（紅云）不干紅娘事，老夫人着我跟着姐姐來。（旦云）俺娘也好没意思！這些時直恁般提防着人。小梅香伏侍的勤，老夫人拘繫的緊，則怕俺女孩兒折了氣分。

【眉批】

首句宜仄（平可）仄平平仄（平可）仄平（仄可），乃襯「頭兒」二字者。王本謂襯「兒」字而反去上字，便不合調。「氣分」猶言氣𣋡。《金綫池》劇「年紀小須是有氣分，年紀老無人問」、《羅李郎》劇「顯耀男兒氣分」，其意可想。王作「聲勢」解，猶近；徐以爲「名分」之分，酸甚。

（紅云）姐姐往常不曾如此無情無緒；自曾見了那生，便却心事不寧，却是如何？（旦唱）

【那吒令】往常但見個外人，氲的早嗔；但見個客人，厭的倒褪；從見了那人，兜的便親。想着他昨夜詩，依前韻，酬和得清新。

【鵲踏枝】吟得句兒勻，念得字兒真。詠月新詩，煞强似織錦迴文。誰肯把針兒將綫引，一本無「把」字。向東鄰通個慇懃。

【眉批】

「把針兒」句，言把針兒將綫引過去，本自不礙。王謂「將」字與「把」字礙而去之，則須言「把針兒引綫」乃可，「綫引」便不通矣。

徐士範曰：「《西廂》詞多用『兒』字，于情近，于事諧，故是當家。」

【寄生草】想着文章士，「文章士」徐改爲「風流客」，「旖旎」即「風流」也，仍舊本爲是。旖旎人；他臉兒清秀身兒俊，性兒温克情兒順，不由人口兒裏作念心兒裏印。學得來「一天星斗煥文章」，不枉了「十年窗下無人問」。「不由人」即不覺的一意，言連身子做不得主也。今人常於人下添「不」字，不惟不知其本而襯字，用四亦非體。

(飛虎領兵上圍寺科。下)(卒子内高叫，云)寺裏人聽者：限你們三日内將鶯鶯獻出來與俺將軍成親，萬事干休。三日之後不送出，伽藍盡皆焚燒，僧俗寸斬，不留一個。

【眉批】

今本去此卒子高叫一段白，後來「將伽藍火内焚」及「博望燒屯」等語，俱無着矣。

(夫人、潔同上敲門了)(紅看了，云)姐姐，夫人和長老都在房門前。(旦見了科)(夫人云)孩兒，你知道麽？如今孫飛虎將半萬賊兵圍住寺門，道你眉黛青顰，蓮臉生春，似傾國傾城的太真，要擄你做壓寨夫人。孩兒，怎生是了也？(旦唱)

【六幺序】聽説罷魂離了殼，見放着禍滅身，將袖稍兒揾不住啼痕。好教我去住無因，此下可以叠四字句，不拘多少。進退無門，可着俺那埚一作心。兒裏人急偎親？孤孀子母無投奔，赤緊的先亡過了有福之人。耳邊廂金鼓連天震，征雲冉冉，土雨紛紛。

【眉批】

「那堝兒裏」，那所在也。「人急偎親」是成語。

「土雨」董解元記中語「滿空紛紛土雨」，言人馬沓來而塵土紛起如雨也。《戰英布》劇亦有「紛紛濺土雨」句，俗作吐，謬。

【幺篇】那廝每一本無「每」字。風聞，胡云。道我眉黛青顰，蓮臉生春，此下亦可以疊四字，不拘多少。恰便似傾國傾城的太真。元的不送了他三百僧人？半萬賊軍，半霎兒敢剪草除根？這廝每於家爲國無忠信，恣情的擄掠人民。更將那天宫般蓋造焚燒盡，則没那諸葛孔明，便待要博望燒屯。

【眉批】

王伯良曰：「『風聞，胡云』四字二韻，『那廝每』三字係襯字，元不用韻，與前後『麻郎兒』三句各叶者不同。」

「則没那諸葛孔明」，言單得没那諸葛孔明，他却要做出博望燒屯事來，元人下語每如此。王去「則没那」而易以「則麽言甚麽孔明」，牽强非作者意。徐易以「那裏也」亦不必。

（夫人云）老身年六十歲，不爲壽夭；奈孩兒年少，未得從夫，却如之奈何？（旦云）孩兒有一計，想來則是將我與賊漢爲妻，庶可免一家兒性命。（夫人哭云）俺家無犯法之男，再婚之女，怎捨得你獻與賊漢，却不辱没了俺家譜！（潔云）俺同到法堂兩廊下，問僧俗有高見者，俺一同商議個長便。（同到法堂科）（夫人云）小姐却是怎生？（旦云）不如將我獻與賊人，其便有五：

【後庭花】第一來免摧殘老太君；第二來免堂殿作灰燼；第三來諸僧無事得安存；第四來先君靈柩穩；第五來歡郎雖是未成人，若《後庭花》本調，此句止「未成人」是正字。（歡）俺呵，打甚麽不緊！（旦）須是崔家後代孫。鶯鶯爲惜已身，不行從着亂軍：諸僧衆污血痕，將伽藍火内焚；王以此二句與上次序不相應而倒轉之，不思前首言老太君，而此末言慈母恩，何嘗一一照序耶！先靈爲細塵，斷絶了愛弟親，割開了慈母恩。

【眉批】

此調若作《後庭花》，則「後代孫」「孫」字不宜平韻，宜爲後胤者是。王定「後代孫」以上爲《元和令》，調自叶。但以下爲《後庭花》，則本調不全，乃謂《後庭花》可增減。不知《後庭花》亦止「斷絶了愛弟親」以下三字爲節者，可多演數語，非可任意增減也。金白嶼作《元和令帶後庭花》，不爲無見。

徐文長曰：「『不行從亂軍』，言不從軍其害如此。」

【柳葉兒】呀，將俺一家兒不留一個齠齔，待從軍又怕辱没了家門。我不如白練套頭兒尋個自盡，將我尸櫬，獻與賊人，也須得個遠害全身。

【青歌兒】母親，都做了鶯鶯生忿，對傍人一言難盡。母親，休愛惜鶯鶯這一身。您孩兒别有一計：不揀何人，建立功勳，殺退賊軍，掃蕩妖氛；倒陪家門，情願與英雄結婚姻，成秦晋。

【眉批】「生忿」與「生分」同，猶劣憿也。詳《解證》中。此句「休愛惜」便含下意，非復如前欲獻賊人也。俗人不解，而添一「好歹將我獻與賊人罷」一句白，便與辱家門而尋自盡戾矣。「不揀何人」以下四字叠句，可以添多，首尾之調，自不可易。王謂此調字句亦可增減，與本譜不同，未知其深者。

（夫人云）此計較可。雖然不是門當户對，也强如陷于賊中。長老在法堂上高叫：兩廊僧俗，但有退兵之策的，倒陪房奩，斷送鶯鶯與他爲妻。（潔叫了住）（末鼓掌上，云）我有退兵之策，何不問我？（見夫人了）（潔云）這秀才便是前日帶追薦的秀才。（夫人云）計將安在？（末云）「重賞之下，必有勇夫；賞罰若明，其計必成。」（旦背云）只願這生退了賊者。（夫人云）恰纔與長老説下，但有退得賊兵的，將小姐與他爲妻。（末云）既是恁地，休諕了我渾家，請入卧房裏去，俺自有退兵之策。（夫人云）小姐和紅娘回去者。（旦對紅云）難得此生這一片好心！

【眉批】徐士範曰：「白語亦自關鍵。」

【賺煞】諸僧衆各逃生，衆家眷誰偢問，這生不相識横枝兒着緊。非是書生多議論，也堤防着玉石俱焚。雖然是不關親，可憐見命在逡巡，濟不濟權將秀才來儘。果若有出師表文，嚇蠻書信，張生呵，則願得筆尖兒横掃了五千人。（下）

【眉批】

王伯良曰：「『横枝』非正枝也，非親非故，乃曰我能退兵，是所謂横枝着緊也。」「嚇蠻書信」，蓋小説家有《李翰林醉草嚇蠻書》，以爲李太白有是事，故往往用之。元劇用事，正不必正史有也。徐以爲「下燕」，以舊解李左車教韓信下燕爲證，可謂信傳疑經矣。即果爲「下燕」，何不道魯仲連聊城書乎！

楔子

（夫人云）此事如何？（末云）小生有一計，先用着長老。（潔云）老僧不會斷殺，請秀才別换一個。（末云）休慌，不要你斷殺。你出去與賊漢説：「夫人本待便將小姐出來，送與將軍，奈有父喪在身。不爭鳴鑼擊鼓，驚死小姐，也可惜了。將軍若要做女婿呵，可按甲束兵，退一射之地。限三日功德圓滿，脱了孝服，换上顔色衣服，倒陪房奩，定將小姐送與將軍。不爭便送來，一來父服在身，二來于軍不利。」你去説來。（本云）三日如何？（末云）有計在後。（潔朝鬼門道叫科）請將軍打話。（飛虎卒上云）快送出鶯鶯來。（潔云）將軍息怒。夫人使老僧來與將軍説。（説如前了）（飛虎云）既然如此，限你三日，後若不送來，我着你人人皆死，個個不存。你對夫人説去，恁的這般好性兒的女婿，教他招了者。（潔云）賊兵退了也，三日後不送出去，便都是死的。（末云）小子有一故人，姓杜，名確，號爲白馬將軍，見統十萬大兵，鎮守着蒲關。一封書去，此人必來救我。此間離蒲關四十五里，寫了書呵，怎得人送去？（潔云）若是白馬將軍肯來，何慮孫飛虎。俺這裏有一個徒弟，唤做惠明，則是要吃酒厮打。若使央他去，定不肯去；須將言語激着他，他便去。（末唤云）有書寄與杜將軍，誰敢去？誰敢去？（惠明上唱）

〔正宫〕【端正好】不念《法華經》，不禮《梁皇懺》，颩音丢。了僧伽帽，袒下我這偏衫。俗作偏紅衫，非。殺人心逗起英雄膽，兩隻手將烏龍尾鋼椽揝。

【眉批】首二句襯「不念」、「不禮」二字，元曲甚有襯作七字者，然三字是本調。王謂與「碧雲天」調不同，非也。

【滚繡球】非是我貪，不是我敢，知他怎生喚做打參？此字宜去聲。大踏步直殺出虎窟龍潭。非是我攙，不是我攬，這些時吃菜饅頭委實口淡，五千人也不索炙煿煎爁。腔子裏熱血權消渴，肺腑内生心且解饞，有甚腌臢！

【眉批】「爁」，羅檻切，平聲陽韻。王以爲音不叶，而改爲「燂」，豈未考韻耶？

【叨叨令】浮沙羹寬片粉添些雜糝，酸黄虀爛豆腐休調啖，萬餘斤黑麵從教暗，我將這五千人做一頓饅頭餡。是必休悞了也麽哥！休悞了也麽哥！包殘餘肉把青鹽醮。

【眉批】「休調啖」，言休調此等與我吃，我待將吃人肉饅頭也。俗本俱作「淡」，誤。

（潔云）張秀才着你寄書去蒲關，你敢去麽？（惠唱）

【倘秀才】你那裏問小僧敢去也那不敢，我這裏啓大師用咎也不用咎？你道是飛虎將聲名播斗南；那厮能淫欲，會貪婪，誠何以堪！

【眉批】

「咎」字上聲，我也。此句宜仄韻，而諸本作「喒」，則平聲矣。王從朱本爲「俺」，亦疑其宜仄耳，不知仄韻自有咎字也。

（末云）你是出家人，却怎不看經禮懺，則厮打爲何？（惠唱）

【滚繡球】我經文也不會談，逃禪也懶去參；戒刀頭近新來鋼蘸，鐵棒上無半星兒土漬塵緘。別的都僧不僧、俗不俗、女不女、男不男，則會齋的飽也則向那僧房中胡渰，那裏怕焚燒了兜率伽藍。則爲那善文能武人千里，憑着這濟困扶危書一緘，有勇無慚。

【眉批】

「有勇無慚」，惠明自負之言甚明。徐改爲「憨」，注云「謂杜帥勇且知也」，何謂？只看上下文此時何與推許杜帥耶？

（末云）他倘不放你過去如何？（惠云）他不放我呵，你放心！

【白鶴子】着幾個小沙彌把幢幡寶蓋擎，壯行者將捍棒鑊叉擔。你排陣脚將衆僧安，我撞釘子把賊兵來探。

【眉批】

「捍棒鑊叉」，徐作「捍杖火叉」，言寺中無兵杖，故各執所有，猶夫擎幢幡也。亦有議論，蓋本董解元「或拿着切菜刀，捍麵杖」等語來。然「捍棒鑊叉」亦是寺中所有，非軍器也，不改亦可。

【二】遠的破開步將鐵棒颩，近的順着手把戒刀釤。音衫，去聲。有小的提起來將脚尖踮，踮字書所無，宜作撞。有大的扳下來把髑髏勘。俗本無二「有」字。「髑髏」，今人詈人之頭猶云然。王謂是死人之頭骨，以爲非，而改作「撒樓」，謂方言頭也，亦多事矣。

【眉批】

「勘」即砍，元人每用之。王謂：「扳下來以己之頭而勘之。」不知己之頭如何勘？

【一】瞅一瞅古都都翻了海波，滉一滉厮琅琅振動山巖。脚踏得赤力力地軸摇，手扳得忽刺刺天關撼。

【耍孩兒】我從來駁駁劣劣，世不曾忑忑忐忐音忒，吐膽切。忐，打熬成不厭天生敢。我從來斬釘截鐵常居一，不似恁惹草拈花没掂三。劣性子人皆慘，捨着命提刀仗劍，更怕甚勒馬停驂。

【眉批】

「常居一」，猶言常算我第一也。

【二】我從來欺硬怕軟，吃苦不甘，你休只因親事胡撲俺。若是杜將軍不把干戈退，張解元干將風月擔。我將不志誠的言詞賺，倘或紕繆，倒大羞慚。

（惠云）將書來，你等回音者。

【收尾】恁與我助威風擂幾聲鼓，仗佛力吶一聲喊。繡旗下遥見英雄俺，我教那半萬賊兵唬破膽。（下）

【眉批】

「繡旗下」，徐改爲「繡旛開」，謂即上「擎幢旛」之旛也，亦可。然既曰「遥見」，則此「繡旗」乃飛虎軍中者，故亦不必改。

（末云）老夫人、長老都放心，此書到日，必有佳音。㫖「眼觀旌節旗，耳聽好消息」。你看：一封書札逡巡至，半萬雄兵咫尺來。（並下）

（杜將軍引卒子上開）林下曬衣嫌日淡，池中濯足恨魚腥；花根本艷公卿子，虎體鴛班將相孫。自家姓杜，名確，字君實，本貫西洛人也。自幼與君瑞同學儒業，後棄文就武，當年武舉及第，官拜征西大將軍，正授管軍元帥，統領十萬之衆，鎮守着蒲關。有人自河中來，聽知君瑞兄弟在普救寺中，不來望我；着人去請，亦不肯來，不知主甚意。今聞丁文雅失政，不守國法，剽掠黎民；我爲不知虚實，未敢造次興師。孫子曰：「凡用兵之法，將受命於君，合軍聚衆，圮地無舍，衢地交合，絶地無留；圍地則謀，死地則戰；途有所不由，軍有所不擊，城有所不攻，地有所不争，君命有所不受。故將通於九變之利者，知用兵矣。治兵不知九變之術，雖知五利，不能得人用矣。」吾之未疾進兵征討者，爲不知地利淺深出没之故也。昨日探聽去，不見回報。今日升帳，看有甚軍情，來報我知道者！（卒子引惠明和尚上開）（惠明云）我離了普救寺，一日至蒲關，見杜將軍走一遭。（卒報科）（將軍云）着他過來。（惠打問訊了云）貧僧是普救寺。今有孫飛虎作亂，將半萬賊兵圍住寺門，欲劫故臣崔相國女爲妻。有游客張君瑞奉書，令小僧拜投于麾下，欲求將軍以解倒懸之危。（將軍云）將過書來。（惠投書了）（將軍拆書念曰）珙頓首再拜大元帥將軍契兄纛下：伏自洛中，拜違犀表，寒暄屢隔，積有歲月，仰德之私，銘刻如也。憶昔聯床風雨，嘆今彼各天涯；客況復生于肺腑，離愁無慰于羈懷。念貧處十年藜藿，走困他鄉；羡威統百萬貔貅，坐安邊境。故知虎體食天禄，瞻天表，大德勝常；使賤子慕台顔，仰台翰，寸心爲慰。輒禀：小弟辭家，欲詣帳下，以叙數載間闊之情；奈至河中府普救寺，忽值採薪之憂。不期有賊將孫飛虎，領兵半萬，欲劫故臣崔相國之女，實爲迫切狼狽。小弟之命，亦在逡巡。萬一朝廷知道，其罪何歸？將軍倘不棄舊交之情，興一旅之師；上以報天子之恩，下以救蒼生之急；使故相國雖在九泉，亦不泯將軍之德。願將軍虎視去書，使小弟鵠觀來旌。造次干瀆，不勝慚愧！伏乞台照。不宣。張珙再拜。二月十六日書。（將軍云）既然如此，和尚你行，我便來。（惠明云）將軍是必疾來者！

【眉批】

此處俗本有惠明唱《賞花時》二段，金白嶼謂周憲王增《西廂·賞花時》，其意似謂不止此；臧晋叔謂止此是其筆。然憲王所撰，儘可逼元，不學究庸俗乃爾。其本原無，故不載，聊附之《解證》中。

（將軍云）雖無聖旨發兵，將在軍，君命有所不受。大小三軍，聽吾將令：速點五千人馬，人盡銜枚，馬皆勒口，星夜起發，直至河中府普救寺救張生走一遭。（引卒子上開。將軍引卒子騎竹馬調陣拿綁下）（夫人、潔同末上。云）下書已兩日，不見回音。（末云）山門外吶喊摇旗，莫不是俺哥哥軍至了？（末見將軍了）（引夫人拜了）（將軍云）杜確有失防禦，致令老夫人受驚，切勿見罪是幸！（末拜將軍了）自别兄長台顔，一向有失聽教；今得一見，如撥雲睹日。（夫人云）老身子母，如將軍所賜之命，將何補報？（將軍云）不敢，此乃職分之所當爲。敢問賢弟因甚不至戎帳？（末云）小弟欲來，奈小疾偶作，不能動止，所以失敬。今見夫人受困，所言退得賊兵者，以小姐妻之，因此愚弟作書請吾兄。（將軍云）既然有此姻緣，可賀，可賀！（夫人云）安排茶飯者。（將軍云）不索，倘有餘黨未盡，小官去捕了，却來望賢弟。左右那裏，去斬孫飛虎去！（拿賊了）本欲斬首示衆，具表聞奏，見丁文雅失守之罪；恐有未叛者，今將爲首各杖一百，餘者盡歸舊營去者。（孫飛虎謝了，下）（將軍云）張生建退軍之策，夫人面許結親；若不違前言，淑女可配君子也。（夫人云）恐小女有辱君子。（末云）請將軍筵席者。（將軍云）我不吃筵席了，我回營去，異日却來慶賀。（末云）不敢久留兄長，有勞台侯。（將軍望蒲關起發）（衆念云）馬離普救敲金鐙，人望蒲關唱凱歌。（下）（夫人云）先生大恩，不敢忘也。自今先生休在寺裏下，則着僕人寺内養馬，足下來家内書院裏安歇。我已收拾了，便搬來者。到明日略備草酌，着紅娘來請，你是必來一會，別有商議。（末云）這事都在長老身上。（問潔云）小子親事，未知何如？（潔云）鶯鶯親事，擬定妻君。「只因兵火至，引起雨雲心。」（下）（末云）小子收拾行李去花園裏去也。（下）

第二折

（夫人上云）今日安排下小酌，單請張生酬勞。道與紅娘，疾忙去書院中請張生，着他是必便來，休推故。（下）（末上云）夜來老夫人説，着紅娘來請我，却怎生不見來？我打扮着等他。皂角也使過兩個也，水也換了兩桶也，烏紗帽擦得光挣挣的，怎麽不見紅娘來也呵？（紅娘上。云）老夫人使我請張生。我想若非張生妙計呵，俺一家兒性命難保也呵。

【中吕】【粉蝶兒】半萬賊兵，捲浮雲片時掃净，俺一家兒死裏逃生。舒心的列山靈，陳水陸，張君瑞合當欽敬。當日所望無成；誰想一緘書到爲了媒證。

【眉批】

酸得妙，自是元人賓白。

【眉批】「浄」，俗本作「盡」，是真文韻，非。

【醉春風】今日個東閣玳筵開，煞强如西厢和月等。薄衾單枕有人温，早則不冷、冷。受用足寶鼎香濃，繡簾風細，緑窗人静。「不冷、冷」，上冷字句，下冷字一字成句，此曲本調。此句當用韻中叠字，餘仿此。

可早來到也。

【眉批】「玳筵」，朱石津本改爲「帶烟」，與「和月」對。徐解云：「早開閣以待客也。」亦有致。然恐不如「玳筵」之自然，作者正未必如是字字比對耳。

【脱布衫】幽僻處可有人行，點蒼苔白露冷冷。隔窗兒咳嗽了一聲，（紅敲門科）（末云）是誰來也？（紅云）是我。他啓朱唇急來答應。

（末云）拜揖小娘子。（紅唱）

【小梁州】則見他叉手忙將禮數迎，我這裏「萬福，先生」。烏紗小帽耀人明，白襴浄，角帶傲黄鞓。

【眉批】楊用修曰：「『角帶鬧黄鞓』，俗作『傲黄鞓』，非。京師有『鬧裝帶』。白樂天詩『親王帶鬧裝』，薛田詩『三閙裝成子弟郢』。」

【幺篇】衣冠濟楚龐兒整，「整」俗作「俊」，犯真文，非。可知道引動俺鶯鶯。據相貌，憑才性，我從來心硬，一見了也留情。

(末云)「既來之，則安之。」請書房内説話。小娘子此行爲何？(紅云)賤妾奉夫人嚴命，特請先生小酌數杯，勿卻。(末云)便去，便去。敢問席上有鶯鶯姐姐麼？(紅唱)

【上小樓】「請」字兒不曾出聲，「去」字兒連忙答應。可早鶯鶯根前，「姐姐」呼之，喏喏連聲。秀才每聞道「請」，恰便似聽將軍嚴令，和他那五臟神願隨鞭鐙。

【眉批】

「可早鶯鶯」三句正指上白「席上有鶯鶯姐姐麼」一問。乃王謂「我請而忙應」，若鶯鶯呼之，當如何「喏喏連聲」耶？則「可早」、「跟前」等字如何着落？牽强可笑！

【幺篇】第一來爲壓驚，第二來因謝承。不請街訪，不會親鄰，不受人情。避衆僧，請老兒，和鶯鶯匹聘。(末云)如此小生歡喜。(紅)則見他歡天喜地，謹依來命。

(末云)小生客中無鏡，敢煩小娘子看小生一看何如？(紅唱)

【滿庭芳】來回顧影，文魔秀士，風欠酸丁。下工夫將額顱十分挣，遲和疾擦倒蒼蠅。光油油耀花人眼睛，酸溜溜螫得人牙疼。(末云)夫人辨甚麼請我？(紅)茶飯已安排定，淘下陳倉米數升，煠下七八碗軟蔓青。

【眉批】「欠」，如字，不讀耍，詳《解證》中。

無非贊其過于打扮，王謂譏其酸與油，又説夢矣。

（末云）小生想來：自寺中一見了小姐之後，不想今日得成婚姻，豈不爲前生分定？（紅云）姻緣非人力所爲，天意爾。（末唱）

【快活三】喒人一事精，百事精；一無成，百無成。世間草木本無情，自古云：「地生連理木，水出並頭蓮。」他猶有相兼並。（紅唱）

【眉批】此調即「有緣千里能相會，無緣對面不相逢」之大意也。徐、王皆支離分疏，不必。

【朝天子】休道這生，年紀兒後生，恰學害相思病。天生聰俊，打扮素凈，奈夜夜成孤另。才子多情，佳人薄倖，兀的不擔閣了人性命。（末云）你姐姐果有信行？（紅）誰無一個信行，誰無一個志誠，恁兩個今夜親折證。

【眉批】「才子」二句是私念其美而評之，若此極自明白。王注葛藤可笑。

「誰無信行、志誠」，因問鶯「信行」而謾詞以答耳。徐謂紅自述己德，而王又曲爲之解，皆可笑。

我囑付你咱！

【四邊静】今宵歡慶，軟弱鶯鶯，可曾慣經。你素款款輕輕，燈下交鴦頸。端詳可憎，好煞人也無乾净。

【眉批】

王伯良曰：「『無乾净』，無盡極也。」《陳摶高卧》劇「但卧時一年半載無乾净」、《黑旋風》劇「這一場雪冤報恨無乾净」可證。

（末云）小娘子先行，小生收拾書房便來。敢問那裏有甚麽景致？（紅唱）

【耍孩兒】俺那裏落紅滿地胭脂冷，休孤負了良辰媚景。夫人遣妾莫消停，請先生勿得推稱。俺那裏準備着鴛鴦夜月銷金帳，孔雀春風軟玉屏。樂奏合歡令，有鳳簫象板，錦瑟鸞笙。

（末云）小生書劍飄零，無以爲財禮，却是怎生？（紅唱）

【四煞】聘財斷不争，婚姻事有成，新婚燕爾安排慶。你明博得跨鳳乘鸞客，我到晚來卧看牽牛織女星。休傒倖，不要你半絲兒紅綫，成就了一世兒前程。

【眉批】

「博」，入聲作平，王以爲仄聲不叫，而改作「明爲」，何謬也。

【三煞】憑着你滅寇功，舉將能，兩般兒功效如紅定。爲甚俺鶯娘心下十分順，都則爲君瑞胸中百萬兵。越顯得文風盛。受用足珠圍翠繞，結果了黄卷青燈。

【眉批】「紅定」，聘定之禮，元劇多有之。《鴛鴦被》劇：「當初也無紅定，可也無媒證。」

【二煞】夫人只一家，老兄無伴等，爲嫌繁冗尋幽静。（末云）別有甚客人？（紅）單請你個有恩有義閑中客，且迴避了無事無非窗下僧。夫人的命，道足下莫教推托，和賤妾即便隨行。

（末云）小娘子先行，小生隨後便來。（紅唱）

【收尾】先生休作謙，夫人專意等。常言道「恭敬不如從命」，休使得梅香再來請。（下）

【眉批】「梅香」，俗作「紅娘」，非。

（末云）紅娘去了，小生拽上書房門者。我比及到得夫人那裏，夫人道：「張生，你來了也，飲幾杯酒，去卧房内和鶯鶯做親去。」小生到得卧房内，和姐姐解帶脱衣，顛鸞倒鳳，同諧魚水之歡，共效于飛之願。覷他雲鬢低墜，星眼微朦，被翻翡翠，襪繡鴛鴦；不知性命何如？且看下回分解。（笑云）單羡法本好和尚也：只憑説法口，遂却讀書心。（下）

【眉批】「下回分解」，時本作「去時怎麽」，毫無意味，王又直删之。

「單美」，王本作「譚美」，而云未詳。不知彼自見誤刻者耳。

第三折

（夫人排桌子上云）紅娘去請張生，如何不見來？（紅見夫人云）張生着紅娘先行，隨後便來也。（末上見夫人施禮科）（夫人云）前日若非先生，焉得見今日？我一家之命，皆先生所活也。聊備小酌，非爲報禮，勿嫌輕意。（末云）「一人有慶，兆民賴之。」此賊之敗，皆夫人之福。萬一杜將軍不至，我輩皆無免死之術。此皆往事，不必掛齒。（夫人云）將酒來，先生滿飲此杯。（末云）長者賜，少者不敢辭。（末做飲酒科）（末把夫人酒了）（夫人云）先生請坐。（末云）小子侍立座下，尚然越禮，焉敢與夫人對坐。（夫人云）道不得個「恭敬不如從命」。（末謝了坐）（夫人云）紅娘，去喚小姐來，與先生行禮者。（紅朝鬼門道喚云）老夫人後堂待客，請小姐出來哩！（旦應云）我身子有些不停當，來不得。（紅云）你道請誰哩？（旦云）請誰？（紅云）請張生哩！（旦云）若請張生，扶病也索走一遭。（紅發科了）（旦上）免除崔氏全家禍，盡在張生半紙書。

【雙調】【五供養】若不是張解元識人多，別一個怎退干戈。排着酒果，列着笙歌。篆烟微，花香細，散滿東風簾幕。救了咱全家禍，殷勤呵正禮，欽敬呵當合。

【眉批】

「篆烟」，徐本妄改「串烟」，前一折《解證》中已有辨。王前亦作「篆烟」，而此忽從「串烟」，且引《梧桐雨》、《漢宮秋》諸劇爲證。及查彼本，仍是「篆」字，不知何僻而必欲强更之，以申徐説？

【新水令】恰纔向碧紗窗下畫了雙蛾，拂拭了羅衣上粉香浮污，則將指尖兒輕輕的貼了鈿窩。若不是驚覺人呵，猶壓着繡衾卧。

【眉批】

徐士範曰：「嬌養喬態，不覺自名。」

(紅云)覷俺姐姐這個臉兒吹彈得破，張生有福也呵！(旦唱)

【幺篇】没查没利謊僂科，你道我宜梳妝的臉兒吹彈得破。(紅云)俺姐姐天生的一個夫人的樣兒。(旦)你那裏休聒，不當一個信口開合。知他命福是如何？我做一個夫人也做得過。(紅云)往常兩個都害，今日早則喜也。(旦唱)

【眉批】

「僂科」，今本俱作「僂儸」。

「知他命福如何」，「知他」略斷，本自明白。徐增一「我」字，而曰「他我」，猶言你我，何解？且言：「北人鄉語，説己而曰我和你。」北人亦未嘗然，不知何見。

【喬木查】我相思爲他，他相思爲我，從今後兩下裏相思都較可。酬賀間禮當酬賀，俺母親也好心多。

(紅云)敢着小姐和張生結親呵，怎生不做大筵席，會親戚朋友，安排小酌爲何？(旦云)紅娘，你不知夫人意。

【攪箏琶】他怕我是陪錢貨，兩當一便成合。據着他舉將除賊，也消得家緣過活。費了甚一股那，便待要結絲羅。

休波，省人情的妳妳忒慮過，恐怕張羅。「張羅」，元語，即多羅，猶俗言扒闊了、弄大了之謂。詞中有「圖甚苦張羅」可證，正與上「省人情」意反。

【眉批】「一股那」爲句用韻，「那」即「耶」字解，曲中多有此句法，猶《世説》『公是韓伯休那』、『汝欲作沐德信那』。俗本「股」字句，便非韻。徐、王疑之而改爲「甚麽」以就韻，且云下句是「古那」，故俗訛爲「古」。然元曲祇有「大古里」、「猶古」，自無「古那」之語。

（末云）小子更衣咱。（做撞見旦科）（旦唱）

【慶宣和】門兒外，簾兒前，將小脚兒那。我恰待目轉秋波，誰想那識空便的靈心兒早瞧破。諕得我倒趓，倒趓。

【眉批】此乃鶯自言：「我那動了脚，打點轉眼看他；誰想他已瞧破，諕得我倒趓。」極自明白。時本作生唱，改「恰待」作「只見」，其意謂「秋波」，不宜鶯自稱。不知「秋波」是詞家語，只當得「眼」字。若是生，則正要撞見，豈怕其瞧破而倒躲耶？查舊惟趙本同。今徐、王二本皆是。

（末見旦科）（夫人云）小姐近前拜了哥哥者。（末背云）呀，聲息不好了也！（旦云）呀，俺娘變了卦也！（紅云）這相思又索害也。（旦唱）

【雁兒落】荊棘刺怎動那，死没騰無回豁，措支刺不對答！軟兀刺難存坐。

【眉批】

「荊棘刺」等語，諸解詳《解證》中。

【得勝令】誰承望這即即世世老婆婆，着鶯鶯做妹妹拜哥哥。白茫茫溢起藍橋水，不鄧鄧點着祆廟火。碧澄澄清波，撲刺刺將比目魚分破；急攘攘因何，扢搭地把雙眉鎖納合。

【眉批】

「即即世世婆婆」、「鶯鶯妹妹哥哥」，正以叠字暗對，此自可襯字。王伯良謂于本調多二字，非也。本傳《得勝令》七字、八字、九字者，正自不少。

王伯良曰：「『雙眉鎖』對『比目魚』、『納合』對『分破』。《酷寒亭》劇：『拽後門將三簧鎖納合。』」

（夫人云）紅娘看熱酒，小姐與哥哥把盞者！（旦唱）

【甜水令】我這裏粉頸低垂，蛾眉頻蹙，芳心無那。俺可甚相見話偏多？星眼朦朧，檀口嗟咨，攧窨不過，這席面兒暢好是烏合。

【眉批】

「相見話偏多」，成語，今反言之，故曰「俺可甚」。王解爲夫人之多辭説，便與上下文何干？

徐士範曰：「『擷窨』，鄉語，《琵琶記》『終朝擷窨』。」

(旦把酒科)(夫人央科)(末云)小生量窄。(旦云)紅娘接了臺盞者。

【折桂令】他其實咽不下玉液金波。誰承望月底西厢，變做了夢裏南柯。淚眼偷淹，酪子裏揾濕香羅。他那裏眼倦開軟癱做一垜；我這裏手難擡稱不起肩窩。病染沉疴，斷然難活。則被你送了人呵，當甚麼嘍囉。

【眉批】

「稱不起肩窩」亦軟意。王改「勾不着」，無解。

「嘍囉」即花言巧語之意，亦「耍」字之意，詳《解證》。

(夫人云)再把一盞者！(紅遞了盞)(紅背與旦云)姐姐，這煩惱怎生是了！(旦唱)

【月上海棠】而今煩惱猶閑可，久後思量怎奈何？有意訴衷腸，争奈母親側坐。成抛躲，咫尺間如間闊。

【眉批】

王伯良曰：「『咫尺』句，一連唱下，『間』字勿斷，調法如此。」

【幺篇】一杯悶酒尊前過，低首無言自摧挫。不甚醉顏酡，却早嫌玻璃盞大。從因我，酒上心來覺可。

【眉批】

「不甚醉」正與「却早嫌」相應，俗本俱作「不堪不思」。此句第二字須仄聲乃合調。

（夫人云）紅娘送小姐卧房裏去者。（旦辭末出科）（旦云）俺娘好口不應心也呵！

【喬牌兒】老夫人轉關兒没定奪，啞謎兒怎猜破？黑閣落甜話兒將人和，請將來着人不快活。

【眉批】

「黑閣落」，北人鄉語，今猶然。

【江兒水】佳人自來多命薄，秀才每從來懦。悶殺没頭鵞，撇下陪錢貨；下場頭那答兒發付我！

【眉批】

没頭之鵞，陪錢之貨，語意自對。王伯良證頭鵞非不博，要未免飾經從傳，詳《解證》中。

【殿前歡】恰纔個笑呵呵，都做了江州司馬淚痕多。若不是一封書將半萬賊兵破，俺一家兒怎得存活。他不想結姻緣想甚麼？到如今難着莫。老夫人謊到天來大，當日成也是恁個母親，今日敗也是恁個蕭何。

【眉批】

「笑呵呵都做了淚痕」，何等妙語！徐改爲「變做」，便如嚼蠟。

【離亭宴帶歇拍煞】從今後玉容寂寞梨花朵，胭脂淺淡櫻桃顆，這相思何時是可？昏鄧鄧黑海來深，白茫茫陸地來厚，碧悠悠青天來闊；太行山般高仰望，東洋海般深思渴。毒害的恁麽。俺娘呵，將顫巍巍雙頭花蕊槎，香馥馥同心縷帶割，長攙攙連理瓊枝挫。白頭娘不負荷，青春女成擔閣，將俺那錦片也似前程蹬脱。俺娘把甜句兒落空了他，虚名兒悮賺了我。（下）

【眉批】

「胭脂」，徐、王俱作「脂唇」。

「鄧鄧」，俗作澄，誤。

「太行山般高」、「東洋海般深」，猶夫「蝨魚似不出」一樣句法也。舊評謂全不成語，不知曲家調法耳。

「前程」，元劇中語，即姻緣，即終身，即結果之義。「錦片也似前程」，言錦片一樣的前程，即好姻緣之謂。

徐解曰：「『前程』，向前光景也。」豈不呆殺！

（末云）小生醉也，告退。夫人根前，欲一言以盡意，未知可否？前者賊寇相迫，夫人所言，能退賊者，以鶯鶯妻之。小生挺身而出，作書與杜將軍，庶幾得免夫人之禍。今日命小生赴宴，將謂有喜慶之期；不知夫人何見，以兄妹之禮相待？小生非圖哺啜而來，此事果若不諧，小生即當告退。（夫人云）先生縱有活我之恩，奈小姐先相國在日，曾許下老身侄兒鄭恒。即日有書赴京喚去了，未見來。如若此子至，其事將如之何？莫若多以金帛相酬，先生揀豪門貴宅之女，别爲之求，先生台意若何？（末云）既然夫人不與，小生何慕金帛之色？却不道「書中有女顔如玉」？則今日便索告辭。（夫人云）你且住者，今日有酒也。紅娘扶將哥哥去書房中歇息，到明日咱别有話説。（紅扶末科）（末念）有分只熬蕭寺夜，無緣難遇洞房春。（紅云）張生，少吃一盞却不好！（末云）我吃甚麽來？（末跪紅科）小生爲小姐晝夜忘餐廢寢，魂勞夢斷，常忽忽如有所失。自寺中一見，隔墻酬和，迎風帶月，受無限之苦楚。甫能得成就婚姻，夫人變了卦，使小生智竭思窮，此事幾時是了！小娘子怎生可憐見小生，將此意申與小姐，知小生之心。就小娘子前解下腰間之帶，尋個自盡。（末念）可憐刺股懸梁志，險作離鄉背井魂。（紅云）街上好賤柴，燒你個傻角。你休慌，妾當與君謀之。（末云）計將安在？小生當築壇拜將。（紅云）妾見先生有囊琴一張，必善于此。俺小姐深慕于琴。今夕妾與小姐同至花園内燒夜香，但聽咳嗽爲令，先生動操。看小姐聽得時説甚麽言語，却將先生之言達知。若有話説，明日妾來回報。這早晚怕夫人尋我，回去也。（下）

第四折

（末上云）紅娘之言，深有意趣，天色晚也，月兒，你早些出來麽！（焚香了）呀，却早發擂也；呀，却早撞鐘也。（做理琴科）琴呵，小生與足下湖海相隨數年，今夜這一場大功，都在你這神品、金徽、玉軫、蛇腹、斷紋、嶧陽、焦尾、冰弦之上。天那！却怎生借得一陣順風，將小生這琴聲吹入俺那小姐玉琢成、粉捏就、知音的耳朵裏去者！（旦引紅上。紅云）小姐，燒香去來，好明月也呵！（旦云）事已無成，燒香何濟！月兒，你團圓呵，咱却怎生？

【越調】【鬥鵪鶉】雲斂晴空，冰輪乍湧；風掃殘紅，香堦亂擁；離恨千端，閑愁萬種。夫人那，「靡不有初，鮮克有終。」他做了個影兒裏的情郎，我做了個畫兒裏的愛寵。

【眉批】

本調止是「影裏情郎」、「畫兒愛寵」，餘俱襯字。王謂末句襯「兒」字者，非。

【紫花兒序】則落得心兒裏念想，口兒裏閑題，則索向夢兒裏相逢。俺娘昨日個大開東閣，我則道怎生般炮鳳烹龍？朦朧，可教我翠袖慇勤捧玉鍾，却不道主人情重？則爲那兄妹排連，因此上魚水難同。

（紅云）姐姐，你看月闌，明日敢有風也？（旦云）風月天邊有，人間好事無。

【小桃紅】人間看波，玉容深鎖繡幃中，怕有人搬弄。想嫦娥西没東生有誰共？怨天宫，裴航不作游仙夢。這雲似我羅幃數重，只恐怕嫦娥心動，因此上圍住廣寒宫。

（紅做咳嗽科）（末云）來了。（做理琴科）（旦云）這甚麽響？（紅發科）（旦唱）

【天净沙】莫不是步摇得寶髻玲瓏？莫不是裙拖得環珮玎玲？莫不是鐵馬兒簷前驟風？莫不是金鉤雙控，吉丁當敲響簾櫳？

【眉批】

「控」，王改爲「鳳」，且曰：「雙鳳故響。」隻鉤敲簾獨不能響耶？

【調笑令】莫不是梵王宫，夜撞鐘？莫不是疏竹瀟瀟曲檻中？莫不是牙尺剪刀聲相送？莫不是漏聲長滴響壺銅？潛身再聽在墻角東，元來是近西廂理結絲桐。

【眉批】

王以「夜撞鐘」句第二字當用平聲，用不得去聲，而從徐本妄改爲「聲鐘」。不思「撞」字從童者，鋤霜切，本平聲也，惟從重者，則去聲耳，豈未考韻書耶？

【禿厮兒】其聲壯，似鐵騎刀鎗冗冗；其聲幽，似落花流水溶溶；其聲高，似風清月朗鶴唳空；其聲低，似聽兒女語，小窗中，喁喁。

【眉批】

「兒女語」、「小窗中」皆三字句，本調也。徐增「私」字，王去「語」字，皆不合。

【聖藥王】他那裏思不窮，我這裏意已通，嬌鸞雛鳳失雌雄；他曲未終，我意轉濃，争奈伯勞飛燕各西東：盡在不言中。

我近書窗聽咱。（紅云）姐姐，你這裏聽，我瞧夫人一會便來。（末云）窗外是有人，已定是小姐，我將弦改過，彈一曲，就歌一篇，名曰《鳳求凰》。昔日司馬相如，得此曲成事，我雖不及相如，願小姐如有文君之意。（歌曰）有美人兮，見之不忘。一日不見兮，思之如狂。鳳飛翩翩兮，四海求凰。無奈佳人兮，不在東墻。張弦代語兮，欲訴衷腸。何時見許兮，慰我彷徨？願言配德兮，携手相將！不得于飛兮，使我淪亡。（旦云）是彈得好也呵！其詞哀，其意切，凄凄然如鶴唳天；故使妾聞之，不覺淚下。

【麻郎兒】這的是令他人耳聰，訴自己情衷。知音者芳心自懂，感懷者斷腸悲痛。「懂」，一古本作「撞」，注：「感貌。」

未知的否？

【眉批】

「懂」，北語省得也。然此字宜平聲，而考舊本皆作「懂」。王改爲「融」，雖叶，不敢從，疑是「憧」字之誤耳。

【幺篇】這一篇與本宮、始終、不同。又不是清夜聞鐘，又不是黄鶴醉翁，又不是泣麟悲鳳。

【絡絲娘】一字字更長漏永，一聲聲衣寬帶鬆。别恨離愁變做一弄。張生呵，越教人知重！

（末云）夫人且做忘恩，小姐，你也説謊也呵！（旦云）你差怨了我。

【東原樂】這的是俺娘的機變，非干是妾身脱空；若由得我呵乞求得效鸞鳳。俺娘無夜無明并女工，我若得些兒閑空，張生呵，怎教你無人處把妾身作誦。

【眉批】

此俱鶯聽其言而意中自語，非與生言也。俗本添出生白，似相問答者，大謬。

「作誦」猶作念，「無人處作誦」，猶言背地里説我也。俗作「作俑」，謬。

【綿搭絮】疏簾風細，幽室燈清，都則是一層兒紅紙，幾榥「榥」，俗作「棍」，謬甚。兒疏櫺，兀的不是隔着雲山幾萬重，怎得個人來信息通？便做道十二巫峰，他也曾賦高唐來夢中。

【眉批】「清」字、「檽」字，本調原不用韻，非失韻也。何元朗譏之亦大憒憒。《苦海回頭》劇「移商刻羽，流徵旋宮，心隨流水，志在高山，没了知音絶了弦」，知機詞「門迎童稚，架滿琴書，囷盈倉積，水色山光，被俺閑人每結攬絶」皆然。後「眉黛遠山」四句亦此法。即用韻者自不少，然非必用韻者也。

（紅云）夫人尋小姐哩，咱家去來。（旦唱）

【拙魯速】則見他走將來氣冲冲，怎不教人恨匆匆，諕得人來怕恐。早是不曾轉動，女孩兒家直恁響喉嚨！緊摩弄，索將他攔縱，則恐怕夫人行把我來厮葬送。

【眉批】因其「響喉嚨」，故欲將他「攔縱」，恐使夫人覺而怒也。徐、王謂恐紅于夫人處搬是非，恐非鶯意。

（紅云）姐姐，則管里聽琴怎麽？張生着我對姐姐説他回去也。（旦云）好姐姐呵，是必再着住一程兒！（紅云）再説甚麽！（旦云）你去呵。

【尾】則説道夫人時下有人唧噥，好共歹不着你落空。不問俺口不應的狠毒娘，怎肯着别離了志誠種？（並下）

【眉批】「唧噥」亦似「攛掇」之意，故以「好歹不落空」緊接，欲生之住而權詞以緩之也。舊解「唧噥」爲多言不中，未識確否？

「志誠種」指張生，意自明。王謂鶯自指，無是理。

【絡絲娘煞尾】不争惹恨牽情鬥引，少不得廢寢忘餐病證。

題目　張君瑞破賊計　莽和尚生殺心

正名　小紅娘晝請客　崔鶯鶯夜聽琴

西厢記第二本解證

第一折

篆烟香烟之文，屈曲如篆，與裊字合。《竹塢聽琴》劇：「寶篆氤氲爇金鼎。」《連環計》劇：「罏焚着寶篆香。」《誤入桃源》劇：「焚盡金罏寶篆空。」《赤壁賦》劇：「雕盤靄篆香。」《明皇望長安》劇：「寶篆烟消。」元曲篆烟、篆香、篆餅、寶篆之類，用篆字者不少，而徐本改爲「串烟」，注曰：「挂香也。後『篆烟微』亦然。」其意只爲寄居蕭寺，止是佛前盤香串，陋視崔家，如前所云「途路窮」之見不化耳。不思本曲有「寶鼎香濃」，《會真詩》有「衣香染麝」，豈亦可謂挂香耶？

也是崔家後代孫此是未盡之詞，直貫下後二段者，言歡郎雖小也是崔家後代，若不獻出，便有不留齠齔之禍。王伯良解謂：我既獻與賊，須不害及他，而得爲崔家子孫。迂拙牽强。

生忿即俗所謂生煞煞之意。謂如上「獻賊」、「自盡」等語，疑我使性劣撇，不知我有難言衷曲也。下數語亦是女孩兒難啓齒者故耳。元詞中「生忿」亦是戾氣之解。《金綫池》劇白中云：「有你這般生忿忤逆的。」曲即云：「非是我偏生忿，還是你不關親。」《對玉梳》劇白云：「别人家兒女孝順，偏我家這等生分。」曲即云：「常言道『母慈悲兒孝順』，則爲你娘狠毒兒生分。」要知是孝順之反忤逆之類矣。或曰：生分，忤逆也。禍始于鶯，故自言「都做了是我的忤逆」，猶言孩兒不孝之意亦得。徐解爲「出位」既無干，又曰「與前氣分之分同」，更不知何謂。

楔子歷考諸劇楔子，止用《仙吕·賞花時》，或一或二，及《仙吕·端正好》一曲耳。此獨竟以《正宫》諸曲演而成套，若另爲一折然者。此因欲寫惠明之壯勇，難以一調盡，而爲此變體耳。近本竟去「楔子」二字，則此劇多一折；若並前《八聲甘州》

爲一，則一折二調，尤非體矣。

〔仙吕〕【賞花時】那厮擄掠黎民德行短，將軍鎮壓邊庭機變寬。他彌天罪有百千般。若將軍不管，縱賊寇騁無端。

【幺】便是你坐視朝廷將帝王瞞。若是掃蕩妖氛着百姓歡，干戈息，大功完。歌謡遍滿，名譽到金鑾。此亦楔子也。楔子無重見，且一人之口必無再唱楔子之體。周憲王故是當家手，必不出此，定係俗筆。徐以前後白多，去之覺冷淡，而姑存之。不知劇體正套前後，原不妨白多者。王伯良去之爲是。

第二折

舒心的列山靈，陳水陸，張君瑞合當欽敬。「山靈」、「水陸」猶山珍海錯也。「列山靈」、「陳水陸」言開筵也。「舒心」猶暢懷也。爲其恩重，暢懷排設，皆是該的，故曰「合當欽敬」，意本一貫。徐本改「山」爲「仙」，而曰「賊兵掃盡，寺裏暢心，可以列仙靈而陳水陸道場也」，豈不噴飯！前時道場已完，崔家豈日日做道場耶？寺本禪門，即作道場，豈列仙靈？總認「水陸」二字誤，而見有刻「仙」字者，遂傅會耳。即果爲仙靈，要亦謂開筵擺設，如今用仙糖之類，詞中筵宴亦有用仙獅等語者，必非道場也。王伯良謂：「『列仙靈』之畫，陳水陸之珍。」較是。《菩薩蠻》劇白中云「圖畫張掛，百味珍羞，水陸俱備」，便與此合。

啓朱唇徐本改爲「朱扉」，言朱唇與隔窗句不叶。夫「啓朱唇」不過言其啓口耳，朱唇自是詞家語，豈必面見而後知其唇之朱，隔窗遂不可，彷彿以爲有黑有白耶。其議論拘而可笑。至有謂「啓蓬門」而爲張生唱者，此弋陽游腔醜態，元非正音，復何足駁。

風欠酸丁「欠」字俗傳以爲「欠」字，音耍，此杜撰也，唯「傻角」傻字宜如是讀耳。詞中有：「本性謙謙，到處干風欠。」《蕭淑蘭》劇「改不了强文憋醋饑寒臉，斷不了詩云子曰酸風欠」，原押廉纖韻。「風欠」方語，兼風流、風狂二意，猶文魔之義。自李日華《南西廂》妄去「風」字，而徐本亦遂去之，且爲「欠酸丁」之解，竟不思《滿庭芳》首三句皆用四字耶？即《南五供養》二句，亦須四字節，如「公公可憐俺的爹娘，望你周全」是也。日華不宜昧律至此，應是盲伶誤沿之，而並流禍及北矣。

第三折

荆棘刺怎動那，死没騰無回豁，措支剌不對答，軟兀剌難存坐。皆當時慣用方語，詞中有「顛萬速過嶺穿崖，荆棘列登天下井」，總是驚恐意。《妓乘馬》詞有「死没騰暗付，呆打孩嗟吁」，總是諕呆了、看呆了之意。詞中又有「乾支剌瘦肌膚」，《詠蚊》云「薄支剌翅似葭灰」，皆以「支剌」爲助語。則「措支剌」、「不對答」，亦是措不得詞之意。《馬踐楊妃》詞云「把娘娘軟兀剌諕倒」，《辰鈎月》劇「軟兀剌身體無絲力」，總之軟意，而兀剌助語也。然則「怎動那」三字，即上「荆棘列」方言之注脚，正不必另解矣。徐本改「死没騰」爲「死木藤」，而解云：「荆棘列，皮破也；死木藤，不動也；措支剌，被剌也；軟兀剌，不安也。」不動、不安，意猶相近，至皮破、被剌，更不知作何囈語矣。且剌作辣音，乃是剌耶？此皆鶯狀生爾時光景如此。突作生唱，亦謬。

當甚麼嘍囉《藍采和》劇：「吏典每也逞不得嘍囉。」《對玉梳》劇：「拽大拳人面前逞嘍囉。」《鄭孔目》劇：「那孩兒靈便口嘍囉。」《摭言》載：「沈亞之嘗客游，爲小輩所試，曰：『某改令書俗各兩句：伐木丁丁，鳥鳴嚶嚶，東行西行，遇飯遇羹。』亞之答曰：『如切如磋，如琢如磨，欺客打婦，不當嘍囉。』」觀此，則其爲方言也久矣。徐解爲狡猾，亦差近。

佳人自來多命薄，秀才每從來懦。悶殺没頭鵞，撇下陪錢貨；下場頭那答兒發付我！此鶯自怨命薄，而恨張生不出一語相争，故言「悶殺没頭鵞」，正見得秀才懦也。舊解云：「諺云：『鵞寒插翅，鴨寒下水。』」余謂鵞没頭于毛中，則不鳴一聲，故以爲不敢出一語者之喻，上「措支剌不對答」是也。「陪錢貨」，鶯自指。悶殺了他，撇下了我，爾時光景如此，不知如何是我下場頭也。總是怨憾之語。徐本作紅唱，而解「没頭鵞」云：「『頭鵞』，比人家之有家長。鶯早喪其父，故使雜亂無定向，如没頭鶖也。『撇下』，即父死撇其女也。」不知此時如何説得到喪父，豈紅娘孝心陡發耶？牽强可笑！又曰：「『那裏發付我』，見紅娘亦失望。」更可笑。紅娘異日豈别無所配，定是鶯鶯幇身耶？此一折俱鶯唱，正不得雜以生、紅。時本亦多有誤者，以古本一人唱者，賓白之下，不復注所唱之人，不知者遂以屬説白者，而私意添注之耳。

西厢記第三本　張君瑞害相思雜劇

元　王實甫　填詞

楔　子

（旦上云）自那夜聽琴後，更不復見張生，我如今着紅娘去書院裏，看他説甚麽。（叫紅科）（紅上云）姐姐唤我，不知有甚事，須索走一遭。（旦云）這般身子不快呵，你怎麽不來看我？（紅云）你想張……（旦云）張甚麽？（紅云）我張着姐姐哩。（旦云）我有一件事，央及你咱。（紅云）甚麽事？（旦云）你與我望張生去走一遭，看他説甚麽，你來回我話者。（紅云）我不去，夫人知道不是耍。（旦云）好姐姐，我拜你兩拜，你便與我走一遭！（紅云）侍長請起，我去則便了。説道：張生，你好生病重，則俺姐姐也不弱。「只因午夜調琴手，引起春閨愛月心。」

【仙吕】【賞花時】俺姐姐針綫無心不待拈，脂粉香消懶去添。春恨壓眉尖，若得靈犀一點，敢醫可了病懨懨。（下）

（旦云）紅娘去了，看他回來説甚話，我自有主意。（下）

第一折

（末上云）害殺小生也。自那夜聽琴之後，再不能勾見俺那小姐。我着長老説將去，道張生好生病重，却怎生不見人來看我？却思量上來，我睡些兒咱。（紅上云）奉小姐言語，着我看張生，須索走一遭。我想咱每一家，若非張生，怎存俺一家兒性命也？

〔仙呂〕【點絳唇】相國行祠，寄居蕭寺。因喪事，幼女孤兒，將欲從軍死。

【混江龍】謝張生伸志，一封書到便興師。顯得文章有用，足見天地無私。若不是剪草除根半萬賊，險些兒滅門絶户了俺一家兒。鶯鶯君瑞，許配雄雌；夫人失信，推托別詞；將婚姻打滅，以兄妹爲之。如今都廢却成親事，一個價糊突了胸中錦繡，一個價淚揾濕了臉上胭脂。

【眉批】

「鶯鶯君瑞」俱四字叠句，可有可無，可多可少，並可不用韻，直至「成親事」三字，始入本調正句耳。

【油葫蘆】憔悴潘郎鬢有絲；杜韋娘不似舊時，帶圍寬清減了瘦腰肢。一個睡昏昏不待觀經史，一個意懸懸懶去拈針指；一個絲桐上調弄出離恨譜，一個花箋上删抹成斷腸詩；一個筆下寫幽情，一個弦上傳心事。兩下裏都一樣害相思。

【眉批】

王伯良曰：「『潘郎』、『杜韋娘』二句，參差相對；『帶圍』句對『鬢有絲』，俗本添『一個』二字，謬甚。」

【天下樂】方信道才子佳人信有之，紅娘看時有些乖性兒，則怕有情人不遂心也似此。他害的有些抹一作魔。媚，我遭着没三思，一納頭安排着憔悴死。

【眉批】
此等正不必瑣解，以意得之可也。

却早來到書院裏，我把唾津兒潤破窗紙，看他在書房裏做甚麽。

【村里迓鼓】我將這紙窗兒濕破，悄聲兒窺視。多管是和衣兒睡起，羅衫上前襟褶衽。孤眠况味，淒凉情緒，無人伏侍。覷了他澀滯氣色，聽了他微弱聲息，看了他黄瘦臉兒。張生呵，你若不悶死，多應是害死。

【眉批】
「睡起」、「况味」、「情緒」、「聲息」俱元不用韻。

【元和令】金釵敲門扇兒。（末云）是誰？（紅唱）我是個散相思的五瘟使。俺小姐想着風清月朗夜深時，使紅娘來探爾。（末云）既然小娘子來，小姐必有言語。（紅唱）俺小姐至今胭粉未曾施，念到有一千番張殿試。

【眉批】
王伯良曰：「俗本謂『五瘟使』是『氤氳使』之誤，渠自不識調，五字當用仄聲，用不得平聲也。」

（末云）小姐既有見憐之心，小生有一簡，敢煩小娘子達知肺腑咱。（紅云）只恐他番了面皮。

【上馬嬌】他若是見了這詩，看了這詞，他敢顛倒費神思。他拽扎起面皮來：「查得誰的言語你將來，這妮子怎敢胡行事！」他可敢嗤、嗤的扯做了紙條兒！

【眉批】「嗤」字用韻，一字句。下「嗤」字乃襯下句者。

（末云）小生久後多以金帛拜酬小娘子。（紅唱）

【勝葫蘆】哎，你個饞窮酸倈没意兒，賣弄你有家私，莫不圖謀你東西來到此？先生的錢物，與紅娘做賞賜，是我愛你的金貲？

【眉批】「饞窮」，徐、王改爲「挽虧」，以爲拆白「張」字。後《對弈》中亦有「姓挽虧」語，然舊本不然。

【幺篇】你看人似桃李春風墻外枝，賣俏倚門兒。我雖是個婆娘有氣志。則説道：「可憐見小子隻身獨自！」恁的呵，顛倒有個尋思。

【眉批】徐文長曰：「二曲妙在一氣急急數去，正與快口婢子動氣時傳神。」

（末云）依着姐姐，可憐見小子隻身獨自！（紅云）兀的不是也，你寫來，咱與你將去。（末寫科）（紅云）寫得好呵，讀與我聽咱。（末讀云）珙百拜奉書芳卿可人妝次：自别顔範，鴻稀鱗絶，悲愴不勝。孰料夫人以恩成怨，變易前姻，豈得不爲失信乎？使小生目視東墻，恨不得腋翅于妝臺左右；患成思渴，垂命有日。因紅娘至，聊奉數字，以表寸心。萬一有見憐之意，書以擲下，庶幾尚可保養。造次不謹，伏乞情恕！後成五言詩一首，就書録呈。「相思恨轉添，謾把瑶琴弄。樂事又逢春，芳心爾亦動。此情不可違，芳譽何須奉？莫負月華明，且憐花影重。」（紅唱）

【後庭花】我則道拂花牋打稿兒，元來他染霜毫不勾思。先寫下幾句寒温序，後題着五言八句詩。不移時，把花牋錦字，疊做個同心方勝兒。忒聰明，忒煞思，忒風流，忒浪子。雖然是假意兒，小可的難到此。「煞思」者，有意思之思，非思量之思也。

【眉批】

徐士範曰：「『不勾思』三字，可登詞場神品。」

「不勾思」，猶言不消思量得，言才有餘不勾他思索也。董詞「不打草，不勾思」可證。徐、王俱改爲「搆」，便索然。

太甚曰「煞」，今京師猶有此語。徐、王俱改爲「三」，無謂。

【青歌兒】顛倒寫鴛鴦兩字，方信道「在心爲志」。看喜怒其間覷個意兒。放心波學士！我願爲之，并不推辭，自有言詞。則説道：「昨夜彈琴的那人兒，教傳示。」

【眉批】

「顛倒」至「意兒」，俗作生唱，謬甚。

「那人兒」，「兒」字用韻，非襯字也。《青歌兒》本調末句宜三字，本傳「成秦晋，愁無奈」，《悟真如》劇「瀉向紅蓮葉兒中，菩薩種」，《千里獨行》劇「漢室江山漸漸消，兵傾倒」，馬東籬小令云「翡翠坡前那人家，鰲山下」，皆可證。徐、王皆以「兒」字爲襯而去「教」字，非調矣。

這簡帖兒我與你將去，先生當以功名爲念，休墮了志氣者！

【寄生草】你將那偷香手，準備着折桂枝。休教那淫詞兒污了龍蛇字，藕絲兒縛定鵾鵬翅，黄鶯兒奪了鴻鵠志。休爲這翠幃錦帳一佳人，悮了你玉堂金馬三學士。

（末云）姐姐在意者！（紅）放心，放心！

【煞尾】沈約病多般，宋玉愁無二，清減了相思樣子。嗜眉眼傳情未了時，中心日夜藏之。怎敢因而，「有美玉於斯」，我須教有發落歸着這張紙。憑着我舌尖兒上説詞，更和這簡帖兒裏心事，管教那人兒來探你一遭兒。（下）

【眉批】

「有美玉于斯」，以成語泛贊生耳。徐謂調文袋，以爲韞匵而藏之歇後；王謂珍重其書。皆牽强。

（末云）小娘子將簡帖兒去了，不是小生説口，則是一道會親的符籙。他明日回話，必有個次第。且放下心，須索好音來也。「且將宋玉風流策，寄與蒲東窈窕娘。」（下）

第二折

（旦上云）紅娘伏侍老夫人不得空，偌早晚敢待來也。困思上來，再睡些兒咱。（睡科）（紅上云）奉小姐言語，去看張生，因伏侍老夫人，未曾回小姐話去。不聽得聲音，敢又睡哩，我入去看一遭。

【中吕】【粉蝶兒】風靜簾閑，透紗窗麝蘭香散，啓朱扉搖響雙環。絳臺高，金荷小，銀缸猶燦。比及將暖帳輕彈，先揭起這梅紅羅軟簾偷看。

【醉春風】則見他釵𩬊玉横斜，朱本作斜横。髻偏雲亂挽。日高猶自不明眸，暢好是懶、懶。（旦做起身長嘆科）（紅唱）半晌擡身，幾回搔耳，一聲長嘆。

【眉批】「明眸」，開目也，本無可疑。王謂語費力，而改爲「凝」，何謂？且既以注視解「凝」，而又曰朦朧未開，不注視與朦朧亦遠。

我待便將簡帖兒與他，恐俺小姐有許多假處哩。我則將這簡帖兒放在妝盒兒上，看他見了説甚麽。（旦做照鏡科，見帖看科）（紅唱）

【普天樂】曉妝殘，烏雲𩬊，輕勻了粉臉，亂挽起雲鬟。將簡帖兒拈，「拈」字元不用韻，非犯廉纖也。把妝盒兒按，開拆俗作「拆開」，非也。第二字宜仄。封皮孜孜看，顛來倒去不害心煩。（旦怒叫）紅娘！（紅做意云）呀，決撒了也！厭的早扢皺了黛眉。（旦云）小賤人，不來怎麽！（紅唱）忽的波低垂了粉頸，氲的呵改變了朱顔。

【眉批】

「𩎖」字是歌戈，非寒山。然舊本皆然，豈亦可借音殫耶？寒山中多殫、憚等字，古字偏旁同者皆可叶，如旂字叶斤、煇字叶軍之類，然詞家未聞有之。王改爲「散」，是韻，非舊本，不敢從。

王伯良曰：「《緋衣夢》『睡起來，雲髻兒覺編𩎖，插不定秋色玉連環』，則𩎖或又作殫音耶？」

(旦云)小賤人，這東西那裏將來的？我是相國的小姐，誰敢將這簡帖來戲弄我，我幾曾慣看這等東西？告過夫人，打下你個小賤人下截來！(紅云)小姐使將我去，他着我將來。我不識字，知他寫着甚麽？

【快活三】分明是你過犯，没來由把我摧殘；使別人顛倒惡心煩，你不慣，誰曾慣？

【眉批】

「別人」，紅自指，今俗猶有此語。「顛倒惡心煩」，即無頭惱、不耐煩之意。王謂使我去而顛倒作惱，恐未是。

「你不慣」二句，即以鶯白語而反詰之，非真言鶯慣也，極明白。王謂鶯原不真慣，而解爲：「你不慣看，我不慣寄。」穿鑿甚。

姐姐休鬧，比及你對夫人説呵，我將這簡帖兒去夫人行出首去來。(旦做揪住科)我逗你耍來。(紅云)放手，看打下下截來。(旦云)張生兩日如何？(紅云)我則不説。(旦云)好姐姐，你説與我聽咱！(紅唱)

【朝天子】張生近間、面顏，瘦得來實難看。不思量茶飯，怕見動彈，曉夜將佳期盼。廢寢忘餐，黄昏清旦，望東墻淹淚眼。(旦云)請個好太醫看他證候咱。(紅云)他證候吃藥不濟。一作平。病患、要安，則除是出幾點風流汗。

【眉批】

「思量」句，王謂連下七字句，而此四字二句爲變體，非也，乃襯一字耳。

(旦云)紅娘，不看你面時，我將與老夫人看，看他有何面目見夫人？雖然我家虧他，只是兄妹之情，焉有外事。紅娘，早是你口穩哩；若別人知呵，甚麼模樣。(紅云)你哄着誰哩，你把這個餓鬼弄的他七死八活，却要怎麽？

【四邊静】怕人家調犯，「早共晚夫人見些破綻，你我何安。」問甚麽他遭危難？攛斷得上竿，掇了梯兒看。(旦云)將描筆兒過來，我寫將去回他，着他下次休是這般。(旦做寫科)(起身科云)紅娘，你將去說，小姐看望先生，相待兄妹之禮如此，非有他意。再一遭兒是這般呵，必告夫人知道，和你個小賤人都有說話。(旦擲書下)(紅唱)

【眉批】

即把鶯白中意敷演幾句，言：如此怕人、怕夫人，又問他危難，怎的哄人上了竿，去了梯兒便是，蓋恨鶯拿班而反言以誚之也。「早晚」二句，亦體鶯意中語，如白所云「將與老夫人看，看他有甚面顔」之謂也。徐、王之解俱費力甚。

「調犯」即調舌，「攛斷」即攛掇。

【脱布衫】小孩兒家口没遮攔，一迷去聲。的將言語摧殘。把似你使性子，休思量秀才，做多少好人家風範。

【眉批】《脱布衫》、《小梁州》係正宫調，《哨遍》、《耍孩兒》係般涉調，本傳前後皆入中吕。至中吕之《滿庭芳》、《快活三》、《上小樓》、《朝天子》、《四邊静》又入正宫，即元曲多有然者，意此數調可互用耶？

（紅做拾書科）

【小梁州】他爲你夢裏成雙覺後單，廢寢忘餐。羅衣不奈五更寒，愁無限，寂寞淚闌干。

【幺篇】似這等辰勾一本勾下有「月䖴」二字。空把佳期盼，我將這角門兒世不曾牢拴，則願你做夫妻無危難。我向這筵席頭上整扮，做一個縫了口的撮合山。

【眉批】

「辰勾」有三説，皆載「解證」中。

「角門不牢拴」，以便私出入做夫妻也，意本明。王解多費轉折，多費過文。徐謂中有爲鶯忌己而怨之之意，益遠。

「撮合山」，媒人也。婚姻筵席媒人與焉，故戲言筵席間整備做不漏泄的媒人。王改轉你、我字而强解之，甚拙。

（紅云）我若不去來，道我違拗他，那生又等我回報，我須索走一遭。（下）（末上云）那書倩紅娘將去，未見回話。我這封書去，必定成事，這早晚敢待來也。（紅上）須索回張生話去。小姐，你性兒忒慣得嬌了，有前日的心，那得今日的心來？

【石榴花】當日個晚妝樓上杏花殘，猶自怯衣單，那一片聽琴心清露月明間。昨日個向晚，不怕春寒，幾乎險被先生饌，那其間豈不胡顏。爲一個不酸不醋風魔漢，隔墻兒險化做了望夫山。

【眉批】

言晚妝怕冷，聽琴就不怕冷。「先生饌」，調成語也，言聽琴時幾乎被他到了手也。俗作「賺」，閉口韻，固非。徐、王作撰，以爲戲弄，亦造。

「胡顔」，羞也。曹植《責躬應詔表》云：「詩人胡顔之譏。」甚明。徐云胡顔是及于亂，不通。

【鬥鵪鶉】你用心兒撥雨撩雲，我好意兒傳書寄簡。不肯搜自己狂爲，則待要覓別人破綻。受艾焙權時忍這番，暢好是奸。「張生是兄妹之禮，焉敢如此！」對人前巧語花言；没人處便想張生，背地裏愁眉淚眼。

【眉批】

古今是奸字，下二句正言其奸處。徐、王作乾，無謂。

（紅見末科）（末云）小娘子來了。擎天柱，大事如何了也？（紅云）不濟事了，先生休傻。（末云）小生簡帖兒是一道會親的符録，則是小娘子不用心，故意如此。（紅云）我不用心？有天理，你那簡帖兒好聽！

【上小樓】這的是先生命慳，須不是紅娘違慢。那簡帖兒到做了你的招狀，一作伏。他的勾頭，我的公案。若不是覷面顔，厮顧盼，擔饒輕慢；先生受罪，禮之當然，賤妾何辜。争些兒把你娘拖犯。

【眉批】

「你娘」，元劇用字之常，一作「紅娘」，一作「咱」，無味。

【幺篇】從今後相會少，見面難。月暗西廂，鳳去秦樓，雲斂巫山。你也𧼯，我也𧼯；請先生休訕，早尋個酒闌人散。

（紅云）只此再不必申訴足下肺腑，怕夫人尋，我回去也。（末云）小娘子此一遭去，再着誰與小生分剖？必索做一個道理，方可救得小生一命。（末跪下揪住紅科）（紅云）張先生是讀書人，豈不知此意，其事可知矣。

【眉批】

「𧼯」，教坊中語，今猶然。𧼯臉兒即厚顔之意，則此𧼯字可想。王謂北人謂走爲𧼯，舊注亦曰：「奔走也。」恐未是。徐謂冷淡無指望，亦近之。

【滿庭芳】你休要呆裏撒奸；你待要恩情美滿，却教我骨肉摧殘。老夫人手執着棍兒摩娑看，粗麻綫怎透得針關。直待我拄着拐幫閑鑽懶，縫合唇送暖偷寒。待去呵，小姐性兒撮鹽入火，消息兒踏着泛；待不去呵，（末跪哭云）小生這一個性命，都在小娘子身上。（紅唱）禁不得你甜話兒熱趲：好着我兩下裏做人難。

【眉批】

鶯每言「告過夫人，打下截」，故紅亦只言老夫人。徐、王改爲他，意指鶯，不思鶯實未嘗自言打之也。

我没來由分説；小姐回與你的書，你自看者。（末接科，開讀科）呀，有這場喜事，撮土焚香，三拜禮畢。早知小姐簡至，理合遠接，接待不及，勿令見罪！小娘子，和你也歡喜。（紅云）怎麽？（末云）小姐駡我都是假，書中之意，着我今夜花園裏來，和他「哩也波哩也囉」哩。（紅云）你讀書我聽。（末云）「待月西廂下，迎風户半開。隔墻花影動，疑是玉人來。」（紅云）怎見得他着你來？你解與我聽咱。（末云）「待月西廂下」，着我月上來；「迎風户半開」，他開門待我；「隔墻花影動，疑是玉人來」，着我跳個墻來。（紅笑云）他着你跳過墻來，你做下來，端的有此説麽？（末云）俺是個猜詩謎的社家，風流隋何，浪子陸賈，我那裏有差的勾當。（紅云）你看我姐姐，在我行也使這般道兒。「道兒」，方語，元白中多有「休着了道兒」等語，《水滸傳》李逵云：「着了兩遭道兒」可證。王增一「垂」字，贅。

【眉批】

白之酸處，正是元人伎倆處。時本改削之，便失本色。

「社家」，猶言作家也。俗本作「杜」，徐引《輟耕録》有杜大伯猜詩謎，證其爲杜，非古本不敢從。

【耍孩兒】幾曾見寄書的顛倒瞞着魚雁，小則小心腸兒轉關。寫着道西廂待月等得更闌，着你跳東墻「女」字邊「干」。元來那詩句兒裏包籠着三更棗，簡帖兒裏埋伏着九里山。他着緊處將人慢，恁會雲雨鬧中取静，我寄音書忙裏偷閑。

【眉批】

「女字邊干」，拆白「奸」字。

【四煞】紙光明玉板，字香噴麝蘭，行兒邊湮透非春汗？一緘情淚紅猶濕，滿紙春愁墨未乾。從今後休疑難，放心波玉堂學士，穩情取金雀鴉鬟。

【眉批】

王伯良曰：「李公垂《鶯鶯歌》云：『金雀鴉鬟年十七。』俗改『丫鬟』，謬甚。」

【三煞】他人行別樣的親，俺根前取次看，更做道孟光接了梁鴻案。別人行甜言美語三冬暖，我根前惡語傷人六月寒。一作「九夏寒」，亦妙。我爲頭兒看：看你個離魂倩女，怎發付擲果潘安。

【眉批】

「甜言」二句，諺語也，故對不整。徐本作「媚你」，以對「傷人」，則整矣。然元人用此二句，又有作「甜言與我」者，不知竟當何從。

「爲頭看」，從頭看也。今本作「回頭」，非。

(末云)小生讀書人，怎跳得那花園過也？(紅唱)

【二煞】隔墻花又低，迎風户半拴，偷香手段今番按。怕墻高怎把龍門跳，嫌花密難將仙桂攀。放心去，休辭憚；你若不去呵，望穿他盈盈秋水，蹙損了淡淡春山。

(末云)小生曾到那花園裏，已經兩遭，不見那好處。這一遭知他又怎麽？(紅云)如今不比往常。

【煞尾】你雖是去了兩遭，我敢道不如這番。你那隔墻酬和都胡侃，證果的是今番這一簡。

（紅下）（末云）萬事自有分定，誰想小姐有此一場好處。小生是猜詩謎的社家，風流隋何，浪子陸賈，到那裏扢扎幫便倒地。今日頹天百般的難得晚。天，你有萬物于人，何故争此一日。疾下去波！「讀書繼晷怕黄昏，不覺西沉强掩門。欲赴海棠花下約，太陽何苦又生根？」（看天云）呀，纔餉午也，再等一等。又看咱，今日萬般的難得下去也呵。「碧天萬里無雲，空勞倦客身心。恨殺太陽貪戰，不教紅日西沉。」呀，却早倒西也，再等一等咱。「無端三足烏，團團光爍爍。安得后羿弓，射此一輪落？」謝天地！却早日下去也！呀，却早發擂也！呀，却早撞鐘也！拽上書房門，到得那裏，手挽着垂楊，滴流撲跳過墻去。（下）

【眉批】只此一段白，自是元人手筆。

第三折

（紅上云）今日小姐着我寄書與張生，當面偌多般意兒，元來詩内暗約着他來。小姐也不對我説，我也不瞧破他，則請他燒香。今夜晚妝處，比每日較別，我看他到其間怎的瞞我？（紅唤科）姐姐，咱燒香去來。（旦上云）花陰重疊香風細，庭院深沉淡月明。（紅云）今夜月明風清，好一派景致也呵！

【雙調】【新水令】晚風寒峭透窗紗，控金鈎繡簾不掛。門闌凝暮靄，樓角一作閣。斂殘霞。恰對菱花，樓上晚妝罷。

【駐馬聽】不近喧譁，嫩緑池塘藏睡鴨；自然幽雅，淡黄楊柳帶栖鴉。金蓮蹴損牡丹芽，玉簪抓住荼蘼架。夜凉苔徑滑，露珠兒濕透了凌波襪。我看那生和俺小姐巴不得到晚。

【喬牌兒】自從那日初時想月華，捱一刻似一夏。見柳梢斜日遲遲下，早道好教賢聖打。

【眉批】

「賢聖打」，義和鞭日爲是，必非魯陽揮戈。

【攪箏琶】打扮的身子兒詐，準備着雲雨會巫峽。只爲這燕侶鶯儔，鎖不住心猿意馬。不則俺那小姐害，那生呵！二三日來水米不粘牙。因姐姐閉月羞花，真假，這其間性兒難按納，一地裏胡拿。

【眉批】

王伯良曰：「北人稱菩薩神不曰聖賢，則曰賢聖。前『拜了聖賢』可證。」

王伯良曰：「『詐』，喬也。董詞『不苦詐打扮，不甚艷梳掠』可據。」

這湖山下立地，我開了寺裏角門兒，怕有人聽俺説話，我且看一看。（做意了）偌早晚傻角却不來，赫赫赤赤，來。（末云）這其間正好去也，赫赫赤赤。（紅云）那鳥來了。

【眉批】

「赫赫赤赤」，暗號也。元人偷期號多用之。《燕青博魚》劇可證。

【沉醉東風】我則道槐影風摇暮鴉，元來是玉人帽側烏紗。一個潛身在曲檻邊，一個背立在湖山下，那裏叙寒温，并不曾打話。（紅云）赫赫赤赤，那鳥來了。（末云）小姐，你來也。（摟住紅科）（紅云）禽獸，是我，你看得好仔細着，若是夫人怎了！（末云）小生害得眼花，摟得慌了些兒，不知是誰，望乞恕罪！（紅唱）便做道摟得慌呵，你也索覰咱，多管是餓得你個窮神眼花。

【眉批】

「窮神」，嘲酸子之常語。一本作「窮酸」，無味。

（末云）小姐在那裏？（紅云）在湖山下。我問你咱，真個着你來哩？（末云）小生猜詩謎社家，風流隋何，浪子陸賈，準定扢扎幫便倒地。（紅云）你休從門裏去，則道我使你來。你跳過這墻去，今夜這一弄兒助你兩個成親。我説與你，依着我者。

【喬牌兒】你看那淡雲籠月華，似紅紙護銀蠟；柳絲花朵垂簾下，緑莎茵鋪着繡榻。

【甜水令】良夜迢迢，閑庭寂静，花枝低亞。他是個女孩兒家，你索將性兒温存，話兒摩弄，意兒謙洽，休猜做敗柳殘花。

【眉批】

「迢迢」，王易以「迢遥」，似是。

【折桂令】他是個嬌滴滴美玉無瑕，粉臉生春，雲鬢堆鴉。恁的般受怕擔驚，又不圖甚浪酒閑茶。則你那夾被兒時當奮發，指頭兒告了消乏；打疊起嗟呀，畢罷了牽掛，收拾了憂愁，準備着撑達。

【眉批】

「夾被兒時當奮發」，言被裏亦及時興頭也。「指頭兒告了消乏」，玩董詞只是因彈琴以挑之之故，故云。

徐謂探春者剪瓜，王謂褻詞，皆陋甚。

(末作跳墻，摟旦科)(旦云)是誰？(末云)是小生。(旦怒云)張生，你是何等之人！我在這裏燒香，你無故至此；若夫人聞知，有何理說！(末云)呀，變了卦也！(紅唱)

【錦上花】爲甚媒人，心無驚怕；赤緊的夫妻每、意不争差。我這裏躡足潛踪，悄地聽咱。一個羞慚，一個怒發。張生無一言，呀，鶯鶯變了卦。一個悄悄冥冥，一個絮絮答答。却早禁住隋何，迸住陸賈，叉手躬身，妝聾做啞。張生背地裏嘴那裏去了？向前摟住丢番，告到官司，怕羞了你！

【眉批】

「隋何」、「陸賈」，即以前生白語調之也。

王伯良謂此教張生語，非，替鶯數落張生也，看後《清江引》一曲良然。

【清江引】没人處則會閑嗑牙，就裏空奸詐。怎想湖山邊，不記「西廂下」。香美娘處分破花木瓜。(旦)紅娘，有賊。(紅云)是誰?(末云)是小生。(紅云)張生,你來這裏有甚麽勾當?(旦云)揸到夫人那裏去!(紅云)到夫人那里,恐壞了他行止。我與姐姐處分他一場。張生,你過來跪着!你既讀孔聖之書,必達周公之理,夤夜來此何幹?

【眉批】

「花木瓜」言中看不中吃,非調酸子也,詳《解證》。

【雁兒落】不是俺一家兒喬作一作坐。衙,説幾句衷腸話。我則道你文學海漾深,誰知你色膽有天來大!(紅云)你知罪麽?(末云)小生不知罪。(紅唱)

【得勝令】誰着你夤夜入人家,非奸做賊拿。你本是個折桂客,做了偷花漢,不想去跳龍門,學騙馬。姐姐,且看紅娘面,饒過這生者!(旦云)若不看紅娘面,扯你到夫人那裏去,看你有何面目見江東父老!起來。(紅唱)謝小姐賢達,看我面遂情罷。若到官司詳察,「你既是秀才,只合苦志于寒窗之下,誰教你夤夜輒入人家花園,做得個非奸即盗。」先生呵,整備着精皮膚吃頓打。

(旦云)先生雖有活人之恩,恩則當報。既爲兄妹,何生此心?萬一夫人知之,先生何以自安?今後再勿如此,若更爲之,與足下决無干休。(下)(末朝鬼門道云)你着我來,却怎麽有偌多説話!(紅扳過末云)羞也,羞也!却不「風流隋何,浪子陸賈」?(末云)得罪波「社家」,今日便早則死心搨地。(紅唱)

【眉批】

王伯良以次句拗,而易爲「非盗做奸拿」,且引周挺齋譏「沉烟裊繡簾」宜「沉宴裊修簾」乃叶,不知第四字不可不平，第二字用平者極多。即如本傳「莊周夢蝴蝶，難忘有恩處」，《抱妝盒》劇「得推辭且推辭，慶賀詞諸邦盡朝獻」，皆然。況非奸即盗是成語，亦無非盗做奸之説。賊字入聲叶乎？非仄也。

【離亭宴帶歇拍煞】再休提「春宵一刻千金價」，準備着「寒窗更守十年寡」。猜詩謎的社家，厼音祁。拍了迎風户半開，山障了隔墻花影動，緑慘了待月西厢下。你將何郎粉面搽，他自把張敞眉兒畫。强風情措大，晴乾了尤雲殢雨心，悔過了竊玉偷香膽，删抹了倚翠偎紅話。(末云)小生再寫一簡，煩小娘子將去，以盡衷情如何？(紅唱)淫詞兒早則休，簡帖兒從今罷。猶古自參不透風流調法。從今後悔罪也卓文君，你與我學去波漢司馬。(下)

【眉批】

「猶古自」即「尚兀自」，曲中常語，猶言猶復爾也。徐不知而解曰：「古助語字，猶沙字、波字之類，但看合用平、用仄耳。」不思此襯字，豈深論平仄，即宜用平而曰猶沙、猶波，亦不通。

「學去波漢司馬」，譏其不能及相如，言：這榛漢司馬還須再學學去也。即前白調其隋何、陸賈一例。俗本作「游學去波」，不通。王解爲：勉其再去讀書，酸甚。

(末云)你這小姐送了人也。此一念小生再不敢舉，奈有病體日篤，將如之奈何？夜來得簡方喜，今日强扶至此，又值這一場怨氣，眼見休也。則索回書房中納悶去。桂子閑中落，槐花病裏看。

第四折

(夫人上。云)早間長老使人來，説張生病重。我着長老使人請個太醫去看了。一壁道與紅娘，看哥哥行問湯藥去者，問太醫下甚麽藥？證候如何？便來回話。（下）（紅上云）老夫人纔説張生病沉重，昨夜吃我那一場氣，越重了。鶯鶯呵，你送了他人。（下）（旦上云）我寫一簡，則説道藥方；着紅娘將去與他，證候便可。（旦喚紅科）（紅云）姐姐喚紅娘怎麽？（旦云）張生病重，我有一個好藥方兒，與我將去咱。（紅云）又來也！娘呵，休送了他人！（旦云）好姐姐，救人一命，將去咱！（紅云）不是你，一世也救他不得。如今老夫人使我去哩，我就與你將去走一遭。（下）（旦云）紅娘去了，我繡房裏等他回話。（下）（末上云）自從昨夜花園中吃了這一場氣，投着舊證候，眼見得休了也。老夫人説着長老喚太醫來看我；我這頹證候，非是太醫所治的，則除是那小姐美甘甘、香噴噴、凉滲滲、嬌滴滴一點唾津兒咽下去，這屌病便可。

【眉批】

「屌」，弔上聲，詈語也。

（潔引太醫上，雙鬥醫科範了）（下）（潔云）下了藥了，我回夫人話去，少刻再來相望。（下）

【眉批】

《雙鬥醫》，元劇名，見《太和正音譜》，必有科諢可仿，故古本如此，猶今南戲中所謂考試照常之類。

（紅上云）俺小姐送得人如此，又着我去動問，送藥方兒去，越着他病沉了也。我索走一遭。

〔越調〕【鬥鵪鶉】則爲你彩筆題詩，回文織錦，送得人卧枕着床，忘餐廢寢。折倒得鬢似愁潘，腰如病沈。恨已深，病已沉，昨夜個熱臉兒對面搶白，今日個冷句兒將人厮侵。昨夜這般搶白他呵！

【眉批】

此謂鶯以待月一詩哄生致病也。徐云説張，誤。

【紫花兒序】把似你休倚着櫳門兒待月，依着韻脚兒聯詩，側着耳朵兒聽琴。見了他撇假偌多話：「張生，我與你兄妹之禮，甚麼勾當！」怒時節把一個書生來迭噷，歡時節：「紅娘，好姐姐，去望他一遭！」將一個侍妾來逼臨。難禁，好着我似綫脚兒般殷勤不離了針，從今後教他一任。這的是俺老夫人的不是：將人的義海恩山，都做了遠水遥岑。

【眉批】

背地評跋，宛如話出，此等方是元劇中本色勝場。今人但知賞其俊麗處者，皆未識真面目者也。

（紅見末問云）哥哥病體若何？（末云）害殺小生也！我若是死呵，小娘子，閻王殿前，少不得你做個干連人。（紅嘆云）普天下害相思的不似你這個傻角。

【天净紗】心不存學海文林，夢不離柳影花陰，則去那竊玉偷香上用心。又不曾得甚，自從海棠開想到如今。

因甚的便病得這般了？（末云）都因你行，怕説的謊。因小侍長上來，當夜書房一氣一個死。小生救了人，返被害了。自古人云：「癡心女子負心漢。」今日返其事了。（紅唱）

【調笑令】我這裏自審，這病爲邪淫；尸骨喦喦鬼病侵。更做道秀才每從來恁。似這般乾相思的好撒唔！功名上早則不遂心，婚姻上更返吟復吟。

【眉批】

「撒唔」，猶含忍也。詞中有「低着頭，凡事兒撒唔」，與妝憨推聾並用。

徐士範曰：「年頭爲伏吟，對宫爲返吟。星命家云：『返吟伏吟，涕泣連連。』」

（紅云）老夫人着我來看哥哥，要甚麽湯藥。小姐再三伸敬，有一藥方送來與先生。（末做慌科）在那裏？（紅云）用着幾般兒生藥，各有制度，我説與你。

【小桃紅】「桂花」摇影夜深沉，酸醋「當歸」浸。（末云）桂花性温，當歸活血，怎生制度？（紅唱）面靠着湖山背陰裏窨，這方兒最難尋。一服兩服令人恁。（末云）忌甚麽物？（紅唱）忌的是「知母」未寢，怕的是「紅娘」撒沁。吃了呵，穩情取「使君子」一星兒「參」。「參」，痊可也。

【眉批】

徐士範曰：「地窖曰窨，所以藏酒。」

又曰：「隱藏六藥名。」

「撒沁」，放潑也，又不同心之意。《菩薩蠻》劇有：「正好教他撒沁。」

這藥方兒小姐親筆寫的。（末看藥方大笑科）（末云）早知姐姐書來，只合遠接。小娘子，（紅云）又怎麽？却早兩遭兒也。（末云）不知這首詩意，小姐待和小生「里也波」哩。（紅云）不少了一些兒？

【鬼三台】足下其實啉，休妝唔。笑你個風魔的翰林，無處問佳音，向簡帖兒上計稟。得了個紙條兒恁般綿裹針，若見玉天仙怎生軟斷禁？俺那小姐忘恩，赤緊的僂人負心。

【眉批】

王伯良曰：「『啉』，愚也。『唔』，撒也。見王文璧本韻注。『禀』，筆錦反。『恩』字，元不用韻。」

書上如何説？你讀與我聽咱。（末念云）「休將閑事苦縈懷，取次摧殘天賦才。不意當時完妾命，豈防今日作君灾？仰圖厚德難從禮，謹奉新詩可當媒。寄與高唐休詠賦，今宵端的雨雲來。」此韻非前日之比，小姐必來。（紅云）他來呵怎生？

【秃廝兒】身卧着一條布衾，頭枕着三尺瑶琴；他來時怎生和你一處寢？凍得來戰兢兢，説甚知音？

【聖藥王】果若你有心，他有心，昨日鞦韆院宇夜深沉；花有陰，月有陰，「春宵一刻抵千金」，何須「詩對會家吟」？

【眉批】

王伯良曰：「此紅猶疑鶯之許未必然，言：設若有心，昨宵便當成事，何必今日又寄詩耶？」古注追惜昨宵，稍懈。

（末云）小生有花銀十兩，有鋪蓋賃與小生一付。（紅唱）

【東原樂】俺那鴛鴦枕，翡翠衾，便遂殺了人心，如何肯賃？至如你不脱解和衣兒更怕甚？不强如手執定指尖兒恁。

倘或成親，到大來福蔭。

【眉批】

「遂殺了人心」，猶言像意煞也。

「手執定指尖兒恁」，疑不過握拳忍耐之意。徐、王皆從打手勢，云是極褻之詞，恐度詞者未必陋惡之想至此。至引史弘肇手勢令爲證，益無干。

（末云）小生爲小姐如此容色，莫不小姐爲小生也減動豐韻麽？（紅唱）

【綿搭絮】他眉彎遠山不翠，眼横秋水無光，體若凝酥，腰如弱柳，俊的是龐兒俏的是心，體態温柔性格兒沉。雖不會法灸神針，更勝似救苦難觀世音。

【眉批】

「眉彎」四句，本董解元本白，言眉則使遠山不翠，眼則使秋水無光也。四句不用韻，故然，已詳第二本末折中。俗本强叶韻而易以「無塵」，且又有譏其犯真文者，皆憒憒。

（末云）今夜成了事，小生不敢有忘。（紅唱）

【幺篇】你口兒裏謾沉吟，夢兒裏苦追尋。往事已沉，只言目今，今夜相逢管教恁。不圖你甚白璧黄金，則要你滿頭花，拖地錦。

（末云）怕夫人拘繫，不能勾出來。（紅云）則怕小姐不肯，果有意呵，

【煞尾】雖然是老夫人曉夜將門禁，好共歹須教你稱心。（末云）休是昨夜不肯。（紅云）你挣揣咱，來時節肯不肯盡由他，見時節親不親在于恁。（並下）

【眉批】

「來時節」二句，語意明白。時刻多作「怎由他盡在恁」，夫來時節肯不肯如何不由他耶？所謂肯否，正謂肯來與否。如白中所云，只怕小姐不肯之説耳。若説來後之肯不肯，既已來矣，豈同生之往而有不肯耶？正不必商榷矣。

【絡絲娘煞尾】因今宵傳言送語，看明日携雲握雨。

題目　老夫人命醫士　崔鶯鶯寄情詩

正名　小紅娘問湯藥　張君瑞害相思

西厢記第三本解證

第二折

辰勾舊注云：「出《天文志》，辰是星名，居于卯地；月是陰精，晝夜行天，俱照下土。辰星勾月，最難得也。不勾平平，若勾之主年豐國泰。慶雲見，賢人出。」徐逢吉本舊評《辰勾月》是院本傳奇，元人吴昌齡撰，托陳世英感月精事，舊解附會謬甚。近《西厢正譌》作辰勾，遺去月字，可笑。王伯良曰：「辰勾水星，其出雖有常度，見之甚難。張衡云：『辰星一名勾星。』《博雅》云：『辰星謂之鈎星，故亦謂之辰勾。晋灼謂常以四仲之月分見奎婁東井角亢牛度，然亦有終歲不一見者』盼佳期如等辰勾之出見，無夜不候望也。」三説似王爲確。然詞中有勾辰就月，總是難成就意，則舊解亦非無據。

三更棗舊注：「《高僧傳》：一僧參五祖，五祖與粳米三粒，棗三枚，僧遂去。人問故，僧曰：『師令我三更早來。』」

第三折

花木瓜調中看不中用也，亦有游花奸猾之意。舊詞云：「那回期今番約，花木瓜兒看好。」又有：「外頭花木瓜，裏頭鐵豌豆。」《誤入桃源》劇云：「不似你猱兒每狡猾，似宣州花木瓜。」《李逵負荆》劇：「元來是花木瓜兒外看好。」《水滸傳》亦有：「花木瓜空好看。」其意可想而見。徐解云：「木瓜酸，嘲措大也。」他詞豈亦皆爲措大發耶？

騗馬王伯良云：「躍而上馬謂之騗，今北人猶有此語。」《雍熙樂府・詠西厢・小桃紅詞》：「騗上如龍馬。」《任風子》劇：

「騙土墻騰的跳過來。」可證。不過借字義以形容，謂大才而小用之耳。俗注謂：「哄婦人爲騙馬。」不知何據。按唐人有「蜀馬臨堦騙之嘲」句，則其來已遠矣。

看我面遂情罷因賓白鶯言：「若不看紅娘之面，扯到夫人那裏去。」故紅云然。「遂情罷」者，遂爾情恕也。坊本刻爲「逐情便」，不可解。徐本又去我字，作「看面逐情」，更不知何語矣。

西厢記第四本　草橋店夢鶯鶯雜劇

元　王實甫　填詞

楔　子

（旦上，云）昨夜紅娘傳簡去與張生，約今夕和他相見，等紅娘來做個商量。（紅上，云）姐姐着我傳簡兒與張生，約他今宵赴約。俺那小姐，我怕又有説謊，送了他性命，不是耍處。我見小姐，看他説甚麽。（旦云）紅娘，收拾卧房，我睡去。（紅云）不争你要睡呵，那裏發付那生？（旦云）甚麽那生？（紅云）姐姐，你又來也！送了人性命，不是耍處。你若又番悔，我出首與夫人，你着我將簡帖兒約下他來。（旦云）這小賤人到會放刁，羞人答答的，怎生去！（紅云）有甚的羞，到那裏則合着眼者。（紅催鶯云）去來去來，老夫人睡了也。（旦走科）（紅云）俺姐姐語言雖是强，脚步兒早先行也。

〔仙吕〕【端正好】因姐姐玉精神，花模樣，無倒斷曉夜思量。着一片志誠心蓋抹了漫天謊。出畫閣，向書房。離楚岫，赴高唐。學竊玉，試偷香。巫娥女，楚襄王；楚襄王敢先在陽臺上。（下）

【眉批】

此在《仙吕》宫之《端正好》，時作《正宫》，誤。然考《正宫》調，此止多出「畫閣」至「楚襄王」數叠句耳。凡叠句皆可增，不礙本調，如《混江龍》之六句以後，《新水令》五句以後，《後庭花》之十一句以後，《六幺令》、《青歌兒》之三句以後，皆是類也。但首尾須合本調，字句不可移易，則此與《正宫》「法華經」、「碧雲天」毫無異也。而《太和正音》載字句可增減，止及《正宮·端正好》，反不及《仙呂》，豈可通用耶？

第一折

（末上云）昨夜紅娘所遺之簡，約小生今夜成就。這早晚初更盡也，不見來呵，小姐休說謊咱！人間良夜静不静，天上美人來不來？

〔仙呂〕【點絳唇】佇立閑堦，夜深香靄、横金界。瀟灑書齋，悶殺讀書客。

【混江龍】彩雲何在，月明如水浸樓臺。僧居禪室，鴉噪庭槐。風弄竹聲則道似金珮響，月移花影疑是玉人來。意懸懸業眼，急攘攘情懷。身心一片，無處安排；則索呆答孩倚定門兒待。越越的青鸞信杳，黄犬音乖。

【眉批】

「意懸懸」，可四字作數疊句，止「門兒待」三字入本調正句，見前。

小生一日十二時，無一刻放下小姐，你那裏知道呵！

【油葫蘆】情思昏昏眼倦開，單枕側，夢魂飛入楚陽臺。早知道無明無夜因他害，想當初不如不遇傾城色。人有過，必自責，勿憚改，我却待「賢賢易色」將心戒，怎禁他兜的上心來。

【眉批】

徐文長謂：「人有過以下數語，不免頭巾。」不知元人慣掉四書以爲當行也。

【天下樂】我則索倚定門兒手托腮，好着我難猜：來也那不來？夫人行料應難離側。望得人眼欲穿，想得人心越窄，多管是冤家不自在。

偌早晚不來，莫不又是謊麼？

【那吒令】他若是肯來，早身離貴宅；他若是到來，便春生敝齋；他若是不來，似石沉大海。數着他脚步兒行，倚定窗櫺兒待，寄語多才：

【鵲踏枝】恁的般惡搶白，并不曾記心懷；撥得個意轉心回，夜去明來。空調眼色經今半載，這其間委實難捱。

【眉批】

「空調」二句，王伯良謂本調變體，非也。二句本一句，多襯一「空」字耳，乃三字一節、四字一節者。

小姐這一遭若不來呵。

【寄生草】安排着害，準備着擡。想着這異鄉身强把茶湯捱，則爲這可憎才熬得心腸耐，辦一片志誠心留得形骸在。試着那司天臺打算半年愁，端的是太平車約有十餘載。

（紅上云）姐姐，我過去，你在這裏。（紅敲科末問云）是誰？（紅云）是你前世的娘。（末云）小姐來麽？（紅云）你接了衾枕者，小姐入來也。張生，你怎麽謝我？（末拜云）小生一言難盡，寸心相報，惟天可表！（紅云）你放輕者，休諕了他！（紅推旦入云）姐姐，你入去，我在門兒外等你。（末見旦跪云）張生有何德能，敢勞神仙下降，知他是睡裏夢裏？

【村里迓鼓】猛見他可憎模樣，小生那裏得病來？早醫可九分不快。先前見責，誰承望今宵歡愛！着小姐這般用心，不才張珙，合當跪拜。小生無宋玉般容，潘安般貌，子建般才；姐姐，你則是可憐見爲人在客！

【元和令】繡鞋兒剛半拆，柳腰兒勾一搦。叶奈。羞答答不肯把頭擡，只將鴛枕捱。雲鬟彷彿墜金釵，偏宜鬆髻兒歪。

【上馬嬌】我將這紐扣兒鬆，把摟帶兒解；蘭麝散幽齋。不良會把人禁害，咍，怎不肯回過臉兒來？

【勝葫蘆】我這裏軟玉温香抱滿懷。呀，阮肇今作劉阮。到天台，春至人間花弄色。將柳腰款擺，花心輕拆，露滴牡丹開。

【眉批】

「不良」與「可憎」一樣，喜極而反言，猶稱冤家之類也。「咍」字句例見前。

【幺篇】但蘸着些兒麻上來，魚水得和諧，嫩蕊嬌香蝶恣採。半推半就，又驚又愛，檀口揾香腮。

【眉批】

王伯良曰：「首語大傷蘊籍，次語較陳，『半推』二句，却入妙諦。」

（末跪云）謝小姐不棄，張珙今夕得就枕席，異日犬馬之報。（旦云）妾千金之軀，一旦棄之。此身皆托于足下，勿以他日見棄，使妾有白頭之嘆。（末云）小生焉敢如此。（末看手帕科）

【後庭花】春羅元瑩白，早見紅香點嫩色。（旦云）羞人答答的，看甚麼！（末）燈下偷睛覷，胸前着肉揣。暢奇哉，渾身通泰，不知春從何處來？無能的張秀才，孤身西洛客，自從逢稔色，思量的不下懷。憂愁因間隔，相思無擺劃；謝芳卿不見責。

【眉批】

王伯良曰：「『胸前』三句，少涉偎俗。」

【柳葉兒】我將你做心肝兒般看待，點污了小姐清白。忘餐廢寢舒心害。若不是真心耐，志誠捱，怎能勾這相思苦盡甘來？

【眉批】

徐士範曰：「此處語意少露，殊無蘊籍，昔人有『濃鹽赤醬』之誚，信夫。」

王伯良曰：「『舒心害』，放心受害也。」

【青哥兒】成就了今宵歡愛，魂飛在九霄雲外。投至得見你多情小妳妳，憔悴形骸，瘦似麻稭。今夜和諧，猶似疑猜。露滴香埃，風静閑堦，月射書齋，雲鎖陽臺。審問明白，只疑是昨夜夢中來，愁無奈。

【眉批】

王伯良謂：「此調字句可增減。」又非也。止「憔悴」以下四字叠句可多用耳，前後須合本調。

（旦云）我回去也，怕夫人覺來尋我。（末云）我送小姐出來。

【寄生草】多丰韻，忒稔色。乍時相見教人害，霎時不見教人怪，些兒得見教人愛。今宵同會碧紗厨，何時重解香羅帶。

（紅云）來拜你娘，張生，你喜也。姐姐，咱家去來。（末唱）

【眉批】

一舊本此白下有末念：「上堂已了各西東」之詩，此王播詩也，與此無涉，想因引以解「碧紗」二字而誤混白中耳，不從。

【煞尾】春意透酥胸，春色橫眉黛，賤却人間玉帛。杏臉桃腮，乘着月色，嬌滴滴越顯得紅白。下香堦，懶步蒼苔，動人處弓鞋鳳頭窄。嘆鯫生不才，謝多嬌錯愛。若小姐不棄小生，此情一心者，你是必破工夫明夜早些來。（下）

【眉批】

「明夜」，徐、王作「今夜」，以董詞正之。然舊本不然，且上有兩「今宵」，此自應爲「明夜」矣。

第二折

（夫人引倈上云）這幾日竊見鶯鶯語言恍惚，神思加倍，腰肢體態，比向日不同。莫不做下來了麽？（倈云）前日晚夕，奶奶睡了，我見姐姐和紅娘燒香，半晌不回來，我家去睡了。（夫人云）這樁事都在紅娘身上，喚紅娘來！（俫喚紅科）（紅云）哥哥喚我怎麼？（俫云）奶奶知道你和姐姐去花園裏去，如今要打你哩。（紅云）呀！小姐，你帶累我也！小哥哥，你先去，我便來也。（紅喚旦科）（紅云）姐姐，事發了也，老夫人喚我哩，却怎了？（旦云）好姐姐，遮蓋咱！（紅云）娘呵，你做的穩秀者，我道你做下來也。（旦念）月圓便有陰雲蔽，花發須教急雨催。（紅唱）

〔越調〕【鬥鵪鶉】則着你夜去明來，到有個天長地久。不争你握雨携雲，常使我提心在口。則合帶月披星，誰着你停眠整宿？老夫人心教「教」，疑爲「較」，王本作「數」。多，情性㑷；此字宜平。使不着我巧語花言，將没做有。俱以成語疊來成曲，足見當家手。

【眉批】

「提心在口」，擔干係、小心謹闞之意，此亦方言之常。徐解云：「苦思慮者，心近咽喉，如欲嘔出。」何謂？「使不着」二句，不過言遮飾不過也。徐、王删「使不着我」，而言「巧語花言」二句指夫人覺，反隔一重。

【紫花兒序】老夫人猜那窮酸做了新婿，小姐做了嬌妻，這小賤人做了撁頭。俺小姐這些時春山低翠，秋水凝眸。别樣的都休，試把你裙帶兒拴，紐門兒扣，比着你舊時肥瘦，出落得精神，别樣的風流。弋陽梨園作生先與紅亂，醜態不一而足，無怪越人有「饒頭」之癖矣。

【眉批】

「撁頭」本自妥當，徐、王皆改爲「饒頭」，且曰「妙甚」，不知越人苦認紅娘爲幫丁何？謂如前寫「與從良」

及「那裏發付我」俱作是解，可笑！不思《會真》本記：張生内秉堅孤，終不及亂，未嘗近女色，止留連尤物，僅惑于鶯。此豈易沾染者，而必以饞目酸態扭煞亂紅娘耶！即玩全劇中曲白，張惟注意鶯爾，曾有一語面調紅者否？紅亦止欲成就二人耳，别無自衒之意也。

【金蕉葉】我着你但去處行監坐守，誰着你迤逗的胡行亂走？」若問着此一節呵如何訴休？你便索與他個知情的犯由。

(旦云)紅娘，你到那裏小心回話者。(紅云)我到夫人處，必問這小賤人。

姐姐，你受責理當，我圖甚麼來？

【調笑令】你繡幃裏，效綢繆，倒鳳顛鸞百事有。我在窗兒外幾曾輕咳嗽，立蒼苔將繡鞋兒冰透。今日個嫩皮膚倒將粗棍抽，姐姐呵，俺這通殷勤的着甚來由？

【眉批】

王伯良曰：「首當二字句，當韻。」

「冰透」，俗作「湮透」，謬。

覩紅娘口語如此，豈曾作「饒頭」者耶！

姐姐在這裏等着，我過去。説過呵，休歡喜；説不過，休煩惱。(紅見夫人科)(夫人云)小賤人，爲甚麼不跪下：你知罪麼？(紅跪云)紅娘不知罪。(夫人云)你故自口强哩。若實説呵，饒你；若不實説呵，我直打死你這個賤人！誰着你和小姐花園裏去來？（紅云）不曾去，誰見來？（夫人云）歡郎見你去來，尚故自推哩。（打科）（紅云）夫人休閃了手，且息怒停嗔，聽紅娘説。

【鬼三台】夜坐時停了針繡，共姐姐閑窮究，説張生哥哥病久。咱兩個背着夫人，向書房問候。（夫人云）問候呵，他説甚麽？（紅云）他説來，道：「老夫人事已休，將恩變爲讐，着小生半途喜變做憂。」他道：「紅娘你且先行，教小姐權時落後。」

【眉批】《鬼三台》一調九句用八韻，「事已休」自應爲句，「咱兩個背着夫人」句係襯字耳。但「將恩變爲讎」二句宜對，而此少不整，亦少襯字故。

【禿厮兒】我則道神針法灸，誰承望燕侣鶯儔？他兩個經今月餘則是一處宿，何須你一一問緣由？（夫人云）他是個女孩兒家，着他落後麽？（紅唱）

【眉批】此調末宜有二字一韻句，舊本皆無，必是脱落。或者「問」字是「究」字之誤，亦未可知。然舊《冬景詞・禿厮兒》「布四野，滿長空天涯」，用家麻，而「空」字非韻。《嘲伎好睡詞・禿厮兒》「纔燭滅，早魂魄昏迷」，用齊微，而「魄」字非韻。即本傳第三本末折《禿厮兒「凍得來戰兢兢，説甚知音」，用侵尋，而「兢」字非韻。或此亦可不用韻耳。

【聖藥王】他每不識憂，不識愁，一雙心意兩相投。夫人得好休，便好休，這其間何必苦追求？常言道「女大不中留」。

（夫人云）這端事都是你個賤人！（紅云）非是張生、小姐、紅娘之罪，乃夫人之過也。（夫人云）這賤人倒指下我來，怎麽是我之過？（紅云）信者人之根本，「人而無信，不知其可也。大車無輗，小車無軏，其何以行之哉？」當日軍圍普救，夫人所許退軍者以女妻之。張生非慕小姐顔色，豈肯區區建退軍之策？兵退身安，夫人悔却前言，豈得不爲失信乎？既然不肯成其事，只合酬之以金帛，令張生捨此而去。却不當留請張生於書院，使怨女曠夫，各相早晚窺視，所以夫人有此一端。目下老夫人若不息其事，一來辱没相國家譜，二來張生日後名重天下，施恩於人，忍令返受其辱哉？使至官司，夫人亦得治家不嚴之罪。官司若推其詳，亦知老夫人背義而忘恩，豈得爲賢哉？紅娘不敢自專，乞望夫人台鑒：莫若恕其小過，成就大事，擱之以去其汙，豈不爲長便乎？

【麻郎兒】秀才是文章魁首，姐姐是仕女班頭；一個通徹三教九流，一個曉盡描鸞刺繡。

【幺篇】世有、便休、罷手，大恩人怎做敵頭？起白馬將軍故友，斬飛虎叛賊草寇。

【絡絲娘】不争和張解元參辰卯酉，便是與崔相國出乖弄醜。到底干連着自己骨肉，夫人索窮究？

【眉批】

徐士範曰：「參居酉，辰居卯，兩不相見。」

（夫人云）這小賤人也道得是。我不合養了這個不肖之女。待經官呵，玷辱家門。罷罷！俺家無犯法之男，再婚之女，與了這廝罷。紅娘，唤那賤人來！（紅見旦云）且喜姐姐，那棍子則是滴溜溜在我身上，吃我直説過了。我也怕不得許多，夫人如今唤你來，待成合親事。（旦云）羞人答答的，怎麽見夫人？（紅云）娘根前有甚麽羞？

【小桃紅】當日個月明纔上柳梢頭，却早人約黄昏後。羞的我腦背後將牙兒襯着衫兒袖。猛凝眸，看時節則見鞋底尖兒瘦。一個恣情的不休，一個啞聲兒厮耨。呸！那其間可怎生不害半星兒羞？

【眉批】俗本二句「一個」下有「揾香腮，摟腰肢」二語，便俗氣熏人。

（旦見夫人科）（夫人云）鶯鶯，我怎生擡舉你來，今日做這等的勾當；則是我的業障，待怨誰的是！我待經官來，辱没了你父親，這等事不是俺相國人家的勾當。罷罷罷！誰似俺養女的不長俊！紅娘，書房裏唤將那禽獸來！（紅唤末科）（末云）小娘子唤小生做甚麽？（紅云）你的事發了也，如今夫人唤你來，將小姐配與你哩。小姐先招了也，你過去。（末云）小生惶恐，如何見老夫人？當初誰在老夫人行説來？（紅云）休佯小心，過去便了。

【小桃紅】既然泄漏怎干休？是我相「相」，今本俱作「先」。投首。俺家裏陪酒陪茶到擱就。你休愁，何須約定通媒媾？我棄了部署不收，你元來「苗兒不秀」。呸！你是個銀樣鑞鎗頭。《氣英布》劇有：「英布也你是銀樣鑞鎗頭。」徐改「銀」爲「人」，而曰「與人樣鍛騎一例」，無謂。《李逵負荆》劇有：「翻做了鑞鎗頭。」俱從「鑞」。

（末見夫人科）（夫人云）好秀才呵，豈不聞「非先王之德行不敢行」。我待送你去官司裏去來，恐辱没了俺家譜。我如今將鶯鶯與你爲妻，則是俺三輩兒不招白衣女婿，你明日便上朝取應去。我與你養着媳婦，得官呵，來見我；駁落呵，休來見我。（紅云）張生早則喜也。

【眉批】「棄了部署不收」，言不管束得也。俗本俱作「揍了個少」，費解。徐、王改爲「擔着個部署不周」，亦因

「搡」字誤之耳。

徐士範曰：「『銀樣蠟鎗頭』，中看不中用。」

【東原樂】相思事，一筆勾，早則展放從前眉兒皺。美愛幽歡恰動頭。既能勾，張生，你覷兀的般可喜娘龐兒也要人消受。

（夫人云）明日收拾行裝，安排果酒，請長老一同送張生到十里長亭去。（旦念）寄與西河堤畔柳，安排青眼送行人。（同夫人下）（紅唱）

【收尾】來時節畫堂簫鼓鳴春晝，列着一對兒鸞交鳳友。那其間纔受你説媒紅，方吃你謝親酒。（並下）

第三折

（夫人、長老上云）今日送張生赴京，十里長亭，安排下筵席；我和長老先行，不見張生、小姐來到。（旦、末、紅同上）

（旦云）今日送張生上朝取應，早是離人傷感，況值那暮秋天氣，好煩惱人也呵！「悲歡聚散一杯酒，南北東西萬里程」。

【正宮】【端正好】碧雲天，黄花地，西風緊，北雁南飛。曉來誰染霜林醉，總是離人淚。

【滚繡球】恨相見得遲，怨歸去得疾。柳絲長玉驄難繫，恨不倩疏林掛住斜暉。馬兒迍迍的行，車兒快快的隨，却告了相思迴避，破題兒又早别離。聽得一聲去也，鬆了金釧；遥望見十里長亭，減了玉肌，此恨誰知？

【眉批】

「迍迍」即馬遲人意懶也。舊本有作「逆逆」者，要亦不過遲意，徐從之而解曰：「不向前途去而倒走回。」

夫倒走回亦只一霎耳，豈不煩牽轉而竟行耶，於義不通。然「迆」字平聲，調不合，王直改「運運」，未經見，不敢從，非「逆逆」即「逗逗」，字形誤耳。

（紅云）姐姐，今日怎麽不打扮？（旦云）你那知我的心裏呵。

【叨叨令】見安排着車兒馬兒，不由人熬熬煎煎的氣；有甚麽心情花兒靨兒，打扮的嬌嬌滴滴的媚；準備着被兒枕兒，則索昏昏沉沉的睡；從今後衫兒、袖兒，都揾做重重叠叠的淚。兀的不悶殺人也麽歌！兀的不悶殺人也麽歌！久已後書兒信兒，索與我恓恓惶惶的寄。

（做到）（見夫人科）（夫人云）張生和長老坐，小姐這壁坐，紅娘將酒來。張生，你向前來，是自家親眷，不要迴避。俺今日將鶯鶯與你，到京師休辱末了俺孩兒，掙揣一個狀元回來者。（末云）小生托夫人餘蔭，憑着胸中之才，視官如拾芥耳。（潔云）夫人主見不差，張生不是落後的人。（把酒了坐）（旦長吁科）

【脱布衫】下西風黄葉紛飛，染寒烟衰草萋迷。酒席上斜簽着坐的，音底。蹙愁眉死臨侵地。

【小梁州】我見他閣淚汪汪不敢垂，恐怕人知，猛然見了把頭低，長吁氣，推整素羅衣。

【幺篇】雖然久後成佳配，奈時間怎不悲啼。意似癡，心如醉，昨宵今日，清减了小腰圍。

【眉批】

「奈時間」，俗本作「那其間」，徐、王本作「這時節」，俱無味。

（夫人云）小姐把盞者！（紅遞酒，旦把盞長吁科云）請吃酒！

【上小樓】合歡未已，離愁相繼。想着俺前暮私情，昨夜成親，今日別離。我諗知，這幾日，相思滋味，却元來此別離情更增十倍。

【眉批】

「我諗知，這幾日，相思滋味」，三字二句，四字一句，《幺篇》同。王伯良以上三字作襯字，則本調實字缺。言別離情更甚于相思也。時本以「此」作「比」，是相思味重于別離情矣，失當下語意。一本無「此」字亦可。

【幺篇】年少呵輕遠別，情薄呵易棄擲。全不想腿兒相挨，臉兒相偎，手兒相攜。你與俺崔相國做女婿，妻榮夫貴，但得一個并頭蓮，煞强如狀元及第。

(紅云)姐姐不曾吃早飯，飲一口兒湯水。(旦云)紅娘，甚麽湯水咽得下！

【滿庭芳】供食太急，須臾對面，頃刻別離。若不是酒席間子母每當迴避，有心待與他舉案齊眉。雖然是厮守得一時半刻，也合着俺夫妻每共卓而食。眼底空留意，尋思起就裏，險化做望夫石。

【眉批】

「雖然」以下，俗本作《幺篇》，非也。《滿庭芳》本調如此。

(夫人云)紅娘把盞者！(紅把酒科)(旦唱)

【快活三】將來的酒共食，嘗着似土和泥。假若便是土和泥，也有些土氣息泥滋味。

【眉批】

此正形容别情當行至語，舊有識其「哀而近傷」者，非説夢耶！

【朝天子】暖溶溶玉醅，白泠泠似水，多半是相思淚。眼面前茶飯怕不待要吃，恨塞滿愁腸胃。「蝸角虛名，蠅頭微利」，拆鴛鴦在兩下裏。一個這壁，一個那壁，一遞一聲長吁氣。

（夫人云）輛起車兒，俺先回去，小姐隨後和紅娘來。（下）（末辭潔科）（潔云）此一行别無話兒，貧僧準備買登科録看，做親的茶飯，少不得貧僧的。先生在意，鞍馬上保重者！「從今經懺無心禮，專聽春雷第一聲」。（下）（旦唱）

【四邊静】霎時間杯盤狼籍，車兒投東，馬兒向西。兩意徘徊，落日山横翠。知他今宵宿在那裏？有夢也難尋覓。

張生，此一行得官不得官，疾便回來。（末云）小生這一去，白奪一個狀元。正是「青霄有路終須到，金榜無名誓不歸」。（旦云）君行别無所贈，口占一絶，爲君送行：「棄擲今何在，當時且自親。還將舊來意，憐取眼前人。」（末云）小姐之意差矣，張珙更敢憐誰？謹賡一絶，以剖寸心：「人生長遠别，孰與最關情？不遇知音者，誰憐長嘆人？」（旦唱）

【耍孩兒】淋漓襟袖啼紅淚，比司馬青衫更濕。伯勞東去燕西飛，未登程先問歸期。雖然眼底人千里，且盡生前酒一杯。未飲心先醉，眼中流血，心裏成灰。

【五煞】到京師服水土，趁程途節飲食，順時自保揣身體。荒村雨露宜眠早，野店風霜要起遲！鞍馬秋風裏，最難調護，最要扶持。

【四煞】這憂愁訴與誰？相思只自知，老天不管人憔悴。淚添九曲黄河溢，恨壓三峰華岳低。到晚來悶把西樓倚，見了些夕陽古道，衰柳長堤。

【眉批】

徐改「悶把」爲「定把」，而王大識「悶」字，然舊本無作「定」字者。

【三煞】笑吟吟一處來，哭啼啼獨自歸，歸家若到羅幃裏，昨宵個繡衾香暖留春住，今夜個翠被生寒有夢知。留戀你別無意，見據鞍上馬，閣不住淚眼愁眉。

【眉批】

徐改「別無意」爲「因無計」，王引董詞作「應無計閣不住淚眼」爲「各淚眼」，意俱佳。

（末云）有甚言語囑付小生咱？（旦唱）

【二煞】你休憂文齊福不齊，我則怕你停妻再娶妻。休要一春魚雁無消息！我這裏青鸞有信頻須寄，你却休金榜無名誓不歸。此一節君須記，若見了那異鄉花草，再休似此處栖遲。

（末云）再誰似小姐？小生又生此念。（旦唱）

【一煞】青山隔送行，疏林不做美，淡烟暮靄相遮蔽。夕陽古道無人語，禾黍秋風聽馬嘶。我爲甚麼懶上車兒內，來時甚急，去後何遲？

（紅云）夫人去好一會，姐姐，咱家去。（旦唱）

【收尾】四圍山色中，一鞭殘照裏。遍人間煩惱填胸臆，量這些大小車兒如何載得起？（旦、紅下）

【眉批】

「這些大小」，言不多大小也。非如舊解大字略讀，詳見《解證》。

（末云）僕童趕早行一程兒，早尋個宿處。淚隨流水急，愁逐野雲飛。（下）

第四折

（末引僕騎馬上開）離了蒲東早三十里也。兀的前面是草橋，店裏宿一宵，明日趕早行。這馬百般兒不肯走！行色一鞭催去馬，覊愁萬斛引新詩。

〔雙調〕【新水令】望蒲東蕭寺暮雲遮，慘離情半林黄葉。馬遲人意懶，風急雁行斜。離恨重疊，破題兒第一夜。想着昨日受用，誰知今日凄凉？

【步步嬌】昨夜個翠被香濃薰蘭麝，欹珊枕把身軀兒趄。臉兒廝揾者，仔細端詳，可憎的别。鋪雲鬢玉梳斜，恰便似半吐初生月。

早至也，店小二哥那裏？（小二哥上云）官人，俺這頭房裏下。（末云）琴童接了馬者！點上燈，我諸般不要吃，則要睡些兒。（僕云）小人也辛苦，待歇息也。（在床前打鋪做睡科）（末云）今夜甚睡得到我眼裏來也！

【落梅風】旅館欹單枕，秋蛩鳴四野，助人愁的是紙窗兒風裂。乍孤眠被兒薄又怯，冷清清幾時温熱！

（末睡科）（旦上云）長亭畔别了張生，好生放不下。老夫人和梅香都睡了，我私奔出城，趕上和他同去。

【喬木查】走荒郊曠野，把不住心嬌怯，喘吁吁難將兩氣。疾忙趕上者，打草驚蛇。

【眉批】

此忽入旦唱者，入夢故，變體也。

王伯良曰：「『打草驚蛇』只用見成語，用不得王魯事爲解。大略疾忙驚動意，亦不必喻行之疾速也。」

【攪箏琶】他把我心腸揝，因此不避路途賒。瞞過俺能拘管的夫人，穩住俺廝齊攢的侍妾。想着他臨上馬痛傷嗟，哭得我也似癡呆。不是我心邪，自別離已後，到西日初斜，愁得來陡峻，瘦得來嗶嗻。則離得半個日頭，却早又寬掩過翠裙三四褶，誰曾經這般磨滅？「穩住」，安頓也。徐以紅乃腹心婢，改爲「説過」，不知此是夢中語，何爲必欲照顧微細乃爾。

【眉批】

此自「別離已後」四句，非常調，乃二字句下之可增四字叠句者。本傳第五本「夫人的官誥，縣君的名稱」是也。金白嶼削去「愁得來陡峻」及末「翠裙」二句，竟以「瘦得來嗶嗻」止，不知末二句正添句後之入本調者，亦妄塗抹矣。

【錦上花】有限姻緣，方纔寧貼；無奈功名，使人離缺。害不了的愁懷，却纔覺些；一作較。掉不下的思量，如今又也。清霜凈碧波，白露下黄葉。下下高高，道路凹折；四野風來，左右亂踅；我這裏奔馳，他何處困歇？

【清江引】呆答孩店房兒裏没話説，悶對如年夜。暮雨催寒蛩，曉風吹殘月，今宵酒醒何處也！

(旦云)在這個店兒裏，不免敲門。(末云)誰敲門哩？是一個女人的聲音，我且開門看咱，這早晚是誰？

【慶宣和】是人呵疾忙快分説，是鬼呵合速滅。(旦云)是我，老夫人睡了，想你去了呵，幾時再得見，特來和你同去。(末)聽説罷將香羅袖兒拽，却元來是姐姐、姐姐。

難得小姐的心勤！

【眉批】

「姐姐」是叠句，前「倒躲、倒躲」，《蟠桃會》劇「壽齊、壽齊」是也。俗本少二字，非調。

【喬牌兒】你是爲人須爲徹，將衣袂不藉。繡鞋兒被露水泥沾惹，脚心兒管踏破也。

(旦云)我爲足下呵，顧不得迢遞。(旦唧唧了)

【甜水令】想着你廢寢忘餐，香消玉減，花開花謝，猶自覺争些。便枕冷衾寒，鳳隻鸞孤，月圓雲遮，尋思來有甚傷嗟。

【眉批】

此曲只爲《折桂令》之首一句，言想着害相思猶可，便孤單尋思來亦不苦，而最苦是離别，即前「諗知這幾日相思」，數句一意也。王伯良訓「便」爲「就」，改「有甚」爲「又甚」强，解無味。

【折桂令】想人生最苦離别，可憐見千里關山，獨自跋涉。似這般割肚牽腸，到不如義斷恩絶。雖然是一時間花殘月缺，休猜做瓶墜簪折。不戀豪傑，不羡驕奢；生則同衾，死則同穴。

【眉批】

俗本作「不羡驕奢，只戀豪傑」，王伯良謂：「反墮俗境。」

（外、净一行扮卒子上叫云）恰纔見一女子渡河，不知那裏去了？打起火把者，分明見他走在這店中去也。將出來！將出來！（末云）却怎了？（旦云）你近後，我自開門對他説。

【水仙子】硬圍着普救寺下鍬撅，强當住咽喉仗劍鉞。賊心腸饞眼腦天生得劣。（卒子云）你是誰家女子，夤夜渡河？（旦唱）休言語，靠後些！杜將軍你知道他是英傑，覷一覷着你爲了醢一作「醢」。醬，指一指教你化做骨一作「齏」。血。騎着匹白馬來也。

【眉批】

「休言語，靠後些」，鶯叱卒子之辭。「靠後些」之語，元人賓白亦時有，叱之令其退後，猶今叱人云：「還不走也！」時本有刻「休言語」一句爲生唱，以止鶯；「靠後些」一句爲鶯唱，以止生。且批云：「夢中兩人猶相愛如此。」真所謂痴人前不堪説夢也。

（卒子搶旦下）（末驚覺云）呀，元來却是夢裏！且將門兒推開看。只見一天露氣，滿地霜華，曉星初上，殘月猶明。

「無端燕鵲高枝上，一枕鴛鴦夢不成」。

【雁兒落】緑依依墻高柳半遮，静悄悄門掩清秋夜，疏剌剌林梢落葉風，昏慘慘雲際穿窗月。

【得勝令】驚覺我的是顫巍巍竹影走龍蛇，虚飄飄莊周夢蝴蝶，絮叨叨促織兒無休歇，韻悠悠砧聲兒不斷絶。痛煞煞傷别，急煎煎好夢兒應難捨；冷清清的咨嗟，嬌滴滴玉人兒何處也！

【眉批】

王伯良因認第二句第二字宜仄，竟改「周」爲「子」，非也，説已見前。

(僕云)天明也，咱早行一程兒，前面打火去。(末云)店小二哥，還你房錢，鞴了馬者。

【鴛鴦煞】柳絲長咫尺情牽惹，水聲幽彷彿人嗚咽。斜月殘燈，半明不滅。唱道是舊恨連綿，新愁鬱結；恨塞離愁，滿肺腑難淘瀉。除紙筆代喉舌，千種相思一作「思量」。對誰説！(並下)「相思」二字仍周本，不敢改作「風流」，然「風流」爲是。

【絡絲娘煞尾】都則爲一官半職，阻隔得千山萬水。

【眉批】

此處「唱道是」，徐、王亦皆删之，猶前見也。

「相思」，一舊本作「風流」，蓋此乃王實甫之筆已完，故以「除紙筆」二句結之。「千種風流」統言《西廂》一記，而寓自譽也。要知下本爲續筆無疑矣。

此《煞尾》必是欲續者所憎，應非實甫筆。

題目　小紅娘成好事　老夫人問由情

正名　短長亭斟別酒　草橋店夢鶯鶯

西厢記第四本解證

第二折

出落猶今俗言「出脱」也。元曲有「出退得全别」，即是出落意。舊評音律精熟詞有「寫你新詞，出落着風流」。幸義可想見，大略更新洗發之意。徐解盡也、太也，越人俗言和扇也，不知何義。王解「出類」以對「别樣」，亦影響。

量這些大小車兒如何載得起甚言其愁多而車小難載也。這些大小，言不多大小也。元人有「些娘大些個大」，皆言小。今人言物小者，亦言「有得偌多大小」，明白可證。向解爲隨行大小之車，夫車不過夫人與鶯耳，夫人前白已云「輛起車兒先回去」，此時只有鶯車，有何大小之車在。況鶯只言自己車小，載不起滿胸煩惱耳，豈凡車皆在内耶？固自非是。徐解云：「大小即多少，言眼前所見之車能有多少，而載得許多離愁。」以大小爲多少，更悖謬不通。又有謂大字下宜讀，而言這些大的小車兒。意是而亦不必如此瑣屑。

西廂記第五本　張君瑞慶團圞雜劇

元　關漢卿　填詞

楔　子

（末引僕人上開云）自暮秋與小姐相別，倏經半載之際。托賴祖宗之蔭，一舉及第，得了頭名狀元。如今在客館聽候聖旨御筆除授，惟恐小姐掛念，且修一封書，令琴童家去，達知夫人，便知小生得中，以安其心。琴童過來，你將文房四寶來，我寫就家書一封，與我星夜到河中府去。見小姐時，説官人怕娘子憂，特地先着小人將書來，即忙接了回書來者。過日月好疾也呵！

【仙吕】【賞花時】相見時紅雨紛紛點緑苔，別離後黄葉蕭蕭凝暮靄。今日見梅開，別離半載。琴童，我囑付你的言語記着！則説道特地寄書來。

（下）（僕云）得了這書，星夜望河中府走一遭。（下）

第一折

（旦引紅娘上開云）自張生去京師，不覺半年，杳無音信。這些神思不快，妝鏡懶擡，腰肢瘦損，茜裙寬褪，好煩惱人也呵！

【眉批】

「些」下宜有「時」字，古本脱落。

〔商調〕【集賢賓】雖離了我眼前，悶却在心上有；不甫能離了心上，又早眉頭。忘了時依然還又，惡思量無了無休。大都來一寸眉峰，怎當他許多顰皺。新愁近來接着舊愁，厮混了難分新舊。舊愁似太行山隱隱，新愁似天塹水悠悠。

（紅云）姐姐往常針尖不倒，其實不曾閑了一個綉床，如今百般的悶倦。往常也曾不快，將息便可，不似這一場清減得十分利害。（旦唱）

【逍遥樂】曾經消瘦，每遍猶閑，這番最陡。（紅云）姐姐心兒悶呵，那裏散心耍咱。（旦）何處忘憂？看時節獨上妝樓，手捲珠簾上玉鈎，空目斷山明水秀。見蒼烟迷樹，衰草連天，野渡横舟。（旦云）紅娘，我這衣裳這些時都不似我穿的。（紅云）姐姐，正是「腰細不勝衣」。（旦唱）

【挂金索】裙染榴花，睡損胭脂皺；紐結丁香，掩過芙蓉扣；綫脱珍珠，淚濕香羅袖；楊柳眉顰，人比黄花瘦。

【眉批】

王元美獨賞此曲爲俊語，謂不減前。不知數語止似佳詞，曲中勝場不在此，前後曲自有勍敵。

（僕人上云）奉相公言語，特將書來與小姐。恰纔前廳上見了夫人，夫人好生歡喜，着入來見小姐，早至後堂。（咳嗽科）（紅問云）誰在外面？（見科）（紅見僕人。紅笑云）你幾時來？可知道昨夜燈花報，今朝喜鵲噪。姐姐正煩惱哩，你自來？和哥哥來？（僕云）哥哥得了官也，着我寄書來。（紅云）你則在這裏等着，我對俺姐姐説了呵，你進來。（紅見旦笑科）（旦云）這小妮子怎麽？（紅云）姐姐，大喜大喜！咱姐夫得了官也。（旦云）這妮子見我悶呵，特故哄我。（紅云）琴童在門首，見了夫人了，使他進來見姐姐，姐夫有書。（旦云）慚愧，我也有盼着他的日頭！唤他入來。（僕入見旦科）（旦云）琴童，你幾時離京師？（僕云）離京一月多也，我來時哥哥去吃游街棍子去了。（旦云）這禽獸不省得，狀元唤做夸官，游街三日。（僕云）夫人説的便是，有書在此。（旦做接書科）

【金菊花】早是我只因他去減了風流，不争你寄得書來又與我添些兒證候。説來的話兒不應口，無語低頭，書在手，淚凝眸。

（旦開書看科）

【醋葫蘆】我這裏開時和淚開，他那裏修時和淚修，多管閣着筆尖兒未寫早淚先流，寄來的書淚點兒兀一作「猶」自有。我將這新痕把舊痕湮透，正是一重愁翻做兩重愁。

（旦念書科）「張珙百拜奉啓芳卿可人妝次：自暮秋拜違，倏爾半載。上賴祖宗之蔭，下托賢妻之德，舉中甲第。即目于招賢館寄迹，以伺聖旨御筆除授。惟恐夫人與賢妻憂念，特令琴童奉書馳報，庶幾免慮。小生身雖遥而心常邇矣，恨不得鶼鶼比翼，邛邛并軀。重功名而薄恩愛者，誠有淺見貪饕之罪。他日面會，自當請謝不備。後成一絶，以奉清照：玉京仙府探花郎，寄語蒲東窈窕娘。指日拜恩衣晝錦，定須休作倚門妝。」

【眉批】

徐文長云：「三書皆劣，詩亦多惡，睹《會真記》中崔與張書，何等秀雅悲感，而可如此草草耶！」

《秦中雜記》曰：「進士及第後，爲探花宴，以少俊二人爲探花使。」詩話曰：「進士杏園，初曰探花郎，少俊二人爲探花使，遍游名園。若他人先折得名花則被罰。」故此詩言探花郎，正言其得第耳，非如今世之第三名。俗本不解，而誤添第三名，遂有謂其前後曲白稱狀元之自相矛盾者，正未夢見也。「晚妝樓改作至公樓」，猶言私宅今爲官衙也。唐人凡官宦所居，皆曰至公，如云公館、公廨，故既爲官，則晚妝樓可爲至公樓矣。徐、王皆云：「崔夸已識人，故云晚妝樓可改作至公堂矣。」意亦通，但唐時校士處亦如本朝稱至公堂耶？况原言樓不言堂也。舊本又有作「誌公」者，不知何義？

【幺篇】當日向西厢月底潛，今日向瓊林宴上搊。誰承望跳東墻脚步兒占了鰲頭？怎想道惜花心養成折桂手？脂粉叢裏包藏着錦繡？從今後晚妝樓改做了至公樓。「搊」，搊弄也。王注謂：「醉而人扶攙之。」非。

（旦云）你吃飯不曾？（僕云）上告夫人知道，早晨至今，空立廳前，那有飯吃？（旦云）紅娘，你快取飯與他吃。（僕云）感蒙賞賜，我每就此吃飯。夫人寫書，哥哥着小人索了夫人回書，至緊至緊。（旦云）紅娘，將筆硯來。（紅將來科）（旦云）書却寫了，無可表意，只有汗衫一領，裹肚一條，襪兒一雙，瑶琴一張，玉簪一枚，斑管一枝。琴童，你收拾得好者。紅娘取銀十兩來，就與他盤纏。（紅娘云）姐夫得了官，豈無這幾件東西，寄與他有甚緣故？（旦云）你不知道，這汗衫兒呵。

【梧葉兒】他若是和衣卧，便是和我一處宿；但粘着他皮肉，不信不想我温柔。（紅云）這裹肚要怎麽？（旦）常則不要離了前後，守着他左右，緊緊的繫在心頭。（紅云）這襪兒如何？（旦）拘管他胡行亂走。

（紅云）這琴他那裏自有，又將去怎麽？（旦唱）

【後庭花】當日五言詩緊趁逐，後來因七弦琴成配偶。他怎肯冷落了詩中意，我則怕生疏了弦上手。（紅云）玉簪呵有甚主意？（旦）我須有個緣由，他如今功名成就，則怕他撇人在腦背後。（紅云）斑管要怎的？（旦）湘江兩岸秋，當日娥皇因虞舜愁，今日鶯鶯爲君瑞憂。這九嶷山下竹，共香羅衫袖口。

【青哥兒】都一般啼痕湮透。似這等淚斑宛然依舊，萬古情緣一樣愁。涕淚交流，怨慕難收，對學士叮嚀説緣由，是必休忘舊。

（旦云）琴童，這東西收拾好者！（僕云）理會得。（旦唱）

【醋葫蘆】你逐宵野店上宿，休將包袱做枕頭，怕油脂膩展污了恐難酬。倘或水浸雨濕休便扭，我則怕乾時節熨不開褶皺。一椿椿一件件細收留。

【金菊花】書封雁足此時修，情繫人心早晚休？長安望來天際頭。倚遍西樓，人不見，水空流。

（僕云）小人拜辭，即便去也。（旦云）琴童，你見官人對他説。（僕云）説甚麼？（旦唱）

【浪裏來煞】他那裏爲我愁，我這裏因他瘦。臨行時啜賺人的巧舌頭，指歸期約定九月九，不覺的過了小春時候。到如今「悔教夫婿覓封侯」。（下）（僕云）得了回書，星夜回俺哥哥話去。（下）

【眉批】

如此煞尾詞，豈嫩筆所辦！從來世眼，皆取濃麗，不識當行，故「珠簾晻映」等句，便爲絶倒，而此等法皆抹殺矣。

第二折

（末上云）「畫虎未成君莫笑，安排牙爪始驚人」。本是舉過便除，奉聖旨着翰林院編修國史。他每那知我的心，甚麼文章做得成。使琴童遞佳音，不見回來。這幾日睡卧不寧，飲食少進，給假在驛亭中將息。早間太醫院着人來看視，下藥去了。我這病盧扁也醫不得，自離了小姐，無一日心閑也呵。

〔中吕〕【粉蝶兒】從到京師，思量心旦夕如是，向心頭横倘着俺那鶯兒。請醫師，看診罷，一星星説是。本意待推辭，則被他察虚實不須看視。

【醉春風】他道是醫雜證有方術，治相思無藥餌。鶯鶯你若是知我害相思，我甘心兒死、死。四海無家，一身客寄，半年將至。

【眉批】

俗本作「爲你死」，少一「死」字，便失調矣。

（僕上云）我則道哥哥除了，元來在驛亭中抱病，須索回書去咱。（見了科）（末云）你回來了也？

【迎仙客】疑怪這噪花枝靈鵲兒，垂簾幕喜蛛兒，正應着短檠上夜來燈爆時。若不是斷腸詞，決定是斷腸詩。（僕云）小夫人有書至此。（末接科）寫時節管情一作雨。淚如絲，既不呵，怎生淚點兒封皮上漬。

【眉批】

「爆」，今本作「報」，不如「爆」字勝。《漢宫秋》劇：「管喜信爆燈花。」末句一本作「淚珠兒滴濕了封皮上字」，較此尤俊。

（末讀書科）「薄命妾崔氏拜覆，敬奉才郎君瑞文几。自音容去後，不覺許時，仰敬之心，未嘗少怠。縱云日近長安遠，何故鱗鴻之杳矣。莫因花柳之心，棄妾恩情之意？正念間，琴童至，得見翰墨，始知中科，使妾喜之如狂。郎之才望，亦不辱相國之家譜也。今因琴童回，無以奉貢，聊有瑶琴一張，玉簪一枝，斑管一枝，裹肚一條，汗衫一領，襪兒一對，權表妾之真誠。匆匆草字欠恭，伏乞情恕不備。謹依來韻，遂繼一絶云：『闌干倚遍盼才郎，莫戀宸京黄四娘。病裏得書知中甲，窗前覽鏡試新妝。』」那風風流流的姐姐，似這等女子，張珙死也死得着了。

【上小樓】這的堪爲字史，當爲款識。音志。有柳骨顔筋，張旭張顛，羲之獻之。此一時，彼一時，佳人才思，俺鶯鶯世間無二。

【眉批】

張旭即張顛，王伯良改爲張芝，然此句不宜用韻。

【幺篇】俺做經咒般持，符籙般使。高似金章，重似金帛，貴似金貲。這上面若僉個押字，使個令使，差個勾使，則是一張忙不及印赴期的咨示。

（末拿汗衫兒科）休説文章，則看他這針黹，人間少有。

【滿庭芳】怎不教張生愛爾，堪針工出色，女教爲師。幾千般用意針針是，可索尋思。長共短又没個樣子，窄和寬想像着腰肢，好共歹無人試。想當初做時，用煞那小心兒。

【眉批】

「爾」，時本作「你」，非韻。

小姐寄來這幾件東西，都有緣故，一件件我都猜着。

【白鶴子】這琴，他教我閉門學禁指，留意譜聲詩，調養聖賢心，洗蕩巢由耳。

【眉批】「巢由」，王伯良以爲「箏笛」之誤，東坡《聽杭僧維賢彈琴》詩：「歸家且覓千斛水，洗盡從來箏笛耳。」大是，然不敢改舊本。

【二煞】這玉簪，纖長如竹笋，細白似葱枝，温潤有清香，瑩潔無瑕玭。與疵同。

【三煞】這斑管，霜枝曾栖鳳凰，淚點漬胭脂，當時舜帝慟娥皇，今日淑女思君子。

【四煞】這裏肚，手中一葉綿，燈下幾回絲，表出腹中愁，果稱心間事。

【五煞】這鞋襪兒，針脚兒細似蟣子，絹帛兒膩似鵝脂，既知禮不胡行，願足下當如此。

琴童，你臨行小夫人對你説甚麽？（僕云）着哥哥休別繼良姻。（末云）小姐，你尚然不知我的心哩。

【快活三】冷清清客店兒，風淅淅雨絲絲。雨兒零風兒細夢迴時，多少傷心事。

【朝天子】四肢，不能動止，急切裏盼不到蒲東寺。小夫人須是你見時，別有甚閑傳示？我是個浪子官人，風流學士，怎肯帶一作戴。殘花折舊枝。自從今作兹。到此，甚的是閑街市。

【賀聖朝】少甚宰相人家，招婿的嬌姿。其間或有個人兒似爾，那裏取那温柔，這般才思？想鶯鶯意兒，怎不教人夢想眠思？

【眉批】此調係《黄鍾》，金在衡疑爲竄入；王伯良以語句不倫，前後重複，工拙天淵，直删去，良是。然舊本悉有，姑存之。

琴童來，將這衣裳東西收拾好者。

【耍孩兒】則在書房中傾倒個藤箱子，向箱子裏面鋪幾張紙。放時節用意取包袱，休教藤刺兒抓住綿絲。高擡在衣架上怕吹了顏色，亂穰在包袱中恐剉了褶兒。當如此，切須愛護，勿得因而。

【眉批】

「袱」字失韻，復與下重，當有誤。王伯良改爲「須索用心思」。

【二煞】恰新婚，纔燕爾，爲功名來到此。長安憶念蒲東寺。昨宵愛春風桃李花開夜，今日愁秋雨梧桐葉落時。愁如是，身遥心邇，坐想行思。

【三煞】這天高地厚情，直到海枯石爛時。此時作念何時止？直到燭灰眼下纔無淚，蠶老心中罷却絲。我不比游蕩輕薄子，輕夫婦的琴瑟，拆鸞鳳的雄雌。

【四煞】不聞黄犬音，難傳紅葉詩，驛長不遇梅花使。孤身去客三千里，一日歸心十二時。凭欄視，聽江聲浩蕩，看山色參差。

【尾】憂則憂我在病中，喜則喜你來到此。投至得引人魂卓氏音書至，險將這害鬼病的相如盼望死。（下）

第三折

（净扮鄭恒上開云）自家姓鄭，名恒，字伯常。先人拜禮部尚書，不幸早喪。後數年又喪母。先人在時，曾定下俺姑娘的女孩兒鶯鶯爲妻，不想姑夫亡化，鶯鶯孝服未滿，不曾成親。俺姑娘將着這靈櫬，引着鶯鶯，回博陵下葬；爲因路阻，不能得去，數月前寫書來，唤我同扶柩去。因家中無人，來得遲了。我離京師，來到河中府，打聽得孫飛虎欲擄鶯鶯爲妻，得一個張君瑞退了賊兵，俺姑娘許了他。我如今到這裏，没這個消息便好去見他；既有這個消息，我便撞將去呵，没意思。這一件事都在紅娘身上，我着人去唤他。則説「哥哥從京師來，不敢來見姑娘，着紅娘來下處來，有話去對姑娘行説去」。去的人好一會了，不見來。見姑娘和他有話説。（紅上云）鄭恒哥哥在下處，不來見夫人，却唤我説話。夫人着我來，看他説甚麼。（見净科）哥哥萬福！夫人道哥哥來到呵，怎麽不來家裏來？（净云）我有甚顔色見姑娘？我唤你來的緣故是怎生？當日姑夫在時，曾許下這門親事；我今番到這裏，姑夫孝已滿了，特地央及你去夫人行説知，揀一個吉日，了這件事，好和小姐一答裏下葬去。不争不成合，一答裏路上難厮見。若説得肯呵，我重重的相謝你。（紅云）這一節話，再也休題，鶯鶯已與了别人了也。（净云）道不得「一馬不跨雙鞍」，可怎生父在時曾許了我，父喪之後，母到悔親？這個道理那裏有！（紅云）即非如此説。當日孫飛虎將半萬賊兵來時，哥哥你在那裏？若不是那生呵，那裏得俺一家兒來？今日太平無事，却來争親；倘被賊人擄去呵，哥哥如何去争？（净云）與了一個富家，也不枉了，却與了這個窮酸餓醋。偏我不如他，我仁者能仁、身裏出身的根脚，又是親上做親，况兼他父命。（紅云）他到不如你，噤聲！

【越調】【鬥鵪鶉】賣弄你仁者能仁，倚仗你身裏出身；至如你官上加官，也不合親上做親。又不曾執羔雁邀媒，獻弊帛問肯。恰洗了塵，便待要過門；枉腌了他金屋銀屏，枉污了他錦衾繡裀。

【眉批】

徐士範曰：「俚雅互陳，便是當家。」

「問肯」，王作「謝肯」。

【紫花兒序】枉蠢了他梳雲掠月，枉羞了他惜玉憐香，枉村了他殢雨尤雲。當日三才始判，兩儀初分；乾坤，清者爲乾，濁者爲坤，人在中間相混。君瑞是君子清賢，鄭恒是小人濁民。

【眉批】

王伯良曰：「『兩儀』儀字得仄聲乃妙。」「三才」以下，自是本色，而人以爲學究。王元美識《傍梅香》劇正以此等語。

【天净沙】把河橋飛虎將軍，叛蒲東擄掠人民。半萬賊屯合寺門，手横着霜刃，高叫道要鶯鶯做壓寨夫人。

（净云）賊來怎地他一個人退得？都是胡説！（紅云）我對與你説。

（净云）半萬賊，他一個人濟甚麽事？（紅云）賊圍之甚迫，夫人慌了，和長老商議，拍手高叫兩廊，不問僧俗，如退得賊兵的，便將鶯鶯與他爲妻。忽有游客張生，應聲而前曰：「我有退兵之策，何不問我？」夫人大喜，就問：「其計何在？」生云：「我有一故人白馬將軍，見統十萬之衆，鎮守蒲關。我修書一封，着人寄去，必來救我。」不想書至兵來，其困即解。

【小桃紅】洛陽才子善屬文，火急修書信。白馬將軍到時分，滅了烟塵。夫人小姐都心順，則爲他「威而不猛」，「言而有信」，因此上「不敢慢於人」。

（净云）我自來未嘗聞其名，知他會也不會。你這個小妮子，賣弄他偌多！（紅云）便又罵我。

【金蕉葉】他憑着講性理齊論魯論，作詞賦韓文柳文，他識道理爲人敬人，俺家裏有信行知恩報恩。

【眉批】

「爲人敬人」，無非譽生語；「知恩報恩」，自然説將鶯謝張。王改爲「爲人做人」，而又言「知恩報恩」説張生好處，則無謂矣。

【調笑令】你直一分，他直百十分，螢火焉能比月輪？高低遠近都休論，我拆白道字辯與你個清渾。（净云）這小妮子省得甚麽拆白道字，你訴與我聽。（紅唱）君瑞是個肖字這壁着個立人，你是個木寸馬户尸巾。

【眉批】

「拆白道字」、「頂真續麻」，皆元劇中語。

（净云）木寸馬户尸巾，你道我是個村驢屌。我祖代是相國之門，到不如你個白衣餓夫窮士？做官的則是做官。（紅唱）

【秃厮兒】他憑師友君子務本，你倚父兄仗勢欺人。虀鹽日月不嫌貧，治百姓新民、傳聞。

【聖藥王】這厮喬議論，有向順。你道是官人則合做官人，信口噴，不本分。你道窮民到老是窮民，却不道「將相出寒門」。

（净云）這椿事，都是那長老秃驢弟子孩兒，我明日慢慢的和他説話。（紅唱）

【麻郎兒】他出家兒慈悲爲本，方便爲門。横死眼不識好人，招禍口不知分寸。

（净云）這是姑夫的遺留，我揀日牽羊擔酒上門去，看姑娘怎麽發落我。（紅唱）

【幺篇】訕筋、發村、使狠，甚的是軟款温存。硬打捱强爲眷姻，不睹事强諧秦晋。

【眉批】
徐士範曰：「中原諺語。」

(净云)姑娘若不肯，着二三十個伴儅，擡上轎子，到下處脱了衣裳，趕將來還你一個婆娘。(紅唱)

【絡絲娘】你須是鄭相國嫡親的舍人，須不是孫飛虎家生的莽軍。喬嘴臉、腌軀老、死身分，少不得有家難奔。

【眉批】
元人謂「身」爲「軀老」，謂「錢」爲「鏝老」，蓋市語。今人亦猶有以老爲市語者，惟「腌」與「死」乃詈語。徐謂「軀老」爲鄙賤人語，未考。

(净云)兀的那小妮子，眼見得受了招安了也。我也不對你説，明日我要娶，我要娶。(紅云)不嫁你，不嫁你。(净云)你喝一聲我聽。(紅笑云)你這般頽嘴臉，則好偷韓壽下風頭香，傅何郎左壁厢粉。(下)

【收尾】佳人有意郎君俊，我待不喝采其實怎忍。

【眉批】
言其非韓、何一流中人，猶俗云只好做他脚下泥之謂。「下風」、「左壁」語甚俊，他解甚舛，詳《解證》。

(净脱衣科云)這妮子擬定都和那酸丁演撒，我明日自上門去，見俺姑娘，則做不知。我則道張生贅在衛尚書家，做了女婿。俺姑娘最聽是非，他自小又愛我，必有話説。休説別個，則這一套衣服也衝動他。自小京師同住，慣會尋章摘句。姑夫許我成親，誰敢將言相拒？我若放起刁來，且看鶯鶯那去？「且將壓善欺良意，權作尤雲殢雨心」。（下）（夫人上。云）夜來鄭恒至，不來見我，唤紅娘去問親事。據我的心，則是與孩兒是；况兼相國在時，已許下了。我便是違了先夫的言語。做我一個主家的不着，這厮每做下來。擬定則與鄭恒，他有言語，怪他不得也。料持下酒者，今日他敢來見我也。（净上云）來到也，不索報覆，自入去見夫人。（拜夫人哭科）（夫人云）孩兒，既來到這裏，怎麽不來見我？（净云）小孩兒有甚嘴臉來見姑娘！（夫人云）鶯鶯爲孫飛虎一節，等你不來，無可解危，許張生也。（净云）那個張生？敢便是狀元。我在京師看榜來，年紀有二十四五歲，洛陽張珙，夸官游街三日。第二日頭答正來到衛尚書家門首，尚書的小姐十八歲也，結着彩樓，在那御街上，則一球正打着他。我也騎着馬看，險些打着我。他家粗使梅香十餘人，把那張生横拖倒拽入去。他口叫道：「我自有妻，我是崔相國家女婿。」那尚書有權勢氣象，那裏聽，則管拖將入去了。這個却纔便是他本分，出於無奈。尚書説道：「我女奉聖旨結彩樓，你着崔小姐做次妻。他是先奸後娶的，不應取他。」鬧動京師，因此認得他。（夫人怒云）我道這秀才不中擡舉，今日果然負了俺家。俺相國之家，世無與人做次妻之理。既然張生奉聖旨娶了妻，孩兒，你揀個吉日良辰，依着姑夫的言語，依舊入來做女婿者。（净云）倘或張生有言語，怎生？（夫人云）放着我哩，明日揀個吉日良辰，你便過門來。（净云）中了我的計策了。準備筵席茶禮花紅，克日過門者。（下）（潔上云）老僧昨日買登科記看來，張生頭名狀元，授着河中府尹。誰想夫人没主張，又許了鄭恒親事。老夫人不肯去接，我將着殺饌，直至十里長亭接官走一遭。（下）（杜將軍上云）奉聖旨，着小官主兵蒲關，提調河中府事，上馬管軍，下馬管民。誰想君瑞兄弟一舉及第，正授河中府尹，不曾接得。眼見得在老夫人宅裏下，擬定乘此機會成親。小官牽羊擔酒，直至老夫人宅上，一來慶賀狀元，二來做主親，與兄弟成此大事。左右那裏？將馬來，到河中府走一遭。（下）

第四折

（夫人上云）誰想張生負了俺家，去衛尚書做女婿去。今日不負老相公遺言，還招鄭恒爲婿。今日好個日子，過門者，準備下筵席，鄭恒敢待來也。（末上云）小官奉聖旨，正授河中府尹。今日衣錦還鄉，小姐的金冠霞帔都將着，若見呵，雙手索送過去。誰想有今日也呵！「文章舊冠乾坤內，姓字新聞日月邊」。

〔雙調〕【新水令】玉鞭驕馬出皇都，暢風流玉堂人物。今朝三品職，昨日一寒儒。御筆親除，將名姓翰林注。

【駐馬聽】張珙如愚，酬志了三尺龍泉萬卷書；鶯鶯有福，穩請了五花官誥七香車。身榮難忘去聲。借僧居，愁來猶記題詩處。從應舉，夢魂兒不離了蒲東路。

（末云）接了馬者！（見夫人科）新狀元河中府尹婿張珙參見。（夫人云）休拜，休拜，你是奉聖旨的女婿，我怎消受得你拜？（末唱）

【喬牌兒】我謹躬身問起居，夫人這慈色爲誰怒？我則見丫鬟使數都厮覷，莫不我身邊有甚事故？

（末云）小生去時，夫人親自餞行，喜不自勝。今日中選得官，夫人返行不悦，何也？（夫人云）你如今那裏想着俺家？道不得個「靡不有初，鮮克有終」。我一個女孩兒，雖然妝殘貌陋，他父爲前朝相國。若非賊來，足下甚氣力到得俺家？今日一日置之度外，却於衛尚書家作婿，豈有是理？（末云）夫人聽誰説？若有此事，天不蓋，地不載，害老大小疔瘡！

【雁兒落】若説着絲鞭士女圖，端的是塞滿章臺路。小生向此間懷舊恩，怎肯別處尋親去！

【眉批】

徐改「此間」爲「故國」。夫蒲東路豈故國乎？且字太文，與別處對，非當行也。況字宜用平，用仄則拗矣。

【得勝令】豈不聞「君子斷其初」，我怎肯忘得有恩處？《雍熙樂府》作「我難忘有恩處」。那一個賊畜生行嫉妒，走將來老夫人行厮間阻？不能勾嬌姝，早共晚施心數；説來的無徒，遲和疾上木驢。

【眉批】「畜生」，元曲有作「丑生」、「醜生」者一義，北無「畜」字正音耳。

（夫人云）是鄭恒説來，綉球兒打着馬了，做女婿也。你不信呵，唤紅娘來問。（紅上云）我巴不得見他，元來得官回來。慚愧，這是非對着也。（末背問云）紅娘，小姐好麽？（紅云）爲你别做了女婿，俺小姐依舊嫁了鄭恒也。（末云）有這般蹺蹊的事！

【慶東原】那裏有糞堆上長出連枝樹，淤泥中生出比目魚？不明白展污了姻緣簿？鶯鶯呵，你嫁個油煠猢猻的丈夫；紅娘呵，你伏侍個烟薰猫兒的姐夫；張生呵，你撞着個水浸老鼠的姨夫。這厮壞了風俗，傷了時務。（紅唱）

【喬木查】妾前來拜覆，省可裏心頭怒！間别來安樂否？你那新夫人何處居？比俺姐姐是何如？

【眉批】此忽雜入鶯、紅俱唱，北劇之變體也。《雍熙樂府》此曲在《慶東原》前。「省可裏」，猶「猛可裏」也。王謂「減省些」，則下數語何謂？

（末云）和你也葫蘆題了也。小生爲小姐受過的苦，諸人不知，瞞不得你。不甫能成親，焉有是理？

【攪箏琶】小生若求了媳婦，則目下便身殂。怎肯忘得待月迴廊，難撇下吹簫伴侣。受了些活地獄，下了些死工夫。不甫能得做妻夫，見將着夫人誥敕，縣君名稱，怎生待歡天喜地，兩隻手兒分付與。你剗地到把人贓誣！

【眉批】

「夫人誥敕」以下二語，本調添句，故不必韻。詳前第四本第四折。

（紅對夫人云）我道張生不是這般人，則喚小姐出來自問他。（叫旦科）姐姐，快來問張生，我不信他直恁般薄情。叫見他呵，怒氣冲天，實有緣故。（旦見末科）（末云）小姐間別無恙？（旦云）先生萬福！（紅云）姐姐有的言語，和他說破。（旦長吁云）待說甚麼的是！

【沉醉東風】不見時準備着千言萬語，得相逢都變做短嘆長吁。他急攘攘却纔來，我羞答答怎生覷。將腹中愁恰待伸訴，及至相逢一句也無，則道個「先生萬福」。

（旦云）張生，俺家何負足下？足下見棄妾身，去衛尚書家爲婿，此理安在？（末云）誰說來？（旦云）鄭恒在夫人行說來。（末云）小姐如何聽這廝？張珙之心，惟天可表！

【落梅花】從離了蒲東路，來到京兆府，見個佳人世不曾回顧。硬揣個衛尚書家女孩兒爲了眷屬，曾見他影兒的也教滅門絶户。

（末云）這一樁事都在紅娘身上，我則將言語傍着他，看他說甚麼。紅娘，我問人來，說道你與小姐將簡帖兒去喚鄭恒來。（紅云）癡人，我不合與你作成，你便看得我一般了。（紅唱）

【甜水令】君瑞先生，不索躊躇，何須憂慮。那廝本意糊突；俺家世清白，祖宗賢良，相國名譽。我怎肯他根前寄簡傳書？

【折桂令】那吃敲才怕不口裏嚼蛆，那廝待數黑論黄，惡紫奪朱。俺姐姐更做道軟弱囊揣，怎嫁那不值錢人樣猥駒。你個東君索與鶯鶯做主，怎肯將嫩枝柯折與樵夫。那廝本意囂虚，將足下虧圖，有口難言，氣夯音響。破胸脯。

【眉批】「人樣猴駒」，即馬牛襟裾之意，詈之爲畜類也。「猴」音加，即猪。《左傳》「輿猴從之」是也。徐注：「『猴駒』是蝦樣人也，此不能仰之疾是爲戚施。」蓋見煮熟之蝦跎背，而妄意之，並猴字亦不識矣。王伯良直改爲「蝦」，而亦從其説，蓋俗本亦有刻「蝦」字者耳。

（紅云）張生，你若端的不曾做女婿呵，我去夫人根前一力保你。等那厮來，你和他兩個對証。（紅見夫人云）張生并不曾人家做女婿，都是鄭恒謊，等他兩個對証。（夫人云）既然他不曾呵，等鄭恒那厮來對証了呵，再做説話。（潔上云）誰想張生一舉成名，得了河中府尹，老僧一徑到夫人那裏慶賀。這門親事，幾時成就？當初也有老僧來。老夫人没主張，便待要與鄭恒。若與了他，今日張生來却怎生？（潔見末叙寒温科）（對夫人云）夫人，今日却知老僧的是，張生決不是那一等没行止的秀才，他如何敢忘了夫人？况兼杜將軍是証見，如何悔得他這親事？（旦云）張生此一事，必得杜將軍來方可。

【雁兒落】他曾笑孫龎真下愚，若是論賈馬非英物；正授着征西元帥府，兼領着陜右河中路。

【眉批】王伯良曰：「末二句言正管得鄭恒着也。」

【得勝令】是咱前者護身符，今日有權術。來時節定把先生助，決將賊子誅。他不識親疏，啜賺良人婦；你不辯賢愚，無毒不丈夫。

（夫人云）着小姐去卧房裏去者。（旦下）（杜將軍上云）下官離了蒲關，到普救寺。第一來慶賀兄弟咱；第二來就與兄弟成就了這親事。（末對將軍云）小弟托兄長虎威，得中一舉。今者回來，本待做親。有夫人的侄兒鄭恒，來夫人行説道你兄弟在衛尚書家作贅了。夫人怒欲悔親，依舊要將鶯鶯與鄭恒，焉有此理？道不得個「烈女不更二夫」！（將軍云）此事夫人差矣，君瑞也是禮部尚書之子，况兼又得一舉。夫人一不招白衣秀士，今日返欲罷親，莫非理上不順？（夫人云）當初夫主在時，曾許下這斷，不想遇此一難，虧張生請將軍來殺退賊衆。老身不負前言，欲招他爲婿；不想鄭恒説道，他在衛尚書家做了女婿也，因此上我怒他，依舊許了鄭恒。（將軍云）他是賊心，可知道誹謗他。老夫人如何便信得他？（净上。云）打扮得整整齊齊的，則等做女婿。今日好日頭，搴羊擔酒過門走一遭。（末云）鄭恒，你來怎麽？（净云）苦也！聞知狀元回，特來賀喜。（將軍云）你這斷怎麽要誆騙良人的妻子，行不仁之事，我根前有甚麽話説？我聞奏朝廷，誅此賊子。（末唱）

【落梅風】你硬撞入桃源路，不言個誰是主，被東君把你個蜜蜂兒攔住。不信呵，去那緑楊影裏聽杜宇，一聲聲道「不如歸去」。

（將軍云）那斷若不去呵，祇候拿下！（净云）不必拿，小人自退親事與張生罷。（夫人云）相公息怒，趕出去便罷。（净云）罷，罷！要這性命怎麽，不如觸樹身死。「妻子空争不到頭，風流自古戀風流。三寸氣在千般用，一日無常萬事休」。（净倒科）（夫人云）俺不曾逼死他，我是他親姑娘，他又無父母，我做主葬了者。着唤鶯鶯出來，今日做個慶喜的茶飯，着他兩口兒成合者。（旦、紅上，末、旦拜科）（末唱）

【沽美酒】門迎着駟馬車，户列着八椒圖。四德三從宰相女，平生願足，托賴着衆親故。

【太平令】若不是大恩人拔刀相助，怎能勾好夫妻似水如魚。得意也當時題柱，一作「常記得當時題目」，尤俊。正酬了今生夫婦。自古、相女、配夫，新狀元花生滿路。

（使臣上科）

【錦上花】四海無虞，皆稱臣庶；諸國來朝，萬歲山呼；行邁羲軒，德過舜禹；聖策神機，仁文義武。朝中宰相賢，天下庶民富；萬里河清，五穀成熟；户户安居，處處樂土；鳳凰來儀，麒麟屢出。

【眉批】舊本有「使臣上科」四字，此必有敕賜常套科分，故後《清江引》云然。以常套故止言科，而不詳耳。猶前云發科了、雙鬥醫科範了之類。俗本以「四海無虞」爲使臣上唱，大非。

【清江引】謝當今盛明唐聖主，敕賜爲夫婦。永老無別離，萬古常完聚，願普天下有情的都成了眷屬。

【隨尾】則因月底聯詩句，成就了怨女曠夫。顯得有志的狀元能，無情的鄭恒苦。（下）

【眉批】「無情」，王改「無緣」，意亦佳。

題目　小琴童傳捷報　崔鶯鶯寄汗衫

正名　鄭伯常干捨命　張君瑞慶團圞

西厢記第五本解證

第三折

佳人有意郎君俊，我待不喝采，其實怎忍。則好偷韓壽下風頭香，傳何郎左壁厢粉。此皆紅娘反語嘲恒也。

「佳人有意郎君俊，紅粉無情浪子村」。元人諺語，紅反言覺恒之俊，忍不住要喝采，下二句正其喝采語。元劇中如此類甚多，如《范張鷄黍》劇中云：「首陽山殷夷齊撑的肥胖。」《汨羅江》：「楚三閭昧的醉也。」《匹配金錢》劇中云：「五湖内撑翻了范蠡船，東陵門鋤荒了邵平瓜。」《舞翠盤》云：「過來波齊管仲鄭子産，假忠孝龍逢比干。」今曲有：「碎磚兒砌不起陽臺，破船兒撑不到藍橋。」總是反語一樣機括。今人見「俊」字與「喝采」字，以爲贊張生佳語，不知其嘲恒。王伯良解爲：「佳人之有意，必待郎君之俊者，而鄭恒村蠢，何以動鶯鶯。」此不知所謂而强爲之辭。又言：「喝恒之配不得鶯鶯。」則「采」字無謂。徐本又注云：「縱得了是下風香、傳過粉，隱語嘲其拾敗殘。」更爲謬陋。紅娘方極口罵鄭恒「小人濁民」、「村驢屌」、「喬嘴臉、腌軀老、死身分」、「有家難奔」，而暇念及于拾殘香耶！且紅以爲「枉蠢了他梳雲掠月」等語，皆是惜鶯，以爲非恒配，而暇譏恒拾殘香耶！紅爲鶯心腹婢，其護張者皆護鶯也，而自爲此敗興之語，以作嘲耶？措大管窺之見，貽笑大方。

附録元人增《對弈》

不詳名氏

（旦扮鶯引旦倈扮紅上）（旦云）自從寺中見了那秀才，便有些心中放不下；况兼昨夜妾身焚香拜月之時，他到墻角邊吟詩，我也依着他韻脚兒和了一首。我想着那秀才詩意，好生關妾之情，使我繡房中身心俱倦。倦繡無心正無奈，月明花落又黄昏。（紅云）銀燭照乾雙淚眼，閨房空鎖惜春心。小姐且停女工，今夜月朗風清，雲收雨霽，後園景物撩人。佳期難再，何不一觀，少舒倦怠也呵。（唱）

【一枝花】浮雲斂太虛，好雨澄清霽；碧天懸翡翠，明月漾玻璃。昏霧霏霏，百蕊飄花氣，可憐今宵能有幾。兀的般一刻千金，説甚麽三從四德。

【梁州第七】我則見燕將慵，鶯將懶，那時節韶光事便到九分九釐。緑漸肥，紅漸瘦，早晚送春歸三月三十日。風光五百偏明媚，較之往日，難比今夕同行隨喜。不是臨逼，惜人生虚度芳菲，怕春光頃刻別離。你把官冠芳三字當有誤。珠急速收拾，告舌頭三字當有誤。玉玎璫架起。（潛出房科）數脚踪金蹀躞輕移，一齊悄的，出閨房用脱殼金蟬計。老夫人正沉睡，忙裏偷閑耍一會，快活的是便宜。

【眉批】

三句鼎足對。

(旦云)後園中景物，別是一樣天氣。(紅唱)

【隔尾】後園中別是一樣新天氣，妄言方知是與非。月色如銀勝白日。就萬花亭這壁，下數着大棋，誰弱誰强勝負比。

(旦對紅弈科)(旦云)圍棋之說有道，棋啓於何氏，中間機關勝負攻守之法，必有說焉。(紅云)圍棋之道，其來尚矣。昔古有丹朱不肖，堯設此以訓之，其理微妙，非智者不能明。故局方正，象地利也；道必神明，正直德也；子用黑白，別陰陽也；駢羅布列，效天文也。四象既陳，行之在人。蓋上有天地之象，中有五覇之權，下有攻戰之事，覽其得失，古今略備。古書有云：「飽食終日，無所用心，難矣哉。不有博弈者乎，爲之猶賢乎已。」

【眉批】

如此等白，似學究迂腐，然非元劇所忌。

【牧羊關】自從堯曾置，丹朱教演習。黑白着陰偶陽奇。造化有億萬千端，疆路止三百六十。錯綜周天數，列布渾天儀；千古無窮秘，神仙不測機。

【隔尾】採樵爛柯光陰逝，嘔血成圖妙算奇，死裏逃生個中意。若是諗知，這個就理，勝固欣然敗亦喜。

【眉批】

用東坡語如此作隔尾，非老手不能。

【牧羊關】袖手傍觀易，臨輸悔後遲。但當局個個着迷，守成要顧後瞻前，用戰在征東擊西。未做眼防點破，纔得手便斜飛。門有總關處，棋無兩面持。

【罵玉郎】尋思使得心腸碎，宵廢寢晝忘食，知難見可觀乎勢。局面危，拈上難，衝開易。

【感皇恩】撞着勍敵，誰肯伏低。用機謀，相數算，廝騙欺。逢生勿擊，遇劫先提。滿盤贏，一着錯，便差池。

【採茶歌】得便宜，便收拾，成功一路是强的。十九縱横白與黑，多人迷悮少人知。

（末上云）前者向西廂下和詩，分明興合，奈何侍妾紅娘不全其美，小生未遂所願。今夜雨收雲霽，月白風清，未免再到西廂一行。（旦對紅弈）（末云）聽有棋聲，此是鶯鶯小姐與紅娘月下下棋，不免悄悄的踰墻，走到棋邊看數着若何。我且過去看咱。（做踰墻科）（旦、紅驚科）（紅唱）

【黄鍾尾】柳陰中嚮擦似有人行立，花稍上驚起烏數飛。聽沉來多一會，二更過萬籟息，露華濃晚風細，静巉巉玉漏滴。聽西廂嚮撲地，見一人到根底，紗帽明白攔繫。這生面頗相識，記前回那一日，蕭寺中見來的。這秀才甚通濟，序寒温道名諱，姓挽弓字君瑞。飽詩書擔才藝，入科場必及第。步蟾宫即攀桂，占鰲頭定第一。（旦云）紅娘，你怎得知是他？（紅唱）你問咱怎見得？偌高低省氣力，粉墻東滴流撲剪過墻西，演習那龍門慣跳腿。

（紅對旦云）這秀才跳過墻，近前來也。若夫人知道，好生不便，到不如回去咱。（旦、紅下）（末云）小姐去了。小生昨夜墻角兒吟詩，今夜踰墻看棋，明月之下，他分明見我近前來，並無嗔責之心，其情不覺自熟矣。我回到書房中，且捱過今宵，明日到道場中，若見小姐，十分下工夫飽看一會，其中我臨事别有機變。

【眉批】

只如此尾句，豈今人所能。

會真記

唐　元稹微之　撰

唐貞元中，有張生者，性温茂，美豐容，内秉堅孤，非禮不可入。或朋從游宴，擾雜其間，他人或洶洶拳拳，若將不及；張生容順而已，終不能亂。以是年二十二，未嘗近女色。知者詰之，謝而言曰：「登徒子非好色者，是有淫行耳。余真好色者，而適不我值。何以言之？大凡物之尤者，未嘗不留連於心。是知其非忘情者也。」詰者哂之。

無幾何，張生游於蒲。蒲之東十餘里，有僧舍曰「普救寺」，張生寓焉。適有崔氏孀婦，將歸長安，路出於蒲，亦止茲寺。崔氏婦，鄭女也；張出於鄭，緒其親，乃異派之從母。是歲，渾瑊薨於蒲。有中人丁文雅，不善於軍，軍人因喪而擾，大掠蒲人。崔氏之家，財產甚厚，多奴僕。旅寓惶駭，不知所托。先是，張與蒲將之黨有善，請吏護之，遂不及於難。十餘日，廉使杜確，將天子命以統戎節，令於軍，軍由是戢。鄭厚張之德甚，因飭饌以命張，中堂宴之。復謂張曰：「姨之孤嫠未亡，提携幼稚。不幸屬師徒大潰，實不保其身。弱子幼女，猶君之生也，豈可比常恩哉！今俾以仁兄禮奉見，冀所以報恩也。」命其子曰歡郎，可十餘歲，容甚温美。次命女曰鶯鶯：「出拜爾兄，爾兄活爾。」久之，辭疾。鄭怒曰：「張兄保爾之命，不然，爾且虜矣，能復遠嫌乎？」久之，乃至。常服悴容，不加新飾，鬟垂黛接，雙臉斷紅而已。顔色豔異，光輝動人。張驚爲之禮，因坐鄭傍。以鄭之抑而見也，凝睇怨絶，若不勝其體者。問其年紀。鄭曰：「今天子甲子歲之七月，於貞元庚辰，生十七年矣。」張生稍以辭導之，不對，終席而罷。張自是惑之，願致其情，無由得也。

崔之婢曰紅娘，生私爲之禮者數四，乘間遂道其衷。婢果驚沮，憒然而奔，張生悔之。翌日，婢復至，張生乃羞而謝之，不復云所求矣。婢因謂張曰：「郎之言，所不敢言，亦不敢泄。然而崔之姻族，君所詳也，何不因其德而求娶焉？」張曰：「予始自孩提，性不苟合。或時紈綺閑居，曾莫留盼，不謂當年，終有所蔽。昨日一席間，幾不自持；數日來，行忘止，食忘飽，恐不能逾旦暮。若因媒氏而娶，納采問名，則三數月間，索我於枯魚之肆矣。爾其謂我何？」婢曰：「崔之貞順自保，雖所尊，不可以非語犯之；下人之謀，固難入矣。然而善屬文，往往沈吟章句，怨慕者久之。君試爲諭情詩以亂之；不然，則無由也。」張大喜，立綴《春詞》二首以授之。是夕，紅娘復至，持彩牋以授張，曰：「崔所命也。」題其篇曰《明月三五夜》，其詞曰：「待月西廂下，迎風户半開。拂墻花影動，疑是玉人來。」張亦微喻其旨。是夕歲二月旬有四日矣。崔之東墻，有杏花一株，攀援可踰。既望之夕，張因梯其樹而踰焉；達於西廂，則户半開矣。紅娘寢於床，生因驚之。紅娘駭曰：「郎何以至？」張因紿之曰：「崔氏之牋召我矣。爾爲我告之。」無幾，紅娘復來，連曰：「至矣！至矣！」張生且喜且駭，謂必獲濟。及崔至，則端服儼容，大數張曰：「兄之恩，活我之家，厚矣。是以慈母以弱子幼女見托。奈何因不令之婢，致淫泆之詞？始以護人之亂爲義，而終掠亂以求之，是以亂易亂，其去幾何！誠欲寢其辭，則保人之奸，不義；明之於母，則背人之惠，不祥；將寄於婢僕，又懼不得發其真誠。是用托短章，願自陳啓；猶懼兄之見難，是用鄙靡之辭，以求其必至。非禮之動，能不愧心？特願以禮自持，無及於亂！」言畢，翻然而逝。張自失者久之，復踰而出，於是絶望。

數夕，張生臨軒獨寢，忽有人覺之。驚駭而起，則見紅娘斂衾携枕而至，撫張曰：「至矣！至矣！睡何爲哉？」設衾枕而去。張生拭目危坐，久之，猶疑夢寐，然修謹以俟。俄而紅娘捧崔氏而至，至則嬌羞融冶，力不能運肢體，曩時端莊，不復同矣。是夕旬有八日也，斜月晶熒，幽輝半床。張生飄飄然，且疑神仙之徒，不謂從人間至矣。有頃，寺鍾鳴，天將曉，紅娘促去。崔氏嬌啼宛轉，紅娘又捧之而去，終夕無一言。張生辨色而興，自疑曰：「豈其夢耶？」及明，睹妝在臂，香在衣，淚光熒熒然，猶瑩於裀席而已。是後又十餘日，杳不復知。張生賦《會真詩三十韻》，未畢，而紅娘適至，因授之以貽崔氏。自是復容之，朝隱而出，暮隱而入，同安於曩所謂西廂者，幾一月矣。張生常詰鄭氏之情，則曰：「知不可奈何矣，因欲就成之。」無何，張生將之長安，先以情諭之。崔氏宛無難辭；然而愁怨之容動人矣。將行之再夕，不復可見，而張生遂西。

不數月，復游於蒲，舍於崔氏者又累月。崔氏甚工刀劄，善屬文，求索再三，終不可見。張生往往自以文挑之，亦不甚觀覽。大略崔之出人者，藝必窮極，而貌若不知；言則敏辯，而寡於酬對。待張之意甚厚，然未嘗以詞繼之。時愁豔幽邃，恒若不識；喜愠之容，亦罕形見。異時獨夜操琴，愁弄凄惻。張竊聽之。求之，則終不復鼓矣。以是愈惑之。張生俄以文調，及期，又當西去。當去之夕，不復自言其情，愁嘆於崔氏之側。崔已陰知將訣矣，恭貌怡聲，徐謂張曰：「始亂之，終棄之，固其宜矣，愚不敢恨。必也君亂之，君終之，君之惠也。則没身之誓，其有終矣，又何必深憾於此行！然而君既不懌，無以奉寧。君嘗謂我善鼓琴，嚮時羞顔，所不能及；今且往矣，既君此誠。」因命拂琴，鼓《霓裳羽衣序》，不數聲，哀音怨亂，不復知其是曲也。左右皆歔欷。崔亦遽止之，投琴，泣下流連，趣歸鄭所，遂不復至。明旦而張行。

明年，文戰不勝，遂止於京，因貽書於崔，以廣其意。崔氏緘報之辭，粗載於此。曰：「捧覽來問，撫愛過深。兒女之情，悲喜交集。兼惠花勝一合，口脂五寸，致耀首膏唇之飾。雖荷殊恩，誰復爲容？睹物增懷，但積悲嘆耳！伏承使於京中就業，進修之道，固在便安；但恨僻陋之人，永以遐棄。命也如此，知復何言！自去秋以來，常忽忽如有所失，於喧譁之下，或勉爲語笑；閑宵自處，無不淚零。乃至夢寐之間，亦多叙感咽離憂之思。綢繆繾綣，暫若尋常；幽會未終，驚魂已斷。雖半衾如暖，而思之甚遥。一昨拜辭，倏逾舊歲。長安行樂之地，觸緒牽情，何幸不忘幽微，眷念無斁。鄙薄之志，無以奉酬。至於終始之盟，則固不忒。鄙昔中表相因，或同宴處；婢僕見誘，遂致私誠。兒女之情，不能自固。君子有援琴之挑，鄙人無投梭之拒。及薦枕席，義盛意深，愚幼之心，永謂終托。豈其既見君子，而不能定情；致有自獻之羞，不復明侍巾櫛。没身永恨，含嘆何言！儻仁人用心，俯遂幽劣，雖死之日，猶生之年。如或達士略情，捨小從大，以先配爲醜行，謂要盟之可欺。則當骨化形銷，丹誠不泯，因風委露，猶托清塵。存没之情，言盡於此。臨紙嗚咽，情不能申。千萬珍重！珍重千萬！玉環一枚，是兒嬰年所弄，寄充君子下體之佩。玉取其堅潔不渝，環取其終始不絶。兼致彩絲一絇，文竹茶碾子一枚。此數物不足見珍，意者欲君子如玉之貞，俾志如環不解；淚痕在竹，愁緒縈絲。因物達誠，永以爲好耳。心邇身遐，拜會無期。幽憤所鍾，千里神合。千萬珍重！春風多厲，强飯爲佳。慎言自保，無以鄙爲深念。」張生發其書於所知，由是時人多聞之。所善楊巨源好屬詞，因爲賦《崔娘》詩一絶云：「清潤潘郎玉不如，中庭蕙草雪消初。風流才子多春思，腸斷蕭娘一紙書。」

河南元稹，亦續生《會真詩三十韻》曰：「微月透簾櫳，螢光度碧空。遥天初縹緲，低樹漸葱蘢。龍吹過庭竹，鸞歌拂井桐。羅綃垂薄霧，環珮響輕風。絳節隨金母，雲心捧玉童。更深人悄悄，晨會雨濛濛。珠瑩光文履，花明隱繡龍。瑶釵行彩鳳，羅帔掩丹虹。言自瑶華圃，將朝碧帝宫。因游洛城北，偶向宋家東。戲調初微拒，柔情已暗通。低鬟蟬影動，迴步玉塵蒙。轉面流花雪，登床抱綺叢。鴛鴦交頸舞，翡翠合歡籠。眉黛羞偏聚，唇朱暖更融。氣清蘭蕊馥，膚潤玉肌豐。無力慵移腕，多嬌愛斂躬。汗光珠點點，髮亂緑鬆鬆。方喜千年會，俄聞五夜窮。留連時有限，繾綣意難終。慢臉含愁態，芳辭誓素衷。贈環明運合，留結表心同。啼粉流清鏡，殘燈繞暗蟲。華光猶冉冉，旭日漸曈曈。乘鶩還歸洛，吹簫亦上嵩。衣香猶染麝，枕膩尚殘紅。

幕幕臨塘草，飄飄思渚蓬。素琴鳴怨鶴，清漢望歸鴻。海闊誠難度，天高不易衝。行雲無處所，蕭史在樓中。」張之友聞之者，莫不聳異之，然而張亦志絶矣。

稹特與張厚，因徵其辭。張曰：「大凡天之所命尤物也，不妖其身，必妖於人。使崔氏子遇合富貴，乘嬌寵，不爲雲爲雨，則爲蛟爲螭，吾不知其變化矣。昔殷之辛，周之幽，據萬乘之國，其勢甚厚。然而一女子敗之。潰其衆，屠其身，至今爲天下僇笑。予之德不足以勝妖孽，是用忍情。」於時坐者皆爲深嘆。後歲餘，崔已委身於人，張亦有所娶。適經其所居，乃因其夫言於崔，求以外兄見。夫語之，而崔終不爲出。張怨念之誠，動於顔色。崔知之，潛賦一章，詞曰：「自從消瘦减容光，萬轉千迴懶下床。不爲傍人羞不起，爲郎憔悴却羞郎。」竟不之見。後數日張生將行，又賦一章以謝絶之曰：「棄置今何道，當時且自親。還將舊來意，憐取眼前人。」自是，絶不復知矣。

時人多許張爲善補過者矣。予嘗於朋會之中，往往及此意者，夫使知之者不爲，爲之者不惑。貞元歲九月，執事李公垂宿於余靖安里第，語及於是。公垂卓然稱異，遂爲歌以傳之。歌載李集中。

《鶯鶯歌》

百勞飛遲燕飛疾，垂楊綻金花笑日。綠窗嬌女字鶯鶯，金雀鵶鬟年十七。黄姑上天阿母在，寂寞霜姿素蓮質。門掩重關蕭寺中，芳草花時不曾出。河橋上將亡官軍，虎旗長戟交壘門。鳳凰詔書猶未到，滿城戈甲如雲屯。家家玉貌棄泥土，少女嬌妻愁被虜。出門走馬皆健兒，紅粉潛藏欲何處？嗚嗚阿母啼向天，窗中抱女投金鈿。鉛華不顧欲藏豔，玉顔轉瑩如神仙。此時潘郎未相識，偶住蓮館對南北。潛嘆悽惶阿母心，爲求白馬將軍力。明明飛詔五雲下，將選金門兵悉罷。阿母深居鷄犬安，八珍玉食邀郎餐。千言萬語對生意，小女初笄爲姊妹。丹誠寸心難自比，寫在紅箋方寸紙。寄語春風伴落花，彷彿隨風緑楊裏。窗中暗讀人不知，剪破紅綃裁作詩。還把香風易飄蕩，自令青鳥口銜之。詩中報郎含隱語，郎知暗到花深處。三五月明當户時，與郎相見花間路。

附　凌氏宗譜選録

蔣維崧　標點

説明

《凌氏宗譜選録》，選自清嘉慶十年乙丑（一八〇五）《凌氏重修族譜》。封面題《凌氏宗譜》，首清王昶序，次凌世烈嘉慶乙丑《重修宗譜序》。凡例十二條，領譜字號，目次爲十六卷。正文每半葉十行，行二十四字。左右雙欄，中縫雙魚尾，鎸「凌氏宗譜」、卷次、卷目、葉碼。

本輯選録文字如下：原序、恩綸録、忠節録（部分）、薦紳録（部分）、著述録、榮贈録、藝文録、像贊録（部分）、列傳録、碑誌、晟舍支總系總志。着意於反映凌濛初的生平、世系，同時保存家譜相關文獻。

凌氏宗譜始修於南宋建炎年間，有建炎四年（一一三〇）趙鼎《凌氏族譜序》可證。此後歷經明、清兩代遞相續修，到清末光緒三十年（一九〇四）爲止，在前後近八百年的時間中，重修不下十四、五次，而保存至今的却屈指可數。本次選録採自上海圖書館藏本，封面小字注明爲「敬集郡字號」「敬集」之外是否還有他集無從考知，「郡字號」據「領譜字號」則是「譜其六十册」中的一册，當時是「莘塔」領取的。此册也許是「六十册」中僅存的了。「莘塔」一支領取的。

凌氏宗譜目次

凌氏重修族譜序

家乘與國史，互持風教者也。國有信史，賢奸辨，國憲垂焉；家有信譜，勸懲明，家法著焉。故觀于史，忠義之意慨然自興，而人知有君；觀于譜，仁孝之心油然以生，而人知有親。君親之誼明，而世道人心維持永固，天下於以長治而久安，譜之所係鉅重哉！知此意而爲之者，莫如湖郡凌氏。凌自唐宗一崛起，代生賢哲，文章事業，炳于人寰。其爲譜也，首恩綸，誌寵錫，以圖酹報也。繼忠節，崇至德，以樹楷模也。録縉紳，所以勵功名；録著述，所以重經術。而藝文、榮贈，發前代之英華；傳贊、碑銘，闡先人之懿美。世表統于前，世系、世志分綴于後，所以序昭穆，别遠近，慎終始，辨淑慝者，至詳且備。信乎，以作史之才而作譜者也，寧第以閥閲、姻婭驕語里閭哉。余辛巳分校禮闈，得凌子夢曾，因緣之契，有過尋常，因深悉其先世忠良，支派源流之遠。今其族修輯宗譜，問序於余，余觀其搜羅明備，考核精詳，燦乎若日月之昭于天焉，用以迪前光，裕後昆，凌氏正未有艾乎！我國家重熙累洽，以孝治天下，宗法之詳遠逾前代，固宜薄海同風矣。誠使胥天下氏族而盡能敬其宗，念其祖，以相勸于敦睦和親之化，風俗之美，將見媲美唐虞焉。然則有志世道人心之計者，何可不加意於斯哉。凌氏之譜堪爲凡有譜者式，故序之，以風天下焉。

賜進士出身，資政大夫、兵部左侍郎青浦王昶頓首拜撰。

重修宗譜序

人必有祖宗而後有子孫。祖宗雖遠，而溯之本原之地，皆與我血脉相通者也。我而罔念祖宗，百世下安望我之子孫復能永念乎我？人必有宗族而後有祖宗，宗族雖遠，推之瓜綿之始，皆與我枝葉相連者也。我而漠視宗族，百世上安望我之祖宗能不漠視乎我？然則譜之修，所以念祖宗，聯宗族，而下示子孫者也。我族自唐宗一公崛起，歷宋迄元，代有譜牒。元季衰亂，震峰十六子、隆峰四子，支分派别，散徙蘇杭嘉湖間。唯隆峰長子鄣南公，居故宅，守宗譜。洪武十八年，詔藉其家，宗譜遂佚。賴有公之次子雲，取其所記憶，著《歷代源流》。而我横塘支伯通公，又口授筆述採訪，以詳其世次。嗣後，晟舍支繹泉公一修，懷谷公再修，至國朝雙林振湖公又修。邇來百有餘年矣，丁益繁而世益遠，有子孫而莫記祖名者，有同宗相遇而莫辨世次者。烈甚慨焉，意欲修輯，苦無獨力能勝者。甲子春，因與諸族人商議，照丁派費，諸族人咸踴躍焉。開局安吉城北紫微院，功始于甲子三月，閱次年五月告竣。由是，譜系明而宗族親。凡我族人，共念先世貽謀遠大，積德深長，所以啓佑後人，咸正無缺，自宜愈敦親睦之風，無蹈澆漓之習，慎守先塋，虔供時祭。綿簪纓于百世，繩俎豆于千秋，是則凌氏之厚幸也夫。

嘉慶乙丑五月穀旦，十六世孫世烈敬識。

至寶　韓世忠　　榮爵瞻思　吴興趙孟頫

奉觀先牒起遐思，南北家乘續舊支。一脉祖孫無異姓，千年昭穆似同時。忝嘗共守宋臣廟，金石猶存漢誥辭。惟願族人崇孝敬，莫將身世負君師。

咸淳八年十二月日，少傅、右丞相兼樞密使葉夢鼎拜書

凌氏宗譜凡例

一、吾宗自唐司馬公以來，代有顯籍，累朝錫予誥册，宜列簡端。但因年遠散佚，僅登十一，以志榮光。其序次先後，即以年月爲差。

一、吾姓賜自成周，舊譜皆推本衛康叔之後，然遠不及追矣。先賢作譜之法，斷自其所知者。故舊譜以唐司馬宗一公爲始祖。振湖公譜又推司馬公父宫育公爲一世。明繹泉公譜祇奉吉川公爲一世。蓋以公撫安三邑，澤被吴興，湖郡之凌，實自公開大業也。今遠代世表，仍振湖公之舊。近代世代，遵繹泉公譜，奉吉川公爲一世。庶本源可溯，而昭穆易明云。

一、震峰十六子、隆峰四子，爲通族發脉之始，並列世表。又爲各支分遷之祖，故仍冠各支世志之前。

一、世志，每人書名，正名也；書字號，責成人也；書履歷，紀仕隱也；書子，重嗣續也；書配，注所自，書女，記所歸，詳世姻也；書生卒及葬，爲歲時祭祀不忘也。其忠孝節義、著述詞章，别登于録，世志不復詳焉。

一、凡恩綸、忠節、縉紳等録，皆即舊譜所有增補之。唯著述録，舊譜不載，特爲蒐輯，以光前業。

一、族人無嗣者，當會宗長，召合族議其應繼、愛繼昭穆相當者繼之，不得紊亂宗法，尤不許私收異姓。

一、子姓既繁，又散處江浙兩省間，命名頗多重複，有改之不勝改者，今唯取其本支重出者改之。至于廟諱，壹遵功令敬避。

一、舊譜不列墓圖，今雖未能備刊，而取其時最古、地最遠者，繪圖刻示，並詳其村圩四至，使子孫慎其防護。

一、年未二十殀亡者，除已娶、陣亡、成名外，祇于其父名下注明子某殤，不得立繼入志。若係獨子，而其支不可聽其無傳者，許其立後入志。又或其墓永遠有祭者，亦宜入志。

一、子姓有干族議者，加黑圈于其名，不録生卒。其配與子，仍照例書，罪人不孥也。

一、吾族支屬繁衍，修譜日久，有支派雖是，而世次無可確證者，姑注附存，以俟考正。

一、是修各支，照丁派費，以成公舉。有其支未能出費，不送稿來會刻者，如雙林、武林等支，祇將舊譜所存世系附載于後，未能詳查續補焉。

合族公識

凌氏宗譜領譜字號

譜共六十册，編號用記，以杜窃譜轉售之弊。凡領譜者，各宜珍藏，毋得玩忽。遇春秋祭祀，子姓咸聚之時，持譜至公處，使共瞻觀。有當增注者，即便增注。庶將來修輯易爲力耳。謹編號如左：

溯字號，晟舍　致遠堂領；

派字號，晟舍　聯蕚堂領；

分字號，晟舍　振裕堂領；

由字號，晟舍　北老二房領；

衛字號，晟舍　敦本堂領；

開字號，晟舍　宜爾樓謙六堂領；

宗字號，晟舍　怡蕚軒樂和堂領；

肇字號，晟舍　在城敦復堂領；

自字號，晟舍　壽世堂領；

唐字號，晟舍　南老十房領；

郡字號，莘塔　領；

侯字號，莘塔　領；

恢字號，莘塔　領；

世字號，莘塔　領；

業字號，後横塘　公堂總領；

學字號，後横塘　大房守斌領；

士字號，後横塘　吴氏振三合領；

廸字號，後横塘　守珣領；

前字號，後横塘　在城世烈領；

光字號，前横塘　公堂正配領；

績字號，前横塘　正梁領；

著字號，前横塘　冕四房領；

三字號，前横塘　子能領；

州字號，前横塘　子超領；

慶字號，前橫塘　霽公支下合領；
廿字號，山頭　大房可瓌領；
長字號，山頭　三房鼎龍領；
纓字號，山頭　五房尚雲領；
繼字號，凌枓　老四房發錦領；
蘭字號，凌枓　老五房宏治領；
克字號，凌枓　苗園支宏範領；
芳字號，北莊　學正領；
後字號，北莊　永孝領；
千字號，銅鳳　昌球等公領；
傳字號，錢坑橋　廷武領；
笏字號，喻家塢　東房領；
床字號，喻家塢　西房領；
煌字號，蒲盧塢　三、四、六房公領；
譜字號，前岡　領；
祖字號，前橫塘　大廷、大志合領；
永字號，北莊　學成領；
香字號，梓坊　邦仁、邦智公堂領。
茂字號，前橫塘　雨公支下合領；
貽字號，前橫塘　大勝、大昌等領；
族字號，山頭　二房育豪領；
簪字號，山頭　四房天廷領；
能字號，凌枓　老三房學欽領；
美字號，凌枓　小四房宏高領；
桂字號，凌枓　小五房領；
承字號，凌冲　宏明領；
啓字號，北莊　學藝領；
書字號，銅鳳　啓珍等公領；
帙字號，魯家溪　成玉等領；
家字號，喻家塢　東房孔文領；
一字號，喻家塢　西房榮桂領；
輝字號，蒲盧塢　大房公領；
披字號，前岡　領；
牒字號，前橫塘　雨公支下領；
德字號，北莊　思誠領；
留字號，北莊　霽公支下合領；

卷之首

原　序

凌氏宗譜像贊序

世以譜傳而不能以像傳。能並以傳者，必先人勳業著於當時，道德鳴於一世，乃留其像，與作模容，雖盛而不永久，夫亦無譜之故也。凌氏譜之而復模之，傳可萬世而弗失。子孫瞻先人之像，續先人之譜，而不興仰止之心，未之有也。

吉州　文天祥

凌氏族譜叙

衛康叔支子爲周凌人，子孫以官爲氏，則其姓氏自三代以來爲名世也遠矣。矗矗焉，翹翹焉，天下知有凌氏也。秦漢之際，裂而復合，合而復涣，其間周遭四布而不可紀矣。凌之後，但知爲吴偏將軍統之奕世而已。傳自唐太宗奏天下譜牒，退新門，進舊望，左膏粱，右寒微，合一百九十三姓，千六百五十一家，而凌氏亦與稱焉。自翰林學士準公以溯其源，然後凌之姓氏燦然復明於世。嗟夫，人之生也，由皇王以來，而姓氏於是乎得；由居方氏以來，而基業於是乎創。得姓氏，則吾人知所本；得居方，則吾人知所止。本焉而不知所宗，是謂無親；止焉而不知所止，是謂無家。罪莫大乎無親，辱莫大乎無家，無家不智也。不仁、不智，而可以爲人乎哉？淩氏舉無二者之非，而有百世箕裘之美，當時鍾鳴鼎食，世莫與京。又有譜牒以遺後人，豈不嘉矣哉，其爲氏族之鉅也。故士之名世也有二，人品與家世而已。人品不足，家世猶足以振之。人品之與家世而無忝於所生者，淩氏後裔爲最焉。謹序。

建炎四年庚戌八月，權僉書樞密院事趙鼎撰

淩氏族譜序

予慨夫仁義之道不明於天下，蓋吾人莫知所本矣。知本，則仁義明而人極立矣。自仁率親以至於祖，吾宗之所本也。自家率祖以至於禰，吾親之所本也。今人之宗祖以迄吾身，在昭以昭分，在穆以穆列。支庶本元，潢演寖遠，服窮澤斬，而遂忘之者，於後人之心，豈恝然不爲之愴恍也哉。是何也，仁義之不存於心故也。直仁義立，而忠孝行，予於吴偏將軍淩公之譜爲可觀矣。其列直圖，以衍繼家之源；横圖，以分支派之世。溯横流，本本元元，書爵，書謚，書娶，書嗣，宅兆分明，模像炳蔚。況我皇朝敕命、諸名公翰墨具在，孝子慈孫感發其仁義之心，興起其立本之道，莫不由斯也。奈之何兵火流離，以至相失十户八九。有謂一時遺際，敢自附焉甘心於失者，殊不知祖宗固不可以妄親。然自上古居方氏以來，以其姓分其地，天下區隅州土，得姓以傳，紀世、紀官，而靡有或失，姓之在也。苟非存譜而誰知之？予於淩氏之譜爲可觀矣，是爲序。

淳祐六年丙午孟冬朔，後學揚大異撰

凌氏譜序 安吉凌枓文

粤考凌氏，出自衛康叔後，掌冰凌于河澗，以官爲姓。其流衍於秦漢者，自吴將軍統以上，遐哉不可知也。迨連州司馬富春凖公，爲名宦于李唐，而宋元之簪纓不絶。洎唐佐公喬遷安吉，秘書公父子、公孫相繼迭興，則凌氏固天下之巨族矣。然子姓繁多，歷年長久，欲令千百世之下明證有據，非譜牒不可。范文正公曰：「吾於族人有親疏，而自祖宗視之，則無親疏。」善哉言乎，可謂孝思維則。余姻弟楷，志仲淹之志，雖義莊之贍限于財力之不足，而遑遑焉鑒先人之圖像，集名賢之讚咏，述世系之舊章，遡源窮根，明流分派，知祖宗刱業垂統之緒，示子孫報本追遠之思，守而勿失，實凌氏之至寶也。余嘉其篤親親于無窮，故爲叙。

正德丁丑孟冬，賜進士出身，亞中大夫、貴州布政司左參政眷生陳良謨頓首拜撰

通州凌氏譜序

凌氏世譜何始乎？曰：自都憲先生始也。先生歸田緑野，輒欲仿歐、蘇二公之法，裒輯家乘，事未就而先生終矣。乃令子少尹君暭讀《禮》三年，閉户收綴，以譜凌氏之世，實出己見，其參校劑量，則從叔梓、伯昕、仲炅與有力焉。譜成，適改官上杭，遠馳書幣，徵予序。序曰：予觀兹集而知凌君用心之深也。夫族之世者人必多，多至千人，少亦不下百人。遡其初，則起於祖一人。人惟不知百人、千人者之爲一人之遺，一氣之貫也，遂有塗人相視者矣。繇譜不立，失其所自故耳。是故作《宗支圖》，所以重本原也；是故作《行次圖》，所以惇叙秩也。然天子之命，誥敕爲尊，凡錫命、誥敕、策諭，皆謂之制，凡制皆恩君之册命，示不忘也，近世廟器無鐫而附諸譜，其義一耳，是故作《聖制紀》，所以彰君恩也。記曰：「其祖、父無美而稱之，是誣也；知而

不以傳，是不仁也。」乃都憲公、計部公皆以進士登華峻，事業道德，炳蔚家邦，可無傳乎？是故作《歷年紀》，所以揚父德也。此其大者也。至於祭田之置，軍產之立，使子孫得有所承，無艱厥事，則祖、父之澤遠矣，是故作《雜事述》，所以衍先澤也。凡人相與，其喜也有慶，其別也有贈，其慶其贈也，有文有詠，是故作《序記類》，作《詩賦類》，所以識親友之情也。叙其行實而銘諸墓，於凡親友之奠有章，挽有詩，亦必珍藏，永覽其意，曰：「親不可見，見親於文，慰矣。」是故作《狀誌類》，作《奠挽類》，所以識終始之思也。抑又考之圖，宗支而必爲《合族總圖》，爲《五世分宗圖》者何？曰：「合之以統其源，分之以别其派，而人人各知所繇來矣。」圖行次而必分注其事、其娶、其子、其墓者何？曰：「有人必有行，故繫以事；有身必有配，故繫以娶；有娶必有嗣，故繫以子；有生必有歸，故繫以墓。而誌行之實判矣。」紀聖制而必先之策問者何？曰：「繇有大廷之對策，然後有吏部之拜官。官階既定，而誥敕與諭，所繇賜也。」紀歷年而必始二公者何？曰：「八世而上非無功德，未若二公之爲大也。書其大，小者可略也。」述雜事而必及墳域者何？曰：「術者風水之説未必然，然曰：『有心田而後有福也。』理或可信。述祖、父墓地之善，正以表盛德之致也。」類序、記、詩、賦而不言傳、説及詞者何？曰：「傳，記類也；説，序類也；詞，詩類也。」類狀諸挽而不言碑、表者何？曰：「表，狀類也；碑，銘誌類也。曰類，而餘者該矣。」予故曰：「觀兹集而知凌君用心之深也，可以傳矣。」嗚呼，昔老泉作《蘇族譜》曰：「觀之者，孝悌之心可以油然而生矣。」今君以三年之心力而譜凌氏之世，且捐俸鋟梓，以遺後之人，後之人觀是譜，在若不生孝悌之心，殆非夫也。君字祥伯，先是丞閩邑，冰蘗自持，蓋賢者也。宜其靈承先志，卒輯宗乘，有如此云。

嘉靖壬子秋八月，文林郎莆田歐志學譔

凌氏譜系序

蓋聞譜之作者，所以紀其族之本始，而叙其世系也。苟昧乎此，則如水忘其源，木忘其本矣。吾族始自后稷，天生神人，帝堯聞之，舉爲農師，號曰后稷。至周文王第八子康叔，受武王封爲衛侯。支子爲周司寇，成王授司寇之子爲凌官，以掌藏冰之事，賜姓凌氏。累代簪纓，傳家《詩》《禮》。秦漢之支庶不及參考，三國諱統者，獻策吴主，職專驃騎。唐時，連州司馬富春準公、刑部尚書宣城策公，皆以文學節義著名當世。迨至宋，唐佐公自新安而遷居安吉銅山鄉。山川鍾靈，篤生秘書吉川公，其子學士震峰公，學士之猶子御史鄣南公，三代顯達。震峰公生十六子，懼族盛罹禍，遂諭諸子曰：「元亂將作，我族蕃盛，其能免乎？」於是相土分遷。而第十四子諱咸者，承命擇里于順零舊宅，築坵以居，因名凌坵。瓜瓞綿綿，惟急農務，不干仕進。於戲，枝枝葉葉，雖有榮瘁之不同，皆不外本始之一原也。然物本乎天，人本乎祖，物類中豺獺尚知報本，而人可不知祖宗之所自乎？予切有謹于斯，因先世之家乘復爲纂修。雖無力以鋟梓，而考正筆記，欲令百世之下，昭穆分明，長幼有序，以篤親親之意耳。然而古人有言曰：「三世不修譜，則歸爲野人。」後之賢達者，思水源木本，能繼述之，此尊祖敬宗第一義也，斯爲仁孝之子。

正德十二年丁丑孟冬，嗣孫楷百拜叙

凌氏源流紀略

雲晋侍先中丞公之側，閲所藏家譜，自東漢校尉操十三世至唐州判安，時安任歙，遂家于徽之沙溪。又自安至秀蘭子能一、能二，共十八世。其道義、功業、文章、才藝可稱者，各誌列傳、圖像。而名爵顯著者，則詔誥、傳贊備焉。濟濟繩繩，未易指數。歷唐宋元，諸名賢稱述不朽，誠世寶哉。十八世而下，没于兵火不可尋矣。而耳目之所睹聞，心思之所記憶，不無十中之一。雜書成帙，無可紀次，以俟後之考求世德者，因著《歷代源流》。

大明洪武二十一年冬十月朔，雲拜手書。雲字子升，都憲郭南公説之次子。

雙林族譜叙

不肖稠，兒時幸侍外大父味清翁。翁撫頂謂曰：「吾凌氏，世安吉人。有壽一者，生三子，其季贅于歸安東雙林村之何氏，遂爲歸安人。四傳而卧巖翁，以針術顯，子孫習以爲業。顧先世業儒而後無作者，可慨已。」斯言在耳，恍若隔日，而不肖稠倏忽已五十矣。嘗欲蒐輯外家遺逸，定其世次，列其名字，因稍附數語于後，俾凌氏子弟之秀者，棄術業儒，以卒味清翁之志而未及也。適繕部繹泉君謀爲合族之舉，推奉大宗于壽一之支，遂因表弟濂所存記者，略爲正其訛謬，以貢于繕部君。繕部君文學該博，雅志作人，吾雙林凌氏其將藉之以有興乎？而不肖稠因得持勺水，以慰于味清翁之靈矣。

萬曆八年庚辰八月望日，賜進士第，中順大夫、督撫福建等處、都察院右僉都御史歸安沈稠頓首拜叙

晟舍世譜叙

凌氏世譜，譜凌氏近世一人之傳派也。譜爲凌氏作，而譜僅近世一人之傳派，何也？無徵也。無徵何也？凌氏出自衛康叔，後流衍於秦漢間者，遐哉敻乎。而繇唐宋至今，固班班焉，而又懵於奕葉相承之次也。

奕葉相承之次懵矣，而又譜之者，何也？不佞爲此懼也。曷懼也？粤稽先世，有贈吴興郡侯者，有孫十六人，俱其子學士公懋翁出。十六人有不去其鄉者，止於三四。有居歸安練溪而爲不佞始祖者，出自學士公第四子也。噫，傳世愈遠，則聲問愈疏，聲問愈疏，則支派愈忘，支派愈忘，則親愛愈微。子孫道途之相值，其不視爲秦越者，幾希。不佞不敢以掛一漏萬自諉，姑僅祖秘書監吉川公爲始祖，而次第以及不佞子若孫。餘俟博訪以續可也，俟有求者採以補未備可也。豈謂爲不佞所自出者私，而乃獨詳也哉，懼後世子孫視爲秦越焉耳，故不佞爲此懼也。嘗讀史，至籍談不知孫伯黶，而涕泗不能禁。談去伯黶僅九世耳，而顧頓忘如斯，抑何忍也。倘竟不佞之世而無譜，安知後世不並所謂學士公者而冥然耶？觀不佞之譜者，當諒不得已之心。

萬曆己卯季冬，賜進士出身，奉直大夫、工部營繕清吏司員外郎嗣孫廸知謹撰

晟舍譜系考

按凌氏者，衛康叔支子，爲周凌人子孫，以官爲氏。三代以來，其名世遠矣。秦漢時，裂而復合，合而復渙，其間四布而不可紀。唐太宗奏天下譜牒，退新門，進舊望，左膏粱，右寒微，合一百九姓，千六百五十二家，而凌氏亦與首稱，固天下名族也。而胡上下數千百年，見於載籍者，寥寥不多，自吴都督偏將軍統以上，弗可考也。三晋六朝及李唐，則有諱準者，以文學氣節爲時名卿。宋則有諱景陽、景夏者。景夏之子諱及，俱登上第，歷秘閣平章軍國，有稱於時，皆吴人也。涇縣有諱策者，仕真宗時，爲樞密直學士。新安有諱唐佐者，仕高宗朝，守應天，不屈於劉豫，死節。有諱哲者，亦仕高宗朝，以敷文閣待制知吉州，稱爲凌佛子。此皆其顯者。若不佞之先，則出於景夏也，世爲安吉銅山鄉人。舊有樊川園故居，名樊塢，有梅花莊，故又名北莊。元時，有諱時中者，能撫安安吉、武康、德清，以功爲秘書少監，贈吴興郡侯，此不佞之十世祖也。子懋

翁，景定進士，累官翰林學士。猶子説，亦第進士，注書知名，應我太祖召，爲捲簾使，遷都御史。而不佞始遷之祖謙，則懋翁之第四子也。懋翁由連州知州克平蠻夷，轉嘉興郡守。舟還安吉，道經練溪，由西成橋登，閲風土幽勝，爰命一子家焉。安吉宗人迎問之，懋翁曰：「元政不綱，亂將作矣。吾族太盛，其能免乎？」子十六人各感悟，同時而遷者，相約以壽爲行，以卦爲名。壽一名泰，居歸安之雙林，宏治間名醫漢章，其後也。壽二名恒，居武林，萬曆丁丑進士登瀛，其後也。壽三名益，居練溪之西成橋，稱二都凌氏，今温州教授從龍，其後也。壽四名謙，即不佞九世祖也，亦相繼居練溪。壽五名臨，壽六名豫，並居嘉興。壽七名渙，居崇德。壽八名需，居德清。壽九名頤，居武康。壽十名履，居吴江。壽十一名蒙，居蘇州，嘉靖丁未進士雲翼，其後也。壽十二名賁，居安吉横塘。壽十三名豐，居通州。壽十四名咸，壽十五名漸，壽十六名隨，行名尚傳，居所皆不可考。蓋兵火危難之後，絶不相聞故也。武林、蘇州、嘉興，今俱有凌姓居顯官，然弗詳其世次，不可譜。武康、德清者，亦弗詳其世次。惟雙林及二都，各自爲譜，世次可考。不佞於是先叙本支的傳爲一譜，次及雙林與二都，又次及武康、德清。由漸而追求武林、嘉興、姑蘇之宗姓，萃爲一氏統譜，蓋有志而未之逮也。本支居練溪者，壽四生均德，隱約弗仕。三傳爲京兆公賢，四傳爲中丞公晏如。京兆五子，長晏如，次坦如。坦如之子敫，以貢任提舉，死於難，今其裔又居海寧。晏如五子，敬、啓、肇、敦、敷。敬爲長子，今練溪之宗人，咸其裔也。啓，無嗣。肇，蚤夭。敦，出贅大錢。敷，則不佞之曾大父也，贅烏程閔氏，遂爲烏程人。曾大父生子三，雲、雯、震。雯子紳，孫集、雅、雋。雅子嗣音，萬曆庚辰進士，爲江右南昌令。震爲黔博士，不佞之祖也。生子三，紀言、納言、約言。約言即比部藻泉府君也。府君生不佞廸知、述知、遇知、遂知四人云。

嗣孫廸知百拜謹述

銅鳳譜引

予每讀錢唐公輔所爲《范氏義田記》，及歐公《族譜圖序》、蘇公《族譜引》諸篇，未嘗不遐思逖慨，而竊慕其所爲。顧惟范氏義田，非富貴者未易能遂，若歐、蘇所譜，則人皆可爲而當爲者。又考諸上祖，顯達之士代不乏人，圖系像傳雖泯没而不可追，而吾祖子升公所筆記，尚有存什一于千百者，奈何分徙之後，居各一地，代各一行，已若胡越之不相識矣。由此而十世，而百世，誰知凌之爲楊，楊之爲凌，又誰知吾祖功宗德之盛，歷千百載而彌昌。即後孝子慈孫有如歐、蘇者出，又孰從而繼之而譜之耶？予于是遠録祖筆爲世略，近録父藁爲世譜，使子孫知改姓楊氏之由，示不忘本也。其不相識者，不敢竊自附焉。

嘉靖辛酉九月四，十四世孫楊春芳識

二都支系考

按凌氏自宋平章以來，世居安吉銅山鄉。元至正時，秘書公懋翁自嘉興還安吉，道經練溪，閲風土幽勝，徙其一子益，家於西成橋。益之弟謙，繼徙鍾吉橋，遂爲歸安人。益生慶遠，慶遠生高，高生孟輝，復移家二都別業。孟輝生四子，長曰愷；次曰毅，予曾祖；三曰剛；四曰銘。愷無嗣，贅壻韶林顧氏。銘子幼，贅壻白馬丘氏。三傳皆仍凌姓，蓋三氏合而爲一。予曾祖二子，次鼒，贅同裏楊氏。剛次子璋，贅烏溪趙氏，又皆仍外家姓，蓋一氏澑而爲三。子姓繁衍，姓氏紛糾，因著家乘，別其同異，欲令百世之下，明徵有據耳。頃，予弟繕部君纂修世譜，先叙本支，凡出自秘書公者，亦以次相及，遠不冒，邇不遺，始慎之至矣。予枝一本同遷，近屬十世，行列稱謂，奕葉詳明。於此忽忘，殊非追遠大誼，因爲之叙訂云。

萬曆己卯冬，温州教授嗣孫從龍百拜書

族譜警

吴興之淩氏，自平章公景夏始。平章公從宋高宗南渡，家安吉。其子姓流徙，今不可考。傳至元季，有秘書公時中。子二，長，學士公懋翁。學士有子十六人。至正五年，公總管嘉興路，歸經練溪，閲視風土幽勝，爰命二子壽三、壽四府君遷居焉。而壽三府君，余始遷之祖也。壽四之後，代有聞人，子姓雖遷徙，而宗枝未紊。壽三府君子一，諱慶遠。慶遠子一，諱高。高子一，諱孟輝。孟輝子四，伯子愷無嗣，女贅韶林顧氏；季子銘，子幼，女贅白馬丘氏。其後各仍淩姓。而仲子毅，余曾祖，其次子婿於練溪楊氏；叔子剛之次子璋，婿於烏溪趙氏。而亦仍外家姓。嗟乎，木本水源，各重所出，而吾宗以他姓亂，復以亂他姓，氏族乖舛，莫此爲甚。近年來顧、丘二氏各已釐正，而余族有未盡復者，余實憚焉，而弗克正也。一日，有客道余宗事，余宗人閧然起云，是時衆客曰：「嘻！」余聞之，俯首無言。退而念，念而痛心，嘆曰：「吾身而上爲父，爲祖，爲曾祖，爲高祖；吾身而下爲子，爲孫，爲曾孫，爲元孫，而吾則爲高祖。吾而可忘高祖，則吾之元孫又烏知吾之爲高祖哉！獨奈何而忘所自也？」眉山蘇氏族譜曰：「服盡則親盡，親盡則喜不慶，哀不弔，視之若塗人。」然而余之宗，服未盡，親未盡，反不止於途人之視，是又蘇氏之所悲嗟傷怛，而泣陳於先公，排斥於子孫行者也。假令子孫而咸若是，先公在天，其何能忘，其何能忘已！時告暮，雨窗暗燈，不覺昏就枕蓐，似夢非夢，似覺非覺，見一神人，峨冠博服，群從蓑擁，召余至於「賜老堂」下。余惶恐，跪，稽首。神人大呼余曰：「汝憚子姓之乖舛乎？」余應曰：「然。」神人復呼曰：「汝奚徒憚爲？井田廢，宗法不行，陵遲於秦俗。而家人，族益著。是時伯父之子喂雅州貳，有仲淹風，以嘉中年刻凌氏譜以傳，厥功懋矣。無何嘉甲寅間，島夷南侵，富子壯則出分，家貧子壯則出贅。河流潰隄，不可抵止。間有一二義門，寥寥若旦星然。嗚呼已矣，獨慕范希文氏置義田千畝，以贍養族人，本末次第，施行有法，而是時群子姓利趨之，如水之赴壑，枝之復振而歸于一。吾不及立，以貽子孫。而子孫賢者，亦師希文耳，奚徒憚爲！」余告曰：「貧，奈何？」神人曰：「噫，此希文秀才時志也。及爲相，始遂。我傳世三百年，而子孫不甚顯。即顯者，甚貧。吾獨視汝顯又好義，其勉自樹立，以慰吾望。」余聽罷恍然悟，悟而記其語，想其形，儻所謂神人者，豈秘書公耶？噫，先公豈責備賢者也夫。因作族警。

此余丙子歲作也，傳示二華侄孫。今年春，余偕兒孫輩讀書青溪道院，二華出誦，頓還舊觀。嗟乎，余少負壯心，故借先公道衷事。而今髪種種矣，未克遂矣。乃二華藏置三十餘年，而紙不敝，墨不渝，豈直善扃，是亦余同志也夫。倘徼先靈，兒孫有能成立，其不忘余言云。

戊申仲春九日，翼鳳識

譜叙

按氏族，凌氏肇姓姬，更凌，籍吴興。元末，族徙。于是有姑蘇之凌，最貴顯。又徙，于是有通州之凌，亦貴顯。又徙，于是有泰興之凌，富而知書。有諸生終當貴顯，姑蘇與通州並著族考。元學士懋翁第十三子，行壽十三，諱豐，遷通州，元贈都憲。懋老第四子，行隆四，諱謨，遷泰興，確有明徵。而姑蘇係懋翁第十一子，行壽十一，諱蒙，所自始厥。惟通州者，綿延十二世。其七世先祖諱雲，生伯父相、楷。相舉己未進士，爲中丞；楷亦舉戊辰進士，爲計部郎。其後計部郎孫，飛鸞鄉薦，不繇科第而官者十人，在成均者十三人，爲諸生者後先計四十犯吴疆界，而譜之版牒，煨燼一空。其後九世之十二世，究子姓以上共五百人，第恐繁衍中無憑證印，有族長行過於市，不識孫顔面誰何者；有元孫位居孫之上，問其祖，茫然不知諱字者；有孫千金飾裘馬，横行道左，而祖衣懸鶉不爲禮，徑行無忌者。多繇世不講，譜不存故也。余喟然嘆息曰：「噫，族無世譜，滋弊乃爾無涯哉。脱有世譜，尚不能悉知序屬何如者，况無世譜耶？」昔堯親睦九族，九族有章，五服辨矣。五服不辨，親疏誰與甄别，同異誰與符券。於是先王有聚會之典，令一切貴賤貧富，咸庇燕酺，無非聯疏爲親，合異爲同云耳。於是采事實，令子孫知先祖起家之難。於是詳世系，令知先祖傳子孫繼緒之遠，猶之根株枝干，相倚相附者。然挽近世，闇根株枝干之説，見貴且富，毋論少，必卑躬以迓之；見貧且賤，毋論長，必陵轢以挫之。詎知李廣至德，厚日寸株積累，僅有箕裘，而明日蔑視輕棄，比諸瓦礫，俗謂房杜子孫，大壞門墻者是已。余甚悲之，乃著載於譜。士大夫心，曾何挾貴而眇賤；張公藝好義，擅九世同居之美，曾何恃富而忽貧。奈惡少不樹立者，曾不念祖宗昔譜之前，貴者書敕，貴而葬者書諭。譜之後，賢而紀傳，賢而壽且死者，紀文、紀誌、紀詩，而富不與，蓋寓激勸之意云。余私心竊謂立譜猶未罄其意，又立宗廟，令子孫歲時伏臘聚會。立義田，令貧無能舉火者，相收以給，則庶乎先王親睦盛心哉。惜也，有是志而未能也，徐以俟之後人。

萬曆辛丑秋，嗣孫坦謹識

吴興凌氏族譜序

李唐而後爲譜而傳者，凡三家，曰盧陵氏，曰眉山氏，曰北地氏。盧陵氏之言曰：「子孫各紀其當紀者，使譜牒互見。」夫譜者，普也。異牒何居，吾未之前聞也。眉山謂：「未至於塗人，無至於忽忘，可也。」夫塗人者，其初兄弟，又初一人，即親盡者，何渠可忘？善乎，北地之推言之曰：「《易》稱『天與火同人，君子以類族蓋物。』」有千金飾裘馬，而族人則衣懸鶉，悖禮可勝道哉？夫類族，則統系合矣。族無懸鶉，則疏逖周矣。合系義也，周逖仁也。故善爲譜者，無逾北地。若之望族，首僂指凌氏。凌氏裔自微子，受姓凌人，歷唐宋元以洎昭代，其以功名著者，連州司馬而下，班班也。司馬公風雅冠元和，與柳州稱雁行云。嗣是而斌然世其家，蓋文學與閥閲相蟬聯，千載有奇矣。中葉兵燹，土著星散，氏則析而爲三，邑則剖而爲五。至吴門、武林、檇李之間，漶漫而莫驗者，不可勝紀也。繕部君憂之作譜系，然載筆未既，若有俟也。代興者，爲余姻參知君，曰：「是誠在我。」乃强半爲宦轍所奪，將卒業於公餘，而已以盡瘁殁矣。順甫者，參知之從弟也。拊遺策而永號曰：「已焉哉，功實有兄，易爲力耳，且不得儌天之幸，藿食者當奈何？」既而深維曰：「精衛、夸父，世皆笑之，爲其不量力也。然愚公移巘，真宰爲酬功。雖不敏，請從事於斯矣。」於是把三寸柔翰，周咨故實，凡閲十歲，五易稿而成書。其權輿於秘書者，沿繕部也；其撮遠近二譜者，重違參知意也。昭穆秩矣，本支覈矣，然而齒姓畢録，即楊、趙之胄，式相通也。家勒一乘者，慚其紛矣。患難相恤，聲華弗崇，颺言而申，粲於令甲，賙及轑釜，奚擇戚疏。澤止期功者，悔其隘矣。酌歐、蘇之規而踪美獻吉，乃元美之病其訐者，以摘我順甫，無是也。順甫布〔衣〕素食，貧而里推長者。善長惡短，以篤宗風，所謂仁義之人，其言藹如也。余遂不讓而欣爲執簡，他若組緝之第，詳列其凡，不具書。

萬曆乙卯八月，賜進士第，資善大夫、南京工部尚書，

前奉敕提督操江兼管巡江都察院右僉都御史，檇李眷生丁賓撰

凌氏世家本考叙

昔族父繕部公修譜，而系之以圖，首稱：「按舊譜，以唐連州員外郎司馬公準爲始祖。至宋兩浙轉運判

官墀，二十一世。秘書公時中生於宋末，實司馬公之裔也。然世次未考，不敢遽綴其後。今推尊秘書公爲一世，庶繩繩有序云。」嗣音盥手展閲，請删之曰：「古人自我作祖，有二秘書、兩中丞，何必祖司馬哉？」繕部公曰：「若不見中丞所書『敦本堂』乎？譜始於此堂，豈無本者。存之以備參考，可也。」嗣音唯唯，心不謂然。暨登第，服官未暇，修葺家乘，即縉紳號爲同宗者，萍海相逢，亦於上世本原莫考。歲乙巳，祀釐畢，便道歸里，欲往安吉，拜二秘書公之墓。偶抱疴，托從弟嗣功代之。已而弟功歸，爲言秘書故址至今稱凌家基、凌家路者各一，稱凌家山、凌家莊者凡數焉。當是時，凌家之盛冠吴興矣。盛而衰，衰而續，氣數固然哉，以方郭汾陽，所賴於國恩遠也，第以世譜泯没，感嘆欷歔。則功言：「族先世有名雲者，贅楊氏。楊絶，雲以子繼之，從姓爲楊。琂有雲手筆譜略，傳數世。後楊春芳採緝爲楊氏譜，其實楊即凌耳。」嗣音聞而異之。不數日，芳之弟應第過余，閲其人皤然老矣，崛强如壯，曰：「君之先有中丞，余之先亦有中丞也。」詰其所自，因出譜相證：始自轉運判官墀，傳至籥，籥生三畏，三畏生之謀，之謀生可立，可立生家相，家相生秘書公時中，蓋歷歷可考也。時中子二，長，學士公懋翁；次，懋老。懋翁有子泰、恒、益、謙、臨、豫等一十六人。謙即嗣音九世祖，始自安吉遷於歸邑璉溪者。懋老有子説、詔、誥、謨四人。説即登元末進士，入本朝，歷都御史者。其從子，諸所生，各字號、行次、壽夭、婚葬，靡有不載。向所修譜，知説爲同族，而不知其同祖秘書公。知秘書公有子學士公，而不知學士公弟之子説，先余家二中丞而繩武也。自是以後，説之次子雲所生，改姓楊，琂傳又八世。誥之子霓，遷魯溪所生，凌遷者傳又七世。因計余自中丞後迄於今，亦爲七世。由斯以觀，凌氏之傳，雖多遷居出贅，非能聚族一方，然其條分縷析，昭穆大都秩然。嗣音心喜族派之明，更爲之遠遡曰：「祖墀以前有譜否乎？」時從弟浣初曰：「上世之譜有圖像，有誌傳，有敕誥，有名賢叙贊、題咏，蓋海内所罕儷者，惜失之兵火危難中。吾父以棟公所藏，先世記憶，手録以傳，曷亦考諸。」嗣音乃爲繕寫，藏之於笥，將以增前續後，成一家譜。赴粤任，至姑蘇，閲新刻《三吴世家考》，謂三中丞起家徵聘，且不及二秘書公。宗人送者以稽考失真詫之。嗣音曰：「是余之罪也，是余之罪也！」夫人立德、立功、立言，有一焉皆足不朽。吾祖秘書中丞兼是三者有之，既已享大名於當時，弗克垂休光於後世，得非韓子所謂「莫爲之後，雖盛而弗傳者耶」？爰思譜以闡祖宗，傳子孫，中丞作之，繕部述之，信有本而弗可遺也。遂采遠近二譜，彙爲本考。

時萬曆戊申八月既望之吉，賜進士第，亞中大夫、廣西布政司使右參政，孫嗣音謹叙

重修譜引

嗣功壯年之安吉，歷北庄、銅山兩載，蓋秘書公、學士公故址也。其墓一在魯溪，一在雙溪，偕宗人往拜，因慨然曰：「吾族星布四方，條分縷析，而源本固在也。凡我子孫能合千派萬枝，編爲一家世紀，真大快事。」而族父繕部公所謂「餘俟博訪以續者」，即今上之乙巳，先兄存彝有修譜之志，以勤於王事，未得就緒，而遽捐館舍，遂爲遺恨。夫嗣功有志而力弗逮也，存彝兄有志矣，力能矣，而卒不克就，豈非天哉！爲今之計，惟有藏其殘斷者於篋，而俟之後起乎？第恐世數愈遠，族屬愈繁，則後之任事者更難耳，心實懼焉。適宗人語嗣功曰：「世間志欲任者，力未必能，力能任者，志未必果，所以恒多缺陷事。若合衆力以成志，又何缺陷之虞？」嗣功唯唯。因遠稽近訪，口述手校，尊秘書公爲一世，不遠宗司馬者，仍繕部公之舊譜也。若夫闕疑於昔，有徵於今，則次第綜核之，彙爲一帙，以授之梓。固不敢自謂有功於宗祊，而豈以侈後人之觀聽也。顧繫名於譜者，咸思水源木本，孰與同祖，孰與同曾祖，孰與同高祖，自五服以至百世，永篤親親之誼。而勢利弗尚，聲華弗崇，德業相勉，過失相規，患難相恤，於祖宗有光，無玷於子孫，可法可承，則一家之譜，實勸懲之書矣。嗣功不度德，不量力，是役似爲過舉，然有族父繹泉之世譜，存彝先兄之

本考，則不知而作之誚，庶或免之。

萬曆乙卯季秋吉旦，孫嗣功謹叙

北莊小序

丁巳春，懷谷兄以所成譜牒見示，時余父老囑爲《北莊小序》。余自分固陋，安所考識先世事。所知者，惟自恨生處山僻，寡見大義，嘗記先君子之言曰：「昔中丞公鄣南之八詠，北莊梅花居一焉。當時若秘書公，若學士公，若中丞公，皆莅茲土，則北莊者，固淩氏發祥之地乎？由斯以言，果地負人乎，人負地乎？」余佩斯言，依依故址者，又有年矣。按州誌，北莊自洪武十八年罹讉以後，衰微不振者，垂二百年來，人人負氣，安貧不喜交游。故無論吾族之散處四方者，即同邑之魯溪、横塘，亦絶無稱呼往來，則此地之氣習風聲，蓋可知矣，此亦譜牒失守之故也。懷谷兄與余先君子交凡三十年餘，知此中情事最悉，今幸譜之成，而余益睠然于此也。嗟乎，北莊固猶昔之北莊耳，然此地今已不靈，而余生於斯，長於斯，復何言哉！惟願淩氏之散處四方而篤於宗誼者，時望北莊而探梅花，則所藉懷谷兄之力居多焉。適見温州教授雨田叔次八詠韻中有「臨風忽起隴頭思」之句，吁，吾甚有意乎斯言，吾甚有意乎斯言！

萬曆四十五年仲春上旬，四十四世孫程萬拜撰

雙林重修譜序

慨自宗法廢而族無所統，故後世制爲譜牒以屬之。則譜者，宗法之變也。雖然，譜以正其本，以聯其支，尊祖睦族之大，孰有外於此者哉。古者，小史掌邦國之志，周禮廢而家自爲册，故觀程子云：「攝人心，收宗

族，厚風俗，須明譜系也。」則是譜法與宗法亦甚相倚矣。吾湖凌氏，爲吴興望族，其先世顯於孫吴。自唐大司馬迄今，千有餘年，代登顯爵，子孫蕃衍，散居於浙、直之間，其爲本郡最著者，莫如安吉、晟舍、雙林、練市數支。余閲其譜，屢經修輯，向來條分縷析，亦自井井，然無如今日振湖翁之編次爲大觀也。振湖學本舟經，身如野鶴，所應王公大人召請，不以玉帛爲事，而一生所亹亹焉，廣質博訪，輒以探取先世貽謀爲己任。今年已過髦，且爲雙林支之長，慨然有修譜之役，從前人所未及搜輯者，極力徵致，讐校成編，將先人有未揚之志，後人有未達之隱，俱得藉是以暢發焉。損資經始，積有歲月，兹且裒然成帙矣。其中恩綸、翰墨、圖像、藝文，以若支系、行次，種種眉列，罔非精鑿。觀者不勝嘉嘆，謂凌之譜法若此，令子孫皆知尊祖重本，不忘所自來，將孝弟之心油然而生，則以敦叙攸睦，其庶幾於先王宗法之遺意，猶有存焉者耶。余素與振湖善，知其篤念在是，而今果得成其志也，差足爲一慰。且以余次孫如鑣爲婿於凌，頗得詳其家世，不禁捉筆而爲之弁一言曰，振湖誠慨宗法廢而族無所統也，故重修是譜牒以屬之也。是爲序。

賜進士出身，中憲大夫、江西等處提刑按察司副使兼布政司參議，

分守饒南九江道，前南京兵部職方清吏司郎中，烏程陳肇英拜撰

振湖公較輯宗譜序

按吾姓始於衛康叔支子，言之者夥矣。傳四十三世，至東漢校尉諱操者，有子偏將軍諱統，孫亭侯諱烈。與封又十六世，至能一、能二。其中間雖有州判諱安者，生舍人萬一，萬一生細大，細大生秀芳、秀蘭。而能一爲秀蘭子，能二爲秀芳子。然安公以前，能一、能二以後，又皆世系絶續，不能上接亭侯，下連司馬，實繇年遠世淹，難以詳志。自予慨然以輯譜爲任，而始知其不及遠追如此也。故舊譜以唐司馬公諱準號宗一爲始

祖，至宋兩浙轉運判官諱塀爲二十二世。萬曆己卯，繕部繹泉族父修譜，斷自元時吉川公諱時中爲一世。越戊申，大參存彛兄繼修。乙卯，懷谷兄纂續。亦皆仍其舊系，而司馬以上，司馬以下，則概不復詳考焉。麟恪守先世所藏故牒，蓄志有年，輯録幾至盈尺。今年已過髦，世故日移，不可不棘成初志。因爲遍告宗人，廣徵博核，得安吉州凌坞支族祖諱楷者，所遺手訂舊册；於振南處又得晟舍支諱浣初樞臣者，父子世守家牒。餘如蘇禾崇川，杭之新城，吉之横塘、桐鳳、北庄、苕濛，以次相及，所見誥敕、傳贊、圖系、儀像，自漢偏將軍歷唐宋元以迄於今，班班有徵。因據唐司馬宗一公誥，推本贈尚書宫育公爲一世祖，以追所自出也。順而下之宗一公，生四子，長南仲，爲予四十二世祖。次夷仲，次求仲，二裔傳至必九，兩支共十五世，以下各派莫考。次殷仲，爲新城天保祖也。而南仲孫諱策者，仕唐昭宗朝司寇。厥後景陽、景夏，與夏之子及，俱登巍科，顯仕宋室。暨新安之唐佐號公弼，官待制，蟬聯繩武，又皆南仲裔也。至於公亦諱策，與唐司寇名實後先無妨也。若夫子奇公爲宗一公十八世，有子六人，皆歷顯宦，後無傳焉。遷安吉者，自待制公始，至宋真宗時，學士判官公之前後，舊譜缺落數世，予與吾弟士彪，族子森美、斗光、天保輩，考訪於族之棋布四方者有日，今始得聯爲一本，無復中斷。直至吉川公暨其子震峰、隆峰兩公，統爲通族共祖也明矣。蓋自宫育公傳至吉川公，三十五世，總一世表，而震峰之子十六人、隆峰之子四人，各散居於建康、徽郡、嘉、湖、蘇、杭之間，子姓蕃衍，宦居遷徙，勢難彙紀。乃復各爲宗支，使後因流溯源者，明知孰爲同祖，孰爲同宗，則珠聯條貫，淵源一體，上下數千百年如一日也。予也愚憊，不敢謂有功於吾族，惟兢兢以宗譜爲重任，先人所世守者，一字不敢遺，後人所參訂者，片言不敢妄。肆爲考記，慎無詿漏，以補繹泉、懷谷兩公所不盡，是則麟之志也。

順治十三年丙申中秋，四十四世孫士麟敬述

重刻宗譜序

家之有譜也，猶國之有史也。良史之法，信以傳信，徵其實，核其詳，正其訛，疑者闕之，譜亦宜然。古者邦國之志，世家巨族統於國，迨其後，而家各志之，譜牒于是乎始。則夫譜者，國史之分也，所繫豈淺小哉？吾宗爲吴興望族，代著勳德，世毓忠良，粤自衛康叔支子爲周凌人，遂以官爲氏。厥後三國時，有統者，吴之偏將軍也，同周瑜、吕蒙輩建奇功，居杭之新城，迄今廟貌如故，有司歲時致祀不絶。自吴將軍統至唐翰林學士準，俱有世次可考，見《新城譜》，兹不具述。宋有景夏者，舉制科第一，同中書門下平章事，詆和議，稱直臣。而其子及亦同平章事，赴徽、欽難，死節。蓋自學士準爲一世，以迄景夏，父子宰相，傳至兩浙轉運判官墀，垂二十一世矣，家於湖之安吉。墀生龠，龠生三畏，三畏生之謀，之謀生可立，可立生家相，家相生時中。時中登至元十八年進士，爲集賢直學士、秘書少監，嘗以兵安集德清、武康諸邑。其子懋翁，泰定二年進士，歷官翰林學士、秘書監，典兩浙及江右鄉試，咸稱得人，又討平西粤諸蠻，父子皆以勳烈顯焉。懋翁有子十六人，見元政衰亂，以壽字叙雁行，命各散居，于是十六子之後，瓜分瓞蔓，偏於江左、兩浙矣。是時壽一遷雙林，壽四遷練市，俱始爲歸安人。壽四生均德，均德生賢，洪武丁卯，鄉進士名列第四，仕至中丞。賢生晏如，宣德時，僉都御史，與蹇義、夏原吉、楊士奇等齊名。其季子敷，始遷晟舍，遂爲烏程人。敷生震，爲黔博士，有詩文，傳不朽，世稱練谿先生。震生約言，由鄉進士爲比部郎，王世貞題其墓，所謂有吴賢大夫藻泉公者也。約言之子廸知，從孫嗣音，俱成進士名宦。曾孫大廷尉義渠，天啓乙丑進士，崇禎甲申，闖寇犯都城，從龍殉節，賜謚忠清。吾家之世篤忠良也，不亦偉哉。乃壽一之後，譽髦濟濟，筆耕於《詩》《禮》，間成顯仕。孫漢章名雲者，碩德名隱，獲遇仙真，授以金針秘術。而漢章之孫振湖，篤行君子也，克紹祖業，學究丹經，躬之所至，僵者起，僕者立，岩骨復肉，所拯活不可勝計，王公大人之請，門無虚日。公絶不貴玉帛，每以濟人利物爲己任，以故四壁風清而名益噪。今年已踰耄，且爲雙林練市、晟舍兩支之長，慨然志在修譜，從前人未及搜輯者，殫力徵考，捐貲壽梨，裒然成帙。其中宸翰、藝文、圖像、支系，一一條次無闕，觀者罔不肅容嘉嘆。所謂徵其實，不涉於誣；核其詳，不恣於略；正其訛，不仍於謬，以修史之法修譜者，非耶？俾世世子若孫，咸知敬祖敦本，修孝弟忠廉之道，庶幾可欽也已。余竊見振湖翁篤志有年，成書有日，遂爲一言以志之曰：「古人以立德、立功、立言爲三不朽，得全者全昌，其惟吾祖宗之遺哉！」

順治戊戌秋九月，嗣孫義康謹述

直塘續修宗譜序

族之有譜，以辨分也，以聯情也。族屬雖繁，必有尊卑，有長幼，人道之大倫繫焉。有譜以叙其世次，紀其年齒，若祖行，若父行，若兄，若弟，釐然可稽，而上不陵下，下不冒上，彝倫攸叙，禮教聿興，其分辨而倫理正矣。千枝萬柯，原同一本，支分派衍，共出一原，人能體父母之心，兄弟必和，體祖宗之心，宗族必睦。雖親疏有間，而和洽輯睦之意，觀於譜而油然自生，其情聯而恩義篤矣，譜之所係不綦重哉！我直塘凌氏，自元末壽十一公始遷塘北，四傳而居直里，至前明嘉、隆間而始盛，科第奕葉，子姓蕃衍。雙林振湖公統修一十六分全譜，直里一支，既詳載世系。迨先大父又垍府君，勤勤以承先啓後爲任，嘗樹先塋，置祭田。康熙庚午，復專修直里本支之譜而刻之，今之得有考據，共知木本水源者，皆先大父之力也。自是至今，閱六十年，生齒愈繁，增修孔亟。前此，先兄南聲公爲先祖嫡孫，時時以建宗祠，置義田，修宗譜三大事爲念。凡先世遺文軼事，廣搜博考，族中之娶婦、生子及卒者、葬者，悉爲記録，將爲續修之舉。余間亦襄贊其間。惜先兄年未五榮;禮渥眷優,有玉堂之故實。惟朝廷之政事,咸得以與聞; 使號令文章,有古人之風烈。是惟稱任,往既厥心。

敕如右,牒到奉行。

宋太宗太平興國七年壬午二月初六日

御書之寶

開封府尹凌唐佐敕一道

皇帝敕曰: 京邑所都,雅有浩穰之目; 輦轂之下,必以彈壓爲先。肆求偉材,總治劇務; 歷選在位,我得其人。具官凌唐佐,資識端方,器度閎遠。學洞古今之蘊,智周事物之幾。由歷清華,藹著風績。有嚴重之威,足以震服豪右; 有寬厚之政,足以牧養細民。蔽在朕心,擢任天府。夫四方之所聚會,故多桀黠之民; 百貨之所阜通,故多争鬬之訟。爾其摘發奸伏,裁剸煩劇,使桴鼓設而稀鳴,囹圄空而不犯。首善之地,爲萬邦之聳瞻; 奏最之優,致三輔之取法。是爲稱職,則予汝嘉。

敕如右,牒到奉行。

宋徽宗政和五年辛卯十二月初二日

敕命之寶

寶文閣學士凌景夏敕一道

皇帝敕曰：朕憫勞卿以官職之事，故特進名秩以示貪賢勿獲之意。蓋古之里居者，亦豈自暇佚而已哉。惟成王德顯越，尹人祇辟，卿其欽服朕命，勉盡此義，所請宜不允。

敕如右，牒到奉行。

宋高宗紹興十一年辛酉七月二十二日

敕　書

之　寶

敕都察院右副都御史凌相

今命爾巡撫湖廣地方，兼贊理軍務，操練軍馬，整飭邊備，撫治民夷，提督屯田，預備糧儲，禁革奸弊，訪察奸宄。遇有賊盜生發，隨即剿滅。若遇歲荒民饑，務須設法賑濟。官吏有能奉公守法，修舉政務者，量加獎勸；其貪酷不材，害人誤事者，從實黜罰。軍民詞訟，若有告訐贓私等項，事情干礙軍職及文職，五品以上者，具奏挐問，其餘就便挐問，送所司問理。有事便於軍民者，與鎮守太監、總兵等官用心協和，計議停當而行。其貴州黎平一府，亦聽統屬。爾爲憲臣，務體朝廷憫念軍民之意，持廉秉公，正己率下，興利除害，撫恤軍民。俾地方寧靖，人民安妥，庶副委任，如或處置乖方，責有所歸。爾其如敕奉行，故諭。

敕諭廣西梧州府朝覲知府凌嗣音

朕臨御天下二十九年于兹矣，深惟德之不明，虚負皇天烈祖付托至意，夙夜惶惕，無時怠荒。顧朕一人制其綱，豈能竟其目，所與分猷共力，究宣德澤于閭閻者，惟爾藩臬郡縣諸臣是賴。《書》曰：「天工人其代之。」言有君必有臣，貴交修也。間者年穀不登，灾沴洊至，奸宄竊發，師徒頻興，軺車驛騷，權宜率斂，煢嫠之愬告者，在處而有，國之不靖，亦孔棘矣，豈獨朕一人之憂！計吏章來，率言爲國之臣希，營私之士衆。倠科濫于額外，聽斷枉於法中。健吏擊搏而樹威，巧宦彌縫而干進。爲民豺虎，爲國蠹蝨，哀我勞人，汔可小息。不于爾諸吏責而誰責乎？是用明敕所司，痛加澄汰，尚念世鮮完士，法無盡除，雖少密于異時，亦纔去其太甚耳。繼自今以還，朕既側身思咎，庶補將來，爾等蒙被簡留，復歸治所，尚亦各省前愆，共圖後效。務拊循之實事，敷愷怛之洪慈，相勸以廉，相維以憲。毋營苞苴而裂繩撿，毋節簿書而炫耳目，毋謂下民卑而易虐，毋謂朝廷遠而可欺。果能奉公體國，約己裕民，使愁嘆之聲絶，而治理之績聞，朕則汝庸，豈有所吝？若猶堅蹈前敝，勿若訓辭，則毋徒謂科防細而督察嚴也。三尺具存，夫有所受，誰能縱弛，以適爾私，爾等其往。欽哉，故諭。

萬曆二十九年正月二十七日

敬天勤

民之寶

敕諭廣西朝覲按察司副使凌嗣音

朕祗承天庥，嗣無疆大曆，廷考三載吏績者，十舉于兹。《語》云：「王者，必世後仁。」何朕之弗逮也？朕實不德，無以覆冒天下，無亦爾三五群吏預有責乎？頃覽計書，見邇年灾警頻仍，流亡多有。法日尋于廢墜，事大盭于初心。爾藩臬郡邑臣，弱者齷齪而偷全，强者恣睢而用罔。苞苴竿牘，以爲巧繆，上下相蒙，惰窳成習，國家奚賴焉！朕痛之恨之，已詔所司廉其甚者，澄汰如典。若爾等既被簡留，各往治所，將奚所操持，儼然復見吾吏民也。夫假寵靈長一方，而辟越之以營其私，非惟負民，乃重負朕。人亦有言：「前事之不忘，後事之師。」今所汰斥，亦嚮時逭罰怙終而勿戒者。庸勿念與，尚勉思朕語，懲往毖來。既乃實心，敷乃實政，用循良爲理，以精潔固身。喜怒易恣，務體下民之隱情；檢式有常，毋奸上官之名譽。果能若朕之訓辭，使愁嘆之聲絶，痌瘝之色起，是爾有成勞以報國家也，何吝寵庸，旌異異等。有如恬于寬政，視爲空文，倖難再邀，法無錯貸，有奉虞廷之典，以俟爾者，在朕則何私？爾等往，欽哉，故諭。

敬天勤
萬曆三十二年二月初八日
民之寶

敕諭廣西按察司副使凌嗣音

今命爾巡歷桂林府地方，兼理撫夷。所屬官員，若有貪縱剥削，里排生事科擾，以致猺獞不安；及客商逼勒債負，奸民通透勾引，大户招納窩藏，營哨和同交結，官兵巡邏懈怠，凡召變生釁者，爾宜痛加懲治，毋事姑息。仍兼管永寧兵備事務，平時則修理城池，防禦寇賊，簡練兵馬，撥發營哨，設法招徠，編立保甲，稽覈糧餉，聽理詞訟，禁革奸弊。如遇寇賊生發，小則督率官兵撫剿，大則呈請督撫，計處而行。其桂林府屬各州縣，柳州府並洛容、融縣，及附近守備、把總、衛所等衙門，各哨堡官，俱聽統轄。如有抗違，應提問者，徑自提問，應參究者，照例參究。一應關係軍務機宜，聽總兵官查照舊規，應會行者，照舊會行。有應與參將計議者，用心計議，停當而行，仍聽督撫官節制。爾須持廉秉公，正己率下，以副委任。如或曠職廢事，責有攸歸，爾其勉之，慎之。故敕。

萬曆三十二年二月十六日
廣運之寶

敕諭南直隸按察司副使凌義渠

今特命爾整飭蘇、松二府屬兵備事務，在於太倉州駐劄。往來沿江沿海一帶地方，督同軍衛有司掌印捕盜官員操練軍馬，練選民快，修濬城池，演習水戰，督捕盜賊，巡捉鹽徒，聽理詞訟，禁革奸弊，招選義勇，整飭兵餉，置造舟楫、器械。如遇倭寇入境，及江海盜賊生發，即便與副總兵、參將計議，調集水陸官兵，隨機勦捕，以靖地方。仍兼管糧儲，帶管水利農務。爾聽巡撫操江官節制，但不許越過信地方參謁，致妨政務。所屬官員有廉能幹濟者，具奏旌獎。貪殘不職者，六品以下徑自提問，五品以上並軍職，參奏處治。仍查炤兵部近題事理，帶管驛傳，稽覈各項錢糧，嚴查應付勘合。有不奉公差及假托詐僞，並驛遞官吏人等尅削包占，作弊害人者，俱要盡法禁治。每年將徵給過站銀，禁過冒濫牌票，及行過事宜，開送巡撫衙門，轉咨該部查考。其近日部覆科臣，題準兼理屯田事務，宜清查隱占，開墾抛荒。一應操種事宜，遵旨加意料理，蚤期底績，以贍軍餉。又據部議，較武款内事理，遵於所屬衛所，炤依武生名數，嚴行考試，務得真正材勇，毋事虚飾。爾受兹委任，須殫心竭力，經畫得宜。俾武備修舉，地方寧謐，斯稱任使。如或因循怠忽，責有所歸，爾其勉之，慎之。故諭。

廣運之寶　崇禎十二年八月十九日

兵部尚書凌準父母誥命一道

奉天承運皇帝制曰：士固有懷瑾握瑜，其躬不售，而駿發于嗣人者，非天道裒益之常哉。爾生員凌宫育，乃兵部尚書凌準之父。茹古涵今，規言矩行。黌宫振藻，未諧千里之期；庭塾明經，克慎五刑之聽。名高有子，壽錫無疆。是用封爾爲兵部尚書。坐忻堂搆之光，祇迓綍綸之寵。

制曰：雋母加餐，嚴母秉誡，夏官之資于慈訓，豈淺鮮哉。況慶協具存，祉膺偕老，寵褒胡可後也。爾封孺人徐氏，乃兵部尚書凌準之母。穆修閫則，虔奉閨彝。筥筐以相名儒，規如賓友；筦簟而生才士，訓比父師。克平犴獄之寃，原本熊丸之助。是用封爾爲恭人。荷翟衣于一命，怡鯢齒于百年。

廣運之寶　唐德宗貞元九年五月初三日

刑部尚書凌策父母誥命一道

奉天承運皇帝制曰：朕聞盛德之士履信思謙，考諸古人而無疑，質諸鬼神而不愧。雖不自身，必有達者。爾生員封節度判官凌慈，乃刑部尚書凌策之父。學爲士宗，行爲世楷。躬履清貧之節，庶幾原憲之操；絶足公府之間，復見澹臺之概。慨儒術之濇滯于膠庠，而康濟之用昌於嗣子。茲特封爾爲刑部尚書。服我寵靈，允綏遐福。

制曰：朕惟婦人自節烈以外，其令德懿行秀于閨門，而湮滅無傳者，何可勝數，獨賴子孫之賢，或以表見于世。君子之欲得位行道，豈非以顯親揚名之故與？爾封孺人王氏，乃刑部尚書凌策之母。夙嫺姆訓，來儷德人。筐筥執勤，相祀有嚴于季女；籃輿來諗，教家不忝于嚴君。至性非常，國恩宜渥。茲特封爾爲恭人。綿異數于方來，介延齡而永慶。

廣運

唐昭宗景福三年二月十八日

之寶

智字八百五十八號

都察院右僉都御史凌説父母敕命一道

奉天承運皇帝敕曰：朕惟人子皆欲顯其親，故人臣任職者，必有推恩之命，所以體其心而勸孝也。爾凌懋老，乃都察院右僉都御史凌説之父。義方訓子，効用于朝，揆其所由，宜申恩典。茲特封爾爲都察院右僉都御史。爾其祗承，毋忝榮命。

敕曰：朕惟群臣之才者，固本于父訓，亦必資母德焉。存有褒封，歿有追贈，此國家之令典也。爾都察院右僉都御史凌説，故母漏氏，婦儀母道，著于閨門。□子効用，禄養不逮，溯惟所自，宜有顯褒。今特贈爾爲恭人。服此隆恩，永光幽壤。

洪武七年三月十四日
敕命
之寶

都察院右僉都御史凌説並妻敕命二道

奉天承運皇帝敕曰：朝廷設監察御史，欲其振綱紀，勵風俗，以弼成斯世之治。厥任匪輕，必得其詳敏直諒之士，乃克勝任。爾都察院右僉都御史凌説，發身賢良，擢居憲職，歷年滋久，茂著激揚。宜錫異恩，以彰勞勩。兹特進爾中順大夫，錫之敕命，以示褒榮。夫官以察爲名，以言爲務，在明大體而略細故，扶君子而抑小人。其益端爾志，堅爾守。毋私於法，毋撓于勢，毋訐以爲直，毋苛以爲能。明以燭之，公以行之，懋修不怠，尚有顯陟，待爾後成。欽哉。

敕曰：夫婦，人倫之始。故朝廷推恩臣下，命必及之，所以重風化，厚恩意也。爾都察院右僉都御史凌説妻梅氏，婦儀克謹，内助良多。夫既顯庸，爾宜偕貴。兹特封爾爲恭人。祗服榮恩，永光閨闥。

洪武七年三月十四日
敕命
之寶

都察院右僉都御史凌晏如父母誥命一道

奉天承運皇帝詔曰：爲臣能恭謹事上，勤勞政，理國家，既有以褒榮之，而復推恩及其親者，所以致隆其本也。爾封承事郎吏科都給事中凌賢，都察院右僉都御史凌晏如之父。敦德勵行，屢仕州郡，厥職允修，致有令子，爲國顯庸，先朝嘗錫褒榮之命矣。兹特進爾中順大夫，都察院右僉都御史。尚其祇服，永膺榮寵。

詔曰：夫婦，人倫之始；母子，至性之親。故朝廷推恩臣下，命必及之，所以重風化，厚恩意也。爾都察院右僉都御史凌晏如母蔡氏，婦儀克謹，母訓良多。夫既顯榮，爾宜偕貴。兹特封爾爲恭人。祇服榮恩，永光閨閫。

制誥

宣德三年五月十三日

之寶

都察院右僉都御史凌晏如誥命

奉天承運皇帝制曰：國家建制，都察院其品秩與六部等。蓋重耳目之寄，紀綱之司也，其長貳皆朕所自擇，不輕畀焉。爾吏科都給事中凌晏如，頃在先朝，以文學擢居近侍，恭慎詳明，介直有守，歷年滋多，益勤不懈。朕用爾嘉，特陞爾中順大夫，都察院右僉都御史。夫中人之性，其所爲善惡，惟視法令之修明與否，爾宜奉法以折奸。然君子先自治而後能治人。往其祇修，光我寵命。欽哉。

初任吏科給事中，再任吏科都給事中，今任都察院右僉都御史。

制誥

宣德三年五月三十日

之寶

都察院右僉都御史凌晏如妻誥命二道

奉天承運皇帝制曰：夫婦，人之大倫。故朝廷推恩群臣，命必及之，而于存殁一也。都察院右僉都御史凌晏如妻周氏，克相其夫，而已早殁。兹特贈爲恭人。爾其有知，服斯榮命。

制曰：國家推恩臣下，而必及其家室者，所以厚人倫之本也。都察院右僉都御史凌晏如繼室唐氏，克勤内助。兹特封爲恭人。服此隆恩，毋忘儆戒。欽哉。

宣德九年四月二十九日

制誥

之寶

都察院右副都御史凌相祖父母誥命

奉天承運皇帝制曰：朕稽諸舊典，褒錫群臣，視品推恩，逮其祖考，重本源也。爾凌瑄，乃都察院右副都御史凌相之祖父。累代名家，一鄉善士，蓄乃餘慶，敷於後昆。粤有賢孫，爲時碩彦，肇頒渥命，增賁九原。兹特贈爲通議大夫，都察院右副都御史。服兹寵光，昌乃後裔。

制曰：秉德啓祚，是惟祖功。追卹之命，必逮其伉儷焉。爾胡氏，乃都察院右副都御史凌相之祖母。克秉巽德，垂範厥家，我有良臣，實爾再傳之嗣。揆其所自，恤典宜隆。兹特贈爲淑人。爾靈如在，尚克歆承。

誥命

之寶

都察院右副都御史凌相父母誥命一道

奉天承運皇帝制曰：朕以祀典告成，覃恩宇内。凡通籍於朝者，咸得以推錫其所生，矧茲憲臣，朕所簡注者乎。爾封文林郎，南京廣西道監察御史凌雲，乃都察院右副都御史相之父。篤行純誠，滋植世德，發祥厥子，服於大僚，載錫綸章，以昭義訓。茲特贈爾爲通議大夫，都察院右副都御史。寵命益崇，孝思良慰。

制曰：朕惟賢才之興，固由父訓，而資于母德亦深矣。生有封，没有贈，盖令典也。爾封孺人楊氏，乃都察院右副都御史相之母。爲婦則順，爲母則慈，訓子有成，勳階並茂。宜加新命，用勵顯揚。茲特贈爲淑人。冥漠有聞，歆承無斁。

誥命之寶

都察院右副都御史凌相並妻誥命

奉天承運皇帝制曰：朝廷命内臺重臣撫巡諸省，所以察吏治，恤民隱，一方安危繫焉。非其人，則貽朕之憂。咨爾都察院右副都御史凌相，淮甸英才，甲科名士。初自民牧，簡入南臺。既而歷遷藩臬，有年於茲，皆秉正執方，剸繁治劇，惠成賑濟，功安生民，有遺頌焉。頃者採之僉言，爰付諸任，乃能竭誠體國，率屬奉公，風紀振揚，勳勞益著，朕甚嘉之。

制曰：國家於卿大夫之伉儷，寵章茲錫，幽顯勿殊，重齊體之義也。爾都察院右副都御史凌相妻贈孺人王氏，配德君子，弗克偕老，可無恤命，以旌往勞。茲特贈爲淑人。尚慰幽泉，克歆殊涯。

制曰：古者禮重宗婦，室必有繼。故國家推封之典，先後均焉。爾都察院右副都御史凌相繼室封爲孺人翁氏，篤修婦道，善佐其夫。夫階既崇，爾宜並貴。兹特封爲淑人。茂迓寵恩，益敦儆戒。

誥　命
之　寶

智字八百五十八號

南京工部屯田司郎中凌顯並宜人吴氏誥命

奉天承運皇帝制曰：少府，水衡之藏，歷代所私。朕嘉與吾曹郎公度之，匪有廉幹之臣，曷稱是選乎。爾南京工部屯田司郎中凌顯，禀規華緒，育粹清襟。洗手奉公，身在脂膏之外；敏心牧事，吏慚箕會之能。一領榷關，再兼主藏，商賈興出途之咏，緡錢絶乾没之源。頻中賞程，充修政府。兹以覃恩，授爾階奉政大夫，錫之誥命。今中邊頻費，府帑之積，未有贍也，益殫厥策，以濟時艱。欽哉，無廢朕命。

初任南京工部屯田司主事，二任屯田司署郎中事主事，三任今職。

制曰：臣有官守，婦有公事。始樸斲之，已重之丹雘焉，以致其工，其道一也。爾南京工部屯田清吏司郎中凌顯妻吴氏，秉規女工，儷美人英。滫瀡竭于姑嫜，有愉其色；閫閾和于娣姒，無墜其儀。睠兹工正之賢勞，徵爾閨彝之敬助。是用封爾爲宜人。稱象服之煌煌，宜鸞章之赫赫。

制　誥
正統元年正月十三日
之　寶

尚寶司少卿凌信父母誥命一道

奉天承運皇帝制曰：士君子效用於世，而不獲盡究，猶必駿發於其子，固天道之常也。國家法天優德，爰有褒厚之典焉。爾前任南京工部屯田司主事，乃尚寶司少卿凌信之父。奮跡膴敘，遴選右垣，直道不容，乃更邦憲，浩然高尚，遂啓嗣人。夫爾父作于前，而身承寵澤；爾子述於後，而歿霈綸榮。豈非其所難得者哉。兹特贈爲中順大夫，尚寶司少卿。涣華綸於繼葉，彰世德于重原。

制曰：母以訓子爲賢，子以榮母徵孝。朕於賢母豈不寵嘉，以遂人子之孝哉。爾封安人吴氏，乃尚寶司少卿凌信之母。閥閲芳姿，名賢佳配，温柔協德，恭儉提身。子能居官，足徵懿訓。兹特封爲太宜人。茂膺綸綍之榮，益衍桑榆之慶。

正統十四年正月二十五日下

誥　命

之　寶

尚寶司少卿凌信並妻誥命一道

奉天承運皇帝制曰：朕惟行信義，一王章，莫重於符典，領屬於世胄之彦。蓋以習知法守，能不怠於其位也。爾尚寶司少卿凌信，高明不亢，充蔚有文，克紹家聞，參華符省，晋陟卿秩，益秉恭勤。兹所司上爾最績，朕甚嘉焉。特進階中順大夫，錫之誥命，以爲爾榮。其尚懋毖遠圖，仰承朕志。

制曰：禮正人倫，先於居室。故加恩百辟，則褒封中闈，不以内助而容忽也。爾封安人沈氏，乃尚寶司少卿凌信之妻。德稱女士，來嬪吉人。既秉冲柔，亦敦敬助。系自名宗，來歸甲第之門；禮儀相夫，鷄鳴戒旦之勤。篤修婦道，順正著聞，夫既顯榮，爾宜並貴。兹特封爲宜人。尚敦肅慎于來朝，用副隆名于不替。

誥　命

正統十四年正月二十五日下

之　寶

尚寶司丞凌信並妻敕命

奉天承運皇帝制曰：朕惟王者昭德示信，必資于符寶，故前代設符璽郎，然職未優峻。至我國家，並秘閣東西對峙，地既高華，秩亦清貴，非得嘉材世冑不輕畀之。爾尚寶司丞凌信，惟資清謹，行履敦純。家學淵源，克著珪璋之譽；世修迪惠，允徵廊廟之賢。爾能兹清臺，恪遵官訓，貞勤効藎，忠慎象賢，閱最來聞。朕用嘉獎，兹特授爾承德郎。於戲，清階華級，方居養望之資；嘉德名宗，足副賞延之慶。尚加懋勉，以需崇遷。

敕曰：君子顯榮名于當世，必有貞賢之婦以相其成。我國家順陰陽之義，重風化之原，緣夫貴婦，亦王制之彝典也。爾尚寶司丞凌信妻沈氏，望族芳姿，名賢佳配，惟資清淑，體度恭勤。孝協姑嫜，克秉蕰蘩之操；敬孚族黨，爰徵樛木之風。事相良人，克彰世德。念惟閫範，可靳顯褒。兹特封爲安人。尚膺嗣錫之恩，以需來朝之命。

敕　命

正統十年三月二十四日下

之　寶

廣西按察司副使凌嗣音父母誥命

奉天承運皇帝制曰：父之於子望其才，然而才視其教也。惟能不以身與家，冀其一日之遇，而視民瘼知官方者，則可謂善教矣。爾贈中憲大夫，廣西梧州府知府凌雅，乃廣西按察司副使嗣音之父。秉性慈良，守終純固。窮不隕志，丁寧稼穡之艱；貴不易操，恬淡蓬茅之素。成其子，爲循吏，歷數任，有能名。茲西粵之安生，歌賈父之來晚。是用贈爾爲中憲大夫，廣西按察司副使。三錫之朝章既渙，百年之庭訓猶新。

制曰：朝廷倚其臣旬宣之績，亦必體其靡盬之情焉。至于何恃興歌而志足悲也，則勸忠有道矣。爾累贈恭人崔氏，乃廣西按察司副使凌嗣音之母。績載玄黃，敬成耨饁。擇鄰之教，自其少時；舉銓之知，徵諸異日。今爾子歷官六七政而望逾高，通藉三十年而操不改，繄誰非念母之勤也。是用仍贈爾爲恭人。將五花回萱草之春，俾九牧報蓼莪之德。

萬曆三十五年十二月初七日

制誥之寶

廣西按察司副使凌嗣音誥命

奉天承運皇帝詔曰：朝廷分敕外臺，周行所部，視御史地專而時久，厥任重矣。乃楚粵之交，郡縣狃于習而民難治，其責於巡方使尤重，是用屢省乃成焉。爾廣西按察司副使凌嗣音，敭歷廟謨，周咨民隱，擢從循令，載陟望郎。既儀威鳳于梧崗，乃冠神羊于桂嶺。而爾能布六條以齊郡邑，廣四慎以撫民傜。酌吴隱之香泉，清心矢日；罷孔戣之蚶菜，屬吏望風。思明標銅柱之功，府江定鹽池之禁。公車屢最，三載考成。是用仍授爾階中憲大夫，錫之誥命。於戲，朕知爾方直愛民，故以西南都會倚重爾，爾察舉既犁然矣。若捧盈，其惟勿傾；若恤緯，其惟有經。百吏具輯，民乃永寧。欽哉。

初任江西南昌府南昌縣知縣，二任湖廣黄州府羅田縣知縣，三任南京刑部廣西司主事，四任本部陝西司署郎中事主事，五任刑部廣西司署郎中事主事，六任廣西梧州府知府，七任今職。

制曰：岳牧之尊，其爲儷德難矣。此《采蘋》、《采蘩》所以志也。豈惟大夫妻是美，亦以昭厥率諸侯之化焉。爾廣西按察司副使凌嗣音妻，封恭人黄氏，克勤克戒，不忮不求。從爲令，不潤姑臧之脂；從爲守，不問東萊之蓄。肆神馬，作百城之表；亦鳴鷄，警五夜之功。可謂儀一于心，美成于久者也。兹仍封爾爲恭人。朝翟茀以增華，並隼旟而揚彩。

制　誥

萬曆三十五年十二月初七日

之　寶

仁字三百二十九號

行人司行人凌義渠父母敕命

奉天承運皇帝敕曰：職使者，輶旋四方，不遑將父，亦大勤勞矣。頃俞廷請，得秩比中書；詎直廣孝，實嘉我祇役。劾績之良，而曲遂其顯揚之念也。况夫槐植高門，榆收令子，碩德醇行，有足表表者乎？褒庸之典，朕豈有靳。爾生員凌洽初，乃行人司行人凌義渠之父。氏胄曩興，焕乎墳典；華宗往茂，欝其簡書。世濟琳瑯，偶應龍之籥影；蟬聯冠冕，等威鳳之羽儀。孝友篤于彝倫，鄉閭洽于慕義。英英昭其符采，灼灼美其芳聲。乃笥腹徒便，溟翎未奮。臥游十載，賤珪璧于光陰；畋漁百家，竟松筠于歲晚。金版玉策之記，枕籍忘疲；蘭卉芝花之圖，膏映必舉。將雛授笈，箕裘緒業宏開；祝蠋搏霄，原隰皇華接映。靡鹽劾于載馳，如濡借以咨諏。駿聲遠播其檀車，燕翼聿昭其椿範。而爾終守白賁，無改素絲，玉樹臨風，金池動月，洵人中畏壘，俗内庚桑。茲以覃恩，封誥爲徵仕郎、行人司行人，如子官。於戲，萬頃澄波，黄叔度之器量；千尋聳幹，嵇中散之楷模。永懷芳躅，恨不同時，介爾壽祺，薦膺多福。

敕曰：朕于人子風樹枯魚之嘆，未嘗不愾焉傷之。况箴圖映于女史，聖善彰于母儀，國有明綸，能忘幽懿。爾閔氏，乃行人司行人凌義渠之母，福建邵武府知府閔世翔之女，雲南巡撫閔洪學之妹。聲超宋子，德茂邢姨。玉樹臨春，虔供内政；金波迴月，榮曜中闈。奉盥承尊，謹問視而黽勉；停機訓子，甘帷作而辛勤。靡依甫及于二齡，銜恤將餘乎四紀。是用贈爾爲孺人。璽書有美，驚十行之自天；石窌用封，賁九原于不夜。

敕曰：繼母儷尊于父訓，育厥子，即屬毛離裏何以異焉。國家緣情而並貴之，恩至渥也。爾嚴氏，乃行人司行人凌義渠之繼母，蘋藻嗣徽，鳲鳩均愛，柔嘉維則，静正爲儀。恭儉以相其夫，傳箴文豹；嚴敏以成其子，著教丸熊。迨子蜚聲于天路，而爾乃慰願于倚閭。節以養稚，抑以柔驕，可謂能勞以成愛者矣。是用封爾爲孺人。推恩星署，載攄愛日之情；慶集岡陵，長享介眉之壽。

敕　命

天啓七年三月二十九日

之　寶

甲六百六十七號

太醫院右院判凌一鳳父母誥命

奉天承運皇帝制曰：考績疏庸，特重推恩之典；服官資敬，聿推式穀之功。爾凌機，乃太醫院右院判凌一鳳之父。世擅清門，代傳素業。家風淳厚，垂弓冶之良模；庭訓方嚴，啓《詩》《書》之全緒。茲以覃恩，贈爾爲承德郎、太醫院右院判，錫之敕命。於乎，薄籯金而示誨，世澤常延；錫鞶革以加榮，天休弗替。

制曰：宦學方成，讀父書而繼業；愛勞交備，禀母訓以揚名。爾太醫院右院判凌一鳳嫡母高氏，克樹芳型，尤多慈教。著承筐之雅範，早知率禮無愆；寓徙宅之深心，果見克家有子。茲以覃恩，贈爾爲安人。於乎，彤毫灑潤，爰推顧復之恩；彩翟流芳，永荷龍綏之典。

制曰：惠流及下，先錫慶于親闈；誼篤所生，必推恩于母氏。爾太醫院右院判凌一鳳生母紀氏，才堪箴室，範可宜家。執素業以効功，時親蠶績；殫芳心而訓子，果綴鴛行。茲以覃恩，贈爾爲安人。於乎，緑絲修潔，久彤淑慎之風；彤管清華，永荷榮施之澤。

誥　命

康熙三十六年七月十九日

之　寶

太醫院右院判凌一鳳誥命

奉天承運皇帝制曰：醫師重三世之良，命士總諸科之政。調劑是務，佐理爲勞。爾太醫院右院判凌一鳳，慎以擇術，勤以居官。克宜四季氣之利，實究岵門之學。式逢慶典，宜荷徽章。茲以覃恩，授爾爲承德郎，錫之敕命。嗚呼，綵綸璀璨，既寵受夫恩榮；草木咀嘗，庶精研其職業。

初任太醫院吏目，二任御醫，三任今職。

制曰：勤宣吉績，聿徵服采之才；茂著規型，式獎同心之媺。爾太醫院右院判凌一鳳妻紀氏，夙諳内則，作配名門。訓典嫻明，允協珩璜之度；禮儀純備，克彰蘋藻之風。茲以覃恩，贈爾爲安人。於呼，荷天寵以流芳，魚軒焕采；被國恩而永譽，馬鬣增高。

敕命

康熙三十六年七月十九日

之寶

都察院右副都御史凌相諭祭文

皇帝遣直隸揚州府知府朱懷幹諭祭都察院右副都御史凌相曰：惟爾器宇宏深，才猷練達，南畿敏秀，黄甲蜚英。職領花封，政聲騰播，名馳豸史，風紀肅清。再陟憲臺，累遷苑寺，剿除寇亂，寧謐炎荒。修餙邊墉，保釐遼海，超陞藩伯，榮轉中丞。宣化滇南，撫綏荆楚，歇歷中外，在在有聲。共事累朝，莅官三紀，賢勞茂績，資望方深。蚤遂幽閒，杜門謝客，清修苦節，始終不渝。圖用舊臣，詎意渝逝，訃音來報，良切悼傷。追念往勞，賜葬及祭，九泉不泯，服此休光。

初任山東青州府莒州沂水縣知縣，二任南京廣西道監察御史，三任廣東按察司僉事，四任山東按察司僉事，五任遼東行太僕寺少卿，六任復除遼東行太僕寺少卿，七任遼東苑馬寺卿，八任四川布政司使右布政使，九任雲南布政司使左布政使，十任湖廣巡撫都察院右副都御史。

奉天承運皇帝制曰：考績報循良之最，用獎臣勞；推恩溯積累之遺，載揚祖澤。爾凌錫經，乃浙江嘉興府教授凌樹屏之祖父。錫光有慶，樹德務滋。嗣清白之芳聲，澤留再世；衍弓裘之令緒，祐篤一堂。茲以覃恩，貤贈爾爲文林郎，錫之敕命。於戲，聿修念祖，膺茂典而益勵新猷；有穀貽孫，發幽光而丕彰潛德。

制曰：册府酬庸，聿著人臣之懋績；德門輯慶，式昭大母之芳徽。爾沈氏，乃浙江嘉興府教授凌樹屏之祖母。箴誡揚芬，珩璜表德。職勤内助，宜家久著其賢聲；澤裕後昆，錫類式承乎嘉命。茲以覃恩，貤贈爾爲孺人。於戲，播徽音於彤管，壼範彌光；膺異數於紫泥，天庥永邵。

敕　命
乾隆二十六年十一月二十日
之　寶

奉天承運皇帝制曰：任使需才稱職，志在官之美；馳驅奏效報功，膺錫類之仁。爾凌大受，乃浙江嘉興府教授凌樹屏之父。雅尚素風，長迎善氣。弓冶克勤於庭訓，箕裘丕裕夫家聲。茲以覃恩，贈爾爲文林郎，錫之敕命。於戲，肇顯揚之盛事，國典非私；酧燕異之深情，臣心彌勵。

制曰：奉職無愆，懋著勤勞之績；致身有自，宜酧鞠育之恩。爾周氏，乃浙江嘉興府教授凌樹屏之母。

淑範宜家，令儀昌後。早相夫而教子，俾移孝以作忠。兹以覃恩，贈爾爲孺人。於戲，賁象服之端嚴，誕膺鉅典；錫龍光之涣汗，永播徽音。

敕命

乾隆二十六年十一月二十日

之寶

奉天承運皇帝制曰：考績報循良之最，用獎臣勞；推恩溯積累之遺，載揚祖澤。爾凌温琦，乃四川保寧府南部縣知縣凌夢曾之祖父。錫光有慶，樹德務滋。嗣清白之芳聲，澤留再世；衍弓裘之令緒，祜篤一堂。兹以覃恩，貤贈爾爲文林郎，四川保寧府南部縣知縣，錫之敕命。於戲，聿修念祖，膺茂典而益勵新猷；有穀貽孫，發幽光而丕彰潛德。

制曰：册府酬庸，聿著人臣之懋績；德門輯慶，式昭大母之芳徽。爾嚴氏，乃四川保寧府南部縣知縣凌夢曾之前祖母。箴誡揚芬，珩璜表德。職勤内助，宜家久著其賢聲；澤裕後昆，錫類式承乎嘉命。兹以覃恩，貤贈爾爲孺人。於戲，播徽音於彤管，壼範彌光；膺異數於紫泥，天庥永邵。

制曰：册府酬庸，聿著人臣之懋績；德門輯慶，式昭大母之芳徽。爾臧氏，乃四川保寧府南部縣知縣凌夢曾之前祖母。箴誡揚芬，珩璜表德。職勤内助，宜家久著其賢聲；澤裕後昆，錫類式承乎嘉命。兹以覃恩，貤贈爾爲孺人。於戲，播徽音於彤管，壼範彌光；膺異數於紫泥，天庥永邵。

制曰：册府酬庸，聿著人臣之懋績；德門輯慶，式昭大母之芳徽。爾潘氏，乃四川保寧府南部縣知縣凌夢曾之祖母。箴誡揚芬，珩璜表德。職勤内助，宜家久著其賢聲；澤裕後昆，錫類式承乎嘉命。兹以覃恩，貤贈爾爲孺人。於戲，播徽音於彤管，壼範彌光；膺異數於紫泥，天庥永卲。

敕　命
之　寶
乾隆三十六年十一月二十五日

奉天承運皇帝制曰：求治在親民之吏，端重循良；教忠勵資敬之忱，聿隆褒獎。爾凌楷，乃四川保寧府南部縣知縣凌夢曾之父。禔躬淳厚，垂訓端嚴。業可開先，式穀乃宣猷之本；澤堪啓後，貽謀裕作牧之方。茲以覃恩，封爾爲文林郎，四川保寧府南部縣知縣，錫之敕命。於戲，克承清白之風，嘉茲報政；用慰顯揚之志，畀以殊榮。

制曰：朝廷重民社之司，功推循吏；臣子凛冰淵之操，教本慈幃。爾嚴氏，乃四川保寧府南部縣知縣凌夢曾之母。淑慎其儀，柔嘉維則。宣訓詞於朝夕，不忘育子之勤；集慶澤於門閭，式被自天之寵。茲以覃恩，贈爾爲孺人。於戲，仰酬顧復之恩，勉思撫字；載焕絲綸之色，永賁幽潛。

敕　命
之　寶
乾隆三十六年十一月二十五日

奉天承運皇帝制曰：分符百里，必遵出宰之材；報最三年，爰重懋官之典。爾原任四川保寧府南部縣知縣凌夢曾，雅擅才能，克宣慈惠。撫綏有方，常深疾痛在己之心；懷保無窮，不忘顧復斯民之責。茲以覃恩，授爾爲文林郎，錫之敕命。於戲，前勞已茂，用褒製錦之能；來軫方遒，益勵飲冰之操。

制曰：良臣宣力於外，効厥勤勞；賢媛襄職於中，膺茲寵錫。爾原任四川保寧府南部縣知縣凌夢曾之妻温氏，終温且惠，既静而專。綦縞從夫，克纘素絲之節；蘋蘩主饋，爰流彤管之輝。茲以覃恩，贈爾爲孺人。於戲，敬爾有官，著肅雍而並美；職思其内，昭淑慎之遺徽。

制曰：在公必敬，臣心每待助於閨闈；齊體維均，國典必疏勞於繼績。爾原任四川保寧府南部縣知縣凌夢曾之繼妻談氏，以順爲正，無成有終。嘉柔克踵乎前徽，珩璜流譽；慶澤用昭其嗣美，翟褘增光。茲以覃恩，封爾爲孺人。於戲，如綸如綍，勿忘象服之榮；宜室宜家，允副鸞書之錫。

敕命

乾隆四十五年正月初一日

之寶

明宣宗御賜招隱詩並序　序、詩，皆宣廟睿藻，非詞臣撰述。

朕聞君子之學，將以致用也。當其未仕，則汲汲以明道。道既明矣，則汲汲以措之天下。伊尹耕于莘，以堯舜之道自樂，然致君澤民，未嘗忘也。其後，聖莫如孔子，賢莫如孟軻。轍環天下，亦欲行其道，豈以獨善爲高哉。秦漢以來，始有好遯以自高，然于君臣之義，未盡也。夫道出于天而賦于人，非使自善其身，蓋用以兼善天下。故士君子當以伊尹、孔、孟爲法，顧乃卷而懷之，遯於深山窮谷之中，與麋鹿爲伍，而廢人之大倫，豈得爲賢哉。朕承祖宗鴻業，惟恐勿克負荷，旁求俊彥，與之共理。詔書數下，命有司以禮進之，其出爲朕用者雖多，尚慮有未致者，故作詩以招之。

天之生賢，道藴厥躬，幼學壯行，致君擇民。伊尹孔孟，皆古君子，孜孜行道，寧嘗忘世。秦漢之衰，以退爲賢，絶類離倫，豈勿違天。嗟哉若人，於世奚補，區區百年，草木同腐。予嗣祖宗，統臨萬邦，求賢圖治，宵旰皇皇。群材偕來，布列在位，道行身尊，百世之貴。緬彼山林，豈無遐遺，往而不來，悠悠我思。漱石枕流，遠行高蹈，雖逸其身，而悖于道。《卷阿》之詩，梧桐鳳凰，爾其皤然，余將爾揚。

應天府治中臣凌　賢欽承

明宣宗御賜招隱歌並序

朕惟賢者，致治之資。自即位以來，屢詔有司，舉德行才智之士，將與共圖治道。然林泉巖谷，必有遠引而不輕出者，朕夙夜念之不能已已。夫枉己求售，非志士之本心；而潔身獨善，豈聖賢之中道？故嘗作《招隱歌》，欲使幽隱之賢皆明朕意，庶幾有皤然奮起者。蓋昔人嘗賦《招隱》矣，彼其所急欲與俱去，遯世遺人，特一己之私，朕之所懷天下之公，題雖同而志則異，覩者亦亮于志焉爾。

吾觀天地化育功，四時五行分任之。軒轅堯舜致熙皥，亦有六相兼皋夔。君臣師濟自往古，大厦豈是一木爲？况予凉薄資九五，承大寶，四海之廣兆姓繁，側席仁賢翼王道。長林大澤，高丘巨壑，豈無懷抱才德者？蕭散幽閒樂其樂，扣舷清溪弄緑水，結巢雲松招白鶴。雲松蒼蒼白鶴飛，翠羅摇曳春風時，朝飡黄獨夕紫芝。放歌《考槃》什，吟咏《梁父詞》。如玉在璞韜其輝，天之生材將有爲，豈使獨善而無施。彼不輕施，吾將致之。屢下求賢詔，明珠寧無遺。中夜有懷起待旦，勞心咨求忘日晏。嗟爾賢人，何樂空谷。有莘皤然起畎畝，傅巖何嘗終版築。磻溪白首還鷹揚，卧龍亦復興南陽。早歲人皆望霖雨，大川和涉需舟航。嗟爾賢人無徘徊，石泉麋鹿非爾伍。風雲天路爲爾開，脱却芙蓉衣，挂在青巖隈。翩翩並駕蒲輪來，黄金如山築高臺。

待爾爲咏臺與萊，毋爲今我悵望思難裁。

應天府治中臣凌　賢欽承

明宣宗御賜猗蘭操並序

昔孔子自衛反魯，隱居谷中，見蘭之茂與衆草爲伍，自傷不逢而托爲此詩。余慮在野之賢有未出者，故擬賦焉。

蘭生幽谷兮，曄曄其芳；賢人在野兮，其道則光。吁嗟蘭茂兮，衆草爲伍；於戲賢人兮，汝其余輔。

應天府治中臣凌　賢欽承

明宣宗御賜花朝詩

五雲精護蓬萊島，瑞氣紛紛動瑶草。憑高一覽六合間，萬象澄明春意好。葱葱佳氣藹山河，大地無塵海不波。松篁檜栢翠浩蕩，紫杏丹桃繁綺羅。燕語鶯啼滿新聽，魚躍鳶飛總天性。輕車駿馬稱年芳，處處壺漿樂游泳。斯時三農皆舉趾，東阡南陌鶏鳴起。丁男把耒婦女饁，齊力欲教田畯喜。况值新年風雨時，百穀農穰真可期。遏陲民謡物生遂，喜與臣庶同歡嬉。翠殿彤臺白晝長，花繞龍池春水香。瑶筝齊唱錦瑟和，欝金酒泛紅玉觴。花辰廣延深似海，君臣遭遇實千載。豈但遺情共令臣，一致華勛待元凱。聖主制禮崇時令，自昔明良協恭敬。陽春德澤生光輝，延佇嘉猷輔仁政。

吏科給事中臣凌晏如欽承

按史，宣德二年二月十五日，與行在尚書張本同賜

卷之二

忠節録

凌氏忠節録叙

舊譜録忠節，附以節孝。其所紀者，赴難之孤臣，敦行之孝子，與守節之烈婦。大哉斯録，所以維鳳勵偺，不振家聲者，事孰有要於斯哉！惜其義未備而所紀亦未周。竊思人臣委質，當國步之艱難而忘身殉國，際國家之明盛而盡瘁宣猷，遇不同而忠則一也。我家死節之臣久已争光日月，他若立朝持大節，榮辱不驚，奉職建奇勳，利害不顧，斯亦可謂公而忘私，國而忘家者矣。《傳》曰：「國家之利，知無不爲，忠也。」其與死節之臣同垂不朽也固宜。至如能死始不辱，孝子方可爲忠臣，無成而有終，婦道實可通臣道，比而録之，義大備焉。後之觀此者，有不激發至性，感動天良者乎！

嘉慶乙丑二月

凌氏忠節録節孝附

待制公

公諱唐佐，字公弼。登宋元符進士。建炎初，提點京畿刑獄，進直徽猷閣。京畿寇盗充斥，與戰數十合，殺傷甚衆。三年，除知應天府。虜騎率數十萬圍城，城中兵少糧乏，外無援兵。及陷被執，虜欲降之，指頸示曰：「此可斷，不可降也。」劉豫欲污以樞轄，不從。將豫虚實密以蠟書奏聞。事泄，豫大怒，捕至。公曰：「國家何負於爾，而反面事虜，一世皆欲殺爾，何獨我也！」繫累日，引出害之。臨死駡曰：「恨不見梟劉豫之首！」羈其妻子于潁昌。紹興三年，恢復潁昌，夫人田氏以公死狀聞，詔贈待制。

郡侯公

公諱時中，字德庸，號吉川。登至元辛巳進士。元將伯顔命公招撫安吉、武康、德清，故三邑之民賴以保全。授建昌路司獄。有重囚待報將刑，公察其冤，白于上官，不許，即解印去。後罪人竟獲于他郡，囚遂得釋。累遷福建廉訪都水監丞。時河南王堰水轉磨自便，民患之。愬于朝，命臺省按治，皆畏不敢言。公獨命毁之。大長公主南游，乘豪民巨舫，鉦鼓而行。公以爲非法，請更乘驛。衆皆嘆服。官至秘書少監，封吴興郡侯。

秘書公

公諱懋翁，字師德，號震峰。時中長子。登泰定乙丑進士。初知連州。廣西蠻入寇，公率衆禦之。寇望見駭曰：「此凌知州也，不可犯。」手額而退。乃往招諭，諸峒蠻酋悦服。至正甲申，典兩浙鄉試，號稱得人。歷官翰林學士，秘書監正監。

僉都公

公諱賢，字顔能。中洪武丁卯浙省第四名。任玉山教諭，升湖廣武崗州。所至皆有治績。州多水患，特築堤捍之，民賴以安，至今稱爲「凌公堤」。考最，擢應天府治中。以剛直忤用事者，謫居均州。會隆平侯張信、禮部尚書胡濙方博訪天下士，盛言賢可當大任。宣皇帝異之，作《招隱歌》，命行人軒輗賫賜，馳驛召還。入見大喜，命階司馬，又命掌都察院事。並謝疾辭。上曰：「汝欲學疏廣耶？朕遂汝高志。」御書「賜老堂」，寵其歸。隨以都察院右僉都御史致仕。

中丞公

公諱晏如，字安然，號雲谿。顔能公之子。業儒敦行，精六書法。永樂初，徵授中書舍人，召入中秘問政事，拜吏科都給事中。宣德三年，隨駕北征。時蹇、楊諸大臣皆從，渡潞河，駐蹕虹橋。道路所經皆水潦，秋田無穫。上憫念民艱，遣公巡察，戒無擾民。特轉都察院右僉都御史，考察行在所過治績以聞。兼賜璽書，命掌院事。蓋是時持憲者皆以賄聞，簡擇用。公感知遇，確然自守，不爲衆惑。彈劾不避，寮憚之，斥其屬不肖者二十余人。與顧佐、邵玘先後有聲。兵部以武職貼黄，久不清，請會官清理。上以命公。公與侍讀苗衷同力一心，罔有漏失。有顔鎮撫者，既卒，其子孫當一人繼，仍復以一人冒官二十餘年，恃權貴，莫敢誰何。公核實，竟奏罷之。又著爲令，武官有靖難功而無子者，不忍遽絶其禄，得以婿及義兒一人繼，不再及也。有張指揮者，亦以替襲，奏罷，兵部積獘一清。其剛直不阿類如此。公身居津要，數令人抵家，鬻産自給。卒于官署，幾不能斂。吴文恪公爲之經紀其喪，訃聞，上不勝悲悼，遣官諭祭。

時諭凌氏前兩秘書，以威武建奇功。後兩中丞，以廉直表奇節。父子官職皆同，其品業亦甚相類云。

提舉公

公諱勰，字忠夫，號望雲。坦如之子，都憲賢之孫也。景泰癸酉歲薦，初任福建政和縣知縣。恩威並著，咸戴之。歷九載，升廣東市舶司提舉。公一秉清操，悉反向來陋習，當道亟稱之，曰目見可欲，心能不亂，他日必能任大事，不顧其身者。適廣東賊黄蕭養作亂，當道難其人，遂檄公剿之。時賊勢猖獗，家人悉徬徨，不忍公出。公毅然曰：「此臣子盡瘁之秋，奚暇瞻顧。」率兵督戰，屢挫賊鋒。後糧盡援絶，竟爲賊執。賊欲降之，公曰：「某雖卑官，致命則一，汝聞有斷頭將軍，無降將軍乎。」駡不絶口而死。君子以當道亟稱爲識微云。

比部公

公諱約言，字季默，號藻泉。以鄉進士任全椒令。全椒民苦馬政，土豪詭爲邑供丁，而以馬役貽下農。公至，則首革供丁曰：「我無所事供也。」爲代下農牧馬，馬由此蕃，而民以無苦。又以時灾立社倉，出粟予貧民，貸其子錢。議丁糧，省里遞，斥奸吏，鉏强猾，邑乃大治。師尚詔之寇山東也，將自全椒窺建業。全椒民不識兵，捧檄震恐，思棄甲。公慷慨誓衆曰：「南都天下根本，賊過椒，則長江勢與共矣。吾必以死守之。」募鷙卒五千，教以陣法，爲連營十里，以待賊。賊畏全椒令，解而西，未幾遂敗死。當是時，微全椒令，舊京三輔幾動。遷知沔陽州。州故大水，積逋五萬餘。監司屬徵督趣，公曰：「民貧矣，我不忍急。」稍立假貸法，聽民自輸。民感之，輸先期集。監司喜，賚金幣弊。公愀然謝曰：「民以逋負罪而守獎，是幸逋以爲功，非與民一體之義也。」卒辭之。沔當荊襄下流，每春夏交，襄漢水皆會，歲不得寧。公爲之築堤禦水，而沔始有歲，人稱「凌公堤」，樹德政碑頌績焉。同知廬州時，嘗奉檄榷鹽，盡剔諸弊。商求賄免，實金沽瓴間，假酒以獻。既覺，則杖而還之。又或餽六安茶，茶中皆金也。後三日發封，追餽茶者，置之法。人由是無敢懷金者。時重建三殿，詔採花石于淮、徐，期會督促。他郡吏或假而箕斂，公却供餉，躬勤勞爲諸吏先，吏不敢欺，而徒衆爭奮石就緒矣。殿成，有白金文綺之賜。尋升南京刑部員外郎。持母喪歸，不復起。

少保公

公諱雲翼，字汝成，號詳山。嘉靖丁未進士。歷官兵部左侍郎，總督兩廣。萬曆五年，奉命征羅旁猺、狼二賊。所至皆平，計斬獲四萬二千八百有零，建羅定一州，東安、西寧二縣，南鄉、富霖、函口、封門四所爲版章，開拓千餘里，不煩後慮。升都察院右都御史，賜帑金、飛魚服，蔭一子，世襲。尋任總督漕運，兼管河道。著治河功，加太子少保，兵部尚書，協理京營戎政，功業詳載《明史》。

大參公

公諱嗣音，字孟昭，號存熨。萬曆庚辰進士。初任南昌令。詔度田，分上中下末四則定賦。當道概主一則之議，公力陳不便。旋任羅田縣。羅邑荒僻，疲于征科，民不聊生。公詳察利弊，申請當革二十款，當興十款，以解掛懸而沛膏雨。民因是有十愛之頌，三十謡之傳。有《治羅惠政録》行世。晋刑部郎，執法明允。出知梧州。時中貴奉旨，抽税採礦，張爪牙。公擒其尤者置之法，民困稍蘇。擢副使，監桂林，招諭安南。賜白金，褒其功。粤西有青蛇廟，素爲灾祟。公莅任欲毁之，夢神告哀求免，並陳護國佑民之事。公乃製文祭之，自後永不爲灾，民皆感德，比之韓文公《鰐魚文》云。升布政司參政，鞅掌王事，卒于官。其自序《牧民政要》有云：「譬則因病得方，按方治病，庶歲不失調劑之宜，可蘇凋瘵之衆。」噫，若公者，可謂牧民有實政者矣！

别駕公

公諱濛初，字元房，號初成，行十九。繕部郎繹泉公四子，贈尚書藻泉公孫也。公少有異才，十二游泮宫，十八補廪餼。耿恭簡公嘗稱爲「天下士」。卒以數奇，四中副車。初選得上海丞，署令事，催科撫字，兩無失焉。又署海防事，公爲井字法，鹽場積弊一清。歷八載，擢爲徐州判官，分署房村。時有流寇陳小一，自號蕭王，擁衆猖獗，據有豐城。公以十策上何兵憲諱騰蛟者，何依策行之，賊果望風披靡。公遂單騎詣其營，招諭歸降。乃會僚佐郡邑于燕子樓，衆皆起觴公，公即席賦《碭山凱歌》三十章，《燕子樓公宴詩》五十韻。酒酣，命軍士能歌者各授《凱歌》一章行酒。時防河方公允立亦即席賦《長歌》一篇贈公，有「小范胸中兵百萬，大蘇筆陣學三千」之句。既而，何以軍功超升楚撫，即疏平寇巔末，遂特題軍前監紀。有旨徵聘，未及赴調。適李自成僭稱大順，流寇來薄徐城。重公之名，欲公降之，呼曰：「我輩欲見凌公。」公怒曰：「汝等欲説我降耶？誠目我爲何如人，我豈鼠輩偷生者比耶！」發鳥銃斃數人。賊大怒，攻之益急。公呼百姓謂曰：「我在此三載，無德于汝百姓，今爲我而害汝百姓，我將自盡。」衆以職小爲解，公曰：「我自全我節耳，豈以爵之崇卑計耶！」遂勺飲不入口者數日，命衆扶出，呼賊語之曰：「我力已竭，明日死矣，萬勿傷我百姓。」即嘔血不止。復呼百姓謂曰：「生不能保障，死當爲厲鬼殛賊。」言與血俱，大呼「無傷我百姓」者三而卒。衆皆慟哭，自死以殉者十餘人。次日賊入，見公顏色如生，咸嘆异之。何公聞之大慟，遣官致祭。其文有曰：「文詞播宇宙，比眉山而多武略；忠義貫日月，媲睢陽更著蜚聲。」斯時村落俱被烽燼，惟房村焚而遇雨者數次，民皆謂公神之所呵護云。

尚書公

公諱義渠，字駿甫，號茗柯。天啓乙丑進士。歷官大理寺正卿。剛正不阿，耿介有守。崇禎甲申三月，李闖陷京師，懷宗自縊于萬歲山之壽星亭。公聞變慟哭，以首觸柱，血流被面。悉焚其生平所著述及評騭諸書，服緋正笏，望闕拜，復南向拜，遺書上父曰：「盡忠即所以盡孝，男視死如歸已，以一腔熱血報皇上矣。」時門人貴顯者力爲勸阻，公揮出之，遂繫帛絶吭而死。追贈太子太傅，刑部尚書，謚忠清。順治九年，我世祖章皇帝追恤殉難諸臣，特旨賜謚忠介。京師建表忠祠，本郡給地七十畝，建祠供祀。先是甲子之夏，公應試武林，遇异人贈句云：「割愛換來秋色異，盡忠收去杏花飛。」是秋遂登賢書。公生于萬曆癸巳九月二十三日，閱二年，乙未九月，公遽失恃。及殉節之辰乃三月二十日也，蓋預有定數焉。

御史公

公諱駉，字龍翰。父邦瑛公，天啓壬戌進士，官山西廉憲。公登崇禎癸未進士。授山東巡按御史。乙酉，大清兵至苑家塞，總兵王之綱邀公南避，公不聽。及睢州陷被執，不屈，投印水中，與其侄潤生自縊。遺書致豫王曰：「愼無渡江。若渡江，則揚子江頭凌御史即錢塘江上伍相國也。」清帥厚斂之，事聞，追贈兵部。初甲申之變，大廷尉茗柯公從龍燕邸，輿櫬南歸，過公治所。公方視事堂上，聞訃，瞿然起立，下堂向天號泣曰：「老天老天，凌門又出一忠臣矣！」云云。由斯以觀，則知公之見危授命，不縮首以避禍者，其立志蓋先有定也。

按闖賊之亂，凌氏死節之臣初成、忠介、龍翰三公，事業見于朝廷，忠義聞于天下，已堪俎豆不朽。他若石渠、熊渠二公，即忠介弟也，殉身王事，忠節亦不讓前人，而湮没不彰，後亦無嗣焉。悲夫！

德和公

公諱德和，字□□。壽十四公咸之子也。少從父避亂，遷寓歸安。後壽十四公歸老安吉，德和與幼弟保入山養親。父卒不歸，廬墓于桐焉。

兆元公

公諱文明，字兆元。壽十二公賁之子也。少從父避亂，涉歷險阻，不辭勞頓，以孝謹聞。後奉親歸里，卜宅横塘。雖當流離遷徙，而壽十二公不至備嘗艱苦者，賴公之扶持竭力焉。

卧巖公

公諱雲，字議章，號卧巖。郡廩生。以針術授太醫院御醫。公天性純孝，母病痞，留連彌歲，皇皇救治，百方不效，孔棘且殆。公籲天禱祀甚虔，忽夢神謂曰：「汝欲愈母疾，須往泰山求醫，乃得。」覺而趨裝，跋涉數千里，至泰山下。果遇一人，黄冠羽衣，遥呼公姓氏。公駭焉，趨就叩之。道人曰：「我有針術，能起人病苦。汝母病，非吾不能療也，姑爲汝試之。」適道旁有病蹇者，探囊出針刺之，立能起行。公益駭，遂與俱歸。時母病已篤，水勺不進者二十餘日矣。道人診視訖，即針治之。針未及，瀉而索飲食矣。居一二日，疾去如脱。公喜勝，願傾槖謝焉。道人固辭，因謂曰：「吾挾此術遍游天下，覓可授者不得。汝骨相不凡，名在丹臺，當授汝。」乃解其肘後書與之，並針數十，且内鍊之道悉爲指畫。復戒曰：「俟功圓行滿，重會我丈人峰。」公復欲罄産酧之，道人笑曰：「我豈爲利售乎！」揮手别去，出門數步，忽不見。公由是以醫術名重當時，人皆謂孝感所致。

春洲公

薦紳録

凌氏薦紳録叙

世之嘖嘖侈門望者，不曰科第蟬聯，即曰棨戟林植，是特以勢位相夸耀，而未識傳家之本也。我凌氏忠孝振箕裘，文章端作述，所以弁冕群族者，固自有在，寧僅恃累世簪纓勿絶哉。是録之作，非以夸世，實以勵後焉耳。君子居其位，即思稱其職，仕版既登，皆有天地民物之任。故自公孤之貴，以至末秩之微，必並存之，所以周其責備。後之繼起而登是録者，尚其盡瘁匪躬，各稱乃職，無徒以爲榮也可。

嘉慶乙丑二月，琴元敬識

凌氏縉紳録 以下從近代世次

第一世

時中字德庸，號吉川。家相長子。至元十八年辛巳進士。歷官秘書少監，集賢直學士。有安集安吉、武康、德清諸邑功，封輕車都尉，吴興郡侯。

第二世

懋翁字師德，號震峰。時中長子。元泰定二年乙丑進士。初知連州。有討平西粤功，擢與路總管。至正甲申，考兩浙鄉試。歷官翰林學士，通議大夫，秘書監正監。

懋老字師節，號隆峰。時中次子。以長子説貴，誥贈都察院右僉都御史。

第三世

説字孟博，號鄣南。懋老長子。至正九年己丑進士。明太祖召爲都察院右僉都御史。

第四世

信欽字□□。善字次子。重慶衛指揮。

尚義字□□。壽十子。永樂初，由薦舉歷官至太常寺少卿。

第五世

賢字彦能。均德子。洪武丁卯經魁。歷官至應天府治中。以剛直出知河南鄭州。尋謫均州。後宣廟作《招隱歌》，命行人軒輗賫賜召還。命晋兵部尚書，又命掌都察院事。並辭不拜。御書「賜老堂」褒之。尋封都察院右僉都御史。

子升號升齋。信達子。邑庠生。以子志貴，贈奉直大夫，陝西清吏司員外。

彦光字□□。尚義子。以子顯貴，贈奉直大夫。

第六世

晏如字安然，號雲谿。賢長子。永樂初，徵授中書舍人，與修《永樂大典》及《性理大全》、五經諸書注疏。升吏科給事中，尋升本科都給事中。宣德三年，扈駕北征，考察行在所過治績。升都察院右僉都御史。特贈璽書命掌都察院事。

誌字文琬，號一庵。子升長子。永樂癸卯鄉薦。任禮工刑三部郎，擢湖廣左參議。

謹字文敬。子升次子。以子鎬貴，誥封刑部主事。

顯字□□。彦光子。永樂癸卯舉人，宣德癸丑進士。初任南京工部屯田司主事，署本司郎中事。尋升本部郎中。

第七世

雲字議章，號卧巖。翀子。郡庠生。任太醫院御醫。

勛字忠夫，號望雲。坦如子。景泰癸酉歲薦。初任福建政和縣知縣，升廣東市舶司提舉。遇黄蕭養亂，不屈死之。

信字□□。顯子。宣德壬子舉人，正統壬戌進士。歷官至尚寶司少卿。景泰元年諭祭。

三輔字朝賓，號東隱。全三子。以才優知秦州判事。

鈺字廷堅。志長子。宏治年間歲貢。授湖廣江陵教諭。

鎬字叔京。謹長子。天順癸卯鄉薦，庚辰二甲進士。任禮部祠祭司主事。

第八世

昪字元伯，號愛仁。雲子。以次子瑄襲職，誥贈太醫院吏目。

昊字欽伯，號味清。冠帶省祭。

旦字待之，號思庵。霐次子。由例貢中北直正德庚午第二十七名。嘉靖二年，任湖廣武昌府咸寧縣令。

鼎字長器，號怡間。毅長子。七品散官。

貴字□□。以子立貴，誥封中憲大夫。

震字時東，號練溪。敷三子。正德癸未歲貢。任湖廣黔陽縣學訓導，提督寶山書院。

縞字太素。方次子。以孫雲翼貴，誥贈兵部左侍郎。

瑄字□□。信子。以孫相貴，贈都察院右副都御史。

雲龍字時會，號潛庵。鈺長子。正德丙寅歲貢。山東臨淄縣教諭。

雲鳳字時儀。鈺四子。嘉靖二年歲貢。受魚台縣教諭。

第九世

琇字世美，號雙溪。昪長子。由庠襲太醫院吏目。

瑄字子完，號雙湖。昪次子。邑增生。授太醫院御醫。

瑭字子和。時長子。號雙泉。冠帶醫官。

瑚字子用，號東湖。時三子。冠帶壽官。

啓字子開，號曉泉。旦長子。廩貢生。任廣西梧州府經歷。

立字子中。貴子。嘉靖癸丑進士。任江西建昌府知府。

翻字文舉，號止庵。鼎次子。冠帶鄉飲賓。

約言字季默，號藻泉。震三子。由選貢中嘉靖庚子應天舉人。初授全椒令。歷沔陽州知州，廬州府同知，升南京刑部員外郎。以東宮恩詔，進階朝列大夫。後以曾孫義渠殉難，追贈太子太保，刑部尚書。

昆字文紹，號石林。縞四子。以長子雲鵠貴，誥封工科給事。三子雲翼貴，累贈太子少保，兵部尚書。

雲字志高，號石巖。瑄長子。以長子相貴，累贈通議大夫，都察院右副都御史。

傑字養和。昂次子。以歲大祲，捐穀千石助賑，旌授七品散秩。

養元號東皋。雲龍次子。嘉靖甲辰歲貢。任教授。

養和號雲洲。雲龍三子。由恩貢授龍泉縣教諭。

第十世

巨卿字以道，號觀溪。琇子。由邑庠襲太醫吏目。

季節字以忠，號小湖。瑄三子。任把總。

涵字淳夫，號祖嚴。璞次子。冠帶醫官。

瀛字正夫，號登逵。理子。冠帶醫官。

濂字仲夫，號望林。瑫次子。冠帶醫官。

登名字□□，號梓厓。立長子。隆慶庚午舉人，萬曆壬辰進士。歷官廣西太平府知府。

登瀛字□□，號二洲。立次七子。隆慶庚午解元，萬曆丁丑進士。歷官禮科給事中。

楠字大用，號雙槐。璠長子。七品散官。

從龍字載霖，號雨田。翮次子。萬曆壬午歲貢。任温州教授。

雅字譽卿。北墅紳次子。以長子嗣音貴，封文林郎。累贈中憲大夫，廣西按察使副使。

迪知字稚哲，號繹泉。約言長子。嘉靖乙卯舉人，丙辰進士。初授工部營繕清吏司員外郎，降定州同知，轉大名府通判，升常州府同知。

述知字稚明，號次泉。約言次子。由恩貢任光禄寺寺丞。從祀天壇，特旨優奬，超擢一級。

遇知改名稚隆，字以棟，號磊泉。約言三子。由國子生除授鴻臚寺序班。

遂知字稚良，號嶽泉，又號蒼弁。約言四子。國子生。以孫義渠殉難，追贈太子太保、刑部尚書。

雲鵠字汝志。昆長子。嘉靖甲辰進士。初授江西分宜縣令，行取工科給事中。歷刑科、兵科、户科都給事中。仕至應天府府丞。

雲翼字汝成，號洋山。昆次子。嘉靖丁未進士。仕至太子少保，兵部尚書，兼都察院左副都御史。

相字忠甫，號芹溪。雲長子。宏治己未進士。初授沂水縣令，升監察御史，轉按察僉事，太僕少卿，苑馬寺卿，四川、云南左右布政。仕至都察院右副都御史。

楷字端甫，號龜田。雲次子。正德戊辰進士。歷官户部郎中。

宙字汝坤。養正子。授湖廣荆川府工副。

既明字北塘。雲三子。萬曆十年歲貢。授山陰縣訓導。

官字汝德。養賢長子。萬曆壬午歲貢。授河南新葵訓導。

寰字汝容。養素長子。萬曆丁丑歲貢。授長沙府教授。

交字汝泰。養成三子。萬曆庚子例貢。授澄邁縣二尹。

第十一世

士麒字厚孺，號振蓡。仲鬱三子。南京禮部儒士。

嗣音字孟昭，號存燮。雅長子。萬曆丙子舉人，庚辰進士。初授江西南昌縣令，轉湖廣羅田縣令。升刑部廣西司主事，轉刑部陝西司郎中。又轉刑部廣西司郎中。出知梧州府知府，升廣西按察司副使，監桂林郡。尋監蒼梧，升布政司參政。

涵初字元勃，號屺瞻。迪知三子。由太學任承務郎，布政司經歷。

濛初字元房，號初成。廸知四子。由廩貢任徐州別駕，特題軍前監紀。

取儁原名浚初，字元静，號自雄。廸知五子。由庠入太學。任五城兵馬司使。

起祥原名莅初，字元觀，號浮玉。述知長子。由庠入太學。任通州別駕。

瀛初字元洲，號憑虚。述知三子。由庠入太學。任衛經歷。

浣初字元純，號貞白。遇知三子。太學生。任懷遠縣二尹，再署太和縣事。

後嘉原名溁初，字元漢，號天承。遂知長子。由恩貢任太倉州別駕，轉揚州衛參，兼攝淮北監運使分司。

洽初字仲融，號二如。遂知次子。庠生。以長子義渠貴，封禮科給事中。甲申義渠殉節，追贈太子太保，刑部尚書。

元保字□□，號慕庵。雲鵬長子。任滄州吏目。

元超字伯升，號閒庵。雲翼長子。以父蔭，襲錦衣衛指揮使。

元樸字□□，號悟庵。雲翼三子。任應天衛經歷，升泰安州同知。

昕字□□。相長子。任中兵馬指揮使副指揮。

炅字□□。楷長子。由恩貢任辰州判。

瑛字仰皋。寅子。天啓癸亥歲貢。授寧海縣教諭。

應麟字瑞明。衮長子。天啓丁卯歲貢。任武進二尹，升德州參軍。

瑄字□□。嘉靖壬戌進士。歷官山西按察司副使。

第十二世

一鳳字子威，號□□。士彪四子。任太醫院右堂。

爾翰字穉遠，號翼皇。士杰長子。崇禎癸酉副榜。順治辛卯選貢。任廣西梧州府藤縣知縣。甲午，遷江南安慶府江防同知。

啓康字安國，號天印。嗣音三子。由廪貢入北雍，候選中書。

義渠字駿甫，號茗柯。洽初長子。天啓甲子舉人，乙丑進士。初授行人，升禮科給事中，轉吏科右給事中，册封岷藩。署都掌科事，轉户科左給事中，典試山東。升兵科都給事中，分校會試武闈，兩侍經筵。因建言，左遷福建右參政，分守福寧道。轉湖廣按察使，蘇松兵備道，兼攝常鎮及督糧二道。升山東右布政使。尋進南京光禄寺正卿，兼攝府尹、祭酒、太常、鴻臚四篆。擢北京大理寺正卿。甲申殉節，追贈太子太保，刑部尚書。謚忠清。國朝順治九年，特旨謚忠介。京師建表忠祠，歲時政祭。本郡賜地七十畝，以供祭祠。

森發字文將，號謙山。澄初四子。順治戊子拔貢。任廣東廉州府通判。城守有功，題叙加一級，署本府事。

犀渠字貞字，號我寶。洽初五子。邑廪生。鼎革時，從福建至廣東，俱在軍前監紀，委署南寧府事。殉難任所。

必先字益甫。元超長子。以祖蔭，襲錦衣衛千户。

必正字求蒙。元超次子。崇禎庚午舉人，辛未進士。仕至廣西按察司副使。

必名字明卿。元超三子。由恩貢授湖廣麻城縣知縣。

飛鸞字□□。炅長子。嘉靖乙卯舉人。

邦瑛字□□。尚廉子。天啓壬戌進士。至山西按察使。

漢翀字瀛海。蔚長子。順治甲申歲貢。考授訓導。

可賢字更希。應選子。順治壬辰歲貢。考授訓導。

第十三世

元爌字廣成。宏憲長子。崇禎壬午副榜。順治己亥歲貢。考授訓導。

元燮字梅仲，號揆二。惇德次子。崇禎甲申拔貢。考授中書。

焜字既白，號葵庵。瑞森次子。順治甲午舉人，戊戌二甲進士。任安慶府推官。

元燏字另來，號霞庵。惇德四子。由庠入太學。任錦衣衛百户，加升僉事。

文然字葦燈，號映月。義渠長子。邑廩生。以父蔭，應襲錦衣衛千户。

文麟原名耿，字融升，號穆又。森發次子。太學生。候選縣二尹。

景曜字士龍，號潛齋。義徵次子。康熙□□歲貢。候選訓導。

勳字維揚。必先長子。以恩蔭，襲錦衣衛千户。

景璇字玉繩。義徵五子。以孫鳴喈貴，例贈奉直大夫，内部員外郎。

顯字日章。世麒次子。順治戊子貢士。授廣東新寧縣知縣，升海防同知，兼攝提舉司。

駉字龍翰。邦瑛長子。崇禎丙子舉人，癸未二甲進士。任山東巡按御史。乙酉殉節，詔贈兵部。

第十四世

秉均字臺衡。元煊長子。康熙丁巳歲貢。考授訓導。

應揆字端臣。焜長子。康熙戊寅拔貢，己卯舉人，癸未進士。考授内閣中書。

應鼎字象黄。焜四子。雍正癸卯舉人。

霄字漢文。康熙己丑進士。任温州府教授。

紹雯字子雯。康熙戊辰進士。翰林院編修，兩任陝西、四川正主司，仕至内閣學士、禮部左侍郎。

紹焻字藜照。康熙庚辰進士。

温琦字禹修。煊次子。邑庠生。以孫夢會貴，貤贈文林郎，四川南部縣知縣。

進階字咫顔。煊三子。康熙乙酉舉人。考授内閣中書。

如焕字琢成。康熙乙未進士。仕至兵部左侍郎。

洪仁字公諒。乾隆丙辰恩科舉人。

大璋字南珍，號瑩臺。景暶三子。邑庠生。以子鳴喈貴，例贈奉直大夫，内部員外郎。

第十五世

錫經字丹文。邑庠生。以孫樹屏貴，貤贈文林郎，嘉興府教授。

筠字備人。祖墀子。歲貢生。授嚴州府訓導。

志夔字友龍。來子。康熙己卯拔貢，辛卯副貢。候補州判。

應龍字雨嚴。乾隆丙辰進士。任刑部郎中。
應蘭字香谷。乾隆丁巳進士。任萬安縣知縣。
覺斯字御傳。奕超子。歲貢生。揀選訓導。
兆乾字貞元。應擦次子。歲貢生。揀選訓導。
魯望字象賢。爾堪四子。歲貢生。揀選訓導。
兆嘉字雲瞻。蔣誼三子。歲貢生。考授訓導。
楷字景涵。温琦長子。庠生。以子夢會貴，敕封文林郎，四川南部縣知縣。
爲龍字漢吉。應鼎長子。雍正己酉舉人。揀選知縣。
士錫字天祺。雍正丙午經魁。揀選知縣。
鳴喈字體元，號伯齋。大璋子。嘉慶庚申恩科舉人。辛酉，考取内廷景山館教習。壬戌中式會魁二甲進士。欽點即用知縣，候分部補授員外郎。

第十六世

大受字宗湄。錫經次子。歲貢生。以子樹屏貴，敕贈文林郎，陝西咸陽縣知縣。
洪鈞字平齋。乾隆甲子舉人。選授安定縣知縣。
世御字示行。乾隆辛卯恩科進士。
會望字有誼。乾隆甲子副貢。候補州判。
夢會字江峰。楷長子。乾隆庚辰恩科舉人，辛巳進士。任四川南部縣知縣。戊戌，丁外艱回，服闋，任山西馬邑縣知縣。

希會字葆忱。楷次子。候補州吏目。

第十七世

鎬字西京。乾隆己未進士。翰林院編修。

樹屏字葆釐。大受子。乾隆己未進士。歷任陝西咸陽、岐山知縣。遷嘉興府教授。

仲梅字汝調。承源子。乾隆辛卯副貢。候補州判。

第十八世

發字亢宗。念祖子。歲貢生。任云和縣訓導。

稻孫字米樓。印元子。庠生。候補縣丞。

著述録

凌氏著述録叙

蓋自六書興而人知有上古之天地，六藝成而人知有中古之天地，諸子百家作而人知有下古之天地。向使無著，則天地亦塊然一物耳，何以得燦然於前古後今之際哉。此立言之重所由與立德、立功並堪不朽者也。凌氏著述之多，甲於諸姓。其採入欽定《四庫全書》，固堪永垂天壤，他若輔翼經傳，羅綱古今，足以挾世道而裨治猷者，何可勝數。聞明晟之村北多書肆，凌氏藏板皆在焉。鼎革時，爲織里鄭匪一炬，由是寥寥。今雖無力廣購前本，重付諸梓，而篇目尚存，悉著於録，庶使有志者得據其目以蒐訪其書，而先人著述從可復睹其全焉。是余今日著録之意也。

嘉慶乙丑二月

凌氏著述録

宗一公

《六經解圍》。

柳宗元曰：富春凌君字宗一，爲崇文館校書郎，累遷翰林學士。以連累出知和州，降連州。著《六經解圍》，入文集。見《經義考》群經類。

《漢後春秋》，墓誌銘作《後漢春秋》。

柳宗元曰：凌君宗一著《漢後春秋》，二十余萬言。見《經義考》擬經類。

公弼公

《周易集解通考》作凌公弼《易解義》十卷，宋志六卷。

羅願曰：凌待制唐佐，字公弼，休寧人。登元符進士第。知嚴州。暇日與諸生講學，作《易傳》數萬言進之。陳振孫曰：其書十卷，「善解析文義，頗簡潔，有所發明。《館閣書目》有《集解》六卷，稱朝奉大夫凌唐佐撰。」見《經義考》易經類。

郭南公

《六經義疏》一百卷，載府志著述。

公諱説。登元至正己丑進士。棄官歸隱，著《六經義疏》。明太祖聞其名，召爲都御史。洪武十八年，以直言忤旨，籍其家，《義疏》並家傳書册咸泯没焉。本傳略。

《郭南八詠》載《安吉州志》、《武康縣志》。

雲谿公

預修《永樂大典》二萬二千九百卷。預修五經、四書、《性理大全》共二百二十九卷。

臨《洛神賦碑》。　凌公《洛神賦帖》，魏公後一人而已。邱吉、張淵、顧應祥、劉麟、孫一元輩，皆不如也。用摹石以公同好。　茅一相題。

《廣德州寺碑》。

手書《金剛經》一卷。　《金剛經》，獨蘇眉山、趙吴興往往作行楷。中丞凌公書此經，用鋏門限。筆圓熟，有結體，得臨池三昧。　王世貞題。

古愚公

《粤游草》、《文體辨》、《寄翁集》。

漢章公

《流注辨惑》。《入秦懷古詩抄》。

春洲公

《春洲詩集》一卷。

練溪公

《練溪詩集》四卷、《文集》四卷，載府志著述。

先君談文以《史記》、《漢書》爲宗，論詩以唐人爲法。至其有作，則機局悉由己出，絶不喜模擬。嘗曰「詩貴有情，吾得諸文衡山，文衡山得諸吴匏庵」云。　男約言識。

鄭茞畦云：「練溪詩清婉可誦。」見《明詩綜》。

藻泉公

《椒沔集》，載府志著述。

《鳳笙閣簡抄》四卷。

余友人濟南李攀龍、歙縣汪道昆、吴郡俞允文皆雅以尺牘名，今並凌公四矣。凌尤精二氏學，具見集中。鳳笙，其時所游止也，故以命其書。　王世貞序略。

《史記評鈔》又名《史記概》，載府志著述。《漢書評鈔》。硃批《選賦》，載府志著述。

繹泉公

《史漢評林》一百三十卷，載府志著述。《增定荆川史纂》十四卷，載府志著述。《萬姓統譜》一百五十卷、《氏族博考》十四卷、《歷代帝王姓系統譜》六卷，俱載府志著述。採入《欽定四庫全書》子部類書類。《大學衍義補英華》十八卷，載府志著述。《文林綺綉》五十九卷。採入欽定《四庫全書》子部。吴録是書凡五種。《左國腴詞》八卷，迪知輯，同里閔一鶴校。《楚騷綺語》六卷，張象之輯，迪知訂。《太史華句》八卷，迪知輯，弟稚隆校。《兩漢雋言》前集十卷，宋林樾輯，迪知校補；後集六卷，迪知輯，東越兼校。《文選錦字》二十一卷，迪知輯，弟稚隆校。見府志著述。

《名世類苑》四十六卷，載府志。

謹按《欽定四庫全書》子部小説類，《名世類苑》四十六卷，明凌迪知撰。迪知是編，採洪武迄嘉靖凡十朝名臣彙集成編。其前四卷先紀姓氏爵里，系以贊論；後四十二卷，列其言行，分爲九類，每類之中又各爲小目。先是楊廉輯《名臣言行録》，其後徐咸、迪知裒合諸本，排纂成書。正德以前，凡二百七十一人。嘉靖間，三十二人，則迪知摭諸書以補之。而建文末忠臣八十二人附焉。叙述名臣，類乎傳記，而斷裂分隸，非人自爲傳，又兼及神異、詼諧、術數之類，體雜小説，故附之小説家焉。

《蘇黄尺牘選》，載府志著述。

《名公藻翰》五十卷，府志作五十二卷。採入《欽定四庫全書》子部類書類。

《學海清瀾》一千卷，載府志著述。

公家烏程晟舍，去城三十里。以蠶桑稼穡爲務，又席累世簪裾，貲故饒，不家於官，歸而斤舍，傍爲名園。且適房櫳靚深，花竹互亞，客至必命酒擊鮮，倘徉竟日。去則閉户著書，雅志《春秋》大業，梨人棗人，終歲滿户下。所著有《萬姓統譜》等書，晚輯《學海清瀾》一千卷，未竟而卒。見本傳。

按，公輯《學海清瀾》未卒業，公季子濛初續全之。

《甲子迴環表》一册，蓋自序年譜也。見初成公所撰《行略》。

次泉公

《金谷抄詩集》。《盟鷗館集》。《野語貫虱集》。

磊泉公

《春秋左傳注評測義》七十卷。

謹按《欽定四庫全書》經部春秋類，稚隆字以棟，烏程人。是書詮釋《左傳》以杜辨正。又取世次、姓氏、地名、謚號、封爵，標於卷首，以便檢閱，尊所記合，知通志爲傳寫誤矣。

以棟少習《春秋》，於左氏尤精詣。盡采諸家之合者薈蕞之，發杜預之所不合者而針砭之，諸評隲左氏而職者皆臚列之，左氏之所錯出而不易考者，或名或字或謚或封號，咸置之編首，一開卷而可得。以棟其忠於左氏、杜氏者哉。　王世貞序略。

《五車韻瑞》一百六十卷，載府志。

謹按《欽定四庫全書》子部類書類，康熙四十三年奉敕撰。

《御定佩文韻府》四百四十四卷，以《韻府群玉》、《五車韻瑞》所已載者列前，而博徵典籍補所未備列於後，並以經史子集爲次。舊有者十之二三，新增者十之七八。自《韻海鏡源》以來，未有如是之總括詞林環絡藻府者也。

自經史以及詩歌，凡名儒、碩卿、騷人、處士綺思瑋句，莫不依韻而甄裁之。使採拾者如入鄧林，泛瑶海，金波綷羽，無非異光，驅使古人，儼然南面而門内外坐之，真洋洋大觀也。范應期述。

《史記評林》一百卷，茅坤、王世貞序。《漢書評林》一百卷，陳文燭序。《史記纂》，《漢書纂》。《傳是樓書目》八本。《分校唐荆川稗編》。《春秋評林》。《文選評林》。《三才統志》一千餘卷。

按《烏程縣志》，以棟晚年復輯《三才統志》。日嘔血數升，手不停披。未能卒業，竟以壽終。

存彝公

《牧民政要》一卷。

夫牧民之義，大要不出省刑罰，薄税斂。能省而薄，則刑罰亦教化，催科寓撫字，子民奚病焉。憲副凌君條上《牧民政要》一帙，皆昔年爲令已試之方，今日有司對病之藥，亟命鋟布諸郡邑，用爲法程。中丞楊芳題詞略。

余捧檄令南昌，先大人申夙昔戒舅氏崔青崖公，因出《刑戒録》相示曰：「此吾守陳州所日置座右也。」徵收賦税，則無如吴江易令之十限便者。先大人曰：「刑不獨打，限必有法。繹而敷之，知所牧民矣。」余長跪受教，佩服而往。每取《刑戒》誦之，惟恐妄刑一民，及捕與監與罰，靡敢不慎。創爲簿票，以十限起徵，民踴躍樂輸，無俟督責。後調羅田，仍是法行之。直指張洞齋公謬以爲標，頒諸全楚，似亦不繁不擾。蓋家庭之訓戒者深，生平之體察者備也。粤西田賦視江黄不加多，而民困追呼、官苦逋負者，曷故耶？飭兵之暇，閲視訟獄，則呼冤號痛不無談虎而色變者。爰記往事，彙成一帙，呈兩院而請梓之，與良有司共焉。自序略。

《治羅惠政録》一卷。

凌侯治羅，悉心持愛，與民生息，問其疾苦。諸惟便民則行之，罷其一切不便者，民得登衽席三年於兹矣。間嘗撮侯之卓異，手自籍記，顧安所得睹其全也。無幾侯出其殫思研慮所日沛爲膏澤者，興革若干條，條若干言，播告之，惟是儆易怠於垂成，冀謹守勿失。蕭譽序略。

《書啓雜文抄存》一卷。《勾餘稿》。《敬事録》。

不佞承乏桂林巡署，未幾而入計，又未幾而祝釐，蓋强半道途間也。而在署之日，再睹軍興，錢穀所需，日不暇給，兼以吏頑民玩，不得不振飭之。惟是早夜竭思，稍爲救時急務，如弋飛一獲，聊以盡敬事後食之心。得請施行，輒付諸梓。若曰此心可與天知，可對人言云爾。其以備藥籠，唯命，其以覆醬瓿，亦唯命。自引。

洞湖公

《敝帚集》四集。《赫蹏書》。

按班史《趙后傳》：「篋〔中〕有裹藥二枚，赫蹏書。」應劭釋曰：「薄小紙也。」元冥之爲書，大者數千百言矣，稱赫蹏，示抑也。王世貞序略。

峴石公

《嘆逝録》一卷，載府志著述。《病言》四卷。

初成公

《聖門傳詩嫡冢》十六卷，附録一卷，載府志。

謹按《欽定四庫全書》經部。濛初字初成，烏程人。是書輯詩序及毛傳、鄭箋，又以豐坊《詩傳》冠各篇之目，而互考其異同。以《詩序》舊稱出子夏，《詩傳》亦稱子貢，故以《聖門傳詩嫡冢》爲名。其末附録一卷，則豐坊所作《申培詩説》也。

《言詩翼》四卷。

謹按《欽定四庫全書》經部，此編仍列《詩傳》、《詩序》於每篇之前。又以《詩傳》、《詩序》次序不同，復篡書《詩傳》冠於篇端，而雜採徐光啓、陸化熙、魏浣初、沈守正、鍾惺、唐汝諤六家之評，直以選詞，遣調，造語，錬字諸法論三百篇，每篇又從鍾惺之本加以圈點。明人解經，真可謂無所不有矣。

《詩逆》四卷，載府志。

採入《欽定四庫全書》經部。

《國門一集》一卷，《國門二集》一卷，載府志。

謹按《欽定四庫全書》集部别集類，存。濛初有《聖門傳詩嫡冢》，已著録。是集以皆入國門以後所作，故謂之國門。再入，再刻，故有二集也。二集並於詩後附雜文數篇，蓋屢躓場屋之時，故頗多抑欝無聊之作云。

《詩經人物考》，載府志。《左傳合鯖》，載府志。《戰國策概》四卷，《十六國春秋删正》，《倪思史漢異同補評》三十二卷，《後漢書纂評》，《删定宋史補遺》，以上並載府志。

《禪喜集評》。《吴録》：《東坡禪喜集》二卷，《山谷禪喜集》六卷。

謹按《欽定四庫全書》集部别集類。《東坡禪喜集》十四卷，明凌濛初編。濛初有《傳詩嫡冢》，已著録。先是徐長孺嘗取蘇軾談禪之文，彙集成編，唐文獻序而刊之。濛初以其未備，更爲增訂。萬曆癸卯，濛初與馮夢禎游吴閶，携是書舟中，各加評語於上方。至天啓辛酉，與《山谷禪喜集》並付之梓。

《鷄講齋詩文集》，硃批《選賦》，硃批《郭正域選詩注》七卷，以上並載吴録。《已編螽涎》，《燕築謳》，《南音三籟》，《嬴滕三劄》，《蕩櫛後録》，以上並載府志。

《合評選詩》七卷。

謹按《欽定四庫全書》集部别集類，濛初有《聖門傳詩嫡冢》，已著録。是編全録《文選》諸詩，而雜採各家評語附於上方，以朱墨版印之。所採唯鍾、譚爲多，圈點則一依郭正域本，其宗旨可以概見也。

《陶韋合集》十八卷。

採入《欽定四庫全書》集部别集類。

《北輸前後賦》。

令上海時，有北輸之役。先是任役者，輒罹於法。公竣事歸，作《北輸》前後兩賦呈上，官僉曰：「是可爲松郡良法矣。」本志略。

《蘇黄尺牘》。《拍案驚奇》一、二集。《紅拂妓曲》。《分校世説新語鼓吹》。

公於竺乾之學，無不精通，聲技之微，無不究悉。稗官之説，可以爲經史；笑談之柄，可以爲箴規。《拍案驚奇》等書，皆其緒餘耳。見墓誌銘。

保真公

《尺一國華選》。《竹素編》。《交游志》。

天承公

《維揚詩集》。

余承乏江都，兼榷鹽政，三年于兹矣。公退之暇，日以吟咏自娱，積有成編。未敢言詩，聊以明志云爾。

自序略。

振湖公

《世德録》。《經學會宗》。

天池公

《唐詩廣選》七卷。

採入《欽定四庫全書》集部别集類。

天目公

硃批《華嚴經》。

成之公

《虞初志》。硃批《紅梨》。

覺字公

硃批《楚詞》。硃批《文選》。

橘隱公

《皇明職餘録》。

訒庵公

《浮天閣蘭馨詩集》。

茗柯公

《忠介集》六卷。

謹按《欽定四庫全書》集部别集類，義渠有《湘烟録》，已著録。義渠少以制藝知名，清新婉約，極爲世所傳誦。服官後，以清操直節受知莊烈帝，於文章不甚留意。此集凡詩四卷，文二卷，乃其友徐汧、門人姜垓所校定。中間不載奏疏一門，故平生建白，如爲給事中時《請原三河知縣劉煒責償餉銀疏》、《論亂民焚掠巨室疏》、《論大臣箝制言路疏》、《論中樞不職疏》、《預策江東叛亂及請陽撫陰剿》諸疏，皆其風采卓卓者，今並不載於本集，則編次時亦不免有所脱遺。然如《兵餉議》、《清慎勤論》諸篇，剛毅自立之象，凛然猶可概見。其《崇化論》有云：「能爲逢、比者，視碎首濺血仍無異於退食委蛇；能爲申生、伯奇者，視抱石雉經仍無異於問安視饍。」蓋生平立志如此，卒之見危授命，克踐其言，固與口孔、孟，行蹻、跖者，區以别矣。

《静志居詩話》：凌公詩義，見者解頤，當與文學閔子京共排纘。《湘烟録》，董上舍稱其冷艷畢臚，比之吴均《入東記》。及官禮垣，封事四十餘上，皆切中時弊。温輔以吏才稱之，轉外。温既謝政，入爲大理。臨難之傾，從容就義。惟悉取生平著述焚之，爲可惜也。公清介特甚，田廬一無所遺，身後二十余年猶未井椁。江都吴園次綺守吴興時，夫人閔尚存。園次肅拜堂下，秋深矣，尚衣葛衣練帬，退而嘆息，恒以鹽豉魚菽遺之，且卜地葬公於驥村之北，爲文祭之。見《明詩綜》。

《使岷詩》一卷。《茗柯制藝》八卷。凌茗柯文品如梅，徐思曠文品如菊，見原序。

《同聲前録》，《同聲後録》。《八閩採風觀略》。《山左退食編》。《解頤新語》。《諫垣奏議》四卷，黄景坊序。《焚余奏牘》，姜垓序。《湘煙録》十六卷，同閔子京輯，載府志。

採入《欽定四庫全書》子部類書類。

余友凌駿甫，暨其舅閔子京，生名閥，皆綺年爲文精湛，不屑留常言。論者以爲波斯木難之流，其胸中無奇不經，故所述乃爾。　董斯張序略。

嘉慶辛酉重鐫，芸臺阮元序，聲陛賡堂重校。

《廣湘煙録》，未鐫。

長康公

《歐舫齋詩文集》。内分閩游、粤游兩集，總名之曰《歐舫齋詩抄》。

《燕市唱和詩》。

仲遠公

《明文探微》。《國朝元墨探微》。

懶仙公

《懶仙詩集》，劉敷仁序。

君求公

《管子注疏》。《蒼溟集》。

淵深公

《注花軒詩集》。

鷗嶼公

《酌沚集》。《聽月樓詩》。《參評元墨探微》。

揆二公

《詩經名物備考》。《類書統要》。《歷代名臣奏議》一百卷。

潛齋公

《人物博搜考摅録》。《同夢趣記》。

玉繩公

《青玉館集》一卷。

禹揆公

《寄傲小草》。《行文須知》。《古今文訣》。

介侯公

《琴學闡微》。

晟麓公

《十三經注疏考》一册。

訒言公

《書學辨惑》。

竹君公

硃批《三江名文》。《渭陽贈别》一卷。《忠列留丹彤史標略》。《禮記撮要》。

思田公

《瑞杏樓制藝》。

東音公

《東園詩稿》一卷。

惕存公

《惕存詩抄》，潘成雲序。

菊山公

《唫桂軒詩》三卷。

海門公

《可亭詩》四卷。《鶴陰集》二集。《鞠有黄花齋詩》八卷。

又邨公

《吟餘雜集》。《西湖游覽叙略》。

蒔凉公

《浙東方言》。《指迷錄》。

了耶公

《四書别解》。《桐川文壇析凝録》。

滄亭公

《三衢百花詩稿》。

緘亭公

《五經字文異同考》。《瓠息齋前集》二十四卷。

謹按《欽定四庫全書》集部，《瓠息齋前集》二十四卷，國朝凌樹屏撰。樹屏字保釐，烏程人。乾隆己未進士。官岐山縣知縣，調咸陽，後改嘉興府學教授。是集賦一卷，詩二十三卷，分十二集。大抵才情奔放之作。

《瓠息齋文集》。

附現在子姓著述

泊齋，名鳴喈。

《尚書考疑》十卷。《評選今文郛》，法式善集。《嘉樹從倪姓名一鶩》。《賦彙題解》十卷，仁和杭世駿序。《眼鏡考》一卷。《評選詩賦鸞音》。《律賦鳳喈》。

果齋，名琴元。

《四書異同辨》四卷，沈南春序。《江浙治水要覽》二卷，張寅夔序。《譜後雜録》一卷，自序。

遠山，名青兮。

《脉症源流辨》。

紱庭，名馨照。

《目耕詩稿》二卷。

補　遺

福之公

《六壬畢法賦》一卷。

謹按《欽定四庫全書》子部術數類，《六壬畢法賦》一卷，宋凌福之撰。福之，履員未詳，核其自序，蓋理宗寶慶間人也。始徐道符作《六壬心鏡》，建炎中，又有邵彦和者著書，名曰《口鑒》，以闡明徐氏之説。後多爲俗學所亂。福之因用彦和法作七言百句注釋之，以成此書。融貫舊説而綴以心得，獨爲精當。自序謂雖言詞鄙拙，實决斷之幽微，可爲定論。世之言壬術者多奉爲秘鑰，亦載《六壬大全》中。故與《心鏡》並存目焉。

堯輔公

《大學集解音釋》。《中庸集解音釋》。《孝經集解音釋》。見《經義考》群經類。

彦翀公

《柘軒集》四卷。

謹按《欽定四庫全書》集部别集類，《柘軒集》四卷，明凌云翰撰。其詩才氣馳騁而不離法度，當其合作，可並驚於劉基、高啓之間。

雲翰字彦翀，錢塘人。元末，蘭亭書院山長。洪武初，以薦授四川成都教授。有《栢軒集》。見《明詩綜》。

一庵公

誌字文琬，號一庵，新城人。永樂癸卯鄉薦。官湖廣左參議。卒於署。囊無私積，所遺者，惟琴畫書劍而已。見本傳。

《周易奥義》。《四書微旨》。《一庵文集》。《律詩雜著》。《新城縣志》。

峻卿公

凌漢翀字峻卿，長洲人。萬曆甲辰進士。除福清知縣，選陝西道御史，贈大理寺正卿。見《明詩綜》。

《梅花詩》。

官球公

凌世韶字官球，歙人。崇禎甲戌進士。任户部主事。有《汭沙草》。陳皇士云：汭沙，廉吏，晚棄家隱黄山。詩有清韻。見《明詩綜》。

《汭沙草》。

旭齋公字去盈，號旭齋。

《易觀》十二卷。

採入《欽定四庫全書》經部。

琢成公

《隆中草廬詩抄》。

卷之三

榮贈録

凌氏榮贈録叙

《詩》有之：「其風肆好，以贈申伯。」榮贈之所由昉也。向使申伯之賢，非得吉甫歌咏以傳之，何以令人至今稱道勿衰？昔歐陽文忠公作《晝錦堂記》，詞議宏昌，論者謂魏公之德，得歐公之文，遂足並傳不朽。然則名公鉅卿所投贈，皆先人懿德之所存，何可聽其遺忘哉！謹輯舊所留贈行詩序及徵聘詞章，共若干篇，所以彰祖德，並無忘諸名公交好之舊誼爾。

嘉慶乙丑二月，琴元敬識

凌氏宗譜榮贈録

瓊山唐氏姻書

御史唐舟汝濟

余昔以事謫戍居庸，携家憇安定寓舍。時吴興凌氏安然，室家未慶，執柯者屢請求之，余次且未允者。

再適，男亮扈從來。具道其共事黄門，素知其賢，且簪纓世裔。余感其言，慨然許以愛女妻之，聘儀絶無較焉。切謂二姓之生，相去萬里，今兹驛遇，締以姻親，豈非累世姻緣而天巧其逢者耶？予雖困吝之中，自不容已于言也。因賦韻語遺壻安然，以紀歲月。

種玉藍田豈偶然，檢書月下繫前緣。瓊臺毓秀尤貞淑，湖郡掄才亦俊賢。萬里奇逢佳伉儷，百年親愛永純全。冰翁樂道姻緣事，留與兒孫世代傳。

素位安行付自然，窮通用舍總天緣。家山淹滯嗟予老，館閣修裁羨汝賢。聖代恩威覃四表，男兒忠孝貴雙全。得時須展經綸志，要使香名遠近傳。

永樂十九年，歲在重光赤奮若夾鐘初吉，外父瓊山唐汝濟漫書。

按唐名舟，字汝濟，廣東瓊州府瓊山縣人。永樂甲申進士。任御史。以言事謫戍居庸。子亮，永樂甲戌進士。任給事中。

送吏科都諫凌公歸鄉序見王集

王　直

凌君賢，字彦能。始以鄉薦就教職，後用薦舉，升知湖廣之武岡州、河南之鄭州，升應天府治中，皆有聲。既而坐累罷官，居均州。方其佐京兆尹也，仁宗皇帝在東宫雅知之，而其子晏如亦以賢見知於文皇帝，擢吏科給事中。仁宗方即位，晏如由給事中升吏科都給事中，日侍上左右。於時方舒勵有位，以興起政績，命人臣任職者皆給誥敕，得封贈其親。上嘉晏如之能於官，而念其父彦能。會隆平侯張信自荆還，薦彦能可當大任，特命冠帶以朝，即以子之爵秩寵之。今皇帝纘承大統，於是復召見加敕，又以僉都御史之爵予之，宸書「賜老堂」，俾歸于家。彦能父子感二聖恩遇之無窮也，相與詣闕，頓首謝恩訖。彦能將歸於吴興，一時士大夫既羡其父之榮，而嘉其子之賢，有以致之也，皆賦詩送之，而屬予序。予謂仁宗皇帝聖性天成，高明廣大，好賢容衆，靡有棄遺。故自即位以來，凡嘗屬任使之臣，雖存亡顯晦不同，而咸見褒録，聖仁如天，蓋所謂曲成萬物而不遺者。而又承之以今上之聖，善繼善述，有若吾彦能者，雝喈賡于菶萋，誠拜颺喜起而歌元首股肱於攸會者也。嘗憶仁宗皇帝語侍臣曰：「臣下之賢者，皆本於父母之教。故推恩以及之，非特勸忠，且以勉夫爲人子，與爲人父母者也。」於戲，其所以風勵天下之心，至矣。然則被其榮者，必當有以報稱于萬一乎？今彦能歸矣，其爵秩之榮，衣冠之盛，錫命之隆，燁然雲漢昭回之光，足以輝映乎鄉邑。鄉邑之人必將起敬起慕，凡爲子者，皆以彦能願其親，而爲父母者，莫不以晏如願其子。皆將勉學礪行，冀自立於當時。而彦能父子所以優游怡愉，歌詠聖德，與夫夙興夜寐，靖共爾位，以修乃職，庶幾圖報於聖明，我知晏如當爲之永懷勿諼，爰爲之序，以慰其志。

宣德三年歲次戊申，奉議大夫右春坊右庶子，兼翰林院侍讀學士王直行儉撰。

太子賓客兼兵科給事中李準，都給事中卜楨、梁盛、徐初、吴彝、朱芾，左給事中葛紹祖、王佐、汪本，給事中吕文質、馮敬、彌堅、彭璟、黄澍、張居傑、李郁等同贈。

送吏科都諫凌公歸省序

吴子衡

都給事中吴興安然凌公，尊翁向曾倅應天，有惠政。以事詿誤，徙居武當。公以尊翁年既耆邁，參商數千里，旨甘温凊，邈乎靡獲，罄情陟屺瞻雲，不知其幾。仁宗在春宫時，公獲知遇舊矣。逮夫聖天子從容顧問，召翁于武當陛見，力辭致政，遂褒封如子之職，賜老歸休，公卿大夫孰不曰賢哉。凌氏父子，翁以子而致享其榮，公以忠而克顯其親。雖爲人子，均有是心，而能克如其心，而遂其願者，能幾何人？斯公之所以得人之不能得，致人之不能致，詎非翁之有積于前，公之克善于後耶？公别翁僅二載，得告歸省于苕溪之上。苕溪爲公鄉邑，距京師僅五千里，不五旬而可抵。秋風陶徑，黄菊潘輿，晝綉班衣，更觴疊舞，歌《鳧鷖》、《既醉》之章，樂太平雍熙之日，舉世之樂，孰加于此。余知翁之戒夫子寧不曰：「施之也厚，則報之也豐，恩之也深，則思之也切。矧忠者由孝之基，孝者由忠之致，思夫報者，未有外夫忠也。隕首結草，吾父子尚思圖之。又必曰父子之情無窮，公家之期有限。式湍于官，毋負天子之恩命。則夫風雪扁舟，梅花春信，余將候公于龍江之上。」于其行，餞于都門，則有刑部郎中李新，主事王佑、王惟修，户部主事李茂宏，中書舍人宋琰、程南雲，大理左寺副洪益中，户部照磨李文，刑部照磨俞公廣，檢校崔茂也。繪爲圖者，中書舍人張子俊。序以識者，郎中閩漳吴子衡也。

贈僉都御史凌公序

江西吉安安福人，甲申進士，謚文忠。李時勉古廉

皇帝即位之三年戊申秋，詔以都給事中歸安凌公爲僉都御史，聞者莫不以爲宜。公昔抱負奇偉，居于其鄉，不求人知。特以能書膺薦而來，與修《永樂大典》成，授吏科給事中，升都給事中。初公之入京也，不知者特以其精于書法耳。及其職居禁近而持心清直，操行端潔，立朝議論不阿以徇，竭盡忠赤，無私己圖，然後知其中之所存，將必大用也。故命下之日，人皆宜之，無異詞者，其有以也。公既往，既憲府六科，交游之舊，以其驟相暌離，不能無歉然者，而喜其居高位，食厚禄，得展其素藴，不勝慶幸。乃相與徵余文，以爲贈。夫御史，周官有之，掌贊書以佐冢宰，蓋記事之職也。秦漢以來，始爲糾察之任。其長曰御史大夫，位亚丞相，副以中丞。晉宋不置大夫，而中丞爲長。隋不置中丞，而以持書侍御史代之。至唐，復置大夫，仍以中丞爲副，而省持書侍御。宋沿唐制，大夫掌肅正朝廷紀綱，糾治百官罪失，而以中丞、侍御史爲之貳。國朝稽古建官，掌憲度者，其署曰都察院，其長曰都御史，蓋古大夫之任也。其二曰副都，曰僉都御史，蓋古中丞、侍御史之

任也。其任亦重矣，要必方嚴清勁、沉毅果確之士居之，使夫風采肅于臺端，聲威著于朝野。奸宄聞之而消蹜，邪佞望之而催沮。貪黷革心，而廉善增氣，斯其可也。有若公之才雄望碩，昭于四方，簡在帝心，誠足以勝此任者，故寵命歸之。不然，佩金鏘玉，裒衣峨冠，出入乎庭陛之間者，不啻千數，聖上不之録，乃獨以命公，居然拔之衆人之中，而擢之百僚之上，其所以期待屬望之者，意固有在。公其攄誠竭慮，勉修厥職，以答皇眷，以副時望，使天下之人皆曰上之知人，而任之當也如此，公之忠君而報之亟也如此，是固足以垂耀于古今，而冠絶乎當世，豈不美哉！公其勉之。予于公爲知己，故盡言不諱者，其無間焉。

宣德三年戊申八月下澣，翰林侍讀學士李時勉序。

都給事中徐初、康健、梁盛，左給事中薛廣、汪本，給事中王勵、宋徵、孫確、井田、賈諒、李本、彭璟、朱瓚、張禮、吴澤、丁銑、張盤、王罃、李錫、李庸、李頫、周建、蔡錫、張温、吴良、武達、薛理、張昱、吴信、杜瑄、陳瑺、高舉、同善、吴績、陳祥、李蕃、顧恂、陶育、王寅、李性、趙端、虞祥、楊盛、王錫、楊鼎、方祖安、李應庚、金文英、鮑□，中書舍人朱禮、程琰。

賜老堂記

泰和人，謚文貞。楊士奇東里

皇上既嗣天位，改元宣德。覃霈息澤，以福宇内。德音屢下，徵賢舉能，振拔淹滯，優老存舊。在邊文武之臣，逮事先朝，均有叙進。而吏科給事吴興凌晏如升都給事中。先是，晏如之父彦能，甫以應天府治中累謫均州十餘年矣。一日，晏如奏事畢，上從容顧問其父。晏如頫伏叩首言：「臣不孝罪萬萬無所容，臣父去鄉四千里，今年七十矣。惟聖恩矜憐之。」上曰：「爾父官京師，朕知之。」遂敕吏部馳驛召還。會隆平侯張原實自荆還，薦彦能甫可當大任，上異之。既至，入見，命晋兵部尚書，又命掌都察院事，並辭。上嘉其志，御書

「賜老堂」三字褒之，而命以其子之官致仕還鄉。于是凌氏父子拜賜殿廷之下。公卿大夫之在列者，親見其遭逢之盛。既退，相與嗟咨歆羡，而求彦能甫之爲人，曰：「是何以得此哉？」士奇與晏如好，又嘗聞彦能甫之事，于縉紳間則告之曰：「彦能甫儒者，歷三十年而爲教諭，吾西江學者皆敬服之。升武崗州知州，調鄭州，皆得民心。朝廷用薦者言，召進用之，州父老群奏乞留。後秩滿入佐京尹，民戴之如兩州然。上在春官時所知也，蓋其持身愛民，皆儒者也。」公卿大夫聞余言亦曰：「觀于子，可以知其父。今之榮遇，夫豈偶然哉。」明日晏如謁余，言家君將奉宸翰歸，扁其堂，願爲書其所自以示來者。夫堂之額以昭恩也，觀上之所以施，凌氏之所以受，皆足以勸天下之爲人臣子者，而豈徒然哉。士奇，史官也，于國家施恩于下，宜書。乃彦能甫之能于官，晏如之能于子，皆可書也，遂爲之記。

宣德六年仲夏之吉，光禄大夫少師，兼太子太師，吏部尚書，華蓋殿大學士，國史總裁楊士奇撰。

按隆平侯張信奉命採訪，薦原任應天府治中凌賢，以剛直不阿謫均，湖廣襄陽府。其才可當大任。上作《招隱歌》，命主事一員賫賜馳驛取還。入見，命偕司馬，又命掌都察院事，並辭。宣宗嘆曰：「爾欲學疏廣耶？」禮部尚書胡濙因言其坐事謫均州十餘年，今已七十矣。上曰：「吕望八十遇西伯，何不可也？國家用人正在取老成者，但不可處以煩劇耳。朕當遂驛還鄉。」隨命閣臣楊士奇作《賜老堂記》送之。

士奇字□□，號東里，江西吉安府太和人。以博學徵入翰林，編纂書籍。永樂初，擢翰林編修，歷春坊大學士。洪熙、宣德、正統中，累官至少師，吏部尚書，華蓋殿大學士。卒贈太師，謚文貞。

彦能公榮歸朝紳贈詩

楊士奇 字□□，號東里，江西廬陵人。官少師，華蓋殿大學士。卒贈太師，謚文貞。

半生江海任升沉，回首春風雪滿簪。池上鳳凰千古瑞，山中猿鶴百年心。雲開天目秋屏遠，霜落苕溪曉鑑清。紫誥龍章昭盛美，漢廷誰羨二疏金。

曾鶴齡　字延年，江西太和人。永樂辛丑狀元。官侍讀學士。有《松坡集》、《曜叟集》行世。

昔歲歷名宦，得受主所知。及今復榮寵，皤然鬢已絲。豈不懷忠藎，戀戀向明時。奈此頹齡衰，已勿任驅馳。欣有嗣子賢，抽筆待彤墀。繼武實所願，稱報良在兹。何以遂乞身，歸老東山嵋。寶敕燦華章，冠服亦如之。往尋舊游處，行歌招隱詩。優悠保嘉福，允矣百歲期。

習嘉言　字□□，江西新喻人。永樂戊戌翰林，官侍讀，太常少□，□事府詹事。

賢郎載筆侍宸旒，封秩新承寵渥優。禁闥香煙携滿袖，官河明月載孤舟。手持御敕還鄉去，心逐閒雲伴鶴游。緣酒黄花相對處，日長無夢到滄洲。

裴　綸　字〔景宜〕。永樂辛丑探花。

明時爲郡共稱賢，退着荷衣偶十年。雲際鶴書徵就闕，日邊鸞詔賜歸田。長淮水闊江帆遠，大澤潮平海樹連。最羡君家蘭玉貴，螭頭頻惹御爐烟。

邢　寛　字用大，南直無爲州人。永樂甲辰狀元。官南京翰林院侍講學士。

遠奉絲綸拜紫宸，夕郎榮向五湖濱。金章騰彩雙龍誥，皓首還家百歲人。畫舫曉游瀛海闊，錦衣晝炯白蘋新。象賢多羡中朝貴，林下懸知入夢頻。

曾　棨　字子棨，江西吉安府永豐人。永樂甲申會狀元。官至大學士。謚襄敏。

宦游早已遂初衣，喜有賢郎在瑣闈。冠冕重榮恩最厚，田園歸老事應稀。郵亭馬色晨催别，御敕龍文夜吐輝。明到故鄉人總羡，白頭還是晝游歸。

王　英　字〔時彦〕，號泉坡。永樂甲申翰林。江西撫州金谿人。官内閣學士。謚文安。

新承恩命賜歸田，佩玉鳴環下九天。手奉御書金作軸，身騎白馬錦爲韉。應知聖世恩榮厚，誰似君家父子賢。此去光華照閭里，人人争羡錦衣還。

王　羽

早脱青衫擬最科，横經芹泮育賢多。兩州政治留遺後，三輔循良有善歌。路入淮山黄葉雨，家臨苕水白鷗波。推恩志遂榮歸願，奈爾生平積慶何。

陳　循　字德遵，江西泰和人。永樂乙未狀元。

聖明天子重文儒，公亦老成德與符。年逾七秩霜滿鬢，朱顔皓齒衆不如。恩錫禮賢優老舊，公得致政賦歸與。朝中濟濟卿大夫，都門出餞填通衢。道旁觀者呼且吁，夸道何以送二疏。羡公此去懸安車，康健清明一事無。嘉言善行表閭里，臨清坐茂樂有餘。時時翹足瞻皇都，萬歲千秋祝聖圖。

吴餘慶　字□□，江西撫州宜黄人。善詩文。永樂間，以薦歷官右通政，直秘閣。

仕宦于今三十年，錦衣紫誥賜歸田。宸衷曠蕩恩波洽，天藻昭回御墨鮮。秋掛一帆灤水曲，春游千里越山巔。如公此樂誰能及，猶羡朝端令子賢。

吕文質

吴興古名郡，濟濟多賢才。匪直多賢才，而又多高年。凌門賢父子，簪組冠蟬聯。父鬢雪已白，子髮亦半元。一朝承主恩，賜老仁如天。褒封得華秩，衣錦歸故園。朝辭青瑣闥，暮上灤河船。歸鳥投舊林，游魚還故淵。江花晚逾馨，籬菊秋正妍。舉觴集親朋，醉釀飽肥鮮。俯仰宇宙間，此樂不可言。嗟予亦衰邁，猶爲名鞅纏。無由扳逸駕，惆悵西風前。

周　叙　字〔公叙〕，江西吉水人。永樂戊戌翰林。官侍讀學士。所著有《詩學梯航》、《唐詩類編》。

先生官路久馳聲，令子朝端更得名。青瑣恩封親進秩，白雲鄉思獨關情。薊城秋早孤砧動，淮浦風高一棹輕。想到故林多樂事，煙霞泉石有餘清。

周崇厚

五馬雖榮宦興闌，清時白首却辭官。來游京國初加秩，歸去鄉園又據鞍。惜引離杯臨路勸，羨持封敕到家看。阿戎要路升庸日，得禄仍能致遠歡。

挽老中丞凌彦能

御史楊居正

三朝榮貴世間稀，白髮蕭蕭晝錦歸。賜老有堂如緑野，養高無事樂重闈。方期令子居黄閣，復喜諸孫戲綵衣。回首夢回槐國去，半窻殘月□輝輝。

挽中丞凌晏如

楊居正

簪筆文淵纂集成，白衣談笑至公卿。生前屢被先王寵，没後仍勞聖主情。畫翣障棺辭上國，丹旌書粉照歸程。大官雖死文不死，尚覺津亭又送迎。

挽凌坦如老公子

侍御史姚綬梅隱

蚤隨宦轍帝城游，歸卧煙霞江水頭。白眼看人趨勢利，青雲望子紹箕裘。龍蛇夢斷蓉城月，猿鶴聲悲蕙帳秋。惆悵耆英半凋落，忍彈清淚拂吴鈎。

維宣德九年歲次甲寅十月甲辰朔，越四日丁未，外父瓊山唐舟謹以牲醴之儀，祭于故女夫，中順大夫都御史凌晏如之靈。其詞曰：汝之生也，容儀磊落，才行兼美，克孝于親，友于兄弟。家則雍穆，嚴恭自立，交情永孚，久而弗替，世衍箕裘，家傳《詩》、《禮》。才華擅書法之精微，摛詞得文章之正脉。播揚中外，無間遠邇。由是聲徹先朝，任以黄門給事，拖紫紆青，列班殿陛。今復簡在帝心，特敕升都憲，總持風紀。用能振肅朝儀，練達憲體，和易遜慎，慎終知始。不以賢智先人，不以富貴矜己。膺紫誥以重頒，恩推封於父母，榮耀鄉里，莫之比擬。宜享遐齡，以圖報効，胡爲一疾，遽止于此。朝野縉紳，傷悼曷已，沐殊恩而遣官諭祭，兼以文而稱揚褒美。人生如此，丈夫之能事至是極矣。雖然，汝年半百，榮顯而終，抑又何憾焉！我忝休戚傷感之切，自不能以無言也。追想昔年，吾兒與汝共事禁垣，情孚意合，交誼至深。力請於吾，適以愛女，締結姻親，宜家宜室，幸萬里之奇逢，又百年之有托。不謂汝今蚤世，吾復何望？汝之父母垂白在堂，諸兒幼穉，俱未成立，吾竊半子之親，寧不痛悼！嗟生死之殊途，嘆音容之永隔。聊陳薄奠，庶幾來格。尚饗。

秦王致漢章書

聞先生針術神妙，數年渴想，不獲一睹，雖寤寐不忘也。微軀患兩腿麻木無力，雖能動履，奈諸藥不效。敬遣教授田斌詣前懇請，顒望先生命駕一來。儻或平復，不敢忘盛德也。仁者切於救人，必不以路遠跋涉爲辭。得沐惠然，掃門恭候。

宏治四年秋七月二十八日，賓竹道人敦請大國醫凌老先生。

奉去青絨二端表敬，希幸勿卻。

漢章公西游送行詩

史明古 松陵人

老大辭家西入秦，覇陵橋上柳條新。醫和自昔生斯地，扁鵲于今見後身。設醴且陪詩作友，曳裾還伴竹爲賓。一鞭已被君先着，悵望咸陽渭水春。

沈啓南

走書函幣重賢王，醫國山人急促裝。珂玉入關瞻古甸，金針剋病屬秋芒。終南秀色凝眸月，泰華晴雲拂鬢霜。賓竹軒中賜春宴，清風滿座不思鄉。

汝衢通

雪消春水亂春聲，之子遥遥望北征。專使能勞千乘重，活人多在九針精。鷄鳴函谷驅車度，花滿長安信馬行。最聽鶯聲思故國，西秦今是漢東平。

秦王送漢章公還鄉詩四律

微恙年來不易攻，遠煩千里到關中。尋嘗藥餌何曾効，分寸針芒卻有功。縶馬未能留信信，促裝無奈去匆匆。一杯酒盡傷離思，目斷南鴻灞水東。

其二 次史明古

東詩服劍到西秦，紅樹青山潑眼新。千里風雲雙鬢短，五湖烟水一閒身。夢回疏館寒砧急，望入遥空候鴈賓。料得紀行多賦咏，雲箋毋惜寄陽春。

其三　次沈啓南

術傳盧扁字鍾王，底事來游便促裝。熟地也知車載穩，清時何用劍生芒。鷄鳴函谷三更月，楓落吴江滿岸霜。歸到苕溪尋舊侣，畫船詩酒水雲鄉。

其四　次汝衢通

先生爲客感秋聲，那憚還鄉路遠征。囊底有丹皆玉液，釜中無飯不青精。月殘野店鷄三唱，霜落河橋馬獨行。揚子江頭京口渡，扁舟須待暮潮平。

練溪集序

都諫戚賢南元

徵藝必於其人，徵人必於其素，而所負之富，所遭之窮，不與焉。蓋自師錫賓興之典廢，世惟科目取士。然俶儻瑰瑋之才，往往遺于繩尺之外。故少陵之詩獨步，盛唐屢不録于有司；昌黎之文雄視千古，而不登進士之科。藝固不足以盡人，科目豈足以盡天下之選耶？始余北游南國，訪海内名士，時聞吴興有凌練溪者，心竊慕之。丙戌釋褐，叨宰歸安，得候先生起居。而先生謝鐸黔陽，懸車閉户已數歲矣。繼而考德問俗，旁咨博采，更有溢于所聞者。蓋先生穎悟積學，蚤有聲譽，自負踔絶，塵視利達，卒坎坷于數奇。嘗以不能飛翼四方，潤色王度，膏澤生民，以行己志，而未遂之願授之子孫。晚歲循理蹈道，充養完粹，所作詩文不落程式，率意興所適，而辭旨典則，音格清婉，卓然成一家言。生平交際，無非名士，如南坦劉公、石庵蔣公、箬溪顧公、楝塘陳公，明時大老也；西亭施公、溪亭嚴公、菁陽施公、康山邵公、霅川先覺也；太白孫公、棠陵方公、西溪龍公、胥臺袁公，四方逸駕也，咸樂與之游衍而賡和焉。余時推重白于郡守石梁萬公，敦請以光賓筵，湖人環橋觀聽，莫不嘖嘖嘆羡，共稱爲一時盛事，且謂有裨風化不小，非惇德篤行，積中孚外，其能然耶？先生季子藻泉，雅抱宏才，小試吾椒，學道愛人，甫期年而政成，四境嚮化，人皆頌歌藻泉，而不知其奉先訓以祗事，擴前人未境之志而已矣。夫非先生之軌，無以範藻泉之盛；非藻泉之賢，無以彰先生之盛。是父子之間前後相輝，而作述並懋也，有不可傳者乎？然學如先生，而蹶于省闈，上爲校官；才如藻泉，而下第南宫，竟以乙榜出宰，信科目不能盡人，而人物難以資格限也。今藻泉孝思之餘，檢笥中遺稿，梓之官署，刻成示余，且屬序之。余以先生詩文之佳，世所睹記，毋庸贊揚，姑表其德誼，以諗同志，使知是集之可傳，有出于詩文之外也。先生名震，字時東，結茅練溪之上，因以爲號云。

簡藻泉比部公

大參陳良謨棟塘

先尊昔年需次京師甚久，芳譽藉藉播縉紳間。即如刑部諸郎署，每夜必輪一人直宿省中，凡當直者，必邀練溪先生同往。酌酒論文，賡詩聯句，月無虚夕。不但浙中鄉友，雖異省東西南北之人，亦無不爾。至于出游西山諸名勝，必固請偕行，曰：「坐中若無凌君，自覺無興趣耳。」翰林如陳石亭、文衡山二公，尤敬慕焉。翁一日訪衡山公，方飯剌入，亟吐哺出迓，倉卒致傷一足，至老不良能行。嘉興鄭淡泉，諱曉，謂余曰：「吾初以凌公之才、之文，而廷試居百名之外，殊詫異焉。今乃知天故留之，以彰其文才耳。高人在京師，如塔頂之鈴，其聲易達也。」比選黔陽，則又白：「凌公受享清福太過，亦齒角虧盈之數也。」凡此皆京中之事，恐執事或未知，故備述以聞。

横塘凌氏奕世同居記

凌氏奕世同居者，凌之耆，曰雲，曰霄，曰霓，曰雨，曰霽，曰霑。篤于友愛，兄弟同爨。再傳而子姓十六人，三傳而諸孫數十人，皆如之，同居五世，家衆數百，内觀而化，亦無間言。老者植德清明，少者敦《詩》説《禮》，入其家，融融泄泄如也。歲嘉靖甲辰，我郡侯北城章公臨川，憫時之艱，節用愛人，緩刑薄征，留心撫賑，政善民安。月及期，乃合僚屬而喻之曰：「吉民兄弟，告訐者有之；父子室家，不相保者有之。此無他，其民不興行，鄉無善俗故也。吾有風教之責，可容緩乎？曾採訪凌氏，有五世同居者，吾表之，俾民知所尚。所謂教誨式穀，不在兹乎？」于是進凌之耆者而問之，要皆孝弟廉讓，不詭于聖賢，非直引道服良，以爲功也。自古天子尊更憲老，即田叟褐父，咸得望見至尊。而効一言，用其説，以顯其身，主德彌光矣。今上握乾符，修虞夏舊文，養兩庠而朋三壽，其景衡出秦階之際乎？于是公旌凌氏以「奕世同居」之匾，酌以康爵，昭以文彩。酒三行而觀者如堵，各慕凌之爲善，其于以風動乎州之民者，至矣。夫察民之行而表之者，智也；寓保民之政于移風易俗之中者，仁也。昔萬石君守山陽，治潁川，有麒麟、鳳凰之祥，嘉禾、甘露之瑞，主上巡行，輒加褒錫。今守以孝弟風動其民，而歆歆慕義者，如春風之入草木，不自知其向榮也。行將胥一世，而登之仁壽之域，寧特一州、一邑乎？張公藝九世同居，而屢代旌其家；陳競七百口同爨，而宋主貸其粟。今凌之子若孫，錫類無疆，永休世德，他日天子旌之，則象服、鸞章、三龔、七俎，與公藝、陳競同垂不朽矣，奚啻祥麟威鳳也哉！

嘉靖歲次甲辰，安吉州儒學訓導鮑聯芳撰。

盟鷗館記

文　嘉

盟鷗館者，光禄次泉凌君所新築也。光禄一日過吴詣予，請記之。予曰：「昔吴興趙文敏公搆亭水精宫傍，名曰『鷗波』者，蓋取少陵詩曰『白鷗波浩蕩，萬里誰能馴』之意也。君豈同之乎？」光禄謝曰：「否，否。

蓋吾凌氏世居晟溪，耕讀之餘，思得清逸之區，以寄遐抱。而吾居之後，湖溪交滙，浦溆周遭，沙渚聯絡，其出没隱見於波濤之中者，殆不可勝窮。而道場、青、弁、何、峴，諸山遠近環列，或起或伏，效奇呈巧，咸會於目前。昔嘗有建水霞樓以攬結其勝者，吾以爲未盡也。蓋清漪滿目，紅霞在波，惟晚景耳，而四時之不同者，豈能畢集。於是築館其傍，而館之外又有雲水居、翠雨奥、玉芝室、露華臺、白雪窩，以爲之翊。而水之涯又有樂魚磯者，則以寓興魚鳥也。吾於眺覽之餘，遥見白鷗冉冉而下，有會余心，因目之曰『盟鷗館』者，不惟濯纓滌煩，以寄高蹤於寂寞之濱者，得以自適，而賓至如歸，亦得徘徊容與以釋其冲襟曠抱。故欲記之，豈敢與趙公比勝乎？」余曰：「是亦何足讓也。蓋宣豁夙抱，必得長津闊野以極其趣。夫『鷗波』在城闉之中，其及也有限。『盟鷗』在晟溪，去城三十里，澹翠淺緑，一望無際，固亦何愧於『鷗波』哉。雖然，地固勝矣。」今光禄將遄往以用於時，他日返初，則館之勝庶幾得全。不然，吾恐其盟之寒也。聊書此以訂之。

萬曆癸酉九月，文嘉著並書。

凌大參冰井長春詩册跋

林中梧

夫儒者，類多否神仙，然而非一世聞也。藉然者，精不摇，神不勞，氣魄纏綿，其天全耳。故稱煉生者，必遁芳踪，斷情緣，解紛脱，罔彼其與世，潰然若將濡焉。乃葛洪以令，范監以郎署，茅固以二千石，東方朔以市朝，欒巴以三公，若皆童習而强仕，而何無取於密証爲，蓋其虚衷守一，聰明豁達，惟能涉而不有，應而不撓，終日馳其間，而我固自若也。是之謂天仙而非人仙，任天而不任人，故無所容其有事。以僕睹公，其即無事於仙而仙耶？僕犬馬苟齒于公，公奏凌雲十年，而後僕僅叨鄉譽，智不智，去不但數十里矣。曩居東，夙風嘉政，而不虞其共事於梧，是天或有意于僕，而假屬後車也。所愧不敏，安克窺知，第大槩其所如，則公平廉直，剛斷嚴明，興利而革弊，務惟可以自盡，而成虧率聽諸天。以故四年之中，上下相孚，風推化美，善者無所遜其福，不善者無所辭其法，而郡國以寧。昔陳稚叔守郡，每乘暇釣魚，公雖卧理，而未免有所興革，亦漢距今世，務蔓滋則，煩簡異候矣。公標芳于千載之餘，將使僕與來者淪浹德喻，振厲才華，恬然守其畫一，伊誰賜哉。夫德充則一而可以涉，才裕則達而可以應。是我之天精、天神常全焉，故曰仙也。方今閭隱阻艱，天心剥復，朝廷之上，自非有碩負焉，何以克此。公强年而郡績告成，上稱最，國家行且倚公，庶幾竟所施。儒則傅説、中山甫，仙則爲方朔、欒巴，將見殷周之治復起，而歲星長比天子之傍，或酒噀承錫矣。然則火山、冰井之區，無乃公之中業乎？兹當公懸弧之期，謹遠集東士子歌獻祝，聊以載篇。

寅晚生林中梧頓首百拜跋

凌大參冰井長春詩

劉克治

使君五馬五神駒，萬里鵬風起壯圖。自是山河消瘴癘，居然岳牧佐唐虞。祥知下鳳雛皆好，化儆晨烏尾畢逋。詞賦雄才人似玉，股肱名郡竹爲符。潁川弭盜聲偏藉，康樂登山興不孤。丹筆冤曾銷肺石，玉衡清自映冰壺。徵黄合擬令宣帝，借寇那淹粤澳區。洞采丹砂光灼灼，闢開紫氣樂于于。永年共效華封祝，上壽將無合浦珠。樂作中和聊獻頌，執鞭欣爲效前驅。

林中梧

金馬新傳碧海桃，東風吹入芾棠皋。臨軒日煖清香藹，闔郡歡騰紫氣高。名實已登雙鳳闕，聲華應冠五雲曹。獨漸潦倒神君後，白鶴孤飛自可操。

林　縉

蟠桃春日正芬芳，冰井初開玉露香。五馬堂前瞻紫氣，六鰲海外獻瑶觴。符分北闕星辰麗，祝擬南山日月長。西望猶龍遥上壽，彩雲深處是東方。

林彦樞彝慎

金華之山古洞天，層崕峭壁與雲連。三青靈鳥欲飛渡，中有紫眉緑眼之神仙。金光瑶草相錯雜，服此可以延長年。鐘奇孕秀凌夫子，蓋世風流無與比。久知落筆摇星辰，却坐隱囊究墳史。一朝道藉向蟠頭，大業鼎鉉從此始。雙帆遥别白雲司，虎竹符分光陸離。梧城重喜陳臨至，桂水何來谷永遲。二月蟠花照冰井，披拂春風媚韶景。百拜登堂天保歌，九命恩深輕九鼎。

南海林朝錀

使君元是玉壺冰，冰井分符紫氣升。千里麥岐春雨秀，九天仙掌露華凝。弧南星白蒼梧現，薊北聲從彩鳳騰。勳業夔龍年正壯，稱觴長醉酒如澠。

籓伯梁士楚

會稽饒竹箭，都嶠富丹砂。領郡雄千騎，行厨醮九霞。蟠桃開樹樹，甘露匝家家。萬壽歌天子，瞻依幸翠華。

賁禺唐守敬

蒼梧冰井接湘離，使者行春五馬馳。卿月舊懸鳷鵲觀，清風今滿鳳凰枝。名高渤海通仙掖，氣擁函關引壽巵。九里河流沾潤遠，將因雲翰寄吾私。

梧州同知陳湛源

高名曾滿白雲司，此日蒼梧保藉釐。自許中流撑砥柱，誰從當道問狐狸。十城日麗閭閻静，五載風清琴鶴知。壽國壽民還自壽，千秋端爲使君詩。

林明秋

衣錦遥持節，成丹不計年。澤流冰井溢，春煖海桃鮮。麟浦如雲客，龍光動斗躔。通家欣晚學，三祝向堯天。

林載秋

朱幡熊軾領專城，共羨循良出漢京。千里謳歌騰惠化，四知風節着冰清。行車晚迓青鸞至，卧閣遥迎紫氣生。欲擬岡陵稱介壽，璽書行已召賢明。

聶桂芳

牂牁東下浥滄溟，使者蒼梧沛德馨。二月可勝春似海，萬家遥識壽爲星。颩臺玉管來蕭史，雲錦璚漿祝蔡經。爲奉絲綸趨便道，稱觴猶得迓仙軿。

謝元光

大行山下水如湯，南極遥連帝座光。已有青童傳素券，更煩金母奉瑶觴。魚書焕發星辰滿，熊軾行看雨露長。聖主萬方聞久待，台衡端笏佐垂裳。

廣陵張宏汝大

使君元自嶽神生，紫氣高懸映座明。久擬黄樞虚左席，暫留蒼徼重專城。一泓冰井流芳澤，千載雲山仰令名。何幸天涯逢盛會，得隨簪履祝長庚。

岑縣知縣曾莘

天目之山苕水來，抱環龍鳳舞飛回。山侔嵩嶽奇且秀，水蹙漣漪綺縠堆。水紋漣漪山奇秀，神生申甫花時候。蚤歲雲端斧桂枝，臚唱旋携香滿袖。兩向江湖鼓瑟弦，阜財解愠民熙然。豸臺鶚薦飛鳧舄，高入文昌八座前。□□華秩聯台鼎，粉署清班夸玉笋。楓宸宵旰軫炎方，特付高賢綏引領。緑袍膺檢出皇州，虎符西粤控咽喉。嵐煙風掃纖無翳，野色春融遍有謳。謳聲底事遍蒼野，歡頌元侯膏澤瀉。願取朱顔映緑袍，霖雨蒼生彌宇下。鮒臣執弭梧之陽，戴星受指勤自將。五稔萬間垂大庇，啣結無能成報章。幸斯婁次躔華景，寶運當千春晝永。台壽重臨初度辰，椿樹槐陰交弄影。曉來載酒武陵源，堦下稱觴祝語喧。鵲書五色徵三壽，黑頭黄閣見調元。君不見，守郡青齊富鄭公，活人流澤名無窮。又不見，南極真子文潞國，平章重事榮無極。榮名壽考孰堪倫，應屬黄堂不老身。金籠歲取雪衣放，春時春酒祝長春。

藤縣知縣鄺鎮方

闔郡條風吹桂嶺，如絲膏雨灑棠陰。芳春共祝南山壽，盛世長懸北闕心。頓使炎陬忘帝力，載歌天保對朝簪。他時引取花潭水，化作人間處處霖。

懷集知縣陳渙

晩泛蒼江春水緑，東風迢遞輕帆逐。到來簫鼓滿江城，仰見祥光繞華屋。屋中珠履敞筵開，從容禮樂浮金罍。琥珀杯中照青鬢，胡取當年歌有臺。猗歟報德古稱壽，化日舒長人罕覯。海外偏釀二月春，風並皇虞屬誰奏。東南雲物自神奇，浩渺湖天紫炁飛。幻作卿雲映臚唱，旋施霖雨江之西。西江雨地霖雨足，還上楓宸調玉燭。優游殿履報專城，玉帳金章開粤服。粤服襟喉梧嶺嚴，重來華蓋輝星躔。八千里外餘氛息，二十四萬流移旋。流移旋還覆育仁，□風四載徧寒谷。懸鑑提衡秉鈞軸，書簾時啓集官聯。霜月一天春萬斛，獨愧春風托遠天。長江蠡測難爲言，追趨墨綬尾珠履。聽罷南山引滿前，猗歟嘻，倚毗蕃宣在山斗，願祝嵩呼萬萬年。

蒼梧知縣蔡斗

一麾遥領郡，千騎亦維垣。壽域開春仲，祥光散曉暾。梧山陳作豆，桂水列爲罇。喜隸台衡下，長瞻法座尊。

劉克治畫並題

蟠桃有七實，亭亭慶雲中。借問三偷者，原屬東方公。

南海朱樵畫蘆雁並題

寄跡秋江草色稀，水清沙白稻粱肥。群呼莫漫愁霜雪，春轉冥冥又北飛。

董份尋陽

簡雙湖公書

僕自向與兄大飲於雙溪之上，今已八年矣。每懷曩時所晏游及故人言笑，歷歷在目，而纔一轉瞬息，恍然如隔世事。人世爲八年者，知其有幾，乃爾浪過。日從京塵中度閲年華，未嘗不興嘆也。兹因成國太師公子偶患痼疾，見宜興人，言兄曾以奇術立起患者，甚效。因托轉致，而彼已先達梅林翁，禮聘左右矣。復欲份一言者，重份之在同鄉故也。昔秦越人以神醫起，雖出千里，决者至衆，然天下猶未盡知越人也。惟號太子之疾，越人一見奇其名，遂顯當世，著名史傳，垂於不朽。夫號之在周，本一小國，今成翁爲天子上公，而此子又東湖翁姓陸，諱鏜。字□□。之壻也，相牽聯於朝。誠得兄一來，効如宜興，則其爲當世所震駴，豈在越人下耶！丈夫負奇，寧不欲一表著，特患所遇或閭閻子，雖每有奇，未足自見。假令越人不遇號太子，雖稱爲神，未若是著也。乃知天下固貴有遇，即令祖亦因見奇於宗室，遂有後代名其事，正與越人類。今朱公子之疾，固春秋之號，本朝之宗藩也，安知非天欲彰兄名耶？故千里雖遠，幸千萬一來。僕雖庸下，不能如司馬子長所紀，然幸職國史，便當彷彿號事，爲兄模寫其奇，藏之金匱石室，以繼越人之後，使人知數千載事有相類者，僕固不敢讓也。適當抱病，匆匆遣人，殊不盡言。惟計日而候車從，得面傾吐。不一。

宗藩定襄王致雙湖公書

欣逢盛世，共樂升平。特以小兒久患癇證，徧延名醫不効，旦夕憂勞。偶見宜興一達者，稱道雙湖先生，世授仙針，術妙天下。謂必得先生，方可起小兒之痼疾。但道里遼遠，登涉爲囏，何敢不介而通。已凂貴省總憲梅林胡公，諱宗憲，字汝欽，績溪人。嘉靖戊戌進士。時爲浙江巡撫。卒謚襄敏。以薄禮致聘于左右。又恐先生心憚遠行，復懇貴同鄉潯陽董公爲先生勸駕。若先生志切救人，不辭跋涉，惠然肯來，則小兒幸甚，希忠幸甚。將與先生痛飲平原，俯仰京華之甚也。希忠無任，望風引領，以候雲軿。

嘉靖三十八年秋七月，希忠頓首。

周藩宗正聘振湖公書

向聞漢章令祖老先生針法入神，全活無算。恨生晚不獲同時，而且南北各天，又見束于宗條，不敢越境。嗣聞門下道術高妙，綽有祖風，即向時蒲柳粗康，不必以身承之，而絶藝傾時，自深仰企。今不幸而有痿損之疾矣，湯液不效，自應加砭，豈敢舍壺公而別乞禁方。敬托唐新鄭，諱世演，號澄泉。時爲新鄭尹。轉懇嚴一翁，諱自省，字魯孺，號一吾。萬曆壬午舉人。仕中書舍人。通誠祈門下，仁人矜惻，不遠千里，慨然命駕，實鄙人之厚幸也。戔戔之儀，聊申贄聘。統祈炤茹，不盡顒翹，惟有頌禱。

天啓三年春三月，大梁勤美頓首拜。

贈振湖君人

不佞向善病，閱醫多，始知醫之難也。毋論史書所稱大還之丹，上池之水，隔垣而炤癥結，登榻而起陳痾者，遐哉不可搆，即稍通草木之英，粗識刀圭之訣，可寄性命者，庶幾旦暮遇之，雖爲執鞭，所欣慕焉。及病痿頹然，勿良于行，于是益求醫，醫趾錯而進，其無害，則療飢之畫餅，其無濟，則沃石之棄湯。閱二載有奇，蹣跚如故，而藥窮于醫，亦窮于藥矣。客有過予者曰：是宜針。昔黄帝再拜受針于岐伯，法至今存。昭代得其傳者，獨吴興凌氏。宏治間，漢章先生名滿天下，誠長桑、越人、摯竘、緩穚之流亞也。其子姓多以《詩》、《書》顯，顧猶不廢此道。若藻湖翁克繩祖武，今復成古人，幸有其子世其業，則振湖君也。予素熟于耳，遂走一介，賫書幣迎于其家，重以嚴中翰爲之勸駕，幸不鄙夷，儼然而臨晛之。予一晤對，則慥慥無華，有道之光貯於顔面。至談病源，如燭炤龜灼，因悟古人用醫必取名姓之後。且曰：醫非仁愛不可托也，非聰明達理不可任也，非廉潔淳良不可信也。凌君其備此三善乎，殆天不棄予，賜之再造也！居亡何，礪針砭石爲攻所患數處，予殊不覺苦，得非中于腠理而視于毫毛耶？時新安數輩皆以奇病委治，奏效甚捷。予間二日亦扶杖起，越數辰，則霍然矣。今凌君且歸，爲之清道祖帳，殷勤叙别。夫凌君家素封，閭輿疾求砭者，駢首門庭。顧爲予，跋涉數千里，是豈利戔戔之享哉，誠不忍孤鄙人旱雲之望，務期廣其神術，不墜家聲耳。說者謂受法先人，親承弓冶，業乃精固也。第觀凌君下針時，凝神以登候，定志以審穴，無異傴僂丈人承蜩，不以天地萬物易蜩之翼，又如郢人揮斤斲鼻滅堊，而人不知其專精妙技乃爾，豈斤斤讀父書者可能耶？蓋法之行世，如薪之傳火，其機具在，至若神而明之，得心應手，即輪扁所謂子不得之父者。凌君獨有玄詣，雖謂師長桑、越人、摯竘、緩穚，而上法岐黄可也，安論世德哉。噫，不遇振湖，予幾視天下無醫，然天下如振湖有幾？則益信醫之難也。故因其行而述以贈之。

天啓癸亥夏孟之吉，太祖高皇帝七世孫周藩輔國中尉，奉提督宗學，三荷欽褒賜金，命有司樹坊宗正，大梁勤美頓首拜撰。

凌子服緦麻答 出《烏青文獻》

張園真炎真

凌子逸津有妾之喪，問所服。予曰：「律無之。雖然，子儒者，不嘗學《禮》乎：『士妾有子而爲之緦。』此經以議服，不猶之制乎哉。」凌子然之。而世俗相與聚而訟之，凌子以告。予曰：「經學之不講久矣，而律又無明文，無怪乎其訟也。雖然，斷獄者於律所不該載，則可比例以裁之。是故律與例，嘗並重也。往者吳門申，其嫡在而喪其妾，訃於黨姻曰：『緦服某人。』無有非之者，此例之行於一家，而通於一方者也。杭士張仲嘉《喪禮論》云：『庶子爲其所生母終喪三年，而嫡子及衆子皆爲服杖期之哀，彼爲夫者，獨悍然若途之人焉，恐有所不忍者。《記》曰：大夫爲妾服緦蔴，士爲有子妾服緦蔴，乃義之當而情之安也。』當時仲嘉述之，遠近無不據之，此例之行於天下，可傳於後世者也，凌子又何怵焉！」或曰：「《禮》之爲妾服緦者，爲嫡有子，而妾亦有子者言也。今凌子嫡無子，而妾有子，則凌子之妾有功於凌子之夫婦也大矣，有功於凌子之宗祧也遠矣，不可以義起而加之禮乎？」予曰：「禮嚴妃匹降於女君三等，辨尊卑也，明貴賤也。殮宜厚，而服不可以踰此，所謂心無盡而禮有節者也。」

凌子服斬衰答　出《烏青文獻》

張國真炎貞

凌子友龍之生母死，使人問所服。予曰：「斬衰哉。」凌子服之。或訾之，又使人問焉。予曰：「異哉，生乎今而欲反乎古也，願爲凌子悉之。昔者朱子嘗集家禮矣，蓋宋制也。今朝廷酌古準今，損益百代，制母服之同於父，而斬衰也；生母服之同於父，而三年也。協乎天理人心之至，而立萬世常行之典。自故明洪武以迄於今三百餘年，未之有岐也。果若或言，生母不當同於父母而三年也，則母亦不當同於父而斬衰矣。是王者之議禮厚，而愚賤者之行禮薄也。」問者蹶然起曰：「如子言，凌子信宜終三年喪矣。其訃於人，則亦宜稱『哀子』矣，今何以止署服名也？」予曰：「昔人有繼母在，而遭父喪者，訃狀止稱『孤子』，蓋以繼母如母，若稱『哀』，則幾於無繼母矣。今凌子之嫡母儼然在堂也，而生母則自有所當服之名，仍之曰『斬衰子』，遵制也，不稱『哀』，尊嫡也。是亦委曲以盡制，而無乖於大義者也。」問者又听然笑曰：「如子言，則嫡母果尊，而生母果卑也。一切慰弔賻奠之儀，可概謝矣乎？」予曰：「妾雖不敢偶嫡，然母以子貴，朝廷尚有祭葬之例。今其所生子縲然在苦塊之中，而爲其親與友者，無匍匐往救之意，豈情也哉。故爲凌子之生母也者，則爲凌子之親與友也。弔爲凌子之親與友也者，則爲凌子之生母也。弔何以謝爲？」問者少間正色曰：「吾子所云云，凡爲子貴者言之也，凌子豈得與之比哉！」予曰：「三年之喪無貴賤，一也。」問者乃退。

予既答凌子之問如此，而議者不止，曰：「殆今制耶，何居乎未之前聞？」予曰：「豈獨明時三百年以來，凜然行之。即宋時，議禮者久矣，斟酌參考，著有定論，胡勿之審也。按大中祥符八年，樞密使王欽若言：『編修《册府元龜》，官太常博士，秘閣校理聶震，丁所生母憂，嫡母尚在，望免持服。』禮官言：『按周制，庶子在母之室，則爲其母不禫，晋解。』遂問蔡謨曰：『庶子喪所生，嫡母尚存，不知制服輕重。』答云：『士之妾子服其母，與凡人喪母同。鍾陵胡澹所生母喪，自有嫡兄承統，而嫡母存，疑不得三年。』問范宣，答曰：『爲慈母且猶三年，况親所生乎？嫡母雖尊，然厭之制父所不及婦人。無專制之事，豈得引父爲比，而降支子也。齊褚淵遭庶母郭氏喪，葬畢，起爲中軍將軍。後嫡母吴郡公主薨，葬畢，令攝職。則震當解官行服，心喪三年。若特有奪情之命，望不以追出爲名。自今有類此者，亦請不稱起復云云。』由是觀之，在宋之時，行禮者法守如此。洪武孝慈，録之制又如彼。重以今天子議禮制度四十餘年，普天率循，而猶罔聞知也。」又跋。

周藩送振湖公還鄉詩

宗正 諱勤美

草色青青東入吴，古殺關外遠雲孤。山人歸去留鳧舄，携得琴書泛蠡湖。

鎮平王 諱在鍂

懶向君王乞養廉，壽人雅有頂門針。杏陰已自聯吴汴，歸路何妨景正炎。

寄凌葵庵司理

辛丑狀元馬世俊

星斗同瞻萬里天，舊游猶記霅溪船。遥知坐我春風裏，正是懷君秋水邊。望北蕭曹同執法，時逢虞芮不争田。陽和已入江南曲，聞道霜臺愛日懸。

贈别凌果齋　長句次楊誠齋《買菊》韻

安吉訓導計楠壽喬

空濛翠滴溪上屋，林下有人獨采菊。松門荒寂不常開，傍籬撩亂積薪堆。羨君收族志願發，遠近支連紛如髪。問君參訂今若何，開雕梨棗一半多。君家譜成皆增色，何患光華不覯國。一徑寒花滿意黄，秋山欲雨雲度墻。挈伴重尋溪上來，閒中領取芝蘭香。聞説梅花有小市，未了看梅一椿事。我今話别欲歸去，烹茶共訴平生意。

藝文録

凌氏藝文録叙

詩以言情，文可觀志。古人一涉筆，便徵至性，故觀其詞，卽可想見其行詣之廉潔，志念之宏深，胸懷之磊落，事業之光明。簡册有神，心心相印，千百載後，如見其人，藝文之録何容已乎。我宗鴻才鉅手代不乏人，其著作專稿已刻行世者，如《著述録》所載，不下數萬卷，豈易盡登。今僅取其短章雜作未著于時者，輯而成録，或述名勝而記佳游，或寫幽懷而鳴素志，或叙時事以寓勸懲之意，或追前美而深嚮往之思。要皆能抒寫性靈，發揮志意，令人讀之，慨然想見其爲人，固不僅賞其詞之工已也。

嘉慶乙丑二月，琴元敬識。

凌氏宗譜藝文録

鄣南八景　載府誌州誌

凌説鄣南

天目晴雪

兩池銀水在雲中，巖壑生花瑞氣隆。鹽虎作寒連地合，玉鰲扶凍與天通。照人錯落山應瘦，向日消殘樹半空。獨有小梅清見骨，只將真色笑春風。

渚溪夕照

渚溪行過少鄰家，撲面黄蜂趁晚衙。一片素秋清映水，半汀紅日淡迎霞。漁竿影没人争渡，牧笛聲殘雁落沙。危石路頭清淺處，只消新月照梅花。

北莊梅花

顛倒溪流險在兹，山中忽復見横枝。天生一白世無匹，花壓萬紅春有私。疏影卧波宜入夜，暗香蒙雪幸同時。江南地暖開容易，馬上逢人寄所思。

樊塢梨園

舊日樊川雪作團，尚餘清艷後人看。一枝香濕雨初霽，千樹恨多春乍寒。留月只應空院落，閉門誰復倚闌干。何當載酒來花下，洗却凡妝跨素鸞。

梅溪春漲

玉磬峰頭積雪消，紫梅花下水平橋。噴開石竇山傾倒，怒拍溪門浪動摇。連岸白沙鷗鳥下，滿川紅日鱖魚跳。黄流引入星河去，一任乘槎上碧霄。

獨松冬秀

撞破關門山勢開，樹頭雲起唤龍來。擎天老蓋高千丈，傲雪貞標壓衆材。歲久節根堅作玉，風生岩壑響成雷。蒼顔不改只依舊，萬古相期竹與梅。

浮玉晚嬌

白玉山前疊綺紈，故將嬌艷弄輕寒。天香噴散龍涎餅，國色鋪交瑪瑙盤。貴重萬花春作主，醉逢三月日憑闌。自從李白題詩後，不許尋常子弟看。

石埭夜航

順風吹送下山前，石鼓沿溪不碍船。帆影撲開沙上月，櫓聲摇動水中天。滄浪一曲尋秋去，哀鶴孤鳴惱夜眠。乘涉已爲天下共，載雲歸月在何年。

練溪八景 並序

凌從龍雨田

先人世居安吉樊塢，都御史孟博公賦《郭南八景》詩，一時稱絶。予姓移家練溪，溪上亦有八景。予謂地相去一百有餘里，世相後二百有餘歲，撫景作合，若出天造。用是不量非劣，賦《練溪八景》詩，非敢踵前休也，聊識思遠之意云爾。

連墩春水

芳草溪頭景倍清，翩翩鷗鷺弄新晴。青天倒影來春色，碧浪含風送雨聲。杜若滿洲香氣合，桃花夾岸錦雲明。扁舟欲向蛟龍宅，試問何時上玉京。

練溪秋月

天際無雲夜氣凉，溪光如練動清商。金波漸轉明河影，桂宇遥分白露香。萬户有人霏玉屑，九重何處舞霓裳。袁宏自得乘舟興，不計蓬壺刻漏長。

瑶山曉鐘

掬水聞香識梵宫，華鐘聲出翠微中。百年異氣衝南斗，十里清陰渡北風。秋早鳴霜金界動，春還和律碧霄空。幾回聽徹塵心斷，何用笙歌入綺叢。

涵山夕照

孤峯涵碧插青天，一帶斜陽小徑前。歸鳥入雲翻遠色，垂楊沿澗斷餘煙。石潭倒映蒼龍窟，花界明開玉峽泉。欲向深松遲皓月，佇看笙鶴下群仙。

姚村漁笛

雨過前村報夜秋，柳陰漁笛起扁舟。一聲欲裂三千界，三弄疑無百二州。風送落梅孤月白，龍吟清浸碧雲收。道人亦有湘江意，多恐烟波不肯留。

環橋曉色

百尺虹橋繞半空，朝來爽氣畫圖中。水光浮動連天碧，月色微茫駕海虹。蛟斷忽疑三島近，鵲還猶見兩星同。何人早奮升仙志，白晝高車路已通。

兩閣清風

重重飛閣入雲端，簾動清風五月寒。百和香塵天外轉，四周花信坐中闌。山光遠引和煙動，天籟長鳴帶月殘。一自凭虚意無盡，南薰疑爲故人彈。

洞霄别館

靈區元自洞霄分，静夜鐘聲溪上聞。哀鶴獨歸千里月，青牛長卧一壇雲。石田芝草留春煖，玉洞桃花浥露芬。幸入絲臺聞九轉，便應塵世謝餘氛。

八景重鳴詩一首

風急重林天氣清，凴闌西望壯心驚。自從湖口餘波歇，獨對巡溪一練明。千疊雲山通遠色，百年花木動新聲。杜家高唱應難和，隔水虚疑雙鳳鳴。

請重建楊省元融齋書院疏

凌賢彦能

歸安連雲後學凌賢等，請重建宋故省元楊融齋書院義疏。疏曰：政崇祀典，風教攸關；地郁人文，溪山長價。慨夫流風未遠，實切仰止之私；如彼廟貌有嚴，庶篤思齊之念。故自昔著鄉先生社祭之儀，而于今各有鄉鎮社學之制。凡以表前哲而啓後賢，淑人心而敦俗尚也。禮可義起，豈必故常；議本同心，謂宜速舉。宋故省元融齋楊公名萬一者，秀鍾苕水，派衍連雲，奮跡當時，流聲異代。值有宋之末造，首貢士之高科。方官檢閱，以司國課；遽賦歸來，而返田園。蓋緣世方多難，生不逢辰。南駕未獲北旋，腥風忽已四播。史逸無傳，家乘足証。想其眷故都而盡黍離之傷，睇神州而揮新亭之淚者，亦屢矣。江潮再歇，國祚可知，天命已違，人力何濟。甘心僻壤，假農畝以謀生；終焉首丘，托蕨薇而爲命。韜鋒斂鍔，雖不同文山之倡義而徇義；潔身獨善，亦何忝孤竹之求仁而得仁。迄今里名萬一堡，裏地因人傑而致重；村號楊家祠，後額經兵燹以未湮。况夫子姓繩繩，儒風丕振；弦歌啞啞，木鐸餘音。久矣鄉賢闕祀，興嗟士類；蔚乎文孫聯第，思擬葛藟。兹者陳給事洎，予諸鄉彦，同懷往躅之孤高，共嘆九京之不作，謀於故祠之遺址，復葺書院之新規。前後正屋三楹，東西厢房二厦，中肖先生遺像云。

洪武二十八年□月□日。

挽史清遠　凌賢彦能

官翰林侍書

盡道文園卧，俄從地下游。聽來俱墮酒，訪去欲回舟。名盛時人忌，才高造化仇。空餘千載泪，灑向暮江流。

按，史諱仲彬，字文質，號清遠。吴江黄溪人。從惠宗出亡，自述十六條戒子孫，無輕示人。于宣德二年三月死于獄。子晟，號溪隱。孫珩，號桂軒。娶凌氏，失考。生子文，更名鑑，俱建文御定也。鑑，字明古，號西村。屢舉賢良不就。出史氏《致身録》。

入秦懷古　凌雲卧巖

老去投閒未得閑，虚名贏得在人間。八千里外飄流客，未卜生還是死還。

其二

秦宫百二帶山河，千古懷人感慨多。自負雄心餘白首，藥囊猶勝提荆軻。

寶山書院始末事略　凌震練溪

謹按《黔陽縣志》碑碣等文，寶山，今之赤寶山也。在沅水之陰，縣治之東南一里許。昔政和初，傜賊犯沅，順風火攻，風忽反，又若聞呼援軍來者，賊鳥獸散，卻四十里。州人以爲南岳忠靖王之陰佑，立廟兹山之下，曰「昭烈王廟」，歲時祭之。寶慶初，縣令饒公至，廟壞，公爲修建如故。請其兄全州司理參軍端學爲碑記曰：王姓張氏，名扞，滑州人。天寶中，與南八霽雲同爲張中丞巡將，乞師賀蘭進明，明不與，霽雲斷一指，王亦斷一指。安史之亂死節者三十四人，王其一也，史失其名耳。其陰佑事若晻昧，據其平生忠烈，廟于此，以備當時之闕實宜。公既飭廟，又別作堂于茲山之坳，以考亭之道講授諸生，題曰「寶山書院」，是寶山書院其名之所以始者，饒也。其後諸生德之，爲公立生祠于學舍之東，則公又當有祠矣。教諭單銓之碑記曰：「公諱敏學，昭武人，其先懷安府人，受學考亭，故其爲政多得之家傳。能疏滯救正，摧奸遏强，威行令孚，粟衍財牣，繩然有條。謂宜祀以祠。」乃至本朝成化十七年，縣令陳公至，廟與書院、祠並廢，獨端學碑記仆蓁草間，尚有可尋者。公乃考求書院故基，省廟祠，總爲堂三間，左入張，右入饒，虚其中，以爲師席奂。東西各四間，以東生徒，而顔額仍舊，蓋復新焉。公既去，人思之，遂遷張于中，饒于左，椒公于右。伐石，碑其政，置之縣治中門内。其碑，教諭楊桂芳爲之，曰：公諱鋼，字堅遠，鄞縣人。永樂中，公父以明醫徵，乃家金陵。以鄉貢進士令黔，能愛人，先學校，親爲諸生課文。修孔子廟，立社學，興養濟院，凡恤祀敦禮，惠利窮民之道，無不盡心。嘗開面山堂讀書，以資吏治。公署厄于兵火，傾敗殊甚，公募民采擇木石重建，三月告成。歲甲辰，城下兩江水溢，岸日夜崩，民愁憂無聊，公爲築起一百三十餘丈。慮役之不均，而定爲九等也。公患俗之不厚，而取格言以播示也。切憂田野之未闢，而請于當道，得開墾者二十餘頃。病流移之未復，而遣人招來者二千餘户。配祀二公，固宜也。今嘉靖元年，前沅州同知鄧倗來署縣事，則以其地阻水，不便香火，及肄業往來之士，上狀分巡僉事吴公，乞徙今處，蓋在沅水之陽，縣治之東，從之。將成，巡撫都御史張公轉命前整飭兵備副使朱公留意其事，倗乃去張而專奉饒、陳二公，豈以張事爲無考耶？今整飭兵備副使朱公爲市地一區，以廣前墀，發石以砌階所，屢督知縣汪俸增修葺治，建講堂三間，祠堂三間，東西學舍二十間，皆樓門，樓三間，綽楔一座，垣墉具周，特少黝堊等事，或再建寢室三間而已。震因考之遺碣，又歷問練事耆年，諸人咸應曰：「某等所及聞見者，亦如是耳。」遂敢詮次如右云。

時命公提督書院，教授生徒，巡撫鐵橋，黄公因令書其事。

歲寒堂記

凌震練溪

黔孔子廟東，有門臨逵，西向，其内一廳事，曰「歲寒堂」，以其面栢也。其始，日月受欹，潰至數年外，柱頭顧下，礎定指上，徙枘抵鑿，隳榱加椽，棖倚闑失故處，門無所附且闕，牖竇引方而長之，聳其一角，壁徒立亦亡，風則懼其壓，而雨則憂其濡。余居此者，卜諸天耳。乃有監司謁廟，過而見之中動，罰民贖金四十，以供力役、土石、材木之用。予有是濟，聚衆下其瓦于地，從其所趨而反之，三日以復，復以瓦上。月再期，柱礎以安，枘鑿以正，棖闑以直，門牖以合，壁以塗塈，風雨無憂懼，有可以讀書授徒者。乃即前之有而命以是名，其義顯不再告也。後之代者，知之而已。

東軒會飲序

我輩行年蓋皆踰六望七，雖七十者惟我琴翁一人，閔琴軒公諱聞。莊懿公次子。而五者已少。且自兄弟一行儘數之，亦不過六七人耳。顧彼强壯，尚不堅牢，况兹遲暮，安得長久？夫彀弓必弛，張琴必解，使但有勞苦之日，更無安樂之期，人亦何堪？故我東軒倡爲會飲之舉。其日紅梅盛開，香塵拂座，酒不多而嘉，餚不多而美，客不多而雅。從容和洽，鄉飲之義已會其中。及夫追賞煙景，酬對風光之快，又豈在外。于是共相約曰：繼爲此者，或爾，或我，不以人拘；或庵寺，或舟舫，或在家，不以地拘；或五日，或十日，或一月，不以時拘，唯其便耳。但專飭飲食，則費而難久，唯取談笑，則省而可常。昔司馬氏真率會之文，所謂物薄而情厚，會數而禮勤，此兩語者，請以爲法。其餘參以少年將事，以子弟邀致塾師，增入親友有力者，能加歌樂，别有以侑觴，以供歡笑之類，但有合于群情，則亦何所不可。要雖不及洛下衣冠之盛，然亦不減香山風致之高，是余之私願。向去世益承平，人益康健，再歷三四十年，猶若今日無恙，是余之私祝。

簡徐晴川别駕論詩

凌約言藻泉

彭城之會，非譚詩無以破寂，非君無與談詩。詩之道廣矣，君談詩輒言三謝，三謝，固六朝之選也。李白詩曰：「解道澄江净如練，令人却憶謝元暉。」又曰：「群季俊秀，皆爲惠連。吾人詠歌，獨慚康樂。」白且推之，則其詩可知矣。但就中論其傑然者，非康樂乎？其外不有陸平原乎？又不有鮑參軍乎？白詩宗鮑，康樂出自陸平原，平原出自曹子建。詩至子建，可以續風、雅矣。高廷禮謂六朝太靡，漢魏太質，初唐音未和諧，唯盛唐渾厚和平，爲詩家正法。其言固無訾議。余則謂初學必先看選詩，而歸宗漢魏，則自然文質得中，可以入禪家上乘。何也？古詩莫出於建安，而蘇、李贈答，枚乘十九首，尤爲五言之祖。若專以盛唐爲主，未免尋委而失其原也。至於近體，則初唐爲創制之宗，質而不俚，華而不艷，其渾淪敦厚之意，尤足觀法。近時嗜古者謂初唐如池塘春草，又如未放之花，含蓄渾融，涵生意勃勃。大歷以後，未免鋤而治之矣。故專取貞觀至開元間律體，題曰初唐詩，而古詩不與焉。誠以律詩當於初唐求之，古詩又當於漢魏求之也。昔人論初唐曰：「使曹劉降體，未知孰勝。則開元、天寶諸公可知矣。」斯其知言者哉。且初唐之美，不但近體爲然，雖七言古詩亦須以此爲傳鉢也。如王勃《秋夜長》、《臨高臺》，盧照鄰《長安古意》，駱賓王《行路難》，李嶠《汾陰行》，沈佺期《古歌》，宋之問《明河篇》，其抑揚轉换，葱倩流麗，讀之使神魂飛動，斯不爲詞壇之絶唱耶？人但知李、杜歌行爲極豪，蓋於初唐未嘗深味其音也。然則盛唐不足學乎？曰非然也。李翰林之飄逸，杜工部之沉鬱，孟襄陽之清雅，王右丞之精緻，儲光羲之真率，王昌齡之聲俊，高適、岑參之悲壯，李頎、常建之超凡，其聲調最遠，品格最高，余亦三復其詩，非敢外也。若中唐以降，雕章縟采，刻象繪情，多浮靡膚露之辭，失古者歌詠之意，詘而不取，誠所宜耳。傳謂：取法于上，僅得乎中。又謂：作法于凉，其弊猶貪。學詩者，可不審所尚哉。人若能論其所趨，而矩度不隨人變化，則雖六朝之華綺，中唐之清婉，吾皆泛濫以獵其腴，固亦無不可也。君不知以爲然否？

簡施璉川論詩

向寄七言律百首，業已服其雋矣。續得君所刻全集，急展讀之，其詞旨俱如大歷詩，不亦秀而昌哉。國初崇樸，詩尚仍元，迨李文正倡中唐清婉之風，和者頗衆。儲文懿別唐代後先之格，從者益多。然詩聲猶未盛也。唯李獻吉崛起關中，而何仲默旋相踪美，一時藝林之士翕然宗之，天下稱爲何、李，而詩道中興。然李詩專工子美，而同時趙叔鳴輩，則崇尚唐音。又姑蘇陳霽，喜爲六朝，信陽樊鵬，獨重初唐，競起争鳴，李、儲之名遂掩。自是吳門徐禎卿、歷下邊庭實、關西康德涵繼興，而詞益暢。厥後顧華玉、鄭繼之、楊用修、薛君采、文徵仲之儔，霞蔚雲蒸，翩翩不可稽數，而昭代風、騷之盛，遂爲大雅不群，炳然與唐、晋同音矣。爰究厥初，則何、李數公爲之變始也。大抵北偏於格，以渾雄爲本，故其詩專主子美，李獻吉其最著也。南偏於調，以流麗爲工，故其詩並祖開元，文徵仲其最著也。詩家於獻吉，譏其模擬太似，於徵仲，病其體態或輕。不知李之氣魄，固戛乎其不可及，而文之詞句穩貼，音韻悠揚，讀之則琅琅其傾耳也。試觀宫掖諸咏，早朝諸篇，斯殆岑、賈之侶矣，何至以晚唐擬耶？今四方學者各隨所授，而杜學居多，或沉澀詭厲，不足以諧金石，豈亦尊信太過而湧弗知所擇乎？要諸風骨兼美，中和可經，庶幾有三百篇之遺音，固當以唐風爲準也。嘗謂詩有十法：一曰立格渾雄，二曰命詞雋永，三曰叙事簡鍊，四曰陳情婉切，五曰用韻和諧，六曰寄興蕭散，七曰寓意悠遠，八曰托諷圓轉，九曰賦景新蒨，十曰綴詞流麗。精於斯者，亦可以言詩矣。近時齊人李于鱗、吴人王元美互相馳騖，自稱中原二子，君不知見其詩否？

簡友論文

夫作文之法，陸士衡《文賦》盡矣。劉勰《文心雕龍》、徐昌穀《談藝録》闡閟探嬻，其矩矱更爛焉可睹也。然據其論叙，皆以光飾風態爲上，恐其流或傷於文。暇日讀《文選》，愛其豐匀靚麗如美姝，艷披金翹，故形冶態。及觀秦皇帝嶧山諸碑，漢三王錫封典册，然後知文有上乘，彼六朝綺靡之習，又何觀焉。嘗語門生輩，謂文章莫如六經，如《易》所謂「龍戰于野」、「載鬼一車」，句何奇也。《詩》所謂「湛湛露斯，在彼豐草」、「弁彼鸒斯，歸飛提提」，詞何藻也。武城諸篇，豈《平淮碑》可擬，《檀弓》、《樂記》，豈禮書、樂書可侔。故倚相所讀，胥臣所聞，不可尚已。近古而閎麗者，其秦乎，其漢之西京乎？世稱韓、柳、歐、蘇爲四大家，若進而求之，則左丘明、莊周、司馬遷、班固四鉅公具有成書，其文更卓卓乎擅大家也。《左傳》如楊妃舞盤，回旋摇曳，光彩射人；《莊子》如神仙下世，咳吐謔浪，皆成丹砂；子長之文豪，如老將用兵，縱騁不可羈，而自中于律；孟堅之文整，方之武事，其游騎布列，不爽尺寸，而部勒雍容可觀，殆有儒將之風焉。雖諸家機軸變幻不同，然要皆文章之絶技也。餘則屈、宋騷詞，賈誼、司馬相如、揚雄、劉向方爲傑然者耳。其王褒、范燁、崔駰、蔡邕之流，抑其次也。明興，逮弘、德間，文始復古，若空侗李子則藐焉寡儔，其叙事如左史而氣魄雄渾，非康、何可比；李滄溟詩，謂本朝以來，推大雅無如北地李夢陽。余固以爲是也。今之業舉者，知有蘇耳、韓耳，不知博古名家，其科場文更爲雋永，讀者泛濫百家，而善悟其用虚稽實，紆徐縱閉之態，時文猶古文也。若不得其意而徒詞之徇，又如優人之學孫叔敖，適以來明者之一噱而已。

簡内臺唐堯封

辱寄檀帶蠟丸諸貺，兼詳録貴宅世系見示，可謂篤於親誼矣。唐産于瓊，凌産于湖，兩家相去將萬里，而姻好往來不絶，《詩》所謂天作合者，非耶？先是，曾祖諱晏如，以都臺喪偶，而令高祖諱舟者，時爲御史，因娶其女，遂爲唐夫人云。唐夫人舉一子，諱敷，弟之祖也。其先有諱時中者，任秘書監少監，子爲懋翁，任翰林院直學士，俱仕元末。再傳爲高祖賢，洪武中式，任應天府治中，以剛直不阿謫均。時有隆平侯張公諱信，奉命採訪，薦其可當大任。宣皇帝作《招隱歌》，命主事一員賫賜馳驛取還入見，命偕司馬，又命掌都察院事，並辭。宣皇帝嘆曰：「汝欲學疏廣耶，汝欲學疏廣耶？朕遂汝高志。」御書「賜老堂」三字，褒而遣之，銜亦如子官。楊文貞公諱士奇，學士王直、王英，狀元曾棨，陳循、曾鶴齡、邢寬，咸有贈篇，一時祖帳之盛亦如疏云。子卽晏如，工李斯大篆，二王小楷，薦爲中舍。文皇帝臨中書省，遍觀諸中舍書，諸中舍皆慴不能書，曾祖獨不慴，操筆自若。文皇帝異之，立命書璇榜二十，意態安閑，字更穩結，得晉人風致。文皇帝大悦，賜御膳並二銀椀，因召入中秘，問及政事。内直十五日，降旨升吏科給事中，隨駕北征。凱還，升本科都給事中。奏疏懇切，莅官英發。其詳載《大明一統志》。中考最，升都察院右僉都御史，命掌院事。歷事三朝，蓋在宣皇帝時矣。晏如之孫震，綽有才名，爲諸生，每試必冠多士。督學趙公寬合試八學，奇其文，擢爲總首。是夜飲陸御史家，與劉南坦、孫太初相倡和，立賦《落花詩》三十首，一時名滿三吴。不幸卧病十年，由計偕僅爲黔博。嘗提督寶山書院，教行黔中。不再歲，請告。既没，郡大夫祀於鄉賢祠。有《練溪集》行于世。約言，震之子也。多病潦倒，不能振先烈以修世好，乃辱記存不置，某又何以承之。嘉靖初，令祖西洲公與先君會於京師，款接極歡，嗣以督府過黔陽，再申前睠。且曰：「吾兩家親遠，非仕宦不能相通，幸各勉旃。」其情抑何厚也。尊翁禮部公亦兩承翰寄，惜無由一面，以盡所懷。今兒輩得遇兄於南都，且辱繾綣，非天假之緣，其會合能至是哉！宇宙蒼茫，各相萍梗，倘值翔便，不惜惠音，寒家世系聊具簡中。附覆。

空庵多病道人自叙

道人年十四，慕孫山人長嘯崑崙，心悁悁，其欲奮也。嘗納履於喜遯草堂，蓋低徊不能去云。既歸，復從菁陽先生游。先生圖書滿架，遂冥搜元覽，擷其芳，入爲博士弟子。頗有青雲之思，然自少多病，不能終試院，嘗著《夢成賦》萬餘言以自見。壯歲得心跳之疾，十九年不寐。僅僅舉南畿，又抱痾邅回。每脂車北嚮元螭，輒連蜷淹吾軔也。懷沙未遂，乃以宋五自嘲。俯首謁選曹，始爲譙令，再刺復州，又貳廬陽。其莅政必展采錯事，堅往無沮，要諸古循良弗盭也。標舉其凡，如定法令，清獄訟，省里胥，平徭役，積倉廩，振貧乏，鋤豪奸，扶良善，明教化，敦風俗，雖芟陰在道，條貫可稽，然皆繁碎，不足置齒牙間，獨拒師尚詔故事，其丹悃或當載焉。方其提萬兵鵲起而驟南也，駭氣漂奔，殺機鬫發，且聲言駢擊高墉，尋揚旗以窺建業。卽日兵燒固鎮，騎蹂五河，旦夕將由藕塘破山口一帶，橫騖突馳，膏血全椒，飛檄霆震，一夕傳十八報至，邑無城堞可守，人士魂魄喪，僉議棄符脱走。道人按劍大呼，罵曰：「全椒壤邇南畿，賊過全椒，江爲飲馬池矣。」遂歃血於壽亭侯廟，曰：「所不捐身殺賊者，有如此刃。」卽晝夜集兵募士，猝得勇敢士五千，教演陣法，分置十七哨，張機設伏，而親率其鋭，以禦賊于境上。又申請屯院，遣指揮一員，領所屯操兵，許令並策夾攻。是時以赤心鼓奮，衆皆慷慨効死，相期血戰，必欲斬賊首獻俘，萬不獲已，方爲張睢陽耳。適乘驄使行部，見列營十里，甲仗鮮明，躍馬持戈，軍鋒猛鷙，咄咄嘉嘆曰：「我從西來，烽烟四塞，大郡尚且鳥獸散，彈丸地乃有此壯士乎！」賊偶敗兵寢，事亦不彰。語云：張罝罔功，射兔有庸。但督府移文，稍稱志節可嘉耳，然亦勿能推轂也。歛揚之弁，人不及知，就中有三，督學可稱牙曠，蘭臺、栢府，後亦屢薦于朝，升南京刑部員外郎。以母喪，扶柩南歸。先是道人奔走苦海垂十年，藩維檻束，雅志不遂，長懷蓴鱸之思。元日抱病，載醫遠謁，非其心也。乃賦詩言懷，其詞曰：「春草被清渠，閒鷗若可娱。病多耽静趣，性僻懶長裾。荏苒逢新序，低徊憶故廬。煎茶聊夜坐，初月竹窗虚。」屢請告乞休，不允。作寓言、雜感數十首，以攄發其幽懷焉。及遷粉署，又得還山，背諠投寂，未嘗不灑然心喜之也。室右偏有薜荔園、翠芬亭、叢桂山房、夫容别墅，植竹護垣，栽花繞闌。亭背又疊石爲山，虚其中爲雲石洞。洞門逶迤而入，題曰：「曲徑通幽。」罄折而出，題曰：「排雲出岫。」山椒平曠，可曳履其閒，又書淮南《招隱》、郭璞《游仙》於石上。客過而笑之，謂其無怪石奇峰，未足言山也。道人曰：「君子特寓意於物耳，豈必錦川應石，其直百金，然後足以供吾之曠覽哉！」秋日閒憩園亭，眷言申詠，其詩曰：「杪秋曬芳景，翹首望清旻。紅霓散晚綺，翠霧謝朝陰。曜靈照曾薄，曠日絶愁霖。宇净揚金素，氣肅訝秋森。伊余幸栖息，曳履下開襟。徑幽何閴寂，院僻眇比鄰。涉園豐暇豫，摇麈拂氛塵。朱闌閒凭倚，覽物展謳吟。臨池濯寒水，捲幔聽鳴琴。夫容鬱菍倩，茉莉謁幽馨。瑶華情欲折，圖史性尤珍。閑嘲騎馬客，忻對愛鶱賓。孤賞誰爲纂，登樓遲所親。流光去不返，星鬢鑷逾侵。達生得所遣，清曠蔑緇磷。願持乘日車，蕭灑眺園林。」既釋服，人勸之仕。道人笑曰：「人生貴適志耳，吾倦游已久，方以泉石自娱，豈肯拂我曠懷，復往萬斛塵中哉。」道人自初服不喜彈棋陸博，亦不喜籌算錢穀，夤緣謁請，攀附貴游，雖斬頭穴胸不屑。獨雅好藝文，寄情翰墨，凡百氏之書，雖病甚亦不停披。嘗謂：「漢無騷，唐無賦，宋無詩，爲名言。」而近時詞壇之彦，則心服李空同、何大復、康德涵、徐昌穀、薛西京、文衡山、劉南坦、楊升庵諸鉅公。然多爲造化小兒所苦，每搆思拈筆，便覺魂摇，以李長吉病吟自戒，故著作頗少，詩凡三百餘首，未及斤削，僅有病稿。偶録爲友人所刻，南坦翁見之，遺書謂：「此文練如飛瀑，湖月失其光，而海風得其委，真健筆無雙。」道人方自愧不及前修，每嘆云：「詩如康樂詞方倩，病過邠卿思未消。」晚歲讀老氏專氣致柔之言，及參同氣金液還丹，恍然有悟，盡棄其所爲。掃室焚香，趺跏坐蒲團，自稱曰「净因齋主」。攝生窩客，將致虛守静，深求延年之術，更得《霞外雜俎》一編，首服無憂散、和氣湯，不覺沉疴漸去，神志日清。仰天大笑曰：「吾然後知六合爲幻，萬法俱空。不遇鐵鑶道人，幾何苦惱一生。誰從唤醒而笑傲于煙霞間也。」

鳳笙閣簡抄跋

凌迪知釋泉

手簡譬諸出馬鎗，凡人士似不可少。但沿襲陳局，勿騖新倩，殊令人可厭。雖詞宗學士，其書間亦往往不文，由其不加意于翰札也。楊升庵尺牘，清裁不及唐、王鳳洲。益至嘉靖，亦勿録生者，噫，其嚴乎。嘗觀《唐伯虎集》，止有《答文徵仲書》；《王雅宜集》，止有《與湯子重書》；《屠漸山集》，止有陳約之、吕生二書。蓋可知眞難矣。獨見劉南坦發函寄簡，俱變幻奇宕，間寓少謔，能使千生外撫卷，近代所希有也。吾父此抄，不但文采既嫺，其襟懷意氣，蟬蜕浮埃，晚年更有烟霞之趣。唐一庵謂：「風格似坦老而莊重麗博過之。」顔冲宇謂：「趣逸絶塵，而沉摰古雅，慨壯若太古鍾鼎之文，鴻濛渾沌之象，庶幾能鏡其愫也。」昔揚子雲草元而侯生不滿，嘆曰：「後世有揚子雲必識之矣。」豈知音恒鮮，無亦昉於古乎？

嘉靖丙寅夏日之吉，敬刻於毘陵官舍，男迪知謹識。

書勉惇兒

凌嗣音存彜

《閑居録》云：「書室中修行法，心閑手懶，則觀法帖，以其可逐字放置也。心懶手閒，則治迂事，以其可作可止也。心手俱閒，則寫字作詩文，以其可以兼濟也。心手俱懶，則坐睡，以其不强役于神也。心不甚定，宜看詩及雜短故事，以其易于見意，不滯于久也。心閒無事，宜看長篇文字，或經注，或史傳，或古人文集，此又甚宜于風雨之際及寒夜也。」又曰：「手冗心閒，則思；心冗手閒，則卧；心手俱閒，則著書作字；心手俱冗，則思早畢其事，以寧吾神。」予覽至此，于舉子業亦躍如焉。凡清閑無事，心志不分，非心手俱閒之時乎？搆思著作，務求精工，或紬繹書義，或玩選文章，隨其意興所到，則爲之不必拘定。偶有嘉賓良友，塵務俗事，其款洽應酬，必不得已。但須事來不擾，事去不留，至適可處，回頭猛省：今日光陰幾許，未做得文，未看得書，便收拾放心。此時正所謂心不甚定者，宜看詩文、雜短故事，或看法帖，學寫，切不可看淫戲書，反惑心志。俟心神定，則仍舊研精覃思。間值精神困倦，不妨静坐憩卧，即散步庭除，無所不可。總之，一心在書文内，隨時隨興而涵養之，日日如此，月月如此，不疾不徐，不苦不竊，自然有進，自然快樂，不出三年，定登科甲。舉業者其勉旃。

惇德少時性頗穎悟，一題入手，略假思維，便伸紙直書。家大參屬望甚殷，此書乃自梧署發歸勉勵者。迄今三十年來，射科八次，不能博一第以慰先靈。捧誦遺言，益令我涕泗無從矣。

不肖男惇德謹識

凌湛初洞湖

詠家君柴桑雅興卷

不愛人間紫與緋，山中自有芰荷衣。柴桑五柳青如蓋，爲報先生策蹇歸。

游西湖同陳子袁子周子

共惜清秋好，同爲湖上游。波光浮素練，樹色賁丹丘。野鷺飛還集，山僧去復留。望中無限景，盡入野人眸。

又

夢寐西湖久，尋朋覓勝游。山高承靄立，水潤帶煙流。身世懷中酒，襟期堤上鷗。鳴琴聊野望，遐思在漁舟。

月夜彈琴

月落長松裏，彈琴寄遠心。調高人不識，千古有知音。

題自畫竹枝

掩關高卧静焚香，石几疏寮竹樹凉。昨夜月明閑起坐，自翻殘墨寫篔簹。

與許令慈書

僕不佞，五歲受教，誨學箕裘。八九歲弄筆硯，習舉子家言。十二便游心上古，其所綜覽者，皆《周禮》、《左》、《國》、《老》、《莊》、《列》、《荀》、《戰國策》、《韓非子》、《離騷》、《吕氏春秋》、《淮南子》、班氏《漢書》。西京以還至六朝及韓、柳，則銓擇佳者，涵泳之趣，遇有操觚，一師心匠。溧陽馬太史見而奇之，嘗謂潘子嘉曰：

十七八，好結交知名，故多長者之游。年來益高自許與，每命酒，便傾一二瓻，醉則倚繩床，草「天台丈人」數十字，出雙刀，叱侍兒爲孫大娘舞，冀有悟也。吾鄉人半呼之「狂人，狂人」云。昨當途公來試士，挾策詣之，不謂受刖歸。歸益㵝㵝，思捨此佔俾，聊向醉中仙。而家世簪纓，又不忍一旦棄去，遂復爲唫囈中語，然落落非其志也。君常來時，稱郎君大雅，且言郎君比不佞。顧郎君才華倔起，不佞何以比郎君。聞郎君洵美且都，即之者如搏牛之虻，得附鸞尾忽然一翥千里。自日易西，不佞不無即郎君之思，而郎君隔百里居，恍在霞表，盈盈一水，又徒自牽愁耳。何間携緑玉杖，𨆌吳山之顛，竊郎君靈氣以滌汔淟涊，拔脚風塵之外邪。即辰病懶渣倒，先往短狀，稍間，便騎十二白虎，訪拓跋矣。此時郎君幸開色待不佞，毋故，恐裴先生也，一笑。

與文子悱書

不佞生晚，不及挹先太史清揚。然先太史聲稱，自羈角時，竊嘖嘖艷之矣。先太史爲明宗英，書畫與希哲、啓南一時擅美天下。尊公壽，承公惠，徼先太史芬芳，行楷篆隸，號當代獨步，而草書悟入孫、錢佳境，其菁名駁沓宇宙間者，業五十餘禩。體承德承，又皆赤幟藝府。迨及足下，不特克繼先太史、尊公書鉢，而倚馬才高，行將移龍舟，饌奪獸袍。嗟乎，即唐宋以來，誰見三葉嶙峋如此，難矣，難矣！先王父練溪公與先太史雅相友善，太史嘗爲作《練溪圖》，自言十年來未有此筆。又匹紙寫蘇、黄、米、蔡四家字。家大夫觀銓政時，值尊公以貢計偕，既而得閲貢卷，首拔公于吳。尚書公紬繹世誼，足下蓋不佞長公輩也。亟欲伸孔、李之義，冀不隕前好，而塊處霅上，無從執鞭珥筆，以充錐刀之用。何間梦入吳王城，與足下散髮對臏，出梨花春，相與傾百斛哉。神往，神往！

嘆逝錄序

蓋乂繕部公既瘞仲子慎漾之原也，而手葺錄以屬湛初曰：「兒序以傳，即我在猶知兒弟。今我百歲後，皆草莽之矣。」于是湛初受而序之，得文如干首，詩如干首，以就剞劂，命曰《嘆逝錄》，志哀往也。嗚呼，人生短期，長年莫執，親故凋殞，士衡哀之矣，况吾具爾之淪喪乎？芝焚蕙嘆，思哀可知。任子咸有韜世之量，弱冠而終，弟當其年，遽爾天去。又不幸虛伉儷，闕蒸嘗，每有良朋，誰賦寡婦，司命不喇，其爲痛誠過之。然考之載籍，如林傑、夏侯榮、邢居實、袁著之徒，雖禀命不融，其名字著于人聽，至今未沫，此其爲壽，孰與黄髮台背哉。林宗、孺子，一匹夫耳，百世之下，聞其履行，見其山川廬墓，欷歔泣下，不能自已，有祠吊而後去者。夫何故？賢之也。賢之則慕，慕之則悲，悲則吊，以義起者也。天下之必情也，非侜張逐勢，滿讕嚼利，有爲而然者也。故起之邇，動乎遠，起之一時，動乎百世，過山川廬墓而愴焉悲，唧焉吟，潸焉出涕者，豈必親故戚屬，蓋百世同臆也。今元雨在布衣之位，又復蚤夭，生無可逐之勢，没無可嚼之利，而一時嘆逝者，皆齒危黄髮之老，懷德瑰行之士。夫何故？賢之也。斯以義起者也，斯天下之必情，非有爲而然者也。即林宗、孺子者，豈足多乎？元雨之名，故與林傑、夏侯榮、刑居實、袁著之徒，千百世俱在也。于是繕部公涕漣而言曰：「兒言是，吾爲兒弟高其封樹。百世之下，當有祠吊而至者。」

皇極殿成上賜百官宴

凌義渠茗柯

天心如再朗，愷樂萬方同。儉德垂深永，慈情及耋童。瑞分堯座膳，卑準夏王宮。聽默辰居北，宣威日在東。欣知早斂福，不覺嘆成功。畜蓋誠靡極，明時許盡通。

恭遇聖壽雪中朝賀

禁鑰沉沉聽未終，驚翻初日夜光融，輸成玉粒三千斛，製出瓊綃十二宫。十月輕寒早賜貂，彤雲覆遍喜先饒。幾回飛舞迎仙仗，漸近堦墀一半消。凴將光相問瞿曇，縷縷添長日近南。解道六花能比壽，峨嵋深處萬年龕。佇看朝晛即曈曨，萬國傳觴此日同。寸草春暉無限意，埋心偏在冱陰中。

寄懷臨川章大力

癸亥十月，予夢大力折桂一枝分贈，遂爲前後同門之讖。乙丑春日，始晤于燕邸，神情面貌彷彿夢中所見，亦一奇也。

望氣非一日，于焉捉臂親。乍看憶曾識，猶疑夢中人。君應修月手，携我踏桂輪。桂枝樛相引，恣汝斫爲薪。爲余擷其一，餉以紫羅巾。有月明可掇，捫體滑如銀。覺來香繞枕，口口咽餘津。誰能精物隱，感晤在兹晨。冥心寄尺幅，有願無不伸。玉曜並瓦質，所荷同一甄。君詞多詭峭，君意何淳淳。苟韓原道德，機轂别有因。後先緣最巧，睽合聽于神。獨慚蚊蝱影，配擬本非倫。稍知尊所慕，竭心以自忞。忍遽辭我去，門外即風塵。奇光深自惜，贋古未爲珍。願與貞斯義，别語不嫌諄。再見桂花滿，心心托秋旻。殘夢猶堪續，宛在江之漘。

感往

甲子，余計偕入都，夢得句頗怪。已而璫虎傅翼，虐熖肆張，豈非讖耶？事後紀以韻語，低諷再三，恍惚有人摸壁竊聽，蓋不無餘怖云。

往復天心不可知，寒凝早已失冰澌。幾年妖夢從誰踐，竟日微吟空爾思。路有玃狷深護妾，行逢豻虎忍啼兒。二語得之夢中。未堪覺後重尋夢，喜懼雙關此一時。

淼淼愁看雨雪雰，無凴燭曜待朝昕。同心携手將何往，痛哭裁書那可云。鬼刹叢中千杵下，甘亭亭側一杯分。荒榛寒夜低聲泣，咽絶因風久始聞。

期將風信準枯桑，可但中流寄一航。長者弔喪寧忍詬，書生射策未全狂。機鋒後起須相對，意朕才萌盍早防。底事豈容口舌盡，五千文字較茫茫。

抵掌誰能佐末籌，翾飛小智亦周周。不愁難長同癡木，乍戀忘機到野鷗。絶險載輸將伯助，褰裳竟渡爲公憂。用「公無渡河」語。須臾變滅成泡沫，轂洛于今可暫休。

岷王製詩餞送行舟次西橋步韻呈覆

祥雲片片逐征車，袖得葩章與錦書。千樹濃陰垂午旭，一簾爽籟散秋墟。剖珪恰值桐飄後，酌醴還深月出初。帶有餘酣隨夢繞，郵亭不擬賦離居。

程兼水陸接舟車，夙夜擎拳此簡書。三咏緇衣藏世牒，重聯棣蕚照郊墟。梁園宴罷群峰晚，湘浦帆停一雁初。坐擁紅光非不戀，別添幽夢到山居。

晚宿尹村見新月

憶向長安別，還隨此地親。光從今日始，影若與年新。乍覺因春嫵，非關對客顰。一般愁寂意，留伴未歸人。

雨阻海州公署

昏黄海氣日霏霏，灑到枯枝緑暫肥。夢繞君親徒内訟，路迷去住可忘機。晨趨野市魚蔬絶，夜伴孤城嗚吠稀。賴是數編相對寂，舟輿到處足因依。

家廟文會啓

凌進階咫顔

蓋聞科甲傳芳，固由祖宗之積累，而文章名世，實因子姓之觀摩。况我宗幸叨先澤，既多英姿出類之才；久沐皇仁，更逢壽考作人之主。振興宜在今日，鼓勵端在斯時。兹幸宗祠之告成，庶堪人文之萃聚。敢期同志，共立課程，爰訂盟言，互相質證。拈題香案，儼如面命耳提；揮翰几筵，恍若臨軒對策。千屏雲湧，山光與墨彩争飛；一鑑天開，水色與文瀾共碧。思以苦而入，精誠可格鬼神；機由熟而生，智巧能通幽渺。文成珠玉，祖宗顧而神怡；筆走龍蛇，廟貌於焉生色。秉筆式凴於上，敢蹈欺罔之愆；衡文對越在天，共矢虚公之念。佇看芝蘭馥馥，皆爲王者之香；玉樹亭亭，均作謝家之寶。思採芹而樂，轉盼瀛洲；歌《鹿鳴》而來，聯翩御苑。庶使淵源舊族，弗墜家聲，作述宏才，並垂國乘云爾。敬啓。

冬日野望

採入《輶軒録》

雲鳳超

薄暮蒼凉野色昏，四圍寒緑繞孤村。烟横古道人迷影，水涸平橋石露痕。松徑因風時落子，稻田經雨復抽孫。愛看一帶疏林裏，茅屋參差静掩門。

過水龍王廟　採入《隨園詩話》

汶河西注水汪洋，南北中分界兩行。從此空彈游子淚，隨波流不到家鄉。

清明日晚泊胥門感舊作

金閶曾度五清明，選勝携朋取次行。楊柳堤邊調細馬，杏花村裏聽嬌鶯。春風久負青山約，舊雨難尋白鷺盟。今日胥江重艤棹，斜陽芳草不勝情。

辰溪道中沿岸徐步　補遺

凌震練溪

我行辰溪濱，誰云亦斯人。愚鄙同樵牧，黽勉學士民。非欲自污浼，就中豈堪陳。回頭仰翠壁，中天玉嶙峋。其上有結搆，蕭然少與鄰。既匪道者流，爲僧亦孤貧。悄悄歌且嘆，終竟不開顰。緬邈念吾事，誠足含悲辛。白首爲小吏，悵已失途津。乃令□此縣，所歷皆邅迍。算程動千里，計日幾彌旬。庶幾黔之士，日見志行醇。風俗向忠厚，文藝驟能新。相與稱師友，其實骨肉親。如此或一載，飄然告抽身。此心幸無負，更誰論簪紳。饑寒本常理，妻孥免呻吟。歸與大笑樂，復復全其真。

同張君子興宋君子仁王君天雨吴君性之施子邦直往游碧巖寺既至天甚黑宿舟中

行行日掾淡，地勢不可忖。山嵐與溪霧，一時互凄緊。篙師引維笮，不暇擇安穩。相戒勿疾言，自腥虎狼吻。衆客談天徒，令誰且少忍。敲石取焜煌，開觴謀酩酊。須臾兩耳熱，呼號笑愈甚。深樹竄魍魎，户蟲詎敢近。偉哉五六人，豪縱亦天禀。履險如坦途，在閒不凛凛。未怕鬼揄揶，焉憚人嘲哂。李朔入蔡州，宜未足爲猛。

九月聞蛤鳴怪之走問農夫對曰禾頭貴俯渠鳴則昂主傷穀遂作勸蛤勿閣閣

勸蛤勿閣閣，閣閣禾頭昂。禾頭穀已死，萬姓何所望。勤動終年且莫道，私債官租渾未了。一稃二米猶不足，十穗九秕無饑莩。農夫之言信與不，總在汝心宜自考。嘗有客談清瀾池，此中青蛙聖得知。四明論士休問著，其年三月寒食時，一聲一人請識之。同是水族彼若兹，智愚果不可少移，縱以報越兼報吴。利害相直何取哉，年凶或者汝爲灾，科目夫豈汝能裁。如今便須速閉口，南人殺汝亦何有。剥皮鑿眼刳腹腸，付諸鼎俎如反手。汝若不改檄北客，令盡食汝洗汝醜。

送唐西洲表叔按察桂嶺十五韻

惟昔聯姻好，于兹蓋百年。祖孫情未遠，中表世仍延。叔父聲名起，儒林籍甚傳。曾將書過嶺，忽又雁回燕。瞻望音塵隔，傾依歲月遷。欻從京國見，復漫别離筵。士論新收價，人區舊有緣。官程雖夙夜，王事要勞賢。桂郡征驂解，霜臺屬史虔。清風常灑匕，周道亦乎平。更喜鄉山近，兼應土俗便。桄榔春葉暗，蕈撥夏笛鮮。内外俱勳業，安攘問後先。望之辭魏闕，長孺卧淮壖。請借埋輪手，歸來早秉銓。

余自西河菴回邦直送之至余安山泊舟費尚書墓下小酌

送别野航輕，因爲邱壟行。芳尊連竹色，長嘯入松聲。人世休回首，溪山且放情。飛來雙白鶴，可是昔年丁。

同孫太初吴介夫游大慈寺得山字

杳杳大慈寺，松門許客攀。晴空含白塔，秋日遍蒼山。萍蓋石池面，藤迷風磴間。虎跑泉一勺，神意動衰顔。廉字介夫，歸安人。即墨知縣。

同嚴季祥潘光甫諸人夜游長蕩

湖光一千丈，灩瀲月初生。小艇木蘭楫，長歌水調聲。菱花和露白，荷氣得風清。歸去不須燭，流螢兩岸明。

甲戌正月十六日報西谿龍公南坦劉公之訪夜行

夜入長興界，山多水似溝。舟傍防虎伺，柁尾想蝦浮。沙日昏難見，陂雲散不收。鷄鳴行役倦，榷宿古橋頭。

質明飲西谿公所寓池亭晚酌吴德徵寶善堂且就宿二首

臏有江湖思，獨多臺館奇。波光摇藻棁，風力捲花枝。白髮重來日，青春政好時。無辭推不飲，杯至數嫌遲。

醉眼忽然改，華堂列綉筵。青雲流絶響，玉版答新篇。壺天從横落，杯盤次苐傳。籠燈過厢下，月照柳蔫綿。

質明飯南坦公蔭白堂因過董嶼山菴訪甘泉翁二首

煒煌古刺史，蕭灑小茆堂。誰信杜陵物，長用朱老嘗。新鮮叨海蛤，腴美愧河魴。飯飽爲尋訪，山茶照路傍。

裒然兩高士，携我探幽人。古路三叉口，長松百尺身。相隨有孤鶴，一笑復驚麐。却就庵中飲，梅梢入座新。

同陳石亭文衡山馬積石三太史及袁邦正太學同游西山道中作

河畔從容按轡行，西山向客漸從横。野橋總是曾游處，官寺紛然敕賜名。蒲葉茬茬臨水短，桃花點點帶風輕。相看相結天涯伴，取次幽尋亦有情。袁字邦正，吴人。由太學生授西城兵馬司指揮，改南京中城，陞臨江通判。

謁寶山書院

青山寂寂對門居，春草萋萋不剪除。二令風流碑碣在，諸生藝業室廬虚。窮邊何處尋幽伴，落日唯堪望遠墟。却怪張翰尚濡滯，秋風方始憶鱸魚。

九日蕭然閒居縣長汪公以酒肉見遺便輙取酒飲之此與王弘之靖節事近用以詩爲謝

淵明無酒對重陽，幸致清尊輙取嘗。不有白衣來户外，空煩黄菊滿籬傍。百年颯颯雙鬢短，歸路迢迢萬里長。有感能知慰閒散，無憂不肯念流亡。

贈族祖綬章並貽諸宗長

樹屏保釐

太倉直塘諸宗，與我晟舍支同十世祖者也。我族托始餘杭，數遷至安吉。學士公懋翁有子十六人，以卦爲名，以壽爲行。值元亂，懼聚而殲焉，遂分處江、淮、兩浙間。而晟舍與直塘兩宗最盛，明季猶往來靡間也。比來猥以道里遼遠，斷問者幾百年。庚申夏，余薄游其地，族望綬章、士錫驚喜欵留，傳食諸宗人家，亦罔有厭倦。因作原族詩百韻以貽之，聊序世派之源流，宗支之聚散，與今日之會合，以傳于後，留作吾家故事。庶金毁石泐，吾兩宗將與蒼卞之高，婁江之深，共停峙焉。

我氏本凌人，姬姓所自出。綿葉衍淇源，深根盤海碣。桓桓偏將軍，虎氣冠群弼。從父肇南遷，禹航盧就結。三國時校尉操同其子偏將軍統，始自瑯琊莒縣遷餘杭。事見吴本集。其後或播遷，榮名隱耕岱。河汾有親承，敬。管弦富作述。秀。《世本》惜已喪，内譜不可核。有唐上膏粱，孱宗厠閥閱。繫姓世昉重，枝幹差堪掇。家譜遭五季亂散佚，至唐始有紀述。間氣鍾富春，山靈産宗一。吾宗舉進士，自唐宗一公準始，譜亦托始焉。豈惟榜生花，兼亦祖起崛。紛綸井經五，名譽魏賢七。粤嶠未伸志，嚴江遄歸骨。所以明德後，達人指勝屈。綿綿百餘年，涓涓固未窒。龍德爲世現，非時或不屑。前後兩五代，劇宜老蓬蓽。益州振宋初，策。應天扶趙畢。唐佐。六劍鎮川警，一丸控賊譎。生良與死忠，前後互崷崒。其餘千佛經，羅列正莫匹。一景景夏、景陽。最奇尤，兩民民瞻、民師。亦英傑。時爲雲海人，實守桐鄉穴。時有爲歙令者，遂家沙溪。至今沙溪凌，柤桓尚繁密。粤惟天水終，吾祖復東轄。乃眷鳳舞鄉，形勢何屹屹。六梅紛可愛，祖居南北莊，在萬山中。一名六梅莊，蓋其地梅花獨六出云。萬山氣如欝。卜築良復佳，矧與先宰切。莊與餘杭止隔一山，違偏將軍壟不遠。篤生吳興侯，風雨勞沐櫛。鄉州力保障，民命出深熱。千人活有封，陰德昌可必。况其立朝時，雅望殊巀嵲。幽光闇不發，獲報應無埒。吉川公捍禦三邑功，世無知者。承以學士公，勉勉追前烈。蠻烟化雨消，破除連州蠻。海蚌明珠抉。兩主浙江省試，號稱得人。堦藥咏未終，澗羅志早決。門蔭培愈深，家慶流始溢。世歷運會千，庭趨元愷八。授業人或同，擇地居遂別。良由至正間，族巨畏媒孽。巍巍十六宗，雲散營兔窟。淮海乍揚舲，吳越偏審術。豈不懷故鄉，庶且遠羅罻。而我壽四君，淼淼泛南霅。婁東吾愛弟，壽十一公。欲往阻谬澫。本爲百世謀，坐使兩地闊。先疇縱已荒，舊德幸未汩。努力事生聚，一一綿瓜瓞。玉抱波方流，珠潛水圓折。至寶不久藏，廊廟藉黼黻。吾鄉三中丞，郭南公説、均州公賢、雲谿公晏如。迭起執巨戞。斯時直塘祖，雙桂高插月。京尹公汝志、尚書公雲翼。巍峨京兆尹，恢我治中節。均州公先爲治中，以直諫謫。尚書撫嶺南，功乃開西粵。布政公嗣音，參政廣西，在尚書公後。惜哉各驤首，出處不一轍。假獲巷共衣，定羨床滿笏。忠介我太公，三江昔紐紱。頗聞《甘棠》篇，載繹敦葦帙。衙齋貯觀察，副使公必正，尚書公孫也。未第時，值忠介分巡蘇、松，往來稠密。爲作花鳥蟲豸等圖，甚精。往往弄彩筆。歸裝一琴鶴，留得數蟬蛩。始知勝國時，勢格而情昵。胥遠悲角弓，一見慰膠漆。嗟爾後之人，此意易蕭瑟。相違未百齡，曷勿念曩日。曩日固如何，桃州實貽厥。萬川濫一泉，萬葩蒂一拚。五遷遽至斯，忍令長斷絶。吳義重南城，鄭義首東浙。八世那足希，三朝差堪悦。厥邑吾能常，群宗應共闐。異苔本同岑，理不間溟渤。遐思列祖心，精神或來佸。小子蒙無知，巨道敢不察。敬宗故收族，考禮性所契。乘瀾我欲東，湖光與盪瀲。登岸恍迷途，望門幾失謁。問訊到我宗，俶見或驚瞥。睽隔知幾霜，客至何突兀。既駭復還喜，命坐意悃實。縷覼問族故，瑣屑不厭聒。爲言魯溪墳，松柏尚森樾。爲言北莊祠，蕭黍尚馝馞。可憐八咏堂，郭南公有《郭南八景》詩，因名。風流逐烟没。可憐華嚴山，北莊主山也。蹊徑漸草茀。止止勿復道，相對互嗟咄。長老聞我來，扶杖走躄躠。儕輩聞我來，紆席恒促膝。齠齓聞我來，牽裾笑吃吃。諸母聞我來，刺促語闤闠。真氣亦已濃，厚愛諒非汰。念此眼前人，孰非共爪髮。冠婚遠莫通，秦越置休恤。在天數十公，降鑒或痛咽。一粟滄海渺，一葦五湖達。兩宗譬連墻，往還直倉卒。會合此權輿，期不病擁閼。扁舟數溯洄，道遠勿妄設。仍思故侯里，馬鬣待翦拂。

同南北莊族衆至魯家溪省初祖吴興郡侯墓薄暮而返道黄泥岡徑險仄迫蘩篠肅肅作虎豹聲

梅莊有先臘，梨園即魯溪。遺祖琴。舊德我能食，堂封忍勿臨。山勢迴迴合，松身尚梢森。哀哉灑掃疏，走兔紛駸駸。風來悵欲涕，日斜思不禁。同人迫我歸，爲指前岡陰。一步再三顧，逮闇昉堪任。小徑危置屩，况復歷崎崟。逼仄蘩刺目，疑畏虎生心。擬謁精靈里，那落莽蒼深。我來諒已慣，介路開自今。

華嚴山在南北莊即所謂凌家山也有舊刹在焉留覽之下一僧忽指示曰此公家先學士讀書處徙倚久之不覺過午遂飯伊蒲饌而歸

樵徑入蒼煙，芒鞋踏寶蓮。先人遺伏臘，初地起何年。題石應無跡，繙經定有緣。可中慚日影，飯後莫鐘傳。

恭咏先世遺澤四首

中丞安然公臨子敬洛神賦墨本

中丞清節切雲高，餘技還應壓輩曹。每向天邊麾日筆，逼將霜氣入秋毫。白頭總爲題宫牓，助瞻曾聞賜御醪。公爲中書，嘗署殿牓，特賜酒數觥，以壯書膽。枉説魏公添後勁，見茅一桂跋語。不知已奪二王旄。

參政存彝公莅廣西時所執象笏

先朝事業已成塵，故笏傳家表直臣。擊過蛇神應有血，參政公集中有《驅青蛇》文。配他棠陰總教珍。

蠻烟膩處潮生暈，蛋錦裝餘氣似銀。諫草避人焚欲盡，漫從手澤想垂紳。

徐州别駕初成公碭山凱歌手卷

茫茫寰海已生塵，獨唱檀來衆氣振。别駕爲何騰蛟摧降掃地王等十餘萬，因作《凱歌》三十章。豈料天公終破漢，遂令淮障竟亡巡。後李賊犯徐州，别駕駐守房村，力竭嘔血死。歌虞有客能穿壙，時從死者十餘人。弔古何人爲勒珉。鄭龍采所作墓銘，尚未立碑。一種丹心堪報國，可憐誰識兩忠臣。别駕與司寇並歲殉國，世無知别駕者。

司寇忠介公在諫垣時蚤朝圖

模糊宫樹破烟微，如見孤臣待漏時。常侍入班惟白眼，儀同憂國敢伸眉。司寇白睛通眉，狀貌瑰異。平安未便傳狼火，痛哭仍煩奏玉墀。此日蚤朝真不易，杏花開後總堪悲。『盡忠歸去杏花飛』，司寇少時，異人所贈詩讖也。

試院紀事

深鎖重闈書不開，鼕鼕傳鼓忽如雷。内臣親捧黄封至，豫賜紅綾餅餤來。十五日，恩賜環餅，人各五枚。蓋瓊林故事也。鄉貢小臣得此亦厚幸矣。

長安二月尚霜鯀，苦耐嚴寒入棘垣。一自尚方頒獸炭，春回黍谷頓奇温。是科，上以舉人呵凍作書維艱，特賜木炭，俾得擁爐炙研。誠異數也。

卷之四

像贊録

凌氏像贊録小引

譜以像傳。曷取乎像，示尊也。像以贊顯。曷取乎贊，示敬也。後人思前人之德而不得，則睹容而知欽；後人效前人之業而無由，則誦贊而起佩。故先世苟有功業著于朝廷，行善被于鄉黨，其人必標而繪之，令後世可追而仰止之耳。余閲萬曆初年繕部、繹泉族父譜，始自元末明初，僅存誥敕、傳銘，而不及於像。繼懷谷兄修譜亦如之。致令先世丰範淹没不彰，余用是歉焉。因訪安吉本宗，得古册一帙，上及三國，下至宋元。自吴大將軍以迄元翰林學士，前人神像無不具備。余肅然起敬，愾焉嘆息曰：「若非我族守此，所缺不幾多乎！」即命善繪者彷舊容而繪之，更廣爲之績明初震峰公以及我祖父，其間表表於世者，無容泯其容而没其神。兹不啻上世之支系班班可考，而祖宗之音徽昭然在目，何異入廟而思敬，瞻容而來格也哉。且夫人苟有一善著于里社，歲時必尸而祝之，社而祭之。况乎煌煌祖德，名在朝廷，業垂鄉邑，可不使後世子孫知所尊與知所敬乎！是爲引。

順治十三年八月既望，士麟百拜謹識

吴將軍公績公像贊

才高八斗，勇奪三軍。匡輔東吴，蜀魏咸親。虎兒繼志，爲國之珍。職專驃騎，恩撫黎民。千秋萬祀，配享宗禋。

盧江人周瑜公瑾字公瑾。與吴〔大〕帝友善。取荆州，以瑜爲中護軍。年三十六，卒于巴丘。

唐度支尚書宗一公像贊

嗟凌君之不淑，辜孔氏之芳郁。少以好於謨猷，壯而富于天禄。惜哉，道與時違，遽躓身而譴辱。嗚呼，盡瘁之忠，後昆攸福。

柳宗元字子厚，山西解州人。中博學宏詞科。授監察御史。坐王叔文黨，貶永州司馬，徙柳州刺史。

唐刑部尚書應奇公像贊

黼黻天定，典書帝載。一志攄忠，萬民沾澤。不以進爲榮，不以退爲敗。愛國保民，四方共戴。奕世蒸嘗，仰之如在。

杜甫字子美，杜陵人。審言七世孫。七歲能屬辭。玄宗朝，獻賦，命待制集賢院。後轉檢校工部員外郎。公博極群書，善爲詩歌，尤善述時事，且惓惓于忠君憂國。論者謂三百篇而後，一人而已。

宋吴門令睿達公像贊

偉才碩望，絶俗清標。胸懷圭璧，珠璣揮毫。書翰亹亹，詩學其昭。天生英哲，文士之翹。

程大昌字〔泰之〕，號□□，江南徽州休寧人。十歲能屬文。中宋紹興進士。歷官至龍圖閣學士。

宋寶文閣學士時正公像贊

禮榜魁名，南州撫字。論奏騰章，匡時至計。樞軸兼持，不違其志。貴而能貧，清儀棣棣。

蔡元定西山字季通，福建建寧府建陽人。從朱熹學。卒後賜謚文靖。世稱西山先生。

宋崇祀教授仲沾公像贊

器識高遠，履行淳貞。不惑異端，學本誠明。形端表正，子衿青青。後祠黌宗，悠哉典型。

程元鳳字申甫，號訥齋，江南徽州歙縣人。宋紹定中禮部第一。官至右丞相，兼樞密使。御書「清忠儒碩昭光」六字褒之。進封吉國公。卒贈少師。

宋翰林學士子奇公像贊

伊昔綉游，駭耀閭里。而公之歸，仁及生死。甄花日新，隧栢風起。哲人其委，命也天只。

張九成字子韶，號□□，浙江杭州錢塘人。年十四鄉貢辟雍，從楊時學。仕至禮部侍郎，與秦檜忤，謫居南安軍。後起知温州。理宗時，贈太師，追封崇國公，謚文忠。

明中丞鄣南公像贊

巖巖之象，嶽嶽之風。牽裾補牘，盡瘁匪躬。朝綱克肅，威望日崇。瞻拜遺像，英氣尚雄。

李東陽

明中丞雲谿公像贊

神思穎發，德器涵宏。手作皇時蒼頡，直題篆筆造蒼生；身擬漢代赤松，暫作台星依赤帝。知無不告，白簡杼傾日之誠；弊罔不犂，一葉有如山之重。道尊容肅，哲濬源長，固簡在于帝心，乃鶴鳴而子和。

翰林院侍讀學士王直行　儉字行儉，號□□，江西吉安府太和人。永樂甲申翰林。累官至少傅，兼太子太師，吏部尚書。謚文端。

明御醫雙湖公像贊

高人舊居雙鏡間，菡萏飄香鷗鷺閒。忽然乘風天上去，東望白雲時往還。

豐訪南禺

築室湖山間，隱居心自閒。嘗隨清風出，獨步明月還。

王問仲山

明比部郎贈尚書藻泉公像贊

神彩秀徹，矯矯風塵，白鵠明珠，望之若千里絶跡矣。暮年托意高深，栖心玄牝，樂三徑之幽，搜六藝之潤。劉禹錫之晚節尤精，應有護詩神物；白香山之聲價自貴，無煩借譽鷄林。歷想神皋，流連魚鳥，白首春容，當不知甲子之在何年也。

工部尚書劉麟南坦

明鴻臚序班磊泉公像贊

玄暉風流，神宰焜炳。史學淵源，頡頏飈映。自班馬有文章而千古之情畢達，以棟佐班馬而萬世之藴以訂。搜六藉之英蕤，滙百川之芳潤。沉潛以和，苞稸以應。觀其識度宏遠，結契千秋，更何殊于飛遯。

狀元范應期字伯楨，號屏麓。

贊

少勤制藝，早掇芹香。長事遨游，遍歷東邦。守其先業，端厥義方。子以身而報國，父以子而留芳。嗚呼，扶杖起閱北來書，驚聞先帝長男同日亡。

後學許作梅拜題

明徐州别駕初成公像

明大理寺卿茗柯公像贊

欲將浩氣還天地，留取丹心答聖明。試道生平未了事，千秋担荷許誰撑。

前二語，西江門人姜垓題也。後二語，弟森美續成之。

又贊

忠清公之爲人也，其志潔，其行芳。振家聲於弱冠，哀國步於終天。海内尚其清風，浙右推其亮節。可謂卓越等倫，争光日月者矣。兹有二像，一爲立朝之日，則冠珮雍雍，心勞封事；一爲殉難之時，則公忠嶽嶽，念切從王，丰儀耿概，如見生平。特兩存之，以貽後人之瞻仰云。

叔士麟謹識

贊

烏虖，此忠介凌公早朝圖也。勝國之季，廟堂水火，蛇豕載途。宜公之蹙額攢麋，中懷鬱紆而顔爲之不愉也。誰秉國樞，舉朝醉烏程之酒，而僉壬乃出于公之鄉閭也。公爲給事，諫書凡四十九上，洎直午門，擢廷尉。宜感激知遇，矢志捐軀，而不惜肝腦之塗也。青絲晝入，天壽夜崩，宜公之觸柱慟哭，而相從于鼎湖也。烏虖，公之没已百數十載，而圖尚藏於公家。叶瞻拜公像，猶髣髴公之掀髯而累欷也。

嘉慶四年仲夏，後學秦瀛拜題于按察使署之懷清堂

載入《小峴山人支集》

列傳録

吴將軍公績公父子列傳　出《三國志》

陳　壽

凌統字公績，吴郡餘杭人也。父操，輕俠有膽氣，孫策初興，每從征伐，常冠軍履鋒。守永平長，平治山越，奸猾斂手。遷破賊校尉。及權統軍，從討江夏。入夏口，先登，破其前鋒，輕舟獨進，中流矢死。統年十五，左右多稱述者。權亦以操死國事，拜統爲别部司馬，行破賊都校尉，使攝父兵。後從擊山賊，破保屯先還，餘麻屯萬人，統與督張異等留攻圍之，克日當攻。先期，統與督陳勤會飲酒，勤剛勇任氣，因督祭酒，陵轢一座，舉罰不以其道。統疾其慢侮，面折不爲用。勤怒詈統及其父操，統流涕不答，衆罷出。勤乘酒凶悖，又于道路辱統。統不忍，引刀斫勤，數日乃死。及當攻屯，統曰：「非死無以謝罪。」乃率厲士卒，身當矢石，所當一面，應時披壞，諸將乘勝，遂大破之。還，自拘于軍正。權壯其果毅，使得以功贖罪。後權復征江夏，統爲前鋒，與所厚健兒數十人，共乘一船，常去大兵數十里。行入右江，斬黄祖將張碩，盡獲船人。還以白權，引軍兼道，水陸並集。時吕蒙敗其水軍，而統先搏其城，于是大獲。權以統爲承烈都尉，與周瑜等拒破曹公于烏林，遂攻曹仁，遷爲校尉。雖在軍旅，親賢接士，輕財重義，有國士之風。又從破皖，拜盪寇中郎將，領沛相。與吕蒙等西取三郡，反自益陽，從往合肥，爲右部督。時權徹軍，前部已發。魏將張遼等奄至津北。權使追還前兵，兵去已遠，勢不相及。統率親近三百人陷圍，扶扞權出。敵已毁橋，橋之屬者兩版，權策馬驅馳，統復還戰，左右盡死，身亦被創，所殺數十人。度權已免，乃還。橋敗路絶，統披甲潛行。權既御船，見之驚喜。統痛親近無反者，悲不自勝。權引袂拭之曰：「公績，亡者已矣，苟使卿在，何患無人？」拜偏將軍，倍給本兵。時有薦同郡盛暹于權者，以爲梗槩大節，有過于統。權曰：「且令如統足矣。」後召暹夜至，統已卧，聞之，攝衣出門，執其手以入。其愛善不倦如此。統以山中人尚多壯悍，可以威恩誘也。權令東占且討之，命敕屬城，凡統所求，皆先給後聞。統素愛士，士亦慕焉。得精兵萬餘人，過本縣，步入寺門。見長吏懷三版，恭敬盡禮，親舊故人，恩意益隆。事畢當出，會病卒，時年四十有九。權聞之，拊床起坐，哀不能止。數日減膳，言及流涕，使張承爲作銘誄。二子烈、封，年各數歲，權養于宫，愛待與諸子同。賓客進見，呼示之曰：「此吾虎子也。」令葛光教之讀書，十日一令乘馬，追録統功，封子烈爲亭侯，還其故兵。後烈免，弟復襲爵，領兵。

按壽字承祚，蜀人。師事譙周，仕蜀。被黜後，晋除爲著作郎。撰《魏吴蜀三國志》凡六十五篇。有良史之才。

宋吴門令睿達公傳

吏部侍郎俞　烈書

公諱遼，字睿達。文通之弟也。長于歌詩，尤工翰墨。王安石、曾布皆學其筆法。安石得其清勁，布得其真楷。公登第後游京師，偶爲人書裙帶，内侍買入禁中，神宗見之不悦。會遣使察訪兩浙，就以諭之。時公爲吴縣令，坐削籍，卜居池陽。有集號《雲巢編》行于世云。

宋教授仲沾公傳

吕祖謙東萊

公諱天澤，字仲沾。郡守薦公于朝，日選，請到本州進士。凌天澤在學充教授，本人履行淳正，器識高遠。嘗肄業大學，名聞縉紳。應舉不第，退歸田里，甘貧守道。專治誠明義理之學，而不爲異端之説。觀此，則公之賢可知矣。公潔凈爲心，謙虚成性，通和發于天挺，敏達表于自然。學過先儒，博通子史。流連文藝，沉吟道奥。掛冠亂世，家業林巖。採芝幽澗，耦耕自足。薪歌有餘，確爾不群。蔴衣藿食二十餘載，雖古志士何以加之。且不妄取與，尤嚴謹獨之操，處暗室猶康衢焉。公於百家子史以至山經地志、陰陽星曆，無不通曉。其爲文一以氣爲主，毫端亹亹從容，鉅細無不如其意之所出。

淳熙元年九月朔，禮部侍郎吕祖謙東萊父書。吕東萊，夷簡六世孫。隨高宗南渡，仕至尚書右丞。卜居金華，遂爲金華人。倡道于婺，爲一代宗師。卒謚成。

宋寶文閣學士時正公傳

蔡元定西山

公諱景夏，字時正。試禮部第一。爲江西運幹，除禮部架閣，累遷著作郎，轉對言時事，兼擢兵部郎官，改兼右侍郎官，知台州。大水，悉力撫綏。直秘閣，知婺州。尋召除尚左郎中，兼右司，尋兼左司，擢監察御史。時將出師汴洛，公言修内治，嚴邊備，毋貪近利，毋尚虚名。進左司諫，兼侍讀殿中侍御史。時又議就鄂建閫，公言當建司齊安，分上流淮西東爲三帥，而以江淮大帥總之，招募强壯，大爲捍禦之計。除工部侍郎，兼給事中，仍兼侍讀。復上疏言憂勤不可移于宴安，剴切不可銷于便佞。除諫議大夫，兼侍讀，除寶文閣學士，致仕。公以文學知名，修潔藴藉，平居晏然，臨事果敢，節操凛如。所至大興學舍，好施宗族，喜賓客。卒之日，家無餘貲。年七十有五。

慶元二年七月望，西山蔡元定撰。元定字季通，福建建寧府建陽人。八歲能詩。及長，登西山絶頂，忍飢啖虀。于書無所不讀。聞朱熹名，往師之。熹扣其學，大驚曰：「此吾老友也。」韓侂胄禁僞學，謫道州。卒後賜謚文靖。所著有《律吕新書》、《八陣圖記》等書。世號西山先生。

宋翰林學士子奇公傳

李綱伯紀

公諱策，字子奇。國初舉進士。除大理評事，通判江寧府，遷著作佐郎。召試，除太常丞，集賢校理，權三司度支判官。除右正言，知制誥。糾察在京刑獄。出知越州，始作學，以館諸生。徙知杭州，遷吏部郎中，知益州，遷右諫議大夫，翰林學士，群牧使，兼權吏部流内銓。母喪，廬墓。公少爽邁，讀書一閲輒釋。能達世務，治杭，鋤治奸蠹，崇奬賢知。後領益州，人曰：「此杭州凌公也。」每晨視事，日中，則庭無留人。與賓客飲笑終日，在朝帖然。公每問其佐曰：「幸告我以過，無嫌。雖言有不當，亦當降色妥辭以受。」政號嚴明，時有縱舍，於良善貧弱，撫恤尤至。爲文章得紙筆立成，而知者少。及爲制誥，遂以文學稱天下。

紹興四年十一月吉旦，觀文殿學士，湖南安撫使，知福州，邵武李綱撰。綱字伯紀，福建邵武府人。宋政和進士。仕徽、欽、高三朝，官至宰相。謚忠定。所著有《易傳内外篇》、《論語詳説》，文章歌詩奏議諸集百餘卷。

宋徽猷閣待制公弼公傳

羅　願

公諱唐佐，字公弼。登元符進士。授大名府司户。帥梁子美甚器重之，就差夏津縣令。河北有疑獄，公往決之，得其情，人皆感泣。夏津是歲旱，比還，雨隨至，時號「縣令雨」。獄上，進秩二等，召爲敕令所詳定官，遷光禄宗正丞，歷京畿江東常平。後知登聞檢院。嘗語侵王黼，請祠，得南京鴻慶宫。翰林承旨鄭三益薦其才堪大用，上曰：「非美髭髯，閑於進止者乎？」即日除開封府司録。府尹罷，連坐，謫衡州酒税。至謫所，時作《易傳》數萬言進之，被劾罷。後知嚴州，號令不煩。公警敏，事親盡禮，好周給親族。建炎初，起提點京畿刑獄，進直徽猷閣。京畿寇盜充斥，與戰數十合，殺傷過當。三年，除知應天府。虜騎數十萬圍城，城中兵少糧乏，外無援兵。及陷，被執，虜欲降之。指頸曰：「此可斷，不可降也。」劉豫欲污以樞轄，不從。得豫虛實，密以蠟書奏朝廷。事泄，豫捕至，大怒。公曰：「國家何負于爾，而反面事仇虜。一世皆欲殺爾，何獨我也！」繫累日，引出害之。臨死曰：「恨不見梟劉豫之首！」豫羈其妻子於潁昌。紹興三年，諸將復潁昌，夫人田氏以公死狀聞，詔贈待制。

乾道五年七月朔，鄂州羅願撰

都憲鄣南公傳載《安吉州志》

公諱説，字孟博，號鄣南。登至正九年己丑進士。見元政亂，棄官歸隱，著書自娱。有《六經義疏》傳行于世。明太祖召爲捲簾使。嘗稱爲「老凌」而不名。累官都察院右都御史。然性峭直，每以戇諫忤旨意，竟以是疏之，籍其家。《義疏》並家傳書册，咸泯没焉。

按明世家考載，洪武二年任都察院右僉都御史。

誥授中順大夫屯田司郎中芝臺凌君暨配吴宜人傳後

君諱顯，字經邦，號芝臺，姑蘇松陵人也。高祖諱懋翁，登元進士，爲翰林學士。曾祖諱履，早歲補弟子員。素襟清尚，遠跡崇情。祖諱尚義，洪武丙子舉於鄉，歷任太常寺少卿，事業著於史乘。君父彦光公，補弟子員。後承歡膝下，温凊無間，志在幽履，意簿軒朱。君生而繪定，長更絢齊，弱冠蜚聲黌序，庶士傾風。永樂二十一年癸卯，舉南京鄉試。宣德八年癸丑，成進士。久著風規，更嫺掌故。除授屯田司郎中。凡就衛所開曠之地，分軍立屯之法，慮事量功，權衡悉當。而一生之心地光明，豐功偉烈，見諸誥敕者，載之甚詳，不復殫述。嗚呼，榮哉！君以覃恩進階中順大夫，配吴氏，永樂戊戌進士諱道通子遠公女，誥封宜人。子一，諱信，宣德七年壬子登賢書，正統七年成進士，補翰林檢討。以君與夫人合葬吴江縣之下水圩。

年家眷教弟陳循拜跋

善同公傳

《易》曰：「積善之家，必有餘慶。」吾於公觀之，誠哉是言也。生平細行不具述，述其大者，必以情。公事父母至孝，事兄長以弟，待鄉里以和，處宗族以睦。重然諾，嚴取與，鄰里鄉黨皆以爲有德君子。好山水之勝，凡有佳景，輒携酒呼朋，乘興而往，詠而歸，樂而忘倦。故由陳村卜宅喻百塢，見崇山峻嶺，茂林修竹，曰：「爰得我所，聚族于兹矣。」且嘗於五六月中北窗下卧，遇凉風暫至，自謂羲皇上人，其人品殆陶潛之流也。若見人有善行，必奬勸以成之，人有不善，必直言而斥之。鰥寡孤獨，解衣而衣，推食而食，哀憫之心，不覺勃然而不容已。有貧不能娶者，即竭力周全，雖傾囊而與，不吝焉。今子孫繁盛，爾大爾昌，積善餘慶之理，昭昭不爽如此。然則公之名曰「善同」者，即謂之謚亦可也。孟子曰「善與人同」，吾公之謂乎？

賜進士亞中大夫，眷教生陳良謨謹撰

徵仕漢章公傳

先生諱雲，字漢章，别號卧巖，湖之歸安人也。世居歸安雙林里，因號雙林凌氏云。先生自幼善屬文，補弟子員，屢試不得志。乃喟然嘆曰：「大丈夫志在萬里，顧屑屑研析章句，如置身低舍不能舉首，是鴻鵠抑志於燕雀也。」乃遂屏舊殖以游。游至山東泰山下，見古廟前病人氣息垂絶，嗟嘆者久之。忽遇一道人在旁問先生曰：「汝欲生之乎？」先生曰：「固欲生之耳。」乃命公驗其氣之涼熱。先生曰：「氣尚蒸蒸，然汗微出也。」針其左股，遂蘇。因語先生曰：「此毒氣内蔽，非死也。毒散，則生。」因語本輸根結，終始順逆之法。自是引伸觸類，妙悟神解，有未之或知者，姑即予所面授於先君，與傳聞於父老者言之，信哉。予先君南槐公病，哮嗽日夜，吼不絶聲，致不能就枕，且絶粒者五日。醫以爲虚也，法宜補。藥投而病益甚，計無所出。就先生而問焉，曰：「如諸醫言，是有餘而以不足治之，非也。此寒濕積也，穴在頂，針必暈而若死者半嚮。須假四人分握其髮，使勿傾跌。」針入，果昏眩踰時。予祖父母皆行哭，先生乃言笑自若。少頃，氣漸舒，復加補，始出針，針微染血，因而嘔吐，痰積將及一斗餘。先生曰：「病根自此拔矣。」先生兄天章亦稱明醫。有男子病後舌吐，狀如懸物。天章語先生云：「此證乃病後近女太蚤。夫舌者，心之苗，腎水竭，不能制，心火病，在陰虚。法宜用針，其穴在左股太陽。是謂以陽攻陰。」先生曰：「然。」遂如其穴針之，舌吐如故。兄亦茫然自失，以問先生。先生曰：「失在於知瀉而不知補。」先生就視之，轉而補者三，其舌以漸而入，遂不復懸。陜西秦王病風，卧不起者三年矣。請於朝，數省名醫畢集，針與藥交治之，不効。先生至，投之以針，不三日而行動如奔，真爲起廢。臨行贈之以詩，甚者感恩銘骨，圖其形以祀之。又金華有一富家，婦少寡日久，始見屋柱抱之，若有所契。甚至裸形野立，亦忘其耻。時先生年已七十，令渠就針。先生熟視之，曰：「是謂喪心。」乃先命一人紾其左右手，並扼其肩，忽以冷水噴面，欲令其忽然驚惕。且云：「針後用幛以蔽之，計其心正而知耻也。」乃以針入其心，次日鳩尾，補瀉少加，不踰時，遂爲端貞女子也。復語其家人曰：「宜以好言慰之，以泄其愧耻。病庶幾不復發矣。」又先生夜泊吴江，有憲副陳冷庵子媳臨産，胎不下者三日夜，呼號惟求自盡。至夜，分燈火煌煌出以迎醫。先生起而詢其所以，因語主人曰：「何必多醫，假吾一針足矣。」衆目之爲狂，且曰：「姑試之，以觀其効也。」先生即燈下以針刺其心穴，針出，孩亦應手而下。問何以故，先生曰：「此謂抱心生也。針出，則手舒，手舒，則胎下。」因取兒手驗之，針痕其朗，衆驚，皆嘆服而去。夫母之心，與其子之手相爲聯屬，母之命，與其子之命相爲存亡。差之毫釐，兩敗俱傷無疑也。非洞見藏府，意與神通者，孰能與于此？于是名聞當宁。召試之太醫院，乃出銅人，以衣蔽其體，命先生就針。針無虚穴，則知先生之醫得心應手，要非襲取所能致者。且公性素豁達，不事居積，凡親戚之貧而苦於饑寒者，婚與喪不能舉者，橋梁道路之修有求於先生者，先生曰：「吾貧不能爲汝助。但至其日，吾設坐施針，即其所餽遺者，計其數之所盈，與之而止。」其輕財樂施，有可述焉。又聞先生少與晟舍閔莊懿公、諱珪，字朝瑛，號獮山，烏程人。天順甲申進士。仕至刑部尚書，加少保。戴山黄長史諱雄，字士偉，號□□，烏程人。正德戊辰進士。官至長史。步出東門，有相士前進而揖閔曰：「伏犀貫頂，玉帶懸腰。」揖黄曰：「好一金肚皮。」揖先生曰：「既非科甲進身，又不以異途入仕。公之貌清奇，惟有名高天下。」後閔官至尚書宫保，黄以進階腰金，先生大名垂之宇宙，至今不朽。然則先生之術殆天授，非人力也，故傳以表其神異哉。

論曰：予讀《史記》，謂扁鵲得長桑君方書與異藥，飲三十日，見垣一方人。以此視病，盡見五臟癥結。以爲作史者特神其説，以夸示天下後世。及觀吾漢章凌先生之醫也，信哉。夫湯液膏醴，撟引吐納，均之所以治病養生。至於濕熱壅腫，手足痿痺，甚至毒氣内攻，存亡繫於呼吸，有藥力導引之所不及者，非針砭以補瀉之，死可立待。故曰：「取五脉者死，取三脉者恇，奪陰者死，奪陽者狂。誠毫髮不可僭差。」是故唐之狄梁公，去鼻贅而却絹千匹，高誼流芳。梁之道人慧龍，能開帝胄之雙瞽，後世有述。今觀先生之于醫，其起廢療心之効，信若風之吹雲，明乎若見蒼天。與唐之狄公，梁之慧龍，入於神聖者，一也。即其胸次豁達，不事居積，乃知公之伎術文章大過於人，不惟聰明得於天縱，而其心胸開拓，抗立物表，亦自與人殊云。

賜進士出身，文林郎，巡按監察御史，通家眷侄慎蒙頓首拜撰。

味清翁傳

翁諱旲，字欽伯，味清，其別號也。少卓犖不群，善詩畫。一爲府掾，睹上官操切，即棄去。從世父卧巖翁學針術，盡得其秘，以故治疾輒奇中。然不屑累銖錙爲贏餘，所得旋爲賓客費。逼歲，囊不留一錢。家人煩言，不顧也。中年客廣陵，遇道者，授以運氣之術。每日行持不徹，年八十顔如渥丹，視聽聰明，步履輕健。一日自外歸，期約道友游西湖。忽謂家人曰：「吾歸矣。」孫曾輩撫摩問視，即瞑去。儼然危坐再日，顔色如生。若翁者，其去仙道寧遠耶？萬曆庚辰十月朔，外孫沈稠頓首拜識。

鴻臚磊泉公傳

狀元范應期屏麓

公諱稚隆，字以棟，號磊泉。藻泉公之季子。博覽群書，蹇修自好。生平忠信廉潔，善周人之急。知交皆一時名公鉅卿。於世無所嗜，獨嗜班、馬二史。嘗嘆當時操觚之士，腹笥筆吻無適而非史，但訓詁之家，傳聞異詞，或書僻而不易識，或事遠而不易証，或義奥而不易通。至習之者，不得于事則姑傅會以文之；不得于義，則姑穿鑿以逆之。眯法于篇，則姑擠其句；眯法于句，則姑剽其字。膚立者，持門户；皮相者，矜影響。昔藻泉公以史學著，公追本世業，按其義以成先志，集之若林。左提右挈，時出其疑，信以頡頏于司馬、班氏之間。其言，則自注釋以至贊隲；其人，則自漢以迄嘉、隆。又旁引他子、史，而撮其勝，紹明班、馬之統，足稱古良史矣。設分以龍門、蘭臺片席，使得抽金匱、石室之藏，以自成一家言，當不在子長、孟堅下也。王元美嘗云：「我高皇帝德踰漢高萬萬，文獻即小未稱，亦不下武、宣叔季。有能整齊其業，以上接班、馬，舍夫曰注，曰測義，則進于評矣。元美又云：「昔左氏臣《春秋》而素，杜預臣左氏而忠。若公之忠于左于杜，不尤炳然乎？」洵真知人哉。三大業既成，不啻揖班、馬、左、杜而伯仲之矣。于是陶情諷詠音什之間，輯《五車韻瑞》、《文林綺綉》若干卷，自經史以及詩歌，凡名儒、碩卿、騷人、處士綺思瑋句，莫不依韻而甄裁之。使採拾者如入鄧林，泛瑶海，金波綷羽，無非異光，驅使古人，儼然南面而門内外坐之，真洋洋大觀也。晚年復輯《三才統志》，所謂日嘔血數升，手不停批。其于上下天地之際，三皇五帝，因革損益之大，以迄百家六藝，莫不網羅斟酌，所謂天動神解，洞竅擢髓，必極其至，殆亦渡海之筏歟。惜爲造物所忌，不令卒業，竟以壽終。嗟乎，湘靈鼓瑟，至今有嘆曲終人不見者。

芙蓉閣主人范應期

凌義渠傳

載《明史》

凌義渠，字駿甫，烏程人。天啓五年進士。除行人。崇正三年，授禮科給事中，知無不言。三河知縣劉夢煒失餉銀三千，責償急，自縊死，有司責其家。義渠言：「以金錢殞命吏，恐天下議朝廷重金，意不在盜也。」帝特原之。宜興、溧陽及遂安、壽昌民亂，焚掠巨室。義渠言：「魏羽林軍焚領軍張彝第，高歡以爲天下事可知。日者告密門漸啓，籓國悍宗入京越奏，里閭小故叫閽聲冤，乃至僕豎侮家長，下吏葧上官，市儈持縉紳，此《春秋》所謂六逆也。天下所以治，恃上下之分。防維決裂，無復界限，即九重安所籍以提挈萬靈，役使群動哉。」義渠與温體仁同里，無所附麗。給事劉含輝劾體仁擬旨失當，被貶二秩。義渠言：「諫官不得規執政失，而委申飭權于部院，反得制言路。大臣以攬權爲奉旨，小臣以結舌爲盡職，將貽國家無窮憂。」時韙其言。兵部尚書張鳳翼叙廢將陳壯猷功，爲給事中劉昌所駁，昌反被斥。義渠言：「今上下盡相蒙，疆場欺蔽爲甚。官方盡濫徇，武弁倖功爲甚。中樞不職，捨其大，摘其細，已足爲言者羞。辨疏一入，調用隨之。自今奸弊叢生，功罪倒置，言者將杜口。」不納。三遷兵科都給事中。東江自毛文龍後，叛者接踵。義渠言：「東島孤懸海外，轉餉艱難，向仰給朝鮮。今路阻絶不得食，内潰可慮。」居無何，衆果潰，挾帥求撫。義渠言：「陽撫陰剿，同惡必相戕。」及命新帥出海，義渠言：「殲渠散黨宜速，速則可圖功，遲則更生他釁。」後其言皆驗。義渠居諫垣九年，建白多。吏科給事中劉安行惡之，以年例出義渠福建參政。尋遷按察使，轉山東右布政使，所至有清操。召拜南京光禄寺卿，署應天尹事。十六年，入爲大理卿。明年三月，賊犯都城。有旨召對，趨赴長安門，旦不啓扉。俄傳城陷，還已得帝崩問。負牆哀號，首觸柱，血被面。門生勸無死，義渠厲聲曰：「爾當以道義相勗，何姑息爲！」揮使去，據几端坐，取生平所好書籍盡焚之，曰：「無使賊手污也。」旦日，具緋衣拜闕，作書辭父已，自繫奮身，絶吭而死，年五十二。贈刑部尚書，謚忠清。本朝賜謚忠介。

修職郎凌雲煇先生傳

學博凌雲煇先生，諱應元，字愛親，吴江人也，家於邑之南關外莘塔。性愷爽，不假修飾。年未弱冠，即補弟子員。喜讀書，爲先生大父敬萱公所篤愛。逮由廩出貢，選任太平縣學教諭。五經教授，群坐春風；四院興賢，咸霑化雨。思樂泮水之藻，不厭首蓿之盤。集三鱣而無慚楊震，乘一馬而媲美鄭虔。雖云一官冷署，早已共慕師範。爲人美鬚髯，善恢諧。人招之飲，輒陶然醉。性喜酒，終亦不至于亂。每當緇林暫憩之餘，揣摩入彀，時出一藝，必自嘆絶。而其爲人落落自喜，岸然不群，故于暮年投簪終老，竟學繆彤之閉户，不問馮諼之治裝。優游林下，得賢子三人。長可達，爲安縣典史，次可進，三可選，俱彬彬稱儒雅，是皆公積厚流光所致也。先生於順治十八年三月二十七日卒，壽八十有三。配徐氏，以康熙三十五年合葬完字圩祖塋之側。

年家眷弟王掞拜撰

朗亭凌公傳

夫秉禮之儒持己必敬，仁義之士澤被自遠，此非渺焉難知，實驗之有徵。是以先王端本于庠序，非進士不治民；聖人莞爾于弦歌，必學道可愛人。如我友凌朗亭，誠其選也。公諱憲章，字熠寰，江南松陵人。歷世簪纓，一門濟美。父諱可達，字順所，爲安縣典史，崇文館修録。母沈氏，明萬曆進士僉都御史諱詢女也。公閉户窮經，學早淹貫，自博青衿後，每于射策之年，本房呈薦，屢以爲額所限，殊深惋惜。以故居家訓子，啓樊重之居；大開瑞室，仿君卿之俠。招致清流，升堂者，旗鼓相當，珠璣亂灑，以古較今，于斯尤盛。公疾惡如熱，赴義若風。見貧窘助之傾囊，聞流言必爲洗耳。不獨比鄰稱美，抑且惠徧周親也。委化之年，在康熙四十三年五月初九日，壽七十有四。今雖九原不作，誰不對酒而憶公高，臨風而思元度哉。余不文，聊綴數語，以傳公之梗概並誌。公于康熙五十五年合葬完字圩祖父塋側。

年家眷教弟王端拜撰

希周凌公傳

傳者，述其人之懿行，以傳之後世者也。人必信今，乃可傳後，故必深悉其有可傳之實，始其詞非諛，而其人得傳。余自維謭陋，何足以傳前人。然竊念自壯而老，閲人多矣，生平之所敬慕，堪爲楷法者，唯凌氏希周公，真我所深悉其有可傳之實者歟。𠭁何得以不文辭，而聽其無傳也。公諱啓模，字希周，先世居横塘村。高祖諱美，始遷州城。代以孝友著聞。考諱人豪，蜚聲黌序，遠近知名，義方教子，淵源固有自也。公承先業，奮志《詩》、《書》，冀顯揚其親，奈數奇，屢試不售，人共惜之。迨椿萱並隕，境日益迫，不得已投筆營生。嘗慨然曰：「人不能成名以顯親，還當積功以啓後。」精岐黄術，延治者衆，而不取人謝，非心誠濟世何能爲此。遇宗黨親友有事，仗義立言，力爲排解，人咸服其公正。見貧苦者，解衣推食，不惜傾囊以行其周恤。種種厚德類如此。且其爲人，耿介廉直，寧立于獨，不阿于衆，寧居于拙，不詭于隨。非禮非義之徒，雖豪勢必與割席。其堅確不移，素所樹立又如此。𠭁自少讀書公家，與公之嗣世煜、世烈等相友善，因得時親公訓，而深悉公之居心仁厚，待物忠誠，信有不愧古人者。《易》曰：積善有餘慶。公之善，𠭁既深悉之，則公家之慶，𠭁能無厚望之哉！今適其家乘重修，謹紀大略以附載焉。蓋不敢以世俗套語相譽云。

世侄吴𠭁頓首拜撰

吉人凌公傳

公諱士謙，字吉人，世居安吉横塘村。其先有諱時中，諱懋翁，父子俱登進士，成顯宦，爲安吉望族。懋翁子十六，避亂分徙，皆以壽爲行。其壽十二公，諱賁，始居横塘。數傳至頤齋公，諱初，又自塘北遷塘南。子孫五世共爨，北城章公臨川所旌「奕世同居」匾也。公承先世孝友之風，益深慕義趨仁之意，重然諾，敦《詩》悦《禮》，與物和而不同。族有貧苦者，加以燠咻，力爲扶持。遇相争者，爲之剖斷是非，勸以親睦。人咸服之而不敢欺，以故里競稱爲長者。横塘傳十餘世，子孫繁衍。舊無宗祠，公慨然曰：「所以栖先靈敦族情者，莫重于祠。今獨力既難爲，而族又苦無公資，奈何？」會祖墳有樹銀三十餘金，公曰：「是可爲建祠基矣。」爲權子母，謹出入，積累至千金。祠尚未建，而公已遽殁。因囑其子正梁等相繼經理，日益恢大，今果屹然有祠，以成公之志，以此見公之開其始者，爲功于先人不少也。余嘗讀《漢書》「有志者事竟成」一語，未嘗不慨焉興嘆。志在經世者，勳烈被于生民；志在光宗者，事業留于宗族。志之量有大小，而志之專則一也。縱不得成于其身，而成于其子若孫。成之時有先後，而成之功則一也。今觀于公，而益信。以數十金之資，而有志建祠，積累至于其子，終能成其志焉。可知事無難易，惟在人自爲之耳。有功于祖，必能下澤子孫，理固然也。今公之子正梁，行誼頗與公類，晚而得嗣，後起正未有艾乎？余來兹邑，既喜凌氏之修宗譜，起宗祠，堪爲世之敬宗收族者勸，而又重公任果齋之請，大發幽光於既往，亦忝司學校者之事也。爰縷次其事，而爲之傳。

嘉慶九年歲次甲子，署安吉訓導，計楠拜書

平山公傳

公諱乘雲，字天文，號平山，吴江廪貢生也。公之十四世祖壽十公，自安吉遷居黎里，始爲吴江人。嗣後屯田、尚寶兩公父子俱登進士，成顯宦，而族益大。其自黎里復遷莘塔者，尚寶之曾孫，公之七世祖思溪公也。思溪生四子，長尚禮，無傳；次尚智，贅朱氏；四尚友，遷紅塔；而其三敬萱公，諱尚德，支下繼繼繩繩，簪纓累世，能不墜其家聲。公承祖父書香，奮志經籍，冀欲追光前業，食餼郡學，名噪吴中。性豪邁，鄉里有急來求者，無不慨應。乾隆二十年間，里中橋毁，往來不便于行。公曰：「莘塔止有此橋，何可聽其久毁。」適婁門玉田公至，亦好善士也。公與計議，共損貲二百金，督成其事，行者得免褰裳焉。公敦孝友弟，洪文公有一地欲售，公邀親表議價。地祇數丈而價須三百，親表咸難啓口，公聞之乃曰：「手足至親，何論産直。」悉允付之。有甥王世源，少孤無依，公撫之二十餘年，俾至成人。其他厚德類如此。噫，若公者，可謂以實心行實惠者乎！琴與公，昆弟行也。後先數十年，未獲親見公。今年冬族修宗譜，開局安吉城，延琴職其事。公之子振千遺嘉言：「鳳春持譜來刻，往拜吉川祖塋。」因述公之盛德如此，並言其支自遠遷吴江後，未獲一拜安吉祖塋。公素有志，嘗囑子若孫必纘成之。琴喜振千等惓惓顧本，能承祖父志，而因思公之遺教，所以示子孫承先啓後之道者，洵得其要矣。爰樂陳其梗概。

嘉慶九年歲次甲子冬十月，弟琴元理堂氏拜手謹述

南浦凌夫子傳

夫子名一鶚，字孚遠，號南浦，浙之烏程人也。先世忠介公，史稱其無他嗜好，性獨愛書，故能大節不奪，爲勝國純臣。夫子其裔孫也，嗜好與公同。年弱冠，受知於金壇于耐圃先生，補博士弟子員。不數年，食餼於庠。夫子敦氣誼，工文詞。其文根柢六經，出入衆史，旁及諸子百家，閎中肆外，炳炳麟麟，鄉先達無不以玉堂金馬期之。而屢試棘闈，未獲一遇，「文章憎命達」，其信然耶？而夫子自安義命，處困能亨，益肆力于制述。曰：「我不能以文章榮世，必當傳諸其人。」是時四方從游者日進，夫子因材而篤，誨訓諄諄，日旰燈昏，終無倦色。自乾隆丙戌迄己酉，下榻師有家幾二十餘年，負笈受經者，常屨滿户外。凡經夫子口講指畫，其文莫不卓然自立，有法度可觀，樂育裁成，一時稱極盛焉。夫子于制藝最深，韻語亦涵濡于三唐兩宋，戛戛生新。餘若古文駢體，沈博絶麗，力開生面。著有《南浦文稿》、《閒牕雜咏》。迄今見背已十餘年，不特苕霅之士奉爲楷模，即檇李後進耽制作者，無不争購先生遺稿，奉爲指南。師有久思彙全集，壽之梨棗，流播藝林，羽翼後學，而牽於俗冗，有志未逮。每憶二十餘年教育期許之至意，未嘗不撫心而默呼負負也！至夫子之立品，則事父母以孝，處仲叔以友愛，與人忠，取友信。鄰里有以非義加之者，怡然不以爲意。且必危言篤論，

反覆曉譬，俾其人自悟而後已。嘗於問字之暇，語師有兄弟曰：「學術與治術相爲表裏，讀聖賢書，便宜志家國事。徒工制藝，無補也。」今弟師程、師□輩，謬列部曹，忝司民牧，孜孜奉職，唯恐隕越，以貽夫子羞，孰非夫子禀承忠孝淵源，流爲教澤所致哉！惟竊念潛德必發幽光，不于其身，在其子孫，後起蒸蒸，食報正未有艾，是則師有之所厚望也夫。歲甲子，族修宗譜，冢嗣滄洲與有謀爲列傳，以垂不朽。有自維固陋，何足以傳夫子？且夫子學行亦不待有而傳，惟有侍夫子最久，知夫子爲甚詳，因不敢以不文辭。

嘉慶九年歲次甲子十月朔，受業門人嚴師有百拜敬書

學純公傳

公諱學純，字心德，文中公之子也。其爲人也，見善如不及，惡惡惟恐浼。憂人之憂，樂人之樂，秉性純乎仁義矣。弱冠失怙，事母至孝，問寢視膳，必致其歡。母疾，食不甘味，寢不安席。凡母所嗜之物，無不市而奉之，其孝行如此。當伯父日富公卒時，子學悌甫二齡，母子二人艱苦萬狀。公與同居，事伯母孝敬兼至，撫弟如同胞，數十年如一日。迨弟成人，公爲婚配，因嘆曰：「吾可以見伯父於九原矣。」丙子歲荒，族之饑者，每給米以濟。嘗建衆廳，公爲董理，且捐巨貲，凡施捨事，俱慷慨從之，毫無吝色，其好善蓋出於性天焉。若其自奉，食不兼味，衣不重帛，而冠婚喪祭，必致其豐，與鄉人處，無忤言，無遽色，即横逆投之，而公亦恬然，故與公交者，若飲醇醪，不覺自醉，所謂「如入芝蘭之室」也。孺人盛氏，婦德夙嫻，温而且惠，事姑悉體公志，無倦容。生二子，長宗望，次宗獻。樂善好禮，有乃父風，孰非公之遺教所致乎？今凌族修輯家乘，延余秉稿，以鄉鄰傳頌之言，謹録其實行以傳之。

時乾隆歲次乙卯秋月，眷小弟郎瀛錫榮氏拜贈

卷之五

碑誌

司馬宗一公權厝志

載《柳柳州文集》

柳宗元

尚書都官員外郎、和州刺史、連州司馬富春凌君諱準，卒于桂陽佛寺。先是六月，告于州刺史博陵崔君曰：「予嘗學黄帝書，切脉視病。今予肝伏以嗇，腎浮以代，將不臘而死，審矣。凡子之學孔氏，爲忠孝禮信，而事固大謬，卒不能有示乎世者，命也。臣道無以明乎國，子道無以成于家。下之得罪于人，以謫徙醜地；上之得罪于天，以降被罪疾。子無以禦也，敢以鬼事爲累。」又告于老氏者某曰：「予生辰，今而寓乎戌，辰、戌，衝也，吾命與脉叶，其死矣乎。吾罪大，懼不克歸柩于吾鄉。是州之南，有大岡不食，吾甚樂焉，子其以是葬吾。」及是，咸如其言云。孤夷仲、求仲，以其先人之善予也，勤以志爲請。嗚呼，君字宗一，孝弟聞于其鄉。杭州刺史常召君以訓于下。讀書爲文章，著《後漢春秋》二十餘萬言，又著《六經解圍人文集》未就。有謀略，尚氣節，赒人之急，出貨力猶棄粃粺。年二十，以書干丞相。丞相以聞，試其文，日萬言，擢爲崇文舘校書郎。又授以金吾兵曹爲邠寧節度掌書記。值涇之亂，以謀畫佐元戎，常有大功，累加大理評事御史，賜緋魚袋。授節度判官，轉殿中侍御史。府喪，罷職。後復遷侍御史，爲浙東廉使判官，撫循罷人，案驗污吏。吏人敬愛，厥績以茂，粹然而光，聲聞于上，召以爲翰林學士。德宗崩，邇臣議秘三日乃下遺詔，君獨抗危詞，以語同列王伾，晝其不可者十六七，乃以旦日發喪，六師萬姓安其分。遂入爲尚書，仍以文章侍從。由本官參度支，調發出納，奸利衰止。以連累出知和州，降連州。居母喪，不得歸，而二弟繼死。不食，哭泣，遂喪其明以没。蓋君之行事如此，其報應如此。夫人高氏，在越。孤四人，南仲、殷仲，在夫人所，未至。執友河東柳宗元，哀君有道而不明白于天下，罹愍逢尤夭其生，且又同過，故哭以爲誌，其辭哀焉。銘曰：

噫凌君，生不淑。學孔氏，揚芳鬱。好謀謨，富天禄。讐禁書，贊推轂。覿靈龜，獲真卜。從東越，翊民牧。罷人蘇，污吏覆。升侍從，躬啓沃。匡危疑，興大福。吏尚書，徒隸肅。佐經邦，財用足。道之蹪，身則辱。烏江陲，九嶷麓。仍禍凶，遘茲酷。能知命，無怨毒。罪不泯，死猶僇。何以葬，南嶺曲。魂有靈，故鄉復。封古壤，歸骨肉。爲之銘，誌陵谷。

重建秘書吉川公墓碑記

碑現存北莊

考我祖生于宋末，值國祚之終，開家運之始。一官不足爲祖榮，而罷德宏材，流芳奕葉，追自唐連州司馬，至宋兩浙轉運判公，世數寥渺，難以悉稽。獨祖肇跡銅山，爲凌氏發脉之始。子姓分派，歷歷可考，並系譜牒。而余支以屢遷，隸烏程之晨舍，冠蓋尤盛。乃祖之墓土，則實在茲。雖有子學士公懋翁、孫都憲公説，嗣後京兆公賢、僉都公晏如、提舉公勬、文林公旦、博士公震、比部公約言、明經公啓，既明從龍，繕部公迪知、參知公嗣音，蟬聯世澤，而年久銘湮。故依居即不乏子姓，而歲時伏臘，掃墓無主，追遠孝思，寧得無憾。故嗣功乘輯譜告成後，糾族黨同志者，蒐得之荒煙蔓草間，亟爲更新其石，聊以見無斁之意云爾。

萬曆四十五年歲次丁巳孟冬上浣，嗣功拜誌

附刊設祭典例

以時致祭，牲饌饗頟。嗣功雖曰創舉，力寡未能豐裕。或春或秋，第可告虔，而神賜難于偏歆。族姓凡值掃墓，有願盡孝思者，各人出祭。需三分與祭，永以爲例。

計開：

三牲五大盤，羊肉拾觔，猪首拾觔，鵞肉重伍觔，魚貳尾，粽一盤，吃卓一，糖人五座，乾菓五，時菓，糕五，餅五，紙拾觔，錠壹千，酒一罈，飯米貳斗。

以上各支共銀柒兩，回贖夏槐祭田壹片，每年收花。族議與近墳子孫元茂等，備祭品拜掃。

中丞安然公墓表

出《名臣琬琰録》學士王直號竹儉，謚文端。

宣德九年八月十五日，中順大夫行在都察院右僉都御史凌君晏如，以疾卒于官，年五十三。朝廷爲遣舟歸其喪于湖州歸安縣，將葬于所居瑯琊鄉□山之原。其幼子啓，既請右都御史熊公諱概銘其墓矣，復來請予文表諸墓，曰：「啓之兄敬，以養祖父，不克來京師。今歸有期，亦不能俟其來也。故啓敢以請。」凌君嘗入翰林，與予接，又同朝久，且相知，義不可辭。君諱晏如，字安然。自少力學，尤工書。其楷書學晋，小篆則師秦相，早有名鄉邑。太宗鋭意文藝，必欲追配古人。君優游舘閣，益自勵，務欲稱上意。仁宗在東宫雅知之，常令繕書以進，令藏于秘府。永樂十五年，擢拜吏科給事中。以恭慎舉其職，日侍上左右，有所顧問，敷奏詳明，同輩皆推服焉。仁宗即位，陞吏科都給事中，益忠懋不懈，人未嘗見其過舉。今天子即位三年，大正庶官，以修百度，以君爲右僉都御史，葢是時持憲者多以賄聞，由是用君。君感上知遇，確然自持，不爲衆所惑。

思欲稍拯其弊，事不可即，懇懇爲其長言之，多見聽從。然猶膠箝牢密，君未及有所振舉，而以內艱去，蓋在任不二年。君去，而其長及凡付托者，皆得罪矣。服闋，仍爲右僉都御史。兵部以武職貼黄久不清，請會官清理。上以命公。公與翰林侍讀苗君衷皆從事于此，同心一力，罔有漏失。有顏鎮撫既卒，子孫當一人繼，乃復以一人冒官三十餘年，無覺者。君閱其實，乃奏罷一人。又著令：凡武官有靖難功而無子者，不忍遽絶其禄，得以婿或以義兒一人繼，不再及也。有張指揮者，既以義兒繼矣，又欲冒及其子，因有所調發，托統帥以疾請，預以子代，亦十餘年矣，君亦奏請罷之。其臨事用心不苟，皆此類。而不能久于世，豈非可惜哉！曾祖謙，祖均德，皆不仕。父賢，歷官至應天府治中，坐累罷居均州。仁宗知其爲人，因召爲都給事中。即令冠帶造朝，以都給事中致仕歸湖州，今加封右僉都御史。娶周氏，卒，有子一，曰敬。再娶唐氏，子四，曰啓、肇、敦、敷。嗚呼，自古聰明才俊之士，遭時奮身，皆有志于功名，以顯當時，傳後世。然而不至于大有建立而卒，如君何限，蓋莫非命也。使君得永年，其所立豈小哉！今雖不幸，而其居官行事之善，不可泯也。故表諸其墓。

學博練溪公墓誌

尚書劉麟南坦

嘉靖乙未春二月二十有七日，我友練溪凌先生卒。先是，聞先生疾，造其廬而問焉。視其腹，膨脝如抱瓮然，而聰明無改，生理則已去矣。及與語，惟念生平道義。以舟車不足，不得數相過從爲恨。因告曰：「數日前，曾賦詩。」語諸子爲予一誦。末二句云：「吾鄉本是無何有，此去誰知西與東。」相顧一笑，命子飯予，宛然壯游風度。嗟乎，麟始至吴興，得先生一再聚，即開心引喻，由是麟籍以聞過。今末路爾爾，先生之益爲多。嚴溪亭、陳練塘、孫太白、施菁陽、邵康山輩，皆自先生而結知，求如先生之規益，則未也。先生端直高雅，不爲時好，所存所發，務趨于道。然韜晦獨深，時人亦不盡知。垂老作訓黔陽，去吴興八十里，先生素多疾，無何致仕，蓋憮憤離群，大收末路也。今天不憖遺，全而歸之，可謂與道偕行者也。獨念夫名門華胄，以京兆公、中丞公進退治朝，咸若厥則。先生承之，文學行誼，不忝前修，而所遇僅此，可哀也已。初，先君之喪，卜葬得名山，在苕城之陽。先生止之曰：「葬法無近勢家，吾黨宜守其戒。」麟遂舍去，卜于僻壤。未幾，麟承恩詔起于家，歷官御史大夫，撫畿内。先生戒予曰：「此官任重責備，君志意少布，可歸也。」吾從之，甫二年，上疏而歸。先生赴黔陽，貽書曰：「吾衰，念歸殊切。」予贊之曰：「歸，可也。」乃爲君告于中丞鐵橋黄公，公謀之提學少華許公，曰：「適有收書事，可便其行也。」因命之。及聚首，曰：「使事畢，吾不復爲黔陽之行矣。」麟曰：「善。」遂具書請老。嗟乎，若先生，可謂聞善若決江河者矣！夫人誦法前規，行之者鮮，若先生，可謂知行並盡者矣。康山邵子狀先生行曰：「議論平正，志行潔良。困而不失其亨，窮而不失其達。和而不隨，高而不亢。」聞者莫不嘉先生之行，而服康山之言。嗟乎，今蓋棺矣，郡無直諒，決疑辨惑，望之何人，吾哀將何時而已乎！按狀，先生諱震，字時東，號練溪，其先安吉人。在元有諱時中者，任秘書監少監，贈集賢直學士，輕車都尉，吴興郡侯。時中子懋翁，翰林院直學士。逮壽四府君，始遷歸安。生均德。均德生賢，洪武戊辰，浙江鄉試中式，任武岡州知州。考最，升應天府治中。居官剛正不阿，改知鄭州，尋又謫均州。有隆平侯者自荆還，薦之曰：「可當大任。」宣宗作《招隱歌》以徵之。入見，命階司馬，又命掌都察院事，並辭。上嘆曰：「汝欲學疏廣耶？朕遂汝高志。」御書「賜老堂」三字褒而遣之。賢之子晏如，業儒敦行，精六書之法，尤工李斯大篆、二王小楷，召入中秘，與修《永樂大典》。書成，拜吏科給事中，升本科都給事中，尋升都察院右僉都御史，掌院事。舉劾不避，寮寀憚之。時與都御史顧佐齊名，雖登顯榮，而橐無長物，以書抵家，令賣産以供。既卒，訃聞于上，悼甚，遣官諭祭，給驛歸。翰林院侍讀鳳陽苗衷、王文端公直，俱誌其墓。晏如季子敷，唐夫人出。夫人廣東瓊臺宦族，今户部侍郎唐公平侯之姑。敷早失怙，贅于晟舍閔氏，遂籍烏程。敷子三，先生其季也。生而穎異，有俊才。博綜群籍，曉析百家。長游郡庠，同游之士莫之或先。又能樂志甘貧，事父母先意周旋，甘旨之具不煩二兄，此尤卓冠鄉閭。居常坦坦，不爲町畦鄙瑣之事。或與先生接，自能消其邪心。善古文，尤長于詩詠。其文涵蓄縝密，其詩清高悲壯，一時名士未識面先已讀其篇什。有《練溪集》若干卷行世。先生初以鈎索富聞稱雄，比中歲，幡然守約務實，一其歸趨。嘗曰：「學道不在多言，只人倫日用之間，盡我心焉爾。」又曰：「君子小人，在實與不實之間而已。」先生每試必冠多士，及科塲，輒不利，以廪次貢南宮，選授今職。鐵橋黄公、少華許公重先生之學，到官月餘，即命提督寶山書院，選拔名彦，俾授學焉。先生入學，嚴立科條，陳説倫理之懿，啓迪性命之微。勸能懲惰，取《中庸》、《大雅》諸書，日與之講劘，文章規格，親爲之點竄。一時士類改觀，俾科第得人，若進士危君嶽輩，實荷先生造就之力。比歸，掃迹城府，杜門自養，圖書左右，亹亹不倦。興到，則獨步林壑，尋芳討勝，風度悠然。清修之範，近世罕聞。太守石梁萬公，治郡方嚴絶俗，尤精鑒别，至鄉飲大賓，以爲非先生不可，恐不可致，乃特遣教授陳祥麟躬造敦請，一時盛典，觀者嘖嘖。嘉靖甲午，先生苦脾胃之疾，黔陽歸已十年于兹。明年春，終于正寢。距始降成化辛卯三月七日，享年六十有五。配王氏。子三，長紀言，郡庠生，配陸氏，繼張氏。次納言，娶錢氏。次約言，舉人，娶潘氏。女一，適長興縣學生錢錀。孫男八人，曰：進知、選知、遜知、迪知、述知、遇知、速知、近知、遂知。孫女七人。曾孫男二人。先生臨終之夕，諸子問所欲，先生曰：「若銘吾行，若等請諸康山。銘吾墓，若等請諸南坦。」語竟而逝。某年冬十一月，約言等始得康山狀，來請銘，予誌而銘之曰：

劼志矯矯，㠥行振振。淵泉玉竇，朗月秋旻。夙負超逸，晚踐真醇。時仕膴膴，吾仕屯屯。以位則屈，以道則信。小試輒歸，廣譽殉身。相彼練溪，洵無一塵。京兆之去，中丞之貧。是孫是祖，後先嶙峋。我辭不憖，視此貞珉。匪珉曰貞，貞于完人。

賜進士出身，資政大夫，工部尚書致仕，安仁劉麟撰。

賜進士出身，通議大夫，户部右侍郎，瓊山唐曹書丹。

將仕佐郎，翰林院待詔，長洲文徵明篆。

孝友春谷公墓誌銘

先兄雯之子紳，字子縉，本歸安人，其改烏程者，在祖父之世。以今年嘉靖庚寅五月二十八日卒，生年五十四，少余六歲耳。初，余事同縣長史黄公受《書》，習科舉業學，紳實從之，鈞甘並苦彌年，客處相顧良親。嫂氏吴以其居長而多病，不願使之從仕，曰：「能爲農家子，衣食不乏，足矣。」遂至失緒，不能究悉微義。性率略鯁直，切齒卑諂之徒，其志願亦有可取。居家治産，精厲專懇。利便敏速，行于州里，疏通幹練，多見信重。平日尊愛祖父、祖母，凡舉膳問安，執喪承祭，與余等間一先後，心無不逮。其侍父疾，日夜憂悚，面無正色，謁醫求藥，覃誠畢慮。父没奉母，飲食鮮肥，衣服輕縟。身不在左右，有所往，或應役出外，諄諄誨示妻妾、婢子，無失謹護，至再而止。能以僅足周身之産，致有每可及人之貲。臨卒，以所受祖父舊田廬，召諸從弟與之，以其父舊田，割授同産弟孀妻，令自堅節。雖家人女侍，咸有散施，其襟度亦有可嘉。高祖父治中府君，諱賢；曾祖父都御史府君，諱晏如；祖父處士府君，諱敷。前妻黄氏，即長史之子，有女一人，嫁吴應元；後妻閔氏，有女二人，長許嫁閔，次在乳下；小妻王氏，男一人，名集；胡氏，男二人，名雅、儁。其之年九月十日，日者曰吉，集、雅等請穿三穴于本里栖梧村，以中一穴窆之，左一穴以黄氏配，右一穴則以備夫閔氏他日之藏。余痛家世衰落已將百年，子弟通經在學宫者，雖則有之，尚厄衡勒未奮。惟若紳者，扶植門閥，整頓宗祧，差可人意，竟又如此。用作斯銘，銘曰：

以其類，子之流，以其歲，弟之儔。丱則相隨冠乃休，一瞬之間俱白頭。我穀也無實，子裨也收。更十年，胡不可，亦踰六，分非修。天不借子兮我悠悠，安得嗣續兮克踐爾猷。有淚浥兮承吾眸，送以銘詩置諸幽。

比部藻泉公墓誌銘

禮部尚書董份潯陽

凌氏其先安吉人。當宋時，有景夏者，舉制科第一，同中書門下平章事，詆和議，稱直臣。而其子及，亦同平章，赴徽宗難，死節。元有時中者，集賢直學士，輕車都尉，吳興郡侯，嘗以兵安集德清諸縣。而其子懋翁，亦翰林直學士，嘗討平西粵諸蠻。父子同以勳節顯，爲安吉世家。而懋翁子壽四，徙歸安，生均德。均德生賢，賢舉洪武浙江鄉試，授教諭，知武崗州，轉應天府治中，所至治狀有迹。而忤用事者，謫居均州。會隆平侯張信方博訪天下士，盛言賢可大任。宣皇帝異之，作《招隱歌》，遣行人賫賜召馳驛見。見大喜，命進兵部尚書，又命掌都察院事，皆固辭。帝知不可奪，嘉其志，益喜，因御書「賜老堂」，寵其歸。而賢子晏如，以書進爲中書舍人。嘗寓直，召論事受知，擢吏科給事中，遷都給事中，轉都察院右僉都御史。先是，都御史顧佐節廉精白，厲風裁，爲一時冠，人莫與並，獨公與齊名。身居要津，數令人抵家鬻産自給，産幾盡。及卒，而子敷困無聊，往依晟閔氏爲壻，因徙晟里，凌遂爲烏程人。而敷生子震，是稱練溪先生。先生爲郡弟子員，顧自厭其業，方與司空劉公麟、進士施先生侃、孫山人一元輩，日夜爲古文辭，文益高而勿第。晚得黔博，不旋踵棄去，遂坎壈終其身。然郡當是時，士知薄弟子業，翩翩而起，有力追古作者之風，則自先生與施先生始。乃先生敦樸謹飭行義，皭然修潔，郡尤信嚮之。所著有《練溪集》行於世。而練溪生藻泉大夫。大夫少有異才，既承家學，長益從施先生游。施故多圖書，盡出陳示，引與其父素所嘗校論者，發難揚搉，因推極其趣，大夫由是盡得二先生之秘。益涉躐廣博，網羅百家言，務溯其源淵，貫穿浹洽其指，而發憤思苦。抱心疾，每劇，則中怦怦如車摇轂擊，怔忡不能持，以是嘗自恨其思未極至甚。應世酬俗，瞬息綴述，爛焉可觀。譬之握驪龍之珠，啓白虹之劍，不覺其奪明月而衡星斗也。故其文一出，而海内稱誦之。文多未梓，而其子工部君先梓其書札，名《鳳笙閣簡抄》者，見之無不稱服云。予與大夫交善，每欲序次其文以傳。會其將葬，而工部君持左使陳公狀來乞銘，遂著之。狀言：大夫之起家而知全椒也，當南北衡，冠蓋絡繹相接，民屯雜居，號難治。大夫下車振厲，釐蘖剔蠹，案無留牘，獄無庾囚。數召問猺俗，知民苦養馬。養馬者，有歲駒之課，起俵之需，季閱之罰。一馬費數十金，而富者供丁，貧者貸役。歲俵之馬，官給三千，而羨歸吏囊，費責民售，坐是馬耗民益困，往往乏絶。大夫遂革丁均役，鬻羸育駒，省閱罷罰。因定籍，著爲令，官有常核，吏無緣爲奸，不得復收其羨，民困稍息，馬亦益良矣。而大夫政先教化，暇則數從諸弟子授書明經，示以師法，朝夕樂與游。縉紳之徒咸來觀聽，由是弦歌洽而頌聲起，數薦聞於朝，爲諸郡縣最。稍遷知沔陽州，州故大水，積逋五萬餘。監司屬徵督趣，大夫曰：「民貧矣，吾不忍急。」稍立假貸法，聽民自輸，民感之，輸先期集。監司亟喜，賚金幣奬，大夫愀然謝曰：「民以逋負罪而守受奬，是幸逋爲功，非與民一體之義也。」卒辭之。已而沔復大水，捍禦稍平，而大夫念沔當下區，每春夏交，荆湖襄漢之水皆會，非人力所能禦也，獨築堤可。乃請諸所部，而身親臨，率之築長堤，爲不朽計。堤成，沔稱「凌公堤」，因樹德政碑頌績焉。再起廬州府同知，值三殿興採石淮徐間，名「花班石」。石事初起，民不知所採，聚徒斂財以鉅萬，而吏多侵牟，徒或怨咨，工是以慢弛。當事者懼不測罪振恐，乃檄大夫督之。至則躬節省，却供餉，爲諸吏先，而親勤勞，按行諸徒衆，由是吏不敢欺，而徒衆争奮，石就緒矣。殿存有白金文綺之賜，外郡受賞，蓋異數也。而人所最奇者，當在椒時。賊師尚詔起，將窺南都，而椒近郊，一夕十八報。大夫乃誓衆曰：「南都，天下根本，賊過椒，則長江勢與共矣。吾必以死守之。」因扼險置哨，益募勇敢，移文請屯操兵，列營十里，布旗鼓揚聲。嚮爲畿邑援部使者視師曰：「賊方迫，吾從西來，大郡且鳥獸散，彈丸地顧有貔貅士耶！」會賊寢謀，而大夫威名震，諸使者皆察舉之。其在沔有胡廷璧者，始負固抗捕，稍稍集亡命，浸强，因圖不軌。官欲興兵討，恐益激，即緩之，慮其後不可制，方莫如何。大夫曰：「是烏合，散之易耳。」乃遣兩力士受方略，出其不意，擒其渠魁，衆遂瓦解。蓋談笑而定之云。工部數□予言：「大夫與人和無町畦，至其介，有嶽嶽不可動者。」嘗奉檄榷鹽，諸商實金于甕石餽酒，怒而責遣，因以平榷。廬有斷事某，以雅故餽茶，受置於室，而實爲其親犯法求解。發茶得金，因追還，立抵其親于法。有勢權求郡縣賂，不得輒加辱，獨大夫義形于色，其人愧，反禮焉。嘗曰：「即以請謁非義干進，雖斫頭陷胸勿爲也。」性至孝，始舉于鄉，當宴而哭反，子舉進士，報至亦哭，其事足怪，而實以父不及見，痛之。宦游奉母王太宜人，周旋侍養者十餘年。逮轉南曹，母卒，絶勿仕矣，志亦有足悲哉。事一兄甚謹，悉讓分産勿受，殁而諸後事一切身任之，曰：「兄猶父也。」其篤行多此類。好標奬後輩，遇其鑒識必稱才賢，因佐其貧乏，振其窮困，成就而爲貴人、名士者，不勝計，士尤德之。居家厭埃壒，閉户却迹。數引墨客與談詩，立十格賦咏，意灑如也。末年喜禪，旁及黄老，自謂有得，别稱曰「凈因齋主」。有以仕進勸者，瞑目曰：「吾已結凈因矣。」予因爲之銘。銘曰：

嗟乎大夫，洞覽古今。采珠文淵，擷華藝林。卿雲爛漢，蔚爲菌輪。靈芝擢秀，五色紛綸。有典有則，如玉如金。《大雅》之什，《清廟》之音。未用于朝，郡縣三試。不勞而理，所至稱治。云胡能哉，儒學飾吏。倉卒遇變，與衆爲誓。時無堅城，文有武備。豈惟守疆，思爲國衛。雖曰未戰，亦壯敵愾。弭亂銷萌，卓哉足記。既列南曹，朱紱將至。豈伊盛時，虚此國士。悠悠閉關，渺然離世。昔在乃祖，謫爲編氓。隆平之薦，實合楓宸。朝有遺碩，功歸武臣。片言朝入，夕馳行人。脱之閭閻，欲授國均。煌煌際遇，千載無倫。云胡大夫，一往不復。世無隆平，孰與推轂。豈乏賢才，隨時反覆。用則雄飛，不用雌伏。我無與哉，任彼争逐。振衣高岡，長嘯空谷。或爲鸞皇，或爲鴻鵠。晚結净因，冥懷二氏。百慮無營，中夜一氣。永綿爾神，何遽奄逝。生本有涯，祉遺來裔。既營謝蘭，亦森燕桂。此焉葆藏，世世無替。

賜進士出身，資善大夫，禮部尚書兼學士，工部尚書管吏部左侍郎事，兼掌詹事府翰林院事，纂修承天大誌，國史副總裁，眷生董份撰。

賜進士及第，通議大夫，吏部右侍郎，兼翰林院學士，前侍講學士，左春坊左諭德，兼侍讀掌院事，纂修國史，經筵日講官，年家晚生諸綬書丹。

賜進士及第，翰林院學士掌院事，前左春坊左諭德，掌南京翰林院事，國子監祭酒，纂修國史，經筵日講官，年家晚生陶大臨篆蓋。

比部藻泉公誄

王世懋麟洲

隆慶六年，明比部員外郎藻泉凌公卒於家，而禮部員外郎王世懋爲之誄。古稱誄者，謂其生時德行而表之旗也。然予觀古文人墨士之作，類多哀其未究而辭，爲之攄其不平云爾。若公者，名光禄長，前承後敷，是安所撅而爲之辭，不幾哀之無托歟？嗚呼，斥鷃枋榆而大鵬乃摇千里，蜉蝣朝夕而螟蛉長于上古，豈非以禀類殊方，而受器亦各有極歟？夫以軼世駕物之才，而不能破藩籬之外，元覽抱冲之學，而畢形百年之内，至乎人者常饒，而得乎天者有涯。故俗夫豔侈而志士所爲悼焉，誄之不可以已也。其辭曰：昔在菰城，天目濬源。有凌氏作，始宋逮元。爰及聖代，爾孫曰賢。載錫公車，告老言還。文皇纘只，維賢有子。曰臣晏如，爾綱爾紀。庸勛繩繩，以籍孫子。及爾顯考，庶其復始。天集厥慶，積纖乃銖。學培勿耀，老纏于儒。德維太丘，以表鄉閭。乃有季方，人不啻如。維公儁才，俯仰一第。籍甚諸生，善病不試。晚與計偕，耻從角藝。曰有州邑，民人可治。乃令全椒，再莅于沔。天子考績，大邦是典。合肥崇墉，有露其冕。帝曰都官，勞臣是簡。公在全椒，寇儆河外。隱然蔽國，干城是賴。自沔及廬，無替爾愛。邦人曰循，太史所載。維公有母，耆也失恃。歸而枯髮，免將没齒。人謂公往，公曰可已。先民有言，知足知止。養性黄庭，樂志丹園。鴻寶維何，曰五千言。悟此净因，空彼幻緣。優哉游哉，聊以永年。公有大略，宜端與揆。詘體四資，葆真内視。謂及期頤，將于無死。天胡不整，靳此寸晷。嗚呼哀哉！公有叔允，益宏厥聲。我留我餘，以畀後生。長生謙謙，自顧慚卿。何以慚之，禄勿取盈。文藝畢綜，既魚既雅。旁及尺牘，風流獨寫。埋玉土中，碎金天下。我思其人，漢兩司馬。嗚呼哀哉！天萎哲人，苕水之陰。靡瞻靡依，奪我所欽。言尋往德，歷載彌深。言宣其旗，哀有餘音。嗚呼哀哉！

比部藻泉公誄 並序

文嘉文水

維隆慶五年二月十四日，故秋官大夫藻泉凌公卒。嗚呼哀哉！公諱約言，字季默，浙之烏程人。以庚子鄉貢起家，拜全椒令。乙卯，擢知沔陽州。戊午，升廬州同知。庚申，入爲南京刑部員外郎。丁内艱歸，服闋，遂不起。戊辰，以東宮恩詔，進階朝列大夫。至是以疾卒。哲人遐逝，士類沾纓，遂作誄辭曰：猗與凌公，德粹圭璋。簪纓奕世，繼踵襲芳。公之二祖，爲龍爲光。京兆乞歸，賜老名堂。御書赫奕，炳炳烺烺。中丞挺耿，匪柔而剛。儕厥名臣，顧佐列行。伊公顯考，起家歲貢。司訓黔陽，矯矯孤鳳。拂衣來歸，室猶屢空。公以椒懿，繼此家聲。慨慕太初，長嘯遐征。低徊草堂，欲侣幽貞。歸事菁陽，架書滿盈。元覽冥搜，追躡群英。思發泉湧，下筆篇成。文翰玉潔，詞賦冰清。南國遂薦，北闕未名。抱痾邅回，多病實嬰。俯首銓曹，拜全椒令。全椒凋敝，民苦馬政。公爲調停，扶善抑横。庶幾循良，民以胥慶。何期寇起，勢甚獏猘。駭氣漂溺，殺機發動。聲言渡江，旦夕馳兢。邑無城垣，人圖奔迸。公怒奮鉞，募兵禦境。分哨十七，機張伏摒。連營十里，軍威鷙猛。寇知有備，遠引迹遁。使過全椒，何以控扼。宜受上賞，竟阻常格。沔陽之擢，時論猶惜。公不爲意，益樹宏績。築堤捍水，患寡墊溺。進貳廬州，首承臺檄。使理鹺事，奸搜蠹剔。巨賈懷金，陰祈庇澤。公悉置法，人懷震惕。三殿重建，詔下採石，飛章刻期，功役繁劇。公獨廉勤，能安簡寂。工完事上，遂來殊錫。入遷刑曹，大用漸基。復以艱去，蓴鱸繫思。身窮志達，時清茹芝。晚讀老氏，恍若有知。盡棄所業，焚香自治。沉痾漸去，神情日熙。掃滅華宗，守静無爲。如何奄忽，大命傾移。嗚呼哀哉！惟我與公，感傷尤切。我識練溪，爲時英傑。京邸傳緘，黔陽贈别。公子若孫，咸在交列。惟公已病，瞻承尚缺。庶幾疾愈，用覿高潔。辛未仲春，詎意永滅。昔塵告終，雲往雨絶。惟餘文章，金聲玉節。嗟乎藻泉，五福駢臻，公則全之。子孫森列，公則綿之。虚静致柔，公則專之。山房幽寂，公獨便之。嗟乎藻泉，人誰不没，所藏者形。子孫孫子，繼繼繩繩。靈輀將駕，永歸幽冥。聊奏斯文，以敷吾誠。

烏程縣儒學教諭，長洲文嘉撰

繕部繹泉公行狀

大學士朱國楨平涵

丁丑歲，不佞楨以諸生遇一鄉紳于郡臺，偉貌修髯。肅而揖問之，知爲繹泉凌先生。傍一老卒指曰：「是公歲一出，進止有常度。行必中道門，左右無敢譁。」私心竊異之。又十二年，不佞成進士，訪公里第，譚舊事。歷歷又十年，先生歿，往哭之。又六年，乃得與第四子濛初交。計四子所知事亦寥寥。不佞地相近，久于教教，出入晟舍，滙沮無虚歲，即寒生好採長老道事，知先生無若不佞，遂受托爲之狀。曰：公姓凌氏，名迪知，字稚哲，繹泉其別號。自周凌人以官爲氏，分居安吉。元直學士懋翁之子均德，徙歸安。明僉都御史晏如之子敷，贅烏程，遂稱烏程人。均德子賢，官治中，剛正有名。既編管歸，宣宗皇帝製《招隱歌》召，勿起，得御書「賜老堂」之額。實生僉都御史，都御史精書法。孫震，博士。震生約言，比部郎。比部郎四子，長即先生。幼有異質，從比部上虎丘，入衆勿迷。己酉，豐城雷古和先生督學政，首拔應儒士試，幾入格，得檄賞。乙卯，舉南雍。明年，成進士。授工部主事，督山臺、黑窑、琉璃諸廠。世宗性嚴，制下立辨，不即得罪，爲故常。庚申二月，十壇之役，陶用三百萬，限三月。先生覘内臣隱匿數多，悉勾出集。事既，大役屢興，無休沐暇。先生意氣自如，益多海内名士交。董傳策杖幾死，掖出，並資其裝。又先期責司刑者毋殺直臣，後傳策汰敗，絶勿與通。同年陳汲死，子應芳僅十餘歲，泣于傍，甚貧不能歸。厚賻之，並經紀驛符，乃得去。庚子，應芳爲太僕少卿，遇不佞京師，問凌先生起居狀，頓足曰：「善人有，恩人乃先生！」家居無一語及陳事。應芳又督浙學政，來則報之，一字不以干及，人亦莫知爲故人子也。轉員外郎，榷關江陵。前雷公已正席大司空矣，雷公勸勿行，先生亦力辭，勿能得。果以風霾之變外調，貶秩二等，權人、奄人相比中傷，計秘勿盡詳也。補定州倅，榷晋寧令，移判大名署門州事。乙丑，遷常郡丞。故事，遷客率優游爲名高，傳舍而已。先生奮曰：「吾滿腹亹亹，恨不作縣令，今乃得親之，何敢自逸。」定倅司閱馬，凡巨室給輿，□外復給馬不等，役其鄉人，俱芻豢直。公曰：「馬，軍國重事，官安得私諸？」一切革去，益用善價市馬牧之。官懲奸民之匿販者，悉放馬户歸田。晋濱滹沱河，歲役其民爲徒杠。先生行河，度淺隘處，聚竹木，夏隘結搆，冬涸撤去，籍之官供，明歲用，朽壞增補，俱以徭銀支費，著爲令。俄有大名之報，晋民挽留完里甲事，先生亦遂留，身歷窮鄉，差等饒瘠，衆皆帖然。大名有寃獄李高，勿能白，連坐八人，斃者幾半。先生刺知仇家以死丐陷人，立釋之。沙河巨猾耿思議殺人掠子女，並賂遺當道爲奸。公密計擒殺，散其黨。開州積苦里甲，先生行條鞭法，官計直，民計田，總十年爲定，吏無得出入上下，並行于常及浙，遂及天下，爲國朝世世良法。常黠盜吉三、睦諒通藪江海，捕者益與市爲利。公遣壯士入巢，誘出飲，就縛。又即訟庭，撲執大盜數人。某孝廉捕急，匿友王稱登所，王身當之，吏捕將詣縣。先生素不識王，遇諸塗，戒遲一昔，召縣令飲，示王扇詩，令亦稱善。先生因曰：「假士如平原君匿魏齊，謬曰在，固不出也，將若何？」令嘿未有以應。明日見王悟，遂得解。既數更劇郡，朝議將還公故官，且大用，而天雄之譖起。先是，公與守某争別事，輕重不相得。直指守鄉人。且有連，業入譖言，又檄公取班銀勿應，守亦勿應，報曰：「入凌某槖中。」實先生以積害革去，衆喜更生，而僚友若上官所切齒者，遂深中以至削免。先生飄然歸，曰：「幸也，父子乃得相聚。」是時先生年止三十八，比部公尚無恙，迎諸塗，笑曰：「子失官固當，吾不能教汝諂，汝又信心落拓不反顧。吾向者令全椒，桑榆故人以巡江至，宛轉待之，尚懼不免。汝以郎官謫州郡佐，數行己意。吾聞汝與某某交，與某某多鋒距者，絶同疑之，必且被殺，今幸善歸。家有田數十頃，書萬卷，吾飾吾鳳笙閣待矣。」鳳笙閣者，比部公著書及自名簡牘處也。先生遂益讀書，尤加意先世作述。博士公有《練谿集》，比部公又有《椒沔集》，先生皆手訂正。嘆曰：「凌氏祖、父學問蘊籍如此，讀書三十年稱進士，今乃得其微。古言『公慚卿，卿慚長』，豈虚語哉！」日奉比部公山水間豫甚都。益以其暇肆力書史，三吴文士輻輳。長子湛初、次子潤初穎甚。先生益發舒，與元美、子與兩家時議論校刻秦漢諸書，義例綱領，一經裁定，井井可觀。于是凌氏書布天下，干麾所指，多及其廬。久之，比部公卒，哀毁幾不勝。喪無何，長子殁，次子又殁，包宜人相繼殁，先生忽忽，既失内助，又重蘭玉之感，遂繼蔣宜人，則正不佞郡臺相遇先後事也。先生雖艾年，精神甚王，雅不欲以多痛摧沮廢先世規模。值郡貴人方盛震耀，頡頏大約，達尊中齒德之誼稍衰，公雍容其間，絶不見徵逐忮懻之跡，諸貴人殊安之。先生亦深酌時勢，闔闔無得親疏，顧其爲德鄉里益甚，親友貧乏者，以次周給，有急告，未嘗不應。歲大祲，輸粟千石爲縉紳倡，並爇粥食饑民。獄冤抑甚者，密疏爲解，不使聞。族子被毆死，賄爲政勿得，竟贍其家，卒暴白正法。與人恂恂，無貴賤，率以禮待。議論不涉影響，蓋其心口平實如此。先生既續娶，舉二子，濛初、浚初，有才致。方料理分析事，而董范之變起。斧斤所及，批引根繩，自一二寒儉外，無不累息悔禍，蠭起攻剽，若不可一朝處。公雖啬于橐，其居產頗饒，又子弱卧病不能起，群小環視斷斷然。卒未聞鬨于室，訟于官者，其良心不死，抑先生有别術，能柔且弭之耶？蓋許敬庵先生嘗曰：「凌大夫有容德，不作違心事，人是以無仇。」此則一生斷案，而先生所自處自完，灼灼可書者，大略亦書于此。所著有《萬姓統譜》、《名世類苑》，最顯他藻䏢綺雋等書，又千餘卷。生于嘉靖己丑八月三日，卒于萬曆庚子十二月十五日，年七十有二。配包宜人，繼蔣宜人。子五。先出者：湛初，太學生，娶張氏；潤初，未娶而卒；涵初，經歷，娶閔氏，再娶王氏、陳氏。繼出者：濛初，廪生，娶沈氏；浚初，太學生，娶吴氏。孫男七：毓枏，庠生，娶嚴氏；毓相，聘潘氏；毓桐，聘卜氏；餘未聘。孫女八。墓在下昂之原，葬于萬曆丁未□月□日。謹狀。

繕部繹泉公暨元配包宜人繼（配蔣）宜人合葬墓碑

凌之先爲周凌人，因以官爲氏。至宋而有爲平章景夏者。至元而有爲秘書監時中者、翰林學士懋翁者。至我朝而有爲治中賢者、都侍御晏如者、黔博士震者、比部郎約言者，率貴而能賢，家聲不絶。約言實生公。公少穎異，善屬文，甫就學，使者試，輒冠試者。乙卯，舉于鄉。明年，成進士。授工部郎。夫工劇曹也，又當三殿灾，世廟東濕甚，貂璫因緣爲奸，至繁鉅矣。公以年少書生，動如老吏，用本署兼他署，一人攝數人事，咄嗟辦之。十壇之役，用陶三百萬，貂璫匿舊陶而責新者，公搜而出之，不假一緡而陶用足，即巨璫憾甚勿顧也。友人董傳策論相分宜不法事，就逮緹騎。公請于司刑者，寬其杖，毋得殺直臣。又出潞河，涕泣送之歸。即分宜多方偵伺，勿顧也。刑曹郎陳汲死，子僅十餘歲，呱呱而泣，囊澀不得治行李。公爲經紀含殮，導廣柳出疆，直抵其家，即傾槖中裝，勿顧也。尋有荆州榷税之命，公力辭不得，强而應之。故事，赴榷必謁相嚴，又謁其子蕃，去亡何必重賂相亦貽蕃，公悉罷不事。第飲江陵水，以時放商旅而已。不十月而鐫秩之報至，蓋公以强項，故相臣肆螫，巨璫含沙，因爾不免，而公亦勿顧也。從左遷得定州倅，公廉於定而知蠹在馬政，則調馬政。巨室濫用有禁，奸民匿販有禁，官自爲牧，瘠疲不中式有禁，馬户悉以歸田，而定州治。從定州攝晋寧，公又廉于晋而知蠹在橋梁，則議橋梁，度水之淺隘而定橋，度橋之廣狹而定木，度木之多寡而定價，木從官貯，價從帑出，而晋寧治。從晋寧移大名，又廉於大名，而知蠹在冤獄，在巨猾，則理冤獄而除巨猾。有李高者，乞人死其門，仇家持而陷之辟。引繩批根，連斃三四命。公訊得其□，立罪誣者而釋被誣者。沙河耿思讓交通緑林，白晝剽劫，以其貲結納縣官，官爲所餌，任其跳梁。公密計格殺之，並創餘黨數十人，兩蠹去而大名治。從大名移吾常州丞，又廉于常而知蠹在黠盜，吉三、睦諒出没江海間，莫可誰何。有司以失捕故，往往奪俸。則爲檄壯士某，匿作亡命，雜置徒侣中，誘入狹邪所，酒半擒獲，而常又治。乃其立保甲，行條編，則自倅而别駕而丞，無不精心；自定而晋而開而大名而常，無不宜；自郡伯而監司而中丞而直指，無不稱善。至使侍御龐公仿之而行于浙，又廣之而行于海以内矣。公烹鮮飲水，所在名鵲起。朝議方欲還公，而天雄直指使者，忽摭拾浮語論之，蓋公先是與真定守以革去吏農班銀，齟齬不相得，直指守執戚也，因而中傷。是長吏肆螫，僚友含沙，亦如京邸故事乎！時公方年三十八耳。公喜曰：「吾歸矣，吾奉吾父山水矣。」比部公亦喜曰：「兒歸矣，吾得偕吾兒山水間矣。」歸而花之晨，月之夕，長輩比部公於烏瞻、浮玉、箬溪、苕霅間，微哦清嘯，踏莎籍草，以爲樂也。宜人又能治修瀡設酒，奬延引賓客佐之。公治數椽，叠山鑿池，雜蒔花木，非奉比部寢興，輒讀書其中，咿唔若下帷士。包宜人又能勤覈臧獲，綜理一切内外，使公無内顧佐之。宜人有子湛初、潤初，率美秀而文，趨庭揚搉，公時時相與校刻，若《萬姓統譜》、《名世類苑》諸書傳布天下，天下無不知有凌氏書。包宜人又能引掖其子，俾家自師友佐之。亡何而比部公没，公跳地大慟，幾不欲生。宜人又能哀毁骨立，盡孝道佐之。亡何而湛初、潤初又没，僅遺幼子涵初。亡何而包宜人亦没，公乃仰天太息：「吾豈其伯道耶？」遂繼娶于蔣，爲蔣宜人。蔣亦有令德，能婦道，其治修瀡設酒，獎延引賓客，及勤覈臧獲，綜理内外，才大略與包埒。蔣亦遂有子濛初、浚初，亦善引掖，俱有文章。而濛更奕奕，風氣日上，勝其亡兄。公從田間父老與里巷小兒，杯酒談謔致足適，一切干旌往來不問。浙之臺使者列公名于薦剡者三，而公不問。公雖一意山水游乎，而急難者以爲郭解，鬩鬥者以爲彦方，困乏者以爲景興。既已見德，而人德與不德不問。歲己丑，大祲，公出倉廩粟，全活人亡算。又致書當道，極陳利害狀，得請蠲歲輸者半，人盡尸而祝之，而亦不問。曩所聘比部郎陳公子應芳視浙學政，思以千金報公，謂得公一見便爲之地，而公亦不問。夫公材而能理國家也，節而能經權相重丘壑也，德而能惠蒼赤活里閈也，意念而能可屈可伸可得可喪，倏然去來而若亡有也。是公之生平，而總之才識廣矣。公諱迪知，字穉哲，别號繹泉。生於嘉靖己丑八月三日，卒于萬曆庚子十二月十五日，得年七十有二。包宜人生于嘉靖庚寅十一月二十日，卒于萬曆甲戌八月四日，得年四十有五。蔣宜人生于嘉靖庚申六月十九日，卒于萬曆乙巳九月六日，得年四十有六。諸子姓姻婭，詳具别誌，不贅。爲之銘曰：世附爋灼，公獨藐諸。人畏盤錯，公乃裕如。衆以强仕，公壯而歸。誰不封殖，公惟著書。孰念緩急，公也好施。故官雖不逮，而有子可繼。厥配不偕老，而皆宜。天所畀于公者或不足，而留于公者若有餘。噫嘻！

賜進士第，中憲大夫，兩奉璽書督八閩三楚學政，福建等處提刑按察司副使，舊治生粱谿鄒迪光拜撰。

大參存彝公行狀

參政錢拱宸涵臺

今天子之己酉，存彝凌公以賢勞終于西粤。中臺之位未臻，東嶽之魂已逝。按祀典曰：「以死勤事則祀之。」粤楚之民交肖像而祠之矣。公之碩德顯業，著在太史稗官者，琅琅不朽。而諸公子持行實來，泣謂余與公婣婭好且知公深，屬之以狀。按，公諱嗣音，字孟昭，别號存彝，世爲吴興人。安吉族氏，惟凌最大。國史中載者，元至元時中公以進士官秘書監；子懋翁，登泰定進士，官翰林直學士。孫説，登至正進士，世亂隱居，著《六經疏義》，高皇帝召爲捲簾使，遷都御史。懋翁之子謙，丁繁，徙居歸安璉市。謙生均德。均德生彦能公賢，登洪武戊辰榜，累遷京兆。以剛正謫均州，隆平侯薦之，宣皇帝辟之京，固辭不拜。上方之疏廣，御書「賜老堂」送歸里。生安然公晏如，善書法，尤工李篆及二王小楷。召入中秘，與修《永樂大典》。拜吏科給事，歷官僉都御史，卒于京。殯無餘資，五子不克俱婚。公高祖怡雲公敷，其最幼也，贅于晟舍閔氏，遂家焉，世爲烏程人。怡雲公生春洲公雯，春洲生春谷公紳，俱博雅至孝。春谷生公父北墅公，雅事繼母，以孝聞。凌氏自安然公至北墅公，世有隱德，識者知其後必昌。北墅公年三十三生公。少有異徵，甚穎貴，日誦數百言。出就閔側溪家負笈，與側溪子翠微、涵青同席硯，同堂皆謝弗如。弱冠就試，公恥于紹介。時公叔藻泉、繹泉兩部郎，公不爲請浼，卒補邑弟子。人大器公爲非常物也。越歲，娶直指黄公著孫嫠女。公以家用日耗，請自食。適公母恭人崔氏病，幼弟在襁不能乳，則令恭人黄氏代乳之。北墅公家教嚴，公益自攻，苦淬勵己。而家難頻作，公爲斡旋其間，身任勞怨。以其暇習舉子業，蛩然一室，與恭人紡績、誦讀兩不輟，日以爲常者五年。癸酉，檄試首選。丙子，夢先正吴匏庵、閔午塘以衣鉢相授，公心竊自喜，益發憤。夏試，食廩餼，是歲登秋榜。丁丑，下第歸。丁内艱，人謂其居喪有禮。庚辰，登春榜進士，廷試三甲四十三名，觀刑部政。

初試南昌尹，奉北墅公于署，色養不衰，鞠育少弟，爲之延師教誨。昌爲江右首邑，權貴掣肘，吏多文爲奸。公獨持大體，餽賂屏迹。縣舊有羨金輸之官，公悉封識公庫。時江陵當國，下令廢祠宇。邑有周濂溪先生祠，亦在廢内。公愕然曰：「此固百代瞻仰，非淫祠比也。」執之堅，得不廢。行丈量法，則相視肥瘠，定爲三則，胥隸不得上下其手，豪權百計爲梗，卒無所施，法至今稱便。兩臺疏薦入覲，擬廉能第一，而請托不行。及田不便兼並者，多懼飛語以中之，而公于是有羅田之役矣。羅去家遠，北墅公不願之官，則留弟奉之，别爲置田以承志。其治羅一如昌邑，不稍遷節，興利十，革弊二十，載刊《惠政録》中。督撫李公薦之上，會公亦入覲歸省，則以長嗣君奉北墅公，復之羅基月，歲祲，水圮城，民不生活。公以原羨金七百命藏吏守之，爲民備一旦者，至是請爲築城，計日給穀，民賴以活者幾千人，民歌「十愛」。三載考績，實授公官文林郎，北墅公封如公官，母贈孺人。羅民素刓而輕忿，公嚴治之，令趨馴厚。讞獄必審詞稽貌，洞若觀火，大都以慈惠勝，而民益不忍犯我，綽有古龔遂遺意。嘗自榜其署曰「安拙」。戊子，以資晋尚書秋官郎，凡任四紀，執法明允，獄無覆盆。訖富訖威，率禀之正，司寇五臺陸公稱獎不已。陸公與公舊戚而相知，及陸公位冢宰，而公無一乞援語。舊例，部咨移寺不署名，適光禄違限逮治，公遵例移文，而光禄長滋不悦，公終不以名媚光禄，其不阿類如此。公同寅閻立吾以直見謗，人咸側目，莫敢言。公挺然匡白，得雪其事。公議所在，不以同榜嫌避也。癸巳秋，以外艱去任，哀毁過禮，疽發于背。終喪，絶意仕進，親友强之行。丁酉之京，終不委蛇當路。逾年，得補北刑曹。未幾，皇太子母家婢責債者死于道。御史奏治之法，公曰：「婢行縱殺人者死，主坐不知，弗論也。」讞成，皇太子深重公。尋擬出知漳州，求減俸補僉憲，不果。竟以此忤裴少宰意，改守梧州。公白頭郎署，謂當得善地，有爲公訝不平者，公處之漠如也。將行，會綉衣曹公昌言得罪，廷臣擬矜恤之，上怒，降黜諸郎承事者。諸郎畏罪株連，司寇以冀幸免，公正色曰：「爲什直臣蒙辜，請先逮已而罰卒，弗及都人。」士咸感公高誼。己亥，抵梧。梧僻居嶺西，吏習窳惰，公務勤恤事，以身帥長吏，模以爲楷。獨嚴閽禁，公庭肅然改觀。郡故納賦皆雜貯之，比取亦溷出之。公爲編立一册，星羅棋布，吏第受成，不得有所贏縮。梧爲三江之衝，稅務在焉，厰胥横索常例，公爲禁革。無何，巨璫奉旨理稅，張爪牙甚盛，道路以目。乃要郡邑設祭，問文于公。公慨然文其詞曰：「今者御馬監右監丞沈永壽前來梧，樹旗收稅，惟皇帝敕命是遵。神其効靈，陰佑音等，與永壽同心共濟，務期忠君愛民，以無負所承簡命。如有故違敕旨，横取私匿，上虧國課，下害商民者，神必鑒之，一體昭報。」中涓心惕易口。乃大示中涓以愛民至意，俾不得濫索。以鹽利供軍餉，以稅征供中涓，悉力停議，民乃無害。庚子，入覲考最，詔賜白金八兩。復之梧，時稅監奉旨督礦，蒼藤之間騷然煩動矣，而狡民乘搆行劫，猺人苦之。公曉中涓以利害，爲停採礦議。當是時，猺人大憾擾我，殺死委官陳一德、王六于思藺水口。中涓憤甚，請正法，公慮倉卒生變，故緩之，將自定，稍爲伸其法，諭猺民以「當剿從減」論，以我官實擾之也。明年考成，績冢恩榮，公父母以公貴，晋贈公父中憲大夫，母恭人。先是，梧鎮四警征候聽調，多設軍兵，麗之哨船，布之山隘。自中涓括庫餉糧孔棘，軍士輒掛名耗餉，及老弱市人子無敢死者。方今國家之患，莫大乎聚天下不戰之兵，而竭民稅以奉之，而不得絲忽之用。公減其數，以其半分布腹心，以其半扣存工食，嚴其操閱，兵精而不疲于餉。院司如其議，減蒼藤岑兵有差，歲省費千兩。其戍守目兵，悉防黠治，軍簿至明，兵不得濫逃損餉。癸卯，命分巡桂林道，酌減日戍兵百名，與休息，而桂林要地則募勇而時簡之，令得可當外訌。議上，天子如其議，置爲定制。其後日下採礦令，中使採無獲，請責之州縣包納。公嚴執以爲不可，説不得行。時臬司缺員，公以署篆入覲，縣例有空月兵糧，解爲公費，公悉貯庫不取，爲成規。適天子加兵剿叛，目陸祐報績，公力居多，薦之上。粤士民多悍，其鄉紳蔣成材、五成大尤横，州守劉曰暘治之不得。公毅然置之以法，曰暘調守，而豪家斂戢，不復有把持官司者。新安叛酋潘都該受擒，公實贊襄，督撫盛言其功。公勤于奉公，急爲興利。粵夷草萊椎樸，民不知稼，多尚氣。公檄行除道，教藝，勵課，獎兵，始斌斌桓桓如中朝民矣。是年秋，安南納款請貢，欽賜白金一十六兩，兼攝府江道篆。靖江王令校何希棟買鹽抗關，請問如法，王意不悦。公爲查歷朝律例，王府食鹽之外，不得私販，王始愧服。隨條劄鹽餉銀兩，一從寬減。明年，欽州失守，議欲當夏進兵。公曰：「以瀑瘴而驅我民于鋒鏑，不若俟秋督戰，而我民無疲命之厄，餉又不至空糜。」督撫蔡公深然之。粵西不與粵東俱頓兵而耗餉者，公之大有造焉者也。是年考加榮錫，隨擢大參。守蒼梧十月，始進兵剿欽州，少殺僇，地方敉寧。梧則公舊莅，諸所興革，皆以歲久淹習，奉行無法，往往弊至廢閣，惟鹽税二事關商民利害更劇。公守梧時，凡無益名色諸費，不干公帑者，悉行蠲去。嗣後，廠官不廉，過爲巧索，于正抽正税外，横加餘銀，致餘多于正，税銀匿不報府。季解每缺，則籍口借庫銀補之。公照欽定税額，額外無得加增，詳爲剔弊，連赴省會其議，揭之三院。時當溽暑，粵故多瘴，而公往反其間不知疲，遂困倦于道路。適粵東有寬厰官罪意，發之郵筒公文中，公亦心計輾轉。更日夕摻賢否，籍兼理堂冗。詢得我湖水歉狀，益深勞憫。進公廨，弗及詳語，正衣冠而寢，宛然以逝。同官王公崧羅殮之成禮。時公諸公子俱以試事歸，不獲侍殯。而公以王事死，變在頃刻，無一語及家政。遠近士大夫及粵東西民無不感悼，爲之痛哭，請祠而香火之。享年六十有三。公性至孝，時祭輒墮淚。少貧，得館資爲奉養，不私情，篤友于，每分俸捐惠，無吝色，待以舉火者千指。視其侄如己子，婚喪悉加給助。與閔側溪子翠微、涵青爲刎頸交，至白首不忘，多有周恤。翠微没而公厚撫其子，加惠倍之。好急人于難，絶去責倨，態恂恂如也。家居敦樸，嘗自以屏棄世俗交，真率爲約，簡素爲具而已。論事必本之正大，而臧否不撓，無私恩怨，人服其量。每有賡韻，雅有襄陽之致，作《勿遺稿》曰：「我以抒性靈也，教子嚴而有範，如萬石家，恭謹無似。」所著有《牧民政要》行于世。公娶元配黄氏，乃御史黄公著元孫女，封恭人。子男四：長懷德，太學生，配室大寧都司都事閔公世文女；次恒德，太學生，配室乃拱宸女；次慎德，邑庠生，配室今操江僉都御史丁公賓女；次惇德，邑庠生，配室工部營繕司員外張公天秩子太學生張國芳女。女二：長字吳江庠生陸君爻之子，臨嫁卒；次適長興庠生姚君良範子繼昌。孫男七，孫女十，其聘字皆名族，詳在世本。公弟嗣彰，生子性德。嗚呼，公之没以報天子，以勤王室，千秋生色矣！説者以公起家文章，吏治將略或非所長，而乃神明之頌鵲起，智籌炙轂靡不効于治，不得展盡底藴而奪之暴，則社稷之憂，人才之惜，可無蒿目而嚙指哉！公長君懷德，和雅冠冕，篤行君子；次君恒德，忝附骨肉，而喜其工于文而優于德，必能世公之芳躅者；叔君慎德，誠謹渾厚，急窮交，重然諾，居然國士風調，藻思在西京晁賈之間；季君惇德，慷慨倜儻，軒舉塵外，而文情自豪。諸孫俱魁壘頭角，有俊才，凌氏振振未有艾者，謂非公之盛德所貽不及此。懷德等擇辛亥年□月□□日奉公柩而厝之吳江小浮圩之宅，將重以□□公銘其墓，而委宸以狀。宸老而不文，何足揄揚萬一，所備採擇者，則有諸公子之行實在。

賜進士出身，福建布政使司右參政，前奉敕撫苗貴州兵備副使，禮部祠祭主客、清吏二司郎中，眷侍生錢拱宸頓首謹狀。

大參存彝公墓誌銘

廣西右參政存彝凌公卒，孤懷德等謀就窆，而以錢參知狀就余堊室，再拜稽首徵銘焉。余瞿然三肅而謝不敢，曰：「從宇匪直不嫻于辭也。且先君子儼然在殯，而爲君家銘墓，先王制禮之謂何？」德等復再拜稽首，泣以請曰：「窆日薄矣，先君需以瞑矣。吾子忍于藐諸孤，豈其忍于二十年相知之先君？」余不得已，乃覆成言而詮次之。公諱嗣音，字孟昭，存彝其别稱也。上世籍安吉。元至元間，時中以進士官秘書監。子懋翁，泰定二年進士，官翰林院直學士。孫説，至正八年進士，元亂歸隱，著《六經義疏》。高皇帝召爲捲簾使，遷都御史。懋翁子謙，徙居歸安之璉市，爲歸安人。再傳賢，登洪武戊辰榜，歷官京兆，謫均州。宣帝朝，徵拜司馬行中丞事，固辭不拜，御書「賜老堂」三字賜之，遣歸。賢生晏如，博雅工書，召入中秘，與修《永樂大典》成，拜吏科給事，遷右中丞，卒于官。五子，最幼爲公高大父敷，贅晟舍閔，因家焉，遂爲烏程人。敷生雯，雯生紳，皆有隱德。紳生封公北墅雅，公父也。事繼母以孝聞。公生有英骨，六歲就外傅，口過成誦。年十八，補弟子員。先是，學使者頗省録士大夫子若弟。而公家兩繕部，片簡青衿。同舍生與公訇先，公唾之曰：「丈夫安能以七尺走孔竇進。」聞者大器異公。北墅公故不問家人生産，貧日進。又内罣家釁，外中繇役，艱難萬狀。而公以弱冠之年代父支拄，見日而出，見星而入。夜則篝燈，公手編自課，恭人績紡于旁，率聞鷄始罷，罷則起應叫呼以爲常。蓋五年而始以試牘知令，得息肩云。丙子上公車歸而服母喪，哭踴如禮。庚辰，成進士，試南昌令。南昌繁鉅，甲于江右，號難治。公潔身勤政，奉法循理。邑有濂溪先生祠，其地爲勢家卜宅者所眈。會有詔廢淫祠，因請之。公弗許曰：「是非淫祠，令不敢以先民伏臘地爲壽。」奉詔度田，相腴瘠差等三則成賦。豪右争承，竇且百出，公謝絶請謁，破散交關，籍皆手定，賦得其平，民至今稱便。有叔侄皆顯而郄，侄善兩臺，訐叔犯科數十事，下公廉之。公謂：「忿訐之詞大都誣駕，況以軋季父，甚矣。宜庋弗問。」兩臺初嗛公迂，卒嘆服。公爲政務得大體類如此。尤喜廣勵學宫，提獎士輩。月有程，季有校，所賞識士先後取高第致通顯者，不下數十人。壬午之役，閲卷得五，皆名士。治昌三年，問遺屏迹。守藏豎間以羡進，笞而逐之。于時兩臺交薦公治行異等，而癸未上計，中前請乞不得者蜚語，調羅田。羅民慓悍，吏治窳惰。公至，條上便宜大略，築陂塘，立保甲，理淹禁，平斗尺，謹簿書。罷諸弊政，如餽獻供億常例、羡餘之屬，及綱曹老隸、經紀頭目之墨食于民者。興革各若干條，不具載，載《羅田惠政録》中。嘗蛟起水齧城壞，民號呼跳。公出故所銖絫爲公備一日者七百金，糴穀，榜衢：某日，某所某所，各荷畚鍤，會饑民還集，因散穀鳩工修城，城立完而民藉以活。三載考績，奉敕封父母配。戊子，擢南京刑部尚書郎去。羅民德公有「十愛」之謡，立像祠春秋。公守南刑曹凡四年，秉政不阿。勳貴某漁獵于民，民譁。會奴病死，誣民殺之。覺，公請劾奏之，事雖寢，而勳貴膽落矣。故事，部寺體不得方幅，有故移文，則以司移廳，不署名。光禄忤旨逮，公移文如例，而光禄不悦，有煩言。公不爲動，曰：「吾不能破例，以名媚公。」大司寇陸與公比枌榆，稔公識度，深愛重公，公不求昵。陸晋太宰，公旅見而已，終不請間。癸巳大計，僚友某以執法被謗落職，人莫敢言，公爲忼慨廷辨，事竟得直。秋，以父憂去，哀毁過禮，疽發于背。免喪，絶意仕進，親朋從臾甚力，復低徊久之。戊戌，補刑部原官。朱邸外戚奴責逋急，逋者死。御史奏下治之。公逮至，一訊立決，曰：「奴抵，主坐不知，勿論。」初事發時，人或爲外戚危，長安大猾幾幸厚拾，復從旁恫愒之，外戚恐獄成，而後喜可知也，舉朝皆以公爲得體。尋出知梧州。先是，公守南曹，故有聲，及是聲益起。有稱之于少宰者，少宰閩人，注公漳州，若將以善地酬公也。或以告公，公默不應，遂得梧州。或爲公不平，公夷然不屑曰：「夫獨非王土乎？」瀕行，曹御史言事下獄，廷臣予輕比，上大怒，下詔切責，且罷黜主讞者。衆恐，欲引司寇以脱。公正色曰：「爲直臣讉，吾甘之。」聞者愧屈。至梧，謂民夷錯處之地，治宜以綏靖不擾爲主。乃肅括僚屬，檢校胥隸，恢疏綱目，宣布恩信。榷璫至，牙爪數百人，氣甚張，要郡邑設祭樹旗，問文于公。公援筆爲文曰：「今者，御馬監右監丞沈永壽前來梧州，樹旗收税，惟皇帝敕命是遵，神其効靈陰佑。音等與永壽同心共濟，務期忠君愛民，以無負所承簡命。如有故違敕旨，横取私匿，上虧國課，下害商民者，神必監之。」讀未畢，永壽毛竦。它日復諄告永壽，有民有國，毋縱群小爲民害。因擒治其尤横者，永壽稍戢。粤民之所以猶存皮骨，不盡糜爛者，由公以身爲之扞蔽也。至若嚴閹禁，汰廠胥，罷鹽税，獄無停留，帑無鼠雀，種種善政，在公則猶其小者。辛丑，斃吏察廉，詔賜白金八兩。再至梧，則榷璫奉旨兼督採礦，不逞之徒乘機行胠，蒼、藤、博白之間，騷然煩動矣。公爲璫陳示禍福，罷私十三。而璫黨某某以毒民見殺，璫急欲按竟其事。公曰：「緩之，激且生變。太守爲天子護封疆，封疆安，公亦無不利焉。」璫拱手謝。滿考，贈父如公官，贈母封配爲令稱。公條議：「梧舊設兵若干，自榷使出而括庫一空，餉詘矣。且紙上兵不足煩餉，宜覈而蒐之，以五當十，分布要害，兩利之策也。」報可，歲省餉千金。公又謂：「梧介兩粵間，猺獞斷斷，倚城綦重，乃城隘甚，商民什九在外，卒然有警，籍寇齎糧，可爲寒心。宜拓之，倚江爲池，則商皆我戍矣。」議雖以用絀格，然而僉服公經濟才。癸卯，晉憲副監桂林，覈兵減餉如梧，議得請，遂著爲令。礦使開採無所得，責輸于州縣，公爭之力，議乃寢。時臬司員缺，公攝覲，屬邑循故事，以缺伍積羨餽充餱糧，公却之，遂爲例。叛目陸祐及叛酋潘都該次第就擒，上功，公居其多。丁未秋，安南納款請貢。復賜白金二十六兩，是年晉贈父副使。時兼視府江道篆，靖江王校觸鹽禁，按論如法，王不懌，爲核歷朝甲令啓王，王乃愧服。欽州中賊，議當夏進兵，公不可曰：「兵却炎瘴，不若以秋。」撫臣從之，冬，賊平。粵西不與粵東俱頓兵而損餉者，公之謀也，論功，公與焉。時公先已擢參政，護蒼梧矣。公故治梧，至則問故所興革，冀爲梧民萬世利者，則皆已廢格不用，爲之扼腕。而廠稅一事，尤憤結填胸云。大約廠官墨胥輩從横，榜額溢詔書五千四百有奇，税入强半乾没，額虧貸之府。公弗忍，當暑走會城議之，請從故法便。梧去會城千里而遥，叢林密箐，瘴厲欝蒸，而公一再往返不稱勞，卒以隕。是日旦，猶視事入署，就榻候其息，逝矣。粵民悲思之，祠祀公如羅田焉。公有至性，少貧舌耕，逢年以奉二人，朝夕甚備。弟生而母病不能乳，命恭人乳之。初試南昌，奉北墅公于署，携弟俱迎師課之。羅遠，北墅公不欲往，留冢子侍于家，且爲弟置田廬，以稱北墅公意。北墅公殁，歲時祭祀，流涕交頤，有攀栢悲號之思焉。自奉甚約，獨慕義好施，宗族朋友待以舉火者頗衆。而同舍生某某，視之猶有恩。性孤勁，言貌悃愊，在官無金張之援，在家無佞幸之客。居羅時，榜其署曰「安拙」，蓋自貌也。然而遇事經綸滿腹，無能難之者。所著有《牧民政要》，頗爲當世談吏治者采焉。諸子皆材，然恭謹無比，有萬石君家之風。公生嘉靖丁未二月，卒萬曆己酉五月，享年六十有三。配黄恭人，子四：長懷德，國子生，娶都事閔公世文女；次恒德，國子生，娶參政錢公拱宸女；次慎德，邑庠生，娶僉都御史丁公賓女；次惇德，邑庠生，娶太學生張公國芳女。女二：長字陸明凱，未嫁卒；次適邑庠生姚君繼昌。孫男七，孫女十。元煊聘中書舍人莊公元臣女，元煃聘太學生閔君光升女，元焜幼；孫女一適太常少卿陳公與郊之孫佶，一適余從宇子維鐘，一未字，俱懷德出。孫女一字知縣張公明憲子兆隆，一字知縣吴公正儒孫元壽，一未字，俱恒德出。元熉聘太學生閔君遴德女，元燦幼；孫女未字者，俱慎德出。元燓、元熚幼，女一字刑部郎中夏公爊之孫淳卿，二未字者，俱惇德出。銘曰：吴興氏族凌其望，勝國迄今世冠裳。京兆中丞雙龍驤，五葉至公滋益張。名升司馬籍太常，參知百粤揚輝光。剪除草萊種稻粱，掊起固陋焕文章。一朝玉匣彩虹藏，祠宇千秋蒸且嘗。庭前玉樹百尺張，元官靄靄元雲香。余勒斯珉貴無疆。

賜進士出身，翰林院編修直起居注，充正史纂修官，編纂六曹章奏，通家制姻生，武康駱從宇撰文。

賜進士出身，南京禮科給事中，前刑部主事，舊治門生晏文輝書丹。

賜進士出身，中大夫廣西等處承宣布政使司右參政，兼按察司僉事，奉敕撫夷兵巡桂林道，前江西按察司副使，南京吏部郎中，年眷弟同邑王永寧篆蓋。

别駕初成公墓誌銘

天啓辛酉婺川知縣鄭龍采聖昭

公諱濛初，字元房，别號初成，行十九。粤稽姓始上右朱襄氏之苗裔，爲周凌人，因以官爲氏。自三國至元季，代有聞人。仕吴者，曰操，曰統，爲車騎將軍。仕唐者，曰準，爲度支尚書。仕宋者，曰景夏，爲平章；

曰哲，爲華文閣待制。仕元者，曰時中，爲秘書監少監。時中生懋翁，爲翰林直學士，世居吴興安吉。懋翁之孫均德，始自安吉遷歸安。均德生賢，洪武戊辰中式，仕至應天府治中。以直言忤旨，謫居均州。宣廟時，以隆平侯張信薦，御製《招隱歌》，遣行人軒輗召還，命爲大司馬，都掌院，皆不受。上高其志，書「賜老堂」三字褒之，命如子晏如官，馳驛還鄉。晏如起家中書，爲吏科給事，隨駕北征。累官至都察院右僉都御史，掌院事。歷事三朝，所建明甚多。晏如生敷，出贅晟舍閔氏，遂爲烏程人。敷生震，有文名，以貢爲黔博士，有《練溪集》行于世。震生約言，嘉靖庚子中式，仕至南京刑部員外郎，有《鳳笙閣簡抄》、《椒沔集》行于世。約言生迪知，嘉靖丙辰進士，授工部營繕司員外。與時相不合，即歸里，年三十八耳。所著有《名公翰藻》、《名世類苑》、《萬姓統譜》等書行于世。迪知生五子，其四即公。生而穎異，十二游泮宫，十八補廩餼，二十而繕部捐館。服闋，上書于劉大司成。劉甚奇之，以其書示少司馬定力耿公，耿曰：「此予年家子也，先孟恭簡公嘗目爲天下士，君未之識耶？」一時公卿無不知有凌十九者。公試于浙，再中副車，改試南雍，又中副車，改試北雍，復中副車，乃作《絶交舉子書》，爲歸隱計。將于杼山、戴山間營一精舍，以終老焉。作《杼山賦》、《戴山記》、《戴山詩》以見志。時沮溪潘昭度公爲贛府撫軍，聘公爲幕。適天下方荒亂，寇賊蠭起，潘公帥師勤王。公慨然有擊楫澄清之志，嘗撫膺而嘆曰：「使吾輩得展一官，効一職，不出其生平籌畫，以匡濟時艱，亦何貴乎經笥之腹、武庫之胸耶！」遂入都就選。時朱文肅公方大拜，招詣同舟，訪以經濟之術。後選得上海丞。司李公爲閩人李寶弓，欣然相接曰：「子，我師也，而屈于是耶？」蓋公嘗游閩，李尚未達，閱其文，許以必售，李心感慕之，故款洽至此。未幾，署令事，凡八月，催科撫字兩無失焉，迄今海濱故老猶能稱述之。既而有北輸之役。先是，任役者輒罹于法，邑之紳衿者庶皆欲請于漕院，以他官代。公曰：「是吾職也，彼皆不得其肯綮耳，我能辦之。」遂輸粟入都，果竣事。歸作《北輸》前後兩賦呈。上官僉曰：「是可爲松郡良法矣。」又署海防事，其鹽場積弊甚多，竈户奸商交相蒙蔽，而吏胥弄法，莫可究悉。公爲井字法，每鹽作九堆爲一並，其大小高下如一，每一並一場官守之，較其一而知其八，一日可畢數十並，錙銖無爽也。沿海訪防皆以爲法，直指使者屢嘉獎之。在上海八年，擢爲徐州判。去任之日，卧轍攀轅涕泣阻道者，踵相接也。公就道，由淮抵徐，河水涸竭，能通車馬。公太息久之，以爲天下不能無事矣。乃分署房村，料理河事。房村對岸爲吕梁洪，河之要害處也，桃花水發，民胥慄慄焉。公與防河主事方允立公晝夜圖維，防築有法，淮撫振飛路公表奬者再。時有流寇陳小一，自號蕭王，擁衆數萬，據有豐城，多儲糧糗。其黨掃地王等，出入山東傍郡，及歸德、蕭、碭等地，沿河數百里受其繹騷。其渠魁三十六，分屯徐境。會何公騰蛟奉命兵備淮、徐，既莅任，即秣馬厲兵，誓師于吕梁洪上漢協帝、唐鄂公廟中，將滅此朝食。適大風揚沙，戰復不利，乃聚衆會議于城西左衛。或言請兵剿者，或言招之降者，或言檄遠近衛所，募驍勇會討者，或言咨南司馬，約諸道各處掩截遮其餉道者，議論紛如，至夕而散。公獨無一言，揖而退寓卧佛寺。夜將半，方燃炬搦管，何公忽遣人來召公。公語家人曰：「我固知何公之見召也，故篝燈屬草以待耳。」及見，何公降堦逆之，俾長揖勿拜，且延之坐。曰：「子非浙西凌十九耶，慕子才名素矣，何無一言開予也？」公對曰：「某人微而位卑，向不敢阻撓衆議。然知明公必有以詢及者，謹已具稿呈覽，惟明公留意焉。」于是獻《剿寇十策》：一曰寬撫宥，二曰行疑間，三曰據形勝，四曰練鄉勇，五曰信賞罰，六曰出奇兵，七曰置弩車，八曰伏地雷，九曰廣應援，十曰出滯獄。何公閲竟，把臂呼曰：「誠如君策，雖隴蜀積寇不難蕩平，奚有徐方之小醜哉！」遂與公盟于私室，呼公爲十九兄。公曰：「明公不以拙謀見擯，脱略尊卑，待以誠赤，此身已許公死，敢不執鞭弭以從。」何公大喜。次日將行事，禱于黄石公祠，卜筮皆吉。時天雨十日，何公曰：「天贊我也！」欲署公爲監紀。公曰：「侍左右可也，何必專銜。」乃先行撫宥、疑間、應援、奇兵、賞罰五策，賊果敗，望風而降者不計數。公曰：「賊已破膽矣，某請單騎詣陳小一營，諭以禍福，使早降。」何公驚曰：「何輕身乃爾耶，子誠義勇莫及，如〔不〕測何？」公曰：「某之忠信著徐久矣，賊必聽我。倘不濟，當以死報知己，明公圖其後可也。」翌日，天甫明，單騎至豐，詣賊營。彼蕭王者踞高坐，左右執戟列侍，叱公曰：「爾來，畏死乎？」答曰：「畏死不來矣！」賊呼左右縛公，公叱之曰：「殺則殺耳，縛何爲！」延頸就刃無懼色，左右皆辟易。賊曰：「爾果不畏死，來説我降耶？」公厲聲曰：「有言直言，奚用説也！」言辭侃切，曉以禍福，賊俯首感悟，稽首唯命。公與之盟而返，何公大悦。次日，陳小一、掃地王等率衆來降。公乃會僚佐郡邑文武各官于燕子樓，何公命酒觴公曰：「二十逋逃藪，一旦廓清，凌別駕之力也。」公避席而辭，衆皆起觴何公，復觴公曰：「別駕夙贍倚馬才，今日之事不可無吟咏以誌之。」何公曰：「善。」公謙讓未遑，乃即席賦《碭山凱歌》三十章、《燕子樓公宴詩》五十韻。防河方公亦即席賦長歌一篇贈公，有「小范胸中兵百萬，大蘇筆陣學三千」之句。酒酣，命軍士能歌者各授《凱歌》一章、《歌》一闋，行酒一巡，盡醉極歡，達〔旦〕而罷。薦紳之士咸歌咏其事，其徵詩啓有曰：「分梟壯猷，勤綸綍于常卣之上；別駿奇計，鐫歌頌于梨棗之中。」至于彭城之民謳吟公德者，遍道路也。既而上其功于朝。何公隨陟楚撫。甫之官，即疏平寇巔末，且以軍中乏才，題請軍前効用。隨有部劄授公爲監軍僉事，星夜赴楚。上官以蕭寇甫平，河工方起，吕梁洪、百步洪一帶尤爲要地，非凌某不能料理，仍居房村料理河事。明年爲甲申正月，李自成僭稱大順，勢甚洶湧。忽初七夜，流寇來薄徐城，流一隊掠房村。先是，公與各村分署練習鄉兵，相約賊攻一處，放鴿鴿爲號，則近處來援；有大寇至，舉烽燧，則各處來援。斯時寇攻州城，各處鄉丁皆畏賊猛鋭，無來援者。初九黎明，賊大呼曰：「我輩欲見凌〔公〕。」公在樓上叱之曰：「汝等欲説我降耶？誠目我爲何如人，我豈鼠輩偷生者比耶！」發鳥銃斃數人。賊大怒，攻之愈急。公謂百姓曰：「豈可爲我一人害合村百姓，我將墜樓而死，以保全汝衆。」百姓俱號哭，願同死守。公曰：「我在此三載，無德于汝，詎可遺爾荼毒。我死，汝輩得全。」遂勺飲不入口，其僕皆勸公食。公曰：「今干戈滿地，他日覓一死所亦不可得。今没于此，得死所矣。」僕以職小爲解，公曰：「我自全我節耳，豈以爵之崇卑計耶！」即嘔血數升，謂衆曰：「觀賊呼我爲凌公，彼尚有人心者，可扶我與賊面語。」乃呼賊，語之曰：「我力已竭，明日死矣，萬勿傷我百姓。」賊唯唯而退。十二早，嘔血不止。公呼百姓謂曰：「生不能保障，死當爲厲鬼殛賊。」言與血俱，大呼「無傷吾百姓者」三而卒，衆皆慟哭，自死以殉者十餘人。次日，賊入樓，見公面色如生，咸嘆異之。遂示衆曰：「我與凌公約，勿傷百姓。」乃斬一人，貫三人耳，餘皆秋毫無犯。適淮撫援兵至，賊皆宵遁。何公聞之大慟，遣官致祭。其文有曰：「文辭播宇宙，比眉山而多武略；忠義貫日月，媲睢陽更著蜚聲。」斯時村落俱被烽燼，惟房村焚而遇雨者數次，民皆謂公神之所呵護，謀建祠以奉之。公爲人豪爽俊逸，倜儻風流，學富五車，才雄八斗，乃至竺乾之學，無不精通，聲技之微，無不究悉。稗官之説，可以爲經史，笑談之柄，可以爲箴規。一時名公碩士，千里投契，文章滿天下，交與遍寰區。莅事而忠信明决，臨義而慷慨徇身，洵三吴之傑彦，百世之英烈也哉。所著書有《國門》一二集、《詩逆》、《詩經人物考》、《言詩翼》、《傳詩嫡冢言》、《左傳合鯖》、《選賦》、《後漢纂評》、《國策纂評》、《十六國春秋删正》、《宋史補遺》、蘇黄尺牘《禪喜集評》等行于世。至若《嬴滕三劄》、《燕筑嘔》、《已編蝨涎》、《蕩櫛後録》等稿，《南音三籟》、《紅拂妓》諸北曲，《拍案驚奇》一二集，皆其餘緒耳。公生于萬曆庚辰五月初七日，卒于崇禎甲申正月十二日。元配孺人沈氏生于萬曆庚辰五月初一日，卒于順治丁酉十月初十日。子五：琛、〔葆〕、楚、橐、桼，俱配名族。卜兆于□□□□□月□□日，葬于戴山之陽。歸安鄭龍采爲婺川令，道過楚時，何公爲楚撫軍，以同舉辛酉相友善，因就謁焉。談及徐倅凌十九同破豐寇事，津津不置，既而傷其節烈，悼惋再三，繼之以泣。因欲留采爲監紀，采辭曰：「朝廷命令婺川，不命參公軍事也。」遂慨然惜别。及采解組歸，何公已徇難死矣。采隨薙髮入弁山，不復與聞世事。忽凌公令嗣入山見訪，袖中出一編，乃《彭城徇節行略》，屬余爲之誌。余思焚筆硯已久，且菲材，不足以述公之萬一。然非余又無以爲公述者，因不揣固陋而爲之誌，且作銘曰：維公之神，游于彭城。戴山之穴，實維公宅。生而倘佯，叱石成羊；没而英烈，埋紅化碧。風清月白，鸞驂彷彿。萬歲千秋，安于斯邱！

弟孝廉元雨凌君履略

四十四世凌湛初洞湖

弟孝廉元雨凌君卒，卒之日，其兄湛初哭之。既已，不可奈何，則又哭。父繕部公命曰：「兒哭何爲？兒所善諸公者，有名當世。盍略其行以告夫諸公者，而徒哭，哭何益毛髮事！」於是余輟哭，求得其事録之。顧心憒亂，弗得也，於是則又哭多涕出。父趣止之曰：「兒不憂病耶？」亡何，余病矣。病一季，有起色，則心惕然，恐不能須臾，亟呼具赫蹏，謀授草，而心又憒亂，又弗得也。於是往往具明不寢，昃晷不食以哭，遂復病。病憊，醫弗有也，吴沈生者幸有之，僅而自全。有間，泣曰：「吾求所以稱弟而病，即病將無稱邪？」於是哭而作《弟孝廉元雨履略》。略曰：於乎，上有體龍驥之材，千里之足者，使其遭遇肏㕡，則驤首天路，忽如景靡。況於駑蹇，可得齊足，而或有不盡然者，天也，此弟之所以死也。弟諱潤初，字元雨，是爲父第二子。方吾母之娠弟也，夢有緋衣人指之曰：「霖雨天下，潤澤生民。」遂舉弟。弟生而異質，美容觀。當在髫齡，即秀出凡兒，五歲就塾，授唐詩輒如貫串。明年授四書。又明年治《詩》，蓋逾稔而誦説，幾亡書矣。九歲屬文，即自出機軸。十二歲而升堂睹奥，每所述造若借書宿搆，不煩臆索。自是注心縹囊，結情紫闥，操觚染翰，每自許于世無雙。而于余不佞，亦鮮與可，以嘗所爲時藝眎之，輒曰：「是不難一第。」顧非其至，余則易精極慮，必求所爲至者，而卒弗謂至，蓋其才既殊絶凡調，資復長雄，故在丱角之年，業已鞭策《左》、《國》，麾斥班、馬，陋視褒、雄，興到筆舞，瞬息千萬言，類能摛春華之藻，馳浩唐之議，而獨窺作者之元牝，詠《雲門》者難爲音，固矣。

弟素厚善陳君常，嘗與陳戲讀試策，一過即掩卷，謂曰：「若固記之乎？」曰：「未也。」弟爲吐所記，津津如翻水，陳於是讋服，爲陳之徒亦人人自顧無當凌生者。大父比部公家居嚴重，更勤課諸子弟文，諸子弟懾，甚難一見，即見難一言。弟獨不懾，每謁見必自請題，隨命隨答，公以故甚器異之，而數以詈諸子弟。諸子弟之爲公詈也，亦數以詈弟，弟則但有鼓掌而已。嘗從公語及射策，公出故王文成公五策觀之，曰：「此業舉者要領也。」弟手其書，揭一過即棄去。公心怪之，曰：「此不足小子耶？」弟去所曰：「不敢也。即五策中所謂要領者，畢知其解矣。」因琅琅覆誦，益以訊評。公軒眉大喜曰：「兒大穎絶，即憶碑覆局，何有？」公故善教，嘗覽余所爲文若詩，善之，則顧弟曰：「難兄乎？」弟笑不膺。則又曰：「文安始而可曰難言也。三代以還，士之以文名者，豈特一人哉，而孰與左氏、遷也。即文而外，左氏、遷，亡文矣。令業者誦憶十年而命翰，乃有遷之風骨，左氏之刳劌。然後炳炳麟麟，光耿于人耳。不然者，惡睹其可。」公唪然曰：「子桓乃爾矣，何問阿建哉。」於乎！使其不振于沉寘之疾，少習經生言，則投登釋褐，而結綬金馬之庭，其何日之有。乃竟以病困且死，吁，傷哉！弟爲人倜儻博達，不牽于世繫，而獨折節諸貧賤。諸有勢在己之右，不欲加禮，甚詈之。宏材贍知，彈壓一世，凡六籍子史百家之書，經目亡不闇心。嘗以爲腹中無鄰侯，馬牛襟裾耳，故下逮覆逆之術，藥石琴博之藝，皆不習而盡其妙，蓋研精覃思者弗如也。居常，絶無玩好。可否喜怒，必形風色，未嘗有留諸宿怨。嘗爲余言：「人必須置喉吻間，開口便見，不當使有城府。」與人言不及詼俳從諛之説，不短惡人，更不喜言錢穀。或言錢穀，即面訶曰：「奈何乃公前鶩雁邪！」于是紈綺怵迫之徒睢睢矣。而弟于自畔岸，于人庭然，無所下尋，以淹病潦倒，遂翻然嘆曰：「吾淺之爲丈夫也，吾寧能儕于闒茸而争尋常哉！」遂厭棄雰雰，寄心高遠，抱疴浪游西子湖，冀有異人者且遇之，而卒不遇。遂自南屏登五雲三竺，散髮狂叫，索筆書長句一篇，令鐫崖記之。頃之，被病踉蹌而歸，歸日惡，戒户者，亡通客。而故所知客來，輙起逆之。有楊子者窶甚，衣緼黂，從貂貴人游不恥，貂貴人以恥楊子，則楊子泊如也。楊子者爲謁，因相得驩甚無間，恨交臂晚也。周人之急，雖貰貸勿惜，人負之，絶不算量。姑夫人四，第二稍貧，弟事之尤謹，以歲時數問遺。姑病，爲營醫藥，以差問告，乃慰快曰：「富者不必問，貧者可念耳。」余好楮古，必物相當值。弟喜有勿當，輒戯然不自聊曰：「嗛嗛之貨，其利幾所，而又若負，何能爲膏。」昊有客，持售實甫畫卷者，余所償值勿當。弟趣使召客曰：「卷不難數十金而卒售邪？」索予反之。又余所善客某者，粗善鑒，余每所貿易必屬客，客因以贋本籍某鬻余，而少與之金。後余覺而馳還之，弟不可，爲言客于余曰：「客謾兄客皐，吾意者，即客且勿問，寧問客所籍某邪。」其所燕昵好者，非恢廓之士，則不羈之才，不則謝勿見，見之亦不肯加睞。獨于君常，一見遂如故知。日丁卯，君常當試，謀于弟曰：「吾欲讀易而難書之文，若何？」弟則爲治書文三百首。是時方溽暑，揮管不輟，汗淫淫不收，夜不三鼓不就卧，遂復病。然當試時，猶强起着冠焚香籲天，歔欷泣下。人問之，則曰：「陳故貧，脱不第，呼庚癸矣。」而是歲陳竟不第，於是抱憊甚。病稍浸，迨庚午，陳上第，貌乃有喜。孝友之性，莫非天懷發中。余病，雖病力必問，偵起居，與人言，但及余病，則涕已承睫。嘗曰：「天不考，遂令吾病，病之郙吾兄，亦又甚焉，圖之，此爲時矣。」余故好琴，每受琴于人，輒夜以繼旦，而余竟以琴故復病。後規知余琴，必攘去，曰：「我豈惡于琴哉，誠不利病肺，不悛其及也。」己巳歲大祲，客謁余曰：「誠于兹居米數百量，可倍稱。」余不可。謁弟，弟亦不可。意恐余之終可也，則寓書于余曰：「頃耳兄不可客議，甚善，甚善。兄無長貲，即一倍之息，豈不能爲兄助。客議良是，然非仁人之用心矣，且奈何邀天幸哉？即利相什一，賈豎事耳，不亦鋭乎？客可絶也。」往余受室，故事，室必有簪珥，而余所得簪珥，則倍弟。母問以告弟曰：「故知若負，謀益之矣。」弟矍踢久之，乃曰：「兒難薛包哉。籍令弟十半兄，何害也，且是以争令矣。於乎，禬帷交質，紳冕者不免，弟豈易得哉。」弟痛彌留，日者或言委禽當愈。於是大父母使人私焉，弟堅謝弗允。弟謂私者曰：「病如有不可，言婦已矣，父母何以自寬？」於乎，其介若此，豈與握齪兒女態者埒耶！而竟死，傷哉，命乎？啓體之前二日，屬余病迫，出眎之，弟執手與訣曰：「不復年矣。」余泣數行下。弟張目曰：「勿哭，哭且奈何弟生死。吾兄弟比以病，而弟濱死，今使兄痛于我必致欿，無乃以我故，而行憂于親，且何以昭祖父之榮耶？」余益漸漸泣下，于是相視而哭。明日，醫有以水中金薦者，余偶曰：「吾亦可服。」弟時業噤勿能言，猶言曰：「恤恤乎，以若所爲不脱矣。夫藥，乃可率服耶？當夜分必死。」而故紿母與余弗事事。夜參半，乃辭父曰：「兒無生命矣，丈夫馬革裹尸耳，今奈何病死耶？」修然而逝。於乎，吕虔之刀竟爲弟害哉，彼所謂體龍驥之材，千里之足者，畀不自天乎？天既畀之，而又蹶之，謂之所哉。於乎，其所謂材者，既不得一試以死，而彼不材者，駑者，蹇者，顧又全之，何耶？於乎，貞之無報也，孰是人斯而有是疾耶？長吉記乎玉樓，相如踣乎金馬，犧樽青黄，爲木之灾，蓋自古睹之矣。弟年壽不逮二子，而孕珠抱玉，一旦漸鴻之逵，空驥之群，豈能免哉，豈能免哉！弟生嘉靖辛亥七月十五日，卒隆慶庚午十二月十六日，享年二十。所著有《病言》四卷。凌氏爲朱襄氏後，又嘗爲周凌氏，遂以官氏，然譜系邈不可詳矣。自三國迄唐，則代有聞人。仕宋爲平章者，曰景夏。仕元爲秘書少監，贈吴興郡侯者，曰時中；爲翰林直學士者，曰懋翁。懋翁生壽四，壽四生均德，始自安吉遷歸安。均德之子賢，仕高皇帝爲治中，以剛正謫去。宣廟時，有隆平侯者上治中名，御製《招隱歌》徵焉。入見，命偕司馬，總臺政，不拜。上書「賜老堂」褒遺之。治中生晏如，精六書之法，尤工楷篆。以布衣歷都察院右僉都御史，室瓊臺唐御史舟之女，而生敷。敷贅烏程，又爲烏程人。敷三子，而季震最能文，爲黔博士，則爲王父。博士而季約言，又最能文，則大父也。比部生父迪知，成進士，爲尚書繕部郎。母包氏，兄湛初，郡諸生。弟涵初。卜以今壬申十二月之初八日，附比部瘞于慎家漾之原。于是余湛初撰序，所懷以辱于偉公長者。語不云乎，既絶故老之口，必資不刊之書，則今樹之風聲而使樵蘇識禁，後生擊節者，微偉公長者孰望哉？偉公長者倘不以余湛初之不佞，而攟摭一言以銘諸窾，則偉公長者有大造于不佞弟矣。豈惟不佞弟，我凌氏實寵嘉偉公長者之大賜！

明故藻湖公暨配蔡氏何氏合葬墓誌銘

賜進士出身，文林郎，知江西萬載縣事，眷侍生韋明傑撰文
賜進士出身，徵仕郎，行人司行人，通家眷侍生錢瀛選書丹
賜進士出身，文林郎，江西道監察御史，眷侍生施檪篆蓋

公諱仲鬱，字以文，藻湖其别號也。其先爲吴之安吉桐山鄉人，居樊塢。至元學士懋翁公，感元政不綱，豫爲避亂存祀之計，始遷伯子壽一泰於歸安之雙林，遂世家焉。宏治間，公曾祖漢章公遇泰山異人，以針術神天下，見聘秦藩，至名動當宁。一再傳及公父雙湖公，諱瑄，字子完。母温氏，知縣税公女，翰林編修古渠公之姑也。首舉公，次叔邵，次季節。邵亦精城郭針經脉法。公初爲諸生，有聲黌序，門人皆青紫期公，公亦自謂指日長安客也。雖素明於醫，猶弗屑以是名。迨邵、節相繼殞，公始慨然墜緒是憂。乃棄去舉子業，稍稍理父祖業之術濟人，人心固已屬公矣。會兩丐者，持數針踵門求售，云：「越日，當受直。」及期不果來，發視，皆良金也。心異之，以試，疾無不應手効者。始悟嚮丐者乃化身，一如泰山異人之於漢章公云。由是名益高，術益奇。同郡施太公者，永安令宏所公父也，舉巨石而傷其陽，血滯水道，幾殆。輿來就公，公曰：「固無患。」一針，水道立通，傷旋立愈。嘗游江南，見水次布囊蠕蠕動，命榜人援視之，中有好女子在焉。詢之舊氏也，乃爲腹踵見疑，父母欲葬之魚腹者。公爲診脉，心識其冤，載與歸所居，告其家曰：「女脉固守貞者，然有怪，當是誤飲蕉露，食蜈蚣子毒所成。吾且下之。」令聚群鷄以俟，針甫卸，立下蜈蚣數十，踵即消。其異驗

如此，衆咸驚爲神人云。爰是四方人士洎縉紳先生詣者如市，公所入日益廣。然性好豪施，所得金繒錢穀，悉散與宗戚、知交之貧者。治同里病夫，無所取，更以好飲食食之。視宋清居藥西都，尤無券可焚也。公好義，聲既遐播，錫山筠塘陳公守吾郡，舉大飲賓于鄉，贈以詩。聞諸撫按，欲致公京師，備御醫之選。公力謝不願，乃免。因得偃仰于家，逍遥杖履。享年九十有三，以疾終。嗚呼，公可謂蕭然塵外有道之士也已。銘曰：

松高翼日，栢古參星。泥封馬鬣，冢卧麒形。爰居爰處，攸宇攸寧。千齡萬禩，以莫公靈。

弟義康

明大廷尉忠介公行狀

公諱義渠，字駿甫，苕之烏程人也。天啓乙丑登進士，始號茗柯。文爲士則，行爲世範，蓋遐邇咸稱爲茗柯先生云。自公之先有諱景夏者，試禮部第一，仕宋爲平章，詆和議，稱直臣。有諱時中者，仕元爲秘書少監，封吴興郡侯。諱懋翁者，爲翰林直學士，父子同以勳節顯。懋翁之孫曰賢，與賢之子曰晏如，偕爲御史中丞。晏如之孫震，綽有才名，爲黔博士，則公之高大父也。曾大父約言，刑部員外郎，進階朝列大夫，後贈刑部尚書。大父遂知，游太學，名冠浙西十八子，執親喪，哀毁嘔血，蚤卒，追贈刑部尚書。父洽初，封禮科給事中，贈刑部尚書。母爲閔太夫人。公性不嗜葷血，静穆如緇流。頎體美髯，雙眸秀粲，望之翛然鶴立。齠齡就塾，屬對□慧。年未弱冠，補博士弟子，籍甚黌閒。烏程令馬君諱思理喜造士，舉清遠社，公與温寶忠輩相頡頏，皆爲馬所推重焉。赴鄉會試，聯登賢書。殿試後，選行人。時魏璫勢焰熾天，東林諸君子羅熾慘酷，士大夫靡然屏息。公爲諸生時，沉默有卓識，悁悁於前世興亡之故，懼夫陽消而陰長也，蘭枯而蕭菀也，嫉奸回之攬柄，宵壬之從腴也，正直之道不伸，而邦家之元氣椓也。謂當神廟倦勤，黨户兩峙，尚如宋之洛、蜀，涇渭未分。逮璫禍興，而附璫者灼然邪佞，不附璫者允矣君子，判若椒丘與糞壤云爾也。以故公初履仕途，介介不苟合。崇禎初年，魏璫伏誅，其黨敗，公固已識之早矣。庚午，考授禮科給事中。公既入諫垣，彌自砥立，秉正不阿，思欲有所建樹，以攖人主之鱗而補其闕。執政望其風度，私謂相曰：「此君可用也。」旁一執政曰：「恐不爲人用耳。」會政府啣恨一史官，屬公彈之。公素識其人，乃不附璫者，堅執不從。嘗識劉宗周之理學爲躬行，識倪元璐、黄道周、黄景昉之公正，識熊開元、高倬、金聲之耿直，識吴麟徵、章正宸、侯峒曾、徐汧之篤誠，諸君子亦雅相佩服，締金石交。初在禮垣，值三河縣令劉夢煒因本境盗劫鞘銀，自經死。公識朝廷之意，重在金，不在官，重在獲金，不在獲盗，抗疏直陳之，轉吏垣右署都科事。有廢謫諸臣，屢旨簡用，銓部混列而已。公識其疑畏，爲陳甄叙分別之法焉。轉户垣左巡，視庫藏，識精物，隱察錢糧掛漏者以聞。既都兵垣，則識秦寇之當先勦，爲一疏；識蜀寇之當預防，爲一疏；識東島之與朝鮮唇齒也，則奏之；識皮島之必潰散也，則奏之；識長山島變之宜殲不宜撫也，則奏之；識鎮臣之出海有不可知者三也，則奏之。事尚隱伏，慮出機先，後果悉如公言。公九載垣中，律己以廉，格君以正，議事以恕，陰調其黨，偏而不事矯激，糾彈不避權豪，而與物無忤。然當事忌之，左遷閩中參政，分守福寧道。大司馬楊嗣昌聞而嘆曰：「凌君在樞垣累年，未嘗以片言隻字私屬於我，我見凌君奏事，靡不剴切中機宜。我必爲之速覆，奈何哉左遷而去。」楊蓋深惋之，而弗敢奏也。大理寺左寺副孫三傑，疏劾當事者之不法，天子爲之罷首輔，削銓宰職，下吏掌垣于獄，朝論快焉。任閩一年，察舉卓異，升湖廣按察使，兵備蘇松道，偕巡撫中丞張國維勦平福山海寇。公坐鎮並領皆默識其才，故指麾咳吐，所向有功。是時歲方薦飢，公兼攝常鎮及督糧二道，經理四大郡。仿富鄭公賑濟法，民無菜色，棘亭不夜哭，東吴咸愛戴之。踰年，升山東右布政使，與勦梁山賊，有城守功。吏科都給事中章正宸昌言于朝：「凌掌科久淹外任，政多殊績。」因陞南京光禄寺卿，天子顧見御屏書公姓名，念之，問銓部何置留都爲，乃擢北京大理寺卿。公治獄平允，召對給筆札，條陳兵事、御事，特褒之，將枚卜矣。甲申暮春，闖賊李自成犯闕。丁未昧旦，城陷，龍馭賓天。賊未之知也，入宫大索不得，懸令重購。翌日戊申，乃得之煤山。評事李森先聞之趨告，公號泣動地，舉頭觸柱，流血沾衣。李曲爲勸慰，公毅然曰：「我與若道義交，奈何效兒女子語哉。君爲社稷亡，則亡之，君爲社稷死，則死之。死，吾分也。且吾一生介介，豈可自辱。」遽揖李出户，李泫然决别。出顧公僕曰：「吁，公滿面冰霜，義形于色，莫可挽也已。」于是館客家僮互相勸沮，公不聽，援毫上父書，有「盡忠即所以盡孝，男視死如歸」之語。以書授僕，僕乃泣，問遺命，公曰：「死後可書我柩云『死節孤臣凌義渠之柩』。」終無他言，遂投環而逝。是時從龍諸臣與公相後先者，落落然二十有四人而已。公一聞凶問，立自裁决，蓋先有定識矣。初，公孩提失恃，從父别駕公撫之，維持備至，公得以成立，事别駕公如事父，有危疑必密啓焉。别駕公諱後嘉，予之先君子也。公事父封給諫公、後母嚴太夫人以孝聞，官躋尊顯，猶晨昏謹凛不少弛。仕宦二十載，堂構數椽，薄田半頃，顧未嘗不竭力以奉二人歡。公有廬，弗敢居也，以奉二人居。居且盈之，公歸，則僦廬以居。歲租所入，公無儲也，供二人瀡瀡之不給，繼以俸薪。公歸，則呼庚癸于市。封給諫公有故宅，弗宅爾宅，更將營菟裘，以爲群季計也。公又未嘗不竭力以奉二人歡，且爲群季歡，然澹泊自甘，口不言錢，亦不問家人産。甫總樞垣，却九邊鎮並之餽遺，歷仕藩臬，洎攝南畿京兆，輒嚴禁常例，歸每槖清風蕭如也。生平好延攬文士，干旌孑指先及名宿，在吴則識徐丈方廣及徐波、楊彛諸子，使楚則識譚元春、易暹道、劉敷仁諸子，往往解帶寫誠，脱去形迹。其冰鏡所照，雖模索暗投，稔識其爲人。丙子科試，山左士取中八十有二，皆俊乂之選。厥後張令錫、魯友、徐丕訓輩亦以守城殉難。采風吴、閩，甄拔多英彦，先爲有司棄勿録者，公親閲必識取其尤，即聯翩翔去。士或屢試坎坷，公篤信而禮之愈恭，不以成敗利鈍爲去取也，其卓識如此。宏光朝，贈刑部尚書，謚忠清。追贈三代，廕一子，祭三壇。

皇清順治九年，欽奉世祖章皇帝特旨，賜謚忠介。建表忠祠於京師，本籍賜地七十畝，以供祠祭。

尚寶司少卿古愚凌公墓誌銘

公諱信，字崇德，號古愚。中順大夫芝臺公嗣也，世居松陵。君有夷姤之至性，醰粹之妙德，學於古訓，祓飾厥躬。早補弟子員，食廩餼。嗣後奮志功名，讀書益銳，將瓜鎮心，把卷升屋，不自覺其綿綴也。宣德七年壬子舉人，正統七年壬戌進士。授翰林檢討。凡朝廷有大典禮、大詔誥，必召而付焉。悉能口吐神珠，胸藏册府。歷官至尚寶司少卿，起予聖懷，節言中旨。遵節儉，尚素樸，因心必盡；遵《洪範》，酌憲典，惟道斯行。由是親膺重任，奉使安南，封藩粤王及妃。還居近侍，榮饗飲至。立朝仗義，斯固國史之所詳，今可得而略也。雖然，可久者賢人之德，可大者賢人之業。公以一歲之中，章服屢易，數年之内，郵車幾遣，人但見其雲路轉風，扶摇太速，而不知其仁心及物，積累良多。旋見晋參台鼎，榮冠朝端，無何景泰元年，遂抱微痾，于十二月初三日竟以不起，享年四十有八。嗚呼，痛哉！天子有賜祭之命，敕諭之傳，遠邇榮之。公配沈氏，誥封亞中大夫諱彬女，封恭人。生子三，一諱台，山東昌樂縣縣丞。葬公于黎川鎮西栅下水圩。銘曰：命重在民，爵輕于我。久持少卿，平章庶務。惠澤旁敷，吏民感戴。黄扉未居，白骨先寒。我爲立傳，再銘華表。彷佛劉寬，泐碑更好。

年家眷弟章綸　拜撰

凌榆村先生墓表

萬曆十六年，凌榆村先生卒。其子尚德輿櫬將葬，以墓表爲請。憲成謹按，先生諱濱，字思溪，號榆村。

其祖諱台，字天池，號應三，爲山東昌樂縣縣丞。配徐氏，側室施氏。生子一，諱豫，號南溪，歲貢生。配汝氏，生先生，自黎川徙莘塔。當執箕膺撝，即已岐嶷，束髮受書，更加倜儻。早舉茂才，敦《詩》説《禮》，停計偕之車，占肥遯之卦。且謂貿遷可以厚生，推解可以樹德，何必戀此微名，效碌碌者也。先生以萬善所先，天倫爲重，百年難盡孝養之衷。用闢廣屋，具潔饌，板輿奉親，承歡晨夕，曾參之養志，公庶幾乎？夫君子在上則事其君，在下則事其親，公以孝思所格，自宜壽享期頤。所嘆者，善人是富，生可無慚，造化無心，奪之偏速，竟以七十五歲而終。公配迮氏，始祖隱庵公裔也。洗手作羹，虔供梡㰌，挑燈佐讀，親理機絲，斯真相夫有道，共羨燕翼貽謀之善也。爰爲表其巔末，以誌其與孺人合葬吴江縣之完字圩。

年家眷教弟顧憲成拜表

皇清敕封文林郎四川保寧府南部縣知縣邑庠生鏡涵凌公行略

今上乾隆四十三年三月，受謚之辰，余門人南部縣令凌君夢曾，以其尊人鏡涵封公不諱之問來訃，並寄聲於余曰：「曾自得附門墻，受知最深。維先君子一生行誼知之熟且詳者，無如吾師。今曾已以私憂乞身，且祖載有時，伏維鴻筆憫而傳之，感且不朽，敢遵遺敕以請。」余自維與南部君因緣之契，實邁等夷。且導揚前喆之幽芬，於以渟澆而激薄，亦忝司風紀者之責也。爰爲僂次其生平崖略，謹書狀如左：公諱楷，字錦園，號鏡涵，浙江烏程人。父恬村先生，諱温琦，以文章巨望爲大雅所宗。公稟承淳則，兼挺軼才，當其甫攻制舉業，即酷嗜天崇諸大家之文，操觚騰翰，往往落紙驚人。豫章帥先生蘭皐，提督浙校，遂與其仲弟芷江君湘同補博士弟子員。公既綽有英稱，芷江君又擅才，清綺一時，清輝流映，論者或方之陸氏之機、雲，蘇家之軾、轍云。乃公既以數奇，連試省闈不售，與芷江君浮湛諸生中者，垂三十年，人皆以爲屈。公故怡然曰：「是有命焉，不於吾躬，其或在我子孫乎？」庚辰之役，南部君果於賢書拔萃，辛巳，再捷禮闈，爲余分校所得士。當泥金捷報至，聞公尚據案咿唔，手揮三寸柔翰不輟也。南部君以進士待銓，請假歸侍。至庚寅秋杪始謁選，得四川保寧府南部縣，迎公就養官署。是時恬村先生亦已先歿，公辭墓行，涕洟被面，與芷江君分手河干，語刺刺不能自已。蓋其永懷風樹，重念令原，要皆根於至性者然也。南部爲川北劇邑，案牘之繁，本甲於保寧一郡。更適遇兩金酋不靖，重煩天討，飛翰之臨，日焉數至。南部君以部劇之才，爲上游委重，匹馬單車，佐輸絶塞，驢綱隊裏，駝鬭聲中，往往沐不終湯，寢不徹寐。而公尺書鄭重，惟勉以賢勞大義，毫不顧私，比夫捶厄之初，迄奏犁庭之績。七年任事，能使囹無滯獄，士不呼庚，絶鮮蕭杌之機者，强半皆由公庭誥諄詳之所致云。公生平侍恬村先生膝下者五十餘年，色養如一日。當其在官署也，歲時膢臘，望祭必虔，凡諸昆弟之在籍居者，則從庚郵丙驛中，時其問遺，不少間。痛仲弟芷江君之奄逝於家也，居常恒忽忽不怡，每遇良宵風月，輒偕其季弟茂才東園君鳳翥一樽排遣，友愛之情倍篤。雅不喜爲薀利之行，以故篋無宛財。而最喜急人之急，遇故鄉親故之以匱乏告者，褸裂而來，務饜其空嗛之望而去。值訟庭有簿録散衙之暇，必進南部君而詢之，或聞冤獄有平反，墜事有興舉，方欣然色喜。至今喬風之扇，春露之濡，幾欲與甘棠遺愛之碑，並樹於文城字水間。此尤足徵公天性之纏綿，用情之愷惻也。余自壬辰歲奉簡命，參大將軍阿公軍事。馳驅於蠻烟僰雨中者，首尾六載。每從索橋懸渡間遇南部君，籠鞭話舊，輒詢公起居，方謂重德如公，允宜受壽永多，駢函龐祉。何圖天不慭遺，哲人其遽萎也，惜哉！公生於康熙三十九年八月初六日，卒於乾隆四十二年九月二十二日，享年七十有八歲。乾隆三十八年，恭遇覃恩，敕封文林郎，四川保寧府南部縣知縣。配嚴孺人，驥村國學生嚴渭公公女，齋莊淑慎，德儷於公。先公卒，敕贈孺人。子男三：夢曾，辛巳進士，選授四川保寧府南部縣知縣，娶范村温氏，繼配雙林談氏；希曾，候補州吏目，娶安慶王氏；省曾，國學生，娶驥村嚴氏。女一，適雙林國學生沈洪。孫男四：還珠娶長興丁氏，夢曾出；掌珠、耀珠，希曾出；燦珠，省曾出。俱幼未聘。孫女一，省曾出。夫以公大節之昭彰者，煒煌天語，固已褒之鳳誥，寵以龍綵，而其他軼行之流傳人口，猶罔不皭然，足爲世程式若此。尚冀當代大人先生擇而採之以上，備史宬之甄録，則余言其即乘韋也夫。

乾隆四十三年歲次戊戌，大理寺卿，年家眷同學弟王昶頓首拜撰

卷之六

唐殿暘公第三十四世孫元吉川公支世系遵明繹泉公譜奉吉川公爲一世祖以上爲遠祖世表

家相子

世	名
一世	時中
二世	懋翁
三世	謙晟舍支始此
四世	均德
五世	賢
六世	晏如
七世	敬練市分支；啟無傳；肇無傳；敦大錢分支；敷子三，始遷晟舍
六世	坦如海寧分支；英如練市分支；裕如海寧分支；定如無傳

敷子三

八世 | 九世 | 十世 | 十一世 | 十二世

- 雲長房始此
  - 緯
    - 魁
      - 夢熊
        - 若冲子一
      - 夢麟
      - 夢龍
  - 純
    - 疇
    - 界
      - 應鸞
    - 田
      - 應鳳橫山支始此
        - 天祚子一
- 雯北房始此
  - 紳
    - 集北大大房支始此
      - 嗣誠
        - 洪德子一
        - 憶德子一
      - 嗣功
        - 棐
    - 雅
      - 嗣音
        - 懷德子二，北大房支始此

啟康子四，北三房支始此

宏憲子二，北四房支始此

惇德子六，北五房支始此

嗣彰北大二三房支始此——性德子二

維北老二房支始此——雋——嗣學——有光子一

有常子一

嗣道——有成

- 震南房始此
  - 紀言（南老大房支始此）
    - 選知
      - 承芳
        - 雲志子一
        - 雲翼子一
        - 雲翰
    - 遜知
      - 仲升
    - 速知
      - 永芳
  - 納言
    - 進知
      - 允修
      - 允仁
  - 約言
    - 迪知（南大房支始此）
      - 湛初
        - 毓枏子五
      - 潤初
      - 涵初
        - 毓相子一
        - 楷子二
        - 毓櫝

- 述知 南二房支始此
  - 濛初
    - 琛子一
    - 葆子六
    - 楚子一
    - 櫜子五，遷居下昂
    - 棨子二
  - 浚初
    - 璪子三
    - 栻子三
  - 菹初
    - 若木
    - 瑶林
    - 瑞森子二
    - 人杰子一
  - 漸初
    - 汝標子一

遇知 南三房支始此

瀛初

沐初

洪初

浣初

澄初

翹椿子一

相臣子三

樞臣子三

森美子二

森生子四

森發子三

森韡子三

汝亨子三

汝樑子三

汝楨子二遷居薛埠

遂知 南四房支始此

後嘉

義康子四

義遠子六
義徵子五
義仍子四
義果子三
義植子五

洽初

義渠子四
義樂子一
義集
義業子一
犀渠子一
石渠
熊渠

唐殿暘公第三十四世孫吉川公支世志 遵明繹泉公譜奉吉川公爲一世祖。

一世

家相子

時中，字德庸，號吉川。娶范氏。子二，懋翁、懋老。
登至元辛巳進士。任建昌路司獄，升福建廉訪都水監丞，尋遷秘書監少監，集賢殿直學士，輕車都尉。敕封吴興郡侯。范累封恭人，敕封吴郡夫人。
生於景定庚申　月　日時，卒於元統甲戌　月　日時，壽七十五。
配生於　月　日時，卒於　月　日時。葬安吉銅山鄉魯家溪。

二世

時中長子

懋翁，字師德，號震峰。娶朱氏。子十六，泰、恒、益、謙，朱出；臨、豫，側萬氏出；涣，側應氏出；需，側何氏出；頤，側萬氏出；履，側應氏出；蒙，朱出；賁，側萬氏出；豐，側應氏出；咸、漸，側何氏出；隨，側應氏出。
登泰定己丑進士。歷任連州府知府，擢嘉興路總管。至正甲申，主試兩浙鄉試。轉翰林院直學士，通議大夫，秘書監正監。朱累封恭人，誥封夫人。
生於至元己卯　月　日時，卒於至正甲午　月　日時，壽七十六。
配生於　月　日時，卒於　月　日時。
側萬生於　月　日時，卒於　月　日時。
側應生於　月　日時，卒於　月　日時。
側何生於　月　日時，卒於　月　日時。葬安吉鳳亭鄉雙溪口風火山。

	三世
懋翁四子	謙，字慎鄉，行壽四。娶□氏。子均德。 邑庠生。國子博士。 生於　月　日時，卒於　月　日時，壽七十二。 配生於　月　日時，卒於　月　日時。葬練市西戚橋。 遷練市西成橋晟舍支始此。
	四世
謙子	均德，字季美。娶武康徐氏。子賢。 以子賢貴，誥封奉政大夫，應天府治中。孫晏如貴，誥贈中憲大夫，都察院右僉都御史。徐誥封恭人，累贈太恭人。 生於　月　日時，卒於　月　日時，壽八十。 配生於　月　日時，卒於　月　日時。
	五世
均德子	賢，字彦能。娶蔡氏，繼劉氏。子五，晏如、坦如，蔡出；英如、裕如、定如，劉出。 舉洪武浙江鄉試第四名。選玉山縣教諭，升武岡州知州，轉應天府治中。出知鄭州，尋謫均州。宣德朝，敕命都察院右僉都御史，馳驛還鄉，崇祀名宦鄉賢。蔡誥封恭人，劉贈恭人。 生於　月　日時，卒於　月　日時，壽七十四。

配生於　月　日時，卒於　月　日時。

繼生於　月　日時，卒於　月　日時。葬隱亭村藏字二圩。

六世

賢子五

晏如，字安然，號雲谿。娶吴江周氏，繼廣東瓊州府瓊山縣唐氏，甲申進士御史道汝濟公舟之女。子五，敬，周出；啓、肇、敦、敷，唐出。

徵授中書舍人，晋吏科給事中，升都給事中，尋遷都察院右僉都御史，賜璽書掌院事。周誥贈恭人，唐誥封恭人。

生於洪武壬戌十二月十五日時，卒於宣德甲寅八月十五日時，年五十三。

配生於　月　日時，卒於　月　日時。

繼生於　月　日時，卒於　月　日時。葬隱亭村藏字一圩。

坦如，字□□。娶□氏。子敭。

以子敭貴，例贈廣東市舶司提舉。配例贈安人。

生於　月　日時，卒於　月　日時。

配生於　月　日時，卒於　月　日時。

遷居海寧分支。

英如，字□□。娶□氏。子斆。

生於　月　日時，卒於　月　日時。

配生於　月　日時，卒於　月　日時。

遷居練市分支。

裕如，字□□。娶□氏。子楨。
以孫思貴，例贈朝議大夫，翰林院學士。配例贈恭人。
生於　月　日時，卒於　月　日時。
配生於　月　日時，卒於　月　日時。
遷居海寧分支。
定如，字□□。無傳。
生於　月　日時，卒於　月　日時。

七世

晏如子五

敬，字□□，號景雲。娶□氏。子三，琮、琪、瑄。
官廕生。
生於　月　日時，卒於　月　日時。
配生於　月　日時，卒於　月　日時。
遷居練市分支。
啓，字□□。無傳。
生於　月　日時，卒於　月　日時。
肇，字□□。無傳。
生於　月　日時，卒於　月　日時。
敦，字純夫，號慕雲。贅大全王氏。子斌。

官廕生。
生於　月　日時，卒於　月　日時。
配生於　月　日時，卒於　月　日時。
遷居大全分支。
敷，字達夫，號怡雲。娶本里閔氏，壽官梅隱公復女。子三，雲、雯、震。女三，一適雩都知縣驥村嚴鑾，一適栖梧黄□，一適太學生吴江崔澂。
官廕生，鄉飲大賓。
生於永樂甲辰七月初一日時，卒於正德辛未十月初七日時，壽八十八。
配生於　月　日時，卒於　月　日時，　壽七十五。葬長超山。
始遷晟舍。

敷子三

八世

雲，字時化。娶唐氏。子二，緯、純。
生於　月　日時，卒於　月　日時。
配生於　月　日時，卒於　月　日時。
長房始此。
雯，字時章，號春洲。娶長興吴氏，吕山公女。子二，紳、維。女二，一適庠生後林沈朝元，一適舉人菱湖鎮張翀。
生於　月　日時，卒於　月　日時，壽六十八。
配生於　月　日時，卒於　月　日時，　壽六十三。葬父塋穆次。

北房始此。

震，字時東，號綀溪。娶濠上王氏。子三，紀言、納言、約言。女一，適貢生長興錢錀。正德癸未歲貢。任湖廣黔陽縣學訓導，提督寶山書院。以子約言貴，贈奉直大夫，南京刑部員外郎，崇祀名宦鄉賢。王贈孺人，封安人。

生於成化辛卯三月初七日時，卒於嘉靖乙未二月廿七日時，壽六十五。

配生於　月　日時，卒於　月　日時，　壽八十八。葬貎二三圩。

南房始此。

九世

雲子二

緯，字子象，號平野。娶陳氏。子魁。

生於　月　日時，卒於　月　日時。

配生於　月　日時，卒於　月　日時。

純，字子厚，號樂山。娶張氏。子三，疇、界、田。

生於　月　日時，卒於　月　日時。

配生於　月　日時，卒於　月　日時。葬横山張家濱聖堂後。

雯子二

紳，字子搢，號春谷。娶戴山黄氏，進士王府長史士偉公雄女。繼本里閔氏。子三，集，側王氏出；雅，隽，爲弟稚後。側吴氏出。女一，適前坵吴應元，黄出。

太學生。

生於成化成戌五月廿八日時，卒於嘉靖庚寅五月廿八日時，年五十三。

配生於成化戊戌十月廿七日辰時，卒於嘉靖癸未六月初六日午時，年四十六。
繼生於宏治癸未十二月廿四日子時，卒於萬曆癸酉十月初六日戌時，壽七十一。
側王生於宏治丙辰正月廿五日時，卒於嘉靖庚申二月初三日子時，壽六十五。
側吴生於成化壬子三月初五日巳時，卒於隆慶丁卯六月初五日時，壽七十六。合葬貌四圩。
維，字子儀，號東亭。娶費氏。無子，以兄紳三子雋爲後。女一，適前坵吴鳳毛。
生於　月　日時，卒於　月　日時。
配生於　月　日時，卒於　月　日時。葬長超山祖塋昭次。
北老二房支始此。

震子三

紀言，字子承，號蘭谷。娶錢村陸氏，僉事琛女。繼張氏。子三，選知、遜知、速知。女適驤村嚴湍。
郡庠生。
生於　月　日時，卒於　月　日時。
配生於　月　日時，卒於　月　日時。
繼生於　月　日時，卒於　月　日時。葬長超山祖塋之側。
南老大房支始此。
納言，字懋允，號春岩。娶吴江錢氏。子進知。女適歲貢南直隸常州府江陰縣訓導前坵吴應芳，贈孺人。
生於　月　日時，卒於　月　日時。
配生於　月　日時，卒於　月　日時。
約言，字季默，號藻泉。娶匯沮潘氏，隨州判官應元公女。子四，迪知、述知、遇知、遂知。女四，一適本里閔宜賀；一適長興李允山；一適庠生贈江東運副沈之鏊，贈宜人；一適例貢樂平縣主簿前坵吴仕際。

	貢生。舉嘉靖庚子應天鄉試。選全椒縣知縣，歷沔陽州知州，轉廬州府同知，升南京刑部員外郎。以東宮恩詔，進階朝列大夫，崇祀名宦。以曾孫義渠殉節，贈光禄大夫，太子太傅，刑部尚書。潘封宜人，誥贈恭人，加贈一品夫人。 生於宏治甲子正月十二日亥時，卒於隆慶辛未二月十四日申時，壽六十八。 配生於正德己巳九月廿九日申時，卒於萬曆甲戌又十二月廿六日卯時，　壽六十六。葬竹馬漾即字二圩。
	十世
緯子	魁，字□□，號東陽。娶周氏。子三，夢熊、夢麟、夢龍。 生於　月　日時，卒於　月　日時。 配生於　月　日時，卒於　月　日時。葬長超山祖塋昭次。
純子三	疇，字□□。無傳。 生於　月　日時，卒於　月　日時。 界，字□□。娶□氏。子應鸞。 生於　月　日時，卒於　月　日時。 配生於　月　日時，卒於　月　日時。 田，字□□。娶□氏。子應鳳。 生於　月　日時，卒於　月　日時。 配生於　月　日時，卒於　月　日時。
紳子二	集，字義卿，號南坧。娶匯沮潘氏。子三，嗣誠，側□氏出；　嗣翼、嗣功，潘出。女三，一適馬要□□，一適驥村嚴文集，一適朱溥，潘出。

生於正德甲戌十二月廿三日子時，卒於嘉靖甲子二月初三日未時，年五十一。
配生於正德乙亥六月二十日巳時，卒於萬曆癸巳七月十四日酉時，　壽七十九。葬長超山祖塋穆次。
北大大房支始此。
雅，字譽卿，號北墅。娶吴江崔氏，春谷公女。子二，嗣音、嗣彰。女二，一適震澤黄，一適長興吕。以子嗣音貴，封文林郎，贈中憲大夫，廣西按察司副使。崔封孺人，贈恭人。
生於正德乙亥四月初十日申時，卒於萬曆癸巳八月十三日亥時，壽七十九。
配生於正德丁丑十月十一日亥時，卒於萬曆丁丑九月十七日子時，　壽六十一。葬長超山。

維繼子

雋，字秀卿，號南墅。娶車氏。子二，嗣學、嗣道。女適升山沈。
太學生。辭徵耆老。
生於嘉靖壬午二月初五日辰時，卒於萬曆甲辰閏九月廿六日時，壽八十三。
配生於正德庚辰十月十二日時，卒於萬曆辛卯三月初九日時，　壽七十二。葬長超山。

紀言子三

選知，字稚仁，號養恬。娶沈氏。子承芳。女二，一適菱湖蔣，一適驥村嚴。
生於　月　日時，卒於　月　日時。附葬祖塋。
配生於　月　日時，卒於　月　日時。
孫知，字稚義。娶本里閔氏。子仲升。
生於　月　日時，卒於　月　日時。
配生於　月　日時，卒於　月　日時。
速知，字稚智。娶□氏。子永芳。

	生於　月　日時，卒於　月　日時。 配生於　月　日時，卒於　月　日時。
納言子	進知，字稚禮，號思岩。娶王氏。子二，允修、允仁。 生於　月　日時，卒於　月　日時。 配生於　月　日時，卒於　月　日時。
約言子四	迪知，字稚哲，號繹泉。娶郡城包氏，兵馬指揮使碧川公大夏女。繼菱湖蔣氏，鶴慶知府小峯公子岳女。子五，湛初、潤初、溋初，包出；濛初、浚初，蔣出。 舉嘉靖乙未浙江鄉試，登丙辰進士。授工部營膳司主事，左遷定州府同知，兼晋寧同知，轉大名府通判，署開州，進常州府同知。包誥封宜人，蔣封孺人。 生於嘉靖己丑八月初三日巳時，卒於萬曆庚子十二月初五日巳時，壽七十二。 配生於嘉靖庚寅十一月二十日巳時，卒於萬曆甲戌八月初四日時，年四十五。 繼生於嘉靖庚申六月十九日時，卒於萬曆乙巳九月初六日時，　年四十六。葬下昂水北村。 南大房支始此。 述知，字稚明，號次泉。娶前圻吴氏，許州州同巢雲公鳳翔女。子三，莅初、漸初、瀛初。女五，一適庠生嚴景耀，一適石阡吴稼章，一適劉，一適陸，一適滕縣縣丞雙林沈規甫。 嘉靖壬戌恩貢生。歷任光禄寺寺丞，以從祀天壇特旨優奬加二級。吴誥贈安人。 生於嘉靖壬辰九月十九日時，卒於萬曆戊戌五月初八日時，壽六十七。 配生於嘉靖辛卯二月十九日時，卒於萬曆戊戌五月廿九日時，壽六十八。葬貌二三圩。

南二房支始此。

遇知，改名稚隆，字以棟，一字際叔，號磊泉。娶陸氏。子四，沐初、洪初、浣初、澄初。女三，一適太學生匯沮潘文陽，一適庠守節題旌；一適舉人前坵吴世熙，一適前坵吴。

邑庠生。入太學，除授鴻臚寺序班。

生於嘉靖乙未二月初十日戌時，卒於萬曆庚子五月初八日申時，壽六十六。

配生於嘉靖乙未七月廿八日戌時，卒於萬曆辛卯十月十八日酉時，年五十七。葬嘉四圩。

南三房支始此。

遂知，字稚良，號嶽泉，一號蒼弁。娶馬要沈氏，贈徵仕郎宜陽公墅女。子二，後嘉、洽初。女二，一適菱湖蔣裕，一適庠生本里閔振彦。

太學生。以孫義渠殉節，誥贈光禄大夫，太子太傅，刑部尚書。沈誥贈一品夫人。

生於嘉靖丙午五月廿八日辰時，卒於萬曆乙亥九月十三日戌時，年三十。

配生於嘉靖戊申八月十二日巳時，卒於天啓癸未十月初二日戌時，壽七十六。葬含山敵墖村北墖橋。

南四房支始此。

十一世

魁子三

夢熊，字□□，號望陽。娶驛村嚴氏。子若冲。女適匯沮潘。

生於嘉靖己酉三月初二日時，卒於萬曆壬辰二月十六日時，年四十四。

配生於嘉靖庚戌九月初四日時，卒於萬曆丁未九月初一日時，年五十八。葬躬字二圩。

夢麟，字□□，號賔岳。娶童氏。無子。女適孺山柳。

	生於嘉靖癸丑正月初一日時，卒於萬曆壬寅八月初九日時，年五十。 配生於嘉靖甲寅八月二十日時，卒於　月　日時。 夢龍，字□□，號勉齊。娶沈氏。無傳。 生於嘉靖庚申三月廿六日巳時，卒於萬曆乙卯三月初六日時，年五十六。 配生於隆慶丁卯十月廿一日時，卒於萬曆甲申十月廿八日時，　年十八。葬長超山祖塋側。
界子	應鸞，字□□。 生於　月　日時，卒於　月　日時。
田子	應鳳，字□□。娶錢村陸氏。子天祚。 生於　月　日時，卒於　月　日時。 配生於　月　日時，卒於　月　日時。 横山支始此。
集子三	嗣誠，字近溪，號思坵。娶蕓村袁氏。子洪德。女適孺山葉。 生於嘉靖乙未正月廿二日巳時，卒於萬曆己酉六月廿九日未時，壽七十五。 配生於嘉靖丁酉十二月十四日子時，卒於萬曆乙卯十一月十二日酉時，　壽七十九。葬長超山祖塋側。 嗣翼，字忠甫，號静宇。娶郡城費氏。子憶德。女二，一適馬要□，一適嚴。 生於嘉靖庚戌二月十九日亥時，卒於萬曆己丑五月廿三日午時，年四十。 配生於嘉靖庚戌九月十六日亥時，卒於　月　日時。葬貽二圩。 嗣功，字順甫，號懷谷。娶大苞馮氏。子棐。女適重兆湯有聲。

	生於嘉靖癸丑正月初七日亥時，卒於萬曆己未九月十九日亥時，壽六十六。 配生於嘉靖甲寅二月初一日子時，卒於天啓乙丑十月初四日辰時，　壽七十二。葬作五圩。
雅子二	嗣音，字孟昭，號存夔。娶震澤黄氏，環野公鏊女。子四，懷德、啓康、宏憲、惇德。女二，一適吴江陸明凱，一適庠生長興姚繼昌。 邑增生。舉萬曆丙子浙江鄉試，登庚辰進士。選南昌縣知縣，遷刑部清吏司郎中，出知梧州，晋廣西按察司副使，任蒼梧道事，升廣西布政使司布政使，崇祀名宦。黄誥封恭人。 生於嘉靖丁未二月初一日亥時，卒於萬曆己酉五月廿九日酉時，壽六十三。 配生於嘉靖甲辰十一月十三日亥時，卒於萬曆壬子七月廿一日未時，　壽六十九。合葬唐家山。 嗣彰，字仲昭，號完夔。娶吴江六都邱氏，庠生既來公女。子性德。女適吴江七都陸。 邑庠生。 生於嘉靖辛酉十一月初六日亥時，卒於萬曆甲辰十一月初一日戌時，年四十四。 配生於嘉靖癸亥三月十一日午時，卒於萬曆庚戌十月十六日寅時，　年四十六。葬貌二三圩。 北大二二房支始此。
雋子二	嗣學，字□□，號養元。娶姜氏。子三，有成，爲弟嗣道後；　有光；　有常。女適矉村嚴。 太學生。 生於嘉靖丙午五月十一日巳時，卒於天啓壬戌八月十四日卯時，壽七十七。 配生於嘉靖甲寅五月十三日巳時，卒於萬曆戊午三月二十日午時，　壽六十五。葬長超山祖塋側。 嗣道，字□□，號小泉。娶宋氏，繼朱氏。無子，以兄嗣學長子有成爲後。

	生於嘉靖丙辰十一月三十日巳時，卒於　月　日時。 配生於隆慶戊辰九月廿二日時，卒於　月　日時。 繼生於　月　日時，卒於　月　日時。
選知子	承芳，字□□，號思恬。娶施氏，繼施氏。子三，雲志、雲翼、雲翰，繼出。女三，一適陳　；一適盛，施出；一適錢，繼出。 生於嘉靖癸丑十月十五日子時，卒於　月　日時。 配生於嘉靖丙辰七月　日時，卒於萬曆壬午　月　日時，年二十七。 繼生於嘉靖庚申正月十七日寅時，卒於　月　日時。
遜知子	仲升，字子登，號守泉。娶杭州劉氏。無傳。 生於　月　日時，卒於　月　日時。 配生於　月　日時，卒於　月　日時。
速知子	永芳，字□□。娶允氏。無傳。 生於隆慶壬申三月廿一日時，卒於萬曆丁酉九月三十日時，年二十六。 配生於　月　日時，卒於　月　日時。葬殳塋側。
進知子二	允修，字子敏，號敬岩。娶范氏。無傳。女四，一適錢村錢，一適宗韋，一適西園張，一適舊館陳。 生於嘉靖辛亥十月初二日子時，卒於萬曆甲寅十二月　日時，壽六十四。 配生於　月　日時，卒於　月　日時。葬西園山。 允仁，字子慈，號慕岩。娶本里閔氏。無傳。女二，一適□，一適□。

生於嘉靖丁巳三月十六日午時，卒於萬曆己巳六月十三日巳時，壽七十三。
配生於嘉靖戊午三月十七日時，卒於萬曆辛丑三月初三日時，年四十四。葬西園山。

廸知子五

湛初，字元旻，號洞湖。娶郡城張氏，運同天相公女。無子。以弟涇初子毓枏爲後。
郡庠生。
生於嘉靖庚戌六月廿一日未時，卒於萬曆甲戌五月廿三日時，年二十五。
配生於　月　日時，卒於　月　日時。葬嘉字四圩。
潤初，字元雨，號峴石。未娶。
邑庠生。
生於嘉靖辛亥七月十五日時，卒於隆慶庚午十二月十六日時，年二十。葬松溪漾之北原。
涇初，字元勃，號屺瞻。娶本里閔氏，庠生贈通奉大夫湖廣布政司使肖塘公道孚女。繼王氏，封中憲大夫辰州知府漢齡公女。繼陳氏，儒學訓導贈文林郎圖南公夢鯤女。子四，毓枏，爲兄湛初後，閔出；毓相，楷，毓櫝，陳出。女三，一適建寧左衛經歷馬要沈樹人，王出；一適庠生本里閔洪德；一適庠生瀾溪周文傑，陳出。
太學生。授承務郎，布政司經歷。
生於嘉靖己未三月二十日丑時，卒於萬曆癸卯八月初七日子時，年四十五。
配生於嘉靖辛酉九月廿九日午時，卒於萬曆己卯八月初七日卯時，年十九。
王生於嘉靖丁卯正月十六日亥時，卒於萬曆丁亥九月二十日申時，年二十一。
陳生於隆慶壬申又二月十七日未時，卒於萬曆丙辰八月初六日申時，年四十五。
濛初，字元房，號初成。娶竹墩沈氏，進士貴州兵備副使明陽公子來女。子五，琛，沈出；葆、楚、橐、桼，側卓氏出。女五，一適庠生武康駱宏璧；一適仁和馮延生；一適庠生海寧徐爾宏，沈出；一適庠生長興周鴻；一適庠生郡城鄭尚翰，側出。
邑廪生。四中副貢。選上海縣丞，署縣事。擢徐州通判，分防房村。甲申殉節。
生於萬曆庚辰五月初七日未時，卒於崇禎甲申正月十二日未時，壽六十五。
配生於萬曆庚辰五月初一日巳時，卒於順治丁酉十月初十日戌時，壽七十八。
側生於萬曆丙申正月初八日亥時，卒於康熙丙午七月廿五日卯時，　壽七十一。葬戴山。
浚初，改名取儁，字元静，號自雄。娶孝豐吴氏，舉人太和公奠域女。子二，璪、栻。女三，一適庠生吴江吴爾卓，一適增生本里閔畢成，一適仁和俞天祐。
由庠入太學。任五城兵馬司。
生於萬曆辛巳九月廿五日巳時，卒於萬曆崇禎甲戌十二月廿一日戌時，年五十四。
配生於萬曆壬午十一月初六日戌時，卒於崇禎己巳二月初二日未時，年四十八。

述知子三

莅初，改名起祥，字元觀，號浮玉。娶前坵吴氏，庠生衡門公仕諒女。子四，若木，吴出；瑤林，側楊氏出；瑞森，吴出；人杰，側出。女適庠生菱湖孫機先，側出。
由庠入太學。任通州别駕。
生於嘉靖丙辰八月十七日酉時，卒於崇禎辛巳八月廿四日未時，壽八十六。
配生於嘉靖己未八月十四日亥時，卒於崇禎乙亥七月十七日寅時，壽七十七。
側生於隆慶壬申正月初一日卯時，卒於順治戊子七月廿四日辰時，　壽七十七。葬栖梧。
漸初，字元鴻，號華玉。娶南潯徐氏，庠生劍石公女。子四，汝標、汝亨、汝樑，徐出；　汝楨，側葉氏出。
屢徵不仕。
生於嘉靖庚申六月廿二日時，卒於萬曆甲寅六月十四日時，年五十五。

配生於嘉靖庚申七月廿四日時，卒於萬曆□□十月十二日時。
側生於　月　日時，卒於　月　日時。葬弼良山。
瀛初，字元洲，號凴虛。娶沈氏，烏鎮嘉定縣知縣中嵎公叔陽女。無傳。女適吳江秦。
由庠入太學。任衛經歷。
生於嘉靖壬戌十二月廿三日未時，卒於　月　日時。
配生於　月　日時，卒於　月　日時。

遇知子四

沐初，字元心，號保真。娶本里閔氏，舉人贈光禄大夫太子太保都察院右都御史樱圃公道鳴女。繼張氏，杭州都御史公女。
守節例旌。子翹椿。女適布政司理問本里閔遴德，閔出。
郡庠生。
生於嘉靖壬戌九月初五日未時，卒於萬曆庚寅六月初六日丑時，年二十九。
配生於　月　日時，卒於　月　日時。
繼生於隆慶己巳四月廿九日亥時，卒於崇禎壬午九月廿一日時，壽七十四。
洪初，字元度。娶長興姚氏，笠川公女。無子。以弟浣初長子相臣爲後。女適庠生長興姚峻之。
邑庠生。
生於隆慶己巳正月初九日未時，卒於萬曆辛卯六月十八日丑時，年二十三。
配生於隆慶庚午六月初六日丑時，卒於崇禎壬申六月十三日午時，壽六十三。葬殳塋穆次。
浣初，字元純，號貞白。娶本里閔氏，布政司經歷文川公允慶女。繼錢氏。子二，相臣，爲兄洪初後；樞臣。女三，一適
庠生本里閔縉延；　一適前坵吳景明；　一適庠生福建籍侯正紳。
太學生。任懷遠縣縣丞，署太和縣事。以政績上聞，建祠立碑。

生於隆慶庚午十月初八日未時，卒於天啓乙丑七月初六日戌時，年五十六。
配生於　月　日時，卒於　月　日時。
繼生於萬曆丙子十二月初五日丑時，卒於崇禎庚午七月十四日未時，年五十五。
側生於萬曆戊子五月廿五日卯時，卒於崇禎庚午三月初五日未時，年四十三。
澄初，字元清，號徹侯。娶烏鎮唐氏，舉人望江縣知縣振山公守禮女。子四，森美、森生、森發、森韡。女三，一適雙林沈汝紳，一適長興丁元蛟，一適庠生七里温濚。
邑庠生。以子森發貴，誥贈承德郎，廣東廉州府通判。
生於萬曆甲戌十月廿四日午時，卒於崇禎癸未九月十七日卯時，壽七十。
配生於隆慶壬申十月廿三日寅時，卒於崇禎壬午九月初三日卯時，　壽七十一。葬栖梧祖塋之後。

遂知子二

後嘉，原名淡初，字元漢，號天承。娶竹墩沈氏，進士右都御史玉陽公子木女。子六，義康、義遠，側閔氏出；義徵、義仍、義果、義植，側孟氏出。女二，一適庠生上陂沈果邁，沈出；一適庠生郡城韓祇德，側閔氏出。
恩貢生。任太倉州别駕，轉揚州衛參軍，兼淮北鹽運使分司。
生於隆慶庚午七月十四日戌時，卒於崇禎庚辰八月初三日戌時，壽七十一。
配生於隆慶戊辰二月廿九日辰時，卒於萬曆庚戌九月初八日酉時，年四十三。
側閔生於萬曆甲午四月廿六日酉時，卒於　月　日時。
側孟生於萬曆丁酉三月初十日午時，卒於　月　日時。葬嘉字四圩。
洽初，字仲融，號二如。娶本里閔氏，進士邵武府知府贈右都御史鳳寰公世翔女。繼嚴氏，儒林振吾公女。子七，義渠，閔出；義桀、義集、義業、犀渠、石渠、熊渠，嚴出。

	郡庠生。以長子義渠貴，誥封禮科給事中。崇禎甲申，義渠殉節，贈光禄大夫，太子太傅，刑部尚書。閔贈孺人，加贈一品夫人；嚴封孺人，加封一品夫人。 生於萬曆乙亥八月廿五日亥時，卒於崇禎甲申四月廿二日戌時，壽七十。 配生於萬曆甲戌三月廿四日時，卒於萬曆乙未九月廿九日丑時，年三十一。 繼生於萬曆癸未九月廿八日酉時，卒於順治丙戌九月十八日亥時，壽六十四。葬妙喜山。
	十二世
夢熊子	若冲，原名振先，字□□。娶本里閔氏，小泉公大綱女。子宏烶。 生於萬曆癸酉九月十一日巳時，卒於萬曆己丑七月初五日辰時，年十七。 配生於隆慶己巳六月初九日戌時，卒於崇禎庚午十月十八日戌時，壽六十二。葬躬二圩。
應鳳子	天祚，字□□，號心宇。娶奚家莊郭氏。子熙春。 生於萬曆乙酉又九月廿九日丑時，卒於崇禎庚辰五月十六日戌時，年五十六。 配生於萬曆乙巳二月初八日巳時，卒於　月　日時。葬于横山。
嗣誠子	洪德，字懷亭。娶余安山吴氏，竹林公女。子二，元龍、元鳳。女適太湖張明宇。 生於嘉靖乙未九月廿六日戌時，卒於萬曆己未十月初三日子時，壽六十一。 配生於萬曆乙酉十二月廿四日酉時，卒於　月　日時。葬長超山祖塋側。
嗣翼子	憶德，字□□，號敬宇。娶土山張氏。子二，元燝、元煌。 生於萬曆丁亥十月初三日亥時，卒於　月　日時。

	配生於萬曆己丑十月初五日子時，卒於　月　日時。
嗣功子	棐，字正初，號與石。娶南潯徐氏，庠生□□公女。子熿。女二，一適本里閔，一適孺山鍾允發。 邑庠生。 生於萬曆丙戌十月廿二日寅時，卒於崇禎甲戌十二月廿九日戌時，年四十九。 配生於萬曆辛卯五月廿二日戌時，卒於崇禎戊辰四月廿七日午時，年三十八。葬重兆祖塋穆次。
嗣音子四	懷德，字寧一，號邃修，行一。娶本里閔氏，山東衡州府審理正拖一公世文女。子二，雲、元煃。女三，一適兵馬司海寧陳信；一適官生武康駱建鐘；一適廩貢紹興推官匯沮潘章，贈孺人。 由庠入太學。 生於隆慶戊辰九月十九日子時，卒於萬曆乙卯七月十一日未時，年四十八。 配生於隆慶庚午六月初五日未時，卒於崇禎戊辰四月十二日子時，　年五十九。葬貌一圩。 北大房支始此。 啓康，原名恒德，字安國，號天印，行三。娶錢氏，進士福建參政鉉臺公拱辰女。子四，元琰，側孫氏出；元勳，錢出；焯、煒，側出。女六，一適太學生郡城張汝英；一適庠生嘉興吳汝成；一適庠生長興臧嘉；一適本里閔廓正，錢出；一適安吉俞靖邦；一適菱湖孫德挺，側出。 由廩貢北雍。候選内閣中書。 生於萬曆戊寅七月十九日子時，卒於崇禎辛巳五月廿二日未時，壽六十四。 配生於萬曆庚辰五月廿五日丑時，卒於崇禎辛巳四月初十日未時，壽六十二。 側生於萬曆甲辰四月廿五日未時，卒於康熙丙辰六月廿三日亥時，　壽七十三。葬唐家山。

北三房支始此。

宏憲，原名慎德，字叔度，號天池，行四。娶嘉善丁氏，進士宫保尚書改亭公賓女。子二，元熿、元燦。女適嘉興陳以讚。郡庠生。

生於萬曆辛巳八月廿二日酉時，卒於順治己亥十一月初五日巳時，壽七十九。

配生於萬曆己卯三月廿六日酉時，卒於順治丙戌十二月三十日戌時，壽六十八。葬處字四圩。

北四房支始此。

惇德，字季允，號天目，行五。娶郡城張氏，光禄寺寺丞蠡湖公國芳女。子六，熠之、元燓、君恩、元爚、炷、烇。女三，一適庠生烏鎮夏淳卿；一適太學生瀾溪周瑞；一適庠生郡城張盛。邑庠生。

生於萬曆壬午十二月初四日未時，卒於順治戊子九月初四日酉時，壽六十七。

配生於萬曆甲申十二月廿六日丑時，卒於順治庚寅六月十二日午時，壽六十七。葬察四圩。

北五房支始此。

嗣彰子	性德，字成之。娶長興姚氏，苑馬寺寺丞祖溪公光薦女。守節題旌。子三，元秋、元燿、元熑。女二，一適吴江六都邱士行；一適郡庠生郡城孫周。 生於萬曆壬辰正月初十日子時，卒於天啓癸亥二月初八日戌時，年三十二。 配生於萬曆丙申七月初六日巳時，卒於康熙甲寅八月初十日酉時，壽七十九。葬貌二三圩。
嗣學子二	有光，字玉宇。娶重兆王氏。子四，元復、元修、元錫、元輝。女適嗣莊蔡文淵。 生於萬曆丙戌正月初一日丑時，卒於崇禎壬午六月初十日時，年五十七。

	配生於萬曆丙申五月廿九日亥時，卒於順治戊戌十二月初一日子時，壽六十三。 有常，字華宇。娶震澤薄氏，敬泉公女。子二，烷、燽。 生於萬曆庚寅五月廿一日未時，卒於天啓癸亥二月初七日子時，年三十三。 配生於萬曆丁酉三月廿七日丑時，卒於崇禎辛巳七月十九日辰時，年四十五。
嗣道繼子	有成，字敬元。娶長超唐氏。子二，振先、廷桂。女適大湖陶。 生於隆慶壬申七月初三日時，卒於崇禎辛巳四月初一日巳時，壽七十。 配生於萬曆癸未十一月十二日亥時，卒於順治丁酉九月廿四日辰時，壽七十五。
承芳子三	雲志，字敬泉。娶鄭氏。子國楨。 生於萬曆丁亥七月廿三日丑時，卒於崇禎辛巳七月初一日戌時，年五十五。 配生於　月　日時，卒於　月　日時。 雲翼，字敬宇。娶俞氏。子文科。 生於萬曆庚寅十一月十四日亥時，卒於順治乙未十二月廿一日亥時，壽六十六。 配生於　月　日時，卒於　月　日時。 雲翰，字愛泉。娶薛氏。無傳。 生於萬曆丙申九月十五日戌時，卒於　月　日時。 配生於　月　日時，卒於　月　日時。
湛初繼子	毓柟，字殿卿，號覺宇。娶前坵嚴氏，太學生印沙公女。子五，宏煒、宏燦、宏煥、宏熺、宏燁。女二，一適庠生瀾溪周理，一適烏鎮顧昭文。

郡庠生。
生於萬曆戊寅四月初六日卯時，卒於崇禎癸酉正月十四日申時，年五十六。
配生於萬曆己卯九月初八日辰時，卒於崇禎壬午五月十六日申時，壽六十四。

涇初子三

毓相，字台卿。娶匯沮潘氏，中書□□公若鏡女。繼南潯張氏，庠生方岳公女。無子。以弟楷次子熌爲後。
生於萬曆癸巳十月十三日子時，卒於崇禎丁丑七月　日時，年四十五。
配生於萬曆壬辰十一月十一日亥時，卒於萬曆辛亥六月廿七日戌時，年二十。
繼生於　月　日時，卒於　月　日時。
楷，字明卿。娶菱湖卜氏，太學生公振元女。子三，醳，卜出；熌，側王氏出，爲兄毓相後；烗，側沙氏出。女二，一適庠生本里閔寅生；一適舉人大錢王申錫，卜出。
太學生。
生於萬曆丁酉九月廿七日巳時，卒於康熙甲辰八月初六日酉時，壽六十八。
配生於萬曆丙申六月十七日辰時，卒於崇禎癸未四月廿四日戌時，年四十八。
側王生於萬曆癸丑二月十二日辰時，卒於　月　日時。
側沙生於崇禎己巳十月初十日時，卒於　月　日時。
毓櫝，字□□。娶□氏。無傳。
生於萬曆癸卯四月初十日時，卒於　月　日時。
配生於　月　日時，卒於　月　日時。

濛初子五

琛，字獻之，號遺獻。娶烏鎮沈氏，荆門州同知彦方公芳女。子，傳燈。女二，一適松江通判本里閔皋，一適庠生花林茅方起。

邑庠生。

生於萬曆乙巳六月十三日午時，卒於順治乙未十二月廿四日巳時，年五十一。

配生於萬曆乙巳四月廿五日巳時，卒於　月　日時。

葆，字元之，號遺元。娶驤村嚴氏，如尹公女。子七，傳火，爲弟楚後；傳赤、傳熖，嚴出；傳燠，側俞氏出；傳蕉，嚴出；傳恢，側出；傳庚，嚴出。女二，一適郡城周蘭生，嚴出；一適金卓俞，側出。

郡庠生。

生於萬曆丙辰十二月十七日丑時，卒於康熙丁卯二月初十日巳時，壽七十二。

配生於萬曆乙卯四月十三日酉時，卒於崇禎辛未八月廿一日未時，年十七。

側生於天啓丁卯六月十四日戌時，卒於　月　日時。

楚，字薪之。娶長興毛氏，蘭亭公女。無子，以兄葆長子傳火爲後。女適福建張岩。

生於萬曆己未八月十三日酉時，卒於崇禎甲申五月初七日未時，年二十六。

配生於萬曆壬戌五月初二日巳時，卒於崇禎庚寅五月廿三日酉時。

橐，字受之，號雲劍。娶郡城陳氏，庠生君達公女。子五，傳魯、傳鶩、傳隲、傳燕、傳熊。女二，一適桑瀆費　，一適　。遷居下昂水北墩。

生於崇禎戊辰十一月廿三日戌時，卒於康熙癸未七月十二日戌時。

配生於崇禎己巳六月廿六日辰時，卒於　壬午七月初九日卯時。

棨，字五之，一字午沚，號訒菴。娶郡城潘氏，庠生倚平公女。子二，隆嶸、兆嶸。女適驤村錢。

邑庠生。

生於崇禎壬申十月廿八日巳時，卒於康熙癸酉六月廿四日午時，壽六十二。

	配生於崇禎庚午十二月廿一日亥時，卒於康熙丙子正月廿八日辰時，壽六十七。
浚初繼子	璪，娶□。子三，傳光、傳烈、傳勳。女三，一適菰林胡，一適本里閔，一適□。 干族議。
浚初子	栻，原名義芳，字宗之，號揆方。娶錢村陸氏，庠生鼎明公女。子三，始燧、爾熾、晋灼。女適本里閔。 生於天啓丁卯正月十二日丑時，卒於康熙　月　日時。 配生於天啓乙丑四月十四日丑時，卒於　月　日時。
莅初子四	若木，字拂日。娶吴氏。無傳。 生於萬曆辛卯四月初八日午時，卒於萬曆戊午七月初四日丑時。 配生於　月　日時，卒於　月　日時。 瑶林，字天繪。娶屠氏。無子。女適本里閔之馴。 邑庠生。 生於萬曆癸巳三月初三日丑時，卒於崇禎丙子六月十九日未時，年四十四。 配生於萬曆辛丑六月廿七日申時，卒於崇禎　月　日時。 瑞森，字延喜。娶雙林沈氏，滕縣縣丞規甫公女。子二，揆章、焜。女三，一適增生本里閔子生，一適庠生郡城陳寶三， 一適太湖朱仍來。 禮部儒士，以子焜貴，贈文林郎，安慶府推官。沈贈孺人。 生於萬曆乙未六月十一日辰時，卒於崇禎戊寅七月廿一日酉時，年四十四。 配生於萬曆戊戌六月廿四日戌時，卒於　月　日時。

人杰，字俊卿。娶南潯沈氏，嵩明公女。子煜。女適軋村陳青輿。
生於萬曆己亥十二月廿三日辰時，卒於康熙　月　日時。
配生於萬曆辛亥十二月廿四日戌時，卒於順治庚寅八月廿九日子時，年四十。

漸初子四

汝標，字振伯。娶濛上王氏，繼沈氏。無子，以弟汝亨次子煌爲後。
生於萬曆甲申二月十四日亥時，卒於順治己五十月廿一日未時，壽六十六。
配生於萬曆　月　日時，卒於　月　日時。
繼生於萬曆己丑正月十二日酉時，卒於順治辛卯七月十三日午時，壽六十三。葬竹馬漾。
汝亨，字文起。娶馬要沈氏。子四，爔，煌，爲兄汝標後，沈出；炌、炯，側莫氏出。女三，一適郡城張蜚然，一適庠生吴江七都崔式範，沈出；一適本里閔允錫，側出。
邑庠生。
生於萬曆乙酉正月十六日午時，卒於順治甲午七月初四日子時，壽七十。
配生於萬曆丁亥二月廿八日時，卒於天啓丁卯九月廿九日未時，年四十一。
側生於萬曆癸卯二月十七日午時，卒於　月　日時。
汝樑，字君求。娶沙洚吴氏，樂濱公女。子三，樵、燿、熺。女二，一適庠生長興徐之鼎，一適舉人嘉善縣學教諭本里閔元賞，封孺人。
以孫進階貴，例贈文林郎，内閣中書。吴例贈孺人。
生於萬曆己亥九月十九日寅時，卒於順治癸巳九月初三日辰時，年五十五。
配生於萬曆己亥八月初十日子時，卒於康熙庚申六月十三日時，壽八十二。葬大枝山。
汝楨，字介君。娶薛埠宋氏。子二，炳、焸。女適□。遷居薛埠。

	生於萬曆丁未十二月廿二日子時，卒於康熙丙辰七月初七日時，壽七十。 配生於萬曆戊午二月廿五日申時，卒於康熙丙戌正月廿九日時，壽八十九。葬薛埠餘圩。
沐初子	翘椿，字大年。娶前坵吴氏，進士兵部車駕司郎中湧瀾公仕詮孫女。守節待旌。子宏烈，早世。以弟森美長子璜炅爲後。女適庠生本里閔象泰。 生於萬曆乙酉五月二十日申時，卒於萬曆癸丑三月廿三日時，年二十九。 配生於萬曆丙戌二月初六日丑時，卒於　月　日時。
洪初繼子	相臣，字宸輔，號容菴。娶本里閔氏，光禄寺良醖署監事符禹公振青女。繼孫氏、周氏。子三，炆，閔出；熇、炫，周出。女三，一適本里閔大煒，閔出；一適□，一適□。 生於萬曆癸丑七月廿一日午時，卒於　月　日時。 配生於萬曆癸丑十一月廿七日丑時，卒於崇禎丁丑十一月初七日未時，年二十五。 孫生於萬曆丙辰八月十八日巳時，卒於崇禎己卯九月廿四日戌時，年二十四。 周生於天啓乙丑十二月廿四日巳時，卒於　月　日時。
浣初子	樞臣，字宿中，一字幼章，號凝菴。娶驥村嚴氏，□□縣丞心岩公女。子三，育葵、肇臮、正晐。女二，一適前坵吴景瀾，一適庠生本里閔洵。 邑庠生。 生於萬曆丙辰十二月十五日丑時，卒於　月　日時。 配生於萬曆丙辰正月廿三日亥時，卒於　月　日時。

澄初子四

森美，字君實，號橘隱。娶吴江六都孫氏，□□别駕頤庵公女。子二，璜炅，爲兄翹椿後；焻。女二，一適庠生尹一岳，邑庠生。

一適庠生雙林徐卜培。

生於萬曆丙申十一月初三日卯時，卒於康熙戊申八月初三日未時，壽七十三。

配生於萬曆戊戌六月十四日巳時，卒於康熙戊申九月十四日午時，壽七十一。

森生，字仲達。娶埭頭胡氏，君徵公女。繼匯沮潘氏，庠生元生公女。子四，銘勳，以翼，價勳，胡出；彤弧，潘出。女適本里閔完孟。

郡庠生。

生於萬曆癸卯三月三十日子時，卒於康熙丙午十月十四日時，壽六十四。

配生於萬曆乙巳十一月初三日酉時，卒於崇禎丁丑六月廿一日戌時，年三十三。

繼生於萬曆戊午六月初七日未時，卒於　月　日時。

森發字文將，號謙山。娶雙林沈氏，滕縣縣丞規甫公女。繼本里閔氏，廩生封承德郎刑部主事翼望公晉德女。子三，秋、文麟、熉，閔出。女五，一適郡城韓元起，沈出；一適庠生本里閔中琛，一適烏真顧時乘，一適□蕚徵，一適潞村慎珍，閔出。

安邑廩生，順治戊子拔貢。任廣東廉州府通判，署欽州。城守有功，加一級，署本府事，又署廉欽道印及二府司李、縣尹等七印。

生於萬曆乙巳四月十七日辰時，卒於康熙己巳十月廿七日戌時，壽八十五。

配生於萬曆丙午十二月廿四日丑時，卒於崇禎壬申六月初三日子時，年二十七。

繼生於萬曆丙辰七月初九日戌時，卒於康熙丙子八月十四日時，壽八十一。

森韡，字鄂不。娶孺山鍾氏，庠生元錫公女。子三，亟輝、旭輝、奕輝。

邑庠生。

生於萬曆戊申七月二十日亥時，卒於康熙甲子九月廿一日卯時，壽七十七。

配生於萬曆丁未六月初一日申時，卒於康熙丙子八月十四日申時，壽九十。

後嘉子六

義康，字長康，號香岩。娶烏鎮沈氏，湖廣荊門州同知殉節大愚公端女。子四，燕翼、照乘、羔英、黯思。女二，一適本里閔克昌，一適庠生本里閔彔。

安邑庠生。

生於萬曆癸丑十二月初九日巳時，卒於康熙乙亥四月廿七日戌時，壽八十三。

配生於萬曆己酉六月十三日卯時，卒於康熙辛未二月初九日戌時，壽八十二。

義遠，字仲遠。娶蠦溪錢氏，雲和教諭凱度公女。子六，熙載、熙純、熙昌、熙咸、熙敬、熙采。女五，一適庠生本里閔曾禧，一適庠生本里閔士瑛，一適太學生本里閔象賢，一適庠生長興欽文若，一適庠生石塚嚴禮存。

安邑增生，康熙壬子副貢。

生於萬曆乙卯十月十二日寅時，卒於康熙甲子十月廿五日巳時，壽七十。

配生於萬曆甲寅十月初二日丑時，卒於康熙甲寅六月廿一日卯時，壽六十一。葬長超山。

義徵，字徵異。娶本里閔氏，光禄寺良醞署監事詹岩公洪泰女。繼本里閔氏，邦彦公完生女。子五，景昞、景曜，閔出；景暉、景盼、景曠，繼出。女三，一適瀾溪周荄孫，一適舊館陳如鑣，一適南潯陳□□，繼出。

郡庠生。

生於萬曆丙辰十二月廿三日丑時，卒於康熙庚午正月十八日丑時，壽七十五。

配生於萬曆丁巳七月十七日巳時，卒於順治乙酉九月初九日戌時，年二十九。

繼生於天啓丁卯十二月二十日亥時，卒於康熙庚寅又七月十一日子時，　壽八十四。葬芸村生姜壜。

義仍，字式如。娶吴江三都陶氏，吏部主事公亮公女。子四，紱麟、起鳳、飛熊、見龍。女適庠生三都西封陶埍。

邑庠生。

生於天啓癸亥二月初七日亥時，卒於康熙己丑七月廿四日卯時，壽八十七。

配生於天啓壬戌五月初八日巳時，卒於康熙甲子二月初四日巳時，壽六十三。

義果，字幼輿。娶本里閔氏，岳州衛經歷存素公宗聖女。子三，始煦、正煦、回煦。女二，一適□，一適□。

生於天啓丁卯十月十九日未時，卒於康熙　月　日時。

配生於天啓乙丑十一月初三日午時，卒於康熙□□十月初九日未時。

義植，字司直。娶七里温氏，庠生昭侯公女。子五，文燠、文焜、尚瑩、文瑩、如炎。女二，一適□，一適□。

生於崇禎戊辰十月三十日亥時，卒於康熙　月　日時。

配生於崇禎己巳十二月初九日子時，卒於　月　日時。

治初子七

義渠，字駿甫，號茗柯。娶本里閔氏，淳安教諭東岱公宗魯女。子四，文然、思黝、容默，爲弟義業後；景熙。女六，一適庠生郡城張琮一，一適庠生本里閔淵審，一適庠生花林茅曦蔚，一適庠生濛上王壽昌，一適庠生本里閔南仲，一適舉人海寧陳堅永。

舉天啓甲子浙江鄉試，登乙丑進士。歷官大理寺正卿。甲申殉節，恤贈太子太傅，刑部尚書，謚忠清。追贈三代，廕一子，祭三壇。國朝特旨賜謚忠介，京師建表忠祠，歲時致祭，本郡給地七十畝，以供祠祭。閔封孺人，誥封一品夫人。

生於萬曆癸巳九月廿三日寅時，卒於崇禎甲申三月二十日午時，年五十二。

配生於萬曆乙未九月廿九日亥時，卒於康熙戊午九月廿四日卯時，　壽八十四。葬寵字一圩。

義橤，字可囂。娶震澤徐氏。子文燾。女適竹墩沈。
生於萬曆癸卯　月　日時，卒於崇禎　月　日時。
配生於　月　日時，卒於　月　日時。
義集，字所生。不娶。無傳。
邑庠生。
生於萬曆乙巳　月　日時，卒於　月　日時。
義業，字宜之，號懶山。娶南潯陸氏，庠生元常公女。守節例旌。無子，以兄義渠三子容默爲後。女適庠生本里閔在寅。
邑廩生。
生於萬曆庚戌六月廿二日亥時，卒於崇禎辛巳正月初八日子時，年三十二。
配生於萬曆丁巳正月廿八日亥時，卒於康熙壬戌四月廿八日時，　壽六十六。葬宋家兆。
犀渠，原名義傑，字貞宇，號我寶。娶吳江周氏，后齋公女。子耿光。
邑庠生。授軍前監紀，署南寧府事。殉難任所。
生於萬曆乙卯六月十六日未時，卒於順治乙酉七月廿一日亥時，年四十二。
配生於萬曆丁巳八月廿二日卯時，卒於崇禎癸未六月十九日申時，年二十七。
石渠，原名義案，字平子。娶孝邑王氏。無傳。
邑庠生。殉身王事。
生於萬曆戊午　月　日時，卒於順治乙酉　月　日時，年二十八。
配生於　月　日時，卒於　月　日時。

熊渠，原名義柔，字季芳，一字白貞。娶松江姜氏，兩玉公女。無傳。

殉身王事。

生於天啓癸亥　月　日時，卒於順治乙酉　月　日時。

配生於　月　日時，卒於崇禎甲申　月　日時。

《後漢書纂》
《佛經兩種》

凌濛初全集

玖

魏同賢
安平秋 主編

鳳凰出版傳媒集團
鳳凰出版社

第九册目録

後漢書纂

汪賢度 標點

説明

《後漢書纂》十二卷，凌濛初據宋范曄《後漢書》摘選編纂而成。范曄《後漢書》九十卷，其中《志》三十卷，爲梁劉昭據晋司馬彪《續漢書》補注。合共一百二十卷，凌氏摘纂爲十二卷，約取原書十之一。關於摘纂意旨，凌氏在《凡例》中有言：「斯纂蘄於便讀，漫爾芟煩，審於採精，匪同襲舊。」自然包含着凌氏對《後漢書》的一些不滿。至於具體的取舍標準，均於《凡例》中可見。

書前有署「太原王穉登撰並書」的《後漢書纂序》，對凌氏此纂倍加稱贊：「玄房此編，若挹彼注兹，截長補短。蕪詞穢義，去之如掃敗籜；錦字秀句，採之若擷朝英。」王穉登（一五三五—一六一二），明文學家，少有文名，善書法。有《王百穀文集》傳世，並輯有明代散套小令《吴騷集》。王氏曾在其《雨航集·紀人第四》中自言：「王穉登字百穀，晋陵人，流寓姑蘇。其爲人特多病，喜交名流，故亦知詩，然其病以詩益甚。」其生平性格可見一斑。

此書爲凌氏自刻本，王穉登《序》寫刻，寫、刻皆妙。正文單絲欄，半葉八行，行二十字。其刻印年月不詳。王氏於萬曆三十一年癸卯（一六〇三）有詩《凌玄渤玄房玄静携酒問病》：「公子氣翩翩，才華總少年。鳳元非一薛，荆可比三田。酒豈居兄後，棋難讓客先。馬卿雖善病，不飲亦流連。」時凌氏僅二十四歲，所以王氏頗以前輩自居，奬掖後輩，似亦爲二人的初識。再過九年，王百穀即謝世。可證此書當刻於萬曆三十一至四十年之間。

目録

卷之二

卷之三

卷之四

卷之五

卷之六

卷之七

卷之八

卷之九

卷之十

卷之十一

卷之十二

後漢書纂序

太原王稺登撰並書

《後漢書》無纂，纂之自余友凌玄房始。《後漢書》可纂，《前漢》及《史記》不可纂。子長、孟堅以漢人撰史，其文競，其事核，其義高且古，如宋玉美人賦所謂增之一分則太長，減之一分則太短，故云不可纂。蔚宗以六代人撰漢史，其文靡，其事舛，其義悠悠而不振，故云可纂。纂而出玄房手，猶丹螢化於腐草，紫磨煉於頑鐵，況非腐非頑者乎，詎不起六朝之衰，成一家之論哉！東京之季，非乏倜儻瓌碩之節，嶔崎歷落之行，藉令班、馬操觚，必當神采煒煒；一入蔚宗授簡，頓覺氣息奄奄。蓋風雲月露之辭，安能衮鉞一世；雕繢纂組之製，豈堪筆削千秋。崩城憤烈，文以捧心；貫日雄風，言同繞指。欲俾讀者眥裂，聞者鼻楚，不亦難乎。玄房此編，若挹彼注兹，截長補短，蕪詞穢義，去之如掃敗籜；錦字秀句，採之若擷朝英。鳧非鶴續，既不兩傷；魚以熊捐，遂成獨美。亦翦綵爲花，何惜遺繒覆地；合鯖調饌，寧嫌殘胔盈車。子長、孟堅之史，史其文，蔚宗之文，文其史。文其史者，纂在文不在史，故纂之而可。史其文者，纂在史不在文，故纂之不可。可與不可之間，疇論纂者判如河漢，抑亦作者較若徑遲耳。嗚呼，史例抄纂評林之書出，史氏厄於陽九甚矣。葅醢於例，屠割於抄且纂，刵劓黥墨於評林。且也疥癘蟣蝨之余，爲班、馬稱寃於馮開之冠纓幾絶。此纂雖不其然，然玄房之鼎，可函太牢，乃以烹鷄小用，豈不惜哉。請如禪宗言，當作河東獅子吼，令百獸辟易，安事牙後爲慧乎。

凡例

一、馬、班之史，披錦難於裁衿；蔚宗之書，排沙可以簡金。矧累牘長篇，祇增目溷；藻文雄論，殊益腹笥。覽其存者，已摭東漢之長；置其去者，亦藏蔚宗之拙。

一、如《典引》諸篇、《兩都》諸賦，人已素知作囊，卷亦不復汗牛。《燕然山銘》，已入《昭明》之綱，然以録事功而及其文。第五倫疏，頗經續選之書，然以未雅馴而芟其陋。他如《應間》、《達旨》等作，時録時遺；《顯志》、《慰志》等賦，或取或否。元叔詩入傳中，用備史氏之學問；文姬詩贅傳後，自作詞家之珠璣。去留俱別有見，披讀應自會心。

一、《昌言》、《政論》、《潛夫論》俱有完書，已行海内，蔚宗所收，未必無礫可汰，蔚宗所去，未必無珠或遺，均無足憑，槩不入録。欲博於見，當覽其全。

一、割裂史傳，本真氏之濫觴；添增標目，更末學之陋習。然既傷其全，恐難得其緒。故本題之下，繫以各目，使既芟之後，猶自成書。

一、書之有纂，故以便觀。纂之留注，反爲礙目。妄加圈抹，已病鴉塗。肆入哀評，祇增牛汗。並不敢仍，意或有當。

一、字句陸離，先大夫已著《漢雋》之續；事行奇誕，稗官家故多《述異》之書。故藻績之辭章有録，瑣屑之語事無存。

一、斯纂蘄於便讀，漫爾芟煩，審於採精，匪同襲舊。定使海内具眼，頓覺全書之冗；千秋正史，不嫌删述之偏。心既殫矣，見或陋焉，亟欲公人，難逃罪我。

吴興後學玄房凌濛初謹識

後漢書纂卷之一

宋　順陽　范　曄　譔
明　吴興　凌濛初　纂

光武帝紀

初起兵一段　拔棘陽保昆陽還洛陽一段　即位一段　封功臣詔　薄葬詔　請封皇子議　幸章陵一段　幸南頓一段　作壽陵一段　總述　論贊

光武年九歲而孤，養於叔父良。身長七尺三寸，美須眉，大口，隆準，日角。性勤於稼穡，而兄伯升好俠養士，常非笑光武事田業，比之高祖兄仲。王莽天鳳中，乃之長安，受《尚書》，略通大義。莽末，天下連歲災蝗，寇盜蜂起。地皇三年，南陽荒饑，諸家賓客多爲小盜。光武避吏新野，因賣穀於宛。宛人李通等以圖讖説光武云：「劉氏復起，李氏爲輔。」光武初不敢當，然獨念兄伯升素結輕客，必舉大事，且王莽敗亡已兆，天下方亂，遂與定謀，於是乃市兵弩。十月，與李通從弟軼等起於宛，時年二十八。十一月，有星孛于張。光武遂將賓客還舂陵。時伯升已會衆起兵。初，諸家子弟恐懼，皆亡逃自匿，曰「伯升殺我」。及見光武絳衣大冠，皆驚曰「謹厚者亦復爲之」，乃稍自安。

進拔棘陽，與王莽前隊大夫甄阜、屬正梁丘賜戰於小長安，漢軍大敗，還保棘陽。更始元年正月甲子朔，漢軍復與甄阜、梁丘賜戰於沘水西，大破之，斬阜、賜。伯升又破王莽納言將軍嚴尤、秩宗將軍陳茂於淯陽，進圍宛城。二月辛巳，立劉聖公爲天子，以伯升爲大司徒，光武爲太常偏將軍。三月，光武別與諸將徇昆陽、定陵、郾，皆下之。多得牛馬財物，穀數十萬斛，轉以饋宛下。莽聞阜、賜死，漢帝立，大懼，遣大司徒王尋、大司空王邑將兵百萬，其甲士四十二萬人，五月，到潁川，復與嚴尤、陳茂合。初，光武爲舂陵侯家訟逋租於尤，尤見而奇之。及是時，城中出降尤者言光武不取財物，但會兵計策。尤笑曰：「是美須眉者邪？何爲乃如是！」初，王莽徵天下能爲兵法者六十三家數百人，並以爲軍吏；選練武衛，招募猛士，旌旗輜重，千里不絶。時有長人巨無霸，長一丈，大十圍，以爲壘尉；又驅諸猛獸虎豹犀象之屬，以助威武。自秦、漢出師之盛，未嘗有也。光武將數千兵，徼之於陽關。諸將見尋、邑兵盛，反走，馳入昆陽，皆惶怖，憂念妻孥，欲散歸諸城。光武議曰：「今兵穀既少，而外寇强大，并力禦之，功庶可立；如欲分散，勢無俱全。且宛城未拔，不能相救，昆陽即破，一日之間，諸部亦滅矣。今不同心膽共舉功名，反欲守妻子財物邪？」諸將怒曰：「劉將軍何敢如是！」光武笑而起。會候騎還，言大兵且至城北，軍陳數百里，不見其後。諸將遽相謂曰：「更請劉將軍計之。」光武復爲圖畫成敗。諸將憂迫，皆曰「諾」。時城中唯有八九千人，光武乃使成國上公王鳳、廷尉大將軍王常留守，夜自與驃騎大將軍宗佻、五威將軍李軼等十三騎，出城南門，於外收兵。時莽軍到城下者且十萬，光武幾不得出。既至郾、定陵，悉發諸營兵，而諸將貪惜財貨，欲分留守之。光武曰：「今若破敵，珍瑤萬倍，大功可成；如爲所敗，首領無餘，何財物之有！」衆乃從。嚴尤説王邑曰：「昆陽城小而堅，今假號者在宛，亟進大兵，彼必奔走；宛敗，昆陽自服。」邑曰：「吾昔以虎牙將軍圍翟義，坐不生得，以見責讓。今將百萬之衆，遇城而不能下，何謂邪？」遂圍之數十重，列營百數，雲車十餘丈，瞰臨城中，旗幟蔽野，埃塵連天，鉦鼓之聲聞數百里。或爲地道，衝輣撞城。積弩亂發，矢下如雨，城中負户而汲。王鳳等乞降，不許。尋、邑自以爲功在漏刻，意氣甚逸。夜有流星墜營中，晝有雲如壞山，當營而隕，不及地尺而散，吏士皆厭伏。六月己卯，光武遂與營部俱進，自將步騎千餘，前去大軍四五里而陳。尋、邑亦遣兵數千合戰。光武奔之，斬首數十級。諸部喜曰：「劉將軍平生見小敵怯，今見大敵勇，甚可怪也。且復居前，請助將軍。」光武復進，尋、邑兵却，諸部共乘之，斬首數百千級。連勝，遂前。時伯升拔宛已三日，而光武尚未知，乃僞使持書報城中，云「宛下兵到」，而陽墮其書。尋、邑得之，不憙。諸將既經累捷，膽氣益壯，無不一當百。光武乃與敢死者三千人，從城西水上衝其中堅，尋、邑陳亂，乘鋭崩之，遂殺王尋。城中亦鼓譟而出，中外合勢，震呼動天地，莽兵大潰，走者相騰踐，奔殪百餘里間。會大雷風，屋瓦皆飛，雨下如注，滍川盛溢，虎豹皆股戰，士卒争赴，溺死者以萬數，水爲不流。王邑、嚴尤、陳茂輕騎乘死人度水逃去。盡獲其軍實輜重，車甲珍寶不可勝算，舉之連月不盡，或燔燒其餘。光武因復徇下潁陽。會伯升爲更始所害，光武自父城馳詣宛謝。司徒官屬迎弔光武，光武難交私語，深引過而已。未嘗自伐昆陽之功，又不敢爲伯升服喪，飲食言笑如平常。更始以是慚，拜光武爲破虜大將軍，封武信侯。九月庚戌，三輔豪傑共誅王莽，傳首詣宛。更始將北都洛陽，以光武行司隸校尉，使前整修宫府。於是致僚屬，作文移，從事司察，一如舊章。時三輔吏士東迎更始，見諸將過，皆冠幘，而服婦人衣，諸于繡镼，莫不笑之，或有畏而走者。及見司隸僚屬，皆歡喜不自勝。老吏或垂涕曰：「不圖今日復見漢官威儀！」由是識者皆屬心焉。

諸將議上尊號。馬武先進曰：「天下無主。如有聖人承敝而起，雖仲尼爲相，孫子爲將，猶恐無能有益。反水不收，後悔無及。大王雖執謙退，奈宗廟社稷何！宜且還薊即尊位，乃議征伐。今此誰賊而馳騖擊之乎？」光武驚曰：「何將軍出是言？可斬也！」武曰：「諸將盡然。」光武使出曉之，乃引軍還至薊。夏四月，公孫述自稱天子。光武從薊還，過范陽，命收葬吏士。至中山，諸將復上奏曰：「漢遭王莽，宗廟廢絶，豪傑憤怒，兆人塗炭。王與伯升首舉義兵，更始因其資以據帝位，而不能奉承大統，敗亂綱紀，盜賊日多，群生危蹙。大王初征昆陽，王莽自潰；後拔邯鄲，北州弭定；叁分天下而有其二，跨州據土，帶甲百萬。言武力則莫之敢抗，論文德則無所與辭。臣聞帝王不可以久曠，天命不可以謙拒，惟大王以社稷爲計，萬姓爲心。」光武又不聽。行到南平棘，諸將復固請之。光武曰：「寇賊未平，四面受敵，何據〔遽〕欲正號位乎？諸將且出。」耿純進曰：「天下士大夫捐親戚，棄土壤，從大王於矢石之間者，其計固望其攀龍鱗，附鳳翼，以成其所志耳。今功業即定，天人亦應，而大王留時逆衆，不正號位，純恐士大夫望絶計窮，則有去歸之思，無爲久自苦也。大衆一散，難可復合。時不可留，衆不可逆。」純言甚誠切，光武深感曰：「吾將思之。」行至鄗，光武先在長安時同舍生强華自關中奉赤伏符，曰：「劉秀發兵捕不道，四夷雲集龍鬥野，四七之際火爲主。」群臣因復奏曰：「受命之符，人應爲大，萬里合信，不議同情，周之白魚，曷足比焉？今上無天子，海内淆亂，符瑞之應，昭然著聞，宜答天神，以塞群望。」光武於是命有司設壇場於鄗南千秋亭五成陌。六月己未，即皇帝位。燔燎告天，禋于六宗，望於群神。其祝文曰：「皇天上帝，后土神祇，眷顧降命，屬秀黎元，爲人父母，秀不敢當。群下百辟，不謀同辭，咸曰：『王莽簒位，秀發憤興兵，破王尋、王邑於昆陽，誅王郎、銅馬於河北，平定天下，海内蒙恩。上當天地之心，下爲元元所歸。』讖記曰：『劉秀發兵捕不道，卯金修德爲天子。』秀猶固辭，至于再，至于三。群下僉曰：『皇天大命，不可稽留。』敢不敬承。」於是建元爲建武，大赦天下。

庚辰，封功臣皆爲列侯，大國四縣，餘各有差。下詔曰：「人情得足，若〔苦〕於放縱，快須臾之欲，忘慎罰之義。惟諸將業遠功大，誠欲傳於無窮，宜如臨深淵，如履薄冰，戰戰慄慄，日慎一日，其顯效未酬，名籍未立者，大鴻臚趣上，朕將差而録之。」博士丁恭議曰：「古帝王封諸侯不過百里，故利以建侯，取法於雷，强幹弱枝，所以爲治也。今封諸侯四縣，不合法制。」帝曰：「古之亡國，皆以無道，未嘗聞功臣地多而滅亡者。」乃遣謁者即授印綬，策曰：「在上不驕，高而不危；制節謹度，滿而不溢。敬之戒之。傳爾子孫，長爲漢藩。」

詔曰：「世以厚葬爲德，薄終爲鄙，至于富者奢僭，貧者單財，法令不能禁，禮義不能止，倉卒乃知其咎。其布告天下，令知忠臣、孝子、慈兄、悌弟薄葬送終之義。」

初，巴蜀既平，大司馬吴漢上書請封皇子，不許，重奏連歲。三月，乃詔群臣議。大司空融、固始侯通、膠東侯復、高密侯禹、太常登等奏議曰：「古者封建諸侯，以藩屏京師。周封八百，同姓諸姬並爲建國，夾輔王室，尊事天子，享國永長，爲後世法。故《詩》云：『大啓爾宇，爲周室輔。』高祖聖德，光有天下，亦務親親，封立兄弟諸子，不違舊章。陛下德横天地，興復宗統，褒德賞勳，親睦九族，功臣宗室，咸蒙封爵，多受廣地，或連屬縣。今皇子賴天，能勝衣趨拜，陛下恭謙克讓，抑而未議，群臣百姓，莫不失望。宜因盛夏吉時，定號位，以廣藩輔，明親親，尊宗廟，重社稷，應古合舊，厭塞衆心。臣請大司空上輿地圖，太常擇吉日，具禮儀。」制曰：「可。」

甲申，幸章陵。修園廟，祠舊宅，觀田廬，置酒作樂，賞賜。時宗室諸母因酣悦，相與語曰：「文叔少時謹信，與人不款曲，唯直柔耳。今乃能如此！」帝聞之，大笑曰：「吾理天下，亦欲以柔道行之。」

九月，南巡狩。壬申，幸南陽，進幸汝南南頓縣舍，置酒會，賜吏人，復南頓田租歲。父老前叩頭言：「皇考居此日久，陛下識知寺舍，每來輒加厚恩，願賜復十年。」帝曰：「天下重器，常恐不任，日復一日，安敢遠期十歲乎？」吏人又言：「陛下實惜之，何言謙也？」帝大笑，復增一歲。

初作壽陵。將作大匠竇融上言園陵廣袤，無慮所用。帝曰：「古者帝王之葬，皆陶人瓦器，木車茅馬，使後世之人不知其處。太宗識終始之義，景帝能述尊孝道，遭天下反覆，而霸陵獨完受其福，豈不美哉！令所制地不過二三頃，無爲山陵，陂池裁令流水而已。」

初，帝在兵間久，厭武事，且知天下疲耗，思樂息肩。自隴、蜀平後，非儆急，未嘗復言軍旅。皇太子嘗問攻戰之事，帝曰：「昔衛靈公問陳，孔子不對，此非爾所及。」每旦視朝，日側乃罷。數引公卿、郎、將講論經理，夜分乃寐。皇太子見帝勤勞不怠，承間諫曰：「陛下有禹湯之明，而失黄老養性之福，願頤愛精神，優游自寧。」帝曰：「我自樂此，不爲疲也。」雖身濟大業，兢兢如不及，故能明慎政體，總攬權綱，量時度力，舉無過事。退功臣而進文吏，戢弓矢而散馬牛，雖道未方古，斯亦止戈之武焉。

論曰：皇考南頓君初爲濟陽令，以建平元年十二月甲子夜生光武於縣舍，有赤光照室中。欽異焉，使卜者王長占之。長辟左右曰：「此兆吉不可言。」是歲縣界有嘉禾生，一莖九穗，因名光武曰秀。明年，方士有夏賀良者，上言哀帝，云漢家歷運中衰，當再受命。於是改號爲太初元年，稱「陳聖劉太平皇帝」以厭勝之。及王莽篡位，忌劉氏，以錢文有金刀，故改爲貨泉。或以貨泉字文爲「白水真人」。後望氣者蘇伯阿爲王莽使至南陽，遥望見春陵〔郭，唶曰：「氣佳哉！鬱鬱葱葱然。」及始起兵還春陵，〕遠望舍南，火光赫然屬天，有頃不見。初，道士西門君惠、李守等亦云劉秀當爲天子。其王者受命，信有符乎？不然，何以乘時龍而御天哉！贊曰：炎正中微，大盗移國。九縣飆回，三精霧塞。人厭淫詐，神思反德。光武誕命，靈貺自甄。沈幾先物，深略緯文。尋、邑百萬，貔虎爲群。長轂雷野，高鋒彗雲。英威既振，新都自焚。虔劉庸、代，紛紜梁、趙。三河未澄，四關重擾。神旌乃顧，遞行天討。金湯失險，車書共道。靈慶既啓，人謀咸贊。明明廟謨，赳赳雄斷。於赫有命，系隆我漢。

明帝紀

敕詔　登靈臺詔　養老詔　水旱詔　日食詔　復元氏租詔　寶鼎詔　班示封事詔　禁奢詔　汴渠成詔　日食制　論

甲寅，詔曰：「方春戒節，人以耕桑。其敕有司務順時氣，使無煩擾。天下亡命殊死以下，聽得贖論：死罪入縑二十匹，右趾至髡鉗城旦春十匹，完城旦春至司寇作三匹。其未發覺，詔書到先自告者，半入贖。今選舉不實，邪佞未去，權門請托，殘吏放手，百姓愁怨，情無告訴。有司明奏罪名，並正舉者。又郡縣每因徵發，輕爲奸利，詭責羸弱，先急下貧。其務在均平，無令枉刻。」

二年春正月辛未，宗祀光武皇帝於明堂，帝及公卿列侯始服冠冕、衣裳、玉佩、絇履以行事。禮畢，登靈臺。使尚書令持節詔驃騎將軍、三公曰：「今〔令〕月吉日，宗祀光武皇帝於明堂，以配五帝。禮備法物，樂和八音，詠祉福，舞功德，其班時令，敕群后。事畢，升靈臺，望元氣，吹時律，觀物變。群僚藩輔，宗室子孫，衆郡奉計，百蠻貢職，烏桓、濊貊咸來助祭，單于侍子、骨都侯亦皆陪位。斯固聖祖功德之所致也。朕以闇陋，奉承大業，親執圭璧，恭祀天地。仰惟先帝受命中興，撥〔撥〕亂反正，以寧天下，封泰山，建明堂，立辟雍，起靈臺，恢弘大道，被之八極；而胤子無成康之質，群臣無呂旦之謀，盥洗進爵，踧踖惟慚。素性頑鄙，臨事益懼，故『君子坦蕩蕩，小人長戚戚』，其令天下自殊死已下，謀反大逆，皆赦除之。百僚師尹，其勉修厥職，順行時令，敬若昊天，以綏兆人。」

冬十月壬子，幸辟雍，初行養老禮。詔曰：「光武皇帝建三朝之禮，而未及臨饗。眇眇小子，屬當聖業。間暮春吉辰，初行大射；令月元日，復踐辟雍。尊事三老，兄事五更，安車軟輪，供綏執授。侯王設醬，公卿饌珍，朕親袒割，執爵而酳。祝哽在前，祝噎在後。升歌《鹿鳴》，下管《新宮》，八佾具修，萬舞於庭。朕固薄德，何以克當。《易》陳負乘，《詩》刺彼己，永念慚疚，無忘厥心。三老李躬，年耆學明。五更桓榮，授朕《尚書》。《詩》曰：『無德不報，無言不酬。』其賜榮爵關內侯，食邑五千户。三老、五更皆以二千石禄養終厥身。其賜天下三老酒人一石，肉四十斤。有司其存耆耋，恤幼孤，惠鰥寡，稱朕意焉。」

春正月癸巳，詔曰：「朕奉郊祀，登靈臺，見史官，正儀度。夫春者，歲之始也。始得其正，則三時有成。比者水旱不節，邊人食寡，政失於上，人受其咎。有司其勉順時氣，勸督農桑，去其螟蜮，以及蝥賊；詳刑慎罰，明察單辭，夙夜匪懈，以稱朕意。」

壬申晦，日有食之。詔曰：「朕奉承祖業，無有善政。日月薄蝕，彗孛見天，水旱不節，稼穡不成，人無宿儲，下生愁墊。雖夙夜勤思，而智能不逮。昔楚莊無灾，以致戒懼；魯哀禍大，天不降譴。今之動變，儻尚可救。有司勉思厥職，以匡無德。古者卿士獻詩，百工箴諫。其言事者，靡有所諱。」

常山三老言於帝曰：「上生於元氏，願蒙優復。」詔曰：「豐、沛、濟陽，受命所由，加恩報德，適其宜也。今永平之政，百姓怨結，而吏人求復，令人愧笑。重逆此縣之拳拳，其復元氏縣田租更賦六歲，勞賜縣掾史，及門闌走卒。」

王雒山出寶鼎，廬江太守獻之。夏四月甲子，詔曰：「昔禹收九牧之金，鑄鼎以象物，使人知神奸，不逢惡氣。遭德則興，遷于商、周；周德既衰，鼎乃淪亡。祥瑞之降，以應有德。方今政化多僻，何以致兹？《易》曰鼎象三公，豈公卿奉職得其理邪？太常其以礿祭之日，陳鼎於廟以備器用。賜三公帛五十匹，九卿、二千石半之。先帝詔書，禁人上事言聖，而間者章奏頗多浮詞，自今若有過稱虛譽，尚書皆宜抑而不省，示不爲諂子蚩也。」

壬寅晦，日有食之，既。詔曰：「朕以無德，奉承大業，而下貽人怨，上動三光。日食之變，其灾尤大，《春秋》圖讖所謂至譴。永思厥咎，在予一人。群司勉修職事，極言無諱。」於是在位者皆上封事，各言得失。帝覽章，深自引咎，乃以所上班示百官。詔曰：「群僚所言，皆朕之過。人冤不能理，吏黠不能禁；而輕用人力，繕修宫宇，出入無節，喜怒過差。昔應門失守，《關雎》刺世；飛蓬隨風，微子所嘆。永覽前戒，竦然兢懼。徒恐薄德，久而致怠耳。」

詔曰：昔曾、閔奉親，竭歡致養；仲尼葬子，有棺無槨。喪貴致哀，禮存寧儉。今百姓送終之制，競爲奢靡。生者無擔石之儲，而財力盡於墳土。伏臘無糟糠，而牲牢兼於一奠。糜破積世之業，以供終朝之費，子孫饑寒，絶命於此，豈祖考之意哉！又車服制度，恣極耳目。田荒不耕，游食者衆。有司其申明科禁，宜於今者，宣下郡國。」

夏四月，汴渠成。辛巳，行幸滎陽，巡行河渠。乙酉，詔曰：「自汴渠決敗，六十餘歲，加頃年以來，雨水不時，汴流東侵，日月益甚，水門故處，皆在河中，漭瀁廣溢，莫測圻岸，蕩蕩極望，不知綱紀。今兖、豫之人，多被水患，乃云縣官不先人急，好興它役。又或以爲河流入汴，幽、冀蒙利，故曰左堤强則右堤傷，左右俱强則下方傷，宜任水勢所之，使人隨高而處，公家息壅塞之費，百姓無陷溺之患。議者不同，南北異論，朕不知所從，久而不決。今既築堤理渠，絶水立門，河、汴分流，復其舊迹，陶丘之北，漸就壤墳，故薦嘉玉潔牲，以禮河神。東過洛汭，嘆禹之績。今五土之宜，反其正色，濱渠下田，賦與貧人，無令豪右得固其利，庶繼世宗《瓠子》之作。」

冬十月壬辰晦，日有食之。三公免冠自劾。制曰：「冠履勿劾。灾異屢見，咎在朕躬，憂懼遑遑，未知其方。將有司陳事，多所隱諱，使君上壅蔽，下有不暢乎？昔衞有忠臣，靈公得守其守〔位〕。今何以和穆陰陽，消伏灾譴？刺史、太守詳刑理冤，存恤鰥孤，勉思職焉。」

論曰：明帝善刑理，法令分明。日晏坐朝，幽枉必達。内外無倖曲之私，在上無矜大之色。斷獄得情，號居前代十二。故後之言事者，莫不先建武、永平之政。而鍾離意、宋均之徒，常以察慧爲言，夫豈弘人之度未優乎？」

章帝紀

策太傅太尉詔　方春詔　舉賢詔　禁奢詔　日食詔　禱雨詔　補官詔　禘祭詔　幸偃師詔　示群臣詔　除禁錮詔　三公詔　耕定陶詔　告祠詔　定律詔　告太守相詔　方春敕　改元詔　贊

詔曰：「朕以眇身，托于王後〔侯〕之上，統理萬機，懼失厥中，兢兢業業，未知所濟。深惟守文之主，必建師傅之官。《詩》不云乎：『不愆不忘，率由舊章。』行太尉事節鄉侯憙三世在位，爲國元老；司空融典職六年，勤勞不怠。其以憙爲太傅，融爲太尉，並録尚書事。『三事大夫，莫肯夙夜』，《小雅》之所傷也。『予違汝弼，汝無面從』，股肱之正義也。群后百僚勉思厥職，各貢忠誠，以輔不逮。申敕四方，稱朕意焉。」

丙寅，詔曰：「比年牛多疾疫，墾田減少，穀價頗貴，人以流亡。方春東作，宜及時務。二千石勉勸農桑，弘致勞來。群公庶尹，各推精誠，專急人事。罪非殊死，須立秋案驗。有司明慎選舉，進柔良，退貪猾，順時令，理冤獄。『五教在寬』，帝《典》所美；『愷悌君子』，《大雅》所歎。布告天下，使明知朕意。」

己巳詔曰：「朕以無德，奉承大業，夙夜慄慄，不敢荒寧。而災異仍見，與政相應。朕既不明，涉道日寡；又選舉乖實，俗吏傷人，官職秏亂，刑罰不中，可不憂與！昔仲弓季氏之家臣，子游武城之小宰，孔子猶誨以賢才，問以得人。明政無大小，以得人爲本。夫鄉舉里選，必累功勞。今刺史、守相不明真僞，茂才、孝廉歲以百數，既非能顯，而當授之政事，甚無謂也。每尋前世舉人貢士，或起甽畒，不繫閥閲。敷奏以言，則文章可采；明試以功，則政有異迹。文質彬彬，朕甚嘉之。其令太傅、三公、中二千石、二千石、郡國守相舉賢良方正、能直言極諫之士各一人。」

辛丑，詔曰：「比年陰陽不調，饑饉屢臻。深惟先帝憂人之本，詔書曰『不傷財，不害人』，誠欲元元去末歸本。而今貴戚近親，奢縱無度，嫁娶送終，尤爲僭侈。有司廢典，莫肯舉察。《春秋》之義，以貴理賤。人自三公，並宜明糾非法，宣振威風。朕〔在〕弱冠，未知稼穡之艱難，區區管窺，豈能照一隅哉！其科條制度所宜施行，在事者備爲之禁，先京師而後諸夏。」

庚辰朔，日有食之。詔曰：「朕新離供養，愆咎衆著，上天降異，大變隨之。《詩》不云乎：『亦孔之醜。』又久旱傷麥，憂心慘切。公卿已下，其舉直言極諫、能指朕過失者各一人，遣詣公車，將親覽問焉。其以巖穴爲先，勿取浮華。」

甲申，詔曰：「《春秋》書『無麥苗』，重之也。去秋雨澤不適，今時復旱，如炎如焚。凶年無時，而爲備未至。朕之不德，上累三光，震慄忉忉，痛心疾首。前代聖君，博思咨諏，雖降灾咎，輒有開匱反風之應。今予小子，徒慘慘而已。其令二千石理冤獄，録輕繫；禱五嶽四瀆，及名山能興雲致雨者，冀蒙不崇朝徧雨天下之報。務加肅敬焉。」

辛亥，詔曰：「朕思遲直士，側席異聞。其先至者，各以發憤吐懣，略聞子大夫之志矣，皆欲置於左右，顧問省納。建武詔書又曰，堯試臣以職，不直以言語筆札。今外官多曠，並可以補任。」

秋八月，飲酎高廟，禘祭光武皇帝、孝明皇帝。甲辰，詔：「《書》云『祖考來假』，明哲之祀。予末小子，質又菲薄，仰惟先帝烝烝之情，前修禘祭，以盡孝敬。朕得識昭穆之序，寄遠祖之思。今年大禮復舉，加以先帝之坐，悲傷感懷。樂以迎來，哀以送往，雖祭亡如在，而空虛不知所裁，庶或饗之。豈亡克慎肅雍之臣，辟公之相，皆助朕之依依。今賜公錢四十萬，卿半之，及百官執事各有差。」

甲戌，幸偃師，東涉卷津，至河内。下詔曰：「車駕行秋稼，觀收穫，因涉郡界。皆精騎輕行，無它輜重。不得輒修橋道，遠離城郭，遣吏逢迎，刺探起居，出入前後，以爲煩擾。動務省約，但患不能脱粟瓢飲耳。所過欲令貧弱有利，無違詔書。」

癸酉，詔曰：「朕道化不德，吏政失和，元元未諭，抵罪於下。寇賊争心不息，邊野邑屋不修。永惟庶事，思稽厥衷，與凡百君子，共弘斯道。中心悠悠，將何以寄？」

壬子，詔曰：「父不慈，子不祗，兄不友，弟不恭，不相及也。往者妖言大獄，所及廣遠，一人犯罪，禁至三屬，莫得垂纓仕宦王朝。如有賢才，而没齒無用，朕甚憐之，非所謂與之更始也。諸以前妖惡禁錮者，一皆蠲除之，以明棄咎之路，但不得在宿衛而已。」

詔三公曰：「方春生養，萬物孚甲，宜助萌陽，以育時物。其令有司，罪非殊死且勿案驗，及吏人條書相告，不得聽受，冀以息事寧人，敬奉天氣。立秋如故。夫俗吏矯飾外貌，似是而非，揆之人事則悦耳，論之陰陽則傷化，朕甚饜之，甚苦之。安静之吏，悃愊無華，日計不足，月計有餘。如襄城令劉方，吏人同聲謂之不煩，雖未有它異，斯亦殆近之矣。間敕二千石各尚寬明，而今富奸行賂於下，貪吏枉法於上，使有罪不論，而無過被刑，甚大逆也。夫以苛爲察，以刻爲明，以輕爲德，以重爲威，四者或興，則下有怨心。吾詔書數下，冠蓋接道，而吏不加理，人或失職，其咎安在？勉思舊令，稱朕意焉。」

帝耕於定陶。詔曰：「三老，尊年也。孝悌，淑行也。力田，勤勞也。國家甚休之。其賜帛人一匹，勉率農功。」

癸酉，告祠二祖、四宗，大會外内群臣。丙子，詔曰：「朕巡狩岱宗，柴望山川，告祠明堂，以章先勳。其二王之後，先聖之胤，東后藩衛，伯父伯兄，仲叔季弟，幼子童孫，百僚從臣，宗室衆子，要荒四裔，沙漠之北，葱嶺之西，冒耏之類，跋涉懸度，陵踐阻絶，駿奔郊疇〔時〕，咸來助祭。祖宗功德，延及朕躬。予一人空虚多疢，纂承尊明，盥洗享薦，慚愧祗慄。《詩》不云乎：『君子如祉，亂庶遄已。』歷數既從，靈燿著明，亦欲與士大夫同心自新。其大赦天下。諸犯罪不當得赦者，皆除之。復博、奉高、嬴，無出今年田租、芻稾。」

庚子，詔曰：「《春秋》於春每月書『王』者，重三正，慎三微也。律十二月立春，不以報囚。《月令》冬至之後，有順陽助生之文，而無鞫獄斷刑之政。朕咨訪儒雅，稽之典籍，以爲王者生殺，宜順時氣。其定律，無以十一月、十二月報囚。」

告常山、魏郡、清河、鉅鹿、平原、東平郡太守、相曰：「朕惟巡狩之制，以宣聲教，考同遐邇，解釋結冤也。今將禮常山，遂徂北土，歷魏郡，經平原，升踐隄防，詢訪耆老，咸曰『往者汴門未作，深者成淵，淺則泥塗』。追惟先帝勤人之德，底績遠圖，復禹弘業，聖跡滂流，至于海表。不克堂構，朕甚慚焉。《月令》，孟春善相丘陵土地所宜。今肥田尚多，未有墾闢。其悉以賦貧民，給與糧種，務盡地力，勿令游手。〔所〕過縣邑，聽半入今年田租，以勸農夫之勞。」

乙丑，敕侍御史、司空曰：「方春，所過無得有所伐殺。車可以引避，引避之；騑馬可輟解，輟解之。《詩》云：『敦彼行葦，牛羊勿踐履。』《禮》，人君伐一草木不時，謂之不孝。俗知順人，莫知順天。其明稱朕意。」

壬戌，詔曰：「朕聞明君之德，啓迪鴻化，緝熙康乂，光照六幽，訖惟人面，靡不率俾，仁風翔于海表，威霆行乎鬼區。然後敬恭明祀，膺五福之慶，獲來儀之貺。朕以不德，受祖宗弘烈。乃者鳳凰仍集，麒麟並臻，甘露宵降，嘉穀滋生，芝草之類，歲月不絶。朕夙夜祗畏上天，無以彰于先功。今改元和四年爲章和元年。」秋，令是月養衰老，授几杖，行〔糜〕粥飲食。其賜高年二人共布帛各一匹，以爲醴酪。死罪囚犯法在丙子赦前而後捕繫者，皆減死，勿笞，詣金城戍。

贊曰：肅宗濟濟，天性愷悌。於穆后德，諒惟淵體。左右藝文，斟酌律禮。思服帝道，弘此長懋。儒館獻歌，戎亭虚候。氣調時豫，憲平人富。

和殤帝紀

和　帝

薦功詔　封蕭曹後詔　選賢詔　舉賢良詔　京師蝗詔　年不登詔　論

丙子，詔曰：「匈奴背叛，爲害久遠。賴祖宗之靈，師克有捷，醜虜破碎，遂掃厥庭，役不再籍，萬里清蕩，非朕小子眇身所能克堪。有司其案舊典，告類薦功，以章休烈。」

詔曰：「高祖功臣，蕭、曹爲首，有傳世不絶之義。曹相國後容城侯無嗣，朕望長陵東門，見二臣之壠，循其遠節，每有感焉。忠義獲寵，古今所同。可遣使者以中牢祠，大鴻臚求近親宜爲嗣者，須景風紹封，以章厥功。」

戊子，詔曰：「選舉良才，爲政之本。科别行能，必由鄉曲。而郡國舉吏，不加簡擇，故先帝明敕在所，令試之以職，乃得充選。又德行尤異，不須經職者，别署狀上。而宣布以來，出入九年，二千石曾不承奉，恣心從好，司吏〔隸〕、刺史訖無糾察。訖，竟也。今新蒙赦令，且復申敕，後有犯者，顯明其罰。在位不以選舉爲憂，督察不以發覺爲負，非獨州郡也。是以庶官多非其人。下民被奸邪之傷，由法不行故也。」

丙寅，詔曰：「朕以眇末，奉承鴻烈。陰陽不和，水旱違度，濟河之域，凶饉流亡，而未獲忠言至謀，所以匡救之策。寤寐永嘆，用思孔疚。惟官人不得於上，黎民不安於下，有司不念寬和，而競爲苛刻，覆案不急，以妨民事，甚非所以上當天心，下濟元元也。思得忠良之士，以輔朕之不逮。其令三公、中二千石、二千石、内郡守相舉賢良方正、能直言極諫之士各一人。昭巖穴，披幽隱，遣詣公車，朕將悉聽焉。」

京師蝗。吏民言事者，多歸責有司。詔曰：「蝗蟲之異，殆不虛生，萬方有罪，在予一人，而言事者專咎自下，非助我者也。朕寤寐恫矜，思弭憂釁。昔楚嚴無災而懼，成王出郊而反風，將何以匡朕不逮，以塞災變？百僚師尹勉修厥職，刺史、二千石詳刑辟，理冤虐，恤鰥寡，矜孤弱，思惟致災興蝗之咎。」

丙申，詔曰：「比年不登，百姓虛匱。京師去冬無宿雪，今春無澍雨，黎民流離，困於道路。朕痛心疾首，靡知所濟。『瞻仰昊天，何辜今人？』三公朕之腹心，而未獲承天安民之策。數詔有司，務擇良吏。今猶不改，競爲苛暴，侵愁小民，以求虛名，委任下吏，假勢行邪。是以令下而奸生，禁至而詐起。巧法析律，飾文增辭，貨行於言，罪成乎手，朕甚病焉。公卿不思助明好惡，將何以救其咎罰？咎罰既至，復令災及小民。若上下同心，庶或有瘳。」

論曰：自中興以後，逮於永元，雖頗有弛張，而俱存不擾，是以齊民歲增，闢土世廣。偏師出塞，則漠北地空；都護西指，則通譯四萬。豈其道遠三代，術長前世？將服叛去來，自有數也？

殤帝

赦詔　示司隸校尉部刺史敕

辛卯，皇太后詔曰：「皇帝幼冲，承統鴻業，朕且權佐助聽政，兢兢寅畏，不知所濟。深惟至治之本，道化在前，刑罰在後。將稽中和，廣施慶惠，與吏民更始。其大赦天下。」

敕司隸校尉、部刺史曰：「夫天降災戾，應政而至。間者郡國或有水災，妨害秋稼。朝廷惟咎，憂惶悼懼。而郡國欲獲豐穰虛飾之譽，遂覆蔽災害，多張墾田，不揣流亡，競增戶口，掩匿盜賊，令奸惡無懲，署用非次，選舉乖宜，貪苛慘毒，延及平民。刺史垂頭塞耳，阿私下比，『不畏于天，不愧于人』。假貸之恩，不可數恃，自今以後，將糾其罰。二千石長吏其各實覈所傷害，爲除田租、芻稾。」

安帝紀

舉賢詔　饑詔　舉賢詔　旱蝗詔　雨水詔　禁奢詔　論

戊辰，詔曰：「昔在帝王，承天理民，莫不據璇璣玉衡，以齊七政。朕以不德，遵奉大業，而陰陽差越，變異並見，萬民饑流，羌貊叛戾。夙夜克己，憂心京京。間令公卿郡國舉賢良方正，遠求博選，開不諱之路，冀得至謀，以鑒不逮，而所對皆循尚浮言，無卓爾異聞。其百僚及郡國吏人，有道術明習災異陰陽之度璇璣之數者，各使指變以聞。二千石長吏明以詔書，博衍幽隱，朕將親覽，待以不次，冀獲嘉謀，以承天誡。」

京師大饑，民相食。壬辰，公卿詣闕謝。詔曰：「朕以幼沖，奉承鴻業，不能宣流風化，而感逆陰陽，至令百姓饑荒，更相噉食。永懷悼嘆，若墜淵水。咎在朕躬，非群司之責，而過自貶引，重朝廷之不德。其務思變復，以助不逮。」

戊戌，詔曰：「朕以不德，奉郊廟，承大業，不能興和降善，爲人祈福。灾異蜂起，寇賊縱横，夷狄猾夏，戎事不息，百姓匱乏，疲於徵發。重以蝗蟲滋生，害及成麥，秋稼方收，甚可悼也。朕以不明，統理失中，亦未獲忠良以毗闕政。傳曰：『顛而不扶，危而不持，則將焉用彼相矣。』公卿大夫將何以匡救，濟斯艱厄，承天誡哉？蓋爲政之本，莫若得人，褒賢顯善，聖制所先。『濟濟多士，文王以寧。』思得忠良正直之臣，以輔不逮。其令三公、特進、侯、中二千石、二千石、郡守、諸侯相舉賢良方正、有道術、達於政化、能直言極諫之士各一人，及至孝行與衆卓異者，並遣詣公車，朕將親覽焉。」

五月，京師旱，河南及郡國十九蝗。甲戌，詔曰：「朝廷不明，庶事失中，灾異不息，憂心惶懼。被蝗以來，七年于兹，而州郡隱匿，裁言頃畝。今群飛蔽天，爲害廣遠，所言所見，寧相副邪？三司之職，内外是監，既不奏聞，又無舉正。天灾至重，欺罔皐大。今方盛夏，且復假貸，以觀厥後。其務消救灾眚，安輯黎元。」

京師及郡國十雨水。詔曰:「今年秋稼茂好,垂可收穫,而連雨未霽,懼必淹傷。夕惕惟憂,思念厥咎。夫霖雨者,人怨之所致。其武吏以威暴下,文吏妄行苛刻,鄉吏因公生奸,爲百姓所患苦者,有司顯明其罰。又《月令》『仲秋養衰老,授几杖,行糜粥』。方今案比之時,郡縣多不奉行。雖有糜粥,糠粃相半,長吏怠事,莫有躬親,甚違詔書養老之意。其務崇仁恕,賑護寡獨,稱朕意焉。」

丙子,詔曰:「舊令制度,各有科品,欲令百姓務崇節約。遭永初之際,人離荒厄,朝廷躬自菲薄,去絶奢飾,食不兼味,衣無二彩。比年雖獲豐穰,尚乏儲積,而小人無慮,不圖久長,嫁娶送終,紛華靡麗,至有走卒奴婢被綺縠,著珠璣。京師尚若斯,何以示四遠?設張法禁,懇惻分明,而有司惰任,訖不奉行。秋節既立,鷙鳥將用,且復重申,以觀後效。」

論曰:孝安雖稱尊享御,而權歸鄧氏,至乃損徹膳服,克念政道。然令自房帷,威不逮遠,始失根統,歸成陵敝。遂復計金授官,移民逃寇,推咎台衡,以答天眚。既云哲婦,亦「惟家之索」矣。

順冲質帝紀 順帝 質帝

順帝 蠲冀部租詔 祈雨詔 簡序詔 論

辛亥,詔曰:「連年灾潦,冀部尤甚。比蠲除實傷,贍恤窮匱,而百姓猶有弃業,流亡不絶。疑郡縣用心怠惰,恩澤不宣。《易》美『損上益下』,《書》稱『安民則惠』。其令冀部勿收今年田租、芻稾。」

甲戌,詔曰:「政失厥和,陰陽隔并,冬鮮宿雪,春無澍雨。分禱祈請,靡神不禜。深恐在所慢違『如在』之義,今遣侍中王輔等持節分詣岱山、東海、滎陽、河、洛,盡心祈焉。」

辛卯，詔曰：「間者以來，吏政不勤，故灾咎屢臻，盜賊多有。退省所由，皆以選舉不實，官非其人，是以天心未得，人情多怨。《書》歌股肱，《詩》刺三事。今刺史、二千石之選，歸任三司。其簡序先後，情覈高下，歲月之次，文武之宜，務存厥衷。」

論曰：古之人君，離幽放而反國祚者有矣，莫不矯鑒前違，審識情僞，無忘在外之憂，故能中興其業。觀夫順朝之政，殆不然乎？何其效僻之多與？

質帝　方春詔　埋恤詔

丙申，詔曰：「昔堯命四子，以欽天道，《鴻範》九疇，休咎有象。夫瑞以和降，異因逆感，禁微應大，前聖所重。頃者，州郡輕慢憲防，競逞殘暴，造設科條，陷入無罪。或以喜怒驅逐長吏，恩阿所私，罰枉仇隙，至令守闕訴訟，前後不絶。送故迎新，人離其害，怨氣傷和，以致灾眚。《書》云：『明德慎罰。』方春東作，育微敬始。其敕有司，罪非殊死，且勿案驗，以崇在寬。」

庚戌，詔曰：「九江、廣陵二郡數離寇害，殘夷最甚。生者失其資業，死者委尸原野。昔之爲政，一物不得其所，若己爲之，況我元元，嬰此困毒。方春戒節，賑濟乏厄，掩骼埋胔之時。其調比郡見穀，出稟窮弱，收葬枯骸，務加埋恤，以稱朕意。」

桓帝紀　日食詔　給葬詔　還政詔　令郡縣儲粟詔　論

乙亥，詔曰：「蓋聞天生蒸民，不能相理，爲之立君，使司牧之。君道得於下，則休祥著乎上；庶事失其序，則咎徵見乎象。間者日食毁缺，陽光晦暗，朕祗懼潛思，匪遑啓處。傳不云乎：『日食修德，月食修刑。』

昔孝章帝愍前世禁徙，故建初之元，並蒙恩澤，流徙者使還故郡，没入者免爲庶民。先皇德政，可不務乎！其自永建元年迄於今歲，凡諸妖惡，支親從坐，及吏民減死徙邊者，悉歸本郡；唯没入者不從此令。」

甲申，詔曰：「朕攝政失中，災眚連仍，三光不明，陰陽錯序。監寐寤嘆，疢如疾首。今京師厮舍，死者相枕，郡縣阡陌，處處有之，甚違周文掩胔之義。其有家屬而貧無以葬者，給直，人三千，喪主布三匹；若無親屬，可於官壖地葬之，表識姓名，爲設祠祭。又徒在作部，疾病致醫藥，死亡厚埋藏。民有不能自振及流移者，稟穀如科。州郡檢察，務崇恩施，以康我民。」

己亥，詔曰：「曩者遭家不造，先帝早世。永惟大宗之重，深思嗣續之福，詢謀台輔，稽之兆占。既建明哲，克定統業，天人協和，萬國咸寧。元服已加，將即委付，而四方盜竊，頗有未静，故假延臨政，以須安謐。幸賴股肱禦侮之助，殘醜消蕩，民和年稔，普天率土，遐邇洽同。遠覽『復子明辟』之義，近慕先姑歸授之法，及今令辰，皇帝稱制。群公卿士，虔恭爾位，戮力一意，勉同斷金。『展也大成』，則所望矣。」

詔曰：「朝政失中，雲漢作旱，川靈涌水，蝗蟲孳蔓，殘我百穀，太陽虧光，饑饉荐臻。其不被害郡縣，當爲饑餒者儲。天下一家，趣不糜爛，則爲國寶。其禁郡國不得賣酒，祠祀裁足。」

論曰：前史稱桓帝好音樂，善琴笙。飾芳林而考濯龍之宫，設華蓋以祠浮圖、老子，斯將所謂「聽於神」乎！及誅梁冀，奮威怒，天下猶企其休息。而五邪嗣虐，流衍四方。自非忠賢力争，屢折奸鋒，雖願依斟流彘，亦不可得也。

靈帝紀 論 贊

論曰：《秦本紀》説趙高譎二世，指鹿爲馬，而趙忠、張讓亦紿靈帝不得登高臨觀，故知亡敝者同其致矣。

然則靈帝之爲靈也優哉！

贊曰：靈帝負乘，委體宦孽。徵亡備兆，《小雅》盡缺。麇鹿霜露，遂栖宮衛。

獻帝紀　試儒生詔　論

九月甲午，試儒生四十餘人，上第賜位郎中，次太子舍人，下第者罷之。詔曰：「孔子嘆『學之不講』，不講則所識日忘。今者儒年踰六十，去離本土，營求糧資，不得專業。結童入學，白首空歸，長委農野，永絶榮望，朕甚愍焉。其依科罷者，聽爲太子舍人。」

論曰：傳稱鼎之爲器，雖小而重，故神之所寶，不可奪移。至令負而趨者，此亦窮運之歸乎！天厭漢德久矣，山陽其何誅焉！

後漢書纂卷之二

宋　順陽　范　曄　譔
明　吴興　凌濛初　纂

皇后紀

總序　郭皇后　陰皇后　馬皇后　鄧皇后　梁皇后　何皇后　贊

夏、殷以上，后妃之制，其文略矣。《周禮》王者立后，三夫人，九嬪，二十七世婦，八十一女御，以備内職焉。后正位宫闈，同禮（體）〔體〕天王。夫人坐論婦體（禮）〔禮〕，九嬪掌教四德，世婦主喪、祭、賓客，女御序于王之燕寢。頒官分務，各有典司。女史彤管，記功書過。居有保阿之訓，動有環佩之響。進賢才以輔佐君子，哀窈窕而不淫其色。所以能述宣陰化，修成内則，閨房肅雍，險謁不行也。故康王晚朝，《關雎》作諷；宣后晏起，姜氏請愆。及周室東遷，禮序凋缺。諸侯僭縱，軌制無章。齊桓有如夫人者六人，晋獻升戎女爲元妃，終於五子作亂，冢嗣遘屯。爰逮戰國，風憲逾薄，適情任欲，顛倒衣裳，以至破國亡身，不可勝數。斯固輕禮弛防，先色後德者也。秦並天下，多自驕大，宫備七國，爵列八品。漢興，因循其號，而婦制莫釐。高祖帷薄不修，孝文衽席無辨。然而選納尚簡，飾玩少華。自武、元之後，世增淫費，至乃掖庭三千，增級十四。妖倖毁政之符，外姻亂邦之迹，前史載之詳矣。及光武中興，斲雕爲朴，六宫稱號，唯皇后、貴人。貴人金印紫綬，奉不過粟數十斛。又置美人、宫人、采女三等，並無爵秩，歲時賞賜充給而已。漢法常因八月算人，遣中大夫與掖庭丞及相工，於洛陽鄉中閲視良家童女，年十三以上，二十以下，姿色端麗，合法相者，載還後宫，擇視可否，乃用登御。所以明慎聘納，詳求淑哲。明帝聿遵先旨，宫教頗修，登建嬪后，必先令德，内無出閫之言，權無私溺之授，可謂矯其敝矣。向使因設外戚之禁，編著《甲令》，改正后妃之制，貽厥方來，豈不休哉！雖御己有度，而防閑未篤，故孝章以下，漸用色授，恩隆好合，遂忘淄蠹。自古雖主幼時艱，王家多釁，必委成冢宰，簡求忠賢，未有專任婦人，斷割重器。唯秦芈太后始攝政事，故穰侯權重於昭王，家富於嬴國。漢仍其謬，知患莫改。東京皇統屢絶，權歸女主，外立者四帝，臨朝者六后，莫不定策帷帟，委事父兄，貪孩童以久其政，抑明賢以專其威。任重道悠，利深禍速。身犯霧露於雲臺之上，家嬰縲紲於圄犴之下。湮滅連踵，傾輈繼路。而赴蹈不息，燋爛爲期，終陵夷大運，淪亡神寶。《詩》《書》所嘆，略同一揆。故考列行跡，以爲《皇后本紀》。雖成敗事異，而同居正號者，並列于篇。其以私恩追尊，非當時所奉者，則隨它事附出。親屬別事，各依列傳。其餘無所見，則係之此紀，以纘西京《外戚》云爾。

郭皇后紀 論

論曰：物之興衰，情之起伏，理有固然矣。而崇替去來之甚者，必唯寵惑乎？當其接床笫，承恩色，雖險情贅行，莫不德焉。及至移意愛，析燕私，雖惠心妍狀，愈獻醜焉。愛升，則天下不足容其高；歡隊，故九服無所逃其命。斯誠志士之所沉溺，君人之所抑揚，未或違之者也。郭后以衰離見貶，恚怨成尤，而猶恩加別館，增寵黨戚，至乎東海逡巡，去就以禮，使後世不見隆薄進退之隙，不亦光於古乎！

陰皇后紀 立皇后詔

十七年，廢皇后郭氏而立貴人。制詔三公曰：「皇后懷執怨懟，數違教令，不能撫循它子，訓長異室。宮闈之内，若見鷹鸇。既無《關雎》之德，而有吕、霍之風，豈可托以幼孤，恭承明祀。今遣大司徒涉、宗正吉持節，其上皇后璽綬。陰貴人鄉里良家，歸自微賤。『自我不見，于今三年。』宜奉宗廟，爲天下母。主者詳案舊典，時上尊號。異常之事，非國休福，不得上壽稱慶。」

馬皇后紀

入宫册立始末並請封外戚詔　封三舅一段

明德馬皇后諱某，伏波將軍援之小女也。少喪父母。兄客卿敏惠早夭，母藺夫人悲傷發疾慌惚。后時年十歲，幹理家事，敕制僮御，内外諮禀，事同成人。初，諸家莫知者，後聞之，咸嘆異焉。后嘗久疾，太夫人令筮之，筮者曰：「此女雖有患狀，而當大貴，兆不可言也。」後又呼相者使占諸女，見后，大驚曰：「我必爲此女稱臣。然貴而少子，若養他子者得力，乃當踰於所生。」初，援征五溪蠻，卒於師，虎賁中郎將梁松、黄門侍郎竇固等因譖之，由是家益失勢，又數爲權貴所侵侮。后從兄嚴不勝憂憤，白太夫人絶竇氏婚，求進女掖庭。乃上書曰：「臣叔父援孤恩不報，而妻子特獲恩全，戴仰陛下，爲天爲父。人情既得不死，便欲求福。竊聞太子、諸王妃匹未備，援有三女，大者十五，次者十四，小者十三，儀狀髮膚，上中以上。皆孝順小心，婉静有禮。願下相工，簡其可否。如有萬一，援不朽於黄泉矣。又援姑姊妹並爲成帝婕妤，葬於延陵。臣嚴幸得蒙恩更生，冀因緣先姑，當充後宫。」由是選后入太子宫，時年十三。奉承陰后，傍接同列，禮則修備，上下安之。遂見寵異，常居後堂。顯宗即位，以后爲貴人。時后前母姊女賈氏亦以選入，生肅宗。帝以后無子，命令養之。謂曰：「人未必當自生子，但患愛養不至耳。」后於是盡心撫育，勞悴過於所生。肅宗亦孝性淳篤，恩性天至，母子慈愛，始終無纖介之閒。后常以皇嗣未廣，每懷憂嘆，薦達左右，若恐不及。後宫有進見者，每加慰納。若數所寵引，輒增隆遇。永平三年春，有司奏立長秋宫，帝未有所言。皇太后曰：「馬貴人德冠後宫，即其人也。」遂立爲皇后。先是數日，夢有小飛蟲無數赴著身，又入皮膚中而後飛出。既正位宫闈，愈自謙肅。身長七尺三寸，方口，美髮。能誦《易》，好讀《春秋》、《楚辭》，尤善《周官》、董仲舒書。常衣大練，裙不加緣。朔望諸姬主朝請，望見后袍衣疏粗，反以爲綺縠，就視，乃笑。后辭曰：「此繒特宜染色，故用之耳。」六宫莫不嘆息。帝嘗幸苑囿離宫，后輒以風邪露霧爲戒，辭意款備，多見詳擇。帝幸濯龍中，並召諸才人，下邳王已下皆在側，請呼皇后。帝笑曰：「是家志不好樂，雖來無歡。」是以游娱之事希嘗從焉。十五年，帝按地圖，將封皇子，悉半諸國。后見而言曰：「諸子食數縣，於制不已儉乎？」帝曰：「我子豈宜與先帝子等乎？歲給二十萬足矣。」時楚獄連年不斷，囚相證引，坐繫者甚衆。后慮其多濫，乘間言及，惻然。帝感悟之，夜起傍徨，爲思所納，卒多有所降宥。時諸將奏事及公卿較議難平者，帝數以試后，后輒分解趣理，各得其情。每於侍執之際，輒言及政事，多所毗補，而未嘗以家私干欲。寵敬日隆，始終無衰。及帝崩，肅宗即位，尊后曰皇太后。諸貴人當徙居南宫，太后感析别之懷，各賜王赤綬，加安車駟馬，白越三千端，雜帛二千匹，黄金十斤。自撰顯宗起居注，削去兄防參醫藥事。帝請曰：「黄門舅旦夕供養且一年，既無褒異，又不録勤勞，無乃過乎？」太后曰：「吾不欲令後世聞先帝數親后宫之家，故不著也。」建初元年，欲封爵諸舅，太后不聽。明年夏，大旱，言事者以爲不封外戚之故。有司因此上奏，宜依舊典。太后詔曰：「凡言事者，皆欲媚朕以要福耳。昔王氏五侯，同日俱封，其時黄霧四塞，不聞澍雨之應。又田蚡、竇嬰，寵貴横恣，傾覆之禍，爲世所傳。故先帝防慎舅氏，不令在樞機之位。諸子之封，裁令半楚、淮陽諸國，常謂我子不當與先帝子等。今有司奈何欲以馬氏比陰氏乎？吾爲天下母，而身服大練，食不求甘，左右但著帛布，無香薰之飾者，欲身率下也。以爲外親見之，當傷心自敕，但笑言太后素好儉。前過濯龍門上，見外家問起居者，車如流水，馬如游龍，倉頭衣緑褠，領袖正白，顧視御者，不及遠矣，故不加譴怒，但絶歲用而已，冀以默愧其心，而猶懈怠，無憂國忘家之慮。知臣莫若君，况親屬乎？吾豈可上負先帝之旨，下虧先人之德，重襲西京敗亡之禍哉！」固不許。帝省詔悲嘆，復重請曰：「漢興，舅氏之封侯，猶皇子之爲王也。太后誠存謙虚，奈何令臣獨不加恩三舅乎？且衛尉年尊，兩校尉有大病，如令不諱，使臣長抱刻骨之恨。宜及吉時，不可稽留。」太后報曰：「吾反覆念之，思令兩善，豈徒欲獲謙謙之名，而使帝受不外施之嫌哉！昔竇太后欲封王皇后之兄丞相條侯，言受高祖約，無軍功、非劉氏不侯。今馬氏無功於國，豈得與陰、郭中興之后等邪？常觀富貴之家，禄位重疊，猶再實之木，其根必傷。且人所以願封侯者，欲上奉祭祀，下求温飽耳。今祭祀則受四方之珍，衣食則蒙御府餘資，斯豈不足，而必當得一縣乎？吾計之孰矣，勿有疑也。夫至孝之行，安親爲上。今數遭變異，穀價數倍，憂惶晝夜，不安坐卧，而欲先營外封，違慈母之拳拳乎？吾素剛急，有胸中氣，不可不順也。若陰陽調和，邊境清静，然後行子之志，吾但當含飴弄孫，不能復關政矣。」

四年，天下豐稔，方垂無事，帝遂封三舅廖、防、光爲列侯。並辭讓，願就關内侯。太后聞之曰：「聖人設教，各有其方。知人情性，莫能齊也。吾少壯時，但慕竹帛，志不顧命。今雖已老，而復戒之在得。故日夜惕厲，思自降損，居不求安，食不念飽，冀乘此道，不負先帝。所以化導兄弟，共同斯志，欲令瞑目之日，無所復恨。何意老志復不從哉！萬年之日長恨矣。」廖等不得已受封爵而退位歸第焉。

鄧皇后紀

帝寢疾一段　檢敕外戚賓客詔　劉毅上太后德政書　開邸第詔　病詔　論

陰后見后德稱日盛，不知所爲，遂造祝詛鄧氏爲害。帝嘗寢病危甚，陰后密言，我得意不令鄧氏復有遺類。后聞，乃對左右流涕言曰：「我竭誠盡心以事皇后，竟不爲所祐，而當獲罪於天。婦人雖無從死之義，然周公身請武王之命，越姬心誓必死之分，上以報帝之恩，中以解宗族之禍，下不令陰氏有人豕之譏。」即欲飲藥。宫人趙玉者固禁之，因詐言屬有使來，上疾已愈，后信以爲然，乃止。明日，帝果瘳。

詔告司隸校尉、河南尹、南陽太守曰：「每覽前代外戚賓客，假借威權，輕薄謥詷，至有濁亂奉公，爲人患苦，咎在執法怠懈，不輒行其罰故也。今車騎將軍騭等雖懷敬順之志，而宗門廣大，姻戚不少，賓客奸猾，多干禁憲。其明加檢敕，勿相容護。」自是親屬犯罪，無所假貸。

元初五年，平望侯劉毅以太后多德政，欲令早有注紀，上書安帝曰：「臣聞《易》載羲農而皇德著，《書》述唐虞而帝道崇，故雖聖明，必書功於竹帛，流音於管弦。伏惟皇太后膺大聖之姿，體乾坤之德，齊縱虞妃，比跡任姒。孝悌慈仁，允恭節約，杜絶奢盈之源，防抑逸欲之兆。正位内朝，流化四海。及元興、延平之際，國無儲副，仰觀乾象，參之人譽，援立陛下爲天下主，永安漢室，綏静四海。又遭水潦，東州饑荒。垂恩元元，冠蓋交路，菲薄衣食，躬率群下，損膳解驂，以贍黎苗。惻隱之恩，猶視赤子。克己引愆，顯揚仄陋。崇晏晏之政，敷在寬之教。興滅國，繼絶世，録功臣，復宗室。追還徙人，蠲除禁錮。政非惠和，不圖於心；制非舊典，不訪於朝。弘德洋溢，充塞宇宙；洪澤豐沛，漫衍八方。華夏樂化，戎狄混並。丕功著於大漢，碩惠加於生人。巍巍之業，可聞而不可及；蕩蕩之勳，可誦而不可名。古之帝王，左右置史；漢之舊典，世有注紀。夫道有夷崇，治有進退。若善政不述，細異輒書，是爲堯湯負洪水大旱之責，而無咸熙假天之美；高宗成王有雊雉迅風之變，而無中興康寧之功也。上考《詩》《書》，有虞二妃，周室三母，修行佐德，思不踰閾，未有内遭家難，外遇灾害，覽總大麓，經營天物，功德巍巍若兹者也。宜令史官著《長樂宫注》、《聖德頌》，以敷宣景耀，勒勳金石，縣之日月，攄之罔極，以崇陛下烝烝之孝。」帝從之。

六年，太后詔徵和帝弟濟北、河間王子男女年五歲以上四十餘人，又鄧氏近親子孫三十餘人，並爲開邸第，教學經書，躬自監試。尚幼者使置師保，朝夕入宫，撫存詔導，恩愛甚渥。乃詔從兄河南尹豹、越騎校尉康等曰：「吾所以引納群子，置之學官者，實以方今承百王之敝，時俗淺薄，巧僞滋生，《五經》衰缺，不有化導，將遂陵遲，故欲褒崇聖道，以匡失俗。傳不云乎：『飽食終日，無所用心，難矣哉！』今末世貴戚食祿之家，温衣美飯，乘堅驅良，而面牆術學，不識臧否，斯故禍敗所從來也。永平中，四姓小侯皆令入學，所以矯俗厲薄，反之忠孝。先公既以武功書之竹帛，兼以文德教化子孫，故能束修，不觸羅網。誠令兒曹上述祖考休烈，下念詔書本意，則足矣。其勉之哉！」

詔曰：「朕以無德，托母天下，而薄祐不天，早離大憂。延平之際，海内無主，元元厄運，危於累卵。勤勤苦心，不敢以萬乘爲樂，上欲不欺天愧先帝，下不遺〔違〕人負宿心，誠在濟度百姓，以安劉氏。自謂感徹天地，當蒙福祚，而喪禍内外，傷痛不絶。頃以廢病沈滯，久不侍祠，自力上原陵，加欬逆唾血，遂至不解。存亡大分，無可奈何。公卿百官，其勉盡忠恪，以輔朝廷。」

論曰：鄧侯稱制終身，號令自出，術謝前政之良，身闕明辟之義，至使嗣主側目，斂衽於虚器，直生懷濊，縣書於象魏。借之儀者，殆其惑哉！然而建光之後，王柄有歸，遂乃名賢戮辱，便孽黨進，衰斁之來，兹焉有徵。故知持權引謗，所幸者非己；焦心恤患，自强者唯國。是以班母一説，闔門辭事；愛侄微愆，髡剔謝罪。將杜根逢誅，未值其誠乎！但蹊田之牛，奪之已甚。

梁皇后紀 入掖庭一段

順烈梁皇后諱妠，大將軍商之女，恭懷皇后弟之孫也。后生，有光景之祥。少善女工，好史書，九歲能誦《論語》，治《韓詩》，大義略舉。常以列女圖畫置於左右，以自監戒。父商深異之，竊謂諸弟曰：「我先人全濟河西，所活者不可勝數。雖大位不究，而積德必報。若慶流子孫者，儻興此女乎？」永建三年，與姑俱選入掖庭，時年十三。相工茅通見后，驚，再拜賀曰：「此所謂日角偃月，相之極貴，臣所未嘗見也。」太史卜兆得壽房，又筮得《坤》之《比》，遂以爲貴人。常特被引御，從容辭於帝曰：「夫陽以博施爲德，陰以不專爲義，螽斯則百，福之所由興也。願陛下思雲雨之均澤，識貫魚之次序，使小妾得免罪謗之累。」由是帝加敬焉。

何皇后紀

附弘農王唐姬一段

山東義兵大起，討董卓之亂。卓乃置弘農主於閣上，使郎中令李儒進酖，曰：「服此藥，可以辟惡。」王曰：「我無疾，是欲殺我耳！」不肯飲。强飲之，不得已，乃與妻唐姬及宫人飲宴别。酒行，王悲歌曰：「天道易兮我何艱！棄萬乘兮退守藩。逆臣見迫兮命不延，逝將去汝兮適幽玄！」因令唐姬起舞。姬抗袖而歌曰：「皇天崩兮后土頽，身爲帝兮命夭摧。死生路異兮從此乖，奈我煢獨兮心中哀！」因泣下嗚咽，坐者皆歔欷。王謂姬曰：「卿王者妃，勢不復爲吏民妻。自愛，從此長辭！」遂飲藥而死，時年十八。唐姬，潁川人也。王薨，歸鄉里。父會稽太守瑁欲嫁之，姬誓不許。及李傕破長安，遣兵鈔關東，略得姬。傕因欲妻之，固不聽，而終不自名。尚書賈詡知之，以狀白獻帝。帝聞感愴，乃下詔迎姬，置園中，使侍中持節拜爲弘農王妃。

贊曰：坤惟厚載，陰正乎内。《詩》美好逑，《易》稱歸妹。祁祁皇孋，言觀貞淑。媚兹良哲，承我天禄。班政蘭閨，宣禮椒屋。既云德升，亦曰幸進。身當隆極，族漸河潤。視景争暉，方山並峻。乘剛多阻，行地必順。咎集驕滿，福協貞信。慶延自己，禍成誰釁。

後漢書纂卷之三

梁　劉　昭　補注
明　凌濛初　纂

律曆志　三段

古之人論數也，曰「物生而後有象，象而後有滋，滋而後有數。」然則天地初形，人物既著，則算數之事生矣。記稱大橈作甲子，〔隸首作數〕。二者既立，以比日表，以管萬事。夫一、十、百、千、萬，所同用也；律、度、量、衡、曆，其別用也。故體有長短，檢以度；物有多少，受以量；量有輕重，平以權衡；聲有清濁，協以律呂；三光運行，紀以曆數：然後幽隱之情，精微之變，可得而綜也。

昔者聖人之作曆也，觀璇璣之運，三光之行，道之發斂，景之長短，斗綱之建，青龍所躔，參伍以變，錯綜其數，而制術焉。天之動也，一晝一夜而運過周，星從天而西，日違天而東。日之所行與運周，在天成度，在曆成日。居以列宿，終于四七，受以甲乙，終于六旬。日月相推，日舒月速，當其同，謂之合朔。舒先速後，近一遠三，謂之弦。相與爲衡，分天之中，謂之望。以速及舒，光盡體伏，謂之晦。晦朔合離，斗建移辰，謂之〔月〕。日月之行，則有冬有夏；冬夏之間，則有春有秋。是故日行北陸謂之冬，西陸謂之秋，南陸謂之夏，東陸謂之春。日道發南，去極彌遠，其景彌長，遠長乃極，冬乃至焉。日道斂北，去極彌近，其景彌短，近短乃極，夏乃至焉。二至之中，道齊景正，春秋分焉。日周于天，一寒一暑，四時備成，萬物畢改，攝提遷次，青龍移辰，謂之歲。歲首至也，月首朔也。至朔同日謂之章，同在日首謂之蔀，蔀終六旬謂之紀，歲朔又復謂之元。是故日以實之，月以閏之，時以分之，歲以周之，章以明之，蔀以部之，紀以記之，元以原之。然後雖有變化萬殊，贏朒無方，莫不結系于此而禀正焉。

祐術開業，淳燿天光，重黎其上也。承聖帝之命若昊天，典曆象三辰，以授民事，立閏定時，以成歲功，羲和其隆也。取象金火，革命創制，治曆明時，應天順民，湯、武其盛也。及王德之衰也，無道之君亂之於上，頑愚之史失之於下。夏后之時，羲和淫湎，廢時亂日，胤乃征之。紂作淫虐，喪其甲子，武王誅之。夫能貞而明之者，其興也勃焉；回而敗之者，其亡也忽焉。巍巍乎若道天地之綱紀，帝王之壯事，是以聖人寶焉，君子勤之。夫曆有聖人之德六焉：以本氣者尚其體，以綜數者尚其文，以考類者尚其象，以作事者尚其時，以占往者尚其源，以知來者尚其流。大業載之，吉凶生焉，是以君子將有興焉，咨焉而以從事，受命而莫之違也。若夫用天因地，揆時施教，頒諸明堂，以爲民極者，莫大乎月令。帝王之大司備矣，天下之能事畢矣。過此而往，群忌苟禁，君子未之或知也。

祭祀志　二段

祭祀之道，自生民以來則有之矣。豺獺知祭祀，而況人乎！故人知之至於念想，猶豺獺之自然也，顧古質略而後文飾耳。

建武三十年二月，群臣上言，即位三十年，宜封禪泰山。詔書曰：「即位三十年，百姓怨氣滿腹，吾誰欺，欺天乎？曾謂泰山不如林放，何污七十二代之編録！桓公欲封，管仲非之。若郡縣遠遣吏上壽，盛稱虛美，必髡，兼令屯田。」從此群臣不敢復言。

天文志 序

《易》曰：「天垂象，聖人則之。庖犧氏之王天下，仰則觀象於天，俯則觀法於地。」觀象於天，謂日月星辰。觀法於地，謂水土州分。形成於下，象見於上。故曰天者北辰星，合元垂耀建帝形，運機授度張百精。三階九列，二十七大夫，八十一元士，斗、衡、太微、攝提之屬百二十官，二十八宿各布列，下應十二子。天地設位，星辰之象備矣。三皇邁化，協神醇朴，謂五星如連珠，日月如合璧。化由自然，民不犯慝。至於書契之興，五帝是作。軒轅始受《河圖鬭苞授》，規日月星辰之象，故星官之書自黃帝始。至高陽氏，使南正重司天，北正黎司地。唐、虞之時，羲仲、和仲，夏有昆吾，湯則巫咸，周之史佚、萇弘，宋之子韋，楚之唐蔑，魯之梓慎，鄭之裨竈，魏石申夫，齊國甘公，皆掌天文之官。仰占俯視，以佐時政，步變擿微，通洞密至，採禍福之原，睹成敗之勢。秦燔《詩》《書》，以愚百姓，六經典籍，殘爲灰炭，星官之書，全而不毀。故秦史書始皇之時，彗孛大角，大角以亡，有大星與小星鬭于宫中，是其廢亡之徵。至漢興，景、武之際，司馬談，談子遷，以世黎氏之後，爲太史令，遷著《史記》，作《天官書》。成帝時，中壘校尉劉向，廣《洪範》災條作五紀皇極之論，以參往行之事。孝明帝使班固叙《漢書》，而馬續述《天文志》。今紹《漢書》作《天文志》，起王莽居攝元年，迄孝獻帝建安二十五年，二百一十五載。言其時星辰之變，表象之應，以顯天戒，明王事焉。

百官志 序

漢之初興，承繼大亂，兵不及戢，法度草創，略依秦制，後嗣因循。至景帝，感吴楚之難，始抑損諸侯王。及至武帝，多所改作，然而奢廣，民用匱乏。世祖中興，務從節約，並官省職，費減億計，所以補復殘缺，及身未改，而四海從風，中國安樂者也。昔周公作《周官》，分職著明，法度相持，王室雖微，猶能久存。今其遺書，所以觀周室牧民之德既至，又其有益來事之範，殆未有所窮也。故新汲令王隆作《小學漢官篇》，諸文倜説，較略不究。惟班固著《百官公卿表》，記漢承秦置官本末，訖于王莽，差有條貫；然皆孝武奢廣之事，又職分未悉。世祖節約之制，宜爲常憲，故依其官簿，粗注職分，以爲《百官志》。

輿服志

序

《書》曰：「明試以功，車服以庸。」言昔者聖人興天下之大利，除天下之大害，躬親其事，身履其勤，憂之勞之，不避寒暑，使天下之民物，各得安其性命，無夭昏暴陵之灾。是以天下之民，敬而愛之，若親父母；則而養之，若仰日月。夫愛之者欲其長久，不憚力役，相與起作宫室，上棟下宇，以庇覆之，欲其長久也；敬之者欲其尊嚴，不憚勞煩，相與起作輿輪旌旗章表，以尊嚴之。斯愛之至，敬之極也。苟心愛敬，雖報之至，情由未盡。或殺身以爲之，盡其情也；弈世以祀之，明其功也。是以流光與天地比長。後世聖人，知恤民之憂思深大者，必饗其樂；勤仁毓物使不夭折者，必受其福。故爲之制禮以節之，使夫上仁繼天統物，不伐其功，民物安逸，若道自然，莫知所謝。《老子》曰：「聖人不仁，以百姓爲芻狗。」此之謂也。夫禮服之興也，所以報功章德，尊仁尚賢。故禮尊尊貴貴，不得相踰，所以爲禮也。非其人不得服其服，所以順禮也。順則上下有序，德薄者退，德盛者縟。故聖人處乎天子之位，服玉藻邃延，日月升龍，山車金根飾，黄屋左纛，所以副其德，章其功也。賢仁佐聖，封國愛民，黼黻文綉，降龍路車，所以顯其仁，光其能也。及其季末，聖人不得其位，賢者隱伏，是以天子微弱，諸侯脅矣。於是相貴以等，相讟以貨，相賂以利，天下之禮亂矣。至周夷王下堂而迎諸侯，此天子失禮，微弱之始也。自是諸侯宫縣樂食，祭以白牡，擊玉磬，朱干設錫，冕而舞《大武》。

大夫臺門旅樹反坫，綉黼丹朱中衣，鏤簋朱紘，此大夫之僭諸侯禮也。《詩》刺「彼其之子，不稱其服」，傷其敗化。《易》譏「負且乘，致寇至」，言小人乘君子器，盜思奪之矣。自是禮制大亂，兵革並作；上下無法，諸侯陪臣，山楶藻梲。降及戰國，奢僭益熾，削滅禮籍，蓋惡有害己之語。競修奇麗之服，飾以輿馬，文罽玉纓，象鑣金鞶，以相夸上。争錐刀之利，殺人若刈草然，而宗祀亦旋夷滅。榮利在己，雖死不悔。及秦並天下，攬其輿服，上選以供御，其次以錫百官。漢興，文學既缺，時亦草創，承秦之制，後稍改定，參稽《六經》，近於雅正。孔子曰：「其或繼周者，行夏之正，乘殷之輅，服周之冕，樂則《韶》《舞》。」故撰《輿服》著之于篇，以觀古今損益之義云。

後漢書纂卷之四

宋　順陽　范　曄　譔
明　吴興　凌濛初　纂

劉玄劉盆子列傳

劉玄傳　李淑諫濫授官爵書　論

時李軼、朱鮪擅命山東，王匡、張卬横暴三輔。其所授官爵者，皆群小賈豎，或有膳夫庖人，多著繡面衣、錦袴、襜褕、諸于，駡詈道中。長安爲之語曰：「竈下養，中郎將。爛羊胃，騎都尉。爛羊頭，關内侯。」軍帥將軍豫章李淑上書諫曰：「方今賊寇始誅，王化未行，百官有司宜慎其任。夫三公上應台宿，九卿下括河海，故天工人其代之。陛下定業，雖因下江、平林之勢，斯蓋臨時濟用，不可施之既安。宜釐改制度，更延英俊，因才授爵，以匡王國。今公卿大位莫非戎陳，尚書顯官皆出庸伍，資亭長、賊捕之用，而當輔佐綱維之任。唯名與器，聖人所重。今以所重加非其人，望其毗益萬分，興化致理，譬猶緣木求魚，升山採珠。海内望此，有以闚度漢祚。臣非有憎疾以求進也，但爲陛下惜此舉厝。敗材傷錦，所宜至慮。惟割既往謬妄之失，思隆周文濟濟之美。」更始怒，繫淑詔獄。自是關中離心，四方怨叛。

論曰：周武王觀兵孟津，退而還師，以爲紂未可伐，斯時有未至者也。漢起，驅輕黠烏合之衆，不當天下萬分之一，而旌旃之所撝及，書文之所通被，莫不折戈頓顙，争受職命。非唯漢人餘思，固亦幾運之會也。夫爲權首，鮮或不及。陳、項且猶未興，況庸庸者乎！

劉盆子傳 盆子讓位一段　歸降始末

劉恭見赤眉衆亂，知其必敗，自恐兄弟俱禍，密教盆子歸璽綬，習爲辭讓之言。建武二年正月朔，崇等大會，劉恭先曰：「諸君共立恭弟爲帝，德誠深厚。立且一年，肴亂日甚，誠不足以相成。恐死而無所益，願得退爲庶人，更求賢知，唯諸君省察。」崇等謝曰：「此皆崇等罪也。」恭復固請。或曰：「此寧式侯事邪！」恭惶恐起謝。盆子乃下床解璽綬，叩頭曰：「今設置縣官而爲賊如故，吏人貢獻，輒見剽劫，流聞四方，莫不怨恨，不復信向。此皆立非其人所致，願乞骸骨，避賢聖。必欲殺盆子以塞責者，無所離死。誠冀諸君肯哀憐之耳！」因涕泣嘘唏。崇等及會者數百人，莫不哀憐之，乃皆避席頓首曰：「臣無狀，負陛下。請自今已後，不敢復放縱。」因共抱持盆子，帶以璽綬。

明年正月，鄧禹自河北度，擊赤眉於湖，禹復敗走，赤眉遂出關南向。征西大將軍馮異破之於崤底。帝聞，乃自將幸宜陽，盛兵以邀其走路。赤眉忽遇大軍，驚震不知所爲，乃遣劉恭乞降，曰：「盆子將百萬衆降，陛下何以待之？」帝曰：「待汝以不死耳。」樊崇乃將盆子及丞相徐宣以下三十餘人肉袒降。上所得傳國璽綬，更始七尺寶劍及玉璧各一。積兵甲宜陽城西，與熊耳山齊。帝令縣厨賜食，衆積困餒，十餘萬人皆得飽飫。明旦，大陳兵馬臨洛水，令盆子君臣列而觀之。謂盆子曰：「自知當死不？」對曰：「罪當應死，猶幸上憐赦之耳。」帝笑曰：「兒大黠，宗室無蚩者。」又謂崇等曰：「得無悔降乎？朕今遣卿歸營勒兵，鳴鼓相攻，決其勝負，不欲强相服也。」徐宣等叩頭曰：「臣等出長安東都門，君臣計議，歸命聖德。百姓可與樂成，難與圖始，故不告衆耳。今日得降，猶去虎口歸慈母，誠歡誠喜，無所恨也。」帝曰：「卿所謂鐵中錚錚，傭中佼佼者也。」又曰：「諸卿大爲無道，所過皆夷滅老弱，〔溺〕社稷，污井竈。然猶有三善：攻破城邑，周偏天下，本故妻婦無所改易，是一善也；立君能用宗室，是二善也；餘賊立君，迫急皆持其首降，自以爲功，諸卿獨完全以付朕，是三善也。」乃令各與妻子居洛陽，賜宅人一區，田二頃。

王劉張李彭盧列傳　王昌　彭寵　論

王昌傳　諭州郡檄

移檄州郡曰：「制詔部刺史、郡太守曰：朕，孝成皇帝子子輿者也。昔遭趙氏之禍，因以王莽篡殺，賴知命者將護朕躬，解形河濱，削迹趙魏。王莽竊位，獲罪於天，天命佑漢，故使東郡太守翟義、嚴鄉侯劉信，擁兵征討，出入胡、漢。普天率土，知朕隱在人間。南嶽諸劉，爲其先驅。朕仰觀天文，乃興于斯，以今月壬辰即位趙宫。休氣熏蒸，應時獲雨。蓋聞爲國，子之襲父，古今不易。劉聖公未知朕，故且持帝號。諸興義兵，咸以助朕，皆當裂土享祚子孫。已詔聖公及翟太守，亟與功臣詣行在所。疑刺史、二千石皆聖公所置，未睹朕之沈滯，或不識去就，强者負力，弱者惶惑。今元元創痍，已過半矣，朕甚悼焉，故遣使者班下詔書。」郎以百姓思漢，既多言翟義不死，故詐稱之，以從人望。於是趙國以北，遼東以西，皆從風而靡。

彭寵傳　降叛始末

光武鎮慰河北，至蘇，以書招寵。寵具牛酒，將上謁。會王郎詐立，傳檄燕、趙，遣將徇漁陽、上谷，急發其兵，北州衆多疑惑，欲從之。吴漢説寵從光武，語在《漢傳》。會上谷太守耿況亦使功曹寇恂詣寵，結謀共歸光武。寵乃發步騎三千人，以吴漢行長史，及都尉嚴宣、護軍蓋延、狐奴令王梁，與上谷軍合而南，及光武於廣阿。光武承制封寵建忠侯，賜號大將軍。遂圍邯鄲，寵轉糧食，前後不絶。及王郎死，光武追銅馬，北至薊。寵上謁，自負其功，意望甚高，光武接之不能滿，以此懷不平。光武知之，以問幽州牧朱浮。浮對曰：「前吴漢北發兵時，大王遺寵以所服劍，又倚以爲北道主人。寵謂至當迎閤握手，交歡並坐。今既不然，所以失望。」浮因曰：「王莽爲宰衡時，甄豐旦夕入謀議，時人語曰：『夜半客，甄長伯。』及莽篡位後，豐意不平，卒以誅死。」光武大笑，以爲不至於此。及即位，吴漢、王梁，寵之所遣，並爲三公，而寵獨無所加，愈怏怏不得志。嘆曰：「我功當爲王，但爾者，陛下忘我邪？」是時北州破散，而漁陽差完，有舊鹽鐵官，寵轉以貿穀，積珍寶，益富强。朱浮與寵不相能，浮數譖搆之。建武二年春，詔徵寵，寵意浮賣己，上疏願與浮俱徵。又與吴漢、蓋延等書，盛言浮枉狀，固求同徵。帝不許，益以自疑。而其妻素剛，不堪抑屈，固勸無受召。寵又與常所親信吏許議，皆懷怨於浮，莫有勸行者。帝遣寵從弟子后蘭卿喻之，寵因留子后蘭卿，遂發兵反。

論曰：傳稱「盛德必百世祀」，孔子曰：「寬則得衆。」夫能得衆心，則百世不忘矣。觀更始之際，劉氏之遺恩餘烈，英雄豈能抗之哉！然則知高祖、孝文之寬仁，結於人心深矣。周人之思邵公，愛其甘棠，又況其子孫哉！劉氏之再受命，蓋以此乎！若數子者，豈有國之遠圖哉！因時擾攘，苟恣縱而已耳，然猶以附假宗室，能掘强歲月之間。觀其智略，固無足以憚漢祖，發其英靈者也。

隗囂公孫述列傳

隗囂傳　全論

隗囂字季孟，天水成紀人也。少仕州郡。王莽國師劉歆引囂爲士。歆死，囂歸鄉里。季父崔，素豪俠，能得衆。聞更始立而莽兵連敗，於是乃與兄義及上邽人楊廣、冀人周宗謀起兵應漢。囂止之曰：「夫兵，凶事也。宗族何辜！」崔不聽，遂聚衆數千人，攻平襄，殺莽鎮戎大尹。崔、廣等以爲舉事宜立主以一衆心，咸謂囂素有名，好經書，遂共推爲上將軍。囂辭讓不得已，曰：「諸父衆賢不量小子，必能用囂言者，乃敢從命。」衆皆曰「諾」。囂既立，遣使聘請平陵人方望，以爲軍師。望至，説囂曰：「足下欲承天順民，輔漢而起，今立者乃在南陽，王莽尚據長安，雖欲以漢爲名，其實無所受命，將何以見信於衆乎？宜急立高廟，稱臣奉祠，所謂『神道設教』，求助人神者也。且禮有損益，質文無常。削地開兆，茅茨土階，以致其肅敬。雖未備物，神明其舍諸。」囂從其言，遂立廟邑東，祀高祖、太宗、世宗。囂等皆稱臣執事，史奉璧而告。祝畢，有司穿坎于庭，牽馬操刀，奉盤錯鍉，遂割牲而盟，曰：「凡我同盟三十一將，十有六姓，允承天道，興輔劉宗。如懷奸慮，明神殛之。高祖、文皇、武皇，俾墜厥命，厥宗受兵，族類滅亡。」有司奉血鍉進，護軍舉手揖諸將軍曰：「鍉不濡血，歃不入口，是欺神明也，厥罰如盟。」既而薶血加書，一如古禮。事畢，移檄告郡國曰：「漢復元年七月己酉朔，己巳，上將軍隗囂、白虎將軍隗崔、左將軍隗義、右將軍楊廣、明威將軍王遵、雲旗將軍周宗等，告州牧、部監、郡卒正、連率、大尹、尹、尉隊大夫、屬正、屬令：故新都侯王莽，慢侮天地，悖道逆理。鴆殺孝平皇帝，篡奪其位。矯托天命，僞作符書，欺惑衆庶，震怒上帝。反戾飾文，以爲祥瑞。戲弄神祇，歌頌禍殃。

楚、越之竹，不足以書其惡。天下昭然，所共聞見。今略舉大端，以喻吏民。蓋天爲父，地爲母，禍福之應，各以事降。莽明知之，而冥昧觸冒，不顧大忌，詭亂天術，援引史傳。昔秦始皇毁壞謚法，以一二數欲至萬世，而莽下三萬六千歲之歷，言身當盡此度。循亡秦之軌，推無窮之數。是其逆天之大罪也。分裂郡國，斷截地絡。田爲王田，賣買不得。規錮山澤，奪民本業。造起九廟，窮極土作。發冢河東，攻劫丘壟。此其逆地之大罪也。尊任殘賊，信用奸佞，誅戮忠正，覆按口語，赤車奔馳，法冠晨夜，冤繫無辜，妄族衆庶。行炮烙之刑，除順時之法，灌以醇醯，裂以五毒。政令日變，官名月易，貨幣歲改，吏民昏亂，不知所從，商旅窮窘，號泣市道。設爲六管，增重賦斂，刻剥百姓，厚自奉養，苞苴流行，財入公輔，上下貪賄，莫相檢考。民坐挾銅炭，没入鍾官，徒隸殷積，數十萬人，工匠饑死，長安皆臭。既亂諸夏，狂心益悖，北攻强胡，南擾勁越，西侵羌戎，東摘濊貊。使四境之外，並入爲害，緣邊之郡，江海之瀕，滌地無類。故攻戰之所敗，苛法之所陷，饑饉之所夭，疾疫之所及，以萬萬計。其死者則露屍不掩，生者則奔亡流散，幼孤婦女，流離係虜。此其逆人之大罪也。是故上帝哀矜，降罰于莽，妻子顛殞，還自誅刈。大臣反據，亡形已成。大司馬董忠，國師劉歆，衛將軍王涉，皆結謀内潰；司命孔仁，納言嚴尤，秩宗陳茂，舉衆外降。今山東之兵二百餘萬，已平齊、楚，下蜀、漢，定宛、洛，據敖倉，守函谷，威命四布，宣風中岳。興滅繼絶，封定萬國，遵高祖之舊制，修孝文之遺德。有不從命，武軍平之。馳使四夷，復其爵號。然後還師振旅，橐弓卧鼓。申命百姓，各安其所，庶無負子之責。」囂乃勒兵十萬，擊殺雍州牧陳慶。將攻安定。安定大尹王向，莽從弟平阿侯譚之子也，威風獨能行其邦内，屬縣皆無叛者。囂乃移書於向，喻以天命，反覆誨示，終不從。於是進兵虜之，以徇百姓，然後行戮，安定悉降。而長安中亦起兵誅王莽。囂遂分遣諸將徇隴西、武都、金城、武威、張掖、酒泉、敦煌，皆下之。更始二年，遣使徵囂及崔、義等。囂將行，方望以爲更始未可知，固止之，囂不聽。望以書辭謝而去，曰：「足下將建伊、呂之業，弘不世之功，而大事草創，英雄未集。以望異域之人，疵瑕未露，欲先崇郭隗，想望樂毅，故欽承大旨，順風不讓。將軍以至德尊賢，廣其謀慮，動有功，發中權，基業已定，大勳方緝。今俊乂並會，羽翮比肩，望無耇之德，而猥托賓客之上，誠自愧也。雖懷介然之節，欲潔去就之分，誠終不背其本，貳其志也。何則？范蠡收責勾踐，乘扁舟於五湖；咎犯謝罪文公，亦逡巡於河上。夫以二子之賢，勒銘兩國，猶削跡歸愆，請命乞身，望之無勞，蓋其宜也。望聞烏氏有龍池之山，微徑南通，與漢相屬，其傍時有奇人，聊及閑暇，廣求其真。願將軍勉之。」囂等遂至長安，更始以爲右將軍，崔、義皆即舊號。其冬，崔、義謀欲叛歸，囂懼並禍，即以事告之，崔、義誅死。更始感囂忠，以爲御史大夫。明年夏，赤眉入關，三輔擾亂。流聞光武即位河北，囂即説更始歸政於光武叔父國三老良，更始不聽。諸將欲劫更始東歸，囂亦與通謀。事發覺，更始使使者召囂，囂稱疾不入，因會客王遵、周宗等勒兵自守。更始使執金吾鄧曄將兵圍囂，囂閉門拒守；至昏時，遂潰圍，與數十騎夜斬平城門關，亡歸天水。復招聚其衆，據故地，自稱西州上將軍。及更始敗，三輔耆老士大夫皆奔歸囂。囂素謙恭愛士，傾身引接爲布衣交。以前王莽平河大尹長安谷恭爲掌野大夫，平陵范逡爲師友，趙秉、蘇衡、鄭興爲祭酒，申屠剛、杜林爲持書，楊廣、王遵、周宗及平襄人行巡、阿陽人王捷、長陵人王元爲大將軍，杜陵、金丹之屬爲賓客。由此名震西州，聞於山東。建武二年，大司徒鄧禹西擊赤眉，屯雲陽。禹裨將馮愔引兵叛禹，西向天水，囂逆擊，破之於高平，盡獲輜重。於是禹承制遣使持節命囂爲西州大將軍，得專制涼州、朔方事。及赤眉去長安，欲西上隴，囂遣將軍楊廣迎擊，破之，又追敗之於烏氏、涇陽間。囂既有功於漢，又受鄧禹爵，署其腹心，議者多勸通使京師。三年，囂乃上書詣闕。光武素聞其風聲，報以殊禮，言稱字，用敵國之儀，所以慰藉之良厚。時陳倉人呂鮪擁衆數萬，與公孫述通，寇三輔。囂復遣兵佐征西大將軍馮異擊之，走鮪，遣使上狀。帝報以手書曰：「慕樂德義，思相結納。昔文王三分，猶服事殷。但駑馬鉛刀，不可强扶。數蒙伯樂一顧之價，而蒼蠅之飛，不過數步，即托驥尾，得以絶群。隔於盜賊，聲問不數。將軍操執款款，扶傾救危，南距公孫之兵，北禦羌胡之亂，是以馮異西征，得以數千百人躑躅三輔。微將軍之助，則咸陽以爲他人禽矣。今關東寇賊，往往屯聚，志務廣遠，多所不暇，未能觀兵成都，與子陽角力。如令子陽到漢中、三輔，因將軍兵馬，鼓旗相當。儻肯如言，蒙天之福，即智士計功割地之秋也。管仲曰：『生我者父母，成我者鮑子。』自今以後，手書相聞，勿用傍人解構之言。」自是恩禮愈篤。其後公孫述數出兵漢中，遣使以大司空扶安王印綬授囂。囂自以與述敵國，耻爲所臣，乃斬其使，出兵擊之，連破述軍，以故蜀兵不復北出。時關中將帥數上書，言蜀可擊之狀，帝以示囂，因使討蜀，以效其信。囂乃遣長史上書，盛言三輔單弱，劉文伯在邊，未宜謀蜀。帝知囂欲持兩端，不願天下統一，於是稍黜其禮，正君臣之儀。初，囂與來歙、馬援相善，故帝數使歙、援奉使往來，勸令入朝，許以重爵。囂不欲東，連遣使深持謙辭，言無功德，須四方平定，退伏閭里。五年，復遣來歙説囂遣子入侍，囂聞劉永、彭寵皆已破滅，乃遣長子恂隨歙詣闕。以爲胡騎校尉，封鐫羌侯。而囂將王元、王捷常以爲天下成敗未可知，不願專心内事。元遂説囂曰：「昔更始西都，四方響應，天下喁喁，謂之太平。一旦敗壞，大王幾無所厝。今南有子陽，北有文伯，江湖海岱，王公十數，而欲牽儒生之説，棄千乘之基，羇旅危國，以求萬全，此循覆車之軌，計之不可者也。今天水完富，士馬最强，北收西河、上郡，東收三輔之地，案秦舊迹，表裏山河，元請以一丸泥爲大王東封函谷關，此萬世一時也。若計不及此，且畜養士馬，據隘自守，曠日持久，以待四方之變，圖王不成，其弊猶足以霸。要之，魚不可脱於淵，神龍失勢，即還與蚯蚓同。」囂心然元計，雖遣子入質，猶負其險厄，欲專方面，於是游士長者，稍〔稍〕去之。六年，關東悉平。帝積苦兵間，以囂子内侍，公孫述遠據邊陲，乃謂諸將曰：「且當置此兩子於度外耳。」因數騰書隴、蜀，告示禍福。囂賓客、掾史多文學生，每所上事，當世士大夫皆諷誦之，故帝有所辭答，尤加意焉。囂復遣使周游詣闕，先到馮異營，游爲仇家所殺。帝遣衞尉銚期持珍寶繒帛賜囂，期至鄭被盜，亡失財物。帝嘗稱囂長者，務欲招之，聞而嘆曰：「吾與隗囂事欲不諧，使來見殺，得賜道亡。」會公孫述遣兵寇南郡，乃詔囂當從天水伐蜀，因此欲以潰其心腹。囂復上言：「白水險阻，棧閣絶敗。」又多設支閡。帝知其終不爲用，叵欲討之。遂西幸長安，遣建威大將軍耿弇等七將軍從隴道伐蜀，先使來歙奉璽書喻旨。囂疑懼，即勒兵，使王元據隴坻，伐木塞道，謀欲殺歙。歙得亡歸。諸將與囂戰，大敗，各引退。囂因使王元、〔行〕巡侵三輔，征西大將軍馮異、征虜將軍祭遵等擊破之。囂乃上疏謝曰：「吏人聞大兵卒至，驚恐自救，臣囂不能禁止。兵有大利，不敢廢臣子之節，親自追還。昔虞舜事父，大杖則走，小杖則受。臣雖不敏，敢忘斯義。今臣之事，在於本朝，賜死則死，加刑則刑。如遂蒙恩，更得洗心，死骨不朽。」有司以囂言慢，請誅其子恂，帝不忍，復使來歙至汧，賜囂書曰：「昔柴將軍與韓信書云：『陛下寬仁，諸侯雖有亡叛而後歸，輒復位號，不誅也。』以囂文吏，曉義理，故復賜書。深言則似不遜，略言則事不決。今若束手，復遣恂弟歸闕庭者，則爵禄獲全，有浩大之福矣。吾年垂四十，在兵中十歲，厭浮語虛辭。即不欲，勿報。」囂知帝審其詐，遂遣使稱臣於公孫述。明年，述以囂爲朔寧王，遣兵往來，爲之援勢。秋，囂將步騎三萬侵安定，至陰槃，馮異率諸將拒之。囂又令別將下隴，攻祭遵於汧，兵並無利，乃引還。帝因令來歙以書招王遵，遵乃與家屬東詣京師，拜爲太中大夫，封向義侯。遵字子春，霸陵人也。父爲上郡太守。遵少豪俠，有才辯，雖與囂舉兵，而常有歸漢意。曾於天水私於來歙曰：「吾所以戮力不避矢石者，豈要爵位哉！徒以人思舊主，先君蒙漢厚恩，思効萬分耳。」又數勸囂遣子入侍，前後辭諫切甚，囂不從，故去焉。八年春，來歙從山道襲得略陽城。囂出不意，懼更有大兵，乃使王元拒隴坻，行巡守番須口，王孟塞鷄頭道，牛邯軍瓦亭，囂自悉其大衆圍來歙。公孫述亦遣其將李育、田弇助囂攻略陽，連月不下。帝乃率諸將西征之，數道上隴，使王遵持節監大司馬吴漢留屯於長安。遵知囂必敗滅，而與牛邯舊故，知其有歸義意，以書喩之曰：「遵與隗王歃盟爲漢，自經歷虎口，踐履死地，已十數矣。于時周洛以西無所統壹，故爲王策，欲東收關中，北取上郡，進以奉天人之用，退以懲外夷之亂。數年之間，冀聖漢復存，當挈河隴奉舊都以歸本朝。生民已來，臣人之勢，未有便於此時者也。而王之將吏，群居穴處之徒，人人抵掌，欲爲不善之計。遵與孺卿日夜所争，害幾及身者，豈一事哉！前計抑絶，後策不從，所以吟嘯扼腕，垂涕登車。幸蒙封拜，得延論議，每及西州之事，未嘗敢忘孺卿之言。今車駕大衆，已在道路，吴、耿驍將，雲集四境，而孺卿以奔離之卒，拒要厄，當軍衝，視其形勢何如哉？夫智者睹危思變，賢者泥而不滓，是以功名終申，策畫復得。故夷吾束縛而相齊，黥布杖劍以歸漢，去愚就義，功名並著。今孺卿當成敗之際，遇嚴兵之鋒，可爲怖慄。宜斷之心胷，參之有識。」邯得書，沈吟十餘日，乃謝士衆，歸命洛陽，拜爲太中大夫。於是囂大將十三人，屬縣十六，衆十餘萬，皆降。王元入蜀求救，囂將妻子奔西城，從楊廣，而田弇、李育保上邽。詔告囂曰：「若束手自詣，父子相見，保無佗也。高皇帝云：『横來，大者王，小者侯。』若遂欲爲黥布者，亦自任也。」囂終不降。於是誅其子恂，使吴漢與征南大將軍岑彭圍西城，耿弇與虎牙大將軍蓋延圍上邽。車駕東歸。月餘，楊廣死，囂窮困。其大將王捷别在戎丘，登城呼漢軍曰：「爲隗王城守者，皆必死無二心！願諸軍亟罷，請自殺以明之。」遂自刎頸死。數月，王元、行巡、周宗將蜀救兵五千餘人，乘高卒至，鼓譟大呼曰：「百萬之衆方至！」漢軍大驚，未及成陳，元等決圍，殊死戰，遂得入城，迎囂歸冀。會吴漢等食盡退去，於是安定、北地、天水、隴西復反爲囂。九年春，囂病且餓，出城餐糗糒，恚憤而死。王元、周宗立囂少子純爲王。明年，來歙、耿弇、蓋延等攻破落門，周宗、行巡、苟宇、趙恢等將純降。宗、恢及諸隗分徙京師以東，純與巡、宇徙弘農。唯王元留爲蜀將。及輔威將軍臧宫破延岑，元舉衆詣宫降。元字惠孟，初拜上蔡令，遷東平相，坐墾田不實，下獄死。

牛邯字孺卿，狄道人。有勇力才氣，雄於邊垂。及降，大司空司直杜林、太中大夫馬援並薦之，以爲護羌校尉，與來歙平隴右。十八年，純與賓客數十騎亡入胡，至武威，捕得，誅之。

論曰：隗囂援旗糾族，假制明神，迹夫創圖首事，有以識其風矣。終於孤立一隅，介于大國，隴坻雖隘，非有百二之勢，區區兩郡，以禦堂堂之鋒，至使窮廟策，竭征傜，身歿衆解，然後定之。則知其道有足懷者，所以栖有四方之桀，士至投死絶亢而不悔者矣。夫功全則譽顯，業謝則釁生，回成喪而爲其議者，或未聞焉。若囂命會符運，敵非天力，雖坐論西伯，豈多嗤乎？

公孫述傳 節論

公孫述字子陽，扶風茂陵人也。哀帝時，以父任爲郎。後父仁爲河南都尉，而述補清水長。仁以述年少，遣門下掾隨之官。月餘，掾辭歸，白仁曰：「述非待教者也。」後太守以其能，使兼攝五縣，政事修理，奸盗不發，郡中謂有鬼神。王莽天鳳中，爲導江卒正，居臨邛，復有能名。及更始立，豪傑各起其縣以應漢，南陽人宗成自稱「虎牙將軍」，入略漢中，又商人王岑亦起兵於雒縣，自稱「定漢將軍」，殺王莽庸部牧以應成，衆合數萬人。述聞之，遣使迎成等。成等至成都，虜掠暴横。述意惡之，召縣中豪桀謂曰：「天下同苦新室，思劉氏久矣，故聞漢將軍到，馳迎道路。今百姓無辜而婦子係獲，室屋燒燔，此寇賊，非義兵也。吾欲保郡自守，以待真主。諸卿欲並力者即留，不欲者便去。」豪桀皆叩頭曰：「願效死。」述於是使人詐稱漢使者自東方來，假述輔漢將軍、蜀郡太守兼益州牧印綬。乃選精兵千餘人，西擊成等。比至成都，衆數千人，遂攻成，大破之。成將垣副殺成，以其衆降。二年秋，更始遣柱功侯李寶、益州刺史張忠，將兵萬餘人徇蜀、漢。述恃其地險衆附，有自立志，乃使其弟恢於綿竹擊寶、忠，大破走之。由是威震益部。功曹李熊説述曰：「方今四海波蕩，匹夫横議。將軍割據千里，地什湯武，若奮威德以投天隙，霸王之業成矣。宜改名號，以鎮百姓。」述曰：

「吾亦慮之，公言起我意。」於是自立爲蜀王，都成都。蜀地肥饒，兵力精强，遠方士庶多往歸之，邛、笮君長皆來貢獻。李熊復説述曰：「今山東饑饉，人庶相食，兵所屠滅，城邑丘墟。蜀地沃野千里，土壤膏腴，果實所生，無穀而飽。女工之業，覆衣天下。名材竹幹，器械之饒，不可勝用。又有魚鹽銅銀之利，浮水轉漕之便。北據漢中，杜褒、斜之險；東守巴郡，拒扞關之口；地方數千里，戰士不下百萬。見利則兵出而略地，無利則堅守而力農。東下漢水以窺秦地，南順江流以震荆、揚，所謂用天因地，成功之資。今君王之聲，聞於天下，而名號未定，志士狐疑，宜即大位，使遠人有所依歸。」述曰：「帝王有命，吾何足以當之？」熊曰：「天命無常，百姓與能。能者當之，王何疑焉！」述夢有人語之曰：「八厶子系，十二爲期。」覺，謂其妻曰：「雖貴而祚短，若何？」妻對曰：「朝聞道，夕死尚可，况十二乎！」會有龍出其府殿中，夜有光耀，述以爲符瑞，因刻其掌，文曰「公孫帝」。建武元年四月，遂自立爲天子，號成家。色尚白。建元曰龍興元年。

是時，述廢銅錢，置鐵官錢，百姓貨幣不行。蜀中童謡言曰：「黄牛白腹，五銖當復。」好事者竊言王莽稱「黄」，述自號「白」，五銖錢，漢貨也，言天下當並還劉氏。述亦好爲符命鬼神瑞應之事，妄引讖記。以爲孔子作《春秋》，爲赤制而斷十二公，明漢至平帝十二代，歷數盡也，一姓不得再受命。又引《録運法》曰：「廢昌帝，立公孫。」《括地象》曰：「帝軒轅受命，公孫氏握。」《援神契》曰：「西太守，乙卯金。」謂西方太守而乙絶卯金也。五德之運，黄承赤而白繼黄，金據西方爲白德，而代王氏，得其正序。又自言手文有奇，及得龍興之瑞。數移書中國，冀以惑動衆心。帝患之，乃與述書曰：「圖讖言『公孫』，即宣帝也。代漢者當塗高，君豈高之身邪？乃復以掌文爲瑞，王莽何足效乎！君非吾賊臣亂子，倉卒時人皆欲爲君事耳，何足數也。君日月已逝，妻子弱小，當早爲定計，可以無憂。天下神器，不可力争，宜留三思。」署曰「公孫皇帝」。述不答。明年，隗囂稱臣於述。述騎都尉平陵人荆邯見東方將平，兵且西向，説述曰：「兵者，帝王之大器，古今所不能廢也。昔秦失其守，豪桀並起，漢祖無前人之迹，立錐之地，起於行陣之中，躬自奮擊，兵破身困者數矣。然軍敗復合，創愈復戰。何則？前死而成功，踰於却就於滅亡也。隗囂遭遇運會，割有雍州，兵强士附，威加山東。遇更始政亂，復失天下，衆庶引領，四方瓦解。囂不及此時推危乘勝，以争天命，而退欲爲西伯之事，尊師章句，賓友處士，偃武息戈，卑辭事漢，喟然自以文王復出也。令漢帝釋關隴之憂，專精東伐，四分天下而有其三；使西州豪傑咸居心於山東，發間使，召携貳，則五分而有其四；若舉兵天水，必至沮潰，天水既定，則九分而有其八。陛下以梁州之地，内奉萬乘，外給三軍，百姓愁困，不堪上命，將有王氏自潰之變。臣之愚計，以爲宜及天下之望未絶，豪桀尚可招誘，急以此時發國内精兵，令田戎據江陵，臨江南之會，倚巫山之固，築壘堅守，傳檄吴、楚，長沙以南必隨風而靡。令延岑出漢中，定三輔，天水、隴西拱手自服。如此，海内震摇，冀有大利。」述以問群臣。博士吴柱曰：「昔武王伐殷，先觀兵孟津，八百諸侯不期同辭，然猶還師以待天命。未聞無左右之助，而欲出師千里之外，以廣封疆者也。」邯曰：「今東帝無尺土之柄，驅烏合之衆，跨馬陷敵，所向輒平。不亟乘時與之分功，而坐談武王之説，是效隗囂欲爲西伯也。」述然邯言，欲悉發北軍屯士及山東客兵，使延岑、田戎分出兩道，與漢中諸將合〔兵〕並勢。蜀人及其弟光以爲不宜空國千里之外，决成敗於一舉，固争之，述乃止。延岑、田戎亦數請兵立功，終疑不聽。述性苛細，察於小事。敢誅殺而不見大體，好改易郡縣官名。然少爲郎，習漢家制度，出入法駕，鑾旗旄騎，陳置陛戟，然後輦出房闥。又立其兩子爲王，食犍爲、廣漢各數縣。群臣多諫，以爲成敗未可知，戎士暴露，而遽王皇子，示無大志，傷戰士心。述不聽。唯公孫氏得任事，由此大臣皆怨。八年，帝使諸將攻隗囂，述遣李育將萬餘人救囂。囂敗，并没其軍，蜀地聞之恐動。述懼，欲安衆心。成都郭外有秦時舊倉，述改名白帝倉，自王莽以來常空。述即詐使人言白帝倉出穀如山陵，百姓空市里往觀之。述乃大會群臣，問曰：「白帝倉竟出穀乎？」皆對言「無」。述曰：「訛言不可信，道隗王破者復如此矣。」俄而囂將王元降，述以爲將軍。明年，使元與領軍環安拒河池，又遣田戎及大司徒任滿、南郡太守程汎將兵下江關，破虜將軍馮駿等，拔巫及夷陵、夷道，因據荆門。十一年，征南大將軍岑彭攻之，滿等大敗，述將王政斬滿首降于彭。田戎走保江州。城邑皆開門降，彭遂長驅至武陽。帝乃與述書，陳言禍福，以明丹青之信。述省書嘆息，以示所親太常常少、光禄勳張隆。隆、少皆勸降。述曰：「廢興命也，豈有降天子哉！」左右莫敢復言。中郎將來歙急攻王元、環安，安使刺客殺歙；述復令刺殺岑彭。十二年，述弟恢及子壻史興並爲大司馬吴漢、輔威將軍臧宫所破，戰死。自是將帥恐懼，日夜離叛，述雖誅滅其家，猶不能禁。帝必欲降之，乃下詔喻述曰：「往年詔書比下，開示恩信，勿以來歙、岑彭受害自疑。今以時自詣，則家族完全；若迷惑不喻，委肉虎口，痛哉奈何！將帥疲倦，吏士思歸，不樂久相屯守，詔書手記，不可數得，朕不食言。」述終無降意。九月，吴漢又破斬其大司徒謝豐、執金吾袁吉，漢兵遂守成都。述謂延岑曰：「事當奈何？」岑曰：「男兒當死中求生，可坐窮乎！財物易聚耳，不宜有愛。」述乃悉散金帛，募敢死士五千餘人，以配岑於市橋，僞建旗幟，鳴鼓挑戰，而潛遣奇兵出吴漢軍後，襲擊破漢。漢墮水，緣馬尾得出。十一月，臧宫軍至咸門。述視占書，云「虜死城下」，大喜，謂漢等當之。乃自將數萬人攻漢，使延岑拒宫。大戰，岑三合三勝。自旦及日中，軍士不得食，並疲，漢因令壯士突之，述兵大亂，被刺洞胷，墮馬。左右輿入城。述以兵屬延岑，其夜死。明旦，岑降吴漢。乃夷述妻子，盡滅公孫氏，並族延岑。遂放兵大掠，焚述宫室。帝聞之怒，以譴漢。又讓漢副將劉尚曰：「城降三日，吏人從服，孩兒老母，口以萬數，一旦放兵縱火，聞之可爲酸鼻！尚宗室子孫，嘗更吏職，何忍行此？仰視天，俯視地，觀放麑啜羹，二者孰仁？良失斬將弔人之義也！」初，常少、張隆勸述降，不從，並以憂死。帝下詔追贈少爲太常，隆爲光禄勳，以禮改葬之。其忠節志義之士，並蒙旌顯。程烏、李育以有才幹，皆擢用之。於是西土咸悦，莫不歸心焉。

論曰：昔趙佗自王番禺，公孫亦竊帝蜀漢，推其無他功能，而至於後亡者，將以地邊處遠，非王化之所先乎？述雖爲漢吏，無所馮資，徒以文俗自憙，遂能集其志計。道未足而意有餘，不能因隙立功，以會時變，方乃坐飾邊幅，以高深自安，昔吴起所以慚魏侯也。及其謝臣屬，審廢興之命，與夫泥首銜玉者異日談也。

宗室四王三侯列傳　齊武王

齊武王縯傳　被害始末　論　附子北海王興子睦一段

諸將會議立劉氏以從人望，豪傑咸歸於伯升。而新市、平林將帥樂放縱，憚伯升威明而貪聖公懦弱，先共定策立之，然後使騎召伯升，示其議。伯升曰：「諸將軍幸欲尊立宗室，其德甚厚，然愚鄙之見，竊有未同。今赤眉起青、徐，衆數十萬，聞南陽立宗室，恐赤眉復有所立，如此，必將内争。今王莽未滅，而宗室相攻，是疑天下而自損權，非所以破莽也。且首兵唱號，鮮有能遂，陳勝、項籍，即其事也。春陵去宛三百里耳，未足爲功。遽自尊立，爲天下準的，使後人得承吾敝，非計之善者也。今且稱王以號令，若赤眉所立者賢，相率而往從之；若無所立，破莽降赤眉，然後舉尊號，亦未晚也。願各詳思之。」諸將多曰「善」。將軍張卬拔劍擊地曰：「疑事無功。今日之議，不得有二。」衆皆從之。聖公既即位，拜伯升爲大司徒，封漢信侯。由是豪傑失望，多不服。平林後部攻新野，不能下。新野宰登城言曰：「得司徒劉公一信，願先下。」及伯升軍至，即開城門降。五月，伯升拔宛。六月，光武破王尋、王邑。自是兄弟威名益甚。更始君臣不自安，遂共謀誅伯升，乃大會諸將，以成其計。更始取伯升寶劍視之，繡衣御史申屠建隨獻玉玦，更始竟不能發。及罷會，伯升舅樊宏謂伯升曰：「昔鴻門之會，范增舉玦以示項羽。今建此意，得無不善乎？」伯升笑而不應。初，李軼諂事更始貴將，光武深疑之，常以戒伯升曰：「此人不可復信。」又不受。伯升部將宗人劉稷，數陷陳潰圍，勇魁三軍。時將兵擊魯陽，聞更始立，怒曰：「本起兵圖大事者，伯升兄弟也，今更始何爲者邪？」更始君臣聞而心忌之，以稷爲抗威將軍，稷不肯拜。更始乃與諸將陳兵數千人，先收稷，將誅之，伯升固爭。李軼、朱鮪因勸更始並執伯升，即日害之。

論曰：大丈夫之鼓動拔起，其志致蓋遠矣。若夫齊武王之破家厚士，豈游俠下客之爲哉！其慮將存乎配天之絕業，而痛明堂之不祀也。及其發舉大謀，在倉卒擾攘之中，使信先成於敵人，赦岑彭以顯義，若此足以見其度矣。志高慮遠，禍發所忽。嗚呼！古人以蜂蠆爲戒，蓋畏此也。《詩》云：「敬之敬之，命不易哉！」

睦少好學，博通書傳，光武愛之，數被延納。顯宗之在東宮，尤見幸待，入侍諷誦，出則執轡。中興初，禁網尚闊，而睦性謙恭好士，千里交結，自名儒宿德，莫不造門，由是聲價益廣。永平中，法憲頗峻，睦乃謝絕賓客，放心音樂。然性好讀書，常爲愛玩。歲終，遣中大夫奉璧朝賀，召而謂之曰：「朝廷設問寡人，大夫將何辭以對？」使者曰：「大王忠孝慈仁，敬賢樂士。臣雖螻蟻，敢不以實？」睦曰：「吁，子危我哉！此乃孤幼時進趣之行也。大夫其對以孤襲爵以來，志意衰惰，聲色是娛，犬馬是好。」使者受命而行。其能屈申若此。

李王鄧來列傳

李通傳 論

論曰：子曰：「富與貴是人之所欲，不以其道得之，不處也。」李通豈知夫所欲而未識以道者乎！夫天道性命，聖人難言之，況乃億測微隱，猖狂無妄之福，污滅親宗，以觖一切之功哉！昔蒙穀負書，不徇楚難；即墨用齊，義雪燕耻。彼之趣舍所立，其殆與通異乎？

王常傳 節

王常字顏卿，潁川舞陽人也。王莽末，爲弟報仇，亡命江夏。久之，與王鳳、王匡等起兵雲杜緑林中，聚衆數萬人，以常爲偏裨，攻傍縣。後與成丹、張卬別入南郡藍口，號下江兵。王莽遣嚴尤、陳茂擊破之。常與丹、卬收散卒入蔞谿，劫略鍾、龍間，衆復振。引軍與荆州牧戰於上唐，大破之，遂北至宜秋。是時，漢兵與新市、平林衆俱敗於小長安，各欲解去。伯升聞下江軍在宜秋，即與光武及李通俱造常壁，曰：「願見下江一賢將，議大事。」成丹、張卬共推遣常。伯升見常，說以合從之利。常大悟，曰：「王莽篡弑，殘虐天下，百姓思漢，故豪傑並起。今劉氏復興，即真主也。誠思出身爲用，輔成大功。」伯升曰：「如事成，豈敢獨饗之哉！」遂與常深相結而去。常還，具爲丹、卬言之。丹、卬負其衆，皆曰：「大丈夫既起，當各自爲主，何故受人制乎？」常心獨歸漢，乃稍曉說其將帥曰：「往者成、哀衰微無嗣，故王莽得承間篡位。既有天下，而政令苛酷，積失百姓之心。民之謳吟思漢，非一日也，故使吾屬因此得起。夫民所怨者，天所去也；民所思者，天所與也。舉大事必當下順民心，上合天意，功乃可成。若負强恃勇，觸情恣欲，雖得天下，必復失之。以秦、項之勢，尚至夷覆，況今布衣相聚草澤？以此行之，滅亡之道也。今南陽諸劉舉宗起兵，觀其來議事者，皆有深計大慮，王公之才，與之並合，必成大功，此〔天〕所以祐吾屬也。」下江諸將雖屈强少識，然素敬常，乃皆謝曰：「無王將軍，吾屬幾陷於不義。願敬受教。」即引兵與漢軍及新市、平林合。於是諸部齊心同力，鋭氣益壯，遂俱進，破殺甄阜、梁丘賜。及諸將議立宗室，唯常與南陽士大夫同意欲立伯升，而朱鮪、張卬等不聽。及更始立，以常爲廷尉、大將軍，封知命侯。別徇汝南、沛郡，還入昆陽，與光武共擊破王尋、王邑。更始西都長安，以常行南陽太守事，令專命誅賞，封爲鄧王，食八縣，賜姓劉氏。常性恭儉，遵法度，南方稱之。更始敗，建武二年夏，常將妻子詣洛陽，肉袒自歸。光武見常甚歡，勞之曰：「王廷尉良苦。每念往時，共更艱厄，何日忘之。莫往莫來，豈違平生之言乎？」常頓首謝曰：「臣蒙大命，得以鞭策托身陛下。始遇宜秋，後會昆陽，幸賴靈武，輒成斷金。更始不量愚臣，任以南州。赤眉之難，喪心失望，以爲天下復失綱紀。聞陛下即位河北，心開目明，今得見闕庭，死無遺恨。」帝笑曰：「吾與廷尉戲耳。吾見廷尉，不憂南方矣。」乃召公卿將軍以下大會，具爲群臣言：「常以匹夫興義兵，明于知天命，故更始封爲知命侯。與吾相遇兵中，尤相厚善。」特加賞賜，拜爲左曹，封山桑侯。

鄧晨傳 節

鄧晨字偉卿，南陽新野人也。世吏二千石。父宏，豫章都尉。晨初娶光武姊元。王莽末，光武嘗與兄伯升及晨俱之宛，與穰人蔡少公等宴語。少公頗學圖讖，言劉秀當爲天子。或曰：「是國師公劉秀乎？」光武戲曰：「何用知非僕邪？」坐者皆大笑，晨心獨喜。及光武與家屬避吏新野，舍晨廬，甚相親愛。晨因謂光武曰：「王莽悖暴，盛夏斬人，此天亡之時也。往時會宛，獨當應邪？」光武笑不答。及漢兵起，晨將賓客會棘陽。漢兵敗小長安，諸將多亡家屬，光武單馬遁走，遇女弟伯姬，與共騎而奔。前行復見元，趣令上馬。元以手撝曰：「行矣，不能相救，無爲兩没也。」會追兵至，元及三女皆遇害。漢兵退保棘陽，而新野宰乃汚晨宅，焚其冢墓。宗族皆恚怒，曰：「家自富足，何故隨婦家入湯鑊中？」晨終無恨色。更始立，以晨爲偏將軍。與光武略地潁川，俱夜出昆陽城，擊破王尋、王邑。又別徇陽翟以東，至京、密，皆下之。更始北都洛陽，以晨爲常山太守。會王郎反，光武自薊走信都，晨亦間行會於鉅鹿下，自請從擊邯鄲。光武曰：「偉卿以一身從我，不如以一郡爲我北道主人。」乃遣晨歸郡。光武追銅馬、高胡群賊於冀州，晨發積射士千人，又遣委輸給軍不絕。光武即位，封晨房子侯。帝又感悼姊没於亂兵，追封謚元爲新野節義長公主，立廟于縣西。封晨長子泛爲吴房侯，以奉公主之祀。建武三年，徵晨還京師，數宴見，説故舊平生爲歡。晨從容謂帝曰：「僕竟辯之。」帝大笑。

來歙傳　全　論

來歙字君叔，南陽新野人也。六世祖漢，有才力，武帝世，以光禄大夫副樓船將軍楊僕，擊破南越、朝鮮。父仲，哀帝時爲諫大夫，娶光武祖姑，生歙。光武甚親敬之，數共往來長安。漢兵起，王莽以歙劉氏外屬，乃收繫之，賓客共篡奪，得免。更始即位，以歙爲吏，從入關。數言事不用，以病去。歙女弟爲漢中王劉嘉妻，嘉遣人迎歙，因南之漢中。更始敗，歙勸嘉歸光武，遂與嘉俱東詣洛陽。帝見歙，大歡，即解衣以衣之，拜爲太中大夫。是時方以隴、蜀爲憂，獨謂歙曰：「今西州未附，子陽稱帝，道里阻遠，諸將方務關東，思西州方略，未知所任，其謀若何？」歙因自請曰：「臣嘗與隗囂相遇長安。其人始起，以漢爲名。今陛下聖德隆興，臣願得奉威命，開以丹青之信，囂必束手自歸，則述自亡之勢，不足圖也。」帝然之。建武三年，歙始使隗囂。五年，復持節送馬援，因奉璽書於囂。既還，復往説囂，遂遣子恂隨歙入質，拜歙爲中郎將。時山東略定，帝謀西收囂兵，與俱伐蜀，復使歙喻旨。囂將王元説囂，多設疑故，久猶豫不決。歙素剛毅，遂發憤質責囂曰：「國家以君知臧否，曉廢興，故以手書暢意。足下推忠誠，遣伯春委質，是臣主之交信也。今反欲用佞惑之言，爲族滅之計，叛主負子，違背忠信乎？吉凶之決，在於今日。」欲前刺囂，囂起入，部勒兵，將殺歙，歙徐杖節就車而去。囂愈怒，王元勸囂殺歙，使牛邯將兵圍守之。囂將王遵諫曰：「愚聞爲國者慎器與名，爲家者畏怨重禍。俱慎名器，則下服其命；輕用怨禍，則家受其殃。今將軍遣子質漢，内懷它志，名器逆矣；外人有議欲謀漢使，輕怨禍矣。古者列國兵交，使在其間，所以重兵貴和而不任戰也，何況承王命籍重質而犯之哉？君叔雖單車遠使，而陛下之外兄也。害之無損於漢，而隨以族滅。昔宋執楚使，遂有析骸易子之禍。小國猶不可辱，況於萬乘之主，重以伯春之命哉！」歙爲人有信義，言行不違，及往來游説，皆可案覆，西州士大夫皆信重之，多爲其言，故得免而東歸。八年春，歙與征虜將軍祭遵襲略陽，遵道病還，分精兵隨歙，合二千餘人，伐山開道，從番須、回中徑至略陽，斬囂守將金梁，因保其城。囂大驚曰：「何其神也！」乃悉兵數萬人圍略陽，斬山築堤，激水灌城。歙與將士固死堅守，矢盡，乃發屋斷木以爲兵。囂盡鋭攻之，自春至秋，其士卒疲弊。帝乃大發關東兵，自將上隴，囂衆潰走，圍解。於是置酒高會，勞賜歙，班坐絶席，在諸將之右，賜歙妻縑千匹。詔使留屯長安，悉監護諸將。歙因上書曰：「公孫述以隴西、天水爲藩蔽，故得延命假息。今二郡平蕩，則述智計窮矣。宜益選兵馬，儲積資糧。昔趙之將帥多賈人，高帝懸之以重賞。今西州新破，兵人疲饉，若招以財穀，則其衆可集。臣知國家所給非一，用度不足，然有不得已也。」帝然之。於是大轉糧運，詔歙率征西大將軍馮異、建威大將軍耿弇、虎牙大將軍蓋延、揚武將軍馬成、武威將軍劉尚入天水，擊破公孫述將田弇、趙匡。明年，攻拔落門，隗囂支黨周宗、趙恢及天水屬縣皆降。初王莽世，羌虜多背叛，而隗囂招懷其酋豪，遂得爲用。及囂亡後，五谿、先零諸種數爲寇掠，皆營塹自守，州郡不能討。歙乃大修攻具，率蓋延、劉尚及太中大夫馬援等進擊羌於金城，大破之，斬首虜數千人，獲牛羊萬餘頭，穀數十萬斛。又擊破襄武賊傅栗卿等。隴西雖平，而人饑，流者相望。歙乃傾倉廩，轉運諸縣，以賑贍之。於是隴右遂安，而涼州流通焉。十一年，歙與蓋延、馬成進攻公孫述將王元、環安於河池、下辯，陷之，乘勝遂進。蜀人大懼，使刺客刺歙，未殊，馳召蓋延。延見歙，因伏悲哀，不能仰視。歙叱延曰：「虎牙何敢然！今使者中刺客，無以報國，故呼巨卿，欲相屬以軍事，而反效兒女子涕泣乎！刃雖在身，不能勒兵斬公邪！」延收淚强起，受所誡。歙自書表曰：「臣夜人定後，爲何人所賊傷，中臣要害。臣不敢自惜，誠恨奉職不稱，以爲朝廷羞。夫理國以得賢爲本，太中大夫段襄，骨鯁可任，願陛下裁察。又臣兄弟不肖，終恐被罪，陛下哀憐，數賜教督。」投筆抽刃而絶。帝聞大驚，省書覽涕，乃賜策曰：「中郎將來歙，攻戰連年，平定羌、隴，憂國忘家，忠孝彰著。遭命遇害，嗚呼哀哉！」使太中大夫贈歙中郎將、征羌侯印綬，謚曰節侯，謁者護喪事。喪還洛陽，乘輿縞素臨弔送葬。以歙有平羌、隴之功，故改汝南之當鄉縣爲征羌國焉。

論曰：世稱來君叔天下信士。夫專使乎二國之間，豈厭詐謀哉？而能獨以信稱者，良其誠心在乎使兩義俱安，而已不私其功也。

鄧寇列傳

鄧禹傳

始見帝一段　名震關西一段　論　附孫騭辭封一段　朱寵追訟騭疏　論

鄧禹字仲華，南陽新野人也。年十三，能誦詩，受業長安。時光武亦游學京師，禹年雖幼，而見光武知非常人，遂相親附。數年歸家。及漢兵起，更始立，豪傑多薦舉禹，禹不肯從。及聞光武安集河北，即杖策北渡，追及於鄴。光武見之甚歡，謂曰：「我得專封拜，生遠來，寧欲仕乎？」禹曰：「不願也。」光武曰：「即如是，何欲爲？」禹曰：「但願明公威德加於四海，禹得効其尺寸，垂功名於竹帛耳。」光武笑，因留宿閑語。禹進説曰：「更始雖都關西，今山東未安，赤眉、青犢之屬，動以萬數，三輔假號，往往群聚。更始既未有所挫，而不自聽斷，諸將皆庸人屈起，志在財帛，争用威力，朝夕自快而已，非有忠良明智，深慮遠圖，欲尊主安民者也。四方分崩離析，形勢可見。明公雖建藩輔之功，猶恐無所成立。於今之計，莫如延攬英雄，務悦民心，立高祖之業，救萬民之命。以公而慮，天下不足定也。」光武大悦，因令左右號禹曰鄧將軍。常宿止於中，與定計議。及王郎起兵，光武自薊至信都，使禹發奔命，得數千人，令自將之，别攻拔樂陽。從至廣阿，光武舍城樓上，披輿地圖，指示禹曰：「天下郡國如是，今始乃得其一。子前言以吾慮天下不足定，何也？」禹曰：「方今海内殺亂，人思明君，猶赤子之慕慈母。古之興者，在德薄厚，不以大小。」光武悦。時任使諸將，多訪於禹，禹每有所舉者，皆當其才。光武以爲知人。

光武即位於鄗，使使者持節拜禹爲大司徒。策曰：「制詔前將軍鄧禹：深執忠孝，與朕謀謨帷幄，決勝千里。孔子曰：『自吾有回，門人日親。』斬將破軍，平定山西，功効尤著。百姓不親，五品不訓，汝作司徒，敬敷五教，五教在寬。今遣奉車都尉授印綬，封爲酇侯，食邑萬户。敬之哉！」禹時年二十四。遂渡汾陰河，入夏陽。更始中郎將佐輔都尉公乘歙，引其衆十萬，與左馮翊兵共拒禹於衙，禹復破走之，而赤眉遂入長安。是時三輔連覆〔敗〕，赤眉所過殘賊，百姓不知所歸。聞禹乘勝獨剋而師行有紀，皆望風相携負以迎軍，降者日以千數，衆號百萬。禹所止輒停車住節，以勞來之，父老童穉，垂髮戴白，滿其車下，莫不感悦，於是名震關西。帝嘉之，數賜書褒美。諸將豪傑皆勸禹徑攻長安。禹曰：「不然。今吾衆雖多，能戰者少，前無可仰之積，後無轉饋之資。赤眉新拔長安，財富充實，鋒鋭未可當也。夫盜賊群居，無終日之計，財穀雖多，變故萬端，寧能堅守者也？上郡、北地、安定三郡，土廣人稀，饒穀多畜，吾且休兵北道，就糧養士，以觀其弊，乃可圖也。」於是引軍北至栒邑。禹所到，擊破赤眉别將諸營保，郡邑皆開門歸附。

論曰：夫變通之世，君臣相擇，斯最作事謀始之幾也。鄧公嬴糧徒步，觸紛亂而赴光武，可謂識所從會矣。於是中分麾下之軍，以臨山西之隙，至使關河響動，懷赴如歸。功雖不遂，而道亦弘矣。及其威損栒邑，兵散宜陽，褫龍章於終朝，就侯服以卒歲，榮悴交而下無二色，進退用而上無猜情，使君臣之美，後世莫闚其間，不亦君子之致爲乎！

騭字昭伯，少辟大將軍竇憲府。及女弟爲貴人，騭兄弟皆除郎中。及貴人立，是爲和熹皇后。騭三遷虎賁中郎將，京、悝、弘、閶皆黄門侍郎。京卒於官。延平元年，拜騭車騎將軍、儀同三司。始自騭也。悝虎賁中郎將，弘、閶皆侍中。殤帝崩，太后與騭等定策立安帝，悝遷城門校尉，弘虎賁中郎將。自和帝崩後，騭兄弟常居禁中。騭謙遜不欲久在内，連求還第。歲餘，太后乃許之。永初元年，封騭上蔡侯，悝葉侯，弘西平侯，閶西華侯，食邑各萬户。騭以定策功，增邑三千户。騭等辭讓不獲，遂逃避使者，間關詣闕，上疏自陳曰：「臣兄弟污穢，無分可採，過以外戚，遭値明時，托日月之末光，被雲雨之渥澤，並統列位，光昭當世。不能宣贊風美，補助清化，誠慚誠懼，無以處心。陛下躬天然之姿，體仁聖之德，遭國不造，仍離大憂，開日月之明，運獨斷之慮，援立皇統，奉承大宗。聖策定於神心，休烈垂於不朽，本非臣等所能萬一，而猥推嘉美，並享大封，伏聞詔書，驚惶慚怖。追覩前世傾覆之誡，退自惟念，不寒而慄。臣等雖無逮及遠見之慮，猶有庶幾戒懼之情。常母子兄弟，内相敕厲，冀以端慤畏慎，一心奉戴，上全天恩，下完性命。刻骨定分，有死無二。終不敢横受爵土，以增罪累。惶窘征營，昧死陳乞。」太后不聽。騭頻上疏，至於五六，乃許之。

建光元年，太后崩，未及大斂，帝復申前命，封騭爲上蔡侯，位特進。帝少號聰敏，及長多不德，而乳母王聖見太后久不歸政，慮有廢置，常與中黄門李閏候伺左右。及太后崩，宫人先有受罰者，懷怨恚，因誣告悝、弘、閶先從尚書鄧訪取廢帝故事，謀立平原王得。帝聞，追怒，令有司奏悝等大逆無道，遂廢西平侯廣宗、葉侯廣德、西華侯忠、陽安侯珍、都鄉侯甫德皆爲庶人。騭以不與謀，但免特進，遣就國。宗族皆免官歸故郡，没入騭等貲財田宅，徙鄧訪及家屬於遠郡。郡縣逼迫，廣宗及忠皆自殺。又徙封騭爲羅侯，騭與子鳳並不食而死。騭從弟河南尹豹、度遼將軍舞陽侯遵、將作大匠暢皆自殺，唯廣德兄弟以母閻后戚屬，得留京師。大司農朱寵痛騭無罪遇禍，乃肉袒輿櫬，上疏追訟騭曰：「伏惟和熹皇后聖善之德，爲漢文母。兄弟忠孝，同心憂國，宗廟有主，王室是賴。功成身退，讓國遜位，歷世外戚，無與爲比。當享積善履謙之祐，而横爲宫人單辭所陷。利口傾險，反亂國家，罪無申證，獄不訊鞫，遂令騭等罹此酷濫。一門七人，並不以命，屍骸流離，怨魂不反，逆天感人，率土喪氣。宜收還冢次，寵樹遺孤，奉承血祀，以謝亡靈。」寵知其言切，自致廷尉，詔免官歸田里。衆庶多爲騭稱枉，帝意頗悟，乃譴讓州郡，還葬洛陽北芒舊塋。

論曰：漢世外戚，自東、西京十有餘族，非徒豪横盈極，自取灾故，必於貽釁後主，以至顛敗者，其數有可言焉。何則？恩非己結，而權已先之；情疏禮重，而枉性圖之；來寵方授，地既害之；隙開勢謝，讒亦勝之。悲哉！騭、悝兄弟，委遠時柄，忠勞王室，而終莫之免，斯樂生所以泣而辭燕也！

寇恂傳　全　論　附曾孫榮

寇恂字子翼，上谷昌平人也，世爲著姓。恂初爲郡功曹，太守耿況甚重之。王莽敗，更始立，使使者徇郡國，曰「先降者復爵位」。恂從耿況迎使者於界上，況上印綬，使者納之，一宿無還意。恂勒兵入見使者，就請之。使者不與，曰：「天王使者，功曹欲脅之邪？」恂曰：「非敢脅使君，竊傷計之不詳也。今天下初定，國信未宣，使君建節銜命，臥〔以〕臨四方，郡國莫不延頸傾耳，望風歸命。今始至上谷而先墮大信，沮向化之心，生離畔之隙，將復何以號令它郡乎？且耿府君在上谷，久爲吏人所親，今易之，得賢則造次未安，不賢則秖生亂。爲使君計，莫若復之以安百姓。」使者不應，恂叱左右以使者命召況。況至，恂進取印綬帶況。使者不得已，乃承制詔之，况受而歸。及王郎起，遣將徇上谷，急况發兵。恂與門下掾閔業共説况曰：「邯鄲拔起，難可信向。昔王莽時，所難獨有劉伯升耳。今聞大司馬劉公，伯升母弟，尊賢下士，士多歸之。可攀附也。」况曰：「邯鄲方盛，力不能獨拒，如何？」恂對曰：「今上谷完實，控弦萬騎，舉大郡之資，可以詳擇去就。恂請東約漁陽，齊心合衆，邯鄲不足圖也。」况然之，乃遣恂到漁陽，結謀彭寵。恂還，至昌平，襲擊邯鄲使者，殺之，奪其軍，遂與况子弇等俱南及光武於廣阿。拜恂爲偏將軍，號承義侯，從破群賊。數與鄧禹謀議，禹奇之，因奉牛酒共交歡。光武南定河内，而更始大司馬朱鮪等盛兵據洛陽。又并州未安，光武難其守，問於鄧禹曰：「諸將誰可使守河内者？」禹曰：「昔高祖任蕭何於關中，無復西顧之憂，所以得專精山東，終成大業。今河内帶河爲固，户口殷實，北通上黨，南迫洛陽。寇恂文武備足，有牧人御衆之才，非此子莫可使也。」乃拜恂河内太守，行大將軍事。光武謂恂曰：「河内完富，吾將因是而起。昔高祖留蕭何鎮關中，吾今委公以河内，堅守轉運，給足軍糧，率厲士馬，防遏它兵，勿令北度而已。」光武於是復北征燕、代。恂移書屬縣，講兵肄〔肆〕射，伐淇園之竹，爲矢百餘萬，養馬二千匹，收租肆百萬〔斛〕，轉以給軍。士〔朱〕鮪聞光武北而河内孤，使討難將軍蘇茂、副將賈强將兵三萬餘人，度鞏河攻温。檄書至，恂即勒軍馳出，並移告屬縣，發兵會於温下。軍吏皆諫曰：「今洛陽兵度河，前後不絶，宜待衆軍畢集，乃可出也。」恂曰：「温，郡之藩蔽，失温則郡不可守。」遂馳赴之。旦日合戰，而偏將軍馮異遣救及諸縣兵適至，士馬四集，幡旗蔽野。恂乃令士卒乘城鼓譟，大呼言曰：「劉公兵到！」蘇茂軍聞之，陳動，恂因奔擊，大破之，追至洛陽，遂斬賈强。茂兵自投河死者數千，生獲萬餘人。恂與馮異過河而還。自是洛陽震恐，城門晝閉。時光武傳聞朱鮪破河内，有頃恂檄至，大喜曰：「吾知寇子翼可任也！」諸將軍賀，因上尊號，於是即位。時軍食急乏，恂以輦車驪駕轉輸，前後不絶，尚書升斗以稟百官。帝數策書勞問恂，同門生茂陵董崇説恂曰：「上新即位，四方未定，而君侯以此時據大郡，内得人心，外破蘇茂，威震鄰敵，功名發聞，此讒人側目怨禍之時也。昔蕭何守關中，悟鮑生之言而高祖悦。今君所將，皆宗族昆弟也，無乃當以前人爲鏡戒。」恂然其言，稱疾不視事。帝將攻洛陽，先至河内，恂求從軍。帝曰：「河内未可離也。」數固請，不聽，乃遣兄子寇張、姊子谷崇將突騎願爲軍鋒。帝善之，皆以爲偏將軍。建武二年，恂坐繫考上書者免。是時潁川人嚴終、趙敦聚衆萬餘，與密人賈期連兵爲寇。恂免數月，復拜潁川太守，與破奸將軍侯進俱擊之。數月，斬期首，郡中悉平定。封恂雍奴侯，邑萬户。執金吾賈復在汝南，部將殺人於潁川，恂捕得繫獄。時尚草創，軍營犯法，率多相容，恂乃戮之於市。復以爲耻。還過潁川，謂左右曰：「吾與寇恂並列將帥，而今爲其所陷，大丈夫豈有懷侵怨而不决之者乎？今見恂，必手劍之！」恂知其謀，不欲與相見。谷崇曰：「崇，將也，得帶劍侍側。卒有變，足以相當。」恂曰：「不然。昔藺相如不畏秦王而屈於廉頗者，爲國也。區區之趙，尚有此義，吾安可以忘之乎？」乃敕屬縣盛供具，儲酒醪，執金吾軍入界，一人皆兼二人之饌。恂乃出迎於道，稱疾而還。賈復勒兵欲追之，而吏士皆醉，遂過去。恂遣谷崇以狀聞，帝乃徵恂。恂至引見，時復先在坐，欲起相避。帝曰：「天下未定，兩虎安得私鬥？今日朕分之。」於是並坐極歡，遂共車同出，結友而去。恂歸潁川。三年，遣使者即拜爲汝南太守，又使驃騎將軍杜茂將兵助恂討盗賊。盗賊清静，郡中無事。恂素好學，乃修鄉校，教生徒，聘能爲《左氏春秋》者，親受學焉。七年，代朱浮爲執金吾。明年，從車駕擊隗囂，而潁川盗賊群起，帝乃引軍還，謂恂曰：「潁川迫近京師，當以時定。惟念獨卿能平之耳，從九卿復出，以憂國可知也。」恂對曰：「潁川剽輕，聞陛下遠踰阻險，有事隴、蜀，故狂狡乘間相詿誤耳。如聞乘輿南向，賊必惶怖歸死。臣願執鋭前驅。」即日車駕南征，恂從至潁川，盗賊悉降，而竟不拜郡。百姓遮道曰：「願從陛下復借寇君一年。」乃留恂長社，鎮撫吏人，受納餘降。初，隗囂將安定高峻，擁兵萬人，據高平第一，帝使待詔馬援招降峻，由是河西道開。中郎將來歙承制拜峻通路將軍，封關内侯，後屬大司馬吴漢，共圍囂於冀。及漢軍退，峻亡歸故營，復助囂拒隴阺。及囂死，峻據高平，畏誅堅守。建威大將軍耿弇率太中大夫竇士、武威太守梁統等圍之，一歲不拔。十年，帝入關，將自征之，恂時從駕，諫曰：「長安道里居中，應接近便，安定、隴西必懷震懼，此從容一處可以制四方也。今士馬疲倦，方履險阻，非萬乘之固，前年潁川，可爲至戒。」帝不從。進軍及汧，峻猶不下，帝議遣使降之，乃謂恂曰：「卿前止吾此舉，今爲吾行也。若峻不即降，引耿弇等五營擊之。」恂奉璽書至第一，峻遣軍師皇甫文出謁，辭禮不屈。恂怒，將誅文。諸將諫曰：「高峻精兵萬人，率多强弩，西遮隴道，連年不下。今欲降之而反戮其使，無乃不可乎？」恂不應，遂斬之。遣其副歸告峻曰：「軍師無禮，已戮之矣。欲降，急降；不欲，固守。」峻惶恐，即日開城門降。諸將皆賀，因曰：「敢問殺其使而降其城，何也？」恂曰：「皇甫文，峻之腹心，其所取計者也。今來，辭意不屈，必無降心。全之則文得其計，殺之則峻亡其膽，是以降耳。」諸將皆曰：「非所及也。」遂傳峻還洛陽。恂經明行修，名重朝廷，所得秩奉，享〔厚〕施朋友、故人及從吏士。常曰：「吾因士大夫以致此，其可獨享之乎！」時人歸其長者，以爲有宰相器。十二年卒，謚曰威侯。

論曰：傳稱「喜怒以類者鮮矣」。夫喜而不比，怒而思難者，其唯君子乎！子曰：「伯夷、叔齊，不念舊惡，怨是用希。」於寇公而見之矣。

榮少知名，桓帝時爲侍中。性矜潔自貴，於人少所與，以此見害於權寵。而從兄子尚帝妹益陽長公主，帝又聘其從孫女於後宫，左右益惡之。延熹中，遂陷以罪辟，與宗族免歸故郡。吏承望風旨，持之浸急，榮恐不免，奔闕自訟。未至，刺史張敬追劾榮以擅去邊，有詔捕之。榮逃竄數年，會赦令，不得除，積窮困，乃自亡命中上書曰：「臣聞天地之於萬物也好生，帝王之於萬人也慈愛。陛下統天理物，爲萬國覆，作人父母，先慈愛，後威武，先寬容，後刑辟，自生齒以上，咸蒙德澤。而臣兄弟獨以無辜爲專權之臣所見批抵，青蠅之人所共搆會。以臣婚姻王室，謂臣將撫其背，奪其位，退其身，受其勢。於是遂作飛章以被於臣，欲使墜萬仞之坑，踐必死之地，令陛下忽慈母之仁，發投杼之怒。尚書背繩墨，案空劾，不復質確其過，寘於嚴棘之下，便奏正臣罪。司隸校尉馮羨佞邪承旨，廢於王命，驅逐臣等，不得旋踵。臣奔走還郡，沒齒無怨。臣誠恐卒爲豺狼橫見噬食，故冒死欲詣闕，披肝膽，布腹心。刺史張敬好爲諂諛，張設機網，復令陛下興靁電之怒。司隸校尉應奉、河南尹何豹、洛陽令袁騰並驅爭先，若赴仇敵，罰及死沒，髡剔墳墓，但未掘壙出尸，剖棺露骸耳。昔文王葬枯骨，公劉敦行葦，世稱其仁。今殘酷容媚之吏，無折中處平之心，不顧無辜之害，而興虛誣之誹，欲使嚴朝必加濫罰，是以不敢觸突天威，而自竄山林，以俟陛下發神聖之聽，啓獨睹之明，拒讒慝之謗，絕邪巧之言，救可濟之人，援沒溺之命。不意滯怒不爲春夏息，淹恚不爲順時怠，遂馳使郵驛，布告遠近，嚴文剋剝，痛於霜雪，張羅海內，設罝萬里，逐臣者窮人迹，追臣者極車軌，雖楚購伍員，漢求季布，無以過也。臣遇罰以來，三赦再贖，無驗之罪，足以蠲除。而陛下疾臣愈深，有司咎臣甫力，止則見埽滅，行則爲亡虜，苟生則爲窮人，極死則爲冤鬼，天廣而無以自覆，地厚而無以自載，蹈陸土而有沉淪之憂，遠巖牆而有鎮壓之患。精誠足以感於陛下，而哲王未肯悟。如臣犯元惡大憝，足以陳於原野，備刀鋸，陛下當班布臣之所坐，以解衆論之疑。臣思入國門，坐於胏石之上，使三槐九棘平臣之罪。而閶闔九重，陷阱步設，舉趾蠲罤罝，動行絓羅網，無緣至萬乘之前，永無見信之期矣。國君不可讎匹夫，讎之則一國盡懼。臣奔走以來，三離寒暑，陰陽易位，當暖反寒，春常淒風，夏降霜雹，又連年大風，折拔樹木。風爲號令，春夏布德，議獄緩死之時。願陛下思帝堯五教在寬之德，企成湯避遠讒夫之誡，以寧風旱，以弭灾兵。臣聞勇者不逃死，智者不重困，固不爲明朝惜垂盡之命，願赴湘、沅之波，從屈原之悲，沈江湖之流，弔子胥之哀。臣功臣苗緒，生長王國，懼獨含恨以葬江魚之腹，無以自別於世，不勝狐死首丘之情，營魂識路之懷。犯冒王怒，觸突帝禁，伏於兩觀，陳訴毒痛，然後登金鑊，入沸湯，糜爛於熾爨之下，九死〔而〕未悔。悲夫，久生亦復何聊！蓋忠臣殺身以解君怒，孝子殞命以寧親怨，故大舜不避塗廩浚井之難，申生不辭姬氏讒邪之謗。臣敢忘斯議，不自斃以解明朝之忿哉！乞以身塞重責。願陛下匄兄弟死命，使臣一門頗有遺類，以崇陛下寬饒之惠。先死陳情，臨章涕泣，泣血漣如。」帝省章愈怒，遂誅榮。寇氏由是衰廢。

馮岑賈列傳

馮異傳　節

馮異字公孫，潁川父城人也。好讀書，通《左氏春秋》、《孫子兵法》。漢兵起，異以郡掾監五縣，與父城長苗萌共城守，爲王莽拒漢。光武略地潁川，攻父城不下，屯兵巾車鄉。異間出行屬縣，爲漢兵所執。時異從兄孝及同郡丁綝、吕晏，並從光武，因共薦異，得召見。異曰：「異一夫之用，不足爲强弱。有老母在城中，願歸據五城，以効功報德。」光武曰「善」。異歸，謂苗萌曰：「今諸將皆壯士屈起，多暴横，獨有劉將軍所到不虜掠。觀其言語舉止，非庸人也，可以歸身。」苗萌曰：「死生同命，敬從子計。」光武南還，更始諸將攻父城者前後十餘輩，異堅守不下；及光武爲司隸校尉，道經父城，異等即開門奉牛酒迎。光武署異爲主簿，苗萌爲從事。異因薦邑子銚期、叔壽、段建、左隆等，光武皆以爲掾史，從至洛陽。更始數欲遣光武徇河北，諸將皆以爲不可。是時左丞相曹竟子詡爲尚書，父子用事，異勸光武厚結納之。及度河北，詡有力焉。自伯升之敗，光武不敢顯其悲戚，每獨居，輒不御酒肉，枕席有涕泣處。異獨叩頭寬譬哀情。光武止之曰：「卿勿妄言。」異復因間進説曰：「天下同苦王氏，思漢久矣。今更始諸將從横暴虐，所至虜掠，百姓失望，無所依戴。今公寃結，布惠澤。」光武納之。至邯鄲，遣異與銚期乘傳撫循屬縣，録囚徒，存鰥寡，亡命自詣者除其罪，陰條二千石長吏同心及不附者上之。及王郎起，光武自薊東南馳，晨夜草舍，至饒陽無蔞亭。時天寒烈，衆皆饑疲，異上豆粥。明旦，光武謂諸將曰：「昨得公孫豆粥，饑寒俱解。」及至南宮，遇大風雨，光武引車入道傍空舍，異抱薪，鄧禹爇火，光武對竈燎衣。異復進麥飯菟肩。因復度虖沱河至信都，使異別收河間兵。還，拜偏將軍。從破王郎，封應侯。異爲人謙退不伐，行與諸將相逢，輒引車避道。進止皆有表識，軍中號爲整齊。每所止舍，諸將並坐論功，異常獨屏樹下，軍中號曰「大樹將軍」。及破邯鄲，乃更部分諸將，各有配隸。軍士皆言願屬大樹將軍，光武以此多之。別擊破鐵脛於北平，又降匈奴于林闟頓王，因從平河北。時更始遣舞陰王李軼、廩丘王田立、大司馬朱鮪、白虎公陳僑將兵號三十萬，與河南太守武勃共守洛陽。光武將北徇燕、趙，以魏郡、河内獨不逢兵，而城邑完，倉廩實，乃拜寇恂爲河内太守，異爲孟津將軍，統二郡軍河上，與恂合勢，以拒朱鮪等。異乃遺李軼書曰：「愚聞明鏡所以照形，往事所以知今。昔微子去殷而入周，項伯畔楚而歸漢，周勃迎代王而黜少帝，霍光尊孝宣而廢昌邑。彼皆畏天知命，睹存亡之符，見廢興之事，故能成功於一時，垂業於萬世也。苟令長安尚可扶助，延期歲月，疏不間親，遠不踰近，季文豈能居一隅哉？今長安壞亂，赤眉臨郊，王侯構難，大臣乖離，綱紀已絶，四方分崩，異姓並起，是故蕭王跋涉霜雪，經營河北。方今英俊雲集，百姓風靡，雖邠岐慕周，不足以喻。季文誠能覺悟成敗，亟定大計，論功古人，轉禍爲福，在此時矣。如猛將長驅，嚴兵圍城，雖有悔恨，亦無及已。」初，軼與光武首結謀約，嘉相親愛，及更始立，反共陷伯升。雖知長安已危，欲降又不自安。乃報異書曰：「軼本與蕭王首謀造漢，結死生之約，同榮枯之計。今軼守洛陽，將軍鎮孟津，俱據機軸，千載一會，思成斷金。唯深達蕭王，願進愚策，以佐國安人。」軼自通書之後，不復與異争鋒，故

專命方面，施行恩德。夫有桀紂之亂，乃見湯武之功；人久饑渴，易爲充飽。宜急分遣官屬，循行郡縣，理

異因此得北攻天井關，拔上黨兩城，又南下河南成皋以東十三縣，及諸屯聚，皆平之，降者十餘萬。武勃將萬餘人攻諸畔者，異引軍度河，與勃戰於士鄉下，大破斬勃，獲首五千餘級，軼又閉門不救。異見其信效，具以奏聞。光武故宣露軼言，令朱鮪知之。鮪怒，遂使人刺殺軼。由是城中乖離，多有降者。鮪乃遣討難將軍蘇茂將數萬人攻温，鮪自將數萬人攻平陰以綴異。異遣校尉護軍將軍將兵，與寇恂合擊茂，破之。異因度河擊鮪，鮪走；異追至洛陽，環城一帀而歸。移檄上狀，諸將皆入賀，並勸光武即帝位。光武乃召異詣鄗，問四方動静。異曰：「三王反畔，更始敗亡，天下無主，宗廟之憂，在於大王。宜從衆議，上爲社稷，下爲百姓。」光武曰：「我昨夜夢乘赤龍上天，覺悟，心中動悸。」異因下席再拜賀曰：「此天命發於精神。心中動悸，大王重慎之性也。」異遂與諸將定議上尊號。建武二年春，定封異陽夏侯。引軍擊陽翟賊嚴終、趙根，破之。詔異歸家上冢，使太中大夫齎牛酒，令二百里内太守、都尉已下及宗族會焉。時赤眉、延岑暴亂三輔，郡縣大姓各擁兵衆，大司徒鄧禹不能定，乃遣異代禹討之。車駕送至河南，賜以乘輿七尺具劍。敕異曰：「三輔遭王莽、更始之亂，重以赤眉、延岑之酷，元元塗炭，無所依訴。今之征伐，非必略地屠城，要在平定安集之耳。諸將非不健鬥，然好虜掠。卿本能御吏士，念自修敕，無爲郡縣所苦。」異頓首受命，引而西，所至皆布威信。弘農群盜稱將軍者十餘輩，皆率衆降異。異與赤眉遇於華陰，相拒六十餘日，戰數十合，降其將劉始、王宣等五千餘人。三年春，遣使者即拜異爲征西大將軍。會鄧禹率車騎將軍鄧弘等引歸，與異相遇，禹、弘要異共攻赤眉。異曰：「異與賊相拒且數十日，雖屢獲雄將，餘衆尚多，可稍以恩信傾誘，難卒用兵破也。上今使諸將屯黽池要其東，而異擊其西，一舉取之，此萬成計也。」禹、弘不從。弘遂大戰移日，赤眉陽敗，棄輜重走。車皆載土，以豆覆其上，兵士饑，争取之。赤眉引還擊弘，弘軍潰亂。異與禹合兵救之，赤眉小卻。異以士卒饑倦，可且休，禹不聽，復戰，大爲所敗，死傷者三千餘人。禹得脱歸宜陽。異棄馬步走上回谿阪，與麾下數人歸營。復堅壁，收其散卒，招集諸營保數萬人，與賊約期會戰。使壯士變服與赤眉同，伏於道側。旦日，赤眉使萬人攻異前部，異裁出兵以救之。賊見勢弱，遂悉衆攻異，異乃縱兵大戰。日昃，賊氣衰，伏兵卒起，衣服相亂，赤眉不復識別，衆遂驚潰。追擊，大破於崤底，降男女八萬人。餘衆尚十餘萬，東走宜陽降。璽書勞異曰：「赤眉破平，士吏勞苦，始雖垂翅回谿，終能奮翼黽池，可謂失之東隅，收之桑榆。」

異自以久在外，不自安，上書思慕闕廷，願親帷幄，帝不許。後人有章言異專制關中，斬長安令，威權至重，百姓歸心，號爲「咸陽王」。帝使以章示異。異惶懼，上書謝曰：「臣本諸生，遭遇受命之會，充備行伍，過蒙恩私，位大將，爵通侯，受任方面，以立微功，皆自國家謀慮，愚臣無所能及。臣伏自思惟，以詔敕戰功，每輒如意；時以私心斷決，未嘗不有悔。國家獨見之明，久而益遠，乃知『性與天道，不可得而聞也』。當兵革始起，擾攘之時，豪傑競逐，迷惑千數。臣以遭遇，托身聖明，在傾危溷殽之中，尚不敢過差，而況天下平定，上尊下卑，而臣爵位所蒙，巍巍不測乎？誠冀〔以〕謹敕，遂自終始。見所示臣章，戰慄怖懼。伏念明主知臣愚性，固敢因緣自陳。」詔報曰：「將軍之於國家，義爲君臣，恩猶父子。何嫌何疑，而有懼意？」六年春，異朝京師。引見，帝謂公卿曰：「是我起兵時主簿也。爲吾披荆棘，定關中。」既罷，使中黄門賜以珍寶、衣服、錢帛。詔曰：「倉卒蕪蔞亭豆粥，虖沱河麥飯，厚意久不報。」異稽首謝曰：「臣聞管仲謂桓公曰：『願君無忘射鉤，臣無忘檻車。』齊國賴之。臣今亦願國家無忘河北之難，小臣不敢忘巾車之恩。」後數引宴見，定議圖蜀，留十餘日，令異妻子隨異還西。夏，遣諸將上隴，爲隗囂所敗，乃詔異軍栒邑。未及至，隗囂乘勝使其將王元、行巡將二萬餘人下隴，因分遣巡取栒邑。異即馳兵，欲先據之。諸將皆曰：「虜兵盛而新乘勝，不可與争。宜止軍便地，徐思方略。」異曰：「虜兵臨境，忸忲小利，遂欲深入。若得栒邑，三輔動摇，是吾憂也。夫『攻者不足，守者有餘』。今先據城，以逸待勞，非所以争也。」潛往閉城，偃旗鼓。行巡不知，馳赴之。異乘其不意，卒擊鼓建旗而出。巡軍驚亂奔走，追擊數十里，大破之。祭遵亦破王元於汧。於是北地諸豪長耿定等，悉畔隗囂降。異上書言狀，不敢自伐。諸將或欲分其功，帝患之，乃下璽書曰：「制詔大司馬，虎牙、建威、漢中、捕虜、武威將軍：虜兵猥下，三輔驚恐。栒邑危亡，在於旦夕。北地營保，按兵觀望。今偏城獲全，擄〔虜〕兵挫折，使耿定之屬，復念君臣之義。征西功若丘山，猶自以爲不足。孟之反奔而殿，亦何異哉！今遣太中大夫賜征西吏士死傷者醫藥、棺斂，大司馬已下親弔死問疾，以崇謙讓。」於是使異進軍義渠，並領北地太守事。

岑彭傳　圍西城一段　岑熙輿人歌一段

彭引兵從車駕破天水，與吳漢圍隗囂於西城。時公孫述將李育將兵救囂，守上邽，帝留蓋延、耿弇圍之，而車駕東歸。敕彭書曰：「西〔兩〕城若下，便可將兵南擊蜀虜。人苦不知足，既平隴，復望蜀。每一發兵，頭鬚爲白。」彭遂壅谷水灌西城，城未没丈餘，囂將行巡、周宗將蜀救兵到，囂得出還冀。漢軍食盡，燒輜重，引兵下隴，延、弇亦相隨而退。囂出兵尾擊諸營，彭殿爲後拒，故諸將能全師東歸。

彭所營地名彭亡，聞而惡之，欲徙，會日暮，蜀刺客詐爲亡奴降，夜刺〔殺〕彭。彭首破荆門，長驅武陽，持軍整齊，秋毫無犯。邛穀王任貴聞彭威信，數千里遣使迎降。會彭已薨，帝盡以任貴所獻賜彭妻子，謚曰壯侯。蜀人憐之，爲立廟武陽，歲時祠焉。子遵嗣，徙封細陽侯。十三年，帝思彭功，復封遵弟淮爲穀陽侯。遵永平中爲屯騎校尉。遵卒，子伉嗣。伉卒，子杞嗣，元初三年，坐事失國。建光元年，安帝復封杞細陽侯，順帝時爲光禄勳。杞卒，子熙嗣，尚安帝妹湼陽長公主。少爲侍中、虎賁中郎將，朝廷多稱其能。遷魏郡太守，招聘隱逸，與參政事，無爲而化。視事二年，輿人歌之曰：「我有枳棘，岑君伐之。我有蟊賊，岑君遏之。狗吠不驚，足下生氂。含哺鼓腹，焉知凶灾？我喜我生，獨丁斯時。美矣岑君，於戲休兹！」熙卒，子福嗣，爲黄門侍郎。

賈復傳 封侯始末

賈復字君文，南陽冠軍人也。少好學，習《尚書》。事舞陰李生，李生奇之，謂門人曰：「賈君之容貌志氣如此，而勤於學，將相之器也。」王莽末，爲縣掾，迎鹽河東，會遇盗賊，等比十餘人皆放散其鹽，復獨完以還縣，縣中稱其信。時下江、新市兵起，復亦聚衆數百人於羽山，自號將軍。更始立，乃將其衆歸漢中王劉嘉，以爲校尉。復見更始政亂，諸將放縱，乃説嘉曰：「臣聞圖堯舜之事而不能至者，湯武是也；圖湯武之事而不能至者，桓文是也；圖桓文之事而不能至者，六國是也；定六國之規，欲安守之而不能至者，亡六國是也。今漢室中興，大王以親戚爲藩輔，天下未定而安守所保，所保得無不可保乎？」嘉曰：「卿言大，非吾任也。大司馬劉公在河北，必能相施，第持我書往。」復遂辭嘉，受書北度河，及光武於柏人，因鄧禹得召見。光武奇之，禹亦稱有將帥節，於是署復破虜將軍督盗賊。復馬羸，光武解左驂以賜之。官屬以復後來而好陵折等輩，調補鄗尉。光武曰：「賈督有折衝千里之威，方任以職，勿得擅除。」光武至信都，以復爲偏將軍。及拔邯鄲，遷都護將軍。從擊青犢於射犬，大戰至日中，賊陳堅不卻。光武傳召復曰：「吏士皆饑，可且朝飯。」復曰：「先破之，然後食耳。」於是被羽先登，所向皆靡，賊乃敗走。諸將咸服其勇。又北與五校戰於真定，大破之。復傷創甚，光武大驚曰：「我所以不令賈復别將者，爲其輕敵也。果然，失吾名將。聞其婦有孕，生女邪，我子娶之，生男邪，我女嫁之，不令其憂妻子也。」復病尋愈，追及光武於薊，相見甚歡，大饗士卒，令復居前，擊鄴賊，破之。光武即位，拜爲執金吾，封冠軍侯。

論曰：中興將帥立功名者衆矣，唯岑彭、馮異建方面之號，自函谷以西，方城以南，兩將之功，實爲大焉。若馮、賈之不伐，岑公之義信，乃足以感三軍而懷敵人，故能尅成遠業，終全其慶也。昔高祖忌柏人之名，違之以全福；征南惡彭亡之地，留之以生灾。豈幾慮自有名〔明〕惑，將期數使之然乎！

吴蓋陳臧列傳　吴漢　臧宫

吴漢傳　殺謝躬始末　廣都之戰始末　總述　論

初，更始遣尚書令謝躬率六將軍攻王郎，不能下。會光武至，共定邯鄲，而躬裨將虜掠不相承禀，光武深忌之，雖俱在邯鄲，遂分城而處，然每有以慰安之。躬勤於職事，光武常稱曰「謝尚書真吏也」，故不自疑。躬既而率其兵數萬，還屯於鄴。時光武南擊青犢，謂躬曰：「我追賊於射犬，必破之。尤來在山陽者，勢必當驚走。若以軍〔君〕威力，擊此散虜，必成禽也。」躬曰：「善。」及青犢破，而尤來果北走隆慮山，躬乃留大將軍劉慶、魏郡太守陳康守鄴，自率諸將軍擊之。窮寇死戰，其鋒不可當，躬遂大敗，死者數千人。光武因躬在外，乃使漢與岑彭襲其城。漢先令辯士説陳康曰：「蓋聞上智不處危以僥倖，中智能因危以爲功，下智安於危以自亡。危亡之至，在人所由，不可不察。今京師敗亂，四方雲擾，公所聞也。蕭王兵强士附，河北歸命，公所見也。謝躬内背蕭王，外失衆心，公所知也。今公據孤危之城，待滅亡之禍，義無所立，節無所成。不若開門納軍，轉禍爲福，免下愚之敗，收中智之功，此計之至者也。」康然之。於是康收劉慶及躬妻子，開門納漢等。及躬從隆慮歸鄴，不知康已反之，乃與數百騎輕入城。漢伏兵收之，手擊殺躬，其衆悉降。躬字子張，南陽人。初，其妻知光武不平之，常戒躬曰：「君與劉公積不相能，而信其虚談，不爲之備，終受制矣。」躬不納，故及於難。

十一年春，率征南大將軍岑彭等伐公孫述。及彭破荆門，長驅入江關，漢留夷陵，裝露橈船，將南陽兵及弛刑募士三萬人泝江而上。會岑彭爲刺客所殺，漢並將其軍。十二年春，與公孫述將魏黨、公孫永戰於魚涪津，大破之，遂圍武陽。述遣子壻史興將五千人救之。漢迎擊興，盡殄其衆，因入犍爲界。諸縣皆城守，漢乃進軍攻廣都，拔之。遣輕騎燒成都市橋，武陽以東諸小城皆降。帝戒漢曰：「成都十餘萬衆，不可輕也。但堅據廣都，待其來攻，勿與爭鋒。若不敢來，公轉營迫之，須其力疲，乃可擊也。」漢乘利，遂自將步騎二萬餘人進逼成都，去城十餘里，阻江北爲營，作浮橋，使副將武威將軍劉尚將萬餘人屯於江南，相去二十餘里。帝聞大驚，讓漢曰：「比敕公千條萬端，何意臨事勃亂！既輕敵深入，又與尚別營，事有緩急，不復相及。賊若出兵綴公，以大衆攻尚，尚破，公即敗矣。幸無它者，急引兵還廣都。」詔書未到，述果使其將謝豐、袁吉將衆十許萬，分爲二十餘營，並出攻漢。使別將萬餘人劫劉尚，令不得相救。漢與大戰一日，兵敗，走入壁，豐因圍之。漢乃召諸將厲之曰：「吾共諸君踰越險阻，轉戰千里，所在斬獲，遂深入敵地，至其城下。而今與劉尚二處受圍，勢既不接，其禍難量。欲潛師就尚於江南，並兵禦之。若能同心一力，人自爲戰，大功可立；如其不然，敗必無餘。成敗之機，在此一舉。」諸將皆曰「諾」。於是饗士秣馬，閉營三日不出，乃多樹幡旗，使煙火不絶，夜銜枚引兵與劉尚合軍。豐等不覺，明日，乃分兵拒江北，自將攻江南。漢悉兵迎戰，自旦至晡，遂大破之，斬謝豐、袁吉，獲甲首五千餘級。於是引還廣都，留劉尚拒述，具以狀上，而深自譴責。帝報曰：「公還廣都，甚得其宜，述必不敢略尚而擊公也。若先攻尚，公從廣都五十里悉步騎赴之，適當值其危困，破之必矣。」自是漢與述戰於廣都、成都之間，八戰八剋，遂軍于其郭中。

漢性强力，每從征伐，帝未安，恒側足而立。諸將見戰陳不利，或多惶懼，失其常度。漢意氣自若，方整厲器械，激揚士吏。帝時遣人觀大司馬何爲，還言方修戰攻之具，乃嘆曰：「吴公差强人意，隱若一敵國矣！」每當出師，朝受詔，夕即引道，初無辦嚴之日。故能常任職，以功名終。及在朝廷，斤斤謹質，形於體貌。漢嘗出征，妻子在後買田業。漢還，讓之曰：「軍師在外，吏士不足，何多買田宅乎！」遂盡以分與昆弟外家。二十年，漢病篤。車駕親臨，問所欲言。對曰：「臣愚無所知識，唯願陛下愼無赦而已。」及薨，有詔悼愍，賜謚曰忠侯。

論曰：吴漢自建武世，常居上公之位，終始倚愛之親，諒由質簡而强力也。子曰「剛毅木訥近仁」，斯豈漢之方乎！昔陳平智有餘以見疑，周勃質朴忠而見信。夫仁義不足以相懷，則智者以有餘爲疑，而朴者以不足取信矣。

臧宫傳　至吴漢營一段　平妖巫及議伐匈奴一段　論

宫連屠大城，兵馬旌旗甚盛，乃乘兵入小雒郭門，歷成都城下，至吴漢營，飲酒高會。漢見之甚歡，謂宫曰：「將軍向者經虜城下，震揚威靈，風行電照。然窮寇難量，還營願從它道矣。」宫不從，復路而歸，賊亦不敢近之。

十九年，妖巫維汜弟子單臣、傅鎮等，復妖言相聚，入原武城，劫吏人，自稱將軍。於是遣宫將北軍及黎陽營數千人圍之。賊穀食多，數攻不下，士卒死傷。帝召公卿諸侯王問方略，皆曰「宜重其購賞」。時顯宗爲東海王，獨對曰：「妖巫相劫，勢無久立，其中必有悔欲亡者。但外圍急，不得走耳。宜小挺緩，令得逃亡，逃亡則一亭長足以禽矣。」帝然之，即敕宫徹圍緩賊，賊衆分散，遂斬臣、鎮等。宫還，遷城門校尉，復轉左中郎將。擊武谿賊，至江陵，降之。宫以謹信質樸，故常見任用。後匈奴饑疫，自相公争，帝以問宫，宫曰：「願得五千騎以立功。」帝笑曰：「常勝之家，難與慮敵，吾方自思之。」二十七年，宮乃與楊虛侯馬武上書曰：「匈奴貪利，無有禮信，窮則稽首，安則侵盗，緣邊被其毒痛，内〔中〕國憂其抵突。虜今人畜疫死，旱蝗赤地，疫困之力，不當中國一郡。萬里死命，縣在陛下。福不再來，時或易失，豈宜固守文德而墮武事乎？今命將臨塞，厚縣購賞，喻告高句驪、烏桓、鮮卑攻其左，發河西四郡、天水、隴西羌胡擊其右。如此，北虜之滅，不過數年。臣恐陛下仁恩不忍，謀臣狐疑，令萬世刻石之功不立於聖世。」詔報曰：「《黄石公記》曰，『柔能制剛，弱能制强』。柔者德也，剛者賊也，弱者仁之助也，强者怨之歸也。故曰有德之君，以所樂樂人；無德之君，以所樂樂身。樂人者其樂長，樂身者不久而亡。舍近謀遠者，勞而無功；舍遠謀近者，逸而有終。逸政多忠臣，勞政多亂人。故曰務廣地者荒，務廣德者强。有其有者安，貪人有者殘。殘滅之政，雖成必敗。今國無善政，灾變不息，百姓驚惶，人不自保，而復欲遠事邊外乎？孔子曰：『吾恐季孫之憂，不在顓臾。』且北狄尚强，而屯田警備傳聞之事，恒多失實。誠能舉天下之半以滅大寇，豈非至願；苟非其時，不如息人。」自是諸將莫敢復言兵事者。宮永平元年卒，謚曰愍侯。

論曰：中興之業，誠艱難也。然敵無秦、項之强，人資附漢之思，雖懷璽紆紱，跨陵州縣，殊名詭號，千隊爲群，尚未足以爲比功上烈也。至於山西既定，威臨天下，戎羯喪其精膽，群帥賈其餘壯，斯誠雄心尚武之幾，先志玩兵之日。臧宮、馬武之徒，撫鳴劍而抵掌，志馳於伊吾之北矣。光武審《黄石》，存包桑，閉玉門以謝西域之質，卑詞幣以禮匈奴之使，其意防蓋已弘深。豈其顛沛平城之圍，忍傷黥王之陳乎？

耿弇列傳

耿弇傳

拔邯鄲始末　諫罷兵一段　有志竟成始末　論　附弟國匈奴款塞議　國弟子恭疏勒城始末　論

耿弇字伯昭，扶風茂陵人也。其先武帝時，以吏二千石自鉅鹿徙焉。父况，字俠游，以明經爲郎，與王莽從弟伋共學《老子》於安丘先生，後爲朔調連率。弇少好學，習父業。常見郡尉試騎士，建旗鼓，隷〔肄〕馳射，由是好將帥之事。及王莽敗，更始立，諸將略地者，前後多擅威權，輒改易守、令。况自以莽之所置，懷不自安。時弇年二十一，乃辭况奉奏詣更始，因齎貢獻，以求自固之宜。及至宋子，會王郎詐稱成帝子〔子〕輿，起兵邯鄲，弇從吏孫倉、衛包於道共謀曰：「劉子輿成帝正統，捨此不歸，遠行安之？」弇按劍曰：「子輿弊賊，卒爲降虜耳。我至長安，與國家陳漁陽、上谷兵馬之用，還出太原、代郡，反覆數十日，歸發突騎以轔烏合之衆，如摧枯折腐耳。觀公等不識去就，族滅不久也。」倉、包不從，遂亡降王郎。弇道聞光武在盧奴，乃馳北上謁，光武留署門下吏。弇因説護軍朱祐，求歸發兵，以定邯鄲。光武笑曰：「小兒曹乃有大意哉！」因數召見加恩慰。弇因從光武北至薊，聞邯鄲兵方到，光武將欲南歸，召官屬計議。弇曰：「今兵從南來，不可南行。漁陽太守彭寵，公之邑人；上谷太守，即弇父也。發此兩郡，控弦萬騎，邯鄲不足慮也。」光武官屬腹心皆不肯，曰：「死尚南首，奈何北行入囊中？」光武指弇曰：「是我北道主人也。」會薊中亂，光武遂南馳，官屬各分散。弇走昌平就况，因説况使寇恂東約彭寵，各發突騎二千匹，步兵千人。弇與景丹、寇恂及漁陽兵合軍而南，所過擊斬王郎大將、九卿、校尉以下四百餘級，得印綬百二十五，節二，斬首三萬級，定涿郡、中山、鉅鹿、清河、之〔河〕間凡二十二縣，遂及光武於廣阿。是時光武方攻王郎，傳言二郡兵爲邯鄲來，衆皆恐。既而悉詣營上謁。光武見𢌿等，說，曰：「當與漁陽、上谷士大夫共此大功。」乃皆以爲偏將軍，使還領其兵。加況大將軍、興義侯，得自置偏裨。𢌿等遂從拔邯鄲。

更始見光武威聲日盛，君臣疑慮，乃遣使立光武爲蕭王，令罷兵與諸將有功者還長安；遣苗曾爲幽州牧，韋順爲上谷太守，蔡充爲漁陽太守，並北之部。時光武居邯鄲宮，晝卧温明殿。𢌿入造床下請間，因說曰：「今更始失政，君臣淫亂，諸將擅命於畿内，貴戚縱横於都内。天子之命，不出城門，所在牧守，輒自遷易，百姓不知所從，士人莫敢自安。虜掠財物，劫掠婦女，懷金玉者，至不生歸。元元叩心，更思莽朝。又銅馬、赤眉之屬數十輩，輩數十百萬，聖公不能辦也。其敗不久。公首事南陽，破百萬之軍；今定河北，北據天府之地。以義征伐，發號響應，天下可傳檄而定。天下至重，不可令它姓得之。聞使者從西方來，欲罷兵，不可從也。今吏士死亡者多，𢌿願歸幽州，益發精兵，以集其大計。」光武大說，乃拜𢌿爲大將軍，與吴漢北發幽州十郡兵。𢌿到上谷，收韋順、蔡充斬之；漢亦誅苗曾。於是悉發幽州兵，引而南。

𢌿從幸舂陵，因見自請北收上谷兵未發者，定彭寵於漁陽，取張豐於涿郡，還收富平、獲索，東攻張步，以平齊地。帝壯其意，乃許之。四年，詔𢌿進攻漁陽。𢌿以父據上谷，本與彭寵同功，又兄弟無在京師者，自疑，不敢獨進，上書求詣洛陽。詔報曰：「將軍出身舉宗爲國，所向陷敵，功效尤著，何嫌何疑，而欲求徵？且與王常共屯涿郡，勉思方略。」況聞𢌿求徵，亦不自安，遣舒弟國入侍。帝善之，進封況爲隃麋侯。乃命𢌿與建義大將軍朱祐、漢忠將軍王常等擊望都、故安西山賊十餘營，皆破之。時征虜將軍祭遵屯良鄉，驍騎將軍劉喜屯陽鄉，以拒彭寵。寵遣弟純將匈奴二千餘騎，寵自引兵數萬，分爲兩道以擊遵、喜。胡騎經軍都，舒襲破其衆，斬匈奴兩王，寵乃退走。況復與舒攻寵，取軍都。五年，寵死，天子嘉況功，使光禄大夫持節迎況，賜甲第，奉朝請。封〔舒爲〕牟平侯。遣𢌿與吴漢擊富平、獲索賊於平原，大破之，降者四萬餘人。因詔𢌿進討張步。弇悉收集降卒，結部曲，置將吏，率騎都尉劉歆、太山太守陳俊引兵而東，從朝陽橋濟河以度。張步聞之，乃使其大將軍費邑軍歷下，又分兵屯祝阿，別於太山鍾城列營數十以待弇。弇度河先擊祝阿，自旦攻城，〔日〕未中而拔之，故開圍一角，令其衆得奔歸鍾城。鍾城人聞祝阿已潰，大恐懼，遂空壁亡去。費邑分遣弟敢守巨里。弇進兵先脅巨里，使多伐樹木，揚言以填塞阬壍。數日，有降者言邑聞弇破〔欲〕攻巨里，謀來救之。弇乃嚴令軍中趣修攻具，宣敕諸部，後三日當悉力攻巨里城。陰緩生口，令得亡歸。歸者以弇期告邑，邑至日果自將精兵三萬餘人來救之。弇喜，謂諸將曰：「吾所以修攻具者，欲誘致邑耳。今來，適其所求也。」即分三千人守巨里，自引精兵上岡阪，乘高合戰，大破之，臨陳斬邑。既而收首級以示巨里城中，城中兇懼，費敢悉衆亡歸張步。弇復收其積聚，縱兵擊諸未下者，平四十餘營，遂定濟南。時張步都劇，使其弟藍將精兵二萬守西安，諸郡太守合萬餘人守臨淄，相去四十里。弇進軍畫中，居二城之間。弇視西安城小而堅，且藍兵又精，臨淄名雖大而實易攻，乃敕諸校會，後五日攻西安。藍聞之，晨夜儆守。至期夜半，弇敕諸將皆蓐食，會明至臨淄城。護軍荀梁等爭之，以爲宜速攻西安。弇曰：「不然。西安聞吾欲攻之，日夜爲備；臨淄出不意而至，必驚擾，吾攻之一日必拔。拔臨淄即西安孤，張藍與步隔絶，必復亡去，所謂擊一而得二者也。若先攻西安，不卒下，頓兵堅城，死傷必多。縱能拔之，藍引軍還奔臨淄，並兵合勢，觀人虛實，吾深入敵地，後無轉輸，旬月之間，不戰而困。諸君之言，未見其宜。」遂攻臨淄，半日拔之，入據其城。張藍聞之大懼，遂將其衆亡歸劇。弇乃令軍中無得妄掠劇下，須張步至乃取之，以激怒步。步聞大笑曰：「以尤來、大彤十餘萬衆，吾皆即其營而破之。今大耿兵少於彼，又皆疲勞，何足懼乎！」乃與三弟藍、弘、壽及故大彤渠帥重異等兵號二十萬，至臨淄大城東，將攻弇。弇先出淄水上，與重異遇，突騎欲縱，弇恐挫其鋒，令步不敢進，故示弱以盛其氣，乃引歸小城，陳兵於内。步氣盛，直攻弇營，與劉歆等合戰，弇升王宮壞臺望之，視歆等鋒交，乃自引精兵以横突步陳於東城下，大破之。飛矢中弇股，以佩刀截之，左右無知者。至暮罷。弇明旦復勒兵出。是時帝在魯，聞弇爲步所攻，自往救之，未至。陳俊謂弇曰：「劇虜兵盛，可且閉營休士，以須上來。」弇曰：「乘輿且到，臣子當擊牛釃酒以待百官，反欲以賊虜遺君父邪？」乃出兵大戰，自旦及昏，復大破之，殺傷無數，城中溝塹皆滿。弇知步困將退，豫置左右翼爲伏兵以待之。人定時，步果引去，伏兵起縱擊，追至鉅昧水上，八九十里僵尸相屬，收得輜重二千餘兩。步還劇，兄弟各分兵散去。後數日，車駕至臨淄自勞軍，群臣大會。帝謂弇曰：「昔韓信破歷下以開基，今將軍攻祝阿以發迹，此皆齊之西界，功足相方。而韓信襲擊已降，將軍獨拔勍敵，其功乃難於信也。又田横亨酈生，及田横降，高帝詔衛尉不聽爲仇。張步前亦殺伏隆，若步來歸命，吾當詔大司徒釋其怨，又事尤相類也。將軍前在南陽建此大策，常以爲落落難合，有志者事竟成也！」弇因復追步，步奔平壽，乃肉袒負斧鑕於軍門。弇傳步詣行在所，而勒兵入據其城。樹十二郡旗鼓，令步兵各以郡人詣旗下，衆尚十餘萬，輜重七千餘兩，皆罷遣歸鄉里。弇復引兵至城陽，降五校餘黨，齊地悉平。振旅還京師。

論曰：淮陰廷論項王，審料成勢，則知高祖之廟勝矣。耿弇決策河北，定計南陽，亦見光武之業成矣。然弇自剋拔全齊，而無復尺寸功。夫豈不懷？將時之度數，不足以相容乎？三世爲將，道家所忌，而耿氏累葉以功名自終。將其用兵欲以殺止殺乎？何其獨能隆也！

國字叔慮，建武四年初入侍，光武拜爲黄門侍郎，應對左右，帝以爲能，遷射聲校尉。七年，射聲官罷，拜駙馬都尉。父況卒，國於次當嗣，上疏以先侯愛少子霸，固自陳讓，有詔許焉。後歷頓丘、陽翟、上蔡令，所在吏人稱之。徵爲五官中郎將。是時烏桓、鮮卑屢寇外境，國素有籌策，數言邊事，帝器之。及匈奴薁鞬日逐王比自立爲呼韓邪單于，款塞稱藩，願扞禦北虜。事下公卿。議者皆以爲天下初定，中國空虛，夷狄情僞難知，不可許。國獨曰：「臣以爲宜如孝宣故事受之，令東扞鮮卑，北拒匈奴，率厲四夷，完復邊郡，使塞下無晏開之警，萬世安寧之策也。」帝從其議，遂立比爲〔南〕單于。由是烏桓、鮮卑保塞自守，北虜遠遁，中國少事。

恭字伯宗，國弟廣之子也。少孤。慷慨多大略，有將帥才。永平十七年冬，騎都尉劉張出擊車師，請恭爲司馬，與奉車都尉竇固及從弟駙馬都尉秉破降之。始置西域都護、戊己校尉，乃以恭爲戊〔己〕校尉，屯後王部金蒲城，謁者關寵爲〔戊〕己校尉，屯前王柳中城，屯各置數百人。恭至部，移檄烏孫，示漢威德，大昆彌已下皆歡喜，遣使獻名馬，及奉宣帝時所賜公主博具，願遣子入侍。恭乃發使齎金帛，迎其侍子。明年三月，北單于遣左鹿蠡王二萬騎擊車師，恭遣司馬將兵三百人救之，道逢匈奴騎多，皆爲所殁。匈奴遂破殺後王安得，而攻金蒲城。恭乘城搏戰，以毒藥傅矢。傳語匈奴曰：「漢家箭神，其中瘡者必有異。」因發强弩射之。虜中矢者，視創皆沸，遂大驚。會天暴風雨，隨雨擊之，殺傷甚衆。匈奴震怖，相謂曰：「漢兵神，真可畏也！」遂解去。恭以疏勒城傍有澗水可固，五月，乃引兵據之。七月，匈奴復來攻恭。恭募先登數千人直馳之，胡騎散走，匈奴遂於城下擁絶澗水。恭於城中穿井十五丈不得水，吏士渴乏，笮馬糞汁而飲之。恭仰嘆曰：「聞昔貳師將軍拔刀刺山，飛泉涌出。今漢德神明，豈有窮哉！」乃整衣服向井再拜，爲吏士禱。有頃，水泉奔出，衆皆稱萬歲。乃令吏士揚水以示虜。虜出不意，以爲神明，遂引去。時焉〔焉〕耆、龜兹攻殁都護陳睦，北虜亦圍關寵於柳中。會顯宗崩，救兵不至，車師復畔，與匈奴共攻恭。恭厲士衆擊走之。後王夫人先世漢人，常私以虜情告恭，又給以糧餉。數月，食盡窮困，乃煮鎧弩，食其筋革。恭與士推誠同死生，故皆無二心，而稍稍死亡，餘數十人。單于知恭已困，欲必降之。復遣使招恭曰：「若降者，當封爲白屋王，妻以女子。」恭乃誘其使上城，手擊殺之，炙諸城上。虜官屬望見，號哭而去。單于大怒，更益兵圍恭，不能下。初，關寵上書求救，時肅宗新即位，乃詔公卿會議。司空第五倫以爲不宜救。司徒鮑昱議曰：「今使人於危難之地，急而棄之，外則縱蠻夷之暴，内則傷死難之臣。誠令權時後無邊事可也，匈奴如復犯塞爲寇，陛下將何以使將？又二部兵人裁各數千〔十〕，匈奴圍之，歷旬不下，是其寡弱盡力之效也。可令敦煌、酒泉太守各將精騎二千，多其幡幟，倍道兼行，以赴其急。匈奴疲極之兵，必不敢當，四十日間，足還入塞。」帝然之。乃遣征西將軍耿秉屯酒泉，行太守事；遣秦彭與謁者王蒙、皇甫援發張掖、酒泉、敦煌三郡及鄯善兵，合七千餘人，建初元年正月，會柳中擊車師，攻交河城，斬首三千八百級，獲生口三千餘人，駝驢馬牛羊三萬七千頭。北虜驚走，車師復降。會關寵已殁，蒙等聞之，便欲引兵還。先是恭遣軍吏范羌至敦煌迎兵士寒服，羌因隨王蒙軍俱出塞。羌固請迎〔恭〕，諸將不敢前，乃分兵二千人與羌，從山北迎恭，遇大雪丈餘，軍僅能至。城中夜聞兵馬聲，以爲虜來，大驚。羌乃遥呼曰：「我范羌也。漢遣軍迎校尉耳。」城中皆稱萬歲。開門，共相持涕泣。明日，遂相隨俱歸。虜兵追之，且戰且行。吏士素饑困，發疏勒時尚有二十六人，隨路死没，三月至玉門，唯餘十三人。衣屨穿决，形容枯槁。中郎將鄭衆爲恭已下洗沐易衣冠。上疏曰：「耿恭以單兵固守孤城，當匈奴之衝，對數萬之衆，連月踰年，心力困盡。鑿山爲井，煑弩爲糧，出於萬死無一生之望。前後殺傷醜虜數千百計，卒全忠勇，不爲大漢耻。恭之節義，古今未有。宜蒙顯爵，以厲將帥。」及恭至雒陽，鮑昱奏恭節過蘇武，宜蒙爵賞。於是拜爲騎都尉，以恭司馬石修爲雒陽市丞，張封爲雍營司馬，軍吏范羌爲共丞，餘九人皆補羽林。

論曰：余初讀《蘇武傳》，感其茹毛窮海，不爲大漢羞。後覽耿恭疏勒之事，喟然不覺涕之無從。嗟哉，義重於生，以至是乎！昔曹子抗質於柯盟，相如申威於河表，蓋以決一旦之負，異乎百死之地也。以爲二漢當疏高爵，宥十世。而蘇君恩不及嗣，恭亦終填牢户。追誦龍蛇之章，以爲嘆息。

銚王祭列傳　王霸　祭遵

王霸傳　渡虖沱一段　垂惠之戰始末

王霸字元伯，潁川潁陽人也。世好文法，父爲郡决曹掾，霸亦少爲獄吏。常慷慨不樂吏職，其父奇之，遣西學長安。漢兵起，光武過潁陽，霸率賓客上謁，曰：「將軍興義兵，竊不自知量，貪慕威德，〔願〕充行伍。」光武曰：「夢想賢士，共成功業，豈有二哉！」遂從擊破王尋、王邑於昆陽，還休鄉里。及光武爲司隸校尉，道過潁陽，霸請其父，願從。父曰：「吾老矣，不任軍旅，汝往，勉之！」霸從至洛陽。及光武爲大司馬，以霸爲功曹令吏〔史〕，從度河北。賓客從霸者數十人，稍稍引去。光武謂霸曰：「潁川從我者皆逝，而子獨留。努力！疾風知勁草。」及王郎起，光武在蘇〔薊〕，郎移檄購光武。光武令霸至市中募人，將以擊郎。市人皆大笑，舉手邪揄之，霸慚愧而還。光武即南馳至下曲陽。傳聞王郎兵在後，從者皆恐。及至虖沱河，候吏還白河水流澌，無船，不可濟。官屬大懼。光武令霸往視之。霸恐驚衆，欲且前，阻水，還即詭曰：「冰堅可度。」官屬皆喜。光武笑曰：「候吏果妄語也。」遂前。北〔比〕至河，河冰亦合，乃令霸護度，未畢數騎而冰解。光武謂霸曰：「安吾衆得濟免者，卿之力也。」霸謝曰：「此明公至德，神靈之祐，雖武王白魚之應，無以加此。」光武謂官屬曰：「王霸權以濟事，殆天瑞也。」以爲軍正。

帝幸譙，使霸與捕虜將軍馬武東討周建於垂惠。蘇茂將五校兵四千餘人救建，而先遣精騎遮擊馬武軍糧，武往救之。建從城中出兵夾擊武，武恃霸之援，戰不甚力，爲茂、建所敗。武軍奔過霸營，大呼求救。霸曰：「賊兵盛，出必兩敗，努力而已。」乃閉營堅壁。軍吏皆爭之。霸曰：「茂兵精鋭，其衆又多，吾吏士心恐，而捕虜與吾相恃，兩軍不一，此敗道也。今閉營固守，示不相援，賊必乘勝輕進；捕虜無救，其戰自倍。如此，茂衆疲勞，吾承其弊，乃可剋也。」茂、建果悉出攻武。合戰良久，霸軍中壯士路潤等數十人斷髮請戰。霸知士心鋭，乃開營後，出精騎襲其背。茂、建前後受敵，驚亂敗走，霸、武各歸營。賊復聚衆挑戰，霸堅臥不出，方饗士作倡樂。茂雨射營中，中霸前酒樽，〔霸〕安坐不動。軍吏皆曰：「茂前日已破，今易擊也。」霸曰：「不然。蘇茂客兵遠來，糧食不足，故數挑戰，以徼一切之勝。今閉營休士，所謂不戰而屈人之兵，善之善者也。」茂、建既不得戰，乃引還營。其夜，建兄子誦反，閉城拒之，茂、建遁去，誦以城降。

祭遵傳　殺舍中兒一段　范升追稱疏　附從弟肜　論

祭遵字弟孫，潁川潁陽人也。少好經書。家富給，而遵恭儉，惡衣服。喪母，負土起墳。嘗爲部吏所侵，結客殺之。初，縣中以其柔也，既而皆憚焉。及光武破王尋等，還過潁陽，遵以縣吏數進見，光武愛其容儀，署爲門下史。從征河北，爲軍市令。舍中兒犯法，遵格殺之。光武怒，命收遵。時主簿陳副諫曰：「明公常欲衆軍整齊，今遵奉法不避，是教令所行也。」光武乃貰之，以爲刺奸將軍，謂諸將曰：「當備祭遵！吾舍中兒犯法尚殺之，必不私諸卿也。」尋拜爲偏將軍，從平河北，以功封列侯。

遵爲人廉約小心，克己奉公，賞賜輒盡與士卒，家無私財，身衣韋絝，布被，夫人裳不加緣，帝以是重焉。及卒，愍悼之尤甚。遵喪至河南縣，詔遣百官先會喪所，車駕素服臨之，望哭哀慟。還幸城門，過其車騎，涕泣不能已。喪禮成，復親祠以太牢，如宣帝臨霍光故事，詔大長秋、謁者、河南尹護喪事，大司農給費。博士范升上疏，追稱遵曰：「臣聞先王崇政，尊美屏惡。昔高祖大聖，深見遠慮，班爵割地，與下分功，著録勳臣，頌其德美。生則寵以殊禮，奏事不名，入門不趨。死則疇其爵邑，世無絶嗣，丹書鐵券，傳於無窮。斯誠大漢厚下安人長久之德，所以累世十餘，歷載數百，廢而復興，絶而復續者也。陛下以至德受命，先明漢道，褒序輔佐，封賞功臣，同符祖宗。征虜將軍潁陽侯遵，不幸早薨。陛下仁恩，爲之感傷，遠迎河南，惻怛之慟，形於聖躬，喪事用度，仰給縣官，重賜妻子，不可勝數。送死有以加生，厚亡有以過存，矯俗厲化，卓如日月。古者臣疾君視，臣卒君弔，德之厚者也。陵遲已來久矣。及至陛下，復興斯禮，群下感動，莫不自勵。臣竊見遵修行積善，竭忠於國，北平漁陽，西拒隴、蜀，先登坻上，深取略陽。衆兵既退，獨守衝難。制御士心，不越法度。所在吏人，不知有軍。清名聞於海内，廉白著於當世。所得賞賜，輒盡與吏士，身無奇衣，家無私財。同産兄午以遵無子，娶妾送之，遵乃使人逆而不受，自以身任於國，不敢圖生慮繼嗣之計。臨死遺誡牛車載喪，薄葬洛陽。問以家事，終無所言。任重道遠，死而後已。遵爲將軍，取士皆用儒術，對酒設樂，必雅歌投壺。又建爲孔子立後，奏置《五經》大夫。雖在軍旅，不忘俎豆，可謂好禮悦樂，守死善道者也。禮，生有爵，死有謚，爵以殊尊卑，謚以明善惡。臣愚以爲宜因遵薨，論叙衆功，詳案《謚法》，以禮成之。顯章國家篤古之制，爲後嗣法。」帝乃下升章以示公卿。至葬，車駕復臨，贈以將軍、侯印綬，朱輪容車，介士軍陳送葬，謚曰成侯。既葬，車駕復臨其墳，存見夫人室家。其後會朝，帝每嘆曰：「安得憂國奉公之臣如祭征虜者乎！」遵之現〔見〕思如此。

論曰：祭彤武節剛方，動用安重，雖條侯、穰苴之倫，不能過也。且臨守偏海，政移獷俗，徼人請符以立信，胡貊數級於郊下，至乃卧政邊亭，滅烽幽障者將三十年。古所謂「必世而後仁」，豈不然哉！而一眚之故，以致感憤，惜哉，畏法之敝也！

後漢書纂卷之五

宋　順陽　范　曄　譔

明　吴興　凌濛初　纂

任李萬邳劉耿列傳　邳彤　耿純

邳彤傳　節　論

邳彤字偉君，信都人也。父吉，爲遼西太守。彤初爲王莽和成卒正。世祖徇河北，至下曲陽，彤舉城降，復以爲太守，留止數日。世祖北至薊，會王郎兵起，使其將徇地，所到縣莫不奉迎，唯和成、信都堅守不下。彤聞世祖從薊還，失軍，欲至信都，乃先使五官掾張萬、督郵尹綏，選精騎二千〔千〕餘匹，緣路迎世祖軍。彤尋與世祖會信都。世祖雖得二郡之助，而兵衆未合，議者多言可因信都兵自送，西還長安。彤廷對曰：「議者之言皆非也。吏民謳吟思漢久矣，故更始舉尊號而天下響應，三輔清宫除道以迎之。一夫荷戟大呼，則千里之將無不捐城遁逃，虜伏請降。自上古以來，亦未有感物動民其如此者也。又卜者王郎，假名因勢，驅集烏合之衆，遂震燕、趙之地；況明公奮二郡之兵，揚響應之威，以攻則何城不克，以戰則何軍不服！今釋此而歸，豈徒空失河北，必更驚動三輔，墮損威重，非計之得者也。若明公無復征伐之意，則雖信都之兵猶難會也。何者？明公既西，則邯鄲城民不肯捐父母，背城主，而千里送公，其離散亡逃可必也。」世祖善其言而止。即日拜彤爲後大將軍，和成太守如故，使將兵居前。北至堂陽，堂陽已反屬王郎，彤使張萬、尹綏先曉譬吏民，世祖夜至，即開門出迎。引兵擊破白奢賊於中山。自此常從戰攻。信都復反爲王郎，郎所置信都王捕係彤父弟及妻子，使爲手書呼彤曰：「降者封爵，不降族滅。」彤涕泣報曰：「事君者不得顧家。彤親屬所以至今得安於信都者，劉公之恩也。公方争國事，彤不得復念私也。」會更始所遣將攻拔信都，郎兵敗走，彤家屬得免。及拔邯鄲，封武義侯。

論曰：凡言成事者，以功著易顯；謀幾初者，以理隱難昭。斯固原情比迹，所宜推察者也。若乃議者欲因二郡之衆，建入關之策，委成業，臨不測，而世主未悟，謀夫景同，邳彤之廷對，其爲幾乎！語曰「一言可以興邦」，斯近之矣。

耿純傳 封侯始末

耿純字伯山，鉅鹿宋子人也。父艾，爲王莽濟平尹。純學於長安，因除爲納言士。王莽敗，更始立，使舞陰王李軼降諸郡國，純父艾降，還爲濟南太守。時李軼兄弟用事，專制方面，賓客游説者甚衆。純連求謁不得通，久之乃得見，因説軼曰：「大王以龍虎之姿，遭風雲之時，奮迅拔起，期月之間，兄弟稱王，而德信不聞於士民，功勞未施於百姓，寵禄暴興，此智者之所忌也。兢兢自危，猶懼不終，而況沛然自足，可以成功者乎？」軼奇之，且以其鉅鹿大姓，乃承制拜爲騎都尉，授以節，令安集趙、魏。會世祖渡河至邯鄲，純即謁見，世祖深接之。純退，見官屬將兵法度不與它將同，遂求自結納，獻馬及縑帛數百匹。世祖北至中山，留純邯鄲。會王郎反，世祖自薊東南馳，純與從昆弟訢、宿、植共率宗族賓客二千餘人，老病者皆載木自隨，奉迎於育。拜純爲前將軍，封耿鄉侯，訢、宿、植皆偏將軍，使與純居前，降宋子，從攻下曲陽及中山。是時郡國多降邯鄲者，純恐宗家懷異心，乃使訢、宿歸燒其廬舍。世祖問純故，對曰：「竊見明公單車臨河北，非有府藏之蓄，重賞甘餌，可以聚人者也，徒以恩德懷之，是故士衆樂附。今邯鄲自立，北州疑惑，純雖舉族歸命，老弱在行，猶恐宗人賓客半有不同心者，故燔燒屋室，絶其反顧之望。」世祖歎息。及至鄗，世祖止傳舍，鄗大姓蘇公反城開門内王郎將李惲。純先覺知，將兵逆與惲戰，大破斬之。從平邯鄲，又破銅馬。時赤眉、青犢、上江、大彤、鐵脛、五幡千〔十〕餘萬衆並在射犬，世祖引兵將擊之。純軍在前，去衆營數里，賊忽夜攻純，雨射營中，士多死傷。純勒部曲，堅守不動。選敢死二千人，俱持强弩，各傅三矢，使銜枚間行，繞出賊後，齊聲呼譟，强弩並發，賊衆驚走，追擊，遂破之。馳騎白世祖。世祖明旦與諸將俱至營，勞純曰：「昨夜困乎？」純曰：「賴明公威德，幸而獲全。」世祖曰：「大兵不可夜動，故不相救耳。軍營進退無常，卿宗族不可悉居軍中。」乃以純族人耿伋爲蒲吾長，悉令將親屬居焉。世祖即位，封純高陽侯。

朱景王杜馬劉傅堅馬列傳　景丹　馬武　二十八將總論

景丹傳　歸世祖一段

景丹字孫卿，馮翊櫟陽人也。少學長安。王莽時舉四科，丹以言語爲固德侯相，有幹事稱，遷朔調連率副貳。更始立，遣使者徇上谷，丹與連率耿况降，復爲上谷長史。王郎起，丹與况共謀拒之。况使丹與子弇及寇恂等將兵南歸世祖，世祖引見丹等，笑曰：「邯鄲將帥數言我發漁陽、上谷兵，吾聊應言然，何意二郡良爲吾來！方與士大夫共此功名耳。」拜丹爲偏將軍，號奉義侯。

馬武傳 功臣宴語一段

帝後與功臣諸侯宴語，從容言曰：「諸卿不遭際會，自度爵禄何所至乎？」高密侯〔鄧〕禹先對曰：「臣少嘗學問，可郡文學、博士。」帝曰：「何言之謙乎？卿鄧氏子，志行修整，何爲不掾功曹？」餘各以次對，至武，曰：「臣以武勇，可守尉督盜賊。」帝笑曰：「且勿爲盜賊，自致亭長，斯可矣。」武爲人嗜酒，闊達敢言，時醉在御前面折同列，言其短長，無所避忌。帝故縱之，以爲笑樂。帝雖制御功臣，而每能回容，宥其小失。遠方貢珍甘，必先徧賜列侯，而大官無餘。有功，輒增邑賞，不任以吏職，故皆保其福禄，終無誅譴者。

論曰：中興二十八將，前世以爲〔上應〕二十八宿，未之詳也。然咸能感會風雲，奮其智勇，稱爲佐命，亦各志能之士也。議者多非光武不以功臣任職，至使英姿茂績，委而勿用。然原夫深圖遠算，固將有以爲爾。若乃王道既衰，降及霸德，猶能授受惟庸，勳賢皆序，如管、隰之迭升桓世，先、趙之同列文朝，可謂兼通矣。降自秦、漢，世資戰力，至於翼扶王運，皆武人屈起。亦有鬻繒屠狗輕猾之徒，或崇以連城之賞，或任以阿衡之地，故勢疑則隙生，力侔則亂起。蕭、樊且猶縲紲，信、越終見葅戮，不其然乎！自茲以降，迄于孝武，宰輔五世，莫非公侯。遂使縉紳道塞，賢能蔽壅，朝有世及之私，下多抱關之怨。其懷道無聞，委身草莽者，亦何可勝言。故光武鑒前事之違，存矯枉之志，雖寇、鄧之高勳，耿、賈之鴻烈，分土不過大縣數四，所加特進、朝請而已。觀其治平臨政，課職責咎，將所謂「導之以政，齊之以刑」者乎！若格之功臣，其傷已甚。何者？直繩則虧喪恩舊，橈情則違廢禁典，選德則功不必厚，舉勞則人或未賢，參任則群心難塞，並列則其敝未遠。不得不校其勝否，即以事相權。故高秩厚禮，允答元功，峻文深憲，責成吏職。建武之世，侯者百餘，若夫數公者，則與參國議，分均休咎，其餘並優以寬料，完其封禄，莫不終以功名延慶于後。昔留侯以爲高祖悉用蕭、曹故人，而郭伋亦譏南陽多顯，鄭興又戒功臣專任。夫崇恩偏授，易起私溺之失，至公均被，必廣招賢之路，意者不其然乎！永平中，顯宗追感前世功臣，乃圖畫二十八將於南宮雲臺，其外又有王常、李通、竇融、卓茂，合三十二人。故依其本第係之篇末，以志功臣之次云爾。

竇融列傳

竇融傳 全　論　附曾孫憲奪公主田園一段　燕然銘一段　論

竇融字周公，扶風平陵人也。七世祖廣國，孝文皇后之弟，封章武侯。融高祖父，宣帝時以吏二千石自常山徙焉。融早孤。王莽居攝中，爲强弩將軍司馬，東擊翟義，還攻槐里，以軍功封建武男。女弟爲大司空王邑小妻。家長安中，出入貴戚，連結閭里豪傑，以任俠爲名，然事母兄，養弱弟，内修行義。王莽末，青、徐賊起，太師王匡請融爲助軍，與其〔共〕東征。及漢兵起，融復從王邑敗於昆陽下，歸長安。漢兵長驅入關，王邑薦融，拜爲波水將軍，賜黄金千斤，引兵至新豐。莽敗，融以軍降更始大司馬趙萌，萌以爲校尉，甚重之，薦融爲鉅鹿太守。融見更始新立，東方尚擾，不欲出關，而高祖父嘗爲張掖太守，從祖父爲護羌校尉，從弟亦爲武威太守，累世在河西，知其土俗，獨謂兄弟曰：「天下安危未可知，河西殷富，帶河爲固，張掖屬國精兵萬騎，一旦緩急，杜絶河津，足以自守，此遺種處也。」兄弟皆然之。融於是日往守萌，辭讓鉅鹿，圖出河西。萌爲言更始，乃得爲張掖屬國都尉。融大喜，即將家屬而西。既到，撫結雄傑，懷輯羌虜，甚得其歡心，河西翕然歸之。是時酒泉太守梁統、金城太守庫〔厙〕鈞、張掖都尉史苞、酒泉都尉竺曾、敦煌都尉辛肜，並州郡英俊，融皆與爲厚善。及更始敗，融與梁統等計議曰：「今天下擾亂，未知所歸。河西斗絶在羌胡中，不同心戮力，則不能自守；權鈞力齊，復無以相率。當推一人爲大將軍，共全五郡，觀時變動。」議既定，而各謙讓，咸以融世任河西爲吏，人所敬向，乃推融行河西五郡大將軍事。是時武威太守馬期、張掖太守任仲並孤立無黨，乃共移書告示之，二人即解印綬去。於是以梁統爲武威太守，史苞爲張掖太守，竺曾爲酒泉太守，辛肜爲敦煌太守，庫〔厙〕鈞爲金城太守。融居屬國，領都尉職如故，置從事監察五郡。河西民俗質樸，而融等政亦寬和，上下相親，晏然富殖。修兵馬，習戰射，明烽燧之警，羌胡犯塞，融輒自將與諸郡相救，皆如符要，每輒破之。其後匈奴懲艾，稀復侵寇，而保塞羌胡皆震服親附，安定、北地、上郡流人避凶饑者，歸之不絶。融等遥聞光武即位，而心欲東向，以河西隔遠，未能自通。時隗囂先稱建武年號，融等從受正朔，囂皆假其將軍印綬。囂外順人望，内懷異心，使辯士張玄游説河西曰：「更始事業已成，尋復亡滅，此一姓不再興之効。今即有所主，更相係屬，一旦拘制，自令失柄，後有危殆，雖悔無及。今豪傑競逐，雌雄未決，當各據其土宇，與隴、蜀合從，高可爲六國，下不失尉佗。」融等於是召豪傑及諸太守計議，其中智者皆曰：「漢承堯運，歷數延長。今皇帝姓號見於圖書，自前世博物道術之士谷子雲、夏賀良等，建明漢有再受命之符，言之久矣，故劉子駿改易名字，冀應其占。及莽末，道士西門君惠言劉秀當爲天子，遂謀立子駿。事覺被殺，出謂百姓觀者曰：『劉秀真汝主也。』皆近事暴著，智者所共見也。除言天命，且以人事論之：今稱帝者數人，而洛陽土地最廣，甲兵最强，號令最明。觀符命而察人事，它姓殆未能當也。」諸郡太守各有賓客，或同或異。融小心精詳，遂決策東向。五年夏，遣長史劉鈞奉書獻馬。先是，帝聞河西完富，地接隴、蜀，常欲招之以逼囂、述，亦發使遺融書，遇鈞於道，即與俱還。帝見鈞歡甚，禮饗畢，乃遣令還，賜融璽書曰：「制詔行河西五郡大將軍事、屬國都尉：勞鎮守邊五郡，兵馬精强，倉庫有蓄，民庶殷富，外則折挫羌胡，内則百姓蒙福。威德流聞，虚心相望，道路隔塞，邑邑何已！長史所奉書獻馬悉至，深知厚意。今益州有公孫子陽，天水有隗將軍，方蜀漢相攻，權在將軍，舉足左右，便有輕重。以此言之，欲相厚豈有量哉！諸事具長史所見，將軍所知。王者迭興，千載一會。欲遂立桓、文，輔微國，當勉卒功業；欲三分鼎足，連衡合從，亦宜以時定。天下未並，吾與爾絶域，非相吞之國。今之議者，必有任囂效尉佗制七郡之計。王者有分土，無分民，自適己事而已。今以黄金二百斤賜將軍，便宜輒言。」因授融爲凉州牧。璽書既至，河西咸驚，以爲天子明見萬里之外，網羅張立之情。融即復遣鈞上書曰：「臣融竊伏自惟，幸得托先后末屬，蒙恩爲外戚，累世二千石。至臣之身，復備列位，假歷將帥，守持一隅。以委質則易爲辭，以納忠則易爲力。書不足以深達至誠，故遣劉鈞口陳肝膽。自以底裏上露，長無纖介。而璽書盛稱蜀、漢二主，三分鼎足之權，任囂、尉佗之謀，竊自痛傷。臣融雖無識，猶知利害之際，順逆之分。豈可背真舊之主，事奸僞之人；廢忠貞之節，爲傾覆之事；棄已成之基，求無冀之利。此三者雖問狂夫，猶知去就，而臣獨何以用心！謹遣同産弟友詣闕，口陳區區。」友至高平，會囂反叛，道絶，馳還，遣司馬席封間行通書。帝復遣席封賜融、友書，所以慰籍之甚備。融既深知帝意，乃與隗囂書責讓之曰：「伏惟將軍國富政修，士兵懷附。親遇厄會之際，國家不利之時，守節不回，承事本朝，後遣伯春，委身於國，無疑之誠，於斯有效。融等所以欣服高義，願從役於將軍者，良爲此也。而忿悁之間，改節易圖，君臣分争，上下接兵，委成功，造難就，去從義，爲横謀，百年累之，一朝毁之，豈不惜乎！殆執事者貪功建謀，以至於此，融竊痛之！當今西州地勢局迫，人兵離散，易以輔人，難以自建。計若失路不反，聞道猶迷，不南合子陽，則北入文伯耳。夫負虚交而易强禦，恃遠救而輕近敵，未見其利也。融聞智者不危衆以舉事，仁者不違義以要功。今以小敵大，於衆何如？棄子徼功，於義何如？且初事本朝，稽首北面，忠臣節也。及遣伯春，垂涕相送，慈父恩也。俄而背之，謂吏士何？忍而棄之，謂留子何？自起兵以來，轉相攻擊，城郭皆爲丘墟，生人轉於溝壑。今其存者，非鋒刃之餘，則流亡之孤。迄今傷痍之耻未愈，哭泣之聲尚聞。幸賴天運少還，而大將軍復重於難，是使積痾不得遂瘳，幼孤將復流離，其爲悲痛，尤足愍傷，言之可爲酸鼻！庸人且猶不忍，況仁者乎？融聞爲忠甚易，得宜實難。憂人大過，以德取怨，知且以言獲罪也。區區所獻，唯將軍省焉。」囂不納。融乃與五郡太守共砥厲兵馬，上疏請師期。帝深嘉美之，乃賜融以外屬國〔圖〕及太史公五宗、外戚世家、魏其侯列傳。詔報曰：「每追念外屬，孝景皇帝出自竇氏，定王，景帝之子，朕之所祖。昔魏其一言，繼統以正，長君、少君尊奉師傅，修成淑德，施及子孫，此皇太后神靈，上天祐漢也。從天水來者寫將軍所讓隗囂書，痛入骨髓。畔臣見之，當股慄慚愧，忠臣則酸鼻流涕，義士則曠若發矇，非忠孝慤誠，孰能如此？豈其德薄者所能克堪！囂自知失河西之助，族禍將及，欲設間離之説，亂惑真心，轉相解搆，以成其姦。又京師百僚，不曉國家及將軍本意，多能採取虚僞，夸誕妄談，令忠孝失望，傳言乖實。毁譽之來，皆不徒然，不可不思。今關東盜賊已定，大兵今當悉西，將軍其抗厲威武，以應期會。」融被詔，即與諸郡守將兵入金城。初，更始時，先零羌封何諸種殺金城太守，居其郡，隗囂使使賂遺封何，與共結盟，欲發其衆。融等因軍出，進擊封何，大破之，斬首千餘級，得牛馬羊萬頭，穀數萬斛，因並河揚威武，伺候車駕。時大兵未進，融乃引還。帝以融信効著明，益嘉之。詔右扶風修理融父墳塋，祠以太牢。數馳輕使，致遺四方珍羞。梁統乃使人刺殺張玄，遂與囂絶，皆解所假將軍印綬。七年夏，酒泉太守竺曾以弟報怨殺人而去郡，融承制拜曾爲武鋒將軍，更以辛彤代之。秋，隗囂發兵寇安定，帝將自西征之，先戒融期。會遇雨，道斷，且囂兵已退，乃止。融至姑臧，被詔罷歸。融恐大兵遂久不出，乃上書曰：「隗囂聞車駕當西，臣融東下，士衆騷動，計且不戰。囂將高峻之屬皆欲逢迎大軍，後聞兵罷，峻等復疑。囂揚言東方有變，西州豪傑遂復附從。囂又引公孫述將，令守突門。臣融孤弱，介在其間，雖承威靈，宜遠救助。國家當其前，臣融促其後，緩急迭用，首尾相資，囂勢排迮，不得進退，此必破也。若兵不早進，久生持疑，則外長寇讎，内示困弱，復令讒邪得有因緣，臣竊憂之。惟陛下哀憐！」帝深美之。八年夏，車駕西征隗囂，融率五郡太守及羌虜小月氏等步騎數萬，輜重五千餘兩，與大軍會高平第一。融先遣從事問會見儀適，是時軍旅代〔興〕，諸將與三公交錯道中，或背使者交私語。帝聞融先問禮儀，甚善之，以宣告百僚。乃置酒高會，引見融等，待以殊禮。拜弟友爲奉車都尉，從弟士太中大夫。遂共進軍，囂衆大潰，城邑皆降。帝高融功，下詔以安豐、陽泉、蓼、安安風四縣封融爲安豐侯，弟友爲顯親侯。遂以次封諸將帥：武鋒將軍竺曾爲助義侯，武威太守梁統爲成義侯，張掖太守史苞爲褒義侯，金城太守庫〔厙〕鈞爲輔義侯，酒泉太守辛彤爲挾義侯。封爵既畢，乘輿東歸，悉遣融等西還所鎮。融以兄弟並受爵位，久專方面，懼不自安，數上書求代。詔報曰：「吾與將軍如左右手耳，數執謙退，何不曉人意？勉循士民，無擅離部曲。」及隴、蜀平，詔融與五郡太守奏事京師，官屬賓客相隨，駕乘千餘兩，馬牛羊被野。融到，詣洛陽城門，上涼州牧、張掖屬國都尉、安豐侯印綬，詔遣使者還侯印綬。引見，就諸侯位，賞賜恩寵，傾動京師。數月，拜爲冀州牧，十餘日，又遷大司空。融自以非舊臣，一旦入朝，在功臣之右，每召會進見，容貌辭氣卑恭已甚，帝以此愈親厚之。融小心，久不自安，數辭讓爵位，因侍中金遷口達至誠。又上疏曰：「臣融年五十三。有子年十五，質性頑鈍。臣融朝夕教導以經藝，不得令觀天文，見讖記。誠欲令恭肅畏事，恂恂循道，不願其有才能，何況乃當傳以連城廣土，享故諸侯王國哉！」因復請間求見，帝不許。後朝罷，逡巡席後，帝知欲有讓，遂使左右傳出。它日會見，迎詔融曰：「日者知公欲讓職還土，故命公暑熱且自便。今相見，宜論他事，勿得復言。」融不敢重陳請。二十年，大司徒戴涉坐所舉人盗金下獄，帝以三公參職，不得已乃策免融。明年，加位特進。二十三年，代陰興行衞尉事，特進如故，又兼領將作大匠。弟友爲城門校尉，兄弟並典禁兵。融復乞骸骨，輒賜錢帛，大官致珍奇。及友卒，帝愍融年衰，遣中常侍、中謁者即其卧内强進酒食。融長子穆，尚内黄公主，代友爲城門校尉。穆子勳，尚東海恭王彊女沘陽公主，友子固，亦尚光武女涅陽公主。顯宗即位，以融從兄子林爲護羌校尉。竇氏一公，兩侯，三公主，四二千石，皆相與並時。自祖及孫，官府邸第相望京邑，奴婢以千數，於親戚、功臣中莫與爲比。永平二年，林以罪誅，事在《西羌傳》。帝由是數下詔切責融，戒以竇嬰、田蚡禍敗之事。融惶恐乞骸骨，詔令歸第養病。歲餘，聽上衛尉印綬，賜養牛，上樽酒。融在宿衛十餘年，年老，子孫縱誕，多不法。穆等遂交通輕薄，屬托郡縣，干亂政事。以封在安豐，欲令姻戚悉據故六安國，遂矯稱陰太后詔，令六安侯劉盱去婦，因以女妻之。五年，盱婦家上書言狀，帝大怒，乃盡免穆等官，諸竇爲郎吏者皆將家屬歸故郡，獨留融京師。穆等西至函谷關，有詔悉復追還。會融卒，時年七十八，謚曰戴侯，賻送甚厚。

論曰：竇融始以豪傑爲名，拔起風塵之中，以投天隙。遂蟬蛻五侯之尊，終膺卿相之位，此則徼功趣勢之士也。及其爵位崇滿，至乃放遠權寵，恂恂似若不能已者，又何智也！嘗獨詳味此子之風度，雖經國之術無足多談，而進退之禮良可言矣。

憲字伯度。父勳被誅，憲少孤。建初二年，女弟立爲皇后，拜憲爲郎，稍遷侍中、虎賁中郎將；弟篤，爲黄門侍郎。兄弟親幸，並侍宫省，賞賜累積，寵貴日盛，自王、主及陰、馬諸家，莫不畏憚。憲恃宫掖聲勢，遂以賤直請奪沁水公主園田，主逼畏，不敢計。後肅宗駕出過園，指以問憲，憲陰喝不得對。後發覺，帝大怒，召憲切責曰：「深思前過，奪主田園時，何用愈趙高指鹿爲馬？久念使人驚怖。昔永平中，常令陰黨、陰博、鄧疊三人更相糾察，故諸豪戚莫敢犯法者，而詔書切切，猶以舅氏田宅爲言。今貴主尚見枉奪，何况小人哉！國家棄憲如孤雛腐鼠耳。」憲大震懼，皇后爲毁服深謝，良久乃得解，使以田還主，雖不繩其罪，然亦不授以重任。和帝即位，太后臨朝，憲以侍中，内幹機密，出宣誥命。肅宗遺詔以篤爲虎賁中郎將，篤弟景、瓌並中常侍，於是兄弟皆在親要之地。

齊殤王子都鄉侯暢來弔國憂，暢素行邪僻，與步兵校尉鄧疊親屬數往來京師，因疊母元自通長樂宮，得幸太后，被詔召詣上東門。憲懼見幸，分宮省之權，遣客刺殺暢於屯衞之中，而歸罪於暢弟利侯剛，乃使侍御史與青州刺史雜考剛等。後事發覺，太后怒，閉憲於內宮。憲懼誅，自求擊匈奴以贖死。會南單于請兵北伐，乃拜憲車騎將軍，金印紫綬，官屬依司空，以執金吾耿秉爲副，發北軍五校，黎陽、雍營、緣邊十二郡騎士，及羌胡兵出塞。明年，憲與秉各將四千騎及南匈奴左谷蠡王師子萬騎出朔方鷄鹿塞，南單于屯屠河，將萬餘騎出滿夷谷，度遼將軍鄧鴻及緣邊義從羌胡八千騎，與左賢王安國萬騎出稒陽塞，皆會涿邪山。憲分遣副校尉閻盤、司馬耿夔、耿譚將左谷蠡王師子、右呼衍王須訾等，精騎萬餘，與北單于戰于稽落山，大破之，虜衆崩潰，單于遁走，追擊諸部，遂臨私渠比鞮海。斬名王已下萬三千級，獲生口馬牛羊橐駝百餘萬頭。於是温犢須、日逐、温吾、夫渠王柳鞮等八十一部率衆降者，前後二十餘萬人。憲、秉遂登燕然山，去塞三千餘里，刻石勒功，紀漢威德，令班固作銘曰：惟永元元年秋七月，有漢元舅曰車騎將軍竇憲，寅亮聖明，登翼王室，納于大麓，惟清緝熙。乃與執金吾耿秉，述職巡御，理兵於朔方。鷹揚之校，螭虎之士，爰該六師，暨南單于、東烏桓、西戎氐羌侯王君長之群，驍騎三萬。元戎輕武，長轂四分，雲輜蔽路，萬有三千餘乘。勒以八陣，莅以威神，玄甲耀日，朱旗絳天。遂陵高闕，下鷄鹿，經磧鹵，絶大漠，斬温禺以釁鼓，血尸逐以染鍔。然後四校橫徂，星流彗埽，蕭條萬里，野無遺寇。於是域滅區單，反旆而旋，考傳驗圖，窮覽其山川。遂踰涿邪，跨安侯，乘燕然，躡冒頓之區落，焚老上之龍庭。上以攄高、文之宿憤，光祖宗之玄靈；下以安固後嗣，恢復境宇，振大漢之天聲。兹所謂一勞而久逸，暫廢〔費〕而永寧者也。乃遂封山刊石，昭銘上德。其辭曰：鑠王師兮征荒裔，勦凶虐兮截海外，夐其邈兮亘地界，封神丘兮建隆嵑，熙帝載兮振萬世。憲乃班師而還。

論曰：衞青、霍去病資强漢之衆，連年以事匈奴，國耗太半矣，而猾虜未之勝，後世猶傳其良將，豈非以身名自終邪！竇憲率羌胡邊雜之師，一舉而空朔庭，至乃追奔稽落之表，飲馬北鞮之曲，銘石負鼎，薦告清廟。列其功庸，兼茂於前多矣，而後世莫稱者，章末釁以降其實也。是以下流，君子所甚惡焉。夫二三子得之不過房帷之間，非復搜揚仄陋，選舉而登也。當青病奴僕之時，竇將軍念咎之日，乃庸力之不暇，思鳴之無晨，何意裂膏腴，享崇號乎？東方朔稱「用之則爲虎，不用則爲鼠」，信矣。以此言之，士有懷琬琰以就煨塵者，亦何可支哉！

馬援列傳

馬援傳　處分隗囂始末　答諸曹一段　平徵側始末　上銅馬式表　馬革裹屍始末　論　附子廖勸成德政疏　兄子嚴上日食封事

馬援字文淵，扶風茂陵人也。其先趙奢爲趙將，號曰馬服君，子孫因爲氏。武帝時，以吏二千石自邯鄲徙焉。曾祖父通，以功封重合侯，坐兄何羅反，被誅，故援再世不顯。援三兄況、余、員，並有行才能，王莽時皆爲二千石。援年十二而孤，少有大志，諸兄奇之。嘗受《齊詩》，意不能守章句，乃辭況，欲就邊郡田牧。況曰：「汝大才，當晚成。良工不示人以樸，且從所好。」會況卒，援行服期年，不離墓所；敬事寡嫂，不冠不入廬。後爲郡督郵，送囚至司命府，囚有重罪，援哀而縱之，遂亡命北地。遇赦，因留牧畜，賓客多歸附者，遂役屬數百家。轉游隴漢間，嘗謂賓客曰：「丈夫爲志，窮當益堅，老當益壯。」因處田牧，至有牛馬羊數千頭，穀數萬斛。既而嘆曰：「凡殖貨財產，貴其能施賑也，否則守錢虜耳。」乃盡散以班昆弟故舊，身衣羊裘皮絝。王莽末，四方兵起，莽從弟衞將軍林廣招雄俊，乃辟援及同縣原涉爲掾，薦之於莽。莽以涉爲鎮戎大尹，援爲新成大尹。及莽敗，援兄員時爲增山連率，與援俱去郡，復避地凉州。世祖即位，員先詣洛陽，帝遣員復郡，卒於官。援因留西州，隗囂甚敬重之，以援爲綏德將軍，與決籌策。是時公孫述稱帝於蜀，囂使援往觀之。援素與述同里閈，相善，以爲既至當握手歡如平生，而述盛陳陛衛，以延援入，交拜禮畢，使出就館，更爲援制都布單衣、交讓冠，會百官於宗廟中，立舊交之位。述鸞旗旄騎，警蹕就車，磬折而入，禮饗官屬甚盛，欲授援以封侯大將軍位。賓客皆樂留，援曉之曰：「天下雄雌未定，公孫不吐哺走迎國士，與圖成敗，反修飾邊幅，如偶人形。此子何足久稽天下士乎？」因辭歸，謂囂曰：「子陽井底蛙耳，而妄自尊大，不如專意東方。」建武四年冬，囂使援奉書洛陽。援至，引見於宣德殿。世祖迎笑謂援曰：「卿遨游二帝間，今見卿，使人大慚。」援頓首辭謝，曰：「當今之世，非獨君擇臣也，臣亦擇君矣。臣與公孫述同縣，少相善。臣前至蜀，述陛戟而後進臣。臣今遠來，陛下何知非刺客奸人，而簡易若是？」帝復笑曰：「卿非刺客，顧説客耳。」援曰：「天下反覆，盗名字者不可勝數。今見陛下，恢廓大度，同符高祖，乃知帝王自有真也。」帝甚壯之。援從南幸黎丘，轉至東海。及還，以爲待詔，使太中大夫來歙持節送援西歸隴右。隗囂與援共卧起，問以東方流言及京師得失。援説囂曰：「前到朝廷，上引見數十，每接宴語，自夕至旦，才明勇略，非人敵也。且開心見誠，無所隱伏，闊達多大節，略與高帝同。經學博覽，政事文辯，前世無比。」囂曰：「卿謂何如高帝？」援曰：「不如也。高帝無可無不可；今上好吏事，動如節度，又不喜飲酒。」囂意不懌，曰：「如卿言，反復勝邪？」然雅信援，故遂遣長子恂入質。援因將家屬隨恂歸洛陽。居數月而無它職任。援以三輔地曠土沃，而所將賓客猥多，乃上書求屯田上林苑中，帝許之。會隗囂用王元計，意更狐疑，援數以書記責譬於囂。囂怨援背己，得書增怒，其後遂發兵拒漢。援乃上疏曰：「臣援自念歸身聖朝，奉事陛下，本無公輔一言之薦，左右爲容之助。臣不自陳，陛下何因聞之。夫居前不能令人輊，居後不能令人軒，與人怨不能爲人患，臣所耻也。故敢觸冒罪忌，昧死陳誠。臣與隗囂，本實交友。初，囂遣臣東，謂臣曰：『本欲爲漢，願足下往觀之。於汝意可，即專心矣。』〔及〕臣還反，報以赤心，實欲導之於善，非敢譎以非義。而囂自挾奸心，盜憎主人，怨毒之情遂歸於臣。臣欲不言，則無以上聞，願聽詣行在所，極陳滅囂之術，得空匈腹，申愚策，退就隴畝，死無所恨。」帝乃召援計事，援具言謀畫。因使援將突騎五千，往來游説囂將高峻、任禹之屬，下及羌豪，爲陳禍福，以離囂友黨。援又爲書與囂將楊廣，使曉勸於囂，曰：「春卿無恙。前別冀南，寂無音驛。援間還長安，因留上林。竊見四海已定，兆民同情，而季孟閉拒背畔，爲天下表的。常懼海內切齒，思相屠裂，故遺書戀戀，以致惻隱之計。乃聞季孟歸罪於援，而納王游翁諂邪之説，自謂函谷以西，舉足可定，以今而觀，竟何如邪？援間至河內，過存伯春，見其奴吉從西方還，説伯春小弟仲舒望見吉，欲問伯春無它否，竟不能言，曉夕號泣，婉轉塵中。又説其家悲愁之狀，不可言也。夫怨讎可刺不可毀，援聞之，不自知泣下也。援素知季孟孝愛，曾、閔不過。夫孝於其親，豈不慈於其子？可有子抱三木，而跳梁妄作，自同分羹之事乎？季孟平生自言所以擁兵衆者，欲以保全父母之國而完墳墓也，又言苟厚士大夫而已。而今所欲全者將破亡之，所欲完者將毀傷之，所欲厚者將反薄之。季孟嘗折愧子陽而不受其爵，今更共陸陸，欲往附之，將難爲顏乎？若復責以重質，當安從得子主給是哉！往時子陽獨欲以王相待，而春卿拒之；今者歸老，更欲低頭與小兒曹共槽櫪而食，並肩側身於怨家之朝乎？男兒溺死何傷而拘游哉！今國家待春卿意深，宜使牛孺卿與諸耆老大人共説季孟，若計畫不從，真可引領去矣。前披輿地圖，見天下郡國百有六所，奈何欲以區區二邦以當諸夏百有四乎？春卿事季孟，外有君臣之義，內有朋友之道。言君臣邪，固當諫争；語朋友邪，應有切磋。豈有知其無成，而但萎腇咋舌，叉手從族乎？及今成計，殊尚善也；過是，欲少味矣。且來君叔天下信士，朝廷重之，其意依依，常獨爲西州言。援商朝廷，尤欲立信於此，必不負約。援不得久留，願急賜報。」廣竟不答。八年，帝自西征囂，至漆，諸將多以王師之重，不宜遠入險阻，計猶豫未決。會召援，夜至，帝大喜，引入，具以群議質之。援因說隗囂將帥有土崩之勢，兵進有必破之狀。又於帝前聚米爲山谷，指畫形勢，開示衆軍所從道徑往來，分析曲折，昭然可曉。帝曰：「虜在吾目中矣。」明旦，遂進軍至第一，囂衆大潰。九年，拜援爲太中大夫，副來歙監諸將平涼州。

援務開恩信，寬以待下，任吏以職，但總大體而已。賓客故人，日滿其門。諸曹時白外事，援輒曰：「此丞、掾之任，何足相煩。頗哀老子，使得遨游。若大姓侵小民，黠羌欲旅距，此乃太守事耳。」

援自還京師，數被進見。爲人明須髮，眉目如畫。閑於進對，尤善述前世行事。每言及三輔長者，下至閭里少年，皆可觀聽。自皇太子、諸王侍聞者，莫不屬耳忘倦。又善兵策，帝常言「伏波論兵，與我意合」，每有所謀，未嘗不用。初，卷人維汜，妖言稱神，有弟子數百人，坐伏誅。後其弟子李廣等宣言汜神化不死，以誑惑百姓。十七年，遂共聚會徒黨，攻没皖城，殺皖侯劉閔，自稱「南嶽太師」。遣謁者張宗將兵數千人討之，復爲廣所敗。於是使援發諸郡兵，合萬餘人，擊破廣等，斬之。又交阯女子徵側及女弟徵貳反，攻没其郡，九真、日南、合浦蠻夷皆應之，寇略嶺外六十餘城，側自立爲王。於是璽書拜援伏波將軍，以扶樂侯劉隆爲副，督樓船將軍段志等南擊交阯。軍至合浦而志病卒，詔援並將其兵。遂緣海而進，隨山刊道千餘里。十八年春，軍至浪泊上，與賊戰，破之，斬首數千級，降者萬餘人。援追徵側等至禁谿，數敗之，賊遂散走。明年正月，斬徵側、徵貳，傳首洛陽。封援爲新息侯，食邑三千户。援乃擊牛釃酒，勞饗軍士。從容謂官屬曰：「吾從弟少游常哀吾慷慨多大志，曰：『士生一世，但取衣食裁足，乘下澤車，御款段馬，爲郡掾吏，守墳墓，鄉里稱善人，斯可矣。致求贏餘，但自苦耳。』當吾在浪泊、西里間，虜未滅之時，下潦上霧，毒氣重蒸，仰視飛鳶跕跕墮水中，臥念少游平生時語，何可得也！今賴士大夫之力，被蒙大恩，猥先諸君紆佩金紫，且喜且慚。」吏士皆伏稱萬歲。

援好騎，善别名馬，於交阯得駱越銅鼓，乃鑄爲馬式，還〔上〕之。因表曰：「夫行天莫如龍，行地莫如馬。馬者甲兵之本，國之大用。安寧則以别尊卑之序，有變則以濟遠近之難。昔有騏驥，一日千里，伯樂見之，昭然不惑。近世有西河子輿，亦明相法。子輿傳西河儀長孺，長孺傳茂陵丁君都，君都傳成紀楊子阿，臣援嘗師事子阿，受相馬骨法，考之於行事，輒有驗効。臣愚以爲傳聞不如親見，視景不如察形。今欲形之於生馬，則骨法難備具，又不可傳之於後。孝武皇帝時，善相馬者東門京鑄作銅馬法獻之，有詔立馬於魯班門外，則更名魯班門曰金馬門。臣謹依儀氏輢，中帛氏口齒，謝氏脣鬐，丁氏身中，備此數家骨相以爲法。」

初，援軍還，將至，故人多迎勞之，平陵人孟冀，名有計謀，於坐賀援。援謂之曰：「吾望子有善言，反同衆人邪？昔伏波將軍路博德開置七郡，裁封數百户；今我微勞，猥饗大縣，功薄賞厚，何以能長久乎？先生奚用相濟？」冀曰：「愚不及。」援曰：「方今匈奴、烏桓尚擾北邊，欲自請擊之。男兒要當死於邊野，以馬革裹屍還葬耳，何能卧床上在兒女子手中邪？」冀曰：「諒爲烈士，當如此矣。」還月餘，會匈奴、烏桓寇扶風，援以三輔侵擾，園陵危逼，因請行，許之。自九月至京師，十二月復出屯襄國。詔百官祖道。援謂黄門郎梁松、竇固曰：「凡人爲貴，當使可賤，如卿等欲不可復賤，居高堅自持，勉思鄙言。」松後果以貴滿致灾，固亦幾不免。明年秋，援乃將三千騎出高柳，行雁門、代郡、上谷障塞。烏桓候者見漢軍至，虜遂散去，援無所得而還。援嘗有疾，梁松來候之，獨拜床下，援不答。松去後，諸子問曰：「梁伯孫帝壻，貴重朝廷，公卿已下莫不憚之，大人奈何獨不爲禮？」援曰：「我乃松父友也。雖貴，何得失其序乎？」松由是恨之。二十四年，威武將軍劉尚擊武陵五溪蠻夷，深入，軍没，援因復請行。時年六十二，帝愍其老，未許之。援自請曰：「臣尚能被甲上馬。」帝令試之。援據鞍顧眄，以示可用。帝笑曰：「矍鑠哉是翁也！」遂遣援率中郎將馬武、耿舒、劉匡、孫永等，將十二郡募士及弛刑四萬餘人征五溪。援夜與送者訣，謂友人謁者杜愔曰：「吾受厚恩，年迫餘日索，常恐不得死國事。今獲所願，甘心瞑目，但畏長者家兒或在左右，或與從事，殊難得調，介介獨惡是耳。」明年春，軍至臨鄉，遇賊攻縣，援迎擊，破之，斬獲二千餘人，皆散走入竹林中。初，軍次下雋，有兩道可入，從壺頭則路近而水嶮，從充則塗夷而運遠，帝初以爲疑。及軍至，耿舒欲從充道，援以爲棄日費糧，不如進壺頭，搤其喉咽，充賊自破。以事上之，帝從援策。三月，進營壺頭。賊乘高守隘，水疾，船不得上。會暑甚，士卒多疫死，援亦中病，遂困，乃穿岸爲室，以避炎氣。賊每升險鼓譟，援輒曳足以觀之，左右哀其壯意，莫不爲之流涕。耿舒與兄好時侯弇書曰：「前舒上書當先擊充，糧雖〔難〕運而兵馬得用，軍人數萬争欲先奮。今壺頭竟不得進，大衆怫鬱行死，誠可痛惜。前到臨鄉，賊無故自致，若夜擊之，即可殄滅。伏波類西域賈胡，到一處輒止，以是失利。今果疾疫，皆如舒言。」弇得書，奏之。帝乃使虎賁中郎將梁松乘驛責問援，因代監軍。會援病卒，松宿懷不平，遂因事陷之。帝大怒，追收援新息侯印綬。初，兄子嚴、敦並喜譏議，而通輕俠客。援前在交阯，還書誡之曰：「吾欲汝曹聞人過失，如聞父母之名，耳可得聞，口不可得言也。好論議人長短，妄是非正法，此吾所大惡也，寧死不願聞子孫有此行也。汝曹知吾惡之甚矣，所以復言者，施矜〔衿〕結褵，申父母之戒，欲使汝曹不忘之耳。龍伯高敦厚周慎，口無擇言，謙約節儉，廉公有威，吾愛之重之，願汝曹効之。杜季良豪俠好義，憂人之憂，樂人之樂，清濁無所失，父喪致客，數郡畢至，吾愛之重之，不願汝曹効也。効伯高不得，猶爲謹敕之士，所謂刻鵠不成尚類鶩者也。效季良不得，陷爲天下輕薄子，所謂畫虎不成反類狗者也。訖今季良尚未可知，郡將下車輒切齒，州郡以爲言，吾常爲寒心，是以不願子孫効也。」季良名保，京兆人，時爲越騎司馬。保仇人上書，訟保「爲行浮薄，亂郡惑衆，伏波將軍萬里還書以誡兄子，而梁松、竇固以之交結，將扇其輕僞，敗亂諸夏」。書奏，帝召責松、固，以訟書及援誡書示之，松、固叩頭流血，而得不罪。詔免〔保〕官。伯高名述，亦京兆人，爲山都長，由此擢拜零陵太守。初，援在交阯，常餌薏苡實，用能輕身省慾，以勝瘴氣。南方薏苡實大，援欲以爲種，軍還，載之一車。時人以爲南土珍怪，權貴皆望之。援時方有寵，故莫以聞。及卒後，有上書譖之者，以爲前所載還，皆明珠文犀。馬武與於陵侯侯昱等皆以章言其狀，帝益怒。援妻孥惶懼，不敢以喪還舊塋，裁買城西數畝地稾葬而已。賓客故人莫敢吊會。嚴與援妻子草索相連，詣闕請罪。帝乃出松書以示之，方知所坐，上書訴冤，前後六上，辭甚哀切，然後得葬。又前雲陽令同郡朱勃詣闕上書曰：「臣聞王德聖政，不忘人之功，採其一美，不求備於衆。故高祖赦蒯通而以王禮葬田橫，大臣曠然，咸不自疑。夫大將在外，讒言在内，微過輒記，大功不計，誠爲國之所慎也。故章邯畏口而奔楚，燕將據聊而不下。豈其甘心末規哉，悼巧言之傷類也。竊見故伏波將軍新息侯馬援，拔自西州，欽慕聖義，間關險難，觸冒萬死，孤立群貴之間，傍無一言之佐，馳深淵，入虎口，豈顧計哉！寧自知當要七郡之使，徼封侯之福邪？八年，車駕西討隗囂，國計狐疑，衆營未集，援建宜進之策，卒破西州。及吴漢下隴，冀路斷隔，唯獨狄道爲國堅守，士民饑困，寄命漏刻。援奉詔西使，鎮慰邊衆，乃招集豪傑，曉誘羌戎，謀如涌泉，勢如轉規，遂救側〔倒〕縣之急，存幾亡之城，兵全師進，因糧敵人，隴、冀略平，而獨守空郡，兵動有功，師進輒克。誅鋤先零，緣入山谷，猛怒力戰，飛矢貫脛。又出征交阯，土多瘴氣，援與妻子生訣，無悔吝之心，遂斬滅徵側，克平一州。間復南討，立陷臨鄉，師已有業，未竟而死，吏士雖疫，援不獨存。夫戰或以久而立功，或以速而致敗，深入未必爲得，不進未必爲非。人情豈樂久屯絶地，不生歸哉！惟援得事朝廷二十二年，北出塞漠，南渡江海，觸冒害氣，僵死軍事，名滅爵絶，國土不傳。海内不知其故，衆庶未聞其毁，卒遇三夫之言，被誣罔之讒，家屬杜門，葬不歸墓，怨隙並興，宗親怖慄，死者不能自列，生者莫爲之訟，臣竊傷之。夫明主醲於用賞，約於用刑。高祖嘗與陳平金四萬斤以間楚軍，不問出入所爲，豈復疑以錢穀間哉？夫操孔父之忠而不能自免於讒，此鄒陽之所悲也。《詩》云：『取彼讒人，投畀豺虎。豺虎不食，投畀有北。有北不受，投畀有昊。』此言欲令上天而平其惡。惟陛下留思豎儒之言，無使功臣懷恨黃泉。臣聞《春秋》之義，罪以功除；聖王之祀，臣有五義。若援，所謂以死勤事者也。願下公卿平援功罪，宜絶宜續，以厭海内之望。臣年已六十，常伏田里，竊感欒布哭彭越之義，冒陳悲憤，戰慄闕庭。」書奏，報〔歸〕田里。勃字叔陽，年十二能誦《詩》、《書》。常候援兄況。勃衣方領，能拒〔矩〕步，辭言嫻雅，援裁知書，見之自失。況知其意，乃自酌酒慰援曰：「朱勃小器速成，智盡此耳，卒當從汝稟學，勿畏也。」朱勃未二十，右扶風請試守渭城宰，及援爲將軍，封侯，而勃位不過縣令。援後雖貴，常待以舊恩而卑侮之，勃愈身自親，及援遇讒，唯勃能終焉。肅宗即位，追賜勃子穀二千斛。初，援兄子壻王磐子石，王莽從兄平阿侯仁之子也。莽敗，磐擁富貲居故國，爲人尚氣節而愛士好施，有名江淮閒。後游京師，與衞尉陰興、大司空朱浮、齊王章共相友善。援謂姊子曹訓曰：「王氏，廢姓也。子石當屏居自守，而反游京師長者，用氣自行，多所陵折，其敗必也。」後歲餘，磐果與司隸校尉蘇鄴、丁鴻事相連，坐死洛陽獄。而磐子肅復出入北宫及王侯邸第。援謂司馬吕种曰：「建武之元，名爲天下重開。自今以往，海内日當安耳，但憂國家諸子並壯，而舊防未立，若多通賓客，則大獄起矣。卿曹戒慎之！」及郭后薨，有上書者，以爲肅等受誅之家，客因事生亂，慮致貫高、任章之變。帝怒，乃下郡縣收捕諸王賓客，更相牽引，死者以千數。吕种亦豫其禍，臨命嘆曰：「馬將軍誠神人也！」永平初，援女立爲皇后。顯宗圖畫建武中名臣、列將於雲臺，以椒房故，獨不及援。東平王蒼觀圖，言於帝曰：「何故不畫伏波將軍像？」帝笑而不言。至十七年，援夫人卒，乃更修封樹，起祠堂。建初三年，肅宗使五官中郎將持節追策，謚援曰忠成侯。

論曰：馬援騰聲三輔，遨游二帝，及定節立謀，以干時主，將懷負鼎之願，蓋爲千載之遇焉。然其戒人之禍，智矣，而不能自免於讒隙。豈功名之際，理固然乎？夫利不在身，以之謀事則智；慮不私己，以之斷義必厲。誠能回觀物之智而爲反身之察，若施之於人則能恕，自鑒其情亦明矣。

廖字敬平，少以父任爲郎。明德皇后既立，拜廖爲羽林左監、虎賁中郎將。顯宗崩，受遺詔典掌門禁，遂代趙憙爲衛尉，肅宗甚尊重之。時皇太后躬履節儉，事從簡約。廖慮美業難終，上疏長樂宫以勸成德政，曰：「案前世詔令，以百姓不足，起於世尚奢靡，故元帝罷服官，成帝御浣衣，哀帝去樂府。然而侈費不息，至於衰亂者，百姓從行不從言也。夫改政移風，必有其本。傳曰：『吴王好劍客，百姓多創瘢；楚王好細腰，宫中多餓死。』長安語曰：『城中好高髻，四方高一尺；城中好廣眉，四方且半額；城中好大袖，四方全匹帛。』斯言如戲，有切事實。前下制度未幾，後稍不行。雖或吏不奉法，良由慢起京師。今陛下躬服厚繒，斥去華飾，素簡所安，發自聖性。此誠上合天心，下順民望，浩大之福，莫尚於此。陛下既已得之自然，猶宜加以勉勗，法太宗之隆德，戒成、哀之不終。《易》曰：『不恒其德，或承之羞。』誠令斯事一竟，則四海誦德，聲薰天地，神明可通，金石可勒，而况於行仁心乎，况於行令乎！願置章坐側，以當瞽人夜誦之音。」太后深納之。

冬，有日食之灾，嚴上封事曰：「臣聞日者衆陽之長，食者陰侵之徵。《書》曰：『無曠庶官，天工人其代之。』言王者代天官人也。故考績黜陟，以明褒貶。無功不黜，明〔則〕陰盛陵陽。臣伏見方今刺史太守專州典郡，不務奉事盡心爲國，而司察偏阿，取與自己，同則舉爲尤異，異則中以刑法，不即垂頭塞耳，採取財賂。今益州刺史朱酺、楊州刺史倪説、凉州刺史尹業等，每行考事，輒有物故，又選舉不實，曾無貶坐，是使臣下得作威福也。故事，州郡所舉上奏，司直察能否以懲虚實。今宜加防檢，式遵前制。舊丞相、御史親治職事，唯丙吉以年老優游，不案吏罪，於是宰府習爲常俗，更共罔養，以崇虚名，或未曉其職，便復遷徙，誠非建官賦禄之意。宜敕正百司，各責以事，州郡所舉，必得其人。若不如言，裁以法令。傳曰：『上德以寬服民，其次莫如猛。故火烈則人望而畏之，水懦則人狎而玩之。爲政者寬以濟猛，猛以濟寬。』如此，綏御有體，灾眚消矣。」書奏，帝納其言而免酺等官。

卓魯魏劉列傳 卓茂　魯恭　劉寬

卓茂傳 解馬及亭長受遺一段　論

卓茂字子康，南陽宛人也。父祖皆至郡守。茂元帝時學於長安，事博士江生，習《詩》、《禮》及曆算，究極師法，稱爲通儒。性寬仁恭愛。鄉黨故舊，雖行能與茂不同，而皆愛慕欣欣焉。初辟丞相府史，事孔光，光稱爲長者。時嘗出行，有人認其馬。茂問曰：「子亡馬幾何時？」對曰：「月餘日矣。」茂有馬數年，心知其謬，嘿解與之，挽車去，顧曰：「若非公馬，幸至丞相府歸我。」他日，馬主別得亡者，乃詣府送馬，叩頭謝之。茂性不好爭如此。後以儒術舉爲侍郎，給事黄門，遷密令。勞心諄諄，視人如子，舉善而教，口無惡言，吏人親愛而不忍欺之。人嘗有言部亭長受其米肉遺者，茂辟左右問之曰：「亭長爲從汝求乎？爲汝有事囑之而受乎？將平居自以恩意遺之乎？」人曰：「往遺之耳。」茂曰：「遺之而受，何故言邪？」人曰：「竊聞賢明之君，使人不畏吏，吏不取人。今我畏吏，是以遺之。吏既卒受，故來言耳。」茂曰：「汝爲敝人矣。凡人所以貴於禽獸者，以有仁愛，知相敬事也。今鄰里長老尚致餽遺，此乃人道所以相親，况吏與民乎？吏顧不當乘威力强請求耳。凡人之生，群居雜處，故有經紀禮義以相交接。汝獨不欲修之，寧能高飛遠走，不在人間邪？亭長素善吏，歲時遺之，禮也。」人曰：「苟如此，律何故禁之？」茂笑曰：「律設大法，禮順人情。今我以禮教汝，汝必無怨惡；以律治汝，何所措其手足乎？一門之内，小者可論，大者可殺也。且歸念之！」於是人納其訓，吏懷其恩。

論曰：建武之初，雄豪方擾，虓呼者連響，嬰城者相望，斯固倥傯不暇給之日。卓茂斷斷小宰，無它庸能，時已七十餘矣，而首加聘命，優辭重禮，其與周、燕之君表閭立館何異哉？於是蘊憤歸道之賓，越關阻，捐宗族，以排金門者衆矣。夫厚性寬中近於仁，犯而不校鄰於恕，率斯道也，怨悔曷其至乎！

魯恭傳

諫擊匈奴疏　斷獄疏議　附弟丕諸儒相難疏

和帝初立，議遣車騎將軍竇憲與征西將軍耿秉擊匈奴，恭上疏諫曰：「陛下親勞聖思，日昃不食，憂在軍役，誠欲以安定北垂，爲人除患，定萬世之計也。臣伏獨思之，未見其便。社稷之計，萬人之命，在於一舉。數年以來，秋稼不熟，人食不足，倉庫空虛，國無蓄積。會新遭大憂，人懷恐懼。陛下躬大聖之德，履至孝之行，盡諒陰三年，聽於冢宰。百姓闕然，三時不聞警蹕之音，莫不懷思皇皇，若有求而不得。今乃以盛春之月，興發軍役，擾動天下，以事戎狄，誠非所以垂恩中國，改元正時，由内及外也。萬民者，天之所生。天愛其所生，猶父母愛其子。一物有不得其所者，則天氣爲之舛錯，況於人乎？故愛人者必有天報。昔太王重人命而去邠，故獲上天之祐。夫戎狄者，四方之異氣也。蹲夷踞肆，與鳥獸無别。若雜居中國，則錯亂天氣，汚辱善人，是以聖王之制，羈縻不絶而已。今邊境無事，宜當修仁行義，尚於無爲，令家給人足，安業樂産。夫人道乂於下，則陰陽和於上，祥風時雨，覆被遠方，夷狄重譯而至矣。《易》曰：『有孚盈缶，終來有它吉。』言甘雨滿我之缶，誠來有我而吉已。夫以德勝人者昌，以力勝人者亡。今匈奴爲鮮卑所殺，遠藏於史侯河西，去塞數千里，而欲乘其虛耗，利其微弱，是非義之所出也。前太僕祭彤遠出塞外，卒不見一胡而兵已困矣。白山之難，不絶如綖，都護陷没，士卒死者如積，迄今被其辜毒。孤寡哀思之心未弭，仁者念之，以爲累息，奈何復欲襲其迹，不顧患難乎？今始徵發，而大司農調度不足，使者在道，分部督趣，上下相迫，民間之急亦已甚矣。三輔、並、凉少雨，麥根枯焦，牛死日甚，此其不合天心之效也。郡僚百姓，咸曰不可，陛下獨奈何以一人之計，棄萬人之命，不卹其言乎？上觀天心，下察人志，足以知事之得失。臣恐中國不爲中國，豈徒匈奴而已哉！惟陛下留聖恩，休罷士卒，以順天心。」書奏，不從。

和帝末，下令麥秋得案驗薄刑，而州郡好以苛察爲政，因此遂盛夏斷獄。恭上疏諫曰：「臣伏見詔書，敬若天時，憂念萬民，爲崇和氣，罪非殊死，且勿案驗。進柔良，退貪殘，奉時令。所以助仁德，順昊天，致和氣，利黎民者也。舊制至立秋乃行薄刑，自永元十五年以來，改用孟夏，而刺史、太守不深惟憂民息事之原，進良退殘之化，因以盛夏徵召農人，拘對考驗，連滯無已。司隸典司京師，四方是則，而近於春月分行諸部，托言勞來貧人，而無隱惻之實，煩擾郡縣，廉考非急，逮補〔捕〕一人，罪延十數，上逆時氣，下傷農業。案《易》五月《姤》用事。經曰：『后以施令誥四方。』言君以夏至之日，施命令止四方行者，所以助微陰也。行者尚止之，況於逮召考掠，奪其時哉！比年水旱傷稼，人饑流冗。今始夏，百穀權輿，陽氣胎養之時。自三月以來，陰寒不暖，物當化變而不被和氣。《月令》：『孟夏斷薄刑，出輕繫。行秋令則苦雨數來，五穀不熟。』又曰：『仲夏挺重因，益其食。行秋令則草木零落，人傷於疫。』夫斷薄刑者，謂其輕罪已正，不欲令久繫，故時案〔斷〕之也。臣愚以爲今孟夏之制，可從此令，其決獄案考，皆以立秋爲斷，以順時節，育成萬物，則天地以和，刑罰以清矣。」初，肅宗時，斷獄皆以冬至之前，自後論者互多駮異。鄧太后詔公卿以下會議，恭議奏曰：「夫陰陽之氣，相扶而行，發動用事，各有時節。若不當其時，則物隨而傷。王者雖質文不同，而兹道無變，四時之政，行之若一。《月令》，周世所造，而所據皆夏之時也，其變者唯正朔、服色、犧牲、徽號、器械而已。故曰：『殷因於夏禮，周因於殷禮，所損益可知也。』《易》曰：『潛龍勿用。』言十一月、十二月陽氣潛藏，未得用事。雖煦嘘萬物，養其根荄，而猶盛陰在上，地凍水冰，陽氣否隔，閉而成冬。故曰：『履霜堅冰，陰始凝也。馴致其道，至堅冰也。』言五月微陰始起，至十一月堅冰至也。夫王者之作，因時爲法。孝章皇帝深惟古人之道，助三正之微，定律著令，冀承天心，順物性命，以致時雍。然從變改以來，年歲不熟，穀價常貴，人不寧安。小吏不與國同心者，率入十一月得死罪賊，不問曲直，便即格殺，雖有疑罪，不復讞正。一夫吁嗟，王道爲虧，况於衆乎？《易》十二〔一〕月『君子以議獄緩死。』可令疑罪使詳其法，大辟之科，盡冬月乃斷。其立春在十二月中者，勿以報因如故事。」後卒施行。

侍中賈逵薦丕道藝深明，宜見任用。和帝因朝會，召見諸儒，丕與侍中賈逵、尚書令黄香等相難數事，帝善丕説，罷朝，特賜冠幘履韈衣一襲。丕因上疏曰：「臣以愚頑，顯備大位，犬馬氣衰，猥得進見，論難於前，無所甄明，衣服之賜，誠爲優過。臣聞説經者，傳先師之言，非從已出，不得相讓；相讓則道不明，若規矩權衡之不可枉也。難者必明其據，説者務立其義，浮華無用之言不陳於前，故精思不勞而道術愈章。法異者，各令自説師法，博觀其義。覽詩人之旨意，察《雅》《頌》之終始，明舜、禹、皋陶之相戒，顯周公、箕子之所陳，觀乎人文，化成天下。陛下既廣納謇謇以開四聰，無令芻蕘以言得罪；既顯巖穴以求仁賢，無使幽遠獨有遺失。」十三年，遷爲侍中。

劉寬傳　全

劉寬字文饒，弘農華陰人也。父崎，順帝時爲司徒。寬嘗行，有人失牛者，乃就寬車中認之。寬無所言，下駕步歸。有頃，認者得牛而送還，叩頭謝曰：「慚負長者，隨所刑罪。」寬曰：「物有相類，事容脱誤，幸勞見歸，何爲謝之？」州里服其不校。桓帝時，大將軍辟，五遷司徒長史。時京師地震，特見詢問。再遷，出爲東海相。延熹八年，徵拜尚書令，遷南陽太守。典歷三郡，温仁多恕，雖在倉卒，未嘗疾言遽色。常以爲「齊之以刑，民免而無耻」。吏人有過，但用蒲鞭罰之，示辱而已，終不加苦。事有功善，推之自下。灾異或見，引躬克責。每行縣止息亭傳，輒引學官祭酒及處士諸生執經對講。見父老慰以農里之言，少年勉以孝悌之訓。人感德興行，日有所化。靈帝初，徵拜太中大夫，侍講華光殿。遷侍中，賜衣一襲。轉屯騎校尉，遷宗正，轉光祿勳。嘉〔熹〕平五年，代許訓爲太尉。靈帝頗好學藝，每引見寬，常令講經。寬常於坐被酒睡伏。帝問：「太尉醉邪？」寬仰對曰：「臣不敢醉，但任重責大，憂心如醉。」帝重其言。寬簡略嗜酒，不好盥浴，京師以爲諺。嘗坐客，遣蒼頭市酒，迂久，大醉而還。客不堪之，駡曰：「畜產！」寬須臾遣人視奴，疑必自殺。顧左右曰：「此人也，駡言畜產，辱孰甚焉！故吾懼其死也。」夫人欲試寬令恚，伺當朝會，裝嚴已訖，使侍婢奉肉羹，翻污朝衣。婢遽收之，寬神色不異，乃徐言曰：「羹爛汝手？」其性度如此。海內稱爲長者。後以日食策免。拜衛尉。光和三〔二〕年，復〔代〕段熲爲太尉。在職三年，以日變免。又拜永樂少府，遷光祿勳。以先策黃巾逆謀，以事上聞，封逯鄉侯六百户。中平二年卒，年六十六。贈車騎將軍印綬，位特進，謚曰昭列〔烈〕侯。

伏侯宋蔡馮趙牟韋列傳

伏湛　宋弘　蔡茂　馮勤　韋彪

伏湛傳　節　附子隆招降張步被害始末

彭寵反於漁陽，帝欲自征之，湛上疏諫曰：「臣聞文王受命而征伐五國，必先詢之同姓，然後謀於群臣，加占蓍龜，以定行事，故謀則成，卜則吉，戰則勝。其《詩》曰：『帝謂文王，詢爾仇方，同爾弟兄，以爾鉤援，與爾臨衝，以伐崇庸。』崇國城守，先退後伐，所以重人命，俟時而動，故叁分天下而有其二。陛下承大亂之極，受命而帝，興明祖宗，出入四年，而滅檀鄉，制五校，降銅馬，破赤眉，誅鄧奉之屬，不爲無功。今京師空匱，資用不足，未能服近而先事邊外；且漁陽之地，逼接北狄，黠虜困迫，必求其助。又今所過縣邑，尤爲困乏。種麥之家，多在城郭，聞官兵將至，當已收之矣。大軍遠涉二千餘里，士馬罷勞，轉糧艱阻。今兖、豫、青、冀，中國之都，而寇賊從横，未及從化。漁陽以東，本備邊塞，地接外虜，貢税微薄。安平之時，尚資内郡，况今荒耗，豈足先圖？而陛下捨近務遠，棄易求難，四方疑怪，百姓恐懼，誠臣之所惑也。伏願遠覽文王重兵博謀，近思征伐前後之宜，顧問有司，使極愚誠，采其所長，擇之聖慮，以中土爲憂念。」帝覽其奏，竟不親征。時賊徐異卿等萬人據富平，連攻之不下，唯云「願降司徒伏公」。帝知湛爲青、徐所信向，遣到平原，異卿等即日歸降，護送洛陽。湛雖在倉卒，造次必於文德，以爲禮樂政化之首，顛沛猶不可違。是歲奏行鄉飲酒禮，遂施行之。其冬，車駕征張步，留湛居守。時蒸祭高廟，而河南尹、司隸校尉於廟中争論，湛不舉奏，坐策免。六年，徙封不其侯，邑三千六百户，遣就國。後南陽太守杜詩上疏薦湛曰：「臣聞唐、虞以股肱康，文王以多士寧，是故《詩》稱『濟濟』，《書》曰『良哉』。臣詩竊見〔故〕大司徒陽都侯伏湛，自行束修，訖無毁玷，篤信好學，守死善道，經爲人師，行爲儀表。前在河内朝歌及居平原，吏人畏愛，則而象之。遭時反覆，不離兵凶，秉節持重，有不可奪之志。陛下深知其能，顯以宰相之重，衆賢百姓，仰望德義。微過斥退，久不復用，有識所惜，儒士痛心，臣竊傷之。湛容貌堂堂，國之光暉；智略謀慮，朝之淵藪。髫髮厲志，白首不衰，實足以先後王室，名足以光示遠人。古者選擢諸侯以爲公卿，是故四方回首，仰望京師。柱石之臣，宜居輔弼，出入禁門，補缺拾遺。臣詩愚戇，不足以知宰相之才，竊懷區區，敢不自竭。臣前爲侍御史，上封事，言湛公廉愛下，好惡分明，累世儒學，素持名信，經明行修，通達國政，尤宜近侍，納言左右，舊制九州五尚書，令一郡二人，可以湛代。頗爲執事所非。但臣詩蒙恩深渥，所言誠有益於國，雖死無恨，故復越職觸冒以聞。」十三年夏，徵，敕尚書擇拜吏日，未及就位，因宴見中暑，病卒。賜秘器，帝親吊祠，遣使者送喪修冢。

隆字伯文，少以節操立名，仕郡督郵。建武二年，詣懷宫，光武甚親接之。時張步兄弟各擁强兵，據有齊地，拜隆爲太中大夫，持節使青、徐二州，招降郡國。隆移檄告曰：「乃者，猾臣王莽，殺帝盜位。宗室興兵，除亂誅莽，故群下推立聖公，以主宗廟。而任用賊臣，殺戮賢良，三王作亂，盜賊從從〔橫〕，忤逆天心，卒爲赤眉所害。皇天祐漢，聖哲應期，陛下神武奮發，以少制衆，故尋、邑以百萬之軍，潰散於昆陽，王郎以全趙之師，土崩於邯鄲，大彤、高胡望旗消靡，鐵脛、五校莫不摧破。梁王劉永，幸以宗室屬籍，爵爲侯王，不知厭足，自求禍棄，遂封爵牧守，造爲詐逆。今虎牙大將軍屯營十萬，已拔睢陽，劉永奔迸，家已族矣。此諸君所聞也。不先自圖，後悔何及！」青、徐群盜得此惶怖，獲索賊右師郎等六校即時皆降。張步遣使隨隆，詣闕上書，獻鰒魚。其冬，拜隆光祿大夫，復使於步，並與新除青州牧守及都尉俱東，詔隆輒拜令長以下。隆招懷綏緝，多求隆〔來降〕附。帝嘉其功，比之酈生。即拜步爲東萊太守，而劉永亦復遣使立步爲齊王。步貪受王爵，尤豫未決。隆曉譬曰：「高祖與天下約，非劉氏不王。今可得爲十萬户侯耳。」步欲留隆與共守二州，隆不聽，求得反命，步遂執隆而受永封。隆遣間使上書曰：「臣隆奉使無狀，受執凶逆，雖在困厄，授命不顧。又吏人知步反畔，心不附之，願以時進兵，無以臣隆爲念。臣隆得生到闕廷，受誅有司，此其大願；若令沒身寇手，以父母昆弟長累陛下。陛下與皇后、太子永享萬國，與天無極。」帝得隆奏，召父湛流涕以示之曰：「隆可謂有蘇武之節，恨不且許而遽求還也！」其後步遂殺之，時人莫不憐哀焉。

宋弘傳 弘始末 論

宋弘字仲子，京兆長安人也。父尚，成帝時至少府；哀帝立，以不附董賢，違忤抵罪。弘少而温順，哀平間作侍中，王莽時爲共工。赤眉入長安，遣使徵弘，逼迫不得已，行至渭橋，自投於水，家人救得出，因佯死獲免。光武即位，徵拜太中大夫。建武二年，代王梁爲大司空，封栒邑侯。所得租奉分贍九族，家無資産，以清行致稱。徙封宣平侯。帝嘗問弘通博之士，弘乃薦沛國桓譚才學洽聞，幾能及揚雄、劉向父子。於是召譚拜議郎、給事中。帝每宴，輒令鼓琴，好其繁聲。弘聞之不悅，悔於薦舉，伺譚内出，正朝服坐府上，遣吏召之。譚至，不與席而讓之曰：「吾所以薦子者，欲令輔國家以道德也。而今數進鄭聲以亂《雅》《頌》，非忠正者也。能自改邪？將令相舉以法乎？」譚頓首辭謝，良久乃遣之。後大會群臣，帝使譚鼓琴。譚見弘，失其常度。帝怪而問之。弘乃離席免冠謝曰：「臣所以薦桓譚者，望能以忠正導主，而令朝廷躭悦鄭聲，臣之罪也。」帝改容謝，使反服，其後遂不復令譚給事中。弘推進賢士馮翊，桓梁三十餘人，或相及爲公卿者。弘嘗宴見，御坐新屏風，圖畫列女，帝數顧視之。弘正容言曰：「未見好德如好色者。」帝即爲徹之。笑謂弘曰：「聞義則服，可乎？」對曰：「陛下進德，臣不勝其喜。」時帝姊湖陽公主新寡，帝與共論朝臣，微觀其意。主曰：「宋公威容德器，群臣莫及。」帝曰：「方且圖之。」後弘被引見，帝令主坐屏風後，因謂弘曰：「諺言貴易交，富易妻，人情乎？」弘曰：「臣聞貧賤之知不可忘，糟糠之妻不下堂。」帝顧謂主曰：「事不諧矣。」弘在位五年，坐考上黨太守無所據，免歸第。數年卒，無子，國除。

論曰：中興以後，居台相總權衡多矣，其能以任職取名者，豈非先遠業後小數哉？故惠公造次，急於鄉射之禮；君房入朝，先奏寬大之令。夫器博者無近用，道長者其功遠，蓋志士仁人所爲根心者也。君子以之得，固貴矣；以之失，亦得矣。宋弘止繁聲，戒淫色，其有《關雎》之風乎！

蔡茂傳 禁制貴戚書

洛陽令董宣舉糾湖陽〔公〕主，帝始怒收宣，既而赦之。茂喜宣剛正，欲令朝廷禁制貴戚，乃上書曰：「臣聞興化致教，必由進善；康國寧人，莫大理惡。陛下聖德重興，再隆大命，即位以來，四海晏然。誠宜夙興夜寐，雖休勿休。然頃者貴戚椒房之家，數因恩勢，干犯吏禁，殺人不死，傷人不論。臣恐繩墨棄而不用，斧斤廢而不舉。近湖陽公主奴殺人西市，而與主共輿，出入宫省，逋罪積日，冤魂不報。洛陽令董宣，直道不顧，干主討奸。陛下不先澄審，召欲加箠。當宣受怒之初，京師側耳；及其蒙宥，天下拭目。今者外戚憍逸，賓客放濫，宜敕有司案理奸罪，使執平之吏永申其用，以厭遠近不緝之情。」光武納之。

馮勤傳 節

司徒侯霸薦前梁令閻楊。楊素有譏議，帝嘗嫌之，既見霸奏，疑其有奸，大怒，賜霸璽書曰：「崇山、幽都何可偶，黄鉞一下無處所。欲以身試法邪？將殺身以成仁邪？」使勤奉策至司徒府。勤還，陳霸本意，申釋事理，帝意稍解，拜勤尚書僕射。職事十五年，以勤勞賜爵關内侯。遷尚書令，拜大司農，三歲遷司徒。先是三公多見罪退，帝賢勤，欲令以善自終，乃因宴見從容戒之曰：「朱浮上不忠於君，下陵轢同列，竟以中傷至今，死生吉凶未可知，豈不惜哉！人臣放逐受誅，雖復追加賞賜賻祭，不足以償不訾之身。忠臣孝子，覽照前世，以爲鏡誡。能盡忠於國，事君無二，則爵賞光乎當世，功名列於不朽，可不勉哉！」勤愈恭約盡忠，號稱任職。勤母年八十，每會見，詔敕勿拜，令御者扶上殿，謂諸王〔主〕曰：「使勤貴寵者，此母也。」其見親重如此。

韋彪傳 貢舉議及盛夏多寒疏

陳事者多言郡國貢舉率非功次，故守職益懈而吏事寖疏，咎在州郡。有詔下公卿朝臣議。彪上議曰：「伏惟明詔，憂勞百姓，垂恩選舉，務得其人。夫國以簡賢爲務，賢以孝行爲首。孔子曰：『事親孝故忠可移於君，是以求忠臣必於孝子之門。』夫人才行少能相兼，是以孟公綽優於趙、魏老，不可以爲滕、薛大夫。忠孝之人，持心近厚；鍛鍊之吏，持心近薄。三代之所以直道而行者，在其所以磨之故也。士宜以才行爲先，不可純以閥閱。然其要歸，在於選二千石。二千石賢，則貢舉皆得其人矣。」帝深納之。彪以世承二帝更化之後，多以苛刻爲能，又置官選職，不必以才，因盛夏多寒，上疏諫曰：「臣聞政化之本，必順陰陽。伏見立夏以來，當暑而寒，殆以刑罰刻急，郡國不奉時令之所致也。農人急於務而苛吏奪其時，賦發充常調而貪吏割其財，此其巨患也。夫欲急人所務，當先除其所患。天下樞要，在於尚書，尚書之選，豈可不重？而間者多從郎官超升此位，雖曉習文法，長於應對，然察察小慧，類無大能。宜簡昔歷州宰素有名者，雖進退舒遲，時有不逮，然端心向公，奉職周密。宜鑒嗇夫捷急之對，深思絳侯木訥之功也。往時楚獄大起，故置令史以助郎職，而類多小人，好爲奸利。今者務簡，可皆停省。又諫議之職，應用公直之士，通才謇正，有補益於朝者。今〔或〕從徵輩爲大夫。又御史外遷，動據州郡。並宜清選其任，責以言績。其二千石視事雖久，而爲吏民所便安者，宜增秩重賞，勿妄遷徙。惟留聖心。」書奏，帝納之。

宣張二王杜郭吴承鄭趙列傳

張湛　王丹　王良　杜林　吴良　趙典

張湛傳 節

張湛字子孝，扶風平陵人也。矜嚴好禮，動止有則，居處幽室，必自修整，雖遇妻子，若嚴君焉。及在鄉黨，詳言正色，三輔以爲儀表。人或謂湛僞詐，湛聞而笑曰：「我誠詐也。人皆詐惡，我獨詐善，不亦可乎！」成哀間，爲二千石。王莽時，歷太守、都尉。建武初，爲左馮翊。在郡修典禮，設條教，政化大行。後告歸平陵，望寺門而步。主簿進曰：「明府位尊德重，不宜自輕。」湛曰：「《禮》，下公門，軾輅馬。孔子於鄉黨，恂恂帝每見湛，輒言「白馬生且復諫矣」。七年，以病乞身，拜光禄大夫。

王丹傳 全

王丹字仲回，京兆下邽人也。哀、平時，仕州郡。王莽時，連徵不至。家累千金，隱居養志，好施周急。每歲農時，輒載酒肴於田間，候勤者而勞之。其墯孏者，耻不致丹，皆兼功自厲。邑聚相率，以致殷富。其輕黠游蕩廢業爲患者，輒曉其父兄，使黜責之。没者則賻給，親自將護。其有遭喪憂者，輒待丹爲辦，鄉鄰以爲常。行之十餘年，其化大洽，風俗以篤。丹資性方絜，疾惡强豪。時河南太守同郡陳遵，關西之大俠也。其友人喪親，遵爲護喪事，賻助甚豐。丹乃懷縑一匹，陳之於主人前，曰：「如丹此縑，出自機杼。」遵聞而有慚色。自以知名，欲結交於丹，丹拒而不許。會前將軍鄧禹西征關中，軍糧乏，丹率宗族上麥二千斛。禹表丹領左馮翊，稱疾不視事，免歸。後徵爲太子少傅。時大司徒侯霸欲與交友，及丹被徵，遣子昱候於道。昱迎拜車下，丹下答之。昱曰：「家公欲與君結交，何爲見拜？」丹曰：「君房有是言，丹未之許也。」丹子有同門生喪親，家在中山，白丹欲往奔慰。結侶將行，丹怒而撻之，令寄縑以祠焉。或問其故。丹曰：「交道之難，未易言也。世稱管、鮑，次則王、貢。張、陳凶其終，蕭、朱隙其末，故知全之者鮮矣。」時人服其言。客初有薦士於丹者，因選舉之，而後所舉者陷罪，丹坐以免。客慚懼自絶，而丹終無所言。尋復徵爲太子太傅，乃呼客謂曰：「子之自絶，何量丹之薄也？」不爲設食以罰之，相待如舊。其後遜位，卒于家。

王良傳　論

論曰：夫利仁者或借仁以從利，體義者不期體以合義。季文子妾不衣帛，魯人以爲美談。公孫弘身服布被，汲黯譏其多詐。事實未殊而譽毀別議，何也？將體之與利之異乎？宣秉、王良處位優重，而秉甘疏薄，良妻荷薪，可謂行過乎儉。然當世咨其清，人君高其節，豈非臨之以誠哉！語曰：「同言而信，則信在言前；同令而行，則誠在令外。」不其然乎！張湛不屑矜僞之誚，斯不僞矣。王丹難於交執之道，斯知交矣。

杜林傳　增科禁奏　論

群臣上言：「古者肉刑嚴重，則人畏法令；〔今〕憲律輕薄，故奸軌不勝。宜增科禁，以防其源。」詔下公卿。林奏曰：「夫人情挫辱，則義節之風損；法防繁多，則苟免之行興。孔子曰：『導之以政，齊之以刑，民免而無耻。導之以德，齊之以禮，有耻且格。』古之明王，深識遠慮，動居其厚，不務多辟，周之五刑，不過三千。大漢初興，詳覽失得，故破矩爲圓，斫雕爲樸，蠲除苛政，更立疏網，海内歡欣，人懷寬德。及至其後，漸以滋章，吹毛索疵，詆欺無限。果桃菜茹之饋，集以成臧，小事無妨於義，以爲大戮，故國無廉士，家無完行。至於法不能禁，令不能止，上不相遁，爲敝彌深。臣愚以爲宜如舊制，不合翻移。」帝從之。

論曰：夫威强以自禦，力損則身危；飾詐以圖己，詐窮則道屈；而忠信篤敬，蠻貊行焉者，誠以德之感物厚矣。故趙孟懷忠，匹夫成其仁；杜林行義，烈士假其命。《易》曰「人之所助者順」，有不誣矣。

吴良傳 東平王薦疏

吴良字大儀，齊國臨淄人也。初爲郡吏，歲旦與掾史入賀，門下掾王望舉觴上壽，諂稱太守功德。良於下坐勃然進曰：「望佞邪之人，欺諂無狀，願勿受其觴。」太守斂容而止。宴罷，轉良爲功曹；耻以言受進，終不肯謁。時驃騎將軍東平王蒼聞而辟之，署爲西曹。蒼甚相敬愛，上疏薦良曰：「臣聞爲國所重，必在得人；報恩之義，莫大薦士。竊見臣府西曹掾齊國吴良，資質敦固，公方廉恪，躬儉安貧，白首一節；又治《尚書》，學通師法，經任博士，行中表儀。宜備宿衛，以輔聖政。臣蒼榮寵絶矣，憂責深大，私慕公叔同升之義，懼於臧文竊位之罪，敢秉愚瞽，犯冒嚴禁。」顯宗以示公卿曰：「前以事見良，鬚髮皓然，衣冠甚偉。夫薦賢助國，宰相之職，蕭何舉韓信，設壇而拜，不復考試。今以良爲議郎。」

趙典傳 兄子温始末

温字子柔，初爲京兆郡丞，嘆曰：「大丈夫當雄飛，安能雌伏！」遂棄官去。遭歲大饑，散家糧以賑窮餓，所活萬餘人。獻帝西遷都，爲侍中，同輿輦至長安，封江南亭侯，代楊彪爲司空，免。頃之，復爲司徒，録尚書事。時李傕與郭汜相攻，傕遂虜掠禁省，劫帝幸北塢，外内隔絶。傕素疑温不與己同，乃内温於塢中，又欲移乘輿於黄白城。温與傕書曰：「公前托爲董公報讎，然實屠陷王城，殺戮大臣，天下不可家見而户説也。今與郭汜争睚眥之隙，以成千鈞之讎，人在塗炭，各不聊生。曾不改悟，遂成禍亂。朝廷仍下明詔，欲令和解。上命不行，威澤日損。而復欲移轉乘輿，更幸非所，此誠老夫所不達也。於《易》，一爲過，再爲涉，三而弗改，滅其頂，凶。不如早共和解，引軍還屯，上安萬乘，下全人民，豈不幸甚。」傕大怒，欲遣人殺温。董卓從弟應，温故掾也，諫之數日，乃獲免。温從車駕都許。建安十三年，以辟司空曹操子不爲掾，操怒，奏温辟忠臣子弟，選舉不實，免官。是歲卒，年七十二。

桓馮列傳 全 論

桓譚傳 全

桓譚字君山，沛國相人也。父成帝時爲太樂令。譚以父任爲郎，因好音律，善鼓琴。博學多通，編〔徧〕習《五經》，皆詁訓大義，不爲章句。〔能〕文章，尤好古學，數從劉歆、楊雄辯析疑異。性嗜倡樂，簡易不修威儀，而憙非毁俗儒，由是多見排抵。哀平間，位不過郎。傅皇后父孔鄉侯晏深善於譚。是時高安侯董賢寵幸，女弟爲昭儀，皇后日已疏，晏嘿嘿不得意。譚進説曰：「昔武帝欲立衞子夫，陰求陳皇后之過，而陳后終廢，子夫竟立。今董賢至愛而女弟尤幸，殆將有子夫之父〔變〕，可不憂哉！」晏驚動，曰：「然，爲之奈何？」譚曰：「刑罰不能加無罪，邪枉不能勝正人。夫士以才智要君，女以媚道求主。皇后年少，希更艱難，或驅使醫巫，外求方技，此不可不備。又君侯以后父尊重而多通賓客，必借以重勢，貽致譏議。不如謝遣門徒，務執謙慤，此修己正家避禍之道也。」晏曰「善」。遂罷遣常客，入白皇后，如譚所戒。後賢果風太醫令真欽，使求傅氏罪過，遂逮后弟侍中喜，詔獄無所得，乃解，故傅氏終全於哀帝之時。及董賢爲大司馬，聞譚名，欲與之交。譚先奏書於賢，説以輔國保身之術，賢不能用，遂不與通。當王莽居攝篡弑之際，天下之士，莫不競褒稱德美，作符命以求容媚，譚獨自守，默然無言。莽時爲掌樂大夫，更始立，召拜太中大夫。世祖即位，徵待詔上書言事失旨，不用。後大司空宋弘薦譚，拜議郎給事中，因上疏陳時政所宜，曰：「臣聞國之廢興，在於政事；政事得失，由于輔佐。輔佐賢明，則後士充朝，而理合世務；輔佐不明，則論失時宜，而舉多過事。夫有國之君，俱欲興化建善，然而政道未理者，其所謂賢者異也。昔楚莊王問孫叔敖曰：『寡人未得所以爲國是也。』叔敖曰：『國之有是，衆所惡也，恐王不能定也。』王曰：『不定獨在君，亦在臣乎？』對曰：『君驕士，曰士非我無從富貴；士驕君，曰君非士無從安存。人君或至失國而不悟，士或至饑寒而不進，君臣不合，則國是無從定矣。』莊王曰：『善。願相國與諸大夫共定國是也。』蓋善政者，視俗而施教，察失而立防，威德更興，文武迭用，然後政調於時，而躁人可定。昔董仲舒言『理國譬若琴瑟，其不調者則解而更張』。夫更張難行，而拂衆者亡，是故賈誼以才逐，而鼂錯以智死。世雖有殊能而終莫敢談者，懼於前事也。且設法禁者，非能盡塞天下之奸，皆合衆人之所欲也，大抵取便國利事多者，則可矣。夫張官置吏，以理萬人，縣賞設罰，以別善惡，惡人誅傷，則善人蒙福矣。今人相殺傷，雖已伏法，而私結怨讎，子孫相報，後忿深前，至於滅户殄業，而俗稱豪健，故雖有怯弱，猶勉而行之，此爲聽人自理而無復法禁者也。今宜申明舊令，若已伏官誅而私相傷殺者，雖一身逃亡，皆徙家屬於邊，其相傷者，加常二等，不得雇山贖罪。如此，則仇怨自解，盗賊息矣。夫理國之道，舉本業而抑末利，是以先帝禁人二業，錮商賈不得宦爲吏，此所以抑並兼長廉耻也。今富商大賈，多放田〔錢〕貨，中家子弟，爲之保役，趨走與臣僕等勤，收税與封君比入，是以衆人慕効，不耕而食，至乃多通侈靡，以淫耳目。今可令諸商賈自相糾告，若非身力所得，皆以臧畀告者。如此，則專役一己，不敢以貨與人，事寡力弱，必歸功田畝。田畝修，則穀入多而地力盡矣。又見法令决事，輕重不齊，或一事殊法，同罪異論，奸吏得因緣爲市，所欲活則出生議，所欲陷則與死比，是爲刑開二門也。今可令通義理明習法律者，校定科比，一其法度，班下郡國，蠲除故條。如此，天下知方，而獄無怨濫矣。」書奏，不省。是時帝方信讖，多以决定嫌疑。又疇賞少薄，天下不時安定。譚復上疏曰：「臣前獻瞽言，未蒙詔報，不勝憤懣，冒死復陳。愚夫策謀，有益於政道者，以合人心而得事理〔也〕。凡人情忽於見事而貴於異聞，觀先王之所記述，咸以仁義正道爲本，非有奇怪虚誕之事。蓋天道性命，聖人所難言也。自子貢以下，不得而聞，况後世淺儒，能通之乎！今諸巧慧小才伎數之人，增益圖書，矯稱讖記，以欺惑貪邪，詿誤人主，焉可不抑遠之哉！臣譚伏聞陛下窮折方士黄白之術，甚爲明矣；而乃欲聽納讖記，又何誤也！其事雖有時合，譬猶卜數隻偶之類。陛下宜垂明聽，發聖意，屏群小之曲説，述《五經》之正義，略雷同之俗語，詳通人之雅謀。又臣聞安平則尊道術之士，有難則貴介胄之臣。今聖朝興復祖統，爲人臣主，而四方盗賊未盡歸伏者，此權謀未得也。臣譚伏觀陛下用兵，諸所降下，既無重賞以相恩誘，或至虜掠奪其財物，是以兵長渠率，各生狐疑，黨輩連結，歲月不解。古人有言曰：『天下皆知取之爲取，而莫知與之爲取。』陛下誠能輕爵重賞，與士共之，則何招而不至，何説而不釋，何向而不開，何征而不剋！如此，則能以狹爲廣，以遲爲速，亡者復存，失者復得矣。」帝省奏，愈不悦。其後有詔會議靈臺所處，帝謂譚曰：「吾欲讖決之，何如？」譚默然良久，曰：「臣不讀讖。」帝問其故，譚復極言讖之非經。帝大怒曰：「桓譚非聖無法，將下斬之。」譚叩頭流血，良久乃得解。出爲六安郡丞，意忽忽不樂，道病卒，時年七十餘。初，譚著書言當世行事二十九篇，號曰《新論》，上書獻之，世祖善焉。《琴道》一篇未成，肅宗使班固續成之。所著賦、誄、書、奏，凡二十六篇。元和中，肅宗行東巡狩，至沛，使使者祠譚冢，鄉里以爲榮。

馮衍傳　全　賦不載

馮衍字敬通，京兆杜陵人也。祖野王，元帝時爲大鴻臚。衍幼有奇才，年九歲，能誦《詩》，至二十而博通群書。王莽時，諸公多薦舉之者，衍辭不肯仕。時天下兵起，莽遣更始將軍廉丹討伐山東。丹辟衍爲掾，與俱至定陶。莽追詔丹曰：「倉廩盡矣，府庫空矣，可以怒矣，可以戰矣。將軍受國重任，不捐身於中野，無以報恩塞責。」丹惶恐，夜召衍，以書示之。衍因説丹曰：「衍聞順而成者，道之所大也；逆而功者，權之所貴也。是故期於有成，不問所由；論於大體，不守小節。昔逢丑父伏軾而使其君取飲，稱於諸侯；鄭祭仲立突而出忽，終得復位，美於《春秋》。蓋以死易生，以存易亡，君子之道也。詭於衆意，寧國存身，賢智之慮也。故《易》曰：『窮則變，變則通，通則久，是以自天祐之，吉，無不利。』若夫知其不可而必行之，破軍殘衆，無補於主，身死之日，負義於時，智者不爲，勇者不行。且衍聞之，得時無怠。張良以五世相韓，椎秦始皇博浪之中，勇冠乎賁、育，名高乎泰山。將軍之先，爲漢信臣。新室之興，英俊不附。今海内潰亂，人懷漢德，甚於詩人思召公也愛其甘棠，而況子孫乎？人所歌舞，天必從之。方今爲將軍計，莫若屯據大郡，鎮撫吏士，砥礪其節，百里之内，牛酒日賜，納雄桀之士，詢忠智之謀，要將來之心，待從横之變，興社稷之利，除萬人之害，則福禄流於無窮，功烈著於不滅。何與軍覆於中原，身膏於草野，功敗名喪，耻及先祖哉？聖人轉禍而爲福，智士因敗而爲功，願明公深計而無與俗同。」丹不能從。進入睢陽，復説丹曰：「蓋聞明者見於無形，智者慮於未萌，況其昭哲者乎？凡患主於所忽，禍發於細微，敗不可悔，時不可失。公孫鞅曰：『有高人之行，負非於世；有獨見之慮，見贅於人。』故信庸庸之論，破金石之策，襲當世之操，失高明之德。夫決者智之君也，疑者事之役也。時不重至，公勿再計。」丹不聽，遂進及無鹽，與赤眉戰死。衍乃亡命河東。更始二年，遣尚書僕射鮑永行大將軍事，安集北方。衍因以計説永曰：「衍聞明君不惡切愨之言，以測幽冥之論；忠臣不顧爭引之患，以達萬機之變。是故君臣兩興，功名兼立，銘勒金石，令問不忘。今衍幸逢寬明之日，將值危言之時，豈敢拱默避罪，而不竭其誠哉！伏念天下離王莽之害久矣。始自東郡之師，繼以西海之役，巴、蜀没於南夷，緣邊破於北狄，遠征萬里，暴兵累年，禍挐未解，兵連不息，刑法彌深，賦斂愈重。衆强之黨，横擊於外，百僚之臣，貪殘於内，元元無僚〔聊〕，饑寒並臻，父子流亡，夫婦離散，廬落丘墟，田疇蕪穢，疾疫大興，災異蜂起。

於是江湖之上，海岱之濱，風騰波涌，更相駘藉，四垂之人，肝腦塗地，死亡之數，不啻太半，殃咎之毒，痛入骨髓，匹夫僮婦，咸懷怨怒。皇帝以聖德靈威，龍興鳳舉，率宛、葉之衆，將散亂之兵，唏血昆陽，長驅武關，破百萬之陳，摧九虎之軍，靁震四海，席卷天下，攘除禍亂，誅滅無道，一期之間，海内大定。繼高祖之休烈，修文武之絶業，社稷復存，炎精更輝，德冠往初，功無與二。天下自以去亡新，就聖漢，當蒙其福而賴其願。樹恩布德，易以周洽，其猶順驚風而飛鴻毛也。然而諸將虜掠，逆倫〔絶〕理，殺人父子，妻人婦女，燔其室屋，略其財産，饑者毛食，寒者裸跣，冤結失望，無所歸命。大將軍以明淑之德，秉大使之權，統三軍之政，存撫并州之人，惠愛之誠，加乎百姓，高世之聲，聞乎群士，故其延頸企踵而望者，非特一人也。且大將軍之事，豈得珪璧其行，束修其心而已哉？將定國家之大業，成天地之元功也。昔周宣中興之主，齊桓霸强之君耳，猶有申伯、召虎、夷吾、吉甫攘其蝥賊，安其疆宇。况乎萬里之漢，明帝復興，而大將軍爲之梁棟，此誠不可以忽也。且衍聞之，兵久則力屈，人愁則變生。今邯鄲之賊未滅，真定之際復擾，而大將軍所部不過百里，守城不休，戰軍不息，兵革雲翔，百姓震駭，奈何自怠，不爲深憂？夫并州之地，東帶名關，北逼强胡，年穀獨熟，人庶多資，斯四戰之地，攻守之場也。如其不虞，何以待之？故曰『德不素積，人不爲用。備不豫具，難以應卒』。今生人之命，縣於將軍，將軍所杖，必須良才，宜改易非任，更選賢能。夫十室之邑，必有忠信。審得其人，以承大將軍之明，則雖山澤之人，無不感德，思樂爲用矣。然後簡精鋭之卒，發屯守之士，三軍既整，甲兵已具，相其土地之饒，觀其水舉〔泉〕之利，制屯田之術，習戰射之教，則威風遠暢，人安其業矣。若鎮太原，撫上黨，收百姓之歡心，樹名賢之良佐，天下無變，則足以顯聲譽，一朝有事，則可以建大功。惟大將軍開日月之明，發深淵之慮，監《六經》之論，觀孫吴之策，省群議之是非，詳衆士之白黑，以超《周南》之迹，垂《甘棠》之風，令夫功烈施於千載，富貴傳於無窮。伊、望之策，何以加兹！」永既素重衍，爲且受使得自置偏裨，乃以衍爲立漢將軍，領狼孟長，屯太原，與上黨太守田邑等繕甲養士，扞衞並土。及世祖即位，遣宗正劉延攻天井關，與田邑連戰十餘合，延不得進。邑迎母弟妻子，爲延所獲。後邑聞更始敗，乃遣使詣洛陽獻璧馬，即拜步爲上黨太守。因遣使者招永、衍，永、衍等疑不肯降，而忿邑背前約，衍乃遺邑書曰：「蓋聞晉文出奔而子犯宣其忠，趙武逢難而程嬰明其賢，二子之義當矣。今三王背叛，赤眉危國，天下蠭動，社稷顛隕，是忠臣立功之日，志士馳馬之秋也。伯玉擢選剖符，專宰大郡。夫上黨之地，有四塞之固，東帶三關，西爲國蔽，奈何舉之以資强敵，開天下之匈，假仇讎之刃？豈不哀哉！衍聞之，委質爲臣，無有二心；挈瓶之智，守不假器。是以晏嬰臨盟，擬以曲戟，不易其辭；謝息守郕，脅以晉、魯，不喪其邑。由是言之，内無鉤頸之禍，外無桃萊之利，而被畔人之聲，蒙降城之恥，竊爲左右羞之。且邾庶其竊邑畔君，以要大利，曰賤而必書；莒牟夷以土地求食，而名不滅。是以大丈夫動則思禮，行則思義，未有背此而身名能全者也。爲伯玉深計，莫若與鮑尚書同情戮力，顯忠貞之節，立超世之功。如此尊親係累之故，能捐位投命，歸之尚書，大義既全，敵人紓怨，上不損剖符之責，下足救老幼之命，申眉高談，無愧天下。若乃貪上黨之權，惜全邦之實，衍恐伯玉必懷周召之憂，上黨復有前年之禍。昔晏平仲納延陵之誨，終克欒高之難；孫林父違穆子之戒，故陷終身之惡。以爲伯玉聞此至言，必若刺心，自非嬰城而堅守，則策馬而不顧也。聖人轉禍而爲福，智士因敗以成勝，願自强於時，無與俗同。」邑報書曰：「僕雖駑怯，亦欲爲人者也，豈苟貪生而畏死哉！曲戟在頸，不易其心，誠僕志也。間者，老母諸弟見執於軍，而邑安然不顧者，豈非重其節乎？若使人居天地，壽如金石，要長生而避死地可也。今百齡之期，未有能至，老壯之間，相去幾何。誠使故朝尚在，忠義可立，雖老親受戮，妻兒横分，邑之願也。間者，上黨黠賊，大衆圍城，義兵兩輩，入據井陘。邑親潰敵圍，拒擊宗正，自試智勇，非不能當。誠知故朝爲兵所害，新帝司徒已定三輔，隴西、北地從風響應。其事昭昭，日月經天，河海帶地，不足以比。死生有命，富貴在天。天下存亡，誠云命也。邑雖没身，能如命何？夫人道之本，有恩有義，義有所宜，恩有所施。君臣大義，母子至恩。今故主已亡，義其誰爲；老母拘執，恩所當留。而厲以貪權，誘以策馬，抑其利心，必其不顧，何其愚乎！邑年三十，歷位卿士，性少嗜慾，情厭事爲。况今位尊身危，財多命殆，鄙人知之，何疑君子？君長、敬通揭節垂組，自相署立。蓋仲由使門人爲臣，孔子譏其欺天。君長據位兩州，加以一郡，而河東畔國，兵不入彘，上黨見圍，不窺大谷，宗正臨境，莫之能援。兵威屈辱，國權日損，三王背畔，赤眉害主，未見兼行倍道之赴，昔〔若〕墨翟累繭救宋，申包胥重胝存楚，衛女馳歸唁兄之志。主亡一歲，莫知定所，虚冀妄言，苟肆鄙塞。未能事生，安能事死？未知爲臣，焉知爲主？豈厭爲臣子，思爲君父乎！欲摇泰山而蕩北海，事敗身危，要思邑言。」衍不從。或訛言更始隨赤眉在北，永、衍信之，故屯兵界休，方移書上黨，云皇帝在雍，以惑百姓。永遣弟升及子壻張舒誘降涅城，舒家在上黨，邑悉繫之。又書勸永降，永不答，自是與邑有隙。邑字伯玉，馮翊人也，後爲漁陽太守。永、衍審知更始已殁，乃共罷兵，幅巾降於河内。帝怨衍等不時至，永以立功得贖罪，遂任用之，而衍獨見黜。永謂衍曰：「昔高祖賞季布之罪，誅丁固之功。今遭明主，亦何憂哉！」衍曰：「記有之，人有挑其鄰人之妻者，挑其長者，長者詈之，挑其少者，少者報之，後其夫死而取其長者。或謂之曰：『夫非罵爾者邪？』曰：『在人欲其報我，在我欲其罵人也。』夫天命難知，人道易守，守道之臣，何患死亡？」頃之，帝以衍爲曲陽令，誅斬劇賊郭勝等，降五千餘人，論功當封，以讒毁，故賞不行。建武六年日食，衍上書陳八事：其一曰顯文德，二曰褒武烈，三曰修舊功，四曰招俊傑，五曰明好惡，六曰簡法令，七曰差秩禄，八曰撫邊境。書奏，帝將召見。初，衍爲狼孟長，以罪摧陷大姓令狐略，是時略爲司空長史，讒之於尚書令王護、尚書周生豐曰：「衍所以求見者，欲毁君也。」護等懼之，即共排間，衍遂不得入。後衛尉陰興、新陽侯陰就以外戚貴顯，深敬重衍，衍遂與之交結，由是爲諸王所聘請，尋爲司隸從事。帝懲西京外戚賓客，故皆以法繩之，大者抵死徙，其餘至貶黜。衍由此得罪，嘗自詣獄，有詔赦不問。西歸故郡，閉門自保，不敢復與親故通。建武末，上疏自陳曰：「臣伏念高祖之略而陳平之謀，毀之則疏，譽之則親。以文帝之明而魏尚之忠，繩之以法則爲罪，施之以德則爲功。逮至晚世，董仲舒言道德，見妒於公孫弘，李廣奮節於匈奴，見排於衛青，此忠臣之常所爲流涕也。臣衍自惟微賤之臣，上無無知之薦，下無馮唐之說，乏董生之才，寡李廣之勢，而欲免讒口，濟怨嫌，豈不難哉！臣衍之先祖，以忠貞之故，成私門之禍。而臣衍復遭擾攘之時，值兵革之際，不敢回行求時之利，事君無傾邪之謀，將帥無虜掠之心。衛尉陰興，敬慎周密，內自修敕，外遠嫌疑，故敢與交通。興知臣之貧，數欲本業之。臣自惟無三益之才，不敢處三損之地，固讓而不受之。昔在更始，太原執貨財之柄，居倉卒之間，據位食祿二十餘年，而財產歲狹，居處日貧，家無布帛之積，出無輿馬之飾。於今遭清明之時，飭躬力行之秋，而怨讎叢興，譏議橫世。蓋富貴易爲善，貧賤難爲工也。疏遠壠畝之臣，無望高闕之下，惶恐自陳，以救罪尤。」書奏，猶以前過不用。衍不得志，退而作賦，又自論曰：「馮子以爲大人之德，不碌碌如玉，落落如石。風興雲蒸，一龍一蛇，與道翱翔，與時變化，夫豈守一節哉？用之則行，舍之則藏，進退無主，屈伸無常。故曰：『有法無法，因時爲業，有度無度，與物趣舍。』常務道德之實，而不求當世之名，闊略杪小之禮，蕩佚人間之事，正身直行，恬然肆志。顧嘗好俶儻之策，時莫能聽用其謀，喟然長嘆，自傷不遭。久栖遲於小官，不得舒其所懷。抑心折節，意淒情悲。夫伐冰之家，不利鷄豚之息；委積之臣，不操市井之利。况歷位食祿二十餘年，而財產益狹，居處益貧。惟夫君子之仕，行其道也。慮時務者不能興其德，爲身求者不能成其功。去而歸家，復羇旅於州郡，身愈據職，家彌窮困，卒離饑寒之灾，有喪元子之禍。先將軍葬渭陵，哀帝之崩也，營之以爲園。於是以新豐之東，鴻門之上，壽安之中，地勢高敞，四通廣大，南望酈山，北屬涇渭，東瞰河華，龍門之陽，三晋之路，西顧酆鄗，周秦之丘，宮觀之墟，通視千里，覽見舊都，遂定塋焉。退而幽居。蓋忠臣過故墟而歔欷，孝子入舊室而哀嘆。每念祖考，著盛德於前，垂鴻烈於後，遭時之禍，墳墓蕪穢，春秋蒸嘗，昭穆無列。年衰歲暮，悼無成功，將西田牧肥饒之野，殖生産，修孝道，營宗廟，廣祭祀。然後闔門講習道德，觀覽乎孔老之論，庶幾乎松喬之福。上隴阪，陟高岡，游精宇宙，流目八紘。歷觀九州山川之體，追覽上古得失之風，愍道陵遲，傷德分崩。夫睹其終必原其始，故存其人而詠其道。疆理九野，經營五山，眇然有思陵雲之意。乃作賦自厲，命其篇曰《顯志》。顯志者，言光明風化之情，昭章玄妙之思也。其辭曰：云云。顯宗即位，又多短衍以文過其實，遂廢於家。衍娶北地女任氏爲妻，悍忌，不得畜媵妾，兒女常自操井臼，老竟逐之，遂埳壈於時。然有大志，不戚戚於賤貧。居常慷慨嘆曰：「衍少事名賢，經歷顯位，懷金垂紫，揭節奉使，不求苟得，常有凌雲之志。三公之貴，千金之富，不得其願，不槩於懷。貧而不衰，賤而不恨，年雖疲曳，猶庶幾名賢之風。修道德於幽冥之路，以終身名，爲後世法。」居貧年老，卒于家。所著賦、誄、銘、説、《問交》、《德誥》、《慎情》、書記説、自序、官録説、策五十篇，肅宗甚重其文。

論曰：夫貴者負勢而驕人，才士負能而遺行，其大略然也。二子不其然乎！馮衍之引挑妻之譬，得矣。夫納妻皆知取詈己者，而取士則不能，何也？豈非反妒情易，而恕義情難。光武雖得之於鮑永，猶失之於馮衍。夫然，義直所以見屈於既往，守節故以彌阻於來情，嗚呼！

申屠鮑郅列傳

申屠剛傳 全

申屠剛字巨卿，扶風茂陵人也。七世祖嘉，文帝時爲丞相。剛質性方直，常慕史鰌、汲黯之爲人。仕郡功曹。平帝時，王莽專政，朝多猜忌，遂隔絶帝外家馮、衞二族，不得交宦，剛常疾之。及舉賢良方正，因對策曰：「臣聞王事失則神祇怨怒，奸邪亂正，故陰陽謬錯。此天所以譴告王者，欲令失道之君，曠然覺悟，懷邪之臣，懼然自刻者也。今朝廷不考功校德，而虚納毁譽，數下詔書，張設重法，抑斷誹謗，禁割論議，罪之重者，乃至腰斬。傷忠臣之情，挫直士之鋭，殆乖建進善之旌，縣敢諫之鼓，闢四門之路，明四目之義也。臣聞成王幼少，周公攝政，聽言下賢，均權布寵，無舊無新，唯仁是親，動順天地，舉措不失。然近則召公不悦，遠則四國流言。夫子母之性，天道至親。今聖主幼少，始免繦緥，即位以來，至親分離，外戚杜隔，恩不得通。且漢家之制，雖任英賢，猶援姻戚。親疏相錯，杜塞間隙，誠所以安宗廟，重社稷也。今馮、衞無罪，久廢不録，或處窮僻，不若民庶，誠非慈愛忠孝承上之意。夫爲人後者，自有正義，至尊至卑，其勢不嫌，是以人無賢愚，莫不爲怨，奸臣賊子，以之爲便，不諱之變，誠難其慮。今之保傅，非古之周公。周公至聖，猶尚有累，何況事失其衷，不合天心者哉？昔周公先遣伯禽守封於魯，以義割恩，寵不加後，故配天郊祀，三十餘世。霍光秉政，輔翼少主，修善進士，名爲忠直，而尊崇其宗黨，摧抑外戚，結貴據權，至堅至固，終没之後，受禍滅門。方今師傅皆以伊、周之位，據賢保之任，以此思化，則功何不至？不思其危，則禍何不到？損益之際，孔父攸嘆；持滿之戒，老氏所慎。蓋功冠天下者不安，威震人主者不全。今承衰亂之後，繼重敝之世，公家屈竭，賦斂重數，苛吏奪其時，貪夫侵其財，百姓困乏，疾疫夭命。盜賊群輩，且以萬數，軍行衆止，竊號自立，攻犯京師，燔燒縣邑，至乃訛言積弩入宫，宿衞驚懼。自漢興以來，誠未有也。國家微弱，奸謀不禁，六極之效，危於累卵。王者承天順地，典爵主刑，不敢以天官私其宗，不敢以天罰輕其親。陛下宜遂聖明之德，昭然覺悟，遠述帝王之迹，近遵孝文之業，差五品之屬，納至親之序，亟遣使者徵中山太后，置之别宫，令時朝見。又召馮、衞二族，裁與冗職，使得執戟，親奉宿衞，以防未然之符，以抑患禍之端。上安社稷，下全保傅，内和親戚，外絶邪謀。」書奏，莽令元后下詔曰：「剛所言僻經妄説，違背大義。其罷歸田里。」後莽簒位，剛遂避地河西，轉入巴蜀，往來二十許年。及隗囂據隴右，欲背漢而附公孫述。剛説之曰：「愚聞人所歸者天所與，人所畔者天所去也。伏念本朝躬聖德，舉義兵，龔行天罰，所當必摧，誠天之所福，非人力也。將軍本無尺土，孤立一隅，宜推誠奉順，與朝並力，上應天心，下疇人望，爲國立功，可以永年。嫌疑之事，聖人所絶。以將軍之威重，遠在千里，動作舉措，可不慎與？今璽書數到，委國歸信，欲與將軍共同吉凶。布衣相與，尚有没身不負然諾之信，况於萬乘者哉！今何畏何利，久疑如是？卒有非常之變，上負忠孝，下愧當世。夫未至豫言，固常爲虚，及其已至，又無所及，是以忠言至諫，希得爲用。誠願反覆愚老之言。」囂不納，遂畔從述。建武七年，詔書徵剛。剛將歸，與囂書曰：「愚聞專己者孤，拒諫者塞，孤塞之政，亡國之風也。雖有明聖之姿，猶屈己從衆，故慮無遺策，舉無過事。夫聖人不以獨見爲明，而以萬物爲心。順人者昌，逆人者亡，此古今之所共也。將軍以布衣爲鄉里所推，廊廟之計，既不豫定，動軍發衆，又不深料。今東方政教日睦，百姓平安，而西州發兵，人人懷憂，騷動惶懼，莫敢正言，群衆疑惑，人懷顧望。非徒無精鋭之心，其患無所不至。夫物窮則變生，事急則計易，其勢然也。夫離道德，逆人情，而能有國有家者，古今未有也。將軍素以忠孝顯聞，是以士大夫不遠千里，慕樂德義。今苟欲决意徼幸，此何如哉？夫天所祐者順，人所助者信。如未蒙祐助，令小人受塗地之禍，毁壞終身之德，敗亂君臣之節，污傷父子之恩，衆賢破膽，可不慎哉！」囂不納。剛到，拜侍御史，遷尚書令。光武嘗欲出游，剛以隴蜀未平，不宜宴安逸豫諫，不見聽，遂以頭軔乘輿輪，帝遂爲止。時内外群官，多帝自選舉，加以法理嚴察，職事過苦，尚書近臣，至乃捶撲牽曳於前，群臣莫敢正言。剛每輒極諫，又數言皇太子宜時就東宫，簡任賢保，以成其德，帝並不納。以數切諫失旨，數年，出爲平陰令。復徵拜太中大夫，以病去官，卒於家。

鮑永傳 論

論曰：鮑永守義於故主，斯可以事新主矣。恥以其衆受寵，斯可以受大寵矣。若乃言之者雖誠，而聞之未譬，豈苟進之悅，易以情納，持正之忤，難以理求乎？誠能釋利以循道，居方以從義，君子之槩也。

郅惲傳 全

郅惲字君章，汝南西平人也。年十二失母，居喪過禮。及長，理《韓詩》、《嚴氏春秋》，明天文曆數。王莽時，寇賊群發，惲乃仰占玄象，嘆謂友人曰：「方今鎮、歲、熒惑並在漢分翼、軫之域，去而復來，漢必再受命，福歸有德。如有順天發策者，必成大功。」時左隊大夫逯並素好士，惲說之曰：「當今上天垂象，智者以昌，愚者以亡。昔伊尹自鬻輔商，立功全人。惲竊不遜，敢希伊尹之蹤，應天人之變。明府儻不疑逆，俾成天德。」並奇之，使署爲吏。惲不謁，曰：「昔文王拔吕尚於渭濱，高宗禮傅說於巖築，桓公取管仲於射鉤，故能立弘烈，就元勳。未聞師相仲父，而可爲吏位也。非闚天者不可與圖遠。君不授驥以重任，驥亦俯首裹足而去耳。」遂不受署。西至長安，乃上書王莽曰：「臣聞天地重其人，惜其物，故運機衡，垂日月，含元包一，甄陶品類，顯表紀世，圖錄豫設。漢歷久長，孔爲赤制，不使愚惑，殘人亂時。智者順以成德，愚者逆以取害，神器有命，不可虛獲。上天垂戒，欲悟陛下，令就臣位，轉禍爲福。劉氏享天永命，陛下順節盛衰，取之以天，還之以天，可謂知命矣。若不早圖，是不免於竊位也。且堯舜不以天顯自與，故禪天下，陛下何貪非天顯以自累也？天爲陛下嚴父，臣爲陛下孝子。父教不敢廢，子諫不敢拒，惟陛下留神。」莽大怒，即收繫詔獄，劾以大逆。猶以惲據經讖，難即害之，使黄門近臣脅惲，令自告狂病恍惚，不覺所言。惲乃瞋目詈曰：「所陳皆天文聖意，非狂人所能造。」遂繫須冬，會赦得出，乃與同郡鄭敬南遁蒼梧。建武三年，又至廬江，因遇積弩將軍傅俊東徇揚州。俊素聞惲名，乃禮請之，上爲將兵長史，授以軍政。惲乃誓衆曰：「無掩人不備，窮人於厄，不得斷人支體，裸人形骸，放淫婦女。」俊軍士猶發冢陳尸，掠奪百姓。惲諫俊曰：「昔文王不忍露白骨，武王不以天下易一人之命，故能獲天地之應，剋商如林之旅。將軍如何不師法文王，而犯逆天地之禁，多傷人害物，虐及枯尸，取罪神明？今不謝天改政，無以全命。願將軍親率士卒，收傷葬死，哭所殘暴，以明非將軍本意也。」從之，百姓悅服，所向皆下。七年，俊還京師，而上論之。惲耻以軍功取位，遂辭歸鄉里。縣令卑身崇禮，請以爲門下掾。惲友人董子張者，父先爲鄉人所害。及子張病，將終，惲往候之。子張垂殁，視惲，歔欷不能言。惲曰：「吾知子不悲天命，而痛讐不復也。子在，吾憂而不手；子亡，吾手而不憂也。」子張但目擊而已。惲即起，將客遮仇人，取其頭以示子張。子張見而氣絶。惲因而詣縣，以狀自首。令應之遲，惲曰：「爲友報讐，吏之私也。奉法不阿，君之義也。虧君以生，非臣節也。」趨出就獄。令跣而追惲，不及，遂自至獄。令拔刃自向以要惲曰：「子不從我出，敢以死明心。」惲得此乃出，因病去。久之，太守歐陽歙請爲功曹。汝南舊俗，十月享會，百里内縣皆齎牛酒到府宴飲。時臨享禮訖，歙教曰：「西都〔部〕督郵繇延，天資忠貞，禀性公方，摧破奸凶，不嚴而理。今與衆儒共論延功，顯之於朝。太守敢〔敬〕嘉厥休，牛酒養德。」主簿讀書教，户曹引延受賜。惲於下坐愀然前曰：「司正舉觥，以君之罪，告謝於天。按延資性貪邪，外方内員，朋黨構奸，罔上害人，所在荒亂，怨慝並作。明府以惡爲善，股肱以直從曲，此既無君，又復無臣，惲敢再拜奉觥。」歙色慚動，不知所言。門下掾鄭敬進曰：「君明臣直，功曹言切，明府德也，可無受觥哉？」歙意少解，曰：「實歙罪也，敬奉觥。」惲乃免冠謝曰：「昔虞舜輔堯，四罪咸服，讒言弗庸，孔任不行，故能作股肱，帝用有歌。惲不忠，孔任是昭，豺虎從政，既陷誹謗，又露所言，罪莫重焉。請收惲、延，以明好惡。」歙曰：「是重吾過也。」遂不宴而罷。惲歸府，稱病。延亦自退。鄭敬素與惲厚，見其言忤歙，乃相招去，曰：「子廷爭繇延，君猶不納。延今雖去，其勢必還。直心無諱，誠三代之道。然道不同者不相爲謀，吾不能忍見子有不容君之危，盍去之乎！」惲曰：「孟軻以強其君之所不能爲忠，量其君之所不能爲賊。惲業已強之矣。障君於朝，既有其直，而不死職，罪也。延退而惲又去，不可。」敬乃獨隱於弋陽山中。居數月，歙果復召延，惲於是乃去，從敬止，漁釣自娛，留數十日。惲志在從政，既乃喟然而嘆，謂敬曰：「天生俊士，以爲人也。鳥獸不與同群，子從我爲伊呂乎？將爲巢許，而父老堯舜也？」敬曰：「吾足矣。初從生步重華於南野，謂來歸爲松子，今幸得全軀樹類，還奉墳墓，盡學問道，雖不從政，施之有政，是亦爲政也。吾年耄矣，安得從子？子勉正性命，勿勞神以害生。」惲於是告別而去。敬字次都，清志高世，光武連徵不到。惲遂客居江夏教授，郡舉孝廉，爲上東城門侯。帝常出獵，車駕夜還，惲拒關不開。令從者面於門間。惲曰：「火明遼遠。」遂不受詔。帝乃迴從東中門入。明日，惲上書諫曰：「昔文王不敢槃于游田，以萬人爲憂。而陛下遠獵山林，夜以繼晝，其如社稷宗廟何？暴虎馮河，未至之戒，誠小臣所竊憂也。」書奏，賜布百匹，貶東中門侯爲參封尉。後令惲受皇太子《韓詩》，侍講殿中。及郭皇后廢，惲乃言於帝曰：「臣聞夫婦之好，父不能得之於子，况臣能得之於君乎？是臣所不敢言。雖然，願陛下念其可否之計，無令天下有議社稷而已。」帝曰：「惲善恕己量主，知我必不有所左右而輕天下也。」后既廢，而太子意不自安，惲乃說太子曰：「久處疑位，上違孝道，下近危殆。昔高宗明君，吉甫賢臣，及有纖介，放逐孝子。《春秋》之義，母以子貴。太子宜因左右及諸皇子引愆退身，奉養母氏，以明聖教，不背所生。」太子從之，帝竟聽許。惲再遷長沙太守。先是長沙有孝子古初，遭父喪未葬，鄰人失火，初匍匐柩上，以身扞火，火爲之滅。惲甄異之，以爲首舉。後坐事左轉芒長，又免歸，避地教授，著書八篇。以病卒。

蘇楊列傳　蘇竟

蘇竟傳　節

蘇竟字伯況，扶風平陵人也。平帝世，竟以明《易》爲博士講《書》祭酒。善圖緯，能通百家之言。王莽時，劉歆等共典校書，拜代郡中尉。時匈奴擾亂，北邊多罹其禍，竟終完輯一郡。光武即位，就拜代郡太守，使固塞以拒匈奴。建武五年冬，盧芳略得北邊諸郡，帝使偏將軍隨弟屯代郡。竟病篤，以兵屬弟，詣京師謝罪。拜侍中，數月，以病免。初，延岑護軍鄧仲況擁兵據南陽陰縣爲寇，而劉歆兄子龔爲其謀主。竟時在南陽，與龔書曉之曰：「君執事無恙。走昔以摩研編削之才，與國師公從事出入，校定秘書，竊自依依，末由自遠。蓋聞君子愍同類而傷不義〔遇〕。人無智愚，莫不先避害然後求利，先定志然後求名。昔智果見智伯窮兵必亡，故變名遠逝，陳平知項王爲天所棄，故歸心高祖，皆智之至也。聞君前權時屈節，北面延牙，乃後覺悟，棲遲養德。先世數子，又何以加。君處陰中，土多賢士，若以須臾之間，研考異同，揆之圖書，測之人事，則得失利害，可陳於目，何自負畔亂之困，不移守惡之名乎？與君子之道，何其反也？世之俗儒末學，醒醉不分，而稽論當世，疑誤視聽。或謂天下迭興，未知誰是，稱兵據土，可圖非冀。或曰聖王未啓，宜觀時變，倚强附大，顧望自守。二者之論，豈其然乎？夫孔丘秘經，爲漢赤制，玄包幽室，文隱事明。且火德承堯，雖昧必亮，承積世之祚，握無窮之符，王氏雖乘間偷篡，而終嬰大戮，支分體解，宗氏屠滅，非其效歟？皇天所以眷顧踟蹰，憂漢子孫者也。論者若不本之於天，參之於聖，猥以《師曠雜事》輕自眩惑，説士作書，亂夫大道，焉可信哉？夫周公之善康叔，以不從管蔡之亂也；景帝之悦濟北，以不從吴濞之畔也。自更始以來，孤恩背逆，歸義向善，臧否粲然，可不察歟！良醫不能救無命，强梁不能與天争，故天之所壞，人不得支。宜密與太守劉君共謀降議。仲尼栖栖，墨子遑遑，〔憂〕人之甚也。屠羊救楚，非要爵禄；茅焦干秦，豈求報利？盡忠博愛之誠，憤滿不能已耳。」又與仲況書諫之，文多不載。於是仲況與龔遂降。龔字孟公，長安人，善論議，扶風馬援、班彪並器重之。竟終不伐其功，潛樂道術，作《記誨篇》及文章傳於世。年七十，卒于家。

後漢書纂卷之六

宋　順陽　范　曄　譔

明　吴興　凌濛初　纂

郎襄列傳　全　論

郎顗傳　全

郎顗字雅光，北洲〔海〕安丘人也。父宗，字仲綏，學《京氏易》，善風角、星算、六日七分，能望氣占候吉凶，常賣卜自奉。安帝徵之，對策爲諸儒表，後拜吴令。時卒有暴風，宗占知京師當有大火，記識時日，遣人參候，果如其言。諸公聞而表上，以博士徵之。宗耻以占驗見知，聞徵書到，夜縣印綬於縣廷而遁去，遂終身不仕。顗少傳父業，兼明經典，隱居海畔，延致學徒常數百人。晝研精義，夜占象度，勤心鋭思，朝夕無倦。州郡辟召，舉有道、方正，不就。順帝時，灾異屢見，陽嘉二年正月，公車徵，顗乃詣闕拜章曰：「臣聞天垂妖象，地見灾符，所以譴告人主，責躬修德，使正機平衡，流化興政也。《易内傳》曰：『凡灾異所生，各以其政。變之則除，消之亦除。』伏惟陛下躬日昊之聽，温三省之勤，思過念咎，務消祇悔。方今時俗奢佚，淺恩薄義。夫救奢必於儉約，拯薄無若敦厚，安上理人，莫善於禮。修禮遵約，蓋惟上興，革文變薄，事不在下。故《周南》之德，《關雎》政本。本立道生，風行草從，澄其源者流清，溷其本者末濁。天地之道，其猶鼓籥，以虚爲德，自近及遠者也。伏見往年以來，園陵數灾，炎光熾猛，驚動神靈。《〔易〕天人應》曰：『君子不思遵利，兹謂無澤，厥災孽火燒其宫。』又曰：『君高臺府，犯陰侵陽，厥灾火。』又曰：『上不儉，下不節，炎火並作燒君室。』自頃繕理西苑，修復太學，宫殿官府，多所搆飾。昔盤庚遷殷，去奢即儉，夏后卑室，盡力致美。又魯人爲長府，閔子騫曰：『仍舊貫，何必改作。』臣愚以爲諸所繕修，事可省減，稟恤貧人，賑贍孤貧，此天之意也，人之慶也，仁之本也，儉之要也。焉有應天養人，爲仁爲儉，而不降福者哉？土者地祇，陰性澄靜，宜以施化之時，敬而勿擾。竊見正月以來，陰闇連日。《易内傳》曰：『久陰不雨，亂氣也，蒙之比也。蒙者，君臣上下相冒亂也。』又曰：『賢德不用，厥異常陰。』夫賢者化之本，雲者雨之具也。得賢而不用，猶久陰而不雨也。又頃前數日，寒過其節，冰既解釋，還復凝合。夫寒往則暑來，暑往則寒來，此言日月相推，寒暑相避，以成物也。今立春之後，火卦用事，當温而寒，違反時節，由功賞不至，而刑罰必加也。宜須立秋，順氣行罰。臣伏案《飛候》，參察衆〔政〕，以爲立夏之後，當有震裂涌水之害。又比熒惑失度，盈縮往來，涉歷輿鬼，環繞軒轅。火精南方，夏之政也。政有失禮，不從夏令，則熒惑失行。正月三日至乎九日，三公卦也。三公上應台階，下同元首。政失其道，則寒陰反節。『節彼南山』，詠自《周詩》；『股肱良哉』，著於《虞典》。而今之在位，競托高虚，納累鍾之奉，忘天下之憂，栖遲偃仰，寢疾自逸，被策文，得賜錢，即復起矣。何疾之易而愈之速？以此消伏灾眚，興致升平，其可得乎？今選舉牧守，委任三府。長使〔吏〕不良，既咎州郡，州郡有失，豈得不歸責舉者？而陛下崇之彌優，自下慢事愈甚，所謂大網疏，小網數。三公非臣之仇，臣非狂夫之作，所謂發憤忘食，懇懇不已者，誠念朝廷欲致興平，非不能面譽也。臣生長草野，不曉禁忌，披露肝膽，書不擇言。伏鑕鼎鑊，死不敢恨。謹詣闕奉草〔章〕，伏待重誅。」書奏，帝復使對尚書。顗對曰：「臣聞明王聖主好聞其過，忠臣孝子言無隱情。臣備生人論〔倫〕視聽之類，而禀性愚慤，不識忌諱，故出死忘命，懇懇重言。誠欲陛下修乾坤之德，開日月之明，披圖籍，案經典，覽帝王之務，識先後之政。如有闕遺，退而自改。本文武之業，擬堯舜之道，攘灾延慶，號令天下。此誠臣顗區區之願，夙夜夢寐，盡心所計。謹條序前章，暢其旨趣，條便宜七事，具如狀對：一事：陵園至重，聖神攸馮，而灾火炎赫，迫近寢殿，魂而有靈，猶將驚動。尋宫殿官府，近始永平，歲時未積，便更修造。又西苑之設，禽畜是處，離房別觀，本不常居，而皆務精土木，營建無已，消功單賄，巨億爲計。《易内傳》曰：『人君奢侈，多飾宫室，其時旱，其灾火。』是故魯僖遭旱，修政自敕，下鐘鼓之縣，休繕治之官，雖則不寧，而時雨自降。由此言之，天之應人，敏於影響。今月十七日戊午，徵日也，日加申，風從寅來，丑時而止。丑、寅、申皆徵也，不有火灾，必當爲旱。願陛下校計繕修之費，永念百姓之勞，罷將作之官，減雕文之飾，損庖厨之饌，退宴私之樂。《易中孚傳》曰：『陽感天，不旋日。』如是，則景雲降集，眚沴息矣。二事：去年已來，《兑卦》用事，類多不効。《易傳》曰：『有貌無實，佞人也；有實無貌，道人也。』寒温爲實，清濁爲貌。今三公皆令色足恭，外厲内荏，以虚事上，無佐國之實，故清濁効而寒温不効也，是以陰寒侵犯消息。占曰：『日乘則有妖風，日蒙則有地裂。』如是三年，則致日食，陰侵其陽，漸積所致。立春前後温氣應節者，詔令寬也。其後復寒者，無寬之實也。夫十室之邑，必有忠信，率土之人，豈無貞賢，未聞朝廷有所賞拔，非所以求善贊務，弘濟元元。宜採納良臣，以助聖化。三事：臣聞天道不遠，三五復反。今年少陽之歲，法當乘起，恐後年已往，將遂驚動，涉歷天門，灾成戊己。今春當旱，夏必有水，臣以六日七分候之可知。夫灾眚之來，緣類而應。行有玷缺，則氣逆于天，精感變出，以戒人君。王者之義，時有不登，則損滋徹膳。數年以來，穀收稍減，家貧户饉，歲不如昔。百姓不足，君誰與足？水旱之灾，雖尚未至，然君子遠覽，防微慮萌。《老子》曰：『人之饑也，以其上食税之多也。』故孝文皇帝綈袍革舃，木器無文，約身薄賦，時致升平。今陛下聖德中興，宜遵前典，惟節惟約，天下幸甚。《易》曰：『天道無親，常與善人。』是故高宗以享福，宋景以延年。四事：臣竊見皇子未立，儲宫無主，仰觀天文，太子不明。熒惑以去年春分後十六日在婁五度，推步

《三統》，熒惑今當在翼九度，今反在柳三度，則不及五十餘度。去年八月二十四日戊辰，熒惑歷輿鬼，東入軒轅，出后星北，東去四度，北旋復還。軒轅者，後宮也。熒惑者，至陽之精也，天之使也，而出入軒轅，繞還往來。《易》曰：『天垂象，見吉凶。』其意昭然可見矣。禮，天子一娶九女，嫡媵畢具。今宮人侍御，動以千計，或生而幽隔，人道不通，鬱積之氣，上感皇天，故遣熒惑入軒轅，理人倫，垂象見異，以悟主上。昔武王下車，出傾宮之女，表商容之閭，以理人倫，以表賢德，故天受以聖子，成王是也。今陛下多積宮人，以違天意，故皇胤多夭，嗣體莫寄。《詩》云：『敬天之怒，不敢戲豫。』方今之福，莫若廣嗣，廣嗣之術，可不深思？宜簡出宮女，恣其姻嫁，則天自降福，子孫千億。惟陛下丁寧再三，留神於此。左右貴倖，亦宜惟臣之言，以悟陛下。蓋善言古者合於今，善言天者合於人。願訪問百僚，有違臣言者，臣當受苟言之罪。五事：臣竊見去年閏十月十七日己丑夜，有白氣從西方天苑趨左足，入玉井，數日乃滅。《春秋》曰：『有星孛于大辰。大辰者何？大火也。大火爲大辰，罰又爲大辰，北極亦爲大辰。』所以孛一宿而連三宿者，言北辰王者之宮也。凡中宮無節，政教亂逆，威武衰微，則此三星以應之也。罰者白虎，其宿主兵，其國趙、魏，變見西方，亦應三輔。凡金氣爲變，發在秋節。臣恐立秋以後，趙、魏、關西將有羌寇畔戾之患。宜豫宣告諸郡，使敬授人時，輕徭役，薄賦斂，勿妄繕起，堅倉獄，備守衛，回選賢能，以鎮撫之。金精之變，責歸上司。宜以五月丙午，遣太尉服干戚，建井旟，書玉板之策，引白氣之異，於西郊責躬求愆，謝咎皇天，消滅妖氣。蓋以火勝金，轉禍爲福也。六事：臣竊見今月十四日乙卯巳時，白虹貫日。凡日傍氣色白而純者名爲虹。貫日中者，侵太陽也；見於春者，政變常也。方今中官外司，各各考事，其所考者，或非急務。又恭陵火災，主名未立，多所收捕，備經考毒。尋火爲天戒，以悟人君，可順而不可違，可敬而不可慢。陛下宜恭己內省，以備後災。凡儲〔諸〕考案，並須立秋。又《易傳》曰：『公能其事，序賢進士，後必有喜。』反之，則白虹貫日。以甲乙見者，則譴在中台。自司徒居位，陰陽多謬，久無虚己進賢之策，天下興議，異人同咨。且立春以來，金氣再見，金能勝木，必有兵氣，宜黜司徒以應天意。陛下不早攘之，將負臣言，遺患百姓。七事：臣伏惟漢興以來三百三十九歲。於《詩三基》，高祖起亥仲二年，今在戌仲十年。《詩氾歷樞》曰：『卯酉爲革政，午亥爲革命，神在天門，出入候聽。』言神在戌亥，司候帝王興衰得失，厥善則昌，厥惡則亡。於《易雄雌秘歷》，今值困乏。凡九二困者，衆小人欲共困害君子也。《經》曰：『困而不失其所，其唯君子乎！』唯獨賢聖之君，遭困遇險，能致命遂志，不去其道。陛下乃者潛龍養德，幽隱屈厄，即位之元，紫宫驚動，歷運之會，時氣已應。然猶恐妖祥未盡，君子思患而豫防之。臣以爲戌仲已竟，來年入季，文帝改法，除肉刑之罪，至今適三百載。宜因斯際，大蠲法令，官名稱號，輿服器械，事有所更，變大爲小，去奢就儉，機衡之政，除煩爲簡。改元更始，招求幽隱，舉方正，徵有道，博採異謀，開不諱之路。臣陳引際會，恐犯忌諱，書不盡言，未敢究暢。」臺詰顗曰：「對云『白虹貫日，政變常也』。朝廷率由舊章，何所變易而言變常？又言『當大蠲法令，革易官號』。或云變常以致灾，或改舊以除異，何也？又陽嘉初建，復欲改元，據何經典？其以實對。」顗對曰：「方春東作，布德之元，陽氣開發，養導萬物。王者因天視聽，奉順時氣，宜務崇温柔，遵其行令。而今立春之後，考事不息，秋冬之政，行乎春夏，故白虹春見，掩蔽日曜。凡邪氣乘陽，則虹蜺在日，斯皆臣下執事刻急所致，殆非朝廷優寬之本。此其變常之咎也。又令〔今〕選舉皆歸三司，非有周、召之才，而當則哲之重，每有選用，輒參之掾屬，公府門巷，賓客填集，送去迎來，財貨無已。其當遷者，競相薦謁，各遣子弟，充塞道路，開長奸門，興致浮僞，非所謂率由舊章也。尚書職在機衡，宫禁嚴密，私曲之意，羌不得通，偏黨之恩，或無所用。選舉之任，不如還在機密。臣誠愚憨，不知折中，斯固遠近之論，當今之宜。又孔子曰：『漢三百載，計歷改憲。』三百四歲爲一德，五德千五百二十歲，五行更用。王者隨天，譬猶自春徂夏，改青服絳者也。自文帝省刑，適三百年，而輕微之禁，漸以殷積。王者之法，譬猶江河，當使易避而難犯也。故《易》曰：『易則易知，簡則易從，易簡而天下之理得矣。』今去奢即儉，以先天下，改易名號，隨事稱謂。《易》曰：『君子之道，或出或處，同歸殊途，一致百慮。』是知變常而善，可以除灾，變常而惡，必致於異。今年仲竟，來年入季，仲終季始，歷運變改，故可改元，所以順天道也。臣顗愚蔽，不足以答聖問。」顗又上書薦黄瓊、李固，並陳消灾之術曰：「臣前對七事，要政急務，宜於今者，所當施用。誠知愚淺，不合聖聽，人賤言廢，當受誅罰，征營惶怖，靡知厝身。臣聞剞舟剡楫，將欲濟江海也；聘賢選佐，將以安天下也。昔唐堯在上，群龍爲用，文、武創德，周、召作輔，是以能建天地之功，增日月之耀者也。《詩》云：『赫赫王命，仲山甫將之。邦國若否，仲山甫明之。』宣王是賴，以致雍熙。陛下踐祚以來，勤心衆政，而三九之位，未見其人，是以灾害屢臻，四國未寧。臣考之國典，驗之聞見，莫不以得賢爲功，失士爲敗。且賢者出處，翔而後集，爵以進德，則其情不苟，然後使君子耻貧賤而樂富貴矣。若有德不報，有言不讎，來無所樂，進無所趨，則皆懷歸藪澤，修其故志矣。夫求賢者，上以承天，下以爲人。不用之，則逆天統，違人望。逆天統則灾眚降，違人望則化不行。灾眚降則下呼嗟，化不行則君道虧。四始之缺，五際之厄，其咎如〔由〕此。豈可不剛䢖〔健〕篤實，矜〔矜〕慄慄，以守天功盛德大業乎？臣伏見光禄大夫江夏黄瓊，耽樂道術，清亮自然，被褐懷寶，含味經籍，又果於從政，明達變復。朝廷前加優寵，賓於上位。瓊入朝日淺，謀謨未就，因以喪病，致命遂志。《老子》曰：『大音希聲，大器晚成。』善人爲國，三年乃立。天下莫不嘉朝廷有此良人，而復怪其不時還任。陛下宜加隆崇之恩，極養賢之禮，徵反京師，以慰天下。又處士漢中李固，年四十，通游、夏之藝，履顔、閔之仁。潔白之節，情同皦日，忠貞之操，好是正直，卓冠古人，當世莫及。言〔元〕精所生，王之佐臣，天之生固，必爲聖漢，宜蒙特徵，以示四方。夫有出倫之才，不應限以官次。昔顔子十八，天下歸仁；子奇穉齒，化阿有聲。若還瓊徵固，任以時政，伊尹、傅説，不足爲比，則可垂景光，致休祥矣。臣顗明不知人，伏聽衆言，百姓所歸，臧否共嘆。願泛問百僚，覈其名行，有一不合，則臣爲欺國。惟留聖神，不以人廢言。」「謹復條便宜四事，附奏於左：一事：孔子作《春秋》，書『正月』者，敬歲之始也。王者則天之象，因時之序，宜開發德號，爵賢命士，流寬大之澤，垂仁厚之德，順助元氣，含養庶類。如此，則天文昭爛，星辰顯列，五緯循軌，四時和睦。不則太陽不光，天地溷濁，時氣錯逆，霾霧蔽日。自立春以來，累經旬朔，未見仁德有所施布，但聞罪罰考掠之聲。夫天之應人，疾於影響，而自從入歲，常有蒙氣，月不舒光，日不宣曜。日者太陽，以象人君。政變於下，日應於天。清濁之占，隨政抑揚。天之見異，事無虛作。豈獨陛下倦於萬機，帷幄之政有所闕歟？何天戒之數見也！臣願陛下發揚乾綱，援引賢能，勤求機衡之寄，以獲斷金之利。臣之所陳，輒以太陽爲先者，明其不可久闇，急當改正。其異雖微，其事甚重。臣言雖約，其旨甚廣。惟陛下乃眷臣章，深留明思。二事：孔子曰：『靁之始發《大壯》始，君弱臣强從《解》起。』今月九日至十四日，《大壯》用事，消息之卦也。於此六日之中，靁當發聲，發聲則歲氣和，王道興也。《易》曰：『靁出地奮，豫，先王以作樂崇德，殷薦之上帝。』靁者，所以開發萌牙，辟陰除害。萬物須靁而解，資雨而潤。故《經》曰：『靁以動之，雨以潤之。』王者崇寬大，順春令，則靁應節，不則發動於冬，當震反潛。故《易傳》曰：『當靁不靁，太陽弱也。』今蒙氣不除，日月變色，則其效也。天綱恢恢，疏而不失，隨時進退，應政得失。大人者，與天地合其德，與日月合其明，璇璣動作，與天相應。靁者號令，其德生養。號令殆廢，當生而殺，則靁反作，其時無歲。陛下若欲除灾昭祉，順天致和，宜察臣下尤酷害者，亟加斥黜，以安黎元，則太皓悦和，靁聲乃發。三事：去年十月二十日癸亥，太白與歲星合於房、心。太白在北，歲星在南，相離數寸，光芒交接。房、心者，天帝明常〔堂〕布政之宫。《孝經鈎命决》曰：『歲星守心年穀豐。』《尚書洪範記》曰：『月行中道，移節應期，德厚受福，重華留之。』重華者，謂歲星在心也。今太白從之，交合明堂，金木相賊，而反同合，此以陰陵陽，臣下專權之異也。

房、心東方，其國主宋，《石氏經》曰：『歲星出左有年，出右無年。』今金木俱東，歲星在南，是爲出右，恐年穀不成，宋人饑也。陛下宜審詳明堂布政之務，然後妖異可消，五緯順序矣。四事：《易傳》曰：『陽無德則旱，陰僭陽亦旱。』陽無德者，人君恩澤不施於人也。陰僭陽者，禄去公室，臣下專權也。自冬涉春，訖無嘉澤，數有西風，反逆時節。朝廷勞心，廣爲禱祈，薦祭山川，暴龍移市。臣聞皇天感物，不爲僞動，災變應人，要在責己。若令雨可請降，水可禳止，則歲無隔並，太平可待。然而災害不息者，患不在此也。立春以來，未見朝廷賞録有功，表顯有德，存問孤寡，賑恤貧弱，而但見洛陽都官奔車東西，收繫纖介，牢獄充盈。臣聞恭陵火處比有光曜，明此天災，非人之咎。丁丑大風，掩蔽天地。風者號令，天之威怒，皆所以感悟人君忠厚之戒。又連月無雨，將害粟麥。若一穀不登，則饑者十三四矣。陛下誠宜廣被恩澤，貸贍元元。昔堯遭九年之水，人有十年之蓄者，簡稅防災，爲其方也。願陛下早宣德澤，以應天功。若臣言不用，朝政不改者，立夏之後乃有澍雨，於今之際未可望也。若政變於朝而天不雨，則臣爲誣上，愚不知量，分當鼎鑊。」書奏，特詔拜郎中，辭病不就，即去歸家。至四月京師地震，遂陷。其夏大旱。秋，鮮卑入馬邑城，破代郡兵。明年，西羌寇隴右。皆略如顗言。後復公車徵，不行。同縣孫禮者，積惡凶暴，好爲游俠，與其同里人常慕顗名德，欲與親善。顗不顧，以此結怨，遂爲禮所殺。

襄楷傳 全

襄楷字公矩，平原隰陰人也。好學博古，善天文陰陽之術。桓帝時，宦官專朝，政刑暴濫，又比失皇子，災異尤數。延熹九年，楷自家詣闕上疏曰：「臣聞皇天不言，以文象設教。堯舜雖聖，必歷象日月星辰，察五緯所在，故能享百年之壽，爲萬世之法。臣切見去歲五月，熒惑入太微，犯帝坐，〔出〕端門，不軌常道。其閏月庚辰，太白入房，犯心小星，震動中耀。中耀，天王也；傍小星者，天王子也。夫太微天廷，五帝之坐，而金火罰星揚光其中，於占，天子凶；又俱入房、心，法無繼嗣。今年歲星久守太微，逆行西至掖門，還竊〔切〕執法。歲爲未〔木〕精，好生惡殺，而淹留不去者，咎在仁德不修，誅罰太酷。前七年十二月，熒惑與歲星俱入軒轅，逆行四十餘日，而鄧皇后誅。其冬大寒，殺鳥獸，害魚鼈，城傍竹柏之葉有傷枯者。臣聞於師曰：『柏傷竹枯，不出三年，天子當之。』今洛陽城中人夜無故叫呼，云有火光，人聲〔正〕諠，於占亦與竹柏枯同。自春夏以來，連有霜雹及大雨靁，而臣作威作福，刑罰急刻之所感也。太原太守劉瓆、南陽太守成瑨，志除奸邪，其所誅翦，皆合人望，而陛下受閹豎之譖，乃遠加考逮。三公上書乞〔哀〕瓆等，不見採察，而嚴被譴讓。憂國之臣，將遂杜口矣。臣聞殺無罪，誅賢者，禍及三世。自陛下即位以來，頻行誅伐，梁、寇、孫、鄧，並見族滅，其從坐者，又非其數。李雲上書，明主所不當諱，杜衆乞死，諒以感悟聖朝，曾無赦宥，而並被殘戮，天下之人，咸知其冤。漢興以來，未有拒諫誅賢，用刑太深如今者也。永平舊典，諸當重論皆須冬獄，先請後刑，所以重人命也。頃數十歲以來，州郡玩習，又欲避請讞之煩，輒托疾病，多死牢獄。長吏殺生自己，死者多非其罪，魂神冤結，無所歸訴，淫厲疾疫，自此而起。昔文王一妻，誕致十子，今宮女數千，未聞慶育，宜修德省刑，以廣《螽斯》之祚。又七年六月十三日，河内野王山上有龍死，長可數十丈。扶風有星隕爲石，聲聞三郡。夫龍形狀不一，小大無常，故《周易》況之大人，帝王以爲符瑞。或聞河内龍死，諱以爲蛇。夫龍能變化，蛇亦有神，皆不當死。昔秦之將衰，華山神操璧以授鄭客，曰『今年祖龍死』，始皇逃之，死於沙丘。王莽天鳳二年，訛言黄山宫有死龍之異，後漢誅莽，光武復興。虚言猶然，況於實邪？夫星辰麗天，猶萬國之附王者也。下將畔上，故星亦畔天。石者安類，墜者失勢。春秋五石隕宋，其後襄公爲楚所執。秦之亡也，石隕東郡。今隕扶風，與先帝園陵相近，不有大喪，必有畔逆。案春秋以來及古帝王，未有河清及學門自壞者也。臣以爲河者，諸侯位也，清者屬陽，濁者屬陰。河當濁而反清者，陰欲爲陽，諸侯欲爲帝也。太學，天子教化之宫，其門無故自壞者，言文德將喪，教化廢也。京房《易傳》曰：『河水清，天下平。』今天垂異，地吐妖，人厲疫，三者並時而有河清，猶春秋麟不當見而見，孔子書之以爲異也。臣前上琅邪宫崇受干吉神書，不合明聽。臣聞布穀鳴於孟夏，蟋蟀吟於始秋，物有微而志信，人有賤而言忠。臣雖至賤，誠願賜清閑，極盡所言。」書奏不省。十餘日，復上書曰：「臣伏見太白北入，數日復出東方，其占當有大兵，中國弱，四夷强。臣又推步，熒惑今當出而潛，必有陰謀。皆由獄多冤結，忠臣被戮。德星所以久守執法，以〔亦〕爲此也。陛下宜承天意，理察冤獄，爲劉瓆、成瑨虧除罪辟，追録李雲、杜衆等子孫。夫天子事天不孝，則日食星鬬。比年日食於正朔，三光不明，五緯錯戾。前者宫崇所獻神書，專以奉天地順五行爲本，亦有興國廣嗣之術。其文易曉，參同經典，而順帝不行，故國胤不興，孝冲、孝質頻世短祚。臣又聞之，得主所好，自非正道，神爲生虐。故周衰，諸侯以力征相尚，於是夏育、申休、宋萬、彭生、任鄙之徒生於其時。殷紂好色，妲己是出。葉公好龍，真龍游延〔廷〕。今黄門常侍，天刑之人，陛下愛待，兼倍常寵，係嗣未兆，豈不爲此？天官宦者星不在紫宫而在天市，明當給使主市里也。今乃反處常伯之位，實非天意。又聞宫中立黄老、浮屠之祠。此道清虚，貴尚無爲，好生惡殺，省慾去奢。今陛下嗜慾不去，殺罰過理，既乖其道，豈獲其祚哉！或言老子入夷狄爲浮屠。浮屠不三宿桑下，不欲久生恩愛，精之至也。天神遺以好女，浮屠曰：『此但革囊盛血。』遂不盼之。其守一如此，乃能成道。今陛下婬女豔婦，極天下之嚴〔麗〕，甘肥飲美，單天下之味，奈何欲如黄老乎？」書上，即召詔尚書問狀。楷曰：「臣聞古者本無宦臣，武帝末，春秋高，數游後宫，始置之耳。後稍見任，至於順帝，遂益繁熾。今陛下爵之，十倍於前。至今無繼嗣者，豈獨好之而使之然乎？」尚書上其對，詔下有司處正。尚書承旨奏曰：「宦者之官，非近世所置，漢初張澤爲大謁者，佐絳侯誅諸吕；孝文使趙談參乘，而子孫昌盛。楷不正辭理，指陳要務，而析言破律，違背經藝，假借星宿，僞托神靈，造合私意，誣上罔事。請下司隸，正楷罪法，收送洛陽獄。」帝以楷言雖激切，然皆天文恒象之數，故不誅。

論曰：古人有云：「善言天者，必有驗於人。」張衡亦云：「天文曆數，陰陽占候，今所宜急也。」郎顗、襄楷能仰瞻俯察，參諸人事，禍福吉凶既應，引之教義亦明。此蓋道術所以有補於時，後人所當取鑒者也。然而其敝好巫，故君子不以專心焉。

郭杜孔張廉王蘇羊賈陸列傳

杜詩　廉范　蘇章　陸康

杜詩傳　全

杜詩字君公，河内汲人也。少有才能，仕郡功曹，有公平稱。更始時，辟大司馬府。建武元年，歲中三遷爲侍御史，安集洛陽。時將軍蕭廣放縱兵士，暴横民間，百姓惶擾，詩敕曉不改，遂格殺廣，還以狀聞。世祖召見，賜以棨戟，復使之河東，誅降逆賊楊異等。詩到大陽，聞賊規欲北度，乃與長史急焚其船，部勒郡兵，將突騎趁擊，斬異等，賊遂翦滅。拜成皋令，視事三歲，舉政尤異。再遷爲沛郡都尉，轉汝南都尉，所在稱治。七年，遷南陽太守。性節儉而政治清平，以誅暴立威，善於計略，省愛民役。造作水排，鑄爲農器，用力少，見功多，百姓便之。又修治陂池，廣拓土田，郡内比室殷足。時人方於召信臣，故南陽爲之語曰：「前有召父，後有杜母。」詩自以無勞，不安久居大郡，求欲降避功臣，乃上疏曰：「陛下亮成天工，克濟大業，偃兵修文，群帥反旅，海内合和，萬世蒙福，天下幸甚。唯匈奴未譬聖德，威侮二垂，陵虐中國，邊民虚耗，不能自守，臣恐武猛之將雖勤，亦未得解甲櫜弓也。夫勤而不息亦怨，勞而不休亦怨，怨恨之師，難復責功。臣伏睹將帥之情，功臣之望，冀一休足於内郡，然後即戎出命，不敢有恨。臣愚以爲『師克在和不在衆』，陛下雖垂念北邊，亦當頗泄用之。昔湯武善御衆，故無忿鷙之師。陛下起兵十有三年，將帥和睦，士卒鳧藻。今若使公卿郡守出於軍壘，則將帥自厲；士卒之復，比於宿衛，則戎士自百。何者？天下已安，各重性命，大臣以下，咸懷樂土，不讐其功而厲其用，無以勸也。陛下誠宜虛缺數郡，以俟振旅之臣，重復厚賞，加於久役之士。如此，緣邊屯戍之師，競而忘死，秉城拒塞之吏，不辭其勞，則烽火精明，守戰堅固。聖王之政，必因人心。今猥用愚薄，塞功臣之望，誠非其宜。臣詩伏自惟忖，本以史吏一介之才，遭陛下創制大業，賢俊在外，空乏之間，超受大恩，收養不稱，奉職無效，久竊禄位，令功臣懷愠，誠惶誠恐。八年，上書乞避功德，陛下殊恩，未許放退。臣詩蒙恩尤深，義不敢苟冒虛請，誠不勝至願，願退大郡，受小職。及臣齒壯，力能經營劇事，如使臣詩必有補益，復受大位，雖析珪授爵，所不辭也。惟陛下哀矜！」帝惜其能，遂不許之。詩雅好推賢，數進知名士清河劉統及魯陽長董崇等。初，禁網尚簡，但以璽書發兵，未有虎符之信，詩上疏曰：「臣聞兵者國之凶器，聖人所慎。舊制發兵，皆以虎符，其餘徵調，竹使而已。符策合會，取爲大信，所以明著國命，斂持威重也。間者發兵，但用璽書，或以詔令，如有奸人詐僞，無由知覺。愚以爲軍旅尚興，賊虜未殄，徵兵郡國，宜有重慎，可立虎符，以絶奸端。昔魏之公子，威傾鄰國，猶假兵符，以解趙圍，若無如姬之仇，則其功不顯。事有煩而不可省，費而不得已，蓋謂此也。」書奏，從之。詩身雖在外，盡心朝廷，讜言善策，隨事獻納。視事七年，政化大行。十四年，坐遣客爲弟報仇，被徵，會病卒。司隸校尉鮑永上書言詩貧困無田宅，喪無所歸。詔使治喪郡邸，賻絹千匹。

廉范傳 論

論曰：張湛、廉范皆以氣俠立名，觀其振危急，赴險厄，有足壯者。湛之臨才，范之忘施，亦足以信意而感物矣。若夫高祖之召欒布，明帝之引廉范，加怒以發其志，就戮更延其寵，聞義能徙，〔誠〕君道所尚，然情理之極〔樞〕，亦有開塞之感焉。

蘇章傳 全　附兄曾孫不韋報仇始末

蘇章字孺文，扶風平陵人也。八世祖建，武帝時爲右將軍。祖父純，字桓公，有高名，性强切而持毁譽，士友咸憚之，至乃相謂曰：「見蘇桓公，患其教責人，不見，又思之。」三輔號爲「大人」。永平中，爲奉車都尉竇固軍，出擊北匈奴、車師有功，封中陵鄉侯，官至南陽太守。章少博學，能屬文。安帝時，舉賢良方正，對策高第，爲議郎。數陳得失，其言甚直。出爲武原令，〔時〕歲饑，輒開倉廩，活三千餘户。順帝時，遷冀州刺史。故人爲清河太守，章行部案其奸贓。乃請太守，爲設酒肴，陳平生之好甚歡。太守喜曰：「人皆有一天，我獨有二天。」章曰：「今夕蘇孺文與故人飲者，私恩也；明日冀州刺史案事者，公法也。」遂舉正其罪。州境知章無私，望風畏肅。換爲并州刺史，以摧折權豪，忤旨，坐免。隱身鄉里，不交當世。後徵爲河南尹，不就。時天下日敝，民多悲苦，論者舉章有幹國才，朝廷不能復用，卒于家。兄曾孫不韋。不韋字公先，父謙，初爲郡督郵。時魏郡李暠爲美陽令，與中常侍具瑗交通，貪暴爲民患，前後監司畏其勢援，莫敢糾問。及謙至，部案得其贓，論輸左校。謙累遷至金城太守，去郡歸鄉里。漢法，免罷守令，自非詔徵，不得妄到京師。而謙後私至洛陽，時暠爲司隸校尉，收謙詰掠，死獄中，暠又因刑其屍，以報昔怨。不韋時年十八，徵詣公車，會謙見殺，不韋載喪歸鄉里，瘞而不葬，仰天嘆曰：「伍子胥獨何人也！」乃藏母於武都山中，遂變名姓，盡以家財募劍客，邀暠於諸陵間，不剋。會暠遷大司農，時右校芻廥在寺北垣下，不韋與親從兄弟潛入廥中，夜則鑿地，晝則逃伏。如此經月，遂得傍達暠之寢室，出其床下。值暠在廁，因殺其妾並及小兒，留書而去。暠大驚懼，乃布棘於室，以板籍地，一夕九徙，雖家人莫知其處。每出，輒劍戟隨身，壯士自衛。不韋知暠有備，乃日夜飛馳，徑到魏郡，掘其父阜冢，斷取阜頭，以祭父墳，又標之於市曰「李君遷父頭」。暠匿不敢言，而自上退位，歸鄉里，私掩塞冢槨。捕求不韋，歷歲不能得，憤恚感傷，發病嘔血死。不韋後遇赦還家，乃始改葬，行喪。士大夫多譏其發掘冢墓，歸罪枯骨，不合古義，唯任城何休方之伍員。太原郭林宗聞而論之曰：「子胥雖云逃命，而見用强吴，憑闔廬之威，因輕悍之衆，雪怨舊郢，曾不終朝，而但鞭墓戮屍，以舒其憤，竟無手刃後主之報。豈如蘇子單特孑立，靡因靡資，强讐豪援，據位九卿，城闕天阻，宫府幽絶，埃塵所不能過，霧露所不能沾。不韋毁身憔慮，出於百死，冒觸嚴禁，陷族禍門，雖不獲逞，爲報已深。况復分骸斷首，以毒生者，使暠懷忿結，不得其命，猶假手神靈以斃之也。力唯匹夫，功隆千乘，比之於員，不以優乎？」議者於是貴之。

陸康傳　諫鑄銅人疏

時靈帝欲鑄銅人，而國用不足，乃詔調民田，畝斂十錢。而比水旱傷稼，百姓貧苦。康上疏諫曰：「臣聞先王治世，貴在愛民。省傜輕賦，以寧天下，除煩就約，以崇簡易，故萬姓從化，靈物應德。末世衰主，窮奢極侈，造作無端，興制非一，勞割自下，以從苟欲，故黎民吁嗟，陰陽感動。陛下聖德承天，當隆盛化，而卒被詔書，畝斂田錢，鑄作銅人，伏讀惆悵，悼心失圖。夫什一而稅，周謂之徹。徹者通也，言其法度可通萬世而行也。故魯宣稅畝，而蝝災自生；哀公增賦，而孔子非之。豈有聚奪民物，以營無用之銅人；捐捨聖戒，自蹈亡王之法哉！傳曰：『君舉必書，書而不法，後世何述焉？』陛下宜留神省察，改敉從善，以塞兆民怨恨之望。」書奏，内倖因此譖康援引亡國，以譬聖明，大不敬，檻車徵詣廷尉。侍御史劉岱典考其事，岱爲表陳解釋，免歸田里。

樊陰列傳

樊宏　陰識　贊

樊宏傳

論　附子儵一段　族曾孫準一段

論曰：昔楚頃襄王問陽陵君曰：「君子之富何如？」對曰：「假人不德不責，食人不使不役，親戚愛之，衆人善之。」若乃樊重之折契止訟，其庶幾君子之富乎！分地以用天道，實廪以崇禮節，取諸理化，則亦可以施於政也。與夫愛而畏者，何殊間哉！

廣陵王荆有罪，帝以至親悼傷之，詔儵與羽林監南陽任隗雜理其獄。事竟，奏請誅荆。引見宣明殿，帝怒曰：「諸卿以我弟故，欲誅之，即我子，卿等敢爾邪！」儵仰而對曰：「天下高帝天下，非陛下之天下也。《春秋》之義，『君親無將，將而誅焉』。是以周公誅弟，季友鴆兄，經傳大之。臣等以荆屬托母弟，陛下留聖心，加惻隱，故敢請耳。如令陛下子，臣等專誅而已。」帝嘆息良久。儵益以此知名。其後弟鮪爲子賞求楚王英女敬鄉公主，儵聞而止之曰：「建武時，吾家並受榮寵，一宗五侯。時特進一言，女可以配王，男可以尚主，但以貴寵過盛，即爲禍患，故不爲也。且爾一子，奈何棄之於楚乎？」

鄧太后臨朝，儒學陵替，準乃上疏曰：「臣聞賈誼有言，『人君不可以不學』。故雖大舜聖德，孳孳爲善；成王賢主，崇明師傅。及光武皇帝受命中興，群雄崩擾，旌旗亂野，東西誅戰，不遑啓處，然猶投戈講藝，息馬論道。至孝明皇帝，兼天地之姿，用日月之明，庶政萬機，無不簡心，而垂情古典，游意經藝，每饗射禮畢，正坐自講，諸儒並聽，四方欣欣。雖闕里之化，矍相之事，誠不足言。又多徵名儒，以充禮官，如沛國趙孝、琅邪承宫等，或安車結駟，告歸鄉里；或豐衣博帶，從見宗廟。其餘以經術見優者，布在廊廟。故朝多皤皤之良，華首之老。每宴會，則論難衎衎，共求政化。詳覽群言，響如振玉。朝者進而思政，罷者退而備問。小大隨化，雍雍可嘉。期門羽林介胄之士，悉通《孝經》。博士議郎，一人開門，徒衆百數。化自聖躬，流及蠻荒，匈奴遣伊秩訾王大車且渠來入就學。八方肅清，上下無事。是以議者每稱盛時，咸言永平。今學者蓋少，遠方尤甚。博士倚席不講，儒者競論浮麗，忘謇謇之忠，習諓諓之辭。文吏則去法律而學詆欺，鋭錐刀之鋒，斷刑辟之重，德陋俗薄，以致苛刻。昔孝文竇后性好黄老，而清静之化流景武之間。臣愚以爲宜下明詔，博求幽隱，發揚巖穴，寵進儒雅，有如孝、宫者，徵詣公車，以俟聖上講習之期。公卿各舉明經及舊儒子孫，進其爵位，使纘其業。復召郡國書佐，使讀律令。如此，則延頸者日有所見，傾耳者月有所聞。伏願陛下推述先帝進業之道。」太后深納其言。

永平〔初〕之初，連年水旱灾異，郡國多被饑困，準上疏曰：「臣聞傳曰：『饑而不損兹曰太，厥灾水。』《春秋穀梁傳》曰：『五穀不登，謂之大侵。大侵之禮，百官備而不製，群神禱而不祠。』由是言之，調和陰陽，實在儉節。朝廷雖勞心元元，事從省約，而在職之吏，尚未奉承。夫建化致理，由近及遠，故《詩》曰『京師翼翼，四方是則』。今可先令太官、尚方、考功、上林池籞諸官，實減無事之物，五府調省中都官吏京師作者。如此，則化及四方，人勞省息。伏見被灾之郡，百姓凋殘，恐非賑給所能勝贍，雖有其名，終無其實。可依征和元年故事，遣使持節慰安，尤困乏者，徙置荆、揚孰郡，既省轉運之費，且令百姓各安其所。今雖有西屯之役，宜先東州之急。如遣使者與二千石隨事消息，悉留富人守其舊土，轉尤貧者過所衣食，誠父母之計也。願以臣言下公卿平議。」太后從之，悉以公田賦與貧人。

陰識傳 弟興

興字君陵，光烈皇后母弟也，爲人有膂力。建武二年，爲黄門侍郎，守期門僕射，典將武騎，〔從〕征伐，平定郡國。興每從出入，常操持小蓋，障翳風雨，躬履塗泥，率先期門。光武所幸之處，輒先入清宫，甚見親信。雖好施接賓，然門無俠客。與同郡張宗、上谷鮮于裒不相好，知其有用，猶稱所長而達之；友人張汜、杜禽與興厚善，以爲華而少實，但私之以財，終不爲言，是以世稱其忠平。第宅苟完，裁蔽風雨。九年，遷侍中，賜爵關内侯。帝後召興，欲封之，置印綬於前，興固讓曰：「臣未有先登陷陣之功，而一家數人並蒙爵土，令天下觖望，誠爲盈溢。臣蒙陛下、貴人恩澤至厚，富貴已極，不可復加，至誠不願。」帝嘉興之讓，不奪其志。貴人問其故，興曰：「貴人不讀書記邪？『亢龍有悔』，夫外戚家苦不知謙退，嫁女欲配侯王，取婦眄睨公主，愚心實不安也。富貴有極，人當知足，夸奢益爲觀聽所譏。」貴人感其言，深自降挹，卒不爲宗親求位。

贊曰：權族好傾，后門多毁。樊氏世篤，陰亦戒侈。恂恂苗胤，傳龜襲紫。

朱馮虞鄭周列傳 朱浮　虞延　周章

朱浮傳 全　論

朱浮字叔元，沛國蕭人也。初從光武爲大司馬主簿，遷偏將軍，從破邯鄲。光武遣吴漢誅更始幽州牧苗曾，乃拜浮爲大將軍幽州牧，守薊城，遂討定北邊。建武二年，封武陽侯，食三縣。浮年少有才能，頗欲厲風迹，收士心，辟召州中名宿涿郡王岑之屬，以爲從事，及王莽時故吏二千石，皆引置幕府，乃多發諸郡倉穀，廩贍其妻子。漁陽太守彭寵以爲天下未定，師旅方起，不宜多置官屬，以損軍〔實〕，不從其令。浮性矜急自多，頗有不平，因以峻文詆之；寵亦狠强，兼負其功，嫌怨轉積。浮密奏寵遣吏迎妻而不迎其母，又受貨賄，殺害友人，多聚兵穀，意計難量。寵既積怨，聞之，遂大怒，而舉兵攻浮。浮以書質責之曰：「蓋聞知者順時而謀，愚者逆理而動，常竊悲京城太叔以不知足而無賢輔，卒自棄於鄭也。伯通以名字典郡，有佐命之功，臨人親職，愛惜倉庫，而浮秉征伐之任，欲權時救急，二者皆爲國耳。即疑浮相譖，何不詣闕自陳，而爲族滅之計乎？朝廷之於伯通，恩亦厚矣，委以大郡，任以威武，事有柱石之寄，情同子孫之親。匹夫媵母尚能致命一餐，豈有身帶三綬，職典大邦，而不顧恩義，生心外畔者乎！伯通與吏人語，何以爲顏？行步拜起，何以爲容？坐卧念之，何以爲心？引鏡窺影，何施眉目？舉措建功，何以爲人？惜乎棄休令之嘉名，造梟鴟之逆謀，捐傳世之慶祚，招破敗之重灾，高論堯舜之道，不忍桀紂之性，生爲世笑，死爲愚鬼，不亦哀乎！伯通與耿俠游俱起佐命，同被國恩。俠游謙讓，屢有降挹之言；而伯通自伐，以爲功高天下。往時遼東有豕，生子白頭，異而獻之，行至河東，見群豕皆白，懷慚而還。若以子之功論於朝廷，則爲遼東豕也。今乃愚妄，自比六國。六國之時，其勢各盛，廓土數千里，勝兵將百萬，故能據國相持，多歷年世。今天下幾里，列郡幾城，奈何以區區漁陽而結怨天子？此猶河濱之人捧土以塞孟津，多見其不知量也！方今天下適定，海内願安，士無賢不肖，皆樂立名於世。而伯通獨中風狂走，自捐盛時，内聽驕婦之失計，外信讒邪之諛言，長爲群后惡法，永爲功臣鑒戒，豈不誤哉！定海内者無私讐，勿以前事自誤，願留意顧老母幼弟。凡舉事無爲親厚者所痛，而爲見讐者所快。」寵得書愈怒，攻浮轉急。明年，涿郡太守張豐亦舉兵反。時二郡畔戾，北州憂恐，浮以爲天子必自將兵討之，而但遣游擊將軍鄧隆陰助浮。浮懷懼，以爲帝怠於敵，不能救之，乃上疏曰：「昔楚宋列國，俱爲諸侯，莊王以宋執其使，遂有投袂之師。魏公子顧朋友之要，觸冒强秦之鋒。夫楚魏非有分職匡正之大義也，莊王但爲争强而發忿，公子以一言而立信耳。今彭寵反叛，張豐逆節，以爲陛下必棄捐它事，以時滅之。既歷時月，寂漠無音。從圍城而不救，放逆虜而不討，臣誠惑之。昔高祖聖武，天下既定，猶身自征伐，未嘗寧居。陛下雖興大業，海内未集，而獨逸豫，不顧北垂，百姓遑遑，無所繫心，三河、冀州，曷足以傳後哉！今秋稼已熟，復爲漁陽所掠。張豐狂悖，奸黨日增，連年拒守，吏士疲勞，甲胄生蟣蝨，弓弩不得弛，上下燋心，相望救護，仰希陛下生活之恩。」詔報曰：「往年赤眉跋扈長安，吾策其無穀必東，果來歸降。今度此反虜，勢無久全，其中必有内相斬者。今軍資未充，故須後麥耳。」浮城中糧盡，人相食。會上谷太守耿況遣騎來救浮，浮乃得遁走。南至良鄉，其兵長反遮之，浮恐不得脱，乃下馬刺殺其妻，僅以身免，城降於寵。尚書令侯霸奏浮敗亂幽州，搆成寵罪，徒勞軍師，不能死節，罪當伏誅。帝不忍，以浮代賈復爲執金吾，徙封父城侯。後豐、寵並自敗。帝以二千石長史多不勝任，時有纖微之過者，必見斥罷，交易紛擾，百姓不寧。六年，有日食之異，浮因上疏曰：「臣聞日者衆陽之所宗，君上之位也。凡居官治民，據郡典縣，皆爲陽爲上，爲尊爲長。若陽上不明，尊長不足，則干動三光，垂示王者。五典紀國家之政，《鴻範》别灾異之文，皆宣明天道，以徵來事者也。陛下哀愍海内新離禍毒，保宥生人，使得蘇息。而今牧人之吏，多未稱職，小違理實，輒見斥罷，豈不粲然黑白分明哉！然以堯舜之盛，猶加三考，大漢之興，亦累功效，吏皆積久，養老於官，至名子孫，因爲氏姓。當時吏職，何能悉理；論議之徒，豈不諠譁。蓋以爲天地之功不可倉卒，艱難之業當累日也。而間者守宰數見换易，迎新相代，疲勞道路。尋其視事日淺，未足昭見其職，既加嚴切，人不自保，者〔各〕相顧望，無自安之心。有司或因睚眦以騁私怨，苟求長短，求媚上意。二千石及長吏迫於舉劾，懼於刺譏，故争飾詐僞，以希虚譽。斯皆群陽騷動，日月失行之應。夫物暴長者必夭折，功卒成者必亟壞，如摧長久之業，而造速成之功，非陛下之福也。天下非一時之用也，海內非一旦之功也，願陛下游意於經年之外，望化於一世之後。天下幸甚。」帝下其議，群臣多同於浮，自是牧守易代頗簡。舊制，州牧奏二千石長吏不任位者，事皆先下三公，三公遣掾史案驗，然後黜退。帝時用明察，不復委任三府，而權歸刺舉之吏。浮復上疏曰：「陛下清明履約，率禮無違，自宗室諸王，外家后親，皆奉遵繩墨，無黨勢之名。至或乘牛車，齊於編人。斯固法令整齊，下無作威者也。求之於事，宜以和平，而災異猶見者，而豈徒然？天道信誠，不可不察。竊見陛下疾往者上威不行，下專國命，即位以來，不用舊典，信刺舉之官，黜鼎輔之任，至於有所劾奏，便加免退，覆案不關三府，罪譴不蒙澄察。陛下以使者爲腹心，而使者以從事爲耳目，是爲尚書之平，決於百石之吏，故郡下苛刻，各自爲能。兼以私情容長，憎愛在職，皆競張空虛，以要時利，故有罪者心不厭服，無咎者坐被空文，不可經盛衰，貽後王也。夫事積久則吏自重，吏安則人自靜。傳曰：『五年再閏，天道乃備。』夫以天地之靈，猶五載以成其化，況人道哉！臣浮愚戇，不勝惓惓，願陛下留心千里之任，省察偏言之奏。」七年，轉太僕。浮又以國學既興，宜廣博士之選，乃上書曰：「夫太學者，禮義之宮，教化所由興也。陛下尊敬先聖，垂意古典，宮室未飾，干戈未休，而先建太學，造立橫舍，比日車駕親臨觀饗，將以弘時雍之化，顯勉進之功也。尋博士之官，爲天下宗師，使孔聖之言傳而不絕。舊事，策試博士，必廣求詳選，爰自畿夏，延及四方，是以博舉明經，唯賢是登，學者精勵，遠近同慕。伏聞詔書更試五人，唯取見在洛陽城者。臣恐自今以往，將有所失。求之密邇，容或未盡，而四方之學，無所勸樂。凡策試之本，貴得其真，非有期會，不及遠方也。又諸所徵試，皆私自發遣，非有傷費煩擾於事也。語曰：『中國失禮，求之於野。』臣浮幸得與講圖讖，故敢越職。」帝然之。二十年，代竇融爲大司空。二十二年，坐賣弄國恩免。二十五年，徙封新息侯。帝以浮陵轢同列，每銜之，惜其功能，不忍加罪。永平中，有人單辭告浮事者，顯宗大怒，賜浮死。長水校尉樊儵言於帝曰：「唐堯大聖，兆人獲所，尚優游四凶之獄，厭服海内之心，使天下咸和，然後殛罰。浮事雖昭明，而未達人聽，宜下廷尉，章著其事。」帝亦悔之。

論曰：吴起與田文論功，文不及者三，朱買臣難公孫弘十策，弘不得其一，終之田文相魏，公孫宰漢，誠知宰相自有體也。故曾子曰：「君子所貴乎道者三，籩豆之事則有司存。」而光武、明帝躬好吏事，亦以課覈三公，其人或失而其禮稍薄，至有誅斥詰辱之累。任職責過，一至於此，追感賈生之論，不亦篤乎！朱浮議〔譏〕諷苛察欲速之弊，然矣，焉得長者之言哉！

虞延傳　諫富宗一段　誅馬成一段

太守富宗聞延名，召署功曹。宗性奢靡，車服器物，多不中節。延諫曰：「昔晏嬰輔齊，鹿裘不完，季文子相魯，妾不衣帛，以約失之者鮮矣。」宗不悦，延即辭退。居有頃，宗果以侈從被誅，臨當伏刑，擥涕而嘆曰：「恨不用功曹虞延之諫！」光武聞而奇之。

是時陰氏有客馬成者，常爲奸盗，延收考之。陰氏屢請，獲一書輒加篣二百。信陽侯陰就乃訴帝，譖延多所冤枉。帝乃臨御道之館，親録囚徒。延陳其獄狀可論者在東，無理者居西。成乃回欲趨東，延前執之，謂曰：「爾人之巨蠹，久依城社，不畏熏燒。今考實未竟，宜當盡法！」成大呼稱枉，陛戟郎以戟刺延，叱使置之。帝知延不私，謂成曰：「汝犯王法，身自取之！」呵使速去。後數日伏誅。於是外戚斂手，莫敢干法。

周章傳　論

論曰：孔子稱「可與立，未可與權」。權也者，反常者也。將從反常之事，必資非常之會。使夫舉無違妄，志行名全。周章身非負圖之托，德乏萬夫之望，主無絶天之釁，地有既安之勢，而創慮於難圖，希功於理絶，不已悖乎！如令君器易以下議，即斗筲必能叨天業，則狂夫豎臣亦自奮矣。孟軻有言曰：「有伊尹之心則可，無伊尹之心則篡矣。」於戲，方來之人戒之哉！

梁統列傳

梁統傳 請重刑罰一段　附子竦一段　玄孫冀一段　論

統在朝廷，數陳便宜。以爲法令既輕，下奸不勝，宜重刑罰，以遵舊典，乃上疏曰：「臣竊見元、哀二帝輕殊死之刑以一百二十三事，手殺人者減死一等，自是以後，著爲常準，故人輕犯法，吏易殺人。臣聞立君之道，仁義爲主，仁者愛人，義者政理，愛人以除殘爲務，政理以去亂爲心。刑罰在衷，無取於輕，是以五帝有流、殛、放、兜〔殺〕之誅，三王有大辟、刻肌之法。故孔子稱『仁者必有勇』，又曰『理財正辭，禁民爲非曰義』。高帝受命誅暴，平蕩天下，約令定律，誠得其宜。文帝寬惠柔克，遭世康平，唯除省肉刑、相坐之法，它皆率由，無革舊章。武帝值中國隆盛，財力有餘，征伐遠方，軍役數興，豪傑犯禁，奸吏弄法，故重首匿之科，著知從之律，以破朋黨，以懲隱匿。宣帝聰明正直，總御海内，臣下奉憲，無所失墜，因循先典，天下稱理。至哀、平繼體，而即位日淺，聽斷尚寡，丞相王嘉輕爲穿鑿，虧除先帝舊約成律，數年之間，百有餘事，或不便於理，或不厭民心。謹表其尤害於體者傅奏於左。伏惟陛下包元履德，權時撥亂，功踰文武，德謀高皇，誠不宜因循季末衰微之軌。回神明察，考量得失，宣詔有司，詳擇其善，定不易之典，施無窮之法，天下幸甚。」事下三公、廷尉，議者以爲隆刑峻法，非明王急務，施行日久，豈一朝所釐。統今所定，不宜開可。統復上言曰：「有司以臣今所言，不可施行。尋臣之所奏，非曰嚴刑。竊謂高帝以後，至乎孝宣，其所施行，多合經傳，宜比方今事，驗之往古，聿遵前典，事無難改，不勝至願。願得召見，若對尚書近臣，口陳其要。」帝令尚書問狀，統對曰：「聞聖帝明王，制立刑罰，故雖堯舜之盛，猶誅四凶。經曰：『天討有罪，五刑五庸哉。』又曰：『爰制百姓于刑之衷。』孔子曰：『刑罰不衷，則人無所厝手足。』衷之爲言，不輕不重之謂也。《春秋》之誅，不避親戚，所以防患救亂，坐安衆庶，豈無仁愛之恩，貴絶殘賊之路也？自高祖之興，至于孝宣，君明臣忠，謀謨深博，猶因循舊章，不輕改革，海内稱理，斷獄益少。至初元、建平，所減刑罰百有餘條，而盜賊浸多，歲以萬數。間者三輔從横，群輩並起，至燔燒茂陵，火見未央。其後隴西、北地、西河之賊，越州度郡，萬里交結，攻取庫兵，劫略吏人，詔書討捕，連年不獲。是時以天下無難，百姓安平，而狂狡之勢，猶至於此，皆刑罰不衷，愚人易犯之所致也。由此觀之，則刑輕之作，反生大患；惠加奸軌，而害及良善也。故臣統願陛下采擇賢臣孔光、師丹等議。」議上，遂寢不報。

竦字叔敬，少習《孟氏易》，弱冠能教授。後坐兄松事，與弟恭俱徙九真。既徂南土，歷江、湖，濟沅、湘，感悼子胥、屈原以非辜沈身，乃作《悼騷賦》，繫玄石而沈之。顯宗後詔聽還本郡。竦閉門自養，以經籍爲娱，著書數篇，名曰《七序》。班固見而稱曰：「孔子著《春秋》而亂臣賊子懼，梁竦作《七序》而竊位素餐者慚。」性好施，不事産業。長嫂舞陰公主贍給諸梁，〔親疏〕有序，特重敬竦，雖衣食器物，必有加異。竦悉分與親族，自無所服。竦生長京師，不樂本土，自負其才，鬱鬱不得意。嘗登高遠望，嘆息言曰：「大丈夫居世，生當封侯，死當廟食。如其不然，閑居可以養志，《詩》《書》足以自娱，州郡之職，徒勞人耳。」後辟命交至，並無所就。

郎中汝南袁著，年十九，見冀凶縱，不勝其憤，乃詣闕上書曰：「臣聞仲尼嘆鳳鳥不至，河不出圖，自傷卑賤，不能致也。今陛下居得致之位，又有能致之資，而和氣未應，賢愚失序者，勢分權臣，上下壅隔之故也。夫四時之運，功成則退，高爵厚寵，鮮不致災。今大將軍位極功成，可爲至戒，宜遵懸車之禮，高枕頤神。傳曰：『木實繁者，披枝害心。』若不抑損權盛，將無以全其身矣。左右聞臣言，將側目切齒，臣特以童蒙見拔，故敢忘忌諱。昔舜、禹相戒無若丹朱，周公戒成王無如殷王紂，願除誹謗之罪，以開天下之口。」書得奏御，冀聞而密遣掩捕著。著乃變易姓名，後托書僞死，結蒲爲人，市棺殯送。冀廉問知其詐，陰求得，笞殺之。

論曰：順帝之世，梁商稱爲賢輔，豈以其地居亢滿，而能以願謹自終者乎？夫宰相運動樞極，感會天人，中於道則易以興政，乖於務則難乎御物。商協回天之勢，屬雕弱之期，而匡朝恤患，未聞上術，憔悴之音，載謡人口。雖輿粟盈門，何救阻饑之厄；永言終制，未解尸官之尤。況乃傾側孽臣，傳寵凶嗣，以至破家傷國，而豈徒然哉！

張曹鄭列傳 曹褒 鄭玄

曹褒傳 節

曹褒字叔通，魯國薛人也。父充，持《慶氏禮》，建武中爲博士，從巡狩岱宗，定封禪禮，還，受詔議立七郊、三雍、大射、養老禮儀。顯宗即位，充上言：「漢再受命，仍有封禪之事，而禮樂崩闕，不可爲後嗣法。五帝不相沿樂，三王不相襲禮，大漢自制禮，以示百世。」帝問：「制禮樂云何？」充對曰：「《河圖括地象》曰：『有漢世禮樂文雅出。』《尚書琁機鈐》曰：『有帝漢出，德洽作樂，名予。』」帝善之，下詔曰：「今且改太樂官曰太予樂，〔歌〕詩曲操，以俟君子。」拜充侍中。作章句辯難，於是遂有慶氏學。褒少篤志，有大度，結髮傳充業，博雅疏通，尤好禮事。常感朝廷制度未備，慕叔孫通爲漢禮儀，晝夜研精，沈吟專思，寢則懷抱筆札，行則誦習文書，當其念至，忘所之適。初舉孝廉，再遷圉令，以禮理人，以德化俗。時它郡盜徒五人來入圉界，吏捕得之，陳留太守馬嚴聞而疾惡，風縣殺之。褒敕吏曰：「夫絶人命者，天亦絶之。皋陶不爲盜制死刑，管仲遇盜而升諸公。今承言而殺之，是逆天心，順府意也，其罰重矣。如得全此人命而身坐之，吾所願也。」遂不爲殺。嚴奏褒耎弱，免官歸郡，爲功曹。徵拜博士。會肅宗欲制定禮樂，元和二年下詔曰：「《河圖》稱『赤九會昌，十世以光，十一以興』。《尚書璇機鈐》曰：『述堯理世，平制體樂，放唐之文。』予末小子，託于數終，曷以纘興，崇弘祖宗，仁濟元元？《帝命驗》曰：『順堯考德，題期立象。』且三五步驟，優劣殊軌，況于〔予〕頑陋，無以克堪，雖欲從之，末由也已。每見圖書，中心恧焉。」褒知帝旨，欲有興作，乃上疏曰：「昔者聖人受命而王，莫不制禮作樂，以著功德。功成作樂，化定制禮，所以救世俗，致禎祥，爲萬姓獲福於皇天者也。今皇天降祉，嘉瑞並臻，制作之符，甚於言語。宜定文制，著成漢禮，丕顯祖宗盛德之美。」章下太常，太常巢堪以爲一世大典，非褒所定，不可許。帝知群僚拘攣，難與圖始，朝廷禮憲，宜時刊立，明年復下詔曰：「朕以不德，膺祖宗弘烈。乃者鸞鳳仍集，麟龍並臻，甘露宵降，嘉穀滋生，赤草之類，紀于史官。朕夙夜祗畏，上無以彰于先功，下無以克稱靈物。漢遭秦餘，禮壞樂崩，且因循故事，未可觀省，有知其説者，各盡所能。」褒省詔，乃嘆息謂諸生曰：「昔奚斯頌魯，考甫詠殷。夫人臣依義顯君，竭忠彰主，行之美也。當仁不讓，吾何辭哉！」遂復上疏，具陳禮樂之本，制改之意。拜褒侍中，從駕南巡，既還，以事下三公，未及奏，詔召玄武司馬班固，問改定禮制之宜。固曰：「京師諸儒，多能説禮，宜廣招集，共議得失。」帝曰：「諺言『作舍道邊，三年不成』。會禮之家，名爲聚訟，互生疑異，筆不得下。昔堯作《大章》，一夔足矣。」章和元年正月，乃召褒詣嘉德門，令小黄門持班固所上叔孫通《漢儀》十二篇，敕褒曰：「此制散略，多不合經，今宜依禮條正，使可施行。於南宫、東觀盡心集作。」襃既受命，乃次序禮事，依準舊典，雜以《五經》讖記之文，撰次天子至於庶人冠婚吉凶終始制度，以爲百五十篇，寫以二尺四寸簡。其年十二月奏上。帝以衆論難一，故但納之，不復令有司平奏。會帝崩，和帝即位，襃乃爲作章句，帝遂以《新禮》二篇冠。擢襃監羽林左騎。永元四年，遷射聲校尉。後太尉張酺、尚書張敏等奏襃擅制《漢禮》，破亂聖術，宜加刑誅。帝雖寢其奏，而《漢禮》遂不行。

論曰：漢初天下創定，朝制無文，叔孫通頗採經禮，參酌秦法，雖適物觀時，有救崩敝，然先王之容典蓋多闕矣，是以賈誼、仲舒、王吉、劉向之徒，懷憤嘆息所不能已也。資文、宣之遠圖明懿美，而終莫或用，故知自燕而觀，有不盡矣。孝章永言前王，明發興作，專命禮臣，撰定國憲，洋洋乎盛德之事焉。而業絶天算，議黜異端，斯道竟復墜矣。夫三王不相襲禮，五帝不相沿樂，所以咸、莖異調，中都殊絶。況物運遷回，情數萬化，制則不能隨其流變，品度未足定其滋章，斯固世主所當損益者也。且樂非夔、襄，而新音代起，律謝皋、蘇，而制令亟易，修補舊文，獨何猜焉？禮云禮云，曷其然哉！

鄭玄傳 節論

鄭玄字康成，北海高密人也。八世祖崇，哀帝時尚書僕射。玄少爲鄉嗇夫，得休歸，常詣學官，不樂爲吏。父數怒之，不能禁。遂造太學受業，師事京兆第五元先，始通《京氏易》、《公羊春秋》、《三統歷》、《九章算術》。又從東郡張恭祖受《周官》、《禮記》、《左氏春秋》、《韓詩》、《古文尚書》。以山東無足問者，乃西入關，因涿郡盧植，事扶風馬融。融門徒四百餘人，升堂進者五十餘生。融素驕貴，玄在門下，三年不得見，乃使高業弟子傳授於玄。玄日夜尋誦，未嘗怠倦。會融集諸生考論圖緯，聞玄善算，乃召見於樓上。玄因從質諸疑義，問畢辭歸。融喟然謂門人曰：「鄭生今去，吾道東矣。」玄自游學，十餘年乃歸鄉里。家貧，客耕東萊，學徒相隨已數百千人。及黨事起，乃與同郡孫嵩等四十餘人俱被禁錮，遂隱修經業，杜門不出。時任城何休好《公羊》學，遂著《公羊墨守》、《左氏膏肓》、《穀梁廢疾》；玄乃發《墨守》，針《膏肓》，起《廢疾》。休見而嘆曰：「康成入吾室，操吾矛，以伐我乎！」初，中興之後，范升、陳元、李育、賈逵之徒争論古今學，後馬融答北地太守劉瓌及玄答何休，義據通深，由是古學遂明。靈帝末，黨禁解，大將軍何進聞而辟之。州郡以進權戚，不敢違意，遂迫脅玄，不得已而詣之。進爲設几杖，禮待甚優。玄不受朝服，而以幅巾見。一宿逃去。時年六十，弟子河内趙商等自遠方至者數千。後將軍袁隗表爲侍中，以父喪不行。國相孔融深敬於玄，屣履造門。告高密縣爲玄特立一鄉，曰：「昔齊置『士鄉』，越有『君子軍』，皆異賢之意也。鄭君好學，實懷明德。昔太史公、廷尉吴公、謁者僕射鄧公，皆漢之名臣。又南山四皓東園公、夏黄公，潛光隱耀，世加其高，皆悉稱公。然則公者仁德之正號，不必三事大夫也。今鄭君鄉宜曰『鄭公鄉』。昔東海于公僅有一節，猶或戒鄉人侈其門閭，矧乃鄭公之德，而無駟牡之路！可廣開門衢，令容高車，號爲『通德門』。」董卓遷都長安，公卿舉玄爲趙相，道斷不至。會黄巾寇青部，乃避地徐州，徐州牧陶謙接以師友之禮。建安元年，自徐州還高密，道遇黄巾賊數萬人，見玄皆拜，相約不敢入縣境。玄後嘗疾篤，自慮，以書戒子益恩曰：「吾家舊貧，不爲父母群弟所容，去厮役之吏，游學周秦之都，往來幽、並、兖、豫之域，獲覲乎在位通人，處逸大儒，得意者咸從捧手，有所受焉。遂博稽《六藝》，粗覽傳記，時睹秘書緯術之奥。年過四十，乃歸供養，假田播殖，以娱朝夕。遇閹尹擅勢，坐黨禁錮，十有四年，而蒙赦令，舉賢良方正有道，辟大將軍三司府。公車再召，比牒並名，早爲宰相。惟彼數公，懿德大雅，克堪王臣，故宜式序。吾自忖度，無任於此，但念述先聖之元意，思整百家之不齊，亦庶幾以竭吾才，故聞命罔〔罔〕從。而黄巾爲害，萍浮南北，復歸邦鄉。入此歲來，已七十矣。宿素衰落，仍有失誤，案之禮典，便合傳家。今我告爾以老，歸爾以事，將閑居以安性，覃思以終業。自非拜國君之命，問族親之憂，展敬墳墓，觀省野物，胡嘗扶杖出門乎！家事大小，汝一承之。咨爾煢煢一夫，曾無同生相依。其勗求君子之道，研鑽勿替，敬慎威儀，以近有德。顯譽成於僚友，德行立於己志。若致聲稱，亦有榮於所生，可不深念邪！可不深念邪！吾雖無紱冕之緒，頗有讓爵之高。自樂以論贊之功，庶不遺後人之羞。末所憤憤者，徒以亡親墳壟未成，所好群書率皆腐敝，不得於禮堂寫定，傳與其人。日西方暮，其可圖乎！家今差多於昔，勤力務時，無恤饑寒。菲飲食，薄衣服，節夫二者，尚令吾寡恨。若忽忘不識，亦已焉哉！」時大將軍袁紹總兵冀州，遣使要玄，大會賓客，玄最後至，乃延升上坐。身長八尺，飲酒一斛。秀眉明目，容儀溫偉。紹客多豪俊，並有才說，見玄儒者，未以通人許之，競設異端，百家互起。立〔玄〕依方辯對，咸出問表，皆得所未聞，莫不嗟服。時汝南應劭亦歸於紹，因自贊曰：「故太山太守應中遠，北面稱弟子何如？」玄笑曰：「仲尼之門考以四科，回、賜之徒不稱官閥。」劭有慚色。紹乃舉玄茂才，表爲左中郎將，皆不就。公車徵爲大司農，給安車一乘，所過長吏送迎。玄乃以病自乞還家。五年春，夢孔子告之曰：「起，起，今年歲在辰，來〔年〕歲在巳。」既寤，以讖合之，知命當終，有頃寢疾。時袁紹與曹操相拒於官度，令其子譚遣使逼玄隨軍。不得已，載病到元城縣，疾篤不進，其年六月卒，年七十四。遺令薄葬。自郡守以下嘗受業者，縗絰赴會千餘人。

論曰：自秦焚《六經》，聖文埃滅，漢興，諸儒頗修藝文；及東京，學者亦各名家。而守文之徒，滯固所禀，異端紛紜，互相詭激，遂令經有數家，家有數說，章句多者或乃百餘萬言，學徒勞而少功，後生疑而莫正。鄭玄括囊大典，網羅衆家，删裁繁蕪，刊改漏失，自是學者略知所歸。王父豫章君每考先儒經訓，而長於玄，常以爲仲尼之門不能過也。及傳授生徒，並專以鄭氏家法云。

鄭范陳賈張列傳

鄭興　范升　陳元

鄭興傳　全　附子衆使匈奴一段

鄭興字少贛，河南開封人也。少學《公羊春秋》。晚善《左氏傳》，遂積精深思，通達其旨，同學者皆師之。天鳳中，將門人從劉歆講正大義，歆美興才，使撰條例、章句、訓詁，及校《三統曆》。更始立，以司直李松行丞相事，先入長安，松以興爲長史，令還奉迎遷都。更始諸將皆山東人，咸勸留洛陽。興説更始曰：「陛下起自荆楚，權政未施，一朝建號，而山西雄桀争誅王莽，開關郊迎者，何也？此天下同苦王氏虐政，而思高祖之舊德也。今久不撫之，臣恐百姓離心，盗賊復起矣。《春秋》書『齊小白入齊』，不稱侯，未朝廟故也。今議者欲先定赤眉而後入關，是不識其本而争其末，恐國家之守轉在函〔函〕谷，雖卧洛陽，庸得安枕乎？」更始曰：「朕西决矣。」拜興爲諫議大夫，使安集關西及朔方、凉、益三州，還拜凉州刺史。會天水有反者，攻殺郡守，興坐免。時赤眉入關，東道不通，興乃西歸隗囂，虚心禮請，而興耻爲之屈，稱疾不起。囂矜己自飾，常以爲西伯復作，乃與諸將議自立爲王。興聞而説囂曰：「《春秋傳》云：『口不道忠信之言爲嚚，耳不聽五聲之和爲聾。』間者諸將集會，無乃不道忠信之言；大將軍之聽，無乃阿而不察乎？昔文王承積德之緒，加之以睿聖，三分天下，尚服事殷。及武王即位，八百諸侯不謀同會，皆曰『紂可伐矣』，武王以未知天命，還兵待時。高祖征伐累年，猶以沛公行師。今令德雖明，世無宗周之祚，威略雖振，未有高祖之功，而欲舉未可之事，招速禍患，無乃不可乎？惟將軍察之。」囂竟不稱王。後遂廣置職位，以自尊高。興復止囂曰：「夫中郎將、太中大夫、使持節官皆王者之器，非人臣所當制也。孔子曰：『惟器與名，不可以假人。』不可以假人者，亦不可以假於人也。無益於實，有損於名，非尊上之意也。」囂病之而止。及囂遣子恂入侍，將行，興因循〔恂〕求歸葬父母，囂不聽而徙興舍，益其秩禮。興入見囂曰：「前遭赤眉之亂，以將軍僚舊，故敢歸身明德。幸蒙覆載之恩，復得全其性命。興聞事親之道，生事之以禮，死葬之以禮，祭之以禮，奉以周旋，弗敢失墜。今爲父母未葬，請乞骸骨，若以增秩徙舍，中更停留，是以親爲餌，無禮甚矣。將軍焉用之！」囂曰：「囂將不足留故邪？」興曰：「將軍據七郡之地，擁羌胡之衆，以戴本朝，德莫厚焉，威莫重焉。居則爲專命之使，入必爲鼎足之臣。興，從俗者也，不敢深居屏處，因將軍求進，不患不達，因將軍求入，何患不親，此興之計不逆將軍者也。興業爲父母請，不可以已，願留妻子獨歸葬，將軍又何猜焉？」囂曰：「幸甚。」促爲辦裝，遂令與妻子俱東。時建武六年也。侍御史杜林先與興同寓隴右，乃薦之曰：「竊見河南鄭興，執義堅固，敦悦《詩》《書》，好古博物，見疑不惑，有公孫僑、觀射父之德，宜侍帷幄，典職機密。昔張仲在周，燕翼宣王，而詩人悦喜。惟陛下留聽少察，以助萬分。」乃徵爲太中大夫。明年三月晦，日食。興因上疏曰：「《春秋》以天反時爲災，地反物爲妖，人反德爲亂，亂則妖災生。往年以來，謫咎連見，意者執事頗有闕焉。按《春秋》『昭公十七年夏六月甲戌朔，日有食之』，傳曰：『日過分而未至，三辰有災，於是百官降物，君不舉，避移時，樂用鼓，祝用幣，史用辭。』今孟夏，純乾用事，陰氣未作，其災尤重。夫國無善政，則謫見日月，變咎之來，不可不慎，其要在因人之心，擇人處位也。堯知鯀不可用而用之者，〔是〕屈己之明，因人之心也。齊桓反政而相管仲，晉文歸國而任郄縠者，是不私其私，擇人處位也。今公卿大夫多舉漁陽太守郭伋可大司空者，而不以時定，道路流言，咸曰『朝廷欲用功臣』，功臣用則人位謬矣。願陛下上師唐、虞，下覽齊、晉，以成屈己從衆之德，以濟群臣讓善之功。夫日月交會，數應在朔，而頃年日食，每多在晦。先時而合，皆月行疾也。日君象而月臣象，君亢急則臣下促迫，故行疾也。今年正月繁霜，自爾以來，率多寒日，此亦急咎之罰。天於賢聖之君，猶慈父之於孝子也，丁寧申戒，欲其反政，故灾變仍見，此乃國之福也。今陛下高明而群臣惶促，宜留思柔剋之政，垂意《洪範》之法，博採廣謀，納群下之策。」書奏，多有所納。帝嘗問興郊祀事，曰：「吾欲以讖斷之，何如？」興對曰：「臣不爲讖。」帝怒曰：「卿之不爲讖，非之邪？」興惶恐曰：「臣於書有所未學，而無所非也。」帝意乃解。興數言政事，依經守義，文章温雅，然以不善讖故不能任。九年，使監征南、積弩營於津鄉，會征南將軍岑彭爲刺客所殺，興領其營，遂與大司馬吴漢俱擊公孫述。述死，詔興留屯成都。頃之，侍御史舉奏興奉使私買奴婢，坐左轉蓮勺令。是時喪亂之餘，郡縣荒殘，興方欲築城郭，修禮教以化之，會以事免。興好古學，尤明《左氏》、《周官》，長於曆數，自杜林、桓譚、衛宏之屬，莫不斟酌爲〔焉〕。世言《左氏》者多祖於興，而賈逵自傳其父業，故有鄭、賈之學。興去蓮勺，後遂不復仕，客授閿鄉，三公連辟不肯應，卒于家。子衆。

北匈奴遣使求和親。八年，顯宗遣衆持節使匈奴。衆至北庭，虜欲令拜，衆不爲屈。單于大怒，圍守閉之，不與水火，欲脅服衆。衆拔刀自誓，單于恐而止，乃更發使隨衆還京師。朝議欲復遣使報之，衆上疏諫曰：「臣伏聞北單于所以要致漢使者，欲以離南單于之衆，堅三十六國之心也。又當揚漢和親，夸示鄰敵，令西域欲歸化者局促狐疑，懷土之人絶望中國耳。漢使既到，便偃蹇自信。若復遣之，虜必自謂得謀，其群臣駮議者不敢復言。如是，南庭動摇，烏桓有離心矣。南單于久居漢地，具知形勢，萬分離析，旋爲邊害，今後〔幸〕有度遼之衆揚威北垂，雖勿報答，不敢爲害。」帝不從，復遣衆。衆因上言：「臣前奉使不爲匈奴拜，單于恚恨，故遣兵圍臣。今復銜命，必見陵折。臣誠不忍持大漢節對氈裘獨拜。如令匈奴遂能服臣，將有損大漢之强。」帝不聽，衆不得已，既行，在路連上書固争之。詔切責衆，追還繫廷尉，會赦歸家。其後帝見匈奴來者，問衆與單于争禮之狀，皆言匈奴中傳衆意氣壯勇，雖蘇武不過。乃復召衆爲軍司馬。

范升傳 全

范升字辯卿，代郡人也。少孤，依外家居。九歲通《論語》、《孝經》，及長，習《梁丘易》、《老子》，教授後生。王莽大司空王邑辟升爲議曹史。時莽頻發兵役，〔徵〕賦繁興，升乃奉〔奏〕記邑曰：「升聞子以人不間於其父母爲孝，臣以下不非其君上爲忠。今衆人咸稱朝聖，皆曰公明。蓋明者無不見，聖者無不聞。今天下之事，昭昭於日月，震震於雷霆，而朝云不見，公云不聞，則元元焉所呼天？公以爲是而不言，則過小矣；知而從令，則過大矣。二者於公無可以免，宜乎天下歸怨於公矣。朝以遠者不服爲至念，升以近者不悅爲重憂。今動與時戾，事與道反，馳騖覆車之轍，探湯敗事之後，後出益可怪，晚發愈可懼耳。方春歲首，而動發遠役，藜藿不充，田荒不耕，穀價騰躍，斛至數千，吏人陷於湯火之中，非國家之人也。如此，則胡、貊守闕，青、徐之寇在於帷帳矣。升有一言，可以解天下倒懸，免元元之急，不可書傳，願蒙引見，極陳所懷。」邑雖然其言，而竟不用。升稱病乞身，邑不聽，令乘傳使上黨。升遂與漢兵會，因留不還。建武二年，光武徵詣懷宫，拜議郎，遷博士，上疏讓曰：「臣與博士梁恭、山陽太守吕羌俱修《梁丘易》，二臣年並耆艾，經學深明，而臣不以時退，與恭並立，深知羌學，又不能達，慚負二老，無顔於世。誦而不行，知而不言，不可開口以爲人師，願推博士以避恭、羌。」帝不許，然由是重之，數詔引見，每有大議，輒見訪問。時尚書令韓歆上疏，欲爲《費氏易》、《左氏春秋》立博士，詔下其議。四年正月，朝公卿大夫、博士，見於雲臺。帝曰：「范博士可前平說。」升起對曰：「《左氏》不祖孔子，而出於丘明。師徒相傳，又無其人，且非先帝所存，無因得立。」遂與韓歆及太〔中大〕夫許淑等互相辯難，日中乃罷。升退而奏曰：「臣聞主不稽古，無以承天；臣不述舊，無以奉君。陛下愍學微缺，勞心經藝，情存博聞，故異端競進。近有司請置《京氏易》博士，群下執事，莫能據正。《京氏》既立，《費如《京》、《費》已行，次復《高氏》、《春秋》之家，又有《騶》、《夾》。如令《左氏》、《費氏》得置博士，《高氏》、《騶》、《夾》、《五經》奇異，並復求立，各有所執，乖戾分争，從之則失道，不從則失人，將恐陛下必有厭倦之聽。孔子曰：『博學約之，弗叛矣夫。』夫學而不約，必叛道也。顔淵曰：『博我以文，約我以禮。』孔子可謂知教，顔淵可謂善學矣。《老子》曰：『學道日損。』損猶約也。又曰：『絶學無憂。』絶末學也。今《費》、《左》二學，無有本師，而多反異，先帝前世，有疑於此，故《京氏》雖立，輒復見廢。疑道不可由，疑事不可行。《詩》《書》之作，其來已久。孔子尚周流游觀，至于知命，自衛反魯，乃正《雅》、《頌》。今陛下莫〔草〕創天下，紀綱未定，雖設學官，無有弟子，《詩》《書》不講，禮樂不修，奏立《左》、《費》，非政急務。孔子曰：『攻乎異端，斯害也已。』傳曰：『聞疑傳疑，聞信傳信，而堯舜之道存。』願陛下疑先帝之所疑，信先帝之所信，以示反本，明不專己。天下之事所以異者，以不一本也。《易》曰：『天下之動，貞夫一也。』又曰：『正其本，萬事理。』《五經》之本自孔子始，謹奏《左氏》之失凡十四事。」時難者以太史公多引《左氏》，升又上太史公違戾《五經》，謬孔子言，及《左氏春秋》不可録三十一事。詔以下博士。後升爲出妻所告，坐繫，得出，還鄉里。永平中，爲聊城令，〔坐事〕免，卒於家。

陳元傳　全

陳元字長孫，蒼梧廣信人也。父欽，習《左氏春秋》，事黎陽賈護，與劉歆同時而别自名家。王莽從欽受《左氏》學，以欽爲厭難將軍。元少傳父業，爲之訓詁，鋭精覃思，至不與鄉里通。以父任爲郎。建武初，元與桓譚、杜林、鄭興俱爲學者所宗。時議欲立《左氏傳》博士，范升奏以爲《左氏》淺末，不宜立。元聞之，乃詣闕上疏曰：「陛下撥亂反正，文武並用，深愍經藝謬雜，真僞錯亂，每臨朝日，輒延群臣講論聖道。知丘明至賢，親受孔子，而《公羊》、《穀梁》傳聞於後世，故詔立《左氏》，博詢可否，示不專己，盡之群下也。今論者沈溺所習，玩守舊聞，固執虛言傳受之辭，以非親見實事之道。《左氏》孤學少與，遂爲異家之所覆冒。夫至音不合衆聽，故伯牙絶弦；至寶不同衆好，故卞和泣血。仲尼聖德，而不容於世，況於竹帛餘文，其爲雷同者所排，固其宜也。非陛下至明，孰能察之！臣元竊見博士范升等所議奏《左氏春秋》不可立，及太史公違戾凡四十五事。案升等所言，前後相違，皆斷截小文，媟黷微辭，以年數小差，掇爲巨謬，遺脱纖微，指爲大尤，抉瑕擿釁，掩其弘美，所謂『小辯破言，小言破道』者也。升等又曰：『先帝不以《左氏》爲經，故不置博士，後主所宜因襲。』臣愚以爲若先帝所行而後主必行者，則盤庚不當遷于殷，周公不當營洛邑，陛下不當都山東也。往者，孝武皇帝好《公羊》，衛太子好《穀梁》，有詔詔太子受《公羊》，不得受《穀梁》。孝宣皇帝在人間時，聞衛太子好《穀梁》，於是獨學之。及即位，爲石渠論而《穀梁氏》興，至今與《公羊》並存。此先帝後帝各有所立，不必其相因也。孔子曰，純，儉，吾從衆；至於拜下，則違之。夫明者獨見，不惑於朱紫，聽者獨聞，不謬於清濁，故離朱不爲巧眩移目，師曠不爲新聲易耳。方今干戈少弭，戎事略戢，留思聖藝，眷顧儒雅，採孔子下拜之義，卒淵聖獨見之旨，分明黑白，建立《左氏》，解釋先聖之積結，洮汰學者之累惑，使基業垂於萬世，後進無復狐疑，則天下幸甚。臣元愚鄙，嘗傳師言。如得以褐衣召見，俯伏庭下，誦孔氏之正道，理丘明之宿冤；若辭不合經，事不稽古，退就重誅，雖死之日，生之年也。」書奏，下其議，范升復與元相辨難，凡十餘上。帝卒立《左氏》學，太常選博士四人，元爲第一。帝以元新忿争，乃用其次司隸從事李封，於是諸儒以《左氏》之立，論議讙譁，自公卿以下，數廷争之。會封病卒，《左氏》復廢。元以才高著名，辟司空李通府。時大司農江馮上言，宜令司隸校尉督察三公。事下三府。元上疏曰：「臣聞師臣者帝，賓臣者霸。故武王以太公爲師，齊桓以夷吾爲仲父。孔子曰：『百官總己聽於家宰。』近則高帝優相國之禮，太宗假宰輔之權。又〔及〕亡新王莽，遭漢中衰，專操國柄，以偷天下。況己自喻，不信群臣。奪公輔之任，損宰相之威，以刺舉爲明，徼訐爲直。至乃陪僕告其君長，子弟變其父兄，罔密法峻，大臣無所措手足。然不能禁董忠之謀，身爲世戮。故人君患在自驕，不患驕臣；失在自任，不在任人。是以文王有日昊之勞，周公執吐握之恭，不聞其崇刺舉，務篤〔督〕察也。方今四方尚擾，天下未一，百姓觀聽，咸張耳目。陛下宜修文武之聖典，襲祖宗之遺德，勞心下士，屈節待賢，誠不宜使有司察公輔之名。」帝從之，宣下其議。李通罷，元後復辟司徒歐陽歙府，數陳當世便事、郊廟之禮，帝不能用。以病去，年老，卒於家。子堅卿，有文章。

論曰：鄭、賈之學，行乎數百年中，遂爲諸儒宗，亦徒有以焉爾。桓譚以不善讖流亡，鄭興以遜辭僅免，賈逵能附會文致，最差貴顯。世主以此論學，悲矣哉！

桓榮丁鴻列傳

桓榮傳　拜太傅一段　論

二十八年，大會百官，詔問誰可傅太子者，群臣承望上意，皆言太子舅執金吾原鹿侯陰識可。博士張佚正色曰：「今陛下立太子，爲陰氏乎？爲天下乎？即爲陰氏，則陰侯可；爲天下，則固宜用天下之賢才。」帝稱善，曰：「欲置傅者，以輔太子也。今博士不難正朕，況太子乎？」即拜佚爲太子太傅，而以榮爲少傅，賜以輜車、乘馬。榮大會諸生，陳其車馬、印綬，曰：「今日所蒙，稽古之力也，可不勉哉！」

論曰：張佚訐切陰侯，以取高位，危言犯衆，義動明后，知其直有餘也。若夫一言納賞，志士爲之懷耻；受爵不讓，風人所以興歌。而佚廷議戚援，自居全德，意者以廉不足乎？昔樂羊食子，有功見疑；西巴放麑，以罪作傳。蓋推仁審僞，本乎其情。君人者能以此察，則真邪幾於辨矣。

丁鴻傳

日食封事　論

竇太后臨政，憲兄弟各擅威權。鴻因日食，上封事曰：「臣聞日者陽精，守實不虧，君之象也；月者陰精，盜〔盈〕毀有常，臣之表也。故日食者，臣乘君，陰陵陽，月滿不虧，下驕盈也。昔周室衰季，皇甫之屬專權於外，黨類强盛，侵奪主勢，日月薄食，故《詩》曰：『十月之交，朔日辛卯，日有食之，亦孔之醜。』《春秋》日食三十六，弑君三十二。變不空生，各以類應。夫威柄不以放下，利器不以假人。覽觀往古，近察漢興，傾危之禍，靡不由之。是以三桓專魯，田氏擅齊，六卿分晉；諸呂握權，統嗣幾移；哀、平之末，廟不血食。故雖有周公之親，而無其德，不得行其勢也。今大將軍雖欲敕身自約，不敢僭差，然而天下遠近皆惶怖承旨，刺史二千石初除謁辭，求通待報，雖奉符璽，受臺敕，不敢便去，久者至數十日。背王室，向私門，此乃上威損，下權盛也。人道悖於下，效驗見於天，雖有隱謀，神照其情，垂象見戒，以告人君。間者月滿先節，過望不虧，此臣驕溢背君，專功獨行也。陛下未深覺悟，故天重見戒，誠宜畏懼，以防其禍。《詩》云：『敬天之怒，不敢戲豫。』若敕政責躬，杜漸防萌，則妖凶銷滅，害除福湊矣。夫壞崖破巖之水，源自涓涓；干雲蔽日之木，起於葱青。禁微則易，救末者難，人莫不忽於微細，以致其大。恩不忍誨，義不忍割，去事之後，未然之明鏡也。臣愚以爲左官外拊〔附〕之臣，依托權門，傾覆諂諛，以求容媚者，宜行一切之誅。間者大將軍再出，威振州郡，莫不賦斂吏人，遣使貢獻。大將軍雖不受，而物不還主，部署之吏無所畏憚，縱行非法，不伏罪辜，故海内貪猾，競爲奸吏，小民吁嗟，怨氣滿腹。臣聞天不可以不剛，不剛則三光不明；王不可以不强，不强則宰牧從横。宜因大變，改政匡失，以塞天意。」書奏十餘日，帝以鴻行太尉菲〔兼〕衛尉，屯南、北宫。於是收竇憲大將

〔軍〕印綬，憲及諸弟皆自殺。

論曰：孔子曰「泰伯三以天下讓，民無德〔得〕而稱焉」。孟子曰「聞伯夷之風者，貪夫廉，懦夫有立志」。若乃泰伯以天下而違周，伯夷率潔情以去國，並未始有其讓也。故泰伯稱至德，伯夷稱賢人。後世聞其讓而慕其風，徇其名而昧其致，所以激詭行生而取與妄矣。至夫鄧彪、劉愷，讓其弟以取義，使弟受非服而已厚其名，於義不亦薄乎！君子立言，非苟顯其理，將以啓天下之方悟者；立行，非獨善其身，將以訓天下之方動者。言行之所開塞，可無慎哉！原丁鴻之心，主於忠愛乎？何其終悟而從義也！異夫數子類乎徇名者焉。

張法滕馮度楊列傳　馮緄　論

馮緄傳　平荊州始末

長沙蠻寇益陽，屯聚積久，至延熹五年，衆轉盛，而零陵蠻賊復反應之，合二萬餘人，攻燒城郭，殺傷長吏。又武陵蠻夷悉反，寇掠江陵間，荊州刺史劉度、南郡太守李肅並奔走，荊南皆沒。於是拜緄爲車騎將軍，將兵十餘萬討之，詔策緄曰：「蠻夷猾夏，久不討攝，各焚都城，蹈籍官人。州郡將吏，死職之臣，相逐奔竄，曾不反顧，可愧言也。將軍素有威猛，是以擢授六師。前代陳湯、馮、傅之徒，以寡擊衆，郅支、夜郎、樓蘭之戎，頭懸都街，衛、霍北征，功列金石，是皆將軍所究覽也。今非將軍，誰與修復前迹？進赴之宜，權時之策，將軍一之，出郊之事，不復內御。已命有司祖于國門。《詩》不云乎：『進厥虎臣，闞如虓虎，敷敦淮濆，仍執醜虜。』將軍其勉之！」時天下饑饉，帑藏虛盡，每出征伐，常減公卿奉禄，假王侯租賦，前後所遣將帥，宦官輒陷以折耗軍資，往往抵罪。緄性烈直，不行賄賂，懼爲所中，乃上疏曰：「勢得容奸，伯夷可疑；苟曰無猜，盗跖可信。故樂羊陳功，文侯示以謗書。願請中常侍一人監軍財費。」尚書朱穆奏緄以財自嫌，失大臣之節。有詔勿劾。緄軍至長沙，賊聞，悉詣營道乞降。進擊武陵蠻夷，斬首四千餘殺〔級〕，受降十餘萬人，荆州平定。詔書賜錢一億，固讓不受。

論曰：安順以後，風威稍薄，寇攘寖横，緣隙而生，剽人盜邑者不闋時月，假署皇王者蓋以十數。或托驗神道，或矯妄冕服。然其雄渠魁長，未有聞焉，猶至壘盈四郊，奔命首尾。若夫數將者，並宣力勤慮，以勞定功，而景風之賞未甄，膚受之言互及。以此而推，政道難乎以免。

劉趙淳于江劉周趙列傳

總序　趙浴

孔子曰：「夫孝莫大於嚴父，嚴父莫大於配天，則周公其人也。」子路曰：「傷哉貧也！生無以養，死無以葬。」子曰：「啜菽飲水，孝也。」夫鐘鼓非樂云之本，而器不可去；三牲非致孝之主，而養不可廢。存器而忘本，樂之遁也；調器以和聲，樂之成也。崇養以傷行，孝之累也；修己以致禄，養之大也。故言能大養，則周公之祀，致四海之祭；言以義養，則仲由之菽，甘於東鄰之牲。夫患水菽之薄，干禄以求養者，是以恥禄親也。存誠以盡行，孝積而禄厚者，此能以義養也。中興，廬江毛義少節，家貧，以孝行稱。南陽人張奉慕其名，往候之。坐定而府檄適至，以義守令。義奉檄而入，喜動顔色。奉者，志尚士也，心賤之，自恨來，固辭而去。及義母死，去官行服。數辟公府，爲縣令，進退必〔以〕禮。後舉賢良，公車徵，遂不至。張奉嘆曰：「賢者固不可測。往日之喜，乃爲親屈也。斯蓋所謂『家貧親老，不擇官而仕』者也。」建初中，章帝下詔褒寵義，賜穀千斛，常以八月長吏問起居，加賜羊酒。壽終于家。安帝時，汝南薛包孟嘗，好學篤行，喪母，以至孝聞。及父娶後妻而憎包，分出之，包日夜號泣，不能去，至被毆杖。不得已，廬於舍外，旦入而洒掃。父怒，又逐之。乃廬於里門，昏晨不廢。積歲餘，父母慚而還之。後行六年服，喪過乎哀。既而弟子求分財異居，包不能止，乃中分其財。奴婢引其老者，曰：「與我共事久，若不能使也。」田廬取其荒頓者，曰：「吾少時所理，意所戀也。」器物取朽敗者，曰：「我素所服食，身口所安也。」弟子數破其產，輒復賑給。建光中，公車特徵，至，拜侍中。包性恬虛，稱疾不起，以死自乞。有詔賜告歸，加禮如毛義。年八十餘，以壽終。若二子者，推至誠以爲行，行信於心而感於人，以成名受祿致禮，斯可謂能以孝養也。若夫江革、劉般數公者之義行，猶斯志也。撰其行事著于篇。

趙咨傳 遺書

咨在官清簡，計日受奉，豪黨畏其儉節。視事三年，以疾自乞，徵拜議郎。抗疾京師，將終，告其故吏朱祇、蕭建等，使薄斂素棺，藉以黃壤，欲令速朽，早歸后土，不聽子孫改之。乃遺書勅子胤曰：「夫含氣之倫，有生必終，蓋天地之常期，自然之至數。是以通人達士，鑒茲性命，以存亡爲晦明，死生爲朝夕，故其生也不爲娛，亡也不知戚。夫亡者，元氣去體，貞魂游散，反素復始，歸於無端。既已消仆，還合糞土。土爲棄物，豈有性情，而欲制其厚薄，調其燥濕邪？但以生者之情，不忍見形之毀，乃有掩骼埋窆之制。《易》曰：『古之葬者，衣以薪，藏之中野，後世聖人易之以棺槨。』棺槨之造，自黃帝始。爰自陶唐，逮于虞、夏，猶尚簡樸，或瓦或木，及至殷人而有加焉。周室因之，制兼二代。復重以牆翣之飾，表以旌銘之儀，招復含斂之禮，殯葬宅兆之期，棺椁周重之制，衣衾稱襲之數，其事煩而害實，品物碎而難備。然而秩爵異伋〔級〕，貴賤殊等。自成、康以下，其典稍乖。至於戰國，漸至頹陵，法度衰毀，上下僭雜。終使晉侯請隧，秦伯殉葬，陳大夫設參門之木，宋司馬造石椁之奢。爰暨暴秦，違道廢德，滅三代之制，興淫邪之法，國貲迷〔糜〕於三泉，人力單於酈墓，玩好窮於糞土，伎巧費於窀穸。自生民以來，厚終之敝，未有若此者。雖有仲尼重明周禮，墨子勉以古道，猶不能禦也。是以華夏之士，爭相陵尚，違禮之本，事禮之末，務禮之華，棄禮之實，單家竭財，以相營赴。廢事生而營終亡，替所養而爲厚葬，豈云聖人制禮之意乎？記曰：『喪雖有禮，哀爲主矣。』又曰：『喪與其易也寧戚。』今則不然，並棺合椁，以爲孝愷，豐貲重襚，以昭惻隱，吾所不取也。昔舜葬蒼梧，二妃不從。豈有匹配之會，守常之所乎？聖主明王，其猶若斯，況於品庶，禮所不及。古人時同即會，時乖則別，動靜應禮，臨事合宜。王孫裸葬，墨夷露骸，皆達以性理，貴於速變。梁伯鸞父没，卷席而葬，身亡不反其尸。彼數子豈薄至親之恩，亡忠孝之道邪？況我鄙闇，不德不敏，薄意内昭，志有所慕，上同古人，下不爲咎。果必行之，勿生疑異。恐爾等目厭所見，耳諱所議，必欲改殯，以乖吾志，故遠采古聖，近揆行事，以悟爾心。但欲制坎，令容棺椁，棺歸即葬，平地無墳。勿卜時日，葬無設奠，勿留墓側，無起封樹。於戲小子，其勉之哉，吾蔑復有言矣！」

班彪列傳

班彪傳 附子固奏記東平王蒼及北單于和親議 論 贊

班彪字叔皮，扶風安陵人也。祖況，成帝時爲越騎校尉。父稚，哀帝時爲廣平太守。彪性沈重如〔好〕古。年二十餘，更始敗，三輔大亂。時隗囂擁衆天水，彪乃避難從之。囂問彪曰：「往者周亡，戰國並爭，天下分裂，數世然後定。意者從横之事復起於今乎？將承運迭興，在於一人也？願生試論之。」對曰：「周之廢興，與漢殊異。昔周爵五等，諸侯從政，本根既微，枝葉强大，故其末流有從横之事，勢數然也。漢承秦制，改立郡縣，主有專己之威，臣無百年之柄。至於成帝，假借外家，哀、平短祚，國嗣三絶，故王氏擅朝，因竊號位。

危自上起，傷不及下，是以即真之後，天下莫不引領而嘆。十餘年間，中外搔擾，遠近俱發，假號雲合，威〔咸〕稱劉氏，不謀同辭。方今雄桀帶州域者，皆無七國世業之資，而百姓謳吟，思仰漢德，已可知矣。」囂曰：「至言周漢之勢可也；至於但見愚人習識劉氏姓號之故，而謂漢家復興，疏矣。昔秦失其鹿，劉季逐而羈之，時人復知漢乎？」彪既疾囂言，又傷時方艱，乃著《王命論》，以爲漢德承堯，有靈命之符，王者興祚，非詐力所致，欲以感之，而囂終不寤，遂避地河西。河西大將軍竇融以爲從事，深敬待之，接以師友之道。彪乃爲融畫策事漢，總西河以拒隗囂。及融徵還京師，光武問曰：「所上章奏，誰與參之？」融對曰：「皆從事班彪所爲。」帝雅聞彪材，因召入見，舉司隸茂才，拜徐令，以病免。後數應三公之病〔命〕，輒去。彪既才高而好述作，遂專心史籍之間。武帝時，司馬遷著《史記》，自太初以後，闕而不録，後好事者頗或綴集時事，然多鄙俗，不足以踵繼其書。彪乃繼採前史遺事，傍貫異聞，作後傳數十篇，因斟酌前史而譏正得失。其略論曰：「唐虞三代，《詩》《書》所及，世有史官，以司典籍，暨於諸侯，國自有史，故《孟子》曰『楚之《檮杌》，晋之《乘》，魯之《春秋》，其事一也』。定、哀之間，魯君子左丘明論集其文，作《左氏傳》三十篇，又撰異同，號曰《國語》，二十〔一〕篇，由是《乘》、《檮杌》之事遂闇，而《左氏》、《國語》獨章。又有記録黄帝以來至春秋時帝王公侯卿大夫，號曰《世本》，一十五篇。春秋之後，七國並争，秦並諸侯，則有《戰國策》三十三篇。漢興定天下，太中大夫陸賈記録時功，作《楚漢春秋》九篇。孝武之世，太史令司馬遷採《左氏》、《國語》，删《世本》、《戰國策》，據楚、漢列國時事，上自黄帝，下訖獲麟，作本紀、世家、列傳、書、表凡百三十篇，而十篇缺焉。遷之所記，從漢元至武以絶，則其功也。至於採經摭傳，分散百家之事，甚多疏略，不如其本，務欲以多聞廣載爲功，論議淺而不篤。其論術學，則崇黄老而薄《五經》；序貨殖，則輕仁義而羞貧窮；道游俠，則賤守節而貴俗功：此其大敝傷道，所以遇極刑之咎也。然善述序事理，辯而不華，質而不野，文質相稱，蓋良史之才也。誠令遷依《五經》之法言，同聖人之是非，意亦庶幾矣。夫百家之書，猶可法也。若《左氏》、《國語》、《世本》、《戰國策》、《楚漢春秋》、《太史公書》，今之所以知古，後之所由觀前，聖人之耳目也。司馬遷序帝王則曰本紀，公侯傳國則曰世家，卿士特起則曰列傳。又進項羽、陳涉而黜淮南、衡山，細意委曲，條例不經。若遷之著作，採獲古今，貫穿經傳，至廣博也。一人之精，文重思煩，故其書刊落不盡，尚有盈辭，多不齊一。若序司馬相如，舉郡縣，著其字，至蕭、曹、陳平之屬，及董仲舒並時之人，不記其字，或縣而不郡者，蓋不暇也。今此後篇，慎覈其事，整齊其文，不爲世家，唯紀、傳而已。傳曰：『殺史見極，平易正直，《春秋》之義也。』」彪復辟司徒玉況府。時東宮初建，諸王國並開，而官屬未備，師保多闕。彪上言曰：「孔子稱『性相近，習相遠也』。賈誼以爲『習與善人居，不能無爲善，猶生長於齊，不能無齊言也。習與惡人居，不能無惡，猶生長於楚，不能無楚言也』。是以聖人審所與居，而戒慎所習。昔成王之爲孺子，出則周公、召公、太史佚，入則太顛、閎夭、南宮括、散宜生，左右前後，禮無違者，故成王一日即位，天下曠然太平。是以《春秋》『愛子教以義方，不納於邪。驕奢淫佚，所自邪也』。《詩》云：『詒厥孫謀，以宴翼子。』言武王之謀遺子孫也。漢興，太宗使鼂錯導太子以法術，賈誼教梁王以《詩》、《書》。及至中宗，令劉向、王褒、蕭望之、周堪之徒，以文章儒學保訓東宮以下，莫不崇簡其人，就成德器。今皇太子諸王，雖結髮學問，修習禮樂，而傅相未值賢才，官屬多闕舊典。宜博選名儒有威重明通政事者，以爲太子太傅，東宮及諸王國，備置官屬。又舊制，太子食湯沐十縣，設周衛交戟，五日一朝，因坐東箱，省視膳食，其非朝日，使僕、中允旦旦請問而已，明不媟黜〔黷〕，廣其敬也。」書奏，帝納之。後察司徒廉爲望都長，吏民愛之。建武三十年，年五十二，年(卒)〔官〕。所著賦、論、書、記、奏事合九篇。二子：固，超。超別有傳。

論曰：班彪以通儒上才，傾側危亂之間，行不踰方，言不失正，仕不急進，貞不違人，敷文華以緯國典，守賤薄而無悶容。彼將以世運未弘，非所謂賤焉恥乎？何其守道恬淡之篤也！

固字孟堅。年九歲，能屬文誦詩書，及長，遂博貫載籍，九流百家之言，無不窮究。所學無常師，不爲章句，舉大義而已。性寬和容衆，不以才能高人，諸儒以此慕之。永平初，東平王蒼以至戚爲驃騎將軍輔政，開東閤，延英雄。時固始弱冠，奏記説蒼曰：「將軍以周、召之德，立乎本朝，承休明之策，建威靈之號，昔在周公，今也將軍，《詩》《書》所載，未有三此者也。傳曰：『必有非常之人，然後有非常之事；有非常之事，然後有非常之功。』固幸得生於清明之世，豫在視聽之末，私以螻螘，竊觀國政，誠美將軍擁千載之任，躡先聖之蹤，體弘懿之姿，據高明之勢，博貫庶事，服膺《六藝》，白黑簡心，求善無厭，採擇狂夫之言，不逆負薪之議。竊見幕府新開，廣延群俊，四方之士，顛倒衣裳。將軍宜詳唐、殷之舉，察伊、皋之薦，令遠近無偏，幽隱必達，期於總覽賢才，收集明智，爲國得人，以寧本朝。則將軍養志和神，優游廟堂，光名宣於當世，遺烈著於無窮。竊見故司空掾桓梁，宿儒盛名，冠德州里，七十從心，行不踰矩，蓋清廟之光暉，當世之俊彦也。京兆祭酒晋馮，結髮修身，白首無違，好古樂道，玄默自守，古人之美行，時俗所莫及。扶風掾李育，經明行著，教授百人，客居杜陵，茅室土階。京兆、扶風二郡更請，徒以家貧，數辭病去。温故知新，論議通明，廉清修潔，行能純備，雖前世名儒，國家所器，韋、平、孔、翟，無以加焉。宜令考績，以參萬事。京兆督郵郭基，孝行著於州里，經學稱於師門，政務之績，有絶異之效。如得及明時，秉事下僚，進有羽翮奮翔之用，退有杞梁一介之死。凉州從事王雍，窮下嚴之節，文之以術藝，凉州冠蓋，未有宜先雍者也。古者周公一舉則三方怨，曰『奚爲而後已』。宜及府開，以慰遠方。弘農功曹史殷〔肅〕，達學洽聞，才能絶倫，誦《詩》三百，奉使專對。此六子者，皆有殊行絶才，德隆當世，如蒙徵納，以輔高明，此山梁之秋，夫子所爲嘆也。昔卞和獻寶，以離斷趾，靈均納忠，終於沈身，而和氏之璧，千載垂光，屈子之篇，萬世歸善。願將軍隆照微之明，信日昊之聽，少屈威神，咨嗟下問，令塵埃之平〔中〕，永無荆山、汨羅之恨。」蒼納之。

時北單于遣使貢獻，求欲和親，詔問群僚。議者或以爲「匈奴變詐之國，無内向之心，徒以畏漢威靈，逼憚南虜，故希望報命，以安其離叛。今若遣使，恐失南虜親附之歡，而成北狄猜詐之計，不可。」固議曰：「竊自惟思，漢興已來，曠世歷年，兵纏夷狄，尤事匈奴。綏御之方，其塗不一，或修文以和之，或用武以征之，或卑下以就之，或臣服而致之。雖屈申無常，所因時異，然未有拒絶棄放，不與交接者也。故自建武之世，復修舊典，數出重使，前後相繼，至於其末，始乃暫絶。永平八年，復議通之。而廷争連日，異同紛回，多執其難，少言其易。先帝聖德遠覽，瞻前顧後，遂復出使，事同前世。以此而推，未有一世闕而不修者也。今烏桓就闕，稽首譯官，康居、月氏，自遠而至，匈奴離析，名王來降，三方歸服，不以兵威，此誠國家通於神明自然之徵也。臣愚以爲宜依故事，復遣使者，上可繼五鳳、甘露致遠人之會，下不失建武、永平羈縻之義。虜使再來，然後一往，既明中國主在忠信，且知聖朝禮義有常，豈可逆詐示猜，孤其善意乎？絶之未知其利，通之不聞其害。設後北虜稍强，能爲風塵，方復求爲交通，將何所及？不若因今施惠，爲策近長。」

論曰：「司馬遷、班固父子，其言史官載籍之作，大義粲然著矣。議者咸稱二子有良史之才。遷文直而事覈，固文贍而事詳。若固之序事，不激詭，不抑抗，贍而不穢，詳而有體，使讀之者亹亹而不猒，信哉其能成名也。彪、固譏遷，以爲是非頗謬於聖人。然其論議常排死節，否正直，而不叙殺身成仁之爲美，則輕仁義，賤守節愈矣。固傷博物洽聞，不能以智免極刑；然亦身陷大戮，智及之而不能守之。嗚呼，古人所以致論於目睫也！

贊曰：二班懷文，裁成帝墳。比良遷、董，兼麗卿、雲。彪識皇命，固迷世紛。

後漢書纂卷之七

宋　順陽　范　曄　譔
明　吳興　凌濛初　纂

第五鍾離宋寒列傳 第五倫　寒朗

第五倫 論　附曾孫種

論曰：第五倫峭覈爲方，非夫愷悌之士，省其奏議，惇惇歸諸寬厚，將懲苛切之敝使其然乎？昔人以弦韋爲佩，蓋猶此矣。然而君子侈不僭上，儉不逼下，豈尊臨千里而與牧圉等庸乎？詎非矯激，則未可以中和言也。

種字興先，少厲志義，爲吏，冠名州郡。永壽中，以司徒掾清詔使冀州，廉察灾害，舉奏刺史、二千石以下，所刑免甚衆，棄官奔走者數十人。還，以奉使稱職，拜高密侯相。是時徐、兗二州盜賊群輩，高密在二州之郊，種乃大儲糧稸，勤厲吏士，賊聞皆憚之，桴鼓不鳴，流民歸者，歲中至數千家。以能換爲衛相。遷兗州刺史。中常侍單超兄子匡爲濟陰太守，負勢貪放，種欲收舉，未知所使。會聞從事衛羽素抗厲，乃召羽具告之，謂曰：「聞公不畏强禦，今欲相委以重事，若何？」對曰：「願庶幾於一割。」羽出，遂馳至定陶，閉門收匡賓客親吏四十餘人，六七日中，糾發其臧五六十〔千〕萬。種即奏匡，並以劾超。匡窘迫，遣刺客刺羽。羽覺其奸，乃收繫客，具得情狀。州内震慄，朝廷嗟嘆之。是時太山賊叔孫無忌等暴横一境，州郡不能討。羽說種曰：「中國安寧，忘戰日久，而太山險阻，寇猾不制。今雖有精兵，難以赴敵，羽請往譬降之。」種敬諾。羽乃往，備説禍福，無忌即帥其黨與三千餘人降。單超積懷忿恨，遂以事陷種，竟坐徙朔方。超外孫董援爲朔方太守，稸怒以待之。初，種爲衛相，以門下掾孫斌賢，善遇之。及當徙斥，斌具聞超謀，乃謂其友人同縣閭子直及高密甄子然曰：「蓋盜憎其主，從來舊矣。第五使君當投裔土，而單超外屬爲彼郡守。夫危者易仆，可爲寒心。吾今方追使君，庶免其難。若奉使君以還，將以付子。」二人曰：「子其行矣，是吾心也。」於是斌將俠客晨夜追種，及之於太原，遮險格殺送吏，因下馬與種，斌自步從。一日一夜行四百餘里，遂得脱歸。種匿於閭、甄氏數年，徐州從事臧旻上書訟之曰：「臣聞士有忍死之辱，必有就事之計，故季布屈節於朱家，管仲錯行於召忽。此二臣以可死而不死者，非愛身於須臾，貪命於苟活，隱其智力，顧其權略，庶幸逢時有所爲耳。卒遭高帝之成業，齊桓之興伯，遺其亡逃之行，赦其射鉤之讎，拔於囚虜之中，信其佐國之謀，勳效傳於百世，君臣載於篇籍。假令二主紀過於纖介，則此二臣同死於犬馬，沈名於溝壑，當何由得申其補過之功，建其奇奥之術乎？伏見故兖州刺史第五種，傑然自建，在鄉曲無苞苴之嫌，步朝堂無擇言之闕，天性疾惡，公方不曲，故論者説清高以種爲上，序直士以種爲首。《春秋》之義，選人所長，棄其所短，録其小善，除其大過。種所坐以盜賊公負，筋力未就，罪至徵徙，非有大惡。昔虞舜事親，大杖則走。故種逃亡，苟全性命，冀有朱家之路，以顯季布之會。願陛下無遺須臾之恩，令種有持忠入地之恨。」會赦出，卒於家。

寒朗傳 論

論曰：左丘明有言：「仁人之言，其利博哉！」晏子一言，齊侯省刑。若鍾離意之就格請過，寒朗之廷争冤獄，篤矣乎，仁者之情也！夫正直本於忠誠則不詭，本於諫争則絞切。然二子之所本得乎天，故言信而志行也。

光武十王列傳　東平王　廣陵王

東平憲王蒼傳　全　論

東平憲王蒼，建武十五年封東平公，十七年進爵爲王。蒼少好經書，雅有智思，爲人美鬚髯，要帶十圍，顯宗甚愛重之。及即位，拜爲驃騎將軍，置長史掾史員四十人，位在三公上。永平元年，封蒼子二人爲縣侯。二年，以東郡之壽張、須昌、山陽之南平陽、橐、湖陵五縣益東平國。是時中興三十餘年，四方無虞，蒼以天下化平，宜修禮樂，乃與公卿共議定南北郊冠冕車服制度，及光武廟登歌八佾舞數，語在《禮樂》、《輿服志》。帝每巡狩，蒼常留鎮，侍衛皇太后。四年春，車駕近出，觀覽城第，尋聞當遂校獵河内，蒼即上書諫曰：「臣聞時令，盛春農事，不聚衆興功。傳曰：『田獵不宿，飲食不享，出入不節，則木不曲直。』此失春令者也。臣知車駕今出，事從約省，所過吏人諷誦《甘棠》之德。雖然，動不以禮，非所以示四方也。惟陛下因行田野，循視稼穡，消揺仿佯，弭節而旋。至秋冬，乃振威靈，整法駕，備周衛，設羽旄。《詩》云：『抑抑威儀，惟德之隅。』臣不勝憤懣，伏自手書，乞詣行在所，極陳至誠。」帝覽奏，即還宫。蒼在朝數載，多所隆益，而自以至親輔政，聲望日重，意不自安，上疏歸職曰：「臣蒼疲駑，特爲陛下慈恩覆護，在家被教導之仁，升朝蒙爵命之首，制書褒美，班之四海，舉負薪之才，升君子之器。凡匹夫一介，尚不忘簞食之惠，况臣居宰相之位，同氣之親哉！宜當暴骸膏野，爲百僚先，而愚頑之質，加以固病，誠羞負乘，辱污輔將之位，將被詩人『三百赤紱』之刺。今方域晏然，要荒無儆，將遵上德無爲之時也，文官猶可並省，武職尤不宜建。昔象封有鼻，不任以政，誠由愛深，不忍揚其過惡。前事之不忘，來事之師也。自漢興以來，宗室子弟無得在公卿位者。惟陛下審覽虞帝優養母弟，遵承舊典，終卒厚恩。乞上驃騎將軍印綬，退就蕃國，願蒙哀憐。」帝優詔不聽。其後數陳乞，辭甚懇切。五年，乃許還國，而不聽上將軍印綬。以驃騎長史爲東平太傅，掾爲中大夫，令史爲王家郎。加賜錢五千萬，布十萬匹。六年冬，帝幸魯，徵蒼從還京師。明年，皇太后崩。既葬，蒼乃歸國，特賜宫人奴婢五百人，布二十五萬匹，及珍寶服御器物。十一年，蒼與諸王朝京師。月餘，還國。帝臨送歸宫，凄然懷思，乃遣使手詔國中傅曰：「辭别之後，獨坐不樂，因就車歸，伏軾而吟，瞻望永懷，實勞我心，誦及《采菽》，以增嘆息。日者問東平王處家何等最樂，王言爲善最樂，其言甚大，副是要腹矣。今送列侯印十九枚，諸王子年五歲已上能趨拜者，皆令帶之。」十五年春，行幸東平，賜蒼錢千五百萬，布四萬匹。帝以所作《光武本紀》示蒼，蒼因上《光武受命中興頌》。帝甚善之，以其文典雅，特令校書郎賈逵爲之訓詁。肅宗即位，尊重恩禮踰於前世，諸王莫與爲比。建初元年，地震，蒼上便宜，其事留中。帝報書曰：「丙寅所上便宜三事，朕親自覽讀，反覆數周，心開目明，曠然發矇。間吏人奏事，亦有此言，但明智淺短，或謂儻是，復慮爲非。何者？灾異之降，緣政而見。今改元之後，年飢人流，此朕之不德感應所致。又冬春旱甚，所被尤廣，雖内用克責，而不知所定。得王深策，快然意解。《詩》不云乎：『未見君子，憂心忡忡；既見君子，我心則降。』思惟嘉謀，以次奉行，冀蒙福應。彰報至德，特賜王錢五百萬。」後帝欲爲原陵、顯節陵起縣邑，蒼聞之，遽上疏諫曰：「伏聞當爲二陵起立郭邑，臣前頗謂道路之言，疑不審實，近令從官古霸問湟陽主疾，使還，乃知詔書已下。竊見光武皇帝躬履儉約之行，深睹始終之分，勤勤懇懇，以葬制爲言，故營建陵地，具稱古典，詔曰『無爲山陵，陂池裁令流水而已』。孝明皇帝大孝無違，奉承貫行。至於自所營創，尤爲儉省，謙德之美，於斯爲盛。臣愚以園邑之興，始自强秦。古者丘隴且不欲其著明，豈况築郭邑，建都郛哉！上違先帝聖心，下造無益之功，虚費國用，動摇百姓，非所以致和氣，祈豐年也。又以吉凶俗數言之，亦不欲無故繕修丘墓，有所興起。考之古法則不合，稽之時宜則違人，求之吉凶復未見其福。陛下履有虞之至性，追祖禰之深思，然懼左右過議，以累聖心。臣蒼誠傷二帝純德之美，不暢於無窮也。惟蒙哀覽。」帝從而止。自是朝廷每有疑政，輒驛使諮問。蒼悉心以對，皆見納用。三年，帝饗衛士於南宮，因從皇太后周行掖庭池閣，乃閱陰太后舊時器服，愴然動容，乃命留五時衣各一襲，及常所御衣合五十篋，餘悉分布諸王主及子孫在京師者各有差。特賜蒼及瑯邪王京書曰：「中大夫奉使，親聞動静，嘉之何已！歲月騖過，山陵浸遠，孤心凄愴，如何如何！間饗衛士於南宮，因閱視舊時衣物，聞於師曰：『其物存，其人亡，不言哀而哀自至。』信矣。惟王孝友之德，亦豈不然！今送光烈皇后假紒帛巾各一，及衣一篋，可時奉瞻，以慰《凱風》寒泉之思，又欲令後生子孫得見先后衣服之製。今魯國孔氏，尚有仲尼車輿冠履，明德盛者光靈遠也。其光武皇帝器服，中元二年已賦諸國，故不復送。並遺宛馬一匹，血從前髆上小孔中出。常聞武帝歌天馬，霑赤汗，今親見其然也。頃反虜尚屯，將帥在外，憂念遑遑，未有閒寧。願王寶精神，加供養。苦言至戒，望之如渴。」六年冬，蒼上疏求朝。明年正月，帝許之。特賜裝錢千五百萬，其餘諸王各千萬。帝以蒼冒涉寒露，遣謁者賜貂裘，及大官食物珍果，使大鴻臚竇固持節郊迎。帝乃親自循行邸第，豫設帷床，其錢帛器物無不充備。下詔曰：「《禮》云伯父歸寧乃國，《詩》云叔父建爾元子，敬之至也。昔蕭相國加以不名，優忠賢也。况兼親尊者乎！其沛、濟南、東平、中山四王，讚皆勿名。」蒼既至，升殿乃拜，天子親答之。其後諸王入宮，輒以輦迎，至省閤乃下。蒼以受恩過禮，情不自寧，上疏辭曰：「臣聞貴有常尊，賤有等威，卑高列序，上下以理。陛下至德廣施，慈愛骨肉，既賜奉朝請，咫尺天儀，而親屈至尊，降禮下臣，每賜宴見，輒興席改容，中宮親拜，事過典故。臣惶怖戰慄，誠不自安，每會見，踧踖無所措置。此非所以章示群下，安臣子也。」帝省奏嘆息，愈褒貴焉。舊典，諸王女皆封鄉主，乃獨封蒼五女爲縣公主。三月，大鴻臚奏遣諸王歸國，帝特留蒼，賜以秘書、列仙圖、道術秘方。至八月飲酎畢，有司復奏遣蒼，乃許之。手詔賜蒼曰：「骨肉天性，誠不以遠近爲親疏，然數見顔色，情重昔時。念王久勞，思得還休，欲署大鴻臚奏，不忍下筆，顧授小黄門，中心戀戀，惻然不能言。」於是車駕祖送，流涕而訣。復賜乘輿服御，珍寶輿馬，錢布以億萬計。蒼還國，疾病，帝馳遣名醫，小黄門侍疾，使者冠蓋不絶於道。又置驛馬千里，傳問起居。明年正月薨，詔告中傅，封上蒼自建武以來章奏及所作書、記、賦、頌、七言、别字、歌詩，並集覽焉。遣大鴻臚持節，五官中郎將副監喪，及將作使者凡六人，令四姓小侯諸國王主悉會詣東平奔喪，賜錢前後一億，布九萬匹。及葬，策曰：「惟建初八年三月己卯，皇帝曰：咨王丕顯，勤勞王室，親受策命，昭于前世。出作蕃輔，克慎明德，率禮不越，傳聞在下。昊天不弔，不報上仁，俾屏余一人，夙夜煢煢，靡有所終。今詔有司加賜鸞輅乘馬，龍旂九旒，虎賁百人，奉送王行。匪我憲王，其孰離之！魂而有靈，保兹寵榮。嗚呼哀哉！」立四十五年，子懷王忠嗣。明年，帝乃分東平國封忠弟尚爲任城王，餘五人爲列侯。忠立十一年薨，子孝王敞嗣。元和三年，行東巡守，幸東平宫，帝追感念蒼，謂其諸子曰：「思其人，至其鄉；其處在，其人亡。」因泣下沾襟，遂幸蒼陵，爲陳虎賁、鸞輅、龍旂，以章顯之，祠以太牢，親拜祠坐，哭泣盡哀，賜御劍于陵前。初，蒼歸國，驃騎時吏丁牧、周栩以蒼敬賢下士，不忍去之，遂爲王家大夫，數十年事祖及孫。帝聞，皆引見於前，既愍其淹滯，且欲揚蒼德美，即皆擢拜議郎。牧至齊相，栩上蔡令。

論曰：孔子稱「貧而無諂，富而無驕，未若貧而樂，富而好禮者也」。若東平憲王，可謂好禮者也。若其辭至戚，去母后，豈欲苟立名行而忘親遺義哉！蓋位疑則隙生，累近則喪大，斯蓋明哲之所爲嘆息。嗚呼！遠隙以全忠，釋累以成孝，豈憲王之志哉！東海恭王遜而知廢，「爲吳太伯，不亦可乎」！

廣陵思王荆傳

詐稱郭況書一段

廣陵思王荆，建武十五年封山陽公，十七年進爵爲王。荆性刻急隱害，有才能而喜文法。光武崩，大行在前殿，荆哭不哀，而作飛書，封以方底，令蒼頭詐稱東海王强舅大鴻臚郭况書與强曰：「君王無罪，猥被斥廢，而兄弟至有束縛入牢獄者。太后失識，别守北宫，及至年老，遠斥居邊，海内深痛，觀者鼻酸。及太后尸柩在堂，洛陽吏以次捕斬賓客，至有一家三尸伏堂者，痛甚矣！今天下有喪，弓弩張設甚備，間梁松敕虎賁史曰：『吏以便宜見非，勿有所拘，封侯難再得也。』郎官竊悲之，爲王寒心累息。今天下争欲思刻賊王以求功，寧有量邪！若歸並二國之衆，可聚百萬，君王爲之主，鼓行無前，功易於太山破鷄子，輕於四馬載鴻毛，此湯、武兵也。今年軒轅星有白氣，星家及喜事者，皆云白氣者喪，軒轅女主之位。又太白前出西方，至午兵當起。又太子星色黑，至辰日輒變赤。夫黑爲病，赤爲兵，王努力卒事。高祖起亭長，陛下興白水，何况於王陛下長子，故副主哉！上以求天下事必舉，下以雪除沉没之耻，報死母之讎。精誠所加，金石爲開。寧爲秋霜，無爲檻羊。雖欲爲檻羊，又可得乎！竊見諸相工言王貴，天子法也。人主崩亡，閭閻之伍尚爲盜賊，欲有所望，何况王邪！夫受命之君，天之所立，不可謀也。今新帝人之所置，强者爲右。願君王爲高祖、陛下所志，無爲扶蘇、將閭叫呼天也。」强得書惶怖，即執其使，封書上之。顯宗以荆母弟，秘其事，遣荆出止河南宫。

朱樂何列傳　朱穆　何敞

朱穆傳　全

穆字公叔。年五歲，便有孝稱。父母有病，輒不飲食，差乃復常。及壯耽學，鋭意講誦，或時思至，不自知亡失衣冠，顛隊阬岸。其父常以爲專愚，幾不知數馬足。穆愈更精篤。初舉孝廉。順帝末，江淮盜賊群起，州郡不能禁。或説大將軍梁冀曰：「朱公叔兼資文武，海内奇士，若以爲謀主，賊不足平也。」冀亦素聞穆名，乃辟之，使典兵事，甚見親任。及桓帝即位，順烈太后臨朝，穆以冀勢地親重，望有以扶持王室，因推災異，奏記以勸戒冀曰：「穆伏念明年丁亥之歲，刑德合於乾位，《易》經龍戰之會。其文曰：『龍戰于野，其道窮也。』謂陽道將勝而陰道負也。今年九月天氣鬱冒，五位四候連失正氣，此互相明也。夫善道屬陽，惡道屬陰，若修正守陽，摧折惡類，則福從之矣。穆每事不逮，所好唯學，傳受於師，時有可試。願將軍少察愚言，申納諸儒，而親其忠正，絕其姑息，專心公朝，割除私欲，廣求賢能，斥遠佞惡。夫人君不可不學，當以天地順道漸漬其心。宜爲皇帝選置師傅及侍講者，得小心忠篤敦禮之士，將軍與之俱入，參勸講授，師賢法古，此猶倚南山坐平原也，誰能傾之！今年夏，月暈房星，明年當有小厄。宜急誅奸臣爲天下所怨毒者，以塞災咎。議郎、大夫之位，本以式序儒術高行之士，今多非其人；九卿之中，亦有乖其任者。惟將軍察焉。」又薦种暠、欒巴等。而明年嚴鮪謀立清河王蒜，又黃龍二見沛國。冀無術學，遂以穆「龍戰」之言爲應，於是請暠爲從事中郎，薦巴爲議郎，舉穆高第，爲侍御史。時同郡趙康叔盛者，隱于武當山，清靜不仕，以經傳教授。穆時年五十，乃奉書稱弟子。及康殁，喪之如師。其尊德重道，爲當時所服。常感時澆薄，慕尚敦篤，乃作《崇厚論》。其辭曰：「夫俗之薄也，有自來矣。故仲尼嘆曰：『大道之行也，而丘不與焉。』蓋傷之也。夫道者，以天下爲一，在彼猶在己也。故行違於道則愧生於心，非畏義也；事違於理則負結于意，非憚禮也。故率性而行謂之道，得其天性謂之德。德性失然後貴仁義，是以仁義起而道德遷，禮法興而淳樸散。故道德以仁義爲薄，淳樸以禮法爲賊也。夫中世之所敦，已爲上世之所薄，況又薄於此乎！故夫天不崇大則覆幬不廣，地不深厚則載物不博，人不敦厖則道數不遠。昔在仲尼不失舊於原壤，楚嚴不忍章於絕纓。由此觀之，聖賢之德敦矣。老氏之經曰：『大丈夫處其厚不處其薄，居其實不居其華，故去彼取此。』夫時有薄而厚施，行有失而惠用。故覆人之過者，敦之道也；救人之失者，厚之行也。往者，馬援深昭此道，可以爲德，誡其兄子曰：『吾欲汝曹聞人之過如聞父母之名。耳可得聞，口不得言。』斯言要矣。遠則聖賢履之上世，近則丙吉、張子孺行之漢廷。故能振英聲於百世，播不滅之遺風，不亦美哉！然而時俗或異，風化不敦，而尚相誹謗，謂之臧否。記短則兼折其長，貶惡則並伐其善。悠悠者皆是，其可稱乎！凡此之類，豈徒乖爲君子之道哉，將有危身累家之禍焉。悲夫！行之者不知憂其然，故害興而莫之及也。斯既然矣，又有異焉。人皆見之而不能自遷。何則？務進者趨前而不顧後，榮貴者矜己而不待人，智不接愚，富不賑貧，貞士孤而不恤，賢者戹而不存。故田蚡以尊顯致安國之金，淳于以貴勢引方進之言。夫以韓、翟之操，爲漢之名宰，然猶不能振一貧賢，薦一孤士，又況其下者乎！此禽息、史魚所以專名於前，而莫繼於後者也。故時敦俗美，則小人守正，利不能誘也；時否俗薄，雖君子爲邪，義不能止也。何則？先進者既往而不反，後來者復習俗而追之，是以虛華盛而忠信微，刻薄稠而純篤稀。斯蓋《谷風》有『棄予』之嘆，《伐木》有『鳥鳴』之悲矣！嗟乎！世士誠躬師孔聖之崇則，嘉楚嚴之美行，希李老之雅誨，思馬援之所尚，鄙二宰之失度，美韓稜之抗正，貴丙、張之弘裕，賤時俗之誹謗，則道豐績盛，名顯身榮，載不刊之德，播不滅之聲。然後知薄者之不足，厚者之有餘也。彼與草木俱朽，此與金石相傾，豈得同年而語，並日而談哉？」穆又著《絶交論》，亦矯時之作。梁冀驕暴不悛，朝野嗟毒。穆以故吏，懼其釁積招禍，復奏記諫曰：「古之明君，必有輔德之臣，規諫之官，下至器物，銘書成敗，以防遺失。故君有正道，臣有正路，從之如升堂，違之如赴壑。今明將軍地有申伯之尊，位爲群公之首，一日行善，天下歸仁，終朝爲惡，四海傾覆。頃者，官人俱匱，加以水蟲爲害。京師諸官費用增多，詔書發調或至十倍。各言官無見財，皆當出民，搒掠割剥，强令充足。公賦既重，私斂又深。牧守長吏，多非德選，貪聚無猒，遇人如虜，或絶命於箠楚之下，或自賊於迫切之求。又掠奪百姓，皆托之尊府。遂令將軍結怨天下，吏人酸毒，道路嘆嗟。昔秦政煩苛，百姓土崩，陳勝奮臂一呼，天下鼎沸，而面諛之臣，猶言安耳。諱惡不悛，卒至亡滅。昔永和之末，綱紀少弛，頗失人望。四五歲耳，而財空户散，下有離心。馬免之徒乘敝而起，荆揚之間幾成大患。幸賴順烈皇后初政清静，内外同力，僅乃討定。今百姓戚戚，困於永和，内非仁愛之心可得容忍，外非守國之計所宜久安也。夫將相大臣，均體元首，共輿而馳，同舟而濟，輿傾舟覆，患實共之。豈可以去明即昧，履危自安，主孤時困，而莫之卹乎！宜時易宰守非其人者，減省第宅園池之費，拒絶郡國諸所奉送。内以自明，外解人惑，使挾奸之吏無所依托，司察之臣得盡耳目。憲度既張，遠邇清一，則將軍身尊事顯，德燿無窮。天道明察，無言不信，惟垂省覽。」冀不納，而縱放日滋，遂復賂遺左右，交通宦者，任其子弟、賓客以爲州郡要職。穆又奏記極諫，冀終不悟。報書云：「如此，僕亦無一可邪？」穆言雖切，然亦不甚罪也。永興元年，河溢，漂害人庶數十萬户，百姓荒饉，流移道路。冀州盜賊尤多，故擢穆爲冀州刺史。州人有宦者三人爲中常侍，並以檄謁穆。穆疾之，辭不相見。冀部令長聞穆濟河，解印綬去者四十餘人。及到，奏劾諸部，至有自殺者。以威略權宜，盡誅賊渠帥。舉劾權貴，或乃死獄中。有宦者趙忠喪父，歸葬安平，僭爲璵璠、玉匣、偶人。穆聞之，下郡案驗。吏畏其嚴明，遂發墓剖棺，陳尸出之，而收其家屬。帝聞大怒，徵穆詣廷尉，輸作左校。太學書生劉陶等數千人詣闕上書訟穆曰：「伏見施刑徒朱穆，處公憂國，拜州之日，志清奸惡。誠以常侍貴寵，父子兄弟布在州郡，競爲虎狼，噬食小人，故穆張理天網，補綴漏目，羅取殘禍，以塞天意。由是内官咸共恚疾，謗讟煩興，讒隙仍作，極其刑謫，輸作左校。天下有識，皆以穆同勤禹、稷而被共、鯀之戾，若死者有知，則唐帝怒於崇山，重華忿於蒼墓矣。當今中官近習，竊持國柄，手握王爵，口含天憲，運賞則使餓隸富於季孫，呼噏則令伊、顔化爲桀、跖。而穆獨亢然不顧身害，非惡榮而好辱，惡生而好死也，徒感王綱之不攝，懼天網之久失，故竭心懷憂，爲上深計。臣願黥首繫趾，代穆校作。」帝覽其奏，乃赦之。穆居家數年，在朝諸公多有相推薦者，於是徵拜尚書。穆既深疾宦官，及在臺閣，旦夕共事，志欲除之。乃上疏曰：「案漢故事，中常侍參選士人。建武以後，乃悉用宦者。自延平以來，浸益貴盛，假貂璫之飾，處常伯之任，天朝政事，一更其手，權傾海內，寵貴無極，子弟親戚，並荷榮任，故放濫驕溢，莫能禁禦。凶狡無行之徒，媚以求官，恃勢怙寵之輩，漁食百姓，窮破天下，空竭小人。愚臣以爲可悉罷省，遵復往初，率由舊章，更選海內清淳之士，明達國體者，以補其處。即陛下可爲堯舜之君，衆僚皆爲稷契之臣，兆庶黎民蒙被聖化矣。」帝不納。後穆因進見，口復陳曰：「臣聞漢家舊典，置侍中、中常侍各一人，省尚書事，黃門侍郎一人，傳發書奏，皆用姓族。自和熹太后以女主稱制，不接公卿，乃以閹人爲常侍，小黃門通命兩宮。自此以來，權傾人主，窮困天下。宜皆罷遣，博選耆儒宿德，與參政事。」帝怒，不應。穆伏不肯起。左右傳出，良久乃趨而去。自此中官數因事稱詔詆毀之。穆素剛，不得意，居無幾，憤懣發疽。延熹六年，卒，時年六十四。禄仕數十年，蔬食布衣，家無餘財。公卿共表穆立節忠清，虔恭機密，守死善道，宜蒙旌寵。策詔褒述，追贈益州太守。所著論、策、奏、教、書、詩、記、嘲，凡二十篇。穆前在冀州，所辟用皆清德長者，多至公卿、州郡。子野，少有名節，仕至河南尹。初，穆父卒，穆與諸儒考依古義，謚曰貞宣先生。及穆卒，蔡邕復與門人共述其體行，謚爲文忠先生。

論曰：朱穆見比周傷義，偏黨毀俗，志抑朋游之私，遂著《絶交》之論。蔡邕以爲穆貞而孤，又作《正交》而廣其志焉。蓋孔子稱「上交不諂，下交不黷」，又曰「晏平仲善與人交」，子夏之門人亦問交於子張。故《易》明「斷金」之義，《詩》載「宴朋」之謡。若夫文會輔仁，直諒多聞之友，時濟其益，紵衣傾蓋，彈冠結綬之夫，遂隆其好，斯固交者之方焉。至乃田、竇、衛、霍之游客，廉頗、翟公之門賓，進由勢合，退由衰異。又專諸、荆卿之感激，侯生、豫子之殺身，情爲恩使，命緣義輕。皆以利害移心，懷德成節，非夫交照之本，未可語失得之原也。穆徒以友分少全，因絶同志之求；黨俠生敝，而忘得朋之義。蔡氏貞孤之言，其爲然也！古之善交者詳矣。漢興稱王陽、貢禹、陳遵、張竦，中世有廉范、慶鴻、陳重、雷義云。

何敞傳 全

何敞字文高，扶風平陵人也。其先家于汝陰。六世祖比干，學《尚書》於晁錯，武帝時爲廷尉正，與張湯同時。湯持法深而比干務仁恕，數與湯争，雖不能盡得，然所濟活者以千數。後遷丹陽都尉，因徙居平陵。敞父寵，建武中爲千乘都尉，以病免，遂隱居不仕。敞性公正。自以趣舍不合時務，每請召，常稱疾不應。元和中，辟太尉宋由府，由待以殊禮。敞論議高，常引大體，多所匡正。司徒袁安亦深敬重之。是時京師及四方累有奇異鳥獸草木，言事者以爲祥瑞。敞通經傳，能爲天官，意甚惡之。乃言於二公曰：「夫瑞應依德而至，灾異緣政而生。故鸜鵒來巢，昭公有乾侯之厄；西狩獲麟，孔子有兩楹之殯。海鳥避風，臧文祀之，君子譏焉。今異鳥翔於殿屋，怪草生於庭際，不可不察。」由、安懼然不敢答。居無何而肅宗崩。時竇氏專政，外戚奢侈，賞賜過制，倉帑爲虚。敞奏記由曰：「敞聞事君之義，進思盡忠，退思補過。歷觀世主時臣，無不各欲爲化，垂之無窮，然而平和之政萬無一者，蓋以聖主賢臣不能相遭故也。今國家秉聰明之弘道，明公履晏晏之純德，君臣相合，天下翕然，治平之化，有望於今。孔子曰：『如有用我者，三年有成。』今明公視事，出入再期，宜當克己，以醻四海之心。《禮》，一穀不升，則損服徹膳。天下不足，若己使然。而比年水旱，人不收穫，凉州緣邊，家被凶害，男子疲於戰陳，妻女勞於轉運，老幼孤寡，嘆息相依。又中州内郡，公私屈竭，此實損膳節用之時。國恩覆載，賞賚過度，但聞臘賜，自郎官以上，公卿王侯以下，至於空竭帑藏，損耗國資。尋公家之用，皆百姓之力。明君賜賚，宜有品制，忠臣受賞，亦應有度，是以夏禹玄圭，周公束帛。今明公位尊任重，責深負大，上當匡正綱紀，下當濟安元元，豈但空空無違而已哉！宜先正己以率群下，還所得賜，因陳得失，奏王侯就國，除苑囿之禁，節省浮費，賑恤窮孤，則恩澤下暢，黎庶悦豫，上天聰明，必有立應。使百姓歌誦，史官紀德，豈但子文逃禄，公儀退食之比哉！」由不能用。時齊煬〔殤〕王子都鄉侯暢奔弔國憂，上書未報，侍中竇憲遂令人刺殺暢於城門屯衛之中，而主名不立。敞又説由曰：「劉暢宗室肺府，茅土藩臣，來弔大憂，上書須報，親在武衛，致此殘酷。奉憲之吏，莫適討捕，蹤迹不顯，主名不立。敞備數股肱，職典賊曹，故欲親至發所，以糾其變，而二府以爲故事三公不與賊盜。昔陳平生於征戰之世，猶知宰相之分，云『外鎮四夷，内撫諸侯，使卿大夫各得其宜』。今二府執事不深惟大義，惑於所聞，公縱奸慝，莫以爲咎。惟明公運獨見之明，昭然勿疑，敞不勝所見，請獨奏案。」由乃許焉。二府聞敞行，皆遣主者隨之，於是推舉具得事實，京師稱其正。以高第拜侍御史。時遂以竇憲爲車騎將軍，大發軍擊匈奴，而詔使者爲憲弟篤、景並起邸第，興造勞役，百姓愁苦。敞上疏諫曰：「臣聞匈奴爲之桀逆久矣。平城之圍，嫚書之耻，此二辱者，臣子所爲捐軀而必死，高祖、吕后忍怒還忿，舍而不誅。伏惟皇太后秉文母之操，陛下履晏晏之姿，匈奴無逆節之罪，漢朝無可慚之耻，而盛春東作，興動大役，元元怨恨，咸懷不悦。而猥復爲衛尉篤、奉車都尉景繕修館第，彌街絶里。臣雖斗筲之人，誠竊懷怪，以爲篤、景親近貴臣，當爲百僚表儀。今衆軍在道，朝廷焦脣，百姓愁苦，縣官無用，而遽起大第，崇飾玩好，非所以垂令德，示無窮也。宜且罷工匠，專憂北邊，恤人之困。」書奏不省。後拜爲尚書，復上封事曰：「夫忠臣憂世，犯主嚴顔，譏刺貴臣，至以殺身滅家而猶爲之者，何邪？君臣義重，有不得已也。臣伏見往事，國之危亂，家之將凶，皆有所由，較然易知。昔鄭武姜之幸叔段，衛莊公之寵州吁，愛而不教，終至凶戾。由是觀之，愛子若此，猶飢而食之以毒，適所以害之也。伏見大將軍竇憲，始遭大憂，公卿比奏，欲令典幹國事。憲深執謙退，固辭盛位，懇懇勤勤，言以深至，天下聞之，莫不悦喜。今踰年無幾，大禮未終，卒然中改，兄弟專朝。憲秉三軍之重，篤、景總宫衛之權，而虐用百姓，奢侈僭偪，誅戮無罪，肆心自快。今者論議洶洶，咸謂叔段、州吁復生於漢。臣觀公卿懷持兩端，不肯極言者，以爲憲等若有匪懈之志，則已受吉甫褒申伯之功，如憲等陷於罪辜，則自取陳平、周勃順吕后之權，終不以憲等吉凶爲憂也。臣敞區區，誠欲計策兩安，絶其緜緜，塞其涓涓，上不欲令皇太后損文母之號，陛下有誓泉之譏，下使憲等得長保其福祐。然臧獲之謀，上安主父，下存主母，猶不免於嚴怒。臣伏惟累祖蒙恩，至臣八世，復以愚陋，旬年之間，歷顯位，備機近，每念厚德，忽然忘生。雖知言必夷滅，而冒死自盡者，誠不忍目見其禍而懷默苟全。駙馬都尉瓌，雖在弱冠，有不隱之忠，比請退身，願抑家權。可與參謀，聽順其意，誠宗廟至計，竇氏之福。」敞數切諫，言諸竇罪過，憲等深怨之。時濟南王康尊貴驕甚，憲乃白出敞爲濟南太傅。敞至國，輔康以道義，數引法度諫正之，康敬禮焉。歲餘，遷汝南太守。敞疾文俗吏以苛刻求當時名譽，故在職以寬和爲政。立春日，常召督郵還府，分遣儒術大吏案行屬縣，顯孝悌有義行者。及舉冤獄，以《春秋》義斷之。是以郡中無怨聲，百姓化其恩禮。其出居者，皆歸養其父母，追行喪服，推財相讓者二百許人。置立禮官，不任文吏。又修理鮦陽舊渠，百姓賴其利，墾田增三萬餘頃。吏人共刻石，頌敞功德。及竇氏敗，有司奏敞子與夏陽侯瓌厚善，坐免官。永元十二年復徵，三遷五官中郎將。常忿疾中常侍蔡倫，倫深憾之。元興元年，敞以祠廟嚴肅，微疾不齋，後鄧皇后上太傅禹冢，敞起隨百官會，倫因奏敞詐病，坐抵罪。卒于家。

鄧張徐張胡列傳 張敏 總論

張敏傳 全

張敏字伯達，河間鄚人也。建初二年，舉孝廉，四遷，五年，爲尚書。建初中，有人侮辱人父者，而其子殺之，肅宗貰其死刑而降宥之，自後因以爲比。是時遂定其議，以爲《輕侮法》。敏駮議曰：「夫輕侮之法，先帝一切之恩，不有成科班之律令也。夫死生之决，宜從上下，猶天之四時，有生有殺。若開相容恕，著爲定法者，則是故設奸萌，生長罪隙。孔子曰：『民可使由之，不可使知之。』《春秋》之義，子不報讎，非子也。而法令不爲之减者，以相殺之路不可開故也。今托義者得减，妄殺者有差，使執憲之吏得設巧詐，非所以導『在醜不争』之義。又《輕侮》之比，寖以繁滋，至有四五百科，轉相顧望，彌復增甚，難以垂之萬載。臣聞師言：『救文莫如質。』故高帝去煩苛之法，爲三章之約。建初詔書，有改於古者，可下三公、廷尉蠲除其敕。」議寢不省。敏復上疏曰：「臣敏蒙恩，特見拔擢，愚心所不曉，迷意所不解，誠不敢苟隨衆議。臣伏見孔子垂經典，皋陶造法律，原其本意，皆欲禁民爲非也。未曉《輕侮》之法將以何禁？必不能使不相輕侮，而更開相殺之路，執憲之吏復容其奸枉。議者或曰：『平法當先論生。』臣愚以爲天地之性，唯人爲貴，殺人者死，三代通制。今欲趣生，反開殺路，一人不死，天下受敝。記曰：『利一害百，人去城郭。』夫春生秋殺，天道之常。春一物枯即爲灾，秋一物華即爲異。王者承天地，順四時，法聖人，從經律。願陛下留意下民，考尋利害，廣令平議，天下幸甚。」和帝從之。九年，拜司隸校尉。視事二歲，遷汝南太守。清約不煩，用刑平正，有理能名。坐事免。延平元年，拜議郎，再遷潁川太守。徵拜司空，在位奉法而已。視事三歲，以病乞身，不聽。六年春，行大射禮，陪位頓仆，乃策罷之。因病篤，卒于家。

論曰：爵任之於人重矣，全喪之於生大矣。懷禄以圖存者，仕子之恒情；審能而就列者，出身之常體。夫紆於物則非己，直於志則犯俗，辭其艱則乖義，徇其節則失身。統之，方軌易因，險塗難御。故昔人明慎於所受之分，遲遲於岐路之間也。如令志行無牽於物，臨生不先其存，後世何貶焉？古人以宴安爲戒，豈數公之謂乎？

袁張韓周列傳 袁敞　周榮

袁敞傳 子敞始末　論

敞字叔平，少傳《易經》教授，以父任爲太子舍人。和帝時，歷位將軍、大夫、侍中，出爲東郡太守，徵拜太僕、光祿勳。元初三年，代劉愷爲司空。明年，坐子與尚書郎張俊交通，漏泄省中語，策免。敞廉勁不阿權貴，失鄧氏旨，遂自殺。張俊者，蜀郡人，有才能，〔與〕兄龕並爲尚書郎，年少勵鋒氣。郎朱濟、丁盛立行不修，俊欲舉奏之，二人聞，恐，因郎陳重、雷義往請俊，俊不聽，因共私賂侍史，使求俊短，得其私書與敞子，遂封上之，皆下獄，當死。俊自獄中占獄吏上書自訟，書奏而俊獄已報。廷尉將出穀門，臨行刑，鄧太后詔馳騎以減死論。俊假名上書謝曰：「臣孤恩負義，自陷重刑，情斷意訖，無所復望。廷尉鞠遣，歐刀在前，棺絮在後，魂魄飛揚，形容已枯。陛下聖澤，以臣嘗在近密，識臣狀貌，傷臣眼目，留心曲慮，特加偏覆。喪車復還，白骨更肉，披棺發椁，起見白日。天地父母能生臣俊，不能使臣俊當死復生。陛下德過天地，恩重父母，誠非臣俊破碎骸骨，舉宗腐爛，所報萬一。臣俊徒也，不得上書；不勝去死就生，驚喜踴躍，觸冒拜章。」當時皆哀其文。朝廷由此薄敞罪而隱其死，以三公禮葬之，復其官。

論曰：陳平多陰謀，而知其後必廢；邴吉有陰德，夏侯勝識其當封及子孫。終陳掌不侯，而邴昌紹國，雖有不類，未可致詰，其大致歸然矣。袁公竇氏之間，乃情帝室，引義雅正，可謂王臣之烈。及其理楚獄，未嘗鞫人於臧罪，其仁心足以覃乎後昆。子孫之盛，不亦宜乎！

周榮傳 子興陳忠薦疏

興少有名譽，永寧中，尚書陳忠上疏薦興曰：「臣伏惟古者帝王有所號令，言必弘雅，辭必温麗，垂於後世，列於典經。故仲尼嘉唐虞之文章，從周室之郁郁。臣竊見光禄郎周興，孝友之行，著於閨門，清厲之志，聞於州里。藴匵古今，博物多聞，《三墳》之篇，《五典》之策，無所不覽。屬文著辭，有可觀採。尚書出納帝命，爲王喉舌。臣等既愚闇，而諸郎多文俗吏，鮮有雅才，每爲詔文，宣示内外，轉相求請，或以不能而專己自由，辭多鄙固。興抱奇懷能，隨輩栖遲，誠可嘆惜。」詔乃拜興爲尚書郎。

郭陳列傳 郭躬　陳寵

郭躬傳 論

論曰：曾子云：「上失其道，民散久矣。如得其情，則哀矜而勿喜。」夫不喜於得情則恕心用，恕心用則可寄枉直矣。夫賢人君子斷獄，其必主於此乎？郭躬起自佐史，小大之獄必察焉。原其平刑審斷，庶於勿喜者乎？若乃推己以議物，捨狀以貪情，法家之能慶延于世，蓋由此也。

陳寵傳 請改苛俗疏及斷獄議　附子忠豫通帝意疏　論伯榮疏

肅宗初，承永平故事，吏政尚嚴切，尚書決事率近於重。寵以帝新即位，宜改前世苛俗。乃上疏曰：「臣聞先王之政，賞不僭，刑不濫，與其不得已，寧僭不濫。故唐堯著典，『眚灾肆赦』；周公作戒，『勿誤庶獄』；

伯夷之典，『惟敬五刑，以成三德』。由此言之，聖賢之政，以刑罰爲首。往者斷獄嚴明，所以威懲奸慝，〔奸慝〕既平，必宜濟之以寬。陛下即位，率由此義，數詔群僚，弘崇晏晏。而有司執事，未悉奉承，典刑用法，猶尚深刻。斷獄者急於篣格酷烈之痛，執憲者煩於詆欺放濫之文，或因公行私，逞縱威福。夫爲政猶張琴瑟，大弦急者小弦絶。故子貢非臧孫之猛法，而美鄭喬之仁政。《詩》云：『不剛不柔，布政優優。』方今聖德充塞，假于上下，宜隆先王之道，蕩滌煩苛之法。輕薄箠楚，以濟群生；全廣至德，以奉天心。」帝敬納寵言，每事務於寬厚。其後遂詔有司，絶鉆鑽諸慘酷之科，解妖惡之禁，除文致之請讞五十餘事，定著于令。是後人俗和平，屢有嘉瑞。漢舊事斷獄報重，常盡三冬之月，是時帝始改用冬初十月而已。元和二年，旱，長水校尉賈宗等上言，以爲斷獄不盡三冬，故陰氣微弱，陽氣發泄，招致災旱，事在於此。帝以其言下公卿議，寵奏曰：「夫冬至之節，陽氣始萌，故十一月有蘭、射干、芸、荔之應。《時令》曰：『諸生蕩，安形體。』天以爲正，周以爲春。十二月陽氣上通，雉雊鷄乳，地以爲正，殷以爲春。十三月陽氣已至，天地已交，萬物皆出，蟄蟲始振，人以爲正，夏以爲春。三微成著，以通三統。周以天元，殷以地元，夏以人元。若以此時行刑，則殷、周歲首皆當流血，不合人心，不稽天意。《月令》曰：『孟冬之月，趣獄刑，無留罪。』明大刑畢在立冬也。又：『仲冬之月，身欲寧，事欲静。』若以降威怒，不可謂寧；若以行大刑，不可謂静。議者咸曰：『旱之所由，咎在改律。』臣以爲殷、周斷獄不以三微，而化致康平，無有災害。自元和以前，皆用三冬，而水旱之異，往往爲患。由此言之，災害自爲它應，不以改律。秦爲虐政，四時行刑，聖漢初興，改從簡易。蕭何草律，季秋論囚，俱避立春之月，而不計天地之正，二王之春，實頗有違。陛下探幽析微，允執其中，革百載之失，建永年之功，上有迎承之敬，下有奉微之惠，稽《春秋》之文，當《月令》之意，聖功美業，不宜中疑。」書奏，帝納之，遂不復改。寵性周密，常稱人臣之義，苦不畏慎。自在樞機，謝遣門人，拒絶知友，唯在公家而已。朝廷器之。

鄧太后崩，安帝始親朝事。忠以爲臨政之初，宜徵聘賢才，以宣助風化，數上薦隱逸及直道之士馮良、周燮、杜根、成翊世之徒。於是公車禮聘良、燮等。後連有災異，詔舉有道，公卿百僚各上封事。忠以詔書既開諫爭，慮言事者必多激切，或致不能容，乃上疏豫通帝意。曰：「臣聞仁君廣山藪之大，納切直之謀；忠臣盡謇諤之節，不畏逆耳之害。是以高祖舍周昌桀紂之譬，孝文嘉爰盎人豕之譏，武帝納東方朔宣室之正，元帝容薛廣德自刎之切。昔晋平公問於叔向曰：『國家之患孰爲大？』對曰：『大臣重禄不極諫，小臣畏罪不敢言，下情不上通，此患之大者。』公曰：『善。』於是下令曰：『吾欲進善，有謁而不通〔者〕，罪至死。』今明詔崇高宗之德，推宋景之誠，引咎克躬，諮訪群吏。言事者〔見〕杜根、成翊世等新蒙表録，顯列二臺，必承風響應，争爲切直。若嘉謀異策，宜輒納用。如其管穴，妄有譏刺，雖苦口逆耳，不得事實，且優游寬容，以示聖明無諱之美。若有道之士，對問高者，宜垂省覽，特遷一等，以廣直言之路。」

帝數遣黄門常侍及中侍〔使〕伯榮往來甘陵，而伯榮負寵驕蹇，所經郡國莫不迎爲禮謁。又霖雨積時，河水涌溢，百姓騷動。忠上疏曰：「臣聞位非其人，則庶事不叙；庶事不叙，則政有得失；政有得失，則感動陰陽，妖變爲應。陛下每引灾自厚，不責臣司，臣司狃恩，莫以爲負。故天心未得，隔並屢臻，青、冀之域淫雨漏河，徐、岱之濱海水涌溢，兖、豫蝗蝝滋生，荆、揚稻收儉薄，並、凉二州羌戎叛戾。加以百姓不足，府帑虚匱，自西徂東，杼柚將空。臣聞《洪範》五事，一曰貌，貌以恭，恭作肅，貌傷則狂，而致常雨。春秋大水，皆爲君上威儀不穆，臨莅不嚴，臣下輕慢，貴倖擅權，陰氣盛强，陽不能禁，故爲淫雨。陛下以不得親奉孝德皇園廟，比遣中使致敬甘陵，朱軒軿馬，相望道路，可謂孝至矣。然臣竊聞使者所過，威權翕赫，震動郡縣，王侯二千石至爲伯榮獨拜車下，儀體上僭，侔於人主。長吏惶怖譴責，或邪諂自媚，發人修道，繕理亭傳，多設儲跱，徵役無度，老弱相隨，動有萬計，賂遺僕從，人數百匹，頓踣呼嗟，莫不叩心。河間托叔父之屬，清河有陵廟之尊，及剖符大臣，皆猥爲伯榮屈節車下。陛下不問，必以陛下欲其然也。伯榮之威重於陛下，陛下之柄在於臣妾。水灾之發，必起於此。昔韓嫣托副車之乘，受馳視之使；江都誤爲一拜，而嫣受歐刀之誅。臣願明主嚴天元之尊，正乾剛之位，職事巨細，皆任賢能，不宜復令女使干錯萬機。重察左右，得無石顯泄漏之奸；尚書納言，得無趙昌譖崇之詐；公卿大臣，得無朱博阿傅之援；外屬近戚，得無王鳳害商之謀。若國政一由帝命，王事每決於己，則下不得逼上，臣不得干君，常雨大水必當霽止，四方衆異不能爲害。」書奏不省。

班梁列傳 班超 論 贊

班超傳 全 附子勇西域議

班超字仲升，扶風平陵人，徐令彪之少子也。爲人有志，不修細節。然內孝謹，居家常執勤苦，不耻勞辱。有口辯，而涉獵書傳。永平五年，兄固被召詣校書郎，超與母隨至洛陽。家貧，常爲官傭書以供養。久勞苦，嘗輟業投筆嘆曰：「大丈夫無它志略，猶當效傅介子、張騫立功異域，以取封侯，安能久事筆研間乎？」左右皆笑之。超曰：「小子安知壯士志哉！」其後行詣相者，曰：「祭酒，布衣諸生耳，而當封侯萬里之外。」超問其狀。相者指曰：「生燕頷虎頸，飛而食肉，此萬里侯相也。」久之，顯宗問固：「卿弟安在？」固對：「爲官寫書，受直以養老母。」帝乃除超爲蘭臺令史。後坐事免官。十六年，奉車都尉竇固出擊匈奴，以超爲假司馬，將兵別擊伊吾，戰於蒲類海，多斬首虜而還。固以爲能，遣與從事郭恂俱使西域。超到鄯善，鄯善王廣奉超禮敬甚備，後忽更疏懈。超謂其官屬曰：「寧覺廣禮意薄乎？此必有北虜使來，狐疑未知所從故也。明者睹未萌，况已著邪。」乃召侍胡詐之曰：「匈奴使來數日，今安在乎？」侍胡惶恐，具服其狀。超乃閉侍胡，悉會其吏士三十六人，與共飲，酒酣，因激怒之曰：「卿曹與我俱在絕域，欲立大功，以求富貴。今虜使到裁數日，而王廣禮敬即廢，如令鄯善收吾屬送匈奴，骸骨長爲豺狼食矣。爲之奈何？」官屬皆曰：「今在危亡之地，死生從司馬。」超曰：「不入虎穴，不得虎子。當今之計，獨有因夜以火攻虜，使彼不知我多少，必大震怖，可殄盡也。滅此虜，則鄯善破膽，功成事立矣。」衆曰：「當與從事議之。」超怒曰：「吉凶決於今日。從事文俗吏，聞此必恐而謀泄，死無所名，非壯士也！」衆曰：「善。」初夜，遂將吏士往奔虜營。會天大風，超令十人持鼓藏虜舍後，約曰：「見火然，皆當明〔鳴〕鼓大呼。」餘人悉持弓弩夾門而伏。超乃順風縱火，前後鼓譟。虜衆驚亂，超手格殺三人，吏兵斬其使及從士三十餘級，餘衆百許人悉燒死。明日乃還告郭恂，恂大驚，既而色動。超知其意，舉手曰：「掾雖不行，班超何心獨擅之乎？」恂乃悅。超於是召鄯善王廣，以虜使首示之，一國震怖。超曉告撫慰，遂納子爲質。還奏於竇固，固大喜，具上超功效，並求更選使使西域。帝壯超節，詔固曰：「吏如班超，何故不遣而更選乎？今以超爲軍司馬，令遂前功。」超復受使，固欲益其兵，超曰：「願將本所從三十餘人足矣。如有不虞，多益爲累。」是時于寘王廣德新攻破莎車，遂雄張南道，而匈奴遣使監護其國。超既西，先至于寘。廣德禮意甚疏。且其俗信巫。巫言：「神怒何故欲向漢？漢使有騧馬，急求取以祠我。」廣德乃遣使就超請馬。超密知其狀，報許之，而令巫自來取馬。有頃，巫至，超即斬其首以送廣德，因辭讓之。廣德素聞超在鄯善誅滅虜使，大惶恐，即攻殺匈奴使者而降超。超重賜其王以下，因鎮撫焉。時龜茲王建爲匈奴所立，倚恃虜威，據有北道，攻破疏勒，殺其王，而立龜茲人兜題爲疏勒王。明年春，超從間道至疏勒。去兜題所居槃槖城九十里，逆遣吏田慮先往降之。敕慮曰：「兜題本非疏勒種，國人必不用命。若不即降，便可執之。」慮既到，兜題見慮輕弱，殊無降意。慮因其無備，遂前劫縛兜題。左右出其不意，皆驚懼奔走。慮馳報超，超自赴之，悉召疏勒將吏，說以龜茲無道之狀，因立其故王兄子忠爲王，國人大悅。忠及官屬皆請殺兜題，超不聽，欲示以威信，釋而遣之。疏勒由是與龜茲結怨。十八年，帝崩。焉耆以中國大喪，遂攻沒都護陳睦。超孤立無援，而龜茲、姑墨數發兵攻疏勒。超守槃橐城，與忠爲首尾，士吏單少，拒守歲餘。肅宗初即位，以陳睦新沒，恐超單危不能自立，下詔徵超。超發還，疏勒舉國憂恐。其都尉黎弇曰：「漢使棄我，我必復爲龜茲所滅耳。誠不忍見漢使去。」因以刀自剄。超還至于寘，王侯以下皆號泣曰：「依漢使如父母，誠不可去。」互抱超馬脚，不得行。超恐于寘終不聽其東，又欲遂本志，乃更還疏勒。疏勒兩城自超去後，復降龜茲，而與尉頭連兵。超捕斬反者，擊破尉頭，殺六百餘人，疏勒復安。建初三年，超率疏勒、康居、于寘、拘彌兵一萬人攻姑墨石城，破之，斬首七百級。超欲因此叵平諸國，乃上疏請兵，曰：「臣竊見先帝欲開西域，故北擊匈奴，西使外國，鄯善、于寘即時向化。今拘彌、莎車、疏勒、月氏、烏孫、康居復願歸附，欲共并力破滅龜茲，平通漢道。若得龜茲，則西域未服者百分之一耳。臣伏自惟念，卒伍小吏，實願從谷吉效命絶域，庶幾張騫棄身曠野。昔魏絳列國大夫，尚能和輯諸戎，況臣奉大漢之威，而無鉛刀一割之用乎？前世議者皆曰取三十六國，號爲斷匈奴右臂。今西域諸國，自日之所入，莫不向化，大小欣欣，貢奉不絶，唯焉耆、龜茲獨未服從。臣前與官屬三十六人奉使絶域，備遭艱厄。自孤守疏勒，於今五載，胡夷情數，臣頗識之。問其城郭小大，皆言『倚漢與依天等』。以是效之，則葱領可通，葱領通則龜茲可伐。今宜拜龜茲侍子白霸爲其國王，以步騎數百送之，與諸國連兵，歲月之間，龜茲可禽。以夷狄攻夷狄，計之善者也。臣見莎車、疏勒田地肥廣，草牧饒衍，不比敦煌、鄯善間也，兵可不費中國而糧食自足。且姑墨、温宿二王，特爲龜茲所置，既非其種，更相厭苦，其勢必有降反。若二國來降，則龜茲自破。願下臣章，參考行事。誠有萬分，死復何恨。臣超區區，特蒙神靈，竊冀未便僵仆，目見西域平定，陛下舉萬年之觴，薦勳祖廟，布大喜於天下。」書奏，帝知其功可成，議欲給兵。平陵人徐幹素與超同志，上疏願奮身佐超。五年，遂與〔以〕幹爲假司馬，將弛刑及義從千人就超。先是莎車以爲漢兵不出，遂降於龜茲，而疏勒都尉番辰亦復反叛。會徐幹適至，超遂與幹擊番辰，大破之，斬首千餘級，多獲生口。超既破番辰，欲進攻龜茲。以烏孫兵強，宜因其力，乃上言：「烏孫大國，控弦十萬，故武帝妻以公主，至孝宣皇帝，卒得其用。今可遣使招慰，與共合力。」帝納之。八年，拜超爲將兵長史，假鼓吹幢麾。以徐幹爲軍司馬，别遣衛侯李邑護送烏孫使者，賜大小昆彌以下錦帛。李邑始到于寘，而值龜茲攻疏勒，恐懼不敢前，因上書陳西域之功不可成，又盛毁超擁愛妻，抱愛子，安樂外國，無内顧心。超聞之，歎曰：「身非曾孫〔參〕而有三至之讒，恐見疑於當時矣。」遂去其妻。帝知超忠，乃切責邑曰：「縱超擁愛妻，抱愛子，思歸之士千餘人，何能盡與超同心乎？」令邑詣超受節度。詔超：「若邑任在外者，便留與從事。」超即遣邑將烏孫侍子還京師。徐幹謂超曰：「邑前親毁君，欲敗西域，今何不緣詔書留之，更遣他吏送侍子乎？」超曰：「是何言之陋也！以邑毁超，故今遣之。内省不疚，何恤人言！快意留之，非忠臣也。」明年，復遣假司馬和恭等四人將兵八百詣超，超因發疏勒、于寘兵擊莎車。莎車陰通使疏勒王忠，啗以重利，忠遂反從之，西保烏即城。超乃更立其府丞成大爲疏勒王，悉發其不反者以攻忠。積半歲，而康居遣精兵救之，超不能下。是時月氏新與康居婚，相親，超乃使使多齎錦帛遺月氏王，令曉示康居王，康居王乃罷兵，執忠以歸其國，烏即城遂降於超。後三年，忠説康居王借兵，還據損中，密與龜茲謀，遣使詐降於超。超内知其奸而外僞許之。忠大喜，即從輕騎詣超。超密勒兵待之，爲供張設樂。酒行，乃叱吏縛忠斬之。因擊破其衆，殺七百餘人，南道於是遂通。明年，超發于寘諸國兵二萬五千人，復擊莎車。而龜茲王遣左將軍發温宿、姑墨、尉頭合五萬人救之。超召將校及于寘王議曰：「今兵少不敵，其計莫若各散去。于寘從是而東，長史亦於此西歸，可須夜鼓聲而發。」陰緩所得生口。龜茲王聞之大喜，自以萬騎於西界遮超，温宿王將八千騎於東界徼于寘。超知二虜已出，密召諸部勒兵，鷄鳴馳赴莎車營，胡大驚亂奔走，追斬五千餘級，大獲其馬畜財物。莎車遂降，龜茲等因各退散，自是威震西域。初，月氏嘗助漢擊車師有功，是歲貢奉珍寶、符拔、師子，因求漢公主。超拒還其使，由是怨恨。永元二年，月氏遣其副王謝將兵七萬攻超。超衆少，皆大恐。超譬軍士曰：「月氏兵雖多，然數千里踰葱領來，非有運輸，何足憂邪？但當收穀堅守，彼飢窮自降，不過數十日決矣。」謝遂前攻超，不下，又鈔掠無所得。超度其糧將盡，必從龜茲求救，乃遣兵數百於東界要之。謝果遣騎齎金銀珠玉以賂龜茲。超伏兵遮擊，盡殺之，持其使首以示謝。謝大驚，即遣使請罪，願得生歸。超縱遣之。月氏由是大震，歲奉貢獻。明年，龜茲、姑墨、温宿皆降，乃以超爲都護，徐幹爲長史。拜白霸爲龜茲王，遣司馬姚光送之。超與光共脇龜茲廢其王尤利多而立白霸，使光將尤利多還詣京師。超居龜茲它乾城，徐幹屯疏勒。西域唯焉耆、危須、尉犂以前没都護，懷二心，其餘悉定。六年秋，超遂發龜茲、鄯善等八國兵合十萬人，及吏士賈客千四百人討焉耆。兵到尉犂界，而遣曉説焉耆、尉犂、危須曰：「都護來者，欲鎮撫三國。即欲改過向善，宜遣大人來迎，當賞賜王侯已下，事畢即還。今賜王綵五百匹。」焉耆王廣遣其左將北鞬支奉牛酒迎超。超詰鞬支曰：「汝雖匈奴侍子，而今秉國之權。都護自來，王不以時迎，皆汝罪也。」或謂超可便殺之。超曰：「非汝所及。此人權重於王，今未入其國而殺之，遂令自疑，設備守險，豈得到其城下哉！」於是賜而遣之。廣乃與大人迎超於尉犂，奉獻珍物。焉耆國有葦橋之險，廣乃絶橋，不欲令漢軍入國。超更從它道厲度。七月晦，到焉耆，去城二十里，正營大澤中。廣出不意，大恐，乃欲悉驅其人共入山保。焉耆左候元孟先嘗質京師，密遣使以事告超。超即斬之，示不信用。乃期大會諸國王，因揚聲當重相賞賜，於是焉耆王廣、尉犂王泛及北鞬支等三十人相率詣超。其國相腹久等十七人懼誅，皆亡入海，而危須王亦不至。坐定，超怒詰廣曰：「危須王何故不到？腹久等所緣逃亡？」遂叱吏士收廣、泛等於陳睦故城斬之，傳首京師。因縱兵鈔掠，斬首五千餘級，獲生口萬五千人，馬畜牛羊三十餘萬頭，更立元孟爲焉耆王。超留焉耆半歲，慰撫之。於是西域五十餘國悉皆納質内屬焉。明年，下詔曰：「往者匈奴獨擅西域，寇盜河東〔西〕，永平之末，城門晝閉。先帝深愍邊氓嬰罹寇害，乃命將帥擊右地，破白山，臨蒱〔蒲〕類，取車師，城郭諸國震慴響應，遂開西域，置都護。而焉耆王舜、舜子忠獨謀悖逆，恃其險隘，覆没都護，並及吏士。先帝重元元之命，憚兵役之興，故使軍司馬班超安集于寘以西。超遂踰葱領，迄縣度，出入二十二年，莫不賓從。改立其王，而綏其人。不動中國，不煩戎士，得遠夷之和，同異俗之心，而致天誅，蠲宿耻以報將士之讎。《司馬法》曰：『賞不踰月，欲人速睹爲善之利也。』其封超爲定遠侯，邑千户。」超自以久在絶域，年老思土。十二年，上疏曰：「臣聞太公封齊，五世葬周，狐死首丘，代馬依風。夫周齊同在中土千里之間，况於遠處絶域，小臣能無依風首丘之思哉？蠻夷之俗，畏壯侮老。臣超犬馬齒殲，常恐年衰，奄忽僵仆，孤魂棄捐。昔蘇武留匈奴中尚十九年，今臣幸得奉節帶金銀護西域，如自以壽終屯部，誠無所恨，然恐後世或名臣爲没西域。臣不敢望到酒泉郡，但願生入玉門關。臣老病衰困，冒死瞽言，謹遣子勇隨獻物入塞。及臣生在，令勇目見中土。」而超妹同郡曹壽妻昭亦上書請超曰：「妾同産兄西域都護定遠侯超，幸得以微功特蒙重賞，爵列通侯，位二千石。天恩殊絶，誠非小臣所當被蒙。超之始出，志捐軀命，冀立微功，以自陳效。會陳睦之變，道路隔絶，超以一身轉側絶域，曉譬諸國，因其兵衆，每有攻戰，輒爲先登，身被金夷，不避死亡。賴蒙陛下神靈，且得延命沙漠，至今積三十年。骨肉生離，不復相識。所與相隨時人士衆，皆已物故。超年最長，今且七十。衰老被病，頭髮無黑，兩手不仁，耳目不聰明，扶杖乃能行。雖欲竭盡其力，以報塞天恩，迫於歲暮，犬馬齒索。蠻夷之性，悖逆侮老，而超旦暮入地，久不見代，恐開奸宄之源，生逆亂之心。而卿大夫咸懷一切，莫肯遠慮。如有卒暴，超之氣力不能從心，便爲上損國家累世之功，下棄忠臣竭力之用，誠可痛也。故超萬里歸誠，自陳苦急，延頸踰望，三年於今，未蒙省録。妾竊聞古者十五受兵，六十還之，亦有休息不任職也。緣陛下以至孝理天下，得萬國之歡心，不遺小國之臣，況超得備侯伯之位，故敢觸死爲超求哀，匄超餘年。一得生還，復見闕庭，使國永無勞遠之慮，西域無倉卒之憂，超得長蒙文王葬骨之恩，子方哀老之惠。《詩》云：『民亦勞止，汔可小康，惠此中國，以綏四方。』超有書與妾生訣，恐不復相見。妾誠傷超以壯年竭忠孝於沙漠，疲老則便捐死於曠野，誠可哀憐。如不蒙救護，超後有一旦之變，冀幸超家得蒙趙母、衛姬先請之貸。妾愚戇不知大義，觸犯忌諱。」書奏，帝感其言，乃徵超還。超在西域三十一年。十四年八月至洛陽，拜爲射聲校尉。超素有胸脇疾，既至，病遂加。帝遣中黄門問疾，賜醫藥。其〔年〕九月卒，年七十一。朝廷愍惜焉，使者弔祭，贈賵甚厚。子雄嗣。初，超被徵，以戊己校尉任尚爲都護，與超交代。尚謂超曰：「君侯在外國三十餘年，而小人猥承君後，任重慮淺，宜有以誨之。」超曰：「年老失智，任君數當大位，豈班超所能及哉！必不得已，願進愚言。塞外吏士，本非孝子順孫，皆以罪過徙補邊屯。而蠻夷懷鳥獸之心，難養易敗。今君性嚴急，水清無大魚，察政不得下和。宜蕩佚簡易，寬小過，總大綱而已。」超去後，尚私謂所親曰：「我以班君當有奇策，今所言平平耳。」尚至數年，而西域反亂，以罪被徵，如超所戒。

勇字宜僚，少有父風。永初元年，西域反叛，以勇爲軍司馬。與兄雄俱出敦煌，迎都護及西域甲卒而還。因罷都護。後西域絶無漢吏十餘年。元初六年，敦煌太守曹宗遣長史索班將千餘人屯伊吾，車師前王及鄯善王皆來降班。後數月，北單于與車師後部遂共攻没班，進擊走前王，略有北道。鄯善王急，求救於曹宗，宗因此請出兵五千人擊匈奴，報索班之耻，因復取西域。鄧太后召勇詣朝堂會議。先是公卿多以爲宜閉玉門關，遂棄西域。勇上議曰：「昔孝武皇帝患匈奴强盛，兼總百蠻，以逼障塞。於是開通西域，離其黨與，論者以爲奪匈奴府藏，斷其右臂。遭王莽篡盗，徵求無猒，胡夷忿毒，遂以背叛。光武中興，未遑外事，故匈奴負强，驅率諸國。及至永平，再攻敦煌，河西諸郡，城門晝閉。孝明皇帝深惟廟策，乃命虎臣，出征西域，故匈奴遠遁，邊境得安。及至永元，莫不内屬。會間者羌亂，西域復絶，北虜遂遣責諸國，備其逋租，高其價直，嚴以期會。鄯善、車師皆懷憤怨，思樂事漢，其路無從。前所以時有叛者，皆由牧養失宜，還爲其害故也。今曹宗徒耻於前負，欲報雪匈奴，而不尋出兵故事，未度當時之宜也。夫要功荒外，萬無一成，若兵連禍結，悔無及已。況今府藏未充，師無後繼，是示弱於遠夷，暴短於海内，臣愚以爲不可許也。舊敦煌郡有營兵三百人，今宜復之，復置護西域副校尉，居於敦煌如永元故事。又宜遣西域長史將五百人屯樓蘭，西當焉耆、龜兹徑路，南强鄯善、于寘心膽，北扞匈奴，東近敦煌。如此誠便。」尚書問勇曰：「今立副校尉，何以爲便？又置長史屯樓蘭，利害云何？」勇對曰：「昔永平之末，始通西域，初遣中郎將居敦煌，後置副校尉於車師，既爲胡虜節度，又禁漢人不得有所侵擾。故外夷歸心，匈奴畏威。今鄯善王尤還，漢人外孫，若匈奴得志，則尤還必死。此等雖同鳥獸，亦知避害。若出屯樓蘭，足以招附其心，愚以爲便。」長樂衛尉鐔顯、廷尉綦毋參、司隸校尉崔據難曰：「朝廷前所以棄西域者，以其無益於中國而費難供也。今車師已屬匈奴，鄯善不可保信，一旦反覆，班將能保北虜不爲邊害乎？」勇對曰：「今中國置州牧者，以禁郡縣奸猾盜賊也。若州牧能保盜賊不起者，臣亦願以要斬保匈奴之不爲邊害也。今通西域則虜勢必弱，虜勢必弱則爲患微矣。孰與歸其府藏，續其斷臂哉！今置校尉以扞撫西域，設長史以招懷諸國，若棄而不立，則西域望絶。望絶之後，屈就北虜，緣邊之郡將受困害，恐河西城門必復有晝閉之儆矣。今不廓開朝廷之德，而拘屯戍之費，若北虜遂熾，豈安邊久長之策哉！」太尉屬毛軫難曰：「今若置校尉，則西域駱驛遣使，求索無厭，與之則費難供，不與則失其心。一旦爲匈奴所迫，當復求救，則爲役大矣。」勇對曰：「今設以西域歸匈奴，而使其恩德大漢，不爲鈔盜則可矣。如其不然，則因西域租入之饒，兵馬之衆，以擾動緣邊，是爲富仇讎之財，增暴夷之勢也。置校尉者，宣威布德，以繫諸國内向之心，以疑匈奴覬覦之情，而無財費耗國之慮也。且西域之人無它求索，其來入者，不過稟食而已。今若拒絶，執歸北屬，夷虜並力以寇並、凉，則中國之費不止千億。置之誠便。」於是從〔勇〕議，復敦煌郡營兵三百人，置西域副校尉居敦煌。雖復羈縻西域，然亦未能出屯。其後匈奴果數與車師共入寇鈔，河西大被其害。

梁慬傳 論

論曰：時政平則文德用，而武略之士無所奮其力能，故漢世有發憤張膽，争膏身於夷狄以要功名，多矣。祭肜、耿秉啓匈奴之權，班超、梁慬奮西域之略，卒能成功立名，享受爵位，薦功祖廟，勒勳于後，亦一時之志士也。

贊曰：定遠慷慨，專功西遐。坦步葱、雪，咫尺龍沙。慬亦抗憤，勇乃負荷。

楊李翟應霍爰徐列傳

楊終　翟酺　應奉　霍諝　爰延　總論

楊終傳 全

楊終字子山，蜀郡成都人也。年十三，爲郡小吏，太守奇其才，遣詣京師受業，習《春秋》。顯宗時，徵詣蘭臺，拜校書郎。建初元年，大旱穀貴，終以爲廣陵、楚、淮陽、濟南之獄，徙者萬數，又遠屯絶域，吏民怨曠，乃上疏曰：「臣聞『善善及子孫，惡惡止其身』，百王常典，不易之道也。秦政酷烈，違牾天心，一人有罪，延及三族。高祖平亂，約法三章。太宗至仁，除去收孥。萬姓廓然，蒙被更生，澤及昆蟲，功垂萬世。陛下聖明，德被四表。今以比年久旱，災疫未息，躬自菲薄，廣訪失得，三代之隆，無以加焉。臣竊按《春秋》水旱之變，皆應暴急，惠不下流。自永平以來，仍連大獄，有司窮考，轉相牽引，掠拷完〔冤〕濫，家屬徙邊。加以北征匈奴，西開三十六國，頻年服役，轉輸煩費。又遠屯伊吾、樓蘭、車師、戊己，民懷土思，怨結邊域。傳曰：『安土重居，謂之衆庶。』昔殷人近都洛邑，且猶怨望，何況去中土之肥饒，寄不毛之荒極乎？且南方暑濕，障毒互生。愁困之民，足以感動天地，移變陰陽矣。陛下留念省察，以濟元元。」書奏，肅宗下其章。司空第五倫亦同終議。太尉牟融、司徒鮑昱、校書郎班固等難倫，以施行既久，孝子無改父之道，先帝所建，不宜回異。終復上書曰：「秦築長城，功役繁興，胡亥不革，卒亡四海。故孝元棄珠崖之郡，光武絶西域之國，不以介鱗易我衣裳。魯文公毁泉臺，《春秋》譏之曰『先祖爲之而已毁之，不如勿居而已』，以其勿妨害於民也。襄公作三軍，昭公舍之，君子大其復古，以爲不舍則有害於民也。今伊吾之役，樓蘭之屯，久而未還，非天意也。」帝從之，聽還徙者，悉罷邊屯。終又言：「宣帝博徵群儒，論定《五經》於石渠閣。方今天下少事，學者得成其業，而章句之徒，破壞大體。宜如石渠故事，永爲後世則。」於是詔諸儒於白虎觀論考同異焉。會終坐事繫獄，博士趙博、校書郎班固、賈逵等，以終深曉《春秋》，學多異聞，表請之，終又上書自訟，即日貰出，乃得與於白虎觀焉。後受詔删《太史公書》爲十餘萬言。時太后兄衛尉馬廖，謹篤自守，不訓諸子。終與廖交善，以書戒之曰：「終聞堯舜之民，可比屋而封；桀紂之民，可比屋而誅。何者？堯舜爲之隄防，桀紂示之驕奢故也。《詩》曰：『皎皎練絲，在所染之。』上智下愚，謂之不移；中庸之流，要在教化。《春秋》殺太子母弟，直稱君甚惡之者，坐失教也。《禮》制，人君之子年八歲，爲置少傅，教之書計，以開其明；十五置太傅，教之經典，以道其志。漢興，諸侯王不力教誨，多觸禁忌，故有亡國之禍，而乏嘉善之稱。今君位地尊重，海内所望，豈可不臨深履薄，以爲至戒！黄門郎年幼，血氣方盛，既無長君退讓之風，而要結輕狡無行之客，縱而莫誨，視成任性，鑒念前世，可爲寒心。君侯誠宜以臨深履薄爲戒。」廖不納。子豫後坐縣書誹謗，廖以就國。終兄鳳爲郡吏，太守廉范爲州所考，遣鳳候終，終爲范游説，坐徙北地。帝東巡狩，鳳皇黄龍並集，終贊頌嘉瑞，上述祖宗鴻業，凡十五章。奏上，詔貰還故郡。著《春秋外傳》十二篇，改定章句十五萬言。永元十二年，徵拜郎中，以病卒。

翟酺傳 諫用貴戚書

翟酺字子超，廣漢雒人也。四世傳《詩》。酺好《老子》，尤善圖緯、天文、曆算。以報舅讎，當徙日南，亡於長安，爲卜相工，後牧羊涼州。遇赦還，仕郡，徵拜議郎，遷侍中。時尚書有缺，詔將大夫六百石以上試對政事、天文、道術，以高第者補之。酺自恃能高，而忌故太史令孫懿，恐其先用，乃往候懿。既坐，言無所及，唯涕泣流連。懿怪而問之，酺曰：「圖書有漢賊孫登，將以才智爲中官所害。觀君表相，似當應之。酺受恩接，悽愴君之禍耳！」懿憂懼，移病不試。由是酺對第一，拜尚書。時安帝始親政事，追感祖母宋貴人，悉封其家。又元舅耿寶及皇后兄弟閻顯等並用威權。酺上疏諫曰：「臣聞微子佯狂而去殷，叔孫通背秦而歸漢，彼非自疏其君，時不可也。臣荷殊絶之恩，蒙值不諱之政，豈敢雷同受寵，而以戴天履地。伏惟陛下應天履祚，歷值中興，當建太平之功，而未聞致化之道。蓋遠者難明，請以近事徵之。昔竇、鄧之寵，傾動四方，兼官重紱，盈金積貨，至使議弄神器，改更社稷。豈不以勢尊威廣，以致斯患乎？及其破壞，頭顙墮地，願爲孤豚，豈可得哉！夫致貴無漸失必暴，受爵非道殃必疾。今外戚寵幸，功均造化，漢元以來，未有等比。陛下誠仁恩周洽，以親九族。然禄去公室，政移私門，覆車重尋，寧無摧折。而朝臣在位，莫肯正議，翕翕訿訿，更相佐附。臣恐威權外假，歸之良難，虎翼一奮，卒不可制。故孔子曰『吐珠於澤，誰能不含』；老子稱『國之利器，不可以示人』。此最安危之極戒，社稷之深計也。夫儉德之恭，政存約節。故文帝愛百金於露臺，飾帷帳於皁囊。或有譏其儉者，上曰：『朕爲天下守財耳，豈得妄用之哉！』至倉穀腐而不可食，錢貫朽而不可校。今自初政已來，日月未久，費用賞賜已不可算。斂天下之財，積無功之家，帑藏單盡，民物雕傷，卒有不虞，復當重賦百姓，怨叛既生，危亂可待也。昔成王之政，周公在前，召公在後，畢公在左，史佚在右，四子挾而維之。目見正容，耳聞正言，一日即位，天下曠然，言其法度素定也。今陛下有成王之尊而無數子之佐，雖欲崇雍熙，致太平，其可得乎？自去年已來，灾譴頻數，地坼天崩，高岸爲谷。修身恐懼，則轉禍爲福；輕慢天戒，則其害彌深。願陛下親自勞恤，研精致思，勉求忠貞之臣，誅遠佞諂之黨，損玉堂之盛，尊天爵之重，割情欲之歡，罷宴私之好。帝王圖籍，陳列左右，心存亡國所以失之，鑒觀興王所以得之，庶灾害可息，豐年可招矣。」書奏不省，而外戚寵臣咸畏惡之。延光三年，出爲酒泉太守。

應奉傳 子劭

劭字仲遠。少篤學，博覽多聞。靈帝時舉孝廉，辟車騎將軍何苗掾。中平二年，漢陽賊邊章、韓遂與羌胡爲寇，東侵三輔，時遣車騎將軍皇甫嵩西討之。嵩請發烏桓三千人。北軍中候鄒靖上言：「烏桓衆弱，宜開募鮮卑。」事下四府，大將軍掾韓卓議，以爲「烏桓兵寡，而與鮮卑世爲仇敵，若烏桓被發，則鮮卑必襲其家。烏桓聞之，當復棄軍還救。非唯無益於實，乃更沮三軍之情。鄒靖居近邊塞，究其態詐。若令靖募鮮卑輕騎五千，必有破敵之效」。劭駁之曰：「鮮卑隔在漠北，犬羊爲群，無君長之帥，廬落之居，而天性貪暴，不拘信義，故數犯障塞，且無寧歲。唯至互市，乃來靡服。苟欲中國珍貨，非爲畏威懷德。計獲事足，旋踵爲害。是以朝家外而不內，蓋爲此也。往者匈奴反叛，度遼將軍馬續、烏桓校尉王元發鮮卑五千餘騎，又武威太守趙冲亦率鮮卑征討叛羌。斬獲醜虜，既不足言，而鮮卑越溢，多爲不法。裁以軍令，則忿戾作亂；制御小緩，則陸掠殘害。劫居人，鈔商旅，噉人牛羊，略人兵馬。得賞既多，不肯去，復欲以物買鐵。邊將不聽，便取縑帛聚欲燒之。邊將恐怖，畏其反叛，辭謝撫順，無敢拒違。今狡寇未殄，而羌爲巨害，如或致悔，其可追乎！臣愚以爲可募隴西羌胡守善不叛者，簡其精勇，多其牢賞。太守李參沈靜有謀，必能獎厲得其死力。當思漸消之略，不可倉卒望也。」韓卓復與劭相難反覆。於是詔百官大會朝堂，皆從劭議。三年，舉高第，再遷。六年，拜太山太守。初平二年，黄巾三十萬衆入郡界。劭糾率文武連與賊戰，前後斬首數千級，獲生口老弱萬餘人，輜重二千兩，賊皆退却，郡内以安。興平元年，前太尉曹嵩及子德從琅邪入太山，劭遣兵迎之，未到，而徐州牧陶謙素怨嵩子操數擊之，乃使輕騎追嵩、德，並殺之於郡界。劭畏操誅，棄郡奔冀州牧袁紹。初，安帝時河間人尹次、潁川人史玉皆坐殺人當死，次兄初及玉母軍並詣官曹求代其命，因縊而物故。尚書陳忠以罪疑從輕，議活次、玉。劭後追駮之，據正典刑，有可存者。其議曰：「《尚書》稱『天秩有禮，五服五章哉。天討有罪，五刑五用哉』。而孫卿亦云『凡制刑之本，將以禁暴惡，且懲其末也。凡爵列、官秩、賞慶、刑威，皆以類相從，使當其實也』。若德不副位，能不稱官，賞不酬功，刑不應罪，不祥莫大焉。殺人者死，傷人者刑，此百王之定制，有法之成科。高祖入關，雖尚約法，然殺人者死，亦無寬降。夫時化則刑重，時亂則刑輕。《書》曰『刑罰時輕時重』，此之謂也。今次、玉公以清時釋其私憾，阻兵安忍，僵屍道路。朝恩在寬，幸至冬獄，而初、軍愚狷，妄自投斃。昔召忽親死子糾之難，而孔子曰『經於溝瀆，人莫之知』。朝氏之父非錯刻峻，遂能自隕其命，班固亦云『不知趙母指括以全其宗』。傳曰『僕妾感慨而致死者，非能義勇，顧無慮耳』。夫刑罰威獄，以類天之震燿殺戮也；温慈和惠，以放天之生殖長育也。是故春一草枯則爲灾，秋一木華亦爲異。今殺無罪之初、軍，而活當死之次、玉，其爲枯華，不亦然乎？陳忠不詳制刑之本，而信一時之仁，遂廣引八議求生之端。夫親故賢能功貴勤賓，豈有次、玉當罪之科哉？若乃小大以情，原心定罪，此爲求生，非謂代死可以生也。敗法亂政，悔其可追。」劭凡爲駁議三十篇，皆此類也。又删定律令爲《漢儀》，建安元年乃奏之。曰：「夫國之大事，莫尚載籍。載籍也者，决嫌疑，明是非，賞刑之宜，允獲厥中，俾後之人永爲監焉。故膠東相董仲舒老病致仕，朝廷每有政議，數遣廷尉張湯親至陋巷，問其得失。於是作《春秋决獄》二百三十二事，動以經對，言之詳矣。逆臣董卓，蕩覆王室，典憲焚燎，靡有孑遺，開辟以來，莫或茲酷。今大駕東邁，巡省許都，拔出險難，其命惟新。臣累世受恩，榮祚豐衍，竊不自揆，貪少云補，輒撰具《律本章句》、《尚書舊事》、《廷尉板令》、《决事比例》、《司徒都目》、《五曹詔書》及《春秋斷獄》凡二百五十篇。蠲去復重，爲之節文。又集駁議三十篇，以類相從，凡八十二事。其見《漢書》二十五，《漢記》四，皆删叙潤色，以全本體。其二十六，博採古今瓌瑋之士，文章焕炳，德義可觀。其二十七，臣所創造。豈繄自謂必合道衷，心焉憤邑，聊以藉手。昔鄭人以乾鼠爲璞，鬻之於周；宋愚夫亦寶燕石，緹緭十重。夫睹之者掩口盧胡而笑，斯文之族，無乃類旃。《左氏》實云雖有姬姜絲麻，不棄憔悴菅蒯，蓋所以代匱也。是用敢露頑才，厠于明哲之末。雖未足綱紀國體，宣洽時雍，庶幾觀察，增闡聖聽。惟因萬機之餘暇，游意省覽焉。」獻帝善之。二年，詔拜劭爲袁紹軍謀校尉。時始遷都於許，舊章堙没，書記罕存。劭慨然嘆息，乃綴集所聞，著《漢官禮儀故事》，凡朝廷制度，百官典式，多劭所立。初，父奉爲司隸時，並下諸官府郡國，各上前人像贊。劭乃連綴其名，録爲《狀人紀》。又論當時行事，著《中漢輯序》。撰《風俗通》，以辯物類名號，釋時俗嫌疑。文雖不典，後世服其洽聞。凡所著述百三十六篇。又集解《漢書》，皆傳于時。後卒于鄴。弟子瑒、璩，並以文才稱。中興初，有應嫗者，生四子而寡。見神光照社，試探之，乃得黄金。自是諸子宦學，並有才名，至瑒七世通顯。

霍諝傳 節

霍諝字叔智，魏郡鄴人也。少爲諸生，明經。有人誣諝舅宋光於大將軍梁商者，以爲妄刊章文，坐繫洛陽詔獄，掠考困極。諝時年十五，奏記於商曰：「將軍天覆厚恩，愍舅光寃結，前者温教許爲平議，雖未下吏斷決其事，已蒙神明顧省之聽。皇天后土，實聞德音。竊獨踴躍，私自慶幸。諝聞《春秋》之義，原情定過，赦事誅意，故許止雖弑君而不罪，趙盾以縱賊而見書。此仲尼所以垂王法，漢世所宜遵前修也。傳曰：『人心不同，譬若其面。』斯蓋謂大小窳隆醜美之形，至於鼻目衆竅毛髮之狀，未有不然者也。情之異者，剛柔舒急倨敬之間。至於趨利避害，畏死樂生，亦復均也。諝與光骨肉，義有相隱，言其寃濫，未必可諒，且以人情平論其理。光衣冠子孫，徑路平易，位極州郡，日望徵辟，亦無瑕穢纖介之累，無故刊定詔書，欲以何名？就有所疑，當求其便安，豈有觸冒死禍，以解細微？譬猶療飢於附子，止渴於酖毒，未入腸胃，已絶咽喉，豈可爲哉！昔東海孝婦見枉不辜，幽靈感革，天應枯旱。光之所坐，情既可原，守闕連年，而終不見理。呼嗟紫宫之門，泣血兩觀之下，傷和致灾，爲害滋甚。凡事更赦令，不應復案。夫以罪刑明白，尚蒙天恩，豈有寃謗無徵，反不得理？是爲刑宥正罪，戮加誣侵也。不偏不黨，其若是乎？明將軍德盛位尊，人臣無二，言行動天地，舉厝移陰陽，誠能留神，沛然曉察，必有于公高門之福，和氣立應，天下幸甚。」商高諝才志，即爲奏原光罪，由是顯名。

爰延傳 全

爰延字季平，陳留外黄人也。清苦好學，能通經教授。性質慤，少言辭。縣令隴西牛述好士知人，乃禮請延爲廷掾，范丹爲功曹，濮陽潛爲主簿，常共言談而已。後令史昭以爲鄉嗇夫，仁化大行，人但聞嗇夫，不知郡縣。在事二年，州府禮請，不就。桓帝時徵博士，太尉楊秉等舉賢良方正，再遷爲侍中。帝游上林苑，從容問延曰：「朕何如主也？」對曰：「陛下爲漢中主。」帝曰：「何以言之？」對曰：「尚書令陳蕃任事則化，中常侍黄門豫政則亂，是以知陛下可與爲善，可與爲非。」帝曰：「昔朱雲廷折欄檻，今侍中面稱朕違，敬聞闕矣。」拜五官中郎將，轉長水校尉，遷魏郡太守，徵拜大鴻臚。帝以延儒生，常特宴見。時太史令上言客星經帝坐，帝密以問延。延因上封事曰：「臣聞天子尊無爲上，故天以爲子，位臨臣庶，威重四海。動静以理，則星辰順序，意有邪僻，則晷度錯違。陛下以河南尹鄧萬有龍潛之舊，封爲通侯，恩重公卿，惠豐宗室。加頃引見，與之對博，上下媟黷，有虧尊嚴。臣聞之，帝左右者，所以咨政德也。故周公戒成王曰『其朋其朋』，言慎所與也。昔宋閔公與强臣共博，列婦人於側，積此無禮，以致大灾。武帝與幸臣李延年、韓嫣同卧起，尊爵重賜，情欲無猒，遂生驕淫之心，行不義之事，卒延年被戮，嫣伏其辜。夫愛之則不覺其過，惡之則不知其善，所以事多放濫，物情生怨。故王者賞人必酬其功，爵人必甄其德。善人同處，則日聞嘉訓；惡人從游，則日生邪情。孔子曰：『益者三友，損者三友。』邪臣惑君，亂妾危主，以非所言則悦於耳，以非所行則玩於目，故令人君不能遠之。仲尼曰：『唯女子與小人爲難養，近之則不遜，遠之則怨。』蓋聖人之明戒也！昔光武皇帝與嚴光俱寢，上天之異，其夕即見。夫以光武之聖德，嚴光之高賢，君臣合道，尚降此變，豈况陛下今所親幸，以賤爲貴，以卑爲尊哉！惟陛下遠讒諛之人，納謇謇之士，除左右之權，寤宦官之敝。使積善日熙，佞惡消殄，則乾灾可除。」帝省其奏。因以病自上，乞骸骨還家。靈帝復特徵，不行，病卒。子驥，白馬令，亦稱善士。

論曰：孫懿以高明見忌，而受欺於陰計；翟酺資譎數取通，而終之以謇諫。豈性智自有周偏，先後之要殊度乎？應氏七世才聞，而奉、劭采章爲盛。及撰著篇籍，甄紀異知，雖云小道，亦有可觀者焉。延、璆應對辯正，而不犯陵上之尤，斯固辭之不可以已也。

王充王符仲長統列傳 仲長統

仲長統傳

仲長統字公理，山陽高平人也。少好學，博涉書記，贍於文辭。年二十餘，游學青、徐、並、冀之間，與交友者多異之。並州刺史高幹，袁紹甥也，素貴有名，招致四方游士，士多歸附。統過幹，幹善待遇，訪以當時之事。統謂幹曰：「君有雄志而無雄才，好士而不能擇人，所以爲君深戒也。」幹雅自多，不納其言，統遂去之。無幾，幹以並州叛，卒至於敗。並、冀之士皆以是異統。統性俶儻，敢直言，不矜小節，默語無常，時人或謂之狂生。每州郡命召，輒稱疾不就。常以爲凡游帝王者，欲以立身揚名耳，而名不常存，人生易滅，優游偃仰，可以自娛，欲卜居清曠，以樂其志，論之曰：「使居有良田廣宅，背山臨流，溝池環帀，竹木周布，場圃築前，果園樹後。舟車足以代步涉之難〔艱〕，使令足以息四體之役。養親有兼珍之膳，妻孥無苦身之勞。良朋萃止，則陳酒肴以娛之；嘉時吉日，則亨羔豚以奉之。躕躇畦苑，游戲平林，濯清水，追凉風，釣游鯉，弋高鴻。諷於舞雩之下，詠歸高堂之上。安神閨房，思老氏之玄虛；呼吸精和，求至人之彷彿。與達者數子，論道講書，俯仰二儀，錯綜人物。彈《南風》之雅操，發清商之妙曲。逍遥一世之上，睥睨天地之間。不受當時之責，永保性命之期。如是，則可以陵霄漢，出宇宙之外矣。豈羨夫入帝王之門哉！」又作詩二篇，以見其志。辭曰：「飛鳥遺跡，蟬蜕亡殼。騰蛇棄鱗，神龍喪角。至人能變，達士拔俗。乘雲無轡，騁風無足。垂露成幃，張霄成幄。沆瀣當餐，九陽代燭。恒星豔珠，朝露潤玉。六合之内，恣心所欲。人事可遺，何爲局促?」「大道雖夷,見幾者寡。任意無非,適物無可。古來繞繞,委曲如瑣。百慮何爲,至要在我。寄愁天上,埋憂地下。叛散《五經》,滅棄《風》、《雅》。百家雜碎,請用從火。抗志山栖,游心海左。元氣爲舟,微風爲柁。敖翔太清,縱意容冶。」尚書令荀彧聞統名,奇之,舉爲尚書郎。後參丞相曹操軍事。每討〔論〕説古今及時俗行事,恒發憤嘆息。因著論名曰《昌言》,凡三十四篇,十餘萬言。獻帝遜位之歲,統卒,時年四十一。

論曰:百家之言政者尚矣。大略歸乎寧固根柢,革易時敝也。夫遭運無常,意見偏雜,故是非之論,紛然相乖。嘗試妄論之,以爲世非胥、庭,人乖鷇飲,化迹萬肇,情故萌生。雖周物之智,不能研其推變;山川之奥,未足况其紆險。則應俗適事,難以常條。如使用審其道,則殊塗同會;才爽其分,則一毫以乖。何以言之?若夫玄聖御世,則天同極,施舍之道,宜無殊典。而損益異運,文朴遞行。用明居晦,回穴於曩時;與戈陳俎,參差於上世。及至戴黄屋,服絺衣,豐薄不齊,而致化則一;亦有宥公族,黥國儲,寬慘巨隔,而防非必同。此其分波而共源,百慮而一致者也。若乃偏情矯用,則枉直必過。故葛屨履霜,敝由崇儉;楚楚衣服,戒在窮賒;疏禁厚下,以尾大陵弱;斂威峻罰,以苛薄分崩。斯曹、魏之刺,所以明乎國風;周、秦末軌,所以彰於微滅。故用舍之端,興敗資焉。是以繁簡唯時,寬猛相濟。刑書鐫鼎,事有可詳;三章在令,取貴能約。太叔致猛政之褒,國子流遺愛之涕,宣孟改冬日之和,平陽循畫一之法。斯實弛張之弘致,可以徵其統乎!數子之言當世失得皆究矣,然多謬通方之訓,好申一隅之説。貴清静者,以席上爲腐議;束名實者,以柱下爲誕辭。或推前王之風,可行於當年;有引救敝之規,宜流於長世。稽之篤論,將爲敝矣。如以舟無推陸之分,瑟非常調之音,不限局以疑遠,不拘玄以妨素,則化樞各管其極,理略可得而言與?

贊曰:管視好偏,群言難一。救朴雖文,矯遲必疾。舉端自理,滯隅則失。詳觀時蠹,成昭政術。

後漢書纂卷之八

宋　順陽　范　曄　譔
明　吴興　凌濛初　纂

孝明八王列傳　梁節王　總論

梁節王暢傳　節

暢性聰慧，然少貴驕，頗不遵法度。歸國後，數有惡夢，從官卞忌自言能使六丁，善占夢，暢數使卜筮。又暢乳母王禮等，因此自言能見鬼神事，遂共占氣，祠祭求福。忌等諂媚，云神言王當爲天子。暢心喜，與相應答。永元五年，豫州刺史梁相舉奏暢不道，考訊，辭不服。有司請徵暢詣廷尉詔獄，和帝不許。有司重奏除暢國，徙九真，帝不忍，但削成武、單父二縣。暢慚懼，上疏辭謝曰：「臣天性狂愚，生在深宫，長養傅母之手，信惑左右之言。及至歸國，不知防禁。從官侍史利臣財物，熒惑臣暢。臣暢無所昭見，與相然諾，不自知陷死罪，以至考案。肌慄心悸，自悔無所復及。自謂當即時伏顯誅，魂魄去身，分歸黄泉。不意陛下聖德，枉法曲平，不聽有司，横貸赦臣。戰慄連月，未敢自安。上念以負先帝而令陛下爲臣收污天下，誠無氣以息，筋骨不相連。臣暢知大貸不可再得，自誓束身約妻子，不敢復出入失繩墨，不敢復有所横費。租入有餘，乞裁食睢陽、穀孰、虞、蒙、寧陵五縣，還餘所食四縣。臣暢小妻三十七人，其無子者願還本家。自選擇謹敕奴婢二百人，其餘所受虎賁、官騎及諸工技、鼓吹、倉頭、奴婢、兵弩、厩馬皆上還本署。臣暢以骨肉近親，亂聖化，污清流，既得生活，誠無心面目以凶惡復居大宫，食大國，張官屬，藏什物。願陛下加大恩，開臣自悔之門，假臣遷善之路，令天下知臣蒙恩，得去死就生，頗能自悔。臣以公卿所奏臣罪惡詔書常置於前，晝夜誦讀。臣小人，貪見明時，不能即時自引，惟陛下哀臣，令得喘息漏刻。若不聽許，臣實無顔以久生，下入黄泉，無以見先帝。此誠臣至心。臣欲多還所受，恐天恩不聽許，節量所留，於臣暢饒足。」詔報曰：「朕惟王至親之屬，淳淑之美，傅相不良，不能防邪，至令有司紛紛有言。今王深思悔過，端自克責，朕惻然傷之。志匪由于，咎在彼小子。一日克己復禮，天下歸仁。王其安心静意，茂率休德。《易》不云乎：『一謙而四益。』小有言，終吉。』强食自愛。」暢固讓，章數上，卒不許。立二十七年薨。

論曰：晏子稱「夫人生厚而用利，於是乎正德以幅之，謂之幅利」。言人情須節以正其德，亦由布帛須幅以成其度焉。明帝封諸子，租歲不過二千萬，馬后爲言而不得也。賢哉！豈徒儉約而已乎！知驕貴之無猒，嗜欲之難極也，故東京諸侯鮮有至於禍敗者也。

李陳龐陳橋列傳　龐參　陳龜　橋玄　總論

龐參傳　全

龐參字仲達，河南緱氏人也。初仕郡，未知名，河南尹龐奮見而奇之，舉爲孝廉，拜左校令。坐法輸作若盧。永初元年，凉州先零種羌反畔，遣車騎將軍鄧騭討之。參於徒中使其子俊上書曰：「方今西州流民擾動，而徵發不絶，水潦不休，地方〔力〕不復。重之以大軍，疲之以遠戍，農功消於轉運，資財竭於徵發。田疇不得墾闢，禾稼不得收拾〔入〕，搏手困窮，無望來秋。百姓力屈，不復堪命。臣愚以爲萬里運糧，遠就羌戎，不若總兵養衆，以待其疲。車騎將軍騭宜且振旅，留征西校尉任尚使督凉州士民，轉居三輔。休徭役以助其時，止煩賦以益其財，令男得耕種，女得織紝，然後畜精鋭，乘懈沮，出其不意，攻其不備，則邊人之仇報，奔北之耻雪矣。」書奏，會御史中丞樊準上疏薦參曰：「臣聞鷙鳥累百，不如一鶚。昔孝文皇帝悟馮唐之言，而赦魏尚之罪，使爲邊守，匈奴不敢南向。夫以一臣之身，折方面之難者，選用得也。臣伏見故左校令河南龐參，勇謀不測，卓爾奇偉，高才武略，有魏尚之風。前坐微法，輸作經時。今羌戎爲患，大軍西屯，臣以爲如參之人，宜在行伍。惟明詔採前世之舉，觀魏尚之功，免赦參刑，以爲軍鋒，必有成効，宣助國威。」鄧太后納其言，即擢參於徒中，召拜謁者，使西督三輔諸軍屯，而徵鄧騭還。四年，羌寇轉盛，兵費日廣，且連年不登，穀石萬餘。參奏記於鄧騭曰：「比年羌寇特困隴右，供徭賦役爲損日滋，官負人責數十億萬。今復募發百姓，調取穀帛，衒賣什物，以應吏求。外傷羌虜，内困徵賦。遂乃千里轉糧，遠給武都西郡。塗路傾阻，難勞百端，疾行則鈔暴爲害，遲進則穀食稍損，運糧散於曠野，牛馬死於山澤。縣官不足，輒貸於民。民已窮矣，將從誰求？名救金城，而實困三輔。三輔既困，還復爲金城之禍矣。參前數言宜棄西域，乃爲西州士大夫所笑。今苟貪不毛之地，營恤不使之民，暴軍伊吾之野，以慮三族之外，果破凉州，禍亂至今。夫拓境不寧，無益於强；多田不耕，何救飢敝！故善爲國者，務懷其内，不求外利；務富其民，不貪廣土。三輔山原曠遠，民庶稀疏，故縣丘城，可居者多。今宜徙邊郡不能自存者，入居諸陵，田戍故縣。孤城絶郡，以權徙之；轉運遠費，聚而近之；徭役煩數，休而息之。此善之善者也。」騭及公卿以國用不足，欲從參議，衆多不同，乃止。拜參爲漢陽太守。郡人任棠者，有奇節，隱居教授。參到，先候之。棠不與言，但以薤一大本，水一盂，置户屏前，自抱孫兒伏於户下。主簿白以爲倨。參思其微意，良久曰：「棠是欲曉太守也。水者，欲吾清也。拔大本薤者，欲吾擊强宗也。抱兒當户，欲吾開門恤孤也。」於是嘆息而還。參在職，果能抑强助弱，以惠政得民。元初元年，遷護羌校尉，畔羌懷其恩信。明年，燒當羌種號多等皆降，始復得還都令居，通河西路。時先零羌豪僭號北地，詔參將降羌及湟中義從胡七千人，與行征西將軍司馬鈞期會北地擊之。參於道爲羌所敗。既已失期，乃稱病引兵還，坐以詐疾徵下獄。校書郎中馬融上書請之曰：「伏見西戎反畔，寇鈔五州，陛下愍百姓之傷痍，哀黎元之失業，單竭府庫以奉軍師。昔周宣獫狁侵鎬及方，孝文匈奴亦略上郡，而宣王立中興之功，文帝建太宗之號。非惟兩主有明叡之姿，抑亦扞城有虓虎之助，是以南仲赫赫，列在《周詩》，亞夫赳赳，載於漢策。竊見前護羌校尉龐參，文武昭備，智略弘遠，既有義勇果毅之節，兼以博雅深謀之姿。又度遼將軍梁慬，前統西域，勤苦數年，還留三輔，功效克立，間在北邊，單于降服。今皆幽囚，陷於法網。昔荀林父敗績於邲，晉侯使復其位；孟明視喪師於崤，秦伯不替其官。故晉景並赤狄之土，秦穆遂霸西戎。宜遠覽二君，使參、慬得在寬宥之科，誠有益於折衝，毗佐於聖化。」書奏，赦參等。後以參爲遼東太守。永建元年，遷度遼將軍。四年，入爲大鴻臚。尚書僕射虞詡薦參有宰相器能，順帝時以爲太尉，録尚書事。是時三公之中，參名忠直，數爲左右所陷毀，以所舉用忤帝旨，司隸承風案之。時當會茂才孝廉，參以被奏，稱疾不得會。上計掾廣漢段恭因會上疏曰：「伏見道路行人，農夫織婦，皆曰『太尉龐參，竭忠盡節，徒以直道不能曲心，孤立群邪之間，自處中傷之地』。臣猶冀在陛下之世，當蒙安全，而復以讒佞傷毀忠正，此天地之大禁，人主之至誡。昔白起賜死，諸侯酌酒相賀；季子來歸，魯人喜其紓難。夫國以賢化，君以忠安。今天下咸欣陛下有此忠賢，願卒寵任，以安社稷。」書奏，詔即遣小黄門視參疾，太醫致羊酒。後參夫人疾前妻子，投於井而殺之。參素與洛陽令祝良不平，良聞之，率吏卒入太尉府案實其事，乃上參罪，遂因灾異策免。有司以良不先聞奏，輒折辱宰相，坐繫詔獄。良能得百姓心，洛陽吏人守闕請代其罪者，日有數千萬人，詔乃原刑。陽嘉四年，復以參爲太尉。永和元年，以久病罷，卒於家。

羌胡寇邊，殺長吏，驅略百姓。桓帝以龜世諳邊俗，拜爲度遼將軍。龜臨行，上疏曰：「臣龜蒙恩累世，馳騁邊垂，雖展鷹犬之用，頓斃胡虜之庭，魂骸不返，薦享狐狸，猶無以塞厚責，答萬分也。臣至頑駑，器無鉛刀一割之用，過受國恩，榮秩兼優，生年死日，永懼不報。臣聞三辰不軌，擢士爲相；蠻夷不恭，拔卒爲將。臣無文武之才，而忝鷹揚之任，上慚聖明，下懼素餐，雖殁軀體，無所云補。今西州邊鄙，土地塉埆，鞍馬爲居，射獵爲業，男寡耕稼之利，女乏機杼之饒，守塞候望，懸命鋒鏑，聞急長驅，去不圖反。自頃年以來，匈奴數攻營郡，殘殺長吏，侮略良細，戰夫身膏沙漠，居人首係馬鞍。或舉國掩户，盡種灰滅。孤兒寡婦，號哭空城，野無青草，室如懸磬。雖含生氣，實同枯朽。往歲并州水雨，灾螟互生，稼穡荒耗，租更空闕。老者慮不終年，少壯懼於困厄。陛下以百姓爲子，品庶以陛下爲父。焉可不日昃勞神，垂撫循之恩哉！唐堯親捨其子以禪虞舜者，是欲民遭聖君，不令遇惡主也。故古公杖策，其民五倍；文王西伯，天下歸之。豈復輿金輦寶，以爲民惠乎！近孝文皇帝感一女子之言，除肉刑之法，體德行仁，爲漢賢主。陛下繼中興之統，承光武之業，臨朝聽政，而未留聖意。且牧守不良，或出中官，懼逆上旨，取過目前。呼嗟之聲，招致灾害，胡虜凶悍，因衰緣隙。而令倉庫單於豺狼之口，功業無銖兩之効，皆由將帥不忠，聚奸所致。前凉州刺史祝良，初除到州，多所糾罰，太守令長，貶黜將半，政未踰時，功効卓然。實應賞異，以勸功能，改任牧守，去斥奸殘。又宜更選匈奴烏桓護羌中郎將校尉，簡練文武，授之法令，除并、凉二州今年租更，寬赦罪隸，埽除更始。則善吏知奉公之祐，惡者覺營私之禍，胡馬可不窺長城，塞下無候望之患矣。」帝覺悟，乃更選幽、并刺史，自營郡太守都尉以下，多所革易，下詔「爲陳將軍除并、凉一年租賦，以賜吏民」。龜既到職，州郡重足震慄，鮮卑不敢近塞，省息經用，歲以億計。

橋玄傳　曹操奠文

初，曹操微時，人莫知者。嘗往候玄，玄見而異焉，謂曰：「今天下將亂，安生民者其在君乎！」操常感其知己。及後經過玄墓，輒凄愴致祭奠。自爲其文曰：「故太尉橋公，懿德高軌，泛愛博容。國念明訓，士思令謨。幽靈潛翳，邈哉緬矣！操以幼年，逮升堂室，特以頑質，見納君子。增榮益觀，皆由獎助。猶仲尼稱不如顏淵，李生厚嘆賈復。士死知己，懷此無忘。又承從容約誓之言：『徂没之後，路有經由，不以斗酒隻鷄過相沃酹，車過三步，腹痛勿怨。』雖臨時戲笑之言，非至親之篤好，胡肯爲此辭哉？懷舊惟顧，念之凄愴。奉命東征，屯次鄉里，北望貴土，乃心陵墓。裁致薄奠，公其享之！」

論曰：任棠、姜岐，世者其清。結甕牖而辭三命，殆漢陽之幽人乎？龐參躬求貢〔賢〕之禮，故民悦其政；橋玄厲邦君之威，而衆失其情。夫豈力不足歟？將有道在焉。如令其道可忘，則强梁勝矣。語曰：「三軍可奪帥，匹夫不可奪志。」子貢曰：「寧喪千金，不失士心。」昔段干木踰牆而避文侯之命，泄柳閉門不納穆公之請。貴必有所屈，賤亦有所伸矣。

崔駰列傳

崔駰傳　全　達旨不載

崔駰字亭伯，涿郡安平人也。高祖父朝，昭帝時爲幽州從事，諫刺史無與燕刺王通。及刺王敗，擢爲侍御史。生子舒，歷四郡太守，所在有能名。舒小子纂，王莽時爲郡文學，以明經徵詣公車。太保甄豐舉爲步兵校尉，纂辭曰：「吾聞伐國不問仁人，戰陳不訪儒士。此舉奚爲至哉！」遂投劾歸。莽嫌諸不附己者，多以法中傷之。時纂兄發以佞巧幸於莽，位至大司空。母師氏能通經學、百家之言，莽寵以殊禮，賜號義成夫人，金印紫綬，文軒丹轂，顯於新世。後以纂爲建新大尹，纂不得已，乃嘆曰：「吾生無妄之世，值澆、羿之君，上有老母，下有兄弟，安得獨潔己而危所生哉？」乃遂單車到官，稱疾不視事，三年不行縣。門下掾倪敞諫，纂乃强起班春。所至之縣，獄犴填滿。纂垂涕曰：「嗟乎！刑罰不中，乃陷人於阱。此皆何罪，而至于是！」遂平理，所出二千餘人。掾吏叩頭諫曰：「朝廷初政，州牧峻刻。宥過申枉，誠仁者之心；然獨爲君子，將有悔乎！」纂曰：「邾文公不以一人易其身，君子謂之知命。如殺一大尹贖二千人，蓋所願也。」遂稱疾去。建武初，朝廷多薦言之者，幽州刺史又舉纂賢良。纂自以宗門受莽僞寵，慚愧漢朝，遂辭歸不仕。客居滎陽，閉門潛思，著《周易林》六十四篇，用决吉凶，多〔所〕占驗。臨終作賦以自悼，名《慰志》。其辭曰：「嘉昔人之遘辰兮，美伊、傅之遌時。應規矩之淑質兮，過班、倕而裁之。協準矱之貞度兮，同斷金之玄策。何天衢於盛世兮，超千載而垂績。豈修德之極致兮，將天祚之攸適？愍余生之不造兮，丁漢氏之中微。氛霓鬱以横厲兮，羲和忽以潛暉。六柄制于家門兮，王綱漼以陵遲。黎、共奮以跋扈兮，羿、浞狂以恣睢。睹嫚臧而乘釁兮，竊神器之萬機。思輔弼以媮存兮，亦號咷以詶咨。嗟三事之我負兮，乃迫余以天威。豈無熊僚之微介兮？悼我生之殲夷。庶明哲之末風兮，懼《大雅》之所譏。遂翕翼以委命兮，受符守乎艮維。恨遭閉而不隱兮，違石門之高蹤。揚蛾眉於復關兮，犯孔戒之冶容。懿氓蚩之悟悔兮，慕白駒之所從。乃稱疾而屢復兮，歷三祀而見許。悠輕舉以遠遁兮，托峻峗以幽處。竫潛思於至賾兮，騁《六經》之奥府。皇再命而紹恤兮，乃云眷乎建武。運欃槍以電掃兮，清六合之土宇。聖德滂以横被兮，黎庶愷以鼓舞。闢四門以博延兮，彼幽牧之我舉。

分畫定而計決兮，豈云賁乎鄙者。遂懸車以縶馬兮，絶時俗之進取。嘆暮春之成服兮，闔衡門以掃軌。聊優游以永日兮，守性命以盡齒。貴啓體之歸全兮，庶不忝乎先子。」篆生毅，以疾隱身不仕。毅生駰，年十三能通《詩》、《易》、《春秋》，博學有偉才，盡通古今訓詁百家之言，善屬文。少游太學，與班固、傅毅同時齊名。常以典籍爲業，未遑仕進之事。時人或譏其太玄静，將以後名失實。駰擬揚雄《解嘲》作《達旨》以答焉。其辭曰云云。元和中，肅宗始修古禮，巡狩方岳。駰上《四巡頌》以稱漢德，辭甚典美，文多故不載。帝雅好文章，自見駰頌後，帝嗟嘆之，謂侍中竇憲曰：「卿寧知崔駰乎？」對曰：「班固數爲臣説之，然未見也。」帝曰：「公愛班固而忽崔駰，此葉公之好龍也。試請見之。」駰由此候憲。憲屣履迎門，笑謂駰曰：「亭伯，吾受詔交公，公何得薄哉？」遂揖入爲上客。居無幾何，帝幸憲第，時駰適在憲所，帝聞而欲召見之。憲諫以爲不宜與白衣會。帝悟曰：「吾能令駰朝夕在傍，何必於此！」適欲官之，會帝崩。竇太后臨朝，憲以重戚出内詔命。駰獻書誡之曰：「駰聞交淺而言深者，愚也；在賤而望貴者，惑也；未信而納忠者，謗也。三者皆所不宜，而或蹈之者，思効其區區，憤盈而不能已也。竊見足下體淳淑之恣，躬高明之量，意美志厲，有上賢之風。駰幸得充下館，列後陳，是以竭其惓惓，敢進一言。傳曰：『生而富者驕，生而貴者傲。』生富貴而能不驕傲者，未之有也。今寵禄初隆，百僚觀行，當堯舜之盛世，處光華之顯時，豈可不庶幾夙夜，以永衆譽，弘申伯之美，致周邵之事乎？語曰：『不患無位，患所以立。』昔馮野王以外戚居位，稱爲賢臣；近陰衛尉克己復禮，終受多福。郯氏之宗，非不尊也；陽侯之族，非不盛也。重侯累將，建天樞，執天柄，其所以獲譏於時，垂愆於後者，何也？蓋在滿而不挹，位有餘而仁不足也。漢興以後，迄于哀、平，外家二十，保族全身，四人而已。《書》曰：『鑒于有殷。』可不慎哉！竇氏之興，肇自孝文。二君以淳淑守道，成名先日；安豐以佐命者著德，顯自中興。内以忠誠自固，外以法度自守，卒享祚國，垂祉於今。夫謙德之光，《周易》所美；滿溢之位，道家所戒。故君子福大而愈懼，爵隆而益恭。遠察近覽，俯仰有則，銘諸几杖，刻諸盤杅。矜矜業業，無殆無荒。如此，則百福是荷，慶流無窮矣。」及憲爲車騎將軍，辟駰爲掾。憲府貴重，掾屬三十人，皆故刺史、二千石，唯駰以處士年少，擢在其間。憲擅權驕恣，駰數諫之。及出擊匈奴，道路愈多不法，駰爲主簿，前後奏記數十，指切長短。憲不能容，稍疏之，因察駰高第，出爲長岑長。駰自以遠去，不得意，遂不之官而歸。永元四年，卒于家。所著詩、賦、銘、頌、書、記、表、《七依》、《婚禮結言》、《達旨》、《酒警》合二十一篇。

周黃徐姜申屠列傳

叙　周燮　黃憲　徐穉　申屠蟠　贊

《易》曰：「君子之道，或出或處，或默或語。」孔子稱「蘧伯玉邦有道則仕，邦無道則可卷而懷也」。然用舍之端，君子之所以存其誠也。故其行也，則濡足蒙垢，出身以効時；及其止也，則窮栖茹菽，藏寶以迷國。太原閔仲叔者，世稱節士，雖周黨之潔清，自以弗及也。黨見其含菽飲水，遺以生蒜，受而不食。建武中，應司徒侯霸之辟。既至，霸不及政事，徒勞苦而已。仲叔恨曰：「始蒙嘉命，且喜且懼；今見明公，喜懼皆去。以仲叔爲不足問邪，不當辟也。辟而不問，是失人也。」遂辭出，投劾而去。復以博士徵，不至。客居安邑。老病家貧，不能得肉，日買猪肝一片，屠者或不肯與，安邑令聞，敕吏常給焉。仲叔怪而問之，知，乃嘆曰：「閔仲叔豈以口腹累安邑邪？」遂去，客沛。以壽終。仲叔同郡荀恁，字君大，少亦修清節。資財千萬，父越卒，悉散與九族。隱居山澤，以求厥志。王莽末，匈奴寇其本縣廣武，聞恁名節，相約不入荀氏閭。光武徵，以病不至。永平初，東平王蒼爲驃騎將軍，開東閣延賢俊，辟而應焉。及後朝會，顯宗戲之曰：「先帝徵君不至，驃騎辟君而來，何也？」對曰：「先帝秉德以惠下，故臣可得不來。驃騎執法以檢下，故臣不敢不至。」後月餘，罷歸，卒於家。桓帝時，安陽人魏桓，字仲英，亦數被徵。其鄉人勸之行。桓曰：「夫干禄求進，所以行其志也。今後宫千數，其可損乎？廄馬萬匹，其可減乎？左右悉權豪，其可去乎？」皆對曰：「不可。」桓乃慨然嘆曰：「使桓生行死歸，於諸子何有哉！」遂隱身不出。若二三子，可謂識去就之槩，候時而處。夫然，豈其枯槁苟而已哉？蓋詭時審己，以成其道焉。余故列其風流，區而載之。

周燮傳 全

周燮字彦祖，汝南安城人，法曹掾燕之後也。燮生而欽頤折頞，醜狀駭人。其母欲去之，其父不聽，曰：「吾聞賢聖多有異貌。興我宗者，乃此兒也。」於是養之。始在髫鬌，而知廉讓；十歲就學，能通《詩》、《論》；及長，專精《禮》、《易》。不讀非聖之書，不修賀問之好。有先人草廬于岡畔，下有陂田，常肆勤以自給。非身所耕漁，則不食也。鄉黨宗族希得見者。舉孝廉、賢良方正，特徵，皆以疾辭。延光二年，安帝以玄纁羔幣聘燮及南陽馮良，二郡各遣丞掾致禮。宗族更勸之曰：「夫修德立行，所以爲國。自先世以來，勳寵相承，君獨何爲守東岡之陂乎？」燮曰：「吾既不能隱處巢穴，追綺季之跡，而猶顯然不遠父母之國，斯固以滑泥揚波，同其流矣。夫修道者，度其時而動。動而不時，焉得亨乎！」因自載到潁川陽城，遣生送敬，遂辭疾而歸。良亦載病到近縣，送禮而還。詔書〔告〕二郡，歲以羊酒養病。

黄憲傳 全　論

黄憲字叔度，汝南慎陽人也。世貧賤，父爲牛醫。潁川荀淑至慎陽，遇憲於逆旅，時年十四，淑竦然異之，揖與語，移日不能去。謂憲曰：「子，吾之師表也。」既而前至袁閎所，未及勞問，逆曰：「子國有顔子，寧識之乎？」閎曰：「見吾叔度邪？」是時，同郡戴良才高倨慠，而見憲未嘗不正容，及歸，罔然若有失也。其母問曰：「汝復從牛醫兒來邪？」對曰：「良不見叔度，不自以爲不及；既睹其人，則瞻之在前，忽焉在後，固難得而測矣。」同郡陳蕃、周舉常相謂曰：「時月之間不見黄生，則鄙吝之萌復存乎心。」及蕃爲三公，臨朝歎曰：「叔度若在，吾不敢先佩印綬矣。」太守王龔在郡，禮進賢達，多所降致，卒不能屈憲。郭林宗少游汝南，先過袁閎，不宿而退；進往從憲，累日方還。或以問林宗。林宗曰：「奉高之器，譬諸泛〔氿〕濫，雖清而易挹。叔度汪汪若千頃陂，澄之不清，淆之不濁，不可量也。」憲初舉孝廉，又辟公府，友人勸其仕，憲亦不拒之，暫到京師而還，竟無所就。年四十八終。天下號曰：「徵君。」

論曰：黄憲言論風旨，無所傳聞，然士君子見之者，靡不服深遠，去玼吝。將以道周性全，無德而稱乎？余曾祖穆侯，以爲憲隤然其處順，淵乎其似道，淺深莫臻其分，清濁未議其方。若及門於孔氏，其殆庶乎！故嘗著論云。

徐穉傳 全

徐穉字孺子，豫章南昌人也。家貧，常自耕稼，非其力不食。恭儉義讓，所居服其德。屢辟公府，不起。時陳蕃爲太守，以禮請署功曹，穉不免之，既謁而退。蕃在郡不接賓客，唯穉來特設一榻，去則縣之。後舉有道，家拜太原太守，皆不就。延熹二年，尚書令陳蕃、僕射胡廣等上疏薦穉等曰：「臣聞善人天地之紀，政之所由也。《詩》云：『思皇多士，生此王國。』天挺俊乂，爲陛下出，當輔弼明時，左右大業者也。伏見處士豫章徐穉、彭城姜肱、汝南袁閎、京兆韋著、潁川李曇，德行純備，著于人聽。若使擢登三事，協亮天工，必能翼宣盛美，增光日月矣。」桓帝乃以安車玄纁，備禮徵之，並不至。帝因問蕃曰：「徐穉、袁閎、韋著孰爲先後？」蕃對曰：「閎生出公族，聞道漸訓。著長於三輔禮義之俗，所謂不扶自直，不鏤自雕。至於穉者，爰自江南卑薄之域，而角立傑出，宜當爲先。」穉嘗爲太尉黄瓊所辟，不就。及瓊卒歸葬，穉乃負糧徒步到江夏赴之，設鷄酒薄祭，哭畢而去，不告姓名。時會者四方名士郭林宗等數十人，聞之，疑其穉也，乃選能言語生茅容輕騎追之。及於塗，容爲設飯，共言稼穡之事。臨訣去，謂容曰：「爲我謝郭林宗，大樹將顛，非一繩所維，何爲栖栖不遑寧處？」及林宗有母憂，穉往弔之，置生芻一束於廬前而去。衆怪，不知其故。林宗曰：「此必南州高士徐孺子也。《詩》不云乎，『生芻一束，其人如玉』。吾無德以堪之。」靈帝初，欲蒲輪聘穉，會卒，時年七十二。

申屠蟠傳　全

申屠蟠字子龍，陳留外黄人也。九歲喪父，哀毁過禮。服除，不進酒肉十餘年。每忌日，輒三日不食。同郡緱氏女玉爲父報讎，殺夫氏之黨，吏執玉以告外黄令梁配，配欲論殺玉。蟠時年十五，爲諸生，進諫曰：「玉之節義，足以感無耻之孫，激忍辱之子。不遭明時，尚當表旌廬墓，况在清聽，而不加哀矜！」配善其言，乃爲讞得減死論。鄉人稱美之。家貧，傭爲漆工。郭林宗見而奇之。同郡蔡邕深重蟠，及被州辟，乃辭讓之曰：「申屠蟠禀氣玄妙，性敏心通，喪親盡禮，幾於毁滅。至行美義，人所鮮能。安貧樂潛，味道守真，不爲燥濕輕重，不爲窮達易節。方之於邕，以齒則長，以德則賢。」後郡召爲主簿，不行。遂隱居精學，博貫《五經》，兼明圖緯。始與濟陰王子居同在太學，子居臨殁，以身托蟠。蟠乃躬推輦車，送喪歸鄉里。遇司隸從事於河鞏之間，從事義之，爲封傳護送，蟠不肯受，投傳於地而去。事畢還學。太尉黄瓊辟，不就。及瓊卒，歸葬江夏，四方名豪會帳下者六七千人，互相談論，莫有及蟠者。唯南郡一生與相酬對，既别，執蟠手曰：「君非聘則徵，如是相見於上京矣。」蟠勃然作色曰：「始吾以子爲可與言也，何意乃相拘教樂貴之徒邪？」因振手而去，不復與言。再舉有道，不就。先是京師游士汝南范滂等非訐朝政，自公卿以下皆折節下之。太學生争慕其風，以爲文學將興，處士復用。蟠獨嘆曰：「昔戰國之世，處士橫議，列國之王，至爲擁篲先驅，卒有阬儒燒書之禍，今之謂矣。」乃絶迹於梁碭之閒，因樹爲屋，自同傭人。居二年，滂等果罹黨錮，或死或刑者數百人，蟠確然免於疑論。後蟠友人陳郡馮雍坐事繫獄，豫州牧黄琬欲殺之。或勸蟠救雍，蟠不肯行，曰：「黄子琰爲吾故邪，未必合罪。如不用吾言，雖往何益！」琬聞之，遂免雍罪。大將軍何進連徵不詣，進必欲致之，使蟠同郡黄忠書勸曰：「前幕府初開，至如先生，特加殊禮，優而不名，申以手筆，設几杖之坐。經過二載，而先生抗志彌高，所尚益固。竊論先生高節有餘，於時則未也。今潁川荀爽載病在道，北海鄭玄北面受署。彼豈樂羈牽哉，知時不可逸豫也。昔人之隱，遭時則放聲滅迹，巢栖茹薇。其不遇也，則裸身大笑，被髮狂歌。今先生處平壤，游人閒，吟典籍，襲衣裳，事異昔人，而欲遠蹈其迹，不亦難乎！孔氏可師，何必首陽。」蟠不答。中平五年，復與爽、玄及潁川韓融、陳紀等十四人並博士徵，不至。明年，董卓廢立，蟠及爽、融、紀等復俱公車徵，唯蟠不到。衆人咸勸之，蟠笑而不應。居無幾，爽等爲卓所脅迫，西都長安，京師擾亂。及大駕西遷，公卿多遇兵飢，室家流散，融等僅以身脱。唯蟠處亂末，終全高志。年七十四，終于家。

贊曰：琛寶可懷，貞期難對。道苟違運，理用同廢。與其遐栖，豈若蒙穢？凄凄碩人，陵阿窮退。韜伏明姿，甘是堙曖。

楊震傳

楊　震　子秉　孫賜　曾孫彪　玄孫修

楊震字伯起，弘農華陰人也。八世祖喜，高祖時有功，封赤泉侯。高祖敞，昭帝時爲丞相，封安平侯。父寶，習《歐陽尚書》。哀、平之世，隱居教授。居攝二年，與兩龔、蔣詡俱徵，遂遁逃，不知所處。光武高其節，建武中，公車特徵，老病不到，卒於家。震少好學，受《歐陽尚書》於太常桓郁，明經博覽，無不窮究。諸儒爲之語曰：「關西夫子楊伯起。」常客居於湖，不答州郡禮命數十年，衆人謂之晚暮，而震志愈篤。後有冠雀銜三鱣魚，飛集講堂前，都講取魚進曰：「蛇鱣者，卿大夫服之象也。數三者，法三台也。先生自此升矣。」年五十，乃始仕州郡。大將軍鄧騭聞其賢而辟之，舉茂才，四遷荆州刺史、東萊太守。當之郡，道經昌邑，故所舉荆州茂才王密爲昌邑令，謁見，至夜懷金十斤以遺震。震曰：「故人知君，君不知故人，何也？」密曰：「暮夜無知者。」震曰：「天知，神知，我知，子知。何謂無知！」密愧而出。後轉涿州太守。性公廉，不受私謁。子孫常蔬食步行，故舊長者或欲令爲開産業，震不肯，曰：「使後世稱爲清白吏子孫，以此遺之，不亦厚乎！」元初四年，徵入爲太僕，遷太常。先是博士選舉多不以實，震舉薦明經名士陳留楊倫等，顯傳學業，諸儒稱之。永寧元年，代劉愷爲司徒。明年，鄧太后崩，内寵始横。安帝乳母王聖，因保養之勤，緣恩放恣；聖子女伯榮出入宫掖，傳通奸賂。震上疏曰：「臣聞政以得賢爲本，理以去穢爲務。是以唐虞俊乂在官，四凶流放，天下咸服，以致雍熙。方今九德未事，嬖倖充庭。阿母王聖出自賤微，得遭千載，奉養聖躬，雖有推燥居濕之勤，前後賞惠，過報勞苦，而無厭之心，不知紀極，外交屬托，擾亂天下，損辱清朝，塵點日月。《書》誡牝鷄牡鳴，《詩》刺哲婦喪國。昔鄭嚴公從母氏之欲，恣驕弟之情，幾至危國，然後加討，《春秋》貶之，以爲失教。夫女子小人，近之喜，遠之怨，實爲難養。《易》曰：『無攸遂，在中饋。』言婦人不得與於政事也。宜速出阿母，令居外舍，斷絶伯榮，莫使往來，令恩德兩隆，上下俱美。惟陛下絶婉孌之私，割不忍之心，留神萬機，誡慎拜爵，減省獻御，損節徵發。令野無《鶴鳴》之嘆，朝無《小明》之悔，《大東》不興於今，『勞止』不怨於下。擬蹤往古，比德哲王，莫不休哉！」奏御，帝以示阿母等，内倖皆懷忿恚。而伯榮驕淫尤甚，與故朝陽侯劉護從兄瓌交通，瓌遂以爲妻，得襲護爵，位至侍中。震深疾之，復詣闕上疏曰：「臣聞高祖與群臣約，非功臣不得封，故經制父死子繼，兄亡弟及，以防篡也。伏見詔書封故朝陽侯劉護再從兄瓌襲護爵爲侯。護同產弟威，今猶見在。臣聞天子專封封有功，諸侯專爵爵有德。今瓌無他功行，但以配阿母女，一時之間，既位侍中，又至封侯，不稽舊制，不合經義，行人諠譁，百姓不安。陛下宜覽鏡既往，順帝之則。」書奏不省。延光二年，代劉愷爲太尉。帝舅大鴻臚耿寶薦中常侍李閏兄於震，震不從。寶乃自往候震曰：「李常侍國家所重，欲令公辟其兄，寶唯傳上意耳。」震曰：「如朝廷欲令三府辟召，故宜有尚書敕。」遂拒不許，寶大恨而去。皇后兄執金吾閻顯亦薦所親厚於震，震又不從。司空劉授聞之，即辟此二人，旬日中皆見拔擢。由是震益見怨。時詔遣使者大爲阿母修第，中常侍樊豐及侍中周廣、謝惲等更相扇動，傾搖朝廷。震復上疏曰：「臣聞古者九年耕必有三年之儲，故堯遭洪水，人無菜色。臣伏念方今灾害發起，彌彌滋甚，百姓空虛，不能自贍。重以螟蝗，羌虜鈔掠，三邊震擾，戰鬥之役至今未息，兵甲軍糧不能復給。大司農帑藏匱乏，殆非社稷安寧之時。伏見詔書爲阿母興起津城門内第舍，合兩爲一，連里竟街，雕修繕飾，窮極巧伎。今盛夏土王，而攻山採石，其大匠左校別部將作合數十處，轉相迫促，爲費巨億。周廣、謝惲兄弟，與國無肺腑枝葉之屬，依倚近倖姧佞之人，與樊豐、王永等分威共權，屬托州郡，傾動大臣。宰司辟召，承望旨意，招來海内貪污之人，受其貨賂，至有臧錮棄世之徒復得顯用。白黑溷淆，清濁同源，天下讙譁，咸曰財貨上流，爲朝結譏。臣聞師言：『上之所取，財盡則怨，力盡則叛。』怨叛之人，不可復使，故曰：『百姓不足，君誰與足？』惟陛下度之。」豐、惲等見震連切諫不從，無所顧忌，遂詐作詔書，調發司農錢穀、大匠見徒材木，各起家舍、園池、廬觀，役費無數。震因地震，復上疏曰：「臣蒙恩備台輔，不能奉宣政化，調和陰陽，去年十一月四日，京師地動。臣聞師言：『地者陰精，當安静承陽。』而今動揺者，陰道盛也。其日戊辰，三者皆土，位在中宫，此中臣近官盛於持權用事之象也。

臣伏惟陛下以邊境未寧，躬自菲薄，宮殿垣屋傾倚，枝柱而已，無所興造，欲令遠近咸知政化之清流，商邑之翼翼也。而親近倖臣，未崇斷金，驕溢踰法，多請徒士，盛修第舍，賣弄威福。道路讙譁，衆所聞見。地動之變，近在城郭，殆爲此發。又冬無宿雪，春節未雨，百僚燋心，而繕修不止，誠致旱之徵也。《書》〔曰〕：『僭恒陽若，臣無作威作福玉食。』唯陛下奮乾剛之德，棄驕奢之臣，以掩訞言之口，奉承皇天之戒，無令威福久移於下。」震前後所上，轉有切至，帝既不平之，而樊豐等皆側目憤怨，俱以其名儒，未敢加害。尋有河間男子趙騰詣闕上書，指陳得失。帝發怒，遂收考詔獄，結以罔上不道。震復上疏救之曰：「臣聞堯舜之世，諫鼓謗木，立之於朝；殷周哲王，小人怨詈，則還自敬德。所以達聰明，開不諱，博採負薪，盡極下情也。今趙騰所坐激訐謗語爲罪，與手刃犯法有差。乞爲虧除，全騰之命，以誘芻蕘輿人之言。」帝不省，騰竟伏尸都市。會三年春，東巡岱宗，樊豐等因乘輿在外，競修第宅，震部掾高舒召大匠令史考校之，得豐等所詐下詔書，具奏，須行還上之。豐等聞，惶怖，會太史言星變逆行，遂共譖震云：「自趙騰死後，深用怨懟；且鄧氏故吏，有恚恨之心。」及車駕行還，便時太學，夜遣使者策收震太尉印綬，於是柴門絶賓客。豐等復惡之，乃請大將軍耿寶奏震大臣不服罪，懷恚望，有詔遣歸本郡。震行至城西夕陽亭，乃慷慨謂其諸子門人曰：「死者士之常分。吾蒙恩居上司，疾奸臣狡猾而不能誅，惡嬖女傾亂而不能禁，何面目復見日月！身死之日，以雜木爲棺，布單被裁足蓋形，勿歸冢次，勿設祭祠。」因飲酖而卒，時年七十餘。弘農太守移良承樊豐等旨，遣吏於陝縣留停震喪，露棺道側，謫震諸子代郵行書，道路皆爲損涕。歲餘，順帝即位，樊豐、周廣等誅死，震門生虞放、陳翼詣闕追訟震事。朝廷咸稱其忠，乃下詔除二子爲郎，贈錢百萬，以禮改葬於華陰潼亭，遠近畢至。先葬十餘日，有大鳥高丈餘，集震喪前，俯仰悲鳴，淚下霑地，葬畢，乃飛去。郡以狀上。時連有灾異，帝感震之枉，乃下詔策曰：「故太尉震，正直是與，俾匡時政，而青蠅點素，同茲在藩。上天降威，灾眚屢作，爾卜爾筮，惟震之故。

朕之不德，用彰厥咎，山崩棟折，我其危哉！今使太守丞以中牢具祠，魂而有靈，儻其歆享。」於是時人立石鳥象於其墓所。震之被譖也，高舒亦得罪，以減死論。及震事顯，舒拜侍御史，至荆州刺史。震五子。長子牧，富波相。牧孫奇，靈帝時爲侍中，帝嘗從容問奇曰：「朕何如桓帝？」對曰：「陛下之於桓帝，亦猶虞舜比德唐堯。」帝不悦曰：「卿强項，真楊震子孫，死後必復致大鳥矣。」出爲汝南太守。帝崩後，復入爲侍中衛尉，從獻帝西遷，有功勤。及李傕脅帝歸其營，奇與黄門侍郎鍾繇誘傕部曲將宋曄、楊昂令反傕，傕由此孤弱，帝乃得東。後從都許，追封奇子亮爲陽成亭侯。震少子奉，奉子敷，篤志博聞，議者以爲能世其家。敷早卒，子衆，亦傳先業，以謁者僕射從獻帝入關，累遷御史中丞。及帝東還，夜走度河，衆率諸官屬步從至太陽，拜侍中。建安二年，追前功封蔣亭侯。

震中子秉。秉字叔節，少傳父業，兼明《京氏易》，博通書傳，常隱居教授。年四十餘，乃應司空辟，拜侍御史，頻出爲豫、荆、徐、兖四州刺史，遷任城相。自爲刺史、二千石，計日受奉，餘禄不入私門。故吏齎錢百萬遺之，閉門不受。以廉潔稱。桓帝即位，以明《尚書》徵入勸講，拜太中大夫、左中郎將，遷侍中、尚書。帝時微行，私過幸河南尹梁胤府舍。是日大風拔樹，晝昏，秉因上疏諫曰：「臣聞瑞由德至，灾應事生。傳曰：『禍福無門，唯人自召。』天不言語，以灾異譴告，是以孔子迅雷風烈必有變動。《詩》云：『敬天之威，不敢驅馳。』王者至尊，出入有常，警蹕而行，静室而止，自非郊廟之事，則鑾旗不駕。故《詩》稱『自郊徂宫』，《易》曰『王假有廟，致孝享也』。諸侯如臣之家，《春秋》尚列其誡，况以先王法服而私出槃游！降亂尊卑，等威無序，侍衛守空宫，紱璽委女妾，設有非常之變，任章之謀，上負先帝，下悔靡及。臣奕世受恩，得備納言，又以薄學，充在講勸，特蒙哀識，見照日月，恩重命輕，義使士死，敢憚摧折，略陳其愚。」帝不納。秉以病乞退，出爲右扶風。太尉黄瓊惜其去朝廷，上秉勸講帷幄，不宜外遷，留拜光禄大夫。是時大將軍梁冀用權，秉稱病。

六年，冀誅後，乃拜太僕，遷太常。延熹三年，白馬令李雲以諫受罪，秉争之不能得，坐免官，歸田里。其年冬，復徵拜河南尹。先是中常侍單超弟匡爲濟陰太守，以臧罪爲刺史第五種所劾，窘急，乃賂客任方刺兗州從事衛羽。事已見《種傳》。及捕得方，因繫洛陽，匡慮秉當窮竟其事，密令方等得突獄亡走。尚書召秉詰責，秉對曰：「《春秋》不誅黎比而魯多盜，方等無狀，釁由單匡。刺執法之吏，害奉公之臣，復令得逃竄，寬縱罪身，元惡大憝，終爲國害，乞檻車徵匡考覈其事，則奸慝蹤緒，必可立得。」而秉竟坐輸作左校，以久旱赦出。會日食，太山太守皇甫規等訟秉忠正，不宜久抑不用。有詔公車徵秉及處士韋著，二人各稱疾不至。有司並劾秉、著大不敬，請下所屬正其罪。尚書令周景與尚書邊韶議奏：「秉儒學侍講，常在謙虚；著隱居行義，以退讓爲節。俱徵不至，誠違側席之望，然逶迤退食，足抑苟進之風。夫明王之世，必有不召之臣，聖朝弘養，宜用優游之禮。可告在所屬，喻以朝廷恩意。如遂不至，詳議其罰。」於是重徵，乃到，拜太常。五年冬，代劉矩爲太尉。是時宦官方熾，任人及子弟爲官，布滿天下，競爲貪淫，朝野嗟怨。秉與司空周景上言：「内外吏職，多非其人，自頃所徵，皆特拜不試，致盗竊縱恣，怨訟紛錯。舊典，中臣子弟不得居位秉勢，而今枝葉賓客布列職署，或年少庸人，典據守宰，上下忿患，四方愁毒。可遵用舊章，退貪殘，塞災謗。請下司隸校尉、中二千石、城門五營校尉、北軍中候，各實覈所部，應當斥罷，自以狀言，三府廉察有遺漏，續上。」帝從之。於是秉條奏牧守以下匈奴中郎將燕瑗、青州刺史羊亮、遼東太守孫諠等五十餘人，或死或免，天下莫不肅然。時郡國計吏多留拜爲郎，秉上言三署見郎七百餘人，帑藏空虚，浮食者衆，而不良守相，欲因國爲池，澆濯釁穢。宜絶横拜，以塞覬覦之端。自此終桓帝世，計吏無復留拜者。七年，南巡園陵，特詔秉從。南陽太守張彪與帝微時有舊恩，以車駕當至，因傍發調，多以入私。秉聞之，下書責讓荆州刺史，以狀副言公府。及行至南陽，左右並通奸利，詔書多所除拜。秉復上疏諫曰：「臣聞先王建國，順天制官。太微積星，名爲郎位，入奉宿衛，出牧百姓。皋陶誡虞，在於官人。頃者道路拜除，恩加豎隸，爵以貨成，化由此敗，所以俗夫巷議，白駒遠逝，穆穆清朝，遠近莫觀。宜割不忍之恩，以斷求欲之路。」於是詔除乃止。時中常侍侯覽弟參爲益州刺史，累有臧罪，暴虐一州。明年，秉劾奏參，檻車徵詣廷尉。參惶恐，道自殺。秉因奏覽及中常侍具瑗曰：「臣案國舊典，宦豎之官，本在給使省闥，司昏守夜，而今猥受過寵，執政操權。其阿諛取容者，則因公褒舉，以報私惠；有忤逆於心者，必求事中傷，肆其凶忿。居法王公，富擬國家，飲食極肴饍，僕妾盈紈素，雖季氏專魯，穰侯擅秦，何以尚茲！案中常侍侯覽弟參，貪殘元惡，自取禍滅，覽固知釁重，必有自疑之意，臣愚以爲不宜復見親近。昔懿公刑邴歜之父，奪閻職之妻，而使二人參乘，卒有竹中之難，《春秋》書之，以爲至戒。蓋鄭詹來而國亂，四佞放而衆服。以此觀之，容可近乎？覽宜急屏斥，投畀有虎。若斯之人，非恩所宥，請免官送歸本郡。」書奏，尚書召對秉掾屬曰：「公府外職，而奏劾近官，經典漢制有故事乎？」秉使對曰：「《春秋》趙鞅以晉陽之甲，逐君側之惡。傳曰：『除君之惡，唯力是視。』鄧通懈慢，申屠嘉召通詰責，文帝從而請之。漢世故事，三公之職無所不統。」尚書不能詰。帝不得已，竟免覽官，而削瑗國。每朝廷有得失，輒盡忠規諫，多見納用。秉性不飲酒，又早喪夫人，遂不復娶，所在以淳白稱。嘗從容言曰：「我有三不惑：酒，色，財也。」八年薨，時年七十四，賜塋陪陵。子賜。

賜字伯獻，少傳家學，篤志博聞。常退居隱約，教授門徒，不荅州郡禮命。後辟大將軍梁冀府，非其好也。出除陳倉令，因病不行。公車徵不至，連辭三公之命。後以司空高第，再遷侍中、越騎校尉。建寧初，靈帝當受學，詔太傅、三公選通《尚書》桓君章句宿有重名者，三公舉賜，乃侍講於華光殿中。遷少府、光祿勳。熹平元年，青蛇見御坐，帝以問賜，賜上封事曰：「臣聞和氣致祥，乖氣致灾，休徵則五福應，咎徵則六極至。夫善不妄來，灾不空發。王者心有所惟，意有所想，雖永形顔色，而五星以之推移，陰陽爲其變度。以此而觀，天之與人，豈不符哉！《尚書》曰：『天齊乎人，假我一日。』是其明徵也。夫皇極不建，則有蛇龍之孽。《詩》云：『惟虺惟蛇，女子之祥。』故《春秋》兩蛇鬥於鄭門，昭公殆以女敗；康王一朝晏起，《關雎》見幾而作。夫女謁行則讒夫昌，讒夫昌則苞苴通，故殷湯以之自戒，終濟亢旱之災。惟陛下思乾剛之道，别内外之宜，崇帝乙之制，受元吉之祉，抑皇甫之權，割豔妻之愛，則蛇變可消，禎祥立應。殷戊（戊）、宋景，其事甚明。」二年，代唐珍爲司空，以災異免。賜復上疏曰：「臣聞天生蒸民，不能自理，故立君長使司牧之，是以唐虞兢兢業業，周文日昃不暇，明慎庶官，俊乂在職，三載考績，以觀厥成。而今所序用無他德，有形勢者，旬日累遷，守真之徒，歷載不轉，勞逸無别，善惡同流，《北山》之詩，所爲訓作。又聞數微行出幸苑囿，觀鷹犬之勢，極槃游之荒，政事日墮，大化陵遲。陛下不顧二祖之勤止，追慕五宗之美蹤，而欲以望太平，是由曲表而欲直景，卻行而求及前人也。宜絶慢慠之戲，念官人之重，割用板之恩，慎貫魚之次，無令醜女有四殆之嘆，遐邇有憤怨之聲。臣受恩偏特，忝任師傅，不敢自同凡臣，括囊避咎。謹自手書密上。」後坐辟黨人免。復拜光禄大夫。光和元年，有虹蜺晝降於嘉德殿前，帝惡之，引賜及議郎蔡邕等入金商門崇德署，使中常侍曹節、王甫問以祥異禍福所在。賜仰天而嘆，謂節等曰：「吾每讀《張禹傳》，未嘗不憤恚嘆息，不能竭忠盡情，極言其要，而反留意少子，乞還女壻。朱游欲得尚方斬馬劍以理之，固其宜也。吾以微薄之學，充先師之末，累世見寵，無以報國。猥當大問，死而後已。」乃書對曰：「臣聞之經傳，或得神以昌，或得神以亡。國家休明，則鑒其德；邪辟昏亂，則視其禍。今殿前之氣，應爲虹蜺，皆妖邪所生，不正之象，詩人所謂蝃蝀者也。於《中孚經》曰：『蜺之比，無德以色親。』方今内多嬖倖，外任小臣，上下並怨，諠譁盈路，是以灾異屢見，前後丁寧。今復投蜺，可謂孰矣。案《春秋讖》曰：『天投蜺，天下怨，海内亂。』加四百之期，亦復垂及。昔虹貫牛山，管仲諫桓公無近妃宮。《易》曰：『天垂象，見吉凶，聖人則之。』今妾媵嬖人閹尹之徒，共專國朝，欺罔日月。又鴻都門下，招會群小，造作賦説，以蟲（蟲）篆小技見寵於時，如驩兜、共工更相薦説，旬月之間，並各拔擢，樂松處常伯，任芝居納言。郤儉、梁鵠俱以便辟之性，佞辯之心，各受豐爵不次之寵，而令搢紳之徒委伏畎畝，口誦堯舜之言，身蹈絶俗之行，棄捐溝壑，不見逮及。冠履倒易，陵谷代處，從小人之邪意，順無知之私欲，不念《板》、《蕩》之作，虺蜴之誡。殆哉之危，莫過於今。幸賴皇天垂象譴告。《周書》曰：『天子見怪則修德，諸侯見怪則修政，卿大夫見怪則修職，士庶人見怪則修身。』唯陛下慎經典之誡，圖變復之道，斥遠佞巧之臣，速徵鶴鳴之士，内親張仲，外任山甫，斷絶尺一，抑止槃游，留思庶政，無敢怠遑。冀上天還威，衆變可弭。老臣過受師傅之任，數蒙寵異之恩，豈敢愛惜垂没之年，而不盡其慺慺之心哉！」書奏，甚忤曹節等。蔡邕坐直對抵罪，徙朔方。賜以師傅之恩，故得免咎。其冬，行辟雍禮，引賜爲三老。復拜少府、光禄勳，代劉郃爲司徒。帝欲造畢圭靈琨苑，賜復上疏諫曰：「竊聞使者並出，規度城南人田，欲以爲苑。昔先王造囿，裁足以修三驅之禮，薪萊芻牧，皆悉往焉。先帝之制，左開鴻池，右作上林，不奢不約，以合禮中。今猥規郊城之地，以爲苑囿，壞沃衍，廢田園，驅居人，畜禽獸，殆非所謂『若保赤子』之義。今城外之苑已有五六，可以逞情意，順四節也，宜惟夏禹卑宫，太宗露臺之意，以尉下民之勞。」書奏，帝欲止，以問侍中任芝、中常侍樂松。松等曰：「昔文王之囿百里，人以爲小；齊宣五里，人以爲大。今與百姓共之，無害於政也。」帝悦，遂令築苑。四年，賜以病罷。居無何，拜太常，詔賜御府衣一襲，自所服冠幘綬，玉壺革帶，金錯鉤佩。五年冬，復拜太尉。中平元年，黄巾賊起，賜被召會議詣省閤，切諫忤旨，因以寇賊免。先是黄巾帥張角等執左道，稱大賢，以誑燿百姓，天下繦負歸之。賜時在司徒，召掾劉陶告曰：「張角等遭赦不悔，而稍益滋蔓，今若下州郡捕討，恐更騷擾，速成其患。且欲切敕刺史、二千石，簡别流人，各護歸本郡，以孤弱其黨，然後誅其渠帥，可不勞而定，何如？」陶對曰：「此孫子所謂不戰而屈人之兵，廟勝之術也。」賜遂上書言之。會去位，事留中。後帝徙南宫，閲録故事，得賜所上張角奏及前侍講注籍，乃感悟，下詔封賜臨晉侯，邑千五百户。初，賜與太尉劉寬、司空張濟並入侍講，自以不宜獨受封賞，上書願分户邑於寬、濟。帝嘉嘆，復封寬及濟子，拜賜尚書令。數日出爲廷尉，賜自以代非法家，言曰：「三后成功，惟殷于民，皋陶不與焉，蓋吝之也。」遂固辭，以特進就第。二年九月，復代張温爲司空。其月薨。天子素服，三日不臨朝，贈東園梓器襚服，賜錢三百萬，繒五百匹。策曰：「故司空臨晉侯賜，華嶽所挺，九德純備，三葉宰相，輔國以忠。朕昔初載，授道帷幄，遂階成勳，以陟大猷。師範之功，昭于内外，庶官之務，勞亦勤止。七在卿校，殊位特進，五登袞職，弭難乂寧。雖受茅土，未荅厥勳，哲人其萎，將誰諮度，朕甚懼焉。禮設殊等，物有服章。今使左中郎將郭儀持節追位特進，贈司空驃騎將軍印綬。」及葬，又使侍御史持節送喪，蘭臺令史十人發羽林騎輕車介士，前後部鼓吹，又敕驃騎將軍官屬司空法駕，送至舊塋。公卿以下會葬。謚文烈侯。及小祥，又會焉。子彪嗣。

彪字文先，少傳家學。初舉孝廉，州舉茂才，辟公府，皆不應。熹平中，以博習舊聞，公車徵拜議郎，遷侍中、京兆尹。光和中，黄門令王甫使門生於郡界辜榷官財物七千餘萬，彪發其奸，言之司隸。司隸校尉陽球因此奏誅甫，天下莫不愜心。徵還爲侍中、五官中郎將，遷潁川、南陽太守，復拜侍中，三遷永樂少府、太僕、衛尉。中平六年，代董卓爲司空，其冬，代黄琬爲司徒。明年，關東兵起，董卓懼，欲遷都以違其難。乃大會公卿議曰：「高祖都關中十有一世，光武宫洛陽，於今亦十世矣。案《石包讖》，宜徙都長安，以應天人之意。」百官無敢言者。彪曰：「移都改制，天下大事，故盤庚五遷，殷民胥怨。昔關中遭王莽變亂，宫室焚蕩，民庶塗炭，百不一在。光武受命，更都洛邑。今天下無虞，百姓樂安，明公建立聖主，光隆漢祚，無故損宗廟，棄園陵，恐百姓驚動，必有糜沸之亂。《石包室讖》，妖邪之書，豈可信用？」卓曰：「關中肥饒，故秦得並吞六國，且隴右材木自出，致之甚易。又杜陵南山下有武帝故瓦陶竈數千所，並功營之，可使一朝而辦。百姓何足與議！若有前却，我以大兵驅之，可令詣滄海。」彪曰：「天下動之至易，安之甚難，惟明公慮焉。」卓作色曰：「公欲沮國計邪？」太尉黄琬曰：「此國之大事，楊公之言得無可思？」卓不答。司空荀爽見卓意壯，恐害彪等，因從容言曰：「相國豈樂此邪？山東兵起，非一日可禁，故當遷以圖之，此秦、漢之勢也。」卓意少解。爽私謂彪曰：「諸君堅争不止，禍必有歸，故吾不爲也。」議罷，卓使司隸校尉宣播以災異奏免琬、彪等，詣闕謝，即拜光禄大夫。十餘日，遷大鴻臚。從入關，轉少府、太常，以病免。復爲京兆尹、光禄勳，再遷光禄大夫。三年秋，代淳于嘉爲司空，以地震免。復拜太常。興平元年，代朱雋爲太尉，録尚書事。及李傕、郭汜之亂，彪盡節衛主，崎嶇危難之間，幾不免於害。語在《董卓傳》。及車駕還洛陽，復守尚書令。建安元年，從東都許。時天子新遷，大會公卿，兖州刺史曹操上殿，見彪色不悦，恐於此圖之，未得宴設，托疾如厠，因出還營。彪以疾罷。時袁術僭亂，操托彪與術婚姻，誣以欲圖廢置，奏收下獄，劾以大逆。將作大匠孔融聞之，不及朝服，往見操曰：「楊公四世清德，海内所瞻。《周書》父子兄弟罪不相及，况以袁氏歸罪楊公。《易》稱『積善餘慶』，徒欺人耳。」操曰：「此國家之意。」融曰：「假使成王殺邵公，周公可得言不知邪？今天下纓緌搢紳，所以瞻仰明公者，以公聰明仁智，輔相漢朝，舉直厝枉，致之雍熙也。今横殺無辜，則海内觀聽，誰不解體！孔融魯國男子，明日便當拂衣而去，不復朝矣。」操不得已，遂理出彪。四年，復拜太常，十年免。十一年，諸以恩澤爲侯者皆奪封。彪見漢祚將終，遂稱脚攣不復行，積十年。後子修爲曹操所殺，操見彪問曰：「公何瘦之甚？」對曰：「愧無日磾先見之明，猶懷老牛舐犢之愛。」操爲之改容。修字德祖，好學，有俊才，爲丞相曹操主簿，用事曹氏。及操自平漢中，欲因討劉備而不得進，欲守之又難爲功，護軍不知進止何依。操於是出教，唯曰「鷄肋」而已。外曹莫能曉，修獨曰：「夫鷄肋，食之則無所得，棄之則如可惜，公歸計決矣。」乃令外白稍嚴，操於此迴師。修之幾決，多有此類。修又常出行，籌操有問外事，乃逆爲答記，敕守舍兒：「若有令出，依次通之。」既而果然。如是者三，操怪其速，使廉之，知狀，於此忌修。且以袁術之甥，慮爲後患，遂因事殺之。修所著賦、頌、碑、讚、詩、哀辭、表、記、書凡十五篇。及魏文帝受禪，欲以彪爲太尉，先遣使示旨。彪辭曰：「彪備漢三公，遭世傾亂，不能有所補益。耄年被病，豈可贊惟新之朝？」遂固辭。乃授光禄大夫，賜几杖衣袍，因朝會引見，令彪著布單衣、鹿皮冠，杖而入，待以賓客之禮。年八十四，黄初六年卒于家。自震至彪，四世太尉，德業相繼，與袁氏俱爲東京名族云。

論曰：孔子稱「危而不持，顛而不扶，則將焉用彼相矣」。誠以負荷之寄，不可以虚冒，崇高之位，憂重責深也。延、光之間，震爲上相，抗直方以臨權枉，先公道而後身名，可謂懷王臣之節，識所任之體矣。遂累葉載德，繼踵宰相。信哉，「積善之家，必有餘慶」。先世韋、平，方之蔑矣。

張王种陳列傳　王龔　种暠

王龔傳　李固救龔書　論　附子暢

龔深疾宦官專權，志在匡正，乃上書極言其狀，請加放斥。諸黄門恐懼，各使賓客誣奏龔罪，順帝命亟自實。前掾李固時爲大將軍梁商從事中郎，乃奏記於商曰：「今日聞下太尉王公敕令自實，未審其事深淺何如。王公束修厲節，敦樂藝文，不求苟得，不爲苟行，但以堅貞之操，違俗失衆，横爲讒佞所構毁，衆人聞知，莫不嘆慄。夫三公尊重，承天象極，未有詣理訴冤之義。纖微感槩，輙引分決，是以舊典不有大罪，不至重問。王公沈静内明，不可加以非理。卒存〔有〕它變，則朝廷獲害賢之名，群臣無救護之節矣。昔絳侯得罪，袁盎解其過，魏尚獲戾，馮唐訴其冤，時君善之，列在書傳。今將軍內倚至尊，外典國柄，言重信著，指撝無違，宜加表救，濟王公之艱難。語曰：『善人在患，飢不及餐。』斯其時也。」商即言之於帝，事乃得釋。

論曰：張晧、王龔，稱爲推士，若其好通汲善，明發升薦，仁人之情也。夫士進則世收其器，賢用則人獻其能。能獻既已厚其功，器收亦理兼天下。其利甚博，而人莫之先，豈同折枝於長者，以不爲爲難乎？昔柳下惠見抑於臧文，淳于長受稱于方進。然則立德者以幽陋好遺，顯登者以貴塗易引。故晨門有抱關之夫，柱下無朱文之軫也。

暢字叔茂。少以清實爲稱，無所交黨。初舉孝廉，辭病不就。大將軍梁商特辟舉茂才，四遷尚書令，出爲齊相。徵拜司隸校尉，轉漁陽太守。所在以嚴明爲稱。坐事免官。是時政事多歸尚書，桓帝特詔三公，令高選庸能。太尉陳蕃薦暢清方公正，有不可犯之色，由是復爲尚書。尋拜南陽太守。前後二千石逼懼帝鄉貴戚，多不稱職。暢深疾之，下車奮厲威猛，其豪黨有釁穢者，莫不糾發。會赦，事得散。暢追恨之，更爲設法，諸受臧二千萬以上不自首實者，盡入財物；若其隱伏，使吏發屋伐樹，堙井夷竈，豪右大震。功曹張敞奏記諫曰：「五教在寬，著之經典。湯去三面，八方歸仁。武王入殷，先去炮烙之刑。高祖鑒秦，唯定三章之法。孝文皇帝感一緹縈，蠲除肉刑。卓茂、文翁、召父之徒，皆疾惡嚴刻，務崇溫厚，仁賢之政，流聞後世。夫明哲之君網漏吞舟之魚，然後三光明於上，人物悅於下。言之若迂，其效甚近。發屋伐樹，將爲嚴烈，雖欲懲惡，難以聞遠。以明府上智之才，日月之曜，敷仁惠之政，則海內改觀，實有折枝之易，而無挾山之難。郡爲舊都侯甸之國，園廟出於章陵，三后生自新野，士女沾教化，黔首仰風流，自中興以來，功臣將相，繼世而隆。愚以爲懇懇用刑，不如行恩；孳孳求奸，未若禮賢。舜舉皋陶，不仁者遠。隨會爲政，晉盜奔秦。虞、芮入境，讓心自生。化人在德，不在用刑。」暢深納敞諫，更崇寬政，慎刑簡罰，教化遂行。郡中豪族多以奢靡相尚，暢常布衣皮褥，車馬羸敗，以矯其敝。同郡劉表時年十七，從暢受學。進諫曰：「夫奢不僭上，儉不逼下，循道行禮，貴處可否之間。蘧伯玉恥獨爲君子。府君不希孔聖之明訓，而慕夷齊之末操，無乃皎然自貴於世乎？」暢曰：「昔公儀休在魯，拔園葵，去織婦；孫叔敖相楚，其子被裘刈薪。夫以約失之鮮矣。聞伯夷之風者，貪夫廉，懦夫有立志。雖以不德，敢慕遺烈。」後徵爲長樂衛尉。建寧元年，遷司空，數月，以水灾策免。明年，卒於家。子謙，爲大將軍何進長史。謙子粲，以文才知名。

种暠傳　舉孝廉一段　附子岱

种暠字景伯，河南洛陽人，仲山甫之後也。父爲定陶令，有財三千萬。父卒，暠悉以賑恤宗族及邑里之貧者。其有進趣名利，皆不與交通。始爲縣門下史。時河南尹田歆外甥王諶，名知人。歆謂之曰：「今當舉六孝廉，多得貴戚書命，不宜相違，欲自用一名士以報國家，爾助我求之。」明日，諶送客於大陽郭，遥見暠，異之。還白歆曰：「爲尹得孝廉矣，近洛陽門下史也。」歆笑曰：「當得山澤隱滯，近〔迺〕洛陽吏邪？」諶曰：「山澤不必有異士，異士不必在山澤。」歆即召暠於庭，辯詰職事。暠辭對有序，歆甚知之，召署主簿，遂舉孝廉，辟太尉府，舉高第。順帝末，爲侍御史。

岱字公祖。好學養志。舉孝廉、茂才，辟公府，皆不就。公車特徵，病卒。初，岱與李固子燮同徵議郎，燮聞岱卒，痛惜甚，乃上書求加禮於岱。曰：「臣聞仁義興則道德昌，道德昌則政化明而萬姓寧。伏見故處士种岱，淳和達理，耽悦《詩》《書》，富貴不能回其慮，萬物不能擾其心。禀命不永，奄然殂殞。若不槃桓難進，等輩皆已公卿矣。昔先賢既没，有加贈之典，《周禮》盛德，有銘誄之文，而岱生無印綬之榮，卒無官謚之號。雖未建忠效用，而爲聖恩所拔，遐邇具瞻，宜有異賞。」朝廷竟不能從。

杜欒劉李劉謝傳

劉陶　李雲　劉瑜　謝弼

劉陶傳 全

劉陶字子奇，一名偉，潁川潁陰人，濟北貞王勃之後。陶爲人居簡，不修小節。所與交友，必也同志。好尚或殊，富貴不求合；情趣苟同，貧賤不易意。同宗劉愷，以雅德知名，獨深器陶。時大將軍梁冀專朝，而桓帝無子，連歲荒飢，災異數見。陶時游太學，乃上疏陳事曰：「臣聞人非天地無以爲生，天地非人無以爲靈，是故帝非人不立，人非帝不寧。夫天之與帝，帝之與人，猶頭之與足，相須而行也。伏惟陛下年隆德茂，中天稱號，襲常存之慶，循不易之制，目不視鳴條之事，耳不聞檀車之聲，天災不有痛於肌膚，震食不即損於聖體，故蔑三光之謬，輕上天之怒。伏念高祖之起，始自布衣，拾暴秦之敝，追亡周之鹿，合散扶傷，克成帝業。功既顯矣，勤亦至矣。流福遺祚，至於陛下。陛下既不能增明烈考之軌，而忽高祖之勤，妄假利器，委授國柄，使群醜刑隸，芟刈小民，雕敝諸夏，虐流遠近，故天降衆異，以戒陛下。陛下不悟，而競令虎豹窟於麑場，豺狼乳於春囿。斯豈唐咨禹、稷，益典朕虞，議物賦土蒸民之意哉？又令牧守長吏，上下交競；封豕長蛇，蠶食天下；貨殖者爲窮冤之魂，貧餒者作饑寒之鬼；高門獲東觀之辜，豐室羅妖叛之罪；死者悲於窀穸，生者戚於朝野：是愚臣所爲咨嗟長懷嘆息者也。且秦之將亡，正諫者誅，諛進者賞，嘉言結於忠舌，國命出於讒口，擅閻樂於咸陽，授趙高以車府。權去己而不知，威離身而不顧。古今一揆，成敗同勢。願陛下遠覽强秦之傾，近察哀、平之變，得失昭然，禍福可見。臣又聞危非仁不扶，亂非智不救，故武丁得傅説，以消鼎雉之災，周宣用申、甫，以濟夷、厲之荒。竊見故冀州刺史南陽朱穆，前烏桓校尉臣同郡李膺，皆履正清平，貞高絶俗。穆前在冀州，奉憲操平，摧破奸黨，掃清萬里。膺歷典牧守，正身率下，及掌戎馬，威揚朔北。斯實中興之良佐，國家之柱臣也。宜還本朝，挾輔王室，上齊七燿，下鎮萬國。臣敢吐不時之義於諱言之朝，猶冰霜見日，必至消滅。臣始悲天下之可悲，今天下亦悲臣之愚惑也。」書奏不省。時有上書言人以貨輕錢薄，故致貧困，宜改鑄大錢。事下四府群僚及太學能言之士。陶上議曰：「聖王承天制物，與人行止，建功則衆悅其事，興戎而師樂其旅。是故靈臺有子來之人，武旅有鳧藻之士，皆舉合時宜，動順人道也。臣伏讀鑄錢之詔，平輕重之議，訪覃幽微，不遺窮賤，是以藿食之人，謬延逮及。蓋以爲當今之憂，不在於貨，在乎民饑。夫生養之道，先食後民，是以先王觀象育物，敬授民時，使男不逋畝，女不下機。故君臣之道行，王路之教通。由是言之，食者乃有國之所寶，生民之至貴也。竊見比年已來，良苗盡於蝗螟之口，杼柚空於公私之求，所急朝夕之餐，所患靡監之事，豈謂錢貨之厚薄，銖兩之輕重哉？就使當今沙礫化爲南金，瓦石變爲和玉，使百姓渴無所飲，飢無所食，雖皇羲之純德，唐虞之文明，猶不能以保蕭牆之内也。蓋民可百年無貨，不可一朝有飢，故食爲至急也。議者不達農殖之本，多言鑄冶之便，或欲因緣行詐，以賈國利。國利將盡，取者争競，造鑄之端於是乎生。蓋萬人鑄之，一人奪之，猶不能給；況今一人鑄之，則萬人奪之乎？雖以陰陽爲炭，萬物爲銅，役不食之民，使不飢之士，猶不能足無猒之求也。夫欲民殷財阜，要在止役禁奪，則百姓不勞而足。陛下聖德，愍海内之憂戚，傷天下之艱難，欲鑄錢齊貨以救其敝，此猶養魚沸鼎之中，栖鳥烈火之上。水木本魚鳥之所生也，用之不時，必至燋爛。願陛下寬鍥薄之禁，後冶鑄之議，聽民庶之謡吟，問路叟之所憂，瞰三光之文耀，視山河之分流。天下之心，國家大事，粲然皆見，無有遺惑者矣。臣嘗誦《詩》，至於鴻雁于野之勞，哀勤百堵之事，每喟爾長懷，中篇而嘆。近聽征夫飢勞之聲，甚於斯歌。是以追悟匹婦吟魯之憂，始於此乎？見白駒之意，屏營傍徨，不能監寐。伏念當今地廣而不得耕，民衆而無所食。群小競進，秉國之位，鷹揚天下，烏鈔求飽，吞肌及骨，並噬無厭。誠恐卒有役夫窮匠，起於板築之間，投斤攘臂，登高遠呼，使愁怨之民，響應雲合，八方分崩，中夏魚潰。雖方尺之錢，何能有救！其危猶舉函牛之鼎，絓纖枯之末，詩人所以眷然顧之，潸焉出涕者也。臣東野狂闇，不達大義，緣廣及之時，對過所問，知必以身脂鼎鑊，爲天下笑。」帝竟不鑄錢。後陶舉孝廉，除順陽長。縣多奸猾，陶到官，宣募吏民有氣力勇猛，能以死易生者，不拘亡命奸臧，於是剽輕劍客之徒過晏等十餘人，皆來應募。陶責其先過，要以後效，使各結所厚少年，得數百人，皆嚴兵待命。於是覆案奸軌，所發若神。以病免，吏民思而歌之曰：「邑然不樂，思我劉君。何時復來，安此下民？」陶明《尚書》、《春秋》，爲之訓詁。推三家《尚書》及古文，是正文字七百餘事，名曰《中文尚書》。頃之，拜侍御史。靈帝宿聞其名，數引納之。時鉅鹿張角僞托大道，妖惑小民，陶與奉車都尉樂松、議郎袁貢連名上疏言之，曰：「聖王以天下耳目爲視聽，故能無不聞見。今張角支黨不可勝計。前司徒楊賜奏下詔書，切敕州郡，護送流民，會賜去位，不復捕録。雖會赦令，而謀不解散。四方私言，云角等竊入京師，覘視朝政，鳥聲獸心，私共鳴呼。州郡忌諱，不欲聞之，但更相告語，莫肯公文。宜下明詔，重募角等，賞以國土。有敢回避，與之同罪。」帝殊不悟，方詔陶次第《春秋》條例。明年，張角反亂，海内鼎沸，帝思陶言，封中陵鄉侯，三遷尚書令。以所舉將爲尚書，難與齊列，乞從冗散，拜侍中。以數切諫，爲權臣所憚，徙爲京兆尹。到職，當出修宫錢直千萬，陶既清貧，而耻以錢買職，稱疾不聽政。帝宿重陶才，原其罪，徵拜諫議大夫。是時天下日危，寇賊方熾，陶憂致崩亂，復上疏曰：「臣聞事之急者不能安言，心之痛者不能緩聲。竊見天下前遇張角之亂，後遭邊章之寇，每聞羽書告急之聲，心灼内熱，四體驚竦。今西羌逆類，私署將帥，皆多段熲時吏，曉習戰陳，識知山川，變詐萬端。臣常懼其輕出河東、馮翊，鈔西軍之後，東之函谷，據厄高望。今果已攻河東，恐遂轉更豕突上京。如是則南道斷絶，車騎之軍孤立，關東破膽，四方動摇，威之不來，叫之不應，雖有田單、陳平之策，計無所用。臣前驛馬上便宜，急絶諸郡賦調，冀尚可安。事付主者，留連至今，莫肯求問。今三郡之民皆以奔亡，南出武關，北徙壺谷，冰解風散，唯恐在後。今其存者尚十三四，軍吏士民悲愁相守，民有百走退死之心，而無一前門生之計。西寇浸前，去營咫尺，胡騎分布，已至諸陵。將軍張温，天性精勇，而主者旦夕迫促，軍無後殿，假令失利，其敗不救。臣自知言數見厭，而言不自裁者，以爲國安則臣蒙其慶，國危則臣亦先亡也。謹復陳當今要急八事，乞須臾之間，深垂納省。」其八事，大較言天下大亂，皆由宦官。宦官事急，共讒陶曰：「前張角事發，詔書示以威恩，自此以來，各各改悔。今者四方安静，而陶疾害聖政，專言妖孽。州郡不上，陶何緣知？疑陶與賊通情。」於是收陶，下黄門北寺獄，掠按日急。陶自知必死，對使者曰：「朝廷前封臣云何？今反受邪譖。恨不與伊、吕同疇，而以三仁爲輩。」遂閉氣而死，天下莫不痛之。陶著書數十萬言，又作《七曜論》、《匡老子》、《反韓非》、《復孟軻》，及上書言當世便事，條教、賦、奏、書、記、辯疑，凡百餘篇。

時司徒東海陳耽，亦以非罪與陶俱死。耽以忠正稱，歷位三司。光和五年，詔公卿以謡言舉刺史、二千石爲民蠹害者。時太尉許馘、司空張濟承望内官，受取貨賂，其宦者子弟賓客，雖貪污穢濁，皆不敢問，而虚糾邊遠小郡清修有惠化者二十六人。吏人詣闕陳訴，耽與議郎曹操上言：「公卿所舉，率黨其私，所謂放鴟梟而囚鸞鳳。」其言忠切，帝以讓馘、濟，由是諸坐謡言徵者悉拜議郎。宦官怨之，遂誣陷耽死獄中。

李雲傳 全 論

李雲字行祖，甘陵人也。性好學，善陰陽。初舉孝廉，再遷白馬令。桓帝延熹二年，誅大將軍梁冀，而中常侍單超等五人皆以誅冀功並封列侯，專權選舉。又立掖庭民女亳氏爲皇后，數月間，后家封者四人，賞賜巨萬。是時地數震裂，衆灾頻降。雲素剛，憂國將危，心不能忍，乃露布上書，移副三府，曰：「臣聞皇后天下母，德配坤靈，得其人則五氏來備，不得其人則地動摇宫。比年灾異，可謂多矣，皇天之戒，可謂至矣。高祖受命，至今三百六十四歲，君期一周，當有黄精代見，姓陳、項、虞、田、許氏，不可令此人居太尉、太傅典兵之官。舉厝至重，不可不慎。班功行賞，宜應其實。梁冀雖持權專擅，虐流天下，今以罪行誅，猶召家臣搤殺之耳。而猥封謀臣萬户以上，高祖聞之，得無見非？西北列將，得無解體？孔子曰：『帝者，諦也。』今官位錯亂，小人諂進，財貨公行，政化日損，尺一拜用不經御省。是帝欲不諦乎？」帝得奏震怒，下有司逮雲，詔尚書都護劍戟送黄門北寺獄，使中常侍管霸與御史廷尉雜考之。時弘農五官掾杜衆傷雲以忠諫獲罪，上書願與雲同日死。帝愈怒，遂並下廷尉。大鴻臚陳蕃上疏救雲曰：「李雲所言，雖不識禁忌，干上逆旨，其意歸於忠國而已。昔高祖忍周昌不諱之諫，成帝赦朱雲腰領之誅。今日殺雲，臣恐剖心之譏復議於世矣。故敢觸龍鱗，冒昧以請。」太常楊秉、洛陽市長沐茂、郎中上官資並上疏請雲。帝恚甚，有司奏以爲大不敬。詔切責蕃、秉，免歸田里；茂、資貶秩二等。時帝在濯龍池，管霸奏雲等事。霸跪言曰：「李雲野澤愚儒，杜衆郡中小吏，出於狂戇，不足加罪。」帝謂霸曰：「『帝欲不諦』，是何等語，而常侍欲原之邪？」顧使小黄門可其奏，雲、衆皆死獄中。後冀州刺史賈琮使行部，過祠雲墓，刻石表之。

論曰：禮有五諫，諷爲上。若夫托物見情，因文載旨，使言之者無罪，聞之者足以自戒，貴在於意達言從，理歸乎正。曷其絞訐摩上，以衒沽成名哉？李雲草茅之生，不識失身之義，遂乃露布帝者，班檄三公，至於誅死而不顧，斯豈古之狂也！夫未信而諫，則以爲謗己，故説者識其難焉。

劉瑜傳 全

劉瑜字季節，廣陵人也。高祖父廣陵靖王。父辯，清河太守。瑜少好經學，尤善圖讖、天文、曆算之術。

州郡禮請不就。延熹八年，太尉楊秉舉賢良方正，及到京師，上書陳事曰：「臣瑜自念東國鄙陋，得以豐沛枝胤，被蒙復除，不給卒伍。故太尉楊秉知臣竊闚典籍，猥見顯舉，誠冀臣愚直，有補萬一。而秉忠謨不遂，命先朝露。臣在下土，聽聞歌謡，驕臣虐政之事，遠近呼嗟之音，竊爲辛楚，泣血連〔漣〕如。幸得引録，備答聖問，泄寫至情，不敢庸回。誠願陛下且以須臾之慮，覽今往之事，人何爲咨嗟，天曷爲動變。蓋諸侯之位，上法四七，垂文炳燿，關之盛衰者也。今中官邪孽，比肩裂土，皆競立胤嗣，繼體傳爵，或乞子疏屬，或買兒市道，殆乖開國承家之義。古者天子一娶九女，娣姪有序，《河圖》授嗣，正在九房。今女嬖令色，充積閨帷，皆當盛其玩飾，冗食空宫，勞散精神，生長六疾。此國之費也，生之傷也。且天地之性，陰陽正紀，隔絶其道，則水旱爲並。《詩》云：『五日爲期，六日不詹。』怨曠作歌，仲尼所録。況從幼至長，幽藏殁身。又常侍、黄門，亦廣妻娶。怨毒之氣，結成妖眚。行路之言，官發略人女，取而復置，轉相驚懼。孰不悉然，無緣空生此謗。鄒衍匹夫，杞氏匹婦，尚有城崩霜隕之異；況乃群輩咨怨，能無感乎！昔秦作阿房，國多刑人。今第舍增多，窮極奇巧，掘山攻石，不避時令。促以嚴刑，威以正法。民無罪而覆入之，民有田而復奪之。州郡官府，各自考事，奸情賕賂，皆爲吏餌。民愁鬱結，起入賊黨，官輒興兵，誅討其罪。貧困之民，或有賣其首級以要酬賞，父兄相代殘身，妻孥相視分裂。窮之如彼，伐之如此，豈不痛哉！又陛下以北辰之尊，神器之寶，而微行近習之家，私幸宦官之舍，賓客市買，熏灼道路，因此暴縱，無所不容。今三公在位，皆博達道藝，而各正諸己，莫或匡益者，非不智也，畏死罰也。惟陛下設置七臣，以廣諫道，及開東序金縢史官之書，從堯舜禹湯文武至興之道，遠佞邪之人，放鄭衛之聲，則政致和平，德感祥風矣。臣悾悾推情，言不足採，懼以觸忤，征營慴悸。」於是特詔召瑜問灾咎之徵，指事案經讖以對。執政者欲令瑜依違其辭，而更策以它事。瑜復悉心以對，八千餘言，有切於前，帝竟不能用。拜爲議郎。及帝崩，大將軍竇武欲大誅宦官，乃引瑜爲侍中，又以侍中尹勳爲尚書令，共同謀畫。及武敗，瑜、勳並被誅。

謝弼傳 全

謝弼字輔宣，東郡武陽人也。中直方正，爲鄉邑所宗師。建寧二年，詔舉有道之士，弼與東海陳敦、玄菟公孫度俱對策，皆除郎中。時青蛇見前殿，大風拔木，詔公卿以下陳得失。弼上封事曰：「臣聞和氣應於有德，妖異生乎失政。上天告譴，則王者思其愆；政道或虧，則奸臣當其罰。夫蛇者，陰氣所生；鱗者，甲兵之符也。《鴻範傳》曰：『厥極弱，時則有龍蛇之孽。』又熒惑守亢，裴回不去，法有近臣謀亂，發於左右。不知陛下所與從容帷幄之内，親信者爲誰。宜急斥黜，以消天戒。臣又聞『惟虺惟蛇，女子之祥』。伏惟皇太后定策宮闈，援立聖明，《書》云：『父子兄弟，罪不相及。』竇氏之誅，豈宜咎延太后？幽隔空宮，愁感天心，如有霧露之疾，陛下當何面目以見天下？昔周襄王不能敬事其母，戎狄遂至交侵。孝和皇帝不絶竇后之恩，前世以爲美談。禮爲人後者爲之子，今以桓帝爲父，豈得不以太后爲母哉？《援神契》曰：『天子行孝，四夷和平。』方今邊境日蹙，兵革蜂起，自非孝道，何以濟之！願陛下仰慕有虞蒸蒸之化，俯思《凱風》慰母之念。臣又聞爵賞之設，必酬庸勳；開國承家，小人勿用。今功臣久外，未蒙爵秩，阿母寵私，乃享大封，大風雨雹，亦由於兹。又故太傅陳蕃，輔相陛下，勤身王室，夙夜匪懈，而見陷群邪，一旦誅滅。其爲酷濫，駭動天下，門生故吏，並離徙錮。蕃身已往，人百何贖！宜還其家屬，解除禁網。夫台宰重器，國命所繼。今之四公，唯司空劉寵斷斷首善，餘皆素餐致寇之人，必有折足覆餗之凶。可因災異，並加罷黜。徵故司空王暢，長樂少府李膺，並居政事，庶災變可消，國祚惟永。臣山藪頑闇，未達國典。策曰『無有所隱』，敢不盡愚，用忘諱忌。伏惟陛下裁其誅罰。」左右惡其言，出爲廣陵府丞。去官歸家。中常侍曹節從子紹爲東郡太守，忿疾於弼，遂以它罪收考掠按，死獄中，時人悼傷焉。初平二年，司隸校尉趙謙上訟弼忠節，求報其怨，乃收紹斬之。

虞傅蓋臧列傳　虞詡　傅燮　蓋勳　臧洪

虞詡傳　全

虞詡字升卿，陳國武平人也。祖父經，爲郡縣獄吏，案法平允，務存寬恕，每冬月上其狀，恒流涕隨之。嘗稱曰：「東海于公高爲里門，而其子定國卒至丞相。吾決獄六十年矣，雖不及于公，其庶幾乎！子孫何必不爲九卿邪？」故字詡曰升卿。詡年十二，能通《尚書》。早孤，孝養祖母。縣舉順孫，國相奇之，欲以爲吏。詡辭曰：「祖母九十，非詡不養。」相乃止。後祖母終，服闋，辟太尉李修府，拜郎中。永初四年，羌胡反亂，殘破并、涼，大將軍鄧騭以軍役方費，事不相贍，欲棄涼州，并力北邊，乃會公卿集議。騭曰：「譬若衣敗，壞一以相補，猶有所完。若不如此，將兩無所保。」議者咸同。詡聞之，乃説李修曰：「竊聞公卿定策當棄涼州，求之愚心，未見其便。先帝開拓土宇，劬勞後定，而今憚小費，舉而棄之。涼州既棄，即以三輔爲塞；三輔爲塞，則園陵單外。此不可之甚者也。諺曰：『關西出將，關西〔東〕出相。』觀其習兵壯勇，實過餘州。今羌胡所以不敢入據三輔，爲心腹之害者，以涼州在後故也。其士人所以推鋒執鋭，無反顧之心者，爲臣屬於漢故也。若棄其境域，徙其人庶，安土重遷，必生異志。如使豪雄相聚，席卷而東，雖賁、育爲卒，太公爲將，猶恐不足當禦。議者喻以補衣猶有所完，詡恐其疽食侵淫而無限極。棄之非計。」修曰：「吾意不及此。微子之言，幾敗國事。然則計當安出？」詡曰：「今涼土擾動，人情不安，竊憂卒然有非常之變。誠宜令四府九卿，各辟彼州數人，其牧守令長子弟皆除爲冗官，外以勸厲，答其功勤，内以拘致，防其邪計。」修善其言，更集四府，皆從詡議。於是辟西州豪傑爲掾屬，拜牧守長吏子弟爲郎，以安慰之。鄧騭兄弟以詡異其議，因此不平，欲以吏法中傷詡。後朝歌賊甯季等數千人攻殺長吏，屯聚連年，州郡不能禁，乃以詡爲朝歌長。故舊皆弔詡曰：「得朝歌何衰！」詡笑曰：「志不求易，事不避難，臣之職也。不遇槃根錯節，何以別利器乎？」始到，謁河内太守馬棱。棱勉之曰：「君儒者，當謀謨廟堂，反在朝歌邪？」詡曰：「初除之日，士大夫皆見弔勉。以詡譸之，知其無能爲也。朝歌者，韓、魏之郊，背太行，臨黄河，去敖倉百里，而青、冀之人流亡萬數。賊不知開倉招衆，劫庫兵，守城皋，斷天下右臂，此不足憂也。今其衆新盛，難與爭鋒。兵不厭權，願寬假轡策，勿令有所拘閡而已。」及到官，設令三科以募求壯士，自掾史以下各舉所知，其攻劫者爲上，傷人偷盜者次之，帶喪服而不事家業爲下。收得百餘人，詡爲饗會，悉貰其罪，使入賊中，誘令劫掠，乃伏兵以待之，遂殺賊數百人。又潛遣貧人能縫者，傭作賊衣，以采綖縫其裾爲幟，有出市里者，吏輒禽之。賊由是駭散，咸稱神明。遷懷令。後羌寇武都，鄧太后以詡有將帥之略，遷武都太守，引見嘉德殿，厚加賞賜。羌乃率衆數千，遮詡於陳倉、崤谷，詡即停軍不進，而宣言上書請兵，須到當發。羌聞之，乃分鈔傍縣，詡因其兵散，日夜進道，兼行百餘里。令吏士各作兩竈，日增倍之，羌不敢逼。或問曰：「孫臏減竈而君增之，兵法日行不過三十里，以戒不虞，而今日且二百里。何也？」詡曰：「虜衆多，吾兵少。徐行則易爲所及，速進則彼所不測。虜見吾竈日增，必謂郡兵來迎。衆多行速，必憚追我。孫臏見弱，吾今示强，勢有不同故也。」既到郡，兵不滿三千，而羌衆萬餘，攻圍赤亭數十日。詡乃令軍中，使强弩勿發，而潛發小弩。羌以爲矢力弱，不能至，並兵急攻。詡於是使二十强弩共射一人，發無不中，羌大震，退。詡因出城奮擊，多所傷殺。明日悉陳其兵衆，令從東郭門出，北郭門入，貿易衣服，回轉數周。羌不知其數，更相恐動。詡計賊當退，乃潛遣五百餘人於淺水設伏，候其走路。虜果大奔，因掩擊，大破之，斬獲甚衆，賊由是敗散，南入益州。詡乃占相地勢，築營壁二百八十所，招還流亡，假賑貧人，郡遂以安。先是運道艱險，舟車不通，驢馬負載，僦五致一。詡乃自將吏士，案行川谷，自沮至下辯，數十里皆燒石翦木，開漕船道，以人僦直雇借傭者，於是水運通利，歲省四千餘萬。詡始到郡，户裁盈萬。及綏聚荒餘，招還流散，二三年間，遂增至四萬餘户。鹽米豐賤，十倍於前。坐法免。永建元年，代陳禪爲司隸校尉。數月間，奏太傅馮石、太尉劉熹、中常侍程璜、陳秉、孟生、李閏等，百官側目，號爲苛刻。三公劾奏詡盛夏多拘繫無辜，爲吏人患。詡上書自訟曰：「法禁者俗之堤防，刑罰者人之銜轡。今州曰任郡，郡曰任縣，更相委遠，百姓怨窮，以苟容爲賢，盡節爲愚。臣所發舉，臧罪非一，二府恐爲臣所奏，遂加誣罪。臣將從史魚死，即以尸諫耳。」順帝省其章，乃爲免司空陶敦。時中常侍張防特用權勢，每請托受取，詡輒案之，而屢寢不報。詡不勝其憤，乃自繫廷尉，奏言曰：「昔孝安皇帝任用樊豐，遂交亂嫡統，幾亡社稷。今者張防復弄威柄，國家之禍將重至矣。臣不忍與防同朝，謹自繫以聞，無令臣襲楊震之跡。」書奏，防流涕訴帝，詡坐論輸左校。防必欲害之，二日之中，傳考四獄。獄吏勸詡自引，詡曰：「寧伏歐刀以示遠近。」宦者孫程、張賢等知詡以忠獲罪，乃相率奏乞見。程曰：「陛下始與臣等造事之時，常疾奸臣，知其傾國。今者即位而復自爲，何以非先帝乎？司隸校尉虞詡爲陛下盡忠，而更被拘繫；常侍張防臧罪明正，反構忠良。今客星守羽林，其占宫中有奸臣。宜急收防送獄，以塞天變。下詔出詡，還假印綬。」時防立在帝後，程乃叱防曰：「奸臣張防，何不下殿！」防不得已，趨就東箱。程曰：「陛下急收防，無令從阿母求請。」帝問諸尚書，尚書賈朗素與防善，證詡之罪。帝疑焉，謂程曰：「且出，吾方思之。」於是詡子顗與門生百餘人，舉幡候中常侍高梵車，叩頭流血，訴言枉狀。梵乃入言之，防坐徙邊，賈朗等六人或死或黜，即日赦出詡。程復上書陳詡有大功，語甚切激。帝感悟，復徵拜議郎。數日，遷尚書僕射。是時長吏、二千石聽百姓讁罰者輸贖，號爲「義錢」，托爲貧人儲，而守令因以聚斂。詡上疏曰：「元年以來，貧百姓章言長吏受取百萬以上者，匈匈不絶，讁罰吏人至數千萬，而三公、刺史少所舉奏。尋永平、章和中，州郡以走卒錢給貸貧人，司空劾案，州及郡縣皆坐免黜。今宜遵前典，蠲除權制。」於是詔書下詡章，切責州郡。謫罰輸贖自此而止。先是寧陽主簿詣闕，訴其縣令之枉，積六七歲不省。主簿乃上書曰：「臣爲陛下子，陛下爲臣父。臣章百上，終不見省，臣豈可北詣單于以告怨乎？」帝大怒，持章示尚書，尚書遂劾以大逆。詡駮之曰：「主簿所訟，乃君父之怨；百上不達，是有司之過。愚蠢之人，不足多誅。」帝納詡言，笞之而已。詡因謂諸尚書曰：「小人有怨，不遠千里，斷髮刻肌，詣闕告訴，而不爲理，豈臣下之義？君與濁長吏何親，而與怨人何仇乎？」聞者皆慚。詡又上言：「臺郎顯職，仕之通階。今或一郡七八，或一州無人。宜令均平，以厭天下之望。」及諸奏議，多見從用。詡好刺舉，無所回容，數以此忤權戚，遂九見譴考，三遭刑罰，而剛正之性，終老不屈。永和初，遷尚書令，以公事去官。朝廷思其忠，復徵之，會卒。臨終，謂其子恭曰：「吾事君直道，行己無愧，所悔者爲朝歌長時殺賊數百人，其中何能不有冤者。自此二十餘年，家門不增一口，斯獲罪於天也。」恭有俊才，官至上黨太守。

傅燮傳 全

傅燮字南容，北地靈州人也。本字幼起，慕南容三復白圭，乃易字焉。身長八尺，有威容。少師事太尉劉寬。再舉孝廉。聞所舉郡將喪，乃棄官行服。後爲護軍司馬，與左中郎皇甫嵩俱討賊張角。燮素疾中官，既行，因上疏曰：「臣聞天下之禍，不由於外，皆興於內。是故虞舜升朝，先除四凶，然後用十六相。明惡人不去，則善人無由進也。今張角起於趙、魏，黃巾亂於六州。此皆釁發蕭牆，而禍延四海者也。臣受戎任，奉辭伐罪，始到潁川，戰無不剋。黃巾雖盛，不足爲廟堂憂也。臣之所懼，在於治水不自其源，末流彌增其廣耳。陛下仁德寬容，多所不忍，故閹豎弄權，忠臣不進。誠使張角梟夷，黃巾變服，臣之所憂，甫益深耳。何者？夫邪正之人不宜共國，亦猶冰炭不可同器。彼知正人之功顯，而危亡之兆見，皆將巧辭飾説，共長虚僞。夫孝子疑於屢至，市虎成於三夫。若不詳察真僞，忠臣將復有杜郵之戮矣。陛下宜思虞舜四罪之舉，速行讒佞放殛之誅，則善人思進，奸凶自息。臣聞忠臣之事君，猶孝子之事父也。子之事父，焉得不盡其情？使臣身備鈇鉞之戮，陛下少用其言，國之福也。」書奏，宦者趙忠見而忿惡。及破張角，燮功多當封，忠訴譖之，靈帝猶識燮言，得不加罪，竟亦不封，以爲安定都尉。以疾免。後拜議郎。會西羌反，邊章、韓遂作亂隴右，徵發天下，役賦無已。司徒崔烈以爲宜棄凉州。詔會公卿百官，烈堅執先議。燮厲言曰：「斬司徒，天下乃安。」尚書郎楊贊奏燮廷辱大臣。帝以問燮。燮對曰：「昔冒頓至逆也，樊噲爲上將，願得十萬衆横行匈奴中，憤激思奮，未失人臣之節，顧計當從與不耳，季布猶曰『噲可斬也』。今凉州天下要衝，國家藩衛。高祖初興，使酈商别定隴右；世宗拓境，列置四郡，議者以爲斷匈奴右臂。今牧御失和，使一州叛逆，海内爲之騷動，陛下卧不安寢。烈爲宰相，不念爲國思所以弭之之策，乃欲割棄一方萬里之土，臣竊惑之。若使左衽之虜得居此地，士勁甲堅，因以爲亂，此天下之至慮，社稷之深憂也。若烈不知之，是極蔽也；知而故言，是不忠也。」帝從燮議。由是朝廷重其方格，每公卿有缺，爲衆議所歸。頃之，趙忠爲車騎將軍，詔忠論討黄巾之功，執金吾甄舉等謂忠曰：「傅南容前在東軍，有功不侯，故天下失望。今將軍親當重任，宜進賢理屈，以副衆心。」忠納其言，遣弟城門校尉延致殷勤。延謂燮曰：「南容少答我常侍，萬户侯不足得也。」燮正色拒之曰：「遇與不遇，命也；有功不論，時也。傅燮豈求私賞哉！」忠愈懷恨，然憚其名，不敢害。權貴亦多疾之，是以不得留，出爲漢陽太守。初，郡將范津明知人，舉燮孝廉。及津爲漢陽，與燮交代，合符而去，鄉邦榮之。津字文淵，南陽人。燮善恤人，叛羌懷其恩化，並來降附，乃廣開屯田，列置四十餘營。時刺史耿鄙委任治中程球，球爲通奸利，士人怨之。中平四年，鄙率六郡兵討金城賊王國、韓遂等。燮知鄙失衆，必敗，諫曰：「使君統政日淺，人未知教。孔子曰：『不教人戰，是謂棄之。』今率不習之人，越大隴之阻，將十舉十危，而賊聞大軍將至，必萬人一心。邊兵多勇，其鋒難當，而新合之衆，上下未和，萬一內變，雖悔無及。不若息軍養德，明賞必罰。賊得寬挺，必謂我怯，群惡爭勢，其離可必。然後率已教之人，討已離之賊，其功可坐而待也。今不爲萬全之福，而就必危之禍，竊爲使君不取。」鄙不從。行至狄道，果有反者，先殺程球，次害鄙，賊遂進圍漢陽。城中兵少糧盡，燮猶固守。時北胡騎數千隨賊攻郡，皆夙懷燮恩，共於城外叩頭，求送燮歸鄉里。子幹年十三，從在官舍。知燮性剛，有高義，恐不能屈志以免，進諫曰：「國家昏亂，遂令大人不容於朝。今天下已叛，而兵不足自守，鄉里羌胡先被恩德，欲令棄郡而歸，願必許之。徐至鄉里，率厲義徒，見有道而輔之，以濟天下。」言未終，燮慨然而嘆，呼幹小字曰：「別成，汝知吾必死邪？蓋『聖達節，次守節』。且殷紂之暴，伯夷不食周粟而死，仲尼稱其賢。今朝廷不甚殷紂，吾德亦豈絶伯夷？世亂不能養浩然之志，食祿又欲避其難乎？吾行何之，必死於此。汝有才智，勉之勉之。主簿楊會，吾之程嬰也。」幹哽咽不能復言，左右皆泣下。王國使故酒泉太守黃衍説燮曰：「成敗之事，已可知矣。先起，上有霸王之業，下成伊呂之勳。天下非復漢有，府君寧有意爲吾屬師乎？」燮案劍叱衍曰：「若剖符之臣，反爲賊説邪！」遂麾左右進兵，臨陣戰歿。謚曰壯節侯。幹知名，位至扶風太守。

蓋勳傳　全

蓋勳字元固，敦煌廣至人也。家世二千石。初舉孝廉，爲漢陽長史。時武威太守倚恃權勢，恣行貪橫，從事武都蘇正和案致其罪。涼州刺史梁鵠畏懼貴戚，欲殺正和以免其負，乃訪之於勳。勳素與正和有仇，或勸勳可因此報隙。勳曰：「不可。謀事殺良，非忠也；乘人之危，非仁也。」乃諫鵠曰：「夫紲食鷹鳶欲其鷙，鶩而亨之，將何用哉？」鵠從其言。正和喜於得免，而詣勳求謝。勳不見，曰：「吾爲梁使君謀，不爲蘇正和也。」怨之如初。中平元年，北地羌胡與邊章等寇亂隴右，刺史左昌因軍興斷盜數千萬。勳固諫，昌怒，乃使勳別屯阿陽以拒賊鋒，欲因軍事罪之，而勳數有戰功。邊章等遂攻金城，殺郡守陳懿，勳勸昌救之，不從。邊章等進圍昌於冀，昌懼而召勳。勳初與從事辛曾、孔常俱屯阿陽，及昌檄到，曾等疑不肯赴。勳怒曰：「昔莊賈後期，穰苴奮劍。今之從事，豈重於古之監軍哉！」曾等懼而從之。勳即率兵救昌。到，乃誚讓章等，責以背叛之罪。皆曰：「左使君若早從君言，以兵臨我，庶可自改。今罪已重，不得降也。」乃解圍而去。昌坐斷盜徵，以扶風宋梟代之。梟患多寇叛，謂勳曰：「涼州寡於學術，故屢致反暴。今欲多寫《孝經》，令家家習之，庶或使人知義。」勳諫曰：「昔太公封齊，崔杼殺君；伯禽侯魯，慶父篡位。此二國豈乏學者？今不急靜難之術，遽爲非常之事，既足結怨一州，又當取笑朝廷，勳不知其可也。」梟不從，遂奏行之。果被詔書詰責，坐以虛慢徵。時叛羌圍護羌校尉夏育於畜官，勳與州郡合兵救育，至狐槃，爲羌所破。勳收餘衆百餘人，爲魚麗之陳。羌精騎夾攻之急，士卒多死。勳被三創，堅不動，乃指木表曰：「必尸我於此。」句就種羌滇吾素爲勳所厚，乃以兵扞衆曰：「蓋長史賢人，汝曹殺之者爲負天。」勳仰罵曰：「死反虜，汝何知？促來殺我！」衆相視而驚。滇吾下馬與勳，勳不肯上，遂爲賊所執。羌戎服其義勇，不敢加害，送還漢陽。後刺史楊雍即表勳領漢陽太守。時人飢，相漁食，勳調穀稟之，先出家糧以率衆，存活者千餘人。後去官，徵拜討虜校尉。靈帝召見，問：「天下何苦而反亂如此？」勳曰：「倖臣子弟擾之。」時宦者上軍校尉蹇碩在坐，帝顧問碩，碩懼，不知所對，而以此恨勳。帝又謂勳曰：「吾已陳師於平樂觀，多出中藏財物以餌士，何如？」勳曰：「臣聞『先王燿德不觀兵』。今寇在遠而設近陳，不足昭果毅，祇黷武耳。」帝曰：「善。恨見君晚，群臣初無是言也。」勳時與宗正劉虞、佐軍校尉袁紹同典禁兵。勳謂虞、紹曰：「吾仍見上，上甚聰明，但擁蔽於左右耳。若共並力誅嬖倖，然後徵拔英俊，以興漢室，功遂身退，豈不快乎！」虞、紹亦素有謀，因相連結，未及發，而司隸校尉張温舉勳爲京兆尹。帝方欲延接勳，而蹇碩等心憚之，並勸從温奏，遂拜京兆尹。時長安令楊黨，父爲中常侍，恃勢貪放，勳案得其贓千餘萬。貴戚咸爲之請，勳不聽，具以事聞，並連黨父，有詔窮案，威震京師。時小黄門京兆高望爲尚藥監，倖於皇太子，太子因蹇碩屬望子進爲孝廉，勳不肯用。或曰：「皇太子副主，望其所愛，碩帝之寵臣，而子違之，所謂三怨成府者也。」勳曰：「選賢所以報國也。非賢不舉，死亦何悔！」勳雖在外，每軍國密事，帝常手詔問之。數加賞賜，甚見親信，在朝臣右。及帝崩，董卓廢少帝，殺何太后，勳與書曰：「昔伊尹、霍光權以立功，猶可寒心，足下小醜，何以終此？賀者在門，弔者在廬，可不慎哉！」卓得書，意甚憚之。徵爲議郎。時左將軍皇甫嵩精兵三萬屯扶風，勳密相要結，將以討卓。會嵩亦被徵，勳以衆弱不能獨立，遂並還京師。自公卿以下，莫不卑下於卓，唯勳長揖爭禮，見者皆爲失色。卓問司徒王允曰：「欲得快司隸校尉，誰可作者？」允曰：「唯有蓋京兆耳。」卓曰：「此人明智有餘，然不可假以雄職。」乃以爲越騎校尉。卓又不欲令久典禁兵，復出爲潁川太守。未及至郡，徵還京師。時河南尹朱儁爲卓陳軍事。卓折儁曰：「我百戰百勝，決之於心，卿勿妄説，且污我刀。」勳曰：「昔武丁之明，猶求箴諫，況如卿者，而欲杜人之口乎？」卓曰：「戲之耳。」勳曰：「不聞怒言可以爲戲。」卓乃謝儁。勳雖强直不屈，而内厭於卓，不得意，疽發背卒，時年五十一。遺令勿受卓賻贈。卓欲外示寬容，表賜東園祕器賵襚，送之如禮。葬于安陵。子順，官至永陽太守。

臧洪傳 節論

洪體貌魁梧，有異姿。舉孝廉，補即丘長。中平末，棄官還家，太守張超請爲功曹。時董卓弑帝，圖危社稷。洪説超曰：「明府歷世受恩，兄弟並據大郡。今王室將危，賊臣虎視，此誠義士効命之秋也。今郡境尚全，吏人殷富，若動桴鼓，可得二萬人。以此誅除國賊，爲天下唱義，不亦宜乎！」超然其言，與洪西至陳留，見兄邈計事。邈先謂超曰：「聞弟爲郡，委政臧洪，洪者何如人？」超曰：「臧洪海内奇士，才略智數不比於超矣。」邈即引洪與語，大異之。乃使詣兖州刺史劉岱、豫州刺史孔伷，遂皆相善。邈既先有謀約，會超至，定議，乃與諸牧守大會酸棗。設壇場，將盟，既而更相辭讓，莫敢先登，咸共推洪。洪乃攝衣升壇，操血而盟曰：「漢室不幸，皇綱失統，賊臣董卓，乘釁縱害，禍加至尊，毒流百姓。大懼淪喪社稷，翦覆四海。兖州刺史岱、豫州刺史伷、陳留太守邈、東郡太守瑁、廣陵太守超等，糾合義兵，並赴國難。凡我同盟，齊心一力，以致臣節，隕首喪元，必無二志。有渝此盟，俾墜其命，無克遺育。皇天后土，祖宗明靈，實皆鑒之。」洪辭氣慷慨，聞其言者，無不激揚。自是之後，諸軍各懷遲疑，莫適先進，遂使糧儲單竭，兵衆乖散。時討虜校尉公孫瓚與大司馬劉虞有隙，超乃遣洪詣虞，共謀其難。行至河間而值幽冀交兵，行塗阻絶，因寓於袁紹。紹見洪，甚奇之，與結友好，以洪領青州刺史。前刺史焦和好立虚譽，能清談。時黄巾群盗處處飈起，而青部殷實，軍革尚衆。和欲與諸同盟西赴京師，未及得行，而賊已屠城邑。和不理戎警，但坐列巫史，禜禱群神。又恐賊乘凍而過，命多作陷冰丸，以投于河。衆遂潰散，和亦病卒。洪收撫離叛，百姓復安。任事二年，袁紹憚其能，徙爲東郡太守，都東武陽。時曹操圍張超於雍丘，甚危急。超謂軍吏曰：「今日之事，唯有臧洪必來救我。」或曰：「袁曹方穆，而洪爲紹所用，恐不能敗好遠來，違福取禍。」超曰：「子源天下義士，終非背本者也，或見制强力，不相及耳。」洪始聞超圍，乃徒跣號泣，並勒所領，將赴其難。自以衆弱，從紹請兵，而紹竟不聽之，超城遂陷，張氏族滅。洪由是怨紹，絶不與通。紹興兵圍之，歷年不下，使洪邑人陳琳以書譬洪，示其禍福，責以恩義。洪答曰：「隔闊相思，發於寤寐。相去步武，而趨舍異規，其爲愴恨，胡可勝言！前日不遺，比辱雅況，述叙禍福，公私切至。以子之才，窮該典籍，豈將闇於大道，不達余趣哉？是以損棄翰墨，一無所酬，亦冀遥忖褊心，粗識鄙性。重獲來命，援引紛紜，雖欲無對，而義篤其言。僕小人也，本乏志用，中因行役，特蒙傾蓋，恩深分厚，遂竊大州，寧樂今日自還接刃乎？每登城臨兵，觀主人之旗鼓，瞻望帳幄，感故友之周旋，撫弦搦矢，不覺涕流之覆面也。何者？自以輔佐主人，無以爲悔；主人相接，過絶等倫。受任之初，志同大事，埽清寇逆，共尊王室。豈悟本州被侵，郡將遘厄，請師見拒，辭行被拘，使洪故君，遂至淪滅。區區微節，無所獲申，豈得復全交友之道，重虧忠孝之名乎？所以忍悲揮戈，收淚告絶。若使主人少垂古人忠恕之情，來者側席，去者克己，則僕抗季札之志，不爲今日之戰矣。昔張景明登壇喢血，奉辭奔走，卒使韓牧讓印，主人得地。後但以拜章朝主，賜爵獲傳之故，不蒙觀過之貸，而受夷滅之禍。吕奉先討卓來奔，請兵不獲，告去何罪，復見斫刺。劉子璜奉使踰時，辭不獲命，畏君懷親，以詐求歸，可謂有志忠孝，無損霸道，亦復僵尸麾下，不蒙虧除。慕進者蒙榮，違意者被戮，此乃主人之利，非游士之願也。是以鑒戒前人，守死窮城，亦以君子之違，不適敵國故也。足下當見久圍不解，救兵未至，感婚姻之義，推平生之好，以爲屈節而苟生，勝守義而傾覆也。昔晏嬰不降志於白刃，南史不曲筆以求存，故身傳圖象，名垂後世。況僕據金城之固，驅士人之力，散三年之畜以爲一年之資，匡困補乏，以悦天下，何圖築室反耕哉？但懼秋風揚塵，伯珪馬首南向，張揚、飛燕旅力作難，北鄙將告倒懸之急，股肱奏乞歸之記耳。主人當鑒戒曹輩，反旍退師，何宜久辱盛怒，暴威於吾城之下哉！足下譏吾恃黑山以爲救，獨不念黄巾之合從邪？昔高祖取彭越於鉅野，光武創基兆於緑林，卒能龍飛受命，中興帝業。苟可輔主興化，夫何嫌哉！況僕親奉璽書，與之從事！行矣孔璋！足下徼利於境外，臧洪投命於君親；吾子托身於盟主，臧洪策名於長安。子謂余身死而名滅，僕亦笑子生死而無聞焉。本同末離，努力努力，夫復何言！」紹見洪書，知無降意，增兵急攻。城中糧盡，外無援救，洪自度不免，呼吏士謂曰：「袁紹無道，所圖不軌，且不救洪郡將，洪於大義，不得不死。念諸軍〔君〕無事，空與此禍，可先城未破，將妻子出。」將吏皆垂泣曰：「明府之於袁氏，本無怨隙，今爲郡將之故，自致危困，吏人何忍當捨明府去也？」初尚掘鼠，煮筋角，後無所復食，主簿啓內厨米三斗，請稍爲饘粥，洪曰：「何能獨甘此邪？」使爲薄糜，偏班士衆。又殺其愛妾，以食兵將。兵將咸流涕，無能仰視。男女七八十人相枕而死，莫有離叛。城陷，生執洪。紹盛帷幔，大會諸將見洪。謂曰：「臧洪何相負若是！今日服未？」洪據地瞋目曰：「諸袁事漢，四世五公，可謂受恩。今王室衰弱，無扶翼之意，而欲因際會，觖望非冀，多殺忠良，以立奸威。洪親見將軍呼張陳留爲兄，則洪府君亦宜爲弟，而不能同心戮力，爲國除害，坐擁兵衆，觀人屠滅。惜洪力劣，不能推刃爲天下報仇，何謂服乎？」紹本愛洪，意欲屈服赦之，見其辭切，知終不爲用，乃命殺焉。洪邑人陳容，少爲諸生，親慕於洪，隨爲東郡丞。先城未敗，洪使歸紹。時容在坐，見洪當死，起謂紹曰：「將軍舉大事，欲爲天下除暴，而專先誅忠義，豈合天意？臧洪發舉爲郡將，奈何殺之！」紹慚，使人牽出，謂曰：「汝非臧洪疇，空復爾爲？」容顧曰：「夫仁義豈有常所，蹈之則爲君子，背之則爲小人。今日寧與臧洪同日死，不與將軍同日生也。」遂復見殺。在紹坐者，無不嘆息，竊相謂曰：「如何一日戮二烈士！」先是洪遣司馬二人出，求救於吕布。比還，城已陷，皆赴敵死。

論曰：雍丘之圍，臧洪之感憤壯矣！想其行跣且號，束甲請舉，誠足憐也。夫豪雄之所趨舍，其與守義之心異乎？若乃締謀連衡，懷詐算以相尚者，蓋惟利勢所在而已。況偏城既危，曹袁方穆，洪徒指外敵之衡，以紓倒懸之會。忿悁之師，兵家所忌。可謂懷哭秦之節，存荆則未聞也。

張衡列傳

張衡傳　應閒　陳事　論

張衡字平子，南陽西鄂人也。世爲著姓。祖父堪，蜀郡太守。衡少善屬文，游於三輔，因入京師，觀太學，遂通《五經》，貫六藝。雖才高於世，而無驕尚之情。常從容淡靜，不好交接俗人。永元中，舉孝廉不行，連辟公府不就。時天下承平日久，自王侯以下，莫不踰侈。衡乃擬班固《兩都》，作《二京賦》，因以諷諫。精思傅會，十年乃成。文多故不載。大將軍鄧騭奇其才，累召不應。衡善機巧，尤致思於天文、陰陽、曆算。常好《玄經》，謂崔瑗曰：「吾觀《太玄》，方知子雲妙極道數，乃與《五經》相擬，非徒傳記之屬，使人難論陰陽之事，漢家得天下二百歲之書也。復二百歲，殆將終乎？所以作者之數，必顯一世，常然之符也。漢四百歲，《玄》其興矣。」安帝雅聞衡善術學，公車特徵拜郎中，再遷爲太史令。遂乃研覈陰陽，妙盡璇機之正，作渾天儀，著《靈憲》、《筭罔論》，言甚詳明。順帝初，再轉，復爲太史令。衡不慕當世，所居之官，輒積年不徙。自去史職，五載復還，乃設客問，作《應閑》以見其志云：「有閑余者曰：蓋聞前哲首務，務於下學上達，佐國理民，有云爲也。朝有所聞，則夕行之。立功立事，式昭德音。是故伊尹思使君爲堯舜，而民處唐虞，彼豈虛言而已哉，必旌厥素爾。咎單、巫咸，實守王家，申伯、樊仲，實幹周邦，服衮而朝，介圭作瑞。厥跡不朽，垂烈後昆，不亦丕歟！且學非以要利，而富貴萃之。貴以行令，富以施惠，惠施令行，故《易》稱以『大業』。質以文美，實由華興，器賴雕飾爲好，人以輿服爲榮。吾子性德體道，篤信安仁，約己博藝，無堅不鑽，以思世路，斯何遠矣！曩滯日官，今又原之。雖老氏曲全，進道若退，然行亦以需。必也學非所用，術有所仰，故臨川將濟，而舟檝不存焉。徒經思天衢，内昭獨智，固合理民之式也。故嘗見謗于鄙儒。深厲淺揭，隨時爲義，曾何貪於支離，而習其孤技邪？參輪可使自轉，木雕猶能獨飛，已垂趐而還故栖，盍亦調其機而銛諸？昔有文王，自求多福。人生在勤，不索何獲。曷若卑體屈己，美言以相剋？鳴于喬木，乃金聲而玉振之。用後勳，雪前吝，婞佷不柔，以意誰靳也。應之曰：是何觀同而見異也？君子不患位之不尊，而患德之不崇；不耻禄之不夥，而耻智之不博。是故藝可學，而行可力也。天爵高懸，得之在命，或不速而自懷，或羨旃而不臻，求之無益，故智者偭而不思。阽身以徼幸，固貪夫之所爲，未得而豫喪也。枉尺直尋，議者譏之，盈欲虧志，孰云非羞？於心有猜，則簋飧饌餔猶不屑餐，族醟以之。意之無疑，則兼金盈百而不嫌辭，孟軻以之。士或解袓裼而襲黼黻，或委臿築而據文軒者，度德拜爵，量績受禄也。輪力致庸，受必有階。渾元初基，靈軌未紀，吉凶分錯，人用瞳朦。黄帝爲斯深慘。有風后者，是焉亮之，察三辰於上，跡禍福乎下，經緯曆數，然後天步有常，則風后之爲也。當少昊清陽之末，實或亂德，人神雜擾，不可方物，重黎又相顓頊而申理之，日月即次，則重黎之爲也。人各有能，因藝受任，鳥師别名，四叔三正，官無二業，事不並濟。晝長則宵短，日南則景北。天且不堪兼，况以人該之。夫玄龍，迎夏則陵雲而奮鱗，樂時也；涉冬則淈泥而潛蟠，避害也。公旦道行，故制典禮以尹天下，懼教誨之不從，有人之不理。仲尼不遇，故論《六經》以俟來辟，耻一物之不知，有事之無範。所考不齊，如何可一？夫戰國交爭，戎車競驅，君若綴旒，人無所麗。燭武縣縋而秦伯退師，魯連係箭而聊城弛柝。從往則合，横來則離，安危無常，要在說夫。咸以得人爲梟，失士爲尤。故樊噲披帷，入見高祖；高祖踞洗，以對酈生。當此之會，乃黿鳴而鼈應也。故能同心戮力，勤恤人隱，奄受區夏，遂定帝位，皆謀臣之由也。故一介之策，各有攸建，子長諜之，爛然有第。夫女魃北而應龍翔，洪鼎聲而軍容息；溽暑至而鶉火栖，寒冰沍而黿鼉蟄。今也皇澤宣洽，海外混同，萬方億醜，並質共劑，若修成之不暇，尚何功之可立！立事有三，言爲下列；下列且不可庶矣，奚冀其二哉！于茲縉紳如雲，儒士成林，及津者風攄，失塗者幽僻，遭遇難要，趨偶爲幸。世易俗異，事勢舛殊，不能通其變，而一度以揆之，斯契船而求劍，守株而伺兔也。冒愧逞願，必無仁以繼之，有道者所不履也。越王句踐事此，故厥緒不永。捷徑邪至，我不忍以投步；干進苟容，我不忍以歙肩。雖有犀舟勁檝，猶人涉卬否，有須者也。姑亦奉順敦篤，守以忠信，得之不休，不獲不吝。不見是而不惛，居下位而不憂，允上德之常服焉。方將師天老而友地典，與之乎高睨而大談，孔甲且不足慕，焉稱殷彭及周聃！與世殊技，固孤是求。子憂朱泙曼之無所用，吾恨輪扁之無所教也。子睹木雕獨飛，愍我垂翅故栖，吾感去鼃附鴟，悲爾先笑而後號也。斐豹以斃督燔書，禮至以掖國作銘；弦高以牛餼退敵，墨翟以縈帶全城；貫高以端辭顯義，蘇武以禿節效貞；蒱且以飛矰逞巧，詹何以沈鈎致精；弈秋以棋局取譽，王豹以清謳流聲。僕進不能參名於二立，退又不能群彼數子。愍《三墳》之既穨，惜《八索》之不理。庶前訓之可鑽，聊朝隱乎柱史。且韞櫝以待價，踵顔氏以行止。曾不慊夫晉、楚，敢告誠於知己。」

時政事漸損，權移於下，衡因上疏陳事曰：「伏惟陛下宣哲克明，繼體承天，中遭傾覆，龍德泥蟠。今乘雲高躋，磐桓天威，誠所謂將隆大位，必先倥傯之也。親履艱難者知下情，備經險易者達物僞。故能一貫萬機，靡所疑惑，百揆允當，庶績咸熙。宜獲福祉神祇，受譽黎庶。而陰陽未知，灾眚屢見，神明幽遠，冥鑒在茲。福仁禍淫，景響而應，因德降休，乘失致咎，天道雖遠，吉凶可見，近世鄭、蔡、江、樊、周廣、王聖，皆爲效矣。故恭儉畏忌，必蒙祉祚，奢淫謟慢，鮮不夷戮，前事不忘，後事之師也。夫情勝其性，流遯忘反，豈唯不肖，中才皆然。苟非大賢，不能見得思義，故積惡成釁，罪不可解也。向使能瞻前顧後，援鏡自戒，則何陷於凶患乎！貴寵之臣，衆所屬仰，其有愆尤，上下知之。褒美譏惡，有心皆同，故怨讟溢乎四海，神明降其禍辟也。頃年雨常不足，思求所失，則《洪範》所謂『僭恒陽若』者也。懼群臣奢侈，昏踰典式，自下逼上，用速咎徵。又前年京師地震土裂，裂者威分，震者人擾也。君以靜唱，臣以動和，威自上出，不趣於下，禮之政也。竊懼聖思厭倦，制不專己，恩不忍割，與衆共威。威不可分，德不可共。《洪範》曰：『臣有作威作福玉食，害于而家，凶于而國。』天鑒孔明，雖疏不失。灾異示人，前後數矣，而未見所革，以復往悔。自非聖人，不能無過。願陛下思惟所以稽古率舊，勿令刑德八柄，不由天子。若恩從上下，事依禮制，〔禮制〕修則奢僭息，事合宜則無凶咎。然後神望允塞，灾消不至矣。」

論曰：崔瑗之稱平子曰「數術窮天地，制作侔造化」。斯致可得而言歟！推其圍範兩儀，天地無所蘊其靈；運情機物，有生不能參其智。故智思引淵微，人之上術。記曰：「德成而上，藝成而下。」量斯思也，豈夫藝而已哉？何德之損乎！

馬融列傳

馬融傳 全 論

馬融字季長，扶風茂陵人也，將作大匠嚴之子。爲人美辭貌，有俊才。初，京兆摯恂以儒術教授，隱于南山，不應徵聘，名重關西，融從其游學，博通經籍。恂奇融才，以女妻之。永初二年，大將軍鄧騭聞融名，召爲舍人，非其好也，遂不應命，客於涼州武都、漢陽界中。會羌虜飈起，邊方擾亂，米穀踊貴，自關以西，道殣相望。融既飢困，乃悔而嘆息，謂其友人曰：「古人有言：『左手據天下之圖，右手刎其喉，愚夫不爲。』所以然者，生貴於天下也。今以曲俗咫尺之羞，滅無貲之軀，殆非老莊所謂也。」故往應騭召。四年，拜爲校書郎中，詣東觀典校秘書。是時鄧太后臨朝，騭兄弟輔政。而俗儒世士，以爲文德可興，武功宜廢，遂寢蒐狩之禮，息戰陳之法，故猾賊從横，乘此無備。融乃感激，以爲文武之道，聖賢不墜，五才之用，無或可廢。元初二年，上《廣成頌》以諷諫。其辭曰：「臣聞孔子曰：『奢則不遜，儉則固。』奢儉之中，以禮爲界。是以《蟋蟀》、《山樞》之人，並刺國君，諷以太康馳驅之節。夫樂而不荒，憂而不困，先王所以平和府藏，頤養精神，致之無疆。故戛擊鳴球，載於《虞謨》；吉日車攻，序於《周詩》。聖主賢君，以增盛美，豈徒爲奢淫而已哉！伏見元年已來，遭值厄運，陛下戒懼灾異，躬自菲薄，荒棄禁苑，廢弛樂懸，勤憂潛思，十有餘年，以過禮數。重以皇太后體唐堯親九族篤睦之德，陛下履有虞烝烝之孝，外舍諸家，每有憂疾，聖恩普勞，遣使交錯，稀有曠絶。時時寧息，又無以自娱樂，殆非所以逢迎太和，裨助萬福也。臣愚以爲雖尚頗有蝗蟲，今年五月以來，雨露時澍，祥應將至。方涉冬節，農事間隙，宜幸廣成，覽原隰，觀宿麥，勸收藏，因講武校獵，使寮庶百姓，復睹羽旄之美，聞鐘鼓之音，歡欣喜樂，鼓舞疆畔，以迎和氣，招致休慶。小臣螻蟻，不勝區區。職在書籍，謹依舊文，重述蒐狩之義，作頌一篇，並封上。淺陋鄙薄，不足觀省。臣聞昔命師於鞬櫜，偃伯於靈臺，或人嘉而稱焉。彼固未識夫雷霆之爲天常，金革之作昏明也。自黄炎之前，傳道罔記；三五以來，越可略聞。且區區之酆郊，猶廓七十里之囿，盛春秋之苗。《詩》詠囿〔圃〕草，樂奏《騶虞》。是以大漢之初基也，宅兹天邑，總風雨之會，交陰陽之和。揆厥靈囿，營于南郊。徒觀其坰場區宇，恢胎曠蕩，藐夐勿罔，寥豁鬱泱，騁望千里，天與地莽。於是周阹環瀆，右矕三塗，左概嵩嶽，面據衡陰，箕背王屋，浸以波、溠，夤以滎、洛。金山、石林，殷起乎其中，峨峨磑磑，鏘鏘崔崔，隆穹槃回，嵎峗錯崔。神泉側出，丹水涅池，怪石浮磬，燿焜于其陂。其土毛則搉牧薦草，芳茹甘荼，茈萁、芸蒩，昌本、深蒲，芝荋、堇、荁，蘘荷、芋渠，桂荏、鳧葵，格、韭、菹、于。其植物則玄林包竹，藩陵蔽京，珍林嘉樹，建木叢生，椿、梧、栝、柏、柜、柳、楓、楊，豐彤對蔚，崟頷槮爽。翕習春風，含津吐榮，鋪于布藿，萑扈蘺茭，惡可殫形。至于陽月，陰慝害作，百草畢落，林衡戒田，焚萊柞木。然後舉天網，頓八紘，揫斂九藪之動物，繯橐四野之飛征。鳩之乎茲囿之中，山敦雲移，群鳴膠膠，鄙駭譟讙，子野聽聳，離朱目眩，隸首策亂，陳子籌昏。於時營圍恢廓，充斥川谷，罘罝羅羉，彌綸阬澤，皋牢陵山。校隊案部，前後有屯，甲乙相伍，戊己爲堅。乘輿乃以吉月之陽朔，登于疏鏤之金路，六驌騻之玄龍，建雄虹之旍夏，揭鳴鳶之修橦。曳長庚之飛髾，載日月之太常，栖招搖與玄弋，注枉矢於天狼。羽毛紛其髟鼬，揚金爕而扡玉瓖。屯田車於平原，播同徒於高岡，旃旝摻其如林，錯五色以搞光。清氛埃，埽野場，誓六師，搜雋良。司徒勒卒，司馬平行，車攻馬同，教達戒通。伐咎鼓，撞華鐘，獵徒縱，赴榛叢。徽嫿霍奔，別鶩分奔，騷擾聿皇，往來交舛，紛紛回回，南北東西。風行雲轉，匈磕隱訇，黃塵勃滃，闇若霧昏。日月爲之籠光，列宿爲之翳昧，僄狡課才，勁勇程氣。狗馬角逐，鷹鸇競鷙，驍騎旁佐，輕車橫厲，相與陸梁，聿皇于中原。絹猑蹏，鏦特肩，脰完羝，撝介鮮，散毛族，梏羽群。然後飛鋋電激，流矢雨墜，各指所質，不期俱殪，竄伏扔輪，發作梧轊，䟣殳狂擊，頭陷顱碎，獸不得狻，禽不得瞥。或夷由未殊，顛狽頓躓，蝡蝡蟫蟫，充衢塞隧，葩華𦿆布，不可勝計。若夫鷙獸毅蟲，倨牙黔口，大匈哨後，緼巡歐紆，負隅依阻，莫敢嬰禦。乃使鄭叔、晉婦之徒，睽孤封刺，裸裎袒裼。冒㯷柘，搓棘枳，窮浚谷，底幽嶰，暴斥虎，搏狂兕，獄豻熊，抾封狶。或輕訬趫悍，廋疏嶁領，犯歷嵩巒，陵喬松，履修檔，踔趨枝，杪標端，尾蒼蜼，掎玄猿，木產盡，寓屬單。罕罔合部，罾弋同曲，類行並驅，星布麗屬，曹伍相保，各有分局。矰碆飛流，纖羅絡縸，游雉群驚，晨凫輩作，翬然雲起，雪爾雹落。爾乃蘋觀高蹈，改乘回轅，泝恢方，撫馮夷，策句芒，超荒忽，出重陽，厲雲漢，橫天潢。導鬼區，徑神場，詔靈保，召方相，驅厲疫，走蜮祥。捎罔兩，拂游光，枷天狗，緤墳羊。然後緩節舒容，裴回安步，降集波籞，川衡澤虞，矢魚陳罟。茲飛宿沙，田開、古蠱、翬終葵，揚關斧，刊重冰，撥蟄户，測潛鱗，踵介旅。逆獵湍瀨，濟薄汾橈，淪滅潭淵，左挈夔龍，右提蛟鼉，春獻王鮪，夏薦鼇黿。於是流覽徧照，殫變極態，上下究竟，山谷蕭條，原野嵺愀，上無飛鳥，下無走獸，虞人植旍，獵者效具，車弊田罷，旋入禁囿。棲遲乎昭明之觀，休息乎高光之榭，以臨乎宏池。鎮以瑶臺，純以金堤，樹以蒲柳，被以綠莎，瀇瀁沆漭，錯紾槃委，天地虹洞，固無端涯，大明生東，月朔西陂。乃命壺涿，驅水蟲，逐罔螭，滅短狐，簎鯨、鯢。然後方餘皇，連舼舟，張雲帆，施蜺幬，靡颸風，陵迅流，發櫂歌，縱水謳，淫魚出，蓍蔡浮，湘靈下，漢女游。水禽鴻鵠，鴛鴦、鷗、鷖，鶬鴰、鸕、鶂，鷺、鴈、鷿鷉，乃安斯寢，戢翩其涯。魴、鱮、鱏、鯿，鰋、鯉、鱨、魦，樂我純德，騰踊相隨，雖靈沼之白鳥，孟津之躍魚，方斯蔑矣。然猶詠歌於伶蕭，載陳於方策，豈不哀哉！於是宗廟既享，庖厨既充，車徒既簡，器械既攻。然後擺牲班禽，淤賜犒功，群師叠伍，伯校千重，山罍常滿，房俎無空。酒正案隊，膳夫巡行，清醪車凑，燔炙騎將，鼓駭舉爵，鐘鳴既觴。若乃《陽阿》衰斐之晉制，闡鼉華羽之南音，所以洞蕩匈臆，發明耳目，疏越蘊㥠，駭恫底伏，鍠鍠鎗鎗，奏于農郊大路之衢，與百姓樂之。是以明德耀乎中夏，威靈暢乎四荒，東鄰浮巨海而入享，西旅越葱嶺而來王，南徼因九譯而致貢，朔狄屬象胥而來同。蓋安不忘危，治不忘亂，道在乎兹，斯固帝王之所以曜神武而折遐衝者也。方今大漢收功於道德之林，致平於仁義之淵，忽蒐狩之禮，闕槃虞之佃。闇昧不睹日月之光，聾昏不聞雷霆之震，于今十二年，爲日久矣。亦方將刊禁臺之秘藏，發天府之官常，由質要之故業，率典刑之舊章。采清原，嘉岐陽，登俊乂，命賢良，舉淹滯，拔幽荒。察淫侈之華譽，顧介特之實功，聘畎畝之群雅，宗重淵之潛龍。乃儲精山藪，歷思河澤，目矖鼎俎，耳聽康衢，營傅説於胥靡，求伊尹於庖厨，索膠鬲於魚鹽，聽甯戚於大車。俾之昌言而宏議，軼越三家，馳騁五帝，悉覽休祥，總括群瑞。遂棲鳳皇於高梧，宿麒麟於西園，納僬僥之珍羽，受王母之白環。永逍遥乎宇内，與二儀乎無疆，貳造化於后土，參神施於昊乾，超特達而無儔，焕巍巍而無原。豐千億之子孫，歷萬載而永延。禮樂既闋，北轅反旆，至自新城，背伊闕，反洛京。」頌奏，忤鄧氏，滯於東觀，十年不得調。因兄子喪自劾歸。太后聞之怒，謂融羞薄詔除，欲仕州郡，遂令禁錮之。太后崩，安帝親政，召還郎署，復在講部。出爲河間王厩長史。時車駕東巡岱宗，融上《東巡頌》，帝奇其文，召拜郎中。及北鄉侯即位，融移病去，爲郡功曹。陽嘉二年，詔舉敦樸，城門校尉岑起舉融，徵詣公車，對策，拜議郎。大將軍梁商表爲從事中郎，轉武都太守。時西羌反叛，征西將軍馬賢與護羌校尉胡疇征之，而稽久不進。融知其將敗，上疏乞自効，曰：「今雜種諸羌轉相鈔盜，宜及其未並，亟遣深入，破其支黨，而馬賢等處處留滯。羌胡百里望塵，千里聽聲，今逃匿避回，漏出其後，則必侵寇三輔，爲民大害。臣願請賢所不可用關東兵五千，裁假部隊之號，盡力率厲，埋根行首，以先吏士，三旬之中，必克破之。臣少習學藝，不更武職，猥陳此言，必受誣罔之辜。昔毛遂厮養，爲衆所蚩，終以一言，克定從要。臣懼賢等專守一城，言攻於西而羌出於東，且其將士必有高克潰叛之變。」朝廷不能用。又陳：「星孛參、畢，參西方之宿，畢爲邊兵，至於分野，並州是也。西戎北狄，殆將起乎！宜備二方。」尋而隴西羌反，烏桓寇上郡，皆卒如融言。三遷，桓帝時爲南郡太守。先是融有事忤大將軍梁冀旨，冀諷有司奏融在郡貪濁，免官，髡徙朔方。自刺不殊，得赦還，復拜議郎，重在東觀著述，以病去官。融才高博洽，爲世通儒，教養諸生，常有千數。涿郡盧植，北海鄭玄，皆其徒也。善鼓琴，好吹笛，達生任性，不拘儒者之節。居宇器服，多存侈飾。常坐高堂，施絳紗帳，前授生徒，後列女樂，尔于〔弟子〕以次相傳，鮮有入其室者。嘗欲訓《左氏春秋》及見賈逵、鄭衆注，乃曰：「賈君精而不博，鄭君博而不精。既精既博，吾何加焉！」但著《三傳異同説》。注《孝經》、《論語》、《詩》、《易》、《三禮》、《尚書》、《列女傳》、《老子》、《淮南子》、《離騷》，所著賦、頌、碑、誄、書、記、表、奏、七言、琴歌、對策、遺令，凡二十一篇。初，融懲於鄧氏，不敢復違忤勢家，遂爲梁冀草奏李固，又作大將軍《西第頌》，以此頗爲正直所羞。年八十八，延熹九年卒于家。遺令薄葬。族孫日磾，獻帝時位至太傅。

論曰：馬融辭命鄧氏，逡巡隴漢之間，將有意於居貞乎？既而羞曲士之節，惜不貲之軀，終以奢樂恣性，黨附成譏，固知識能匡欲者鮮矣。夫事苦，則矜全之情薄；生厚，故安存之慮深。登高不懼者，胥靡之人也；坐不垂堂者，千金之子也。原其大略，歸於所安而已矣。物我異觀，亦更相笑也。

後漢書纂卷之九

宋　順陽　范　曄　譔
明　吳興　凌濛初　纂

蔡邕列傳

蔡邕傳 全 論 贊

蔡邕字伯喈，陳留圉人也。六世祖勳，好黄老，平帝時爲郿令。王莽初，授以厭戎連率。勳對印綬仰天嘆曰：「吾策名漢室，死歸其正。昔曾子不受季孫之賜，況可事二姓哉？」遂攜將家屬，逃入深山，與鮑宣、卓茂等同不仕新室。父稜，亦有清白行，謚曰貞定公。邕性篤孝，母常滯病三年，邕自非寒暑節變，未嘗解襟帶，不寢寐者十旬。母卒，廬于冢側，動静以禮。有兔馴擾其室傍，又木生連理，遠近奇之，多往觀焉。與叔父從弟同居，三世不分財，鄉黨高其義。少博學，師事太傅胡廣。好辭章、數術、天文，妙操音律。桓帝時，中常侍徐璜、左悺等五侯擅恣，聞邕善鼓琴，遂白天子，敕陳留太守督促發遣。邕不得已，行到偃師，稱疾而歸。閑居玩古，不交當世。感東方朔《客難》及揚雄、班固、崔駰之徒設疑以自通，乃斟酌群言，韙其是而矯其非，作《釋誨》以戒厲云爾。「有務世公子誨於華顛胡老曰：『蓋聞聖人之大寶曰位，故以仁守位，以財聚人。然則有位斯貴，有財斯富，行義達道，士之司也。故伊摯有負鼎之衒，仲尼設執鞭之言，甯子有清商之歌，百里有豢牛之事。夫如是，則聖哲之通趣，古人之明志也。夫子生清穆之世，稟醇和之靈，覃思典籍，韞櫝《六經》，安貧樂賤，與世無營，沈精重淵，抗志高冥，包括無外，綜析無形，其已久矣。曾不能拔萃出群，揚芳飛文，登天庭，序彝倫，掃六合之穢慝，清宇宙之埃塵，連光芒於白日，屬炎氣於景雲。時逝歲暮，默而無聞。小子惑焉，是以有云。方今聖上寬明，輔弼賢知，崇英逸偉，不墜於地，德弘者建宰相而裂土，才羨者荷榮禄而蒙賜。盍亦回塗要至，俯仰取容，輯當世之利，定不拔之功，榮家宗於此時，遺不滅之令蹤？夫獨未之思邪，何爲守彼而不通此？』胡老傲然而笑曰：『若公子，所謂睹曖昧之利，而忘昭晢之害；專必成之功，而忽蹉跌之敗者已。』公子謏爾斂袂而興曰：『胡爲其然也？』胡老曰：『居，吾將釋汝。昔自太極，君臣始基，有羲皇之洪寧，唐虞之至時。三代之隆，亦有緝熙，五伯扶微，勤而撫之。于斯已降，天網縱，人紘弛，王塗壞，太極陁，君臣土崩，上下瓦解。於是智者騁詐，辯者馳説，武夫奮略，戰士講鋭。電駭風馳，霧散雲披，變詐乖詭，以合時宜。或畫一策而綰萬金，或談崇朝而錫瑞珪。連衡者六印磊落，合從者駢組流離。隆貴翕習，積富無崖，據巧蹈機，以忘其危。夫華離蔕而萎，條去幹而枯，女冶容而淫，士背道而辜。人毀其滿，神疾其邪，利端始萌，害漸亦牙。速速方轂，夭夭是加，欲豐其屋，乃蔀其家。是故天地否閉，聖哲潛形，石門守晨，沮、溺耦耕，顔歜抱璞，蘧瑗保生，齊人歸樂，孔子斯征，雍渠驂乘，逝而遺輕。夫豈傲主而背國乎？道不可以傾也。且我聞之，日南至則黄鍾應，融風動而魚上冰，蕤賓統則微陰萌，蒹葭蒼而白露凝。寒暑相推，陰陽代興，運極則化，理亂相承。今大漢紹陶唐之洪烈，盪四海之殘灾，隆隱天之高，拆絙地之基。皇道惟融，帝猷顯丕，泯泯庶類，含甘吮滋。檢六合之群品，濟之乎雍熙，群僚恭己於職司，聖主垂拱乎兩楹。君臣穆穆，守之以平，濟濟多士，端委縉綎，鴻漸盈階，振鷺充庭。譬猶鍾山之玉，泗濱之石，累珪璧不爲之盈，採浮磬不爲之索。曩者，洪源辟而四隩集，武功定而干戈戢，獫狁攘而吉甫宴，城濮捷而晋凱入。故當其有事也，則簑笠並載，擐甲揚鋒，不給於務；當其無事也，則舒紳緩佩，鳴玉以步，綽有餘裕。夫世臣、門子，暬御之族，天隆其祐，主豐其祿。抱膺從容，爵位自從，攝須理髯，餘官委責。其進取也，順傾轉圓，不足以喻其便；逡巡放屣，不足以況其易。夫〔夫〕有逸群之才，人人有優贍之智。童子不問疑於老成，瞳矇不稽謀於先生。心恬澹於守高，意無爲於持盈。粲乎煌煌，莫非華榮。明哲泊焉，不失所寧。狂淫振蕩，乃亂其情。貪夫殉財，夸者死權。瞻仰此事，體躁心煩。闇謙盈之効，迷損益之數。騁駑駘於修路，慕騏驥而增驅，卑俯乎外戚之門，乞助乎近貴之譽。榮顯未副，從而顛踣，下獲熏胥之辜，高受滅家之誅。前車已覆，襲軌而騖，曾不鑒禍，以知畏懼。予惟悼哉，害其若是！天高地厚，跼而蹐之。怨豈在明，患生不思。戰戰兢兢，必慎厥尤。且用之則行，聖訓也；舍之則藏，至順也。九河盈溢，非一凷所防；帶甲百萬，非一勇所抗。今子責匹夫以清宇宙，庸可以水旱而累堯、湯乎？爟煙炎之毀熸，何光芒之敢揚哉！且夫地將震而樞星直，井無景則日陰食，元首寬則望舒朓，侯王肅則月側匿。是以君子推微達著，尋端見緒，履霜知冰，踐露知暑。時行則行，時止則止，消息盈冲，取諸天紀。利用遭泰，可與處否，樂天知命，持神任己。群車方奔乎險路，安能與之齊軌？思危難而自豫，故在賤而不耻。方將騁馳乎典籍之崇塗，休息乎仁義之淵藪，槃旋乎周、孔之庭宇，揖儒、墨而與爲友。舒之足以光四表，收之則莫能知其所有。若乃丁千載之運，應神靈之符，闓閶闔，乘天衢，擁華蓋而奉皇樞，納玄策於聖德，宣太平於中區。計合謀從，己之圖也；勳績不立，予之辜也。龜鳳山翳，霧露不除，踴躍草萊，祇見其愚。不我知者，將謂之遷。修業思真，棄此焉如？靜以俟命，不斁不渝。「百歲之後，歸乎其居」，幸其獲稱，天所誘也。罕漫而已，非己咎也。昔伯翳綜聲於鳥語，葛盧辯音於鳴牛，董父受氏於豢龍，奚仲供德於衡輈，倕氏興政於巧工，造父登御於驊騮，非子享土於善圉，狼瞫取右於禽囚，弓父畢精於筋角，佽飛明勇於赴流，壽王創基於格五，東方要幸於談優，上官効力於執蓋，弘羊據相於運籌。僕不能參跡於若人，故抱璞而優游。』於是公子仰首降階，忸怩而避。胡老乃揚衡含笑，援琴而歌。歌曰：『練余心兮浸太清，滌穢濁兮存正靈。和液暢兮神氣寧，情志泊兮心亭亭，嗜欲息兮無由生。踔宇宙而遺俗兮，眇翩翩而獨征。』」建寧三年，辟司徒橋玄府，玄甚敬待之。出補河平長。召拜郎中，校書東觀。遷議郎。邕以經籍去聖久遠，文字多謬，俗儒穿鑿，疑誤後學，熹平四年，乃與五官中郎將堂谿典、光禄大夫楊賜，諫議大夫馬日磾、議郎張馴、韓説、太史令單颺等，奏求正定《六經》文字。靈帝許之，邕乃自書册〔丹〕於碑，使工鐫刻立於太學門外。於是後儒晚學，咸取正焉。及碑始立，其觀視及摹寫者，車乘日千餘兩，填塞街陌。初，朝議以州郡相黨，人情比周，乃制婚姻之家及兩州人士不得對相監臨。至是復有三互法，禁忌轉密，選用艱難。幽、冀二州，久缺不補。邕上疏曰：「伏見幽、冀舊壤，鎧馬所出，比年兵飢，漸至空耗。今者百姓虚縣，萬里蕭條，闕職經時，吏人延屬，而三府選舉，踰月不定。臣經怪其事，而論者云『避三互』。十一州有禁，當取二州而已。又二州之士，或復限以歲月，狐疑遲淹，以失事會。愚以爲三互之禁，禁之薄者，今但申以威靈，明其憲令，在任之人豈不戒懼，而當坐設三互，自生留閡邪？昔韓安國起自徒中，朱買臣出於幽賤，並以才宜，還守本邦。又張敞亡命，擢授劇州。豈復顧循三互，繼以末制乎？三公明知二州之要，所宜速定，當越禁取能，以救時敝；而不顧争臣之義，苟避輕微之科，選用稽滯，以失其人。臣願陛下上則先帝，蠲除近禁，其諸州刺史器用可换者，無拘日月三互，以差厥中。」書奏不省。初，帝好學，自造《皇羲篇》五十章，因引諸生能爲文賦者。本頗以經學相招，後諸爲尺牘及工書鳥篆者，皆加引召，遂至數十人。侍中祭酒樂松、賈護，多引無行趣勢之徒，並待制鴻都門下，熹陳方俗閭里小事，帝甚悦之，待以不次之位。又市賈小民，爲宣陵孝子者，復數十人，悉除爲郎中、太子舍人。時頻有雷霆疾風，傷樹拔木，地震、隕雹、蝗蟲之害。又鮮卑犯境，役賦及民。六年七月，制書引咎，誥群臣各陳政要所當施行。邕上封事曰：「臣伏讀聖旨，雖周成遇風，訊諸執事，宣王遭旱，密勿祇畏，無以或加。臣聞天降灾異，緣象而至。辟歷數發，殆刑誅繁多之所生也。風者天之號令，所以教人也。夫昭事上帝，則自懷多福；宗廟致敬，則鬼神以著。國之大事，實先祀典，天子聖躬所當恭事。臣自在宰府，及備朱衣，迎氣五郊，而車駕稀出，四時至敬，屢委有司，雖有解除，猶爲疏廢。故皇天不悦，顯此諸異。《鴻範傳》曰：『政悖德隱，厥風發屋折木。』坤爲地道，《易》稱安貞。陰氣憤盛，則當静反動，法爲下叛。夫權不在上，則雹傷物；政有苛暴，則虎狼食人；貪利傷民，則蝗蟲損稼。去六月二十八日，太白與月相迫，兵事惡之。鮮卑犯塞，所從來遠，今之出師，未見其利。上違天文，下逆人事。誠當博覽衆議，從其安者。臣不勝憤懣，謹條宜所施行七事表左：一事：明堂月令，天子以四立及季夏之節，迎五帝於郊，所以導致神氣，祈福豐年。清廟祭祀，追往恭敬，養老辟雍，示人禮化，皆帝者之大業，祖宗所祗節〔奉〕也。而有司數以蕃國疏喪，宫内産生，及吏卒小污，屢生忌故。竊見南郊齋戒，未嘗有廢，至於它祀，輒興異議。豈南郊卑而它祀尊哉？孝元皇帝策書曰：『禮之至敬，莫重於祭，所以竭心親奉，以致肅祗者也。』又元和故事，復申先典。前後制書，推心懇惻。而近者以來，更令太史。忘禮敬之大，任禁忌之書，拘信小故，以虧大典。《禮》，妻妾産者，齋則不入側室之門，無廢祭之文也。所謂宫中有卒，三月不祭者，謂士庶人數堵之室，共處其中耳，豈謂皇居之曠，臣妾之衆哉？自今齋制宜如古〔故〕典，庶答風霆灾妖之異。二事：臣聞國之將興，至言數聞，内知己政，外見民情。是故先帝雖有聖明之姿，而猶廣求得失。又因灾異，援引幽隱，重賢良、方正、敦朴、有道之選，危言極諫，不絶於朝。陛下親政以來，頻年灾異，而未聞特舉博選之旨。誠當思省述修舊事，使抱忠之臣展其狂直，以解《易傳》『政悖德隱』之言。三事：夫求賢之道，未必一塗，或以德顯，或以言揚。頃者，立朝之士，曾不以忠信見賞，恒被謗訕之誅，遂使群下結口，莫圖正辭。郎中張文，前獨盡狂言，聖聽納受，以責三司。臣子曠然，衆庶解悦。臣愚以爲宜擢文右職，以勸忠謇，宣聲海内，博開政路。四事：夫司隷校尉、諸州刺史，所以督察奸枉，分别白黑者也。伏見幽州刺史楊憙、益州刺史龐芝、涼州刺史劉虔，各有奉公疾奸之心，憙等所糾，其効尤多。餘皆枉撓，不能稱職。或有抱罪懷瑕，與下同疾，綱網弛縱，莫相舉察，公府臺閣亦復默然。五年制書，議遣八使，又令三公謡言奏事。是時奉公者欣然得志，邪枉者憂悸失色。未詳斯議，所因寢息。昔劉向奏曰：『夫執狐疑之計者，開群枉之門；養不斷之慮者，來讒邪之口。』今始聞善政，旋復變易，足令海内測度朝政。宜追定八使，糾舉非法，更選忠清，平章賞罰。三公歲盡，差其殿最，使吏知奉公之福，營私之禍，則衆灾之原庶可塞矣。五事：臣聞古者取士，必使諸侯歲貢。孝武之世，郡舉孝廉，又有賢良、文學之選，於是名臣輩出，文武並興。漢之得人，數路而已。夫書畫辭賦，才之小者，匡國理政，未有其能。陛下即位之初，先涉經術，聽政餘日，觀省篇章，聊以游意，當代博奕，非以教化取士之本。而諸生競利，作者鼎沸。其高者頗引經訓風喻之言；下則連偶俗語，有類俳優；或竊成文，虚冒名氏。臣每受詔於盛化門，差次録第，其未及者，亦復隨輩皆見拜擢。既加之恩，難復收改，但守奉禄，於義已弘，不可復使理人及仕州郡。昔孝宣會諸儒於石渠，章帝集學士於白虎，通經釋義，其事優大，文武之道，所宜從之。若乃小能小善，雖有可觀，孔子以爲『致遠則泥』，君子故當志其大者。六事：墨綬長吏，職典理人，皆當以惠利爲績，日月爲勞。褒責之科，所宜分明。而今在任無復能省，及其還者，多召拜議郎、郎中。若器用優美，不宜處之冗散。如有釁故，自當極其刑誅。豈有伏罪懼考，反求遷轉，更相放効，臧否無章？先帝舊典，未嘗有此。可皆斷絶，以覈真僞。七事：伏見前一切以宣陵孝子者爲太子舍人。臣聞孝文皇帝制喪服三十六日，雖繼體之君，父子至親，公卿列臣，受恩之重，皆屈情從制，不敢踰越。今虚僞小人，本非骨肉，既無幸私之恩，又無禄仕之實，惻隱思慕，情何緣生？而群聚山陵，假名稱孝，行不隱心，義無所依，至有奸軌之人，通容其中。桓思皇后祖載之時，東郡有盜人妻者亡在孝中，本縣追捕，乃伏其辜。虚僞雜穢，難得勝言。又前至得拜，後輩被遺；或經年陵次，以暫歸見漏；或以人自代，亦蒙寵榮。爭訟怨恨，凶凶道路。太子官屬，宜搜選令德，豈有但取丘墓凶醜之人？其爲不祥，莫與大焉。宜遣歸田里，以明詐僞。」書奏，帝乃親迎氣北郊，及行辟雍之禮。又詔宣陵孝子爲舍人者，悉改爲丞尉焉。光和元年，遂置鴻都門學，畫孔子及七十二弟子像。其諸生皆敕州郡三公舉用辟召，或出爲刺史、太守，入爲尚書、侍中，乃有封侯賜爵者，士君子皆恥與爲列焉。時妖異數見，人相驚擾。其年七月，詔召邕與光禄大夫楊賜、諫議大夫馬日磾、議郎張華、太史令單颺詣金商門，引入崇德殿，使中常侍曹節、王甫就問災異及消改變故所宜施行。邕悉心以對，事在《五行》、《天文志》。又特詔問曰：「比災變互生，未知厥咎，朝廷焦心，載懷恐懼。每訪群公卿士，庶聞忠言，而各存括囊，莫肯盡心。以邕經學深奥，故密特稽問，宜披露失得，指陳政要，勿有依違，自生疑諱。具對經術，以皁囊封上。」邕對曰：「臣伏惟陛下聖德允明，深悼灾咎，褒臣末學，特垂訪及，非臣螻蟻所能堪副。斯誠輸寫肝膽出命之秋，豈可以顧患避害，使陛下不聞至戒哉！臣伏思諸異，皆亡國之怪也。天於大漢，殷勤不已，故屢出祅變，以當譴責，欲令人君感悟，改危即安。今灾眚之發，不於它所，遠則門垣，近在寺署，其爲監戒，可謂至切。蜺墯鷄化，皆婦人干政之所致也。前者乳母趙嬈，貴重天下，生則貲藏侔於天府，死則丘墓踰於園陵，兩子受封，兄弟典郡；續以永樂門史霍玉，依阻城社，又爲奸邪。今者道路紛紛，復云有程大人者，察其風聲，將爲國患。宜高爲隄防，明設禁令，深惟趙、霍，以爲至戒。今聖意勤勤，思明邪正。而聞太尉張顥，爲玉所進；光禄勳偉（姓）璋，有名貪濁；又長水校尉趙玹、屯騎校尉蓋升，並叨時幸，榮富優足。宜念小人在位之咎，退思引身避賢之福。伏見廷尉郭禧，純厚老成；光禄大夫橋玄，聰達方直；故太尉劉寵，忠實守正：並宜爲謀主，數見訪問。夫宰相大臣，君之四體，委任責成，優劣已分，不宜聽納小吏，雕琢大臣也。又尚方工技之作，鴻都篇賦之文，可且消息，以示惟憂。《詩》云：『畏天之怒，不敢戲豫。』天戒誠不可戲也。宰府孝廉，士之高選。近者以辟召不慎，切責三公，而今並以小文超取選舉，開請托之門，違明王之典，衆心不厭，莫之敢言。臣願陛下忍而絶之，思惟萬機，以答天望。聖朝既自約厲，左右近臣亦宜從化。人自抑損，以塞咎戒，則天道虧滿，鬼神福謙矣。臣以愚戇，感激忘身，敢觸忌諱，手書具對。夫君臣不密，上有漏言之戒，下有失身之禍。願寢臣表，無使盡忠之吏，受怨奸仇。」章奏，帝覽而嘆息，因起更衣，曹節於後竊視之，悉宣語左右，事遂漏露。其爲邕所裁黜者，皆側目思報。初，邕與司徒劉郃素不相平，叔父衞尉質又與將作大匠楊球有隙。球即中常侍程璜女夫也，璜遂使人飛章言邕、質數以私事請託於郃，郃不聽，邕含隱切，志欲相中。於是詔下尚書，召邕詰狀。邕上書自陳曰：「臣被召，問以大鴻臚劉郃前爲濟陰太守，臣屬吏張宛長休百日，郃爲司隸，又託河南〔內〕郡吏李奇爲州書佐，及營護故河南尹羊陟、侍御史胡母班，郃不爲用致怨之狀。臣征營怖悸，肝膽塗地，不知死命所在。竊自尋案，實屬宛、奇，不及陟、班。凡休假小吏，非結恨之本。與陟姻家，豈敢申助私黨？如臣父子欲相傷陷，當明言臺閣，具陳恨狀所緣。內無寸事，而謗書外發，宜以臣對與郃參驗。臣得以學問特蒙褒異，執事祕館，操管御前，姓名貌狀，微簡聖心。今年七月，召詣金商門，問以灾異，齎詔申旨，誘臣使言。臣實愚戇，唯識忠盡，出命忘軀，不顧後害，遂譏刺公卿，內及寵臣。實欲以上對聖問，救消灾異，規爲陛下建康寧之計。陛下不念忠臣直言，宜加掩蔽，誹謗卒至，便用疑怪。盡心之吏，豈得容哉？詔書每下，百官各上封事，欲以改政思譴，除凶致吉，而言者不蒙延納之福，旋被陷破之禍。今皆杜口結舌，以臣爲戒，誰敢爲陛下盡忠孝乎？臣季父質，連見拔擢，位在上列。臣被蒙恩渥，數見訪逮。言事者因此欲陷臣父子，破臣門户，非復發糾奸伏，補益國家者也。臣年四十有六，孤特一身，得託名忠臣，死有餘榮，恐陛下於此不復聞至言矣。臣之愚冗，職當咎患，但前者所對，質不及聞，而衰老白首，横見引逮，隨臣摧没，並入阬埳，誠冤誠痛。臣一入牢獄，當爲楚毒所迫，趣以飲章，辭情何緣復聞？死期垂至，冒昧自陳。願身當辜戮，匄質不並坐，則身死之日，更生之年也。惟陛下加餐，爲萬姓自愛。」於是下邕、質於洛陽獄，劾以仇怨奉公，議害大臣，大不敬，棄市。事奏，中常侍吕强愍邕無罪，請之，帝亦更思其章，有詔减死一等，與家屬髡鉗徙朔方，不得以赦令除。楊球使客追路刺邕，客感其義，皆莫爲用。球又賂其部主使加毒害，所賂者反以其情戒邕，故每得免焉。居五原安陽縣。邕前在東觀，與盧植、韓説等撰補《後漢記》，會遭事流離，不及得成，因上書自陳，奏其所著十志，分别首目，連置章左。帝嘉其才高，會明年大赦，乃宥邕還本郡。邕自徙及歸，凡九月焉。將就還路，五原太守王智餞之。酒酣，智起舞屬邕，邕不爲報。智者，中常侍王甫弟也，素貴驕，慚於賓客，詬邕曰：「徒敢輕我！」邕拂衣而去。智銜之，密告邕怨於囚放，謗訕朝廷。内寵惡之。邕慮卒不免，乃亡命江海，遠跡吴會。往來依太山羊氏，積十二年，在吴。吴人有燒桐以爨者，邕聞火烈之聲，知其良木，因請而裁爲琴，果有美音，而其尾猶焦，故時人名曰「焦尾琴」焉。初，邕在陳留也，其鄰人有以酒食召邕者，比往而主以酣焉。客有彈琴於屏，邕至門試潛聽之，曰：「憘！以樂召我而有殺心，何也？」遂反。將命者告主人曰：「蔡君向來，至門而去。」邕素爲邦鄉所宗，主人遽自追而問其故，邕具以告，莫不憮然。彈琴者曰：「我向鼓弦，見螳蜋方向鳴蟬，蟬將去而未飛，螳蜋爲之一前一卻，吾心聳然，惟恐螳蜋之失之也，此豈爲殺心而形於聲者乎？」邕莞然而笑曰：「此足以當之矣。」中平六年，靈帝崩，董卓爲司空，聞邕名高，辟之，稱疾不就。卓大怒，詈曰：「我力能族人，蔡邕遂偃蹇者，不旋踵矣。」又切敕州郡舉邕詣府，邕不得已，到，署祭酒，甚見敬重。舉高第，補侍御史，又轉侍書御史，遷尚書。三日之間，周歷三臺。遷巴郡太守，復留爲侍中。初平元年，拜左中郎將，從獻帝遷都長安，封高陽鄉侯。董卓賓客部曲議欲尊卓比太公，稱尚父。卓謀之於邕，邕曰：「太公輔周，受命翦商，故特爲其號。今明公威德，誠爲巍巍，然比之尚父，愚意以爲未可。宜須關東平定，車駕還反舊京，然後議之。」卓從其言。初平二年六月，地震，卓以問邕。邕對曰：「地動者，陰盛侵陽，臣下踰制之所致也。前春郊天，公奉引車駕，乘金華青蓋，爪畫兩轓，遠近以爲非宜。」卓於是改乘皂蓋車。卓重邕才學，厚相遇待，每集宴，輒令邕鼓琴贊事，邕亦每存匡益。然卓多自佷用，邕恨其言少從，謂從弟谷曰：「董公性剛而遂非，終難濟也。吾欲東奔兖州，若道遠難達，且遯逃山東以待之，何如？」谷曰：「君狀異恒人，每行觀者盈集。以此自匿，不亦難乎？」邕乃止。及卓被誅，邕在司徒王允坐，殊不意言之而嘆，有動於色。允勃然叱之曰：「董卓國之大賊，幾傾漢室。君爲王臣，所宜同忿，而懷其私遇，以忘大節！今天誅有罪，而反相傷痛，豈不共爲逆哉？」即收付廷尉治罪。邕陳辭謝，乞黥首刖足，繼成漢史。士大夫多矜救之，不能得。太尉馬日磾馳往謂允曰：「伯喈曠世逸才，多識漢事，當續成後史，爲一代大典。且忠孝素著，而所坐無名，誅之無乃失人望乎？」允曰：「昔武帝不殺司馬遷，使作謗書，流於後世。方今國祚中衰，神器不固，不可令佞臣執筆在幼主左右。既無益聖德，復使吾黨蒙其訕議。」日磾退而告人曰：「王公其不長世乎？善人，國之紀也；制作，國之典也。滅紀廢典，其能久乎！」邕遂死獄中。允悔，欲止而不及，時年六十一。搢紳諸儒莫不流涕。北海鄭玄聞而嘆曰：「漢世之事，誰與正之！」兖州、陳留聞皆畫像而頌焉。其撰集漢事，未見録以繼後史。適作《靈紀》及十意，又補諸列傳四十二篇，因李傕之亂，湮没多不存。所著詩、賦、碑、誄、銘、讚、連珠、箴、弔、論議、《獨斷》、《勸學》、《釋誨》、《叙樂》、《大〔女〕訓》、《篆勢》、祝文、章表、書記，凡百四篇，傳於世。

論曰：意氣之感，士所不能忘也。流極之運，有生所共深悲也。當伯喈抱鉗扭，徙幽裔，仰日月而不見照燭，臨風塵而不得經過，其意豈及語平日倖全人哉！及解刑衣，竄甌越，潛舟江壑，不知其遠，捷步深林，尚苦不密，但願北首舊丘，歸骸先壟，又可得乎？董卓一旦入朝，辟書先下，分明枉結，信宿三遷。匡導既申，狂僭屢革，資《同人》之先號，得北叟之後福。屬其慶者，夫豈無懷？君子斷刑，尚或爲之不舉，況國憲倉卒，慮不先圖，矜情變容，而罰同邪黨？執政乃追怨子長謗書流後，放此爲戮，未或聞之典刑。

贊曰：季長戚氏，才通情侈。苑囿典文，流悦音伎。邕實慕静，心精辭綺。斥言金商，南徂北徙。籍梁懷董，名澆身毁。

左周黄列傳　左雄　周舉　黄瓊　論　贊

左雄傳　節

左雄字伯豪，南郡涅陽人也。安帝時，舉孝廉，稍遷冀州刺史。州部多豪族，好請托，雄常閉門不與交通。奏案貪猾二千石，無所回忌。永建初，公車徵拜議郎。時順帝新立，大臣懈怠，朝多闕政，雄數言事，其辭深切。尚書僕射虞翊以雄有忠公節，上疏薦之曰：「臣見方今公卿以下，類多拱默，以樹恩爲賢，盡節爲愚，至相戒曰：『白璧不可爲，容容多後福。』伏見議郎左雄，數上封事，至引陛下身遭難厄，以爲警戒，實有王臣蹇蹇之節，周公謨成王之風。宜擢在喉舌之官，必有匡弼之益。」由是拜雄尚書，再遷尚書令。上疏陳事曰：「臣聞柔遠和邇，莫大寧人，寧人之務，莫重用賢，用賢之道，必存考黜。是以皋陶對禹，貴在知人。『安人則惠，黎民懷之。』分伯建侯，代位親民，民用和穆，禮讓以興。故《詩》云：『有渰淒淒，興雨祁祁。雨我公田，遂及我私。』及幽、厲昏亂，不自爲政，褒豔用權，七子黨進，賢愚錯緒，深谷爲陵。故其《詩》云：『四國無政，不用其良。』又曰：『哀今之人，胡爲虺蜴？』言人畏吏如虺蜴也。宗周既滅，六國並秦，阬儒泯典，剗革五等，更立郡縣，縣設令長，郡置守尉，什伍相司，封豕其民。大漢受命，雖未復古，然克慎庶官，蠲苛救敝，悦以濟難，撫而循之。至於文、景，天下康乂。誠由玄靖寬柔，克慎官人故也。降及宣帝，興於仄陋，綜覈名實，知時所病，刺史守相，輒親引見，考察言行，信賞必罰。帝乃嘆曰：『民所以安而無怨者，政平吏良也。與我共此者，其唯良二千石乎！』以爲吏數變易，則下不安業；久於其事，則民服教化。其有政理者，輒以璽書勉勵，增秩賜金，或爵至關内侯，公卿缺則以次用之。是以吏稱其職，人安其業。漢世良吏，於茲爲盛，故能降來儀之瑞，建中興之功。漢初至今，三百餘載，俗浸彫敝，巧僞滋萌，下飾其詐，上肆其殘。典城百里，轉動無常，各懷一切，莫慮長久。謂殺害不辜爲威風，聚斂整辨爲賢能，以理己安民爲劣弱，以奉法循理爲不化。髡鉗之戮，生於睚眥；覆尸之禍，成於喜怒。視民如寇讎，稅之如豺虎。監司項背相望，與同疾疢，見非不舉，聞惡不察，觀政於亭傳，責成於期月，言善不稱德，論功不據實，虛誕者獲譽，拘檢者離毀。或因罪而引高，或色斯以求名。州宰不覆，競共辟召，踴躍升騰，超等踰匹。或考奏捕案，而亡不受罪，會赦行賂，復見洗滌。朱紫同色，清濁不分。故使奸猾枉濫，輕忽去就，拜除如流，缺動百數。鄉官部吏，職斯禄薄，車馬衣服，一出於民，廉者取足，貪者充家，特選横調，紛紛不絕，送迎煩費，損政傷民。和氣未洽，災眚不消，咎皆在此。今之墨綬，猶古之諸侯，拜爵王庭，輿服有庸，而齊於匹豎，叛命避負，非所以崇憲明理，惠育元元也。臣愚以爲守相長吏，惠和有顯効者，可就增秩，勿使移徙，非父母喪不得去官。其不從法禁，不式王命，錮之終身，雖會赦令，不得齒列。若被劾奏，亡不就法者，徙家邊郡，以懲其後。鄉部親民之吏，皆用儒生清白任從政者，寛其負算，增其秩禄，吏職滿歲，宰府州郡乃得辟舉。如此，威福之路塞，虛僞之端絕，送迎之役損，賦斂之源息。循理之吏，得成其化；率土之民，各寧其所。追配文、宣中興之軌，流光垂祚，永世不刊。」帝感其言，申下有司，考其真僞，詳所施行。

初，帝廢爲濟陰王，乳母宋娥與黄門孫程等共議立帝，帝後以娥前有謀，遂封爲山陽君，邑五千户。又封大將軍梁商子冀襄邑侯。雄上封事曰：「夫裂土封侯，王制所重。高皇帝約，非劉氏不王，非有功不侯。孝安皇帝封江京、王聖等，遂致地震之異。永建二年，封陰謀之功，又有日食之變。數術之士，咸歸咎於封爵。今青州飢虛，盜賊未息，民有乏絕，上求禀貸。陛下乾乾勞思，以濟民爲務。宜循古法，寧靜無爲，以求天意，以消灾異。誠不宜追録小恩，虧失大典。」帝不聽。雄復諫曰：「臣聞人君莫不好忠正而惡讒諛，然而歷世之患，莫不以忠正得罪，讒諛蒙倖者，蓋聽忠難，從諛易也。夫刑罪，人情之所甚惡；貴寵，人情之所甚欲。是以時俗爲忠者少，而習諛者多。故令人主數聞其美，稀知其過，迷而不悟，至於危亡。臣伏見詔書顧念阿母舊德宿恩，欲特加顯賞。案尚書故事，無乳母爵邑之制，唯先帝時阿母王聖爲野王君。聖造生讒賊廢立之禍，生爲天下所咀嚼，死爲海内所歡快。桀、紂貴爲天子，而庸僕羞與爲比者，以其無義也。夷、齊賤爲匹夫，而王侯争與爲伍者，以其有德也。今阿母躬蹈約儉，以身率下，群僚蒸庶，莫不向風，而與王聖並同爵號，懼違本操，失其常願。臣愚以爲凡人之心，理不相遠，其所不安，古今一也。百姓深懲王聖傾覆之禍，民萌之命，危於累卵，常懼時世復有此類。怵惕之念，未離於心；恐懼之言，未絶於口。乞如前議，歲以千萬給奉阿母，内足以盡恩愛之歡，外可不爲吏民所怪。梁冀之封，事非機急，宜過灾厄之運，然後平議可否。」會復有地震、緱氏山崩之異，雄復上疏諫曰：「先帝封野王君，漢陽地震，今封山陽君而京城復震，專政在陰，其灾尤大。臣前後瞽言封爵至重，王者可私人以財，不可以官，宜還阿母之封，以塞灾異。今冀已高讓，山陽君亦宜崇其本節。」雄言數切至，娥亦畏懼辭讓，而帝戀戀不能已，卒封之。後阿母遂以交遘失爵。是時大司農劉據以職事被譴，召詣尚書，傳呼促步，又加以捶撲。雄上言：「九卿位亞三事，班在大臣，行有佩玉之節，動有庠序之儀。孝明皇帝始有撲罰，皆非古典。」帝從而改之，其後九卿無復捶撲者。自雄掌納言，多所匡肅，每有章表奏議，臺閣以爲故事。遷司隸校尉。初，雄薦周舉爲尚書，舉既稱職，議者咸稱焉。及在司隸，又舉故冀州刺史馮直以爲將帥，而直嘗坐臧受罪，舉以此劾奏雄。雄悦曰：「吾嘗事馮直之父而又與直善，今宣光以此奏吾，乃是韓厥之舉也。」由是天下服焉。

周舉傳　救太后孫程一段　大旱對發喪旌節詔

周舉字宣光，汝南汝陽人，陳留太守防之子。防在《儒林傳》。舉姿貌短陋，而博學洽聞，爲儒者所宗，故京師爲之語曰：「五經從横周宣光。」延熹四年，辟司徒李郃府。時宦豎孫程等既立順帝，誅滅諸閻，議郎陳禪以爲閻太后與帝無母子恩，宜徙别館，絶朝見。群臣議者咸以爲宜。舉謂郃曰：「昔鄭武姜謀殺莊公，〔莊公〕誓之黄泉；秦始皇怨母失行，久而隔絶，後感潁考叔、茅焦之言，循復子道，書傳美之。今諸閻新誅，太后幽在離宫，若悲愁生疾，一旦不虞，主上將何以令於天下？如從禪議，後世歸咎明公。宜密表朝廷，令奉太后，率厲群臣，朝覲如舊，以厭天心，以答人望。」郃即上疏陳之。明年正月，帝乃朝于東宫，太后由此以安。後長樂少府朱倀代郃爲司徒，舉猶爲吏。時孫程等坐懷表上殿争功，帝怒，悉徙封遠縣，敕洛陽敦促期發遣。舉説朱倀曰：「朝廷在西鍾下時，非孫程等豈立？雖韓、彭、吴、賈之功，何以加諸！今忘其大德，録其小過，如道路夭折，帝有殺功臣之譏。及今未去，宜急表之。」倀曰：「今詔怒，二尚書已奏其事，吾獨表此，必致罪譴。」舉曰：「明公年過八十，位至台輔，不於今時竭忠報國，惜身安寵，欲以何求？禄位雖全，必陷佞邪之譏；諫而獲罪，猶有忠貞之名。若舉言不足採，請從此辭。」倀乃表諫，帝果從之。

河南三輔大旱，五穀灾傷，天子親自露坐德陽殿東厢請雨，又下司隸、河南禱祀河神、名山、大澤。詔書以舉才學優深，特下策問曰：「朕以不德，仰承三統，夙興夜寐，思協大中。頃年以來，旱灾屢應，稼穡焦枯，民食困乏。五品不訓，王澤未流，群司素餐，據非其位。審所貶黜，變復之徵，厥効何由？分别具對，勿有所諱。」舉對曰：「臣聞《易》稱『天尊地卑，乾坤定矣』。二儀交構，乃生萬物，萬物之中，以人爲貴。故聖人養之以君，成之以化，順四時之宜，適陰陽之和，使男女婚娶不失其時。包之以仁恩，導之以德教，示之以灾異，訓之以嘉祥。此先聖承乾養物之始也。夫陰陽閉隔，則二氣否塞；二氣否塞，則人物不昌；人物不昌，則風雨不時；風雨不時，則水旱成灾。陛下處唐虞之位，未行堯舜之政，近廢文帝、光武之法，而循亡秦奢侈之欲，内積怨女，外有曠夫。今皇嗣不興，東宫未立，傷和逆理，斷絶人倫之所致也。非但陛下行此而已，豎宦之人，亦復虚以形勢，威侮良家，取女閉之，至有白首殁無配偶，逆於天心。昔武王入殷，出傾宫之女；成湯遭灾，以六事剋己；魯僖遇旱，而自責祈雨：皆以精誠轉禍爲福。自枯旱以來，彌歷年歲，未聞陛下改過之効，徒勞至尊暴露風塵，誠無益也。又下州郡祈神致請。昔齊有大旱，景公欲祀河伯，晏子諫曰：『不可。夫河伯以水爲城國，魚鼈爲民庶。水盡魚枯，豈不欲雨？自是不能致也。』陛下所行，但務其華，不尋其實，猶緣木求魚，却行求前。誠宜推信革政，崇道變惑，出後宫不御之女，理天下冤枉之獄，除太官重膳之費。夫五品不訓，責在司徒，有非其位，宜急黜斥。臣自藩外擢典納言，學薄智淺，不足以對。《易傳》曰：『陽感天，不旋日。』惟陛下留神裁察。」因召見舉及尚書令成翊世、僕射黄瓊，問以得失。舉等並對以爲宜慎官人，去斥貪污，離遠佞邪，循文帝之儉，尊孝明之教，則時雨必應。帝曰：「百官貪污佞邪者爲誰乎？」舉獨對曰：「臣從下州，超備機密，不足以别群臣。然公卿大臣數有直言者，忠貞也；阿諛苟容者，佞邪也。司徒視事六年，未聞有忠言異謀，愚心在此。」其後以事免司徒劉崎，遷舉司隸校尉。

建和三年卒。朝廷以舉清公亮直，方欲以爲宰相，深痛惜之。乃詔告光禄勳、汝南太守曰：「昔在前世，求賢如渴，封墓軾閭，以光賢哲。故公叔見誄，翁歸蒙述，所以昭忠厲俗，作範後昆。故光禄大夫周舉，性侔夷、魚，忠踰隨、管，前授牧守，及還納言，出入京輦，有欽哉之績，在禁闈有密静之風。予録乃勳，用登九列。方欲式序百官，亮協三事，不永夙終，用乖遠圖。朝廷愍悼，遂爲愴然。《詩》不云乎：『肇敏戎功，用錫爾祉。』其令將大夫以下到喪發日復會弔。加賜錢十萬，以旌委蛇素絲之節焉。」

黄瓊傳

李固遺書　耕籍疏　梁冀禮議　病篤疏　附子琬遷都駁議

黄瓊字世英，江夏安陸人，魏郡太守香之子也。香在《文苑傳》。瓊初以父任爲太子舍人，辭病不就。遭父憂，服闋，五府俱辟，連年不應。永建中，公卿多薦瓊者，於是(與)會稽賀純、廣漢楊厚俱公車徵。瓊至綸氏，稱疾不進。有司劾不敬，詔下縣以禮慰遣，遂不得已。先是徵聘處士多不稱望，李固素慕於瓊，乃以書逆遺之曰：「聞已度伊、洛，近在萬歲亭，豈即事有漸，將順王命乎？蓋君子謂伯夷隘，柳下惠不恭，故傳曰『不夷不惠，可否之間』。蓋聖賢居身之所珍也。誠遂欲枕山栖谷，擬跡巢、由，斯則可矣；若當輔政濟民，今其時也。自生民以來，善政少而亂俗多，必待堯舜之君，此爲志士終無時矣。常聞語曰：『嶢嶢者易缺，皦皦者易污。』《陽春》之曲，和者必寡，盛名之下，其實難副。近魯陽樊君被徵初至，朝廷設壇席，猶待神明。雖無大異，而言行所守亦無所缺。而毀謗布流，應時折減者，豈非觀聽望深，聲名太盛乎？自頃徵聘之士，胡元安、薛孟嘗、朱仲昭、顧季鴻等，其功業皆無所採，是故俗論皆言處士純盜虚聲。願先生弘此遠謨，令衆人嘆服，一雪此言耳。」瓊至，即拜議郎，稍遷尚書僕射。

自帝即位以後，不行籍田之禮。瓊以國之大典不宜久廢，上疏奏曰：「自古聖帝哲王，莫不敬恭明祀，增致福祥，故必躬郊廟之禮，親籍田之勤，以先群萌，率勸農功。昔周宣王不籍千畝，虢文公以爲大譏，卒有姜戎之難，終損中興之名。竊見陛下遵稽古之鴻業，體虔肅以應天，順時奉元，懷柔百神，朝夕觸塵埃於道路，晝暮聆庶政以恤人。雖《詩》詠成湯之不怠遑，《書》美文王之不暇食，誠不能加。今廟祀適闋，而祈穀潔齋之事，近在明日。臣恐左右之心，不欲屢動聖躬，以爲親耕之禮，可得而廢。臣聞先王制典，籍田有日，司徒咸戒，司空除壇。先時五日，有協風之應，王即齋宫，饗醴載耒，誠重之也。自癸巳以來，仍西北風，甘澤不集，寒凉尚結。迎春東郊，既不躬親，先農之禮，所宜自勉，以逆和氣，以致時風。《易》曰：『君子自强不息。』斯其道也。」書奏，帝從之。

桓帝欲褒崇大將軍梁冀，使中朝二千石以上會議其禮。特進胡廣、太常羊溥、司隸校尉祝恬、太中大夫邊韶等，咸稱冀之勳德，其制度賫賞，以宜比周公，錫之山川、土田、附庸。瓊獨建議曰：「冀前以親迎之勞，增邑三千，又其子胤亦加封賞。昔周公輔相成王，制禮作樂，化致太平，是以大啓土宇，開地七百。今諸侯以户邑爲制，不以里數爲限。蕭何識高祖於泗水，霍光定傾危以興國，皆益户增封，以顯其功。冀可比鄧禹，合食四縣，賞賜之差，同於霍光，使天下知賞必當功，爵不越德。」朝廷從之。冀意以爲恨。會以地動策免。復爲太僕。永興元年，遷司徒，轉太尉。梁冀前後所托辟召，一無所用。雖有善人而爲冀所飾舉者，亦不加命。延熹元年，以日蝕免。復爲大司農。明年，梁冀被誅，太尉胡廣、司徒韓縯、司空孫朗皆坐阿附免廢，復拜瓊爲太尉。

七年，疾篤，上疏諫曰：「臣聞天者務剛其氣，君者務强其政。是以王者處高自持，不可不安；履危任力，不可不據。夫自持不安則顛，任力不據則危。故聖人升高據上，則以德義爲首；涉危蹈傾，則以賢者爲力。唐堯以德化爲冠冕，以稷、契爲筋力。高而益崇，動而愈據，此先聖所以長守萬國，保其社稷者也。昔高皇帝應天順民，奮劍而王，埽除秦、項，革命創制，降德流祚。至於哀、平，而帝道不綱，秕政日亂，遂使奸佞擅朝，外戚專恣。所冠不以仁義爲冕，所蹈不以賢佐爲力，終至顛蹶，絶滅漢祚。天維陵弛，民鬼慘愴，賴皇乾眷命，炎德復輝。光武以聖武天挺，繼統興業，創基冰泮之上，立足枳棘之林。擢賢於衆愚之中，畫功於無形之世。崇禮義於交争，循道化於亂離。是自歷高而不傾，任力危而不跌，興復洪祚，開建中興，光被八極，垂名無窮。至於中葉，盛業漸衰。陛下初從藩國，爰升帝位，天下拭目，謂見太平。而即位以來，未有勝政。諸梁秉權，豎宦充朝，重封累職，傾動朝廷，卿校牧守之選，皆出其門，羽毛齒革、明珠南金之寶，殷滿其室，富擬王府，勢回天地。言之者必族，附之者必榮。忠臣懼死而杜口，萬夫怖禍而木舌，塞陛下耳目之明，更爲聾瞽之主。故太尉李固、杜喬，忠以直言，德以輔政，念國忘身，隕殁爲報，而坐陳國議，遂見殘滅。賢愚切痛，海内傷懼。又前白馬令李雲，指言宦官罪穢宜誅，皆因衆人之心，以救積薪之敝。弘農杜衆，知雲所言宜行，懼雲以忠獲罪，故上書陳理之，乞同日而死，所以感悟國家，庶雲獲免。而雲既不辜，衆又並坐，天下尤痛，益以怨結，故朝野之人，以忠爲諱。昔趙殺鳴犢，孔子臨河而反。夫覆巢破卵，則鳳皇不翔；刳牲夭胎，則麒麟不臻。誠物類相感，理使其然。尚書周永，昔爲沛令，素事梁冀，幸其威勢，坐事當罪，越拜令職。見冀將衰，乃陽毁示忠，遂因奸計，亦取封侯。又黄門協邪，群輩相黨，自冀興盛，腹背相親，朝夕圖謀，共搆奸軌。臨冀當誅，無可設巧，復記其惡，以要爵賞。陛下不加清徵〔澂〕，審别真僞，復與忠臣並時顯封，使朱紫共色，粉墨雜糅，所謂抵金玉於沙礫，碎珪璧於泥塗。四方聞之，莫不憤歎。昔曾子大孝，慈母投杼；伯奇至賢，終於流放。夫讒諛所舉，無高而不可升；〔阿黨〕相抑，無深而不可淪。可不察歟？臣至頑駑，世荷國恩，身輕位重，勤不補過，然懼於永殁，負釁益深。敢以垂絶之日，陳不諱之言，庶有萬分，無恨三泉。」

董卓秉政，以琬名臣，徵爲司徒，遷太尉，更封陽泉鄉侯。卓議遷都長安，琬與司徒楊彪同諫不從。琬退而駁議之曰：「昔周公營洛邑以寧姬，光武卜東都以隆漢，天之所啓，神之所安。大業既定，豈宜妄有遷動，以虧四海之望？」時人懼卓暴怒，琬必及害，固諫之。琬對曰：「昔白公作亂於楚，屈盧冒刃而前；崔杼弑君於齊，晏嬰不懼其盟。吾雖不德，誠慕古人之節。」琬竟坐免。

論曰：古者諸侯歲貢士，進賢受上賞，非賢貶爵土。升之司馬，辯論其才，論定然後官之，任官然後禄之。故王者得其人，進仕勸其行，經邦弘務，所由久矣。漢初詔舉賢良、方正，州郡察孝廉、秀才，斯亦貢士之方也。中興以後，復增敦朴、有道、賢能、直言、獨行、高節、質直、清白、敦厚之屬。榮路既廣，觖望難裁，自是竊名僞服，浸以流競。權門貴仕，請謁繁興。自左雄任事，限年試才，雖頗有不密，固亦因識時宜。而黄瓊、胡廣、張衡、崔瑗之徒，泥滯舊方，互相詭駁，循名者屈其短，算實者挺其効。故雄在尚書，天下不敢妄選，十餘年間，稱爲得人，斯亦効實之徵乎？順帝始以童弱反政，而號令自出，知能任使，故士得用情，天下喁喁，仰其風采。遂乃備玄纁玉帛，以聘南陽樊英，天子降寢殿，設壇席，尚書奉引，延問失得。急登賢之舉，虛降己之禮，於是處士鄙生，忘其拘儒，拂巾衽褐，以企旌車之招矣。至乃英能承風，俊乂咸事，若李固、周舉之淵謨弘深，左雄、黄瓊之政事貞固，桓焉、楊厚以儒學進，崔瑗、馬融以文章顯，吴祐、蘇章、种暠、欒巴牧民之良幹，龐參、虞詡將帥之宏規，王龔、張皓虛心以推士，張綱、杜喬直道以糾違，郎顗陰陽詳密，張衡機術特妙：東京之士，於兹盛焉。向使廟堂納其高謀，彊埸〔疆場〕宣其智力，帷幄容其謇辭，舉厝稟其成式，則武、宣之軌，豈其遠而？《詩》云：「靡不有初，鮮克有終。」可爲恨哉！及孝桓之時，碩德繼興，陳蕃、楊秉處稱賢宰，皇甫、張、段出號名將，王暢、李膺彌縫衮闕，朱穆、劉陶獻替匡時，郭有道奬鑒人倫，陳仲弓弘道下邑。其餘宏儒遠智，高心潔行，激揚風流者，不可勝言。而斯道莫振，文武陵隊，在朝者以正議嬰戮，謝事者以黨錮致灾。往車雖折，而來軫方遒。所以傾而未顛，决而未潰，豈非仁人君子心力之爲乎？嗚呼！

贊曰：雄作納言，古之八元。舉升以彙，越自下蕃。登朝理政，並紓灾昏。瓊名夙知，累章國疵。琬亦早秀，位及志差。

荀韓鍾陳列傳　荀淑　陳實

荀淑傳　子爽陳便宜策　論　孫悦漢紀序

爽字慈明，一名諝。幼而好學，年十二，能通《春秋》、《論語》。太尉杜喬見而稱之，曰：「可爲人師。」爽遂耽思經書，慶弔不行，徵命不應。潁川爲之語曰：「荀氏八龍，慈明無雙。」延熹九年，太常趙典舉爽至孝，拜郎中。對策陳便宜曰：「臣聞之於師曰：『漢爲火德，火生於木，木盛於火，故其德爲孝，其象在《周易》之《離》。』夫在地爲火，在天爲日。在天者用其精，在地者用其形。夏則火王，其精在天，温暖之氣，養生百木，是其孝也。冬時則廢，其形在地，酷烈之氣，焚燒山林，是其不孝也。故漢制使天下誦《孝經》，選吏舉孝廉。夫喪親自盡，孝之終也。今之公卿及二千石，三年之喪，不得即去，殆非所以增崇孝道而克稱火德者也。往者孝友〔文〕勞謙，行過乎儉，故有遺詔以日易月，此當時之宜，不可貫之萬世。古今之制雖有損益，而諒闇之禮未嘗改移，以示天下莫遺其親。今公卿群僚皆政教所瞻，而父母之喪不得奔赴。夫仁義之行，自上而始；敦厚之俗，以應乎下。傳曰：『喪祭之禮闕，則人臣之恩薄，背死忘生者衆矣。』曾子曰：『人未有自致者，必也親喪乎！』《春秋傳》曰：『上之所爲，民之歸也。』夫上所不爲而民或爲之，故加刑罰；若上之所爲，民亦爲之，又何誅焉？昔翟方進以自備宰相，而不敢踰制。至遭母憂，三十六日而除。夫失禮之源，自上而始。古者大喪三年不呼其門，所以崇國厚俗篤化之道也。事失宜正，過勿憚改。天下通喪，可如舊禮。臣聞有夫婦然後有父子，有父子然後有君臣，有君臣然後有上下，有上下然後有禮義。禮義備，則人知所厝矣。夫婦人倫之始，王化之端，故文王作《易》，上經首《乾》、《坤》，下經首《咸》、《恒》。孔子曰：『天尊地卑，乾坤定矣。』夫婦之道，所謂順也。《堯典》曰：『釐降二女於嬀汭，嬪于虞。』降者下也，嬪者婦也。言雖帝堯之女，下嫁於虞，猶屈體降下，勤修婦道。《易》曰：『帝乙歸妹，以祉元吉。』婦人謂嫁曰歸，言湯以娶禮歸其妹於諸侯也。《春秋》之義，王姬嫁齊，使魯主之，不以天子之尊加於諸侯也。今漢承秦法，設尚主之儀，以妻制夫，以卑臨尊，違乾坤之道，失陽唱之義。孔子曰：『昔聖人之作《易》也，仰則觀象於天，俯則察法於地，睹鳥獸之文，與地之宜。近取諸身，遠取諸物，以通神明之德，以類萬物之情。』今觀法於天，則北極至尊，四星妃后。察法於地，則崐山象夫，卑澤象妻。睹鳥獸之文，鳥則雄者鳴鴝，雌能順服；獸則牡爲唱導，牝乃相從。近取諸身，則乾爲人首，坤爲人腹。遠取諸物，則木實屬天，根荄屬地。陽尊陰卑，蓋乃天性。且《詩》初篇實首《關雎》；《禮》始《冠》、《婚》，先正夫婦。天地《六經》，其旨一揆。宜改尚主之制，以稱乾坤之性。遵法堯、湯，式是周、孔。合之天地而不謬，質之鬼神而不疑。人事如此，則嘉瑞降天，吉符出地，五韙咸備，各以其叙矣。昔者聖人建天地之中而謂之禮，禮者，所以興福祥之本，而止禍難之源也。人能枉欲從禮者，則福歸之；順情廢禮者，則禍歸之。推禍福之所應，知興廢之所由來也。衆禮之中，婚禮爲首。故天子娶十二，天之數也；諸侯以下各有等差，事之降也。陽性純而能施，陰體順而能化，以禮濟樂，節宣其氣。故能豐子孫之祥，致老壽之福。及三代之季，淫而無節。瑶臺傾宫，陳妾數百。陽竭於上，陰隔於下。故周公之戒曰：『不知稼穡之艱難，不聞小人之勞，惟耽樂之從，時亦罔或克壽。』是其明戒。後世之人，好福不務其本，惡禍不易其軌。傳曰：『截趾適屨，孰云其愚？何與斯人，追欲喪軀？』誠可痛也。臣竊聞後宫采女五六千人，從官侍使復在其外。冬夏衣服，朝夕稟糧，耗費縑帛，空竭府藏，徵調增倍，十而税一，空賦不辜之民，以供無用之女，百姓窮困於外，陰陽隔塞於内。故感動和氣，灾異屢臻。臣愚以爲諸非禮聘未曾幸御者，一皆遣出，使成妃合。一曰通怨曠，和陰陽。二曰省財用，實府庫。三曰修禮制，綏眉壽。四曰配陽施，祈螽斯。五曰寬役賦，安黎民。此誠國家之弘利，天人之大福也。夫寒熱晦明，所以爲歲；尊卑奢儉，所以爲禮；故以晦明寒暑之氣，尊卑侈約之禮爲其節也。《易》曰：『天地節而四時成。』《春秋傳》曰：『唯器與名不可以假人。』《孝經》曰：『安上治民，莫善於禮。』禮者，尊卑之差，上下之制也。昔季氏八佾舞於庭，非有傷害困於人物，而孔子猶曰『是可忍也，孰不可忍』。《洪範》曰：『惟辟作威，惟辟作福，惟辟玉食。』凡此三者，君所獨行而臣不得同也。今臣僭君服，下食上珍，所謂害于而家，凶于而國者也。宜略依古禮尊卑之差，及董仲舒制度之别，嚴篤

〔督〕有司，必行其命。此則禁亂善俗足用之要。」奏聞，即棄官去。

論曰：荀爽、鄭玄、申屠蟠俱以儒行爲處士，累徵並謝病不詣。及董卓當朝，復備禮召之。蟠、玄竟不屈以全其高。爽已黄髪矣，獨至焉，未十旬而取卿相。意者疑其乖趣舍，余竊商其情，以爲出處君子之大致也，平運則弘道以求志，陵夷則濡跡以匡時。荀公之急急自勵，其濡跡乎？不然，何爲違貞吉而履虎尾焉？觀其遜言遷都之議，以救楊、黄之禍。及後潛圖董氏，幾振國命，所謂「大直若屈」，道固逶迤也。

帝好典籍，常以班固《漢書》文繁難省，乃令悦依《左氏傳》體以爲《漢紀》三十篇，詔尚書給筆札。辭約事詳，論辨多美。其序之曰：「昔在上聖，惟建皇極，經緯天地，觀象立法，乃作書契，以通宇宙，揚于王庭，厥用大焉。先王光演大業，肆于時夏。亦惟厥後，永世作典。夫立典有五志焉：一曰達道義，二曰章法式，三曰通古今，四曰著功勳，五曰表賢能。於是天人之際，事物之宜，粲然顯著，罔不備矣。世濟其軌，不隕其業。損益盈虚，與時消息。臧否不同，其揆一也。漢四百有六載，撥亂反正，統武興文，永惟祖宗之洪業，思光啓乎萬嗣。聖上穆然，惟文之恤，瞻前顧後，是紹是繼，闡崇大猷，命立國典。於是綴叙舊書，以述《漢紀》。中興以前，明主賢臣得失之軌，亦足以觀矣。」

陳實傳 論

論曰：漢自中世以下，閹竪縱恣，故俗遂以遁身矯潔放言爲高。士有不談此者，則芸夫牧竪已叫呼之矣。故時政彌惛，而其風愈往。唯陳先生進退之節，必可度也。據於德故物不犯，安於仁故不離群，行成乎身而道訓天下，故凶邪不能以權奪，王公不能以貴驕，所以聲教發於上，而風俗清乎下也。

李杜列傳　李固　杜喬　論　贊

李固傳　全

李固字子堅，漢中南鄭人，司徒郃之子也。郃在《數術傳》。固貌狀有奇表，鼎用〔角〕匿犀，足履龜文。少好學，常步行尋師，不遠千里。遂究覽墳籍，結交英賢。四方有志之士，多慕其風而來學。京師咸嘆曰：「是復爲李公矣。」司隸、益州並命郡舉孝廉，辟司空掾，皆不就。陽嘉二年，有地動、山崩、火灾之異，公卿舉固對策，詔又特問當世之敝，爲政所宜。固對曰：「臣聞王者父天母地，寶有山川。王道得則陰陽和穆，政化乖則崩震爲灾。斯皆關之天心，效於成事者也。夫化以職成，官由能理。古之進者，有德有命；今之進者，唯財與力。伏聞詔書務求寬博，疾惡嚴暴。而今長吏多殺伐致聲名者，必加遷賞；其存寬和無黨援者，輒見斥逐。是以淳厚之風不宣，彫薄之俗未革。雖繁刑重禁，何能有益？前孝安皇帝變亂舊典，封爵阿母，因造妖孽，使樊豐之徒乘權放恣，侵奪主威，改亂嫡嗣，至令聖躬狼狽，親遇其艱。既拔自困殆，龍興即位，天下喁喁，屬望風政。積敝之後，易致中興，誠當沛然思惟善道；而論者猶云，方今之事，復同於前。臣伏從山草，痛心傷臆。實以漢興以來，三百餘年，賢聖相繼，十有八主。豈無阿乳之恩？豈忘爵賞之寵？然上畏天威，俯案經典，知義不可，故不封也。今宋阿母雖有大功勤謹之德，但加賞賜，足以酬其勞苦；至於裂土開國，實乖舊典。聞阿母體性謙虚，必有遜讓，陛下宜許其辭國之高，使成萬安之福。夫妃后之家所以少完全者，豈天性當然？但以爵位尊顯，專總權柄，天道惡盈，不知自損，故至顛僕。先帝寵遇閻氏，位號太疾，故其受禍曾不旋時。《老子》曰：『其進鋭，其退速也。』今梁氏戚爲椒房，禮所不臣，尊以高爵，尚可然也。而子弟群從，榮顯兼加，永平、建初故事，殆不如此。宜令步兵校尉冀及諸侍中還居黃門之官，使權去外戚，政歸國家，豈不休乎！又詔書所以禁侍中尚書中臣子弟不得爲吏察孝廉者，以其秉威權，容請托故也。而中常侍在日月之側，聲勢振天下，子弟祿仕，曾無限極。雖外托謙默，不干州郡，而諂僞之徒，望風進舉。今可爲設常禁，同之中臣。昔館陶公主爲子求郎，明帝不許，賜錢千萬。所以輕厚賜，重薄位者，爲官人失才，害及百姓也。竊聞長水司馬武宣、開陽城門候羊迪等，無他功德，初拜便真。此雖小失，而漸壞舊章。先聖法度，所宜堅守，政教一跌，百年不復。《詩》云：『上帝板板，下民卒癉。』刺周王變祖法度，故使下民將盡病也。今陛下之有尚書，猶天之有北斗也。斗爲天喉舌，尚書亦爲陛下喉舌。斗斟酌元氣，運平四時。尚書出納王命，賦政四海，權尊勢重，責之所歸。若不平心，災眚必至。誠宜審擇其人，以毗聖政。今與陛下共理天下者，外則公卿尚書，內則常侍黃門，譬猶一門之內，一家之事，安則共其福慶，危則通其禍敗。刺史、二千石，外統職事，內受法則。夫表曲者景必邪，源清者流必潔，猶叩樹本，百枝皆動也。《周頌》曰：『薄言振之，莫不震疊。』此言動之於內，而應於外者也。由此言之，本朝號令，豈可蹉跌？閑隙一開，則邪人動心；利競暫啓，則仁義道塞。刑罰不能復禁，化導以之寖壞。此天下之紀綱，當今之急務。陛下宜開石室，陳圖書，招會群儒，引問得失，指擿變象，以求天意。其言有中理，即時施行，顯拔其人，以表能者。則聖聽日有所聞，忠臣盡其所知。又宜罷退宦官，去其權重，裁置常侍二人，方直有德者，省事左右；小黃門五人，才智閑雅者，給事殿中。如此，則論者厭塞，升平可致也。臣所以敢陳愚瞽，冒昧自聞者，儻或皇天欲令微臣覺悟陛下。陛下宜熟察臣言，憐赦臣死。」順帝覽其對，多所納用，即時出阿母還〔弟〕舍，諸常侍悉叩頭謝罪，朝廷肅然。以固爲議郎。而阿母宦者疾固言直，因詐飛章以陷其罪，事從中下。大司農黃尚等請之於大將軍梁商，又僕射黃瓊救明固事，久乃得拜議郎。出爲廣漢雒令，至白水關，解印綬，還漢中，杜門不交人事。歲中，梁商請爲從事中郎。商以后父輔政，而柔和自守，不能有所整裁，灾異數見，下權日重。固欲令商先正風化，退辭高滿，乃奏記曰：「《春秋》褒儀父以開義路，貶無駭以閉利門。夫義路閉則利門開，利門開則義路閉也。前孝安皇帝内任伯榮、樊豐之屬，外委周廣、謝惲之徒，開門受賂，署用非次，天下紛然，怨聲滿道。朝廷初立，頗有清静，未能數年，稍復墮損。左右黨進者，日有遷拜，守死善道者，滯涸窮路，而未有改敝立德之方。又即位以來，十有餘年，聖嗣未立，群下繼望。可令中宫博簡嬪媵，兼採微賤宜子之人，進御至尊，順助天意。若有皇子，母自乳養，無委保妾醫巫，以致飛燕之禍。明將軍望尊位顯，當以天下爲憂，崇尚謙省，垂則萬方。而新營祠堂，費功億計，非以昭明令德，崇示清儉。自數年以來，灾怪屢見，比無雨潤，而沈陰鬱泱。宫省之内，容有陰謀。孔子曰：『智者見變思刑，愚者睹怪諱名。』天道無親，可爲祇畏。加近者月食既於端門之側。月者，大臣之體也。夫窮高則危，大滿則溢，月盈則缺，日中則移。凡此四者，自然之數也。天地之心，福謙忌盛，是以賢達功遂身退，全名養壽，無有怵迫之憂。誠令王綱一整，道行中立，明公踵伯成之高，全不朽之譽，豈與此外戚凡輩耽榮好位者同日而論哉！固狂夫下愚，不達大體，竊感古人一飯之報，况受顧遇而容不盡乎！」商不能用。永和中，荆州盗賊起，彌年不定，乃以固爲荆州刺史。固到，遣吏勞問境内，赦寇盗前釁，與之更始。於是賊帥夏密等斂其魁黨六百餘人，自縛歸首。固皆原之，遣還，使自相招集，開示威法。半歲間，餘類悉降，州内清平。上奏南陽太守高賜等贓穢。賜等懼罪，遂共重賂大將軍梁冀，冀爲千里移檄，而固持之愈急。冀遂令徙固爲太山太守。時太山盗賊屯聚歷年，郡兵常千人，追討不能制。固到，悉罷遣歸農，但選留任戰者百餘人，以恩信招誘之。未滿歲，賊皆弭散。遷將作大匠。上疏陳事曰：「臣聞氣之清者爲神，人之清者爲賢。養身者以煉神爲寶，安國者以積賢爲道。昔秦欲謀楚，王孫圉設壇西門，陳列名臣，秦使懼然，遂爲寢兵。魏文侯師卜子夏，友田子方，軾段干木，故群俊競至，名過齊桓，秦人不敢闚兵於西河，斯蓋積賢人之符也。陛下撥亂龍飛，初登大位，聘南陽樊英、江夏黄瓊、廣漢楊厚、會稽賀純，策書嗟嘆，待以大夫之位。是以巖穴幽人，智術之士，彈冠振衣，樂欲爲用，四海欣然，歸服聖德。厚等在職，雖無奇卓，然夕惕孳孳，志在憂國。臣前在荆州，聞厚、純等以病免歸，誠以悵然，爲時惜之。一日朝會，見諸侍中並皆年少，無一宿儒大人可顧問者，誠可嘆息。宜徵還厚等，以副群望。瓊久處議郎，已且十年，衆人皆怪始隆崇，今更滯也。光禄大夫周舉，才謨高正，宜在常伯，訪以言議。侍中杜喬，學深行直，當世良臣，久托疾病，可敕令起。」又薦陳留楊倫、河南尹有〔存〕、東平王惲、陳國何臨、清河房植等，是日有詔徵用倫、厚等，而遷瓊、舉，以固爲大司農。先是周舉等八使案察天下，多所劾奏，其中並是宦者親屬，輒爲請乞，詔遂令勿考。又舊任三府選令史，光禄試尚書郎，時皆特拜，不復選試。固乃與廷尉吴雄上疏，以爲八使所糾，宜急誅罰，選舉署置，可歸有司。帝感其言，乃更下免八使所舉刺史、二千石，自是希復特拜，切責三公，明加考察，朝廷稱善。乃復與光禄勳劉宣上言：「自頃選舉特〔牧〕守，多非其人，至行無道，侵害百姓。又宜止槃游，專心庶政。」帝納其言，於是下詔諸州劾奏守令以下，政有乖枉，遇人無惠者，免所居官；其奸穢重罪，收付詔獄。及冲帝即位，以固爲太尉，與梁冀參録尚書事。明年帝崩，梁太后以揚、徐盜賊盛强，恐驚擾致亂，使中常侍詔固等，欲須所徵諸王侯到乃發喪。固對曰：「帝雖幼少，猶天下之父。今日崩亡，人神感動，豈有臣子反共掩匿乎？昔秦皇亡於沙丘，胡亥、趙高隱而不發，卒死扶蘇，以至亡國。近北鄉侯薨，閻后兄弟及江京等亦共掩秘，遂有孫程手刃之事。此天下大忌，不可之甚者也。」太后從之，即暮發喪。固以清河王蒜年長有德，欲立之，謂梁冀曰：「今當立帝，宜擇長年高明有德，任親政事者，願將軍審詳大計，察周、霍之立文、宣，戒鄧、閻之利幼弱。」冀不從，乃立樂安王子纘，年八歲，是爲質帝。時冲帝將北卜山陵，固乃議曰：「今處處寇賊，軍興用費加倍，新創憲陵，賦發非一。帝尚幼小，可起陵於憲陵塋内，依康陵制度，其於役費三分減一。」乃從固議。時太后以比遭不造，委任宰輔，固所匡正，每輒從用，其黄門宦者一皆斥遣，天下咸望遂平，而梁冀猜專，每相忌疾。初，順帝時諸所除官，多不以次，及固在事，奏免百餘人，此等既怨，又希望冀旨，遂共作飛章虚誣固罪曰：「臣聞君不稽古，無以承天；臣不述舊，無以奉君。昔堯殂之後，舜仰慕三年，坐則見堯於墻，食則睹堯於羹。斯所謂聿追來孝，不失臣子之節者。太尉李固，因公假私，依正行邪，離間近戚，自隆支黨。至於表舉薦達，例皆門徒，及所辟召，靡非先舊。或富室財賂，或子壻婚屬，其列在官牒者凡四十九人。又廣選賈豎，以補令史；募求好馬，臨窗呈試。出入踰侈，輜軿曜日。大行在殯，路人掩涕，固獨胡粉飾貌，搔頭弄姿，槃旋偃仰，從容冶步，曾無慘怛傷悴之心。山陵未成，違矯舊政，善則稱己，過則歸君，斥逐近臣，不得侍送，作威作福，莫固之甚。臣聞台輔之位，實和陰陽，璇璣不平，寇賊奸軌，則責在太尉。固受任之後，東南跋扈，兩州數郡，千里蕭條，兆人傷損，大化陵遲，而詆疵先主，苟肆狂狷。存無廷争之忠，没有誹謗之説。夫子罪莫大於累父，臣惡莫深於毁君。固之過釁，事合誅辟。」書奏，冀以白太后，使下其事。太后不聽，得免。冀忌帝聰慧，恐爲後患，遂令左右進鴆。帝苦煩甚，使促召固。固入，前問：「陛下得患所由？」帝尚能言，曰：「食煮餅，今腹中悶，得水尚可活。」時冀亦在側，曰：「恐吐，不可飲水。」語未絶而崩。固伏尸號哭，推舉侍醫。冀慮其事泄，大惡之。因議立嗣，固引司徒胡廣、司空趙戒，先與冀書曰：「天下不幸，仍遭大憂。皇太后聖德當朝，攝統萬機，明將軍體履忠孝，憂存社稷，而頻年之間，國祚三絶。今當立帝，天下重器，誠知太后垂心，將軍勞慮，詳擇其人，務存聖明。然愚情眷眷，竊獨有懷。遠尋先世廢立舊儀，近見國家踐祚前事，未嘗不詢訪公卿，廣求群議，令上應天心，下合衆望。且永初以來，政事多謬，地震宫廟，彗星竟天，誠是將軍用情之日。傳曰：『以天下與人易，爲天下得人難。』昔昌邑之立，昏亂日滋，霍光憂愧發憤，悔之折骨。自非博陸忠勇，延年奮發，大漢之祀，幾將傾矣。至憂至重，可不熟慮！悠悠萬事，唯此爲大。國之興衰，在此一舉。」冀得書，乃召三公、中二千石、列侯大議所立。固、廣、戒及大鴻臚杜喬皆以爲清河王蒜明德著聞，又屬最尊親，宜立爲嗣。先是蠡吾侯志當取冀妹，時在京師，冀欲立之。衆論既異，憤憤不得意，而未有以相奪。中常侍曹騰等聞而夜往説冀曰：「將軍累世有椒房之親，秉攝萬機，賓客縱横，多有過差。清河王嚴明，若果立，則將軍受禍不久矣。不如立蠡吾侯，富貴可長保也。」冀然其言。明日重會公卿，冀意氣凶凶，而言辭激切。自胡廣、趙戒以下，莫不懾憚之，皆曰：「惟大將軍令。」而固獨與杜喬堅守本議。冀厲聲曰：「罷會。」固意既不從，猶望衆心可立，復以書勸冀。〔冀〕愈激怒，乃説太后先策免固，竟立蠡吾侯，是爲桓帝。後歲餘，甘陵劉文、魏郡劉鮪各謀立蒜爲天子，梁冀因此誣固與文、鮪共爲妖言，下獄。門生渤海王調貫械上書，證固之枉，河内趙承等數十人亦要鈇鑕詣闕通訴，太后明之，乃赦焉。及出獄，京師市里皆稱萬歲。冀聞之大驚，畏固名德終爲己害，及〔乃〕更據奏前事，遂誅之，時年五十四。臨終與胡廣、趙戒書曰：「固受國厚恩，是以竭其股肱，不顧死亡，志欲扶持王室，比隆文、宣。何圖一朝梁氏迷謬，公等曲從，以吉爲凶，成事爲敗乎？漢家衰微，從此始矣。公等受主厚禄，顛而不扶，傾覆大事，後之良史，豈有所私？固身已矣，於義得矣，夫復何言！」廣、戒得書悲慚，皆長嘆流涕。州郡收固二子基、兹於偃〔郾〕城，皆死獄中。小子燮得脱亡命。冀乃封廣、戒而露固尸於四衢，令有敢臨者加其罪。固弟子汝南郭亮，年始成童，游學洛陽，乃左提章鉞，右秉鈇鑕，詣闕上書，乞收固屍。不許，因往臨哭，陳辭於前，遂守喪不去。夏門亭長呵之曰：「李、杜二公爲大臣，不能安上納忠，而興造無端。卿曹何等腐生，公犯詔書，干試有司乎？」亮曰：「亮含陰陽以生，戴乾履坤。義之所動，豈知性命，何爲以死相懼？」亭長嘆曰：「居非命之世，天高不敢不跼，地厚不敢不蹐。耳目適宜視聽，口不可以妄言也。」太后聞而不誅。南陽人董班亦往哭固，而殉尸不肯去。太后憐之，乃聽得襚斂歸葬。二人由此顯名，三公並辟。班遂隱身，莫知所歸。固所著章、表、奏、議、教令、對策、記、銘凡十一篇。弟子趙承等悲嘆不已，乃共論固言迹，以爲《德行》一篇。

杜喬傳　諫封梁冀子弟書

時梁冀子弟五人及中常侍等以無功並封，喬上書諫曰：「陛下越從藩臣，龍飛即位，天人屬心，萬邦攸賴。不急忠賢之禮，而先左右之封，傷善害德，興長佞諛。臣聞古之明君，褒罰必以功過；末世闇主，誅賞各緣其私。今梁氏一門，宦者微孽，並帶無功之紱，裂勞臣之土，其爲乖濫，胡可勝言！夫有功不賞，爲善失其望；奸回不詰，爲惡肆其凶。故陳資斧而人靡畏，班爵位而物無勸。苟遂斯道，豈伊傷政，爲亂而已，喪身亡國，可不慎哉！」書奏不省。

論曰：夫稱仁者，其道弘矣！立言踐行，豈徒徇名安己而已哉，將以定去就之槩，正天下之風，使生以理全，死與義合也。夫專爲義則傷生，專爲生則忘義，專爲物則害智，專爲己則損仁。若義重於生，舍生可也；生重於義，全生可也。上以殘闇失君道，下以篤固盡臣節。臣節盡而死之，則爲殺身以成仁，去之不爲求生以害仁也。順、桓之間，國統三絶，太后稱制，賊臣虎視。李固據位持重，以争大義，確乎而不可奪。豈不知守節之觸禍，耻夫覆折之傷任也。觀其發正辭，及所遺梁冀書，〔雖〕機失謀乖，猶戀戀而不能已。至矣哉，社稷之心乎！其顧視胡廣、趙戒，猶糞土也。

吳延史盧趙列傳　吳祐　延篤　史弼　盧植　趙岐

吳祐傳　諫殺青一段　仁政始末

吳祐字季英，陳留長垣人也。父恢，爲南海太守。祐年十二，隨從到官。恢欲殺青簡以寫經書，祐諫曰：「今大人踰越五領，遠在海濱，其俗誠陋，然舊多珍怪，上爲國家所疑，下爲權戚所望。此書若成，則載之兼兩。昔馬援以薏苡興謗，王陽以衣囊徼名。嫌疑之間，誠先賢所慎也。」恢乃止，撫其首曰：「吳氏世不乏季子矣。」

祐政唯仁簡，以身率物。民有爭訴者，輒閉閤自責，然後斷其訟，以道譬之。或身到閭里，重相和解。自是之後，爭隙省息，吏人懷而不欺。嗇夫孫性私賦民錢，市衣以進其父，父得而怒曰：「有君如是，何忍欺之！」促歸伏罪。性慚懼，詣閤持衣自首。祐屏左右問其故，性具談父言。祐曰：「掾以親故，受污穢之名，所謂『觀過斯知人矣』。」使歸謝其父，還以衣遺之。又安丘男子毋丘長與母俱行市，道遇醉客辱其母，長殺之而亡，安丘追蹤於膠東得之。祐呼長謂曰：「子母見辱，人情所恥。然孝子忿必慮難，動不累親。今若背親逞怒，白日殺人，赦若非義，刑若不忍，將如之何？」長以械自繫，曰：「國家制法，囚身犯之。明府雖加哀矜，恩無所施。」祐問長有妻子乎？對曰：「有妻未有子也。」即移安丘逮長妻，妻到，解其桎梏，使同宿獄中，妻遂懷孕。至冬盡行刑，長泣謂母曰：「負母應死，當何以報吳君乎？」乃齧指而吞之，含血言曰：「妻若生子，名之『吳生』，言我臨死吞指爲誓，屬兒以報吳君。」因投繯而死。

延篤傳

仁孝前後之證論及止引進書

時人或疑仁孝前後之證，篤乃論之曰：「觀夫仁孝之辯，紛然異端，互引典文，代取事據，可謂篤論矣。夫人二致同源，總率百行，非復銖兩輕重，必定前後之數也。而如欲分其大較，體而名之，則孝在事親，仁施品物。施物則功濟於時，事親則德歸於己。於己則事寡，濟時則功多。推此以言，仁則遠矣。然物有出微而著，事有由隱而章。近取諸身，則耳有聽受之用，目有察見之明，足有致遠之勞，手有飾衛之功，功雖顯外，本之者心也。遠取諸物，則草木之二〔生〕，始於萌芽，終於彌蔓，枝葉扶疏，榮華紛縟，木雖繁蔚，致之者根也。〔夫仁人之有孝，猶四體之有心腹，枝葉之有本根也。〕聖人知之，故曰：『夫孝，天之經也，地之義也，人之行也。』『君子務本，本立而道生，孝悌也者，其爲仁之本與！』然體大難備，物性好偏，故所施不同，事少兩兼者也。如必對其優劣，則仁以枝葉扶疏爲大，孝以心體本根爲先，可無訟也。或謂先孝後仁，非仲尼序回、參之意。蓋以爲仁孝同質而生，純體之者，則互以爲稱，虞舜、顏回是也。若偏而體之，則各有其目，公劉、曾孫〔參〕是也。夫曾、閔以孝悌爲至德，管仲以九合爲仁功，未有論德不先回、參，考功不大夷吾。以此而言，各從其稱者也。」前越嶲太守李文德素善於篤。時在京師，謂公卿曰：「延叔堅有王佐之才，奈何屈千里之足乎？」欲令引進之。篤聞，乃爲書止文德曰：「夫道之將廢，所謂命也。流聞乃欲相爲求還東觀，來命雖篤，所未敢當。吾嘗昧爽櫛梳，坐於客堂。朝則誦羲、文之《易》，虞、夏之《書》，歷公旦之典禮，覽仲尼之《春秋》。夕則消揺内階，詠《詩》南軒。百家衆氏，投間而作。洋洋乎其盈耳也，涣爛兮其溢目也，紛紛欣欣兮其獨樂也。當此之時，不知天之爲蓋，地之爲輿；不知世之有人，己之有軀也。雖漸離擊筑，傍若無人，高鳳讀書，不知暴雨，方之於吾，未足况也。且吾自束修已來，爲人臣不陷於不忠，爲人子不陷於不孝，上交不諂，下交不黷，從此而殁，下見先君遠祖，可不慚赧。如此而不以善止者，恐如教羿射者也。慎勿迷其本，弃其生也。」後遭黨事禁錮。

史弼傳 全　論

史弼字公謙，陳留考城人也。父敞，順帝時以佞辯至尚書、郡守。弼少篤學，聚徒數百。仕州郡，辟公府，遷北軍中侯。是時桓帝弟渤海王悝素行險辟，僭傲多不法。弼懼其驕悖爲亂，乃上封事曰：「臣聞帝王之於親戚，愛雖隆，必示之以威；體雖貴，必禁之以度。如是，和睦之道興，骨肉之恩遂。昔周襄王恣甘昭公，孝景皇帝驕梁孝王，而二弟階寵，終用勃慢，卒周有播蕩之禍，漢有爰盎之變。竊聞渤海王悝，憑至親之屬，恃偏私之愛，失奉上之節，有僭慢之心，外聚剽輕不逞之徒，内荒酒樂，出入無常，所與群居，皆有口無行，或家之弃子，或朝之斥臣，必有羊勝、伍被之變。州司不敢彈糾，傅相不能匡輔。陛下隆於友于，不忍遏絶。恐遂滋蔓，爲害彌大。乞露臣奏，宣示百僚，使臣得於清朝明言其失，然後詔公卿平處其法。法決罪定，乃下不忍之詔。臣下固執，然後少有所許。如是，則聖朝無傷親之譏，勃海有享國之慶。不然，懼大獄將興，使者相望於路矣。臣職典禁兵，備禦非常，而妄知藩國，干犯至戚，罪不容誅。不勝憤懣，謹冒死以聞。」帝以至親，不忍下其事。後悝竟坐逆謀，貶爲癭陶王。弼遷尚書，出爲平原相。時詔書下舉鉤黨，郡國所奏相連及者多至數百，唯弼獨無所上。詔書前後切却州郡，髡笞掾史。從事坐傳責曰：「詔書疾惡黨人，旨意懇惻。青州六郡，其五有黨，近國甘陵，亦考南北部，平原何理而得獨無？」弼曰：「先王疆理天下，畫界分境，水土異齊，風俗不同。它郡自有，平原自無，胡可相比？若承望上司，誣陷良善，淫刑濫罰，以逞非理，則平原之人，户可爲黨。相有死而已，所不能也。」從事大怒，即收郡僚職送獄，遂舉奏弼。會黨禁中解，弼以俸贖罪得免，濟活者千餘人。弼爲政特挫抑强豪，其小民有罪，多所容貸。遷河東太守，被一切詔書當舉孝廉。弼知多權貴請托，乃豫敕斷絶書屬。中常侍侯覽果遣諸生齎書請之，並求假鹽税，積日不得通。生乃説以它事謁弼，而因達覽書。弼乃大怒曰：「太守忝荷重任，當選士報國，爾何人而僞詐無狀！」命左右引出，楚捶數百，府丞、掾史千〔十〕餘人皆諫於廷，弼不對。遂付安邑獄，即日考殺之。侯覽大怨，遂詐作飛章下司隸，誣弼誹謗，檻車徵。吏人莫敢近者，唯前孝廉裴瑜送到崤澠之間，大言於道傍曰：「明府摧折虐臣，選德報國，如其獲罪，足以垂名竹帛，願不憂不懼。」弼曰：「『誰謂荼苦，其甘如薺。』昔人刎頸，九死不恨。」及下廷尉詔獄，平原吏人奔走詣闕訟之。又前孝廉魏劭毁變形服，詐爲家僮，瞻護於弼。弼遂受誣，事當弃市。劭與同郡人賣郡邸，行賂於侯覽，得減死罪一等，論輸左校。時人或譏曰：「平原行貨以免君，無乃蚩乎！」陶丘洪曰：「昔文王牖里，閎、散懷金。史弼遭患，義夫獻寶。亦何疑焉！」於是議者乃息。刑竟歸田里，稱病閉門不出。數爲公卿所薦，議郎何休又訟弼有幹國之器，宜登台相，徵拜議郎。侯覽等惡之。光和中，出爲彭城相，會病卒。裴瑜位至尚書。

論曰：夫剛烈表性，鮮能優寬；仁柔用情，多乏貞直。吴季英視人畏傷，發言烝烝，似夫懦者；而懷憤激揚，折讓權枉，又何壯也！仁以矜物，義以退身，君子哉！語曰：「活千人者子孫必封。」史弼頡頏嚴吏，終全平原之黨，而其後不大，斯亦未可論也。

盧植傳　獻寶武書　論

盧植字子幹，涿郡涿人也。身長八尺二寸，音聲如鐘。少與鄭玄俱事馬融，能通古今學，好研精而不守章句。融外戚豪家，多列女倡歌舞於前。植侍講積年，未嘗轉眄，融以是敬之。學終辭歸，闔門教授。性剛毅有大節，常懷濟世志，不好辭賦，能飲酒一石。時皇后父大將軍竇武援立靈帝，初秉機政，朝議欲加封爵。植雖布衣，以武素有名譽，乃獻書以規之曰：「植聞嫠有不恤緯之事，漆室有倚楹之戚，憂深思遠，君子之情。夫士立争友，義貴切磋。《書》陳『謀及庶人』，《詩》詠『詢于芻蕘』。植誦先王之書久矣，敢愛其瞽言哉！今足下之於漢朝，猶旦、奭之在周室，建立聖主，四海有繫。論者以爲君子之功，於斯爲重。天下聚目而視，攢耳而聽，謂準之前事，將有景風之祚。尋《春秋》之義，王后無嗣，擇立親長，年均以德，德均則決之卜筮。今同宗相後，披圖案牒，以次建之，何勳之有？豈横叨天功以爲己力乎！宜辭大賞，以全身名。又比世祚不競，仍外求嗣，可謂危矣。而四方未寧，盜賊伺隙，恒岳、勃碣，特多奸盜，將有楚人脅比，尹氏立朝之變。宜依古禮，置諸子之官，徵王侯愛子，宗室賢才，外崇訓道之義，內息貪利之心，簡其良能，隨用爵之，强干弱枝之道也。」武並不能用。州郡數命，植皆不就。建寧中，徵爲博士，乃始起焉。

論曰：風霜以別草木之性，危亂而見貞良之節，則盧公之心可知矣。夫蠭蠆起懷，雷霆駭耳，雖賁、育、荆、諸之倫，未有不冘豫奪常者也。當植抽白刃嚴閣之下，追帝河津之間，排戈刃，赴戕折，豈先計哉？君子之於忠義，造次必於是，顛沛必於是也。

趙岐傳 遺令

趙岐字邠卿，京兆長陵人也。初名嘉，生於御史臺，因字臺卿，後避難，故自改名字，示不忘本土〔十〕也。岐少明經，有才藝，娶扶風馬融兄女。融外戚豪家，岐常鄙之，不與融相見。仕州郡，以廉直疾惡見憚。年三十餘，有重疾，卧蓐七年，自慮奄忽，乃爲遺令敕兄子曰：「大丈夫生世，遯無箕山之操，仕無伊、吕之勳，天不我與，復何言哉！可立一員石於吾墓前，刻之曰：『漢有逸人，姓趙名嘉。有志無時，命也奈何！』」其後疾瘳。

皇甫張段列傳 皇甫規 張奐

皇甫規傳 全 論

皇甫規字威明，安定朝那人也。祖父棱，度遼將軍。父旗，扶風都尉。永和六年，西羌大寇三輔，圍安定，征西將軍馬賢將諸郡兵擊之，不能克。規雖在布衣，見賢不恤軍事，審其必敗，乃上書言狀。尋而賢果爲羌所没。郡將知規有兵略，乃命爲功曹，使率甲士八百，與羌交戰，斬首數級，賊遂退卻。舉規上計掾。其後羌衆大合，攻燒隴西，朝廷患之。規乃上疏求自効，曰：「臣比年以來，數陳便宜。羌戎未動，策其將反，馬賢始出，頗知必敗。誤中之言，在可考校。臣每惟賢等擁衆四年，未有成功，懸師之費且百億計，出於平人，回入奸吏。故江湖之人，群爲盜賊，青、徐荒饑，襁負流散。夫羌戎潰叛，不由承平，皆由邊將失於綏御。乘常守安，則加侵暴，苟競小利，則致大害，微勝則虚張首級，軍敗則隱匿不言。軍士勞怨，困於猾吏，進不得快戰以徼功，退不得温飽以全命，餓死溝渠，暴骨中原。徒見王師之出，不聞振旅之聲。酋豪泣血，驚懼生變。是以安不能久，敗則經年。臣所以搏手叩心而增嘆者也。願假臣兩營二郡，屯列坐食之兵五千，出其不意，與護羌校尉趙冲共相首尾。土地山谷，臣所曉習；兵勢巧便，臣已更之。可不煩方寸之印，尺帛之賜，高可以滌患，下可以納降。若謂臣年少官輕，不足用者，凡諸敗將，非官爵之不高，年齒之不邁。臣不勝至誠，没死自陳。」時帝不能用。冲、質之間，梁太后臨朝，規舉賢良方正。對策曰：「伏惟孝順皇帝，初勤王政，紀綱四方，幾以獲安。後遭奸僞，威分近習，畜貨聚馬，戲謔是聞；又因緣嬖倖，受賂賣爵，輕使賓客，交錯其間，天下擾擾，從亂如歸。故每有征戰，鮮不挫傷，官民並竭，上下窮虚。臣在關西，竊聽風聲，未聞國家有所先後，而威福之來，咸歸權倖。陛下體兼乾坤，聰哲純茂，攝政之初，拔用忠貞，其餘維綱，多所改正，遠近翕然，望見太平。而地震之後，霧氣白濁，日月不光，旱魃爲虐，大賊從横，流血川野，庶品不安，譴誡累至，殆以奸臣權重之所致也。其常侍尤無狀者，亟便黜遣，披埽凶黨，收入財賄，以塞痛怨，以答天誡。今大將軍梁冀、河南尹不疑，處周、召之任，爲社稷之鎮，加與王室世爲姻族，今日立號雖尊可也，實宜增修謙節，輔以儒術，省去游娱不急之務，割減廬第無益之飾。夫君者舟也，人者水也。群臣乘舟者也，將軍兄弟操檝者也。若能平志畢力，以度元元，所謂福也。如其怠弛，將淪波濤，可不慎乎！夫德不稱禄，猶鑿墉之趾，以益其高，豈量力審功安固之道哉？凡諸宿猾、酒徒、戲客，皆耳納邪聲，口出諂言，甘心逸游，唱造不義。亦宜貶斥，以懲不軌。令冀等深思得賢之福，失人之累。又在位素餐，尚書怠職，有司依違，莫肯糾察，故使陛下專受諂諛之言，不聞户牖之外。臣誠知阿諛有福，深言近禍，豈敢隱心以避誅責乎！臣生長邊遠，希涉紫庭，怖慴失守，言不盡心。」梁冀忿其刺己，以規爲下第，拜郎中。托疾免歸，州郡承冀旨，幾陷死者再三。遂以《詩》、《易》教授，門徒三百餘人，積十四年。後梁冀被誅，旬月之間，禮命五至，皆不就。時太山賊叔孫無忌侵亂郡縣，中郎將宗資討之未服。公車特徵規，拜太山太守。規到官，廣設方略，寇虜悉平。延熹四年秋，叛羌零吾等與先零別種寇鈔關中，護羌校尉段熲坐徵。後先零諸種陸梁，復没營塢。規素悉羌事，志自奮効，乃上疏曰：「自臣受任，志竭愚鈍，實賴兖州刺史牽顥之清猛，中郎將宗資之信義，得承節度，幸無咎譽。今猾賊就滅，太山略平，復聞群羌並皆反逆。臣生長邠岐，年五十有九，昔爲郡吏，再更叛羌，預籌其事，有誤中之言。臣素有固疾，恐犬馬齒窮，不報大恩，願乞冗官，備單車一介之使，勞來三輔，宣國威澤。以所習地形兵勢，佐助諸軍。臣窮居孤危之中，坐觀郡將，已數十年矣。自鳥鼠至于東岱，其病一也。力求猛敵，不如清平；勤明吳、孫，未若奉法。前變未遠，臣誠戚之。是以越職，盡其區區。」至冬，羌遂大合，朝廷爲憂。三公舉規爲中郎將，持節監關西兵，討零吾等，破之，斬首八百級。先零諸種羌慕規威信，相勸降者十餘萬。明年，規因發其騎共討隴右，而道路隔絶，軍中大疫，死者十三四。規親入菴廬，巡視將士，三軍感悦。東羌遂遣使乞降，涼州復通。先是安定太守孫儁受取狼籍，屬國都尉李翕、督軍御史張稟多殺降羌，涼州刺史郭閎、漢陽太守趙熹並老弱不堪任職，而皆倚恃權貴，不遵法度。規到州界，悉條奏其罪，或免或誅。羌人聞之，翕然反善。沈氏大豪滇昌、饑恬等十餘萬口，復詣規降。規出身數年，持節爲將，擁衆立功，還督鄉里，既無它私惠，而多所舉奏，又惡絶宦官，不與交通，於是中外並怨，遂共誣規貨賂群羌，令其文降。天子璽書誚讓相屬。規懼不免，上疏自訟曰：「四年之秋，戎醜蠢戾，爰自西州，侵及涇陽，舊都懼駭，朝廷西顧。明詔不以臣愚駑，急使軍就道。幸蒙威靈，遂振國命，羌戎諸種，大小稽首，輒移書營郡，以訪誅納，所省之費，一億以上。以爲忠臣之義，不敢告勞，故耻以片言自及微效。然比方先事，庶免罪悔。前踐州界，先奏郡守孫儁，次及屬國都尉李翕、督軍御史張禀，旋師南征，又上凉州刺史郭閎、漢陽太守趙熹，陳其過惡，執據大辟。凡此五臣，支黨半國，其餘墨綬，下至小吏，所連及者，復有百餘。吏托報將之怨，子思復父之耻，載贄馳車，懷糧步走，交搆豪門，競流謗讟，云臣私報諸羌，謝其錢貨。若臣以私財，則家無擔石；如物出於官，則文簿易考。就臣愚惑，信如言者，前世尚遺匈奴以宫姬，鎮烏孫以公主。今臣但費千萬，以懷叛羌。則良臣之才略，兵家之所貴，將有何罪，負義違理乎？自永初以來，將出不少，覆軍有五，動資巨億。有旋車完封，寫之權門，而名成功立，厚加爵封。今臣還督本土，糺舉諸郡，絶交離親，戮辱舊故，衆謗陰害，固其宜也。臣雖污穢，廉潔無聞，今見覆没，耻痛實深。傳稱『鹿死不擇音』，謹冒昧略上。」其年冬，徵還拜議郎。論功當封，而中常侍徐璜、左悺欲從求貨，數遣賓客就問功狀，規終不答。璜等忿怒，陷以前事，下之於吏。官屬欲賦斂請謝，規誓而不聽，遂以餘寇不絶，坐繫廷尉，論輸左校。諸公及太學生張鳳等三百餘人詣闕訟之。會赦，歸家。徵拜度遼將軍，至營數月，上書薦中郎將張奂以自代。曰：「臣聞人無常俗，而政有治亂；兵無强弱，而將有能否。伏見中郎將張奂，才略兼優，宜正元帥，以從衆望。若猶謂愚臣宜充軍事者，願乞冗官，以爲奂副。」朝廷從之，以奂代爲度遼將軍，規爲使匈奴中郎將。及奂遷大司農，規復代爲度遼將軍。規爲人多意算，自以連在大位，欲退身避第，數上病，不見聽。會友人上郡太守王旻喪還，規縞素越界，到下亭迎之。因令客密告並州刺史胡芳，言規擅遠軍營，公違禁憲，當急舉奏。芳曰：「威明欲避第仕塗，故激發我耳。吾當爲朝廷愛才，何能申此子計邪！」遂無所問。及黨事大起，天下名賢多見染逮，規雖爲名將，素譽不高。自以西州豪傑，耻不得豫，乃先自上言：「臣前薦故大司農張奐，是附黨也。又臣昔論輸左校時，太學生張鳳等上書訟臣，是爲黨人所附也。臣宜坐之。」朝廷知而不問，時人以爲規賢。在事數歲，北邊威服。永康元年，徵爲尚書。其夏日食，詔公卿舉賢良方正，下問得失。規對曰：「天之於王者，如君之於臣，父之於子也。誡以灾妖，使從福祥。陛下八年之中，三斷大獄，一除内嬖，再誅外臣。而灾異猶見，人情未安者，殆賢愚進退，威刑所加，有非其理也。前太尉陳蕃、劉矩，忠謀高世，廢在里巷；劉祐、馮緄、趙典、尹勳，正直多怨，流放家門；李膺、王暢、孔翊，潔身守禮，終無宰相之階。至於鈎黨之釁，事起無端，虐賢傷善，哀及無辜。今興改善政，易於覆手，而群臣杜口，鑒畏前害，互相瞻顧，莫肯正言。伏願陛下暫留聖明，容受謇直，則前責可弭，後福必降。」對奏，不省。遷規弘農太守，封壽城亭侯，邑二百户，讓封不受。再轉爲護羌校尉。熹平三年，以疾召還，未至，卒于穀城，年七十一。所著賦、銘、碑、讚、禱文、弔、章表、教令、書、檄、牋記，凡二十七篇。

論曰：孔子稱「其言之不怍，則其爲之也難」。察皇甫規之言，其心不怍哉！夫其審己則干禄，見賢則委位，故干禄不爲貪，而委位不求讓；稱己不疑伐，而讓人無懼情。故能功成於戎狄，身全於邦家也。

張奐傳

謝段熲奏記　遺命　論

奐前爲度遼將軍，與段熲争擊羌，不相平。及熲爲司隸校尉，欲逐奐歸敦煌，將害之。奐憂懼，奏記謝熲曰：「小人不明，得過州將，千里委命，以情相歸。足下仁篤，照其辛苦，使人未反，復獲郵書。恩詔分明，前以寫白，而州期切促，郡縣惶懼，屏營延企，側待歸命。父母朽骨，孤魂相托，若蒙矜憐，壹惠咳唾，則澤流黄泉，施及冥寞，非奐生死所能報塞。夫無毛髮之勞，而欲求人丘山之用，此淳于髡所以拍髀仰天而笑者也。誠知言必見譏，然猶未能無望。何者？朽骨無益於人，而文王葬之；死馬無所復用，而燕昭寶之。黨同文、昭之德，豈不大哉！凡人之情，寃則呼天，窮則叩心。今呼天不聞，叩心無益，誠自傷痛。俱生聖世，獨爲匪人。孤微之人，無所告訴。如不哀憐，便爲魚肉。企心東望，無所復言。」頰雖剛猛，省書哀之，卒不忍也。

光和四年卒，年七十八。遺命曰：「吾前後仕進，十要銀艾，不能和光同塵，爲讒邪所忌。通塞命也，始終常也。但地底冥冥，長無曉期，而復纏以纊緜，牢以釘密，爲不喜耳。幸有前丘，朝殞夕下，措屍靈床，幅巾而已。奢非晋文，儉非王孫，推情從意，庶無咎吝。」諸子從之。武威多爲立祠，世世不絶。

論曰：自鄉鄉之封，中官世盛，暴恣數十年間，四海之内，莫不切齒憤盈，願投兵於其族。陳蕃、竇武奮義草謀，徵會天下，名士有識所共聞也，而張奂見欺豎子，揚戈以斷忠烈。雖恨毒在心，辭爵謝咎，《詩》云：「啜其泣矣，何嗟及矣！」

陳王列傳　陳蕃　王允

陳蕃傳　諫封賞踰制内寵猥盛疏及校獵疏　救劉瓆等疏　救李膺疏及讓鄉侯疏　論

時封賞踰制，内寵猥盛，蕃乃上疏諫曰：「臣聞有事社稷者，社稷是爲；有事人君者，容悦是爲。今臣蒙恩聖朝，備位九列，見非不諫，則容悦也。夫諸侯上象四七，垂耀在天，下應分土，藩屏上國。高祖之約，非功臣不侯。而聞追録河南尹鄧萬世父遵之微功，更爵尚書令黄儁先人之絶封，近習以非義授邑，左右以無功傳賞，授位不料其任，裂土莫紀其功，至乃一門之内，侯者數人，故緯象失度，陰陽謬序，稼用不成，民用不康。臣知封事已行，言之無及，誠欲陛下從是而止。又比年收斂，十傷五六，萬人饑寒，不聊生活，而采女數千，食肉衣綺，脂油粉黛，不可貲計。鄙諺云『盜不過五女門』，以女貧家也。今後宫之女，豈不貧國乎！是以傾宫嫁而天下化，楚女悲而西宫灾。且聚而不御，必生憂悲之感，以致並隔水旱之困。夫獄以禁止奸違，官以稱才理物。若法虧於平，官失其人，則王道有缺。而令天下之論，皆謂獄由怨起，爵以賄成。夫不有臭穢，則蒼蠅不飛。陛下宜採求失得，擇從忠善。尺一選舉，委尚書三公，使褒責誅賞，各有所歸，豈不幸甚！」帝頗納其言，爲出宫女五百餘人，但賜儁爵關内侯，而萬世南鄉侯。延熹六年，車駕幸廣成校獵。蕃上疏諫曰：「臣聞人君有事於苑囿，唯仲秋西郊，順時講武，殺禽助祭，以敦孝敬。如或違此，則爲肆縱。故皋陶戒舜『無教逸游』，周公戒成王『無槃于游田』。虞舜、成王猶有此戒，況德不及二主者乎！夫安平之時，尚宜有節，況當今之世，有三空之厄哉！田野空，朝廷空，倉庫空，是謂三空。加兵戎未戢，四方離散，是陛下焦心毁顔，坐以待旦之時也。豈宜揚旗曜武，騁心輿馬之觀乎！又前秋多雨，民始種麥。今失其勸種之時，而令給驅禽除路之役，非賢聖恤民之意也。齊景公欲觀於海，放乎琅邪，晏子爲陳百姓惡聞旌旗輿馬之音，舉首嚬眉之感，景公爲之不行。周穆王欲肆車轍馬跡，祭公謀父爲誦《祈招》之詩，以止其心。誠惡逸游之害人也。」書奏不納。

時小黄門趙津、南陽大猾張汜等，奉事中官，乘勢犯法，二郡太守劉瓆、成瑨考案其罪，雖經赦令，而並竟考殺之。宦官怨恚，有司承旨，遂奏瓆、瑨罪當棄市。又山陽太守翟超，没入中常侍侯覽財産，東海相黄浮，誅殺下邳令齊〔徐〕宣，超、浮並坐髡鉗，輸作左校。蕃與司徒劉矩、司空劉茂共諫請瓆、瑨、超、浮等，帝不悦。有司劾奏之，矩、茂不敢復言，蕃乃獨上疏曰：「臣聞齊桓修霸，務爲内政，《春秋》於魯，小惡必書。宜先自憼〔整〕敕，後以及人。今寇賊在外，四支之疾；内政不理，心腹之患。臣寢不能寐，食不能飽，實憂左右日親，忠言以疏，内患漸積，外難方深。陛下超從列侯，繼承天位。小家畜産百萬之資，子孫尚耻愧失其先業，況乃産兼天下，受之先帝，而欲懈怠以自輕忽乎？誠不愛己，不當念先帝得之勤苦耶？前梁氏五侯，毒偏海内，天啓聖意，收而戮之，天下之議，冀當小平。明鑒未遠，覆車如昨，而近習之權，復相扇結。小黄門趙津、大猾張汜等，肆行貪虐，奸媚左右，前太原太守劉瓆、南陽太守成瑨，糾而戮之。雖言赦後不當誅殺，原其誠心，在乎去惡。至於陛下，有何悁悁？而小人道長，營惑聖聽，遂使天威爲之發怒。如加刑讁，已爲過甚，況乃重罰，令伏歐刀乎！又前山陽太守翟超、東海相黄浮，奉公不撓，疾惡如讎，超没侯覽財物，浮誅徐宣之罪，並蒙刑坐，不逢赦恕。覽之從横，没財已幸；宣犯釁過，死有餘辜。昔丞相申屠嘉召責鄧通，洛陽令董宣折辱公主，而文帝從而請之，光武加以重賞，未聞二臣有專命之誅。而今左右群豎，惡傷黨類，妄相交搆，致此刑譴。聞臣是言，當復啼訴。陛下深宜割塞近習豫政之源，引納尚書朝省之事，公卿大官，五日一朝，簡練清高，斥黜佞邪。如是天和於上，地洽於下，休禎符瑞，豈遠乎哉！陛下雖厭毒臣言，凡人主有自勉强，敢以死陳。」帝得奏愈怒，竟無所納。

九年李膺等以黨事下獄考實。蕃因上疏極諫曰：「臣聞賢明之君，委心輔佐；亡國之主，諱聞直辭。故湯武雖聖，而興於伊吕；桀紂迷惑，亡在失人。由此言之，君爲元首，臣爲股肱，同體相須，共成美惡者也。伏見前司隸校尉李膺、太僕杜密、太尉掾范滂等，正身無玷，死心社稷。以忠忤旨，横加考案，或禁錮閉隔，或死徙非所。杜塞天下之口，聾盲一世之人，與秦焚書阬儒，何以爲異？昔武王克殷，表閭封墓，今陛下臨政，先誅忠賢。遇善何薄？待惡何優？夫讒人似實，巧言如簧，使聽之者惑，視之者昏。夫吉凶之効，存乎識善；成敗之機，在於察言。人君者，攝天地之政，秉四海之維，舉動不可以違聖法，進退不可以離道規。謬言出口，則亂及八方，何況髡無罪於獄，殺無辜於市乎！昔禹巡狩蒼梧，見市殺人，下車而哭之曰：『萬方有罪，在予一人！』故其興也勃焉。又青、徐災旱，五穀損傷，民物流遷，茹菽不足。而宫女積於房掖，國用盡於羅紈，外戚私門，貪財受賂，所謂『禄去公室，政在大夫』。昔春秋之末，周德衰微，數十年間無復災眚者，天所棄也。天之於漢，悢悢無已，故殷勤示變，以悟陛下。除妖去孽，實在修德。臣位列台司，憂責深重，不敢尸禄惜生，坐觀成敗。如蒙採録，使身首分裂，異門而出，所不恨也。」帝諱其言切，托以蕃辟召非其人，遂策免之。

永康元年，帝崩。竇后臨朝，詔曰：「夫民生樹君，使司牧之，必須良佐，以固王業。前太尉陳蕃，忠清直亮。其以蕃爲太傅，録尚書事。」時新遭大喪，國嗣未立，諸尚書畏懼權官，托病不朝。蕃以書責之曰：「古人立節，事亡如存。今帝祚未立，政事日蹙，諸君奈何委荼蓼之苦，息偃在床？於義不足，焉得仁乎！」諸尚書惶怖，皆起視事。靈帝即位，竇太后復優詔蕃曰：「蓋褒功以勸善，表義以厲俗，無德不報，《大雅》所嘆。太傅陳蕃，輔弼先帝，出內累年。忠孝之美，德冠本朝；謇愕之操，華首彌固。今封蕃高陽〔鄉〕侯，食邑三百户。」蕃上疏讓曰：「使者即臣廬，授高陽鄉侯印綬，臣誠悼心，不知所裁。臣聞讓，身之文，德之昭也，然不敢盗以爲名。竊惟割地之封，功德是爲。臣孰自思省，前後歷職，無它異能，合亦食禄，不合亦食禄。臣雖無素潔之行，竊慕『君子不以其道得之，不居也』。若受爵不讓，掩面就之，使皇天震怒，灾流下民，於臣之身，亦何所寄？顧惟陛下哀臣朽老，戒之在得。」竇太后不許，蕃復固讓，章前後十上，竟不受封。

論曰：桓、靈之世，若陳蕃之徒，咸能樹立風聲，抗論惛俗。而驅馳嶮厄之中，與刑人腐夫同朝争衡，終取滅亡之禍者，彼非不能潔情志，違埃霧也。愍夫世士以離俗爲高，而人倫莫相恤也。以遯世爲非義，故屢退而不去；以仁心爲己任，雖道遠而彌厲。及遭際會，協策竇武，自謂萬世一遇也。懔懔乎伊、望之業矣！功雖不終，然其信義足以携持民心。漢世亂而不亡，百餘年間，數公之力也。

王允傳　忤張讓始末　見殺始末　論

允少好大節，有志於立功，常習誦經傳，朝夕試馳射。三公並辟，以司徒高第爲侍御史。中平元年，黄巾賊起，特選拜豫州刺史。辟荀爽、孔融等爲從事，上除禁黨。討擊黄巾别帥，大破之，與左中郎將皇甫嵩、右中郎將朱儁等受降數十萬。於賊中得中常侍張讓賓客書疏，與黄巾交通，允具發其奸，以狀聞。靈帝責怒讓，讓叩頭陳謝，竟不能罪之。而讓懷挾忿怨，以事中允，明年，遂傳下獄。會赦，還復刺史。旬日間，復以它罪被捕。司徒楊賜以允素高，不欲使更楚辱，乃遣客謝之曰：「君以張讓之事，故一月再徵。凶慝難量，幸爲深計。」又諸從事好氣决者，共流涕奉藥而進之。允厲聲曰：「吾爲人臣，獲罪於君，當伏大辟以謝天下，豈有乳藥求死乎！」投杯而起，出就檻車。既至廷尉，左右皆促其事，朝臣莫不嘆息。大將軍何進、太尉袁隗、司徒楊賜共上疏請之曰：「夫内視反聽，則忠臣竭誠；寬賢務〔矜〕能，則義士厲節。是以孝文納馮唐之説，晋悼宥魏絳之罪。允以特選受命，誅逆撫順，曾未期月，州境澄清。方欲列其庸勳，請加爵賞，而以奉事不當，當肆大戮。責輕罰重，有虧衆望。臣等備位宰相，不敢寢默。誠以允宜蒙三槐之聽，以昭忠貞之心。」書奏，得以減死論。

允性剛稜疾惡，初懼董卓豺狼，故折節圖之。卓既殲滅，自謂無復患難，及在際會，每乏温潤之色，仗正持重，不循權宜之計，是以群下不甚附之。董卓將校及在位者多凉州人，允議罷其軍。或説允曰：「凉州人素憚袁氏而畏關東。今若一旦解兵關東，則必人人自危。可以皇甫義真爲將軍，就領其衆，因使留陝以安撫之，而徐與關東通謀，以觀兵〔其〕變。」允曰：「不然。關東舉義兵者，皆吾徒耳。今若距險屯陝，雖安凉州，而疑關東之心，甚不可也。」時百姓訛言，當悉誅凉州人，遂轉相恐動。其在關中者，皆擁兵自守。更相謂曰：「丁彦思、蔡伯喈但以董公親厚，並尚從坐。今既不赦我曹，而欲解兵，今日解兵，明日當復爲魚肉矣。」卓部曲將李傕、郭汜等先將兵在關東，因不自安，遂合謀爲亂，攻圍長安。城陷，吕布奔走。邪〔布〕駐馬青瑣門外，招允曰：「公可以去乎？」允曰：「若蒙社稷之靈，上安國家，吾之願也。如其不獲，則奉身以死之。朝廷幼少，恃我而已，臨難句〔苟〕免，吾不忍也。努力謝關東諸公，勤以國家爲念。」初，允以同郡宋翼爲左馮翊，王宏爲右扶風。是時三輔民庶熾盛，兵穀富實，李傕等欲即殺允，懼二郡爲患，乃先徵翼、宏。宏遣使謂翼曰：「郭汜、李傕以我二人在外，故未危王公。今日就徵，明日俱族。計將安出？」翼曰：「雖禍福難量，然王命所不得避也。」宏曰：「義兵鼎沸，在於董卓，況其黨與乎！若舉兵共討君側惡人，山東必應之，此轉禍爲福之計也。」翼不從。宏不能獨立，遂俱就徵，下廷尉。傕乃收允及翼、宏，並殺之。

論曰：士雖以正立，亦以謀濟。若王允之推董卓而引其權，伺其間而敝其罪，當此之時，天下懸解矣。而終不以猜忤爲釁者，知其本於忠義之誠也。故推卓不爲失正，分權不爲苟冒，伺間不爲狙詐。及其謀濟意從，則歸成於正也。

黨錮列傳

總叙　李膺　杜密　劉祐　范滂　張儉　贊

孔子曰：「性相近也，習相遠也。」言嗜惡之本同，而遷染之塗異也。夫刻意則行不肆，牽物則其志流。是以聖人導人理性，裁抑宕佚，慎其所與，節其所偏，雖情品萬區，質文異數，至於陶物振俗，其道一也。叔末澆托，王道陵缺，而猶假仁以效己，憑義以濟功。舉中於理，則强梁褫氣；片言違正，則厮臺解情。蓋前哲之遺塵，有足求者。霸德既衰，狙詐萌起，强者以決勝爲雄，弱者以詐劣受屈。至有畫半策而綰萬金，開一説而錫琛瑞。或起徒步而仕執珪，解草衣以升卿相。士之飾巧馳辯，以要能釣利者，不期而景從矣。自是愛尚相奪，與時回變，其風不可留，其敝不能反。及漢祖杖劍，武夫勃興，憲令寬賖，文禮簡闊，緒餘四豪之烈，人懷陵上之心，輕死重氣，怨惠必讎，令行私庭，權移匹庶，任俠之方，成其俗矣。自武帝以後，崇尚儒學，懷經協術，所在霧會，至有石渠分争之論，黨同伐異之説，守文之徒，盛於時矣。至王莽專僞，終於篡國，忠義之流，耻見纓紱，遂乃榮華丘壑，甘足枯槁。雖中興在運，漢德重開，而保身懷方，彌相慕襲，去就之節，重於時矣。

逮桓、靈之間，主荒政謬，國命委於閹寺，士子羞與爲伍，故匹夫抗憤，處士横議，遂乃激揚名聲，互相題拂，品覈公卿，裁量執政，婞直之風，於斯行矣。夫上好則下必甚，矯枉故直必過，其理然矣。若范滂、張儉之徒，清心忌惡，終陷黨議，不其然乎？

李膺傳　節

時宛陵大姓羊元群罷北海郡，臧罪狼籍，郡舍溷軒有奇巧，乃載之以歸。膺表欲按其罪，元群行賂宦豎，膺反坐輸作左校。初，膺與廷尉馮緄、大司農劉祐等共同心志，糾罰奸倖，緄、祐時亦得罪輸作。司隸校尉應奉上疏理膺等曰：「昔秦人觀寶於楚，昭奚恤莅以群賢；梁惠王夸其照乘之珠，齊威王答以四臣。夫忠賢武將，國之心膂。竊見左校施刑徒前廷尉馮緄、大司農劉祐、河南尹李膺等，執法不撓，誅舉邪臣，肆之以法，衆庶稱宜。昔季孫行父親逆君命，逐出莒僕，於舜之功二十之一。今膺等投身强禦，畢力致罪，陛下既不聽察，而猥受譖訴，遂令忠臣同愆元惡。自春迄冬，不蒙降恕，遐邇觀聽，爲之嘆息。夫立政之要，記功忘失，是以武帝捨安國於徒中，宣帝徵張敞於亡命。緄前討蠻荆，均吉甫之功。祐數臨督司，有不吐茹之節。膺著威幽、並，遺愛度遼。今三垂蠢動，王旅未振。《易》稱『雷雨作解，君子以赦過宥罪』。乞原膺等，以備不虞。」書奏，乃悉免其刑。再遷，復拜司隸校尉。時張讓弟朔爲野王令，貪殘無道，至乃殺孕婦，聞膺厲威嚴，懼罪逃還京師，因匿兄讓第舍，藏於合柱中。膺知其狀，率將吏卒破柱取朔，付洛陽獄。受辭畢，即殺之。讓訴冤於帝，詔膺入殿，御親臨軒，詰以不先請便加誅辟之意。膺對曰：「昔晉文公執衞成公歸于京師，《春秋》是焉。《禮》云公族有罪，雖曰宥之，有司執憲不從。昔仲尼爲魯司寇，七日而誅少正卯。今臣到官已積一旬，私懼以稽留爲愆，不意獲速疾之罪。誠自知釁責，死不旋踵，特乞留五日，尅殄元惡，退就鼎鑊，始生之願也。」帝無復言，顧謂讓曰：「此汝弟之罪，司隸何愆？」乃遣出之。自此諸黄門常侍皆鞠躬屏氣，休沐不敢復出宫省。帝怪問其故，並叩頭泣曰：「畏李校尉。」是時朝廷日亂，綱紀頹阤，膺獨持風裁，以聲名自高。士有被其容接者，名爲登龍門。及遭黨事，當考實膺等。案經三府，太尉陳蕃卻之，曰：「今所考案，皆海内人譽，憂國忠公之臣。此等猶將十世宥也，豈有罪名不章而致收掠者乎？」不肯平署。帝愈怒，遂下膺等於黄門北寺獄。膺等頗引宦官子弟，宦官多懼，請帝以天時宜赦，於是大赦天下。膺免歸鄉里，居陽城山中，天下士大夫皆高尚其道，而污穢朝廷。及陳蕃免太尉，朝野屬意於膺，荀爽恐其名高致禍，欲令屈節以全亂世，爲書貽曰：「久廢過庭，不聞善誘，陟岵瞻望，惟日爲歲。知以直道不容於時，悦山樂水，家于陽城。道近路夷，當即聘問，無狀嬰疾，闕於所仰。頃聞上帝震怒，貶黜鼎臣，人鬼同謀，以爲天子當貞觀二五，利見大人，不謂夷之初旦，明而未融，虹蜺揚煇，棄和取同。方今天地氣閉，大人休否，智者見險，投以遠害。雖匱人望，内合私願。想甚欣然，不爲恨也。願怡神無事，偃息衡門，任其飛沈，與時抑揚。」頃之，帝崩。陳蕃爲太傅，與大將軍竇武共秉朝政，連謀誅諸宦官，故引用天下名士，乃以膺爲長樂少府。及陳、竇之敗，膺等復廢。後張儉事起，收捕鉤黨，鄉人謂膺曰：「可去矣。」對曰：「事不辭難，罪不逃刑，臣之節也。吾年已六十，死生有命，去將安之？」乃詣詔獄。考死，妻子徙邊，門生、故吏及其父兄，並被禁錮。時侍御史蜀郡景毅子顧爲膺門徒，而未有録牒，故不及於譴。毅乃慨然曰：「本謂膺賢，遣子師之，豈可以漏奪名籍，苟安而已！」遂自表免歸，時人義之。

杜密傳 對太守一段

密去官還家，每謁守令，多所陳托。同郡劉勝，亦自蜀郡告歸鄉里，閉門掃軌，無所干及。太守王昱謂密曰：「劉季陵清高士，公卿多舉之者。」密知昱激己，對曰：「劉勝位爲大夫，見禮上賓，而知善不薦，聞惡無言，隱情惜己，自同寒蟬，此罪人也。今志義力行之賢而密達之，違道失節之士而密糾之，使明府賞刑得中，令問休揚，不亦萬分之一乎？」昱慚服，待之彌厚。

劉祐傳　延篤貽書

時中常侍蘇康、管霸用事於内，遂顧天下良田美業，山林湖澤，民庶窮困，州縣累氣。祐移書所在，依科品没入之。桓帝大怒，論祐輸左校。後得赦出，復歷三卿，輒以疾辭，乞骸骨歸田里。詔拜中散大夫，遂杜門絶迹。每三公缺，朝廷皆屬意於祐，以譖毁不用。延篤貽之書曰：「昔太伯三讓，人無德而稱焉。延陵高揖，華夏仰風。吾子懷蘧氏之可卷，體甯子之如愚，微妙玄通，冲而不盈，蔑三光之明，未暇以天下爲事，何其卓也！」

范滂傳　全論

范滂字孟博，汝南征羌人也。少厲清節，爲州里所服，舉孝廉、光禄四行。時冀州饑荒，盗賊群起，乃以滂爲清詔使，案察之。滂登車攬轡，慨然有澄清天下之志。及至州境，守令自知臧污，望風解印綬去。其所舉奏，莫不厭塞衆議。遷光禄勳主事。時陳蕃爲光禄勳，滂執公儀詣蕃，蕃不止之，滂懷恨，投版棄官而去。郭林宗聞而讓蕃曰：「若范孟博者，豈宜以公禮格之？今成其去就之名，得無自取不優之議也？」蕃乃謝焉。復爲太尉黄瓊所辟，後詔三府掾屬舉謡言，滂奏刺史、二千石權豪之黨二十餘人，尚書責滂所劾猥多，疑有私故。滂對曰：「臣之所舉，自非叨穢奸暴，深爲民害，豈以污簡札哉！間以會日迫促，故先舉所急，其未審者，方更參實。臣聞農夫去草，嘉穀必茂；忠臣除奸，王道以清。若臣言有貳，甘受顯戮。」吏不能詰。滂睹時方艱，知意不行，因投劾去。太守宗資先聞其名，請署功曹，委任政事。滂在職，嚴整疾惡。其有行違孝悌，不軌仁義者，皆掃迹斥逐，不與共朝。顯薦異節，抽拔幽陋。滂外甥西平李頌，公族子孫，而爲鄉曲所棄，中常侍唐衡以頌請資，資用爲吏。滂以非其人，寢而不召。資遷怒，捶書佐朱零。零仰曰：「范滂清裁，猶以利刃齒腐朽。今日寧受笞死，而滂不可違。」資乃止。郡中中人以下，莫不歸怨，乃指滂之所用以爲「范黨」。後牢修誣言鉤黨，滂坐繫黄門北寺獄。獄吏謂曰：「凡坐繫皆祭皋陶。」滂曰：「皋陶賢者，古之直臣。知滂無罪，將理之於帝；如其有罪，祭之何益！」衆人由此亦止。獄吏將加掠考，滂以同囚多嬰病，乃請先就格，遂與同郡袁忠爭受楚毒。桓帝使中常侍王甫以次辯詰，滂等皆三木囊頭，暴於階下。餘人在前，或對或否，滂、忠於後越次而進。王甫詰曰：「君爲人臣，不惟忠國，而共造部黨，自相褒舉，評論朝廷，虛構無端，諸所謀結，並欲何爲？皆以情對，不得隱飾。」滂對曰：「臣聞仲尼之言，『見善如不及，見惡如探湯』。欲使善善同其清，惡惡同其汚，謂王政之所願聞，不悟更以爲黨。」甫曰：「卿更相拔舉，迭爲脣齒，有不合者，見則排斥，其意如何？」滂乃慷慨仰天曰：「古之循善，自求多福；今之循善，身陷大戮。身死之日，願埋滂於首陽山側，上不負皇天，下不愧夷、齊。」甫愍然爲之改容，乃得並解桎梏。滂後事釋，南歸。始發京師，汝南、南陽士大夫迎之者數千兩。同囚鄉人殷陶、黄穆，亦免俱歸，並衞侍於滂，應對賓客。滂顧謂陶等曰：「今子相隨，是重吾禍也。」遂遁還鄉里。初，滂等繫獄，尚書霍諝理之。及得免，到京師，往候諝而不爲謝。或有讓滂者。對曰：「昔叔向嬰罪，祁奚救之，未聞羊舌有謝恩之辭，祁老有自伐之色。」竟無所言。建寧二年，遂大誅黨人，詔下急捕滂等。督郵吳導至縣，抱詔書，閉傳舍，伏床而泣。滂聞之，曰：「必爲我也。」即自詣獄。縣令郭揖大驚，出解印綬，引與俱亡。曰：「天下大矣，子何爲在此？」滂曰：「滂死則禍塞，何敢以罪累君，又令老母流離乎！」其母就與之決。滂白母曰：「仲博孝敬，足以供養，滂從龍舒君歸黃泉，存亡各得其所。惟大人割不可忍之恩，勿增感戚。」母曰：「汝今得與李、杜齊名，死亦何恨！既有令名，復求壽考，可兼得乎？」滂跪受教，再拜而辭。顧謂其子曰：「吾欲使汝爲惡，則惡不可爲；使汝爲善，則我不爲惡。」行路聞之，莫不流涕，時年三十三。

論曰：李膺振拔污險之中，蘊義生風，以鼓動流俗，激素行以耻威權，立廉尚以振貴勢，使天下之士奮迅感槩，波蕩而從之，幽深牢破室族而不顧，至于子伏其死而母歡其義。壯矣哉！子曰：「道之將廢也與？命也！」

張儉傳　論

論曰：昔魏齊違死，虞卿解印；季布逃亡，朱家甘罪。而張儉見怒時王，顛沛假命，天下聞其風者，莫不憐其壯志，而争爲之主。至乃捐城委爵，破族屠身，蓋數十百所，豈不賢哉！然儉以區區一掌，而欲獨堙江河，終嬰疾甚之亂，多見其不知量也。

贊曰：渭以涇濁，玉以礫貞。物性既區，嗜惡從形。〔蘭蕕無並，銷長相傾。〕徒恨芳膏，煎灼燈明。

郭符許列傳　郭太

郭太傳　全　奬拔士類五段　論

郭太字林宗，太原界休人也。家世貧賤。早孤，母欲使給事縣廷。林宗曰：「大丈夫焉能處斗筲之役乎？」

遂辭。就成皋屈伯彦學，三年業畢，博通墳籍。善談論，美音制。乃游於洛陽。始見河南尹李膺，膺大奇之，遂相友善，於是名震京師。後歸鄉里，衣冠諸儒送至河上，車數千兩。林宗唯與李膺同舟而濟，衆賓望之，以爲神仙焉。司徒黄瓊辟，太常趙典舉有道。或勸林宗仕進者，對曰：「吾夜觀乾象，晝察人事，天之所廢，不可支也。」遂並不應。性明知人，好獎訓士類。身長八尺，容貌魁偉，褒衣博帶，周游郡國。嘗於陳梁閒行遇雨，巾一角墊，時人乃故折巾一角，以爲「林宗巾」。其見慕皆如此。或問汝南范滂曰：「郭林宗何如人？」滂曰：「隱不違親，貞不絶俗，天子不得臣，諸侯不得友，吾不知其它。」後遭母憂，有至孝稱。林宗雖善人倫，而不爲危言覈論，故宦官擅政而不能傷也。及黨事起，知名之士多被其害，唯林宗及汝南袁閎得免焉。遂閉門教授，子弟以千數。建寧元年，太傅陳蕃、大將軍竇武爲閹人所害，林宗哭之於野，慟。既而嘆曰：「『人之云亡，邦國殄瘁』。『瞻烏爰止，不知于誰之屋』耳。」明年春，卒于家，時年四十二。四方之士千餘人，皆來會葬。同志者乃共刻石立碑，蔡邕爲文，既而謂涿郡盧植曰：「吾爲碑銘多矣，皆有慚德，唯郭有道無愧色耳。」其獎拔士人，皆如所鑒。後之好事，或附益增張，故多華辭不經，又類卜相之書。今録其章章效於事者，著之篇末。

左原者，陳留人也。爲郡學生，犯法見斥。林宗嘗遇諸路，爲設酒肴以慰之。謂曰：「昔顔涿聚梁甫之巨盜，段干木晉國之大駔，卒爲齊之忠臣，魏之名賢。蘧瑗、顔回尚不能無過，況其餘乎？慎勿恚恨，責躬而已。」原納其言而去。或有譏林宗不絶惡人者。對曰：「人而不仁，疾之已甚，亂也。」原後忽更懷忿，結客欲報諸生。其日林宗在學，原愧負前言，因遂罷去。後事露，衆人咸謝服焉。

孟敏字叔達，鉅鹿楊氏人也。客居太原。荷甑墮地，不顧而去。林宗見而問其意。對曰：「甑已破矣，視之何益？」林宗以此異之，因勸令游學。十年知名，三公俱辟，並不屈云。

庾乘字世游，潁川鄢陵人也。少給事縣庭爲門士。林宗見而拔之，勸游學宮，遂爲諸生傭。後能講論，自以卑第，每處下坐，諸生博士皆就讎問，由是學中以下坐爲貴。徵辟並不起，號曰「徵君」。

賈淑字子厚，林宗鄉人也。雖世有冠冕，而性險害，邑里患之。林宗遭母憂，淑來修吊，既而鉅鹿孫威直亦至。威直以林宗賢而受惡人弔，心怪之，不進而去。林宗追而謝之曰：「賈子厚誠實凶德，然洗心向善。仲尼不逆互鄉，故吾許其進也。」淑聞之，改過自厲，終成善士。鄉里有憂患者，淑輒傾身營救，爲州閭所稱。

史叔賓者，陳留人也。少有盛名。林宗見而告人曰：「牆高基下，雖得必失。」後果以論議阿枉敗名云。

論曰：莊周有言，人情險於山川，以其動靜可識，而沉阻難徵。故深厚之性，詭於情貌；『則哲』之鑒，惟帝所難。而林宗雅俗無所失，將其明性特有主乎？然而遜言危行，終亨時晦，恂恂善導，使士慕成名，雖墨、孟之徒，不能絶也。

竇武何進傳 論

論曰：竇武、何進藉元舅之資，據輔政之權，内倚太后臨朝之威，外迎群英乘風之勢，卒而事敗閹豎，身死功穨，爲世所悲，豈智不足而權有餘乎？傳曰：「天之廢商久矣，君將興之。」斯宋襄公所以敗於泓也。

鄭孔荀列傳

鄭太傳 全

鄭太字公業，河南開封人，司農衆之曾孫也。少有才略。靈帝末，知天下將亂，陰交結豪桀。家富於財，有田四百頃，而食常不足，名聞山東。初舉孝廉，三府辟，公車徵，皆不就。及大將軍何進〔輔政〕，徵用名士，以公業爲尚書侍郎，遷侍御史。進將誅閹官，欲召並州牧董卓爲助。公業謂進曰：「董卓强忍寡義，志欲無猒。若借之朝政，授以大事，將恣凶慾，必危朝廷。明公以親德之重，據阿衡之權，秉意獨斷，誅除有罪，誠不宜假卓以爲資援也。且事留變生，殷鑒不遠。」又爲陳時務之所急數事。進不能用，乃棄官去。謂潁川人荀攸曰：「何公未易輔也。」進尋見害，卓果作亂。公業等與侍中伍瓊、卓長史何顒共説卓，以袁紹爲勃海太守，以發山東之謀。及義兵起，卓乃會公卿議，大發卒討之，群僚莫敢忤旨。公業恐其衆多益横，凶强難制，獨曰：「夫政在德，不在衆也。」卓不悦，曰：「如卿此言，兵爲無用邪？」公業懼，乃詭詞更對曰：「非謂無用，以爲山東不足加大兵耳。如有不信，試爲明公略陳其要。今山東合謀，州郡連結，人庶相動，非不强盛。然光武以來，中國無驚〔警〕，百姓優逸，忘戰日久。仲尼有言：『不教人戰，是謂棄之。』其衆雖多，不能爲害，一也。明公出自西州，少爲國將，閑習軍事，數踐戰場，名振當世，人懷懾服，二也。袁本初公卿子弟，生處京師。張孟卓東平長者，坐不闚堂。孔公緒清談高論，嘘枯吹生。並無軍旅之才，執鋭之幹，臨鋒決敵，非公之儔，三也。山東之士，素乏精悍。未有孟賁之勇，慶忌之捷，聊城之守，良、平之謀，可任以偏師，責以成功，四也。就有其人，而尊卑無序，王爵不加，若恃衆怙力，將各基〔棊〕峙，以觀成敗，不肯同心共膽，與齊進退，五也。關西諸郡，頗習兵事，自頃以來，數與羌戰，婦女猶戴戟操矛，挾弓負矢，况其壯勇之士，以當妄戰之人乎？其勝可必，六也。且天下强勇，百姓所畏者，有並、凉之人，及匈奴屠各、湟中義從、西羌八種，而明公擁之，以爲爪牙，譬驅虎兕以赴犬羊，七也。又明公將帥，皆中表腹心，周旋日久，恩信淳著，忠誠可任，智謀可恃。以膠則〔固〕之衆，當解合之勢，猶以烈風掃彼枯葉，八也。夫戰有三亡，以亂攻理者亡，以邪攻正者亡，以逆攻順者亡。今明公秉國平正，討滅宦豎，忠義克立。以此三德，待彼三亡，奉辭伐罪，誰敢禦之！九也。東州鄭玄學該古今，北海邴原清高直亮，皆儒生所仰，群士楷式。彼諸將若詢其計畫，足知强弱。且燕、趙、齊、梁非不盛也，終滅於秦；吴、楚七國非不衆也，卒敗滎陽。况今德政赫赫，股肱惟良，彼豈讚成其謀，造亂長寇哉？其不然，十也。若其所陳少有可採，無事徵兵以驚天下，使患役之民相聚爲非，棄德恃衆，自虧威重。」卓乃悦，以公業爲將軍，使統諸軍討擊關東。或説卓曰：「鄭公業智略過人，而結謀外寇，今資之士馬，就其黨與，竊爲明公懼之。」卓乃收還其兵，留拜議郎。卓既遷都長安，天下飢亂，士大夫多不得其命。而公業家有餘資，日引賓客高會倡樂，所贍救者甚衆。乃與何顒、荀攸共謀殺卓。事泄，顒等被執，公業脱身自武關走，東歸袁術。術上以爲楊州刺史。未至官，道卒，時年四十一。

孔融傳

二議一疏　受誅曹操始末　論

初，太傅馬日磾奉使山東，及至淮南，數有意於袁術。術輕侮之，遂奪取其節，求去又不聽，因欲逼爲軍帥。日磾深自恨，遂嘔血而斃。及喪還，朝廷議欲加禮。融乃獨議曰：「日磾以上公之尊，秉髦節之使，銜命直指，寧輯東夏，而曲媚奸臣，爲所牽率，章表署用，輒使首名，附下罔上，奸以事君。昔國佐當晋君而不撓，宜僚臨白刃而正色。王室大臣，豈得以見脅爲辭！又袁術僭逆，非一朝一夕，日磾隨從，周旋歷歲。漢律與罪人交關三日已上，皆應知情。《春秋》魯叔孫得臣卒，以不發揚襄仲之罪，貶〔貶〕不書日。鄭人討幽公之亂，斵子家之棺。聖上哀矜舊臣，未忍追案，不宜加禮。」朝廷從之。而論者多欲復肉刑。融乃建議曰：「古者敦龐，善否不别，吏端刑清，政無過失。百姓有罪，皆自取之。末世陵遲，風化壞亂，政撓其俗，法害其人。故曰上失其道，民散久矣。而欲繩之以古刑，投之以殘棄，非所謂與時消息者也。紂斮朝涉之脛，天下謂爲無道。夫九牧之地，千八百君，若各則〔刖〕一人，是下常有千八百紂也。求俗休和，弗可得已。且被刑之人，慮不念生，志在思死，類多趨惡，莫復歸正。夙沙亂齊，伊戾禍宋，趙高、英布，爲世大患。不能止人遂爲非也，適足絶人還爲善耳。雖忠如鬻權〔拳〕，信如卞和，智如孫臏，寃如巷伯，才如史遷，達如子政，一離刀鋸，没世不齒。是太甲之思庸，穆公之霸秦，南睢之骨立，衛武之《初筵》，陳湯之都賴，魏尚之守邊，無所復施也。漢開改惡之路，凡爲此也。故明德之君，遠度深惟，棄短就長，不苟革其政者也。」朝廷善之，卒不改焉。是時荆州牧劉表不供職貢，多行僭僞，遂乃郊祀天地，擬斥乘輿〔輿〕。詔書班下其事。融上疏曰：「竊聞領荆州牧劉表桀逆放恣，所爲不軌，至乃郊祭天地，擬儀社稷，雖昏僭惡極，罪不容誅，至於國體，宜且諱之。何者？萬乘至重，天王至尊，身爲聖躬，國爲神器，陛級縣遠，禄位限絶，猶天之不可階，日月之不可踰也。每有一豎臣，輒云圖之，若形之四方，非所以杜塞邪萌。愚謂雖有重戾，必宜隱忍。賈誼所謂『擲鼠忌器』，蓋謂此也。是以齊兵次楚，唯責包茅；王師敗績，不書晋人。前以露袁術之罪，今復下劉表之事，是使跛牂欲闚高岸，天險可得而登也。案表跋扈，擅誅列侯，遏絶詔命，斷盗貢篚，招呼元惡，以自營衛，專爲群逆，主萃淵藪。郜鼎在廟，章孰甚焉！桑落瓦解，其勢可見。臣愚以爲宜隱郊祀之事，以崇國防。」

初，曹操攻屠鄴城，袁氏婦子多見侵略，而操子丕私納袁熙妻甄氏。融乃與操書，稱「武王伐紂，以妲己賜周公」。操不悟，後問出何經典。對曰：「以今度之，想當然耳。」後操討烏桓，又嘲之曰：「大將軍遠征，蕭條海外。昔肅慎不貢楛矢，丁零盗蘇武牛羊，可並案也。」時年飢兵興，操表制酒禁，融頻書争之，多侮慢之辭。既見操雄詐漸著，數不能堪，故發辭偏宕，多致乖忤。又嘗奏宜準古王畿之制，千里寰内，不以封建諸侯。操疑其所論建漸廣，益憚之。然以融名重天下，外相容忍，而潛忌正議，慮鯁大業。山陽郗慮承望風旨，以微法奏免融官。因顯明讎怨，操故書激厲融曰：「蓋聞唐虞之朝，有克讓之臣，故麟鳳來而頌聲作也。後世德薄，猶有殺身爲君，破家爲國。及至其敝，睚眦之怨必讎，一餐之惠必報。故鼂錯念國，遘禍於袁盎；屈平悼楚，受譖於椒、蘭；彭寵傾亂，起自朱浮；鄧禹威損，失於宗、馮。由此言之，喜怒怨愛，禍福所因，可不慎與！昔廉、藺小國之臣，猶能相下；寇、賈倉卒武夫，屈節崇好；光武不問伯升之怨；齊侯不疑射鉤之虜。夫立大操者，豈累細故哉！往聞二君有執法之平，以爲小介，當收舊好；而怨毒漸積，志相危害，聞之憮然，中夜而起。昔國家東遷，文舉盛嘆鴻豫名實相副，綜達經學，出於鄭玄，又明《司馬法》，鴻豫亦稱文舉奇逸博聞，誠怪今者與始相違。孤與文舉既非舊好，又於鴻豫亦無恩紀，然願人之相美，不樂人之相傷，是以區區思協歡好。又知二君群小所搆，孤爲人臣，進不能風化海内，退不能建德和人，然撫養戰士，殺身爲國，破浮華交會之徒，計有餘矣。」融報曰：「猥惠書教，告所不逮。融與鴻豫州里比郡，知之最早。雖嘗陳其功美，欲以厚於見私，信於爲國，不求其覆過掩惡，有罪望不坐也。前者黜退，歡欣受之。昔趙宣子朝登韓厥，夕被其戮，喜而受賀。況無彼人之功，而敢枉當官之平哉！志非三閭，智非鼂錯，竊位爲過，免罪爲幸。乃使餘論遠聞，所以慚懼也。朱、彭、寇、賈，爲世壯士，愛惡相攻，能爲國憂。至於輕弱薄劣，猶昆蟲之相嚙，適足還害其身，誠無所至也。晋侯嘉其臣所争者大，而師曠以爲不如心競。性既遲緩，與人無傷，雖出胯下之負，榆次之辱，不知貶毁之於己，猶蚊虻之過也。子産謂人心不相似，或矜勢者，欲以取勝爲榮，不念宋人待四海之客，大鑪不欲令酒酸也。至於屈穀巨瓠，堅而無竅，當以無用罪〔之〕耳。它者奉尊嚴教，不敢失墜。郗〔郄〕爲故吏，融所推進。趙衰之拔郤縠，不輕公叔之升臣也。知同其愛，訓誨發中。雖懿伯之忌，猶不得念，況恃舊交，而欲自外於賢吏哉！輒布腹心，修好如初。苦言至意，終身誦之。」歲餘，復拜太中大夫。性寬容少忌，好士，喜誘益後進。及退閑職，賓客日盈其門。常嘆曰：「坐上客常滿，尊中酒不空，吾無憂矣。」與蔡邕素善，邕卒後，有虎賁士貌類於邕，融每酒酣，引與同坐，曰：「雖無老成人，且有典刑。」融聞人之善，若出諸己，言有可採，必演而成之，面告其短，而退稱所長，薦達賢士，多所奬進，知而未言，以爲己過，故海内英俊皆信服之。曹操既積嫌忌，而郗慮復搆成其罪，遂令丞相軍謀祭酒路粹枉狀奏融曰：「少府孔融，昔在北海，見王室不静，而招合徒衆，欲規不軌，云『我大聖之後，而見滅於宋，有天下者，何必卯金刀』。及與孫權使語，謗訕朝廷。又融爲九列，不遵朝議〔儀〕，禿巾微行，唐突宫掖。又前與白衣禰衡跌蕩放言，云『父之於子，當有何親？論其本意，實爲情欲發耳。子之於母，亦復奚爲？譬如寄物瓶中，出則離矣』。既而與衡更相贊楊〔揚〕。衡謂融曰：『仲尼不死。』融答曰：『顔回復生。』大逆不道，宜極重誅。」書奏，下獄棄市，時年五十六。妻子皆被誅。初，女年七歲，男年九歲，以其幼弱得全，寄它舍。二子方弈棊，融被收而不動。左右曰：「父執而不起，何也？」答曰：「安有巢毁而卵不破乎！」主人有遺肉汁，男渴而飲之。女曰：「今日之禍，豈得久活，何賴知肉味乎？」兄號哭而止。或言於曹操，遂盡殺之。及收至，謂兄曰：「若死者有知，得見父母，豈非至願！」乃延頸就刑，顔色不變，莫不傷之。

論曰：昔諫大夫鄭昌有言：「山有猛獸者，藜藿爲之不採。」是以孔父正色，不容弑虐之謀；平仲立朝，有紓盜齊之望。若夫文舉之高志直情，其足以動義槩而忤雄心。故使移鼎之迹，事隔於人存；代終之規，啓機於身後也。夫嚴氣正性，覆折而已。豈有員園委屈，可以每其生哉！懍懍焉，皜皜焉，其與琨玉秋霜比質可也。

荀彧傳 定吕布都許一段　曹操表彧功始末　論

陶謙死，操欲遂取徐州，還定吕布。彧諫曰：「昔高祖保關中，光武據河内，皆深根固本，以制天下。進可以勝敵，退足以堅守，故雖有困敗，而終濟大業。將軍本以兖州首事，故能平定山東，此實天下之要地，而將軍之關河也。若不先定之，根本將何寄乎？宜急分討陳宫，使虜不得西顧，乘其間而收熟麥，約食稸穀，以資一舉，則吕布不足破也。今舍之而東，未見其便。多留兵則力不勝敵，少留兵則後不足固。布乘虚寇暴，震動人心，縱數城或全，其餘非復己有，則將軍尚安歸乎？且前討徐州，威罰實行，其子弟念父兄之耻，必人自爲守。就能破之，尚不可保。彼若懼而相結，共爲表裏，堅壁清野，以待將軍，將軍攻之不拔，掠之無獲，不出三旬，則十萬之衆未戰而自困矣。夫事固有棄彼取此，以權一時之勢，願將軍慮焉。」操於是大收熟麥，復與布戰。布敗走，因分定諸縣，兖州遂平。建安元年，獻帝自河東還洛陽，操議欲奉迎車駕，徙都於許。衆多以山東未定，韓暹、楊奉負功恣睢，未可卒制。彧乃勸操曰：「昔晉文公納周襄王，而諸侯景從；漢高祖爲義帝縞素，而天下歸心。自天子蒙塵，將軍首唱義兵，徒以山東擾亂，未遑遠赴，雖禦難於外，乃心無不在王室。今鑾駕旋軫，東京榛蕪，義士有存本之思，兆人懷感舊之哀。誠因此時奉主上以從人望，大順也；秉至公以服天下，大略也；扶弘義以致英俊，大德也。四方雖有逆節，其何能爲？韓暹、楊奉，安足恤哉！若不時定，使豪俊〔傑〕生心，後雖爲慮，亦無及矣。」操從之。

袁紹率大衆以攻許，操與相距。紹甲兵甚盛，議者咸懷惶懼。少府孔融謂彧曰：「袁紹地廣兵强，田豐、許攸智計之士爲其謀，審配、逢紀盡忠之臣任其事，顔良、文醜勇冠三軍統其兵，殆難克乎？」彧曰：「紹兵雖多而法不整，田豐剛而犯上，許攸貪而不正，審配專而無謀，逢紀果而自用，顔良、文醜匹夫之勇，可一戰而擒也。」後皆如彧之籌，事在《袁紹傳》。操保官度，與紹連戰，雖勝而軍糧方盡，書與彧議，欲還許以致紹師。彧報曰：「今穀食雖少，未若楚漢在滎陽、成皋間也。是時劉項莫肯先退者，以爲先退則勢屈也。公以十分居一之衆，畫地而守之，搤其喉而不得進，已半年矣。情見勢竭，必將有變，此用奇之時，不可失也。」操從之，乃堅壁持之，遂以奇兵破紹，紹退走。封彧萬歲亭侯，邑一千户。六年，操以紹新破，未能爲患，但欲留兵衛之，自欲南征劉表，以計問彧。彧對曰：「紹既新敗，衆懼人擾，今不因而定之，而欲遠兵江漢，若紹收離糾散，乘虚以出，則公之事去矣。」操乃止。九年，操拔鄴，自領冀州牧。有説操宜復置九州者，以爲冀部所統既廣，則天下易服。操將從之。彧言曰：「今若依古制，是爲冀州所統，悉有河東、馮翊、扶風、西河、幽、並之地也。

公前屠鄴城，海内震駭，各懼不得保其土宇，守其兵衆。今若一處被侵，必謂以次見奪，人心易動，若一旦生變，天下未可圖也。願公先定河北，然後修復舊京，南臨楚郢，責王貢之不入。天下咸知公意，則人人自安。須海内大定，乃議古制，此社稷長久之利也。」操報曰：「微足下之相難，所失多矣。」遂寢九州議。十二年，操上書表彧曰：「昔袁紹作逆，連兵官度，時衆寡糧單，圖欲還許。尚書令荀彧深建宜往〔住〕之便，遠恢進討之略，起發臣心，革易愚慮，堅營固守，徼其軍實，遂摧撲大寇，濟危以安。紹既破敗，臣糧亦盡，將舍河北之規，改就荆南之策。彧復備陳得失，用移臣議，故得反旆冀土，克平四州。向使臣退軍官度，紹必鼓行而前，敵人懷利以自百，臣衆怯沮以喪氣，有必敗之形，無一捷之勢。復若南征劉表，委棄兖、豫，飢軍深入，踰越江、沔，利既難要，將失本據。而彧建二策，以亡爲存，以禍爲福，謀殊功異，臣所不及。是故先帝貴指縱之功，薄搏獲之賞；古人尚帷幄之規，下攻拔之力。原其績効，足享高爵。而海内未喻其狀，所受不侔其功，臣誠惜之。乞重平議，增疇户邑。」彧深辭讓。操誓之曰：「昔介子推有言：『竊人之財，猶謂之盜。』况君奇謨拔出，興亡所係，可專有之邪？雖慕魯連冲高之迹，將爲聖人達節之義乎！」於是增封千户，並前二千户。又欲授以正司，彧使荀攸深自陳讓，至于十數，乃止。

論曰：自遷帝西京，山東騰沸，天下之命倒縣矣。荀君乃越河、冀，間關以從曹氏。察其定舉措，立言策，崇明王略，以急國艱，豈云因亂假義，以就違正之謀乎？誠仁爲己任，期紓民於倉卒也。及阻董昭之議，以致非命，豈數也夫！世言荀君者，通塞或過矣。常以爲中賢以下，道無求備，智算有所研疏，原始未必要末，斯理之不可全詰者也。夫以衛賜之賢，一説而斃兩國。彼非薄於仁而欲之，蓋有全必有喪也，斯又功之不兼者也。方時運之屯邅，非雄才無以濟其溺，功高勢强，則皇器自移矣。此又時之不可並也。蓋取其歸正而已，亦殺身以成仁之義也。

後漢書纂卷之十

宋　順陽　范　曄　譔
明　吴興　凌濛初　纂

皇甫朱列傳　皇甫嵩　朱儁　論

皇甫嵩傳　閻忠干説一段　董卓爲仇始末

嵩既破黄巾，威震天下，而朝政日亂，海内虚困。故信都令漢陽閻忠干説嵩曰：「難得而易失者，時也；時至不旋踵者，幾也。故聖人順時以動，智者因幾以發。今將軍遭難得之運，蹈易駭之機，而踐運不撫，臨機不發，將柯〔何〕以保大名乎？」嵩曰：「何謂也？」忠曰：「天道無親，百姓與能。今將軍受鉞於暮春，收功於末冬。兵動若神，謀不再計，摧强易於折枯，消堅甚於湯雪，旬月之間，神兵電掃，封尸刻石，南向以報，威德震本朝，風聲馳海外，雖湯武之舉，未有高將軍者也。今身建不賞之功，體兼高人之德，而北面庸主，何以求安乎？」嵩曰：「夙夜在公，心不忘忠，何故不安？」忠曰：「不然。昔韓信不忍一餐之遇，而棄三分之業，利劍以揣其喉，方發悔毒之嘆者，機失而謀乖也。今主上勢弱於劉、項，將軍權重於淮陰，指撝足以振風雲，叱咤可以興雷電。赫然奮發，因危抵頹，崇恩以綏先附，振武以臨後服，徵冀方之士，動七州之衆，羽檄先馳於前，大軍響振於後，蹈流漳河，飲馬孟津，誅閹宦之罪，除群凶之積，雖僮兒可使奮拳以致力，女子可使褰裳以用命，況厲熊羆之卒，因迅風之勢哉！功業已就，天下已順，然後請呼上帝，示以天命，混齊六合，南面稱制，移寶器於將輿，推亡漢於已墜，實神機之至會，風發之良時也。夫既朽不雕，衰世難佐。若欲輔難佐之朝，雕朽敗之木，是猶逆坂走丸，迎風縱棹，豈云易哉？且今豎宦群居，〔同惡如市，上命不行，權歸近習，昏主之下，難以久居，〕不賞之功，讒人側目，如不早圖，後悔無及。」嵩懼曰：「非常之謀，不施於有常之勢。創圖大功，豈庸才所致。黄巾細孽，敵非秦、項，新結易散，難以濟業。且人未忘主，天不祐逆。若虚造不冀之功，以速朝夕之禍，孰與委忠本朝，守其臣節。雖云多讒，不過放廢，猶有令名，死且不朽。反常之論，所不敢聞。」忠知計不用，因亡去。

梁州賊王國圍陳倉，復拜嵩爲左將軍，督前將軍董卓，各率二萬人拒之。卓欲速進赴陳倉，嵩不聽。卓曰：「智者不後時，勇者不留決。速救則城全，不救則城滅，全滅之勢，在於此也。」嵩曰：「不然。百戰不〔百〕勝，不如不戰而屈人之兵。是以先爲不可勝，以待敵之可勝。不可勝在我，可勝在彼。彼守不足，我攻有餘。有餘者動於九天之上，不足者陷於九地之下。今陳倉雖小，城守固備，非九地之陷也。王國雖强，而攻我之所不救，非九天之勢也。夫勢非九天，攻者受害；陷非九地，守者不拔。國今已陷受害之地，而陳倉保不拔之城，我可不煩兵動衆，而取全勝之攻，將何救焉！」遂不聽。王國圍陳倉，自冬迄春，八十餘日，城堅守固，竟不能拔。賊衆疲敝，果自解去。嵩進兵擊之。卓曰：「不可。兵法，窮寇勿追，歸衆勿追〔迫〕。今我追國，是迫歸衆，追窮寇也。困獸猶鬥，蜂蠆有毒，况大衆乎！」嵩曰：「不然。前吾不擊，避其鋭也。今而擊之，待其衰也。所擊疲師，非歸衆也。國衆且走，莫有鬥志。以整擊亂，非窮寇也。」遂獨進擊之，使卓爲後拒。〔連〕戰大破之，斬首萬餘級，國走而死。卓大慚恨，由是忌嵩。明年，卓拜爲并州牧，詔使以兵委嵩，卓不從。嵩從子酈時在軍中，説嵩曰：「本朝失政，天下倒懸，能安危定傾者，唯大人與董卓耳。今怨隙已結，勢不俱存。卓被詔委兵，而上書自請，此逆命也。又以京師昏亂，躊躇不進，此懷奸也。且其凶戾無親，將士不附。大人今爲元帥，杖國威以討之，上顯忠義，下除凶害，此桓文之事也。」嵩曰：「專命雖罪，專誅亦有責也。不如顯奏其事，使朝廷裁之。」於是上書以聞。帝讓卓，卓又增怨於嵩。及後秉政，初平元年，乃徵嵩爲城門校尉，因欲殺之。嵩將行，長史梁衍說曰：「漢室微弱，閹豎亂朝，董卓雖誅之，而不能盡忠於國，遂復寇掠京邑，廢立從意。今徵將軍，大則危禍，小則困辱。今卓在洛陽，天子來西，以將軍之衆，精兵三萬，迎接至尊，奉令討逆，發命海内，徵兵群帥，袁氏逼其東，將軍迫其西，此成禽也。」嵩不從，遂就徵。有司承旨，奏嵩下吏，將遂誅之。嵩子堅壽與卓素善，自長安亡走洛陽，歸投於卓。卓方置酒歡會，堅壽直前質讓，責以大義，叩頭流涕。坐者感動，皆離席請之。卓乃起，牽與共坐。使免嵩囚，復拜嵩議郎，遷御史中丞。及卓還長安，公卿百官迎謁道次。卓風令御史中丞以下皆拜以屈嵩，既而抵手言曰：「義真犕未乎？」嵩笑而謝之，卓乃解釋。

朱儁傳　破黄巾始末　對使者一段

時南陽黄巾張曼成起兵，稱「神上使」，衆數萬，殺郡守褚貢，屯宛下百餘日。後太守秦頡擊殺曼成，賊更以趙弘爲帥，衆浸盛，遂十餘萬，據宛城。儁與荆州刺史徐璆及秦頡合兵萬八千人圍弘，自六月至八月不拔。有司奏欲徵儁。司空張温上疏曰：「昔秦用白起，燕任樂毅，皆曠年歷載，乃能克敵。儁討潁川，已有功效，引師南指，方略已設，臨軍易將，兵家所忌，宜假日月，責其成功。」靈帝乃止。儁因急擊弘，斬之。賊餘帥韓忠復據宛拒儁。儁兵少不敵，乃張圍結壘，起土山以臨城内，因鳴鼓攻其西南，賊悉衆赴之。儁自將精卒五千，掩其東北，乘城而入。忠乃退保小城，惶懼乞降。司馬張超及徐璆、秦頡皆欲聽之。儁曰：「兵有形同而執異者。昔秦項之際，民無定主，故賞附以勸來耳。今海内一統，唯黄巾造寇，納降無以勸善，討之足以懲惡。今若受之，更開逆意，賊利則進戰，鈍則乞降，縱敵長寇，非良計也。」因急攻，連戰不剋。儁登土山望之，顧謂張超曰：「吾知之矣。賊今外圍周固，内營逼急，乞降不受，欲出不得，所以死戰也。萬人一心，猶不可當，况十萬乎！其害甚矣。不如徹圍，並兵入城。忠見圍解，勢必自出，自出則意散，易破之道也。」既而解圍，忠果出戰，儁因擊，大破之。乘勝逐北數十里，斬首萬餘級。忠等遂降。而秦頡積忿忠，遂殺之。餘衆懼不自安，復以孫夏爲帥，還屯宛中。儁急攻之。夏走，追至西鄂精山，又破之。復斬萬餘級，賊遂解散。

時董卓擅政，以儁宿將，外甚親納而心實忌之。及關東兵盛，卓懼，數請公卿會議，從都長安，儁輒止之。卓雖惡儁異己，然貪其名重，乃表遷太僕，以爲己副。使者拜，儁辭不肯受。因曰：「國家西遷，必孤天下之望，以成山東之釁，臣不見其可也。」使者詰曰：「召君受拜而君拒之，不問徙事而君陳之，其故何也？」儁曰：「副相國，非臣所堪也；遷都計，非事所急也。辭所不堪，言所非急，臣之宜也。」使者曰：「遷都之事，不聞其計，就有未露，何所承受？」儁曰：「相國董卓具爲臣説，所以知耳。」使人不能屈，由是止不爲副。

論曰：皇甫嵩、朱儁並以上將之略，受脤倉卒之時。及其功成師剋，威聲滿天下。值弱主蒙塵，獷賊放命，斯誠葉公投袂之幾，翟義鞠旅之日，故梁衍獻規，山東連盟，而舍格天之大業，蹈匹夫之小諒，卒狼狽虎口，爲智士笑。豈天之長斯亂也？何智勇之不終甚乎！前史著〔晋〕平原華嶠，稱其父光禄大夫表，每言其祖魏太尉歆稱「時人説皇甫嵩之不伐，汝豫之戰，歸功朱儁，張角之捷，本之於盧植，收名斂策，而己不有焉。蓋功名者，世之所甚重也，誠能不争天下之所甚重，則怨禍不深矣」。如皇甫公之赴履危亂，而能終以歸全者，其致不亦貴乎！故顔子願不伐善爲先，斯亦行身之要與！

董卓列傳

董卓傳　廢帝始末　殺張温始末　論　贊

六年，徵卓爲少府，不肯就，上書言：「所將湟中義從及秦胡兵皆詣臣曰：『牢直不畢，稟賜斷絶，妻子飢凍。』牽挽臣車，使不得行。羌胡敝腸狗態，臣不能禁止，輔〔輒〕將順安慰。增異復上。」朝廷不能制，頗以爲慮。及靈帝寢疾，璽書拜卓爲並州牧，令以兵屬皇甫嵩。卓復上書言曰：「臣既無老謀，又無壯事，天恩誤加，掌戎十年。士卒大小相狎彌久，戀臣畜養之恩，爲臣奮一旦之命。乞將之北州，效力邊垂。」於是駐兵河東，以觀世變。及帝崩，大將軍何進、司隸校尉袁紹謀誅閹宦，而太后不許，乃私呼卓將兵入朝，以脅太后。卓得召，即時就道。並上書曰：「中常侍張讓等竊倖承寵，濁亂海内。臣聞揚湯止沸，莫若去薪；潰癰雖痛，勝於内食。昔趙鞅興晉陽之甲，以逐君側之惡人。今臣輒鳴鐘鼓如洛陽，請收讓等，以清奸穢。」卓未至而何進敗，虎賁中郎將袁術乃燒南宫，欲討宦官，而中常侍段珪等劫少帝及陳留王夜走小平津。卓遠見火起，引兵急進，未明到城西，聞少帝在北芒，因往奉迎。帝見卓將兵卒至，恐怖涕泣。卓與言，不能辭對；與陳留王語，遂及禍亂之事。卓以王爲賢，且爲董太后所養，卓自以與太后同族，有廢立意。初，卓之入也，步騎不過三千，自嫌兵少，恐不爲遠近所服，率四五日輒夜潛出軍近營，明旦乃大陳旌鼓而還，以爲西兵復至，洛中無知者。尋而何進及弟苗先所領部曲皆歸於卓，卓又使吕布殺執金吾丁原而並其衆，卓兵士大盛。乃諷朝廷策免司空劉弘而自代之。因集議廢立。百僚大會，卓乃奮首而言曰：「大者天地，其次君臣，所以爲政。皇帝闇弱，不可以奉宗廟，爲天下主。今欲依伊尹、霍光故事，更立陳留王，如何？」公卿以下莫敢對。卓又抗言曰：「昔霍光定策，延年案劍。有敢沮大議，皆以軍法從之。」坐者震動。尚書盧植獨曰：「昔太甲既立不明，昌邑罪過千餘，故有廢立之事。今上富於春秋，行無失德，非前事之比也。」卓大怒，罷坐。明日復集群僚於崇德前殿，遂脅太后，策廢少帝。曰：「皇帝在喪，無人子之心，威儀不類人君，今廢爲弘農王。」乃立陳留王，是爲獻帝。又議太后蹙迫永樂太后，至令憂死，逆婦姑之禮，無孝順之節，遷於永安宫，遂以弑崩。

時太史望氣，言當有大臣戮死者。卓乃使人誣衛尉張温與袁術交通，遂笞温於市，殺之，以塞天變。前温出屯美陽，令卓與邊章等戰無功，温召又不時應命，既到而辭對不遜。時孫堅爲温參軍，勸温陳兵斬之。温曰：「卓有威名，方倚以西行。」堅曰：「明公親帥王師，威震天下，何恃於卓而賴之乎？堅聞古之名將，杖越〔鉞〕臨衆，未有不斷斬以示威武者也。故穰苴斬莊賈，魏絳戮楊干。今若縱之，自虧威重，後悔何及！」温不能從，而卓猶懷忌恨，故及於難。

論曰：董卓初以虓闞爲情，因遭崩剥之勢，故得蹈藉彝倫，毁裂畿服。夫以刳肝斮趾之性，則群生不足以厭其快，然猶折意縉紳，遲疑陵奪，尚有盜竊之道焉。及殘寇乘之，倒山傾海，崑岡之火，自兹而焚，《版蕩》之篇，於焉而極。嗚呼，人之生也難矣！天地之不仁甚矣！

贊曰：百六有會，《過》《剥》成灾。董卓滔天，干逆三才。方夏鼎沸，皇京烟埃。無禮雖及，餘祲遂廣。矢延王輅，兵纏魏象。區服傾回，人神波蕩。

劉公孫陶列傳 一 公孫瓚 論

公孫瓚傳 論

論曰：自帝室王公之胄，皆生長脂腴，不知稼穡，其能厲行飭身，卓然不群者，或未聞焉。劉虞守道慕名，以忠厚自牧。美哉乎，季漢之名宗子也！若虞、瓚無間，同情共力，糾人完聚，蓄保燕、薊之饒，繕兵昭武，以臨群雄之隙，舍諸天運，徵乎人文，則古之休烈，何遠之有！

袁劉列傳 論 贊

袁紹傳 全

袁紹字本初，汝南汝陽人，司徒湯之孫。父成，五官中郎將。紹壯偉好交結，大將軍梁冀以下莫不善之。紹少爲郎，除濮陽長，遭母憂去官。三年禮竟，追感幼孤，又行父服。服闋，徙居洛陽。紹有姿貌威容，愛士養名。既累世台司，賓客所歸，加傾心折節，莫不争赴其庭，士無貴賤，與之抗禮，輜軿柴轂，填接街陌。內官皆惡之。中常侍趙忠言於省內曰：「袁本初坐作聲價，好養死士，不知此見終欲何作。」叔父太傅隗聞而呼紹，以忠言責之，紹終不改。後辟大將軍何進掾，爲侍御史、虎賁中郎將。中平五年，初置西園八校尉，以紹爲佐軍校尉。靈帝崩，紹勸何進徵董卓等衆軍，脅大后誅宦官，轉紹司隸校尉。語已見《何進傳》。及卓將兵至，騎都尉太山鮑信説紹曰：「董卓擁制强兵，將有異志，今不早圖，必爲所制。及其新至疲勞，襲之可禽董侯似可，今當立之。」紹曰：「今上富於春秋，未有不善宣於天下。若公違禮任情，廢嫡立庶，恐衆議未安。」卓按劍叱紹曰：「豎子敢然！天下之事，豈不在我？我欲爲之，誰敢不從！」紹詭〔詭〕對曰：「此國之大事，請出與太傅議之。」卓復言「劉氏種不足復遺」。紹勃然曰：「天下健者，豈惟董公！」橫刀長揖徑出。懸節於上東門，而奔冀州。董卓購募求紹。時侍中周珌、城門校尉伍瓊爲卓所信待，瓊等陰爲紹説卓曰：「夫廢立大事，非常人所及。袁紹不達大體，恐懼出奔，非有它志。今急購之，勢必爲變。袁氏樹恩四世，門生故吏遍於天下，若收豪傑以聚徒衆，英雄因之而起，則山東非公之有也。不如赦之，拜一郡守，紹喜於免罪，必無患矣。」卓以爲然，乃遣授紹勃海太守，封邟鄉侯。紹猶稱兼司隸。初平元年，紹遂以勃海起兵，以從弟後將軍術、冀州牧韓馥、豫州刺史孔伷、兖州刺史劉岱、陳留太守張邈、廣陵太守張超、河内太守王匡、山陽太守袁遺、東郡太守橋瑁、濟北相鮑信等同時俱起，衆各數萬，以討卓爲名。紹與王匡屯河内，伷屯潁川，馥屯鄴，餘軍咸屯酸棗，約盟，遥推紹爲盟主。紹自號車騎將軍，領司隸校尉。董卓聞紹起山東，乃誅紹叔父隗，及宗族在京師者，盡滅之。卓乃遣大鴻臚韓融、少府陰循、執金吾胡母班、將作大匠吴循、越騎校尉王瓌譬解紹等諸軍。紹使王匡殺班、瓌、吴循等，袁術亦執殺陰循，惟韓融以名德免。是時豪傑既多附紹，且感其家禍，人思爲報，州郡蜂起，莫不以袁氏爲名。韓馥見人情歸紹，忌方得衆，恐將圖己，常遣從事守紹門，不聽發兵。橋瑁乃詐作三公移書，傳驛州郡，説董卓罪惡，天子危逼，企望義兵，以釋國難。馥於是方聽紹舉兵。乃謀於衆曰：「助袁氏乎？助董氏乎？」治中劉惠勃然曰：「興兵爲國，安問袁、董？」馥意猶深疑於紹，每貶節軍糧，欲使離散。明年，馥將麴義反畔，馥與戰失利。紹既恨馥，乃與義相結。紹客逢紀謂紹曰：「夫舉大事，非據一州，無以自立。今冀部强實，而韓馥庸才，可密要公孫瓚將兵南下，馥聞必駭懼。並遣辯士爲陳禍福，馥迫於倉卒，必可因據其位。」紹然之，益親紀，即以書與瓚。瓚遂引兵而至，外托〔討〕董卓而陰謀襲馥。紹乃使外甥陳留高幹及潁川荀諶等説馥曰：「公孫瓚乘勝來南，而諸郡應之。袁車騎引軍東向，其意未可量也。竊爲將軍危之。」馥懼曰：「然則爲之奈何？」諶曰：「君自料寬仁容衆，爲天下所附，孰與袁氏？」馥曰：「不如也。」「臨危吐決，智勇邁於衆人，又孰與袁氏？」馥曰：「不如也。」「世布恩德，天下家受其惠，又孰與袁氏？」馥曰：「不如也。」諶曰：「勃海雖郡，其實州也。今將軍資三不如之勢，久處其上，袁氏一時之傑，必不爲將軍下也。且公孫提燕、代之卒，其鋒不可當。夫冀州天下之重資，若兩軍並力，兵交城下，危亡可立而待也。夫袁氏將軍之舊，且爲同盟。當今之計，莫若舉冀州以讓袁氏，必厚德將軍，公孫瓚不能復與之争矣。是將軍有讓賢之名，而身安於太山也。願勿有疑。」馥素性恇怯，因然其計。馥長史耿武、別駕閔純、騎都尉沮授聞而諫曰：「冀州雖鄙，帶甲百萬，穀支十年。袁紹孤客窮軍，仰我鼻息，譬如嬰兒在股掌之上，絶其哺乳，立可餓殺。奈何欲以州與之？」馥曰：「吾袁氏故吏，且才不如本初。度德而讓，古人所貴，諸君獨何病焉？」先是，馥從事趙浮、程渙將强弩萬人屯孟津，聞之，率兵馳還，請以拒紹。馥又不聽。乃避位，出居中常侍趙忠故舍，遣子送印綬以讓紹。紹遂領冀州牧，承制以馥爲奮威將軍，而無所將御。引沮授爲別駕，因謂授曰：「今賊臣作亂，朝廷遷移。吾歷世受寵，志竭力命，興復漢室。然齊桓非夷吾不能成霸，句踐非范蠡無以存國。今欲與卿戮力同心，共安社稷，將何以匡濟之乎？」授進曰：「將軍弱冠登朝，播名海内。值廢立之際，忠義奮發，單騎出奔，董卓懷懼；濟河而北，勃海稽服。擁一郡之卒，撮冀州之衆，威陵河朔，名重天下。若舉軍東向，則黄巾可掃；還討黑山，則張燕可滅；回師北首，則公孫必禽；震脅戎狄，則匈奴立定。横大河之北，合四州之地，收英雄之士，擁百萬之衆，迎六駕於長安，復宗廟於洛邑，號令天下，誅討未服。以此争鋒，誰能禦之！比及數年，其功不難。」紹喜曰：「此吾心也。」即表授爲奮武將軍，使監護諸將。魏郡審配，鉅鹿田豐，並以正直不得志於韓馥。紹乃以豐爲別駕，配爲治中，甚見器任。馥自懷猜懼，辭紹索去，往依張邈。後紹遣使詣邈，有所計議，因共耳語。馥時在坐，謂見圖謀，無何，如廁自殺。其冬，公孫瓚大破黄巾，還屯槃河，威震河北，冀州諸城無不聞風響應。紹乃自擊之。瓚兵三萬，列爲方陳，分突騎萬匹，翼軍左右，其風甚鋭。紹先令麴義領精兵八百，强弩千張，以爲前登。瓚輕其兵少，縱騎騰之，義兵伏楯下，一時同發，瓚軍大敗，斬其所置冀州刺史嚴綱，獲甲首千餘級。麴義追至界橋，瓚斂兵還戰，義復破之，遂到瓚營，拔其牙門，餘衆皆走。紹在後數十里，聞瓚已破，發鞍息馬，唯衛帳下强弩數十張，大戟士百許人。瓚散兵二千餘騎卒至，圍紹數重，射矢雨下。田豐扶紹，却入空垣。紹脱兜鍪抵地，曰：「大丈夫當前鬥死，而反逃垣牆間邪？」促使諸弩競發，多傷瓚騎。衆不知是紹，頗稍引却。會麴義來迎，騎乃散退。三年，瓚又遣兵至龍湊挑戰，紹復擊破之。瓚遂還幽州，不敢復出。四年初，天子遣太僕趙岐和解關東，使各罷兵。瓚因此以書譬紹曰：「趙太僕以周、邵之德，御命來征，宣揚朝恩，示以和睦，曠若開雲見日，何喜如之！昔賈復、寇恂爭相危害，遇世祖解紛，遂同輿並出。釁難既釋，時人美之。自惟邊鄙，得與將軍共同斯好，此誠將軍之羞而瓚之願也。」紹於是引軍南還。三月上巳，大會賓徒於薄落津。聞魏郡兵反，與黑山賊干毒等數萬人共覆鄴城，殺郡守。坐中客家在鄴者，皆憂怖失色，或起而啼泣，紹容貌自若，不改常度。賊有陶升者，自號「平漢將軍」，獨反諸賊，將部衆踰西城入，閉府門，具車重，載紹家及諸衣冠在州内者，身自扞衛，送到斥丘。紹還，因屯斥丘，以陶升爲建義中郎將。六月，紹乃出軍，入朝歌鹿腸山蒼巖谷口，討干毒。圍攻五日，破之，斬毒及其衆萬餘級。紹遂尋山北行，進擊諸賊左髭丈八等，皆斬之，又擊劉石、青牛角、黄龍、左校、郭大賢、李大目、于氏根等，復斬數萬級，皆屠其屯壁。遂與黑山賊張燕及四營屠各、雁門烏桓戰於常山。燕精兵數萬，騎數千匹，連戰十餘日，燕兵死傷雖多，紹軍亦疲，遂各退。麴義自恃有功，驕縱不軌，紹召殺之，而並其衆。興平二年，拜紹右將軍。其冬，車駕爲李傕等所追於曹陽，沮授説紹曰：「將軍累葉台輔，世濟忠義。今朝廷播越，宗廟殘毁，觀諸州郡，雖外托義兵，内實相圖，未有憂存社稷恤人之意。且今州城粗定，兵强士附，西迎大駕，即宫鄴都，挾天子而令諸侯，蓄士馬以討不庭，誰能禦之？」紹將從其計。潁川郭圖、淳于瓊曰：「漢室陵遲，爲日久矣，今欲興之，不亦難乎？且英雄並起，各據州郡，連徒聚衆，動有萬計，所謂秦失其鹿，先得者王。今迎天子，動輒表聞，從之則權輕，違之則拒命，非計之善者也。」授曰：「今迎朝廷，於義爲得，於時爲宜。若不早定，必有先之者焉。夫權不失機，功不厭速，願其圖之。」帝立既非紹意，竟不能從。紹有三子：譚字顯思，熙字顯雍，尚字顯甫。譚長而惠，尚少而美。紹後妻〔劉〕有寵，而偏愛尚，數稱於紹，紹亦奇其姿容，欲使傳嗣，乃以譚繼兄後，出爲青州刺史。沮授諫曰：「世稱萬人逐兔，一人獲之，貪者悉止，分定故也。且年均以賢，德均則卜，古之制〔也〕。願上惟先代成則〔敗〕之誡，下思逐兔分定之議〔義〕。若其不改，禍始此矣。」紹曰：「吾欲令諸子各據一州，以視其能。」於是以中子熙爲幽州刺史，外甥高幹爲并州刺史。建安元年，曹操迎天子都許，乃下詔書於紹，責以地廣兵多而專自樹黨，不聞勤王之師而但擅相討伐。紹上書曰：「臣聞昔有哀嘆而霜隕，悲哭而崩城者。每讀其書，謂爲信然，於今況之，乃知妄作。何者？臣出身爲國，破家立事，至於懷忠獲釁，抱信見疑，晝夜長吟，剖肝泣血，曾無崩城隕霜之應，故鄒衍、杞婦何能感徹。臣以負薪之資，拔於陪隸之中，奉職憲臺，擢授戎校。常侍張讓等滔亂天常，侵奪朝威，賊害忠德，扇動奸黨。故大將軍何進忠國疾亂，義心赫怒，以臣頗有一介之節，可責以鷹犬之功，故授臣以督司，諮臣以方略。臣不敢畏憚强禦，避禍求福，與進合圖，事無違異。忠策未盡而元帥受敗，太后被質，宫室焚燒，陛下聖德幼冲，親遭厄困。時進既被害，師徒喪沮，臣獨將家兵百餘人，抽戈承明，竦劍翼室，虎叱群司，奮擊凶醜，曾不浹辰，罪人斯殄。此誠愚臣效命之一驗也。會董卓乘虚，所圖不軌。臣父兄親從，並當大位，不憚一室之禍，苟惟寧國之義，故遂解節出奔，創謀河外。時卓方貪結外援，招悅英豪，故即臣勃海，申以軍號，則臣之與卓，未有纖介之嫌。若使苟欲滑泥揚波，偷榮求利，則進可以享竊祿位，退無門户之患。然臣愚所守，志無傾奪，故遂引會英雄，興師百萬，飲馬孟津，歃血漳河。會故冀州牧韓馥懷挾逆謀，欲專權勢，絶臣軍糧，不得踵係，至使猾虜肆毒，害及一門，尊卑大小，同日並戮。鳥獸之情，猶知號呼。臣所以蕩然忘哀，貌無隱戚者，誠以忠臣之節，道不雨立，顧私懷己，不能全功。斯亦愚臣破家徇國之二驗也。又黄巾十萬焚燒青、兖，黑山、張楊蹈藉冀域。臣乃旋師，奉辭伐畔。金鼓未震，狡敵知亡，故韓馥懷懼，謝咎歸土，張楊、黑山，同時乞降。臣時輒承制，竊比竇融，以議郎曹操權領兖州牧。會公孫瓚師旅南馳，陸掠北境，臣即星駕席卷，與瓚交鋒。假天之威，每戰輒克。臣備公族子弟，生長京輦，頗聞俎豆，不習干戈；加自乃祖先臣以來，世作輔弼，咸以文德盡忠，得免罪戾。臣非與瓚角戎馬之勢，争戰陣之功者也。誠以賊臣不誅，《春秋》所貶，苟云利國，專之不疑。故冒踐霜雪，不憚劬勤，實無〔庶〕一捷之福，以立終身之功。社稷未定，臣誠耻之。太僕趙岐銜命來征，宣陛下含弘之施，蠲除細故，與下更新，奉詔之日，引師南轅。是臣畏怖天威，不敢怠慢之三驗也。又臣所上將校，率皆清英宿德，令名顯達，登鋒履刃，死者過半，勤恪之功，不見書列。而州郡牧守，競盜聲名，懷持二端，優游顧望，皆列土錫圭，跨州連郡，是以遠近狐疑，議論紛錯者也。臣聞守文之世，德高者位尊；倉卒之時，功多者賞厚。陛下播越非所，洛邑之〔乏〕祀，海内傷心，志士憤惋。是以忠臣肝腦塗地，肌膚横分而無悔心者，義之所感故也。今賞加無勞，以携有德；杜黜忠功，以疑衆望。斯豈腹心之遠圖？將乃讒慝之邪說使之然也？臣爵爲通侯，位二千石。殊恩厚德，臣既叨之，豈敢闚覬重禮，以希彤弓玈矢之命哉？誠傷偏裨列校，勤不見紀，盡忠爲國，翻成重愆。斯蒙恬所以悲號於邊獄，白起歔欷於杜郵也。太傅日磾位爲師保，任配東征，而耗亂王命，寵任非所，凡所舉用，皆衆所捐棄。而容納其策，以爲謀主，令臣骨肉兄弟，還爲讎敵，交鋒接刃，構難滋甚。〔臣〕雖欲釋甲授戈，事不得已。誠恐陛下日月之明，有所不照，四聰之聽，有所不聞，乞下臣章，咨之群賢，使三槐九棘，議臣罪戾。若以臣今行權爲釁，則桓、文當有誅絶之刑；若以衆不討賊爲賢，則趙盾可無書弑之貶矣。臣雖小人，志守一介。若使得申明本心，不愧先帝，則伏首歐〔歐〕刀，褰衣就鑊，臣之願也。惟陛下垂《尸鳩》之平，絶邪諂之倫，無令愚臣結恨三泉。」於是以紹爲太尉，封鄴侯。時曹操自爲大將軍，紹耻爲之下，僞表辭不受。操大懼，乃讓位於紹。二年，使將作大匠孔融持節拜紹大將軍，錫弓矢節鉞，虎賁百人，兼督冀、青、幽、並四州，然後受之。紹每得詔書，患有不便於己，乃欲移天子自近，使説操以許下埤濕，洛陽殘破，宜徙都甄城，以就全實。操拒之。田豐説紹曰：「徙都之計，既不克從，宜早圖許，奉迎天子，動托詔令，響號海内，此算之上者。不爾，終爲人所禽，雖悔無益也。」紹不從。四年春，擊公孫瓚，遂定幽土，事在《瓚傳》。紹既並四州之地，衆數十萬，而驕心轉盛，貢御稀簡。主簿耿包密白紹曰：「赤德衰盡，袁爲黄胤，宜順天意，以從民心。」紹以包白事示軍府僚屬，議者以包妖妄宜誅。紹知衆情未同，不得已乃殺包以弭其迹。於是簡精兵十萬，騎萬匹，欲出攻許，以審配、逢紀統軍事，田豐、荀諶及南陽許攸爲謀主，顔良、文醜爲將帥。沮授進説曰：「近討公孫，師出歷年，百姓疲敝，倉庫無積，賦役方殷，此國之深憂也。宜先遣使獻捷天子，務農逸人。若不得通，乃表曹操隔我王路，然後進屯黎陽，漸營河南，益作舟船，繕修器械，分遣精騎，抄其邊鄙，令彼不得安，我取其逸。如此可坐定也。」郭圖、審配曰：「兵書之法，十圍五攻，敵則能戰。今以明公之神武，連河朔之强衆，以伐曹操，兵勢譬若覆手。今不時取，後難圖也。」授曰：「蓋救亂誅暴，謂之義兵；恃衆憑强，謂之驕兵。義者無敵，驕者先滅。曹操奉迎天子，建宮許都。今舉師南向，於義則違。且廟勝之策，不在强弱。曹操法令既行，士卒精練，非公孫瓚坐受圍者也。今棄萬安之術，而興無名之師，竊爲公懼之。」圖等曰：「武王伐紂，不爲不義；况兵加曹操，而云無名！且今師徒精勇，將士思奮，而不及時早定大業，所謂『天與不取，反受其咎』。此越之所以霸，吴之所以滅也。監軍之計，在於將軍，而非見時知幾之變也。」紹納圖言。圖等因是譖沮授曰：「授監統内外，威振三軍，若其浸盛，何以制之！夫臣與主同者〔昌，主與臣同者〕亡，此《黄石》之所忌也。且禦衆於外，不宜知内。」紹乃分授所統爲三都督，使授及郭圖、淳于瓊各典一軍，未及行。五年，左將軍劉備殺徐州刺史車胄，據沛以背曹操。操懼，自將征備。田豐説紹曰：「與公争天下者，曹操也。操今東擊劉備，兵連未可卒解，今舉軍而襲其後，可一往而定。兵以幾動，斯其時也。」紹辭以子疾，未得行。豐舉杖擊〔地〕曰：「嗟乎，事去矣！夫遭難遇之幾，而以嬰兒病失其會，惜哉！」紹聞而怒之，從此遂疏焉。曹操畏紹過河，乃急擊備，遂破之。備奔紹，紹於是進軍攻許。田豐以既失前幾，不宜便行，諫紹曰：「曹操既破劉備，則許下非復空虚。且操善用兵，變化無方，衆雖少，未可輕也。今不如久持之。將軍據山河之固，擁四州之衆，外結英雄，内收農戰，然後簡其精鋭，分爲奇兵，乘虚迭出，以擾河南，救右則擊其左，救左則擊其右，使敵疲於奔命，人不得安業，我未勞而彼已困，不及三年，可坐剋也。今釋廟勝之策而决成敗於一戰，若不如志，悔無及也。」紹不從。豐强諫忤紹，紹以爲沮衆，遂械繫之。乃先宣檄曰：「蓋聞明主圖危以制變，忠臣蒙〔慮〕難以立權主。曩者强秦弱主，趙高執柄，專制朝命，威福由己，終有望夷之禍，污辱至今。及臻吕后，禄、産專政，擅斷萬機，法〔决〕事禁省，下陵上替，海内寒心。於是絳侯、朱虚興奮怒，誅夷逆暴，尊立太宗，故能道化興隆，光明融顯。此則大臣立權之明表也。司空曹操祖父騰，故中常侍，與左悺、徐璜並作妖孽，饕餮放横，傷化虐人。父嵩，乞匄携養，因臧買位，輿金輦寶，輸貨權門，竊盗鼎司，傾覆重器。操奸閹遺醜，本無令德，僄狡鋒俠，好亂樂禍。幕府董統鷹揚，埽夷凶逆，續遇董卓侵官暴國，於是提劍揮鼓，發命東夏，廣羅英雄，棄瑕録用，故遂與操參咨策略，謂其鷹犬之才，爪牙可任。至乃愚佻短慮，輕進易退，傷夷折衂，數喪師徒。幕府輒復分兵命鋭，修完補輯，表行東郡太守、兖州刺史，被以虎文，授以偏師，獎就威柄，冀獲秦師一克之報。而遂乘資跋扈，肆行酷烈，割剥元元，殘賢害義。故九江太守邊讓，英才儁逸，以直言正色，論不阿諂，身被梟懸之戮，妻孥受灰滅之咎。自是士林憤痛，人怨天怒，一夫奮臂，九州同聲，故躬破於徐方，地奪於吕布，彷徨東裔，蹈據無所。幕府惟强干弱枝之義，且不登畔人之黨，故復援旍擐甲，席卷赴征，金鼓響震，布衆破沮，拯其死亡之患，復其方伯之任。是則幕府無德於兖土，而有大造於操也。會後鑾駕東反，群虜亂政。時冀州方有北鄙之警，匪遑離局，故使從事中郎徐勳就發遣操，使繕修郊廟，翼衛幼主。而便放志專行，威劫省禁，卑侮王僚，敗法亂紀，坐召三臺，專制朝政，爵賞由心，刑戮在口，所愛光五宗，所怨滅三族，群談者受顯誅，腹議者蒙隱戮，道路以目，百辟鉗口，尚書記期會，公卿充員品而已。故太尉楊彪，歷典二司，元綱極位。操因睚眦，被以非罪，箠楚並兼，五毒俱至，觸情放慝，不顧憲章。又議郎趙彦，忠諫直言，議有可納，故聖朝含聽，改容加錫。操欲迷奪時明，杜絶言路，擅收立殺，不俟報聞。又梁孝王先帝母弟，墳陵尊顯，松柏桑梓，猶宜恭肅。操率將吏士，親臨發掘，破棺裸尸，掠取金寶，至令聖朝流涕，士民傷懷。又署發丘中郎將、摸金校尉，所過毁突，無骸不露。身處三公之官，而行桀虜之態，污國虐民，毒施人鬼。加其細政苛慘，科防互設，矰繳充蹊，阬阱塞路，舉手挂網羅，動足蹈機埳，是以兖、豫有無聊之人，帝都有吁嗟之怨。歷觀古今書籍所載，貪殘虐烈無道之臣，於操爲甚。幕府方結外奸，未及整訓，加意含覆，冀可彌縫。而操豺狼野心，潛包禍謀，乃欲橈折棟梁，孤弱漢室，除忠害善，專爲梟雄。往歲伐鼓北征，討公孫瓚，强禦桀逆，拒圍一年。操因其未破，陰交書命，欲托助王師，以見掩襲，故引兵造河，方舟北濟。會行人發露，瓚亦梟夷，故使鋒芒挫縮，厥圖不果。屯據敖倉，阻河爲固，乃欲運螳蜋之斧，禦降草〔隆車〕之隧。幕府奉漢威靈，折衝宇宙，長戟百萬，胡騎千群，奮中黄、育、獲之士，騁良弓勁弩之勢，並州越太行，青州涉濟、漯，大軍泛黄河以角其前，荆州下宛、葉而掎其後。雷震虎步，並集虜廷，若舉炎火以焚飛蓬，覆滄海而注熛炭，有何不消滅者哉？當今漢道陵遲，綱弛網絕，操以精兵七百，圍守宮闕，外稱陪衛，內以拘質，懼篡逆之禍，因斯而作。乃忠臣肝膽塗地之秋，烈士立功之會也，可不勗哉！」乃先遣顏良攻曹操別將劉延於白馬，紹自引兵至黎陽。沮授臨行，會其宗族，散資財以與之。曰：「勢存則威無不加，勢亡則不保一身。哀哉！」其弟宗曰：「曹操士馬不敵，君何懼焉？」授曰：「以曹兗州之明略，又挾天子以爲資，我雖剋伯珪，衆實疲敝，而主驕將忲，軍之破敗，在此舉矣。楊雄有言：『六國蚩蚩，爲嬴弱姬。』今之謂乎！」曹操遂救劉延，擊顏良，斬之。紹乃度河，壁延津南。沮授臨船嘆曰：「上盈其志，下務其功，悠悠黃河，吾其濟乎！」遂以疾退，紹不許而意恨之，復省其所部，並屬郭圖。紹使劉備、文醜挑戰，曹操又擊破之，斬文醜。再戰而禽二將，紹軍中大震。操還屯官度，紹進保陽武。沮授又說紹曰：「北兵雖衆，而勁果不及南軍；南軍穀少，而資儲不如北。南幸於急戰，北利在緩師。宜徐持久，曠以日月。」紹不從。連營稍前，漸逼官度，遂合戰。操軍不利，復還堅壁。紹爲高櫓，起土山，射營中，皆蒙楯而行。操乃發石車擊紹樓，皆破，軍中呼曰「霹靂車」。紹爲地道欲襲操，操輒於內爲長塹以拒之。又遣奇兵襲紹運車，大破之，盡焚其穀食。相持百餘日，河南人疲困，多畔應紹。紹遣淳于瓊等將兵萬餘人北迎糧運。沮授說紹可遣蔣奇別爲支軍於表，以絕曹操之鈔。紹不從。許攸進曰：「曹操兵少而悉師拒我，許下餘守勢必空弱。若分遣輕軍，星行掩襲，許拔則操爲成禽。如其未潰，可令首尾奔命，破之必也。」紹又不能用。會攸家犯法，審配收繫之，攸不得志，遂奔曹操，而說使襲取淳于瓊等。〔瓊等〕時宿在烏巢，去紹軍四十里。操自將步騎五千人，夜往攻破瓊等，悉斬之。初，紹聞操擊瓊，謂長子譚曰：「就操破瓊，吾拔其營，彼固無所歸矣。」乃使高覽、張郃等攻操營，不下。二將聞瓊等敗，遂奔操。於是紹軍驚擾，大潰。紹與譚等幅巾乘馬，與八百騎度河，至黎陽北岸，入其將軍蔣義渠營。至帳下，把其手曰：「孤以首領相付矣。」義渠避帳而處之，使宣令焉。衆聞紹在，稍復集。餘衆僞降，曹操盡坑之，前後所殺八萬人。沮授爲操軍所執，乃大呼曰：「授不降也，爲所執耳。」操見授謂曰：「分野殊異，遂用圮絶，不圖今日乃相得也。」授對曰：「冀州失策，自取奔北。授知力俱困，宜其見禽。」操曰：「本初無謀，不相用計。今喪亂過紀，國家未定，方當與君圖之。」授曰：「叔父、母、弟懸命袁氏，若蒙公靈，速死爲福。」操嘆曰：「孤早相得，天下不足慮也。」遂赦而厚遇焉。授尋謀歸袁氏，乃誅之。紹外寬雅有局度，憂喜不形於色，而性矜愎自高，短於從善，故至於敗。及軍還，或謂田豐曰：「君必見重。」豐曰：「公貌寬而内忌，不亮吾忠，而吾數以至言迕之。若勝而喜，必能赦我，戰敗而怨，内忌將發。若軍出有利，當蒙全耳，今既敗矣，吾不望生。」紹還，曰：「吾不用田豐言，果爲所笑。」遂殺之。官度之敗，審配二子爲曹操所禽。孟岱與配有隙，因蔣奇言於紹曰：「配在位專政，族大兵强，且二子在南，必懷反畔。」郭圖、辛評亦爲然。紹遂以岱爲監軍，代配守鄴。護軍逢紀與配不睦，紹以問之，紀對曰：「配天性烈直，每所言行，慕古人之節，不以二子在南爲不義也，公勿疑之。」紹曰：「君不惡之邪？」紀曰：「先所争者私情，今所陳者國事。」紹曰「善」。乃不廢配，配、〔紀〕由是更協。冀州城邑多畔，紹復擊定之。自軍敗後發病，七年夏，薨。未及定嗣，逢紀、審配宿以驕侈爲譚所病，辛評、郭圖皆比於譚而與配、紀有隙。衆以譚長，欲立之。配等恐譚立而評等爲害，遂矯紹遺命，奉尚爲嗣。譚自稱車騎將軍，出軍黎陽。尚少與其兵，而使逢紀隨之。譚求益兵，審配等又議不與，譚怒，殺逢紀。曹操度河攻譚，譚告急於尚，尚乃留審配守鄴，自將助譚，與操相拒於黎陽。自九月至明年二月，大戰城下，譚、尚敗退。操將圍之，乃夜遁還鄴。操進軍，尚逆擊破操，操軍還許。譚謂尚曰：「我鎧甲不精，故前爲曹操所敗。今操軍退，人懷歸志，及其未濟，出兵掩之，可令大潰，此策不可失也。」尚疑而不許，既不益兵，又不易甲。譚大怒，郭圖、辛評因此謂譚曰：「使先公出將軍爲兄後者，皆是審配之所搆也。」譚然之，遂引兵攻尚，戰於外門。譚敗，乃引兵還南皮。别駕王修率吏人自青州往救譚，譚還欲更攻尚，問修曰：「計將安出？」修曰：「兄弟者，左右手也。譬人將鬥而斷其右手，曰『我必勝若』，如是者可乎？夫棄兄弟而不親，天下其誰親之？屬有讒人交鬥其間，以求一朝之利，願塞耳勿聽也。若斬佞臣數人，復相親睦，以御四方，可横行於天下。」譚不從。尚復自將攻譚，譚戰大敗，嬰城固守。尚圍之急，譚奔平原，而遣潁川辛毗詣曹操請救。劉表以書諫譚曰：「天降灾害，禍難殷流，初交殊族，卒成同盟，使王室震蕩，彝倫攸斁。是以智達之士，莫不痛心入骨，傷時人不能相忍也。然孤與太公，志同願等，雖楚魏絶邈，山河迥遠，戮力乃心，共獎王室，使非族不干吾盟，異類不絶吾好，此孤與太公無貳之所致也。功績未卒，太公殂殞，賢胤承統，以繼洪業。宣奕世之德，履丕顯之祚，摧嚴敵於鄴都，揚休烈於朔土，顧定疆宇，虎視河外，凡我同盟，莫不景附。何悟青蠅飛於竿〔旌〕，無忌游於二壘，使股肱分成二體，匈膂絶爲異身。初聞此問，尚謂不然，定聞信來，乃知閼伯、實沈之忿已成，棄親即讎之計已決，旃旆交於中原，暴尸累於城下。聞之哽咽，若存若亡。昔三王、五伯，下及戰國，君臣相弑，父子相殺，兄弟相殘，親戚相滅，蓋時有之。然或欲以成王業，或欲以定霸功，皆所謂逆取順守，而徼富强於一世也。未有棄親即異，兀其根本，而能全於長世者也。昔齊襄公報九世之讎，士匄卒荀偃之事，是故《春秋》美其義，君子稱其信。夫伯游之恨於齊，未若太公之忿於曹也；宣子之臣承業，未若仁君之繼統也。且君子違難不適讎國，交絶不出惡聲，况忘先人之讎，弃親戚之好，而爲萬世之戒，遺同盟之耻哉！蠻夷戎狄將有誚讓之言，况我族類，而不痛心邪！夫欲立竹帛於當時，全宗祀於一世，豈宜同生分謗，争校得失乎？若冀州有不弟之傲，無慚順之節，仁君當降志辱身，以濟事爲務。事定之後，使天下平其曲直，不亦爲高義邪？今仁君見憎於夫人，未若鄭莊之於姜氏；昆弟之嫌，未若重華之於象敖。然莊公卒崇大隧之樂，象敖終受有鼻之封。願捐棄百痾，追攝舊義，復爲母子昆弟如初。今整勒士馬，瞻望鵠立。」又與尚書諫之，並不從。曹操遂還救譚，十月至黎陽。尚聞操度河，乃釋平原還鄴。尚將吕曠、高翔畔歸曹氏，譚復陰刻將軍印，以假曠、翔。操知譚詐，乃以子整娉譚女以安之，而引軍還。九年三月，尚使審配守鄴，復攻譚於平原。配獻書於譚曰：「配聞良藥苦口而利於病，忠言逆耳而便於行。願將軍緩心抑怒，終省愚辭。蓋《春秋》之義，國君死社稷，忠臣死君命。苟圖危宗廟，剥亂國家，親疏一也。是以周公垂涕以蘮〔蔽〕管、蔡之獄，季友歔欷而行叔牙之誅。何則？義重人輕，事不獲已故也。昔先公廢黜將軍以續賢兄，立我將軍以爲嫡嗣，上告祖靈，下書譜牒，海内遠近，誰不備聞！何意凶臣郭圖，妄畫蛇足，曲辭諂媚，交亂懿親。至令將軍忘孝友之仁，襲閼、沈之迹，放兵鈔突，屠城殺吏，冤魂痛於幽冥，創痍被於草棘。又乃圖獲鄴城，許賞賜秦胡，其財物婦女，豫有分數。又云：『孤雖有老母，趣使身體完具而已。』聞此言者，莫不悼心揮涕，使太夫人憂哀憤隔，我州君臣監寐悲嘆。誠拱默以聽執事之圖，則懼違《春秋》死命之節，詒太夫人不測之患，損先公不世之業。我將軍辭不獲命，以及館陶之役。伏惟將軍至孝蒸蒸，發於岐嶷，友于之性，生於自然，章之以聰明，行之以敏達，覽古今之舉措，睹興敗之徵符，輕榮財於糞土，貴名位於丘岳。何意奄然迷沈，隋賢哲之操，積怨肆忿，取破家之禍！翹企延頸，待望讎敵，委慈親於虎狼之牙，以逞一朝之志，豈不痛哉！若乃天啓尊心，革圖易慮，則我將軍匍匐悲號於將軍股掌之上，配等亦當敷躬布體以聽斧鑕之刑。如又不悛，禍將及之。願熟詳吉凶，以賜環玦。」譚不納。曹操因此進攻鄴，審配將馮札〔禮〕爲内應，開突門内操兵三百餘人。配覺之，從城上以大石擊門，門閉，入者皆死。操乃鑿塹圍城，周回四十里，初令淺，示若可越。配望見，笑而不出争利。操一夜濬之，廣深二丈，引漳水以灌之。自五月至八月，城中餓死者過半。尚聞鄴急，將軍萬餘人還救城，操逆擊破之。尚走依曲漳爲營，操復圍之，未合，尚懼，遣陰夔、陳琳求降，不聽。尚還走藍口，操復進，急圍之，尚將馬延等臨陣降，衆大潰，尚奔中山。盡收其輜重，得尚印綬節鉞及衣物，以示城中，城中崩沮。審配令士卒曰：「堅守死戰，操軍疲矣。幽州方至，何憂無主！」操出行圍，配伏弩射之，幾中。以其兄子榮爲東門校尉，榮夜開門内操兵，配拒戰城中，生獲配。操謂配曰：「吾近行圍，弩何多也？」配曰：「猶恨其少。」操曰：「卿忠於袁氏，亦自不得不爾。」意欲活之。配意氣壯烈，終無撓辭，見者莫不嘆息，遂斬之。全尚母妻子，還其財寶。高幹以并州降，復爲刺史。曹操之圍鄴也，譚復背之，因略取甘陵、安平、勃海、河間，攻尚於中山。尚敗，走故安從熙，而譚悉收其衆，還屯龍湊。十二月，曹操討譚，軍其門。譚夜遁奔南皮，臨清河而屯。明年正月，急攻之。譚欲出戰，軍未合而破。譚被髮驅馳，追者意非恒人，趨奔之。譚墮馬，顧曰：「咄，兒過我，我能富貴汝。」言未絶口，頭已斷地。於是斬郭圖等，戮其妻子。熙、尚爲其將焦觸、張南所攻，奔遼西烏桓。觸自號幽州刺史，驅率諸郡太守令長背袁向曹，陳兵數萬，殺白馬盟，令曰：「違者斬！」衆莫敢仰視，各以次歃。至別駕代郡韓珩，曰：「吾受袁公父子厚恩，今其破亡，智不能救，勇不能死，於義闕矣。若乃北面曹氏，所不能爲也！」一坐爲珩失色。觸曰：「夫舉大事，當立大義。事之濟否，不待一人，可卒珩志，以厲事君。」曹操聞珩節，甚高之，屢辟不至，卒於家。高幹復叛，執上黨太守，舉兵守壺口關。十一年，曹操自征幹，幹乃留其將守城，自詣匈奴求救，不得，獨與數騎亡，欲南奔荆州。上洛都尉捕斬之。十二年，曹操征遼西，擊烏桓。尚、熙與烏桓逆操軍，戰敗走，乃與親兵數千人奔公孫康於遼東。尚有勇力，先與熙謀曰：「今到遼東，康必見我，我獨爲兄手擊之，且據其郡，猶可以自廣也。」康亦心規取尚以爲功，乃先置精勇於廄中，然後請尚、熙。熙疑不欲進，尚强之，遂與俱入。未及坐，康叱伏兵禽之，坐於凍地。尚謂康曰：「未死之間，寒不可忍，可相與席。」康曰：「卿頭顱方行萬里，何席之爲！」遂斬首送之。

劉表傳 全

劉表字景升，山陽高平人，魯恭王之後也。身長八尺餘，姿貌温偉。與同郡張儉等俱被訕議，號爲「八顧」。詔書捕案黨人，表亡走得免。黨禁解，辟大將軍何進掾。初平元年，長沙太守孫堅殺荆州刺史王叡，詔書以表爲荆州刺史。時江南宗賊大盛，又袁術阻兵屯魯陽，表不能得至，乃單馬入宜城，請南郡人蒯越、襄陽人蔡瑁與共謀畫。表謂越曰：「宗賊雖盛而衆不附，若袁術因之，禍必至矣。吾欲徵兵，恐不能集，其策焉出？」對曰：「理平者先仁義，理亂者先權謀。兵不在多，貴乎得人。袁術驕而無謀，宗賊率多貪暴。越有所素養者，使人示之以利，必持衆來。使君誅其無道，施其才用，威德既行，襁負而至矣。兵集衆附，南據江陵，北守襄陽，荆州八郡可傳檄而定。公路雖至，無能爲也。」表曰：「善。」乃使越遣人誘宗賊帥，至者十五人，皆斬之而襲取其衆。唯江夏賊張虎、陳坐擁兵據襄陽城，表使越與龐季往譬之，乃降。江南悉平。諸守令聞表威名，多解印綬去。表遂理兵襄陽，以觀時變。袁術與其從兄紹有隙，而紹與表相結，故術共孫堅合從襲表。表敗，堅遂圍襄陽。會表將黄祖救至，堅爲流箭所中死，餘衆退走。及李傕等入長安，冬，表遣使奉貢。傕以表爲鎮南將軍、荆州牧，封成武侯，假節，以爲己援。建安元年，驃騎將軍張濟自關中走南陽，因攻穰城，中飛矢而死。荆州官屬皆賀。表曰：「濟以窮來，主人無禮，至於交鋒，此非牧意，牧受弔不受賀也。」使人納其衆，衆聞之喜，遂皆服從。三年，長沙太守張羨率零陵、桂楊三郡畔表，表遣兵攻圍，破羨，平之。於是開土遂廣，南接五嶺，北據漢川，地方數千里，帶甲十餘萬。初，荆州人情好擾，加四方駭震，寇賊相扇，處處麋沸。表招誘有方，威懷兼洽，其奸猾宿賊更爲效用，萬里肅清，大小咸悦而服之。關西、兖、豫學士歸者蓋有千數，表安慰賑贍，皆〔得〕資全。遂起立學校，博求儒術，綦母闓、宋忠等撰立《五經》章句，謂之後定。愛民養士，從容自保。及曹操與袁紹相持於官度，紹遣人求助，表許之，不至，亦不援曹操，且欲觀天下之變。從事中郎南陽韓嵩、别駕劉先説表曰：「今豪傑並争，兩雄相持，天下之重在於將軍。若欲有爲，起乘其敝可也；如其不然，固將擇所宜從。豈可擁甲十萬，坐觀成敗，求援而不能助，見賢而不能〔肯〕歸！此兩怨必集於將軍，恐不得中立矣。曹操善用兵，且賢俊多歸之，其勢必舉袁紹，然後移兵以向江漢，恐將軍不能禦也。今之勝計，莫若舉荆州以附曹操，操必重德將軍，長享福祚，垂之後嗣，此萬全之策也。」蒯越亦勸之。表狐疑不斷，乃遣嵩詣操，觀望虛實。謂嵩曰：「今天下未知所定，而曹操擁天子都許，君爲我觀其釁。」嵩對曰：「嵩觀曹公之明，必得志於天下。將軍若欲歸之，使嵩可也；如其猶豫，嵩至京師，天子假嵩一職，不獲辭命，則成天子之臣，將軍之故吏耳。在君爲君，不復爲將軍死也。惟加重思。」表以爲憚使，强之。至許，果拜嵩侍中、零陵太守。及還，盛稱朝廷曹操之德，勸遣子入侍。表大怒，以爲懷貳，陳兵詬嵩，將斬之。嵩不爲動容，徐陳臨行之言。表妻蔡氏知嵩賢，諫止之。表猶怒，乃考殺從行者。知無它意，但囚嵩而已。六年，劉備自袁紹奔荆州，表厚相待結而不能用也。十三年，曹操自將征表，未至。八月，表疽發背卒。在荆州幾二十年，家無餘積。二子：琦、琮。表初以琦貌類於己，甚愛之，後爲琮娶其後妻蔡氏之侄，蔡氏遂愛琮而惡琦，毁譽之言日聞於表。表寵耽後妻，每信受焉。又妻弟蔡瑁及外甥張允並得幸於表，又睦於琮。而琦不自寧，嘗與琅邪人諸葛亮謀自安之術。亮初不對。後乃共升高樓，因令去梯，謂亮曰：「今日上不至天，下不至地，言出子口而入吾耳，可以言未？」亮曰：「君不見申生在内而危，重耳居外而安乎？」琦意感悟，陰規出計。會表將江夏太守黄祖爲孫權所殺，琦遂求代其任。及表病甚，琦歸省疾，素慈孝，允等恐其見表而父子相感，更有托後之意，乃謂琦曰：「將軍命君撫臨江夏，其任至重。今釋衆擅來，必見譴怒。傷親之歡，重增其疾，非孝敬之道也。」遂遏于户外，使不得見。琦流涕而去，人衆聞而傷焉。遂以琮爲嗣。琮以侯印授琦。琦怒，投之地，將因奔喪作難。會曹操軍至新野，琦走江南。蒯越、韓嵩及東曹掾傅巽等説琮歸降。琮曰：「今與諸君據全楚之地，守先君之業，以觀天下，何爲不可？」巽曰：「逆順有大體，强弱有定勢。以人臣而拒人主，逆道也；以新造之楚而禦中國，必危也；以劉備而敵曹公，不當也。三者皆短，欲以抗王師之鋒，必亡之道也。將軍自料何與劉備？」琮曰：「不若也。」巽曰：「誠以劉備不足禦曹公，則雖全勝〔楚〕

不能以自存也。誠以劉備足禦曹公，則備不爲將軍下也。願將軍勿疑。」及操軍到襄陽，琮舉州請降，劉備奔夏口。操以琮爲青州刺史，封列侯。蒯越等侯者十五人。乃釋嵩之囚，以其名重，甚加禮待，〔使條品州人優劣，皆擢而用之。以嵩爲大鴻臚，以交友禮待〕之。蒯越光禄勳，劉光〔先〕尚書令。初，表之結袁紹也，侍中從事鄧義諫不聽。義以疾退，終表世不仕，操以爲侍中。其餘多至大官。操後敗於赤壁，劉備表琦爲荆州刺史，明年卒。

論曰：袁紹初與豪俠得衆，遂懷雄霸之圖，天下勝兵舉旗者，莫不假以爲名。及臨場決敵，則悍夫争命；深籌高議，則智士傾心。盛哉乎，其所資也！《韓非》曰：「狠剛而不和，愎過而好勝，嫡子輕而庶子重，斯之謂亡徵。」劉表道不相越，而欲卧收天運，擬蹤三分，其猶木禺之於人也。

贊曰：紹姿弘雅，表亦長者。稱雄河外，擅强南夏。魚儷漢舳，雲屯冀馬。闚圖訊鼎，禋天類社。既云天工，亦資人亮。矜强少成，坐談奚望。回皇冢嬖，身穨業喪。

劉袁呂列傳

劉焉傳 論

論曰：劉焉睹時方艱，先求後亡之所，庶乎見幾而作。夫地廣則驕尊之心生，財衍則僭奢之情用，固亦恒人必至之期也。璋能閉隘養力，守案先圖，尚可與歲時推移，而遽輸利器，静受流斥，所謂羊質虎皮，見豺則恐，吁哉！

興平二年冬，天子播越，敗於曹陽。術大會群下，因謂曰：「今海内鼎沸，劉氏微弱。吾家四世公輔，百姓所歸，欲應天順民，於諸君何如？」衆莫敢對。主簿閻象進曰：「昔周自后稷至于文王，積德累功，參分天下，猶服事殷。明公雖奕世克昌，孰若有周之盛？漢室衰微，未至殷紂之敝也。」術嘿然，使召張範。範辭疾，遣弟承往應之。術問曰：「昔周室陵遲，則有桓文之霸；秦失其政，漢接而用之。今孤以土地之廣，士人之衆，欲徼福於齊桓，擬迹於高祖，可乎？」承對曰：「在德不在衆。苟能用德以同天下之欲，雖云匹夫，霸王可也。若陵僭無度，干時而動，衆之所棄，誰能興之！」術不悦。自孫堅死，子策復領其部曲，術遣擊揚州刺史劉繇，破之，策因據江東。策聞術將欲僭號，與書諫曰：「董卓無道，陵虐王室，禍加太后，暴及弘農，天子播越，宫廟焚毁，是以豪桀發憤，沛然俱起。元惡既斃，幼主東顧，乃使王人奉命，宣朗〔明〕朝恩，偃武修文，與之更始。然而河北異謀於黑山，曹操毒被於東徐，劉表僭亂於南荆，公孫叛逆於朔北，正禮阻兵，玄德争盟，是以未獲從命，櫜弓戢戈。當謂使君與國同規，而舍是弗恤，完然有自取之志，懼非海内企望之意也。成湯討桀，稱『有夏多罪』；武王伐紂，曰『殷有重罰』。此二王者，雖有聖德，假使時無失道之過，無由逼而取也。今主上非有惡於天下，徒以幼小脇於强臣，異於湯武之時也。又聞幼主明智聰敏，有夙成之德，天下雖未被其恩，咸歸心焉。若輔而興之，則旦、奭之美，率土所望也。使君五世相承，爲漢宰輔，榮寵之盛，莫與爲比，宜効忠守節，以報王室。時人多惑圖緯之言，妄牽非類之文，苟以悦主爲美，不顧成敗之計，古今所慎，可不孰慮！忠言逆耳，駁議致憎，苟有益於尊明，無所敢辭。」術不納，策遂絶之。

論曰：天命符驗，可得而見，未可得而言也。然大致受大福者，歸於信順乎！夫事不以順，雖强力廣謀，不能得也。謀不可得之事，日失忠信，變詐妄生矣。況復苟肆行之，其以欺天乎！雖假符僭稱，歸將安所容哉！

呂布傳　全

呂布字奉先，五原九原人也。以弓馬驍武給並州。刺史丁原爲騎都尉，原屯河内，以布爲主簿，甚見親待。靈帝崩，原受何進召，將兵詣洛陽，爲執金吾。會進敗，董卓誘布殺原而並其兵。卓以布爲騎都尉，誓爲父子，甚愛信之。稍遷至中郎將，封都亭侯。卓自知凶恣，每懷猜畏，行止常以布自衛。嘗小失卓意，卓拔手戟擲之，而〔布〕拳捷得免，而改容顧謝，卓意亦解。布由是陰怨於卓。卓又使布守中閤，而私與傅婢情通，益不自安。因往見司徒王允，自陳卓幾見殺之狀。時允與尚書僕射士孫瑞密謀誅卓，因以告布，使爲内應。布曰：「如父子何？」曰：「君自姓吕，本非骨肉。今憂死不暇，何謂父子？擲戟之時，豈有父子情也？」布遂許之，乃於門刺殺卓，事已見《卓傳》。允以布爲奮威將軍，假節，儀同三司，封温侯。允既不赦凉州人，由是卓將李傕等遂相結，還攻長安。布與傕戰，敗，乃將數百騎，以卓頭繫馬鞍，走出武關，奔南陽。袁術待之甚厚。布自恃殺卓，有功袁氏，遂恣兵鈔掠。術患之。布不安，復去從張楊於河内。時李傕等購募求布急，楊下諸將皆欲圖之。布懼，謂楊曰：「與卿州里，今見殺，其功未必多。不如生賣布，可大得傕等爵寵。」楊以爲然。有頃，布得走投袁紹，紹與布擊張燕於常山。燕精兵萬餘，騎數千匹。布常御良馬，號曰赤菟，能馳城飛塹，與其健將成廉、魏越等數十騎馳突燕陣，一日或至三四，皆斬首而出。連戰十餘日，遂破燕軍。布既恃其功，更請兵於紹，紹不許，而將士多暴横，紹患之。布不自安，因求還洛陽。紹聽之，承制使領司隸校尉，遣壯士送布而陰使使殺之。布疑其圖己，乃使人鼓筝於帳中，潛自遁出。夜中兵起，而布已亡。紹聞，懼爲患，募遣追之，皆莫敢逼，遂歸張楊。道經陳留，太守張邈遣使迎之，相待甚厚，臨別把臂言誓。邈字孟卓，東平人，少以俠聞。初辟公府，稍遷陳留太守。董卓之亂，與曹操共舉義兵。及袁紹爲盟主，有驕色，邈正義責之。紹既怨邈，且聞與布厚，乃令曹操殺邈。操不聽，然邈心不自安。興平元年，曹操東擊陶謙，令其將武陽人陳宮屯東郡。宮因説邈曰：「今天下分崩，雄桀並起。君擁十萬之衆，當四戰之地，撫劍顧眄，亦足以爲人豪，而反受制，不以鄙乎！今州軍東征，其處空虛，吕布壯士，善戰無前，迎之共據兖州，觀天下形勢，俟時事變通，此亦從横一時也。」邈從之，遂與弟超及宮等迎布爲兖州牧，據濮陽，郡縣皆應之。曹操聞而引軍擊布，累戰，相持百餘日。是時旱蝗少穀，百姓相食，布移屯山陽。二年間，操復盡收諸城，破布於鉅野，布東奔劉備。邈詣袁術求救，留超將家屬屯雍丘。操圍超數月，屠之，滅其三族。邈未至壽春，爲其兵所害。時劉備領徐州，居下邳，與袁術相拒於淮上。術欲引布擊備，乃與布書曰：「術舉兵詣闕，未能屠裂董卓。將軍誅卓，爲術雪恥，功一也。昔金元休南至封丘，爲曹操所敗。將軍伐之，令術復明目於遐邇，功二也。術生年以來，不聞天下有劉備，備乃舉兵與術對戰。憑將軍威靈，得以破備，功三也。將軍有三大功在術，術雖不敏，奉以死生。將軍連年攻戰，軍糧苦少，今送米二十萬斛。非唯此止，當駱驛復致。凡所短長亦唯命。」布得書大悦，即勒兵襲下邳，獲備妻子。備敗走海西，飢困，請降於布。布又恚術運糧不復至，乃具車馬迎備，以爲豫州刺史，遣屯小沛。布自號徐州牧。術懼布爲己害，爲子求婚，布復許之。術遣將紀靈等步騎三萬以攻備，備求救於布。諸將謂布曰：「將軍常欲殺劉備，今可假手於術。」布曰：「不然。〔術〕若破備，則北連太山，吾爲在術圍中，不得不救也。」便率步騎千餘，馳往赴之。靈等聞布至，皆斂兵而止。布屯沛城外，遣人招備，並請靈等與共饗飲。布謂靈曰：「玄德，布弟也，爲諸軍〔君〕所困，故來救之。布性不喜合鬥，但喜解鬥耳。」乃令軍候植戟於營門，布彎弓顧曰：「諸君觀布射戟小支，中者當各解兵，不中可留決鬥。」布即一發，正中戟支。靈等皆驚，言「將軍天威也」。明日復歡會，然後各罷。術遣韓胤以僭號事告布，因求迎婦，布遣女隨之。沛相陳珪恐術報布成姻，則徐楊合從，爲難未已。於是往説布曰：「曹公奉迎天子，輔贊國政，將軍宜與協同策謀，共存大計。今與袁術結姻，必受不義之名，將有累卵之危矣。」布亦素怨術，而女已在塗，乃追還絶婚，執胤送許，曹操殺之。陳珪欲使子登詣曹操，布固不許，會使至，拜布爲左將軍，布大喜，即聽登行，並令奉章謝恩。登見曹操，因陳布勇而無謀，輕於去就，宜早圖之。操曰：「布狼子野心，誠難久養，非卿莫究其情僞。」即增珪秩中二千石，拜登廣陵太守。臨別，操執登手曰：「東方之事，便以相付。」令陰合部衆，以爲内應。始布因登求徐州牧，不得。登還，布怒，拔戟斫机曰：「卿父勸吾協同曹操，絶婚公路。今吾所求無獲，而卿父子並顯重，但爲卿所賣耳。」登不爲動容，徐對之曰：「登見曹公，言養將軍譬如養虎，當飽其肉，不飽則將噬人。公曰：『不如卿言。譬如養鷹，飢即爲用，飽則颺去。』其言如此。」布意乃解。袁術怒布殺韓胤，遣其大將張勳、橋蕤等與韓暹、楊奉連勢，步騎數萬，七道攻布。布時兵有三千，馬四百匹，懼其不敵，謂陳珪曰：「今致術軍，卿之由也，爲之奈何？」珪曰：「暹、奉與術，卒合之師耳。謀無素定，不能相維。子登策之，比於連鷄，勢不俱栖，立可離也。」布用珪策，與暹、奉書曰：「二將軍親拔大駕，而布手殺董卓，俱立功名，當垂竹帛。今袁術造逆，宜共誅討，奈何與賊還來伐布？可因今者同力破術，爲國除害，建功天下，此時不可失也。」又許破術兵，悉以軍資與之。暹、奉大喜，遂共擊勳等於下邳，大破之，生禽橋蕤，餘衆潰走，其所殺傷，墯水死者殆盡。時太山臧霸等攻破莒城，許布財幣以相結，而未及送，布乃自往求之。其督將高順諫止曰：「將軍威名宣播，遠近所畏，何求不得，而自行求賂。萬一不剋，豈不損邪？」布不從。既至莒，霸等不測往意，固守拒之，無獲而還。順爲人清白有威嚴，少言辭，將衆整齊，每戰必剋。布性決易，所爲無常。順每諫曰：「將軍舉動，不肯詳思，忽有失得，動輒言誤。誤事豈可數乎？」布知其忠而不能從。建安二〔三〕年，布遂復從袁術，遣順攻劉備於沛，破之。曹操遣夏侯惇救備，爲順所敗。操乃自將擊布，至下邳城下。遺布書，爲陳禍福。布欲降，而陳宮等自以負罪於操，深沮其計，而謂布曰：「曹公遠來，勢不能久。將軍若以步騎出屯於外，宮將餘衆閉守於內。若向將軍，宮引兵而攻其背；若但攻城，則將軍救於外。不過旬月，軍食畢盡，擊之可破也。」布然之。布妻曰：「昔曹氏待公臺如赤子，猶舍而歸我。今將軍厚公臺不過於曹氏，而欲委全城，捐妻子，孤軍遠出乎？若一旦有變，妾豈得爲將軍妻哉！」布乃止。而潛遣人求救於袁術，自將千餘騎出。戰敗走還，保城不敢出。術亦不能救。曹操壍圍之，壅沂、泗以灌其城，三月，上下離心。其將侯成使客牧其名馬，而客策之以叛。成追客得馬，諸將合禮以賀成。成分酒肉，先入詣布而言曰：「蒙將軍威靈，得所亡馬，諸將齊賀，未敢嘗也，故先以奉貢。」布怒曰：「布禁酒而卿等醖釀，爲欲因酒共謀布邪？」成忿懼，乃與諸將共執陳宮、高順，率其衆降。布與麾下登白門樓，兵圍之急，令左右取其首詣操。左右不忍，乃下降。布見操曰：「今日已往，天下定矣。」操曰：「何以言之？」布曰：「明公之所患不過於布，今已服矣。令布將騎，明公將步，天下不足定也。」顧謂劉備曰：「玄德，卿爲坐上客，我爲降虜，繩縛我急，獨不可一言邪？」操笑曰：「縛虎不得不急。」乃命緩布縛。劉備曰：「不可。明公不見吕布事丁建陽、董太師乎？」操頷之。布目備曰：「大耳兒最叵信！」操謂陳宮曰：「公臺平生自謂智有餘，今意何如？」宮指布曰：「是子不用宮言，以至於此。若見從，未可量也。」操又曰：「奈卿老母何？」宮曰：「老母在公，不在宮也。夫以孝理天下者，不害人之親。」操復曰：「奈卿妻子何？」宮曰：「宮聞霸王之主，不絶人之祀。」固請就刑，遂出不顧，操爲之泣涕。布及宮、順皆縊殺之，傳首許市。

循吏列傳 序 任延 孟嘗 劉寵 仇覽 童恢 贊

初，光武長於民間，頗達情僞，見稼穡艱難，百姓病害，至天下已定，務用安静，解王莽之繁密，還漢世之輕法。身衣大練，色無〔重〕綵，耳不聽鄭衛之音，手不持珠玉之玩，宫房無私愛，左右無偏恩。建武十三年，異國有獻名馬者，日行千里，又進寶劍，賈兼百金，詔以馬駕鼓車，劍賜騎士。損上林池籞之官，廢騁望弋獵之事。其以手迹賜方國者，皆一札十行，細書成文。勤約之風，行于上下。數引公卿郎將，列于禁坐。廣求民瘼，觀納風謡。故能内外匪懈，百姓寬息。自臨宰邦邑者，競能其官。若杜詩守南陽，號爲「杜母」，任延、錫光移變邊俗，斯其績用之最章章者也。又第五倫、宋均之徒，亦足有可稱談。然建武、永平之間，吏事刻深，亟以謡言單辭，轉易守長。故朱浮數上諫書，箴切峻政，鍾離意等亦規諷殷勤，以長者爲言，而不能得也。所以中興之美，蓋未盡焉。自章、和以後，其有善績者，往往不絶，如魯恭、吴祐、劉寬及潁川四長，並以仁信篤誠，使人不欺；王堂、陳寵委任賢良，而職事自理：斯皆可以感物而行化也。邊鳳、延篤先後爲京兆尹，時人以輩前世趙、張。又王涣、任峻之爲洛陽令，則〔明〕發奸伏，吏端禁止，然導德齊禮，有所未充，亦一時之良能也。今綴集殊聞顯迹，以爲《循吏篇》云。

任延傳 待龍丘萇一段 對帝一段

吴有龍丘萇者，隱居太末，志不降辱。王莽時，四輔三公連辟，不到。掾吏白請召之。延曰：「龍丘先生躬德履義，有原憲、伯夷之節。都尉埽灑其門，猶懼辱焉，召之不可。」遣功曹奉謁，修書記，致醫藥，吏使相望於道。積一歲，萇乃乘輦詣府門，願得先死備録。延辭讓再三，遂署議曹祭酒。

延視事四年，徵詣洛陽，以病稽留，左轉睢陽令，九真吏人生爲立祠。拜武威太守，帝親見，戒之曰：「善事上官，無失名譽。」延對曰：「臣聞忠臣不私，私臣不忠。履正奉公，臣子之節。上下雷同，非陛下之福。善事上官，臣不敢奉詔。」帝嘆息曰：「卿言是也。」

孟嘗傳 楊喬薦書

嘗後策孝廉，舉茂才，拜徐令。州郡表其能，遷合浦太守。郡不產穀實，而海出珠寶，與交趾比境，常通商販，貿糴糧食。先時宰守並多貪穢，詭人採求，不知紀極，珠遂漸徙於交趾郡界。於是行旅不至，人物無資，貧者餓死於道。嘗到官，革易前敝，求民病利。曾未踰歲，去珠復還，百姓皆反其業，商貨流通，稱爲神明。以病自上，被徵當還，吏民攀車請之。嘗既不得進，乃載鄉民船夜遁去。隱處窮澤，身自耕傭。鄰縣士民慕其德，就居止者百餘家。桓帝時，尚書同郡楊喬上書薦嘗曰：「臣前後七表言故合浦太守孟嘗，而身輕言微，終不蒙察。區區破心，徒然而已。嘗安仁弘義，耽樂道德，清行出俗，能幹絶群。前更守宰，移風改政，去珠復還，饑民蒙惠。且南海多珍，財產易積，掌握之內，價盈兼金，而嘗單身謝病，躬耕壟次，匿景藏采，不揚華藻。實羽翮之美用，非徒腹背之毛也。而沈淪草莽，好爵莫及，廊廟之寶，棄於溝渠。且年歲有訖，桑榆行盡，而忠貞之節，永謝聖時。臣誠傷心，私用流涕。夫物以遠至爲珍，士以稀見爲貴。槃木朽株，爲萬乘用者，左右爲之容耳。王者取士，宜拔衆之所貴。臣以斗筲之姿，趨日月之側。思立微節，不敢苟私鄉曲。竊感禽息，亡身進賢。」嘗竟不見用。年七十，卒于家。

劉寵傳　全

劉寵字祖榮，東萊牟平人，齊悼惠王之後也。悼惠王子孝王將閭，將閭少子封牟平侯，子孫家焉。父丕，博學，號爲通儒。寵少受父業，以明經舉孝廉，除東平陵令，以仁惠爲吏民所愛。母疾，棄官去。百姓將送塞道，車不得進，乃輕服遁歸。後四遷爲豫章太守，又三遷拜會稽太守。山民愿樸，乃有白首不入市井者，頗爲官吏所擾。寵簡除煩苛，禁察非法，郡中大化。徵爲將作大匠。山陰縣有五六老叟，尨眉皓髮，自若邪山谷間出，人齎百錢以送寵。寵勞之曰：「父老何自苦？」對曰：「山谷鄙生，永嘗識郡朝。它守時吏發求民間，至夜不絶，或狗吠竟夕，民不得安。自明府下車以來，狗不夜吠，民不見吏。年老遭值聖明，今聞當見棄去，故自扶奉送。」寵曰：「吾政何能及公言邪？勤苦父老！」爲人選一大錢受之。轉爲宗正、大鴻臚。延熹四年，代黄瓊爲司空，以陰霧愆陽免。頃之，拜將作大匠，復爲宗正。建寧元年，代王暢爲司空，頻遷司徒、太尉。二年，以日食策免，歸鄉里。寵前後歷宰二郡，累登卿相，而準約省素，家無貨積。嘗出京師，欲息亭舍，亭吏止之，曰：「整頓灑掃，以待劉公，不可得也。」寵無言而去，時人稱其長者。以老病卒于家。

仇覽傳　全

仇覽字季智，一名香，陳留考城人也。少爲書生淳默，鄉里無知者。年四十，縣召補吏，選爲蒲亭長。勸人生業，爲制科令，至於果菜爲限，鷄豕有數，農事既畢，乃令子弟群居，還就黌學。其剽輕游恣者，皆役以田桑，嚴設科罰。躬助喪事，賑恤窮寡。期年稱大化。覽初到亭，人有陳元者，獨與母居，而母詣覽告元不孝。覽驚曰：「吾近日過舍，廬落整頓，耕耘以時。此非惡人，當是教化未及至耳。母守寡養孤，苦身投老，奈何肆忿於一朝，欲致子以不義乎？」母聞感悔，涕泣而去。覽乃親到元家，與其母子飲，因爲陳人倫孝行，譬以禍福之言。元卒成孝子。鄉邑爲之諺曰：「父母何在在我庭，化我鳲梟哺所生。」時考城令河内王涣，政尚嚴猛，聞覽以德化人，署爲主簿。謂覽曰：「主簿聞陳元之過，不罪而化之，得無少鷹鸇之志邪？」覽曰：「以爲鷹鸇，不若鸞鳳。」涣謝遣曰：「枳棘非鸞鳳所栖，百里豈大賢之路？今日太學曳長裾，飛名譽，皆主簿後耳。以一月奉爲資，勉卒景行。」覽入太學。時諸生同郡符融有高名，與覽比宇，賓客盈室。覽常自守，不與融言。融觀其容止，心獨奇之，乃謂曰：「與先生同郡壤，鄰房牖。今京師英雄四集，志士交結之秋，雖務經學，守之何固？」覽乃正色曰：「天子修設太學，豈但使人游談其中！」高揖而去，不復與言。後融以告郭林宗，林宗因與融齎刺就房謁之，遂請留宿。林宗嗟嘆，下床爲拜。覽學畢歸鄉里，州郡並請，皆以疾辭。雖在宴居，必以禮自整。妻子有過，輒免冠自責。妻子庭謝，候覽冠，乃敢升堂。家人莫見喜怒聲色之異。後徵方正，遇疾而卒。三子皆有文史才，少子玄，最知名。

童恢傳 全

童恢字漢宗，琅邪姑幕人也。父仲玉，遭世凶荒，傾家賑恤，九族鄉里賴全者以百數。仲玉早卒。恢少仕州郡爲吏，司徒楊賜聞其執法廉平，乃辟之。及賜被劾當免，掾屬悉投刺去，恢獨詣闕争之。及得理，掾屬悉歸府，恢杖策而逝。由是論者歸美。復辟公府，除不其令。吏人有犯違禁法，輒隨方曉示。若吏稱其職，人行善事者，皆賜以酒肴之禮，以勸勵之。耕織種收，皆有條章。一境清静，牢獄連年無囚。比縣流人歸化，徙居二萬餘户。民嘗爲虎所害，乃設檻捕之，生獲二虎。恢聞而出，呪虎曰：「天生萬物，唯人爲貴。虎狼當食六畜，而殘暴於人。王法殺人者死，傷人則論法。汝若是殺人者，當垂頭服罪；自知非者，當號呼稱冤。」

一虎低頭閉目，狀如震懼，即時殺之。其一視恢嗚吼，踴躍自奮，遂令放釋。吏人爲之歌頌。青州舉尤異，遷丹陽太守，暴疾而卒。弟翊字漢文，名高於恢，宰府先辟之。翊陽喑不肯仕，及恢被命，乃就孝廉，除須昌長。化有異政，吏人生爲立碑。聞舉將喪，棄官歸。後舉茂才，不就。卒於家。

贊曰：政畏張急，理善亨鮮。推忠以及，衆瘼自蠲。一夫得情，千室鳴弦。懷我風愛，永載遺賢。

後漢書纂卷之十一

宋　順陽　范　曄　譔

明　吴興　凌濛初　纂

酷吏列傳　序　董宣　陽球　論

漢承戰國餘烈，多豪猾之民。其並兼者則陵橫邦邑，桀健者則雄張閭里。且宰守曠遠，户口殷大。故臨民之職，專事威斷，族滅奸軌，先行後聞。肆情剛烈，成其不撓之威。違衆用己，表其難測之智。至於重文橫入，爲窮怒之所遷及者，亦何可勝言。故乃積骸滿阱，漂血十里。致温舒有虎冠之吏，延年受屠伯之名，豈虚也哉！若其揣挫强勢，摧勒公卿，碎裂頭腦而不顧，亦爲壯也。自中興以後科網稍密，吏人之嚴害者，方於前世省矣。而閹人親婭，侵虐天下。至使陽球磔王甫之屍，張儉剖曹節之墓。若此之類，雖厭快衆憤，亦云酷矣！

董宣傳　强項始末

湖陽公主蒼頭白日殺人，因匿主家，吏不能得。及主出行，而以奴驂乘，宣於夏門亭候之，乃駐車叩馬，以刀畫地，大言數主之失，叱奴下車，因格殺之。主即還宫訴帝，帝大怒，召宣，欲箠殺之。宣叩頭曰：「願乞一言而死。」帝曰：「欲何言？」宣曰：「陛下聖德中興，而縱奴殺良人，將何以理天下乎？臣不須箠，請得自殺。」即以頭擊楹，流血被面。帝令小黄門持之，使宣叩頭謝主，宣不從，强使頓之。宣兩手據地，終不肯俯。

主曰：「文叔爲白衣時，臧亡匿死，吏不敢至門。今爲天子，威不能行一令乎？」帝笑曰：「天子不與白衣同。」因敕强項令出。賜錢三十萬。宣悉以班諸吏。由是搏擊豪强，莫不震慄，京師號爲「卧虎」。歌之曰：「枹鼓不鳴董少平。」在縣五年。年七十四，卒於官。詔遣使者臨視，唯見布被覆屍，妻子對哭，有大麥數斛、敝車一乘。帝傷之，曰：「董宣廉潔，死乃知之！」

陽球傳 全

陽球字方正，漁陽泉州人也。家世大姓冠蓋。球能擊劍，習弓馬。性嚴厲，好申韓之學。郡吏有辱其母者，球結少年數十人，殺吏，滅其家，由是知名。初舉孝廉，補尚書侍郎，閑達故事，其章奏處議，常爲臺閣所崇信。出爲高唐令，以嚴苛過理，郡守收舉，會赦見原。辟司徒劉寵府，舉高第。九江山賊起，連月不解。二〔三〕府上球有理奸才，拜九江太守。球到，設方略，凶賊殄破，收郡中奸吏盡殺之。遷平原相。出教曰：「相前莅高唐，志埽奸鄙，遂爲貴郡所見枉舉。昔桓公釋管仲射鈎之讎，高祖赦季布逃亡之罪。雖以不德，敢忘前義。況君臣分定，而可懷宿昔哉！今一蠲往愆，期諸來效。若受教之後而不改奸狀者，不得復有所容矣。」郡中咸畏服焉。時天下大旱，司空張顥條奏長吏苛酷貪紵〔污〕者，皆罷免之。球坐嚴苦，徵詣廷尉，當免官。靈帝以球九江時有功，拜議郎。遷將作大匠，坐事論。頃之，拜尚書令。奏罷鴻都文學，曰：「伏承有詔敕中尚方爲鴻都文學樂松、江覽等三十二人圖象立贊，以勸學者。臣聞《傳》曰：『君舉必書。書而不法，後嗣何觀！』案松、覽等皆出於微蔑，斗筲小人，依憑世戚，附托權豪，俛眉承睫，徼進明時。或獻賦一篇，或鳥篆盈簡，而位升郎中，形圖丹青。亦有筆不點牘，辭不辯心，假手請字，妖僞百品，莫不被蒙殊恩，蟬蛻滓濁。是以有識掩口，天下嗟嘆。臣聞圖象之設，以昭勸戒，欲令人君動鑒得失。未聞豎子小人，詐作文頌，而可妄竊天官，垂象圖素者也。今太學、東觀足以宣明聖化。願罷鴻都之選，以消天下之謗。」書奏不省。時中常侍王甫、曹節等奸虐弄權，扇動外内，球嘗拊髀發憤曰：「若陽球作司隸，此曹子安得容乎？」光和二年，遷爲司隸校尉。王甫休沐里舍，球詣闕謝恩，奏收甫及中常侍淳于登、袁赦、封宜、中黄門劉毅、小黄門龐訓、朱禹、齊盛等，及子弟爲守令者，奸猾縱恣，罪合滅族。太尉段熲諂附佞倖，宜并誅戮。於是悉收甫、熲等送洛陽獄，及甫子永樂少府萌、沛相吉。球自臨考甫等，五毒備極。萌謂球曰：「父子既當伏誅，少以楚毒假借老父。」球曰：「若罪惡無狀，死不滅責，乃欲球假借邪？」萌乃駡曰：「爾前事吾父子如奴，奴敢反汝主乎！今日困吾，行自及也。」球使以土窒萌口，箠朴交至，父子悉死杖下。熲亦自殺。乃僵磔甫屍於夏城門，大署牓曰「賊臣王甫」。盡没入財産，妻子皆徙比景。球既誅甫，復欲以次表曹節等，乃敕中都官從事曰：「且先去大猾，當次案豪右。」權門聞之，莫不屏氣。諸奢飾之物，皆各緘縢，不敢陳設。京師畏震。時順帝虞貴人葬，百官會喪還，曹節見磔甫屍道次，慨然抆淚曰：「我曹自可相食，何宜使犬舐其汁乎？」語諸常侍，今且俱入，勿過里舍也。節直入省，白帝曰：「陽球故酷暴吏，前三府奏當免官，以九江微功，復見擢用。愆過之人，好爲妄作，不宜使在司隸，以騁毒虐。」帝乃徙球爲衛尉。時球出謁陵，節敕尚書令召拜，不得稽留尺一。球被召急，因求見帝，叩頭曰：「臣無清高之行，横蒙鷹犬之任。前雖糾誅王甫、段熲，蓋簡落狐狸，未足宣示天下。願假臣一月，必令豺狼鴟梟，各服其辜。」叩頭流血。殿上呵叱曰：「衛尉扞詔邪！」至於再三，乃受拜。其冬，司徒劉郃與球議收案張讓、曹節，節等知之，共誣白郃等。語已見《陳球傳》。遂收球送洛陽獄，誅死，妻子徙邊。

論曰：古者敦龐〔庬〕，善惡易分。至於畫衣冠，易(異)服色，而莫之犯。叔世偷薄，上下相蒙，德義不足以相洽，化導不能以懲違，遂乃嚴刑痛殺，隨而繩之，致刻深之吏，以暴理奸，倚疾邪之公直，濟忍苛之虐情。

漢世所謂酷能者，蓋有聞也。皆以敢捍精敏，巧附文理，風行霜烈，威譽誼赫。與夫斷斷守道之吏，何工否之殊乎！故嚴君蚩黄霸之術，密人笑卓茂之政，猛既窮矣，而猶或未勝。然朱邑不以笞辱加物，袁安未嘗鞫人臧罪，而猾惡自禁，人不欺犯。何者？以爲威辟既用，而苟免之行興；仁信道孚，故感被之情著。苟免者威隙則奸起，感彼〔被〕者人亡而思存。由一邦以言天下，則刑訟繁措，可得而求乎！

宦者列傳

序　吕强　論

《易》曰：「天垂象，聖人則之。」宦者四星，在皇位之側，故《周禮》置官，亦備其數。閽者守中門之禁，寺人掌女宫之戒。又云「王之正内者五人」。《月令》：「仲冬，命閹尹審門閭，謹房室。」《詩》之《小雅》，亦有《巷伯》刺讒之篇。然宦人之在王朝者，其來舊矣。將以其體非全氣，情志專良，通關中人，易以役養乎？然而後世因之，才任稍廣。其能者則勃貂、管蘇有功於楚、晋，景監、繆賢著庸於秦、趙。及其敝也，則豎刁亂齊，伊戾禍宋。漢興，仍襲秦制，置中常侍官。然亦引用士人，以參其選，皆銀璫左貂，給事殿省。及高后稱制，乃以張卿爲大謁者，出入卧内，受宣詔命。文帝時，有趙談、北宫伯子，頗見親倖。至於孝武，亦愛李延年。帝數宴後庭，或潛游離館，故請奏機事，多以宦人主之。至元帝之世，史游爲黄門令，勤心納忠，有所補益。其後弘恭、石顯以佞險自進，卒有蕭、周之禍，損穢帝德焉。中興之初，内官悉用閹人，不復雜調它士。至永平中，始置員數，中常侍四人，小黄門十人。和帝即祚幼弱，而竇憲兄弟專總權威，内外臣僚，莫由親接，所與居者，唯閹宦而已。故鄭衆得專謀禁中，終除大憝，遂享分土之封，超登宫卿之位。於是中宫始盛焉。自明帝以後，迄乎延平，委用漸大，而其員稍增，中常侍至有十人，小黄門二十人，改以金璫右貂，兼領卿署之職。鄧后以女主臨政，而萬機殷遠，朝臣國議，無由參斷帷幄，稱制下令，不出房闈之間，不得不委用刑人，寄之國命。手握王爵，口含天憲，非復掖廷永巷之職，閨牖房闥之任也。其後孫程定立順之功，曹騰參建桓之策，續以五侯合謀，梁冀受鉞，迹因公正，恩固主心，故中外服從，上下屏氣。或稱伊、霍之勳，無謝於往載；或謂良、平之畫，復興於當今。雖時有忠公，而竟見排斥。舉動回山海，呼吸變霜露。阿旨曲求，則光寵三族；直情忤意，則參夷五宗。漢之綱紀大亂矣。若夫高冠長劍，紆朱懷金者，布滿宮闈；苴茅分虎，南面臣人者，蓋以十數。府署第館，棋列於都鄙；子弟支附，過半於州國。南金、和寶、冰紈、霧穀之積，盈仞珍藏；嬙媛、侍兒、歌童、舞女之玩，充備綺室。狗馬飾雕文，土木被緹繡。皆剥割萌黎，競恣奢欲。搆害明賢，專樹黨類。其有更相援引，希附權强者，皆腐身熏子，以自衒達。同敝相濟，故其徒有繁，敗國蠹政之事，不敢單書。所以海内嗟毒，志士窮栖，寇劇緣間，摇亂區夏。雖忠良懷憤，時或奮發，而言出禍從，旋見孥戮。因復大考鉤黨，轉相誣染。凡稱善士，莫不離被灾毒。竇武、何進，位崇戚近，乘九服之囂怨，協群英之勢力，而以凝留不斷，至於殄敗。斯亦運之極乎！雖袁紹龔行，芟夷無餘，然以暴易亂，亦何云及！自曹騰説梁冀，竟立昏弱。魏武因之，遂遷龜鼎。所謂「君以此始，必以此終」，信乎其然矣！

吕强傳 全

吕强字漢盛，河南成皋人也。少以宦者爲小黄門，再遷中常侍。爲人清忠奉公。靈帝時，例封宦者，以强爲都鄉侯。强辭讓懇惻，固不敢當，帝乃聽之。因上疏陳事曰：「臣聞諸侯上象四七，下裂王土，高祖重約非功臣不侯，所以重天爵明勸戒也。伏聞中常侍曹節、王甫、張讓等，及侍中許相，並爲列侯。節等宦官祐薄〔薄〕，品卑人賤，讒諂媚主，佞邪徼寵，考毒人物，疾妒忠良，有趙高之禍，未被轘裂之誅，掩朝廷之明，成私樹之黨。而陛下不悟，妄授茅土，開國承家，小人是用。又並及家人，重金兼紫，相繼爲蕃輔。受國重恩，不念爾祖，述修厥德，而交結邪黨，下比群佞。陛下惑其瑣才，特蒙恩澤。又授位乖越，賢才不升，素餐私倖，必加榮擢。陰陽乖剌，稼穡荒蔬，人用不康，罔不由兹。臣誠知封事已行，言之無逮，所以冒死而觸陳愚忠者，實願陛下損改既謬，從此一止。臣又聞後宫綵女數千餘人，衣食之費，日數百金。比穀雖賤，而户有饑色。案法當貴而今更賤者，由賦發繁數，以解縣官，寒不敢衣，饑不敢食。民有斯厄，而莫之恤。宫女無用，填積後庭，天下雖復盡力耕桑，猶不能供。昔楚女悲愁，則西宫致灾，况終年積聚，豈無憂怨乎！夫天生蒸民，立君以牧之。君道得則民戴之如父母，仰之猶日月，雖時有征税，猶望其仁恩之惠。《易》曰：『悦以使民，民忘其勞；悦以犯難，民忘其死。』儲君副主，宜諷誦斯言；南面當國，宜履行其事。又承詔書，當於河間故國起解瀆之館。陛下龍飛即位，雖從藩國，然處九天之高，豈宜有顧戀之意。且河間疏遠，解瀆邈絶，而當勞民單力，未見其便。又今外戚四姓貴倖之家，及中官公族無功德者，造起館舍，凡有萬數，樓閣相接，丹青素堊，雕刻之飾，不可單言。喪葬踰制，奢麗過禮，競相放效，莫肯矯拂。《穀梁傳》曰：『財盡則怨，力盡則懟。』《尸子》曰：『君如杅，民如水，杅方則水方，杅圓則水圓。』上之化下，猶風之靡草。今上無去奢之儉，下有縱欲之敝，至使禽獸食民之甘，土木衣民之帛。昔師曠諫晋平公曰：『梁柱衣綉，民無褐衣；池有棄酒，士有渴死；廄馬秣粟，民有饑色。近臣不敢諫，遠臣不得暢。』此之謂也。又聞前召議郎蔡邕對問於金商門，而令中常侍曹節、王甫等以詔書喻旨。邕不敢懷道迷國，而切言極對，毁刺貴臣，譏呵豎宦。陛下不密其言，至令宣露，群邪項領，膏唇拭舌，競欲咀嚼，造作飛條。陛下回受誹謗，致邕刑罪，室家徙放，老幼流離，豈不負忠臣哉！今群臣皆以邕爲戒，上畏不測之難，下懼劍客之害，臣知朝廷不復得聞忠言矣。故太尉段熲，武勇冠世，習於邊事，垂髮服戎，功成皓首，歷事二主，勳烈獨昭。陛下既已式序，位登臺司，而爲司隸校尉陽球所見誣脅，一身既斃，而妻子遠播。天下惆悵，功臣失望。宜徵邕更授任，反熲家屬，則忠貞路開，衆怨以弭矣。」帝知其忠而不能用。時帝多蓄私臧，收天下之珍，每郡國貢獻，先輸中署，名爲「導行費」。强上疏諫曰：「天下之財，莫不生之陰陽，歸之陛下。歸之陛下，豈有公私？而今中尚方斂諸郡之寶，中御府積天下之繒，西園引司農之臧，中廄聚太僕之馬，而所輸之府，輒有導行之財。調廣民困，費多獻少，姦吏因其利，百姓受其敝。又阿媚之臣，好獻其私，容諂姑息，自此而進。舊典選舉委任三府，三府有選，參議掾屬，咨其行狀，度其器能，受試任用，責以成功。若無可察，然後付之尚書。尚書舉劾，請下廷尉，覆案虛實，行其誅罰。今但任尚書，或復敕用。如是，三公得免選舉之負，尚書亦復不坐，責賞無歸，豈肯空自苦勞乎！夫立言無顯過之咎，明鏡無見玼之尤。如惡立言以記過，則不當學也；不欲明鏡之見玼，則不當照也。願陛下詳思臣下〔言〕，不以記過見玼爲責。」書奏不省。中平元年，黄巾賊起，帝問强所宜施行。强欲先誅左右貪濁者，大赦黨人，料簡刺史、二千石能否。帝納之，乃先赦黨人。於是諸常侍人人求退，又各自徵還宗親子弟在州郡者。中常侍趙忠、夏惲等遂共搆强，云「與黨人共議朝廷，數讀《霍光傳》」。强兄弟所在並皆貪穢」。帝不悦，使中黄門持兵召强。强聞帝召，怒曰：「吾死，亂起矣。丈夫欲盡忠國家，豈能對獄吏乎！」遂自殺。忠、惲復譖曰：「强見召未知所問，而就外草自屏，有姦明審。」遂收捕宗親，没入財産焉。

論曰：自古喪大業絶宗禋者，其所漸有由矣。三代以嬖色取禍，嬴氏以奢虐致灾，西京自外戚失祚，東都緣閹尹傾國。成敗之來，先史商之久矣。至於釁起宦夫，其略猶或可言。何者？刑餘之醜，理謝全生，聲榮無暉於門閥，肌膚莫傳於來體，推情未鑒其敝，即事易以取信，加漸染朝事，頗識典物，故少主憑謹舊之庸，女君資出内之命，顧訪無猜憚之心，恩狎有可悦之色。亦有忠厚平端，懷術糾邪；或敏才給對，飾巧亂實；或借譽貞良，先時薦譽。非直苟恣凶德，止於暴横而已。然真邪並行，情貌相越，故能回惑昏幼，迷瞀視聽，蓋亦有其理焉。詐利既滋，朋徒日廣，直臣抗議，必漏先言之間，至戚發憤，方啓專奪之隙，斯忠賢所以智屈，社稷故其爲墟。《易》曰：「履霜堅冰至。」云所從來久矣。今迹其所以，亦豈一朝一夕哉！

儒林列傳　序

戴憑　尹敏　孔僖　楊倫　謝該　論

昔王莽、更始之際，天下散亂，禮樂分崩，典文殘落。及光武中興，愛好經術，未及下車，而先訪儒雅，採求闕文，補綴漏逸。先是四方學士多懷挾圖書，遁逃林藪。自是莫不抱負墳策，雲會京師，范升、陳元、鄭興、杜林、衛宏、劉昆、桓榮之徒，繼踵而集。於是立《五經》博士，各以家法教授，《易》有施、孟、梁丘、京氏，《尚書》歐陽、大小夏侯，《詩》齊、魯、韓、毛，《禮》大小戴，《春秋》嚴、顔，凡十四博士，太常差次總領焉。建武五年，乃修起太學，稽式古典，籩豆干戚之容，備之於列，服方領習矩步者，委它乎其中。中元元年，初建三雍。明帝即位，親行其禮。天子始冠通天，衣日月，備法物之駕，盛清道之儀，坐明堂而朝群后，登靈臺以望雲物，袒割辟雍之上，尊養三老五更。饗射禮畢，帝正坐自講，諸儒執經問難於前，冠帶縉紳之人，圜橋門而觀聽者蓋億萬計。其後復爲功臣子孫、四姓末屬别立校舍，搜選高能以受其業，自期門羽林之士，悉令通《孝經》章句，匈奴亦遣子入學。濟濟乎，洋洋乎，盛於永平矣！建初中，大會諸儒於白虎觀，考詳同異，連月乃罷。肅宗親臨稱制，如石渠故事，顧命史臣，著爲通義。又詔高才生受《古文尚書》、《毛詩》、《穀梁》、《左氏春秋》，雖不立學官，然皆擢高第爲講郎，給事近署，所以網羅遺逸，博存衆家。孝和亦數幸東觀，覽閲書林。及鄧后稱制，學者頗懈。時樊準、徐防並陳敦學之宜，又言儒職多非其人，於是制詔公卿妙簡其選，三署郎能通經術者，皆得察舉。自安帝覽政，薄於藝文，博士倚席不講，朋徒相視怠散，學舍頹敝，鞠爲園蔬，牧兒蕘竪，至於薪刈其下。順帝感翟酺之言，乃更修黌宇，凡所造構二百四十房，千八百五十室。試明經下第補弟子，增甲乙之科員各十人，除郡國耆儒皆補郎、舍人。太初元年，梁太后詔曰：「大將軍下至六百石，悉遣子就學，每歲輒於鄉射月一饗會之，以此爲常。」自是游學增盛，至三萬餘生。然章句漸疏，而多以浮華相尚，儒者之風蓋衰矣。黨人既誅，其高名善士多坐流廢，後遂至忿争，更相言告，亦有私行金貨，定蘭臺桼書經字，以合其私文。熹平四年，靈帝乃詔諸儒正定《五經》，刊於石碑，爲古文、篆、隸三體書法以相參檢，樹之學門，使天下咸取則焉。初，光武遷還洛陽，其經牒秘書載之二千餘兩，自此以後，參倍於前。及董卓移都之際，吏民擾亂，自辟雍、東觀、蘭臺、石室、宣明、鴻都諸藏典策文章，競共剖散，其縑帛圖書，大則連爲帷蓋，小乃制爲縢囊。及王允所收而西者，裁七十餘乘，道路艱遠，復棄其半矣。後長安之亂，一時焚蕩，莫不泯盡焉。東京學者猥衆，難以詳載，今但録其能通經名家者，以爲《儒林篇》。其自有列傳者，則不兼書。若師資所承，宜標名爲證者，乃著之云。

戴憑傳 全

戴憑字次仲，汝南平輿人也。習《京氏易》。年十六，郡舉明經，徵試博士，拜郎中。時詔公卿大會，群臣皆就席，憑獨立。光武問其意。憑對曰：「博士説經皆不如臣，而坐居臣上，是以不得就席。」帝即召上殿，令與諸儒難説，憑多所解釋。帝善之，拜爲侍中，數進見問得失。帝謂憑曰：「侍中當匡補國政，勿有隱情。」憑對曰：「陛下嚴。」帝曰：「朕何用嚴？」憑曰：「伏見前太尉西曹掾蔣遵，清亮忠孝，學通古今，陛下納膚受之訴，遂致禁錮，世以是爲嚴。」帝怒曰：「汝南子欲復黨乎？」憑出，自繫廷尉，有詔敕出。後復引見，憑謝曰：「臣無謇諤之節，而有狂瞽之言，不能以尸伏諫，偷生苟活，誠慚聖明。」帝即敕尚書解遵禁錮，拜憑虎賁中郎將，以侍中兼領之。正旦朝賀，百僚畢會，帝令群臣能説經者更相難詰，義有不通，輒奪其席以益通者，憑遂重坐五十餘席。故京師爲之語曰：「解經不窮戴侍中。」在職十八年，卒於官，詔賜東園梓器，錢二十萬。

尹敏傳 全

尹敏字幼季，南陽堵陽人也。少爲諸生。初習《歐陽尚書》，後受《古文》，兼善《毛詩》、《穀梁》、《左氏春秋》。建武二年，上疏陳《洪範》消灾之術。時世祖方草創天下，未遑其事，命敏待詔公車，拜郎中，辟大司空府。帝以敏博通經記，令校圖讖，使蠲去崔發所爲王莽著録次比。敏對曰：「讖書非聖人所作，其中多近鄙別字，頗類世俗之辭，恐疑誤後生。」帝不納。敏因其闕文增之曰：「君無口，爲漢輔。」帝見而怪之，召敏問其故。敏對曰：「臣見前人增損圖書，敢不自量，竊幸萬一。」帝深非之，雖竟不罪，而亦以此沈滯。與班彪親善，每相遇，輒日旰忘食，夜分不寢，自以爲鍾期伯牙、莊周惠施之相得也。後三遷長陵令。永平五年，詔書捕男子周慮。慮素有名稱，而善於敏，敏坐繫免官。及出，歎曰：「瘖聾之徒，真世之有道者也，何爲察察而遇斯患乎？」十一年，除郎中，遷諫議大夫。卒於家。

孔僖傳 全

孔僖字仲和，魯國魯人也。自安國以下，世傳《古文尚書》、《毛詩》。曾祖父子建，少游長安，與崔篆友善。及篆仕王莽爲建新大尹，嘗勸子建仕。對曰：「吾有布衣之心，子有衮冕之志，各從所好，不亦善乎！道既乖矣，請從此辭。」遂歸，終於家。僖與崔篆孫駰復相友善，同游太學，習《春秋》。因讀吴王夫差時事，僖發〔廢〕書嘆曰：「若是，所謂畫龍不成反爲狗者。」駰曰：「然。昔孝武皇帝始爲天子，年方十八，崇信聖道，師則先王，五六年間，號勝文、景。及後恣己，忘其前之爲善。」僖曰：「書傳若此多矣！」鄰房生梁郁儳和之曰：「如此，武帝亦是狗邪？」僖、駰默然不對。郁怒恨之，陰上書告駰、僖誹謗先帝，刺譏當世。事下有司，騆詣吏受訊。僖以吏捕方至，恐誅，乃上書肅宗自訟曰：「臣之愚意，以爲凡言誹謗者，謂實無此事而虚加誣之也。至如孝武皇帝，政之美惡，顯在漢史，坦如日月。是爲直説書傳實事，非虚謗也。夫帝者爲善，則天下之善咸歸焉；其不善，則天下之惡亦萃焉。斯皆有以致之，故不可以誅於人也。且陛下即位以來，政教未過，而德澤有加，天下所具也，臣等獨何譏刺哉？假使所非實是，則固應悛改；儻其不當，亦宜含容，又何罪焉？陛下不推原大數，深自爲計，徒肆私忿，以快其意，臣等受戮，死即死耳，顧天下之人，必回視易慮，以此事闚陛下心。自今以後，苟見不可之事，終莫復言者矣。臣之所以不愛其死，猶敢極言者，誠爲陛下深惜此大業。陛下若不自惜，則臣何賴焉？齊桓公親揚其先君之惡，以唱管仲，然後群臣得盡其心。今陛下乃欲以十世之武帝，遠諱實事，豈不與桓公異哉？臣恐有司卒然見構，銜恨蒙枉，不得自叙，使後世論者，擅以陛下有所方比，寧可復使子孫追掩之乎？謹詣闕伏待重誅。」帝始亦無罪僖等意，及書奏，立詔勿問，拜僖蘭臺令史。元和二年春，帝東巡狩，還過魯，幸闕里，以太牢祠孔子及七十二弟子，作六代之樂，大會孔氏男子二十以上者六十三人，命儒者講論。僖因自陳謝。帝曰：「今日之會，寧於卿宗有光榮乎？」對曰：「臣聞明王聖主，莫不尊師貴道。今陛下親屈萬乘，辱臨敝里，此乃崇禮先師，增煇聖德。至於光榮，非所敢承。」帝大笑曰：「非聖者子孫，焉有斯言乎！」遂拜僖郎中，賜褒成侯損〔損〕及孔氏男女錢帛，詔僖從還京師，使校書東觀。冬，拜臨晉令，崔騆以《家林》筮之，謂爲不吉，止僖曰：「子盍辭乎？」僖曰：「學不爲人，仕不擇官，吉凶由己，而由卜乎？」在縣三年，卒官，遺令即葬。二子長彦、季彦，並十餘歲。蒲坂令許君然勸令反魯。對曰：「今載柩而歸，則違父令；舍墓而去，心所不忍。」遂留華陰。

楊倫傳 全

楊倫字仲理，陳留東昏人也。少爲諸生，師事司徒丁鴻，習《古文尚書》。爲郡文學掾。更歷數朝，志乖於時，以不能人間事，遂去職，不復應州郡命。講授於大澤中，弟子至千餘人。元初中，郡禮請，三府並辟，公車徵，皆辭疾不就。後特徵博士，爲清河王傅。是歲，安帝崩，倫輒棄官奔喪，號泣闕下不絶聲。閻太后以其專擅去職，坐抵罪。順帝即位，詔免倫刑，遂留行喪于恭陵。服闋，徵拜侍中。是時邵陵令任嘉在職貪穢，因遷武威太守，後有人奏嘉臧罪千萬，徵考廷尉，其所牽染將相大臣百有餘人。倫乃上書曰：「臣聞《春秋》誅惡及本，本誅則惡消；振裘持領，領正則毛理。今任嘉所坐狼籍，未受辜戮，猥以垢身，改典大郡，自非案坐舉者，無以禁絶奸萌。往者湖陸令張疊、蕭令駟賢、徐州刺史劉福等，釁穢既章，咸伏其誅，而豺狼之吏至今不絶者，豈非本舉之主不加之罪乎？昔齊威之霸，殺奸臣五人，並及舉者，以弭謗讟。當斷不斷，《黄石》所戒。夫聖王所以聽僮夫匹婦之言者，猶塵加嵩岱，霧集淮海，雖未有益，不爲損也。惟陛下留神省察。」奏御，有司以倫言切直，辭不遜順，下之。尚書奏倫探知密事，徼以求直。坐不敬，結鬼薪。詔書以倫數進忠言，特原之，免歸田里。陽嘉二年，徵拜太中大夫。將軍梁商以爲長史。諫諍不合，出補常山王傅，病不之官。詔書敕司隸催促發遣，倫乃留河内朝歌，以疾自上，曰：「有留死一尺，無北行一寸。刎頸不易，九裂不恨。匹夫所執，强於三軍。固敢有辭。」帝乃下詔曰：「倫出幽升高，寵以藩傅，稽留王命，擅止道路，托疾自從，苟肆狷志。」遂徵詣廷尉，有詔原罪。倫前後三徵，皆以直諫不合。既歸，閉門講授，自絶人事。公車復徵，遜遁不行，卒於家。

謝該傳 全

謝該字文儀，南陽章陵人也。善明《春秋左氏》，爲世名儒，門徒數百千人。建安中，河東人樂詳條《左氏》疑滯數十事以問，該皆爲通解之，名爲《謝氏釋》，行於世。仕爲公車司馬令，以父母老，托疾去官。欲歸鄉里，會荆州道斷，不得去，少府孔融上書薦之曰：「臣聞高祖創業，韓、彭之將征討暴亂，陸賈、叔孫通進説《詩》、《書》。光武中興，吴、耿佐命，范升、衛宏修述舊業，故能文武並用，成長久之計。陛下聖德欽明，同符二祖，勞謙厄運，三年乃讙。今尚父鷹揚，方叔翰飛，王師電鷙，群凶破殄，始有櫜弓卧鼓之次，宜得名儒，典綜禮紀。竊見故公車司馬令謝該，體曾、史之淑性，兼商、偃之文學，博通群藝，周覽古今，物來有應，事至不惑，清白異行，敦悦道訓。求之遠近，少有疇匹。若乃巨骨出吴，隼集陳庭，黄能入寢，亥有二首，非夫洽聞者，莫識其端也。雋不疑定北闕之前，夏侯勝辯常陰之驗，然後朝士益重儒術。今該實卓然比跡前列，間以父母老疾，棄官欲歸，道路險塞，無由自致。猥使良才抱璞而逃，踰越山河，沉淪荆楚，所謂往而不反者也。後日當更饋樂以釣由余，剋像以求傅説，豈不煩哉？臣愚以爲可推録所在，召該令還。楚人止孫卿之去國，漢朝追匡衡於平原，尊儒貴學，惜失賢也。」書奏，詔即徵還，拜議郎。以壽終。

論曰：自光武中年以後，干戈稍戢，專事經學，自是其風世篤焉。其服儒衣，稱先王，游庠序，聚横塾者，蓋布之於邦域矣。若乃經生所處，不遠萬里之路，精廬暫建，贏糧動有千百，其耆名高義開門受徒者，編牒不下萬人，皆專相傳祖，莫或訛雜。至有分争王庭，樹朋私里，繁其章條，穿求崖穴，以合一家之説。故楊雄曰：「今之學者，非獨爲之華藻，又從而綉其鞶帨。」夫書理無二，義歸有宗，而碩學之徒，莫之或徙，故通人鄙其固焉，又雄所謂「譊譊之學，各習其師」也。且觀成名高第，終能遠至者，蓋亦寡焉，而迂滯若是矣。然所談者仁義，所傳者聖法也。故人識君臣父子之綱，家知違邪歸正之路。自桓、靈之間，君道秕僻，朝綱日陵，國隙屢啓，自中智以下，靡不審其崩離；而權强之臣，息其闚盗之謀，豪俊之夫，屈於鄙生之議者，人誦先王言也，下畏逆順勢也。至如張温、皇甫嵩之徒，功定天下之半，聲馳四海之表，俯仰顧盼，則天業可移，猶鞠躬昏主之下，狼狽折札之命，散成兵，就繩約，而無悔心。暨乎剥橈自極，人神數盡，然後群英乘其運，世德終其祚。跡衰敝之所由致，而能多歷年所者，斯豈非學之效乎？故先師垂典文，褒勵學者之功，篤矣切矣。不循《春秋》，至乃比於殺逆，其將有意乎！

文苑列傳

杜篤　黄香　崔琦　邊韶　張升　趙壹　劉梁　邊讓　高彪　禰衡

杜篤傳 全

杜篤字季雅，京兆杜陵人也。高祖延年，宣帝時爲御史大夫。篤少博學，不修小節，不爲鄉人所禮。居美陽，與美陽令游，數從請托，不諧，頗相恨。令怨，收篤送京師。會大司馬吴漢薨，光武詔諸儒誄之，篤於獄中爲誄，辭最高，帝美之，賜帛免刑。篤以關中表裏山河，先帝舊京，不宜改營洛邑，乃上奏《論都賦》曰：「臣聞知而復知，是爲重知。臣所欲言，陛下已知，故略其梗概，不敢具陳。昔般庚去奢，行儉於亳，成周之隆，乃即中洛。遭時制都，不常厥邑。賢聖之慮，蓋有優劣；霸王之姿，明知相絶。守國之勢，同歸異術：或棄去阻厄，務處平易；或據山帶河，並吞六國；或富貴思歸，不顧見襲；或掩空擊虚，自蜀漢出；即日車駕，策由一卒；或知而不從，久都墝埆。臣不敢有所據。竊見司馬相如、楊子雲作辭賦以諷主上，臣誠慕之，伏作書一篇，名曰《論都》，謹並封奏如左。皇帝以建武十八年二月甲辰，升輿洛邑，巡于西嶽。推天時，順斗極，排闐闔，入函谷，觀厄於崤、黽，圖險於隴、蜀。其三月丁酉，行至長安。經營宮室，傷愍舊景，即詔京兆，乃命扶風，齋肅致敬，告覲園陵。淒然有懷祖之思，喟乎以思諸夏之隆。遂天旋雲游，造舟于渭，北斻涇流，千乘方轂，萬騎駢羅，衍陳於岐、梁，東橫乎大河。瘞后土，禮邠郊。其歲四月，反于洛都。明年，有詔復函谷關，作大駕宮、六王邸、高車廐於長安，修理東都城門，橋涇、渭。往往繕離觀，東臨霸、滻，西望昆明，北登長平，規龍首，撫未央，覘平樂，儀建章。是時山東翕然狐疑，意聖朝之西都，懼關門之反拒也。客有爲篤言：『彼埳井之潢污，固不容夫吞舟；且洛邑之渟瀯，曷足以居乎萬乘哉？咸陽守國利器，不可久虛，以示奸萌。』篤未甚然其言也，故因爲述大漢之崇，世據雝州之利，而今國家未暇之故，以喻客意。曰：『昔在强秦，爰初開畔，霸自岐、雝，國富人衍，卒以並兼，桀虐作亂。天命有聖，托之大漢。大漢開基，高祖有勳，斬白蛇，屯黑雲，聚五星於東井，提干將而呵暴秦。蹈滄海，跨崑崙，奮彗光，埽項軍，遂濟人難，蕩滌于泗、沂。劉敬建策，初都長安。太宗承流，守之以文。躬履節儉，側身行仁，食不二味，衣無異采，賑人以農桑，率下以約己，曼麗之容不悦於目，鄭衛之聲不過於耳，佞邪之臣不列於朝，巧僞之物不鬻於市，故能理升平而刑幾措。富衍於孝景，功傳於後嗣。是時孝武因其餘財府帑之蓄，始有鉤深圖遠之意，探冒頓之罪，校平城之讎。遂命票騎，勤任衛青，勇惟鷹揚，軍如流星，深之匈奴，割裂王庭，席卷漠北，叩勒祁連，横分單于，屠裂百蠻。燒罽帳，繫閼氏，燔康居，灰珍奇，椎鳴鏑，釘鹿蠡，馳阬岸，獲昆彌，虜傲侲，驅騾驢，馭宛馬，鞭駃騠。拓地萬里，威震八荒。肇置四郡，據守敦煌。並域屬國，一郡領方。立候隅北，建護西羌。捶驅氐、僰，寥狼邛、莋。東攡烏桓，蹂轔濊貊。南羈鉤町，水劍强越。殘夷文身，海波沫血。郡縣日南，漂概朱崖。部尉東南，兼有黄支。連緩耳，瑣雕題，摧天督，牽象犀，椎蜯蛤，碎瑠璃，甲瑇瑁，戕觜觿。於是同穴裘褐之域，共川鼻飲之國，莫不袒跣稽顙，失氣虜伏。非夫大漢之盛，世藉廱土之饒，得御外理内之術，孰能致功若斯！故創業於高祖，嗣傳於孝惠，德隆於太宗，財衍於孝景，威盛於聖武，政行於宣、元，侈極於成、哀，祚缺於孝平。傳世十一，歷載三百，德衰而復盈，道微而復章，皆莫能遷於雝州，而背於咸陽。宫室寢廟，山陵相望，高顯弘麗，可思可榮，羲、農已來，無茲著明。夫雝州本帝王所以育業，霸王所以衍功，戰士角難之場也。《禹貢》所載，厥田惟上。沃野千里，原隰彌望。保殖五穀，桑麻條暢。濱據南山，帶以涇、渭，號曰陸海，蠢生萬類。楩柟檀柘，蔬果成實。畎瀆潤淤，水泉灌溉，漸澤成川，粳稻陶遂。厥土之膏，畝價一金。田田相如，鐇钁株林。火耕流種，功淺得深。既有蓄積，阸塞四海；西被隴、蜀，南通漢中，北據谷口，東阻嶔巖。關函守嶢，山東道窮；置列汧、隴，廱偃西戎；拒守褒斜，嶺南不通；杜口絶津，朔方無從。鴻、渭之流，徑入于河；大船萬艘，轉漕相過；東綜滄海，西綱流沙；朔南暨聲，諸夏是和。城池百尺，阸塞要害。關梁之險，多所衿帶。一卒舉礧，千夫沉滯；一人奮戟，三軍沮敗。地勢便利，介胄剽悍，可與守近，利以攻遠。士卒易保，人不肉袒。肇十有二，是爲瞻腴。用霸則兼並，先據則功殊；修文則財衍，行武則士要；爲政則化上，篡逆則難誅；進攻則百剋，退守則有餘：斯固帝王之淵囿，而守國之利器也。逮及亡新，時漢之衰，偷忍淵囿，篡器慢違，徒以勢便，莫能卒危。假之十八，誅自京師。天畀更始，不能引維，慢藏招寇，復致赤眉。海内雲擾，諸夏滅微；群龍並戰，未知是非。于時聖帝，赫然申威。荷天人之符，兼不世之姿。受命於皇上，獲助於靈祇。立號高邑，搴旗四麾。首策之臣，運籌出奇；虓怒之旅，如虎如螭。師之攸向，無不靡披。蓋夫燔魚剸蛇，莫之方斯。大呼山東，響動流沙。要龍淵，首鏌鋣，命騰大白，親發狼、弧。南禽公孫，北背强胡，西平隴、冀，東據洛都。乃廓平帝宇，濟蒸人於塗炭，成兆庶之亹亹，遂興復乎大漢。今天下新定，矢石之勤始瘳，而主上方以邊陲爲憂，忿葭萌之不柔，未遑於論都而遺思雝州也。方躬勞聖思，以率海内，厲撫名將，略地疆外，信威於征伐，展武乎荒裔。若夫文身鼻飲緩耳之主，椎結左衽鐻鍝之君，東南殊俗不羈之國，西北絶域難制之鄰，靡不重譯納貢，請爲藩臣。上猶謙讓而不伐勤。意以爲獲無用之虜，不如安有益之民；略荒裔之地，不如保殖五穀之淵；遠救於已亡，不若近而存存也。今國家躬修道德，吐惠含仁，湛恩沾洽，時風顯宣。徒垂意於持平守實，務在愛育元元，苟有便於王政者，聖主納焉。何則？物罔挹而不損，道無隆而不移，陽盛則運，陰滿則虧，故存不忘亡，安不諱危，雖有仁義，猶設城池也。』客以利器不可久虛，而國家亦不忘乎西都，何必去洛邑之渟瀯與？」篤後仕郡文學掾，以目疾，二十餘年不闚京師。篤之外高祖破羌將軍辛武賢，以武略稱。篤常嘆曰：「杜氏文明善政，而篤不任爲吏；辛氏秉義經武，而篤又怯於事。外內五世，至篤衰矣！」女弟適扶風馬氏。建初三年，車騎將軍馬防擊西羌，請篤爲從事中郎，戰没於射姑山。所著賦、誄、弔、書、讚、七言、女誡及雜文，凡十八篇。又著《明世論》十五篇。子碩，豪俠，以貨殖聞。

黄香傳 全

黄香字文强，江夏安陸人也。年九歲，失母，思慕憔悴，殆不免喪，鄉人稱其至孝。年十二，太守劉護聞而召之，署門下孝子，甚見愛敬。香家貧，内無僕妾，躬執苦勤，盡心奉養。遂博學經典，究精道術，能文章，京師號曰「天下無雙，江夏黄童」。初除郎中，元和元年，肅宗詔香詣東觀，讀所未嘗見書。香後告休，及歸京師，時千乘王冠，帝會中山邸，乃詔香殿下，顧謂諸王曰：「此『天下無雙江夏黄童』者也。」左右莫不改觀。後召詣安福殿言政事，拜尚書郎，數陳得失，賞賚增加。嘗獨止宿臺上，晝夜不離省闥，帝聞善之。永元四年，拜左丞，功滿當遷，和帝留，增秩。六年，累遷尚書令。後以爲東郡太守，香上疏讓曰：「臣江淮孤賤，愚矇小生，經學行能，無可算録。遭值太平，先人餘福，得以弱冠特蒙徵用，連階累任，遂極臺閣。訖無纖介稱，報恩効死，誠不意悟，卒被非望，顯拜近郡，尊位千里。臣聞量能授官，則職無廢事；因勞施爵，則賢愚得宜。臣香小醜，少爲諸生，典郡從政，固非所堪，誠恐矇頑，孤忝聖恩。又惟機密端首，至爲尊要，復非臣香所當久奉。承詔驚惶，不知所裁。臣香年在方剛，適可驅使。願乞餘思〔恩〕，留備冗官，賜以督責小職，任之宫臺煩事，以畢臣香螻蟻小志，誠瞑目至願，土灰極榮。」帝亦惜香幹用，久習舊事，復留爲尚書令，增秩二千石，賜錢三十萬。是後遂管樞機，甚見親重，而香亦祇勤物務，憂公如家。十二年，東平清河奏妖言卿仲遼等，所連及且千人。香科别據奏，全活甚衆。每郡國疑罪，輒務求輕科，愛惜人命，每存憂濟。又曉習邊事，均量軍政，皆得事宜。帝知其精勤，數加恩賞，疾病存問，賜醫藥。在位多所薦達，寵遇甚盛，議者譏其過倖。延光〔平〕元年，遷魏郡太守。郡舊有内外園田，常與人分種，收穀歲數千斛。香曰：「《田令》『商者不農』，《王制》『仕者不耕』，伐冰食禄之人，不與百姓争利。」乃悉以賦人，課令耕種。時被水年饑，乃分奉禄及所得賞賜班贍貧者，於是豐富之家各出義穀，助官稟貸，荒民獲全。後坐水潦事免，數月，卒於家。所著賦、牋、奏、書、令凡五篇。

崔琦傳 全

崔琦字子瑋，涿郡安平人，濟北相瑗之宗也。少游學京師，以文章博通稱。初舉孝廉，爲郎。河南尹梁冀聞其才，請與交。冀行多不軌，琦數引古今成敗以戒之，冀不能受。乃作《外戚箴》。其辭曰：「赫赫外戚，華寵煌煌。昔在帝舜，德隆英、皇。周興三母，有莘崇湯。宣王晏起，姜后脱簪。齊桓好樂，衛姬不音。皆輔主以禮，扶君以仁，達才進善，以義濟身。爰曁末葉，漸已頹虧。貫魚不叙，九御差池。晉國之難，禍起於麗。惟家之索，牝鷄之晨。專權擅愛，顯已蔽人。陵長間舊，圮剥至親。並后匹嫡，淫女斃陳。匪賢是上，番爲司徒。荷爵負乘，采食名都。詩人是刺，德用不憮。暴辛惑婦，拒諫自孤。蝠蛇其心，縱毒不辜。諸父是殺，孕子是刳。天怒地忿，人謀鬼圖。甲子昧爽，身首分離。初爲天子，後爲人螭。非但耽色，母后尤然。不相率以禮，而競奬以權。先笑後號，卒以辱殘。家國泯絶，宗廟燒燔。末嬉喪夏，褒姒斃周，妲己亡殷，趙靈沙丘。戚姬人豕，吕宗以敗。陳后作巫，卒死於外。霍欲鴆子，身乃罹廢。故曰：無謂我貴，天將爾摧；無恃常好，色有歇微；無怙常幸，愛有陵遲；無曰我能，天人爾違。患生不德，福有慎機。日不常中，月盈有虧。履道者固，仗勢者危。微臣司戚，敢告在斯。」琦以言不從，失意，復作《白鵠賦》以爲諷。梁冀見之，呼琦問曰：「百官外内，各有司存，天下云云，豈獨吾人之尤，君何激刺之過乎？」琦對曰：「昔管仲相齊，樂聞譏諫之言；蕭何佐漢，乃設書過之吏。今將軍累世臺輔，任齊伊、公，而德政未聞，黎元涂炭，不能結納貞良，以救禍敗，反復欲鉗塞士口，杜蔽主聽，將使玄黄改色，馬鹿異形乎？」冀無以對，因遣琦歸。後除爲臨濟長，不敢之職，解印綬去。冀遂令刺客陰求殺之。客見琦耕於陌上，懷書一卷，息輒偃而詠之。客哀其志，以實告琦，曰：「將軍令吾要子，今見君賢者，情懷忍忍，可亟自逃，吾亦於此亡矣。」琦得脱走，冀後竟捕殺之。所著賦、頌、銘、誄、箴、弔、論、九咨、七言，凡十五篇。

邊韶傳 節

邊韶字孝先，陳留浚儀人也。以文學知名，教授數百人。韶口辯，曾晝日假卧，弟子私謿之曰：「邊孝先，腹便便。懶讀書，但欲眠。」韶潛聞之，應時對曰：「邊爲姓，孝爲字。腹便便，五經笥。但欲眠，思經事。寐與周公通夢，静與孔子同意。師而可謿，出何典記？」謿者大慚。韶之才捷皆此類也。

張升傳　全

張升字彦真，陳留尉氏人，富平侯放之孫也。升少好學，多關覽，而任情不羈。其意相合者，則傾身交結，不問窮賤；如乖其志好者，雖王公大人，終不屈從。常嘆曰：「死生有命，富貴在天。其有知我，雖胡越可親；苟不相識，從物何益？」仕郡爲綱紀，以能出守外黄令。吏有受賕者，即論殺之。或譏升守領一時，何足趨明威戮乎？對曰：「昔仲尼暫相，誅齊之侏儒，首足異門而出，故能威震强國，反其侵地。君子仕不爲己，職思其憂，豈以久近而異其度哉？」遇黨錮去官，後竟見誅，年四十九。著賦、誄、頌、碑、書，凡六十篇。

趙壹傳　全

趙壹字元叔，漢陽西縣人也。體貌魁梧，身長九尺，美須豪眉，望之其偉。而恃才倨傲，爲鄉黨所擯，乃作《解擯》。後屢抵罪，幾至死，友人救得免。壹乃貽書謝恩曰：「昔原大夫贖桑下絶氣，傳稱其仁；秦越人還虢太子結脉，世著其神。設曩之二人不遭仁遇神，則結絶之氣竭矣。然而精脯出乎車軨，針石運乎手爪。今所賴者，非直車軨之精脯，手爪之針石也。乃收之於斗極，還之於司命，使乾皮復含血，枯骨復被肉，允所謂遭仁遇神，真所宜傳而著之。余畏禁，不敢班班顯言，竊爲《窮鳥賦》一篇。其辭曰：『有一窮鳥，戢翼原野。罼網加上，機阱在下，前見倉隼，後見驅者，繳彈張右，羿子彀左，飛丸激矢，交集于我。思飛不得，欲鳴不可，舉頭畏觸，摇足恐墮。内獨怖急，乍冰乍火。幸賴大賢，我矜我憐，昔濟我南，今振我西。鳥也雖頑，猶識密恩，内以書心，外用告天。天乎祚賢，歸賢永年，且公且侯，子子孫孫。』」又作《刺世疾邪賦》，以舒其怨憤。曰：「伊五帝之不同禮，三王亦又不同樂，數極自然變化，非是故相反駁。德政不能救世溷亂，賞罰豈足懲時清濁？春秋時禍敗之始，戰國愈復增其荼毒。秦、漢無以相踰越，乃更加其怨酷。寧計生民之命，唯利己而自足。于兹迄今，情僞萬方。佞諂日熾，剛克消亡。舐痔結駟，正色徒行。嫗㛂名勢，撫拍豪强。偃蹇反俗，立致咎殃。捷懾逐物，日富月昌。渾然同惑，孰温孰涼。邪夫顯進，直士幽藏。原斯瘼之攸興，實執政之匪賢。女謁掩其視聽兮，近習秉其威權。所好則鑽皮出其毛羽，所惡則洗垢求其瘢痕。雖欲竭誠而盡忠，路絶嶮而靡緣。九重既不可啓，又群吠之狺狺。安危亡於旦夕，肆嗜慾於目前。奚異涉海之失柁，積薪而待燃。榮納由於閃揄，孰知辨其蚩妍。故法禁屈撓於勢族，恩澤不逮於單門。寧饑寒於堯舜之荒歲兮，不飽暖於當今之豐年。乘理雖死而非亡，違義雖生而匪存。有秦客者，乃爲詩曰：河清不可俟，人命不可延。順風激靡草，富貴者稱賢。文籍雖滿腹，不如一囊錢。伊優北堂上，抗髒倚門邊。魯生聞此辭，繫而作歌曰：勢家多所宜，欬唾自成珠。被褐懷金玉，蘭蕙化爲芻。賢者雖獨悟，所困在群愚。且各守爾分，勿復空馳驅。哀哉復哀哉，此是命矣夫！」光和元年，舉郡上計到京師。是時司徒袁逢受計，計吏數百人皆拜伏庭中，莫敢仰視，壹獨長揖而已。逢望而異之，令左右往讓之，曰：「下郡計吏而揖三公，何也？」對曰：「昔酈食其長揖漢王，今揖三公，何遽怪哉？」逢則斂衽下堂，執其手，延置上坐，因問西方事，大悦，顧謂坐中曰：「此人漢陽趙元叔也。朝臣莫有過之者，吾請爲諸君分坐。」坐者皆屬觀。既出，往造河南尹羊陟，不得見。壹以公卿中非陟無足以托名者，乃日往到門，陟自强許通，尚卧未起。壹逕入上堂，遂前臨之，曰：「竊伏西州，承高風舊矣，乃今方遇而忽然，奈何命也！」因舉聲哭，門下皆驚，奔入滿側。陟知其非常人，乃起，延與語，大奇之，謂曰：「子出矣。」陟明旦大從車騎奉謁造壹。時諸計吏多盛飾車馬帷幙，而壹獨柴車草屏，露宿其傍，延陟前坐於車下，左右莫不嘆愕。陟遂與言談，至熏夕，極歡而去，執其手曰：「良璞不剖，必有泣血以相明者矣！」陟乃與袁逢共稱薦之。名動京師，士大夫想望其風采。及西還，道經弘農，過候太守皇甫規，門者不即通，壹遂遁去。門吏懼，以白之。規聞壹名大驚，乃追書謝曰：「蹉跌不面，企德懷風，虚心委質，爲日久矣。側聞仁者愍其區區，冀承清誨，以釋遥悚。今日外白有一尉兩計吏，不道屈尊門下，更啓乃知已去。如印綬可投，夜豈待旦。惟君明叡，平其夙心。寧當慢傲，加於所天。事在悖惑，不足具責。儻可原察，追修前好，則何福如之！謹遣主簿奉書。下筆氣結，汗流竟趾。」壹報曰：「君學成師範，縉紳歸慕，仰高希驥，歷年滋多。旋轅兼道，渴於言侍，沐浴晨興，昧旦守門，實望仁兄，昭其懸遲。以貴下賤，握髮垂接，高可敷玩墳典，起發聖意，下則抗論當世，消弭時灾。豈悟君子，自生怠倦，失恂恂善誘之德，同亡國驕惰之志！蓋見幾而作，不俟終日，是以夙退自引，畏使君勞。昔人或歷説而不遇，或思士而無從，皆歸之於天，不尤於物。今壹自譴而已，豈敢有猜！仁君忽一匹夫，於德何損？而遠辱手筆，追路相尋，誠足愧也。壹之區區，曷云量已，其嗟可去，謝也可食，誠則頑薄，實識其趣。但關節疢動，膝灸壞潰，請俟它日，乃奉其情。輒誦來貺，永以自慰。」遂去不顧。州郡争致禮命，十辟公府，並不就，終於家。初袁逢使善相者相壹，云「仕不過郡吏」，竟如其言。著賦、頌、箴、誄、書、論及雜文十六篇。

劉梁傳　全

劉梁字曼山，一名岑，東平寧陽人也。梁宗室子孫，而少孤貧，賣書於市以自資。常疾世多利交，以邪曲相黨，乃著《破群論》。時之覽者，以爲「仲尼作《春秋》，亂臣知懼。今此論之作，俗士豈不愧心」。其文不存。又著《辯和同之論》，其辭曰：「夫事有違而得道，有順而失義，有愛而爲害，有惡而爲美。其故何乎？蓋明智之所得，闇僞之所失也。是以君子之於事也，無適無莫，必考之以義焉。得由和興，失由同起，故以可濟否謂之和，好惡不殊謂之同。《春秋傳》曰：『和如羹焉，酸苦以劑其味，君子食之以平其心。同如水焉，若以水濟水，誰能食之？琴瑟之專一，誰能聽之？』是以君子之行，周而不比，和而不同，以救過爲正，以匡惡爲忠。經曰：『將順其美，匡救其惡，則上下和睦能相親也。』昔楚恭王有疾，召其大夫曰：『不穀不德，少主社稷。失先君之緒，覆楚國之師，不穀之罪也。若以宗廟之靈，得保首領以殁，請爲靈若厲。』大夫許諸。及其卒也。子囊曰：『不然。夫事君者，從其善，不從其過。赫赫楚國，而君臨之，撫正南海，訓及諸夏，其寵大矣。有是寵也，而知其過，可不謂恭乎！』大夫從之。此違而得道者也。及靈王驕淫，暴虐無度，芋尹申亥從王之欲，以殯於乾谿，殉之二女。此順而失義者也。鄢陵之役，晋楚對戰，陽穀獻酒，子反以斃。此愛而害之者也。臧武仲曰：『孟孫之惡我，藥石也；季孫之愛我，美疢也。疢毒滋厚，石猶生我。』此惡而爲美者也。孔子曰：『智之難也！有臧武仲之智，而不容於魯國。抑有由也，作而不順施而不恕矣。』蓋善其知義，譏其違道也。夫知而違之，僞也；不知而失之，闇也。闇與僞焉，其患一也。患之所在，非徒在智之不及，又在及而違之者矣。故曰『智及之仁不能守之，雖得之，必失之』也。《夏書》曰：『念兹在兹，庶事恕施。』忠智之謂矣。故君子之行，動則思義，不爲利回，不爲義疚，進退周旋，唯道是務。苟失其道，則兄弟不阿；苟得其義，雖仇讎不廢。故解狐蒙祁奚之薦，二叔被周公之害，勃鞮以逆文爲成，傅瑕以順厲爲敗，管蘇以憎忤取進，申侯以愛從見退，考之以義也。故曰：『不在逆順，以義爲斷；不在憎愛，以道爲貴。』《禮記》曰：『愛而知其惡，憎而知其善。』考義之謂也。」桓帝時，舉孝廉，除北新城長。告縣人曰：「昔文翁在蜀，道著巴漢，庚桑瑣隸，風移碨磥。吾雖小宰，猶有社稷，苟赴期會，理文墨，豈本志乎！」乃更大作講舍，延聚生徒數百人，朝夕自往勸誠，身執經卷，試策殿最，儒化大行。此邑至後猶稱其教焉。特召入拜校書郎，累遷，後爲野王令，未行，光和中病卒。孫楨，亦以文才知名。

邊讓傳　全

邊讓字文禮，陳留浚儀人也。少辯博，能屬文。作《章華賦》，雖多淫麗之辭，而終之以正，亦如相如之諷也。其辭曰：「楚靈王既游雲夢之澤，息於荊臺之上。前方淮之水，左洞庭之波，右顧彭蠡之隩，南眺巫山之阿。延目廣望，騁觀終日。顧謂左史倚相曰：『盛哉斯樂，可以遺老而忘死也！』於是遂作章華之臺，築乾谿之室，窮木土之技，單珍府之實，舉國營之，數年乃成。設長夜之淫宴，作北里之新聲。於是伍舉知夫陳、蔡之將生謀也。乃作斯賦以諷之：『冑高陽之苗胤兮，承聖祖之洪澤。建列藩於南楚兮，等威靈於二伯。超有商之大彭兮，越隆周之兩虢。達皇佐之高勳兮，馳仁聲之顯赫。惠風春施，神武電斷，華夏肅清，五服攸亂。旦垂精於萬機兮，夕回輦於門館。設長夜之歡欲兮，展中情之嬿婉。竭四海之妙珍兮，盡生人之秘玩。爾乃攜窈窕，從好仇，徑肉林，登糟丘，蘭肴山竦，椒酒淵流。激玄醴於清池兮，靡微風而行舟。登瑤臺以回望兮，冀彌日而消憂。於是招宓妃，命湘娥，齊倡列，鄭女羅。揚《激楚》之清宮兮，展新聲而長歌。繁手超於北里，妙舞麗於《陽阿》。金石類聚，絲竹群分。被輕袿，曳華文，羅衣飄颻，組綺繽紛。縱輕軀以迅赴，若孤鵠之失群；振華袂以逶迤，若游龍之登雲。於是歡嬿既洽，長夜向半，琴瑟易調，繁手改彈。清聲發而響激，微音逝而流散。振弱支而紆繞兮，若綠繁之垂幹，忽飄颻以輕逝兮，似鸞飛於天漢。舞無常態，鼓無定節，尋聲響應，修短靡跌。長袖奮而生風，清氣激而繞結。爾乃妍媚遽進，巧弄相加，俯仰異容，忽兮神化。體迅輕鴻，榮曜春華。進如浮雲，退如激波。雖復柳惠，能不咨嗟！於是天河既回，淫樂未終，清籥發徵，《激楚》揚風。於是音氣發於絲竹兮，飛響軼於雲中。比目應節而雙躍兮，孤雌感聲而鳴雄。美繁手之輕妙兮，嘉新聲之彌隆。於是衆變已盡，群樂既考。歸乎生風之廣夏兮，修黃軒之要道。攜西子之弱腕兮，援毛嬪之素肘。形便娟以嬋媛兮，若流風之靡草。美儀操之姣麗兮，忽遺生而忘老。爾乃清夜晨，妙技單，收尊俎，徹鼓盤。惘焉若酲，撫劍而嘆。慮理國之須才，悟稼穡之艱難。美呂尚之佐周，善管仲之輔桓。將超世而作理，焉沈湎於此歡！於是罷女樂，墮瑶臺。思夏禹之卑宮，慕有虞之土階。舉英奇於仄陋，拔髦秀於蓬萊。君明哲以知人，官隨任而處能。百揆時叙，庶績咸熙。諸侯慕義，不召同期。繼高陽之絶軌，崇成、莊之洪基。雖齊桓之一匡，豈足方於大持？爾乃育之以仁，臨之以明。致虔報於鬼神，盡肅恭乎上京。馳淳化於黎元，永歷世而太平。」大將軍何進聞讓才名，欲辟命之，恐不至，詭以軍事徵召。既到，署令史，進以禮見之。讓善占射，能辭對，時賓客滿堂，莫不羡其風。府掾孔融、王朗並修刺候焉。議郎蔡邕深敬之，以爲讓宜處高任，乃薦於何進曰：「伏惟幕府初開，博選清英，華髮舊德，並爲元龜。雖振鷺之集西雍，濟濟之在周庭，無以或加。竊見令史陳留邊讓，天授逸才，聰明賢智。髫齔夙孤，不盡家訓。及就學廬，便受大典。初涉諸經，見本知義，授者不能對其問，章句不能逮其意。心通性達，口辯辭長。非禮不動，非法不言。若處狐疑之論，定嫌審之分，經典反〔交〕至，撿括參合，衆夫寂焉，莫之能奪也。使讓生在唐、虞，則元、凱之次，運值仲尼，則顔、冉之亞，豈徒俗之凡偶近器而已者哉！階級名位，亦宜超然。若復隨輩而進，非所以章瓌偉之高價，昭知人之絶明也。傳曰：『函牛之鼎以亨鷄，多汁則淡而不可食，少汁則熬而不可熟。』此言大器之於小用，固有所不宜也。邕竊悁邑，怪此寶鼎未受犧牛大羹之和，久在煎熬臠割之間。願明將軍回謀垂慮，裁加少納，貢之機密，展之力用。若以年齒爲嫌，則顔回不得貫德行之首，子奇終無阿宰之功。苟堪其事，古今一也。」讓後以高才擢進，屢遷，出爲九江太守，不以爲能也。初平中，王室大亂，讓去官還家。恃才氣，不屈曹操，多輕侮之言。建安中，其鄉人有搆讓於操，操告郡就殺之。文多遺失。

高彪傳　全

高彪字義方，吳郡無錫人也。家本單寒，至彪爲諸生，游太學。有雅才而訥於言。常從馬融欲訪大義，融疾不獲見，乃覆刺遺融書曰：「承服風問，從來有年，故不待介者而謁大君子之門，冀一見龍光，以敘腹心之願。不圖遭疾，幽閉莫啓。昔周公旦父文兄武，九命作伯，以尹華夏，猶揮沐吐餐，垂接白屋，故周道以隆，天不〔下〕歸德。公今養痾傲士，故其宜也。」融省書慚，追還之，彪逝而不顧。後郡舉孝廉，試經第一，除郎中，校書東觀，數奏賦、頌、奇文，因事諷諫，靈帝異之。時京兆第五永爲督軍御史，使督幽州，百官大會，祖餞於長樂觀。議郎蔡邕等皆賦詩，彪乃獨作箴曰：「文武將墜，乃俾俊臣。整我皇綱，董此不虞。古之君子，即戎忘身。明其果毅，尚其桓桓。呂尚七十，氣冠三軍，詩人作歌，如鷹如鸇。天有太一，五將三門；地有九變，丘陵山川；人有計策，六奇五間：總茲三事，謀則咨詢。無曰已能，須在求賢，淮陰之勇，廣野是尊。周公大聖，石碏純臣，以威克愛，以義滅親。勿謂時險，不正其身。勿謂無人，莫識已真。忘富遺貴，福祿乃存。枉道依合，復無所觀。先公高節，其可永尊。佩藏斯戒，以厲終身。」邕等甚美其文，以爲莫尚也。後遷內黄令，帝敕同僚臨送，祖於上東門，詔東觀畫彪像以勸學者。彪到官，有德政，上書薦縣人申屠蟠等。病卒於官，文章多亡。子岱，亦知名。

禰衡傳　全

禰衡字正平，平原般人也。少有才辨，而氣尚剛傲，好矯時慢物。興平中，避難荆州。建安初，來游許下。始達潁川，乃陰懷一刺，既而無所之適，至於刺字漫滅。是時許都新建，賢士大夫四方來集。或問衡曰：「文若、趙稚長云何？」衡曰：「文若可借面弔喪，稚長可使監厨請客。」唯善魯國孔融及弘農楊修。常稱曰：「大兒孔文舉，小兒楊德祖。餘子碌碌，無足數也。」融亦深愛其才。衡始弱冠，而融年四十，遂與爲交友。上疏薦之曰：「臣聞洪水横流，帝思俾乂，旁求四方，以招賢俊。昔孝武繼統，將弘祖業，疇咨熙載，群士響臻。陛下叡聖，纂承基緒，遭遇厄運，勞謙日昃。惟岳降神，異人並出。竊見處士平原禰衡，年二十四，字正平，淑質貞亮，英才卓礫。初涉藝文，升堂睹奥，目所一見，輒誦於口，耳所瞥聞，不忘於心。性與道合，思若有神。弘羊潛計，安世默識，以衡準之，誠不足怪。忠果正直，志懷霜雪，見善若驚，疾惡如讎。任座抗行，史魚厲節，殆無以過也。鷙鳥累伯，不如一鶚。使衡立朝，必有可觀。飛辯騁辭，溢氣坌涌，解疑釋結，臨敵有餘。昔賈誼求試屬國，詭係單于；終軍欲以長纓，牽致勁越。弱冠慷慨，前世美之。近日路粹、嚴象，亦用異才擢拜臺郎，衡宜與爲比。如得龍躍天衢，振翼雲漢，揚聲紫微，垂光虹蜺，足以昭近署之多士，增四門之穆穆。鈞天廣樂，必有奇麗之觀；帝室皇居，必蓄非常之寶。若衡等輩，不可多得。《激楚》、《揚阿》，至妙之容，臺牧者之所貪；飛兔、騕褭，絶足奔放，良、樂之所急。臣等區區，敢不以聞。」融既愛衡才，數稱述於曹操。操欲見之，而衡素相輕疾，自稱狂病，不肯往，而數有恣言。操懷忿，而以其才名，不欲殺之。聞衡善擊鼓，乃召爲鼓史，因大會賓客，閲試音節。諸史過者，皆令脱其故衣，更着岑牟單絞之服。次至衡，衡方爲《漁陽》參撾，蹀蹈而前，容態有異，聲節悲壯，聽者莫不懷〔慷〕慨。衡進至操前而止，吏訶之曰：「鼓史何不改裝，而輕敢進乎？」衡曰：「諾。」於是先解袒衣，次釋餘服，裸身而立，徐取岑牟、單絞而着之，畢，復參撾而去，顔色不怍。操笑曰：「本欲辱衡，衡反辱孤。」孔融退而數之曰：「正平大雅，固當爾邪？」因宣操區區之意。衡許往。融復見操，説衡狂疾，今求得自謝。操喜，敕門者有客便通，待之極晏。衡乃着布單衣、疏巾，手持三尺棁杖，坐大營門，以杖篫地大駡。吏白：外有狂生，坐於營門，言語悖逆，請收案罪。」操怒，謂融曰：「禰衡豎子，孤殺之猶雀鼠耳。顧此人素有虚名，遠近將謂孤不能容之，今送與劉表，視當何如。」於是遣人騎送之。臨發，衆人爲之祖道，先供設於城南，乃更相戒曰：「禰衡勃虐無禮，今因其後到，咸當以不起折之也。」及衡至，衆人莫肯興，衡坐而大號。衆問其故，衡曰：「坐者爲冢，卧者爲屍，屍冢之間，能不悲乎！」劉表及荆州士大夫先服其才名，其實（甚賓）禮之，文章言議，非衡不定。表嘗與諸文人共草章奏，並極其才思。時衡出，還見之，開省未周，因毁以抵地。表憮然爲駭。衡乃從求筆札，須臾立成，辭義可觀。表大悦，益重之。後復侮慢於表，表耻不能容，以江夏太守黄祖性急，故送衡與之，祖亦善待焉。衡爲作書記，輕重疏密，各得體宜。祖持其手曰：「處士，此正得祖意，如祖腹中之所欲言也。」祖長子射爲章陵太守，尤善於衡。嘗與衡俱游，共讀蔡邕所作碑文，射愛其辭，還恨不繕寫。衡曰：「吾雖一覽，猶能識之，雖其中石缺二字爲不明耳。」因書出之，射馳使寫碑還校，如衡所書，莫不嘆伏。射時大會賓客，人有獻鸚鵡者，射舉卮於衡曰：「願先生賦之，以娱嘉賓。」衡攬筆而作，文無加點，辭采甚麗。後黄祖在蒙衝船上，大會賓客，而衡言不遜順，祖慚，乃訶之，衡更熟視曰：「死公！云等道？」祖大怒，令五百將出，欲加箠，衡方大駡，祖恚，遂令殺之。祖主簿素疾衡，即時殺焉。射徒跣來救，不及。祖亦悔之，乃厚加棺斂。衡時年二十六，其文章多亡云。

獨行列傳

序　譙玄　李業　索盧放　周嘉　范式　李充　戴就　趙苞　諒輔

孔子曰：「與其不得中庸，必也狂狷乎！」又云：「狂者進取，狷者有所不爲也。」此蓋失於周全之道，而取諸偏至之端者也。然則有所不爲，亦將有所必爲者矣；既云進取，亦將有所不取者矣。如此，性尚分流，爲否異適矣。中世偏行一介之夫，能成名立方者，蓋亦衆也。或志剛金石，而剋扞於强禦。或意嚴冬霜，而甘心於小諒。亦有結朋協好，幽明共心；蹈義陵險，死生等節。雖事非通圓，良其風軌有足懷者。而情迹殊雜，難爲條品；片辭特趣，不足區別。措之則事或有遺，載之則貫序無統。以其名體雖殊，而操行俱絶，故總爲《獨行篇》焉。庶備諸闕文，紀志漏脱云爾。

譙玄傳 全

譙玄字君黃，巴郡閬中人也。少好學，能說《易》、《春秋》。仕於州郡。成帝永始二年，有日食之災，乃詔舉敦樸遜讓有行義者各一人。州舉玄，詣公車，對策高第，拜議郎。帝始作期門，數爲微行。立趙飛燕爲皇后，后專寵懷忌，皇太子多橫夭折。玄上書諫曰：「臣聞王者承天，繼宗統極，保業延祚，莫急胤嗣，故《易》有幹蠱之義，《詩》詠衆多之福。今陛下聖嗣未立，天下屬望，而不惟社稷之計，專念微行之事，愛幸用於所惑，曲意留於非正。竊聞後宮皇太子產而不育。臣聞之怛然，痛心傷剥，竊懷憂國，不忘須臾。夫警衛不修，則患生非常。忽有醉酒狂夫，分争道路，既無尊嚴之儀，豈識上下之别，此爲胡狄起於轂下，而賊亂發於左右也。願陛下念天下之至重，愛金玉之身，均九女之施，存無窮之福，天下幸甚。」時數有灾異，玄輒陳其變。既不省納，故久稽郎官。後遷太常丞，以弟服去職。平帝元始元年，日食，又詔公卿舉敦樸直言。大鴻臚左咸舉玄詣公車對策，復拜議郎，遷中散大夫。四年，選明達政事能班化風俗者八人。時並舉玄，爲綉衣使者，持節，與太僕任〔王〕惲等分行天下，觀覽風俗，所至專行誅賞。事未及終，而王莽居攝，玄於是縱使者車，變易姓名，間竄歸家，因以隱遁。後公孫述僭號於蜀，連聘不詣。述乃遣使者備禮徵之；若玄不肯起，便賜以毒藥。太守乃自齎璽書至玄廬，曰：「君高節已著，朝廷垂意，誠不宜復辭，自招凶禍。」玄仰天嘆曰：「唐堯大聖，許由耻仕；周武至德，伯夷守餓。彼獨何人，我亦何人。保志全高，死亦奚恨！」遂受毒藥。玄子瑛泣血叩頭於太守曰：「方今國家東有嚴敵，兵師四出，國用軍資或不常充足，願奉家錢千萬，以贖父死。」太守爲請，述聽許之。玄遂隱藏田野，終述之世。時兵戈累年，莫能修尚學業，玄獨訓諸子勤習經書。建武十二年卒。

李業傳 全

李業字巨游，廣漢梓潼人也。少有志操，介特。習《魯詩》，師博士許晃。元始中，舉明經，除爲郎。會王莽居攝，業以病去官，杜門不應州郡之命。太守劉咸强召之，業乃告病詣門。咸怒，出教曰：「賢者不避害，譬猶彀弩射市，薄命者先死。聞業名稱，故欲與之爲治，而反托疾乎？」令詣獄養病，欲殺之。客有説咸曰：「趙殺鳴犢，孔子臨河而逝。未聞求賢而脇以牢獄者也。」咸乃出之，因舉方正。王莽以業爲酒士，病不之官，遂隱藏山谷，絶匿名迹，終莽之世。及公孫述僭號，素聞業賢，徵之，欲以爲博士，業固疾不起。數年，述羞不致之，乃使大鴻臚尹融持毒酒奉詔命以劫業：若起，則受公侯之位；不起，賜之以藥。融譬旨曰：「方今天下分崩，孰知是非，而以區區之身，試於不測之淵乎！朝廷貪慕名德，曠官缺位，于今七年，四時珍御，不以忘君。宜上奉知己，下爲子孫，身名俱全，不亦優乎！今數年不起，猜疑寇心，凶禍立加，非計之得者也。」業乃嘆曰：「危國不入，亂國不居。親於其身爲不善者，義所不從。君子見危授命，何乃誘以高位重餌哉？」融見業辭志不屈，復曰：「宜呼室家計之。」業曰：「以丈夫斷之於心久矣，何妻子之爲？」遂飲毒而死。述聞業死，大驚，又耻有殺賢之名，乃遣使弔祠，賻贈百匹。業子翬逃辭不受。

索盧放傳 節

索盧放字君陽，東郡人也。以《尚書》教授千餘人。初署郡門下掾。更始時，使者督行郡國，太守有事，當就斬刑。放前言曰：「今天下所以苦毒王氏，歸心皇漢者，實以聖政寬仁故也。而傳車所過，未聞恩澤。太守受誅，誠不敢言，但恐天下惶懼，各生疑變。夫使功者不如使過，願以身代太守之命。」遂前就斬，使者義而赦之，由是顯名。

周嘉傳 全

周嘉字惠文，汝南安城人也。高祖父燕，宣帝時爲郡決曹掾。太守欲枉殺人，燕諫不聽，遂殺囚而黜燕。因家守闕稱冤，詔遣覆考，燕見太守曰：「願謹定文書，皆著燕名，府君但言時病而已。」出謂掾史曰：「諸君被問，悉當以罪推燕。如有一言及於府君，燕手劍相刃。」使乃收燕繫獄。屢被掠楚，辭無屈撓。當下蠶室，乃嘆曰：「我平王之後，正公玄孫，豈可以刀鋸之餘下見先君？」遂不食而死。燕有五子，皆至刺史、太守。嘉仕郡爲主簿。王莽末，群賊入汝陽城，嘉從太守何敞討賊，敞爲流矢所中，郡兵奔北，賊圍繞數十重，白刃交集，嘉乃擁敞，以身扞之。因呵賊曰：「卿曹皆人隸也。爲賊既逆，豈有還害其君者邪？」嘉請以死贖君命。因仰天號泣。群賊於是兩兩相視，曰：「此義士也！」給其車馬，遣送之。後太守寇恂舉爲孝廉，拜尚書侍郎。光武引見，問以遭難之事。嘉對曰：「太守被傷，命懸寇手，臣實駑怯，不能死難。」帝曰：「此長者也。」詔嘉尚公主，嘉稱病篤，不肯當。稍遷零陵太守，視事七年，卒。零陵頌其遺愛，吏民爲立祠焉。

范式傳 全

范式字巨卿，山陽金鄉人也，一名汜。少游太學，爲諸生，與汝南張劭爲友。劭字元伯。二人並告歸鄉里。式謂元伯曰：「後二年當還，將過拜尊親，見孺子焉。」乃共剋期日。後期方至，元伯具以白母，請設饌以候之。母曰：「二年之別，千里結言，爾何相信之審邪？」對曰：「巨卿信士，必不乖違。」母曰：「若然，當爲爾醞酒。」至其日，巨卿果到，升堂拜飲，盡歡而別。式仕爲郡功曹。後元伯寢疾篤，同郡郅君章、殷子徵晨夜省視之。元伯臨盡，嘆曰：「恨不見吾死友！」子徵曰：「吾與君章盡心於子，是非死友，復欲誰求？」元伯曰：「若二子者，吾生友耳。山陽范巨卿，所謂死友也。」尋而卒。式忽夢見元伯玄冕垂纓屣履而呼曰：「巨卿，吾以某日死，當以爾時葬，永歸黃泉。子未我忘，豈能相及！」式怳然覺寤，悲嘆泣下，具告太守，請往奔喪。太守雖心不信而重違其情，許之。式便服朋友之服，投其葬日，馳往赴之。式未及到，而喪已發引，既至壙，將窆，而柩不肯進。其母撫之曰：「元伯，豈有望耶？」遂停柩移時，乃見有素車白馬，號哭而來。其母望之曰：「是必范巨卿也。」巨卿既至，叩喪言曰：「行矣元伯！死生路異，永從此辭。」會葬者千人，咸爲揮涕。式因執紼而引，柩於是乃前。式遂留止冢次，爲修墳樹，然後乃去。後到京師，受業太學。時諸生長沙陳平子亦同在學，與式未相見，而平子被病將亡，謂其妻曰：「吾聞山陽范巨卿，烈士也，可以托死。吾殁後，但以屍埋巨卿户前。」乃裂素爲書，以遺巨卿。既終，妻從其言。時式出行適還，省書見瘞，愴然感之，向墳揖哭，以爲死友。乃營護平子妻兒，身自送喪於臨湘。未至四五里，乃委素書於柩上，哭別而去。其兄弟聞之，尋求不復見。長沙上計掾史到京師，上書表式行狀，三府並辟，不應。舉州茂才，四遷荆州刺史。友人南陽孔嵩，家貧親老，乃變名姓，傭爲新野縣阿里街卒。式行部到新野，而縣選嵩爲導騎迎式。式見而識之，呼嵩，把臂謂曰：「子非孔仲山邪？」對之嘆息，語及平生。曰：「昔與子俱曳長裾，游息帝學，吾蒙國恩，致位牧伯，而子懷道隱身，處於卒伍，不亦惜乎！」嵩曰：「侯嬴長守於賤業，晨門肆志於抱關。子欲居九夷，不患其陋。貧者士之宜，豈爲鄙哉！」式敕縣代嵩，嵩以爲先傭未竟，不肯去。嵩在阿里，正身厲行，街中子弟皆服其訓化。遂辟公府。之京師，道宿下亭，盗共竊其馬，尋問知其嵩也，乃相責讓曰：「孔仲山善士，豈宜侵盗乎！」於是送馬謝之。嵩官至南海太守。式後遷廬江太守，有威名，卒於官。

李充傳 面折鄧將軍一段

大將軍鄧隲貴戚傾時，無所下借，以充高節，每卑敬之。嘗置酒請充，賓客滿堂，酒酣，隲跪曰：「幸托椒房，位列上將，幕府上〔初〕開，欲辟天下奇偉，以匡不逮，惟諸君博求其器。」充乃爲陳海内隱居懷道之士，頗有不合。隲欲絶其説，以肉啖之。充抵肉於地，曰：「説士猶甘於肉。」遂出，徑去。隲甚望之。同坐汝南張孟舉往讓充曰：「一日聞足下與鄧將軍説士未究，激刺面折，不由中和，出言之責，非所以光祚子孫者也。」充曰：「大丈夫居世，貴行其意，何能遠爲子孫計哉！」由是見非於貴戚。

戴就傳 全

戴就字景成，會稽上虞人也。仕郡名〔倉〕曹掾，楊州刺史歐陽參奏太守成公浮臧罪，遣部從事薛安案倉庫簿領，收就於錢塘縣獄。幽囚考掠，五毒參至。就慷慨直辭，色不變容。又燒鋘斧，使就挾於肘腋。就語獄卒：「可熟燒斧，勿令冷。」每上彭考，因止飯食不肯下，肉焦毁墯地者，掇而食之。主者窮竭酷慘，無復餘方，乃卧就覆船下，以馬通薰之。一夜二日，皆謂已死，發船視之，就方張眼大駡曰：「何不益火，而使滅絶之！」又復燒地，以大針刺指爪中，使以把土，爪悉墯落。主者以狀白安，安呼見就，謂曰：「太守罪穢狼藉，受命考實，君何故以骨肉拒扞邪？」就據地答言：「太守剖符大臣，當以死報國。卿雖銜命，固宜申斷冤毒，奈何誣枉忠良，强相掠理，令臣謗其君，子證其父！薛安庸騃，忸行無義，就考死之日，當白之於天，與群鬼殺汝於亭中。如蒙生全，當手刃相裂！」安深奇其壯節，即解械，更與美談，表其言辭，解釋郡事。徵浮還京師，免歸鄉里。太守劉寵舉就孝廉，光禄主事，病卒。

趙苞傳 全

趙苞字威豪，甘陵東武城人。從兄忠，爲中常侍，苞深耻其門族有宦官名勢，不與忠交通。初仕州郡，舉孝廉，再遷廣陵令。視事三年，政教清明，郡表其狀，遷遼西太守。抗厲威嚴，名振邊俗。以到官明年，遣使迎母及妻子，垂當到郡，道經柳城，值鮮卑萬餘人入塞寇鈔，苞母及妻子遂爲所刼質，載以擊郡。苞率〔步〕騎二萬，與賊對陣。賊出母以示苞，苞悲號謂母曰：「爲子無狀，欲以微禄奉養朝夕，不圖爲母作禍。昔爲母子，今爲王臣，義不得顧私恩，毁忠節，唯當萬死，無以塞罪。」母遥謂曰：「威豪，人各有命，何得相顧，以虧忠義！昔王陵母對漢使伏劍，以固其志，爾其勉之。」苞即時進戰，賊悉摧破，其母妻皆爲所害。苞殯斂母畢，自上歸葬。靈帝遣策弔慰，封鄃侯。苞葬訖，謂鄉人曰：「食禄而避難，非忠也；殺母以全義，非孝也。如是，有何面目立於天下！」遂歐血而死。

諒輔傳 全

諒輔字漢儒，廣漢新都人也。仕郡爲五官掾。時夏大旱，太守自出祈禱山川，連日而無所降。輔乃自暴庭中，慷慨呪曰：「輔爲股肱，不能進諫納忠，薦賢退惡，和調陰陽，承順天意，至令天地否隔，萬物焦枯，百姓喁喁，無所訴告，咎盡在輔。今郡大守改服責己，爲民祈福，精誠懇到，未有感徹。輔今敢自祈請，若至日中不雨，乞以身塞無狀。」於是積薪柴聚茭茅以自環，搆火其傍，將自焚焉。未及日中時，而天雲晦合，須臾澍雨，一郡沾潤。世以此稱其至誠。

後漢書纂卷之十二

宋　順陽　范　曄　譔
明　吴興　凌濛初　纂

方術列傳　總叙　謝夷吾　折像　樊英　論

仲尼稱《易》有君子之道四焉，曰「卜筮者尚其占」。占也者，先王所以定禍福，决嫌疑，幽贊於神明，遂知來物者也。若夫陰陽推步之學，往往見於墳記矣。然神經怪牒，玉策金繩，關扃於明靈之府，封縢於瑶壇之上者，靡得而闚也。至乃《河》《洛》之文，龜龍之圖，箕子之術，師曠之書，緯候之部，鈐决之符，皆所以探抽冥賾，參驗人區，時有可聞者焉。其流又有風角、遁甲、七政、元氣、六日七分、逢占、日者、挺專、須臾、孤虚之術，及望雲省氣，推處祥妖，時亦有以效於事也。而斯道隱遠，玄奥難原，故聖人不語怪神，罕言性命。或開末而異〔抑〕其端，或曲辭以章其義，所謂「民可使由之，不可使知之」。漢自武帝頗好方術，天下懷協道藝之士，莫不負策抵掌，順風而屆焉。後王莽矯用符命，及光武尤信讖言，士之赴趣時宜者，皆馳騁穿鑿，争談之也。故王梁、孫咸名應圖籙，越登槐鼎之任，鄭興、賈逵以附同稱顯，桓譚、尹敏以乖忤淪敗，自是習爲内學，尚奇文，貴異數，不乏於時矣。是以通儒碩生，忿其奸妄不經，奏議慷慨，以爲宜見藏擯。子長亦云：「觀陰陽之書，使人拘而多忌。」蓋爲此也。夫物之所偏，未能無蔽，雖云大道，其硋或同。若乃《詩》之失愚，《書》之失誣，然則術數之失，至於詭俗乎？如令温柔敦厚而不愚，斯深於《詩》者也；疏通知遠而不誣，斯深於《書》者也；極數知變而不詭俗，斯深於數術者也。故曰：「苟非其人，道不虚行。」意者多迷其統，取遺頗偏，甚有雖流宕過誕亦失也。中世張衡爲陰陽之宗，郎顗咎徵最密，餘亦班班名家焉。其徒亦有雅才偉德，未必體極藝能。今蓋糾其推變尤長，可以弘補時事，因合表之云。

謝夷吾傳 全

謝夷吾字堯卿，會稽山陰人也。少爲郡吏，學風角占候。太守第五倫擢爲督郵。時烏程長有臧釁，倫使收案其罪。夷吾到縣，無所驗，但望閤伏哭而還。一縣驚怪，不知所爲。及還，白倫曰：「竊以占候，知長當死。近三十日，遠不過六十日，游魂假息，非刑所加，故不收之。」倫聽其言，至月餘，果有驛馬齎長印綬，上言暴卒。倫以此益禮信之。舉孝廉，爲壽張令，稍遷荆州刺史，遷鉅鹿太守。所在愛育人物，有善績。及倫作司徒，令班固爲文薦夷吾曰：「臣聞堯登稷、契，政隆太平；舜用皋陶，政致雍熙。殷、周雖有高宗、昌、發之君，猶賴傅說、吕望之策，故能克崇其業，允協大中。竊見鉅鹿太守會稽謝夷吾，出自東州，厥土塗泥，而英資挺特，奇偉秀出。才兼四科，行包九德，仁足濟時，知周萬物。加以少膺儒雅，韜含六籍，推考星度，綜校圖録，探賾聖秘，觀變歷徵，占天知地，與神合契，據其道德，以經王務。昔爲陪隸，與臣從事，奮忠毅之操，躬史魚之節，董臣嚴綱，勗臣懦弱，得以免戾，實賴厥勳。及其應選作宰，惠敷百里，降福彌異，流化若神，爰牧荆州，威行邦國。奉法作政，有周、召之風；居險履約，紹公儀之操。尋功簡能，爲外臺之表；聽聲察實，爲九伯之冠。遷守鉅鹿，政合時雍。德量績謀，有伊、吕、管、晏之任；闡弘道奥，同史蘇、京房之倫。雖密勿在公，而身出心隱，不殉名以求譽，不馳騖以要寵，念存遜遁，演志箕山。方之古賢，實有倫序；採之於今，超然絶俗。誠社稷之元龜，大漢之棟甍。宜當拔擢，使登鼎司，上令三辰順軌於歷象，下使五品咸訓於嘉時，必致休徵克昌之慶，非徒循法奉職而已。臣以頑駑，器非其疇，尸禄負乘，夕惕若厲。願乞骸骨，更授夷吾，上以光七曜之明，下以厭率土之望，庶令微臣塞咎免悔。」後以行春乘柴車，從兩吏，冀州刺史上其儀序失中，有損國典，左轉下邳令。豫剋死日，如期果卒。敕其子曰：「漢末當亂，必有發掘露骸之禍。」使懸棺下葬，墓不起墳。時博士勃海郭鳳亦好圖讖，善説災異，吉凶占應。先自知死期，豫令弟子市棺斂具，至其日而終。

折像傳 全

折像字伯式，廣漢雒人也。其先張江者，封折侯，曾孫國爲鬱林太守，徙廣漢，因封氏焉。國生像。國有貲財二億，家僮八百人。像幼有仁心，不殺昆蟲，不折萌芽。能通《京氏易》，好黄老言。及國卒，感多藏厚亡之義，乃散金帛資産，周施親疏。或諫像曰：「君三男兩女，孫息盈前，當增益産業，何爲坐自單竭乎？」像曰：「昔鬥子文有言：『我乃逃禍，非避富也。』吾門户殖財日久，盈滿之咎，道家所忌。今世將衰，子又不才。不仁而富，謂之不幸。牆隙而高，其崩必疾也。」智者聞之咸服焉。自知亡日，召賓客九族飲食辭訣，忽然而終，時年八十四。家無餘資，諸子衰劣如其言云。

樊英傳 全 論

樊英字季齊，南陽魯陽人也。少受業三輔，習《京氏易》，兼明《五經》。又善風角、〔星〕算、《河》《洛》七緯，推步災異。隱於壺山之陽，受業者四方而至。州郡前後禮請不應；公卿舉賢良方正、有道，皆不行。嘗有暴風從西方起，英謂學者曰：「成都市火甚盛。」因含水西向漱之，乃令記其日時。客後有從蜀來，云是日大火，有黑雲卒從東起，須臾大雨，火遂得滅。於是天下稱其術藝。安帝初，徵爲博士。至建光元年，復詔公車賜策書，徵英及同郡孔喬、李昺、北海郎宗、陳留楊倫、東平王輔六人，唯郎宗、楊倫到洛陽，英等四人並不至。永建二年，順帝策書備禮，玄纁徵之，復固辭疾篤。乃詔切責郡縣，駕載上道。英不得已，到京，稱病不肯起。乃强輿入殿，猶不以禮屈。帝怒，謂英曰：「朕能生君，能殺君；能貴君，能賤君；能富君，能貧君。君何以慢朕命？」英曰：「臣受命於天。生盡其命，天也；死不得其命，亦天也。陛下焉能生臣，焉能殺臣！臣見暴君如見仇讎，立其朝猶不肯，可得而貴乎？雖在布衣之列，環堵之中，晏然自得，不易萬乘之尊，又可得而賤乎？陛下焉能貴臣，焉能賤臣！臣非禮之禄，雖萬鍾不受也；若申其志，雖簞食不厭也。陛下焉能富臣，焉能貧臣！」帝不能屈，而敬其名，使出就太醫養疾，月致羊酒。至四年三月，天子乃爲英設壇席，令公車令導，尚書奉引，賜几杖，待以師傅之禮，延問得失。英不敢辭，拜五官中郎將。數月，英稱疾篤，詔以爲光禄大夫，賜告歸。令在所送穀千斛，常以八月致牛一頭，酒三斛；如有不幸，祠以中牢。英辭位不受，有詔譬旨勿聽。英初被詔命，僉以爲必不降志，及後應對，又無奇謨深策，談者以爲失望。初，河南張楷與英俱徵，既而謂英曰：「天下有二道，出與處也。吾前以子之出，能輔是君也，濟斯人也。而子始以不訾之身，怒萬乘之主；及其享受爵禄，又不聞匡救之術，進退無所據矣。」英既善術，朝廷每有灾異，詔輒下問變復之效，所言多驗。初，英著《易章句》，世名樊氏學，以圖緯教授。潁川陳實少從英學。嘗有疾，妻遣奴婢拜問，英下床將答拜。實怪而問之。英曰：「妻，齊也，共奉祭祀，禮無不答。」其恭謹若是。年七十餘，卒於家。

論曰：漢世之所謂名士者，其風流可知矣。雖弛張趣舍，時有未純，於刻情修容，依倚道藝，以就其聲價，非所能通物方，弘時務也。及徵樊英、楊厚，朝廷若待神明，至竟無它異。英名最高，毁最甚。李固、宋〔朱〕穆等以爲處士純盗虚名，無益於用，故其所以然也。然而後進希之以成名，世主禮之以得衆，原其無用亦所以爲用，則其有用或歸於無用矣。何以言之？夫焕乎文章，時或乖用；本乎禮樂，適末或疏。及其陶搢紳，藻心性，使由之而不知者，豈非道邈用表，乖之數跡乎？而或者忽不踐之地，賒無用之功，至乃誚譟遠術，賤斥國華，以爲力詐可以救淪敝，文律足以致寧平，智盡於猜察，道足於法令，雖濟萬世，其將與夷狄同也。孟軻有言曰：「以夏變夷，不聞變夷於夏。」況有未濟者乎！

逸民列傳 總叙 野王二老 向長 嚴光 梁鴻 高鳳 矯慎 戴良 法真 漢陰老父 陳留老父 龐公 贊

《易》稱「遯之時義大矣哉」。又曰：「不事王侯，高尚其事。」是以堯稱則天，不屈潁陽之高；武盡美矣，終全孤竹之潔。自茲以降，風流彌繁，長往之軌未殊，而感致之數匪一。或隱居以求其志，或曲避以全其道，或静己以鎮其躁，或去危以圖其安，或垢俗以動其槩，或疵物以激其清。然觀其甘心畎畝之中，憔悴江海之上，豈必親魚鳥樂林草哉，亦去(云)〔云〕性分所至而已。故蒙耻之賓，屢黜不去其國；蹈海之節，千乘莫移其情。適使矯易去就，則不能相爲矣。彼雖硜硜有類沽名者，然而蟬蛻囂埃之中，自致寰區之外，異夫飾智巧以逐浮利者乎！荀卿有言曰，「志意修則驕富貴，道義重則輕王公」也。漢室中微，王莽篡位，士之藴藉義憤甚矣。是時裂冠毁冕，相携持而去之者，蓋不可勝數。楊雄曰：「鴻飛冥冥，弋者何篡焉。」言其違患之遠也。光武側席幽人，求之若不及，旌帛蒲車之所徵賁，相望於巖中矣。若薛方、逢萌聘而不肯至，嚴光、周黨、王霸至而不能屈。群方咸遂，志士懷仁，斯固所謂「舉逸民天下歸心」者乎！肅宗亦禮鄭均而徵高鳳，以成其節。自後帝德稍衰，邪孽當朝，處子耿介，羞與卿相等列，至乃抗憤而不顧，多失其中行焉。蓋録其絶塵不反，同夫作者，列之此篇。

野王二老傳 全

野王二老者，不知何許人也。初，光武貳於更始，會關中擾亂，遣前將軍鄧禹西征，送之於道。既及，因於野王獵，路見二老者即禽，光武問曰：「禽何向？」並舉手西指，言「此中多虎，臣每即禽，虎亦即臣，大王勿往也。」光武曰：「苟有其備，虎亦何患。」父曰：「何大王之謬邪！昔湯即桀於鳴條，而大城於亳；武王亦即紂於牧野，而大城於郟鄏。彼二王者，其備非不深也。是以即人者，人亦即之，雖有其備，庸可忽乎！」光武悟其旨，顧左右曰：「此隱者也。」將用之，辭而去，莫知所在。

向長傳　全

向長字子平，河内朝歌人也。隱居不仕，性尚中和，好通《老》、《易》。貧無資食，好事者更饋焉，受之取足而反其餘。王莽大司空王邑辟之，連年乃至，欲薦之於莽，固辭乃止。潛隱於家，讀《易》至《損》、《益》卦，喟然嘆曰：「吾已知富不如貧，貴不如賤，但未知死何如生耳。」建武中，男女娶嫁既畢，敕斷家事勿相關，當如我死也。於是遂肆意，與同好北海禽慶俱游五嶽名山，不知所終。

嚴光傳　全

嚴光字子陵，一名遵，會稽餘姚人也。少有高名，與光武同游學。及光武即位，光乃變名姓，隱身不見。帝思其賢，乃令以物色訪之。後齊國上言：「有一男子，披羊裘釣澤中。」帝疑其光，乃備安車玄纁，遣使聘之。三反而後至。舍於北軍，給床褥，太官朝夕進膳。司徒侯霸與光素舊，遣使奉書。使人因謂光曰：「公聞先生至，區區欲即詣造，迫於典司，是以不獲。願因日暮，自屈語言。」光不答，乃投札與之，口訣〔授〕曰：「君房足下：位至鼎足，甚善。懷仁輔義天下悦，阿諛順旨要領絶。」霸得書，封奏之。帝笑曰：「狂奴故態也。」車駕即日幸其館。光卧不起，帝即其卧所，撫光腹曰：「咄咄子陵，不可相助爲理邪？」光又眠不應，良久，乃張目熟視，曰：「昔唐堯著德，巢父洗耳。士故有志，何至相迫乎！」帝曰：「子陵，我竟不能下汝邪？」

於是升輿嘆息而去。復引光入，論道舊故，相對累日。帝從容問光曰：「朕何如昔時？」對曰：「陛下差增於往。」因共偃卧，光以足加帝腹上。明日，太史奏客星犯御坐甚急。帝笑曰：「朕故人嚴子陵共卧耳。」除爲諫議大夫，不屈，乃耕於富春山，後人名其釣處爲嚴陵瀨焉。建武十七年，復特徵，不至。年八十，終於家。帝傷惜之，詔下郡縣賜錢百萬，穀千斛。

梁鴻傳 全

梁鴻字伯鸞，扶風平陵人也。父讓，王莽時爲城門校尉，封修遠伯，使奉少昊後，寓於北地而卒。鴻時尚幼，以遭亂世，因卷席而葬。後受業太學，家貧而尚節介，博覽無不通，而不爲章句，學畢，乃牧豕於上林苑中。曾誤遺火延及它舍，鴻乃尋訪燒者，問所去失，悉以豕償之。其主猶以爲少。鴻曰：「無它財，願以身居作。」主人許之。因爲執勤，不懈朝夕。鄰家耆老見鴻非恒人，乃共責讓主人，而稱鴻長者。於是始敬異焉，悉還其豕。鴻不受而去，歸鄉里。勢家慕其高節，多欲女之，鴻並絶不娶。同縣孟氏有女，狀肥醜而黑，力舉石臼，擇對不嫁，至年三十。父母問其故。女曰：「欲得賢如梁伯鸞者。」鴻聞而聘之。女求作布衣、麻屨、織作筐緝績之具。及嫁，始以裝飾入門。七日而鴻不答。妻乃跪床下請曰：「竊聞夫子高義，簡斥數婦，妾亦偃蹇數夫矣。今而見擇，敢不請罪。」鴻曰：「吾欲裘褐之人，可與俱隱深山者爾。今乃衣綺縞，傅粉墨，豈鴻所願哉？」妻曰：「以觀夫子之志耳。妾自有隱居之服。」乃更爲椎髻，著布衣，操作而前。鴻大喜曰：「此真梁鴻妻也。能奉我矣！」字之曰德曜，名孟光。居有頃，妻曰：「常聞夫子欲隱居避患，今何爲默默？無乃欲低頭就之乎？」鴻曰：「諾。」乃共入霸陵山中，以耕織爲業，詠《詩》《書》，彈琴以自娱。仰慕前世高士，而爲四皓以來二十四人作頌。因東出關，過京師，作《五憶〔噫〕之歌》曰：「陟彼北芒兮，噫！顧覽帝京兮，噫！宫室崔嵬兮，噫！人之劬勞兮，噫！遼遼未央兮，噫！」肅宗聞而非之，求鴻不得。乃易姓運期，名燿，字侯光，與妻子居齊魯之間。有頃，又去適吴。將行，作詩曰：「游舊邦兮遐征，將遥集兮東南。心惙怛兮傷悴，志菲菲兮升降。欲乘策兮縱邁，疾吾俗兮作讒。競舉枉兮措直，咸先佞兮唌唌。固靡慚兮獨建，冀異州兮尚賢。聊逍摇兮遨嬉，纘仲尼兮周流。儻云睹兮我悦，遂舍車兮即浮。過季札兮延陵，求魯連兮海隅。雖不察兮光貌，幸神靈兮與休。惟季春兮華阜，麥含含兮方秀。哀茂時兮逾邁，愍芳香兮日臭。悼吾心兮不獲，長委結兮焉究！口囂囂兮余訕，嗟恇恇兮誰留？」遂至吴，依大家皋伯通，居廡下，爲人賃舂。每歸，妻爲具食，不敢於鴻前仰視，舉案齊眉。伯通察而異之，曰：「彼傭能使其妻敬之如此，非凡人也。」乃方舍之於家。鴻潛閉著書十餘篇。疾且困，告主人曰：「昔延陵季子葬子於嬴博之間，不歸鄉里，慎勿令我子持喪歸去。」及卒，伯通等爲求葬地於吴要離冢傍。咸曰：「要離烈士，而伯鸞清高，可令相近。」葬畢，妻子歸扶風。初，鴻友人京兆高恢，少好《老子》，隱於華陰山中。及鴻東游思恢，作詩曰：「鳥嚶嚶兮友之期，念高子兮僕懷思，想念恢兮爰集兹。」二人遂不復相見。恢亦高抗，終身不仕。

高鳳傳 論

論曰：先大夫宣侯嘗以講道餘隙，寓乎逸士之篇。至《高文通傳》，輟而有感，以爲隱者也，因著其行事而論之曰：「古者隱逸，其風尚矣。潁陽洗耳，耻聞禪讓；孤竹長飢，羞食周粟。或高栖以違行，或疾物以矯情，雖軌跡異區，其去就一也。若伊人者，志陵青雲之上，身晦泥污之下，心名且猶不顯，況怨累之爲哉！與夫委體淵沙，鳴弦揆日者，不其遠乎！」

矯慎傳 全

矯慎字仲彦，扶風茂陵人也。少學黄、老，隱遯山谷，因穴爲室，仰慕松、喬導引之術。與馬融、蘇章鄉里並時，融以才博顯名，章以廉直爲稱，然皆推先於慎。汝南吴蒼甚重之，因遺書以觀其志曰：「仲彦足下：勤處隱約，雖乘雲行泥，栖宿不同，每有西風，何嘗不嘆！蓋聞黄老之言，乘虚入冥，藏身遠遯，亦有理國養人，施於爲政。至如登山絶跡，神不著其證，人不睹其驗。吾欲先生從其可者，於意何如？昔伊伊不懷道以待堯舜之君。方今明明，四海開闢，巢許無爲箕山，夷齊悔入首陽。足下審能騎龍弄鳳，翔嬉雲間者，亦非狐兔燕雀所敢謀也。」慎不答。年七十餘，竟不肯娶。後忽歸家，自言死日，及期果卒。後人有見慎於敦煌者，故前世異之，或云神僊焉。

戴良傳 全

戴良字叔鸞，汝南慎陽人也。曾祖父遵，字子高，平帝時，爲侍御史。王莽篡位，稱病歸鄉里。家富，好給施，尚俠氣，食客常三四百人。時人爲之語曰：「關東大豪戴子高。」良少誕節，母憙驢鳴，良常學之以娱樂焉。及母卒，兄伯鸞居廬啜粥，非禮不行，良獨食肉飲酒，哀至乃哭，而二人俱有毁容。或問良曰：「子之居喪，禮乎？」良曰：「然。禮所以制情佚也，情苟不佚，何禮之論！夫食旨不甘，故致毁容之實。若味不存口，食之可也。」論者不能奪之。良才既高達，而論議尚奇，多駭流俗。同郡謝季孝問曰：「子自視天下孰可爲比？」良曰：「我若仲尼長東魯，大禹出西羌，獨步天下，誰與爲偶！」舉孝廉，不就。再辟司空府，彌年不到，州郡迫之，乃遯辭詣府，悉將妻子，既行在道，因逃入江夏山中。優游不仕，以壽終。初，良五女並賢，每有求姻，輒便許嫁，疏裳布被，竹笥木屐以遣之。五女能遵其訓，皆有隱者之風焉。

法真傳 全

法真字高卿，扶風郿人，南郡太守雄之子也。好學而無常家，博通内外圖典，爲關西大儒。弟子自遠方至者，陳留范冉等數百人。性恬静寡欲，不交人間事。太守請見之，真乃幅巾詣謁。太守曰：「昔魯哀公雖爲不肖，而仲尼稱臣。太守虚薄，欲以功曹相屈，光贊本朝，何如？」真曰：「以明府見待有禮，故敢自同賓末。若欲吏之，真將在北山之北，南山之南矣。」太守慢然，不敢復言。辟公府，舉賢良，皆不就。同郡田羽薦真曰：「處士法真，體兼四業，學窮典奥，幽居恬泊，樂以忘憂，將蹈老氏之高蹤，不爲玄纁屈也。臣願聖朝就加衮職，必能唱《清廟》之歌，致來儀之鳳矣。」會順帝西巡，羽又薦之。帝虚心欲致，前後四徵。真曰：「吾既不能遯形遠世，豈飲洗耳之水哉？」遂深自隱絶，終不降屈。友人郭正稱之曰：「法真名可得聞，身難得而見，逃名而名我隨，避名而名我追，可謂百世之師者矣！」乃共刊石頌之，號曰玄德先生。年八十九，中平五年，以壽終。

漢陰老父傳 全

漢陰老父者，不知何許人也。桓帝延熹中，幸竟陵，過雲夢，臨沔水，百姓莫不觀者，有老父獨耕不輟。尚書郎南陽張温異之，使問曰：「人皆來觀，老父獨不輟，何邪？」老父笑而不對。温下道百步，自與言。老父曰：「我野人耳，不達斯語。請問天下亂而立天子邪？理而立天子邪！立天子以父天下邪？役天下以奉天子邪？昔聖王宰世，茅茨采椽，而萬人以寧。今子之君，勞人自縱，逸游無忌。吾爲子羞之，子何忍欲人觀之乎！」温大慚。問其姓名，不告而去。

陳留老父傳 全

陳留老父者，不知何許人也。桓帝世，黨錮事起，守外黄令陳留張升去官歸鄉里，道逢友人，共班草而言。升曰：「吾聞趙殺鳴犢，仲尼臨河而反；覆巢竭淵，龍鳳逝而不至。今宦豎日亂，陷害忠良，賢人君子其去朝乎？夫德之不建，人之無援，將性命之不免，奈何？」因相抱而泣。老父趨而過之，植其杖。太息言曰：「吁！二丈夫何泣之悲也？夫龍不隱鱗，鳳不藏羽，網羅高懸，去將安所？雖泣何及乎！」二人欲與之語，不顧而去，莫知所終。

龐公傳 全

龐公者，南郡襄陽人也。居峴山之南，未嘗入城府。夫妻相敬如賓。荆州刺史劉表數延請，不能屈，乃就候之。曰：「夫保全一身，孰若保全天下乎？」龐公笑曰：「鴻鵠巢於高林之上，暮而得所棲；黿鼉穴於深淵之下，夕而得所宿。夫趣舍行止，亦人之巢穴也。且各得其棲宿而已，天下非所保也。」因釋耕於壟上，而妻子耘於前。表指而問曰：「先生苦居畎畝而不肯官禄，後世何以遺子孫乎？」公曰：「世人皆遺之以危，今獨遺之以安，雖所遺不同，未爲無所遺也。」表嘆息而去。後遂挈其妻子登鹿門山，因采藥不反。

贊曰：江海冥滅，山林長往。遠性風疏，逸情雲上。道就虚全，事違塵枉。

列女傳 總叙 王霸妻 周郁妻 曹世叔妻 樂羊子妻 袁隗妻 皇甫規妻

《詩》《書》之言女德尚矣。若夫賢妃助國君之政，哲婦隆家人之道，高士弘清淳之風，貞女亮明白之節，則其徽美未殊也，而世典咸漏焉。故自中興以後，綜其成事，述爲《列女篇》。如馬、鄧、梁后別見前紀，梁嫕、李姬各附家傳，若斯之類，並不兼書。餘但搜次才行尤高秀者，不必專在一操而已。

王霸妻傳 全

太原王霸妻者，不知何氏之女也。霸少立高節，光武時，連徵不仕。霸已見《逸人傳》。妻亦美志行。初，霸與同郡令狐子伯爲友，後子伯爲楚相，而其子爲郡功曹。子伯乃令子奉書於霸，車馬服從，雍容如也。霸子時方耕於野，聞賓至，投耒而歸，見令狐子，沮怍不能仰視。霸目之，有愧容，客去而久卧不起。妻怪問其故，始不肯告，妻請罪，而後言曰：「吾與子伯素不相若，向見其子容服甚光，舉措有適，而我兒曹蓬髮歷齒，未知禮則，見客而有慚色。父子恩深，不覺自失耳。」妻曰：「君少修清節，不顧榮禄。今子伯之貴孰與君之高？奈何忘宿志而慚兒女子乎！」霸屈起而笑曰：「有是哉！」遂共終身隱遯。

周郁妻傳 全

沛郡周郁妻者，同郡趙孝之女也，字阿。少習儀訓，閑於婦道，而郁驕淫輕躁，多行無禮。郁父偉謂阿曰：「新婦賢者女，當以道匡夫。郁之不改，新婦過也。」阿拜而受命，退謂左右曰：「我無樊、衛二姬之行，故君以責我。我言而不用，君必謂我不奉教令，則罪在我矣。若言而見用，是爲子違父而從婦，則罪在彼矣。生如此，亦何聊哉！」乃自殺。莫不傷之。

曹世叔妻傳 全

扶風曹世叔妻者，同郡班彪之女也，名昭，字惠班，一名姬。博學高才，世叔早卒，有節行法度。兄固著《漢書》，其八表及《天文志》未及竟而卒，和帝詔昭就東觀藏書閣踵而成之。帝數召入宮，令皇后諸貴人師事焉，號曰大家。每有貢獻異物，輒詔大家作賦頌。及鄧太后臨朝，與聞政事。以出入之勤，特封子成關内侯，官至齊相。時《漢書》始出，多未能通者，同郡馬融伏於閣下，從昭受讀，後又詔融兄續繼昭成之。永初中，太后兄大將軍鄧騭以母憂，上書乞身，太后不欲許，以問昭。昭因上疏曰：「伏惟皇太后陛下，躬盛德之美，隆唐虞之政，闢四門而開四聰，采狂夫之瞽言，納芻蕘之謀慮。妾昭得以愚朽，身當盛明，敢不披露肝膽，以效萬一。妾聞謙讓之風，德莫大焉，故典墳述美，神祇降福。昔夷齊去國，天下服其廉高；太伯違邠，孔子稱爲三讓。所以光昭令德，揚名于後者也。《論語》曰：『能以禮讓爲國，於從政乎何有。』由是言之，推讓之誠，其致遠矣。今四舅深執忠孝，引身自退，而以方垂未静，拒而不許；如後有毫毛加於今日，誠恐推讓之名不可再得。緣見逮及，故敢昧死竭其愚情。自知言不足采，以示蟲螘之赤心。」太后從而許之。於是騭等各還里第焉。作《女誡》七篇，有助内訓。其辭曰：「鄙人愚暗，受性不敏，蒙先君之餘寵，賴母師之典訓。年十有四，執箕箒於曹氏，于今四十餘載矣。戰戰兢兢，常懼黜辱，以增父母之羞，以益中外之累。夙夜劬心，勤不告勞，而今而後，乃知免耳。吾性疏頑，教導無素，恒恐子穀負辱清朝。聖恩横加，猥賜金紫，實非鄙人庶幾所望也。男能自謀矣，吾不復以爲憂也。但傷諸女方當適人，而不漸訓誨，不聞婦禮，懼失容它門，取耻宗族。吾今疾在沈滯，性命無常，念汝曹如此，每用惆悵。間作《女誡》七章，願諸女各寫一通，庶有補益，裨助汝身。去矣，其勗勉之！」「卑弱第一：古者生女三日，卧之床下，弄之瓦塼，而齋告焉。卧之床下，明其卑弱，主下人也。弄之瓦塼，明其習勞，主執勤也。齋告先君，明當主繼祭祀也。三者蓋女人之常道，禮法之典教矣。謙讓恭敬，先人後己，有善莫名，有惡莫辭，忍辱含垢，常若畏懼，〔是謂〕卑弱下人也。晚寢早作，勿憚夙夜，執務私事，不辭劇易，所作必成，手跡整理，是謂執勤也。正色端操，以事夫主，清静自守，無好戲笑，潔齊酒食，以供祖宗，是謂繼祭祀也。三者苟備，而患名稱之不聞，黜辱之在身，未之見也。三者苟失之，何名稱之可聞，黜辱之可遠哉！夫婦第二：夫婦之道，參配陰陽，通達神明，信天地之弘義，人倫之大節也。是以《禮》貴男女之際，《詩》著《關雎》之義。由斯言之，不可不重也。夫不賢，則無以御婦；婦不賢，則無以事夫。夫不御婦，則威儀廢缺；婦不事夫，則義理墮闕。方斯二者，其用一也。察今之君子，徒知妻婦之不可不御，威儀之不可不整，故訓其男，檢以書傳，殊不知夫主之不可不事，禮義之不可不存也。但教男而不教女，不亦蔽於彼此之數乎！《禮》，八歲始教之書，十五而至於學矣。獨不可依此以爲則哉！敬慎第三：陰陽殊性，男女異行。陽以剛爲德，陰以柔爲用，男以强爲貴，女以弱爲美。故鄙諺有云：『生男如狼，猶恐其尫；生女如鼠，猶恐其虎。』然則修身莫若敬，避强莫若順。故曰敬順之道，婦之大禮也。夫敬非它，持久之謂也。夫順非它，寬裕之謂也。持久者，知止足也。寬裕者，尚恭下也。夫婦之好，終身不離。房室周旋，遂生媟黷。媟黷既生，語言過矣。語言既過，縱恣必作。縱恣既作，則侮夫之心生矣。此由於不知止足者也。夫事有曲直，言有是非。直者不能不争，曲者不能不訟。訟争既施，則有忿怒之事矣。此由於不尚恭下者也。侮夫不節，譴呵衍〔從〕之；忿怒不止，楚撻從之。夫爲夫婦者，義以和親，恩以好合，楚撻既行，何義之存？譴呵既宣，何恩之有？恩義既廢，夫婦離行〔矣〕。婦行第四：女有四行，一曰婦德，二曰婦言，三曰婦容，四曰婦功。夫云婦德，不必才明絶異也；婦言，不必辯口利辭也；婦容，不必顔色美麗也；婦功，不必功巧過人也。清閑貞静，守節整齊，行己有耻，動静有法，是謂婦德。擇辭而説，不道惡語，時然後言，不厭於人，是謂婦言。

盥浣塵穢，服飾鮮潔，沐浴以時，身不垢辱，是謂婦容。專心紡績，不好戲笑，潔齊酒食，以奉賓客，是謂婦功。此四者，女人之大德，而不可乏之者也。然爲之甚易，唯在存心耳。古人有言：『仁遠乎哉？我欲仁，而仁斯至矣。』此之謂也。專心第五：《禮》，夫有再娶之義，婦無二適之文，故曰夫者天也。天固不可逃，夫固不可離也。行違神祇，天則罰之；禮義有愆，夫則薄之。故《女憲》曰：『得意一人，是謂永畢；失意一人，是謂永訖。』由斯言之，夫不可不求其心。然所求者，亦非謂佞媚苟親也，固莫若專心正色。禮義居潔，耳無塗聽，目無邪視，出無冶容，入無廢飾，無聚會群輩，無看視門户，此則謂專心正色矣。若夫動静輕脱，視聽陜輸，入則亂髮壞形，出則窈窕作態，説所不當道，觀所不當視，此謂不能專心正色矣。曲從第六：夫得意一人，是謂永畢；失意一人，是謂永訖。欲人定志專心之言也。舅姑之心，豈當可失哉？物有以恩自離者，亦有以義自破者也。夫雖云愛，舅姑云非，此所謂以義自破者也。然則舅姑之心奈何？固莫尚於曲從矣。姑云不爾而是，固宜從令；姑云爾而非，猶宜順命。勿得違戾是非，争分曲直。此則所謂曲從矣。故《女憲》曰：『婦如影響，焉不可賞。』和叔妹第七：婦人之得意於夫主，由舅姑之愛己也；舅姑之愛己，由叔妹之譽己也。由此言之，我臧否譽毁，一由叔妹，叔妹之心，復不可失也。皆莫知叔妹之不可失，而不能和之以求親，其蔽也哉！自非聖人，鮮能無過。故顔子貴於能改，仲尼嘉其不貳，而况婦人者也！雖以賢女之行，聰哲之性，其能備乎！是故室人和則謗掩，外内離則惡揚。此必然之勢也。《易》曰：『二人同心，其利斷金。同心之言，其臭如蘭。』此之謂也。夫嫂妹者，體敵而尊，恩疏而義親。若淑媛謙順之人，則能依義以篤好，崇恩以結援，使徽美顯章，而瑕過隱塞，舅姑矜善，而夫主嘉美，聲譽曜于邑鄰，休光延於父母。若夫惷愚之人，於嫂則托名以自高，於妹則因寵以驕盈。驕盈既施，何和之有！恩義既乖，何譽之臻！是以美隱而過宣，姑忿而夫愠，毁訾布於中外，耻辱集于厥身，進增父母之羞，退益君子之累。斯乃榮辱之本，而顯否之基也。可不慎哉！然則求叔妹之心，固莫尚於謙順矣。謙則德之柄，順則婦之行。凡斯二者，足以和矣。《詩》云：『在彼無惡，在此無射。』其斯之謂也。」馬融善之，令妻女習焉。昭女妹曹豐生，亦有才惠，爲書以難之，辭有可觀。昭年七十餘卒，皇太后素服舉哀，使者監護喪事。所著賦、頌、銘、誄、問、注、哀辭、書、論、上疏、遺令，凡十六篇。子婦丁氏爲撰集之，又作《大家讚》焉。

樂羊子妻傳 全

河南樂羊子之妻者，不知何氏之女也。羊子嘗行路，得遺金一餅，還以與妻。妻曰：「妾聞志士不飲盜泉之水，廉者不受嗟來之食，况拾遺求利，以污其行乎！」羊子大慚，乃捐金於野，而遠尋師學。一年來歸，妻跪問其故。羊子曰：「久行懷思，無它異也。」妻乃引刀趨機而言曰：「此織生自蠶繭，成於機杼，一絲而累，以至於寸，累寸不已，遂成丈匹。今若斷斯織也，則捐失成功，稽廢時月。夫子積學，當日知其所亡，以就懿德。若中道而歸，何異斷斯織乎？」羊子感其言，復還終業，遂七年不返。妻常躬勤養姑，又遠饋羊子。嘗有它舍鷄謬入園中，姑盜殺而食之，妻對鷄不餐而泣。姑怪問其故。妻曰：「自傷居貧，使食有它肉。」姑竟弃之。後盜欲有犯妻者，乃先劫其姑。妻聞，操刀而出。盜人曰：「釋汝刀從我者可全，不從我者，則殺汝姑。」妻仰天而嘆，舉刀刎頸而死。盜亦不殺其姑。太守聞之，即捕殺賊盜，而賜妻縑帛，以禮葬之，號曰「貞義」。

袁隗妻傳 全

汝南袁隗妻者，扶風馬融之女也，字倫。隗已見前傳。倫少有才辯。融家世豐豪，裝遣甚盛。及初成禮，隗問之曰：「婦奉箕箒而已，何乃過珍麗乎？」對曰：「慈親垂愛，不敢逆命。君若欲慕鮑宣、梁鴻之高者，妾亦請從少君、孟光之事矣。」隗又曰：「弟先兄舉，世以爲笑。今處姊未適，先行可乎？」對曰：「妾姊高行殊邈，未遭良匹，不似鄙薄，苟然而已。」又問曰：「南郡君學窮道奧，文爲辭宗，而所在之職，輒以貨財爲損，何邪？」對曰：「孔子大聖，不免武叔之毀；子路至賢，猶有伯寮之愬。家君獲此，固其宜耳。」隗默然不能屈，帳外聽者爲慚。隗既寵貴當時，倫亦有名於世。年六十餘卒。

皇甫規妻傳 全

安定皇甫規妻者，不知何氏女也。規初喪室家，後更娶之。妻善屬文，能草書，時爲規答書記，衆人怪其工。及規卒時，妻年猶盛，而容色美。後董卓爲相國，承其名，娉以軿輜百乘，馬二十四，奴婢錢帛充路。妻乃輕服詣卓門，跪自陳請，辭甚酸愴。卓使傅奴侍者悉拔刀圍之，而謂曰：「孤之威教，欲令四海風靡，何有不行於一婦人乎！」妻知不免，乃立罵卓曰：「君羌胡之種，毒害天下猶未足邪！妾之先人，清德奕世。皇甫氏文武上才，爲漢忠臣。君親非其趣使走吏乎？敢欲行非禮於爾君夫人邪！」卓乃引車庭中，以其頭懸軛，鞭樸交下。妻謂持杖者曰：「何不重乎？速盡爲惠。」遂死車下。後人圖畫，號曰「禮宗」云。

東夷傳

東夷 論

論曰：昔箕子違衰殷之運，避地朝鮮。始其國俗未有聞也，及施八條之約，使人知禁，遂乃邑無淫盜，門不夜扃，回頑薄之俗，就寬略之法，行數百千年，故東夷通以柔謹爲風，異乎三方者也。苟政之所暢，則道義存焉。仲尼懷憒，以爲九夷可居，或疑其陋。子曰：「君子居之，何陋之有！」亦徒有以焉耳。其後遂通接商賈，漸交上國。而燕人衛滿擾雜其風，於是從而澆異焉。《老子》曰：「法令滋章，盜賊多有。」若箕子之省簡文條而用信義，其得聖賢作法之原矣！

南蠻西南夷傳

南蠻西南夷　虞詡增租賦奏　李固駮發兵議　論

順帝永和元年，武陵太守上書，以蠻夷率服，可比漢人，增其租賦。議者皆以爲可。尚書令虞詡獨奏曰：「自古聖王不臣異俗，非德不能及，威不能加，知其獸心貪婪，難率以禮。是故羈縻而綏撫之，附則受而不逆，叛則弃而不追。先帝舊典，貢税多少，所由來久矣。今猥增之，必有怨叛。計其所得，不償所費，必有後悔。」帝不從。其冬澧中、漊中蠻果爭貢布非舊約，遂殺鄉吏，舉種反叛。

永和二年，日南、象林徼外蠻夷區憐等數千人攻象林縣，燒城寺，殺長吏。交阯刺史樊演發交阯、九真二郡兵萬餘人救之。兵士憚遠役，遂反，攻其府。二郡雖擊破反者，而賊勢轉盛。會侍御史賈昌使在日南，即與州郡并力討之，不利，遂爲所攻。圍歲餘而兵穀不繼，帝以爲憂。明年，召公卿百官及四府掾屬，問其方略，皆議遣大將，發荆、揚、兖、豫四萬人赴之。大將軍從事中郎李固駮曰：「若荆、揚無事，發之可也。今二州盜賊槃結不散，武陵、南郡蠻夷未輯，長沙、桂陽數被徵發，如復擾動，必更生患。其不可一也。又兖、豫之人卒被徵發，遠赴萬里，無有還期，詔書迫促，必致叛亡。其不可二也。南州水土温暑，加有瘴氣，致死亡者十必四五。其不可三也。遠涉萬里，士卒疲勞，比至嶺南，不復堪鬥。其不可四也。軍行三十里爲程，而去日南九千餘里，三百日乃到，計人稟五升，用米六十萬斛，不計將吏驢馬之食，但負甲自致，費便若此。其不可五也。設軍到所在，死亡必衆，既不足禦敵，當復更發，此爲刻割心腹以補四支。其不可六也。九真、日南相去千里，發其吏民，猶尚不堪，何況乃苦四州之卒，以赴萬里之艱哉！其不可七也。前中郎將尹就討益州叛羌，益州諺曰：「虜來尚可，尹來殺我。」後就徵還，以兵付刺史張喬。喬因其將吏，旬月之間，破殄寇虜。此發將無益之効，州郡可任之驗也。宜更選有勇略仁惠任將帥者，以爲刺史、太守，悉使共往交阯。今日南兵單無穀，守既不足，戰又不能。可一切徙其吏民北依交阯，事静之後，乃命歸本。還募蠻夷，使自相攻，轉輸金帛，以爲其資。有能反間致頭首者，許以封侯列土之賞。故並州刺史長沙祝良，性多勇決，又南陽張喬，前在益州有破虜之功，皆可任用。昔太宗就加魏尚爲雲中守，哀帝即拜龔舍爲太山太守。宜即拜良等，便道之官。」四府悉從固議，即拜祝良爲九真太守，張喬爲交阯刺史。喬至，開示慰誘，並皆降散。良到九真，單車入賊中，設方略，招以威信，降者數萬人，皆爲良築起府寺。由是嶺外復平。

論曰：漢氏征伐戎狄，有事邊遠，蓋亦與王業而終始矣。至於傾没疆垂，喪師敗將者，不出時歲，卒能開四夷之境，款殊俗之附。若乃文約之所沾漸，風聲之所周流，幾將日所出入處也。著自《山海經》志者，亦略及焉。雖服叛難常，威澤時曠，及其化行，則緩耳雕腳之倫，獸居鳥語之類，莫不舉種盡落，回面而請吏，陵海越障，累譯以内屬焉。故其録名中郎、校尉之署，編數都護、部守之曹，動以數百萬計。若乃藏山隱海之靈物，沈沙棲陸之瑋寶，莫不呈表怪麗，雕被宫幄焉。又其賓幏火毳，馴禽封獸之賦，軨積於内府；夷歌巴舞殊音異節之技，列倡於外門。豈柔服之道，必足於斯？然亦云致遠者矣。蠻夷雖附阻巖谷，而類有土居，連涉荆、交之區，布護巴、庸之外，不可量極。然其凶勇狡算，薄於羌狄，故陵暴之害，不能深也。西南之徼，尤爲劣焉。故開〔關〕守永昌，肇自遠離，啓土立人，至今成都焉。

西羌列傳

西　羌　虞詡説任尚一段　虞詡上疏　論　贊

遣任尚爲中郎將，將羽林、緹騎、五營子弟三千五百人，代班雄屯三輔。尚臨行，懷令虞詡説尚曰：「使君頻奉國命討逐寇賊，三州屯兵二十餘萬人，棄農桑，疲苦徭役，而未有功効，勞費日滋。若此出不克，誠爲使君危之。」尚曰：「憂惶久矣，不知所如。」詡曰：「兵法弱不攻强，走不逐飛，自然之勢也。今虜皆馬騎，日行數百，來如風雨，去如絶弦，以步追之，勢不相及，所以曠而無功也。爲使君計者，莫如罷諸郡兵，各令出錢數千，二十人共市一馬，如此，可捨甲冑，馳輕兵，以萬騎之衆，逐數千之虜，追尾掩截，其道自窮。便人利事，大功立矣。」尚大喜，即上言用其計。

四年，尚書僕射虞詡上疏曰：「臣聞子孫以奉祖爲孝，君上以安民爲明，此高宗、周宣所以上配湯、武也。《禹貢》雍州之域，厥田惟上。且沃野千里，穀稼殷積，又有龜茲鹽池以爲民利。水草豐美，土宜産牧，牛馬銜尾，群羊塞道。北阻山河，乘厄據險。因渠以溉，水舂河漕。用功省少，而軍糧饒足。故孝武皇帝及光武築朔方，開西河，置上郡，皆爲此也。而遭元元無妄之灾，衆羌内潰，郡縣兵荒二十餘年。夫棄沃壤之饒，損自然之財，不可謂利；離河山之阻，守無險之處，難以爲固。今三郡未復，園陵單外，而公卿選懦，容頭過身，張解設難，但計所費，不圖其安。宜開聖德，考行所長。」書奏，帝乃復三郡，使謁者郭璜督促徙者，各歸舊縣，繕城郭，置候驛。既而激河浚渠爲屯田，省内郡費歲一億計。遂令安定、北地、上郡及隴西、金城常儲穀粟，令周數年。

論曰：羌戎之患，自三代尚矣。漢世方之匈奴，頗爲衰寡，而中興以後，邊難漸大。朝規失綏御之和，戎帥騫然諾之信。其内屬者，或倥偬於豪右之手，或屈折於奴僕之勤。塞候時清，則憤怒而思禍；桴革暫動，則屬鞬以鳥驚。故永初之間，群種蜂起。遂解仇嫌，結盟詛，招引山豪，轉相嘯聚，揭木爲兵，負柴爲械。轂馬揚埃，陸梁於三輔；建號稱制，恣睢於北地。東犯趙、魏之郊，南入漢、蜀之鄙，塞湟中，斷隴道，燒陵園，剽城市，傷敗踵係，羽書日聞。并、凉之士，特衝殘斃，壯悍則委身於兵場，女婦則徽纆而爲虜，發冢露胔，死生塗炭。自西戎作逆，未有陵斥上國（國）若斯其熾也。和熹以女君親政，威不外接。朝議憚兵力之損，情存苟安。或以邊州難援，宜見捐弃；或懼疽食浸淫，莫知所限。謀夫回遑，猛士疑慮，遂徙西河四郡之人，雜寓關右之縣。發屋伐樹，塞其戀土之心；燔破貲（貲）積，以防顧還之思。於是諸將鄧騭、任尚、馬賢、皇甫規、張奐之徒，争設雄規，更奉征討之命，徵兵會衆，以圖其隙。馳騁東西，奔救首尾，摇動數州之境，日耗千金之資。至於假人增賦，借奉侯王，引金玉綀綵之珍，徵糧粟鹽鐵之積。所以賂遺搆賞，轉輸勞來之費，前後數十巨萬。或梟剋酋健，摧破附落，降俘載路，牛羊滿山。軍書未奏其利害，而離叛之狀已言矣。故得不酬失，功不半勞。暴露師徒，連年而無所勝。官人屈竭，烈士憤喪。段熲受事，專掌軍任，資山西之猛性，練戎俗之態情，窮武思盡飈鋭以事之。被羽前登，身當百死之陳，蒙没冰雪，經履千折之道，始殄西種，卒定東寇。若乃陷擊之所殲傷，追走之所崩籍，頭顱斷落於萬丈之山，支革判解於重崖之上，不可校計。其能穿竄草石，自脱於鋒鏃者，百不一二。而張奐盛稱「戎狄一氣所生，不宜誅盡，流血污野，傷和致妖」。是何言之迂乎！羌雖外患，實深内疾，若攻之不根，是養疾痾於心腹也。惜哉寇敵略定矣，而漢祚亦衰焉。嗚呼！昔先王疆理九土，判別畿荒，知夷貊殊性，難以道御，故斥遠諸華，薄其貢職，唯與辭要而已。若二漢御戎之方，失其本矣。

何則？先零侵境，趙充國遷之內地；煎當作寇，馬文淵徙之三輔。貪其暫安之勢，信其馴服之情，計日用之權宜，忘經世之遠略，豈夫識微者之爲乎？故微子垂泣於象箸，辛有浩嘆於伊川也。

贊曰：金行氣剛，播生西羌。氐豪分種，遂用殷强。虔劉隴北，假僭涇陽。朝勞內謀，兵憊外攘。

西域傳

西　域

張璫陳忠書疏　論

北虜連與車師入寇河西，朝廷不能禁，議者因欲閉玉門、陽關，以絶其患。延光二年，敦煌太守張璫上書陳三策，以爲：「北虜呼衍王常展轉蒲類、秦海之間，專制西域，共爲寇鈔。今以酒泉屬國吏士二千餘人集昆侖塞，先擊呼衍王，絶其根本，因發鄯善兵五千人脇車師後部，此上計也。若不能出兵，可置軍司馬，將士五百人，四郡供其犂牛、穀食，出據柳中，此中計也。如又不能，則宜棄交河城，收鄯善等悉使入塞，此下計也。」朝廷下其議。尚書陳忠上疏曰：「臣聞八蠻之寇，莫甚北虜。漢興，高祖窘平城之圍，太宗屈供奉之耻。故孝武憤怒，深惟久長之計，命遣虎臣，浮河絶漠，窮破虜庭。當斯之役，黔首隕於狼望之北，財幣縻於盧山之壑，府庫單竭，杼柚空虛，算及舟車，貲及六畜。夫豈不懷，慮久故也。遂開河西四郡，以隔絶南羌，收三十六國，斷匈奴右臂。是以單于孤特，鼠竄遠藏。至於宣、元之世，遂備蕃臣，關徼不閉，羽檄不行。由此察之，戎狄可以威服，難以化狎。西域內附日久，區區東望扣關者數矣，此其不樂匈奴慕漢之效也。今北虜已破車師，勢必南攻鄯善，棄而不救，則諸國從矣。若然，則虜財賄益增，膽勢益殖，威臨南羌，與之交連。如此，河西四郡危矣。河西既危，不得不救，則百倍之役興，不訾之費發矣。議者但念西域絶遠，恤之煩費，不見先世苦心勤勞之意也。方今邊境守禦之具不精，内郡武衛之備不修，敦煌孤危，遠來告急，復不輔助，内無以慰勞吏民，外無以威示百蠻。蹙國減土，經有明誡。臣以爲敦煌宜置校尉，案舊增四郡屯兵，以西撫諸國。庶足折衝萬里，震怖匈奴。」帝納之，乃以班勇爲西域長史，將弛刑〔刑〕士五百人，西屯柳中。勇遂破平車師。

論曰：西域風土之載，前古未聞也。漢世張騫懷致遠之略，班超奮封侯之志，終能立功西遐，羈服外域。自兵威之所肅服，財賂之所懷誘，莫不獻方奇，納愛質，露頂肘行，東向而朝天子。故設戊己之官，分任其事；建都護之帥，總領其權。先馴則賞籯金而賜龜綬，後服則繫頭顙而釁北闕。立屯田於膏腴之野，列郵置於要害之路。馳命走驛，不絶於時月；商胡販客，日款於塞下。其後甘英乃抵條支而歷安息，臨西海以望大秦，拒玉門、陽關者四萬餘里，靡不周盡焉。若其境俗性智之優薄，産載物類之區品，川河領障之基源，氣節凉暑之通隔，梯山棧谷繩行沙度之道，身熱首痛風灾鬼難之域，莫不備寫情形，審求根實。至於佛道神化，興自身毒，而二漢方志莫有稱焉。張騫但著地多暑濕，乘象而戰，班勇雖列其奉浮圖，不殺伐，而精文善法導達之功靡所傳述。余聞之後説也，其國則殷乎中土，玉燭和氣，靈聖之所降集，賢懿之所挺生，神迹詭怪，則理絶人區，感驗明顯，則事出天外。而騫、超無聞者，豈其道閉往運，數開叔葉乎？不然，何誣異之甚也！漢自楚英始盛齋戒之祀，桓帝又修華蓋之飾。將微義未譯，而但神明之邪？詳其清心釋累之訓，空有兼遺之宗，道書之流也。且好仁惡殺，蠲敝崇善，所以賢達君子多愛其法焉。然好大不經，奇譎無已，雖鄒衍談天之辯，莊周蝸角之論，尚未足以槩其萬一。又精靈起滅，因報相尋，若曉而昧者，故通人多惑焉。蓋導俗無方，適物異會，取諸同歸，措夫疑説，則大道通矣。

南匈奴傳

南匈奴　班彪奏答單于書　還北虜生口詔　梁商薦馬續表並移續書　論

二十七年，北單于遂遣使詣武威求和親，天子召公卿廷議，不決。皇太子言曰：「南單于新附，北虜懼於見伐，故傾耳而聽，争欲歸義耳。今未能出兵，而反交通北虜，臣恐南單于將有二心，北虜降者且不復來矣。」帝然之，告武威太守勿受其使。二十八年，北匈奴復遣使詣闕，貢馬及裘，更乞和親，並請音樂，又求率西域諸國胡客與俱獻見。帝下三府議酬答之宜。司徒掾班彪奏曰：「臣聞孝宣皇帝敕邊守尉曰：『匈奴大國，多變詐。交接得其情，則却敵折衝；應對入其數，則反爲輕欺。』今北匈奴見南單于來附，懼謀其國，故數乞和親，又遠驅牛馬與漢合市，重遣名王，多所貢獻，斯皆外示富强，以相欺誕也。臣見其獻益重，知其國益虚，歸親愈數，爲懼愈多。然今既未獲助南，則亦不宜絶北，覊縻之義，禮無不答。謂可頗加賞賜，略與所獻相當，明加曉告以前世呼韓邪、郅支行事。報答之辭，令必有適。今立稾草並上，曰：『單于不忘漢恩，追念先祖舊約，欲修和親，以輔身安國，計議甚高，爲單于嘉之。往者，匈奴數有乖亂，呼韓邪、郅支自相讎隙，並蒙孝宣皇帝垂恩救護，故各遣侍子稱藩保塞。其後郅支忿戾，自絶皇澤，而呼韓附親，忠孝彌著。及漢滅郅支，遂保國傳嗣，子孫相繼。今南單于携衆向南，款塞歸命。自以呼韓嫡長，次第當立，而侵奪失職，猜疑相背，數請兵將，歸埽北庭，策謀紛紜，無所不至。惟念斯言不可獨聽，又以北單于比年貢獻，欲修和親，故拒而未許，將以成單于忠孝之義。漢秉威信，總率萬國，日月所照，皆爲臣妾。殊俗百蠻，義無親疏，服順者褒賞，畔逆者誅罰，善惡之効，呼韓、郅支是也。今單于欲修和親，款誠已達，何嫌而欲率西域諸國俱來獻見？西域國屬匈奴，與屬漢何異？單于數連兵亂，國内虛耗，貢物裁以通禮，何必獻馬裘？今齎雜繒五百匹，弓鞬韇丸一，矢四發，遣遺單于。又賜獻馬左骨都侯、右谷蠡王雜繒各四百匹，斬馬劍各一。單于前言先帝時所賜呼韓邪竽、瑟、空侯皆敗，願復裁賜。念單于國尚未安，方厲武節，以戰攻爲務，竽瑟之用不如良弓利劍，故未以齎。朕不愛小物於單于，便宜所欲，遣驛以聞。』」帝悉納從之。

冬，孟雲上言：「北虜以前既和親，而南部復往鈔掠，北單于謂漢欺之，謀欲犯塞，謂宜還南所掠生口，以慰安其意。」肅宗從太僕袁安議，許之。乃下詔曰：「昔獵狁、獯粥之敵中國，其所由來尚矣。往者雖有和親之名，終無絲髮之効。墝埆之人，屢嬰塗炭，父戰於前，子死於後。弱女乘於亭障，孤兒號於道路。老母寡妻設虛祭，飲泣淚，想望歸魂於沙漠之表，豈不哀哉！傳曰：『江海所以能長百川者，以其下之也。』少加屈下，尚何足病？況今與匈奴君臣分定，辭順約明，貢獻累至，豈宜違信，自受其曲。其敕度遼及領中郎將龐奮倍雇南部所得生口，以還北虜。其南部斬首獲生，計功受賞如常科。」

大將軍梁商以羌胡新反，黨衆初合，難以兵服，宜用招降，乃上表曰：「匈奴寇畔，自知罪極，窮鳥困獸，皆知救死，況種類繁熾，不可單盡。今轉運日增，三軍疲苦，虛内給外，非中國之利。竊見度遼將軍馬續素有謀謨，且典邊日久，深曉兵要，每得續書，與臣策合。宜令續深溝高壁，以恩信招降，宣示購賞，明其期約。如此，則醜類可服，國家無事矣。」帝從之，乃詔續招降畔虜。商又移書續等曰：「中國安寧，忘戰日久。良騎野合，交鋒接矢，決勝當時，戎狄之所長，而中國之所短也。强弩乘城，堅營固守，以待其衰，中國之所長，而戎狄之所短也。宜務先所長，以觀其變，設購開賞，宣示反悔，勿貪小功，以乱大謀。」續及諸郡並各遵行。於是右賢王部抑鞮等萬三千口詣續降。

論曰：漢初遭冒頓凶黠，種衆强熾。高祖威加四海，而窘平城之圍。太宗政憐刑措，不雪憤辱之耻。逮孝武亟興邊略，有志匈奴，赫然命將，戎旗星屬，候列郊甸，火通甘泉，而猶鳴鏑揚塵，出入畿內，至於窮竭武力，單用天財，歷紀歲以攘之。寇雖頗折，而漢之疲耗略相當矣。宣帝值虜庭分爭，呼韓邪來臣，乃權納懷柔，因爲邊衛，罷關徼之儆，息兵民之勞。龍駕帝服，鳴鐘傳鼓於清渭之上，南面而朝單于，朔、易無復匹馬之蹤，六十餘年矣。後王莽陵篡，擾動戎夷，續以更始之亂，方夏幅裂。自是匈奴得志，狼心復生，乘間侵佚，害流傍境。及中興之初，更通舊好，報命連屬，金幣載道，而單于驕踞益橫，內暴滋深。世祖以用事諸華，未遑沙塞之外，忍愧思難，徒報謝而已。因徙幽、並之民，增邊屯之卒。及關東稍定，隴蜀已清，其猛夫扞將，莫不頓足攘手，争言衛、霍之事。帝方厭兵，閒修文政，未之許也。其後匈奴争立，日逐來奔，願修呼韓之好，以禦北狄之衝，奉蕃稱臣，永爲外扞。天子總攬群策，和而納焉。乃詔有司開北鄙，擇肥善之地，量水草以處之。馳中郎之使，盡法度以臨之。制衣裳，備文物，加璽紱之綬，正單于之名。於是匈奴分破，始有南北二庭焉。讎釁既深，互伺便隙，控弦抗戈，覘望風塵，雲屯鳥散，更相馳突，至於陷潰創傷者，靡歲或寧，而漢之塞地晏然矣。後亦頗爲出師，並兵窮討，命竇憲、耿夔之徒，前後並進，皆用果譎，設奇數，異道同會，究掩其窟穴，躡北追奔三千餘里，遂破龍祠，焚罽幕，阬十角，梏閼氏，銘功封石，倡呼而還。單于震懾屏氣，蒙氈遁走於烏孫之地，而漠北空矣。若因其時勢，及其虛曠，還南虜於陰山，歸西河於內地，上申光武權宜之略，下防戎羯亂華之變，使耿國之算不謬於當世，袁安之議見從於後王，平易正直，若此其弘也。而竇憲矜三捷之効，忽經世之規，狠戾不端，專行威惠。遂復更立北虜，反其故庭，並恩兩護，以私己福，弃蔑天公，坐樹大鯁。永言前載，何恨憤之深乎！自後經綸失方，畔服不一，其爲疢毒，胡可單言！降及後世，玩爲常俗，終於吞噬神鄉，丘墟帝宅。嗚呼！千里之差，興自毫端，失得之源，百世不磨矣。

烏桓鮮卑傳 鮮卑

鮮卑 蔡邕出塞議 論

夏育上言：「鮮卑寇邊，自春以來，三十餘發，請徵幽州諸郡兵出塞擊之，一冬二春，必能禽滅。」朝廷未許。先是護羌校尉田晏坐事論刑被原，欲立功自効，乃請中常侍王甫求得爲將，甫因此議遣兵與育並力討賊。帝乃拜晏爲破鮮卑中郎將。大臣多有不同，乃召百官議朝堂。議郎蔡邕議曰：「《書》戒猾夏，湯伐鬼方，周有獫狁、蠻荆之師，漢有闐顏、瀚海之事。征討殊類，所由尚矣。然而時有同異，勢有可否，故謀有得失，事有成敗，不可齊也。武帝情存遠略，志闢四方，南誅百越，北討强胡，西伐大宛，東並朝鮮。因文、景之蓄，藉天下之饒，數十年間，官民俱匱。乃興鹽鐵酒榷之利，設告緡重稅之令，民不堪命，起爲盗賊，關東紛擾，道路不通。綉衣直指之使，奮鈇鉞而並出。既而覺悟，乃息兵罷役，封丞相爲富人〔民〕侯。故主父偃曰：『夫務戰勝，窮武事，未有不悔者也。』夫以世宗神武，將帥良猛，財富充實，所拓廣遠，猶有悔焉。況今人財並乏，事劣昔時乎！自匈奴遁逃，鮮卑强盛，據其故地，稱兵十萬，才力勁健，意智益生。加以關塞不嚴，禁網多漏，精金良鐵，皆爲賊有；漢人逋逃，爲之謀主，兵利馬疾，過於匈奴。昔段熲良將，習兵善戰，有事西羌，猶十餘年。今育、晏才策，未必過熲，鮮卑種衆，不弱于曩時。而虚計二載，自許有成，若禍結兵連，豈得中休？當復徵發衆人，轉運無已，是爲耗竭諸夏，並力蠻夷。夫邊垂之患，手足之蚧搔；中國之困，胷背之瘭疽。方今郡縣盗賊尚不能禁，況此醜虜而可伏乎！昔高祖忍平城之耻，吕后弃慢書之詬，方之於今，何者爲甚？天設山河，秦築長城，漢起塞垣，所以别内外，異殊俗也。苟無蹙國内侮之患則可矣，豈與蟲螘狡寇計争往來哉！雖或破之，豈可殄盡，而方今本朝爲之旰食乎？夫專勝者未必克，挾疑者未必敢〔敗〕，衆所謂危，聖人不任，朝議有嫌，明主不行也。昔淮南王安諫伐越曰：『天予之兵，有征無戰。言其莫敢校也。如使越人蒙死以逆執事厮輿之卒，有一不備而歸者，雖得越王之首，而猶爲大漢羞之。』而欲以齊民易醜虜，皇威辱外夷，就如其言，猶已危矣，况乎得失不可量邪！昔珠崖郡反，孝元皇帝納賈捐之言，而下詔曰：『珠崖背畔，今議者或曰可討，或曰棄之。朕日夜惟思，羞威不行，則欲誅之；通於時變，復憂萬民。夫萬民之飢與遠蠻之不討，何者爲大？宗廟之祭，凶年猶有不備，况避不嫌之辱哉！今關東大困，無以相贍，又當動兵，非但勞民而已。其罷珠崖郡。』此元帝所以發德音也。夫恤民救急，雖成郡列縣，尚猶棄之，况障塞之外，未嘗爲民居者乎！守邊之術，李牧善其略，保塞之論，嚴尤申其要，遺業猶在，文章具存，循二子之策，守先帝之規，臣曰可矣。」帝不從。遂遣夏育出高柳，田晏出雲中，匈奴中郎將臧旻率南單于出雁門，各將萬騎，三道出塞二千餘里。檀石槐命三部大人各率衆逆戰，育等大敗，喪其節傳輜重，各將數千騎奔還，死者十七八。三將檻車徵下獄，贖爲庶人。

論曰：四夷之暴，其勢互强矣。匈奴熾於隆漢，西羌猛於中興。而靈、獻之間，二虜迭盛，石槐驍猛，盡有單于之地，蹋頓凶桀，公據遼西之土。其陵跨中國，結患生人者，靡世而寧焉。然制御上略，歷世無聞；周、漢之策，僅得中下。將天之冥數，以至於是乎？

佛經兩種

顧美華 標點

説明

佛經兩種，一爲《大方廣圓覺修多羅了義經》上、下卷，唐罽賓沙門佛陀多羅譯；一爲《維摩詰所説經》十四卷，姚秦三藏法師鳩摩羅什譯，首沈約《釋迦文佛像銘》和王文衡繪像，次凌濛初書《謝康樂維摩詰十譬贊》，後附王勃《釋迦如來成道記》。每半葉八行，行十八字，朱墨套印。有凌濛初眉批、行間批計四百五十餘條，凌氏借此批語詮釋經義、注解名物、臧否文采，多方面地反映了凌氏的佛學觀和廣博知識，且表達了凌氏的文章鑒賞標準。

目録

釋迦文佛像銘

梁沈約銘

積智成朗，積因成業。能仁爽感，將吼妙法。駐景上天，降生右脇。始出四門，終超九劫。眇求靈性，曠追玄軫。道雖有門，迹無可朕。物我兼謝，心行同泯。一去後心，百非寧盡。感資理悟，悟以言陳。言不自叩，出之者身。有來必應，如泥在鈞。形酬響答，且物且人。應我以形，而余矇瞽。守茲大夜，焉拔斯苦？仰尋尊靈，法言攸吐。不有儀刑，䕺焉誰睹。

蘇臺弟子王文衡敬寫

謝康樂維摩詰十譬贊

聚沫泡合

水性本無泡，激流遂聚沫。即異成狀貌，消散歸虛豁。君子識根本，安事勞與奪？愚俗駭變化，横復生欣怛。

焰

性内相表狀，非炎安知火？新新相推移，熒熒非向我。如何滯着人，終歲迷因果？

芭蕉

生分本多端，芭蕉知不一。含萼不結核，敷華何由實？至人善取譬，無宰誰能律？莫昵緣合時，當視分散日。

聚幻

幻工作同異，誰復謂非真？一從逝物過，既往亦何陳。謬者疑久近，達者皆自賓；勿起離合情，會無百代人。

夢

覺謂寢無知，寐中非無見。意狀照眼前，好惡迭萬變。既悟眇已往，惜爲浮物戀。孰視婆娑畫，寧當非赤縣。

影響合

影響順形聲，資物故生理；一旦揮霍去，何因相像似？群有靡不然，昧漠乎自己。四色尚無本，八微欲安恃？

浮雲

泛濫明月陰，薈蔚南山雨。能爲變動用，在我竟無取。俄已就飛散，豈復得攢聚？諸法既無我，何由有我所？

電

倏爍驚電過，可見不可逐；恒物生滅後，誰復覈遲速？慎勿空留念，横使神理恧。發己道易乎，忘情長之福。

佛弟子凌濛初書

維摩詰所説經卷一

姚秦三藏法師鳩摩羅什譯

佛國品

如是我聞。

一時佛在毗耶離庵羅樹園，與大比丘衆八千人俱。菩薩三萬二千，衆所知識。大智本行，皆悉成就，諸佛威神之所建立，爲護法城。受持正法，能師子吼，名聞十方。衆人不請，友而安之。紹隆三寶，能使不絶。降伏魔怨，制諸外道，悉已清净，永離蓋纏。心常安住，無礙解脱。念定總持，辯才不斷。布施、持戒、忍辱、精進、禪定、智慧及方便力，無不具足。逮無所得，不起法忍，已能隨順，轉不退輪。善解法相，知衆生根。蓋諸大衆，得無所畏。功德智慧，以修其心。相好嚴身，色像第一。捨諸世間，所有飾好。名稱高遠，踰於須彌。深信堅固，猶若金剛。法寶普照，而雨甘露。於衆言音，微妙第一。深入緣起，斷諸邪見。有無二邊，無復餘習。演法無畏，猶師子吼。其所講説，乃如雷震。無有量已過量，集衆法寶，如海導師，了達諸法深妙之義，善知衆生往來所趣及心所行。近無等等佛自在慧，十力無畏，十八不共。關閉一切諸惡趣門，而生五道，以現其身，爲大醫王，善療衆病，應病與藥，令得服行。無量功德皆成就，無量佛土皆嚴净。其見聞者，無不蒙益。諸有所作，亦不唐捐。如是一切功德，皆悉具足。其名曰：等觀菩薩，不等觀菩薩，等不等觀菩薩，定自在王菩薩，法自在王菩薩，法相菩薩，光相菩薩，光嚴菩薩，大嚴菩薩，寶積菩薩，辯積菩薩，寶手菩薩，寶印手菩薩，常擧手菩薩，常下手菩薩，常慘菩薩，喜根菩薩，喜王菩薩，辯音菩薩，虚空藏菩薩，執寶炬菩薩，寶勇菩薩，寶見菩薩，帝網菩薩，明網菩薩，無緣觀菩薩，慧積菩薩，寶勝菩薩，天王菩薩，壞魔菩薩，電德菩薩，自在王菩薩，功德相嚴菩薩，師子吼菩薩，雷音菩薩，山相擊音菩薩，香象菩薩，白香象菩薩，常精進菩薩，不休息菩薩，妙生菩薩，華嚴菩薩，觀世音菩薩，得大勢菩薩，梵網菩薩，寶杖菩薩，無勝菩薩，嚴土菩薩，金髻菩薩，珠髻菩薩，彌勒菩薩，文殊師利法王子菩薩，如是等三萬二千人，復有萬梵天王尸棄等，從餘四天下，來詣佛所而爲聽法。復有萬二千天帝，亦從餘四天下，來在會坐。並餘大威力諸天，龍，神，夜叉，乾闥婆，阿修羅，迦樓羅，緊那羅，摩睺羅伽等，悉來會坐。諸比丘，比丘尼，優婆塞，優婆夷，俱來會坐。彼時佛與無量百千之衆，恭敬圍繞，而爲説法。譬如須彌山王顯于大海，安處衆寶師子之座，蔽於一切諸來大衆。

爾時毗耶離城有長者子，名曰寶積，與五百長者子，俱持七寶蓋，來詣佛所。頭面禮足，各以其蓋，共供養佛。佛之威神令諸寶蓋合成一蓋，遍覆三千大千世界。而此世界廣長之相，悉於中現。又此三千大千世界，諸須彌山，雪山，目真鄰陀山，摩訶目真鄰陀山，香山，寶山，金山，黑山，鐵圍山，大鐵圍山，大海江河，川流泉源，及日月星辰，天宫龍宫，諸尊神宫，悉現於寶蓋中。又十方諸佛，諸佛説法，亦現於寶蓋中。

爾時一切大衆，睹佛神力，嘆未曾有，合掌禮佛，瞻仰尊顔，目不暫捨。長者子寶積即於佛前，以偈頌曰：

目净修廣如青蓮，心净已度諸禪定；久積净業稱無量，導衆以寂故稽首。
既見大聖以神變，普現十方無量土；其中諸佛演説法，於是一切悉見聞。
法王法力超群生，常以法財施一切；能善分别諸法相，於第一義而不動。
已於諸法得自在，是故稽首此法王；説法不有亦不無，以因緣故諸法生。

無我無造無受者，善惡之業亦不亡；始在佛樹力降魔，得甘露滅覺道成。
已無心意無受行，而悉摧伏諸外道；三轉法輪於大千，其輪本來常清净。
天人得道此爲證，三寶於是現世間；以斯妙法濟群生，一受不退常寂然。
度老病死大醫王，當禮法海德無邊；毁譽不動如須彌，於善不善等以慈。
心行平等如虚空，孰聞人寶不敬承；今奉世尊此微蓋，於中現我三千界。
諸天龍神所居宫，乾闥婆等及夜叉；悉見世間諸所有，十力哀現是化變。
衆睹希有皆嘆佛，今我稽首三界尊；大聖法王衆所歸，净心觀佛靡不欣。
各見世尊在其前，斯則神力不共法；佛以一音演説法，衆生隨類各得解。
皆謂世尊同其語，斯則神力不共法；佛以一音演説法，衆生各各隨所解。
普得受行獲其利，斯則神力不共法；佛以一音演説法，或有恐畏或歡喜。
或生厭離或斷疑，斯則神力不共法；稽首十力大精進，稽首已得無所畏。
稽首住於不共法，稽首一切大導師。稽首能斷衆結縛，稽首已到於彼岸。
稽首能度諸世間，稽首永離生死道。悉知衆生來去相，善於諸法得解脱。
不著世間如蓮華，常善入於空寂行；達諸法相無罣礙，稽首如空無所依。

爾時長者子寶積説此偈已，白佛言：「世尊，是五百長者子，皆已發阿耨多羅三藐三菩提心，願聞得佛國土清净，唯願世尊説諸菩薩净土之行。」

佛言：「善哉，寶積。乃能爲諸菩薩，問於如來净土之行。諦聽諦聽，善思念之，當爲汝説。」於是寶積與五百長者子受教而聽。

佛言：「寶積，衆生之類，是菩薩佛土。所以者何？菩薩隨所化衆生而取佛土，隨所調伏衆生而取佛土，隨諸衆生應以何國入佛智慧而取佛土，隨諸衆生應以何國起菩薩根而取佛土。所以者何？菩薩取於净國，皆爲饒益諸衆生故。譬如有人欲於空地造立宫室，隨意無礙；若於虚空，終不能成。菩薩如是，爲成就衆生故，願取佛國。願取佛國者，非於空也。

「寶積，當知直心是菩薩净土，菩薩成佛時，不諂衆生，來生其國；深心是菩薩净土，菩薩成佛時，具足功德衆生，來生其國；菩提心是菩薩净土，菩薩成佛時，大乘衆生，來生其國；布施是菩薩净土，菩薩成佛時，一切能捨衆生，來生其國；持戒是菩薩净土，菩薩成佛時，行十善道滿願衆生，來生其國；忍辱是菩薩净土，菩薩成佛時，三十二相莊嚴衆生，來生其國；精進是菩薩净土，菩薩成佛時，勤修一切功德衆生，來生其國；禪定是菩薩净土，菩薩成佛時，攝心不亂衆生，來生其國；智慧是菩薩净土，菩薩成佛時，正定衆生，來生其國；四無量心是菩薩净土，菩薩成佛時，成就慈悲喜捨衆生，來生其國；四攝法是菩薩净土，菩薩成佛時，解脱所攝衆生，來生其國；方便是菩薩净土，菩薩成佛時，於一切法方便無閡衆生，來生其國；三十七道品是菩薩净土，菩薩成佛時，念處、正勤、神足、根、力、覺、道衆生，來生其國；迴向心是菩薩净土，菩薩成佛時，得一切具足功德國土；説除八難是菩薩净土，菩薩成佛時，國土無有三惡、八難；自守戒行、不譏彼闕是菩薩净土，菩薩成佛時，國土無有犯禁之名；十善是菩薩净土，菩薩成佛時，命不中夭、大富、梵行、所言誠諦、常以軟語、眷屬不離、善和静訟、言必饒益、不嫉、不恚、正見衆生，來生其國。

「如是，寶積，菩薩隨其直心，則能發行；隨其發行，則得深心；隨其深心，則意調伏；隨其調伏，則如説行；隨如説行，則能迴向；隨其迴向，則有方便；隨其方便，則成就衆生；隨成就衆生，則佛土净；隨佛土净，則説法净；隨説法净，則智慧净；隨智慧净，則其心净；隨其心净，則一切功德净。

「是故，寶積，若菩薩欲得净土，當净其心；隨其心净，則佛土净。」

爾時舍利弗承佛威神，作是念：「若菩薩心净則佛土净者，我世尊本爲菩薩時，意豈不净，而是佛土不净若此？」

佛知其念，即告之言：「於意云何？日月豈不净耶？而盲者不見。」

對曰：「不也，世尊。是盲者過，非日月咎。」

「舍利弗，衆生罪故，不見如來國土嚴净，非如來咎。舍利弗，我此土净，而汝不見。」

爾時螺髻梵王語舍利弗：「勿作是念，謂此佛土以爲不净。所以者何？我見釋迦牟尼佛土清净，譬如自在天宫。」

舍利弗言：「我見此土，丘陵坑坎，荆棘沙礫，土石諸山，穢惡充滿。」

螺髻梵王言：「仁者心有高下，不依佛慧，故見此土爲不净耳。舍利弗，菩薩於一切衆生，悉皆平等，深心清净。依佛智慧，則能見此佛土清净。」

於是佛以足指按地，即時三千大千世界，若干百千珍寶嚴飾，譬如寶莊嚴佛無量功德寶莊嚴土。一切大衆，嘆未曾有，而皆自見坐寶蓮華。

佛告舍利佛：「汝且觀是佛土嚴净。」

舍利弗言：「唯然，世尊！本所不見，本所不聞，今佛國土嚴净悉現。」

佛告舍利弗：「我佛國土常净若此，爲欲度斯下劣人故，示是衆惡不净土耳。譬如諸天共寶器食，隨其福德，飯色有異如是，舍利弗，若人心净，便見此土功德莊嚴。」

當佛現此國土嚴净之時，寶積所將五百長者子皆得無生法忍，八萬四千人皆發阿耨多羅三藐三菩提心。

佛攝神足，於是世界還復如故。求聲聞乘三萬二千諸天及人，知有爲法皆悉無常，遠塵離垢，得法眼净。八千比丘，不受諸法，漏盡意解。

【眉批】

始終由于净國，故以佛國冠于篇首。

如是，信順辭也。信則理順，理順則道成。經無豐約，非信不傳。故建言如是。

曰「我聞」，則不執于我，而諍競無由生矣。

修行工夫，大約有四：曰静，曰定，曰慧，曰通。一步進一步，一層深一層。見境不着，見阻不退，謹謹護持，自然成就。

蓋諸大衆者，明其超出，蓋大衆也。

虚空藏菩薩，手執四珠，遍照空界。與金剛明經四如來，混合一室者，正發明是義。

既得法身，入無爲境，心不可智求，形不可像取，故曰無量。

法身無生而無不生。無生，故惡趣門閉；無不生，故現身五道。

功不可虚設，故不唐捐。

本善提心爲海導師，固宜諸菩薩歡欣會坐而聽法也。

尸棄，梵王名，秦言頂髻也。

收結一喻，奇古之甚。

蓋以不廣，而彌八極；土亦不狹，而現蓋中。阿羅漢見闍君提如觀掌中果。諸菩薩等見百千界。十方如來窮盡微塵清淨國土，無所不矚。衆生洞視，不過方寸。

淨名之鉢，屬厭萬口。寶積之蓋，徧覆十方。若知法界本造于心，則知凡夫皆具此理。

天竺有青蓮花，其葉修而廣，青白分明，目亦如之。

俗王以俗力勝民，故澤及一國；法王以法力超衆，故道濟無疆。

法從緣生，誰主宰之，故無我。既無我，誰造善惡，誰受禍福耶，故云云。

法輪常淨，猶虛空也。時移俗易，而聖聖相傳。

自欣所獻小而睹變大也。

老、病、死，重患也。濟以法藥，故爲大醫王。

十力備，故即以爲名。

三界尊，睹蓋中之瑞也。

不共者，不與二乘共也。

密口一音，殊類異解。

一音演而歡畏異，豈二乘所共耶。

我染諸法，故諸法縛我；無染則縛解矣。

聖心無寄猶無依。

阿耨多羅，無上也；三藐三菩提，正徧知也。菩提，解在後。

土所以淨，豈矯飾所能淨之？必由于行，故請說行也。

此下釋衆生即佛土也。佛土者，即衆生之影響耳。形修則影長，形短則影促，豈日月使之然乎？形自然耳。故隨所化衆生之多少，而取佛土之廣狹也。

不諂、直心，一行異名也。

外捨國財、身命，内捨貪愛、慳嫉，名一切能捨。

得正智慧，決定法相。正定，聚也。

四心周修無際，故無量。

以四等法攝衆生：一曰財法施，隨彼所須；二曰以愛心和言，隨彼所適；三利行，隨彼所利，方便利之；四曰同事，遇惡同惡而斷其惡，遇善同善，而進其善。

迴彼雜行，向於一乘，此迴向心也。

犯禁，譏彼不自守也。

此言行因心而成，蓋始于直心，終于浄土也。

捲簾法，收盡上文。極緊嚴，極匀浄。無意爲文，文之最上乘也。

始之直心，終之功德。見進爲有漸，不可一蹴至也。

萬事萬形，皆由心成，各以所見而爲證。

顯浄土於未聞見，猶開聾瞽于形聲也。

無生法忍，佛國之興，其正爲此。法忍即慧性耳。見法無生，心智寂滅，堪受不退，故名。

道非獨覺，要師而後成，故名聲聞乘。

維摩詰所説經卷二

方便品

爾時毗耶離大城中有長者名維摩詰，已曾供養無量諸佛。深植善本，得無生忍。辯才無礙，游戲神通，逮諸總持，獲無所畏，降魔勞怨，入深法門，善於智度，通達方便，大願成就，明了衆生心之所趣，又能分別諸根利鈍。久於佛道，心已純淑，决定大乘。諸有所作，能善思量。住佛威儀，心大如海，諸佛咨嗟，弟子釋、梵、世主所敬。欲度人故，以善方便，居毗耶離。

資財無量，攝諸貧民；奉戒清净，攝諸毁禁；以忍調行，攝諸恚怒；以大精進，攝諸懈怠；一心禪寂，攝諸亂意；以决定慧，攝諸無智。雖爲白衣，奉持沙門，清净律行；雖處居家，不著三界。示有妻子，常修梵行；現有眷屬，常樂遠離。雖服寶飾，而以相好嚴身；雖復飲食，而以禪悦爲味。若至博弈戲處，輒以度人。受諸異道，不毁正信。雖明世典，常樂佛法。一切見敬，爲供養中最。

執持正法，攝諸長幼。一切治生諧偶。雖獲俗利，不以喜悦。游諸四衢，饒益衆生。入治正法，救護一切。入講論處，導以大乘；入諸學堂，誘開童蒙；入諸婬舍，示欲之過；入諸酒肆，能立其志。若在長者，長者中尊，爲説勝法；若在居士，居士中尊，斷其貪著；若在刹利，刹利中尊，教以忍辱；若在婆羅門，婆羅門中尊，除其我慢；若在大臣，大臣中尊，教以正法；若在王子，王子中尊，示以忠孝；若在内官，内官中尊，化正宫女；若在庶民，庶民中尊，令興福力；若在梵天，梵天中尊，誨以勝慧；若在帝釋，帝釋中尊，示現無常；若在護世，護世中尊，護諸衆生。

長者維摩詰，以如是等無量方便，饒益衆生。其以方便，現身有疾。過現疾處，血脉聯貫。以其疾故，國王、大臣、長者、居士、婆羅門等，及諸王子，並餘官屬，無數千人，皆往問疾。其往者，維摩詰因以身疾，廣爲説法：

「諸仁者，是身無常，無强、無力、無堅，速朽之法，不可信也。爲苦爲惱，衆病所集。諸仁者，如此身，明智者所不怙。是身如聚沫，不可撮摩；是身如泡，不得久立；是身如焰，從渴愛生；是身如芭蕉，中無有堅；是身如幻，從顛倒起；是身如夢，爲虚妄見；是身如影，從業緣現；是身如響，屬諸因緣；是身如浮雲，須臾變滅；是身如電，念念不住。是身無主，爲如地；是身無我，爲如火；是身無壽，爲如風；是身無人，爲如水。是身不實，四大爲家；是身爲空，離我我所。是身無知，如草木瓦礫；是身無作，風力所轉；是身不净，穢惡充滿。是身爲虚僞，雖假以澡浴衣食，必歸磨滅。是身爲灾，百一病惱；是身如丘井，爲老所逼；是身無定，爲要當死。是身如毒蛇，如怨賊，如空聚，陰界諸入，所共合成。

「諸仁者，此可患厭，當樂佛身。所以者何？佛身者，即法身也。從無量功德智慧生，從戒、定、慧解脱解脱知見生；從慈、悲、喜、捨生；從布施、持戒、忍辱、柔和、勤行精進、禪定、解脱、三昧、多聞、智慧、諸波羅密生；從方便生；從六通生；從三明生；從三十七道品生；從止觀生；從十力、四無所畏、十八不共法生；從斷一切不善法、集一切善法生；從真實生；從不放逸生；從如是無量清净法生如來身。

「諸仁者，欲得佛身，斷一切衆生病者，當發阿耨多羅三藐三菩提心。」

如是長者維摩詰，爲諸問疾者如應説法，令無數千人，皆發阿耨多羅三藐三菩提心。

【眉批】

大願惟法忍菩薩也，如無量壽四十八願，是大願之類。

海有五德，大士亦然。一不受毀戒屍，二出慧明寶，三施法雨不溢，四魔邪風日不侵，五其智淵深莫測。

自治而後能治人，自治純熟，故能方便設教。

含齒無不敬，净養無不恭，故曰供養中最。

凡人易以威順，難以理從，故大士每處其尊以弘化長者。豪族望重，多以世教自居，故爲説出世間勝法。

非得菩提心，安得此兼善天下乎？

護世，四天王也。諸惡鬼神殘食衆生，四王護之，不令害也。

欲明履道之身未免斯患，况無德而可保耶？又曰同我者易信，異我者難順，故因身疾廣明身患。

萬事萬形皆四大成，在外爲土木山河，在内爲四肢百體；聚爲生，散爲死；生爲内，死爲外。内外雖殊，其大不異，總明無我也。

「丘井」以下總喻生老病死，衆苦無量。

佛身者，法身也，無生而無不生；無形而無不形；在天而天，在人而人。二乘所不識，補處所不睹。

始觀時，係心一處，名爲止。静極則明，明即慧，慧名觀也。止觀，定、慧。

收結句有力、有神。

維摩詰所説經卷三

弟子品

爾時長者維摩詰，自念寢疾於床，世尊大慈，寧不垂愍？

佛知其意，即告舍利弗：「汝行詣維摩詰問疾。」

舍利弗白佛言：「世尊，我不堪任詣彼問疾。所以者何？憶念我昔，曾於林中宴坐樹下，時維摩詰來謂我言：『唯，舍利弗，不必是坐，爲宴坐也。夫宴坐者，不於三界現身意，是爲宴坐；不起滅定而現諸威儀，是爲宴坐；不捨道法而現凡夫事，是爲宴坐；心不住内，亦不在外，是爲宴坐；於諸見不動而修行三十七道品，是爲宴坐；不斷煩惱而入涅槃，是爲宴坐。若能如是坐者，佛所印可。』時我，世尊，聞是語，默然而止，不能加報。故我不任詣彼問疾。」

佛告大目犍連：「汝行詣維摩詰問疾。」

目連白佛言：「世尊，我不堪任詣彼問疾。所以者何？憶念我昔，入毗耶離大城，於里巷中，爲諸居士説法，時維摩詰來謂我言：『唯，大目連，爲白衣居士説法，不當如仁者所説。夫説法者，當如法説。法無衆生，離衆生垢故；法無有我，離我垢故；法無壽命，離生死故；法無有人，前後際斷故；法常寂然，滅諸相故；法離於相，無所緣故；法無名字，言語斷故；法無有説，離覺觀故；法無形相，如虚空故；法無戲論，畢竟空故；法無我所，離我所故；法無分別，離諸識故；法無有比，無相待故；法不屬因，不在緣故；法同法性，入諸法故；法隨於如，無所隨故；法住實際，諸邊不動故；法無動摇，不依六塵故；法無去來，常不住故。法順空，隨無相，應無作。法離好醜，法無增損，法無生滅，法無所歸，法過眼、耳、鼻、舌、身、心。法無高下，法常住不動，法離一切觀行。唯，大目連，法相如是，豈可説乎？夫説法者，無説無示；其聽法者，無聞無得。譬如幻士爲幻人説法，當建是意而爲説法。當了衆生，根有利鈍，善於知見，無所罣礙，以大悲心，讚於大乘，念報佛恩，不斷三寶，然後説法。』維摩詰説是法時，八百居士發阿耨多羅三藐三菩提心。我無此辯，是故不任詣彼問疾。」

佛告大迦葉：「汝行詣維摩詰問疾。」

迦葉白佛言：「世尊，我不堪任詣彼問疾。所以者何？憶念我昔於貧里而行乞，時維摩詰來謂我言：『唯，大迦葉，有慈悲心而不能普，捨豪富，從貧乞。迦葉，住平等法，應次行乞食；爲不食故，應行乞食；爲壞和合相故，應取揣食；爲不受故，應受彼食。以空聚想，凡入聚落，宜存此相。入於聚落。所見色與盲等，所聞聲與響等，所嗅香與風等，所食味不分別。受諸觸如智證，知諸法如幻相。無自性，無他性。本自不然，今則無滅。迦葉，若能不捨八邪，入八解脱，以邪相入正法，以一食施一切，供養諸佛及衆賢聖，然後可食。如是食者，非有煩惱，非離煩惱；非入定意，非起定意；非住世間，非住涅槃。其有施者，無大福，無小福；不爲益，不爲損。是爲正入佛道，不依聲聞。迦葉，若如是食，爲不空食人之施也。』時我，世尊，聞説是語，得未曾有，即於一切菩薩，深起敬心，復作是念：『斯有家名，辯才智慧乃能如是，其誰不發阿耨多羅三藐三菩提心？』我從是來不復勸人以聲聞、辟支佛行。是故不任詣彼問疾。」

佛告須菩提：「汝行詣維摩詰問疾。」

須菩提白佛言：「世尊，我不堪任詣彼問疾。所以者何？憶念我昔入其舍從乞食，時維摩詰取我鉢，盛滿飯，謂我言：『唯，須菩提，若能於食等者，諸法亦等；諸法等者，於食亦等。如是行乞，乃可取食。若須菩提不斷婬、怒、痴，亦不與俱；不壞於身，而隨一相；不滅癡、愛，起於明脱；以五逆相而得解脱，亦不解不縛；不見四諦，非不見諦；非得果，非不得果；非凡夫，非離凡夫法；非聖人，非不聖人；雖成就一切法，而離諸法相：乃可取食。若須菩提，不見佛，不聞法，彼外道六師富蘭那迦葉、末伽梨拘賒梨子、删闍夜毗羅胝子、阿耆多翅舍欽婆羅、迦羅鳩馱迦旃延、尼犍陀若提子等，是汝之師，因其出家，彼師所墮，汝亦隨墮，乃可取食。若須菩提，入諸邪見，不到彼岸，住於八難，不得無難，同於煩惱，離清净法，汝得無諍三昧，一切衆生亦得是定。其施汝者，不名福田；供養汝者，墮三惡道。爲與衆魔共一手作諸勞侣，汝與衆魔及諸塵勞，等無有異；於一切衆生而有怨心，謗諸佛，毁於法，不入衆數，終不得滅度。汝若如是，乃可取食。』時我，世尊，聞此茫然，不識是何言，不知以何答，便置鉢欲出其舍。維摩詰言：『唯，須菩提，取鉢勿懼。於意云何？如來所作化人。若以是事詰，寧有懼不？』我言：『不也。』維摩詰言：『一切諸法，如幻化相，汝今不應有所懼也。所以者何？一切言説，不離是相。至於智者不著文字，故無所懼。何以故？文字性離，無有文字，是則解脱。解脱相者，即諸法也。』維摩詰説是法時，二百天子得法眼净。故我不任詣彼問疾。」

佛告富樓那彌多羅尼子：「汝行詣維摩詰問疾。」

富樓那白佛言：「世尊，我不堪任詣彼問疾。所以者何？憶念我昔於大林中，在一樹下，爲諸新學比丘説法，時維摩詰來謂我言：『唯，富樓那，先當入定，觀此人心，然後説法。無以穢食，置於寶器。當知是比丘心之所念，無以瑠璃同於水精。汝不能知衆生根源，無得發起以小乘法。彼自無瘡，勿傷之也。欲行大道，莫示小徑。無以大海内於牛迹，無以日光等彼螢火。富樓那，此比丘久發大乘心，中忘此意，如何以小乘法而教導之？我觀小乘智慧微淺，猶如盲人，不能分别一切衆生根之利鈍。』時維摩詰即入三昧，令此比丘自識宿命，曾於五百佛所植衆德本，迴向阿耨多羅三藐三菩提，即時豁然，還得本心。於是諸比丘稽首禮維摩詰足。時維摩詰因爲説法，於阿耨多羅三藐三菩提不復退轉。我念聲聞不觀人根，不應説法，是故不任詣彼問疾。」

佛告摩訶迦旃延：「汝行詣維摩詰問疾。」

迦旃延白佛言：「世尊，我不堪任詣彼問疾。所以者何？憶念昔者佛爲諸比丘略説法要，我即於後敷演其義，謂無常義、苦義、空義、無我義、寂滅義。時維摩詰來謂我言：『唯，迦旃延，無以生滅心行説實相法。迦旃延，諸法畢竟，不生不滅，是無常義；五受陰洞達，空無所起，是苦義；諸法究竟，無所有，是空義；於我無我而不二，是無我義；法本不然，今則無滅，是寂滅義。』説是法時，彼諸比丘心得解脱。故我不任詣彼問疾。」

佛告阿那律：「汝行詣維摩詰問疾。」

阿那律白佛言：「世尊，我不堪任詣彼問疾。所以者何？憶念我昔於一處經行時，有梵王名曰嚴净，與萬梵俱，放净光明，來詣我所，稽首作禮，問我言：『幾何阿那律天眼所見？』我即答言：『仁者，吾見此釋迦牟尼佛土三千大千世界，如觀掌中庵摩勒果。』形似檳榔。時維摩詰來謂我言：『唯，阿那律，天眼所見，爲作相耶？無作相耶？假使作相，則與外道五通等；若無作相，即是無爲，不應有見。』世尊，我時默然。彼諸梵聞其言，得未曾有，即爲作禮而問曰：『世孰有真天眼者？』維摩詰言：『有佛世尊，得真天眼，常在三昧，悉見諸佛國，不以二相。』於是嚴净梵王，及其眷屬，五百梵天，皆發阿耨多羅三藐三菩提心，禮維摩詰足已，忽然不現。故我不任詣彼問疾。」

佛告優波離：「汝行詣維摩詰問疾。」

優波離白佛言：「世尊，我不堪任詣彼問疾。所以者何？憶念昔者，有二比丘，犯律行以爲耻，不敢問佛，來問我言：『唯，優波離，我等犯律，誠以爲耻，不敢問佛，願解疑悔，得免斯咎。』我即爲其如法解說。時維摩詰來謂我言：『唯，優波離，無重增此二比丘罪。當直除滅，勿擾其心。所以者何？彼罪性不在內，不在外，不在中間。如佛所說，心垢故衆生垢，心浄故衆生浄。心亦不在內，不在外，不在中間。如其心然，罪垢亦然，諸法亦然，不出於如如。優波離以心相得解脱時，寧有垢不？』我言：『不也。』維摩詰言：『一切衆生心相無垢，亦復如是。唯，優波離，妄想是垢，無妄想是浄；顛倒是垢，離顛倒是浄；取我是垢，不取我是浄。優波離，一切法，生滅不住，如幻如電。諸法不相待，乃至一念不住。諸法皆妄見，如夢如焰，如水中月，如鏡中像，以妄想生。其知此者，是名奉律；其知此者，是名善解。』於是二比丘言：『上智哉！是優波離所不能及，持律之上而不能説。』我答曰：『自捨如來，未有聲聞及菩薩能制其樂説之辯，其智慧明達爲若此也。』時二比丘疑悔即除，應前。發阿耨多羅三藐三菩提心，作是願言，令一切衆生皆得是辯。故我不任詣彼問疾。」

佛告羅睺羅：「汝行詣維摩詰問疾。」

羅睺羅白佛言：「世尊，我不堪任詣彼問疾。所以者何？憶念昔時毗耶離諸長者子來詣我所，稽首作禮，問我言：『唯，羅睺羅，汝佛之子捨轉輪王位，出家爲道。其出家者，有何等利？』我即如法，爲説出家功德之利。時維摩詰來謂我言：『唯，羅睺羅，不應説出家功德之利。所以者何？無利無功德，是爲出家。有爲法者，可説有利有功德。夫出家者爲無爲法，無爲法中無利無功德。羅睺羅，夫出家者無彼無此，亦無中間，離六十二見，處於涅槃。智者所受。聖所行處，降伏衆魔。度五道，浄五眼，得五力，立五根。不惱於彼，離衆雜惡，摧諸外道，超越假名。出淤泥，無繫著，無我所，無所受，無擾亂。內懷喜，護彼意。道法內充。奬順衆生。隨禪定，離衆過。若能如是，是真出家。』於是維摩詰語諸長者子：『汝等於正法中，宜共出家。所以者何？佛世難值。』諸長者子言：『居士，我聞佛言，父母不聽，不得出家。』維摩詰言：『然。汝等便發阿耨多羅三藐三菩提心，是即出家，是即具足。』爾時三十二長者子皆發阿耨多羅三藐三菩提心。故我不任詣彼問疾。」

佛告阿難：「汝行詣維摩詰問疾。」

阿難白佛言：「世尊，我不堪任詣彼問疾。所以者何？憶念昔時，世尊身小有疾，當用牛乳，我即持鉢詣大婆羅門家門下立。時維摩詰來謂我言：『唯，阿難，何爲晨朝持鉢住此？』我言：『居士，世尊身小有疾，當用牛乳，故來至此。』維摩詰言：『止，止！阿難，莫作是語。如來身者，金剛之體，諸惡已斷，衆善普會，當有何疾？當有何惱？默往，阿難，勿謗如來，莫使異人聞此粗言，無令大威德諸天、及他方净土諸來菩薩得聞斯語。阿難，轉輪聖王以少福故，尚得無病，豈况如來無量福會普勝者哉！行矣，阿難！勿使我等受斯耻也。外道梵志若聞此語，當作是念：何名爲師？自疾不能救，而能救諸疾人？可密速去，勿使人聞。當知，阿難，諸如來身，即是法身，非思欲身。佛爲世尊，過於三界，佛身無漏，諸漏已盡，佛身無爲，不墮諸數。如此之身，當有何疾？』時我，世尊，實懷慚愧，得無近佛而謬聽耶？即聞空中聲曰：『阿難，如居士言，但爲佛出五濁惡世，現行斯法，度脱衆生。行矣，阿難！取乳勿慚。』世尊，維摩詰智慧辯才爲若此也。是故不任詣彼問疾。」

如是五百大弟子各各向佛説其本緣，稱述維摩詰所言，皆曰不任詣彼問疾。

【眉批】

舍利弗於弟子中智慧第一，故先命之。

法身宴坐，形神俱滅，道絶常境，視聽所不及，豈復現身三界、修意爲定哉？

上云不以三界現身意，此云現諸威儀，惟無現故能無不現，無不現即無現之體。

煩惱即涅槃，故不待斷而後入也。

目連名拘律陁，樹神名也，有大智慧，神足第一者也。

以下辯真法義。衆生習着偏重，故先言其無，則垢自離。

始終生死，離則壽命無。離者，空之别名。

有無非中，於實爲邊。言有不有，言無不無，雖諸邊塵起，不能轉之令異，故言諸邊不動。

迦葉以貧人昔不植福，故生貧里；若今不積善，後復彌甚。愍其長苦，多就乞食。净名以其捨富從貧，譏其不普。

即食之實相，應以此心乞食。

不受涅槃法也。應以無受心而受彼食，是終日受而未嘗受也。

八邪、八解，本性常一。善觀八邪，即入八解。曷爲舍邪，更求解脱乎？

小乘入定則不食，食則不入定。法身大士終日食而終日定，故無出入名。

言必能福彼，非徒拔其貧苦而已，故名不空食人之施。

取鉢盛飯未授之間，譏其不等也。

恃定而來，於定爲不等矣。即以食詰之者，明于食亦不等也，豈等定哉。

天地齊旨，萬物一觀；邪正雖殊，其性不二。豈有如來獨尊，六師獨卑乎？若能同彼六師，不見佛、不聞法，因其出家，隨其所墮而不爲異，乃可取食。

既爲其侶，安得有異？夫以無異，故能成其異。

等觀者，以存善爲患，故舍善求宗；以捨惡爲累，故即惡反本。則同善未爲得，同惡未爲失。净名言意，似在此乎。

弟子中解空第一既知化之無心，亦知法之復如化，聽之何懼？

解脱謂無，爲真解脱也。名生于不足，足則無名，故無文字。

近毘耶離城有園林僧房，富樓那于中爲新學説法。

穢食充饑，小乘法也；盛無上寶，大乘器也。

四喻戒之説法錯落精奇，珠璣滿楮。

净名將開其宿心，成其本意，令諸比丘暫識宿命，自知曾于五百佛所植衆德本也。向無上道，此其本也。

摩訶迦旃延，南天竺婆羅門姓也。善解契經。

如來言説未常有心，其所説法未常有想。迦旃延不喻玄旨，入室皆以相説，故净名破其五相。此言同旨異，迦旃延致惑也。

小乘以三界熾然，故滅之以求無爲。夫熾然既形，故滅名以生。大乘觀法本自不然，今何所滅？不然不滅，乃真寂滅也。

阿那律，如意也，刹利種弟子中天眼第一。

梵王聞阿那律天眼第一，故問所見遠近。

色無色相。若有遠近精粗，即是爲色作相，而進退無可。

若不以色作相，是真天眼，未知誰有，故問言孰也。

一乘在定則見，出定不見。如來未嘗不見，未嘗不定，故常在三昧。

優波離，長存願誓，世世常作持律，故于今持律第一。

愧其所犯，不敢問佛，以優波離持律，故悔其既往，廢亂道行，請持律解免斯咎。

以罪爲罪，則心生垢累；不以罪爲罪，此即净心，即衆生净也。

萬法云云，皆由心起，豈獨垢净然哉？故諸不離于如如，謂如本相也。

奉律，一名毘尼，又名善治，謂自治謡悲痴，亦能治衆生惡也。

羅睺羅，一名阿修羅，即覆障也，謂障月明也，稱密行第一。

世榮雖樂，難可久保。出家之理，長樂無爲。

僞出家者惡此生死，尊彼涅槃，故有中間三處之異。真出家者遣萬累，亡彼此，豈有此三處哉！

無所受，欲受、我受、戒受、見受，四受也。

出家本欲離惡行道，若在家而能發意，即具足矣。

阿難，即名歡喜也，弟子之中總持第一。

大乘内外金剛，一切實滿，有大勢力，無病處故。

正士聞謂：汝不達。邪居士聞，則謂：佛實有疾，何名爲法之良醫？

身疾不能救，而欲救人心疾乎？

夫法身虚假，妙絶常境，情累不能染，心想不能議，故曰諸漏已盡，過于三界之有漏。

五濁，劫濁、衆生濁、煩惱濁、見濁、命濁。多歲數名由泓，多由泓名爲劫。

維摩詰所說經卷四

菩薩品

於是佛告彌勒菩薩：「汝行詣維摩詰問疾。」

彌勒白佛言：「世尊，我不堪任詣彼問疾。所以者何？憶念我昔爲兜率天王及其眷屬說不退轉地之行，時維摩詰來謂我言：『彌勒，世尊授仁者記，一生當得阿耨多羅無上也。三藐三菩提，正徧也。爲用何生得受記乎？過去耶？未來耶？現在耶？若過去生，過去生已滅；若未來生，未來生未至；若現在生，現在生無住。如佛所說，比丘，汝今即時亦生亦老亦滅。若以無生得受記者，無生即是正位，於正位中，即無生法忍也。亦無受記，亦無得阿耨多羅三藐三菩提。云何彌勒受一生記乎？爲從如生得受記耶？爲從如滅得受記耶？若以如生得受記者，如無有生；若以如滅得受記者，如無有滅。一切衆生皆如也，一切法亦如也。衆聖賢亦如也，至於彌勒，亦如也。若彌勒得受記者，一切衆生亦應受記。所以者何？夫如者，不二不異。若彌勒得阿耨多羅三藐三菩提者，一切衆生皆亦應得。所以者何？一切衆生即菩提相。若彌勒得滅度者，一切衆生亦當滅度。所以者何？諸佛知一切衆生畢竟寂滅，即涅槃相，不復更滅。是故彌勒無以此法誘諸天子，實無發阿耨多羅三藐三菩提心者，亦無退者。彌勒，當令此諸天子捨於分別菩提之見。所以者何？菩提者，不可以身得，不可以心得。寂滅是菩提，滅諸相故；不觀是菩提，離諸緣故；不行是菩提，無憶念故；斷是菩提，捨諸見故；離是菩提，離諸妄想故；障是菩提，障諸願故；不入是菩提，無貪著故；順是菩提，順於如故；住是菩提，住法性故；至是菩提，至實際故；不二是菩提，離意法故；等是菩提，等虛空故；無爲是菩提，無生住滅故；知是菩提，了衆生心行故；不會是菩提，諸入不會故；不合是菩提，離煩惱習故；無處是菩提，無形色故；假名是菩提，名字空故；如化是菩提，無取捨故；無亂是菩提，常自静故；善寂是菩提，性清净故；無取是菩提，離攀緣故；無異是菩提，諸法等故；無比是菩提，無可喻故；微妙是菩提，諸法難知故。』世尊，維摩詰説是法時，二百天子得無生法忍。故我不任詣彼問疾。」

佛告光嚴童子：「汝行詣維摩詰問疾。」

光嚴白佛言：「世尊，我不堪任詣彼問疾。所以者何？憶念我昔出毗耶離大城，時維摩詰方入城，我即爲作禮而問言：『居士從何所來？』答我言：『吾從道場來。』我問：『道場者何所是？』答曰：『直心是道場，無虛假故；發行是道場，能辦事故；深心是道場，增益功德故；菩提心是道場，無錯謬故；布施是道場，不望報故；持戒是道場，得願具故；忍辱是道場，於諸衆生心無礙故；精進是道場，不解怠故；禪定是道場，心調柔故；智慧是道場，現見諸法故；慈是道場，等衆生故；悲是道場，忍疲苦故；喜是道場，悦樂法故；捨是道場，憎愛斷故；神通是道場，成就六通故；解脱是道場，能背捨故；方便是道場，教化衆生故；四攝是道場，攝衆生故；多聞是道場，如聞行故；伏心是道場，正觀諸法故；三十七品是道場，捨有爲法故；四諦是道場，不誑世間故；緣起是道場，無明乃至老死皆無盡故；諸煩惱是道場，知如實故；衆生是道場，知無我故；一切法是道場，知諸法空故；降魔是道場，不傾動故；三界是道場，無所趣故；師子吼是道場，無所畏故；力無畏不共法是道場，無諸過故；三明是道場，無餘礙故；一念知一切法是道場，成就一切智故。如是，善男子，菩薩若應諸波羅蜜教化衆生，諸有所作，舉足下足，當知皆從道場來，住於佛法矣。』説是法時，五百天人皆發阿耨多羅三藐三菩提心。故我不任詣彼問疾。」

佛告持世菩薩：「汝行詣維摩詰問疾。」

持世白佛言：「世尊，我不堪任詣彼問疾。所以者何？憶念我昔住於靜室，時魔波旬從萬二千天女，狀如帝釋，之像。鼓樂弦歌，來詣我所，與其眷屬，稽首我足，合掌恭敬，於一面立。我意謂是帝釋，而語之言：『善來憍尸迦，雖福應有，不當自恣，當觀五欲無常，以求善本，於身命財而修堅法。』即語我言：『正士，受是萬二千天女，可備掃灑。』我言：『憍尸迦，無以此非法之物，要我沙門釋子。此非我宜。』所言未訖，時維摩詰來謂我言：『非帝釋也，是爲魔來嬈固汝耳。』即語魔言：『是諸女等，可以與我。如我應受。』沙門豈受乎？魔即驚懼，念『維摩詰，將無惱我』，欲隱形去而不能隱，盡其神力亦不得去。即聞空中聲曰：『波旬以女與之，乃可得去。』魔以畏故，俛仰而與。爾時維摩詰語諸女言：『魔以汝等與我，今汝皆當發阿耨多羅三藐三菩提心。』即隨所應而爲説法，觀根利鈍。令發道意。復言：『汝等已發道意，有法樂可以自娛，不應復樂五欲樂也。』天女即問：『何謂法樂？』答言：『樂常信佛；樂欲聽法；樂共養衆；樂離五欲；樂觀五陰如怨賊；樂觀四大如毒蛇；樂觀内入如空聚；樂隨護道意；樂饒益衆生；樂敬養師；樂廣行施；樂堅持戒；樂忍辱柔和；樂勤集善根；樂禪定不亂；樂離垢明慧；樂廣菩提心；樂降伏衆魔；樂斷諸煩惱；樂浄佛國土；樂成就相好故，修諸功德；樂莊嚴道場；樂聞深法不畏；樂三脱門，不樂非時；樂近同學；樂於非同學，中心無恚礙；樂將護惡知識；樂親近善知識；樂心喜清浄；樂修無量道品之法。是爲菩薩法樂。』於是波旬告諸女言：『我欲與汝俱還天宫。』諸女言：『以我等與此居士。有法樂，我等甚樂，不復樂五欲樂也。』魔言：『居士，可捨此女。一切所有，施於彼者，是爲菩薩。』維摩詰言：『我已捨矣。汝便將去，令一切衆生得法願具足。』於是諸女問維摩詰：『我等云何止於魔宫？』維摩詰言：『諸姊，有法門，名無盡燈，汝等當學。

無盡燈者，譬如一燈然百千燈，冥者皆明，明終不盡。如是，諸姊，夫一菩薩開導百千衆生，令發阿耨多羅三藐三菩提心，於其道意，亦不滅盡，隨所説法而自增益一切善法，是名無盡燈也。汝等雖住魔宫，以是無盡燈令無數天子天女發阿耨多羅三藐三菩提心者，爲報佛恩，亦大饒益一切衆生。』爾時天女頭面禮維摩詰足，隨魔還宫，忽然不現。世尊，維摩詰有如是自在神力、智慧辯才。故我不任詣彼問疾。」

佛告長者子善德：「汝行詣維摩詰問疾。」

善德白佛言：「世尊，我不堪任詣彼問疾。所以者何？憶念我昔自於父舍設大施會，供養一切沙門、婆羅門及諸外道、貧窮下賤、孤獨乞人，期滿七日。時維摩詰來入會中，謂我言：『長者子，夫大施會不當如汝所設，當爲法施之會，何用是財施會爲？』我言：『居士，何謂法施之會？』『法施會者，無前無後，一時供養一切衆生，是名法施之會。』曰：『何謂也？』『謂以菩提，起於慈心；以救衆生，起大悲心；以持正法，起於喜心；以攝智慧，行於捨心；以攝慳貪，起檀波羅密；以化犯戒，起尸羅波羅密；以無我法，起羼提波羅密；以離身心相，起毗梨耶波羅密；以菩提相，起禪波羅密；以一切智，起般若波羅密。教化衆生，而起於空；不捨有爲法，而起無相；示現受生，而起無作；護持正法，起方便力。以度衆生，起四攝法；以敬事一切，起除慢法；於身命財，起三堅法；於六念中，起思念法；於六和敬，起質直心。正行善法，起於净命；心净歡喜，起近賢聖，不憎惡人，起調伏心；以出家法，起於深心；以如説行，起於多聞；以無諍法，起空閑處，趣向佛慧，起於宴坐；解衆生縛，起修行地。以具相好及净佛土，起福德業，知一切衆生心念，如應説法，起於智業；知一切法，不取不捨，入一相門，起於慧業；斷一切煩惱，一切障礙，一切不善法，起一切善業，以得一切智慧，一切善法，起於一切助佛道法。如是，善男子，是爲法施之會。若菩薩住是法施會者，爲大施主，亦爲一切世間福田。』世尊，維摩詰説是法時，婆羅門衆中二百人皆發阿耨多羅三藐三菩提心。我時心得清净，嘆未曾有，稽首禮維摩詰足，即解瓔珞，價直百千以上之。不肯取。我言：『居士，願必納受，隨意所與。』維摩詰乃受瓔珞，分作二分，持一分施此會中一最下乞人，持一分奉彼難勝如來。一切衆會皆見光明國土難勝如來，又見珠瓔在彼佛土變成四柱寶臺，四面嚴飾，不相障蔽。時維摩詰現神變已，又作是言：『若施主等心施一最下乞人，猶如如來福田之相，無所分別，等於大悲，不求果報，是則名曰具足法施。』城中一最下乞人見是神力，聞其所説，皆發阿耨多羅三藐三菩提心。故我不任詣彼問疾。」

如是諸菩薩各各向佛説其本緣，稱述維摩詰所言，皆曰不任詣彼問疾。

【眉批】

彌勒既紹尊位，又當于此土而成佛，衆情所宗，故先命之。

無生法忍，即不退轉地之行也。

菩提者，彼語有之，此無名也。實則體極居終智慧也。然有三品：聲聞也，辟支佛也，佛也。二乘各以其道爲菩提耳，唯佛菩提爲無上正遍。

彌勒向説行意，以受記引之耳，不爲説受記也。彼生着情，便貪記以存行，見菩提可得也。

玄言奥旨、妙義微情，真出世間之見，出世間之文也。

菩提者，正覺無相之真智乎。虚玄無相，不可爲有；用之彌勤，不可爲無。不知所以言，故强名曰菩提。斯無爲之道，豈可以身心得乎？

無異者，萬法同體，是非一致。不異惟菩提乎？

菩提無知而無所不知，故微妙難知也。

光嚴雖欲得道場，而未知所以得。得必由因，故爲廣説萬行。萬行是道場因，而言道場者，因中説果也。

直心無虛假，斯乃基萬行之本，坦進道之場。以下三十二處，備列諸行，盡是修心閑地，弘道浄場也。

慈生愛，愛生著，著生累，累生悲，悲生憂，憂生惱，惱生憎。慈悲雖善，而累想生。故兩捨以平等觀，謂之捨行。

四攝事皆攝衆生齊歸于道也。

道品斷受生故名捨有爲，亦以空空三昧及一切善法故名捨也。

行則游道場，止則住佛法，舉止無非道場矣。

波旬，秦言殺者，常欲斷人慧命，亦名惡中惡。

憍尸，姓也，字摩。

堅法，三堅法也。去封累而修道，必獲身無極、命無窮、財無盡，故名堅法。

低頭一視，仰面一覿。

天女樂五欲，而居士以法樂進。隨病付藥，正如此。

三脱空，無相無作也。縛以之解，謂之脱，三乘所由，謂之門。不盡其極而中路取證，謂之非時。此大士所不樂也。

因事興願，菩薩常法。以女還魔，魔願具足。故因以生願，願一切衆生得法願具足。

後世傳燈之説，始于此。

「無盡燈」三字傳至于今而彌昌，彌熾，彌融，彌朗，所化獨諸女乎哉？自在神力，直至無垠矣。

大施會，波羅門法，七日祀梵天，行大施，期生彼。承嫡繼業於父舍然也，施之大矣。

施有三種：一財施，二心施，三法施。以財施人，名爲布施；慈心等心與人樂，名爲心施；説法利人，名爲法施。

遠離有二種：身栖事表，名身遠離；心無累想，名心遠離；身心不着，亦以名離。

無相則絶有爲，故誨令不舍也。

忿競生乎衆聚，無諍出乎空閑。

已行不修，安能解彼？故起修行。

一切智慧即智業也，一切善法即德業也。助佛道法，大乘諸無漏法也。

曰「分作二分」者，欲明等也，現神力、驗法施也。變寶臺豈財施能爲乎？法施會然也，故無不周耳。

若齊尊卑，一行報以平等，悲而爲施者，乃具足發施耳。

維摩詰所説經卷五

問疾品

爾時佛告文殊師利：「汝行詣維摩詰問疾。」

文殊師利白佛言：「世尊，彼上人者，難爲酬對。深達實相，善説法要；辯才無滯，智慧無礙；一切菩薩法式悉知，諸佛秘藏無不得入；降伏衆魔，四魔也。游戲神通；其慧方便，皆已得度。雖然，當承佛聖旨，詣彼問疾。」

於是衆中諸菩薩、大弟子、釋、梵、四天王咸作是念：「今二大士文殊師利、維摩詰共談，必説妙法。」即時八千菩薩、五百聲聞、百千天人皆欲隨從。於是文殊師利與諸菩薩、大弟子衆及諸天人恭敬圍繞，入毗耶離大城。

爾時長者維摩詰心念：「今文殊師利與大衆俱來。」即以神力空其室内，除去所有及諸侍者，唯置一床，以疾而卧。

文殊師利既入其舍，見其室空，無諸所有，獨寢一床。

時維摩詰言：「善來，文殊師利！不來相而來，不見相而見。」

文殊師利言：「如是，居士！若來已更不來，明無來去相。若去已更不去。所以者何？來者無所從來，去者無所至所；可見者更不可見。且置是事。居士是疾，寧可忍不？療治有損，不至增乎？世尊殷勤致問無量。居士是疾，何所因起？其生久如？當云何滅？」

維摩詰言：「從癡有愛，則我病生；以一切衆生病，是故我病；若一切衆生得不病者，則我病滅。所以者何？菩薩爲衆生故，入生死，有生死則有病。若衆生得離病者，則菩薩無復病。譬如長者，唯有一子。其子得病，父母亦病。若子病愈，父母亦愈。菩薩如是，於諸衆生，愛之若子，衆生病則菩薩病，衆生病愈菩薩亦愈。又言是疾何所因起？菩薩疾者，以大悲起。」

文殊師利言：「居士此室何以空無侍者？」

維摩詰言：「諸佛國土，亦復皆空。」

又問：「以何爲空？」

答曰：「以空空。」

又問：「空何用空？」

答曰：「以無分別空，故空。」

又問：「空可分別耶？」

答曰：「分別亦空。」

又問：「空當於何求？」

答曰：「當於六十二見中求。」

又問：「六十二見，當於何求？」

答曰：「當於諸佛解脱中求。」

又問：「諸佛解脱，當於何求？」

答曰：「當於一切衆生心行中求。又仁所問何無侍者，一切衆魔及諸外道皆吾侍也。所以者何？衆魔者樂生死，菩薩於生死而不捨；外道者樂諸見，菩薩於諸見而不動。」

文殊師利言：「居士所疾，爲何等相？」

維摩詰言：「我病無形，不可見。」

又問：「此病身合耶？心合耶？」

答曰：「非身合，身相離故；亦非心合，心如幻故。」

又問：「地大水大火大風大，於此四大，何大之病？」

答曰：「是病非地大，亦不離地大；水火風大，亦復如是。而衆生病從四大起，以其有病，是故我病。」

爾時文殊師利問維摩詰言：「菩薩應云何慰喻有疾菩薩？」

維摩詰言：「説身無常，不説厭離於身；説身有苦，不説樂於涅槃；説身無我，而説教導衆生；説身空寂，不説畢竟寂滅；説悔先罪，而不説入於過去。以己之疾，愍於彼疾，當識宿世無數劫苦，當念饒益一切衆生；憶所修福，念於净命，勿生憂惱，常起精進，當作醫王，療治衆病。菩薩應如是慰喻有疾菩薩，令其歡喜。」

文殊師利言：「居士，有疾菩薩，云何調伏其心？」

維摩詰言：「有疾菩薩，應作是念：『今我此病，皆從前世妄想顛倒諸煩惱生。無有實法，誰受病者？所以者何？四大合故，假名爲身。四大無主，身亦無我。又此病起，皆由著我。是故於我，不應生著。既知病本，即除我想及衆生想，當起法想。』應作是念：『但以衆法，合成此身。起唯法起，滅唯法滅。又此法者，各不相知，起時不言我起，滅時不言我滅。』彼有疾菩薩，爲滅法想，當作是念：『此法想者，亦是顛倒。顛倒者，即是大患。我應離之。』云何爲離？離我我所。云何離我我所？謂離二法。云何離二法？謂不念内外諸法，行於平等。云何平等？謂我等，涅槃等。所以者何？我及涅槃，此二皆空。以何爲空？但以名字故空。如此二法，無決定性。得是平等，無有餘病，唯有空病，空病亦空。是有疾菩薩，以無所受而受諸受。未具佛法，亦不滅受而取證也。設身有苦，念惡趣衆生，起大悲心：我既調伏，亦當調伏一切衆生，但除其病而不除法，爲斷病本，而教導之。何謂病本？謂有攀緣。從有攀緣，則爲病本。何所攀緣？謂之三界。云何斷攀緣？以無所得。若無所得，則無攀緣。何謂無所得？謂離二見。何謂二見？謂内見、外見，是無所得。文殊師利，是爲有疾菩薩調伏其心，爲斷老病死苦。是菩薩菩提，若不如是，已所修治，爲無慧利。譬如勝怨，乃可爲勇。如是兼除老病死者，菩薩之謂也。

「彼有疾菩薩，應復作是念：『如我此病，非真非有，衆生病亦非真非有。』作是觀時，於諸衆生，若起愛見大悲，即應捨離。所以者何？菩薩斷除客塵煩惱，而起大悲。愛見悲者，則於生死有疲厭心。若能離此，無有疲厭，在在所生，不爲愛見之所覆也。所生無縛，能爲衆生説法解縛。如佛所説，若自有縛，能解彼縛，無有是處；若自無縛，能解彼縛，斯有是處。是故菩薩不應起縛。何謂縛？何謂解？貪著禪味，是菩薩縛。以方便生，是菩薩解。又無方便慧縛，有方便慧解；無慧方便縛，有慧方便解。何謂無方便慧縛？謂菩薩以愛見心莊嚴佛土，成就衆生，於空無相，無作法中，而自調伏，是名無方便慧縛。何謂有方便慧解？謂不以愛見心莊嚴佛土，成就衆生於空無相，無作法中，以自調伏而不疲厭，是名有方便慧解。何謂無慧方便縛？謂菩薩住貪欲、瞋恚、邪見等諸煩惱而植衆德本，是名無慧方便厭。何謂有慧方便解？謂離諸貪欲、瞋恚、邪見等諸煩惱而植衆德本，迴向阿耨多羅三藐三菩提，是名有慧方便解。文殊師利，彼有疾菩薩應如是觀諸法。又復觀身無常、苦、空、非我，是名爲慧。雖身有疾，常在生死饒益一切，而不厭疲，是名方便。又復觀身，身不離病，病不離身，是病是身，非新非故，是名爲慧。設身有疾，而不永滅，是名方便。」

「文殊師利，有疾菩薩應如是調伏其心，不住其中，亦復不住不調伏心。所以者何？若住不調伏心，是愚人法；若住調伏心，是聲聞法。是故菩薩不當住於調伏、不調伏心，離此二法，是菩薩行。在於生死不爲污行，住於涅槃不永滅度，是菩薩行。非凡夫行，非賢聖行，是菩薩行。非垢行，非淨行，是菩薩行。雖過魔行，而現降伏衆魔，是菩薩行。求一切智，無非時求，是菩薩行。雖觀諸法不生，而不入正位，是菩薩行。雖觀十二緣起，而入諸邪見，是菩薩行。雖攝一切衆生，而不愛著，是菩薩行。雖樂遠離，而不依身心盡，是菩薩行。雖行三界而不壞法性，是菩薩行。雖行於空而植衆德本，是菩薩行。雖行無相而度衆生，是菩薩行。雖行無作而現受身，是菩薩行。雖行無起而起一切善行，是菩薩行。雖行六波羅蜜而遍知衆生心心數法，是菩薩行。雖行六通而不盡漏，是菩薩行。雖行四無量心而不貪著生於梵世，是菩薩行。雖行禪定解脱三昧而不隨禪生，是菩薩行。雖行四念處，不畢竟永離身受心法，是菩薩行。雖行四正勤而不捨身心精進，是菩薩行。雖行四如意足而得自在神通，是菩薩行。雖行五根而分別衆生諸根利鈍，是菩薩行。雖行五力而樂求佛十力，是菩薩行。雖行七覺分而分別佛之智慧，是菩薩行。雖行八正道而樂行無量佛道，是菩薩行。雖行止觀助道之法而不畢竟墮於寂滅，是菩薩行。雖行諸法不生不滅而以相好莊嚴其身，是菩薩行。雖現聲聞、辟支佛威儀而不捨佛法，是菩薩行。雖隨諸法究竟淨相而隨所應爲現其身，是菩薩行。雖觀諸佛國土永寂如空而現種種清淨佛土，是菩薩行。雖得佛道，轉於法輪入於涅槃而不捨於菩薩之道，是菩薩行。」

說是語時，文殊師利所將大衆，其中八千天子皆發阿耨多羅三藐三菩提心。

【眉批】

曰文殊師利，秦言妙德。經云：曾已成佛，名曰龍種尊也。

近知菩薩儀式，遠入諸佛秘藏。秘藏謂身口意秘密之藏。

餘聲聞專以離苦爲心，不求深法，故不同舉耳。五百智慧深入，樂問深法，所以俱行。

空室去侍，以生言端。事證于後。

曰「發斯念」者，因以空室示以虛納之懷。有去故空，密在用標宗致也，現神力者，念之使也。

大士法身，進止不違實相。實相不來，以之而來；實相無見，以之相見。不來而能來，不見而能見，法身若此，何善如之。

法身無生，況復有形？既無有形，病何由起？然爲彼受生，不得無形，不得無病，故因其久近，與之同病。

文殊以事問，居士以理答。

是非之域，妄想所存。若能空虛其懷，冥心真境，有無一觀者，雖智周萬物，未始爲有；幽塗無照，未始爲無。

言不見有異相也。魔樂着五欲，不求出世，故繫以生死。異學雖求出世，而執着己道，故繫以邪見。大士觀生死同涅槃，故能不捨；觀邪見同正見，故能不動。

四大本性自無患也，衆緣既會，增損相剋，患乃生耳。欲言有病，本性自無；欲言無病，相假而有。故病非地，亦不離地。餘大類此。

外國法從生至終，所作福業一一書記，若命終時，傍人爲說，令恃福無畏。

向以法遣我，自此以下，以空遣法也。

我爲萬物主，萬物爲我所。若離我我所，則無法不離。

受，謂苦、樂、捨三受。若能解受、無受，則能爲物受生而忍受三受也。

無漏無爲，其法無相，非妄想所能攀緣，所得攀緣者，三界而已耳。

二見，内有妄想，外有諸法。二虚假，終無得。

未能深入實相，見有衆生心生愛着，因此生悲，名爲愛見大悲。

若能除愛，即棄捨結業，受法化生，自在無礙也。

曰觀空不取，涉有不着，是名巧方便也。今明六住已還，未能無礙，當其觀空，無所取着，及其出觀，净國化人，則生見取相。拙于涉動，妙于净觀，故言無方便而有慧。

生死可厭而不厭，善處嶮難，故名方便。

離身則無病，故不相離。新、故之名，出于先後。衆緣所成，誰先誰後？則泯新、故而入實相，故名慧。

而與彼同疾，不取涅槃，謂之方便。自調初説，即其事也。慰喻自調，略爲權智。權智，此經之關要。

功行未足而求至足之果，名非時求。

觀無生，是取證法。不入正位，明不證也。

觀緣起，斷邪見之道也，而反同邪見，豈二乘之所能乎？

三界即法性處之，何所壞也。

行無作，欲不造生死而方現受身也。

菩薩觀漏即是無漏，故能永處生死，與之同漏，豈漏盡而自異于漏乎？

如意足，神通之因也。

雖自修己根而善知人根，彼我俱順也。
雖同聲聞根力覺道，其志常在佛行。
究竟净相，理無形像，而隨彼所應，現若干象。
雖現成佛，轉法輪，入涅槃，而不永滅，還入生死。修菩薩法，如上所列，豈二乘之所能乎？獨菩薩行耳。

維摩詰所説經卷六

不思議品

爾時舍利弗見此室中無有床座，作是斯念：「諸菩薩大弟子衆，當於何坐？」長者維摩詰知其意，語舍利弗言：「云何仁者，爲法來耶？求床座耶？」

舍利弗言：「我爲法來，非爲床座。」

維摩詰言：「唯，舍利弗，夫求法者不貪軀命，何况床座？夫求法者非有色、受、想、行、識之求，非有界、入之求，非有欲色、無色之求。即無三界之求。唯，舍利弗，夫求法者不著佛求，不著法求，不著衆求；夫求法者無見苦求，無斷集求，無造盡證修道之求。所以者何？法無戲論。若言我當見苦、斷集、證滅、修道，是則戲論，非求法也。唯，舍利弗，法名寂滅，若行生滅，是求生滅，非求法也。法名無染，若染於法，乃至涅槃，是則染著，非求法也。法無行處，若行於法，是則行處，非求法也。法無取捨，若取捨法，是則取捨，非求法也。法無處所，若著處所，是則著處，非求法也。法名無相，若隨相識，是則求相，非求法也。法不可住，若住於法，是則住法，非求法也。法不可見、聞、覺、知，若行見、聞、覺、知，是則見、聞、覺、知，非求法也。法名無爲，若行有爲，是求有爲，非求法也。是故，舍利弗，若求法者，於一切法，應無所求。」

説是語時，五百天子於諸法中得法眼净。

爾時長者維摩詰問文殊師利：「仁者游於無量千萬億阿僧祇國，何等佛土有好上妙功德成就師子之座？」

文殊師利言：「居士，東方度三十六恒河沙國，有世界名須彌相，其佛號須彌燈王。今現在彼佛，身長八萬四千由旬，其師子座高八萬四千由旬，嚴飾第一。」

於是長者維摩詰現神通力。即時彼佛遣三萬二千師子之座，高廣嚴净，來入維摩詰室，諸菩薩、大弟子、釋梵四天王等昔所未見，其室廣博，悉皆包容三萬二千師子座，無所妨礙，於毗耶離城及閻浮提四天下，亦不迫迮，悉是如故。

爾時維摩詰語文殊師利就師子座，與諸菩薩上人俱坐，當自立身如彼座像，其得神通菩薩即自變形，爲四萬二千由旬，坐師子座，諸新發意菩薩及大弟子，皆不能升。

爾時維摩詰語舍利弗就師子座，舍利弗言：「居士，此座高廣，吾不能昇。」維摩詰言：「唯，舍利弗，爲須彌燈王如來作禮，乃可得坐。」於是新發意菩薩及大弟子即爲須彌燈王如來作禮，便得坐師子座。

舍利弗言：「居士，未曾有也。如是小室，乃容受此高廣之座，於毗耶離城無所妨礙，又於閻浮提聚落城邑及四天下、諸天龍王鬼神宫殿亦不迫迮。」

維摩詰言：「唯，舍利弗，諸佛菩薩有解脱名，不可思議，若菩薩住是解脱者，以須彌之高廣内芥子中，無所增減，須彌山王本相如故，而四天王忉利諸天不覺不知己之所入，唯應度者乃見須彌入芥子中，是名不可思議解脱法門。又以四大海水入一毛孔，不嬈魚鱉黿鼉水性之屬，而彼大海本性如故，諸龍鬼神阿修羅等不覺不知己之所入，於此衆生，亦無所嬈。

「又，舍利弗，住不可思議解脱菩薩，斷取三千大千世界，如陶家輪，著右掌中，擲過恒沙世界之外，其中衆生不覺不知己之所往，又復還置本處，都不使人有往來想，而此世界本相如故。

「又，舍利弗，或有衆生樂久住世而可度者，菩薩即演七日以爲一劫，令彼衆生謂之一劫。或有衆生不樂久住而可度者，菩薩即促一劫以爲七日，令彼衆生謂之七日。

「又，舍利弗，住不可思議解脱菩薩，以一切佛土嚴飾之事集在一國，示於衆生。又，菩薩以一切佛土衆生置之右掌，飛到十方，遍示一切而不動本處。

「又，舍利弗，十方衆生供養諸佛之具，菩薩於一毛孔，皆令得見。又，十方國土所有日月星宿於一毛孔，普使見之。

「又，舍利弗，十方世界所有諸風，菩薩悉能吸著口中而身不損，外諸樹木亦不摧折。又，十方世界劫盡燒時，以一切火内於腹中，火事如故而不爲害。又，於下方過恒河沙等諸佛世界，取一佛土舉著上方，過恒河沙無數世界如持針鋒舉一棗葉而無所嬈。

「又，舍利弗，住不可思議解脱菩薩能以神通現作佛身，或現辟支佛身，或現聲聞身，或現帝釋身，或現梵王身，或現世主身，或現轉輪聖王身。又，十方世界所有衆聲，上中下音，皆能變之令作佛聲，演出無常、苦、空、無我之音，及十方諸佛所説種種之法，皆於其中，普令得聞。舍利弗，我今略説菩薩不可思議解脱之力；若廣説者，窮劫不盡。」

是時大迦葉聞説菩薩不可思議解脱法門，嘆未曾有，謂舍利弗：「譬如有人於盲者前現衆色像，非彼所見。一切聲聞，聞是不可思議解脱法門，不能解了，爲若此也。智者聞是，其誰不發阿耨多羅三藐三菩提心！我等何爲永斷其根，於此大乘，已如敗種。一切聲聞，聞是不可思議解脱法門，皆應號泣，聲震三千大千世界。一切菩薩應大欣慶，頂受此法。若有菩薩信解不可思議解脱法門者，一切魔衆無如之何。」

大迦葉説此語時，三萬二千天子皆發阿耨多羅三藐三菩提心。

爾時維摩詰語大迦葉：「仁者，十方無量阿僧祇世界中作魔王者，多是住不可思議解脱菩薩，以方便力故，教化衆生，現作魔王。又，迦葉，十方無量菩薩，或有人從乞手、足、耳、鼻，頭、目、髓、腦，血、肉、皮、骨，聚落、城邑，妻、子、奴婢，象、馬、車乘，金、銀、瑠璃，硨磲、碼碯，珊瑚、琥珀，真珠、珂貝，衣服、飲食，如此乞者，多是住不可思議解脱菩薩，以方便力而往試之，令其堅固。所以者何？住不可思議解脱菩薩有威德力，故行逼迫，示諸衆生如是難事。凡夫下劣，無有力勢，不能如是逼迫菩薩。譬如龍象蹴踏，非驢所堪。是名住不可思議解脱菩薩智慧方便之門。」

【眉批】

法身大士身心無倦；聲聞結業者心雖樂法，身有疲厭，或發息止想。而净名懸得其心，故床坐獨寢，旨現于此矣。因舍利弗何坐之問而發之。

六識略爲四名，見、聞，眼耳識也；覺、鼻，舌身識也；知，意識也。

法相如此，豈可求乎？若欲求者，惟無求乃真求耳。

借座彼國，其説有二。欲現嚴净功德致殊勝之座，令始行者深其志願；二者，欲因往返之迹使化流土國也。

夫有不思議之迹顯于外，必有不思議之德著于内。發尋其本，權、智而已乎。智無幽而不燭，權無德而不修。第其冥漠，無爲而無所不爲。此不思議之極也。

此經自始于浄土，終于法供養。其中所載大乘之道，無非不思議法，故累囑云此經名不思議。今制以道力，明不神；須彌，地大也。下説水、火、風、地，具四大也。或云：四大有神也，最大也，有常也。

内之纖芥，明不大；巨細無定，明不常。此皆反其所封而去其常習也。

能久能暫，能遠能近，能巨能細，能無能有。靈通變幻，真不可思議矣。

迅發爲敗種，爲號泣，爲頂受，説法者寧有分别于間哉？

迦葉將明大小之殊，抑揚時聽。故非分者宜致絶望之泣，已分者宜懷頂受之歡也。

結業菩薩于施度將盡而未極，是以不思議菩薩强從求索，令其無惜心具足堅固，亦令衆生知其堅固，亦使其自知堅固。

四大雖曰假名，而浄名養之。具足則以内四大納外四大，歷千劫萬變而真常如故。

法不異，而聽法者異，故隨其根器而爲解了，爲截人手足，離人妻子，强索國財，生其憂悲，雖有目前小苦而致永劫大安，是由深觀人根輕重相權。見近不及遠者，非所及也。

維摩詰所説經卷七

觀衆生品

爾時文殊師利問維摩詰言：「菩薩云何觀於衆生？」

維摩詰言：「譬如幻師見所幻人，菩薩觀衆生爲若此。如智者見水中月，如鏡中見其面像，如熱時炎，如呼聲響，如空中雲，如水聚沫，如水上泡，如芭蕉堅，如電久住，如第五大，如第六陰，如第七情，如十三入，如十九界，菩薩觀衆生爲若此。如無色界色，如燋穀芽，如須陀洹身見，如阿那含入胎，如阿羅漢三毒，如得忍菩薩貪恚毁禁，如佛煩惱習，如盲者見色，如入滅盡定出入息，如空中鳥迹，如石女兒，如化人煩惱，如夢所見已寤，如滅度者受身，如無烟之火，菩薩觀衆生爲若此。」

文殊師利言：「若菩薩作是觀者，云何行慈？」

維摩詰言：「菩薩作是觀已，自念『我當爲衆生説如斯法』，是即真實慈也。行寂滅慈，無所生故；行不熱慈，無煩惱故；行等之慈，等三世故；行無諍慈，無所起故；行不二慈，内外不合故；行不壞慈，畢竟盡故；行堅固慈，心無毁故；行清净慈，諸法性净故；行無邊慈，如虚空故；行阿羅漢慈，破結賊故；行菩薩慈，安衆生故；行如來慈，得如相故；行佛之慈，覺衆生故；自覺覺彼稱佛。行自然慈，無因得故；行菩提慈，等一味故；平等無相也。行無等慈，斷諸愛故；行大悲慈，導以大乘故；行無厭慈，觀空無我故；行法施慈，無遺惜故；行持戒慈，化毀禁故；行忍辱慈，護彼我故；行精進慈，荷負衆生故；行禪定慈，不受味故；五欲味。行智慧慈，無不知時故；行方便慈，一切示現故；行無隱慈，直心清净故；行深心慈，無雜行故；行無誑慈，不虛假故；行安樂慈，令得佛樂故。菩薩之慈，爲若此也。」

文殊師利又問：「何謂爲悲？」

答曰：「菩薩所作功德，皆與一切衆生共之。」

「何謂爲喜？」

答曰：「有所饒益，歡喜無悔。」

「何謂爲捨？」

答曰：「所作福祐，無所希望。」

文殊師利又問：「生死有畏，菩薩當何所依？」

維摩詰言：「菩薩於生死畏中，當依如來功德之力。」

文殊師利又問：「菩薩欲依如來功德之力，當於何住？」

答曰：「菩薩欲依如來功德力者，當住度脱一切衆生。」

又問：「欲度衆生，當何所除？」

答曰：「欲度衆生，除其煩惱。」

又問：「欲除煩惱，當何所行？」

答曰：「當行正念。」

又問：「云何行於正念？」

答曰：「當行不生不滅。」

又問：「何法不生？何法不滅？」

答曰：「不善不生，善法不滅。」

又問：「善不善孰爲本？」

答曰：「身爲本。」

又問：「身孰爲本？」

答曰：「欲貪爲本。」

又問：「欲貪孰爲本？」

答曰：「虛妄分別爲本。」

又問：「虛妄分別孰爲本？」

答曰：「顛倒想爲本。」

又問：「顛倒想孰爲本？」

答曰：「無住爲本。」

又問：「無住孰爲本？」

答曰：「無住則無本。文殊師利，從無住本，立一切法。」

時維摩詰室有一天女，見諸天人聞所説法，便現其身，即以天華散諸菩薩、大弟子上。華至諸菩薩，即皆墮落；至大弟子，便著不墮。一切弟子神力去華，不能令去。

爾時天問舍利佛：「何故去華？」

答曰：「此華不如法，是以去之。」

天曰：「勿謂此華爲不如法。所以者何？是華無所分別，仁者自生分別想耳。若於佛法出家，有所分別，爲不如法；若無所分別，是則如法。觀諸菩薩華不著者，已斷一切分別想故。譬如人畏時，非人得其便。如是弟子畏生死故，色、聲、香、味觸得其便也。已離畏者，一切五欲無能爲也。結習未盡，華著身耳；結習盡者，華不著也。」

舍利弗言：「天止此室，其已久如？」

答曰：「我止此室，如耆年解脱。」

舍利弗言：「止此久耶？」

天曰：「耆年解脱，亦何如久？」

舍利弗默然不答。

天曰：「如何耆舊，大智而默？」

答曰：「解脱者無所言説，故吾於是不知所云。」

天曰：「言説文字，皆解脱相。所以者何？解脱者不内不外，不在兩間，文字亦不内不外，不在兩間。是故，舍利弗，無離文字説解脱也。所以者何？一切諸法是解脱相。」

舍利弗言：「不復以離、婬、怒、癡爲解脱乎？」

天曰：「佛爲增上慢人説離、婬、怒、癡爲解脱耳。若無增上慢者，佛説婬、怒、癡性，即是解脱。」

舍利弗言：「善哉！善哉！天女，汝何所得？以何爲證？辯乃如是。」

天曰：「我無得無證，故辯如是。所以者何？若有得有證者，則於佛法爲增上慢。」

舍利弗問天：「汝於三乘，爲何志求？」

天曰：「以聲聞法化衆生故，我爲聲聞；以因緣法化衆生故，我爲辟支佛；以大悲法化衆生故，我爲大乘。

「舍利弗，如人入瞻蔔林，唯齅瞻蔔，不齅餘香。如是，若入此室，但聞佛功德之香，不樂聞聲聞、辟支佛功德香也。

「舍利弗，其有釋梵四天王、諸天龍鬼神等入此室者，聞斯上人講説正法，皆樂佛功德之香，發心而出。

「舍利弗，吾止此室，十有二年，初不聞説聲聞、辟支佛法，但聞菩薩大慈大悲不可思議諸佛之法。

「舍利弗，此室常現八未曾有難得之法。何等爲八？此室常以金色光照，晝夜無異，不以日月所照爲明，是爲一未曾有難得之法；此室入者，不爲諸垢之所惱也，是爲二未曾有難得之法；此室常有釋梵四天王、他方菩薩來會不絶，是爲三未曾有難得之法；此室常説六波羅蜜不退轉法，是爲四未曾有難得之法；此室常作天人第一之樂，弦出無量法化之聲，是爲五未曾有難得之法；此室有四大藏，衆寶積滿，周窮濟乏，求得無盡，是爲六未曾有難得之法；此室釋迦牟尼佛、阿彌陀佛、阿閦佛、寶德、寶焰、寶月、寶嚴、難勝、師子響，一切利成如是等，十方無量諸佛，是上人念時，即皆爲來，廣説諸佛秘要法藏，説已還去，是爲七未曾有難得之法；此室一切諸天嚴飾宫殿、諸佛净土皆於中現，是爲八未曾有難得之法。舍利弗，此室常現八未曾有難得之法，誰有見斯不思議事而復樂於聲聞法乎？」

舍利弗言：「汝何以不轉女身？」

天曰：「我從十二年來，求女人相，了不可得，當何所轉？譬如幻師化作幻女，若有人問何以不轉女身，是人爲正問不？」

舍利弗言:「不也。幻無定相,當何所轉。」

天曰:「一切諸法亦復如是,無有定相,云何乃問不轉女身?」

即時天女以神通力變舍利弗令如天女,天自化身如舍利弗,而問言:「何以不轉女身?」

舍利弗以天女像而答言:「我今不知何轉而變爲女身。」

天曰:「舍利弗,若能轉此女身,則一切女人亦當能轉。如舍利弗非女而現女身,一切女人亦復如是,雖現女身而非女也。是故佛説一切諸法,非男非女。」

即時天女還攝神力,舍利弗身還復如故。

天問:「舍利弗,女身色相,今何所在?」

舍利弗言:「女身色相無在無不在。」

天曰:「一切諸法亦復如是,無在無不在。夫無在無不在者,佛所説也。」

舍利弗問天:「汝於此没,當生何所?」

天曰:「佛化所生,吾如彼生。」

曰:「佛化所生,非没生也。」

天曰:「衆生猶然,非没生也。」

舍利弗問天:「汝久如當得阿耨多羅三藐三菩提?」

天曰:「如舍利弗還爲凡夫,我乃當成阿耨多羅三藐三菩提。」

舍利弗言:「我作凡夫,無有是處。」

天曰:「我得阿耨多羅三藐三菩提,亦無是處。所以者何?菩提無住處,是故無有得者。」

舍利弗言：「今諸佛得阿耨多羅三藐三菩提，已得當得，如恒河沙，皆謂何乎？」

天曰：「皆以世俗文字數故。説有三世，非謂菩提有去來今。」天曰：「舍利弗，汝得阿羅漢道耶？」

曰：「無所得故而得。」

天曰：「諸佛菩薩亦復如是，無所得故而得。」

爾時維摩詰語舍利弗：「是天女已曾供養九十二億諸佛，已能游戲菩薩神通，所願具足，得無生忍，住不退轉，以本願故，隨意能現，教化衆生。」

【眉批】

幻師觀幻，知其非真。大士觀衆生，亦若此也。故欲説法爲真實慈。

須陀洹雖有暫退，必不經生。

心馳動于内，息出入于外。心想滅，故息無出入也。

既觀矣，何以行慈？以下皆行慈之法。

與無生同體無分别也。

無愛見，故無熱惱。

内外入相對爲合。

無心于覆而無不覆，曰虚空。

由得如相，故名如來。

無師而成，謂之自然。

繹悲、喜、捨三字義，非菩薩孰能之乎？

現世不求恩，未來不求報，曰無希望。

一心求佛道，直進不迴，則恐畏斯除。

既曰無住爲本，而又曰無住則無本，禪機玄妙，真不可思議也。

天女現身散華，欲以生論也。

香華著身非沙門法，是以去之。

如法不如法，在心不在華。

昔有羅刹變形爲馬，士夫乘之。馬至中道，馬問士夫：「馬爲好否？」士夫拔刀示之，問：「刀爲好否？」知其心正無畏，不敢加害。

將明第一無久近之義，故從論解脱即無爲解脱也。

無不是解脱相故也。

卑生死，尊己道，謂增上慢人也。

有爲果言得，無爲果言證。

净名之室，不雜二乘之香。正此室者，豈他鶂哉！吾志何乘也。

其室清净，神垢緣絶，故不爲諸垢所惱。

止此室者，得八未曾有難得之法，真不思議事也。即耆年，豈言久耶？故默然不知所云。

如有方寸金鋼，數十里内石壁之表，所有形色悉于是現。此室明徹，其喻如此。

萬物如幻，無有定相，誰好誰醜，而欲轉之乎？

幻甚。

吾不知所以轉而爲此身，如之何又欲轉之乎？

天女者，天人也，寧有定在乎？既爲天女，寧無定在乎？故曰無在無不在。亦幻也。

既知現相之無在，又問當生之所在。

身相没生，可如幻化。菩提真道，必應有實。故問久如當成。

菩提之道，無爲無相，自無住處，誰有得者？

世俗言數，有三世得耳。菩提第一真道，非有去來今也。

無得故有得，有得則無得。此明真得乃在于不得。

維摩詰所說經卷八

佛道品

爾時文殊師利問維摩詰言：「菩薩云何通達佛道？」

維摩詰言：「若菩薩行於非道，起照後。是爲通達佛道。」

又問：「云何菩薩行於非道？」

答曰：「若菩薩行五無間五逆罪也。而無惱恚；至於地獄，無諸罪垢；地獄因。至于畜生，無有無明、憍慢等過；至于餓鬼，而具足功德；行色無色界道，不以爲勝；示行貪欲，離諸染著；示行瞋恚，於諸衆生無有恚礙；示行愚癡，而以智慧調伏其心；示行慳貪，而捨内外所有，不惜身命；示行毀禁，而安住净戒，乃至小罪，猶懷大懼；示行瞋恚，而常慈忍；示行懈怠，而勤修功德；示行亂意，而常念定；示行愚癡，而通達世間出世間慧；示行諂僞，而善方便，隨諸經義；示行憍慢，而於衆生猶如橋梁；示行諸煩惱，而心常清净；示入於魔，而順佛智慧，不隨他教；示入聲聞，而爲衆生說未聞法；示入辟支佛，而成就大悲，教化衆生；示入貧窮，而有寶手，功德無盡；示入形殘，而具諸好相，以自莊嚴；示入下賤，而生佛種性中，具諸功德；示入羸劣醜陋，而得那羅延身，一切衆生之所樂見；示入老病，而永斷病根，超越死畏；示有資生，而恒觀無常，實無所貪；示有妻妾彩女，而常遠離五欲淤泥；現於訥鈍，而成就辯才，總持無失；示入邪濟，而以正濟度諸衆生；現遍入諸道，而斷其因緣，現於涅槃，而不斷生死。文殊師利，菩薩能如是行於非道，收應前。是爲通達佛道。」

於是維摩詰問文殊師利：「何等爲如來種？」

文殊師利言：「有身爲種，無明有愛爲種，貪恚癡爲種，四顛倒爲種，五蓋爲種，六入爲種，七識處爲種，八邪法爲種，九惱處爲種，十不善道爲種。以要言之，六十二見及一切煩惱，皆是佛種。」

曰：「何謂也？」

答曰：「若見無爲入正位者，不能復發阿耨多羅三藐三菩提心，譬如高原陸地，不生蓮華；卑濕淤泥，乃生此華。如是見無爲法入正位者，終不復能生於佛法；煩惱泥中，乃有衆生起佛法耳。又如植種於空，終不能生；糞壤之地，乃能滋茂。如是入無爲正位者，不生佛法；起於我見如須彌山，猶能發於阿耨多羅三藐三菩提心，生佛法矣。是故當知一切煩惱，爲如來種，譬如不下巨海，不能得無價寶珠，如是不入煩惱大海，則不能得一切智寶。」

爾時大迦葉嘆言：「善哉！善哉！文殊師利，快説此語，誠如所言，塵勞之儔，爲如來種，我等今者不復堪任發阿耨多羅三藐三菩提心，乃至五無間罪，猶能發意生於佛法，而今我等，永不能發，譬如根敗之士，其於五欲，不能復利。如是聲聞諸結斷者，於佛法中，無所復益，永不志願。是故文殊師利，凡夫於佛法有反復，而聲聞無也。所以者何？凡夫聞佛法，能起無上道心，不斷三寶，正使聲聞終身聞佛法，力無畏等，永不能發無上道意。」

爾時會中有菩薩名普現色身，問維摩詰言：「居士，父、母、妻、子，親戚、眷屬，吏民、知識，悉爲是誰？奴婢、僮僕，象、馬、車乘，皆何所在？」

於是維摩詰以偈答曰：

智度菩薩母，方便以爲父；一切衆導師，無不由是生。
法喜以爲妻，兹悲心爲女；善心誠實男，畢竟空寂舍。
弟子衆塵勞，隨意之所轉；道品善知識，由是成正覺。
諸度法等侣，四攝爲妓女；歌詠誦法言，以此爲音樂。
總持之園苑，無漏法林樹；覺意凈妙華，解脱智慧果。
八解之浴池，定水湛然滿；布以七凈華，浴此無垢人。
象馬五通馳，大乘以爲車；調御以一心，游於八正路。
相具以嚴容，衆好飾其姿；慚愧之一服，深心爲華鬘。
富有七財寶，教授以滋息；如所説修行，迴向爲大利。
四禪爲床座，從於凈命生；多聞增智慧，以爲自覺音。
甘露法之食，解脱味爲漿；凈心以澡浴，戒品爲塗香。
摧滅煩惱賊，勇健無能踰；降伏四種魔，勝播建道場。
雖知無起滅，示彼故有生；悉現諸國土，如日無不見。
供養於十方，無量億如來；諸佛及己身，無有分别想。
雖知諸佛國，及與衆生空；而常修凈土，教化於群生。
諸有衆生類，形聲及威儀；無畏力菩薩，一時能盡現。
覺知衆魔事，而示隨其行；以善方便智，隨意皆能現。

或示老病死，成就諸群生；了知如幻化，通達無有礙。
或現劫盡燒，天地皆洞然；衆人有常想，照令知無常。
無數億衆生，俱來請菩薩；一時到其舍，化令向佛道。
經書禁呪術，工巧諸技藝；盡現行此事，饒益諸群生。
世間衆道法，悉於中出家；因以解人惑，而不墮邪見。
或作日月天，梵王世界主；或時作地水，或復作風火。
劫中有疾疫，現作諸藥草；若有服之者，除病消衆毒。
劫中有饑饉，現身作飲食；先救彼饑渴，却以法語人。
劫中有刀兵，爲之起慈悲；化彼諸衆生，令住無諍地。
若有大戰陣，立之以等力；菩薩現威勢，降伏使和安。
一切國土中，諸有地獄處；輒往到於彼，勉濟其苦惱。
一切國土中，畜生相食噉；皆現生於彼，爲之作利益。
示受於五欲，示復現行禪；令魔心憒亂，不能得其便。
火中生蓮華，是可謂希有；在欲而行禪，希有亦如是。
或現作淫女，引諸好色者；先以欲鈎牽，後令入佛智。
或爲邑中主，或作商人導；國師及大臣，以祐利衆生。
諸有貧窮者，現作無盡藏；因以勸導之，令發菩提心。
我心憍慢者，爲現大力士；消伏諸貢高，令住無上道。

其有恐懼衆，居前而慰安；先施以無畏，後令發道心。
或現離婬欲，爲五通仙人；開導諸群生，令住戒忍慈。
見須供事者，現爲作僮僕；既悦可其意，乃發以道心。
隨彼之所須，得入於佛道；以善方便力，皆能給足之。
如是道無量，所行無有涯；智慧無邊際，度脱無數衆。
假令一切佛，於無數億劫；讚嘆其功德，猶尚不能盡。
誰聞如是法，不發菩提心；除彼不肖人，癡冥無智者。

【眉批】

不以道爲道，不以非道爲非道，則是非心絶，通達無礙。

示行三毒而不乖三善也。

慳貪六段示行六蔽，而不乖六度也。

雖迹與諂同，而實不乖，正所謂善方便而隨經義也。

那羅延天，力士名也，端正殊妙，志力雄猛。

以上諸示行，離之則淪于空，即之則着于相。不即不離，菩薩所由通達乎？

有身，身見也。心無定所，隨物而變，在邪而邪，在正而正，邪正雖殊，種不異也。

善趣惡趣，其地雖殊，其義則一，故不相壞。

蓮華之君子者每以爲喻，取其清浄，出污泥中。見煩惱，皆佛種也。

二乘既見無爲，安住正位？宴寂恬怡，既無生死畏，而有無爲之樂，自足無求，孰肯敝敝以大乘爲心乎？故凡夫有反復之名，二乘有敗根之耻。凡夫沉淪五趣，爲煩惱所蔽，兼我心自高，惟勝是慕，故能發迹塵勞，摽心無上，而發正覺之華也。

智爲内照，權爲外用，萬行所生，諸佛所出。智爲母，權爲父也。

即所謂萬物母、衆生父意。

空爲理宗，以爲常宅。

法寶謂一華開五葉，結果自然成蓋如此。

處善之先，猶鬘之在首。

四禪高床，修浄命之所成。

愛性無厭，名之爲渴愛，斷則得解脱，故名漿也。

破敵得勝者竪勝旛，道場降魔亦然。

衆生見燒相，即悟無常，還攝不燒也。

出家人有德，爲物所宗，故現入引物。

劫初時，未有日月，未有衆生。故爲作日月，而令得照明；爲作地火水風，應人所求也。

兩陣相對，助其弱者，均無勝負，彼此和安矣。

非静亂齊旨者，孰能兩之？

慢心自高，如山峰不停水，現力士以伏其高心，乃潤以法水。

以頌寓規，到底是教。

維摩詰所説經卷九

入不二法門品

爾時維摩詰謂衆菩薩言：「諸仁者，云何菩薩入不二法門？各隨所樂説之。」

會中有菩薩，名法自在，説言：「諸仁者，生、滅爲二。法本不生，今則無滅。得此無生法忍，是爲入不二法門。」

德守菩薩曰：「我、我所爲二。因有我故，便有我所；若無有我，則無我所。是爲入不二法門。」

不眴菩薩曰：「受、不受爲二。若法不受，則不可得。以不可得，故無取無捨，無作無行。是爲入不二法門。」

德頂菩薩曰：「垢、净爲二。見垢實性，則無净相，順於滅相。是爲入不二法門。」

善宿菩薩曰：「是動、是念爲二。不動則無念，無念即無分别。通達此者，是爲入不二法門。」

善眼菩薩曰：「一相、無相爲二。若知一相即是無相，亦不取無相入於平等，是爲入不二法門。」

妙臂菩薩曰：「菩薩心、聲聞心爲二。觀心相空如幻化者，無菩薩心，無聲聞心，是爲入不二法門。」

弗沙菩薩曰：「善、不善爲二。若不起善、不善，入無相際而通達者，是爲入不二法門。」

師子菩薩曰：「罪、福爲二。若達罪性，則與福無異。以金剛慧决了此相，無縛無解者，是爲入不二法門。」

師子意菩薩曰：「有漏、無漏爲二。若得諸法等，則不起漏不漏想，不著於相，亦不住無相，是爲入不二法門。」

净解菩薩曰：「有爲、無爲爲二。若離一切數，則心如虚空。以清净慧無所礙者，是爲入不二法門。」

那羅延菩薩曰：「世間、出世間爲二。世間性空，即是出世間。於其中不入不出，不溢不散，是爲入不二法門。」

善意菩薩曰：「生死、涅槃爲二。若見生死性則無生死，無縛無解，不然不滅。如是解者，是爲入不二法門。」

現見菩薩曰：「盡、不盡爲二。法若究竟，盡若不盡，皆是無盡相。無盡相即是空，空則無有盡、不盡相。如是入者，是爲入不二法門。」

普守菩薩曰：「我、無我爲二。我尚不可得，非我何可得？見我實性者不復起二，是爲入不二法門。」

電天菩薩曰：「明、無明爲二。無明實性即是明，明亦不可取，離一切數，於其中平等無二者，是爲入不二法門。」

喜見菩薩曰：「色、色空爲二。色即是空，非色滅空，色性自空。如是受想行識，識空爲二，識即是空，非識滅空，識性自空。於其中而通達者，是爲入不二法門。」

明相菩薩曰：「四種異、空種異爲二。四種性即是空種性，如前際後際空，故中際亦空。若能如是知諸種性者，是爲入不二法門。」

妙意菩薩曰：「眼、色爲二。若知眼性於色，不貪不恚不癡，是名寂滅。如是耳聲、鼻香、舌味、身觸、意法爲二，若知意性於法不貪不恚不癡，是名寂滅。安住其中，是爲入不二法門。」

無盡意菩薩曰：「布施、迴向一切智爲二。布施性即是迴向一切智性，如是持戒、忍辱、精進、禪定、智慧，迴向一切智爲二。智慧性即是迴向一切智性。於其中入一相者，是爲入不二法門。」

深慧菩薩曰：「是空、是無相、是無作爲二。空即無相，無相即無作。若空、無相、無作，則無心、意、識。於一解脱門，即是三解脱門者，是爲入不二法門。」

寂根菩薩曰：「佛、法、衆爲二。佛即是法，法即是衆。是三寶皆無爲相，與虚空等，一切法亦爾。能隨此行者，是爲入不二法門。」

心無礙菩薩曰：「身、身滅爲二。身即是身滅。所以者何？見身實相者，不起見身及見滅身。身與滅身無二無分別。於其中不驚不懼者，是爲入不二法門。」

上善菩薩曰：「身、口、意業爲二。是三業皆無作相。身無作相，即口無作相；口無作相，即意無作相。是三業無作相，即一切法無作相。能如是隨無作慧者，是爲入不二法門。」

福田菩薩曰：「福行、罪行、不動行爲二。三行實性即是空。空則無福行，無罪行，無不動行。於此三行而不起者，是爲入不二法門。」

華嚴菩薩曰：「從我起二爲二。見我實相者，不起二法。若不住二法，則無有識，無所識者，是爲入不二法門。」

德藏菩薩曰：「有所得相爲二。若無所得，則無取捨。無取捨者，是爲入不二法門。」

月上菩薩曰：「暗與明爲二。無闇無明，則無有二。所以者何？如入滅受想定，無闇無明。一切法相，亦復如是。於其中平等入者，是爲入不二法門。」

寶印手菩薩曰：「樂涅槃、不樂世間爲二。若不樂涅槃，不厭世間，則無有二。所以者何？若有縛，則有解；若本無縛，其誰求解？無縛無解，則無樂厭，是爲入不二法門。」

珠頂王菩薩曰：「正道、邪道爲二。住正道者，則不分别是邪是正。離此二者，是爲入不二法門。」

樂實菩薩曰：「實、不實爲二。實見者尚不見實，何况非實。所以者何？非肉眼所見，慧眼乃能見。而此慧眼，無見無不見。是爲入不二法門。」

如是諸菩薩各各説已。

問文殊師利：「何等是菩薩入不二法門？」

文殊師利曰：「如我意者，於一切法無言無説，無示無識，離諸問答，是爲入不二法門。」

於是文殊師利問維摩詰：「我等各自説已，仁者當説何等是菩薩入不二法門？」

時維摩詰默然無言。

文殊師利嘆曰：「善哉！善哉！乃至無有文字語言，是真入不二法門。」

説是《入不二法門品》時，於此衆中五千菩薩皆入不二法門，得無生法忍。

【眉批】

勝會明宗，令終爲美，法座將散，令各説悟，廣釋衆迷，固宜致問哉。

滅者，滅生耳。若悟無生，滅何所滅？即無生法忍也。

我所，我之有也。法既無我，誰有所也。

有漏五陰名受，無漏名不受。悟法本空，二俱不受，則無得無行。

净生于垢。實性無垢，净何所净？

惑心微起爲動，取相深着爲念。

言一欲以去二，不言一也；言無欲以去有，不言無也；何有于二？

世間，三界也；出世間，無漏道品法也。出義生于入，無入生死，故無出世間。

縛、然，生死之别名。

有爲虚僞法無常，故名盡實相；無爲法常住，故不盡。

見我實性者，我本自無，而况非我也。

見無明性，即爲是明；若見明爲明，即是無明，故不可取。

色即是空，不待色滅然後爲空。

四種，四大也。空種，空大也。然四大之性無前後中，無異空大也。

悟六情爲性，則六塵不起三毒，爲寂滅道。

以六度爲妙因，迴向一切智者，二也。若悟因果同性，入于一相，乃應不二。

三行雖異，俱是無緣解脱。

有相則有對，有則爲二。不繫一與二，故不二。

諸法生時空生，滅時空滅。身存身亡，亦何異而懷驚懼乎？

三業雖殊，無作一也。

因我故有彼，二名所以生。見我實相者，不起彼我識。

得在我，相在彼。我不得相，誰取誰捨？

六根盡廢，心想都滅，雖經晝夜，不覺晦明，即無闇明耳。

世間無縛，曷爲而厭？涅槃無解，曷爲而樂？

雖曰無見而無所不見，此真慧眼之體。

諸菩薩各説不二之義，似有不二可説。是以文殊明無可説爲不二。文殊以無言無説，無示無識，是未明説爲無説也。所以維摩默然。

語默雖殊，明宗一也。有言于無言，未若無言于無言。默然之論，論之妙也。

維摩詰所説經卷十

香積佛品

於是舍利弗心念：「日時欲至，此諸菩薩，當於何食？」

時維摩詰知其意而語言：「佛説八解脱，仁者受行，豈雜欲食而聞法乎？若欲食者，且待須臾，當令汝得未曾有食。」

時維摩詰即入三昧，以神通力，示諸大衆上方界分，過四十二恒河沙佛土，有國名衆香，佛號香積，今現在。其國香氣，比於十方諸佛世界人天之香，最爲第一。彼土無有聲聞、辟支佛名，唯有清淨大菩薩衆，佛爲説法。其界一切皆以香作樓閣，經行香地，苑園皆香。其食香氣，周流十方無量世界。時彼佛與諸菩薩方共坐食，有諸天子，皆號香嚴，悉發阿耨多羅三藐三菩提心，供養彼佛及諸菩薩。此諸大衆，莫不目見。

時維摩詰問衆菩薩：「諸仁者，誰能致彼佛飯？」以文殊師利威神力故，咸皆默然。

維摩詰言：「仁此大衆，無乃可耻。」

文殊師利曰：「如佛所言，勿輕未學。」

於是維摩詰不起於座，居衆會前，化作菩薩，相好光明，威德殊勝，蔽於衆會，而告之曰：「汝往上方界分，度如四十二恒河沙佛土，有國名衆香，佛號香積，與諸菩薩方共坐食，汝往到彼，如我詞曰：『維摩詰稽首世尊足下，致敬無量，問訊起居，少病少惱，氣力安不？願得世尊所食之餘，當於娑婆世界，施作佛事，令此樂小法者得弘大道，亦使如來名聲普聞。』」

時化菩薩即於會前升於上方，舉衆皆見其去，到衆香界，禮彼佛足，又聞其言：「維摩詰稽首世尊足下，致敬無量，問訊起居，少病少惱，氣力安不？願得世尊所食之餘，欲於娑婆世界施作佛事，使此樂小法者得弘大道，亦使如來名聲普聞。」

彼諸大士見化菩薩，嘆未曾有。「今此上人，從何所來？娑婆世界，爲在何許？云何名爲樂小法者？」即以問佛。

佛告之曰：「下方度如四十二恒河沙佛土，有世界名娑婆，佛號釋迦牟尼，今現在於五濁惡世，爲樂小法衆生，敷演道教。彼有菩薩名維摩詰，住不可思議解脱，爲諸菩薩説法，故遣化來，稱揚我名，並讚此土，令彼菩薩增益功德。」

彼菩薩言：「其人何如，乃作是化？德力無畏，神足若斯。」

佛言：「甚大！一切十方皆遣化往，施作佛事，饒益衆生。」

於是香積如來以衆香鉢盛滿香飯，與化菩薩。

時彼九百萬菩薩俱發聲言：「我欲詣娑婆世界，供養釋迦牟尼佛，並欲見維摩詰等諸菩薩衆。」

佛言：「可往。攝汝身香，無令彼諸衆生起惑著心；又當捨汝本形，勿使彼國求菩薩者而自鄙耻；又汝於彼，莫懷輕賤而作礙想。所以者何？十方國土，皆如虚空；又諸佛爲欲化諸樂小法者，不盡現其清净土耳。」

時化菩薩既受鉢飯，與彼九百萬菩薩，俱承佛威神及維摩詰力，於彼世界，忽然不現。須臾之間，至維摩詰舍。

時維摩詰即化作九百萬師子之座，嚴好如前，諸菩薩皆坐其上。

時化菩薩以滿鉢香飯與維摩詰，飯香普熏毗耶離城及三千大千世界。時毗耶離婆羅門居士等聞是香氣，身意快然，嘆未曾有。於是長者主月蓋從八萬四千人，來入維摩詰舍。見其室中菩薩甚多，諸師子座高廣嚴好，皆大歡喜，禮衆菩薩及大弟子，却住一面。諸地神、虛空神及欲色界諸天聞此香氣，亦皆來入維摩詰舍。

時維摩詰語舍利弗等諸大聲聞：「仁者可食，如來甘露味飯，大悲所熏，無以限意食之，使不消也。」有異聲聞念是飯少，而此大衆人人當食。化菩薩曰：「勿以聲聞小德小智，稱量如來無量福慧。四海有竭，此飯無盡。使一切人食，摶若須彌，乃至一劫，猶不能盡。所以者何？無盡戒定智慧解脱解脱知見，功德具足者所食之餘，終不可盡。」

於是鉢飯悉飽衆會，猶故不盡。其諸菩薩、聲聞、天人食此飯者，身安快樂，譬如一切樂莊嚴國諸菩薩也，又諸毛孔皆出妙香，亦如衆香國土諸樹之香。

爾時維摩詰問衆香菩薩：「香積如來以何説法？」

彼菩薩曰：「我土如來無文字説，但以衆香令諸天人得入律行，菩薩各各坐香樹下，聞斯妙香，即獲一切德藏三昧。得是三昧者，菩薩所有功德皆悉具足。」

彼諸菩薩問維摩詰：「今世尊釋迦牟尼以何説法？」

維摩詰言：「此土衆生剛强難化，故佛爲説剛强之語以調伏之。言是地獄，是畜生，是餓鬼，是諸難處，是愚人生處；是身邪行，是身邪行報；是口邪行，是口邪行報；是意邪行，是意邪行報；是殺生，是殺生報;是不與取,是不與取報;是邪婬,是邪婬報;是妄語,是妄語報;是兩舌,是兩舌報;是惡口,是惡口報;是無義語,是無義語報;是貪嫉,是貪嫉報;是瞋惱,是瞋惱報;是邪見,是邪見報;是慳恪,是慳恪報;是毁戒,是毁戒報;是瞋恚,是瞋恚報;是懈怠,是懈怠報;是亂意,是亂意報;是愚癡,是愚癡報。是結戒,是持戒,是犯戒;是應作,是不應作;是障礙,是不障礙;是得罪,是離罪;是净,是垢;是有漏,是無漏;是邪道,是正道;是有爲,是無爲;是世間,是涅槃。以難化之人心如猿猴,故以若干種法,制御其心,乃可調伏。譬如象馬,𢤱悷不調,加諸楚毒,乃至徹骨,然後調伏。如是剛强難化衆生,故以一切苦切之言,乃可入律。」

彼諸菩薩聞説是已,皆曰:「未曾有也。如世尊釋迦牟尼佛隱其無量自在之力,乃以貧所樂法,度脱衆生。斯諸菩薩亦能勞謙,以無量大悲,生是佛土。」

維摩詰言:「此土菩薩,於諸衆生,大悲堅固,誠如所言。然其一世饒益衆生,多於彼國百千劫行。所以者何?此娑婆世界有十事善法,諸餘净土之所無有。何等爲十?以布施攝貧窮,以净戒攝毁禁,以忍辱攝瞋恚,以精進攝懈怠,以禪定攝亂意,以智慧攝愚癡,説除難法度八難者,以大乘法度樂小乘者,以諸善根濟無德者,常以四攝,成就衆生。是爲十。」

彼菩薩曰:「菩薩成就幾法,於此世界行無瘡疣,生于净土?」

維摩詰言:「菩薩成就八法,於此世界行無瘡疣,生于淨土。何等爲八?饒益衆生而不望報;代一切衆生受諸苦惱,所作功德,盡以施之;等心衆生,謙下無礙;於諸菩薩視之如佛;所未聞經,聞之不疑,不與聲聞而相違背;不嫉彼供,不高己利,而於其中調伏其心;常省己過,不訟彼短;恒以一心,求諸功德。是爲八法。」

維摩詰、文殊師利於大衆中説是法時，百千天人皆發阿耨多羅三藐三菩提心，十千菩薩得無生法忍。

【眉批】

舍利弗發念致供，而不念弟子者，以其自有乞食法也。

以雜食而發難端，何異難求床坐者耶？

文殊將顯净名之德，故以神力令衆會默然。

「恥」字因前難欲食而生。既難之，復恥之，無非教也。

諸佛菩薩問答款叙，情景楚楚，一幅王摩詰畫也。

攝身捨形，而戒莫輕賤，出世佛而談世間法也。

彼國無王，五百居士共治國政。今言主，衆所推也。

飯施者，利施也。

兹由戒定智慧等來，則利施而兼法施矣，所以毛孔皆出妙香也。

孔聖無言之訓，意亦如此。

如來説法有三要：一善行樂果，軟善語也；二惡行苦果，剛强語也；三讚善毁惡，雜説也。

世間五刑三尺，憲典彰彰，亦欲範之入律乎？

塵垢易增，功德難是，自非一心專求，無以剋成。具此八法，終生净土矣。

維摩詰所説經卷十一

菩薩行品

爾時佛説法於庵羅樹園，其地忽然廣博嚴事，一切衆會皆作金色。

阿難白佛言：「世尊，以何因緣，有此瑞應，是處忽然廣博嚴事，一切衆會皆作金色？」

佛告阿難：「是維摩詰、文殊師利與諸大衆恭敬圍繞，發意欲來，故先爲此瑞應。」

於是維摩詰語文殊師利：「可共見佛，與諸菩薩禮事供養。」

文殊師利言：「善哉！行矣，今正是時。」

維摩詰即以神力，持諸大衆並師子座，置於右掌，往詣佛所。到已著地，稽首佛足，右繞七帀，一心合掌，在一面立。其諸菩薩即皆避座，稽首佛足，亦繞七帀，於一面立。諸大弟子、釋梵四天王等亦皆避座，稽首佛足，在一面立。

於是世尊如法慰問諸菩薩已，各令復坐，即皆受教。衆坐已定，佛語舍利弗：「汝見菩薩大士自在神力之所爲乎？」

「唯然，已見。」

「汝意云何？」

「世尊，我睹其爲不可思議，非意所圖，非度所測。」

爾時阿難白佛言：「世尊，今所聞香，自昔未有，是爲何香？」

佛告阿難：「是彼菩薩毛孔之香。」

於是舍利弗語阿難言：「我等毛孔亦出是香。」

阿難言：「此所從來？」

曰：「是長者維摩詰從衆香國，取佛餘飯於舍食者，一切毛孔皆香若此。」

阿難問維摩詰：「是香氣住當久如？」

維摩詰言：「至此飯消。」

曰：「此飯久如當消？」

曰：「此飯勢力，至於七日，然後乃消。又，阿難，若聲聞人未入正位，食此飯者，得入正位，然後乃消；已入正位，食此飯者，得心解脱，然後乃消。若未發大乘意，食此飯者，至發意乃消；已發意，食此飯者，得無生忍，然後乃消；已得無生忍，食此飯者，至一生補處，然後乃消。譬如有藥，名曰上味，其有服者，身諸毒滅，然後乃消。此飯如是，滅除一切諸煩惱毒，然後乃消。」

阿難白佛言：「未曾有也。世尊，如此香飯，能作佛事。」

佛言：「如是如是。阿難，或有佛土，以佛光明而作佛事，有以諸菩薩而作佛事，有以佛所化人而作佛事，有以菩提樹而作佛事，有以佛衣服、卧具而作佛事，有以飯食而作佛事，舌根通道。有以園林臺觀而作佛事，眼根通道。有以三十二相、八十隨形好而作佛事，有以佛身而作佛事，現全身也。有以虚空而作佛事。滅衆色像。衆生應以此緣，得入律行。有以夢幻影響、鏡中像、水中月、熱時焰，如是等喻而作佛事，有以音聲、語言、文字而作佛事，或有清净佛土，寂寞無言、無説、無示、無識、無作、無爲而作佛事。

「如是，阿難，諸佛威儀進止，諸所施爲，無非佛事。

「阿難，有此四魔八萬四千諸煩惱門，而諸衆生爲之疲勞，諸佛即以此法而作佛事，是名入一切諸佛法門。菩薩入此門者，若見一切净好佛土，不以爲喜，不貪不高；若見一切不净佛土，不以爲憂，不礙不没。但於諸佛生清净心，歡喜恭敬，未曾有也。諸佛如來功德平等，爲教化衆生故，而現佛土不同。

「阿難，汝見諸佛國土，地有若干，而虚空無若干也；如是見諸佛色身，有若干耳，其無礙慧，無若干也。

「阿難，諸佛色、身、威相、種性，戒、定、智慧、解脱，解脱知見，力、無所畏，不共之法，大慈、大悲，威儀所行，及其壽命，説法教化，成就衆生，净佛國土，具諸佛法，悉皆平等。是故名爲三藐三佛陀，名爲多陀阿伽度，名爲佛陀。

「阿難，若我廣説此三句義，汝以劫壽，不能盡受。正使三千大千世界，滿中衆生，皆如阿難多聞第一，得念總持，此諸人等，以劫之壽，亦不能受。

「如是，阿難，諸佛阿耨多羅三藐三菩提無有限量，智慧辯才，不可思議。」

阿難白佛言：「我從今已往，不敢自謂以爲多聞。」

佛告阿難：「勿起退意。所以者何？我説汝於聲聞中爲最多聞，非謂菩薩。且止，阿難，其有智者，不應限量。諸菩薩也，一切海淵尚可測量，菩薩禪定、智慧、總持、辯才，一切功德，不可量也。阿難，汝等捨置菩薩所行，是維摩詰一時所現神通之力，一切聲聞、辟支佛，於百千劫盡力變化，所不能作。」

爾時衆香世界菩薩來者，合掌白佛言：「世尊，我等初見此土，生下劣想，今自悔責，捨離是心。所以者何？諸佛方便，不可思議，爲度衆生，故隨其所應現佛國異。唯然，世尊，願賜少法，還於彼土，當念如來。」

佛告諸菩薩：「有盡、無盡，解脱法門，汝等當學。何謂爲盡？謂有爲法；何謂無盡？謂無爲法。如菩薩者不盡有爲，無凡夫闕。不住無爲。無二乘闕。

「何謂不盡有爲？起句。謂不離大慈，不捨大悲，深發一切智心，而不忽忘；教化衆生，終不厭倦；於四攝法，常念順行；護持正法，不惜身命；種諸善根，無有厭厭；志常安住，方便迴向；求法不懈，説法無悋；勤供諸佛。故入生死而無所畏。於諸榮辱，心無憂喜，不輕未學，敬學如佛，墮煩惱者，令發正念；於遠離樂，不以爲貴；不著己樂，慶於彼樂；在諸禪定，如地獄想；於生死中，如園觀想；見來求者，爲善師想；捨諸所有，具一切智想；見毁戒人，起救護想；諸波羅蜜，爲父母想；道品之法，爲眷屬想；發行善根，無有齊限。以諸净國嚴飾之事，成己佛土。行無限施，具足相好；除一切惡，净身口意。故生死無數劫，意而有勇；聞佛無量德，志而不倦。以智慧劍，破煩惱賊，出陰界入，荷負衆生，永使解脱。以大精進，摧伏魔軍，常求無念實相智慧，行少欲知足，而不捨世法，不壞威儀，而能隨俗。天下皆謂我同己，而我獨異人。起神通慧，引導衆生，得念總持，所聞不忘；善别諸根，斷衆生疑，以樂説辯，演法無礙；净十善道，受人天福；修四無量，開梵天道；勸請説法，隨喜讚善；得佛音聲，身口意善；得佛威儀，深修善法；所行轉勝，以大乘教，成菩薩僧，心無放逸，不失衆善。行如此法，是名菩薩不盡有爲。收句。

「何謂菩薩不住無爲？起句。謂修學空，不以空爲證；修學無相無作，不以無相無作爲證；修學無起，不以無起爲證。觀於無常，而不厭善本；觀世間苦，而不惡生死；觀於無我，而誨人不倦；觀於寂滅，而不永寂滅；觀於遠離，而身心修善；觀無所歸，而歸趣善法；觀於無生，而以生法荷負一切；觀於無漏，而不斷諸漏；觀無所行，而以行法教化衆生；觀於空無，而不捨大悲；觀正法位，而不隨小乘；觀諸法虚妄，無牢無人，無主無相，本願未滿，而不虚福德，禪定、智慧。修如此法，是名菩薩不住無爲。收句。

「又具福德故，不住無爲；具智慧故，不盡有爲；大慈悲故，不住無爲；滿本願故，不盡有爲；集法藥故，不住無爲；隨授藥故，不盡有爲；知衆生病故，不住無爲；滅衆生病故，不盡有爲。諸正士菩薩，已修此法，不盡有爲，不住無爲，是名盡無盡解脱法門，汝等當學。」

爾時彼諸菩薩聞説是法，皆大歡喜，以衆妙華若干種色、若干種香，散遍三千大千世界，供養於佛及此經法，並諸菩薩已，稽首佛足，嘆未曾有，言：「釋迦牟尼佛，乃能於此善行方便。」言已，忽然不現，還到彼國。

【眉批】

至人無常所，理會是鄰。如來净名雖服殊處異，然妙存有在，所以往來弘化，現瑞以啓群心也。

勸共見佛請法者，一見其誠心欲遂其意，二令證明香飯多所發悟，三以懷勝速游宜令實反也。

因借寶座睹其神力，兼食香飯，乘掌而還，自絶于圖度，多顯不思議之迹也。

食香飯而達因果，即解緣起而見實法，方便施教也。

飯本充體，乃除結縛，未曾聞見也。

此樹光無不照，香無不薰。

閻浮提王得佛大衣而摽示愈疾者是也。

隨所應見而爲現相。

總説煩惱則八萬四千，别相則無量，故爲門也。

佛無定在，應物而現净穢。自彼於佛無二，奚生憂喜哉！

三藐三佛陁，華言正徧覺也。多陁阿伽度，華言如也。如法而來，如法而去。佛陀，華言覺也。得道爲覺。言偏言如言覺，皆體極之稱。

彼不必專以香爲佛事，故請言教法，至十方化不浄國。亦以遠游異刹，不宜虚反也。

盡有二種。一有爲盡，無常遷滅盡也；二無爲盡，智慧斷令滅盡也。

堅固善心深不可動，乃名振也。

出家離欲，及禪定離諸妄想，悉名遠離樂。

六度能生法身，故比之父母。

有念智慧則高慢益甚，是故求無念智也。

經云：佛有不思議音，應物無量。

三乘共行而造觀不同。二乘空觀，雖唯在無我；大乘空觀，無法不在，故空法亦空而不證。

凡諸無漏與無爲同體，自無相，皆無爲行也。

説法至此，如天花亂墜，直令聽者懷勝遠游而獲實以反也，妙哉！善哉！

維摩詰所説經卷十二

見阿閦佛品

爾時世尊問維摩詰：「汝欲見如來，爲以何等觀如來乎？」

維摩詰言：「如自觀身實相，觀佛亦然。我觀如來，前際不來，後際不去，今則不住；不觀色，不觀色如，不觀色性；不觀受想行識，不觀識如，不觀識性。非四大起，同於虚空；六入無積，眼耳鼻舌身心已過。不在三界，三垢已離，順三脱門。具足三明，順三脱無相。與無明等。不一相，不異相；不自相，不他相；非無相，非取相；不此岸，不彼岸，不中流，而化衆生。觀於寂滅，亦不永滅。不此不彼，不以此，不以彼。不可以智知，不可以識識。無晦無明，無名無相，無强無弱，非净非穢。不在方，不離方。非有爲，非無爲。無示無説，不施不慳，不戒不犯，不忍不恚，不進不怠，不定不亂，不智不愚，不誠不欺，不來不去，不出不入，一切言語道斷。非福田，非不福田。無相之體，莫知其畔。非應供養，非不應供養。非取非捨。非有相，非無相，同真際等法性。不可稱，不可量，過諸稱量。非大非小，非見非聞，非覺非知，離衆結縛。等諸智，同衆生，於諸法無分別。一切無得無失，無濁無惱，無作無起，無生無滅，無畏無憂，無喜無厭。無已有，無當有，無今有。不可以一切言説分别顯示。都結之也。世尊如來身爲若此，作如是觀。以斯觀者，名爲正觀；若他觀者，名爲邪觀。」

爾時舍利弗問維摩詰：「汝於何没，而來生此？」

維摩詰言：「汝所得法，有没生乎？」

舍利弗言：「無没生也。」

「若諸法無没生相，云何問言『汝於何没而來生此』？於意云何？譬如幻師，幻作男女，寧没生耶？」

舍利弗言：「無没生也。」

「汝豈不聞佛説諸法如幻相乎？」

答曰：「如是。」

「若一切法如幻相者，云何問言『汝於何没而來生此』？舍利弗，没者，爲虚誑法，壞敗之相；生者，爲虚誑法，相續之相。菩薩雖没，不盡善本；雖生，不長諸惡。」

是時佛告舍利弗：「有國名妙喜，佛號無動，是維摩詰於彼國没而來生此。」

舍利弗言：「未曾有也。世尊，是人乃能捨清净土，而來樂此多怒害處。」

維摩詰語舍利弗：「於意云何？日光出時，與冥合乎？」

答曰：「不也。日光出時，則無衆冥。」

維摩詰言：「夫日何故行閻浮提？」

答曰：「欲以明照爲之除冥。」

維摩詰言：「菩薩如是，雖生不净佛土，爲化衆生，不與愚暗而共合也，但滅衆生煩惱闇耳。」

是時大衆渴仰，欲見妙喜世界，無動如來，及其菩薩、聲聞之衆。

佛知一切衆會所念，告維摩詰言：「善男子，爲此衆會，現妙喜國、無動如來，及諸菩薩、聲聞之衆，衆皆欲見。」

於是維摩詰心念：「吾當不起於座，接妙喜國鐵圍山川，溪谷江河，大海泉源，須彌諸山，及日月星宿，天龍鬼神，梵天等宮，並諸菩薩、聲聞之衆，城邑聚落男女大小，乃至無動如來，及菩提樹，諸妙蓮華，能於十方作佛事者。三道寶階，從閻浮提至忉利天。以此寶階，諸天來下，悉爲禮敬無動如來，聽受經法。閻浮提人亦登其階，上升忉利，見彼諸天。妙喜世界，成就如是，無量功德。上至阿迦尼吒天，下至水際，以右手斷取，如陶家輪。入此世界，猶持華鬘，示一切衆。」

作是念已，入於三昧，現神通力，以其右手斷取妙喜世界，置於此土。彼得神通菩薩，及聲聞衆，並餘天人，俱發聲言：「唯然世尊，誰取我去？願見救護。」無動佛言：「非我所爲，是維摩詰神力所作。」其餘未得神通者，不覺不知己之所往。妙喜世界，雖入此土，而不增減，於是世界，亦不迫隘，如本無異。

爾時釋迦牟尼佛告諸大衆：「汝等且觀妙喜世界，無動如來，其國嚴飾，菩薩行净，弟子清白。」皆曰：「唯然已見。」

佛言：「若菩薩欲得如是清净佛土，當學無動如來所行之道。」

現此妙喜國時，娑婆世界十四那由他人發阿耨多羅三藐三菩提心，皆願生於妙喜佛土。釋迦牟尼佛即記之曰：「當生彼國。」

時妙喜世界，於此國土所應饒益，其事訖已，還復本處。舉衆皆見。

佛告舍利弗：「汝見此妙喜世界及無動佛不？」

「唯然，已見，世尊。願使一切衆生得清净土，如無動佛；獲神通力，如維摩詰。世尊，我等快得善利，得見是人，親近供養。其諸衆生，若今現在，若佛滅後，聞此經者，亦得善利。況復聞已，信解受持，讀誦解説，如法修行。若有手得是經典者，便爲已得法寶之藏。若有讀誦，解釋其義，如説修行，則爲諸佛之所護念。其有供養如是人者，當知則爲供養於佛。其有書持此經卷者，當如其室即有如來。若聞是經，能隨喜者，斯人則爲趣一切智。若能信解此經，乃至一四句偈，爲他説者，當知此人即是受阿耨多羅三藐三菩提記。」

【眉批】

佛者，大覺之稱也。如來靈照，一彼實相，即如來相，故净名以觀自者觀如來相。

法身過六情，故外入無積。

無相之身，不以一、異、自、他而觀其體。

此岸生死，彼岸涅槃，中流聖賢也。

無相之相，何所介其知識？

取則失真，捨則乖道。無相之體，覺非覺，知非知，不可以言意求。

如來身名如是觀，以斯觀者，名爲正觀。

没、生二字是發論端。

所得法，即無爲無相法也。

没不盡善本，没而非没；生不長諸惡，生而非生。是無生没相也。

爲不修净國及性生者現其刹也，不遥現而接來者，將顯神力，則情悦而悟深耳。

屈尊爲難，故言乃至樹與華皆能放光明，化菩薩，作佛事。

彼土以寶階嚴飾爲游戲之路，故同以往反。

陶家輪，明就中央，下不着地，四邊相絶也。

重爲輕根，静爲躁君，非三昧力無以得此神通。

行應于内，念護于外，理會冥感，自然之數耳。是人即佛所護念人。

前文「受記」二字，得此可以了證。

維摩詰所説經卷十三

法供養品

爾時釋提桓因於大衆中白佛言：「世尊，我雖從佛及文殊師利，聞百千經，未曾聞此不可思議自在神通決定實相經典。如我解佛所説義趣，若有衆生聞此經法，信解受持，讀誦之者，必得是法不疑。何況如説修行，斯人則爲閉衆惡趣，開諸善門，常爲諸佛之所護念，降伏外學，摧滅魔怨，修治菩提，安處道場，履踐如來所行之迹。世尊，若有受持讀誦，如説修行者，我當與諸眷屬供養給事。所在聚落城邑，山林曠野，有是經處，我亦與諸眷屬聽受法故，同到其所。其未信者，當令生信；其已信者，當爲作護。」

佛言：「善哉！善哉！天帝，如汝所説，我助汝喜。此經廣説過去未來現在諸佛，不可思議阿耨多羅三藐三菩提。是故，天帝，若善男子、善女人受持讀誦，供養是經者，則爲供養去來今佛。天帝，正使三千大千世界，如來滿中，譬如甘蔗竹葦，稻麻叢林。若有善男子、善女人，或以一劫，或減一劫，恭敬尊重，讚嘆供養，奉諸所安，至諸佛滅後，以一一全身舍利，起七寶塔，縱廣一四天下，高至梵天，表刹莊嚴，以一切華香瓔珞，幢旛伎樂，微妙第一。若一劫，若減一劫，而供養之。天帝，於意云何？其人植福，寧爲多不？」

釋提桓因言：「甚多。世尊，彼之福德，若以百千億劫，説不能盡。」

佛告天帝：「當知是善男子、善女人聞是不可思議解脱經典，信解受持，讀誦修行，福多於彼。所以者何？諸佛菩提，皆從此生。菩提之相，不可限量。以是因緣，福不可量。」

佛告天帝：「過去無量阿僧祇劫時，世有佛，號曰藥王如來，應供，正遍知，明行足，善逝，世間解，無上士，調御丈夫，天人師，佛，世尊。世界名大莊嚴，劫名莊嚴。佛壽二十小劫，其聲聞僧三十六億那由他，菩薩僧有十二億。天帝，是時，有轉輪聖王，名曰寶蓋，七寶具足，主四天下。王有千子，端正勇健，能伏怨敵。爾時寶蓋與其眷屬供養藥王如來，施諸所安，至滿五劫。過五劫已，告其千子：『汝等亦當如我，以深心供養於佛。』於是千子受父王命，供養藥王如來，復滿五劫，一切施安。其王一子，名曰月蓋，獨坐思惟：『寧有供養殊過此者？』以佛神力，空中有天曰：『善男子，法之供養，勝諸供養。』即問『何謂法之供養』？天曰：『汝可往問藥王如來，當廣爲汝説法之供養。』即時月蓋王子行詣藥王如來，稽首佛足，却住一面，白佛言：『世尊，諸供養中，法供養勝。起句。云何名爲法之供養？』佛言：『善男子，法供養者，諸佛所説深經，一切世間，難信難受，微妙難見，清浄無染，非但分别思惟之所能得。菩薩法藏所攝，陀羅尼印印之，至不退轉。成就六度，善分别義，順菩提法，衆經之上。入大慈悲，離衆魔事及諸邪見，順因緣法。無我，無人，無衆生，無壽命，空，無相，無作無起。能令衆生坐於道場，而轉法輪。諸天龍神，乾達婆等，所共嘆譽。能令衆生，入佛法藏，攝諸賢聖一切智慧，説諸菩薩所行之道，依於諸法實相之義，明宣無常、苦、空、無我、寂滅之法。能救一切毁禁衆生。諸魔外道，及貪著者，能使怖畏。諸佛賢聖，所共稱嘆。背生死苦，示涅槃樂。十方三世諸佛所説。若聞如是等經，信解受持讀誦，以方便力，爲諸衆生分别解説，顯示分明，守護法故，是名法之供養。收句。又於諸法如説修行，隨順十二因緣，離諸邪見，得無生忍，决定無我，無有衆生，而於因緣果報，無違無諍，離諸我所。依於義，不依語；依於智，不依識；依了義經，不依不了義經；依於法，不依人。隨順法相，無所入，無所歸，無明畢竟滅故，諸行亦畢竟滅。乃至生畢竟滅故，老死亦畢竟滅。作如是觀，十二因緣，無有盡相，不復起見，是名最上法之供養。』」又收句。

佛告天帝：「王子月蓋從藥王佛聞如是法，得柔順忍，即解寶衣嚴身之具，以供養佛，白佛言：『世尊，如來滅後，我當行法供養，守護正法。願以威神，加哀建立，令我得降伏魔怨，修菩薩行。』佛知其深心所念，而記之曰：『汝於末後，守護法城。』天帝，時王子月蓋見法清淨，聞佛授記，以信出家，修習善法，精進不久，得五神通，具菩薩道，得陀羅尼，無斷辯才。於佛滅後，以其所得神通，總持辯才之力，滿十小劫，藥王如來所轉法輪隨而分布，月蓋比丘以守護法，勤行精進，即於此身化百萬億人，於阿耨多羅三藐三菩提，立不退轉。十四那由他人，深發聲聞、辟支佛心，無量衆生，得生天上。天帝，時王寶蓋，豈異人乎？今現得佛，號寶焰如來。其王千子，即賢劫中千佛是也，從迦羅鳩孫馱爲始得佛，最後如來，號曰樓至。月蓋比丘，則我身是。如是，天帝，當知此要，以法供養，於諸供養爲上爲最，第一無比。是故，天帝，當以法之供養，供養於佛。」

【眉批】

說經將訖，舍利弗已慶美于上。帝釋復欣其所遇而致嘆也。此經言簡義該，大乘微妙之旨，神通感應之力，一時備領，所以嘆未曾有也。

三世菩提妙道，具載此經。若受持護養，即供養三世諸佛，故助汝喜。

上以財供校受持，受持即法供養也。如來將成法供養義，故引成事以爲證。

若財供養，則於佛無用，於衆生無益，故非所欣也。如來積劫累功，本爲衆生。若奉順經典，如說修行，則稱悦聖心，乃真供養也。

深經者，取藏經中深義說實相等也。此下盡是廣嘆深經，未明法供養義也。

藏以法藏，印以總持，豈常人能闚闞乎？

深經所説，非有非無，順因緣法也。法從緣生，則無；自性爲主，即無我、人、壽命，即空、無相、無作、無起。

此深經所順也。

依實相辯四非常，乃曰明也。

十二因緣以下，明得無生忍心，以實智慧隨順實法也。

至義非言宣，尋言則失，故不依語。

滅生于不滅，畢竟滅則無不滅，滅無所滅，故曰無盡相。

此即四依中如實法也。

月蓋道力未具，恐爲魔所壞，故請加威神。

陀羅尼是聞持也。

維摩詰所説經卷十四

囑累品

於是佛告彌勒菩薩言：「彌勒，我今以是無量億阿僧祇劫所集阿耨多羅三藐三菩提法付囑於汝。如是輩經，於佛滅後，末世之中，汝等當以神力廣宣流布於閻浮提，無令斷絶。所以者何？未來世中，當有善男子、善女人，及天龍鬼神、乾闥婆、羅刹等發阿耨多羅三藐三菩提心，樂于大法，若使不聞如是等經，則失善利。如此輩人聞是等經，必多信樂，發希有心，當以頂受，隨諸衆生所應得利，而爲廣説。

「彌勒，當知菩薩有二相。何謂爲二？一者好於雜句文飾之事；二者不畏深義，如實能入。若好雜句文飾事者，當知是爲新學菩薩；若於如是無染無著，甚深經典，無有恐畏，能入其中，聞已心净，受持讀誦，如説修行，當知是爲久修道行。

「彌勒，復有二法，名新學者，不能決定於甚深法。何等爲二？一者所未聞深經，聞之驚怖生疑，不能隨順，毁謗不信，而作是言：『我初不聞，從何所求？』二者若有護持解説如是深經者，不肯親近供養恭敬，或時於中説其過惡。有此二法，當知是新學菩薩，爲自毁傷，不能於深法中，調伏其心。

「彌勒，復有二法，菩薩雖信解深法，猶自毁傷，而不能得無生法忍。何等爲二？一者輕慢新學菩薩，而不教誨；二者雖信解深法，而取相分別。是爲二法。」

彌勒菩薩聞説是已，白佛言：「世尊，未曾有也。如佛所説，我當遠離如斯之惡，奉持如來無數阿僧祇劫所集阿耨多羅三藐三菩提法。若未來世，善男子、善女人求大乘者，當令手得如是等經，與其念力，使受持讀誦，爲他廣説。

「世尊，若後末世，有能受持讀誦，爲他説者，當知是彌勒神力之所建立。」佛言：「善哉！善哉！彌勒，如汝所説，佛助爾喜。」

於是一切菩薩合掌白佛言：「我等亦於如來滅後，十方國土，廣宣流布阿耨多羅三藐三菩提法，復當開導諸説法者，令得是經。」

爾時四天王白佛言：「世尊，在在處處，城邑聚落，山林曠野，有是經卷，讀誦解説者，我當率諸官屬，爲聽法故，往詣其所，擁護其人，面百由旬，令無伺求得其便者。」

是時佛告阿難：「受持是經，廣宣流布。」

阿難言：「唯！我已受持要者。世尊，當何名斯經？」

佛言阿難：「是經名爲《維摩詰所説》，亦名《不可思議解脱法門》，如是受持。」

佛説是經已，長者維摩詰、文殊師利、舍利弗、阿難等，及諸天人、阿修羅、一切大衆，聞佛所説，皆大歡喜，信受奉行。

【眉批】

不付阿難，以其無有神力；不囑維摩，以非此土菩薩。文殊游無定方，故不囑。囑彌勒者，以于此成佛故。佛自以神力宣布，欲成彌勒功業也。

若不聞此經，或墜二乘，則失大乘善利。

法之通塞損益若是，故勸之廣説。

一毁法，二毁人。

因其所解而取相分别，雖曰爲解，未合真解。

大士豈有如斯之惡，聞而後離耶？發斯言者，爲未離者耳。

以神通加其念力，令不忘也。

釋迦如來成道記

唐太原　王勃　撰

觀夫釋迦如來之垂迹也，净法界身，本無出没，大悲願力，示現受生。洎兜率陀天，爲護明菩薩；降迦毘羅國，號一切義成。金團天子選其家，白净飯王爲其父。玉象乘日，示來於大術胎中；金輪作王，創誕於無憂樹下。八十種隨形之妙好，粲若芬花；三十二大士之相儀，皎如團月。四方而各行七步，九水而共沐一身。現優曇花，作師子吼。言胎分之已盡，早證常身；爲度生以還來，今垂化迹。於是還羇褓，示類嬰兒。爲占相也，悲悵於阿私陁仙；往郊祠也，驚起於大自在廟。或爲童子，或學聲明。爲講武也，箭塔箭井猶存；爲桷力也，象迹象坑仍在。受欲樂於十歲，現游觀於四門。樂沙門身，厭老病死。於是澡缾天子以警覺，彰伎女之醜容；净居天人以捧持，躍車匿而嚴駕。逾春城於八夜，栖雪嶺於六年。人辭愴戀主之心，馬舐落連珠之淚。揮寶刀而落紺髪；塔起天宫；將衮服以貿皮衣，形參山鹿。扣林僊之所得，了世定之非真。食麥食麻，降苦降樂。且瑶琴奏曲，必自中而曲成；佛果圓因，亦假中而果滿。由是擇其處也，過龍窟；浴其身也，入連河；示其食也，受難陀之乳糜；示其座也，受吉祥之茆草。以最後之勝體，詣菩提之道場。圓解脱之深因，登金剛之寶座。一百四十功德，不共二乘；八萬四千法門，高超十地。由是魔軍威懾於慈力，愁怖旋歸；媚女敗毒于定心，媸羸變質。於是堅牢地神，踊躍而作證；虚空天子，展轉而報知。類蓮花而出水，赫焕無方；若桂月以懸空，光明洞徹。經七日受提，謂之麨密，譬以少小之言；垂一音授賈，客之戒歸，賜與人天之福。既成佛已，觀所化緣。悲二仙而不遇雷音，喜五人而堪從法化。然以塵根昧劣，聖智淵深。順其法則法不應根，順其根則根不達法。莫不爲愛河之長溺，緣癡樂之所盲。苟不利於當聞，仍假言而入滅。於是忉利帝釋，雲驅於三十三天；堪忍界王，霧擁於一十八梵。頭面作禮，致敬精專，請轉法輪，勸隨宜説。如來尋念，善逝通規。順古佛之嘉謨，應群機之鄙欲。于時十方佛現，同興讚美之詞；一法乘分，共創塵勞之域。由是起道樹，詣鹿園，三月調根，五人得度。憍陳如，悟慈尊之首唱，刱解標名。舍利弗，逢馬勝以傳言，於途見諦。採菽氏，繼踵以師事，率門屬以同歸。迦葉氏，彙迹以降心，領火徒而迴席。莫不甘露洪澍，末尼普應。天界人界，鶴林尸林；或鷲池，或鷲嶺；或海殿，或庵園，或獮猴江，或火龍窟；或住波羅奈，或居摩碣提；或依堅固林，或止音樂樹；或海濱楞伽頂，或山際補陁巖；或迦蘭陁竹園，或舍衛國金地；或應念而空現，或没山而出宫；或説法假於六方，或化身變爲三尺；或掌覆而指變，或光流而佛來；或一身普集於多身，或此界便明於他界；或變净而以净覆穢，或隨俗而即俗明真：若空谷之荅響，洪鐘之待扣矣。其間所説，《阿含》四有，《般若》八空；《密嚴》《華嚴》《佛藏》《地藏》。思益天之請問，楞伽山之語心。萬行首《楞嚴》，一乘《無量義》；《大悲》芬陁利，法炬陁羅尼。無垢稱之《説經》，須達拏之《瑞應》。本事本生之别，風頌重頌之殊。象馬兔之三獸渡河，羊鹿牛之三車出宅。或謂之有空守中也，或謂之無轉照持也。或謂之頓也，漸也；或謂之平也，滿也。或無説而常説，或不聞而恒聞。或保任而可憑，或加被而不忘。無小而不大，無邊而不中。三乘同入一佛乘，三性同歸一法性。真可謂父母孩孺，導師險夷。懸日月於幽宵，布舟航於幻海。爲雲爲雨，使枯槁以還滋；爲救爲歸，指窮途於壽域。暨乎所作已辦，功成不居，將返本以還源，類薪盡而火滅。繇是指力地，詣金河，光流面門，相驚塵刹。山摇地動，俱興苦痛之聲；異類變容，同現奢花之血。受純陁之後供，納毘夜之密言。唱四德以顯三伊，指萬有而歸一性。訓多羅迦葉四十二，請問已周；度須跋陁羅八十一，化緣將畢。破十僊之横計，使獲朝聞；建四塔之崇規，遐滋末葉。將欲明有爲之有滅，表無相以爲生。上升金剛身，往復虚空界。日月其猶墜落，螢光如何久留？誡有常身，使無放逸。於是還登玉座，首臥鶴林。徧游三昧之門，將復一真之性。逆入順入，全超半超。依四禪之等持，湛三點之圓寂。是時也，人天叫躃，鳥獸哀唬，飄風驟雲，山吼波逆。案輪王之古式，方俟葬儀；命力士以捧持，竟無能動。繇是金棺自舉，繞拘尸之大城；寶炬不然，駐闍維之盛禮。莫不未生怨在於王舍，創結夢於十號。慈尊大迦葉遠下鷄峰，獲瞻禮於千輻輪足畢，以兜羅致氎，聖火自焚，爇王衆栴檀之薪，注帝釋金瓶之水。彼願力猶在，悲心尚熏，碎金剛之勝身，爲舍利之遺骨。於是八國嚴衛，四人肅容，各自捧於金壜，競歸興於寶塔。於是若牙若髮，迦葉波禮於忉利天宫；或炭或灰，無憂王建於瞻部洲界。若乃金言道在，塵劫法存。象王去而象子隨，一燈滅而一燈續。莫不大迦葉雲迎千衆，阿難陁雷吼三輪。商那表定於未來，毱多化籌而盈室。始自壞梁之感，終乎流乳之徵。缾器異而水必同，燈點殊而光終一。是以大乘之真空妙有，文殊、彌勒異其宗；小乘而分氎杵金，上座、大衆元其部。或十支宏闡，或千部鬱興。馬鳴、龍樹繼其芳，無著、天親播其美。或提婆鑿眸而作器，陳那吼石以飛聲；或百偈齊袪於外宗，或十師翊贊於遺頌；或聞經而夜升兜率，或待佛而窟寄修羅；或劍誓首以要期，或象馱金而請釋；或能賞而食邑，或得勝而建幢；或論般若之理也名燈，或究俱舍之非也名雹：莫不殊塗異轍，終會一源，自有及空，咸歸萬德。自商周見虹貫，炎漢夢金人，教及神州，聲流華夏。勃叨生季世，獲奉真譚。雖録續而以叙金言，在飄零而不逢玉相。見聞盡爾，宗致昭然。蓋委遺文，不復備而言也。乃爲銘曰：化起從本源，功成應賢劫。萬行顯真宗，三祇積鴻業。爲法出於世，降靈示分脇。横眉天帝弓，目帶青蓮葉。仙師相垂淚，天神争捧接。灌頂當在宫，飛輪化彌帖。宗承天日貴，象貫師子頰。善教誰與傳，抨彈獨豪俠。游觀驚老死，逾城棄臣妾。落髮親寶刀，貿衣遇群獵。寄迹狎麋鹿，苦身示羸怯。食麋人盡知，坐草魔方懾。潔若蓮出水，明逾鏡開篋。山海類高深，雲雷等辭捷。三時教彌闡，萬類恨自愜。四問聊欲酬，十僊度相躡。補處記慈氏，遺文囑迦葉。卧樹徒載春，香薪已焚氎。悲心及綿遠，舍利光煒燁。獨我生後時，餘波幸霑涉。

大方廣圓覺修多羅了義經卷上

唐罽賓沙門佛陀多羅譯

緣起分

如是我聞。

一時婆伽婆入於神通大光明藏，三昧正受，一切如來光嚴住持，是諸衆生清凈覺地，身心寂滅，平等本際，圓滿十方，不二隨順，於不二境，現諸凈土。與大菩薩摩訶薩十萬人俱，其名曰：文殊師利菩薩，普賢菩薩，普眼菩薩，金剛藏菩薩，彌勒菩薩，清凈慧菩薩，威德自在菩薩，辯音菩薩，凈諸業障菩薩，普覺菩薩，圓覺菩薩，賢善首菩薩等而爲上首，與諸眷屬，皆入三昧，同住如來平等法會。

【眉批】

我身未生，無相有覺。我身既生，有相無形。是名何物？所謂不二而圓滿者耳，故可作平等觀。寂然不動，土之性也。蓋塵根已絶，萬慮俱泯。陳虛白以身心寂滅爲採藥，蓋此意也。

正宗分共十一章

於是文殊師利菩薩在大衆中，即從座起，頂禮佛足，右繞三帀，長跪叉手而白佛言：「大悲世尊，願爲此會諸來法衆，説於如來本起，清净因地法行，及説菩薩於大乘中發清净心，遠離諸病，能使未來末世衆生求大乘者，不墮邪見。」

作是語已，五體投地。如是三請，終而復始。

爾時世尊告文殊師利菩薩言：「善哉！善哉！善男子，汝等乃能爲諸菩薩，諮詢如來因地法行，及爲末世一切衆生求大乘者，得正住持，不墮邪見。汝今諦聽，當爲汝説。」

時文殊師利菩薩奉教歡喜，及諸大衆，默然而聽。

「善男子，無上法王有大陀羅尼門，名爲圓覺，流出一切清净真如、菩提、涅槃及波羅密，教授菩薩。一切如來本起因地皆依圓照清净覺相，永斷無明，方成佛道。

「云何無明？善男子，一切衆生從無始來，種種顛倒，猶如迷人，四方易處，妄認四大爲自身相，六塵緣影爲自心相，譬彼病目，見空中華及第二月。善男子，空實無華，病者妄執。由妄執故，非唯惑此虚空自性，亦復迷彼實華生處，由此妄有輪轉生死，故名無明。

「善男子，此無明者，非實有體。如夢中人，夢時非無，及至於醒，了無所得；如衆空華，滅於虚空，不可説言有定滅處。何以故？無生處故。

「一切衆生於無生中，妄見生滅，是故説名輪轉生死。

「善男子，如來因地修圓覺者，知是空華，即無輪轉，亦無身心受彼生死。非作故無，本性無故。彼知覺者，猶如虚空。知虚空者，即空華相，亦不可説，無知覺性，有無俱遣，是則名爲净覺隨順。

「何以故？虚空性故，常不動故，如來藏中無起滅故，無知見故，如法界性，究竟圓滿遍十方故。是則名爲因地法行。菩薩因此於大乘中發清净心，末世衆生依此修行，不墮邪見。」

爾時世尊欲重宣此義，而說偈言：

文殊汝當知：一切諸如來，從於本因地，皆以智慧覺，
了達於無明。知彼如空華，即能免流轉；又如夢中人，
醒時不可得。覺者如虛空，平等不動轉；覺徧十方界，
即得成佛道。衆幻滅無處，成道亦無得，本性圓滿故。
菩薩於此中，能發菩提心；末世諸衆生，修此免邪見。

於是普賢菩薩在大衆中，即從座起，頂禮佛足，右繞三帀，長跪叉手，而白佛言：「大悲世尊，願爲此會諸菩薩衆，及爲末世一切衆生修大乘者，聞此圓覺清淨境界，云何修行？世尊，若彼衆生知如幻者，身心亦幻，云何以幻還修於幻？若諸幻性一切盡滅，則無有心，誰爲修行？云何復說修行如幻？若諸衆生本不修行，於生死中，常居幻化，曾不了知，如幻境界，令妄想心，云何解脱？願爲末世一切衆生作何方便，漸次修習，令諸衆生，永離諸幻？」

作是語已，五體投地，如是三請，終而復始。

爾時世尊告普賢菩薩言：「善哉！善哉！善男子，汝等乃能爲諸菩薩，及末世衆生，修習菩薩如幻三昧方便，漸次令諸衆生得離諸幻。汝今諦聽，當爲汝說。」

時普賢菩薩奉教歡喜，及諸大衆，默然而聽。

「善男子，一切衆生種種幻化，皆生如來圓覺妙心。猶如空華，從空而有，幻華雖滅，空性不壞。衆生幻心，還依幻滅，諸幻盡滅，覺心不動。依幻說覺，亦名爲幻。若說有覺，猶未離幻；說無覺者，亦復如是。是故幻滅，名爲不動。

「善男子，一切菩薩及末世衆生，應當遠離一切幻化虚妄境界，由堅執持遠離心故，心如幻者，亦復遠離；遠離爲幻，亦復遠離；離遠離幻，亦復遠離。得無所離，即除諸幻。譬如鑽火，兩木相因，火出木盡，灰飛煙滅。以幻修幻，亦復如是，諸幻雖盡，不入斷滅。

「善男子，知幻即離，不作方便，離幻即覺，亦無漸次。一切菩薩及末世衆生，依此修行，如是乃能永離諸幻。」

爾時世尊欲重宣此義，而説偈言：

普賢汝當知：一切諸衆生，無始幻無明。皆從諸如來，
圓覺心建立。猶如虚空華，依空而有相。空華若復滅，
虚空本不動。幻從諸覺生，幻滅覺圓滿，覺心不動故。
若彼諸菩薩，及末世衆生，常應遠離幻。諸幻悉皆離，
如木中生火，木盡火還滅。覺即無漸次，方便亦如是。

於是普眼菩薩在大衆中，即從座起，頂禮佛足，右繞三市，長跪叉手，而白佛言：「大悲世尊，願爲此會諸菩薩衆，及爲末世一切衆生，演説菩薩修行漸次。云何思惟？云何住持？衆生未悟，作何方便，普令開悟？世尊，若彼衆生無正方便，及正思惟，聞佛如來，説此三昧，心生迷悶；見於圓覺，不能悟入，願興慈悲，爲我等輩及末世衆生，假説方便。」

作是語已，五體投地。如是三請，終而復始。

爾時世尊告普眼菩薩言：「善哉！善哉！善男子，汝等乃能爲諸菩薩及末世衆生，問於如來修行漸次，思惟住持，乃至假説種種方便。汝今諦聽，當爲汝説。」

時普眼菩薩奉教歡喜，及諸大衆，默然而聽。

「善男子，彼新學菩薩及末世衆生，欲求如來净圓覺心，應當正念，遠離諸幻，先依如來奢摩他行，堅持禁戒，安處徒衆，宴坐静室，恒作是念：『我今此身。四大和合。所謂髮毛爪齒，皮肉筋骨，髓腦垢色，皆歸於地；唾涕膿血，津夜涎沫，痰淚精氣，大小便利，皆歸於水；暖氣歸火；動轉歸風。風乃巽，風又爲槖籥也。又，腹中槖籥風入松，頂上簫韶泉漱石。四大各離，今者妄身，當在何處？即知此身畢竟無體，和合爲相，實同幻化，四緣假合，妄有六根。六根四大，中外合成，妄有緣氣，於中積聚。似有緣相，假名爲心。』

「善男子，此虚妄心，若無六塵，則不能有。四大分解，無塵可得，於中緣塵，各歸散滅，畢竟無有，緣心可見。

「善男子，彼之衆生，幻身滅故，幻心亦滅；幻心滅故，幻塵亦滅；幻塵滅故，幻滅亦滅；幻滅滅故，非幻不滅。譬如磨鏡，垢盡明現。

「善男子，當知身心皆爲幻垢，垢相永滅，十方清净。

「善男子，譬如清净摩尼寶珠，映於五色，隨方各現。諸愚癡者，見彼摩尼，實有五色。

「善男子，圓覺净性，現於身心，隨類各應。彼愚癡者，説净圓覺，實有如是。身心自相，亦復如是。由此不能遠於幻化。是故我説身心幻垢，對離幻垢，説名菩薩；垢盡對除，即無對垢及説名者。

「善男子，此菩薩及末世衆生，證得諸幻，滅影像故。爾時便得無方清净，無邊虚空，覺所顯發。覺圓明故，顯心清净；心清净故，見塵清净；見清净故，眼根清净；根清净故，眼識清净；識清净故，聞塵清净；聞清净故，耳根清净；根清净故，耳識清净；識清净故，覺塵清净。如是乃至鼻舌身意，亦復如是。

「善男子，根清净故，色塵清净。色清净故，聲塵清净。香味觸法，亦復如是。

「善男子，六塵清浄故，地大清浄；地清浄故，水大清浄。火大風大，亦復如是。

「善男子，四大清浄故，十二處、十八界、二十五有清浄。彼清浄故，十力、四無所畏、四無礙智、佛十八不共法、三十七助道品清浄。如是乃至八萬四千陀羅尼門，一切清浄。

「善男子，一切實相性清浄故，一身清浄；一身清浄故，多身清浄；多身清浄故，如是乃至十方衆生圓覺清浄。

「善男子，一世界清浄故，多世界清浄；多世界清浄故，如是乃至盡於虚空圓裹三世，一切平等，清浄不動。

「善男子，虚空如是平等不動，當知覺性平等不動；四大不動故，當知覺性平等不動。如是乃至八萬四千陀羅尼門平等不動，當知覺性平等不動。

「善男子，覺性偏滿，清浄不動，圓無際故，當知六根偏滿法界；根偏滿故，當知六塵偏滿法界；塵偏滿故，當知四大偏滿法界，如是乃至陀羅尼門偏滿法界。

「善男子，由彼妙覺性偏滿故，根性塵性，無壞無雜；根塵無壞故，如是乃至陀羅尼門無壞無雜。如百千燈，光照一室，其光偏滿，無壞無雜。

「善男子，覺成就故，當知菩薩不與法縛，不求法脱；不厭生死，不愛涅槃；不敬持戒，不憎毁禁；不重久習，不輕初學。何以故？一切覺故。譬如眼光，曉了前境，其光圓滿，得無增愛。何以故？光體無二，無增愛故。

「善男子，此菩薩及末世衆生，修習此心，得成就者，於此無修，亦無成就，圓覺普照，寂滅無二，於中百千萬億阿僧衹，不可説恒河沙諸佛世界。猶如空華，亂起亂滅，不即不離，無縛無脱。始知衆生，本來成佛，生死涅槃，猶如昨夢。

「善男子，如昨夢故，當知生死及與涅槃，無起無滅，無來無去；其所證者，無得無失，無取無捨；其能證者，無作無止，無任無滅；於此證中，無能無所，畢竟無證，亦無證者。一切法性，平等不壞。

「善男子，彼諸菩薩，如是修行，如是漸次，如是思惟，如是住持，如是方便，如是開悟，求如是法，亦不迷悶。」

爾時世尊欲重宣此義，而説偈言：

普眼汝當知：一切諸衆生，身心皆如幻。身相屬四大，
心性歸六塵。四大體各離，誰爲和合者？如是漸修行，
一切悉清净。不動徧法界，無作止任滅，亦無能證者。
一切佛世界，猶如虚空華，三世悉平等，畢竟無來去。
初發心菩薩，及末世衆生，欲求入佛道，應如是修習。

於是金剛藏菩薩在大衆中，即從座起，頂禮佛足，右繞三帀，長跪叉手而白佛言：「大悲世尊善爲一切諸菩薩衆，宣揚如來圓覺清净，大陀羅尼因地法行，漸次方便，與諸衆生開發蒙昧。在會法衆，承佛慈誨，幻翳朗然，慧目清净。世尊，若諸衆生本來成佛，何故復有一切無明？若諸無明衆生本有，何因緣故？如來復説本來成佛，十方異生本成佛道，後起無明，一切如來何時復生一切煩惱？惟願不捨無遮大慈，爲諸菩薩，開秘密藏，及爲末世一切衆生，得聞如是修多羅教了義法門，永斷疑悔。」

作是語已，五體投地。如是三請，終而復始。

爾時世尊告金剛藏菩薩言：「善哉！善哉！善男子，汝等乃能爲諸菩薩及末世衆生，問於如來甚深秘密

究竟方便，是諸菩薩最上教誨了義大乘，能使十方修學菩薩及諸末世一切衆生得決定信，永斷疑悔。汝今諦聽，當爲汝說。」

時金剛藏菩薩奉教歡喜，及諸大衆，默然而聽。

「善男子，一切世界，始終、生滅、前後、有無、聚散、起止，念念相續，循環往復。種種取捨，皆是輪迴。未出輪迴，而辯圓覺，彼圓覺性，即同流轉。若免輪迴，無有是處。譬如動目，能摇湛水；又如定眼，猶迴轉火。雲駛月運，舟行岸移，亦復如是。

「善男子，諸旋未息，彼物先住，尚不可得。何況輪轉生死，垢心曾未清净，觀佛圓覺而不旋復？是故汝等便生三惑。

「善男子，譬如幻翳，妄見空華，幻翳若除，不可説言『此翳已滅，何時更起一切諸翳』？何以故？翳、華二法，非相待故。亦如空華，滅於空時，不可説言『虚空何時更起空華』？何以故？空本無華，非起滅故。生死涅槃，同於起滅。妙覺圓照，離於華翳。

「善男子，當知虚空，非是暫有，亦非暫無，況復如來圓覺隨順，而爲虚空平等本性？

「善男子，如銷金鑛，金非銷有，既已成金，不重爲鑛。經無窮時，金性不壞，不應説言，本非成就。如來圓覺，亦復如是。

「善男子，一切如來妙圓覺心，本無菩提及與涅槃，亦無成佛及不成佛，無妄輪迴及非輪回。

「善男子，但諸聲聞所圓境界，身心語言，皆悉斷滅，終不能至彼之親證所現涅槃，何況能以有思惟心，測度如來圓覺境界？如取螢火，燒須彌山，終不能着。以輪迴心，生輪迴見，入於如來大寂滅海，終不能至。是故我説一切菩薩及末世衆生，先斷無始輪回根本。

華，復結空果，展轉妄想，無有是處。「善男子，有作思惟，從有心起，皆是六塵妄想緣氣，非實心體，已如空華。用此思惟，辨於佛境，猶如空華，復結空果，展轉妄想，無有是處。

「善男子，虛妄浮心，多諸巧見，不能成就圓覺方便。如是分別，非爲正問。」

爾時世尊欲重宣此義，而說偈言：

金剛藏當知：如來寂滅性，未曾有終始。若以輪迴心，
思惟即旋復。但至輪迴際，不能入佛海。譬如銷金鑛，
金非銷故有。雖復本來金，終以銷成就。一成真金體，
不復重爲鑛。生死與涅槃，凡夫及諸佛，同爲空華相。
思惟猶幻化，何況詰虛妄？若能了此心，然後求圓覺。

於是彌勒菩薩在大衆中，即從座起，頂禮佛足，右繞三帀，長跪叉手而白佛言：「大悲世尊廣爲菩薩開秘密藏，令諸大衆深悟輪迴，分別邪正，能施末世一切衆生無畏道眼，於大涅槃生決定信，無復重隨輪轉境界，起循環見。世尊，若諸菩薩及末世衆生，欲游如來大寂滅海，云何當斷輪迴根本？於諸輪迴，有幾種性？修佛菩提，幾等差別？迴入塵勞，當設幾種教化方便，度諸衆生？惟願不捨救世大悲，令諸修行一切菩薩，及末世衆生，慧目肅清，照曜心鏡，圓悟如來無上知見。」

作是語已，五體投地。如是三請，終而復始。

爾時世尊告彌勒菩薩言：「善哉！善哉！善男子，汝等乃能爲諸菩薩及末世衆生，請問如來深奧秘密微妙之義，令諸菩薩潔清慧目，及令一切末世衆生永斷輪迴，心悟實相，具無生忍。汝今諦聽，當爲汝說。」

時彌勒菩薩奉教歡喜，及諸大衆默然而聽。

「善男子，一切衆生從無始際，由有種種恩愛貪欲，故有輪迴。若諸世界一切種性，卵生、胎生、濕生、化生，皆因婬欲而正性命，當知輪迴，愛爲根本。由有諸欲，助發愛性，是故能令生死相續。欲因愛生，命因欲有。衆生愛命，還依欲本。愛欲爲因，愛命爲果。由於欲境，起諸違順。境背愛心，而生憎嫉，造種種業，是故復生地獄、餓鬼；知欲可厭，愛厭業道，捨惡樂善，復現天人；又知諸愛可厭惡故，棄愛樂捨，還滋愛本，便現有爲增上善果。皆輪迴故，不成聖道。是故衆生欲脱生死，免諸輪迴，先斷貪欲，及除愛渴。

「善男子，菩薩變化，示現世間，非愛爲本；但以慈悲，令彼捨愛，假諸貪欲，而入生死。若諸末世一切衆生，能捨諸欲，及除憎愛，永斷輪迴，勤求如來圓覺境界於清凈心，便得開悟。

「善男子，一切衆生，由本貪欲，發揮無明，顯出五性，差别不等，依二種障，而現深淺。云何二障？一者理障，礙正知見；二者事障，續諸生死。云何五性？善男子，若此二障，未得斷滅，名未成佛。若諸衆生，永捨貪欲，先除事障，未斷理障，但能悟入聲聞、緣覺，未能顯住菩薩境界。

「善男子，若諸末世一切衆生，欲泛如來大圓覺海，先當發願，勤斷二障，二障已伏，即能悟入菩薩境界。若事、理障已永斷滅，即入如來微妙圓覺、滿足菩提及大涅槃。

「善男子，一切衆生，皆證圓覺，逢善知識，依彼所作因地法行，爾時修習，便有頓、漸；若遇如來無上菩提，正修行路，根無大小，皆成佛果。若諸衆生，雖求善友，遇邪見者，未得正悟，是則名爲外道種性。邪師過謬，非衆生咎。是名衆生五性差别。

「善男子，菩薩唯以大悲方便入諸世間，開發未悟，乃至示現種種形相，逆順境界，與其同事，化令成佛，皆依無始清凈願力。若諸末世一切衆生，於大圓覺起增上心，當發菩薩清凈大願，應作是言：『願我今者住佛圓覺，求善知識，莫值外道及與二乘，依願修行，漸斷諸障，障盡願滿，便登解脱清凈法殿，證大圓覺妙莊嚴域。』」

爾時世尊欲重宣此義，而說偈言：

彌勒汝當知：一切諸衆生，不得大解脱，皆由貪欲故，
墮落於生死。若能斷憎愛，及與貪嗔癡，不因差別性，
皆得成佛道。二障永銷滅，求師得正悟。隨順菩薩願，
依止大涅槃。十方諸菩薩，皆以大悲願，示現入生死。
現在修行者，及末世衆生，勤斷諸愛見，便歸大圓覺。

於是清净慧菩薩在大衆中，即從座起，頂禮佛足，右繞三帀，長跪叉手，而白佛言：「大悲世尊爲我等輩廣説如是不思議事，本所不見，本所不聞。我等今者蒙佛善誘，身心泰然，得大饒益。願爲一切諸來法衆，重宣法王圓滿覺性。一切衆生及諸菩薩，如來世尊，所證所得，云何差別？令末世衆生聞此聖教，隨順開悟，漸次能入。」

作是語已，五體投地。如是三請，終而復始。

爾時世尊告清净慧菩薩言：「善哉！善哉！善男子，汝等乃能爲末世衆生，請問如來漸次差別。汝今諦聽，當爲汝説。」

時清净慧菩薩奉教歡喜，及諸大衆，默然而聽。

「善男子，圓覺自性，非性性有，循諸性起，無取無證，於實相中，實無菩薩，及諸衆生。何以故？菩薩衆生，皆是幻化，幻化滅故，無取證者。譬如眼根，不自見眼，性自平等，無平等者。衆生迷倒，未能除滅一切幻化，於滅未滅，妄功用中，便顯差別。若得如來寂滅隨順，實無寂滅及寂滅者。

「善男子，一切衆生，從無始來，由妄想我及愛我者，曾不自知，念念生滅，故起憎愛，耽着五欲。若遇善友，教令開悟，净圓覺性，發明起滅，即知此生，性自勞慮。若復有人，勞慮永斷，得法界净，即彼净解，爲自障礙，故於圓覺而不自在。此名凡夫隨順覺性。

「善男子，一切菩薩，見解爲礙，雖斷解礙，猶住見覺，覺礙爲礙，而不自在。此名菩薩未入地者隨順覺性。

「善男子，有照有覺，俱名障礙，是故菩薩常覺不住照與照者，同時寂滅。譬如有人自斷其首，首已斷故，無能斷者，則以礙心，自滅諸礙，礙已斷滅，無滅礙者。修多羅教，如標月指，若復見月，了知所標畢竟非月。一切如來種種言説開示，菩薩亦復如是。此名菩薩已入地者隨順覺性。

「善男子，一切障礙，即究竟覺；得念失念，無非解脱；成法破法，皆名涅槃；智慧愚癡，通爲般若。菩薩外道，所成就法，同是菩提。無明真如，無異境界，諸戒定慧，及婬怒癡，俱是梵行。衆生國土，同一法性，地獄天宫，皆爲净土。有性無性，齊成佛道，一切煩惱，畢竟解脱。法界海慧，照了諸相，猶如虚空。此名如來隨順覺性。

「善男子，但諸菩薩及末世衆生，居一切時，不起妄念，於諸妄心，亦不息滅，住妄想境，不加了知，於無了知，不辨真實，彼諸衆生，聞是法門，信解受持，不生驚畏。是則名爲隨順覺性。

「善男子，汝等當知，如是衆生，已曾供養百千萬億恒河沙諸佛及大菩薩，植衆德本，佛説是人，名爲成就一切種智。」

爾時世尊欲重宣此義，而説偈言：

清净慧當知：　圓滿菩提性，　無取亦無證，　無菩薩衆生。

覺與未覺時，　漸次有差別，　衆生爲解礙，　菩薩未離覺。

入地永寂滅，不住一切相，大覺悉圓滿，名爲遍隨順。
末世諸衆生，心不生虛妄，佛説如是人，現世即菩薩。
供養恒沙佛，功德已圓滿，雖有多方便，皆名隨順智。

【眉批】

有幻身四大，有真空四大。

靈知才昧無住無根，今認緣心識，爲妄矣。

覺迷迷滅，覺不生迷，正此無生之理。

「知」之一字，衆妙之門。按七覺支則曰念覺、擇法覺、精進覺、喜覺、猗覺、定覺、捨覺。大抵只是先天先地靈明不昧之精神是也。虛靈知覺，一而已矣。

承上空華、無輪轉説來。

既聞不修之失，故復求離幻之門。

六祖偈：「劫火燒海底，風鼓山相擊。真常寂滅樂，涅槃相如是。」夫四真真土之妙，乃在是矣。

知幻即離，離幻即覺，所謂一片空明境界。全經總了「圓覺」二字之義。

少林偈云：「吾本來兹土，傳法救迷情。一華開五葉，結果自然成。」曹溪偈云：「心地含諸種，普雨悉皆萌。頓悟花情已，菩提果自成。」言空花所謂不着色聲香味，非有非無妙境。

《楞嚴經》：地火性。火性，水性，空性。按圭堂語云：聞之真實土、真虛土，皆土也，合真水、真火、真風，並謂之四真。《楞嚴》虛空藏菩薩手執四珠，遍照空界，與金剛明經四如來混合一室者，政發明是義。若以後天四物與夫假合四大而會之者，萬里矣。世尊托後天四物以明不可言傳之妙，而曰如來四真，清净本然，周遍法界，徧世間寧有方所細事哉。此之謂造化一源，先君妙道，大佛之秘藏。生靈擊搏，便有兩土各戰争，故曰兩土成圭者，此也。

《圓通大士贊》有「惻耳聞聲，揚目見月，屈膝支頤，人空境絶」之句，皆可爲修行師印。玄之又玄。

六根皆從一根上起，但去一根上返照從何而起？若識起處，起處是妄，休教生苗。

悟此二句，便知儒釋修証同源。

其目周視，但如鏡中，無别分折。

阿僧祇、恒河沙一，容數之多也。

此因普賢「真生妄、妄爲真」之問而答之。

承上華因翳有，妄從空生説來。

誡息妄心。

有無動静，無相有相，如漚向水出，水從漚生。

窮輪迴根差别種性故。

必使婬機身心永斷。斷，性亦無，於佛菩提方可冀及。

有愛則生，愛盡則滅，故知生死，貪愛爲本。

隨説而成，皆名教熏，起此也。

欲泛如來覺海，須斷事理。

貪性寂滅，塵累無染，戒行不虧，是爲法寶。嗔性不起，不憤外塵，定無生轉，是名師寶。痴性無取，無惱無患，慧通無碍，是爲道寶。此非内，非外，非聲，非色，一真澄湛，善莫大焉。

於一味净覺之中，説輪迴本末、種性差别，所謂不可思議者。

人有死生，性無死生，出死生之外者，其惟見性乎？常人結習未除，爲業所牽，留滯幽陰，或相報對，業報既盡，善性不滅，還生人道。

智明圓覺，無分别心，所謂見性常住也。

以智愚、邪正、真妄相對言，以染净、苦樂、有無相對言。

大方廣圓覺修多羅了義經卷下

唐罽賓沙門佛陀多羅譯

於是威德自在菩薩在大衆中，即從座起，頂禮佛足，右繞三帀，長跪叉手，而白佛言：「大悲世尊廣爲我等分別如是隨順覺性，令諸菩薩覺心光明，承佛圓音，不因修習而得善利。世尊，譬如大城外有四門，隨方來者，非止一路，一切菩薩莊嚴佛國及成菩提，非一方便。唯願世尊廣爲我等宣説一切方便漸次，並修行人總有幾種，令此會菩薩及末世衆生求大乘者，速得開悟，游戲如來大寂滅海。」

作是語已，五體投地。如是三請，終而復始。

爾時世尊告威德自在菩薩言：「善哉！善哉！善男子，汝等乃能爲諸菩薩及末世衆生，問於如來如是方便。汝今諦聽，當爲汝説。」

時威德自在菩薩奉教歡喜，及諸大衆，默然而聽。

「善男子，無上妙覺，遍諸十方，出生如來，與一切法同體平等，於諸修行實無有二。方便隨順，其數無量，圓攝所歸，循性差别，當有三種。

「善男子，若諸菩薩，悟净圓覺，以净覺心，取静爲行，由澄諸念，覺識煩動，静慧發生，身心客塵，從此永滅，便能内發，寂静輕安。由寂静故，十方世界，諸如來心，於中顯現，如鏡中像。此方便者，名奢摩他。

「善男子，若諸菩薩，悟净圓覺，以净覺心，知覺心性及與根塵，皆因幻化，即起諸幻，以除幻者，變化諸幻，而開幻衆。由起幻故，便能内發大悲輕安。一切菩薩從此起行，漸次增進，彼觀幻者，非同幻故，非同幻觀，皆是幻故，幻相永離。是諸菩薩，所圓妙行，如土長苗。此方便者，名三摩鉢提。

「善男子，若諸菩薩，悟浄圓覺，以浄覺心，不取幻化及諸静相，了知身心皆爲罣礙，無知覺明，不依諸礙，永得超過，礙無礙境。受用世界及與身心，相在塵域，如器中鍠，聲出於外，煩惱涅槃，不相留礙。便能内發寂滅輕安，妙覺隨順寂滅境界，自他身心，所不能及，衆生壽命，皆爲浮想。此方便者，名爲禪那。

「善男子，此三法門，皆是圓覺親近隨順。十方如來，因此成佛。十方菩薩，種種方便，一切同異，皆依如是三種事業，若得圓證，即成圓覺。

「善男子，假使有人修於聖道，教化成就百千萬億阿羅漢辟支佛果，不如有人聞此圓覺無礙法門一刹那頃，隨順修習。」

爾時世尊欲重宣此義，而説偈言：

威德汝當知：無上大覺心，本際無二相。隨順諸方便，

其數即無量。如來總開示，便有三種類：寂静奢摩他，

如鏡照諸像；如幻三摩提，如苗漸增長；禪那唯寂滅，

如彼器中鍠。三種妙法門，皆是覺隨順。十方諸如來，

及諸大菩薩，因此得成道。三事圓證故，名究竟涅槃。

於是辯音菩薩在大衆中，即從座起，頂禮佛足，右繞三帀，長跪叉手，而白佛言：「大悲世尊，如是法門，甚爲希有。世尊，此諸方便，一切菩薩於圓覺門，有幾修習？願爲大衆及末世衆生，方便開示，令悟實相。」作是語已，五體投地。如是三請，終而復始。

爾時世尊告辯音菩薩言：「善哉！善哉！善男子，汝等乃能爲諸大衆及末世衆生，問於如來如是修習，

汝今諦聽，當爲汝説。」

時辯音菩薩奉教歡喜，及諸大衆，默然而聽。

「善男子，一切如來圓覺清浄，本無修習，及修習者。一切菩薩及末世衆生，依於未覺，幻力修習，爾時便有二十五種清浄定輪。

「若諸菩薩，唯取極静，由静力故，永斷煩惱，究竟成就，不起於座，便入涅槃。此菩薩者，名單修奢摩他。

「若諸菩薩，唯觀如幻，以佛力故，變化世界種種作用，備行菩薩清浄妙行，於陀羅尼，不失寂念及諸静慧。此菩薩者，名單修三摩鉢提。

「若諸菩薩唯滅諸幻，不取作用，獨斷煩惱，煩惱斷盡，便證實相。此菩薩者名單修禪那。

「若諸菩薩先取至静，以静慧心，照諸幻者，便於是中，起菩薩行。此菩薩者名先修奢摩他，後修三摩鉢提。

「若諸菩薩，以静慧故，證至静性，便斷煩惱，永出生死。此菩薩者名先修奢摩他，後修禪那。

「若諸菩薩，以寂静慧，復現幻力，種種變化，度諸衆生，後斷煩惱，而入寂滅。此菩薩者名先修奢摩他，中修三摩鉢提，後修禪那。

「若諸菩薩，以至静力，斷煩惱已，後起菩薩清浄妙行，度諸衆生。此菩薩者名先修奢摩他，中修禪那，後修三摩鉢提。

「若諸菩薩，以至静力，心斷煩惱，復度衆生，建立境界。此菩薩者名先修奢摩他，齊修三摩鉢提、禪那。

「若諸菩薩，以至静力，資發變化，後斷煩惱。此菩薩者名齊修奢摩他、三摩鉢提，後修禪那。

「若諸菩薩，以至静力，用資寂滅，後起作用，變化世界。此菩薩者名齊修奢摩他、禪那，後修三摩鉢提。

「若諸菩薩，以變化力，種種隨順，而取至静。此菩薩者名先修三摩鉢提，後修奢摩他。

「若諸菩薩，以變化力，種種境界，而取寂滅。此菩薩者，名先修三摩鉢提，後修禪那。

「若諸菩薩，以變化力而作佛事，安住寂静而斷煩惱。此菩薩者，名先修三摩鉢提，中修奢摩他，後修禪那。

「若諸菩薩，以變化力，無礙作用，斷煩惱故，安住至静。此菩薩者，名先修三摩鉢提，中修禪那，後修奢摩他。

「若諸菩薩，以變化力，方便作用，至静寂滅，二俱隨順。此菩薩者，名先修三摩鉢提，齊修奢摩他、禪那。

「若諸菩薩以變化力，種種起用，資於至静，後斷煩惱。此菩薩者，名齊修三摩鉢提、奢摩他，後修禪那。

「若諸菩薩以變化力，資於寂滅，後住清凈，無作静慮。此菩薩者名齊修三摩鉢提、禪那，後修奢摩他。

「若諸菩薩以寂滅力而起至静，住於清凈。此菩薩者，名先修禪那，後修奢摩他。

「若諸菩薩以寂滅力而起作用，於一切境，寂用隨順。此菩薩者名先修禪那，後修三摩鉢提。

「若諸菩薩以寂滅力，種種自性，安於静慮，而起變化。此菩薩者，名先修禪那，中修奢摩他，後修三摩鉢提。

「若諸菩薩以寂滅力，無作自性，起於作用，清凈境界，歸於静慮。此菩薩者名先修禪那，中修三摩鉢提，後修奢摩他。

「若諸菩薩心寂滅力，種種清凈，而住静慮，起於變化。此菩薩者，名先修禪那，齊修奢摩他、三摩鉢提。

「若諸菩薩以寂滅力，資於至静，而起變化。此菩薩者，名齊修禪那、奢摩他，後修三摩鉢提。

「若諸菩薩以寂滅力，資於變化，而起至静，清明境慧。此菩薩者，名齊修禪那、三摩鉢提，後修奢摩他。

「若諸菩薩，以圓覺慧，圓合一切，於諸性相，無離覺性。此菩薩者，名爲圓修三種自性清净隨順。

「善男子，是名菩薩二十五輪，一切菩薩修行如是。若諸菩薩及末世衆生，依此輪者，當持梵行寂靜思惟，求哀懺悔，經三七日，於二十五輪各安標記，至心求哀，隨手結取，依結開示，便知頓漸；一念疑悔，即不成就。」

爾時世尊欲重宣此義，而説偈言：

辯音汝當知：一切諸菩薩，　無礙清净慧，　皆依禪定生。
所謂奢摩他，　三摩提禪那，　三法頓漸修，　有二十五種。
十方諸如來，　三世修行者，　無不因此法，　而得成菩提。
唯除頓覺人，　并法不隨順。　一切諸菩薩，　及末世衆生，
常當持此輪，　隨順勤修習。　依佛大悲力，　不久證涅槃。

於是净諸業障菩薩在大衆中，即從座起，頂禮佛足，右繞三帀，長跪叉手，而白佛言：「大悲世尊爲我等輩廣説如是不思議事，一切如來因地行相，令諸大衆得未曾有，睹見調御，歷恒沙劫，勤苦境界，一切功用，猶如一念。我等菩薩，深自慶慰。世尊，若此覺心本性清净，因何染污，使諸衆生迷悶不入？惟願如來，廣爲我等，開悟法性，令此大衆及末世衆生，作將來眼。」

説是語已，五體投地。如是三請，終而復始。

爾時世尊告净諸業障菩薩言：「善哉！善哉！善男子，汝等乃能爲諸大衆及末世衆生，諮問如來如是方便。汝今諦聽，當爲汝説。」

時净諸業障菩薩奉教歡喜，及諸大衆，默然而聽。

「善男子，一切衆生從無始來，妄想執有，我人衆生，及與壽命，認四顛倒，爲實我體，由此便生，憎愛二境。於虚妄體，重執虚妄，二妄相依，生妄業道；有妄業故，妄見流轉；厭流轉者，妄見涅槃，由此不能入清浄覺。非覺違拒，諸能入者，有諸能入，非覺入故。是故動念及與息念，皆歸迷悶。何以故？由有無始，本起無明，爲已主宰，一切衆生。生無慧目，身心等性，皆是無明。譬如有人，不自斷命，是故當知，有愛我者，我與隨順；非隨順者，便生憎怨。爲憎愛心，養無明故，相續求道，皆不成就。

「善男子，云何我相？謂諸衆生，心所證者。

「善男子，譬如有人，百骸調適，忽忘我身，四肢弦緩，攝養乖方，微加針艾，即知有我。是故證取，方現我體。善男子，其心乃至，證於如來，畢竟了知，清浄涅槃，皆是我相。

「善男子，云何人相？謂諸衆生，心悟證者。

「善男子，悟有我者，不復認我，所悟非我。悟亦如是，悟已超過，一切證者，悉爲人相。善男子，其心乃至圓悟涅槃，俱是我者，心存少悟，備殫理，皆名人相。

「善男子，云何衆生相？謂諸衆生，心自證悟，所不及者。

「善男子，譬如有人，作如是言：『我是衆生。』則知彼人，説衆生者，非我非彼。云何非我？我是衆生，則非是我。云何非彼？我是衆生，非彼我故。善男子，但諸衆生，了證了悟，皆爲我人，而我人相，所不及者，存有所了，名衆生相。

「善男子，云何壽命相？謂諸衆生，心照清浄，覺所了者，一切業智，所不自見，猶如命根。

「善男子，若心照見，一切覺者，皆爲塵垢，覺所覺者，不離塵故。如湯消冰，無別有冰，知冰消者。存我覺我，亦復如是。

「善男子，末世衆生不了四相，雖經多劫，勤苦修道，但名有爲，終不能成，一切聖果，是故名爲正法末世。何以故？認一切我爲涅槃故，有證有悟，名成就故。譬如有人，認賊爲子，其家財寶，終不成就。何以故？有我愛者，亦愛涅槃，伏我愛根，爲涅槃相；有憎我者，亦憎生死，不知愛者，真生死故，别憎生死，名不解脱。

「云何當知，法不解脱？

「善男子，彼末世衆生習菩提者，以已微證，爲自清净，猶未能盡，我相根本。若復有人，讚嘆彼法，即生歡喜，便欲濟度，若復誹謗，彼所得者，便生瞋恨，則知我相，堅固執持，潛伏藏識，游戲諸根，曾不間斷。

「善男子，彼修道者，不除我相，是故不能入清净覺。

「善男子，若知我空，無毁我者，有我説法，我未斷故。衆生壽命，亦復如是。

「善男子，末世衆生，説病爲法，是故名爲，可憐愍者，雖勤精進，增益諸病，是故不能入清净覺。

「善男子，末世衆生，不了四相，以如來解，及所行處，爲自修行，終不成就。或有衆生，未得謂得，未證謂證，見勝進者，心生嫉妒，由彼衆生，未斷我愛，是故不能入清净覺。

「善男子，末世衆生，希望成道，無令求悟，唯益多聞，增長我見。但當精勤，降伏煩惱，起大勇猛，未得令得，未斷令斷。貪瞋愛慢，諂曲嫉妒，對境不生。彼我恩愛，一切寂滅。佛説是人，漸次成就。求善知識，不墮邪見。若於所求，别生憎愛，則不能入清净覺海。」

爾時世尊欲重宣此義，而説偈言：

净業汝當知：一切諸衆生，皆由執我愛，無始妄流轉；
未除四種相，不得成菩提。愛憎生於心，諂曲存諸念，
是故多迷悶，不能入覺城。若能歸悟剎，先去貪瞋癡，

法愛不存心，漸次可成就。我身本不有，憎愛何由生？

此人求善友，終不墮邪見。所求別生心，究竟非成就。

於是普覺菩薩在大衆中，即從座起，頂禮佛足，右繞三帀，長跪叉手，而白佛言：「大悲世尊，快說禪病，令諸大衆，得未曾有，心意蕩然，獲大安隱。世尊，末世衆生，去佛漸遠，賢聖隱伏，邪法增熾，使諸衆生，求何等人？依何等法？行何等行？除去何病？云何發心，令彼群盲，不墮邪見？」

作是語已，五體投地。如是三請，終而復始。

爾時世尊告普覺菩薩言：「善哉！善哉！善男子，汝等乃能諮問如來如是修行，能施末世一切衆生無畏道眼，令彼衆生得成聖道。汝今諦聽，當爲汝說。」

時普覺菩薩奉教歡喜，及諸大衆，默然而聽。

「善男子，末世衆生將發大心，求善知識，欲修行者，當求一切正知見人，心不住相，不著聲聞、緣覺境界，雖現塵勞，心恒清淨，示有諸過，讚嘆梵行，不令衆生入不律儀。求如是人，即得成就阿耨多羅三藐三菩提。末世衆生，見如是人，應當供養，不惜身命。彼善知識，四威儀中，常現清淨，乃至示現種種過患，心無憍慢，況復摶財妻子眷屬？若善男子，於彼善友，不起惡念，即能究竟成就正覺，心華發明，照十方刹。

「善男子，彼善知識所證妙法，應離四病。云何四病？一者作病。若復有人，作如是言：『我於本心，作種種行，欲求圓覺。』彼圓覺性，非作得故，說名爲病。二者任病。若復有人，作如是言：『我等今者，不斷生死，不求涅槃，涅槃生死，無起滅念，任彼一切，隨諸法性，欲求圓覺。』彼圓覺性，非任有故，說名爲病。三者止病。若復有人，作如是言：『我今自心，永息諸念，得一切性，寂然平等，欲求圓覺。』彼圓覺性，非止合故，說名爲病。四者滅病。若復有人，作如是言：『我今永斷一切煩惱。身心畢竟，空無所有，何況根塵，虛妄境界？一切永寂，欲求圓覺。』彼圓覺性，非寂相故，説名爲病。離四病者，則知清净。作是觀者，名爲正觀。若他觀者，名爲邪觀。

「善男子，末世衆生欲修行者，應當盡命供養善友，事善知識。彼善知識，欲來親近，應斷憍慢；若復遠離，應斷瞋恨。現逆順境，猶如虚空，了知身心，畢竟平等，與諸衆生，同體無異。如是修行，方入圓覺。

「善男子，末世衆生不得成道，由有無始，自他憎愛，一切種子，故未解脱。若復有人，觀彼怨家，如己父母，心無有二，即除諸病。於諸法中，自他憎愛，亦復如是。

「善男子，末世衆生欲求圓覺，應當發心，作如是言：『盡於虚空一切衆生，我皆令入究竟圓覺，於圓覺中，無取覺者，除彼我人，一切諸相。』如是發心，不墮邪見。」

爾時世尊欲重宣此義，而説偈言：

普覺汝當知：末世諸衆生，欲求善知識，應當求正見，
心遠二乘者，法中除四病，謂作止任滅。親近無憍慢，
遠離無瞋恨，見種種境界，心當生希有。還如佛出世，
不犯非律儀，戒根永清净，度一切衆生，究竟入圓覺。
無彼我人相，當依正智慧，便得超邪見，證覺般涅槃。

於是圓覺菩薩在大衆中，即從座起，頂禮佛足，右繞三市，長跪叉手，而白佛言：「大悲世尊爲我等輩廣説净覺種種方便，令末世衆生有大增益。世尊，我等今者已得開悟，若佛滅後，末世衆生未得悟者，云何安居，修此圓覺清净境界？此圓覺中三種净觀，以何爲首？惟願大悲爲諸大衆及末世衆生，施大饒益。」

作是語已，五體投地。如是三請，終而復始。

爾時世尊告圓覺菩薩言：「善哉！善哉！善男子，汝等乃能問於如來如是方便，以大饒益施諸衆生。汝今諦聽，當爲汝説。」

時圓覺菩薩奉教歡喜，及諸大衆，默然而聽。

「善男子，一切衆生，若佛住世，若佛滅後，若法末時，有諸衆生具大乘性，信佛秘密大圓覺心，欲修行者，若在伽藍安處徒衆，有緣事故，隨分思察，如我已説。

「若復無有他事因緣，即建道場，當立期限，若立長期百二十日，中期百日，下期八十日，安置净居。若佛現在，當正思惟；若佛滅後，施設形像，心存目想，生正憶念，還同如來常住之日，懸諸幡華，經三七日，稽首十方諸佛名字，求哀懺悔，遇善境界，得心輕安，過三七日，一向攝念。

「若經夏首，三月安居，當爲清净菩薩止住，心離聲聞，不假徒衆，至安居日，即於佛前作如是言：『我比丘、比丘尼、優婆塞、優婆夷、某甲踞菩薩乘，修寂滅行，同入清净，實相住持，以大圓覺爲我伽藍，身心安居，平等性智，涅槃自性，無繫屬故。今我敬請，不依聲聞，當與十方如來及大菩薩，三月安居，爲修菩薩無上妙覺，大因緣故，不繫徒衆。』

「善男子，此名菩薩示現安居過三期日，隨往無礙。善男子，若彼末世修行衆生求菩薩道，入三期者，非彼所聞，一切境界，終不可取。

「善男子，若諸衆生修奢摩他，先取至静，不起思念，静極便覺。如是初静，從於一身，至一世界。覺亦如是。善男子，若覺徧滿一世界者，一世界中，有一衆生起一念者，皆悉能知。百千世界，亦復如是。非彼所聞，一切境界，終不可取。

「善男子，若諸衆生修三摩鉢提，先當憶想十方如來，十方世界一切菩薩，依種種門，漸次修行，勤苦三味，廣發大願，自熏成種。非彼所聞，一切境界，終不可取。

「善男子，若諸衆生修於禪那，先取數門，心中了知，生、住、滅念，分劑頭數，如是周徧，四威儀中，分別念數，無不了知，漸次增進，乃至得知百千世界一滴之雨，猶如目睹，所受用物。非彼所聞，一切境界，終不可取。是名三觀初首方便。

「若諸衆生徧修三種，勤行精進，即名如來出現於世。若後末世，鈍根衆生心欲求道，不得成就，由昔業障。當勤懺悔，常起希望，先斷憎愛、嫉妒、諂曲，求勝上心，是無上法門。三種淨觀，隨學一事，此觀不得，復習彼觀，心不放捨，漸次求證。」

爾時世尊欲重宣此義，而說偈言：

圓覺汝當知：一切諸衆生，欲求無上道，先當結三期，
懺悔無始業。經於三七日，然後正思惟，非彼所聞境，
畢竟不可取。奢摩他至靜，三摩正憶持，禪那明數門，
是名三淨觀。若能勤修習，是名佛出世。鈍根未成者，
常當勤心懺，無始一切罪。諸障若消滅，佛境便現前。

流通分

於是賢善首菩薩在大衆中，即從座起，頂禮佛足，右繞三帀，長跪叉手，而白佛言：「大悲世尊廣爲我等及末世衆生，開悟如是不思議事。世尊，此大乘教，名字何等？云何奉持？衆生修習，得何功德？云何使我護持經人，流布此教？至於何地？」

作是語已，五體投地。如是三請，終而復始。

爾時世尊告賢善首菩薩言：「善哉！善哉！善男子，汝等乃能爲諸菩薩及末世衆生，問於如來如是經教功德名字。汝今諦聽，當爲汝說。」

時賢善首菩薩奉教歡喜，及諸大衆，默然而聽。

「善男子，是經百千萬億恒河沙諸佛所說，三世如來之所守護，十方菩薩之所歸依，十二部經清净眼目。是經名《大方廣圓覺陀羅尼》，亦名《修多羅了義》，亦名《秘密王三昧》，亦名《如來决定境界》，亦名《如來藏自性差别》。汝當奉持。

「善男子，是經唯顯如來境界，唯佛如來能盡宣説。若諸菩薩及末世衆生，依此修行，漸次增進，至於佛地。

「善男子，是經名爲《頓教大乘》，頓機衆生，從此開悟；亦攝漸修，一切群品。譬如大海不讓小流，乃至蚊虻及阿修羅，飲其水者，皆得充滿。

「善男子，假使有人純以七寶積滿三千大千世界以用布施，不如有人聞此經名及一句義。

「善男子，假使有人教百恒河沙衆生得阿羅漢果，不如有人宣説此經，分别半偈。

「善男子，若復有人聞此經名，信心不惑，當知是人非於一佛二佛種諸福慧如是，乃至盡恒河沙一切佛所，種諸善根，聞此經教。

「汝善男子，當護末世是修行者，無令惡魔及諸外道惱其身心，令生退屈。」

爾時會中有火首金剛，摧碎金剛，尼藍婆金剛等八萬金剛，並其眷屬，即從座起，頂禮佛足，右繞三帀，而白佛言：「世尊，若後末世，一切衆生，有能持此决定大乘，我當守護，如護眼目；乃至道場所修行處，我等金剛自領徒衆，晨夕守護，令不退轉。其家乃至永無災障，疫病消滅，財寶豐足，常不乏少。」

爾時大梵王，二十八天王，並須彌山王，護國天王等即從座起，頂禮佛足，右繞三帀，而白佛言：「世尊，我亦守護是持經者，常令安隱，心不退轉。」

爾時有大力鬼王名吉槃茶，與十萬鬼王即從座起，頂禮佛足，右繞三帀，而白佛言：「世尊，我亦守護是持經人，朝夕侍衛，令不退屈。其人所居，一由旬内，若有鬼神，侵其境界，我當使其碎如微塵。」

佛説此經已，一切菩薩，天龍鬼神，八部眷屬，及諸天王梵王等，一切大衆，聞佛所説，皆大歡喜，信受奉行。

【眉批】

取静觀。

一念不起爲寂，念起即覺爲照，寂照雙忘爲定，心華發明爲慧。此圓通法門直超三界最上一乘之功用也。

同幻觀。

依幻法而入幻智，從幻智而忘心入覺。

不静不幻寂滅觀。

《圓覺》云：一切衆生壽命，皆爲浮想。《楞嚴》云：菩提心中，皆爲浮虚妄想凝結。妄想之害大矣。

了空虚者，畢竟非空；了真寂者，畢竟非寂。

諸法猶如幻，如幻不可得；離諸幻法故，敬禮無所觀。

此兼静寂而言。

人生而静，天之性也。此性在人爲甚真，即本覺也，即道體也，即未發之中得一之一也。及感物而動，所謂本覺者，不守自性，從真起妄，背覺合塵矣。達真背覺，然後有心、意、情、識之名。真則不二，違真則二，二以二參以三，同歸于妄而已，不覺故也。惟其不覺，是以妄認軀殼爲我，而不知本覺之爲真我；妄認六塵爲心，而不知本覺之爲真心。世之講學者，又皆以識神爲覺，而實非本覺也；以見解爲悟，而實非真悟也。此無他，心、意、情、識等義未及犁然，是以覺路不開，見惑爲病。故二十五種清净定輪，若諸菩薩，惟取及静。

大通置寂觀。

寶明寶海。

舜若呈神觀，先寂次静后幻者。

非理非事，即理即事，是名圓覺。

夫人之所以欲壽其身者，豈非以身爲我有乎？然以身爲我之所有，則可謂身爲我，則未也。夫耳目口鼻四肢百骸，塊然器也，而非性也。視聽言動，雖出于性，然亦非性之體也，蓋交于物之用也。此皆與器同盡者也。性者，靈明獨照，與天長存，不以少而盛，不以老而衰，不以生而存，不以死而亡，故曰天命也。此則真我也。而人多執身爲我，于是得失交乎前，憂喜躁乎中，汩于其情，罣于其身，而所謂真我者，茫乎不知何物，豈不大可悲哉！故惟斷却一切想即入覺地。

悟我成人，悟前非者，即此相矣。

能所頓忘何相遺，妄真俱盡豈情融。

通身是病通身藥，遍界全真遍界塵。此之謂也。

六根取境，猶可制禦。藏識妄我，何以辨明？

諸輪指體還迷體，三觀唯心又覓心。

法愛不存心，漸次可成就。我身本不有，愛憎何由生？此人善求友，終不墮邪見。

此普賢問詞。

有謂寧經千百劫，終不發二乘心者。

三立限期與應離四病，皆佛氏下手法門。果爾用力，則藥山云，牛皮也須穿透，何况本來具此圓明妙心，寧不親証之理？尚無所真見，不能全體湧現，吾不信也。所謂歲歲説工夫，此人了不之道。

嘗讀《大洞真經》，檀熾鈞音，僊梵歷耳，及《生神章》瓊房妙韻之語，心竊異之，及考古證今，内徵外訪，無不符合。聞熏聞修，以入正定，定久則心華自開。十方圓明之境，庶幾矣。

道樹不栽圓泉熟，靈根未種覺花香。

此金剛中具四心也。四心者，廣大第一，常其心，不顛倒是也。

答安居境界。

建場立限。

按：東坡曰：徐徐而爲，十年之後，何事不立？但患志之不堅，行之不力耳。其説在北山愚公之平山、補陀大士之遇磨鈇人也。

念念不間斷，莫管得不得。

安居修行。

若加行中所證之境，誡其邪謬。

答三種浄观。

静观。

是名圓覺。

幻观。

衆生者，自心之衆生，謂本無之妄心也。佛者，自心之佛，謂本來之真心也。故妄復無妄，衆生即佛；一念迷真，佛即衆生。《書》曰：惟狂克念，作聖。

三观者，静观依覺滅塵，所以處己；幻观從定發行，所以應物；寂观兩忘起滅，所以泯迹。

利根遍修。

鈍根单修。

修行若不消諸障，如玩月尋犀寶，槊木求珠罔，象芥投針，不免空華翳公林矣。

答名字。

十方諸如來，同共一法身。一心一智慧，力無畏亦然。此經即諸佛所説者。

答所至。

答奉持。

鑛中金出功猶在，月外雲行見止纏；何以横身聲色裏，從來千聖不同郵。此可以概一經之旨。

答福德。

答護持。

金剛護持。

二梵王護持。

三鬼王護持。

結經。

《孟浩然集》
《王摩詰集》
《韋蘇州集》
《孟東野集》
《李長吉歌詩》

凌濛初全集

魏同賢
安平秋　主編

陸

鳳凰出版傳媒集團
鳳凰出版社

第六册目録

孟浩然集

孔祥義 標點

説明

《孟浩然集》上下卷，凌氏朱墨套印。首唐王士源序，次正文，次宋劉辰翁、明李夢陽、李克嗣評語四則，次凌濛初識語一則。正文每半葉八行，行十八字，白口。

盛唐詩人孟浩然詩作生前無刻本，天寶四載始由宜城王士原匯輯爲三卷，天寶九載，復由韋滔重加繕寫，至宋始有蜀刻本三卷，元代出現須溪先生批點本，而明代版本獨多，有二卷本、三卷本、四卷本等不等。凌濛初參照衆長，「全録則從劉（辰翁）本，次第則從李（夢陽）本」，實在算得上兩全選擇。正文有眉批和校字，批語却僅取劉辰翁、李夢陽兩家。由于文學見解的差异，李評和劉評之間多有扞格，凌濛初則兼收並刻，這就方便了讀者的使用。而這恰恰可以看出作爲編輯出版家的凌濛初的眼光和氣度。詩文的校勘不妄改，僅以「一作」字樣注明异文，從而保存了詩文傳播過程中的面貌，提供了文獻校勘學的參考價值。

目録

五言律詩

卷之下

五言律詩

七言古詩

七言律詩

五言絶句

七言絶句

孟浩然集序

宜城王士源撰

孟浩字浩然，襄陽人也。骨貌淑清，風神散朗。救患釋紛，以立象表；灌蔬藝竹，以全高尚。交游之中，通脱傾蓋，機警無匿。學不爲儒，務掇菁藻；文不按古，匠心獨妙。五言詩，天下稱其盡美矣。間游秘省，秋月新霽，諸英華賦詩作會，浩然句曰：「微雲澹河漢，疏雨滴梧桐。」舉坐嘆其清絶，咸閣筆不復爲繼。丞相范陽張九齡、侍御史京兆王維、尚書侍郎河東裴朏、范陽盧僎、大理評事河東裴總、華陰太守鄭倩之、守河南獨孤策，率與浩然爲忘形之交。山南採訪文〔使〕本郡守昌黎韓朝宗，謂浩然間代清律，寘諸周行，必詠穆如之頌。因入奏與偕行，先揚于朝。與期，約日引謁。及期，浩然會寮友，文酒講好甚適。或曰：「子與韓公預諾而怠之，無乃不可乎？」浩然叱曰：「僕已飲矣，身行樂耳，遑恤其他！」遂畢席不赴。由是閑罷。既而浩然亦不知悔也。其好樂忘名如此。士源他時常筆讚之曰：導漾挺靈，實生楚英；浩然清發，亦其自名。開元二十八年，王昌齡游襄陽。時浩然疾疹發背且愈，相得歡甚，浪情宴謔，食鱔疾動，終於冶城南園，年五十有二。子曰儀甫。浩然文不爲仕，佇興而作，故或遲；行不爲飾，動以求貞，故似誕；游不爲利，期以放性，故常貧。名不繼于選郡，聚不盈于擔石，雖屢空不給而自若也。士源幼好名山，行年十八，首事陵山。踐止恒嶽，咨求通玄丈人。又過蘇門，問道隱者元知運。太行採藥，經王屋小有洞，太白習隱訣，終南修《亢倉子》九篇。天寶四載徂夏，詔書徵謁京邑，與冢臣八座討論，山林之士備至，始知浩然物故。嗟哉！未禄於代，史不必書，安可哲蹤妙韻，從此而絶！故詳問文者，隨述所論，美行嘉聞，十不紀一。浩然凡所屬綴，就輒毁棄，無復編録，常自嘆爲文不逮意也。流落既多，篇章散逸。鄉里購採，不有其半。敷求四方，往往而獲。既無他事爲之傳次，遂使海内衣冠搢紳，經襄陽，思睹其文，蓋有不備見而去，惜哉！今集其詩二百一十八首，分爲四卷。詩或缺逸未成，而製思清美，及他人酬贈，咸録而不棄耳。

卷之上

唐　襄陽孟浩然　撰
宋　廬陵劉辰翁　評
明　北地李夢陽　參

五言古詩

宿業師山房待丁公不至

夕陽度西嶺，群壑倏已暝。松月生夜凉，風泉滿清聽。樵人歸欲盡，煙鳥栖初定。之子期宿來，孤琴候蘿徑。

【眉批】景物滿眼，而清淡之趣更自浮動，非寂寞者。

耶溪泛舟

落景餘清輝，輕橈弄溪渚。澄明愛水物，臨泛何容與。白首垂釣翁，新妝浣紗女。相看似相識，脉脉不得語。李子云：「白首垂釣翁」以下，終是兩截，格亦不同。

【眉批】

諸詩皆極洗鍊而不枯瘁，又在蘇州前。清溪麗景，閑遠餘情，不欲犯一字，綺語自足。

聽鄭五愔琴

阮籍推名飲，清風滿竹林。半酣下衫袖，拂拭龍唇琴。一杯彈一曲，作者，作者。不覺夕陽沈。余意在山水，聞之諧夙心。

【眉批】

樸而不俚，風韻尚存。

李子云：「在此公口出，雖淺亦自佳，效之則不可。」

早發漁浦潭

東旭早光芒，渚禽已驚聒。卧聞漁浦口，橈聲暗相撥。日出氣象分，始知江湖闊。美人常晏起，照影弄流沫。飲水畏驚猿，祭魚時見獺。舟行自無悶，况值晴景豁。

【眉批】

別是一種清景可人。

「美人常晏起」，着此空闊又别，其超衆作以此。

李子云：「此一首佳。」

尋香山湛上人

朝游訪名山，山遠在空翠。氛氲亘百里，日入行始至。谷口聞鐘聲，林端識香氣。杖策尋故人，解鞍暫停騎。石門殊豁險，篁徑轉森邃。法侣欣相逢，清談曉不寐。平生慕真隱，累日探奇異。野老朝入田，山僧暮歸寺。松泉多逸響，苔壁饒古意。願言投此山，身世兩相棄。

【眉批】

幽致正在裏許。

同薛八往符公蘭若一作《靈門寺西六七里聞符公蘭若最幽與薛八同往》。

謂予獨迷方，逢子亦在野。結交指松栢，問法尋蘭若。小溪劣容舟，怪石屢驚馬。所居最幽絶，所住皆静者。雲簇興座隅，天空落階下。一作密篠夾路傍，清泉流舍下。上人亦何閑，塵念俱已捨。四禪合真如，一切是虚假。願承甘露潤，喜得惠風洒。依止此山門，誰能効丘也。

【眉批】

末句「也」字似散語，亦奇。

宿桐栢觀 一本「宿」下有「天台」字。

海行信風帆，夕宿逗雲島。緬尋滄洲趣，近愛赤城好。捫蘿亦踐苔，輟棹恣窮一作探。討。息陰憩桐栢，采秀弄芝草。鶴唳清露垂，鷄鳴信潮早。願言解纓紱，從此去煩惱。高步淩四壁，玄蹤得三老。紛吾遠游意，學彼長生道。日夕望三山，雲濤空浩浩。

題終南翠微寺空上人房

翠微終南裏，雨後宜返照。閉門久沈冥，杖策一登眺。遂造幽人室，始知静者妙。儒道雖異門，雲林頗同調。兩心喜相得，畢景共談笑。暝還高窗眠，時見遠山燒。緬懷赤城標，更憶臨海嶠。風泉有清音，何必蘇門嘯。

【眉批】

不必刻深，懷抱如洗。

李子云：「自《早發漁浦潭》至此五首，是一個調。」

初春一作春初漢中漾舟

漾舟逗何處，一作羊公峴山下。神女漢皋曲。雪罷冰復開，春潭千丈緑。輕舟恣往來，探玩無厭足。波影搖妓釵，沙光逐人目。傾杯魚鳥醉，聯句鶯花續。好。良會難再逢，日入須秉燭。

【眉批】

便好。

此雖清事，微近俗意，知此可以語此。

李子云：此首全無好處。

彭蠡湖中望廬山

太虚生月暈，舟子知天風。挂席候明發，眇漫平湖中。中流見匡阜，勢壓九江雄。黤默一作黯黮。容霽色，峥嶸當曉空。香爐初上日，瀑水噴長一作成。虹。久欲追尚子，況兹懷遠公。我來恨一作限。于役，未暇息微躬。淮海途將半，星霜歲欲窮。寄言巖栖者，畢趣當來同。

【眉批】

十字一意(批「香爐」二句)。

李子云：「調雜。」

題鹿門山 一作《登鹿門山懷古》。

清曉因興來，乘流越江峴。沙禽近方識，浦樹遥莫辨。漸至鹿門山，山明翠微淺。巖潭多屈曲，舟楫屢迴轉。昔聞龐德公，採藥遂不返。金澗養芝朮，石床卧苔蘚。紛吾感耆舊，結覽事攀踐。隱迹今尚存，高風邈已遠。白雲何時去，丹桂空偃蹇。探討意未窮，迴艫夕陽晚。

【眉批】

李子云：「此首佳，思致鬱密。」

游明禪師西山蘭若

西山多奇狀，秀出倚前楹。一作西山饒石林，磋翠疑削成。亭午收彩翠，夕陽照分明。吾師住其下，禪坐證無生。結廬就嵌窟，剪竹通逕行。談空對樵叟，授法與山精。日暮方辭去，田園歸治城。

【眉批】

是景意。

李子云：「亦不見好。」

疾愈過龍泉精舍呈易業二公

亭午聞山鐘，起行散愁疾。尋林採芝去，谷轉松蘿密。傍見精舍開，長廊飯僧畢。石渠流雪水，金子曜霜橘。竹房思舊游，過憩終永日。入洞窺石髓，傍岸採蜂蜜。日暮辭遠公，虎溪相送出。

【眉批】

此豈待賦，賦之乃佳。

泊湖寄閻昉一作《襄陽旅泊寄閻九司户》。

桂水通百越，扁舟期曉發。荆雲蔽三巴，夕望不見家。襄王夢行雨，才子謫長沙。長沙饒瘴癘，胡爲苦留滯。久别思款顔，承歡懷接袂。接袂杳無由，徒增旅泊愁。清猿不可聽，沿月下湘流。

【眉批】

好（批「清猿」二句）。

大堤行寄萬七

大堤行樂處，車馬相馳突。歲歲春草生，踏青二三月。王孫挾珠彈，游女矜羅韈。攜手今莫同，江花爲誰發！

【眉批】

李子云：「《泊湖》、《大堤》二首，是樂府調。」

登蘭山寄張五 一作《秋登萬山寄張立儃》。

北山白雲裏，隱者自怡悦。相望始登高，心隨飛雁滅。愁因薄暮起，興是清秋發。時見歸村人，其俚至此。平沙渡頭歇。一作嶺。天邊樹若薺，江畔舟如月。何當載酒來，共醉重陽節。

【眉批】

樸而不厭。

李子云：「『愁因薄暮起』二句，不可言樸。」

還山貽湛法師

幼聞無生理，常欲觀此身。心迹罕兼遂，崎嶇多在塵。晚途歸舊壑，偶與支公鄰。喜得林下契，共推席上珍。念兹泛苦海，方便示迷津。煩惱業頓捨，山林情轉殷。朝來問疑義，夕話得清真。墨妙稱古絶，辭華驚世人。禪房閉虚静，花藥連冬春。平石籍琴硯，落泉洒衣巾。欲知意冥滅，朝夕海鷗馴。

【眉批】

此豈落世態者，上句又生。

李子曰：「『墨妙』以下便不稱，雖李、杜其古詩亦皆前密而後散。」

入峽寄弟

吾昔與爾輩，讀書常閉門。未曾冒湍險，豈顧垂堂言。自此歷江湖，辛勤難具論。往來行旅弊，開鑿禹功存。壁立千峰峻，潨流萬壑奔。我來凡幾宿，無夕不聞猿。浦上摇歸戀，舟中失夢魂。淚沾明月峽，心斷鶺鴒原。離闊星難聚，秋深露已繁。因君下南楚，書此示鄉園。

【眉批】

李子云：「詞雜。」

晚春卧病寄張八 一本「八」下有「子容」字。

南陌春將晚，北窗猶卧病。園林久不游，草木一何盛。狹徑花障迷，閑庭竹掃净。翠羽戲蘭苕，頳鱗動荷柄。念我平生好，江鄉遠從政。雲山阻夢思，衾枕勞歌詠。歌詠復何爲，同心恨别離。世途皆自媚，流俗寡相知。賈誼才空逸，安仁鬢欲絲。遥情每東注，奔晷復西馳。常恐填溝壑，無由振羽儀。窮通若有命，欲向論中推。

【眉批】

其語甚痛，其意甚淺。

示孟郊

蔓草蔽極野，蘭芝結孤根。衆音何其繁，伯牙獨不喧。當時高深意，舉世無能分。鍾期一見知，山水千秋聞。爾其保静節，薄俗徒云云。

寄趙正字 一本入五言律。

正字芸香閣，幽人竹素園。經過宛如昨，歸卧寂無喧。高鳥能擇木，羝羊謾觸藩。物情今已見，從此願忘言。

登江中孤嶼遺王迥 一作《贈白雲先生王迥》。

悠悠清江水，水落沙嶼出。迴潭石下深，綠篠岸傍密。鮫人潛不見，漁父歌自逸。憶與君别時，泛舟如昨日。夕陽開返照，中坐興非一。南望鹿門山，歸來恨相失。

【眉批】

如此不曉事（批「鮫人」二句）。

李子云：「同此一題，若誦『秋水共澄鮮』之句，則孟詩爲奴僕矣。」

宿揚子津寄潤州長山劉處士

所思在夢寐，欲往大江深。日夕望京口，煙波愁我心。心馳茅山洞，目極楓樹林。不見少微隱，星霜勞夜吟。

【眉批】

是大家數詩。

題雲龍門山 一作游雲門寺。 寄越府包户曹徐起居

我行適諸越，夢寐懷所歡。久負獨往願，今來恣游盤。台嶺踐蹬石，耶溪泝林湍。捨舟入香界，登閣憩

旃檀。青一作晴。山秦望近，春水鏡湖寬。遠懷佇應接，卑位徒勞安。白雲日夕一作去久。滯，滄海去一作揭。來觀。故國渺天末，良朋在朝端。遲爾同携手，何時方掛冠。

書懷貽京邑同好

維先自鄒魯，家世重儒風。詩禮襲遺訓，趨庭沾末躬。晝夜常自强，辭翰頗亦工。三十既成立，吁嗟命不通。慈親向羸老，喜懼在深衷。甘脆朝不足，簞瓢夕屢空。執鞭慕夫子，捧檄懷毛公。感激遂彈冠，安能守固窮。當途訴知己，投刺匪求蒙。秦楚邈離異，翻飛何日同。

歲暮海上作

仲尼既已没，余亦浮于海。昏見斗柄回，方知歲星改。虚舟任所適，垂釣非有待。爲問乘槎人，滄洲復何在。

【眉批】
奇壯澹蕩，少許自足。
李子云：「海上復問滄洲何謂？」

越中逢天台太一子

仙穴逢羽人，停艫向前拜。問予涉風水，何事遠行邁。登陸尋天台，順流下吴會。兹山夙所尚，安得問一莓苔異人間，瀑布當空界。福庭長自然，一作不死。華頂舊稱最。永懷從此游，何當濟所屆。

經七里灘

予奉垂堂誡，千金非所輕。爲多山水樂，頻作泛舟行。五嶽追尚子，三湘弔屈平。湖經洞庭闊，江入新安清。復聞嚴陵瀨，乃在茲湍路。疊嶂數百里，沿洄非一趣。彩翠相氛氳，別流亂奔注。釣磯平可坐，苔磴滑難步。猿飲石下潭，鳥還日邊樹。觀奇恨來晚，倚棹惜將暮。揮手弄潺湲，從此洗塵慮。

南歸一作陽北。阻雪

我行滯宛許，日夕望京豫。曠野莽一作奔。茫茫，鄉山在何處。孤煙村際起，歸雁天邊去。積雪覆平皋，飢鷹捉寒兔。少年弄文墨，屬意在章句。十上耻還家，徘徊守歸路。

【眉批】

像此時景，曲折凄楚。

送從弟下第後歸會稽一本「第」下有「邕」字。

疾風吹征帆，倏爾向空没。千里去俄頃，三江坐超忽。向來共歡娱，日夕成楚越。落羽更分飛，誰能不驚骨。

【眉批】

發興甚苦。

李子云：「起句亦不見苦。」

江上别流人

以我越鄉客，逢君謫居者。分飛黄鶴樓，流宕蒼梧野。驛使乘雲去，征帆沿溜下。不知從此分，還袂何時把。

【眉批】

他起語亦各一樣，如「北闕休上書」，如「八月湖水平」，又敻異矣。

將適天台留别臨安李主簿

枳棘君尚栖，匏瓜吾豈繫。念離當夏首，漂泊指炎裔。江海非惰游，田園失歸計。定山既早發，漁浦亦宵濟。泛泛隨波瀾，行行任艫枻。故林日已遠，群木坐成翳。羽人在丹丘，吾亦從此逝。

送丁大鳳進士赴舉呈張九齡

吾觀鷦鷯賦，君負王佐才。惜無金張援，十上空歸來。棄置鄉園老，翻飛羽翼摧。故人今在位，岐路莫遲迴。

送吴悦游韶陽

五色憐鳳雛，南飛適鷓鴣。楚人不相識，何處求椅梧。去去日千里，茫茫天一隅。安能與斥鷃，决起但搶榆。

【眉批】

只是楚人不識鳳，貼得親切。再看方覺好。

送辛大之鄂渚不及

送君不相見，日暮獨愁緒。江上空徘徊，天邊迷處所。郡邑經樊鄧，河山入嵩汝。蒲輪去漸遥，石徑徒延佇。

【眉批】

客中送客不及。

襄陽公宅飲

窈窕夕陽佳，芊茸春色好。欲覓淹留處，無過狹斜道。綺席卷龍鬚，香杯浮瑪瑙。北林積修樹，南池生別島。手撥金翠花，心迷玉芝草。談笑光六藝，發論明三倒。座非陳子驚，門還魏公掃。榮辱應無問，歡娱當共保。

【眉批】

尤勝强作。

李子云：「自《江上别流人》至此六首，又一格。」

宴包一作鮑。二宅

閑居枕清洛，左右接大野。門庭無雜賓，車轍多長者。是時方盛一作正。夏，風物自瀟洒。五日休沐歸，相携竹林下。開襟成歡趣，對酌一作酒。不能罷。煙暝栖鳥還，予亦一作將。歸白社。

【眉批】

實事便好。

宴王道士房 一作《與王昌齡宴黄十一》。

歸來卧青山，常夢游清都。漆園有傲吏，惠好在招呼。書幌神仙籙，畫屏山海圖。酌霞復對此，宛似入蓬壺。

秋宵月下有懷

秋空明月懸，光彩露霑濕。驚鵲栖未定，飛螢卷簾入。庭槐寒影疏，鄰杵夜聲急。佳期曠何許，悵望空佇立。

【眉批】

亦自纖麗，與「疏雨滴梧桐」相似。謂其詩枯淡，非也。

夏日南亭懷辛子 一作六。

山光忽西落，池月漸東上。散髮乘夕凉，開軒卧閑敞。荷風送香氣，竹露滴清響。欲取鳴琴彈，恨無知音賞。感此懷故人，中宵勞夢想。

山中逢道士雲公

春餘草木繁，耕種滿田園。酌酒聊自勸，農夫安與言。忽聞荆山子，時出桃花源。採樵過北谷，賣藥來西村。村煙日云夕，榛路有歸客。杖策前相逢，依然是疇昔。邂逅歡覯止，殷勤叙離隔。謂予搏扶桑，輕舉振六翮。奈何偶昌運，獨見遺草澤。既笑接輿狂，仍憐孔丘厄。物情趨勢利，吾道貴閑寂。偃息西山下，門庭罕人迹。何時還清溪，從爾煉丹液。

【眉批】

尋常經過，寫得清妙。

李子云：「『奈何』以下其意怨。」

田家元日

昨夜斗迴北，今朝歲起東。我年已强仕，無禄尚憂農。野老就耕去，荷鋤隨牧童。田家占氣候，共説此年豐。

採樵作

採樵入深山，山深水重疊。橋崩卧槎擁，路險垂藤接。日落伴將稀，山風拂薜衣。長歌負輕策，平野望煙歸。

澗南即事貽皎上人

弊廬在郭外，素産一作業。惟田園。左右林野曠，不聞城市喧。鈎竿垂北澗，樵唱入南軒。書取幽栖事，將尋静者言。

【眉批】

李子云：「《田家元日》至此三首，是一格。」

仲夏歸漢南園寄京邑耆舊一作舊游。

嘗讀高士傳，最嘉陶徵君。日晡一作躭。田園趣，自謂羲皇人。予復何爲者，栖栖徒問津。中年廢丘壑，十上一作上國。旅風塵。忠欲事明主，孝思侍老親。歸來當一作冒。炎夏，一作暑。耕稼不及春。扇枕北窗下，採芝南澗濱。因聲謝朝列，吾慕潁陽真。

家園卧病畢太祝曜見尋

伏枕舊游曠，笙歌勞夢思。平生重交結，迫此令人疑。冰室無暖氣，火一作炎。雲空赫曦。隙駒不暫駐，日聽凉蟬悲。壯圖哀一作竟。未立，斑白恨吾衰。夫子自南楚，緬懷嵩汝期。

王迥見尋

歸閑日無事，雲卧晝不起。有客款柴扉，自云巢居子。居閑好芝術，採藥來城市。家在鹿門山，常游澗澤水。手持白羽扇，脚步青芒履。聞道鶴書徵，臨流還洗耳。

【眉批】

李子云：「《歸田園》至此三首，是一格。」

青鏡嘆一本有「同張明府賦」。

妾有盤龍鏡，青光常晝發。自從生塵埃，有若霧中月。愁來或取照，坐嘆生白髮。寄語邊塞人，如何久離别。

【眉批】

語更欲村，真不可廢。所謂增之太長，減之太短者。

庭橘

明發覽群物，萬木何陰森。凝霜漸□原缺。水，庭橘似縣金。女伴争攀摘，□原缺。窺碍葉深。並生憐共蔕，相示感同心。骨刺紅羅帔，香粘翠羽簪。擎來玉盤裏，全勝在幽林。

【眉批】
委曲。

早梅

園中有早梅，年例犯寒開。少婦曾攀折，將歸插鏡臺。猶言看不足，更欲剪刀裁。

【眉批】
語欲其野，直以意勝，亦有情致。

適越留别譙縣張主簿申屠少府

朝乘汴河流，夕次譙郡界。幸因西風吹，得與故人會。君學梅福隱，吾一作余。從伯鸞邁。别後能相思，浮雲在吴會。

題長安主人壁

久廢南山田，叨陪東閣賢。欲隨平子去，猶未獻甘泉。枕席琴書滿，褰帷遠岫連。我來如昨日，庭樹忽鳴蟬。促織驚寒女，秋風感長年。授衣當九月，無褐竟誰憐。

夜登孔伯昭南樓時沈太清朱昇在座

誰家無風月，此地有琴樽。山水會稽郡，詩書孔氏門。再來值秋杪，高閣夜無喧。華燭罷燃蠟，清弦方奏鯤。沈君隱侯胤，朱子買臣孫。好我意不淺，登兹同話言。

泛舟經湖海 一作《自潯陽泛舟經明海作》。

大江分九派，淼漫成水鄉。舟子乘利涉，往來經潯陽。因之泛五湖，流浪過三湘。觀濤壯枚發，吊屈痛沈湘。魏闕心常在，金門詔不忘。遥憐上林雁，冰泮也回翔。

送陳七赴軍 一本「赴」下有「西」字。

吾觀非常者，碌碌在目前。君負鴻鵠志，蹉跎書劍年。一聞邊烽動，萬里忽争先。余亦赴京闕，何當獻凱還。

【眉批】
起得別。
一個一樣，語可觀。
李子云：「是盛唐詩。」

萬山潭

垂釣坐磐石，水清心亦閑。魚行潭樹下，猿挂島藤間。游女昔解佩，傳聞於此山。求之不可得，沿月棹歌還。

【眉批】
説出風露，古始未有。
古意淡韻，終不可以衆作律之，而衆作愈不可及。

晚泊潯陽望廬山一作香爐峰。

挂席幾千里，名山都未逢。泊舟潯陽郭，始見香爐峰。嘗讀遠公傳，永懷塵外蹤。東鄰精舍近，日暮坐聞鐘。

【眉批】不經意造作。

峴潭作

石潭傍隈隩，沙岸曉禽緣。試垂竹竿釣，果得槎頭鯿。美人驄金錯，纖手膾紅鮮。因謝陸内史，蓴羹何足傳。

【眉批】其詩風味可愛如此。

登望楚山最高頂

山水觀形勝，襄陽美會稽。最高惟望楚，曾未一攀躋。石壁疑削成，衆山比全低。晴明試登陟，目極無端倪。雲夢掌中小，武陵花處迷。暝還歸騎下，蘿月映深溪。

與黄侍御泛北津 一作《北津泛舟》。

津無蛟龍患，日夕常安流。本欲避驄馬，何知同鷁舟。豈伊今日幸，曾是昔年游。莫奏琴中鶴，且隨波上鷗。堤緣九里郭，山面百城樓。自顧躬耕者，才非管樂儔。聞君薦草澤，從此泛滄洲。

【眉批】

李子云：「《自晚泊潯陽》至此四首，又似律，其調太雜。」

洗然弟竹亭

吾與二三子，平生結交深。俱懷鴻鵠志，共有鶺鴒心。逸氣假毫翰，清風在竹林。遠是酒中趣，琴上偶然音。

齒坐呈山南諸隱

習公有遺坐，高在白雲陲。樵子見不識，山僧賞自知。以余爲好事，携手一來窺。竹露閑夜滴，松風清晝吹。從來抱微尚，况復感前規。於此無奇策，蒼生奚以爲。

【眉批】

清氣如此。

田家作

弊廬隔塵喧，惟先養恬素。卜鄰勞三徑，植果盈千樹。粤余任推遷，三十猶未遇。書枕時將晚，丘園日空暮。晨興自多懷，晝坐常寡悟。冲天羡鴻鵠，争食羞鷄鶩。望斷金馬門，勞歌採樵路。鄉曲無知己，朝端乏親故。誰能爲楊雄，一薦甘泉賦？

五言律詩排律附見。

與諸子登峴山

人事有代謝，往來成古今。江山留勝跡，我輩復登臨。水落魚梁淺，天寒夢澤深。羊公碑尚在，讀罷泪沾襟。不必苦思自然好，苦思復不能及。

【眉批】起得高古，略無彩色，而情境俱稱悲慨，勝於形容，真峴山詩也。復有能言，亦在下風。

臨洞庭

八月便别。湖水平，涵虚混太清。氣蒸雲夢澤，波撼岳陽城。欲濟無舟楫，端居耻聖明。坐觀垂釣者，徒有羡魚情。托興可傷。

【眉批】

起得渾渾稱題，「蒸」、「撼」偶然，不是下字，而氣槩横絶，樸不可易。「端居」感興深厚，末語意長。

晚　春

二月湖水清，家家春鳥鳴。也好。林花掃更落，徑草踏還生。酒伴來相命，開樽共解醒。當杯已入手，歌妓莫停聲。

【眉批】

亦自豪宕。

「家家春鳥鳴」，又别，結語情屬不淺。

西山尋辛諤

漾舟乘水便，因訪故人居。落日清川裏，誰言獨羡魚。石潭窺洞徹，沙岸歷紆餘。竹嶼見垂釣，茅齋聞讀書。款言忘景夕，清興屬凉初。回也一瓢飲，賢哉常晏如。

【眉批】

其爲詩，必實説。

李子云：「『窺』『歷』二字好。」

自言其趣，亦頗簡淡。

冬至後過吴張二子檀溪别業

卜築依自然，檀溪不更穿。園林二友接，水竹數家連。直取南山對，非關選地偏。草堂時偃曝，蘭枻日周旋。外事情都遠，中流性所便。閑垂太公釣，興發子猷船。予亦幽栖者，經過竊慕焉。梅花殘臈日，柳色半春天。鳥泊隨陽雁，魚藏縮項鯿。停杯問山簡，何事習池邊。

【眉批】

一句欲盡，甚得妙意（批「卜築」句）。

成村可畫。

李子云：「興味可掬。」

陪張丞相登嵩陽樓

獨步人何在，嵩陽有故樓。歲寒問耆舊，行縣擁諸侯。泱莽北彌望，沮漳東會流。客中遇知己，無復越鄉憂。

【眉批】

句意渾厚，非小丈夫嘴瓜比。

陪張丞相自松滋江東泊渚宫

放溜下松滋，登舟命楫師。寧忘經濟日，不憚沍寒時。洗幘豈獨古，濯纓良在兹。政成人自理，機息鳥無疑。雲物凝孤嶼，江山辨四維。晚來風稍緊，冬至日行遲。獵響驚雲夢，漁歌激楚辭。渚宫何處是，川暝欲安之。李子云：「此首不渾成，如『機息鳥無疑』等傷于細碎。」

【眉批】

工處渾然，不似深思者。

極有雅致，非思索可及。

「激」字有生意。

陪盧明府泛舟迴

百里行春返，清流逸興多。鷁舟隨雁没，江火共星羅。已救田家旱，仍憂俗化訛。文章推後輩，風雅激頹波。高岸迷陵谷，新聲滿棹歌。猶憐不才子，白首未登科。

【眉批】

下句勝（批「鷁舟」二句）。

李子云：「他妙在『鷁』、『雁』字，何言下句勝？」

題義公禪房一本「義」上有「大禹寺」。

義公習禪寂，結宇依空林。户外一峰秀，堦前衆壑深。夕陽連雨足，空翠落庭陰。看取蓮華净，方知不染心。

【眉批】

李子云：「此公作禪子語更好。」

尋張子容隱居一本「尋」下有「白鶴巖」。

白鶴青巖半，幽人有隱居。階庭空水石，林壑罷樵漁。歲月青松老，風霜苦竹疏。睹兹懷舊業，迴策返吾廬。

【眉批】李子云：「太方寡味。」

與薛司户登樟亭樓 一作《與杭州薛司户登樟子亭驛》。

水樓一登望，半出青林高。帟幕英僚散，芳筵下客叨。山藏伯禹穴，城壓伍胥濤。今日觀溟漲，垂綸欲釣鰲。

【眉批】與《洞庭》詩稱壯，實過之。

陪李侍御訪聰上人禪居 一作謁聰禪上人。

欣逢柏臺舊，共謁聰公禪。石室無人到，繩床見虎眠。陰崖常抱雪，枯澗爲生泉。出處雖云異，同歡在法筵。

【眉批】首首不俗。

繩床眠虎，本無此理，苦語欲真。

尋天台山

吾愛一作友。太乙子，餐霞卧赤城。欲尋華頂去，不憚惡溪名。歇馬憑雲宿，揚帆截海行。高高翠微裏，遥見石梁横。

【眉批】李子云：「此首勝《登樟亭樓》詩，劉却不許，不可曉。『華頂』、『惡溪』極有照應，『揚帆截海行』更雄。」

登總持浮屠一本「持」下有「寺」字。

半空躋寶塔，晴望盡京華。竹繞渭川遍，山連上苑斜。四門開帝宅，阡陌俯人家。累劫從初地，爲童憶聚沙。一窺功德見，彌益道心加。坐覺諸天近，空香送落花。

【眉批】盛麗高曠，佛地幻語，無不具。

舟中曉望

挂席東南望，青山水國遥。舳艫争利涉，來往任風潮。問我今何適，天台訪石橋。坐看霞色曉，疑是赤城標。

從張丞相獵贈裴迪 一作《從張丞相游紀南城獵戲贈裴迪張參軍》。

從禽非吾樂，不好雲夢田。歲暮登城望，偏令鄉思懸。公一作參。卿有幾幾，一作數子。車騎何翩翩。世禄金張貴，官曹幕府連。順時行殺氣，飛刃争割鮮。十里届賓館，微聲匝伎筵。高標迴落日，平楚壓芳煙。何意狂歌客，從公亦在旃。

【眉批】

李子云：「調雜，非古非律。」

遠景自然。

陪張丞相祀紫蓋山經玉泉寺

望秩宣王命，齋心待漏行。青衿列胄子，從事有參卿。五馬尋歸路，雙林指化城。聞鐘度門近，照膽玉泉清。皂蓋依松憩，緇徒擁錫迎。天宫近兜率，沙界豁迷明。欲就終焉志，恭聞智者名。人隨逝波没，山逐覆舟傾。想像若在眼，周流空復情。謝公還欲卧，誰與濟群生。

與崔二十一游鏡湖寄包賀二公

試覽鏡湖水，中流見底清。不知鱸魚味，但識鷗鳥情。帆得樵風送，春逢穀雨晴。將探夏禹穴，稍背越王城。府掾有包子，文章推賀生。滄浪醉後唱，因子寄同聲。

【眉批】農家語，然或以雨爲應，似異。

尋梅道士

彭澤先生柳，山陰道士鵝。我來從所好，停策夏陰多。重以觀魚樂，因之鼓枻歌。崔徐迹未朽，千載挹清波。

陪姚使君題惠上人房

帶雪梅初暖，含煙柳尚青。來窺童子偈，得聽法王經。會理無知我，觀空厭有形。迷心應覺悟，客思不遑寧。

【眉批】好語。

晚春一作春晚。題遠上人南亭

給園支遁隱，虛寂養閑和。春晚群木秀，關關黄鳥歌。林栖居士竹，池養右軍鵝。炎日北窗下，清風期再過。

題融公蘭若

精舍買金開，流泉繞砌迴。芰荷薰講席，松栢映香臺。法雨晴飛去，天花晝下來。談玄殊未已，歸騎夕陽催。

登張明府海亭一本「登」上有「秋」字。

海亭秋日望，委曲見江山。染翰聊題壁，傾壺一解顏。歡逢彭澤令，歸賞故園間。予亦將琴史，栖遲共取閑。

浮舟過陳逸人别業一作《夏日浮舟過滕逸别業》。

水亭涼氣多，閑棹晚來過。澗影見藤竹，潭香聞芰荷。野童扶醉舞，山鳥助酣歌。幽賞未云徧，煙光奈夕何。

與張折衝游耆闍寺

釋子彌天秀，將軍武庫材。横行塞北盡，獨步漢南來。貝葉傳金口，山樓作賦開。因君振嘉藻，江楚氣雄哉！

【眉批】好。

自負有理。

李子云：「此首佳。」

梅道士水亭

傲吏非凡吏，名流即道流。隱居不可見，高論莫能酬。水接仙源近，山藏鬼谷幽。再來迷處所，花下問漁舟。

【眉批】好。

事料不凡，得語故異。

李子云：「亦佳。」

宿立公房

支遁初求道，深公笑買山。如何石巖趣，亦自在有味。自入户庭間。苔澗春泉滿，蘿軒夜月閑。能令許玄度，吟卧不知還。

【眉批】

用得也好，固宜不經人道。

李子云：「佳。」

登龍興寺閣

閣道乘空出，披軒遠目開。逶迤見江勢，客至屢緣迴。兹郡何填委，遥山復幾哉。蒼蒼皆草木，處處盡樓臺。驟雨一陽散，行舟四海來。鳥歸餘興遠，一作滿。周覽更徘徊。

【眉批】

但有此景，亦不肯寫。

能賦。

李子云：「能賦，信然。」

游精思山房一本「思」下有「題觀主」三字。

誤入花源裏，初憐竹徑深。方知仙子宅，未有世人尋。舞鶴過閑砌，飛猿嘯密林。漸通玄妙理，深得坐忘心。

來一作本。闍黎新亭作

八解禪林秀，三明給苑才。地偏香界遠，心净水亭開。傍險山查立，尋幽石徑迴。瑞花長自下，靈藥豈須栽。碧網交紅樹，亦有模寫，第不雕飾。清泉盡緑苔。戲魚聞法聚，暗用。閑鳥誦經來。棄象玄應悟，忘言理必該。静中何所得，吟詠也徒哉。

【眉批】

下句容易勝。

秦中苦雨思歸贈袁左丞

爲學三十載，閉門江漢陰。明敭遭聖代，一作逢聖主。羈旅屬秋霖。豈直昏墊苦，亦爲豪勢沈。二毛催白髮，百鎰罄黄金。淚憶峴山墮，愁懷湘水深。謝公積憤懣，莊舄空謠吟。躍馬非吾事，狎鷗真我心。寄言當路者，去矣北山岑。

【眉批】

等閑見。

李子云：「語雖拗，自是律體。」

秋日陪李侍御渡松滋江

南紀西江闊，皇華御史雄。截流寧假楫，挂席自生風。寮寀争攀鷁，魚龍亦避驄。坐聽白雪唱，翻入棹歌中。

【眉批】

頌德語。

九日龍沙作寄劉大昚虚

龍沙豫章北，九日挂帆過。風俗因時見，湖山發興多。客中誰送酒，棹裏自成歌。歌竟乘流去，滔滔任夕波。

【眉批】

自要寫得似，不似即與別人何異？

李子云：「飲字相接，是轉調法。」

卷之下

唐　襄陽孟浩然　撰
宋　廬陵劉辰翁　評
明　北地李夢陽　參

五言律詩

秦中感秋寄遠上人

一丘常欲卧，三徑苦無資。北土非吾願，東林懷我師。黄金燃桂盡，壯志逐年衰。日夕凉風至，聞蟬但益悲。

【眉批】

吾評孟浩然詩，非不經思，只是吐出。

李子云：「『黄金燃桂盡』，終傷氣，結句好。」

酬李少府 一作《重酬李少府見贈》。

養疾衡茅下，由來浩氣真。五行將禁火，十步任尋春。致敬惟桑梓，邀歡即主人。還看後凋色，青翠有松筠。

【眉批】

似方外語。

李子云：「亦只尋常。」

宿永嘉江寄山陰崔少府國輔

我行窮水國，君使入京華。相去日千里，孤帆天一涯。卧聞海潮至，起視江月斜。借問同舟客，何時到永嘉。

【眉批】

不必思索，皆有。

李子云：「佳。」

洛中寄王九迥一作《上巳日洛中寄王迥十九》。

卜洛成周地，浮杯上巳筵。鬥鷄寒食下，走馬射堂前。垂柳金堤合，平沙翠幙連。不知王逸少，何處會群賢。

【眉批】

李子云：「盛唐人皆如此作。」

江上寄山陰崔少府

春堤楊柳發，憶與故人期。草木本無意，榮枯自有時。山陰定遠近，江上日相思。不及蘭亭會，空吟祓禊詩。

送洗然弟進士舉

獻策金門去，承歡綵服違。以吾一日長，念爾聚星稀。昏定須温席，寒多未授衣。桂枝如已擢，早逐雁南飛。

【眉批】

李子云：「『以吾一日長』二句佳。」

夜泊廬江聞故人在東寺一作東林寺。詩寄之

江路經廬阜，松門入虎溪。聞君尋寂樂，清夜宿招提。古鏡山精怯，禪床怖鴿栖。一燈如悟道，爲照客

心迷。

【眉批】

玄之又玄。

宿桐廬江寄廣陵舊游

山暝聽猿愁，蒼一作滄。江急夜流。風鳴兩岸葉，月照一孤舟。建德非吾土，維揚憶舊游。還將兩行淚，遥寄海西頭。

【眉批】

「一孤舟」似病，天趣自得。

和張二途中遇雪

一本「途」字上作「張三自穰縣還」。

風吹沙海雪，來作柳園春。宛轉隨香騎，輕盈伴玉人。歌疑郢中客，態比洛川神。今日南歸楚，雙飛似入秦。

【眉批】便是浩然詩，流麗非盡枯澀，更極戀看。

同王九題就師山房

晚憩支公室，故人逢右軍。軒窗避炎暑，翰墨動新文。竹蔽簷前日，雨隨堦下雲。同游清蔭偏，吟卧夕陽曛。江静棹歌歇，溪深樵語聞。歸途未忍去，携手戀清芬。

【眉批】好。

陪張丞相登荆州城樓因寄一本「寄」下有「蘓臺」二字。張使君一本「君」下有「及浪泊戍主劉家」七字。

薊門天北畔，銅柱日南端。出守聲彌遠，投荒法未寬。側身聊倚望，携手莫同歡。白璧無瑕玷，青松有歲寒。府中丞相閣，江上使君灘。興盡迴舟去，方知行路難。

京還贈張維

拂衣去何處，高枕南山南。欲徇五斗禄，其如七不堪。早朝非晏起，束帶異抽簪。因向智者説，游魚思舊潭。

【眉批】

李子云：「亦是健。」

聞裴一本「裴」下有「侍御」二字。朏自襄州司户除豫州司户因一本「因」下有「投以」二字。寄

故人荆河掾，尚有栢臺威。移職自樊沔，芳聲聞帝畿。昔余卧林巷，載酒訪柴扉。松菊無時賞，鄉園懶欲歸。

南還舟中寄袁太祝

沿泝非便習，風波厭苦辛。忽聞遷谷鳥，來報武陵春。嶺北迴征棹，巴東問故人：桃源在何處？游子正迷津！

和宋太史北樓新亭

返耕意未遂，日夕登城隅。誰謂山林近，坐爲符竹拘。麗譙非改作，軒檻是新圖。遠水自嶓冢，長雲吞具區。願隨江鷁賀，差逐府寮趍。欲識狂歌客，丘園一竪儒。

贈蕭少府

上德如流水，安仁道若山。聞君秉高節，而得奉清顏。鴻漸升台羽，牛刀列下班。處腴能不潤，居劇體常閑。去詐人無諂，除邪吏息奸。欲知清與潔，明月照澄灣。

【眉批】李子云：「也如此作。」

荆門上張丞相

共理分荆國，招賢愧楚材。召南風更闡，丞相閣還開。覯止欣眉睫，沈淪拔草萊。坐登徐孺榻，頻接李膺杯。始慰蟬鳴柳，俄看雪間梅。四時年籥盡，千里客程催。日下瞻歸翼，沙邊厭曝鰓。佇聞宣室召，星象復中台。

【眉批】李子云：「氣不足。」

題李十四莊兼一作因。贈綦毋校書

聞君息陰地，東郭楊柳間。左右瀍澗水，門庭緱氏山。抱琴來取醉，垂釣坐乘閑。歸客莫相待，尋源殊未還。

【眉批】

自得語。

同張明府碧溪贈答

別業聞新製，同聲應者多。還看碧溪答，不羨綠珠歌。自有陽臺女，朝朝拾翠過。綺筵一作舞庭。鋪錦綉，妝牖閉藤蘿。秩滿休閑日，春餘景色和。仙鳧能做伴，羅襪共凌波。別島尋花藥，迴潭折芰荷。更憐斜日照，紅粉艷青娥。

【眉批】

泛語神奇。

李子云：「亦善道富貴語。」

行至汝墳寄盧徵君

行乏憩予駕，依然見汝墳。洛川方罷雪，嵩嶂有殘雲。曳曳半空裏，溶溶五色分。聊題一時興，因寄盧徵君。

和張丞相春朝對雪

迎氣當春立，承恩喜雪來。潤從河漢下，花逼艷陽開。不睹豐年瑞，安知燮理才。撒鹽如可擬，願糝和羹梅。

【眉批】

謂立春日，起得奇怪。

上張吏部

公門世緒昌，才子冠裴王。出自平津邸，還爲吏部郎。神仙餘氣象，列宿動輝光。夜直南宫静，朝趍北禁長。時人窺水鏡，明主賜衣裳。翰苑飛鸚鵡，天池待鳳凰。

【眉批】

其形容人物語如此，不覺其俗，彌見其高。

寄天台道士

海上求仙客，三山望幾時。焚香宿華頂，裛露採芳芝。屢踐莓苔滑，將尋汗漫期。倘因松子去，長與世人辭。

和張明府登鹿門山

忽示登高作，能寬旅寓情。弦歌既多暇，山水思彌清。草得風先動，虹因雨後成。謬承巴俚和，非敢應同聲。

【眉批】李子云：「『草得風先動』二句，雖細不傷。」

和張一作于。判官登萬山亭因贈韓都督一作洪府都督韓公。

韓公美襄土，日賞城西岑。結構意不淺，巖潭趣亦深。皇華一動詠，荆國盛謡吟。舊徑蘭勿剪，新堤柳欲陰。砌傍餘怪石，沙上有閑禽。自牧豫章郡，空瞻楓樹林。因聲寄流水，善聽在知音。耆舊眇不接，崔徐無處尋。物情多貴遠，賢俊豈無今。遲爾長江暮，澄清一洗心。

【眉批】

李子云：「亦是律。」

泊宣城界一本「泊」上有「夜」字。

西塞沿江島，南陵問驛樓。湖平津濟闊，風止客帆收。去去懷前浦，茫茫泛夕流。石逢羅刹碍，山泊敬亭幽。火熾梅根冶，煙迷楊葉洲。離家復水宿，相伴賴沙鷗。

【眉批】

不必某處某人，景外語，語外意，平生往往失之。

宿武陵即事

川暗夕陽盡，孤舟泊岸初。嶺猿相叫嘯，潭影似空虛。就枕滅明燭，扣船聞夜漁。鷄鳴問何處，人物是秦餘。

【眉批】

隨意唱出，自無俗意。

李子云：「『似』字不佳。」

永嘉上浦館逢張子容

逆旅相逢處，江村日暮時。衆山遥對酒，孤嶼共題詩。廨宇鄰蛟室，人煙接島夷。鄉園萬餘里，失路一相悲。

【眉批】「衆山」、「孤嶼」且不犯時景，句句淘洗欲盡。

次蔡陽館

日暮馬行疾，城荒人住稀。聽歌疑近楚，投館忽如歸。魯堰田疇廣，章陵氣色微。明朝拜嘉慶，須着老萊衣。

【眉批】李子云：「好，好。」

泝江至武昌

家本洞湖上，歲時歸思催。客心徒欲速，江路苦邅迴。殘凍因風解，新梅度臘開。行看武昌柳，髣髴映樓臺。

【眉批】雖屬人情，語未簡至。

途次一作落日。望鄉

客行愁落日，鄉思重相催。況在他山外，天寒夕鳥來。雪深迷郢路，雲暗失陽臺。可嘆凄惶子，狂一作勞。歌誰爲媒。

【眉批】李子云：「好。」得之。

人日登南陽驛亭子懷漢川諸友一本「驛」下有「門」字。

朝來登陟處，不似艷陽時。異縣殊風物，羈懷多所思。剪花驚歲早，看柳訝春遲。未有南飛雁，裁衣欲寄誰。

【眉批】

其嫩膩如此。

李子云：「『剪花』二句終傷氣。」

卧疾懷歸 一本上有「初年樂城館中」。

異縣天隅僻，孤帆海畔過。往來鄉信斷，留滯客情多。臈月聞雷震，東風感歲和。蟄蟲驚户穴，巢鵲盼庭柯。徒對芳尊酒，其如伏枕何。歸歟理舟楫，江海正無波。

初出關旅亭夜坐懷王大校書

向夕槐煙起，葱籠池館曛。客中無偶坐，關外惜離群。燭至螢光滅，荷枯雨滴聞。永懷芸閣友，寂寞滯楊雲。

【眉批】

李子云：「楊雲，楊子雲也。古人多剪人名姓用入詩。」

早寒江上旅一作有。懷

木落雁南渡，北風江上寒。我家襄水曲，遥隔楚雲端。鄉淚客中盡，孤帆天際看。迷津欲有問，平海夕漫漫。

閑園懷蘇子

林園雖少事，幽獨自多違。向夕開簾坐，庭陰落景微。鳥從煙樹宿，螢傍水軒飛。感念同懷子，京華去不歸。

【眉批】

一種情緒。

李子云：「好，好。」

傷峴山雲表觀主一作主人。

少小學書劍，秦吴多歲年。歸來一登眺，陵谷尚依然。豈意餐霞客，溘隨朝露先。因之問閭里，把臂幾人全。

【眉批】

李子云："好，凄中有健。"

上巳日澗南園期王山人陳七諸公不至

摇艇候明發，花源弄晚春。在山懷綺季，臨漢憶荀陳。上巳期三月，浮杯興十旬。坐歌空有待，行樂恨無鄰。日晚蘭亭北，煙花曲水濱。浴蠶逢姹女，采艾值幽人。石壁堪題叙，沙場好解紳。群公望不至，虚擲此芳辰。

九日峴山宴一本「九日」上有「盧明府」三字，「宴」下有「來使君張郎中崔員外」九字。

宇宙誰開闢，江山此鬱盤。登臨今古用，風俗歲時觀。地理荆州分，天涯楚塞寬。百城今刺史，華省舊郎官。共美重陽節，俱懷落帽歡。酒邀彭澤載，琴輟武城彈。獻壽先浮菊，尋幽或籍蘭。煙虹鋪藻翰，松竹掛衣冠。叔子神如在，山公興欲闌。傳聞車馬醉，還向習池看。

題張野人園廬

與君園廬並，微尚頗亦同。耕釣方自逸，壺觴趣不空。門無俗士駕，人有上皇風。何處先賢傳，惟稱龐德公。

送張祥一作翔。之房陵

我家南渡頭，慣一作隱。習野人舟。日夕弄清淺，林湍逆上流。鄢陵一作山河。據形勝，天地生豪酋。君意在利涉，知音期自一作暗。投。

送莫甥兼諸昆仲弟從司馬入西軍

念爾習詩禮，未曾違户庭。平生早偏露，萬里更飄零。坐棄三冬業，行觀八陣形。飾裝辭故里，謀策赴邊庭。壯志吞鴻鵠，遥心伴鶺鴒。所從文與武，不戰自應寧。

送袁太祝尉豫章

何幸遇休明，觀光來上京。將逢武陵客，獨送豫章行。隨牒牽黄綬，離群會墨卿。江南佳麗地，山水舊難名。

都下送辛大之鄂

南國辛居士，言歸舊竹林。未逢調鼎用，徒有濟川心。予亦忘機者，田園在漢陰。因君故鄉去，還寄式微吟。

【眉批】李子云："自《題張野人園廬》至此五首不佳，傷於吐易。"

他鄉七夕

他鄉逢七夕，旅館益羈愁。不見穿針婦，空懷故國樓。緒風初減熱，新月始登秋。誰忍窺河漢，迢迢問斗牛。

【眉批】他用"緒風"別，猶言餘也。

夜泊牛渚趁薛八船不及

星羅牛渚夕，風退鷁舟遲。浦溆常同宿，煙波忽間之。榜歌空裏失，船火望中疑。明發泛滄海，茫茫何處期。

【眉批】李子云："自別，他人決道不出。"

曉入南山

瘴氣曉氛氳，南山復水雲。鯤飛今始見，鳥墮舊來聞。地接長沙近，江從泊渚分。賈生曾弔屈，予亦痛斯文。

行出東山望漢川一作《行至漢川作》。

異縣非吾土，連山盡緑篁。平田出郭少，盤隴入雲長。萬壑歸於海，千峰劃彼蒼。猿聲亂楚峽，一作岫。人語帶巴鄉。石上攢椒樹，藤間綴一作卷。蜜房。雪餘春未暖，嵐解晝初陽。征馬疲登頓，歸帆愛渺茫。坐欣沿溜下，信宿見維桑。

【眉批】

有樸有工，工處不失其樸。

語到。

下灨石

灨石三百里，沿洄千嶂間。沸聲常活活，洊勢亦潺潺。跳沫魚龍沸，垂藤猿狖攀。傍人苦奔峭，而我忘險艱。放溜情彌愜，登艫目自閑。瞑帆何處泊，徑指落星灣。

除夜欒城逢張子容一作張少府宅。

雲海泛甌閩，風潮泊島濱。何知歲除夜，得見故鄉親。子是乘槎客，予爲失路人。平生復能幾，一别十餘春。

【眉批】

無不成詩。

除夜會欒城張少府宅

疇昔通家好，相知無間然。續明催畫燭，守歲接長筵。舊曲梅花唱，新正柏酒傳。客行隨處樂，不見度年年。

【眉批】

正言似反。

夜渡湘水

客舟貪利涉，夜裏渡湘川。露氣聞芳杜，歌聲識採蓮。榜人投岸火，漁子宿潭煙。行侶時相問，潯陽何處邊。

【眉批】

清潤自喜。

送韓使君除洪州都曹

述職撫荆衡，分符襲寵榮。往來看擁傳，前後頓專城。勿翦棠猶在，波澄水更清。重符江漢理，旋改豫章行。召父多遺愛，羊公有令名。衣冠列祖道，耆舊擁前旌。峴首晨風送，江陵夜火迎。無才慚孺子，千里愧同聲。

【眉批】

李子云：「語雜。」

自洛之越

皇皇二一作三。十載，書劍兩無成。山水尋吳越，風塵厭洛京。扁舟泛湖海，長揖謝公卿。且樂杯中物，誰論世上名。

【眉批】李子云：「何等氣魄！」

歸至郢中

遠游經海嶠，反棹歸山阿。日夕見喬木，鄉關在伐柯。愁隨江路盡，喜入郢門多。左右看桑土，依然即匪他。

【眉批】雖無好處，亦是實見，此愛渺茫又切。

送蘇六從軍一作《送吴宣從事》。

才有幕中畫，而無塞上勳。漢兵將滅虜，王粲始從軍。旌旆邊庭去，山川地脉分。平生一匕首，感激贈夫君。

【眉批】李子云：「是從軍詩。」

赴京一作命。途中遇雪

迢遞秦京道，蒼茫歲暮天。窮陰連晦朔，積雪滿山川。落雁迷沙渚，飢烏噪野田。客愁空佇立，不見有人煙。

【眉批】

李子云：「不得落雁一聯，終傷于曠。」

決不爲小兒語求工者。

久滯洛一作越。中貽謝南池會稽賀少府

陳平無産業，尼父倦東西。負郭昔云翳，問津今亦迷。未能忘魏闕，空此滯秦稽。兩見夏雲起，再聞春鳥啼。懷仙梅福市，訪舊若耶溪。聖主賢爲寶，卿何隱遁栖。

【眉批】

李子云：「慷慨。」

途中晴 一本「晴」上有「遇」字。

已失巴陵雨，猶逢蜀坂泥。天開斜景偏，山出晚雲低。餘濕猶霑草，殘流尚入谿。今宵有明月，鄉思遠凄凄。

【眉批】

不似着意，好語。

李子云：「通透。」

餞張郎中除義王府司馬 一本題上有「同盧明府」，下有「海園作」。

上國山河裂，賢王邸第開。故人供職去，潘令寵行來。冠蓋趍梁苑，江湘失楚材。豫愁軒騎動，賓客散池臺。

【眉批】

上句壯（批「上國」句）。

又極典刑，末意更濃。

送友東歸 一作《廣陵别薛八》。

士有不得志，栖栖吴楚間。廣陵相遇罷，彭蠡泛舟還。檣出江中樹，波連海上山。風帆明日遠，何處更追攀。

【眉批】

起得雄渾。

起慨然如嘆，句句好，句句别。

别張子容

舊國余歸楚，新年子北征。挂帆愁海路，分手戀朋情。日夜故園意，汀洲春草生。何時一杯酒，重與季一作李。膺傾。

留别王維

寂寂竟何待，朝朝空自歸。欲尋芳草去，惜與故人違。當路誰相假，知音世所稀。祇應守寂寞，還掩故園扉。

【眉批】

個中人，個中語，看着便不同。

末意更悲。

送子容進士舉

夕曛山照滅，送客出柴門。惆悵野中別，殷勤醉後言。茂陵余偃息，喬木爾飛翻。無使谷風誚，須令友道存。

【眉批】

寫得濃盡。

李子云：「惟樸乃古，又是一種。」

京還別新豐友

一本「別」上有「留」字，「友」上有「諸」字。

吾道昧所適，驅車還向東。主人開舊館，留客醉新豐。樹繞温泉緑，塵遮晚日紅。拂衣從此去，高步躡華嵩。

送張參明經舉兼向涇州覲省

十五彩衣年，承歡慈母前。孝廉因歲貢，懷橘向秦川。四座推文舉，中郎許仲宣。泛舟江上别，誰不仰神仙。

早春潤州送從弟還鄉

兄弟游吴國，庭闈戀楚關。已多新歲感，更餞白眉還。歸泛西江水，離筵北固山。鄉園欲有贈，梅柳看先攀。

游江西一作浙江西上。留别富陽裴劉二少府

西上浙江西，臨流惜解携。千山疊成嶂，萬水瀉爲溪。石淺流難泝，藤長險易躋。誰憐問津客，歲晏此中迷。

【眉批】李子云：「『千山疊成嶂』二句，不透。」

送袁十三嶺南尋弟

早聞牛渚詠，今日鶺鴒心。翼羽嗟零落，悲鳴別故林。蒼梧白雲遠，空水洞庭深。萬里獨飛去，南風遲爾音。

送謝録事之越

清旦江天迥，涼風西北吹。白雲向吴會，征帆亦相隨。想到耶溪日，應探禹穴奇。仙書倘相示，余在北山陲。

【眉批】李子云：「『白雲向吴會』二句，詩亦似之。」

送奚三還揚州 一本題上有「洛下」二字。

水國無邊際，舟行與便一作共使。風。羡君從此去，朝夕見鄉中。予亦離家久，南歸恨不同。音書若有問，江上會相逢。

【眉批】李子云：「只似説話，却妙。」

送王五昆季覲省

公子戀庭闈，勞歌涉海沂。水乘舟楫去，親望老萊歸。斜日催烏鳥，清江照綵衣。平生急難意，遥仰鶺鴒飛。

送王昌齡之嶺南

洞庭去遠近，楓葉早驚秋。峴首羊公愛，長沙賈誼愁。土毛一作風。無縞紵，鄉味有槎頭。已抱沉痾疾，更貽魑魅憂。數年同筆硯，兹夕間一作異。衾裯。意氣今何在，相思望斗牛。

【眉批】

李子云：「王、孟名相亞，不愧同學。」

送崔遏一作易。

片玉來夸楚，治中作主人。江山曾潤色，詞賦動陽春。别館當虚敞，離情任吐申。因聲兩京舊，誰念卧漳濱。

送盧少府使秦

楚關望秦國，相去千里餘。州縣勤王事，山河轉使車。祖筵江上列，離恨别前書。願及芳年賞，嬌鶯二月初。

送桓子之郢成禮 一作郢城過禮。

聞君馳綵騎，蹀躞指荆衡。爲結潘楊好，言過鄢郢城。摽梅詩有贈，羔雁禮將行。今夜神仙女，應來感夢情。

峴山送蕭員外使荆州

峴山江岸曲，郢水郭門前。自古登臨處，非今獨黯然。亭樓明落照，井邑秀通川。澗竹生幽興，林風入管弦。再飛鵬激水，一舉鶴沖天。佇立三荆使，看君駟馬旋。

【眉批】

寫入中對，自曠自癡。

裴司士員司户見尋

府僚能枉駕，家醞復新開。落日池上酌，清風松下來。厨人具鷄黍，稚子摘楊梅。誰道山翁醉，猶能騎馬迴。

【眉批】

大巧若拙，或謂「楊梅」假對，謬論。

峴山送張去非游巴東

峴山南郭外，送別每登臨。沙岸江村近，松門山寺深。一言予有贈，三峽爾將尋。祖席宜城酒，征途雲夢林。蹉跎游子意，眷戀故人心。去矣勿淹滯，巴東猿夜吟。

【眉批】

李子云：「情思宛然，慨然。」

同盧明府早秋宴張郎中海亭

側聽弦歌宰，文書游夏徒。故園欣賞竹，爲邑幸來蘇。華省曾聯事，仙舟復與俱。欲知臨泛久，荷露漸成珠。

【眉批】

皆自出意。

李子云：「語散。」

張明府休沐還鄉宴海亭一作海亭宴集。一本「張」上有「奉先」二字。

自君理畿甸，予亦經江淮。萬里書信斷，數年雲雨乖。歸來休澣日，始得賞心諧。朱紱恩雖重，滄洲趣每懷。樹低新舞閣，山對舊書齋。何以發秋一作佳。興，陰蟲鳴夜堦。

裴明府席遇張房

河縣柳林邊，河橋晚泊船。文叨才子會，官喜故人連。笑語同今席，輕肥異往年。晨風理歸棹，吴楚各依然。

【眉批】

李子云：「何用人憐，結語更索。」

夏日與崔二十一同集衛明府宅

言避一時暑，池亭五月開。喜逢金馬客，同飲玉人杯。舞鶴乘軒至，游魚擁釣來。座中殊未起，簫鼓莫相催。

宴張記室宅

甲第金張館，門庭軒騎過。一作多。家封漢陽郡，文會楚才多。曲島浮觴酌，前山入詠歌。妓堂花映發，書閣柳逶迤。玉指調一作彈。筝柱，金泥飾舞羅。寧知書劍客，一作者。年歲獨蹉跎。

清明日宴梅道士房

林臥愁春盡，搴幃一作開軒。覽物華。忽逢青鳥使，邀入赤松家。金竈初開火，仙桃正發花。童顔若可駐，何惜醉流霞。

【眉批】

李子云：「如此作便好。」

寒夜宴張明府宅

瑞雪初盈尺，寒宵始半更。列筵邀酒伴，刻燭限詩成。香炭金爐暖，嬌弦玉指清。醉來方欲臥，不覺曉鷄鳴。一作厭厭不覺醉，歸路曉霞生。

【眉批】

李子云：「太細。」

韓大使東齋會岳上人諸學士

郡守虚陳榻，林間召楚材。山川祈雨畢，品物喜晴開。抗禮尊縫掖，臨池揖渡杯。徒攀朱仲李，誰薦和羹梅。翰墨緣情製，高深以意裁。滄洲趣不遠，何必問蓬萊。

宴榮山人池亭

甲第開金穴，一作甲第金張宅。榮期樂自多。櫪嘶支遁馬，池養右軍鵝。竹引携一作稽。琴入，花邀載一作戴。酒過。山翁來取醉，時唱接離歌。

【眉批】

李子云：「富麗暢健。」

李少府與楊九再過

弱歲早登龍，今來喜再逢。如何春月柳，猶憶歲寒松。烟火臨寒食，笙歌達一作咽。曉鐘。諠諠門鶏道，行樂羨朋從。

宴崔明府宅觀妓

畫堂觀妙妓，長夜正留賓。燭吐蓮花艷，妝成桃李春。髻鬟低舞席，衫袖掩歌唇。汗濕偏宜粉，羅輕詎着身。調移筝柱促，歡會酒杯傾。倘使曹王見，應嫌洛浦神。

【眉批】語不深入而佳。

尋一作宿滕。陳逸人故居

人事一朝盡，荒蕪三徑休。始聞漳浦卧，奄作岱宗游。池水猶涵墨，山雲已落秋。今朝泉壑裏，何處覓藏舟。

【眉批】其人已死，索語偏敻。

李子云：「後四句不稱。」

九日懷襄陽 一本題上有「途中」二字。

去國已如昨，倏然經杪秋。峴山不可見，風景令人愁。誰采籬下菊，應閑池上樓。宜城多美酒，歸與葛强游。

過故融公蘭若

池上青蓮宇，林間白馬泉。故人成異物，過客獨潸然。既禮新松塔，還尋舊石筵。平生竹如意，猶掛草堂邊。

【眉批】

李子云：「無限悲痛，皆在言外。」

南山下與老圃期種瓜

樵牧南山近，林閭北郭賒。先人留素業，老圃作鄰家。不種千株橘，惟資五色瓜。邵平能就我，開逕剪蓬麻。

【眉批】

其凄淡，自先人語此。

歲暮歸南山

北闕休上書，南山歸弊廬。不才明主棄，多病故人疏。白髮催年老，青陽逼歲除。永懷愁不寐，松月夜窗虛。

【眉批】他人有此起，無此結，每見短氣，亦其最得意之詩，最失意之日，故爲明皇誦之。

尋張五迴夜園作

聞就龐公隱，移居近洞湖。興來林是竹，歸卧谷名愚。挂席樵風便，開軒琴月孤。歲寒何用賞，霜落故園蕪。

【眉批】楚楚一字不妄。

過故人莊

故人具鷄黍，要如此。邀我至田家。緑樹村邊合，青山郭外斜。開筵面場圃，把酒話桑麻。待至重陽日，還來就菊花。

【眉批】

每以自在相凌厲。

李子云：「『就』字好。」

東陂遇雨貽謝南池一本「貽」上有「率爾」二字。

田家春事起，丁壯就東陂。殷殷雷聲作，森森雨足垂。海虹晴始見，河柳潤初移。予意在耕鑿，因君問土宜。

【眉批】

似目前而非目前。

李子云：「『河柳潤初移』，似晚唐句。」

游精思觀迴王白雲在後

出谷未亭午，至家日已曛。迴瞻山下路，但見牛羊群。樵子暗相失，草蟲寒不聞。衡門猶未掩，佇立待夫君。

【眉批】並與蟲聲無之，則其境可悲。

李氏園卧疾

我愛陶潛一作家。趣，林園無俗情。春雷百卉拆，寒食四鄰清。伏枕嗟公幹，歸田羨子平。年年白社客，空滯洛陽城。

【眉批】寒食慘澹，更念四鄰。

游景光寺一作《景空蘭若》。

龍象經行處，山腰度石關。屢迷青嶂合，時愛緑蘿閑。宴息花林下，高談竹嶼間。寥寥隔塵事，疑是入鷄山。

【眉批】「屢」字又好，「水迴青嶂合」，有非水迴者，山行路盡，乃知此語有趣。

武陵泛舟

武陵川路狹，前棹入花林。莫測幽源裏，仙家信幾深。水迴青嶂合，雲渡綠溪陰。坐聽閑猿嘯，彌清塵外心。

【眉批】上面則劇道，亦不惡。

夏日辨玉法師茅齋

夏日茅齋裏，無風坐亦涼。竹林深筍穊，藤架引稍長。燕覓巢窠處，蜂來造蜜房。物華皆可玩，花蘂四時芳。

【眉批】小見造作，復有遇此，而妙意自在玄黄之外。

姚開府山池

主人新邸第，相國舊池臺。館是招賢闢，樓因教舞開。軒車人已散，簫管鳳初來。今日龍山下，誰知文舉才。

【眉批】好氣象時節。

美人分香

艷色本傾城，分香更有情。髻鬟垂欲解，眉黛拂能輕。舞學平陽態，歌翻子夜聲。春風狹斜道，含笑待逢迎。

【眉批】「解」字妙，輕者不暇更濃也。必欲其脂粉，亦不過如此，故是可觀。

閨　情

一別隔炎涼，君衣忘短長。裁縫無處等，以意忖情量。畏瘦疑傷窄，防寒更厚裝。半啼封裹了，知欲寄誰將。

賦得盈盈樓上女

夫壻久别離，青樓空望歸。妝成卷簾坐，愁思懶縫衣。燕子家家入，楊花處處飛。空床難獨守，誰爲解金徽。

【眉批】至濃至淡，甚合人意。

春　怨

佳人能畫眉，妝罷出簾帷。照水空自愛，折花將遺誰？春情多艷逸，春意倍相思。愁心極楊柳，一種亂如絲。

【眉批】矜麗婉約。

寒夜

閨夕綺窗閉，佳人罷縫衣。理琴開寶匣，就枕卧重幃。夜久燈花落，薰籠香氣微。錦衾重自暖，遮莫曉霜飛。

【眉批】

似詞。

李子云：「亦不見好。」

長安早春

關戍惟東井，城池起北辰。咸歌太平日，共樂建寅春。雪盡青山樹，冰開黑水濱。草迎金埒馬，花伴玉樓人。鴻漸看無數，鶯歌聽欲頻。何當桂枝擢，歸及柳條新。

【眉批】

是寒食富貴語。

李子云：「『鴻漸』、『鶯歌』何言早春，黑水亦遠。」

九日得新字

九日未成句，重陽即此辰。登高聞故事，載酒訪幽人。落帽恣歡飲，授衣同試新。茱萸正可佩，折取寄情親。

【眉批】

李子云：「亦淺。」

臘月八日於剡縣石城寺禮佛

石壁開金像，香山繞鐵圍。下生彌勒見，回向一心歸。竹栢禪庭古，樓臺世界稀。夕嵐增氣色，餘照發光輝。講席邀談柄，泉堂施浴衣。願承功德水，從此濯塵機。

同獨孤使君東齋作

郎官舊華省，天子命分憂。襄土歲頻旱，隨車雨再流。雲陰自南楚，河潤及東周。廨宇宜新霽，田家賀有秋。竹間殘照入，池上夕陽浮。寄謝東陽守，何如八詠樓。

同曹三御史行泛湖歸越

秋入詩人興，巴歌和者稀。泛湖同旅泊，吟會是歸思。白簡徒推薦，滄洲已拂衣。杳冥雪海去，誰不羨鴻飛。

與顏錢塘登樟亭望潮作

百里雷聲震，鳴弦暫輟彈。府中還騎出，江上待潮觀。照日秋雲迴，浮天渤澥寬。驚濤來似雪，一坐凜生寒。

與白明府游江

故人來自遠，邑宰復初臨。執手恨爲別，同舟無異心。沿洄洲渚趣，演漾弦歌音。誰識躬耕者，年年梁甫吟。

游鳳林寺西嶺

共喜年華好，來游石水間。煙容開遠樹，春色滿幽山。壺酒朋情洽，琴歌野興閑。莫愁歸路暝，招月伴人還。

贈道士參寥

蜀琴久不弄，玉匣細塵生。絲脆弦將斷，金徽色尚榮。知音徒自惜，聾俗本相輕。不遇鍾期聽，誰知鸞鳳聲。

洞庭湖寄閻九

洞庭秋正闊，予欲泛歸船。莫辨荆吴地，唯餘水共天。渺茫江樹没，合沓海湖連。遲爾爲舟檝，相將濟巨川。

唐城館中早發寄楊使君

犯霜駈曉駕，數里見唐城。旅館歸心逼，荒村客思盈。訪人留後信，策蹇赴前程。欲識離魂斷，長空聽雁聲。

送告八從軍

男兒一片氣，何必五車書。好勇方過我，才多便起余。運籌將入幕，養拙就閑居。正待功名遂，從軍繼兩疏。

【眉批】

起又雄渾。

送元公之鄂渚尋觀主張驂鸞

桃花春水漲，之子忽乘流。峴首辭蛟浦，江邊問鶴樓。贈君青竹杖，送爾白蘋洲。應是神仙輩，相期汗漫游。

峴山餞房琯崔興宗

貴賤平生隔，軒車是日來。青陽一覩止，雲霧豁然開。祖道衣冠列，分亭驛騎催。方期九日聚，還待二星迴。

送席大

惜爾懷其寶，迷邦倦客游。江山歷全楚，河洛越成周。道路疲千里，鄉園老一丘。知君命不偶，同病亦同憂。

送賈昇主簿之荆府

奉使推能者，勤王不暫閑。觀風隨按察，乘騎度荆關。送別登何處，開筵舊峴山。征軒明日遠，空望郢門閶。

送王大校書

導漾自嶓冢，東流爲漢川。維桑君有意，解纜我開筵。雲雨從兹別，林端意渺然。尺書能不吝，時望鯉魚傳。

盧明府早秋宴張郎中海園即事

邑有弦歌宰，翔鸞狎野鷗。眷言華省舊，暫滯海池游。鬱島藏深竹，前溪對舞樓。更聞書即事，雲物是深秋。

崔明府宅夜觀妓

白日既云暮，朱顏亦已酡。畫堂初點燭，金幌半垂羅。長袖平陽曲，新聲子夜歌。從來慣留客，兹夕爲誰多。

【眉批】

起作古語，似《選》。

和賈主簿弁九日登峴山

楚萬重陽日，群公賞燕來。共乘休沐暇，同醉菊花杯。逸思高秋發，歡情落景催。國人咸寡和，遥愧洛陽才。

宴張别駕新齋

世業傳珪組，江城佐股肱。高齋徵學問，虚薄濫先登。講論陪諸子，文章得舊朋。士元多賞激，衰病恨無能。

張七及辛大見訪

山公能飲酒，居士好彈箏。世外交初得，林中契已並。納凉風颯至，逃暑日將傾。便就南亭裏，餘樽惜解酲。

除　夜

迢遞三巴路，覊危萬里身。亂山殘雪夜，孤燭異鄉人。漸與骨肉遠，轉於僮僕親。那看正漂泊，來日歲華新。

自《臘月八日》至此，排律近體二十一首，劉本所有，李本所無。考劉本批既簡少，點亦寂寥，故李删之耳。排律雜見律中，亦是李本如此，其批語多有相連者，故悉依李，不復分出。

七言古詩

送王七尉松滋得陽臺雲

君不見巫山神女作行雲，霏紅沓翠曉氛氳。嬋娟流入襄王夢，倏忽還隨零雨分。空中飛去復飛來，朝朝暮暮下陽臺。愁君此去爲仙尉，便逐行雲去不迴。

鸚鵡洲送王九游江左

昔登江上黄鶴樓，遥愛江中鸚鵡洲。洲勢逶迤繞碧流，鴛鴦鸂鶒滿灘頭。灘頭日落沙磧長，金沙耀耀動颻光。舟人牽錦纜，浣女結羅裳。月明全見蘆花白，風起遥聞杜若香，君行采采莫相忘。

【眉批】

好語。

古調。

李子云：「傷于輕。」

高陽池送朱二

當昔襄陽雄盛時，山公常醉習家池。池邊釣女日相隨，妝成照影競來窺。澄波澹澹芙蓉發，緑岸毵毵楊柳垂。一朝物變人亦非，四面荒凉人住稀。意氣豪華何處在？空餘草露濕羅衣。此地朝來餞行者，翻向此中牧征馬。征馬分飛漸日斜，見此空爲人所嗟。殷勤爲訪桃源路，予亦歸來松子家。

【眉批】

李子云：「不是長篇手。」

夜歸鹿門歌

山寺鳴鐘晝已昏，漁梁渡頭争渡喧。人隨沙岸向江村，予亦乘舟歸鹿門。鹿門月照開煙樹，忽到龐公栖隱處。巖扉松徑長寂寥，惟有幽人自來去。

和盧明府送鄭十三還京兼寄之什

昔時風景登臨地，今日衣冠送別筵。醉一作閑。坐自傾彭澤酒，思歸長望白雲天。洞庭一時驚秋早，濩落空嗟滯江島。寄與朝廷當世人，何時重見長安道！

【眉批】

李子云：「音調不恊，亦如此疏鹵。」

七言律詩

登安陽城樓

縣城南面漢江流，江嶂開成南雍州。才子乘春來騁望，群公暇日坐銷憂。樓臺晚映青山郭，羅綺晴驕緑水洲。向夕波摇明月動，更疑神女弄珠游。

【眉批】老成素净，但江嶂山水，晚夕珠綺，各不免疊意。
李子云：「疊亦不妨。」

登萬歲樓

萬歲樓頭望故鄉，獨令鄉思更茫茫。天寒雁度堪垂淚，日落猿啼欲斷腸。曲引古堤臨凍浦，斜分遠岸近枯楊。今朝偶見同袍友，却喜家書寄八行。

【眉批】有點綴，亦淺淺便是。

李子云：「該四句無味。」

除夜有懷

五更鐘漏欲相催，四氣推遷往復迴。帳裏殘燈纔去焰，鑪中香氣盡成灰。漸看春逼芙蓉枕，頓覺寒銷竹葉杯。守歲家家應未卧，相思那得夢魂來！

【眉批】

李子云：「却蕭索。」

春　情

青樓曉色珠簾映，紅粉春妝寶鏡催。已厭交歡憐枕席，相將游戲繞池臺。坐時衣帶縈纖草，行即裙裾掃落梅。更道明朝不當作，相期共鬥管弦來。

五言絶句

送友之京

君登青雲去，予望青山歸。雲山從此别，淚濕薜蘿衣。

【眉批】甚不多語，神情悄然，比之蘇州，特怨甚。

送朱大入秦

游人武陵去，寶劍值千金。分手脱相贈，平生一片心。

下浙江 一本上有「初」字，下有「舟中口號」四字。

八月觀濤罷，三江越海潯。迴瞻魏闕路，空復子牟心。

同儲十二洛陽道中

珠彈繁華子，金羈游俠人。酒酣白日暮，走馬入紅塵。

戲贈主人

客醉眠未起，主人呼解酲。已言鷄黍熟，復道甕頭清。

宿建德江

移舟泊滄渚，日暮客愁新。野曠天低樹，江清月近人。

【眉批】好，未足之句，此下亦難得好語。

口號贈王九

日暮田家遠，山中勿久淹。歸人須早去，稚子望陶潛。

醉後贈高四

四海重然諾，吾嘗聞白眉。秦城游俠客，相待半酣時。

檀溪尋故人一作尋古。

花伴一作半。成龍竹，池分躍馬溪。田園人不見，疑向洞中栖。

洛中訪袁拾遺不遇

洛陽訪才子，江嶺作流人。聞説梅花早，如何此地春。

【眉批】此十字起，豈待第三語哉？便不着一字，亦自深怨。

北澗浮一作泛。舟

北澗流恒滿，浮舟觸處通。沿洄自有趣，何必五湖中！

【眉批】結尤屬收拾。

楊子津望京口

北固臨京口，夷山近海濱。江風白浪起，愁殺渡頭人。

問舟子

向夕問舟子，前程復幾多？灣頭正堪泊，淮裏足風波。

春　曉

春眠不覺曉，處處聞啼鳥。夜來風雨聲，花落知多少？

【眉批】風流閑美，正不在多。

同張將薊門看燈

異俗非鄉俗，新年改故年。薊門看火樹，疑是燭龍燃。

尋菊花潭主人不遇

行至菊花潭，村西日已斜。主人登高去，鷄犬空在家。

張郎中梅園作

綺席鋪蘭杜，珠盤忻芰荷。故園留不住，應是戀弦歌。

送張郎中遷京

碧溪嘗共賞，朱邸忽遷榮。預有相思意，聞君琴上聲。

七言絶句

過融上人蘭若

山頭禪室掛僧衣，窗外無人水一作溪。鳥飛。黄昏半在下山一作山下。路，却聽泉聲戀翠微。

濟江問舟子 一作問同舟人。

潮落江平未有風，輕舠共濟與君同。時時引領望天末，何處青山是越中？

送杜十四之江南

荆吴相接水爲鄉，君去春江正淼茫。日暮征帆何處泊？天涯一望斷人腸！

送張少府歸秦

試登秦嶺望秦川，遥憶青門春可憐。仲月送君從此去，瓜時須及邵平田。

初　秋

不覺初秋夜漸長，清風習習重凄涼。炎炎暑退茅齋静，階下叢莎看露光。

涼州詞二首

其　一

渾成紫檀金屑文，作得琵琶聲入雲。胡地迢迢三萬里，那堪馬上送明君！

【眉批】

只須爾爾。

其二

異方之樂令人悲，羌笛胡笳不用吹。坐看今夜關山月，思殺邊城游俠兒。

評語

生成語難得，浩然詩高處不刻畫，祇似乘興。蘇州遠在其後，而澹復過之。韋應物居官自愧，閔閔(閔閔)有恤人之心，其詩如深山採藥，飲泉坐石，日宴忘歸。孟浩然如訪梅問柳，偏入幽寺。二人趣意相似，然入處不同，韋詩潤者如石，孟詩如雪，雖澹無彩色，不免有輕盈之意。

須溪劉辰翁

予觀劉子評浩然詩當矣，然有未至者焉。予讀其詩，竊亦時時附以己意，筆之俟知者論焉爾。

李夢陽

予舊獲孟詩本於内史鄉人劉君，乃其本不類體，而以題類，無謂也。比僉事於江西，會寮友關中李君，李君曰：「詩以體類是也。」於是類其體刻焉，貽諸知孟詩者。

李克嗣

識語

襄陽詩集劉須谿先生批校本，乃其全者。近更得友人潘景升家所梓行，則復有李空同先生所參評，間相攻駁，亦有删削。蓋李以崛起關中，雄視千古，故每於格調之間深求之，然亦可以見言詩者一班。今全録則從劉本，次第則從李本，以李每言若干首爲一格，若從劉則李批不協耳。獨《除夜詩》「漸與骨肉遠，轉於僮僕親」爲崔塗作，而舊所刻孟集皆有之，聲調意趣雖似相近，然唐王士源序云「詩二百一十八首」，今皆逾其數，則向來流傳錯雜，恐亦不免，非易牙亦難辨澠淄矣。

吴興凌濛初識

侄鯀柟校

王摩詰詩集

孫安邦
孫翰鉞 標點

卷[illegible]上

説明

《王摩詰詩集》七卷，凌濛初朱墨套印本。首列王縉《唐進王右丞集表》和《唐代宗皇帝批答手敕》、《舊唐書·文苑傳》、《新唐書·文藝傳》，次目録、次正文七卷，末附凌濛初識語。正文有宋劉辰翁和明顧璘眉批和行間批，題下和文中多有校語，爲凌毓枏校。該本保存了王維詩集的一些早期面貌，其校語亦可供研究者參考。

評批者之一的劉辰翁是宋元易代之際的詩人、詞家，不僅創作了大量詩詞，且評點過多家詩文集，收入凌濛初刻印本的即有陶潛、孟浩然、孟郊、韋應物、王維、李賀等諸家詩集。於此可見凌濛初對劉辰翁評批意見的重視。另一評批者顧璘爲明代中期蘇州府吴縣人，字華玉，號東橋居士，《明史》有傳，弘治丙辰九年進士，歷官廣平知縣、開封知府、山西及湖廣巡撫、南京刑部尚書，罷歸家居，治息園，築幸舍，延接江左文士，詩文酬倡，一時推爲文壇領袖。所著有《憑几集》、《憑几集續編》、《息園存稿詩》、《息園存稿文》等。顧璘詩以才調勝，《明史》稱其「少負文名，與何、李相上下」，論詩則説：「詩之爲道，貴於文質得中。過質則野，過文則靡，無氣弗壯，無才弗華，無情弗藴。」（《息園存稿文》卷九《與陳鶴論詩》）他曾評點元楊士弘的唐詩選本《唐音》，名爲《批點唐音》。在評點王維詩時也貫穿着這種詩學主張，在贊賞王維詩作的詩情畫意、詞語流麗的同時，一再肯定王維詩意的温厚，如在《和太常韋主簿五郎温泉寓目》詩上眉批：「此篇鋪寫景象，雄渾富麗；造作句律，温厚深長，皆足爲法。」在《酬郭給事》詩上眉批：「看渠結中下字，乃見盛唐温厚。右丞善作富麗語，自其胸懷本色，開口便是。結語深厚，作者少及。」在《送楊少府貶郴州》詩上眉批：「此篇遷謫之時，覺道路益遠，所過景物，皆成愁寂，已善賦矣。臨結又用一故實，番激公案，用意忠厚，其味深長，他作所無。」又批：「不沾惹君上，語覺忠厚。」特别有意思的是，將劉、顧二人的評批連讀，既能看到二者見解相同或相近處，如對《春日與裴迪過新昌里訪吕逸人不遇》，劉批：「青山流水自在。」顧批：「此篇似不經意，然結語奇突，不失盛唐。」又批：「信手拈來，頭頭是道，不可因其真率，略其雅逸也。」對《送元二使安西》，劉批：「更萬首絶句，亦無復近，古今第一矣。」顧批：「明人所謂『陽關三叠』，名下不虚。」亦可看到二者見解相左處，如對《和賈舍人早朝大明宫之作》，劉以爲：「前四句帖子語，頗不痴重。」顧則大唱反調：「右丞此篇，直與老杜頡頏，湊惟岑參及之，他皆不及。蓋氣概闊大，音律雄渾，句法典重，用字清新，無所不備故也。或猶未全美，以用衣服字太多耳。」觀古人吵嘴，益覺有趣。

目録

四言詩

卷之二

七言歌行

卷之三

五言律詩

卷之四

七言律詩

卷之五

五言排律

卷之六

五言絶句

六言絶句

卷之七

七言絶句

唐進王右丞集表

臣縉言，中使王承華奉宣進止，令臣進亡兄故尚書右丞維文章。恩命忽臨，以驚以喜。退因編録，又竊感傷。臣兄文詞立身，行之餘力。當官堅正，秉操孤直。縱居要劇，不忘清净。實見時輩，許以高流。至於晚年，彌加進道，端坐虚室，念兹無生。乘興爲文，未嘗廢業。或散朋友之上，或留篋笥之中。臣近搜求，尚慮零落。詩筆共成十卷，今且隨表奉進。曲承天鑒，下訪遺文。魂而有知，荷寵光於幽穸；殁而不朽，成大名於聖朝。臣不勝感戴悲歡之至，謹奉表以聞。臣縉誠惶誠恐，頓首頓首。謹言。

銀青光禄大夫、尚書、兵部侍郎兼御史大夫臣王縉表上。

唐代宗皇帝批答手敕

敕，卿之伯氏，天下文宗。位歷先朝，名高希代。抗行周雅，長揖楚辭。調六氣於終編，正五音於逸韻。泉飛藻思，雲散襟情。詩家者流，時論歸美。誦於人口，久鬱文房。歌以國風，宜登樂府。眎朝之後，乙夜將觀。石室所藏，殁而不朽。栢梁之會，今也則亡。乃眷棣華，克成編録。聲猷益茂，嘆息良深。

舊唐書·文苑傳

唐端明殿學士、中書侍郎兼吏部尚書、監修國史、右僕射、同中書門下平章事劉昫譔

王維字摩詰，太原祁人。父處廉，終汾州司馬，徙家於蒲，遂爲河東人。維開元九年，進士擢第。事母崔氏以孝聞。與弟縉俱有俊才，博學多藝，亦齊名。閨門友悌，多士推之。歷右拾遺、監察御史、左補闕、庫部郎中。居母喪，柴毁骨立，殆不勝。喪服闋，拜吏部郎中。天寶末爲給事中。

禄山陷兩都，玄宗出幸，維扈從不及，爲賊所得。維服藥取痢，僞稱瘖病。禄山素憐之，遣人迎置雒陽，拘於普施寺，迫以僞署。禄山宴其徒於凝碧宫，其樂工皆梨園弟子、教坊工人。維聞之悲惻，潛爲詩曰：「萬户傷心生野烟，百官何日再朝天。秋槐花落空宫裏，凝碧池頭奏管弦。」賊平，陷賊官三等定罪。維以《凝碧詩》聞於行在，肅宗嘉之，會縉請削己刑部侍郎以贖兄罪，特宥之，謫授太子中允。乾元中，遷太子中庶子、中書舍人，復拜給事中，轉尚書右丞。

維以詩名盛於開元、天寶間，昆仲宦游兩都，凡諸王駙馬豪右貴勢之門，無不拂席迎之，寧王、薛王待之如師友。維尤長五言詩。書畫特臻其妙，筆蹤措思，參於造化，而創意經圖，即有所缺，如山水平遠，雲峰石色，絶迹天機，非繪者之所及也。人有得《奏樂圖》，不知其名，維視之曰：「《霓裳》第三疊第一拍也。」好事者

集樂工按之，一無差，咸服其精思。

維弟兄俱奉佛，居常蔬食，不茹葷血。晚年長齋，不衣文彩。得宋之問藍田別墅，在輞口，輞水周於舍下，別漲竹洲花塢，與道友裴迪浮舟往來，彈琴賦詩，嘯咏終日。嘗聚其田園所爲詩，號《輞川集》。在京師日飯十數名僧，以玄譚爲樂。齋中無所有，唯茶鐺、藥臼、經案、繩床而已。退朝之後，焚香獨坐，以禪誦爲事。妻亡不再娶，三十年孤居一室，屏絶塵累。乾元二年七月卒。臨終之際，以〔縉〕在鳳翔，忽索筆作別縉書。又與平生親故作別書數幅，多敦厲朋友奉佛修心之旨，捨筆而絶。

代宗時，縉爲宰相，代宗好文，嘗謂縉曰：「卿之伯氏，天寶中詩名冠代，朕嘗於諸王座聞其樂章，今有多少文集，卿可進來。」縉曰：「臣兄開元中詩百千餘篇，天寶事後，十不存一。比於中外親故間相編綴，都得四百餘篇。」翌日上之，帝優詔褒賞。縉自有傳。

新唐書・文藝傳

宋端明殿學士兼翰林侍讀學士、龍圖閣學士、朝請大夫、守尚書吏部侍郎、充集賢殿修譔宋祁奉敕譔

王維字摩詰，九歲知屬辭，與弟縉齊名，資孝友。開元初，擢進士，調大樂丞，坐累爲濟州司倉參軍。張九齡執政，擢右拾遺。歷監察御史。母喪，毁幾不生。服除，累遷給事中。安禄山反，玄宗西狩，維爲賊得，以藥下痢，陽瘖。禄山素知其才，迎置洛陽，迫爲給事中。禄山大宴凝碧池，悉召梨園諸工合樂，諸工皆泣，維聞悲甚，賦詩悼痛。賊平，皆下獄。或以詩聞行在，時縉位已顯，請削官贖維罪，肅宗亦自憐之，下遷太子中允。久之，遷中庶子，三遷尚書右丞。縉爲蜀州刺史，未還，維自表「己有五短，縉五長，臣在省户，縉遠方，願歸所任官，放田里，使縉得還京師」。議者不之罪。久乃召縉爲左散騎常侍。上元初卒，年六十一。疾甚，縉在鳳翔，作書與别，又遺親故書數幅，停筆而化。贈秘書監。

維工草隸，善畫，名盛於開元、天寶間，豪英貴人虚左以迎，寧、薛諸王待若師友。畫思入神，至山水平遠，雲勢石色，繪工以爲天機所到，學者不及也。客有以《按樂圖》示者，無題識，維徐曰：「此《霓裳》第三疊最初拍也。」客未然，引工按曲，乃信。

兄弟皆篤志奉佛，食不葷，衣不文綵。别墅在輞川，地奇勝，有華子岡、欹湖、竹里館、柳浪、茱萸沜、辛夷

塢，與裴迪游其中，賦詩相酬爲樂。喪妻不娶，孤居三十年。母亡，表輞川地爲寺，終葬其西。

寶應中，代宗語縉曰：「朕嘗於諸王座，聞維樂章，今傳幾何？」遣中人王承華往取，縉裒集數十百篇上之。

卷之一

唐　藍田王　維　撰

宋　廬陵劉辰翁　評

附姑蘇顧璘　評

五言古詩四言附

藍田山石門精舍

落日山水好，漾舟信歸風。玩奇一作寄。不覺遠，因以緣源窮。遥愛雲木秀，初疑一作言。路不同。安知清流轉，偶與前山通。捨舟理輕策，果然愜所適。老僧四五人，逍遥蔭松柏。朝梵林未曙，夜禪山一作心。更寂。道心及牧童，世事問樵客。暝宿長林一作井。下，焚香卧瑶席。澗芳襲人衣，山月暎石壁。再尋畏迷誤，明發更登歷。笑謝一作問。桃源人，花紅復來覿。

【眉批】

此景自常有之，其詩亦若無意，故是佳趣。

世外好事語。

贈房盧氏琯

達人無不可，忘已愛蒼生。豈復小千一作十。室，弦歌在兩楹。浮人日已歸，但坐事農耕。桑榆鬱相望，邑里多鷄鳴。秋山一何净，蒼翠臨寒城。視事兼偃卧，對書不簪纓。蕭條人吏散，烏雀下空庭。鄙夫心所向，晚節異平生。將從海嶽居，守静解天刑。或可累安邑，茅茨君試營。

【眉批】

顧東橋云：「此篇韻用兩『生』字。」

贈祖三詠濟州官舍作。

蟰蛸掛虚牖，蟋蟀鳴前除。歲晏凉風至，君子復何如。高閣閴無人，離居不可道。閑門寂已閉，落日照秋草。雖有近音信，千里阻河關。中復客汝潁，去年歸舊山。結交二十載，不得一日展。貧病子既深，契闊余不淺。仲秋雖未歸，暮秋以爲期。良會詎幾日，終日長相思。

【眉批】

顧云：「步驟《選》體。」

戲贈張五弟諲

吾弟東山時，心尚一何遠。日高猶自卧，鍾動始能飯。領一作頭。上髮未梳，床頭書不卷。清川興悠悠，空林對偃蹇。青苔石上浄，細草松下軟。窗外鳥聲閑，階前虎心善。徒然萬慮多，澹爾太虚緬。一知與物平，自顧爲人淺。對君忽自得，浮念不煩遣。

張弟五車書，讀書仍隱居。染翰過草聖，賦詩輕子虚。閉門二室下，隱居十年餘。宛如野人也，時從漁父魚。秋風日蕭索，五柳高且疏。望此去人世，渡水向吾廬。歲宴同携手，只應君與予。

設罝守毚兔，垂釣伺游鱗。此是安口腹，非關慕隱淪。吾生好清静，蔬食去情塵。今子方豪蕩，思爲鼎食人。我家南山下，動息自遺身。入鳥不相亂，見獸皆相親。雲霞成伴侣，虚白侍衣巾。何事須夫子，邀予谷口真。

【眉批】

不必其人，直自輸寫。

顧云：「警語不在深。」

胡居士卧病遺米因贈

了觀四大因，根性何所有。妄計苟不生，是身孰休咎。色聲何謂客，陰界復誰守。徒言蓮華目，豈惡楊枝肘。既飽香積飯，不醉聲聞酒。有無斷常見，生滅幻夢受。即病即實相，趨空定狂走。無有一法真，無有一法垢。居士素通達，隨宜善抖擻。床上無氈卧，鍋中有粥否。齋時不乞食，定應空漱口。露葵自朝折，黄粱不煩剖。聊持數斗米，且救浮生取。

休暇還舊業便使《唐選》作盧象詩。

謝病始告歸，依依入桑梓。家人皆佇立，相候柴門裏。時輩皆長年，成人舊童子。上堂家一作嘉。慶畢，願與姻親齒。論舊忽餘悲，目存且相喜。田園轉蕪没，但有寒泉水。衰柳日蕭條，秋光清邑里。入門乍如昨，休騎非便止。中飯顧王程，離憂從此始。

宿鄭州

朝與周人辭，莫投鄭地宿。他鄉絶儔侣，孤客親僮僕。宛洛望不見，秋霖晦平陸。田父草際歸，村童雨中牧。主人東皋上，時稼繞一作遶。茅屋。蟲思機杼鳴，一作蟲鳴機杼休。雀喧禾黍熟。明當渡京水，昨晚一作夜。猶金谷。此去欲何言，窮邊徇微一作食。禄。

【眉批】

顧云：「淺不近俗，當思其難處。」

藹然戀闕之情。

觀別者

青青楊柳陌，陌上別離人。愛子游燕趙，高堂有老親。不行無可養，行去百憂新。切切委兄弟，依依向四鄰。都門帳飲別，從此謝賓親。揮淚逐前侶，含凄動征輪。車徒望不見，時時起行塵。余亦辭家者，看之淚滿巾。

【眉批】

兩語已絶（批「切切」二句）。

顧云：「情盡。」

送　別 一作《送綦毋潛落第還鄉》。

聖代無隱者，英靈盡來歸。遂令東山客，不得顧采薇。既至金門遠，孰云吾道非。江淮度寒食，京洛一作兆。縫春衣。置酒長安道，一作長廷送，一作臨長道。同心與我違。行當浮桂棹，未幾拂荆扉。遠樹帶行客，孤城一作村。當落暉。吾謀適不用，勿謂知者稀。

【眉批】

「帶」字畫意，「當」字天然。

顧云：「用意厚。」

冬日游覽

步出城東門，試騁千里目。青山横蒼林，赤日團平陸。渭北走邯鄲，關東出函谷。秦地萬方會，來朝九州牧。鷄鳴咸陽中，冠蓋相追逐。丞相過列侯，群公餞光禄。相如方老病，獨歸茂陵宿。

【眉批】

下字佳（批「青山」二句）。

平實悲壯，古意雅詞，樂府所少。

更似不須語言（批「相如」二句）。

崔濮陽兄季重前山興山西去亦對維門。

秋色有佳興，况君池上閑。悠悠西林下，自識門前山。千里横黛色，數峰出雲間。嵯峨對秦國，合沓藏荆關。殘雨斜日照，夕嵐飛鳥還。故人今尚爾，嘆息此頹顔。

【眉批】

又别，又别，有道之言。

顧云：「學陶。」

過李楫宅

閑門秋草色，終日無車馬。客來深巷中，犬吠寒林一作籬。下。散髮時未簪，道書行尚把。與我同心人，樂道安貧者。一罷宜城酌，還歸洛陽社。

渭川一作水。田家

斜光一作陽。照墟落，窮巷牛羊歸。野老念牧童，一作僮僕。倚杖候荊扉。雉雊麥苗秀，蠶眠桑葉稀。田夫荷鋤立，一作至。相見語依依。即此羨閑逸，悵然吟一作歌。式微。

【眉批】

顧云：「晚色好。」

春日田園作

屋上春鳩鳴，村邊杏花白。好。持斧伐遠楊，荷鋤覘泉脉。歸一作新。燕識故一作舊。巢，舊一作故。人看新曆。臨觴忽不御，惆悵遠一作思。行遠客。

【眉批】

顧云：「點化好。」

《卷耳》之後，得此吟諷。情致自然，抑揚有態。

齊州送祖三一作淇上别趙仙舟。

相逢方一笑，相送還成泣。祖帳已傷離，荒城復愁入。天寒遠山浮，日暮長河急。顧云：「時異上句。」解纜君已遥，望君猶一作空。佇立。

【眉批】

前四句只是眼前道不到者，末句短嫩意傷。

顧云：「清思甚多。」

贈劉藍田

籬中一作間。犬迎吠，出屋候柴扉。歲晏輸井稅，山村人夜歸。晚田始家食，一作熟。餘布成我衣。詎肯無公事，煩君問是非。

嘆白髮

我年一何長，鬢髮日已白。俯仰天地間，能爲幾時客。惆悵故山雲，徘徊空日夕。何事與時人，東城復南陌。

李陵詠 時年十九。

漢家李將軍，三代將門子。結髮有奇策，少年成壯士。長驅塞上兒，深入單于壘。旌旗列相向，簫鼓悲何已。日暮沙漠垂，戰聲烟塵裏。將令驕虜滅，豈獨名王侍。既失大軍援，遂嬰穹廬耻。少小蒙漢恩，何堪坐思此。深中欲有報，投軀未能死。引領望子卿，非君誰相理。

西施詠

艷色天下重，西施寧一作又。久微。朝爲一作仍。越溪女，暮一作暝。作吴宫妃。賤日豈殊衆，貴來方悟稀。邀人傅脂粉，不自著羅衣。君寵益嬌態，君憐無是非。當時浣紗伴，莫得同車歸。持謝鄰家子，效顰安可稀。

【眉批】

語有諷味，似淺似深。

妙（批「君寵」二句）。

顧云：「事皆如此。」

羽林騎閨人

秋月臨高城，城中管弦思。離人堂上愁，稚子堦前戲。出門復映户，望望青絲騎。行人過欲盡，狂夫終不至。左右寂無言，相看共垂泪。

【眉批】

顧云：「説得此語出，决是作家。」

偶然作

趙女彈箜篌，復能邯鄲舞。夫婿輕薄兒，鬥鷄事齊主。黄金買歌笑，用錢不復數。許史相經過，高門盈四牡。客舍有儒生，昂藏出鄒魯。讀書三十年，腰下一作間。無尺組。被服聖人教，一生自窮苦。

楚國有狂夫，妄然無心想。散髮不冠帶，行歌南陌上。孔丘與之言，仁義莫能奬。未嘗肯問天，何事須擊壤。復笑採薇人，胡爲乃長往。

田舍有老翁，垂白衡門裏。有時農事閑，斗酒呼鄰里。喧聒茅簷下，或坐或復起。短褐不爲薄，園葵固足美。動則長子孫，不曾向城市。五帝與三王，古來稱天一作君。子。干戈將揖讓，畢竟何者是。得意苟爲樂，野田安足鄙。且當放懷去，行行没餘齒。

日夕見太行，沈吟未能去。問君何以然，世網嬰我故。小妹日成長，兄弟未有娶。家貧禄既薄，儲蓄非有素。幾回欲奮飛，踟蹰復相顧。孫登長嘯臺，松竹有遺處。相去詎幾許，故人在中路。愛染日已薄，禪習日已固。忽呼吾將行，寧俟歲云暮。

陶潛任天真，其性頗耽酒。自從棄官來，家貧不能有。九月九日時，菊花空滿手。心中竊自思，倘有人送否。白衣携壺觴，果來遺老叟。且喜得斟酌，安問升與斗。奮衣野田中，今日嗟無有。一作負。兀傲迷東西，簑笠不能守。傾倒强行行，酣歌歸五柳。生事不曾問，肯愧家中帚。一作婦。

【眉批】

但可從此止。

又一本無此首。

老來懶賦詩，惟有老相隨。宿世一作當代。謬詞客，前身應畫師。不能捨餘習，偶被世一作時。人知。名字本皆是，此心還不知。

晦日游大理韋卿城南别業四聲各用六韻。

郊居杜陵下，永日同携手。仁一作人。里藹川陽，平原見峰首。園廬鳴春鳩，林薄媚新柳。上卿始登席，故老前爲壽。臨當游一作送。南陂，約略執杯酒。歸與詘一伯繼。微官，惆悵心自咎。

【眉批】

勝《選》。

其二

與世澹無事，自然江海人。側聞塵外游，解驂一作弁。軛朱輪。平一作極。野照暄景，上天垂春雲。張組竟北阜，泛泛一作舟。過東鄰。故鄉信高會，牢醴及佳辰。一作家臣。幸同擊壤樂，心荷堯爲君。

其三

冬中餘雪在，墟上春流駛。風日暢懷抱，山川好天一作多秀。氣。雕胡先晨炊，一作豐酌。庖膾亦後一作雲。至。高情浪海岳，浮生寄天地。君子外簪纓，埃塵良不啻。所樂衡門中，陶然忘其貴。

其四

高館臨澄陂，曠然蕩一作望，一作理。心目。淡蕩動雲天，玲瓏映墟曲。鵲巢結空林，雉雊響幽谷。應接無閑暇，徘徊以躑躅。紆組上春堤，側弁倚喬木。弦望忽已晦，後期洲應緑。

飯覆釜山僧

晚知清净理，日與人群疏。將候遠山僧，先期掃敝廬。果從雲峰裏，顧我蓬蒿居。藉草飯松屑，焚香看道書。燃燈晝欲盡，鳴磬夜方初。已悟寂爲樂，此生閑有餘。思歸何必深，身世猶空虛。

送從弟蕃游淮南

讀書復騎射，帶劍游淮陰。淮陰少年輩，千里遠相尋。高義難自隱，明時寧陸沈。島夷九州外，泉館三山深。席帆聊問罪，卉服盡成擒。歸來見天子，拜爵賜黄金。忽思鱸魚鱠，復有滄洲心。天寒蒹葭渚，日落雲夢林。江城下楓葉，淮上聞秋砧。送歸青門外，車馬去駸駸。惆悵新豐樹，空餘天際禽。

丁寓田家有贈一作《田家贈丁寓》。

君心尚栖隱，久欲傍歸路。在朝每爲言，解印果成趣。晨鷄鳴鄰里，群動從所務。農夫行餉田，閨婦起縫素。開軒御衣服，散帙理章句。時吟招隱詩，或製閑居賦。新晴望郊郭，日映桑榆暮。陰晝一作蔭盡。小苑城，微明渭川樹。揆予宅閭井，幽賞何由屢。道存終不忘，迹異難相遇。此時惜離别，再來芳菲度。

送魏郡李太守赴任

與君伯氏一作兄。别，又欲與君離。君行無幾日，當復隔山陂。蒼茫秦川盡，日落桃林塞。獨樹臨關門，黄河向天外。前經洛陽陌，宛洛故人稀。故人離别盡，淇上轉駸騑。企予悲送遠，惆悵睢陽路。古木官渡平，秋城鄴宫一作都。故。想君行縣日，其出從如雲。遥思魏公子，復憶李將軍。

别弟縉後登青龍寺望藍田山

陌上新别離，蒼茫四郊晦。登高不見君，故山復雲外。遠樹蔽行人，長天隱秋塞。心悲游宦子，何處飛征蓋。

從軍行

吹角動行人，喧喧行人起。笳悲一作應。馬嘶亂，争渡金一作黄。河水。日暮沙漠垂，戰聲一作力戰。煙塵裏。盡繫名王一作蕃。頸，歸來見天子。見一作獻，一作報。

扶南曲歌詞五首

翠羽流蘇帳，春眠曙不開。羞從面色起，嬌逐語聲來。早向朝陽殿，君王中使催。

堂上青弦動，堂前綺席陳。齊歌盧女曲，雙舞洛陽人。傾國徒相看，寧知心所親。

香氣傳空滿，妝華影箔通。歌聞天仗外，舞出御樓中。日暮歸何處，花間長樂宫。

宫女還金屋，將眠復畏明。入春輕衣好，半夜薄妝成。拂曙朝前殿，玉墀多佩聲。

朝日照綺窗，佳人坐臨鏡。散黛恨猶輕，插釵嫌未正。同心勿遽游，幸待春妝竟。

【眉批】

用得别（批「傾國」二句）。

隴西行

十里一走馬，五里一揚鞭。都護軍書至，匈奴圍酒泉。關山正飛雪，烽戍斷無煙。

早春行

紫梅發初徧，黄鳥歌猶澀。誰家折楊女，弄春如不及。愛水看妝坐，羞人映花立。香畏風吹散，衣愁露霑濕。玉閨青門裏，日落香車入。游衍益相思，含啼向彩幃。憶君長入夢，歸晚更生疑。不及紅簷鷰，雙栖緑草時。

奉和聖製登降聖觀與宰臣同望應制

鳳扆朝碧落，龍圖耀金鏡。維岳降二臣，戴天臨萬姓。山川八校滿，井邑三農竟。比屋皆可封，誰家不相慶。林疏遠村出，野曠寒山盡。帝城雲裏深，渭水天邊映。喜一作嘉。氣含風景，頌聲溢歌詠。端拱能任賢，彌彰聖君聖。

奉和聖製御春明樓臨右相園亭賦樂賢詩應制

複道通長樂，青門臨上路。遥聞鳳吹喧，暗識金輿度。褰旒明四目，伏檻紆三顧。小苑接侯家，飛甍映宫樹。商山原上碧，滻水林端素。銀漢下天章，瓊筵承湛露。將非富民寵，信以平戎故。從來簡帝心，詎得迴天步。

奉和聖製送不蒙都護兼鴻臚卿歸安西應制

上卿增命服，都護揚歸旆。雜虜盡朝周，諸胡皆自鄶。鳴笳瀚海曲，按節陽關外。落日下河源，寒山静秋塞。萬方氛祲息，六合乾坤大。無戰是天心，天心同覆載。

瓜園詩並序

維瓜園高齋，俯視南山形勝。二三時輩，同賦是詩。兼命詞英數公，同用園字爲韻。韻任多少，時太子司議郎薛璩發此題，遂同諸公云。

予適欲鋤瓜，倚鋤聽叩門。鳴騶導驄馬，常從夾朱軒。窮巷正傳呼，故人儻相存。携手追涼風，放心望乾坤。靄靄帝王州，宮觀一何繁。林端出綺道，殿頂播華幡。素懷在青山，若值白雲屯。迴風城西雨，返景原上村。前酌盈樽酒，往往聞清言。黄鸝轉深木，朱槿照空園。猶羨松下客，石上聞清猿。

同盧拾遺韋一作章，非。給事東山別業二十韻給事首春休沐維已陪游及乎是行亦預聞命會無車馬不果斯諾一本韋上有「過」字。

托身侍雲陛，昧旦一作早。趨華軒。遂陪鵷鴻侶，霄漢同飛翻。君子垂惠顧，期我於田園。側聞景龍際，親降南面尊。萬乘駐山外，順風祈一言。高陽多夔龍，荆山積璵璠。盛德啓前烈，大賢鍾後昆。侍郎文昌宮，給事東掖垣。謁帝俱來下，冠蓋盈丘樊。閨風首邦族，庭訓延鄉村。采地包山河，樹井竟川原。巖端迴綺檻，谷口開朱門。階下群峰首，雲中瀑水源。鳴玉滿春山，列筵先朝暾。會舞何颯踏，擊鍾彌朝昏。是時陽和節，清晝猶未暄。藹藹樹色深，嚶嚶鳥聲繁。顧已負宿諾，延頸慚芳蓀。蹇步守窮巷，高駕難攀援。素是獨往客，脱冠情彌敦。

和使君五郎西樓望遠思歸

高樓望所思，目極情未畢。枕上見千里，窗中窺萬室。悠悠長路人，曖曖遠郊日。惆悵極浦外，迢遞孤烟出。能賦屬上才，思歸同下秩。故鄉不可見，雲外空如一。

酬黎居士淅川作曇壁上人院走筆成。

儂家真箇去，公定隨儂否。着處是蓮花，無心變楊柳。松龕藏藥裹，石唇安茶臼。氣味當共知，那能不攜手。

奉寄韋太守陟

荒城自蕭索，萬里山河空。天高秋日迥，嘹唳聞歸鴻。寒塘映衰草，高館落疏桐。臨此歲方晏，顧景詠悲翁。故人不可見，寂寞平林東。

林園即事寄舍弟紞

寓目一蕭散，消憂冀俄頃。青草肅澄陂，白雲移翠嶺。後沔通河渭，前山包鄢郢。松含風裹聲，花對池中影。地多齊后瘄，人帶荆州癭。徒思赤筆書，詎有丹砂井。心悲常欲絶，髮亂不能整。青簟日何長，閑門晝方静。頹思茅簷下，彌傷好風景。

贈從弟司庫員外絿

少年識事淺，强學干名利。徒聞躍馬年，苦無出人智。即事豈徒言，累官非不識。既寡遂性歡，恐招負時累。清冬見遠山，積雪凝蒼翠。皓然出東林，發我遺世意。惠連素清賞，風語塵外事。欲緩携手期，流年一何駛。

座上走筆贈薛璩慕容損

希世無高節，絶跡有卑栖。君徒視人文，吾固和天倪。緬然萬物始，及與群牧齊。分地依后稷，用天信重黎。春風何豫人，令我思東溪。草色有佳意，花枝稍含荑。更待風景好，與君藉萋萋。

贈李頎

聞君餌丹砂，甚有好顔色。不知從今去，幾時生羽翼。王母翳華芝，望爾崑崙側。文螭從赤豹，萬里走方息。悲哉世上人，甘此羶腥食。

春夜竹亭贈錢少府歸藍田

夜静群動息，時聞隔林犬。卻憶山中時，人家澗西遠。羡君明發去，采蕨輕軒冕。

至滑州隔河望黎陽憶丁三寓

隔河見桑柘，藹藹黎陽川。望望行漸遠，孤峰没雲烟。故人不可見，河水復悠然。賴有政聲遠，時聞行路傳。

秋夜獨坐懷内弟崔興宗

夜静群動息，蟪蛄聲悠悠。庭槐北風響，日夕方高秋。思子整羽翰，及時當雲浮。吾生將白首，歲晏思滄洲。高足在旦暮，肯爲南畝儔。

贈裴十迪

風景日夕佳，與君賦新詩。澹然望遠空，如意方支頤。春風動百草，蘭蕙生我籬。曖曖日暖閨，田家來致詞。欣欣春還皋，淡淡水生陂。桃李雖未開，荑蕚滿芳一作其。枝。請君理還策，敢告將農時。

與胡居士皆病寄此詩兼示學人梵志體。

一興微塵念，横有朝露身。如是睹一作都。陰界，何方置我人。礙有固爲主，趣空寧捨賓。洗心詎懸解，悟道正迷津。因愛果生病，從貪始覺貧。色身非彼妄，浮幻即吾真。四達竟何遺，萬殊安可塵。胡生但高枕，寂寞與誰鄰。戰勝不謀食，理齊甘負薪。子若未始異，詎論疏與親。

其二

浮空徒漫漫，泛有定悠悠。無乘及乘者，所謂智人舟。詎捨貧病域，不疲生死流。無煩君喻馬，任以我爲牛。植福祠迦葉，求仁笑孔丘。何津不鼓棹，何路不摧輈。念此聞思者，何爲多阻修。空虛華聚散，煩惱樹稀稠。滅想成無記，生心坐有求。降吴復歸越，不到莫相尤。

華岳

西岳出浮雲，積翠在大清。連天凝黛色，百里遥青冥。白日爲之一作大。寒，森沈華陰城。昔聞乾坤閉，一作開，一作變。造化生巨靈。右足踏方止，一作山。左手推削成。天地忽開拆，大河注東溟。遂爲西峙岳，一作岳峙。雄雄鎮秦京。大君包覆載，至德被群生。上帝佇昭告，金天思奉迎。人祇望幸久，何獨禪云亭。

青溪一作《過青溪水作》。

言入黄花川，每逐青溪水。隨山將萬轉，趣途無百里。聲喧亂石中，色静深松裏。漾漾一作演漾。泛菱荇，澄澄映葭葦。我心素已閑，清川一作明。澹如此。請留盤一作磐。石上，垂釣將已矣。

石一作李。處士山居

君子盈天階，小人甘自免。方隨鍊金客，林上家絶巘。背嶺花未開，入雲樹深淺。清晝猶自眠，山鳥一時囀。

謁璿上人並序

上人外人内天，不定不亂。捨法而淵泊，無心而雲動。色空無礙，不物物也，默語無際，不言言也。

故吾徒得神交焉。玄關大啓，德海群泳，時雨既降，春物具美。序於詩者，人百其言。

少年不足言，識道年已長。事往安可悔，餘生幸能養。誓從斷臂血，不復嬰世網。浮名寄纓珮，空性無羈鞅。夙從大導師，焚香此瞻仰。頽然居一室，覆載紛萬象。高柳早鶯啼，長廊春雨響。床下阮家屐，窗前筇竹杖。方將見身雲，陋彼示天壤。一心在法要，願以無生獎。

送康太守

城下滄江水，江邊黃鶴樓。朱欄將粉堞，江水映悠悠。鐃吹發夏口，使君居上頭。郭門隱楓岸，候吏趋蘆洲。何異臨川郡，還來康樂侯。

送陸員外

郎署有伊人，居然古人風。天子顧河北，詔書除一作隸。征東。拜手辭上官，緩步出南宫。九河平原外，七國薊門中。陰風悲枯桑，古塞多飛蓬。萬里不見虜，蕭條胡地空。無爲費中國，更欲邀奇功。遲遲前相送，握手嗟異同。行當封侯歸，肯訪南山翁。

送宇文太守赴宣城

遼落雲外山，迢遥舟中賞。鐃吹發西江，秋空多清響。地迥古城蕪，月明寒潮廣。時賽敬亭神，復解罟師網。何處寄相思，南風摇一作吹。五兩。

送綦毋校一作秘。書棄官還江東

明時久不達，棄置與君同。天命無怨色，人生有素風。念君拂衣去，四海將安窮。秋天萬里凈，日暮九一作澄。江空。清夜何悠悠，扣舷明月中。和光魚鳥際，澹爾蒹葭叢。無庸客昭世，衰鬢白如蓬。頑疏暗人事，僻陋遠天聰。微物縱可採，其誰爲至公。余亦從此去，歸耕爲老農。

送六舅歸陸渾

伯舅吏淮泗，卓魯方喟然。悠哉自不競，退耕東皋田。條桑臘月下，種杏春風前。酌醴賦歸去，共知陶令賢。

送　別

下馬飲君酒，問君何所之。君言不得意，歸卧南山陲。但去莫復問，白雲無盡時。

送張五歸山

送君盡惆悵，復送何人歸。幾日同携手，一朝先拂衣。東山有茅屋，幸爲歸荆扉。當亦謝官去，豈令心事違。

送縉雲苗太守

手疏謝明主，腰章爲長吏。方從會稽邸，一作郊。更發汝南騎。按節下松陽，清江響鐃吹。露冕見三吴，方知百城貴。

送權二 一作三。

高人不可友，一作有。清論復何深。一見如舊識，一言知道心。明時當薄宦，解薜去中林。芳草空隱處，白雲餘故岑。韓侯久携手，河嶽共幽尋。悵別千餘里，臨堂鳴素琴。

送高適 一作道，非。弟耽歸臨淮作 座上作。

少年客淮泗，落魄居下邳。遨游向燕趙，結客過臨淄。山東諸侯國，迎送紛交馳。自爾厭游俠，閉户方垂帷。深明戴家禮，頗學毛公詩。備知經濟道，高卧陶唐時。聖主詔天下，賢人不得遺。公吏奉纁組，安車去茅茨。君王蒼龍闕，九門十二逵。群公朝謁罷，冠劍下丹墀。野鶴終踉蹌，威鳳徒參次。或問理人術，但致還山詞。天書降北闕，賜帛歸東菑。都門謝親故，行路日逶遲。孤帆萬里外，淼漫將何之。江天海陵郡，雲日淮陰 一作南。祠。杳冥滄洲上，蕩漭無人知。緯蕭或賣藥，出處安能期。

送張舍人佐江州同薛據十韻

束帶趨承明，守官唯謁者。清晨聽銀虯，薄暮辭金馬。受辭未嘗易，當是方知寡。清範何風流，高文有風雅。忽佐江上州，當自潯陽下。逆旅到三湘，長途應百舍。香爐遠峰出，石鏡澄湖瀉。董奉杏成林，陶潛菊盈把。范蠡常好之，廬山我心也。送君思遠道，欲以數行洒。

送韋大夫東京留守

人外遺世慮，空端結遐心。曾是巢許淺，始知堯舜深。蒼生詎有物，黄屋如喬林。上德撫神運，冲和穆宸襟。雲雷康屯難，江海逐飛沈。天工寄人英，龍衮瞻君臨。名器苟不假，保釐固其任。素質貫方領，清景照華簪。慷慨念王室，從容獻官箴。雲旗蔽三川，畫角發龍吟。晨揚天漢聲，夕卷大河陰。窮久業已寧，逆虜遺之擒。然後解金組，拂衣東山岑。給事黄門省，秋光正沈沈。功名與身退，老病隨年侵。君子從相訪，重玄其可尋。

留别山中温古上人兄並示舍弟縉

解薜登天朝，去師偶時一作將。哲。豈唯山中人，兼負松上月。宿昔同游止，致身雲霞末。開軒臨潁陽，卧視飛鳥没。好依盤石飯，屢對瀑泉渴。理齊少狎隱，道勝寧外物。舍弟官崇高，宗兄此削一作比祝。髮。荆扉但洒掃，乘閑當過歇。

别弟妹

兩妹日成長，雙鬟將及人。已能持寶瑟，自解掩羅巾。念昔别時小，未知疏與親。今來始離恨，拭淚方慇懃。

其　二

小弟更孩幼，歸來不相識。同居雖漸慣，見人猶未覓。宛作越人語，殊甘水鄉食。别此最爲難，淚盡有餘憶。

别綦毋潛

端笏明光宫，一作殿。歷稔朝雲陛。詔刊延閣書，高議平津邸。適意偶輕人，虚心削繁禮。一作適意輕微禄，遇人削繁禮。盛得江左風，彌工建安體。高張多夕弦，截河有清濟。嚴冬爽群木，伊洛方清泚。渭水冰下流，潼關雪中啓。荷篠幾時還，塵纓待君洗。

新晴晚望

新晴原野曠，極目無氛垢。郭門臨渡頭，村樹連溪口。白水明田外，碧峰出山後。農月無閑人，傾家事南畝。

自大散以往深林密竹蹬道盤曲四五十里至黄牛嶺見黄花川

危徑幾萬轉，數里將三休。迴環見徒侣，隱映隔林丘。颯颯松上雨，潺潺石中流。静言深溪裏，長嘯高山頭。望見南山陽，白露靄悠悠。青皐麗已净，緑樹鬱如浮。曾是厭蒙密，曠然消人憂。

早入滎陽界

泛舟入滎澤，兹邑乃雄藩。河曲閭閻隘，川中烟火繁。因人見風俗，入境聞方言。秋晚田疇盛，朝光市井喧。漁商波上客，鷄犬岸傍村。前路白雲外，孤帆安可論。

寓　言

朱紱誰家子，無乃金張孫。驪駒從白馬，出入銅龍門。問爾何功德，多承明主恩。鬥鷄平樂館，射雉上林園。曲陌車騎盛，高堂珠翠繁。奈何軒冕貴，不與布衣言。

君家御溝上，垂柳夾朱門。列鼎會中貴，鳴珂朝至尊。生死在八議，窮達由一言。須識苦寒士，莫矜狐白温。

渡河到清河作

泛舟大河裏，積水窮天涯。天波忽開拆，群邑千萬家。行復見城市，宛然有桑麻。迴瞻舊鄉國，淼漫連雲霞。

苦　熱

赤日滿天地，火雲成山岳。草木盡焦卷，川澤皆竭涸。輕紈覺衣重，密樹苦陰薄。莞簟不可近，絺綌再三濯。思出宇宙外，曠然在寥廓。長風萬里來，江海蕩煩濁。却顧身爲患，始知心未覺。忽入甘露門，宛然清涼樂。

納　涼

喬木萬餘株，清流貫其中。前臨大川口，豁達來長風。漣漪涵白沙，素鮪如游空。偃卧盤石上，翻濤沃微躬。漱流復濯足，前對釣漁翁。貪餌凡幾許，徒思蓮葉東。

濟上四賢詠三首

崔録事

解印歸田里，賢哉此丈夫。少年曾任俠，晚節更爲儒。遁世一作迹。東山下，因家滄海隅。已聞能狎鳥，余欲共乘桴。

成文學

寶劍千金裝，登君白玉堂。身爲平原客，家有邯鄲娼。使氣公卿座，論心一作交。游俠場。中年不得志，一作意。謝病客游梁。

鄭霍二山人一作《寄崔鄭二山人》。

翩翩繁華子，多出一作事。金張門。幸有先人業，早蒙明主恩。童一作同。年且末一作未。學，肉食鶩華軒。豈乏中林士，無人薦至尊。鄭公老泉石，霍子安丘樊。賣藥不二價，著書盈一作仍。萬言。息陰無惡木，飲水必清源。吾賤不及議，斯人竟誰論。

鶩子龕禪師一本有「詠」字。

山中鶩子龕，路劇羊腸惡。裂地競盤屈，插天多峭崿。瀑泉吼而噴，怪石看欲落。伯禹訪未知，五丁愁不鑿。上人無生緣，生長居紫閣。六時自搥磬，一飲尚帶索。種田燒白雲，斫漆響丹壑。行隨拾栗猿，歸對巢松鶴。時許山人請，偶逢洞仙博。救世多慈悲，即心無行作。周商倦積阻，蜀物多淹泊。巖腹乍旁穿，澗唇時外拓。橋因倒樹架，栅值垂藤縛。鳥道悉已平，龍宫爲之涸。跳波誰揭厲，絶壁免捫摸。山木日陰陰，結跏歸舊林。一向石門裏，任君春草深。

冬夜書懷

冬宵寒且永，夜漏宫中發。草白靄繁霜，木衰澄清月。麗服暎頽顔，朱燈照華髮。漢家方尚少，顧影慚朝謁。

早　朝此詩與五律《早朝》一首或公一時所作。

皎潔明星高，蒼茫遠天曙。槐霧暗一作欝。不開，城鴉鳴稍去。始聞高閣聲，莫辨更衣處。銀燭已成行，金一作重。門儼騶馭。

獻始興公時拜右拾遺。

寧栖野樹林，寧飲澗水一作中。流。不用坐粱肉，崎嶇見王侯。鄙哉匹夫節，布褐將白頭。任智誠則短，守仁固其優。側聞大君子，安問黨與讐。所不賣公器，動爲蒼生謀。賤子跪自陳，可爲帳下不。感激有公議，曲私非所求。

哭殷遥

人生能幾何，畢竟歸無形。念君等爲死，萬事傷人情。慈母未及葬，一女纔十齡。泱漭一作訣别。寒郊外，蕭條聞哭聲。浮雲爲蒼茫，飛鳥不能鳴。行人何寂寞，白日一作日色。自淒清。憶昔君在時，問我學無生。勸君苦不早，令君無所成。故人各有贈，又不及平生。負爾非一途，痛哭返柴荆。

故南陽夫人樊氏挽歌

石窌恩榮重，金吾車騎盛。將朝每贈言，入室還相敬。疊鼓秋城動，懸旌寒日映。不言長不歸，環珮猶將聽。

四言詩

酬諸公見過 時官出在輞川莊。

嗟余未喪，哀此孤生。屏居藍田，薄地躬耕。歲晏輸税，以奉粢盛。
晨往東皋，草露未晞。暮看烟火，漁一作負。擔來歸。我聞有客，足掃荆扉。
簞食伊何，副瓜抓棗。仰厠群賢，皤然一老。愧無莞簟，班荆席藁。
泛泛登陂，折彼荷花。净觀素鮪，俯映白沙。山鳥群飛，日隱輕霞。
登車上馬，倏忽雨散。雀噪荒村，鷄鳴空館。還復幽獨，重歎累嘆。

卷之二

唐　藍田王　維　撰
宋　廬陵劉辰翁　評

七言歌行

登樓歌

聊上君兮高樓，飛甍鱗次兮在下。俯十二兮通衢，緑槐参差兮車馬。却瞻兮龍首，前跳兮宜春。王畿鬱兮千里，山河壯兮咸秦。舍人下兮青宫，據胡床兮書空。執戟疲於下位，老夫好隱兮墻東。亦幸有張伯英草聖兮龍騰虬躍，擺長雲兮捩迴風。琥珀酒兮雕胡飯，君不御兮日將晚。秋風兮吹衣，夕鳥兮争返。孤砧發兮東城，林薄暮兮蟬聲遠。時不可兮再得，君何爲兮偃蹇。

【眉批】

顧云：「入騷。」

送友人歸山歌

山寂寂兮無人，又蒼蒼兮多木。群龍兮滿朝，君何爲兮空谷。文寡和兮思深，道難知兮行獨。悦石上兮流泉，與松間兮草屋。入雲中兮養鷄，上山頭兮抱犢。神與棗兮如瓜，虎賣杏兮收穀。愧不才兮妨賢，嫌既老而貪禄。誓解印兮相從，何詹尹兮可卜。

山中人兮欲歸，雲冥冥兮雨霏霏。點景狀意，色色自别。水驚波兮翠菅靡，白鷺忽兮翻飛。君不可兮褰衣，山萬重兮一雲，混天地兮不分。樹晻曖兮氛氲，猿不見兮空聞。忽山西兮夕陽，見東皋兮遠村。平蕪緑兮千里，眇惆悵兮思君。

【眉批】

不用楚詞，自適目前。詞少而意多，尚覺磐谷歌意爲凡。宋玉之下，陶潛之上，甚似晋人。不知者以爲氣短，知者以爲《琴操》之餘音也。顧云：「麗句極多，騷之變也。」

黄雀癡

黄雀癡，黄雀癡，謂言青鷇是我兒。一一口銜食，養得成毛衣。到大啁啾解游颺，各自東西南北飛。薄暮空巢上，羈雌獨自歸。鳳凰九雛亦如此，慎莫愁思憔悴損容輝。

老將行

少年十五二十時，步行奪取一作得。胡馬騎。射殺山中一作陰山。白額虎，肯數鄴下黄鬚兒。一身轉戰三千里，顧云：「天然。」一劍曾當百萬師。漢兵奮迅如霹靂，虜騎崩騰畏蒺藜。衛青不敗由天幸，李廣無功緣數奇。自從棄置更衰朽，世事蹉跎成白首。顧云：「此下一段寫出老退。」昔時飛箭無全目，今日垂楊生左肘。路傍時賣故侯瓜，門前學種先生柳。蒼一作茫。茫古木連窮巷，寥落寒山對虛牖。誓令疏勒出飛泉，不似潁川空使酒。賀蘭山下陣如雲，顧云：「又突起一節。」羽檄交馳日夕聞。節使三河募年少，詔書五道出將軍。試拂鐵衣如雪色，聊持寶劍動星文。願得燕弓射天將，耻一作敗。令越甲鳴吾君。一作吴軍。莫嫌舊日雲中守，猶堪一戰立功勳。

【眉批】

滿篇風致，收拾處常嫩而短，使人情事欲絕。起語嬌。

嫩復勝老語。

愈出愈奇（批「蒼茫」二句）。

顧云：「老當益壯，須用雲中守結方有力。」

燕支行

漢家天將才且雄，來時謁帝明光宫。萬乘親推雙闕下，千官出餞五陵東。誓辭甲第金門裏，身作長城玉塞中。衛霍才堪一騎將，朝廷不一作莫。數貳師功。趙魏燕韓多勁卒，關西俠少何咆勃。報讎只是聞嘗膽，飲酒不曾妨刮骨。畫戟雕戈白日寒，連旗大旆黄塵没。疊鼓遥翻瀚海波，鳴笳亂動天山月。麒麟錦帶佩吴鈎，颯踏青驪躍紫騮。拔劍已斷天驕臂，歸鞍共飲月支頭。漢兵大呼一當百，虜騎相看哭且愁。教戰雖令赴湯火，終知上將先伐謀。

【眉批】

顧云：「壯。」（批「萬乘」四句）

顧云：「通前篇是大學力。」

桃源行

漁舟逐水愛山春，兩岸桃花夾去一作古。津。坐看紅樹不知遠，行盡青溪不見一作忽值。人。山口潛行始隈隩，山開曠望旋平陸。遥看一處攢雲樹，近入千家散花竹。樵客初傳漢姓名，居人未改秦衣服。居人共住武陵源，還從物外起田園。月明松下房櫳静，一作净。日出雲中鷄犬喧。驚一作忽。聞俗客争來集，競引還家問都一作鄉。邑。平明閭巷掃花開，薄暮漁樵乘水入。初因避地去人間，更聞一作及至。成仙遂一作去。不還。峽裏誰知有人事，世中遥望空雲山。不疑靈境難聞見，塵心未盡思鄉縣。出洞無論隔山水，辭家終擬長游衍。自謂經過舊不迷，安知峰一作岑。壑今來變。當時只記入山深，青溪幾度一作曲。到雲林。春來徧是桃花水，不辨仙源何處尋。

【眉批】

顧云：「叙得絶妙。」

顧云：「不是摩詰道不得。」

同崔傅答賢弟

洛陽才子姑蘇客，杜苑一作宛。殊非故鄉一作舊。陌。九江楓樹幾回清，一片揚州五湖白。揚州時有下江兵，蘭陵鎮前吹笛聲。夜火人歸富春郭，秋風鶴唳石頭城。周郎陸弟爲儔侶，對舞前溪歌白苧。曲几書留小史家，草堂棋賭山陰墅。衣冠若話外臺臣，先數夫君席上珍。更聞臺閣求三語，遥想風流第一人。

送崔五太守

長安廄吏來到門，朱文一作未央。露網動行軒。黄花縣西九折坂，玉樹南宫五丈原。褒斜谷中不容幰，惟有白雲當露冕。子午山裏杜鵑啼，嘉陵水頭行客飯。劍門忽斷蜀川開，萬井雙流滿眼來。霧中遠樹刀州出，天際澄江巴字回。使君年幾一作紀。三十餘，少年白皙專城居。欲持畫省郎官筆，回與臨邛父老書。

【眉批】

顧云：「不見斧痕。」

夷門歌

七雄一作國。雄雌猶未分，攻城殺將何紛紛。秦兵益圍邯鄲急，魏王不救平原君。公子爲嬴停駟馬，執轡愈恭意愈下。亥爲屠肆鼓刀人，嬴乃夷門抱關者。非但慷慨獻奇一作良。謀，意氣兼將身命酬。向風刎頸一作頭。送公子，七十老翁何所求。

【眉批】

董董許不可易。

顧云：「容易數語，悉盡曲折。」

洛陽女兒行時年十六作。

洛陽女兒對門居，纔可容顏十五餘。良人玉勒乘驄馬，侍女金盤膾鯉魚。畫閣朱樓盡相望，紅桃緑柳垂簷向。羅幃送上七香車，寶扇迎歸九華帳。狂夫富貴在青春，意氣驕奢劇季倫。自憐碧玉親教舞，不惜珊瑚持與人。春窗曙滅九微火，九微片片飛花璅。戲罷曾無理曲時，妝成祇是熏香坐。城中相識盡繁華，日夜經過趙李家。誰憐越女顔如玉，貧賤江頭自浣紗。

故人張諲工詩善易卜兼能丹青草隸頃以詩見贈聊獲酬之

不逐東城游俠兒，隱囊紗帽坐彈棋。蜀中夫子時開卦，洛下書一作諸。生解詠詩。藥欄花徑衡門裏，時復據梧聊隱几。屏風誤點惑孫郎，團扇草書驚内史。故園高枕度三春，永日垂帷絶四鄰。自想一作惜。蔡邕今已老，更將書籍與何人。

【眉批】

顧云：「亹亹説故事，不覺重疊。」

隴頭吟

長安少年游俠客，夜上戍樓看太白。隴頭明月迥臨關，隴上行人夜吹笛。關西老將不勝愁，駐馬聽之雙淚一作涕。流。身經大小百餘戰，麾下偏裨萬户侯。蘇武纔爲典屬國，節麾空盡一作零落。海西頭。

【眉批】

次第轉摺，恨惋何限，非長篇可及。

寒食城東即事

清溪一道穿桃李，演漾緑蒲涵白芷。谿上人家顧云：「無緊慢説出。」凡幾家，落花半落東流水。蹴踘屢過飛鳥上，秋千競出垂楊裏。少年分日作傲游，不用清明兼上巳。

【眉批】

自是活動。

顧云：「摩詰七言絶高，情景故實，隨取隨足。」

不遇詠

北闕獻書寢不報，南山種田時不登。百人會中身不預，五侯門前心不能。身投河朔飲君酒，家在茂陵平安否。且共登山復臨水，莫問春風動楊柳。今人作人多自私，我心不説君應知。濟人然後拂衣去，肯作徒爾一男兒。

雙黄鵠歌送別時爲節度判官在凉州作。

天路來兮雙黄鵠，雲上飛兮水上宿。撫翼和鳴整羽族，不得已，忽分飛。家在玉京朝紫微，主人臨水送將歸。悲笳嘹唳垂舞衣，賓欲散兮復相依。幾往返兮極浦，尚徘徊兮落暉。岸上火兮相迎，將夜入兮邊城。

鞍馬歸兮佳人散，悵離憂兮獨含情。

新秦郡松栢歌

青青山上松，數里不見今更逢。不見君，心相憶，此心向君君應識。爲君顔色高且閑，亭亭迥出浮雲間。

青雀歌

青雀翅羽短，未能遠食玉山禾。猶勝黄雀爭上下，唧唧空倉復若何。

贈徐中書望終南山歌

晚下兮紫微，悵塵事兮多違。駐馬兮雙樹，望青山兮不歸。

魚山神女祠歌

迎神曲

坎坎擊鼓，魚山之下。吹洞簫，望極浦，女巫進，紛屢舞。陳瑶席，湛清酤，風凄凄兮一作又。夜雨。一本上有「不知」二字。神之來兮不來，使我心兮一作使我心苦。苦復苦。

送神曲

紛進拜兮堂前，日眷眷兮瓊筵。來不言一作語。兮意不傳，作暮雨兮愁空山。悲急管，思一作兮。繁弦，靈之駕兮儼欲旋。倏雲收一作消。兮雨歇，山青青兮水潺湲。

白黿渦 雜言泛筆。

南山之瀑水兮，激石瀺瀑似雷驚。人相對兮不聞語聲，翻渦跳沫兮蒼苔濕。蘚老且厚，春草爲之不生。獸不敢驚動，鳥不敢飛鳴。白黿渦濤戲潄兮，委身以縱横。主人之仁兮，不網不鈎，得遂性以成生。

贈裴迪 雜言。

不相見，不相見來久。日日泉水頭，常憶同携手。携手本同心，復嘆忽分襟。相憶今如此，相思深不深。

榆林郡歌 雜言。

山頭松栢林，山下泉聲傷客心。千里萬里春草色，黄河東流流不息。黄龍戍上游俠兒，愁逢漢使不相識。

問寇校書雙溪

君家少室西，復爲少室東，別來幾日今春風。新買雙溪定何事，餘生欲寄白雲中。

寄崇梵僧

崇梵僧，崇梵僧，秋歸覆釜春不還。落花啼鳥紛紛亂，澗户山窗寂寂閑。峽裏誰知有人事，郡中遥望空雲山。

奉和聖製天長節賜宰臣歌應制

太陽升兮照萬方，開閶闔兮臨玉堂，儼冕旒兮垂衣裳。金天净兮麗三光，雕庭曙兮延八荒。德合天兮禮神遍，靈芝生兮慶雲見。唐堯后兮稷卨臣，匝宇宙兮華胥人。盡九服兮皆四鄰，乾降瑞兮坤獻珍。

同比部員外十五夜游有懷静者季雜言。

承明少休沐，建禮省文書。夜漏行人息，歸鞍落日餘。懸知三五夕，萬户千門闢。夜出曙翻歸，傾城滿南陌。陌頭馳騁盡繁華，王孫公子五侯家。由來月明如白日，共道春燈勝百花。聊看侍中千寶騎，强識小婦七香車。香車寶馬共喧闐，箇裏多情俠少年。競向長楊柳市北，肯過精舍竹林前。獨有仙郎心寂寞，却將晏坐爲行樂。倘覺忘懷共往來，幸霑同舍甘藜藿。

贈吴官

長安客舍熱如煮，無箇茗糜難御暑。空摇白團其諦苦，欲向縹囊還歸旅。江鄉鯖鮓不寄來，秦人湯餅那堪許。不如儂家任挑達，草履撈蝦富春渚。

雪中憶李楫雜言。

積雪滿阡陌，故人不可期。長安千門復萬户，何處蹀躞黄金羈。

送李睢陽

將置酒，思悲翁。使君去，出城東。麥漸漸，雉子斑。槐陰陰，到潼關。騎連連，車遲遲。中心悲，宋又遠。周間之，南淮夷，東齊兒。碎碎織練與素絲，游人賈客信難持。五穀前熟方可爲，下車閉閤君當思。天子當殿儼衣裳，大官尚食陳羽觴。彤庭散綬垂鳴璫，黄紙詔書出東廂，輕紈疊綺爛生光。宗室子弟君最賢，分憂當爲百辟先。布衣一言相爲死，何況聖主恩如天。鸞聲噦噦魯侯旗，明年上計朝京師。須憶今日斗酒別，慎勿富貴忘我爲。

【眉批】

無倫無義。

答張五弟雜言。

終南有茅屋，前對終南山。終年無客長閉關，終日無心長自閑。不妨飲酒復垂釣，君但能來相往還。

卷之三

唐　藍田王　維　撰
宋　廬陵劉辰翁　評

五言律詩

奉和聖製賜史供奉曲江應制

侍從有鄒枚，瓊筵就水開。言陪柏梁宴，新下一作自。建章來。對酒山河滿，移舟草樹迴。天文同麗日，駐景惜行杯。

早　朝

柳暗百花明，春深五鳳城。城烏一作鵶。睥睨曉，宮井轆轤聲。方朔金門侍，班姬玉輦迎。仍聞遺方士，東海訪蓬瀛。

【眉批】

顧云：「乏趣。」

同崔員外秋宵寓直

建禮高秋夜，承明候曉過。九門寒漏徹，萬井曙鐘多。月迥藏珠斗，雲消一作開。出絳河。更慚衰朽質，南陌共鳴珂。

【眉批】

顧云：「『藏』『出』字有趣。」

聽宮鶯

春樹繞宮墻，春鶯囀曙光。一作宮鶯次第翔。忽驚啼暫斷，移處弄還長。隱葉栖承露，攀花出未央。游人應未返，爲此思故鄉。

和尹諫議史館山池

雲一作靈。館接天居，霓裳侍玉除。春池百子外，芳樹萬年餘。洞有仙人籙，山藏太史書。君恩深漢帝，且莫上空一作雲。虛。

從岐王過楊氏別業應教

楊子譚經所，一作處。淮王載酒過。興闌啼鳥喚，一作緩。坐久落花多。徑轉迴銀燭，林開散玉珂。嚴城時未啓，前路擁笙歌。

【眉批】

顧云：「句内生意，更細便淺促。」

從岐王宴衛家山池應教

座客香貂滿，宫娃綺幔張。澗花輕粉色，山月少燈光。積翠紗窗暗，一作透。飛泉綉户涼。還將歌舞出，歸路莫愁長。

奉和楊駙馬六郎秋夜即事

高樓月似霜，秋夜鬱金堂。對坐彈盧女，同看舞鳳凰。少兒多送酒，小玉更焚香。結束平陽騎，明朝入建章。

春日上方即事

好讀高僧傳，時看辟穀方。鳩形將刻杖，龜殼用支床。柳色春山映，梨花一作花明。夕鳥藏。北窗桃李下，閑坐一作步。但焚香。

【眉批】新異。

山居秋暝

空山新雨後，天氣晚來秋。明月松間照，清泉石上流。竹喧歸浣女，蓮動下漁舟。隨意春芳歇，王孫自可留。

【眉批】總無可點，自是好。

山居即事

寂寞掩柴扉，蒼茫對落暉。鶴巢松徑遍，人訪蓽門稀。嫩竹含新粉，紅蓮落故衣。渡頭燈火起，處處採菱歸。

【眉批】

自是維持。

顧云：「决非俗物可及。」

秋夜獨坐

獨坐悲雙鬢，空堂欲二更。雨中山果落，燈下草蟲鳴。白髮終難變，黄金不可成。欲知除老病，惟有學無生。

【眉批】

顧云：「極平易，有點化。」

冬晚對雪憶胡居一作處。士家

寒更傳曉箭，一作催唱曉。清鏡覽一作減。衰顔。隔牖風驚竹，開門一作簾。雪滿山。洒空深巷静，積素廣庭閑。借問袁安舍，翛然尚閉關。

歸嵩山作

清一作晴。川帶長薄，車馬去閑閑。流水如有意，暮禽一作雲。相與還。荒城臨古渡，落日滿秋山。迢遞嵩高一作山。下，歸來且閉關。

【眉批】

顧云：「《選》語。」

已近自然。

歸輞川作

谷口疏鐘動，漁樵稍欲稀。悠然遠山暮，獨向白雲歸。菱蔓弱難定，楊花輕易飛。東皋春草色，惆悵掩柴扉。

輞川閑居

一從歸白社，不復到青門。時倚簷前樹，遠看原上村。青菰臨水映，白鳥向山翻。寂寞於陵子，桔槔方灌園。

輞川閑居贈裴秀才迪

寒山轉蒼翠，秋日水潺湲。倚杖柴門外，臨風聽暮蟬。渡頭餘落日，墟里上孤煙。復值接輿醉，狂歌五柳前。

【眉批】

類以無情之景，述無情之意，復非作者所有。

淇上即事田園

屏居淇水上，東野曠無山。日隱桑柘外，河明閭井間。牧童望村去，獵犬隨人還。静者亦何事，荆扉乘晝關。

終南別業顧云：「自是唐人古詩，不可謂律。」

中歲頗好道，晚家南山陲。興來每獨往，勝事空自知。行到水窮處，坐看雲起時。偶然值林叟，談笑無還迴一作滯迴。期。

【眉批】

無言之境，不可説之味，不知者以爲淡易。其質如此，故自難及。

晚春嚴少尹諸公見過

松菊荒三徑，圖書共五車。烹葵邀上客，看竹到貧家。鵲乳先春早，鶯啼過落花。自憐黄髮暮，一倍惜年華。

【眉批】

顧云：「開口信意，無不精到。」

鄭果州見過

麗一作斜。日照殘春，初晴草木新。床頭一作前。磨鏡客，花下灌園人。五馬驚窮巷，雙童逐老身。中厨一作厨中。辦粗飯，當恕一作常恐。阮家貧。

與盧象集朱家

主人能對客，終日有逢迎。貰得新豐酒，復聞秦女箏。柳條疏客舍，槐葉下秋城。笑語且爲樂，吾將適此生。

喜祖三至留宿

門前洛陽客，下馬拂征衣。不枉故人駕，平生多掩扉。行人返深巷，積雪帶餘暉。蚤歲同袍者，高車何處歸。

黎拾遺昕裴迪見過秋夜對雨之作

促織鳴已急，輕衣行向一作尚。重。寒燈坐高館，秋雨聞疏鐘。白法調狂象，玄言問老龍。何人顧蓬徑，深愧求一作牛。羊蹤。

待儲光羲不至

重門朝已啓，起坐聽車聲。要欲聞清佩，方將出户迎。曉鐘聞上苑，疏雨過春城。了自不相顧，臨堂空復情。

送元中丞轉運泛淮一作錢起詩。

薄税歸天府，輕傜賴使臣。歡霑賜帛老，恩及卷綃人。去問珠一作殊。官俗，來看石劫一作幾却。城。東南御一作卸。亭上，莫使一作問。有風塵。

送李判官赴江東

聞道皇華使，方隨皂蓋臣。封章通左語，冠冕化文身。樹色分楊子，潮聲滿富春。遥知辨璧吏，恩到泣珠人。

送邢桂州

鐃吹喧京口，風波下洞庭。赭圻將赤岸，擊汰復揚舲。日落江湖白，潮來天地青。明珠歸合浦，應逐使臣星。

送梓州李使君

萬壑樹參天，千山響一作鄉音聽。杜鵑。山中一夜一作半。雨，樹杪百重泉。漢女輸橦一作賨。布，巴人訟芋田。文翁翻教授，不敢倚先賢。

【眉批】

顧云：「『響』字奇。」

送楊長史赴果州

褒斜不容幰，之子去何之。鳥道一千里，猿啼十二時。官橋祭酒客，山木女郎祠。别後同明月，君應聽子規。

送岐州源長史歸 源與余同在崔常侍幕中，時常侍已没。

握手一相送，心悲安可論。秋風正蕭索，客散孟嘗門。故驛多槐里，長亭下槿原。征南舊旌節，從此向河源。

【眉批】

顧云：「老辣。」

送錢少府還藍田

草色日向好，桃源人去稀。手持平子賦，目送老萊衣。每候山櫻發，時同海燕歸。今年寒食酒，應得返柴扉。

送方城韋明府

遥思葭菼際，寥落楚人行。高鳥長淮水，平蕪故郢城。使車聽雉乳，縣鼓應鷄鳴。若見州從事，無嫌手板迎。

【眉批】平平寫到盡。

送丘爲往唐州

宛洛有風塵，君行多苦辛。四愁連漢水，百口寄隨人。槐色陰清晝，楊花惹暮春。朝端肯相送，天子繡衣臣。

送丘爲落第歸江東

憐君不得意，况復柳條春。爲客黄金盡，還家白髮新。五湖三畝宅，一作地。萬里一歸一作行。人。知爾一作禰。不能薦，羞稱獻納臣。稱一作爲，一作看。

【眉批】

顧云：「緩語妙。」

送嚴秀才還蜀

寧親爲一作真。令子，似舅即賢甥。别路經花縣，還家入錦城。山臨青塞斷，江向白雲平。獻賦何時至，明君憶長卿。

送孫秀才

帝城風一作春。日好，况復建平家。玉枕雙文一作紋。簟，金盤五色瓜。山中無魯一作沽。酒，松下飯胡麻。莫厭田家苦，歸期遠復賒。

送崔九興宗游蜀

送君從此去，轉覺故人稀。徒御猶回首，田園方掩扉。出門當旅食，中路授寒衣。江漢風流地，游人何處一作歲。歸。

送崔興宗

已恨親皆遠，誰憐友復稀。君王未西顧，游宦盡東歸。塞迥一作闊。江河净，天長雲樹微。方同菊花節，相待洛陽扉。

送張五諲歸宣城

五湖千萬里，况復五湖西。漁浦南陵郭，人家春穀溪。欲歸江淼淼，未到草凄凄。憶昔蘭陵鎮，可宜猿更啼。

【眉批】最是自得。

送崔三往密州覲省

南陌去悠悠，東郊不少留。同懷扇枕戀，獨念倚門愁。路繞天山雪，家臨海樹秋。魯連功未報，且莫蹈滄洲。

送孫二

郊外一作郭。誰相一作將。送，夫君道術親。書生鄒魯客，才子洛陽人。祖席依寒草，行車起暮塵。山川何寂寞，長望淚霑巾。

送友人南歸

萬里春應盡，三江雁亦稀。一作飛。連天漢水廣，孤客郢城歸。鄖國稻苗秀，楚人菰米米一作葉，一作菜。肥。懸知倚門望，遥識老萊衣。

【眉批】

盡謝點染，情思蕭然。

送趙都督赴代州得青字。

天官動將星，漢上一作地。柳條青。萬里鳴刁斗，三軍出井陘。忘身辭鳳闕，報國取龍庭。豈學書生輩，窗間一作中。老一經。

送劉司直赴安西

絶域陽關道，胡沙一作烟。與塞塵。三春時有雁，萬里少行人。苜蓿隨天馬，葡萄逐使臣。當令外國懼，不敢覓和親。

【眉批】

無意之意。

送張判官赴河西

單車曾出塞，報國敢邀勳。見逐張征虜，今思霍冠軍。沙平連白雪，蓬捲入黄雲。慷慨倚長劍，高歌一送君。

送平澹然判官

不識陽關路，新從定遠侯。黄雲斷春色，画角起邊愁。瀚海經年到，一作别。交河出塞流。須令外國使，知飲月支頭。

送李員外賢郎

少年何處去，負米上銅梁。借問阿戎父，知爲童子郎。魚箋請詩賦，橦布作衣裳。薏苡扶衰病，歸來幸可將。

送張道士歸山

先生何處去，王屋訪毛一作茅。君。别婦留丹訣，驅鷄入白雲。人間苦難苦難一作若剩，一作數剩。住，天上復離群。當作遼東鶴，仙歌使爾聞。

【眉批】

兩語皆到（批「别婦」二句）。

新意（批「人間」二句）。

同崔興宗送瑗公

言從石菌閣，新下穆陵關。獨向池陽去，白雲留故山。綻衣秋日裏，洗鉢古松間。一施傳心法，惟將戒定還。

留别錢起

一作《晚歸藍田酬中書常舍人》。一作錢起詩，題云《晚歸藍田酬王維給事》。

卑栖却得性，每與白雲歸。徇禄猶懷橘，看花免採薇。暮禽先去馬，新月待開扉。霄漢時回首，知音青瑣闈。

【眉批】

首四句一作「别山如昨日，春露已沾衣。采蕨頻盈手，看花空厭歸」。

留别丘爲

歸鞍白雲外，繚繞出前山。今日又明日，自知心不閑。親勞簪組送，欲趁鶯花還。一步一回首，遲遲向近關。

過福禪師蘭若

巖壑轉微徑，雲林隱法堂。羽人飛奏樂，天女跽焚香。竹外峰偏曙，藤陰水更凉。欲知禪坐久，行路長春芳。

夏日過青龍寺謁操禪師

龍鍾一老翁，徐步謁禪宫。欲問義心義，遥知空病空。山河天眼裏，世界法身中。莫怪銷炎熱，能生大地風。

過香積寺一作王昌齡詩。

不知香積寺，數里入雲峰。古木無人徑，深山何處鐘。泉聲咽危石，日色冷青松。薄暮空潭曲，安禪制毒龍。

登辨覺寺

竹徑從一作連。初地，蓮峰出化城。窗中三楚盡，一作静。林外一作上。九江平。軟一作嫩。草承趺坐，長松響梵聲。空居法雲外，觀世得無生。

過感化寺曇興上人仙院

暮持笻竹杖，相待虎溪頭。催客聞山響，歸房逐水流。野花藂發好，谷鳥一聲幽。夜坐空林寂，松風直似秋。

【眉批】略不用思。

游李山人所居因題屋壁

世人皆如夢，狂來或自歌。問年松樹老，有地竹林多。藥倩韓康賣，門容尚子過。翻嫌枕席上，無那白雲何。

漢江臨帆

楚塞三湘接，荆門九派通。江流天地外，山色有無中。郡邑浮前浦，波瀾動遠空。襄陽好風日，留醉與山翁。

【眉批】

顧云：「此等處本渾成，但難擬作，恐近淺率。」

泛前陂

秋空自明一作明月。迥，況復遠人間。暢以沙際鶴，兼之雲外山。澄波澹將夕，清月浩方閑。此夜任孤棹，夷猶殊未還。

終南山

太乙近天都，連山一作天。到海隅。白雲回望合，青靄入看無。分野中峰變，陰晴衆壑殊。欲投人處宿，隔水一作浦。問樵夫。

【眉批】

語不必深僻，清奪衆妙。

顧云：「末語流麗。」

登河北城樓作

井邑傳一作傳。巖上，客亭雲霧間，高城眺落日，極浦映蒼山。岸火孤舟宿，漁家夕鳥還。寂寥天地外，心與廣川閑。

裴迪秀才小亭作

端居不出户，滿目望雲山。落日鳥邊下，秋原人外閑。遥知遠林際，不見此簷間。好客多乘月，應門莫上關。

凉州郊外游望

野老才三户，村邊少四鄰。婆娑依里社，簫鼓賽田神。洒酒澆芻狗，焚香拜木人。女巫紛屢舞，羅襪自生塵。

觀獵

風勁一作動。角弓鳴，將軍獵渭城。草枯鷹眼疾，雪盡馬蹄輕。忽過新豐市，還歸細柳營。回看射雕一作落雁。處，千里暮雲平。

【眉批】

極是画意氣槩。

酬嚴少尹徐舍人見過不遇

公門暇日少，窮巷故人稀。偶值乘籃轝，非關避白衣。不知炊黍否，誰解掃荆扉。君但傾茶碗，無妨騎馬歸。

酬張少府

晚年惟好静，萬事不關心。自顧無長策，空知返舊林。松風吹解帶，山月照彈琴。君問窮通理，漁歌入浦深。

酬虞部蘇員外過藍田別業不見留之作

貧居依谷口，喬木帶荒村。石路枉迴駕，山家誰候門。漁舟膠凍浦，獵火燒一作繞。寒原。惟有白雲外，疏鐘聞夜猿。

酬比部楊員外暮宿琴堂朝躋書閣率爾見贈之作

舊簡拂塵看，鳴琴候一作俟。月彈。桃源一作花。迷漢姓，松徑一作樹。有秦官。空谷歸人少，青山背日寒。羡君歸隱處，遥望白雲端。

酬賀四贈葛巾之作

野巾傳惠好，兹貺重兼金。嘉此幽栖物，能高一作齊。隱吏心。早朝方暫掛，晚沐更一作復。來簪。坐覺塵囂遠，思君共入林。

寄荆州張丞相

所思竟何在，悵望深荆門。舉世無相識，終身思舊恩。方將與農圃，藝植老丘園。目盡南無雁，何由寄一言。

被出濟州

微官易得罪，謫去濟川陰。執政方持法，明君無此心。閭閻河潤上，井邑海雲深。縱有歸來日，各愁年鬢侵。

使至塞上

單車欲問邊，屬國過居延。一作御命辭天闕，單車欲向天。征蓬出漢塞，歸雁入胡天。大漠孤烟直，長河落日圓。蕭關逢候騎，一作吏。都護在燕然。

【眉批】亦是不用一辭。

晚春閨思

新妝可憐色，落日卷羅一作簾。幃。罏氣精珍簟，墻陰上玉墀。春蟲飛網户，暮雀隱花枝。向晚多愁思，閑窗桃李時。

【眉批】不俯仰刻畫，甚有意味。

過秦王墓時年十五。

古墓成蒼嶺，幽宫象紫臺。星辰七曜隔，河漢九泉開。有海人寧渡，無春雁不迴。更聞松韻切，疑是大夫哀。

雜詩

雙燕初命子，五桃初結一作作。花。王昌是東舍，宋玉次西家。小小能織綺，時時出浣紗。親勞使君問，南陌駐香車。

酬慕容上

行行西陌返，駐轖問車公。挾轂雙官騎，應門五尺僮。老年如塞北，强起離墻東。爲報壺丘子，來人道姓蒙。

韋給事山居

尋幽得此地，詎有一人曾。大壑隨階轉，群山入户登。庖厨出深竹，印綬隔垂藤。即事辭軒冕，誰云病未能。

春園即事

宿雨乘輕屐，春寒着弊袍。開畦分白水，間柳發紅桃。草際成棋局，林端舉桔槔。還持鹿皮几，日暮隱蓬蒿。

【眉批】上句更好。

過崔駙馬山池

畫樓吹笛妓，金埒一作椀。酒家胡。錦石稱貞女，青松學大夫。脱貂貰桂醑，一作酌。射雁與山厨。聞道高陽會，愚公谷正愚。

送封太守

忽解羊頭削，聊馳熊首幡。揚舲發夏口，按節向吴門。帆映丹陽郭，楓攢赤岸村。百城多侯吏，露冕一何尊。

送賀遂員外外甥

南國有歸舟，荆門泝上流。蒼茫葭菼外，雲水與一作同。昭丘。檣帶城烏去，江連暮雨愁。猿聲不可聽，莫待楚山秋。

送宇文三赴河西充行軍司馬

横吹一作笛。雜繁笳，邊風掩塞沙。還聞田司馬，更逐李輕車。蒲類一作壘。成秦地，莎車一作居。屬漢家。當令犬戎國，朝聘學昆耶。

千塔主人

逆旅逢佳節，征帆未可前。窗臨汴河水，門渡楚人船。鷄犬散墟落，桑榆蔭遠田。所居人不見，枕席生雲煙。

愚公谷青龍寺與黎昕戲題三首。

愚谷與誰去，唯將黎子同。非須一處住，不那兩心空。寧問春將夏，誰論西復東。不知吾與子，若箇是愚公。

其二

吾家愚谷裏，此谷本來平。雖則行無跡，還能響應聲。不隨雲色暗，只待日光明。緣底名愚谷，都由愚所成。

其三

借問愚公谷，與君聊一尋。不尋翻到谷，此谷不離心。行處曾無險，看時豈有深。寄言塵世客，何處欲歸臨。

慕容承携素饌見過

紗帽烏皮几，閑居懶賦詩。門看五柳識，年算六身知。靈壽君王賜，雕胡弟子炊。空勞酒食饌，特底解人頤。

戲題示蕭氏外甥

憐爾解臨池，渠爺未學詩。老夫何足似，弊宅倘因之。蘆筍藏荷葉，菱花罥雁兒。郄公不易勝，莫著外家欺。

故太子太師徐公挽歌四首

功德冠群英，彌綸有大名。軒皇用風后，傳說是星精。就第優遺老，來朝詔不名。留侯常一作嘗。辟穀，何苦不長生。

謀猷爲相國，翊贊奉乘一作宸。輿。劍履升前殿，貂蟬託後車。齊侯疏土宇，漢室賴圖書。僻處留田宅，仍纔十頃一作畮。餘。

舊里趨庭日，新年置酒辰。聞詩鸞渚客，獻賦鳳樓人。北闕辭明主，東堂哭大臣。猶思御朱輅，不惜污車茵。

久踐中台座，終登上將壇。誰言斷車騎，空憶盛衣冠。風日咸陽慘，笳簫渭水寒。無人當便闕，應罷太師官。

【眉批】

疊押名字。

故西河郡杜太守挽歌三首

天上去西征，雲中護北平。生擒白馬將，連破黑雕城。忽見匑靈苦，徒聞竹使榮。空留左氏傳，誰繼卜商名。

返葬金符守，同歸石窌栖。卷衣悲畫翟，持翣待鳴鷄。容衛都人慘，山川駟馬嘶。猶聞隴上客，相對哭征西。

塗匑去國門，秘器出東園。太守留金印，夫人罷錦軒。旌旐轉衰木，簫鼓上寒原。坟樹應西靡，長思魏闕恩。

故南陽夫人挽歌

錦衣餘翟茀，綉轂罷魚軒。淑女詩常在，夫人法尚存。凝笳隨曉旆，行哭向秋原。歸去將何見，誰能返戟門。

達奚侍郎夫人寇氏挽歌二首

束帶將朝日，鳴環映牖辰。能令諫明一作皇。主，相勸一作助。識賢人。遺掛空留壁，迴文日覆塵。金蠶將畫柳，何處更知春。

女史悲彤管，夫人罷錦軒。卜塋占二室，行哭度千門。秋日光能淡，寒川波一作浪。自翻。一朝成萬古，松柏暗平原。

恭懿太子挽歌五首

何悟藏環早，纔知拜璧年。翀天王子去，對日聖君憐。樹轉宮猶出，笳悲馬不前。雖蒙絶馳道，京兆别開阡。

蘭殿新恩切，椒宮夕臨幽。白雲隨鳳管，明月在龍樓。人向青山哭，天臨渭水愁。鷄鳴常問膳，今恨玉京留。

騎吹凌霜發，旌旗夾路陳。愷容金節護，册命玉符新。傅母悲香褓，君家擁畫輪。射熊今夢帝，秤象問何人。

蒼舒留帝寵，子晋有仙才。五歲過人智，三天使鶴催。心悲陽一作四。禄館，目斷望思臺。若道長安近，何爲更不來。

西望昆池闊，東瞻下杜平。山朝豫章館，樹轉鳳凰城。五校連旗色，千門疊鼓聲。金環如有驗，還向畫堂生。

資聖寺送甘二此側體，舊本却以入律，故附之末。

浮生信如寄，薄宦夫何有。來往本無歸，别離方此受。柳色藹春餘，槐陰清夏首。不覺御溝上，銜悲執杯酒。

卷之四

唐 藍田王 維 撰
宋 廬陵劉辰翁 評

七言律詩

奉和聖一作御。製從蓬萊向興慶閣道中留春雨中春望之作

渭水自縈秦塞曲，黄山舊繞漢宫斜。鑾輿迥出仙門柳，顧云：「盛唐用字只如此，不類小家。」閣道迴一作遥。看上苑花。顧云：「畫亦不到。」雲裏帝城雙鳳闕，雨中春樹萬人家。爲乘陽氣行時令，不是宸游玩一作重。物華。

【眉批】顧云：「此篇狀出題景，春容典重，用字深厚，不見工力。結歸之正，足見襟度。」

大同殿生玉芝龍池上有慶雲百官共睹聖恩便賜宴樂敢書即事

欲笑周文歌宴鎬，還輕漢武樂横汾。豈知玉殿生三秀，詎有銅池出五雲。陌上堯樽傾北斗，樓前舜樂動

南薰。共歡天意同人意，萬歲千秋奉聖君。

敕借岐王九成宮避暑應教

帝子遠辭丹鳳闕，天書遥借翠微宫。隔窗雲霧生衣上，卷幔山泉入鏡中。林下水聲喧笑語，巖間樹色隱房櫳。仙家未必能勝此，何事吹簫向碧空。

【眉批】

顧云：「句法天成，更不可易。起語叙事，從容曲盡。下聯便見九成物，結乃費，詩便成收束。」

和賈舍人早朝大明宫之作

絳幘鷄人送一作報。曉籌，尚衣方進翠雲裘。九天閶闔開宫殿，萬國衣冠拜冕旒。日色纔臨仙掌動，香煙欲傍衮龍浮。朝罷須裁五色詔，珮聲歸到鳳池頭。

【眉批】

前四句帖子語，頗不凝重。

顧云：「右丞此篇，直與老杜頡頏。後惟岑參及之，他皆不及。蓋氣概闊大，音律雄渾，句法典重，用字清新，無所不備故也。或猶未全美，以用衣服字太多耳。」

和太常韋主簿五郎温泉寓目

漢主離宫接露臺，秦川一半夕陽開。青山盡是朱旗繞，碧澗翻從玉殿來。新豐樹裏行人度，小苑城邊獵騎迴。聞道甘泉能獻賦，懸知獨有子雲才。

【眉批】

顧云：「此篇鋪寫景象，雄渾富麗；造作句律，温厚深長，皆足爲法。」

聽百舌鳥

上闌門外草凄凄，未央宫中花裏栖。亦自相隨過御苑，不知若箇向金堤。入春解作千般語，拂曙能先百鳥啼。萬户千門應覺曉，建章何必聽鳴鷄。

敕賜百官櫻桃

芙蓉闕下會千官，紫禁朱櫻出上闌。總一作纔。是寢園春薦後，非關御苑鳥銜殘。歸鞍競帶青絲籠，中使頻傾赤玉盤。飽食不須愁一作憂。内熱，大官還有蔗漿寒。

酬郭給事

洞門高閣靄餘暉，桃李陰陰柳絮飛。禁裏疏鐘客舍晚，省中啼鳥吏人稀。晨摇玉珮趨金殿，夕奉丹書拜瑣闈。强欲從君無奈老，將因卧病解朝衣。

【眉批】顧云：「看渠結中下字，乃見盛唐温厚。右丞善作富麗語，自其胸懷本色，開口便是。結語深厚，作者少及。」

苑舍人能書梵字兼達梵音皆曲盡其妙戲爲之贈

名儒待詔滿公車，才子爲郎典石渠。蓮華法藏心懸悟，貝葉經文手自書。楚一作歲。辭共許勝楊馬，梵字何人辨魯魚。故舊相望在三字，願君莫厭承明廬。

重酬苑郎中并序

頃輒奉贈，忽枉見酬。叙末云且久不遷，因而嘲及云。落句云：「應同羅漢無名欲，故作馮唐老歲年。」亦解嘲之意也。

何幸含香奉至尊，多慚未報主人恩。草木盡能酬雨露，榮枯安敢問乾坤。仙郎有意憐同舍，丞相無私斷掃門。楊子解嘲徒自遣，馮唐已老復何論。

送楊少府貶郴州

明到衡山與洞庭，若爲秋月聽猿聲。愁看北渚三湘近，一作遠。惡說南風五兩輕。顧云：「自在。」青草瘴時過夏口，白頭浪裏出湓城。長沙不久留才子，賈誼何須弔屈平。

【眉批】顧云：「此篇述遷謫之時，覺道路益遠。所遇景物，皆成愁寂，已善賦矣。臨結又用一故實，番激公案，用意忠厚，其味深長，他作所無。」又云：「不沾惹君上，語覺忠厚。」

送方尊師歸嵩山

仙官欲往一作住。九龍潭，毛節朱旛倚石龕。山壓天中半天上，洞穿江底出江南。瀑布松杉常帶雨，夕陽彩一作蒼。翠忽成嵐。借問迎來雙白鶴，已曾衡嶽送蘇躭。

既蒙宥罪旋復拜官伏感聖恩竊書鄙意兼奉簡新除使君等諸公

忽蒙漢詔還冠冕，始覺殷王解網羅。日比皇明猶自暗，天齊聖壽未云多。花迎喜氣皆知笑，鳥識歡心亦解歌。聞道此城新佩印，還來雙闕共鳴珂。

酌酒與裴迪

酌酒與君君自寬，人情反覆似波瀾。顧云：「可畏。」白首相知猶按劍，朱門先達笑彈冠。草色全經一作輕。細雨濕，花枝欲動春風寒。世事浮雲何足問，不如高卧且加餐。

【眉批】顧云：「此篇似有朋友反復爲誣譖者，或小人讒沮之類，故爲此以解之云耳。草色花枝，固是時景，然亦托喻小人冒寵、君子顛危耳。」

早秋山中作

無才不敢累明時，思向東溪守故籬。豈一作不。厭尚平婚嫁早，却嫌陶令去官遲。草間蛩一作蟲。韻臨秋急，山裏蟬鳴薄暮悲。寂寞柴門人不到，空林獨與白雲期。

積雨輞川莊作

積雨空林煙火遲，蒸藜炊黍餉東菑。漠漠水田飛白鷺，陰陰夏木囀黄鸝。山中習静觀朝槿，松下清齋折露葵。野老與人爭席罷，海鷗何事更相疑。

【眉批】

寫景自然，造意又極辛苦。

顧云：「結語用《莊子》忘機之事無迹。此詩首述田家時景，次述己志空泊，末寫事實，又嘆俗人之不知己也。東坡云『摩詰詩中有画，画中有詩』者此耳。」

輞川別業

不到東山向一年，歸來纔及種春田。雨中草色緑堪染，水上桃花紅欲然。優樓比丘經論學，傴僂丈人鄉里賢。披衣倒屣且相見，相歡笑語衡門前。

春日與裴迪過新昌里訪吕逸人不遇

桃源四面一作面面。絶風塵，柳市南頭訪隱淪。到門不敢題凡鳥，看竹何須問主人。城外青山如屋裏，東家流水入西鄰。閉户著書多歲月，種松皆作老龍鱗。

【眉批】

青山流水自在。

顧云：「此篇似不經意，然結語奇突，不失盛唐。」

又云：「信手拈來，頭頭是道，不可因其真率，略其雅逸也。」

過乘如禪師蕭居士嵩山蘭若

無着天親弟與兄，嵩丘蘭若一峰晴。食隨鳴磬巢烏下，行踏空林落葉聲。迸水定侵香案濕，雨花應共石床平。深洞長松何所有，儼然天竺古先生。

出塞 時爲監察使塞上作。

居延城外獵天驕，白草連天一作百草連山。野火燒。暮雲空磧時驅馬，秋日平原好射雕。護羌校尉朝乘障，破虜將軍夜渡遼。玉靶角弓珠勒馬，漢家將賜霍嫖姚。

卷之五

唐　藍田王　維　撰
宋　廬陵劉辰翁　評

五言排律

奉和聖製幸玉真一作宵，非。公主山莊因題石壁十韻之作應制

碧落風煙外，瑶臺道路賒。如何連帝苑，别自有仙家。比地迴鑾駕，緣溪轉翠華。顧云：「闊大。」洞中開日月，窗裏發雲霞。庭養冲天鶴，溪流上漢槎。種田生白玉，泥竈化丹砂。谷静泉逾響，山深日易斜。御羹和石髓，香飯進胡麻。大道今無外，長生詎有涯。還瞻九霄上，來往五雲車。

【眉批】

顧云：「洗濯精采。」

奉和聖製上巳於望春亭觀禊飲應制

長樂青門外，宜春小苑東。樓開萬户上，輦過一作人向。百花中。畫鷁移仙妓，一作仗。金貂立上公。清

歌遨落日，妙一作妍。舞向春風。渭水明秦甸，黄山入漢宫。君王來祓禊，灞滻亦朝宗。

奉和聖製暮春送朝集使歸郡應制

萬國仰宗周，衣冠拜冕旒。玉乘迎大客，金節送諸侯。祖席傾三省，褰幃向九州。楊花飛上路，槐色蔭通溝。來預鈞天樂，歸分漢主憂。宸章類河一作在雲。漢，垂象滿中州。

三月三日勤政樓侍宴應制

綵仗連霄合，瓊樓拂曙通。年光三月裏，好語。宫殿百花中。不數秦王日，誰將洛水同。酒筵嫌落絮，舞袖怯春風。天保無爲德，人歡不戰功。仍臨九衢宴，更達四門聰。

游化感寺

翡翠香煙合，瑠璃寶殿平。龍宫連棟宇，虎穴傍簷楹。谷静唯松響，山深無鳥聲。瓊峰當户拆，金澗透林鳴。郢路雲端迥，秦川雨外晴。雁一作鳳，非。王銜果獻，鹿女踏花行。抖擻辭貧里，皈依宿化城。繞籬生野蕨，空館發山櫻。香飯青菰米，嘉蔬綠芋羹。一作紫笋莖。誓陪清梵末，端坐學無生。

【眉批】

若用《禮記》鹿女外。

曉行巴峽

際曉投巴峽，餘春憶帝京。晴江一女浣，朝日衆鷄一作禽。鳴。水國舟中市，山橋樹上一作杪。行。登高萬井出，眺迥二流明。人作殊方語，鶯爲舊一作故。國聲。賴諳山水趣，稍解别離情。

【眉批】

自然好（批「晴江」二句）。

顧云：「不爲甚巧。」又云：「近拙。」（批「人作」二句）

送秘書晁監還一作歸。日本國

積水不可極，安知滄海東。九州何處遠，萬里若乘空。向國惟看日，歸帆一作途。但信風。鰲身映天黑，魚眼射波紅。獨樹扶桑外，主人孤島中。别離方異域，音信若爲通。

【眉批】

「九州」用騶忌語。

顧云：「送日本無過之者。」

送李太守赴上洛

商山包楚鄧，積翠靄沈沈。驛路飛泉灑，關門落照深。野花開古戍，行客響空林。板屋春多雨，山城晝欲陰。丹泉通虢略，白羽抵荆岑。若見西山爽，應知黄綺心。

過沈居士山居哭之

楊朱來此哭，桑扈返於真。獨自成千古，依然舊四鄰。閑簷喧鳥雀，故榻滿埃塵。曙月孤鶯囀，空山五柳春。野花愁對客，泉水咽迎人。善卷明時隱，黔婁在日貧。逝川嗟爾命，丘井嘆吾身。前後徒言隔，相悲詎歲晨。

春日直門下省早朝

騎省直明光，鷄鳴謁建章。遥聞侍中佩，暗識令君香。玉漏隨一作催。銅史，天書拜一作問。夕郎。旌旗映閶闔，歌吹滿昭陽。官舍梅初紫，宫門柳欲黄。願將遲日意，同與聖恩長。

奉和聖製慶玄元皇帝玉像之作應制

明君夢帝先，寶命上齊天。秦后徒聞樂，周王恥卜年。玉京移大像，金籙會群仙。承露調天供，臨空敞御筵。斗迴迎壽酒，山近起爐烟。願奉無爲化，齋心學自然。

奉和聖製與太子諸王三月三日龍池春禊應制

故事修春禊，新宮展豫游。明君移鳳輦，太子出龍樓。賦掩陳王作，杯如洛水流。金人來捧劍，畫鷁出一作去。迴舟。苑樹浮宮闕，天池照冕旒。宸章在雲表，一作漢。垂象滿皇州。

三月三日曲江侍宴應制一本「江」下有「樓」字。

萬乘親齋祭，千官喜豫游。奉迎從上苑，祓禊向中流。草樹連容衛，山河對冕旒。畫旗摇浦溆，春服滿汀洲。仙籞一作樂。龍媒下，神皋鳳蹕留。從今億萬歲，天寶紹一作紀。春秋。

奉和聖製十五夜然燈繼以酺宴應制

上路笙歌滿，春城刻漏長。游人多晝日，明月讓燈光。魚鑰通翔鳳，龍輿出建章。九衢陳廣樂，百福透一作迸。名香。仙妓來金殿，都人繞玉堂。定一作止。應偷妙舞，從此學新妝。奉引迎三事，司儀列一作主。萬方。願將天地壽，同以獻君王。

奉和聖製重陽節宰臣及群官上壽應制

四海方無事，三秋大有年。百生逢此日，萬壽願齊天。芍藥和金鼎，茱萸插玳筵。玉堂開右个，天樂動宫懸。御柳疏秋影，城鴉拂曙煙。無窮菊花節，長奉《柏梁》篇。

和陳監四郎秋雨中思從弟據

嫋嫋秋風動，淒淒煙雨繁。聲連鳷鵲觀，色暗鳳凰原。細柳疏高閣，輕槐落洞門。九衢行欲斷，萬井寂無喧。忽有愁霖唱，更陳多露言。平原思令弟，康樂謝賢昆。逸興方三接，衰顏强七奔。相如今老病，歸守茂陵園。

和僕射晉公扈從温湯時爲右補闕。

天子幸新豐，旌旗渭水東。寒一作遠。山天仗裏，温谷幔城中。奠玉群仙座，焚一作薰。香太乙宫。出游逢牧馬，罷獵有非熊。上宰無爲化，明時太古同。靈芝三秀紫，陳粟萬箱紅。王禮一作玉醴。尊儒教，天兵小戰功。謀猷歸哲匠，詞賦屬文宗。司諫方無闕，陳詩且未工。長吟吉甫頌，朝夕仰清風。

和宋中丞夏日游福賢觀天長寺即陳左相宅所施之作

已相殷王國，空餘尚父溪。釣磯開月殿，築道出雲梯。積水浮香象，深山鳴白鷄。虚空陳妓樂，衣服製虹霓。黑一作墨。點三千界，丹飛六一泥。桃源勿遽返，再訪恐君迷。

沈十四拾遺新竹生讀經處同諸公之作

閑居日清静，修竹自檀欒。嫩節留餘籜，新叢出舊闌。細枝風響亂，疏影月光寒。樂府裁龍笛，漁家伐釣竿。何如道門裏，青翠拂仙壇。

贈東岳焦鍊師

先生千歲餘，五岳遍曾居。遥識齊侯鼎，新過王母廬。不能師孔墨，何事問長沮。玉管時來鳳，銅盤即釣魚。竦身空裏語，明目夜中書。自有還丹一作丹砂。術，時論太素初。頻蒙露版詔，時降軟輪車。山静泉逾響，松高枝轉疏。支頤問樵客，世上復如何。

贈焦道士

海上游三岳，淮南預八公。坐知千里外，跳向一壺中。縮地朝珠闕，行天使玉童。飲人聊割酒，送客乍分風。天老能行氣，有誤。吾師不養空。謝君徒雀躍，無可問鴻濛。

【眉批】
每作清素可貴。
奇(批「飲人」二句)。

投道一師蘭若宿

一公栖太白，高頂出雲一作風。煙。梵流諸壑一作洞。遍，花雨一峰偏。迹爲無心隱，名因立教傳。鳥來還語法，客去更安禪。晝涉松露盡，暮投蘭若邊。洞房隱深竹，清夜聞遥泉。向是雲霞裏，今成枕席前。豈唯留暫宿，服事將窮年。

山中示弟

山林吾喪我，別是一種。冠帶爾成人。莫學嵇康懶，且安原憲貧。山陰多北户，泉水在東鄰。緣合妄相有，性空無所親。安知廣成子，不是老夫身。

韋侍郎山居

幸忝君子顧，遂陪塵外蹤。閑花滿岩谷，瀑布映杉松。啼鳥忽臨澗，歸雲時抱峰。良游盛簪紱，繼跡多夔龍。詎枉青門道，胡聞長樂鐘。清晨去朝謁，車馬何從容。

田　家

舊穀行將盡，良田未可希。老年方愛粥，卒歲且無衣。雀乳青苔井，鷄鳴白板扉。柴車駕羸牸，草屩牧豪一作青。豨。多雨紅榴折，新秋緑芋肥。餉田桑下憩，旁舍草中歸。住處名愚谷，何煩一作煩君。問是非。

過盧員外宅看飯僧共題七韻

三賢異七賢，一作聖。青眼慕青蓮。乞飯從香積，裁衣學水田。上人飛錫杖，檀越施金錢。趺坐簷前日，焚香竹下煙。寒空法雲地，秋色净居天。身逐因緣法，心過次第禪。不須愁日暮，自有一燈然。

濟州過趙叟家宴

雖與人境接，閉門成隱居。道言莊叟事，儒行魯人餘。深巷斜暉静，閑門高柳疏。荷鋤修藥圃，散帙曝農書。上客遥芳翰，中厨饋野蔬。夫君第高飲，景晏出林閭。

青龍寺曇壁上人兄院集并序

吾兄大開蔭中，明徹物外，以定力勝敵，以惠用解嚴。深居僧坊，傍俯人里。高原陸地，下映芙蓉之池；林竹果園，中秀菩提之樹。八極氛霽，萬彙鹿息。太虚廖廓，南山爲之端倪；皇州蒼茫，渭水貫於天地。經行之後，趺坐而閑。升堂梵筵，餌客香飯。不起而游覽，不風而清凉。得世界於蓮花，記文章於貝葉。時江寧大兄持片石命維序之，詩五韻，坐上成。

高處敞招提，虚空詎有倪。坐看南陌騎，下聽秦城鷄。眇眇孤煙起，芊芊遠樹齊。青山萬井外，落日五陵西。眼界今無染，心空安可迷。

【眉批】

甚壯，第非是招提本色。

春過賀遂員外藥園

前年槿籬故，新作藥欄成。香草爲君子，名花是長卿。水穿盤石透，藤繫古松生。畫一作書。畏開厨走，來蒙倒屣迎。蔗漿菰米飯，蒟醬露葵羹。頗識灌園意，於陵不自輕。

河南嚴尹弟見宿弊廬訪别人賦十韻

上客能論道，吾生學養蒙。貧交世情外，才子古人中。冠上方簪一作安。豸，車邊已畫熊。拂衣迎五馬，垂手憑雙童。花醥一作醴。和松屑，茶香透竹叢。薄霜澄夜月，殘雪帶春風。古壁蒼苔黑，寒山遠燒紅。眼看東候别，心事北山一作州。同。爲一作若。學輕先輩，何能訪老翁。欲知今日後，不樂爲車公。

送禰一作徐。郎中

東郊春草色，驅馬去悠悠。况復鄉山外，猿啼湘水流。島夷傳露坂，江館候鳴騶。卉服爲諸吏，珠官拜本州。孤鶯吟遠墅，野杏發山郵。早晚方歸奏，南中纔忌秋。

送熊九赴任安陽

魏國應劉後，寂寥文雅空。漳河如舊日，之子繼清風。阡陌銅臺下，閭閻金虎中。送車盈灞上，輕騎出關東。相去千餘里，西園明月同。

游悟真寺

聞道黄金地，仍開白玉田。擲山移巨石，呪嶺出飛泉。猛虎同三徑，愁猿學四禪。買香然綠桂，乞火踏青蓮。草色摇霞上，松聲泛月邊。山河窮百二，世界滿三千。梵宇聊憑視，一作平覽。王城遂渺然。灞陵纔出樹，渭水欲連天。遠縣分諸一作朱。郭，孤村起白煙。望雲思聖主，披霧憶群賢。薄宦慚尸素，終身擬尚玄。誰知草庵客，曾和《栢梁》篇。

與蘇盧二員外期游方丈寺而蘇不至因有是作

共仰頭陀行，能忘世諦情。回看雙鳳闕，相去一牛鳴。法向空林説，心隨寶地平。手巾花氎净，香帔稻畦成。聞道邀同舍，相期宿化城。安知不來往，翻得一作以得。似無生。

賦得清如玉壺冰京兆府試，時年十九歲。

藏冰玉壺裏，冰水類方諸。一作玉壺何用好，偏許素冰居。未共銷丹日，還同照綺疏。抱明中不隱，會静外疑虚。氣似庭霜積，光言砌月餘。曉凌飛鵲鏡，宵映聚螢書。若向夫君比，清心尚不知。一作若向貪夫比，貞心定不如。

雜　詩與五律絶句多少，疑有誤也。

朝因折楊柳，相見洛陽隅。楚國無如妾，秦家自有夫。對人傳玉腕，映燭解羅襦。人見東方騎，皆言夫婿殊。持謝金吾子，煩君提玉壺。

上張令公

珥筆趨丹陛，垂璫上玉除。步簷青瑣闥，方幰畫輪車。市閲千金字，朝開五色書。致君光帝典，薦士滿公車。伏奏回金駕，横經重石渠。從茲罷角抵，且復幸儲胥。天統知堯後，王章笑魯初。匈奴遥俯伏，漢相儼簪裾。賈生非不遇，汲黯自堪疏。學易思求我，言詩或起予。嘗從大夫後，何惜隸人餘。

哭褚司馬

妄識皆心累，浮生定死媒。惟言老龍吉，未免伯牛灾。故有求仙藥，仍餘遁俗杯。山川秋樹苦，窗户夜泉哀。尚憶青騾去，寧知白馬來。漢臣修《史記》，莫蔽褚生才。

哭祖六自虚時年十八。

否極嘗聞泰，嗟君獨不然。憫凶纔稚子，羸疾正中年。餘力文章秀，生知禮樂全。翰留天帳覽，詞入帝宫傳。國訝終軍少，人知賈誼賢。公卿盡虚左，朋識共推先。不恨依窮轍，終朝濟巨川。才雄望羔雁，壽促背貂蟬。福善聞前録，殲良昧上玄。何辜鎩鸞翮，何事與龍泉。鵩起長沙賦，麟終曲阜編。城中君道廣，海内我情偏。乍失疑猶見，沈思悟絶緣。生前不忍别，死後向誰宣。爲此情難盡，彌令憶更纏。本家清渭曲，歸葬舊塋邊。永去長安道，徒聞京兆阡。旌車出郊甸，鄉國隱雲間。定作無期别，寧同昔日旋。侯門家族苦，行路國人憐。送客哀終進，征途泥復前。贈言爲挽曲，奠席是離筵。念昔同攜手，風期不暫捐。南山俱隱逸，東路類神仙。未審音容閒，那堪生死遷。花時金谷飲，月夜竹林眠。滿地傳都賦，傾朝看藥船。群公咸屬目，微物敢齊肩。謬合同人旨，而將玉樹連。不期先掛劍，長恐後施鞭。爲善吾無矣，知音子絶焉。琴聲縱不没，終亦斷悲弦。

過太乙觀賈生房

昔予栖遁日，之子煙霞鄰。共携松葉酒，俱簪竹皮巾。攀林徧雲洞，採藥無冬春。謬以道門子，徵爲驂御臣。常恐丹液就，先我紫陽賓。天促萬塗盡，哀傷百慮新。蹟峻不容俗，才多反累真。泣對雙泉水，還山無主人。

卷之六

唐　藍田王　維　撰
宋　廬陵劉辰翁　評

五言絶句

輞川集并序

予别業在輞川山谷，其游止有孟城坳、華子岡、文杏館、斤竹嶺、鹿柴、木蘭柴、茱萸沜、宫槐陌、臨湖亭、南垞、欹湖、柳浪、欒家瀨、金屑泉、白石灘、北垞、竹里館、辛夷塢、漆園、椒園等，與裴迪閑暇，各絶句云爾。

孟城坳

新家孟城口，古水餘衰柳。來者復爲誰，空悲昔人有。

【眉批】

復欲二語，如此俯仰廣達，不可得。

華子岡顧云：「調古興高，幽深有味，無出此者。」

飛鳥去不窮，連山復秋色。上下華子岡，惆悵情何極。

【眉批】

蕭然更欲無言。

文杏館

文杏裁爲梁，香茅結爲宇。不知棟裏雲，去作人間雨。

斤竹嶺

檀欒映空曲，青翠漾漣漪。暗入商山路，樵人不可知。

去　聲

空山不見人，但聞人語響。返景入深林，復照青苔一作莓。上。

【眉批】

無言而有画意。

顧云：「此篇寫出幽深之景。」

木蘭柴

秋山斂餘照，飛鳥逐前侶。彩翠時分明，夕嵐無處所。

【眉批】

猶是鹿柴之餘。

茱萸沜

結實紅且綠，復如花更開。山居儻留客，置此芙蓉杯。

宮槐陌

仄徑蔭宮槐，幽陰多綠苔。應門但迎掃，畏有山僧來。

臨湖亭

輕舸迎上一作仙。客，悠悠湖上來。當軒對尊酒，四面芙蓉開。

南　垞

輕舟南垞去，北垞淼難即。隔浦望人家，遥遥不相識。

欹　湖

吹簫凌極浦，日暮送夫君。湖上一回首，青山卷白雲。

柳　浪

行分接綺樹，倒影入清漪。不學御溝上，春風傷別離。

欒家瀨

颯颯秋雨中，淺淺石溜瀉。跳波自相濺，白鷺驚復下。

【眉批】

顧云：「此景常有，人多不觀。唯幽人識得。」

金屑泉

日飲金屑泉，少當千餘歲。翠鳳翊文螭，羽節朝玉帝。

白石灘

清淺白石灘，緑蒲向堪把。家住水東西，浣沙明月下。

北垞

北垞湖水北，雜樹映朱欄。逶迤南川水，明滅青林端。

竹里館

獨坐幽篁裏，彈琴復長嘯。深林人不知，明月來相照。

【眉批】

顧云：「一時清興，適與景會。」

辛夷塢

木末芙蓉花，山中發紅蕚。澗户寂無人，紛紛一作絲絲。開且落。

【眉批】其意不欲着一字，漸可語禪。

漆園

古人非傲吏，自闕經世務。惟一作偶。寄一微官，婆娑數株樹。

【眉批】便在謝東山輩口語，皆成高韻。

椒園

桂尊迎帝子，杜若贈佳人。椒漿奠瑶席，欲下雲中君。一作身。

【眉批】首首素净。

息夫人時年二十。

莫以今時一作朝。寵，能忘舊日恩。看花滿眼一作目。淚，不共楚王言。「能忘」一作「寧無」，一作「寧忘」。

【眉批】

正爾憔悴得人。

顧云：「只發一『楚』字，便有無窮悲怨。」

班婕妤三首

宮殿生秋草，君王恩一作寵。幸疏。那堪聞鳳吹，一作笛。門外度金輿。

【眉批】

顧云：「渾然。」

其　二

玉窗螢影度，金殿人聲絶。秋夜守羅幃，孤燈耿不滅。

【眉批】

顧云：「詠婕妤而猶爲含嚬希寵之態，似非婕妤本相。」

其　三

怪來妝閣閉，朝下不相迎。總向春園裏，花間笑語聲。

【眉批】

語皆不刻而近。

雜　詩

已見寒梅發，復聞啼鳥聲。愁心視春草，畏向玉階生。

【眉批】

顧云：「三詩皆淡中含情。」

其　二

家住孟津河，門對孟津口。常有江南船，寄書家中否。

【眉批】

與「時有洛陽人」皆費解説。

其　三

君自故鄉來，應知故鄉事。來日綺窗前，寒梅着花未。

山　中

荆溪白石出，天寒紅葉稀。山路元無雨，空翠濕人衣。

【眉批】

詩中有画。

聞裴迪秀才吟詩因戲贈

猿吟一何苦，愁朝復愁夕。莫作巫峽聲，腸斷秋江客。

臨高臺送黎拾遺

相送臨高臺，川原杳何極。日暮飛鳥還，行人去不息。

山中寄諸弟

山中多法侣，禪誦自爲群。城郭遥相望，惟應禮白雲。

從軍行

戈甲從軍久，風雲識陣難。今朝韓信計，日下斬成安。

其 二

燕頷多奇相，狼頭敢犯邊。寄言班定遠，正是立功年。

游春曲

萬樹江邊杏，新開一夜風。滿園深淺色，照在緑波中。

其 二

上苑何窮樹，花開次第新。香車與絲騎，風静亦生塵。

江上贈李龜年

紅豆生南國，秋來發幾枝。贈君多採擷，此物最相思。

送　別

山中相送罷，日暮掩柴扉。春草年年一作明年。緑，王孫歸不歸。

【眉批】

古今斷腸，理不在多。

顧云：「古語翻案。」

皇甫嶽雲谿雜題五首

鳥鳴磵

人閑桂花落，夜静春山空。月出驚山鳥，時鳴春磵中。

【眉批】

皆非着意。

顧云：「所謂情真者。」

又云：「何限清逸。」

上平田

朝耕上平田，暮耕上平田。借問問津者，寧知沮溺賢。

【眉批】

語調並高。

蓮花塢

日日採蓮去，洲長多暮歸。弄篙莫濺水，畏濕紅蓮衣。

鸕鷀堰

乍向紅蓮没，復出清浦颺。獨立何襹褷，銜魚古查上。

萍池

春池深且廣，會待輕舟迴。靡靡緑萍合，垂楊復掃開。顧云：「王公輞川諸詩，近事淺語，發于天然，郊、島輩十駕何用。」

【眉批】

每每静意，言之偶然。

答裴迪

淼淼寒流廣，蒼蒼秋雨晦。君問終南山，心知白雲外。

贈韋穆十八

與君青眼客，共有白雲心。不向東山去，日令春草深。

【眉批】

淡淡有情。

別輞川別業

依遲動車馬，惆悵出松羅。忍別青山去，其如緑水何。

崔九弟欲往南山馬上口號與別

城隅一分手，幾日還相見。山中有桂花，莫待花如霰。

題友人雲母障子時年十五。

君家雲母障，時向野庭開。自有山泉入，非因采畫來。

崔興宗寫真詠

畫君年少時，如今君已老。今時新識人，知君舊時好。

山茱萸

朱實山下開，清香寒更發。幸有叢桂花，窗前向明月。

哭孟浩然

故人不可見，漢水日東流。一作故人今不見，日夕漢江流。借問襄陽老，江山空蔡州。

太平詞二首

風俗今和厚，君王在穆清。行看探花曲，盡是泰階平。

其　二

聖德超千古，皇威靜四方。蒼生今息戰，無事覺時長。

送春辭

日日人空老，年年春更歸。相歡在樽酒，不用惜花飛。

書事

輕陰閣小雨，深院晝慵開。坐看蒼苔色，欲上人衣來。

塞上曲

天驕遠塞行，出鞘一作鞘裏。寶刀鳴。定是酬恩日，今朝覺命輕。

其二

塞虜常爲敵，邊風已報秋。平生多志氣，箭底覓封侯。

隴上行

負羽到邊州，鳴笳度隴頭。雲黄知塞近，草白見邊秋。

閨人贈遠五首

花明綺陌春，柳拂御溝新。爲報遼陽一作東。客，流芳一作光。不待人。

其二

遠戍功名薄，幽閨年貌傷。妝成對春樹，不語淚千行。

其三

啼鶯一作鶯啼緑樹深，語燕一作燕語。雕梁晚。不省出門行，沙場知近遠。

其　四

形影一朝別，煙波千里分。君看望君處，衹是起行雲。

其　五

洞房今夜月，如練復如霜。爲照離人恨，亭亭到曉光。

紅牡丹

綠艷開且靜，紅衣淺復深。花心愁欲斷，春色豈知心。

左掖梨花

閑洒堦邊草，輕隨箔外風。黄鶯弄不足，嗛入未央宫。

六言絶句

田園樂七首

厭見千門萬户，經過北里南鄰。官府一作蹀躞。嗚珂有底，崆峒散髮何人。

再見封侯萬户，立談賜璧一雙。詎勝耦耕南畝，何如高卧東窗。

採菱渡頭風急，一作起。策杖村西日斜。杏樹壇邊漁父，桃花源裏人家。

萋萋春草秋碧，落落長松夏寒。牛羊自歸村巷，童稚不識衣冠。

山下孤煙遠村，天邊獨樹高原。一瓢顔回陋巷，五柳先生對門。

桃紅復含宿雨，柳緑更帶春一作朝。煙。花落家僮未掃，鳥啼山客猶眠。

酌酒會臨泉水，抱琴好倚長松。南園露葵朝折，西舍黄粱夜舂。

【眉批】

無一語可俗。

顧云：「首首如画。」

卷之七

唐　藍田王　維　撰
宋　廬陵劉辰翁　評

七言絶句

送元二使安西

渭城朝雨裛輕塵，客舍青青柳色新。一作依依楊柳春。勸君更盡一杯酒，西出陽關無故人。

【眉批】

更萬首絶句，亦無復近，古今第一矣。

顧云：「後人所謂『陽關三疊』，名下不虚。」

寄河上段十六

與君相見即相親，聞道君家在孟津。爲見行舟試借問，客中時有洛陽人。

【眉批】

容易盡情，舊未有此。

送　別

送君南浦淚如絲，君向東周一作州。使我悲。爲報故人憔悴盡，如今不似洛陽時。

九日憶東山兄弟維年十七時作。

獨在異鄉爲異客，每逢佳節倍思親。遥知兄弟登高處，偏插茱萸少一人。

【眉批】

顧云：「真意所發，忠厚藹然。」

又云：「實故難。」

寒食圯上作

廣武城邊逢暮春，汶陽歸客淚霑巾。落花寂寂啼山鳥，楊柳青青渡水人。

【眉批】

顧云：「此對結體也，最要意盡，否則半截詩矣。」

戲題盤石

可憐盤一作磐。石鄰一作臨。泉水，復有垂楊拂酒杯。若道春風不解意，何因一作因何。吹送落花來。

【眉批】

迭蕩野興甚濃。

送韋評事

欲逐將軍取右賢，沙場走馬向居延。遥知漢使蕭關外，愁見孤城落日邊。

少年行

出身仕漢羽林郎，初隨驃騎戰漁陽。孰知不向邊庭苦，縱死猶聞俠骨香。

一身能擘一作臂。兩雕弧，虜騎千重一作群。只似無。偏坐金鞍調白羽，紛紛射殺五單于。

新豐美酒斗十千，咸陽游俠多少年。相逢意氣爲君飲，繫馬高樓垂柳邊。

漢家君臣歡宴終，高義雲臺論戰功。天子臨軒賜侯印，將軍佩出明光宮。

塞下曲

辛勤幾出黄花戍，迢遞初隨細柳營。塞晚每愁殘月苦，邊秋更逐斷蓬驚。
年少辭家從冠軍，金裝寶劍去邀勳。不知馬骨傷寒水。唯見龍城起暮雲。

贈裴旻將軍

腰間寶劍七星文，臂上雕弓百戰勳。見説雲中擒黠虜，始知天上有將軍。

送沈子福歸江東

楊柳渡頭行客稀，罟師蕩槳向臨圻。唯有相思似春色，江南江北送君歸。

菩提寺禁裴迪來相看説逆賊等凝碧池上作音樂供奉人等舉聲便一時淚下私成口號誦示裴迪

萬户傷心生野煙，百官何日再朝天。秋槐葉一作花。落空宫裏，凝碧池頭奏管弦。

與盧員外象過崔處士興宗林亭

緑樹重陰蓋四鄰，青苔日厚自無塵。科頭箕踞長松一作林。下，白眼看他世上一作是甚。人。

【眉批】白眼亦如鍾會與嵇康。

秋思

網一作綠。軒凉吹動輕衣，夜聽更生一作長。玉漏稀。月渡天河光轉濕，鵲驚秋樹葉頻飛。

秋夜曲

宫連太液見蒼波，暑氣微清秋意多。一夜輕風蘋末起，露珠翻盡滿池荷。

丁丁漏水夜何長，漫漫輕雲露月光。秋壁闇蟲通夕響，寒衣未寄莫飛霜。

桂魄初生秋露微，輕羅已薄未更衣。銀箏夜久殷勤弄，心怯空房不忍歸。

從軍辭

旄頭夜落捷書飛，來奏金門著賜衣。白馬將軍頻破敵，一作鏑。黄龍戍卒幾時歸。

游春辭

曲江絲柳變煙條，寒谷冰隨暖氣銷。纔見春光生綺陌，已聞清樂動雲韶。

經過柳陌與桃溪，尋逐春光着處迷。鳥度時時衝絮起，花繁衮衮壓枝低。

雜　詩 一作伊州歌第一疊

秋風明一作朗。月苦相思，一作獨離居。蕩子從軍十載餘。征人去日殷勤囑，歸雁來時數附一作寄。書。

獻壽詞

宫殿一作觀。参差列九重，祥雲瑞氣捧堦濃。微臣欲獻唐堯壽，遥指南山對衮龍。

平戎辭

太白秋高助漢兵，長風夜卷虜塵清。男兒解却腰間劍，喜見從王道化平。
卷旆生風喜氣新，早持龍節静邊塵。漢家天子圖麟閣，身是當今第一人。

贈　遠

當年只自一作是。守空帷，夢見關一作江。山覺别離。不見鄉書傳雁足，唯看新月吐蛾眉。
厭攀楊柳臨青閣，閑採芙渠傍碧潭。走馬臺邊人不見，拂雲堆畔戰初酣。

閨人春思

愁見遥一作游。空百丈絲，春風挽斷更傷離。閑花落盡青苔地，盡日無人誰得知。

戲題輞川別業

柳條拂地不須折，松枝披雲從更長。藤花欲暗藏猱子，柏葉初齊養麝香。

【眉批】實景。

送王尊師歸蜀中拜掃

大羅天上神仙客，濯錦江頭花柳春。不爲碧鷄稱使者，唯令白鶴報鄉人。

靈雲池送從弟

金杯緩酌清歌轉，畫舸輕移艷舞迴。自嘆鶺鴒臨水別，不同鴻雁向池來。

劇嘲史寰

清風細雨濕梅花，驟馬先過碧玉家。正值楚王宮裏至，門前初下七香車。

凉州賽神時爲節度判官在凉州作。

凉州城外少行人，百尺峰頭望虜塵。健兒擊鼓吹羌笛，共賽城東越騎神。

哭殷遥

送君返葬石樓山，松柏蒼蒼殯馭還。埋骨白雲長已矣，空餘流水向人間。

嘆白髮

宿昔朱顏成暮齒，須臾白髮變垂髫。一生幾許傷心事，不向空門何處銷。

識語

右丞詩集，其兄宰相縉所進者，本云十卷，乃舊本俱止六卷。惟近錫山顧氏本亦十卷，然題以類分，非其舊已。今劉本止七卷，考縉表云：「詩筆十卷。」豈並文賦他作之類爲十耶？兹卷悉因劉從所校也。文賦諸篇，劉無評語，及餘人和章，劉本所無，故俱不贅及。然劉評諸家於右丞差簡，晚復得顧司空華玉所評益之，亦如獻吉之於襄陽兩賢，故堪對壘焉耳。

吴興凌濛初識

侄毓枘校

韋蘇州集

申寶昆　標點

説明

《韋蘇州集》十卷拾遺一卷，首列王欽臣于宋嘉祐元年序，次正文前爲《冰賦》，正文詩十卷，拾遺詩八首，末附十五家總論。正文每半葉八行，行十八字。白口，中縫刻書名，卷次。

凌濛初刻印《韋蘇州集》雖未留下片言只語，但從他將其與陶淵明並舉，又列爲唐四家詩之一看來，他是很推重韋應物的。他又把唐宋至明代共二十三家的評論彙輯起來，以眉批、總編的方式置於詩中，這是極便讀者的編輯措施，這一新的設想，正反映了作爲編輯出版家的凌濛初處處爲讀者着想的精神。文中時有校字，也有助于讀者的辨識與研究。

目録

卷之二

寄贈上

卷之三

寄贈下

卷之四

送别

卷之五

酬答

逢遇

卷之六

懷思

行旅

感嘆

卷之七

登眺

游覽

卷之八

雜興

卷之九

歌行上

卷之十

歌行下

拾遺

韋蘇州集序

韋蘇州，唐史不載其行事。林寶《姓纂》云：「周逍遥公敻之後。左僕射扶陽公待價，生司門郎中令儀。令儀生鑾，鑾生應物。應物生監察御史河東節度掌書記慶復。」李肇《國史補》云：「爲性高潔，鮮食寡欲，所居焚香掃地而坐。其爲詩馳驟建安已還，各得風韻。」詳其集中詩，天寶時扈從游幸，疑爲三衛。永泰中任洛陽丞、京兆府功曹。大曆十四年，自鄠縣令制除櫟陽令，以疾辭歸善福精舍。建中二年，由前資除比部員外郎，出爲滁州刺史。改刺江州，追赴闕，改左司郎中。貞元初，又歷蘇州。罷守，寓居永定精舍。其後事迹，究尋無所見。肇又云，開元以後：「位卑而著名者，李北海、王江寧、李館陶、鄭廣文、元魯山、蕭功曹、張長史、獨狐常州、崔比部、梁補闕、韋蘇州。」以集中事及時人所稱，考其仕宦本末，得非遂止於蘇邪？案白居易《蘇州答劉禹錫》詩云「敢有文章替左司」，「左司」，蓋謂應物也。官稱亦止此。有集十卷，而綴叙猥並，非舊次矣。今取諸本校定，仍所部居，去其雜厠，分十五總類，合五百七十一篇。題曰《韋蘇州集》，可以繕寫。嘉祐元年十二月二十二日，太原王欽臣記。

古賦一首

冰賦

夏六月，白日當午，火雲四至，金石灼爍，玄泉潛沸。雖深居廣厦，珍簟輕箑，而亦鬱鬱燠燠，不能和平其氣。陳王於是登别館，散幽情。招親友以高會，尊仲宣爲客卿。睹頒冰之適至，喜煩暑之暫清。王乃夸賓而歌曰：「含皎皎兮瓊玉姿，氣凄凄兮奪天時。飲之瑩骨兮何所思。可進於賓，請客卿爲寡人美而賦之。」客諾曰：「美則美矣，而大王不識其短。夫謂之瓊玉，竊名器也。氣奪天時，干陰陽也。内熱飲之，媒其疾也。寵一物而三失德。且出寒暑而至下，薦宗廟而至高。僕竊感之而戲欷，安得不爲之而抽毫？何積陰之勝純陽兮，惟此玄冰。居炎天之赫赫兮，獨嚴厲乎稜稜。其始也月玄冥，日北陸，天地閉，水泉縮。動静一變，剛柔反覆。壯以烈風，積如群玉。由是依廣澶漫，憑高崢嶸。大寒御節，萬動潛形。浮彩浩浩，仰吞素靈。群山早曙，陰壑夜明。古者祭之黑牡，其藏以節。祓之桃弧，其出以潔。今明明大魏，禮物必備。實大王罇俎之常品，非小民造次之所致。若尊卑異等，頒命有度，碎似墜瓊，方如截璐。況粉壁雲矗，象筵霜布。座有麗人，皎然俱素。雖衆賓之同輝，諒爲物之難固。其竊名假質，以謬一時之賞也如此。若乃對修竹，臨方塘。俾炎作寒兮，反我天常。嗟絺綌之失御於三伏兮，亦紈扇委篋而内傷。其嚴沍之威，以干陰陽之候也如此。若皎潔的皪，與時消釋。或沉珠於杯，或化璞於液。王將甘飲，聊以自適。豈知乎一寒一温，日夜相激。久之以生疾兮，内外不和而怵惕。其玩意而媒疾也如此。觀其力足以淒一室，利庖厨，俾甘肥晚敗，醇釀不渝。非可調湊理，安營魄，奈何以夸客？」陳王於是赩然而慚曰：「寡人生於深宫，懵於服食。左右唯燕姬趙女，侈服美色。微客卿之言，則何以雪余惑！方當命有司而撤冰，書盤盂以自式。」

卷之一

雜擬

擬古詩十二首

其一

辭君遠行邁，飲此長恨端。已謂道里遠，如何中險艱。流水赴大壑，孤雲還暮山。無情尚有歸，行子何獨難。驅車背鄉園，劉云：「此『卷』此『背』言之可傷。」朔風一作吹。卷行迹。嚴冬霜斷肌，日入不遑息。憂歡一作懽。容髮變，寒暑人事易。中心君詎知，冰玉徒貞白。一作容。

【眉批】

顧東橋曰：「韋公古詩，當獨步唐室，以其得漢魏之質也。其下者，亦在晋宋之間。」又曰：「五言古詩，先學韋應物，然後諸家可入。」

劉須溪曰：「古《別離》多矣，此作更古者，以其有清潔自然意，如秋風曠野，自難爲懷。」

劉須溪曰：「柔腸欲無，而有不可犯之色。吾舊評此詩云：『意深而語淺』。」

又曰：「結語沉痛，傷懷而不爲妖蕩怨曠之態，如此而止。」

其二

黄鳥何關關，幽蘭亦靡靡。劉云：「不必深切而辭情適可。誰不能道，而點綴搜索，自無以加。」此時深閨婦，日照紗紗一作綺。窗裏。娟娟雙青娥，微微啓玉齒。自惜桃李年，誤身游俠子。無事久離别，不知今生死。

其三

峨峨高山巔，浼浼青川流。世人不自悟，馳謝如驚飆。百金非所重，厚意良難得。旨酒親與朋，芳年樂京國。京城繁華地，軒蓋凌晨出。垂楊十二衢，隱映金張室。漢宫南北對，飛觀齊白日。游泳屬芳時，一作游冶詠康時。平生自云畢。

其四

綺樓何氛氲，朝日正杲杲。四壁含清風，丹霞射其牖。玉顔上哀囀，絶耳非世有。但感離恨情，不知誰家婦。孤雲忽無色，邊馬爲回首。曲絶碧天高，餘聲散秋草。徘徊帷中意，獨夜不堪守。思逐朔風翔，一去千里道。

【眉批】

劉須溪曰：「别是情麗，超凡入聖，可望而不可即者，末極尋常，以古調勝。」

又曰：「吾舊評此詩云：『淡而綺，綺而不煩。』」

其五

嘉樹藹初緑，蘼蕪吐幽芳。君子不在賞，寄之雲路長。路長信難越，惜此芳時歇。孤鳥去不還，緘情向天末。

【眉批】 劉須溪曰：「常言常語，枯淡欲無。」

其六

月滿秋夜長，驚烏號北林。天河横未落，斗柄當西南。寒蛩悲洞房，好鳥無遺音。商飈一夕至，獨宿懷重衾。舊交日千里，隔我浮與沉。人生豈草木，寒暑移此心。

【眉批】 劉須溪曰：「『月滿秋夜長』，但摘一語，誰不知是蘇州之妙？然得之全篇甚難。非嘗徧閲，不知此編具眼，變化後來，姑發此例。」

顧東橋云：「此詩絶勝《選》。」

其七

酒星非所酌，月桂不爲食。虚薄空有名，爲君長嘆息。蘭蕙雖可懷，芳香與時息。豈如凌霜葉，歲暮藹顔色。折柔將有贈，延意千里客。草木知賤微，所貴寒不易。

其　八

神州高爽地，遐瞰靡不通。寒月野無緑，寥寥天宇空。陰陽不停馭，鍾云：「至理。」貞脆各有終。汾沮何鄙儉，考槃何退窮。反志解牽蹻，無爲尚勞躬。美人奪南國，一笑開芙蓉。清鏡理容一作雲。髮，褰簾出深重。艶曲呈皓齒，舞羅不堪風。慊慊情有待，贈芳爲我容。可嗟青樓月，流影君帷中。

【眉批】鍾伯敬云：「看『無爲尚勞躬』之下，即以『美人奪南國』一改接之，若斷若不斷，真是古人氣派，知之者少。」

其　九

春至林木變，洞房夕含清。單居誰能裁，好鳥對我鳴。良人久燕趙，新愛移平生。别時雙鴛綺，留此千恨情。碧草生舊迹，緑琴歇芳聲。思一作顛。將魂夢歡，反側寐不成。擥衣迷所次，起望空前庭。一作擥衣迷處所，夕起望前庭。孤影中自惻，不知雙涕零。

【眉批】劉須溪曰：「『單居』兩語，流動自然，非復苦吟所及。末意耿耿，情性適然，不假外物而見。」

其十

秋天無留景，萬物藏光輝。落葉隨風起，一作遠。愁人獨何依。華一作明。月屢圓缺，君還浩無期。如何雨絶天，一作雲雨絶。一去音問一作塵。違。

其十一

有客天一方，寄我孤桐琴。迢迢萬里隔，托此傳幽音。冰霜中自結，龍鳳相與吟。弦以明直道，一作昭清直。漆以固一作形。交深。

【眉批】

顧東橋云：「古意古語。」

其十二

白日淇上没，空閨生遠愁。寸心不可限，淇水長悠悠。芳樹自妍芳，春禽自相求。徘徊東西厢，孤妾誰與儔。年華逐絲淚，一落俱不一作難。收。自妍芳一作自交結，一作正妍鬱。

【眉批】

劉須溪云：「不言不笑，情意甚真。但覺麗情綺語，皆不足道。」

桂天祥云：「入陶集中不可辨。」

雜體

沉沉匣中鏡，爲此塵垢蝕。輝光何所如，月在雲中黑。南金既雕錯，鞶帶共輝飾。空存一作有。鑒物名，坐使姸媸惑。美人竭肝膽，思照冰玉色。自非磨瑩工，日日空嘆息。

【眉批】

劉須溪云：「其意正平，而樸素可尚。非無衍麗，静且不慘。」

古宅一作宇。集祅鳥，群號枯樹枝。黄昏窺人室，鬼物相與期。居人不安寢，搏擊思此時。豈無鷹與鸇，飽肉不肯飛。既乖逐鳥節，空養凌雲姿。孤奉肉食恩，何異城上鴟。

春羅雙鴛鴦，出自寒夜女。心精烟霧色，指歷千萬緒。長安貴豪家，一作室。妖艷不可數。裁此百日功，唯將一朝舞。舞罷復裁新，豈思勞者苦。

同聲自相應，體質不必齊。誰知賈人鐸，能使大一作音。樂諧。鏗鏘發宮徵，和樂變其哀。人神既昭享，鳳鳥一作皇。亦下來。豈非至賤物，一奏升天階。物情苟有合，莫問玉與泥。

【眉批】

高棅云：「此用人之意也，宛轉發越，隱約可恨。」

碌碌荆山璞，卞和獻君門。荆璞非有求，和氏非有恩。所獻知國寶，至公不待言。是非吾欲默，此道今豈存。

與友生野飲效陶體桂云：「體質渾樸，着以芳艷字。」

携酒花林下，前有千載墳。於時不共酌，奈此泉下人。始自玩芳物，行當念徂春。聊舒遠世蹤，坐望還山雲。且遂一歡笑，焉知賤與貧。

【眉批】

劉須溪云：「含章體素，默合自然。」

桂天祥云：「故輕重相當，只『坐望還山雲』，是何等意興！」

效何水部

玉宇含清一作秋。露，香籠散輕烟。應當結沉抱，難從兹夕眠。

夕漏起遥怨，蟲響亂秋陰。反覆相思字，中有故人心。

效陶彭澤

霜露悴百草，時菊獨妍華。物性有如此，寒暑其奈何。掇英泛濁醪，日入會田家。盡醉茅簷下，一生豈在多。顧云：「只是真得陶意，故下此手。」

【眉批】

劉須溪云：「『物性』兩語，似達似怨。甚好。」

又云：「蘇州詩去陶自近，至效陶，則復取王夷甫語用之。故晉人無不有風致可愛也。」

燕　集

大梁亭會李四栖梧作

梁王昔愛才，千古化不泯。平聲。至今蓬池上，遠集八方賓。車馬平明合，城郭滿埃塵。逢君一相許，豈要平生親。入仕三十載，如何獨未伸。英聲久籍籍，臺閣多故人。置酒發清彈，相與一作將。樂佳辰。孤亭得長望，白日下廣津。富貴良可取，一作求。朅來西入秦。秋風日夕起，安得客梁陳。

燕李録事

與君十五侍皇闈，曉拂爐烟上赤墀。花開漢苑經過處，雪下驪山沐浴時。近臣零落今猶一作誰。在，仙駕飄颻不可期。此日相逢一作逢君。思一作非。舊日，一杯成喜亦一作又。成悲。

淮上喜會梁川故人

江漢曾爲客，相逢每醉還。浮雲一別後，流水十年間。歡笑情如舊，蕭疏鬢已斑。何因北一作不。歸去，淮上對一作有。秋山。

揚州偶會前洛陽盧耿主簿應物頃貳洛陽，常有連騎之游。

楚塞故人稀，相逢本不期。猶存袖裏字，忽怪鬢中絲。客舍盈樽酒，江行滿篋詩。更能連騎出，還似洛橋時。

賈常侍林亭燕集

高賢侍天階，一作陛。跡顯心獨幽。朱軒鶩關右，池館在東周。繚繞接都城，氤氳望嵩丘。群公盡詞客，方駕永日游。朝旦氣候佳，逍遥寫煩憂。緑林靄已布，華沼澹不流。凌露摘幽草，涉烟玩輕舟。圓荷既出水，廣厦可淹留。放神遺所拘，觥罰屢見酬。樂燕良未極，安知有沉浮。醉罷各云散，何當復相求。

月夜會徐十一草堂

空齋無一事，岸幘故人期。暫輟觀書夜，還題玩月詩。遠鐘高枕後，清露卷簾時。暗覺新秋近，殘河欲曙遲。

移疾會詩客元生與釋子法朗因貽諸祠曹

對此嘉樹林，獨有戚戚顏。抱瘵知曠職，淹旬非樂閑。釋子來問訊，詩人亦扣關。道同意一作適。暫遣，客散疾徐還。園徑自幽静，玄蟬噪其間。高窗瞰遠郊，暮色起秋山。英曹幸休暇，悢悢一作恨恨。心所攀。

慈恩伽藍清會

素友俱薄世，屢招清景賞。鳴鐘悟音聞，宿昔心已往。重門相洞達，高宇亦遐一作通。朗。嵐嶺曉城分，清陰夏條長。一作清條夏陰長。氳氛芳臺馥，蕭散竹池廣。平荷隨波泛，迴飈激林響。蔬食遵道侶，泊懷遺滯想。何彼塵昏人，區區在天壤。

夜偶詩客操公作

塵襟一蕭灑，清夜得禪公。遠自鶴林寺，了知人世空。驚禽翻暗葉，流水注幽叢。多謝非玄度，聊將詩興同。

與韓庫部會王祠曹宅作

閑一作閉。門陰堤柳，秋渠含夕清。微風送荷氣，坐客散塵纓。守默共無吝，抱冲俱寡營。良時頗高會，琴酌共開情。

晦日處士叔園林燕集

遽看蓂葉盡，坐闕芳年賞。賴此林下期，清風滌煩想。始萌動新照，佳禽發幽響。嵐嶺對高齋，春流灌蔬壤。罇酒遺形迹，道言屢開獎。幸蒙終夕歡，聊用税歸鞅。

扈亭西陂燕賞

杲杲朝陽時，悠悠清陂望。嘉樹始氤氲，春游方浩蕩。況逢文翰侣，愛此孤舟漾。緑野際遥波，横雲分叠嶂。公堂日爲倦，幽襟自兹曠。有酒今滿盈，願君盡弘量。

【眉批】劉須溪云：「淺語流動稱情。」（批「緑野」二句）

西郊燕集

濟濟衆君子，高宴及時光。群山靄遐矚，緑野布熙陽。列坐遵曲岸，披襟襲蘭芳。野庖薦嘉魚，激澗泛羽觴。衆鳥鳴茂林，緑草延高岡。盛時易徂謝，浩思坐飄颺。眷言同心友，兹游安可忘。

【眉批】顧東橋云：「用字用意，皆在唐人中。」

春宵燕萬年吉少府中孚南館

始見斗柄回，復兹霜月霽。河漢上縱横，春城夜迢遞。賓筵接時彦，樂燕凌芳歲。稍愛清觴滿，仰嘆高文麗。欲去返郊扉，端爲一歡滯。

【眉批】

劉須溪云：「不獨閑静，氣概又闊，可諷。」

滁州園池燕元氏親屬

日暮游清池，疏林羅一作籠。高天。餘緑飄霜露，夕氣變風烟。水門架危閣，竹亭列廣筵。一展私姻禮，屢嘆芳罇前。感往在兹會，傷離屬頹年。明晨復云去，且願此留連。

郡樓春燕

衆樂雜軍鞞，高樓邀上客。思逐花光亂，賞餘山景夕。爲郡訪雕瘵，守程難損益。聊假一杯歡，暫忘終日迫。

南塘泛舟會元六昆季

端居倦時燠，輕舟泛迴塘。微風飄襟散，橫吹繞林長。雲澹水容夕，雨微荷氣涼。一寫悁動意，寧用訢一作計。華觴。

【眉批】

顧東橋云：「天趣高逸。」

郡齋雨中與諸文士燕集

兵衛森畫戟，宴寢凝清香。海上風雨至，逍遥池閣凉。煩痾近一作正。消散，嘉賓復滿堂。自慚居處崇，未睹斯民康。理會是非遣，性達形迹忘。鮮肥屬時禁，蔬果幸見嘗。俯飲一杯酒，仰聆金玉章。神歡體自輕，意欲凌風一作雲。翔。吴中盛文史，群彦今汪洋。方知大藩地，一作盛。豈曰財賦疆。一作彊。

【眉批】

白樂天云：「最爲警策。」

楊用修曰：「《詩話》稱此首四句爲一代絶唱。余讀其全篇，每恨其結句『吴中』云云，乃類張打油之語，雖村教督，亦不至是繆戾也。後見宋人《麗澤編》，無後四句。又顧况和篇，亦止十六句。乃知爲吴中淺學所增，以美其風土，而不知釋迦佛下不可着糞也。」

軍中冬燕

滄海已云晏，皇恩猶念勤。式燕徧恒秩，柔遠及斯人。兹邦實大藩，代鼓軍樂陳。是時冬服成，戎士氣益振。平聲。虎竹謬朝寄，英賢降上賓。旋罄周旋禮，愧無海陸珍。庭中丸劍闌，堂上歌吹新。光景不知晚，觥酌豈言頻。罩醪昔所感，大醼况同忻。顧謂軍中士，仰答何由申。

司空主薄琴席

烟華方散薄，蕙氣猶含露。澹景發清琴，幽期默玄一作云。悟。留連白雪意，斷續回風度。掩抑雖已終，忡忡在幽素。

與村老對飲

鬢眉雪色猶嗜酒，言辭淳樸古人風。鄉村年少生離亂，見話先朝如夢中。

卷之二

寄贈上

城中卧疾知閻薛二子屢從邑令飲因以贈之

車一作良。馬日蕭蕭，胡不枉一作在。我廬。方來從令飲，卧病獨何如。鍾云：「婉而麗。」秋風起漢一作江。皋，開户望平蕪。即此吝一作稀。音素，一作表。焉知中密疏。渴者不思火，寒者不求水。人生羈寓一作旅。時，去就當如此。猶希心異迹，一作泛利心迹異。眷眷存終始。譚友夏云：「『心異迹』三字妙，交道暢然。」

【眉批】

劉須溪云：「真素羞疑，亦今人所恨道。」

鍾伯敬云：「非不和平，說到世情逼人處，亦自慷慨不覺。」

聽嘉陵江水聲寄深上人

鑿崖泄奔湍，稱古神禹跡。夜喧山門店，獨宿不安席。水性自云一作爲。静，石中本無聲。如何兩相激，雷轉空山驚。貽之道門舊，了此物我情。

【眉批】

譚友夏云：「水何嘗自云？妙，妙。」

鍾伯敬云：「胸中無領會，如何吐得此語。」

高陵書情寄三原盧少府

直方難爲進，守此微賤班。開卷不及顧，沉埋案牘間。兵凶久一作互。相踐，徭賦豈得閑。促戚下可哀，寬政身致患。日夕思自退，出門望故山。君心儻如此，携手相與還。

假中對雨呈縣中僚友

郤足甘一作堪。爲笑，閑居夢杜陵。殘鶯知夏淺，社一作時。雨報年登。流麥非關忘，收書獨不能。自然憂曠職，緘此謝良朋。

贈蕭河南

厭劇辭京縣，褒賢待詔書。鄭侯方繼業，潘令且閑居。霽後三川冷，秋深萬木疏。對琴無一事，新興復何如。

示從子河南尉班并序

永泰中，余任洛陽丞，以撲抶軍騎。時從子河南尉班，亦以剛直爲政，俱見訟於居守，因詩示意。府縣好我者，豈曠斯文。

拙直余恒守，公方爾所存。同占朱鳥剋，俱起小人言。立政思懸棒，謀身類觸藩。不能林下去，祇戀府廷恩。

趨府候曉呈兩縣僚友

趨府不遑安，中宵出户看。滿天星尚在，近壁燭仍一作猶。殘。立馬頻驚曙，垂簾却避寒。可憐同官者，應一作始。悟下流難。

贈李儋

絲桐本異質，音響合一作今。自然。吾觀造化意，二物相因緣。誤觸龍鳳嘯，静聞寒夜泉。心神自安宅，煩慮頓可捐。何因知久要，絲白漆亦堅。

【眉批】

鍾伯敬云：「清深近古。」

葛常之云：「韋應物《聽嘉陵江聲》云：『水性自云静，石中本無聲。如何兩相激，雷轉空山鳴。』與此『絲桐」四句意頗相類，然應物未曉所謂非因非緣，亦非自然者。」

贈盧嵩

百川注東海，東海無虚盈。泥滓不能濁，澄波非益清。恬然自安流，日照萬里晴。雲物不隱象，三山共分明。奈何疾風怒，忽若基柱傾。海水雖無心，洪濤亦相驚。怒號在倏忽，誰識變化情。

寄馮著

春雷起萌蟄，土壤日已疏。胡能遭盛明，才俊伏里閭。偃仰遂真性，所求唯斗儲。披衣出茅屋，盥漱臨清渠。吾道亦自適，退身保玄虚。幸無職事牽，且覽案上書。親友各馳騖，誰當訪弊廬。思君在何夕，明月照廣除。

早春對雪寄前殿中元侍御

掃雪開幽徑，端居望故人。猶殘臘月酒，更值早梅春。幾日東城陌，何時曲水濱。聞閑且共賞，莫待繡衣新。

贈王侍御

心同野鶴與塵遠，詩似冰壺見底清。府縣同趨昨日事，升沈不改故人情。上陽秋晚蕭蕭雨，洛水寒來夜夜聲。自嘆猶爲折腰吏，一作客。可憐驄馬路傍行。

將往江淮寄李十九儋余自西京至，李又發河洛，同道不遇。

鷰鷰東向來，文鷁亦西飛。如何不相見，羽翼有高卑。徘徊到河洛，華屋未及窺。秋風飄我行，遠與淮海期。回首隔烟霧，遥遥兩相思。陽春自當返，短翮欲追隨。

自鞏洛舟行入黄河即事寄府縣僚友

夾水蒼山路向東，東南山豁大河通。寒樹依微遠天外，夕陽明滅亂流中。孤村幾歲臨伊岸，一雁初晴下朔風。爲報洛橋游宦侶，扁舟不繫與心同。

寄盧庾

悠悠遠離别，分此歡會難。如何兩相近，反使心不安。亂髪思一櫛，垢衣思一浣。豈如望友生，對酒起長嘆。時節異京洛，孟冬天未寒。廣陵多車馬，日夕自游盤。獨我何耿耿，非君誰爲歡。

發廣陵留上家兄兼寄上長沙

將違安可懷，宿戀復一方。家貧無舊業，薄宦各飄颺。執板身有屬，淹時心恐惶。拜言不得留，聲結淚滿裳。漾漾動行舫，亭亭遠相望。離晨苦須臾，獨往道路長。蕭條風雨過，得此海氣凉。感秋意已違，況自結中腸。推道固當遣，及情豈所忘。何時共還歸，舉翼鳴春陽。

【眉批】

鍾伯敬云：「悲厚。」

鍾伯敬云：「『得此』二字妙！」

鍾伯敬云：「古甚。」

初發揚子寄元大校書

淒淒去親愛，泛泛入烟霧。顧云：「悟出此關，方脱纏擾。」歸棹洛陽人，殘鐘廣陵樹。今朝此爲别，何處還相遇。世事波上舟，沿洄安得住。

【眉批】

劉須溪云：「至濃至淡，便是蘇州筆意。」

淮上即事寄廣陵親故

前舟已渺渺，欲度誰相待。秋山起暮鐘，劉云：「好句！」楚雨連滄海。風波離思滿，一作遠。宿昔容鬢改。獨鳥下東南，廣陵何處在。桂云：「用『在』字韻尤妙。」

【眉批】

劉須溪云：「『風波』兩語，足以極初別之懷。」又云：「『獨鳥下東南』偶然景，偶然語，亦不可再得。」

寄洪州幕府盧二十一侍御 自南昌令拜，頃同官洛陽。

忽報南昌令，乘驄入郡城。同時趨府客，此日望塵迎。文苑臺中妙，冰壺幕下清。洛陽相去遠，猶使故林榮。

經少林精舍寄都邑親友

息駕依松嶺，高閣一攀緣。前瞻路已窮，既詣喜更延。出巘聽萬籟，入林濯幽泉。鳴鐘生道心，暮磬一作鶴。空雲烟。獨往雖暫適，多累終見牽。方思結茅地，歸息期暮年。

同長源歸南徐寄子西子烈有道

東洛何蕭條，相思邈遐路。策駕復隨游，入門無與晤。一作出入亦無晤。還因送歸客，達此緘中素。屢暌心所歡，豈得顔如故。所歡不可暌，嚴霜晨凄凄。如彼萬里行，孤妾守空閨。臨觴一長嘆，素欲何時諧。

雪中聞李儋過門不訪聊以寄贈

度門能不訪，冒雪屢西東。已想人如玉，遥憐馬似驄。乍迷金谷路，稍變上陽宫。還比相思意，紛紛正滿空。

同德精舍養疾寄河南兵曹東廳掾

逍遥東城隅，雙樹寒葱蒨。廣庭流華月，高閣凝餘霞。杜門非養素，抱疾阻良宴。孰謂無他人，思君歲云變。官曹亮先忝，陳躅慚俊彦。豈知晨與夜，相代不相見。緘書問所如，一作知。訓藻當芬絢。

同德寺雨後寄元侍御李博士

川上風雨來，須臾滿城闕。岧嶤青蓮界，一作字。蕭條孤興發。前山遽已凈，陰靄夜來歇。喬木生夏凉，流雲吐華月。嚴城自有限，一水非難越。相望曙河一作何。遠，高齋坐超忽。

同德閣期元侍御李博士不至各投贈二首

庭樹忽已暗，故人一作何。那不來。祇應厭煩暑，永日坐霜臺。

官榮多所繫，閑居亦愆期。高閣猶相望，青山欲暮時。

使雲陽寄府曹

夙駕祇府命，冒炎不遑息。百里次雲陽，閭閻問漂溺。上天屢愆氣，胡不均寸澤。仰瞻喬樹顛，見此洪流跡。良苗免湮没，蔓草生宿昔。頹墉滿故墟，返喜將安宅。周旋涉塗潦，側峭緣溝脉。仁賢憂斯民，賤子甘所役。公堂衆君子，言笑思與覯。

過扶風精舍舊居簡朝宗巨川兄弟

佛刹出高樹，晨光閭井中。年深念陳跡，迨此獨忡忡。零落逢故老，寂寥悲草蟲。舊宇多改構，幽篁延本藂。栖止事如昨，芳時去已空。佳人亦携手，再往今不同。新文聊感舊，想子意無窮。

贈令狐士曹自八月朔旦，同使藍田，淹留沙季，事先半日而待，故有戲贈。

秋簷一作霜。滴滴對床寢，山路迢迢聯騎行。到家俱及東籬菊，何事先歸半日程。

贈馮著

契闊仕兩京，念子亦飄蓬。方來屬追往，十載事不同。歲晏乃云至，微褐還未充。慘凄游子情，風雪自關東。華觴發歡顔，嘉藻播清風。始此盈抱恨，曠然一夕中。善藴豈輕售，懷才希國工。誰當念素士，零落歲華空。

對雨寄韓庫部協

風至池館凉，靄然和曉霧。蕭條集新荷，氛氳散高樹。閑居興方淡，默想心已屢。暫出仍濕衣，况君東城住。

寄子西

夏景已難度，懷賢思方續。喬樹落疏陰，微風散煩燠。傷離枉芳札，忻遂見心曲。藍上舍已成，田家雨新足。托鄰素多欲，一作願。殘秩猶見束。日夕上高齋，但望東原緑。

縣内閑居贈温公

滿郭春風嵐已昏，雅栖散吏掩重門。雖居世網常清浄，夜對高僧無一言。

對雪贈徐秀才

靡靡寒欲妝，靄靄陰還結。晨起望南端，千林散春雪。妍光屬瑶階，亂緒凌新節。無爲掩扉卧，獨守袁生轍。

西郊游宴寄贈邑僚李巽

升陽暖春物，置酒臨芳席。高宴闕英僚，衆賓寡歡懌。是時尚多壘，板築興頽壁。羇旅念越疆，領徒方祇役。如何嘉會日，當子憂勤夕。西郊鬱已茂，春嵐重如積。何當返徂雨，雜英紛可惜。

對雨贈李主簿高秀才

邐迤曙雲薄，散漫東風來。青山滿春野，微雨灑輕埃。吏局勞佳士，賓筵得上才。終朝狎文墨，高興共徘徊。

休沐東還胄貴里示端

宦游二十載，田野久已疏。休沐遂茲日，一來還故墟。山明宿雨霽，風暖百卉舒。泓泓野泉潔，熠熠林光初。竹木稍摧翳，園場亦荒蕪。俯驚鬢已衰，周覽昔所娱。存没惻私懷，遷變傷里閭。欲言少留心，中復畏簡書。世道良自退，榮名亦空虚。與子終携手，歲晏當來居。

朝請後還邑寄諸友生

宰邑分甸服，夙駕朝上京。是時當暮春，休沐集友生。抗志青雲表，俱踐高世名。尊酒具歡樂，文翰亦縱横。良游昔所希，累宴夜復明。晨露含瑶琴，夕風殞素英。一旦遵歸路，伏軾出京城。誰言再念别，忽若千里行。閑閣寡諠訟，端居結幽情。况茲晝方永，展轉何由平。

灃上西齋寄諸友七月中，善福之西齋作。

絶岸臨西野，曠然塵事遥。清川下邐迤，茅棟上岧嶢。玩月愛佳夕，望山屬清朝。俯砌視歸翼，開襟納遠飈。等陶辭小秩，効朱方負樵。閑游忽無累，心跡隨景超。明世重才彦，雨露降丹霄。群公正雲集，獨予欣寂寥。

獨游西齋寄崔主簿

同心忽已別，昨事方成昔。幽徑還獨尋，緑苔見行跡。秋齋正蕭散，煙水易昏夕。憂來結幾重，非君不可釋。

【眉批】

劉須溪云：「蕭然今昔之感。」

紫閣東林居士叔緘賜松英丸捧對忻喜蓋非塵侶之所當服輒獻詩代啓

碧澗蒼松五粒稀，侵雲采去露沾衣。夜啓群仙合靈藥，朝思俗侶寄將歸。道場齋戒今初服，人事葷羶已覺非。一望嵐峰拜還使，腰間銅印與心違。

秋集罷還途中作謹獻壽春公黎公

束帶自衡門，奉命宰王畿。君侯柱高鑒，舉善掩瑕疵。斯民本已安，工拙兩無施。譚云：「善於立言。」何以酬明德，歲晏不磷緇。時節乃來集，欣懷方載馳。平明大府開，一得拜光輝。温如春風至，肅若嚴霜威。群屬所載瞻，而忘倦與饑。公堂燕華筵，禮罷復言辭。將從平門道，憩車澧水湄。山川降嘉歲，草木蒙潤滋。孰云還本邑，懷戀獨遲遲。

【眉批】

鍾伯敬云：「自處處人，謙厚真率。」

鍾伯敬云：「古道。」

閑居贈友

補吏多下遷，罷歸聊自度。園廬既蕪没，煙景空澹泊。閑居養痾瘵，守素甘葵藿。顏鬢日衰耗，冠帶亦寥落。青苔已生路，緑筠始分籜。夕氣下遥陰，微風動疏薄。草玄良見誚，杜門無請托。非君好事者，誰來一作能。顧寂寞。

四禪精舍登覽悲舊寄朝宗巨川兄弟

蕭散人事憂，迢遞古原行。春風日已暄，百草亦復生。躋閣謁金像，攀雲造禪扃。新景竹際曙，雜花川上明。徂歲方緬邈，陳事尚縱横。温泉有佳氣，馳道指京城。携手思故日，山河留恨情。存者邈難見，去者已冥冥。臨風一長慟，誰畏行路驚。

善福閣對雨寄李儋幼遐

飛閣凌太虚，晨躋鬱峥嶸。驚飈觸懸檻，白雲冒層甍。太陰布其地，密雨垂八纮。仰觀固不測，俯視但冥冥。感此窮秋氣，沉鬱命友生。及時策高步，羈旅游帝京。聖朝無隱才，品物俱昭形。國士秉繩墨，何以表堅貞。寸心東北馳，思與一會並。我車夙已駕，將逐晨風征。郊塗住成淹，默默阻中情。

寺居獨夜寄崔主簿

幽人寂不一作無。寐，木葉紛紛落。寒雨暗深更，流螢度高閣。坐使青燈曉，還傷夏衣薄。寧知歲方晏，離居更蕭索。

九日灃上作寄崔主簿倬二季端繫

凄凄感時節，望望臨灃涘。翠嶺明華秋，高天澄遥滓。川寒流愈迅，霜交物初委。林葉索已空，晨禽迎飈起。時菊乃盈泛，濁醪自爲美。良游雖可娱，殷念在之子。人生不自省，營欲無終已。孰能同一酌，陶然冥斯理。

西郊養疾聞暢校書有新什見贈久佇不至先寄此詩

養病愜清夏，郊園敷卉木。窗夕一作户。含澗涼，雨餘愛筠緑。披懷始高詠，對琴轉幽獨。仰子游群英，吐詞如蘭馥。還聞枉嘉藻，停望延昏旭。唯見草青青，閉門灃水曲。

灃上寄幼遐

寂寞到城闕，惆悵返柴荆。端居無所爲，念子遠徂征。夏晝人已息，我懷獨未寧。忽從東齋起，兀兀尋澗行。罥罜叢榛密，披玩孤花明。曠然西南望，一極山水情。周覽同游處，逾恨阻音形。壯圖非旦夕，君子勤令名。勿復久留宴，蹉跎在北京。

善福精舍示諸生

湛湛嘉樹陰，清露夜景沉。悄然群物寂，高閣似陰岑。方以玄默處，豈爲名跡侵。法妙一作泛如。不知歸，獨此抱冲襟。齋舍無餘物，陶器與單衾。諸生時列坐，共愛風滿林。

【眉批】

劉須溪云：「甚有佳致可誦。」

鍾伯敬云：「收得悠然颯然。」

晚出灃上贈崔都水

臨流一舒嘯，望山意轉延。隔林分落景，餘霞明遠川。首起趨東作，已看耘夏田。一從民里居，歲月再徂遷。昧質得全性，世名良自牽。行欣携手歸，聊復飲酒眠。

寓居灃上精舍寄于張二舍人

萬木藂雲出香閣，西連碧澗竹林園。高齋獨宿遠山曙，微霰下庭寒雀喧。道心淡泊對流水，生事蕭疏空掩門。時憶故交那得見，曉排閶闔奉明恩。

【眉批】

劉須溪云：「寂寞有沉着意。」（批「生事」句）

開元觀懷舊寄李二韓二裴四兼呈崔郎中嚴家令

宿昔清都燕，分散各西東。車馬行跡在，霜雪竹林空。方軫故物念，誰復一樽同。聊披道書暇，還此聽松風。

春日郊居寄萬年吉少府中孚三原少府偉夏侯校書審

谷鳥時一囀，田園春雨餘。光風動林早，高窗照日初。獨飲澗中水，吟咏老氏書。城闕應多事，誰憶此閑居。

灃上醉題寄滁武

芳園知夕燕，西郊已獨還。誰言不同賞，俱是醉花間。

西郊期滁武不至書示

山高鳴過雨，澗樹落殘花。非關春不待，當由期自賒。

【眉批】

劉須溪云：「鍾情而語更達。」

灃上對月寄孔諫議

思懷在雲闕，泊素守中林。出處雖殊跡，明月兩知心。

將往滁城戀新竹簡崔都水示端

停車欲去繞藂竹，偏愛新筠十數竿。莫遣兒童觸瓊粉，留待幽人迴日看。

還闕首途寄精舍親友

休沐日云滿，冲然將罷官。嚴車候門側，晨起正朝冠。山澤含餘雨，川澗注驚湍。攬轡遵車路，回首一長嘆。居人已不見，高閣在林端。

秋夜南宫寄灃上弟及諸生

暝色起煙閣，沉抱積離憂。况兹風雨夜，蕭條梧葉秋。空宇感凉至，頽顔驚歲周。日夕游闕下，山水憶同游。

塗中書情寄灃上兩弟因送二甥却還

華簪豈足戀，幽林徒自違。遥知别後意，寂寞掩郊扉。回首昆池上，更羡爾同歸。

雪夜下朝呈省中一絶

南望青山滿禁闈，曉陪鴛鷺正差池。共愛朝來何處雪，蓬萊宫裏折松枝。

贈孫微時赴雲中

黄驄少年舞雙戟，目視傍人皆辟易。百戰曾夸隴上兒，一身復作雲中客。寒風動地氣蒼茫，横笛先悲出塞長。敲石軍中傳夜火，斧冰河畔汲朝漿。前鋒直指陰山外，虜騎紛紛翦應碎。匈奴破盡看君歸，金印酬功如斗大。

冬夜宿司空野居因寄酬贈

南北與山鄰，蓬庵庇一身。繁霜疑有雪，荒草似無人。遂性在耕稼，所交唯賤貧。何緣張掾傲，每重德璋親。

寄答秘書王丞

相看頭白來城闕，却憶漳溪舊往還。今體詩中偏出格，常參官裏每同班。街西借宅多臨水，馬上逢人亦説山。芸閣水曹雖至冷，與君常喜得身閑。

書懷寄顧八處士

自小難收疏懶性，人間萬事總無功。别從仙客求方法，曾到僧家問苦空。老大登朝如夢裏，貧窮作話是村中。未能即便休官去，慚愧南山采藥翁。

卷之三

寄贈下

寄柳州韓司户郎中

達一作遠。識與昧機，智殊跡同静。於焉得携手，屢賞清夜景。蕭灑陪高詠，從容羡華省。一逐風波遷，南登桂陽嶺。舊里門空掩，歡一作新。游事皆屏。悵望城闕遥，幽居時序永。春風吹百卉，和煦變閭井。獨悶終日眠，篇書不復省。唯當望雨露，霑子荒遐境。

【眉批】

鍾伯敬云：「齊物至理，難在十字説盡。」

寄令狐侍郎

三山有瓊樹，霜雪色逾新。始自風塵交，中結綢繆姻。西掖方掌誥，南宫復司春。夕燕華池月，朝奉玉階塵。衆寶歸和氏，吹噓多俊人。群公共然諾，聲問邁時倫。孤鴻既高舉，鷰雀在荆榛。翔集且不同，豈不欲殷勤。一旦遷南郡，江湖渺無垠。寵辱良未定，君子豈緇磷。寒暑已推斥，別離生苦辛。非將會面目，書札何由申。

閑居寄端及重陽

山明野寺曙鐘微，雪滿幽林人跡稀。閑居寥落生高興，無事風塵獨不歸。

園林宴起寄昭應韓明府盧主簿

田家已耕作，井屋起晨烟。園林鳴好鳥，閑居猶獨眠。不覺朝已宴，起來望青天。四體一舒散，情性亦忻然。還復茅簷下，對酒思數賢。束帶理官府，簡牘盈目前。當念中林賞，覽物遍山川。上非遇明世，庶以道自全。

寄大梁諸友

分竹守南譙，弭節過梁池。雄都衆君子，出餞擁河湄。燕謔始云洽，方舟已解維。一爲風水便，但見山川驅。昨日次睢陽，今夕宿符離。雲樹愴重疊，烟波念還期。相敦在勤事，海內方勞師。

新秋夜寄諸弟

兩地俱秋夕，相望共一作在。星河。高梧一葉下，空齋歸思多。方用憂人瘼，況自抱微痾。無將別來近，顔鬢已蹉跎。

郊園聞蟬寄諸弟

去歲郊園别，聞蟬在蘭省。今歲卧南譙，蟬鳴歸路永。夕響依山郭，餘悲散秋景。一作餘聲發秋嶺。緘書報此時，一作遠景。此心方耿耿。

寄中書劉舍人

雲霄路竟别，中年跡暫同。比翼趨丹陛，連騎下南宫。佳詠邀清月，幽賞滯芳叢。迨予一出守，與子限西東。晨露方愴愴，一作蒼蒼。離抱更忡忡。忽睹九天詔，秉綸歸國工。玉座浮香氣，秋禁散凉風。應向横門度，一作旁。環珮杳玲瓏。光輝恨未矚，歸思坐難通。蒼蒼松桂姿，想在一垣中。

郡齋感秋寄諸弟

首夏辭舊國，窮秋卧滁城。方如昨日别，忽覺徂歲驚。高閣收烟霧，池水晚澄清。一作明。户牖已凄爽，晨夜感深情。昔游郎署間，是月天氣晴。一作清。授衣還西郊，曉露田中一作野。行。采菊投酒中，昆弟自同傾。簪組聊挂壁，焉知有世榮。一旦居遠郡，山川間音形。大道庶無累，及兹念已盈。

郡中對雨贈元錫兼簡楊凌

宿雨冒空山，空城響秋葉。沉沉暮色至，凄凄凉氣入。蕭條林表散，的礫荷上集。夜霧著衣重，新苔侵履濕。遇兹端憂日，賴與嘉賓接。

冬至夜寄京師諸弟兼懷崔都水

理郡無異一作美。政，所憂在素餐。徒令去京國，羇旅當歲寒。子一作玄。月生一氣，陽景極南端。已懷時節感，更抱別離酸。私燕席一作夕。云罷，還齋夜方闌。邃幕沉空宇，一作月。孤燭照床單。應同兹夕念，寧忘故歲歡。川塗恍悠邈，涕下一闌干。

元日寄諸弟兼呈崔都水

一從守兹郡，兩鬢生素髮。新正加我年，故歲去超忽。淮濱異時候，了似仲秋月。川谷風景温，城池草木發。高齋屬多暇，惆悵臨芳物。日月昧還期，念君何時歇。

寄職方劉郎中

相聞二十載，不得展平生。一夕一作旦。南宫遇，聊用寫中情。端服光朝次，群列慕一作器。英聲。歸來坐粉闈，揮筆乃縱横。始陪文翰游，歡燕難久並。予因謬忝出，君爲沉疾嬰。別離寒暑過，荏苒春草生。故園兹日隔，新禽池上鳴。郡中永無事，歸思徒自盈。

社日寄崔都水及諸弟群屬

山郡多暇日，社時放吏歸。坐閣獨成悶，行塘閱清輝。春風動高柳，芳園掩夕扉。遥思里中會，心緒悵微微。

寒食日寄諸弟

禁火暖佳辰，念離獨傷抱。見此野田花，心思杜陵道。聯騎定一作竟。何時，予今顔已老。

三月三日寄諸弟兼懷崔都水

暮節看已謝，兹晨愈可惜。風澹意傷春，池寒花斂夕。一作色。對酒始依依，懷人還的的。誰當曲水行，相思尋舊跡。

贈李儋侍御

風光山郡少，來看廣陵春。殘花猶待客，莫問意中人。

寄楊協律

吏散門閣掩，鳥鳴山郡中。遠念長江別，俯覺座隅空。舟泊南池雨，簟卷北樓風。並罷芳樽燕，爲愴昨時同。

郡齋贈王卿

無術謬稱簡，素餐空自嗟。秋齋雨成滯，山藥寒始華。濩落人皆笑，幽獨歲逾賒。唯君出塵意，賞愛似山家。一作僧家。

簡恒璨

室一作臺。虚多凉氣一作風，天高屬秋時。空庭夜風雨，草木曉離披。簡書日云曠，文墨誰復持。聊因遇澄静，一與道人期。

閑居寄諸弟

秋草生庭白露時，故園諸弟益相思。盡日高齋無一事，芭蕉葉上獨題詩。

登樓寄王卿

踏閣攀林恨不同，楚雲滄海思無窮。數家砧杵秋山下，一郡荆榛寒雨中。顧東橋云：「登樓愁思，宛然下淚。」

【眉批】

劉須溪云：「高視城邑，真復如此。開合野興甚濃，正是絶意。復增兩聯，即情味不如此。」

楊用修曰：「絶妙；字句雖對，而意則一貫。」

寄暢當聞以子弟被召從軍。

寇賊起東山，英俊方未閑。聞君新應募，籍籍動京關。出身文翰場，高步不可攀。青袍未及解，白羽插腰間。昔爲瓊樹一作姿。枝，今有風霜顔。秋郊細柳道，走馬一夕還。丈夫當爲國，破敵如摧山。何必事州府，坐使鬢毛班。

贈崔員外

一别十年事，相逢淮海濱。還思洛陽日，更話府中人。且對清觴滿，寧知白髮新。忽忽何處去，車馬冒風塵。

寄李儋元錫

去年花裏逢君别，今日花開已一年。世事茫茫難自料，春愁黯黯一作忽忽。獨成眠。身多疾病思田里，邑有流亡愧俸錢。聞道欲求相問訊，西樓望月幾回圓。

【眉批】

胡仔云：「士君子當以此切切存心，彼一意供租，斂事土木，視民如讎者，得無愧此？」

王世貞曰：「『身多疾病』二語，格調非正，而語意亦佳。」

京師叛亂寄諸弟

弱冠遭世難，二紀猶未平。羈離官一作守。遠郡，虎豹滿西京。上懷犬馬戀，下有骨肉情。歸去在何時，流淚忽霑纓。憂來上北樓，左右但軍營。函谷行人絶，淮南春草生。鳥鳴野田間，心憶故園一作里。行。何時四海晏，甘與齊民耕。

贈琮公

山僧一相訪，吏案正盈前。出處似殊致，喧靜兩皆一作依。禪。暮春華池宴，清夜高齋眠。此道本無得，寧復有忘筌。

寄諸弟

建中四年十月三日，京師兵亂，自滁州間道遣使。明年興元甲子歲五月九日使還作。

歲暮兵戈亂京國，帛書間道訪存亡。還信忽從天上落，唯知彼此淚千行。

寄恒璨

心絶去來緣，跡一作蹱。順一作斷。人間事。獨尋秋草徑，夜宿寒山寺。今日郡齋閑，思問楞伽子。

簡郡中諸生

守郡卧秋閣，四面盡荒山。此時聽夜雨，孤燈照窗間。藥園日蕪漫，書帷長自閑。惟當上客至，論詩一解顔。

寄全椒山中道士

桂云：「全首無一字不佳。語似冲泊，而意興獨至，此所謂良工心獨苦也。」

今朝郡齋冷，王云：「是唐選佳境。」忽念山中客。澗底束一作采。荆薪，歸來煮白石。欲持一瓢一作杯。酒，遠慰一作寄。風雨夕。落葉滿一作遍。空山，何處尋行跡。鍾云：「此等詩，妙處在工拙之外。」

【眉批】

洪邁云：「此篇高妙超詣，固不容夸説。而結句非語言思索可得，東坡依韻遠不及。」

劉須溪云：「其詩自多此景意，及得意如此亦少。」

寄釋子良史酒

秋山僧冷病，聊寄三五杯。應寫山瓢裏，還寄此瓢來。

重　寄

復寄滿瓢去，定見空瓢來。若不打瓢破，終當費酒材。

答釋子良史送酒瓢

此瓢今已到，山瓢知已空。且飲寒塘水，遥將回也同。一作遥知回也風。

簡陟巡建三甥盧氏生。

忽羨後生連榻話，獨依寒竹一齋空。時流歡笑事從別，把酒吟詩待爾同。

覽褒子卧病一絶聊以題示沈氏生全貞。

念子抱沉疾，霜露變滁城。獨此高窗下，自然無世情。

寄璨師

林院生夜色，西廊上紗燈。時憶長松下，獨坐一山僧。

寄盧陟

柳葉遍寒塘，曉霜凝高閣。累日此留連，别來成寂寞。

【眉批】

劉須溪云：「題寄盧陟，如是此種風氣，亦復可誦。」

途中寄楊邈裴緒示褒子永陽縣館中作。

上宰領淮右，下國屬星馳。霧野騰曉騎，霜竿裂凍旗。蕭蕭陟連岡，莽莽望空陂。風截雁嘹唳，雲參樹參差。高齋明月夜，中庭松桂姿。當睽一酌恨，況此兩旬期。

宿永陽寄璨律師

遥知郡齋夜，凍雪封松竹。時有山僧來，懸燈獨自宿。

【眉批】

劉須溪云：「蘇州用意，常在此等，故精練特勝，觸處自然。」

顧東橋云：「清語古調。」又云：「後二句作，應起前意。」

雪行寄褒子

淅瀝覆寒騎，飄颻暗川容。行子郡城曉，披雲看杉松。

寄裴處士

春風駐游騎，晚景淡山暉。一問清冷子，獨掩荒園扉。草木雨來長，里閭人到稀。方從廣陵宴，花落未言歸。

偶入西齋院示釋子恒璨

僧齋地雖密，忘子跡要賒。一來非問訊，自是看山花。

示全真元常元常，趙氏生。

余辭郡符去，爾爲外事牽。寧知風雪夜，復此對床眠。始話南池飲，更詠西樓篇。無將一會易，歲月坐推遷。

寄劉尊師

世間荏苒縈此身，長望碧山到無因。白鶴徘徊看不去，遥知下有清都人。

寄盧山棕衣居士

兀兀山行無處歸，山中猛虎識棕衣。俗客欲尋應不遇，雲溪道士見猶稀。

因省風俗與從侄成緒游山水中道先歸寄示

累宵同燕酌，十舍携征騎。始造雙林寂，遐搜洞府秘。群峰繞盤鬱，懸泉仰特一作時。異。陰壑雲松埋，陽崖烟花媚。每慮觀省牽，中乖游踐志。我向山水行，子歸栖息地。一操臨流袂，上聳干雲轡。獨往倦危途，懷沖一作用。寡幽致。賴爾還都期，方將登樓遲。

寒食寄京師諸弟

雨中禁火空齋冷，江上流鶯獨坐聽。把酒看花想諸弟，杜陵寒食草青青。

歲日寄京師諸季端武等

獻歲抱深惻，僑居念歸緣。常患親愛離，始覺世務牽。少事河陽府，晚守淮南壖。平生幾會散，已及蹉跎年。昨日罷符竹，家貧遂留連。部曲多已去，車馬不復全。閑將酒爲偶，默以道自詮。聽松南巖寺，見月西澗泉。爲政無異術，當責豈望遷。終理一作裏。來時裝，歸鑿杜陵田。

簡盧陟

可憐白雪曲，未遇知音人。恓惶戎旅下，蹉跎淮海濱。澗樹含朝雨，山鳥哢餘春。我有一瓢酒，可以慰風塵。

西澗即事示盧陟

寢扉臨碧澗，晨起澹忘情。空林細雨至，圓文遍水生。永日無餘事，山中伐木聲。知子塵喧久，暫可散煩纓。

登郡樓寄京師諸季淮南子弟

始罷永陽守，復卧潯陽樓。懸檻飄寒雨，危堞侵一作浸。江流。迨兹聞雁夜，重憶别離秋。徒有盈樽酒，鎮此百端憂。

寄黄尊師

結茅種杏在雲端，掃雪焚香宿石壇。靈祇不許世人到，忽作雷風登嶺難。

寄黄劉二尊師

廬山兩道士，各在一峰居。矯掌白雲表，晞髮陽和初。清夜降真侣，焚香滿空虚。一作盧。中有無爲樂，自然與世疏。道尊不可屈，符守豈暇餘。高齋遥致敬，願示一編書。

秋夜寄丘二十二員外

懷君屬秋夜，散步詠凉天。山空松子落，幽人應未眠。

【眉批】

顧東橋云：「此篇後二句佳。」

贈丘員外

高詞棄浮靡，貞行表鄉閭。未具南宫拜，聊偃東山居。大藩本多事，日與文章疏。每一睹之子，高詠遂起予。宵晝方連燕，煩舌亦頓袪。格言雅誨闕，善謔矜數餘。久踼思游曠，窮慘遇陽舒。虎丘恆登眺，吴門悵躊躇。方此戀携手，豈云還舊墟。告諸吴子弟，文學爲何如。

贈李判官

跡與孤雲遠，心將野鶴俱。那同石氏子，每到府門趨。

良玉定爲寶，長材時所希。佐幕方巡郡，奏命布恩威。食蔬程獨守，飲冰節靡違。决獄興邦頌，高文稟天機。賓館在林表，望山啓西扉。下有千畝田，泱漭吴土肥。始耕已見穫，衫絺今授衣。政拙勞詳省，淹留未得歸。雖慚且忻願，日夕睹光輝。

寄皎然上人

吴興老釋子，野雪蓋精廬。詩名徒自振，道心長晏如。想兹栖禪夜，見月東峰初。鳴鐘一作磬。驚巖壑，焚香滿空虚。叨慕端成舊，未識豈爲疏。願以碧雲思，方君怨别餘。茂苑文華地，流水古僧居。何當一游詠，倚閣吟躊躇。

贈舊識

少年游太學，負氣蔑諸生。蹉跎三十載，今日海隅行。

復理西齋寄丘員外

前歲理西齋，得與君子同。迨茲已一周，悵望臨春風。始自疏林竹，還復長榛蘩。端正良難久，蕪穢易爲功。授斧開衆鬱，如師啓群蒙。庭宇還清曠，煩抱亦舒通。海隅雨雪霽，春序風景融。時物方如故，懷賢思無窮。

和張舍人夜直中書寄吏部劉員外

西垣草詔罷，南宮憶上才。月臨蘭殿出，凉自鳳池來。松桂生丹禁，鴛鷺集雲臺。托身各有所，相望徒徘徊。

和李二主簿寄淮上綦毋三

滿城憐傲吏，終日賦新詩。請報淮陰客，春帆浪作期。

寄二嚴 士良婺牧，士元郴牧。

絲竹久已懶，今日遇君忺。打破蜘蛛千道網，總爲鶺鴒兩箇嚴。

卷之四

送　别

李五席送李主簿歸西臺

請告嚴程盡，西歸道路寒。欲陪雁隼集，猶戀鶺鴒單。洛邑人全少，嵩高雪尚殘。滿臺誰不故，報我在微官。

送崔押衙相州頃任内黄令。

禮樂儒家子，英豪燕趙風。驅鷄嘗理邑，走馬却從戎。白刃千夫闢，黄金四海同。嫖姚恩顧下，諸將指揮中。别路憐芳草，歸心伴塞鴻。鄴城新騎滿，魏帝舊臺空。望闕應懷戀，遭時貴立功。萬方如已静，何處欲輸忠。

【眉批】

劉須溪云：「甚有氣味。」（批「驅鷄」四句）

又云：「贈人語，如此有味！」（批「望闕」四句）

送宣城路録事

江上宣城郡，孤舟遠到時。雲林謝家宅，山水敬亭祠。綱紀多閑日，觀游得賦詩。都門且盡醉，此別數年期。

送李十四山東游 一作山人東游。

聖朝有遺逸，披膽謁至尊。豈是貿榮寵，誓將救元元。權豪非所便，書奏寢禁門。高歌長安酒，忠憤不可吞。劉云：「善道人意高處。」欻來客河洛，日與静者論。濟世翻小事，丹砂駐精魂。東游無復繫，梁楚多大藩。高論動侯伯，疏懷脱塵喧。送君都門野，飲我林中尊。立馬望東道，白雲滿梁園。踟躕欲何贈，空是平生言。

【眉批】

劉須溪云：「豈非太白耶！」

高棅云：「觀此詩非太白不能當，豈『二』字譌作『四』耶？」

桂天祥云：「氣相真樸，如吴絲白紵，服之便體。」

劉須溪云：「此非太白不能當。」（批「濟世」二句）

顧東橋云：「此便與淵明《荆軻篇》相敵。」（批「立馬」二句）

送李二歸楚州時李季弟牧楚州，被訟赴急。

情人南楚別，復詠在原詩。忽此嗟岐路，還令泣素絲。風波朝夕遠，音信往來遲。好去扁舟客，青雲何處期。

送閻寀赴東川辟

冰炭俱可懷，孰云熱與寒。何如結髮友，不得携手歡。晨登嚴霜野，送子天一端。祇承簡書命，俯仰豸角冠。上陟白雲嶠，下冥玄壑湍。離群自有托，歷險得所安。當念反窮巷，登朝成慨嘆。

送令狐岫宰恩陽

大雪天地閉，群山夜來晴。居家猶苦寒，子有千里行。行行安得辭，荷此蒲壁榮。賢豪争追攀，飲餞出西京。樽酒豈不歡，暮春自有程。離人起視日，僕御促前征。逶遲歲已窮，當造巴子城。和風被草木，江水日夜清。從來知善政，離別慰友生。

【眉批】

鍾伯敬云：「情至。」（批「大雪」四句）

送馮著受李廣州署爲録事

鬱鬱楊柳枝，蕭蕭征馬悲。送君灞陵岸，糾郡南海湄。名在翰墨場，群公正追隨。如何從此去，千里萬里期。大海吞東南，橫嶺隔地維。建邦臨日域，温燠御四時。百國共臻奏，珍奇獻京師。富豪虞興戎，繩墨不易持。州伯荷天寵，一作龍選。還當翊丹墀。子爲門下生，終始豈見遺。所願酌貪泉，心不爲磷緇。上將玩國士，下以報渴饑。

送元倉曹歸廣陵

官閑得去住，告别戀音徽。一作輝。舊國應無業，劉云：「可悲。」他鄉到是歸。楚山明月滿，淮甸夜鐘微。何處孤舟泊，遥遥心曲違。

【眉批】

劉須溪云：「他人幾許造次能通。」（批「舊國」二句）

送唐明府赴溧水三任縣事。

三爲百里宰，已過十餘年。祇嘆官如舊，旋聞邑屢遷。魚鹽濱海利，薑蔗傍湖田。到此安甿俗，琴堂又晏然。

喜於廣陵拜覲家兄奉送發還池州

青青連枝樹，苒苒久别離。客游廣陵中，俱到若有期。俯仰叙存殁，哀腸發酸悲。收情且爲歡，累日不知饑。夙駕多所迫，復當還歸池。長安三千里，歲晏獨何爲。南出登閶門，驚飈左右吹。所别諒非遠，要令心不怡。

送張八元秀才擢第往上都應制

决勝文場戰已酣，行應辟命復才堪。旅食不辭游闕下，春衣未换報江南。天邊宿鳥生歸思，關外晴山滿夕嵐。立馬欲從何處别，都門楊柳正毵毵。

送張侍御秘書江左觀省

莫嘆都門路，歸無駟馬車。綉衣猶在篋，芸一作蓬。閣已觀書。沃野收紅稻，長江釣白魚。晨餐亦可薦，一作潔。名利欲何如。

賦得鼎門送盧耿赴任

名因定鼎地，門對鑿龍山。水北樓臺近，城南車馬還。稍開芳野静，欲掩暮鐘閑。去此無嗟屈，前賢尚抱關。

賦得浮雲起離色送鄭述誠

游子欲言去，浮雲那得知。偏能見行色，自是獨傷離。晚帶城遥暗，秋生峰高奇。還因朔吹斷，匹馬與相隨。

餞雍聿之潞州謁李中丞

鬱鬱兩相遇，出門草青青。酒酣拔劍舞，慷慨送子行。驅馬涉大河，日暮懷洛京。前登太行路，志士亦未平。薄游五府都，高步振英聲。主人才且賢，重士百金輕。絲竹促飛觴，夜醼達晨星。娱樂易淹暮，諒在執高情。

上東門會送李幼舉南游徐方

離弦既罷彈，罇酒亦已闌。聽我歌一曲，南徐在雲端。雲端雖云邈，行路本非難。諸侯皆愛才，公子遠結歡。濟濟都門宴，將去復盤桓。令姿何昂昂。良馬遠游冠，意氣且爲别，由來非所嘆。

送洛陽韓丞東游

仙鳥何飄飖，緑衣翠爲襟。顧我差池羽，咬咬懷好音。徘徊洛陽中，游戲清川潯。神交不在結，歡愛自中心。駕言忽徂征，雲路邈且深。朝游尚同啄，夕息當異林。出餞宿東郊，列筵屬城陰。舉酒欲爲樂，憂懷方沉沉。

送鄭長源

少年一相見，一作得。飛轡河洛間。歡游不知罷，中路忽言還。泠泠鵾弦哀，悄悄冬夜閑。丈夫雖耿介，遠別多苦顔。君行拜高堂，速駕難久攀。鷄鳴儔侶發，朔雪滿河關。須臾在今夕，鐏酌且循環。

送李儋

別離何從生，乃在親愛中。反念行路子，拂衣自西東。日昃不留宴，嚴車出崇墉。行游一作役。非所樂，端憂道未通。一作瑞處道未豊。春野百卉發，清川思無窮。芳時坐離散，世事誰可同。歸當掩重關，默默想音容。

【眉批】

劉須溪云：「起十字自好。」

顧東橋云：「近情。」

賦得暮雨送李胄一作渭。

楚江微雨裏，建業暮鐘時。漠漠帆來重，冥冥鳥去遲。海門深不見，浦樹遠含滋。相送情無限，沾襟比散絲。

【眉批】

顧東橋云：「詠物更無此篇。」

留别洛京親友

握手出都門，駕言適京師。豈不懷舊廬，惆悵與子辭。麗日坐高閣，清觴醮華池。昨游倏已過，後遇良未知。念結路方永，歲陰野無暉。單車我當前，一作去。暮雪子獨歸。臨流一云漸遥。一相望，零淚忽沾衣。

賦得沙際路送從叔象

獨樹沙邊人跡稀，欲行愁遠暮鐘時。野泉幾處侵應盡，不遇山僧知問誰。

送榆次林明府

無嗟千里遠，亦是宰王畿。策馬雨中去，逢人關外稀。顧云：「至淺至難。」邑傳榆石在，路繞晋山微。别思方蕭索，新秋一葉飛。

【眉批】

劉須溪云：「此等亦味外味。」又云：「無一句不合。『路繞』句尤極清潤，作者可仰。」

雜言送黎六郎壽陽公之子。

冰壺見底未爲清，少年如玉有詩名。聞話嵩峰多野寺，不嫌黄綬向陽城。朱門嚴訓朝辭去，騎出東郊滿飛絮。河南庭下拜府君，陽城歸路山氛氲。山氛氲，長不見，釣臺水渌荷已生，少姨廟寒花始徧。縣閑吏傲與塵隔，移竹疏泉常岸幘。莫言去作折腰官，豈似長安折腰客。

天長寺上方别子西有道時任京兆府功曹，攝高陵宰，别田曹盧庫、户曹韓質，因而有作。

假邑非拙素，况乃别伊人。聊登釋氏居，携手戀一作念。兹晨。高曠出塵表，逍遥滌心神。青山對芳苑，列樹繞一作盈。通津。車馬無時絶，行子倦風塵。今當遵往路，佇立欲何申。唯持貞白志，以慰心所親。

送黎六郎赴陽翟少府

試吏向嵩陽，春山躑躅芳。腰垂新綬色，衣滿舊芸香。喬樹别時緑，客程關外長。祇應傳善政，日夕慰高堂。

送别覃孝廉

思親自當去，不第未蹉跎。家住青山下，門前芳草一作流水。多。秭歸通遠徼，巫峽注驚波。州舉年年事，還期復幾何。

【眉批】

劉須溪云：「自以爲幽致，不覺可笑。誰家門前無此？」（批「家住」二句）

又云：「却自渾渾。」（批「秭歸」句）

送開封盧少府

雄藩車馬地，作尉有光輝。滿席賓常侍，闐街燭夜歸。關河征旆遠，煙樹夕陽微。到處無留滯，梁園花欲稀。

送槐廣落第歸揚州

下第常稱屈，少年心獨輕。拜親歸海畔，似舅得詩名。晚對青山別，遥尋芳草行。還期應不遠，寒露濕蕪城。

【眉批】

鍾伯敬云：「此語又非老人不知。」（批「下第」二句）

譚友夏云：「無聊中寫出閑適。」（批「晚對」二句）

送汾城王主簿

少年初帶印，汾上又經過。芳草歸時徧，情人故郡多。禁鐘春雨細，宫樹野烟和。劉云：「妙。」相望東橋別，微風起夕波。

【眉批】

劉須溪云：「閑情婉約可愛。」（批「芳草」句）

又云：「極濃麗而不脂粉，情理入微。」（批「宫樹」句）

顧東橋云：「韋公獨步。」

送澠池崔主簿

邑帶洛陽道，年年應此行。當時匹馬客，今日縣人迎。暮雨投關郡，春風別帝城。東西殊不遠，朝夕待佳聲。

【眉批】

劉須溪云：「如此世態尚可。」（批「當時」二句）

送顏司議使蜀訪圖書

軺駕一封急，一作傳。蜀門千嶺曛。詎分江轉字，但見路緣雲。山館夜聽雨，秋猿獨叫群。無爲久留滯，聖主待遺文。

奉送從兄宰晉陵

東郊暮草歇，千里夏雲生。立馬愁將夕，看山獨送行。依微吴苑樹，迢遞晉陵城。慰此斷行别，邑人多頌聲。

【眉批】

劉須溪云：「妙！」

顧東橋云：「作家老手。」又云：「何限懷抱！」

贈别河南李功曹宏辭登科拜官。

耿耿抱私戚，寥寥獨掩扉。臨觴自不飲，況與故人違。故人方琢磨，瓌朗代所稀。憲禮更右職，文翰灑天機。聿一作朅。來自東山，群彦仰餘輝。談笑取高第，綰綬即言歸。洛都游燕地，千里及芳扉。今朝章臺别，楊柳亦依依。雲霞未改色，山川猶夕暉。忽復不相見，心思亂霏霏。

送五經趙隨登科授廣德尉

明經有清秩，當在石渠中。獨往宣城郡，高齋謁謝公。寒原正蕪漫，一作没。夕鳥自西東。秋日不堪別，凄凄多朔風。

宴别幼遐與君貺兄弟

乖闕一作乖闊。意方一作云。弭，安知忽來翔。累日重歡宴，一旦復離傷。置酒慰兹夕，秉燭坐華堂。契闊未及展，晨星出東方。征人慘已辭，車馬儼成一作來。裝。我懷自無歡，原野滿春光。群水含時澤，野雉鳴朝陽。平生有壯志，不覺淚霑裳。況自守空宇，日夕但彷徨。

【眉批】

顧東橋云：「如此詩，亦近晋宋。」

劉須溪云：「曲折，情景甚至。」（批末聯）

送宣州周録事

清時重儒士，糾郡屬伊人。薄游長安中，始得一交親。英豪若雲集，餞別塞城闉。高駕臨長路，日夕起風塵。方念清宵宴，已度芳林春。從兹一分手，緬邈吴與秦。但睹年運駛，安知後會因。唯當存令德，可以解悁勤。

謝櫟陽令歸西郊贈别諸友生

結髮仕一作事。州縣，蹉跎在文墨。徒有排雲心，何由生羽翼。幸遭明盛日，萬物蒙生植。獨此抱微痾，頽然謝斯職。大曆十四年六月二十三日，自鄠縣制除櫟陽令，以疾辭歸善福精舍，七月二十日賦此詩。世道方荏苒，郊園思偃息。爲歡日已延，君子情未極。馳觴一作驅馳。忽云晏，高論良難測，游步清都宫，迎風嘉樹側。晨起西郊道，原野分黍稷。自樂陶唐人，服勤在微力。佇君列丹陛，出處兩爲得。

送端東行

世承清白遺，一作世事留清白。躬服古人言。從官俱守道，歸來共閉門。驅車何處去，暮雪滿平原。

送姚孫還河中

上國旅游罷，故園生事微。風塵滿路起，行人何處歸。留思芳樹飲，惜别暮春暉。幾日投關郡，河山對掩扉。

始除尚書郎别善福精舍建中二年四月十九日，自前櫟陽令除尚書比部員外郎。

簡略非世器，委身同草木。逍遥精舍居，飲酒自爲足。累日曾一櫛，對書常懶讀。社臘會高年，山川恣游矚。明世方選士，中朝懸美禄。除書忽到門，冠帶便拘束。愧忝郎署跡，謬蒙君子録。俯仰垂華纓，飄飄翔輕轂。行將親愛别，戀此西澗曲。遠峰明夕川，夏雨生衆緑。迅風飄野路，一作吹往路。回首不遑宿。明晨下煙閣，白雲在幽谷。

送常侍御却使西蕃

歸奏聖朝行萬里，却銜天詔報蕃臣。本是諸生守文墨，今將匹馬静烟塵。旅宿關河逢暮雨，春耕亭鄣識遺民。此去多應收故地，寧辭沙塞往來頻。

送郗詹事

聖朝列群彦，穆穆佐休明。君子獨知止，懸車守國程。忠良信舊德，文學播英聲。既獲天爵美，況將齒位並。書奏蒙省察，命駕乃東征。皇恩賜印綬，歸爲田里榮。朝野同稱嘆，園綺鬱齊名。長衢軒蓋集，飲餞出西京。時屬春陽節，草木已含英。洛川當盛宴，斯焉爲達生。

送蘇評事

季弟仕譙都，元兄坐蘭省。言訪始忻忻，念離當耿耿。嵯峨夏雲起，迢遰山川永。登高望去塵，紛思終難整。一作罄。

送李侍御益赴幽州幕

二十揮篇翰，三十窮典墳。辟書五府至，名爲四海聞。始從車騎幕，今赴嫖姚軍。契闊晚相遇，草慼遽離群。悠悠行子遠，眇眇川塗分。登高望燕代，日夕生夏雲。司徒擁精甲，誓將除國氛。儒生幸持斧，可以佐功勳。無言羽書急，坐闕相思文。

自尚書郎出爲滁州刺史留別朋友，兼示諸弟。

少年不遠仕，秉笏東西京。中歲守淮郡，奉命乃征行。素慚省閣姿，況忝符竹榮。效愚方此始，顧私豈獲並。徘徊親交戀，愴恨昆友情。日暮風雪起，我去子還城。登塗建隼旟，勒駕望承明。雲臺煥中天，龍闕鬱上征。晨興奉早朝，玉露霑華纓。一朝從此去，服膺理庶甿。皇恩儻歲月，歸復廁群英。

送元錫楊凌

荒林翳山郭，積水成秋晦。端居意自違，況別親與愛。歡筵慊未足，離燈悄已對。還當掩郡閣，佇君方此會。

送楊氏女

永日方慼慼，出門復悠悠。女子今有行，大江泝輕舟。爾輩況無恃，撫念益慈柔。幼爲長所育，幼女爲楊氏所撫育。兩別泣不休。對此結中腸，義往難復留。自小闕内訓，事姑貽我憂。賴兹托令門，仁恤庶無尤。貧儉誠所尚，資從豈待一作在。周。孝恭遵婦道，容止順其猷。離別在今晨，見爾當何秋。居閑始自遣，臨感忽難收。歸來視幼女，零淚緣纓流。

送中弟

秋風一作氣。入疏户，離人起晨朝。山郡多風雨，西樓更蕭條。嗟予淮海老，送子關河遥。同來不同去，沉憂寧復消。

寄别李儋

首戴惠文冠，心有决勝籌。翩翩四五騎，結束向並州。名在相公幕，一作府。丘山恩未酬。妻子不及顧，親友安得留。夙昔同文翰，交分共綢繆。忽枉别離札，涕淚一交流。遠郡卧殘疾，一作雨。凉氣滿西樓。想子臨長路，時當淮海秋。

送倉部蕭員外院長存

襆被蹉跎老江國，情人邂逅此相逢。不隨鴛鷺朝天去，遥想蓬萊臺閣重。

送王校書

同宿高齋换時節，共看移石復栽杉。送君江浦已惆悵，更上西樓望遠帆。

送丘員外還山

長栖白雲表，暫訪高齋宿。還辭郡邑諠，歸泛松江渌。結茅隱蒼嶺，伐薪響深谷。同是山中人，不知往來躅。靈芝非庭草，遼鶴委一作匪。池鶩。終當署里門，一表高陽族。

重送丘二十二還臨平山居

歲中始再覯，方來又解携。纔留野艇語，已憶故山栖。幽澗人夜汲，深林鳥長啼。還持郡齋酒，慰子霜露凄。

送鄭端公弟移院常州

時瞻憲臣重，禮爲内兄全。公程儻見責，私愛信不愆。况昔陪朝列，今兹俱海壖。清觴方對酌，一作笑燕。天書忽告遷。豈徒咫尺地，使我心思綿。應當自此始，歸拜雲臺前。

送房杭州孺復

專城未四十，暫謫豈蹉跎。風雨吴門夜，惻愴别情多。

送陸侍御還越

居藩久不樂，遇子聊一欣。英聲頗籍甚，交辟乃時珍。綉衣過舊里，驄馬輝四鄰。一作光輝耀四鄰。敬恭尊郡守，牋簡具州民。謬忝誠所愧，思懷方見申。置榻宿清夜，加籩醼良辰。遵塗還盛府，行舫繞長津。自有賢方伯，得此文翰賓。

聽江笛送陸侍御同丘員外賦題。

遠聽江上笛，臨觴一送君。還愁獨宿夜，更向郡齋聞。

送丘員外歸山居

郡閣始嘉宴，青山憶舊居。爲君量革履，且願住藍輿。

送崔叔清游越

忘兹適越意，愛我郡齋幽。野情豈好謁，詩興一相留。遠水帶寒樹，閶門望去舟。方伯憐文士，無爲成滯游。

送雲陽鄒儒立少府侍奉還京師

建中即藩守，天寶爲侍臣。歷觀兩都士，多閲諸侯人。鄒生乃後來，英俊亦罕倫。爲文頗瓌麗，禀度自貞醇。甲科推令名，延閣播芳塵。再命趨王畿，請告奉慈親。一鍾信榮禄，可以展歡欣。昆弟俱時秀，長衢當自伸。聊從郡閣暇，美此時景新。方將極娱宴，已復及離辰。一作燕後乃離人。省署慚再入，江海綿十春。今日閶門路，握手子歸秦。

送豆盧策秀才

歲交冰未泮，一作冰始泮，又作冰水泮。地卑海氣昏。子有京師游，始發吴閶門。新黄含遠林，微緑生陳根。詩人感時節，行道當憂煩。古來濩落者，俱不事田園。文如金石韻，豈乏知音言。方辭郡齋榻，爲酌離亭罇。無爲一作已。倦羈旅，一去高飛翻。

送王卿

别酌春林啼鳥稀，雙旌背日晚風吹。却憶回來花已盡，東郊立馬望城池。

送劉評事

聲華滿京洛，藻翰發陽春。未遂鵷鴻舉，尚爲江海賓。吴中高宴罷，西上一游秦。已想函關道，游子冒風塵。籠禽羡歸翼，遠守懷交親。况復歲云暮，凛凛冰霜晨。旭霽開郡閣，寵餞集文人。洞庭摘朱實，松江獻白鱗。丈夫豈恨别，一酌且歡忻。

送雷監赴闕庭

才大無不備，出入爲時須。雄藩精理行，秘府擢文儒。詔書忽已至，焉得又踟躕。方舟趁朝謁，觀者盈路衢。廣筵列衆賓，送爵無停迂。攀餞誠愴恨，賀榮且歡娱。長陪柏梁宴，日向丹墀趨。時方重右職，蹉跎獨海隅。

送秦系赴潤州

近作新婚鑷白髯，長懷舊卷映藍衫。更欲携君虎丘寺，不知方伯望征帆。

卷之五

酬答

期盧嵩枉書稱日暮無馬不赴以詩答

佳期不可失，終願枉衡門。南陌人猶度，西林日未昏。庭前空倚杖，花裏獨留樽。莫道無來駕，知君有短轅。

任洛陽丞答前長安田少府問

相逢且對酒，相問欲何如。數歲猶卑吏，家人笑著書。告歸應一作全。未得，榮宦又知疏。日日生春草，空令憶舊居。

假中枉盧二十二書亦稱卧疾兼訝李二久不訪問以詩答書因以戲李二

微官何事勞趨走，服藥閑眠養不才。花裏棋盤憎鳥污，枕邊書卷訝風開。故人問訊緣同病，芳月相思阻一杯。應笑王戎成俗物，遥持麈尾獨徘徊。

酬盧嵩秋夜見寄五韻

喬木生夜涼，月華滿前墀。去君咫尺地，勞君千里思。一作萬里。素秉栖遁志，况貽招隱詩。坐見林木榮，願赴滄洲期。何能待歲晏。携手當此時。盧詩云：「歲晏以爲期。」

酬鄭户曹驪山感懷

蒼山何鬱盤，飛閣凌上清。先帝昔好道，下元朝百靈。白雲已蕭條，麋鹿但縱横。泉水今尚暖，舊林亦青青。我念綺襦歲，扈從當太平。小臣職前驅，馳道出灞亭。翻翻日月旗，殷殷鼙鼓聲。萬馬自騰驤，八駿按轡行。日出煙嶠緑，氛氲麗層甍。登臨起遐想，沐浴歡聖情。朝燕詠無事，時豐賀國禎。日和弦管音，下使萬室聽。海内凑朝貢，賢愚共歡榮。合沓車馬喧，西聞長安城。事往世如寄，感深迹所經。申章報蘭藻，一望雙涕零。

答李澣三首

孤客逢春暮，緘情寄舊游。海隅人使遠，書到洛陽秋。

馬卿猶有壁，漁父自無家。想子今何處，扁舟隱荻花。

林中觀易罷，溪上對鷗閑。楚俗饒辭客，何人最往還。

酬柳郎中春日歸揚州南郭見別之作

廣陵三月花正開，花裏逢君醉一回。南北相過殊不遠，暮潮從去早潮來。

酬豆盧倉曹題庫壁見示

掾局勞才子，新詩動洛川。運籌知決勝，聚米似論邊。宴罷常分騎，晨趨又比肩。莫嗟年鬢改，郎署定推先。

酬李儋

開門臨廣陌，旭旦車駕喧。不見同心友，徘徊憂且煩。都城二十里，居在艮與坤。人生所各務，乖闊累朝昏。湛湛樽中酒，青青芳樹園。緘情未及發，先此枉璵璠。邁世超一作躡。高躅，尋流得真源。明當策疲馬，與子同笑言。

酬元偉過洛陽夜宴

三載寄關東，所歡皆遠違。思懷方耿耿，忽得觀容輝。親燕在良夜，歡攜闢中闈。問我猶杜門，不能奮高飛。明燈照四隅，炎炭正可依。清觴雖云酌，所愧乏珍肥。晨裝復當行，寥落星已稀。何以慰心曲，佇子西還歸。

酬韓質舟行阻凍

晨坐枉嘉藻，持此慰寢興。中獲辛苦奏，長河結陰冰。皓曜群玉發，凄清孤景凝。一作澄。至柔反成堅，造化安可恒。方舟未得行，鑿飲空兢兢。苦寒彌時節，待泮豈所能。何必涉廣川，荒衢且升騰。殷勤宣中意，庶用達吾朋。

李博士弟以余罷官居同德精舍共有伊陸名山之期久而未去枉詩見問中云宋生昔登覽末云那能顧蓬蓽直寄鄙懷聊以爲答

初夏息衆緣，雙林對禪客。枉兹芳蘭藻，促我幽人策。冥搜企前哲，逸句陳往迹。髣髴陸渾南，迢遞千峰碧。從來遲高駕，自顧無物役。山水心所娱，如何更朝夕。晨興涉清洛，訪子高陽宅。莫言往來疏，駑馬知阡陌。

寄酬李博士永寧主簿叔廳見待

解鞅先幾日，款曲見新詩。定向公堂醉，遥憐獨去時。葉霑寒雨落，鐘度遠山遲。晨策已云整，當同林下期。

答令狐士曹獨孤兵曹聯騎暮歸望山見寄

共愛青山住近南，行牽吏役背雙驂。枉書獨宿對流水，遥羨歸時滿夕嵐。

答李博士

休沐去人遠，高齋出林杪。晴山多碧峰，顥氣疑秋曉。端居喜良友，枉使千里路。緘書當夏時，開緘時已度。簷鷁已飄颻，荷露方蕭颯。夢遠竹窗幽，行稀蘭徑合。舊居共南北，往來只如昨。問君今爲誰，日夕度清洛。

答劉西曹 時爲京兆功曹。

公館夜云寂，微凉群樹秋。西曹得時彦，華月共淹留。長嘯舉清觴，志氣誰與儔。千齡事雖邈，俯念忽已周。篇翰如雲興，京洛頗優游。詮文不獨占，理妙即同流。淺劣見推許，恐爲識者尤。空慚文璧贈，日夕不能酬。

答貢士黎逢 時任京兆功曹。

茂等一作才。方上達，諸生安可希。栖神澹物表，涣汗布令詞。如彼崑山玉，本自有光輝。鄙人徒區區，稱嘆亦何爲。彌月曠不接，公門但一作役。驅馳。蘭章忽有贈，持用慰所思。不見心尚密，一作微密。况當相見時。

答韓庫部

良玉表貞度，麗藻頗爲工。名列金閨籍，心與素士同。日晏下朝來，車馬自生風。清宵有佳興，皓月直南宫。矯翮方上征，顧我邈忡忡。豈不願攀舉，執事府庭中。智乖時亦蹇，才大命有一作爲通。還當以道推，解組守蒿蓬。

答崔主簿倬

朗月分林靄，遥管動離聲。故歡良已阻，空宇澹無情。窈窕雲雁没，蒼茫河漢横。蘭章不可答，冲襟徒自盈。

答徐秀才

鉛鈍謝貞器，時秀猥見稱。豈如白玉仙，一作仙山鶴。方與紫霞升。清詩舞艷雪，孤抱瑩玄冰。一枝非所貴，懷書思武陵。一云懷書且茂陵。

【眉批】

楊用修曰：「極其工緻，而『艷雪』二字尤新。」

答東林道士

紫閣西邊第幾峰，茅齋夜雪虎行蹤。遥看黛色知何處，欲出山門尋暮鐘。一作欲向西山尋暮鐘。

答長寧令楊轍

皓月升林表，公堂滿清輝。嘉賓自遠至，觴飲夜何其。宰邑視京縣，歸來無寸資。瓌文溢衆寶，雅正得吾師。廣川含澄瀾，茂一作芳。樹擢華滋。短才何足數，枉贈愧妍詞。歡眄良見屬，素懷亦已披。何意雲栖翰，不嫌蓬艾卑。但恐河漢没，回車首路岐。

答馮魯秀才

晨坐枉瓊藻，知子返中林。澹然山景晏，泉谷響幽禽。髣髴謝塵跡，逍遥舒道心。顧我腰間綬，端爲華髮侵。簿書勞應對，篇翰曠不尋。薄田失鋤耨，生苗安可任。徒令惭所問，想望東山岑。

答崔主簿問兼簡温上人

緣情生衆累，晚悟依道流。諸境一已寂，了將身世浮。閑居澹無味，忽復四時周。靡靡芳草積，稍稍新篁抽。即此抱餘素，塊然誠寡儔。自適一忻意，愧蒙君子憂。

清都觀答幼遐

逍遥仙家子，日夕朝玉皇。興高清露没，渴飲瓊華漿。解組一來款，披衣拂天香。粲然顧我笑，緣簡發新章。泠泠如玉音，一作響。馥馥若蘭芳。浩意坐盈此，月華殊未央。却念諠譁日，何由得清涼。疏松抗一作枕。高殿，密竹陰長廊。榮名等糞土，携手隨風翔。

善福精舍答韓司録清都觀會宴見憶

弱志厭衆紛，抱素寄精廬。皦皦仰時彦，悶悶獨爲愚。之子亦辭秋，高蹤罷馳驅。忽因西飛禽，贈我以瓊琚。始表仙都集，復言歡樂殊。人生各有因，契闊不獲俱。一來田野中，日與人事疏。水木澄秋景，逍遥清賞餘。枉駕懷前諾，引領豈斯須。一作須臾。無爲便高翔，邈矣不可迂。

答長安丞裴税

出身忝時士，於世本無機。爰以林壑趣，遂成頑鈍姿。臨流意已凄，采菊露未稀。舉頭見秋山，萬事都若遺。獨踐幽人蹤，邈將親友違。髦士佐京邑，懷念枉貞詞。久雨積幽抱，清罇宴良知。從容操劇務，文翰方見推。安能戢羽翼，顧此林栖時。

奉酬處士叔見示

挂纓守貧賤，積雪卧郊園。叔父親降趾，壺觴携到門。高齋樂燕罷，清夜道心存。即此同疏氏，可以一忘言。

答庫部韓郎中

高士不羈世，頗將榮辱齊。適委華冕去，欲還幽林栖。雖懷承明戀，忻與物累睽。逍遥觀運流，誰復識端倪。而我豈高一作能。致，偃息平門西。愚者世所遺，沮溺共耕犁。風雪積深夜，園田掩荒蹊。幸蒙相思札，款曲期見携。

答暢校書當

偶然棄官去，投跡在田中。日出照茅屋，園林一作種園。養愚蒙。雖云無一資，罇酌會不空。且忻百穀成，仰嘆造化功。出入與民伍，作事靡不同。時伐南澗竹，夜還灃水東。貧蹇自成退，豈爲高人蹤。覽君金玉篇，彩色發我容。一作蒙。日日欲爲報，方一作歷。春已徂冬。

【眉批】

鍾伯敬云：「亦以其氣韻淳古處似陶，不在效其清響。」

鍾伯敬云：「厚。」

答崔都水

深夜竹庭雪，孤燈案上書。不遇無爲化，一作法。誰復得閑居。

酬令狐司録善福精舍見贈

野寺望山雪，空齋對竹林。我以養愚地，生君道者心。

灃上精舍答趙氏外生伉

遠跡出塵表，寓身雙樹林。如何小子伉一作弟，亦有超世心。擔書從我游，携手廣川陰。雲開夏郊緑，景晏青山沈。對榻遇清夜，獻詩合一作全。雅音。所推苟禮數，於性道豈深。隱拙在冲默，經世味古今。無爲率爾言，可以致華簪。

答趙氏生伉

暫與雲林别，忽陪鴛鷺翔。看山不得去，知爾獨相望。

答　端

郊園夏雨歇，閑院緑陰生。職事方無效，幽賞獨違情。物色坐如見，離抱悵多盈。况感夕凉氣，聞此亂蟬鳴。

答史館張學士段柳庶子學士集賢院看花見寄兼呈柳學士

班楊秉文史，對院自爲鄰。餘香掩閣去，遲日看花頻。似雪飄閶闔，從風點近臣。南宫有芳樹，不並禁垣春。

答王郎中

卧閣枉芳藻，覽旨悵秋晨。守郡猶羈寓，無以慰嘉賓。野曠歸雲盡，天清曉露新。池荷涼已至，窗梧落漸頻。風物殊京國，邑里但荒榛。賦繁屬軍興，政拙愧斯人。髦士久臺閣，中路一漂淪。歸當列盛朝，一作明。豈念卧淮濱。

答崔都水

亭亭心中人，迢迢居秦關。常緘素札去，一作關。適枉華章還。憶在澧郊時，携手望秋山。久嫌官府勞，初喜罷秩閑。終年不事業，寢食長慵頑。不知爲時來，一作何爲來。名籍挂郎間。攝衣辭田里，華簪耀頹顔。卜居又依仁，日夕正追攀。牧人本無術，命至苟復遷。離念積歲序，歸途眇山川。郡齋有佳月，園林含清泉。同心不在宴，罇酒徒盈前。覽君陳迹游，詞意俱凄妍。忽忽已終日，將酬不能宣。甿稅况重疊，公門極熬煎。責逋甘首免，一作退。歲晏當歸田。勿厭守窮輙，一作賤。慎爲名所牽。

答王卿送别

去馬嘶春草，歸人立夕陽。元知數日别，要使兩情傷。

答裴丞説歸京所獻

執事頗勤久，行去亦傷乖。家貧無僮僕，吏卒升寢齋。衣服藏内篋，藥草曝前階。誰復知次第，濩落且安排。還期在歲晏，何以慰吾懷。

答裴處士

遺民愛精舍，乘犢入青山。來署高陽里，不遇白衣還。禮賢方化俗，聞風自款關。况子逸群士，栖息蓬蒿間。

答楊奉禮

多病守山郡，自得接佳賓。不見三四日，曠若十餘旬。臨觴獨無味，對榻已生塵。一味舟中作，灑雪忽驚新。煙波見栖旅，景物具昭陳。秋塘唯落葉，野寺不逢人。白事廷吏簡，閑居文墨親。高天池閣静，寒菊霜露頻。應當整孤棹，歸來展殷勤。

答　端

坐憶故園人已老，寧知遠郡雁還來。長瞻西北是歸路，獨上城樓日幾回。

答僩奴重陽二甥僩奴趙氏甥伉，重陽崔氏甥播。

棄職曾守拙，玩幽遂忘喧。山澗依磽埆，竹樹蔭清源。貧居煙火濕，一作絶。歲熟梨棗繁。風雨飄茅屋，蒿草没瓜園。群屬相歡悦，不覺過朝昏。有時看禾黍，落日上秋原。飲酒任真性，揮筆肆狂言。一朝忝蘭省，三載居遠藩。復與諸弟子，篇翰每相敦。西園休習射，南池對芳罇。山藥一作茵。經雨碧，海榴凌霜翻。

念爾不同此，悵然復一論。重陽守故家，偶子旅湘沅。俱有緘中藻，惻惻動離魂。不知何日見，衣上淚空存。

答重陽

省札陳往事，愴憶數年中。一身朝北闕，家累守田農。望山亦臨水，暇日每來同。性情一疏散，園林多清風。忽復隔淮海，夢想在灃東。病來經時節，起見秋塘空。城郭連榛嶺，鳥雀噪溝叢。坐使驚霜鬢，撩亂已如蓬。

酬劉侍郎使君

瓊樹凌霜雪，葱蒨如芳春。英賢雖出守，本自玉階人。宿昔陪郎署，出入仰清塵。孰云俱列郡，比德豈爲鄰。風雨飄海氣，清涼悦心神。重門深夏晝，賦詩延衆賓。方以歲月舊，每蒙君子親。繼作郡齋什，遠贈荆山珍。高閑庶務理，游眺景物新。朋友亦遠集，燕酌在佳辰。始唱已慚拙，將酬益難伸。濡毫意僶俛，一用寫悁勤。

答令狐侍郎

一凶乃一吉，一是復一非。孰能逃斯理，亮在識其微。三黜故無愠，高賢當庶幾。但以親交戀，音容邈難希。況惜別離久，俱忻藩守歸。朝晏方陪厠，山川又乖違。吴門冒海霧，峽路凌連磯。同會在京國，相望涕沾衣。明時重英才，當復列彤闈。白玉雖塵垢，拂拭還光輝。

酬張協律

昔人鬻春地，今人復一賢。屬余藩守日，方今卧病年。麗思阻文宴，芳蹤闕賓筵。經時豈不懷，欲往事屢牽。公府適煩倦，開緘瑩新篇。非將握中寶，何以比其妍。感兹栖寓詞，想復痾瘵纏。空宇風霜交，幽居情思綿。當以貧非病，孰云白未玄。邑中有其人，憔悴即我愆。由來牧守重，英俊得薦延。匪人等鴻毛，斯道何由宣。遭時無早晚，藴器俟良緣。觀文心未衰，勿藥疾當痊。晨期簡牘罷，馳慰子冲然。

答秦十四校書

知掩山扉三十秋，魚鬚翠碧棄床頭。莫道謝公方在郡，五言今日爲君休。

答　賓

斜月纔鑒帷，凝霜偏冷枕。持情須耿耿，故作單床寢。

答鄭騎曹青橘絶句

憐君卧病思新橘，試摘猶酸亦未黄。書後欲題三百顆，洞庭須待滿林霜。

【眉批】

黄山谷云：「余比見右軍一帖云：『奉橘三百枚，霜未降不可多得。』蘇州蓋取諸此。」

奉賀聖製重陽日賜宴

聖心憂萬國，端居在穆清。玄功致海宴，錫宴表文明。恩屬重陽節，雨應此時晴。寒菊生池苑，高樹出宮城。捧藻千官處，垂戒百王程。復睹開元日，臣愚獻頌聲。

和吴舍人早春歸沐西亭言志

曉漏戒中禁，清香肅朝衣。一門雙掌誥，伯侍仲一作伯仲侍。言歸。亭高性情曠，職密交游稀。賦詩樂無事，解帶偃南扉。陽春美時澤，旭霽望山暉。幽禽響一作好鳥幽。未轉，東原緑猶微。名雖列仙爵，心已遺一作遺。塵機。即事同巖隱，聖渥良難違。

奉和張大夫戲示青山郎

天生逸世姿，竹馬不曾騎。覽卷冰將釋，援毫露欲垂。金貂傳幾葉，玉樹長新枝。榮禄何妨早，甘羅亦小兒。

答河南李士巽題香山寺

洛都游宦日，少年携手行。投杯起芳席，總轡振華纓。闕塞有佳氣，巖開伊水清。攀林憇佛寺，登高望都城。蹉跎二十載，世務各所營。兹賞長在夢，故人安得並。前歲守九江，恩召赴咸京。因塗再登歷，山河屬晴明。寂寞僧侣少，蒼茫林木成。墻宇或崩剥，不見舊題名。舊游况存殁，獨此淚交横。交横誰與同，書璧貽友生。今兹守吴郡，綿思方未平。子復經陳迹，一感我深情。遠蒙惻愴篇，中有金玉聲。反覆終難答，金玉尚爲輕。

答故人見諭

素寡名利心，自非周圓器。徒以歲月資，屢蒙藩條寄。時風重書札，物情敦貨遺。機杼十縑單，慵疏百函愧。常負交親責，且爲一官累。况本濩落人，歸無置錐地。省己已知非，枉書見深致。雖欲效區區，何由枉其志。

酬閻員外陟

寒夜阻良覿，叢竹想幽居。虎符予已誤，金丹子何如。醼集觀農暇，笙歌聽訟餘。雖蒙一言教，自愧道情疏。

逢　遇

長安遇馮著

客從東方來，衣上灞陵雨。問客何爲來，一作來何爲。采山因買斧。冥冥花正開，一作滿。颺颺鷰新乳。昨別今已春，鬢絲生幾縷。

【眉批】

劉須溪曰：「不能詩者亦知是好。」

將發楚州經寶應縣訪李二忽於州館相遇月夜書事因簡李寶應

孤舟欲夜發，祇爲訪情人。此地忽相遇，留連意更新。停杯嗟別久，對月言家貧。一問臨邛令，如何待上賓。

廣陵遇孟九雲卿

雄藩本帝都，游士多俊賢。夾河樹鬱鬱，華館千里連。新知雖滿堂，中意頗未宣。忽逢翰林友，歡樂斗酒前。高文激頹波，四海靡不傳。西施且一笑，衆女安得妍。明月滿淮海，哀鴻逝長天。所念京國遠，我來君欲一作獨。還。一作又旋。

淮上遇洛陽李主簿

結茅臨古渡，卧見長淮流。窗裏人將老，門前樹已秋。寒山獨過雁，暮雨遠來舟，日夕逢歸客，那能忘舊游。

路逢崔元二侍御避馬見招以詩戲贈

一臺稱二妙，歸路望行塵。俱是攀龍客，空爲避馬人。見招翻跼蹐，相問良殷勤。日日吟趨府，彈冠豈有因。

逢楊開府

葛常之曰：「或云韋乃韋后之族，憑恃恩私，作里中横，故韋《逢楊開府》詩云云。夫武皇平内亂，殺韋后，不應后之族豪横若此，恐正非后族爾。李肇《國史補》言應物性高潔，鮮食寡欲，所居焚香掃地而坐。與此詩所述不同，豈非武皇仙去之後，折節悔過之時耶？」

少事武皇帝，無賴恃恩私。身作里中横，家藏亡命兒。朝持樗蒲局，暮竊東鄰姬。司隸不敢捕，立在白玉墀。驪山風雪夜，長楊羽獵時。一字都不識，飲酒肆頑癡。武皇升仙去，憔悴被人欺。讀書事已晚，把筆學題詩。兩府始收跡，南宫謬見推。劉云：「雖出于未然，正是狡獪。」非才果不容，出守撫惸嫠。忽逢楊開府，論舊涕俱垂。坐客何由識，唯有故人知。顧東橋云：「何自詭乃爾？」

【眉批】

劉須溪曰：「縷縷如不自惜，寫得俠氣動盪，見者偏憐。太白亦云：『托身白刃裏，殺人紅塵中。』」

又曰：「寫得奇怪，隊仗逼真，舊見詩話至以爲不類蘇州平生，不知其沉着轉换，正在武皇升仙起興，能令讀者墮淚。」

又云：「收拾慘愴，自不在多。」

休假日訪王侍御不遇

九日驅馳一日閑，尋君不遇又空還。怪來詩思清人骨，門對寒流雪滿山。

【眉批】

顧東橋曰：「便不是盛唐。」

因省風俗訪道士侄不見題壁

去年澗水今亦流，去年杏花今又拆。山人歸來問是誰，還是去年行春客。

卷之六

懷　思

有所思

借問堤上柳，青青爲誰春。空游昨日地，不見昨日人。繚繞萬家井，往來車馬塵。莫道無相識，要非心所親。

暮相思

朝出自不還，暮歸花盡發。豈無終日會，惜此花間月。空館忽相思，微鐘坐來歇。來或作未。顧東橋云：「留此不盡之意。」

【眉批】

劉須溪曰：「只結句十字神意峭然，得于實境。尋其上四語，則頃刻不能待，故題曰《暮相思》。彼何知作者用心苦耶！」

鍾伯敬，云：「覺多一字不得。」

譚友夏云：「俱在言外。」

夏夜憶盧嵩

靄靄高館暮，開軒滌煩襟。不知湘雨來，瀟灑在幽林。一作不知微瀟灑，山鳥鳴幽林。炎月得凉夜，芳罇誰與斟。故人南北居，累月間徽音。人生無間日，歡會當在今。反側候天旦，層城苦沉沉。

【眉批】

劉須溪曰：「苦語不自覺。」

春　思

野花如雪繞江城，坐見年芳憶帝京。闔闔曉開换碧樹，曾陪鴛鷺聽流鶯。

春中憶元二

雨歇萬井春，柔條已含緑。徘徊洛陽陌，惆悵杜陵曲。游絲正高下，啼鳥還斷續。有酒今不同，思君瑩如玉。

【眉批】

劉須溪曰：「讀蘇州詩如讀道書。」

懷素友子西

廣陌並游騎，公堂接華襟。方歡遽見别，永日獨沈吟。階暝流暗駛，氣疏露已侵。層城湛深夜，片月生幽林。往款良未遂，來覿曠無音。恒當清觴宴，思子玉山岑。耿耿何以寫，密言空委心。

對韓少尹所贈硯有懷

故人謫遐遠，留硯寵斯文。白水浮香墨，清池滿夏雲。念離心已永，感物思徒紛。未有桂陽使，裁書一報君。

月晦憶去年與親友曲水游宴

晦賞念前歲，京國結良儔。騎出宣平里，飲對曲池流。今朝隔天末，空園傷獨游。雨歇林光變，塘緑鳥聲幽。凋甿積逋税，華鬢集新秋。誰言戀虎符，終當還舊丘。

清明日憶諸弟

冷食方多病，開襟一忻然。終令思故郡，煙火滿晴川。杏粥猶堪食，榆羹已稍煎。唯恨乖親燕，坐度此芳年。

池上懷王卿

山居捐世事，佳雨散園芳。入門靄已緑，水禽鳴春塘。重雲始成夕，忽霽尚殘陽。輕舟因風泛，郡閣望蒼蒼。私燕阻外好，臨歡一停觴。兹游無時盡，旭日願相將。

立夏日憶京師諸弟

改序念芳辰，煩襟倦日永。夏木已成陰，公門晝恒静。長風始飄閣，叠雲纔吐嶺。坐想離居人，還當惜徂景。一作光景。

曉至園中憶諸弟崔都水

山郭恒悄悄，林月亦娟娟。景清神已澄，一作謐。事簡慮絶牽。秋塘徧衰草，曉露洗紅蓮。不見心所愛，兹賞豈爲妍。

懷琅琊深標二釋子

白雲埋大壑，陰崖滴夜泉。應居西石室，月照山蒼然。

雨夜感懷

微雨灑高林，塵埃自蕭散。耿耿心未平，沈沈夜方半。獨驚長簟冷，遽覺愁鬢换。誰能當此夕，不有盈襟歎。

雲陽館懷谷口

清泚階下流，云自谷口源。念昔白衣士，結廬在石門。道高沓無累，景静得忘言。山夕緑陰滿，世移清賞存。吏役豈遑暇，幽懷復朝昏。雲泉非所濯，蘿月不可援。長往遂真性，暫游恨卑諠。出身既事世，高躅難等論。

憶澧上幽居

一來當復去，猶此猒樊籠。况我林栖子，朝服坐南宫。唯獨問啼鳥，還如澧水東。

重九登滁城樓憶前歲九日歸澧上赴崔都水及諸弟宴集凄然懷舊

今日重九宴，去歲在京師。聊迴出省步，一赴郊園期。佳節始云邁，周辰已及兹。秋山滿清景，當賞屬乖離。凋散民里闊，摧翳衆水衰。樓中一長嘯，惻愴起凉颸。

始夏南園思舊里

夏首雲物變，雨餘草木繁。池荷初帖水，林花已掃園。縈叢蝶尚亂，依閣鳥猶喧。對此殘芳月，憶在漢陵原。

登蒲塘驛沿路見泉谷村墅忽想京師舊居追懷昔年

青山導騎繞，春風行旆舒。均徭視屬城，問疾躬里閭。煙水依泉谷，川陸散樵漁。忽念故園日，復憶驪山居。荏苒斑鬢及，夢寢婚宦初。不覺平生事，咄嗟二紀餘。存殁闊已永，悲多歡自疏。高秩非爲美，闌干淚盈裾。

行旅

經函谷關

洪河絶山根，單軌出其側。萬古爲要樞，往來何時息。秦皇既恃險，海内被吞食。及嗣同覆顛，咽喉莫能塞。炎靈距西駕，妻子非經國。徒欲扼諸侯，不知恢至德。聖朝及天寶，豺虎起東北。下沈戰死魂，上結窮冤色。古今雖共守，成敗良可識。藩屏無俊賢，金湯獨何力。馳車一登眺，感慨中自惻。

經武功舊宅

兹邑昔所游，嘉會常在目。歷載俄二九，始往今來復。慼慼居人少，茫茫野田緑。風雨經舊墟，毁垣迷往躅。門臨川流駛，樹有羈雌宿。多累恒悲往，長年覺時速。欲去中復留，徘徊一作徬徨。結心曲。

往雲門郊居途經回流作

兹晨乃休暇，適往田家盧。原谷經塗澀，春陽草木敷。緪遵板橋曲，復此清澗紆。崩壑方見射，回流忽已舒。明滅泛孤景，杳靄含夕虚。無將爲邑志，一酌澄波餘。

乘月過西效渡

遠山含紫氛，春野靄云暮。值此歸時月，留連西澗渡。謬當文墨會，得與群英遇。賞逐亂流翻，心將清景悟。行車儼未轉，芳草空盈步。已舉候亭火，猶愛村原樹。還當守故局，悵悵垂幽素。

晚歸灃川

凌霧朝閶闔，落日返清川。簪組方暫解，臨水一翛然。昆弟忻來集，童稚滿眼前。適意在無事，携手望秋田。南嶺横爽氣，高林繞遥阡。野廬不鋤理，翳翳起荒烟。名秩斯逾分，廉退愧不全。已想平門路，晨騎復言旋。

授衣還田里

公門懸甲令，澣濯遂其私。晨起懷愴恨，野田寒露時。氣收天地廣，風淒草木衰。山明始重疊，川淺更逶迤。烟火生閭里，禾黍積東菑。終然可樂業，時節一來斯。

夕次盱眙縣

落帆逗一作透。淮鎮，停舫臨孤驛。浩浩風起波，冥冥日沈夕。人歸山郭暗，雁下蘆洲白。獨夜憶秦關，聽鐘未眠客。

【眉批】

桂天祥曰：「『白』字入妙，正見夕暗之意。」

春月觀省屬城始憩東西林精舍

因時省風俗，布惠迨高年。建隼出潯陽，整駕游山川。白雪斂晴壑，群峰列遥天。嶔嵜石門狀，杳靄香爐烟。榛荒屢罥罣，逼側殆覆顛。方臻釋氏廬，時物屢華妍。曇遠昔經始，於兹閟幽玄。東西竹林寺，灌注寒澗泉。人事既云泯，歲月復已綿。殿宇餘丹紺，磴閣峭欹懸。佳士亦栖息，善身絶塵緣。今我蒙朝寄，教化敷里鄽。道妙苟爲得，出處理無偏。心當同所尚，跡豈亂纏牽。

自蒲塘驛回駕經歷山水

館宿風雨滯，始晴行蓋轉。潯陽山水多，草木俱紛衍。崎嶇緣碧澗，蒼翠踐苔蘚。高樹夾潺湲，崩石橫陰巘。野杏依寒拆，餘雲冒嵐淺。性愜形豈勞，境殊路遺緬。憶昔終南下，佳游亦屢展。時禽下流暮，紛思何由遣。

山行積雨歸途始霽

攬轡窮登降，陰雨遘二旬。但見白雲合，不睹巖中春。急澗豈易揭，峻塗良難遵。深林猿聲冷，沮洳虎跡新。始霽升陽景，山水閱清晨。雜花積如霧，百卉萋已陳。鳴騶屢驤首，歸路自忻忻。

感　嘆

傷逝 此後嘆世哀傷十九首，盡同德精舍舊居傷懷時所作。

染白一爲黑，焚木盡成灰。念我室中人，逝去亦不回。結髮二十載，賓敬如始來。提携屬時屯，契闊憂患灾。柔素亮爲表，禮章夙所該。仕公不及私，百事委令才。一旦入閨門，四壁滿塵埃。斯人既已矣，觸物但傷摧。單居移時節，泣涕撫嬰孩。知妄謂當遣，臨感要難裁。夢想忽如睹，驚起復徘徊。此心良無已，繞屋生蒿萊。

往富平傷懷

晨起淩嚴霜，慟哭臨素帷。駕言百里塗，惻愴復何爲。昨者仕公府，屬城常載馳。出門無所憂，返室亦熙熙。今者掩筠扉，但聞童稚悲。丈夫須出入，顧爾内無依。銜恨已酸骨，何況苦寒時。單車路蕭條，回首長逶遲。飄風忽截野，嘹唳雁起飛。昔時同往路，獨往今距知。

出　還

昔出喜還家，今還獨傷意。入室掩無光，銜哀寫虛位。凄凄動幽幔，寂寂驚寒吹。幼女復何知，時來庭下戲。顧云：「此語受累。」咨嗟日復老，錯莫身如寄。家人勸我餐，對案空垂淚。

【眉批】

劉須溪曰：「唐人詩氣短，蘇州氣平，短與平甚懸絶。及其悼亡，自不能不短耳。短者使人不欲再讀。」

冬　夜

杳杳日云夕，鬱結誰爲開。單衾自不暖，霜霰已皚皚。晚歲淪夙志，驚鴻感深哀。深哀當何爲，桃李忽凋摧。幃帳徒自設，冥寞豈復來。平生雖恩重，遷去托窮埃。抱此女曹恨，顧非高世才。振衣中夜起，河漢尚徘徊。

送終

奄忽逾時節，日月獲其良。蕭蕭車馬悲，祖載發中堂。生平同此居，一旦異存亡。斯須亦何益，終復委山岡。行出國南門，南望鬱蒼蒼。日入乃云造，慟哭宿風霜。晨遷俯玄廬，臨訣但遑遑。方當永潛翳，仰視白日光。俯仰遽終畢，封樹已荒凉。獨留不得還，欲去結中腸。童稚知所失，啼號捉我裳。即事猶倉卒，歲月始難忘。

【眉批】

劉須溪曰：「哀傷如此，豈有和聲哉！而慘黯條達，愈緩愈長。」

顧東橋曰：「蘇州可謂刻意《選》體，大入堂奥者矣。」

除日

思懷耿如昨，季月已云暮。忽驚年復新，獨恨人成故。冰池始泮緑，梅援一作稍。還飄素。淑景方轉延，朝朝自難度。

對芳樹

迢迢芳園樹，列映清池曲。對此傷人心，還如故時緑。風條灑餘靄，露葉承新旭。佳人不再攀，下有往來躅。

【眉批】

劉須溪曰：「亦何嘗用意刻削，正自不可堪。」

顧東橋曰：「豈不務去陳言，自是老成。」

月　夜

皓月流春城，華露積芳草。坐念綺窗空，翻傷清景好。清景終若斯，傷多人自老。

嘆楊花

空蒙不自定，况值暄風度。舊賞逐流年，新愁忽盈素。纔縈下苑曲，稍滿東城路。人意有悲歡，時芳獨如故。

過昭國里故第

不復見故人，一來過故宅。物變知景暄，心傷覺時寂。池荒野筠合，庭綠幽草積。風散花意謝，鳥還山光夕。宿昔方同賞，詎知今念昔。緘室在東廂，遺器不忍覿。柔翰全分意，芳巾尚染澤。殘工委筐篋，餘素經刀尺。收此還我家，將還復愁惕。永絶攜手歡，空存舊行迹。冥冥獨無語，杳杳將何適。唯思古今同，時緩傷與戚。

夏　日

已謂心苦傷，如何日方永。無人不晝寢，獨坐山中静。悟澹將遺慮，學空庶遺境。積俗易爲侵，愁來復難整。

【眉批】劉須溪曰：「此夏日詩，其允苦也。」

端居感懷

沈沈積素抱，婉婉屬之子。永日獨無言，忽驚振衣起。方如在幃室，復悟永終已。稚子傷恩絶，盛時若流水。暄凉同寡趣，朗晦俱無理。寂性常喻人，滯情今在己。空房欲云暮，巢鷰亦來止。夏木遽成陰，緑苔誰復履。感至竟何方，幽獨長如此。

悲紈扇

非關秋節至，詎是恩情改。掩嚬人已無，委篋凉空在。何言永不發，暗使銷光彩。

閑齋對雨

幽獨自盈抱，陰淡亦連朝。空齋對高樹，疏雨共蕭條。巢鷰翻泥濕，蕙花依砌消。端居念往事，倏忽苦驚飈。

林園晚霽

雨歇見青山，落日照園林。山多烟鳥亂，林清風景翻。提携唯子弟，蕭散在琴言。同游不同意，耿耿獨傷魂。寂寞鐘已盡，如何還入門。

【眉批】

鍾伯敬曰：「每於庸常語意着數虛字回旋，便深便警。此陶詩秘法也。」

秋夜二首

庭樹轉蕭蕭，陰蟲還戚戚。獨向高齋眠，夜聞寒雨滴。微風時動牖，殘燈尚留壁。惆悵平生懷，偏來委今夕。

【眉批】

劉須溪曰：「吾讀蘇州詩至此，初怪其情近婦人。」

霜露已凄漫，星漢復昭回。朔風中夜起，驚鴻千里來。蕭條凉葉下，寂寞清砧哀。歲晏仰空宇，心事若寒灰。

感夢

歲月轉蕪漫，形影長寂寥。髣髴覯微夢，感嘆起中宵。綿思靄流月，驚魂颯迴飈。誰念兹夕永，坐令顔鬢凋。

同德精舍舊居傷懷

洛京十載別，東林訪舊扉。山河不可望，存没意多違。時遷迹尚在，同去獨來歸。還見窗中鴿，日暮繞庭飛。

悲故交

白璧衆求瑕，素絲易成污。萬里顛沛還，高堂已長暮。積憤方盈抱，纏哀忽逾度。念子從此終，黄泉竟誰訴。一爲時事感，豈獨平生故。唯見荒丘原，野草塗朝露。

張彭州前與緱氏馮少府各惠寄一篇多故未答張已云殁因追哀叙事兼遠簡馮生

君昔掌文翰，西垣復石渠。朱衣乘白馬，輝光照里閭。余時忝南省，接宴愧空虚。一别守兹郡，蹉跎歲再除。常懷闗河表，永日簡牘餘。郡中有方塘，凉閣對紅蕖。金玉蒙遠貺，篇詠見吹嘘。未答平生意，已殁九原居。秋風吹寢門，長慟涕連如。覆視緘中字，奄爲昔人書。髮鬢已云白，交友日凋疏。馮生遠同恨，憔悴在田廬。

東林精舍見故殿中鄭侍御題詩追舊書情涕泗横集因寄呈閻澧州馮少府

仲月景氣佳，東林一登歷。中有故人詩，凄凉在高壁。精思長懸世，音容已歸寂。墨澤傳灑餘，磨滅親翰迹。平生忽如夢，百事皆成昔。結騎京華年，揮文篋笥積。朝廷重英彦，時輩分珪璧。永謝柏梁陪，獨闕金門籍。方嬰存殁感，豈暇林泉適。雨餘山景寒，風散花光夕。新知雖滿堂，故情誰能覿。唯當同時友，緘寄空凄慽。

同李二過亡友鄭子故第李與之故，非予所識。

客車名未滅，没世恨應長。斜月知何照，幽林判自芳。故人驚逝水，寒雀噪空墻。不是平生舊，遺蹤要可傷。

話　舊亭中對兄姊話蘭陵、崇賢、懷真已來故事，泫然而作。

存亡三十載，事過悉成空。不惜霑衣淚，並話一宵中。

至開化里壽春公故宅

寧知府中吏，故宅一徘徊。歷階存往敬，瞻位泣餘哀。廢井没荒草，陰牖生緑苔。門前車馬散，非復昔時來。

睢陽感懷

豺虎犯天綱，昇平無内備。長驅陰山卒，略踐三河地。張侯本忠烈，濟世有深智。堅壁梁宋間，遠籌吴楚利。窮年方絶輸，鄰援皆携貳。使者哭其庭，救兵終不至。重圍雖可越，藩翰諒難棄。饑喉待危巢，懸命中路墜。甘從鋒刃斃，莫奪堅貞志。宿將降賊庭，儒生獨全義。空城唯白骨，同往無賤貴。哀哉豈獨今，千載當歔欷。

廣德中洛陽作

生長太平日，不知太平歡。今還洛陽中，感此方苦酸。飲藥本攻病，毒腸翻自殘。王師涉河洛，玉石俱不完。時節屢遷斥，山河長鬱盤。蕭條孤煙絶，日入空城寒。蹇劣乏高步，緝遺守微官。西懷咸陽道，躑躅心不安。

閶門懷古

獨鳥下高樹，遥知吴苑園。凄凉千古事，日暮倚閶門。

感　事

霜雪皎素絲，何意墜墨池。青蒼猶可濯，黑色不可移。女工再三嘆，委棄當此時。歲寒雖無褐，機杼誰肯施。

感鏡

鑄鏡廣陵市，菱花匣中發。宿昔嘗許人，鏡成人已没。如冰結圓器，類璧無絲髮。形影終不臨，清光殊不歇。一感平生言，松枝挂秋月。

嘆白髮

還同一葉落，對此孤鏡曉。絲縷乍難分，楊花復相繞。時役人易衰，吾年白猶少。

卷之七

登　眺

登高望洛城作

高臺造雲端，遐瞰周四垠。雄都定鼎地，勢據萬國尊。河岳出雲雨，土圭酌乾坤。舟通一作盈。南越貢，城背北邙原。帝宅夾清洛，丹霞捧朝暾。葱蘢瑶臺榭，窈窱雙闕門。十載搆屯難，兵戈若一作久。雲屯。膏腴滿榛蕪，比屋空毁垣。聖主乃東眷，俾賢拯元元。熙熙居守化，泛泛太府恩。至損當一作方。受益，苦寒必生温。平明四城開，稍見市井喧。坐感理亂迹，永懷經濟言。吾生自不達，空鳥何翩翻。天高水流遠，日晏城郭昏。徘徊訖旦夕，聊用寫憂煩。

同德寺閣集眺

芳節欲云晏，游遨樂相從。高閣照丹霞，飀飀含遠風。寂寥氛氳廓，超忽神慮空。旭日霽皇州，岧嶤見兩宫。嵩少多秀色，群山莫與崇。三川浩東注，瀍澗亦來同。陰陽降太和，宇宙得其中。舟車滿川陸，四國靡不通。舊堵今已葺，庶甿亦已豐。周覽思自奮，行當遇時邕。

登寶意寺上方舊游寺在武功，曾居此寺。

翠嶺香臺出半天，萬家煙樹滿晴川。諸僧近住不相識，坐聽微一作巖。鐘記往年。

【眉批】

劉須溪曰：「凡語言天趣皆實歷，無趣者雖有味亦短。」

登樂游廟作

高原出東城，鬱鬱見咸陽。上有千載事，乃自漢宣皇。頹壖久凌遲，陳迹翳丘荒。春草雖復緑，驚風但飄揚。周覽京城内，雙闕起中央。微鐘何處來，暮色忽蒼蒼。歌吹喧萬井，車馬塞康莊。昔人豈不爾，百世同一傷。一作場。歸當守冲漠，跡寓心自忘。

登西南岡卜居遇雨尋竹浪至灃壖縈帶數里清流茂樹雲物可賞

登高創危構，林表見川流。微雨颯已至，蕭條川氣秋。下尋密竹盡，忽曠沙際游。紆直水分野，綿延稼盈疇。寒花明廢墟，樵牧笑榛丘。雲水成一作交。陰澹，竹樹更清幽。適自戀佳賞，一作適自愜心賞，又一作幽賞。復兹永日留。

灃上與幼遐月夜登西岡玩花

置酒臨高隅，佳人自城闕。已玩滿川花，還看滿川月。花月方浩然，賞心何由歇。

臺上遲客

高臺一悄一作聊。望，遠樹間朝暉。但見東西騎，端令心賞違。始霽郊園緑，暮春啼鳥稀。徒然對芳物，何能獨醉歸。

登　樓

兹樓日登眺，流歲暗蹉跎。坐厭淮南守，秋山紅樹多。

善福寺閣

殘霞照高閣，青山出遠林。晴明一登望，蕭灑此幽襟。

樓中月夜

端令倚懸檻，長望抱沉憂。寧知故園月，今夕在兹樓。衰蓮送餘馥，華露湛新秋。坐見蒼林變，清輝愴已休。

寒食後北樓作

園林過新節，風花亂高閣。遥聞擊鼓聲，蹴鞠軍中樂。

西　樓

高閣一長望，故園何日歸。烟塵擁一作在。函谷，秋雁過來稀。

夜　望

南樓夜已寂，暗鳥動林間。不見城郭事，沈沈唯四山。

晚登郡閣

悵然高閣望，已掩東城關。春風偏送柳，夜景復沈山。

登重玄寺閣

時暇陟雲構，晨霽澄景光。始見吴都一作郡。大，十里鬱蒼蒼。山川表明麗，湖海吞大荒。合沓臻水陸，駢闐會四方。俗繁節又暄，雨順物亦康。禽魚各翔泳，草木遍芬芳。於兹省甿俗，一用勸農桑。誠知虎符忝，但恨歸路長。

游覽

觀早朝

伐鼓通嚴城，車馬溢廣躔。煌煌列明燭，朝服照華鮮。金門杳深沈，尚聽清漏傳。河漢忽已没，司閽啓晨關。丹殿據龍首，崔嵬對南山。寒生千門裏，日照雙闕間。禁旅下城列，鑪香起中天。輝輝睹明聖，濟濟行俊賢。愧無鴛鷺姿，短翮空飛還。誰當假毛羽，雲路相追攀。

陪元侍御游春

何處醉春風，長安西復東。不因俱罷職，豈得此時同。貰酒宣平里，尋芳下苑中。往來楊柳陌，猶避昔年驄。

游龍門香山泉

山水本自佳，游人已忘慮。碧泉交幽絶，賞愛未一作不能去。潺湲瀉幽磴，繚繞帶一作對。嘉樹。激轉忽殊流，歸泓又同注。羽觴自成一作伐。玩，永日亦延趣。靈草有時香，仙一作山。源不知處。還當侯圓月，携手重游寓。

龍門游眺

鑿山導伊流，中斷若天闢。都門遥相望，佳氣生朝夕。素懷出塵意，適有携手客。精舍繞一作繚。層阿，千龕鄰一作鱗。峭壁。緣雲路猶緬，憩澗鐘已寂。花樹發煙華，淙流散石脉。長嘯招遠風，臨潭漱金碧。日落望都城，人間何役役。一作徘徊悵還駕，城闕多物役。

洛都游寓

東風日已和，元化亮無私。草木同時植，生條有高卑。罷官守園廬，豈不懷渴饑。窮通非所干，跼促當何爲。佳辰幸可游，親友亦相追。朝從華林宴，暮返東城期。掇英出蘭皋，玩月步川坻。軒冕誠可慕，所憂在縶維。

再游龍門懷舊侣嘗與賓貢州、洛陽韓丞、澠池李丞、密鄭二尉同游。

兩山鬱相對，晨策方上干。靄靄眺都城，悠悠俯清瀾。邈矣二三子，兹焉屢游盤。良時忽已周，獨往念前難。好鳥始云至，衆芳亦未闌。遇物豈殊昔，慨傷自有端。

莊嚴精舍游集

良游因時暇，乃在西南隅。緑煙凝層城，豐草滿通衢。精舍何崇曠，煩跼一弘舒。架虹施廣蔭，構雲眺八區。即此塵境遠，忽聞幽鳥殊。新林一作秋。泛景光，叢緑含露濡。永日亮難遂，平生少歡娱。誰能遽還歸，幸與一作得。高士俱。

府舍月游

官舍一作寺。耿深夜，佳月喜同游。横河俱半落，泛露忽驚秋。散彩疏群樹，分規澄素流。心期與浩景，蒼蒼殊未收。

任鄠令渼陂游眺

野水灩長塘，煙花亂晴日。氛氲緑樹多，蒼翠千山出。游魚時可見，新荷尚未密。屢往心獨閑，恨無理人術。

西郊游矚

東風散餘沍，陂水淡已緑。一作渌。烟芳何處尋，香靄春山曲。新禽哢暄節，晴光泛嘉木。一與諸君游，華觴忻見屬。

再游西郊渡

水曲一追游，游人重懷戀。嬋娟昨夜月，還向波中見。驚禽栖不定，流芳寒未徧。携手更何時，佇看花似霰。

月溪與幼遐君貺同游時二子還城。

岸篠覆回溪，回溪曲如月。沈沈水容緑，寂寂流鶯歇。一作鶯楊歇。淺石方凌亂，游禽時出没。半雨夕陽霏，緣源雜花發。明晨重來此，同心應已闕。

與幼遐君貺兄弟同游白家竹潭

清賞非素期，偶游方自得。前登絶嶺險，下視深潭黑。密竹已成暮，歸雲殊未極。春鳥依谷暄，紫蘭含幽色。已將芳景遇，復款平生憶。終念一歡别，臨風還默默。

秋夕西齋與僧神静游

晨登西齋望，不覺至夕曛。正當秋夏交，原野起煙氛。坐聽凉颸舉，華月稍披雲。漠漠山猶隱，灩灩川始分。物幽夜更殊，境静興彌臻。息機非傲世，于時乏嘉聞。究竟自爲理，况與釋子群。

觀田家

微雨衆卉新，一雷驚蟄始。田家幾日閑，耕種從此起。丁壯俱在野，場圃亦就理。歸來景常晏，飲犢西澗水。饑劬不自苦，膏澤且爲喜。倉廩無宿儲，徭役猶未已。方慚不耕者，禄食出閭里。

【眉批】

譚友夏曰：「體貼人情之言。」

鍾伯敬曰：「『慚』字入得厚。」

園亭覽物

積雨時物變，夏緑滿園新。殘花已落實，高笋半成筠。守此幽栖地，自是忘機人。

觀灃水漲

夏雨萬壑湊，灃漲暮渾渾。漲一作流。草木盈川谷，澶漫一平吞。槎梗方瀰泛，濤沫亦洪翻。北來注涇渭，所過無安源。雲嶺同昏黑，觀望悸心魂。舟人空斂棹，風波正自奔。

陪王卿郎中游南池

鵷鴻俱失侣，同爲此地游。露浥荷花氣，風散柳園秋。烟草凝衰嶼，星漢泛歸流。林高初上月，塘深未轉舟。清言屢往復，華樽始獻酬。終憶秦川賞，端坐起離憂。

南園陪王卿游矚

形迹雖拘檢，世事淡無心。郡中多山水，日夕聽幽禽。几閣文墨暇，園林春景深。雜花芳意散，緑池暮色沉。君子有高躅，相携在幽尋。一酌何爲貴，可以寫冲襟。

游西山

時事方擾擾，幽賞獨悠悠。弄泉朝涉澗，采石夜歸州。揮翰題蒼峭，下馬歷嵌丘。所愛唯山水，到此即淹留。

春游南京

川明氣已變，巖寒雲尚擁。南亭草心緑，春塘泉脉動。景煦聽禽響，雨餘看柳重。逍遥池塘華，益愧專城寵。

再游西山

南譙古山郡，信是高人居。自嘆乏弘量，終朝親簿書。於時忽命駕，秋野正蕭疏。積逋誠待責，尋山亦有餘。測測石泉冷，暧暧煙谷虚。中有釋門子，種藥結茅廬。出身厭名利，遇境即躊躇。守直雖多忤，視險方晏如。况將塵埃外，襟抱從此舒。

游靈巖寺

始入松路永，獨忻山寺幽。不知臨絶檻，乃見西江流。吴岫分煙景，楚甸散林丘。方悟關塞眇，重軫故園愁。聞鐘戒歸騎，憩澗惜良游。地疏泉谷狹，春深草木稠。兹焉賞未極，清景一作澹。期杪秋。

與盧陟同游永定寺北池僧齋

密竹行已遠，子規啼更深。緑池芳草氣，閑齋春樹陰。晴蝶飄蘭逕，游蜂繞花心。不遇君携手，誰復此幽尋。

游　溪

野水煙鶴唳，楚天雲雨空。玩舟清景晚，垂釣緑蒲中。落花飄旅衣，歸流澹清風。緣源不可極，遠樹但青葱。

游開元精舍

夏衣始輕體，游步愛僧居。果園新雨後，香臺照日初。緑陰生晝静，一作寂。孤花表春餘。符竹方爲累，形跡一來疏。

【眉批】

鍾伯敬曰：「最深最細，細極則幽。」又云：「『孤花表春餘』妙語妙情，韋有『殘鶯知夏淺』可爲妙對。」

譚友夏曰：「『表』字思路入微。」

襄武館游眺

州民知禮讓，訟簡得遨游。高亭憑古地，山川當暮秋。是時秔稻熟，四望盡田一作平。疇。仰恩慚政拙，念勞喜歲收。澹泊風景晏，繚繞雲樹幽。節往情惻惻，天高思悠悠。嘉賓幸雲集，芳罇始淹留。還希習池賞，一作還喜曲池濱。聊以駐鳴騶。

秋景詣瑯琊精舍

屢訪塵外迹，未窮幽賞情。高秋天景遠，始見山水清。上陟巖殿憩，暮看雲壑平。蒼茫寒色起，迢遞晚鐘鳴。意有清夜戀，身爲符守嬰。悟言一作方愛。緇衣子，瀟灑中林行。

同韓郎中閑庭南望秋景

朝下抱餘素，地高心本閑。如何趨府客，罷秩見秋山。疏樹共寒意，游禽同暮還。因君悟清景，西望一開顔。

慈恩精舍南池作

清境豈云遠，炎氛忽如遺。重門布緑陰，菡萏滿廣池。石髮散清淺，林光動漣漪。緣崖摘紫房，扣檻集靈龜。浥浥餘露氣，馥馥幽襟披。積喧忻物曠，躭玩覺景馳。明晨復趨府，幽賞當反思。

雨夜宿清都觀

靈飈動閶闔，微雨灑瑶林。復此新秋夜，高閣正沈沈。曠歲恨殊跡，兹夕一被襟。洞户含凉氣，網軒構層陰。況自展良友，芳罇遂盈斟。適悟委前忘，清言怡道心。豈戀腰間綬，如役籠中禽。

善福精舍秋夜遲諸君

廣庭獨閑步，夜色方湛然。丹閣已排雲，皓月更一作正。高懸。繁露降秋節，蒼林鬱芊芊。仰觀天氣凉，高詠古人篇。撫己亮無庸，結交賴群賢。屬予翹思時，方子中夜眠。相去隔城闕，佳期屢徂一作阻。還。如何日夕待，見月三四圓。

東　郊

吏舍跼終年，出郊曠清曙。楊柳散和風，青山澹吾慮。依叢適自憇，緣澗還復去。微雨靄芳原，春鳩鳴何處。樂幽心屢止，遵事跡猶遽。終罷斯一作期。結廬，慕陶真可庶。

【眉批】

劉須溪曰：「自以爲得。」（批「青山」句）

又云：「游與各自寫。」（批「緑澗」句）

鍾伯敬曰：「與『藥餌情所正』『正』字同想。」（批「樂幽」句）

秋郊作

清露澄境遠，旭日照臨初。一望秋山静，蕭條形迹疏。登原忻時稼，采菊行故墟。方願沮溺耦，淡泊守田廬。

行寬禪師院

北望極長廊，斜扉映一作淹。叢竹。亭午一來尋，院幽僧亦獨。唯聞山鳥啼，愛此林下宿。

神静師院

青苔幽巷徧，新林露氣微。經聲在深竹，高齋獨掩扉。憇樹愛嵐嶺，聽禽悦朝暉。方耽静中趣，自與塵事違。

精舍納凉

山景寂已晦，野寺變蒼蒼。夕風吹高殿，露葉散林光。清鐘始戒夜，幽禽尚歸翔。誰復掩扉卧，不詠南軒凉。

藍嶺精舍

石壁精舍高，排雲聊直上。佳游愜始願，忘險得前賞。崖傾景方晦，谷轉川如掌。緑林含蕭條，飛閣起弘敞。道人上方至，深夜還獨往。日落群山陰，天秋百泉響。所嗟累已成，安得長偃仰。

【眉批】桂天祥曰：「有緩疾，有轉折。眼前景、眼前事，大妙！」

道晏寺主院

北鄰有幽竹，潛筠穿我廬。往來地已密，心樂道者居。殘花回往節，輕條蔭夏初。聞鐘北窗起，嘯傲永日餘。

義演法師西齋

結茅臨絶岸，隔水聞清磬。山水曠蕭條，登臨散情性。稍指緣原騎，還尋汲澗徑。長嘯倚亭樹，悵然川光暝。

澄秀上座〔院〕

繚繞西南隅，鳥聲轉幽静。秀公今不在，獨禮高僧影。林下器未收，何人適煮茗。

【眉批】

鍾伯敬曰：「幽事寫得深，便無清態。」

至西峰蘭若受田婦饋

攀崖復緣澗，遂造幽人居。鳥鳴泉谷暖，土起萌甲舒。聊登石樓憩，下玩潭中魚。田婦有嘉獻，潑撒新歲餘。常怪投錢飲，事與賢達疏。今我何爲答，鰥寡欲焉如。

曇智禪師院

高年不復出，門徑一作棧。衆草生。時夏方新雨，果藥發餘榮。疏澹下林景，流暮幽禽情。身名兩俱遣，獨此野寺行。

【眉批】鍾伯敬曰：「非不幽，幽不足以言之。」

起度律師同居東齋院

釋子喜相偶，幽林俱避喧。安居同僧夏，清夜諷道言。對閣景恒晏，步庭陰始繁。逍遥無一事，松風入南軒。

【眉批】劉須溪曰：「語有仙風道骨。」（批「逍遥」二句）

游瑯琊山寺

受命恤人隱，兹游久未遑。鳴騶響幽澗，一作谷。前旌耀崇岡。青冥臺砌寒，緑縟草木香。填壑躋花界，疊石構雲房。經製隨巖轉，繚繞豈定方。新泉泄陰壁，高蘿蔭緑塘。攀林一栖止，飲水得清凉。物累誠可遣，疲甿終未忘。還歸坐郡閣，但見山蒼蒼。

【眉批】

葛常之曰：「韋應物、歐永叔皆作滁州太守。應物《游琅琊山》則曰：『鳴騶響幽澗，前旌耀崇岡。』永叔則不然，《游石子澗》詩云：『麕麚魚鳥莫驚怪，太守不將車騎來。』又云：『使君厭騎從，車馬留山前。行歌招野叟，共步青林間。』游山當如此也。」

同越瑯琊山 趙氏生辟强。

石門有雪無行跡，松壑凝煙滿衆香。餘食施庭寒鳥下，破衣挂樹老僧亡。

詣西山深師

曹溪舊弟子，何緣住此山。世有征戰事，心將流水閑。掃林驅虎出，宴坐一林間。藩守寧爲重，擁騎造雲關。

尋簡寂觀瀑布

躡石欹危過急澗，攀崖迢遞弄懸泉。猶將虎竹爲身累，欲付歸人絶世緣。

簡寂觀西澗瀑布下作

淙一作深。流絶壁散，虚煙翠澗深。叢際松風起，飄來灑塵襟。窺蘿玩猿鳥，解組傲雲林。茶果邀真侣，觴酌洽同心。曠歲懷茲賞，行春始重尋。聊將横吹笛，一寫山水音。

游南齋

池上鳴佳禽，僧齋日幽寂。高林晚露清，紅藥無人摘。春水不生煙，荒岡筠翳石。不應朝夕游，良爲蹉跎客。

【眉批】葛常之曰：「游溪詩『野水烟鶴唳，楚天雲雨空』，此詩『春水』二句，《詠聲》『萬物自生聽，太空常寂寥』，如此等句豈下于『兵衛森劍戟，燕寢凝清香』哉？」

南園

清露夏天曉，荒園野氣通。水禽遥泛雪，池蓮迥披紅。幽林詎知暑，環舟似不窮。頓灑塵喧意，長嘯滿襟風。

西亭

亭宇麗朝景，簾牖散暄風。小山初構石，珍樹正然紅。弱藤已扶援，幽蘭欲成叢。芳心幸如此，佳人時不同。

夏景園廬

群木晝陰静，北窗凉風多。閑居逾時節，夏雲已嵯峨。搴葉愛繁緑，緣澗弄驚波。豈爲論夙志，對此青山阿。

夏至避暑北池

晝晷已云極，宵漏自此長。未及施政教，所憂變炎凉。公門日多暇，是月農稍忙。高居念田里，苦熱安可當。亭午息群物，獨游愛方塘。門閉陰寂寂，城高樹蒼蒼。緑筠尚含粉，圓荷始散芳。於焉灑煩抱，可以對華觴。

題從侄成緒西林精舍書齋

栖身齒多暮，息心君獨少。慕謝始精文，依僧欲觀妙。洌泉前堦注，清池北窗照。果藥雜芬敷，松筠疏蒨峭。屢躋幽人境，每肆芳晨眺。採藥玄猿窟，擷芝丹林嶠。紵衣豈寒禦，蔬食非饑療。雖甘巷北單，一作簞。豈塞青紫耀。郡有優賢榻，朝編貢士詔。欲同一作求。朱輪載，勿憚移文誚。

題鄭弘憲侍御遺愛草堂

居士近依僧，青山結茅屋。疏松映嵐晚，春池含苔緑。繁華冒陽嶺，新禽響幽谷。長嘯攀喬林，慕兹高世躅。

同元錫題瑯琊寺

適從郡邑喧，又兹三伏熱。山中清景多，石罅寒泉潔。花香天界事，松竹人間別。殿分嵐嶺明，磴臨懸一作玄。壑絶。昏旭窮陟降，幽顯盡披閲。嵚一作嶺。駭風雨區，寒知龍蛇穴。情虚澹泊生，境寂塵妄滅。經世豈非道，無爲厭車轍。一作歸轍。

題鄭拾遺草堂

借地結茅棟，横竹挂朝衣。秋園雨中緑，幽居塵事違。陰一作涼。井夕蟲亂，高林霜果稀。子有白雲意，構此想巖扉。

卷之八

雜興

詠玉

乾坤有精物，至寶無文章。雕琢爲世器，真性一朝傷。

詠露珠

秋荷一滴露，清夜墜玄天。將來玉盤上，不定始知圓。

詠水精

映物隨顔色，含空無表裏。持來向明月，的皪愁成水。

詠珊瑚

絳樹無花葉，非石亦非瓊。世人何處得，蓬萊石上生。

詠瑠璃

有色同寒冰，無物隔纖塵。象筵看不見，堪將對玉人。

詠琥珀

曾爲老茯神，本是寒松液。蚊蚋落其中，千年猶可覿。

仙人祠

倉岑古仙子，清廟閟華容。千載去寥廓，白雲遺舊蹤。歸來灞陵上，猶見最高峰。

詠　曉

軍中始吹角，城上河初落。深沈猶隱帷，晃朗先分閣。

詠　夜

明從何處去，暗從何處來。但覺年年老，半是此中催。

詠　聲

萬物自生一作此。聽，大空怕寂寥。還從一作應。静中起，却向静中消。

【眉批】

劉須溪曰：「其姿近道，語此漸超。」

顧東橋曰：「造理之言。」又云：「勝《詠夜》之作遠甚。」

任洛陽丞請告

方鑿不受圓，直木不爲輪。揆才各有用，反性生苦辛。折腰非吾事，飲水非吾貧。休告卧空館，養病絶囂塵。游魚自成族，野鳥亦有群。家園杜陵下，千歲心氛氲。天晴嵩山高，雪後河洛春。喬水猶未芳，百草日已新。著書復何爲，當去東皋耘。

縣齋

仲春時景好，草木漸舒榮。公門且無事，微雨園林清。泱泱水泉動，忻忻衆鳥鳴。閑齋始延矚，東作興庶甿。即事玩文墨，抱冲披道經。於焉日澹泊，徒使芳尊盈。

晚出府舍與獨孤兵曹令狐工曹南尋朱雀街歸里第

分曹幸同簡，聯騎方愜素。還從廣陌歸，不覺青山暮。翻翻鳥未没，杳杳鐘猶度。尋草遠無人，望山多枉路。聊參世士跡，嘗得静者顧。出入雖見牽，忘身緣所一作明。晤。

休暇東齋

由來束帶士，請謁無朝暮。公暇及私身，何能獨閑步。摘葉愛芳在，捫竹憐粉污。岸幘偃東齋，夏天清曉露。懷仙閲《真誥》，貽友題幽素。榮達頗知疏，恬然自成度。緑苔日已滿，幽寂誰來顧。

夜直省中

河漢有秋意，南宫生早凉。玉漏殊杳杳，雲闕更蒼蒼。華燈發新焰，輕一作爐。煙浮夕香。顧迹知爲忝，束帶愧周行。

郡内閑居

栖息絶塵侶，孱鈍得自怡。腰懸竹使符，心與一作如。廬山緇。永日一酣寢，起坐兀無思。長廊獨看雨，衆藥發幽姿。今夕已云罷，明晨復如斯。何事能爲累，寵辱豈要辭。

燕居即事

蕭條竹林院，風雨叢蘭折。幽鳥林上啼，青苔人跡絶。燕居日已永，夏木紛成結。几閣積群書，時來北窗閲。

【眉批】

劉須溪曰：「句句實狀。」

幽　居

貴賤雖異等，出門皆有營。獨無外物牽，顧云：「説得遠。」遂此幽居情。微雨夜來過，不知春草生。鍾云：「胸中免化。」青山忽已曙，鳥雀繞舍鳴。時與道人偶，或隨樵者行。自當安蹇劣，一作拙，誰謂薄世榮。顧云：「不炫。」

【眉批】

桂天祥曰：「身世俱幻，情景兩忘。」

劉須溪曰：「古調本色。『微雨』一聯，似亦以癡得之也。」

野居書情

世事日可見，身名良蹉跎。尚瞻白雲嶺，聊作負薪歌。

郊居言志

負暄衡門下，望雲歸遠山。但要樽中物，餘事豈相關。交無是非責，且得任疏頑。日夕臨清澗，逍遥思慮閑。出去唯空屋，弊簀委窗間。何異林栖鳥，戀此復來還。世榮斯獨已，頹一作思。志亦何攀。唯當歲豐熟，閭里一歡顔。

夏景端居即事

北齋有凉氣，嘉樹對層城。重門永日掩，清池夏雲生。遇此庭訟簡，始聞蟬初鳴。逾懷故園愴，默默以緘情。

始至郡

溢城古雄郡，一作鎮，横江千里池。高樹上迢遞，峻堞繞欹危。井邑煙火晚，郊原草樹滋。洪流蕩一作薄。北阯，崇嶺鬱南圻。斯民本樂生，逃逝竟何爲。早歲屬荒歉，舊逋積如坻。到郡方逾月，終朝理亂絲。賓朋未及宴，簡牘已云疲。昔賢播高風，得守愧無施。豈待干戈戢，且願撫惸嫠。

郡中西齋

似與塵境一作世。絶，蕭條齋舍秋。寒花獨經雨，山禽時到州。清觴養真氣，玉書示道流。豈將符守戀，幸以栖心幽。

新理西齋

方將甿訟理，久翳西齋居。草木無行次，閑暇一芟除。春陽土脉起，膏澤發生初。養條刊朽枿，護藥鋤穢一作荒。蕪。稍稍覺林聳，歷歷忻竹疏。始見庭宇曠，頓令煩抱舒。兹焉即可愛，何必是吾廬。

曉坐西齋

鼕鼕城鼓動，稍稍林鴉去。柳意不勝春，巖光已知曙。寢齋有單𥜥，一作茅。靈藥爲朝茹。盥漱忻景清，焚香澄神慮。公門自常事，道心寧易一作異。處。

郡齋卧疾絶句

香爐宿火滅，蘭燈宵影微。秋齋獨卧病，誰與覆寒衣。

寓居永定精舍蘇州。

政拙忻罷守，閑居初理生。家貧何由往，夢想在京城。野寺霜露月，農興羇旅情。聊租二頃田，方課子弟耕。眼暗文字廢，身閑道心精。即與人群遠，豈謂是非嬰。

【眉批】

鍾伯敬曰：「真人，真事，真話。」

永定寺喜辟强夜至

子有新歲慶，獨此苦寒歸。夜叩竹林寺，山行雪滿衣。深罏正燃火，空齋共掩扉。還將一樽對，無言百事違。

野居

結髮屢辭秩，立身本疏慢。今得罷守歸，幸無世欲患。栖止且偏僻，嬉游無早晏。逐兔上坡岡，捕魚緣赤澗。高歌意氣在，貰酒貧居慣。時啓北窗扉，豈將文墨間。

同褒子秋齋獨宿

山月皦如燭，風霜時動竹。夜半鳥驚栖，窗間人獨宿。

【眉批】

顧東橋云：「語未甚工而調古。」

餌黄精

靈藥出西山，服食採其根。九蒸换凡骨，經著上世言。候火起中夜，馨香滿南軒。齋居感衆靈，藥術啓妙門。自懷物外心，豈與俗士論。終期脱印綬，永與天壤存。

昭國里第聽元老師彈琴

竹林高宇霜露清，朱絲玉徽多故情。暗識啼鳥與别鶴，衹緣中有斷腸聲。

野次聽元昌奏横笛

立馬蓮塘吹横笛，微風動柳生水波。北人聽罷淚將落，南朝曲中怨更多。

樓中閱清管

山陽遺韻在，林端横吹驚。響回憑高閣，曲怨繞秋城。淅瀝危葉振，蕭瑟凉氣生。始遇兹管賞，已懷故園情。

寒食

晴明寒食好，春園百卉開。綵繩拂花去，輕毬度閣來。長歌送落日，緩吹逐殘杯。非關無燭罷，良爲羈思催。

七夕

人世拘形迹，别去間山川。豈意靈仙偶，相望亦彌年。夕衣清露濕，晨駕秋風前。臨歡定不住，當爲何所牽。

九日

今朝把酒復惆悵，憶在杜陵田舍時。明年九日知何處，世難還家未有期。

【眉批】

劉須溪曰：「可悲，傷世與余同患。」

秋　夜

暗窗涼葉動，秋天一作齋。寢席單。憂人半夜起，明月在林端。一與清景遇，每憶平生歡。如何方惻愴，披衣露更一作轉。寒。

【眉批】劉須溪曰：「何必思索，洞見本懷。」（批「憂人」二句）

秋夜一絶

高閣漸凝露，涼葉稍飄闈。憶在南宫直，夜長鐘漏稀。

滁城對雪

晨起滿闈雪，憶朝閶闔時。玉座分曙早，金爐上煙遲。飄散雲臺下，凌亂桂樹姿。厠跡鵷鷺末，蹈舞豐年期。今朝覆山郡，寂寞復何爲。

雪　中

空堂歲已晏，密室獨安眠。壓篠夜偏積，覆閣曉逾妍。連山暗古郡，驚風散一川。此時騎馬出，忽憶京華年。

詠春雪

徘徊輕雪意，似惜艷陽時。不悟風花冷，翻令梅柳遲。

對春雪

蕭屑杉松聲，寂寥寒夜慮。州貧人吏稀，雪滿山城曙。春塘看幽谷，栖禽悉未去。開閨正亂流，寧辨花枝處。

對殘燈

獨照碧窗久，欲隨寒燼滅。幽人將遽眠，解帶翻成結。楊用修曰：「梁沈氏滿願詩：『殘燈猶未滅，將盡更揚輝。惟餘一兩焰，猶得解羅衣。』此詩實出于沈，然韋有幽意而沈淫矣。」

【眉批】

顧東橋曰：「此篇細瑣可意。」

對芳樽

對芳樽，醉來百事何足論，遥見青山始一醒，欲著接離還復昏。

夜對流螢作

月暗竹亭幽，螢光拂席流。還思故園夜，更度一年秋。自愜觀書興，何慚秉燭游。府中徒冉冉，明發好歸休。

對新篁

新緑苞初解，嫩氣筍猶香。含露漸舒葉，抽叢稍自長。清晨止亭下，獨愛此幽篁。

夏花明

夏條緑已密，朱蕚綴明鮮。炎炎日正午，灼灼火俱燃。翻風適自亂，照水復成妍。歸視窗間字，熒煌滿眼前。

對萱草

何人樹萱草，對此郡齋幽。本是忘憂物，今夕重生憂。叢疏露始滴，芳餘蝶尚留。還思杜陵圃，離披風雨秋。

見紫荊花

雜英紛已積，含芳獨暮春。還如故園樹，忽憶故園人。

玩螢火

時節變衰草，物色近新秋。度月影纔斂，繞竹光復流。

對雜花

朝紅争景新，一作鮮。夕素含露翻。妍姿如有意，流芳復滿園。單栖守遠郡，永日掩重門。不與花爲偶，終遣與誰言。

種藥

好讀神農書，多識藥草名。持缣購山客，移蒔羅衆英。不改幽澗色，宛如此地生。汲井既蒙澤，插楥亦扶傾。陰穎夕房斂，陽條夏花明。悦玩從兹始，日夕繞庭行。州民自寡訟，養閑非政成。

【眉批】

鍾伯敬曰：「『不改』二語，不獨言種植之法，兼得其趣其理。」

譚友夏云：「有情有興，在『從兹始』三字。」

西澗種柳

宰邑乖所願，僶俛愧昔人。聊將休暇日，種柳西澗濱。置鍤息微倦，臨流睇歸雲。封壤自人力，生條在陽春。一作正春。成陰豈自取，爲茂屬佗辰。延詠留嘉賞，山水變夕曛。

種瓜

率性方鹵莽，理生尤自疏。今年學種瓜，園圃多荒蕪。衆草同雨露，新苗獨翳如。直以春窘迫，過時不得鋤。田家笑枉費，日夕轉空虚。信非吾儕事，且讀古人書。

【眉批】

譚友夏曰：「心口無飾。」

喜園中茶生

潔性不可污，爲餘滌塵煩。此物信靈味，本自出山原。聊因理郡餘，率爾植荒園。喜隨衆草長，得與幽人言。

移海榴

葉有苦寒色，山中霜霰多。雖此蒙陽景，移根意如何。

郡齋移杉

擢幹方數尺，幽姿已蒼然。結根西山寺，來植郡齋前。新含野露氣，稍靜高窗眠。雖爲賞心遇，豈有巖中緣。

花　徑

山花夾徑幽，古甃生苔澀。胡床理事餘，玉琴承露濕。朝與詩人賞，夜携禪客入。自是塵外蹤，無令吏趨急。

慈恩寺南池秋荷詠

對殿含涼氣，裁規覆清沼。衰紅受露多，餘馥依人少。蕭蕭遠塵跡，颯颯凌秋曉。節謝客來稀，回塘方獨繞。

題桐葉

參差剪綠綺，蕭灑覆瓊柯。憶在澧東寺，偏書此葉多。

題石橋

遠學臨海嶠，橫此莓苔石。郡齋三四峰，如有靈一作山。仙跡。方愁暮雲滑，始照寒池碧。自與幽人期，逍遥竟朝夕。

池　上

郡中卧病久，池上一來賒。榆柳飄枯葉，風雨倒横查。

滁州西澗

歐陽修云：「滁州城西乃是豐山，無西澗。獨城北有一澗，水極淺，不勝舟，又江潮不到。豈詩人務在佳句，而實無此景耶？」

獨憐幽一作芳。草澗邊生，一作行。上有黄鸝深樹鳴。春潮帶雨晚來急，野渡無人舟自横。謝枋得云：「此詩感時多故而作，又何必滁之果如是也？」

【眉批】劉須溪曰：「此語自好，但韋公體出數子，神情又别，故貴知言。不然，不免爲野人語矣。好詩必是拾得。此絶先得後半，起更難似，故知作者用心。」

西塞山

勢從千里奔，直入江中斷。嵐横秋塞雄，地束驚流滿。

山耕叟

蕭蕭垂白髮，默默詎知情。獨放寒林燒，多尋虎跡行。暮歸何處宿，來此空山耕。

上方僧

見月出東山，上方高處禪。空林無宿火，獨夜汲寒泉。不下藍溪寺，今年一作來。三十年。

煙際鐘

隱隱起何處，迢迢送落暉。蒼茫隨思遠，蕭散逐一作入。煙微。秋野寂云一作方。晦，望山僧獨歸。

始聞夏蟬

徂夏暑未晏，蟬鳴景已曛。一聽知何處，高樹但侵雲。響悲遇衰齒，節謝屬離群。還憶郊園日，獨向澗中聞。

射雉

走馬上東岡，朝日照野田。野田雙雉起，翻射斗回鞭。雖無百發中，聊取一笑妍。羽分繡臆碎，頭一作頸。馳錦鞘懸。方將悦羇旅，非關學少年。弢弓一長嘯，憶在灞城阡。

夜聞獨鳥啼

失侶度山覓，投林舍北啼。今將獨夜意，偏知對影栖。

述園鹿

野性本難畜，玩習亦逾年。麑斑始力直，麑角已蒼然。仰首嚼園柳，俯身飲清泉。見人若閑暇，蹷起忽低騫。兹獸有高貌，凡類寧比肩。不得游山澤，跼促誠可憐。

聞雁

故園眇何處，歸思方悠哉。淮南秋雨夜，高齋聞雁來。

【眉批】

劉須溪曰：「更不須語言。」

桂天祥云：「省此不復言，極苦。歸思無着時，更值夜雨聞雁，誰能遣此懷抱？」

子規啼

高林滴露夏夜清，南山子規啼一聲。鄰家孀婦抱兒泣，我獨展轉難爲情。一作何時明。

【眉批】

顧東橋曰：「凄凉有況。」

何湛之云：「此必悼亡後作，次第可見。」

始建射侯

男子本懸孤，有志在四方。虎竹忝明命，熊侯始張皇。賓客時事畢，諸將備戎裝。星飛的屢破，鼓譟武更揚。曾習鄒魯學，亦陪鵷鷺翔。一朝願投筆，世難激中腸。

鶡　鴠

可憐鶡鴠飛，飛向樹南枝。南枝日照暖，北枝霜露滋。露滋不堪栖，使我夜常啼。願逢雲中鶴，銜我向寥廓。願作城上烏，一年生九雛。何不舊巢住，枝弱不得一作若。去。不意道苦辛，客子常畏人。

卷之九

歌行上

長安道

漢家宫殿含雲煙，兩宫十里相連延。晨霞出没弄舟闕，春雨依微自甘泉。春雨依微春尚早，長安貴游愛芳草。寶馬横來下建章，香車却轉避馳道。貴游誰最貴，衛霍世難比。何能蒙主恩，幸遇邊塵起。歸來甲第拱皇居，朱門峨峨臨九衢。中有流蘇合歡之寶帳，一百二十鳳凰羅列含明珠。下有錦鋪翠被之燦爛，博山吐香五雲散。麗人綺閣情飄飄，頭上鴛鴦雙翠翹。低鬟曳袖回春雪，聚黛一聲愁碧霄。山珍海錯棄藩籬，烹犢炰羔如折葵。既請列侯封部曲，還將金印授廬兒。歡榮若此何所苦，但苦白日西南馳。

【眉批】

顧東橋曰：「蘇州尚古，故能爲樂府遺音。」

行路難

荆山之白玉兮，良工琱琢雙環連，月蝕中央鏡心穿。故人贈妾初相結，恩在環中尋不絶。人情厚薄苦須臾，昔似連環今似玦。連環可碎不可離，如何物在人自移。上客勿遽歡，聽妾歌路難。旁人見環環可憐，不知中有長恨端。

横塘行

妾家住横塘，夫婿郗家郎。玉盤的歷矢白魚，湘簟玲瓏透象床。顧云：「語好。」象床可寢魚可食，不知郎意何南北。岸上種蓮豈得生，池中種槿豈得成。丈夫一去花落樹，妾獨夜長心未平。

【眉批】

劉須溪曰：「却是怨意。」（批「丈夫」句）

顧東橋曰：「聲聲樂府。」

貴游行

漢帝外家子，恩澤少封侯。垂楊拂白馬，曉日上青樓。上有顔如玉，高情世一作非。無儔。輕裾含碧煙，窈窕似雲浮。良時無還景，促節爲我謳。忽聞艷陽曲，四坐亦已柔。賓友仰稱嘆，一生何所求。平明擊鐘食，入夜樂未休。風雨愆歲候，兵戈横九州。焉知坐上客，草草心所憂。

酒肆行

豪家沽酒長安陌，一旦起樓高百尺。碧疏玲瓏含春風，銀題彩幟邀上客。回瞻丹鳳闕，直視樂游苑。四方稱賞名已高，五陵車馬無近遠。晴景悠揚三月天，桃花飄俎柳垂筵。繁絲急管一時合，他壚鄰肆何寂然。主人無厭且專利，百斛須臾一壺一作囊。費。初醲後薄爲大偷，飲者知名不知味。深門潛醖客來稀，終歲醇醲味不移。長安酒徒空擾擾，路旁過去那得知。

相逢行

二十登漢朝，英聲邁今古。適從東方來，又欲謁明主。猶酣新豐酒，尚帶灞陵雨。邂逅兩相逢，别來問寒暑。寧知白日晚，暫向花間語。忽聞長樂鐘，走馬東西去。

【眉批】

劉須溪曰：「極有俠意。」

桂天祥曰：「『猶酣新豐酒』便俠，『尚帶灞陵雨』，何故有如此？佳，佳。」

烏引雛

日出照東城，春烏鴉鴉雛和鳴。雛和鳴，羽猶短。巢在深林春正寒，引飛欲集東城暖。群雛離褷睥睨高，舉翅不及墜蓬蒿。雄雌來去飛又引，音聲下上懼鷹隼。引雛烏，爾心急急將何如，何得比日搜索雀卵啗爾雛。

鳶奪巢

野鵲野鵲巢林稍，鴟鳶恃力奪鵲巢。吞鵲之肝啄鵲腦，竊食偷居常自保。鳳凰五色百鳥尊，知鳶爲害何不言。霜鸇野鷂得殘肉，同啄羶腥不肯逐。可憐百鳥生縱横，雖有深林何處宿。

燕銜泥

銜泥燕，聲嘍嘍，尾涎涎。秋去何所歸，春來復相見。豈不解決絶高飛碧雲裏，何爲地上銜泥滓。銜泥雖賤意有營，杏梁朝日巢欲成。不見百鳥畏人林野宿，翻遭網羅俎其肉，未若銜泥入華屋。燕銜泥，百鳥之智莫與齊。

鼙鼓行

淮海生雲暮慘澹，廣陵城頭鼙鼓暗。寒聲坎坎風動邊，忽似孤城萬里絶，四望無人煙。又如虜騎截遼水，胡馬不食仰朔天。座中亦有燕趙士，聞鼙不語客心死。何况鰥孤火絶無晨炊，獨婦夜泣官有期。

古劍行

千年土中兩刃鐵，土蝕不入金星滅。沉沉青脊鱗甲滿，蛟龍無足蛇尾斷。忽欲動，中有靈，豪士得之敵國寶，仇家舉意半夜鳴。小兒女子不可近，龍蛇變化此中隱。夏雲奔走雷闐闐，恐成霹靂飛上天。

金谷園歌

石氏滅，金谷園中水流絶。當時豪右爭驕侈，錦爲步障四十里。東風吹花雪滿川，紫氣凝閣朝景妍。洛陽陌上人回首，絲竹飄飖入青天。晋武平吴恣歡燕，餘風靡靡朝廷變。嗣世衰微誰肯憂，二十四友日日空追游。追游詎可足，共惜年華促。禍端一發埋恨長，百草無情春自緑。

温泉行

出身天寶今年幾，頑鈍如鎚一作鉛。命如紙。作官不了却來歸，還是杜陵一男子。北風慘慘投温泉，忽憶先皇游幸年。身騎厩馬引天仗，直入華清列御前。玉林瑶雪滿寒山，上升玄閣游絳煙。平明羽衛朝萬國，車馬合沓溢四鄽。蒙恩每浴華池水，扈獵不蹂渭北田。朝廷無事共歡燕，美人絲管從九天。一朝鑄鼎降龍馭，小臣髯絶不得去。今來蕭瑟一作索。萬井空，唯見蒼山起煙霧。可憐蹭蹬失風波，仰天大叫無奈何。弊裘羸馬凍欲死，賴遇主人杯酒多。

學仙二首

昔有道士求神仙，靈真下試心確然。千鈞巨石一髮懸，卧之石下十三年。存道忘身一試過，名奏玉皇乃升天。雲氣冉冉漸不見，留與弟子但精堅。

石上鑿井欲到水，惰心一起中路止。豈不見古來三人俱弟兄，結茅深山讀仙經。上有青冥倚天之絶壁，下有颼飀萬壑之松聲。仙人變化爲白鹿，二弟玩之兄誦讀。讀多七過可乞言，爲子心精得神仙。可憐二弟仰天泣，一失毫釐千萬年。

廣陵行

雄藩鎮楚郊，地勢鬱岧嶤。雙旌擁萬戟，中有霍嫖姚。海雲助兵氣，寶貨益軍饒。嚴城動寒角，晚騎踏霜橋。翕習英豪集，振奮士卒驍。列郡何足數，趨拜等卑寮。日晏方云罷，人逸馬蕭蕭。忽如京洛間，游子風塵飄。歸來視寶劍，功名豈一朝。

萼緑華歌

有一人兮升紫霞，書名玉牒兮萼緑華。仙容矯矯兮雜瑶珮，輕衣重重兮蒙絳紗。雲雨愁思兮望淮海，鼓角蕭條兮駕龍車。世淫濁兮不可降，胡不來兮玉斧家。

王母歌

衆仙翼神母，羽蓋隨雷起。上游玄極杳冥中，下看東海一杯水。海畔種桃經幾時，千年開花千年子。玉顔眇眇何處尋，世上茫茫人自死。

馬明生遇神女歌

學仙貴功亦貴精，神女變化感馬生。石壁千尋啓雙檢，中有玉堂一作床。鋪玉簟。立之一隅不與言，玉體安隱三日眠。馬生一立心轉堅，知其丹白蒙哀憐。安期先生來起居，請示金鐺玉珮天皇書。神女呵責不合見，仙子謝過手足戰。大瓜玄棗冷如冰，海上摘來朝霞凝。賜仙復坐對食訖，頷之使去隨煙升。一作使隨玄煙升。乃言馬生合不死，少姑教敕令付爾。安期再拜將生出，一授素書天地畢。

石鼓歌

周宣大獵兮岐之陽，刻石表功兮煒煌煌。石如鼓形數止十，風雨缺訛苔蘚澀。今人濡紙脱其文，既擊既掃白黑分。忽開滿卷不可識，驚潛動蟄走云云。喘急逶迤相糾錯，乃是宣王之臣史籀作。一書遺此天地間，精意長存世冥寞。秦家祖龍還刻石，碣石之罘李斯跡。世人好古猶法傳，持來比此殊懸隔。

寶觀主白鸜鵒歌

鸜鵒鸜鵒，衆皆如漆，爾獨如玉。鸜之鵒之，衆皆蓬蒿下，爾自三山來。音黎。三山處子下人間，綽約不妝冰雪顏。仙鳥隨飛來掌上，來掌上，時拂拭。人心鳥意自無猜，玉指霜毛本同色。有時一去凌蒼蒼，朝游汗漫暮玉堂。巫峽雨中飛暫濕，杏花林裏過來香。日夕依人全羽翼，空欲銜環非報德。豈不及阿母之家青鳥兒，漢宮來往傳消息。

彈棋歌

圓天方地局，二十四氣子。劉生絶藝難對曹，客爲歌其能，請從中央起。中央轉鬥破欲闌，零落勢背誰能彈。此中舉一得六七，旋風忽散霹靂疾。履機乘變安可當，置之死地翻取强。不見短兵反掌收已盡，唯有猛士守四方。四方又何難，横擊上緣邊。豈如昆明與碣石，一箭飛中隔遠天。神安志愜動十全，滿堂驚視誰得然。

卷之十

歌行下

聽鶯曲

東方欲曙花冥冥，啼鶯相喚亦可聽。乍去乍來時近遠，顧云：「風流。」纔聞南陌又東城。忽似上林翻下苑，綿綿蠻蠻如有情。欲囀不囀意自矯，羌兒弄笛曲未調。前聲後聲不相及，秦女學箏指猶澀。須臾風暖朝日暾，流音變作百鳥喧。誰家懶婦驚殘夢，何處愁人憶故園。伯勞飛過聲跼促，戴勝下時桑田緑。不及流鶯日日啼花間，能使萬家春意閑。有時斷續聽不了，飛去花枝猶裊裊。還栖碧樹鎖千門，春漏方殘一聲曉。

【眉批】

劉須溪曰：「望而知爲本色人也。」（批「東方」四句）

桂天祥曰：「觀太白《新鶯百囀》，便覺韋詩煩劇。」

顧東橋曰：「形容好！」

白沙亭逢吴叟歌

龍池宫裏上皇時，羅衫寶帶香風吹。滿朝豪士今已盡，欲話舊游人不知。白沙亭上逢吴叟，愛客脱衣且沽酒。問之執戟亦先朝，零落艱難却負樵。親觀文物蒙雨露，見我昔年侍丹霄。冬狩春祠無一事，歡游洽宴多頒賜。嘗陪夕月竹宫齋，每返温泉灞陵醉。星歲再周十二辰，爾來不語今爲君。盛時忽去良可恨，一生坎壈可足云。

送褚校書歸舊山歌

握珠不返泉，匣玉不歸山。明皇重士亦如此，忽怪褚生何得還。方稱《羽獵賦》，未拜蘭臺職。漢箧亡書已暗傳，嵩丘遺簡還能識。朝朝待詔青鎖闈，中有萬年之樹蓬萊池。世人仰望栖此地，生獨徘徊意何爲。故山可往薇可採，一自人間星歲改。藏書壁中苔半侵，洗藥泉中月還在。春風飲餞灞陵原，莫厭歸來朝市喧。不見東方朔，避世從容金馬門。

五弦行

美人爲我彈五弦，塵埃忽静心悄然。古刀幽磬初相觸，千珠貫斷落寒玉。中曲又不喧，徘徊夜長月當軒。如伴風流縈艷雪，更逐落花飄御園。獨鳳寥寥有時隱，碧霄來下聽還近。燕姬有恨楚客愁，言之不盡聲能盡。末曲感我情，解幽釋結和樂生。壯士有仇未得報，拔劍欲去憤已平，夜寒酒多愁遽明。

驪山行

君不見開元至化垂衣裳，厭坐明堂朝萬方。訪道靈山降聖祖，沐浴華池集百祥。千乘萬騎被原野，雲霞草木相輝光。禁仗圍山曉霜切，離宫積翠夜漏長。玉階寂歷朝無事，碧樹萎蕤寒更芳。三清小鳥傳仙語，九華真人奉瓊漿。下元昧爽漏一作編。恒秩，登山朝禮玄元室。翠華稍隱天半雲，丹閣光明海中日。羽旗旄節憩瑶臺，清絲妙管從空來。萬井九衢皆仰望，彩雲白鶴方徘徊。憑高覽或作一望。古嗟寰宇，造化茫茫思悠哉。秦川八水長繚繞，漢氏五陵空崔嵬。乃言聖祖奉丹經，以年爲日億萬齡。蒼生感壽陰陽泰，高謝前王出塵外。英雄共理天下晏，戎夷讋伏兵無戰。時豐賦劍未告勞，海闊珍奇亦來獻。干戈一起文武乖，歡娱已極人事變。聖皇弓劍墜幽泉，古水蒼山閉宫殿。纘承鴻業聖明君，威震六合驅妖氛。太平游幸今可待，湯泉嵐嶺還氛氲。

漢武帝雜歌

漢武好神仙，黄金作臺與天近。王母摘桃海上還，感之西過聊問訊。欲來不來夜未央，殿前青鳥先回翔。緑鬟縈雲裾曳霧，雙節飄飖下仙步。白日分明到世間，碧空何處來時路。玉盤捧桃將獻君，踟躕未去留彩雲。海水桑田幾翻覆，中間此桃四五熟。可憐穆滿瑶池燕，正值花開不得薦。花開子熟安可期，邂逅能當漢武時。顔如芳華潔如玉，心念我皇多嗜欲。雖留桃核桃有靈，人間糞土種不生。由來在道一作德。豈在藥，徒勞方士海上行。掩扇一言相謝去，如煙非煙不知處。

金莖孤峙兮淩紫煙，漢宫美人望杳然。通天臺上月初出，承露盤中珠正圓。珠可飲，壽可永。武皇南面曙欲分，從空下來玉杯冷。世間綵翠亦作囊，八月一日仙人方。仙方稱上藥，静者服之常綽約。柏梁沈飲自傷神，猶聞駐顔七十春。乃知甘醲皆是腐腸物，獨有淡薄之水能益人。千載金盤竟何處，當時鑄金恐不固。蔓草生來春復秋，碧天何言空墜露。

漢天子，觀風自南國。浮舟大江屹不前，蛟龍索鬥風波黑。春秋方壯雄武才，彎弧叱浪連山開。愕然觀者千萬衆，舉麾齊呼一矢中。死蛟浮出不復靈，舳艫千里江水清。鼓鼙餘響數日在，天吴深入魚鱉驚。左有佽飛落霜翮，右有孤兒貫犀革。何爲臨深親射蛟，示威以奪諸侯魄。威可畏，皇可尊，平田校獵書猶陳。此日從臣何不言，獨有威聲振千古，君不見從嗣尊爲武。

棕櫚蠅拂歌

棕櫚爲拂登君席，青蠅一作潦。掩亂飛四壁。文如輕羅散如髮，馬尾氂毛不能潔。柄出湘江之竹碧玉寒，上有纖羅縈縷尋未絶。左揮右灑繁暑清，孤松一枝風有聲。麗人紈素可憐色，安能點白還爲黑。

信州録事參軍常曾古鼎歌

三年糾一郡，獨飲寒泉井。江南鑄器多鑄銀，罷官無物唯古鼎。雕螭一作蟲。刻篆相錯蟠，地中歲久青苔寒。左對蒼山右流水，云有古來葛仙子。葛仙埋之何不還，耕者鎗然得其間。持示世人不知寶，勸君鍊丹求壽考。

夏冰歌

出自玄泉杳杳之深井，汲在朱明赫赫之炎辰。九天含露未銷鑠，閶闔初開賜貴人。碎如墜瓊方截璐，粉壁生寒象筵布。玉壺紈扇亦玲瓏，座有麗人色俱素。咫尺炎涼變四時，出門焦灼君詎知。肥羊甘醴心悶悶，飲此瑩然何所思。當念闌干鑿者苦，臘月深井汗如雨。

凌霧行

秋城海霧重，職事凌晨出。浩浩合元天，溶溶迷朗一作曉。日。纔看含鬢白，稍視一作似。霑衣密。道騎全不分，郊樹都如失。霏微誤噓吸，膚腠生寒慄。歸當飲一杯，庶用蠲斯疾。

樂燕行

良辰且燕樂，樂往不再來。趙瑟正高張，音響清塵埃。一彈和妙謳，吹去繞瑶臺。艷雪凌空散，舞羅起徘徊。輝輝發衆顔，灼灼嘆令才。當喧既無寂，中飲亦停杯。華燈何遽升，馳景忽西頽。高節亦云立，安能滯不回。

【眉批】

楊用修曰：「此與《答徐秀才》、《五弦行》屢用『艷雪』字而不厭其複也。或問予：『雪可言艷乎？』予曰：『《洛神》以流風回雪比美人之飄摇，雪固自有艷也。然雪之艷非韋不能道，柳花之香非李不能道，竹之香非子美不能道也。」

采玉行

官府徵白丁，言采藍谿玉。絶嶺夜無家，深榛雨中宿。獨婦餉糧還，哀哀舍南哭。一作田荒舍南哭。

難　言

掬土移山望山盡，一作遷。投石填海望海滿。持索捕風幾時得，將刀斫水幾時斷。未若不相知，中心萬仞何由款。

易　言

洪爐熾炭燎一毛，大鼎炊湯沃殘雪。疾影隨形不覺至，千鈞引縷不知絶。未若同心言，一言和同解千結。

調嘯詞

胡馬，胡馬，遠放燕支山下。跑沙跑雪獨嘶，東望西望路迷。路迷，路迷，迷路，邊草無窮日暮。

河漢，河漢，曉挂秋城漫漫。愁人起望相思，江南塞北別離。別離，別離，離別，河漢雖同路絶。

三臺詞

一年一年老去，明日後日花開。未報長安平定，萬國豈得銜杯。

冰泮寒塘始緑，雨餘百草皆生。朝來門閭無事，晚下高齋有情。

拾遺

熙寧丙辰校本添四首

答暢參軍

秉筆振芳步，少年且吏游。官閑高興生，夜直河漢秋。念與清賞遇，方抱沈疾憂。嘉言忽見贈，良藥同所瘳。高樹起栖鴉，晨鐘滿皇州。凄清露華動，曠朗景氣浮。偶宦心非累，處喧道自幽。空虚爲世薄，子獨意綢繆。

南池宴錢子辛賦得科斗

臨池見科斗，美爾樂有餘。不憂網與鈎，幸得免爲魚。且願充文字，登君尺素書。

詠徐正字畫青蠅

誤點能成物，迷真許一時。筆端來已久，座上去何遲。顧白曾無變，聽鷄不復疑。詎勞才子賞，爲入國人詩。

虞獲子鹿并序

虞獲子鹿，憫園鹿也。遭虞之機張，見畜於人，不得遂其天性焉。

虞獲子鹿，畜之城陬。園有美草，池有清流。但見蹶蹶，亦聞呦呦。誰知其思，巖谷云游。

紹興壬子校本添三首

陪王郎中尋孔徵君

俗吏閑居少，同人會面難。偶隨香署客，來訪竹林歡。暮館花微落，春城雨暫寒。甕間聊共酌，莫使宦情闌。

送宮人入道

捨寵求仙畏色衰，辭天素面立天墀。金丹擬駐千年貌，寶鏡休匀八字眉。公主與收珠翠後，君王看戴角冠時。從來宮女皆相爐，説着瑶臺總淚垂。

和晋陵陸丞早春游望

獨有宦游人，偏驚物候新。雲霞出海曙，梅柳度江春。淑氣催黄雀，晴光照緑蘋。忽聞歌苦調，歸思欲沾巾

乾道辛卯校本添一首

九　日

一爲吴郡守，不覺菊花開。始有故園思，且喜衆賓來。

總論

白樂天曰：「韋蘇州歌行，才丽之外，頗近興諷。其五言尤高雅閑澹，自成一家之體。」

司空圖曰：「右丞、蘇州，趣味澄敻，若清沇之貫達。」又曰：「王右丞、韋蘇州，澄澹精致，格在其中，豈妨於道樂哉？」

敖陶孫曰：「韋蘇州如園客獨繭，賭〔暗〕合音徽。」

劉須溪云：「韋應物居官自愧，閔閔有恤人之意。其詩如深山採藥，飲泉坐石，日晏忘歸。」又曰：「韋詩潤者如石。」

葛常之曰：「韋應物詩，平平處甚多。至于五言句，則超然出于畦徑之外。」

徐師川云：「自李杜以來，古人詩法盡廢，惟蘇州有六朝風致，最爲流麗。」

葛蘩云：「其爲文峻潔幽深，詞意簡遠。指事言情，格力閑暇。下可以陵顏、謝，而上可以薄風騷。擺去陳言，濃纖合度，而自成一家。」

《西清詩話》云：「韋蘇州如渾金璞玉，不假雕琢成妍，唐人有不能到。至其過處，大似村寺高僧，奈時有野態。」

宋潛溪曰：「韋應物祖襲靈運，能一寄濃纖于簡澹之中。淵明以來，一人而已。」

李東陽曰：「陶詩質厚近古，愈讀而愈見其妙。韋應物稍失之平易，柳子厚則過于精刻。世稱『陶韋』，又稱『韋柳』，特概言之。惟謂學陶者，須自韋柳而入，乃爲正耳。」

何良俊曰：「韋左司性（清曹）〔情閑〕遠，最近風雅。其（活）〔恬〕澹之趣，亦不減陶靖節。唐人中五言有陶、（何）〔謝〕遺韻者，獨左司一人。」

王元美曰：「韋左司平澹和雅，爲元和之冠。」又曰：「左司『今朝郡齋冷』是唐選佳境。倪雲林《詩法》云：『韋蘇州思致清遠，能道小吃烟火食語。』」

桂天祥云：「韋蘇州古詩冲雅極高，律詩閑澹，然不古矣。」

鍾惺云：「韋蘇州等詩，胸中腕中皆先有一段真至深永之趣，落筆自然清妙，非專以淺澹擬陶者。世人誤認陶詩作淺澹，所以不知韋詩也。」

譚元春云：「總是清。清一字要有來歷，不讀書不深思人，假借不得。」

孟東野詩集

申寶昆　標點

説明

《孟東野詩集》十卷。首天台國材于南宋理宗趙昀景定壬戌(一二六二)序,次閬風舒岳祥同年九月和韓昌黎贈詩,再次常山宋敏求孟東野詩集序,再次南陽韓愈貞曜先生墓誌銘,再次凌濛初識語,再次正文。正文每半葉八行,行十九字。白口,中縫鐫書名、卷次。

南宋國材之名,在凌濛初時即「罕知之」,今亦不詳其生平,唯所評刻之《孟東野詩集》十卷本,原本當爲宋敏求所搜集釐定,除凌氏此朱墨套印本外,尚有另一明刻本,而此本又輯集了劉辰翁的少量評語,對研究者當更爲方便。

就文學風格而言,自蘇東坡首倡「郊寒島瘦」,幾乎已成定評,而將孟郊與李賀相對比的論述,則首見於凌濛初,他所説「孟東野其奇險可與長吉鬼怪對壘」,確實是很準確的。更有意思的是,「梓其(孟郊)詩以配長吉,亦因附其(國材)評以佐須溪之未備」,足見作爲一個編輯出版者的苦心。

目録

卷二

樂府下

卷三

卷四

詠懷下

游適上

卷五

游適下

居處

卷六

行役

紀贈

卷七

懷寄

酬答

送別上

卷八

送別下

卷九

詠物

雜題

卷十

哀傷

聯句

讚

書

孟東野詩集序

武康代産文士，惟沈約、孟東野詩以名家。余謂永明接江左舊耳，元和集三變大成焉，步武不出江南，東野交游北方名士。二家詩體，固應是，抑德以形言，言以驗德，而止以詩觀詩，何哉？晉陶淵明詩爲晉宋大家數，然宋永初以後，每有著述，不繫紀年而書甲子，發乎情，根諸性也。約仕宋仕齊，宋元之末，探西邸密意，詔書出懷中，夙備無遺鈌。然則平時用工覓句，豈其性情哉？視行吟溪曲，泊無宦情，奪俸不運，一寒到死，不隨逐酒壚餅肆間媚匪人者，其言德定何如也？今保有孟保，井有孟井，人亡物改，竹幽水深，過之清風爽然，使人脱洒於世味之外。余始來爲令，急符獰卒晝夜至。余懼夫言政而不及化，懷賢訪古，與邑之士相與論文，則趣尚風流，有苦學如正曜者，因與共評其詩，用宋公敏求本鋟諸梓，且並論沈、孟言德大概，使尚友者觀焉。

景定壬戌，天台國材成德序

和韓昌黎贈詩有序

國成德宰武康，鋟孟東野詩，立其祠。余家舊藏東野像，書來借臨，其尚友與俗異矣。予因讀昌黎贈先生篇，追和其韻，並臨其像，奉送之武康。

瞭然徹眸子，可以觀人心。偎儒固當懼，清揚照于今。既見東野像，又聞東野音。其音何琅琅，笙磬箫瑟琴。欲招世人聽，大音忽已沉。問我何所聞，冥默中細尋。初嘗訝苦硬，久味極雄森。昌黎維宗伯，誰能齒諸任。尊之繼李杜，先生亦披襟。寸莛撞洪鐘，下拜肯低簪。城南門鷄作，珠琳列差參。劍戟相攖拂，壘塹互登侵。劃鑱龍門呀，兀撐大華嶔。粗細無可揀，如入夸父林。巨壑百川會，大雲四野陰。今人何所見，啾嘖沸蜩禽。捃摭螻蚓間，短策欲深臨。坡翁素雅謔，偶作嘲生吟。獨愛銅斗歌，儂音帶江南。斯言戲之耳，定價如良金。杜老嘲淵明，夫豈誠弗欽。謂能潤飾韓，魯直豈向歆。本師非翁敵，坻嶼視高岑。雖然曰郊島，郊島有淺深。吾友武康宰，作事爲世箴。立祠警溷濁，刊詩正哇淫。樂石覆大屋，關防作練砧。

景定壬戌九月望日，閬風舒岳祥書

孟東野詩集序

東野詩，世傳汴吴鏤本五卷，一百二十四篇。周安惠本十卷，三百三十一篇。别本五卷，三百四十篇。蜀人蹇濬，用退之贈郊句，纂《咸池集》二卷，一百八十篇。自餘不爲編秩，雜録之。家家自異，今總括遺逸，摘去重複，若體製不類者，得五百一十一篇。釐别樂府、感送、詠懷、游適、居處、行役、紀贈、懷寄、酬答、送别、詠物、雜題、哀傷、聯句十四種。又以讚、書二系于後，合十卷。嗣有所得，當次第益諸。十聯句見昌黎集，章章於時，此不著云。

集賢校理常山宋敏求序

貞曜先生墓誌銘

南陽韓愈

唐元和九年，歲在甲午八月己亥，貞曜先生孟氏卒。無子，其配鄭氏以告，愈走位哭，且召張籍會哭。明日，使以錢如東都，供葬事。諸嘗與往來者，咸來哭弔韓氏，遂以書告興元尹故相餘慶。閏月，樊宗師使來弔，告葬期，徵銘。愈哭曰：「嗚呼！吾忍銘吾友也夫！」興元人以幣如孟氏賻，且來商家事。樊子使來速銘，曰：「不則無以掩諸幽。」乃序而銘之。先生諱郊，字東野。父廷玢，娶裴氏女，而選爲崑山尉，生先生及二季酆、郢而卒。先生生六七年，端序則見，長而愈騫，涵而揉之，內外完好，色夷氣清，可畏而親。及其爲詩，劌目鉥心，刃迎縷解，鉤章棘句，掐擢胃腎，神施鬼設，間見層出。唯其大玩於詞，而與世抹摋，人皆劫劫，我獨有餘。有以後時開先生者，曰：「吾既擠而與之矣，其猶足存邪！」年幾五十，始以尊夫人之命，來集京師，從進士試。既得，即去。間四年，又命來，選爲溧陽尉，迎侍溧上。去尉二年，而故相鄭公尹河南，奏爲水陸運從事，試協律郎，親拜其母於門內。母卒五年，而鄭公以節領興元軍，奏爲其軍參謀，試大理評事。挈其妻行之興元，次於閿鄉，暴疾卒，年六十四。買棺以斂，以二人輿歸。酆、郢皆在江南。十月庚申，樊子合凡贈賻而葬之洛陽東其先人墓左，以餘財附其家而供祀。將葬，張籍曰：「先生揭德振華，於古有光。賢者故事有易名，况士哉？如曰貞曜先生，則姓名字行有載，不待講說而明。」皆曰：「然。」遂用之。初，先生所與俱學同姓簡，於世次爲叔父，由給事中觀察浙東，曰：「生吾不能舉，死吾知恤其家。」銘曰：

於戲貞曜，維執不猗，維出不訾，維卒不施，以昌其詩。

識語

余既刻劉須溪所批諸家詩矣，已而，思吾鄉孟東野，其奇險可與長吉鬼怪對壘。且須溪先生評詩爲最廣，而諸唐選中亦時見有評其數首者，意必有其本如諸家，而無從見也。遍索之，偶獲一宋雕本於武康故家。上有評點，以爲必須溪無疑。及閱其序，則宋景定時，天台國材成德以宰武康，爲梓行其集而評之者。國於時無所表見，今世亦罕知之，宜其未必有當。乃字櫛句比，其雌黄處亦時時得三昧焉。宋人不能詩而能言詩，亦其偏有所至耶。獨其劇貶休文之品，而崇尚東野，謂其行吟溪曲，泊無宦情。然味其詩，亦未免感時傷世，幽憤過多。如所謂「空將泪見花」等語。與襄陽之孟，純是曠達者，局器大小固有別也。余梓其詩，以配長吉，亦因附其評以佐須溪之未備。遂並言其所見如此。

吴興凌濛初識

卷一

唐　武康孟郊　撰
宋　天台國材　評
附　廬陵劉辰翁　評

樂府上

列女操

梧桐相待老，鴛鴦會雙死。貞婦貴徇夫，捨生亦如此。波濤誓不起，妾心井中水。一作古井。

【眉批】井水無波，語思巧雋。

灞上輕薄行

長安無緩步，况值天景暮。相逢灞滻間，親戚不相顧。自嘆方拙身，忽隨輕薄倫。常恐失所避，化爲車轍塵。此中生白髮，疾走亦未歇。一作不得歇。

長安羈旅行

十日一理髮，每梳飛旅塵。三旬九過飲，每食唯舊貧。萬物皆及時，獨余不覺春。失名誰肯訪，得意争相親。直木有恬翼，静流無躁鱗。始知喧競場，莫處君子身。野策藤竹輕，山蔬薇蕨新。潛歌歸去來，事外風景真。

【眉批】

客中實語。

雖有所本，翻案自佳。

長安道

胡風激秦樹，賤子風中泣。家家朱門開，得見不可入。長安十二衢，投樹鳥亦急。高閣何人家，笙簧正喧吸。

【眉批】

「喧吸」亦湊。

送遠吟

河水昏復晨，河邊相送頻。離杯有淚飲，别柳無枝春。一笑忽然斂，萬愁俄已新。東波與西日，不惜遠行人。

【眉批】

俊甚，然苦。

古薄命妾

不惜十指弦，爲君千萬彈。常恐新聲至，坐使一作使我。故聲一作曲。殘。棄置今日悲，即是昨日歡。將新變故易，持故爲新難。青山有蘼蕪，淚葉長不乾。空令後代人，採掇幽思攢。一作思幽蘭。

【眉批】

劉須溪云：「其聲如樂府爲近，此復以苦語勝。」

古離别

松山雲繚繞，萍路水分離。雲去有歸日，水分無合時。春芳役雙眼，春色柔四肢。楊柳織别愁，千條萬條絲。

【眉批】
「役」、「柔」、「織」，練字妙。

古樂府雜怨三首

憶人莫至悲，至悲空自衰。寄人莫翦衣，翦衣未必歸。朝爲雙蔕花，暮爲四散飛。花落却繞樹，游子不顧期。

天桃花清晨，游女紅粉新。天桃花薄暮，游女紅粉故。樹有百年花，人無一定顔。花送人老盡，人悲花自閑。

貧女鏡不明，寒花日少容。暗蛩有虚織，短綫無長縫。浪水不可照，狂夫不可從。浪水多散影，狂夫多異蹤。持此一生薄，空成萬一作百。恨濃。

【眉批】
斥苦之音。

静女吟

艷女皆妒色，静女獨檢蹤。任禮耻任妝，嫁德不嫁容。君子易求聘，小人難自從。此志誰與諒，琴弦幽韻重。

歸信吟

淚墨洒爲書，將寄萬里親。書去魂亦去，兀然空一身。

山老吟

不行山下地，唯種山上田。腰斧斫旅松，手瓢汲家泉。詎知文字力，莫記日月遷。蟠木爲我身，始得全天年。

游子吟 劉云：「全是托興，終之悠然，不言之感，復非《睍睆》、《寒泉》之比。千古之下，猶不忘談，詩之尤不朽者。」

慈母手中綫，游子身上衣。臨行密密縫，意恐遲遲歸。誰言寸草心，報得三春暉。

【眉批】

游子思家，作古易；思親，作古難。此直似琴操，是摹古大手。

小隱吟

我飲不在醉，我歡長寂然。酌溪四五盞，聽彈兩三弦。鍊性静栖白，洗情深寄玄。號怒路傍子，貪敗不貪全。

苦寒吟

天色寒青蒼，北風叫枯桑。厚冰無裂文，短日有冷光。敲石不得火，壯陰正奪陽。調苦竟何言，凍吟成此章。

【眉批】吟苦寒，遂覺寒甚。

猛將吟

擬膾樓蘭肉，一作田。蓄怒時未揚。秋鼙無退聲，夜劍不隱光。虎隊手驅出，豹篇心卷藏。古今皆有言，猛將出北方。

【眉批】起得猛。

傷哉行

衆毒蔓貞松，一枝難久榮。豈知黄庭客，仙骨生不成。春色捨芳蕙，秋風繞枯莖。彈琴不成曲，始覺知音傾。館月改舊照，弔賓寫餘情。還舟空江上，波浪送銘旌。

古　怨

試妾與君淚，兩處滴池水。看取芙蓉花，今年爲誰死。

【眉批】

怨絶千古，慘入肌骨。

湘弦怨

昧者理芳草，蒿蘭同一鋤。狂一作育。飆怒一作怨。秋林，曲直同一枯。嘉木忌深蠹，哲人悲巧誣。靈均入回流，靳尚爲良謨。我願分衆泉，清濁各異渠。我願分衆巢，梟鸞相遠居。此志諒難保，此情竟何如。湘弦少知音，孤響空踟躕。

【眉批】

意不欲玉石混，其造語便似入弦之音。

楚竹吟酬盧虔端公見和湘弦怨

幄中有新聲，楚竹人未聞。識音者謂誰，清夜吹贈君。昔爲瀟湘引，曾動瀟湘雲。一叫鳳改聽，一作聽。

再驚鶴失群。江花匪秋落，山日當晝曛。衆濁嚮雜沓，孤清思氛氲。欲知怨有一作者。形，願向明月分。一掬靈均淚，千年湘水文。

【眉批】

澹而有味。

遠愁曲

飄飖何所從，遺冢行未逢。東西不見人，哭一作泣。向青青松。此地有時盡，此哀無處容。聲翻太白雲，淚洗藍田峰。水涉七八曲，山一作石。登千萬重。願邀玄夜月，一作靈。出視白日蹤。

貧女詞寄從叔先輩簡

蠶一作貧。女非不勤，今年獨無春。二月冰雪深，死盡萬木身。時令自逆行，造化豈不仁。仰企碧雲仙，高控滄海雲。永別勞苦場，飄飖游無垠。

邊城吟

西城近日一作水。天，俗稟氣候偏。行子獨自渴，主一作居。人仍賣泉。燒峰碧雲外，牧馬青坡巔。何處鶻突夢，歸思寄仰一作酒。眠。

【眉批】

亦苦。

新平歌送許問

邊柳三四尺，暮春一作莫奏。離别歌。早回儒士駕，暮飲土番河。誰識匣一作篋。中寶，楚雲章句多。

殺氣不在邊

殺氣不在邊，凛然中國秋。道險不在山，平地有摧輈。河南又起兵，清濁俱鎖流。豈唯私客艱，擁滯官行舟。况余隔晨昏，去家成阻修。忽然兩鬢雪，同是一日愁。獨寢夜難曉，起視星漢浮。凉風蕩天地，日夕聲颼飀。萬物無少色，兆人皆老憂。長策苟未立，丈夫誠可羞。靈響復何事，劍鳴思戮讎。

【眉批】

是大議論（批「殺氣」四句）。

悲壯（批「劍鳴」句）。

結　愛

心心復心心，結愛務在深。一度欲離一作言。别，千回結衣襟。結妾獨守志，結君早歸意。始知結衣裳，不如結心腸。坐結行亦結，結盡百年月。

【眉批】

峭突（批首句）。

妙妙！纏綿之極！

弦歌行

驅儺擊鼓吹長笛，瘦鬼染面惟齒白。暗中崒崒拽茅鞭，倮足朱禪行戚戚。相顧笑聲衝庭燎，桃弧射矢時獨叫。

【眉批】

此弦歌，似即是驅儺時弦歌。

覆巢行

荒城古木枝多枯，飛禽嗷嗷朝哺雛。枝傾巢覆雛墜地，烏鳶下啄更相呼。陽和發生均孕育，鳥獸有情知不足。枝危巢小風雨多，未容長成已先覆。靈枝珍木滿上林，鳳巢阿閣重且深。爾今所托非本地，烏鳶何得同爾心。

【眉批】思有所托。

出門行二首

長河悠悠去無極，百齡同此可嘆息。秋風白露沾人衣，壯心凋落奪顔色。少年出門將訴誰。川無梁兮路無岐。一聞陌上苦寒奏，使我佇立驚且悲。君今得意厭粱肉，豈復念我貧賤時。

海風蕭蕭天雨霜，窮愁獨坐夜何長。驅車舊憶太行險，始知游子悲故鄉。美人相思隔天闕，長望雲端不可越。手持琅玕欲有贈，愛而不見心斷絶。南山峨峨白石爛，碧海之波浩漫漫。參辰出没不相待，我欲横天無羽翰。

【眉批】意俱淺淺，語亦不澀。

湘妃怨一作湘靈祠。

南巡竟不返，二妃怨逾積。萬里喪蛾眉，瀟湘水空碧。冥冥荒山下，古廟收貞魄。喬木深青春，清光滿一作肅。瑶席。搴芳徒有薦，靈意殊脉脉。玉珮不可親，徘徊烟波夕。

【眉批】
是祠詩，怨不合。
劉云：「不苦死，形容自得大意。」

巫山曲

巴江上峽重復重，陽臺碧峭十二峰。荆王獵時逢雲雨，夜卧高丘夢神女。輕紅流烟濕艷姿，行雲飛去明星稀。目極魂斷望不見，猿啼三聲淚滴衣。

【眉批】
怨甚。

巫山高

見盡數萬里，不聞三聲猿。但飛蕭蕭雨，中有亭亭魂。千載楚襄恨，遺文宋玉言。至今晴明天，一作青冥裹。雲結深閨門。

【眉批】

本賦神女，大似鬼詩。

不如「青冥裏」。

楚　怨

秋入楚江水，獨照汨羅魂。手把綠荷泣，意愁珠淚翻。九門不可入，一犬吠千門。

塘下行

塘邊日欲斜，年少早還家。徒將白羽扇，調妾木蘭花。不是城頭樹，那栖來去鴉。

【眉批】

猶言非墻花露草之意。

臨池曲

池中春蒲葉如帶，紫菱成角蓮子大。羅裙蟬鬢寄迎風，雙雙伯勞飛向東。

車遥遥

路喜到江盡，江上又通舟。舟車兩無阻，何處不得游。丈夫四方志，女子安可留。郎自别日言，無令生遠愁。旅雁忽叫月，斷猿寒啼秋。此夕夢君夢，君在百城樓。寄淚無因波，寄恨無因軥。願爲馭者手，與郎回馬頭。

【眉批】便遥遥有萬里之勢。

征婦怨四首

良人昨日去，明月又不圓。别時各有淚，零落青樓前。
君淚濡羅巾，妾淚滿路塵。羅巾長在手，今得隨妾身。路塵如得風，得上君車輪。
漁陽千里道，近如中門限。中門踰有時，漁陽長在眼。
生在緑一作絲。羅下，不識漁陽道。良人自戍來，夜夜夢中到。

【眉批】忽入月不圓，便是怨意。

纏綿之極（批第二首）。

巧思逼古（批第三首）。

空城雀

一雀入官倉，所食寧損幾。祇慮往覆頻，官倉終害爾。魚網不在天，鳥羅不張水。飲啄要自然，可以空城裏。

【眉批】

似畏禍思避。

閑怨

妾恨比斑竹，下盤煩冤根。有筍未出土，中已含淚痕。

【眉批】

亦巧亦苦。

劉云：「凄近。」

羽林行

朔雪寒斷指，朔風勁裂冰。胡中射雕者，此日猶不能。翩翩羽林兒，錦臂飛蒼鷹。揮鞭快白馬，走出黄河凌。

【眉批】寫得健俊。

古　意

河邊織女星，河畔牽牛郎。未得渡清淺，相對遥相望。

【眉批】了不異人意，何以作此？

古别離

欲别牽郎衣，郎今到何處。不恨歸來遲，莫向臨邛去。

【眉批】

音調古雅之甚。

游俠行

壯士性剛决，火中見石裂。殺人不回頭，輕生如暫别。豈知眼有淚，肯白頭上髮。半一作平。生無恩酬，劍閑一百月。

【眉批】

造語别。

既「殺人不回頭」，又説「劍閑」？

黄雀吟

黄雀舞承塵，倚恃主人仁。主人忽不仁，買彈彈爾身。何不遠飛去，蓬蒿正繁新。蒿粒無人争，食之足爲珍。莫覻翻車粟，覻翻罪有因。黄雀不知言，贈之徒殷勤。

【眉批】

似有所指。

有所思

桔槔烽火晝不滅，客路迢迢信難越。古鎮刀攢萬片霜，寒江浪起千堆雪。此時西去定如何，空使南心遠凄切。

【眉批】壯甚，誰言其寒？

求仙曲

仙教生爲門，仙宗静爲根。持心若妄求，服食安足論。鏟惑有靈藥，餌真成本源。自當出塵網，馭鳳登崑崙。

嬋娟篇

花嬋娟，泛春泉。竹嬋娟，籠曉烟。妓嬋娟，不長妍。月嬋娟，真可憐。夜半姮娥朝太乙，人間本自無靈匹。所以可憐。漢宫承寵不多時，所以不長妍。飛燕婕妤相妒嫉。

南浦篇

南浦桃花亞水紅，水邊柳絮由春風。鳥鳴喈喈烟濛濛，自從遠送對悲翁。此翁已與少年别，唯意深山深谷中。

清東曲

櫻桃花參差，香雨紅霏霏。含笑競攀折，美人濕羅衣。采采清東曲，明眸艷珪玉。青巾艑上郎，上下看不足。南陽公首詞，編入新樂録。

卷二

唐 武康孟郊 撰
宋 天台國材 評

樂府下

織女辭

夫是田中郎，妾是田中女。當年嫁得君，爲君秉機杼。筋力日已疲，不息窗下機。如何織紈素，自着襤褸衣。官家牓村路，更索栽桑樹。

【眉批】耕夫無食，織女無衣，千古同恨，始于《大東》，結更凄健。

古意

蕩子守邊戍，佳人莫相從。去來年月多，苦愁改形容。上山復下山，踏草成古蹤。徒言採蘼蕪，十度一不逢。鑒獨是明月，識志唯寒松。井桃始開花，一見悲萬重。人顔不再春，桃色有再濃。捐氣入空房，無聊乍從容。啓貼理針綫，非獨學裁縫。手持未染彩，綉爲白芙蓉。芙蓉無染污，將以表心素。欲寄未歸人，當春無信去。無信反增愁，愁心緣隴頭。願君如隴水，冰鏡水還流。宛宛青絲綫，纖纖白玉鈎。玉鈎不虧缺，青絲無斷絶。回還勝雙手，解盡心中結。

【眉批】

巧思如生。

折楊柳二首

楊柳多短枝，短枝多别離。贈遠屢攀折，柔枝安得垂。青春有定節，離别無定時。但恐人别促，不怨來遲遲。莫言短枝條，中有長相思。朱顔與緑楊，並在别離期。

樓上春風過，風前楊柳歌。枝疏緣别苦，曲怨爲年多。花驚燕地雲，葉映楚池波。誰堪别離此，征戍在交河。

和丁助教塞上吟

哭雪復吟雪，廣文丁夫子。江南萬里寒，曾未及如此。整頓氣候誰，言從生靈始。無令惻隱者，哀哀不能已。

【眉批】

起真寒。

古怨別

颯颯秋風生，愁人怨離別。含情兩相向，欲語氣先咽。心曲千萬端，悲來却難説。別後唯所思，天涯共明月。

【眉批】

平平。

古別曲

山川古今路，縱橫無斷絶。來往天地間，人皆有離別。行衣示束帶，中腸已先結。不用看鏡中，自知生白髮。欲陳去留意，聲向言前咽。愁結填心胸，茫茫若爲説。荒郊烟莽蒼，曠野風凄切。處處得相隨，人那不如月。

【眉批】

劉云：「語雖如此，極是苦思。」

樂府戲贈陸大夫十二文三首

蓮子不可得，荷花生水中。猶勝道傍柳，無事一作時。蕩春風。

淥萍與荷葉，同此一水中。風吹荷葉在，淥萍西復東。

蓮葉未開時，苦心終日卷。春水一作風。徒蕩漾，荷花未開展。

【眉批】三言蓮，豈即指蓮而有所戲耶。

戲答陸長源

芙蓉初出水，菡萏露中花。風吹着枯木，無奈值空槎。

【眉批】戲即以蓮，何也？

勸善吟醉會中贈郭行餘。

瘦郭有志氣，相哀老龍鍾。勸我少吟詩，俗窄難爾容。一口百味別，况在醉會中。四座正當喧，片言何由通。顧余昧時調，居止多疏慵。見書眼始開，聞樂耳不聰。視聽互相隔，一身且莫同。天疾難自醫，詩癖將何攻。見君如見書，語善千萬重。自悲咄咄感，變作煩惱翁。煩惱不可欺，一作不可欺古劍。古劍澀亦雄。知君方少年，少年懷古風。藏書挂屋脊，不借與凡聾。我願拜少年，師之學崇崇。從他笑爲矯，矯善亦可宗。

【眉批】壯語（批「古劍」句）。

望夫石

望夫石，夫不來兮江水碧。行人悠悠朝與暮，千年萬年色如故。

【眉批】古。

寒江吟

冬至日光白，始知陰氣凝。寒江波浪凍，一作急。千里無平冰。飛鳥絶高羽，一作樹。行人皆晏興。實語。荻洲素浩渺，碕岸澌碐磳。烟舟忽自阻，風帆不相乘。何况異形體，信任爲股肱。涉江莫涉凌，得意須得朋。

結交非賢良，誰免生愛憎。凍水有再浪，失飛有載騰。一言縱醜詞，萬響無善應。取鑒諒不遠，江水千萬層。何當春風吹，利涉吾道弘。

【眉批】

慣作寒語（批「寒江」二句）。

初吟寒江，忽入感世。

感興上

審交

種樹須擇地，惡土變木根。結交若失人，中道生謗言。君子芳桂性，春榮一作濃寒。冬更繁。小人槿花心，朝在夕不存。莫躡冬冰堅，中有潛浪翻。唯當金石交，可以賢達論。

【眉批】

止起二語奇妙，以下常語有之。

怨別

一別一回老，志士白髮早。在富易爲容，居貧難自好。沉憂損性靈，服藥亦枯槁。秋風游子衣，落日行遠道。君問去何之，賤身難自保。

【眉批】劉云：「便極頓挫，殆不可復得。」又云：「亦通透有味。」又云：「古意沉着，甚有餘情。」

百憂

萱草女兒花，不解壯士憂。壯士心是劍，爲君射斗牛。朝思除國讐，一作難。暮思除國讐。計盡山河畫，意窮草木籌。智士日千慮，愚夫唯四愁。何必在波濤，然後驚一作生。沉浮。伯倫心不醉，四皓迹難留。出處各有時，衆議徒啾啾。

【眉批】新特（批「萱草」句）！
伯倫知己。

路病

病客無主人，艱哉求卧難。飛光赤道路，内火焦肺肝。欲飲井泉竭，欲醫囊用單。稚顔能幾日，壯志忽已殘。人子不言苦，歸書但云安。愁環在我腸，宛轉終無端。

【眉批】孝子之言。

衰松

近世交道衰，青松落顔色。人心忌孤直，木性隨改易。既摧栖日幹，未展擎天力。終是君子材，還思君子識。

【眉批】亦是求知己。

遣興

弦貞五條音，一作五音調。松直百尺心。貞弦含古風，直松凌高岑。浮聲與狂葩，胡爲欲相侵。

退居一作老退。

退身何所食，敗力不能閑。種稻耕白水，負薪砍青山。衆聽喜巴唱，獨醒愁楚顔。日暮静歸時，幽幽扣松關。

【眉批】其旨苦。

卧病

貧病一作對客。誠可羞，故床無新一作數整藍縷。衾。春色燒肌膚，時餐苦咽喉。倦寢意蒙昧，强言聲幽柔。承顔自俯仰，有淚不敢流。默默寸心中，朝愁續暮愁。

【眉批】便是人子不言苦意。

隱士

本末一相返，漂浮不還真。山野多餒士，市井無饑人。虎豹忌當道，麋鹿知藏身。奈何貪競者，日與患害親。顔貌歲歲改，利心朝朝新。孰知富生禍，取富不取貧。寶玉忌出璞，出璞先爲塵。松柏忌出山，出山先爲薪。君子隱石壁，道書爲我鄰。寢興思其義，澹泊味始真。陶公自放歸，尚平去有依。草木擇地生，禽鳥順性飛。青青與冥冥，所保各不違。

【眉批】

似道家諸子語。

獨愁一作怨。

前日遠別離，昨日生白髮。欲知萬里情，曉卧半床月。常恐百蟲鳴，使我芳草歇。

春日有感

雨滴草芽出，一日長一日。風吹柳綫垂，一枝連一枝。獨有愁人顔，經春如等閑。且持酒滿杯，狂歌狂笑來。

【眉批】意亦淺淺。

將見故人

故人季夏中，及此百餘日。無日不相思，明鏡改形色。寧知仲冬時，忽有相逢期。振衣起躑躅，頳鯉躍天池。

【眉批】忽及鯉，無謂。抑先得書耶？

傷時

嘗聞貧賤士之常，草木富者莫相笑。男兒得路即榮名，邂逅失途成不調。古人結交而重義，今人結交而重利。勸人一種種桃李，種亦直須遍天地。一生不愛囑人事，囑即直須爲生死。我亦不羡季倫富，我亦不笑原憲貧。有財有勢即相識，無財無勢同路人。因知世事皆一作只。如此，却向東溪卧白雲。

【眉批】罵得很。

「而」字亦嫩。
直説似話。
既知卧白雲，何必道破世情？

寓言

誰言碧山曲，不廢青松直。誰言濁水泥，不污明月色。我有松月心，俗騁風霜力。貞明既如此，摧折安可得。

偶作

利劍不可近，美人不可親。利劍近傷手，美人近傷身。道險不在廣，十步能摧輪。情憂不在多，一夕能傷神。

【眉批】
大近道理。

勸學

擊石乃有火，不擊元無烟。人學始知道，不學非自然。萬事須己運，他得非我賢。青春須早爲，豈能長少年。

贈農人

勸爾勤耕田，盈爾倉中粟。勸爾伐桑株，減爾身上服。清霜一委地，萬草色不緑。狂飈一入林，萬葉不着木。青春如不耕，何以自結束。

【眉批】蒼色可觀。

長安早春

旭日朱樓光，東風不驚塵。公子醉未起，美人争探春。探春不爲桑，探春不爲麥。日日出西園，袛望花柳色。乃知田家春，不入五侯宅。

【眉批】驕痴氣象，不待畫出。結語有傷有諷。

罪　松

雖爲青松姿，霜風何所宜。二月天下樹，緑於青松枝。勿謂賢者喻，勿謂愚者規。伊吕代封爵，夷齊終身饑。彼曲既在斯，我正實在兹。涇流合渭流，清濁各自持。天令設四時，榮衰有常期。榮合隨時榮，衰合隨時衰。天令既不從，甚不敬天時。松乃不臣木，青青獨何爲。

【眉批】

立論何奇，似有所妒。

感　興

拔心草不死，去根柳亦榮。獨有失意人，恍然無力行。昔爲連理枝，今爲斷弦聲。連理時所重，斷弦今所輕。吾欲進孤舟，三峽水不平。吾欲載車馬，太行路峥嶸。萬物根一氣，如何互一作反。相傾。

感懷八首

秋氣悲萬物，驚風振長道。登高有所思，寒雨傷百草。平生有親愛，零落不相保。五情今已傷，安得自能老。

晨登洛陽坂，目極天茫茫。群物歸大化，六龍頹西荒。豺狼日已多，草木日已霜。饑年無遺粟，衆鳥去空場。路傍誰家子，白首離故鄉。含酸望松栢，仰面訴穹蒼。去去勿復道，苦饑形貌傷。唯憶首陽路，永謝當時人。

徘徊不能寐，耿耿含酸辛。中夜登高樓，憶我舊星辰。四時互遷移，萬物何時春。

長安佳麗地，宫月生蛾眉。陰氣凝萬里，坐看芳草衰。玉堂有玄鳥，亦以從此辭。傷哉志士嘆，故國多遲遲。深宫豈無樂，擾擾復何爲。朝見名與利，暮還生是非。姜牙佐周武，世業永巍巍。

舉才天道親，首陽誰採薇。去去荒澤遠，落日當西歸。羲和駐其輪，四海借餘暉。極目何蕭條，驚風正離披。鴞鴟鳴高樹，衆鳥相因依。東方有一士，歲暮常苦饑。主人數相問，脉脉今何爲。貧賤亦有樂，且願掩柴扉。

火雲流素月，三五何明明。光曜侵白日，賢愚迷至精。四時更變化，天道有虧盈。常恐今已没，須臾還復生。

河梁暮相遇，草草不復言。漢家正離亂，王粲別荆蠻。野澤何蕭條，悲風振空山。舉頭是星辰，念我何時還。親愛久別散，形神各離遷。未爲死生訣，長在心目間。

有鳥東西來，哀鳴過我前。願飛浮雲外，飲啄見青天。

【眉批】

數詩傷亂，大著忠憤。

大似陶令（批「舉才」一首）。

達　士

四時如逝水，百川皆東波。青春去不還，一作回。白髮鑷更多。達人識元氣，變愁爲高歌。傾産一作杯。取一醉，富者奈貧何。君看土中宅，富貴一作已矣。無偏頗。

【眉批】宜言貧富無偏頗，乃真無偏頗耳。不宜專言富貴。

暮秋感思二首

西風吹垂楊，條條脆如藕。上有噪日蟬，催人成皓首。亦恐旅步難，何獨朱顔醜。欲慰一時心，莫如千日酒。

優哉遵渚鴻，自得養身旨。不啄太倉粟，不飲方塘水。振羽擾浮雲，罝羅任徒爾。

【眉批】亦是常語。

古興

楚血未乾衣，荆虹尚埋輝。痛玉不痛身，抱璞求所歸。

勸友

至白涅不緇，至交淡不疑。人生静躁殊，莫厭相箴規。膠漆武可接，金蘭文可思。堪嗟無心人，不如松栢枝。

【眉批】文武對語亦醜。

東門雪贈主人是贈陸長源，陸有答詩。

東門貧士空吟雪，東門豪士皆飲酒。酒聲歡閑入雪銷，雪聲激切悲枯朽。悲歡不同歸去來，萬里春風動江柳。

堯歌二首一作《舜歌》。前篇賞鄭氏莊客去婦，後篇題逸。

爾室何不安，爾孝無與齊。一言應對姑，一度爲出妻。往轍才晚鐘，還轍及晨鷄。往還跡徒新，狼戾竟獨迷。娥女無禮數，汙家如糞泥。父母吞聲哭，禽鳥亦爲啼。如何天與惡，不得和鳴栖。

山色挽心肝，將歸盡日看。村肩籃輿子，野坐白髮官。鶯弄方短短，花明碎攢攢。瑠璃堆可掬，琴瑟饒多歡。翠韻仙窈窕，嵐漪出無端。養館洞庭秋，響答虛吹彈。

【眉批】

不解題意，後首更雜。

卷三

唐　武康孟郊　撰
宋　天台國材　評

感興下

亂離

天下無義劍，中原多瘡痍。哀哀陸大夫，正直神反欺。子路已成血，嵇康今尚嗤。爲君每一慟，如劍在四肢。折羽不復飛，逝水不復歸。直松摧高柯，弱蔓將何依。朝爲春日歡，夕爲秋日悲。淚下無尺寸。紛紛天雨絲。積怨成疾疹，積恨成狂癡。怨草豈有邊，恨水豈有涯。怨恨馳我心，茫茫日何之。

勸酒

白日無定影，清江無定波。人無百年壽，百年復如何。堂上陳美酒，堂下列清歌。勸君金曲卮，勿謂朱顔酡。松栢歲歲茂，丘陵日日多。君看終南山，千古青峨峨。

【眉批】

劉云：「起得似苦，曲折又極豪暢，善道人意。」

去婦

君心匣中鏡，一破不復全。妾心藕中絲，雖斷猶牽連。安知御輪士，今日翻回轅。一女事一夫，安可再移天。君聽去鶴言，哀哀七絲弦。

【眉批】

本色語。

君子勿鬱鬱士有謗毁者作詩以贈之二首

君子勿鬱鬱，聽我青蠅歌。人間少平地，森聳山嶽多。折輈不在道，覆舟不在河。須知一尺水，日夜增高波。叔孫毁仲尼，臧倉掩孟軻。蘭艾不同香，自然難爲和。良玉燒不熱，直竹文不頗。自古皆如此，其如道在何。

日往復不見，秋堂暮仍學。玄髮不知白，曉入寒銅覺。爲林未離樹，有玉猶在璞。誰把碧梧枝，刻作雲門樂。

【眉批】

慣作爾許語。

聞砧

杵聲不爲衣，欲令游子歸。

【眉批】無心有意，寫得自别。

游子

萱草生堂堦，游子行天涯。慈親倚堂門，不見萱草花。

【眉批】意謂念子故忘花，然只是倚門而望不足復詠。

自嘆

愁與髮相形，一愁白數莖。有髮能幾多，禁愁日日生。古若不置兵，天下無戰争。古若不置名，道路無欹傾。太行聳巍峨，是天産不平。黄河奔濁浪，是天生不清。四蹄日日多，雙輪日日成。二物不在天，安能免營營。

【眉批】便似説話，不甚成詩。

求友

北風臨大海，堅冰臨河面。下有大波瀾，對之無由見。求友須在良，得良終相善。求友若非良，非良中道變。欲知求友心，先把黄金鍊。

【眉批】比語不合。

投所知

苦心知苦節，不容一毛髮。鍊金索堅貞，洗玉求明潔。自慚所業微，功用如鳩拙。何殊嫫母顔，對彼寒塘月。君存古人心，道出古人轍。盡美固可揚，片善亦不遏。朝向公卿説，暮向公卿説。誰謂黄鐘管，化爲君子舌。一説清嶰竹，二説變嶰谷。三説四説時，寒花折寒木。噗噗家道路，燦燦我衣服。豈直輝友朋，亦用慰骨肉。一暖荷匹素，一飽荷升粟。而况大恩恩，此身報得足。且將食蘗勞，酬之作金刀。

【眉批】無復選意。

病客吟

主人夜呻吟，皆入妻子心。遠客一作客子。晝呻吟，徒爲蟲鳥音。妻子手中病，愁思不復深。僮僕手中病，憂危獨難任。丈夫久漂泊，神氣自然沉。况於滯疾中，何人免嗽欬。大海亦有涯，高山亦有岑。沉一作此。憂獨無極，塵淚欲一作且。盈襟。

【眉批】兒女態太甚，未免寒在。

感懷

孟冬陰氣交，兩河正屯兵。煙塵相馳突，烽火日夜驚。太行險阻高，挽粟輸連營。奈何操弧者，不使梟巢傾。猶聞漢北兒，怙亂謀縱横。擅摇干戈柄，呼叫豺狼聲。白日臨爾軀，胡爲喪丹誠。豈無感激士，以致天下平。登高望寒原，黄雲鬱崢嶸。坐馳悲風暮，嘆息空沾纓。

離思

不寐亦不語，片月秋稍舉。孤鴻憶霜群，獨鶴叫雲侶。怨彼浮花心，飄飄無定所。高張繫綷帆，遠過梅根渚。回織別離字，機聲有酸楚。

【眉批】

俊語（批「孤鴻」二句）！

結交

鑄鏡須青銅，青銅易磨拭。結交遠小人，小人難姑息。鑄鏡圖鑑微，結交圖相依。凡銅不可照，小人多是非。

傷春

兩河春草海水清，十年征戰城郭腥。亂兵殺兒將女去，二月三月花冥冥。千里無人旋風起，鶯啼燕語荒城裏。春色不揀墓傍枝，紅顔皓色逐春去，春去春來那得知。今人看花古人墓，令人惆悵山頭路。

【眉批】

慘語画出(批「千里」二句)。

結得古。

擇　友

獸中有人性，形異遭人隔。人中有獸心，幾人能真識。古人形似獸，皆有大聖德。今人表似人，獸心安可測。雖笑未必和，雖哭未必戚。面結口頭交，肚裏生荆棘。好人常直道，不順世間逆。惡人巧諂多，非義苟且得。若是效真人，堅心如鐵石。不諂亦不欺，不奢復不溺。面無吝色容，心無詐憂惕。君子大道人，朝夕恒的的。

【眉批】

便是人「面獸心，獸面人心」二語衍出爾許。

太近道理！

夜　憂

豈獨科斗死，聽嗟文字捐。蒿蔓轉驕王，菱荇减嬋娟。未遂擺鱗志，空思吹浪旋。何當再霖雨，洗濯生華鮮。

惜苦

于鵠值諫議，以毬不能官。焦蒙值舍人，以杯不得完。可惜大雅旨，意此小團欒。名回不敢辨，心轉實是難。不惜爲君轉，轉非君子觀。轉之復轉之，强轉誰能歡。哀哉虚轉言，不可窮波瀾。

寒地百姓吟爲鄭相。其年居河南，畿内百姓大蒙矜恤。

無火炙地眠，半夜皆立號。冷箭何處來，棘針風騷勞。一作騷。霜吹破四壁，苦痛不可逃。高堂搥鐘飲，到曉聞烹炮。寒者願爲蛾，燒死彼華膏。華膏隔仙羅，虚繞千萬遭。到頭落地死，踏地爲游遨。游遨者是誰，君子爲鬱陶。

【眉批】

可傷！

出東門

餓馬骨亦聳，獨驅出東門。少年一日程，衰叟十日奔。寒景不我爲，疾走落平原。眇默荒草行，恐懼夜魄翻。一生自組織，千首大雅言。道路如抽蠶，宛轉羈腸繁。

【眉批】

自負乃爾(批「一生」二句)。

教坊歌兒

十歲小小兒,能歌得聞一作朝。天。六十孤老人,能詩獨臨川。去年西京寺,衆伶集講筵。能嘶竹枝詩,供養繩床禪。能詩不如歌,悵望三百篇。

【眉批】

恨甚,即東方侏儒之意。

訪疾

冷氣入瘡痛,夜來痛如何。瘡從公怒生,豈以私恨多。公怒亦非道,怒消乃天和。古有煥輝句,嵇康閑婆娑。請君吟嘯之,正氣庶不訛。

【眉批】

訪疾,遂饋以藥。

酒德

酒是古明鏡，輾開小人心。醉見異舉止，醉聞異聲音。酒功如此多，酒屈亦以深。罪人免罪酒，如此可爲箴。

【眉批】奇創，《賓之初筵》所未盡。

冬日

老人行人事，百一不及周。凍馬四蹄吃，陟卓難自收。短景仄飛過，午光不上頭。少壯日與輝，衰老日與愁。日愁疑在日，歲箭迸如讎。萬事有何味，一生虛自囚。不知文字利，到死空遨游。

【眉批】苦甚無味。

饑雪吟

饑烏夜相啄，瘡聲互悲鳴。冰腸一直刀，天殺無曲情。大雪壓梧桐，折柴墮崢嶸。安知鸞鳳巢，不與梟鳶傾。下有幸災兒，拾遺多新争。但求彼失所，但夸此經營。君子亦拾遺，拾遺非拾名。將補鸞鳳巢，免與梟鳶並。因爲饑雪吟，至曉竟不平。

【眉批】有所指。

偷詩

餓犬齕枯骨，自吃饞饑涎。今文與古文，各各稱可憐。亦如嬰兒食，餳桃口旋旋。唯有一點味，豈見逃景延。繩床獨坐翁，默覽有所傳。終當罷文字，别著逍遥篇。從來文字净，君子不以賢。

【眉批】不解題意，詩意亦暗。

晚雪吟

貧富喜雪晴，出門意皆饒。鏡海見纖悉，冰天步飄飖。一一仙子行，家家塵聲銷。小兒擊玉指，大耋歌聖朝。睿氣流不盡，瑞仙何寥寥。始知望幸色，終疑異禮招。市井亦清潔，閭閻聳岧嶤。蒼生願東顧，翠華仍西遥。天念豈薄厚，宸衷多憂焦。憂焦致太平，以兹時比堯。古耳有未通，新詞有潛韶。甘爲酒伶擯，坐耻歌女嬌。選音不易言，裁正逢今朝。今朝前古文，律異同一調。願於堯琯中，奏盡鬱抑謡。

自惜

傾盡眼中力，抄詩過與人。自悲風雅老，恐被巴竹嗔。零落雪文字，分明鏡精神。坐甘冰抱晚，永謝酒懷春。徒有言言舊，慚無默默新。始驚儒教誤，漸與佛乘親。

【眉批】

亦是寒處。

老恨

無子抄文字，老吟多飄零。有時吐向床，枕席不解聽。鬥蟻甚微細，病聞亦清泠。小大不自識，自然天性靈。

【眉批】

可憐！

詠懷上

湖州取解述情

霅水徒清深，照影不照心。白鶴未輕舉，衆鳥争浮沉。因兹挂帆去，遂作歸山吟。

落第

曉月難爲光，愁人難爲腸。誰言春物榮，豈見葉上霜。一作獨見花上霜。雕鶚失勢病，一作鶴鵲飛失勢。鷦鷯假一作改。翼翔。棄置復棄置，情如刀刃傷。

【眉批】

劉云：「世上苦語，搜索略盡。」

詠情一作感寓。

濁水心易一作已。傾，明波興初發。思逢海底人，乞取蚌中月。此興若未諧，此心終不歇。

病起言懷

强行尋溪一作浄。水，洗却殘病姿。花景晼晚盡，麥風清冷吹。交道賤來見，世情貧去知。高閑思楚逸，澹泊厭齊兒。終伴碧山侣，結言青桂枝。

【眉批】

即是約略翟公署門語。

秋夕貧居述懷

卧冷無遠夢，聽秋酸别情。高枝低枝風，千葉萬葉聲。淺水不供飲，瘦田長廢耕。今交非古交，貧語聞皆輕。

【眉批】

劉云：「創體。」

夜感自遣一作《失志夜坐思歸》，又作《苦學吟》。

夜學曉未休，苦吟神鬼愁。如何不自閑，心與身爲讎。死辱片時痛，生辱長年羞。清桂無直枝，碧江思舊游。

【眉批】皆然，皆然。

再下第

一夕九起嗟，夢短不到家。兩度長安陌，空將淚見花。

【眉批】太苦，何至於此！他年一日看遍榮枯，失之偏重。

下第東歸留別長安知己

共照日月影，獨爲愁思人。豈知鶗鴂鳴，一作鶗鴂等閑鳴。瑶草不得春。一片兩片雲，千里萬里身。雲歸嵩之陽，身寄江之濱。棄置復何道，楚情吟白蘋。

【眉批】劉云：「怨痛復不可堪。」

失意歸吴因寄東臺劉復侍御

自念西上身，忽隨東歸風。長安日下影，又落江湖中。離婁豈不明，子野豈不聰。至寶非眼别，至音非耳通。因緘俗一作物。外詞，仰寄高天鴻。

【眉批】

自贊亦醜，玩結句亦是恃其知己耳。

下第東南行

越風東南清，楚日瀟湘明。試逐伯鸞去，還作靈均行。江蘺伴我泣，海月投人驚。失意容貌改，畏途性命輕。時聞喪侣猿，一叫千愁並。一作生。

嘆　命

三十年來命，唯藏一卦中。題詩還怨易，問易蒙復蒙。本望文字達，今因文字窮。影孤别離月，衣破道路風。歸去不自息，耕耘成楚農。

【眉批】

文人同恨。

遠游

慈烏不遠飛，孝子念先歸。而我獨何事，四時心有違。江海戀空積，波濤信來稀。長爲路傍食，着盡家中衣。別一作烈。劍不割物，離人難作威。遠行少僮僕，驅使無是非。爲性玩好盡，積愁心緒微。始知時節駛，愛一作夏。日非長輝。

商州客舍

商山風雪壯，游子衣裳單。四望失道路，百憂攢肺肝。日短覺易老，夜長知至寒。淚流瀟湘弦，調苦屈宋彈。識聲今所易，識意古所難。聲意今詎辨，高明鑒其端。

【眉批】

感詠詩中此意良多。

長安旅情

説盡青雲路，有足皆可至。我馬亦四蹄，出門似無地。玉京十二樓，峨峨倚青翠。下有千朱門，何門薦孤士。

長安羈旅

聽樂別離中，聲聲入幽腸。曉淚滴楚瑟，夜魄繞吴鄉。幾回羈旅情，夢覺殘燭光。

渭上思歸

獨訪千里信，回臨千里河。家在一作住。吴楚鄉，淚寄東南波。一作流。

登科後

昔日齷齪不足夸，今朝放蕩思無涯。春風得意馬蹄疾，一日看盡長安花。

【眉批】失意處，牢騷幽憤過甚。得意後，便爾驕穉。「放蕩」何語？未免寒態。

初於洛中選

塵土日易没，驅馳力無餘。青雲不我與，白首方選書。宦途事非遠，拙者取自疏。終然戀皇邑，誓以結吾廬。帝城富高門，京路繞勝居。碧水走龍狀，蜿蜒繞庭除。尋常異方客，過此亦踟躕。

【眉批】得意亦有限。

乙酉歲舍弟扶侍歸興義莊居後獨止舍待替人

誰言舊居止，主人忽成客。僮僕强與言，相懼終脉脉。出亦何所求，入亦何所索。飲食迷精粗，衣裳失寬窄。回風卷閑簟，新月生空壁。士有百役身，官無一姓宅。丈夫耻自飾，衰鬢從颯白。蘭交早已謝，榆景從相迫。惟予心中鏡，不語光歷歷。

【眉批】妙語自造。

西齋養病夜懷多感因呈上從叔子雲

遠客夜衣薄，厭眠待鷄鳴。一床空月色，四壁秋蛩聲。守淡遺衆俗，養疴念餘生。方全君子拙，耻學小人明。蚊蚋亦有時，羽毛各有成。如何騏驥跡，踡跼未能行。西北有平路，運來無相輕。

卷四

唐　武康孟郊　撰

宋　天台國材　評

詠懷下

秋懷十五首

孤骨夜難臥，吟蟲相唧唧。老泣無涕洟，一作涙。秋露爲滴瀝。去壯暫如翦，來衰紛似織。觸緒無新心，叢悲有餘憶。詎忍逐南帆，江山踐往昔。

秋月顔色冰，去聲。老客志氣單。冷露滴夢破，峭風梳骨寒。席上印病文，腸中轉愁盤。疑懷無所憑，虚聽多無端。梧桐枯峥嶸，聲響如哀彈。

一尺月透户，仡栗如劍飛。老骨坐亦驚，病力所尚微。蟲苦貪一作含。剪色，鳥危巢焚輝。孀娥理故絲，一作煩緒。孤哭一作生。抽餘思。浮年不可追，衰步多夕歸。

秋至老更貧，破屋無門扉。一片月落床，四壁風入衣。疏夢不復遠，弱心良易歸。商葩將去緑，繚繞争餘輝。野步踏事少，病謀向物違。幽幽草根蟲，生意與我微。

竹風相戛語，幽閨暗中聞。鬼神滿衰聽，恍惚難自分。商葉隨乾雨，秋衣臥單雲。病骨可剸物，酸呻亦成文。瘦攢如此枯，壯落隨西曛。裊裊一綫命，徒言繫絪緼。

老骨懼秋月，秋月刀劍稜。纖輝不可干，冷魂坐自凝。羇雌巢空鏡，仙飇蕩浮冰。驚步恐自翻，病大不敢凌。單床痁皎皎，瘦卧心競競。洗河不見水，透濁爲清澄。詩壯昔空説，詩衰今何憑。

老病多異慮，朝夕非一心。商蟲哭衰運，繁響不可尋。秋草瘦如髮，貞芳綴卧金。晚鮮詎幾時，馳景還易陰。弱習徒自耻，暮知欲何任。露才一見讒，潛智早已深。防深不防露，此意古所箴。

歲暮景氣乾，秋風兵甲聲。織織勞無衣，喓喓徒自鳴。商聲聳中夜，蹇支廢前行。青髮如秋園，一翦不復生。少年如餓花，瞥見不復明。君子山嶽定，小人絲毫争。多争多無壽，天道戒其盈。

冷露多瘁索，枯風曉吹噓。秋深月清苦，蟲老聲粗疏。赬珠枝纍纍，芳金蔓舒舒。草木亦趣時，寒榮似春餘。自悲零落生，與我心何如。

老人朝夕異，生死每日中。坐隨一啜安，卧與萬景空。視短不到門，聽澀詎逐風。還如刻削形，免有纖悉聰。浪浪謝初始，皎皎幸歸終。孤隔文章友，親密蒿萊翁。歲緑閔以黄，秋節迸已一作又。窮。四時既相迫，萬慮自然叢。南逸浩淼際，北貧磽确中。曩懷沉遥江，衰思結秋蓬。鋤食難滿腹，葉衣多醜躬。塵縷不自整，古吟將誰通。幽竹嘯鬼神，楚鐵生虬龍。志士多異感，運鬱由邪衷。常思書破衣，至死教初童。習樂莫習聲，習聲多頑聾。明明胸中言，願寫爲高崇。

幽苦日日甚，老力步步微。常恐暫下床，至門不復歸。饑者重一食，寒者重一衣。泛廣豈無涘，恣行亦有隨。一作隨時。語中失次第，身外生瘡痍。桂蠹既潛污，一作朽。桂花損貞姿。詈言一失香，千古聞臭詞。將死始前悔，前悔不可追。哀哉輕薄行，終日與駟一作欲驅。馳。

流運閃欲盡，枯折皆相號。棘枝風哭酸，桐葉霜顔高。老蟲乾鐵鳴，驚獸孤玉咆。商氣洗一作滿。聲瘦，晚陰驅景勞。集耳不可遏，噎神不可逃。蹇行散餘鬱，幽坐誰與曹。抽壯無一綫，剪懷盈千刀。清詩既名眺，一作詩清既名郊。金菊亦姓陶。收拾昔所棄，咨嗟今比毛。幽幽歲晏言，零落不可操。

霜氣入病骨，老人身生冰。衰毛暗相刺，冷痛不可勝。鷕鷕神至明，强强攬所憑。瘦坐形欲折，腹饑心將崩。勸藥左右愚，言語如見憎。聳耳噎神開，一作聳燕神氣閑。始知功用一作者。能。日中視餘瘡，暗鎖一作隙。聞繩一作細。蠅。彼齁一何酷，此味半點凝。潛毒爾無厭，餘生我堪矜。凍飛幸不遠，冬令反心懲。出没各有時，寒熱苦一作莫。相凌。仰謝調運翁，請命願有徵。

黄河倒上天，衆水有却來。人心不及水，一直去不回。一直亦有巧，不肯至蓬萊。一直不知疲，唯聞至省臺。忍古不失古，失古志易摧。失古劍亦折，失古琴亦哀。夫子失古淚，當時落漼漼。詩老失古心，至今寒皚皚。古骨無濁肉，古衣無蘚苔。勸君勉忍古，忍古銷塵埃。

詈言不見血，殺人何紛紛。聲如窮家犬，吠竇何誾誾。詈痛幽鬼哭，詈侵黄金貧。言詞豈用多，憔悴在一聞。古詈舌不死，至今書云云。今人詠古書，善惡宜自分。秦火不爇舌，秦火空爇文。所以詈更生，至今横絪緼。

【眉批】

練字多刻苦（批「峭風」二句）！

劉云：「精語！」（批「一片」四句）

「酸呻」、「瘦攢」，出語亦造。

秋語之最深者（批「秋深」二句）。

凄苦（批「常恐」二句）。

皆造（批「抽壯」二句）。

頗自負（批「清詩」二句）。

疑上「集耳」，亦是「聳耳」。

「忍古」、「失古」，語意皆造。

奇崛（批「古骨」二句）！

何其憤憤（批「秦火」四句）！

靖安寄居

寄静不寄華，愛茲嵂嶂居。渴飲濁清泉，饑食無名蔬。敗菜一作葉。不敢火，補衣一寫書。古云儉成德，今乃實起予。顬叟顬不足，賢人賢有餘。役生皆促促，心竟誰舒舒。萬馬踏風衢，衆塵隨奔車。高賓盡不見，大道夜方虚。卧有洞庭夢，坐無長安儲。英髦空駭耳，煙火獨微如。厚念恐傷性，薄田憶親鋤。承一作忙。世不出力，冬竹肯抽萡。外物莫相誘，約心誓從初。碧芳既似水，日日咏歸歟。

【眉批】

作「葉」是，「敗菜」何以火邪？

雪

忽然太行雪，昨夜飛入來。崚嶒墮庭中，嚴白何皚皚。奴婢曉開户，四肢凍徘徊。咽言詞不成，告訴情狀摧。官給未入門，家人盡以灰。意勸莫笑雪，笑雪貧爲灾。將暖此殘疾，典賣争致杯。教令再舉手，夸曜餘生才。强起吐巧詞，委曲多新裁。爲爾作非夫，忍耻轟暍雷。書之與君子，庶免生嫌猜。

春愁

春物與愁客，遇時各有違。故花辭新枝，新淚落故衣。日暮兩寂寞，飄然亦同歸。

【眉批】甚愁，甚古，甚是本色。

懊惱

惡詩皆得官，好詩空抱山。抱山冷殑殑，終日悲顔顔。好詩更相嫉，劍戟生牙關。前賢死已久，猶在咀嚼間。以我殘抄身，清峭養高閑。求閑未得閑，衆誚瞋虓虓。

【眉批】

何不平也！然亦太露。

游適上

游城南韓氏莊

初疑瀟湘水，鎖在朱門中。時見水底月，一作有時池底山。摇動池上風。清氣潤竹木，白光連虛空。浪簇霄漢羽，岸芳金碧叢。何言數畝間，環泛路不窮。願逐一作常慕。神仙侣，飄然一作從茲。汗漫通。

與二三友秋宵會話清上人院

何處山不幽，此中情又别。一僧敲一磬，七子吟秋月。激石泉韻清，寄枝風嘯咽。泠然諸境静，頓覺浮累滅。扣寂兼探真，通霄詎能輟。

【眉批】

詩亦自别。

夜集

好鳥無雜栖，華堂有嘉携。琴樽互傾奏，歌賦相和諧。但嘉魚水合，莫令雲雨乖。一爲鶡鷄彈，再鼓壯士懷。初景待誰曉，新春逐君來。願言良友會，高駕不知回。

招文士飲

曹劉不免死，誰敢負年華。文士莫辭酒，詩人命屬花。退之如放逐，李白自矜夸。萬古忽將似，一朝同嘆嗟。何言天道正，獨使地形斜。南士愁多病，北人悲去家。梅芳已流管，句嫩，微異古體。柳色未藏鵶。相勸罷吟雪，相從愁飲霞。醒時不可過，愁海浩無涯。

【眉批】

起便苦。

陪侍御叔游城南山墅

夜坐擁腫亭，晝登崔巍岑。日窺萬峰首，月見雙泉心。松風清耳目，竹氛碧衣襟。佇想琅玕字，數聽枯槁吟。

【眉批】

造語(批「松風」二句)。

登華嚴寺樓望終南山贈林校書兄弟

地春亞爲崖,聳出冥冥中。樓根插迴雲,殿翼翔危空。前山貽元氣,靈異生不窮。勢吞萬象高,秀奪五嶽雄。一望俗慮醒,再登仙願崇。青蓮三居士,晝景真賞同。

游終南山

南山塞天地,日月石上生。高峰夜留景,太白峰西,黄昏後見餘日。深谷晝未明。山中人自正,路險心亦平。長風驅松柏,聲拂萬壑清。到此悔讀書,朝朝近浮名。

【眉批】

描得自別,與摩詰各有其至。

劉云:「未知其下云何,即此其出有不容至。」又云:「警異。」

游終南龍池寺

飛鳥不到處，僧房終南巔。龍在水長碧，雨開山更鮮。步出白日上，坐依清溪邊。地寒松桂短，石險道一作苔磴。路偏。晚磬送歸客，數聲落遥天。

【眉批】

似律。

二語又似襄陽律（批「步出」二句）。

南陽公請東櫻桃亭子春宴

萬木皆未秀，一株先含春。此地獨何力，我公布深仁。陋句。霜葉日舒卷，風枝遠埃塵。初英濯紫霞，飛雨流清津。賞異出囂雜，折芳積歡忻。文心兹焉重，俗尚安能珍。碧玉妝粉比，飛瓊穠艷均。鴛鴦七十二，花態並相新。常恐遺秀志，迫兹廣宴陳。芳菲争勝引，歌詠竟良辰。方知戲馬會，永謝登龍賓。

【眉批】

如此詠物，皆嫩俗。

游華山雲臺觀

華嶽獨靈異，草木恒新鮮。山盡五色石，水無一色泉。仙酒不醉人，仙芝皆延年。夜聞明星館，時韻女蘿弦。敬兹不能寐，焚栢吟道篇。

【眉批】

俊（批「時韻」句）！

喜與長文上人宿李秀才小山池亭

燈盡語不盡，主人庭砌幽。柳枝星影曙，蘭葉露華浮。塊嶺笑群岫，片池輕衆流。更聞清净子，逸唱頗難儔。

邀花伴時在朔方。

池邊春不足，十里見一花。及時須遨游，日暮饒風沙。

【眉批】

題勝於詩。

石淙十首

巖谷不自勝，水木幽奇多。朔風入空曲，涇一作徑。流無大波。迢遞徑難盡，參差勢相羅。雪霜有時洗，塵土無由和。潔冷誠未厭，晚步將如何。

出曲水未斷，入山深更重。泠泠若仙語，皎皎多異容。萬響不相雜，四時皆有濃。日月互分照，雲霞各生峰。久迷向方理，逮茲聳前蹤。

荒策每恣遠，憩步難自回。已抱苔蘚疾，一作病。尚凌潺湲隈。驛驥苦銜勒，籠禽恨摧頹。實力苟未足，浮夸信悠哉。顧惟非時用，静言還自咍。

朔水刀劍利，秋石瓊瑶鮮。魚龍氣不腥，潭洞狀更妍。磴雪入呀谷，掬星洒遥天。聲忙一作追。不及韻，勢疾多斷漣。輸去雖有恨，躁氣一一作翻。何顛。蜿蜒相纏掣，犖确亦回旋。黑草濯鐵髮，白苔浮冰錢。具一作其。生此云遥，非德不可甄。何况被犀士，制之空以權。始知静剛猛，文教從來先。

空谷聳視聽，幽湍澤心靈。疾流脱鱗甲，疊岸衝風霆。丹巘墮瓌景，霽波灼一作閃。虚形。淙淙豗厚軸，稜稜攢高冥。弱棧跨旋碧，危梯倚凝青。飄飄鶴骨仙，飛動鰲背庭。一作亭。常聞夸大言，下顧皆細萍。

百尺明鏡流，千曲寒星飛。爲君洗故物，有色如新衣。不飲泥土污，但飲雪霜肌。石稜玉纖纖，草色瓊霏霏。谷嵦有餘力，溪春亦多機。從來一智萌，能使衆利歸。因之山水中，喧然論是非。

入深得奇趣，升險爲良躋。搜勝有聞見，逃俗無蹤蹊。穴流恣回轉，竅景忘東西。憩獸鮮猜懼，羅人巧罝罘。幽馳異處所，忍慮多端倪。虚獲我何飽，實歸彼非迷。斯文浪云潔，此旨誰得齊。

屑珠瀉潺湲，裂玉何威瓌。若調千琴弦，未果一曲諧。古駭毛髮慄，險驚視聽乖。二一作士。老皆勁骨，風趨緣欹崖。地遠有餘一作遺。美，我游採棄一作奇。懷。乘時幸勤鑒，前恨多幽霾。弱力謝剛健，蹇策貴安排。始知隨事静，何必當夕齋。

昔浮南渡飈，今攀朔山景。物色多瘦削，吟笑還孤永。日月凍有稜，雪霜空無影。玉噴不生冰，瑶渦旋成井。潛角時聳光，隱鱗乍漂冏。再吟獲新勝，返步失前省。愜懷雖已多，惕慮未能整。頽陽落何處，升魄銜疏嶺。

聖朝搜巖谷，此地多遺玩。怠惰成遠游，頑疏恣靈一作虚。觀。勁飈刷幽視，怒水懾餘湍。一作惴。曾是結芳一作茅。誠，遠兹勉流倦。冰條聳危慮，霜翠瑩遐盼。物誘信多端，荒尋諒難遍。去矣朔之隅，翛然楚之甸。

【眉批】

數首語意俱多澀。

語造（批「勁飈」二句）。

結亦别（批「聖朝」一首）。

游韋七洞庭别業

洞庭如瀟湘，叠翠蕩浮碧。松桂無赤日，風物饒清激。逍遥展幽韻，參差逗良覿。道勝不知疲，冥搜自無斁。曠然青霞抱，永矣白雲適。崆峒非凡鄉，蓬瀛在仙籍。無言從遠尚，還思君子識。一作兹焉與之敵。波濤漱古岸，鏗鏘辨奇石。靈響非外求，殊音自中積。人皆走煩濁，君能致虛寂。何以祛擾擾，叩調清淅淅。既懼豪華損，誓從詩書益。一舉獨往姿，再摇飛遁跡。山深有變異，意愜無驚惕。採翠奪日月，照耀迷晝夕。松齋何用掃，蘿院自然滌。業峻謝煩蕪，文高追古昔。暫遥朱門戀，終立青史績。物表易淹留，人間重離析。難隨洞庭酌，且醉横塘席。

【眉批】

峻石激湍間，乃知此二語之妙（批「波濤」二句）。

越中山水

日日一作動，一作夕。覺耳目勝，我來山水州。蓬瀛若髣髴，田野如泛浮。是越中境。碧嶂幾千繞，清泉一作源。萬餘流。莫窮合沓步，孰盡派别游。越水净難污，越天陰易收。氣鮮無隱物，目視遠更周。舉俗一作族。媚葱蒨，連冬擷芳柔。菱湖有餘翠，茗圃無荒疇。賞異忽已遠，探奇誠淹留。永言終南色，去矣銷人憂。

春集越州皇甫秀才山亭

嘉賓嘉賓一作嘉誘，一作善友。在何處，置亭春山巔。顧余寂寞者，謬厠芳菲筵。視聽日澄澈，聲光坐連綿。晴湖瀉峰嶂，翠浪多萍蘚。何以逞高志，爲君吟秋天。一作篇。

和皇甫判官游瑯琊溪

山中瑠璃境，物外瑯琊溪。房廊逐巖壑，道路隨高低。碧瀨漱白石，翠煙含青蜺。客來暫游踐，意欲忘簪珪。樹杪燈火夕，雲端鐘梵齊。時同雖可仰，跡異難相攜。唯當清宵夢，髣髴願攀躋。

卷五

唐　武康孟郊　撰
宋　天台國材　評

游適下

汝州南潭陪陸中丞公宴

一雨百泉漲，南潭夜來深。分明碧沙底，寫出青天心。遠客洞庭至，因茲滌煩襟。既登飛一作青。雲舫，願奏清風琴。高岸立旗戟，潛蛟失浮沉。威稜護斯浸，魍魎逃所侵。山態變初霽，木聲流新音。耳目極眺聽，潺湲與嶔岑。誰言柳太守，宛有白蘋吟。

【眉批】

好！

「耳目」二句，生甚，不成語。

汝州陸中丞席喜張從事至同賦十韻

汝水無濁波，汝山饒奇石。大賢爲此郡，佳士來如積。有客乘白駒，奉義愜所適。清風蕩華館，雅瑟泛瑶席。芳醑静無喧，金樽光有滌。縱情孰慮損，聽論自招益。願折若木枝，却彼曜靈夕。貴賤一相接，憂一作憂，一作情。悰忽轉易。會合勿言輕，别離古來惜。請君駐征車，良遇難再覿。

夜集汝州郡齋聽陸僧辯彈琴

康樂寵詞客，清宵意無窮。徵文北山一作窗。外，借月南樓中。千里愁並盡，一樽歡暫同。胡爲戛楚琴，一作瑟。淅瀝起寒風。

【眉批】

流利。

此亦便可作東野五律。

同年春燕

少年三十士，嘉會良在兹。高歌摇春風，醉舞摧花枝。意蕩晼晚景，喜凝芳菲時。馬跡攢驂裹，樂聲韻參差。視聽改舊趣，物象含新姿。紅雨花上滴，緑煙柳際垂。淹中講精義，南皮獻清詞。前賢與今人，千載爲一期。明鑒有皎潔，澄玉無磷緇。永與沙泥别，各整雲漢儀。盛氣自中積，英名日四馳。塞鴻絶儔匹，海月難等夷。鬱折忽已盡，親朋樂無涯。幽蘅發空曲，芳杜綿所思。浮跡自聚散。壯心誰别離。願保金石志，無令有奪移。

【眉批】

有選意(批「紅雨」二句)。

羅氏花下奉招陳侍御

眼在枝上春,落地成埃塵。不是風流者,誰爲攀折人。寧辭波浪闊,莫道往來頻。拾紫豈宜晚,掇芳須及晨。勞收賈生淚,强起屈平身。花下本無俗,酒中别有神。游蜂不飲故,戲蝶亦争新。萬物盡如此,過時非所珍。

【眉批】

起語奇。

看所感(批「游蜂」四句)。

游石龍渦 四壁千仞,散泉如雨。

石龍不見形,石雨如散星。山下晴皎皎,山中陰泠泠。水飛林木杪,珠綴莓苔屏。蓄異物皆别,當晨景欲暝。泉芳春氣碧,松月寒色青。險一作陰。力此獨壯,猛獸亦不停。日暮且回去,浮心恨一作尚。未寧。

【眉批】

好賦語（批題注）。

浮石亭

曾是風雨力，崔巍漂來時。落星夜皎潔，近榜朝逶迤。翠瀲遞明滅，清潨瀉攲危。况逢蓬島仙，會合良在兹。

看花五首

家家有芍藥，不妨至温柔。温柔一同女，紅笑笑不休。月娥雙雙下，楚艷枝枝浮。洞裏逢仙人，一作幸逢仙人立。綽約青宵游。

芍藥誰爲壻，人人不敢來。唯應待詩老，日日殷勤開。玉立無氣力，春凝且徘徊。將何謝青春，痛飲一百杯。

芍藥吹欲盡，無奈曉風何。餘花欲誰待，唯待諫郎過。諫郎不事俗，黄金買高歌。高歌夜更清，花意晚更多。

飲之不見底，醉倒深紅波。紅波蕩諫心，諫心終無它。獨游終難醉，挈榼徒經過。閑花不解語，勸得酒無多。

三年此村落，春色入心悲。料得一孀婦，經一作它。時獨淚垂。

【眉批】

有意于造(批「紅笑」句)。

更造(批「唯應」二句)。

濟源春

太行橫偃脊,百里芳崔巍。濟濱花異顔,枋口雲如裁。新畫彩色濕,上界光影來。深紅縷草木,淺碧珩沂洄。千家門前飲,一道傳禊杯。玉鱗吞金鈎,仙璇瑠璃開。朴童茂言語,善俗無驚猜。狂吹寢恒宴,曉清夢先回。治生鮮惰夫,積學多深材。再游詎癲戇,一洗驚塵埃。

【眉批】

五字有意(批「深紅」句)。

濟源寒食七首

風巢㛹㛹春鴟鴟,無子老人仰面嗟。柳弓葦箭一作蒿矢。覷不見。高紅遠緑來相遮。

女嬋一作蟬。童子黄短短,耳中聞人惜春晚。逃蜂匿蝶踏地來,抛却齋糜一瓷碗。

一日踏春一百回,朝朝没脚走芳埃。饑童餓馬掃花餵,向晚飲溪三兩杯。

莓苔井上空相憶，轆轤索斷無消息。酒人皆倚春髮緑，病叟獨藏秋髮白。

長安落花飛上天，南風引至三殿前。可憐春物亦朝謁，唯我孤一作獨。吟渭水邊。

枋口花間掣手歸，嵩陽一作山。爲我留一作駐。紅暉。可憐躑躅千萬尺，柱地柱天疑一作今。欲飛。

蜜蜂爲主各磨牙，咬盡村中萬木花。君家甕甕今應滿，五色冬籠甚可夸。

【眉批】

如此造語，自妙自古（批「耳中」二句）。

亦趣亦寒（批「饑童」二句）。

陡（批「長安」句）。

對景忽入心事，亦其寒處（批「長安」一首）。

游枋口二首

一步復一步，出行一作行路。千里幽。爲取山水意，故作寂寞游。太行青巔高，枋口碧照浮。明明無底鏡，泛泛忘機鷗。老逸不自限，病狂不可周。恣閑饒淡薄，怠玩多淹留。芳物競晼晚，緑梢挂新柔。和友鶯相繞，言語亦似稠。一作和友鵲相遠，飛鷹亦以稠。始知萬類然，靜躁難相求。

聳我殘病骨，健如一仙人。鏡中照千里，鏡浪同百神。此神日月華，不作尋常春。三十夜皆明，四時晝恒新。鳥聲盡依依，獸心亦忻忻。澄幽出所怪，閃異坐微絪。可來復可來，此地靈相親。

【眉批】

如作作語，絶無選意。

與王二十一員外涯游枋口柳溪

萬株古柳根，拏此磷磷溪。野榜多屈曲，仙潯無端倪。春桃散紅煙，寒竹含晚凄。曉聽忽以異，芳樹安能齊。共疑落鏡中，坐泛紅景低。水意酒易醒，浪情事非迷。小儒峭章句，大賢嘉提携。潛竇韻靈瑟，翠崖鳴玉珪。主人稷卨翁，德茂芝朱畦。鑿出幽隱端，氣象皆升躋。曾是清樂抱，逮兹幾省溪。宴位席蘭草，濫觴驚鳧鷖。靈味薦魴鱮，金花屑橙虀。江調擺衰俗，洛風遠塵泥。徒言奏狂狷，詎敢忘筌蹄。

與王二十一員外涯游昭成寺

洛友寂寂約，省騎霏霏塵。游僧步晚磬，話茗含芳春。一作茵。瑶策冰入手，粉壁畫瑩神。頳廊芙蓉霽，碧殿瑠璃津。一作匀。玄講島一作海。嶽盡，淵詠文字新。屢笑寒竹宴，况接青雲賓。顧慚餘眷下，衰瘵嬰殘身。

【眉批】

下字俱新。

嵩　少

沙彌舞袈裟，走向躑躅飛。閑步亦惺惺，芳援相依依。噎塞春咽喉，蜂蝶事光輝。群嬉且已晚，孤引將何歸。流艷去不息，朝英亦疏微。

旅次洛城東水亭

水竹色相洗，碧花動軒楹。自然逍遥風，蕩滌浮競情。霜落葉聲燥，景寒人語清。我來招隱亭，衣上塵暫輕。

【眉批】好語亦真（批「霜落」句）。

洛橋晚望

天津橋下冰初結，洛陽陌上行人絶。榆柳蕭疏樓閣閑，月明直見嵩山雪。

居處

北郭貧居

進乏廣莫力，退爲蒙瀧一作籠。居。三年失意歸，四向相識疏。地僻草木壯，荒條扶我廬。夜貧燈燭絶，明月照我書。欲識貞静操，秋蟬飲清虚。

【眉批】自狀寒態。

題陸鴻漸上饒新開山舍

驚彼武陵狀，移歸此巖邊。開亭擬貯雲，鑿石先得泉。嘯竹引清吹，吟花成一作討。新篇。乃知高潔情，擺落區中緣。

【眉批】山家妙境（批「開亭」二句）。

題韋承總吴王故城下幽居韋生相門子孫。

才飽身自貴，巷荒門豈貧。韋生堪繼相，孟子願依鄰。夜思琴一作酒。語切，晝情茶味新。霜枝留過鵲，一作鶴。風竹掃蒙塵。郢唱一聲發，吴花千片春。對君何所有，歸去覺情真。

【眉批】自是本色妙語（批「郢唱」二句）。

蘇州崑山惠聚寺僧房

昨日到上方，片雲挂一作封。石床。錫杖莓苔青，袈裟松栢香。晴磬無短韻，古燈含永光。有時乞鶴歸，還訪一作放。逍遥場。

【眉批】

韻事韻語。

題從叔述靈巖山壁

換却世上心，獨起山中情。露衣凉且鮮，雲策高復輕。喜見夏日來，變爲松景清。每將逍遥聽，不厭颼飀聲。遠念塵末宗，未疏俗間名。桂枝一作科。妄舉手，一作意。萍路空勞生。仰謝開净弦，相招時一鳴。

題林校書花嚴寺書窗

隱詠不夸俗，問禪徒净居。翻將白雲字，一作寺。寄向青蓮書。擬古投松坐，就明開紙疏。昭昭南山景，獨與心相如。

藍溪元居士草堂

市井不容義，義歸山谷中。夫君宅松桂，招我栖蒙籠。人朴清慮肅，境閑視聽空。清溪宛轉水，修竹徘徊風。木倦採樵子，土勞稼穡翁。讀書業雖異，敦本志亦同。藍岸青漠漠，藍峰碧崇崇。日昏各命酒，一作返。寒蛩一作鹿。鳴蕙一作荒。叢。

【眉批】

「容義」、「義歸」，皆造。

「木倦」、「土勞」却新。

新卜青羅幽居奉獻陸大夫

黔婁住何處，仁邑無餒寒。豈誤舊羇旅，變爲新閑安。二頃有餘食，三農行可觀。籠禽得高巢，轍鮒還層瀾。翳翳桑柘墟，紛紛田里歡。兵戈忽消散，耦耕非艱難。嘉木偶良酌，芳陰庇清彈。力農唯一事，趨世徒萬端。静覺本相厚，動爲末所殘。此外有餘暇，鋤荒出幽蘭。

【眉批】

清趣似陶。

題韋少保静恭宅藏書洞

高意合天製，自然狀無窮。仙華凝四時，玉蘚生數峰。書秘漆文字，匣藏金蛟龍。閑爲氣候肅，開作雲雨濃。洞隱諒非久，巖夢誠必通。將綴文士集，貫就真珠叢。

【眉批】

「閑」字疑是「閉」字。

生生亭

灘鬧不妨語，跨溪仍置一作宜。亭。置亭嵽嵲頭，開窗納遥青。遥青新畫出，三十六扇屏。裊裊立平地，稜稜浮高冥。一日數開扉，仙閃目不停。徒夸遠方岫，曷若中峰靈。拔意千餘丈，浩言永堪銘。浩言無愧同，愧同忍醜醒。致之未有力，力在君子聽。

【眉批】

末段意亦不亮。

寒溪九首

霜一作露。洗水色晝，寒溪見纖鱗。幸臨虛空鏡，照此殘悴身。潛滑不自隱，露底瑩更新。豁如君子懷，曾是危陷人。始明淺俗心，夜結朝已津。净漱一掬碧，遠消千慮塵。始知泥步泉，莫與山源鄰。

洛陽岸邊道，孟氏莊前溪。舟行素冰一作芰荷。拆，聲作青瑤嘶。綠水結綠玉，白波生白珪。明明寶鏡中，物物天照齊。仄步下危曲，攀枯聞孀啼。霜芬一作宿雰。稍消歇，凝景微茫齊。痴坐直視聽，戇行失蹤蹊。岸童斸棘勞，語言多悲凄。

曉飲一杯酒，踏雪過清溪。波瀾凍爲刀，剸割鳧與鷖。宿羽皆翦棄，血聲沉沙泥。獨立欲何語，默念心酸嘶。凍血莫作春，作春生不齊。凍血莫作花，作花發孀啼。幽幽棘針村，凍死難耕犂。

篙工磓玉星，一路隨迸螢。朔凍哀徹底，獠饞咏潛鯹。冰齒相磨嚙，風音酸鐸鈴。清悲不可逃，洗出纖悉聽。碧瀲卷已盡，彩縷飛飄零。下蹋滑不定，上栖折難停。哮嘐呻喢冤，仰訴何時寧。

一曲一直水，白龍何鱗鱗。凍飇雜碎號，虀音坑谷辛。柧椾吃無力，飛走更相仁。猛弓一折弦，餘喘争來賓。大嚴此之立，小殺不復陳。皎皎何皎皎，氤氳復氤氳。瑞晴刷日月，高碧開星辰。獨立兩脚雪，孤吟千慮新。天槐徒昭昭，箕舌虛齗齗。堯聖不聽汝，孔微亦有臣。諫書竟成章，古義終難陳。

因凍死得食，殺風仍不休。以兵爲仁義，仁義生刀頭。刀頭仁義腥，君子不可求。波瀾抽劍冰，相劈如仇讐。尖雪入魚心，魚心明愀愀。恍如罔兩説，似訴割切由。誰使異方氣，入此中土流。翦盡一月春，閉爲百谷幽。仰懷新霽光，下照疑憂愁。

溪老哭甚寒，涕泗冰珊珊。飛死走死形，雪裂紛心肝。劍刃凍不割，弓弦彊難彈。常聞君子武，不食天殺殘。斸玉掩骼胔，吊瓊哀闌干。

溪風擺餘凍，溪景銜明春。玉消花滴滴，虬解光鱗鱗。懸步下清曲，消期濯芳津。千里冰裂處，一勺暖亦仁。凝精牙相洗，漪漣競將新。忽如劍瘡盡，初起百戰身。

【眉批】

舟行寒冰中，方知此語之妙（批「舟行」二句）。

奇語奇思（批「波瀾」二句）。

皆奇（批「凍血」四句）。

語不甚亮，調亦近雜（批「曲」一首）。

何語？不復似詩（批「因凍」一首）。

二首似謂禽魚因忍凍觸冰而死者，君子不可以其自死而食之。此老大自佛心（批「因凍」一首）。

以上數首，總是曲摹苦寒思暖，賦得屈曲離奇。

立德新居十首

立德何亭亭，西南聳高隅。陽崖泄春意，井圃留冬蕪。勝引即紆道，幽行豈通衢。碧峰遠相揖，清思誰言孤。寺秩雖貴家，濁醪良可哺。

聳城架霄漢，潔宅涵絪緼。開門洛北岸，時鎖嵩陽雲。夜高星辰大，晝長天地分。厚韻屬疏語，薄名謝囂聞。茲焉有殊隔，永矣難及群。

賔秩已覺厚，私儲常恐多。清貧聊自爾，素青將如何。儉教先勉力，修襟無餘它。良栖一枝木，靈巢片葉荷。仰笑鵾鵬輩，委身拂天波。

疏門不掩水，洛色寒更高。曉碧流視聽，夕清濯衣袍。爲於仁義得，未覺登陟勞。遠岸雪難暮，勁枝風易號。霜禽各嘯侶，吾亦愛吾曹。

崎嶇有懸步，委曲饒荒尋。遠樹足良木，疏巢無争禽。素魄銜夕岸，緑水生曉潯。空曠伊洛視，髣髴瀟湘心。何必尚遠異，憂勞滿行襟。

懸途多仄足，崎圃無修畦。芳蘭與宿艾，手擷心不迷。品子懶讀書，轅駒難服犁。虚食日相投，夸腸詎能低。耻從新學游，願將古農齊。

都城多聳秀，愛此高縣居。伊雒繞街巷，鴛鴦飛閭閻。翠景何的礫，霜颸飄空虚。突出萬家表，獨治二畝蔬。一旬一手版，十日九手鋤。

手鋤手自斸，激勸亦已饒。畏彼梨栗兒，空資玩弄驕。夜景卧難盡，晝光坐易消。治舊得新義，耕荒生嘉苗。鋤治苟愜適，心形俱逍遥。

玉蹄裂鳴水，金綬忽照門。拂拭貧士席，拜候丞相轅。德疏未爲高，禮至方覺尊。豈唯耀茲日，可以榮遠孫。如何一陽朝，獨荷衆瑞繁。

東南富水木，寂寥蔽光輝。此地足文字，及時隘驂騑。仄雪踏爲平，澀行變如飛。令畦生氣色，嘉緑新霏微。天意資厚養，賢人肯相違。末二章，冬至日，鄭相至門，以屬意在焉。

【眉批】

有慨于中(批「霜禽」二句)。

慣作爾語(批「崎嶇」一首)。

不選不陶,時出自造,亦是變調(批「都城」一首)。「耀兹日」、「榮遠孫」,陋甚!可謂寒態。

卷六

唐　武康孟郊　撰
宋　天台國材　評

行役

西上經靈寶觀觀即尹真人舊宅。

道士無白髮，語音一作言。靈泉清。青松多壽色，白石恒夜明。放步霽霞起，振衣華風生。真文秘中頂，寶氣浮四楹。一片古關路，萬里今人行。上仙不可見，驅策徒西征。

【眉批】「秦時明月漢時關」，「今人不見古時月，今月曾經照古人」，俱奇巧立意。此二語可以隱括（批「一片」二句）。

泛黃河

誰開崑崙源，流出混沌河。積雨一作羽。飛作風，驚龍噴爲波。湘瑟颼飀弦，越賓嗚咽歌。有恨一作雙眼。

不可洗，虛此來經過。

【眉批】

險壯，亦凄絶（批「積雨」二句）。

往河陽宿峽陵寄李侍御

暮天寒氣悲屑屑，啼鳥繞樹泉水噎。行路解鞍投古陵，蒼蒼隔山見微月。鴞鳴犬吠霜煙昏，開囊拂巾對盤飧。人生窮達感知己，明日投君申片言。

【眉批】

在景凄凉如見。

鴉路溪行呈陸中丞

鴉路不可越，三十六渡溪。有物飲碧水，高林挂青蜺。歷覽道更險，驅使跡頓睽。視聽易常主，心魂互相迷。浪石忽摇動，沙堤信難躋。危峰紫霄外，古木浮雲齊。出阻望汝郡，大賢多招携。疲馬戀舊秣，羈禽思故栖。應憐泣楚玉，棄置如塵泥。

【眉批】

古語（批「疲馬」二句）。

獨宿峴首憶長安故人

月迴無隱物，況復大江秋。江城與沙村，人語風颼飀。峴亭當此時，故人不同游。故人在長安，亦可將夢求。

【眉批】

起得雄，可方襄陽。

自商行謁復州盧使君虔

一身繞千山，遠作行路人。未遂東吳歸，暫出西京塵。仲宣荆州客，今余一作爲。竟陵賓。往蹟雖不同，托意皆有因。商嶺莓苔滑，石坂上下頻。江漢沙泥潔，永日一作水台。光景新。獨淚起殘夜，孤吟望初晨。驅馳竟何事，章句依深仁。

夢澤行

楚山争蔽虧，日月無全輝。楚路饒回惑，旅人有一作多。迷歸。騏驥思北首，鷓鴣願南飛。我懷京洛游，未厭風塵衣。

京山行

衆虻聚病馬，流血不得行。後路起夜色，前山聞虎聲。此時游子心，百尺風中旌。

【眉批】善作危語。

旅次湘沅有懷靈均

分拙多感激，久游遵長途。經過湘水源，懷古方踟躕。舊稱楚靈均，此處殞忠軀。側聆故老言，遂得旌賢愚。名參君子場，行爲小人儒。騷文銜貞亮，體物情崎嶇。三黜有愠色，即非賢哲模。五十爵高秩，謬膺從大夫。胸襟積憂愁，容鬢復雕枯。死爲不吊鬼，生作猜謗徒。吟澤潔其身，忠節寧見輸。懷沙滅其性，孝行焉能俱。且聞善稱君，一何善自殊。且聞過稱己，一何過不渝。悠哉風土人，角黍投川隅。相傳歷千祀，哀悼延八區。如今聖明朝，養育無羈孤。君臣逸雍熙，德化盈紛敷。巾車徇前侶，白日猶昆吾。寄君臣子心，戒此真良圖。

【眉批】貶靈均，未能免腐。末段頌本朝，戒臣子，自是正論。「君」，疑作「語」。

過彭澤

揚帆過彭澤，舟人訝嘆息。不見種柳人，霜風空寂歷。

【眉批】舟人，意言舟中人，乃自指耶。若舟人訝，無謂。

過分水嶺

山壯馬力短，路行石齒中。十步九舉轡，回環失西東。溪水變爲雨，懸崖陰濛濛。客衣飄飄秋，葛花零落風。白日捨我没，一作去。征途忽然窮。

【眉批】

是過嶺語境。

分水嶺别夜示從弟寂 一作示于孟叔。

南中少平地，山水重疊生。别泉萬餘曲，迷舟獨難行。四際亂峰合，一眺千慮並。潺湲冬夏冷，光彩晝夜明。賞心難久勝，離腸忽自驚。古木摇霽色，高風動秋聲。一作古木解舊葉，回風結秋声。飲爾一樽酒，慰我百憂輕。嘉期何處定，此晨堪寄情。

連州吟三章

春風朝夕起，吹緑日日深。試爲連州吟，淚下不可禁。連山何連連，連天碧岑岑。哀猿哭花死，子規裂客心。蘭芷結新佩，瀟湘遺舊音。怨聲能翦弦，坐撫零落琴。

羽翼不自有，相追力難任。唯憑方寸靈，獨夜萬里尋。方尋魂飃颻，南夢山嶇嶔。髣髴驚魍魎，悉窣聞楓林。正直被放者，鬼魅無所侵。賢人多安排，俗士多虚欽。孤懷吐明月，衆毁鑠黄金。願君保玄曜，壯志無自沉。

朝亦連州吟，暮亦連州吟。連州果有信，一紙萬里心。開緘白雲斷，明月墮衣襟。南風嘶舜琯，苦行動猿音。萬里愁一色，瀟湘雨淫淫。兩劍忽相觸，雙蛟恣浮沉。鬥水正回斡，倒流安可禁。空愁江海信，驚浪隔相尋。

【眉批】

猿哭花，亦奇詭。

旅　行

楚水結冰薄，楚雲爲雨微。野梅參差發，旅榜逍遥歸。

【眉批】

韻趣可挹。

紀　贈

上河陽李大夫

上將秉神略，至兵無猛威。三軍當嚴冬，一撫勝重衣。霜劍奪衆景，星夜失長輝。蒼鷹獨立時，惡鳥不敢飛。武牢鎖天關，河橋紐地機。大將奚以安，守此稱者稀。貧士少顔色，貴門多輕肥。試登山嶽高，方見草木微。山嶽恩既廣，草木心皆歸。

【眉批】

欲仰托意。

投贈張端公

君子量不極，胸吞百川流。嫉邪霜氣直，問俗春辭柔。日户晝輝静，月杯夜景幽。詠驚芙蓉發，笑激風颸秋。鸞步獨無侣，鶴音仍寡儔。幸沾分寸顧，散此千萬憂。

贈蘇州韋郎中使君

謝客吟一聲，霜落群聽清。文含元氣柔，鼓動萬物輕。嘉木依性植，曲枝亦不生。塵埃徐庾詞，金玉曹劉名。章句作雅正，江山益鮮明。萍蘋一浪草，菰蒲片池榮。曾是康樂詠，如今搴其英。顧惟菲薄質，亦願將此並。

上張徐州

爲水不入海，安得浮天波。爲木不在山，安得横日柯。再來君子傍，始覺精義一作藝。多。大德唯一施，衆精自偏頗。至樂無一作變。宫徵，至聲遺謳歌。願鼓空桑弦，永使萬物和。顧己誠拙訥，干名已蹉跎。獻詞惟在口，所欲無餘它。乍作支泉石，乍作翳松蘿。一不改方圓，破質爲琢磨。賤子本如此，大賢心若何。豈是無異途，異途難經過。

上包祭酒

嶽嶽冠蓋彦，英英文字雄。瓊音獨聽時，塵韻固不同。春雲生紙上，秋濤起胸中。時吟五君詠，再舉七子風。何幸松桂侶，見知勤苦功。願將黄鶴翅，一借飛雲空。

贈崔純亮

食薺腸亦苦，强歌聲無歡。出門即有碍，誰謂天地寬。有碍非遐方，長安大道傍。小人智慮險，平地生太行。鏡破不改光，蘭死不改香。始知君子心，交久道益彰。君心與我懷，離别俱回遑。譬如浸蘖泉，流苦來日長。忍泣目易衰，忍憂形易傷。項籍非不壯，賈生非不良。當其失意時，涕泗各沾裳。古人勸加餐，一作食。此餐一作食。難自强。一飯九祝噎，一嗟十斷腸。況是兒女怨，怨氣凌彼蒼。彼蒼昔有知，白日下清霜。今朝始驚嘆，一作呼。碧落空茫茫。

【眉批】

苦甚！亦處世者千古同恨。

怨甚！

贈文應上人

栖遲青山巓，高静身所便。不踐有命草，但飲無聲泉。齋性空轉寂，學情深更專。經文開貝葉，衣製垂秋蓮。厭此俗人群，暫來還却旋。

嚴河南

赤令風骨峭，語言清霜寒。不必用雄威，見者毛髮攢。我有赤令心，未得赤令官。終朝衡門下，忍志將筑彈。君從西省郎，正有東洛觀。洛民蕭條久，威恩憫撫難。苦行聲嘯雪，夜齋聞千竿。詩人偶寄耳，聽苦心多端。多端落杯酒，酒中方得歡。隱士多飲酒，此言信難刊。取次令坊沽，舉止務在寬。何必紅燭嬌，始言清宴闌。丈夫莫矜莊，矜莊不中看。

【眉批】

「嘯雪」字妙！

名言！名言！矜莊便是俗態（批「丈夫」二句）。

贈李觀觀初登第。

誰言形影親，燈滅影去身。誰言魚水歡，水竭魚枯鱗。昔爲同根客，今爲獨笑人。捨予在泥轍，飄跡上雲津。卧木易成蠹，棄花難再春。何言對芳景，愁望極蕭晨。埋劍誰識氣，匣弦日生塵。願君語高風，爲余問蒼旻。

【眉批】

比語每巧，亦每苦（批「誰言」四句）。

二語似古謡（批「卧木」二句）。

時欲問天，無非感遇而怨。

吴安西館贈從弟楚客

蒙蘢楊柳館，中有南風生。風生今爲誰，湘客多遠情。孤枕楚水夢，獨帆楚江程。覺來殘恨深，尚與歸路並。玉匣五弦在，請君時一鳴。

贈章仇將軍

將軍不夸劍，才氣爲英雄。五嶽拽力内，百川傾意中。本立誰敢拔，飛文自難窮。前時天地翻，已有扶正功。

【眉批】

造語。

贈道月上人

僧貌净無點，僧衣寧綴華。尋常晝日行，不使身影斜。飯木煮松栢，坐山敷一作邀。雲霞。欲知禪隱高，緝薜爲袈裟。

抒情因上郎中二十二叔監察十五叔兼呈李益端公柳鎮評事

方憑指下弦，寫出心中言。寸草賤子命，高山主人恩。游邊風沙意，夢楚波濤魂。一日引別袂，九回沾淚痕。自悲何以然，在禮闕晨昏。名利時轉甚，是非宵亦喧。浮情少定主，百慮隨世翻。舉此胸臆恨，幸從賢哲論。明明三飛鸞，一作步兵與雙鸞。照物如朝暾。

贈城郭道士

望裏失却山，聽中遺却泉。松枝休策雲，藥囊翻貯錢。曾依青桂鄰，學得白雲弦。別來意未回，世上爲隱仙。

【眉批】

寫出城郭中之俗。

桐廬山中贈李明府

静境無濁氛，清雨零碧雲。千山不隱響，一葉動亦聞。即此佳志士，精微誰相群。欲識楚一作此。章句，袖中蘭茝薰。

【眉批】

是真静境，入山深者，方知此妙（批「千山」二句）。

獻漢南樊尚書

天下昔崩亂，大君識賢臣。衆木盡摇落，始見竹色真。兵勢走山嶽，陽光潛埃塵。心開玄女符，面縛清波人。異俗既從化，澆風亦歸淳。自公理斯郡，寒谷皆變春。旗影卷赤電，劍鋒匣青鱗。如何嵩高氣，作鎮楚水濱。雲鏡忽開霽，孤光射無垠。乃知尋常鑒，照影不照神。

贈轉運陸中丞

掌運職既大，摧邪名更雄。鵬飛簸曲雲，鶚怒生直風。投彼霜雪令，翦除荆棘叢。楚倉傾向西，吴米發自東。帆影咽河口，車聲聾關中。堯知才策高，人喜道路通。皆驚内史力，繼得酇侯功。萊子真爲少，相如未免窮。衣花野菡萏，書葉山梧桐。不是宗匠心，誰憐久栖蓬。

【眉批】

寫窮甚趣（批「衣花」二句）。

贈萬年陸郎中

天子憂劇縣，寄深華省郎。紛紛風響珮，蟄蟄劍開霜。舊事笑堆案，新聲唯雅章。誰言百里才，終作横天梁。江鴻承耻眷，雲津未能翔。徘徊塵俗中，短毳無輝光。

擢第後東歸書懷獻座主吕侍御

昔歲辭親淚，今爲戀主一作恩。泣。去住情難並，别離景易戢。天矯大空鱗，曾爲小泉蟄。幽意獨沉時，震雷忽相及。神行既不宰，直致非所執。至運本遺功，輕生各一作苦。自立。大君思此化，良佐自然集。寶鏡無私光，時文有新習。慈親誠志就，賤子歸情急。擢第謝靈臺，牽衣出皇邑。行襟海日曙，逸抱江風入。蒹葭得波浪，芙蓉紅岸濕。雲寺勢動摇，山鐘韻噓吸。舊游期再踐，懸水得重挹。松蘿雖可居，青紫終當拾。

古意贈梁蕭補闕

曲木忌日影，讒人畏賢明。自然照燭間，不受邪佞輕。不有百煉火，孰知寸金精。金鉛正同一作在。罏，願分精與粗。

【眉批】語語古。

贈黔府王中丞楚

舊説天下山，半在黔中青。又聞天下泉，半落黔中鳴。山水千萬繞，中有君子行。儒風一以扇，污俗心皆平。我願中國春，化從異方生。昔爲陰草毒，今爲陽華英。嘉實綴緑蔓，凉湍瀉清聲。逍遥物景勝，視聽空曠並。困驥猶在轅，沉珠尚隱精。路遐莫及盼，泥污日已盈。歲宴將何從，落葉甘自輕。

【眉批】

奇句（批「舊説」四句）！

近《選》語（批「嘉實」二句）。

上達溪舍人

北山少日月，草木苦風霜。貧士在重坎，食梅有酸腸。萬俗皆走圓，一身一作心。猶學方。常恐衆毁至，春葉成秋黄。大賢秉高鑒，公燭無私光。暗室曉未及，幽吟涕空行。

贈主人

斗水瀉大海，不知瀉枯池。分明賢達交，豈顧豪華兒。海有不足流，豪有不足資。枯鱗易爲水，貧士易爲施。幸睹君子席，會將幽賤期。側聞清風議，飫如黄金卮。此道與日月，同光無盡時。

【眉批】

便是周急不繼富意(批「斗水」二句)。

贈建業契公

師住青山寺，清華常繞身。雖然到城郭，衣上不栖塵。

【眉批】

画出高僧。

獻襄陽于大夫

襄陽青山郭，漢江白銅堤。謝公領兹郡，山水無塵泥。鐵馬萬霜雪，絳旗千虹霓。風漪參差泛，石板重疊躋。舊淚不復墮，新歡居然齊。還耕竟原野，歸老相扶携。物色增曖曖，寒芳更萋萋。淵清有遐略，高躅無近蹊。一作衆賦無暴掠，輿歌有安綏。即此富蒼翠，自然引翔栖。曩游常抱憶，夙好今尚暌。願言從逸轡，暇日凌清溪。

贈鄭夫子魴

天地入胸臆，吁嗟生風雷。文章得其微，物象由我裁。宋玉逞大句，李白飛狂才。苟非聖賢心，孰與造化該。勉矣鄭夫子，驪珠今始胎。

大隱詠三首

崔從事鄖以直隳職一作官。

古人留清風，千載遥贈君。破松見貞心，裂竹看直文。殘月色不改，高賢德常新。家懷詩書富，宅抱草木貧。安得一蹄泉，來化千尺鱗。含意永不語，釣璜幽水濱。

章仇將軍良棄功守貧

飲君江海心，詎一作誰。能辨淺深。挹君山嶽德，誰能齊嶔岑。東海精爲月，西嶽氣凝金。進則萬景晝，一作盡。退則群物陰。我欲薦此言，天門峻沉沉。風飈亦感激，爲我飀飀吟。

趙記室俶在職無事

卑静身後老，高動物先摧。方圓水任器，剛勁木成灰。大道毋群物，達人腹衆才。時吟堯舜篇，心向無爲開。彼隱山萬曲，我隱酒一杯。公庭何所有，日日清風來。

【眉批】

三詩中皆自見其品。

贈韓郎中愈二首

何以定一作結。交契，贈君高山石。何以保貞堅，贈君青松色。貧居過此外，無可相彩飾。聞君碩鼠詩，吟之淚空滴。

碩鼠既穿墉，又嚙機上絲。穿墉有閑一作餘。土，嚙絲無餘衣。朝吟枯桑柘，暮泣穿杼機。豈是無巧妙，絲斷將何施。衆人上肥華，志士多饑羸。願君保此節，一作願保此貞節。天意當察微。古二詩、一本作一詩。

前日遠别離，今日生白髮。欲知萬里情，曉卧半床月。常恐百蟲秋，使我芳草歇。一本無此一篇。

【眉批】

古甚，「貧居」二句接得淺露。

比語常古（批「碩鼠」四句）。

宜是一詩。

又古，可與《游子吟》並美（批「前日」一首）。

戲贈無本二首

長安秋聲乾，木葉相號悲。瘦僧卧冰凌，嘲一作朔。詠含金痍。金痍非戰痕，峭病方在兹。詩骨聳東野，詩濤湧退之。有時踉蹌行，人驚鶴阿師。可惜李杜死，不見此狂癡。

燕僧聳聽詞，袈裟喜新翻。北嶽厭利殺，玄功生微言。天高亦可飛，海廣亦可源。文章杳無底，斸掘誰能根。夢靈髣髴到，匠我方與論。拾月鯨口邊，何人免爲吞。燕僧擺造化，萬有隨手奔。補綴雜霞衣，笑傲諸貴門。將明文在身，亦爾道所存。朔雪凝別句，朔風飄征魂。再期嵩少游，一訪蓬蘿村。春草步步緑，春山日日暄。遥鶯相應吟，晚聽恐不繁。相思塞心胸，高逸難攀援。

【眉批】

倶奇，自言是骨，尔自知品地所近。

又造（批「斸掘」句）。

意語倶俊（批「春草」四句）。

按：贈韓末首，即二卷中《獨愁》，止異二字，舊本重出也，而評者不覺。因有評，亦仍其本。

卷七

唐　武康孟郊　撰
宋　天台國材　評

懷寄

寄張籍

夜鏡不照物，朝光何時升。黯然秋思一作暗然愁氣。來，走入志士膺。志士惜時逝，一宵三四興。清漢徒自朗，濁河終無澄。舊愛忽已遠，新愁坐相凌。君其隱壯懷，我亦逃名稱。古人貴從晦，君子忌黨朋。傾敗生所競，保全歸懵懵。浮雲何當來，潛虬會飛騰。

【眉批】既云「思」矣，又云入「膺」，便疊。宜作秋氣秋色是。

憶周秀才素上人時聞各在一方

東西分我情，魂夢安能定。野客雲作心，高僧月爲性。浮雲自高閑，明月常空净。衣敝得古風，居山無俗病。吟聽碧雲語，手把青松柄。羡爾欲寄書，飛禽杳難倩。

【眉批】

清高之語（批「野客」二句）。

舟中喜遇從叔簡别後寄上時從叔初擢第歸江南郊不從行

一意兩片雲，暫合還却分。南雲乘慶歸，北雲與誰群。寄聲千里風，相喚聞不聞。

懷南岳隱士二首

見説祝融峰，擎天勢似騰。藏千尋布水，出十八高僧。古路無人跡，新霞吐石稜。終居將爾叟，一一共余登。

千峰映碧湘，真叟此中藏。飯不煮石吃，眉應似髮長。楓狸楮酒甕，鶴虱落琴床。强效忘機者，斯人尚未忘。

【眉批】

「藏千尋」二句，折腰體。本朝蘇、黄亦時用此法。

無其事，而有其趣（批「鶴虱」句）。

春夜憶蕭子真

半夜不成寐，燈盡又無月。獨向堦前立，子規啼不歇。况我有金蘭，忽爾爲胡越。争得明鏡中，久長無白髮。

【眉批】

便是懷人之境。

寄院中諸公

奕奕秋水傍，騣騣緑雲蹄。月仙有高曜，靈鳳無卑栖。翠色繞雲谷，碧華凝月溪。竹林遞歷覽，雲寺行攀躋。冠豸猶屈蠖，匣龍期剸犀。千山驚月曉，百里聞霜鼙。戍府多秀異，謝公期相携。因之仰群彦，養拙固難齊。

寄洛州李大夫

自從薊師反，中國事紛紛。儒道一失所，賢人多在軍。烏巢憂迸射，鹿耳駭驚聞。劍折唯恐一作怨。匣，弓貪不讓勳。方知省事將，動必謝前群。鸛陣常先罷，魚符最晚分。步閑洛水曲，笑激太行雲。詩叟未相識，竹兒争見君。殷勤起談説，記盡古風文一作鳳。

【眉批】

造語新（批「弓貪」句）。

寄盧虔使君

霜露再且換，游人猶未歸。歲新月改色，客久綫斷衣。有鶴冰在翅，竟久力難飛。千家舊素沼，昨日生緑輝。春色若不一作可。借，爲君步芳菲。

寄崔純亮

百川有餘水，大海無滿波。器量各相懸，賢愚不同科。群辯有姿語，衆歡一作有。無行歌。唯餘洛陽子，鬱鬱恨常多。時讀過秦篇，爲君涕滂沱。

汴州離亂後憶韓愈李翱

會合一時哭，别離三斷腸。殘花不待風，春盡各飛揚。歡去收不得，悲來難自防。孤門清館夜，獨卧明月床。忠直血白刃，道路聲蒼黄。食息三千士，一旦爲豺狼。海島士皆直，夷門士非良。人心既不類，天道久一作亦。反常。自殺與彼一作被。殺，未知何者臧。

寄張籍

未見天子面，不如雙盲人。賈生對文帝，終日猶悲辛。夫子亦如盲，所以空泣麟。有時獨齋心，髣髴夢稱臣。夢中稱臣言，覺後真埃塵。東京有眼富，不如西京無眼貧。西京無眼猶有耳，隔墻時聞天子車轔轔。轔轔車聲輾冰玉，南郊壇上禮百神。西明寺後窮瞎張太祝，從爾有眼誰爾珍。天子只尺不得見，不如閉眼且養真。

【眉批】

只一盲目，造出宛轉多意。然甚欲作古，却異於古。

二語却古（批「西京」二句）。

結與起合。

寄義興小女子

江南莊宅淺，所固唯疏籬。小女未解行，酒弟一作病叔。老更癡。家中多吴語，教爾遥可知。山怪夜動門，水妖時弄池。所憂癡酒腸，不解委曲辭。漁妾性崛强，耕童手皴釐。想兹爲襁褓，如鳥拾柴枝。我詠元魯山，胸臆流甘滋。終當學自乳，起坐常相隨。

【眉批】

題是寄，詳詩意只似憶耳。「未解行」之女，寄之何爲？

憶江南弟

白首眼垂血，望爾唯夢中。筋力强起時，魂魄猶在東。眼光寄明星，起來東望空。望空不見人，江海波無窮。衰老無氣力，呼叫不成風。孑然憶憶言，落地何由通。常師共被教，竟作生離翁。生離不可訴，上天何曾聰。未忍對松栢，自鞭殘朽躳。自鞭亦何益，矩教非所崇。努力柱杖來，餘活與爾同。不然死後耻，遺死亦有終。

宿空侄院寄澹公

夜坐冷竹聲，二三高人語。燈窗看律鈔，小師别爲侶。雪簷晴滴滴，茗碗華舉舉。聲音多風飈，聲韻聞江楚。官街不相隔，詩思空愁予。明日策杖歸，去住兩延佇。

【眉批】

便是夜境。

寄陝府鄧一作竇。給事

陝城臨大道，館宇屹幾鮮。候謁隨芳一作方。語，鏗詞芬蜀牋。從來鏡目下，見盡道心前。自謂古詩量，異一作冀。將新學偏。戇人年六十，每月請三千。不敢等閑用，願爲長壽錢。非關亦潔爾，將以救羸然。孤省癡皎皎，默吟寫綿綿。病書憑書目，驛信寄宵鞭。疾訴將何諭，肆鱗今倒懸。塵鯉見枯浪，土鼱思乾泉。感感無緒蕩，愁愁作□原缺。邊。貞元文祭酒，即陽公。比謹學韋玄。滿坐風無雜，當朝雅獨全。見知囑徐孺，即徐端公。賞句類陶淵。一顧生鴻羽，再言將鶴翩。宣揚隘車馬，君子湊駢闐。曾是此同睠，至今應賜憐。磨墨零落淚，楷字貢仁賢。

送諫議十六叔至孝義渡後奉寄

曉渡明鏡中，霞衣相飄飖。浪鳧驚亦雙，蓬客將誰僚。別飲孤易醒，離憂壯難銷。文清雖無敵，儒貴不敢驕。江吏捧紫泥，海旗剪紅蕉。分明太守禮，跨躡毗陵橋。伊洛去未回，遐矚空寂寥。

【眉批】

每下比語必有異（批「浪鳧」句）。

至孝義渡寄鄭軍事唐二十五

咫尺不得見，心中空嗟嗟。官街泥水深，下脚道路斜。嵩少玉峻峻，伊雒碧華華。岸亭當四迴，詩老獨一家。洧叟何所如，鄭食唯有些。何當來説事，爲君開流霞。

酬答

答友人

白日照清水，淺深無隱姿。君子業高文，懷抱多正思。砥行碧山石，結交青松枝。碧山無轉易，青松難傾移。落落山俗韻，琅琅大雅詞。自非隨氏掌，明月安能持。千里不可倒，一返一作别。無近一作回。期。如何非意中，良覿忽在兹。道語必疏淡，儒風易淩遲。願存貞堅節，勿謂霜霰欺。

【眉批】可想其人。

酬友人見寄新文

爲客栖未定，况當玄月中。繁雲翳碧霄，落雪和清風。郊陌絶行人，原濕多飛蓬。耕牛返村巷，野鳥依房櫳。我無飢凍憂，身托蓮花宫。安閑賴禪伯，復得疏塵蒙。覽君郢曲文，詞彩何冲融。謳吟不能已，頓覺形神空。

【眉批】

此首平夷有次第，不作鈎棘，反覺近古爲勝。

答韓愈李觀别因獻張徐州

富别愁在顔，貧别愁銷骨。懶磨舊銅鏡，畏見新白髮。古樹春無花，子規啼有血。離弦不堪聽，一聽四五絶。世途非一險，俗慮有千結。有客步大方，驅車獨迷轍。故人韓與李，逸翰雙皎潔。哀我摧折歸，贈詞縱横設。徐方國東樞，元戎天下傑。禰生投刺游，王粲吟詩謁。高情無遺照，朗抱開曉月。有土不埋冤，有讐皆爲雪。願爲直草木，永向君地列。願爲古琴瑟，永向君聽發。欲識丈夫心，曾將孤劍説。

【眉批】

使欲作怪。

答晝上人止讒作

烈烈鸑鷟吟，鏗鏗琅玕音。梟摧明月嘯，鶴起清風心。渭水不可渾，涇流徒相侵。俗侣唱桃葉，隱仙一作士。鳴桂琴。子野真遺却，浮淺藏淵深。

【眉批】止「渭水」、「涇流」二語，餘不見有止讒意。

答姚怤見寄

日月不同光，晝夜各有宜。賢哲不苟合，出處亦待時。而我獨迷見，意求異士知。如將舞鶴管，誤向驚梟吹。大雅難具陳，正聲易漂淪。君有丈夫淚，泣人不泣身。行吟楚山下，一作玉。義淚沾衣巾。

【眉批】便是好竽鼓瑟意。

答郭郎中

松栢死不變，千年色青青。志士貧更堅，守道無異誉。每彈瀟湘瑟，獨抱風波聲。中有失意吟，知者淚滿纓。何以報知者，永存堅與貞。

【眉批】可想其品調，亦古。

答盧虔故園見寄

訪舊無一人，獨歸清雒春。花聞哭聲死，水見別容新。亂後故鄉宅，多爲行路塵。因悲楚左右，謗玉不知珉。

【眉批】創語（批「花聞」二句）。

汝墳蒙從弟楚材見贈時郊將入秦楚材適楚

朝爲主人心，夕作行客吟。汝水忽凄咽，汝風流苦音。北闕秦門高，南路一作山。楚石深。分淚洒白日，離腸繞青岑。何以寄遠懷，一作我書。黄鶴能相尋。

同從叔簡酬盧殷少府

梅尉吟楚聲，竹風爲凄清。深虛冰在性，萬潔雲入情。借水洗閑貌，寄焦書逸名。羞將片石文，鬥此雙瓊英。

【眉批】每出語必造（批「借水」二句）。

酬李侍御書記秋夕雨中病假見寄

秋風繞衰柳，遠客聞雨聲。重兹阻良夕，孤坐唯積誠。果枉移疾詠，中含嘉慮明。洗滌煩濁盡，視聽昭曠生。未覺衾枕倦，久爲章奏嬰。達人不寶一作保。藥，所保在閑情。

答盧同

楚屈入水死，詩孟踏雪僵。直氣苟有存，死亦何所妨。日劈高查牙，清稜含冰漿。前古後古冰，與山氣勢强。閃怪千石形，異狀安可量。有時春鏡破，百道聲飛揚。潛仙不足言，朗客無異腸。爲君傾海宇，日夕多文章。天下豈無緣，此山雪昂藏。煩君前致詞，哀我老更狂。狂歌不及狂，歌聲緣鳳皇。鳳兮何當來，消我孤直瘡。君文真鳳聲，宣隘滿鏗鏘。洛友零落盡，逮兹悲重傷。獨自奮異骨，將騎白一作玉。角翔。再三勸莫行，寒氣有刀槍。仰慚君子多，慎勿作芬芳。

【眉批】

不過言冰，奇險乃爾。

奉報翰林張舍人見遺之詩

百蟲笑秋律，清削月夜聞。曉稜視聽微，風翦葉已紛。君子鑒大雅，老人非俊群。收拾古所棄，俯仰補空文。孤韻耻春俗，餘響逸零雰。自然蹈終南，滌暑凌寒氛。巖霰不知午，磵澌鎮含曛。曾是醒沽醉，所以多隱淪。江調樂之遠，溪謠生徒新。衆蘊有餘採，寒泉空哀呻。南謝竟莫至，北宋當時珍。頤靈各自異，酌酒一作聖。誰能均。昔詠多寫諷，今詞詎無因。品松何高翠，宫殿没荒榛。苔趾識宏製，沙濼游崩津。忽吟陶淵明，此即羲皇人。心放出天地，形拘在風塵。前賢素行階，夙嗜青山勤。達士立明鏡，朗言爲近臣。將期律萬有，頃倒甄無垠。鸑鷟應蟋蟀，絲毫意皆申。況於三千章，哀叩不爲神。

【眉批】

「酌聖」佳。

送别上

送從弟郢東歸

爾去東南夜，我無西北夢。誰言貧别易，貧别愁更重。曉色奪明月，征人逐群動。秋風楚濤高，旅榜將誰共。

【眉批】

起意便别。

山中送從叔赴舉

石根百尺杉，山根一片泉。倚一作停。之道氣高，飲之詩思鮮。於此逍遥場，忽奏别離弦。却笑薛蘿子，不同鳴躍年。

送别崔寅亮下第

天地唯一氣，用之自偏頗。憂人成苦吟，達士爲高歌。君子識不淺，桂枝憂更多。歲晏期攀折，時歸且婆娑。素質如削一作荆。玉，清詞若傾河。虬龍未化時，魚鱉同一波。去矣當自適，故鄉饒薜蘿。

【眉批】

千古同恨（批「虬龍」四句）。

大梁送柳淳先入關

青山輾爲塵，白日無閑人。自古推高車，争利西入秦。王門與侯門，待富不待貧。空携一作賚。一束書，去一作獨。去誰一作待。相一作誰。親。

【眉批】

如此起又怪。

送無懷道士游富春山水一作送别吴逸士歸山。

造化絶一作見。高處，富春獨多觀。山濃翠滴洒，一作的礫。水折珠摧殘。溪鏡不隱髮，樹衣常遇一作禦。寒。風猿虚空飛，月狖叫嘯酸。信此神僊路，一作樂。豈爲時俗安。煮金陰陽火，一作芙容水。囚怪星宿壇。花發我一作或。未識，玉生忽蓑攢。蓬萊浮蕩漾，非道相從難。

【眉批】

造字不新不已。

送温初下第

日落濁水中，夜光誰能分。高懷無近趣，清抱多遠聞。欲識丈夫志，心藏孤岳雲。長安風塵别，咫尺不見君。

送盧虔端公守復州

師曠聽群木，自然識孤桐。正聲逢知音，願出大朴中。知音不韻俗，獨立占一作上。古風。忽挂觸邪冠，逮逐南飛鴻。肅肅太守章，明明華轂熊。商山無平路，楚水有驚潨。日月千里外，光陰難載同。新愁徒自積，良會何由通。

送任齊二秀才自洞庭游宣城任載、齊古。並序

文章者，賢人之心氣也。心氣樂，則文章正。心氣非，則文章不正。當正而不正者，心氣之僞也。賢與僞見於文章。一直之詞，衰代多禍，賢無曲詞。文章之曲直，不由於心氣。心氣之悲樂，亦不由賢人，由於時故。今宣州多君子，閑暇而寬。文章之曲直，纖微悉而備舉。洞庭二客，勉而客去之，鼓其風波之詞，吾知夫樂莫是行也。遂爲詩曰：

洞庭非人境，道路行虛空。二客月中下，大似摩詰。一帆天外風。魚龍波五色，金碧樹千叢。閃怪如可懼，在誠無不通。扣奇知浩淼，採異訪穹崇。物表即高韻，人間訪仙公。宣城文雅地，謝守聲問融。證玉易爲力，辨珉誰不同。從茲阮籍淚，且免泣途窮。

【眉批】

是洞庭圖。

送曉公歸庭山一作稽亭。

庭山一作稽亭。何崎嶇，寺路緣翠微。秋霽山盡出，日落人獨歸。雲生高高步，泉洒田田衣。枯巢無還羽，新木有争飛。兹焉不可繼，夢寐空清輝。

【眉批】清景清句似摩詰。

送豆盧策歸別墅

短松鶴不巢，高石雲不一作始。栖。君今一作爲。瀟湘去，意一作性。與雲鶴齊。力買奇險地，手開清淺溪。身披薜荔衣，一作蘿襟。山陟莓苔梯。一卷冰雪文，避俗常自携。

【眉批】宜作「始」，既高安有不栖？

送清遠上人歸楚山舊寺一作國清上人游蘇。

波中出吴境，霞際登楚岑。山寺一別來，雲蘿三改陰。詩夸碧雲句，道證青蓮心。應笑泛萍一作憐萍泛。

者，不知松隱深。

山中送從叔簡

莫以手中瓊，言邀世上名。莫以山中迹，久向人間行。松栢有霜操，風泉無俗聲。應憐枯朽質，驚此別離情。

【眉批】

古（批「莫以」四句）。

每以貞操自擬，亦以礪。

送蕭鍊師入四明山

閑於獨鶴心，大於高松年。迴出萬人表，高栖四明巔。千尋直裂峰，百尺倒瀉泉。絳雪爲我飯，白雲爲我田。静言不語一作話。俗，靈蹤時步天。

卷八

唐　武康孟郊　撰
宋　天台國材　評

送別下

感別送從叔校書簡再登科東歸

長安車馬道，高槐一作柳。結浮陰。下有名利人，一人千萬心。黄鵠多遠勢，滄溟無近潯。怡怡静退姿，冷冷思歸吟。菱唱忽生聽，芸書回望深。清風散言笑，餘花綴衣襟。獨恨魚鳥別，一飛將一沉。

【眉批】

必欲刻畫出世情。

送玄亮師

蘭泉滌我襟，杉月栖我心。茗啜一作味。緑净花，經誦清柔音。何處笑爲別，淡情愁不侵。

送李尊師玄

口誦碧簡文，身是青霞君。頭冠兩片月，肩披一條雲。松骨輕自飛，鶴心高不群。

【眉批】

字法必造（批「松骨」「鶴心」四字）。

同晝上人送郭一作邵。秀才江南尋兄弟

地一作池。上春色生，眼前詩彩明。手携片寶月，言是高僧名。溪轉萬曲心，一作石。水流千里聲。飛鳴向誰去，江鴻弟與兄。

春日同韋郎中使君送鄒儒立少府扶侍赴雲陽

離思着百草，緜緜生無窮。側聞畿甸秀，三振詞策雄。太守不韻俗，諸生皆變風。郡齋敞西清，楚瑟驚南鴻。海畔帝城望，雲陽天色中。酒酣正芳景，詩綴新碧叢。服彩老萊並，侍車江革同。過隨柳鴿頓，入洛花蒙籠。高步詎留足，前程在層空。獨慚病鶴羽，飛送力難崇。

送從叔校書簡南歸一作東游。

長安別離道，宛在東城隅。寒草根未死，愁人心已枯。促促水上景，遥遥天際途。生隨昏曉中，皆被日月驅。北騎達一作驥逵。山岳，南帆指江湖。高蹤一超越，千里在須臾。

【眉批】

達生之言。

送韓愈從軍

志士感恩起，變衣非變性。親賓改舊觀，僮僕生新敬。坐作群書吟，行爲孤劍詠。始知出處心，不失平生正。凄凄天地秋，凛凛軍馬令。驛塵時一飛，物色極四静。王師既不戰，廟略在無競。王粲有所依，元瑜初應命。一章喻檄明，百萬心氣定。今朝旗鼓前，笑别丈夫盛。

同弟郎中使君河南裴文學

河南有歸客，江風繞行襟。送君無塵聽，舞鶴清瑟音。菱蔓綴楚棹，日華正嵩岑。如何謝文學，還起會雲一作長。吟。

送李翺習之

習之勢翩翩，東南去遥遥。贈一作寄。君雙履足，一爲上皋橋。皋橋路逶迤，碧水清風飄。新秋折藕花，應對吴語嬌。千巷分渌波，四門生早潮。湖榜輕裹裹，酒旗高寥寥。小時屐齒痕，有處應未銷。舊憶如霧星，恍見於夢消。言之燒人心，事去不可招。獨孤宅前曲，箜篌醉中謡。壯年俱悠悠，逮兹各焦焦。執手復執手，唯道無枯凋。

送丹霞子阮芳顔上人歸山

松色不肯秋，玉性不可柔。登山須正路，飲水須直流。倩鶴附書信，索雲作衣裘。仙村莫道遠，枉策招交游。

【眉批】好，世外人語。

送從舅端適楚地

歸情似泛空，飄蕩楚波中。羽扇掃輕汗，布帆篩細風。江花折菡萏，岸影泊梧桐。元舅唱離别，賤生愁不窮。

【眉批】

語必欲創獲（批「羽扇」二句）。

結得索。

送盧汀侍御歸天德幕

仲宣領騎射，結束皆少年。匹馬黄河岸，射雕清霜天。旌旗防日北，道路上雲巔。古雪無銷鑠，新冰有堆填。清溪徒聳誚，白璧自招賢。豈比重思者，閉門方獨全。

送草書獻上人歸廬山

狂僧不爲酒，狂筆自通天。將書雲霞片，直至清明巔。手中飛黑電，象外瀉玄泉。萬物隨指顧，三光爲回旋。聚一作驟。書雲霮䨴，洗硯山晴鮮。忽怒畫虵虺，噴然生風煙。江人願停筆，驚浪恐傾船。

【眉批】

不必有之事，妙于贊。

和薛先輩送獨孤秀才上都赴嘉會得青字

秦雲攀窈窕，楚桂搴芳馨。五色豈徒爾，萬枝皆有靈。仙謡天上貴，林詠雪中青。持此一爲贈，送君翔杳冥。

送崔爽之湖南

江與湖相通，二水洗高空。定知一日帆，使得一作竭。千里風。雪唱與誰和，俗情多不通。何當逸翮縱，一作鶴迹。飛起泥沙中。

送超上人歸天台

天台山最高，動躡赤一作仙。城霞。何以静雙目，掃山除妄花。何以潔其性，一作鑒形影。濾泉去泥沙。靈境物皆直，萬松無一斜。月中見心近，雲外將世賒。山獸護方丈，山猿捧袈裟。遺身獨得身，笑我牵名華。

【眉批】

有得語（批「月中」二句）。

同李益崔放送王錬師還樓觀兼爲群公先營山居

十一作千。年白雲士，一卷紫芝書。來結崆峒侣，還期縹緲居。霞冠遺彩翠，月一作丹。帔上空虚。寄謝泉根水，清冷閑有餘。

張徐州席送岑秀才

振振芝蘭步，升自君子堂。泠泠松桂吟，生自楚客腸。羇鳥無定栖，驚蓬在他鄉。去兹門館閒，即彼道路長。雨餘山川净，麥熟草木凉。楚淚滴章句，京塵深衣裳。贈君無餘它，久要不可忘。

送黄構擢第後歸江南

澹澹滄海氣，結成黄香才。幼齡思奮飛，弱冠游靈臺。一鶚顧喬木，衆禽不敢猜。一驥騁長衢，衆獸不敢陪。遂得會風雨，感通如雲雷。至矣小宗伯，確乎心不回。能令幽静人，聲實喧九垓。却憶江南道，祖筵花裏開。春風不能别，别罷空徘徊。

送道士

千年山上行，山上無遺踪。一日人間游，六合人皆逢。自有意中侣，白寒徒相從。

【眉批】

狀仙家之窈，如薊子訓然。

送孟寂赴舉

烈士不憂身，爲君吟苦辛。男兒久失意，寶劍亦生塵。浮俗官是貴，君子道所珍。况是聖明主，豈乏證玉臣。濁水無白日，清流鑒蒼旻。賢愚皎然别，結交當有因。

同溧陽宰送孫秀才

廢瑟難爲弦，南風難爲歌。幽幽拙疾中，怱怱浮夢多。清韻始嘯侶，雅言相與和。訟閑每往招，祖送奈若何。牽苦强爲贈，邦邑光峨峨。

溧陽唐興寺觀薔薇花同諸公餞陳明府

忽驚紅琉璃，千艷萬艷開。佛火不燒物，净香空徘徊。花下印文字，林間詠觴杯。群臣餞宰官，此地車馬來。

【眉批】無味。

送柳淳

青山臨黄河，下有長安道。世上名利人，相逢不知老。

【眉批】古意世情，二十字盡有。

送殷秀才南游

詩句臨一作滿。離袂，酒花薰別顏。水程千里外，岸泊幾宵間。風葉亂辭木，雪猿清叫山。南中多一作高。古事，詠遍始應還。

【眉批】

好別語（批「詩句」二句）！

五字字字有画（批「風葉」句）。

送青陽上人游越

秋風吹白髮，微官自蕭索。江僧何用嘆，溪縣饒寂寞。楚思物皆清，越山勝非薄。時看鏡中月，獨向衣上落。多謝入冥鴻，笑予在籠鶴。

奉同朝賢送新羅使

淼淼望遠國，一萍秋海中。恩傳日月外，夢在波濤東。浪興害胸臆，泛舟程虛空。既茲吟仗信，亦以難私躬。實怪賞不足，異解悅多叢。安危所繫重，征役誰能窮。彼俗媚文史，聖朝富才雄。送行數百首，各以鏗奇工。冗隸竊抽韻，孤屬思將同。

【眉批】

東野所詣，可見二字自目（批「鏗奇」二字）。

留弟郢不得送之江南

剛有下水船，白日留不得。老人獨自歸，苦淚滿眼黑。

送陸暢歸湖州因憑題一作吊。故人皎然塔陸羽墳

渺渺霅寺前，白蘋多清風。昔游詩會滿，今游詩會空。孤吟玉淒惻，遠思景蒙籠。杼山塼塔禪，竟陵廣宵翁。饒彼草木聲，髣髴聞餘聰。因君寄數句，遍爲書其藂。追吟當時説，來者實不窮。江調難再得，京塵徒滿躬。送君溪鴛鴦，彩色雙飛東。東多高静鄉，芳宅冬亦崇。手自擷甘旨，供養歡冲融。待我遂前心，收拾使有終。不然洛岸亭，歸死爲大同。

送淡公十二首

燕本冰雪骨，一作操。越淡蓮花風。五言雙寶刀，聯響高飛鴻。翰苑錢舍人，詩韻鏗雷公。識本未識淡，仰詠嗟無窮。清恨生物表，朗玉傾夢中。常於冷竹坐，相語道意冲。嵩洛興不薄，稽江事難同。明年若不來，我作黄嵩翁。何以兀其心，爲君學虚空。

【眉批】

「燕本」、「越淡」，二僧。

又

坐愛青草上，意含滄海濱。渺渺獨見水，悠悠不問人。鏡浪洗手緑，剡花入心春。雖然防外觸，無奈饒衣新。行當譯文字，慰此吟殷勤。

又

銅斗飲江酒，手拍銅斗歌。儂是拍浪兒，飲則拜浪婆。脚踏小船頭，獨速舞短蓑。笑依漁陽操，空恃文章多。閑倚青竹竿，白日奈我何。

【眉批】

古甚，似謡。

以後三首，不復似贈僧語，不知何所指。疑是樂府别題誤入耳。

又

短蓑不怕雨，白鷺相争飛。短楫畫菰蒲，鬥作豪横歸。笑伊水健兒，浪戰求光輝。不如竹枝弓，射鴨無是非。

又

射鴨復射鴨，鴨驚菰蒲頭。鴛鴦亦零落，彩色難相求。儂是清浪兒，每踏青浪游。笑伊鄉貢郎，踏土稱風流。如何丱角翁，至死不裹頭。

【眉批】「頭」字重韻。

又

師得天文章，所以相知懷。數年伊雒同，一旦江湖乖。江湖有故莊，小女啼喈喈。我憂未相識，乳養難和諧。幸以片佛衣，誘之令看齋。齋中百福言，催促西歸來。

【眉批】此首明白。

又

伊洛氣味薄，江湖文章多。坐緣江湖岸，意識一作織。鮮明波。銅斗短簑行，新章其奈何。兹焉激切句，非是等閑歌。製一作掣。之附驛回，勿使餘風訛。都城第一寺，昭成屹嵯峨。爲師書廣壁，仰詠時經過。徘徊相思心，老淚雙滂沲。

【眉批】又言「銅斗短箋」，似謂前詩。

又

江南寺中邑，一作邑古。平地生勝山。開元吴語僧，律韻高且閑。妙樂溪岸平，桂榜復往一作往復。還。樹石相鬥生，紅緑各異顔。風味我遥憶，新奇師獨攀。

【眉批】是江南實境。

又

報恩兼報德，寺與山争鮮。一作先。橙橘金蓋檻，竹蕉緑凝禪。經童音韻細，風磬清泠翩。離腸繞師足，舊憶隨路延。不知幾千尺，至死方綿綿。

【眉批】「報恩」、「報德」，二寺名。

又

鄉在越鏡中，分明見歸心。鏡芳步步緑，鏡水日日深。異刹碧天上，古香清桂岑。朗約徒在昔，章句忽盈今。幸因西飛葉，書作東風吟。落我病枕上，慰此浮恨侵。

又

牽師袈裟别，師斷袈裟歸。問師何苦去，感泣言語稀。意恐被詩餓，欲住將底依。盧殷劉言史，餓死君已噫。不忍見别君，哭君他是非。

又

詩人苦爲詩，不如脱空飛。一生空鷕氣，非諫復非譏。脱枯掛寒枝，棄如一唾微。一步一步乞，半片半片衣。倚詩爲活計，從古多無肥。詩飢老不怨，勞師淚霏霏。

【眉批】

恨甚之語（批「倚詩」二句）。

送魏端公入朝

東洛尚淹玩，西京足芳研。大賓威儀肅，上客冠劍鮮。豈惟空戀闕，亦以將朝天。局促塵末吏，幽老病中弦。徒懷青雲價，忽至白髮年。何當補風教，爲薦三百篇。

送盧郎中汀

洛水春渡闊，別離心悠悠。一生空吟詩，不覺成白頭。向事每計較，與山實綢繆。太華天上開，其下車轍流。縣街無塵土，過客多淹留。坐飲孤驛酒，行思獨山游。逸關嵐氣明，照渭空漪浮。玉珂擺新歡，聲與鸞鳳儔。朝謁大家事，唯余去無由。

送鄭僕射出節山南一作《酬鄭興元僕射招》。

國老出爲將，紅旗入青山。再招門下生，結束餘病孱。自笑騎馬醜，强從驅馳間。顧顧一作碩碩。磨天路，裹裹鏡下顔。文魄既飛越，宦情唯等閑。羨他白面少，多是清朝班。惜命非所報，慎行誠獨艱。悠悠去住心，兩説何能删。

別妻家

芙蓉濕曉露，秋別南浦中。鴛鴦卷新贈，遥戀東床空。碧水不息浪，清溪易生風。參差坐成阻，飄飖去一作恨。無窮。孤雲目雖斷，明月心相通。私情詎銷鑠，積芳在春蘩。

贈姚忞別

美人廢琴瑟，不是無巧彈。聞君郢中唱，始覺知音難。驚蓬無還根，馳水多分瀾。倦客厭出門，疲馬思解鞍。何以寫此心，贈君握中丹。

【眉批】

似《十九首》中語。

贈竟陵盧使君虔别

赤日千里火，火中行子心。孰不苦焦灼，所行爲貧侵。山木豈無凉，猛獸蹲清陰。歸人憶一作懷。平坦，别路多嶇嶔。賴得竟陵守，時聞建安吟。贈别折楚芳，楚芳一作芳色。摇衣襟。

與韓愈李翶張籍話别

朱弦奏離别，華燈少光輝。物色豈知異，劉云：「不料下句如此。」人心故將違。客程殊未已，歲華忽然微。秋桐故葉下，寒露新雁飛。遠游起重恨，送人念先歸。夜集類飢鳥，晨光失相依。馬跡繞川水，雁書還一作妻泣守。閨闈。常恐新朋阻，獨行知慮非。

監察十五叔東齋招李益端公會别

欲知惜别離，瀉水還清池。此地有君子，芳蘭步葳蕤。手掇一作綴。雜英一作彩。珮，意摇春夜一作夢。思。莫作繞山雲，循環無定期。

汴州别韓愈

不飲濁水瀾，空滯此汴河。坐見繞岸冰，一作水。盡爲還海波。四時不在家，弊服斷綫多。遠客獨鬒顇，春英落婆娑。汴水饒曲流，野桑無直柯。但爲君子心，嘆息一作飲之。終匪他。

贈別殷山人説易後歸幽墅

夫子説天地，若與靈龜言。幽幽人不知，一一予所敦。秋月吐白夜，凉風韻清源。旁通忽已遠，神感寂不喧。一悟袪萬結，夕懷傾朝煩。旅輈無停波，别馬嘶去轅。殷勤荒草士，會有知己論。

壽安西渡奉别鄭相公二首

洛河向西道，石波横磷磷。清風送君子，車遠無還塵。春别亦蕭索，况兹冰霜晨。零落景易入，鬱抑抱難申。百宵華燈宴，一旦星散人。歲去弦吐箭，憂來蠶抽綸。綿綿無窮事，各各馳繞身。徘徊送縹緲，倏忽春霜賓。相爲物表物，永謝區中烟。日嗟來教士，仰望無由親。

東都清風減，君子西歸朝。獨抱歲晏恨，泗吟不成謡。貴游意多味，賤别情易消。回雁憶前叫，浪凫念後漂。悠悠孤飛景，聳聳御霜條。昧趣多滯澀，一作趾。懶朋寡新僚。病深理方晤，悔至心自燒。寂静道何在，憂勤學空鐃。乃知减聞見，始遂情逍遥。文字徒營織，聲華諒疑驕。顧慚耕稼士，朴略氣韻調。善士有餘食，佳畦冬生苗。養人在養身，此旨清如韶。原貢高古言，敢望錫類招。

【眉批】造語極其形容（批「歲去」二句）。

卷九

唐　武康孟郊　撰
宋　天台國材　評

詠物

宇文秀才齋中海柳詠

玉縷青葳蕤，結爲芳樹姿。忽驚明月鈎，鈎出珊瑚枝。灼灼不死花，蒙蒙長生絲。飲栢況一作泛。仙味，詠蘭擬一作疑。古詞。霜風清颼颼，與君長相思。

搖一作採。柳

弱弱本易驚，看看勢難定。因風似醉舞，盡日不能正。時邀詠花女，笑輟春妝鏡。

【眉批】是「搖」非「採」。

曉鶴

曉鶴彈古舌，婆羅門叫音。應吹天上律，不使塵中尋。虛空夢皆斷，歆唏安能禁。如開孤月口，似説明星心。既非人間韻，枉作人間禽。不如相將去，碧落窠巢深。

【眉批】忽復近禪（批「如開」二句）。

和薔薇花歌

仙機札札一作軋軋。織鳳凰，花開七十有二行，天霞落地攢紅光。風枝嫋嫋時一颺，飛散葩馥繞空王。忽驚錦浪洗新色，又似宫娃逞妝飾。終當一使移花一作老。根，還比蒲桃天上植。

邀人賞薔薇

蜀色庶可比，楚叢亦應無。醉紅不自力，狂豔如索扶。麗蘂惜未歸，宛枝長更紆。何人是花侯，詩老强相呼。

【眉批】多以兩字見奇。

和宣州錢判官使院廳前石楠樹

大朴既一剖，衆材争萬殊。懿兹南海華，來與北壤俱。生長如自惜，雪霜無凋渝。籠籠抱靈秀，簇簇抽芳膚。寒日吐再艷，赬子流細珠。鴛鴦花數重，翡翠葉四鋪。雨洗新妝色，一枝如一姝。聳異敷庭際，傾妍來坐隅。散彩飾几案，餘輝盈盤盂。高意因造化，常情逐榮枯。主公方寸中，陶植在須臾。養此奉君子，賞覿日爲娱。始覺石楠詠，價傾賦兩都。棠頌庶可比，桂詞難以踰。因謝丘墟木，空採落泥塗。時來開佳姿，道去卧枯株。争芳無由緣，受氣如鬱紆。抽肝在郢匠，嘆息何踟蹰。

酬鄭毗躑躅詠

不似人手致，豈關地勢偏。孤光褭餘翠，獨影舞多妍。迸火燒閑地，紅星墮青天。忽驚物表物，嘉客爲留連。

【眉批】「躑躅」，花名。

品松

追悲謝靈運，不得殊常封。縱然孔與顔，亦莫及此松。此松天格高，聳異千萬重。抓拏巨靈手，劈裂少室峰。擘裂風雨獰，抓拏指爪牗。道人難抱心，學生易墮蹤。時時數點仙，嫋嫋一綫龍。霏微嵐浪際，游戲顥興濃。品松徒高高，雌鳴詎一作語。唯唯。賞異尚可貴，賞潛誰能容。名華非典實，翦棄徒纖茸。刻削大雅文，所以不敢慵。

答李員外小榼味

一拳芙蓉水，傾玉何泠泠。仙清夙已高，詩味今更馨。試啜月入骨，再銜愁盡醒。荷君道古誠，使我善飛一作振。翎。

井上枸杞架

深鎖銀泉甃，高葉架雲空。不與凡木並，自將仙蓋同。影疏千點月，聲細萬條風。迸子鄰溝外，飄香客位中。花杯承此飲，椿歲小無窮。

【眉批】

造而有韻，頗近自然（批「影疏」二句）。

蜘蛛諷

萬類皆有性，各各稟天和。蠶身與汝身，汝身何太訛。蠶身不爲己，汝身不爲它。蠶絲爲衣裳，汝絲爲網羅。濟物幾無功，害物日已多。百蟲雖切恨，其將奈爾何。

【眉批】

有所指耶？

蚊

五月中夜息，飢蚊尚營營。但將膏血求，豈覺性命輕。顧己寧自愧，飲人以偷生。願爲天下幮，一使夜景清。

【眉批】

仁且恕(批「願爲」二句)。

燭蛾

燈前雙舞蛾，厭生何太切。想爾飛來心，惡明不惡滅。天若百尺高，應去掩明月。

【眉批】

造意刻而語古。

和錢侍郎甘露

玄天何以言，瑞露青松繁。忽見垂書跡，還驚涌澧源。春枝晨蒻蒻，香味曉翻翻。子禮忽來獻，臣心固易敦。清風惜不動，薄霧肯蒙昏。嘉晝色更晶，仁慈久乃存。一方難獨占，天下恐争論。側聽飛中使，重榮華一作萃。德門。從公樂萬壽，餘慶及兒孫。

雜　題

和令狐侍郎郭郎中題項羽廟

碧草淩古廟，清塵鎖秋窗。當時獨宰割，猛志誰能降。鼓氣雷作敵，劍光電爲雙。新悲徒自起，舊恨一作懷舊。空浮江。

【眉批】

似有叱咤聲（批「鼓氣」二句）。

讀張碧集

天寶太白歿，六義已消歇。大哉國風本，喪而王澤竭。先生今復生，斯文信難缺。下筆證興亡，陳詞備風骨。高秋數奏琴，澄潭一輪月。誰作採詩官，忍之一作教。不揮發。

聽琴

颯颯微雨收，翻翻橡一作桐。葉鳴。月沉亂峰西，寥落三四星。前溪忽調琴，隔林寒琤琤。聞彈正弄聲，不敢枕上聽。回燭整頭簪，漱泉立中庭。定步履一作屐。齒深，貌禪目冥冥。微風吹衣襟，亦認宫徵聲。學道三十年，未免憂死生。聞彈一夜中，會盡天地情。

【眉批】

便是聽琴夜色(批「月沉」二句)。

聞夜啼贈劉正元

寄泣須寄黄河泉，此中怨聲流徹一作方到。天。悉人獨有夜燈見，一紙鄉書淚滴穿。

喜　雨

朝見一片雲，暮成千里雨。凄清濕高枝，散漫沾荒土。

終南山下作

見此原野秀，始知造化偏。山村不假陰，流水自一作日。雨田。家家梯碧峰，門門鎖青煙。因思蜕骨人，化作飛桂仙。

【眉批】

深于山居者（批「流水」句）。

觀種樹

種樹皆待春，春至難久留。君看朝夕花，誰免別離愁。心意已零落，種之仍未休。胡爲好奇者，無事自買憂。

春後雨

昨夜一霎雨，天意疏群物。何物最先知，虚亭草争出。

【眉批】

是春雨。

答友人贈炭

青山白屋有仁人，贈炭價重雙烏銀。驅却坐上千重寒，燒出爐中一片春。吹霞弄日光不定，暖得曲身成直身。

【眉批】

只如此二語自妙。「曲身成直身」，以爲刻畫，不知作何語。

爛柯石

仙界一日内，人間千載窮。雙棋未徧局，萬物皆爲空。樵客返歸路，斧柯爛從風。唯餘石橋在，猶自一作有。凌一作靈。丹虹。一作紅。

尋言上人

萬里莓苔地，不見驅馳蹤。唯開文字窗，時寫日月容。竹韻漫蕭屑，草花徒纖一作蒙。茸。披霜八衆木，獨自識青松。

噴玉布

去塵咫尺步，山笑康樂巖。天開紫石屏，泉縷一作鏤。明月簾。仙凝刻削跡，靈綻雲霞纖。悦開若有待，瞥見終無厭。俗玩詎能近，道嬉方可淹。踏着不死機，欲歸多浮嫌。古醉今忽醒，今求古仍潛。古今相共失，語默兩難恬。贈君噴玉布，一濯高漸漸。

姑蔑城

勁越既成土，强吴亦爲墟。皇風一已被，兹邑信平居。撫俗觀舊跡，行春布新書。興亡意何在，綿嘆空躊躕。

峥嶸嶺

疏鑿順高下，結構横煙霞。坐嘯郡齋肅，玩奇石路斜。古樹浮緑氣，高門結朱華。始見峥嶸狀，仰止逾可嘉。

尋裴處士

涉水更登陸，所向皆清真。寒草不藏徑，靈峰知有人。悠哉鍊金客，獨與煙霞親。曾是欲輕舉，誰言空隱淪。遠心寄白月，一作日。華髮回青春。對此欽勝事，胡爲勞我身。

子慶詩

王家事已奇，孟氏慶無涯。獻子還生子，羲之又有之。鳳兮且莫嘆，鯉也會聞詩。小小豫章甲，纖纖玉樹姿。人來唯仰乳，母抱未知慈。我欲揀其養，放麛者是誰。

【眉批】

必欲人思所不到（批「獻子」二句）。

憩淮上觀公法堂

動覺日月短，静知時歲長。自悲道路人，暫宿空閑堂。孤燭讓清晝，紗巾斂輝光。高僧積素行，事外無剛强。我有巖下桂，願爲爐中香。不惜青翠姿，爲君一作師。揚芬芳。淮水色不污，汴流徒渾黄。且將琉璃意，净綴芙蓉章。明日還獨行，羈愁來舊腸。

江邑春霖奉贈陳侍御

江上花木凍，雨中零落春。應由放忠直，在此成漂淪。嘉艷皆損污，好音難殷勤。天涯多遠恨，雪涕盈芳辰。坐哭青草上，卧吟幽水濱。興言念風俗，得意唯波鱗。枕席病流濕，簷楹若飛津。始知吴楚水，不及京洛塵。風浦蕩歸棹，泥波陷征輪。兩途日無遂，相贈唯沾巾。

溧陽秋霽

晚雨曉猶在，蕭寥激前階。星星滿衰鬢，耿耿入秋懷。舊識半零落，前心驟相乖。飽泉亦恐醉，愓宦肅如齋。上客處華池，下寮宅枯崖。叩高占生物，齟齬回難諧。

列仙文

方諸青童君

大霞霏晨暉，元氣無常形。玄轡飛霄外，八景乘高清。手把玉皇袂，携我晨中生。玄庭自嘉會，金書拆華名。賢女密所妍，相期洛水軿。

清虚真人

欻駕空清虚，徘徊西華館。瓊輪曁晨抄，虎騎逐煙散。惠風振丹旌，明燭朗八焕。解襟墉房内，神鈴鳴璀璨。栖景若林柯，九弦空中彈。遺我積世憂，釋此千載嘆。怡眄無極已，終夜復待旦。

金母飛空歌

駕我八景輿，欻然入玉清。龍群拂霄上，虎旗攝朱兵。逍遥三弦際，萬流無暫停。哀此去留會，劫盡天地傾。當尋無中景，不死亦不生。體彼自然道，寂觀合大冥。南嶽挺直幹，玉英曜穎精。有任靡期事，無心自虚靈。嘉會絳河内，相與樂朱英。

安度明

丹霞焕上清，八風古太和。回我神霄輦，遂造嶺玉阿。咄嗟天地外，九圍皆我家。上採白日精，下飲黄月華。靈觀空無中，鵬路無間邪。顧見魏賢安，濁氣傷汝和。勤研玄中思，道成更相過。

夏日謁智遠禪師

吾師當幾祖，説法云無空。禪心三界外，宴坐天地中。院靜鬼神去，身與草木同。因知護王國，滿鉢盛毒龍。抖擻塵埃衣，謁師見真宗。何必千萬劫，瞬息去樊籠。盛夏火爲日，一堂十月風。不得爲弟子，名姓掛儒宫。

訪嵩陽道士不遇

先生五兵游，文熖藏金鼎。日下鶴過時，人間空落影。常言一粒藥，不墮生死境。何當列禦寇，去問仙人請。

【眉批】

仙語（批「日下」二句）。

聽藍溪僧爲元居士説維摩經

古樹少枝葉，真僧亦相依。山木自曲直，道人無是非。手持維摩偈，心向居士歸。空景忽開霽，雪花猶在衣。洗然水溪晝，寒物生光輝。

借　車

借車載家具，家具少於車。借者莫彈指，貧窮何足嗟。百年徒校一作役。走，萬事盡隨花。

【眉批】可想其貧！

喜符郎詩有天縱

念符不由級，屹得文章階。白玉抽一毫，緑珉已難排。偷筆作文章，乞墨潛磨揩。海鯨始生尾，試擺蓬壺渦。幸當禁止之，勿使恣狂懷。自悲無子嗟，喜妒雙喈喈。

憑周况先輩於朝賢乞茶

道意勿乏味，心緒病無悰。蒙茗玉花盡，越甌荷葉空。錦水有鮮色，蜀山饒芳蘗。雲根纔翦緑，印縫已霏紅。曾向貴人得，最將詩叟同。幸爲乞寄來，救此病一作窮。劣躬。

上昭成閣不得於從侄僧悟空院嘆嗟

欲上千級一作天。閣，問天三四言。未盡數十登，心目風浪翻。手手把驚魄，脚脚踏墜魂。却流至舊手，傍製猶欲奔。老病但自悲，古蠹木萬痕。老力安可夸，秋海萍一根。孤叟何所歸，晝眼如黄昏。常恐失好步，入彼市井門。結僧爲親情，策竹爲子孫。此誠徒切切，此意空存存。一寸地上語，高天何由聞。

【眉批】

上閣便欲問天，地上便言天不聞。本無謂，却欲如此，造語吊詭。

魏博田興尚書聽嫂命不立非夫人詩

君子躭古禮，如饞魚吞鈎。昨聞敬嫂言，掣心東北流。魏博田尚書，與禮相綢繆。善詞聞天下，一日一再周。

讀　經

垂老抱佛脚，教妻讀黄經。經黄名小品，一紙千明星。曾讀大般若，細感肸蠁聽。當時把齋中，方寸抱萬靈。忽復入長安，蹴踏日月寧。老方却歸來，收拾可丁丁。拂拭塵几案，開函就孤亭。儒書難借索，僧籤繞芳馨。驛驛不開手，鏗鏗聞異鈴。得善如焚香，去惡如脱腥。安得顔子耳，曾來如此聽。聽之何有言，德教貴有形。何言中國外，有國如海萍。海萍國教異，天聲各泠泠。安排未定時，心火競熒熒。將如庶幾者，聲盡形元冥。

【眉批】

左佛右儒，亦僻。

謝李輈再到

等閑拜日晚，夫妻猶相瘖。況是賢人寃，何必哭飛揚。昨夜夢得劍，爲君藏中腸。會將當風烹，血染布衣裳。勞君又叩門，詞句失尋常。我不忍出廳，血字濕土墻。血字耿不滅，我必懼惶惶。會有鏗鏘夫，見之目生光。生光非等閑，君其且安詳。

忽不貧喜盧同書船歸洛

貧孟忽不貧，請問孟何如。盧同歸洛船，崔嵬但載書。江潮清翻翻，淮潮碧徐徐。夜信爲朝信，朝信良卷舒。江淮君子水，相送仁有餘。我去官色衫，肩經入君廬。喃喃肩經郎，言語傾琪琚。琪琚鏗好詞，鳥鵲躍庭除。書船平安歸，喜報鄉里閭。我願拾遺柴，巢經於空虛。下免塵土侵，上爲一作與。雲霞居。日月更相鎖，道義分明儲。不願空岧嶢，但願實工夫。實空二理微，分別相起予。經書荒蕪多，爲君勉勉鋤。勉勉不敢專，傳之方在諸。

【眉批】

好題！題勝于詩。

亦奇（批「我願」二句）。

卷十

哀傷

唐 武康孟郊 撰
宋 天台國材 評

弔國殤

徒言人最靈，白骨亂縱橫。如何當春死，不及群草生。堯舜宰乾坤，器農不器兵。秦漢盜山岳，鑄殺不鑄耕。天地莫生金，生金人競争。

弔比干墓

殷辛帝天下，厭爲天下尊。乾剛既一斷，賢愚無一門。佞是福身本，忠是喪己源。餓虎不食子，人無骨肉恩。日影不入地，下埋冤死魂。有骨不爲土，應作直木根。今來過此鄉，下馬弔此墳。静念君臣間，有道誰敢論。

【眉批】本朝蘇瑞明，遂用之爲「根到九原無曲處」（批「有骨」二句）。

弔元魯山十首

摶鷙有餘飽，魯山長饑空。豪人飫鮮肥，魯山飯蒿蓬。食名皆霸官，食力乃堯農。君子恥新態，魯山與古終。天璞本平一，人巧生異同。魯山不自剖，全璞竟没躬。

自剖多是非，流濫將何歸。奔競一作損軀。立詭節，凌侮争怪輝。五帝坐銷鑠，萬類隨衰微。以兹見魯山，道蹇無所依。

君子不自蹇，魯山蹇有因。苟含天地秀，皆是天地身。天地蹇既甚，魯山道莫伸。天地氣不足，魯山食更貧。始知補元化，竟須得賢人。

賢人多自霾，道理與俗乖。細功不敢言，遠韻方始諧。萬物飽爲飽，萬人懷爲懷。一聲苟失所，衆撼來相排。所以元魯山，饑衰難與偕。

遠階無近級，造次不可昇。賢人潔腸胃，寒日空澄凝。血誓竟訛謬，膏明易煎蒸。以之驅魯山，疏迹去莫乘。

言從魯山宦，盡化堯時心。豺虎恥狂噬，齒牙閉霜金。一作針。競來闢田禾，相與耕嶔岑。當宵無關鎖，竟歲饒歌吟。善教復一作履。天術，美詞非俗箴。精微自然事，視聽不可尋。因書魯山績，庶合簫韶音。

簫韶太平樂，魯山不虚作。千古若有知，百年幸如昨。誰能嗣教化，以此洗浮薄。君臣貴深遇，天地有靈橐。力運既艱難，德符方合漠。名位苟虚曠，聲明自銷鑠。禮法雖相救，貞濃易糟粕。哀哀元魯山，畢竟誰能度。

當今富教化，一作聖朝禮嘉士。元后得賢相。冰心鏡衰古，霜議清遐障。幽理盡洸洸，滯旅免流浪。唯餘魯山名，未獲旌廉讓。二三貞苦士，刷視聳危望。髮秋青山夜，目斷丹闕亮。誘類幸從兹，嘉招固非妄。小生奏狂狷，感惕增萬狀。

黄犢不知孝，魯山自駕車。非賢不可妻，魯山竟無家。供養耻它力，言詞豈纖瑕。將謡魯山德，賾海誰能涯。

遺嬰盡鷇乳，何況骨肉枝。心腸結苦誠，胸臆垂甘滋。事已出古表，誰言獨今奇。賢人無萬物，愷悌流前詩。

【眉批】

每有此等新字（批「賾海」二字）。

哭李觀

志士不得老，多爲直氣傷。阮公終日哭，壽命固難長。顔子既殂謝，孔門無輝光。文星落奇曜，寶劍摧修鋩。常作金應石，忽爲宫别商。爲爾弔琴瑟，斷弦難再張。偏轂不可轉，隻翼不可翔。清塵無吹嘘，委地難飛揚。此義古所重，此風今已亡。自聞喪元賓，一日入九狂。沉痛此丈夫，驚呼彼穹蒼。我有出俗韻，勞君疾惡腸。知音既已矣，微言一作善。誰能彰。旅葬無高墳，栽松不成行。哀歌動寒日，贈淚沾晨霜。神理本窅窅，一作冥冥。今來更茫茫。何以蕩悲懷，萬事付一觴。

【眉批】

此與弔魯山者别，彼只頌魯山耳，此却有臭味在。

李少府廳弔李元賓遺字

零落三四字，忽成千萬年。那知冥寞客，不有補亡篇。斜月弔空壁，旅人難獨眠。一生能幾時，百慮來相煎。戚戚故交淚，幽幽長夜泉。已矣難重言，一言一潸然。元賓題少府廳云：「宿從叔宅有感，有其義而無其辭。」

悼吴興湯衡評事

君生一作在。霅水清，君殁霅水清。空令骨肉情，哭得白日昏。大夜不復曉，古松長閉門。琴弦緑水絶，詩句青山存。昔爲芳春顔，今爲荒草根。獨問冥冥理，先儒未曾言。

【眉批】

劉云：「語不盡白，又高調之不可解者。」

哀孟雲卿嵩陽荒居

戚戚抱幽獨，晏晏沉荒居。不聞新歡笑，但睹舊詩書。藝蘖意彌苦，耕山食無餘。定交昔何在，至戚今或疏。薄俗易銷歇，淳風難久舒。秋蕪上空堂，寒槿落枯渠。薙草恐傷蕙，攝衣自理鋤。殘芳亦可餌，遺秀誰忍除。徘徊未能去，爲爾涕漣如。

【眉批】

又似陶（批「薤草」二句）。

哭盧貞國

一别難與期，存亡易寒燠。下馬入君門，聲悲不成哭。自能富才藝，當冀深榮禄。皇天負我賢，遺恨至兩目。平生嘆無子，家事親相囑。

傷舊游

去春會處今春歸，花數不減人數稀。朝笑片時暮成泣，東風一向還西輝。

弔房十五次卿少府

日高方得起，獨賞些些春。可惜宛轉鶯，好音與它人。昔年此氣味，還走曲江濱。逢着韓退之，結交方殷勤。蜀客骨目高，聽辯劍戟新。如何昨日歡，今日見無因。英奇一謝世，視聽一爲塵。誰言老淚短，淚短沾衣一作足沾。巾。

逢江南故畫上人會中鄭方回上人往年手札五十篇相贈云：「以爲他日之念。」

相逢失意中，萬感因語至。追思東林日，掩抑北邙淚。筐篋有遺文，江山舊清氣。塵生逍遥注，一作篇。墨故飛動字。荒毁碧澗居，虚無青松位。珠沉百泉暗，月死群象閉。永詠平生言，知音豈容易。

哭秘書包大監

哲人卧病日，賤子泣玉年。常恐寶鏡破，明月難再圓。文字未改素，聲容忽歸玄。始知知音稀，千載一絶弦。舊館有遺琴，清風那復傳。

悼幼子

一閉黄蒿門，不聞白日事。生氣散成風，枯骸化爲地。負我十年恩，欠爾千行淚。洒之北原上，不待秋風至。

【眉批】

有餘慟音。

悼　亡

山頭明月夜增輝，不照重泉下。泉下雙龍無再期，金蠶玉燕空銷化。朝雲暮雨成古墟，蕭蕭野竹風吹亞。

【眉批】

遂是《蒿里》、《薤露》

弔李元賓墳

曉上荒涼原，弔彼冥寞魂。眼咽此時淚，耳悽在日言。寂寂千萬年，墳鎖孤松根。

【眉批】

哀挽語，至此盡情。

覽崔爽遺文因抒幽懷崔君没于南方。

墮淚數首文，悲結千里墳。蒼旻且留我，白日空遺君。仙鶴未巢月，哀鳳先墜雲。清風獨起時，舊語如再聞。瑶草罷葳蕤，桂花休氛氲。萬物與我心，相感吴江濆。

峽哀十首

昔多相與笑，今誰相與哀。峽哀哭幽魂，一作夢。噭噭風吹來。墮魄抱空月，出没難自裁。齏粉一閃間，春濤百丈一作尺。雷。峽水聲不平，碧池牽清洄。沙稜箭箭一作湔湔。急，波齒斷斷開。呀彼無底吮，待此不測灾。谷號相噴激，石怒争旋回。古醉一作罪。有復鄉，今縲多爲能。字孤徒髣髴，御雪猶驚猜。薄俗少直腸，交結須橫財。黄金買相弔，幽泣無餘灌。我有古心意，爲君空摧頹。

上天下天水，出地入地舟。石劍相劈斫，石波怒蛟虯。花木疊宿春，風飈凝古秋。幽怪窟穴語，飛聞盼響流。沉哀日已深，銜訴將何求。

三峽一綫天，三峽萬繩泉。上仄碎日月，一掣狂漪漣。破魂一兩點，凝幽數百年。峽暉不停午，峽險多饑涎。樹根鎖枯棺，孤骨裹裹懸。樹枝哭霜栖，哀韻杳杳鮮。逐客零落腸，到此湯火煎。性命如紡績，道路隨索緣。奠淚一作酹。弔波靈，波靈將閃然。

峽亂一作札。鳴清磬，一作聲。産石爲鮮鱗。噴爲腥雨涎，吹作黑井身。怪光閃衆異，餓劍唯待人。老腸未曾飽，古齒嶄嵒嗔。嚼齒三峽泉，三峽聲齗齗。

峽螭一作蛟。老解語，百丈潭底聞。毒波爲計校，飲血養子孫。既非皋陶吏，空食沉獄一作玉。魂。潛怪何幽幽，魄説徒云云。峽聽哀哭泉，峽弔鰥寡猿。峽聲非人聲，劍水相劈翻。斯誰士諸謝，奉此沉苦言。

讒人峽虯心，渴罪呀然潯。所食無直腸，所語饒梟音。石齒嚼百泉，石風號千琴。幽哀莫能遠，分雪何由尋。月魄一作魂。高卓卓，峽窟一作宽。清沉沉。銜訴何時明，抱痛已不禁。犀飛空波濤，裂石千嶔岑。

峽稜剸日月，日月多摧輝。物皆斜仄生，鳥亦斜仄飛。潛石齒相鎖，沉魂招莫歸。恍惚清泉甲，斑爛碧石衣。餓咽潺湲號，涎似泓浤肥。峽青不可游，腥草生微微。

峽景滑易墮，峽花怪非春。紅光根潛涎，碧雨飛沃津。巴谷蛟螭心，巴鄉魍魎親。噉生不問賢，至死獨養身。腥語信者誰，拗歌歡非真。仄田無異稼，毒水多獰鱗。異類不可友，峽哀哀難伸。

峽水劍戟獰，峽舟霹靂翔。因依虺蜴手，起坐風雨忙。峽旅多竄官，峽氓多非良。滑心不可求，滑習積已長。漠漠涎霧起，齗齗涎水光。渴賢如之何，忽在水中央。

梟鴟作人語，蛟虬吸山波。能於白日間，謟欲晴風和。駭智蹶衆命，蘊腥布深蘿。齒泉無底貧，鋸涎在處多。仄樹鳥不巢，踔猱猿相過。峽哀不可聽，峽怨其奈何。

【眉批】

是峽中（批「上天」四句）。

險怪之語（批「峽聽」二句）。

刻意于造，亦有複意複語（批「漠漠」二句）。

杏殤九首并序

杏殤，花乳也，霜翦而落。因悲昔嬰，故作是詩。

凍手莫弄珠，弄珠珠易飛。驚霜莫翦春，翦春無光輝。零落小花乳，斕斑昔嬰衣。拾之不盈把，日暮空悲歸。

地上空拾星，枝上不見花。哀哀孤老人，戚戚無子家。豈若没水鳧，不如拾巢鴉。浪轂破便飛，風鷂裊相夸。芳嬰不復生，向物空悲嗟。

應是一綫淚，入此春木心。枝枝不成花，片片落翦金。春壽何可長，霜哀亦已深。常時洗芳泉，此日洗淚襟。

兒生月不明，兒死月始光。兒月兩相奪，兒命果不長。如何此英英，亦爲弔蒼蒼。甘爲墮地塵，不爲末世芳。

踏地恐土痛，損彼芳樹根。此誠天不知，翦棄我子孫。垂枝有子落，芳命無一存。誰謂生人家，春色不入門。

洌洌霜殺春，枝枝疑纖刀。木心既零落，山竅空呼號。斑斑落地英，點點如明膏。始知天地間，萬物皆不牢。

哭此不成春，淚痕三四班。失芳蝶既狂，失子老亦孱。且無生生力，自有死死顏。靈鳳不御訴，誰爲扣天關。

此兒自見灾，花發多不諧。窮老收碎心，永夜抱破懷。聲死更何言，意死不必喈。病叟無子孫，獨立猶束柴。

霜似敗紅芳，翦啄十數雙。參差呻細風，噞喁沸一作戲。淺江。泣凝一作疑。不可消，一作誚。恨壯難自降。空遺舊日影，怨彼一作此。小書窗。

【眉批】

分應上二句（批「浪轂」二句）。

奇想（批「應是」四句）！

只是憤世（批「甘爲」二句）。

「窮老」「病叟」亦複。

弔江南老家人春梅

念爾筋力盡，違我衣食恩。奈何粗獷兒，生鞭見死痕。舊使常以禮，新怨一作冤。將誰吞。胡爲乎泥中，一作上天。消歇教義源。

哭李丹員外並寄杜中丞

生死方知交態存，忍將齚齗報幽魂。十年同在平原客，更遣何人哭寢門。

【眉批】

自是好調。

哭劉言史

詩人業孤峭，餓死良已多。相悲與相笑，累累其奈何。精異劉言史，詩腸傾珠河。取次抱置之，一作爲拋擲。飛過東溟波。可惜大國謡，飃爲四夷歌。常於衆中會，顔色兩切磋。今日果成死，葬襄一作喪。之洛河。河岸遠相弔，洒淚雙滂沲。

弔盧殷十首

詩人多清峭，餓死抱空山。白雲既無主，飛出意等閑。久病床席尸，護喪童僕孱。故書窮鼠嚙，狼籍一室間。君歸新鬼鄉，我面古玉一作土。顏。羞見入地時，無人叫追攀。百泉空相弔，日久哀潺潺。

唧唧復唧唧，千古一月色。新新復新新，千古一花春。邙風噫孟郊，嵩秋葬盧殷。北邙前後客，相弔爲埃塵。北邙棘針草，淚根生苦辛。烟火不自暖，筋力早已貧。幽薦一杯泣，瀉之清洛濱。添爲斷腸聲，愁殺長別人。

棘針風相號，破碎諸苦哀。苦哀不可聞，掩耳亦入來。哭弦多煎聲，恨涕有餘摧。噫貧氣已焚，噫死心更灰。夢世浮閃閃，淚波深洄洄。薤歌一以去，蒿閉不復開。

登封草木深，登封道路微。日月不與光，莓苔空生衣。可憐無子翁，蚍蜉緣病肌。攣卧歲時長，漣漣但幽噫。幽噫虎豹聞，此外相訪稀。至親唯有詩，抱心死有歸。河南韓先生，後君作因依。磨一片嵌巖，書千古光輝。

賢人無計校，生苦死徒夸。它名潤子孫，君名潤泥沙。可惜千首文，閃如一朝花。零落難苦言，一作久留。起坐空驚嗟。

耳聞陋巷生，眼見魯山君。餓死始有名，餓名高氛氳。戇叟老壯氣，感之爲憂雲。所憂唯一泣，古今相紛紛。平生與君説，逮此俱云云。

初識漆鬢髮，争爲新文章。夜踏明月橋，夜飲一作虛斂。吾曹床。醉啜二杯釀，名郁一縣香。寺中摘梅花，園裏翦浮芳。高嗜綠蔬一作雲。羹，意輕肥膩羊。吟哦無滓韻，言語多古腸。白首忽然至，盛年如偷將。

清濁俱莫追，何須罵滄浪。

前賢多哭酒，哭酒免哭心。後賢試銜之，哀至無不深。少年哭酒時，白髮亦以侵。老年哭酒時，聲韻隨生沉。寄言哭酒賓，勿作登封音。登封徒放聲，天地竟難尋。

同人少相哭，異類多相號。始知禽獸癡，却至天然高。非子病無淚，非父念莫勞。如何裁親疏，用禮如用刀。孤喪鮮匍匐，閉哀抱鬱陶。煩他手中葬，誠信焉能褒。嗟嗟無子翁，死棄如脱毛。

聖人哭賢人，骨化氣爲星。文章飛上天，列宿增晶熒。前古文可數，今人文亦靈。高名稱謫仙，升降曾莫停。有文死更香，無文生亦腥。爲君鏗好辭，永傳作謐寧。

【眉批】

「磨一片」二句，亦是三字節法折腰體。

聯句

有所思聯句

相思繞我心，日夕千萬重。年光坐晼晼，春淚銷顏容。郊。臺鏡晦舊暉，庭草滋新茸。望夫山上石，別劍水一作池。中龍。愈

遣興聯句

我心隨月光，寫君庭中央。郊。月光有時晦，我心安所忘。愈。常恐金石契，斷爲相思腸。郊。平生無百歲，岐路有四方。愈。四方各異俗，適意非所將。郊。駑蹄顧挫秣，逸翮遺稻粱。愈。時危抱獨沉，道泰懷同翔。郊。獨居久寂默，相顧聊慨慷。愈。慨慷丈夫志，可以耀鋒鋩。郊。蘧甯知卷舒，孔顔識行藏。愈。朗鑒諒不遠，佩蘭永芬芳。郊。苟無夫子聽，誰使知音揚。愈。

贈劍客李園聯句

天地有靈術，得之者唯君。郊。築爐地區外，積火燒氛氳。愈。照海鑠幽怪，滿空歊異氛。郊。山磨電奔奔，水淬龍蝹蝹。愈。太一裝以寶，列仙篆其文。郊。可用懾百神，豈唯壯三軍。愈。有時幽匣吟，忽似深潭聞。郊。風胡久已死，此劍將誰分。愈。行當獻天子，然後致殊勳。郊。豈如豐城下，空有斗間雲。愈。

讚

讚維摩詰

貌是古印，言是空音。在酒不飲，在色不淫。非獨僧禮，亦使儒欽。感此補亡，書謝懸金。

書

上常州盧使君書

道德仁義，天地之常也，將有人主張之乎？將無人主張之乎？曰：賢人君子，有其位，言之可以周天下而行也；無其位，則周身言之可也。周身言之可，周天下言之不可也。仲尼當時無其位，言之亦不可周天下而行也。及至著書載其言，則周萬古而行也，豈唯周天下而已哉！仲尼非獨載其言周萬古而行也，前古聖賢得仲尼之道，則其言皆載之周萬古而行。閣下道德仁義之言，已聞周天下誦之久矣。其後著書君子，亦當載以周萬古而行也。幸甚幸甚！道德仁義之言，天地至公之道也。君子著書期不朽，亦天地至公之道，夫何讓哉！是故不以道德仁義事其君者，以盜賊事其君也。不以道德仁義之衣食養其親者，是盜賊養其親也。閣下既以道德仁義事其君，聞之天下久矣。小子顯求閣下道德仁義之衣食以爲養也，謂之中庸之道。謂之中庸，則敢求也。謂之特達，則不敢求也。小子嘗衣食宣武軍司馬陸大夫道德仁義之矣。陸公既没，又嘗衣食此郡前守吏部侍郎韋公道德仁義之矣。韋公既去，衣食亦去。道德仁義，顯其主張，謹載是書及舊文。又有子遇之書，同乎緘獻。輕重可否，傾一言陳謝，誠冀於異日。不宣。郊再拜。

又上養生書

天地與人，一其道也。天地不棄於人，人自棄於天。天可棄於人乎？曰：不可。人自棄也已。曰：人皆棄之乎？曰：賢人君子不棄也，凡人棄之可。天有殺物之心，而無棄物之心。天有棄物之心，則萬物莫能生矣。是故君子之於萬物，皆不棄也，而况於身乎！棄其身，是棄其後也。棄其後，是棄其先也。故曰君子之道豈易哉，敢不法天而行身乎！所以君子養其身，養其公也。小人養其身，養其私也。身以及家，家以及國，國以及天下。以公道養天下，則天下肥也。以私道養天下，則天下削也。養身之道，豈容易哉！養其公者，天道養也。養其私者，人情養也。以天道養，其人則合天矣。以人情養，其人則不合天矣。以人情養，其人自棄矣。天道質也，人情文也。天道静也，人情動也。質者生之侈也，静者生之得也，動者生之棄也。文不以質勝之，則文爲棄矣。動不以静制之，則動爲棄矣。天者水之謂也，人者魚之謂也。魚棄水，則螻蟻得之矣。人棄天，則疾病得之矣。魚可安於水，而不可玩於水。其失也，在乎恣波浪而不回也。人可安於天，而不可玩於天。其失也，在乎恣嗜慾而不回也。所謂安於天者，法天之味而食之，食不違於四時也。法天之聽而聽之，聽不違於五節也。法天之明而視之，視不違於五色也。食與視聽苟違於天，則疾病得之矣。故曰君子法天而行身也，小人玩天而棄身也。書之座右，嵇康猶有所棄。秦之醫和，晉之杜蒯，其亦不書於右，則何以爲君子之座哉？良藥苦口也。苦口獲罪於人，苟或有矣。仁義之獲罪於天，未之有也。恩養下將遠辭違，書寫至誠之言，不勝惶悚之甚。不宣。郊再拜。

李長吉歌詩

孔祥義　標點

説明

《李長吉歌詩》四卷，外詩集一卷。首杜牧《李長吉歌詩叙》，次李商隱《李長吉小傳》，又次宋祁《新唐書·李長吉傳》，再次正文。末附凌濛初識語。正文每半葉八行，行十九字。白口，中縫鎸書名、卷次。

正文有眉批、行間批和校語。皆南宋末劉辰翁作。到明代末年，《李長吉歌詩》的評注箋釋已有十數家，較重要者有宋吴正子的箋注、劉辰翁的評注，明徐渭、董懋策的批注，明曾益的釋，明黄淳耀的評點，但凌濛初獨取劉辰翁評注，足見其對劉辰翁的推重，所以他在識語中借李夢陽《麓堂詩話》「語簡意切，别自一機軸，諸人評詩者皆不及」來爲他刻印劉辰翁評注《李長吉歌詩》作護法。

目録

卷之二

卷之三

卷之四

外集

李長吉歌詩叙

杜牧

大和五年十月中，半夜時，舍外有疾呼傳緘書者。牧曰：「必有異，亟取火來。」及發之，果集賢學士沈公子明書一通，曰：「我亡友李賀，元和中，義愛甚厚，日夕相與起居飲食。賀且死，嘗授我平生所著歌詩，離爲四編，凡二百三十三首。數年來東西南北，良爲已失去。今夕醉解，不復得寐，即閱理篋帙，忽得賀詩前所授我者，思理往事，凡與賀話言嬉游，一處所、一物候、一日一夕、一觴一飯，顯顯然無有忘棄者，不覺出涕。賀復無家室子弟得以給養恤問，常恨想其人，味其言止矣。子厚於我，與我爲賀集序，盡道其所來由，亦少解我意。」牧其夕不果以書道不可，明日就公謝，且曰：「世謂賀才絶出前。」讓居數日，牧深惟公曰：「公於詩爲深妙奇博，且復盡知賀之得失短長。今實序賀不讓，必不能當公意，如何？」復就謝，極道所不敢序賀。公曰：「子固若是，是當慢我。」牧因不敢復辭，勉爲賀叙，然其甚慚。唐皇諸孫賀，字長吉，元和中韓吏部亦頗道其歌詩。雲煙綿聯，不足爲其態也；水之迢迢，不足爲其情也；春之盎盎，不足爲其和也；秋之明潔，不足爲其格也；風檣陣馬，不足爲其勇也；瓦棺篆鼎，不足爲其古也；時花美女，不足爲其色也；荒國陊殿，梗莽丘隴，不足爲其恨怨悲愁也；鯨呿鰲擲，牛鬼蛇神，不足爲其虚荒誕幻也。蓋《騷》之苗裔，理雖不及，辭或過之。《騷》有感怨刺懟，言及君臣理亂，時有以激發人意。乃賀所爲，無得有是。賀復探尋前事，所以深嘆恨古今未嘗經道者，如《金銅仙人辭漢歌》、《補梁庾肩吾宫體謡》，求取情狀，離絶遠去筆墨畦逕間，亦殊不能知之。賀生二十七年死矣，世皆曰：「使賀且未死，少加以理，奴僕命《騷》可也。」賀死後凡十有五年，京兆杜牧爲其叙。

【眉批】

舊看長吉詩，固喜其才，亦厭其澀，落筆細讀，方知作者用心，料他人觀不到此也。是千年長吉猶無知己也。以杜牧之鄭重爲叙，直取二三歌詩而止，始知牧亦未嘗讀也，即讀亦未知也。微一二歌詩將無道長吉者矣。謂其理不及《騷》，未也，亦未必知《騷》也。《騷》之荒忽則過之矣，更欲僕《騷》，亦非也。千年長吉余甫知之耳。詩之難讀如此，而作者常嘔心，何也？

樊川反覆稱道，形容非不極至，獨惜理不及《騷》，不知賀所長正在理外，如惠施堅白，特以不近人情，而聽者惑焉，是爲辨。若眼前語衆人意，則不待長吉能之，此長吉所以自成一家歟！

李長吉小傳

李商隱

京兆杜牧爲李長吉集叙，狀長吉之奇甚盡，世傳之。長吉姊嫁王氏者語長吉之事尤備。長吉細瘦，通眉，長指爪，能苦吟疾書。最先爲昌黎韓愈所知。所與游者王參元、楊敬之、權璩、崔植之爲密。每旦日出與諸公游，未嘗得題然後爲詩，如他人思量牽合以及程限爲意。恒從小奚奴騎距驢，背一古破錦囊，遇有所得，即書投囊中。及暮歸，太夫人使婢受囊出之，見所書多，輒曰：「是兒要當嘔出心乃已爾。」上燈與食。長吉從婢取書，研墨叠紙足成之，投他囊中。非大醉及弔喪，日率如此，過亦不復省。王、楊輩時復來探取寫去。長吉往往獨騎往還京雒，所至或時有著，隨棄之，故沈子明家所餘四卷而已。長吉將死時，忽晝見一緋衣人，駕赤虬，持一版，書若太古篆或霹靂石文者，云當召長吉。長吉了不能讀，欻下榻叩頭言：「阿彌老且病，賀不願去。」緋衣人笑曰：「帝成白玉樓，立召君爲記。天上差樂，不苦也。」長吉獨泣，邊人盡見之。少之，長吉氣絶。常所居窗中，炵炵有煙氣，聞行車嘒管之聲。太夫人急止人哭，待之如炊五斗黍許時，長吉竟死。王氏姊非能造作謂長吉者，實所見如此。嗚呼！天蒼蒼而高也，上果有帝邪？帝果有苑囿、宫室、觀閣之玩邪？苟信然，則天之高邈，帝之尊嚴，亦宜有人物文采愈此世者，何獨眷眷於長吉而使其不壽邪？噫！又豈世所謂才而奇者，不獨地上少，即天上亦不多邪？長吉生時二十四年，位不過奉禮太常，中人亦多排擯毁斥之。又豈才而奇者，帝獨重之，而人反不重邪？又豈人見會勝帝邪？

李長吉本傳

宋祁

李賀字長吉，系出鄭王後，七歲能辭章。韓愈、皇甫湜始聞未信，過其家，使賀賦詩，援筆輒就，如素構，自目曰《高軒過》，二人大驚，自是有名。爲人纖瘦，通眉，長指爪，能疾書。每旦日出騎弱馬從小奚奴，背一古錦囊，遇所得書投囊中，未始先立題，然後爲詩。如他人牽合程課者。及暮歸，足成之，非大醉弔喪，日率如此，過亦不甚省。母使婢探囊中，見所書多，即怒曰：「是兒要當嘔出心乃已耳。」以父名晉肅，不肯舉進士，愈爲作《諱辯》，然卒亦不就舉。辭尚奇詭，所得皆驚邁，絶去翰墨畦徑，當時無能效者。樂府數十篇，雲韶諸工皆合之弦管，爲協律郎。卒年二十七，與游者權璩、楊敬之、王恭元。每譔著，時爲所取去。賀亦早世，故其詩歌世傳者鮮焉。

卷之一

唐　隴西李　賀　撰

宋　廬陵劉辰翁　評

李憑箜篌引

吴絲蜀桐張高秋，空山凝雲頹不流。江娥啼竹素女愁，李憑中國彈箜篌。崑山玉碎鳳凰叫，芙蓉泣露香蘭笑。十二門前融冷光，二十三絲動紫皇。女媧鍊石補天處，石破天驚逗秋雨。其形容偏得于此，而於箜篌爲近。夢入神山教神嫗，老魚跳波瘦蛟舞。吴質不眠倚桂樹，露脚斜飛濕寒兔。

【眉批】

狀景如畫，自其所長。箜篌聲碎有之，「崑山玉」頗無謂。下七字妙語，非玉簫不足以當。石破天驚，過於繞梁遏雲之上。至「教神嫗」忽入鬼語，吴質懶態，月露無情。

殘絲曲

垂楊葉老鶯哺兒，殘絲欲斷黄蜂歸。緑鬢年少金釵客，縹粉壺中沈琥珀。花臺欲暮春辭去，自然好。落花起作回風舞。榆莢相催不知數，沈郎青錢夾城路。

【眉批】不過寫蠶事將了，困人天氣，不曉「沈琥珀」何謂？末獨賦榆錢著沈郎，尤劣。

還自會稽歌並序

庚肩吾於梁時，嘗作宫體謡引以應和皇子。及國世淪敗，肩吾先潛難會稽，後始還家。僕意其必有遺文，今無得焉。故作還自會稽歌，以補其悲。

野粉椒壁黄，濕螢一作蛩。滿梁殿。臺城應教人，秋衾夢銅輦。吴霜點歸鬢，身與塘蒲晚。脉脉辭金魚，羇臣守迍賤。此擬庚肩吾歸自會稽之作，安得不述梁亡之悲，其沉着憔悴在先言秋衾銅輦之夢，而庚自見，殆賦外賦也。塘蒲之嘆，融入秋晚，結語却如此，極是。

【眉批】椒壁而爲野粉則已頽，殿上而有濕螢，則無殿兩字耳。

出城寄權璩楊敬之

草暖雲昏萬里春，宫花拂面送行人。自言漢劍當飛去，何事還車載病身？

【眉批】

只是古劍。

示弟

別弟三年後，還家一日餘。醁醽今夕酒，緗帙去時書。病骨猶一作獨。能在，人間底事無？何須問牛馬，拋擲任梟盧。

【眉批】

亦是恨意凄婉，如老人語。

竹

入水文光動，抽空緑影春。露華生一作垂。筍徑，苔色拂霜根。織可承香汗，裁堪釣錦鱗。三梁曾入用，一節奉王孫。

【眉批】

詠竹出此，故奇（批「織可」句）。

同沈駙馬賦得御溝水

入苑白泱泱，奇崛。宫人正靨黄。似不相涉。繞堤龍骨冷，高，勝下句。拂岸鴨頭香。别館驚殘夢，停杯泛小觴。幸因流浪處，暫得見何郎。

始爲奉禮憶昌谷山居

掃斷馬蹄痕，衙回自閉門。長鎗江米熟，小樹棗花春。向壁懸如意，當簾閲角巾。犬書曾去洛，鶴病悔游秦。土甑封茶葉，山杯鎖竹根。不知船上月，誰棹滿溪雲？

【眉批】

第一句是。

各有幽趣（批「土甑」四句）。

七夕

别浦今朝暗，羅帷午夜愁。鵲辭穿綫月，花入曝衣樓。天上分金鏡，人間望玉鈎。錢塘蘇小小，更值一年秋。

【眉批】

鬼語之淺淺者。

過華清宮

春月夜啼鴉，宮簾隔御花。雲生朱絡暗，石斷紫錢斜。玉碗盛殘露，銀燈點舊紗。蜀王無近信，泉上有芹芽。

【眉批】

似幸蜀，稱蜀王。

送沈亞之歌 並叙

文人沈亞之，元和七年以書不中第，返歸于吳江。吾悲其行，無錢酒以勞，又感沈之勤請，乃歌一解以勞之。

吳興才人怨春風，桃華滿陌千里紅。紫絲竹斷驄馬小，家住錢塘東復東。白藤交穿織書笈，短策齊裁如梵夾。雄光寶礦獻春卿，煙底驀波乘一葉。春卿拾材白日下，擲置黃金解籠馬。携笈歸江重入門，勞勞誰是憐君者？吾聞壯夫重心骨，古人三走無摧捽。請君待旦事長鞭，他日還轅及秋律。

詠懷二首

長卿懷茂陵，緑草垂石井。彈琴看文君，春風吹鬢影。梁王與武帝，棄之如斷梗。惟留一簡書，金泥泰山頂。

其　二

日夕著書罷，驚霜落素絲。鏡中聊自笑，詎是南山期？頭上無幅巾，苦蘗已染衣。不見清溪魚，飲水得自宜。

追和柳惲

汀洲白蘋草，柳惲乘馬歸。江頭櫨樹香，閑遠漸近。岸上胡蝶飛。酒杯箬葉露，玉軫蜀桐虚。朱樓通水陌，沙暖一雙魚。甚不草草。

【眉批】就用柳惲句，意頗跌宕，景語亦近自然。

春坊正字劍子歌

先輩匣中三尺水，曾入吴潭斬龍子。隙月斜明刮露寒，練帶平鋪吹不起。蛟胎皮老蒺藜刺，鸊鵜淬花白鶻尾。直是荆軻一片心，莫教照見春坊字。挼絲團金懸麗𦋺，神光欲截藍田玉。提出西方白帝驚，嗷嗷鬼母秋郊哭。

【眉批】雖刻畫點綴，簇密而縱横，用意甚嚴。劍身、劍室、紋理、刻字，束帶色雜，無一叠犯，仍不妨句意春容俯仰。秋郊語甚奇，不厭再言。

貴公子夜闌曲

裊裊沉水煙，烏啼夜闌景。曲沼芙蓉波，腰圍白玉冷。

【眉批】此《貴公子夜闌曲》也，以玉帶爲冷，其怯可見也。此語不必可解而得之心，自洒然迹似，亦其偏得之，形容夜色也。

雁門太守行

黑雲壓城城欲摧，甲光向日金鱗開。角聲滿天秋色裏，有此一語方暢。塞上燕脂凝夜紫。半卷紅旗臨易水，此等景不可無。霜重鼓寒聲不起。報君黄金臺上意，提携玉龍爲君死！

【眉批】起語奇，賦雁門着紫土本嫩。後三語無甚生氣，設爲死敵之意，偏欲如此，頗似敗後之作。

大堤曲

妾家住横塘，紅紗滿桂香。青雲教綰頭上髻，明月與作耳邊璫。蓮風起，江畔春，大堤上，留北人。郎食鯉魚尾，自狀癡騃。妾食猩猩唇。莫指襄陽道，緑浦歸帆少。今日菖蒲花，明朝楓樹老。

【眉批】甚言時景之不留，而有願見之思，有微憾之意。

蜀國弦

楓香晚花静，錦水南山影。驚石墜猿哀，竹雲愁半嶺。凉月生秋浦，玉沙粼粼光。誰家紅淚客，不忍過瞿塘。

【眉批】

乍看渾未喻蜀國弦，但覺別是一段情緒，自不必語辭也。弦之悲，何以易此。

蘇小小墓

幽蘭露，如啼眼。便是墓中語。無物結同心，煙花不堪剪。妙極自然。草如茵，松如蓋，風爲裳，水爲珮。油壁車，夕一作久。相待。冷翠燭，勞光彩。西陵下，音户。風吹雨。一作風雨改。古今鬼語無此慘澹盡情，本于樂章，而以近體變化之，故奇澀不厭。「冷翠燭、勞光彩」似《李夫人賦》，「西陵」語括《山鬼》更佳。

【眉批】

小小墓也，妖麗閃鑠間，意故不欲其近《洛神賦》耳。

夢 天

老兔寒蟾泣天色，雲樓半開壁斜白。玉輪軋露濕團光，鸞珮相逢桂香陌。黄塵清水三山下，即桑田本語。更變千年如走馬。遥望齊州九點煙，一泓海水杯中瀉。

【眉批】

意近語超。

其爲仙人口語，亦不甚費力，使盡如起語，當自笑耳。

唐兒歌 一作《唐歌兒》。杜豳公之子

頭玉磽磽眉刷翠，杜郎生得真男子。骨重神寒天廟器，一雙瞳人剪秋水。竹馬梢梢摇緑尾，銀鸞睒光踏半臂。東家嬌娘求對值，濃笑畫空作唐字。眼大心雄知所以，莫忘作歌人姓李。

【眉批】艷語驚人。

緑章封事 爲道士夜醮作

青霓扣額呼宫神，鴻龍玉狗開天門。石榴花發滿溪津，溪女洗花染白雲。緑章封事諮元父，六街馬蹄浩無主。虚空風氣不清泠，短衣小冠作塵土。故欲如此反。金家香衖千輪鳴，楊雄秋室無俗聲。願携漢戟招書鬼，休令恨骨填蒿里。

【眉批】不必題事，但一語如此，誰不驚異，神奇，神奇。

苦甚無味(批「頗擕」二句)。

河南府試十二月樂詞並閏月

正　月

上樓迎春新春歸，暗黄着柳宮漏遲。薄薄淡靄弄野姿，寒緑幽風生短絲。錦牀曉卧玉肌冷，露臉未開對朝暝。官街柳帶不堪折，早晚菖蒲勝綰結。

【眉批】

是辭調。

似美人望春意。

二　月

飲酒採桑津，宜男草生蘭笑人。亦好。蒲如交劍風如薰。勞勞胡燕怨酣春，薇帳逗煙生緑塵。金翅峨髻愁暮雲，沓颯起舞真珠裙。津頭送别唱流水，酒客背寒南山死。

【眉批】

本言别意，苦入《蒿里》。

三　月

東方風來滿眼春，花城柳暗愁殺人。複宫深殿竹風起，新翠舞衿净如水。光風轉蕙百餘里，暖霧驅雲撲天地。軍裝宫妓掃蛾淺，摇摇錦旗夾城暖。曲水飄香去不歸，梨花落盡成秋苑。

【眉批】

皆非衆人所尝識，謂竹也（批「新翠」句）。

自是好句（批「曲水」二句）。

四　月

曉凉暮凉樹如蓋，千山濃緑生雲外。依微香雨青氛氲，一作遇清氛。膩葉蟠花照曲門。金塘閑水摇碧漪，老景沉重無驚飛，墮紅殘萼暗參差。

五　月

雕玉押簾額，輕縠籠虛門。井汲鉛華水，扇織鴛鴦紋。回雪舞凉殿，甘露洗空緑。羅袖從徊翔，香汗沾寶粟。

六　月

裁生羅，伐湘竹，帔拂疏霜簟秋玉。炎炎紅鏡東方開，暈如車輪上徘徊，啾啾赤帝騎龍來。

七　月

星依雲渚冷，露滴盤中圓。好花生木末，衰蕙愁空一作故。園。夜天如玉砌，池葉極青錢。僅厭舞衫薄，稍知花簟寒。曉風何拂拂，北斗光闌干。

八月

孀妾怨夜長，獨客夢歸家。傍簷蟲緝絲，向壁燈垂花。簾外月光吐，簾内樹影斜。悠悠飛露姿，點綴池中荷。

九月

離宫散螢天似水，竹黄池冷芙蓉死。月綴金鋪光脉脉，凉苑虚庭空澹白。露花飛飛風草草，翠錦斕斑滿層道。鷄人罷唱曉瓏璁，鴉啼金井下疏桐。

十月

玉壺銀箭稍難傾，釭花夜笑疑幽明。碎霜斜舞上羅幕，燭龍兩行照飛閣。珠帷怨卧不成眠，金鳳刺衣着體寒，長眉對月鬥彎環。

十一月

宫城團回凛嚴光，白天碎碎墮瓊芳。撾鐘高飲千日酒，戰却一作却天。凝寒作君壽。御溝泉合如環素，火井温泉在何處？

【眉批】

「凛嚴光」不成語。

十二月

日脚淡光紅洒洒，薄霜不銷桂枝下。依稀和氣排冬嚴，已就長日辭長夜。

閏　月

帝重光，年重時，七十二候回環推。天官玉琯一作街。灰剩飛，今歲何長來歲遲。王母移桃獻天子，羲氏和氏迂龍轡。

天上謡

天河夜轉漂回星，銀浦流雲學水聲。玉宫桂樹花未落，仙妾採香垂珮纓。秦妃卷簾北窗曉，窗前植桐青鳳小。王子吹笙鵝管長，呼龍耕煙種瑶草。粉霞紅綬藕絲裙，青洲步拾蘭苕春。東指羲和能走馬，海塵新生石山下。

【眉批】

渾渾語奇。「天河」、「銀浦」似重復，長吉此類亦多，要爲疏雋，不問此耳。《選》詩中多有此例。

浩　歌

南風吹山作平地，帝遣天吴移海水。王母桃花千徧紅，彭祖巫咸幾回死。青毛驄馬參差錢，嬌春楊柳含細煙。筝人勸我金屈卮，神血未凝身問誰？不須浪飲丁都護，世上英雄本無主。跌蕩愁人。世上句傑特，名言綉作。買絲綉作平原君，有酒惟澆趙州土。酒澆肝肺激烈。漏催水咽玉蟾蜍，衛娘髮薄不勝梳。亦不知何從至此。看見秋眉换新緑，二十男兒那刺促？

【眉批】

從「南風」起一句，便不可及，迭蕩宛轉，沉着起伏，真俠少年之度，忽顧美人，情境俱至，妙處不必可解。

秋來

桐風驚心壯士苦，衰燈絡緯啼寒素。誰看青簡一編書，不遣花蟲粉空蠹。思牽今夜腸應直，雨冷香魂弔書客。秋墳鬼唱鮑家詩，恨血千年土中碧。

【眉批】

非長吉自挽耶！

只秋夜讀書自弔其苦，何其險語至此！然無一字不合。

帝子歌

洞庭帝子一千里，涼風雁啼天在水。九節菖蒲石上死，湘神彈琴迎帝子。山頭老桂吹古香，雌龍怨吟寒水光。沙浦走魚白石郎，閑取真珠擲龍堂。

【眉批】

徒別詭而無情。

秦王飲酒

秦王騎虎游八極，劍光照空天自碧。羲和敲日玻瓈聲，劫灰飛盡古今平。龍頭瀉酒邀酒星，金槽琵琶夜棖棖。洞庭雨脚來吹笙，酒酣喝月使倒行。狂言無當，而有其理。銀雲櫛櫛瑶殿明，宫門掌事報一更。花樓玉鳳聲嬌獰，海綃紅文香淺清。黄鵝跌舞千年觥，仙人燭樹蠟煙輕，清琴醉眼淚泓泓。

【眉批】雜碎。

洛姝真珠

真珠小娘下清廓，洛苑香風飛綽綽。寒鬢斜釵玉燕光，高樓唱月敲懸璫。蘭風桂露洒幽翠，紅弦裊雲咽深思。花袍白馬不歸來，濃娥叠柳香唇醉。金娥屏風蜀山夢，鸞裾鳳帶行煙重。八驄籠晃臉差移，日絲繁散曛羅洞。市南曲陌無秋凉，楚腰衛鬢四時芳。玉喉窱窱排空光，牽雲曳雪留陸郎。

李夫人

紫皇宫殿重重開，夫人飛入瓊瑶臺。緑香綉帳何時歇？青雲無光宫水咽。翩聯桂花墜秋月，孤鸞驚啼商絲發。紅壁闌珊懸佩璫，歌臺小妓遥一作拍。相望。玉蟾滴水鷄人唱，露華蘭葉參差光。

【眉批】
至浅語亦獨步。
又似才太過。

走馬引

我有辭鄉劍，玉鋒堪截雲。襄陽一作長安。走馬客，一作使。意氣自生春。朝嫌劍花净，暮嫌劍光冷。能持劍向人，不解持照身。一作解持照身影。

湘妃

筠竹千年老不死，長伴秦娥蓋湘水。蠻娘吟弄滿寒空，九山静緑淚花紅。拈出自別。離鸞別鳳煙梧中，巫雲蜀雨遥相通。幽愁秋氣上青楓，凉夜波間吟古龍。

南園十三首

其一

花枝草蔓眼中開，小白長紅越女腮。可憐日暮嫣香落，嫁與春風不用媒。

其二

宮北田塍曉氣酣，黄桑飲露窣宮簾。長腰健婦偷攀折，將餧吴王八繭蠶。

其　三

竹裏繅絲挑網車，青蟬獨噪日光斜。桃膠迎夏香琥珀，自課越傭能種瓜。

其　四

三十未有二十餘，白日長飢小甲蔬，橋頭長老相哀念，因遺戎韜一卷書。

【眉批】
絶好起句。
其用事類此，亦自得也。

其　五

男兒何不帶吳鈎，收取關山五十州。請君暫上凌煙閣，若個書生萬户侯？

其　六

尋章摘句老雕蟲，曉月當簾挂玉弓。不見年年遼海上，文章何處哭秋風？

其　七

長卿牢落悲空舍，曼倩詼諧取自容。見買若耶溪水劍，明朝歸去事猿公。

【眉批】
耿耿可念，其詞其事，興托皆妙。

其八

春水初生乳燕飛，黄蜂小尾撲花歸。窗含遠色通書幌，魚擁香鈎近石磯。

【眉批】

亦自鲜麗，眼前語無苦，入手自别。

其九

泉沙軟卧鴛鴦暖，曲岸回篙舴艋遲。瀉酒木欄椒葉蓋，病容扶起種菱絲。

其十

邊壤一作讓。今朝憶蔡邕，無心裁曲卧春風。舍南有竹堪書字，老去溪頭作釣翁。

其十一

長巒谷口倚嵇家，白晝千峰老翠華。自履藤鞋收石蜜，手牽苔絮長蓴花。

【眉批】

豈即蓴耶？

其十二

松溪黑水新龍卵，桂洞生硝舊馬牙。誰遣虞卿裁道帔？輕綃一匹染朝霞。

其十三

小樹開朝徑，長茸濕夜煙。柳花驚雪浦，麥雨漲溪田。古刹疏鐘度，遥嵐破月懸。沙頭敲石火，燒竹照漁船。

卷之二

唐　隴西李　賀　撰
宋　廬陵劉辰翁　評

金銅仙人辭漢歌並序

魏明帝青龍元年八月，詔宫官牽車西取漢孝武捧露盤仙人，欲立置前殿。宫官既拆盤，仙人臨載，乃潸然淚下，唐諸王孫李長吉遂作《金銅仙人辭漢歌》。

茂陵劉郎秋風客，夜聞馬嘶曉無跡。畫欄桂樹懸秋香，三十六宫土花碧。魏官牽車指千里，東關酸風射眸子。空將漢月出宫門，憶君清淚如鉛水。衰蘭送客咸陽道，天若有情天亦老。攜盤獨出月荒凉，渭城已遠波聲小。神凝意黯，不覺銅仙能言。

【眉批】

此意思非長吉不能賦，古今無此神妙。

奇事奇語不在言，讀至「三十六宫土花碧」，令人淚墮，已信。末後三句可爲斷腸。後來作者無此沉着，亦不忍極言其妙。

古悠悠行

白景歸西山，碧華上迢迢。今古何處盡？千歲隨風飄。海沙變成石，魚沫吹秦橋。空光遠流浪，銅柱一作桂。從年消。

黄頭郎

黄頭郎，撈攏去不歸。南浦芙蓉影，愁紅獨自垂。水弄湘娥珮，竹啼山露月。玉瑟調青門，石雲濕黄葛。沙上蘼蕪花，秋風已先發，好持一作待。掃羅薦，香出鴛鴦一作籠。熱。

【眉批】不當深而深，眼前易曉，不得苦思。

馬詩二十三首

其一

龍脊帖連錢，銀蹄白踏煙。無人織錦韂，誰爲鑄金鞭？

【眉批】無一首不好，且無俗料。

其　二

臘月草根甜，天街雪似鹽。未知口硬軟，先擬蒺藜銜。

【眉批】賦馬多矣，此獨取必不經人道者。

其　三

忽憶周天子，驅車上玉山。鳴騶辭鳳苑，赤驥最承恩。

其　四

此馬非凡馬，房星本是星。向前敲瘦骨，猶自帶銅聲。

【眉批】奇。

其　五

大漠山如雪，燕山月似鈎。何當金絡腦，快走踏清秋。

【眉批】 來得便是賦意，結束亦俊。

其　六

飢卧骨查牙，粗毛刺破花。鬣焦朱色落，髮斷鋸長麻。

其　七

西母酒將闌，東王飯已乾。君王若燕去，誰爲拽車轅？

【眉批】 亦有風致。

其　八

赤兔無人用，當須呂布騎。吾聞果下馬，羈策任蠻兒。

【眉批】 有風刺，亦是峭異。

其　九

飂叔去忽忽，如今不豢龍。夜來霜壓棧，駿骨折西風。

【眉批】

別引龍事慷慨，怨直是怨。

其　十

催榜渡烏江，神騅泣向風。君王今解劍，何處逐英雄？

【眉批】

悲甚！此語不可復讀，元不苦澀。

其十一

内馬賜宫人，銀韉刺騏驎。午時鹽坂上，蹭蹬溘風塵。

【眉批】

午時下得苦，猶《簡兮》日中也。午字字警，午時着汗故。

其十二

批竹初攢耳，桃花未上身。他時須攬陣，牽去借將軍。

【眉批】

語意皆到，有風致。

其十三

寶玦誰家子，長聞俠骨香。堆金買駿骨，將送楚襄王。

【眉批】

俗語一双，獃。

奇怪，説夢。

其十四

香襆赭羅新，盤龍蹙鐙鱗。回看南陌上，誰道不逢春？

【眉批】

正言似反，無限凄怨，怨乃不及此。

其十五

不從桓公獵，何能伏虎威？一朝溝隴出，看取拂雲飛。

【眉批】

却是痛快。

其十六

唐劍斬隋公，拳毛屬太宗。莫嫌金甲重，且去捉飈風。

【眉批】

語不碌遨甚，言其遇，是諸孫語。

其十七

白鐵剉青禾，亦非俗料。磓間落細莎。世人憐小頸，金埒畏長牙。

【眉批】

有風刺。

其十八

伯樂向前看，旋毛在腹間。有玄思。祇今培白草，可念。何日驀青山？

其十九

蕭寺馱經馬，元從竺國來。空知有善相，不解走章臺。

【眉批】

無緊要，有意態。

又怪。

俊劣可喜。

其二十

重圍如燕尾，寶劍似魚腸。欲求千里脚，先采眼中光。

其二十一

暫繫騰黄馬，仙人上彩樓。須鞭玉勒吏，何事謫高州？

其二十二

汗血到王家，隨鸞撼玉珂。少君騎海上，人見是青騾。

【眉批】

超。

其二十三

武帝愛神仙，燒金得紫煙。厩中皆肉馬，不解上青天。

【眉批】
妙。
此是郭景純、漢武非仙才意。

申胡子觱篥歌並叙

申胡子，朔客之蒼頭也。朔客李氏，本亦世家子，得祀江夏王廟。當年踐履失序，送奉官北郡。自稱學長調短調，久未知名。今年四月，吾與對舍於長安崇義里，遂將衣質酒，命予合飲。氣熱杯闌，因謂吾曰：「李長吉，爾徒能長調，不能作五字歌詩，直强回筆端，與陶、謝詩勢相遠幾里？」吾對後，請撰申胡子觱篥歌，以五字斷句。歌成，左右人合譟相唱，朔客大喜，擎觴起立，命花娘出幕，徘徊拜客。吾問所宜，稱善平弄，於是以弊辭配聲，與予爲壽。

顏熱感君酒，含嚼蘆中聲。花娘篸綏妥，休睡芙蓉屏。誰截太平管？列點排空星。直貫開花風，管也，奇雋。天上驅雲行。今夕歲華落，令人惜平生。心事如波濤，極善自道。中坐時時驚。朔客騎白馬，劍弝懸蘭纓。俊健如生猱，肯拾蓬中螢。

【眉批】
索意造語，欲過古人。
其長復出二謝，可喜。

老夫採玉歌

採玉採玉須水碧，琢作步摇徒好色。老夫飢寒龍爲愁，藍溪水氣無清白。夜雨崗頭食蓁子，杜鵑口血老夫淚。藍溪之水厭生人，身死千年恨溪水。斜山柏風雨如嘯，泉脚挂繩青裊裊。村寒白屋念嬌嬰，古臺石磴懸腸草。腸草，不必草名斷腸之類，以其念子，視此懸磴之草如斷腸然，苦甚。

【眉批】挂長绳懸身，下採溪水，其索意之苦，至思念其子，豈特食蓁而已。

傷心行

咽咽學楚吟，病骨傷幽素。秋姿白髮生，木葉啼風雨。燈青蘭膏歇，落照飛娥舞。古壁生凝塵，羈魂夢中語。

【眉批】略盡旅况。

湖中曲

長眉越沙採蘭若，桂葉水洪一作葒。春漠漠。横船醉眠白晝閑，好。渡口梅風歌扇薄。燕釵玉股一作服。

照青渠，越王嬌郎一作娘。小字書。蜀紙封巾報雲鬟，晚漏壺中一作銅壺。水淋盡。

【眉批】

起一句盡寄書，催晚語自清鍊。

黄家洞

雀步蹙沙聲促促，四尺角弓青石鏃。黑幡三點銅鼓鳴，高作猿啼摇箭箙。綵巾纏踍幅半斜，溪頭簇隊映葛花。山潭晚霧吟白鼉，竹蛇飛蠹射金沙。閑驅竹馬緩歸家，官軍自殺容州槎。

屏風曲

蝶栖石竹銀交關，水凝緑鴨瑠璃錢。團回六曲抱膏蘭，將鬟鏡上擲金蟬。沉香火暖茱萸煙，酒觥綰帶新承歡。月風吹露屏外寒，城上烏啼楚女眠。

【眉批】

好。

南山田中行

秋野明，秋風白，塘水漻漻蟲嘖嘖。雲根苔蘚山上石，冷紅泣露嬌啼色。荒畦九月稻叉牙，蟄螢低飛隴徑斜。石脉水流泉滴沙，鬼燈如漆點松花。

【眉批】每造語，不覺其苦。翻漆燈又别。

貴主征行樂

奚騎黄銅連鎖甲，羅旗香幹金畫葉。中軍留醉河陽城，嬌嘶紫燕踏花行。春營騎將如紅玉，走馬捎鞭上空緑。女垣素月角咿咿，牙帳未開分錦衣。

【眉批】李意至此，習氣盡見，此人間常事，猥態何以能言。

酒罷張大徹索贈詩時張初効潞幕

長鬣張郎三十八，天遣裁詩花作骨。往還誰是龍頭人，公主遣秉魚鬚笏。水一作太。行青草上白衫，匣中章奏密如蠶。金門石閣知卿有，豸角鷄香早晚含。隴西長吉摧頽客，酒闌感覺中區窄。葛衣斷碎趙城秋，吟詩一夜東方白。

羅浮山人一作父。與葛篇

依依宜織江雨空，妙意殆不可继。雨中六月蘭臺風。博羅老仙時出洞，千歲石床啼鬼工。蛇毒濃凝洞堂濕，江魚不食銜沙立。欲剪箱一作湘。中一尺天，吴娥莫道吴刀澀。

【眉批】

賀雖苦語，情固不淺，又極明快。

體嫩。

仁和里雜叙皇甫湜湜新尉陸渾

大人乞馬癯乃寒，宗人貸宅荒厥垣。横庭鼠徑空土澀，出籬大棗垂珠殘。安定美人截黄綬，脱落纓裾暝朝酒。還家白筆未上頭，使我清聲落人後。枉辱稱知犯君眼，排引纔陞强絙斷。洛風送馬入長關，闔扇未開逢猰犬。那知堅一作豎。都相草草，客枕幽單看春老。歸來骨薄面無膏，疫一作瘡。氣衝頭鬢莖少。欲雕小説干天官，宗孫不調爲誰憐？明朝下元復西道，崆峒叙别長如天。

宮娃歌

蠟光高懸照紗空，花房夜擣紅守宮。象口吹香毾㲪暖，七星挂城聞漏板。寒入罘罳殿影昏，彩鸞簾額着霜痕。啼蛄弔月鈎欄下，兩語極是憔悴。屈膝銅鋪鎖阿甄。夢入家門上沙渚，天河落處長洲路。願君光明如太陽，放妾騎魚撇波去。意到語盡，無復餘怨矣。

【眉批】

哀怨竭盡。

麗語猶可及，深情難自道也。

堂堂

堂堂復堂堂，紅脱梅灰香。一作紅熟海梅香。十年粉蠹生畫梁，飢蟲不食推一作堆。碎黄。蕙花已老桃葉長，禁院懸簾隔御光。華清源中礜石湯，徘徊白鳳隨君王。

【眉批】

好。

不知魂情幽入何許，得此令人愁。

堂堂復堂堂者，高明之怨也。然語意險澀，非久幽獨困，得之無聊，未足以知此。

勉愛行二首送小季之廬山

洛郊無俎豆，弊廄慚老馬。小雁過鑪峰，影落楚水下。長船倚雲泊，石鏡秋涼夜。豈解有鄉情，弄月聊嗚啞。

【眉批】

只是一雁。

其二

別柳當馬頭，官槐如兔目。欲將千里別，持我易斗粟。此語甚悲，別其弟。南雲北雲空脉斷，靈臺經絡懸春綫。青軒樹轉月滿床，下國飢兒夢中見。維爾之昆二十餘，年來持鏡頗有鬚。辭家三載今如此，索米王門一事無。荒溝古水光如刀，庭南拱柳生蠐螬。江干幼客真可念，郊原晚吹悲號號。

【眉批】

非深愛不能道此兄弟情。

苦哉！

語自不同，讀亦心嘔。

致酒行

零落栖遲一杯酒，好。主人奉觴客長壽。主父西游困不歸，此語謂答。家人折斷門前柳。吾聞馬周昔作新豐客，天荒地老無人識。空將牋上兩行書，直犯龍顔請恩澤。我有迷魂招不得，又入夢境。雄鷄一聲天下白。少年心事當拏雲，誰念幽寒坐嗚呃。

【眉批】

四語好流動無涯（批首四句）。

起得浩蕩感激，言外不可知，真不得不遷之酒者。末轉慷慨，令人起舞。

長歌續短歌

長歌破衣襟，短歌斷白髮。秦王不可見，旦夕成内熱。渴飲壺中酒，飢拔隴頭粟。淒凉四月闌，千里一時緑。好。夜峰何離離，明月落石底。徘徊沿石尋，照出高峰外。不得與之游，歌成鬢先改。

【眉批】

非世間人、世間語。

起六句皆有古意，春去之感，捉月之悲，皆極言秦王不可見之恨。題曰《長歌續短歌》，復以歌意終之。

公莫舞歌並序

公莫舞歌者，詠項伯翼蔽劉沛公也。會中壯士，灼灼於人，故無復書，且南北樂府率有歌引，賀陋諸家，今重作《公莫舞歌》云。

方花古礎排九楹，刺豹淋血盛銀罌。華筵鼓吹無桐竹，長刀直立割鳴筝。横眉粗錦生紅緯，日炙錦嫣王未醉。從容模仿，有情最妙。腰下三看寶玦光，項莊掉箭欄前起。材官小臣公莫舞，座上真人赤龍子。芒碭雲瑞抱天回，咸陽王氣清如水。鐵樞鐵楗重束關，大旗五丈撞雙鐶。漢王今日頒秦印，絶臏刳腸臣不論。

【眉批】

才子賦古，但如目前。至「三看宝玦」，始喻本末，自不待言。「抱天」語奇俊俯仰，甚稱事情，復作項伯口語，尤壯。

不必有其事，幽與鬼謀（批結二句）。

昌谷北園新笋四首

其一

籜落長竿削玉開，君看母笋是龍材。一作媒。更容一夜抽千尺，别却池園數寸泥。

【眉批】

高甚。

其　二

斫取青光寫楚辭，膩香春粉黑離離。無情有恨何人見？露壓煙啼千萬枝。

【眉批】

昌谷新笋，寫得如此渺茫。

好語。

其　三

家泉石眼兩三莖，曉看陰根紫陌生。今年水曲春沙上，笛管新篁拔玉青。

其　四

古竹老梢惹碧雲，茂陵歸臥嘆清貧。風吹千畝迎雨嘯，鳥重一枝入酒樽。

【眉批】

却不爲佳。

惱　公

宋玉愁空斷，嬌饒粉自紅。歌聲春草露，門掩杏花叢。注口櫻桃小，添眉桂葉濃。曉奩妝秀靨，夜帳減香筒。鈿鏡飛孤鵲，江圖畫水葓。陂拖梳碧鳳，腰裹帶金蟲。杜若含清露，河蒲聚紫茸。月分娥黛破，花合靨朱融。髮重疑盤霧，腰輕乍倚風。密書題荳蔻，隱語笑芙蓉。莫鎖茱萸匣，休開翡翠籠。弄珠驚漢燕，燒蜜引胡蜂。醉纈拋紅網，單羅挂綠蒙。數錢教姹女，買藥問巴賨。匀臉安斜雁，移燈想夢熊。腸攢非束竹，弦一作舷。急是張弓。晚樹迷新蝶，殘蜺憶斷虹。古時填渤澥，今日鑿崆峒。綉沓褰長幔，羅裙結短封。心搖如舞鶴，骨出似飛龍。井檻淋清漆，門鋪綴白銅。隈花開兔徑，向壁印狐蹤。玳瑁釘簾薄，琉璃疊扇烘。象床緣素柏，瑶席卷香葱。細管吟朝幌，芳醪落夜楓。宜男生楚巷，梔子發金墉。龜甲開屏澀，鵝毛滲墨濃。黄庭留衛瓘，綠樹養韓馮。鷄唱星懸柳，鴉啼露滴桐。黄娥初出座，寵妹始相從。蠟淚垂蘭燼，秋蕪掃綺櫳。吹笙翻舊引，沽酒待新豐。短佩愁填粟，長弦怨削菘。曲池眠乳鴨，小閣睡娃僮。褥縫篸雙綫，鉤縚辮五騘。蜀煙飛重錦，峽雨濺輕容。拂鏡羞温嶠，薰衣避賈充。魚生玉藕下，人在石蓮中。含水彎娥當作蛾。翠，登樓潠馬鬉。使君居曲陌，園令住臨邛。桂火流蘇暖，金鑪細炷通。春遲王子態，鶯囀謝娘慵。玉漏三星曙，銅街五馬逢。犀株防膽怯，銀液鎮心忪。跳脱看年命，琵琶道吉凶。王時應七夕，夫位在三宫。無力塗雲母，多方帶藥翁。符因青鳥送，囊用絳紗縫。漢苑尋官柳，河橋閡禁鐘。亦是妙意。月明中婦覺，應笑畫堂空。

【眉批】

情態别。

怪怪（批「心摇」句）。

情景入微（批「鶯囀」句）。

何者不可言（批結末二句）。

感諷五首

其一

合浦無明珠，龍陽有木奴。足知造化力，不給使君須。越婦未織作，吴蠶始蠕蠕。縣官騎馬來，獰色虬紫鬚。懷中一方板，板上數行書。不因使君怒，焉得詣爾廬？越婦拜縣官，桑牙今尚小。會待春日宴，絲車方擲掉。越婦通言語，小姑具黄粱。縣官踏餮去，簿吏復登堂。

【眉批】

此亦非經人道語。

其二

奇俊無少年，日車何躃躃。我待紆雙綬，遺我星星髮。都門賈生墓，青蠅久斷絶。寒食摇楊天，憤景長肅殺。皇漢十二帝，唯帝稱睿哲。一夕信豎兒一作反信豎兒言。文明永淪歇。

【眉批】以介子喻賈生，怨徹今古。末弔文帝，猶自藹然。

其　三

南山何其悲？鬼雨洒空草。長安夜半秋，風前幾人老。讀之浩然。低迷黄昏徑，裊裊青櫟道。月午樹無影，一山唯白曉。漆炬迎新人，幽壙螢擾擾。

【眉批】人情鬼語，殆不自覺。結句十字，可笑可傷。

不犯俗塵。

其　四

星盡四方高，萬物知天曙。己生須己養，荷擔出門去。君平久不反，康伯遁國路。曉思何譊譊，闤闠千人語。

【眉批】托之君平、康伯，而舉世可見，安能免此，其妙在言外。末語不收拾之收拾，更佳。

其　五

石根秋水明，石畔秋草瘦。侵衣野竹香，蟄蟄垂葉厚。岑中月歸來，蟾光掛空一作雲。秀。桂一作秋。露對仙娥，星星下雲逗。凄涼梔子落，山壘泣清漏。下有張仲蔚，披書案將朽。

【眉批】

「山壘」二字亦奇。

三月過行宫

渠水紅繁擁御牆，風嬌小葉學娥妝。垂簾幾度青春老，堪鎖千年白日長。

卷之三

唐　隴西李　賀　撰
宋　廬陵劉辰翁　評

追和何謝銅雀妓

佳人一壺酒，秋容滿千里。石馬卧新煙，憂來何所似。歌聲且潛弄，陵樹風自起。長裾壓高臺，淚眼看花机。

【眉批】

不必苦心，自近《選》語。

賦銅雀妓，有墓中不能言者，却止如此，亦近大雅。

送秦光禄北征

北虜膠堪折，秋沙亂曉鼙。髯胡頻犯塞，驕氣似横霓。灞水樓船渡，營門細柳開。將軍馳白馬，豪彦騁雄材。箭射欃槍落，旗懸日月低。榆稀山易見，甲重馬頻嘶。天遠星光没，沙平草葉齊。風吹雲路火，雪污玉關泥。屢斷呼韓頸，曾然董卓臍。太常猶舊寵，光禄是新隮。寶玦麒麟起，銀壺狒狖啼。桃花連馬發，綵絮撲鞍來。呵臂懸金斗，當唇注玉罍。清蘇和碎蟣，紫膩卷浮杯。虎韉先蒙馬，魚腸且斷犀。趁趕西旅狗，甓額北方奚。守帳然香暮，看鷹永夜栖。黄龍就別鏡，青冢念陽臺。周處長橋役，侯調短弄哀。錢塘階鳳羽，正室擘鸞釵。内子攀琪樹，羌兒奏落梅。今朝擎劍去，何日刺蛟回？

【眉批】

亦屬恍惚。

酬答二首

金魚公子夾衫長，密裝腰鞓割玉方。行處春風隨馬尾，柳花偏打内家香。

其二

雍州二月梅一作海。池春，御水鵁鶄暖白蘋。試問酒旗歌板地，今朝誰是拗花人。

畫角東城

河轉曙蕭蕭，鴉飛睥睨高。帆長摽越甸，壁冷掛吴刀。淡菜生寒日，鮞魚潠白濤。水花霑抹額，旗鼓夜迎潮。

謝秀才有妾縞練改從於人秀才引留之不得後生感憶坐人製詩嘲謝賀復繼四首

其一

誰知泥憶雲，望斷梨花春。荷絲製機練，竹葉剪花裙。月明啼阿姊，燈暗會良人。也識君夫壻，金魚掛在身。

其二

銅鏡立青鸞，燕脂拂紫綿。腮花弄暗粉，眼尾淚侵寒。碧玉破不復，合作破瓜後。瑶琴重撥弦。今日非昔日，何人敢正看？

其三

洞房思不禁，蜂子作花心。灰暖殘香炷，髮冷青蟲簪。夜遥燈焰短，睡熟小屏深。好作鴛鴦夢，南城罷擣碪。

【眉批】

自是好語，不必題事。

其四

尋常輕宋玉，今日嫁文鴦。戟幹横龍簴，刀環倚桂窗。邀人裁半袖，端坐據胡床。淚濕紅輪重，栖一作投。烏上井梁。

昌谷讀書示巴童

蟲響燈光薄，宵寒藥氣濃。君憐垂翅客，辛苦尚相從。

巴童答

巨鼻宜山褐，厖眉入苦吟。非君唱樂府，誰識怨秋深。

代崔家送客

行蓋柳煙下，馬蹄白翩翩。恐隨送處一作送行。盡，何忍重一作復。揚鞭。

【眉批】

有情語，好。

出　城

雪下桂花稀，啼烏被彈歸。關水乘驢影，秦風帽帶垂。入鄉試萬里，一作誠可重。無印自堪悲。卿卿忍相問，鏡中雙淚姿。一作垂。

莫種樹

園中莫種樹，種樹四時愁。獨睡南窗月，今秋似去秋。

將　發

東床卷席罷，護落將行去。秋白遥遥空，日滿門前路。

追賦畫江潭苑四首

其　一

吴苑曉蒼蒼，宫衣水濺黄。小鬟紅粉薄，騎馬珮珠長。露指臺城迥，羅薰袴褶香。行雲霑翠輦，今日似襄王。

其　二

寶袜(襪)菊衣單，蕉花密露寒。水光蘭澤葉，帶重剪刀錢。角暖盤弓易，靴長上馬難。淚痕霑寢帳，匀粉照金鞍。

其　三

剪翅小鷹斜，絛根玉鏇花。鞦垂妝鈿粟，箭箙釘文牙。𪈉𪈉啼深竹，鵁鶄老濕沙。宫官燒蠟火，飛燼污鉛華。

其　四

十騎簇芙蓉，宫衣小隊紅。練香燻宋鵲，尋箭踏盧龍。旗濕金鈴重，霜乾玉鐙空。今朝畫眉早，不待景陽鐘。

【眉批】

流麗。

潞州張大宅病酒遇江使寄上十四兄

秋至昭關後，當知趙國寒。繫書隨短羽，寫恨破長牋。病客眠清曉，疏桐墜緑鮮。城鴉啼粉堞，軍吹壓蘆煙。岸幘褰紗幌，枯塘卧折蓮。木窗銀跡畫，石磴水痕錢。旅酒侵愁肺，離歌繞懦弦。詩封兩條淚，露折一枝蘭。莎老沙鷄泣，松乾瓦獸殘。覺騎燕地馬，夢載楚溪船。椒桂傾長席，鱸魴斫玳筵。豈能忘舊路，江島滯佳年？

難忘曲

夾道開洞門，弱楊低畫戟。簾影竹華一作葉。起，簫聲吹日色。蜂語繞妝鏡，拂蛾學春碧。亂係丁香梢，滿欄花向夕。

賈公閭貴壻曲

朝衣不須長，分花對袍縫。嚶嚶白馬來，滿腦黃金重。今朝香氣苦，珊瑚澀難枕。且要弄風人，暖蒲沙上飲。燕語踏簾鉤，日虹屏中碧。潘令在河陽，無人死芳一作花。色。

【眉批】

畫意（批「燕語」句）。

夜飲朝眠曲

觴酣出座東方高，腰横半解星斿斿。柳花鴉啼公主醉，薄露壓花蕙園氣。玉轉濕絲牽曉水，熟粉生香琅玕紫。夜飲朝眠斷無事，楚羅之幃卧皇子。

王濬墓下作

人間無阿童，猶唱水中龍。白草侵煙死，秋梨繞地紅。古書平黑石，袖劍斷青銅。耕勢魚鱗起，墳科一作斜。馬鬣封。菊花垂濕露，棘徑卧乾蓬。松柏愁香澀，南原幾夜風。

客游

悲滿千里心，日暖南山石。不謁承明廬，老作平原客。四時別家廟，三年去鄉國。旅歌屢彈鋏，歸問時裂帛。

崇義里滯雨

落漠誰家子，來感長安秋。壯年抱羈恨，夢泣生白頭。瘦馬秣敗草，雨沫飄寒溝。南宫古簾暗，濕景傳籤籌。家山遠千里，雲脚天東頭。憂眠枕劍匣，客帳夢封侯。

馮小憐

灣頭見小憐，請上琵琶弦。破得春風恨，今朝直幾錢。裙垂竹葉帶，鬢濕杏花煙。玉冷紅絲重，齊宫妾駕鞍。

贈陳商

長安有男兒，二十心已朽。《楞伽》堆案前，《楚辭》繫肘後。人生有窮拙，日暮聊飲酒。祇今道已塞，何必須白首。凄凄陳述聖，披褐鉏俎豆。學爲堯舜文，時人責衰偶。柴門車轍凍，日下榆影瘦。黄昏訪我來，苦節青陽皺。太華五千仞，劈地抽森秀。旁古無寸尋，一上戛牛斗。公卿縱不憐，寧能鎖吾口。李生師太華，大坐看白晝。逢霜作樸樕，得氣爲春柳。禮節乃相去，顦顇如芻狗。風雪直齊壇，墨組貫銅綬。臣妾氣態間，唯欲承箕帚。天眼何時開，古劍庸一吼。

【眉批】

此語深悲（批「人生」二句）。

亦高（批「得氣」句）。

釣魚詩

秋水釣紅渠，仙人待素書。菱絲縈獨繭，蒲米蟄雙魚。斜竹垂清沼，長綸貫碧虛。餌懸春蜥蜴，鈎墜小蟾蜍。詹子情無限，龍陽恨有餘。爲看煙浦上，楚女淚霑裾。

奉和二兄罷使遣馬歸延州

空留三尺劍，不用一丸泥。馬向沙場去，人歸故國來。笛愁翻隴水，酒喜瀝春灰。錦帶休驚雁，羅衣尚鬥鷄。還吴已渺渺，入郢莫凄凄。自是桃李樹，何畏不成蹊。

【眉批】

好（批「笛愁」句）。

答贈

本是張公子，曾名蕚緑華。沉香熏小像，楊柳伴啼鴉。露重金泥冷，杯闌玉樹斜。琴堂沽酒客，新買後園花。

題趙生壁

大婦燃竹根，中婦舂玉屑。冬暖拾松枝，日煙坐蒙滅。木蘚青桐老，石井水聲發。曝背卧東亭，桃花滿肌骨。

【眉批】語有清福。題壁如此，必皆實景，變化得不俗，自是長吉語意，托之趙生耳。

感春

日暖自蕭條，花悲北郭騷。榆穿萊子眼，柳斷舞兒腰。上幕迎神燕，飛絲送百勞。偶然耶。胡琴今日恨，急語向檀槽。

【眉批】

字字不隨人後。

仙　人

彈琴石壁上，翻翻一仙人。手持白鸞尾，夜掃南山雲。鹿飲寒澗下，魚歸清海濱。當時漢武帝，書報桃花春。

河陽歌

染羅衣，秋藍難着色。不是無心人，爲作臺邛客。花燒中潬一作誕。城，顔郎身已老。惜許兩少年，抽心似春草。今日見銀牌，今夜鳴一作烏。玉宴。牛頭高一尺，隔坐應相見。月從東方來，酒從東方轉。觥船飫口紅，蜜炬千枝爛。

花游曲

寒食諸王妓游，賀入座，因採粱簡文詩調，賦《花游曲》，與妓彈唱。

春柳南陌態，冷花寒露姿。今朝醉城外，拂鏡濃掃眉。煙濕愁車重，紅油覆畫衣。舞裙香不暖，酒色上來遲。

春晝

朱城報春更漏轉，光風催蘭吹小殿。草細堪梳，柳長如綫。卷衣秦帝，掃粉趙燕。日含畫幕，蜂上羅薦。平陽花塢，河陽花縣。越婦搘機，吴蠶作繭。菱汀繫帶，荷塘倚扇。江南有情，塞北無恨。一作限。

安樂宫

深井桐烏起，尚復一作服。牽清水。未盥邵陵瓜，瓶中弄長翠。新成安樂宫，宫如鳳凰翅。歌回蠟板鳴，左悺一作大棺。提壺使。緑繁悲水曲，茱萸别秋子。

胡蝶舞一作飛。

楊花撲帳春雲熱，龜甲屏風醉眼纈。東家蝴蝶西家飛，白騎少年今日歸。好。

【眉批】

質而不俚，麗而不浮。

似謡體，似令曲，不厭其碎。胡蝶語最妙。

梁公子

風采出蕭家，本是菖蒲花。南塘蓮子熟，洗馬走江沙。御牋銀沫冷，長簟鳳窠斜。種柳營中暗，題書賜館娃。

牡丹種曲

蓮枝未長秦蘅老，走馬馱金斸春草。水灌香泥却月盆，一夜緑房迎白曉。美人醉語園中煙，晚華已散蝶又闌。梁王老去羅衣在，拂袖風吹蜀國弦。歸霞帔拖蜀帳昏，嫣紅落粉罷承恩。檀郎謝女眠何處，樓臺月明燕夜語。

【眉批】

又較自在。

後園鑿井歌

井上轆轤床上轉，水聲繁，弦聲淺。情若何？荀奉倩。城頭日，長向城頭住。一日作千年，不須流下去。

【眉批】極似古意。鑿井淺事，獨因轆轤涉及情事，頗欲係日，如此往來，既托之謡體，長言、短語，自不必一一可曉。

開愁歌華下作。

秋風吹地百草乾，華容碧影生晚寒。我當二十不得意，一心愁謝如枯蘭。衣如飛鶉馬如狗，臨岐擊劍生銅吼。旗亭下馬解秋衣，請貰宜陽一壺酒。壺中唤天雲不開，白晝萬里閑凄迷。主人勸我養心骨，莫受俗物相填豗。

【眉批】甚可念！甚可念！

秦宫詩並序

漢秦宫，將軍梁冀之嬖奴也。秦宫得寵内舍，故以驕名大譟於人。予撫舊而作長辭，辭以馮子都之事相爲對望。又云昔有之詩。

越羅衫袂一作夾衫。迎春風，玉刻騏驎腰帶紅。樓頭曲宴仙人語，帳底吹笙香霧濃。人間一作閑。酒暖春茫茫，花枝入簾白日長。飛窗複道傳籌飲，十夜銅盤一作半夜朦朧。膩燭黄。秃衿小袖調鸚鵡，紫綉麻霞踏哮虎。斫桂燒金待曉筵，白鹿青蘇夜半煮。桐英永巷騎新一作主。馬，内屋深一作珍。屏生色畫。開門爛用水衡錢，卷起黄河向身瀉。皇天厄運猶曾裂，秦宫一生花底活。鸞篦奪得不還人，亦是妙思。醉眠氍毹滿堂月。

賦秦宫似秦宫，何多才也。

【眉批】

極言梁氏連夜盛宴，而秦宫得志可見。至「調鸚鵡」、「夜半煮」，無不可道，故知作者妙於形容。末更奴態，人所不能盡喻。

鉤深索隱，如夢如畫（批結末二句）。

古鄴城童子謡效王粲曹操

鄴城中，暮塵起，將黑丸，斫文吏。棘爲鞭，虎爲馬，團團走，鄴城下。切玉劍，射日弓，獻何人？奉相公。扶轂來，關右兒，香掃塗，相公歸。

【眉批】

雖不盡曉刺意，終是古語可愛。

楊生青花紫石硯歌京本無「紫」字。

端州石工巧如神，踏天磨刀割紫雲。傭刓抱水含滿唇，暗洒萇弘冷血痕。紗帷晝暖墨花春，輕漚漂沫松麝薰。乾膩薄重立脚匀，數寸光秋無日昏。圓毫促點聲静新，孔硯寬頑何足云。

【眉批】

精語（批「暗洒」句）。

房中思

新桂如蛾眉，秋風吹小緑。行輪出門去，玉鑾聲斷續。月軒下風露，曉庭自幽澀。誰能事貞素？卧聽莎鷄泣。

【眉批】

古。

情事不吝。

石城曉

月落大隄上，勝《選》。女垣栖烏起。細露濕團紅，寒香解衣醉。女牛渡天河，柳煙滿城曲。上客留斷纓，殘蛾鬥雙緑。春帳依微蟬翼羅，橫茵突金隱體花。帳前輕絮鶴毛起，欲説春心無所似。

【眉批】《選》語起佳，不言留别而有留别之色，妙不着相。

苦晝短

飛光飛光，勸爾一杯酒。吾不識青天高、黄地厚。唯見月寒日暖，來煎人壽。食熊則肥，食蛙則瘦。神君何在？太一安有。天東有若木，下置銜燭龍。吾將斬龍足，嚼龍肉，使之朝不得回，夜不得伏。自然老者不死，少者不哭。何爲服黄金，吞白玉？誰是一作似。任公子？雲中騎碧驢。劉徹茂陵多滯骨，嬴政梓棺費鮑魚。

【眉批】語多神俊。

章和二年中

雲蕭索，田一本無田字。風拂拂，麥芒如篲黍如粟。關中父老百領襦，關東吏人乏詬租。健犢春耕土膏黑，菖蒲叢叢沿水脉。殷勤爲我下田租，百錢携償絲桐客。游春漫光塢花白，野林散香神降席。拜神得壽獻天子，七星貫斷姮娥死。

春歸昌谷

束髮方讀書，謀身苦不早。終軍未乘傳，顔子鬢先老。天網信崇大，矯士常慅慅。逸目駢甘華，羈心如荼蓼。旱雲二三月，岑岫相顛倒。誰揭頳玉盤，東方發紅照。春熱張鶴蓋，兔目官槐小。思焦面如病，嘗膽腸似絞。京國心爛漫，夜夢歸家少。發軔東門外，天地皆浩浩。青樹驪山頭，花風滿秦道。宫臺光錯落，裝盡偏峰嶠。細緑及團紅，當路雜啼笑。香氣下高廣，鞍馬正華耀。獨乘鷄栖車，自覺少風調。心曲語形影，祇身焉足樂。豈能脱負擔，刻鶴曾無兆。幽幽太華側，老柏如建纛。龍皮相排戛，翠羽更蕩掉。驅趍委憔悴，眺覽强容貌。花蔓閡行輈，縠煙暝深徼。少健無所就，入門愧家老。聽講依大樹，觀書臨曲沼。知非出柙虎，甘作藏霧豹。韓烏處繒繳，湘鯈在籠罩。狹行無廓落，壯士徒輕躁。

【眉批】

「旱雲二三月」以下，甚奇麗。

昌谷詩五月二十七日作

昌谷五月稻，細青滿平水。遥巒相壓叠，頹緑愁墮地。光潔無秋思，凉曠吹浮媚。竹香滿凄寂，粉節塗生翠。草髮垂恨鬢，光露泣幽淚。層圍爛洞曲，芳徑老紅醉。攢蟲鏤古柳，蟬子鳴高邃。大帶委黄葛，紫蒲交狹涘。石錢差復藉，厚葉皆蟠膩。汰沙好平白，立馬印青字。晚鱗自遨游，瘦鵠暝單跱。嘹嘹濕蛄聲，咽源驚濺起。紆緩玉真路，元注近武后巡幸路。神娥蕙花裏。苔絮縈澗礫，山實垂赬紫。小柏儼重扇，肥松突丹髓。鳴流走響韻，壠秋拖光毯。鶯唱閔女歌，瀑懸楚練帔。風露滿笑眼，駢巖雜舒墜。亂條迸石嶺，細頸喧島毖。日脚掃昏翳，新雲啓華閟。謐謐厭夏光，商風道清氣。高眠服玉容，燒桂祀天几。元注谷與女山嶺阪相承，山即蘭香神女上天處也，遺几在焉。霧衣夜披拂，眠壇夢真粹。待驚栖鸞老，故宫椒壁圮。元注福昌宫在谷東。鴻瓏數鈴響，羇臣發凉思。陰藤束朱鍵，龍帳着魈魅。碧錦帖花檉，香衾事殘貴。歌塵蠹木在，舞綵長雲似。珍壤割綉段，里俗祖風義。鄰凶不相杵，疫病無邪祀。鮐皮識仁惠，丱角知靦耻。縣省司刑官，户乏詬租吏。竹藪添墮簡，石磯引鈎餌。溪灣轉水帶，芭蕉傾蜀紙。岑光晃縠襟，孤景拂繁事。泉樽陶宰酒，月眉謝郎妓。丁丁幽鐘遠，矯矯單飛至。霞巘殷嵯峨，危溜聲争次。淡蛾流平碧，薄月眇陰悴。凉光入澗岸，廓盡山中意。漁童下宵網，霜禽疏煙翅。潭鏡滑蛟涎，浮珠噞魚戲。風桐瑶匣瑟，螢星錦城使。柳綴長縹帶，篁掉短笛吹。石根緣緑蘚，盧笋抽丹漬。漂旋弄天影，古檜拏雲臂。愁月薇帳紅，罥雲香蔓刺。芒麥平百井，閑乘列千肆。刺促成紀人，好學鴟夷子。

【眉批】
此像設間意。
猶是説蘭香庿，意謂異代而人事之。

銅駝悲

落魄三月罷，尋花去東家。誰作送春曲？洛岸悲銅駝。橋南多馬客，北山饒古人。客飲杯中酒，駝悲千萬春。生世莫徒勞，風吹盤上燭。厭見桃株笑，銅駝夜來哭。

自昌谷到洛後門

九月大野白，蒼岑疏秋門。寒涼十月末，路霰濛曉昏。澹色結晝天，心事填空雲。道上千里風，野竹蛇涎痕。石澗東波聲，鷄叫清寒晨。强行到東舍，解馬投舊鄰。東家名廋者，鄉曲傳姓辛。杖頭非飲酒，吾請造其人。始欲南去楚，又將西適秦。襄王與武帝，各自留青春。聞道蘭臺上，宋玉無歸魂。緗縹兩行字，蟄蟲蠹秋芸。爲探秦臺意，豈命余負薪。

七月一日曉入太行山

一夕繞山秋，香露溘蒙菉。新橋倚雲阪，候蟲嘶露樸。洛南今已遠，越衾誰爲熟。石氣何凄凄，老莎如短鏃。

秋凉詩寄正字十二兄

閉門感秋風，幽姿任契闊。大野生素空，天地曠肅殺。露光泣殘蕙，蟲響連夜發。房寒寸輝薄，迎風絳紗折。披書古芸馥，恨唱華容歇。百日不相知，花光變涼節。弟兄誰念慮，牋翰既通達。青袍度一作瘦。白馬，草簡奏東闕。夢中相聚笑，覺見半床月。長思劇尋環，亂憂抵覃葛。

【眉批】

古（批「夢中」二句）。

卷之四

唐　隴西李　賀　撰
宋　廬陵劉辰翁　評

艾如張

艾，或音乂，非。後面分明艾葉是。

錦襜褕，綉襠襦，强飲啄，哺爾雛。隴東卧穟滿風雨，莫信籠一作龍。媒隴西去。齊人織網如素空，張在野一作春。田平碧中。網絲漠漠無形影，誤爾觸之傷首紅。艾葉緑花誰剪刻？中藏禍機不可測。

【眉批】似古詩，乃不覺其垂花插鬢者。

上雲樂

飛香走紅滿天春，花龍盤盤上紫雲。三千宫女列金屋，五十弦瑟海上聞。天江碎碎銀沙路，嬴女機中煙素素。斷煙素，縫衣縷，八月一日君前舞。

【眉批】

又古。

是樂神之辭。

摩多樓子

玉塞去金人，二萬四千里。風吹沙作雲，一時渡遼水。天白水如練，甲絲雙串斷。行行莫苦辛，城月猶殘半。曉氣朔煙上，趢趗胡馬蹄。行人臨水別，隔隴長東西。

【眉批】

此等痛快。

猛虎行

長戈莫舂，長弩莫抨。乳孫哺子，教得生獰。舉頭爲城，掉尾爲旌。東海黄公，愁見夜行。道逢騶虞，好。牛哀不平。奇怪。何用尺刀？壁上雷鳴。泰山之下，婦人哭聲。官家有程，吏不敢聽。言吏畏嚴刑，犯險穿虎而行。

【眉批】

甚疾吏之辭。

日出行

白日下崑崙，發光如舒絲。徒照葵藿心，不照游子悲。折折黄河曲，日從中央轉。暘谷耳曾聞，若木眼不見。奈爾鑠石，胡爲銷人？羿彎弓屬矢，那不中足，令久不得奔，詎教晨光夕昏。

苦篁調笑引

請説軒轅在時事，俳體得之。伶倫採竹二十四。伶倫採之自崑丘，軒轅詔遣中分作十二。伶倫以之正音律，軒轅以之調元氣。當時黄帝上天時，二十三管咸相隨，唯留一管人間吹。無德不能得此管，此管沉埋虞舜祠。

【眉批】

以此寄興，甚奇。

拂舞歌辭

吴娥聲絶天，空雲閑徘徊。門外滿車馬，亦須生緑苔。樽有烏程酒，勸君千萬壽。全勝漢武錦樓上，曉望晴寒飲花露。東方日不破，天光無老時。丹成作蛇乘白霧，千年重化玉井土。從蛇作土二千載，吴堤緑草年年在。背有八卦稱神仙，邪鱗頑甲滑腥涎。

【眉批】

此語轉奇，惜「錦」字劣。

夜坐吟

踏踏馬蹄誰見過，眼看北斗直天河。西風羅幕生翠波，鉛華笑妾顰青娥。爲君起唱長相思，簾外嚴霜皆倒飛。明星爛爛東方陲，紅霞梢出東南涯，陸郎去矣乘班騅。

【眉批】

奇語。

箜篌引 又曰公無渡河。

公乎公乎！提壺將焉如？屈平沉湘不足慕，徐衍入海誠爲愚。公乎公乎！床有菅席盤有魚。北里有賢兄，東鄰有小姑，隴畝油油黍與葫，瓦甀濁醪蟻浮浮。黍可食，醪可飲，公乎公乎其奈君。被髮奔流竟何如？

賢兄小姑哭嗚嗚。

巫山高

碧叢叢，高插天，大江翻瀾神曳煙。楚魂尋夢風颸然，曉風飛雨生苔錢。瑶姬一去一千年，丁香筇竹啼老猿。古祠近月蟾桂寒，椒花墜紅濕雲間。

【眉批】

七字分明巫山（批「楚魂」句）。

平城下

飢寒平城下，夜夜守明月。别劍無玉花，海風斷鬢髮。塞長連白空，遥見漢旗紅。青帳吹短笛，煙霧濕畫龍。日晚在城上，依稀望城下。風吹枯蓬起，城中嘶瘦馬。借問築城吏，去關幾千里？惟愁裹屍歸，不惜倒戈死。

江南弄

江中緑霧起凉波，天上疊巘紅嵯峨。水風浦雲生老竹，渚暝蒲帆如一幅。鱸魚千頭酒百斛，酒中倒卧南山緑。吴歈越吟未終曲，江上團團帖寒玉。

【眉批】

無不奇絶。

榮華樂 一作《東洛梁家謡》。

鳶肩公子二十餘，齒編貝，唇激朱。氣如虹霓，飲如建瓴，走馬夜歸叫嚴更。徑穿複道游椒房，龍裘金玦雜花光。玉堂調笑金樓子，臺下戲學邯鄲倡。口吟舌話稱女郎，錦祛綉面漢帝旁。得明珠十斛，白璧一雙，新詔垂金曳紫光煌煌。馬如飛，人如水，九卿六官皆望履。將回日月先反掌，欲作江河唯畫地。峨峨虎冠上切雲，疏劍晨趨凌紫氛。綉段千尋貽皂隸，黄金百鎰貺家臣。十二門前張大宅，晴春煙起連天碧。金鋪綴日雜紅光，銅龍齧環似争力。瑶姬凝醉卧芳席，海素籠窗空下隔。似謂月。丹穴取鳳充行庖，玃玃如拳那足食。金蟾呀呀蘭燭香，軍裝武妓聲琅璫。誰知花雨夜來過，但見池臺春草長。嘈嘈弦吹匝天開，洪崖簫聲繞天來。天長一矢貫雙虎，雲弝絶騁聒旱雷。亂袖交竿管兒舞，吴音緑鳥學言語。能教刻石平紫金，解送刻毛寄新兔。三皇皇后七貴人，五十校尉二將軍。當時飛去逐彩雲，化作今日京華春。

【眉批】

張姓第大，詭爲此名。

至無緊要，却有思索。

相勸酒

羲和騁六轡，晝夕不曾閑。彈烏崦嵫竹，一作石。抶馬蟠桃鞭。蓐收既斷翠柳，青帝又造紅蘭。堯舜至今萬萬歲，數子將爲傾蓋間。青錢白璧買無端，丈夫快意方爲歡。臛蠵臛熊何足云，會須鍾飲北海，箕踞南山。歌淫淫，管愔愔，横波好送雕題金。人生得意且如此，何用强知元化心。相勸酒，終無輟，伏願陛下鴻名終不歇，子孫綿如石上葛。來長安，車駢駢，中有梁冀舊宅，石崇故園。

瑶華樂

穆天子，走龍媒。八轡冬瓏逐天回，五精掃地凝雲開。高門左右日月環，四方錯鏤稜層殷。舞霞垂尾長盤珊，江澄海净神母顔。施紅點翠照虞泉，曳雲拖玉下崑山。列旆如松，張蓋如輪。金風殿一作斂。秋，清明發春。八鑾十乘，矗如雲屯。瓊鍾瑶席甘露文，玄霜絳雪何足云。薰梅染柳將贈君。鉛華之水洗君骨，與君相對作真質。

北中寒

一方黑照三方紫，黄河冰合魚龍死。三尺木皮斷文理，百石强車上河水。霜花草上大如錢，揮刀不入迷濛天。争瀯海水飛凌喧，山瀑無聲玉虹懸。

梁臺古愁

梁王臺沼空中立，天河之水夜飛入。臺前鬥玉作蛟龍，緑粉掃天愁露濕。撞鐘飲酒行射天，金虎蹙裘噴血斑。朝朝暮暮愁海翻，長繩繫日樂當年。芙蓉凝紅得秋色，蘭臉別春啼脉脉。蘆洲客雁報春來，寥落野篁秋漫白。

公無出門

天迷迷，地密密。熊虺食人魂，雪霜斷一作雪風破。人骨。嗾犬狺狺相索索，舐掌偏宜佩蘭客。帝遣乘軒灾自息，玉星點劍黄金軛。我雖跨馬不得還，歷陽湖波大如山。毒虬相視振金環，狻猊猰貐吐嚵涎。鮑焦一世披草眠，顔回十九鬢毛斑。顔回非血衰，鮑焦不違天。天畏遭銜齧，所以致之然。分明猶懼公不信，公看呵壁書問天。

神弦曲

西山日没東山昏，旋風吹馬馬踏雲。自是一種邪見。畫弦素管聲淺繁，花裙綷縩步秋塵。桂葉刷風桂墜子，青狸哭血寒狐死。古壁彩虬金帖尾，雨工騎入秋潭水。百年老鴞成木魅，笑聲碧火巢中起。

【眉批】

偏善其時景情態。

神弦

女巫澆酒雲滿空，玉爐炭火香鼕鼕。海神山鬼來座中，紙錢窸窣鳴飈風。相思木帖金舞鸞，攢蛾一啑重一彈。呼星召鬼歆杯盤，山魅食時人森寒。終南日色低平灣，神兮長在有無間。神嗔神喜師更顔，送神萬騎還青山。

神弦別曲

巫山小女隔雲別，春風松花山上發。緑蓋獨穿香逕歸，白馬花竿前孑孑。蜀江風澹水如羅，墮蘭誰泛相經過。南山桂樹爲君死，雲衫淺汚紅脂花。

緑水詞

今宵好風月，阿侯在何處？爲有傾人色，翻成足愁苦。東湖採蓮葉，南湖拔蒲根。未持寄小姑，且持感愁魂。

沙路曲

柳臉一作陰。半眠丞相樹，珮馬釘鈴踏沙路。斷燼遺香裊翠煙，燭一作獨。騎啼鳴上天去。帝家玉龍開一作擬。九關，帝前動笏移南山。獨垂重印押千官，金窠篆字紅屈盤。沙路歸來聞好語，旱火不光天下雨。

【眉批】

看他匠轉語意。

上之回

上之回，大旗喜。懸紅雲，撻鳳尾。劍匣破，舞蛟龍。蚩尤死，鼓逢逢。天高慶雷齊墜地，地無驚煙海千里。

高軒過

韓員外愈、皇甫侍御湜見過，因而命作。

華裾織翠青如葱，金環壓轡摇玲瓏。馬蹄隱耳聲隆隆，入門下馬氣如虹。云是一本無此二字。東京才子，文章鉅一本無鉅字。公。二十八宿羅心胸，九精照耀一作元精耿耿。貫當中。殿前作賦聲摩空，筆補造化天無功。厖眉書客感秋蓬，誰知死草生華風。我今垂翅附冥鴻，他日不羞蛇作龍。

貝宫夫人

丁丁海女弄金環，一作錢。雀釵翹揭雙翅關。六宫不語一生閑，高懸銀牓照青山。長眉凝緑幾千年，清凉堪老鏡中鸞。秋肌稍覺玉衣寒，空光帖妥水如天。

蘭香神女廟三月中作

古春年年在，閑緑摇暖雲。松香飛晚華，柳渚含日昏。沙砲落紅滿，石泉生水芹。幽篁畫新粉，蛾緑横曉門。弱蕙不勝露，山秀愁空春。舞珮剪鸞翼，帳帶塗輕銀。蘭桂吹濃香，菱藕長莘莘。看雨逢瑶姬，乘船值江君。吹簫飲酒醉，結綬金絲裙。走天呵白鹿，游水鞭錦鱗。密髮虚鬟飛，膩頰凝花勾。團鬟分蛛巢，濃眉籠小唇。弄蝶和輕妍，風光怯腰身。深幃金鴨冷，奩鏡幽鳳塵。踏霧乘風歸，撼玉山上門。

【眉批】

逐句逐字尚有可取，全首即無謂。

送韋仁實兄弟入關

送客飲别酒，千觴無緒顔。何物最傷心？馬首鳴金環。野色浩無主，秋明空曠間。坐來壯膽破，斷目不能看。行槐引西道，青梢長攢攢。韋郎好兄弟，叠玉生文翰。我在山上舍，一畝蒿磽田。夜雨叫租吏，春聲暗交關。誰解念勞勞？蒼突唯南山。

洛陽城外别皇甫湜

洛陽吹别風，龍門起斷煙。冬樹束生澀，晚紫凝華天。單身野霜上，疲馬飛蓬間。憑軒一雙淚，奉墜緑衣前。

溪晚凉

白狐向月號山風，秋寒掃雲留碧空。玉煙青濕白如幢，銀灣曉轉流天東。溪汀眠鷺夢征鴻，輕漣不語細游溶。層岫回岑複疊龍，苦篁對客吟歌筒。

官不來題皇甫湜先輩廳

官不來，官庭秋，老桐錯幹青龍愁。書司曹佐走如牛，疊聲問佐官來否？官不來，門幽幽。

長平箭頭歌

漆灰骨末丹水沙，凄凄古血生銅花。白翎金簳雨中盡，直餘三脊殘狼牙。我尋平原乘兩馬，驛東石田蒿塢下。風長日短星蕭蕭，黑旗雲濕懸空夜。左魂右魄啼肌瘦，酪瓶倒盡將羊炙。蟲棲雁病蘆笋紅，回風送客吹陰火。訪古汍瀾收斷鏃，折鋒赤璺曾封肉。南陌東城馬上兒，勸我將金換簝竹。

【眉批】

善賦。

江樓曲

樓前流水江陵道，鯉魚風起芙蓉老。龍化也。曉釵催鬢語南風，抽帆歸來一日功。鼉吟浦口飛梅雨，竿頭酒旗換青苧。蕭騷浪白雲差池，黄粉油衫寄郎主。新槽酒聲苦無力，南湖一頃菱花白。眼前便有千里愁，小玉開屏見山色。

【眉批】

俊快濃至。

塞下曲

胡角引北風，薊門白於水。天含青海道，城頭月千里。露下旗濛濛，寒金鳴夜刻。蕃甲鎖蛇鱗，馬嘶青冢白。秋静見旄頭，沙遠席羃一作箕。愁。帳北天應盡，河聲出塞流。

【眉批】

悲壯陡絶（批「胡角」四句）。

清壯（批「馬嘶」句）。

染絲上春機

玉罌泣水桐花井，蒨絲沉水如雲影。美人懶態燕脂愁，春梭抛擲鳴高樓。綵綫結茸背複疊，白袷玉郎寄桃葉。爲君挑鸞作腰綬，願君處處宜春酒。

五粒小松歌

前謝秀才、杜雲卿命予作五粒小松歌，予以選書多事，不治曲辭，經十日，聊道八句，以當命意。

蛇子蛇孫鱗蜿蜿，新香幾粒洪崖飯。緑波浸葉滿濃光，細束龍髯鉸刀剪。主人壁上鋪州圖，主人堂前多俗儒。月明白露秋淚滴，一作露滴懸秋淚。石笋溪雲肯寄書？

【眉批】

皆不成語。

謂樹與峰别。

塘上行

藕花凉露濕，花缺藕根澀。飛下雌鴛鴦，塘水聲溢溢。

吕將軍歌

吕將軍，騎赤兔。獨携大膽出秦門，金粟堆邊哭陵樹。北方逆氣污青天，劍龍夜叫將軍閑。將軍振袖揮劍鍔，玉闕朱城有門閣。榼榼銀龜摇白馬，傅粉女郎火旗下。恒山鐵騎請金槍，遥聞箙中花箭香。西郊寒蓬葉如刺，皇天新栽養神驥。厩中高桁挑一作排。蹇蹄，飽食青芻飲白水。圓蒼低迷蓋張地，九州人事皆如此。赤山秀鋌禦時英，緑眼將軍會天意。

休洗紅

休洗紅，洗多紅色淺。卿卿騁少年，昨日殷橋見。封侯早歸來，莫作弦上箭。

【眉批】

古意。

野歌

鴉翎羽箭山桑弓，仰天射落銜蘆鴻。麻衣黑肥衝北風，帶酒日晚歌田中。男兒屈窮心不窮，枯榮不等嗔天公。寒風又變爲春柳，條條看即煙濛濛。

【眉批】

落落豪意。

將進酒

琉璃鍾，琥珀濃，小槽酒滴真珠紅。烹龍庖鳳玉脂泣，羅屏綉幙圍香風。吹龍笛，擊鼉鼓，皓齒歌，細腰舞。況是青春日將暮，桃花亂落如紅雨。勸君終日酩酊醉，酒不到劉伶墳上土。

【眉批】

哀怨豪暢，故是絶調。

極是快句，可人，可人。

美人梳頭歌

西施曉夢綃帳寒，香鬟墮髻半沉檀。轆轤咿啞轉鳴玉，驚起芙蓉睡新足。雙鸞開鏡秋水光，解鬟臨鏡立象床。一編香絲雲撒地，玉釵落處無聲膩。纖手却盤老鵶色，翠滑寶釵簪不得。春風爛熳惱嬌慵，十八鬟多無氣力。妝成鬖鬌欹不斜，雲裾數步踏雁沙。背人不語向何處，下堦自折櫻桃花。

【眉批】

如畫如畫，有情無語，更是可憐。

無語之語更濃（批「背人」二句）。

月漉漉篇

月漉漉，波煙玉。莎青桂花繁，芙蓉別江木。粉態裌羅寒，雁羽鋪煙濕。誰能看石帆，乘船鏡中入。秋白鮮紅死，水香蓮子齊。挽菱隔歌袖，綠刺罥銀泥。

【眉批】

不可解，亦自好（批「波烟玉」三字）。

未厭脂粉。

京　城

驅馬出城意，牢落長安心。兩事誰向道？自作秋風吟。

官街鼓

曉聲隆隆催轉日，暮聲隆隆呼月出。漢城黄柳映新簾，柏陵飛燕埋香骨。磓發千年日長白，孝武秦王聽不得。從君翠髮蘆花色，獨共南山守中國。幾回天上葬神仙，漏聲相將無斷絶。「絶」一作「緣」，一作「續」。

【眉批】

神奇至於仙極矣，獨屢言仙死，不怪之怪，乃大怪也。

許公子鄭姬歌 鄭園中請賀作

許史世家外親貴，宫錦千端買沉醉。銅駝酒熟烘明膠，古堤大柳煙中翠。桂開客花名鄭袖，入洛聞香鼎門口。先將芍藥獻妝臺，後解黄金大如斗。莫愁簾中許合歡，清弦五十爲君彈。彈聲咽春弄君骨，骨興牽人馬上鞍。兩馬八蹄踏蘭苑，情如合竹誰能見。夜光玉枕栖鳳凰，袷羅當門刺純綫。長翻蜀紙卷明君，轉角含商破碧雲。自從小靨來東道，曲裏長眉少見人。相如壙上生秋栢，三春誰是言情客。蛾鬟醉眼拜諸宗，爲謁皇孫請曹植。

新夏歌

曉木千籠真蠟綵，落帶枯香數分在。陰枝拳牙卷縹帶，長風回氣扶葱籠。野家麥畦上新壠，長畛徘徊桑柘重。刺香滿地菖蒲草，雨梁燕語悲身老。三月遥楊入河道，天濃地濃柳梳掃。

題歸夢

長安風雨夜，書客夢昌谷。怡怡中堂笑，小弟栽澗菉。家門厚重意，望我飽饑腹。勞勞一寸心，燈花照魚目。

經沙苑

野水泛長瀾，宫牙開小蒨。無人柳自春，草渚鴛鴦暖。晴嘶卧沙馬，老去悲啼展。今春還不歸，塞嚶折翅雁。

出城别張又新酬李漢

李子别上國，南山崆峒春。不聞今夕鼓，差慰煎情人。趙壹賦命薄，馬卿家業貧。鄉書何所報？紫蕨生石雲。長安玉桂國，戟帶披侯門。慘陰地自光，寶馬踏曉昏。臘春戲草苑，玉挽鳴轞轔。緑網縋金鈴，霞卷清池潸。開貫瀉蚨母，買冰防夏蠅。時宜裂大被，劍客車盤茵。小人如死灰，心切生秋榛。皇圖跨四海，百姓施長紳。光明藹不發，腰龜徒甃銀。吾將譟禮樂，聲調摩清新。欲使十千歲，帝道如飛神。花實自蒼老，流來長傾盆。没没暗齰舌，涕血不敢論。今將下東道，祭酒而别秦。六郡無剿兒，長刀誰拭塵。地理陽無正，快馬逐服轅。二子美年少，調道講清渾。一作講道調清渾。譏笑斷冬夜，家庭疏篠穿。曙風起四方，秋月當東懸。賦詩面投擲，悲哉不遇人。此别定霑臆，越布先裁巾。

【眉批】

必不碌碌。

外集

唐　隴西李　賀　撰
宋　廬陵劉辰翁　評

南園

方領蕙帶折角巾，杜若已老蘭苕春。南山削秀藍玉合，小雨歸去飛凉雲。熟杏暖香梨葉老，草稍一作蒲。竹柵鎖池痕。一作滑。鄭公鄉老開酒尊，坐泛楚奏一作酒。吟招魂。

假龍吟歌

石乾鋼杯，吟詠枯瘁。蒼鷹一作鸞。擺血，白鳳下肺。桂子自落，雲弄車蓋。木死沙崩惡谿島，阿母得仙今不老。窞中跳汰截清涎，隈壖卧水埋金爪。崖磴蒼苔一作蒼。吊石髮，江君掩帳篔簹折。蓮華去國一千年，雨後聞腥猶帶鐵。

感諷六首

其　一

人間春蕩蕩，帳暖香揚揚。飛光染幽紅，夸嬌來洞房。舞席泥金蛇，桐竹羅花床。眼逐春暝醉，粉隨淚色黃。王子下馬來，曲沼鳴鴛鴦。焉知腸車轉，一夕巡九方。

其二

苦風吹朔寒，沙驚秦水折。舞影逐空天，畫鼓餘清節。蜀書秋信斷，黑水朝波咽。嬌魂從回風，死處懸鄉月。

【眉批】

意苦。

其三

雜雜胡馬塵，森森邊士戟。天教胡馬戰，曉雲皆血色。婦人携漢卒，箭箙囊巾幗。不慚金印重，踉蹡腰鞬力。恂恂鄉門老，昨夜試鋒鏑。走馬遣書勳，誰能分粉墨？

其四

青門放彈去，馬色連空郊。何年帝家物？玉裝鞍上摇。去去走犬歸，來來坐烹羔。千金不了饌，格肉稱盤臊。試問誰家子？乃老能佩刀。西山白蓋下，賢儁寒蕭蕭。

其五

曉菊泫寒露，似悲團扇風。秋凉經漢殿，班子泣衰紅。本無辭輦意，豈見入空宫。腰衱珮珠斷，灰蝶生陰松。

其六

蝶飛紅粉臺，柳掃吹笙道。十日懸户庭，九秋無衰草。調歌送風轉，杯池白魚小。水宴截香腴，菱科映青罩。芊蒙梨花滿，春昏弄長嘯。唯愁苦花落，不誤世哀到。撫舊唯銷魂，南山坐悲嘯。

莫愁曲

草生龍坡下，鵶噪城堞頭。何人此城裏？城角栽石榴。青絲繫五馬，黄金絡雙牛。白魚駕蓮船，夜作十里游。歸來無人識，暗上沉香樓。羅床倚瑶瑟，殘月傾簾鈎。今日槿花落，明朝桐樹秋。莫負平生意，何名何莫愁？

夜來樂

紅羅複帳金流蘇，華燈九枝懸鯉魚。麗人映月開銅鋪，春水滴酒猩猩沽。價重一篋香十株，赤金瓜子兼雜麩。五色絲封青玉鳧，阿侯此笑千萬餘。南軒漢轉簾影疏，桐林啞啞挾子烏。劍崖鞭節青石珠，白騧吹湍凝霜鬚。漏長送珮承明廬，倡樓嵯峨明月孤。續客下馬故客去，緑蟬秀黛重拂梳。

嘲　雪

昨日發葱嶺，今朝下蘭渚。喜從千里來，亂笑含春語。一作雨。龍沙濕漢旗，鳳扇迎秦素。久別遼城鶴，毛衣已應故。

【眉批】

能不作雪語。

春懷引

芳溪密影成花洞，柳結濃煙花帶重。蟾蜍碾玉挂明弓，捍撥裝金打仙鳳。寶枕垂雲選春夢，鈿合碧寒龍腦凍。阿侯繫錦覓周郎，憑仗東風好相送。

白虎行

火烏日暗崩騰雲，秦皇虎視蒼生群。燒書滅國無暇日，鑄劍佩玦呼將軍。玉壇設醮思冲天，一世二世當萬年。燒丹未得不死藥，拏舟海上尋神仙。鯨魚張鬣海波沸，耕人半作征人鬼。雄豪猛焰烈燒空，無人爲決天河水。誰最苦兮誰最苦？報人義士深相許。漸離擊筑荆卿歌，荆卿把酒燕丹語。劍如霜兮膽如鐵，出燕城兮望秦月。天授秦封祚未終，衮龍衣點荆卿血。朱旗卓地白虎死，漢皇知是真天子。

【眉批】

叙事淺直，殊異長吉，徒以「鬼」、「苦」、「血」、「死」諸字効顰爲詭耳。

有所思

去年陌上歌離曲，今日君書遠游蜀。簾外花開二月風，臺前淚滴千行竹。琴心與妾腸，此夜斷還續。想君白馬懸雕弓，世間何處無春風？君心未肯鎮如石，妾顔不久如花紅。夜殘高碧横長河，河上無梁空白波。

西風未起悲龍梭，年年織素攢雙蛾。江山迢遞無休絶，淚眼看燈乍明滅。自從孤館深鎖窗，桂花幾度圓還缺。鵶鵶向曉鳴森木，風過池塘響叢玉。白日蕭條夢不成，橋南更問仙人卜。

【眉批】

亦直致異長吉。

嘲少年

青驄馬肥金鞍光，龍腦入縷羅衫香。美人挾坐飛瓊觴，貧人喚云天上郎。别起高樓臨碧篠，絲曳紅鱗出深沼。有時半醉百花前，背把金丸落飛鳥。自説生來未爲客，一身美妾過三百。豈知斸地種田家，官稅頻催没人織。長金積玉夸豪毅，每揖閑人多意氣。生來不讀半行書，只把黄金買身貴。少年安得長少年，海波尚變爲桑田。榮枯遞傳争如箭，天公豈肯於公偏。莫道韶華鎮長在，髮白面皺專相待。

高平縣東私路

侵侵槲葉香，花木滯寒雨。今夕山上秋，永謝無人處。石磎遠荒澀，棠實懸辛苦。古者定幽尋，呼君作私路。

神仙曲

碧峰海面藏靈書，上帝揀作仙人居。清明笑語聞空虚，門乘巨浪騎鯨魚。春羅書字邀王母，共宴紅樓最深處。鶴羽衝風過海遲，不如却使青龍去。猶疑王母不相許，垂霧娃鬟更轉語。

【眉批】

乃長吉語。

龍夜吟

鬈髮胡兒眼睛綠，高樓夜靜吹橫竹。一聲似向天上來，月下美人望鄉哭。直排七點星藏指，暗合清風調宮徵。蜀道秋深雲滿林，湘江半夜龍驚起。玉堂美人邊塞情，碧窗皓月愁中聽。寒碪能擣百尺練，粉淚凝珠滴紅綫。胡兒莫作隴頭吟，隔窗暗結愁人心。

崑崙使者

崑崙使者無消息，茂陵煙樹生愁色。金盤玉露自淋漓，元氣茫茫收不得。麒麟背上石文裂，虬龍鱗下紅肢折。何處偏傷萬國心？中天夜久高明月。

【眉批】

甚有風刺。

古也好，此其深悲茂陵者。

嘆唐姬飲酒歌

御服沾霜露，天衢長蓁棘。金隱秋塵姿，無人爲帶飾。玉堂歌聲寢，芳林煙樹隔。雲陽臺上歌，鬼哭復何益。仗劍明秋水，兇威屢脇逼。强梟噬母心，奔厲索人魄。相看兩相泣，淚下如波激。寧用清酒爲？欲作黄泉客。一作隔。不説玉山頽，用無飲中色。勉從天帝訴，天上寡沉厄。無處張繐帷，如何望松柏。妾身晝團團，君魂夜寂寂。蛾眉自覺長，頸粉誰憐白。矜持昭陽意，不肯郎南陌。

聽穎師琴歌

別浦雲歸桂花渚，蜀國弦中雙鳳語。芙蓉葉落秋鸞離，越王夜起游天姥。暗佩清臣敲水玉，渡海蛾眉牽白鹿。誰看挾劍赴長橋，誰看浸髮題春竹。竺僧前立當吾門，梵宫真相眉稜尊。古琴大軫長八尺，嶧陽老樹非桐孫。凉館聞弦驚病客，藥囊暫別龍鬚席。請歌宜請鄉相歌，奉禮官卑復何益。

謡　俗

上林胡蝶小，試伴漢家君。飛向南城去，誤落石榴裙。脉脉花滿樹，翾翾燕繞雲。出門不識路，羞問陌頭人。

今世詞家爲歌詩者，無不喜擬長吉，亦一時之變也。先輩稱善言詩者，咸服膺宋劉須溪先生。李文正公《麓堂詩話》稱其：「語簡意切，别自一機軸，諸人評詩者皆不及。」良然。自杜少陵以下諸名家皆有評，而其於長吉擊節彌甚，盖長吉譎怪，先生亦刻意摹索而有得。至謂千年長吉甫有知己，以誚樊川，雅自負可知已。近世徐文長亦有評，恐未必能及先生，當自有辨之者。樊川叙云止四卷，外詩乃唐李公藩所遺，恐有贋者竄入，先生固已疑之矣，請以政之喜爲其體者。

吴興凌濛初識

侄毓枘校

《拍案驚奇》

凌濛初全集

貳

魏同賢
安平秋 主編

鳳凰出版傳媒集團
鳳凰出版社

第二册目録

拍案驚奇

魏亦珀　校點

説明

《拍案驚奇》四十卷，明崇禎元年（一六二八）尚友堂初刻本。扉頁中題書名《拍案驚奇》，左題「即空觀評閲出像小説」，右題梓行識語「即空觀主人，胸中磊塊，故須斗酒之澆；腹底芳腴，時露一臠之味。見舉世盛行小説，遂寸管獨發新裁。摭拾奇衺，演敷快暢。原欲作規箴之善物，矢不爲風雅之罪人。本坊購求，不啻拱璧。覽者賞鑒，何異藏珠。金昌安少雲梓行。」此安少雲當爲尚友堂主人，而其関於凌濛初及《拍案驚奇》的簡介，則可謂言簡意賅，切中肯綮。文前有圖四十葉八十幅，後自序、凡例五則、目録、正文。

此書的版本，尚有覆尚友堂本、消閑居本、消閑居覆本、松鶴齋本等多種。而覆尚友堂本已由章培恆教授整理後交上海古籍出版社影印行世。此次標點則以覆尚友堂本爲底本，不作校勘，僅對明顯誤刻逕加改正。但覆尚友堂本僅爲三十九卷，其第二十三卷《大姊魂游完宿願，小姨病起續前緣》原缺，而用第四十卷《華陰道獨逢異客，江陵郡三拆仙書》移補，現在則將前者由《二刻拍案驚奇》中抽出補入本書，後者仍移作第四十卷，以存尚友堂初刻原貌。同時，卷六、卷十五、卷十六、卷十九、卷二十、卷二十一、卷三十、卷三十六、卷三十八、卷三十九、卷四十共十一葉二十二幅插圖或者原缺、或者錯亂，現均依原書卷次，採用王古魯標注本插圖補齊。

目録

序

語有之：「少所見，多所怪。」今之人但知耳目之外，牛鬼蛇神之爲奇，而不知耳目之内，日用起居，其爲譎詭幻怪，非可以常理測者固多也。昔華人至異域，異域咤以牛糞金，隨詰華之異者，則曰：「有蟲蠕蠕，而吐爲彩繒錦綺，衣被天下。」彼舌撟而不信，乃華人未之或奇也。則所謂必向耳目之外，索譎詭幻怪以爲奇，贅矣。

宋元時，有小説家一種，多採閭巷新事，爲宫闈應承談資，語多俚近，意存勸諷。雖非博雅之派，要以小道可觀。近世承平日久，民佚志淫，一二輕薄惡少，初學拈筆，便思污衊世界，廣摭誣造，非荒誕不足信，則褻穢不忍聞，得罪名教，種業來生，莫此爲甚。而且紙爲之貴，無翼飛，不脛走，有識者爲世道慮之，以功令厲禁，宜其然也。

猶龍子猶氏所輯《喻世》等諸言，頗存雅道，時著良規，一破今時陋習，而宋元舊種，亦被蒐括殆盡。肆中人見其行世頗捷，意餘當别有秘本，圖出而衡之，不知一二遺者，皆其溝中之斷，蕪略不足陳已。因取古今來雜碎事，可新聽睹、佐詼諧者，演而暢之，得若干卷。其事之真與飾，名之實與贋，各參半。文不足徵，意殊有屬，凡耳目前怪怪奇奇，當亦無所不有，總以言之者無罪，聞之者足以爲戒，則可謂云爾已矣。若謂此非今小史家所奇，則是舍吐絲蠶而問糞金牛，吾惡乎從圖象索之。

即空觀主人題於浮樽

凡例

計五則

一、每回有題。舊小説造句皆妙，故元人即以之爲劇，今《太和正音譜》所載劇名，半猶小説句也。近來必欲取兩回之不侔者，比而偶之，遂不免竄削舊題，亦是點金成鐵。今每回用二句自相對偶，倣《水滸》、《西遊》舊例。

一、是編矢不爲風雅罪人，故回中非無語涉風情，然止存其事之有者藴藉數語，人自了了，絶不作肉麻穢口，傷風化，損元氣。此自筆墨雅道當然，非迂腐道學態也。

一、小説中詩詞等類，謂之蒜酪，强半出自新搆。間有採用舊者，取一時切景而及之，亦小説家舊例，勿嫌剽竊。

一、事類多近人情日用，不甚及鬼怪虚誕。正以畫犬馬難，畫鬼魅易，不欲爲其易而不足徵耳。亦有一二涉於神鬼幽冥，要是切近可信，與一味駕空説謊，必無是事者不同。

一、是編主于勸戒，故每回之中，三致意焉。觀者自得之，不能一一標出。

崇禎戊辰初冬即空觀主人識

韓湘渡過海
洞賓江

波斯胡指破
鼉龍殼

卷之一

轉運漢遇巧洞庭紅　波斯胡指破鼉龍殼

詞云：

日日深杯酒滿，朝朝小圃花開。自歌自舞自開懷，且喜無拘無碍。　青史幾番春夢可嘆，紅塵多少奇材。不須計較與安排，領取而今見在。

這首詞乃宋朱希真所作，詞寄《西江月》，單道着人生功名富貴，總有天數，不如圖一箇見前快活。試看往古來今，一部十七史中，多少英雄豪傑，該富的不得富，該貴的不得貴！【眉批】能使英雄淚出。能文的倚馬千言，用不着時，幾張紙蓋不完醬瓿；能武的穿楊百步，用不着時，幾簳箭煮不熟飯鍋。極至那癡呆懵董，生來有福分的，隨他文學低淺，也會發科發甲；隨他武藝庸常，也會大請大受。真所謂時也，運也，命也。俗語有兩句道得好：「命若窮，掘着黄金化做銅；命若富，拾着白紙變成布。」【眉批】徹語。總來只聽掌命司顛之倒之。所以吴彦高又有詞云：「造化小兒無定據，翻來覆去，倒横直竪，眼見都如許。」僧晦菴亦有詞云：「誰不願黄金屋，誰不願千鍾粟，算五行不是這般題目。枉使心機閒計較，兒孫自有兒孫福。」蘇東坡亦有詞云：「蝸角虚名，蠅頭微利，算來着甚干忙！事皆前定，誰弱又誰强。」這幾位名人，説來説去，都是一箇意思，總不如古語云：「萬事分已定，浮生空自忙。」

説話的，依你説來，不須能文善武，懶惰的也只消天掉下前程，不須經商立業；敗壞的也只消天挣與家緣，却不把人間向上的心都冷了？【眉批】一問有波瀾，没破綻。看官有所不知，假如人家出了懶惰的人，也就是命中該賤；出了敗壞的人，也就是命中該窮。此是常理。所謂「君子道其常」。却又自有轉眼貧富，出人意外，把眼前事分毫算不得准的哩。

且聽説一人，乃是宋朝汴京人氏，姓金，雙名維厚。乃是經紀行中人。少不得朝晨起早，晚夕眠遲，睡醒來千思想、萬算計，揀有便宜的纔做。【眉批】問語有致。後來家事挣得從容了，他便思想一箇久遠方法，千年計。手頭用來用去的，只是那散碎銀子，若是上兩塊頭好銀，便存着不動，約得百兩，便鎔成一大錠，把一綜紅綫，結成一絡，繫在錠腰，放在枕邊，夜來摩弄一番，癡景。方纔睡下。癡景。積了一生，整整鎔成八錠，以後也就隨來隨去，再積不成百兩，他也罷了。

金老生有四子。一日是他七十壽旦，四子置酒上壽。金老見了四子躋躋蹌蹌，心中喜歡。【眉批】所謂「爲兒孫作馬牛」。便對四子説道：「我靠皇天覆庇，雖則勞碌一生，家事儘可度日。况我平日留心，有鎔成八大錠銀子，永不動用的，在我枕邊，見將絨綫做對兒結着，今將揀箇好日子，分與爾等，每人一對，做箇鎮家之寶。」四子喜謝，盡歡而散。

是夜，金老帶些酒意，點燈上床。醉眼模糊望去，八個大錠，白晃晃排在枕邊。摸了幾摸，癡景。哈哈地笑了一聲，睡下去了。睡未安穩，只聽得床前有人行走脚步響，心疑有賊。又細聽看，恰像欲前不前相讓一般，床前燈火微明，揭帳一看，只見八箇大漢，身穿白衣，腰繫紅帶，曲躬而前曰：「某等兄弟，天數派定，宜在君家聽令。今蒙我翁過愛，擡舉成人，不煩役使，珍重多年，冥數將滿。待翁歸天後，再覓去向。今聞我翁目下將以我等分役諸郎君，我等與郎君輩原無前緣，故此先來告别，往某縣某村王姓某者投托。【眉批】無兒孫福。

後緣未盡，還可一面。」語畢，回身便走。金老不知何事，吃了一驚。翻身下床，不及穿鞋，赤脚趕去，遠遠見八人出了房門。金老趕得性急，絆了房檻，撲的跌倒，颯然驚醒，乃是南柯一夢。急起挑燈明亮，點照枕邊，已不見了八箇大錠。細思夢中所言，句句是實，嘆了一口氣哽咽了一會也是癡景，有前之癡，所以有今之癡。道：「不信我苦積一世，却没分與兒子每受用，到是别人家的。明明説有地方姓名，且慢慢跟尋下落則箇。」一夜不睡。

次早起來，與兒子每説知。兒子中也有驚駭的，也有疑惑的。【眉批】愚賢不等人情也。驚駭的道：「不該是我們手裏東西，眼見得作怪。」疑惑的道：「老人家歡喜中説話，失許了我們，回想轉來，一時間就不割捨得分散了，造此鬼話，也不見得。」

金老看見兒子們疑信不等，急急要驗箇實話。遂訪至某縣某村，果有王姓某者。叩門進去，只見堂前燈燭熒煌，三牲福物，正在那里獻神。也是癡景。金老便開口問道：「宅上有何事如此？」家人報知，請主人出來。主人王老，見金老揖坐了，問其來因。金老道：「老漢有一疑事，特造上宅，來問消息。今見上宅正在此獻神，必有所謂，敢乞明示。」王老道：「老拙偶因寒荆小恙買卜，先生道：『移床即好。』昨寒荆病中，恍惚見八箇白衣大漢，腰繫紅束，對寒荆道：『我等本在金家，今在彼緣盡，來投身宅上。』言畢，俱鑽入床下。寒荆驚出了一身冷汗，身體爽快了。及至移床，移床果好先生有驗。灰塵中得銀八大錠，多用紅絨繫腰，不知是那里來的。此皆神天福祐，故此買福物酬謝。今我丈來問，莫非曉得些來歷麽？」金老跌跌脚道：「此老漢一生所積，因前日也做了一夢，就不見了。夢中也道出老丈姓名居址的確，故得訪尋到此。可見天數已定，老漢也無怨處，怨也無用。但只求取出一看，也完了老漢心事。」【眉批】癡心不改。王老道：「容易。」笑嘻嘻地走進去，叫安童四人，托出四箇盤來，每盤兩錠，多是紅絨繫束，正是金家之物。金老看了，眼睜睜無計所奈，不覺撲簌簌吊下淚來，癡景不了。撫摩一番道：「老漢直如此命薄，消受不得。」王老雖然叫安童仍舊拿了進去，心裏見金老如此，老大不忍。忠厚人宜其有此。另取三兩零銀封了，送與金老作別。金老道：「自家的東西尚無福，何須尊惠。」再三謙讓，必不肯受。王老强納在金老袖中。金老欲待摸出還了，一時摸箇不着，面兒通紅，又被王老央不過，只得作揖別了。直至家中，對兒子們一一把前事説了。大家嘆息了一回。因言王老好處，臨行送銀三兩。滿袖摸遍，並不見有，只説路中掉了。却元來金老推遜時，王老往袖裏亂塞，落在着外面一層袖中。袖有斷綫處，在王老家摸時，已自在脱綫處落出在門檻邊了。客去掃門，仍舊是王老拾得。可見一飲一啄，莫非前定。不該是他的東西，不要説八百兩，就是三兩也得不去，該是他的東西，不要説八百兩，就是三兩也推不出。原有的到無了，原無的到有了，并不由人計較。

而今説一箇人，在實地上行，步步不着，極貧極苦的，却在渺渺茫茫，做夢不到的去處，得了一主沒頭沒腦錢財，變成巨富。從來希有，亘古新聞，有詩爲證：

詩曰：

分内功名匣裏財，不關聰惠不關獃。
果然命是財官格，海外猶能送寶來。

話説國朝成化年間，蘇州府長洲縣閶門外有一人，姓文，名實，字若虚。生來心思慧巧，做着便能，學着便會。琴棋書畫，吹彈歌舞，件件粗通。幼年間，曾有人相他有巨萬之富。不差。他亦自恃才能，不十分去營求生産，坐吃山空，將祖上遺下千金家事，看看消下來。以後曉得家業有限，看見别人經商圖利的，時常獲利幾倍，便也思量做些生意，却又百做百不着。

一日，見人説北京扇子好賣，他便合了一箇夥計，置辦扇子起來。上等金面精巧的，先將禮物求了名人詩畫，免不得是沈石田、文衡山、祝枝山，搨了幾筆，便直上兩數銀子；中等的，自有一樣喬人，一隻手學寫了這幾家字畫，也就哄得人過，將假當真的買了，他自家也兀自做得來的；下等的，無金無字畫，將就賣幾十錢，也有對合利錢，是看得見的。揀箇日子，裝了箱兒，到了北京。豈知北京那年，自交夏來，日日淋雨不晴，並無一毫暑氣，發市甚遲。交秋早凉，雖不見及時，幸喜天色却晴，有妝晃子弟，要買把蘇做的扇子，袖中籠着摇擺。來買時，開箱一看，只叫得苦。元來北京歷沴却在七八月，更加日前雨濕之氣，鬭着扇上膠墨之性，弄做了個「合而言之」，揭不開了。【眉批】字畫作祟也。用力揭開，東粘一層，西缺一片，但是有字有畫值價錢者，一毫無用；止剩下等没字白扇，是不壞的，能值幾何！將就賣了，做盤費回家，本錢一空。頻年做事，大槩如此，不但自己折本，但是搭他做伴，連夥計也弄壞了。故此人起他一個混名，叫做倒運漢。不數年，把個家事乾圓潔浄了，連妻子也不曾娶得。終日間靠着些東塗西抹，東挨西撞，也濟不得甚事。但只是嘴頭子謅得來，會説會笑，朋友家喜歡他有趣，游耍去處，少他不得，也只好趂口，不是做家的。况且他是大模大樣過來的，幫閒行裏，又不十分入得隊。有憐他的，要薦他坐館教學，又有誠實人家，嫌他是個雜板令。高不凑，低不就，打從幫閒的、處館的，兩項人見了他，也就做鬼臉，把倒運兩字笑他，不在話下。

一日，有幾箇走海泛貨的鄰近，做頭的無非是張大、李二、趙甲、錢乙一班人，共四十餘人，合了夥將行。他曉得了，自家思忖道：「一身落魄，生計皆無，便附了他們航海，看看海外風光，也不枉人生一世。【眉批】無聊之極，造化來了。况且他們定是不却我的，省得在家憂柴憂米，也是快活。」

正計較間，恰好張大踱將來。元來這個張大，名唤張乘運，專一做海外生意，眼裏認得奇珍異寶，又且秉性爽慨，肯扶持好人，所以鄉里起他一個混名，叫張識貨。文若虚見了，便把此意一一與他説了。張大道：「好，好。我們在海船裏頭，不耐煩寂寞。若得兄去，在船中説説笑笑，有甚難過的日子。我們衆兄弟，料想多是喜歡的。只是一件，我們多有貨物將去，兄並無所有，覺得空了一番往返，也可惜了。待我們大家計較，多少湊些出來助你，將就置些東西去也好。」【眉批】難得此人。文若虛便道：「多謝厚情。只怕没人如兄肯周全小弟。」張大道：「且説説看。」一竟自去了。

恰遇一個瞽目先生，敲着報君知走將來。文若虛伸手順袋裏摸了一個錢，扯他一卦，問問財氣看。先生道：「此卦非凡，有百十分財氣，不是小可。」文若虛自想道：「我只要搭去海外耍耍，混過日子罷了，那裏是我做得着的生意？要甚麽賫助？就賫助得來，能有多少？便直恁地財爻動！這先生也是混帳。」只見張大氣忿忿走來，説道：「説着錢，便無緣。這些人好笑！説道你去無不喜歡；説到助銀，没一個則聲。人情也。今我同兩個好的弟兄，辦湊得一兩銀子在此，也辦不成甚貨，憑你買些菓子船裏吃罷。口食之類，是在我們身上。」若虛稱謝不盡，接了銀子。張大先行道：「快些收拾，就要開船了。」若虛道：「我没甚收拾，隨後就來。」手中拿了銀子，看了又笑，笑了又看，道：「置得甚貨麽？」信步走去，只見滿街上筐籃内盛着賣的：

紅如噴火，巨若懸星。皮未皺，尚有餘酸；霜未降，不可多得。元殊蘇井諸家樹，亦非李氏千頭奴。較廣似曰難兄，比福亦云具體。

乃是太湖中有一洞庭山，地暖土肥，與閩廣無異。所以廣橘、福橘播名天下，洞庭有一樣橘樹，絶與他相似，顔色正同，香氣亦同，止是初出時味略少酢，後來熟了，却也甜美，比福橘之價，十分之一，名曰洞庭紅。若虛看見了，便思想道：「我一兩銀子，買得百斤有餘，在船可以解渴，又可分送一二，答衆人助我之意。」買成裝上竹簍，僱一閒的，并行李挑了下船。衆人都拍手笑道：「文先生寶貨來也。」文若虛羞慚無地，只得吞聲上船，再也不敢提起買橘的事。

開得船來，漸漸出了海口，只見：

銀濤捲雪，雪浪翻銀。湍轉則日月似驚，浪動則星河如覆。

三五日間，隨風漂去，也不覺過了多少路程。忽至一個地方，舟中望去，人烟湊聚，城郭巍峨，曉得是到了甚麽國都了。舟人把船撑入藏風避浪的小港内，釘了樁橛，下了鐵錨，纜好了。船中人多上岸，打一看，元來是來過的所在，名曰吉零國。元來這邊中國貨物，拿到那邊，一倍就有三倍價。换了那邊貨物，帶到中國，也是如此。一往一回，却不便有八九倍利息？所以人都拚死走這條路。衆人多是做過交易的，各有熟識經紀、歇家、通事人等，各自上岸找尋，發貨去了，只留文若虚在船中看船。路逕不熟，也無走處。

正悶坐間，猛可想起道："我那一簍紅橘，自從到船中不曾開看，莫不人氣蒸爛了？可憐。趂着衆人不在，看看則箇。"叫那水手在艙板底下翻將起來，打開了簍看時，面上多是好好的。放心不下，索性搬將出來，都擺在艎板上面。也是合該發迹，時來福湊，擺得滿船紅焰焰的，遠遠望來，就是萬點火光，一天星斗。岸上走的人，都擁將來，問道："是甚麽好東西呀？"文若虚只不答應。看見中間有個把一點頭的，揀了出來，掐破就吃。岸上看的一發多了，驚笑道："元來是吃得的！"就中有個好事的，便來問價："多少一箇？"文若虚不省得他們説話，船上人却曉得，就扯個謊哄他，竪起一個指頭，説要一錢一顆。那問的人揭開長衣，露出那兜羅綿紅裏肚來，一手摸出銀錢一個來道："買一個嘗嘗。"文若虚接了銀錢，手中等等看，約有兩把重。心下想道："不知這些銀子，要買多少，也不見秤秤，且先把一個與他看樣。"揀個大些的，紅得可愛的，遞一個上去。只見那個人接上手，攧了一攧道："好東西呀！"撲地就劈開來，香氣撲鼻。連旁邊聞着的許多人，大家喝一聲采。那買的不知好歹，看見船上吃法，也學他去了皮，却不分囊，一塊塞在口裏，甘水滿咽喉，連核都不吐，吞下去了。好吃法。哈哈大笑道："妙哉！妙哉！"又伸手到裏肚裏，摸出十個銀錢來，説："我要買十個，進奉去。"文若虚喜出望外，揀十個與他去了。那看的人，見那人如此買去了，也有買一個的，也有買兩個三個的，都是一般銀錢。買了的都千歡萬喜去了。元來彼國以銀爲錢，上有文采，有等龍鳳文的最貴重，其次人物，又次禽獸，又次樹木，最下通用的是水草，却都是銀鑄的，分兩不異。適纔買橘的，都是一樣水草紋的，他道是把下等錢買了好東西去了，所以歡喜，也只是要小便宜，肚腸與中國人一樣。須臾之間，三停里賣了二停。有的不帶錢在身邊的，老大懊悔，急忙取了錢轉來，文若虛已此剩不多了，拿一個班道：「而今要留着自家用，不賣了。」其人情願再增一個錢，四個錢買了二顆，口中嘵嘵説：「悔氣！來得遲了。」傍邊人見他增了價，就埋怨道：「我每還要買箇，如何把價錢增長了他的？」買的人道：「你不聽得他方纔説，兀自不賣了？」

正在議論間，只見首先買十顆的那一個人，騎了一匹青驄馬，飛也似奔到船邊，下了馬，分開人䕺，對船上大喝道：「不要零賣！不要零賣！是有的俺多要買。俺家頭目要買去進克汗哩！」看的人聽見這話，便遠遠走開，站住了看。文若虛是個伶俐的人，看見來勢，已此瞧科在眼裏，曉得是個好主顧了。連忙把簍裏盡數傾出來，止剩五十餘顆，數了一數，又拿起班來，説道：「適間講過，要留着自用，不得賣了。今肯加些價錢，再讓幾顆去罷，適間已賣出兩箇錢一顆了。」其人在馬背上拖下一大囊，摸出錢來，另是一樣樹木紋的，説道：「如此錢一個罷了。」文若虛道：「不情願，只照前樣罷了。」那人笑了一笑，又把手去摸出一個龍鳳紋的來道：「這樣的一個如何？」文若虛又道：「不情願，只要前樣的。」那人又笑道：「此錢一個抵百個，料也没得與你，只是與你耍。你不要俺這一個，却要那等的，是個傻子。你那東西肯都與俺了，俺再加你一個那等的，也不打緊。」文若虛數了一數，有五十二顆，凖凖的要了他一百五十六箇水草銀錢。那人連竹簍都要了，又丢了一個錢，把簍拴在馬上，笑吟吟地一鞭去了。看的人見没得賣了，一哄而散。

文若虛見人散了，到艙裏把一個錢秤一秤，有八錢七分多重，秤過數個，都是一般。總數一數，共有一千個差不多。把兩個賞了船家，畢竟是有福人手段。其餘收拾在包裹了。笑一聲道：「那盲子好靈卦也。照應妙。」歡喜不盡，只等同船人來對他説笑則箇。

説話的，你説錯了。那國裏銀子這樣不值錢？如此做買賣。那久慣漂洋的，帶去多是綾羅段匹，何不多賣了些銀錢回來？一發百倍了。【眉批】駁得細，方知近實。看官有所不知，那國裏見了綾羅等物，都是以貨交兑；我這里人也只是要他貨物，纔有利錢。若是賣他銀錢時，他都把龍鳳人物的來交易，作了好價錢，分兩也只得如此，反不便宜。如今是買吃口東西，他只認做把低錢交易，我却只管分兩，所以得利了。説話的，你又説錯了。依你説來，那航海的，何不只買吃口東西，只換他低錢，豈不有利？用着重本錢置他貨物怎地？看官，又不是這話。也是此人偶然有此横財，帶去着了手；若是有心第二遭再帶去，三五日不遇巧，等得希爛，那文若虚運未通時賣扇子就是榜樣。【眉批】透極。扇子還是放得起的，尚且如此，何况菓品？是這樣執一論不得的。

閒話休題，且説衆人領了經紀主人到船發貨，文若虚把上頭事説了一遍，衆人都驚喜道：「造化！造化！我們同來，倒是你没本錢的先得了手也。」張大便拍手道：「人都道他倒運，而今想是運轉了。□準。」便對文若虚道：「你這些銀錢，此間置貨，作價不多。除是轉發在夥伴中，回他幾百兩中國貨物，上去打换些土産珍奇，帶轉去有大利錢，也强如虚藏此銀錢在身邊，無個用處。」文若虚道：「我是倒運的，將本求財，從無一遭不連本送的。今承諸公挈帶，做此無本錢生意，偶然僥倖一番，真是天大造化了，如何還要生利錢，妄想甚麽？萬一如前再做折了，難道再有洞庭紅這樣好賣不成？」【眉批】知足之人宜其有後福。衆人多道：「我們用得着的是銀子，有的是貨物，彼此通融，大家有利，有何不可？」文若虚道：「一年吃蛇咬，三年怕草索。説着貨物，我就没膽氣了。只是守了這些銀錢回去罷。」衆人齊拍手道：「放着幾倍利錢不取，可惜可惜。」隨同衆人一齊上去，到了店家，交貨明白，彼此兑換。約有半月光景，文若虛眼中看過了若干好東好西，他已自志得意滿，不放在心上。衆人事體完了，一齊上船，燒了神福，吃了酒，開洋。

行了數日，忽然間天變起來，但見：

烏雲蔽日，黑浪掀天。蛇龍戲舞起長空，魚鱉驚惶潛水底。艨艟泛泛，只如栖不定的數點寒鴉；島嶼浮浮，便似没不煞的幾雙水鵜。舟中是方揚的米簸，舷外是正熟的飯鍋。總因風伯太無情，以致篙師多失色。

那船上人見風起了，扯起半帆，不問東西南北，隨風勢漂去。隱隱望見一島，便帶住蓬脚，只看着島邊使來。看看漸近，恰是一個無人的空島。但見：

樹木參天，草萊遍地。荒凉徑界，無非些兔迹狐踪；坦迤土壤，料不是龍潭虎窟。混茫内未識應歸何國轄，開闢來不知曾否有人登。

船上人把船後抛了鐵錨，將樁橛泥犁上岸去釘停當了，對艙裏道：「且安心坐一坐，候風勢則箇。」那文若虛身邊有了銀子，恨不得插翅飛到家里，巴不得行路，却如此守風呆坐，心裏焦燥。對衆人道：「我且上岸去島上望望則個。」衆人道：「一個荒島，有何好看？」文若虛道：「總是閒着，何碍？」衆人都被風顛得頭暈，個個是呵欠連天的，不肯同去。文若虛便自一個抖擻精神，跳上岸來。只因此一去，有分交：十年敗殼精靈顯，一介窮神富貴來。若是説話的同年生並時長，有個未卜先知的法兒，便雙脚走不動，也拄個拐兒隨他同去一番，也不枉的。

却説文若虛見衆人不去，偏要發個狠，扳藤附葛，直走到島上絶頂。那島也若不甚高，不費甚大力，只是荒草蔓延，無好路逕。到得上邊打一看時，四望漫漫，身如一葉，不覺凄然吊下淚來。心裏道：「想我如此聰明，一生命蹇，家業消亡，剩得隻身，直到海外，雖然僥倖，有得千來箇銀錢在囊中，知他命裏是我的不是我的？今在絶島中間，未到實地，性命也還是與海龍王合着的哩。」正在感愴，只見望去遠遠草蔽中一物突高，移步往前一看，却是床大一個敗龜殼。大驚道：「不信天下有如此大龜！世上人那里曾看見？說也不信的。我自到海外一番，不曾置得一件海外物事，今我帶了此物去，也是一件希罕的東西，與人看看，省得空口說着，道是蘇州人會調謊。又且一件，鋸將開來，一蓋一板，各置四足，便是兩張床，却不奇怪。奇想！非蘇州人不能。」遂脱下兩隻裹脚，接了穿在龜殼中間，打個扣兒，拖了便走。走至船邊，船裏人見他這等模樣，都笑道：「文先生那里又跎了纤來？」文若虚道：「好教列位得知，這就是我海外的貨了。」衆人擡頭一看，却便似一張無柱有底的硬脚床。吃驚道：「好大龜殼！你拖來何幹？」文若虚道：「也是罕見的，帶了他去。」衆人笑道：「好貨不置一件，要此何用？」有的道：「也有用處，有甚麽天大的疑心事，灼他一卦，只没有這樣大龜藥。」**【眉批】**渾語俱趣。又有的道：「是醫家要煎龜膏，拿去打碎了，煎起來也當得幾百個小龜殼。」文若虚道：「不要管有用没用，只是希罕，又不費本錢，便帶了回去。」當時叫箇船上水手，一擡擡下艙來。初時山下空闊，還只如此，艙中看來，一發大了，若不是海船，也着不得這樣狼犺東西。衆人大家笑了一回，説道：「到家時有人問，只説文先生做了偌大的烏龜買賣來了。」文若虚道：「不要笑，我好歹有一箇用處，決不是棄物。」隨他衆人取笑，文若虚只是得意，取些水來，内外洗一洗净，抹乾了，却把自己錢包行李，都揌在龜殼裏面，兩頭把繩一絆，却當了一個大皮箱子。自笑道：「兀的個眼前就有用起了？」衆人都笑將起來。道：「好算計！好算計！文先生到底是個聰明人。」

當夜無詞，次日風息了，開船一走，不數日又到了一個去處，却是福建地方了。纔住定了船，就有一夥慣伺候接海客的小經紀牙人攢將攏來，你説張家好，我説李家好，拉的拉，扯的扯，嚷箇不住。海船上衆人，揀一箇一向熟識的跟了去，其餘的也就住了。衆人到了一箇波斯胡大店中坐定，裏面主人見説海客到了，連忙先發銀子，唤厨户包辦酒席幾十桌，分付停當，然後踱將出來。這主人是個波斯國裏人，姓個古怪姓，是瑪瑙的瑪字，叫名瑪寶哈，專一與海客兑换珍寶貨物，不知有多少萬數本錢。衆人走海過的，都是熟主熟客，只有文若虚不曾認得。擡眼看時，元來波斯胡住得在中華久了，衣帽言動都與中華不大分别，只是剃眉剪鬚，深目高鼻，有些古怪。出來見了衆人，行賓主禮，坐定了。兩杯茶罷，站起身來，請到一個大廳上，只見酒筵多完備了，且是擺得濟楚。元來舊規：海船一到，主人家先折過這一番款待，然後發貨講價的。主人家手執着一付法浪菊花盤盞，拱一拱手道：「請列位貨單一看，好定坐席。」看官，你道這是何意？元來波斯胡以利爲重，只看貨單上有奇珍異寶，值得上萬者，就送在先席，餘者看貨輕重，挨次坐去，不論年紀，不論尊卑，一向做下的規矩。【眉批】當今之世，不獨波斯胡爲然矣。船上衆人，貨物貴的賤的，多的少的，你知我知，各自心照，差不多領了酒杯，各自坐了。單單剩得文若虚一箇，呆呆站在那里。可憐。主人道：「這位老客長，不曾會面，想是新出海外的，置貨不多了。」衆人大家説道：「這是我們好朋友，到海外耍去的，身邊有銀子，却不曾肯置貨。今日没奈何，只得屈他在末席坐了。」文若虚滿面羞慚，坐了末位。主人坐在横頭。飲酒中間，這一個説道我有猫兒眼多少，那一箇説道我有祖母緑多少，你夸我逞。文若虚一發嘿嘿無言，自心裏也微微有些懊悔道：「我前日該聽他們勸，置些貨來的是，今枉有幾百銀子在囊中，説不得一句説話。」又自嘆了口氣道：「我原是一些本錢没有的，今已大幸，不可不知足。」自思自忖，無心發興吃酒。衆人却猜拳行令，吃得狼藉。主人是個積年，看出文若虚不快活的意思來，不好説破，虚勸了他幾杯酒。衆人都起身道：「酒勾了，天晚了，趁早上船去，明日發貨罷。」别了主人去了。

主人撤了酒席，收拾睡了。明日起個清早，先走到海岸船邊，來拜這夥客人。主人登舟，一眼瞅去，那艙裏狼狼犺犺這件東西早先看見了，吃了一驚道：「這是那一位客人的寶貨？昨日席上并不曾見説起，莫不是不要賣的？」衆人都笑指道：「此敝友文兄的寶貨。」中有一人襯道：「又是滯貨。」主人看了文若虚一看，滿面挣得通紅，帶了怒色，埋怨衆人道：「我與諸公相處多年，如何恁地作弄我？教我得罪于新客，把一箇末坐屈了他，是何道理？」一把扯住文若虚，對衆客道：「且慢發貨，容我上岸謝過罪着。」衆人不知其故，有幾箇與文若虚相知些的，又有幾個喜事的，覺得有些古怪，共十餘人趕了上來，重到店中，看是如何。只見主人拉了文若虚，把交椅整一整，不管衆人好歹，納他頭一位坐下了，道：「適間得罪得罪，且請坐一坐。」文若虚也心中鑊鐸，忖道：「不信此物是寶貝，這等造化不成？」主人走了進去，須臾出來，又拱衆人到先前吃酒去處，又早擺下幾桌酒，爲首一桌比先更齊整。把盞向文若虚一揖，就對衆人道：「此公正該坐頭一席。你每枉自一船的貨，也還趕他不來。先前失敬失敬。」衆人看見，又好笑，又好怪，半信不信的，一帶兒坐了。酒過三杯，主人就開口道：「敢問客長，適間此寶可肯賣否？」文若虚是個乖人，趂口答應道：「只要有好價錢，爲甚不賣？」那主人聽得肯賣，不覺喜從天降，笑逐顔開，起身道：「果然肯賣，但憑分付價錢，不敢吝惜。」文若虚其實不知值多少，討少了怕不在行，討多了怕吃笑，忖了一忖，面紅耳熱，顛倒討不出價錢來。張大便與文若虚丢個眼色，將手放在椅子背後，竪着三個指頭，再把第二個指空中一撇，道：「索性討他這些。」文若虚摇頭，竪一指道：「這些我還討不出口。」在這里却被主人看見，道：「果是多少價錢？」張大搗一個鬼道：「依文先生手勢，敢像要一萬哩。」主人呵呵大笑道：「這是不要賣，哄我而已，此等寶物，豈止此價錢？」衆人見説，大家目睁口呆，都立起了身來，扯文若虚去商議道：「造化，造化。想是值得多哩！我們實實不知如何定價，文先生不如開個大口，憑他還罷。」文若虚終是碍口識羞，待説又止。衆人道：「不要不老氣。」主人又催道：「實説説何妨？」文若虚只得討了五萬兩。主人還摇頭，道：「罪過罪過，没有此話。」

扯着張大，私問他道：「老客長們，海外往來，不是一番了，人都叫你是張識貨，豈有不知此物就裏的？必是無心賣他，奚落小肆罷了。」張大道：「實不瞞你説，這個是我的好朋友，同了海外頑耍的，故此不曾置貨。適間此物，乃是避風海島，偶然得來，不是出價置辦的，故此不識得價錢。若果有這五萬與他，勾他富貴一生，他也心滿意足了。」主人道：「如此説，要你做個大大保人，當有重謝，萬萬不可翻悔。」遂叫店小二拿出文房四寶來，主人家將一張供單綿料紙折了一折，拿筆遞與張大，道：「有煩老客長做主，寫個合同文書，好成交易。」張大指着同來一人道：「此位客人褚中穎寫得好。」把紙筆讓與他。

褚客磨得墨濃，展好紙，提起筆來寫道：

立合同議單張乘運等。今有蘇州客人文實，海外帶來大龜殼一個，投至波斯瑪寶哈店，願出銀五萬兩買成。議定立契之後，一家交貨，一家交銀，各無翻悔。有翻悔者罰契上加一，合同爲照。

一樣兩紙，後邊寫了年月日，下寫張乘運爲頭，一連把在坐客人十來個寫去。褚中穎因自己執筆，寫了落末，年月前邊，空行中間，將兩紙凑着，寫了騎縫，一行兩邊各半，乃是「合同議約」四字。下寫「客人文實，主人瑪寶哈」，各押了花押。單上有名，從後頭寫起，寫到張乘運，道：「我們押字錢重些，這買賣纔弄得成。」主人笑道：「不敢輕，不敢輕。」寫畢，主人進內，先將銀一箱擡出來，道：「我先交明白了用錢，還有説話。」衆人攢將攏來，主人開箱却是五十兩一包，共總二十包，整整一千兩，雙手交與張乘運道：「憑老客長收明，分與衆位罷。」衆人初然吃酒、寫合同，大家攛哄鳥亂，心下還有些不信的意思，如今見他拿出精晃晃白銀來做用錢，方知是實。文若虚恰像夢裏醉裏，話都説不出來，呆呆地看。逼真光景。得意事乍來都如此。張大扯他一把道：「這用錢如何分散，也要文兄主張。」文若虚方説一句道：「且完了正事慢處。」

只見主人笑嘻嘻的，對文若虚説道：「有一事要與客長商議：價銀現在裏面閣兒上，都是向來兑過的，一毫不少，只消請客長一兩位進去，將一包過一過目，兑一兑爲準，其餘多不消兑得。却又一説：此銀數不少，搬動也不是一時功夫，况且文客官是個單身，如何好將下船去？又要泛海回還，有許多不便處。」文若虛想了一想，道：「見教得極是。而今却待怎麽？」主人道：「依着愚見，文客官目下回去未得。小弟此間有一個段匹鋪，有本三千兩在内，其前後大小廳屋樓房共百餘間，也是個大所在，價值二千兩，離此半里之地。愚見就把本店貨物及房屋文契，作了五千兩，盡行交與文客官，就留文客官在此住下了，做此生意。其銀也做幾遭搬了過去，不知不覺。日後文客官要回去，這里可以托心腹夥計看守，便可輕身往來。不然，小店交出不難，文客官收貯却難也。愚意如此。」説了一遍，説得文若虛與張大跌足道：「果然是客綱客紀，句句有理。」文若虛道：「我家裏元無家小，况且家業已盡了，就帶了許多銀子回去，没處安頓。依了此説，我就在這里立起個家緣來，有何不可？此番造化，一緣一會，都是上天作成的，只索隨緣做去。便是貨物房産，價錢未必有五千，總是落得的。」便對主人説：「適間所言，誠是萬全之算，小弟無不從命。」

主人便領文若虛進去閣上看，又叫張、褚二人：「一同來看看。其餘列位不必了，請略坐一坐。」他四人去了，衆人不進去的，個個伸頭縮頸，你三我四，説道：「有此異事！有此造化！早知這樣，懊悔島邊泊船時節，也不去走走，或者還有寶貝也不見得。愚人事後之見，大率如此。」有的道：「這是天大的福氣，撞將來的，如何强得？」正欣羨間，文若虛已同張、褚二客出來了。衆人都問：「進去如何了？」張大道：「裏邊高閣是個土庫，放銀兩的所在，都是桶子盛着。適間進去看了十個大桶，每桶四千，又五個小匣，每個一千，共是四萬五千。已將文兄的封皮記號封好了，只等交了貨，就是文兄的了。」主人出來道：「房屋文書、段匹帳目，俱已在此，凑足五萬之數了。且到船上取貨去。」一擁都到海船來。

文若虛於路對衆人説：「船上人多，切勿明言，小弟自有厚報。」衆人也只怕船上人知道，要分了用錢去，各各心照。文若虛到了船上，先向龜殼中把自己包裹被囊取出了。手摸一摸殼，口裏暗道：「僥倖！僥倖！」主人便叫店内後生二人來擡此殼，分付道：「好生擡進去，不要放在外邊。」船上人見擡了此殼去，便道：「這個滯貨也脱手了，不知賣了多少？」文若虛只不做聲，一手提了包裹，往岸上就走。這起初同上來的幾個，又趕到岸上，將龜殼從頭至尾，細細看了一遍，又向殼内張了一張，捹了一捹，面面相覷道：「好處在那里？」

主人仍拉了這十來個一同上去，到店裏，説道：「而今且同文客官看了房屋鋪面來。」衆人與主人一同走到一處，正是鬧市中間，一所好大房子。門前正中是個鋪子，傍有一衖，走進轉個灣，是兩扇大石板門，門内大天井，上面一所大廳，廳上有一匾，題曰「來琛堂」。堂旁有兩楹側屋，屋内三面有櫥，櫥内都是綾羅各色段匹。以後内房樓房甚多。文若虛暗道：「得此爲住居，王侯之家，不過如此矣。況又有段鋪營生，利息無盡，便做了這里客人罷了，還思想家裏做甚？」就對主人道：「好却好，只是小弟是個孤身，畢竟還要尋幾房使喚的人，纔住得。」主人道：「這個不難，都在小店身上。」

文若虛滿心歡喜，同衆人走歸本店來。主人討茶來吃了，説道：「文客官今晚不消船裏去，就在鋪中下了。使喚的人，鋪中現有，逐漸再討便是。」衆客人多道：「交易事已成，不必説了。只是我們畢竟有些疑心：此殼有何好處，值價如此？還要主人見教一個明白。」文若虛道：「正是，正是。」主人笑道：「諸公枉了海上走了多遭，這些也不識得！列位豈不聞説龍有九子乎？内有一種是鼉龍，其皮可以幔鼓，聲聞百里，所以謂之鼉鼓。鼉龍萬歲，到底蜕下此殼成龍。此殼有二十四肋，按天上二十四氣，每肋中間節内，有大珠一顆。若是肋未完全時節，成不得龍，蜕不得殼。也有生捉得他來，只好將皮幔鼓，其肋中也未有東西。直待二十四肋肋肋完全，節節珠滿，然後蜕了此殼，變龍而去。故此是天然蜕下，氣候俱到，肋節俱完的，與生擒活捉、壽數未滿的不同，所以有如此之大。這個東西，我們肚中雖曉得，知他幾時蜕下，又在何處地方守得他着？殼不值錢，其珠皆有夜光，乃無價寶也。今天幸遇巧，得之無心耳。」衆人聽罷，似信不信。

只見主人走將進去了一會，笑嘻嘻的走出來，袖中取出一西洋布的包來，説道：「請諸公看看。」解開來，只見一團綿裹着寸許大一顆夜明珠，光彩奪目。討箇黑漆的盤，放在暗處，其珠滚一個不定，閃閃爍爍，約有尺餘亮處。衆人看了，驚得目睜口呆，伸了舌頭，收不進來。主人回身轉來，對衆逐個致謝道：「多蒙列位作成了。只這一顆，拿到咱國中，就值方纔的價錢了，其餘多是尊惠。」衆人個個心驚，却是説過的話，又不好翻悔得。主人見衆人有些變色，收了珠子，急急走到裏邊，又叫擡出一個段箱來，除了文若虚，每人送與段子二端，説道：「煩勞了列位，做兩件道袍穿穿，也見小肆中薄意。」袖中又摸出細珠十數串，每送一串，道：「輕鮮，輕鮮，備歸途一茶罷了。」文若虚處，另是粗些的珠子四串，段子八匹，道是：「權且做幾件衣服。」文若虚同衆人歡喜作謝了。

主人就同衆人送了文若虚到段鋪中，叫鋪裏夥計後生們都來相見，説道：「今番是此位主人了。」主人自别了去。道：「再到小店中去去來。」只見須臾間，數十個脚夫，扛了好些扛來，把先前文若虚封記的十桶五匣都發來了，文若虚搬在一個深密謹慎的卧房裏頭去處。出來對衆人道：「多承列位挈帶，有此一套意外富貴，感謝不盡。」走進去把自家包裹内所賣洞庭紅的銀錢，倒將出來，每人送他十個，止有張大與先前出銀助他的兩三個，分外又是十個，道：「聊表謝意。」【眉批】此人元不酸。此時，文若虚把這些銀錢看得不在眼裏了，衆人却是快活，稱謝不盡。文若虚又拿出幾十個來，對張大説道：「有煩老兄，將此分與船上同行的人，每位一個，聊當一茶。小弟住在此間，有了頭緒，慢慢到本鄉來。此時不得同行，就此爲别了。」【眉批】憨厚□宜其有此福也。張大道：「還有一千兩用錢，未曾分得，却是如何？須得文兄分開，方没得説。」文若虚道：「這到忘了。」就與衆人商議，將一百兩散與船上衆人，餘九百兩照現在人數，另外添出兩股，派了股數，各得一股，張大爲頭的，褚中穎執筆的，多分一股。衆人千歡萬喜，没有説話。内中一人道：「只是便宜了這回回，文先生還該起個風，要他些不敷纔是。」文若虚道：「不要不知足。看我一個倒運漢，做着便折本的，造化到來，平空地有此一主財爻，可見人生分定，不必强求。【眉批】平心甚。我們若非這主人識貨，也只當得廢物罷了，還虧他指點曉得，如何還好昧心争論？」衆人都道：「文先生説得是。存心忠厚，所以該有此富貴。」大家千恩萬謝，各各賫了所得東西，自到船上發貨。

從此，文若虚做了閩中一個富商，就在那邊取了妻小，立起家業。數年之間，纔到蘇州走一遭，會會舊相識，依舊去了。至今子孫繁衍，家道殷富不絶。正是：

運退黄金失色，時來頑鐵生輝。
莫與癡人説夢，思量海外尋龜。

鄭月娥將錯就錯

卷之二

姚滴珠避羞惹羞　鄭月娥將錯就錯

詩云：

自古人心不同，盡道有如其面。
假饒容貌無差，畢竟心腸難變。

話説人生只有面貌最是不同，蓋因各父母所生，千枝萬派，那能勾一模一樣的？就是同父合母的兄弟，同胞雙生的兒子，道是相像得緊，畢竟仔細看來，自有些少不同去處。却又作怪：儘有途路各別、毫無干涉的人，驀地有人生得一般無二，假充得真的。從來正書上面説：孔子貌似陽虎，以致匡人之圍，是惡人像了聖人。傳奇上邊説：周堅死替趙朔，以解下宫之難，是賤人像了貴人。是個解不得的道理。按《西湖志餘》上面，宋時有一事，也爲面貌相像，騙了一時富貴，享用十餘年，後來事敗了的。却是靖康年間，金人圍困汴梁，徽、欽二帝蒙塵北狩，一時后妃公主被虜去的甚多，内中有一個公主，名曰柔福，乃是欽宗之女，當時也被擄去。後來高宗南渡稱帝，改號建炎，四年，忽有一女子詣闕自陳，稱是柔福公主，自虜中逃歸，特來見駕。高宗心疑道：「許多隨駕去的臣宰，尚不能逃，公主鞋弓襪小，如何脱離得歸來？」頒詔令舊時宫人看驗，个个説道：「是真的，一些不差。」及問他宫中舊事，對答來皆合；幾個舊時的人，他都叫得姓名出來。只是衆人看見一雙足，却大得不像様，都道：「公主當時何等小足，今却這等，止有此不同處。」以此回覆聖旨。高宗臨軒親認，却也認得，詰問他道：「你爲何恁般一雙脚了？」女子聽得，啼哭起來道：「這些膻羯奴驅逐便如牛馬一般。今乘間脱逃，赤脚奔走，到此將有萬里，豈能尚保得一雙纖足如舊時模様耶？」高宗聽得，甚是慘然。頒詔特加號福國長公主，下降高世綮，做了駙馬都尉。其時汪龍溪草制，詞曰：

彭城方急，魯元嘗困于面馳；江左既興，益壽宜克于禁臠。

【眉批】説得慘痛有理。

那魯元是漢高帝的公主，在彭城失散，後來復還的。益壽是晋附馬謝混的小名，江左中興，元帝公主下降的。故把來比他兩人，甚爲切當。自後夫榮妻貴，恩賚無算。

其時，高宗爲母韋賢妃在虜中，年年費盡金珠求贖，遥尊爲顯仁太后。和議既成，直到紹興十二年，自虜中回鑾，聽見説道：「柔福公主進來相見。」太后大驚道：「那有此話？柔福在虜中受不得苦楚，死已多年，是我親看見的，那得又有一個柔福？是何人假出來的？」發下旨意，着法司嚴刑究問。法司奉旨，提到人犯，用起刑來。那女子熬不得，只得將真情招出道：「小的每本是汴梁一個女巫，靖康之亂，有宫中女婢逃出民間，見了小的每，誤認做了柔福娘娘，口中厮唤。小的每驚問，他便説小的每與娘娘面貌一般無二。因此，小的每有了心，日逐將宫中舊事問他，他日日衍説得心下習熟了，故大膽冒名自陳，貪享這幾時富貴，道是永無對證的了。誰知太后回鑾，也是小的每福盡灾生，一死也不枉了。」問成罪名，高宗見了招伏，大駡：「欺君賊婢！」立時押付市曹處決，抄没家私入官。總算前後錫賚之數，也有四十七萬緡錢。雖然没結果，却是十餘年間，也受用得勾了。只爲一個容顔厮像，一時骨肉舊人，都認不出來，若非太后復還，到底被他瞞過，那個再有疑心的？就是死在太后未還之先，也是他便宜多了。天理不容，自然敗露。

今日再説一個容貌厮像，弄出好些奸巧希奇的一場官司來。正是：

自古唯傳伯仲偕，誰知異地巧安排。
試看一樣滴珠面，惟有人心再不諧。

話説國朝萬曆年間，徽州府休寧縣蓀田鄉姚氏有一女，名唤滴珠，年方十六，生得如花似玉，美冠一方。父母俱在，家道殷富，寶惜異常，嬌養過度。憑媒説合，嫁與屯溪潘甲爲妻。看來世間聽不得的最是媒人的口。他要説了窮，石崇也無立錐之地；他要説了富，范丹也有萬頃之財。正是富貴隨口定，美丑趁心生，再無一句實話的。那屯溪潘氏，雖是個舊姓人家，却是個破落户，家道艱難，外靠男子出外營生，内要女人親操井臼，吃不得閒飯過日的了。這個潘甲，雖是人物也有幾分像樣，已自棄儒爲商。況且公婆甚是狠戾，動不動出口駡詈，毫没些好歹。滴珠父母誤聽媒人之言，道他是好人家，把一塊心頭的肉，嫁了過來。少年夫妻，却也過得恩愛，只是看了許多光景，心下好生不然，如常偷掩淚眼。潘甲曉得意思，把些好話偎他過日子。

却早成親兩月，潘父就發作兒子道：「如此你貪我愛，夫妻相對，白白過世不成？如何不想去做生意？」潘甲無奈，與妻滴珠説了，兩個哭一個不住，説了一夜話。次日潘父就逼兒子出外去了。滴珠獨自一個，越越凄惶，有情無緒。況且是個嬌養的女兒，新來的媳婦，摸頭路不着，没個是處，終日悶悶過了。潘父、潘母看見媳婦這般模樣，時常急聒，駡道：「這婆娘想甚情人，害相思病了！」滴珠生來在父母身邊，如珠似玉，何曾聽得這般聲氣，不敢回言，只得忍着氣，背地哽哽咽咽，哭了一會罷了。

一日，因滴珠起得遲了些個，公婆朝飯要緊，猝地答應不迭，潘公開口駡道：「這樣好吃懶做的淫婦，睡到這等日高纔起來！看這自由自在的模樣，除非去做娼妓，倚門賣俏，攛哄子弟，方得這樣快活像意。若要做人家，是這等不得。」滴珠聽了，便道：「我是好人家兒女，便做道有些不是，直得如此作賤説我！」大哭一場，没分訴處。到得夜裏睡不着，越思量越惱，道：「老無知這樣説話，須是公道上去不得。我忍耐不過，且跑回家去告訴爹娘，明明與他執論，看這話是該説的不該説的！亦且借此爲名，賴在家多住幾時，也省了好些氣惱。」算計定了，侵晨未及梳洗，將一個羅帕兜頭紮了，一口氣跑到渡口來。説話的若是同時生并年長，曉得他這去不尷尬，攔腰抱住，掰胸扯回，也不見得後邊若干事件來。

只因此去，天氣却早，雖是已有行動的了，人踪尚稀，渡口悄然。這地方有一個專一做不好事的光棍，名喚汪錫，綽號「雪裏蛆」，是個凍餓不怕的意思。也是姚滴珠合當悔氣，撞着他獨自個溪中乘了竹筏。未到渡口，望見了個花朵般後生婦人，獨立岸邊，又且頭不梳裹，滿面淚痕，曉得有些古怪。在筏上問道：「娘子要渡溪麽？」滴珠道：「正要過去。」汪錫道：「這等上我筏來。」一口叫放仔細些，一手去接他下來。上得筏，一篙撑開，撑到一個僻静去處。問道：「娘子，你是何等人家？獨自一個，要到那里去？」滴珠道：「我自要到蓀田娘家去，你只送我到渡口上岸，我自認得路，管我别事做甚？」汪錫道：「我看娘子頭不梳，面不洗，淚眼汪汪，獨身自走，必有蹺蹊作怪的事。説得明白，纔好渡你。」滴珠在個水中央了，又且心裏急要回去，只得把丈夫不在家了，如何受氣的上項事，一頭説，一頭哭，告訴了一遍。

汪錫聽了，便心下一想，轉身道：「這等説，却渡你去不得。你起得没好意了，放你上岸，你或是逃去，或是尋死，或是被别人拐了去，後來查出是我渡你的，我却替你吃没頭官司。」滴珠道：「胡説！我自是娘家去，如何是逃去？若我尋死路，何不投水，却過了渡去自盡不成？我又認得娘家路，没得怕人拐我。」汪錫道：「却是信你不過。你既要娘家去，我舍下甚近，你且上去，我家中坐了，等我走去對你家説了，叫人來接你去，却不兩邊放心得下。」滴珠道：「如此也好。」正是女流之輩，無大見識，亦且一時無奈，拗他不過，還只道好心，隨了他來。

上得岸時，轉彎抹角，到了一個去處，引進幾重門户裏頭，房室甚是幽静清雅。但見：

明窗静几，錦帳文茵。庭前有數種盆花，座内有幾張素椅。壁間紙畫周之冕，桌上沙壺時大彬。窄小蝸居，雖非富貴王侯宅；清閑螺徑，也異尋常百姓家。

元來這個所在，是這汪錫一個囮子，專一設法良家婦女到此，認作親戚，拐那一等浮浪子弟，好撲花行徑的。引他到此，勾搭上了，或是片時取樂，或是迷了的，便做個外宅居住，賺他銀子無數。若是這婦女無根蒂的，他等有販水客人，到肯出一主大錢，就賣了去爲娼。已非一日，今見滴珠行徑，就起了個不良之心，騙他到此。那滴珠是個好人家兒女，心裏儘愛清閒，只因公婆凶悍，不要説日逐做燒火、煮飯、熬鍋、打水的事，只是油鹽醬醋，他也拌得頭疼了，見了這個乾净精緻所在，不知一個好歹，心下到有幾分喜歡。【眉批】可憐甚。那汪錫見他無有慌意，反添喜狀，便覺動火。走到跟前，雙膝跪下求歡。滴珠就變了臉起來，道：「這如何使得？我是好人家兒女，你元説留我到此坐着，報我家中；青天白日，怎地拐人來家，要行局騙？若逼得我緊，我如今真要自盡了！」説罷，看見桌上有點燈鐵簽，捉起來望喉間就刺。汪錫慌了手脚，道：「再從容説話，小人不敢了。」元來汪錫只是拐人騙財，利心爲重，色上也不十分要緊，恐怕真個做出事來，没了一場好買賣。吃這一驚，把那一點勃勃的春興，丢在爪哇國裏去了。

他走到後頭去好些時，叫出一個老婆子來，道：「王嬷嬷，你陪這裏娘子坐坐，我到他家去報一聲就來。」滴珠叫他轉來，説明白了地方及父母名姓，可憐甚。叮囑道：「千萬早些叫他們來，我自有重謝。」汪錫去了。那老嬷嬷去掇盆臉水，拿些梳頭家火出來，叫滴珠梳洗。立在旁邊呆看，插口問道：「娘子何家宅眷？因何到此？」滴珠把上項事，是長是短，説了一遍。那婆子就故意跌跌脚來了。道：「這樣老殺才，不識人！有這樣好標緻娘子做了媳婦，折殺了你，不羞？還捨得出毒口駡他！也是個没人氣的，如何與他一日相處？」滴珠説着心事，眼中滴淚。婆子便問道：「今欲何往？」滴珠道：「今要到家裏告訴爹娘一番，就在家裏權避幾時，待丈夫回家再處。」婆子就道：「官人幾時回家？」滴珠又垂淚道：「做親兩月，就罵着逼出去了，知他幾時回來？没個定期。」婆子道：「好没天理！花枝般一個娘子，叫他獨守，又要罵他！娘子，你莫怪我説。你而今就回去得幾時，少不得要到公婆家去的，你難道躲得在娘家一世不成？這腌臢煩惱，是日長歲久的，如何是了？」滴珠道：「命該如此，也没奈何了。」婆子道：「依老身愚見，只教娘子快活享福，終身受用。」滴珠道：「有何高見？」婆子道：「老身往來的是富家大户，公子王孫，有的是斯文俊俏少年子弟。娘子，你不消問得的，只是看得中意的，揀上一個。等我對他説成了，他把你似珍寶一般看待，十分愛惜，吃自在食，着自在衣，纖手不動，呼奴使婢，也不枉了這一個花枝模樣。强如守空房、做粗作、淘閒氣萬萬倍了。」

那滴珠是受苦不過的人，況且小小年紀，婦人水性，又想了夫家許多不好處，聽了這一片話，心裏動了，不由不動，可憐之甚。便道：「使不得。有人知道了怎好？軟了。」婆子道：「這個所在，外人不敢上門，神不知，鬼不覺，是個極密的所在。你住兩日起來，天上也不要去了。」滴珠道：「適間已叫那撑筏的報家裏去了。」婆子道：「那是我的乾兒，恁地不曉事！去報這樣冷信。」正説之間，只見一個人在外走進來，一手揪住王婆道：「好！好！青天白日，要哄人養漢，我出首去。有妝點。」滴珠吃了一驚，仔細看來，却就是撑筏的那一個汪錫。滴珠見了道：「曾到我家去報不曾？可憐。」汪錫道：「報你家的鳥！我聽得多時了也。王嬷嬷的言語，是娘子下半世的受用，萬全之策，憑娘子斟酌。」滴珠嘆口氣道：「我落難之人，走入圈套，没奈何了。只不要悮了我的事。軟了。」婆子道：「方纔説過的，憑娘子自揀，兩相情願，如何誤得你。」

滴珠一時没主意，聽了哄語，又且房室精緻，床帳齊整，恰便似：「因過竹院逢僧話，偷得浮生半日閒。」放心的悄悄住下。那婆子與汪錫兩個，慇慇懃懃，代替伏侍，要茶就茶，要水就水，惟恐一些不到處。那滴珠一發喜歡忘懷了。

過得一日，汪錫走出去，撞見本縣商山地方一個大財主，叫得吳大郎。那大郎有百萬家私，極是個好風月的人。因爲平日肯養閒漢，認得汪錫。便問道：「這幾時有甚好樂地麼？」汪錫道：「好教朝奉得知，我家有個表侄女新寡，且是生得嬌媚，尚未有個配頭，這却是朝奉店裏貨，只是價錢重哩。」大郎道：「可肯等我一看否？」汪錫道：「不難。只是好人家害羞，待我先到家，與他堂中說話，你劈面撞進來，看個停當便是。」吳大郎會意了。

汪錫先回來，見滴珠坐在房中，默默呆想。汪錫便道：「娘子便到堂中走走，如何悶坐在房裏？」王婆子在後面聽得了，也走出來道：「正是。娘子外頭來坐。」滴珠依言，走在外邊來。汪錫就把房門帶上了。滴珠坐了道：「嬤嬤，還不如等我歸去休。遲了。」嬤嬤道：「娘子不要性急，我們只是愛惜娘子人材，不割捨得你吃苦，所以勸你。你再耐煩些，包你有好緣分到也。好語動人。」

正說之間，只見外面闖進一個人來。你道他怎生打扮？但見：

頭戴一頂前一片後一片的竹簡巾兒，旁縫一對左一塊右一塊的蜜蠟金兒，身上穿一件細領大袖青絨道袍兒，脚下着一雙低跟淺面紅綾僧鞋兒。若非宋玉墻邊過，定是潘安車上來。

一直走進堂中道：「小汪在家麼？」滴珠慌了，急掣身起，已打了個照面。急奔房門邊來，不想那門先前出來時已被汪錫暗拴了，急没躲處。那王婆笑道：「是吳朝奉，便不先開個聲。虔婆□！」對滴珠道：「是我家老主顧，不妨。」又對吳大郎道：「可相見這位娘子。」吳大郎深深唱個喏下去，滴珠只得回了禮。偷眼看時，恰是個俊俏可喜的少年郎君，心裏早看上了幾分了。吳大郎上下一看，只見不施脂粉，淡雅梳妝，自然内家氣象，與那膔花隊裏的迥別。他是個在行的，知輕識重，如何不曉得？也自酥了半邊，道：「娘子請坐。」那滴珠終久是好人家出來的，有些羞耻，只叫王嬤嬤道：「我們進去則個。」嬤嬤道：「慌做甚麼？」就同滴珠一面進去了。妙在再不逆他。

出來對吳大郎道：「朝奉看得中意否？」吳大郎道：「嬷嬷作成作成，不敢有忘。」王婆道：「朝奉有的是銀子，兑出千把來，娶了回去就是。」大郎道：「又不是衍衍人家，如何要得許多？」嬷嬷道：「不多。你看了這個標緻模樣，今與你做個小娘子，難道消不得千金？」大郎道：「果要千金，也不打緊。只是我大孺人狠，專會作賤人。我雖不怕他，怕難爲這小娘子，有些不便，取回去不得。是怕老婆人聲口。」婆子道：「這個何難？另稅一所房子住了，兩頭做大，可不是好？前日江家有一所花園空着，要典與人，老身替你問問看如何？」大郎道：「好便好，只是另住了，要家人使唤，丫鬟伏侍，另起烟爨，這還小事，少不得瞞不過家裏了，終日厮鬧，趕來要同住，却了不得。」婆子道：「老身更有個見識：朝奉拿出聘禮娶下了，就在此間成了親，每月出幾兩盤纏，替你養着，自有老身伏侍倍伴。朝奉在家推個别事出外，時時到此來往，密不通風，有何不好？」大郎笑道：「這個却妙！這個却妙！」議定了財禮銀八百兩，衣服首飾辦了送來，自不必説，也合着千金。每月盤費連房錢銀十兩，逐月交付。大郎都應允，慌忙去拿銀子了。

王婆轉進房裏來，對滴珠道：「適纔這個官人，生得如何？」元來滴珠先前雖然怕羞，走了進去，心中却還捨不得，躲在黑影裏張來張去，看得分明。吳大郎與王婆一頭説話，一眼覷着門裏，有時露出半面，若非是有人在面前，又非是一面不曾識，兩下裏就做起光來了。滴珠見王婆問他，他就隨口問道：「這是那一家？」王婆道：「是徽州府有名的商山吳家。他又是吳家第一個財主，吳百萬吳大朝奉。他看見你，好不喜歡哩！他要娶你回去，有些不便處；他就要娶你在此間住下，你心下如何？」滴珠一了喜歡這個乾净房卧，又看上了吳大郎人物，聽見説就在此間住，就像是他家裏一般的，心下到有十分中意了。道：「既到這里，但憑媽媽，只要方便些，不露風聲便好。要緊。」婆子道：「如何得露風聲？只是你久後相處，不可把真情與他説，看得低了。只認我表親，暗地快活便了。」

只見吴大郎擡了一乘轎，隨着兩個俊俏小厮，捧了兩個拜匣，竟到汪錫家來。把銀子交付停當了，就問道：「幾時成親？」婆子道：「但憑朝奉尊便。或是揀個好日，或是不必揀日，就是今夜也好。」吴大郎道：「今日我家裏不曾做得工夫，不好造次。住得明日，我推説到杭州進香取帳，過來住起罷了。揀甚麽日子？」吴大郎只是色心爲重，等不得揀日。若論婚姻大事，還該尋一個好日辰。今鹵莽亂做，不知犯何凶煞，以致一兩年内就拆散了。冷話有致，有謔趣。這是後話。

却説吴大郎交付停當，自去了，只待明日快活。婆子又與汪錫計較定了，來對滴珠説：「恭喜娘子！你事已成了。」就拿了吴家銀子四百兩，妙在此。笑嘻嘻的道：「銀八百兩，你取一半，我兩人分一半做媒錢。」擺將出來，擺得桌上白晃晃的，滴珠可也喜歡。説話的，你説錯了。這光棍牙婆，見了銀子，如蒼蠅見血，怎還肯人心天理，分這一半與他？看官，有個緣故。他一者要在滴珠面前，夸耀富貴，賣下他心；二者總是在他家裏，東西不怕走趲那裏去了，少不得逐漸哄的出來，仍舊元在。若不與滴珠些東西，後來吴大郎相處了，怕他説出真情，要倒他們的出來，反爲不美。這正是老虔婆神機妙算。

吴大郎次日果然打扮得一發精緻，來汪錫家成親。他怕人知道，也不用儐相，也不動樂人，只托汪錫辦下兩桌酒，請滴珠出來同坐，吃了進房。滴珠起初害羞，不肯出來。後來被强不過，勉强略坐得一坐，推個事故，走進房去，撲地把燈吹息，先自睡了，却不關門。婆子道：「還是女兒家的心性，害羞。須是我們湊他趣則個。」移了燈照吴大郎進房去，仍舊把房中燈點起了，自家走了出去，把門拽上。吴大郎是個精細的人，把門拴了，移燈到床邊。揭帳一看，只見兜頭面睡着，不敢驚動他，老手。輕輕地脱了衣服，吹息了燈，𧟰進被窩裏來。滴珠嘆了一口氣，如畫。縮做一團。被吴大郎甜言媚語，輕輕欵欵，扳將過來，騰的跨上去。滴珠顫篤篤的承受了，高高下下，往往來來，弄得滴珠渾身快暢，遍體酥麻。元來滴珠雖然嫁了丈夫兩月，那是不在行的新郎，不曾得知這樣趣味。吴大郎風月場中招討使，被窩裏事多曾占過先頭的，温柔軟欵，自不必説。滴珠只恨相見之晚。兩個千恩萬愛，過了一夜。明日起來，王婆、汪錫都來叫喜。吴大郎各各賞賜了他。自此與姚滴珠快樂，隔個把月纔回家去走走，又來住宿。不題。

説話的，難道潘家不見了媳婦就罷了，憑他自在那里快活不成？看官，話有兩頭，却難這邊説一句，那邊説一句。如今且聽説那潘家。自從那日早起，不見媳婦煮朝飯，潘婆只道又是晏起，走到房前厲聲叫他。見不則聲，走進房裏，把窗推開了，床裏一看，并不見滴珠踪迹。駡道：「這賊淫婦那里去了？」出來與潘公説了。潘公道：「又來作怪！料道是他娘家去。」急忙走到渡口問人來，有人説道：「絶大清早，有一婦人渡河去。有認得的，道是潘家媳婦上筏去了。」潘公道：「這妮子！昨日説了他幾句，就待告訴他爹娘去。恁般心性潑刺，且等他娘家住，不要去接他、採他，看他待要怎的？」忿忿地跑回去與潘婆説了。

將有十來日，姚家記掛女兒，辦了幾個盒子，做了些點心，差一男一婦到潘家來問一個信。潘公道：「他歸你家十來日了，如何到來這里問信？」那送禮的人吃了一驚，道：「説那里話！我家姐姐自到你家來，纔得兩月多，我家又不曾來接他，爲何自歸？因是放心不下，叫我們來望望。如何反如此説？」潘公道：「前日因有兩句口面，他使一個性子，跑了回家，有人在渡口見他的。他不到你家，到那里去？」那男女道：「實實不曾回家，不要錯認了。」潘公炮燥道：「想是他來家説了甚麽謊，您家要悔賴了别嫁人，故妝出圈套，反來問信麽？」那男女道：「人在你家不見了，顛倒這樣説，這事必定蹺蹊。」潘公聽得蹺蹊兩字，大駡：「狗男女！我少不得當官告來，看你家賴了不成？」那男女見不是勢頭，盒盤也不出，仍舊挑了，走了回家，一五一十的對家主説了。姚公、姚媽大驚，啼哭起來道：「這等説，我那兒敢被這兩個老殺才逼死了？打點告狀，替他要人去。」一面來與個訟師商量告狀。那潘公、潘婆死認定了姚家藏了女兒，叫人去接了兒子來家。兩家都進狀，都准了。

那休寧縣李知縣，行提一干人犯到官，當堂審問時，你推我，我推你。知縣大怒，先把潘公夾起來。潘公道：「現有人見他過渡的，若是投河身死，須有屍首。明白是他家藏了賴人。」知縣道：「說得是，不見了人十多日，若是死了，豈無屍首踪影？畢竟藏着的是。」放了潘公，再把姚公夾起來，姚公道：「人在他家去了兩月多，自不曾歸家來。若是果然當時走回家，這十來日間，潘某何不着人來問一聲，看一看下落？人長六尺，天下難藏。小的若是藏過了，後來就別嫁人，也須有人知道，難道是瞞得過的？老爺詳察則個。」知縣想了一想道：「也說得是。如何藏得過？便藏了也成何用？多管是與人有奸，約的走了。最疑得是。」潘公道：「小的媳婦雖是懶惰嬌癡，小的閨門也嚴謹，却不曾有甚外情。」知縣道：「這等，敢是有人拐的去了，更是。或是躲在親眷家，也不見得。」便對姚公說：「是你生得女兒不長進。況來踪去迹，畢竟是你做爺的曉得，你推不得乾净。要你跟尋出來，同緝捕人役五日一比較。」就把潘公父子討了個保，姚公肘押了出來。

姚公不見了女兒，心中已自苦楚，又經如此冤枉，叫天叫地没個道理。【眉批】不該放鬆潘公。只得帖個尋人招子，許下賞錢，各處搜求，並無影響。且是那個潘甲，不見了妻子，没出氣處，只是逢五逢十，就來稟官，比較捕人，未免連姚公陪打了好些板子。冤哉！此事鬧動了一個休寧縣，城郭鄉村，無不傳爲奇談。親戚之間，盡爲姚公不平，却没個出豁。

却說姚家有個極密的内親，叫做周少溪，偶然在浙江衢州做買賣，閑游柳陌花街，只見一個娼婦，站在門首獻笑，好生面染，仔細一想，却與姚滴珠一般無二。【眉批】有此天然奇巧。心下想道：「家裏打了兩年没頭官司，他却在此？」【眉批】亦宿因也。要上前去問個的確，却又忖道：「不好，不好。問他未必肯說真情。打破了網，娼家行徑没根蒂的，連夜走了，那里去尋？此人去得。不如報他家中知道，等他自來尋訪。」元來衢州與徽州雖是分個浙、直，却兩府是聯界的，苦不多日到了，一一與姚公説知。姚公道：「不消説得，必是遇着歹人，轉販爲娼了。」叫其子姚乙，密地拴了百來兩銀子，到衢州去贖身。又商量道：「私下取贖，未必成事。」又在休寧縣告明緣由，使用些銀子，給了一張廣緝文書在身，倘有不諧，當官告理。姚乙聽命。【眉批】周到亦是周少溪之教□。姚公就央了周少溪作伴，一路往衢州來。那周少溪自有舊主人，替姚乙另尋了一個店樓，安下行李。周少溪指引他到這家門首來，正值他在門外。姚乙看見，果然是妹子，連呼他小名數聲，那娼婦只是微微笑看，却不答應。姚乙對周少溪道：「果然是我妹子，只是連連叫他，並不答應，却像不認得我的。難道他在此快樂了，把個親兄都不招攬了。」周少溪道：「你不曉得，凡娼家龜鴇，必是生狠的。你妹子既來歷不明，他家必緊防漏洩，訓戒在先，所以他怕人知道，不敢當面認帳。」姚乙道：「而今却怎麼通得個信？」【眉批】此人去得。周少溪道：「這有何難？你做個要鬫他的，設了酒，將銀一兩送去，外加轎錢一包，擡他到下處來，看個備細。是你妹子，密地相認了，再做道理；不是妹子，睡他娘一晚，放他去罷。」姚乙道：「有理，有理。」周少溪在衢州久做客人，都是熟路，去尋一個小閑來，拿銀子去，霎時一乘轎擡到下處。那周少溪忖道：「果是他妹子。不好在此陪得。」推個事故，走了出去。【眉批】此人事事精密，真老江湖。姚乙也道：「是他妹子，有些不便。」却也不來留周少溪。只見那轎裏裊裊婷婷，走出一個娼妓來。但見：

一個道是妹子來，雙眸注望；一個道是客官到，滿面生春。一個疑道：何不見他走近身，急認哥哥？一個疑道：何不見他迎着轎，忙呼姐姐？

却説那姚乙向前看着，分明是妹子。那娼妓却笑容可鞠，佯佯地道了個萬福。姚乙只得請坐了，不敢就認，問道：「姐姐尊姓大名？何處人氏？」那娼婦答道：「姓鄭，小字月娥，是本處人氏。」姚乙看他説出話來，一口衢音，聲氣也不似滴珠，已自疑心了。那鄭月娥就問姚乙道：「客官何來？」姚乙道：「在下是徽州府休寧縣蓀田姚某，父某人，母某人。」恰像那個查他的脚色，三代籍貫，都報將來。也還只道果是妹子，他必然承認，所以如此。那鄭月娥見他說話牢叨，笑了一笑道：「又不曾盤問客官出身，何故通三代脚色？」【眉批】姊妹聲口。姚乙滿面通紅，情知不是滴珠了。擺上酒來，三杯兩盞兩個對吃。鄭月娥看見姚乙只管相他面龐一會，又自言自語一會，心裏好生疑惑。開口問道：「奴自不曾與客官相會，只是前日門前，見客官走來走去，見了我指手點脚的，我背地同姊妹暗笑。今承寵召過來，却又屢屢相覷，却像有些委決不下的事，是什麼緣故？」姚乙把言語支吾，不說明白。那月娥是個久慣接客、乖巧不過的人，看此光景，曉得有些尷尬，只管盤問。姚乙道：「這話也長，且到床上再說。」兩個人各自收拾，上床睡了，免不得雲情雨意，做了一番的事。

那月娥又把前話提起，姚乙只得告訴他家裏事，如此如此，這般這般，「因見你厮像，故此假做請你，認個明白，那知不是」。月娥道：「果然像否？」姚乙道：「舉止外像，一些不差，就是神色裏邊，有些微兩樣處，除是至親骨肉，終日在面前的，用意體察，纔看得出來。也算是十分像的了。若非是聲音各别，連我方纔也要認錯起來。」月娥道：「既是這等厮像，我就做你妹子罷。」姚乙道：「又來取笑。」【眉批】月娥亦是奇人，有此奇想奇見。月娥道：「不是取笑，我與你熟商量。你家不見了妹子，如此打官司，不得了結，必竟得妹子到了官方住。我是此間良人家兒女，在姜秀才家爲妾。大娘不容，後來連姜秀才貪利忘恩，竟把來賣與這鄭媽媽家了。那龜兒、鴇兒不管好歹，動不動非刑拷打。我被他擺佈不過，正要想個計策脱身。你如今認定我是你失去的妹子，我認定你是哥哥，兩口同聲，當官去告理，一定斷還歸宗。我身既得脱，仇亦可雪；到得你家，當了你妹子，官事也好完了。豈非萬全之算？」姚乙道：「是到是，只是聲音大不相同，且既到吾家，認做妹子，必是親戚族屬，逐處明白，方像真的，這却不便。」月娥道：「人只怕面貌不像，那個聲音隨他改换，如何做得準？【眉批】俱絶頂議論。你妹子相失兩年，假如真在衢州，未必不與我一般鄉語了。親戚族屬，你可教導得我的。況你做起事來，還等待官司發落，日子長遠，有得與你相處，鄉音也學得你些。家裏事務，日逐教我熟了，有甚難處。」

姚乙心裏先只要家裏息訟要緊，細思月娥説話，盡可行得。便對月娥道：「吾隨身帶有廣緝文書，當官一告，斷還不難。只是要你一口堅認到底，却差池不得的。」月娥道：「我也爲自身要脱離此處，主意。趂此機會，如何好改得口？只是一件，你家妹夫是何等樣人，我可跟得他否？」姚乙道：「我妹夫是個做客的人，也還少年老實，你跟了他也好。混帳話。」月娥道：「憑他怎麽，畢竟還好似爲娼。況且一夫一妻，又不似先前做妾，也不誤了我事了。」姚乙又與他兩個賭一個誓信，説兩個同心做此事，各不相負，要緊。如有破洩者，神明誅之。兩人説得着，已覺道快活，又弄了一火，摟抱了睡到天明。【眉批】忙中冷趣，亦熱趣。

姚乙起來，不梳頭就走去尋周少溪，連他都瞞了。對他説道：「果是吾妹子，如今怎處？」周少溪道：「這衏衏人家不長進，替他私贖，必定不肯。待我去糾合本鄉人在此處的十來個，做張呈子，到太守處呈了。人衆則公，亦且你有本縣廣緝滴珠文書可驗，怕不立刻斷還？只是你再送幾兩銀子過去，與他説道：『還要留在下處幾日。』使他不疑，我們好做事。」姚乙一一依言停當了。

周少溪就合着一夥徽州人，同姚乙到府堂，把前情説了一遍。姚乙又將縣間廣緝文書當堂驗了，太守立刻簽了牌，將鄭家烏龜、老媽都拘將來。鄭月娥也到公庭，一個認哥哥，一個認妹子。那衆徽州人，除周少溪外，也還有個把認得滴珠的，齊聲説道：「是。」那烏龜分毫不知一個情由，劈地價來，没做理會，口裏亂嚷。太守只叫：「掌嘴！」又研問他是那里拐來的？」烏龜不敢隱諱，招道：「是姜秀才家的妾，小的八十兩銀子討的是實，並非拐的。」太守又去拿姜秀才，姜秀才情知理虧，躲了不出見官。太守斷姚乙出銀四十兩，還他烏龜身價，領妹子歸宗。那烏龜買良爲娼，問了應得罪名，連姜秀才前程都問革了。鄭月娥一口怨氣，先發洩盡了。樂哉。姚乙欣然領回下處，等衙門文卷叠成，銀子交庫給主，及零星使用多完備了，然後起程。這幾時落得與月娥同眠同起，見人說是兄妹，背地自做夫妻。枕邊絮絮叨叨，把說話見識都教道得停停當當了。

在路不則一日，將到蓀田，有人見他兄妹一路來了，拍手道：「好了，好了。這官司有結局了。」有的先到他家里報了的，父母俱迎出門來。那月娥妝做個認得的模樣，大剌剌走進門來，呼爺叫娘，都是姚乙教熟的。況且娼家行徑，機巧靈變，一些不錯。姚公道：「我的兒，那里去了這兩年？累煞你爹也！」月娥假作哽咽痛哭，免不得說道：「爹媽這幾時平安麽？」姚公見他說出話來，便道：「去了兩年，聲音都變了。」姚媽伸手過來，拽他的手出來，捻了兩捻道：「養得一手好長指甲了，去時沒有的。」大家哭了一會。只有姚乙與月娥心裏自明白。姚公是兩年間官司累怕了他，見說女兒來了，心裏放下了一個大疙搭，那里還辨仔細？況且十分相像，分毫不疑。體悉盡情。至于來踪去迹，他已自曉得在娼家贖歸，不好細問得。巴到天明，就叫兒子姚乙，同了妹子到縣裏來見官。

知縣升堂，衆人把上項事說了一遍。知縣纏了兩年，已自明白。問滴珠道：「那個拐你去的是何等人？」假滴珠道：「是一個不知姓名的男子，不由分說，逼賣與衢州姜秀才家，姜秀才轉賣了出來，這先前人不知去向。」知縣曉得事在衢州，隔省難以追求，只要完事，不去根究了。也是。就抽籤去喚潘甲并父母來領。那潘公、潘婆到官來見了假滴珠，道：「好媳婦呀！就去了這些時！」潘甲見了道：「慚愧！也還有相見的日子。」各各認明了，領了回去。出得縣門，兩親家、兩親媽。各自請罪，認個悔氣。都道一樁事完了。

隔了一晚，次日李知縣升堂，正待把潘甲這宗文卷注銷立案，只見潘甲又來告道：「昨日領回去的，不是真妻子。」那知縣大怒道：「刁奴才！你累得丈人家也勾了，如何還不肯休歇？」喝令扯下去打了十板。冤哉。

那潘甲只叫冤屈。知縣道：「那衢州公文明白，你舅子親自領回，你丈人、丈母認了不必説，你父母與你也當堂認了領去的，如何又有説話？」潘甲道：「小人争訟，只要争小人的妻，不曾要别人的妻。其詞甚直。今明明不是小人的妻，小人也不好要得，老爺也不好强小人要得。若必要小人將假作真，小人情願不要妻子了。」知縣道：「怎見得不是？」潘甲道：「面貌頗相似，只是小人妻子相與之間，有好些不同處了。」知縣道：「你不要騃，敢是做過了娼妓一番，身分不比良家了？」潘甲道：「老爺，不是這話。不要説日常夫妻間私語一句也不對，至於肌體隱微，有好些不同，小人心下自明白，怎好與老爺説得？若果然是妻子，小人與他纔得兩月夫妻，就分散了，巴不得見他，難道到説不是，來混争閙非不成？老爺青天詳察，主鑒不錯。」知縣見他説這一篇有情有理，大加驚詫，又不好自認斷錯，密密分付潘甲道：「你且從容，不要性急。就是父母、親戚面前，俱且糊塗，不可説破，我自有處。妙，妙。」

李知縣分付該房寫告示出去遍貼，説道：「姚滴珠已經某月某日追尋到官，兩家各息詞訟，無得再行告擾。好者！」却自密地懸了重賞，着落應捕十餘人，四下分緝。若看了告示，有些動静，即便體察，拿來回話。

不説這里探訪，且説姚滴珠與吴大郎相處兩年，大郎家中，看看有些知道，不肯放他等閒出來，踪迹漸來得稀了。滴珠身伴要討個丫鬟伏侍，曾對吴大郎説，轉托汪錫。汪錫拐帶慣了的，那里想出銀錢去討？因思個便處，要弄將一個來。日前見歙縣汪汝鸞家，有個丫頭，時常到溪邊洗東西，想在心裏。

一日，汪錫出外行走，聞得縣前出告示，道滴珠已尋見之説，急忙里來對王婆説：「不知那一個頂了缺？我們這個貨，穩穩是自家的了。」王婆不信，要看個的實，一同來到縣前，看了告示。汪錫未免指手擡脚，點了又點，念與王婆聽。早被旁邊應捕看在眼裏，尾了他去。【眉批】果中妙計。到了僻静處，只聽得兩個私下道：「好了，好了。而今睡也睡得安穩了。」應捕魆地跳將出來，道：「你們幹得好事！今已敗露了，還走那里去？」汪錫慌了手脚，道：「不要恐嚇我，且到店中坐坐去。」一同王婆邀了應捕，走到酒樓上，坐了吃酒。汪錫推討哽飯，一道烟走了。單剩個王婆與應捕，坐了多時，酒殽俱不來。走下問時，汪錫已去久了。

應捕就把王婆拴將起來，道：「我與你去見官。」王婆跪下道：「上下饒恕，隨老身到家中取錢謝你。」那應捕只是見他們行迹蹺蹊，故把言語嚇着，其實不知甚麽根由。怎當得虚心病的，露出馬脚來。應捕料得有些滋味，押了他不捨，隨去到得汪錫家裏叩門。一個婦人走將出來開了。那應捕一看，着驚道：「這是前日衢州解來的婦人。」猛然想道：「這個必是真姚滴珠了。」也不説破，吃了茶，憑他送了些酒錢罷了。王婆自道無事，放下心了。

應捕明日竟到縣中出首。知縣添差應捕十來人，急命拘來。公差如狼似虎，到汪錫家裏門口，發聲喊，打將進去。急得王婆懸梁高了。把滴珠登時捉到公庭。知縣看了道：「便是前日這一個。」又飛一簽，令喚潘甲與妻子同來。那假的也來了，同在縣堂，真箇一般無二。知縣莫辨，因令潘甲自認。潘甲自然明白，與真滴珠各説了些私語。知縣唤起來，研問明白。真滴珠從頭供稱被汪錫哄騙情由，説了一遍。知縣又問：「曾引人奸騙你不？」滴珠心上有吴大郎，只不説出。但道：「不知姓名。」又叫那假滴珠上來，供稱道：「身名鄭月娥，自身要報私仇，姚乙要完家訟，因言貌像伊妹，商量做此一事。」知縣急拿汪錫，已此在逃了。做個照提，叠成文卷，連人犯解府。

却説汪錫自酒店逃去之後，撞着同夥程金，一同作伴，走到歙縣地方。正見汪汝鸞家丫頭在溪邊洗裹脚，一手扯住他道：「你是我家使婢，逃了出來，却在此處。」便奪他裹脚，拴了就走，要扯上竹筏。那丫頭大喊起來。汪錫將袖子掩住他口，丫頭尚自嗚哩嗚剌的喊。程金便一把叉住喉嚨，又得手重，口頭又不通氣，一霎嗚呼哀哉了。地方人走將攏來，兩個都擒住了，送到縣裏。那歙縣方知縣問了程金絞罪，汪錫充軍，解上府來。正值滴珠一起也解到。一同過堂之時，真滴珠大喊道：「這個不是汪錫？」那太守姓梁，極是個正氣的，見了兩宗文卷，都爲汪錫，大怒道：「汪錫是首惡，如何只問充軍？」喝交皂隸重責六十板，當下絶氣。真滴珠給還原夫寧家，假滴珠官賣。姚乙認假作真，倚官拐騙人口，也問了一個「太上老」。只有吴大郎廣有世情，聞知事發，上下使用，並無名字干涉，不致惹着，朦朧過了。

潘甲自領了姚滴珠，仍舊完聚。那姚乙定了衛所，發去充軍，拘妻簽解。姚乙未曾娶妻。只見那鄭月娥曉得了，大哭道：「這是我自要脱身洩氣，造成此謀，誰知反害了姚乙？今我生死跟了他去，也不枉了一場話欛。」【眉批】好個鄭月娥！也快活。姚公心下不捨得兒子，聽得此話，即便買出人來，詭名納價，贖了月娥，改了姓氏，隨了兒子做軍妻解去。後來遇赦還鄉，遂成夫婦。這也是鄭月娥一點良心不泯處。姑嫂兩個到底有些廝像，徽州至今傳爲笑談。有詩爲證：

一樣良家走岐路，又同岐路轉良家。
面龐怪道能相似，相法看來也不差。

劉東山誇技
順城門
順城

十八兄奇踪
村酒肆

卷之三

劉東山夸技順城門　十八兄奇踪村酒肆

詩云：

弱爲强所制，不在形巨細。
蝍蛆帶是甘，何曾有長喙。

話説天地間，有一物必有一制，夸不得高，恃不得强。這首詩所言「蝍蛆」是甚麽？就是那赤足蜈蚣，俗名百脚，又名百足之蟲。這「帶」又是甚麽？是那大蛇，其形似帶一般，故此得名。嶺南多大蛇，長數十丈，專要害人。那邊地方裏居民，家家蓄養蜈蚣，有長尺餘者，多放在枕畔，或枕中。若有蛇至，蜈蚣便嘖嘖作聲。放他出來，他鞠起腰來，首尾着力一跳，有一丈來高，便搭住在大蛇七寸内，用那鐵鈎也似一對鉗來鉗住了，吸他精血，至死方休。這數十丈長、斗來大的東西，反纏死在尺把長、指頭大的東西手裏。所以古語道：「蝍蛆甘帶」，蓋謂此也。

漢武帝延和三年，西胡月支國，獻猛獸一頭，形如五六十日新生的小狗，不過比貍猫般大，拖一個黄尾兒。那國使抱在手裏，進門來獻。武帝見他生得猥瑣，笑道：「此小物，何謂猛獸？」使者對曰：「夫威加于百禽者，不必計其大小，是以神麟爲巨象之王，鳳凰爲大鵬之宗，亦不在巨細也。」武帝不信，乃對使者説：

「試叫他發聲來朕聽。」使者乃將手一指，此獸舐唇摇首一會，猛發一聲，便如平地上起一個霹靂；兩目閃爍，放出兩道電光來。武帝登時顛出亢金猗子，急掩兩耳，顫一箇不住。侍立左右及羽林擺立仗下軍士，手中所拿的東西，悉皆震落。武帝不悦，即傳旨意，教把此獸付上林苑中，待群虎食之。上林苑令遵旨。只見拿到虎圈邊放下，群虎一見，皆縮做一堆，雙膝跪倒。上林苑令奏聞，武帝愈怒，要殺此獸。明日，連使者與猛獸皆不見了。猛悍到了虎豹，却乃怕此小物。所以人之膂力强弱，智術長短，没箇限數。正是：「强中更有强中手，莫向人前夸大口。」

當時有一個舉子，不記姓名地方。他生得膂力過人，武藝出衆。一生豪俠好義，真正路見不平，拔刀相助。他進京會試，不帶僕從。恃着一身本事，鞴着一匹好馬，腰束弓箭短劍，一鞭獨行。【眉批】亦是豪人本色。一路收拾些雉兔野味，到店肆中宿歇，便安排下酒。

一日，在山東路上，馬跑得快了，趕過了宿頭，至一村莊，天已昏黑，自度不可前進。只見一家人家，開門在那裏，燈光射將出來。舉子下了馬，一手牽着，挨進看時，只見進了門，便是一大空地，空地上有三四塊太湖石叠着。正中有三間正房，有兩間厢房，一老婆子坐在中間績麻。聽見庭中馬足之聲，起身來問。舉子高聲道：「媽媽，小生是失路借宿的。」那老婆子道：「官人，不方便，老身做不得主。」聽他言詞中間帶些凄慘，舉子有些疑心。便問道：「媽媽，你家男人多在那裏去了？如何獨自一個在這裏？」老婆子道：「老身是箇老寡婦，夫亡多年，只有一子，在外做商人去了。」舉子道：「可有媳婦？」老婆子蹙着眉頭道：「是有一個媳婦，賽得過男子，儘挣得家住。只是一身大氣力，雄悍異常。且是氣性粗急，一句差池，經不得一指頭，擦着便倒。老身虚心冷氣，看他眉頭眼後，常是不中意，受他凌辱的。所以官人借宿，老身不敢做主。」説罷，淚如雨下。

舉子聽得，不覺雙眉倒竪，兩眼圓睁，道：「天下有如此不平之事！惡婦何在？我爲爾除之。」遂把馬拴在庭中太湖石上了，拔出劍來。老婆子道：「官人不要太歲頭上動土，我媳婦不是好惹的。他不習女工針指，每日午飯已畢，便空身走去山裏，尋幾箇麞鹿獸兔，還家醃爛起來，賣與客人，得幾貫錢。常是一二更天氣，纔得回來。日逐用度，只靠着他這些。所以老身不敢逆他。」舉子按下劍，入了鞘，道：「我生平專一欺硬怕軟，替人出力。諒一個婦女，到得那裏？既是媽媽靠他度日，我饒他性命，不殺他，只痛打他一頓，教訓他一番，使他改過性子便了。」【眉批】好貨。老婆子道：「他將次回來了，只勸官人莫惹事的好。」舉子氣忿忿地等着。

只見門外一大黑影，一個人走將進來，將肩上叉口也似一件東西，往庭中一摔，叫道：「老嬷，快拿火來，收拾行貨。」老婆子戰競競地道：「是甚好物事呀？」把燈一照，吃了一驚，乃是一隻死了的斑斕猛虎。説時遲，那時快，那舉子的馬在火光裏看見了死虎，驚跳不住起來。那人看見便道：「此馬何來？」舉子暗裏看時，却是一個黑長婦人。見他模樣，又背了個死虎來，忖道：「也是個有本事的。」心裏就有幾分懼他。忙走去帶開了馬，縛住了，走向前道：「小生是失路的舉子，趕過宿頭，幸到寶莊，見門尚未闔，斗膽求借一宿。」那婦人笑道：「老嬷好不曉事！既是個貴人，如何更深時候，叫他在露天立着？」指着死虎道：「賤婢今日山中遇此潑花團，争持多時，纔得了當。歸得遲些個，有失主人之禮，貴人勿罪。」舉子見他語言爽愷，禮度周全，暗想道：「也不是不可化誨的。」連聲道：「不敢，不敢。」

婦人走進堂，提一把椅來，對舉子道：「該請進堂裏坐，只是婦姑兩人，都是女流，男女不可相混，屈在廊下一坐罷。」又掇張桌來，放在面前，點個燈來安下。然後下庭中來，雙手提了死虎，到厨下去了。須臾之間，蕩了一壺熱酒，托出一個大盤來，内有熱騰騰的一盤虎肉，一盤鹿脯，又有些醃爛雉兔之類五六碟，道：「貴那婦人道：「多謝厚欵。」舉子見他殷勤，接了自斟自飲。須臾間酒盡殽完，舉子拱手道：「休嫌輕褻則箇。」那婦人道：「惶愧，惶愧。」便將了盤來，收拾桌上碗盞。

舉子乘間便説道：「看娘子如此英雄舉止，恁地賢明，怎麽尊卑分上覺得欠些個？」【眉批】看此光景，必是老婆子無眼珠，不識豪傑性，非其婦之過也。舉子元覺多事饒舌矣。那婦人將盤一搠，且不收拾，怒目道：「適間老死魅曾對貴人説些甚謊麽？」舉子忙道：「這是不曾。只是看見娘子稱呼詞色之間，甚覺輕倨，不像箇婆媳婦道理。及見娘子待客周全，才能出衆，又不像個不近道理的，故此好言相問一聲。」那婦人見説，一把扯了舉子的衣袂，一隻手移着燈，走到太湖石邊來，道：「正好告訴一番。」舉子一時間掙扎不脱，暗道：「等他説得没理時，算計打他一頓。」只見那婦人倚着太湖石，就在石上拍拍手道：「前日有一事，如此如此，這般這般，是我不是，是他不是？」道罷，便把一個食指向石上一擿，道：「這是一件了。」擿了一擿，只見那石皮亂爆起來，已自摳去了一寸有餘深。連連數了三件，擿了三擿，那太湖石上便似錐子鑿成一個「川」字，斜看來又是「三」字，足足皆有寸餘，就像鑱刻的一般。那舉子驚得渾身汗出，滿面通紅，連聲道：「都是娘子的是。」把一片要與他分個皂白的雄心，好像一桶雪水淋頭一淋，氣也不敢抖了。

婦人説罷，擎出一張匡床來，與舉子自睡。又替他喂好了馬，却走進去與老婆子關了門，息了火睡了。舉子一夜無眠，嘆道：「天下有這等大力的人！早是不曾與他交手，不然性命休矣。」巴到天明，鞴了馬，作謝了，再不説一句別的話，悄然去了。自後，收拾了好些威風，再也不去惹閒事管，也只是怕逢着啅嚓似他的吃了虧。

今日説一箇恃本事説大話的，吃了好些驚恐，惹出一場話柄來。正是：

虎爲百獸尊，百獸伏不動。

若逢獅子吼，虎又全没用。

話説國朝嘉靖年間，北直隸河間府交河縣，一人姓劉，名歆，叫做劉東山，在北京巡捕衙門裏當一個緝捕軍校的頭。此人有一身好本事，弓馬熟閒，發矢再無空落，人號他連珠箭。隨你異常狠盜，逢着他便如甕中捉鱉，手到拿來。因此，也積攢得有些家事。年三十餘，覺得心裏不耐煩做此道路，告脱了，在本縣去别尋生理。

一日，冬底殘年，趕着驢馬十餘頭，到京師轉賣。約賣得一百多兩銀子。交易完了，至順城門（即宣武門），雇騾歸家。在騾馬主人店中，遇見一箇鄰舍張二郎入京來，同在店買飯吃。二郎問道：「東山何往？」東山把前事説了一遍，道：「而今在此雇騾。今日宿了，明日走路。」二郎道：「近日路上好生難行，良鄉、鄭州一帶，盗賊出没，白日劫人。老兄帶了偌多銀子，没個做伴，獨來獨往，只怕着了道兒，放仔細些。」東山聽罷，不覺鬚眉開動，唇齒奮揚，把兩隻手捏了拳頭，做一個開弓的手勢，【眉批】也是豪人本色。哈哈大笑道：「二十年間，張弓追討，矢無虚發，不曾撞個對手。今番收場買賣，定不到得折本。」店中滿座聽見他高聲大喊，盡回頭來看。也有問他姓名的，道：「久仰，久仰。」二郎自覺有些失言，到未必失言。作别出店去了。

東山睡到五更頭，爬起來，梳洗結束。將銀子緊縛裹肚内，扎在腰間。肩上掛一張弓，衣外跨一把刀，兩膝下藏矢二十簇。揀一個高大的健騾，騰地騎上，一鞭前走。走了三四十里，來到良鄉，只見後頭有一人奔馬趕來。遇着東山的騾，便按轡少駐。東山舉目覷他，却是一個二十歲左右的美少年，且是打扮得好，但見：

黄衫氊笠，短劍長弓。箭房中新矢二十餘枝，馬額上紅纓一大簇。裹腹鬧裝燦爛，是箇白面郎君；恨人緊轡噴嘶，好匹高頭駿騎。

東山正在顧盼之際，那少年遥叫道：「我們一起走路則個。」就向東山拱手道：「造次行途，願問高姓大名。」

東山答道：「小可姓劉名嵚，別號東山，人只叫我是劉東山。」少年道：「久仰先輩大名，如雷貫耳，小人有幸相遇。今先輩欲何往？」東山道：「小可要回本籍交河縣去。」少年道：「恰好，恰好。小人家住臨淄，也是舊族子弟。幼年頗曾讀書，只因性好弓馬，把書本丢了。三年前帶了些資本往京貿易，頗得些利息。今欲歸家婚娶，正好與先輩作伴，同路行去，放膽壯些。直到河間府城，然後分路。有幸，有幸。」東山一路看他腰間沉重，語言温謹，相貌俊逸，身材小巧，諒道不是歹人。且路上有伴，不至寂寞，心上也歡喜，道：「當得相陪。」是夜，一同下了旅店，同一處飲食歇宿，如兄若弟，甚是相得。

明日并轡出涿州。少年在馬上問道：「久聞先輩最善捕賊，一生捕得多少？也曾撞着好漢否？」東山正要夸逞自家手段，這一問揉着癢處，且量他年小可欺，便侈口小伎倆破綻。道：「小可生平，兩隻手，一張弓，拿盡綠林中人，也不記其數，並無一個對手。這些鼠輩，何足道哉！而今中年心懶，故棄此道路。倘若前途撞着，便中拿箇把兒，你看手段。」少年但微微冷笑道：「元來如此！」【眉批】笑者不可測也。就馬上伸手過來，説道：「借肩上寶弓一看。」東山在騾上遞將過來，少年左手把住，右手輕輕一拽就滿，連放連拽，就如一條軟絹帶。東山大驚失色，也借少年的弓過來看。看那少年的弓，約有二十斤重，東山用盡平生之力，面紅耳赤，不要説扯滿，只求如初八夜頭的月，再不能勾。東山惶恐無地，吐舌道：「使得好硬弓也！」便向少年道：「老弟神力，何至于此！非某所敢望也。」少年道：「小人之力，何足稱神。先輩弓自太軟耳。」東山贊嘆再三，少年極意謙謹。晚上又同宿了。

至明日又同行，日西時過雄縣。少年拍一拍馬，那馬騰雲也似，前面去了。東山望去，不見了少年。他是賊窠中弄老了的，見此行止，如何不慌？私自道：「天教我這番倒了架也。倘是個不良人，這樣神力，如何敵得？勢無生理。」心上正如十五個吊桶打水，七上八落的。没奈何，迍迍行去。行得一二鋪，遥望見少年在百步外，正弓挾矢，扯個滿月，向東山道：「久聞足下手中無敵，今日請先聽箭風。」言未罷，颼的一聲，東山左右耳根，但聞肅肅如小鳥前後飛過，只不傷着東山。【眉批】趣甚。又將一箭引滿，正對東山之面，大笑道：「東山曉事人，腰間騾馬錢，快送我罷，休得動手。」東山料是敵他不過，先自慌了手脚，只得跳下鞍來，解了腰間所繫銀袋，雙手捧着，膝行至少年馬前，叩頭可憐可憐道：「銀錢謹奉好漢將去，只求饒命。」少年馬上伸手，提了銀包，大喝道：「要你性命做甚？快走，快走！你老子有事在此，不得同兒子前行了。」掇轉馬頭，向北一道烟跑。但見一路黄塵滚滚，霎時不見踪影。

東山呆了半晌，捶胸跌足起來道：「銀錢失去也罷，叫我如何做人？也是豪人本色。一生好漢名頭，到今日弄壞，真是張天師吃鬼迷了。可恨，可恨。」垂頭喪氣，有一步没一步的，空手歸交河。到了家裏，與妻子説知其事，大家懊惱一番。夫妻兩個，商量收拾些本錢，在村郊開個酒鋪，賣酒營生，再不去張弓挾矢了。又怕有人知道，壞了名頭，也不敢向人説着這事，只索罷了。名根重如此，其意亦可憐。

過了三年，一日，正值寒冬天道，有詞爲證：

霜瓦鴛鴦，風簾翡翠，今年早是寒少。矮釘明窗，側開朱户，斷莫亂教人到。重陰未解，雲共雪商量不了。青帳垂氊要密，紅幕放圍宜小。（詞寄《天香前》）

却説冬日間，東山夫妻正在店中賣酒。只見門前來了一夥騎馬的客人，共是十一個。箇箇騎的是自轄的高頭駿馬，鞍轡鮮明。身上俱緊束短衣，腰帶弓矢、刀劍。次第下了馬，走入肆中來，解了鞍輿。劉東山接着，替他趕馬歸槽，後生自去剉草煮豆，不在話下。内中只有一個未冠的人，年紀可有十五六歲，身長八尺，獨不下馬，對衆道：「弟十八自向對門住休。」衆人都答應一聲道：「咱們在此少住，便來伏侍。」只見其人自走出門去了。

十人自來吃酒，主人安排些鷄、豚、牛、羊肉來做下酒。須臾之間，狼飡虎嚥，算來吃勾有六七十觔的肉，傾盡了六七壜的酒，又教主人將酒殽送過對門樓上，與那未冠的人吃。衆人吃完了店中東西，還叫未暢，遂開皮囊，取出鹿蹄、野雉、燒兔等物，笑道：「這是我們的東道，可叫主人來同酌。」東山推遜一回，纔來坐下。把眼去逐個瞧了一瞧，瞧到北面左手那一人，氈笠兒垂下，遮着臉不甚分明。猛見他擡起頭來，東山仔細一看，嚇得魂不附體，只叫得苦。你道那人是誰？正是在雄縣劫了騾馬錢去的那一個同行少年。【眉批】塞翁禍福。東山暗想道：「這番却是死也。我些些生計，怎禁得他要起？況且前日一人尚不敢敵，今人多如此，想必個個是一般英雄，如何是了？」心中忒忒的跳，真如小鹿兒撞。面向酒杯，不敢則一聲。衆人多起身與主人勸酒。

坐定一回，只見北面左手坐的那一個少年，把頭上氈笠一掀，呼主人道：「東山別來無恙麽？往昔承挈同行周旋，至今想念。」【眉批】趣甚！東山面如土色，不覺雙膝跪下，可憐。道：「望好漢恕罪。」少年跳離席間，也跪下去扶起來，挽了他手道：「快莫要作此狀！快莫要作此狀！羞死人。昔年俺們衆兄弟，在順城門店中，聞卿自夸手段天下無敵。衆人不平，却教小弟在途間作此一番輕薄事，與卿作耍，取笑一回。然負卿之約，不到得河間。魂夢之間，還記得與卿并轡任丘道上。感卿好情，今當還卿十倍。到底也爲東山是好漢，相借耳，非真以途間之情也。」言畢，即向囊中取出千金，放在案上，向東山道：「聊當別來一敬，快請收進。」東山如醉如夢，呆了一晌，怕又是取笑，嚇怕了。一時不敢應承。那少年見他遲疑，拍手道：「大丈夫豈有欺人的事？東山也是個好漢，直如此膽氣虚怯！難道我們弟兄直到得真個取你的銀子不成？快收了去！」劉東山見他說話說得慷慨，料不是假，方纔如醉初醒，如夢方覺，不敢推辭，走進去與妻子說了，就叫他出來，同收拾了進去。

安頓已了，兩人嘀議道：「如此豪傑，如此恩德，不可輕慢。我們再須殺牲開酒，索性留他們過宿，頑耍幾日則箇。」東山出來稱謝，就把此意與少年說了。少年又與衆人說了。大家道：「既是這位弟兄故人，有何不可？只是還要去請問十八兄一聲。」便一齊走過對門，與未冠的那一個説話。東山隨了去，看這些人見了那個未冠的，甚是恭謹。那未冠的待他衆人，甚是莊重。衆人把主人要留他們過宿頑耍的説話説了，那未冠的説道：「好，好，不妨。只是酒醉飯飽，不要貪睡，負了主人殷勤之心。少有動静，俺腰間兩刀有血吃了。」衆人齊聲道：「弟兄們理會得。」東山一發莫測其意。

衆人重到肆中，開懷再飲。又携酒到對門樓上。衆人不敢陪，只是十八兄自飲。算來他一個吃的酒肉，比得店中五個人。十八兄吃闌，自探囊中，取出一個純銀笊籬來，煽起炭火，做煎餅自啖。連啖了百餘個。收拾了，大踏步出門去，不知所向。直到天色將晚，方纔回來，重到對門住下，竟不到劉東山家來。衆人自在東山家吃耍。走去對門相見，十八兄也不甚與他們言笑，大是倨傲。

東山疑心不已，背地扯了那同行少年，問他道：「你們這個十八兄是何等人？」少年不答應，反去與衆人説了，各各大笑起來。不説來歷，但高聲吟詩曰：「楊柳桃花相間出，不知若個是春風。」吟畢，又大笑。住了三日，俱各作别了，結束上馬。未冠的在前，其餘衆人在後，一擁而去。東山到底不明白。却是騾得了千來兩銀子，手頭從容，又怕生出别事來，嚇怕了。搬在城内另做營運去了。後來見人説起此事，有識得的道：「詳他兩句語意，是個『李』字。況且又稱十八兄，想必未冠的那人姓李，是個爲頭的了。看他對衆的説話，他恐防有人暗算，故在對門，兩處住了，好相照察。亦且不與十人作伴同食，有個尊卑的意思。夜間獨出，想又去做甚麽勾當來。却也没處查他的確。」

那劉東山一生英雄，遇此一番，過後再不敢説一句武藝上頭的話，棄弓折箭，只是守着本分，營生度日，後來善終。可見人生一世，再不可自恃高强。那自恃的，只是不曾逢着狠主子哩。有詩單説這劉東山道：

生平得盡弓矢力，直到下場逢大敵。

人世休夸手段高，覇王也有悲歌日。

又有詩説這少年道：

英雄從古輕一擲，盗亦有道真堪述。
笑取千金償百金，途中竟是好相識。

程元玉店肆
代償錢

孫龍女
十一流啼圖

卷之四

程元玉店肆代償錢　十一娘雲岡縱譚俠

贊曰：

紅綫下世，毒哉僊僊。隱娘出没，跨黑白衛。香丸裊裊，游刃香烟。崔妾白練，夜半忽失。俠嫗條裂，宅衆神耳。賈妻斷嬰，離恨以豁。解洵娶婦，川陸畢具。三鬟携珠，塔户嚴扃。車中飛度，尺餘一孔。

這一篇贊，都是序着從前劍俠女子的事。從來世間有這一家道術，不論男女，都有習他的。雖非真仙的派，却是專一除惡扶善；功行透了的，也就借此成仙。所以好事的類集他做《劍俠傳》；又有專把女子類成一書，做《俠女傳》。前面這贊上説的，都是女子。

那紅綫就是潞州薛嵩節度家小青衣。因爲魏博節度田承嗣養三千外宅兒男，要吞并潞州，薛嵩日夜憂悶。紅綫問知，弄出劍術手段，飛身到魏博，夜漏三時，往返七百里，取了他床頭金盒歸來。明日魏博搜捕金盒，一軍憂疑，這裏却教了使人送還他去。田承嗣一見驚慌，知是劍俠，恐怕取他首級，把邪謀都息了。後來，紅綫説出前世是個男子，因誤用醫藥殺人，故此罰爲女子，今已功成，脩仙去了。這是紅綫的出處。

那隱娘姓聶，魏博大將聶鋒之女。幼年撞着乞食老尼，攝去教成異術，後來嫁了丈夫，各跨一蹇驢，一黑一白。蹇驢是衛地所産，故又叫做「衛」。用時騎着，不用時就不見了，元來是紙做的。他先前在魏帥左右。

魏帥與許帥劉昌裔不和，要隱娘去取他首級。不想那劉節度善算，算定隱娘夫妻該入境，先叫衛將早至城北候他。約道：「但是一男一女，騎黑白二驢的便是。可就傳我命拜迎。」隱娘到許，遇見如此，服劉公神明，便棄魏歸許。魏帥知道，先遣精精兒來殺他，反被隱娘殺了；又使妙手空空兒來。隱娘化爲蠛蠓，飛入劉節度口中，教劉節度將于闐國美玉圍在頸上。那空空兒三更來到，將匕首項下一劃，被玉遮了，其聲鏗然，劃不能透。空空兒羞道不中，一去千里，再不來了。劉節度與隱娘俱得免難。這是隱娘的出處。

那香丸女子，同一侍兒住觀音里。一書生閒步，見他美貌，心動。傍有惡少年數人，就説他許多淫邪不美之行，書生賤之。及歸家，與妻言及，却與妻家有親，是箇極高潔古怪的女子，親戚都是敬畏他的。書生不平，要替他尋惡少年出氣。未行，只見女子叫侍兒來謝道：「郎君如此好心，雖然未行，主母感恩不盡。」就邀書生過去，治酒請他獨酌。飲到半中間，侍兒負一皮袋來，對書生道：「是主母相贈的。」開來一看，乃是三四個人頭，顔色未變，都是書生平日受他侮害的仇人。書生吃了一驚，怕有累及，急要逃去。侍兒道：「莫怕，莫怕。」懷中取出一包白色有光的藥來，用小指甲挑些些，彈在頭斷處。只見頭漸縮小，變成李子大。侍兒一箇箇撮在口中吃了，吐出核來，也是李子。侍兒吃罷，又對書生道：「主母也要郎君替他報仇，殺這些惡少年。」書生謝道：「我如何幹得這等事？」侍兒進一香丸道：「不勞郎君動手。但掃浄書房，焚此香于爐中，看香烟那裏去，就跟了去，必然成事。」又將先前皮袋與他道：「有人頭，盡納在此中。仍舊隨煙歸來，不要懼怕。」書生依言做去，只見香煙裊裊，行處有光，墻壁不碍。每到一處，遇一惡少年，煙繞頸三匝，頭已自落，其家不知不覺。書生便將頭入皮袋中。如此數處，煙裊裊歸來，書生已隨了來。到家尚未三鼓，恰如做夢一般。事完，香丸飛去，侍兒已來，取頭彈藥，照前吃了。對書生道：「主母傳語郎君，這是畏關。此關一過，打點其做神仙便了。」後來不知所往。這女子、書生，都不知姓名，只傳得有《香丸誌》。

那崔妾，是唐貞元年間，博陵崔慎思應進士舉，京中賃房居住，房主是個没丈夫的婦人，年止三十餘，有容色。慎思遣媒道意，要納爲妻。婦人不肯道：「我非宦家之女，門楣不對，他日必有悔，只可做妾。」遂隨了慎思，二年，生了一子。問他姓氏，只不肯説。一日，崔慎思與他同上了床，睡至半夜，忽然不見。崔生疑心有甚奸情事了，不勝忿怒。遂走出堂前，走來走去。正自徬徨，忽見婦人在屋上走下來，白練纏身，右手持匕首，左手提一個人頭，對崔生道：「我父昔年被郡守枉殺，求報數年未得。今事已成，不可久留。」遂把宅子贈了崔生，踰墻而去。崔生驚惶。少頃又來，道是再哺孩子些乳去。須臾出來，道：「從此永别。」竟自去了。崔生回房，看看兒子已被殺死。他要免心中記掛，故如此。…所以説《崔妾白練》的話。

那俠嫗的事，乃元雍妾脩容，自言：小時裏中盗起，有一老嫗來對他母親説道：「你家從來多陰德，雖有盗亂，不必驚怕，吾當藏過你等。」袖中取出黑綾二尺，裂作條子，教每人臂上繫着一條，道：「但隨我來。」脩容母子隨至一道院，老嫗指一個神像道：「汝等可躲在他耳中。」叫脩容母子閉了眼，背了他進去。小小神像，他母子住在耳中，却像一間房子，毫不窄隘。老嫗朝夜來看，飲食都是他送來。這神像耳孔只有指頭大小，但是飲食到來，耳孔便大起來。後來盗平，仍如前負了歸家。脩容要拜爲師，誓脩苦行，報他恩德。老嫗説：「仙骨尚微，不肯收他。」後來不知那裏去了。所以説《俠嫗神耳》的説話。

那賈人妻，的與崔慎思妾差不多，但彼是餘干縣尉王立，調選流落，遇着美婦，道是元係賈人妻子，夫亡十年，頗有家私，留王立爲婿，生了一子。後來，也是一日提了人頭回來，道：「有仇已報，立刻離京。」去了復來，説是：「再乳嬰兒，以豁離恨。」撫畢便去。回燈褰帳，小兒身首已在兩處。所以説《賈妻斷嬰》的話，却是崔妾也曾做過的。

那解洵是宋時武職官，靖康之亂，陷在此地，孤苦零落。親戚憐他，替他另娶一婦爲妻。那婦人妝奩豐厚，洵得以存活。偶重陽日，想起舊妻墮淚。婦人問知欲歸本朝，便替他備辦，水陸之費畢具，與他同行。一路水宿山行，防閑營護，皆得其力。到家，其兄解潛軍功累積，已爲大帥，相見甚喜，贈以四婢。解洵寵愛了，與婦人漸疏。婦人一日酒間責洵道：「汝不記昔年乞食趙魏時事乎？非我已爲餓莩。今一旦得志，便爾忘恩，非大丈夫所爲。」洵已有酒意，聽罷大怒，奮起拳頭，連連打去。婦人忍着，冷笑。洵又唾駡不止。婦人忽然站起，燈燭皆暗，冷氣襲人，四妾驚惶仆地。少頃，燈燭復明，四妾纔敢起來。看時，洵已被殺在地上，連頭都没了。婦人及房中所有，一些不見踪影。解潛聞知，差壯勇三千人，各處追捕，並無下落。這叫做《解洵娶婦》。」

那三鬟女子，因爲潘將軍失却玉念珠，無處訪尋，却是他與朋儕作戲，取來掛在慈恩寺塔院相輪上面。後潘家懸重賞，其舅王超問起，他許取還。時寺門方開，塔户尚鎖，只見他勢如飛鳥，已在相輪上，舉手示超。取了念珠下來，王超自去討賞。明日女子已不見了。

那車中女子又是怎説？因吴郡有一舉子，入京應舉。有兩少年引他到家，坐定，只見門迎一車進内，車中走出一女子。請舉子試技，那舉子只會着靴在壁上行得數步。女子叫座中少年，各呈妙技，有的在壁上行，有的手撮椽子行，輕捷却像飛鳥。舉子驚服辭去。數日後，復見前兩少年來借馬，舉子只得與他。明日，内苑失物，唯收得馱物的馬。追問馬主，捉舉子到内侍省勘問。驅入小門，吏自後一推，倒落深坑數丈。仰望屋頂七八丈，唯見一孔，纔開一尺有多。舉子苦楚間，忽見一物如鳥飛下，到身邊看時，却是前日女子。把絹重繫舉子胞膊訖，絹頭繫女子身上，女子騰身飛出宫城。去門數十里乃下，對舉子云：「君且歸，不可在此。」舉人乞食寄宿，得達吴地。這兩個女子，便都有些盗賊意思，不比前邊這幾個報仇雪耻，救難解危，方是脩仙正路。然要曉世上有此一種人，所以歷歷可紀，不是脱空的説話。

而今再說一個有俠術的女子，救着一個落難之人，說出許多劍俠的議論，從古未經人道的，真是精絕。有詩爲證：

念珠取却猶爲戲，若似車中便累人。
試聽韋娘一席話，須知正直乃爲真。

話說徽州府有一商人，姓程，名德瑜，表字元玉。稟性簡默端重，不妄言笑，忠厚老成，專一走川、陝，做客販貨，大得利息。一日，收了貨錢，待要歸家，與帶去僕人收拾停當，行囊豐滿，自不必說。自騎一匹馬，僕人騎了牲口，起身行路。來過文、階道中，與一夥做客的人，同落一個飯店買酒飯吃。正吃之間，只見一個婦人，騎了驢兒，也到店前下了，走將進來。程元玉擡頭看時，却是三十來歲的模樣，面顏也儘標緻，只是裝束氣質，帶些武氣，却是雄糾糾的。飯店中客人，個個顛頭聳腦，看他說他，胡猜亂語。只有程元玉端坐不瞧。那婦人都看在眼裏。吃罷了飯，忽然舉起兩袖，抖一抖道：「適纔忘帶了錢來。今飯多吃過了主人的，却是怎好？」那店中先前看他這些人都笑將起來，有的道：「元來是個騙飯吃的。」有的道：「敢是真個忘了。」有的道：「看他模樣，也是個江湖上人，不像個本分的，騙飯的事也有。」【眉批】皮相者多。那店家後生見說没錢，一把扯住不放。店主又發作道：「青天白日，難道有得你吃了飯，不還錢不成？」婦人只說：「不帶得來，下次補還。」店主道：「誰認得你？」

正難分解，只見程元玉便走上前來，說道：「看此娘子光景，豈是要少這數文錢的？必是真失帶了出來，如何這等逼他！」【眉批】知己。就把手腰間去摸出一串錢來，道：「該多少，都是我還了就是。」店家纔放了手。算一算帳，取了錢去。那婦人走到程元玉跟前再拜道：「公是個長者，願聞高姓大名，好加倍奉還。」程元玉道：「些些小事，何足挂齒？還也不消還得，姓名也不消問得。」【眉批】果是長者。那婦人道：「休如此說。公去前面，當有小小驚恐，妾將在此處出些力氣報公，所以必要問姓名，萬勿隱諱。若要曉得妾的姓氏，但記着韋十一娘便是。」程元玉見他説話有些尷尬，不解其故，只得把名姓説了。婦人道：「妾在城西去探一個親眷，少刻就到東來。」跨上驢兒，加上一鞭，飛也似去了。

程元玉同僕人出了店門，騎了牲口，一頭走，一頭疑心，細思適間之話，好不蹊蹺。隨又忖道：「婦人之言，何足憑准？況且他一頓飯錢尚不能預備，就有驚恐，他何如出力相報得？」以口問心，行了幾里。只見途間一人，頭帶氊笠，身背皮袋，滿身灰塵，是個慣走長路的模樣，或在前，或在後，參差不一，時常撞見。程元玉在馬上問他道：「前面到何處可以宿歇？」那人道：「此去六十里，有楊松鎮，是個安歇客商的所在。近處却無宿頭。」程元玉也曉得有個楊松鎮，就問道：「今日晏了些，還可到得那裏麽？」那人擡頭把日影看了一看，道：「我到得，你到不得。」程元玉道：「又來好笑了。我每是騎馬的，反到不得；你是步行的，反説到得，是怎的説？」那人笑道：「此間有一條小路，斜抄去二十里，直到河水灣，再二十里，就是鎮上。若你等在官路上走，迂迂曲曲，差了二十多里，故此到不及。」程元玉道：「果有小路快便，相煩指示同行。到了鎮上，買酒相謝。」那人欣然前行，道：「這等都跟我來。」

那程元玉只貪路近，又見這厮是個長路人，信着不疑，把適間婦人所言驚恐都忘了。【眉批】小貪極悮大事。與僕人策馬，跟了那人，前進那一條路來。初時平坦好走，走得一里多路，地上漸漸多是山根頑石，驢馬走甚不便。再行過去，有陡峻高山，遮在面前。繞山走去，多是深密林子，仰不見天。程元玉主僕俱慌，埋怨那人道：「如何走此等路？」那人笑道：「前邊就平了。」程元玉不得已，又隨他走。再度過一個崗子，一發比前崎嶇了。程元玉心知中計，叫聲：「不好，不好。」急掣轉馬頭回路。忽然那人唿哨一聲，山前湧出一干人來：

猙獰相貌，劣撅身軀。無非月黑殺人，不過風高放火。盜亦有道，大曾偷習儒者虛聲；師出無名，也會剽竊將家實用。人間偶爾呼爲盜，世上於今半是君。

程元玉見不是頭，自道必不可脱，慌慌忙忙下了馬，躬身作揖道：「所有財物，但憑太保取去。只是鞍馬衣裝，須留下做歸途盤費則箇。」那一夥强盗聽了説話，果然只取包裹來，搜了銀兩去了。程元玉急回身尋時，那馬散了繮，也不知那裏去了。僕人躲避，一發不知去向。悽悽惶惶，剩得一身。揀個高崗立着，四圍一望，不要説不見强盗出没去處，并那僕馬消息，杳然無踪。四無人烟，且是天色看看黑將下來，没個道理。急景。嘆一聲道：「我命休矣！」

正急得没出豁，只聽得林間樹葉窣窣價聲響。程元玉回頭看時，却是一個人，攀籐附葛而來，甚是輕便。走到面前，是個女子。程元玉見了個人，心下已放下了好些驚恐。正要開口問他，那女子忽然走到程元玉面前來，稽首道：「兒乃韋十一娘弟子青霞是也。吾師知公有驚恐，特教我在此等候。吾師只在前面，公可往會。」程元玉聽得説是韋十一娘，又是驚恐之説相合，心下就有些望他救答意思，略放膽大些了。隨着青霞前往。行不到半里，那飯店裏遇着的婦人來了，迎着道：「公如此大驚，不早來相接，甚是有罪。公貨物已取還，僕馬也在，不必憂疑。」程元玉是驚壞了的，一時答應不出。十一娘道：「公今夜不可前去。小菴不遠，且到菴中一飯，就在此寄宿罷了。前途也去不得。」程元玉不敢違，隨了去。

過了兩個崗子，前見一山陡絶，四週並無聯屬，高峰插于雲外。【眉批】非有術也住此地面不得。韋十一娘以手指道：「此是雲岡，小菴在其上。」引了程元玉攀蘿附木，一路走上。到了陡絶處，韋與青霞共來扶掖，數步一歇。程元玉氣喘，當不得他兩個就如平地一般。程元玉擡頭看高處，恰似在雲霧裏。及到得高處，雲霧又在下面了。約莫有十數里，方得石磴。磴有百來級，級盡方是平地。有茅堂一所，甚是清雅。請程元玉坐了。十一娘又另唤一女童出來，叫做縹雲，整備茶菓，山簌松醪，請元玉吃。又叫整飯，意甚慇勤。

程元玉方纔性定，欠身道：「程某自不小心，落了小人圈套，若非夫人相救，那討性命？只是夫人有何法術制得他，討得程某貨物轉來？」十一娘道：「吾是劍俠，非凡人也。適間在飯店中，見公脩雅，不像他人輕薄，故此相敬。及看公面上氣色有滯，當有憂虞，故意假説乏錢還店，以試公心。見公頗有義氣，所以留心在此相候，以報公德。適間鼠輩無禮，已曾曉諭他過了。」

程元玉見説，不覺歡喜敬羡。他從小頗看史鑑，曉得有此一種法術。便問道：「聞得劍術起自唐時，到宋時絶了。故自元朝到國朝，竟不聞有此事。夫人在何處學來的？」十一娘道：「此術非起于唐，亦不絶于宋，自黄帝受兵符于九天玄女，便有此術，其臣風后習之，所以破得蚩尤。帝以此術神奇，恐人妄用。且上帝立戒甚嚴，不敢宣揚。但揀一二誠篤之人，口傳心授，故此術不曾絶傳，也不曾廣傳。後來張良募來擊秦皇，梁王遣來刺袁盎，公孫述使來殺來岑，李師道用來殺武元衡，皆此術也。此術既不易輕得，唐之藩鎮羡慕仿效，極力延致奇踪異迹之人，一時罔利之輩，不顧好歹，皆來爲其所用，所以獨稱唐時有此。不知彼輩諸人，實犯上帝大戒，後來皆得慘禍。所以彼時先師，復申前戒，大略不得妄傳人、妄殺人，不得替惡人出力害善人，不得殺人而居其名。此數戒最大，故趙元昊所遣刺客，不敢殺韓魏公苗傳，劉正彦所遣刺客，不敢殺張德遠，也是怕犯前戒耳。」程元玉道：「史稱黄帝與蚩尤戰，不説有術；張良所募力士，亦不説術；梁王、公遜述，李師道所遣，皆説是盗，如何是術？」十一娘道：「公言差矣！此正吾道所謂不居其名也。蚩尤生有異像，且挾奇術，豈是戰陣可以勝得？秦始皇萬乘之主，僕從儀衛，何等威焰！且秦法甚嚴，誰敢擊他？也没有擊了他可以脱身的。【眉批】俱是絶妙議論。至如袁盎官居近侍，來岑身爲大帥，武相位在台衡，或取之萬衆之中，直戕之輦轂之下，非有神術，怎做得成？且武元衡之死，并其顱骨也取了去，那時慌忙中，誰人能有此閒工夫？史傳元自明白，公不曾詳玩其旨耳。」

右神高，所以不從盧杞也。

程元玉道：「史書上果是如此。假如太史公所傳刺客，想正是此術。至荆軻刺秦王，説他劍術疏，前邊這幾個刺客，多是有術的了？」十一娘道：「史遷非也。秦誠無道，亦是天命真主，縱有劍術，豈可輕施？至于專諸、聶政諸人，不過義氣所使，是個有血性好漢，原非有術。若這等都叫做劍術，世間拚死殺人自身不保的，盡是術了。」程元玉道：「崑侖摩勒如何？」十一娘道：「這是粗淺的了。聶隱娘、紅綫方是至妙的。摩勒用形，但能涉歷險阻，試他矯健手段。隱娘輩用神，其機玄妙，鬼神莫窺，針孔可度，皮郛可藏，倏忽千里，往來無迹，豈得無術？」程元玉道：「吾看《虬髯客傳》，説他把仇人之首來吃了，劍術也可以報得私仇的？」十一娘道：「不然。虬髯之事，寓言，非真也。就是報仇，也論曲直。若曲在我，也是不敢用術報得的。」【眉批】纔見此道可以修仙，正以平心故。程元玉道：「假如術家所謂仇，必是何等爲最？」十一娘道：「仇有幾等，皆非私仇。世間有做守令官，虐使小民，貪其賄又害其命的；世間有做上司官，張大威權，專好諂奉，反害正直的；世間有做將帥，只剥軍餉，不勤武事，敗壞封疆的；世間有做宰相，樹置心腹，專害異己，使賢奸倒置的；世間有做試官，私通關節，賄賂狗私，黑白混淆，使不才僥幸，才士屈抑的；此皆吾術所必誅者也。【眉批】恐世間内不誅之人也少。至若舞文的滑吏，武斷的土豪，自有刑宰主之；忤逆之子，負心之徒，自有雷部司之，不關我事。」程元玉曰：「以前所言幾等人，曾不聞有顯受刺客劍仙殺戮的？」十一娘笑道：「豈可使人曉得的。凡此之輩，殺之之道非一。重者或徑取其首領，及其妻子，不必説了；次者或入其咽，斷其喉，或傷其心腹，其家但知爲暴死，不知其故；又或用術攝其魂，使他顛蹶狂謬，失志而死；或用術迷其家，使他醜穢迭出，憤鬱而死。其有時未到的，但假托神異夢寐，使他驚懼而已。」

程元玉道：「劍可得試令吾一看否？」十一娘道：「大者不可妄用，且怕驚壞了你；小者不妨試試。」乃呼青霞、縹雲二女童至，分付道：「程公欲觀劍，可試爲之，就此懸崖旋製便了。」二女童應諾。十一娘袖中摸出兩個丸子，向空一擲，其高數丈，纔墜下來，二女童即躍登樹枝稍上，以手接着，毫髮不差。各接一丸來一拂，便是雪亮的利刃。程元玉看那樹枝，樛曲倒懸，下臨絶壑，窅不可測。試一俯瞷，神魂飛蕩，毛髮森竪，滿身生起寒粟子來。十一娘言笑自如。二女童運劍，爲彼此擊刺之狀。初時猶自可辨，到得後來，只如兩條白練，半空飛繞，並不看見有人。有頓飯時候，然後下來，氣不喘，色不變。程元玉嘆道：「真神人也。」

時已夜深，乃就竹榻上施衾褥，命程在此宿卧，仍加以鹿裘覆之。十一娘與二女童作禮而退，自到石室中去宿了。時方八月天氣，程元玉擁裘覆衾，還覺寒凉，蓋緣居處高了。

天未明，十一娘已起身，梳洗畢。程元玉也梳洗了，出來與他相見了，謝他不盡。十一娘道：「山居簡慢，恕罪則箇。」又供了早膳。復叫青霞摻弓矢，下山尋野味作晝饌。青霞去了一會，無一件將來，回説：「天氣早，没有。」再叫縹雲去。坐譚未久，縹雲提了一雉一兔上山來。十一娘大喜，叫青霞快整治供客。程元玉疑問道：「雉兔山中豈少？何乃難得如此？」十一娘道：「山中元不少，只是潛藏難求。」程元玉笑道：「夫人神術，何求不得，乃難此雉兔？」十一娘道：「公言差矣！吾術豈可用來傷物命，以克口腹乎？不唯神理不容，也如此小用不得。雉兔之類，原要挾弓矢，盡人力，取之方可。」程元玉深加嘆服。

須臾，酒至數行，程元玉請道：「夫人家世，願得一聞。」十一娘踟躇沉吟道：「事多可愧。然公是忠厚人，言之亦不妨。妾本長安人，父母貧，携妾取寓平凉，手藝營生。父亡，獨與母居。又二年，將妾嫁同里鄭氏子，母又轉嫁了人去。鄭子佻達無度，喜俠游，妾屢屢諫他，遂至反目。因棄了妾，同他一夥無藉人到邊上立功去，竟無音耗回來了。伯子不良，把言語調戲我，我正色拒之。一日，潛走到我床上來，我提床頭劍刺之着了傷走了。我因思：我是一個婦人，既與夫不相得，棄在此間，又與伯同居不便，况且今傷了他，住在此不得了。曾有個趙道姑，自幼愛我。他有神術，道我可傳得。因是父母在，不敢自由。而今只索投他去。次日，往見道姑。道姑欣然接納。又道：『此地不可居。吾山中有菴，可往住之。』就挈我登一峰巔，較此處還險峻。有一團瓢在上，就住其中，教我法術。至暮，徑下山去，只留我獨宿，戒我道：『切勿飲酒及淫色。』我想道：『深山之中，那得有此兩事？』口雖答應，心中不然。遂宿在團瓢中床上。至更餘，有一男子踰墻而入，貌絶美。我遽驚起，問他不答，叱他不退。其人直前將擁抱我，我不肯從，其人求益堅。我抽劍欲擊他，他也出劍相刺。他劍甚精利，我方初學，自知不及，只得丢了劍，哀求他道：『妾命薄，久已灰心，何忍亂我？且師有明戒，誓不敢犯。』其人不聽，以劍加我頸逼要從他。我引頸受之，曰：『要死便死，吾志不可奪。』其人收劍笑道：『可知子心不變矣。』仔細一看，不是男子，元來就是趙道姑，作此試我的。因此道我心堅，盡把術來傳了。我術已成，彼自遠游，我便居此山中了。」程元玉聽罷，愈加欽重。

日已將午，辭了十一娘要行。因問起昨日行裝僕馬，十一娘道：「前途自有人送還，放心前去。」出藥一囊送他，道：「每歲服一丸，可保一年無病。」送程下山，直至大路方別。纔别去，行不數步，昨日群盗，將行李僕馬已在路傍，等候奉還。程元玉將銀錢分一半與他，死不敢受，減至一金做酒錢，也必不肯。【眉批】元玉到底是個好人。問是何故，群盗道：「韋家娘子有命，雖千里之外，不敢有違。違了他的，他就知道。我等性命要緊，不敢換貨用。」【眉批】疑此輩即其帳下人耳。程元玉再三嘆息，仍舊裝束好了，主僕取路前進。

此後，不聞十一娘音耗，已是十餘年。一日，程元玉復到四川，正在棧道中行，有一少年婦人，從了一個秀士行走，只管把眼來瞧他。程元玉仔細看來，也像個素相識的，却是再想不起，不知在那裏會過。只見那婦人忽然叫道：「程丈别來無恙乎？還記得青霞否？」程元玉方悟是韋十一娘的女童，乃與青霞及秀士相見。青霞對秀士道：「此間便是吾師所重程丈，我也多曾與你説過的。」秀士再與程叙過禮。程問青霞道：「尊師今在何處？此位又是何人？」青霞道：「吾師如舊。吾丈别後數年，妾奉師命，嫁此士人。」程問道：

「還有一位縹雲何在？」青霞道：「縹雲也嫁人了，吾師又另有兩個弟子了。我與縹雲，但逢着時節，纔去問省一番。」程又問道：「娘子今將何往？」青霞道：「有些公事，在此要做，不得停留。」説罷作别。看他意態，甚是匆匆，一竟去了。

過得數日，忽傳蜀中某官暴卒。某官性詭激好名，專一暗地坑人奪人。那年進場做房考，又暗通關節，賣了舉人，屈了真才，有像十一娘所説必誅之數。程元玉心疑道：「分明是青霞所説做的公事了。」却不敢説破。此後再也無從相聞。

此是吾朝成化年間事，秣陵胡太史汝嘉，有《韋十一娘傳》。詩云：

俠客從來久，韋娘論獨奇。
雙丸雖有術，一劍本無私。
賢佞能精别，恩讐不浪施。
何當時假腕，剗盡負心兒。

感神
现虎

卷之五

感神媒張德容遇虎　湊吉日裴越客乘龍

詩曰：

每説婚姻是宿緣，定經月老把繩牽。
非徒配偶難差錯，時日猶然不後先。

話説婚姻事皆係前定。從來説月下老赤繩繫足，雖千里之外，到底相合。若不是因緣，眼面前也强求不得的。就是是因緣了，時辰未到，要早一日也不能勾；時辰已到，要遲一日也不能勾。多是氤氲大使暗中主張，非人力可以安排也。

唐朝時有一個弘農縣尹，姓李，生一女，年已及笄，許配盧生。那盧生生得偉貌長髯，風流倜儻。李氏一家，盡道是個快婿。一日，選定日子，贅他入宅。

當時有一個女巫，專能説未來事體，頗有靈驗，與他家往來得熟。其日因爲他家成婚行禮，也來看看耍子。李夫人平日極是信他的，就問他道：「你看我家女婿盧郎，官禄厚薄如何？」女巫道：「盧郎不是那個長鬚後生麽？」李母道：「正是。」女巫道：「若是這個人，不該是夫人的女婿。夫人的女婿，不是這個模樣。」李夫人道：「吾女婿怎麽樣的？」女巫道：「是一個中形白面，一些髭髯也没有的。」李夫人失驚道：「依你這等説起來，我小姐今夜還嫁人不成哩！」女巫道：「怎麽嫁不成？今夜一定嫁人。」李夫人道：「好胡説！既是今夜嫁得成，豈有不是盧郎的事？」女巫道：「連我也那曉得緣故。」道言未了，只聽得外邊鼓樂喧天，盧生來行納采禮，正在堂前拜跪。李夫人拽着女巫的手，向後堂門縫裏指着盧生道：「你看這個行禮的，眼見得今夜成親了，怎麽不是我女婿？好笑！好笑！」那些使數養娘們，見夫人説罷，大家笑道：「這老媽媽慣扯大謊，這番不准了。」女巫只不做聲。

須臾之間，諸親百眷，都來看成婚盛禮。元來唐時衣冠人家婚禮極重合巹之夜，凡屬兩姓親朋，無有不來的。就中有引禮、贊禮之人，叫做儐相，都不是以下人做，就是至親好友中間，有禮度熟閑，儀容出衆，聲音響亮的，衆人就推舉他做了，是個尊重的事。其時盧生同了兩個儐相，堂上贊拜。禮畢，新人入房。

盧生將李小姐燈下揭巾一看，吃了一驚，打一個寒噤，叫聲：「阿呀！」往外就走。親友問他，並不開口，直走出門，跨上了馬，連加兩鞭，飛也似去了。【眉批】來得可駭可愕。賓友之中，有幾個與他相好的，要問緣故；又有與李氏至戚的，怕有别話，錯了時辰；要成全他的，多來追趕。有的趕不上，罷了；有趕着的，問他，勸他，只是摇手道：「成不得！成不得！」也不肯説出緣故來，抵死不肯回馬。衆人計無所出，只得走轉來，把盧生光景説了一遍。

那李縣令氣得目睁口呆，大喊道：「成何事體！成何事體！」自思女兒一貌如花，有何作怪？今且在衆親友面前説明，好教他們看個明白。因請衆親戚都到房門前，叫女兒出來拜見。就指着道：「這個便是許盧郎的小女，豈有驚人醜貌？今盧郎一見就走，若不教他見見，衆位到底認做個怪物了。」衆人擡頭一看，果然丰姿冶麗，絶世無雙。這些親友，也有説是盧郎無福的，也有説盧郎無緣的，也有道日子差池犯了凶煞的，議論一個不定。李縣令氣忿忿地道：「料那厮不能成就，我也不伏氣與他了。我女兒已奉見賓客，今夕嘉禮，不可虚廢。賓客裏面有願聘的，便赴今夕佳期，有衆親在此作證明，都可做大媒。」只見儐相之中，有一人走近前來，不慌不忙道：「小子不才，願事門館。」【眉批】太便宜了。衆人定睛看時，那人姓鄭，也是拜過官職的了，面如傅粉，唇若塗硃，下頦上真個一根髭鬚也不曾生，且是標緻。衆人齊喝一聲采道：「如此小姐，正該配此才郎。況且年貌相等，門閥相當。」就中推兩位年高的爲媒，另擇一個年少的代爲儐相。請出女兒，交拜成禮，且應佳期。一應未備禮儀，婚後再補。是夜竟與鄭生成了親。鄭生容貌，果與女巫之言相合。方信女巫神見。

成婚之後，鄭生遇着盧生，他兩個原相交厚的，問其日前何故如此。盧生道：「小弟揭巾一看，只見新人兩眼通紅，大如朱盞；牙長數寸，爆出口外兩邊，那裏是個人形？與殿壁所畫夜叉無二，膽俱嚇破了，怎不驚走？」鄭生笑道：「今已歸小弟了。」盧生道：「虧兄如何熬得！」鄭生道：「且請到弟家，請出來與兄相見則個。」盧生隨鄭生到家，李小姐梳妝出拜，天然綽約，絕非房中前日所見模樣，懊悔無及。後來聞得女巫先曾有言，如此如此，曉得是有個定數，嘆住罷了。正合着古語兩句道：

有緣千里能相會，無緣對面不相逢。

而今再説一個唐時故事。乃是乾元年間，有一個吏部尚書姓張，名鎬。有第二位小姐，名喚德容。那尚書在京中任上時，與一個僕射姓裴名冕的，兩個往來得最好。裴僕射有第三個兒子，曾做過藍田縣尉的，叫做裴越客。兩家門當户對，張尚書就把這個德容小姐許下了他親事，已揀定日子成親了。

却説長安西市中，有個算命的老人，是李淳風的族人，叫做李知微，星數精妙。凡看命起卦，説人吉凶禍福，必定斷下個日子，時刻不差。一日，有個姓劉的，是個應襲賃子，到京理蔭求官，數年不得。這一年已自鑽求要緊關節，叮囑停當，吏部試判已畢，道是必成。聞西市李老之名，特來請問。李老卜了一卦，笑道：

「今年求之不得，來年不求自得。」劉生不信。只見吏部出榜，爲判上落了字眼，果然無名。到明年又在吏部考試，他不曾央得人情，抑且自度書判中下，未必合式。又來西市問李老，李老道：「我舊歲就説過的，君官必成，不必憂疑。」劉生道：「若得官，當在何處？」李老道：「禄在大梁地方。得了後，你可再來見我，我有話説。」吏部榜出，果然選授開封縣尉。

劉生驚喜，信之如神。又去見李老，李老道：「君去爲官，不必清儉，只消恣意求取，自不妨得。臨到任滿，可討個差使，再入京城，還與君推算。」【眉批】貪人正中下懷。劉生記着言語，別去到任。那邊州中刺史，見他舊家人物，好生委任他。劉生想着李老之言，廣取財賄，毫無避忌。上下官吏都喜歡他，再無説話。到得任滿，貯積千萬，遂見刺史，討個差使。刺史依允，就教他部着本州租税解京。

到了京中，又見李老，李老道：「公三日内即要遷官。」劉生道：「此番進京，實要看個機會，設法遷轉，却是三日内如何能勾？況未是那陞遷日期，這個未必准了。」李老道：「決然不差，遷官也就在彼郡。得了後可再來相會，還有説話。」劉生去了，明日將州中租賦到左藏庫交納。正到庫前，只見東南上偌大一隻五色鳥，飛來庫藏屋頂住着，文彩輝煌，百鳥喧噪，彌天而來。劉生大叫：「奇怪！奇怪！」一時驚動了内官宫監大小人等，都來看嚷。有識得的道：「此是鳳凰也。」那大鳥住了一會，聽見喧鬧之聲，即時展翅飛起，百鳥漸漸散去。此話聞至天子面前，龍顏大喜，傳出敕命來道：「那個先見的，於原身官職，加陞一級改用。」内官查得真實，却是劉生先見。遂發下吏部，遷授浚儀縣丞。果是三日，又就在此州。

劉生愈加敬信李老，再來問此去爲官之方。【眉批】又妙。李老云：「只須一如前政。」劉生依言，仍舊恣意貪取，又得了千萬。任滿赴京聽調，又見李老。李老曰：「今番當得一邑正官，分毫不可妄取了。慎之，慎之。」劉生果授壽春縣宰，他是兩任得慣了的手脚，那裏忍耐得住？到任不久，舊性復發，把李老之言丢過一邊。偏生前日多取之言好聽，當得個謹依來命；今日不取之言迂闊，只推道未可全信。【眉批】人情大抵然也。不多時，上官論劾追贓，削職了。又來問李老道：「前兩任只叫多取，今却叫不可妄取，都有應驗，是何緣故？」李老道：「今當與公説明。公前世是個大商，有二千萬貲財，死在汴州，其財散在人處，公去做官，原是收了自家舊物，不爲妄取，所以一些無事。【眉批】乃知今時□官多是前世有得散在人處的。那壽春一縣之人，不曾欠公的，豈可過求？如今强要起來，就做壞了。」劉生大伏，慚悔而去。凡李老之驗，如此非一，説不得這許多。

而今且説正話。那裴僕射家揀定了做親日期，叫媒人到張尚書家來通信道日。張尚書聞得李老許多神奇靈應，便叫人接他過來，把女兒八字與婚期，教他合一合看，怕有甚麽沖犯不宜。李老接過八字，看了一看道：「此命喜事不在今年，亦不在此方。」尚書道：「只怕日子不利，或者另改一個也罷，那有不在今年之理？況且男女兩家，都在京中；不在此方，更在何處？」李老道：「據看命數已定，今年決然不得成親。吉日自在明年三月初三日。先有大驚之後，方得會合。却應在南方。冥數已定，日子也不必選，早一日不成，遲一日不得。」尚書似信不信的道：「那有此話？」叫管事人封個賞封謝了去。

剛出得門，裴家就來接了去，也爲婚事將近，要看看休咎。李老到了裴家，占了一卦道：「怪哉，怪哉。此卦恰與張尚書家的命數正相符合。」遂取文房四寶出來，寫了一柬道：

三月三日，不遲不疾。

水淺舟膠，虎來人得。

驚則大驚，吉則大吉。

裴越客看了，不解其意，便道：「某正爲今年尚書府親事，只在早晚，問個吉凶。這『三月三日』之説何也？」李老道：「此正是婚期。」裴越客道：「日子已定，眼見得不到那時了。不准，不准。」李老道：「郎君不也得性急。老漢所言，萬無一誤。」裴越客道：「『水淺舟膠，虎來人得』，大略是不祥的説話了？」李老道：「也未必不祥，應後自見。」作别過了。

正待要歡天喜地，指日成親，只見補闕、拾遺等官，爲選舉不公，交章論劾吏部尚書。奉聖旨：謫貶張鎬爲辰州司户，即日就道。張尚書嘆道：「李知微之言騐矣。」便教媒人回覆裴家，約定明年三月初三，到辰州成親。自帶了家眷，星夜到貶處去了。元來唐時大官謫貶，甚是消條，親眷避忌，不十分肯與往來的，怕有朝廷不測，時時憂恐。張尚書也不把裴家親事在念了。

裴越客得了張家之信，吃了一驚，暗暗道：「李知微好准卦！畢竟要依他的日子了。」真是到手佳期，却成虚度。悶悶不樂，過了年節。一開新年，便打點束裝，前赴辰州成婚。那越客是豪奢公子，規模不小。坐了一號大座船，滿載行李輜重，家人二十多房，養娘七八個，安童七八個，擇日開船。越客恨不得肋生雙翅，脚下騰雲，一眨眼便到辰州。行了多日，已是二月盡邊，皆因船隻狼犺，行李沉重，一日行不上百來里路，還有擱着淺處，弄了幾日纔弄得動的，還差辰州三百里遠近。越客心焦，恐怕張家不知他在路上，不打點得，錯過所約日子。一面舟行，一面打發一個家人，在岸路驛中，討了一匹快馬，先到辰州報信。家人星夜不停，報入辰州來。

那張尚書身在遠方，時懷憂悶，况且不知道裴家心下如何，未知肯不嫌路遠，來赴前約否？正在思忖不定，得了此報，曉得裴郎已在路上將到，不勝之喜。走進衙中，對家眷説了，俱各歡喜不盡。【眉批】遠客情况自然如此。此時已是三月初二日了。尚書道：「明日便是吉期，如何來得及？但只是等裴郎到了，再定日未遲。」

是夜，因爲德容小姐佳期將近，先替他簪了髻，設宴在後花園中，會集衙中親丁女眷，與德容小姐添妝把盞。那花園離衙齋將有半里。辰州是個山深去處，雖然衙齋左右，多是些蔢林密箐，與山林之中無異，可也幽静好看。那德容小姐,同了衙中姑姨姊妹,儘意游玩。酒席既闌,日色已暮,都起身歸衙。衆女眷或在前,或在後,大家一頭笑語,一頭行走。正在喧哄之際,一陣風過,竹林中騰地跳出一個猛虎來,擒了德容小姐便走。衆女眷吃了一驚,各各逃竄,那虎已自跳入蓊薈之處,不知去向了。【眉批】要驚要哭。衆人性定,奔告尚書得知,合家啼哭得不耐煩。那時,夜已昏黑,雖然聚得些人起來,四目相視,束手無策,無非打了火把,四下裏照得一照,知他在何路上可以救得?乾鬧嚷了一夜,一毫無幹。【眉批】原無策可施。到得天曉,張尚書噙着淚眼,點起人夫,去尋骸骨。漫山遍野,無處不到,並無一些下落。張尚書又惱又苦,不在話下。

且說裴越客已到㕒州界内石阡江中。那江中都是些山根石底,重船到處觸碍,一發行不得。已是三月初二日了,還差幾十里路。越客道:「似此行去,如何趕得明日到?」心焦背熱,與船上人發極嚷亂。【眉批】所謂老婆心急也。船上人道:「這是用不得性的。我們也巴不得到了討喜酒吃,誰耐煩在此延挨。」裴越客道:「却是明日是吉期,這等擔閣怎了?」船上人道:「只是船重得緊,所以只管擱淺。若要行得快,除非上了些岸,等船輕了好行。」越客道:「有理,有理。」他自家着了急的,叫住了船,一跳便跳上了岸,招呼衆家人起來。那些家人見主人已自在岸上了,誰敢不上?一走就走了二十多人起來,那船早自輕了。越客在前,衆家人在後,一路走去。那船好轉動,不比先前,自在江中相傍着行。

行得四五里,天色將晚。看見岸傍有板屋一間,屋内有竹床一張。越客就走進屋内,叫安童把竹床上掃拂一掃拂,坐了歇一歇氣再走。正在歇息,只聽得樹林中颼颼的風響。于時一綫月痕,和着星光,雖不甚明白,也微微看得見,約莫風響處,有一物行走甚快。將到近邊,仔細看去,却是一個猛虎,背負一物而來。衆人驚惶,連忙都躲在板屋裏來。其虎看看至近,衆人一齊敲着板屋吶喊,也有把馬鞭子打在板上,振得一片價響。那虎到板屋側邊,放下了背上的東西,抖抖身子,聽得衆人叫喊，像似也有些懼怕，大吼一聲，飛奔入山去了。【眉批】這虎也枉辛苦了一番。

衆人在屋縫裏張着，看那放下的東西，恰像個人一般，又恰像在那裏有些動。等了一會，料虎去遠了，一齊捏把汗出來看時，却是一個人，口中還微微氣喘。來對越客説了。越客分付衆人救他。慌忙叫放船攏岸，衆人扛扶其人，上了船，叫：「快快解了纜開去，恐防那虎還要尋來。」船開了半晌，越客叫點起火來看。艙中養娘們，各拿燭燭點起，船中明亮，看那人時，却是：

眉灣楊柳，臉綻芙蓉。喘吁吁吐氣不齊，戰兢兢驚神未定。頭垂髮亂，是個醉扶上馬的楊妃；目閉唇張，好似死乍還魂的杜麗。面龐勾可十七八，美艷從來無二三。

越客將這女子上下看罷，大驚，説道：「看他容顏衣服，決不是等閒村落人家的。」叫衆養娘好生看視。衆養娘將軟褥鋪襯，抱他睡在床上。解看衣服，盡被樹林荊刺抓破，且喜身體毫無傷痕。一個養娘替他將亂髮理清梳通了，挽起一髻，將一個手帕，替他紥了。拿些姜湯灌他，他微微開口嚥下去了，又調些粥湯來灌他。弄了三四更天氣，看看甦醒，神安氣集。忽然擡起頭來，開目一看，看見面前的人一個也不認得，哭了一聲，依舊眠倒了。這邊養娘們問他來歷緣故；及遇虎根由，那女子只不則聲，憑他説來説去，竟不肯答應一句。

漸漸天色明了，岸上有人走動，這邊船上也着水夫上縴。此時，離州城只有三十里了。聽得前面來的人紛紛講説，道：「張尚書第二位小姐，昨夜在後花園中游賞，被虎撲了去，至今没尋屍骸處。」有的道：「難道連衣服都吃盡了不成？」水夫聞得此言，想着夜來的事，有些奇怪。商量道：「船中那話兒莫不正是？」就着一個下船來，把路上人來的説話，禀知越客。越客一發驚異道：「依此説話，被虎害的正是我定下的娘子了。這船中救得的，可是不是？」連忙叫一個知事的養娘來，分付他道：「你去對方纔救醒的小娘子説，問可是張家德容小姐不是？」養娘依言去問，只見那女子聽得叫出小名來，便大哭將起來道：「你們是何人？曉得我的名字？」養娘道：「我們正是裴官人家的船，正爲來赴小姐佳期，船行的遲，怕趕日子不迭，所以官人只得上岸行走，誰知却救了小姐上船，也是天緣分定。」【眉批】一點至誠可鑒。那小姐方纔放下了心，便說：「花園遇虎，一路上如騰雲駕霧，不知行了多少路，自拚必死。被虎放下地時，已自魂不附體了。後來，不知如何却在船上。」養娘把救他的始末，説了一遍。來覆越客道：「正是這個小姐。」越客大喜，寫了一書，差一個人飛報到州裏尚書家來。尚書正爲女兒骸骨無尋，又且女婿將到，傷痛無奈，忽見裴家蒼頭有書到，愈加感切，拆開來看，上寫道：

趨赴嘉禮，江行舟澁。從陸倍道，忽遇虎負愛女至。驚逐之頃，虎去而人不傷。今完善在舟，希示進止。子婿裴越客百拜。【眉批】寫得簡約。

尚書看罷，又驚又喜。走進衙中説了，滿門嘆異。尚書夫人便道：「從來罕聞奇事，想是爲吉日趕不及了，神明所使。今小姐既在裴郎船上了，還可趕得今朝成親。」尚書道：「有理，有理。」就叫鞴一匹快馬，帶了儀從，不上一個時辰，趕到船上來。翁婿相見甚喜。見了女兒，又悲又喜，安慰了一番。

尚書對裴越客道：「好教賢婿得知：今日之事，舊年間李知微已斷定了，説成親必竟要今日。昨晚老夫見賢婿不能勾就到，道是決趕不上今日這吉期，誰想有此神奇之事，把小女竟送到尊舟！如今若等尊舟到州城，水路難行，定不能勾。莫若就在尊舟結了花燭，成了親事，明日慢慢回衙，這吉期便不挫過了。」【眉批】極善體貼。裴越客見説，便想道：「若非岳丈之言，小婿幾乎忘了。舊年李知微題下六句，首二句道：『三月三日，不遲不疾。』若是小婿在舟行時，只疑遲了，而今虎送將來，正應着今日。中二句道：『水淺舟膠，虎來人得。』小婿起初道不祥之言，誰知又應着這奇事！後來二句：『驚則大驚，吉則大吉。』果然這一驚不小，誰知反因此凑着吉期？李知微真半仙了。」張尚書就在船邊分派人，喚起儐相，辦下酒席，先在舟中花燭成親，合巹飲宴。禮畢，張尚書仍舊轎馬先回，等他明日舟到，接取女兒女婿。是夜，裴越客遂同德容小姐就在舟中共入鴛幃，歡聚。少年夫婦，極盡于飛之樂。明日舟到，一同上岸，拜見丈母諸親。尚書夫人及姑姨姊妹、合衙人等，看見了德容小姐，恰似夢中相逢一般。歡喜極了，反有墮下淚來的。人人説道：「只爲好日來不及，感得神明之力，遣個猛虎做媒，把百里之程，傾倒送到。從來無此奇事！」這話傳出去，個個奇駭道是新聞。民間各處立起個虎媒之祠。但是有婚姻求合的，虔誠祈禱，無有不應。【眉批】這又奇。至今黔、峽之間，香火不絶。於時有六句口號：

仙翁知微，判成定數。
虎是神差，佳期不挫。
如此媒人，東道難做。

卷之六

酒下酒趙尼媪迷花　機中機賈秀才報怨

詩曰：

色中餓鬼是僧家，尼扮縣來不較差。
况是能通閨閣内，但教着手便勾叉。

話説三姑六婆，最是人家不可與他往來出入。蓋是此輩功夫又閒，心計又巧，亦且走過千家萬户，見識又多，路數又熟，【眉批】格言。不要説有些不正氣的婦女，十個着了九個兒；就是一些針縫也没有的，他會千方百計，弄出機關，智賽良、平，辯同何、賈，無事誘出有事來。所以宦户人家，有正經的，往往大張告示，不許出入其間。一種最狠的，又是尼姑，他借着佛天爲由，菴院爲囮，可以引得内眷來燒香，可以引得子弟來游耍。見男人問訊稱呼，禮數毫不異僧家，接對無妨；到内室念佛看經，體格終須是婦女，交搭更便。【眉批】透極。從來馬泊六、撮合山，十樁事到有九樁是尼姑做成，尼菴私會的。

只説唐時有個婦人狄氏，家世顯宦，其夫也是個大官，稱爲夫人。夫人生得明艷絶世，名動京師，京師中公侯戚裏人家婦女，争寵相罵的，動不動便道：「你自逞標致，好歹到不得狄夫人，乃敢欺凌我。」美名一時無比，却又資性貞淑，言笑不苟，極是一個有正經的婦人。于時西池春游，都城士女讙集，王侯大家油車帟幕，絡繹不絶。狄夫人免不得也隨俗出游。有個少年風流在京候選官的，叫做滕生，同在池上。看見了這個絶色模樣，驚得三魂飄蕩，七魄飛揚，隨來隨去，目不轉睛。狄氏也擡起眼來，看見滕生風流行動，他一邊無心的，却不以爲意。争奈滕生看得癡了，恨不得尋口冷水，連衣服都吞他的在肚裏去。問着傍邊人，知是有名美貌的狄夫人。車馬散了，滕生怏怏歸來，整整想了一夜。自是行忘止，食忘飡，却像掉下了一件甚麽東西的，無時無刻不在心上。熬煎不過，因到他家前後左右，訪問消息。曉得平日端潔，無路可通，滕生想道：「他平日豈無往來親厚的女眷？若問得着時，或者尋出機會來。」仔細探訪。

只見一日他門裏走出一個尼姑來，滕生尾着，去問路上人，乃是静樂院主慧澄，慣一在狄夫人家出入的。【眉批】破綻來了。滕生便道：「好了，好了。」連忙跑到下處，將銀十兩，封好了，急急趕到静樂院來，問道：「院主在否？」慧澄出來，見是一個少年官人，請進奉茶。稽首畢，便問道：「尊姓大名？何勞貴步？」滕生通罷姓名，道：「别無他事，久慕寶房清德，少備香火之資，特來隨喜。」袖中取出銀兩遞過來。慧澄是個老世事，一眼瞧去，覺得沉重，料道有事相央，口裏推托不當，手裏已自接了，謝道：「承蒙厚賜，必有所言。」滕生只推没有别話，表意而已。别了回寓。慧澄想道：「却不奇怪！這等一個美少年，想我老尼什麽？送此厚禮。又無别話。」一時也委决不下。

只見滕生每日必來院中走走，越見越加殷勤，往來漸熟了。慧澄一日便問道：「官人含糊不决，必有什麽事故，但有見托，無不盡力。」滕生道：「説也不當，料是做不得的。但只是性命所關，或者希冀老師父萬分之一，出力救我。事若不成，拼箇害病而死罷了。」【眉批】滕生亦是有心人，宜其遂所願。慧澄見説得尷尬，便道：「做得做不得，且説來。」滕生把西池上遇見狄氏，如何標緻，如何想慕，若得一了夙緣，萬金不惜，説了一遍。慧澄笑道：「這事却難。此人與我往來，雖是標緻異常，却毫無半點瑕疵，如何動得手？」滕生想一想問道：

「師父既與他往來，曉得他平日好些甚麼？」慧澄道：「也不見他好甚東西。」【眉批】精細之極。 滕生又道：「曾托師父做些甚麼否？」慧澄道：「數日前托我尋些上好珠子，說了兩三遍，只有此一端。」滕生大笑道：「好也，好也。天生緣分。我有個親戚是珠商，有的是好珠，我而今下在他家，隨你要多少是有的。」即出門雇馬，如飛也似去了。【眉批】真有心人。

一會，帶了兩袋大珠，來到院中，把與慧澄看道：「珠值二萬貫，今看他標緻分上，讓他一半，萬貫就與他了。」慧澄道：「其夫出使北邊，他是個女人在家，那能湊得許多價錢？」滕生笑道：「便是四五千貫也罷，再不，千貫、數百貫也罷。若肯圓成好事，一個錢沒有也罷了。」【眉批】值得如此。 慧澄也笑道：「好癡話！既有此珠，我與你仗蘇、張之舌，六出奇計，好歹設法來院中走走。此時再看機會，弄得與你相見一面。你自放出手段來，成不成看你造化，不關我事。」滕生道：「全仗高手救命則個。」

慧澄笑嘻嘻地，提了兩囊珠子，竟望狄夫人家來。與夫人見禮畢，夫人便問：「囊中何物？」慧澄道：「是夫人前日所托，尋取珠子，今有兩囊上好的，送來夫人看看。」解開囊來，狄氏隨將手就囊中取起來看，口裏嘖嘖道：「果然好珠！」【眉批】魚吞芳餌。 看了一看，愛玩不已，問道：「要多少價錢？」慧澄道：「討價萬貫。」狄氏驚道：「此只討得一半價錢，極是便宜的。但我家相公不在，一時湊不出許多來，怎麼處？」慧澄扯狄氏一把道：「夫人且借一步說話。」狄氏同他到房裏來，慧澄道：「夫人愛此珠子，不消得錢。此是一個官人，要做一件事的。」說話的，難道好人家女眷面前，好直說得道：送此珠子，求做那件事一場不成？看官不要性急，你看那尼姑巧舌，自有宛轉。當時狄氏問道：「此官人要做何事？」慧澄道：「是一個少年官人，因仇家誣枉，失了官職，只求一關節到吏部，辨白是非，求得復任，情願送此珠子。我想夫人兄弟，及相公伯叔輩，多是顯要，夫人想一門路指引他，這珠子便不消錢了。」狄氏道：「這等，你且拿去還他，待我慢慢想一想，有了門路，再處。」慧澄道：「他事體急了，拿去，他又尋了别人，那裏還撈得他珠子轉來？不如且留在夫人這裏，對他只説有門路，明日來討回音罷。」狄氏道：「這個使得。」

慧澄别了，就去對滕生一一説知。滕生道：「今將何處？」慧澄道：「他既看上珠子，收下了，不管怎地，明日定要設法他來。看手段！」【眉批】狠手。滕生又把十兩銀子與他了，叫他明日早去。

那邊狄氏别了慧澄，再把珠子細看，越看越愛，便想道：「我去托弟兄們討此分上不難，這珠眼見得是我的了。」元來人心不可有欲，一有欲心，被人窺破，便要落人圈套。【眉批】好格言。假如狄氏不托尼姑尋珠，便無處生端；就是見了珠子，有錢則買，無錢便罷，一則一，二則二，隨你好漢，動他分毫不得。只爲歡喜這珠子，又凑不出錢，便落在别人機彀中，把一個水清玉潔的，弄得没出豁起來。

却説狄氏明日正思量這事，那慧澄也來了。問道：「夫人思量事體可成否？」狄氏道：「我昨夜爲他細想一番，門路都有，管取停當。」慧澄道：「却有一件難處：動萬貫事體，非同小可，只憑我一個貧姑，秤起來肉也不多幾斤的，説來説去，賓主不相識，便道做得事來，此人如何肯信？」狄氏道：「是到也是，却待怎麽呢？」慧澄道：「依我愚見，夫人只做設齋，到我院中，等此官人，只做無心撞見，兩下覿面照會，這使得麽？」狄氏是個良人心性，見説要他當面見生人，耳根通紅起來，摇手道：「這如何使得！」慧澄也變起臉來道：「有甚麽難事？不過等他自説一番緣故，這裏應承做得，使他别無疑心，方纔的確。若夫人道見面使不得，這事便做不成，只索罷了，不敢相强。」【眉批】妙在澹池，使無可疑。狄氏又想了一想道：「既是老師父主見如此，想也無妨。後二日我亡兄忌日，我便到院中來做齋，但只叫他立談一兩句，就打發去，須防耳目不雅。」慧澄道：「本意原只如此，説罷了正話，留他何幹？自不須斷當得。」慧澄期約已定，轉到院中，滕生已先在，把上項事一一説了。滕生拜謝道：「儀、秦之辯，不過如此矣。」

巴到那日，慧澄清早起來，端正齋筵，先將滕生藏在一個人迹不到的静室中，桌上擺設精緻酒肴，把門掩上了。慧澄自出來外厢支持，專等狄氏。正是：

安排撲鼻香芳餌，專等鯨鯢來上鈎。

狄氏到了這日晡時，果然盛妝而來。他恐怕惹人眼目，連僮僕都打發了去，只帶一個小丫鬟進院來。見了慧澄，問道：「其人來未？」慧澄道：「未來。」狄氏道：「最好。且完了齋事。」慧澄替他宣揚意旨，祝讚已畢，叫一個小尼，領了丫鬟别去頑耍。對狄氏道：「且到小房一坐。」【眉批】要緊。引狄氏轉了幾條暗衖，至小室前搴簾而入，只見一個美貌少年，獨自在内，滿桌都是酒殽，吃了一驚，便欲避去。慧澄便搗鬼道：「正要與夫人對面一言，官人還不拜見！」滕生賣弄俊俏，連忙趨到跟前，劈面拜下去。狄氏無奈，只得答他。慧澄道：「官人感夫人盛情，特備一卮酒謝夫人。夫人鑒其微誠，萬勿推辭。」【眉批】緊緊慢慢，俱有絶妙勝着。狄氏欲待起身，擡起眼來，元是西池上曾面染過的。看他生得少年，萬分清秀可喜，心裏先自軟了。帶着半羞半喜，吶出一句道：「有甚事，但請直説。」慧澄挽着狄氏衣袂道：「夫人坐了好講，如何彼此站着？」滕生滿斟着一杯酒，笑嘻嘻的唱個肥偌，雙手捧將過來安席。狄氏不好却得，只得受了，一飲而盡。已着手了。慧澄接着酒壺，也斟下一杯。狄氏會意，只得也把一杯回敬。眉來眼去，狄氏把先前矜莊模樣都忘懷了。又問道：「官人果要補何官？」滕生便把眼瞟慧澄一瞟道：「師父在此，不好直説。」慧澄道：「我便略迴避一步。」跳起身來就走，撲地把小門關上了。

説時遲，那時快。滕生便移了己坐，挨到狄氏身邊，雙手抱住道：「小子自池上見了夫人，朝思暮想，看看待死，只要夫人救小子一命。夫人若肯周全，連身軀性命，也是夫人的了，甚麽得官不得官，放在心上？」雙膝跪將下去。狄氏見他模樣標緻，言詞可憐，千夫人萬夫人的哀求，真個又驚又愛。【眉批】不由不動興矣。

欲要叫喊，料是無益；欲要推脱，怎當他兩手緊緊抱住，就跪的勢裏，一直抱將起來，走到床前，放倒在床裏，便去亂扯小衣。狄氏也一時動情，淫興難遏，没主意了。雖也左遮右掩，終久不大阻拒，任他舞弄起來。那滕生是少年在行，手段高强，弄得狄氏遍體酥麻，陰精早洩。元來，狄氏雖然有夫，並不曾經着這般境界，歡喜不盡。雲雨既散，挈其手道：「子姓甚名誰？若非今日，幾虚做了一世人。」滕生説了姓名，千恩萬謝。恰好慧澄開門進來，狄氏羞慚不語。慧澄道：「夫人勿怪。這官人爲夫人幾死，貧姑慈悲爲本，設法夫人救他一命，勝造七級浮圖。」【眉批】好説話。狄氏道：「你哄得我好！而今要在你身上，夜夜送他到我家來便罷。」慧澄道：「這個當得。」當夜散去。

此後，每夜便開小門放滕生進來，並無虚夕。狄氏心裏愛得緊，只怕他心上不喜歡，極意奉承。滕生也儘力支陪，打得火塊也似熱的。過得數月，其夫歸家了，略略踪迹希些。然但是其夫出去了，便叫人請他來會。又是年餘，其夫覺得有些風聲，防閑嚴切，不能往來。狄氏思想不過，成病而死。本等好好一個婦人，却被尼姑誘壞了身體，又送了性命。然此還是狄氏自己水性，後來有些動情，没正經了，故着了手。而今還有一個正經的婦人，中了尼姑毒計，到底不甘，與夫同心合計，弄得尼姑死無葬身之地，果是快心，罕聞罕見。正合着《普門品》云：

咒咀諸毒藥，所欲害身者。
念彼觀音力，還着於本人。

話説婺州有一個秀才，姓賈，青年飽學，才智過人。有妻巫氏，姿容絶世，素性貞淑。兩口兒如魚似水，你敬我愛，並無半句言語。那秀才在大人家處館讀書，長是半年不回來。巫娘子只在家裏做生活，與一個侍兒叫做春花過日。那娘子一手好針綫繡作，曾繡一幅觀音大士，繡得莊嚴色相，儼然如生。他自家十分得意，叫秀才拿到裱褙店裏裱着，見者無不贊嘆。裱成畫軸，取回來掛在一間潔淨房裏，朝夕焚香供養。

只因一念敬奉觀音，那條街上有一個觀音菴，菴中有個趙尼姑，時常到他家來走走。【眉批】好筍縫。秀才不在家時，便留他在家做伴兩日。趙尼姑也有時請他到菴裏坐坐。那娘子本分，等閒也不肯出門，一年也到不得菴裏一兩遭。

一日春間，因秀才不在，趙尼來看他，閒話了一會，起身送他去。趙尼姑道：「好天氣！大娘便同到外邊望望。」也是合當有事，信步同他出到自家門首，探頭門外一看，只見一個人，謊子打扮的，在街上擺來，被他劈面撞見。巫娘子連忙躲了進來，掩在門邊。趙尼姑却立定着，元來那人認得趙尼姑的，説道：「趙師父，我那處尋你不到，你却在此！我有話和你商量則個。」尼姑道：「我別了這家大娘，來和你説。」便走進與巫娘子作別了。這邊巫娘子關着門，自進來了。

且説那叫趙尼姑這個謊子打扮的人，姓卜，名良，乃是婺州城裏一個極淫蕩不長進的，看見人家有些顔色的婦女，便思勾搭上場，不上手不休。亦且淫濫之性，不論美惡，都要到到，所以這些尼姑，多有與他往來的，有時做他捧頭，有時趂着綽趣。這趙尼姑有個徒弟，法名本空，年方二十餘歲，儘有姿容。那裏算得出家？只當老尼養着一個粉頭一般，陪人歇宿，得人錢財，但只是瞞着人做。【眉批】往往有之，豈止一菴。這個卜良，就是趙尼姑一個主顧。

當日，趙尼姑別了巫娘子，趕上了他，問道：「卜官人有甚説話？」卜良道：「你方才這家，可正是賈秀才家？」趙尼姑道：「正是。」卜良道：「久聞他家娘子生得標緻，適纔同你出來，掩在門裏的，想正是他了。」趙尼姑道：「虧你聰明。他家也再無第二個。不要説他家，就是這條街上，也没再有似他標緻的。」卜良道：「果然標緻，名不虚傳。幾時再得見見，看個仔細便好。」趙尼姑道：「這有何難！二月十九日，觀音菩薩生辰，街上迎會看的人，人山人海。你便到他家對門樓上，賃間房子住下了。他獨自在家裏，等我去約他出來，門首看會，必定站立得久。那時任憑你窓眼子張着，可不看一個飽？」卜良道：「妙，妙！」

到了這日，卜良依計，到對門樓上住下，一眼望着賈家門裏。只見趙尼姑果然走進去，約了出來。那巫娘子一來無心，二來是自己門首，只怕街上有人瞧見，怎堤防對門樓上暗地裏張他？【眉批】可恨。卜良從頭至尾，看見仔仔細細，直待進去了，方纔走下樓來。恰好趙尼姑也在賈家出來了，兩個遇着，趙尼姑笑道：「看得仔細麽？」卜良道：「看到看得仔細了，空想無用，越看越動火，怎生到到手便好。」趙尼姑道：「陰溝洞裏思量天鵝肉吃。他是個秀才娘子，等閒也不出來，你又非親不族，一面不相干，打從那裏交關起？只好看看罷了。」【眉批】要知若肯出來有一面，便容易交關矣。其言可畏如此！一頭說，一頭走，到了菴裏。

卜良進了菴，便把趙尼姑跪一跪道：「你在他家走動，是必在你身上想一個計策，勾他則個。」趙尼姑搖頭道：「難，難，難。」卜良道：「但得嘗嘗滋味，死也甘心。」趙尼姑道：「這娘子不比別人，說話也難輕說的。若要引動他春心，與你往來，一萬年也不能勾。若只要嘗嘗滋味，好歹硬做他一做，也不打緊。【眉批】狠甚。却是性急不得。」卜良道：「難道强奸他不成？」趙尼姑道：「强是不强，不由得他不肯。」卜良道：「妙計安在？我當築壇拜將。」趙尼姑道：「從古道：慢艣摇船捉醉魚。除非弄醉了他，憑你施爲，你道好麽？」卜良道：「好到好，如何使計弄他？」趙尼姑道：「這娘子點酒不聞的。他執性不吃，也難十分强他。若是苦苦相勸，他疑心起來，或是嗔怒起來，畢竟不吃，就没奈他何。【眉批】周到之極。縱然灌得他一杯兩盞，易得醉，易得醒，也脱哄他不得。」卜良道：「而今却是怎麽？」趙尼姑道：「有個法兒算計他，你不要管。」卜良畢竟要説明。趙尼姑便附耳低言：「如此如此，這般這般，「你道好否？」卜良跌脚大笑道：「妙計，妙計！從古至今，無有此法。」趙尼姑道：「只有一件，我做此事哄了他，他醒後認真起來，必是怪我，不與我往來了，却是如何？」

卜良道：「只怕不到得手，既到了手，他還要認甚麼真，翻得轉面孔？憑着一味甜言媚語哄他，從此做了長相交也不見得。倘若有些怪你，我自重重相謝罷了，敢怕替我滾熱了，我還要替你討分上哩。」趙尼姑道：「看你嘴臉！」兩人取笑了一回，各自散了。

自此卜良日日來菴中問信，趙尼姑日日算計要弄這巫娘子。隔了幾日，趙尼姑辦了兩盒茶食，來賈家探望巫娘子。巫娘子留他吃飯。趙尼姑趂着機會，扯着些閒言語，便道：「大娘子與秀才官人，兩下青春，成親了多時，也該有喜信生小官人了。」巫娘子道：「便是呢。」趙尼姑道：「何不發個誠心，祈求一祈求？」巫娘子道：「奴在自繡的觀音菩薩面前，朝夕焚香，也曾暗暗禱祝，不見應驗。」【眉批】有照應。趙尼姑道：「大娘年紀小，不曉得求子法。求子嗣須求白衣觀音，自有一卷《白衣經》，不是平時的觀音，也不是《普門品觀音經》。那《白衣經》有許多靈驗，小菴請的這卷，多載在後邊，可惜不曾帶來與大娘看。不要説别處，只是我婺州城裏城外，但是印施的，念誦的，無有不生子，真是千喚千應，萬喚萬應的。」巫娘子道：「既是這般有靈，奴家有煩師父，替我請一卷到家來念。」趙尼姑道：「大娘不曾曉得念，這不是就好念得起的。須請大娘到菴中，在白衣大士菩薩面前，親口許下卷數。待貧姑通了誠，先起個卷頭，替你念起幾卷。以後到大娘家，把念法傳熟了，然後大娘逐日自念便是。」巫娘子道：「這個却好。待我先吃兩日素，到菴中許願起經罷。」趙尼姑道：「先吃兩日素，足見大娘虔心。起經以後，但是早晨未念之先，吃些早素，念過了，吃葷也不妨的。」巫娘子道：「元來如此。這却容易。」巫娘子與他約定日期，到菴中，先把五錢銀子，與他做經襯齋供之費。趙尼姑自去，早把這個消息通與卜良知道了。

那巫娘子果然吃了兩日素，【眉批】可憐一片真心。到第三日起個五更，打扮了，領了丫鬟春花，趂早上人稀，步過觀音菴來。看官聽着，但是尼菴僧院，好人家兒女不該輕易去的。説話的若是同年生，並時長，在旁邊聽得，攔門拉住，不但巫娘子完名全節，就是趙尼姑也保命全軀。只因此一去，有分交：舊室嬌姿，污流玉樹；空門孽質，血染丹楓。這是後話。且聽接上前因。

那趙尼姑接着巫娘子，千歡萬喜，請了進來坐着。奉茶過了，引他參拜了白衣觀音菩薩。巫娘子自己暗暗地禱祝，趙尼姑替他通誠。說道：「買門信女巫氏，情願持誦《白衣觀音經卷》，專保早生貴子，吉祥如意者。」通誠已畢，趙尼姑敲動木魚，就念起來。先念了《净口業真言》，次念《安土地真言》，啟請過，先拜佛名號多時，然後念經，一氣念了二十來遍。說這趙尼姑奸狡，曉得巫娘子來得早，况且前日有了齋供，家裏定是不吃早飯的，特地故意忘懷，也不拿東西出來，也不問起曾吃不曾吃，只管延挨，要巫娘子忍這一早餓，對付他。那巫娘子是個嬌怯怯的，空心早起，隨他拜了佛多時，又覺勞倦，又覺飢餓，不好説得，只叫丫鬟春花與他附耳低言道：「你看厨下有些熱湯水，斟一碗來。」趙尼姑看見，故意問道：「只管念經完正事，却忘了大娘曾吃早飯未？」巫娘子道：「來得早了，實是未曾。」趙尼姑道：「你看我老昏麽！不曾辦得早飯，辦不及了，怎麽處？把晝齋早些罷。」巫娘子道：「不瞞師父説，肚裏實是餓了，隨分甚麽點心，先吃些也好。」趙尼姑故意謙遜了一番，走到房裏一會，又走到竈下一會，然後叫徒弟本空托出一盤東西、一壺茶來。【眉批】毒甚。巫娘子已此餓得肚轉腸鳴了。擺上一檯好些時新菓品，多救不得餓，只有熱騰騰的一大盤好糕。巫娘子取一塊來吃，又軟又甜，况是飢餓頭上，不覺一連吃了幾塊。小師父把熱茶冲上，吃了兩口，又吃了幾塊糕，再冲茶來吃。吃不到兩三口，只見巫氏臉兒通紅，天旋地轉，打個呵欠，一堆軟倒在椅子裏面。趙尼姑假意吃驚道：「怎的來？想是起得早了，頭暈了，扶他床上睡一睡起來罷。」就同小師父本空，連椅連人，扛到床邊，抱到床上，放倒了頭，眠好了。

【眉批】可恨極矣！

你道這糕爲何這等利害？元來趙尼姑曉得巫娘子不吃酒，特地對付下這個糕。乃是將糯米磨成細粉，把酒漿和匀，烘得極乾，再研細了，又下酒漿。如此兩三度，攪入一兩樣不按君臣的藥末，饎起成糕。一見了熱水，藥力、酒力俱發作起來，就是做酒的酵頭一般。別人且當不起，巫娘子是吃醴也醉的人，况且又是清早空心，乘餓頭上，又吃得多了，熱茶下去，發作上來，如何當得？正是：由你奸似鬼，吃了老娘洗脚水。趙尼姑用此計較，把巫娘子放番了。那春花丫頭見家主婆睡着，偷得浮生半日閒，小師父引着他自去吃東西頑耍去了，那裏還來照管？趙尼姑忙在暗處叫出卜良來，道：「雌兒睡在床上了，憑你受用去，不知怎麽樣謝我？」那卜良關上房門，揭開帳來一看，只見酒氣噴人，巫娘子兩臉紅得可愛，就如一朵醉海棠一般，越看越標緻了。卜良淫興如火，先去親個嘴，巫娘子一些不知。【眉批】掩其不知，罪過更重，所以有殺身之報。就便輕輕去了袴兒，露出雪白的下體來，卜良騰的爬上身去，急將兩腿挨開，把陽物插入牝中，亂抽起來。自夸道：「慚愧！也有這一日也。」巫娘子軟得身體動憚不得，朦朧昏夢中，雖是略略有些知覺，還錯認做家裏夫妻做事一般，可憐。不知一個皂白，憑他輕薄顛狂了一會。到得興頭上，巫娘子醉夢裏也自哼哼嚩嚩。卜良樂極，緊緊抱住，叫聲：「心肝肉，我死也。」一洩如注。行事已畢，巫娘子兀自昏眠未醒，可憐。卜良就一手搭在巫娘子身上，做一頭，偎着臉。睡下多時，巫娘子藥力已散，有些醒來。見是一個面生的人，一同睡着，吃了一驚，驚出一身冷汗。叫道：「不好了。」急坐起來，那時把害的酒意都驚散了，大叱道：「你是何人？敢汚良人！」卜良也自有些慌張，連忙跪下討饒道：「望娘子慈悲，恕小子無禮則個。」巫娘子見袴兒脱下，曉得着了道兒，口不答應，提起袴兒穿了，一頭喊叫：「春花！」一頭跳下床便走。卜良恐怕有人見，不敢隨來，元在房裏躲着。

巫娘子開了門，走出房，又叫：「春花！」春花也爲起得早了，在小師父房裏打盹，聽得家主婆叫響，呵欠連天，走到面前。巫娘子駡道：「好奴才！我在房裏睡了，你怎不相伴我？」巫娘子没處出氣，狠狠要打，趙尼姑走來相勸。巫娘子見了趙尼姑，一發惱恨，將春花打了兩掌，道：「快收拾回去！」春花道：「還要念經。」巫娘子道：「多嘴奴才！誰要你管？」氣得面皮紫漲。也不理趙尼姑，也不說破，一徑出菴，一口氣同春花走到家裏，開門進去。隨手關了門，悶悶坐着。

定性了一回，問春花道：「我記得餓了吃糕，如何在床上睡着？」春花道：「大娘吃了糕，呷了兩口茶，便自倒在椅子上。是趙師父與小師父同扶上床去的。」巫娘子道：「你却在何處？」春花道：「大娘睡了，我肚裏也餓，先吃了大娘剩的糕，後到小師父房裏吃茶，有些困倦，打了一個盹，聽得大娘叫，就來了。」巫娘子道：「你看見有甚麽人走進房來？」春花道：「不見甚麽人，無非只是師父們。」巫娘子嘿嘿無言，自想睡夢中光景，有些恍惚記得。又將手摸摸自己陰處，見是粘粘涎涎的，嘆口氣道：「罷了，罷了！誰想這妖尼如此奸毒，把我潔浄身體，與這個甚麽天殺的點污了，如何做得人？」噙着淚眼，暗暗惱恨。欲要自盡，還想要見官人一面，割捨不下。只去對着自繡的菩薩哭告道：「弟子有恨在心，望菩薩靈感報應則個。」禱罷，哽哽咽咽，思想丈夫，哭了一場，没情没緒睡了。春花正自不知一個頭腦。

且不說這邊巫娘子煩惱。那邊趙尼姑，見巫娘子帶着怒色，不别而行，曉得卜良着了手。走進房來，見卜良還眠在床上，把指頭咬在口裏，呆呆地想着光景。趙尼姑見了行徑，惹起老騷，連忙騎在卜良身上道：「還不謝謝媒人？」連躥是躥，蹴將起來。伸手去摸他陽物，怎奈卜良方纔洩得過，不能再舉。老尼極了，把卜良咬了一口道：「却便宜了你，倒急煞了我。」卜良道：「感恩不盡，夜間盡情陪你罷。况且還要替你商量個後計。」趙尼姑道：「你說只要嘗滋味，又有甚麽後計？」卜良道：「既得隴，復望蜀，人之常情。既嘗着了滋味，如何還好罷得。方纔是勉强的，畢竟得他歡歡喜喜，自情自願往來，方爲有趣。」趙尼姑道：「你好不知足。方纔强做了他，他一天怒氣，别也不别去了，不知他心下如何，怎好又想後會？直等再看個機會，他與我原不斷往來，就有商量了。」【眉批】可恨。卜良道：「也是，也是。全仗神機妙算。」是夜卜良感激老尼，要奉承他歡喜，躲在菴中，與他縱其淫樂，不在話下。

却説賈秀才在書館中，是夜得其一夢。夢見身在家中，一個白衣婦人走入門來，正要上前問他，見他竟進房裏。秀才大踏步趕來，却走在壁間掛的繡觀音軸上去了。秀才擡頭看時，上面有幾行字，仔細看了，從頭念去，上寫道：

口裏來的口裏去，報仇雪耻在徒弟。

念罷，掇轉身來，見他娘子拜在地下。他一把扯起，撒然驚覺。自想道：「此夢難解。莫不娘子身上有些疾病事故，觀音顯靈相示？」次日，就別了主人家，離了館門。一路上來，詳解夢語不出，心下憂疑。到得家中叩門，春花出來開了。賈秀才便問：「娘子何在？」春花道：「大娘不起來，還眠在床上。」秀才道：「這早晚如何不起來？」春花道：「大娘有些不快活，口口叫着官人啼哭哩。」秀才見説，慌忙走進房來。只見巫娘子望見官人來了，一轂轆跳將起來，秀才看時，但見蓬頭垢面，兩眼通紅，走起來，一頭哭，一頭撲地拜在地上。秀才吃了一驚道：「如何作此模樣？」一手扶起來。巫娘子道：「官人與奴做主則箇！」秀才道：「是誰人欺負你？」巫娘子打發丫頭竈下燒茶做飯去了。精細。便哭訴道：「奴與官人匹配以來，並無半句口面，半點差池。今有大罪在身，只欠一死。只等你來説個明白，替奴做主，死也瞑目。」秀才道：「有何事故，説這等不祥的話？」巫娘子便把趙尼姑如何騙他到菴念經，如何哄他吃糕軟醉，如何叫人乘醉奸他，説了又哭倒在地。

秀才聽罷，毛髮倒竪起來，喊道：「有這等異事？」便問道：「你曉得那個是何人？」娘子道：「我那曉得？」秀才把床頭劍拔出來在桌上一擊道：「不殺盡此輩，何以爲人！但只是既不曉得其人，若不精細，必有漏脱，還要想出計較來。」娘子道：「奴告訴官人已過，奴事已畢，借官人手中劍來，即此就死，更無別話。」【眉批】可憐。可敬。秀才道：「不要短見。此非娘子自肯失身。這是所遭不幸，娘子立志自明。今若輕身一死，有許多不便。」娘子道：「有甚不便，也顧不得了。」秀才道：「你死了，你娘家與外人都要問緣故。若説了出來，你落得死了醜名難免，抑且我前程罷了。若不説出來，你家裏族人又不肯干休于我，我自身也理不直，寃仇何時而報？」娘子道：「若要奴身不死，除非妖尼、奸賊多死得在我眼裏，還可忍耻偷生。」秀才想了一會道：「你當時被騙之後，見了趙尼，如何説了？」娘子道：「奴着了氣，一徑回來了，不與他開口。」秀才道：「既然如此，此仇不可明報。若明報了，須動官司口舌，畢竟難掩真情。衆口喧傳，把清名點污。我今心思一計，要報得無些痕迹，一個也走不脱方妙。」【眉批】秀才也狠，其智數是可敗趙尼而有餘。低頭一想，忽然道：「有了，有了。此計正合着觀世音夢中之言。妙，妙！」娘子道：「計將安出？」秀才道：「娘子，你要明你心事，報你寃仇，須一一從我。若不肯依我，仇也報不成，心事也不得明白。」娘子道：「官人主見，奴怎敢不依？只是要做得停當便好。」秀才道：「趙尼姑面前，既是不曾説破，不曾相争，他只道你一時含羞來了，婦人水性，未必不動心。你今反要去賺得趙尼姑來，便有妙計。」附耳低言道：「如此如此，這般這般，「此乃萬全勝算」。巫娘子道：「計較雖好，只是羞人。今要報仇，説不得了。」夫妻計議已定。

明日，秀才藏在後門静處，巫娘子便叫春花到菴中去請趙尼姑來説話。趙尼姑見了春花，又見説請他，便暗道：「這雌兒想是嘗着甜頭，熬不過，轉了風也。」摇摇擺擺，同春花飛也似來了。

趙尼姑見了巫娘子，便道：「日前得罪了大娘，又且簡慢了，休要見怪。」巫娘子叫春花走開了，捏着趙尼姑的手，輕問道：「前日那箇是甚麽人？」【眉批】巫娘子光景慧甚。趙尼姑見有些意思，就低低道：「是此間極風流底卜大郎，叫做卜良，有情有趣，少年女娘見了，無有不喜歡他的。他慕大娘標緻得緊，日夜來拜求我，我憐他一點誠心，難打發他。又見大娘孤單在家，未免清冷。少年時節便相處着個把，也不虚度了青春，故此做成這事。【眉批】説得動情，非有主意者，誰不爲其所惑。那家猫兒不吃葷？多在我老人家肚裏。大娘不要認真，落得便快活快活。等那個人菩薩也似敬你，寶貝也似待你，有何不可？」巫娘子道：「只是該與我熟商量，不該做作我。而今事已如此，不必説了。妙甚。」趙尼姑道：「你又不曾認得他，若明説，你怎麽肯？今已是一番過了，落得圖個長往來好。」巫娘子道：「枉出醜了一番，不曾看得明白，模樣如何？情性如何？既然愛我，你叫他到我家再會會看。果然人物好，便許他暗地往來也使得。妙！妙！」趙尼姑暗道：「中了機謀。」不勝之喜，並無一些疑心。自然若無可疑。便道：「大娘果然如此，老身今夜就叫他來便了。這個人物儘着看，是好的。」巫娘子道：「點上燈時，我就自在門内等他，咳嗽爲號，領他進房。」

趙尼姑千歡萬喜，回到菴中，把這消息通與卜良。那卜良聽得頭顛尾顛，恨不得金烏早墜，玉兔飛昇。到得傍晚，已自在賈家門首探頭探腦，恨不得就將那話兒拿下來，望門内撩了進去。看看天晚，只見撲的把門關上了。卜良疑是尼姑搗鬼，却放心未下。正在躊躇，那門裏咳嗽一聲，卜良外邊也接應咳嗽一聲，輕輕的一扇門開了。卜良咳嗽一聲，裏頭也咳嗽一聲，卜良將身閃入門内。門内數步，就是天井，星月光來，朦朧看見巫娘子身軀。卜良上前，當面一把抱住道：「娘子恩德如山。」巫娘子懷着一天憤氣，故意不行推拒，也將兩手緊緊的箍着，只當是拘住他。卜良急將口來親着，將舌頭伸過巫娘子口中亂攪。巫娘子兩手越箍得緊了，咂吮他舌頭不住。卜良興高了，陽物翹然，舌頭越伸過來。【眉批】亦以掩其不知之法償之。巫娘子性起，趷蹅一口，咬住不放。卜良痛極，放手急掙，已被巫娘子啃下五七分一段舌頭來。卜良慌了，望外急走。

巫娘子吐出舌尖在手，急關了門，走到後門，尋着了秀才，道：「仇人舌頭咬在此了。」秀才大喜，取了舌頭，把汗巾包了，帶了劍，趁着星月微明，竟到觀音菴來。【眉批】狠哉！那趙尼料道卜良必定成事，宿在賈家，已自關門睡了。只見有人敲門，那小尼是年紀小的，倒頭便睡，任人擂破了門也不會醒。老尼心上有事，想着卜良和巫娘子，慾心正熾，那里就睡得去。聽得敲門，心疑卜良了事回來，忙呼小尼，不見答應，便自家爬起來開門。纔開得門，被賈秀才攔頭一刀，劈將下來，老尼望後便倒，鮮血直冒，嗚呼哀哉了。賈秀才將門關了，提了劍，走將進來尋人，心裏還道：「倘若那卜良也走在菴裏，一同結果他。」見佛前長明燈有火點着，四下里一照，不見一個外人，只見小尼睡在房裏，也是一刀，早氣絶了。連忙把燈挑亮，却就燈下解開手巾，取出那舌頭來，將刀撬開小尼口裏，放在裏面。妙！妙！打滅了燈，拽上了門，竟自歸家。對妻子道：「師徒皆殺，仇已報矣。」巫娘子道：「這賊只損得舌頭，不曾殺得。」秀才道：「不妨，不妨。自有人殺他。妙！妙！而今已後，只做不知，再不消題起了。」

却説那觀音菴左右鄰，看見日高三丈，菴中尚自關門，不見人動静，疑心起來，走去推門。門却不拴，一推就開了。見門内殺死老尼，吃了一驚。又尋進去，見房内又殺死小尼。一個是劈開頭的，一個是斫斷喉的。慌忙叫了地方坊長、保正人等，多來相視看驗，好報官府。地方齊來檢看時，只見小尼牙關緊閉，噙着一件物事。取出來，却是人的舌頭。地方人道：「不消説是奸情事了，只不知凶身是何人，且報了縣間再處。」於是，寫下報單。正值知縣升堂，當堂遞了。知縣説：「這要挨查凶身不難，但看城内城外，有斷舌的，必是下手之人。快行各鄉各圖，五家十家保甲，一挨查就見明白。」出令不多時，果然地方送出一個人來。

元來卜良被咬斷舌頭，情知中計。心慌意亂，一時狂走，不知一個東西南北，迷了去向。恐怕人追着，揀條僻巷躲去。住在人家門簷下，蹲了一夜。天亮了，認路歸家。也是天理合該敗，只在這條巷内，東認西認，走來走去，急切里認不得大路，又不好開口問得人。街上人看見這個人踪迹可疑，已自瞧科了幾分。須臾之間，喧傳尼菴事體、縣官告示，便有個把好事的人盤問他起來，口裏含糊，滿牙關多是血迹。地方人一時鬨動，走上了一堆人，圍住他道：「殺人的不是他是誰？」不由分辨，一索子綑住了，拉到縣裏來。縣前有好些人認得他的，道：「這個人原是個不學好的人，眼見得做出事來。」

縣官升堂，衆人把卜良帶到。縣官問他，只是口裏嗚哩嗚喇，一字也聽不出。縣官叫掌嘴數下，要他伸出舌頭來看，已自没有尖頭了，血迹尚新。【眉批】方知妙巧。縣官問地方人道：「那狗才姓甚名誰？」衆人有平日恨他的，把他姓名及平日所爲奸盗詐僞事是長是短，一一告訴出來。縣官道：「不消説了。這狗才必是謀奸小尼，老尼開門時，先劈倒了，然後去强奸小尼。小尼恨他，咬斷舌尖，這狗才一時怒起，就殺了小尼。有甚麽得講？」卜良聽得，指手劃脚，要辨時，那里有半個字囫圇？縣官大怒道：「如此奸人，累甚麽紙筆？況且口不成語，凶器未獲，難以成招。選大樣板子，一頓打死罷。」喝教打一百。那卜良是個游花插趣的人，那里熬得刑慣？打至五十以上，已自絶了氣了。縣官着落地方，責令屍親領屍；尼姑屍首叫地方盛貯燒埋。立宗文卷，上批云：

卜良「吾舌安在」？知爲破舌之緣。尼僧好頸誰當？遂作刎頸之契。斃之足矣，情何疑焉！立案存照。

縣官發落公事了訖，不在話下。

那賈秀才與巫娘子，見街上人紛紛傳説此事，夫妻兩個，暗暗稱快。那前日被騙及今日下手之事，到底並無一個人曉得。此是賈秀才識見高强，也是觀世音見他虔誠，顯此靈通，指破機關，既得報了仇恨，亦且全了聲名。那巫娘子見賈秀才幹事決斷，賈秀才見巫娘子立志堅貞，越相敬重。

後人評論此事，雖則報仇雪耻，不露風聲，算得十分好了，只是巫娘子清白身軀，畢竟被污，外人雖然不知，自心到底難過。只爲輕與尼姑往來，以致有此。有志女人，不可不以此爲鑒。【眉批】正經話，女人之良箴也。

詩云：

好花零落損芳香，只爲當春漏隙光。
一句良言須聽取，婦人不可出閨房。

唐明皇好道
集奇人

卷之七

唐明皇好道集奇人　武惠妃崇禪鬬異法

詩曰：

燕市人皆去，函關馬不歸。
若逢山下鬼，環上繫羅衣。

這一首詩，乃是唐朝玄宗皇帝時節，一箇道人李遐周所題。那李遐周是一箇有道術的。開元年間，玄宗召入禁中，後來出住玄都觀内。天寶末年，安禄山豪横，遠近憂之，玄宗不悟，寵信反深。一日，遐周隱遁而去，不知所往，但見所居壁上題詩，如此如此。時人莫曉其意。直至禄山反叛，玄宗幸蜀，六軍變亂，貴妃縊死，乃有應驗。後人方解云：「燕市人皆去」者，説禄山盡起燕、薊之衆爲兵也；「函關馬不歸」者，大將哥舒潼關大敗，匹馬不還也；「若逢山下鬼」者，「山下鬼」是嵬字，蜀中有馬嵬驛也；「環上繫羅衣」者貴妃小字玉環，馬嵬驛時，高力士以羅巾縊之也。道家能前知如此。蓋因玄宗是孔昇真人轉世，所以一心好道，一時有道術的，如張果、葉法善、羅公遠諸仙衆異人，皆來聚會。往來禁内，各顯神通，不一而足。那李遐周區區算術小數，不在話下。【眉批】張果見。

且説張果，是帝堯時一個侍中，得了胎息之道，可以累日不食，不知多少年歲。直到唐玄宗朝，隱于恒州中條山中，出入常乘一箇白驢，日行數萬里。到了所在，住了脚，便把這驢似紙一般摺疊起來，其厚也只比張紙，放在巾箱裏面。若要騎時，把水一噀，即便成驢。至今人説八仙有張果老騎驢，正謂此也。

開元二十三年，玄宗聞其名，差一個通事舍人，姓裴名晤，馳驛到恒州來迎。那裴晤到得中條山中，看見張果齒落髮白，一箇搊搜老叟，有些嫌他，未免氣質傲慢。張果早已知道，與裴晤行禮方畢，忽然一交跌去，只有出的氣，没有入的氣，已自命絶了。【眉批】神仙戲人如此。裴晤着了忙道：「不争你死了，我這聖旨却如何回話？」又轉想道：「聞道神仙專要試人，或者不是真死，也不見得。我有道理。」便焚起一爐香來，對着死屍跪了，致心念誦，把天子特差求道之意，宣揚一遍。【眉批】裴晤也通得。只見張果漸漸醒轉來。那裴晤被他這一驚，曉得有些古怪，不敢相逼，星夜馳驛，把上項事奏過天子。玄宗愈加奇異，道裴晤不了事，另命中書舍人徐嶠，賫了璽書，安車奉迎。那徐嶠小心謹慎，張果便隨嶠到東都，于集賢院安置行李，乘轎入宫見玄宗。

玄宗見是個老者，便問道：「先生既已得道，何故齒髮衰朽如此？」張果道：「衰朽之年，學道未得，故見此形相，可羞可羞。今陛下見問，莫若把齒髮盡去了還好。」説罷，即就御前把鬢髮一頓撏拔乾凈，又捏了拳頭，把口裏亂敲，將幾箇半殘不完的零星牙齒，逐個敲落，滿口血出。玄宗大驚道：「先生何故如此？且出去歇息一會。」張果出來了，玄宗想道：「這老兒古怪。」即時傳命召來。只見張果摇摇擺擺走將來，面貌雖是先前的，却是一頭純黑頭髮，鬚髯如漆，雪白一口好牙齒，比少年的還好看些。玄宗大喜，留在内殿賜酒。

飲過數杯，張果辭道：「老臣量淺，飲不過二升。有一弟子，可吃得一斗。」玄宗令召來。張果口中不知説些甚的，只見一箇小道士，在殿簷上飛下來，約有十五六年紀，且是生得標緻。上前叩頭，禮畢，走到張果面前，打個稽首。言詞清爽，禮貌周備，玄宗命坐。張果道：「不可，不可。弟子當侍立。」小道士遵師言，鞠躬傍站。玄宗愈看愈喜，便叫斟酒賜他。杯杯滿，盞盞乾，飲勾一斗，弟子並不推辭。張果便起身替他辭道：「不可更賜，他加不得了；若過了度，必有失處，惹得龍顔一笑。」玄宗道：「便大醉何妨，恕卿無罪。」立起身來，手持一玉觥，滿斟了，將到口邊逼他。剛下口，只見酒從頭頂湧出，把一個小道冠兒湧得歪在頭上，跌了下來。道士去拾時，脚步踉蹌，連身子也跌倒了。玄宗及在旁嬪御，一齊笑將起來。仔細一看，不見了小道士，止有一箇金榼在地，滿盛着酒。細驗這榼，却是集賢院中之物，一榼止盛一斗。玄宗大奇。

明日要出咸陽打獵，就請張果同去一看。合圍既罷，前驅擒得大角鹿一隻，將付庖厨烹宰。張果見了道：「不可殺，不可殺。此是仙鹿，已滿千歲。昔時漢武帝元狩五年，在上林游獵，臣曾侍從，生獲此鹿，後來不忍殺，捨放了。」玄宗笑道：「鹿甚多矣，焉知即此鹿？【眉批】駁得也是。且時遷代變，前鹿豈能保獵人不禽過，留到今日？」張果道：「武帝捨鹿之時，將銅牌一片，紮在左角下爲記，試看有此否？」玄宗命人驗看，在左角下果得銅牌，有二寸長短，兩行小字，已模糊黑暗，辨不出了。玄宗纔信，就問道：「元狩五年，是何甲子？到今多少年代了？」張果道：「元狩五年，歲在癸亥，武帝始開昆明池。到今甲戌歲，八百五十二年矣。」玄宗宣命太史官查推長曆，果然不差。於是曉得張果是個千來歲的人，群臣無不欽服。

一日，秘書監王迴質，太常少卿蕭華，兩人同往集賢院拜訪張果，迎着坐下，忽然笑對二人道：「人生娶婦，娶了箇公主，好不怕人。」兩人見他説得没頭腦，兩兩相看，不解其意。正説之間，只見外邊傳呼：「有詔書到。」張果命人忙排香案等着。元來玄宗有個女兒，叫做玉真公主，從小好道，不曾下降於人。蓋婚姻之事，民間謂之嫁，皇家謂之降，民間謂之娶，皇家謂之尚。玄宗見張果是個真仙出世，又見女兒好道，意思要把女兒下降張果，等張果尚了公主，結了仙姻仙眷，又好等女兒學他道術，可以雙修成仙。計議已定，頒下詔書。中使賫了，到集賢院張果處，開讀已畢，張果只是哈哈大笑，不肯謝恩。【眉批】原可矣。中使看見王、蕭二公在旁，因與他説天子要降公主的意思，叫他兩個攛掇。二公方悟起初所説，便道：「仙翁早已得知，在此説過了的。」中使與二公大家相勸一番，張果只是笑不止。中使料道不成，只得去回復聖旨。若非真仙，必是下不得口。

玄宗見張果不允親事，心下不悦，便與高力士商量道：「我聞堇汁最毒，飲之立死。好歹把這老頭兒試一試。」時值天大雪，寒冷異常。玄宗召張果進宫，把堇汁下在酒裏，叫宫人滿斟暖酒，與仙翁敵寒。張果舉觴便飲，立盡巵巵，醺然有醉色。四顧左右，咂咂舌道：「此酒不是佳味。」打個呵欠，倒頭睡下。玄宗只是瞧着，不做聲。過了一會，醒起來道：「古怪，古怪。」袖中取出小鏡子一照，只見一口牙齒都焦黑了。看見御案上有鐵如意，命左右取來，將黑齒逐一擊下，隨收在衣帶内了。取出藥一包來，將少許擦在口中齒穴上，又倒頭睡了。【眉批】第二番了。這一覺不比先前，且是睡得安穩，有一個多時辰纔爬起來。滿口牙齒多已生完，比先前更堅且白。玄宗越加敬異，賜號通玄先生。却是疑心他來歷。

其時有箇歸夜光，善能視鬼。玄宗召他來，把張果一看，夜光並不見甚麽動静。又有個邢和璞，善算。有人問他，他把算子一動，便曉得這人姓名，窮通壽夭，萬不失一。玄宗一向奇他，便教道：「把張果來算算。」和璞拿了算子，撥上撥下，撥箇不耐煩，竭盡心力，耳根通紅，不要説算他别的，只是個壽數，也算他不出。其時又有一個道士葉法善，也多奇術。【眉批】葉法善見。玄宗便把張果來私問他。法善道：「張果出處，只有臣曉得，却説不得。」【眉批】接縫甚妙。玄宗道：「何故？」法善道：「臣説了必死，故不敢説。」玄宗定要他説。法善道：「除非陛下免冠跣足救臣，臣方得活。」玄宗許諾。法善纔説道：「此是混沌初分時，一個白蝙蝠精。」剛説得罷，七竅流血。未知性命如何，已見四肢不舉。玄宗急到張果面前，免冠跣足，自稱有罪。張果看見皇帝如此，也不放在心上，慢慢的説道：「此兒多口過，不讁治他，怕敗壞了天地間事。」玄宗哀請道：「此朕之意，非法善之罪，望仙翁饒恕則箇。」張果方纔回心轉意，叫取水來，把法善一噀，法善即時復活。

而今且説這葉法善，表字道元，先居處州松陽縣，四代修道。法善弱冠時，曾游括蒼白馬山石室内，遇三神人錦衣寶冠，授以太上密旨。自是誅蕩精怪，掃馘凶妖，所在救人。入京師時，武三思擅權。法善時常察聽妖祥，保護中宗、相王及玄宗，大爲三思所忌，流竄南海。玄宗即位，法善在海上乘白鹿，一夜到京。在玄宗朝，凡有吉凶動静，法善必預先奏聞。一日，吐番遣使進寶，函封甚固，奏稱：「内有機密，請陛下自開，勿使他人知之。」廷臣不知來意真僞，是何緣故，面面相覷，不敢開言。惟有法善密奏道：「此是凶函，宜令番使自開。」玄宗依奏降旨。番使領旨，不知好歹，扯起函蓋，函中弩發，番使中箭而死。乃是番家見識，要害中華天子，設此暗機于函中，連番使也不知道，却被法善參透，不中暗算，反教番使自着了道兒。

開元初，正月元宵之夜，玄宗在上陽宫觀燈，尚方匠人毛順心，巧用心機，施逞技藝，結搆彩樓三十餘間。樓高一百五十尺，多是金翠珠玉鑲嵌。樓下坐着，望去樓上，滿樓都是些龍鳳螭豹百般鳥獸之燈。一點了火，那龍鳳螭豹百般鳥獸盤旋的盤旋，跳躑的跳躑，飛舞的飛舞，千巧萬怪，似是神工，不像人力。玄宗看畢大悦，傳旨：「速召葉尊師來同賞。」去了一會，纔召得個葉法善樓下朝見。玄宗稱夸道：「好燈！」法善道：「燈盛無比。依臣看將起來，西凉府今夜之燈，也差不多如此。」玄宗道：「尊師幾時曾見過來？」法善道：「適纔在彼，因蒙急召，所以來了。」玄宗怪他説得咤異，故意問道：「朕如今即要往彼看燈，去得否？」法善道：「不難。」就叫玄宗閉了雙目，叮囑道：「不可妄開，開時有失。」玄宗依從。法善喝聲道：「疾！」玄宗足下雲冉冉而起，已同法善在霄漢之中。須臾之間，足已及地。法善道：「而今可以開眼看了。」玄宗閃開龍目，只見燈影連亘數十里，車馬駢闐，士女紛雜，果然與京師無異，玄宗拍掌稱盛，猛想道：「如此良宵，恨無酒吃。」法善道：「陛下隨身帶有何物？」玄宗道：「止有鏤鐵如意在手。」法善便持往酒家，當了一壺酒、幾個碟來，與玄宗對吃完了，還了酒家家火。玄宗道：「回去罷。」法善復令閉目，騰空而起。少頃已在樓下，御前。去時歌曲，尚未終篇，已行千里有餘。玄宗疑是道家幻術，障眼法兒，未必真到得西凉。猛可思量道：

「却纔把如意當酒，這是實事可驗。」明日差個中使，托名他事，到凉州密訪鏤鐵如意，果然在酒家，説道：「正月十五夜，有個道人拿了當酒吃的。」始信看燈是真。

是年八月中秋之夜，月色如銀，萬里一碧。玄宗在宫中賞月，笙歌進酒。憑着白玉欄杆，仰面看着，浩然長想。有詞爲證：

桂花浮玉，正月滿天街，夜凉如洗。風泛鬚眉透骨寒，人在水晶宫裏。蛇龍偃蹇，觀闕嵯峨，縹緲笙歌沸。霜華滿地，欲跨彩雲飛起。（詞寄《酹江月》）

玄宗不覺襟懷曠蕩，便道：「此月普照萬方，如此光燦，其中必有非常好處。【眉批】如此想頭，原自玄幻。見説嫦娥竊藥，奔在月宫。既有宫殿，定可游觀，只是如何得上去？」急傳旨：「宣召葉尊師。」法善應召而至。玄宗問道：「尊師有道術，可使朕到月宫一游否？」法善道：「這有何難！就請御駕啟行。」説罷，將手中板笏一擲，現出一條雪鍊也似的銀橋來，那頭直接着月内。法善就扶着玄宗，踱上橋去，且是平穩好走。隨走過處，橋便隨滅。走得不上一里多路，到了一個所在，露下沾衣，寒氣逼人。面前有座玲瓏四柱牌樓，擡頭看時，上面有個大匾額，乃是六箇大金字，玄宗認着，是「廣寒清虚之府」六字。便同法善從大門走進來，看時，庭前是一株大桂樹，扶疎遮蔭，不知覆着多少里數。桂樹之下，有無數白衣仙女，乘着白鸞，在那裏舞。這邊庭階上，又有一夥仙女，也如此打扮，各執樂器一件，在那裏奏樂，與舞的仙女相應。看見玄宗與法善走進來，也不驚異，也不招接，吹的自吹，舞的自舞。玄宗呆呆看着，法善指道：「這些仙女，名爲素娥，身上所穿白衣，叫做霓裳羽衣，所奏之曲，名曰《紫雲曲》。」【眉批】好個趣皇帝。玄宗素曉音律，將兩手按節，把樂聲一一嘿記了。後來到宫中，傳與楊太真，就名《霓裳羽衣曲》，流于樂府，爲唐家希有之音，這是後話。

玄宗聽罷仙曲，怕冷欲還。法善駕起兩片彩雲，穩如平地，不勞舉步，已到人間。路過潞州城上，細聽樵樓更鼓，已打三點。那月色一發明朗如畫，照得潞州城中纖毫皆見。但只夜深人静，四顧悄然。法善道：「臣侍陛下夜臨于此，此間人如何知道？適來陛下習聽仙樂，何不於此試演一曲？」玄宗道：「甚妙，甚妙。只方纔不帶得所用玉笛來。」法善道：「玉笛何在？」玄宗道：「在寢殿中。」法善道：「這個不難。」將手指了一指，玉笛自雲中墜下。玄宗大喜，接過手來，想着月中拍數，照依吹了一曲。又在袖中摸出數個金錢，灑將下去了，乘月回宫。至今傳説唐明皇游月宫，正此故事。那潞州城中有睡不着的，聽得笛聲嘹喨，似覺非凡。有爬起來聽的，却在半空中吹響，没做理會。次日又有街上拾得金錢的，報知府裏。府裏官員道是非常祥瑞，上表奏聞。【眉批】戲法都好扯談。十來日，表到御前。玄宗看表道：「八月望夜，有天樂臨城，兼獲金錢，此乃國家瑞兆，萬千之喜。」玄宗心下明白，不覺大笑。自此敬重法善，與張果一般。時常留他兩人在宫中，或下棋，或鬭小法，賭勝負爲戲。

一日，二人在宫中下棋，玄宗接得鄂州刺史表文一道，奏稱：「本州有仙童羅公遠，廣有道術」。【眉批】羅公遠見。蓋因刺史迎春之日，有個白衣人，身長丈餘，形容怪異，雜在人叢之中觀看，見者多駭走。傍有小童喝他道：「業畜，何乃擅離本處，驚動官司？還不速去？」其人並不敢則聲，提起一把衣服，如飛走了。府吏看見小童作怪，一把擒住。來到公燕之所，具白刺史。刺史問他姓名，小童答道：「姓羅，名公遠。適見守江龍上岸看春，某喝令回去。」刺史不信道：「怎見得是龍？須得吾見真形方可信。」小童道：「請待後日。」至期，于水邊作一小坑，深纔一尺，去江岸丈餘，引江水入來。刺史與郡人畢集。見有一白魚，長五六寸，隨流至坑中。跳躍兩遍，漸漸大了。有一道青烟如綫，在坑中起。一霎時，黑雲滿空，天色昏暗。小童道：「快都請上了津亭。」正走間，電光閃爍，大雨如瀉。須臾少定，見一大白龍起于江心，頭與雲連。有頓飯時方滅。刺史看得真實，隨即具表奏聞。就叫羅公遠隨表來朝見帝。

玄宗把此段話與張、葉二人說了，就叫公遠與二人相見。二人見了大笑道：「村童曉得些甚麽！」【眉批】不謂張葉兩人也皮相，豈其故欲試之乎？二人各取棋子一把，捏着拳頭，問道：「此有何物？」公遠笑道：「都是空手。」及開拳，兩人果無一物，棋子多在公遠手中。兩人方曉得這童兒有些來歷。玄宗就叫他坐在法善之下。天氣寒冷，團團圍爐而坐。此時劍南出一種菓子，叫做日熟子，一日一熟，到京都是不鮮的了。張、葉兩人，每日用仙法，遣使取來，過午必至，所以玄宗常有新鮮的到口。是日，至夜不來，二人心下疑惑，商量道：「莫非羅君有緣故？」盡注目看公遠。元來公遠起初一到爐邊，便把火筯插在灰中。見他們疑心了，纔笑嘻嘻的把火筯提了起來。【眉批】神仙自相戲如此。不多時，使者即到，法善詰問：「爲何今日偏遲？」使者道：「方欲到京，火焰連天，無路可過。適纔火息了，然後來得。」衆人多驚伏公遠之法。

却說當時楊妃未入宫之時，有個武惠妃專寵。玄宗雖崇奉道流，那惠妃却篤信佛教，各有所好。惠妃信的釋子，叫做金剛三藏，也是個奇人，道術與葉、羅諸人算得敵手。【眉批】妃好釋子，豈武氏家風乎！玄宗駕幸功德院，忽然背癢。羅公遠折取竹枝，化作七寶如意，進上爬背。玄宗大悦，轉身對三藏道：「上人也能如此否？」三藏道：「公遠的幻化之術，臣爲陛下取真物。」袖中摸出一個七寶如意來獻上。玄宗一手去接得來，手中先所執公遠的如意，登時仍化作竹枝。玄宗回宫與武惠妃說了，惠妃大喜。

玄宗要幸東洛，就對惠妃說道：「朕與卿同行，却教葉、羅二尊師、金剛三藏從去，試他鬬法，以決兩家勝負，何如？」武惠妃歡喜道：「臣妾願隨往觀。」傳旨排鑾駕。不則一日，到了東洛。時方脩麟趾殿，有大方梁一根，長四五丈，徑頭六七尺，眠在庭中。玄宗對法善道：「尊師試爲朕舉起來。」法善受詔作法，方木一頭揭起數尺；一頭不起。玄宗道：「尊師神力，何乃只舉得一頭？」法善奏道：「三藏使金剛神衆壓住一頭，故舉不起。」元來法善故意如此說，要武妃面上好看。【眉批】神仙也周全世情。等三藏自逞其能，然後勝他。果然武妃見説，暗道：「佛法廣大！」不勝之喜。三藏也只道實話，自覺有些快活。惟羅公遠低着頭，只是笑。

玄宗有些不伏氣，又對三藏道：「法師既有神力，葉尊師不能及。今有個澡瓶在此，法師能咒得葉尊師入此瓶否？」三藏受詔置瓶，叫葉法善依禪門法，敷坐起來，念動咒語。未及念完，法善身體欻欻就瓶。念得兩遍，法善已至瓶嘴邊，翕然而入。玄宗心下好生不悦。過了一會，不見法善出來。又對三藏道：「法師既使其入瓶，能使他出否？」三藏道：「進去煩難，出來是本等法。」就念起咒來。咒完不出。【眉批】要得趣甚。三藏急了，不住口一氣數遍，並無動静。玄宗驚道：「莫不尊師没了？」變起臉來。武妃大驚失色，三藏也慌了，只有羅公遠扯開口一味笑。玄宗問他道：「而今怎麽處？」公遠笑道：「不消陛下費心，法善不遠。」三藏又念咒一會，不見出來。正無計較，外邊高力士報道：「葉尊師進。」玄宗大驚道：「銅瓶在此，却在那里來？」急召進問之。法善對道：「寧王邀臣吃飯，正在作法之際，面奏陛下，必不肯放。【眉批】趣極。恰好借入瓶機會，到寧王家吃了飯來。若不因法師一咒，須去不得。」玄宗大笑。武妃、三藏方放下心了。

法善道：「法師已咒過了，而今該貧道還禮。」隨取三藏紫銅鉢盂，在圍爐裏面燒得内外都紅。【眉批】又趣極。法善捏在手裏，弄來弄去，如同無物。忽然雙手捧起來，照着三藏光頭撲地合上去，三藏失聲而走。玄宗大笑。公遠道：「陛下以爲樂，不知此乃道家末技，葉師何必施逞？」【眉批】公遠更勝在不自衒。玄宗道：「尊師何不也作一法，使朕一快。」公遠道：「請問三藏法師，要如何作法術？」三藏道：「貧僧請收固袈裟，試令羅公取之。不得，是羅公輸；取得，是貧僧輸。」玄宗大喜，一齊同到道場院，看他們做作。三藏結立法壇一所，焚起香來。取袈裟貯在銀盒内，又安數重木函，木函加了封鎖，置于壇上。三藏自在壇上打坐起來。玄宗、武妃、葉師多看見壇中有一重菩薩，外有一重金甲神人，又外有一重金剛圍着。賢聖比肩，環繞甚嚴，三藏觀守，目不暫捨。公遠坐繩床上，言笑如常，不見他作甚行徑。衆人都注目看公遠，公遠竟不在心上。有好多一會，玄宗道：「何太遲遲？莫非難取？」公遠道：「臣不敢自夸其能，也不知取得取不得，只叫三藏開來看看便是。」玄宗開言，便叫三藏開函取袈裟。三藏看見重重封鎖，一毫不動，心下喜歡。及開到銀盒，叫一聲苦，已不知袈裟所向，只是個空盒。三藏嚇得面如土色，半晌無言。玄宗拍手大笑。公遠奏道：「請令人在臣院内開櫃取來。」中使領旨去取，須臾袈裟取到了。玄宗看了，問公遠道：「朕見菩薩尊神，如此森嚴，却用何法取出？」公遠道：「菩薩力士，聖之中者；甲兵諸神，道之小者。至于太上至真之妙，非術士所知。適來使玉清神女取之，雖有菩薩金剛，連形也不得見他的，取若坦途，有何所碍！」玄宗大悦，賞賜公遠無數。葉公、三藏皆伏公遠神通。

玄宗欲從他學隱形之術，公遠不肯，道：「陛下真人降化，保國安民，萬乘之尊，學此小術何用？」【眉批】每見公遠高處。玄宗怒罵之。公遠即走入殿柱中，極口數玄宗過失。玄宗愈加怒發，叫破柱取他。柱既破，又見他走入玉礩中。就把礩破爲數十片，片片有公遠之形，却没奈他何。玄宗謝了罪，忽然又立在面前。玄宗懇求至切，公遠只得許了。雖則傳授，不肯盡情。玄宗與公遠同做隱形法時，果然無一人知覺。若是公遠不在，玄宗自試，就要露出些形來，或是衣帶，或是幞頭脚，宫中人定尋得出。玄宗曉得他傳授不盡，多將金帛賞賚，要他喜歡。有時把威力嚇他道：「不盡傳，立刻誅死。」公遠只不作准。【眉批】玄宗呆甚。玄宗怒極，喝令綁出斬首。刀斧手得旨，推出市曹斬訖。

隔得十來日，有個内官叫做輔仙玉，奉差自蜀道回京。路上撞遇公遠騎驢而來。笑對内官道：「官家作戲，忒没道理。」袖中出書一封道：「可以此上聞。」又出藥一包寄上。説道：「官家問時，但道是蜀當歸。」語罷，忽然不見。仙玉還京奏聞，玄宗取書覽看，上面寫是「姓維名厶退」，一時不解。仙玉退出，公遠已至，玄宗方悟道：「先生爲何改了名姓？」公遠道：「陛下曾去了臣頭，所以改了。」玄宗稽首謝罪。公遠道：「作戲何妨？」走出朝門，自此不知去向。直到天寶末禄山之難，玄宗幸蜀，又于劍門奉迎鑾駕。護送至成都，拂衣而去。後來肅宗即位靈武，玄宗自疑不能歸長安。肅宗以太上皇奉迎，然後自蜀還京。方悟「蜀當歸」之寄，其應在此。與李遐周之詩，總是道家前知妙處。有詩爲證：

好道秦王與漢王，豈知治道在經常。
縱然法術無窮幻，不救楊家一命亡。

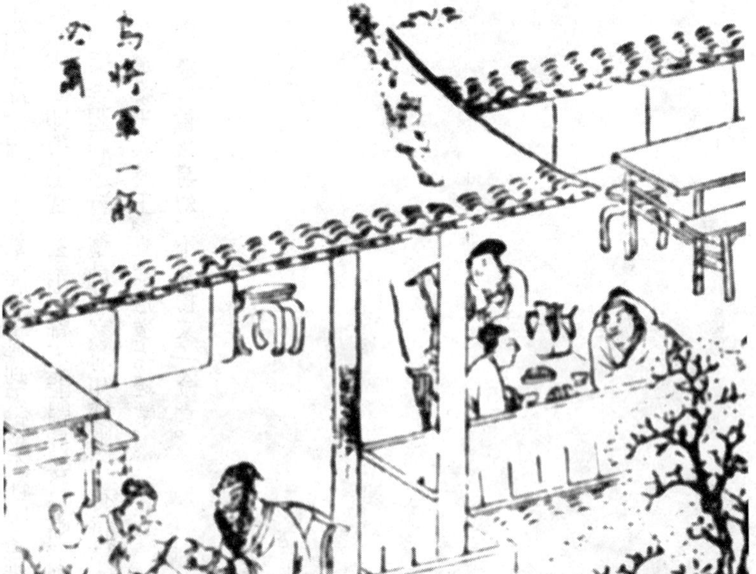
烏將軍一飯必酬

卷之八

烏將軍一飯必酬　陳大郎三人重會

詩曰：

每訝衣冠多盜賊，誰知盜賊有英豪。
試觀當日及時雨，千古流傳義氣高。

話説世人最怕的是個「強盜」二字，做個駡人惡語。不知這也只見得一邊。若論起來，天下那一處没有強盜？假如有一等做官的，誤國欺君，侵剥百姓，雖然官高禄厚，難道不是大盜？【眉批】駡得痛快。有一等做公子的，倚靠着父兄勢力，張牙舞爪，詐害鄉民，受投獻，窩臟私，無所不爲，百姓不敢聲冤，官司不敢盤問，難道不是大盜？有一等做舉人、秀才的，呼朋引類，把持官府，起滅詞訟，每有將良善人家，拆得烟飛星散的，難道不是大盜？只論衣冠中，尚且如此，何况做經紀客商、做公門人役，三百六十行中人，儘有狼心狗行，狠似強盜之人在内，自不必説。所以當時李涉博士遇着強盜，有詩云：

暮雨瀟瀟江上村，緑林豪客夜知聞。
相逢何用藏名姓，世上於今半是君。

這都是嘆笑世人的話。世上如此之人，就是至親切友，尚且反面無情，何况一飯之恩，一面之識？倒不如《水滸傳》上説的人，每每自稱好漢英雄，偏要在緑林中掙氣，做出世人難到的事出來。蓋爲這緑林中，也有一貧無奈，借此栖身的；也有爲義氣上殺了人，借此躱難的；也有朝廷不用，淪落江湖，因而結聚的。雖然只是歹人多，其間仗義踈財的，到也儘有。當年趙禮讓肥，反得粟米之贈；張齊賢遇盗，更多金帛之遺，都是古人實事。

且説近來蘇州有箇王生，是箇百姓人家。父親王三郎，商賈營生。母親李氏。又有箇嬸母楊氏，却是孤孀無子的。幾口兒一同居住。王生自幼聰明乖覺，嬸母甚是愛惜他。不想年紀七八歲時，父母兩口相繼而亡。多虧得這楊氏殯葬完備，就把王生養爲己子，漸漸長成起來。轉眼間又是十八歲了。商賈事體，是件伶俐。

一日，楊氏對他説道：「你如今年紀長大，豈可坐吃箱空？我身邊有的家貲，并你父親剩下的，儘勾營運，待我凑成千來兩，你到江湖上做些買賣，也是正經。」王生欣然道：「這個正是我們本等。」楊氏就收拾起千金東西，交付與他。

王生與一班爲商的計議定了，説南京好做生意。先將幾百兩銀子，置了些蘇州貨物。揀了日子，僱下一隻長路的航船，行李包裹，多收拾停當，別了楊氏起身。到船燒了神福利市，就便開船。一路無話。不則一日，早到京口，趂着東風過江。到了黄天蕩内，忽然起一陣怪風，滿江白浪掀天，不知把船打到一個甚麽去處。天已昏黑了，船上人擡頭一望，只見四下里多是蘆葦，前後並無第二隻客船。王生和那同船一班的人正在慌張，忽然蘆葦裏一聲鑼響，划出三四隻小船來。每船上各有七八個人，一擁的跳過船來。王生等喘做一塊，叩頭討饒。那夥人也不來和你説話，也不來害你性命，只把船中所有金銀貨物，盡數卷擄過船，叫聲：「聒噪」，雙槳齊發，飛也似劃將去了。滿船人驚得魂飛魄散，目睁口呆。王生不覺的大哭起來道：「我直如此命薄！」就與同行的商量道：「如今盤纏行李俱無，到南京何幹？不如各自回家，再作計較。」唧唧噥噥了一會，天色漸漸明了。那時已自風平浪静，撥轉船頭，望鎮江進發。到了鎮江，王生上岸，往一個親眷人家借得幾錢銀子做盤費，到了家中。

楊氏見他不久就回，又且衣衫零亂，面貌憂愁，已自猜個八九了。只見他走到面前，唱得個喏，便哭倒在地。楊氏問他仔細，他把上項事説了一遍。楊氏慰安他道：「兒嚛，這也是你的命，又不是你不老成花費了，何須如此煩惱？且安心在家兩日，再凑些本錢出去，務要趂出前番的來便是。」王生道：「已後只在近處做些買賣罷，不擔這樣干繫遠處去了。」楊氏道：「男子漢千里經商，怎説這話？」

住在家一月有餘，又與人商量道：「揚州布好賣。松江置買了布，到揚州，就帶些銀子，糴了米豆回來，甚是有利。」楊氏又凑了幾百兩銀子，與他到松江，買了百來筒布。獨自寫了一隻滿風梢的船，身邊又帶了幾百兩糴米豆的銀子，合了一個夥計，擇日起行。到了常州，只見前邊來的船，隻隻氣嘆口渴道：「擠壞了！擠壞了！」忙問緣故，説道：「無數糧船，阻塞住丹陽路。自青羊舖直到靈口，水洩不通。買賣船莫想得進。」王生道：「怎麽好？」船家道：「難道我們上前去看他擠不成？打從孟河走他娘罷。」王生道：「孟河路怕恍惚。」船家道：「拚得只是日裏行，何碍？不然守得路通，知在何日？」因遂依了船家，走孟河路。果然是天青日白時節，出了孟河。方歡喜道：「好了，好了。」【眉批】不要欢喜過了。若在内河里，幾能挣得出來？」正在快活間，只見船後頭水響，一隻三櫓八槳船飛也似趕來。看看至近，一撓鈎搭住，十來個强人，手執快刀、鐵尺、金剛圈，跳將過來。元來孟河過東去就是大海，日裏也有强盗的，惟有空船走得。今見是買賣船，又悔氣恰好撞着了，怎肯饒過？盡情搬了去。怪船家手裏還捏着櫓，一鐵尺打去，船家抛櫓不及。王生慌忙之中，把眼瞅去，認得就是前日黄天蕩裏一班人。王生口裏喊道：「大王，前日受過你一番了，今日如何又在此相遇？我前世直如此少你的？」【眉批】王生膽大，宜有後福。那強人内中一箇長大的，説道：「果然如此，還他些做盤纏。」就把一個小小包裹撩將過來。掉開了船，一道烟，反望前邊江裏去了。

王生只叫得苦。拾起包裹，打開看時，還有十來兩零碎銀子在内，噙着眼淚冷笑道：「且喜這番不要借盤纏，僥倖，僥倖！」就對船家説道：「誰叫你走此路，弄得我如此？回去了罷。」船家道：「世情變了，白日打劫，誰人曉得？」只得轉回舊路，到了家中。楊氏見來得快，又一心驚。王生淚汪汪地走到面前，哭訴其故。難得楊氏是個大賢之人，又眼裏識人，自道侄兒必有發迹之日，並無半點埋怨，只是安慰他，教他守命，再做道理。

過得幾時，楊氏又凑起銀子，催他出去，道：「兩番遇盜，多是命裏所招。【眉批】達識之婦。命該失財，便是坐在家裏，也有上門打劫的。不可因此兩番，墮了家傳行業。」王生只是害怕。楊氏道：「侄兒疑心，尋一個起課的問個吉凶，討個前路便是。」果然尋了一個先生到家，接連占卜了，幾處做生意，都是下卦，惟有南京，是箇上上卦。又道：「不消到得南京，但往南京一路上去，自然財爻旺相。」楊氏道：「我的兒，大膽天下去得，小心寸步難行。蘇州到南京，不上六七站路，許多客人往往來來，當初你父親、你叔叔都是走熟的路。你也是悔氣，偶然撞這兩遭盜，難道他們專守着你一個，遭遭打劫不成？占卜既好，只索放心前去。」王生依言，仍舊打點動身。也是他前數注定，合當如此。正是：

篋底東西命裏財，皆繇鬼使共神差。

強徒不是無因至，巧弄他們送福來。

王生行了兩日，又到揚子江中。此日一帆順風，真個兩岸萬山如走馬，直抵龍江關口，然後天晚。上岸不及了，打點灣船。他每是驚彈的鳥，傍着一隻巡哨號船邊拴好了船，自道萬分無事，安心歇宿。到得三更，只聽得一聲鑼響，火把齊明，睡夢裏驚醒。急睁眼時，又是一夥强人，跳將過來，照前搬個罄盡。看自己船時，不在原泊處所，已移在大江闊處來了。火中仔細看他們搶擄，認得就是前兩番之人。王生硬着膽，扯住前日還他包裹這個長大的强盗，跪下道：「大王，小人只求一死。」大王道：「我等誓不傷人性命，你去罷了，如何反來歪纏？」王生哭道：「大王不知，小人幼無父母，全虧得嬸娘重托，出來爲商。剛出來得三次，恰是前世欠下大王的，三次都撞着大王奪了去，教我何面目見嬸娘？也那裏得許多銀子還他？就是大王不殺我時，也要跳在江中死了，决難回去再見恩嬸之面了。」説得傷心，大哭不住。那大王是個有義氣的，覺得可憐他，便道：「我也不殺你，銀子也還你不成，我有道理。我昨晚刼得一隻客船，不想都是打綑的苧麻，且是不少。我要他没用，我取了你銀子，把這些與你做本錢去，也勾相當了。」王生出於望外，稱謝不盡。那夥人便把苧麻亂抛過船來，王生與船家慌忙并叠，不及細看，約莫有二三百綑之數。强盗抛完了苧麻，已自胡哨一聲，轉船去了。船家認着江中小港門，依舊把船移進宿了。

候天大明，王生道：「這也是有人心的强盗，料道這些苧麻也有差不多千金了。他也是刼了去，不好發脱，故此與我。我如今就是這樣發行去賣，有人認出，反爲不美。【眉批】亦精細，亦老成。不如且載回家，打過了綑，改了樣式，再去别處貨賣麽！」仍舊把船開江，下水船快，不多時到了京口閘，一路到家。見過嬸嬸，又把上項事一一説了。楊氏道：「雖没了銀子，换了偌多苧麻來，也不爲大虧。」便打開一綑來看，只見一層一層，解到裏邊，綑心中一塊硬的，纏束甚緊。細細解開，乃是幾層綿紙，包着成錠的白金。隨開第二綑，綑綑皆同。一船苧麻，共有五千兩有餘，乃是久慣大客商，江行防盗，假意貨苧麻，暗藏在綑内，瞞人眼目的。誰知被强盗不問好歹刼來，今日却富了王生。那時楊氏與王生叫聲：「慚愧！」雖然受了兩三番驚恐，却平白地得此横財，比本錢加倍了，不勝之喜。自此以後，出去營運，遭遭順利。不上數年，遂成大姑蘇一飯酬須重，人海茫茫信可期。

陳大郎颯然驚覺，一字不忘。他雖不甚精通文理，這幾句却也解得，嘆口氣道：「菩薩果然靈感！依他説話，相逢似有可望。但只看如此光景，那得能勾。」心下悒怏，那一飯的事早已不記得了。

清早起來，開船歸家。行不得數里，海面忽地起一陣颶風，吹得天昏地暗，連東西南北都不見了。舟人牢把船舵，任風飄去。須臾之間，飄到一個島邊，早已風恬日朗。那島上有小嘍囉數百，正在那里使鎗弄棒，比箭掄拳，一見有海船飄到，正是老鼠在猫口邊過，如何不吃？便一夥的都搶下船來，將一船人身邊銀兩行李，盡數搜出。那多是燒香客人，所有不多，不滿衆意，提起刀來，嚇他要殺。陳大郎情急了，大叫：「好漢饒命！」那些嘍啰聽得是東路聲音，便問道：「你是那里人？」陳大郎戰兢兢道：「小人是蘇州人。」嘍囉們便説道：「既如此，且綁到大王面前發落，不可便殺。」因此連衆人都饒了，齊齊綁到聚義廳來。陳大郎此時也不知是何主意，總之這條性命一大半是閻家的了。閉着淚眼，口裏只念：「救苦救難觀世音菩薩。」

只見那廳上一個大王，慢慢地踱下廳來，將大郎細看了一看，大驚道：「元來是吾故人到此，快放了綁！」陳大郎聽得此話，纔敢偷眼看那大王時節，正是那兩年前遇着多鬚多毛、酒樓上請他吃飯這個人。【眉批】日前東道做着了。嘍囉連忙解脱繩索，大王便扯一把交椅過來，推他坐了，納頭便拜道：「小孩兒每不知進退，誤犯仁兄，望乞恕罪。」陳大郎還禮不迭，説道：「小人觸冒山寨，理合就戮，敢有他言？」大王道：「仁兄怎如此説？小可感仁兄雪中一飯之恩，于心不忘，屢次要來探訪仁兄，只因山寨中多事不便。日前曾分付孩兒們：『凡遇蘇州客商，不可輕殺。』今日得遇仁兄，天假之緣也。」陳大郎道：「既蒙壯士不棄小人時，乞將同行衆人包裹行李見還，早回家鄉，誓當啣環結草。」【眉批】大郎也有些義氣。大王道：「未曾盡得薄情，仁兄如何就去？況且有一事要與仁兄慢講。」回頭分付小嘍囉：「寬了衆人的綁，還了行李貨物，先放還鄉。」衆人歡天喜地，分明是鬼門關上放將轉來，把頭似搗蒜的一般，拜謝了大王，又謝了陳大郎，只恨爹娘少生了兩隻脚，如飛的開船去了。

大王便叫擺酒與陳大郎壓驚。須臾齊備，擺上廳來。那酒餚内山珍海錯也有，人肝人腦也有。大王定席之後，飲了數杯，陳大郎開口問道：「前日倉卒有慢，不曾備細請教得壯士大名，伏乞詳示。」大王道：「小可生在海邊，姓烏名友。少小就有些膂力，衆人推我爲尊，權主此島。因見我鬚毛太多，稱我做烏將軍。前日由海道到崇明縣，得游貴府，與仁兄相會。小可不是餔啜之徒，感仁兄一飯，蓋因我輩錢財輕，意氣重，仁兄若非塵埃之中深知小可，一個素不相識之人，如何肯欣然欵納？【眉批】豈知只是要看他吃飯耶。所謂『士爲知己者死』，仁兄果我之知己耳。」大郎聞言，又驚又喜，心裏想道：「好僥倖也！若非前日一飯，今日連性命也難保。」又飲了數杯，大王開言道：「動問仁兄，宅上有多少人口？」大郎道：「只有岳父母、妻子、小舅，並無他人。」【眉批】問得蹊蹺。大王道：「如今各平安否？」大郎下淚道：「不敢相瞞，舊歲荆妻、妻弟，一同往崇明探親，途中有失，至今不知下落。」大王道：「既是這等，尊嫂定是尋不出了。小可這裏有個婦女，也是貴鄉人，年貌與兄正當。小可欲將他來奉仁兄箕箒，意下如何？」大郎恐怕觸了大王之怒，不敢推辭。大王便大喊道：「請將來，請將來！」只見一男一女，走到廳上。大郎定睛看時，元來不是别人，正是妻子與小舅，禁不住相持痛哭了一場。

大王便教增了筵席。三人坐了客位，大王坐了主位，説道：「仁兄知尊嫂在此之故否？舊歲冬間，孩兒每往崇明海岸無人處，做些細商道路，見一男一女，傍晚同行，拿着前來。小可問出根由，知是仁兄宅眷，忙令各館别室，不敢相輕。于今兩月有餘，急忙里無個緣便。心中想道：『只要得邀仁兄一見，便可用小力送還。』今日不期而遇，天使然也。」三人感謝不盡。那妻子與小舅私對陳大郎説道：「那日在海灘上望得見外婆家了，打發了來船。【眉批】船家不説謊。姊弟正走間，遇見一夥人，綑縛將來，道是性命休矣。不想一見大王，查問來歷，我等一一實對，便把我們另眼相看，我們也不知其故。今日見説，却記得你前年間曾言蘇州所遇，果非虚話了。」陳大郎又想道：「好僥倖也！前日若非一飯，今日連妻子也難保。」

酒罷起身，陳大郎道：「妻父母望眼將穿。既蒙壯士厚恩完聚，得早還家爲幸。」大王道：「既如此，明日送行。」當夜送大郎夫婦在一個所在，送小舅在一個所在，各歇宿了。次日又治酒相餞。三口拜謝了要行，大王又教僂儸托出黄金三百兩、白金一千兩，彩段貨物在外，不計其數。陳大郎推辭了幾番道：「重承厚賜，隻身難以持歸。」大王道：「自當相送。」大郎只得拜受了。大王道：「自此每年當一至。」大郎應允。大王相送出島邊，僂儸們已自駕船相等。他三人歡歡喜喜，别了登舟。那海中是强人出没的所在，怕甚風濤險阻？只兩日，竟由海道中送到崇明上岸，海船自去了。

他三人竟走至外婆家來。見了外婆，説了緣故，老人家肉天肉地的叫，歡喜無極。陳大郎又叫了一隻船，三人一同到家。歐公歐媽見兒女、女婿都來，還道是睡里夢里。大郎便將前情告訴了一遍，各各悲歡了一場。歐公道：「此果是烏將軍義氣，然若不遇颶風，何緣得到島中？普陀大士真是感應！」大郎又説着大士夢中四句詩，舉家嘆異。

從此，大郎夫妻年年到普陀進香，都是烏將軍差人從海道迎送。每番多則千金，少則數百，必致重負而返。陳大郎也年年往他州外府，覓些奇珍異物，奉承烏將軍，又必加倍相答，遂做了吴中巨富之家，乃一飯之報也。後人有詩贊曰：

胯下曾酬一飯金，誰知劇盜有情深！
世間每説奇男子，何必儒林勝緑林？

宣徽院仕女
秋韆會

卷之九

宣徽院仕女鞦韆會　清安寺夫婦笑啼緣

詩曰：

聞説氤氳使，專司夙世緣。
豈徒生作合，慣令死重還。
順局不成幻，逆施方見權。
小兒稱造化，於此信其然。

話説人世婚姻前定，難以强求。不該是姻緣的，隨你用盡機謀，壞盡心術，到底没收場。及至該是姻緣的，雖是被人扳障，受人離間，却又散的弄出合來，死的弄出活來。【眉批】此等話可息人妄想胡行。從來傳奇小説上邊，如《倩女離魂》，活的弄出魂去，成了夫妻。如《崔護渴漿》，死的弄轉魂來，成了夫妻。奇奇怪怪，難以盡述。

只如《太平廣記》上邊説，有一個劉氏子，少年任俠，膽氣過人。好的是張弓挾矢、馳馬試劍、飛觴蹴鞠諸事。交游的人，總是些劍客、搏徒、殺人不償命的亡賴子弟。一日游楚中，那楚俗習尚，正與相合，就有那一班兒意氣相投的人，成群聚黨，如兄若弟往來。有人對他説道：「鄰人王氏女美貌，當今無比。」劉氏子就央座中人爲媒，去求聘他。那王家道：「雖然此人少年英勇，却聞得行徑古怪，有些不務實，恐怕後來惹出事端，誤了女兒終身。」堅執不肯。那女兒久聞得此人英風義氣，倒有幾分慕他，只碍着爹娘做主，無可奈何。那媒人回覆了劉氏子，劉氏子是個猛烈漢子，道：「不肯便罷，大丈夫怕没有好妻，愁他則甚！」一些不放在心上。【眉批】姻緣在此。又到别處閒游了幾年，其間也就説過幾家親事，高不湊，低不就，一家也不曾成得，仍舊到楚中來。那鄰人王氏女，雖然未嫁，已許下人了。劉氏子聞知，也不在心上。這些舊時朋友，見劉氏子來了，都來訪他，仍舊聯肩叠背，日裏合圍打獵。【眉批】豪舉可想。獵得些獐鹿雉兔，晚間就烹炮起來，成群飲酒，没有三四鼓不肯休歇。

一日，打獵歸來，在郭外十餘里一個林子裏下馬少憩。只見樹木陰慘，境界荒凉，有六七個土堆，多是雨淋泥落，屍棺半露，也有棺木毁壞，屍骸盡見的。衆人看了道：「此等地面，虧是日間，若是夜晚獨行，豈不怕人？」劉氏子道：「大丈夫神欽鬼伏，就是黑夜，有何怕懼？你看我今日夜間，偏要到此處走一遭。」衆人道：「劉兄雖然有膽氣，怕不能如此。」劉氏子道：「你看我今夜便是。」衆人道：「以何物爲信？」劉氏子就在古墓上取墓磚一塊，題起筆來，把同來衆人名字，多寫在上面，説道：「我今帶了此磚去，到夜間我獨自送將來。」指着一個棺木道：「放在此棺上，明日來看便是。我送不來，我輸東道，請你衆位；我送了來，你衆位輸東道請我。」見放着磚上名字，挨名派分，不怕少了一個。衆人都笑道：「使得，使得！」説罷，只聽得天上隱隱雷響，一齊上馬，回到劉氏子下處。又將射獵所得，烹宰飲酒。

霎時間雷雨大作，幾個霹靂，震得屋宇都是動的。衆人戲劉氏子道：「劉兄，日間所言，此時怕鐵好漢也不敢去。」劉氏子道：「説那裏話？你看我雨略住就走。」果然陣頭過，雨小了，劉氏子持了日間墓磚，出門就走。衆人都笑道：「你看他那裏演帳演帳，回來搗鬼，我們且落得吃酒。」果然劉氏子使着酒性，一口氣走到日間所歇墓邊，笑道：「你看這夥懦夫，不知有何懼怕，便道到這裏來不得？」此時雷雨已息，露出星光微明，正要將磚放在棺上，只見棺上有一件東西蹲踞在上面。劉氏子摸了一摸道：「奇怪，是甚物件？」暗中手捻捻看，却像是個衣衾之類，裹着甚東西，兩手合抱將來，約有七八十觔重。【眉批】大膽。笑道：「不拘是甚物件。且等我背了他去，與他們看看，等他們就曉得，省得直到明日纔信。」他自恃膂力，要嚇這班人，便把磚放了，一手拖來，背在背上，大踏步便走。

到得家來，已是半夜，衆人還在那裏呼紅叫六的吃酒。聽得外邊脚步響，曉得劉氏子已歸，恰像負着重東西走的。正在疑惑間，門開處，劉氏子直到燈前，放下背上所負在地，燈下一看，却是一個簇新衣服的女人死屍。可也奇怪，挺然卓立，更不僵仆。一座之人，猛然擡頭見了，個個驚得屁滚尿流，有的逃躲不及。劉氏子再把燈細細照看死屍面孔，只見臉上脂粉新施，形容甚美，只是雙眸緊閉，口中無氣，正不知是甚麽緣故。衆人都懷懼怕道：「劉兄惡取笑，不當人子，怎麽把一個死人背在家裏來嚇人？快快仍背了出去！」劉氏子大笑道：「此乃吾妻也。我今夜還要與他同衾共枕，怎麽捨得負了出去？」【眉批】頑皮極，亦趣極。說罷，就裸起雙袖，一抱抱將上床來，與他做了一頭，口對了口，果然做一被睡下了。他也只要在衆人面前賣弄膽壯，故意如此做作。衆人又怕又笑，説道：「好無賴賊，直如此大膽不怕？拚得輸東道與你罷了，何必做出此滲瀨勾當？」劉氏子憑衆人自説，只是不理，自睡了。衆人散去。

劉氏子與死屍睡到了四鼓，那死屍得了生人之氣，口鼻裏漸漸有起氣來。【眉批】奇事。劉氏子駭異，忙把手摸他心頭，却是温温的。劉氏子道：「慚愧！敢怕還活轉來。」正在疑慮間，那女人四肢已自動了。劉氏子越吐着熱氣接他，果然翻個身活將起來，道：「這是那裏？我却在此！」劉氏子問其姓名，只是含羞不説。

須臾之間，天大明了，只見昨夜同席這干人有幾個走來道：「昨夜死屍在那裏？元來有這樣異事！」劉氏子且把被遮着女人，問道：「有何異事？」那些人道：「元來昨夜鄰人王氏之女嫁人，梳妝已畢，正要上轎，忽然急心疼死了。未及殯殮，只聽得一聲雷響，不見了屍首，至今無尋處。雷震屍起，自是常事。昨夜兄背來死屍，敢怕就是。」劉氏子大笑道：「我背來是活人，何曾是死屍？」【眉批】更趣。衆人道：「又來調候！」劉氏子扯開被與衆人看時，果然是一個活人。衆人道：「又來奇怪！」因問道：「小娘子誰氏之家？」那女子見人多了，便説出話來道：「奴是此間王家女。因昨夜一個頭暈，跌倒在地，不知何緣在此？」劉氏子又大笑道：【眉批】三笑皆有豪趣。「我昨夜元説道是吾妻，今説將來，便是我昔年求聘的了。我何曾弔謊？」衆人都笑將起來，道：「想是前世姻緣，我等當爲撮合。」

此話傳聞出去，不多時王氏父母都來了。看見女兒是活的，又驚又喜。那女兒曉得就是前日求親的劉生，便對父母説道：「兒身已死，還魂轉來，却遇劉生。昨夜雖然是個死屍，已與他同寢半夜，也難另嫁別人了。」【眉批】□遂所□。爹媽作主則個。」衆人都攛掇道：「此是天意，不可有違。」王氏父母遂把女兒招了劉氏子爲婿，後來偕老。可見天意有定，如此作合。儻若這夜不是暴死大雷，王氏女已是別家媳婦了；又非劉氏子試膽作戲，就是因雷失屍，也有何涉？只因是夙世前緣，故此奇奇怪怪顛之倒之有此等異事。

這是個父母不肯許的。又有一個父母許了又悔的，也弄得死了活轉來。一念堅貞，終成夫婦。留下一段佳話，名曰《鞦韆會記》。正是：

精誠所至，金石爲開。
貞心不寐，死後重諧。

這本話乃是元朝大德年間的事。那朝有個宣徽院使，叫做孛羅，是個色目人，乃故相齊國公之子。生自相門，窮極富貴，第宅宏麗，莫與爲比。却又讀書能文，敬禮賢士，一時公卿間多稱誦他好處。他家住在海子橋西，與僉判奄都剌、經歷東平王榮甫三家相聯，通家往來。宣徽私居後，有花園一所，名曰杏園，取「春色滿園關不住，一枝紅杏出墻來」之意。那杏園中花卉之奇，亭榭之好，諸貴人家所不能仰望。每年春，宣徽諸妹、諸女，邀院判、經歷兩家宅眷，於園中設鞦韆之戲，盛陳飲宴，歡笑竟日，各家亦隔一日設宴還答，自二月末至清明後方罷。謂之鞦韆會。

于時有個樞密院同僉帖木兒不花的公子，叫做拜住，騎馬在花園墻外走過。只聞得墻内笑聲，在馬上欠身一望，正見墻内鞦韆競就，歡閧方濃。遥望諸女，都是絶色。拜住勒住了馬，潛身在柳陰中，恣意偷覷，不覺多時。那管門的老園公，聽見墻外有馬鈴響，走出來看，只見這一個騎馬郎君呆呆地對墻裏覷着。園公認得是同僉公子，走報宣徽，宣徽急叫人趕出來。那拜住纔撞見園公時，曉得有人知覺，恐怕不雅，已自打上一鞭，去得遠了。

拜住歸家來，對着母夸説此事，盛道宣徽諸女，個個絶色。母親解意，便道：「你我正是門當户對，只消遣媒求親，自然應允，何必望空羡慕？」就央個媒婆到宣徽家來説親。宣徽笑道：「莫非是前日騎馬看鞦韆的？吾正要擇婿，教他到吾家來看看。才貌若果好，便當許親。」媒婆歸報同僉，同僉大喜，便叫拜住盛飾儀服，到宣徽家來。

宣徽相見已畢，看他丰神俊美，心裏已有幾分喜歡。但未知内蕴才學如何，思量試他，遂對拜住道：「足下喜看鞦韆，何不以此爲題，賦《菩薩蠻》一調，老夫要請教則個。」拜住請筆硯出來，一揮而就。詞曰：

紅繩畫板柔荑指，東風燕子雙雙起。夸俊要争高，更將裙繫牢。　牙床和困睡，一任金釵墜。推枕起來遲，紗窗月上時。

宣徽見他才思敏捷，韵句鏗鏘，心下大喜，分付安排盛席款待。筵席完備，待拜住以子侄之禮，送他側首坐下，自己坐了主席。

飲酒中間，宣徽想道：「適間詠鞦韆詞，雖是流麗，然或者是那日看過鞦韆，便已有此題咏，今日偶合着題目的。不然，如何恁般來得快？真個七步之才也不過如此。待我再試他一試看。」恰好聽得樹上黄鶯巧囀，就對拜住道：「老夫再欲求教，將《滿江紅》調賦鶯一首，望不吝珠玉，意下如何？」拜住領命，即席賦成，拂拭剡藤，揮灑晋字，呈上宣徽，詞曰：

嫩日舒晴，韶光艷，碧天新霽。正桃腮半吐，鶯聲初試。孤枕乍聞弦索悄，曲屏時聽笙簧細。愛綿蠻柔舌韵東風，愈嬌媚。　幽夢醒，閑愁泥。殘杏褪，重門閉。巧音芳韵，十分流麗。入柳穿花來又去，欲求好友真無計。望上林，何日得雙栖？心迢遞。

宣徽看見詞翰兩工，心下已喜，及讀到末句，曉得是見景生情，暗藏着求婚之意，不覺拍案大叫道：「好佳作！真吾婿也。老夫第三夫人有個小女，名喚速哥失里，堪配君子。待老夫喚出相見則個。」就傳雲板，請三夫人與小姐上堂。當下拜住拜見了岳母，又與小姐速哥失里相見了，正是鞦韆會裏女伴中最絶色者。【眉批】此□是夷俗矣。拜住不敢十分擡頭，已自看得較切，不比前日墻外影響，心中喜樂，不可名狀。相見罷，夫人同小姐回步。

却説内宅女眷，聞得堂上請夫人、小姐時，曉得是看中了女婿。【眉批】最是女眷要看得緊。別位小姐都在門背後縫裏張着看，見拜住一表非俗，個個稱羡。見速哥失里進來，私下與他稱喜道：「可謂『門闌多喜氣，女婿近乘龍』也。」合家讚美不置。

拜住辭謝了宣徽，回到家中，與父母説知，就擇吉日行聘。禮物之多，詞翰之雅，喧傳都下，以爲盛事。誰知好事多磨，風雲不測。臺諫官員看見同僉富貴豪宕，上本參論他贓私。奉聖旨：發下西臺御史勘問。

見得不醒。三夫人哭得昏暈了數次，無可奈何，只得買了一副重價的棺木，盡將平日房奩首飾珠玉及兩番夫家的聘物，都放在棺内入殮了。眼看得多年無人，這一團熱氣成冰，去報宣徽。那三夫人見説，兒天兒地哭將起來。急忙叫人追轎回來，急解脚纏，將薑湯灌下去，牙關緊閉，眼也！」元來速哥失里在轎中偷解纏脚紗帶，縊頸而死，已此絶氣了。慌忙報與平章，連平章没做道理處，叫人到得平章家裏，賓相念了詩賦，啓請新人出轎。伴娘開簾，等待再三，不見擡身。攢頭轎内看時，叫聲：「苦吉期，花轎到門。速哥失里不肯上轎，衆夫人、衆姊妹各來相勸。速哥失里大哭一場，含着淚眼，勉强上轎。

那平章家擇日下聘，比前番同僉之禮，更覺隆盛，三夫人道争得氣來，心下方纔快活。只見平章家揀下那裏管女兒肯不肯，别許了平章潤潤出之子僧家奴。拜住雖然聞得這事，心中懊惱，自知失勢，不敢相争。個女兒，即此立心，天緣定矣。宣徽雖也道：「女兒之言有理。」怎當得三夫人撒嬌撒癡，把宣徽的耳朵撥了轉來。裏豈不羡慕？但寸絲爲定，鬼神難欺。豈可因他貧賤，便想悔賴前言？非人所爲，兒誓死不敢從命。」【眉批】好兒速哥失里説知。速哥失里不肯，哭諫母親道：「結親結義。一與訂盟，終不可改。兒見諸姊妹家榮盛，心梢。今日見别人的女兒多與了富貴之家，反是他女婿家裏凋弊了，好生不伏氣，一心要悔這頭親事。便與女家裏事務都是他主持，所以前日看上拜住，就只把他的女兒許了，也是好勝處。【眉批】前日以爲私厚，今日以爲下輩，只曉得炎凉世態，那裏管甚麽大道理？心裏怫然不悦。元來宣徽别房雖多，惟有三夫人是他最寵愛的，

宣徽好生不忍，心裏要收留拜住回家成親，教他讀書，以圖出身。與三夫人商議。那三夫人是個女流之却又被西臺追贓入官，家業不勾賠償，真個轉眼間冰消瓦解，家破人亡。病，是惹的牢瘟，同僉既死，闔門染了此症，没幾日就斷送一個，一月之内，弄個盡絶，止剩得拜住一個不死。例許題請釋放。同僉幸得脱獄，歸家調治，却病得重了，百藥無效，不上十日，嗚呼哀哉，舉家號痛。誰知這免不得收下監中。那同僉是個受用的人，怎吃得牢獄之苦？不多幾日，生起病來。元來元朝大臣在獄有病，

家聘物，盡情納在棺内入殮。【眉批】愛極生痴，何益于事。將棺木暫寄清安寺中。

且説拜住在家，聞得此變，情知小姐爲彼而死。曉得柩寄清安寺中，要去哭他一番。是夜來到寺中，見了棺柩，不覺傷心，撫膺大慟。真是哭得三生諸佛都垂淚，滿房禪侶盡長吁。哭罷，將雙手扣棺道：「小姐陰靈不遠，拜住在此。」只聽得棺内低低應道：「快開了棺，我已活了。」

拜住聽得明白，欲要開時，將棺木四圍一看，漆釘牢固，難以動手。乃對本房主僧説道：「棺中小姐，元是我妻屈死。今棺中説道已活，我欲開棺，獨自一人，難以着力，須求師父們幫助。」僧道：「此宣徽院小姐之棺，誰敢私開？開棺者須有罪。」拜住道：「開棺之罪，我一力當之，不致相累，况且暮夜無人知覺。若小姐果活了，放了出來，棺中所有，當與師輩共分；若是不活，也等我見他一面，仍舊蓋上，誰人知道？」【眉批】有此語□□□得成了。那些僧人見説共分所有，他曉得棺中隨殮之物甚厚，也起了利心，亦且拜住興頭時，與這些僧人也是門徒施主，不好違拗。便將一把斧頭，把棺蓋撬將開來。只將劃然一聲，棺蓋開處，速哥失里便在棺内坐了起來。見了拜住，彼此喜極。拜住便説道：「小姐再生之慶，果是冥數，也虧得寺僧助力開棺。」小姐便脱下手上金釧一對，及頭上首飾一半，謝了僧人，剩下的還直數萬兩。拜住與小姐商議道：「本該報宣徽得知，只是恐怕有變。而今身邊有財物，不如瞞着遠去，只央寺僧買些漆來，把棺木仍舊漆好，不説出來。神不知，鬼不覺，此爲上策。」寺僧受了重賄，無有不依，照舊把棺木漆得光浄牢固，並不露一些風聲。

拜住遂挈了速哥失里，走到上都，尋房居住。那時身邊豐厚，拜住又尋了一館，教着蒙古生數人，復有月俸，家道從容，儘可過日。夫妻兩個，你恩我愛，不覺已過一年。也無人曉得他的事，也無人曉得甚麽宣徽之女、同僉之子。

却説宣徽自喪女後，心下不快，也不去問拜住下落。好些時不見了他，只説是流離顛沛，連存亡不可保了。一日，旨意下來，拜宣徽做開平尹。宣徽帶了家眷赴任。那府中事體煩雜，宣徽要請一個館客做記室，代筆札之勞。争奈上都是個極北夷方，那裏尋得個儒生出來，訪有多日，有人對宣徽道：「近有個士人，自大都挈家寓此，也是個色目人，設帳民間，極有學問。府君若要覓西賓，只有此人可以充得。」宣徽大喜，差個人拿帖去，快請了來。

拜住看見了名帖，心知正是宣徽。忙對小姐説知了，穿着整齊，前來相見。宣徽看見，認得是拜住，吃了一驚，想道：「我幾時不見了他，道是流落死亡了，如何得衣服濟楚，容色充盛如此？」不覺追念女兒，有些傷感起來。自然之情。便對拜住道：「昔年有負足下，反累愛女身亡，慚恨無極。今足下何因在此？曾有親事未曾？」拜住道：「重蒙垂念，足見厚情。小婿不敢相瞞，令愛不亡，見同在此。」宣徽大驚道：「那有此話？小女當日自縊，今屍棺見寄清安寺中，那得有個活的在此間？」拜住道：「令愛小姐與小婿實是夙緣未絶，得以重生，今見在寓所，可以即來相見，豈敢有誑？」

宣徽忙走進去，與三夫人説了，大家不信。【眉批】原難信。拜住又叫人去對小姐説了，一乘轎竟擡入府衙裏來。驚得合家人都上前來争看，果然是速哥失里。那宣徽與三夫人不管是人是鬼，且抱着頭哭做了一團。哭罷，定睛再看。看去身上穿戴的，還是殮時之物，行步有影，衣衫有縫，言語有聲，料想真是個活人了。那三夫人道：「我的兒，就是鬼我也捨不得放你了。」

只有宣徽是個讀書人見識，終是不信，疑心道：「此是屈死之鬼，所以假托人形，幻惑年少。」理亦有之。口裏雖不説破，却暗地使人到大都清安寺問僧家的緣故。【眉批】讀書人尚疑如此。僧家初時抵賴，後見來人説道：「已自相逢廝認了。」纔把真心話一一説知。來人不肯便信，僧家把棺木撬開與他看，只見是個空棺，一無所有。回來報知宣徽道：「此情是實。」宣徽道：「此乃宿世前緣也。難得小姐一念不移，所以有此異事。

早知如此，只該當初依我說，收養了女婿，怎見得有此多般？」三夫人見說，自覺沒趣，懊悔無極，把女婿越看待得親熱，竟贅他在家中終身。

後來速哥失里與拜住生了三子。長子教化，仕至遼陽等處行中省左丞。次子忙古歹，幼子黑厮，俱爲內怯薛帶御器械。教化與忙古歹先死，黑厮直做到樞密院使。天兵至燕，元順帝御清寧殿，集三宮皇后太子同議避兵。黑厮與丞相失列門哭諫道：「天下者，世祖之天下也。當以死守。」順帝不聽，夜半開建德門遁去。黑厮隨入沙漠，不知所終：

平章府轎擡死女，清安寺漆整空棺。
若不是生前分定，幾曾有死後重歡？

劉秀才乘亂
聘嬌妻

吴太守憐才
主姻簿

卷之十

韓秀才乘亂聘嬌妻　吴太守憐才主姻簿

詩曰：

嫁女須求女婿賢，貧窮富貴總由天。
姻緣本是前生定，莫爲炎凉輕變遷。

話説人生一世，滄海變爲桑田。目下的貴賤窮通，都做不得准的。如今世人，一肚皮勢利念頭，見一個人新中了舉人、進士，生得女兒，便有人搶來定他爲媳；生得男兒便有人捱來許他爲婿。【眉批】今時藥石。萬一官卑禄薄，一旦天亡，仍舊是個窮公子、窮小姐，此時懊悔，已自遲了。儘有貧苦的書生，向富貴人家求婚，便笑他陰溝洞裏思量天鵝肉吃。忽然青年高第，然後大家懊悔起來，不怨悵自己没有眼睛，便嗟嘆女兒無福消受。所以古人會擇婿的，偏揀着富貴人家不肯應允，却把一個如花似玉的愛女，嫁與那酸黄虀、爛豆腐的秀才，没有一人不笑他呆癡，道是：「好一塊羊肉，可惜落在狗口裏了。」一朝天子招賢，連登雲路，五花誥、七香車，儘着他女兒受用，然後服他先見之明。這正是：凡人不可貌相，海水不可斗量。只在論女婿的賢愚，不在論家勢的貧富。當初韋皋、吕蒙正多是樣子。

却説春秋時，鄭國有一個大夫，教做徐吾犯。父母已亡，止有一同胞妹子。那小姐年方十六，生得肌如白雪，臉似櫻桃，髩若堆鴉，眉橫丹鳳。吟得詩，作得賦，琴棋書画，女工針指，無不精通。還有一件好處：那一雙嬌滴滴的秋波，最會相人。【眉批】韋皋之妻母苗氏亦能相人。大凡做官的與他哥哥往來，他常在簾中偷看，便識得那人貴賤窮通，終身結果，分毫没有差錯。所以一發名重當時。

却有大夫公孫楚聘他爲婦，尚未成婚。那公孫楚有個從兄，教做公孫黑，官居上大夫之職。聞得那小姐貌美，便央人到徐家求婚，徐大夫回他已受聘了。公孫黑原是不良之徒，便倚着勢力，不管他肯與不肯，備着花紅酒禮，笙簫鼓樂送上門來。徐大夫無計可施，次日，備了酒筵，請他兄弟二人來，聽妹子自擇。【眉批】有見識。公孫黑曉得要看女婿，便濃妝艷服而來；又自賣弄富貴，將那金銀彩段，排列一廳。【眉批】坦腹如不聞者□此□。公孫楚只是常服，也没有甚禮儀。傍人觀看的，都贊那公孫黑，一班肉眼。暗猜道：「一定看中他了。」酒散，二人謝别而去。小姐房中看過，便對哥哥説道：「公孫黑官職又高，面貌又美，只是帶些殺氣，他年决不善終。不如嫁了公孫楚，雖然小小有些折挫，久後可以長保富貴。」大夫依允，便辭了公孫黑，許了公孫楚。擇日成婚已畢。

那公孫黑懷恨在心，奸謀又起。忽一日，穿了甲胄，外邊用便服遮着，到公孫楚家裏來，欲要殺他，奪其妻子。已有人通風與公孫楚知道，疾忙執着長戈趕出。公孫黑措手不及，着了一戈，負疼飛奔出門，便到宰相公孫僑處告訴。此時大夫都聚，商議此事。公孫楚也來了，争辯了多時。公孫僑道：「公孫黑要殺族弟，其情未知虚實，却是論官職也該讓他，論長幼也該讓他。公孫楚卑幼，擅動干戈，律當遠竄。」當時定了罪名，貶在吴國安置。公孫楚回家，與徐小姐抱頭痛哭而行。公孫黑得意，越發耀武揚威了。外人看見，都懊悵徐小姐不嫁得他。就是徐大夫，也未免世俗之見。小姐全然不以爲意，安心等守。

却説鄭國有個上卿游吉，該是公孫僑之後，輪着他爲相。公孫黑思想奪他權位，日夜蓄謀，不時就要作起反來。公孫僑得知，便疾忙乘其未發，差官數了他的罪惡，逼他自縊而死。這正合着徐小姐「不善終」的話了。

那公孫楚在吴國住了三載，赦罪還朝，就代了那上大夫職位，富貴已極。遂與徐小姐偕老。假如當日小姐貪了上大夫的聲勢，嫁着公孫黑，後來做了叛臣之妻，不免守幾十年之寡。即此可見，目前貴賤，都是論不得的。

説話的，你又差了。天下好人也有窮到底的，難道一個個爲官不成？俗語道得好：「賒得不如現得何。」如把女兒嫁了一個富翁，且享此目前的快活？看官有所不知，就是會擇婿的，也都要根着命走。一飲一啄，莫非前定。却畢竟不如嫁了個讀書人，到底不是個没望頭的。

如今再説一個生女的富人，只爲倚富欺貧，思負前約，虧得太守廉明，成其姻事，後來妻貴夫榮，遂成佳話。有詩一首爲証：

當年紅拂困閨中，有意相隨李衛公。
日後榮華誰可及，只緣雙目識英雄。

話説國朝正德年間，浙江台州府天台縣，有一秀士，姓韓名師愈，表字子文。父母雙亡，也無兄弟，只是一身。他十二歲上就游庠的，養成一肚皮的學問，真個是：

才過子建，貌賽潘安。胸中博覽五車，腹内廣羅千古。他日必爲攀桂客，目前尚作採芹人。

那韓子文雖是滿腹文章，却當不過家道消乏，在人家處館，勉强糊口。所以年過二九，尚未有親。一日，遇着端陽節近，别了主人家回來，住在家裏了數日。忽然心中想道：「我如今也好議親事了。據我胸中的學問，就是富貴人家把女兒匹配，也不寃屈了他。却是如今世人誰肯？」又想了一回道：「是便是這樣説，難道與我一樣的儒家，我也還對他的女兒不過？」當下開了拜匣，秤出束脩銀伍錢，做個封筒封了，放在匣内，教書僮拿了隨着，信步走到王媒婆家裏來。

那王媒婆接着，見他是個窮鬼，也不十分動火他的。吃過了一盞茶，便開口問道：「秀才官人幾時回家的？甚風推得到此？」子文道：「來家五日了。今日到此，有些事體相央。」便在家僮手中接過封筒，雙手遞與王婆道：「薄意伏乞笑納，事成再有重謝。」王婆推辭一番，便接了道：「秀才官人敢是要説親麽？」子文道：「正是。家下貧窮，不敢仰攀富户。但得一樣儒家女兒，可備中饋延子嗣，足矣。積下數年束脩，四五十金聘禮，也好勉强出得。乞媽媽與我訪個相應的人家。」王婆曉得窮秀才説親，自然高來不成，低來不就的，却難推拒他，只得回覆道：「既承官人厚惠，且請回家，待老媽子慢慢的尋覓。有了話頭，便來回報。」那子文自回家去了。

一住數日，只見王婆走進門來，叫道：「官人在家麽？」子文接着，問道：「姻事如何？」王婆道：「爲着秀才官人，鞋子都走破了，方纔問得一家，乃是縣前許秀才的女兒，年紀十七歲。那秀才前年身死，娘子寡居在家裏。家事雖不甚富，却也過得。説起秀才官人，到也有些肯了，只是説道：『我女兒嫁個讀書人，儘也使得。但我們婦人家，又不曉得文字。目今提學要到台州歲考，待官人考了優等，就出吉帖便是。』」【眉批】何可憑准，真婦女之見。子文自恃才高，思忖此事，十有八九。對王婆道：「既如此説，便待考過議親不遲。」當下買幾杯白酒，請了王婆，自別去了。

子文又到館中，静坐了一月有餘，宗師起馬牌已到。那宗師姓梁，名士範，江西人。不一日到了台州。那韓子文頭上帶了紫菜的巾，身上穿了腐皮的衫，腰間繫了芋艿的絛，脚下穿了木耳的靴，同衆生員迎接入城。行香、講書已過，便張告示，先考府學及天台、臨海兩縣。到期，子文一筆寫完，甚是得意。出場來，將考卷謄寫出來，請教了幾個先達、幾個朋友，無不嘆賞。又自己玩了幾遍，拍着桌子道：「好文字，好文字！就做個案元幫補，也不爲過，何况優等！」又把文字來鼻頭邊聞一聞道：「果然有些老婆香。」

却説那梁宗師是個不識文字的人，又且極貪，又且極要奉承鄉官及上司。【眉批】好個宗師。前日考過杭、嘉、湖，無一人不罵他的，幾乎吃秀才們打了。曾編着幾句口號道：「道前梁鋪，中人姓富，出賣生儒，不悞主顧。」又有一個對道：「公子笑欣欣，喜弟喜兄都入學；童生愁慘慘，恨祖恨父不登科。」又把四書幾語，做着幾股道：「君子學道，公則悦；小人學道，盡信書。不學詩，不學禮，有父兄在，如之何其廢之？誦其詩，讀其書，雖善不尊，如之何其可也？」那韓子文是個窮儒，那有銀子鑽刺？十日後發出案來，只見公子富翁都占前列了。你道那韓師愈的名字却在那裏？正是：似「王」無一竪，如「川」却又眠，曾有一首《黄鶯兒》詞，單道那三等的苦處：

無辱又無榮，論文章是弟兄，鼓聲到此如春夢。高才命窮，庸才運通，廪生到此便宜貢。且從容，一邊站立，看别個賞花紅。

那韓子文考了三等，氣得目睜口呆，把那梁宗師烏龜亡八的罵了一場，不敢提起親事。【眉批】好掃興。那王婆也不來説了。只得勉强自解，嘆口氣道：

娶妻莫恨無良媒，書中有女顔如玉。

發落已畢，只得蕭蕭條條，仍舊去處館。見了主人家及學生，都是面紅耳熱的，自覺没趣。

又過了一年有餘，正遇着正德爺爺崩了，遺詔册立興王。嘉靖爺爺就藩邸召入登基，年方一十五歲，妙選良家子女，充實掖庭。那浙江紛紛的訛傳道：「朝廷要到浙江各處點繡女。」那些愚民一個個信了。一時間嫁女兒的，討媳婦的，慌慌張張不成禮體。【眉批】歷來有之，然到底愚不可破，時時出一轍，何也？只便宜了那些賣雜貨的店家，吹打的樂人，服侍的喜娘，擡轎的脚夫，讚禮的儐相。還有最可笑的，傳説道：「十個綉女要一個寡婦押送。」趕得那七老八十的都起身嫁人去了。但見：

十三四的男兒，討着二十四五的女子。十二三的女子，嫁着三四十的男兒。粗蠢黑的面孔，還恐怕認做了絶世芳姿；寬定宕的東西，還恐怕認做了含花嫩蕊。自言節操凜如霜，做不得二夫烈女；不久形軀將就木，再拚個一度春風。

當時無名子有一首詩，説得有趣：

一封丹詔未爲真，三杯淡酒便成親。

夜來明月樓頭望，唯有嫦娥不嫁人。

【眉批】此元僧栢子庭之詩也見《輟耕録》。

那韓子文恰好歸家，見民間如此慌張，便閒步出門來玩景。只見背後一個人將子文忙忙的扯一把。回頭看時，却是開典當的徽州金朝奉。對着子文施個禮，説道：「家下有一小女，今年十六歲了。若秀才官人不棄，願納爲室。」説罷，也不管子文要與不要，摸出吉帖，望子文袖中亂揣。子文道：「休得取笑，我是一貧如洗的秀才，怎承受得令愛起？」朝奉搊着眉道：「如今事體急了，官人如何説此懈話？若略遲些，恐防就點了去。我們夫妻兩口兒止生這個小女，若遠遠地到北京去了，再無相會之期，如何割捨得下？官人若肯俯從，便是救人一命。」説罷，便思量要拜下去。

子文分明曉得没有此事，他心中正要妻子，却不説破，慌忙一把攙起道：「小生囊中只有四五十金，就是不嫌孤寒，聘下令愛時，也不能彀就完姻事。」朝奉道：「不妨，不妨。但是有人定下的，朝廷也就不來點了。只須先行謝吉之禮，待事平之後，慢慢的做親。」子文道：「這倒也使得。却是説開，後來不要翻悔。」那朝奉是情急的，就對天設起誓來道：「若有翻悔，就在台州府堂上受刑。」子文道：「設誓倒也不必，只是口説無憑，請朝奉先回，小生即刻去約兩個敝友，同到寶鋪來。【眉批】精細。先請令愛一見，就求朝奉寫一紙婚約，待敝友們都押了花字，一同做個証見。納聘之後，或是令愛的衣裳，或是頭髮，或是指甲，告求一件，藏在小生處，纔不怕後來變卦。」此却不必。那朝奉只要成事，滿擔應承道：「何消如此多疑？使得。使得，一唯尊命，只求快些。」一頭走，一頭説道：「專望，專望。」自回鋪子裏去了。

韓子文便望學中，會着兩個朋友，乃是張四維、李俊卿，説了緣故，寫着拜帖，一同望典鋪中來。朝奉接着，奉茶寒温已罷，便唤出女兒朝霞到廳。你道生得如何？但見：

眉如春柳，眼似秋波。幾片夭桃臉上來，兩枝新笋裙間露。即非傾國傾城色，自是超群出衆人。

子文見了女子的姿容，已自歡喜。一一施禮已畢，便自進房去了。

子文又尋個算命先生，合一合婚，説道：「果是大吉，只是將婚之前，有些閒氣。」那金朝奉一味要成，説道：「大吉便自十分好了，閒氣自是小事。」便取出一幅全帖，上寫着道：

立婚約金聲，係徽州人。生女朝霞，年十六歲，自幼未曾許聘何人。今有台州府天台縣儒生韓子文禮聘爲妻，實出兩願。自受聘之後，更無他説。張、李二公，與聞斯言。

嘉靖元年　月　日，立婚約金聲。同議友人張安國、李文才

當時便先擇個吉日，約定行禮。到期，子文將所積束脩五十餘金，粗粗的置幾件衣段首飾，其餘的都是寫罷，三人多用了花押，付子文藏了。這也是子文見自己貧困，作此不得已之防，不想他日果有負約之事。這是後話。

現銀，寫着：「奉申納幣之敬。子婿韓師愈頓首百拜。」又送張、李二人銀各一兩，就請他爲媒，一同行聘，到

金家舖來。那金朝奉是個大富之家，與媽媽程氏，見他禮不豐厚，雖然不甚喜歡，爲是點綉女頭裏，只得收了，回盤甚是整齊。果然依了子文之言，將女兒的青絲細髮剪了一縷送來。子文一一收好。自想道：「若不是這一翻哄傳，連妻子也不知幾時定得。况且又有妻財之分。」心中甚是快活，不題。

光陰似箭，日月如梭，暑往寒來，又是大半年光景，却早嘉靖二年，點綉女的訛傳已自息了。金氏夫妻見安平無事，不捨得把女兒嫁與窮儒，漸漸的懊悔起來。那韓子文行禮了一番，已把囊中所積束脩用個罄盡，所以還不説起做親。

一日，金朝奉正在當中算帳，只見一個客人，跟着一個十七八歲孩子，走進舖來，叫道：「姊夫，姊姊在家麽？」原來是徽州程朝奉，就是金朝奉的舅子，領着親兒阿壽，打從徽州來，要與金朝奉合伴開當的。金朝奉慌忙迎接，又引程氏、朝霞都相見了。叙過寒温，便教暖酒來吃。程朝奉從容問道：「外甥女如此長成得標緻了，不知曾受聘未？不該如此説，犬子尚未有親，姊夫不弃時，做個中表夫妻也好。」金朝奉嘆口氣道：「便是呢，我女兒若把與内侄爲妻，有甚不甘心處？只爲舊年點綉女時，心裏慌張，草草的將來許了一個甚麽韓秀才。那人是個窮儒，我看他滿臉餓文，一世也不能彀發迹。前年梁學道來，考了一個三老官，料想也中不成。【眉批】到此還受三等之累。教我女兒如何嫁得他？也只是我女兒没福，如今也没處説了。」

程朝奉沉吟了半晌，問道：「姊夫、姊姊果然不願與他麽？」金朝奉道：「我如何説謊？」程朝奉道：「姊夫若是情願把甥女與他，再也休題。若不情願時，只須用個計策，要官府斷離，有何難處？」金朝奉道：「計將安出？」程朝奉道：「明日待我台州府舉一狀詞，告着姊夫。只説從幼中表約爲婚姻，近因我羈滯徽州，姊夫就賴婚改適，要官府斷與我兒便了。犬子雖則不才，也强如那窮酸餓鬼。」金朝奉道：「好便好，只是前日有親筆婚書及女兒頭髮在彼爲証，官府如何就肯斷與你兒？况且我先有一欵不是了。」程朝奉道：「姊夫真是不慣衙門事體！我與你同是徽州人，又是親眷，説道從幼結兒女姻，也是容易信的。常言道：『有錢使得鬼推磨。』我們不少的是銀子，匡得將來買上買下。再央一個鄉官，在太守處説了人情，婚約一紙，只須一筆勾消。【眉批】若是昏官，原只有如此。剪下的頭髮，知道是何人的？那怕他不如我願！既有銀子使用，你也自然不到得吃虧的。」金朝奉拍手道：「妙哉，妙哉！明日就做。」當晚酒散，各自安歇了。

次日天明，程朝奉早早梳洗，討些朝飯吃了。請個法家，商量定了狀詞。又尋一個姓趙的，寫做了中證。同着金朝奉，取路投台州府來。這一來，有分教：

麗人指日歸佳士，詭計當塲受苦刑。

到得府前，正值新太守吴公弼升堂。不踰時，擡出放告牌來。程朝奉隨着牌進去，太守教義民官接了狀詞，從頭看道：

告狀人程元，爲賴婚事：萬惡金聲，先年曾將親女金氏，許元子程壽爲妻，六禮已備。詎惡遠徙台州，背負前約，于去年　月間，擅自改許天台縣儒生韓師愈。趙孝等証。人倫所係，風化攸關，懇乞天臺明斷，使續前姻。上告。

原告：　程元，徽州府歙縣人。

被犯：　金聲，徽州府歙縣人

韓師愈，台州府天台縣人。

干証：　趙孝，台州府天台縣人。

本府大爺施行。

太守看罷，便叫程元起來，問道：「那金聲是你甚麼人？」程元叩頭道：「青天爺爺，是小人嫡親姊夫。因爲是至親至眷，恰好兒女年紀相若，故此約爲婚姻。」太守道：「他怎麽就敢賴你？」程元道：「那金聲搬在台州住了，小的却在徽州，路途先自遥遠了。舊年相傳點綉女，金聲恐怕真有此事，就將來改適韓生。小的近日到台州探親，正打點要完姻事，纔知負約真情。他也只爲情急，一時錯做此事。【眉批】會説。小人却如何平白地肯讓一個媳婦與别人了？若不經官府，那韓秀才如何又肯讓與小人？萬乞天臺老爺做主。」太守見他説得有些根據，就將狀子當堂批准，分付道：「十日内聽審。」程元叩頭出去了。

金朝奉知得狀子已準，次日便來尋着張、李二生，故意做個慌張的景，説道：「怎麽好？怎麽好？當初在下在徽州的時節，妻弟有個兒子，已將小女許嫁他。後來到貴府，正值點綉女事急，只爲遠水不救近火，急切裏將來許了貴相知，原是二公爲媒説合的。不想如今妻弟到來，已將在下的姓名告在府間，如何處置？」那二人聽得，便怒從心上起，惡向膽邊生，駡道：「不知生死的老賊驢！你前日議親的時節，誓也不知罰了許多！只看婚約是何人寫的？如今却放出這個屁來！我曉得你嫌韓生貧窮，生此奸計。那韓生是個才子，須不是窮到底的。我們動了三學朋友，去見上司，怕不打斷你這老驢的腿！【眉批】秀才却也利害。管教你女兒一世不得嫁人。」金朝奉却待分辨，二人毫不理他，一氣走到韓家來，對子文説知緣故。

那子文聽罷，氣得呆了半晌，一句話也説不出。又定了一會，張、李二人只是氣憤憤的，要拉了子文，合起學中朋友見官。到是子文勸他道：「二兄且住。我想起來，那老驢既不願聯姻，就是奪得那女子來時，到底也不和睦。【眉批】大見識。吾輩若有寸進，怕没有名門舊族來結絲蘿？這一個富商，又非大家，直恁希罕！况且他有的是錢財，官府自然爲他的。小弟家貧，也那有閒錢與他打官司？他年有了好處，不怕没有報寃的日子。有煩二兄去對他説，前日聘金原是五十兩，若肯加倍賠還，就退了婚也得。」二人依言。

子文就開拜匣，取了婚書吉帖，與那頭髮，一同的望着典舖中來。張、李二人便將上項的言語，説了一遍。金朝奉大喜道：「但得退婚，免得在下受累，那在乎這幾十兩銀子？」當時就取過天平，將兩個元寶，共兑了一百兩之數，交與張、李二人收着，就要子文寫退婚書，兼討前日婚約、頭髮。子文道：「且完了官府的世情，再來寫退婚書及奉還原約未遲。而今官事未完，也不好輕易就是這樣還得。總是銀子也未就領去，不妨。」程朝奉又取二兩銀子，送了張、李二生，央他出名歸息。二生就討過筆硯，寫了息詞，同着原告、被告、中証一行人進府裏來。

吴太守方坐晚堂，一行人就將息詞呈上，太守從頭念一遍道：

勸息人張四維、李俊卿，係天台縣學生。竊徽人金聲，有女已受程氏之聘，因遷居天台，道途脩阻，女年及笄，程氏音問不通，不得已再許韓生，以致程氏鬭争成訟。兹金聲願還聘禮，韓生願退婚姻，庶不致寒盟于程氏。維等忝爲親戚，意在息争，爲此上稟。

原來那吴太守是閩中一個名家，爲人公平正直，不愛那有「貝」字的「財」，只愛那無「貝」字的「才」。【眉批】何處得來？自從前日准過狀子，鄉紳就有書來，他心中已曉得是有緣故的了。當下看過息詞，擡頭見了韓子文，風彩堂堂，已自有幾分歡喜，便教：「唤那秀才上來。」韓子文跪到面前，太守道：「我看你一表人才，決不是久困風塵的，就是我招你爲婿，也不枉了。你却如何輕聘了金家之女？今日又如何就肯輕易退婚？」那韓子文是個點頭會意的人，他本等不做指望了，不想着太守心裏爲他，便轉了口道：「小生如何捨得退婚？前日初聘的時節，金聲朝天設誓，尤恐怕不足爲信，復要金聲寫了親筆婚約，張、李二生都是同議的，如今現有『不曾許聘他人』句可証。受聘之後，又回却青絲髮一縷，小生至今藏在身邊，朝夕把玩，就如見我妻子一般。如今一旦要把蕭郎做個路人看待，却如何甘心得過？程氏結姻，從來不曾見説。只爲貧不敵富，所以無端生出是非。」説罷，便噙下淚來。恰好那吉帖、婚書、頭髮都在袖中，隨即一並呈上。

太守仔細看了，便教把程元、趙孝遠遠的另押在一邊去，先開口問金聲道：「你女兒曾許程家麽？」金聲道：「爺爺，實是許的。」又問道：「既如此，不該又與韓生了。」金聲道：「只爲點綉女事急，倉卒中不暇思前算後，做此一事，也是出于無奈。」又問道：「那婚約可是你的親筆？」金聲道：「是。」又問道：「那上邊寫道『自幼不曾許聘何人』，却怎麽説？」金聲道：「當時只要成事，所以一一依他，原非實話。」太守見他言詞反覆，已自怒形于色。又問道：「你與程元結親，却是幾年幾月幾日？」金聲一時説不出來，想了一回，只得扭捏道：「是某年某月某日。」

太守喝退了金聲，又叫程元起來問道：「你聘金家女兒，有何憑據？」程元道：「六禮既行，便是憑據了。」又問道：「原媒何在？」程元道：「原媒自在徽州，不曾到此。」又道：「你媳婦的吉帖，拿與我看。」程元道：「一時失帶在身邊。」太守冷笑了一聲，又問道：「你何年何月何日與他結姻的？」程元也想了一回，信口謅道：「是某年某月某日。」與金聲所説日期分毫不相合了。太守心裏已自了然。便再唤那趙孝上來問道：「你做中証，却是那裏人？」趙孝道：「是本府人。」又問道：「既是台州人，如何曉得徽州事體？」趙孝道：「因爲與兩家有親，所以知道。」【眉批】只此一法，三人皆敗。又問道：「既如此，你可記得何年月日結姻的？」趙孝也約莫着説個日期，又與兩人所言不相對了。原來他三人見投了息詞，便道不消費得氣力，把那答應官府的説話，都不曾打得照會，誰想太爺一個個的盤問起來。那些衙門中人雖是受了賄賂，因憚太守嚴明，誰敢在旁邊幫襯一句，自然露出馬脚。【眉批】天意也。

那太守就大怒道：「這一班光棍奴才，敢如此欺公罔法！且不論没有點綉女之事，就是愚民懼怕時節，金聲女兒若果有程家聘禮爲証，也不消再借韓生做躲避之策了。【眉批】真明白。如今韓生吉帖婚書，並無一毫虚謬，那程元却都是些影响之談。况且既爲完姻而來，豈有不與原媒同行之理？至于三人所説結姻年月日期，各自一樣，這却是何緣故？那趙孝自是台州人，分明是你們要尋個中証，急切裏再没有第三個徽州人可央，故此買他出來的。這都只爲韓生貧窮，便起不良之心，要將女兒改適内侄，一時通同合計，造此奸謀。再有何説？」便伸手抽出籤來，喝叫：「把三人各打三十板！」三人連聲的叫苦。韓子文便跪上稟道：「大人既與小生做主，成其婚姻，這金聲便是小生的岳父了。【眉批】韓生周全處。不可結了冤讐，伏乞饒恕。」太守道：「金聲看韓生分上，饒他一半。原告、中証却饒不得。」當下各各受責。只爲心裏不打點得，不曾用得杖錢，一個個打得皮開肉綻，叫喊連天。那韓子文、張安國、李文才三人，在旁邊暗暗的歡喜。這正應着金朝奉往年所設之誓。

太守便將息詞塗壞，提筆判曰：

韓子貧惟四壁，求淑女而未能；金聲富累千箱，得才郎而自棄。祇緣擇婿者原乏知人之鑒，遂使圖婚者爰生速訟之奸。程門舊約，兩兩無憑；韓氏新姻，彰彰可據。百金即爲婚具，幼女准屬韓生。金聲、程元、趙孝，搆釁無端，各行杖警。

判畢，便將吉帖、婚書、頭髮，一齊付與韓子文。一行人辭了太守出來。程朝奉做事不成，羞慚滿面，却被韓子文一路千老驢、萬老驢的罵，又道：「做得好事！果然做得好事！我只道打來是不痛的。」程朝奉只得忍氣吞聲，不敢回答一句。又害那趙孝打了屈棒，免不得與金朝奉共出些遮羞錢與他，尚自喃喃呐呐的怨悵。這教做「陪了夫人又折兵」。當下各自散訖。

韓子文經過了一番風波，恐怕又有甚麽變卦，便疾忙將這一百兩銀子，備了些催裝速嫁之類，擇個吉日，就要成親。仍舊是張、李二生，請期通信。金朝奉見太守爲他，不敢怠慢；欲待與舅子到上司做些手脚，又少不得經由府縣的，正所謂敢怒而不敢言，只得一一聽從。花燭之後，朝霞見韓生氣宇軒昂，丰神俊朗，才貌甚是相當，那裏管他家貧，自然你恩我愛，少年夫婦，極盡顛鸞倒鳳之歡，倒怨悵父親多事。真個是：早知燈是火，飯熟已多時。自此無話。

次年，宗師田洪録科，韓子文又得吳太守一力舉薦，拔爲前列。春秋兩闈，聯登甲第，金家女兒已自做了夫人。丈人思想前情，慚悔無及。**【眉批】**肉眼自然如此。若預先知有今日，就是把女兒與他爲妾也情願了。有詩爲証：

蒙正當年也困窮，休將肉眼看英雄。
堪夸仗義人難得，太守廉明即古洪。

卷十一

惡船家計賺假屍銀　狠僕人誤投真命狀

詩曰：

杳杳冥冥地，非非是是天。
害人終自害，狠計總徒然。

話説那殺人償命，是人世間最大的事，非同小可。所以是真難假，是假難真。真的時節，縱然有錢可以通神，目下脱逃憲網，到底天理不容，無心之中，自然敗露；假的時節，縱然嚴刑拷掠，誣伏莫伸，到底有個辯白的日子。假饒誤出誤入，那有罪的，老死牖下，無罪的，却命絶于囹圄、刀鋸之間，難道頭頂上這個老翁是没有眼睛的麽？所以古人説得好，道是：

湛湛青天不可欺，未曾舉意已先知。
善惡到頭終有報，只争來早與來遲。

説話的，你差了。這等説起來，不信死囚牢裏再没有個含寃負屈之人，那陰間地府也不須設得枉死城了。看官不知，那寃屈死的，與那殺人逃脱的，大槩都是前世的事。若不是前世緣故，殺人竟不償命，不殺人倒要償命，死者、生者怨氣冲天，縱然官府不明，皇天自然鑒察，千奇百怪的巧生出機會來，了此公案。所以說道：「人惡人怕天不怕，人善人欺天不欺。」又道是：「天網恢恢，踈而不漏。」

古來清官察吏，不止一人，曉得人命關天，又且世情不測，儘有極難信的事，偏是真的；極易信的事，偏是假的。所以就是情真罪當的，還要細細體訪幾番，方能轂獄無寃鬼。如今爲官做吏的人，貪愛的是錢財，奉承的是富貴，把那「正直公平」四字撇却東洋大海。明知這事無可寬容，也將來輕輕放過；明知這事有些尷尬，也將來草草問成。竟不想殺人可恕，情理難容。【眉批】爲有同者宜寫一通，鋟之座右。那親動手的奸徒，若不明正其罪，被害寃魂，何時瞑目？至于扳誣寃枉的，却又六問三推，千般鍛煉。嚴刑之下，就是凌遲碎剮的罪，急忙裏只得輕易招成，攬得他家破人亡。害他一人，便是害他一家了。只做自己的官，毫不管別人的苦，我不知他肚腸閣落裏邊也思想積些陰德與兒孫麽？如今所以說這一篇，專一奉勸世上廉明長者：一草一木，都是上天生命，何況祖宗赤子！須要慈悲爲本，寬猛兼行，護正誅邪，不失爲民父母之意。不但萬民感戴，皇天亦當佑之。

且說國朝有個富人王甲，是蘇州府人氏。與同府李乙，是個世讐。王甲百計思量害他，未得其便。忽一日大風大雨，鼓打三更，李乙與妻子吃過晚飯，熟睡多時。只見十餘個强人，將紅硃黑墨搽了臉，一擁的打將入來。蔣氏驚慌，急往床下躲避。只見一個長鬚大面的，把李乙頭髮揪住，一刀砍死。竟不搶東西，登時散了。蔣氏却在床下看得親切，戰抖抖的走將出來，穿了衣服，向丈夫屍首嚎啕大哭。此時鄰人已都來看了，各各悲傷，勸慰了一番。蔣氏道：「殺奴丈夫的，是讐人王甲。」衆人道：「怎見得？」蔣氏道：「奴在床下看得明白。那王甲原是讐人，又且長鬚大面，雖然搽墨，却是認得出的。若是别的强盗，何苦殺我丈夫，東西一毫不動！這凶身不是他是誰？有煩列位與奴做主。」衆人道：「他與你丈夫有讐，我們都是曉得的。況且地方盜發，我們該報官。明早你寫紙狀詞，同我們到官首告便是。今日且散。」衆人去了。蔣氏關了房門，又哽咽了一會。那裏有心去睡？苦啾啾的捱到天明，央鄰人買狀式寫了，取路投長洲縣來。正值知縣升堂放告，蔣氏直至階前，大聲叫屈。知縣看了狀子，問了來歷，見是人命盜情重事，即時批准。地方也來遞失狀，知縣委捕官相驗，隨即差了應捕，擒捉凶身。

却説那王甲自從殺了李乙，自恃搽臉，無人看破，揚揚得意，毫不提防。不期一夥應捕擁入家來，正是疾雷不及掩耳，一時無處躲避。當下被衆人索了，登時押到縣堂。知縣問道：「你如何殺了李乙？」王甲道：「李乙自是強盜殺了，與小人何干？」知縣問蔣氏道：「你如何告道是他？」蔣氏道：「小婦人躲在床底看見，認得他的。」知縣道：「夜晚間如何認得這樣真？」蔣氏道：「不但認得模樣，還有一件真情可推。若是強盜，如何只殺了人便散了，不搶東西？此不是平日有讐的，却是那個？」知縣便叫地鄰來，問他道：「那王甲與李乙果有仇否？」地鄰盡説：「果然有讐。那不搶東西，只殺了人，也是真的。」知縣便喝叫：「把王甲夾起！」那王甲是個富家出身，忍不得痛苦，只得招道：「與李乙有讐，假妝強盜殺死是實。」知縣取了親筆供招，下在死囚牢中。

王甲一時招承，心裏還想辯脱。【眉批】亦宜詰其從人，得一二証人者，他日可無駁理矣。思量無計，自忖道：「這裏有個訟師，叫做鄒老人，極是奸滑，與我相好，隨你十惡大罪，與他商量，便有生路。何不等兒子送飯時，教他去與鄒老人商量？」

少頃，兒子王小二送飯來了。王甲説知備細，又分付道：「儻有使用處，不可吝惜錢財，悮我性命。」小二一一應諾，徑投鄒老人家來，説知父親事體，求他計策謀脱。老人道：「令尊之事，親口供招，知縣又是新到任的，自手問成，隨你那裏告辯，出不得縣間初案，他也不肯認錯翻招。你將二三百兩與我，待我往南京走走，尋個機會，定要設法出來。」小二道：「如何設法？」老人道：「你不要管我，只交銀子與我了，日後便見手段，而今不好先説得。」小二回去，當下凑了三百兩銀子，到鄒老人家，交付停當，隨即催他起程。鄒老人道：「有了許多白物，好歹要尋出一個機會來。且寬心等待等待。」小二謝別而回。

老人連夜收拾行李，往南京進發。不一日，來到南京，往刑部衙門細細打聽。説有個浙江司郎中徐公，甚是通融，抑且好客。當下就央了一封先容的薦書，備了一副盛禮，去謁徐公。徐公接見了，見他會説會笑，頗覺相得。自此頻頻去見，漸廝熟來。

正無個機會處，忽一日，捕盜衙門肘押海盜二十餘人，解到刑部定罪。老人上前打聽，知有兩個蘇州人在内。老人點頭大喜，自言自語道：「計在此了。」次日，整備筵席，寫帖請徐公飲酒。不踰時，酒筵完備，徐公乘轎而來，老人笑臉相迎。定席以後，説些閒話，飲至更深時分，老人屏去衆人，便將百兩銀子托出，獻與徐公。徐公吃了一驚，問其緣故。老人道：「今有舍親王某，被陷在本縣獄中，伏乞周旋。」徐公道：「苟可效力，敢不從命？只是事在彼處，難以爲謀。」【眉批】嚴案所望救，百金即能動之，若預先央求，未必遽允。老人善于觀變者也。老人道：「不難，不難。王某只爲與李乙有讐，今李乙被殺，未獲凶身，故此遭誣下獄。昨見解到貴部海盜二十餘人，内二人蘇州人也。今但逼勒二盜，要他自認做殺李乙的，則二盜總是一死，未嘗加罪，舍親王某已沐再生之恩了。」徐公許諾，輕輕收過銀子，親放在扶手匣裏面，唤進從人，謝酒乘轎而去。

老人又密訪着二盜的家屬，許他重謝，先送過一百兩銀子。【眉批】周匝。二盜也應允了。到得會審之時，徐公唤二盜近前，開口問道：「你們曾殺過多少人？」二盜即招：「某時某處殺某人，某月某日夜間，到李家殺李乙。」徐公寫了口詞，把諸盜收監，隨即叠成文案。

鄒老人便使用書房，行文書抄招到長洲縣知會。就是他帶了文案，别了徐公，竟回蘇州，到長洲縣當堂投了。知縣拆開，看見殺李乙的已有了主名，便道王甲果然屈招。正要取監犯查放，忽見王小二進來叫喊訴寃。知縣信之不疑，喝叫監中取出王甲，登時釋放。蔣氏聞知這一番説話，没做理會處，也只道前日夜間，果然自己錯認了，只得罷手。

却説王甲，得放還家，歡歡喜喜，摇擺進門。方纔到得門首，忽然一陣冷風，大叫一聲道：「不好了！李乙哥在這裏了。」【眉批】快哉。驀然倒地，叫唤不醒，霎時氣絶，嗚呼哀哉，有詩爲証：

　　鬍臉閻王本認真，殺人償命在當身。
　　暗中假换天難騙，堪笑多謀鄒老人。

前邊説的人命，是將真作假的了。如今再説一個，將假作真的。只爲些些小事，被奸人暗算，弄出天大一場禍來。若非天道昭昭，險些兒死於非命。正是：

　　福善禍淫，昭彰天理。
　　欲害他人，先傷自己。

話説國朝成化年間，浙江温州府永嘉縣，有個王生，名杰，字文豪，娶妻劉氏。家中止有夫妻二人，生一女兒，年方二歲。内外安童、養娘數口，家道亦不甚豐富。王生雖是業儒，尚不曾入泮，只在家中誦習，也有時出外結友論文。那劉氏勤儉作家，甚是賢慧，夫妻彼此相安。忽一日，正遇暮春天氣，二三友人拉了王生，往郊外踏青游賞。但見：

　　遲遲麗日，拂拂和風。紫燕黄鶯，緑柳叢中尋對偶；狂蜂浪蝶，夭桃隊裏覓相知。王孫公子興高時，無日不來尋酒肆；艷質嬌姿心動處，此時未免露閨容。須教殘醉可重扶，幸喜落花猶未掃。

王生看了春景融和，心中歡暢。吃個薄醉，取路回家裏來。只見兩個家僮，正和一個人門首喧嚷。原來那人是湖州客人，姓吕，提着竹籃賣薑。只爲家僮要少他的薑價，故此争執不已。王生問了緣故，便對那客人道：「如此價錢也好賣了，如何只管在我家門首喧嚷？好不曉事！」那客人是個憨直的人，便回話道：「我們小本經紀，如何要打短我的？相公須放寬洪大量些，不該如此小家子相。」王生乘着酒興，大怒起來，罵道：「那裏來這老賊驢？輒敢如此放肆，把言語衝撞我！」走近前來，連打了幾拳，一手推將去。不想那客人是中年的人，有痰火病的，就這一推裏，一交跌去，一時悶倒在地，正是：

身如五鼓銜山月，命似三更油盡燈。

原來人生最不可使性，況且這小人賣買，不過争得一二個錢，有何大事？【眉批】格言。常見大人家強梁僮僕，每每借着勢力，動不動欺打小民，到得做出事來，又是家主失了體面。所以有正經的，必然嚴行懲戒。只因王生不該自己使性，動手打他，所以到底爲此受累。這是後話。

却説王生，當日見客人悶倒，吃了一大驚，把酒意都驚散了。連忙喝叫扶進廳來，眠了，將茶湯灌將下去。不踰時，甦醒轉來，王生對客人謝了個不是，討些酒飯與他吃了。又拿出白絹一匹，與他權爲調理之資。【眉批】還虧前倨後恭，然白絹却是過分，小心反成禍本。那客人回嗔作喜，稱謝一聲，望着渡口去了。若是王生有未卜先知的法術，慌忙向前攔腰抱住，扯將轉來，就養他在家半年兩個月，也是情願，不到得惹出飛來横禍。只因這一去，有分教：

雙手撒開金綫網，從中釣出是非來。

那王生見客人已去，心頭尚自跳一個不住。走進房中，與妻子説了，道：「幾乎做出一場大事來，僥幸！僥幸！」此時天已晚了，劉氏便叫丫鬟擺上幾樣菜蔬，燙熱酒與王生壓驚。

飲過數杯，只聞得外邊叩門聲甚急，王生又吃一驚。掌燈出來看時，却是渡頭船家周四，手中拿了白絹、竹籃，倉倉皇皇對王生説道：「相公，你的禍事到了，如何做出這人命來？」唬得王生面如土色，只得再問緣由。周四道：「相公可認得白絹、竹籃麽？」王生看了道：「今日有個湖州的賣薑客人，到我家來，這白絹是我送他的，這竹籃正是他盛薑之物，如何却在你處？」周四道：「下晝時節，是有一個湖州姓吕的客人，叫我的船過渡。到得船中，痰火病大發，將次危了，告訴我道，被相公打壞了。他就把白絹、竹籃交付與我，做個証據，要我替他告官，又要我到湖州去報他家屬，前來伸冤討命。説罷，瞑目死了。如今屍骸尚在船中，船已撑在門首河頭了，且請相公自到船中看看，憑相公如何區處。」

王生聽了，驚得目睜口呆，手麻脚軟，心頭恰像有個小鹿兒撞來撞去的，口裏還只得硬着膽道：「那有此話？」背地教人走到船裏看時，果然有一個死屍骸。【眉批】原欠精細。王生是虚心病的，慌了手脚，跑進房中與劉氏説知。劉氏道：「如何是好？」王生道：「如今事到頭來，説不得了。只是買求船家，要他乘此暮夜，將屍首設法過了，方可無事。」王生便將碎銀一包，約有二十多兩，袖在手中，出來對船家説道：「家長不要聲張，我與你從長計議。事體是我自做得不是了，却是出于無心的。你我同是温州人，也須有些鄉里之情，何苦到爲着别處人報讐？况且報得讐來，與你何益？不如不要提起，待我出些謝禮與你，求你把此屍載到别處抛棄了，黑夜裏誰人知道？」船家道：「抛棄在那裏？儻若明日有人認出來，追究根原，連我也不得乾净。」王生道：「離此不數里，就是我先父的墳塋，極是僻静，你也是認得的。乘此暮夜無人，就煩你船載到那裏，悄悄地埋了，人不知，鬼不覺。」周四道：「相公的説話，甚是有理，却怎麽樣謝我？」【眉批】主意在此。王生將手中之物出來與他。船家嫌少道：「一條人命，難道值得這些銀子？今日凑巧，死在我船中，也是天與我的一場小富貴，一百兩銀子，須是少不得的。」王生只要完事，不敢違拗，點點頭，進去了一會，將着些現銀，及衣裳首飾之類，取出來遞與周四道：「這些東西，約莫有六十金了。家下貧寒，望你將就包容罷了。」周四見有許多東西，便自口軟了，道：「罷了，罷了。相公是讀書之人，只要時常看覷我就是，不敢計較。」【眉批】此句反當不起禍，未有艾也。

王生此時是情急的，正是：「得他心肯日，是我運通時。」心中已自放下幾分。又擺出酒飯，與船家吃了。隨即唤過兩個家人，分付他尋了鋤頭、鐵鈀之類。内中一個家人，姓胡，因他爲人凶狠，有些力氣，都稱他做胡阿虎。當下一一都完備了，一同下船，到墳上來。揀一塊空地，掘開泥土，將屍首埋藏已畢，又一同上船，回家裏來。整整弄了一夜，漸漸東方已發動了，隨即又請船家吃了早飯，作別而去。王生教家人關了大門，各自散訖。

王生獨自回進房來，對劉氏説道：「我也是個故家子弟，好模好樣的，不想遭這一場，反被那小人逼勒。」説罷，淚如雨下。劉氏勸道：「官人，這也是命裏所招，應得受此驚恐，破此財物。不須煩惱。今幸得靠天，太平無事，便是十分僥倖了。辛苦了一夜，且自將息將息。」當時，又討些茶飯與王生吃了，各各安息不題。

過了數日，王生見事體平静，又買些三牲福物之類，拜獻了神明、祖宗。那周四不時的來假做探望，王生殷殷勤勤待他，不敢衝撞。些小借掇，勉强應承。周四已自從容了，賣了渡船，開着一個店鋪。自此無話。

看官聽説，王生到底是個書生，没甚見識。當日既然買囑船家，將屍首載到墳上，只該聚起乾柴，一把火焚了，無影無踪，却不乾净？只爲一時没有主意，將來埋在地中，這便是斬草不除根，萌芽春再發。又過了一年光景，真個：濃霜只打無根草，禍來只奔福輕人。那三歲的女兒，出起極重的痘子來。求神問卜，請醫調治，百無一靈。王生只有這個女兒，夫妻歡愛，十分不捨，終日守在床邊啼哭。

一日，有個親眷，辦着盒禮來望痘客。王生接見，茶罷，訴説患病的十分沉重，不久當危。那親眷道：「本縣有個小兒科姓馮，真有起死回生手段。離此有三十里路。何不接他來看覷看覷？」王生道：「領命。」當時天色已黑，就留親眷吃了晚飯，自别去了。王生便與劉氏説知，寫下請帖，連夜唤將胡阿虎來，分付道：

「你可五鼓動身，拿此請帖去請馮先生，早來看痘。我家裏一面擺着午飯，立等，立等。」胡阿虎應諾去了，當夜無話。

次日，王生果然整備了午飯，直等至未申時，杳不見來。不覺的又過了一日，到床前看女兒時，只是有增無減。挨至三更時分，那女兒只有出的氣，没有入的氣，告辭父母，往閻家裏去了，正是：

金風吹柳蟬先覺，暗送無常死不知。

王生夫妻，就如失了活寶一般，各各哭得發昏。當時盛殮已畢，就焚化了。天明以後，到得午牌時分，只見胡阿虎轉來，回復道：「馮先生不在家裏，又守了大半日，故此到今日方回。」王生垂淚道：「可見我家女兒命該如此，如今再也不消説了。」

直到數日之後，同伴中説出實話來，却是胡阿虎一路飲酒沉醉，失去請帖，故此直挨至次日方回，造此一場大謊。王生聞知，思念女兒，勃然大怒。【眉批】又是使性之過。即時唤進胡阿虎，取出竹片要打。胡阿虎道：「我又不曾打殺了人，何須如此？」【眉批】狠哉。王生聞得這話，一發怒從心上起，惡向膽邊生，連忙教家僮扯將下去，一氣打了五十多板，方纔住手。自進去了。胡阿虎打得皮開肉綻，拐呀拐的，走到自己房裏來，恨恨的道：「爲甚的受這般鳥氣！你女兒痘子，本是没救的了，難道是我不接得郎中，斷送了他？不值得將我這般毒打。可恨！可恨！」又想了一回道：「不妨事，大頭在我手裏。且待我將息棒瘡好了，也教他看我的手段。不知還是井落在弔桶裏，弔桶落在井裏。如今且不要露風聲，等他先做了整備。」正是：

勢敗奴欺主，時衰鬼弄人。

不説胡阿虎暗生奸計。再説王生自女兒死後，不覺一月有餘，親眷朋友每每備了酒餚，與他釋淚，他也漸漸不在心上了。忽一日，正在廳前閒步，只見一班應捕，擁將進來，帶了麻繩鐵索，不管三七二十一，望王生頸上便套。王生吃一驚，問道：「我是個儒家子弟，怎把我這樣凌辱？却是爲何？」應捕呸了一呸道：「好個殺人害命的儒家子弟！官差吏差，來人不差。你自到大爺面前去講。」當時劉氏與家僮婦女聽得，正不知甚麼事頭發了，只好立着呆看，不敢向前。

此時不由王生做主，那一夥如狼似虎的人，前拖後扯，帶進永嘉縣來，跪在堂下右邊。却有個原告跪在左邊。王生擡頭看時，不是別人，正是家人胡阿虎。已曉得是他懷恨在心，出首的了。那知縣明時佐開口問道：「今有胡虎首你打死湖州客人姓呂的，這怎麼説？」王生道：「青天老爺，不要聽他説謊。念王杰弱怯怯的一個書生，如何會得打死人？那胡虎原是小的家人，只爲前日有過，將家法痛治一番，爲此懷恨，搆此大難之端，望爺臺照察。」胡阿虎叩頭道：「青天爺爺，不要聽這一面之詞。家主打人，自是常事，如何懷得許多恨？如今屍首現在墳塋左側，萬乞老爺差人前去掘取。只看有屍是真，無屍是假。若無屍時，小人情願認個誣告的罪。」

知縣依言，即便差人押去起屍。胡阿虎又指點了地方尺寸，不踰時果然擡個屍首到縣裏來。知縣親自起身相驗，説道：「有屍是真，再有何説？」正要將王生用刑，王生道：「老爺聽我分訴：那屍骸已是腐爛的了，須不是目前打死的。若是打死多時，何不當時就來首告，直待今日？分明是胡虎那裏尋這屍首，霹空誣陷小人的。」知縣道：「也説得是。」胡阿虎道：「這屍首實是一年前打死的。因爲主僕之情，有所不忍，況且以僕首主，先有一欵罪名，故此含藏不發。【眉批】會説。如今不想家主行凶不改，小的恐怕再做出事來，以致受累，只得重將前情首告。【眉批】如此利害人，豈可與他作私事？王生無知人之哲，宜其及也。老爺若不信時，只須喚那四鄰八舍到來，問去年某月日間，果然曾打死人否？即此便知真僞了。」

知縣又依言，不多時鄰舍喚到。知縣逐一動問，果然説去年某月日間，有個薑客被王家打死，暫時救醒，以後不知何如。王生此時被衆人指實，顔色都變了，把言語來左支右吾。知縣道：「情真罪當，再有何言？這厮不打，如何肯招？」疾忙抽出籤來，喝一聲：「打！」兩邊皂隸吆喝一聲，將王生拖翻，着力打了二十板。可憐瘦弱書生，受此痛棒拷掠。王生受苦不過，只得一一招成。知縣録了口詞，説道：「這人雖是他打死的，只是没有屍親執命，未可成獄。且一面收監，待有了認屍的，定罪發落。」隨即將王生監禁獄中，屍首依舊擡出埋藏，不得輕易燒毁，聽後檢償。發放衆人散訖，退堂回衙。那胡阿虎道是私恨已洩，甚是得意，不敢回王家見主母，自搬在别處住了。

却説王家家僮們，在縣裏打聽消息，得知家主已在監中，唬得兩耳雪白，奔回來報與主母。劉氏一聞此信，便如失去了三魂，大哭一聲，望後便倒。

未知性命何如，先見四肢不動。

丫鬟們慌了手脚，急急叫唤。那劉氏漸漸醒將轉來，叫聲：「官人！」放聲大哭。足有兩個時辰，方纔歇了。疾忙收拾些零碎銀子，帶在身邊。换了一身青衣，教一個丫鬟隨了，分付家僮在前引路，徑投永嘉縣獄門首來。夫妻相見了，痛哭失聲。王生又哭道：「却是阿虎這奴才，害得我至此！」劉氏咬牙切齒，恨恨的罵了一番。便在身邊取出碎銀，付與王生道：「可將此散與牢頭獄卒，教他好好看覷，免致受苦。」王生接了。天色昏黑，劉氏只得相别。一頭啼哭，取路回家。胡亂用些晚飯，悶悶上床。思量昨夜與官人同宿，不想今日遭此禍事，兩地分離，不覺又哭一場，凄凄慘慘睡了，不題。

却説王生自從到獄之後，雖則牢頭禁子受了財錢，不受鞭箠之苦，却是相與的都是那些蓬頭垢面的囚徒，心中有何快活？况且大獄未决，不知死活如何，雖是有人殷勤送衣送飯，到底不免受些飢寒之苦，身體日漸羸瘠了。劉氏又將銀來買上買下，思量保他出去，又道是人命重事，不易輕放，只得在監中耐守。

光陰似箭，日月如梭，王生在獄中，又早懨懨的挨過了半年光景。勞苦憂愁，染成大病。劉氏求醫送藥，百般無效，看看待死。一日，家僮來送早飯，王生望着監門分付道：「可回去對你主母說，我病勢沉重不好，旦夕必要死了。教主母可作急來一看，我從此要永訣了。」家僮回家說知，劉氏心慌膽戰，不敢遲延，疾忙顧了一乘轎，飛也似擡到縣前來。離了數步，下了轎，走到獄門首，與王生相見了，淚如涌泉，自不必說。王生道：「愚夫不肖，誤傷人命，以致身陷縲紲，辱我賢妻。今病勢有增無減了，得見賢妻一面，死也甘心。但只是胡阿虎這個逆奴，我就到陰司地府，决不饒過他的。」劉氏含淚道：「官人不要說這不祥的話，且請寬心調養。【眉批】見得透人命既是誤傷，又無苦主，奴家匡得賣盡田產，救取官人出來，夫妻完聚。阿虎逆奴，天理不容，到底有個報讐日子，也不要在心。」王生道：「若得賢妻如此用心，使我重見天日，我病體也就減幾分了。但恐弱質懨懨，不能久待。」劉氏又勸慰了一番，哭別回家，坐在房中納悶。僮僕們自在廳前斗牌耍子。只見一個半老的人，挑了兩個盒子，竟進王家裏來。放下匾担，對家僮問道：「相公在家麽？」只因這個人來，有分教：負屈寒儒，得遇秦庭朗鏡；行凶詭計，難逃蕭相明條。有詩爲証：

湖商自是隔天涯，舟子無端起禍胎。
指日王生寃可白，灾星換做福星來。

那些家僮見了那人，仔細看了一看，大叫道：「有鬼，有鬼！」東逃西竄。你道那人是誰？正是一年前來賣薑的湖州吕客人。那客人忙扯住一個家僮問道：「我來拜你家主，如何說我是鬼？」劉氏聽得廳前喧鬧，走將出來。吕客人上前唱了個喏，說道：「大娘聽稟：老漢湖州薑客吕大是也。前日承相公酒飯，又贈我白絹，感激不盡。別後到了湖州，這一年半裏邊，又到別處做些生意。如今重到貴府走走，特地辦些土宜，來探望你家相公。【眉批】忠厚人。不知你家大官們如何說我是鬼？」傍邊一個家僮嚷道：「大娘不要聽他，一定得知道大娘要救官人，故此出來現形索命。」劉氏喝退了，對客人説道：「這等説起來，你真不是鬼了。你害得我家丈夫好苦！」吕客人吃了一驚道：「你家相公在那裏？怎的是我害了他？」劉氏便將周四如何撑屍到門，説留絹籃爲証；丈夫如何買囑船家，將屍首埋藏；胡阿虎如何首告丈夫，招承下獄的情由，細細説了一遍。吕客人聽罷，搥着胸膛道：「可憐！可憐！天下有這等寃屈的事！去年别去，下得渡船，那船家見我的白絹，問及來由。我不合將相公打我垂危，留酒贈絹的事情，備細説了一番。他就要買我白絹，我見價錢相應，即時賣了。他又要我的竹籃兒，我就與他作了渡錢。不想他賺得我這兩件東西，下這般狠毒之計。老漢不早到温州，以致相公受苦，果然是老漢之罪了。」劉氏道：「今日不是老客人來，連我也不知丈夫是寃枉的。那絹兒、籃兒，是他騙去的了。這死屍却是那裏來的？」吕客人想了一回道：「是了，是了。前日正在船中，説這事時節，只見水面上一個屍骸，浮在岸邊。我見他注目而視，也只道出于無心，誰知因此就生奸計了。好狠，好狠！如今事不宜遲，請大娘收進了土宜，與老漢同到永嘉縣訴寃，救相公出獄，此爲上着。」【眉批】忠厚人。劉氏依言，收進盤盒，擺飯請了吕客人。他本是儒家之女，精通文墨，不必假借訟師，就自己寫了一紙訴狀，顧乘女轎，同吕客人及僮僕等，取路投永嘉縣來。

等了一會，知縣升晚堂了。劉氏與吕大大聲叫屈，遞上訴詞。知縣接上，從頭看過。先叫劉氏起來問，劉氏便將丈夫争價誤毆，船家撑屍得財，家人懷恨出首的事，從頭至尾，一一分剖。又説：「直至今日，薑客重來，纔知受枉。」知縣又叫吕大起來問。吕大也將被毆始末，賣絹根由，一一説了。知縣道：「莫非你是劉氏買出來的？」【眉批】疑得也是。吕大叩頭道：「爺爺，小的雖是湖州人，在此爲客多年，也多有相識的在這裏，如何瞞得老爺過？當時若果然將死，何不央船家尋個相識來見一見，托他報信復讐？却將來托與一個船家！這也還道是臨危時節，無暇及此了。身死之後，難道湖州再没有個骨肉親戚？見是久出不歸，也該有人來問個消息。若查出被毆傷命，就該到府縣告理。如何直待一年之後，反是王家家人首告？小人今日纔到此地，見有此一場屈事。那王杰雖不是小人陷他，其禍都因小人而起，實是不忍他含冤負屈，故此來到臺前控訴，乞老爺筆下超生！」知縣道：「你既有相識在此，可報名來。」呂大屈指頭説出十數個，知縣一一提筆記了。却到把後邊的點出四名，唤兩個應捕上來，分付道：「你可悄悄地唤他同做証見的鄰舍來。」應捕隨應命去了。

不踰時，兩夥人齊唤了來。只見那相識的四人，遠遠地望見呂大，便一齊道：「這是湖州呂大哥，如何在這裏？一定前日原不曾死。」知縣又教鄰舍人近前細認，都駭然道：「我們莫非眼花了？這分明是被王家打死的薑客。不知還是到底救醒了，還是面龐厮像的？」內中一個道：「天下那有這般相像的理！我的眼睛一看過，再不忘記。委實是他，没有差錯。」此時，知縣心裏已有幾分明白了，即便批准訴狀，叫起這一干人，分付道：「你們出去，切不可張揚。若違我言，拿來重責。」【眉批】知縣頗細。衆人唯唯而退。知縣隨即唤幾個應捕，分付道：「你們可密訪着船家周四，用甘言美語，哄他到此，不可説出實情。」那原首人胡虎，自有保家，俱到明日午後，帶齊聽審。」應捕應諾，分頭而去。知縣又發付劉氏、呂大回去，到次日晚堂伺候。二人叩頭同出。

劉氏引呂大到監門前見了王生，把上項事情盡説了。王生聞得，滿心歡喜。却似醍醐灌頂，甘露灑心，病體已減去六七分了。説道：「我初時只怪阿虎。却不知船家如此狠毒。今日不是老客人來，連我也不知自己是寃枉的。」【眉批】惟其不自知，所以誤受詐受禍也。正是：

雪隱鷺鷥飛始見，柳藏鸚鵡語方知。

劉氏別了王生，出得縣門，乘着小轎，呂大與僮僕隨了，一同徑到家中。劉氏自進房裏，教家僮們陪客人吃了晚食，自在廳上歇宿。次日過午，又一同的到縣裏來，知縣已升堂了。

不多時，只見兩個應捕將周四帶到。原來那周四自得了王生銀子，在本縣開個布店。應捕得了知縣的令，對他説：「本縣大爺要買布。」即時哄到縣堂上來。也是天理合當敗露，不意之中，猛擡頭見了吕大，不覺兩耳通紅。吕大叫道：「家長哥，自從買我白絹、竹籃，一别直到今日，這幾時生意好麽？」周四頓口無言，面如槁木。

少頃，胡阿虎也取到了。原來胡阿虎搬在他方，近日偶回縣中探親，不期應捕正遇着他，便上前搗個鬼道：「你家家主人命事，已有苦主了，只待原首人來，即便審决。我們那一處不尋得到？」胡阿虎認真，歡歡喜喜，隨着公人，直至縣堂跪下。知縣指着吕大問道：「你可認得那人？」胡阿虎仔細一看，吃了一驚，心下好生躊躇，委决不下，一時不能回答。

知縣將兩人光景，一一看在肚裏了，指着胡阿虎大駡道：「你這個狼心狗行的奴才，家主有何負你，直得便與船家同謀，覓這假屍，誣陷人命！那堂下跪的是什麽人？」喝教左右夾將起來，「快快招出奸謀便罷！」胡阿虎被夾大喊道：「其實是家主打死的，小人並無虚謬。」知縣怒道：「還要口强！吕大既是死了，那堂下跪的是什麽人？」胡阿虎道：「爺爺，若説小人不該懷恨在心，首告家主，小人情願認罪。若要小人招做同謀，便死也不甘的。當時家主不合打倒了吕大，即刻將湯救醒，與了酒飯，贈了白絹，自往渡口去了。是夜二更天氣，只見周四撑屍到門，又有白絹、竹籃爲証，合家人都信了。家主却將錢財買住了船家，與小人同載至墳塋埋訖。【眉批】初首時何不即扯船家爲証？以後因家主毒打小人，挾了私讐，到爺爺臺下首告，委實不知這屍真假。今日不是吕客人來，連小人也不知是家主寃枉的。那死屍根由，都在船家身上。」

知縣録了口語，喝退胡阿虎，便叫周四上前來問。初時也將言語支吾，却被吕大在旁邊面對，知縣又用起刑來，只得一一招承道：「去年某月某日，吕大懷着白絹下船。偶然問起緣由，始知被毆詳細。恰好渡口原有這個死屍在岸邊浮着，小的因此生心，要詐騙王家。特地買他白絹，又哄他竹籃，就把水裏屍首，撈在船上了。前到王家，誰想他一説便信。悮事在此。以後得了王生銀子，將來埋在墳頭。只此是真，並無虚話。」知縣道：「是便是了，其中也還有些含糊。那裏水面上恰好有個流屍，又恰好與吕大厮像？【眉批】疑得也是。畢竟又從別處謀害來詐騙王生的。」周四大叫道：「爺爺，寃枉！小人若要謀害別人，何不就謀害了吕大？前日因見流屍，故此生出買絹、籃的計策。心中也道面龐不像，未必哄得信。小人欺得王生一來是虚心病的，二來與吕大只見得一面，况且當日天色昏了，燈光之下，一般的死屍，誰能細辨明白？三來白絹、竹籃又是王生及薑客的東西，定然不疑，故此大膽哄他一哄。不想果被小人瞞過，並無一個人認得出真假。那屍首的來歷，想是失脚落水的，小人委實不知。」吕大跪上前禀道：「小人前日過渡時節，果然有個流屍，這話實是真情了。」知縣也録了口語。

周四道：「小人本意只要詐取王生財物，不曾有心害他，乞老爺從輕擬罪。」知縣大喝道：「你這没天理的狠賊！你自己貪他銀子，便幾乎害得他家破人亡。似此詭計凶謀，不知陷過多少人了！【眉批】所謂情理難容。我今日也爲永嘉縣中除了一害。那胡阿虎身爲家奴，拿着影響之事，背恩賣主，情實可恨，合當重行責罰。」當時喝教把兩人扯下，胡阿虎重打四十，周四不計其數，以氣絶爲止。不想那阿虎近日傷寒病未痊，受刑不起，也只爲奴才背主，天理難容，打不上四十，死于堂前。周四直至七十板後，方纔昏絶。可憐二惡凶殘，今日斃于杖下。

知縣見二人死了，責令屍親前來領屍。監中取出王生，當堂釋放。又抄取周四店中布匹，估價一百金，原是王生被詐之物。例該入官，因王生是個書生，屈陷多時，憐他無端，改贓物做了給主，也是知縣好處。

坟傍屍首，掘起驗時，手爪有沙，是個失水的。無有屍親，責令仵作埋之義塚。

王生等三人謝了知縣出來。到得家中，與劉氏相持，痛哭了一場。又到廳前與呂客人重新見禮。那呂大見王生爲他受屈，王生見呂大爲他辨誣，俱各致個不安，互相感激。這教做不打不成相識。以後遂不絶往來。王生自此戒了好些氣性，就是遇着乞兒，也只是一團和氣。感憤前情，思想榮身雪耻，閉户讀書，不交賓客。十年之中，遂成進士。

所以説，爲官做吏的人，千萬不可草菅人命，視同兒戲。假如王生這一椿公案，惟有船家心裏明白。不是薑客重到温州，家人也不知家主受屈，妻子也不知道丈夫受屈，本人也不知自己受屈，何况公庭之上，豈能盡照覆盆？【眉批】□知天下獄情寃者多矣。慈祥君子，須當以此爲鑒。

囹圄刑措號仁君，吉網羅鉗最枉人。
寄語昏污諸酷吏，遠在兒孫近在身。

陶家翁大雨
留賓

卷十二

陶家翁大雨留賓　蔣震卿片言得婦

詩曰：

一飲一啄，莫非前定。
一時戲語，終身話柄。

話説人生萬事，前數已定。儘有一時間偶然戲耍之事，取笑之話，後邊照應將來，却像是個讖語響卜，一毫不差。乃知當他戲笑之時，暗中已有鬼神做主，非偶然也。

只如宋朝崇寧年間，有一個姓王的公子，本貫浙西人，少年發科，到都下會試。一日將晚，到延秋坊人家赴席。在一個小宅子前經過，見一女子，生得十分美貌，獨立在門内，徘徊凝望，却像等候甚麽人的一般。王生正注目看他，只見前面一夥騎馬的人，喝擁而來，那女子避了進去。王生匆匆也行了，不曾問得這家姓張姓李。

赴了席，吃得半醉歸來，已是初更天氣。復經過這家門首，望門内一看，只見門已緊閉，寂然無人聲。王生嗤嗤從左傍墻脚下一帶走去，意思要看他有後門没有。只見數十步外，有空地丈餘，小小一扇便門，也關着在那裏。王生想道：「日間美人只在此中，怎能勾再得一見？」看了他後門，正在戀戀不捨，忽然隔墻丢出一件東西來，掉在地下一響，王生幾乎被他打着。拾起來看，却是一塊瓦片。此時皓月初升，光同白晝，看那瓦片時，有六個字在上面，寫道：「夜間在此相候。」王生曉得有些蹊蹺，又帶着幾分酒意，笑道：「不知是何等人約人做事的，待我耍他一耍。」就在墻上剥下些石灰粉來，寫在瓦背上道：「三更後可出來。」仍舊望墻裏丢了進去，走開十來步，遠遠地站着，看他有何動静。等了一會，只見一個後生走到墻邊，低着頭，却像找尋甚麽東西的。尋來尋去，尋了一回，不見甚麽，對着墻裏嘆了一口氣，有一步没一步的，佯佯走了去。王生在黑影裏看得明白。便道：「想來此人定是所約之人了，只不知裏邊是甚麽人，好歹有個人出來，必要等着他。」

等到三更，月色已高，烟霧四合。王生酒意已醒，看看渴睡上來，伸伸腰，打個呵欠，自笑道：「睡到不去睡，管别人這樣閒事。」正要舉步歸寓，忽聽得墻邊小門呀的一響，軋然開了，一個女子閃將出來。月光之下，望去看時，且是娉婷。隨後一個老媽，背了一隻大竹箱，跟着望外就走。王生迎將上去，看得仔細，正是日間獨立門首這女子。那女子看見人來，一些不避，直到當面一看，吃一驚道：「不是，不是！」回轉頭來看老媽，老媽上前擦擦眼，把王生一認，也道：「不是，不是。快進去。」那王生倒將身攔在後門邊了，一把扯住道：「還思量進去！你是人家閨中女子，約人夜晚間在此相會，可是該的？我今聲張起來，拿你見官，醜聲傳揚，叫你合家做人不成。我偶然在此遇着，也是我與你的前緣，你不如就隨了我去。我是在此會試的舉人，也不辱没了你。」那女子聽罷，戰抖抖的，淚如雨下，没做道理處。老媽説道：「若是聲張，果是利害。既然這位官人是個舉人，小娘子權且隨他到下處再處，而今没奈何了。」一會子天明了，有人看見，却了不得！」那女子一頭哭，王生一頭扯扯拉拉，只得軟軟地跟他走到了下處，放他在一個小樓上面，連那老媽也就留了他伏侍。

女子性定，王生問他備細，女子道：「奴家姓曹，父親早喪，母親止生得我一人，甚是愛惜，要將我許聘人家。我有個姑娘的兒子，從小往來，生得聰俊，心裏要嫁他。這個老媽，就是我的奶娘。我央他對母親説知此情，母親嫌他家裏無官，不肯依從。所以叫奶娘通情，説與他了，約他今夜以擲瓦爲信，開門從他私奔。他已曾還擲一瓦，叫三更後出來。及至出得門來，却是官人，倒不見他，不知何故。」王生笑把適纔戲寫擲瓦，及一男子尋覓東西不見，長嘆走去的事，説了一遍，女子嘆口氣道：「這走去的正是他了。」王生笑道：「却是我幸得撞着，豈非五百年前姻緣做定了？」女子無計可奈，見王生也自一表非俗，只得從了他。新打上的，恩愛不淺。

到得會試過了，榜發，王生不得第。【眉批】掃興，恐亦虧行之報。却戀着那女子，正在歡愛頭上，不把那不中的事放在心裏，只是朝歡暮樂。那女子前日帶來竹箱中，多是金銀實物，王生缺用，就拿出來與他盤纏。遷延數月，王生竟忘記了歸家。王生的父親，在家盼望，見日子已久，不見王生歸來，遍問京中來的人，都説道：「他下處有一女人相處，甚是得意，那得肯還？」其父大怒，寫着嚴切手書，差着兩個管家，到京催他起身。又寄封書與京中同年相好的，叫他遣個馬票，兼請逼勒他出京，不許耽延。【眉批】殺風景。王生不得已，與女子作別道：「事出無奈，只得且去，得便就來，或者禀明父親，徑來接你，也未可知。你須耐心，同老媽在此寓所住着等我。」【眉批】太草草，王生非忠厚人也。含淚而別。

王生到得家中，父親陞任福建，正要起身，就帶了同去。一時未便，不好説得女子之事。悶悶隨去任所，朝夕思念不題。

且説京中女子同奶媽，住在寓所守候，身邊所帶東西，王生在時已用去將有一半，今又兩口在寓所食用，有出無入，看看所剩不多，王生又無信息。女子心下着忙，叫老媽打聽家裏母親光景，指望重到家來，與母親相會。不想母親因失了這女兒，終日啼哭，已自病死多時。那姑娘之子，次日見説舅母家裏不見了女兒，恐怕是非纏在身上，逃去無踪了。【眉批】若非逃去，或者前念未斷。女子見説，大哭了一場，與老媽商量道：「如今一身無靠，汴京到浙西，也不多路，趂身邊還有些東西，做了盤纏，到他家裏去尋他。不然，如何了當？」就央老媽顧了一隻船，下汴京一路來。

行到廣陵地方，盤纏已盡。那老媽又是高年，船上早晚感冒些風露，一病不起。那女子極得無投奔，只是啼哭。元來廣陵即是而今揚州府，極是一個繁華之地。古人詩云：「烟花三月下揚州。」又道是：「二十四橋明月夜，玉人何處教吹簫？」從來仕宦官員、王孫公子，要討美妾的，都到廣陵郡來揀擇聘娶。所以填街塞巷，都是些媒婆撞來撞去。看見船上一個美貌女子啼哭，都攢將攏來問緣故。女子說道：「汴京下來，到西浙尋丈夫。不想此間奶母亡故，盤纏用盡，無計可施，所以啼哭。」內中一個婆子道：「何不去尋蘇大商量？」女子道：「蘇大是何人？」那婆子道：「蘇大是此間好漢，專一替人出閑力的。」女子慌忙之中，不知一個好歹，便出口道：「有煩指引則箇。」

婆子去了一會，尋取一個人來。那人一到船邊，問了詳細，便去引領一干人來，擡了屍首上岸埋葬，算船錢打發船家。對女子道：「收拾行李，到我家裏停住幾日再處。」叫一乘轎來擡女子。女子見他處置有方，只道投着好人，亦且此身無主，放心隨他去。誰知這人却是揚州一個大光棍，當機兵、養娼妓、接子弟的，是個烟花的領袖、烏龜的班頭。轎擡到家，就有幾個粉頭出來相接作伴。女子情知不尷尬，落在套中，無處分訴。

【眉批】亦是虧行之報。

自此改名蘇媛，做了娼妓了。

王生在福建，隨任兩年，方回浙中。又值會試之期，束裝北上，道經揚州。揚州司理，乃是王生鄉舉同門，置酒相待。王生赴席酒筵之間，官妓叩頭送酒。只見內中一人，屢屢偷眼看王生不已。生亦舉目細看，心裏疑道：「如何甚像京師曹氏女子？」及問姓名，全不相同。却再三看來，越看越是。酒半起身，蘇媛捧觴上前，勸生飲酒，覷面看得較切。口裏不敢說出，心中想着舊事，不勝悲傷，禁不住兩行珠淚，簌簌的落將下來，墮在杯中。生情知是了，也垂淚道：「我道像你，元來果然是你。却是因何在此？」那女子把别後事情，及下汴尋生，盤纏盡了，失身爲娼始末根緣，説了一遍，不覺大慟。生自覺慚愧，感傷流淚，力辭不飲，托病而起。隨即召女子到自己寓所，各訴情懷，留同枕席。

次日密托揚州司理，追究蘇大局良爲娼，問了罪名，脱了蘇媛樂籍，送生同行。後來與生生子，仕至尚書郎。想着起初，只是一時拾得擲瓦，做此戲謔之事，誰知是老大一段姻緣，幾乎把女子一生斷送了，還虧得後來成了正果。

而今更有一段話文，只因一句戲言，致得兩邊錯認，得了一個老婆，全始全終，比前話更爲完美，有詩爲証：

戲言偶爾作恢奇，誰道從中遇美妻。
假女婿爲真女婿，失便宜處得便宜。

這一本話文，乃是國朝成化年間，浙江杭州府餘杭縣，有一個人，姓蔣，名霆，表字震卿。本是儒家子弟，生來心性倜儻佻㒓，頑耍戲浪，不拘小節。最喜游玩山水，出去便是累月累日，不肯呆坐家中。一日想道：「從來説山陰道上，千巖競秀，萬壑争流，是個極好去處。此去紹興府，隔得多少路，不去游一游？」恰好有鄉里兩個客商，要過江南去貿易，就便搭了伴同行。過了錢塘江，搭了西興夜船，一夜到了紹興府城。兩客自去做買賣，他便蘭亭、禹穴、蕺山、鑑湖，没處不到。【眉批】韻人也，宜其有韵事。游得一個心滿意足。兩客也做完了生意，仍舊合伴同歸。

偶到諸暨村中行走，只見天色看看傍晚，一路是些青畦緑畝，不見一個人家。須臾之間，天上洒下雨點來，漸漸下得密了。三人都不帶得雨具，只得慌忙向前奔走，走得一個氣喘。却見林子裏露出一所莊宅來，三人遠望道：「好了，好了。且到那裏躲一躲則個。」兩步挪來一步，走到面前，却是一座雙簷滴水的門坊。那兩扇門，一扇關着，一扇半掩在那裏。蔣震卿便上前，一手就去推門。二客道：「蔣兄慣是莽撞，借這裏只躲躲雨便了，知是甚麽人家，便去敲門打户。」蔣震卿最好取笑，便大聲道：「何妨得！此乃是我丈人家裏。」二客道：「不要胡説惹禍！」過了一會，那雨越下得大了。只見兩扇門忽然大開，裏頭踱出一個老者來。看他怎生打扮：

頭戴斜角方巾，手持盤頭拄拐。方巾内竹篺冠，罩着銀絲樣幾莖亂髮；拄拐上虬須節，握着乾姜般五個指頭。寬袖長衣，擺出渾如鶴步；高跟深履，踱來一似龜行。想來圯上可傳書，應是商山隨聘出。

元來這老者姓陶，是諸暨村中一個殷實大户。爲人梗直忠厚，極是好客尚義認真的人。起初傍晚，正要走出大門來，看人關閉，只聽得外面説話響，曉得有人在門外躲雨，故遲了一步。却把蔣震卿取笑的説話，一一聽得明白。【眉批】關目在此。走進去對媽媽與合家説了，都道：「有這樣放肆可惡的！不要理他。」而今見下得雨大，曉得躲雨的没去處，心下過意不去。有心要出來留他們進去，却又怪先前説這討便宜話的人。躊躇了一回，走出來見是三個，就問道：「方纔説老漢是他丈人的是那一個？」蔣震卿見問着這話，自覺先前失言，耳根通紅。二客又同聲將他埋怨道：「原是不該。」老者看見光景，就曉得是他了，便對二客道：「兩位不棄老拙，便請到寒舍裏面盤桓一盤桓。這位郎君，依他方纔所説，他是吾子輩，與賓客不同，不必進來，只在此伺候罷。」【眉批】老者認真崛强，誰知反便宜了他。二客方欲謙遜，被他一把扯了袖子，拽進大門。剛跨進檻内，早把兩扇門撲的關好了。

二客只得隨老者登堂，相見叙坐，各道姓名，及偶過避雨，説了一遍。那老者猶兀自氣忿忿的道：「適間這位貴友，途路之中，如此輕薄無狀，豈是個全身遠害的君子？二公不與他相交得也罷了。」二客替他稱謝道：「此兄姓蔣，少年輕肆，一時無心失言，得罪老丈，休得計較。」老者只不釋然。須臾，擺下酒飯相欵，竟不提起門外尚有一人。二客自己非分取擾，已出望外，况見老者認真着惱，難道好又開口周全得蔣震卿，叫他一發請了進來不成？只得繇他，且管自家食用。

那蔣震卿被關在大門之外，想着適間失言，老大没趣。獨自一個，栖栖在雨簷之下，黑魆魆地，靠來靠去，好生冷落。欲待一口氣走了去，一來雨黑，二來單身不敢前行，只得忍氣吞聲，耐了心性等着。【眉批】此際難堪。只見那雨漸漸止了，輕雲之中，有些月色上來。側耳聽着門内，人聲寂静了。便道：「他們想已安寢，我却如何癡等？不如趂此微微月色，路徑好辨，走了去罷。」又想一想道：「那老兒固然怪我，他們兩個便直得如此撇下了我，只管自己自在不成？畢竟有安頓我處，便再等他一等。」

正在躊躇不定，忽聽得門内有人低低道：「且不要去。」蔣震卿心下道：「我説他們定不忘懷了我。」就應一聲道：「曉得了，不去。」【眉批】苦盡甘來了。過了一會，又聽得低低道：「有些東西拿出來，你可收拾好。」蔣震卿心下又道：「你看他兩個，白白裏打攪了他一餐，又拿了他的甚麽東西，忒煞欺心。」却口裏且答應道：「曉得了。」站住等看，只見墻上有兩件東西撲搭地丢將出來。急走上前看時，却是兩個被囊。提一提看，且是沉重。把手捻兩捻，累累塊塊，像是些金銀器物之類。蔣震卿恐怕有人開出來追尋，急負在背上，望前便走。走過百餘步，回頭看那門時，已離得略遠了。站着脚再看動静，遠望去，墻上兩個人跳將下來。蔣震卿道：「他兩個也來了。」恐有人追，我只索先走，不必等他。」提起脚便走。望後邊這兩個，也不忙趕，只尾着他慢慢地走。蔣震卿走得少遠，心下想道：「他兩個趕着了，包裹東西，必要均分。趂他們還在後邊，我且開囊看看。總是不義之物，落得先藏起他些好的。」【眉批】却又欺心。立住了，把包裹打開，將黄金重貨，另包了一囊。把錢布之類，仍舊放在被囊裏，提了又走。又望後邊兩個人，却還未到。元來見他住也住，見他走也走，黑影裏遠遠尾着，只不相近。如此行了半夜，只是隔着一箭之路。看看天明了，那兩個方纔脚步走得急促，趕將上來。蔣震卿道：「正是來一路走。」走到面前，把眼一看，吃了一驚，誰知不是昨日同行的兩個客人，到是兩個女子。一個頭扎臨清帕，身穿青紬衫，且是生得美麗。一個散挽頭髻，身穿青布襖，是個丫鬟打扮。仔細看了蔣震卿一看，這一驚可也不小，急得忙閃了身子開來。蔣震卿上前，一把將美貌的女子劫住道：「你走那裏去？快快跟了我去，到有商量。若是不從，我同到你家去出首。」女子低首無言，只得跟了他走。走到一個酒館中，蔣生揀個僻净樓房，與他住下了。【眉批】更妙。哄店家道，是夫妻燒香，買早飯吃的。店家見一男一女，又有丫鬟跟隨，並無疑心，自去支持早飯上來吃。蔣震卿對女子，低聲問他來歷，那女子道：「奴家姓陶，名幼芳，就是昨日主人翁之女。母親王氏，奴家幼年間，許嫁同郡褚家，誰想他雙目失明了，我不願嫁他。有一個表親之子王郎，少年美貌，我心下有意于他。與他訂約日久，約定今夜私奔出來，一同逃去。今日日間不見回音。將到晚時，忽聽得爹爹進來大嚷，道是：『門前有個人，口稱這裏是他丈人家裏。【眉批】良緣天作合也。胡言亂語，可惡！』我心裏暗想，此必是我所約之郎到了。急急收并貲財，引這丫鬟拾翠爲伴，踰墻出來。看見你在前面，背囊而走，心裏道自然是了。恐怕人看見，所以一路不敢相近。誰知跟到這裏，却是差了。而今既已失却那人，又不好歸去得，只得隨着官人罷！也是出于無奈了。」蔣震卿大喜道：「此乃天緣已定，我言有驗。且喜我未曾娶妻。你不要慌張，我同你家去便了。」

蔣生同他吃了早飯，丫鬟也吃了，打發店錢，獨討一個船，也不等二客，一直同他隨路换船，徑到了餘杭家裏。家人來問，只説是路上禮聘來的。那女子入門，待上接下，甚是賢能，與蔣震卿十分相得。

過了一年，已生了一子，却提起父母，便凄然淚下。一日，對蔣震卿道：「我那時不欲從那瞽夫，所以做出這些冒禮勾當來。而今身已屬君，可無悔恨。但只是雙親年老無靠，失我之後，在家必定憂愁。【眉批】孝心不忘，宜有後會。且一年有餘，無從問個消息，我心裏一刻不能忘。再如此思念幾時，畢竟要生出病來了。我想，父母平日愛我，如珠似寶，而今便是他知道了，他只以見我爲喜，定然不十分嗔怪的。你可計較，怎生通得一個信去。」蔣震卿想了一回道：「此間有一個教學的先生，姓阮，叫阮太始，與我相好。他專在諸暨往來，待我與他商量看。」

蔣震卿就走去，把這事始末根繇，一五一十，對阮太始説了。阮太始道：「此老是諸暨一個極忠厚的長者，與學生也曾相會幾番過的。待學生尋個便，到那裏替兄委曲通知，周全其事，決不有誤。」蔣震卿稱謝了，來回渾家的話不題。

且説陶老，是晚欵留二客在家歇宿，次日又拿早飯來吃了。二客千恩萬謝，作別了起身。老者送出門來，還笑道：「昨日狂生，不知那裏去宿了，也等他受此恓惶，以爲輕薄之戒。」【眉批】恓惶不到。二客道：「想必等不得，先去了。容學生輩尋着了他，埋怨他一番，老丈再不必介懷。」老者道：「老拙也是一時耐不得，昨日勾奈何他了，那裏還掛在心上？」道罷，各自作別去了。

老者入得門時，只見一個丫鬟，慌慌張張，走到面前，喘做一團，道：「阿爹，不好了！姐姐不知那裏去了。」老者吃了一驚道：「怎的説？」一步一攧，忙走進房中來。只見王媽媽兒天兒地的放聲大哭，哭倒在地。老者問其詳細，媽媽説道：「昨晚好好在他房中睡的，今早因外邊有客，我且照管灶下早飯，不曾見他起來。及至客去了，叫人請他來一處吃早飯，只見房中箱籠大開，連伏侍的丫頭拾翠也不見，不知那裏去了。」老者大駭道：「這却爲何？」一個養娘便道：「莫不昨日投宿這些人是個歹人，夜裏拐的去了？」老者道：「胡説！他們都是初到此地的，那兩個宿了一夜，今日好好别了去的，如何拐得？這一個，因是我惱他，連門裏不放他進來，一發甚麽相干？【眉批】倒是不放進門者有相干。必是日前與人有約，今因見有客，趂鬨打劫的逃去了。你們平日看見姐姐有甚破綻麽？」一個養娘道：「阿爹，此猜十有八九，姐姐只爲許了個盲子，心中不樂，時時流淚。惟有王家某郎，與姐姐甚説得來，時常叫拾翠與他傳消遞息的，想必約着跟他走了。」老者見説得有因，密地叫人到王家去訪時，只見王郎好好的在家裏，並無一些動静。老者没做理會處，自道：「家醜不可外揚，切勿令傳出去。諸家這盲子，退得便罷，退不得，苦一個丫頭不着，還他罷了。只是身邊没有了這個親生女兒，好生冷静。」與那王媽媽説着，便哭一個不住。後來褚家盲子死了，感着老夫妻念頭，又添上幾場悲哭，道：「便早死了年把，也不見得女兒如此。」

如是一年有多，只見一日門上遞個名帖進來，却是餘杭阮太始。老者出來接着道：「甚風吹得到此？」阮太始道：「久踈貴地諸友，偶然得暇，特過江來拜望一番。」老者便教治酒相待。飲酒中間，大家説些江湖上的新聞，也有可信的，也有可疑的。阮太始道：「敝鄉一年之前，也有一件新聞，這事却是實的。」老者道：「何事？」阮太始道：「有個少年朋友，出來游耍歸去，途路之間，一句戲話上邊，得了一個婦人，至今做夫妻在那裏。説道這婦人是貴鄉的人，老丈曾曉得麽？」老者道：「可知這婦人姓甚麽？」阮太始道：「説道也姓陶。」那老者大驚道：「莫非是小女麽？」

阮太始道：「小名幼芳，年紀一十八歲。又有個丫頭，名拾翠。」老者撐着眼道：「真是吾小女了，如何在他那裏？」阮太始道：「老丈還記得雨中叩門，冒稱是岳家，老丈閉他在門外，不容登堂的事麽？」老者道：「果有這個事！此人平日元非相識，却又關在外邊，無處通風，不知那晚小女如何却隨了他去了？」阮太始把蔣生所言，一一告訴，説道：「一邊妄言，一邊發怒，一邊誤認，凑合成了這事，真是希奇。而今已生子了，老翁要見他麽？」老者道：「可知要見哩！」

只見王媽媽在屏風後邊，聽得明明白白，忍不住跳將出來，不管是生是熟，大哭，拜倒在阮太始面前，道：「老夫婦只生得此女，自從失去，幾番哭絶，至今奄奄不欲生。若是客人果然致得吾女相見，必當重報。」阮太始道：「老丈與孺人固然要見令愛，只怕有些見怪令婿。令婿便不敢來見了。」老者道：「果然得見，慶幸不暇，還有甚麼見怪？」阮太始道：「令婿也是舊家子弟，不辱没了令愛的。老丈既不嗔責，就請老丈同到令婿家裏去一見便是。」

老者欣然治裝，就同阮太始一路到餘杭來。到了蔣家門首，阮太始進去，把以前説話備細説了。阮太始同蔣生出來，接了老者。那女兒久不見父親，也直接至中堂。阮太始暫避開了。父女相見，倒在懷中，大家哭倒。老者就要蔣生同女兒到家去，那女兒也要去見母親，就一同到諸暨村來。母女兩個相見了，又抱頭大哭道：「只説此生再不得相會了，誰道還有今日。」哭得傍邊養娘們個個淚出。哭罷，蔣生拜見丈人、丈母，叩頭請罪道：「小婿一時與同伴門外戲言，誰知岳丈認了真，致犯盛怒，又誰知令愛認了錯，得諧私願。小婿如今想起來，當初説此話時，何曾有分毫想到此地位的？都是偶然，望岳丈勿罪。」老者大笑道：「天教賢婿説出這話，有此凑巧。此正前定之事，何罪之有？」

正説話間，阮太始也封了一封賀禮，到門叫喜。老者就將彩帛銀兩，拜求阮太始爲媒，治酒大會親族，重教蔣震卿夫婦拜天成禮。厚贈妝奩，送他還家。夫妻偕老。【眉批】學養子而後嫁者也。

當時，蔣生不如此戲耍取笑，被關在門外，便一樣同兩個客人一處兒吃酒了，那裏撞得着這老婆來？不知又與那個受用去了。可見前緣分定，天使其然。

此本説話，出在祝枝山《西樵野記》中。事體本等有趣，只因有個没見識的，做了一本《鴛衾記》，乃是將元人《玉清菴錯送鴛鴦被》雜劇與嘉定篦工徐達拐逃新人的事三四件，做了個扭名糧長，弄得頭頭不了，債債不清。所以今日依着本傳，把此話文重新流傳于世，使人簡便好看。有詩爲証：

片言得婦是奇緣，此等新聞本可傳。

扭捏無端殊舛錯，故將話本與重宣。

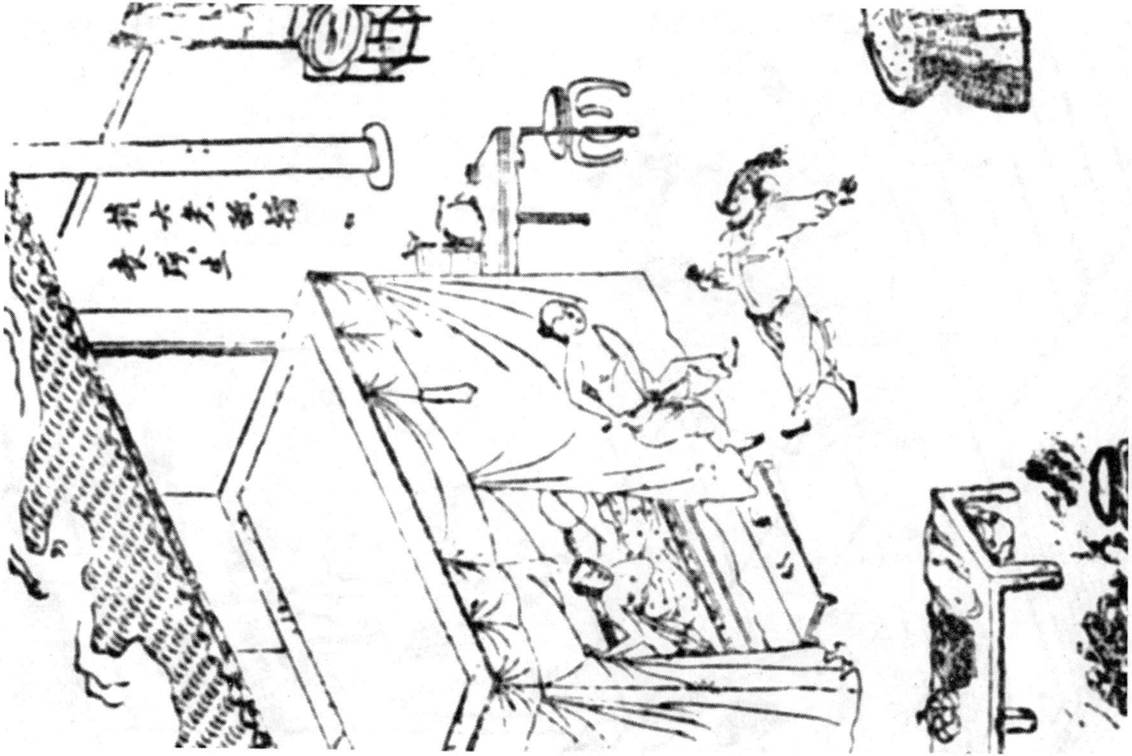

張知縣誅奚
成鐵案

卷十三

趙六老舐犢喪殘生　張知縣誅梟成鋏案

詩曰：

從來父子是天倫，離暴何當逆自親？

爲說慈烏能反哺，應教飛鳥罵伊人。

話說人生極重的是那孝字，蓋因爲父母的，自乳哺三年。直盼到兒子長大，不知費盡了多少心力。又怕他三病四痛，日夜焦勞；又指望他聰明成器，時刻注想。撫摩鞠育，無所不至。《詩》云：「哀哀父母，生我劬勞。欲報之德，昊天罔極。」說到此處，就是卧冰、哭竹，扇枕温衾，也難報答萬一。況乃錦衣玉食，歸之自己，擔飢受凍，委之二親，漫然視若路人，甚而等之仇敵，敗壞彝倫，滅絶天理，真狗彘之所不爲也。

如今且説一段不孝的故事，從前寡見，近世罕聞。正德年間，松江府城有一富民，姓嚴，夫妻兩口兒過活。三十歲上無子，求神拜佛，無時無處不將此事掛在念頭上。忽一夜嚴娘子似夢非夢間，只聽得空中有人説道：「求來子，終没耳。添你丁，減你齒。」嚴娘子分明聽得，次日即對嚴公説知，却不解其意。自此以後，嚴娘子便覺得眉低眼慢，乳脹腹高，有了身孕。懷胎十月，歷盡艱辛。生下一子，眉清目秀。夫妻二人，歡喜倍常。萬事多不要緊，只願他易長易成。

光陰荏苒，又早三年。那時也倒聰明伶俐，做爺娘的百依百順，没一事違拗了他。休説是世上有的物事，他要時定要尋來。便是天上的星，河裏的月，也恨不爬上天捉將下來，鑽入河撈將出去。似此情狀，不可勝數。【眉批】溺愛常態。又道是：「棒頭出孝子，筯頭出忤逆。」爲是嚴家夫妻養嬌了這孩兒，到得大來，就便目中無人，天王也似的大了。【眉批】必然之勢。却是爲他有錢財使用，又好結識那一此豈可近。班慘刻狡滑、没天理的衙門中人，多只是奉承過去，那個敢與他一般見識？却又極好樗蒲，搭着一班兒夥伴，多是高手的賭賊。那些人貪他是出錢施主，當面只是甜言蜜語，謟笑脅肩，賺他上手。他只道衆人真心喜歡，且十分幫襯，便放開心地，大膽呼盧，把那黄白之物，無算的暗消了去。嚴公時常苦勸，却終久溺着一個愛字，三言兩語，不聽時也只索罷了。豈知家私有數，經不得十博九空。似此三年，漸漸凋耗。

嚴公原是積儹上頭起家的，見了這般情況，未免有些肉痛。一日，有事出外，走過一個賭坊，只見數十個人，團聚一處，在那裏喧嚷。嚴公望見，走近前來，伸頭一看，却是那衆人裹着他兒子討賭錢。他兒子分説不得，你拖我扯，無計可施。嚴公看了，恐怕傷壞了他，心懷不忍。挨開衆人，將身蔽了孩兒，對衆人道：「所欠錢物，老夫自當賠償。衆弟兄各自請回，明日到家下拜納便是。」一頭説，一手且扯了兒子，怒憤憤的投家裏來。關上了門，採了他兒子頭髮，硬着心做勢要打，却被他挣扎脱了。嚴公趕去，扯住不放，他掇轉身來，望嚴公臉上只一拳，打個滿天星，昏暈倒了。【眉批】溺愛者看樣。兒子也自慌張，只得將手扶時，元來打落了兩個門牙，流血滿胸。兒子曉得不好，且望外一溜走了。嚴公半晌方醒，憤恨之極，道：「我做了一世人家，生這樣逆子，蕩了家私，又幾乎害我性命，禽獸也不如了。還要留他則甚？」一徑走到府裏來，却值知府升堂，寫着一張狀子，將那打落牙齒爲証，告了忤逆。知府准了狀，當日退堂，老兒自且回去。

却有嚴公兒子平時最愛的相識，一個外郎，叫做丘三，是個極狡黠奸詐的，那時見准了這狀，急急出衙門，尋見了嚴公兒子，備説前事。【眉批】此時却用得着。嚴公兒子着忙，懇求計策解救。丘三故意作難，嚴公兒子道：「適帶得賭錢三兩在此，權爲使用，是必打點救我性命則箇。」丘三又故意遲延了半晌道：「今日晚了，明早府前相會，我自有話對你説。」嚴公兒子依言，各自散訖。

次早俱到府前相會，嚴公兒子問：「有何妙計？幸急救我。」丘三把手招他到一個幽僻去處，説道：「你來，你來，對你説。」嚴公兒子便以耳接着丘三的口，等他講話。【眉批】好計。只聽得趷啅一响，嚴公兒子大叫一聲，疾忙掩耳，埋怨丘三道：「我百般求你解救，如何倒咬落我的耳朵？却不恁地與你干休！」丘三冷笑道：「你耳朵原來却恁地值錢！你家老兒牙齒直恁地不值錢！【眉批】趣語。不要慌，如今却真對你説話。你慢些只説如此如此，便自没事。」嚴公兒子道：「好計！雖然受些痛苦，却得乾净了身子。」

隨後府公陞廳，嚴公兒子帶到。知府問道：「你如何這般不孝？只貪賭賻，怪父教誨，甚而打落了父親門牙，有何理説？」嚴公兒子泣道：「爺爺青天在上，念小的焉敢悖倫胡行？小的偶然出外，見賭坊中争鬧，立定閒看。誰知小的父親也走將來，便疑小的亦落賭場，採了小的回家痛打。小的吃打不過，不合伸起頭來，父親便將小的毒咬一口，咬落耳朵。老人家齒不堅牢，一時性起，遂至墜落。【眉批】可聽。豈有小的打落之理？望爺爺明鏡照察。」知府教上去驗看，果然是一隻缺耳，齒痕尚新，上有凝血。信他言詞是實，微微的笑道：「這情是真，不必再問了。但看賭可疑，父齒復壞，責杖十板，趕出免擬。」

嚴公兒子喜得無恙，歸家求告父母道：「孩兒願改從前過失，侍奉二親。官府已責罰過，任父親發落。」【眉批】此子猶可教也。老兒昨日一口氣上，到府告官。過了一夜，又見兒子已受了官刑，只這一番説話，心腸已自軟了。他老夫妻兩個，原是極溺愛這兒子的，想起道：「當初受孕之時，夢中四句言語，説：『求來子，終没耳。添你丁，减你齒。』今日老兒落齒，兒子嚙耳，正此驗也。這也是天數，不必説了。」自此，那兒子當真守分，孝敬二親，後來却得善終。這叫做：改過自新，皇天必宥。

如今再説一個肆行不孝，到底不悛，明彰報應的。某朝某府某縣，有一人姓趙，排行第六，人多叫他做趙六老。家聲清白，囊橐肥饒。夫妻兩口，生下一子，方離乳哺，是他兩人心頭的氣，身上的肉。未生下時，兩人各處許下了偌多香願。只此一節上，已爲這兒子費了無數錢財。不期三歲上出起痘來，兩人終夜無寐，遍訪名醫，多方覓藥，不論資財。只求得孩兒無恙，便殺了身己，也自甘心。兩人憂疑驚恐，巴得到痘花回好，就是黑夜裏得了明珠，也没得這般歡喜。看看調養得精神完固，也不知服了多少藥料，吃了多少辛勤，壞了多少錢物。殷殷撫養，到了六七歲，又要送他上學。延一個老成名師，擇日叫他拜了先生。取個學名，唤做趙聰。先習了些《神童》、《千家詩》，後習《大學》。兩人又怕兒子辛苦了，又怕先生拘束他，生出病來，每日不上讀得幾句書便歇了。那趙聰也到會體貼他夫妻兩人的意思，常只是詐病佯疾，不進學堂，兩人却是不敢違拗了他。【眉批】不明之父母有此痼疾，犯之者多矣。那先生看了這些光景，口中不語，心下思量道：「這真叫做禽犢之愛，適所以害之耳。養成于今日，後悔無及矣。」却只是冷眼傍觀，任主人家措置。

過了半年三個月，忽又有人家來議親。却是一家宦户人家，姓殷，老兒曾任太守，故了。趙六老却要扳高，央媒求了口帖，選了吉日，極濃重的下了一付謝允禮。自此聘下了殷家女子，逢時致時，逢節致節，往往來來，也不知費用了多少禮物。【眉批】也是財主之痼疾。

韶光短淺，趙聰因爲嬌養，直挨到十四歲上，纔讀完得經書。趙六老還道是他出人頭地，歡喜無限。十五六歲，免不得教他試筆作文。六老此時爲這兒子面上，家事已弄得七八了。没奈何，要兒子成就，情願借貸延師，又重幣延請一個飽學秀才，與他引導。每年束脩五十金，其外節儀與夫供給之盛，自不必説。那趙聰原是個極貪安宴，十日九不在書房裏的，做先生到落得吃自在飯，得了重資，省了氣力。爲此，就有那一班不成才、没廉耻的秀才，便要謀他館穀。自有那有志向誠實的，往往却之不就。【眉批】不就者難其人矣。此之謂賢愚不等，話休絮煩。

轉眼間，又過了一個年頭，却值文宗考童生，六老也叫趙聰没張没致的前去赴考。又替他鑽刺央人情，又枉自折了銀子。

考事已過，六老又思量替兒子畢姻，却是手頭委實有些窘迫了。又只得央中寫契，借到某處銀四百兩。那中人叫做王三，是六老平時專托他做事的。似此借票，已寫過了幾紙，多只是他居間。其時在劉上户家，借了四百銀子，交與六老。便將銀備辦禮物，擇日納采，訂了婚期。過了兩月，又近吉日，却又欠接親之費。六老只得東挪西湊，尋了幾件衣飾之類，往典舖中解了四十兩銀子。却也不勾使用，只得又尋了王三，寫一紙票，又往緒員外家借了六十金，方得發迎會親。殷公子送妹子過門，趙六老極其殷懃謙讓，吃了五七日筵席，各自散了。

小夫妻兩口恩愛如山，在六老間壁一個小院子裏居住，快活過日。殷家女子，到百般好，只有些兒毛病，專一恃貴自高，不把公婆看在眼裏。且又十分慳吝，一文千貫，慣會唆那丈夫做些慘刻之事。若是殷家女子賢慧時，勸他丈夫學好，也不到得後來惹出這場大事了。

自古妻賢夫禍少，應知子孝父心寬。

這是後話。

却説那殷家嫁資豐富，約有三千金財物。殷氏收掌，没一些兒放空。趙六老供給兒媳，惟恐有甚不到處，反十分小心，兒媳兩個倒嫌長嫌短的不像意。【眉批】自貽伊戚。光陰迅速，又早三年。趙老娘因害痰火病，起不得床，一發把這家事托與那媳婦掌管。殷氏承當了，供養公婆，初時也當像樣，漸漸半年三個月，要茶不茶要飯不飯。兩人受淡不過，有時只得開口，勉强取討得些，殷氏便發話道：「有甚麽大家事交割與我？却又要長要短！原把去自當不得！我也不情願當這樣吃苦差使，到終日攪得不清净。」趙六老聞得，忍氣吞聲，實是没有甚麽家計分授與他，如何好分説得？嘆了口氣，對媽媽説了。媽媽是個積病之人，聽了這些聲响，又看了兒媳這一番怠慢光景，手中又十分窘迫，不比三年前了。且又索債盈門，箱籠中還剩得有些衣飾，把來償利，已准過七八了。就還有幾畝田産，也只好把與别人做利。趙媽媽也是受用過來的，今日窮了，休説是外人，嫡親兒媳也受他這般冷淡。回頭自思，怎得不惱？一氣氣得頭昏眼花，飲食多絶了。兒媳兩個也不到床前去看視一番，也不將些湯水調養病人，每日三餐，只是這幾碗黄虀，好不苦惱。挨了半月，痰喘大發，嗚呼哀哉，伏惟尚饗了。兒媳兩個免不得乾號了幾聲，就走了過去。

趙六老跌脚搥胸，哭了一回，走到間壁去對兒子道：「你娘今日死了，實是囊底無物，送終之具，一無所備。你可念母子親情，買口好棺木盛殮，後日擇塊墳地殯葬，也見得你一片孝心。」趙聰道：「我那裏有錢買棺？不要説是好棺木價重買不起，便是那輕敲雜樹的，也要二三兩一具，叫我那得東西去買？前村李作頭家，有一口輕敲些的在那裏，何不去賒了來，明日再做理會。」六老噙着眼淚，怎敢再説？只得出門到李作頭家去了。

且説趙聰走進來，對殷氏道：「俺家老兒一發不知進退了，對我説要討件好棺木盛殮老娘。我回説道：『休説好的，便是歹的，也要二三兩一個。』我叫他且到李作頭家賒了一具輕敲的來，明日還價。」殷氏便接口道：「那個還價？」趙聰道：「便是我們捨個頭疼，替他胡亂還些罷。」殷氏怒道：「你那裏有錢來替别人買棺材？買與自家了不得？要買時，你自還錢，老娘却是没有。我又不曾受你爺娘一分好處，没事便兜攬這些來打攪人！鬆了一次，便有十次。還他十個没有，怕怎地？」趙聰頓口無言道：「娘子説得是，我則不還便了。」

隨後，六老雇了兩個人，擡了這具棺材到來，盛殮了媽媽。大家舉哀了一場，將一杯水酒澆奠了，停柩在家。兒媳兩個也不守靈，也不做什麽盛羹飯，每日仍只是這幾碗黄虀，夜間單留六老一人，冷清清的在靈前伴宿。六老有好氣没好氣，想了便哭。

過了兩七，李作頭來討棺銀，六老道：「去替我家小官人討。」李作頭依言去對趙聰道：「官人家賒了小人棺木，幸賜價銀則箇。」趙聰光着眼，啐了一聲道：「你莫不見鬼了？你眼又不瞎。前日是那個來你家賒棺材，便與那個討，却如何來和我説？」李作頭道：「是你家老官來賒的，方纔是他叫我來與官人討。」趙聰道：「休聽他放屁，好没廉耻！他自有錢買棺材，如何圖賴得人？你去時便去，莫要討老爺怒發。」背叉着手自進去了。【眉批】口角一般，真一對夫妻也。李作頭回來，將這段話對六老説知。六老紛紛淚落，忍不住哭起來。【眉批】遲了。李作頭勸住了道：「趙老官不必如此，没有銀子，便隨分甚麽東西，准兩件與小人罷了。」趙六老只得進去，翻箱倒籠，尋得三件冬衣，一根銀鐵子，把來准與李作頭去了。

忽又過了七七四十九，趙六老原也有些不知進退，你看了買棺一事，隨你怎麽，也不可求他了。到得過了斷七，又忘了這段光景，重復對兒子道：「我要和你娘尋塊墳地，你可主張則個。」【眉批】其子固可恨，其父本是蠢厭之物，非是父不生是子。趙聰道：「我曉得甚麽主張！我又不是地理師，那曉尋甚麽地？就是尋時，難道有人家肯白送？依我説時，只好揀個日子，送去東村燒化了，也倒穩當。」六老聽説，默然無言，眼中吊淚。趙聰也不再説，竟自去了。六老心下思量道：「我媽媽做了一世富家之妻，豈知死後無葬身之所。罷，罷，這樣逆子，求他則甚？再檢箱中，看有些少物件，解當些來買地，并作殯葬之資。」六老又去開箱，翻前翻後，檢得兩套衣服，一隻金釵，當得六兩銀子，將四兩買了二分地，餘二兩唤了四個和尚，做些功果，雇了幾個扛夫，擡出去殯葬了。六老喜得完事，且自歸家，隨緣度日。

條忽間又是寒冬天道，六老身上寒冷，賒了一斤絲綿。無錢得還，只得將一件夏衣，對兒子道：「一件衣服在此，你要，便買了；不要時，便當幾錢與我。」趙聽道：「冬天買夏衣，正是那得閒錢補抓籬？放着這件衣服，日後怕不是我的？却買他！也不買，也不當。」六老道：「既恁地時，便罷。」自收了衣服不題。

却説趙聽便來對殷氏説了，殷氏道：「這却是你獃了！他見你不當時，一定便將去解舖中解了，日後一定没了。你便將來，胡亂當他幾錢，不怕没便宜。」趙聽依允，來對六老道：「方纔衣服，媳婦要看一看，或者當了也不可知。」六老道：「任你將去不妨。若當時，只是七錢銀子也罷。」趙聽將衣服與殷氏看了，殷氏道：「你可將四錢去，説如此時便足了，要多時，回他便罷。」趙聽將銀付與六老，六老那裏敢嫌多少，欣然接了。趙聽便寫一紙短押，上寫限五月没，遞與六老去了。【眉批】妙！六老看了短押，紫脹了面皮，把紙扯得粉碎，長嘆一聲道：「生前作了罪過，故令親子報應，天也！天也！」怨恨了一回。

過了一夜，次日起身梳洗，只見那作中的王三，驀地走將進來。六老心頭吃了一跳，面如土色，正是：

入門休問榮枯事，觀看容顔便得知。

王三施禮了，便開口道：「六老莫怪驚動，便是褚家那六十兩頭，雖則年年清利，却則是些貨錢准折，又還得不爽利。今年他家要連本利多楚，小人却是無説話回他。六老遮莫做一番計較，清楚了這一項，也省多少口舌，免得門頭不清净。」六老嘆口氣道：「當初要爲這逆子做親，負下了這幾主重債，年年增利，囊橐一空。欲待在逆子處挪借來奉還褚家，争奈他兩個絲毫不肯放空。便是老夫身衣口食，日常也不能如意，那得有錢來清楚這一項銀？王兄幸作方便，善爲我辭，寬限幾時，感恩非淺。」王三變了面皮道：「六老説那裏話？我爲褚家這主債上，饞唾多分説乾了。你却不知他家上門上户，只來尋我中人，我却又不得了幾許中人錢，没來由討這樣不自在吃。只是當初做差了事，没擺佈了。他家動不動要着人來坐催，你却還説這般懈話！就是你手頭來不及時，當初原爲你兒子做親借的，便和你兒子挪借來還，有甚麽不是處？【眉批】不知痛癢之談。我如今不好去回話，只坐在這裏罷了。」六老聽了這一篇話，眼淚汪汪，無言可答。虛心冷氣的道：「王兄見教極是，容老夫和這逆子計議便了。王兄暫請回步，來早定當報命。」王三道：「是則是了，却是我轉了背，不可就便放松。【眉批】中人面孔。又不圖你一碗兒茶，半鍾兒酒，着甚來歷？」攤手攤脚，也不作別，竟走出去了。

六老没極奈何，尋思道：「若對趙聰説時，又怕受他冷淡；若不去説時，實是無路可通。老王説也倒是，或者當初是爲他借的，他肯挪移，也不可知。」要一步不要一步，走到趙聰處來。只見他每閙閙熱熱，炊烟盛舉。六老問道：「今日爲甚事忙？」有人答道：「殷家大公子到來，留住吃飯，故此忙。」六老垂首喪氣，只得回身，肚裏思量道：「殷家公子在此留飯，我爲父的也不值得帶挈一帶挈！且看他是如何。」停了一會，只見依舊搬將那平時這兩碗黄糙飯來。六老看了，喉嚨氣塞，也吃不落。那日趙聰和殷公子吃了一日酒，六老不好去唐突，只得歇了。

次早，走將過去，回説趙聰未曾起身。六老呆呆的等了個把時辰，趙聰走出來道：「清清早起，有甚話説？」六老倒陪笑道：「這時候也不早了，有一句緊要説話，只怕你不肯依我。」趙聰道：「依得時便説，依不得時便不必説。【眉批】可憐。有什麽依不依！」六老半囁半嚅的道：「日前你做親時，曾借下了褚家六十兩銀子，年年清利。今年他家連本要還，我却怎地來得及？本錢料是不能勾，只好依舊上利。我實是手無一文，别樣本也不該對你説，却是爲你做親借的，爲此只得與你挪借些，還他利錢則個。」趙聰怫然變色，攤着手道：「這却不是笑話！恁地説時，元來人家討媳婦多是兒子自己出錢。【眉批】酷肖悍逆聲口。等我去各處問一問看，是如此時，我還便了。」六老又道：「不是説要你還，只是目前挪借些個。」趙聰道：「有甚挪借不挪借？若是後日有得還時，他每也不是這般討得緊了。昨日殷家阿舅，有准盒禮銀五錢在此，待我去問媳婦。肯時，將去做個東道，請請中人，再挨幾時便是。」説罷，自進去了。六老想道：「五錢銀幹什麼事？况又去與媳婦商量，多分是水中撈月了。」

等了一會，不見趙聰出來，只得回去。却見王三已自坐在那裏，六老欲待躲避，早被他一眼瞧見。王三迎着六老道：「昨日所約如何？」六老捨着羞臉説道：「我家逆子，分毫不肯通融。本錢實是難處，只得再尋些貨物，准過今年利錢，容老夫徐圖，望乞方便。」一頭説，一頭不覺的把雙膝屈了下去。王三歪轉了頭，一手扶六老，口裏道：「怎地是這樣？既是有貨物准得過時，且將去准了。做我不着，又回他過幾時。」【眉批】中人還好説話。六老便走進去，開了箱子，將媽媽遺下這幾件首飾衣服，并自己穿的這幾件直身，檢一個空，盡數將出來，遞與王三。王三寬打料帳，約勾了二分起息十六兩之數，連箱子將了去了。六老此後，身外更無一物。

話休絮煩。隔了兩日，只見王三又來索取那劉家四百兩銀子的利錢，一發重大。六老手足無措，只得詭説道：「已和我兒子借得兩個元寶在此。待將去傾銷一傾銷，且請回步，來早拜還。」王三見六老是個誠實人，况又不怕他走了那裏去，只得回家。六老想道：「雖然哄了他去，這癤少不得要出膿，怎賴得過？」又走過來對趙聰道：「今日王三又來索劉家的利錢，吾如今實是只有這一條性命了，你也可憐見我生身父母，救我一救！」趙聰道：「没事又將這些説話來恐唬人，便有些得替還了不成？要死便死了，活在這裏也没幹。」六老聽罷，扯住趙聰號天號地的哭。【眉批】遲了。趙聰奔脱了身，竟進去了。有人勸住了六老，且自回去。六老千思萬想，若王三來時，怎生措置？人極計生，六老想了半日，忽然的道：「有了，有了。除非如此如此，除了這一件，真便死也没幹。」看看天色晚來，六老吃了些夜飯自睡。

却説趙聰夫妻兩個，吃罷了夜飯，洗了脚手，吹滅了火去睡。趙聰却睡不穩，清眠在床。富相。只聽得房裏有些脚步响，疑是有賊，却不做聲。元來趙聰因有家資，時常防賊，做整備的。聽了一會，又聞得門兒隱隱開響，漸漸有些悉窣之聲，將近床邊。趙聰只不做聲，約莫來得切近，悄悄的床底下拾起平日藏下的一把斧頭，趁着手勢一劈，只聽得撲地一响，望床前倒了。趙聰連忙爬起來，踏住身子，再加兩斧，見寂然無聲，知是已死。慌忙叫醒殷氏道：「房裏有賊，已砍死了。」

點起火來，恐怕外面還有伴賊，先叫破了地方鄰舍，多有人走起來救護。只見墻門左側，老大一個壁洞。已聽見趙聰叫過：「砍死了一個賊在房裏。」一齊擁進來看，果然一個死屍，頭劈做了兩半。衆人看了，有眼快的叫道：「這却不是趙六老？」衆人仔細齊來相了一回，多道：「是也，是也。却爲甚做賊，偷自家的東西？却被兒子殺了！好蹺蹊作怪的事。」有的道：「不是偷東西，敢是老没廉耻，要扒灰，兒子憤恨，借這個賊名殺了。」那老成的道：「不要胡嘈，六老平生不是這樣人。」趙聰夫妻，實不知是什麽緣故。饒你平時奸滑，到這時節不由你不呆了。一頭假哭，一頭分説道：「實不知是我家老兒，只認是賊，爲此，不問事由殺了。只看這墻洞，須知不是我故意的。」衆人道：「既是做賊來偷，你夜晚間不分皂白，怪你不得。只是事體重大，免不得報官。」鬨了一夜，却好天明，衆人押了趙聰到縣前去。這裏殷氏也心慌了，收拾了些財物，暗地到縣裏打點去使用。

那知縣姓張，名晋，爲人清廉正直，更兼聰察非常。那時升堂，見衆人押這趙聰進來，問了緣故，差人相驗了屍首。張晋道：「是以子殺父，該問十惡重罪。」傍邊走過一個承行孔目，禀道：「趙聰以子殺父，罪犯宜重。却實是黄夜拒盗，不知是父，又不宜坐大辟。」那些地方里鄰，也是一般説話。【眉批】此亦公平之論，但非誅心之法。張晋由衆人説，逕提起筆來判道：

趙聰殺賊可恕，不孝當誅。子有餘財，而使父貧爲盗，不孝明矣，死何辭焉？

判畢，即將趙聰重責四十，上了死囚枷，押入牢裏。【眉批】如此快舉，不嫌深文。衆人誰敢開口？況趙聰那些不孝的光景，衆人一向久慕，見張晉斷得公明，盡皆心服。張晉又責令取趙聰家財，買棺殯殮了六老。殷氏縱有撲天的本事，敵國的家私，也没門路可通。只好多使用些銀子，時常往監中看覷趙聰一番。不想進監多次，惹了牢瘟，不上一個月死了。【眉批】天理！趙聰原是受享過來的，怎熬得囹圄之苦？殷氏既死，没人送飯，餓了三日，死在牢中。拖出牢洞，抛屍在千人坑裏。這便是那不孝父母之報。

張晉更着將趙聰一應家財入官，那時劉上户、褚員外并六老平日的債主，多執了原契，稟了張晉，一一多派還了。其餘所有，悉行入庫。他兩個刻剥了這一生，自己的父母也不能勾近他一文錢鈔，思量積儹來傳授子孫，爲永遠之計。誰知家私付之烏有，并自己也無葬身之所。要見天理昭彰，報應不爽。正是：

由來天網恢恢，何曾漏却阿誰。
王法還須推勘，神明料不差池。

貴對衆揚化
體廉

卷十四

酒謀財于郊肆惡　鬼對案楊化借屍

詩曰：

從來人死魂不散，况復生前有宿冤。
試看鬼能爲活証，始知明晦一般天。

話説山東有一個耕夫，不記姓名，因耕自己田地，侵犯了鄰人墓道。鄰人與他争論，他出言不遜，就把他毒打不休，須臾身死。家間親人，把鄰人告官。檢屍有致命重傷，問成死罪，已是一年。

忽一日，右首鄰家所生一子，口裏纔能説話，便話得前生事體出來道：「我是耕者某人，爲鄰人打死，死後見陰司，陰司憐我無罪誤死，命我復生。説我屍首已壞，就近托生爲右鄰之子。即命二鬼送我到右鄰房櫳外，見一婦人踞床將産，二鬼道：『此即汝母，汝從顖門入。』説罷，二鬼即出。二鬼在外，不聽見裏頭孩子哭聲，二鬼回身進來看，説道：『走了，走了。』其時吾躲在衣架之下，被二鬼尋出，復送入顖門。一會就生下來。」歷歷述説平生事，無一不記。又到前所耕地界處，再三辨悉。那些看的人及他父母，明知是耕者再世，嘆爲異事。

喧傳此話到獄中，那前日抵罪的鄰人，便當官訴狀道：「吾殺了耕者，故問死罪。【眉批】奇想。今耕者已得再生，吾亦該放條活路。若不然，死者倒得生了，生者倒要死了。吾這一死還是抵誰的？」官府看見訴語希奇，吊取前日一干原被犯証里鄰問他，他們衆口如一，説道果是重生。并取小孩兒問他，他言語明明白白，一些不誤。官府雖則斷道：「一死自抵前生，豈以再世倖免？」不准其訴，然却心裏大是驚怪。因曉得人身四大，乃是假合。形有時盡，神則常存，何況屈死冤魂，豈能遽散？

所以國朝嘉靖年間，有一椿異事。乃是一個山東人，唤名丁戌，客游北京。途中遇一壯士，名唤盧疆，見他意氣慷慨，性格軒昂，兩人覺道説得着，結爲兄弟。不多時，盧疆盗情事犯，繫在府獄，丁戌到獄中探望。盧疆對他道：「某不幸犯罪，無人救答。承兄平日相愛，有句心腹話要與兄説。」丁戌道：「感蒙不棄，若有見托，必當盡心。」盧疆道：「得兄應允，死亦瞑目。吾有白金千餘，藏在某處。兄可去取了，用些手脚，營救我出獄。【眉批】殺身之根。萬一不能勾脱，只求兄照管我獄中衣食，不使缺乏。他日死後，只要兄葬埋了我，餘多的東西任憑兄取了罷。只此相托，再無餘言。」説罷，淚如雨下。丁戌道：「且請寬心，自當盡力相救。」珍重而别。

元來人心本好，見財即變。自古道得好：「白酒紅人面，黄金黑世心。」【眉批】透世語。丁戌見盧疆傾心付托時，也自實心應承，無有虚謬。及依他到所説的某處，取得千金在手，却就轉了念頭道：「不想他果然爲盗，積得許多東西在此。造化落在我手裏，是我一場小富貴，也勾下半世受用了。總是不義之物，他取得，我也取得，不爲罪過。既到了手，還要救他則甚？」又想一想道：「若不救他，他若教人問我，無可推托得。惹得毒了，他萬一攀扯出來，得也得不穩。【眉批】人之作惡，多自轉念得來。何不了當了他？到是口净。」正是：轉一念，狠一念。從此，遂與獄吏兩個通同，送了他三十兩銀子，擺佈殺了盧疆。自此，丁戌白白地得了千金，又無人知他來歷，摇摇擺擺，在北京受用了三年，用過七八了。因下了潞河，搭船歸家。

丁戍到了船中，與同船之人正在艙裏，大家説些閒話，你一句，我一句，只見丁戍忽然跌倒了。一會兒扒起來，睁起雙眸，大喝道：「我乃北京大盗盧疆也。丁戍天殺的，得我千金，反害我命，而今須索填還我來。」同船之人，見他聲口與先前不同，又説出這話來，曉得丁戍有負心之事，寃魂來索命了，各各心驚，共相跪拜，求告他道：「丁戍自做差了事，害了好漢，須與吾輩無干。今好漢若是在這船中索命，殺了丁戍，須害我同船之人，不得幹净，要吃没頭官司了。萬望好漢息怒，略停幾時，等我衆人上了崖，憑好漢處置他罷。」只見丁戍口中作鬼語道：「罷，罷。我先到他家等他罷。」説畢，復又倒地。須臾，丁戍醒轉，衆人問他適纔的事，一些也不知覺。衆人遂俱不道破。隨路分别上崖去了。

丁戍到家三日，忽然大叫，又説起船裏的説話來。家人正在駭異，只見他走去，取了一個鐵鎚，望口中亂打牙齒。家人慌忙抱住了，奪了他的鐵鎚。又走去拿把厨刀在手，把胸前亂砍。家人又來奪住了。他手中無了器皿，就把指頭自挖雙眼，眼珠盡出，血流滿面。家人慌張驚喊，街上人聽見，一齊跑進來看。遞傳出去，弄得看的人填街塞巷。又有日前同舟回來之人，有好事的來打聽消息，恰好瞧着。只見丁戍一頭自打，一頭説盧疆的話，大聲價駡。有大膽的，走向前問他道：「這事有幾年了？」附丁戍的鬼道：「三年了。」問的道：「你既有寃欲報，如此有靈，爲何直等到三年？」附丁戍的鬼道：「向我關在獄中，不得報仇。近來遇赦，方出得在外來了。」説罷又打，直打到丁戍氣絶，遂無影響。於時隆慶改元大赦，要知獄鬼也隨陽間例放了出來，方得報仇。乃信陰陽一理也。正是：

明不獨在人，幽不獨在鬼。
陽世與陰間，似隔一層紙。
若還顯報時，連紙都徹起。

看官，你道在下爲何説出這兩段説話？只因世上的人，瞞心昧己做了事，只道暗中黑漆漆，並無人知覺的。又道是「死無對証」，見個人死了，就道天大的事也完了。誰知道冥冥之中，却如此昭然不爽！説到了這樣轉世説出前生，附身活現花報，恰像人原不曾死，只在面前一般，隨你欺心的、硬膽的人，思之也要毛骨悚然。【眉批】世人各宜警醒。却是死後托生，也是常事，附身索命，也是常事，古往今來，説不盡許多。而今更有一個希奇作怪的，乃是被人害命，附屍訴冤，竟做了活人活証，直到纏過多少時節，經過多少衙門，成獄方休。實爲罕見。

這段話，在山東即墨縣于家莊。有一人唤名于大郊，乃是個軍籍出身。這于家本户，有興州右屯衛頂當祖軍一名。那見在彼處當軍的，叫做于守宗。元來這名軍，是祖上洪武年間傳留下來的，雖則是嫡支嫡派，承當充伍，却是通族要幫他銀兩，叫做軍裝盤纏，約定幾年來取一度，是個舊規。其時乃萬曆二十一年，守宗在衛，要人到祖籍討這一項錢糧。有個家丁，叫做楊化，就是薊鎮人，他心性最梗直，多曾到即墨縣走過遭把的，守宗就差他前來。楊化與妻子别了，騎了一隻自喂養的蹇驢，不則一日，行到即墨。一徑到于大郊屋裏居住，宿歇了，各家去派取。按着支系派去，也有幾分的，也有上錢的，陸續零星討將來，先凑得二兩八錢，在身邊藏着。是月正月二十六日，大郊走來對楊化道：「今日鰲山衛集，好不熱鬧，我要去趂趕，同你去耍耍來。」楊化道：「咱家也坐不過，要去走走。」把個纏袋束在腰裏了，騎了驢，同大郊到鰲山衛來。只因此一去，有分教：

雄邊壯士，强做了一世寃魂；寒舍村姑，硬當了幾番鬼役。

正是：

猪羊入屠户之家，一步步來尋死路。

却説楊化與于大郊到鰲山集上，看了一回，覺得有些肚飢了，對大郊道：「咱們到酒店上呷碗燒刀子去。」大郊見説，就拉他到衛城内一個酒家尹三家來飲酒。山東酒店，没甚嗄飯下酒，無非是兩碟大蒜，幾個鏟鏟。楊化是個北邊窮軍，好的是燒刀子，這尹三店中是有名最狠的黄燒酒，正中其意，大碗價篩來吃。于大郊又在傍相勸，灌得爛醉。到天晚了，楊化手垂脚軟，行走不得。大郊勉强扶他上了驢，用手攙着他走路。楊化騎一步，蹿一蹿，幾番要攧下來。到了衛北石橋子溝，楊化一個盹，叫聲：「阿呀！」一交翻下驢來，于大郊道：「騎不得驢了，且在此地下睡睡再走。」楊化在草坡上，一交放翻身子，不知一個天高地下，鼾聲如雷，一覺睡去了。元來于大郊見楊化零零星星收下好些包數銀子，却不知有多少，心中動了火，思想要謀他的。【眉批】能有幾何，亦以謾藏誨盗乎？可憐！可憐！欺他是個單身窮軍，人生路不熟，料没有人曉得他來踪去迹。亦且這些族中人，怕他蒿惱，巴不得他去的，若不見了他，大家幹净，必無人提起，却不這項銀子落得要了？所以故意把這樣狠酒灌醉了他。楊化睡至一個更次，于大郊呆呆在傍邊候着。你道平日若是軟心的人，此時縱要謀他銀兩，乘他酒醉，腰裏摸了他的，走了去。明日楊化酒醒，也只道醉後失了；就是疑心大郊，没個實據，可以抵賴，事也易處。何致定要害他性命？誰知北人手辣心硬，一不做，二不休，叫得先打後商量。不論銀錢多少，只是那斷路搶衣帽的小小强人，也必了了性命，然後動手的。風俗如此，心性如此。看着一個人性命，只當掐個蝨子，不在心上。當日見楊化不醒，四傍無人，便將楊化驢子上轡繩解將下來，打了個扣兒，將楊化的脖項套好了。就除下楊化帽兒，塞住其口，把一隻脚踏住其面，兩手用力，將轡繩扯起來一勒，可憐楊化一個窮軍，能有多少銀子？今日死于非命。

于大郊將手去按楊化鼻子底下，已無氣了，就于腰間搜劫前銀，連纏袋取來，纏在自己腰内。又想道：「屍首在此，天明時有人看見，須是不便。」隨抱起楊化屍首，馱在驢背上，趕至海邊。離于家莊有三里地遠了，撲通一聲，攛入海內，牽了驢兒轉回來。又想一想道：「此是楊化的驢，有人認得。我收在家裏，必有人問起，難以遮蓋，棄了他罷。」當將此驢趕至黄鋪舍，漫坡散放了，任他自去。那驢散了韁轡，隨他打滚，好不自在。次日不知那個收去了。是夜于大郊悄地回家，無人知道。

至二月初八日，已死過十二日了，于大郊魂夢裏，也道此時死屍不知漂去幾千幾萬里了。你道可殺作怪，那死屍潮上潮下，退了多日，一夜乘潮逆流上來，恰恰到于家莊本社海邊，停着不去。本社保正于良等看見，將情報知即墨縣。那即墨縣李知縣，查得海潮死屍，不知何處人氏，何由落水，其故難明，亦且頸有繩痕，中間必有冤抑。除責令地方一面收貯，一面訪拿外，李知縣齋戒了，到城隍廟虔誠祈禱，務期報應，以顯靈佑，不題。

本月十三日，有于大郊本户居民于得水妻李氏，正與丈夫碾米，忽然跌倒在地。得水慌忙扶住叫喚。將及半個時辰，猛可站將起來，緊閉雙眸，口中嚇道：「于大郊，還我命來！還我命來！」于得水驚咤問道：「你是何處神鬼？輒來作怪！」李氏口裏道：「我是討軍裝楊化，在鰲山集被于大郊將黄燒酒灌醉，扶至石橋子溝，將韁繩把我勒死，抛屍海中。我恐大郊逃走，官府連累無干，以此前來告訴。我家中還有親兄楊大，又妻張氏，有二男二女，俱遠在薊州，不及前來執命。可憐！可憐！故此自來，要與大郊質對，務要當官報仇。」【眉批】化亦强鬼也。于得水道：「此冤仇却與我無干，如何纏擾着我家裏？」李氏口裏道：「暫借賢妻貴體，與我做個憑依，好得質對。待完成了事，我自當去，不來相擾。煩你與我報知地方則個。你若不肯，我也不出你的門。」于得水當時無奈，只得走去，通知了保正于良。于良不信，到得水家中，看個的確。只見李氏再説那楊化一番説話，明明白白，一些不差。于良走去報知老人邵强，與地方牌頭小甲等，都來看了。前後説話，都是一樣。

于良、邵强遂同地方人等，一擁來到于大郊家裏叫出大郊來道：「你幹得好事！今有寃魂在于得水家中。你可快去面對。」大郊心裏有病，見說着這話，好不心驚。却又道：「有甚麽寃魂在得水家裏？可又作怪，且去看一看，怕做甚麽？」違不得衆人，只得軟軟隨了去。到得水家，只見李氏大喝道：「于大郊，你來了麽？我與你有甚麽寃仇？你却謀我東西，下此毒手！害得我好苦！」大郊猶兀自道無人知証，口强道：「呸！那個謀你甚麽？見鬼了！」李氏口裏道：「還要抵賴！你將驢韁勒死了我，又驢馱我海邊，丢屍海中了。藏着我銀子二兩八錢，打點自家快活。快拿出我的銀子來！不然，我就打你，咬你的肉，洩我的恨。」大郊見他說出銀子數目相對，已知果是楊化附魂，不敢隱匿，遂對衆吐稱：「前情是實。却不料陰魂附人，如此顯明，只索死去休！」

于良等聽罷，當即押了大郊回家，將原劫楊化纏袋一條，内盛軍裝銀二兩八錢，於本家灶鍋烟籠裏取出。于良等道：「好了，好了。有此贓物，便可報官定罪了。這海上浮屍的公案，若只是陰魂鬼話，萬一後邊本人醒了，陰魂去了，我們難替他擔錯。」就急急押了于大郊，連贓送縣。大郊想道：「罪無可逃了。坐在監中，無人送飯，須索多攀本户兩個，大家不得安閒。等他們送飯時，須好歹也有些及我。」就對于良道：「這事須有本户于大豹、于大敖、于大節三人與我同謀的，如何只做我一人不着？」于良等並將三人拘集。三人口稱「無干」，這裏也不聽他，一同送到縣來首明。

知縣准了首詞，批道：「情似真而事則鬼，必李氏當官証之。」隨拘李氏到官。李氏與大郊面質，句句是楊化口談，咬定大郊謀死真情。知縣看那訴詞上面，還有幾個名字，問：「這于大豹等幾人，却是怎的？」李氏道：「止是大郊一個，餘人並不相干。正恐累及平人，故不避幽明，特來告陳。」知縣厲聲問大郊道：「你怎麽說？」大郊此時已被李氏附魂活靈活現的說，驚得三魂俱不在體了，只得叩頭道：「爺爺，今日纔曉得鬼神難昧，委係自己將楊化勒死，圖財是實，並與他人無干。小的該死！」

知縣看係謀殺人命重情，未經檢驗，當日親押大郊等到海邊潮上楊化屍所相驗。拘取一班仵作，相得楊化身屍，頸子上有繩子交匝之傷，的係生前被人勒死。取了傷單，回到縣中。將一干人犯口詞取了，問成于大郊死罪。衆人在官的，多畫了供，連李氏也畫了一個供。又分付他道：「此事須解上司，你改不得口。」李氏道：「小的不改口，只是一樣說話。」元來知縣只怕楊化魂靈散了，故如此對李氏說；不知楊化真魂，只說自家的說話，却如此答。知縣就把文案疊成，連人解府。

知府看了招卷，道是希奇，心下有些疑惑。當堂親審，前情無異，題筆判云：

看得楊化以邊塞貧軍，跋涉千里，銀不滿三兩，于大郊輒起毒心。先之酒醉，繼之繩勒，又繼之驢馱，丢屍海內。彼以爲葬魚腹，求之無屍，質之無証，已可私享前銀，宴然無事。孰意天道昭彰，鬼神不昧，屍入海而不沉，魂附人而自語！發微瞬之奸，褫凶人之魄。至於「咬肉洩恨」一語，凜然斧鉞！「恐連累無干」數言，赫然公平。化可謂死而靈，靈而正直，不以死而遂泯者。孰謂人可謀殺，又可漏網哉？該縣禱神有應，異政足録。擬斬情已不枉，緣係面鞫，殺劫魂附情真，理合解審，撫按定奪。

府中起了解批，連人連卷，解至督撫軍門孫□案下告投。

孫軍門看了來因，好些不然，疑道：「李氏一個婦人，又是人作鬼語，如何做得殺人定案？安知不有詭詐？」【眉批】不由人不疑。就當堂逐一點過面審。點到李氏，便住了筆問道：「你是那裏人？」李氏道：「是薊州人。」又叫地方上來，問：「李氏是那裏人？」地方道：「是即墨人。」孫軍門道：「他如何說是薊州人？」地方道：「李氏是即墨人，附屍的楊化是薊州人。」孫軍門又喚李氏問道：「你叫甚麽名字？」李氏道：「小的楊化，是興州右屯衛千守宗名下餘丁。」遂把討軍裝被謀死，是長是短，說了一遍，宛然是個北邊男子聲口，並不像婦女説話，亦不是山東説話。孫軍門問得明白，點一點頭笑道：「果有此等異事！」遂批卷上道：

楊化魂附訴寃，面審俱薊鎮人語，誠爲甚異。仰按察司復審詳報。

按察司轉發本府帶管理刑廳劉同知覆審。解官將一干人犯，仍帶至府中，當堂回銷解批。只見李氏之夫于得水，哭禀知府道：「小的妻子李氏，久爲楊化寃魂所附，真性迷失。又且身係在官，展轉勘問，動輒經旬累月，有子失乳，母子不免兩傷。望乞爺臺做主，救命超生。」知府見他説得可憐，點頭道：「此原不是常理，如何可久假不歸？却是鬼神之事，我亦難處。」便唤李氏到案前道：「你是李氏？還是楊化？」李氏道：「小的是楊化。」知府道：「你的寃已雪了。」李氏道：「多謝老爺天恩。」知府道：「你雖是楊化，你身却是李氏，你曉得麽？」李氏道：「小的曉得。却是小的寃雖已報，無家可歸，住在此罷。」知府大怒道：「胡説！你寃既雪，只該依你體骨去，爲何耽閣人妻子？你可速去！不然，痛打你一頓。」李氏見説要打，却像有些怕的一般，連連叩頭道：「小的去了就是。」説罷，李氏站起就走。知府又叫人拉他轉來道：「我自叫楊化去，李氏待到那裏去？」李氏仍做楊化的聲口叩頭道：「小人自去。」【眉批】此時須提醒得明白。起身又走。知府拍桌大喝，叫他轉來道：「這樣糊塗可惡！楊化自去，須留下李氏身子。如何三回兩轉，違我言語？皂隸與我着實打！」皂隸發一聲喊，把滿堂竹片盡撇在地，震得一片價響。只見李氏一交跌倒，叫皂隸唤他，不應。再叫「楊化」，也不應。眼睛緊閉，面色如灰。于得水慌了手脚，附着耳朵，連聲呼之，只是不應。也不管公堂之上，大聲痛哭。知府也没法處得。得水捧着李氏，只見四肢摇戰，汗下如雨。有一個多時辰，忽然張開眼睛，看見公堂虚敞，滿前面生人衆，打扮異樣，大驚道：「吾李氏女，何故在此？」就把兩袖緊遮其面。知府曉得其真性已回，問他一向知道甚麽，説道：「在家碾米，不知何故在此？」并過了許多時日，也不知道。知府便將朱筆大書「李氏之身」四字鎮之，取印印其背，令得水扶歸調養。【眉批】知府亦能人。

次日，劉同知提審。李氏名尚未銷。得水見妻子出慣了官的，不以爲意，誰知李氏這番着實羞怯，不肯到衙門來。得水把從前話，一一備細説與李氏知道。李氏哭道：「是睡夢裏，不知做此出醜勾當，一向没處追悔了。今既已醒，我自是女人，豈可復到公庭？」得水道：「罪案已成，太爺昨日已經把你發放過了。今日只是覆審一次，便可了事。」李氏道：「覆審不覆審，與我何干？」得水道：「若不去時，須累及我。」李氏没奈何，只得同到衙門裏來。比及劉同知問時，只是哭泣，並不曉得説一句説話。同知唤其夫得水問他，得水把向來楊化附魂証獄，昨日太爺發放，楊化已去，今是元身李氏，與前日不同緣故説了，就將太爺硃筆親書并背上印文驗過。劉同知深嘆其異，把文書申詳上司道：「楊化寃魂已散，理合釋放李氏寧家，免其再提。于大郊自有真贓，不必別証，秋後處決。」

一日晚間，于得水夢見楊化來謝道：「久勞賢室，無可爲報。【眉批】了蹇驢之案。止有叫驢一頭，一向散韁走失，被人收去。今我引他到你家門首，你可收用，權爲謝意。」得水次日開門出去，果遇一驢在門，將他拴韉起來騎用。方知楊化靈尚未泯。從來説鬼神難欺，無如此一段話本最爲真實駭聽。

人殺人而成鬼，鬼借人以證人。
人鬼公然相報，寃家宜結宜分。

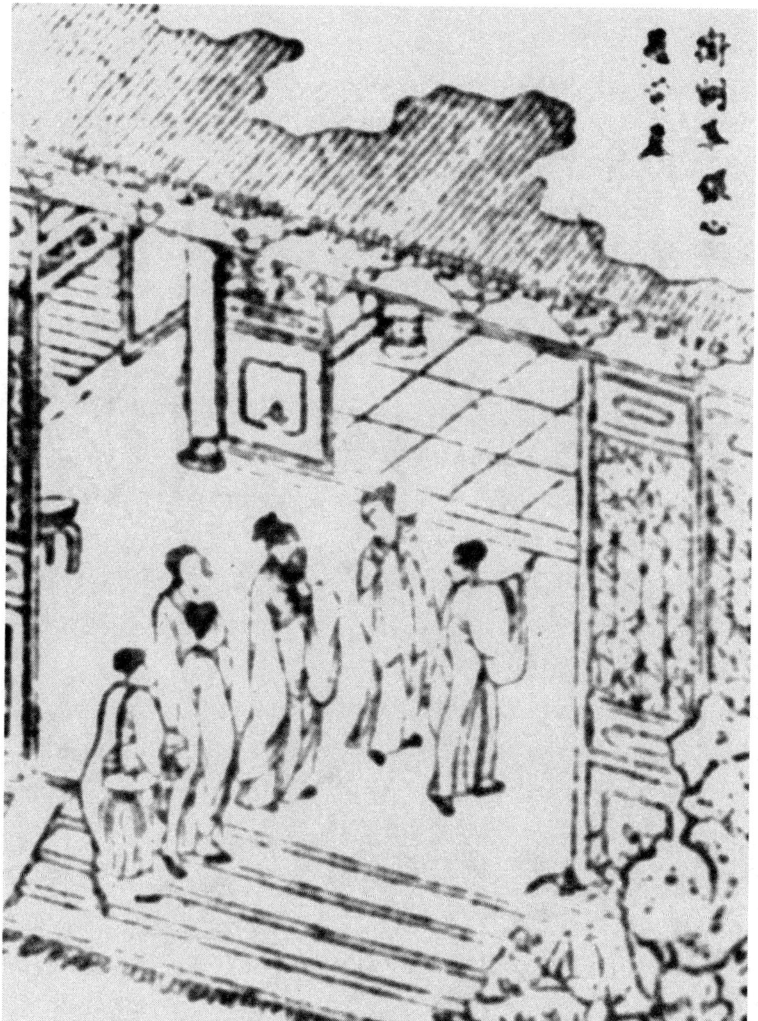

陳秀才巧計
賺原房

卷十五

衛朝奉狠心盤貴産　陳秀才巧計賺原房

詩曰：

人生碌碌飲貪泉，不畏官司不顧天。
何必廣齋多懺悔，讓人一着最爲先。

這一首詩，單説世上人貪心起處，便是十萬個金剛也降不住；明明的刑憲陳設在前，也顧不的。子列子有云：「不見人徒見金。」蓋謂當這點念頭一發，精神命脉多注在這一件事上，那管你行得也行不得。

話説杭州府有一賈秀才，名實，家私巨萬，心靈機巧，豪俠好義，專好結識那一班有意氣的朋友。若是朋友中有那未娶妻的，家貧乏聘，他便捐資助其完配；有那負債還不起的，他便替人賠償。又且路見不平，專要與那瞞心昧己的人作對。假若有人恃强，他便出奇計以勝之。種種快事，未可枚舉。如今且説他一節助友贖産的話。

錢塘人有個姓李的人，雖習儒業，尚未游庠。家極貧窶，事親至孝。與賈秀才相契，賈秀才時常周濟他。一日，賈秀才邀李生飲酒，李生到來，心下怏怏不樂。賈秀才疑惑，飲了數巡，忍耐不住，開口問道：「李兄有何心事，對酒不歡？何不使小弟相聞，或能分憂萬一，未可知也。」李生嘆口氣道：「小弟有些心事，别個面前也不好說。我兄垂問，敢不實言。小弟先前曾有小房一所，在西湖口昭慶寺左側，約值三百餘金。爲因負了寺僧慧空銀五十兩，積上三年，本利共該百金。【眉批】是和尚皆然，不止慧空。那和尚却是好利的先鋒，趨勢的元帥。終日索債。小弟手足無措，只得將房子准與他，要他找足三百金之價。那和尚知小弟别無他路，故意不要房子，只顧索銀。小弟只得短價將房准了。憑衆處分，找得三十兩銀子。纔交得過，和尚就搬進去住了。小弟自同老母搬往城中，賃房居住。今因主家租錢，連年不楚，他家日來催小弟出屋，老母憂愁成病，以此煩惱。」賈秀才道：「元來如此。李兄何不早説，敢問所負彼家租價幾何？」李生道：「每年四金，今共欠他三年租價。」賈秀才道：「此事一發不難。今夜且盡歡，明早自有區處。」當日酒散相别。

次日，賈秀才起個清早，往庫房中取天平兑勾了一百四十二兩之數，着一個僕人跟了，逕投李生處來。【眉批】誰肯。李生方纔起身，梳洗不迭，忙叫老娘煮茶。没柴没火的，弄了一早起，煮不出一個茶。賈秀才會了他每的意，忙叫僕人：「請李生出來，講一句話就行。」李生出來道：「賈兄有何見教？俯賜寵臨。」賈秀才叫僕人將過一個小手盒，取出兩包銀子來，對李生道：「此包中銀十二兩，可償此處主人。此包中銀一百三十兩，兄可將去與慧空長老贖取原屋居住，省受主家之累，且免令堂之憂，并兄栖身亦有定所，此小弟之願也。」李生道：「我兄説那裏話？小弟不才，一母不能自贍，貧困當自受之。屢承周給，已出望外，復爲弟無家可依，乃累仁兄費此重資，贖取原屋。即使弟居之，亦不安穩。荷兄高誼，敢領租價一十二金，贖屋之資，斷不敢從命。」【眉批】領則可以俱領，否則一毫不可，不在多少也。賈秀才道：「我兄差矣。我兩人交契，專以義氣爲重，何乃以財利介意？兄但收之，以復故業，不必再却。」説罷，將銀放在桌上，竟自出門去了。

李生慌忙出來叫道：「賈兄轉來，容小弟作謝。」賈秀才不顧，竟自去了。李生心下想道：「天下難得這樣義友，我若不受他的，他心決反不快。且將去取贖了房子。若有得志之日，必厚報之。」當下將了銀子，與母親商議了，前去贖屋。

到了昭慶寺左側舊房門首，進來問道：「慧空長老在麽？」長老聽得，只道是什麽施主到來，慌忙出來迎接。却見是李生，把這足恭身分多放做冷淡的腔子，半吞半吐的施了禮，請坐，也不討茶。李生却將那贖房的説話説了。慧空便有些變色道：「當初賣屋時，不曾説過後來要取贖。就是要贖，原價雖只是一百三十兩，如今我們又增造許多披屋，裝折許多材料，值得多了。今官人須是補出這些帳來，任憑取贖了去。」這是慧空分明曉得李生拿不出銀子，故意勒掯他，實是何曾添造什麽房子？又道是：「人窮志窄。」李生聽了這句話，便認爲真，心下想道：「難道還又去要賈兄找足銀子取贖不成？我原不願受他銀子贖屋，今落得借這個名頭，只説和尚索價太重，不容取贖，還了賈兄銀子，心下也倒安穩。」【眉批】其人可交，賈生所以厚施也。即便辭了和尚，走到賈秀才家裏來，備細述了和尚言語，賈秀才大怒道：「叵耐這秃斯恁般可惡！僧家四大俱空，反要瞞心昧己，圖人財利。當初如此賣，今只如此贖，緣何平白地要增價銀？錢財雖小，情理難容。撞在小生手裏，待作個計較處置他，不怕他不容我贖。」當時留李生吃了飯，别去了。

賈秀才帶了兩個家僮，逕走到昭慶寺左側來。見慧空家門兒開着，踱將進去。問着個小和尚，説道：「師父陪客吃了幾杯早酒，在樓上打盹。」賈秀才叫兩個家僮住在下邊，信步走到胡梯邊，悄悄驀將上去，只聽得鼾齁之聲。舉目一看，看見慧空脱下衣帽熟睡。樓上四面有窗，多關着。賈秀才走到後窗縫裏一張，見對樓一個年少婦人，坐着做針指，看光景是一個大户人家。賈秀才低頭一想道：「計在此了。」便走過前面來，將慧空那僧衣僧帽穿着了，悄悄地開了後窗，嘻着臉，與那對樓的婦人百般調戲，直惹得那婦人焦燥，跑下樓去。賈秀才也仍復脱下衣帽，放在舊處。悄悄下樓，自回去了。

且説慧空正睡之際，只聽得下邊乒乓之聲，一直打將進來。十來個漢子，一片聲罵道：「賊秃驢，敢如此無狀！公然樓窗對着我家内樓，不知回避，我們一向不説；今日反大膽把俺家主母調戲！送到官司，打得他逼直，我們只不許他住在這裏罷了。」慌得那慧空手足無措。霎時間衆人趕上樓來，將家火什物，打得雪片，將慧空渾身衣服，扯得粉碎。慧空道：「小僧何曾敢向宅上看一看？」衆人不由分説，夾嘴夾面只是打罵道：「賊禿，你只搬去便罷。不然時，見一遭打一遭，莫想在此處站一站脚。」將慧空亂叉出門外去，慧空曉得那人家是郝上户家，不敢分説，一溜烟進寺去了。

賈秀才探知此信，知是中計，暗暗好笑。過了兩日，走去約了李生，説與他這些緣故，連李生也笑個不住。賈秀才即便將了一百三十兩銀子，同了李生，尋見了慧空，説要贖屋。慧空起頭見李生一身，言不驚人，貌不動衆，另是一般説話。今見賈秀才是個富户，帶了家僮到來，况剛被郝家打慌了的，自思：「留這所在，料然住不安穩。不合與郝家内樓相對，必時常要來尋我不是。由他贖了去，省了些是非罷。」便一口應承，兑了原銀一百三十兩，還了原契，房子付與李生自去管理。那慧空要討别人便宜，誰知反吃别人弄了，此便是貪心太過之報。後來賈生中了，直做到内閣學士。李生亦得登第做官。兩人相契，至死不變。正是：

量大福也大，機深禍亦深。

慧空空昧己，賈實實仁心。

這却還不是正話。如今且説一段故事，乃在金陵建都之地，魚龍變化之鄉。那金陵城傍着石山築起，故名石頭城。城從水門而進，有那秦淮十里樓臺之盛。那湖是昔年秦始皇開掘的，故名秦淮湖。水通着揚子江。早晚兩潮，那大江中百般物件，每每隨潮勢流將進來。湖裏有畫舫名妓，笙歌嘹亮，仕女喧嘩。兩岸柳陰夾道，隔湖畫閣争輝。花欄竹架，常憑韵客聯吟；綉户珠簾，時露嬌娥半面。酒館十三四處，茶坊六七八家。端的是繁華勝地，富貴名邦。

說話的，只説那秦淮風景，没些來歷。看官有所不知，在下就中單表近代一個有名的富郎陳秀才，名珩，在秦淮湖口居住。娶妻馬氏，極是賢德，治家勤儉。陳秀才有兩個所在，一所莊房，一所住居，都在秦淮湖口，莊房却在對湖。那陳秀才專好結客，又喜風月，逐日呼朋引類，或往青樓闞妓，或落游船飲酒。幫閒的不離左右，筵席上必有紅裙。清唱的時供新調，修養的百樣騰挪。送花的日逐薦鮮，司厨的多方獻異。又道是：「利之所在，無所不趨。」爲因那陳秀才是個撒漫的都總管，所以那些衆人多把做一場好買賣，齊來趨奉他。若是無錢慳吝的人，休想見着他每的影。那時南京城裏没一個不曉得陳秀才的。陳秀才又吟得詩，作得賦，做人又極温存幫襯，合衎衎中姊妹，也没一個不喜歡陳秀才的。好不受用！好不快樂！果然是朝朝寒食，夜夜元宵。

光陰如隙駒，陳秀才風花雪月了七八年，將家私弄得乾净快了。馬氏每每苦勸，只是舊性不改。今日三，明日四，雖不比日前的鬆快容易，手頭也還掤凑得來。又花費了半年把，如今却有些急迫了。馬氏倒也看得透，道：「索性等他敗完了，倒有箇住場。」【眉批】是大見，若不識機而强争，徒多鬧炒耳。所以再不去勸他。陳秀才燥慣了脾胃，一時那裏變得轉？却是没銀子使用。衆人攛掇他寫了一紙文契，往那三山街開解鋪的徽州衛朝奉處借銀三百兩。那朝奉又是一個不愛財的魔君，終是陳秀才的名頭還大，衛朝奉不怕他還不起，遂將三百銀子借與，三分起息。陳秀才自將銀子依舊去花費，不題。

却説那衛朝奉，平素是個極刻剥之人。初到南京時，只是一箇小小解鋪，他却有百般的昧心取利之法。假如别人將東西去解時，他却把那九六七銀子充作紋銀，又將小小的等子稱出，還要欠幾分兑頭。後來贖時，却把大大的天平兑將進去，又要你找足兑頭，又要你補勾成色，少一絲時，他則不發貨。又或有將金銀珠寶首飾來解的，他看得金子有十分成數，便一模二樣，暗地裏打造來換了，粗珠换了細珠，好寶换了低石。如此行事，不能細述。那陳秀才這三百兩債務，衛朝奉有心要盤他這所莊房，等閒再不叫人來討。巴巴的盤到了三年，本利却好一個對合了，衛朝奉便着人到陳家來索債。【眉批】放債者心術如此。

陳秀才那時已弄得瓮盡杯乾，只得收了心，在家讀書。見説衛家索債，心裏没做理會處，只得三回五次，回説：「不在家，待歸時來討。」又道是：「怕見的是怪，難躲的是債。」是這般回了幾次。他家也自然不信了。衛朝奉逐日着人來催逼，陳秀才則不出頭。衛朝奉只是着人上門坐守，甚至以濁語相加。陳秀才忍氣吞聲。

正是有錢神也怕，到得無錢鬼亦欺。
早知今日來忍辱，却悔當初大燥脾。

陳秀才吃攪不過，没極奈何，只得出來與那原中説道：「衛家那主銀子，本利共該六百兩，我如今一時間委實無所措置。隔湖這一所莊房，約值千餘金之價，我意欲將來准與衛家，等衛朝奉找足我千金之數罷了。列位與我周全此事，自當相謝。」衆人料道無銀得還，只得應允了，去對衛朝奉説知。衛朝奉道：「我已曾在他家莊裏看過，這所莊子怎便值得這一千銀子？也虧他開這張大口！就是只准那六百兩，我也還道過分了些。你們衆位怎説這樣話？」原中道：「朝奉，這座莊居，六百銀子也不能勾得他。乘他此時窘迫之際，胡亂找他百把銀子，准了他的莊，極是便宜。倘若有一個出錢主兒買了去，要這樣美産，就不能勾了。」衛朝奉聽説，紫脹了面皮道：「當初是你每衆人總承我這樣好主顧。放債，放債，本利絲毫不曾見面，反又要我拿出銀子來！【眉批】放債者口談如此。我又不等屋住，要這所破落房子做甚麽？若只是這六百兩時，便認虧些准了；不然時，只將銀子還我。」就叫伴當每隨了原中去説。

衆人一齊多到陳家來，細述了一遍，氣得那陳秀才目睁口呆。却待要發話，實是自己做差了事，又没對付處銀子，如何好與他争執？只得賠個笑面道：「若是千金不值時，便找勾了八百金也罷。當初創造時，實費了一千二三百金之數。今也論不得了。再煩列位去通小生的鄙意則個。」衆人道：「難，難，難，方纔我們只説得百把銀子，衛朝奉兀自變了臉道：『我又不等屋住，若要找時，只是還我銀子。』這般口氣，相公却説個『八百兩』三字，一萬世也不成。」陳秀才又道：「財産重事，豈能一説便決？衛朝奉見頭次索價太多，故作難色。今又減了二百之數，難道還有不願之理？」衆人吃央不過，只得又來對衛朝奉説了。衛朝奉也不答應，迸起了面皮，竟走進去。【眉批】放債者身分如此。唤了四五個伴當出來，對衆人道：「朝奉叫我每陳家去討銀子。准房之事，不要説起了！」

衆人覺得没趣，只得又同了伴當到陳家來。衆人也不回話，那幾個伴當一片聲道：「朝奉叫我們來坐在這裏，等兑還了銀子方去。」陳秀才聽説，滿面羞慚，敢怒而不敢言，只得對衆人道：「可爲我婉款了他家伴當回去。容我再作道理。」衆人做歉做好，勸了他們回去。衆人也各自散了。

陳秀才一肚皮的鳥氣，没處出豁，走將進來，捶臺拍凳，短嘆長吁。馬氏看了他這些光景，心下已自明白，故意道：「官人何不去花街柳陌，楚舘秦樓，暢飲酣歌，通宵遣興？却在此處咨嗟愁悶！也覺得少些風月了。」【眉批】此時可勸矣，真知機婦人也。陳秀才道：「娘子直恁地消遣小生！當初只爲不聽你的好言，忒看得錢財容易，致今日受那徽狗這般嘔氣。欲將那對湖莊房准與他，要他找我二百銀子，叵耐他抵死不肯，只顧索債。又着數個伴當住在吾家坐守，虧得衆人解勸了去。明早一定又來。難道我這所莊房止值得六百銀子不成？如今却又没奈何了。」馬氏道：「你當初撒漫時節，只道家中是那無底之倉，長流之水，上千的費用了去。誰知到得今日，要别人找這一二百銀子，却如此煩難！既是他不肯時，只索准與他罷了，悶做甚的？若像三年前時，再有幾個莊子也准去了，何在乎這一個？」陳秀才被馬氏數落一頓，嘿嘿無言。當夜心中不快，吃了些晚飯，洗了脚手睡了。又道是：「歡娱嫌夜短，寂寞恨更長。」陳秀才有這一件事在心上，翻來覆去，巴不到天明。

及至五更鷄唱，身子困倦，朦朧思睡，只聽得家僮三五次進來説道：「衛家來討銀子一早起了。」陳秀才忍耐不住，一骨碌扒將起來，請攏了衆原中，寫了一紙賣契：將某處莊賣到某處銀六百兩。將出來交與衆人。衆人不比昨日，欣然接了去，回覆衛朝奉。陳秀才雖然氣憤不過，却免了門頭不清淨，也只索罷了。那衛朝奉也不是不要莊房，也不是真要銀子，見陳秀才十分窘迫，只是逼債，不怕那莊子不上他的手。如今陳秀才果然吃逼不過，只得將莊房准了，衛朝奉稱心滿意，已無話説。

却説陳秀才自那准莊之後，心下好不懊恨，終日眉頭不展，廢寢忘餐，時常咬牙切齒道：「我若得志，必當報之。」馬氏見他如此，説道：「不怨自己，反恨他人！別個有了銀子，自然千方百計要尋出便益來，誰像你將了別人的銀子用得落得？不知曾幹了一節什麽正經事務！平白地將這樣美產賤送了，難道是別人央及你的不成？」陳秀才道：「事到如今，我豈不知自悔？但作過在前，悔之無及耳。」馬氏道：「説得好聽！怕口裏不像心裏。自悔兩字，也是極難的。又道是：『敗子若收心，猶如鬼變人。』這時節手頭不足，只好縮了頭坐在家裏怨恨。有了一百二百銀子，又好去風流撒漫起來。」陳秀才嘆口氣道：「娘子兀自不知我的心事。人非草木，豈得無知？我當初實是不知稼穡，被人鼓舞，朝歡暮樂，耗了家私。今已歷盡凄凉，受人冷淡，還想着風月兩字，真喪心之人了。」馬氏道：「恁地説來，也還有些志氣。我道你『不到烏江心不死』，今已到了烏江，這心原也該死了。我且問你：假若有了銀子，你却待做些甚麽？」陳秀才道：「若有銀子，必先恢復了這莊居，羞辱那徽狗一番，出一口氣。其外或開個舖子，或置些田地，隨緣度日，以待成名，我之願也。若得千金之資，也就勾了。却那裏得這銀子來？只好望梅止渴，畫餅充飢。」説罷，往桌上一拍，嘆一口氣。

馬氏微微的笑道：「若果然依得這一段話時，想這千金，有甚難處之事？」陳秀才見説得有些來歷，連忙問道：「銀子在那裏？還是去與人挪借，還是去與朋友們結會？不然，銀子從何處來？」馬氏又笑道：「若那借時，又是一個衛朝奉了。【眉批】道盡人情。『世情看冷暖，人面逐高低。』見你這般時勢，那個朋友肯出銀與你結會？還是求着自家屋裏，或者有些活路，也不可知。」陳秀才道：「自家屋裏求着兀誰的是？莫非娘子有甚扶助小生之處？望乞娘子提掇，指點小生一條路頭，真莫大之恩也。」馬氏道：「你平時那一班同歡同賞、知音識趣的朋友，怎没一個來瞅倸你一瞅倸？元來今日原只好對着我説什麽提掇也不提掇。我女流之輩，也没甚提掇你處，只要與你説一説過。」陳秀才道：「娘子有甚説話，任憑措置。」馬氏道：「你如今當真收心務實了麽？」陳秀才道：「娘子怎還説這話？我陳珩若再向花柳叢中着脚時，永遠前程不吉，死于非命。」馬氏道：「既恁地説時，我便贖這莊子還你。」

説罷，取了匙鑰，直開到厢房裏一條黑衖中，指着一個皮匣，對陳秀才道：「這些東西，你可將去贖莊，餘來的可原還我。」陳秀才喜自天來，却還有些半信不信。揭開看時，只見雪白的擺着銀子，約有千餘金之物。陳秀才看了，不覺掉下淚來。【眉批】此淚出悔心之徹也。馬氏道：「官人爲何悲傷？」陳秀才道：「陳某不肖，將家私蕩盡。賴我賢妻熬清守淡，積攢下偌多財物，使小生恢復故業。實是枉爲男子，無地可自容矣！」馬氏道：「官人既能改過自新，便是家門有幸。明日可便去贖取莊房，不必遲延了。」陳秀才當日歡喜無限，過了一夜。

次日着人請過舊日這幾個原中，去對衛朝奉説，要兑還六百銀子，贖取莊房。衛朝奉却是得了便宜的，如何肯便與他贖。推説道：「當初准與我時，多是些敗落房子，荒蕪地基。我如今添造房屋，修理得錦錦簇簇，迥回花木，栽植得整整齊齊。却便原是這六百銀子贖了去，他倒安穩！若要贖時，如今當真要找足一千銀子，便贖了去。」衆人將此話回覆了陳秀才。陳秀才道：「既是恁地，必須等我親看一看。果然添造修理，估值幾何，然後量找便了。」便同衆人到莊裏來，問説：「朝奉在麽？」只見一個養娘説道：「朝奉却纔解舖裏去了。我家内眷在裏面，官人們没事不進去罷。」衆人道：「我們略在外邊踏看一看，不妨。」養娘放衆人進去看了一遭，却見原只是這些舊屋，不過補得幾塊地板，築得一兩處漏點，修得三四根折欄杆，多是有數看得見的，何曾添個甚麽？

陳秀才回來對衆人道：「莊居一無所增，如何却要我找銀子？當初我將這莊子抵債，要他找得二百銀子，他乘我手中窘迫，貪圖産業，百般勒掯。上了他手，今日又要反找！將猫兒食伴猫兒飯，天理何在？我陳某當初軟弱，今日不到得與他作弄！衆位可將這六百銀子交與他，教他出屋還我。只這等，他已得了三百兩利錢了。」衆人本也不敢去對衛朝奉説，却見陳秀才搬出好些銀子，已自酥了半邊，把那舊日的奉承腔子重整起來，都應道：「相公説的是。待小人們去説。」衆人將了銀子，去交與衛朝奉。衛朝奉只説少，不肯收，却是説衆人不過，只得權且收了，却只不説出屋日期。衆人道他收了銀子，大頭已定，取了一紙收票來，回覆了陳秀才，俱各散訖。

過了幾日，陳秀才又着人去催促出房，衛朝奉却道：「必要找勾了修理改造的銀子便去，不然時，決不搬出。」催了幾次，只是如此推托。陳秀才憤恨之極，道：「這廝恁般恃强！若與他經官動府，雖是理上説我不過，未必處得暢快。慢慢地尋個計較處置他，不怕你不搬出去。當初嘔了他的氣，未曾泄得他，今日又來欺負人，此恨如何消得？」那時正是十月中旬天氣，月明如晝。陳秀才偶然走出湖房上來步月，閒行了半晌。又道是：「無巧不成話。」只見秦淮湖裏上流頭黑洞洞退將一件物事來。陳秀才注目一看，吃了一驚，元來一個死屍。却是那揚子江中流入來的。那屍却好流近湖房邊來。陳秀才正爲着衛朝奉一事躊躕，默然自語道：「有計了，有計了。」便唤了家僮陳禄到來。

那陳禄是陳秀才極得用的人，爲人忠直，陳秀才每事必與他商議。當時對他説道：「我受那衛家狗奴的氣，無處出豁，他又不肯出屋還我，怎得個計較擺佈他便好？」陳禄道：「便是官人也是富貴過來的人，又不是小家子，如何受這些狗鑾的氣？我們看不過，常想與他性命相博，替官人洩恨。」陳秀才道：「我而今有計在此，你須依着我如此如此而行，自有重賞。」陳禄不勝之喜道：「好計，好計！」唯唯從命，依計而行。當夜各自散了。

次日，陳禄穿了一身寬廠衣服，央了平日與主人家往來得好的陸三官做了媒人，引他望對湖去投靠衛朝奉。衛朝奉見他人物整齊，説話伶俐，收納了，撥一間房與他歇落。叫他穿房入户使用，且是勤謹得用。過了月餘，忽一日，衛朝奉早起尋陳禄，叫他買柴，却見房門開着。看時，不見在裏面。各到處尋了一會，則不見他。又着人四處找尋，多回説不見。衛朝奉也不曾費了什麽本錢在他身上，也不甚要緊。

正要尋原媒來問他，只見陳秀才家三五個僕人到衛家説道：「我家一月前逃走了一個人，叫做陳禄，聞得陸三官領來投靠你家。快叫他出來，隨我們去不要藏匿過了。我家主見告着狀哩。」衛朝奉道：「便是一月前一個人投靠我，也不曉得是你家的人。不知何故，前夜忽然逃去了。」衆人道：「豈有又逃的理？分明是你藏匿過了，哄騙我們。既不在時，除非等我們搜一搜看。」衛朝奉托大道：「便由你們搜。搜不出時，吃我幾個面光。」衆人一擁人來，除了老鼠穴中不搜過。衛朝奉正待發作，只見衆人發聲喊道：「在這裏了。」衛朝奉不知是甚事頭，近前來看，元來在土鬆處翻出一條死人腿。衛朝奉驚得目睁口呆。衆人一片聲道：「已定是衛朝奉將我家這人殺害了，埋這腿在這裏。去請我家相公到來，商量去出首。」

一個人慌忙去請了陳秀才到來。陳秀才大發雷霆，嚷道：「人命關天，怎便將我家人殺害了？不去府裏出首，更待何時！」叫衆人提了人腿便走。衛朝奉扢搭搭地抖着，攔住了道：「我的爺，委實我不曾謀害人命。」陳秀才道：「放屁！這個人腿那裏來的？你只到官分辨去。」【眉批】平日心術、口談、身分安在？那富的人怕的是見官，況是人命。只得求告道：「且慢慢商量。如今憑陳相公怎地處分，饒我到官罷。怎吃得這個没頭官司？」陳秀才道：「當初圖我産業，不肯找我銀子的是你；今日占住房子，要我找價的也是你。恁般强横！今日又將我家人收留了，謀死了他，正好公報私仇，却饒不得。」衛朝奉道：「我的爺，是我不是。情願出屋還相公。」陳秀才道：「你如何謊説添造房屋？你如今只將我這三百兩利錢出來還我，修理莊居，寫一紙伏辨與我，我們便净了口，將這隻腿燒化了，此事便泯然無迹。不然時，今日天清日白，在你家裏搜出人腿來，衆目昭彰，一傳出去，不到得輕放過了你。」衛朝奉寃屈無伸，却只要没事，只得寫了伏辨，遞與陳秀才。又逼他兑還三百銀子，催他出屋。衛朝奉没奈何，連夜搬往三山街解鋪中去。這裏自將腿藏過了。陳秀才那一口氣方纔消得。

你道衛家那人腿是那裏的？元來陳秀才十月半步月之夜，偶見這死屍退來，却叫家僮陳禄取下一條腿。次日只做陳禄去投靠衛家，却將那隻腿悄地帶入，乘他每不見，却將腿去埋在空處停當，依舊走了回家。這裏只做去尋陳禄，將那人腿搜出，定要告官。他便慌張，没做理會處，只得出了屋去。又要他白送還這三百銀子利錢。此陳秀才之妙計也。

陳秀才自此恢復了莊，便將餘財十分作家，竟成富室。後亦舉孝廉，不仕而終。陳禄走在外京多時，方纔重到陳家來。也是要的。衛朝奉有時撞着，情知中計，却是房契已還。當日一時急促中事，又没個把柄，無可申辨處。又畢竟不知人腿來歷，到底懷着鬼胎，只得忍着罷了。這便是陳秀才巧計賺原房的話。有詩爲証：

撒漫雖然會破家，欺貪剋剥也難夸。

試看横事無端至，只爲生平種毒賒。

卷十六

張溜兒熟布迷魂局　陸蕙娘立決到頭緣

詩曰：

深機密械總徒然，詭計奸謀亦可憐。
賺得人亡家破日，還成撈月在空川。

話説世間最可惡的是拐子。世人但説是盜賊，便十分防備他；不知那拐子便與他同行同止，也識不出。弄諠搗鬼，没形没影的做將出來，神仙也猜他不到，倒在懷裏信他。直到事後曉得，已此追之不及了。這却不是出跳的賊精，隱然的强盜。

今説國朝萬曆十六年，浙江杭州府北門外，一個居民，姓扈，年已望六，媽媽新亡，有兩個兒子，兩個媳婦，在家過活。那兩個媳婦，俱生得有些顔色，且是孝敬公公。【眉批】禍本。一日，爺兒三個多出去了，只留兩個媳婦在家。閉上了門，自在裏面做生活。那一日大雨淋漓，路上無人行走。日中時分，只聽得外面有低低哭泣之聲，十分凄慘悲咽，却是婦人聲音。從日中哭起，直到日没，哭個不住。兩個媳婦聽了半日，忍耐不住，只得開門同去外邊一看。正是：

閉門家裏坐，禍從天上來。

若是説話的與他同時生，並肩長，便劈手扯住，不放他兩個出去，縱有天大的事，也惹他不着。元來大凡婦人家，那閒事切不可管，動止最宜謹慎。丈夫在家時還好，若是不在時，只宜深閨静處，便自高枕無憂。若是輕易攬着個事頭，必要纏出些不妙來。【眉批】好話，婦女宜聽。那兩個媳婦當日不合開門出來，却見是一個中年婆娘，人物也倒生得乾净。兩個見是個婦人，無甚妨碍，便動問道：「媽媽何來？爲甚這般苦楚？可對我們説知則個。」那婆娘掩着眼淚道：「兩位娘子聽着：老妾在這城外鄉間居住，老兒死了，止有一個兒子和媳婦。媳婦是個病塊，兒子又十分不孝，動不動將老身罵詈。養贍又不周全，有一頓没一頓的。今日憋口氣，與我的兄弟相約了，去縣裏告他忤逆。他叫我前頭先走，隨後就來。誰想等了一日，竟不見到。雨又落得大，家裏又不好回去，枉被兒子媳婦耻笑。左右兩難。爲此想起這般命苦，忍不住傷悲，不想驚動了兩位娘子。多承兩位娘子動問，不敢隱瞞，只得把家醜實告。」

他兩個見那婆娘説得苦惱，又説話小心，便道：「如此，且在我們家裏坐一坐，等他來便了。」【眉批】到底墮其小心術中。兩個便扯了那婆子進去，説道：「媽媽寬坐一坐，等雨住了回去。自親骨肉，雖是一時有些不是處，只宜好好寬解，不可便經官動府，壞了和氣，失了體面。」那婆娘道：「多謝兩位相勸，老身且再耐他幾時。」一遍一句，説了一回，天色早黑將下來。婆娘又道：「天黑了，只不見來，獨自回去不得，如何好？」兩個又道：「媽媽，便在我家歇一夜何妨？粗茶淡飯，便吃了餐把，那裏便費了多少！」那婆娘道：「只是打攪不當。」

那婆娘當時就裸起雙袖，到灶下去燒火，又與他兩人量了些米煑夜飯。指擡抹凳，擔湯擔水，一攬包收，多是他上前替力。兩個道：「等媳婦們伏侍，甚麽道理倒要媽媽費氣力？」媽媽道：「在家裏慣了，是做時便倒安樂，不做時便要困倦。娘子們但有事，任憑老身去做不妨。」當夜洗了手脚，就安排他兩個睡了，那婆娘方自去睡。次日清早，又是那婆娘先起身來，燒熱了湯，將昨夜剩下米煑了早飯，拂拭净了椅桌，力力碌碌，做了一朝，七了八當。兩個媳婦起身，要東有東，要西有西，不費一毫手脚，便有七八分得意了。【眉批】俱是小心處。便兩個商議道：「那媽媽且是熟分肯做。他在家裏不像意，我們這裏正少個人相幫。公公常説要娶個晚婆婆，我每勸公公納了他，豈不兩便？【眉批】多事。只是未好與那媽媽啟得齒。但只留着他，等公公來再處。」

不一日，爺兒三個回來了，見家裏有這個媽媽，便問媳婦緣故。兩個就把那婆娘家裏的事，依他説了一遍。又道：「這媽媽且是和氣，又十分勤謹。他已無了老兒，兒子又不孝，無所歸了。可憐，可憐。」就把妯娌商量的見識，叫兩個丈夫説與公公知道。扈老道：「知他是甚樣人家，便好如此草草！且留他住幾時看。」口裏一時不好應承，見這婆娘乾净，心裏也欲得的。又過了兩日，那老兒没搭煞，黑暗裏已自和那婆娘摸上了。【眉批】還是婆娘摸上了老兒。媳婦們看見了些動静，對丈夫道：「公公常是要娶婆婆，何不就與這媽媽成了這事，省得又去别尋頭腦，費了銀子。」兒子每也道：「説得是。」多去勸着父親。媳婦們已自與那婆娘説通了，一讓一個肯。擺個家筵席兒，歡歡喜喜，大家吃了幾杯，兩口兒成合了。

過得兩日，只見兩個人問將來。一個説是媽媽的兄弟，一個説是媽媽的兒子，説道：「尋了好幾日，方問得着是這裏。」媽媽聽見走出來，那兒子拜跪討饒，兄弟也替他請罪。那媽媽怒色不解，千咒萬駡。扈老從中好言勸開，兄弟與兒子又勸他回去，媽媽又駡兒子道：「我在這裏吃口湯水，也是安樂的，倒回家裏在你手中討死吃！你看這家媳婦，待我如何孝順！」兒子見説這話，已此曉得娘嫁了這老兒了。扈父便整酒留他兩人吃。那兒子便拜扈老道：「你便是我繼父了。我娘喜得終身有托，萬千之幸。」别了自去，似此兩三個月中，往來了幾次。

忽一日，那兒子來道：「孫子明日行聘，請爹娘與哥嫂一門同去吃喜酒。」那媽媽回言道：「兩位娘子怎好輕易就到我家去？我與你爺、兩位哥哥同來便了。」次日，媽媽同他父子去吃了一日喜酒，歡歡喜喜，醉飽回家。

又過了一個多月，只見這個孫子又來登門，説道：「明日畢姻，來請闔家尊長，同觀花燭。」又道：「是必求兩位大娘同來光輝一光輝。」【眉批】多事。兩個媳婦巴不得要認媽媽家裏，還悔道前日不去得，堆下笑來應承。次日盛妝了，隨着翁媽丈夫，一同到彼。那媽媽的媳婦出來接着，是一個黄瘦有病的。日將下午，那兒子請媽媽同媳婦迎親，又要請兩位嫂子同去。説道：「我們鄉間風俗，是女眷都要去的。不然，只道我們不敬重新親。」媽媽對兒子道：「汝妻雖病，今日已做了婆婆了，只消自去，何必煩勞二位嫂子？」【眉批】故爲鄭重，所以示無疑也。兒子道：「妻子病中，規模不雅，禮數不周，恐被來親輕薄。兩位嫂子既到此了，何惜往迎這片時？使我們好看許多。」媽媽道：「這也是。」那兩個媳婦也是巴不得去看看耍子的，媽媽就同他自己媳婦，四人作隊兒，一夥下船去了。更餘不見來，兒子道：「却又作怪！待我去看一看來。」又去一回，那孫子穿了新郎衣服，也説道：「公公寬坐，孫兒也出門望望去。」摇摇擺擺踱了出來，只剩得爺兒三個在堂前燈下坐着。【眉批】金蟬脱殼，絶無痕迹，真是高手。等候多時，再不見一個來了。肚裏又飢，心下疑惑。兩個兒子走進灶下看時，清灰冷火，全不像個做親的人家。出來對父親説了，拿了堂前之燈，到裏面一照，房裏空蕩蕩，並無一些箱籠衣衾之類，止有幾張椅桌，空着在那裏。心下大驚道：「如何這等？」要問鄰舍時，夜深了，各家都關門閉户了。三人却像熱地上螻蟻，鑽出鑽入。【眉批】此時難過。

亂到天明，纔問得個鄰舍道：「他每一班何處去了？」鄰人多説不知。又問：「這房子可是他家的？」鄰人道：「是城中楊衙裏的。五六月前，有這一家子來租他的住，不知做些甚麽。你們是親眷，來往了多番，怎麽倒不曉得細底，却來問我們？」問了幾家，一般説話。有個把有見識的道：「定是一夥大拐子，你們着了他道兒，把媳婦騙的去了。」父子三人見説，忙忙若喪家之狗，踉踉蹌蹌，跑回家去，分頭去尋，那裏有個去向？只得告了一紙狀子，出個廣捕，却是渺渺茫茫的事了。那扈老兒要娶晚婆，他道是白得的，十分便宜，誰知倒爲這婆子白白裏送了兩個後生媳婦，這叫做貪小失大。所以爲人切不可做那討便宜苟且之事，正是：

莫信直中直，須防仁不仁。

貪看天上月，失却世間珍。

這話丢過一邊，如今且説一個拐兒拐了一世的人，倒後邊反着了一個道兒。這本話，却是在浙江嘉興府桐鄉縣内。有一秀才姓沈，名燦若，年可二十歲，是嘉興有名才子。容貌魁峨，胸襟曠達。娶妻王氏，姿色非凡，頗稱當對。家私豐裕，多虧那王氏守把。兩個自道佳人才子，一雙兩好，端的是如魚似水，如膠似漆價相得。只是王氏生來嬌怯，懨懨弱病嘗不離身的。燦若十二歲上進學，十五歲超增補廪。少年英鋭，自恃才高一世，視一第何啻拾芥。平時與一班好朋友，或以詩酒娱心，或以山水縱目，放蕩不羈。其中獨有四個秀才，情好更篤。自古道：「惺惺惜惺惺，才子惜才子。」却是嘉善黄平之，秀水何澄，海鹽樂爾嘉，同邑方昌，都一般兒你美我愛。這多是同郡朋友。那他州外府，與燦若往來的，不計其數，大約不過是並時的才人。那本縣知縣姓稽，單諱一個清字。常州江陰縣人，平日敬重斯文，喜歡才士，也道燦若是個青雲决科之器，與他認了師生，往來相好。是年正是大比之年，有了科舉。燦若歸來，打叠衣裝，上杭應試，與王氏話别。王氏挨着病軀，整頓了行李，眼中流淚道：「官人前程遠大，早去早回。奴未知有福分能勾與你同享富貴與否？」燦若道：「娘子説那裏話？你有病在身，我去後須十分保重。」也不覺掉下淚來。二人執手分别，王氏送出門外，望燦若不見，掩淚自進去了。

燦若一路行程，心下覺得不快。不一日到了杭州，尋客店安下。匆匆的進過了三場，頗稱得意。一日，燦若與衆好朋友游了一日湖，大醉，回來睡了。半夜，忽聽得有人扣門，披衣而起。只見一人高冠敞袖，似是道家妝扮。燦若道：「先生竇夜至此，何以教我？」那人道：「貧道頗能望氣，亦能斷人陰陽禍福。偶從東南來此，暮夜無處投宿，因扣尊扃，多有驚動。」燦若道：「既先生投宿，便同榻何妨！先生既精推算，目下榜期在邇，幸將賤造推算。未知功名有分與否？願決一言。」那人道：「不必推命，只須望氣。觀君丰格，功名不患無緣。但必須待尊閫天年之後，便得如意。我有兩句詩，是君終身遭際，君切記之：『鵬翼摶時歌六憶，鸞膠續處舞雙鳧』。」燦若不解其意，方欲再問，外面猫兒捕鼠，撲地一响，燦若吃了一跳，却是南柯一夢。燦若道：「此夢甚是詫異。那道人分明説，待我荆妻亡故，功名方始稱心。我情願青衿没世也罷，割恩愛而博功名，非吾願也。」兩句詩又明明記得，翻來覆去，睡不安穩。又道：「夢中言語，信他則甚？明日倘若榜上無名，作速回去了便是。」

正想之際，只聽得外面叫喊連天，鑼聲不絶，扯住討賞，報燦若中了第三名經魁。燦若寫了票，衆人散訖。慌忙梳洗上轎，見座主、會同年去了。那座師却正是本縣稽清知縣。那時解元何澄，又是極相知的朋友。黄平之、樂爾嘉、方昌，多已高録。俱各歡喜。燦若理了正事，天色傍晚，乘轎回寓。只是那店主趕着轎，慌慌的叫道：「沈相公，宅上有人到來，有緊急家信報知，候相公半日了。」燦若聽了「緊急家信」四字，一個衝心，忽思量着夢中言語，却似十五個吊桶打水，七上八落，正是：

青龍白虎同行，凶吉全然未保。

到得店中下轎，見了家人沈文，穿一身素浄衣服，便問道：「娘子在家安否？要緊。誰着你來寄信？」沈文道：「不好説得。是管家李公着寄信來，官人看書便是。」燦若接過書來，見封筒逆封，心裏有如刀割。拆開看罷，方知是王氏于二十六日身故，燦若驚得呆了，却似：

分開八片頂陽骨，傾下半桶雪水來。

半晌做聲不得，驀然倒地。衆人唤醒，扶將起來，燦若咽住喉嚨，千妻萬妻的哭，哭得一店人無不流淚。道：「早知如此，就不來應試也罷，誰知便如此永訣了！」【眉批】傷心。問沈文道：「娘子病重，緣何不早來對我說？」沈文道：「官人來後，娘子只是舊病懨懨，不爲甚重。不想二十六日忽然暈倒不醒，爲此星夜趕來報知。」燦若又哽咽了一回，疾忙叫沈文雇船回家去，也顧不得他事了。暗思一夢之奇，二十七日放榜，王氏却于二十六日間亡故，正應着那「鵬翼摶時歌六憶」這句詩了。

當時整備離店，行不多路，却遇着黄平之擡將來，二人又是同門。相見罷，黄平之道：「觀兄容貌，十分悲慘，未知何故？」燦若噙着眼淚，將那得夢情由，與那放榜報喪、今趕回家之事，説了一遍。平之嗟嘆不已道：「尊兄且自寧耐，毋得過傷。待小弟見座師與衆同袍，爲兄代言其事，兄自回去不妨。」兩人别了。

燦若急急回來，進到裏面，撫屍慟哭。幾次哭得發昏。擇時入殮已畢，停柩在堂。夜間，燦若只在靈前相伴。不多時，過了三、四七，衆朋友多來吊唁，就中便有説着會試一事的，燦若漠然不顧道：「我多因這蝸角虚名，賺得我連理枝分，同心結解，如今就把一個會元撇在地下，我也無心去拾他了。」【眉批】有情人。這是王氏初喪時的説話。

轉眼間，又過了斷七，衆親友又相勸道：「尊閫既已夭逝，料無起死回生之理。兄枉自灰其志，竟亦何益！况在家無聊，未免有孤栖之嘆。同到京師，一則可以觀景舒懷，二則衆同袍劇談竟日，可以解愠。豈可爲無益之悲，誤了終身大事！」燦若吃勸不過道：「既承列位佳意，只得同走一遭。」那時就别了王氏之靈，囑付李主管照管羹飯、香火，同了黄、何、方、樂四友登程，正是那十一月中旬光景。

五人夜住曉行，不則一日，來到京師。終日成群挈隊，詩歌笑傲，不時往花街柳陌，閒行遣興，只有燦若沒一人看得在眼裏。韶華迅速，不覺的換了一個年頭，又早上元節過，漸漸的桃香浪暖。那時黄榜動，選場開，五人進過了三場。人人得意，個個夸强。沈燦若始終心下不快，草草完事。過不多時揭曉，單單奚落了燦若，他也不在心上。【眉批】早知如此，只該伴靈。黄、何、方、樂四人自去傳臚。何澄是二甲，選了兵部主事，帶了家眷在京。黄平之倒是庶吉士，樂爾嘉選了太常博士，方昌選了行人。稽清知縣已行取做刑科給事中，各守其職不題。

燦若又游樂了多時回家。到了桐鄉，燦若進得門來，在王氏靈前拜了兩拜，哭了一場，備羹飯澆奠了。又隔了兩月，請個地理先生，擇地殯葬了王氏已訖。那時，便漸漸有人來議親。燦若自道是第一流人品。王氏恁地一個嬌妻，兀自無緣消受，再那裏尋得一個厮對的出來？必須是我目中親見，果然像意，方纔可議此事。以此多不着緊。

光陰似箭，日月如梭。有話即長，無話即短。却又過了三個年頭，燦若又要上京應試，只恨着家裏無人照顧。又道是：「家無主，屋倒豎。」燦若自王氏亡後，日間用度，筋長碗短，十分的不像意。也思量道：「須是續弦一個掌家娘子方好，只恨無其配偶。」心中悶悶不已。仍把家事且付與李主管照顧，收拾起程。那時正是八月間天道，金風乍轉，時氣新凉，正好行路。夜來皓魄當空，澄波萬里，上下一碧。燦若獨酌無聊，觸景傷懷，遂爾口占一曲：

露滴野塘秋，下簾籠不上鈎。徒勞明月穿窓牖，鴛衾遠丟，孤身遠游浮槎，怎得到陽臺右？漫凝眸，空臨皓魄，人不在月中留。（詞寄《黄鶯兒》）

吟罷，痛飲一醉，舟中獨寢。話休絮煩。燦若行了二十餘日，來到京中。在舉廠東邊，租了一個下處，安頓行李已好，一日同幾個朋友到齊化門外飲酒。只見一個婦人，穿一身縞素衣服，乘着蹇驢，一個閒的挑了食榼隨着，恰像那裏去上墳回來的。燦若看那婦人，生得：

敷粉太白，施朱太赤。加一分太長，減一分太短。十相具足，是風流占盡無餘；一味温柔，差絲毫便不斷稱。巧笑倩兮，笑得人魂靈顛倒；美目盼兮，盼得你心意癡迷。假使當時逢妒婦，也言我見且猶憐。

燦若見了此婦，却似頂門上喪了三魂，脚底下蕩了七魄。他就撇了這些朋友，也雇了一個驢，一步步趕將去，呆呆的尾着那婦人，只顧看。那婦人在驢背上，又只顧轉一對秋波過來，看那燦若。【眉批】此時此看，有意耶？無意耶？走上了里把路，到一個僻静去處，那婦人走進一家人家去了。燦若也下了驢，心下不捨，釘住了脚，在門首呆着。

看了一晌，不見那婦人出來。正没理會處，只見内裏走出一個人來道：「相公只望門内觀看，却是爲何？」燦若道：「適纔同路來，見個白衣小娘子，走進此門去。不知這家是甚等人家？那娘子是何人？無個人來問問。」那人道：「此婦非别，乃舍表妹陸蕙娘，新近寡居在此。方纔出去辭了夫墓，要來嫁人。小人正來與他作伐。」燦若道：「足下高姓大名？」那人道：「小人姓張，因爲做事是件順溜，爲此人起一個混名，只叫小人『張溜兒』。」燦若道：「令表妹要嫁何等樣人？肯嫁在外方去否？」溜兒道：「只要是讀書人後生些的便好了。地方不論遠近。」燦若道：「實不相瞞，小生是前科舉人，來此會試。適見令表妹丰姿絶世，實切想慕。足下肯與作媒，必當重謝。」溜兒道：「這事不難。料我表妹見官人這一表人才，也决不推阻的，包辦在小人身上，完成此舉。」燦若大喜道：「既如此，就煩足下往彼一通此情。」在袖中摸出一錠銀子，遞與溜兒道：「些小薄物，聊表寸心。事成之後，再容重謝。」溜兒推遜了一回，隨即接了。見他出錢爽快，料他囊底充饒，道：「相公明日來討回話。」燦若歡天喜地，回下處去了。

次日，又到郊外那家門首來探消息。只見溜兒笑嘻嘻的走將來道：「相公喜事上頭，恁地出門的早哩！俺妹子已自看上了相公，不須三回五次，只説着便成了。【眉批】誰知便爲興語。相公只去打點納娉做親便了。昨日承相公分付，即便對表妹説知。表妹是自家做主的，禮金不計論，但憑相公出得手罷了。」【眉批】意不在禮金也。

燦若依言，取三十兩銀子，折了衣飾，送將過去。那家也不争多争少，就許定來日過門。燦若看見事體容易，心裏倒有些疑惑起來。又想是北方再婚，説是鬼妻，所以如此相應。至日，鼓吹燈轎，到門迎接陸蕙娘。蕙娘上轎到燦若下處來做親。【眉批】未得放心。燦若燈下一看，正是前日相逢之人，不覺大喜過望，方纔放下了心。拜了天地，吃了喜酒，衆人俱各散訖。

兩人進房，蕙娘只去椅上坐着。約莫一更時分，夜闌人静，燦若久曠之後，欲火燔灼，便開話道：「娘子，請睡了罷！」蕙娘囀鶯聲、吐燕語道：「你自先睡。」燦若只道蕙娘害羞，不去强他，且自先上了床。那裏睡得着？又歇了半個更次，蕙娘兀自坐着，燦若只得又央及道：「娘子日來困倦，何不將息將息？只管獨坐，是甚意思？」蕙娘又道：「你自睡。」口裏一頭説，眼睛却不轉的看那燦若。【眉批】此看非前日之看。燦若怕新來的逆了他意，依言又自睡了一會，又起來欵欵問道：「娘子爲何不睡？」蕙娘又將燦若上上下下仔細看了一會，開口問道：「你京中有甚勢要相識否？」此問亦奇。燦若道：「小生交游最廣，同袍同年，無數在京，何論相識！」蕙娘道：「既如此，我而今當真嫁了你罷。」更奇。燦若道：「娘子又説得好笑。小生千里相遇，央媒納娉，得與娘子成親，如何到此際還説個當真當假？」蕙娘道：「官人有所不知，你却不曉得此處張溜兒是有名的拐子。妾身豈是他表妹？便是他渾家。爲是妾身有幾分姿色，故意叫妾賺人到門；他却只説是表妹寡居，要嫁人，就是他做媒。多有那慕色的，情願娉娶妾身。他却不受重禮，只要哄得成交，就便送妾做親。叫妾身只做害羞，不肯與人同睡，因不受人點污。到了次日，却合了一夥棍徒，圖賴你奸騙良家女子，連人和箱籠盡搶將去。那些被賺之人，客中怕吃官司，只得忍氣吞聲，明受火囤。如此也不止一個了。昨日妾身哭母墓而歸，原非新寡。天殺的撞見官人，又把此計來使。妾每每自思，此豈終身道理？有朝一日，惹出事來，并妾此身付之烏有。况以清白之身，暗地迎新送舊，雖無所染，情何以堪？幾次勸取丈夫，他只不聽。【眉批】立志可取，宜有後福。以此，妾之私意，只要將計就計，倘然遇着知音，願將此身許他，隨他私奔了罷。今見官人態度非凡，抑且志誠軟欵，心實歡羨。但恐相從奔走，或被他找着，無人護衛，反受其累。今君既交游滿京邸，願以微軀托之官人。官人只可連夜便搬往别處好朋友家謹密所在去了，方纔娶得妾安穩。【眉批】□□之。此是妾身自媒以從官人，官人異日弗忘此情。」

燦若聽罷，呆了半晌道：「多虧娘子不棄，見教小生。不然，幾受其禍。」連忙開出門來，叫起家人，打叠行李。把自己喂養的一箇蹇驢，馱了蕙娘。家人挑箱籠，自己步行。臨出門，叫應主人道：「我們有急事回去了。」曉得何澄帶家眷在京，連夜敲開他門，細將此事説與。把蕙娘與行李，都寄在何澄寓所。那何澄房儘空闊，燦若也就一宅兩院，做了下處，不題。

却説張溜兒次日果然糾合了一夥破落户，前來搶人。只見空房開着，人影也無。忙問下處主人道：「昨日成親的舉人，那裏去了？」主人道：「相公連夜回去了。」衆人各各呆了一回，大家嚷道：「我們隨路追去。」一鬨的望張家灣亂奔去了。却是偌大所在，何處找尋？元來北京房子，慣是見租與人住。來來往往，主人不來管他東西去向。所以但是搬過了，再無處跟尋的。

燦若在何澄處看了兩月書，又早是春榜動，選場開。燦若三場滿志，正是專聽春雷第一聲。果然金榜題名，傳臚三甲。燦若選了江陰知縣，却是稽清的父母。不一日領了憑，帶了陸蕙娘，起程赴任。却值方昌出差蘇州，竟坐了他一隻官船到任。陸蕙娘平白地做了知縣夫人。這正是「鸞膠續處舞雙鳧」之驗也。燦若後來做到開府而止。蕙娘生下一子，後亦登第。至今其族繁盛，有詩爲証：

女俠堪夸陸蕙娘，能從萍水識檀郎。
巧機反借機來用，畢竟强中手更强。

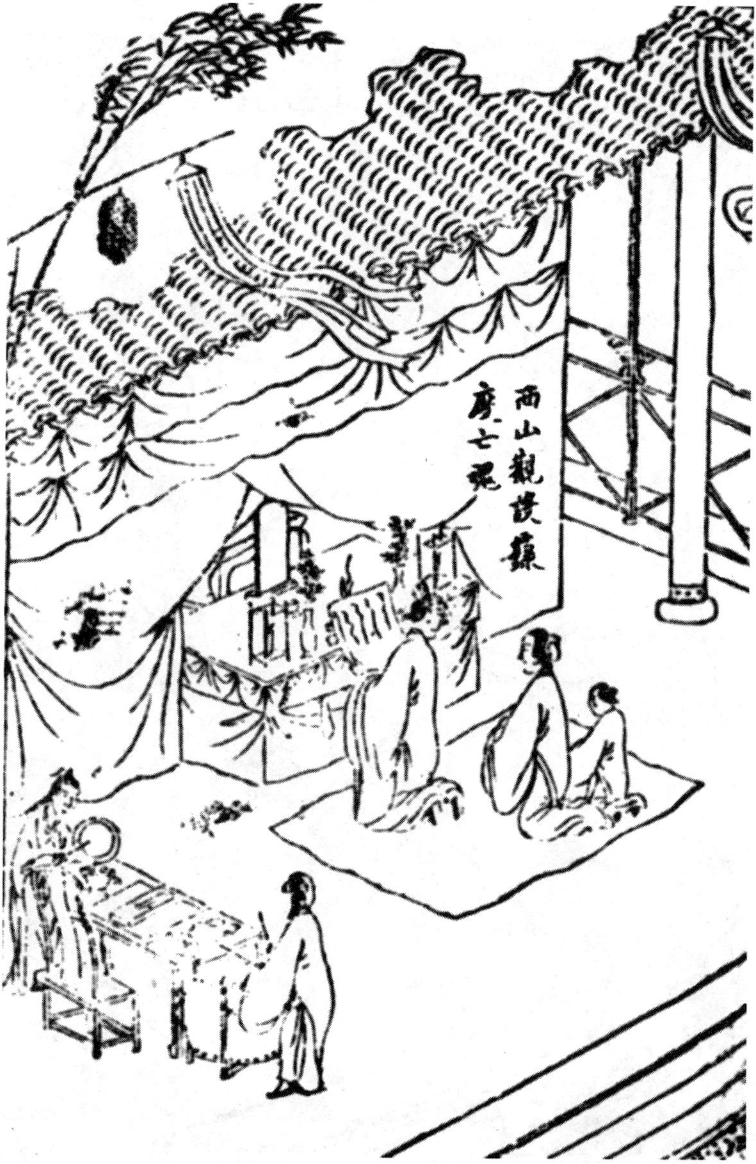
西山觀設籙
度亡魂

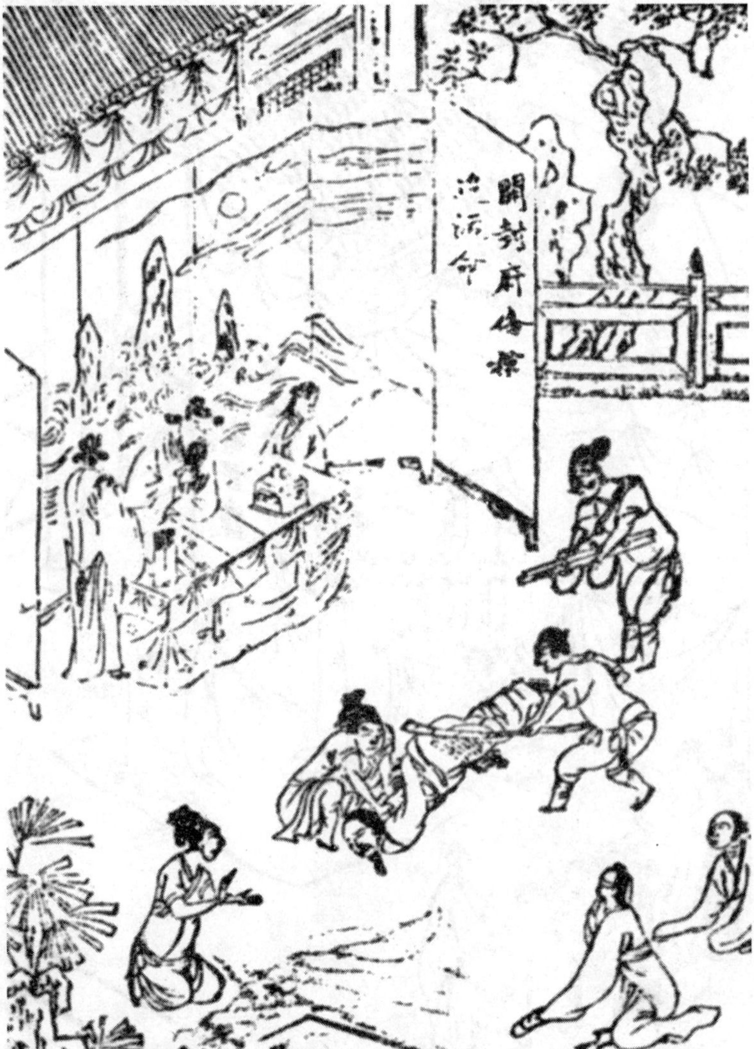
開封府

卷十七

西山觀設籙度亡魂　開封府備棺追活命

詩曰：

三教從來有道門，一般鼎足在乾坤。
只因裝飾無殊異，容易埋名與俗渾。

説這道家一教，乃是李老君青牛出關，關尹文始真人，懇請留下《道德真經》五千言，傳流至今。這家教門，最上者冲虛清静，出有入無，超塵俗而上升，同天地而不老。其次者脩真煉性，吐故納新，築坎離以延年，煮鉛汞以濟物。最下者行持符籙，役使鬼神，設章醮以通上界，建考召以達冥途。這家學問，却是後漢時張角，能作五里霧，人欲學他的，先要五斗米爲贄見禮，故叫得五斗米道，後來其教盛行。那學了與民間祛妖除害的，便是正法；若是去爲非作歹的，只叫得妖術。雖是邪正不同，却也是極靈驗難得的。流傳至今，以前兩項高人，絶世不能得有；只是符籙這家，時時有人習學，頗有高妙的在内。却有一件作怪，學了這家術法，一些也胡亂做事不得了。【眉批】注意。儘有奉持不謹，反取其禍的。

宋時乾道年間，福建福州有個太常少卿任文薦的長子，叫做任道元。少年慕道，從個師父，是歐陽文彬，傳授五雷天心正法，建壇在家，與人行持，甚著效驗。他有個妻侄，姓梁名鯤，也好學這法術。一日，有永福柯氏之子，因病發心，設壇請問。尚未來到任家，那任道元其日與粱緄同宿齋舍，兩人同見神將來報道：「如有求報應者，可書『香』字與之，教他速速歸家。」任道元聽見，即走將起來，點起燈燭，寫好了，封押停當，依然睡覺。明早柯子已至，道元就把夜間所封的遞與他，叫他急急歸家去。柯子還家，十八日而死。蓋「香」字乃是一十八日也。繇此遠近聞名，都稱他做法師。後來少卿已没，道元襲了父任，出仕在外。官府事體煩多，把那奉真香火之敬，漸漸疏懶，每日清晨在神堂邊過，只在門外略略瞻禮，叫小童進去炷香完事，自己竟不入門。家人每多道：「老爺一向奉道虔誠，而今有些懈怠，恐怕神天嗔怪。」道元體貴心驕，全不在意，由家人每自議論，日逐只是如此。

淳熙十三年正月十五日上元之夜，北城居民，相約糾衆，在於張道者菴内，啟建黄籙大醮一壇，禮請任道元爲高功，主持壇事。那日觀看的人何止挨山塞海。内中有兩個女子，雙鬟高髻，並肩而立，丰神綽約，宛然並蔕芙蓉。任道元擡頭起來看見，驚得目炫心花，魔瘴到了。魂不附體，那裏還顧什麽醮壇不醮壇，齋戒不齋戒，便開口道：「兩位小娘子，請穩便到裏面來看一看。」兩女道：「多謝法師。」正輕移蓮步，走進門來。道元目不轉睛，看上看下，口裏謅道：「小娘子提起了襴裙。」蓋是福建人叫女子抹胸做襴裙，提起了，是要摸他雙乳的意思，乃彼處鄉談討便宜的説話。内中一個女子正色道：「法師做醮，如何却説恁地話？」拉了同伴轉身便走。道元又笑道：「既來看法事，便與高功法師結個緣何妨！」兩女耳根通紅，口裏喃喃，微罵而去。到得醮事已畢，道元便覺左耳後邊有些作痒，又帶些疼痛。叫家人看看，只見一個紅蓓蕾，如粟粒大，將指頭按去，痛不可忍。

次日歸家，情緒不樂。隔數日，對妻侄粱緄道：「夜來神將見責，得夢甚惡。我大數已定，密書于紙。待請商日宣法師考照。」商日宣法師到了，看了一看，説道：「此非我所能辨，須聖童至乃可決。」少頃，門外一村童到來，即跳升梁間，作神語道：「任道元，諸神保護汝許久，汝乃不謹香火，貪淫邪行，罪在不赦。」道元深悼前非，磕頭謝罪。神語道：「汝十五夜的説話説得好！」道元百拜乞命，願從今改過自新。神語道：「如今還講甚麽？吾亦不欠汝一個奉事。【眉批】利害。當以爲奉法弟子之戒。且看你日前分上，寬汝二十日日期。」説罷，童子墮地醒來，懵然一毫無知。梁鯤拆開道元所封之書，與商日宣看，内中也是「二十日」三個字。

道元是夜夢見神將手持銕鞭來追逐，道元驚惶奔走。神將趕來，環繞所居九仙山下一匝，被他趕着，一鞭打在腦後，猛然驚覺。自此瘡越加大了，頭脹如栲栳。每夜二鼓叫呼；宛若被鞭之狀。到得二十日將滿，梁鯤在家，夢見神將對他道：「汝到五更初，急到任家，看吾撲道元。」鯤驚起，忙到任家來。道元一見哭道：「相見只有此一會了。」披衣要下床來，忽然跌倒。七八個家人，共扶將起來，暗中恰像一隻大手拽出，撲在地上。仔細看看，已此無氣了。梁鯤送了他的終，看見利害，自此再不敢行法。

看官，你道任道元奉的是正法，行持了半世，只爲一時間心中懈怠，口内褻瀆，又不曾實幹了甚麽污穢法門之事，便受顯報如此，何況而今道流，專一做邪淫不法之事的，神天豈能容恕？所以幽有神譴，明有王法，不到得被你瞞過了。但是邪淫不法之事，偏是道流容易做。只因和尚服飾異樣，先是光着一個頭，好些不便。也不見得。道流打扮起來，簪冠着袍，方纔認得是個道士。若是卸下裝束，仍舊巾帽長衣，分毫與俗人没有兩樣，性急看不出破綻來。況且還有火居道士，原是有妻小的，一發與俗人無異了。所以做那奸淫之事，比和尚十分便當。

而今再説一個道流，借着符籙醮壇爲由，拐上一個婦人，弄得死于非命。説來與奉道的人做個鑒戒。有詩爲證：

坎離交垢育嬰兒，只在身中相配宜。

生我之門死我户，請無誤讀守其雌。

這本話文，乃是宋時河南開封府，有個女人吴氏，十五歲嫁與本處劉家。所生一子，名唤劉達生。達生年一十二歲上，父親得病身亡。母親吴氏年紀未滿三十，且是生得聰俊飄逸，早已做了個寡婦。上無公姑，下無族黨，是他一個主持門户，守着兒子度日。【眉批】便自不妥。因念亡夫恩義，他日便不肯念了。思量做些齋醮功果超度他。

本處有個西山觀，乃是道流修真之所。内中有個道士，叫做黄妙脩，符籙高妙，儀容俊雅，衆人推他爲知觀。是日正在觀中與人家書寫文疏，忽見一個年小的婦人，穿着一身縞素，領了十一二歲的孩子走進觀來。俗語説得好：「若要俏，帶三分孝。」那婦人本等生得姿容美麗，更兼這白衣白髻，越顯得態度瀟洒。早是在道觀中，若是僧寺裏，就要認做白衣送子觀音出現了。【眉批】閑話好。走到黄知觀面前，插燭也似拜了兩拜。知觀一眼瞅去，早已魂不附體，連忙答拜道：「何家宅眷？甚事來投？」婦人道：「小妾是劉門吴氏。因是丈夫新亡，欲求渡拔，故率領親兒劉達生，小冤家。母子虔誠，特求法師廣施妙法，利濟冥途。」黄知觀聽罷，便懷着一點不良之心，答道：「既是賢夫新亡求薦，家中必然設立孝堂。此須在孝堂内設籙行持，方有專功實際。若只在觀中大槩附醮，未必十分得益。憑娘子心下如何。」吴氏道：「若得法師降臨茅舍，此乃萬千之幸。小妾母子不勝感激。回家收拾孝堂，專等法師則個。」知觀道：「幾時可到宅上？」吴氏道：「再過八日，就是亡夫百日之期。意要設建七日道場，須得明日起頭，恰好至期爲滿。得法師侵早下降便好。」知觀道：「一言已定，必不失期，明日准造宅上。」吴氏袖中取出銀一兩，先奉做紙劄之費，别了回家。一面收拾打掃，專等來做法事。

元來吴氏請醮薦夫，本是一點誠心，原無邪意。誰知黄知觀是個色中餓鬼，觀中一見吴氏姿容，與他説話時節，恨不得就與他做起光來。吴氏雖未就想到邪路上去，却見這知觀丰姿出衆，語言爽朗，也暗暗地喝采道：「好個齊整人物，如何却出了家！且喜他不妝模樣，見説做醮，便肯輕身出觀，來到我家，也是個出熱的人。」心裏也就有幾分歡喜了。緣之所在，業之所在。

次日清早，黄知觀領了兩個年少道童，一個火工道人，挑了經箱卷軸之類，一徑到吴氏家來。吴氏只爲兒子達生年紀尚小，一切事務，都是自家支持。與知觀拜見了，接進孝堂。知觀與同兩個道童、火工道人張掛三清衆靈，鋪設齊備，動起法器。免不得宣揚大槩，啟請、攝召、放赦、招魂，鬧了一回。吴氏出來上香朝聖，那知觀一眼估定，越越賣弄精神，同兩個道童，齊聲朗誦經典畢，起身執着意旨，跪在聖像面前毯上宣白，叫吴氏也一同跪着通誠。跪的所在，與吴氏差不得半尺多路。吴氏聞得知觀身上衣服撲鼻薰香，不覺偷眼瞧他。知觀有些覺得，一頭念着，一頭也把眼回看。你覷我，我覷你，恨不得就移將攏來，攪做一團。念畢各起。吴氏又到各神將面前上香稽首，帶眼看着道場。只見兩個道童，黑髮披肩，頭戴着小冠，且是生得唇紅齒白，清秀嬌嫩。吴氏心裏想道：「這些出家人倒如此受用！這兩個大起來，不知怎生標致哩！」自此動了一點慾火，按納不住，只在堂中孝簾内頻頻偷看外邊。

元來人生最怕的是眼裏火，一動了眼裏火，隨你左看右看，無不中心像意的。真是長有長妙，短有短强，壯的豐美，瘦的倩俏，無有不妙。【眉批】説透人情。况且婦人家陰性專一，看上了一個人，再心裏打撇不下的。那吴氏在堂中把知觀看了又看，只覺得風流可喜。他少年新寡，春心正盛，轉一個念頭，把個臉兒紅了又白，白了又紅，只在孝簾前踅來踅去，或露半面或露全身，恰像要道士曉得他的意思一般。那黄知觀本是有心的，豈有不覺？碍着是頭一日來到，不敢就造次，只好眉稍眼角，做些功夫，未能勾入港。那兒子劉達生未知事體，正好去看神看佛，弄鐘弄鼓，那裏曉得母親這些關節？看看點上了燈，吃了晚齋，吴氏收拾了一間潔净廊房，與他師徒安歇。那知觀打發了火工道人回觀，自家同兩個道童，一床兒宿了，打點早晨起來朝真不題。

却說吳氏自同兒子達生房裏睡了。上得床來，心裏想道：「此時那道士畢竟摟着兩個標緻小童，幹那話兒了，我却獨自個宿！」想了又想，陰中火發，着實難熬，噤了一噤，把牙齒咬得的的響，出了一身汗。剛剛朦朧睡了，忽聽得床前脚步響。擡頭起看，只見一個人揭開帳子，颼的鑽上床來。吳氏聽得聲音，却是日裏的知觀，輕輕道：「多蒙娘子秋波示意，小道敢不留心！趁此夜深人静，娘子作成好事則個。」就將黄瓜般一條玉莖，塞將過去。吳氏並不推辭，慨然承受。正到酣暢之處，只見一個小道童，也揭開帳來尋師父，見師父幹事興頭，喊道：「好内眷！如何偷出家人？做得好事！與我捉個頭，便不聲張。」就伸隻手去吳氏腰裏亂摸。知觀喝道：「我在此，不得無禮！」吳氏被道士弄得爽快，正待要丟了，吃此一驚，颯然覺來，却是南柯一夢。【眉批】此夢後來應驗。把手摸摸陰門邊，只見兩腿俱濕，連席上多有了陰水。忙把手帕抹净，嘆了一口氣道：「好個夢！怎能勾如此僥倖。」一夜睡不安穩。

天明起來，外邊鐘鼓響。叫丫鬟擔湯擔水，出去伏侍道士。那兩個道童倚着年小，也進孝堂來討東討西，看看熟分了。吳氏正在孝堂中坐着，只見一個道童進來討茶吃。吳氏叫住問他道：「你叫甚麼名字？」道童道：「小道叫做太清。」吳氏道：「那一位大些的？」道童道：「叫做太素。」吳氏道：「你兩個昨夜那一個與師父做一頭睡？」道童道：「一頭睡便怎麽？」吳氏道：「只怕師父有些不老成。」道童嘻嘻的笑道：「這大娘到會取笑。」説罷，走了出去。把適間所言，私下對師父一一説了，不繇這知觀不動了心，想道：「説這般話的，定是有風情的。只是雖在孝堂中，相離咫尺，却分個内外，如何好大大撩撥他撩撥？」以心問心，忽然道：「有計了！」

須臾，吳氏出來上香。知觀一手拿着鈴杵，一手執笏，急急走去並立着，口中唱着《浪淘沙》詞云：

稽首大羅天，法眷姻緣。如花玉貌正當年，帳冷幃空孤枕畔，枉自熬煎。爲此建齋筵，追薦心虔，亡魂超度意無牽。急到藍橋來解渴，同做神仙。

這知觀把此詞朗誦，分明是打動他自薦之意。那吴氏聽得，也解其意，微微笑道：「師父説話如何夾七夾八？」知觀道：「都是正經法門，當初前輩神仙遺下美話，做吾等榜樣的。」吴氏老大明白，曉得知觀有意于他了。進去剥了半碗細菓，燒了一壺好清茶，叫丫鬟送出來與知觀吃。分付丫鬟對知觀説：「大娘送來與師父解渴的。」把這句話與知觀詞中之語，暗地照應，只當是寫個「肯」字。知觀聽得，不勝之喜，不覺手之舞之，足之蹈之。那裏還管甚麽《靈寶道經》、《紫霄秘籙》，一心只念的是風月機關、洞房春意。密叫道童打聽吴氏卧房，見説與兒子同房歇宿，有丫鬟相伴，思量不好竟自闖得進去。

到晚來，與兩個道童上床宿了，一心想着吴氏日裏光景，且把道童太清出出火氣，弄得床桯格格價響，摟着背脊，口裏説道：「我的乖，我與你兩個商量件事體。我看主人娘子十分有意於我，若是弄得到手，連你們也帶挈得些甜頭不見得。只是内外隔絶，他房中有兒子、有丫鬟，我這裏須有你兩個不便，如何是好？」太清接口道：「我們須不妨事。」知觀道：「他初起頭，也要避生人眼目。」太素道：「我見孝堂中有張魂床，且是帳褥鋪設得齊整。此處非内非外，正好做偷情之所。」【眉批】太素所以亦受陰報。知觀道：「我的乖，説得有理。我明日有計了。」對他兩個耳畔説道：「須得如此如此。」太清、太素齊拍手道：「妙！妙！」説得動火，知觀便與太清完了事。弄得兩個小夥子興發難遏，没出豁，各放了一個手銃。一夜無詞。

次日天早，起來與吴氏相見了，對吴氏道：「今日是齋壇第三日了，小道有法術攝召，可以致得尊夫亡魂，來與娘子相會一番。娘子心下如何？」吴氏道：「若得如此，可知好哩！只不知法師如何作用？」知觀道：「須用白絹作一條橋在孝堂中。小道攝召亡魂，渡橋來相會。却是只好留一個親人守着，人多了陽氣盛，便不得來。又須關着孝堂，勿令人窺視，洩了天機。」吴氏道：「親人只有我與小兒兩人。兒子小，不曉得甚麽，就會他父親也無幹。奴家須是要會丈夫一面。待奴家在孝堂守着，看法師作用罷。」知觀道：「如此最妙。」吴氏到裏邊箱子裏，取出白絹二匹與知觀。知觀接絹在手，叫吴氏扯了一頭，他扯了一頭，量來量去，東摺西摺，只管與吴氏調眼色。交着手時，便輕輕把指頭彈着手腕。吴氏也不做聲。知觀又指撥把檯桌搭成一橋，恰好把孝堂路逕塞住，外邊就看簾裏邊不着了。

知觀出來分付兩個道童道：「我閉着孝堂，召請亡魂，你兩個須守着門，不可使外人窺看，破了法術。」兩人心照，應聲：「曉得了。」吴氏也分付兒子與丫鬟道：「法師召請亡魂，與我相會，要秘密寂静。你們只在房裏，不可出來囉唣。」那兒子達生見説召得父親魂，口裏嚷道：「我也要見見爹爹。」【眉批】孝子之心。吴氏道：「我的兒。法師説生人多了陽氣盛，召請不來，故此只好你母親一個守靈。你要看不打緊，萬一爲此召不來，空成畫餅。且等這番果然召得爹爹來，以後却教你相見便是。」吴氏心裏也曉得知觀必定是托故有此蹊蹺，把甜言美語，穩住兒子。又尋好些菓子與了他。把丫鬟同他反關住在房裏了。出來，進孝堂内坐着。

知觀撲地把兩扇門拴上了，假意把令牌在桌上敲了兩敲，口裏不知念了些甚麽，笑嘻嘻對吴氏道：「請娘子魂床上坐着。只有一件：亡魂雖召得來，却不過依稀影響。似夢裏一般，與娘子無益。」吴氏道：「但願亡魂會面，一叙苦情，論甚有益無益！」知觀道：「只好會面，不能勾與娘子重叙平日被窩的歡樂，所以説道無益。」吴氏道：「法師又來了！一個亡魂，只指望見見也勾了，如何説到此話？」知觀道：「我有本事弄得來與娘子重歡重樂。」吴氏失驚道：「那有這事？」知觀道：「魂是空虚的，攝來附在小道身上，便好與娘子同歡樂了。」吴氏道：「亡魂是亡魂，法師是法師，這事如何替得？」知觀道：「從來我們有這家法術，多少亡魂來附體相會的。」吴氏道：「却怎生好幹這事？」知觀道：「若有一些不像尊夫，憑娘子以後不信罷了。」吴氏罵道：「好巧言的賊道，到會脱騙人！」知觀便走去一把抱定，攙倒在魂床上，笑道：「我且權做尊夫一做。」吴氏此時已被引動了興，兩個就在魂床上面，弄將起來。

一個玄門聰俊，少嘗閨閣家風； 一個空室嬌姿，近曠衾裯事業。風雷號令，變做了握雨攜雲； 永蘖貞操，翻成了殘花破蕋。 滿堂聖像，本屬虚無； 一脉亡魂，還歸冥漠。 噙着的，呼吸元精而不歇； 耨着的，出入玄牝以無休。 寂寂朝真，獨鳥來時丹路滑； 殷殷慕道，百花深處一僧歸。 個中味，真夸羨，玄之又玄； 色裏身，不耐煩，寡之又寡。

兩個雲雨纔罷，真正弄得心滿意足。知觀對吴氏道：「比尊夫手段有差池否？」吴氏啐了一口道：「賊禽獸，羞答答的，亦他日便不肯念了。只管提起這話做甚？」知觀纔謝道：「多承娘子不棄，小道粉身難報。」吴氏道：「我既被你哄了，如今只要相處得情長則個。」知觀道：「我和你須認了姑舅兄妹，纔好兩下往來，瞞得衆人過。」吴氏道：「這也有理。」知觀道：「娘子今年尊庚？」吴氏道：「二十六歲了。」知觀道：「小道長一歲，叨認做你的哥哥罷。我有道理。」爬起來，又把令牌敲了兩敲，把門開了，對着兩個道童道：「方纔召請亡魂來，元來主人娘子，是我的表妹，一向不曉得，倒是亡魂明白説出來的。問了詳細，果然是。而今是至親了。」【眉批】的語。 道童笑嘻嘻道：「自然是至親了。」吴氏也叫兒子出來，把適纔道士搗鬼的説話，也如此學與兒子聽了，道：「這是你父親説的，你可過來認了舅舅。」那兒子小，曉得甚麽好歹？此後依話，只叫舅舅。從此，日日推説召魂，就弄這事。晚間吴氏出來，道士進來，只把孝堂魂床爲交歡之處，一發親密了。那兒子但聽説召魂，便道要見爹爹，只哄他道：「你是陽人，見不得的。」兒子只得也罷了，心裏却未免有些疑心道：「如何只却了我？」

到了七晝夜，壇事已完，百日孝滿。吴氏謝了他師徒三衆，收了道場，暗地約了相會之期，且瞞生眼，到觀去了。吴氏就把兒子送在義學堂中先生處，仍舊去讀書。早晨出去，晚上回來。吴氏日裏自有兩個道童常來通信，或是知觀自來，只等晚間兒子睡了，便開門放進來，恣行淫樂。只有丫鬟曉得風聲，已自買囑定了。如此三年，竟無間阻，不題。

且説劉達生年紀漸漸大了，情竇已開，這事情也有些落在眼裏了。他少年聰慧，知書達禮，曉得母親有這些手脚，心中常是憂悶，不敢説破。一日在書房裏，有同伴裏頭戲謔，稱他是小道士。他臉兒通紅，走回家來，對母親道：「有句話對娘説：這個舅舅不要他上門罷，有人叫兒子做小道士，須是被人笑話。」吴氏見説罷，兩點紅直從耳根背後透到滿臉，把兒子鑿了兩個栗暴道：「小孩子不知事！舅舅須是你娘的哥哥，就往來誰人管得？那個天殺的對你講這話？等娘尋着他，駡他一個不歇。」【眉批】趣極。達生道：「前年未做道場時，不曾見説有這個舅舅。就果是舅舅，娘只是與他兄妹相處，外人如何有得説話？」吴氏見道着真話，大怒道：「好兒子！幾口氣養得你這等大，你聽了外人的説話，嘲撥母親，養這忤逆的做甚？」反敲臺拍凳，哭將起來。達生慌了，跪在娘面前道：「是兒子不是了，娘饒恕則個。」吴氏見他討饒，便住了哭道：「今後切不要聽人亂話。」達生忍氣吞聲，不敢再説。心裏想道：「我娘如此口强，須是捉破了他，方得杜絶。我且冷眼張他則個。」

一夜人静後，達生在娘房睡了一覺，醒來，只聽得房門響，似有人走了出去的模樣。他是有心的，輕輕披了衣裳，走起來張着，只見房門開了，料道是娘又去做歹勾當了。轉身到娘床裏一摸，果然不見了娘。他也不出來尋，心生一計，就把房門閂好，又掇張凳子頂住了，自上床去睡覺。元來是夜吴氏正約了知觀黄昏後來。堂中靈座已除，專爲要做這勾當，床仍鋪着，這所在反加些圍屏，圍得緊簇。知觀先在裏頭睡好了，吴氏却開了門出來就他，兩個顛鸞倒鳳，弄這一夜。到得天色將明，起來放了他出去，回進房來。每常如此放肆慣了，不以爲意。誰知這夜走到房前，却見房門關好，推着不開。曉得是兒子知風，老大没趣，呆呆坐着，等他天亮。默默的咬牙切齒的恨氣，却無説處。

直到天大明了，達生起來開了門，見了娘，故意失驚道：「娘如何反在房門外坐地？」吴氏只得説個謊道：「昨夜外邊脚步響，恐怕有賊，所以開門出來看看。你却如何把門關了？」達生道：「我也見門開了，恐怕有賊，所以把門關好了，又頂得牢牢的。只道娘在床上睡着，如何反在門外？【眉批】疑極。既然娘在外邊，如何不叫開了門？却坐在這裏這一夜，是甚意思？」吴氏見他説了，自想一想，無言可答，只得罷了。心裏想道：「這個業種，須留他在房裏不得了。」

忽然一日對他説道：「你年紀長成，與娘同房睡，有些不雅相。堂中這張床鋪得好好的，你今夜在堂中睡罷。」吴氏意思打發了他出來，此後知觀來，只須留在房裏，一發安穩像意了。誰知這兒子是個乖覺的，點頭會意，就曉得其中就裏。一面應承，日裏仍到書房中去，晚來自在堂中睡了，越加留心察聽。

其日道童來到，吴氏叫他回去説前夜被兒子關在門外的事，又説：「因此打發兒子另睡，今夜來只須小門進來，竟到房中。」到夜，知觀來了。達生雖在堂中，却不去睡，各處挨着看動静。只聽得小門響，達生躲在黑影裏頭，看得明白，曉得是知觀進門了，隨後丫鬟關好了門，竟進吴氏房中，掩上了門睡了。達生心裏想道：「娘的奸事，我做兒子的不好捉得，只去炒他個不安静罷了。」過了一會，聽得房裏已静，連忙尋一條大索，把那房門扣得緊緊的。心裏想道：「眼見得這門拽不開，賊道出去不得了，必在窗裏跳出，我且蒿惱他則個。」走到庭前，去掇一個尿桶，一個半破了的屎缸，量着跳下的所在擺着，自却去堂裏睡了。

那知觀淫蕩了一夜，聽見鷄啼了兩番，恐怕天明，披衣走出，把房門拽了又拽，再拽不開，不免叫與吴氏知道。吴氏自家也來幫拽，只拽得門響，門外似有甚麼縛住的。吴氏道：「却又作怪！莫不是這小業畜又來弄手脚？不出所料。既然拽不開，且開窗出去了，明早又處。而今看看天亮，遲不得了。」知觀朦朧着兩眼，走來開了窗，撲的跳下來。只聽得撲通的一響，一隻右脚早踹在尿桶裏了。這一隻左脚做不得力，頭輕脚重，又躧在屎缸裏。忙抽起右脚待走，尿桶却深，那時着了慌，連尿桶拌倒了。【眉批】此景佳無限。一交跌去，尿屎污了半身，嘴唇也磕綻了。不知曾嘗些否。却不敢聲高，忍着痛，侮着鼻，急急走去。開了小門，一道烟走了。吴氏看見拽門不開，已自着惱，及至開窗出去了，又聽得這劈撲之響，有些疑心。自家走到窗前看時，此時天色尚黑，但只滿鼻聞得些臭氣，正不知是甚麽緣故。彆着一肚悶氣，又上床睡去了。

達生直等天大明了，起來到房門前，仍把繩索解去。看那窗前時，滿地尿屎，桶也倒了，肚裏又氣，又忍不住好笑。趁着娘未醒，他不顧污穢，輕輕把屎缸、尿桶多搬過了。又一會，吴氏起來開門，却又一開就是，反疑心夜裏爲何開不得，想是性急了些。及至走到窗前，只見滿地多是尿屎，一路到門，是濕印的鞋迹。叫兒子達生來問道：「這窗前尿屎是那裏來的？」達生道：「不知道。但看這一路濕印，多是男人鞋迹。【眉批】謔語有致。想是是個人急出這些尿屎來的。」吴氏對口無言，臉兒紅了又白，不好回得一句，着實忿恨。自此怪煞了這兒子，一似眼中之釘，恨不得即時拔去了。

却説那夜黄知觀吃了這一場虧，香噴噴一身衣服，没一件不污穢了。悶悶在觀中洗净整治，又是嘴唇跌壞，有好幾日不到劉家來走。吴氏一肚子惱恨，正要見他分訴商量，却不見到來。又想又氣。一日，知觀叫道童太素來問信，吴氏對他道：「你師父想是着了惱，不來。」太素道：「怕你家小官人利害，故此躲避幾日。」吴氏道：「他日裏在學堂中，到不如日間請你師父過來商量句話。」那太素是個十八九歲的人，曉得吴氏這些行徑，也自丢眉丢眼，來挑吴氏道：「十分師父不得工夫，小道童權替遭兒也使得。」吴氏道：「小奴才，你也來調戲我！我對你師父説了。打你下截。」太素笑道：「我的下截須與大娘下截一般，師父要用的，料不捨得打。」吴氏道：「没廉耻小奴才，虧你説！」【眉批】韵哉太素，宜其動火也。吴氏一了見他標緻，動火久了，只是還嫌他小些，而今却長得好了，見他説風話，不覺有意，便一手勾他攏來，做一個嘴。伸手去摸，太素此物翹然。却待要扯到床上幹那活兒，不匡黄知觀見太素不來，又叫太清來尋他，到堂中叫唤。太素聽得聲音，恐怕師父知道嗔怪，慌忙住了手，衝散了好事。兩個同到觀中，回了師父。【眉批】好事多磨。

次日，果然知觀日間到劉家來。吴氏關了大門，接進堂中坐了。問道：「如何那夜一去了再無消息直到昨日纔着道童過來？」知觀道：「你家兒子刁鑽異常，他日漸漸長大，好不利害！我和你往來不便，這件事弄不成了。」吴氏正貪着與道士往來，連那兩個標緻小道童一鼓而擒之，却見説了這話，心裏怫然，便道：「我無尊人拘管，只碍得這個小業畜。不問怎的，狠哉。結果了他，等我自由自在。這幾番我也忍不過他的氣了。」知觀道：「是你親生兒子，怎捨得結果他？」吴氏道：「親生的，正在乎知疼着熱，纔是兒子。妙語。却如此拗彆攪炒，何如没有他倒乾净！」知觀道：「這須是你自家發得心盡，我們不好攛掇得，恐有後悔。」吴氏道：「我且再耐他一兩日，你今夜且放心前來快活。就是他有些知覺，也顧不得他，隨他罷了。他須没本事奈何得我。」你一句，我一句，説了大半日話，知觀方去，等夜間再來。

這日，達生那館中先生要歸去，散學得早。路上撞見知觀走來，料是在他家裏出來，早上了心，却當面勉强叫聲：「舅舅。」作了箇揖。知觀見了，一個忡心，還了一禮。不講話，竟去了。達生心裏想道：「是前日這番，好兩夜没動静。今日又到我家，今夜必然有事。我不好屢次捉破，只好防他罷了。」一路回到家裏，吴氏問道：「今日如何歸得恁早？」達生道：「先生回家了，我須有好幾日不消館中去得。」吴氏心裏暗暗不悦，勉强問道：「你可要些點心吃？」達生道：「我正要點心吃了睡覺去。連日先生要去，積趲讀書辛苦，今夜圖早睡些個。」吴氏見説此句，便有些像意了。叫他去吃了些點心。果然達生到堂中床裏，一覺睡了。吴氏暗暗地放了心。安排晚飯自吃了，收拾停當，暫且歇息。叫丫鬟半掩了門，專等知觀來。

誰知達生假意推睡，聽見人静了，却輕輕走起來，前後門邊一看，只見前門鎖着，腰門從内關着，他撬開了，走到後邊小門一看，只見門半掩着不關。他就輕輕把拴拴了，掇張凳子，緊緊在傍邊坐地。坐了更餘，只聽得外邊推門響，又不敢重用力，或時把指頭彈兩彈。達生只不做聲，看他怎地。忽對門縫裏低言道：「我來了，如何却關着？可開開。」達生聽得明白，假意插着口氣道：「今夜來不得了，回去罷，莫惹是非。」【眉批】妙甚。從此不聽見外邊聲息了。

吴氏在房裏懸懸盼望偷期，慾心如火。見更餘無動静，只得叫丫鬟到小門邊看看。丫鬟走來黑處，一把摸着達生，嚇了一跳。達生厲聲道：「好賊婦！此時走到門邊來，做甚勾當？」驚得丫鬟失聲而走，進去對吴氏道：「法師不見來，倒是小官人坐在那裏，幾乎驚殺。」吴氏道：「這小業畜一發可恨了！他如何又使此心機，來攪破我事？」磨拳擦掌的氣，却待發作，又是自家理短，只得忍耐着。又恐怕失了知觀期約，使他空返，傍徨不寧，那裏得睡？【眉批】細。

達生見半晌無聲息，曉得去已久了，方纔自上床去睡了。吴氏再叫丫鬟打聽，説：「小官人已不在門口了。」寂地開出外邊，走到街上，東張西望，那裏得有個人？回覆了吴氏。吴氏倍加掃興，忿怒不已，眼不交睫，直至天明。見了達生，不覺發話道：「小孩子家，晚間不睡，坐在後門口做甚？」達生道：「又不做甚歹事，坐坐何妨？」吴氏脹得面皮通紅，駡道：「小殺才！難道我又做甚歹事不成？」達生道：「誰説娘做歹事？只是夜深無事，兒子便關上了門，坐着看看，不爲大錯。」吴氏只好肚裏恨，却説他不過，只得强口道：「娘不到得逃走了，誰要你如此監守？」含着一把眼淚進房去了。再待等個道童來問這夜的消息。

却是這日達生不到學堂中去，只在堂前攤本書兒看着，又或時前後行走。看見道童太清走進來，就攔住道：「有何事到此？」太清道：「要見大娘子。」達生道：「有話我替你傳説。」吴氏裏頭聽得聲音，知是道童，連忙叫丫鬟唤進。怎當得達生一同跟了進去，不走開一步，太清不好説得一句私話，只大略道：「師父問大娘子、小官人的安。」達生接口道：「都是安的，不勞記念，請回罷了。」太清無奈，四目相覷，怏怏走出去了。吴氏越加恨毒，從此一連十來日没處通音耗。

又一日，同窗伴夥傳言來道：「先生已到館。」達生辭了母親，又到書堂中去了。吴氏只當接得九重天上赦書。元來太清、太素兩個道童，不但爲師父傳情，自家也指望些滋味，時常穿梭也似在門首往來探聽的。前日吃了達生這場淡，打聽他在家，便不進來。這日達生出去，吴氏正要傳信，太清也來了。吴氏經過兒子幾番道兒，也該曉得謹慎些，只是色膽迷天，又欺他年小，全不照顧。【眉批】當局者迷。又約他：「叫知觀今夜到來，反要在大門裏來，他不防備的。只是要夜深些。」期約以定。

達生回家已此晚了，同娘吃了夜飯。吴氏領了丫鬟，故意點了火，把前後門關鎖好了。叫達生去睡，他自進房去了。達生心疑道：「今日我不在家，今夜必有勾當，如何反肯把門關鎖？也只是要我不疑心。我且不要睡着，必有緣故。」坐到夜深，悄自走去看看，腰門掩着不拴，後門原自關好上鎖的。達生想道：「今夜必在前邊來了。」閃出堂前，黑影裏蹲着。看時，星光微亮，只見母親同丫鬟走將出來。母親立住中堂門首，意是防着達生。丫鬟走去門邊聽聽，只聽得彈指響，輕輕將鎖開了，拽開半邊門，一個人早閃將入來，丫鬟隨關好了門。三個人做一塊，侮手侮脚的走了進去。

達生連忙開了大門，就把掛在門内警夜的鑼捽在手裏，篩得一片價響，口中大喊：「有賊！」【眉批】達生非第多智，且多捷智。元來開封地方，系是京都，曠遠廣有偷賊，所以官司立令，每家門内各置一鑼，但一家有賊，篩得鑼響，十家俱起救護。如有失事，連坐陪償，最是嚴緊的。這裏知觀正待進房，只聽得本家門首鑼響，曉得不尷尬，驚得魂不附體，也不及開一句口，掇轉身望外就走。走慣了的。去開小門時，是夜却是鎖了的。急望大門奔出，且喜大門開的，恨不得多生兩只脚跑。達生也只是趕他，怕娘面上不好看，原無意捉住他。【眉批】篩鑼拋石，童子戲也。達生用之以拒奸，綽綽有餘。見他奔得慌張，却去拾起一塊石頭，趣。儘力打將去，正打在腿上，把腿一縮，一隻履鞋早脱掉了。那裏還有工夫敢來拾取？拖了襪子走了。比及有鄰人走起來問，達生只回説："賊已逃去了。"帶了一隻履鞋，仍舊關了門進來。

這吴氏正待與知觀歡會，吃那一驚也不小。同丫鬟兩個抖做了一團。只見鑼聲已息，大門已關，料道知觀已去，略略放心。達生故意走進來問道："方纔趕賊，娘受驚否？"吴氏道："賊在那裏？如此大驚小怪！"達生把這隻鞋提了道："賊拿不着，拿得一隻鞋在此，明日須認得出。"吴氏已知兒子故意炒破的，愈加忿恨，又不好説得他。

此後，知觀不敢來了。吴氏想着他受驚，好生過意不去。又恨着兒子，要商量計較，擺佈他。却堤防着兒子，也不敢再約他來。過了兩日，却是亡夫忌辰。吴氏心生一計，對達生道："你可先將紙錢，到你爹墳上打掃，我隨後備些羹飯，擡了轎就來。"達生心裏想道："忌辰何必到墳上去？且何必先要我去？此必是先打發了我出門，自家私下到觀裏去。我且應允，不要説破。"達生一面對娘道："這等，兒子自先去在那裏等候便是。"口裏如此説了，一徑出門，却不走墳上，一直望西山觀裏來了。

走進觀中，黄知觀見了，吃了一驚。你道爲何？還是那夜嚇壞了的，定了性問道："賢甥何故到此？"達生道："家母就來。"知觀心裏懷着鬼胎道："他母子兩個，幾時做了一路？若果然他要來，豈叫兒子先到？這事又蹊蹺了。"似信不信的，只見觀門外一乘轎來，擡到跟前下了，正是劉家吴氏。不出所料。纔走出轎，猛擡頭只見兒子站在面前，道："娘也來了。"吴氏那一驚，又出不意，心裏道："這寃家如何先在此？"只得搗個鬼道：「我想今日是父親忌日，必得符籙超拔，故此到觀中見你舅舅。」達生道：「兒子也是這般想，忌日上墳無幹，不如來央舅舅的好，所以先來了。」【眉批】節節見達生妙用，然而惹釁亦在此矣。吴氏好生懷恨，却没奈他何。知觀也免不得陪茶陪水，假意兒寫兩道符籙，精扯淡。通個意旨，燒化了。却不便做甚手脚。亂了一回，吴氏要打發兒子先去，達生不肯道：「我只是隨着娘轎走。」吴氏不得已，只得上了轎去了。枉奔波了一番，一句話也不説得。在轎裏一步一恨，這番決意要斷送兒子了。

那轎走得快，達生終久年紀小，趕不上，又肚裏要出恭，他心裏道：「前面不過家去的路，料無别事，也不必跟隨得。」就住在後面了。也是合當有事，只見道童太素在前面走將來。吴氏轎中看見了，問轎夫道：「我家小官人在後面麽？」轎夫道：「跟不上，還在後頭，望去不見。」吴氏大喜，便叫太素到轎邊來，輕輕説道：「今夜我用計遣開了我家小業畜，是必要你師父來商量一件大事則個。」太素道：「師父受驚多次，不敢進大娘的門了。」吴氏道：「若是如此，今夜且不要進門，只在門外，以拋磚爲號，我出來門邊相會説話了，再看光景進門，萬無一失。」又與太素丢個眼色。太素眼中出火，恨不得就在草地裏做半點兒事，只礙着轎夫。吴氏又附耳叮囑道：「你夜間也來，管你有好處。」太素顛頭聳腦的去了。

吴氏先到家中，打發了轎夫。達生也來了。天色將晚，吴氏是夜備了些酒菓，在自己房中，叫兒子同吃夜飯。好言安慰他道：「我的兒，你爹死了，我只看得你一箇。你何苦凡事與我彆强？」達生道：「專爲爹死了，娘須立個主意，撑持門面，做兒子的敢不依從？只爲外邊人有這些言三語四，兒子所以不伏氣。」吴氏回嗔作喜道：「不瞞你説，我當日實是年紀後生，有了些不老成，故見得外邊造出作業的話來。今年已三十來了，懊悔前事無及。如今立定主意，只守着你清净過日罷。」達生見娘是悔過的説話，便堆着笑道：「若得娘如此，兒子終身有幸。」吴氏滿斟一杯酒與達生道：「你不怪娘，須滿飲此杯。」達生吃了一驚，想道：「莫不娘懷着不好意，把這杯酒毒我？」接在手不敢飲。吳氏見他沉吟，曉得他疑心，便道：「難道做娘的有甚歹意不成？」接他的酒來，一飲而盡。達生知是疑心差了，好生過意不去，連把壺來自斟道：「該罰兒子的酒。」一連吃了兩三杯。吳氏道：「我今已自悔，故與你說過。你若體娘的心，不把從前事體記懷，你陪娘吃個盡興。」達生見娘如此說話，心裏也喜歡，斟了就吃，不敢推托。元來吳氏吃得酒，達生年小吃不得多，所以吳氏有意把他灌醉，已此呵欠連天，只思倒頭去睡了。吳氏又灌了他幾杯，達生只覺天旋地轉，支持不得。吳氏叫丫頭扶他在自己床上睡了。出來把門上了鎖，口裏道：「慚愧！也有日着了我的道兒。」

正出來静等外邊消息，只聽得屋上瓦響。曉得是外邊抛磚進來，連忙叫丫鬟開了後門。只見太素走進來道：「師父在前門外，不敢進來，大娘出去則個。」吳氏叫丫鬟看守定了房門，與太素暗中走到前邊來。太素將吳氏一抱，吳氏回轉身抱着道：「小奴才，我有意久了。前日不曾成得事，今且先勾了帳。」就同他走到兒子平日睡的堂前空床裏頭，雲雨起來。

一個是未試的真陽，一個是慣偷的老手。新簇簇小夥，偏是這一番極景堪貪；老辣辣淫精，更有那十分騷風自快。這裏小和尚且衝頭水陣，繇他老道士拾取下風香。【眉批】知味之語。

事畢，整整衣服，兩個同走出來，開了前門。果然知觀在門外，呆呆立着等候。吳氏走出來，叫他進去。知觀遲疑不肯，吳氏道：「小業畜已醉倒在我房裏了。我正要與你算計趁此時了帳他，快進來商量。」知觀一邊隨了進來，一邊道：「使不得。親生兒子，你怎下得了帳他？」吳氏道：「爲了你，説不得。況且受他的氣不過了。」知觀道：「就是做了這事，有人曉得，後患不小。」吳氏道：「我是他親生母，就是故殺了他，没甚大罪。」知觀道：「我與你的事，須有人曉得。若擺佈了兒子，你不過是故殺子孫；倘有對頭根究到我同謀，我須償他命去。」吳氏道：「若如此怕事，留着他没收場，怎得像意？」知觀道：「何不討一房媳婦與他？我們同弄他在混水裏頭一攪貪。他便做不得硬漢，管不得你了。」吴氏道：「一發使不得。取來的未知心性如何，倘不與我同心合意，反又多了一個做眼的了，更是不便。只是除了他的是高見。没有了他，我雖是不好嫁得你出家人，只是認做兄妹往來，誰禁得我？這便可以日長歲久的了。」知觀道：「若如此，我有一計：當官做罷。天意也，使從吴氏之計，達生死矣。」吴氏道：「怎的計較？」知觀道：「此間開封官府，平日最恨的是忤逆之子。告着的，不是打死，便是問重罪坐牢。【眉批】明察者豈執一偏以枉人哉。愚人狃之，所以爲此不孝之告，然要亦天敗之耳。你如今只出一狀，告他不孝，他須没處辯。你是親生的，又不是前親晚後，自然是你説的話是，别無疑端。就不得他打死，等他坐坐監，也就性急不得出來，省了許多碍眼。況且你若捨得他，執意要打死，官府也無有不依做娘的説話的。」吴氏道：「倘若小業畜極了，説出這些事情來怎好？」知觀道：「做兒子怎好執得娘的奸？他若説到那些話頭，你便説是兒子不才，污口横衊，官府一發怪是真不孝了，誰肯信他？【眉批】算無遺策，自謂可萬全矣。況且捉奸捉雙，我和你又無實迹憑據，隨他説長説短，官府不過道是攔詞抵辯，决不反爲了兒子，究問娘奸情的。這决然可以放心。」吴氏道：「今日我叫他去上父墳，他却不去，反到觀裏來。只這件不肯拜父墳，便是一件不孝實迹，就好坐他了。只是要瞞着他做。」知觀道：「他在你身邊，不好弄手脚。我與衙門人厮熟，我等暗投文時，設法准了狀，差了人徑來拿他。那時你纔出頭折証，神鬼不覺。」吴氏道：「必如此方停當。只是我兒子死後，你須至誠待我，凡百要像我意纔好。倘若有些好歹，却不枉送了親生兒子！」知觀道：「你要如何像意？」吴氏道：「我夜夜須要同睡，不得獨宿。」知觀道：「我觀中還有别事，怎能勾夜夜來得？」吴氏道：「你没工夫，隨分着個徒弟來相伴，淫心同矣，自無不依之理。我耐不得獨自寂寞。」知觀道：「這個依得。我兩個徒弟，都是我的心腹，極是知趣的。你看得上，不要説叫他來相伴，就是我來時節，兩三個混做一團，通同取樂，豈不妙哉。」吴氏見説，淫興勃發，就同到堂中床上，極意侮弄了一回，嬌聲細語道：「我爲你這冤家，兒子都捨了，不要忘了我。」知觀罰誓道：「若負了大娘此情，死後不得棺殮。」知觀弄了一火，已覺倦怠。【眉批】後來竟符棺殮，還算不負。吴氏興還未盡，對知觀道：「何不就叫太素來試試。」知觀道：「最妙。」知觀走起來，輕輕拽了太素的手道：「吴大娘叫你。」太素走到床邊，知觀道：「快上床去，相伴大娘。」那太素雖然已幹過了一次，他是後生，豈怕再舉？托地跳將上去，又弄起來。知觀坐在床沿上道：「作成你這樣好處，却不知已是第二番了。」吴氏一時應付兩個，纔覺心滿意足。對知觀道：「今後我没了這小業種，此等樂事可以長做，再無拘碍了。未必穩。」

事畢，恐怕兒子酒醒，打發他兩個且去，「明後日專等消息，萬勿有悮。」千叮萬囑了，送出門去。知觀前行，吴氏又與太素捻手捻脚的，暗中抱了一抱，又做了一箇嘴，方纔放了去。【眉批】此日後致死之本。關了門進來，丫鬟還在房門口坐着打盹。開進房時，兒子兀自未醒。他自到堂中床裏睡了。

明日，達生起來，見在娘床裏，吃了一驚道：「我昨夜直恁吃得醉！」細思：「娘昨夜的話，不知是真是假，「莫不乘着我醉，又做别事了？」吴氏見了達生，有心與他尋事，罵道：「你噇醉了，不知好歹，倒在我床裏了，却叫我一夜没處安身。」【眉批】達心之談。達生甚是過意不去，不敢回答。

又過了一日，忽然清早時分，有人在外敲得門響，且是聲高。達生疑心，開了門，只見兩個公人一擁入來，把條繩子，望達生脖子上就套。達生驚道：「上下，爲甚麽事？」公人罵道：「該死的殺囚，你家娘告了你不孝，見官便要打死的，還問是甚麽事！」達生慌了，哭將起來道：「容我見娘一面。」公人道：「你娘少不得也要到官的。」就着一個押了進去。吴氏聽見敲門，又聞得堂前嚷起，兒子哭聲，已知是這事了。急走出來，達生抱住哭道：「娘，兒子雖不好，也是娘生下來的。如何下得此毒手？」吴氏道：「誰叫你凡事逆我？」也叫你看看我的手段！」達生道：「兒子那件逆了母親？」吴氏道：「只前日叫你去拜父墳，你如何不肯去？」達生道：「娘也不曾去，怎怪得兒子？」公人不知就裏，在傍邊插嘴道：「拜爹墳是你該去，怎麼推得娘？我們只說是前親晚後，今見說是親生的，必然是你不孝，没得說，快去見官。」就同了吴氏，一齊拖到開封府來。

正值府尹李傑升堂。那府尹是個極廉明聰察的人，他生平最怪的是忤逆人，見是不孝狀詞，人犯帶到，作了怒色待他。及到跟前，却是十五六的孩子，心裏疑道：「這小小年紀，如何行徑，就惹得娘告不孝？」敲着氣拍問道：「你娘告你不孝，是何理說？」達生道：「小的年紀雖小，也讀了幾行書，豈敢不孝父母？只是生來不幸，既亡了父親，又失了母親之歡，以致興詞告狀。即此就是小的罪大惡極，憑老爺打死，以安母親。小的别無可理說。」說罷，淚如雨下。【眉批】聽此，塗人亦淚下矣。

府尹聽說了這一篇，不覺惻然。心裏想道：「這個兒子會說這樣話的，豈是個不孝之輩？必有緣故。」又想道：「或者是個乖巧會說話的，也未可知。」隨唤吴氏。只見吴氏頭兜着手帕，嬝嬝婷婷，走將上來，揭去了帕。府尹叫：「擡起頭來。」見是後生婦人，又有幾分顏色，先自有些疑心了。且問道：「你兒子怎麼樣不孝？」吴氏道：「小婦人丈夫亡故，他就不繇小婦人管束，他到不必管束。凡事自做自主。小婦人開口說他，便自惡言怒駡。小婦人道是孩子家，不與他一般見識。而今日甚一日，管他不下，所以只得請官法處治。」府尹又問達生道：「你娘如此說你，你有何分辯？」達生道：「小的怎敢與母親辯？母親說的就是了。」府尹道：「莫不你母親有甚偏私處？」達生道：「母親極是慈愛，况且是小的一個，有甚偏私？」府尹又叫他到案桌前，密問道：「中間必有緣故，你可直說，我與你做主。」達生叩頭道：「其實别無緣故，多是小的不是。」府尹道：「既然如此，天下無不是底父母，母親告你，我就要責罰了。」達生道：「小的該責。」

府尹見這般形狀，心下愈加狐疑，却是免不得體面，喝叫：「打着！」當下拖番，打了十竹篦。冤哉！府尹冷眼看吴氏時節，見他面上毫無不忍之色，反跪上來道：「求老爺一氣打死罷。」府尹大怒道：「這潑婦！此必是你夫前妻或妾出之子，你做人不賢，要做此忍心害理之事麽？」吳氏道：「爺爺，實是小婦人親生的，問他就是。」府尹就問達生道：「這敢不是你親娘？」達生大哭道：「是小的生身之母，怎的不是？」府尹道：「却如何這等恨你？」達生道：「連小的也不曉得。只是依着母親打死小的罷。」府尹心下着實疑惑，曉得必有别故，反假意喝達生道：「果然不孝，不怕你不死？」吳氏見府尹説得利害，連連叩頭道：「只求老爺早早決絶，小婦人也得乾净。」府尹道：「你還有别的兒子，或是過繼的否？」吳氏道：「並無别個。」府尹道：「既只是一個，我戒誨他一番，留他性命，養你後半世也好。」吳氏道：「小婦人情願自過日子，不情願有兒子了。」府尹道：「死了不可復生，你不可有悔。」吳氏咬牙切齒道：「小婦人不悔。」府尹道：「既没有悔，明日買一棺木，當堂領屍。今日暫且收監。」就把達生下在牢中，打發了吳氏出去。

吳氏喜容滿面，忍哉。望外就走。府尹直把眼看他出了府門，忖道：「這婦人氣質是個不良之人，必有隱情。那小孩子不肯説破，是個孝子。我必要剖明這一件事。」【眉批】神君也亦仁君也。隨即叫一個眼明手快的公人，分付道：「那婦人出去，不論走遠走近，必有個人同他説話的。你看何等樣人物，説何説話。不拘何等，有一件報一件。説得的確，重重有賞。倘有虚僞隱瞞，我知道了，致你死地。此分付亦要緊。」那府尹威令素嚴，公人怎敢有違，密地尾了吳氏走去。太急亦太迹，皆狃于府尹之好誅不孝也。只見吳氏出門數步，就有個道士接着問道：「事怎麽了？」吳氏笑嘻嘻的道：「事完了。只要你替我買具棺材，明日領屍。」道士聽得拍手道：「好了！好了！棺材不打緊，明日我自着人擡到府前來。」兩人做一路，説説笑笑去了。是夜可知，然亦是長别離也。公人却認得這人是西山觀道士，密將此話，細細報與李府尹。李府尹道：「果有此事！可知要殺親子，略無顧惜。可恨！可恨！」就寫一紙，付公人道：「明日婦人進衙門，我喝叫：『擡棺木來！』此時可拆開，看了行事。」

次日升堂，吴氏首先進來禀道：「昨承爺爺分付，棺木已備，來領不孝子屍首。」府尹道：「你兒子昨夜已打死了。妙！妙！」吴氏毫無慼容，叩頭道：「多謝爺爺做主。」府尹道：「快擡棺木進來。」公人聽見此句，連忙拆開昨日所封之帖一看，乃是硃票，寫道：「立拿吴氏，奸夫係道士，看擡棺者，不得放脱。」那公人是昨日認殺的，那裏肯差？亦且知觀指點扛棺的，正在那裏點手劃脚時節，公人就一把擒住了，把硃筆帖與他看。知觀掙扎不得，只得隨來見了府尹。府尹道：「你是道士，何故與人買棺材？又替他顧人扛擡？」知觀一時賴不得，只得説道：「那婦人是小道姑舅兄妹，央浼小道，所以幫他。」府尹道：「虧了你是舅舅，所以幫他殺外甥！」知觀道：「這是他家的事，與小道無干。」府尹道：「既是親戚，他告狀時你却調停不得，取棺木時你就幫襯有餘！却不是你有奸與謀的？這奴才死有餘辜！」喝教：「取夾棍來夾起！」嚴刑拷打，要他招出真情。知觀熬不得，一一招了。府尹取了親筆畫供，供稱是：「西山觀知觀黄妙修，因奸唆殺是實。」吴氏在庭下看了，只叫得苦。府尹隨叫取監犯，把劉達生放將出來。達生進監時道：「府尹説話好，料必不致傷命。」及至經過庭下，見是一具簇新的棺木擺着，心裏慌了，道：「終不成今日當真要打死我！」戰競競地跪着。只見府尹問道：「你可認得西山觀道士黄妙修？」達生見説着就裏，假意道：「不認得。」府尹道：「是你仇人，難道不認得？」達生轉頭看時，只見黄知觀被夾壞了，在地下哼。吃了一驚，正不知個甚麽緣故。只得叩頭道：「爺爺青天神見，小的再不敢説。」府尹道：「我昨日再三問你，你却不肯説出，這還是你孝處。豈知被我一一查出了。」又叫吴氏起來道：「還你一個有屍首的棺材！」吴氏心裏還認做打兒子，只見府尹喝叫：「把黄妙修拖番，加力行杖！」打得肉綻皮開，看看氣絶。叫幾個禁子，將來帶活放在棺中，用釘釘了。【眉批】暢極！勝任道元之鐵鞭。　嚇得吴氏面如土色，戰抖抖的牙齒捉對兒厮打。

府尹看釘了棺材，就喝吴氏道：「你這淫婦！護了奸夫，忍殺親子，這樣人留你何用？也只是活敲死你。

皂隸拿下去着實打！」皂隸似鷹拿燕雀，把吴氏向堦下一捽，正待用刑，那劉達生見要打娘，慌忙走去横眠在娘的背上了，口裏連連喊道：「小的代打！小的代打！」皂隸不好行杖，添幾個走來着力拖開。達生只是吊緊了娘的身子，大哭不放。府尹看見如此真切，叫皂隸：「且住了。」唤達生上來道：「你母親要殺你，我就打他幾下，你正好出氣，如何如此護他？」達生道：「生身之母，怎敢記仇？况且爺爺不責小的不孝，反責母親，小的至死心裏不安，望爺爺臺鑒。」叩頭不止。府尹唤吴氏起來道：「本該打死你，看你兒子分上，留你性命。【眉批】却是便宜了他。此後要去學好。倘有再犯，必不饒你。」吴氏起初見打死了道士，心下也道是自己不得活了。見兒子如此要替，如此討饒，心裏悲傷，還不知怎地。聽得府尹如此分付，念着兒子好處，不覺吊下淚來。對府尹道：「小婦人該死，負了親兒。良心發矣。今後情願守着兒子成人，再不敢非爲了。」【眉批】始知從前之用計杜奸，無非孝也。府尹道：「你兒子是個成器的，不消説。吾正待表揚其孝。」達生叩頭道：「若如此，是顯母之失，以章己之名，小的至死不敢。」吴氏見兒子説罷，母子兩個就在府堂上相抱了，大哭一場。府尹發放寧家去了。

隨出票唤西山觀黄妙修的本房道衆來領屍棺。【眉批】天性露矣，人皆可以爲善者，此也。觀中已曉得這事，推那太素、太清兩個道童出來。公人領了他進府堂，府尹擡眼看時，見是兩個美麗少年，心裏道：「這些出家人，引誘人家少年子弟，遂其淫慾。這兩個美貌的，他日必更累人家婦女出醜。」隨唤公人，押令兩個道童領棺埋訖，即令還歸俗家父母，永遠不許入觀，討了收管回話。【眉批】美政也！若今世必强之作門子矣。其該觀道士另行申敕不題。

且説吴氏同兒子歸家，感激兒子不盡，此後把他看待得好了。兒子也自承顔順旨，不敢有違，再無説話。又且道士已死，道童已散，吴氏無奈，也只得收了心過日。只是思想前事，未免悒悒不快，又有些驚悸成病，不久而死。劉達生將二親合葬已畢，孝滿了，娶了一房媳婦，且是夫妻相敬，門風肅然。已後出去求名，却又得府尹李傑一力擡舉，仕宦而終。

再説那太素、太清，當日押出，兩個一路上共話這事。太清道：「我昨夜夢見老君對我道：『你師父道行非凡，我與他一個官做，你們可與他領了。』我心裏想來，師父如此胡行，有甚道行？且那裏有官得與他做？却叫我們領！誰知今日府中叫去領棺木，却應在這個棺上了。」太素道：「師父受用得多了，死不爲枉。只可惜師父没了，連我們也斷了這路。」太清道：「師父就在，你我也只好乾嚥唾。」太素道：「我倒不乾，已略略沾些滋味了。」【眉批】至此不鑒前車，尚嗚得意，宜其死也。便將前情一一説與太清知道。太清道：「一同跟師父，偏你打了偏手。而今喜得還了俗，大家尋個老小解解饞罷了。知足不辱。」兩個商量，共將師父屍棺，安在祖代道塋上了，各自還俗。

太素過了幾時，想着吴氏前日之情，業心不斷。再到劉家去打聽，乃知吴氏已死，好生感傷。此後恍恍惚惚。合眼就夢見吴氏來與他交感，又有時夢見師父來争風。染成遺精夢泄，癆瘵之病，未幾身死。太清此時已自娶了妻子，聞得太素之死，自嘆道：「今日方知道家不該如此破戒！師父胡做，必致殺身。太素略染，也得病死。還虧我當日僥倖，不曾有半點事，若不然時，我也一同做枉死之鬼了。」自此安守本分，爲良民而終。可見報應不爽。這本話文，凡是道流，俱該猛省。後人有詩詠着黄妙修云：

西山符籙最高强，能攝生人豈度亡。

直待蓋棺方事定，元來魔祟在裩襠。【眉批】謔語實至言。

又有詩詠着吴氏云：

腰間仗劍豈虚詞，貪着奸淫欲殺兒。

妖道捐生全爲此，即同手刃亦何疑。【眉批】究竟自殺亦在此。

又有詩詠着劉達生云：

不孝繇來是逆倫，堪憐難處在天親。

當堂不肯分明説，始信孤兒大孝人。【眉批】真切可涕。

又有詩詠着太素、太清二道童云：

後庭本是道家妻，又向閨房作媚姿。

畢竟無侵能倖脱，一時染指豈便宜？【眉批】關風化不小。

又有詩單贊李傑府尹明察云：

黄堂太尹最神明，作逆加誅法不輕。

偏爲鞫奸成反案，從前不是浪施刑。【眉批】若槩以不孝殺人，寃者多矣。

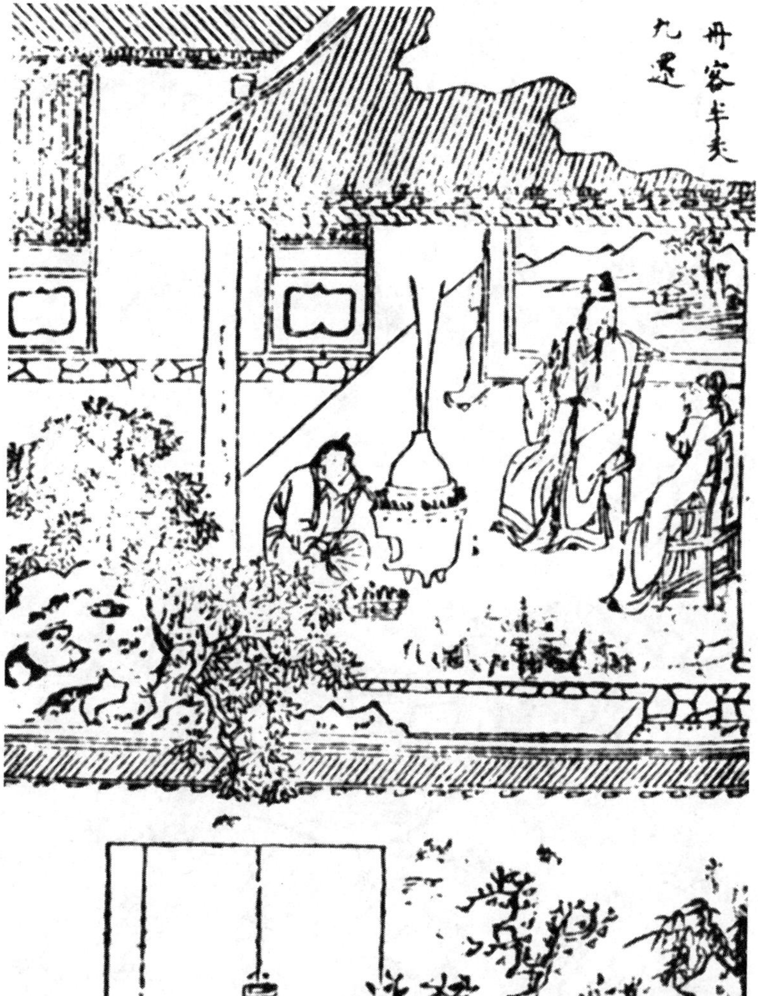
丹客半黍
九還

富翁千金一

卷十八

丹客半黍九還　富翁千金一笑

詩云：

破布衫巾破布裙，逢人慣説會燒銀。
自家何不燒些用？擔水河頭賣與人！

這四句詩，乃是國朝唐伯虎解元所作。世上有這一夥燒丹煉汞之人，專一設立圈套，神出鬼没，哄那貪夫癡客，道能以藥草煉成丹藥，鉛銕爲金，死汞爲銀，名爲黄白之術，又叫得爐火之事。只要先將銀子爲母，後來覷個空兒，偷了銀子便走，叫做提罐。曾有一個道人，將此術來尋唐解元，説道：「解元仙風道骨，可以做得這件事。」解元貶駁他道：「我看你身上藍縷，你既有這仙術，何不燒些來自己用度，却要作成别人？」道人道：「貧道有的是術法，乃造化所忌，却要尋個大福氣的承受得起，方好與他作爲。貧道自家却没這些福氣，所以難做。看見解元正是個大福氣的人，來投合伙，我們術家叫做『訪外護』。」唐解元道：「這等與你説過，你的術法施爲，我一些都不管，我只管出着一味福氣幫你。等丹成了，我與你平分便是。」【眉批】千古破疑祛惑之言。道人見解元説得蹊蹺，曉得是奚落他，不是主顧，飄然而去了。所以唐解元有這首詩，也是點明世人的意思。

却是這夥裏的人，更有花言巧語，如此説話，説他不倒的，却是爲何？他們道：「神仙必須度世，妙法不可自私。必竟有一種具得仙骨、結得仙緣的，方可共煉共修，内丹成，外丹亦成。」有這許多好説話。這些説話，何曾不是正理？就是煉丹，何曾不是仙法？却是當初仙人留此一種丹砂化黄金之法，只爲要廣濟世間的人，尚且純陽吕祖慮他五百年後復還原質，誤了後人，原不曾説道與你置田買産、畜妻養子、幫做人家的。只如杜子春遇仙，在雲臺觀煉藥將成，尋他去做「外護」，只爲一點愛根不斷，累他丹鼎飛敗。如今這些貪人，擁着嬌妻美妾，求田問舍，損人肥己，掂斤播兩，何等肚腸！尋着一夥酒肉道人，指望煉成了丹，要受用一世，遺之子孫，豈不癡了？只叫他把「内丹成，外丹亦成」這兩句想一想，難道是掉起内養工夫，單單弄那銀子的？只這點念頭，也就萬萬無有煉得丹成的事了。

看官，你道小子説到此際，隨你愚人，也該醒悟這件事没影響，做不得的。却是這件事，偏是天下一等聰明的，要落在圈套裏。不知何故？【眉批】唯聰明人纔有癡想，自恃不致爲人所愚也。

今小子説一個松江富翁，姓潘，是個國子監監生。胸出廣博，極有口才，也是一個有意思的人。却有一件僻性，酷信丹術。俗語道：「物聚于所好。」果然有了此好，方士源源而來。零零星星，也弄掉了好些銀子，受過了好些丹客的騙。他只是一心不悔，只説：「無緣，遇不着好的。【眉批】是博覽之累。從古有這家法術，豈有做不來的事？畢竟有一日弄成了，前邊些小所失，何足爲念？」把這事越好得緊了。這些丹客，我傳與你，你傳與我，遠近盡聞其名。左右是一夥的人，推班出色，没一個不思量騙他的。

一日秋間，來到杭州西湖上游賞，賃一個下處住着。只見隔壁園亭上歇着一個遠來客人，帶着家眷，也來游湖。行李甚多，僕從齊整；那女眷且是生得美貌，打聽來是這客人的愛妾。日日僱了天字一號的大湖船，擺了盛酒，吹彈歌唱俱備。擕了此妾下湖，淺斟低唱，觥籌交舉，滿桌擺設酒器，多是些金銀異巧式樣，層見迭出。晚上歸寓，燈火輝煌，賞賜無算。潘富翁在隔壁寓所，看得呆了，想道：「我家裏也算是富的，怎能勾到得他這等揮霍受用？此必是個陶朱猗頓之流，第一等富家了。」【眉批】既算是富的，怨做甚，只是貪心重！心裏艷慕，漸漸教人通問，與他往來相拜。通了姓名，各道相慕之意。

富翁乘間問道：「吾丈如此富厚，非人所及。」那客人謙讓道：「何足掛齒？」富翁道：「日日如此用度，除非家中有金銀高北斗，纔能像意。不然，也有盡時。」客人道：「金銀高北斗，若只是用去，要盡也不難。須有箇用不盡的法兒。」富翁見說，就有些着意了，問道：「如何是用不盡的法？」客人道：「造次之間，不好就説得。」富翁道：「畢竟要請教。」客人道：「説來吾丈未必解，也未必信。」富翁見説得蹺蹊，一發殷懃求懇，必要見教。客人屏去左右從人，附耳道：「吾有九還丹，可以點鉛汞爲黄金。只要煉得丹成，黄金與瓦礫同耳，何足貴哉？」富翁見說是丹術，一發投其所好，欣然道：「元來吾丈精于丹道。學生於此道最是心契，求之不得。若吾丈果有此術，學生情願傾家受教。」客人道：「豈可輕易傳得？小小試看，以取一笑則可。」便教小童熾起爐炭，將幾兩鉛汞，鎔化起來。身邊腰袋裏摸出一箇紙包，打開來，都是些藥末。就把小指甲挑起一些些來，彈在罐裏。傾將出來，連那鉛汞不見了，都是雪花也似的好銀。

看官，你道藥末可以變化得銅鉛做銀，却不是真法了？元來這叫得縮銀之法。他先將銀子用藥煉過，專取其精，每一兩直縮做一分少些。今和鉛汞在火中一燒，鉛汞化爲青氣去了，遺下糟粕之質，見了銀精，盡化爲銀。不知元是銀子的原分量，不曾多了一些。丹客專以此術哄人，人便死心塌地信他，道是真了。

富翁見了，喜之不勝道：「怪道他如此富貴受用！原來銀子如此容易。我煉了許多時，只有折了的。今番有幸，遇着真本事的了。是必要求他去替我煉一煉則個。」遂問客人道：「這藥是如何煉成的？」客人道：「這叫做母銀生子。先將銀子爲母，不拘多少，用藥鍛煉，養在鼎中。須要九轉火候足了，先生了黄芽，又結成白雪。啟爐時，就掃下這些丹頭來。只消一黍米大，便點成黄金白銀。那母銀仍舊分毫不虧的。」富翁道：「須得多少母銀？」客人道：「母銀越多，丹頭越精。若煉得有半合許丹頭，富可敵國矣。」【眉批】設騙者之語也。富翁道：「學生家事雖寒，數千之物，還儘可辦。若肯不吝大教，拜迎到家下，點化一點化，便是生平願足。」客人道：「我術不易傳人，亦不輕與人燒煉。今觀吾丈虔心，又且骨格有些道氣，難得在此聯寓，也是前緣，不妨爲吾丈做一做。但見教高居何處，異日好來相訪。」富翁道：「學生家居松江，離此處只有兩三日路程。老丈若肯光臨，即此收拾，同到寒家便是。若此間别去，萬一後會不偶，豈不當面錯過了。」客人道：「在下是中州人，家有老母在堂，因慕武林山水佳勝，攜了小妾，到此一游。空身出來，游資所需，只在罏火，所以樂而忘返。【眉批】若果如此，是真如至樂，還要小妾何用。今遇吾丈知音，不敢自秘，但直須帶了小妾，回家安頓，兼就看看老母，再赴吾丈之期，未爲遲也。」富翁道：「寒舍有别館園亭，可貯尊眷。何不就同攜到彼住下，一邊做事，豈不兩便？家下雖是看待不週，決不致有慢尊客，使尊眷有不安之理。只求慨然俯臨，深感厚情。」客人方纔點頭道：「既承吾丈如此真切，客與小妾説過，商量收拾起行。」

富翁不勝之喜，當日就寫了請帖，請他次日下湖飲酒。到了明日，殷殷勤勤，接到船上。備將胸中學問，你夸我逞，談得津津不倦，只恨相見之晚。【眉批】到底是學問誤之。賓主盡歡而散。又送着一桌精潔酒殺，到隔壁園亭上去，請那小娘子。來日客人答席，分外豐盛，酒器家火，都是金銀。自不必説。兩人説得好着，游興既闌，約定同到松江。在關前僱了兩個大船，盡數搬了行李下去，一路相傍同行。那小娘子在對船艙中，隔簾時露半面，富翁偷眼看去，果然生得豐姿美艷，體態輕盈。只是：

盈盈一水間，脉脉不得語。

又裴航贈同舟樊夫人詩云：

同舟吴越猶懷想，況遇天仙隔錦屏。
但得玉京相會去，願隨鸞鶴入青冥。

此時富翁在隔船望着美人，正同此景，所恨無一人通音問耳。

話休絮煩，兩隻船不一日至松江。富翁已到家門首，便請丹客上岸。登堂獻茶已畢，便道：「此是學生家中，往來人雜不便。離此一望之地，便是學生莊舍，就請尊眷同老丈至彼安頓；學生也到彼外廂書房中宿歇。一則清静，可以省煩雜；二則謹密，可以動爐火。尊意如何？」丹客道：「爐火之事，最忌俗囂，又怕外人觸犯。況又小妾在身畔，一發宜遠外人。若得在貴莊住止，行事最便了。」富翁便指點移船到莊邊來，自家同丹客携手步行。

來到莊門口，門上一匾，上寫「涉趣園」三字。進得園來，但見：

古木干霄，新篁夾境。榱題虛廠，無非是月榭風亭；棟宇幽深，饒有那曲房邃室。叠叠假山數仞，可藏太史之書；層層巖洞幾重，疑有仙人之籙。若還奏曲能招鳳，在此觀棋必爛柯。

丹客觀玩園中景致，欣然道：「好個幽雅去處！正堪爲修煉之所，又好安頓小妾。在下便可安心與吾丈做事了。看來吾丈果是有福有緣的。」富翁就叫人接了那小娘子起來。那小娘子喬妝了，帶着兩個丫頭，一個唤名春雲，一個唤名秋月，摇摇擺擺，走到園亭上來。富翁欠身迴避，丹客道：「而今是通家了，就等小妾拜見不妨。」就叫那小娘子與富翁相見了。富翁對面一看，真個是沉魚落雁之容，閉月羞花之貌。【眉批】看眼。天下凡是有錢的人，再没一個不貪財好色的。富翁此時好像雪獅子向火，不覺軟癱了半邊，煉丹的事又是第二着了。便對丹客道：「園中内室儘寬，憑尊嫂揀個像意的房子住下了。人少時，學生還再去唤幾個婦女來伏侍。」丹客就同那小娘子去看内房了。

富翁急急走到家中，取了一對金釵，一雙金手鐲，到園中奉與丹客道：「些小薄物，奉爲尊嫂拜見之儀，望勿嫌輕鮮。」丹客一眼估去，見是金的，反推辭道：「過承厚意，只是黄金之物，在下頗爲易得，老丈實爲重費，於心不安，決不敢領。」【眉批】老面皮。富翁見他推辭，一發不過意道：「也知吾丈不希罕此些微之物，只是尊嫂面上，略表芹意。望吾丈鑒其誠心，乞賜笑留。」丹客道：「既然這等美情，在下若再推托，反是自外了。只得權且收下，容在下竭力煉成丹藥，奉報厚惠。」笑嘻嘻走入内房，叫個丫頭捧了進去。又叫小娘子出來，再三拜謝。富翁多見得一番，就破費這些東西，也是心安意肯的。口裏不説，心中想道：「這個人有此丹法，又有此美姬，人生至此，可謂極樂。且喜他肯與我修煉，丹成料已有日不穩。。只是見放着這等美色在自家莊上，不知可有些緣法否？若一發勾搭得上手，方是心滿意足的事。而今拚得獻些慇懃，做工夫不着，磨他去，不要性急。且一面打點燒煉的事，便對丹客道：「既承吾丈不棄，我們幾時起手？」丹客道：「只要有銀爲母，不論早晚，可以起手。」富翁道：「先得多少母銀？」丹客道：「多多益善。母多丹多，省得再費手脚。」富翁道：「這等，打點將二千金下鑪便了。今日且偏陪，在家下料理。明日學生搬過來，一同做事。」是晚，就具酌在園亭上欵待過，盡歡而散。又送酒殽内房中去，慇慇懃懃，自不必説。

次日，富翁准准兑了二千金，將過園子裏來，一應爐器家火之類，家裏一向自有，只要搬將來。富翁是久慣這事的，頗稱在行，鉛汞藥物，一應俱備。【眉批】是見所好。來見丹客，丹客道：「足見主翁留心。但在下尚有秘妙之訣，與人不同。煉起來便見。」富翁道：「正是秘妙之訣，要求相傳。」丹客道：「在下此丹，名爲九轉還丹。每九日火候一還，到九九八十一日開鑪，丹物已成。那時節主翁大福到了。」富翁道：「全仗提携則箇。」丹客就叫跟來一個家僮，依法動手，熾起爐火，將銀子漸漸放將下去。取出丹方，與富翁看了，將幾件希奇藥料放將下去，燒得五色烟起。就同富翁封住了鑪。又唤這跟來幾個家人，分付道：「我在此將有三個月日擔閣，你們且回去，回覆老奶奶一聲再來。」這些人止留一二個慣燒爐的在此，其餘都依話散去了。

從此，家人日夜燒煉，丹客頻頻到爐邊看火色，却不開爐。閒了却與富翁清談，飲酒下棋。賓主相得，自不必說。又時時送長送短，到小娘子處討好。小娘子也有時回敬幾件知趣的東西，彼此致意。如是二十餘日，忽然一個人，穿了一身蔴衣，渾身是汗，闖進園中來。衆人看時，却是前日打發去内中的人。見了丹客，叩頭大哭道：「家裏老奶奶没有了。快請回去治喪。」丹客大驚失色，哭倒在地。【眉批】那得此副急淚。富翁也一時驚惶，只得從傍勸解道：「令堂天年有限，過傷無益。且自節哀。」家人催促道：「家中無主，作速起身。」丹客住了哭，對富翁道：「本待與主翁完成美事，少盡報効之心。誰知遭此大變，抱恨終天。今勢既難留，此事又未終，况是間斷不得的，實出兩難。小妾雖是女流，隨侍在下已久，爐火之候，儘已知些底裏，留他在此看守丹爐纔好。只是年幼，無人管束，須有好些不便處。」富翁道：「學生與老丈通家至交，有何妨碍？只須留下尊嫂在此。此煉丹之所，又無閒雜人來往，學生當唤幾個老成婦女，前來倍伴。【眉批】何如自家陪伴寢處之便。晚間或是接到拙荆處，一同寢處。學生自在園中安歇看守，以待吾丈到來。有何不便？至于茶飯之類，自然不敢有缺。」丹客又躊躇了半晌，説道：「今老母已死，方寸亂矣。想古人多有托妻寄子的，既承高誼，只得敬從，留他在此，看看火候。在下回去料理一番，不日自來啟爐。如此方得兩全其事。」富翁見説肯留妾，心裏恨不得許下了半般的天，滿面笑容應承道：「若得如此，足見有始有終。」【眉批】恐未必有終。

丹客又進去與小娘子説了來因，并要留他在此看爐的話，一一分付了。就叫小娘子出來，再見了主翁，囑托與他了。叮嚀道：「只好守爐，萬萬不可私啟。倘有所誤，悔之無及。」富翁道：「萬一尊駕來遲，悮了八十一日之期，如何是好？」丹客道：「九還火候已足，放在爐中，多養得幾日，丹頭愈生得多。就遲些開也不妨的。」丹客又與小娘子説了些衷腸密語，忙忙而去了。【眉批】錦囊遺計。

這裏富翁見丹客留下了美妾，料他不久必來，丹事自然有成，不在心上。却是趂他不在，亦且同住園中，正好勾搭，機會不可錯過。時時亡魂失魄，只思量下手。方在游思忘想，可可的那小娘子叫個丫頭春雲來道：「俺家娘請主翁到丹房看爐。」富翁聽得，急整衣巾，忙趨到房前來請道：「適纔尊婢傳命，小子在此伺候尊步同往。」那小娘子囀鶯聲、吐燕語道：「主翁先行，賤妾隨後。」只見嬝嬝娜娜，走出房來，道了萬福。富翁道：「娘子是客，小子豈敢先行？」小娘子道：「賤妾女流，怎好僭妄？」推遜了一回，單不扯手扯脚的相讓，已自覿面談唾相接了一回，有好些光景。畢竟富翁讓他先走了，兩個丫頭隨着。富翁在後面看去，真是步步生蓮花，不谿人不動火。來到丹房邊，轉身對兩個丫頭道：「丹房忌生人，你們只在外住着，單請主翁進來。」【眉批】便知趣了。主翁聽得，三脚兩步跑上前去，同進了丹房。把所封之爐，前後看了一回。富翁一眼估定這小娘子，恨不得尋口水來，吞他下肚去，那裏還管爐火的青紅皂白？【眉批】如此淫性，乃望丹成乎？可惜有這個燒火的家僮在房，只好調調眼色，連風話也不便説得一句。直到門邊，富翁纔老着臉皮道：「有勞娘子尊步。尊夫不在，娘子回房須是寂寞。」【眉批】可以銷魂。那小娘子口不答應，微微含笑。此番却不推遜，竟自冉冉而去。

富翁愈加狂蕩，心裏想道：「今日丹房中若是無人，儘可撩撥他的。只可惜有這個家僮在內。明日須用計遣開了他，然後約那人同出看爐，此時便可用手脚了。」是夜即分付從人：「明日早上備一桌酒飯，請那燒爐的家僮，説道一向累他辛苦了，主翁特地與他澆手。要灌得爛醉方住。」分付已畢，是夜獨酌無聊，思量美人只在内室，又念着日間之事，心中癢癢，傍徨不已，乃吟詩一首道：

名園富貴花，移種在山家。
不道欄杆外，春風正自賒。

走至堂中，朗吟數遍，故意要內房裏聽得。只見內房走出一個丫頭秋月來，手捧一盞茶來送道：「俺家娘聽得主翁吟詩，恐怕口渴，特奉清茶。」富翁笑逐顏開，再三稱謝。秋月進得去，只聽得裏邊也朗吟道：

名花誰是主？飄泊任春風。
但得東君惜，芳心亦自同。

富翁聽罷，知是有意；却不敢造次闖進去。又只聽裏邊關門響，只得自到書房睡了，以待天明。【眉批】此夜難過。

次日早上，從人依了昨日之言，把個燒火的家僮請了去。他日逐守着爐竈邊，原不耐煩，見了酒杯，那裏肯放？吃得爛醉，就在外邊睡着了。富翁已知他不在丹房了，却走到內房前，自去請看丹爐。那小娘子聽得，即便移步出來，一如昨日，在前先走。走到丹房門邊，丫頭仍留在外，止是富翁緊隨入門去了。到得爐邊看時，不見了燒火的家僮，小娘子假意失驚道：「如何没人在此，却歇了火？」富翁笑道：「只爲小子自家要動火，故叫他暫歇了火。」小娘子只做不解道：「這火須是斷不得的。」【眉批】原未嘗學道。富翁道：「等小子與娘子坎離交媾，以真火續將起來。」小娘子正色道：「煉丹學道之人，如何興此邪念？說此邪話？」富翁道：「尊夫在這裏，與小娘子同眠同起，少不得也要煉丹，難道一事不做，只是乾夫妻不成？」小娘子無言可答，道：「一場正事，如此歪纏！」富翁道：「小子與娘子夙世姻緣，也是正事。」一把抱住，雙膝跪將下去。小娘子扶起道：「拙夫家訓頗嚴，本不該亂做的，承主翁如此殷勤，賤妾不敢自愛。容晚間約着相會一話罷。」富翁道：「就此懇賜一歡，方見娘子厚情，如何等得到晚？」小娘子道：「這裏有人來，使不得。」富翁道：「小子專爲留心要求小娘子，已着人欵住了燒火的了。别的也不敢進來。況且丹房邃密，無人知覺。」小娘子道：「此間須是丹爐，怕有觸犯，悔之無及。【眉批】埋根。決使不得。」富翁此時興已勃發，那裏還顧什麽丹爐不丹爐！【眉批】原忍不住。只是緊緊抱住道：「就是要了小子的性命，也説不得了。只求小娘子救一救。」不繇他肯不肯，擀到一隻醉翁椅上，扯脱褲兒，就舞將進去。此時快樂，何異登仙。但見：

獨絃琴一翕一張，無孔簫統上統下。【眉批】道家所謂亂動了主人公也。紅爐中撥開邪火，玄關内走動真鉛。舌攪華池，滿口馨香嘗玉液；精穿牝屋，渾身酥快吸瓊漿。何必丹成入九天，即此魂銷歸極樂。

兩下雲雨已畢，整了衣服。富翁謝道：「感謝娘子不棄，只是片時歡娱，晚間願賜通宵之樂。」撲的又跪下去。小娘子急抱起來道：「我原許下你晚間的，你自喉急，等不得。【眉批】料必不成，落得且弄。那裏有丹鼎傍邊就弄這事起來？」富翁道：「錯過一時，只恐後悔無及。還只是早得到手一刻，也是見成的了。」小娘子道：「晚間還是我到你書房來，你到我卧房來？」富翁道：「但憑娘子主見。」小娘子道：「我處須有兩個丫頭同睡，你來不便。我今夜且瞞着他們，自出來罷。待我明日叮囑丫頭過了，然後接你進來。」

是夜，果然人静後小娘子走出堂中來，富翁也在那裏伺候。接至書房，極盡衾枕之樂。以後，或在内，或在外，總是無拘無管。富翁以爲天下奇遇，只願得其夫一世不來，丹煉不成也罷了。綢繆了十數宵，忽然一日門上報説：「丹客到了。」富翁吃了一驚。接進寒温畢，他就進内房來，見了小娘子，説了好些説話。出外來對富翁道：「小妾説丹爐不動，而今九還之期已過，丹已成了，正好開看。今日匆匆，明日獻過了神，啟爐罷。」富翁是夜雖不得再望歡娱，却見丹客來了，明日啟爐，丹成可望。【眉批】還是望歡娱未爲癡，自解樂却太痴也。還賴有此，心下自解自樂。

到得明日，請了些紙馬福物，祭獻了畢。丹客同富翁剛走進丹房，就變色沉吟道：「如何丹房中氣色恁等的？有些咤異！」便就親手啟開鼎爐一看，跌足大驚道：「敗了！敗了！真丹走失，連銀母多是糟粕了。此必有做交感污穢之事，觸犯了的。」富翁驚得面如土色，不好開言。又見道着真相，一發慌了。丹客懊怒，咬得牙齒趷趷的響。問燒火的家僮道：「此房中別有何人進來？」家僮道：「只有主翁與小娘子，日日來看一次。别無人敢進來。」丹客道：「這等如何得丹敗了？快去叫小娘子來問。」

家僮走去，請了出來。丹客厲聲道：「你在此看爐，做了甚事？丹俱敗了！」小娘子道：「日日與主翁來看，爐是原封不動的。不知何故？」丹客道：「誰説爐動了封？你却動了封了！」又問家僮道：「主翁與娘子來時，你也有時節不在此麽？」家僮道：「止有一日，是主翁憐我辛苦，請去吃飯，多飲了幾杯，睡着在外邊了。只這一日，是主翁與小娘子自家來的。」丹客冷笑道：「是了！是了！」忙走去行囊裏抽出一根皮鞭來，對小娘子道：「分明是你這賤婢做出事來了！」【眉批】好科分。一鞭打去，小娘子閃過了，哭道：「我原説做不得的，主人翁害了奴也。」富翁直着雙眼，無言可答，恨没個地洞鑽了進去。丹客怒目直視富翁道：「你前日受托之時，如何説的？我去不久，就幹出這樣昧心的事來。【眉批】倒是真話。元來是狗彘不直的！如此無行的人，如何妄思燒丹煉藥？是我眼裏不識人。我只是打死這賤婢罷！羞辱門庭，要你怎的？」拿着鞭一趕趕來，小娘子慌忙走進内房。虧得兩個丫頭攔住，勸道：「官人耐性。」每人接了一皮鞭，却把皮鞭摔斷了。

富翁見他性發，没收場，只得跪下去道：「是小子不才，一時幹差了事。而今情願棄了前日之物，只求寬恕罷。」【眉批】虧他慷慨。丹客道：「你自作自受，你幹壞了事，走失了丹，是應得的，没處怨悵。我的愛妾，可是與你解饞的？受了你點污，却如何處？我只是殺却了，不怕你不償命。」富翁道：「小子情願贖罪罷。」即忙叫家人到家中，拿了兩個元寶，跪着討饒。丹客只是佯着眼不瞧，道：「我銀甚易，豈在乎此？」富翁只是磕頭，又加了二百兩，道：「如今以此數，再娶了一位如夫人，也勾了。【眉批】此二千金之兑頭加贈也。實是小子不才，望乞看平日之面，寬恕尊嫂罷。」丹客道：「我本不希罕你銀子，只是你這樣人，不等你損些己財，後來不改前非。我偏要拿了你的，將去濟人也好。」就把三百金拿去，裝在箱裏了。【眉批】改了前非，公等何處生活？叫齊了小娘子與家僮、丫頭等，急把衣裝行李，盡數搬出，下在昨日原來的船裏，一徑出門。口裏喃喃罵道：「受這樣的耻辱，可恨！可恨！」罵詈不止，開船去了。

富翁被他嚇得魂不附體，恐怕弄出事來，雖是折了些銀子，得他肯去，還自道僥倖。至於爐中之銀，真個認做觸犯了他，丹鼎走敗。但自悔道：「忒性急了些。便等丹成了，多留他住幾時，再圖成此事，豈不兩美？再不然，不要在丹房裏頭弄這事，或者不妨，也不見得。多是自己莽撞了。【眉批】直痴到底。枉自破了財物也罷，只是遇着真法，不得成丹，可惜！可惜！」又自解自樂道：「只這一個絶色佳人，受用了幾時，也是風流話柄，賞心樂事，不必追悔了。」却不知多是丹客做成圈套。當在西湖時，原是打聽得潘富翁上杭，先裝成這些行徑來炫惑他的。及至請他到家，故意要延緩，却像没甚要緊。後邊那個人來報喪之時，忙忙歸去，已自先把這二千金提了罐去了，留着家小，使你不疑。後來勾搭上場，也都是他教成的計較，把這堆狗屎，堆在你鼻頭上。等你開不得口，只好自認不是，没工夫與他算帳了。那富翁是破財星照，墮其計中。先認他是巨富之人，必有真丹點化，不知那金銀器皿，都是些銅鉛爲質，金銀汁粘裏成的。酒後燈下，誰把試金石來試？一時不辨，都悞認了。此皆神奸詭計也。

富翁遭此一騙，還不醒悟。只説是自家不是。當面錯了。越好那丹術不已。一日，又有個丹士到來，與他談着爐火，甚是投機，延接在家。告訴他道：「前日有一位客人，真能點鐵爲金，當面試過。他已此替我燒煉了，後來自家有些得罪于他，不成而去，真是可惜。」這丹士道：「吾術豈獨不能？」便叫把爐火來試，果然與前丹客無二。【眉批】前船即後船様。些少藥末，投在鉛汞裏頭，盡化爲銀。富翁道：「好了！好了！前番不着，這番着了。」又凑千金，與他燒煉。丹士呼朋引類，又去約了兩三個幫手來做。富翁見他銀子來得容易，放膽大了，一些也不防他，豈知一個晚間，提了罐走了。次日又捽了個空。

富翁此時連被拐去，手中已窘，且怒且羞道：「我爲這事，費了多少心機，弄了多少年月！前日自家錯過，指望今番是了，誰知又遭此一閃？我不問那裏尋將去，他不過又往别家燒煉，或者撞得着也不可知。縱不然，或者另遇着真正法術，再得煉成真丹，也不見得。」【眉批】痴心不斷。自此收拾了些行李，東游西走。

忽然一日，在蘇州閶門人叢裏，劈面撞着這一夥人。正待開口發作，這夥人不慌不忙，滿面生春，却像他鄉遇故知的一般，一把邀了那富翁，邀到一個大酒肆中，一副潔浄座頭上坐了，叫酒保盪酒取嗄飯來。殷勤謝道：「前日有負厚德，實切不安。但我輩道路如此，足下勿以爲怪。今有一法，與足下計較，可以償足下前物，不必别生異説。」富翁道：「何法？」丹士道：「足下前日之銀，吾輩得來隨手費盡，無可奉償。今山東有一大姓，也請吾輩燒煉，已有成約。只待吾師到來，纔交銀舉事。奈吾師遠游，急切未來。足下若權認作吾師，等他交銀出來，便取來先還了足下前物，直如反掌之易。不然，空尋吾輩也無幹。足下以爲何如？」富翁道：「尊師是何人物？」丹士道：「是個頭陀。今請足下略剪去了些頭髮，我輩以師禮事奉，徑到彼處便了。」

富翁急於得銀，便依他剪髮，做一齊了。彼輩殷殷勤勤，直侍奉到山東。引進見了大姓，説道是他師父來了。【眉批】又是一個。大姓致敬，迎接到堂中，略談爐火之事。富翁是做慣了的，亦且胸中原博，高談闊論，盡中機宜。大姓深相敬服。是夜即兑銀二千兩，約在明日起火。只管把酒相勸，吃得酩酊，扶去另在一間内書房睡着。到得天明，商量安爐。富翁見這夥人科派，自家曉得些，也在裏頭指點。【眉批】此是數千金學。當日把銀子下爐燒煉，這夥人認做徒弟守爐。大姓只管來尋師父去請教，攀話飲酒，不好却得。這些人看個空兒，又提了罐各各走了，單撇下了師父。

大姓只道師父在家不妨，豈知早辰一夥都不見了，就拿住了師父，要去送在當官，捉拿餘黨。富翁只得哭訴道：「我是松江潘某，元非此輩同黨。只因性好燒丹，前日被這夥人拐了。路上遇見，他説道在此間燒煉，得來可以賠償。又替我剪髮，叫我妝做他師父來的。指望取還前銀，豈知連宅上多騙了，又撇我在此！」說罷大哭。大姓問其來歷詳細，說得對科，果是松江富家，與大姓家有好些年誼的。【眉批】雖被騙去頭髮，却也有此便宜處。知被騙是實，不好難爲得他，只得放了。一路無了盤纏，倚着頭陀模樣，沿途乞化回家。

到得臨清馬頭上，只見一隻大船內，簾下一個美人，揭着簾兒，露面看着街上。富翁看見，好些面染。仔細一認，却是前日丹客所帶來的妾，與他偷情的。疑道：「這人緣何在這船上？」走到船邊，細細訪問，方知是河南舉人某公子，包了名娼，到京會試的。富翁心裏想道：「難道當日這家的妾畢竟賣了？」又疑道：「敢是面龐相像的。」不離船邊，走來走去，只管看。忽見船艙裏叫個人出來，問他道：「官艙裏大娘問你，可是松江人？」富翁道：「正是松江。」又問道：「可姓潘否？」富翁吃了一驚道：「怎曉得我的姓？」只見艙裏人說：「叫他到船邊來。」富翁走上前去，簾內道：「妾非別人，即前日丹客所認爲妾的便是。實是河南妓家。前日受人之托，不得不依他囑付的話，替他搗鬼，有負于君。君何以流落至此？」富翁大慟，把連次被拐，今在山東回來之由，訴說一遍。簾內人道：「妾與君不能無情，當贈君盤費，作急回家。此後遇見丹客，萬萬勿可聽信。【眉批】妓家情義勝丹客多矣。妾亦是騙局中人，深知其詐。君能聽妾之言，是即妾報君數宵之愛也。」言畢，着人拿出三兩一封銀子來遞與他。富翁感謝不盡，只得收了。自此，方曉得前日丹客美人之局，包了娼妓做的，今日却虧他盤纏。

到得家來，感念其言，終身不信爐火之事。却是頭髮紛披，親友知其事者，無不以爲美談。奉勸世人好丹術者，請以此爲鑒。

丹術須先斷情慾，塵緣豈許相馳逐？
貪淫若是望丹成，陰溝洞裏天鵝肉。

卷十九

李公佐巧解夢中言　謝小娥智擒船上盜

贊云：

士或巾幗，女或弁冕。行不踰閫，謨能致遠。睹彼英英，慚斯謭謭。

這幾句贊，是贊那有智婦人，賽過男子。假如有一種能文的女子，如班婕妤、曹大家、魚玄機、薛校書、李季蘭、李易安、朱淑真之輩，上可以並駕班、揚，下可以齊驅盧、駱。有一種能武的女子，如夫人城、娘子軍、高凉洗氏、東海呂母之輩，智略可方韓、白，雄名可賽關、張。有一種善能識人的女子，如卓文君、紅拂妓、王渾妻鍾氏、韋皋妻母苗氏之輩，俱另具法眼，物色塵埃。有一種報仇雪恥女子，如孫翊妻徐氏、董昌妻申屠氏、龐娥親鄒僕婦之輩，俱中懷膽智，力殲强梁。又有一種希奇作怪、女扮爲男的女子，如秦木蘭、南齊東陽婁逞、唐貞元孟嫗、五代臨邛黄崇嘏，俱以權濟變，善藏其用，竄身仕宦，既不被人識破，又能自保其身，多是男子漢未必做得來的，算得是極巧極難的了。而今更説一個遭遇大難，女扮男身，用盡心機，受盡苦楚，又能報仇，又能守志，一個絶奇的女人，真是千古罕聞。有詩爲証：

俠槊惟推古劍仙，除兇雪恨只香煙。
誰知估客生奇女，隻手能翻兩姓寃。

這段話文，乃是：唐元和年間豫章郡有個富人，姓謝。家有巨產，隱名在商賈間。他生有一女，名唤小娥，生八歲，母親早喪。小娥雖小，身體壯碩如男子形。父親把他許了歷陽一個俠士，姓段，名居貞。那人負氣仗義，交游豪俊，却也在江湖上做大賈。謝翁慕其聲名，雖是女兒尚小，却把來許下了他。兩姓合爲一家，同舟載貨，往來吴、楚之間。兩家弟兄、子侄、童僕等衆，約有數十餘人，盡在船内。貿易順濟，輜重充盈。如是幾年，江湖上多曉得是謝家船。昭耀耳目。【眉批】禍始于此。

此時小娥年已十四歲，方纔與段居貞成婚。未及一月，忽然一日舟行至鄱陽湖口，遇着幾隻江洋大盜的船，各執器械，團團圍住。爲頭的兩人，當先跳過船來，先把謝翁與段居貞一刀一個，結果了性命。以後衆人一齊動手，排頭殺去。總是一個船中，躲得在那裏？間有個把慌忙奔出艙外，又被盜船上人拿去殺了。或有得跳在水中，只好圖得個全屍。湖水溜急，總無生理。謝小娥還虧得溜撒，乘衆盜殺人之時，忙自去攛在舵上，一個失脚，跌下水去了。衆盜席捲舟中財寶金帛一空，將死屍盡抛在湖中，棄船而去。

小娥在水中漂流，恍惚之間，似有神明護持，流到一隻漁船邊。漁人夫妻兩個，撈救起來，見是一個女人，心頭尚暖，知是未死。拿幾件破衣破襖，替他换下濕衣，放在艙中眠着。小娥口中泛出無數清水，不多幾時，醒將轉來。見身在漁船中，想着父與夫被殺光景，放聲大哭。漁翁夫婦問其緣故，小娥把湖中遇盜，父夫兩家人口，盡被殺害情繇，説了一遍。元來謝翁與段俠士之名，著聞江湖上，漁翁也多曾受他小惠過的，聽説罷不勝驚異，就權留他在船中。調理了幾日，小娥覺得身子好了。他是個點頭會意的人，曉得漁船上生意淡薄，便想道：「我怎好攪擾得他？不免辭謝了他，我自上岸，一路乞食，再圖安身立命之處。」

小娥從此别了漁翁夫婦，沿途抄化。到建業上元縣，有個妙果寺，内是尼僧。有個住持尼浄悟，見小娥言語伶俐，説着遭難因繇，好生哀憐，就留他在寺中，心裏要他做個徒弟。小娥也情願出家，道：「一身無歸，畢竟是皈依佛門，可了終身。但父夫被殺之仇未復，不敢便自落髮。【眉批】其志已堅。且隨緣度日，以待他年再處。」小娥自此日間在外乞化，晚間便歸寺中安宿。晨昏隨着浄悟做功果，稽首佛前，心裏就默禱，祈求報應。

只見一個夜間，夢見父親謝翁來對他道：「你要曉得殺我的人姓名，有兩句謎語，你牢牢記着：『車中猴，門東草。』」說罷，正要再問，父親撒手而去。大哭一聲，颯然驚覺。夢中之語，明明記得，只是不解。

隔得幾日，又夢見丈夫段居貞來對他說：「殺我的人姓名，也是兩句謎語：『禾中走，一日夫。』」小娥連得了兩夢，便道：「此是亡靈未泯，故來顯應。只是如何不竟把真姓名說了，却用此謎語？【眉批】亡靈多事，作此謎語，然非此無以見小娥之堅心。想是冥冥之中，天機不可輕洩，所以如此。如今既有這十二字謎語，必有一個解說。雖然我自家不省得，天下豈少聰明的人？不問好歹，求他解說出來。」遂走到浄悟房中，說了夢中之言。就將一張紙寫着十二字，藏在身邊了。對浄悟道：「我出外乞食，逢人便拜求去。」浄悟道：「此間瓦官寺有個高僧，法名齊物，極好學問，多與官員士夫往來。你將此十二字到彼，求他一辨，他必能參透。」小娥依言，徑到瓦官寺求見齊公。稽首畢，便道：「弟子有冤在身，夢中得十二字謎語，暗藏人姓名。自家愚懵，參解不出，拜求老師父解一解。」就將袖中所書一紙，雙手遞與齊公。齊公看了，想着一會，摇首道：「解不得，解不得。但老僧此處來往人多，當記着在此，逢人問去。倘遇有高明之人解得，當以相告。」小娥又稽首道：「若得老師父如此留心，感謝不盡。」自此，謝小娥沿街乞化，逢人便把這幾句請問。齊公有客來到，便舉此謎相商。【眉批】齊公亦有心人。小娥也時時到寺中問齊公消耗。如此多年，再没一個人解得出。說話的，若只是這樣解不出，那兩個夢不是枉做了？看官不必性急，凡事自有個機緣。此時謝小娥機緣未到，所以如此；機緣到來，自然遇着巧的。

却説元和八年春，有個洪州判官李公佐，在江西解任，扁舟東下。停泊建業，到瓦官寺游耍。僧齊物一向與他相厚，出來接陪了，登閣眺遠，談説古今。語話之次，齊公道：「檀越博聞閎覽，今有一謎語，請檀越一猜。」李公佐笑道：「吾師好學，何至及此稗子戲？」齊公道：「非是作戲，有個緣故。此間孀婦謝小娥，示我十二字謎語，每來寺中求解，説道中間藏着仇人名姓。老僧不能辨，遍示來往游客，也多懵然，已多年矣。故此求明公一商之。」李公佐道：「是何十二字？且寫出來，我試猜看。」齊公就取筆把十二字寫出來。李公佐看了一遍，道：「此定可解，何至無人識得？」遂將十二字念了又念，把頭點了又點，靠在窓檻上把手在空中畫了又畫。默然凝想了一會，拍手道：「是了！是了！萬無一差。」齊公速要請教，李公佐道：「且未可説破，快去召那個孀婦來，我解與他。」

齊公即叫行童到妙果寺尋將謝小娥來。齊公對他道：「可拜見了此間官人。此官人能解謎語。」小娥依言，上前拜見了畢。公佐開口問道：「你且説你的根繇來。」小娥嗚嗚咽咽，哭將起來，好一會説話不出。良久纔説道：「小婦人父及夫俱爲江洋大盜所殺。以後夢見父親來説道：『殺我者，車中猴，門東草。』又夢見夫來説道：『殺我者，禾中走，一日夫。』自家愚昧，解説不出。遍問傍人，再無能省悟。歷年已久，不識姓名。【眉批】可憐。報寃無路，啣恨無窮。」説罷又哭。李公佐笑道：「不須煩惱，依你所言，下官俱已審詳在此了。」小娥住了哭，求明示。李公佐道：「殺汝父者是申蘭，殺汝夫者是申春。」小娥道：「尊官何以解之？」李公佐道：「『車中猴』，『車』中去上下各一畫，是『申』字；申屬猴，故曰車中猴。『草』下有『門』，『門』中有『東』，乃『蘭』字也。又『禾中走』，是穿田過，『田』出兩頭，亦是『申』字也。『一日夫』者，『夫』上更一畫，下一『日』，是『春』字也。殺汝父是申蘭，殺汝夫是申春，足可明矣，何必更疑？」

齊公在傍聽解罷，撫掌稱快道：「數年之疑，一旦豁然。非明公聰鑒蓋世，何能及此！」小娥愈加慟哭道：「若非尊官，到底不曉仇人名姓，冥冥之中，負了父夫。」再拜叩謝。就向齊公借筆來，將申蘭、申春四字寫在内襟一條帶子上了。【眉批】可畏。拆開裏面，反將轉來，仍舊縫好。李公佐道：「寫此做甚？」小娥道：「既有了主名，身雖女子，不問那裏，誓將訪殺此二賊，以復其寃。」李公佐向齊公嘆道：「壯哉！壯哉！然此事却非容易。」齊公道：「天下無難事，只怕有心人。此婦堅忍之性，數年以來，老僧頗識之，彼是不肯作浪語的。」小娥因問齊公道：「此間尊官姓氏宦族，願乞示知，以識不忘。」齊公道：「此官人是江西洪州判官李二十三郎也。」小娥再三頂禮念誦，流涕而去。

李公佐閣上飲罷了酒，别了齊公，下船解纜，自往家裏。

話分兩頭。却説小娥自得李判官解辨二盜姓名，便立心尋訪。自念身是女子，出外不便，心生一計，將累年乞施所得，買了衣服，打扮做男子模樣，改名謝保。【眉批】可畏。又買了利刀一把，藏在衣襟底下。想道：「在湖裏遇的盜，必是原在江湖上走，方可探聽消息。」日逐在埠頭伺候。看見船上有傭人的，就隨了去，傭工度日。【眉批】皆是有心處。在船上時，搽作勤緊，並不懈怠，人都喜歡傭他。他也不拘一個船上，是傭着的便去。商船上下往來之人，看看多熟了。水火之事，小心謹秘，並不露一毫破綻出來。但是船到之處，不論那裏，上岸挨身察聽體訪。如此年餘，竟無消耗。

一日，隨着一個商船到潯陽郡，上岸行走。見一家人家竹户上有紙榜一張，上寫道：「傭人使用，願者來投。」小娥問鄰居之人：「此是誰家，要傭用人？」鄰人答道：「此是申家，家主叫得申蘭，是申大官人。時常要到江湖上做生意，家裏止是些女人，無個得力男子看守，所以顧唤。」小娥聽得「申蘭」二字，觸動其心，心裏便道：「果然有這個姓名！莫非正是此賊？」隨對鄰人説道：「小人情願投賃傭工，煩勞引進則個。」鄰人道：「申家急缺人用，一説便成的。只是要做個東道謝我。」小娥道：「這個自然。」

鄰人問了小娥姓名地方，就引了他一逕走進申家。只見裏邊踱出一個人來，你道生得如何？但見：

傴兜怪臉，尖下頦生幾莖黄鬚；突兀高顴，濃眉毛壓一雙赤眼。出言如虎嘯，聲撼半天風雨寒；行步似狼奔，影摇千尺龍蛇動。遠觀是喪船上方相，近覷乃山門外金剛。

小娥見了，吃了一驚。心裏道：「這個人豈不是殺人强盗麽？」便自十分上心。【眉批】皆是有心處。只見鄰人道：「大官人要僱人，這個人姓謝，名保，也是我們江西人。他情願投在大官人門下使唤。」申蘭道：「平日作何生理的？」小娥答應道：「平日專在船上趁工度日，埠頭船上多有認得小人的。大官人去問問看就是。」申蘭家離埠頭不多遠，三人一同走到埠頭來，問問各船上，多説着謝保勤緊小心，志誠老實，許多好處。申蘭大喜。小娥就在埠頭一個認得的經紀家裏，借着紙墨筆硯，自寫了傭工文契，寫鄰人做了媒人，交與申蘭收着。申蘭就領了他同鄰人到家裏來，取酒出來請媒，就叫他陪待。小娥就走到厨下，掇長掇短，送酒送殽，且是熟分。申蘭取出二兩工銀，先交與他了。又取二錢銀子，做了媒錢。小娥也自梯已，秤出二錢來送那鄰人。鄰人千歡萬喜，作謝自去了。申蘭又領小娥去見了妻子藺氏。自此，小娥只在申蘭家裏傭工。

小娥心裏看見申蘭動静，明知是不良之人，想着夢中姓名，必然有據，大分是仇人。然要哄得他喜歡親近，方好探其真確，乘機取事。故此千唤千應，萬使萬當，毫不逆着他一些事故。【眉批】妙用在此。也是申蘭冤業所在，自見小娥，便自分外喜歡。又見他得用，日加親愛，時刻不離左右。没一句説話不與謝保商量，没一件事體不叫謝保營幹，没一件東西不托謝保收拾，已做了申蘭貼心貼腹之人。因此金帛財寶之類，盡在小娥手中出入。看見舊時船中掠去綿繡衣服、寶玩器具等物，都在申蘭家裏，正是：「見鞍思馬，覩物思人。」每遇一件，常自暗中哭泣多時。方纔曉得夢中之言有準，時刻不忘仇恨。却又怕他看出，愈加小心。

又聽得他説，有個堂兄弟，叫做二官人，在隔江獨樹浦居住。小娥心裏想道：「這個不知可是申春否？

父夢既應，夫夢必也不差，只是不好問得姓名，怕惹疑心。【眉批】南塘出。如何得他到來，便好探聽。」却是小娥自到申蘭家裏，只見申蘭口說要到二官人家去，便去了經月方回，回來必然帶好些財帛歸家，便分付交與謝保收拾，却不曾見二官人到這裏來。也有時口說要帶謝保同去走走，小娥曉得是做私商勾當，只推家裏脱不得身。申蘭也放家裏不下，要留謝保看家，再不提起了。但是出外去，只留小娥與妻蘭氏，與同一兩個丫鬟看守。小娥自在外廂歇宿照管。若是蘭氏有甚差遣，無不遵依停當。合家都喜歡他，是個萬全可托得力的人了。說話的，你差了。小娥既是男扮了，申蘭如何肯留他一個寡漢，伴着妻子在家？豈不疑他生出不伶俐事來？看官，又有一說，申蘭是個强盗中人，財物爲重。他們心上有甚麽閨門禮法？况且小娥有心機，申蘭平日畢竟試得他老實頭，小心不過的，不消慮得到此。所以放心出去，再無別說。

且說小娥在家多閒，乘空便去交結那鄰近左右之人。時時買酒買肉，破費錢鈔在他們身上。這些人見了小娥，無不喜歡契厚的。【眉批】各處布置得細細密密。若看見有個把豪氣的，能事了得的，更自十分傾心結納，或周濟他貧乏，或結拜做弟兄，總是做申蘭這些不義之財不着。申蘭財物來得容易，又且信托他的，那裏來查他細帳？落得做人情。小娥又報仇心重，故此先下工夫，結識這些黨與在那裏。只爲未得申春消耗，恐怕走了風，脱了仇人。故此申蘭在家時，幾番好下得手，小娥忍住不動，且待時至而行。

如此過了兩年有多，忽然一日，有人來說：「江北二官人來了。」只見一個大漢，同了一夥拳長臂大之人，走將進來。問道：「大哥何在？」小娥應道：「大官人在裏面，等謝保去請出來。」小娥便去對申蘭說了。申蘭走出堂前來道：「二弟多時不來了，甚風吹得到此？况且又同衆兄弟來到，有何話說？」二官人道：「小弟申春，今日江上獲得兩個二十斤來重的大鯉魚，不敢自吃，買了一罈酒來，與大哥同享。」申蘭道：「多承二弟厚意。如此大魚，也是罕物。我輩托神道福祐多年，我意欲將此魚此酒，再加些鷄肉菓品之類，賽一賽神，以謝覆庇，然後我們同散福受用方是。【眉批】是何神耶！不然，只一味也不好下酒。況列位在此，無有我不破鈔，反吃白食的。二弟意下何如？」衆人都拍手道：「有理，有理。」

申蘭就叫謝保過來，見了二官人道：「這是我家傭工，極是老實勤緊可托的。」就分付他，叫去買辦食物。小娥領命走出，一霎就辦得齊齊整整，擺列起來。申春道：「此人果是能事，怪道大哥出外，放得家裏下，元來有這樣得力人在這裏！」衆人都贊嘆一番。申蘭叫謝保把福物擺在一個養家神道前了。申春道：「須得寫衆人姓名，通誠一番。我們幾個都識字不透，這事却來不得。」申蘭道：「謝保寫得好字。」申春道：「又會寫字，難得，難得。」小娥就走去，將了紙筆，排頭寫來。少不得申蘭、申春爲首，其餘各報將名來，一個個寫。小娥一頭寫着，一頭記着，方曉得果然這個叫得申春。【眉批】可畏。

獻神已畢，就將福物收去，整理一整理，重新擺出來，大家䁥哄飲啖。却不堤防小娥是有心的，急把其餘名字，一個個都記將出來，寫在紙上，藏好了。私自嘆道：「好個李判官！精悟玄鑒，與夢語符合如此。此乃我父夫精靈不泯，天啟其心。今日仇人都在，我志將就了。」急急走來伏侍。只揀大碗，頻頻斟與蘭、春二人。二人都是酒徒，見他如此殷勤，一發喜歡。大碗價只顧吃，那裏猜他有甚别意。

天色將晚，衆賊俱已酣醉，各自散去。只有申春留在這裏過夜，未散。小娥又滿滿斟了熱酒，奉與申春道：「小人謝保，到此兩年，不曾伏侍二官人。今日小人借花獻佛，多敬一杯。」又斟一杯與申蘭道：「大官人請陪一陪。」【眉批】果然好個謝保！申春道：「好個謝保，會説會勸！」申蘭道：「我們不要辜負他孝敬之意，盡量多飲一杯纔是。」又與申春説謝保許多好處。小娥謙稱一句，就獻一杯，不乾不住。兩個被他灌得十分酩酊。元來江邊苦無好酒，群盜只吃的是燒刀子。這一罈是他們因要盡興，買那真正滴花燒酒，是極狠的。況吃得多了，豈有不醉之理？申蘭醉極苦熱，又走不動了，就在庭中坦了衣服，眠倒了。申春也要睡，還走得動。小娥就扶他到一個房裏，床上眠好了。走到裏面看時，元來蘭氏在厨下整酒時，聞得酒香撲鼻，因吃夜飯，也自吃了碗把。兩個丫頭遞酒出來，各各偷些嘗嘗。女人家經得多少濃味？一個個伸腰打盹，却像着了孫行者瞌睡蟲的。小娥見如此光景，想道：「此時不下手，更待何時？」又想道：「女人不打緊，只怕申春這厮，未睡得穩，却是利害。」【眉批】更細。就拿把鎖，把申春睡的房門鎖好了。走到庭中，衣襟内拔出佩刀，把申蘭一刀斷了他頭。

欲待再殺申春，終久是女人家，見申春起初走得動，只怕還未甚醉，不敢輕惹他。忙走出來，鄰裏閧叫道：「有煩與我出力拿賊則個！」鄰人多是平日與他相好的，聽得他的聲音，都走將攏來，問道：「賊在那裏？我們幫你拿去。」小娥道：「非是小可的賊，乃是江洋殺人的大强盗。贜仗都在。【眉批】從前之結交，豈徒然哉。今被我灌醉，鎖住在房中，須賴衆力擒他。」小娥平日結識的，好些好事的人在内，見説是强盗，都摩拳擦掌道：「是甚麼人？」小娥道：「就是小人的主人，與他兄弟，慣做强盗。家中貨財千萬，都是贜物。」内中也有的道：「你在他家中，自然知他備細不差。只是没有被害失主，不好鹵莽得。」小娥道：「小人就是被害失主。小人父親與一個親眷，兩家數十口，都被這夥人殺了。而今家中金銀器皿上，還有我家名字記號，須認得出。」一個老成的道：「此話是真。那申家踪迹可疑。身子常不在家，又不做生理，却如此暴富。我們只是不查得他實迹，又怕他兇暴，所以不敢發覺。今既有謝小哥做証，我們助他一臂，擒他兄弟兩個送官，等他當官追究爲是。」小娥道：「我已手殺一人，只須列位助擒得一個。」

衆人見説已殺了一人，曉得事體必要經官，又且與小娥相好的多，恨申蘭的也不少。一齊點了火把，望申家門裏進來。只見申蘭已挺屍在血泊裏。開了房門，申春鼾聲如雷，還在睡夢。衆人把索子捆住，申春還挣扎道：「大哥，不要取笑。」衆人駡他：「强盗！」他兀自未醒。衆人捆好了，一齊閫進内房來。那蘭氏酒不多，醒得快。驚起身來，見了衆人火把，只道是强盗上了。【眉批】此養家神道有靈，而附蘭氏言之也。口裏道：「終日去打劫人，今日却有人來打劫了。」衆人聽得，一發道是謝保之言爲實。喝道：「胡説！誰來打劫你家？你家强盗事發了。」也把蘭氏與兩個丫鬟拴將起來。蘭氏道：「多是丈夫與叔叔做的事，須與奴家無干。」衆人道：「説不得，自到當官去對。」此時，小娥恐怕人多，搶散了贓物，先已把平日收貯之處安頓好了，鎖閉着。

閙了一夜，明日押進潯陽郡來。潯陽太守張公升堂，地方人等解到一干人犯。小娥手執首詞，首告人命强盗重情。此時申春宿酒已醒，明知事發。見對理的却是謝保，曉得哥哥平日有海底眼在他手裏，却不知其中就裏。亂喊道：「此是傭工人背主假捏出來的事。」小娥對張太守指着申春道：「他兄弟兩個爲首，十年前殺了豫章客謝、段二家數十人，如何還要抵賴？」太守道：「你敢在他家傭工，同做此事。而今待你有些不是處，你先出首了麽？」小娥道：「小人在他家傭工，止得二年。此是他十年前事。」太守道：「這等，你如何曉得？有甚憑據？」小娥道：「他家中所有物件，還有好些是謝、段二家之物，即此便是憑據。」【眉批】又細。明請地方加封，告官起發。

太守道：「你是謝家何人？却認得是？」小娥道：「謝是小人父家，段是小人夫家。」太守道：「你是男子，如何説是夫家？」小娥道：「爺爺聽禀：小婦人實是女人，不是男子。只因兩家都被二盗所殺，小婦人攛入水中，遇救得活。後來父夫托夢，説殺人姓名，乃是十二個字謎，解説不出。遍問識者，無人綵破。幸有洪州李判官，解得是申蘭、申春。小婦人就改妝作男子，遍歷江湖，尋訪此二人。到得此郡，有出榜傭工者，問是申蘭。小婦人有心，就投了他家。看見他出没踪迹，又認識舊物，明知他是大盗，殺父的仇人。未見申春，不敢動手。昨日方纔同來飲酒，故此小婦人手刃了申蘭，叫破地方，同擒了申春。只此是實。」太守見説得希奇，就問道：「那十二字謎語如何的？」小娥把十二字念了一遍。太守道：「如何就是申蘭、申春？」小娥又把李公佐所解之言，照前述了一遍。太守連連點頭道：「是，是，是。【眉批】難得李公爲証見。快哉李君，明悟若此！他也與我有交，這事是真無疑。但你既是女人扮作男子，非止一日，如何得不被人看破？」小娥道：「小婦人寃仇在身，日夜提心吊膽，豈有破綻露出在人眼裏？若稍有洩漏，寃仇怎報得成？」太守心中嘆道：「有志哉，此婦人也！」

又唤地方人等起來，問着事繇。地方把申家向來踪迹可疑，及謝保兩年前傭工，昨夜殺了申蘭，協同擒了申春并他家屬，今日解府的話，備細述了一遍。太守道：「贓物何在？」小娥道：「贓物向托小婦人掌管，昨夜眼同地方封好在那裏。」太守即命公人押了小娥，與同地方，到申蘭家起贓。金銀財貨，何止千萬。小娥俱一一登有簿籍，分毫不爽。即時送到府堂。太守見金帛滿庭，知盜情是實。把申春嚴刑拷打，蘭氏亦加拶指，都抵賴不得，一一招了。太守又究餘黨，申春還不肯說。只見小娥袖中取出所抄的名姓，呈上太守道：「這便是群盜的名了。」太守道：「你如何知得恁細？」小娥道：「是昨日叫小婦人寫了，連名賽神的。小婦人嘿自抄記，一人也不差。」太守一發嘆賞他能事。便唤申春研問着這些人住址，逐名注明了。先把申春下在牢裏，蘭氏、丫鬟討保官賣。然後點起兵快，登時往各處擒拿。正似甕中捉鱉，没有一個走得脱的。【眉批】莫非小娥妙用。齊齊擒到，俱各無詞。太守盡問成重罪，同申春下在死牢裏。

乃對小娥道：「盜情已真，不必説了。只是你不待報官，擅行殺戮，也該一死。」小娥道：「大仇已報，立死無恨。」太守道：「法上雖是如此，但你孝行可嘉，志節堪敬，不可以常律相拘。待我申請朝廷，討個明降，免你死罪。」小娥叩首稱謝。太守叫押出討保。小娥禀道：「小婦人而今事迹已明，不可復與男子溷處。只求發在尼菴，聽候發落爲便。」太守道：「一發説得是。」就叫押在附近尼菴，討個收管，一面聽候聖旨發落。太守就備將情節奏上，內云：

謝小娥立志報仇，夢寐感通，歷年乃得。明係父仇，又屬真盜。不惟擅殺之條，原情可免；又且矢志之事，核行可旌。云云。

元和十二年四月。

明旨批下：「謝小娥節行異人，准奏免死，有司旌表其廬。申春即行處斬。」不一日，到潯陽郡府堂開讀了畢。太守命牢中取出申春等死囚來，讀了犯由牌，押付市曹處斬。小娥此時已復了女裝，穿了一身素服，法場上看斬了申春，再到府中拜謝張公。張公命花紅鼓樂，送他歸本里。小娥道：「父死夫亡，雖蒙相公奏請朝廷恩典，花紅鼓樂之類，決非孀婦敢領。」太守越敬他知禮，點一官媪，伴送他到家，另自差人旌表。

此時閧動了豫章一郡，小娥父夫之族還有親屬在家的，多來與小娥相見問訊。説起事繇，無不悲嘆驚異。里中豪族慕小娥之名，央媒求聘的，殆無虛日。小娥誓心不嫁道：「我混迹多年，已非得已。若今日嫁人，女貞何在？寧死不可！」【眉批】如此女人，恐亦難爲夫。曾奈來纏的人越多了，小娥不耐煩分訴，心裏想道：「昔年妙果寺中，已願爲尼。只因冤仇未報，不敢落髮。今吾事已畢，少不得皈依三寶，以了終身。不如趁此落髮，絶了衆人之願。」【眉批】更難。小娥遂將剪子先將髻子剪下，然後用剃刀剃净了，穿了褐衣，做個行脚僧打扮。辭了親屬，出家訪道，竟自飄然離了本里。里中人愈加嘆誦，不題。

且説元和十三年六月，李公佐在家被召，將上長安。道經泗濱，有善義寺尼師大德，戒律精嚴，多曾會過，信步往謁。大德師接入客座，只見新來搽戒的弟子數十人，俱浄髮鮮披，威儀雍容，列侍師之左右。【眉批】好看。內中一尼，仔細看了李公佐一回，問師道：「此官人豈非是洪州判官李二十三郎？」師點頭道：「正是。你如何認得？」此尼即泣下數行，道：「使我得報家仇，雪冤恥，皆此判官恩德也。」即含淚上前，稽首拜謝。李公佐却不認得，驚起答拜道：「素非相識，有何恩德可謝？」此尼道：「某名小娥，即向年瓦官寺中乞食孀婦也。尊官其時以十二字謎語，辨出申蘭、申春二賊名姓。尊官豈忘之乎？」李公佐想了一回，方纔依稀記起，却記不全。又問起是何十二字，小娥再念了一遍。李公佐豁然省悟道：「一向已不記了。今見説來，始悟前事。後來果訪得有此二人否？」小娥因把扮男子，投申蘭，擒申春并餘黨，數年經營艱苦之事，從前至後，備細告訴了畢，又道：「尊官恩德，無可以報。從今惟有朝夕誦經保佑而已。」李公佐問道：「今如何恰得在此處相會？」小娥道：「復仇已畢，其時即剪髮披褐，訪道於牛頭山，師事大士庵尼將律師。苦行一年。今年四月，始受具戒于泗州開元寺，所以到此。豈知得遇恩人，莫非天也！」李公佐道：「既已受戒，是何法號？」小娥道：「不敢忘本，只仍舊名。」李公佐嘆息道：「天下有如此至心女子！我偶然辨出二盗姓名，豈知誓志不捨，畢竟訪出其人，復了寃仇！又且傭保雜處，無人識得是個女人。豈非天下難事？我當作傳以旌其美。」小娥感泣。别了李公佐，仍歸牛頭山。扁舟泛淮，雲游南國，不知所終。李公佐爲譔《謝小娥傳》，流傳後世，載入《太平廣記》。

詩云：

匕首如霜鋏作心，精靈萬載不銷沉。
西山木石填東海，女子啣仇分外深。

又云：

夢寐能通造化機，天教達識剖玄微。
姓名一解終能報，方信雙魂不浪歸。

卷二十

李克讓竟達空函　劉元普雙生貴子

詩曰：

全婚昔日稱裴相，助殯千秋慕范君。
慷慨奇人難屢見，休將仗義望朝紳。

這一首詩，單道世間人周急者少，繼富者多。爲此，達者便説：「只有錦上添花，那得雪中送炭？」只這兩句話，道盡世人情態。比如一邊有財有勢，那趨財慕勢的，多只向一邊去，這便是俗語叫做「一帆風」，又叫做「鵓鴿子旺邊飛」。若是財利交關，自不必説。至于婚姻大事，兒女親情，有貪得富的，便是王公貴戚，自甘與團頭作對；有嫌着貧的，便是世家巨族，不得與甲長聯親。自道有了一分勢要，兩貫浮財，便不把人看在眼裏。況有那身在青雲之上，拔人于淤泥之中，重捐己資，曲全婚配，恁般樣人實是從前寡見，近世罕聞。冥冥之中，天公自然照察。元來那夫妻二字，極是鄭重，極宜斟酌，報應極是昭彰，世人決不可戲而不戲，胡作亂爲。或者因一句話上，成就了一家兒夫婦，或者因一紙字中，拆散了一世的姻緣，就是陷于不知，因果到底不爽。

且説南直長洲有一村農，姓孫，年五十歲，娶下一個後生繼妻。前妻留下一個兒子，一房媳婦，且是孝順。但是爹娘的説話，不論好歹真假，多應在骨裏的信從。那老兒和兒子，每日只是鋤田鈀地，出去養家過活。婆媳兩個在家，績藏拈苧，自做生理。却有一件奇怪：元來那婆子雖數上了三十多個年頭，十分的不長進，又道是「婦人家入土方休」，見那老子是個養家經紀之人，不恁地理會這些勾當，所以閒常也與人做了些不伶俐的身分，幾番幾次，漏在媳婦眼裏。那媳婦自是個老實勤謹的，只以孝情爲上，小心奉事翁姑，那裏有甚心去捉他破綻？誰知道無心人對有心人，那婆子自做了這些話把，被媳婦每每衝着，虛心病了，自没意思，却恐怕有甚風聲吹在老子和兒子耳朵裏，顛倒在老子面前搬鬭。又道是「枕邊告狀，一説便准」。那老子信了婆子的言語，帶水帶漿的，羞辱毁駡了兒子幾次。那兒子是個孝心的人，聽了這些話頭，没個來歷，直擺佈得夫妻兩口，終日合嘴合舌，甚不相安。看官聽説，世上只有一夫一妻，一竹竿到底的，始終有些正氣，自不甘學那小家腔派。獨有最狠毒、最狡猾、最短見的，是那晚婆，大概不是一婚兩婚人，便是那低門小户，減剩貨與那不學好爲夫所棄的這幾項人，極是老唧溜，也會得使人喜，也會得使人怒，弄得人死心塌地，不敢不從。元來世上婦人，除了那十分貞烈的，説着那話兒，無不着緊。男子漢到中年，筋力漸衰。那娶晚婆的，大半是中年人做的事，往往男大女小。假如一個老蒼男子，娶了水也似一個嬌嫩婦人，縱是千箱萬斛，儘你受用，却是那話兒有些支吾不過，自覺得過意不去，隨你有萬分不是處，也只得依順了他。【眉批】極中世人之病。所以那家庭間，每每被這些人炒得十清九濁。

這閒話且放過，如今再接前因。話説吴江有個秀才蕭王賓，胸藏錦繡，筆走龍蛇。因家貧，在近處人家處館，早出晚歸。主家間壁，是一座酒肆，店主唤做熊敬溪。店前一個小小堂子，供着五顯靈官。那王賓因在主家出入，與熊店主厮熟。忽一夜，熊店主得其一夢，夢見那五位尊神對他説道：「蕭狀元終日在此來往，吾等見了，坐立不安。可爲吾等築一堵短壁兒，在堂子前遮蔽遮蔽。」店主醒來，想道：「這夢甚是蹺蹊，説甚麽蕭狀元？難道便是在間壁處館的那個蕭秀才？我想，恁般一個寒酸措大，如何便得做狀元？」心下疑惑。却又道：「除了那個姓蕭的，却又不曾與第二個姓蕭的識熟。『凡人不可貌相，海水不可斗量。』況是神道的言語，寧可信其有，不可信其無。」次日起來，當真在堂子前面堆起一堵短墻，遮了神聖。却自放在心裏不題。

隔了幾日，蕭秀才往長洲探親，經過一個村落人家，只見一夥人聚做一塊，在那裏喧嚷。蕭秀才挨在人叢裏看一看，只見衆人指着道：「這不是一位官人？來得凑巧，是必央及這官人則個。省得我們村裏去尋門館先生。」連忙請蕭秀才坐着，將過紙筆道：「有煩官人寫一寫，自當相謝。」蕭秀才道：「寫個甚麽？且說個緣故。」只見一個老兒與一個小後生走過來道：「官人聽說：我們是這村裏人，姓孫。爺兒兩個，一個阿婆，一房媳婦。叵耐媳婦十分不學好，倒終日與阿婆斗氣。我兩個又是養家經紀人，一年到頭，没幾時住在家裏。這樣婦人，若留着他，到底是個是非堆。爲此，今日將他發還娘家，任從别嫁。他每衆位多是地方中見。爲是要寫一紙休書，這村裏人没一個通得文墨，見官人經過，想必是個有才學的，因此相煩官人替寫一寫。」蕭秀才道：「原來如此，有甚難處？正自不易。」便逞着一時見識，舉筆一揮，寫了一紙休書，交與他兩個。他兩個便將五錢銀子，送秀才做潤筆之資。秀才笑道：「這幾行字值得甚麽？我却受你銀子！」再三不接，拂着袖子，撇開衆人，逕自去了。

這裏自將休書付與婦人。那婦人可憐，勤勤謹謹做了三四年媳婦，没緣没故的休了他。咽着這一口怨氣，扯住了丈夫，哭了又哭，號天拍地的不肯放手。【眉批】即此便見蕭生罪案。口裏說道：「我委實不曾有甚歹心負了你，你聽着一面之詞，離異了我。我生前無分辨處，做鬼也要明白此事。今世不能和你相見了，便死也不忘記你。」這幾句話，說得傍人俱各掩淚。他丈夫也覺得傷心，忍不住哭起來。却只有那婆子看着，恐怕兒子有甚變卦，流水和老兒兩個拆開了手，推出門外。【眉批】狠哉！那婦人只得含淚去了。不題。

再説那熊店主，重夢見五顯靈官對他説道：「快與我等拆了面前短壁，攔着十分鬱悶。」店主夢中道：「神聖前日分付小人起造，如何又要拆毀？」靈官道：「前日爲蕭秀才時常此間來往，他後日當中狀元，我等見了他坐立不便，所以教你築墻遮蔽。今他于某月某日替某人寫了一紙休書，拆散了一家夫婦。上天鑒知，減其爵禄。今職在吾等之下，相見無碍。以此可拆。」那店主正要再問時，一跳驚醒。想道：「好生奇異！難道有這等事？明日待我問蕭秀才，果有寫休書一事否？便知端的。」

明日，當真先去拆了壁。却好那蕭秀才踱將來，店主邀住道：「官人，有句説話。請店裏坐地。」入到裏面，坐定吃茶。店主動問道：「官人曾于某月某日，與别人代寫休書麽？」秀才想了一會道：「是曾寫來。你怎地曉得？」店主遂將前後夢中靈官的説話，一一告訴了一遍。秀才聽罷，目睁口呆，懊悔不迭。後來果然舉了孝廉，只做到一個知州地位。那蕭秀才因一時無心失悮上，白送了一個狀元。世人做事，决不可不檢點。曾有詩道得好：

人生常好事，作者不自知。
起念埋根際，須思决局時。
動止雖微渺，干連已瀰滋。
昏昏羅天網，方知悔是遲。

試看那拆人夫婦的，受禍不淺，便曉得那完人夫婦的，獲福非輕。如今單説前代一個公卿，把幾個他州外族之人，認做至親骨肉，撮合了才子佳人，保全了孤兒寡婦，又安葬了朽骨枯骸。如此陰德，又不止是完人夫婦了。所以後來受天之報，非同小可。

這話文出在宋真宗時。西京洛陽縣，有一官人，姓劉，名弘敬，字元普，曾任過青州刺史，六十歲上告老還鄉。繼娶夫人王氏，年尚未滿四十。【眉批】此亦繼娶也，而賢不賢别矣。廣有家財，並無子女。一應田園典舖，俱托内侄王文用管理。自己只是在家中廣行善事，仗義踈財，揮金如土。從前至後，已不知濟過多少人了。四方無人不聞其名。只是並無子息，日夜憂心。

時遇清明節届，劉元普分付王文用，整備了牲牷酒醴，往墳塋祭掃。與夫人各乘小轎，僕從在後相隨。不踰時，到了墳上。澆奠已畢，元普拜伏墳前，口中説着幾句道：

堪憐弘敬年垂邁，不孝有三無後大。
七十人稱自古稀，殘生不久留塵界。
今朝夫婦拜墳塋，他年誰向墳塋拜？【眉批】可憐。
膝下蕭條未足悲，從前血食何容艾！
天高聽遠實難憑，一脉宗親須憫愛。
訴罷中心泪欲枯，先靈英爽知何在？

當下，劉元普説到此處，放聲大哭，旁人俱各悲悽。那王夫人極是賢德的，拭着泪上前勸道：「相公請免愁煩。雖是年紀將暮，筋力未衰；妾身縱不能生育，當别娶少年爲妾，子嗣尚有可望。徒悲無益。」劉元普見説，只得勉强收泪，分付家人，送夫人乘轎先回。自己留一個家僮相隨，閒行散悶，徐步回來。

將及到家之際，遇見一個全真先生，手執招牌，上寫道：「風鑑通神。」元普見是相士，正要卜問子嗣，便延他到家中來坐。吃茶已畢，元普端坐，求先生細相。先生仔細相了一回，略無忌諱，説道：「觀使君氣色，非但無嗣，壽亦在旦夕矣。」元普道：「學生年近古稀，死亦非夭。子嗣之事，至此暮年，亦是水中撈月了。但學生自想，生平雖無大德，濟弱扶傾，矢心已久。不知如何罪業，遂至殄絶祖宗之祀？」先生微笑道：「使君差矣。自古道：『富者怨之蘉。』使君廣有家私，豈能一一綜理？彼任事者，只顧肥家，不存公道，大斗小秤，侵剥百端，以致小民愁怨。使君縱然行善，只好功過相酬耳，恐不能獲福也。使君但當悉杜其弊，益廣仁慈；多福、多壽、多男，特易易耳。」元普聞言，默然聽受。先生起身作别，不受謝金，飄然去了。

元普知是異人，深信其言。隨取田園、典鋪帳目，一一稽查。又潛往街市、鄉間各處探聽，盡知其實。遂將衆管事人一一申飭，并妻侄王文用也受了一番呵叱。自此益修善事，不題。

却説汴京有個舉子李遜，字克讓，年三十六歲。親妻張氏，生子李彦青，小字春郎，年方十七。本是西粤人氏，只爲與京師寫遠，十分孤貧，不便赴試。數年前挈妻携子，流寓京師。却喜中了新科進士，除授錢塘縣尹。擇個吉日，一同到了任所。李克讓看見湖山佳勝，宛然神仙境界，不覺心中爽然。誰想貧儒命薄，到任未及一月，犯了個不起之症。正是：

濃霜偏打無根草，禍來只揀福輕人。

那張氏與春郎請醫調治，百般無效，看看待死。一日，李克讓唤妻子到床前説道：「我苦志一生，得登黄甲，死亦無恨。但只是無家可奔，無族可依，撇下寡婦孤兒，如何是了？可痛！可憐！」説罷，淚如雨下。張氏與春郎在傍勸住。克讓想道：「久聞洛陽劉元普仗義疏財，名傳天下，不論識認不識認，但是以情相求，無有不應。除是此人，可以托妻寄子。」便叫：「娘子，扶我起來坐了。」又叫兒子：「春郎，取過文房四寶。」正待舉筆，忽又停止。心中好生躊躇道：「我與他從來無交，難叙寒温。這書如何寫得？」疾忙心生一計，分付妻兒，取湯取水，把兩人都遣開了。及至取得湯水來時，已自把書重重封固，上面寫十五字，乃是：「辱弟李遜書呈洛陽恩兄劉元普親拆。」【眉批】此亦奇人也。把來遞與妻兒收好，説道：「我有個八拜爲交的故人，乃青州刺史劉元普，本貫洛陽人氏。此人義氣干霄，必能濟汝母子。將我書前去投他，料無阻拒。可多多拜上劉伯必須父，説我生前不及相見了。」隨分付張氏道：「二十載恩情，今長别矣。倘蒙伯父收留，全賴小心相處。必須教子成名，補我未逮之志。你已有遺腹兩月，倘得生子，使其仍讀父書；若生女時，將來許配良人，我雖死而瞑目。」又分付春郎道：「汝當事劉伯父如父，事劉伯母如母，又當孝敬母親，勵精學業，以圖榮顯，我死猶生。如違我言，九原之下，亦不安也。」兩人垂淚受教，又囑付道：「身死之後，權寄棺木浮丘寺中。俟投過劉伯父，徐圖殯葬。但得安土埋藏，不須重到西粤。」説罷，心中哽咽，大叫道：「老天，老天！我李遜如此清貧，難道要做滿一個縣令也不能勾？」當時驀然倒在床上，已自叫唤不醒了。【眉批】若不清貧，未必不前程遠大，老天原自勢利。正是：

君恩新荷喜相隨，誰料天年已莫追。
休爲李君傷殀逝，四齡已可傲顔回。

張氏、春郎，各各哭得死而復甦。張氏道：「撇得我孤孀二人好苦！倘劉君不肯相容，如何處置？」春郎道：「如今無計可施，只得依從遺命。【眉批】果然。我爹爹最是識人，或者果是好人，也不見得。」張氏即將囊橐檢點，那曾還剩分文！元來李克讓本是極孤極貧的，做人甚是清方，到任又不上一月，雖有些少，已爲醫藥廢盡了。還虧得同僚相助，將來買具棺木盛殮，停在衙中。母子二人，朝夕哭奠。過了七七之期，依着遺言，寄柩浮丘寺内。收拾些少行李盤纏，帶了遺書，饑餐渴飲，夜宿曉行，取路投洛陽縣來。

却説劉元普一日正在書齋閒翫古典，只見門上人報道：「外有母子二人，口稱西粤人氏，是老爺至交親戚，有書拜謁。」元普心下着疑，想道：「我那裏來這樣遠親？」便且叫：「請進。」母子二人走到跟前，施禮已畢。元普道：「老夫與賢母子在何處識面？實有遺忘，伏乞詳示。」李春郎答道：「家母、小侄其實不曾得會，先君却是伯父至交。」元普便請姓名。春郎道：「先君李遜，字克讓。母親張氏。小侄名彦青，字春郎。本貫西粤人氏。先君因赴試，流落京師。以後得第，除授錢塘縣尹，一月身亡。臨終時，憐我母子無依，說有洛陽劉伯父，是幼年八拜至交，特命亡後賫了手書，自任所前來拜懇。故此母子造宅，多有驚動。」元普聞言，茫然不知就裏。春郎便將書呈上。元普看了封簽上十五字，好生詫異。及至拆封看時，却是一張白紙，吃了一驚，默然不語。左思右想了一回，猛可裏心中省悟道：「必是這個緣故無疑。【眉批】誰肯。我如今不要說破，只教他母子得所便了。」張氏母子見他沉吟，只道不肯容納，豈知他却是天大一場美意。

元普收過了書，便對二人說道：「李兄果是我八拜至交，指望再得相會，誰知已作古人。可憐！可憐！今你母子，就是我自家骨肉，在此居住便了。」便叫請出王夫人來，說知來歷，認爲妯娌。春郎以子侄之禮自居。當時擺設筵席，欵待二人。酒間說起李君靈柩在任所寺中，元普一力應承殯葬之事。王夫人又與張氏細談，已知他有遺腹兩月了。酒散後送他母子到南樓安歇，家火器皿，無一不備，又撥幾對僮僕服侍。每日三餐，十分豐美。張氏母子得他收留，已自過望，誰知如此殷勤，心中感激不盡。過了幾時，元普見張氏德性温存，春郎才華英敏，更兼謙謹老成，愈加敬重。又一面打發人往錢塘去扶柩了。

忽一日，正與王夫人閒坐，不覺掉下淚來。夫人忙問其故。元普道：「我觀李氏子，儀容志氣，後來必然大成。我若得這般一個兒子，真可死而無恨。今年華已去，子息杳然，爲此不覺傷感。」夫人道：「我屢次勸相公娶妾，只是不允。如今定爲相公覓一側室，管取宜男。」元普道：「夫人休說這話。我雖垂暮，你却尚是中年。若是天不絕我劉門，難道你不能生育？【眉批】達甚。若是命中該絕，縱使姬妾盈前，也是無幹。」說罷，自出去了。

夫人這番却主意要與丈夫娶妾。曉得與他商量，定然推阻，便私下叫家人喚將做媒的薛婆來，說知就裏。又囑付道：「直待事成之後，方可與老爺得知。【眉批】誰肯。必用心訪個德容兼備的，或者老爺纔肯相愛。薛婆一一應諾而去。過不多日，薛婆尋了幾頭來說，領來看了，没一個中夫人的意。薛婆道：「此間女子，只好恁樣，除非汴梁帝京，五方雜聚去處，纔有出色女子。」恰好王文用有別事要進京，夫人把百金密托了他，央薛婆與他同去尋覓。薛婆也有一頭媒事要進京，兩得其便，就此起程，不題。

如今再表一段緣因。話説汴京開封府祥符縣，有一進士，姓裴，名習，字安卿，年登五十。夫人鄭氏早亡，單生一女，名喚蘭孫。年方二八，儀容絶世。裴安卿做了郎官幾年，陞任襄陽刺史。有人對他説道：「官人向來清苦，今得此美任，此後只愁富貴，不愁貧了。」安卿笑道：「富自何來？每見貪酷小人，惟利是圖，不過使這幾家治下百姓賣兒貼婦，充其囊橐。此真狼心狗行之徒。天子教我爲民父母，豈是教我殘害子民？我今此去，唯吃襄陽一杯淡水而已。貧者人之常，叨朝廷之禄，不至凍餒足矣，何求富爲？」裴安卿立心要做個好官，選了吉日，帶了女兒起程赴任。不則一日，到了襄陽。莅任半年，治得那一府物阜民安，詞清訟簡。民間造成幾句謡詞，説道：

襄陽府前一條街，一朝到了裴天臺。
六房吏書去打盹，門子皂隸去砍柴。

光陰荏苒，又早六月炎天。一日，裴安卿與蘭孫吃過午飯，暴暑難當。安卿命汲井水解熱。霎時井水將到，安卿吃了兩鍾，隨後叫女兒吃。蘭孫飲了數口，説道：「爹爹，恁樣淡水，虧爹爹怎生吃下偌多！」安卿道：「休説這般折福的話。你我有得這水吃時，也便是神仙了。豈可嫌淡？」蘭孫道：「爹爹，如何便見得折福？這樣時候，多少王孫公子雪藕調冰，浮瓜沉李，也不爲過。爹爹身爲郡侯，飲此一杯淡水，還道受用，也太迂闊了。」安卿道：「我兒不諳事務，聽我道來。假如那王孫公子，倚傍着祖宗的勢耀，頂戴着先人積攢下的浮財，不知稼穡，又無甚事業，只圖快樂，落得受用。却不知樂極悲生，也終有馬死黄金盡的時節；縱不然，也是他生來有這些福氣。你爹爹貧寒出身，又叨朝廷民社之責，須不能勾比他。還有那一等人，假如當此天道，爲將邊廷，身披重鎧，手執戈矛，日夜不能安息，又且死生朝不保暮。更有那荷鍤農夫，經商工役，辛勤隴陌，奔走泥塗，雨汗通流，還禁不住那當空日曬。你爹爹比他，不已是神仙了？【眉批】如此安分之人，不宜及禍。又有那下一等人，一時過悮，問成罪案，困在囹圄，受盡鞭箠，還要肘手鐐足，這般時節，拘于那不見天日之處，休説冷水，便是泥汁也不能勾。求生不得生，求死不得死。父娘皮肉，痛癢一般。難道偏他們受得苦起？你爹爹比他，豈不是神仙？今司獄司中，見有一二百名罪人，吾意欲散禁他每，在獄日給冷水一次，待交秋再作理會。」蘭孫道：「爹爹未可造次。獄中罪人，皆不良之輩，若輕鬆了他，倘有不測，受累不淺。」安卿道：「我以好心待人，人豈負我？正未必然。我但分付牢子緊守監門便了。」也是合當有事，只因這一節，有分教：

應死囚徒俱脱網，施仁郡守反遭殃。

次日，安卿升堂，分付獄吏：「將囚人散禁在牢，日給凉水與他，須要小心看守。」獄卒應諾了。當日便去牢裏鬆放了衆囚，各給凉水，牢子們緊緊看守，不致踈虞。過了十來日，牢子們就懈怠了。忽又是七月初一日，獄中舊例，每逢月朔，便獻一番利市。那日燒過了紙，衆牢子們都去吃酒散福。從下午吃起，直吃到黄昏時候，一個個酩酊爛醉。那一干囚犯，初時見獄中寬縱，已自起心越牢。内中有幾個有親識的，密地教對付些利器，暗藏在身邊。當日見衆人已醉，就便乘機發作。約莫到二更時分，獄中一片聲喊起，一二百罪人一齊動手，先將那當牢的禁子殺了。打出牢門，將那獄吏牢子，一個個砍翻。撞見的，多是一刀一個。有的躲在黑暗裏聽時，只聽得喊道：「太爺平時仁德，我每不要殺他。還有公道。」直反到各衙，殺了幾個佐貳官。那時正是清平時節，城門還未曾閉，衆人吶聲喊，一鬨逃走出城。正是：

鰲魚脱却金鈎去，擺尾摇頭再不來。

那時，裴安卿聽得喧嚷，在睡夢中驚覺，連忙起來，早已有人報知。裴安卿聽説，却正似頂門上失了三魂，脚底下蕩了七魄，連聲只叫得苦。悔道：「不聽蘭孫之言，以至于此。誰知道將仁待人，被人不仁。」一面點起民壯，分頭追捕。多應是海底撈針，那尋一個。

次日，這樁事早報與上司知道，少不得動了一本。不上半月，已到汴京。奏章早達天聽，天子與群臣議處。若是裴安卿是個貪贓刻剥、阿諛諂佞的，朝中也還有人喜他。只爲平素心性剛直，不肯趨奉權貴，况且一清如水，俸資之外，毫不苟取，那有錢財夤緣勢要？【眉批】世道如此。所以無一人與他辨寃。多道：「縱囚越獄，典守者不得辭其責。又且殺了佐貳，獨留刺史，事屬可疑。合當拿問。」天子准奏，即便批下本來，着法司差官扭解到京。那時裴安卿便是重出世的召父，再生來的杜母，也只得低頭受縛。却也道自已素有政聲，還有辨白之處。【眉批】正未可恃。叫蘭孫收拾了行李，父女兩個，同了押解人起程。

不則一日，來到東京。那裴安卿舊日住居，已奉聖旨抄没了。僮僕數人，分頭逃散。無地可以安身，還虧得鄭夫人在時，與清真觀女道往來。只得借他一間房子，與蘭孫住下了。次日，青衣小帽，同押解人到朝候旨。奉聖旨：下大理獄鞫審。即刻便自進牢。蘭孫只得將了些錢鈔，買上告下，去獄中傳言寄語，擔茶送飯。元來裴安卿年衰力邁，受了驚惶，又受了苦楚，日夜憂虞，飲食不進。蘭孫設處送飯，枉自費了銀子。

一日，見蘭孫正到獄門首來，便唤住女兒説道：「我氣塞難當，今日大分必死。只爲爲人慈善，以致召禍，累了我兒。雖然罪不及孥，只是我死之後，無路可投；作婢爲奴，定然不免。」那安卿説到此處，好如萬箭鑽心，長號數聲而絶。還喜未及會審，不受那三木囊頭之苦。蘭孫跌脚搥胸，哭得個發昏章第十一。欲要領取父親屍首，又道是朝廷罪人，不得擅便。當時蘭孫不顧死生利害，闖進大理寺衙門，哭訴越獄根由，哀感傍人。幸得那大理寺卿，還是個有公道的人，見了這般情狀，惻然不忍。隨即進一道表章，上寫着：

大理寺卿臣某，勘得襄陽刺史裴習，撫字心勞，提防政拙。雖法禁多疏，自干天譴；而反情無據，可表臣心。今已斃囹圄，宜從寬貸。伏乞速降天恩，赦其遺屍歸葬，以彰朝廷優待臣下之心。臣某惶恐上言。

那真宗也是個仁君，見裴習已死，便自不欲苛求，即批准了表章。

蘭孫得了這個消息，還算是「黄連樹下彈琴——苦中取樂」。將身邊所剩餘銀，買口棺木，僱人擡出屍首，盛殮好了，停在清真觀中。做些羹飯，澆奠了一番，又哭得一佛出世。那裴安卿所帶盤費，原無幾何，到此已用得乾乾凈凈了。雖是已有棺木，殯葬之資，毫無所出。蘭孫左思右想道：「只有個舅舅鄭公，見任西川節度使，帶了家眷在彼。却是路途險遠，萬萬不能搭救。真正無計可施。」

事到頭來不自由，只得手中拿個草標，將一張紙寫着「賣身葬父」四字，到靈柩前拜了四拜，禱告道：「爹爹陰靈不遠，保奴前去得遇好人。」拜罷起身，噙着一把眼淚，抱着一腔冤恨，忍着一身羞耻，沿街喊叫。【眉批】難哉！可憐裴蘭孫是個嬌滴滴的閨中處子，見了一個驀生人，也要面紅耳熱的，不想今日出頭露面！思念父親臨死言詞，不覺寸腸俱裂。正是：

天有不測風雲，人有旦夕禍福。
生來運蹇時乖，只得含羞忍辱。
父兮桎梏亡身，女兮街衢痛哭。
縱交血染鵑紅，彼蒼不念煢獨。

又道是「天無絶人之路」。正在街上賣身，只見一個老媽媽走近前來，欠身施禮，問道：「小娘子爲着甚事賣身？又恁般愁容可掬？」仔細認認，吃了一驚道：「這不是裴小姐？如何到此地位？」原來那媽媽正是洛陽的薛婆。鄭夫人在時，薛婆有事到京，常在裴家往來的，故此認得。蘭孫擡頭見是薛婆，就同他走到一個僻静所在，含淚把上項事説了一遍。那婆子家最易眼淚出的，聽到傷心之處，不覺也哭起來。道：「原來尊府老爺，遭此大難。你是個宦家之女，如何做得以下之人？若要賣身，雖然如此嬌姿不到得便爲奴作婢，也免不得是個偏房了。」蘭孫道：「今日爲了父親，就是殺身也説不得，何惜其他。」薛婆道：「既如此，小姐請免愁煩。洛陽縣劉刺史老爺，年老無兒。夫人王氏，要與他取個偏房。前日曾囑付我在本處尋了多時，並無一個中意的。如今因爲洛陽一個大姓，央我到京中相府求一頭親事，夫人乘便囑付親侄王文用，帶了身價同我前來遍訪。也是有緣，遇着小姐。王夫人原説要個德容兩全的，今小姐之貌，絶世無雙；賣身葬父，又是大孝之事。這事十有九分了。那劉刺史仗義疏財，王夫人大賢大德，小姐到彼，雖則權時落後，儘可快活終身。未知尊意何如？」蘭孫道：「但憑媽媽主張。只是賣身爲妾，玷辱門庭，千萬莫説出真情，只認做民家之女罷了。」薛婆點頭道是。隨引了蘭孫小姐，一同到王文用寓所來。薛婆就對他説知備細。

王文用遠遠地瞟去，看那小姐，已覺得傾國傾城，便道：「有如此絶色佳人，何怕不中姑娘之意？」正是：

踏破鐵鞋無覓處，得來全不費工夫。

當下，一邊是落難之際，一邊是富厚之家，並不消争短論長，已自一説一中。整整兑足了一百兩雪花銀子，遞與蘭孫小姐收了，就要接他起程。蘭孫道：「我本爲葬父，故此賣身。須是完葬事過，纔好去得。」薛婆道：「小娘子，你孑然一身，如何完得葬事？何不到洛陽成親之後，那時凂劉老爺差人埋葬，何等容易！」【眉批】然則要此百金何用？蘭孫只得依從。那王文用是個老成才幹的人，見是要與姑夫爲妾的，不敢怠慢。教薛婆與他作伴同行，自已常在前後。東京到洛陽，只有四百里之程，不上數日，早已到了劉家。王文用自往解庫中去了。薛婆便悄悄地領他進去，叩見了王夫人。夫人擡頭看蘭孫時，果然是：

脂粉不施，有天然姿格；梳妝略試，無半點塵紛。舉止處態度從容，語言時聲音凄婉。雙蛾頻蹙，渾如西子入吳時；兩頰含愁，正似王嬙辭漢日。可憐嫵媚清閨女，權作追隨宦室人。

當時王夫人滿心歡喜，問了姓名，便收拾一間房子，安頓蘭孫，撥一個養娘服事他。

次日，便請劉元普來，從容說道：「老身今有一言，相公幸勿嗔怪。」劉元普道：「夫人有話即說，何必諱言？」夫人道：「相公，你豈不聞『人生七十古來稀』？今你壽近七十，前路幾何？並無子息。常言道：『無病一身輕，有子萬事足。』久欲與相公納一側室，一來爲相公持正，不好妄言；二來未得其人，姑且隱忍。今娶得汴京裴氏之女，正在妙齡，抑且才色兩絶。願相公立他做個偏房，或者生得一男半女，也是劉門後代。」【眉批】此一念有後可必。 劉元普道：「老夫只恐命裏無嗣，不欲耽誤人家幼女。誰知夫人如此用心！而今且喚他出來見我。」當下，蘭孫小姐移步出房，倒身拜了。劉元普看見，心中想道：「我觀此女儀容動止，決不是個以下之人。」便開口問道：「你姓甚名誰？是何等樣人家之女？爲甚事賣身？」蘭孫道：「賤妾乃汴京小民之女，姓裴，小名蘭孫。父死無資，故此賣身殯葬。」口中如此說，不覺暗地裏偷彈淚珠。劉元普相了又相道：「你定不是民家之女，不要哄我。我看你愁容可掬，必有隱情。可對我一一直言，與你做主分憂便了。」蘭孫初時隱諱，怎當得劉元普再三盤問，只得將那放囚得罪緣由，從前至後，細細說了一遍，不覺淚如湧泉。

劉元普大驚失色，也不覺淚下道：「我說不像民家之女，夫人幾乎誤了老夫！可惜一個好官，遭此屈禍。」忙向蘭孫小姐連稱：「得罪！」又道：「小姐身既無依，便住在我這裏。待老夫選擇地基殯葬尊翁便了。」蘭孫道：「若得如此周全，此恩惟天可表。相公先受賤妾一拜。」劉元普慌忙扶起，分付養娘：「好生服事裴家小姐，不得有違。」

當時走到廳堂，即刻差人往汴京迎裴使君靈柩。不多日，扶柩到來，却好錢塘李縣令靈柩一齊到了。劉元普將來共停在一個莊廳之上，備了兩個祭筵拜奠。張氏自領了兒子拜了亡夫，元普也領蘭孫拜了亡父。又延了一個有名的地理師，揀尋了兩塊好地基，等待臘月吉日安葬。

一日，王夫人又對元普說道：「那裴氏女雖然貴家出身，却是落難之中，得相公救拔他的。若是流落他方，不知如何下賤去了。相公又與他擇地葬親，此恩非小，他必甘心與相公爲妾的。既是名門之女，或者有些福氣，誕育子嗣，也不見得。若得如此，非但相公有後，他也終身有靠，未爲不可。望相公思之。」夫人不說猶可，說罷，只見劉元普勃然作色道：「夫人說那裏話！天下多美婦人，我欲娶妾，自可別圖，豈敢污裴使君之女？【眉批】仁人君子之言。劉弘敬若有此心，神天鑒察！」夫人聽說，自道失言，頓口不語。

劉元普心裏不樂，想了一回道：「我也太呆了。我既無子嗣，何不索性認他爲女？斷了夫人這點念頭。」【眉批】更有見。便叫丫鬟請出裴小姐來道：「我叨長尊翁多年，又同爲刺史之職。年華高邁，子息全無。小姐若不棄嫌，欲待螟蛉爲女，意下何如？」蘭孫道：「妾蒙相公夫人收養，願爲奴婢，早晚服事。如此厚待，如何敢當？」劉元普道：「豈有此理！你乃宦家之女，偶遭挫折，焉可賤居下流？老夫自有主意，不必過謙。」蘭孫道：「相公、夫人正是重生父母，雖粉骨碎身，無可報答。既蒙不鄙微賤，認爲親女，焉敢有違？今日就拜了爹媽。」劉元普歡喜不勝，便對夫人道：「今日我以蘭孫爲女，可受他全禮。」當下，蘭孫插燭也似的拜了八拜，自此便叫劉相公、夫人爲爹爹、母親，十分孝敬，倍加親熱。

夫人又說與劉元普道：「相公既認蘭孫爲女，須當與他擇婿。侄兒王文用，青年喪偶，管理多年，才幹精敏，也不辱莫了女兒。【眉批】婦人之見。相公何不與他成就了這頭親事？」劉元普微微笑道：「内侄繼娶之事，少不得在老夫身上。今日自有個主意，你只管打點妝奩便了。」夫人依言。元普當時便揀下了一個成親吉日，到期宰殺猪羊，大排筵會，遍請鄉紳、親友，並李氏母子、内侄王文用一同來赴慶喜華筵。衆人還只道是劉公納寵，王夫人也還只道是與侄兒成婚。【眉批】盡是肉眼愚人。正是：

萬丈廣寒難得到，嫦娥今夜落誰家？

看看吉時將及，只見劉元普教人捧出一套新郎衣飾，擺在堂中。劉元普拱手向衆人説道：「列位高親在此，聽弘敬一言：敬聞『利人之色不仁，乘人之危不義』，襄陽裴使君以枉事繫獄身死，有女蘭孫，年方及笄。荆妻欲納爲妾，弘敬寧乏子嗣，决不敢污使君之清德。【眉批】有主意。内侄王文用，雖有綜理之才，却非仕宦中人，亦難以配公侯之女。唯我故人李縣令之子彦青者，既出望族，又值青年，貌比潘安，才過子建，誠所謂『窈窕淑女，君子好逑』者也。今日特爲兩人成其佳耦，諸公以爲何如？」衆人異口同聲，讚嘆劉公盛德。李春郎出其不意，却待推遜，劉元普那裏肯從？便親手將新郎衣巾與他穿帶了。次後笙歌鼎沸，燈火燈煌。遠遠聽得環珮之聲，却是薛婆做了喜娘，幾個丫鬟一同簇擁着蘭孫小姐出來。二位新人立在花毡之上，交拜成禮，真是説不盡那奢華富貴。但見：

「粉孩兒」對對挑燈，「七娘子」雙雙執扇。觀看的是「風檢才」、「麻婆子」，夸稱道「鵲橋仙」並進「小蓬萊」；伏侍的是「好姐姐」、「柳青娘」，幫襯道「賀新郎」同入「銷金帳」。做嬌客的，磨鎗備箭，豈宜重問「後庭花」；做新婦的，半喜還憂，此夜定然「川撥棹」。「脱布衫」時歡未艾，「花心動」處喜非常。

當時，張氏和春郎，魂夢之中也不想得到此，真正喜自天來。蘭孫小姐燈燭之下，覷見新郎容貌不凡，也自暗暗地歡喜。只道嫁個老人星，誰知却嫁了個文曲星！行禮已畢，便伏侍新人上轎。【眉批】即此便見陰德非小。劉元普親自送到南樓，結燭合巹。又把那千金妝奩，一齊送將過來。劉元普自回去陪賓，大吹大擂，直飲至五更而散。這裏洞房中一對新人，真正佳人遇着才子，那一宵歡愛，端的是如膠似漆，似水如魚，枕邊説到劉公大德，兩下裏感激深入骨髓。

次日，天明起來，見了張氏。張氏又同他夫婦拜見劉公，十萬分稱謝。隨後張氏就辦些祭物，到靈柩前叫媳婦拜了公公，兒子拜了岳父。張氏撫棺哭道：「丈夫生前爲人正直，死後必有英靈。劉伯父周濟了寡婦孤兒，又把名門貴女做你媳婦，恩德如天，非同小可。幽冥之中，乞保佑劉伯父早生貴子，壽過百齡。」春郎夫妻也各自默默地禱祝。自此上和下睦，夫唱婦隨，日夜焚香，保劉公冥福。

不覺光陰荏苒，又是臘月中旬，塋葬吉期到了。劉元普便自聚起匠役人工，在莊廳上擡取一對靈柩，到墳塋上來。張氏與春郎夫妻，各各帶了重孝相送。當下埋棺封土已畢，各立一個神道碑。一書：「宋故襄陽刺史安卿裴公之墓」，一書：「宋故錢塘縣尹克讓李公之墓」。只見松栢參差，山水環繞，宛然二塚相連。劉元普設三牲禮儀，親自舉哀拜奠。【眉批】哀自何來？張氏三人放聲大哭。哭罷，一齊望着劉元普拜倒在荒草地上不起。劉元普連忙答拜，只是謙讓無能，略無一毫自矜之色。【眉批】更難。隨即回來，各自散訖。

是夜，劉元普睡到三更，只見兩個人幞頭象簡，金帶紫袍，向劉元普撲地倒身拜下，口稱：「大恩人。」劉元普吃了一驚，慌忙起身扶住道：「二位尊神何故降臨？折殺老夫也。」那左手的一位説道：「某乃襄陽刺史裴習，此位即錢塘縣令李公克讓也。上帝憐我兩人清忠，封某爲天下都城隍，李公爲天曹府判官之職。某繫獄身死之後，幼女無投，承公大恩，賜之佳婿；又賜佳城，使我兩人冥冥之中，遂爲兒女姻眷。恩同天地，難效涓涘。已曾合表上奏天庭，上帝鑒公盛德，特爲官加一品，壽益三旬，子生雙貴。幽明雖隔，敢不報知！」那右首的一位又説道：「某只爲與公無交，難訴衷曲，故此空函寓意。不想公一見即明，慨然認義。養生送死，已出殊恩；淑女承祧，尤爲望外。雖益壽添嗣，未足報洪恩之萬一。今有遺腹小女鳳鳴，明早已當出世，敢以此女，奉長郎君箕箒。公與我媳，我亦與公媳，略盡報效之私。」言訖，拱手而別。劉元普慌忙出送，被兩人用手一推，瞥然驚覺，却正與王夫人睡在床上。便將夢中所見所聞，一一說了。夫人道：「妾身亦慕相公大德，古今罕有，自然得福非輕。【眉批】此時即宜與夫人種子矣。神明之言，諒非虛謬。」劉元普道：「裴、李二公，生前正直，死後爲神。他感我嫁女婚男，故來托夢，理之所有。但說我壽增三十，世間那有百歲之人？又說賜我二子，我今年已七十，雖然精力不減少時，那七十歲生子，却也難得，恐未必然。」

次日早晨，劉元普思憶夢中言語，整了衣冠，步到南樓。正要說與他三人知道，只見李春郎夫婦出來相迎。春郎道：「母親生下小妹，方在坐草之際。昨夜我母子三人，各有異夢，正要到伯父處報知賀喜，豈知伯父已先來了。」劉元普見說張氏生女，思想夢中李君之言，好生有驗。只是自己不曾有子，不好說得。當下，問了張氏平安，就問：「夢中所見如何？」李春郎道：「夢見父親、岳父，俱已爲神，口稱伯父大德，感動天庭，已爲延壽、添子。三人所夢，總只一樣。」劉元普暗暗稱奇，便將自己夢中光景，一一對兩人說了。春郎道：「此皆伯父積德所致，天理自然，非虛幻也。」劉元普隨即回家與夫人說知，各各駭嘆。又差人到李家賀喜。不踰時，又及滿月，張氏抱了幼女，來見伯父、伯母。元普便問：「令愛何名？」張氏道：「小名鳳鳴，是亡夫夢中所囑。」劉元普見與己夢相符，愈加驚異。

話休絮煩。且說王夫人當時年已四十歲了，只覺得喜食鹹酸，時常作嘔。劉元普只道中年人病發，延醫看脉，没一個解說得出。就有個把有手段的忖道：「像是有喜的氣脉。」却曉得劉元普年已七十，王夫人年已四十，從不曾生育的，爲此都不敢下藥。只說道：「夫人此病不消服藥，不久自瘳。」劉元普也道：「這樣小病，料是不妨。」自此，也不延醫，放下了心。只見王夫人又過了幾時，當真病好。但覺得腰肢日重，裙帶漸短，眉低眼慢，乳脹腹高。劉元普半信半疑道：「夢中之言，果然不虛麽？」日月易過，不覺又及産期。劉元普此時不由你不信是有孕。提防分娩，一面唤了收生婆進來，又僱了一個奶子。

忽一夜，夫人方睡，只聞得異香撲鼻，仙音嘹亮。夫人便覺腹痛，衆人齊來伏侍分娩。不上半個時辰，生下一個孩兒，香湯沐浴過了，看時，只見眉清目秀，鼻直口方，十分魁偉。夫妻兩人，歡喜無限。元普對夫人道：「一夢之靈驗如此！若如裴、李二公之言，皆上天之賜也。」就取名劉天祐，字夢禎。此事便傳遍洛陽一城，把做新聞傳説，百姓們編出四句口號道：

刺史生來有奇骨，爲人專好積陰隲。
嫁了裴女换劉兒，養得頭生做七十。

轉眼間又是滿月，少不得做湯餅會。衆鄉紳、親友齊來慶賀，真是賓客填門。吃了三五日筵席。春郎與蘭孫自梯己設宴賀喜，自不必説。

且説李春郎自從成婚、葬父之後，一發潛心經史，希圖上進，以報大恩。又得劉元普扶持，入了國子學。正與伯父、母、妻商量，到京赴學，以待試期。只見汴京有個公差到來，説是鄭樞密府中所差，前來接取裴小姐一家的。元來那蘭孫的舅舅鄭公，數月之内，已自西川節度内召爲樞密院副使。還京之日，已知姊夫被難而亡，遂到清真觀問取甥女消息，説是賣在洛陽。又遣人到洛陽探問，曉得劉公仗義全婚，稱嘆不盡。因爲思念甥女，故此欲接取他姑嫜、夫婿，一同赴京相會。春郎得知此信，正是兩便。蘭孫見説舅舅回京，也自十分歡喜。當下稟過劉公夫婦，就要擇個吉日，同張氏和鳳鳴起程。

到期，劉元普治酒餞别，中間説起夢中之事。劉元普便對張氏説道：「舊歲老夫夢中得見令先君，説令愛與小兒有婚姻之分。前日小兒未生，不敢啟齒。如今倘蒙不鄙，願結葭莩。」張氏欠身答道：「先夫夢中曾言，又蒙伯伯不棄，大恩未報，敢惜一女？只是母子孤寒如故，未敢仰攀。倘得大子成名，當以小女奉郎君箕箒。」當下酒散，劉公又囑付蘭孫道：「你丈夫此去，前程萬里。我兩人在家安樂，孩兒不必掛懷。」諸人各各流涕，戀戀不捨。臨行，又自再三下拜，感謝劉公夫婦盛德，然後垂淚登程去了。洛陽與京師却不甚遠，不時常有音信往來，不必細説。

再表公子劉天祐，自從生育，日往月來，又早週歲過頭。一日，奶子抱了小官人，同了養娘朝雲，往外邊耍子。那朝雲年十八歲，頗有姿色。隨了奶子，出來頑耍了一晌。奶子道：「姐姐，你與我略抱一抱。怕風大，我去將衣服來與他穿。」朝雲接過抱了，奶子進去了一回出來，只聽得公子啼哭之聲，着了忙，兩步當一步，走到面前。只見朝雲一手抱了，一手伸在公子頭上揉着。奶子疾忙近前看時，只見跌起老大一個疙瘩，便大怒發話道：「我略轉得一轉背，便把他跌了。你豈不曉得他是老爺、夫人的性命？若是知道，須連累我吃苦。我便去告訴老爺、夫人，看你這小賤人逃得過這一頓責罰也不？」説罷，抱了公子，氣憤憤的便走。朝雲見他勢頭不好，一時性發，也接應道：「你這樣老猪狗！倚仗公子勢利，便欺負人，破口罵我。不要使盡了英雄。莫説你是奶子，便是公子，我也從不曾見有七十歲的養頭生！知他是拖來也是抱來的人？【眉批】此婦人本色。却爲這一跌便凌辱我。」朝雲雖是口强，却也心慌，不敢便走進來。不想那奶子一五一十，竟將朝雲説話，對劉元普説了。元普聽罷，忻然説道：「這也怪他不得。七十生子，原是罕有。他一時妄言，何足計較？」當時奶子只道攛鬭朝雲一場，少也敲個半死，不想元普如此寬容，把一片火性，化做半杯冰水，抱了公子自進去了。

却説元普當夜與夫人吃夜飯罷，自到書房裏去安歇，分付女婢道：「唤朝雲到我書房裏來。」衆女婢只道爲日裏事發，要難爲他，倒替他擔着一把干係，疾忙鷹拿燕雀的把朝雲拿到。可憐朝雲懷着鬼胎，戰兢兢的立在劉元普面前，只打點領責。元普分付衆人道：「你每多退去，只留朝雲在此。」衆人領命，一齊都散，不留一人。元普便叫朝雲閉上了門。朝雲正不知劉元普葫蘆裏賣出甚麽藥來，只見劉元普叫他近前，説道：「人之不能生育，多因交會之際，精力衰微，浮而不實，故艱于種子。若精力健旺，雖老猶少。你却道老年人不能生産，便把那抱別姓、借異種這樣邪説疑我！【眉批】劉公釋疑之慮甚長，非好色也。我今夜留你在此，正要與你試一試精力，消你這點疑心。」原來劉元普初時只道自己不能生兒，所以不肯輕納少年女子。如今已得過頭生，便自放膽大了。又見夢中説尚有一子，一時間不覺通融起來。那朝雲也是偶然失言，不想到此分際，却也不敢違拗，只得伏侍元普，解衣同寢。但：

一個似八百年彭祖的長兄，一個似三十歲顏回的少女。尤雲殢雨，宓妃傾洛水澆着壽星頭；似水如魚，吕望持鈎竿撥動楊妃舌。乘牛老君，摟住捧珠盤的龍女；騎驢古老，搭着執抓籬的仙姑。胥靡藤纏定牡丹花，緑毛龜採取芙蕖蕋。太白金星淫性發，上青玉女慾情來。

劉元普雖則年老，精神强悍，朝雲只得忍着痛苦承受。約莫弄了一個更次，陽洩而止。是夜，劉元普便與朝雲同睡。天明，朝雲自進去了。劉元普起身對夫人説知此事。【眉批】好個夫人！夫人只是笑。衆女婢和奶子多道：「老爺一向極有正經，而今到恁般老没志氣！」誰想劉元普和朝雲只此一宵，便受了娠。劉元普也是一時要他不疑，賣弄本事，也不道如此快殺。夫人便鋪個下房，勸相公册立朝雲爲妾。劉元普應允了。便與朝雲戴笄，納爲後房，不時往朝雲處歇宿。朝雲想起當初一時失言，倒得了這一個好地位。劉元普與朝雲戲語道：「你如今方信公子不是拖來拖來的了麽？」朝雲耳紅面赤，不敢言語。【眉批】此句要緊。

轉眼之間，又已十月滿了。一日，朝雲腹痛難禁，也覺得異香滿室，生下一個兒子。方纔落地，只聽得外邊喧嚷。劉元普出來看時，却是報李春郎狀元及第的。劉元普見侄兒登第，不辜負了從前認義之心。又且正值生子之時，也是個大大吉兆。心下不勝快樂。當時報喜人就呈上李狀元家書。劉元普拆開看道：

侄子母孤孀，得延殘息足矣。賴伯父保全終始，遂得成名，皆伯父之賜也。邇來二尊人起居，想當佳勝。本欲給假一候尊顏，緣侍講東宫，不離朝夕，未得如心。姑寄御酒二瓶，爲伯父頤老之資；宫花二朵，爲賢郎鼎元之兆。臨風神逞，不盡鄙忱。

劉元普看畢，收了御酒、宫花。正進來與夫人説知，只見公子天祐走將過來，劉元普喚住，遞宫花與他道：「哥哥在京得第，特寄宫花與你，願我兒他年瓊林賜宴，與哥哥今日一般。」公子欣然接去，向頭上亂插，望着爹娘唱了兩個深喏，引得那兩個老人家歡喜無限。

劉元普隨即修書賀喜，并説生次子之事。打發京中人去訖。便把皇封御酒，祭獻裴、李二公，然後與夫人同飲。從此又將次子取名天錫，表字夢符。兄弟日漸長成，十分乖覺。劉元普延師訓誨，以待成人。又感上天祐庇，一發修橋砌路，廣行陰德。裴、李二墓，每年春秋祭掃不題。

再表李狀元在京之事。那鄭樞密與夫人魏氏，止生一幼女，名曰素娟，尚在襁褓。他只爲姐夫、姐姐早亡，甚是愛重甥女，故此李氏一門，在他府中十分相得。李狀元自成名之後，授了東宫侍講之職，深得皇太子之心。自此十年有餘，真宗皇帝崩了，仁宗皇帝登極，優禮師傅，便超陞李彦青爲禮部尚書，進階一品。那劉元普仗義之事，自仁宗爲太子時，已自幾次奏知，當日便進上一本，懇賜還鄉祭掃，並乞褒封。仁宗頒下詔旨：「錢塘縣尹李遜，追贈禮部尚書；襄陽刺史裴習，追復原官，各賜御祭一筵。青州刺史劉弘敬，以原官加陞三級。禮部尚書李彦青，給假半年，還朝復職。」

李尚書得了聖旨，便同張老夫人、裴夫人、鳳鳴小姐，謝别了鄭樞密，馳驛回洛陽來。一路上車馬旌旗，炫耀數里。府縣官員，出郭迎接。那李尚書去時尚是弱冠，來時已作大臣，却又年止三十。洛陽父老，觀者如堵，都稱嘆劉公不但有德，抑且能識好人。當下李尚書家眷，先到劉家下馬。劉元普夫婦聞知，忙排香案迎接聖旨，山呼已畢。張老夫人、李尚書、裴夫人，俱各紅袍玉帶，率了鳳鳴小姐，齊齊拜倒在地，稱謝洪恩。

劉元普扶起尚書，王夫人扶起夫人、小姐，就唤兩位公子出來，相見嬸嬸、兄嫂。衆人看見兄弟二人，相貌魁梧，又酷似劉元普模樣，無不歡喜，都稱嘆道：「大恩人生此雙璧，無非積德所招！」隨即排着御祭，到裴、李二公墳塋焚黄奠酒，張氏等四人各各痛哭一場，徹祭而回。劉元普開筵賀喜。食供三套，酒行數巡。劉元普起身對尚書母子説道：「老夫有一衷腸之話，含藏十餘年矣。今日不敢不説。令先君與老夫，生平實無一面之交。【眉批】所以爲難。當賢母子來投，老夫茫然不知就裏。及至拆書看時，並無半字。【眉批】非虚名。初時不解其意，仔細想將起來，必是聞得老夫虚名，欲待托妻寄子，却是從無一面，難叙衷情，故把空書藏着謎謎。老夫當日認假爲真，雖妻子跟前，不敢説破。其實所稱八拜爲交，皆虚言耳。今日喜得賢侄功成名遂，耀祖榮宗，老夫若再不言，是埋没令先君一段苦心也。」言畢，即將原書遞與尚書母子展看。尚書母子號慟感謝。衆人直至今日，纔曉得空函認義之事，十分稱嘆不止。正是：

故舊托孤天下有，虚空認義古來無。
世人盡效劉元普，何必相交在始初。

當下，劉元普又説起長公子求親之事，張老夫人欣然允諾。裴夫人起身説道：「奴受爹爹厚恩，未報萬一。今舅舅鄭樞密生一表妹，名曰素娟，正與次弟同庚。奴家願爲作伐，成其配偶。」劉元普稱謝了。當日無話。

劉元普隨後就與天祐聘了李鳳鳴小姐。李尚書一面寫表，轉達朝廷，奏聞空函認義之事；一面修書與鄭公説合。不踰時，仁宗看了表章，龍顔大喜，驚嘆劉弘敬盛德，隨頒恩詔，除建坊旌表外，特以李彦青之官封之，以彰殊典。那鄭公素慕劉公高義，求婚之事，無有不從。李尚書既做了天祐舅舅，又做了天錫中表聯襟，親上加親，十分美滿。

以後，天祐狀元及第，天錫進士出身，兄弟兩人，青年同榜，劉元普直看二子成婚，各各生子，然後忽一夜夢見裴使君來拜道：「某任都隊隍已滿，乞公早赴瓜期，上帝已有旨矣。」次日無疾而終，恰好百歲。王夫人也自壽過八十，李尚書夫婦痛哭倍常，認作親生父母，心喪六年。雖然劉氏自有子孫，李尚書却自年年致祭，這教做知恩報恩。唯有裴公無後，也是李氏子孫世世拜掃。自此世居洛陽，看守先塋，不回西粤。裴夫人生子，後來也出仕貴顯。那劉天祐直做到同平章事，劉天錫直做到御史大夫。劉元普屢受褒封，子孫蕃衍不絶，此陰德之報也。

這本話文，出在《空緘記》，如今依傳編成演義一回，所以奉勸世人爲善。有詩爲証：

陰陽總一理，禍福唯自求。
莫道天公遠，須看刺史劉。

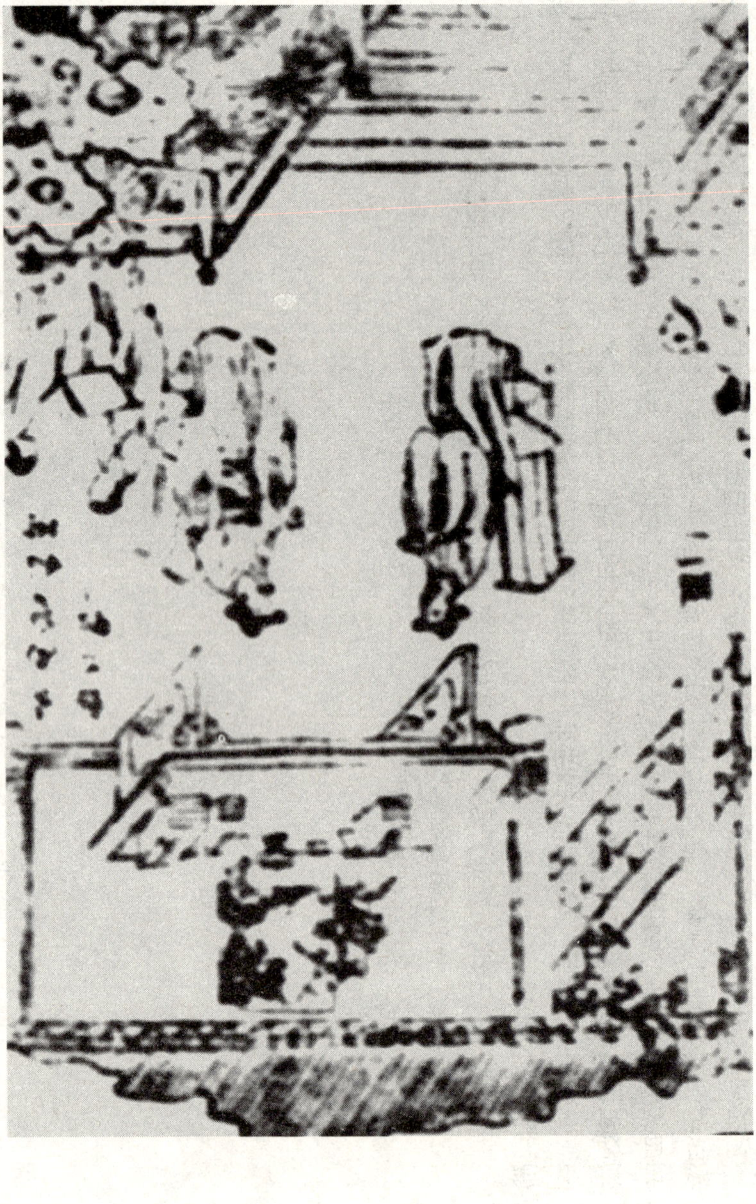

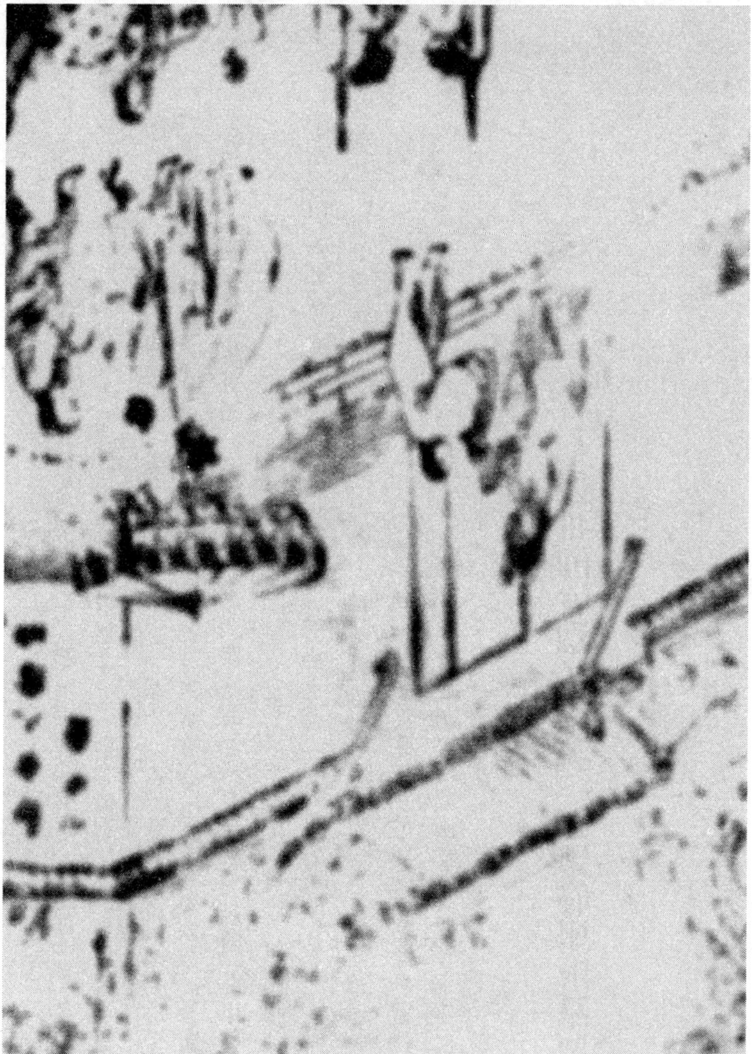

卷二十一

袁尚寶相術動名卿　鄭舍人陰功叨世爵

詩曰：

燕門壯士吴門豪，筑中注鉛魚隱刀。
感君恩重與君死，泰山一擲若鴻毛。

話説唐德宗朝有個秀才，南劍州人，姓林，名積，字善甫。爲人聰俊，廣覽詩書，《九經》、《三史》，無不通曉，更兼存心梗直。在京師太學讀書。給假回家，侍奉母親之病。母病愈，不免再往學中。免不得暫别母親，相辭親戚、鄰里，教當直王吉，挑着行李，迤逦前進。在路但見：

或過山林，聽樵歌於雲嶺；又經别浦，聞漁唱於烟波。或抵鄉村，却遇市井。纔見緑楊垂柳，影迷幾處之樓臺；那堪啼鳥落花，知是誰家之院宇？看處有無窮之景致，行時有不盡之驅馳。

饑餐渴飲，夜住曉行，無路登舟。不只一日，至蔡州，到個去處天色已晚。但見：

十里俄驚霧暗，九天倏覩星明。八方商旅卸行裝，七級浮屠燃夜火。六翮飛鳥，争投栖于樹杪；五花畫舫，盡返棹于洲邊。四野牛羊皆入棧，三江漁釣悉歸家。兩下招商，俱説此間可宿；一聲畫角，應知前路難行。

兩個投宿于旅邸。小二哥接引。揀了一間寬潔房子，當直的安頓了擔杖。善甫稍歇，討了湯，洗了脚，隨分吃了些晚食，無事閒坐則箇。不覺早點燈，交當直安排宿歇，來日早行。當直王吉在床前打鋪自睡。

且說林善甫脱了衣裳，也去睡。但覺物瘾其背，不能睡着。壁上有燈，尚猶未滅，遂起身揭起薦蓆看時，見一布囊，囊中有一錦囊，中有大珠百顆，遂收於箱篋中。當夜不在話下。

到來朝天色已曉，但見：

曉霧裝成野外，殘霞染就荒郊。耕夫隴上，朦朧月色將沉；織女機邊，幌蕩金烏欲出。牧牛兒尚睡，養蠶女未興。樵舍外已聞犬吠，招提内尚見僧眠。

天色將曉，起來洗漱罷，繫裹畢。教當直的一面安排了行李，林善甫出房中來，問店主人：「前夕恁人在此房内宿？」店主人説道：「昨夕乃是一巨商。」林善甫見説：「此乃吾之故友也。因俟我失期。」看着那店主人道：「此人若回來尋時，可使他來京師上庠貫道齋，尋問林上舍，名積，字善甫。千萬千萬，不可誤事。」説罷，還了房錢，相揖作別去了。王吉前面挑着行李什物，林善甫後面行，迤逦前進。林善甫放心不下，恐店主人忘了，遂於沿路上，令王吉於墻壁粘手榜云：「某年某月某日，有劍浦林積，假館上庠。【眉批】忠厚之至。有故人元珠，可相訪於貫道齋。」不只一日，到於學中，參了假仍舊歸齋讀書。

且説這囊珠子，乃是富商張客遺下了去的。及至到於市中，取珠欲貨，方知失去，諕得魂不附體道：「苦也！我生受數年，只選得這包珠子。今已失了，歸家妻子、孩兒如何肯信？」再三思量，不知失於何處，只得再回，沿路店中尋討。直尋到林上舍所歇之處，問店小二時，店小二道：「我却不知你失去物事。」張客道：「我歇之後，有恁人在此房中安歇？」店主人道：「我便忘了。從你去後，有個官人來歇一夜了，絶早便去。臨行時分付道：『有人來尋時，可千萬使他來京師上庠貫道齋，問林上舍，名積。』」張客見説言語蹺蹊，口中不道，心下思量：「莫是此人收得我之物？」當日只得離了店中，迤逞再取京師路上來。見沿路貼着手榜中，有「元珠」之句，略略放心。

不只一日，直到上庠。未去歇泊，便來尋問。學對門有個茶坊，但見：

木匾高懸，紙屏橫掛。壁間名畫，皆唐朝吴道子丹青；甌内新茶，盡山居玉川子佳茗。

張客入茶坊吃茶。茶罷，問茶博士道：「此間有個林上舍否？」博士道：「上舍姓林的極多，不知是那個林上舍？」張客說：「貫道齋名積，字善甫。」茶博士見說，「這個便是個好人。」張客見說道是好人，心下又放下二三分。張客說：「上舍多年個遠親，不相見，怕忘了。若來時相指引則個。」正說不了，茶博士道：「兀的出齋來的官人便是。他在我家寄衫帽。」張客見了，不敢造次。林善甫入茶坊，脱了衫帽。張客方纔向前，看着林上舍唱個喏便拜。林上舍道：「男兒膝下有黄金，如何拜人？」那時林上舍不識他有甚事，但見張客簌簌地淚下，哽咽了說不得。歇定，便把這上件事一一細説一遍。林善甫見說，便道：「不要慌，物事在我處。我且問你則個。裏面有甚麽？」張客道：「布囊中有錦囊，内有大珠百顆。」林上舍道：「多說得是。」帶他去安歇處，取物交還。張客看見了道：「這個便是。不願都得，但只覓得一半歸家，養膳老小，感戴恩德不淺。」林善甫堅執不受。如此數次相推。張客見林上舍再三再四不受，感戴洪恩不已，拜謝而去。將珠子一半，於市貨賣，賣得銀來，舍在有名佛寺齋僧，就與林上舍建立生祠供養，報答還珠之恩。【眉批】也是個不負心的。

善甫後來一舉及第。詩云：

林積還珠古未聞，利心不動道心存。
暗施陰德天神助，一舉登科耀姓名。

善甫後來位至三公，二子歷任顯宦。古人云：「積善有善報，積惡有惡報。積善之家，必有餘慶；作惡之家，必有餘殃。」正是：

黑白分明造化機，誰人會解劫中危？
分明指與長生路，争奈人心着處迷。

此本話文，叫做《積善陰隲》，乃是京師老郎傳留至今。小子爲何重宣這一遍？只爲世人貪財好利，見了别人錢鈔，昧着心就要起發了。何況是失下的，一發是應得的了，誰肯輕還本主？不知冥冥之中，陰功極重。所以裴令公相該餓死，只因還了玉帶，後來出將入相；竇諫議命主絶嗣，只爲還了遺金，後來五子登科。其餘小小報應，説不盡許多。而今再説一個一點善念，直到得脱了窮胎，變成貴骨，説與看官們一聽，方知小子勸人做好事的説話，不是没來歷的。你道這件事出在何處？

國朝永樂爺爺未登帝位，還爲燕王，其時有個相士叫做袁柳莊，名珙，在長安酒肆，遇見一夥軍官打扮的，在裏頭吃酒。柳莊把内中一人看了一看，大驚下拜道：「主公乃真命天子也。」其人摇手道：「休得胡説！」却問了他姓名去了。明日只見燕府中有懿旨，召這相士。相士朝見，擡頭起來，正是昨日酒館中所遇之人。元來燕王裝做了軍官，與同護衛數人，出來微行的。就密教他仔細再相。柳莊相罷稱賀。從此燕王決了大計。後來靖了内難，乃登大寶，酬他一個三品京職。其子忠徹，亦得蔭爲尚寶司丞。京師顯貴公卿，没一個不與他往來，求他風鑑的。

人多曉得柳莊神相，却不知其子忠徹，傳了父術，也是一個百靈百驗的。

其時有一個姓王的部郎，家中人眷不時有病。一日，袁尚寶來拜，見他面有憂色，問道：「老先生尊容滯氣，應主人眷不寧。然不是生成的，恰似有外來妨碍，原可趨避。」部郎道：「如何趨避？望請見教。」正説話間，一個小廝捧了茶盤出來送茶。尚寶看了一看，大驚道：「元來如此！」須臾吃罷茶，小廝接了茶鍾進去了。尚寶密對部郎道：「適來送茶小童，是何名字？」部郎道：「問他怎的？」尚寶道：「使宅上人眷不寧者，此子也。」部郎道：「小廝姓鄭，名興兒，就是此間收的，未上二年。【眉批】亦□。老實勤緊，頗稱得用。他如何能使家下不寧？」尚寶道：「此小廝相能妨主。若留過一年之外，便要損人口，豈止不寧而已！」部郎意猶不信道：「怎便到此？」尚寶道：「老先生豈不聞馬有的盧能妨主，手版能忤人君的故事麼？」部郎省悟道：「如此，只得遣了他罷了。」

部郎送了尚寶出門，進去與夫人說了適間之言。女眷們見說了這等說話，極易聽信的。又且袁尚寶相術有名，那一個不曉得？部郎是讀書之人，還有些倔强未服，怎當得夫人一點疑心之根，再拔不出了。部郎就喚興兒到跟前，打發他出去。興兒大驚道：「小的並不曾壞老爺事體，如何打發小的？」部郎道：「不爲你壞事，只因家中人口不安，袁尚寶爺相道，都是你的緣故。没奈何打發你在外去過幾時，看光景再處。」興兒也曉得袁尚寶相術通神，如此說了，畢竟難留；却又捨不得家主，大哭一場，拜倒在地。【眉批】便是好僕，非無情之流。部郎也有好些不忍，没奈何强遣了他。果然興兒出去了，家中人口從此平安。部郎合家，越信尚寶之言，不爲虚謬。

話分兩頭。且説興兒含悲離了王家，未曾尋得投主，權在古廟栖身。一日，走到坑厠上屙屎，只見壁上掛着一個包裹，他提下來一看，乃是布綫密紮，且是沉重。解開一看，乃是二十多包銀子。看見了，伸着舌頭縮不進來道：「造化，造化。我有此銀子，不憂貧了。就是家主趕了出來，也不妨。」又想一想道：「我命本該窮苦，投靠了人家，尚且道是相法妨碍家主，平白無事趕了出來。【眉批】此念至，福至矣。怎得有福氣受用這些物事？此必有人家幹甚緊事，帶了來用，因爲登東司，掛在壁間失下了的，未必不關着幾條性命。我拿了去，雖無人知道，却不做了陰隲事體？畢竟等人來尋，還他爲是。」左思右想，帶了這個包裹，不敢走離坑厠。沉吟到將晚，不見人來。放心不下，取了一條草薦，竟在坑版上鋪了，把包裹塞在頭底下，睡了一夜。【眉批】此亦其難，無論還銀。

明日絶蚤，只見一個人頭蓬眼腫，走到坑中來。見有人在裏頭，看一看壁間，吃了一驚道：「東西已不見了，如何回去得？」將頭去坑墻上亂撞。興兒慌忙止他道：「不要性急。有甚話，且與我説個明白。」那個人道：「主人托俺將着銀子到京中做事，昨日偶因登厠，尋個竹釘，掛在壁上。已後登厠已完，竟自去了，忘記取了包裹。而今主人的事既做不得，銀子又無了，怎好白手回去見他？要這性命做甚？」興兒道：「老兄不必着忙，銀子是小弟拾得在此，自當奉璧。」那個人聽見了，笑逐顏開道：「小哥若肯見還，當以一半奉謝。」興兒道：「若要謝時，我昨夜連包拿了去不得？何苦在坑版上，忍了臭氣，睡這一夜。不要昧了我的心！」把包裹一撩，竟還了他。

那個人見是個小斯，又且説話的確，做事慷慨，便問他道：「小哥高姓？」興兒道：「我姓鄭。」那個人道：「俺的主人也姓鄭，河間府人，是個世襲指揮。只因進京來討職事做，叫俺拿銀子來使用，不知是昨日失了，今日却得小哥還俺。俺明日做事停當了，同小哥去見俺家主，説小哥這等好意，必然有個好處。」兩個歡歡喜喜，同到一個飯店中。【眉批】所謂：與人方便，自己方便。殷殷勤勤，買酒請他，問他本身來歷。他把投靠王家，因相被逐，一身無歸，上項苦情，備細述了一遍。那個人道：「小哥患難之中，見財不取，一發難得。而今不必別尋道路，只在我下處同住了。待我幹成了這事，帶小哥到河間府罷了。」興兒就問那個人姓名，那個人道：「俺姓張，在鄭家做都管，人只叫我做張都管。不要説俺家主人，就是俺自家也盤纏得小哥一兩個月起的。」興兒正無投逩，聽見如此説，也自喜歡。從此只在飯店中安歇，與張都管看守行李。張都管自去兵部做事。有銀子得用了，自然無不停當，取鄭指揮做了巡撫標下旗鼓官。張都管欣然走到下處，對興兒説道：「承小哥厚德，主人已得了職事。【眉批】使當世皆興兒，則黄金如糞土矣。這分明是小哥作成的。俺與你只索同到家去報喜罷了，不必在此停留。」即忙收拾行李，僱了兩個牲口，做一路回來。

到了家門口，張都管留興兒在外邊住了，先進去報與家主鄭指揮。鄭指揮見有了衙門，不勝之喜，對張都管道：「這事全虧你能幹得來。」張都管説道：「這事全非小人之能，一來主人福蔭，二來遇個恩星，得有今日。【眉批】不自居功，不忘人德，亦不易得。若非那個恩星，不要説主人官職，連小人性命也不能勾回來見主人了。」鄭指揮道：「是何恩星？」張都管把登厠失了銀子，遇着鄭興兒，厠板上守了一夜，原封還他，從頭至尾，説了一遍。鄭指揮大驚道：「天下有這樣義氣的人，而今這人在那裏？」張都管道：「小人不敢忘他之恩，邀他同到此間，拜見主人。見在外面。」鄭指揮道：「正該如此。快請進來。」張都管走出門外，叫了興兒，一同進去見鄭指揮。興兒是做小厮過的，見了官人，不免磕個頭下去。鄭指揮自家也跪將下去，扶住了，説道：「你是俺恩人，如何行此禮？」興兒站將起來，鄭指揮仔細看了一看道：「此非下賤之相。【眉批】变得快。況且器量寬洪，立心忠厚，他日必有好處。」討坐來與他坐了。興兒那裏肯坐？推遜了一回，只得依命坐了。指揮問道：「足下何姓？」興兒道：「小人姓鄭。」指揮道：「忝爲同姓，一發妙了。老夫年已望六，尚無子嗣。今遇大恩，無可相報。不是老夫要討便宜，情願認義足下做個養子，恩禮相待，少報萬一。不知足下心下如何？」興兒道：「小人是執鞭墜凳之人，怎敢當此？」鄭指揮道：「不如此説。足下高誼，實在古人之上。今欲酬以金帛，足下既輕財重義，豈有重貲不取，反受薄物之理？【眉批】鄭公胸襟如此，故堪爲興兒之父。若便恝然無關，視老夫爲何等負義之徒！幸叨同姓，實是天緣。只恐有屈了足下，於心不安。足下何反見外如此？」指揮執意既堅，張都管又在傍邊一力攛掇，興兒只得應承。當下拜了四拜，認義了。此後，内外人多叫他是鄭大舍人，名字叫做鄭興邦。連張都管也讓他做小家主了。

那舍人北邊出身，從小曉得些弓馬。今在指揮家，帶了同往薊州任所，廣有了得的教師，日日教習，一發熟閒。指揮愈加喜歡。況且做人和氣，又凡事老成謹慎，合家之人，無不相投。指揮已把他名字報去，做了個應襲舍人。那指揮在巡撫標下，甚得巡撫之心。年終累薦，調入京營，做了游擊將軍，連家眷進京。鄭舍人也同往。到了京中，騎在高頭駿馬上，看見街道，想起舊日之事，不覺悽然淚下。有詩爲証：

昔年在此拾遺金，藍縷身軀乞丐心。

怒馬鮮衣今日過，淚痕還似舊時深。

却說鄭游擊又與舍人用了些銀子，得了應襲冠帶，以指揮職銜聽用。在京中往來拜客，好不氣概！他自離京中，到這個地位，還不上三年。此時王部郎也還在京中。舍人想道：「人不可忘本。我當時雖被王家趕了出來，却是主人原待得我好的，只因袁尚寶有妨碍主人之說，故此聽信了他，原非本意。今我自到義父家中，何曾見妨了誰來？此乃尚寶之妄言，不關舊主之事。今得了這個地步，還該去見他一見，纔是忠厚。只怕義父怪道翻出舊底本，人知不雅，未必相許。」即把此事從頭至尾，來與養父鄭游擊商量，游擊稱贊道：「貴不忘賤，新不忘舊，都是人生實受用好處，有何妨碍？古來多少王公大人、天子宰相，在塵埃中屠沽下賤起的，大丈夫正不可以此芥蒂。達人之見。」

舍人得了養父之言，即便去穿了素衣服，腰繫金鑲角帶，竟到王部郎寓所來。手本上寫着：

門下走卒應襲聽用指揮鄭興邦叩見。

王部郎接了手本，想了一回道：「此是何人，却來見我？又且寫『門下走卒』，是必曾在那裏相會過來。」心下疑惑，元來京裏部官清澹，見是武官來見，想是有些油水的，不到得作難，就叫請進。

鄭舍人一見了王部郎，連忙磕頭下去。王部郎雖是舊主人，今見如此冠帶换扮了，一時那裏遂認得？慌忙扶住道：「非是統屬，如何行此禮？」舍人道：「主人豈不記那年的興兒麽？」部郎仔細一看，骨格雖然不同，體態還認得出，吃了一驚道：「足下何自能致身如此？」舍人把認了義父，討得應襲指揮，今義父見在京營做游擊的話，説了一遍，道：「因不忘昔日看待之恩，敢來叩見。」王部郎見説罷，只得看坐。舍人再三不肯道：「分該侍立。」部郎道：「今足下已是朝廷之官，如何拘得舊事？」舍人不得已傍坐了。部郎道：「足下有如此後步，自非家下所能留。只可惜袁尚寶妄言誤我，致得罪于足下，以此無顔。」舍人道：「凡事有數。若當時只在主人處，也不能得認義父，以有今日。」部郎道：「事雖如此，只是袁尚寶相術可笑，可見向來浪得虚名耳。」【眉批】冤哉！

正要擺飯欵待，只見門上遞一帖進來道：「尚寶袁爺要來面拜。」部郎撫掌大笑道：「這個相不着的，又來了，正好取笑他一回。」便對舍人道：「足下且到裏面去，只做舊時妝扮了。停一會，待我與他坐了，竟出來照舊送茶，看他認得出認不出。」舍人依言，進去卸了冠帶，與舊日同伴取了一件青長衣披了。聽得外邊尚寶坐定討茶，雙手捧了一個茶盤，恭恭敬敬出來送茶。袁尚寶注目一看，忽地站了起來，道：「此位何人？」【眉批】此位不屈人。乃在此送茶！」部郎道：「此前日所逐出童子興兒便是。今無所歸，仍來家下服役耳。」尚寶道：「何太欺我？此人不論後日，只據目下，乃是一金帶武職官，豈宅上服役之人哉？」部郎大笑道：「老先生不記得前日相他妨碍主人，累家下人口不安的説話了？」尚寶方纔省起向來之言，再把他端相了一回，笑道：「怪哉！怪哉！前日果有此言，却是前日之言也不差，今日之相也不差。」部郎道：「何解？」尚寶道：「此君滿面陰德紋起，若非救人之命，必是還人之物，骨相已變。看來有德于人，人亦報之。今日之貴，實繇于此。非學生之有誤也。」舍人不覺失聲道：「袁爺真神人也。」遂把厠中拾金還人，與挈到河間，認義父親，應襲冠帶，前後事備細説了一遍，道：「今日念舊主人，所以到此。」部郎起初只曉得認義之事，不曉得還金之事，聽得説罷，肅然起敬道：「鄭君德行，袁公神術，俱足不朽。」快教取鄭翁冠帶來穿着了，重新與尚寶施禮。部郎連尚寶多留了筵席，三人盡歡而散。

次日，王部郎去拜了鄭游擊，就當答拜了舍人。遂認爲通家，往來不絶。後日鄭舍人也做到游擊將軍而終，子孫竟得世蔭。只因一點善念，脱胎换骨，享此爵禄。所以奉勸世人，只宜行好事，天並不曾虧了人。有古風一首爲証：

袁公相術真奇絶，唐舉許負無差别。
片言甫出鬼神驚，雙眸略展榮枯決。
兒童妨主運何乖，流落街衢實可哀。
還金一舉堪夸羡，善念方萌已脱胎。
鄭公生平原倜儻，百計思酬恩誼廣。
螟蛉同姓是天緣，冠帶加身報不爽。
京華重憶主人情，一見袁公便起驚。
陰功獲福從來有，始信時名不浪稱。

運退時朝
史雷秋

卷二十二

錢多處白丁横帶　運退時刺史當稍

詩云：

苑枯本是無常數，何必當風使盡帆？
東海揚塵猶有日，白衣蒼狗刹那間！

話説人生榮華富貴，眼前的多是空花，不可認爲實相。如今人一有了時勢，便自道是萬年不拔之基；傍邊看的人，也是一様見識。豈知轉眼之間，灰飛煙滅，泰山化作冰山，極是不難的事。俗語兩句説得好：「寧可無了有，不可有了無。」專爲貧賤之人，一朝變泰，得了富貴，苦盡甜來，滋味深長。若是富貴之人，一朝失勢，落泊起來，這叫做「樹倒猢猻散」，光景着實難堪了。却是富貴的人，只據目前時勢，横着膽，昧着心，任情做去，那裏管後來有下稍没下稍？曾有一個笑話：道是一個老翁有三子，臨死時分付道：「你們倘有所願，實對我説，我死後求之上帝。」一子道：「我願官高一品。」一子道：「我願田連萬頃。」末一子道：「我無所願，願换大眼睛一對。」老翁大駭道：「要此何幹？」其子道：「等我撑開了大眼，看他們富的富，貴的貴。」【眉批】醒時之談。此雖是一個笑話，正合着古人云：

長將冷眼觀螃蟹，看你横行得幾時！

雖然如此，然那等薰天赫地富貴人，除非是遇了朝廷誅戮，或是生下子孫不肖，方是敗落散場，再没有一個身子上先前做了貴人，以後流爲下賤，現世現報，做人笑柄的。看官，而今且聽小子先説一個好笑的，做個人話。

唐朝僖宗皇帝即位，改元乾符。是時閹宦驕横，有個小（少）馬坊使内官田令孜，是上爲晋王時有寵，及即帝位，使知樞密院，遂擢爲中尉。上時年十四，專事游戲，政事一委令孜，呼爲阿父。遷除官職，不復闢白。其時京師有一流棍，叫名李光，專一阿諛逢迎，諂事令孜。令孜甚是喜歡、信用，薦爲左軍使；【眉批】阿父自然不必闢白兒子。忽一日，奏授朔方節度使。豈知其人命薄，没福消受，敕下之日，暴病卒死。遺有一子，名唤德權，年方二十餘歲。令孜老大不忍，心裏要擡舉他，不論好歹，署了他一個劇職。時黄巢破長安。中和元年，陳敬瑄在成都，遣兵來迎僖皇，令孜遂勸僖皇幸蜀。令孜扈駕，就便叫了李德權同去。僖皇行在住于成都，令孜與敬瑄相與交結，盗專國柄，人皆畏威。德權在兩人左右，遠近仰奉，凡奸豪求名求利者，多賄賂德權，替他兩處打關節。數年之間，聚賄千萬。累官至金紫光禄大夫、檢校右僕射，一時薰灼無比。【眉批】不小。

後來僖皇薨逝，昭皇即位。天順二年四月，西川節度使王建屢表請殺令孜、敬瑄，朝廷懼怕二人，不敢輕許，建使人告敬瑄作亂、令孜通鳳翔書，不等朝廷旨意，竟執二人殺之。【眉批】雖專權，却快人。草奏云：

開柙出虎，孔宣父不責他人；當路斬蛇，孫叔敖蓋非利己。專殺不行於閫外，先機恐失於彀中。

於時，追捕二人餘黨甚急，德權脱身，遁於復州。平日枉有金銀財貨萬萬千千，一毫却帶不得，只走得空身。盤纏了幾日，衣服多當來吃了。【眉批】平日之貪何益。單衫百結，乞食通途。可憐昔日榮華，一日付之春夢。

却説天無絶人之路。復州有個後槽健兒，叫做李安，當日李光未際時，與他相熟。偶在道上行走，忽見一人襤縷丐食。仔細一看，認得是李光之子德權，心裏惻然。邀他到家裏，問他道：「我聞得你父子在長安富貴，後來破敗，今日何得在此？」德權將官司追捕田、陳餘黨，脱身亡命，到此困窮的話説了一遍。李安道：「我與汝父有交，你便權在舍下住幾時。怕有人認得，你可改個名，只認做我的侄兒，便可無事。」德權依言，改名彦思，就認他這看馬的做叔叔，不出街上乞化了。未及半年，李安得病將死，彦思見後槽有官給的工食，遂叫李安投狀，道：「身已病廢，乞將侄彦思繼充後槽。」【眉批】再世爲人。不數日，李安果死，彦思遂得補充健兒，爲牧守圉人，不須憂愁衣食，自道是十分僥倖。豈知漸漸有人曉得他曾做僕射過的，此時朝政紊亂，法紀廢弛，也無人追究他的踪迹。但只是起他個混名，叫他做「看馬李僕射」。走將出來時，衆人便指手點脚，當一場笑話。

看官，你道僕射是何等樣大官，後槽是何等樣賤役！如今一人身上，先做了僕射，收場結果，做得個看馬的，豈不可笑？却又一件，那些人依附内相，原是冰山，一朝失勢，破敗死亡，此是常理。【眉批】敗者多矣，無肯懲何也？留得殘生看馬，還是便宜的事，不足爲怪。如今再説當日同時有一個官員，雖是得官不正，僥倖來的，却是自己所挣。誰知天不幫襯，有官無禄。並不曾犯着一個對頭，並不曾做着一件事體，都是命裏所招，下梢頭弄得没出豁，比此更爲可笑。詩曰：

富貴榮華何足論？從來世事等浮雲。
登場傀儡休相嚇，請看當稍郭使君。

這本話文，就是唐僖宗朝，江陵有一個人，叫做郭七郎。父親在日，做江湘大商，七郎長隨着舡上去走的。父親死過，是他當家了，真個是家資鉅萬，産業廣延。有鴉飛不過的田宅，賊扛不動的金銀山，乃楚城富民之首。江淮河朔的賈客，多是領他重本，貿易往來。却是這些富人，唯有一項：不平心是他本等。大等秤進，小等秤出，自家的歹争做好，别人的好争做歹。【眉批】凡富者皆然。這些領他本錢的賈客，没有一個不受盡他累的。各各吞聲忍氣，只得受他。你道爲何？只爲本錢是他的。那江湖上走的人，拼得陪些辛苦在裏頭，隨你儘着欺心算帳，還只是仗他資本營運，畢竟有些便宜處。若一下冲撞了他，收拾了本錢去，就没蛇得弄了。故此，隨你剋剥，只是行得去的，本錢越弄越大，所以富的人只管富了。

那時，有一個極大商客，先前領了他幾萬銀子，到京都做生意。去了幾年，久無音信。直到乾符初年，郭七郎在家，想着這主本錢没着落，他是大商，料無失所，可惜没個人往京去一討。又想一想道：「聞得京都繁華去處，花柳之鄉，不若借此事繇，往彼一游。一來可以索債，二來買笑追歡，三來覰個方便，覓個前程，也是終身受用。」【眉批】既富矣又何加焉？曰：貴之。算計已定。七郎有一個老母、一弟一妹在家，奴婢下人無數，只是未曾娶得妻子。當時分付弟妹承奉母親，着一個都管看家，餘人各守職業做生理，自己却帶幾個慣走長路會事的家人在身邊，一面到京都來。

七郎從小在江湖邊生長，賈客船上往來，自己也會撑得篙，摇得櫓，手脚快便，把些饑餐渴飲之路，不在心上。【眉批】倒是真本事。不則一日到了。元來那個大商姓張，名全，混名張多寶。在京都開幾處解典庫，又有幾所縑段鋪，專一放官吏債，打大頭腦的。至於居間説事，買官鬻爵，只要他一口擔當，事無不成。也有叫他做張多保的，只爲凡事多是他保得過，所以如此稱呼。滿京人無不認得他的。郭七郎到京，一問便着。

他見七郎到了，是個江湘債主。起初進京時節，多虧他的幾萬本錢做椿，纔做得開，成得這個大氣概，一見了歡然相接。叙了寒温，便擺起酒來。把轎去教坊裏請了幾個有名的衒衒，前來陪侍。賓主盡歡。酒散後，就留一個絶頂的妓者，叫做王賽兒，相伴了七郎，在一個書房裏宿了。富人待富人，那房舍精緻，帷帳華侈，自不必説。

次日起來，張多保不待七郎開口，把從前連本連利一算，約該有十來萬了，就如數搬將出來，一手交兑。

口裏道：「只因京都多事，脱身不得。亦且挈了重資，江湖上難走，又不可輕易托人，所以遲了幾年。今得七郎自身到此，交明了此一宗，實爲兩便。」七郎見他如此爽利，心下喜歡，便道：「在下初入京師，未有下處。雖承還清本利，却未有安頓之所。有煩兄長替在下尋個寓舍何如？」張多保道：「舍下空房儘多，閒時還要招客，何況兄長通家，怎到别處作寓？只須在舍下安歇。待要啟行時，在下周置動身，管取安心無慮。」七郎大喜，就在張家間壁一所大客房住了。當日取出十兩銀子，送與王賽兒，做昨日纏頭之費。夜間七郎擺還席，就央他陪酒。張多保不肯要他破鈔，自己也取十兩銀子來送，叫還了七郎銀子。七郎那裏肯？推來推去，大家多不肯收進去。只便宜了這王賽兒，落得兩家都收了，兩人方纔快活。是夜，賓主兩個與同王賽兒行令作樂飲酒，愈加熱分有趣，吃得酩酊而散。

王賽兒本是個有名的上廳行首，又見七郎有的是銀子，放出十分擒拿的手段來。七郎一連兩宵，已此着了迷魂湯。自此同行同坐，時刻不離左右，徑不放賽兒到家裏去了。賽兒又時常接了家裏的姊妹，輪遞來陪酒插趣，七郎賞賜無算。那鴇兒又有做生日、打差買物事、替還債許多科分出來，七郎揮金如土，並無吝惜。纔是行徑如此，便有幫閒鑽懶一班兒人，出來誘他去跳槽。大凡富家浪子，心性最是不常，搭着便生根的，見了一處，就熱一處。王賽兒之外，又有陳嬌、黎玉、張小小、鄭翩翩幾處往來，都一般的撒漫使錢。那夥閒漢又領了好些王孫貴戚好賭博的，牽來局賭。做圈做套，贏少輸多，不知騙去了多少銀子。

七郎雖是風流快活，終久是當家立計好利的人。起初見還的利錢多在裏頭，所以放鬆了些手。過了三數年，覺道用得多了，捉捉後手看，已用過了一半有多了，心裏猛然想着家裏頭，要回家。【眉批】也算回頭得快，豈知天窘之乎？早知日後所遭，此時落得快活。來與張多保商量，張多保道：「此時正是濮人王仙芝作亂，劫掠郡縣，道路梗塞。你帶了偌多銀兩，待往那裏去，恐到不得家裏。不如且在此盤桓幾時，等路上平静好走，再去未遲。七郎只得又住了幾日。

偶然一個閒漢，叫做包走空包大，説起朝廷用兵緊急，缺少錢糧，納了些銀子，就有官做；官職大小，只看銀子多少。説得郭七郎動了火，問道：「假如納他數百萬錢，可得何官？」包大道：「如今朝廷昏濁，正正經經納錢，就是得官，也只有數，不能勾十分大的。【眉批】唐時已如此矣。若把這數百萬錢拿去，私下買囑了主爵的官人，好歹也有個刺史做。」七郎吃一驚道：「刺史也是錢買得的？」包大道：「而今的世界，有甚麼正經？有了錢百事可做。豈不聞崔烈五百萬買了個司徒麼？而今空名大將軍告身，只换得一醉；刺史也不難的。只要通得關節，我包你做得來便是。」

正説時，恰好張多保走出來。七郎一團高興，告訴了適纔的説話。張多保道：「事體是做得來的，在下手中也弄過幾個了。只是這件事，在下不攛掇得兄長做。」【眉批】若有先見。七郎道：「爲何？」多保道：「而今的官，有好些難做。他們做得興頭的，多是有根基，有脚力，親戚滿朝，黨與四布，方能勾根深蒂固，有得錢賺，越做越高。【眉批】得毋傷時。隨你去剥削小民，貪污無耻，只要有使用，有人情，便是萬年無事的。兄長不過是白身人，便弄上一個顯官，須無四壁倚仗，到彼地方，未必行得去。就是行得去時，朝裏如今專一討人便宜，曉得你是錢换來的，略略等你到任一兩個月，有了些光景，便道勾你了，一下子就塗抹着，豈不枉費了這些錢？【眉批】老成之見。若是官好做時，在下也做多時了。」七郎道：「不是這等説。小弟家裏有的是錢，没的是官。況且身邊現有錢財，總是不便帶得到家，何不於此處用了些？博得個腰金衣紫，也是人生一世，草生一秋。就是不賺得錢時，小弟家裏原不希罕這錢的。【眉批】君家中如故，此舉亦不爲差。就是不做得興時，也只是做過了一番官了。登時住了手，那榮耀是落得的。小弟見識已定，兄長不要掃興。」多保道：「既然長兄主意要如此，在下當得效力。」

當時就與包大兩個商議，去打關節。那個包大走跳路數極熟，張多保又是個有身家、幹大事慣的人，有甚麽弄不來的事？元來唐時使用的是錢，千錢爲緡。就用銀子准時，也只是以錢算帳。當時一緡錢，就是今日的一兩銀子；宋時却叫做一貫了。張多保同包大將了五千緡，悄悄送到主爵的官人家裏。那個主爵的官人，是内官田令孜的收納户，百靈百驗。又道是「無巧不成話」，其時有個粤西横州刺史郭翰，方得除授，患病身故，告身還在銓曹。主爵的受了郭七郎五千緡，就把籍貫改注，即將郭翰告身轉付與了郭七郎。【眉批】好個主爵！從此改名做了郭翰。

張多保與包大接得横州刺史告身，千歡萬喜，來見七郎稱賀。七郎此時頭輕脚重，連身子都麻木起來。包大又去唤了一部梨園子弟。張多保置酒張筵。是日就换了冠帶。那一班閒漢，曉得七郎得了個刺史，没一個不來賀喜撮空。大吹大擂，吃了一日的酒。又道是：「蒼蠅集穢，螻蟻集羶，鵓鴿子旺邊飛。」七郎在京都，一向撒漫有名，一旦得了刺史之職，就有許多人來投靠他做使令的。少不得官不威，牙爪威，做都管，做大叔，走頭站，打驛吏，欺估客，詐鄉民，總是這一干人了。

郭七郎身子如在雲霧裏一般，急思衣錦榮歸，擇日起身，張多保又設酒餞行。起初這些往來的閒漢、姊妹，多來送行。七郎此時眼孔已大，各各賫發些賞賜，氣色驕傲，傍若無人。那些人讓他是個見任刺史，脅肩諂笑，隨他怠慢，只消略略眼梢帶去，口角惹着，就算是十分殷勤好意了。【眉批】世情如此。如此攛哄了幾日，行裝打迭已備，齊齊整整起行，好不風騷！一路上想道：「我家裏資産既饒，又在大郡做了刺史，這個富貴不知到那裏纔住？」心下喜歡，不覺日逐賣弄出來。【眉批】小人得意之態。那些原跟去京都家人，又在新投的家人面前夸説着家裏許多富厚之處，那新投的一發喜歡，道是投得着好主了，前路去耀武揚威，自不必説。

無船上馬，有路登舟，看看到得江陵境上來。七郎看時，吃了一驚，但見：

人烟稀少，閭井荒凉。滿前敗宇頹垣，一望斷橋枯樹。烏焦木柱，無非放火燒殘；緖白粉墻，盡是殺人染就。屍骸没主，烏鴉與螻蟻相争；鷄犬無依，鷹隼與豺狼共飽。任是石人須下淚，總教鐵漢也傷心。

元來江陵渚宫一帶地方，多被王仙芝作寇殘滅。里閭人物，百無一存。若不是水道明白，險些認不出路徑來。七郎看見了這個光景，心頭已自劈劈地跳個不住。到了自家岸邊，擡頭一看，只叫得苦。元來都弄做了瓦礫之場。偌大的房屋，一間也不見了。母親、弟妹、家人等，俱不知一個去向。慌慌張張，走頭無路，着人四處找尋。

找尋了三四日，撞着舊時鄰人，問了詳細。方知地方被盗兵炒亂，弟被盗殺，妹被搶去，不知存亡，止剩得老母與一兩個丫頭，寄居在古廟傍邊兩間茅屋之内，家人俱各逃竄，囊橐盡已蕩空，老母無以爲生，與兩個丫頭替人縫針補綫，得錢度日。七郎聞言，不勝痛傷，急急領了從人，奔至老母處來。母子一見，抱頭大哭。老母道：「豈知你去後，家裏遭此大難！弟妹俱亡，生計都無了。」七郎哭罷，拭淚道：「而今事已到此，痛傷無益。虧得兒子已得了官，還有富貴榮華日子在後面。不穩。母親且請寬心。」母親道：「兒得了何官？」七郎道：「官也不小，是横州刺史。」母親道：「如何能勾得此顯爵？」七郎道：「當今内相當權，廣有私路，可以得官。兒子向張客取債，他本利俱還，錢財儘多在身邊，所以將錢數百萬，勾幹得此官。而今衣錦榮歸，省看家裏，隨即星夜到任去。」【眉批】此時可謂燥脾極矣。

七郎叫從人取冠帶過來，穿着了。請母親坐好，拜了四拜。又叫身邊隨從舊人，及京中新投的人，俱各磕頭，稱太夫人。母親見此光景，雖然有些喜歡，却嘆口氣道：「你在外邊榮華，怎知家丁盡散，分文也無了。若不營勾這官，多帶些錢歸來用度也好。」七郎道：「母親誠然女人家識見。做了官，怕少錢財？而今那個做官的家裏不是千萬百萬，連地皮多捲了歸家的？【眉批】其母不脱窮相，所以無福。今家業既無，只索撇下此間，前往赴任，做得一年兩年，重撑門户，改换規模，有何難處？兒子行囊中還剩有二三千緡，儘勾使用。母親不必憂慮。」母親方纔轉憂爲喜，笑逐顏開道：「虧得兒子峥嶸有日，奮發有時，真是謝天謝地。若不是你歸來，我性命只在目下了。而今何時可以動身？」七郎道：「兒子原想此一歸來，娶個好媳婦，同享榮華。而今看這個光景，等不得做這事了。且待上了任，再做商量。今日先請母親上船安息。此處既無根絆，明日换個大船，就做好日開了罷。早到得任一日，也是好的。」

當夜，請母親先搬在來船中了，茅舍中破鍋、破竈、破碗、破罐，盡多撇下。又分付當直的，僱了一隻往西粤長行的官船。次日搬過了行李，下了艙口停當，燒了利市神福，吹打開船。此時老母與七郎俱各精神榮暢，志氣軒昂。七郎不曾受苦，是一路興頭過來的，雖是對着母親，覺得滿盈得意，還不十分怪異，那老母是歷過苦難的，真是地下超昇在天上，不知身子幾都(多)大了。

一路行去，過了長沙，入湘江，次永州。州北江漂(瞟)有個佛寺，名唤兕率禪院。舟人打點泊船在此過夜。看見岸邊有大槦樹一株，圍合數抱，遂將船纜結在樹上，結得牢牢的，又釘好了樁橛。七郎同老母進寺隨喜，從人撑起傘蓋跟後。寺僧見是官員，出來迎接送茶。私問來歷，從人答道：「是見任西粤横州刺史。」寺僧見説是現任官，愈加恭敬，陪侍指引，各處游翫。那老母但看見佛菩薩像，只是磕頭禮拜，謝他覆庇。【眉批】要知佞佛無益。天色晚了，俱各回船安息。

黄昏左側，只聽得樹梢呼呼的風響。須臾之間，天昏地黑，風雨大作。但見：

封姨逞勢，巽二施威。空中如萬馬奔騰，樹杪似千軍擁沓。浪濤澎湃，分明戰鼓齊鳴；圩岸傾頽，恍惚轟雷驟震。山中欳虎嘯，水底老龍驚。盡知巨樹可維舟，誰道大風能拔木。

衆人聽見風勢甚大，心下驚惶。那稍公心裏道是江風雖猛，虧得船繫在極大的樹上，生根得牢，萬無一失。睡夢之中，忽聽得天崩地裂價一聲響亮。元來那株楠樹年深月久，根行之處，把這些幫岸，都拱得鬆了。又且長江巨浪日夜淘洗，岸如何得牢？那樹又大了，本等招風，怎當這一隻狼犺的船，盡做力生根在這樹上？風打得船猛，船牽得樹重，樹趂着風威，底下根在浮石中絆不住了，豁剌一聲，竟倒在船上來，把隻船打得粉碎。船輕樹重，怎載得起？只見水亂滾進來，船已沉了。艙中碎板，片片而浮。睡的婢僕，盡没于水。說時遲，那時快，稍公慌了手脚，喊將起來。郭七郎夢中驚醒，他從小原曉得些船上的事，與同稍公竭力死拖住船纜，纔把個船頭湊在岸上，擱得住。【眉批】可見浮財不如實本事。急在艙中水裏扶得個母親，攙到得岸上來，逃了性命。其後稍人等，艙中什物行李，被幾個大浪潑來，船底俱散，盡漂没了。其時深夜昏黑，山門緊閉，没處叫喚，只得披着濕衣，三人搥胸跌脚價叫苦。

守到天明，山門開了，急急走進寺中，問着昨日的主僧。主僧出來，看見他慌張之勢，問道：「莫非遇了盜麽？」七郎把樹倒舟沉之話，説了一遍。寺僧忙走出看，只見岸邊一隻破船，沉在水裏，岸上大楠樹倒來，壓在其上了。吃了一驚，急叫寺中火工道者人等，一同稍公，到破板艙中，遍尋東西。俱被大浪打去，没討一些處。連那張剌史的告身，都没有了。寺僧權請進一間静室，安住老母。商量到零陵州州牧處陳告情繇，等所在官司替他動了江中遭風失水的文書，還可赴任。

計議已定，有煩寺僧一往。寺僧與州裏人情厮熟，果然叫人去報了。誰知：

濃霜偏打無根草，禍來只揀福輕人。

那老母原是兵戈擾攘中，看見殺兒掠女，驚壞了再甦的，怎當夜來這一驚可又不小！亦且婢僕俱亡，生資都盡，心中轉轉苦楚，面如臘查，飲食不進，只是哀哀啼哭，卧倒在床，起身不得了。七郎愈加慌張，只得勸母親道：「留得青山在，不怕没柴燒。雖然遭此大禍，兒子官職還在，只要到得任所便好了。」老母帶着哭道：「兒，你娘心膽俱碎，眼見得無那活的人了，還説這太平的話則甚？就是你做得官，娘看不着了。」七郎一點癡心，還指望等娘好起來，就地方起個文書，前往横州到任，有個好日子在後頭。誰想老母受驚太深，一病不起，過不多兩日，嗚呼哀哉，伏惟尚饗。

七郎痛哭一場，無計可施。又與僧家商量，只得自往零陵州哀告州牧。州牧幾日前曾見這張失事的報單過，曉得是真情。【眉批】州牧亦是厚道之人。畢竟官官相護，道他是隔省上司，不好推得乾淨身子。一面差人替他殯葬了母親，又重重賚助他盤纏，以禮送了他出門。七郎虧得州牧周全，幸喜葬事已畢，却是丁了母憂，去到任不得了。寺僧看見他無了根蒂，漸漸怠慢，不肯相留。【眉批】僧家本色。要回故鄉，已此無家可歸。没奈何，就寄住在永州一個船埠經紀人的家裏，原是他父親在時，走客認得的。却是囊橐俱無，止有州牧所助的盤纏，日吃日減，用不得幾時，看看没有了。

那些做經紀的人，有甚情誼？日逐有些怨咨起來，未免茶遲飯晏，觔長碗短。【眉批】經紀本色。七郎覺得了，發話道：「我也是一郡之主，當是一路諸侯。今雖丁憂，後來還有日子，如何恁般輕薄？」店主人道：「説不得一郡兩郡，皇帝失了勢，也要忍些饑餓，吃些粗糲，何況於你是未任的官！就是官了，我每又不是什麽横州百姓，怎麽該供養你？我們的人家，不做不活，須是吃自在食不起的。」七郎被他説了幾句，無言可答，眼淚汪汪，只得含着羞耐了。

再過兩日，店主人的尋事炒鬧，一發看不得了。七郎道：「主人家，我這裏須是異鄉，並無一人親識可歸。一向叨擾府上，情知不當，却也是没奈何了。你有甚麽覓衣食的道路，指引我一個兒。」店主人道：「你這樣人，種火又長，拄門又短，郎不郎，秀不秀的。若要覓衣食，須把個官字兒閣起，照着常人傭工做活，方可度日。【眉批】也說得着。你却如何去得？」七郎見説到傭工做活，氣忿忿地道：「我也是方面官員，怎便到此地位？」思想零陵州州牧前日相待甚厚，不免再將此苦情告訴他一番，定然有個處法，難道白白餓死一個刺史在他地方了不成？」寫了個帖，又無一個人跟隨，自家袖了，葳葳蕤蕤，走到州裏衙門上來遞。

那衙門中人見他如此行徑，必然是打抽豐没廉耻的，連帖也不肯收他的。【眉批】衙門人本色。直到再三央及，把上項事一一分訴，又説到替他殯葬，厚禮贐行之事，這却衙門中都有曉得的，方纔肯接了進去，呈與州牧。州牧看了，便有好些不快活起來，道：「這人這樣不達時務的！【眉批】官待過人本色。前日吾見他在本州失事，又看上司體面，極意周全他去了，他如何又在此纏擾？或者連前日之事，未必是真，多是神棍假裝出來騙錢的，未可知。縱使是真，必是個無耻的人，還有許多無厭足處。吾本等好意，却叫得引鬼上門。我而今不便追究，只不理他罷了。」分付門上：「不受他帖，只説概不見客。」把原帖還了。

七郎受了這一場冷淡，却又想回下處不得。住在衙門上，守他出來時，當街叫喊。州牧坐在轎上問道：「是何人叫喊？」七郎口裏高聲答道：「是横州刺史郭翰。」州牧道：「有何憑據？」七郎道：「原有告身，被大風飄舟，失在江裏了。」州牧道：「既無憑據，知你是真是假？就是真的，賁發已過，如何只管在此纏擾？必是光棍！姑饒打，快走！」左右虞候，看見本官發怒，亂棒打來。只得閃了身子開來，一句話也不説得，有氣無力的，仍舊走回下處悶坐。

店主人早已打聽他在州裏的光景，故意問道：「適纔見州裏相公，相待如何？」七郎羞慚滿面，只嘆口氣，不敢則聲。店主人道：「我教你把官字兒閣起，你却不聽我，直要受人怠慢；而今時勢，就是個空名宰相，也當不出錢來了。除是靠着自家氣力，方掙得飯吃。你不要癡了。」七郎道：「你叫我做甚勾當好？」【眉批】氣力掙飯方穩，空名不可救飢，果是實語。店主人道：「你自想身上有甚本事？」七郎道：「我别無本事，止是少小隨着父親，涉歷江湖，那些船上風水，當稍拿舵之事，儘曉得些。」店主人喜道：「這個却好了。我這裏埠頭上來往船隻多，儘有缺少執稍的。我薦你去幾時，好歹覓幾貫錢來，餓你不死了。」七郎没奈何，只得依從。

從此，只在往來船隻上，替他執稍度日。去了幾時，也就覓了幾貫工錢，回到店家來。永州市上人，認得了他，曉得他前項事的，就傳他一個名，叫他做「當稍郭使君」。但是要尋他當稍的船，便指名來問郭使君。

【眉批】好寫個招牌。

永州市上編成他一隻歌兒道：

問使君，你緣何不到横州郡？元來是天作對，不作你假斯文，把家緣結果在風一陣。舵牙當執板，繩纜是拖紳。這是榮耀的下梢頭也，還是把着舵兒穩。（詞名《掛枝兒》）

在船上混了兩年，雖然挨得服滿，身邊無了告身，去補不得官。若要京裏再打關節時，還須照前得這幾千緡使用，却從何處討？眼見得這話休題了。只得安心塌地，靠着船上營生。又道是：「居移氣，養移體。」當初做刺史，便像個官員；而今在船上多年，狀貌氣質，也就是些篙工、水手之類，一般無二。可笑個一郡刺史，如此收場。可見人生榮華富貴，眼前算不得帳的。上覆世間人，不要十分勢利。聽我四句口號：

富不必驕，貧不必怨。
要看到頭，眼前不算。

小姨病起續前緣

卷二十三

大姊魂游完宿願　小姨病起續前縁

詩曰：

生死由來一樣情，豆萁燃豆並根生。
存亡姊妹能相念，可笑鬩墻親弟兄。

話説唐憲宗元和年間，有個侍御李十一郎，名行修。妻王氏夫人，乃是江西廉使王仲舒女，貞懿賢淑，行修敬之如賓。王夫人有個幼妹，端妍聰慧，夫人極愛他，常領他在身邊鞠養。連行修也十分愛他，如自家養的一般。

一日，行修在族人處赴婚禮喜筵，就在這家歇宿。晚間忽做一夢，夢見自身再娶夫人。燈下把新人認看，不是别人，正是王夫人的幼妹。猛然驚覺，心裏甚是不快活。巴到天明，連忙歸家。進得門來，只見王夫人清早已起身了，悶坐着，將手頻頻拭淚，行修問着不答。行修便問家人道：「夫人爲何如此？」家人輩齊道：「今早當厨老奴在厨下自説，五更頭做一夢，夢見相公再娶王家小娘子。夫人知道了，恐怕自身有甚山高水低，所以悲哭了一早起了。」行修聽罷，毛骨聳然，驚出一身冷汗。想道：「如何與我所夢正合？」他兩個是恩愛夫妻，心下十分不樂，只得勉强勸諭夫人道：「此老奴顛顛倒倒，是個愚懵之人，其夢何足憑准？」口裏雖如此説，心下因是兩夢不約而同，終久有些疑惑。

只見隔不多幾日，夫人生出病來，累醫不効，兩月而亡。行修哭得死而復甦，書報岳父王公。王公舉家悲慟。因不忍斷了行修親誼，回書還答，便有把幼女續婚之意。行修傷悼正極，不忍説起這事，堅意回絕了岳父。

于時有個衛秘書衛隨，最能廣識天下奇人。見李行修如此思念夫人，突然對他説道：「侍御懷想亡夫人如此深重，莫不要見他麽？」行修道：「一死永别，如何能勾再見？」秘書道：「侍御若要見亡夫人，何不去問稠桑王老？」行修道：「王老是何人？」秘書道：「不必説破。侍御只牢牢記着『稠桑王老』四字，少不得有相會之處。」【眉批】誠則必靈。行修見説得作怪，切切記之于心。

過了兩三年，王公幼女越長成了。王公思念亡女，要與行修續親，屢次着人來説。行修不忍背了亡夫人，只是不從。

此後，除授東臺御史。奉詔出關，行次稠桑驛。驛館中先有敕使住下了，只得討個官房歇宿。那店名就叫做稠桑店。行修聽得「稠桑」二字觸着，便自上心，想道：「莫不甚麽王老正在此處？」正要跟尋問，只聽得街上人亂嚷。行修走到店門邊一看，只見一夥人，團團圍住一個老者，你扯我扯，你問我問，纏得一個頭昏眼暗。行修問店主人道：「這些人何故如此？」主人道：「這個老兒姓王，是個希奇的人，善談禄命。鄉里人敬他如神，故此見他走過，就纏住他問禍福。」行修想着衛秘書之言，道：「元來果有此人！」便叫店主人：「快請他到店相見。」

店主人見行修是個出差御史，不敢稽延，撥開人叢，走進去扯住他道：「店中有個李御史李十一郎奉請。」衆人見説是官府請，放開圍，讓他出來，一哄多散了。到店相見，行修見是個老人，不要他行禮。就把想念亡妻，有衛秘書指引來求他的話，說了一遍。便道：「不知老翁果有奇術能使亡魂相見否？」老人道：「十一郎要見亡夫人，就是今夜罷了。」【眉批】忒容易。

老人前走，叫行修打發開了左右，引了他，一路走入一個土山中。又陟一個數丈的高坡，坡側隱隱見有個叢林。老人便住在路傍，對行修道：「十一郎可走去林下，高聲呼『妙子』，必有人應。【眉批】名奇。應了，便說道：『傳語九娘子，今夜暫借妙子同看亡妻。』」

行修依言，走去林間呼着，果有人應。又依着前言說了。少頃，一個十五六歲的女子走出來道：「九娘子差我隨十一郎去。」說罷，便折竹二枝，自跨了一枝，一枝與行修跨。跨上，便同馬一般快。行勾三四十里，忽到一處，城闕壯麗。前經一大宮，宮前有門。女子道：「但循西廊直北，從南第二宮，乃是賢夫人所居。」行修依言，趨至其處。果見十數年前一個死過的丫頭，出來拜迎，請行修坐下。夫人就走出來，涕泣相見。行修伸訴離恨，一把抱住不放。却待要再講歡會，王夫人不肯道：「今日與君幽顯異途，深不願如此，貽妾之患。若是不忘平日之好，但得納小妹爲婚，續此姻親，妾心願畢矣。所要相見，只此奉托。」言罷，女子已在門外厲聲催叫道：「李十一郎速出！」行修不敢停留，含淚而出。女子依前與他跨了竹枝同行。

到了舊處，只見老人頭枕一塊石頭，眠着正睡。聽得脚步響，曉得是行修到了，走起來問道：「可如意麽？」行修道：「幸已相會。」老人道：「須謝九娘子遣人相送。」行修依言，送妙子到林間，高聲稱謝。回來問老人道：「此是何等人？」老人道：「此原上有靈應九子母祠耳。」

老人復引行修到了店中，只見壁上燈盞熒熒，槽中馬啖芻如故，僕夫等箇箇熟睡。行修疑道做夢，却有老人尚在可証。老人當即辭行修而去。行修嘆異了一番，因念妻言諄懇，纔把這段事情備細寫與岳丈王公。從此遂續王氏之婚，恰應前日之夢。正是：

舊女婿爲新女婿，大姨夫做小姨夫。

古來只有娥皇、女英姊妹兩個，一同嫁了舜帝。其他姊姊亡故，不忍斷親，續上小姨，乃是世間常事。從來没有個亡故的姊姊，懷此心願，在地下撮合完成好事的。今日小子先説此一段異事，見得人生只有這個情字至死不泯的。只爲這王夫人身子雖死，心中還念着親夫恩愛，又且妹子是他心上喜歡的，一點情不能忘，所以陰中如此主張，了其心願。這個還是做過夫婦多時的，如此有情，未足爲怪。小子如今再説一個不曾做親過的，只爲不忘前盟，陰中完了自己姻緣，又替妹子聯成婚事，怪怪奇奇，真真假假，説來好聽。有詩爲証：

還魂從古有，借體亦其常。
誰攝生人魄，先將宿願償。

這本話文，乃是元朝大德年間，揚州有個富人，姓吴，曾做防禦使之職，人都叫他做吴防禦。住居春風樓側。生有二女，一個叫名興娘，一個叫名慶娘。慶娘小興娘兩歲，多在襁褓之中。鄰居有個崔使君，與防禦往來甚厚。崔家有子，名曰興哥，與興娘同年所生。崔公即求聘興娘爲子婦。防禦欣然相許。崔公以金鳳釵一隻爲聘禮。定盟之後，崔公合家多到遠方爲官去了。一去一十五年，竟無消息回來。此時興娘已一十九歲，母親見他年紀大了，對防禦道：「崔家興哥一去十五年，不通音耗。今興娘年已長成，豈可執守前説，錯過他青春？」防禦道：「一言已定，千金不移。吾已許吾故人了，豈可因他無耗，便欲食言？」那母親終究是婦人家識見，見女兒年長無婚，眼中看不過意，日日與防禦絮聒，要另尋人家。

興娘肚裏，一心專盼崔生來到，再没有二三的意思。雖是虧得防禦有正經，却看見母親説起激聒，便暗地恨命自哭。又恐怕父親被母親纏不過，一時更變起來，心中長懷着憂慮，只願崔家郎早來得一日也好。眼睛幾望穿了，那裏叫得崔家應？看看飯食减少，生出病來。沉眠枕席，半載而亡。父母與妹及合家人等，多哭得發昏章第十一。臨入殮時，母親手持崔家原聘這隻金鳳釵，撫屍哭道：「此是你夫家之物，今你已死，我留之何益？【眉批】可傷。見了徒增悲傷。與你戴了去罷！」就替他插在髻上，蓋了棺。三日之後，擡去殯在郊外了。家裏設個靈座，朝夕哭奠。

殯過兩個月，崔生忽然來到。【眉批】可恨事。防禦迎進問道：「郎君一向何處？尊父母平安否？」崔生告訴道：「家父做了宣德府理官，没于任所。家母亦先亡了數年。小婿在彼守喪，今已服除，完了殯葬之事。不遠千里，特到府上，來完前約。」防禦聽罷，不覺吊下淚來道：「小女興娘薄命，爲思念郎君成病，于兩月前飲恨而終，已殯在郊外了。郎君便早到得半年，或者還不到得死的地步。今日來時，却無及了。」說罷又哭。崔生雖是不曾認識興娘，未免感傷起來。防禦道：「小女殯事雖行，靈位還在。郎君可到他席前看一番，也使他陰魂曉得你來了。」噙着淚眼，一手拽了崔生，走進内房來。崔生擡頭看時，但見：

紙帶飄摇，冥童綽約。飄摇紙帶，盡寫着梵字金言；綽約冥童，對捧着銀盆繡帨。一縷爐烟常裊，雙台燈火微熒。影神圖畫個絕色的佳人，白木牌寫着新亡的長女。

崔生看見了靈座，拜將下去。防禦拍着桌子大聲道：「興娘吾兒，你的丈夫來了。你靈魂不遠，知道也未？」說罷，放聲大哭。【眉批】不由不哭。合家見防禦說得傷心，一齊號哭起來，直哭得一佛出世，二佛生天，連崔生也不知陪下了多少眼淚。哭罷，焚了些楮錢。【眉批】可痛之景。就引崔生在靈位前拜見了媽媽。媽媽兀自哽哽咽咽的，還了個半禮。

防禦同崔生出到堂前來，對他道：「郎君父母既没，道途又遠，今既來此，可便在吾家住宿。不要論到親情，只是故人之子，即同吾子，勿以興娘没故，自同外人。」即令人替崔生搬將行李來，收拾門側一個小書房，與他住下了。朝夕看待，十分親熱。

將及半月，正值清明節屆。防禦念興娘新亡，合家到他塚上，掛錢祭掃。此時興娘之妹慶娘，已是十七歲，一同媽媽擡了轎，到姊姊墳上去了。只留崔生一個在家中看守。大凡好人家女眷，出外稀少，到得時節頭邊，看見春光明媚，巴不得尋個事由，來外邊散心耍子。今日雖是到興娘新墳上，心中懷着悽慘的，却是荒郊野外，桃紅柳緑，正是女眷們游耍去處。盤桓了一日，直到天色昏黑，方纔到家。

崔生步出門外等候，望見女轎二乘來了，走在門左迎接。前轎先進。後轎至前，到生身邊經過，只聽得地下磚上鏗的一聲，却是轎中掉一件物事出來。崔生待轎過了，急去拾起來看，乃是金鳳釵一隻。崔生知是閨中之物，急欲進去納還，只見中門已閉。元來防禦合家在墳上辛苦了一日，又各帶了些酒意，進得門，便把來關了，收拾睡覺。崔生也曉得這個意思，不好去叫得門，且待明日未遲。

回到書房，把釵子放好在書箱中了。明燭獨坐，思念婚事不成，隻身孤苦，寄迹人門，雖然相待如子婿一般，終非久計，不知如何是個結果。悶上心來，嘆了幾聲。上了床，正要就枕，忽聽得有人扣門響。崔生問道：「是那個？」不見回言，崔生道是錯聽了。方要睡下去，又聽得敲的畢畢剥剥。崔生高聲又問，又不見聲響了。崔生心疑，坐在床沿，正要穿鞋到門邊静聽，只聽得又敲響了，却只不見則聲。崔生忍耐不住，立起身來，幸得殘燈未熄，重添亮了，拿在手裏，開出門來一看。燈却明亮，見得明白，乃是十七八歲一個美貌女子，立在門外。看見門開，即便褰起布簾走將進來。

崔生大驚，嚇得倒退了兩步。那女子笑容可掬，低聲對生道：「郎君不認得妾耶？妾即興娘之妹慶娘也。適纔進門時，墜釵轎下，故此乘夜來尋。郎君曾拾得否？」崔生見説是小姨，恭恭敬敬，答應道：「適纔娘子乘轎在後，果然落釵在地。小生當時拾得，即欲奉還，見中門已閉，不敢驚動，留待明日。今娘子親尋至此，即當持獻。」就在書箱取出，放在桌上道：「娘子請拿了去。」

女子出纖手來取釵，插在頭上了。笑嘻嘻的對崔生道：「早知是郎君拾得，妾亦不必乘夜來尋了。如今已是更闌時候，妾身出來了，不可復進。今夜當借郎君枕席，侍寢一宵。」崔生大驚道：「娘子説那裏話？令尊令堂，待小生如骨肉，小生怎敢胡行，有污娘子清德？娘子請回步，誓不敢從命的。」女子道：「如今合家睡熟，並無一個人知道的。何不趁此良宵，完成好事！你我悄悄往來，親上加親，有何不可？」崔生道：「欲人不知，莫若勿爲。雖承娘子美情，萬一後邊有些風吹草動，被人發覺，不要説道無顔面見令尊，傳將出去，小生如何做得人成？不是把一生行止多壞了！」女子道：「如此良宵，又兼夜深。我既寂寥，你亦冷落。難得這個機會，同在一個房中，也是一生緣分。且顧眼前好事，管甚麽發覺不發覺？況妾自能爲郎君遮掩，不至敗露。郎君休得疑慮，挫過了佳期。」【眉批】此豈可借耶？

崔生見他言詞嬌媚，美艷非常，心裏也禁不住動火。只是想着防禦相待之厚，不敢造次。好像個小兒放紙炮，真個又愛又怕。却待依從，轉了一念，又摇頭道：「做不得，做不得。」只得向女子哀求道：「娘子看令姊與娘之面，保全小生行止罷！」【眉批】誰知正是令姊要緊。女子見他再三不肯，自覺羞慚，忽然變了顔色，勃然大怒道：「吾父以子侄之禮待你，留置書房，你乃敢于深夜誘我至此，將欲何爲？【眉批】反跌法最妙。我聲張起來，去告訴了父親，當官告你，看你如何折辨？不到得輕易饒你！」聲色俱厲。崔生見他反跌一着，放刁起來，心裏好生懼怕，想道：「果是老大的利害！如今既見在我房中了，清濁難分，萬一聲張，被他一口咬定，從何分剖？【眉批】且顧眼下。不若且依從了他，倒還未見得即時敗露。慢慢圖個自全之策罷了。」正是：

羝羊觸藩，進退兩難。

只得陪着笑對女子道：「娘子休要聲高。既承娘子美意，小生但憑娘子做主便了。」女子見他依從，回嗔作喜道：「元來郎君恁地膽小的。」崔生閉上了門，兩個解衣就寢。有《西江月》爲證：

旅館羈身孤客，深閨皓齒韶容。合歡裁就兩情濃，好對嬌鸞鶵鳳！　認道良緣輻輳，誰知啞謎包籠！新人魂夢雨雲中，還是故人情重。

兩人雲雨已畢，真是千恩萬愛，歡樂不可名狀。將至天明，就起身來辭了崔生，閃將進去。崔生雖然得了些甜頭，心中只是懷着個鬼胎，戰競競的，只怕有人曉得。幸得女子來踪去迹，甚得秘密，又且身子輕捷，朝隱而入，暮隱而出，只在門側書房，私自往來快樂，並無一個人知覺。

將及一月有餘，忽然一晚對崔生道：「妾處深閨，郎處外館。今日之事，幸而無人知覺。誠恐好事多磨，佳期易阻，一旦聲迹彰露，親庭罪責，將妾拘繫于内，郎趕逐于外。在妾便自甘心，却累了郎之清德，妾罪大矣。須與郎從長商議一個計策便好。」崔生道：「前日所以不敢輕從娘子，專爲此也。不然，人非草木，小生豈是無情之物？而今事已到此，還是怎的好？」女子道：「依妾愚見，莫若趂着人未及知覺，先自雙雙逃去，在他鄉外縣居住了，深自斂藏，方可優游偕老，不致分離。你心下如何？」崔生道：「此言固然有理，但我目下零丁孤苦，素少親知，雖要逃亡，還是向那邊去好？」想了又想，猛然省起來道：「曾記得父親在日，常説有個舊僕金榮，乃是信義的人，見居鎮江吕城，以耕種爲業，家道從容。今我與你兩個前去投他，他有舊主情分，必不拒我。【眉批】倘拒將如之何？非萬全策也。況且一條水路，直到他家，極是容易。」女子道：「既然如此，事不宜遲，今夜就走罷。」

商量已定，起個五更，收拾停當了。那個書房即在門側，開了甚便。出了門，就是水口。崔生走到船幫裏，叫了一隻小劃子船，到門首下了女子，隨即開船。徑到瓜洲，打發了船。又在瓜洲另討了一個長路船，渡了江，進了潤州，奔丹陽，又四十里，到了吕城。泊住了船，上岸訪問一個村人道：「此間有個金榮否？」村人道：「金榮是此間保正，家道殷富，且是做人忠厚，誰不認得？【眉批】賴其忠厚，若止于殷富，不可仗也。你問他則甚?」崔生道:「他與我有些親,特來相訪。有煩指引則個。」村人把手一指道:「你看那邊有個大酒坊,間壁大門,就是他家。」

崔生問着了,心下喜歡。到船中安慰了女子,先自走到這家門首,一直走進去。金保正聽得人聲,在裏面踱將出來,道:「是何人下顧?」崔生上前施禮,保正問道:「秀才官人何來?」崔生道:「小生是揚州府崔公之子。」保正見説了「揚州崔」三字,便吃一驚道:「是何官位?」崔生道:「是宣德府理官,今已亡故了。」保正道:「是官人的何人?」崔生道:「正是我父親。」保正道:「這等,是衙内了。請問當時乳名可記得麽?」崔生道:「乳名叫做興哥。」保正道:「説起來是我家小主人也。」推崔生坐了,納頭便拜。問道:「老主人幾時歸天的?」崔生道:「今已三年了。」保正就走去掇張椅桌,做個虚位,寫一神主牌,放在桌上,磕頭而哭。【眉批】難得。

哭罷,問道:「小主人今日何故至此?」崔生道:「我父親在日,曾聘定吴防禦家小娘子興娘。」保正不等説完,就接口道:「正是,這事老僕曉得的。而今想已完親事了麽?」崔生道:「不想吴家興娘,爲盼望吾家音信不至,得了病症。我到得吴家,死已兩月。吴防禦不忘前盟,欵留在家,喜得他家小姨慶娘,爲親情顧盼,私下成了夫婦。恐怕發覺,要個安身之所。我没處投奔。【眉批】忠厚之僕,倘以薄行而拒又如之何?想着父親在時,曾説你是忠義之人,住在吕城,故此帶了慶娘,一同來此。你既不忘舊主,一力周全則箇。」金保正聽説罷,道:「這箇何難?老僕自當與小主人分憂。」便進去唤嬷嬷出來,拜見小主人。又叫他帶了丫頭,到船邊接了小主人娘子起來。老夫妻兩個,親自灑掃正堂,鋪叠床帳,一如待主翁之禮。【眉批】難得。衣食之類,供給周備。兩個安心住下。

將及一年,女子對崔生道:「我和你住在此處,雖然安穩,却是父母生身之恩,竟與他永絶了,畢竟不是箇收場，心裏也覺過不去。」崔生道：「事已如此，説不得了。難道還好去相見得？」女子道：「起初一時間做的事，萬一敗露，父母必然見責，你我離合，尚未可知。思量永久完聚，除了一逃，再無別着。今光陰似箭，已及一年。我想愛子之心，人皆有之。父母那時不見了我，必然捨不得的。今日若同你回去，父母重得相見，自覺喜歡，前事必不記恨，這也是料得出的。何不拚箇老臉，雙雙去見他一面，有何妨礙？」崔生道：「丈夫以四方爲事，只是這樣潛藏在此，原非長算。今娘子主見如此，小生拚得受岳丈些罪責，爲了娘子，也是甘心的。既然做了一年夫妻，你家素有門望，料没有把你我重拆散了，再嫁別人之理。况有令姊舊盟未完，重續前好，正是應得。只須陪些小心往見，元自不妨。」

兩人計議已定，就央金榮討了一隻船，作別了金榮，一路行去。渡了江，進瓜洲，前到揚州地方。看看將近防禦家，女子對崔生道：「且把船歇在此處，未要竟到門口，我還有話和你計較。」崔生叫船家住好了船，問女子道：「還有甚麽説話？」女子道：「你我逃竄一年，今日突然雙雙往見，幸得容恕，千好萬好了。萬一怒發，不好收場。不如你先去見見，看着喜怒，説箇明白。【眉批】何必如此婉轉。大約没有變卦了，然後等他來接我上去，豈不婉轉些？我也覺得有顏采。我只在此等你消息就是。」崔生道：「娘子見得不差，我先去見便了。」跳上了岸，正待舉步，女子又把手招他轉來道：「還有一説。女子隨人私奔，原非美事。萬一家中忌諱，故意不認帳起來的事，也是有的。須要防他。」伸手去頭上拔那隻金鳳釵下來，與他帶去道：「倘若言語支吾，將此釵與他們一看，便推故不得了。」【眉批】好關目。崔生道：「娘子恁地精細！」接將釵來，袋在袖裏了。望着防禦家裏來。【眉批】崔生可謂惟命是從。

到得堂中，傳進去。防禦聽知崔生來了，大喜出見。不等崔生開口，一路説出來道：「向日看待不周，致郎君住不安穩，老夫有罪。幸看先君之面，勿責老夫。」崔生拜伏在地，不敢仰視，又不好直説，口裏只稱：

「小婿罪該萬死。」叩頭不止。防禦倒驚駭起來道：「郎君有何罪過？口出此言！快快説個明白，免老夫心裏疑惑。」崔生道：「是必岳父高擡貴手，恕着小婿，小婿纔敢出口。」防禦説道：「有話但説，通家子侄，有何嫌疑？」

崔生見他光景是喜歡的，方纔説道：「小婿蒙令愛慶娘不棄，一時間結了私盟。房帷事密，兒女情多，負不義之名，犯私通之律。誠恐得罪非小，不得已夤夜奔逃，潛匿村墟，經今一載。音容久阻，書信難傳。雖然夫婦情深，敢忘父母恩重？今日謹同令愛到此拜訪，伏望察其深情，饒恕罪責，恩賜諧老之歡，永遂于飛之願，岳父不失爲溺愛，小婿得完美室家，實出萬幸。只求岳父憐憫則箇。」防禦聽罷，大驚道：「郎君説的是甚麽話？小女慶娘卧病在床，經今一載，茶飯不進，轉動要人扶靠，從不下床一步。方纔的話在那裏説起的？莫不見鬼了！差不多。」崔生見他説話，心裏暗道：「慶娘真是有見識！果然怕玷辱門户，只推説病在床上，遮掩着外人了。」便對防禦道：「小婿豈敢説謊？目今慶娘見在船中，岳父叫個人去，接了起來，便見明白。」防禦只是冷笑不信，却對一個家僮説：「你可走到崔家郎船上去看看，與同來的是什麽人？却認做我家慶娘子，豈有此理！」

家僮走到船邊，向船内一望，艙中悄然，不見一人。問着船家，船家正低着頭稍上吃飯。家僮道：「你艙裏的人那裏去了？」船家道：「有個秀才官人，上岸去了。留個小娘子在艙中，適纔看見也上去了。」家僮走來，回覆家主道：「船中不見有甚麽人。問船家説，有個小娘子上了岸了，却是不見。」

防禦見無影響，不覺怒形于色道：「郎君少年，當誠實些。何乃造此妖妄，誣玷人家閨女，是何道理！」崔生見他發出話來，也着了急，急忙袖中摸出這隻金鳳釵來，進上防禦道：「此即令愛慶娘之物，可以表信，豈是脱空説的？」防禦接來看了，大驚道：「此乃吾亡女興娘殯殮時戴在頭上的釵，已殉葬多時了，如何得在你手裏？奇怪！奇怪！」崔生却把去年墳上女轎歸來，轎下拾得此釵，後來慶娘因尋釵夜出，遂得成其夫婦，恐怕事敗，同逃至舊僕金榮處，住了一年，方纔又同來的説話，備細述了一遍。防禦驚得呆了，道：「慶娘見在房中床上卧病。郎君不信，可以去看得的，如何説得如此有枝有葉？又且這釵如何得出世？真是蹊蹺的事！」執了崔生的手，要引他房中去看病人，証辨真假。

却説慶娘，果然一向病在床上，下地不得。那日外廂正在疑惑之際，慶娘托地在床上走將起來，竟望堂前奔出。家人看見奇怪，同防禦的嬷嬷一鬨的都隨了出來，嚷道：「一向動不得的，如今忽地走將起來！」只見慶娘到得堂前，看見防禦便拜。防禦見是慶娘，一發吃驚道：「你幾時走起來的？」崔生心裏還暗道是船裏走進去的，且聽他説甚麽。只見慶娘道：「兒乃興娘也。早離父母，遠殯荒郊。然與崔郎緣分未斷。今日來此，别無他意，特爲崔郎方便，要把愛妹慶娘續其婚姻。如肯從兒之言，妹子病體當即痊愈。若有不肯，兒去妹也死了。」

合家聽説，個個驚駭。【眉批】有挾而求。看他身體面龐，是慶娘的；聲音舉止，却是興娘。都曉得是亡魂歸來，附體説話了。防禦正色責他道：「你既已死了，如何又在人世，妄作胡爲，亂惑生人？」慶娘又説着興娘的話道：「兒死去見了冥司，冥司道兒無罪，不行拘禁，得屬后土夫人帳下，掌傳箋奏。兒以世緣未盡，特向夫人給假一年，來與崔郎了此一段姻緣。妹子向來的病，也是兒假借他精魄，與崔郎相處來。今限滿當去，豈可使崔郎自此孤單，與我家遂同路人？【眉批】有情人。所以特來拜求父母，是必把妹子許了他，續上前姻。兒在九泉之下，也放得心下了。」防禦夫妻見他言詞哀切，便許他道：「吾兒放心，只依着你主張，把慶娘嫁他便了。」興娘見父母許出，便喜動顔色，拜謝防禦道：「多感父母肯聽兒言，兒安心去了。」走到崔生面前，執了崔生的手，哽哽咽咽哭起來道：「我與你恩愛一年，自此别了。慶娘親事，父母已許我了，你好作嬌客。與新人歡好時節，不要竟忘了我舊人。」言畢大哭。崔生見說了來踪去迹，方知一向與他同住的，乃是興娘之魂。今日聽罷叮嚀之語，雖然悲切，明知是小姨身體，又在衆人面前，不好十分親近得。只見興娘的魂語分付已罷，大哭數聲，慶娘身體，驀然倒地。衆人驚惶，前來看時，口中已無氣了。【眉批】新官對舊官，哭啼俱不敢。摸他心頭，却温温的。急把生姜湯灌下。將有一箇時辰，方醒轉來。病體已好，行動如常。問他前事，一毫也不曉得。人叢之中，舉眼一看，看見崔生站在裏頭，急急遮了臉，望中門奔了進去。崔生如夢初覺，驚疑了半日始定。

防禦就揀箇黄道吉日，將慶娘與崔生合了婚。花燭之夜，崔生見過慶娘慣的，且是熟分。慶娘却不十分認得崔生的，老大羞慚。真箇是：

一個閨中弱質，與新郎未經半晌交談；一個旅邸故人，共嬌面曾做一年相識。一個只覺耳畔聲音稍異，面目無差；一個但見眼前光景皆新，心膽尚怯。一個還認蝴蝶夢中尋故友，一個正在海棠枝上試新紅。

却說崔生與慶娘定情之夕，只見慶娘含苞未破，元紅尚在，仍是處子之身。崔生悄地問他道：「你令姊借你的身體，陪伴了我一年，如何你身子還是好好的？」慶娘怫然不悦道：「你自撞見了姊姊鬼魂，做作出來的，干我甚事？說到我身上來！」崔生道：「若非令姊多情，今日如何能勾與你成親？此恩不可忘了。」慶娘道：「這箇也說得是。萬一他不明不白，不來周全此事，借我的名頭，出了我偌多時醜，我如何做得人成？只你心裏到底認是我隨你逃走了的，豈不羞死人！今幸得他有靈，完成你我的事，也是他十分情分了。」

次日，崔生感興娘之情不已，思量薦度他。却是身邊無物，只得就將金鳳釵到市上貨賣。【眉批】此釵何忍賣之？酸甚！忍甚！賣得鈔二十錠，盡買香燭楮錠，賫到瓊花觀中，命道士建醮三晝夜，以報恩德。

醮事已畢，崔生夢中見一個女子來到，崔生却不認得。女子道：「妾乃興娘也。前日是假妹子之形，故郎君不曾相識。却是妾一點靈性，與郎君相處一年了。今日郎君與妹子成親過了，妾所以纔把真面目與郎相見。」遂拜謝道：「蒙郎薦拔，尚有餘情。雖隔幽明，實深感佩。小妹慶娘，禀性柔和，郎好看覷他。妾從此別矣！」崔生不覺驚哭而醒。慶娘枕邊見崔生哭醒來，問其緣故。崔生把興娘夢中說話，一一對慶娘說。慶娘問道：「你見他如何模樣？」崔生把夢中所見容貌，備細說來。慶娘道：「真是我姊也。」不覺也哭將起來。慶娘再把一年中相處事情，細細問崔生。崔生逐件和慶娘備說始末根由，果然與興娘生前情性光景無二。兩人感嘆奇異，親上加親，越然過得和睦了。自此興娘別無影響。要知只是一箇情字爲重，不忘崔生，做出許多事體來。心願既完，便自罷了。

此後，崔生與慶娘年年到他墳上拜掃。後來崔生出仕，討了前妻封誥。遺命三人合葬。曾有四句口號，道着這本話文：

大姊精靈，小姨身體。
到得圓成，無此無彼。

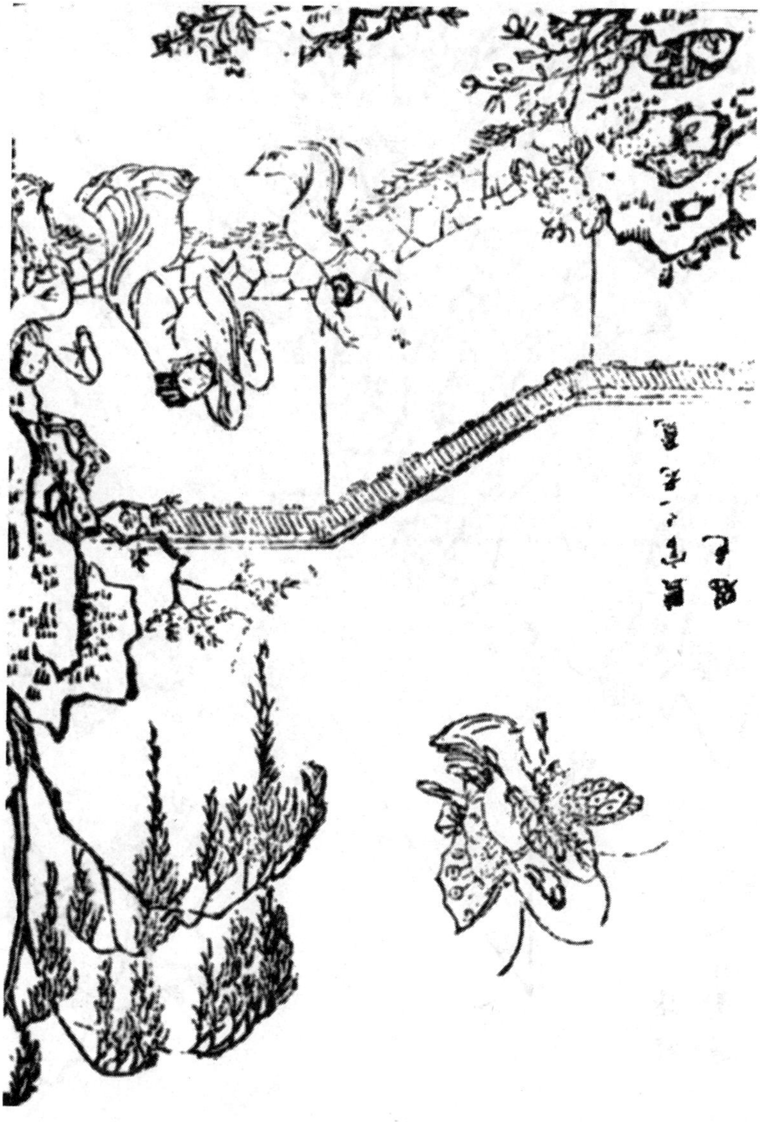

會稽山大小
誅邪

卷二十四

鹽官邑老魔魅色　會骸山大士誅邪

詩曰：

王濬樓船下益州，金陵王氣黯然收。
千尋鐵鎖沉江底，一片降帆出石頭。
人世幾回傷往事，山形依舊枕清流。
而今四海爲家日，故壘蕭蕭蘆荻秋。

這八句詩，唐朝劉夢得所作，乃是金陵燕子磯懷古的。這個燕子磯，在金陵西北，正是大江之濱，跨江而出。在江裏看來，宛然是一隻燕子，撲在水面上，有頭有翅。昔賢好事者，恐怕他飛去，滿山多用鐵鎖鎖着。就在這燕子項上，造着一個亭子，鎮住他。登了此亭，江山多在眼前，風帆起于足下，最是金陵一個勝處。就在磯邊，相隔一里多路，有個弘濟寺。寺左轉去，一派峭壁，插在半空，就如石屏一般。壁盡處，山崖回抱將來。【眉批】寺僧亦韵。當時寺僧於空處建個閣，半嵌石崖，半臨江水。閣中供養觀世音像。像照水中，毫髮皆見，宛然水月之景，就名爲觀音閣。載酒游觀者，殆無虛日。奔走既多，靈蹟頗著，香火不絕。只是清淨佛地，做了吃酒的所在，未免作賤。亦且這些游客，隨喜的多，布施的少，那閣年深月久，没有錢糧修葺，日漸坍塌了些。

一日，有個徽商某，泊舟磯下，隨步到弘濟寺游玩。寺僧出來迎接着，問了姓名，邀請吃茶。茶罷，寺僧問道：「客官何來？今往何處？」徽商答道：「在揚州過江來。帶些本錢，要進京城小鋪中去。天色將晚，在此泊着，上來耍耍。」寺僧道：「此處走去，就是外羅城觀音門了。進城止有二十里。客官何不搬了行李，到小房宿歇了？明日一肩行李，脚踏實地，絶早到了。若在船中，還要過龍江關盤驗，許多擔閣。又且晚間，此處磯邊風浪最大，是歇船不得的。」徽商見説得有理，果然走到船邊，把船打發去了。搬了行李，竟到僧房中來。安頓了，寺僧就陪着登閣上觀看。

徽商看見閣已頽壞，問道：「如此好風景，如何此閣頽壞至此？」寺僧道：「此間來往的儘多，却多是游耍的，並無一個捨財施主。寺僧又貧，修理不起，所以如此。」徽商道：「游耍的人，必竟有大手段的在内，難道不布施些？」寺僧道：「多少王孫公子，只是帶了娼妓來吃酒作樂。那些人身上，便肯撒漫；佛天面上，却不照顧。還有豪奴狠僕，家主既去，剩下酒肴，他就毁門拆窗，將來蕩酒煮飯。只是作踐，怎不頽壞？」徽商嘆惜不已。【眉批】到處如此，何止觀音閣。寺僧便道：「朝奉若肯喜捨時，小僧便修葺起來不難。」徽商道：「我昨日與夥計算帳，多出三十兩一項銀子來，我就捨在此處。修好了閣，一來也是佛天面上，二來也在此間留個名。」寺僧大喜稱謝。下了閣，到寺中來。

元來徽州人心性儉嗇，却肯好勝喜名，又崇信佛事。見這個萬人往來去處，只要傳開去，説觀音閣是某人獨自修好了，他心上便快活，所以一口許了三十兩。走到房中，解開行囊，取出三十兩一包，交付與寺僧。【眉批】慢藏誨盗。不想寺僧一手接銀，一眼瞟去，看見餘銀甚多，就上了心，一面分付行童整備夜飯欵待。着地奉承，殷勤相勸，把徽商灌得酩酊大醉。夜深人静，把來殺了。啟他行囊來看，看見搭包多是白物，約有五百餘兩，心中大喜。與徒弟計較，要把屍來抛在江裏。徒弟道：「此時山門已鎖，須要住持師父處取匙鑰。盤問起來，遮掩不得，不但做出事來，且要分了東西去。」寺僧道：「這等如何處置？」徒弟道：「酒房中有個大甕，莫若權把來斷碎了，入在甕中。明日覷個空便，連甕將去抛在江中，方無人知覺。」寺僧道：「有理，有理。」果然依話而行。可憐一個徽商，做了幾段碎物！好意佈施，得此慘禍。

那僧徒收拾浄盡，安貯停當，放心睡了。自道神鬼莫測，豈知天理難容？是夜有個巡江捕盗指揮，也泊舟磯下，守候甚麽公事。天早起來，只見一個婦人，走到船邊，將一個擔桶汲水；且是生得美貌。【眉批】不美則未必追逐。指揮留心，一眼望他那條路去，只見不走到民家，一直走到寺門裏來。指揮疑道：「寺内如何有美婦擔水？必是僧徒不公不法。」帶了哨兵，一路趕來。見那婦人走進一個僧房，指揮人等又趕進去，却走向一個酒房中去了。寺僧見個官帶了哨兵，絶早來到，虚心病發，個個面如土色，慌慌張張。却是出其不意，躲避不及，指揮先叫把僧人押定，自己坐在堂中，叫兩個兵到酒房中搜看。只見婦人進得房門，隱隱還在裏頭。一見人來，鑽入甕裏去了。走來禀了指揮，指揮道：「甕中必有冤枉。」就叫哨兵取出甕來，打開看時，只見血肉狼藉，頭顱劈破，是一個人碎割了的。就把僧徒兩個縛了，解到巡江察院處來。一上刑罰，僧徒熬苦不過，只得從實供招。就押去寺中，起贓來爲証。問成大辟，立時處決。衆人見僧口招，因爲佈施修閣，起心謀殺，方曉得適纔婦人，乃是觀音顯靈，那一個不念一聲「南無靈感觀世音菩薩」！要見佛天甚近，欺心事是做不得的。【眉批】轉背即作昧心事矣。

從來説觀世音極靈，固然無處不顯應，却是燕子磯的還是小可；香火之盛，莫如杭州三天竺。那三天竺是上天竺、中天竺、下天竺。三天竺中，又是上天竺爲極盛。這個天竺峰，在府城之西，西湖之南。登了此峰，西湖如掌，長江如帶。地勝神靈，每年間人山人海，挨擠不開的。而今小子要表白天竺觀音一件顯靈的，與看官們聽着。且先聽小子《風》、《花》、《雪》、《月》四詞，然後再講正話。

風嫋嫋，風嫋嫋。冬嶺泣孤松，春郊摇弱草。收雲月色明，捲霧天光早。清秋暗送桂香來，極夏頻將炎氣掃。風嫋嫋，野花亂落令人老。（右詠風）

花艷艷，花艷艷。妖嬈巧似妝，鎖碎渾如剪。露凝色更鮮，風送香常遠。一枝獨茂逞冰肌，萬朵争妍含醉臉。花艷艷，上林富貴真堪羡。（右詠花）

雪飄飄，雪飄飄。翠玉封梅萼，青鹽壓竹梢。灑空翻絮浪，積檻鎖銀橋。千山渾駭鋪鉛粉，萬木依稀擁素袍。雪飄飄，長途游子恨迢遥。（右詠雪）

月娟娟，月娟娟。乍缺鈎横野，方團鏡掛天。斜移花影亂，低映水紋連。詩人舉盞搜佳句，美女推窻遲月眠。月娟娟，清光千古照無邊。（右詠月）

看官，你道這四首是何人所作？話説洪武年間，浙江鹽官會骸山中，有一個老者，緇服蒼顔，幅巾繩履，是個道人打扮。不見他治甚生業，日常醉歌于市間。歌畢起舞，跳本緣枝，宛轉盤旋，身子輕捷，如鶩魚飛燕。又且知書善詠，恢諧笑浪，秀發如瀉。有文士登游此山者，嘗與他倡和談謔。一日大醉，索酒家筆硯，題此四詞在石壁上，觀者稱賞。自從寫過，墨蹟漸深，越磨越亮。山中這些與他熟識的人，見他這些奇異，疑心他是個仙人，却再没處查他的踪迹。日日往來山中，又不見個住家的所在。雖然有些疑怪，習見習聞，日月已久，也不以爲意了。平日只以老道相呼而已。

離山一里之外，有個大姓仇氏。夫妻兩個，年登四十，極是好善，並無子嗣。乃捨錢刻一慈悲大士像，供禮于家，朝夕香花燈果，拜求如願。每年二月十九日，是大士生辰，夫妻兩個，齋戒虔誠，躬往天竺。三步一拜，拜將上去，燒香祈禱，不論男女，求生一個，以續後代。如是三年，其妻果然有了姙孕。十月期滿，晚間生下一個女孩。夫妻兩個，歡喜無限，取名夜珠。【眉批】佳名。因是夜裏生人，取掌上珠之意；又是夜明珠寶貝一般。年復一年，看看長成，端慧多能，工容兼妙。父母愛惜他，真個如珠似玉。倏忽已是十九歲，父母俱是六十以上了。尚未許聘人家。

你道老來子，做父母的，巴不得他早成配偶，奉事暮年，怎的二八當年多過了，還未嫁人？只因夜珠是這大姓的愛女，又且生得美貌伶俐，夫妻兩個做了一個大指望，道是必要揀個十全、毫無嫌鄙的女婿來嫁他，等他名成利遂，老夫婦靠他終身。亦且只要入贅的，不肯嫁出的。左近人家，有幾家來説的，兩個老人家嫌好道歉；便有數家像意的，又要娶去，不肯入贅。有女婿人物好、學問高的，家事又或者淡薄些；有人家資財多、門户高的，女婿又或者愚蠢些。所以高不輳，低不就。【眉批】二者每每相左不能兼得。那些做媒的，見這兩個老人家難理會，也有好些不耐煩，所以親事越遲了。却把仇家女子美貌、擇婿難爲人事之名，遠近都傳播開來。誰知其間動了一個人的火。

看官，你道這個人是那個？敢是石崇之富，要買緑珠的？敢是相如之才，要挑文君的？敢是潘安之貌，要引那擲果婦女的？看官，若如此，這多是應得想着的了。説來一場好笑，元來是：

周時吕望，要尋個同釣魚的對手；漢世伏生，要娶個共講書的配頭。

你道是甚人？乃就是題《風》、《花》、《雪》、《月》四詞的。這個老頭兒，終日纏着這些媒人，央他仇家去説親。媒人問是那個要娶，説來便是他自己。這些媒人也只好當做笑話罷了，誰肯去説？大家説了，笑道：「隨你千選萬選，這家女兒臭了爛了，也輪不到説起他。正是老没志氣，陰溝洞裏思量天鵝肉吃起來。」那老道見没人肯替他做媒，他就老着臉，自走上仇大姓門來。【眉批】突如其來如。

大姓夫妻二人，正同在堂上，説着女兒婚事未諧，唧唧噥噥的商量，忽見老道走將進來。大姓平日曉得這人有些古怪的，起來相迎。那媽媽見是大家老人家，也不回避。三人施禮已畢，請坐下了。大姓問道：「老道今日爲何光降茅舍？」老道道：「老僕特爲令愛親事而來。」兩人見説是替女兒説親的，忙叫：「看茶。」就問道：「那一家？」老道道：「就是老僕家。」大姓見説了就是他家，正不知這老道住在那裏的，心裏已有好些不快意了，勉强答他道：「從來相會，不知老道有幾位令郎？」老道道：「不是小兒。老僕曉得令愛不可作凡人之配，老僕自己要娶。」大姓雖怪他言語不倫，還不認真。説道：「老道平日專好説笑説耍。」老道道：「並非耍笑。老僕果然願做門婿。是必要成的，不必推托。」

大姓夫婦見他説得可惡，勃然大怒道：「我女閨中妙質，等閒的不敢求聘。你是何人，輒敢胡言亂語？」立起身把他一攙。老道從容不動，拱立道：「老丈差了。老丈選擇東床，不過爲養老計耳。若把令愛嫁與老僕，老僕能孝養吾丈於生前，禮祭吾丈于身後，大事已了，可謂極得所托的。這個不爲佳婿，還要怎的纔佳麽？」大姓大聲叱他道：「人有貴賤，年有老少。貴賤非倫，老少不偶。也不肚裏想一想，敢來唐突、戲弄吾家！此非病狂，必是喪心，何足計較？」叫家人們持杖趕逐。仇媽媽只是在傍邊夾七夾八的駡。老道笑嘻嘻，且走且説道：「不必趕逐，我去罷了。只是後來追悔，要求見我，就無門了。」大姓又指着他駡道：「你這個老枯骨，我要求見你做甚麽？少不得看見你早晚倒在路傍，被狗拖鴉啄的日子在那裏。」老道把手掀着鬢髯，長笑而退。【眉批】笑者不可測也。

大姓叫閉了門，夫妻二人氣得個濾胸塞肚，兩相埋怨道：「只爲女兒不受得人聘，受此大辱！」分付當直的，分頭去尋媒婆來説親。這些媒婆走將來，聞知老道自來求親之事，笑一個不住道：「天下有此老無知！前日也曾央我們幾次，我們没一個肯替他説，他只得自來了。」大姓道：「此老腹中有些文才，最好調戲。他曉得吾家擇婿太嚴，未有聘定，故此奚落我。你們如今留心，快與我尋尋人家，差不多的也罷了，我自重謝則個。」媒人應承，自去了，不題。

過得兩日，夜珠靠在窗上繡鞋，忽見大蝶一雙飛來，紅翅黄身，黑鬚紫足，且是好看。旋繞夜珠左右不舍，恰像眷戀他這身子芳香的意思。夜珠又喜又異，輕以羅帕撲他。撲個不着，略略飛將開去。夜珠忍耐不定，笑呼丫鬟，同來撲他。看看飛得遠了，夜珠一同丫鬟，隨他飛去處趕將來。直至後園牡丹花側，二蝶漸大如鷹。説時遲，那時快，飛近夜珠身邊來，各將翅攢定夜珠兩腋，就如兩個大箬笠一般，扶挾夜珠，從空而起。夜珠口裏大喊，丫鬟驚報大姓。夫妻急忙趕至園中，已見夜珠同兩蝶在空中，向墻外飛去了。大姓驚喊號叫，没法救得。老夫妻兩個放聲大哭道：「不知是何妖術，攝將去了？」却没個頭路猜得出。從此各處探訪，不在話下。

却説夜珠被兩蝶夾起在空中，如登雲霧。心裏明知墮了妖術，却是脚不點地，身不自主。眼望下去，却見得明白。看見過了好些荆蓁路徑，幾個崄峻山頭，到一巑岏山窟中，方纔漸漸放下。看見小小一洞，止可容頭，此外别無走路。那兩蝶已自不見了。只見洞邊一個老人家，道者裝扮，拱立在那裏。見了夜珠，歡歡喜喜，伸手來拽了夜珠的手，對洞口喝了一聲。聽得轟雷也似響亮，洞忽開裂，老道同夜珠身子已在洞内。夜珠急回頭看時，洞已抱合如舊，出去不得了。

夜珠慌忙之中，偷眼看那洞中，寬敞如堂。有人面猴形之輩二十餘個，皆來迎接這老道，口稱「洞主」。老道分付道：「新人到了，可設筵席。」猴形人應諾。又看見傍邊一房，甚是精潔，頗似僧室。几窗間有筆硯書史；竹床石磴，擺列兩行。又有美婦四五人，丫鬟六七人。婦人坐，丫鬟立侍。床前特設一席，不見葷腥，只有香花酒菓。老道對衆道：「吾今且與新人成禮則個。」就來牽夜珠同坐。夜珠又惱又怕，只是站立不動。老道着惱，喝叫猴形人四五個來，揪採將來，按住在坐上。夜珠到此無奈，只得坐了。老道大喜，頻頻將酒來勸，夜珠只推不飲。老道自家大碗價吃，不多時大醉了。一個婦人，一個丫鬟，扶去床中，相伴寢了。夜珠只在石磴之下蹴着，心中苦楚。想着父母，只是哭泣，一夜不曾合眼。

明早起來，老道看見夜珠淚痕不乾，雙眼盡腫，將手撫他背，安慰他道：「你家中甚近，勝會方新，何乃不趁少年取樂，自苦如此？若從了我，就同你還家，拜見爹娘，骨肉完聚，極是不難。你若執迷不從，憑你石爛海枯，此中不可復出了。只憑你算計，走那一條路？」夜珠聞言，自想：「我斷不從他，料無再出之日了。要這性命做甚？不如死休。」將頭撞在石壁上去，要求自盡。老道忙使衆婦人攔住，好言勸他道：「娘子既已到此，事不由己，且從容住着，休得如此輕生。」夜珠只是啼哭，從此不進飲食，欲要自餓而死。不想不吃了十多日，一毫無事。

夜珠求死不得，無計可施，自怕不免污辱，只是心裏暗禱觀世音，求他救拔。【眉批】亦無别法。老道日與衆婦淫戲，要動夜珠之心，争(曾)奈夜珠心如鐵石，毫不爲動。老道見他不快，也不來强他，只是在他面前百般弄法弄巧，要圖他笑顔開了，歡喜成事。所以日逐把些奇怪的事，做與他看。一來要他快活，二來賣弄本事高强，使他絶了出外之念，死心塌地隨他。你道他如何弄法？他秋時出去，取田間稻花，放好在石櫃中了，每日只將花合餘爨起，開鍋時，滿鍋多是香米飯。【眉批】有如此術，洞中儘自足樂，何以色爲？又將一甕水，用米一撮，放在水中，紙封了口，藏於松間兩三日，開封取吸，多變做撲鼻香醪。所以供給滿洞人口，酒米不須營求，自然豐足。若是天雨不出，就剪紙爲戲，或蝶或鳳，或狗或燕，或狐狸、猿猱、蛇鼠之類，皆有。囑他去到某家取某物來用，立刻即至。前取夜珠的雙蝶，即是此法。若取着家伙什物之類，用畢無事，仍教拿去還了。桃梅菓品，日輪猴形人兩個供辦，都是帶葉連枝，是山中樹上所取，不是攝將來的。夜珠日日見他如此作用，雖然心裏也道是奇怪，再没有一毫隨順他的意思。老道略來纏纏，即便要死要活，大哭大叫。老道不耐煩，便去摟着别個婦女去適興了。還虧得老道心性，只愛喜歡，不愛煩惱的，所以夜珠雖攝在洞裏多時，還得全身不損。

一日，老道出去了，夜珠對衆婦人道：「你我俱是父母遺體，又非山精木魅，如何隨順了這妖人，自受其辱？」衆美嘆息，對夜珠道：「我輩皆是人身，豈甘做這妖人野偶？但今生不幸，被他用術陷在此中，撇父母，棄糟糠，雖朝暮憂思，竟成無益，所以忍恥偷生，譬如做了一世猪羊犬馬罷了。事勢如此，你我拗他何用？不若放寬了心度日去，聽命于天。或者他罪惡有箇終時，那日再見人世。」言罷，各各淚下如雨。有《商調醋胡盧》一篇，詠着衆婦云：

衆嬌娥，黯自傷，命途乖，遭魍魎。雖然也顛鸞倒鳳，喜非常，覷形容不由心内慌。總不過匆匆完帳，須不是桃花洞裏老劉郎。

又有一篇詠着仇夜珠云：

夜光珠，世所希，未登盤，墜淤泥。清光到底不差池，笑妖人枉勞色自迷。有一日天開日霽，只怕得便宜翻做了落便宜。

衆人正自各道心事，哀傷不已，忽見猴形人傳來道：「洞主回來了。」衆人恐怕他知覺，掩淚而散，只有夜珠淚不曾乾。老道又對他道：「多時了，還哭做甚？我只圖你漸漸厮熟，等你心順了我，大家歡暢，省得逼你做事，終久不像我意，故不强你。【眉批】却是個老在行。今日子已久，你只不轉頭。不要討我惱怒起來，叫幾箇按住了你，强做一番，不怕你飛上天去！」夜珠見説，心慌不敢啼哭，只是心中默禱觀音救護，不在話下。

却説仇大姓夫妻二人，自不見了女兒，終日思念，出一單榜在通衢道：「有能探訪得女兒消息來報者，罄賠家産，將女兒與他爲妻。」雖然如此，荏苒多時，並無影響。又且目見他飛昇去的，曉得是妖人攝去，非人力可及。没計奈何，只好日日在慈悲大士像前，悲哭拜祝道：「靈感菩薩，女兒夜珠，元是在菩薩面前求得的。今遭此妖術攝去，若菩薩不救拔還我，當時何不不要見賜，也到罷了！望菩薩有靈有感。」【眉批】可憐。日日如此叫號。精誠所感，真是叫得泥神也該活現起來的。

一日，會骸山嶺上，忽然有一根旛竿，逼直竪將起來，竿末掛着一件物事。這嶺上從無此竿的。一時哄動了許多人，萬衆齊觀。竿末之物，俱各不識明白，胡猜亂講。内中有一秀士，姓劉，名德遠，乃是名家之子，少年飽學，極是個負氣好事的人。他見了這個異事，也是書生心性，心裏畢竟要跟尋着一個實實下落。便叫幾個家人，去拿了些粗布繩索，做了軟梯，帶些撓鈎、鋼叉、木板之類，叫一聲道：「有高興要看的，都隨我來。」你看他使出聰明：山高無路處，將鋼叉叉着軟梯，搭在大樹上去；不平處，用板襯着；有路險難走處，用撓鈎吊着。他一個上前，趕興的就不少了，連家人共有一二十人，一直吊了上去。到得嶺上，地却寬平。立定了脚，望下一看，只見山腰一個巑岏之處，有洞甚大。婦女十數個，或眠或坐，多如醉迷之狀。有老猴數十，皆身首二段，血流滿地。站得高了，自上看下，纖細皆見。然後看那旛竿及所掛之物，乃是一個老獮猴的骷髏。

劉德遠大加驚異。先此那仇家失女出榜，是他一向知道的，當時便自想道：「這些婦女裏頭，莫不仇氏之女也在？」急忙下嶺來，叫人報了縣裏；自己却走去報了仇大姓。大姓喜出非常，同他到縣裏聽候遣撥施行。縣令隨即差了一隊兵快，到彼收勦。兵快同了劉德遠，再上嶺來。大姓年老，走不得山路，只在縣前伺候。德遠指與兵快路逕，一擁前來。元來那洞在高處方看得見，在山下却與外不通，所以妖魅藏得許多人在裏頭。今在嶺上，却都在目前了。兵快看見了這些婦女，攀藤附葛，開條路逕，一箇箇領了出來。到了縣裏，仇大姓還不知女兒果在内否。遠遠望去，只見夜珠頭蓬髮亂，雜隨在婦女隊裏。大姓吊住夜珠，父子抱頭大哭。

到了縣堂，縣令叫衆婦上來，問其來歷備細。衆婦將始終所見，日逐事體説了。縣令曉得多是良家婦女，爲妖術所迷的。【眉批】衆婦愧夜珠多矣！又問道：「今日誰把這些妖物斬了？」衆婦道：「今日正要强奸仇夜珠，忽然天昏地暗。昏迷之中，只聽得一派喧嚷啼哭之聲，刀劍亂響，却不知箇緣故。直等兵快人衆來救，方纔甦醒。只見群猴多殺倒在地，那老妖不見了。」劉德遠同衆人獻上骷髏與旛竿，禀道：「那骷髏標示在旛竿之首，必竟此是老妖，爲神明所誅的。」縣令道：「那旛竿一向是嶺上的麽？」衆人道：「嶺上並無。」縣令道：「奇怪！這却那裏來的？」叫劉德遠把竿驗看，只見上有細字數行，乃是上天竺大士殿前之物，年月猶存。縣令曉得是觀音顯見，不覺大駭。隨令該房出示，把婦女逐名點明，召本家認領。

那仇大姓在外邊伺候，先具領狀，領了夜珠出來，真就是黑夜裏得了一顆明珠，「心肝肉」的口裏不住叫。到家裏見了媽媽，又哭個不住。問夜珠道：「你那時被妖法攝起半空，我兩個老人家趕來，已飛過墻了。此後將你到那裏去？却怎麽？」夜珠道：「我被兩個大蝶擡在空中，心裏明白的，只是身子下來不得，爹媽叫喊都聽得的。到得那裏，一個道裝的老人家迎着，進了洞去。這些妖怪叫老人家做『洞主』，逼我成親。這裏頭先有這幾個婦女在内，却是同類之人，被他攝在洞奸宿的，也來相勸。我到底只是執意不肯。」媽媽便道：「兒！只要今日歸來，再得相見便好了。隨是破了身子，也是出于無奈，怪不得你的。」夜珠道：「娘，不是這話。虧我只是要死要活，那老妖只去與別個淫媾了，不十分來纏我，幸得全身。今日見我到底不肯，方纔用强，叫幾個猴形人拿住手脚，兩三個婦女來脱小衣。正要奸淫，兒曉得此番定是難免，心下發極，大叫靈感觀世音起來。只聽得一陣風過處，天昏地黑，鬼哭神嚎，眼前伸手不見五指，一時暈倒了。直到有許多人進洞相救，纔醒轉來，看見猴形人個個被殺了，老妖不見了，正不知是個甚麽緣故。」大姓道：「自你去後，爹媽只是拜禱觀世音，日夜不休。人多見我虔誠，十分憐憫，替我體訪，却再無消耗。誰想今日果是觀世音顯靈，誅了妖邪！前日這老道便來求親時，我們只怪他不揣，豈知是箇妖魔！今日也現世報了。雖然如此，若非劉秀才做主爲頭，定要探看旛竿上物事下落，怎曉得洞裏有人？又得他報縣救取，又且先來報我，此恩不可忘了。」

正説話處，只見外邊有幾箇婦女，同了幾家親識來訪夜珠并他爹媽。三人出來接進，乃是同在洞中還家的。各人自家裏相會過了，見外邊傳説仇家爹媽祈禱虔誠，又得夜珠力拒妖邪，大呼菩薩，致得神明感應，帶挈他們重見天日，齊來拜謝。爹媽方曉得夜珠所言全身是真話。

衆人稱謝已畢，就要商量被害幾家協力出資，建廟山頂，奉祠觀世音。盡皆喜躍。正在議論間，只見劉秀才也到仇家相訪。他書生好奇，只要來問洞中事體備細，去書房裏紀録新聞，原無他意，恰好撞見許多人在内。問着，却多是洞裏出來的與親眷人等，盡曉得是劉秀才，是爲頭到嶺上，看見了報縣的，方得救出，乃是大恩人，盡皆羅拜稱謝。秀才便問：「你們衆人都聚此一家是甚緣故？」衆人把仇老虔誠禱神，女兒拒奸呼佛，方得觀音靈感，帶挈衆人脱難。「故此一來走謝，一來就要商量斂貲造廟。難得秀才官人在此，也是一會之人，替我們起個疏頭，説個緣起，明日大家禀了縣裏，一同起事。」【眉批】也是秀才該管之事。劉秀才道：「這事在我身上。我明日到縣間，與縣官説明，一來是造廟的事，二來難得仇家小娘子貞堅感應，也該表揚的。」那仇大姓口裏連稱「不敢」，看見劉秀才語言慷慨，意氣軒昂，也就上心了。便問道：「秀才官人，令岳是那家？」秀才道：「年幼蹉跎，尚未娶得。」仇大姓道：「老夫有誓言在先，有能探訪女兒消息來報者，罄賠家産，將女兒與他爲妻。這話人人曉得。今日得秀才親至嶺上，探得女兒歸來，又且先報老夫，老夫不敢背前言。趁着衆人都在舍下，做個証見，結此姻緣，意下如何？」衆人大家喝采起來道：「妙！妙！正是女貌郎才，一雙兩好。」劉秀才不肯起來道：「老丈休如此說。小生不過是好奇高興，故此不避險阻，窮討怪迹。偶得所見如此，想起宅上失了令愛，沿街貼榜已久，故此一時喜事，走來奉報，原無心望謝。若是老丈今日如此說，小覷了小生是一團私心了。不敢奉命。」衆人共相攛掇，劉秀才反覺得没意思，不好回答得，别了自去。衆人約他明日縣前相會。

劉秀才去了，衆人多稱贊他果是個讀書君子，有義氣好人，難得。仇大姓道：「明日老夫央請一人爲媒，是必完成小女親事。」衆人中有個老成的，走出來道：「我們少不得到縣裏動公舉呈詞，何不就把此事禀知知縣相公，倒憑知縣相公做個主，豈不妙哉！」【眉批】大是。衆人齊道：「有理。」當下散了。大姓與媽媽、女兒説知此事，又説劉秀才許多好處，大家贊嘆不題。

且説次日縣令升堂，先是劉秀才進見，把大士顯靈，衆心喜捨造廟，及仇女守貞，感得神力誅邪等事，一一禀知已過，衆人纔拿連名呈詞進見。縣令批准建造，又自取庫中公費銀十兩，開了疏頭，用了印信，就中給與老成耆民收貯了訖。衆人謝了。又把仇老女兒要招劉生報德的情禀出來。縣令問仇老道：「此意如何？」仇老道：「女兒被妖攝去，固然感得大士顯應，誅殺妖邪；若非劉生出力，梯攀至嶺，妖邪雖死，女兒到底也是洞中枯骨了。今一家完聚，慶幸非淺，情願將女兒嫁他，實係真心。不道劉秀才推托，故此公同禀知爺爺，望與老漢做一個主。」

縣令便請劉秀才過來，問道：「適纔仇某所言姻事，衆口一詞，此美事也，有何不可？」劉秀才道：「小生一時探奇窮異，實出無心。若是就了此親，外人不曉得的，盡道是小生有所貪求而爲此，反覺無顏。【眉批】劉秀才可敬。亦且方纔對父母大人説仇氏女守貞好處，若爲己妻，此等言語皆是私心。小生讀幾行書，義氣廉耻爲重，所以不敢應承。」縣令跌足道：「難得！難得！仇女守貞，劉生尚義，仇某不忘報，皆盛事也。本縣幸而躬逢目擊，可不完成其美？本縣權做個主婚，賢友萬不可推托。」立命庫上取銀十兩，以助聘禮。即令鼓樂送出縣來，竟到仇家，先行聘定了。【眉批】好個縣令！揀箇吉日，入贅仇家，成了親事。

一月之後，雙雙到上天竺燒香，拜謝大士，就送還前日旛竿。過不多時，衆人齊心協力，山嶺廟也自成了。又去燒香點燭，自不消説。後來劉秀才得第，夫榮妻貴。仇大姓夫妻，俱登上壽，同日念佛而終。此又後話。

又説會骸山石壁，自從誅邪之後，那《風》、《花》、《雪》、《月》四詞，却像那個刷洗過了一番的，毫無一字影蹟。衆人纔悟前日老道便是老妖，不是個好人，踪迹方得明白。有詩爲証：

巑岏石洞老光陰，只此幽栖致自深。
誅殛忽然煩大士，方知佛戒重邪淫。

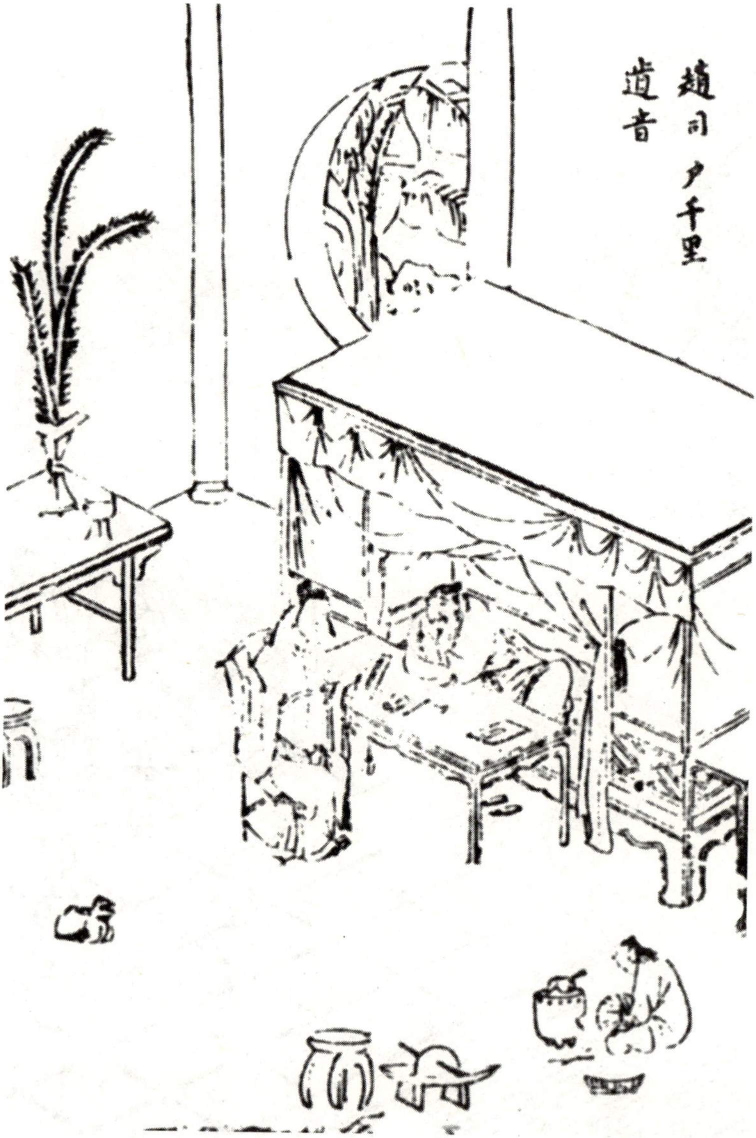
趙司戶千里
遺音

蘇小妹一詩
正果

卷二十五

趙司户千里遺音　蘇小娟一詩正果

詩曰：

青樓原有掌書仙，未可全歸露水緣。
多少風塵能自拔，淤泥本解出青蓮。

這四句詩，頭一句「掌書仙」，你道是甚麽出處？列位聽小子説來：唐朝時長安有一個倡女，姓曹，名文姬。生四五歲，便好文字之戲。及到笄年，豐姿艷麗，儼然神仙中人。家人教以絲竹宫商，他笑道：「此賤事，豈吾所爲？惟墨池筆塚，使吾老于此間足矣。」他出口落筆，吟詩作賦，清新俊雅。任是才人，見他欽伏。至于字法，上逼鍾、王，下欺顔、柳，真是重出世的衛夫人。得其片紙隻字者，重如拱璧，一時稱他爲書仙。【眉批】只兩字便佳。他等閒也不肯輕與人寫。長安中富貴之家，豪傑之士，輦輸金帛，求聘他爲偶的，不記其數。不揣者多。文姬對人道：「此輩豈我之偶？如欲偶吾者，必先投詩，利害。吾當自擇。」此言一傳出去，不要説吟壇才子，争奇鬬異，各獻所長，「人人自以爲得大將」，就以張打油、胡釘鉸，也來做首把，撮箇空。至於那强斯文、老臉皮，雖不成詩，叶韻而已的，也偏不識廉耻，謅他娘兩句，出醜一番。誰知投去的，好歹多選不中。這些人還指望出張續案，放遭告考，把一個長安的子弟，弄得如醉如狂的。文姬只是冷笑。

最後有個岷江任生，客于長安，聞得此事，喜道：「吾得配矣。」【眉批】大膽。傍人問之，他道：「鳳栖梧，魚躍淵，物有所歸，豈妄想乎？」遂投一詩云：

玉皇殿上掌書仙，一染塵心謫九天。
莫怪濃香薰骨膩，霞衣曾惹御爐烟。

文姬看詩畢，大喜道：「此真吾夫也！不然，怎曉得我的來處？吾願與之爲妻。」即以此詩爲聘定，留爲夫婦。自此，春朝秋夕，夫婦相携，小酌微吟，此唱彼和，真如比翼之鳥，並頭之花，歡愛不盡。【眉批】即此已成仙人矣。

如此五年後，因三月終旬，正是九十日春光已滿，夫妻二人，設酒送春。對飲間，文姬忽取筆硯題詩云：

仙家無夏亦無秋，紅日清風滿翠樓。
況有碧霄歸路穩，可能同駕五雲虯。

題畢，把與任生看。任生不解其意，尚在沉吟。文姬笑道：「你向日投詩，已知吾來歷，今日何反生疑？吾本天上司書仙人，偶以一念情愛，謫居人間二紀。今限已滿，吾欲歸，子可偕行。天上之樂，勝于人間多矣。」說罷，只聞得仙樂飄空，異香滿室。家人驚異間，只見一個朱衣吏，持一玉版，朱書篆文，向文姬前稽首道：「李長吉新撰《白玉樓記》成，天帝召汝寫碑。」文姬拜命畢，携了任生的手，舉步騰空而去。雲霞閃爍，鸞鶴繚繞。於時觀者萬計，以其所居地爲書仙里。這是掌書仙的故事。乃是倡家第一箇好門面話柄。

看官，你道倡家這派起于何時？元來起于春秋時節。齊大夫管仲，設女閭七百，徵其合夜之錢以爲軍需。傳至于後，此風大盛。然不過是侍酒陪歌，追歡買笑，遣興陶情，解悶破寂，實是少不得的，豈至遂爲人害？争奈「酒不醉人人自醉，色不迷人人自迷」。纔有歡愛之事，便有迷戀之人；纔有迷戀之人，便有坑陷之局。做姊妹的，飛絮飄花，原無定主；做子弟的，失魂落魄，不惜餘生。怎當得做鴇兒、龜子的，吮血磨牙，不管天理；又且轉眼無情，回頭是計。【眉批】暢論。所以弄得人傾家蕩産，敗名失德，喪軀殞命，盡道這娼妓一家是陷人無底之坑，填雪不滿之井了。總繇子弟少年浮浪，没主意的多，有主意的少；娼家習慣風塵，有圈套的多，没圈套的少。至于那鵜兒們，一發隨波逐浪，那曉得葉落歸根？所以百十個姊妹裏頭，討不出幾箇要立婦名、從良到底的。就是從了良，非男負女，即女負男，有結果的也少。却是人非木石，那鴇兒只以錢爲事，愚弄子弟，是他本等，自不必説；那些做妓女的，也一樣娘生父養，有情有竅，日陪歡笑，夜伴枕席，難道一些心也不動，一些情也没有，只合着鴇兒，做局騙人過日不成？這却不然。其中原有有真心的，一意綢繆，生死不變；原有肯立志的，亟思超脱，時刻不忘。從古以來，不止一人。而今小子説一個妓女，爲一情人相思而死，又周全所愛妹子，也得從良，與看官們聽。見得妓女也有好的。有詩爲証，詩云：

有心已解相思死，况復留心念連理。
似此多情世所稀，請君聽我歌天水。
天水才華席上珍，蘇娘相向轉相親。
一官各阻三年約，兩地同歸一日魂。
遺言弱妹曾相托，敢謂冥途忘舊諾？
愛推同氣了良緣，賡歌一絶于飛樂。

話説宋朝錢塘有個名妓蘇盼奴，與妹蘇小娟，兩人俱俊麗工詩，一時齊名。富豪子弟到臨安者，無不願識其面。【眉批】便妙了。真箇車馬盈門，絡繹不絶。他兩人没有嬷嬷，只是盼兒當門抵户，却是姊妹兩個多自家爲主的。自道品格勝人，不耐煩隨波逐浪，雖在繁華綺麗所在，心中長懷不足。只願得遇個知音之人，隨他終身，方爲了局的。姊妹兩人意見相同，極是過得好。

盼奴心上有一個人，乃是皇家宗人，叫做趙不敏，是個太學生。元來宋時宗室，自有本等禄食，本等職銜；若是情願讀書應舉，就不在此例了。所以趙不敏有個房分兄弟趙不器，就自去做了個院判；惟有趙不敏自恃才高，務要登第，通籍在太學。他才思敏捷，人物風流。風流之中，又帶些志誠真實。【眉批】要緊。所以盼奴與他相好。盼奴不見了他，飯也是吃不下的。趙太學是個書生，不會經管家務，家事日漸蕭條。【眉批】汧國之流。盼奴不但不嫌他貧，凡是他一應燈火酒食之資，還多是盼奴周給他，恐怕他因貧廢學，常對他道：「妾看君決非庸下之人，妾也不甘久處風塵。但得君一舉成名，提掇了妾身出去，相隨終身，雖布素亦所甘心。切須專心讀書，不可懈怠，又不可分心他務。衣食之需，只在妾的身上，管你不缺便了。」

小娟見姐姐真心待趙太學，自也時常存一箇揀人的念頭，只是未曾有個中意的。盼奴體着小娟意思，也時常替他留心。對太學道：「我這妹子，性格極好，終久也是良家的貨。他日你若得成名，完了我的事，你也替他尋個好主，不枉了我姊妹一對兒。」【眉批】豈知己事不完，反替他完了。太學也自愛着小娟，把盼奴的話牢牢記在心裏了。

太學雖在盼奴家往來情厚，不曾破費一箇錢，反得他資助讀書，感激他情意，極力發憤。應過科試，果然高捷南宫。盼奴心中不勝歡喜。正是：

> 銀釭斜背解鳴璫，小語低聲唤玉郎。
> 從此不知蘭麝貴，夜來新惹桂枝香。

太學榜下未授職，只在盼奴家裏，兩情愈濃，只要圖箇終身之事。樂哉。却有一件，名妓要落籍，最是一件難事。官府恐怕缺了會承應的人，上司過往嗔怪，許多不便，十箇到有九箇不肯。所以有的批從良牒上道：「慕周南之化，此意良可矜；空冀北之群，所請宜(冥)不允。」官司每每如此。不是得箇極大的情分，或是撞箇極幫襯的人，方肯周全。而今蘇盼奴是個有名的能詩妓女，正要插趣，誰肯輕輕便放了他？【眉批】不在行人大率如此。前日與太學往來雖厚，太學既無錢財，也無力量，不曾替他營脱得樂籍。此時太學固然得第，盼奴還是個官身，却就娶他不得。

正在計較間，却選下官來了，除授了襄陽司户之職。初授官的人，碍了體面，怎好就與妓家討分上脱籍？況就是自家要取的，一發要惹出議論來。欲待別尋婉轉，争奈憑上日子有限，一時等不出箇機會。没奈何，只得相約到了襄陽，差人再來營幹。【眉批】所以事機不可失也。當下司户與盼奴兩個，抱頭大哭。小娟在傍，也陪了好些眼淚。當時作別了，盼奴自掩着淚眼歸房，不題。

司户自此赴任襄陽，一路上鳥啼花落，觸景傷情，只是想着盼奴。自道一到任所，便托能幹之人，進京做這件事。誰知到任事忙，匆匆過了幾時，急切裏没個得力心腹之人可以相托。雖是寄了一兩番信，又差了一兩次人，多是不尷不尬，要能不勾的。也曾寫書相托在京友人，替他脱籍了當，然後圖謀接到任所。争奈路途既遠，亦且寄信做事，所托之人不過道是娼妓的事，有緊没要，誰肯知痛着熱，替你十分認真做的？不過討得封把書信兒，傳來傳去，動不動便是半年多。司户得一番信，只添得悲哭一番，當得些甚麽？

如此三年，司户不遂其願，成了相思之病。自古説得好：「心病還須心上醫。」眼見得不是盼奴來，醫藥怎得見効？看看不起，只見門上傳進來道：「外邊有個趙院判，稱是司户兄弟，在此候見。」司户聞得，忙叫：「請進。」相見了道：「兄弟，你便早些箇來，你哥哥不見得如此。」院判道：「哥哥爲何病得這等了？你要兄弟早來便怎麽？」司户道：「我在京時，有個教坊妓女蘇盼奴，與我最厚。他資助我讀書成名，得有今日。因爲一時匆匆，不替他落得籍，同他到此不得。原約一到任所，差人進京圖幹此事。誰知所托去的，多不得力。我這里好不盼望！不甫能勾回箇信來，定是東差西誤的。三年以來，我心如火，事冷如冰，一氣一箇死。兄弟，你若早來幾時，把這箇事托你替哥哥幹去，此時盼奴也可來，你哥哥也不死，如今却已遲了。」言罷，淚如雨下。【眉批】可憐。院判道：「哥哥且請寬心。哥哥千金之軀，還宜調養，望箇好日。如何爲此閒事，傷了性命？」司户道：「兄弟，你也是箇中人，怎學別人説淡話？情上的事，各人心知。正是性命所關，豈是閒事？」説得痛切，又發昏上來。

隔不多兩日，恍惚見盼奴在眼前，愈加沉重。自知不起，呼院判到床前囑付道：「我與盼奴，不比尋常，真是生死交情。今日我爲彼而死，死後也還不忘的。我三年以來，共有俸禄餘貲若干，你與我均匀分作兩分。一分是你收了；一分你替我送與盼奴去。盼奴知我既死，必爲我守。他有妹小娟，俊雅能吟，盼奴曾托我替他尋人。【眉批】虧得是箇中人所以可托不然安保不浮沉其餘貲乎。我想兄弟風流才俊，能了小娟之事。你到京時，可將我言傳與他家，他家必然喜納。你若得了小娟，誠是佳配，不可錯過了。一則完了我的念頭，一則接了我的瓜葛。此臨終之托，千萬記取！」所謂志誠真實。院判涕泣領命。司户言畢而逝。

院判勾當喪事了畢，帶了靈柩，歸葬臨安。一面收拾東西，竟望錢塘進發，不題。

却説蘇盼奴，自從趙司户去後，足不出門，一客不見，只等襄陽來音。豈知來的信雖有兩次，却不曾見幹着了當的實事。他又是箇女流，急得亂跳也無用，終日盼望，納悶而已。一日，忽有箇於潛商人，帶着幾箱官絹到錢塘來。聞着盼奴之名，定要一見。纏了幾番，盼奴只是推病不見。以後果然病得重了，商人只認做推托，心懷憤恨。小娟雖是接待兩番，曉得是箇不在行的蠢物，也不把眼稍帶着他。【眉批】所以爲小娟。幾番要研在小娟處宿歇，小娟推道：「姐姐病重，晚間要相伴，伏侍湯藥，留客不得。」畢竟纏不上。商人自到别家闝宿去了。

以後盼奴相思之極，恍恍惚惚。一日，忽對小娟道：「妹子好住，我如今要去會趙郎了。」小娟只道他要出門，便道：「好不遠的途程，你如此病體，怎好去得？可不是癡話麽？」盼奴道：「不是癡話。相會只在霎時間了。」看看聲絲氣咽，連呼趙郎而死。

小娟哭了一回，買棺盛貯，設箇靈位，還望乘便稍信趙家去。只見門外兩箇公人，大剌剌的走將進來，説道府判衙裏喚他姊妹，去對甚麽官絹詞訟。【眉批】禍不單行。小娟不知事繇，對公人道：「姊姊亡逝已過，見有棺柩靈位在此。我却隨上下去回覆就是。」免不得賠酒賠飯，又把使用錢送了公人。【眉批】可恨，可恨！妓家最怕此等事。分付丫頭看家，鎖了房門，隨着公人到了府前，纔曉得於潛客人被同夥首發，將官絹費用宿娼，拿他到官。懷着舊恨，却把盼奴、小娟攀着。小娟好生負屈，只待當官分訴。帶到時，府判正赴堂上公宴，没工夫審理。知是錢糧事務，喝令：「權且寄監。」可憐：

粉黛叢中艷質，囹圄隊裏愁形。
凶吉全然未保，青龍白虎同行。

不説小娟在牢中受苦，却説趙院判扶了兄柩，來到錢塘，安厝已了。奉着遺言，要去尋那蘇家。却想道：「我又不曾認得他一箇，突然走去，那里曉得真情？雖是吾兄爲盼奴而死，知他盼奴心事如何？也是。近日行徑如何？却便孟浪去打破了！」猛然想道：「此間府判是我宗人，何不托他去喚他到官來，當堂問他明白，自見下落。」一直逕到臨安府來，與府判相見了，叙寒温畢，即將兄長亡逝已過，所托盼奴、小娟之事，説了一遍，要府判差人去喚他姊妹二人到來。府判道：「果然好兩箇妓女。小可着人去喚來，宗丈自與他説端的罷了。」隨即差箇祗候人拿根籤去喚他姊妹。

祗候領命去了，須臾來回話道：「小人到蘇家去，蘇盼奴一月前已死，蘇小娟見繫府獄。」院判、府判俱驚道：「何事繫獄？」祗候回答道：「他家裏説，爲於潛客人誣攀官絹的事。」府判點頭道：「此事正在我案下。」

院判道：「看亡兄分上，宗丈看顧他一分則箇。」府判道：「宗丈且到敝衙一坐，小可叫來問箇明白，自有區處。」【眉批】就在行了。院判道：「亡兄有書禮與盼奴，誰知盼奴已死了。亡兄却又把小娟托在小可，要小可圖他終身。却是小可未曾與他一面，不知他心下如何。而今小弟且把一封書打動他，做箇媒兒，煩宗丈與小可婉轉則箇。」府判笑道：「這箇當得。只是日後不要忘了媒人。」大家笑了一回。請院判到衙中坐了，自己升堂。

叫人獄中取出小娟來，問道：「於潛商人缺了官絹百匹，招道在你家花費，將何補償？」小娟道：「亡姊盼奴在日，曾有箇於潛客人來了兩番。盼奴因病，不曾留他，何曾受他官絹？今姊以亡故無證，所以客人落得誣攀。判府若賜周全開豁，非惟小娟感荷，盼奴泉下也得蒙恩了。」府判見他出語宛順，心下喜他。便問道：「你可認得襄陽趙司户麽？」小娟道：「趙司户未第時，與姊盼奴交好，有婚姻之約，小娟故此相識。以後中了科第，做官去了。屢有書信，未完前願。盼奴相思，得病而亡，已一月多了。」府判道：「可傷！可傷！你不曉得，趙司户也去世了。」小娟見説，想着姊姊，不覺凄然吊下淚來，道：「不敢拜問，不知此信何來？」府判道：「司户臨死之時，不忘你家盼奴，遣人寄一封書、一罨禮物與他。此外又有司户兄弟趙院判，有一封書與你，你可自開看。」小娟道：「自來不認得院判是何人，如何有書？」府判道：「你只管拆開，看是甚話，就知分曉。」

小娟領下書來，當堂拆開讀着。元來不是甚麽書，却是一首七言絶句。【眉批】可想其品。詩云：

當時名伎鎮東吴，不好黄金只好書。
借問錢塘蘇小小，風流還似大蘇無？

小娟讀罷詩，想道：「此詩情意，甚是有情于我。若得他提挈，官事易解。但不知這院判何等人品。看他詩句清俊，且是趙司户的兄弟，多應也是風流人物，多情種子。」心下躊躇，默然不語。府判見他沉吟，便道：「你何不依韵和他一首？」【眉批】府判亦箇中人。小娟對道：「從來不會做詩。」府判道：「説那里話？有名的蘇家姊妹能詩，你如何推托？若不和詩，就要斷賠官絹了。」小娟謙詞道：「只好押韵獻醜，請給紙筆。」府判叫取文房四寶與他。小娟心下道：「正好借此打動他官絹之事。」提起筆來，毫不思索，一揮而就。雙手呈上府判。府判讀之，詩云：

君住襄江妾在吴，無情人寄有情書。

當年若也來相訪，還有於潛絹也無？

府判讀罷，道：「既有風致，又帶恢諧玩世的意思。如此女子，豈可使溷于風塵之中？」遂取司户所寄盼奴之物，盡數交與了他，就准他脱了樂籍。【眉批】妙！妙！官絹着商人自還，小娟無干，釋放寧家。小娟既得辯白了官絹一事，又領了若干物件，更兼脱了籍。自想姊姊如此煩難，自身却如此容易，感激無盡，流涕拜謝而去。

府判進衙，會了院判，把適纔的説話與和韵的詩，對院判説了，道：「如此女子，真是罕有。小可體貼宗丈之意，不但免他償絹，已把他脱籍了。」院判大喜，稱謝萬千。告(函)辭了府判，竟到小娟家來。

小娟方纔到得家里，見了姊姊靈位，感傷其事，把司户寄來的東西，一件件擺在靈位前，看過了。哭了一場，收拾了。只聽得外面叩門響，叫丫頭問明白了開門。怕復是商人之類故。丫頭問：「是那箇？」外邊答道：「是適來寄書趙院判。」小娟聽得「趙院判」三字，兩步移做了一步，叫丫頭急開了門迎接。院判進了門，擡眼看那小娟時，但見：

臉際芙蓉晻映，眉間楊柳停匀。若教夢裏去行雲，管取襄王錯認。殊麗全谿帶韵，多情正在含顰。司空見慣也銷魂，何況風流少俊。

若不是院判的大情分，妾身官事何繇得解？況且乘此又得脱籍，真莫大之恩，殺身難報。」院判道：「自是佳作打動，故此府判十分垂情，況又有亡兄所囑，非小可一人之力。」小娟垂淚道：「可惜令兄這樣好人，與妾亡姊真箇如膠似漆的，生生的阻隔兩處，俱謝世去了！」院判道：「令姊是幾時没有的？」小娟道：「方纔一月前某日。」院判吃驚道：「家兄也是此日，可見兩情不捨，同日歸天，也是奇事。」小娟道：「怪道姊姊臨死，口口説去會趙郎。【眉批】真是生死情緣！他兩箇而今必定做一處了。」院判道：「家兄也曾累次打發人進京。當初爲何不脱籍？以致阻隔如此！」小娟道：「起初令兄未第，他與亡姊恩愛，已同夫妻一般，未及慮到此地，匆匆過了日子。及到中第，來不及了。雖然打發幾次人來，只因姊姊名重，官府不肯放脱。這些人見略有些難處，丢了就走，那管你死活？【眉批】此輩皆宿世冤家。白白裏把兩箇人的性命悮殺了。豈知今日妾身托賴着院判，脱籍如此容易！若是令兄未死，院判早到這里一年半年，連姊姊也超脱去了。」院判道：「前日家兄也如此説。可惜小可浪游薄宦，到家兄衙裏遲了，故此無及。這都是他兩人數定，不必題了。前日家兄説，令姊曾把娟娘終身的事，托與家兄尋人。這話有的麽？」小娟道：「不願迎新送舊，我姊妹兩人同心。故此姊姊以妾身托令兄尋人，實有此話的。」院判道：「亡兄臨終，把此言對小可説了。又説娟娘許多好處，攛掇小可來會令姊與娟娘，就與娟娘料理其事。故此不遠千里，到此尋問。不想盻娘過世，娟娘被陷。而今幸得保全了出來，脱了樂籍，已不負亡兄與令姊了。但只是亡兄所言娟娘終身之事，不知小可當得起否？憑娟娘意下裁奪。」【眉批】老臉自媒，然亦非無功望報者矣。小娟道：「院判是貴人，又是恩人。只怕妾身風塵賤質，不敢仰攀。賴得令兄與亡姊一脉，親上之親。前日蒙賜佳篇，已知屬意；若蒙不棄，敢辭箕箒？」

説那院判一見了小娟，真箇眼迷心蕩，暗道：「吾兄所言佳配，誠不虚也。」

小娟接入堂中，相見畢，院判笑道：「適來和得好詩。」小娟道：「

院判見説得入港，就把行李什物，都搬到小娟家來，是夜即與小娟同宿。趙院判在行之人，況且一箇念着亡兄，一箇念着亡姊，兩箇只恨相見之晚，分外親熱。此時小娟既已脱籍，便可自繇。他見院判風流藴藉，一心待嫁他了。只是亡姊靈柩未殯，有此牽帶，與院判商量。院判道：「小可也爲扶亡兄靈柩至此，殯事未完。而今擇箇日子，將令姊之柩，與亡兄合葬于先塋之側，完他兩人生前之願，有何不可？」【眉批】極是司户所托得人。小娟道：「若得如此，亡魂俱稱心快意了。」院判一面擇日，如言殯葬已畢，就央府判做箇主婚，將小娟娶到家裏，成其夫婦。

是夜，小娟夢見司户、盼奴，如同平日，坐在一處，對小娟道：「你的終身有托，我兩人死亦瞑目。又謝得你夫妻，將我兩人合葬，今得同栖一處，感恩非淺。我在冥中，保佑你兩人後福，以報成全之德。」言畢，小娟驚醒。把夢中言語，對院判説了。院判明日設祭，到司户墳上致奠。兩人感念他生前相托，指引成就之意，俱各慟哭一番而回。

此後，院判同小娟花朝月夕，賡酬唱和，詩詠成帙。後來生二子，接了書香。小娟直與院判齊白而終。

看官，你道此一事，蘇盼奴助了趙司户成名，又爲司户而死，這是他自己多情，已不必説；又念着妹子終身之事，畢竟所托得人，成就了他從良。那小娟見趙院判出力救了他，他一心遂不改變，從他到了底。豈非多是好心的伎女？而今人自没主見，不識得人，亂迷亂撞，着了道兒，不要寃枉了這一家人，一概多似蛇蝎一般的。所以有編成《青泥蓮花記》，單説的是好姊姊出處，請有情的自去看。有詩爲証：

血軀總屬有情倫，寧有章臺獨異人？
試看死生心似石，反令交道愧沉淪。

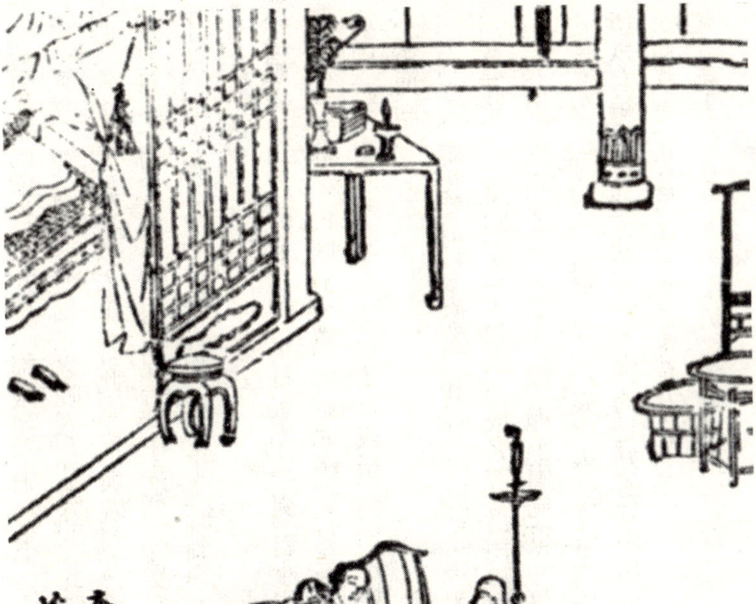
奉風情村婦
捐軀

卷二十六

奪風情村婦捐軀　假天語幕僚斷獄

詩云：

美色從來有殺機，况同釋子講于飛。
色中餓鬼真羅刹，血污游魂怎得歸？

話説臨安有一箇舉人，姓鄭，就在本處慶福寺讀書。寺中有箇西北房，叫做浄雲房。寺僧廣明，做人俊爽風流，好與官員士子每往來。亦且衣鉢充牣，家道從容，所以士人每喜與他交游。那鄭舉人在他寺中最久，與他甚是説得着，情意最密。凡是精緻禪室，曲折幽居，廣明盡引他游到。只有極深奥的所在，一間小房，廣明手自鎖閉出入，等閑也不開進去，終日是関着的，也不曾有第二個人走得進。雖是鄭舉人如此相知，無有不到的所在，也不領他進去。鄭舉人也只道是僧家藏叠資財的去處，大家凑趣，不去窺覷他。

一日，殿上撞得鐘響，不知是什麽大官府來到。廣明正在這小房中，慌忙趨出山門外迎接去了。鄭生獨自閒步，偶然到此房前，只見門開在那里。鄭生道：「這房從來鎖着，不曾看見裏面，今日爲何却不鎖？」一步步進房中來。【眉批】既從不看見的，老成者却宜避嫌。却是地板鋪的房。四下一看，不過是擺設得精緻，别無甚奇怪珍秘，與人看不得的東西。鄭生心下道：「這些出家人，畢竟心性古撇，此房有何秘密，直得轉手關門！」帶眼看去，那小床帳鈎上，吊着一箇紫檀的小木魚，連槌繫着，且是精緻滑澤。鄭生好戲子，除下來，手裏捏了看看，有要没緊的，把小槌敲他兩下。忽聽得床後地板，鐺的一聲銅鈴響，一扇小地板推起，一個少年美貌婦人，鑽頭出來。見了鄭生吃了一驚，縮了下去。鄭生也吃了一驚，仔細看去，却是認得的中表親戚某氏。元來那個地板做得巧，合縫處推開來就當是扇門，關上了原是地板。裏頭頂得上，外頭開不進。只聽木魚爲號，裏頭鈴聲相應，便出來了。裏頭是箇地窨，别開窓牖，有暗衖地道，到竈下通飲食，就是神仙也不知道的。鄭生看見了道：「怪道賊禿関門得緊，元來有此緣故！我却不該撞破了他，未必無禍。」心下慌張，急掛木魚在原處了，疾忙走出來，劈面與廣明撞着。

廣明見房門失鎖，已自心驚，又見鄭生有些倉惶氣質，面上顔色紅紫，再眼瞟去，小木魚還在帳鈎上摇動未定，曉得事體露了。問鄭生道：「適纔何所見？」鄭生道：「不見什麽。」廣明道：「便就房裏坐坐何妨？」挽着鄭生手進房。【眉批】狠甚。就把門閂了，床頭掣出一把刀來，道：「小僧雖與足下相厚，今日之事，勢不兩立。不可使吾事敗，死在别人手裏。只是足下自己悔氣到了，錯進此房。急急自裁，休得怨我。」鄭生哭道：「我不幸自落火坑，曉得你們不肯捨我，我也逃不得死了。只是容我吃一大醉，你斷我頭去，庶幾醉後無知，不覺痛苦。我與你往來多時，也須憐我。」廣明也念平日相好的，説得可憐，只得依從。反鎖鄭生在裏頭了，帶了刀，走去厨下，取了一大錫壺酒來。就把大碗來灌鄭生。鄭生道：「寡酒難吃，須賜我鹽菜少許。」廣明又依他，到厨下去取菜了。

鄭生尋思，走脱無路，要尋一件物事暗算他。房中多是輕巧物件，並無磚石棍棒之類。【眉批】人極智生。見酒壺罍巨，便心生一計，扯下一幅衫子，急把壺口塞得緊緊的。連酒連壺，約有五六斤重了。一手提着，站在門背後。只見廣明搪門進來，鄭生估着光頭，把這壺儘着力一下打去。廣明打得頭昏眼暗，急伸手摸頭時，鄭生又是兩三下，打着腦袋，撲的暈倒。鄭生索性把酒壺在廣明頭上似砧杵槌衣一般，連打數十下，腦漿迸出而死，眼見得不活了。

鄭生反鎖僧屍在房了，走將出來，外邊未有人知覺。【眉批】有用之才。忙到縣官處説了。縣官差了公人，又添差兵快，急到寺中，把這本房圍住。打進房中，見一個僧人腦破血流，死于地下。搜不出婦女來。只見鄭生嘻嘻笑道：「我有一法，包得就見。」伸手去帳鈎上取了木魚，敲得兩下，果然一聲鈴響，地板頂將起來，一個婦女鑽出。公人看見，發一聲喊，搶住地板，那婦人縮進不迭。一夥公人打將進去，元來是一間地窖子。四圍磨磚砌着，又有周圍柵欄，一面開窗，對着石壁天井，乃是人迹不到之所。有五六個婦人在内，一個個領了出來。問其來歷，多是鄉村人家拐將來的。鄭生的中表，乃是燒香求子，被他灌醉了轎夫，溜了進去的。家裏告了狀，兩個轎夫還在獄中。這個廣明既有世情，又無踪迹，所以累他不着。誰知正在他處！縣官把這一房僧衆，盡行屠戮了。

看官，你道這些僧家，受用了十方施主的東西，不憂吃，不憂穿。收拾了乾净房室，精緻被窩，眠在床裏，没事得做，只想得是這件事體。雖然有個把行童解饞，俗語道：「吃殺饅頭當不得飯。」亦且這些婦女們偏要在寺裏來燒香拜佛，時常在他們眼前晃來晃去。【眉批】婦女宜聽。看見了美貌的，叫他静夜裏怎麽不想？所以千方百計，弄出那奸淫事體來。只這般奸淫，已是罪不容誅了。况且不毒不禿，不禿不毒，轉毒轉禿，轉禿轉毒，爲那色事上，專要性命相博、殺人放火的。就是小子方纔説這臨安僧人，既與鄭舉人是相厚的，就被他看見了破綻，只消求告他，買囑他，要他不洩漏罷了，何至就動了殺心，反喪了自己！這須是天理難容處。要見這些和尚狠得没道理的。而今再講一箇狠得詫異的，來與看官們聽着。有詩爲証：

奸殺本相尋，其中妒更深。

若非男色敗，何以警邪淫！

話說四川成都府汶川縣，有一箇莊農人家，姓井名慶。有妻杜氏，生得有些姿色，頗慕風情。嫌着丈夫粗蠢，不甚相投，每日尋是尋非的激聒。【眉批】便有死道。一日，也爲有兩句口面，走到娘家去。住了十來日，大家厮勸，氣平了，仍舊轉回夫家來。兩家隔不上三里多路，杜氏長獨自箇來去慣了的。也是合當有事，正行之間，遇着大雨下來，身邊並無雨具。又在荒野之中，没法躲避。遠遠聽得鈴聲響，從小徑裏望去，有所寺院在那里。杜氏只得冒着雨，迂道走去避着。要等雨住再走。

那箇寺院叫做太平禪寺，是個荒僻去處。寺中共有十來個僧人。門首一房，師徒三衆。那一個老的叫做大覺，是他掌家。一個後生的徒弟，叫做智圓。生得眉清目秀，風流可喜，是那老和尚心頭的肉。又有一個小沙彌，叫做慧觀，止有十一二歲。這個大覺年有五十七八了，却是極淫毒的心性，不異少年。夜夜摟着這智圓，做一床睡了。兩個説着婦人家滋味，好生動興，就弄那話兒消遣一番，淫褻不可名狀。是日，師徒正在門首閑站，忽見個美貌婦人走進來避雨。正似老鼠走到猫口邊，怎不動火？老和尚看見了，丢眼色對智圓道：「觀音菩薩進門了，好生迎接着。」智圓頭顛尾顛，走上前來，問杜氏道：「小娘子敢是避雨的麽？」杜氏道：「正是。路上逢雨，借這里避避則個。」智圓嘻着臉笑道：「這雨還有好一會下。這里没好坐處，站着不雅。請到小房坐了，奉杯清茶，等雨住了走路，何如？」那婦人家若是個正氣的，由他自説，你只外邊站站，等雨過了走路便罷，那僧房裏好是輕易走得進的？誰知那杜氏是個愛風月的人，見小和尚生得青頭白臉，語言聰俊，心裏先有幾分看上了。暗道：「總是雨大，在此閑站，便依他進去坐坐也不妨事。」就一步步隨了進來。【眉批】老僧便有極態。

那老和尚見婦人挪動了脚，連忙先走進去，開了卧房等候。小和尚陪了杜氏，你看我，我看你，同走了進門。到得裏頭坐下了，小沙彌掇了茶盤送茶。智圓揀個好磁碗，把袖子展一展，親手來遞與杜氏。杜氏連忙把手接了。看了智圓豐度，越覺得可愛。偷眼覷着，有些魂出了，把茶側翻了一袖。智圓道：「小娘子茶潑濕了衣袖，到房裏薰籠上烘烘。」杜氏見要他房裏去，心裏已瞧科了八九分。怎當得是要在裏頭的，並不推阻，反問他那個房裏是。智圓領到師父房前，曉得師父在裏頭等着。要讓師父，不敢搶先。見杜氏進了門裏，指着薰籠道：「這個上邊烘烘就是，有火在裏頭的。」却把身子倒退了出來。

杜氏見他不進來，心裏不解，想道：「想是他未敢輕動手。」正待將袖子去薰籠上烘，只見床背後一個老和尚托地跳出來，一把抱住。杜氏殺猪也似叫將起來，老和尚道：「這裏無人，叫也没幹。誰教你走到我房裏來？」杜氏却待奔脱，外邊小和尚凑趣，已把門拽上了。老和尚擒住了杜氏身子，將陽物隔着衣服，只是亂送。【眉批】極惡。杜氏雖推拒了一番，不覺也有些興動，問道：「適纔小師父那裏去了？却換了你！」老和尚道：「你動火我的徒弟麽？這是我心愛的人兒。你作成我完了事，我叫他與你快活。」杜氏心裏道：「我本看上他小和尚，誰知被這老厭物纏着！雖然如此，到這地位，料應脱不得手，不如先打發了他，他徒弟少不得有分的了。」只得勉强順着老和尚，摟到床上行起雲雨來。

一個欲動情濃，倉忙唐突；一個心慵意懶，勉强應承。一個相會有緣，吃了自來之食；一個偶逢無意，栽着無主之花。喉急的，渾如那搧火的風箱；體懈的，只當得盛血的皮袋。雖然鹵莽無些趣，也算依稀一度春。

那老和尚淫興雖高，精力不濟。起初摟抱推拒時，已此有好些流精淌出來。及至幹事，不多一會就弄倒了。杜氏本等不耐煩的，又見他如此光景，未免有些不足之意。一頭走起來繫裙，一頭怨悵道：「如此没用的老東西，也來厭世，死活纏人做甚麽？」老和尚曉得掃了興，自覺没趣，急叫徒弟把門開了。門開處，智圓迎着，問師父道：「意興如何？」老和尚道：「好個知味的人！可惜今日本事不幫襯，弄得出了醜。」智圓道：「等我來助興。」急跑進房，把門掩了，回身來抱着杜氏道：「我的親親，你被老頭兒纏壞了。」杜氏道：「多是你哄我進房，却叫這厭物來擺佈我！」智圓道：「他是我師父，没奈何。而今等我陪禮罷。」一把摟着，就要床上去。杜氏剛被老和尚一出完得，也覺没趣，拿個班道：「那里有這樣没廉耻的，師徒兩個，輪替纏人！」智圓道：「師父是衝頭陣、墊刀頭的，我與娘子須是年貌相當，不可錯過了姻緣。」撲的跪將下去。杜氏扶起道：「我怪你讓那老物先將人奚落，故如此説。其實我心上也愛你的。」智圓就勢抱住，親了個嘴，挽到床上，弄將起來。這却與先前的情趣大不相同。

一個身逢美色，猶如餓虎吞羊；一個心慕少年，好似渴龍得水。莊家婦性情淫蕩，本自愛耍貪歡；空門人手段高强，正是能征慣戰。
䍜的䍜，䍜的䍜，没一箇肯將就伏輸；往的往，來的來，都一般願辛勤出力。雖然老和尚先開方便之門，争似小闍黎漫領菩提之水。

説這小和尚，正是後生之年，陽道壯偉，精神旺相。亦且杜氏見他標緻，你貪我愛。一直弄了一個多時辰，方纔歇手。弄得杜氏心滿意足。杜氏道：「一向聞得僧家好本事，若如方纔老厭物，羞死了人。【眉批】所以肯入寺。元來你如此着人，我今夜在此與你睡了罷。」智圓道：「多蒙小娘子不棄，不知小娘子何等人家？可是住在此不妨的？」杜氏道：「奴家姓杜，在井家做媳婦，家裏近在此間。只因前日與丈夫有兩句説話，跑到娘家這幾日，方纔獨自個回轉家去。遇着雨，走進來避，撞着你這寃家的。我家未知道我回，與娘家又不打照會，便私下住在此兩日，無人知覺。」智圓道：「如此却僥倖。且圖與娘子做個通宵之樂，只是師父要做一床。」杜氏道：「我不要這老厭物來。」智圓道：「一家是他做主，須卻不得他，將就打發他罷了。」杜氏道：「羞人答答的，怎好三人在一塊做事？」智圓道：「老和尚是個騷頭，本事不濟。南北齊來，或是你，或是我，做一遭不着，結識了他，他就没用了。我與你自在快活，不要管他。」兩人説得着，只管説了去，怎當得老和尚站在門外，聽見床響了半日，已自恨着自己忒快，不曾插得十分趣，倒讓他們恣意去了，好些妒忌。等得不耐煩，再不出來，忍不住開房進去。只見兩個緊緊摟抱，舌頭還在口裏。老和尚便有些怒意，暗想道：「方纔待我，怎肯如此親熱？」【眉批】不自揣。就不覺撚酸起來。嚷道：「得了些滋味，也該商量個長便。青天白日，没廉没耻的，只顧關着門睡甚麽？」智圓見師父發話，笑道：「好教師父得知，這滋味長哩。」老和尚道：「怎見得？」智圓道：「那娘子今晚不去了。」老和尚放下笑臉道：「我們也不肯放他就去。」智圓道：「我們强主張不放，須防干繫。而今是這娘子自家主意，説道可以住得的。我們就放心得下了。」老和尚道：「這小娘子何宅？」智圓把方纔杜氏的言語，述了一遍。

老和尚大喜，急整夜飯，擺在房中，三人共桌而食。杜氏不十分吃酒，老和尚勸他，只是推故。智圓斟來，却又吃了。坐間眉來眼去，與智圓甚是肉麻。老和尚硬挨光，説得句把風話，没着没落的，冷淡的當不得。【眉批】杜氏鄉婦真率，不能假意周旋，自掇其禍。老和尚也有些看得出，却如狗舔熱煎盤，戀着不放。夜飯撤去，畢竟賴着，三人一床睡了。到得床裏，杜氏與小和尚先自摟得緊緊的，不管那老和尚。老和尚剛是日裏弄得過，那話軟郎當，也没力量再舉，意思便等他們弄一火，看看發了自己的興再處。果然他兩個擊擊格格，弄將起來。極得老和尚在傍邊東嗚一口，西咂一口，左勾一勾，右抱一抱，一手捏着自己的陽物摩弄，又將手去摸他兩個斗筍處。覺得有些興動了，半硬起來，就要推開了小和尚，自家上塲。那小和尚正在興頭上，那里肯放？杜氏又雙手抱住，推不開來。小和尚叫道：「師父，我住不得手了。你十分高興，倒在我背後，做個天機自動罷。」老和尚道：「使不得。野味不吃吃家食。」咬咬掐掐，纏帳不住。【眉批】真厭物。小和尚只得爬了下來讓他。杜氏心下好些不像意，那有好氣待他？任他抽了兩抽，杜氏帶恨的撇了兩撇。那老和尚是極壞了的，忍不住一洩如注，早已氣喘聲嘶，不濟事了。杜氏冷笑道：「何苦呢？」老和尚羞慚無地，不敢則聲，寂寂向了裏床，讓他兩箇再整旗鎗，恣意交戰。兩人多是少年，無休無歇的。略略睡睡，又弄起來。老和尚只好嗛唾、蠱毒魘魅的，做盡了無數的厭景。

天明了，杜氏起來。梳洗罷，對智圓道：「我今日去休。」智圓道：「娘子昨日說多住幾日不妨的，况且此地僻静，料無人知覺。我與你方得歡會，正在好頭上，怎捨得就去？説出這話來！」杜氏悄悄説道：「非是我捨得你去，只是吃老頭子纏得苦。你若要我住在此，我須與你兩個自做一床睡，離了他纔使得。」智圓道：「師父怎麽肯？」杜氏道：「若不肯時，我也不住在此。」智圓没奈何，只得走去對師父説道：「那杜娘子要去，怎麽好？」老和尚道：「我看他和你好得緊，如何要去？」智圓道：「他須是良人家出身，有些羞耻，不肯三人同床，故此要去。依我愚見，不若等我另鋪下一床，在對過房裏，與他兩箇同睡晚把，哄住了他。師父乘空便中取事，等他熟分了，然後團做一塊不遲。不然逆了他性，他走了去，大家多没分了。」

老和尚聽説罷，想着：「夜間三人一床，枉動了許多火，討了許多厭，不見快活；又恐怕他去了，連寡趣多没綽處。不如便等他們背後去做事，有時我要他房裏來，獨享一夜也好。何苦在傍邊惹厭？」便對智圓道：「就依你所見也好。只要留得他住，畢竟大家有些滋味。况且你是我的心，替你好了，也是好的。」老和尚口裏如此説，心裏原有許多醋意，只得且如此許了他，慢慢再看。智圓把鋪房另睡的話，回了杜氏。杜氏千歡萬喜住下了，只等夜來歡樂。

到了晚間，老和尚叫智圓分付道：「今夜我養養精神，讓你兩箇去快活一夜。須把好話哄住了他，明日却要讓我。」智圓道：「這箇自然。今夜若不是我伴住他，只如昨夜混攪，大家不爽利，留他不住的。等我團熟了他，牽與師父，包你像意。」老和尚道：「這纔是知心着意的肉。」智圓自去與杜氏關了房睡了。此夜自繇自在，無拘無束，快活不盡。

却説那老和尚一時怕婦人去了，只得依了徒弟的言語。是夜獨自箇在房裏，不但没有了婦人，反去了箇徒弟，弄得孤眠獨宿了，好些不像意。又且想着他兩箇此時快樂，一發睡不去了，倒枕捶床了一夜。次日起來，對智圓道：「你們好快活！撇得我清冷。」智圓道：「要他安心留住，只得如此。」老和尚道：「今夜須等我像心像意一晚。」到得晚間，智圓不敢逆師父，勸杜氏到師父房中去。杜氏死也不肯道：「我是替你説過了方住在此的，如何又要我去陪這老厭物？」智圓道：「他須是吾主家的師父。」杜氏道：「我又不是你師父討的，我怕他做甚？逼得我緊，我連夜走了家去。」智圓曉得他不肯去，對師父道：「他畢竟有些害羞，不肯來。師父，你到他房裏去罷。」老和尚依言，摸將進去。杜氏先自睡好了，只待等智圓來幹事。不曉得是老和尚走來，跳上床去。杜氏只道是智圓，一把抱來親箇嘴。老和尚骨頭都酥了。直等做起事來，杜氏纔曉得不是了。罵道：「又是你這老厭物！只管纏我做甚麼？」老和尚不揣，恨命價弄送抽拽，只指望討他的好處。不想用力太猛，忍不住吁吁氣喘將來。杜氏方得他抽拽一番，正略覺有些興動，只見已是收兵鑼光景。曉得陽精將洩，一塲掃興。把自家身子一歪，將他儘力一推，推下床來。【眉批】原毒。那老和尚的陽精，不曾洩得在裏頭，粘粘涎涎，都弄在床沿上，與自己腿上了。老和尚地上爬起來，心裏道：「這婆娘如此狠毒！」恨恨地走了自房裏去。智圓見師父已出來了，然後自己進去補空。杜氏正被老和尚引起了興頭，没收塲的，却得智圓來，正好解渴。兩箇不及講話，摟着就弄，好不熱鬧。只有老和尚到房中，氣還未平，想道：「我出來了，他們又自快活。且去聽他一番。」走到房前，只聽得山摇地動的在床裏淫戲。磨拳擦掌的道：「這婆娘直如此分厚薄！你便多少分些情趣與我，也圖得大家受用。只如此讓了你兩箇罷！明日拚得箇大家没帳。」悶悶的自去睡了。

一覺睡到天明起來，覺得陽物莖中有些作癢，又有些梗痛。走去撒尿，點點滴滴的。元來昨夜被杜氏推落身子，陽精洩得不暢，弄做了箇白濁之病，一發恨道：「受這歹婆娘這樣累！」及至杜氏起來了，老和尚還皮着臉撩撥他幾句，杜氏一句話也不來招攬，老大没趣。又見他與智圓交頭接耳，嘻嘻哈哈，心懷忿毒。到得夜來，智圓對杜氏道：「省得老和尚又來歪廝纏，等我先去弄倒了他。」杜氏道：「你快去，我睡着等你。」智圓走到老和尚房中，裝出平日的媚態，説道：「我兩夜抛撇了師父，心裏過意不去，今夜同你睡休。」老和尚道：「見放着雌兒在家裏，却自尋家常飯吃！你好好去叫他來相伴我一夜。」智圓道：「我叫他不肯來，除非師父自去求他。」老和尚發狠道：「我今夜不怕他不來！」一直的走到厨下，拿了一把厨刀，走進杜氏房來道：「看他若再不知好歹，我結果了他。」

杜氏見智圓去了好一會，一定把師父安頓過，聽得床前脚步響，只道他來了，口裏叫道：「我的哥，快來關門罷。我只怕老厭物又來纏。」老和尚聽得明白，真箇怒從心上起，惡向膽邊生，厲聲道：「老厭物今夜偏要你去睡一覺！」就把一隻手去床上拖他下來。杜氏見他來得狠，便道：「怎地如此用强？我偏不隨你去！」吊住床楞，恨命挣住。老和尚力拖不休。杜氏喊道：「殺了我，我也不去。」老和尚大怒道：「真箇不去，吃我一刀！大家没得弄。」按住頦子一勒。老和尚是性發的人，使得力重，早把咽喉勒斷。杜氏跳得兩跳，已此嗚呼了。

智圓自師父出了房門，且眠在床裏等師父消息。只聽得對過房裏叫喊罷，就劈撲的響。心裏疑心，跑出看時，正撞着老和尚，拿了把刀，房裏出來。看見智圓，便道：「那鳥婆娘可恨，我已殺了。」智圓吃了一驚道：「師父當真做出來？」【眉批】智圓亦危。老和尚道：「不當真，只讓你快活！」智圓移箇火，進房一看，只叫得苦道：「師父直如此下得手！」老和尚道：「那鳥婆娘嫌我，我一時性發了，你不要怪我。而今事已如此，不必遲疑，且并疊過了。明日另弄箇好的來，與你快活便是。」智圓苦在肚裏説不出，只得隨了老和尚，拿着鍬钁，背到後園中埋下了。智圓暗地垂淚道：「早知這等，便放他回去了也罷，直恁地害了他性命！」老和尚又怕智圓煩惱，越越的攛哄他歡喜，瞞得水洩不通。只有小沙彌怪道不見了這婦人，却是娃子家，不來跟究。以此無人知道，不題。却說杜氏家裏，見女兒回去了兩三日，不知與丈夫和睦未曾，與和尚和睦了。叫箇人去望望。那井家正叫人來杜家接着，兩下裏都問箇空。井家又道杜家因夫妻不睦，將來別嫁了。杜家又道井家夫妻不睦，定然暗算了。兩邊你賴我，我賴你，争個不清。各寫一狀，告到縣裏。

縣裏此時缺大尹，却是一個都司斷事在那里署印。這個斷事，姓林，名大合，是個福建人。雖然太學出身，却是吏才敏捷，見事精明。提取兩家人犯審問。那井慶道：「小的妻子向來與小的争競口舌，彆氣歸家的。丈人欺心藏過了，不肯還了小的。須有王法！」杜老道：「專爲他夫妻兩個不和，歸家幾日。三日前，老夫妻已相勸他氣平了，打發他到夫家去。又不知怎地相争，將來磨滅死了，反來相賴。望青天做主。」言罷，淚如雨下。

林斷事看那井慶是個朴野之人，不像惡人。便問道：「兒女夫妻，爲甚麽不和？」井慶道：「别無甚差池，只是平日嫌小的粗鹵，不是他對頭，所以尋非鬧炒。」斷事問道：「你妻子生得如何？」井慶道：「也有幾分顔色的。」斷事點頭，叫杜老問道：「你女兒心嫌錯了配頭，鄙薄其夫。你父母之情，未免護短，敢是賴着，另要嫁人？這樣事也有。」杜老道：「小的家裏與女婿家差不多路，早晚婚嫁之事，瞞得那個？難道小的藏了女兒，捨得私下斷送在他鄉外府，再不往來不成？是必有個人家，人人曉得的。這樣事怎麽做得？小的藏他何幹？自然是他家擺佈死了，所以無影無踪。」林斷事想了一回道：「都不是這般説。必是一邊歸來，兩不照會，遇不着好人，中途差池了。且各召保，聽候緝訪。」遂出了一紙廣緝的牌，分付公人，四下探訪。過了多時，不見影響。

卻說那縣裏有一門子，姓俞，年方弱冠，姿容嬌媚，心性聰明。元來這家男風，是福建人的性命。林斷事喜歡他，自不必說。這門子未免恃着愛寵，做件把不法之事。一日，當堂犯了出來。林斷事雖然要護他，公道上卻去不得，便思量一箇計較周全他，等他好將功折罪。【眉批】怕公道上去不得的，即是好官。密叫他到衙中分付道：「你罪本當革役，我若輕恕了你，須被衙門中談議。我而今只得把你革了名，貼出墻上，塞了衆人之口。」門子見說要革他名字，叩頭不已，情願領責。斷事道：「不是這話，我有周全你處。那井、杜兩家，不見婦人的事，其間必有緣故。你只做得罪于我，逃出去，替我密訪。只在兩家相去的中間路裏，不論鄉村市井，道院僧房，俱要走到，必有下落。你若訪得出來，我不但許你復役，且有重賞。那時，別人就議論我不得了。」

門子不得已，領命而去。果然東奔西撞，無處不去探聽。他是個小廝家，就到人家去處，綽着嘴閒話，帶着眼瞧科，人都不十分疑心的。卻不見甚麼消息。一日，有一夥閒漢聚坐閒談，門子挨去聽着。內中一個擡眼看見了，魆魆對衆人道：「好個小官兒。」【眉批】接縫甚妙。又一個道：「這里太平寺中，有個小和尚，還標致得緊哩！可恨那老和尚，又騷又吃醋，極不長進。」門子聽得，只做不知，洋洋的走了開來。想道：「怎麼樣的一個小和尚？這等贊他！我便去尋他看看，有何不可。」元來門子是行中之人，風月心性。見說小和尚標致，心裏就有些動興。問着太平寺的路走來。

進得山門，看見一個僧房門檻上，坐着一個小和尚，果然清秀異常。心裏道：「這箇想是了。」那小和尚見個美貌小廝來到，也就起心。立起身來迎接道：「小哥何來？」門子道：「閒着進寺來頑耍。」小和尚殷勤請進奉茶。門子也貪着小和尚標致，歡歡喜喜，隨了進去。老和尚在裏頭，看見徒弟引得個小夥子進來，道是個道地貨來了，笑逐顏開，來問他姓名居址。門子道：「我原是衙中門官，爲了些事，逐了出來。今無處栖身，故此游來游去。」老和尚見說，大喜。說道：「小房儘可住得，便寬留幾日不妨。」便同徒弟留茶留酒，着意殷勤。老僧趂着兩杯酒興，便溜他進房，褪下褲兒，行了一度。門子是個慣家，就是老僧也承受了。不比那庄家婦女，見人不多，嫌好道歉的。老和尚喜之不勝。看官，聽説，元來是本事不濟的，專好男風。你道爲甚麽？男風免强做事，受淫的没甚大趣，軟硬遲速，一隨着你，圖個完事罷了，所以好打發。【眉批】透徹之極。不像婦女，彼此興高，若不滿意，半途而廢，没些收場，要發起極來的。故此支吾不過，不如男風自得其樂。這番老和尚算是得趣的了。事畢，智圓來對師父説：「這小哥是我引進來的，到讓你得了先頭。晚間須與我同榻。」老和尚笑道：「應得，應得。」那門子也要在裏頭的，晚間果與智圓宿了。有詩爲証：

少年彼此不相饒，我後伊先遞自熬。
雖是智圓先到手，勤酬畢竟也還遭。

説這兩個都是美少，各幹一遭已畢，摟抱而睡。第二日，老和尚只管來綽趣，又要纏他到房裏幹事。智圓經過了前邊的毒，這番倒有些吃醋起來，道：「天理人心，這個小哥該讓與我，不該又來搶我的。」老和尚道：「怎見得？」智圓道：「你終日把我洩火，我須没討還伴處，忍得不好過。前日這個頭腦，正有些好處，又被你亂炒弄斷絶了。而今我引得這小哥來，明該讓我與他樂樂，不爲過分。」老和尚見他説得崛强，心下好些着惱，又不敢冲撞他。嘴骨都的，彼此不快活。

那門子是有心的，晚間兑得高興時，問智圓道：「你日間説，前日甚麽頭腦，弄斷絶了？」智圓正在樂頭上，不覺説道：「前日有個鄰居婦女，被我們留住，大家耍耍罷了，且是弄得興頭。不匡老無知見他與我相好，只管吃醋撚酸，攪得没收場，至今想來可惜。」門子道：「而今這婦女那裏去了？何不再尋將他來走走？」智圓嘆個氣道：「還再那里尋處？」門子見説得有些緣故，還要探他備細，智圓却再不把以後的話漏出來。門子没計奈何。

明日，見小沙彌在没人處，輕輕問他道：「你這門中，前日有個婦女來？」小沙彌道：「有一個。」門子道：「在此幾日？」小沙彌道：「不多幾日。」門子道：「而今那里去了？」小沙彌道：「不曾那里去，便是這樣一夜不見了。」門子道：「在這里這幾日做些甚麽？」小沙彌道：「不曉得做些甚麽。只見老師父與小師父攪來攪去了兩夜，後來不見了，兩個常自激激聒聒的一番，我也不知一個清頭。」門子雖不曾問得根由，却想得是這件來歷了。只做無心的，走來對他師徒二人道：「我在此兩日了，今日外邊去走走再來。」老和尚道：「是必再來，不要便自去了。」智圓調個眼色，笑嘻嘻的道：「他自不去的。掉得你下，須掉我不下！」門子也與智圓調個眼色道：「我就來的。」

門子出得寺門，一徑的來見林公，把智圓與小沙彌話備細述了一遍。林公點頭道：「是了，是了。只是這樣看起來，那婦人必死於惡僧之手了。不然，三日之後，既不見在寺中了，怎不到他家裏來？却又到那里去？以致爭訟半年，尚無影踪。」分付門子：「不要把言語説開了。」

明日起早，率了隨從人等，打轎竟至寺中。分付頭踏先來報道：「林爺做了甚麽夢，要來寺中燒香。」寺中糾了合寺衆僧，都來迎接。林公下轎，拜神焚香已畢。住持送茶過了，衆僧正分立兩傍，只見林公走下殿階來，仰面對天看着，好做作。却像聽甚説話的。看了一回，忽對着空中打個躬道：「臣曉得這事了。」再仰面上去，又打一躬道：「臣曉得這個人了。」急走進殿上來，喝一聲：「皂隸那里？快與我拿殺人賊！」衆皂隸吆喝一聲，答應了。林公偷眼看去，衆僧雖然有些驚異，却只恭敬端立，不見慌張，其中獨有一個半老的，面如土色，牙關寒戰。林公把手指定，叫皂隸綑將起來，對衆僧道：「你們見麽？上天對我説道：『殺井家婦人杜氏的，是這個大覺。』快從實招來！」衆僧都不知詳悉，却疑道：「這老爺不曾到寺中來，如何曉得他叫大覺？分明是上天説話是真了。却不曉得盡是門子先問明了去報的。

那老和尚出于突然，不曾打點，又道是上天顯應，先唬軟了，那里還遮飾得來？只是叩頭，説不出一句。林公叫取夾棍夾起，果然招出前情：是長是短，爲與智圓同奸，争風致殺。林公又把智圓夾起。那小和尚柔脆，一發禁不得。套上未收，滿口招承：「是師父殺的，屍見埋後園裏。」林公叫皂隸押了二僧到園中。掘下去，果然一個婦人，項下勒斷，血迹滿身。林公喝叫帶了二僧到縣裏來，取了供案。大覺因奸殺人，問成死罪。智圓同奸不首，問徒三年，滿日還俗當差。隨唤井、杜兩家進來，認屍領埋，方纔兩家疑事得解。林公重賞了俞門子，准其復役。合縣頌林公神明，恨和尚淫惡。後來上司詳允，秋後處決了，人人稱快。都傳説林公精明，能通天上，辨出無頭公事。【眉批】小民易惑如此。至今蜀中以爲美談，有詩爲証：

莊家婦揀漢太分明，色中鬼争風忒没情。
捨得去後庭俞門子，妝得來鬼臉林縣君。

顧阿秀喜捨檀那物

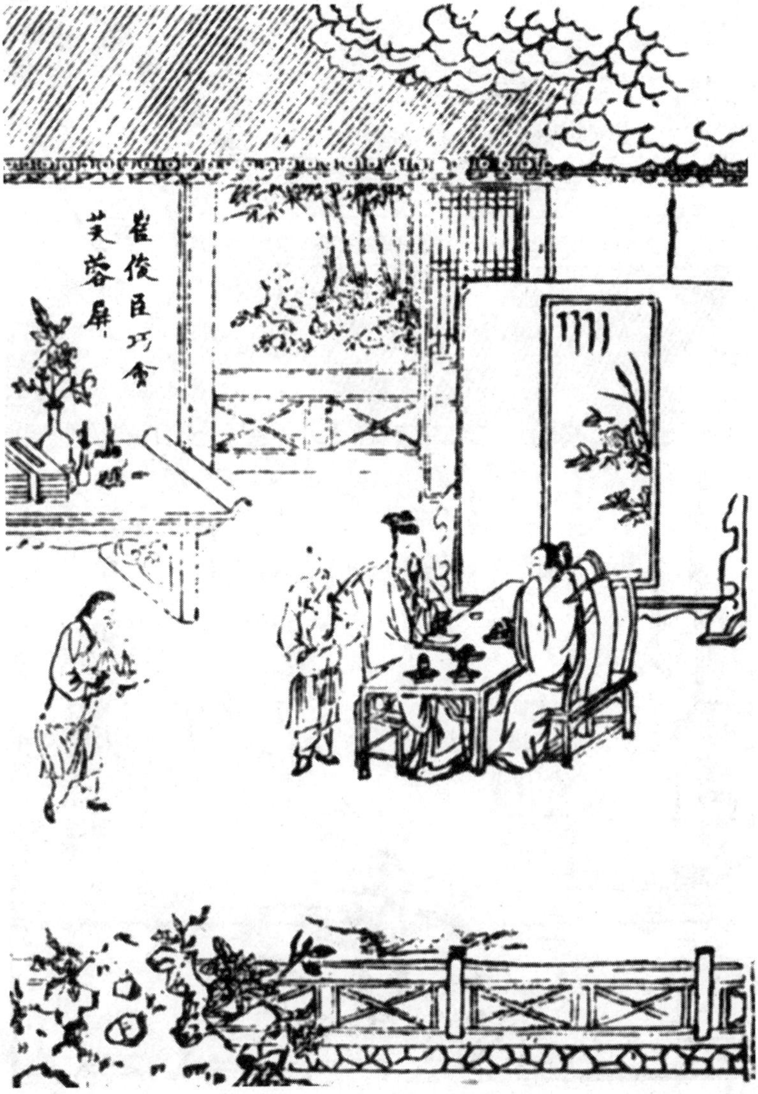
崔俊臣巧會
芙蓉屏

卷二十七

顧阿秀喜捨檀那物　崔俊臣巧會芙蓉屏

詩曰：

　　夫妻本是同林鳥，大限來時各自飛。
　　若是遺珠還合浦，却教拂拭更生輝。

話説宋朝汴梁有個王從事，同了夫人到臨安調官，賃一民房。居住數日，嫌他窄小不便。王公自到大街坊上，尋得一所宅子，寬廠潔净，甚是像意，當把房錢賃下了。歸來與夫人説：「房子甚是好住，我明日先搬東西去了，臨完，我僱轎來接你。」次日，并叠箱籠，結束齊備，王公押了行李，先去收拾。臨出門，又對夫人道：「我先去，你在此等等。轎到便來就是。」

王公分付罷，到新居安頓了，就叫一乘轎，到舊寓接夫人。轎去已久，竟不見到。王公等得心焦，重到舊寓來問。舊寓人道：「官人去不多時，就有一乘轎來接夫人。夫人已上轎去了。【眉批】夫人亦剪却綹乎？後邊又是一乘轎來接，我回他夫人已有轎去了，那兩個就打了空轎回去。怎麽還未到？」王公大驚，轉到新寓來看，只見兩箇轎夫來討錢道：「我等打轎去接夫人，夫人已先來了。我等雖不擡得，却要賃轎錢與脚步錢。」王公道：「我叫的是你們的轎，如何又有甚人的轎先去接着？而今竟不知擡向那里去了！」轎夫道：「這箇我們却不知道。」王公將就拿幾十錢打發了去。心下好生無主，炮躁如雷，没箇出豁處。

次日，到臨安府進了狀。拿得舊主人來，只如昨説，並無異詞。問他鄰舍，多見是上轎去的。又拿後邊兩個轎夫來問，説道：「只打得空轎往回一番，地方街上人多看見的，並不知餘情。」臨安府也没奈何，只得行箇緝捕文書，訪拿先前的兩箇轎夫。却又不知姓名住址，有影無踪，海中撈月。眼見得一箇夫人送在別處去了。王公悽悽惶惶，苦痛不已。自此失了夫人，也不再娶。

五年之後，選了衢州教授。衢州首縣是西安縣附郭的，那縣宰與王教授時相往來。縣宰請王教授衙中飲酒，吃到中間，嗄飯中拿出鱉來。王教授吃了兩箸，便停了箸，哽哽咽咽，眼淚如珠，落將下來。縣宰驚問緣故。王教授道：「此味頗似亡妻所烹調，故此傷感。」【眉批】鱉作因緣。縣宰道：「尊閫夫人幾時亡故？」王教授道：「索性亡故，也是天命。只因在臨安移寓，相約命轎相接。不知是甚奸人，先把轎來騙。拙妻錯認是家裏轎，上的去了。當時告了狀，至今未有下落。」縣宰色變了道：「小弟的小妾，正是在臨安用三十萬錢娶的外方人。適纔叫他治庖，這鱉是他烹煑的。其中有些怪異了。」登時起身，進來問妾道：「你是外方人，如何却在臨安嫁得在此？」妾垂淚道：「妾身自有丈夫，被奸人賺來賣了。恐怕出丈夫的醜，故此不敢聲言。」縣宰問道：「丈夫何姓？」妾道：「姓王，名某，是臨安聽調的從事官。」

縣宰大驚失色，走出對王教授道：「略請先生移步到裏邊，有一箇人要奉見。」王教授隨了進去。縣宰聲喚處，只見一箇婦人走將出來。教授一認，正是失去的夫人，兩下抱頭大哭。王教授問道：「你何得在此？」夫人道：「你那夜晚間説話時，民居淺陋，想當夜就有人聽得把轎相接的説話。只見你去不多時，就有轎來接。我只道是你差來的，即便收拾上轎去。却不知把我擡到一個甚麽去處，乃是一個空房，有三兩個婦女在內，一同鎖閉了一夜。還好。明日把我賣在官船上了。明知被賺，我恐怕你是調官的人，説出真情，添你羞恥。【眉批】此婦忿憤憤，所以有此。只得含羞忍耐，直至今日。不期在此相會。」那縣官好生過意不去，傳出外廂，忙喚直日轎夫，將夫人送到王教授衙裏。王教授要賠還三十萬原身錢，不堪再費。縣宰道：「以同官之妻爲妾，不曾察聽得備細。恕不罪責勾了，還敢説原錢耶？」【眉批】三十萬錢作纏頭矣。教授稱謝而歸。夫妻歡會，感激縣宰不盡。

元來臨安的光棍，欺王公遠方人，是夜聽得了説話，即起謀心，拐他賣到官船上。又是到任去的，他州外府，道是再無有揰着的事了。誰知恰恰選在衢州，以致夫妻兩個失散了五年，重得在他方相會。也是天緣未斷，故得如此。却有一件，破鏡重圓，離而復合，固是好事；這美中有不足處。那王夫人雖是所遭不幸，却與人爲妾，已失了身，又不曾查得奸人跟脚出，報得寃仇。不如「崔俊臣芙蓉屏」故事，又全了節操，又報了寃仇，又重會了夫妻，這箇話本好聽。看官，容小子慢慢敷演。先聽《芙蓉屏歌》一篇，略見大意。歌云：

畫芙蓉，妾忍題屏風！屏間血淚如花紅。敗葉枯梢兩蕭索，斷縑遺墨俱零落。去水奔流隔死生，孤身隻影成漂泊。成漂泊，殘骸向誰托？泉下游魂竟不歸，圖中艷姿渾似昨。渾似昨，妾心傷，那禁秋雨復秋霜！寧肯江湖逐舟子，甘從寶地禮醫王。醫王本慈憫，慈憫超群品。逝魄願提撕，煢嫠賴將引。芙蓉顏色嬌，夫婿手親描。花萎因折蒂，幹死爲傷苗。【眉批】歌意未盡。蘁乾心尚苦，根朽恨難消。但道章臺泣韓翊，豈期甲帳遇文簫？芙蓉良有意，芙蓉不可棄。幸得寶月再團圓，相親相愛莫相捐。誰能聽我《芙蓉篇》，人間夫婦休反目，看此芙蓉真可憐！

這篇歌，是元朝至正年間，真州才士陸仲暘所作。你道他爲何作此歌？只因當時本州有箇官人，姓崔，名英，字俊臣。家道富厚，自幼聰明。寫字作畫，工絶一時。娶妻王氏，少年美貌，讀書識字，寫染皆通。夫妻兩個，真是才子佳人，一雙兩好，無不厮稱，恩愛異常。是年辛卯，俊臣以父蔭得官，補浙江温州永嘉縣尉，同妻赴任。就在真州閘邊，有一隻蘇州大船，慣走杭州路的，船家姓顧。賃定了，下了行李，帶了家奴使婢，繇長江一路進發，包送到杭州交卸。行到蘇州地方。船家道：「告官人得知，來此已是家門首了，求官人賞賜些，并買些福物紙錢，賽賽江湖之神。」俊臣依言，拿出些錢鈔，教如法置辦。完事畢，船家送一桌牲酒到艙裏來。俊臣叫家僮接了，擺在桌上，同王氏暖酒少酌。俊臣是宦家子弟，不曉得江湖上的禁忌。吃酒高興，把箱中帶來的金銀杯觥之類，拿出與王氏歡酌，却被船家後艙頭張見了，就起不良之心。【眉批】孩子氣。

此時是七月天氣，船家對官艙裏道：「官人娘子在此鬧處歇船，恐怕熱悶。我們移船到清凉些的所在泊去，何如？」俊臣對王氏道：「我們船中悶躁得不耐煩，如此最好。」王氏道：「不知晚間謹慎否？」【眉批】王氏畢竟能。俊臣道：「此處須是内地，不比外江。況船家是此間人，必知利害，何妨得呢？」就依船家之言，憑他移船。

那蘇州左近太湖，有的是大河大洋，官塘路上還有不測，若是傍港中去，多是賊的家裏。俊臣是江北人，只曉得揚子江有强盗，道是内地港道小了，境界不同，豈知這些就裏？是夜船家直把船放到蘆葦之中，泊定了。黄昏左側，提了刀竟奔艙裏來，先把一個家人殺了。俊臣夫妻見不是頭，磕頭討饒道：「是有的東西都拿了去，只求饒命。」船家道：「東西也要，命也要。」兩個只是磕頭。船家把刀指着王氏道：「你不必慌，我不殺你。其餘都饒不得。」俊臣自知不免，再三哀求道：「可憐我是個書生，只教我全屍而死罷。」船家道：「這等，饒你一刀。快跳在水中去！」也不等俊臣從容，提着腰胯，「撲通」的撩下水去。其餘家僮使女，盡行殺盡，只留得王氏一個。對王氏道：「你曉得免死的緣故麽？我第二個兒子未曾娶得媳婦，今替人撑船到杭州去了。再是一兩個月，纔得歸來，就與你成親。你是吾一家人了，你只安心住着，自有好處，不要驚怕。」【眉批】若遇着扒灰老，如何能免。一頭說，一頭就把船中所有，盡檢點收拾過了。

王氏起初怕他來相逼，也拚一死。聽見他説了這些話，心中略放寬些道：「且到日後再處。」果然此後船家只叫王氏做媳婦，王氏假意也就應承。凡是船家教他做些甚麽，他千依百順。【眉批】老臉船家，知幾女子。替他收拾零碎，料理事務，真像個掌家的媳婦伏侍公公一般，無不任在身上，是件停當。船家道是尋得個好媳婦，真心相待。看看熟分，並不堤防他有外心了。

如此一月有餘，乃是八月十五日中秋節令。船家會聚了合船親屬、水手人等，叫王氏治辦酒肴，盛設在艙中，飲酒看月。箇箇吃得酩酊大醉，東倒西歪。船家也在船裏宿了。王氏自在船尾，聽得鼾睡之聲徹耳。於時月光明亮如晝，仔細看看艙裏，没有一箇不睡沉了。王氏想道：「此時不走，更待何時？」喜得船尾貼岸泊着，略擺動一些些，就好上岸。王氏輕身跳了起來，趂着月色，一氣走了二三里路。走到一個去處，比舊路絶然不同。四望盡是水鄉，只有蘆葦菰蒲，一望無際。仔細認去，蘆葦中間有一條小小路徑，草深泥滑，且又雙彎纖細，鞋弓襪小，一步一跌，吃了萬千苦楚。又恐怕後邊追來，不敢停脚，盡力奔走。

漸漸東方亮了，略略膽大了些。遥望林木之中，有屋宇露出來。王氏道：「好了，有人家了。」急急走去。到得面前，擡頭一看，却是一個菴院的模樣，門還關着。王氏欲待叩門，心裏想道：「這裏頭不知是男僧、女僧。萬一敲開門來是男僧，撞着不學好的，非禮相犯，不是纔脱天羅，又罹地網？且不可造次。總是天已大明，就是船上有人追着，此處有了地方，可以叫喊求救，須不怕他了。只在門首坐坐，等他開出來的是。」

須臾之間，只聽得裏頭托的門拴響處，開將出來，乃是一個女僮，出門擔水。王氏心中喜道：「元來是個尼菴！」一徑的走將進去。院主出來見了，問道：「女娘是何處來的？大清早到小院中。」王氏對驀生人，未知好歹，不敢把真話説出來，哄他道：「妾是真州人，乃是永嘉崔縣尉次妻。大娘子凶悍異常，萬般打駡。近日家主離任歸家，泊舟在此。昨夜中秋賞月，叫妾取金杯飲酒。不料偶然失手，落在河裏去了。大娘子大怒，發願必要置妾死地。【眉批】不説出盗來，因其地近，或恐其與盗有往還也。煞甚精細。妾自想料無活理，乘他睡熟，逃出至此。」院主道：「如此説來，娘子不敢歸舟去了。家鄉又遠，若要別求匹偶，一時也未有其人。孤苦一身，何處安頓是好？」王氏只是哭泣不止。

院主見他舉止端重，情狀凄慘，好生慈憫，有心要收留他。便道：「老身有一言相勸，未知尊意若何？」王氏道：「妾身患難之中，若是師父有甚麽處法，妾身敢不依隨？」院主道：「此間小院，僻在荒濵。人迹不到，茭葑爲鄰，鷗鷺爲友，最是個幽静之處。幸得一二同伴，都是五十以上之人；侍者幾個，又皆淳謹。老身在此住蹟，甚覺清脩味長。娘子雖然年芳貌美，争奈命蹇時乖，何不捨離愛慾，披緇削髮，就此出家？禪榻佛燈，晨飱暮粥，且隨緣度其日月，豈不强如做人婢妾，受今世的苦惱，結來世的寃家麽？」王氏聽説罷，拜謝道：「師父若肯收留做弟子，便是妾身的有結果了，還要怎的？就請師父替弟子落了髮，不必遲疑。」【眉批】急于落髮，亦是避禍之心。果然院主裝起香，敲起磬來，拜了佛，就替他落了髮。

可憐縣尉孺人，忽作如來弟子。

落髮後，院主起箇法名，叫做慧圓。叅拜了三寶。就拜院主做了師父，與同伴都相見已畢。從此在尼院中住下了。

王氏是大家出身，性地聰明。一月之内，把經典之類，一一歷過，盡皆通曉。院主大相敬重。又見他知識事體，凡院中大小事務，悉憑他主張，不問過他。一件事也不敢輕做，且是寬和柔善，一院中的人，没一個不替他相好，説得來的。每日早晨在白衣大士前禮拜百來拜，密訴心事。任是大寒大暑，再不間斷。拜完，只在自己静室中清坐。【眉批】是個能人。自怕貌美，惹出事來，再不輕易露形，外人也難得見他面的。

如是一年有餘，忽一日有兩個人到院隨喜，乃是院主認識的近地施主。留他吃了些齋。這兩箇人是偶然閑步來的，身邊不曾帶得甚麽東西來回答。明日將一幅紙畫的芙蓉來，施在院中張掛，以答謝昨日之齋。院主受了。便把來裱在一格素屏上面。【眉批】小人吝財，故以芙蓉准折，亦天意也。王氏見了，仔細認了一認，問院主道：「此幅畫是那里來的？」院主道：「方纔檀越布施的。」王氏道：「這檀越是何姓名？住居何處？」院主道：「就是同縣顧阿秀兄弟兩箇。」王氏道：「做甚麽生理的？」院主道：「他兩個原是個船户，在江湖上賃載營生。近年忽然家事從容了，有人道他劫掠了客商，以致如此。未知真否如何。」王氏道：「長到這里來的麽？」院主道：「偶然來來，也不長到。」【眉批】恐與有往還，方知初時不説破之妙。

王氏問得明白，記了顧阿秀的姓名。就提起筆來，寫一首詞在屏上。詞云：

少日風流張敞筆，寫生不數今黄筌。芙蓉畫出最鮮妍，豈知嬌艷色，翻抱死生寃（緣）！粉繪凄凉餘幻質，只今流落有誰憐？素屏寂寞伴枯禪。今生緣已斷，願結再生緣。（右調《臨江仙》）

院中之尼，雖是識得經典上的字，文義不十分精通。看見此詞，只道是王氏賣弄才情，偶然題詠，不曉中間緣故。誰知這画來歷，却是崔縣尉自己手筆畫的，也是船中劫去之物。王氏看見物在人亡，心内暗暗傷悲。又曉得强盗踪迹，已有影響，只可惜是個女身，又已做了出家人，一時無處申理。忍在心中，再看機會。却是寃仇當雪，姻緣未斷，自然生出事體來。

姑蘇城裏，有一個人，名唤郭慶春。家道殷富，最肯結識官員士夫。心中喜好的是文房清玩。一日游到院中來，見了這幅芙蓉畫得好，又見上有題詠，字法俊逸可觀，心裏喜歡不勝，問院主要買。院主與王氏商量，王氏自忖道：「此是丈夫遺蹟，本不忍捨；却有我的題詞在上，中含寃仇意思在裏面，遇着有心人，玩着詞句，究問根因，未必不查出踪迹來。【眉批】王氏亦有心人也。若只留在院中，有何益處？」就叫：「師父賣與他罷。」慶春買得，千歡萬喜去了。

其時有個御史大夫高公，名納麟，退居姑蘇，最喜歡書画。郭慶春想要奉承他，故此出價錢，買了這幅紙屏去獻與他。高公看見畫得精緻，收了他的。忙忙里也未看着題詞，也不查着欵字，交與書僮，分付且張在内書房中。送慶春出門來，别了。只見外面一個人，手裏拿着草書四幅，插個標兒要賣。高公心性既愛這行物事，眼裏看見，就不肯便放過了，叫取過來看。那人雙手捧過，高公接上手一看：

字格類懷素，清勁不染俗。

若列法書中，可載《金石録》。

高公看畢，道：「字法頗佳，是誰所寫？」那人答道：「是某自己學寫的。」高公擡起頭來看他，只見一表非俗，不覺失驚。問道：「你姓甚名誰？何處人氏？」那個人吊下淚來道：「某姓崔，名英，字俊臣，世居真州。以父蔭補永嘉縣尉。帶了家眷，同往赴任。自不小心，爲船人所算，將英沉於水中。家財妻小，都不知怎麽樣了。幸得生長江邊，幼時學得泅水之法。伏在水底下多時，量他去得遠了，然後爬上岸來，投一民家。渾身沾濕，並無一錢在身。賴得這家主人良善，將乾衣出來換了，待了酒飯，過了一夜。明日又贈盤纏少許，打發道：『既遭盜劫，理合告官。恐怕連累，不敢奉留。』英便問路進城，陳告在平江路案下了。【眉批】失盗告官，而居停乃怕累及，安得不滋盗也！只爲無錢使用，緝捕人役不十分上緊。可知有盗。今聽候一年，查無消耗。無計可奈，只得寫兩幅字賣來度日。乃是不得已之計，非敢自道善書。不意惡札，上達鈞覽。」

高公見他説罷，曉得是衣冠中人，遭盜流落，深相憐憫。又見他字法精好，儀度雍容，便有心看顧他。對他道：「足下既然如此，目下只索付之無奈。且留吾西塾，教我諸孫寫字，再作道理，意下如何？」崔俊臣欣然道：「患難之中，無門可投。得明公提携，萬千之幸。」高公大喜，延入内書房中。即治酒榼相待。

正歡飲間，忽然擡起頭來。恰好前日所受芙蓉屏，正張在那里。【眉批】好關目。俊臣一眼睃去，見了，不覺泣然垂淚。高公驚問道：「足下見此芙蓉，何故傷心？」俊臣道：「不敢欺明公，此画亦是舟中所失物件之一，即是英自己手筆。只不知何得在此？」站起身來，再看看，只見上有一詞。俊臣讀罷，又嘆息道：「一發古怪！此詞又即是英妻王氏所作。」高公道：「怎麽曉得？」俊臣道：「那筆迹從來認得。且詞中意思有在，真是拙妻所作無疑。但此詞是遭變後所題，拙婦想是未曾傷命，還在賊處。千係。明公推究此画來自何方，便有個根據了。」高公笑道：「此画來處有因，當爲足下任捕盜之責。且不可洩漏。」是日酒散，叫兩個孫子出來拜了先生，就留在書房中住下了。自此俊臣只在高公門館，不題。

却說高公，明日密地叫當直的，請將郭慶春來問道：「前日所惠芙蓉屏是那里得來的？」慶春道：「買自城外尼院。」高公問了去處，别了慶春，就差當直的到尼院中仔細盤問：「這芙蓉屏是那里來的？又是那個題詠的？」王氏見來問得蹊蹺，就叫院主轉問道：「來問的是何處人？爲何問起這些緣故？」當直的回言：「這画而今已在高府中，差來問取來歷。」【眉批】到處留心。王氏曉得是官府門中來問，或者有些機會在内，叫院主把真話答他道：「此画是同縣顧阿秀捨的，就是院中小尼慧圓題的。」當直的把此言回覆高公，高公心下道：「只須賺得慧圓到來，此事便有着落。」進去與夫人商議定了。

隔了兩日，又差一箇當直的，分付兩箇轎夫，擡了一乘轎，到尼院中來。當直的對院主道：「在下是高府的管家。本府夫人喜誦佛經，無人作伴。聞知貴院中小師慧圓了悟，願禮請拜爲師父，供養在府中。不可推却。」院主遲疑道：「院中事務，大小都要他主張，如何接去得？」王氏聞得高府中接他，他心中懷着復讐之意，正要到官府門中走走，尋出機會來。【眉批】高公細心極矣，宜其遇着有心人。亦且前日來盤問芙蓉屏的，説是高府，一發有些疑心。便對院主道：「貴宅門中禮請，豈可不去？萬一推托了，惹出事端來，怎生當抵？」院主曉得王氏是有見識的，不敢違他。但只是道：「去便去，只不知幾時可來？院中有事怎麽處？」王氏道：

「等見夫人過，住了幾日，覷個空便，可以來得就來。想院中也没甚事；倘有疑難的，高府在城不遠，可以來問信商量得的。」院主道：「既如此，只索就去。」當直的叫轎夫打轎進院，王氏上了轎，一直的擡到高府中來。

高公未與他相見，大是。只叫他到夫人處見了。就叫夫人留他在卧房中同寢，高公自到别房宿歇。反便宜了高公。夫人與他講些經典，説些因果。王氏問一答十，説得夫人十分喜歡敬重。内人之常。閒中問道：「聽小師父口談，不是這裏本處人。還是自幼出家的？還是有過丈夫，半路出家的？」王氏聽説罷，淚如雨下道：「覆夫人：小尼果然不是此間，是真州人。丈夫是永嘉縣尉，姓崔，名英。一向不曾敢把實話對人説，而今在夫人面前，只索實告，想自無妨。」【眉批】宜虚則虚，宜實則實，王氏可以行兵。隨把赴任到此，舟人盗劫財物，害了丈夫全家，自己留得性命，脱身逃走，幸遇尼僧留住，落髮出家的説話，從頭至尾説了一遍，哭泣不止。

夫人聽他説得傷心，恨恨地道：「這些强盗，害得人如此！天理昭彰，怎不報應？」王氏道：「小尼躲在院中，一年不見外邊有些消耗。前日忽然有個人，拿一幅画芙蓉到院中來施。小尼看來，却是丈夫船中之物。即向院主問施人的姓名，道是同縣顧阿秀兄弟。小尼記起丈夫賃的船，正是船户顧姓的。而今真贓已露，這强盗不是顧阿秀是誰？小尼當時就把舟中失散的意思，做一首詞，題在上面。後來被人買去了。前日貴府有人來院，查問題詠芙蓉下落。其實即是小尼所題，有此寃情在内。」即拜夫人一拜道：「强盗只在左近，不在遠處了。只求夫人轉告相公，替小尼一查。若是得了罪人，雪了寃仇，以下報亡夫，相公、夫人恩同天地了。」夫人道：「既有了這些影迹，事不難查。且自寬心，等我與相公説就是。」

夫人果然把這些備細，一一與高公説了。又道：「這人且是讀書識字，心性貞淑，决不是小家之女。」高公道：「聽他這些説話，與崔縣尉所説正同。又且芙蓉屏是他所題，崔縣尉又認得是妻子筆迹。此是崔縣尉之妻，無可疑心。夫人只是好好看待他，且不要説破。」高公出來見崔俊臣時，俊臣也屢屢催高公替他查查芙蓉屏的踪迹。【眉批】高公亦大是精細人。高公只推未得其詳，略不題起慧圓的事。妙在此。

高公又密密差人，問出顧阿秀兄弟居址所在，平日出没行徑，曉得强盗是真。却是居鄉的官，未敢輕自動手。私下對夫人道：「崔縣尉事，查得十有七八了，不久當使他夫妻團圓。但只是慧圓還是個削髮尼僧，他日如何相見，好去做孺人？你須慢慢勸他，長髮改妝纔好。」夫人道：「這是正理。只是他心裏不知道丈夫還在，如何肯長髮改妝？」高公道：「你自去勸他，或者肯依固好。畢竟不肯時節，我另自有説話。」夫人依言，來對王氏道：「吾已把你所言，盡與相公説知。相公道，捕盗的事，多在他身上，管取與你報寃。」王氏稽首稱謝。夫人道：「只有一件：相公道，你是名門出身，仕宦之妻，豈可留在空門，没個下落？叫我勸你長髮改妝。你若依得，一力與你擒盗便是。」【眉批】長起來就有用。王氏道：「小尼是個未亡之人，長髮改妝何用？只爲寃恨未申，故此上求相公做主。若得强盗殲滅，只此空門静守，便了終身，還要甚麽下落？」夫人道：「你如此妝飾，在我府中，也不爲便。不若你留了髮，認義我老夫婦兩個，做個孀居寡女，相伴終身，未爲不可。」【眉批】夫人也來得。王氏道：「承蒙相公、夫人擡舉，人非木石，豈不知感？但重整雲鬟，再施鉛粉，丈夫已亡，有何心緒？况老尼相救深恩，一旦棄之，亦非厚道。【眉批】好人。所以不敢從命。」

夫人見他説話堅決，一一回報了高公。高公稱嘆道：「難得這樣立志的女人！果然。」又叫夫人對他説道：「不是相公苦苦要你留頭，其間有個緣故。前日因去查問此事，有平江路官吏相見，説舊年曾有人告理，也説是永嘉縣尉。只怕崔生還未必死。若是不長得髮，他日一時擒住此盗，查得崔生出來，此時僧俗各異，不好團圓，悔之何及！【眉批】不由不長髮矣。何不權且留了頭髮，等事體盡完，崔生終無下落，那時任憑再净了髮，還歸尼院，有何妨礙？」王氏見説是有人還在此告狀，心裏也疑道：「丈夫從小會没水，是夜眼見得囫圇抛在水中的，或者天幸留得性命，也不可知。」遂依了夫人的話，雖不就改妝，却從此不剃髮，權扮做道姑模樣了。

又過了半年，朝廷差個進士薛溥化爲監察御史，來按平江路。這個薛御史乃是高公舊日屬官，他吏才精敏，是個有手段的。到了任所，先來拜謁高公。高公把這件事密密托他，連顧阿秀姓名，住址去處，都細細説明白了。薛御史謹記在心，自去行事，不在話下。

且説顧阿秀兄弟，自從那年八月十五夜，一覺直睡到天明，醒來不見了王氏。明知逃去，恐怕形迹敗露，不敢明明追尋。雖在左近打聽兩番，並無踪影。這是不好告訴人的事，只得隱忍罷了。此後一年之中，也曾做個十來番道路。雖不能如崔家之多，僥倖再不敗露，甚是得意。一日，正在家歡呼飲酒間，只見平江路捕盗官，帶着一哨官兵，將宅居圍住。拿出監察御史發下的訪單來，顧阿秀是頭一名强盗，其餘許多名字，逐名查去，不曾走了一個。又拿出崔縣尉告的贓單來，連他家裏箱籠，悉行搜捲，并盗船一隻，即停泊門外港内，盡數起到了官，解送御史衙門。

薛御史當堂一問，初時抵賴；及查物件，見了永嘉縣尉的敕牒尚在，箱中贓物，一一對款。薛御史把崔縣尉舊日所告失盗狀，念與他聽，方各俯首無詞。薛御史問道：「當日還有孺人王氏，今在何處？」顧阿秀等相顧不出一語。御史喝令嚴刑拷訊。顧阿秀招道：「初意實要留他，配小的次男，故此不殺。【眉批】妙在此。因他一口應承，願做新婦，所以再不防備。不期當年八月中秋，乘睡熟逃去，不知所向。只此是實情。」御史録了口詞，取了供案。凡是在船之人，無分首從，盡問成梟斬死罪，决不待時。原贓照單給還失主。

御史差人回覆高公，就把贓物送到高公家來，交與崔縣尉。俊臣出來，一一收了。曉得敕牒還在，家物猶存，只有妻子没查下落處，連强盗肚裏也不知去向了，真個是渺茫的事。俊臣感新思舊，不覺慟哭起來。有詩爲証：

堪笑聰明崔俊臣，也應落難一時渾。

既然因画能追盜，何不尋他題画人？

元來高公有心，只將画是顧阿秀施在尼院的，説與俊臣知道，並不曾題起題画的人，就在院中爲尼。所以俊臣但得知盜情因画敗露，妻子却無查處，竟不知只在画上可以跟尋得出來的。【眉批】善藏其用，益能令人感激。當時俊臣慟哭已罷，想道：「既有敕牒，還可赴任。若再稽遲，便恐另補有人，到不得地方了。妻子既不見，留連於此無益。」請高公出來，拜謝了他，就把要去赴任的意思説了。高公道：「赴任是美事，但足下青年無偶，豈可獨去？待老夫與足下做個媒人，娶了一房孺人，然後夫妻同往，也未爲遲。」【眉批】反跌法，妙！妙！俊臣含淚答道：「糟糠之妻，同居貧賤多時。今遭此大難，流落他方，存亡未卜。然擄着芙蓉屏上，尚及題詞，料然還在此方。今欲留此尋訪，恐事體渺茫，稽遲歲月，到任不得了。愚意且單身到彼，差人來高揭榜文，四處追探。拙婦是認得字的，傳將開去，他聞得了，必能自出。除非憂疑驚恐，不在世上了。萬一天地垂憐，尚然留在，還指望伉儷重諧。英感明公恩德，雖死不忘。若别娶之言，非所願聞。」高公聽他説得可憐，曉得他别無異心，也自凄然道：「足下高誼如此，天意必然相佑，終有完全之日，吾安敢强逼？只是相與這幾時，容老夫少盡薄設奉餞，然後起程。」【眉批】高公只恐崔生疑妻爲盜污而踈之，故不得不鄭重耳。

次日，開宴餞行。邀請郡中門生故吏，各官與一時名士畢集，俱來奉陪崔縣尉。此亦高公有意收名處。酒過數巡，高公舉杯告衆人道：「老夫今日爲崔縣尉了今生緣。」衆人都不曉其意，連崔俊臣也一時未解。只見高公命傳呼後堂：「請夫人打發慧圓出來。」俊臣驚得木呆，只道高公要把甚麼女人强他納娶，故設此宴，説此話，也有些着急了。夢裏也不曉得，他妻子叫得甚麼慧圓。當時夫人已知高公意思，把崔縣尉在舘内多時，昨已獲了强盜，問了罪名，追出敕牒，今日餞行赴任，特請你到堂厮認團圓，逐項逐節的事情，説了一遍。

王氏如夢方醒，不勝感激。先謝了夫人，走出堂前來。此時王氏髮已半長，照舊妝飾。崔縣尉一見乃是自家妻子，驚得如醉裏夢裏。【眉批】善戲謔兮。高公笑道：「老夫原説道與足下爲媒，這可做得着麽？」崔縣尉與王氏相持大慟，説道：「自料今生死別了，誰知在此却得相見！」

座客見此光景，儘有不曉得詳悉的，向高公請問根繇。高公便叫書童去書房裏取出芙蓉屏來，對衆人道：「列位要知此事，須看此屏。」衆人争先來看，却是一画一題。看的看，念的念，却不明白這個緣故。高公道：「好教列位得知：只這幅画，便是崔縣尉夫妻一段大因緣。這画即是崔縣尉所画，這詞即是崔孺人所題。他夫妻赴任，到此爲船上所劫。崔孺人脱逃于尼院出家，遇人來施此画，認出是船中之物，故題此詞。後來此画却入老夫之手。遇着崔縣尉到來，又認出是孺人之筆。老夫暗地着人細細問出根繇，乃知孺人在尼院，叫老妻接將家來住着。密行訪緝，備得大盗踪迹。托了薛御史，究出此事，强盗俱已伏罪。崔縣尉與孺人，在家下各有半年多，只道失散在那里，竟不知同在一處多時了。老夫一向隱忍，不通他兩人知道，只爲崔孺人頭髮未長，崔縣尉敕牒未獲，不知事體如何，兩人心事如何，不欲造次漏洩。今罪人既得，試他義夫節婦，兩下心堅，耍老成。今日特地與他團圓這段因緣，故此方纔説替他了今生緣，即是崔孺人詞中之句。【眉批】此公老成，而亦高興。方纔説請慧圓，乃是崔孺人尼院中所改之字，特地使崔君與諸公不解，爲今日酒間一笑耳。」崔俊臣與王氏聽罷，兩個哭拜高公。連在座之人，無不下淚，稱嘆高公盛德，古今罕有。王氏自到裏面去拜謝夫人了，高公重入座席，與衆客盡歡而散。是夜特開別院，叫兩個養娘，伏侍王氏，與崔縣尉在内安歇。湊趣。明日，高公曉得崔俊臣没人伏侍，贈他一奴一婢，又贈他好些盤纏，當日就道。【眉批】真大恩人。他夫妻兩個，感念厚恩，不忍分别，大哭而行。王氏又同丈夫到尼院中來。院主及一院之人，見他許久不來，忽又改妝，个个驚異。王氏備細説了遇合緣故，并謝院主看待厚意。【眉批】好照應。院主方纔曉得顧阿秀劫掠是真，前日王氏所言妻妾不相容，乃是一時掩飾之詞。院中人个个與他相好的，多不捨得他去。事出無奈，各各含淚而別。夫妻兩個，同到永嘉去了。

在永嘉任滿回來，重過蘇州。差人問候高公，要進來拜謁。誰知高公與夫人，俱已薨逝，殯葬已畢了。崔俊臣同王氏大哭，如喪了親生父母一般。【眉批】應得如此。問到他墓下，拜奠了，就請舊日尼院中各衆，在墓前建起水陸道場三晝夜，以報大恩。王氏還不忘經典，自家也在裏頭持誦。事畢，同衆尼再到院中。【眉批】好妝點。崔俊臣出宦貲，厚贈了院主。王氏又念昔日朝夜禱祈觀世音暗中保祐，幸得如願，夫婦重諧。出白金十兩，留在院主處，爲燒香點燭之費。不忍忘院中光景，立心自此長齋，念觀音不輟，以終其身。當下別過衆尼，自到真州寧家，另日赴京補官，這是後事，不必再題。

此本話文，高公之德，崔尉之誼，王氏之節，皆是難得的事。各人存了好心，所以天意周全，好人相逢，畢竟冤仇盡報，夫婦重完。此可爲世人之勸。

詩云：

王氏藏身有遠圖，間關到底得逢夫。
舟人妄想能同志，一月空將新婦呼。【眉批】可笑舟人。

又云：

芙蓉本似美人妝，何意飄零在路傍！
画筆詞鋒能巧合，相逢猶自墨痕香。

又有一首贊嘆御史大夫高公云：

高公德誼薄雲天，能結今生未了緣。

不使初時輕逗漏，致令到底得團圓。
芙蓉画出原雙蒂，萍藻浮來亦共聯。
可惜白楊堪作柱，空教灑淚及黄泉。

金光洞主談舊迹

王虔尊者祭青乡

卷二十八

金光洞主談舊蹟　玉虚尊者悟前身

詩云：

近有人從海上回，海山深處見樓臺。
中有仙童開一室，皆言此待樂天來。

又云：

吾學空門不學仙，恐君此語是虚傳。
海山不是吾歸處，歸即應歸兜率天。

這兩首絶句，乃是唐朝侍郎白香山白樂天所作，答浙東觀察使李公的。樂天一生精究内典，勤脩上乘之業。一心超脱輪回，往生浄土。彼時李公師稷觀察浙東。有一個商客，在他治内明州同衆下海，遭風飄蕩，不知所止。一月有餘，纔到一個大山，瑞雲奇花，白鶴異樹，盡不是人間所見的。山側有人出來迎問道：「是何等人？來得到此！」商客具言隨風飄到。岸上人道：「既到此地，且繫定了船，上岸來見天師。」同舟中膽小，不知上去有何光景，箇箇退避。只有這一箇商客，跟將上去。【眉批】緣之不同也。岸上人領他到一箇所在，就像大寺觀一般。商客隨了這人，依路而進。見一箇道士，鬚眉皆白，兩傍侍衛數十人，坐大殿上。對商客道：「你本中國人，此地有緣，方得一到，此即世傳所稱蓬萊山也。你既到此地，可要各處看看去麼？」商客口稱：「要看。」道士即命左右領他宫内游觀。玉臺翠樹，光彩奪目。有數十處院宇，多有名號。只有一院關鎖得緊緊的。在門縫裏窺進去，只見滿庭都是奇花，堂中設一虚座，座中有裀褥，階下香烟撲鼻。商客問道：「此是何處？却如此空鎖着！」那人答道：「此是白樂天前生所駐之院。樂天今在中國未來，故關閉在此。」商客心中原曉得白樂天是白侍郎的號，便把這些去處光景，一一記着。别了那邊人，走下船來，隨風使帆，不上十日，已到越中海岸。商客將所見之景，備細來禀知李觀察。【眉批】焉知非觀察粉飾以諂白公乎？李觀察盡録其所言，書報白公。白公看罷，笑道：「我脩浄業多年，西方是我世界，豈復往海外山中去做神仙耶？」故此把這兩首絶句，回答李公，見得他脩的是佛門上乘，要到兜率天宫，不希罕蓬萊仙島意思。

後人評論，道是白公脱屣煙埃，投棄軒冕，一種非凡光景，豈不是箇謫仙人？海上之説，未爲無據。但今生更復勤脩精進，直當超脱玄門，上證大覺。後來果位，當勝前生。這是正理。要知從來名人達士，鉅卿偉公，再没一箇不是有宿根再來的人。若非仙官謫降，便是古德轉生。所以聰明正直，在世間做許多好事。如東方朔是歲星，馬周是華山素靈宫仙官，王方平是瑯琊寺僧，真西山是草菴和尚，蘇東坡是五戒禪師。就死後，或原歸故處，或另補仙曹，如卜子夏爲脩文郎，郭璞爲水仙伯，陶弘景爲蓬萊都水監，李長吉召撰白玉樓記，皆歷歷可考，不能盡數。至如奸臣叛賊，必是藥叉、羅刹、修羅鬼王之類，决非善根。乃有小説中説：李林甫遇道士，盧杞遇仙女，説他本是仙種，特來度他。他兩箇都不願做仙人，願做宰相，以至墮落。此多是其家門生故吏，一黨之人，撰造出來，以掩其平生過惡的。【眉批】鑿鑿名論，可証誣妄。若依他説，不過遲做得仙人五六百年，爲何陰間有李林甫十世爲牛九世倡之説？就是説道業報盡了，還歸本處，五六百年後，便不可知，爲何我朝萬曆年間，河南某縣雷擊死娼婦，背上還有「唐朝李林甫」五字？此却六百年不止了。可見説惡人也是仙種，其説荒唐，不足馮信。

小子如今引白樂天的故事，説這一番話，只要有好根器的人，不可在火坑慾海戀着塵緣，忘了本來面目。【眉批】老婆心。待小子説一個宋朝大臣，在當生世裏，看見本來面目的一個故事，與看官聽一聽。詩云：

昔爲東掖垣中客，今作西方社裏人。
手把楊枝臨水坐，尋思往事是前身。

却説西方雙摩訶池邊，有幾個洞天。内中有兩個洞，一個叫做金光洞，一個叫做玉虚洞。凡是洞中，各有一個尊者，在内做洞主。住居極樂勝境，同脩無上菩提。忽一日，玉虚洞中尊者，來對金光洞中尊者道：「吾佛以救度衆生爲本。吾每静脩洞中，固是正果。但只獨善其身，便是辟支、小乘。吾意欲往震旦地方，打一轉輪回，游戲他七八十年，做些濟人利物的事，然後回來復居于此，可不好麽？」金光洞尊者道：「塵世紛囂，有何好處？雖然可以濟人利物，只怕爲慾火所燒，迷戀起來。没人指引回頭，忘却本來面目，便要墮落輪回道中，不知幾劫，纔得重脩圓滿。怎麽説得復居此地這樣容易話？」

玉虚洞尊者見他説罷，自悔錯了念頭。金光洞尊者道：「此念一起，吾佛已知，伽藍韋馱即有密報，豈可復悔？須索向閻浮界中去走一遭，受享些榮華富貴，就中做些好事，切不可迷了本性。倘若恐怕濁界汨没，一時記不起，到得五十年後，我來指你個境頭，等你心下洞徹罷了。」玉虚洞尊者當下别了金光洞尊者，自到洞中，分付行童：「看守着洞中，原自早夜焚香誦經。【眉批】行童後來照應。我到人間走一遭去也。」一靈真性，自去揀那善男信女，有德有福的人家，好處投生不題。

却説宋朝鄂州江夏，有個官人，官拜左侍禁，姓馮名式，乃是個好善積德的人。夫人一日夢一金身羅漢下降，産下一子。産時異香滿室，看那小厮時，生得天庭高聳，地角方圓，兩耳垂珠，是個不凡之相。兩三歲時，就穎悟非凡，看見經卷上字，恰像原是認得的，一見不忘。送入學中，取名馮京，表字當世。過目成誦，萬言立就。雖讀儒書，却又酷好佛典，敬重釋門。時常瞑目打坐，學那禪和子的模樣。不上二十歲，連中了三元。

說話的，你錯了。據着《三元記》戲本上，他父親叫做馮商，是個做客的人。如何而今說是做官的，連名字多不是了？【眉批】借此以發揮傳奇之誤。看官聽說：那戲文本子，多是胡謅，豈可憑信？只如南北戲文，極頂好的，多說《琵琶》、《西廂》。那蔡伯喈漢時人，未做官時，父母雙亡，廬墓致瑞，公府舉他孝廉，何曾爲做官不歸，父母餓死？且是漢時不曾有狀元之名。漢朝當時，正是董卓專權，也没有個牛丞相。鄭恒是唐朝大官，夫人崔氏，皆有封號，何曾有失身張生的事？後人雖也有曉得是元微之不遂其欲，托名醜詆的，却是戲文倒說崔張做夫妻到底，鄭恒是個花臉衙内，撞堦死了，却不是顛倒得没道理？只這兩本出色的，就好笑起來，何況别本，可以准信得的？所以小子要說馮當世的故事，先據正史，把父親名字說明白了，免得看官每信着戲文上說話，千古不決。【眉批】恐小說亦未必不然也。盡信書不如無書。

閒話休題，且說那馮公自中三元以後，任官累典名藩，到處興利除害，流播美政，護持佛教，不可盡述。後來入遷政府，做了丞相。忽一日，體中不快，遂告個朝假，在寓静養調理。其時英宗皇帝聖眷方隆，連命内臣問安，不絶于道路。又詔令翰苑有名醫人數個，到寓診視，聖諭盡心用藥，期在必愈。

服藥十來日，馮相病已好了，却是羸瘦了好些，拄了杖纔能行步。【眉批】便是宿性。久病新愈，氣虚多驚，倦視綺羅，厭聞絃管，思欲静坐養神，乃策杖徐步入後園中來。後園中花木幽深之處，有一所茅菴，名曰容膝菴，乃是取陶淵明《歸去來辭》中語，見得菴小，只可容着兩膝的話。馮相到此，心意欣然，便叫侍妾每都各散去，自家取龍涎香，焚些在博山罏中。叠膝瞑目，坐在禪床中蒲團上。

默坐移時，覺神清氣和，肢體舒暢。徐徐開目，忽見一個青衣小童，神貌清奇，冰姿瀟灑，拱立在禪床之右。馮相問小童道：「婢僕皆去，你是何人，獨立在此？」小童道：「相公久病新愈，心神忻悦，恐有所游，小童願爲參從，不敢擅離。」公伏枕日久，沉疾既愈，心中正要閒游，忽聞小童之言，意思甚快。乘興離榻，覺得體力輕健，與平日無病時節無異。步至菴外，小童禀道：「路徑不平，恐勞尊重。請登羊車，緩游園圃。」馮相喜小童如此慧黠，笑道：「使得，使得。」説話之間，小童挽羊車一乘，來到面前。但見：

簾垂斑竹，輪斲香檀。同心結帶繫鮫綃，盤角曲欄雕美玉。坐裀鋪錦褥，蓋頂覆青氊。

馮相也不問羊車來歷，忻然升車而坐。小童揮鞭，在前馭着，車去甚速，勢若飄風。馮相驚怪道：「無非是羊，爲何如此行得速？」低頭前視，見駕車的全不似羊，也不是牛馬之類。憑軾仔細再看，只見背尾皆不辨，首尾足上毛五色光彩射人。奔走挽車，穩如磐石。馮相公大驚，方欲詢問小童，車行已出京都北門。漸漸路入青霄，行去多是翠雲深處。下視塵寰，直在底下。虚空之中，過了好些城郭。將有一飯時候，車纔着地住了。小童前禀道：「此地勝絶，請相公下觀。」

馮相下得車來，小童不知所向，連羊車也不見了。舉頭四顧，身在萬山之中。【眉批】樂哉。但見：

山川秀麗，林麓清佳。出没萬壑烟霞，高下千峯花木。静中有韵，細流石眼水涓涓；相逐無心，閒出嶺頭雲片片。溪深緑草茸茸茂，石老蒼苔點點斑。

馮相身處朝市，向爲塵俗所役。【眉批】可憐，可警。乍見山光水色，洗滌心胸。正如酷暑中行，遇着清泉百道；多時病滯，一旦消釋。馮相心中喜樂，不覺拊腹而嘆道：「使我得頂笠披簑，携鋤趂犢，躬耕數畝之田，歸老于此地。每到秋苗熟後，稼穡登場，旋煮黄鷄，新篘白酒，與鄰叟相邀。瓦盆磁甌，量晴較雨。【眉批】美境佳話。此樂雖微，據我所見，雖玉印如霜，金印如斗，不足比之。所恨者，君恩未報，不敢歸田。他日必欲遂吾所志。」方欲縱步玩賞，忽聞清磬一聲，響于林杪。馮相舉目仰視，向松陰竹影蹤處，隱隱見山林間，有飛簷碧瓦，棟宇軒窓。馮相道：「適纔磬聲，必自此出。想必有幽人居止，何不前去尋訪？」遂穿雲踏石，歷險登危，尋徑而走。過往處，但聞流水松風，聲喧于步履之下。漸漸林麓兩分，峯巒四合。行至一處，溪深水漫，風軟雲閒。下枕清流，有千門萬户。但見：

嵬嵬宫殿，虬松鎮碧瓦朱扉；寂寂回廊，鳳竹映雕欄玉砌。

玲瓏樓閣，干霄覆雲，工巧非人世之有。巖畔洞門開處，掛一白玉牌，牌上金書：「金光第一洞。」馮相見了洞門，知非人世，惕然不敢進步入洞。因是走得路多了，覺得肢體倦怠，暫歇在門閫石上坐着。坐還未定，忽聞大聲起于洞中，如天摧地搨，岳撼山崩。大聲方住，狂風復起。松竹低偃，瓦礫飛揚，雄氣如奔，頃刻而止。馮相驚駭，急回頭看時，一巨獸自洞門奔出外來。你道怎生模樣？但見：

目光閃鑠，毛色斑斕。剪尾巖谷風生，移步郊園草偃。山前一吼，攝將百獸潛形；林下獨行，威使群毛震悚。滿口利牙排劍戟，四蹄剛爪利鋒铓。

奔走如飛，將至坐側。【眉批】須此一驚，不然只是佳處，便少起伏。馮相愴惶，欲避無計。忽聞金錫之聲震地，那個猛獸恰像有人趕逐他的，竄伏亭下，斂足瞑目，猶如待罪一般。

馮相驚異未定，見一個胡僧自洞内走將出來。你道怎生模樣？但見：

脩眉垂雪，碧眼横波。衣披烈火七幅鮫綃，杖拄降魔九環金錫。若非圓寂光中客，定是楞迦峯頂人。

將至洞門，將錫杖横了，稽首馮相道：「小獸無知，驚恐丞相。」馮相答禮道：「吾師何來？得救殘喘。」胡僧道：「貧僧即此間金光洞主也。相公别來無恙？粗茶相邀，丈室閒話則個。」馮相見他説「别來無恙」的話，舉目細視胡僧面貌，果然如舊相識，但倉卒中不能記憶。遂相隨而去。

到方丈室中，啜茶已罷。正要欵問仔細，金光洞主起身對馮相道：「敝洞荒凉，無以看玩。若欲游賞烟霞，遍觀雲水，還要邀相公再游别洞。」遂相隨出洞後而去。但覺天清景麗，日暖風和，與世俗溪山逈然有異。須臾到一處，飛泉千丈，注入清溪，白石爲橋，斑竹夾徑。於巔峯之下，見一洞門。門用玻璃爲牌，牌上金書：「玉虚尊者之洞。」馮相對金光洞主道：「洞中景物，料想不凡。若得一觀，此心足矣。」金光洞主道：「所以相邀相公遠來者，正要相公游此間耳。」遂排扉而入。

馮相本意，只道洞中景物可賞。既到了裏面，塵埃滿地，門户寂寥，似若無人之境。但見：

金爐斷燼，玉磬無聲。絳燭光消，仙扃畫掩。蛛網遍生虚室，寶鈎低壓重簾。壁間紋幕空垂，架上金經生蠹。閒庭悄悄，芊綿碧草侵堦；幽檻沉沉，散漫緑苔生砌。【眉批】好作山間對子。松陰滿院鶴相對，山色當空人未歸。

馮相猶豫不決，逐步走至後院。忽見一個行童，憑案誦經。馮相問道：「此洞何獨無僧？」行童聞言，掩經離榻，拱揖而答道：「玉虚尊者游戲人間，今五十六年，更三十年方回此洞。緣主者未歸，是故無人相接。」金光洞主道：「相公不必問，後當自知。此洞有個空寂樓臺，逈出群峯，下視千里。請相公登樓，欵歇而歸。」遂與登樓。

看那樓上時，碧瓦甃地，金獸守扃。飾異寶於虚簷，纏玉虬於巨棟。犀軸仙書，堆積架上。馮相正要取卷書來看看，目昔。那金光洞主指樓外雲山，對馮相道：「此處儘堪寓目，何不憑欄一看？」馮相就不去看書，且憑欄凝望。遥見一個去處：

翠烟晻映，絳霧氤氲。美木交枝，清陰接影。瓊樓碧瓦玲瓏，玉樹翠柯摇曳。波光泊岸，銀濤映天。翠色逼人，冷光射目。

其時月影下照，如萬頃琉璃。馮相駐目細視良久，問金光洞主道：「此是何處？其美如此！」金光洞主愕然而驚，對馮相道：「此地即雙摩訶池也。此處溪山，相公多曾游賞，怎麽就不記得了？」

馮相聞得此語，低頭仔細回想，自兒童時，直至目下，一一追算來，並不記曾到此。却又有些依稀認得，正不知甚麽緣故。乃對金光洞主道：「京心爲事奪，壯歲舊游，悉皆不記。不知幾時曾到此處，隱隱已如夢寐。【眉批】夙根人轉頭甚快。人生勞役，至於如此！對景思之，令人傷感。」金光洞主道：「相公儒者，當達大道，何必浪自傷感。人生寄身于太虛之中，其間榮瘁悲歡，得失聚散，彼死此生，投形換殼，如夢一場。方在夢中，原不足問；及到覺後，又何足悲？豈不聞《金剛經》云：『一切有爲法，如夢幻泡影，如露亦如電，應作如是觀。』自古皆以浮生比夢，相公只要夢中得覺，回頭即是，何用傷感？此盡正理，願相公無輕老僧之言。」

馮相聞語，貼然敬伏。方欲就坐欵話，忽見虛簷日轉，晚色將催。馮相意要告歸，作別金光洞主道：「承挈游觀，今興盡而返。此別之後，未知何日再會？」金光洞主道：「相公是何言也？不久當與相公同爲道友，相從于林下。日子正長，豈無相見之期？」馮相道：「京病既愈，旦夕朝參，職事相索，自無暇日。【眉批】還在夢中不醒。安能再到林下，與吾師游樂哉？」金光洞主笑道：「浮世光陰迅速，三十年只同瞬息。老僧在此，轉眼間伺候相公來，再居此洞便了。」馮相道：「京雖不才，位居一品。他日若荷君恩，放歸田野，苟不就宫祠微禄，亦當爲田舍翁，躬耕自樂，以終天年。況自此再三十年，京已壽登耄耋，豈更削髮披緇，坐此洞中爲衲僧耶？」【眉批】只管説夢話。金光洞主但笑而不答。馮相道：「吾師相笑，豈京之言有誤也？」金光洞主道：「相公久羈濁界，認殺了現前身子，竟不知身外有身耳！」馮相道：「豈非除此色身之外，别有身耶？」金光洞主道：「色身之外，元有前身。今日相公到此，相公的色身，又是前身了。若非身外有身，相公前日何以離此？【眉批】着實緊。今日怎得到此？」馮相道：「吾師何術使京得見身外之身？」金光洞主道：「欲見何難？」就把手指向壁間畫一圓圈，以氣吹之，對馮相道：「請相公觀此景界。」

馮相遂近壁視之。圓圈之内，瑩潔明朗，如掛明鏡。注目細看其中，見有：

風軒水榭，月塢花畦。小橋跨曲水横塘，垂柳籠緑窓朱户。

遍看池亭，皆似曾到，但不知是何處園圃，在此壁間？馮相疑心是障眼之法，正色責金光洞主道：「我佛以正法度人，吾師何故將幻術變現，惑人心目？」金光洞主大笑而起，手指園圃中東南隅道：「如此景物，豈是幻也？請相公細看，真僞可見。」馮相走近前邊，注目再看，見園圃中有粉墻小徑，曲檻雕欄。向花木深處，有茅菴一所：

半開竹牖，低下疎簾。閒堦日影三竿，古鼎香烟一縷。

茅菴内有一人，叠足瞑目，靠蒲團坐禪床上。馮相見此，心下躊躇。【眉批】棒喝機鋒。金光洞主將手拍着馮相背上道：「容膝菴中，爾是何人？」大喝一偈道：

五十六年之前，各占一所洞天。

容膝菴中莫誤，玉虚洞裏相延。

向馮相耳畔，叫一聲：「咄！」馮相於是頓省：游玉虚洞者乃前身，坐容膝菴者乃色身。不覺失聲道：「當時不曉身外身，今日方知夢中夢。」因此頓悟無上菩提，喜不自勝。

方欲參問心源，印證禪覺，回顧金光洞主，已失所在。遍視精舍迦藍，但只見：

如雲藏寶殿，似霧隱回廊。審聽不聞鐘磬之清音，仰視已失峯岩之險勢。玉虚洞府，想却在海上瀛州；空寂樓臺，料復歸極樂國土。只疑看罷僧繇画，捲起丹青十二圖。

一時廊殿、洞府、溪山，撚指皆無踪迹，單單剩得一身，儼然端坐後園容膝菴中禪床之上。覺茶味猶甘，松風在耳。鼎内香烟尚裊，座前花影未移。入定一晌之間，身游萬里之外。馮相想着境界了然，語話分明，全然不像夢境。曉得是禪静之中，顯見宿本。况且自算其壽，正是五十六歲，合着行童説尊者游戲人間之年數。分明己身是金光洞主的道友玉虚尊者的轉世。

自此，每與客對，常常自稱老僧。後三十年，一日無疾而終，自然仍歸玉虚洞中去矣。詩曰：

玉虚洞裏本前身，一夢回頭八十春。
要識古今賢達者，阿誰不是再來人？

通閨闥竪心
燈火

卷二十九

通閨闥堅心燈火　鬧囹圄捷報旗鈴

詩云：

世間何物是良圖？惟有科名救急符。
試看人情翻手變，窗前可不下功夫！

話説自漢以前，人才只是舉薦徵辟，故有賢良方正、茂材異等之名；其高尚不出，又有不求聞達之科。所以野無遺賢，人無匿才，天下盡得其用。自唐宋以來，俱重科名。雖是别途進身，儘能致位權要，却是惟以此爲華美。往往有只爲不得一第，情願老死京華的。到我國朝，初時三途並用，多有名公大臣，不繇科甲出身，一般也替朝廷幹功立業，青史標名不朽，那見得只是進士纔做得事？【眉批】確論。直到近來，把這件事越重了，不是科甲的人，不得當權。當權所用的不是科甲的人，不與他好衙門、好地方，多是一帆布置。見了以下出身的，就不是異途，也必揀個儯懶所在打發他，不上幾時就勾銷了，總是不把這幾項人看得在心上。【眉批】可憐。所以，别項人内便儘有英雄豪傑在裏頭，也無處展布。曉得没甚長筵廣席，要做好官也没幹，都把那志氣灰了，怎能勾有做得出頭的？及至是個進士出身，便貪如柳盜跖，酷如周興、來俊臣，公道説不去，没奈何考察壞了，或是參論壞了，畢竟替他留些根。又道是：「百足之蟲，至死不殭。」跌僕不多時，轉眼就高官大禄，仍舊貴顯；　豈似科貢的人，一勾了帳？

只爲世道如此重他，所以一登科第，便像升天。却又一件好笑：就是科第的人，總是那窮酸秀才做的，並無第二樣人做得。及至肉眼愚眉，見了窮酸秀才，誰肯把眼稍來管顧他？還有一等豪富親眷，放出倚富欺貧的手段，做盡了惡薄腔子待他。到得忽一日榜上有名，掇將轉來，呵脬捧卵。【眉批】逼真。偏是平日做腔欺負的頭名，就是他上前出力。真個世間惟有這件事，賤的可以立貴，貧的可以立富；難分難解的寃仇，可以立消，極險極危的道路，可以立平。遮莫做了没脊梁、惹羞耻的事，一床錦被可以遮蓋了。説話的，怎見得便如此？看官，你不信，且先聽在下説一件勢利好笑的事。

唐時有個舉子，叫做趙琮。累隨計吏赴南宫春試，屢次不第。他的妻父，是個鍾陵大將。趙琮貧窮，只得靠着妻父度日。那妻家武職官員，宗族興旺，見趙琮是個多年不利市的寒酸秀才，没一個不輕薄他的。妻父、妻母，看見别人不放他在心上，也自覺得没趣，道女婿不争氣、没長進，雖然是自家骨肉，未免一科厭一科，弄做個老厭物了。况且有心嫌鄙了他，越看越覺得寒酸，不足敬重起來。只是不好打發得他開去，心中好些不耐煩。趙琮夫妻兩個，不要説看了别人許多眉高眼低，只是父母身邊，也受多少兩般三樣的怠慢。没奈何，争氣不來，只得怨命忍耐。

一日，趙琮又到長安赴試去了。家裏撞着迎春日子，軍中高會，百戲施呈，唐時名爲「春設」。傾城士女，没一個不出來看。大户人家搭了棚廠，設了酒席在内，邀請親戚共看。大將闔門多到棚上去，女眷們各各盛妝鬪富。惟有趙娘子衣衫襤褸，雖是自心裏覺得不入隊，却是大家多去，又不好獨自一個推掉不去得。只得含羞忍耻，隨衆人之後，一同上棚。衆女眷們憎嫌他妝飾弊陋，恐怕一同坐着，外觀不雅，將一個帷屏遮着他，叫他獨坐在一處，不與他同席。【眉批】人情可恨乃爾！他是受憎嫌慣的，也自揣己，只得憑人主張，默默坐下了。

正在擺設酣暢時節，忽然一個吏典走到大將面前，説道：「觀察相公特請將軍立等説話。」大將吃了一驚，道：「此與民同樂之時，料無政務相關，爲何觀察相公見召？莫非有甚不測事體？」心中好生害怕，捏了兩把汗。到得觀察相公廳前，只見觀察手持一卷書，笑容可掬，當廳問道：「有一個趙琮，是公子婿否？」大將答道：「正是。」觀察道：「恭喜！恭喜！適纔京中探馬來報，令婿已及第了。」大將還謙遜道：「恐怕未能有此地步。」觀察即將手中所持之書遞與大將，道：「此是京中來的全榜，令婿名在其上，請公自拿去看。」大將雙手接着，一眼瞟去，趙琮名字朗朗在上，不覺驚喜。謝別了觀察，連忙走回。遠望見棚内家人，多在那里駐目看外邊。大舉着榜，對着家人大呼道：「趙郎及第了！趙郎及第了！」

衆人聽見，大家都吃一驚。掇轉頭來看那趙娘子時，兀自寂寂寞寞，没些意思，在帷屏外坐在那里。【眉批】此時真掇轉頭也。却是耳朵裏已聽見了，心下暗暗地叫道：「慚愧！誰知也有這日！」衆親眷急把帷屏撤開，到他跟前稱喜道：「而今就是夫人縣君了。」【眉批】科第妙處正在此等。一齊來拉他去同席。趙娘子回言道：「衣衫藍縷，玷辱諸親，不敢來混，只是自坐了看看罷。」衆人見他説嘔氣的話，一發不安，一个个强陪笑臉道：「夫人説那里話？」就有獻勤的，把帶來包裏的替换衣服拿出來與他穿了。一個起頭，个个争先，也有除下簪的，也有除下釵的，也有除下花鈿的、耳璫的，霎時間把一個趙娘子打扮的花一團、錦一簇，還恐怕他不喜歡。是日那里還有心想看春會，只个个攛哄趙娘子，看他眉頭眼後罷了。本是一個冷落的貨，只爲丈夫及第，一時一霎，更變起來。人也原是這個人，親也原是這些親，世情冷暖，至于如此！

在下爲何説這個做了引頭？只因有一個人，爲些風情事，做了出來，正在難分難解之際，忽然登第。不但免了罪過，反得團圓了夫妻。正應着在下先前所言，做了没脊梁、惹羞耻的事，一床錦被，可以遮蓋了的説話。看官每試聽着。有詩爲証：

一紙捷書，真同月老。
私情敗露，官非難了。
好事多磨，受人顛倒。
同年同學，同林宿鳥。

這個故事，在宋朝端平年間。浙東有一個飽學秀才，姓張，字忠父，是衣冠宦族。只是家道不足，靠着人家聘出去，隨任做書記，館穀爲生。鄰居有個羅仁卿，是崛起白屋人家，家事儘富厚。兩家同日生產，張家得了個男子，名唤幼謙；羅家得了個女兒，名唤惜惜。多長成了。因張家有個書館，羅家把女兒寄在學堂中讀書。傍人見他兩個年貌相當，戲道：「同日生的，合該做夫妻。」他兩個多是娃子家心性，見人如此說，便信殺道是真，私下密自相認。【眉批】孩子光景，然亦有緣。又各寫了一張券約，罰誓必同心到老。兩家父母，多不知道的。同學堂了四五年，各有十四歲了，情竇漸漸有些開了。見人說，做夫妻的，要做那些事，便兩個合了伴，商議道：「我們既是夫妻，也學着他每做做。」兩個你歡我愛，亦且不曉得些利害，有甚麽不肯？書房前有株石榴樹，樹邊有一隻石櫈，羅惜惜就坐在櫈上，身靠着樹，張幼謙早把他脚來蹺起，就摟抱了，弄將起來。兩個小小年紀，未知甚麽大趣味，只是兩個心裏喜歡，作做耍笑。以後見弄得有些好處，就日日做番把，不肯住手了。

冬間，先生散了館，惜惜回家去過了年。【眉批】已遲了。明年，惜惜已是十五歲，父母道他年紀長成，不好到别人家去讀書，不教他來了。幼謙屢屢到羅家門首探望，指望撞見惜惜。那羅家是個富家，閨院深邃，怎得輕易出來？惜惜有一丫鬟，唤名蜚英，常到書房中伏侍惜惜，相伴往返的。今惜惜不來讀書，連蜚英也不來了。只爲早晨採花，去與惜惜插戴，方得出門。到了冬日，幼謙思想惜惜不置。做成新詞兩首，要等蜚英來時，遞去與惜惜，詞名《一剪梅》。詞云：

同年同日又同窗，不似鸞凰，誰似鸞凰？石榴樹下事匆忙，驚散鴛鴦，拆散鴛鴦。

一年不到讀書堂，教不思量，怎不思量？朝朝暮暮只燒香，有分成雙，願早成雙。

寫詞已罷，等那蜚英不來，又做詩一首。詩云：

昔人一別恨悠悠，猶把梅花寄隴頭。

咫尺花開君不見，有人獨自對花愁。

詩畢，恰好蜚英到書房裏來採梅花。幼謙折了一枝梅花，同二詞、一詩，遞與他去。又密囑蜚英道：「此花正盛開，你可托折花爲名，遞個回信來。」蜚英應諾，帶了去與惜惜看了。惜惜只是偷垂淚眼。欲待依韻答他，因是年底，匆匆不曾做得，竟無回信。

到得開年，越州太守請幼謙的父親忠父去做記室。忠父就帶了幼謙去，自教他。去了兩年，方得歸家。惜惜知道了，因是兩年前不曾答得幼謙的信，密遣蜚英持一小篋子來贈他。【眉批】還債。幼謙收了，開篋來看，中有金錢十枚，相思子一粒。幼謙曉得是惜惜藏着謎謎：錢取團圓之象，相思子自不必說。心下大喜，對蜚英道：「多謝小娘子好情記念！何處再會得一會便好。」蜚英道：「姐姐又不出來，官人又進去不得，如何得會？只好傳消遞息罷了。」幼謙復作詩一首，與蜚英拿去做回柬。詩云：

一朝不見似三秋，真個三秋愁不愁？

金錢難買尊前笑，一粒相思死不休！

蜚英去後，幼謙將金錢繫在着肉的汗衫帶子上。想着惜惜時節，便解下來跌卦問卜，又當耍子。被他媽媽看見了，問幼謙道：「何處來此金錢？自幼不曾見你有的。」幼謙回母親道：「娘面前不敢隱情，實是與孩兒同學堂讀書的羅氏女近日所送。」張媽媽心中已解其意，想道：「兒子年已弱冠，正是成婚之期。他與羅氏女幼年同學堂，至今寄着物件往來，必是他兩情相愛。況且羅氏女在我家中，看他德容俱備，何不央人去求他爲子婦，可不兩全其美？」隔壁有個賣花楊老媽，久慣做媒，在張、羅兩家多走動。張媽媽就接他到家來，把此事對他説道：「家裏貧寒，本不敢攀他富室。但羅氏小娘子，自幼在我家，與小官人同窗，況且是同日生的，或者爲有這些緣分，不棄嫌，肯成就，也不見得。」楊老媽道：「孺人怎如此説？宅上雖然清淡些，到底是官宦人家。羅宅眼下富盛，却是個暴發。【眉批】如今人豈肯作如是觀。兩邊扯來相對，還虧着孺人宅上些哩。」張媽媽道：「有煩媽媽，委曲則個。」幼謙又私下叮囑楊老媽許多説話，教他見惜惜小娘子時，千萬致意。楊老媽多領諾去了，一徑到羅家來。

羅仁卿同媽媽問其來意。楊老媽道：「特來與小娘子作伐。」仁卿道：「是那一家？」楊老媽道：「説起來連小娘子吉帖都不消求，那小官人就是同年月日的。」【眉批】會説。仁卿道：「這等説起來，就是張忠父家了。」楊老媽道：「正是，且是好個小官人。」仁卿道：「他世代儒家，門第也好。只是家道艱難，靠着終年出去處館過日，有甚麽大長進處？」楊老媽道：「小官人聰俊非凡，必有好日。」仁卿道：「而今時勢，人家只論見前，後來的事那個包得？【眉批】俗見實是如此。小官人看來是好的，但功名須有命，知道怎麽？若他要來求我家女兒，除非會及第做官，便與他了。」楊老媽道：「依老媳婦看起來，只怕這個小官人這日子也有。」仁卿道：「果有這日子，我家決不失信。」羅媽媽也是一般説話。楊老媽道：「這等，老媳婦且把這話回覆張老孺人，教他小官人用心讀書，巴出身則個。」羅媽媽道：「正是，正是。」楊老媽道：「老媳婦也到小娘子房裏去走走。」羅媽媽道：「正好在小女房裏坐坐，吃茶去。」

楊老媽原在他家走熟的，不消引路，一直到惜惜房裏來。惜惜請楊老媽坐了，叫蜚英看茶。就問道：「媽媽何來？」楊老媽道：「專爲隔壁張家小官人求小娘子親事而來。小官人多多拜上小娘子，説道：『自小同窓，多時不見，無刻不想。』【眉批】不止同窓。今特教老身來到老員外、老安人處做媒，要小娘子怎生從中自做個主，是必要成。」惜惜道：「這個事須憑爹媽做主，我女兒家怎開得口？不知方纔爹媽説話何如？」楊老媽道：「方纔老員外與安人的意思嫌張家家事澹泊些，説道：『除非張小官人中了科名，纔許他。』」【眉批】猜得着。惜惜道：「張家哥哥這個日子倒有，只怕爹媽性急，等不得，失了他信。既有此話，有煩媽媽上覆他，叫他早自挣挫，我自一心一意守他這日罷了。」惜惜要楊老媽替他傳語，密地取兩個金指環送他道：「此後有甚説話，媽媽悄悄替他傳與我知道，當有厚謝。不要在爹媽面前説了。」

看官，你道這些老媽家是馬泊六的領袖，有甚麽解不出的意思？曉得兩邊説話多有情，就做不成媒，還好私下牽合他兩箇，賺主大錢。又且見了兩個金指環，一面堆下笑來道：「小娘子凡有所托，只在老身身上，不悮你事。」

出了羅家門，再到張家來回覆。把這些説話，一一與張媽媽説了。張幼謙聽得，便冷笑道：「登科及第，是男子漢分内事，何足爲難？【眉批】有志哉！這老婆穩取是我的了。」楊老媽道：「他家小娘子，也説道官人畢竟有這日，只怕爹媽等不得，或有變卦。他心裏只守着你，教你自要奮發。」張媽媽對兒子道：「這是好説話，不可負了他。」楊老媽又私下對幼謙道：「羅家小娘子，好生有情於官人，臨動身又分付老身道：『下次有説話，悄地替他傳傳。』送我兩個金指環。這個小娘子實是賢慧。」幼謙道：「他日有話相煩，是必不要推辭則個。」【眉批】肯送指環，即以爲賢慧矣。楊老媽道：「當得，當得。」當下别了去。

明年，張忠父在越州打發人歸家，説要同越州太守到京候差，恐怕幼謙在家失學，接了同去。幼謙只得做官是期不得的，女兒年紀一年大似一年，萬一如姜太公八十歲纔遇文王，那女兒不等做老婆婆了？又見張家只是遠出，料不成事。他那里管女兒心上的事？其時同里有個巨富之家，姓辛，兒子也是十八歲了。聞得羅家女子才色雙全，央媒求娉。羅仁卿見他家富盛，心裏喜歡。牛精常情。又且張家只來口説得一番，不曾受他一絲，不爲失約，那里還把來放在心上？一口許下了辛家，擇日行聘。又去了。不題。

却説羅仁卿主意，嫌張家貧窮，原不要許他的。這句「做官方許」的説話，是句没頭腦的話。

惜惜聞知這消息，只叫得苦。又不好對爹娘説得出心事，暗暗納悶。私下對蜚英這丫頭道：「我與張官人同日同窓誰不説是天生一對？我兩個自小情如姊妹，誼等夫妻。不止于誼矣。今日却叫我嫁着别個，這怎使得？不如早尋個死路，倒得乾浄。只是不曾會得張官人一面，放心不下。」蜚英道：「前日張官人也問我要會姐姐，我説没個計較，只得罷了。而今張官人不在家；就是在時，也不便相會。」惜惜道：「我到想上一計，可以相會，只等他來了便好。你可時常到外邊去打聽打聽。」蜚英謹記在心。

且説張幼謙京中回來得，又是一年。聞得羅惜惜已受了辛家之聘，不見惜惜有甚麽推托不肯的事，幼謙大恨道：「他父母是怪不得，難道惜惜就如此順從，並無説話！」【眉批】不見諒。一氣一個死。提起筆來，做詞一首。詞名《長相思》，云：

天有神，地有神，海誓山盟字字真，如今墨尚新。　過一春，又一春，不解金錢變作銀，如何忘却人？

寫畢了，放在袖中，急急走到楊老媽家裏來。楊老媽接進了，問道：「官人有何事見過？」幼謙道：「媽媽曉得羅家小娘子已許了人家麽？」楊老媽道：「也見説，却不是我做媒的。好個小娘子，好生注意官人，可惜錯過了！」幼謙道：「我不怪他父母，到怪那小娘子，如何憑父母許別人，不則一聲？」楊老媽道：「叫他女孩兒家怎好說得？他必定有個主意，不要錯怪了人。」幼謙道：「爲此，要媽媽去通他一聲。我有首小詞，問他口氣的，煩媽媽與我帶一帶去。」袖中摸出詞來，并越州太守所送贐禮一兩，轉送與楊老媽做脚步錢。楊老媽見了銀子，如蒼蠅見血，有甚事不肯做？欣然領命去了。把賣花爲由，竟到羅家，走進惜惜房中來。

惜惜接着，問道：「一向不見媽媽來走走。」楊老媽道：「一向無事，不敢上門。今張官人回來了，有話轉達，故此走來。」惜惜見説幼謙回了，道：「我正叫蜚英打聽，不知他已回來。」楊老媽道：「他見説小娘子許了辛家，好生不快活。有封書，托我送來小娘子看。」袖中摸出書來，遞與惜惜。惜惜嘆口氣，接了拆開，從頭至尾一看，却是一首詞。落下淚來道：「他錯怪了我也。」楊老媽道：「老身不識字，書上不知怎地説？」惜惜道：「他道我忘了他。豈知受聘多是我爹媽的意思，怎由得我來？」楊老媽道：「小娘子，你而今怎麽發付他？」【眉批】好個撮合山。惜惜道：「媽媽，你肯替張郎遞信，必定受張郎之托。我有句真心話，對你説不妨麽？」老媽道：「去年受了小娘子尊賜，至今絲毫不曾出得力，又且張官人相托，隨你分付，水裏水裏去，火裏火裏去。儘着老性命做得的，只管做去，決不敢洩漏半句話的。」惜惜道：「多感媽媽盛心。先要你去對張郎説明白我的心事。我只爲未曾面會得張郎，所以含忍至今。若得張郎當面一會，我就情願同張郎死在一處，決不嫁與別人，偷生在世間的。」老媽道：「你心事我好替你去説得，只是要會他，却不能勾。你家院宇深密，張官人又不會飛，我衣袖裏又袋他不下，如何弄得他來相會？」【眉批】忙中混話極肖婆子聲口。惜惜道：「我有一計，儘可使張郎來得。只求媽媽周全，十分穩便。」老媽道：「老身方纔説過了，但憑使喚。只要早定妙計，老身無不盡心。」惜惜道：「奴家卧房在這閣兒上，是我家中落末一層，與前面隔絕。閣下有一門，通後邊一個小圃。圃周圍有短墻，墻外便是荒地，通着外邊的了。墻内有四五株大山茶花樹，可以上得墻去的。煩媽媽相約張郎在墻外等。到夜來，我教丫頭打從樹枝上登墻，將個竹梯掛在墻外來。張郎從梯上上墻，也從山茶樹上下地，可以徑到我房中閣上了。媽媽可憐我兩人情重如山，替奴家備細傳與張郎則個。」走到房裏，摸出一錠銀子來，約有四五兩重，望楊老媽袖中就塞，道：「與媽媽將就買些點心吃。」楊老媽假意道：「未有功勞，怎麽當這樣重賞？只一件，若是不受，又恐怕小娘子反要疑心我未是一路，只得斗膽收了。」謝別了惜惜出來，一五一十，走來對張幼謙說了。

幼謙得了這個消息，巴不得立時間天黑將下來。張、羅兩家相去原不甚遠，幼謙日間先去把墻外路數看看。望進墻去，果然四五枝山茶花樹，透出墻外來。幼謙認定了，晚上只在這墻邊等候。等了多時，並不見墻裏有些些聲響，不要説甚麽竹梯不竹梯。等到後半夜，街鼓將動，方纔悶悶回來了。到第二晚、第三晚，又復如此。【眉批】難爲情。白白守了三個深夜，並無動静。想道：「難道要我不成？還是相約裏頭有甚麽説話參差了？不然，或是女孩兒家貪睡，忘記了，不知我外邊人守候之苦。」不免再央楊老媽去問個明白。又題一詩於紙云：

> 山茶花樹隔東風，何啻雲山萬萬重。
> 銷金帳暖貪春夢，人在月明風露中。

寫完，走到楊老媽家，央他遞去，就問失約之故。元來羅家爲惜惜能事，一應家務俱托他所管。那日央楊老媽約了幼謙，不想有個姨娘到來，要他支陪，自不必説。【眉批】不做美，姨娘前世寃家也。晚間送他房裏同宿，思在此。一些手脚做不得了。等得這日纔去，楊老媽恰好走來，遞他這詩。惜惜看了道：「張郎又錯怪了奴也。」對楊老媽道：「奴家因有姨娘在此房中宿，三夜不曾合眼，無半點空隙機會，非奴家失約。今姨娘已去，今夜點燈後，叫他來罷，決不悮期了。」楊老媽得了消息，走來回復張幼謙説：「三日不得機會説話，准期在今夜點燭後了。」

幼謙等到其時，踱到墻外去看。果然有一條竹梯，倚在墻邊。幼謙喜不自禁，躡了梯子，一步一步走上去。【眉批】何異登雲梯。到得墻頭上，只見山茶樹枝上有個黑影，吃了一驚。却是蜚英在此等候。咳嗽一聲，大家心照了。攀着樹枝，多掛了下去。蜚英引他到閣底下，惜惜也在了。就一同挽了手，登閣上來。燈下一看，俱覺長成得各別了。大家歡極，齊聲道：「也有這日相會也！」也不顧蜚英在面前，大家摟抱定了。蜚英會意，移燈到閣外來了。【眉批】好個湊趣丫頭！於時月光入室，兩人厮偎厮抱，竟到臥床上雲雨起來。

一別四年，相逢半霎。回想幼時滋味，渾如夢境歡娛。當時小陣爭鋒，今日全軍對壘。含苞微破，大創元有餘紅；玉莖頓雄，驟當不無半怯。只因爾我心中愛，拚却爹娘眼後身。

雲雨既散，各訴衷曲。幼謙道：「我與你歡樂，只是暫時，他日終須讓別人受用。」惜惜道：「哥哥兀自不知奴心事！奴自受聘之後，常拚一死。只爲未到得嫁期，且貪圖與哥哥落得歡會。若他日再把此身伴別人，犬家不如矣。直到臨時便見。」兩人唧唧噥噥，講了一夜的話。將到天明，惜惜叫幼謙起來，穿衣出去。幼謙問：「晚間事如何？」惜惜道：「我家中時常有事，未必夜夜方便。我把個暗號與你。我閣之西樓，墻外遠望可見。此後樓上若點起三個燈來，便將竹梯來度你進來；若望來只是一燈，就是來不得的了，不可在外邊癡等，似前番的樣子，枉吃了辛苦。亦是愛處。」如此約定而別。【眉批】暗號甚妙，皆惜惜能事處。幼謙仍舊上山茶樹躡竹梯而下。隨後蜚英就登墻抽了竹梯起來，真個神鬼不覺。

以後，幼謙只去遠望，但是樓西點了三個燈，就步至墻外來，只見竹梯早已安下了，即便進去歡會。如此，每每四五夜連宵行樂。若遇着不便，不過隔得夜把兒。往來一月有多，正在快暢之際，真是好事多磨：有個湖北大帥，慕張忠父之名，禮聘他爲書記。【眉批】此時似是冤家，到底却得其力。忠父辭了越州太守的館，回家收拾去赴約，就要帶了幼謙到彼鄉試。幼謙得了這個消息，心中捨不得惜惜，甚是煩惱，却違拗不得。只得將情告知惜惜，就與哭別。惜惜拿出好些金帛來，贈他做盤纏，哭對他道：「若是幸得未嫁，還好等你歸來再會。倘若你未歸之前，有了日子，逼我嫁人，我只是死在閣前井中，與你再結來世姻緣，今世無及，只當永別了。」哽哽咽咽，兩個哭了半夜。雖是交歡，終帶慘悽，不得如常盡興。臨別，惜惜執了幼謙的手，叮嚀道：「你勿忘恩情，覷個空便只是早歸來得一日也是好的。」幼謙道：「此不必分付。我若不爲鄉試，定尋個別話，推着不去了。今却有此便，須推不得。豈是我的心願？歸得便歸，早見得你一日也是快活。」相抱着多時，不忍分開，各含眼淚而別。

幼謙自隨父親到湖北去，一路上觸景傷心，自不必説。到了那邊，正值試期。幼謙癡心自想：「若奪得魁名，或者親事還可挽回得轉，也未可料。」儘着平生才學，做了文、賦。出場來，就對父親説道：「掉母親家裏不下，算計要回家。」忠父道：「怎不看了榜去？」幼謙道：「揭榜不中，有何顏面？況且母親家裏孤寂，早晚懸望。【眉批】於母恐未必惓惓如此。此處離家須是路遠，比不得越州時節，信息常通的。做兒的怎放心得下？那功名是外事，有分無分已前定了，看那榜何用？」纏了幾日，忠父方纔允了，放回家來。不則一日，到了家裏。

元來，辛家已揀定是年冬裏的日子，來娶羅惜惜了。惜惜心裏着急，日望幼謙到家，真是眼睛多望穿了。時時叫蜚英尋了頭由，到幼謙家裏打聽。此日，蜚英打聽得幼謙已回，忙來對惜惜説了。惜惜道：「你快去約了他，今夜必要相會。原仍前番的法兒進來就是。」又寫一首詞，封好了，一同拿去與他看。

蜚英領命，走到張家門首，正撞見了張幼謙。幼謙道：「好了，好了。我正走出來，要央楊老媽來通信，恰好你來了。」蜚英道：「我家姐姐盼官人不來，時常啼哭，日日叫我打聽。今得知官人到了，登時遣我來約官人，今夜照舊竹梯上進來相會。有一個柬帖在此。」幼謙拆開來，乃是一首《卜算子》詞。詞云：

幸得那人歸，怎便教來也？一日相思十二時，直是情難捨。　本是好姻緣，又怕姻緣假。若是教隨別個人，相見黄泉下。

幼謙讀罷詞，回他説：「曉得了。」蜚英自去，幼謙把詞來珍藏過了。

到得晚間，遠望樓西已有三燈明亮。急急走去墻外看，竹梯也在了。進去見了惜惜，惜惜如獲珍寶，雙手抱了，口裏埋怨道：「虧你下得！直到這時節纔歸來！而今已定下日子了，我與你就是無夜不會，也只得兩月多，有限的了。【眉批】有情人。當與你極盡歡娛而死，無所遺恨。你少年才俊，前程未可量。奴不敢把世俗兒女態强你同死。但日後對了新人，切勿忘我！」説罷，大哭。幼謙也哭道：「死則俱死，怎説這話？我一從别去，那日不想你？所以試畢不等揭曉就回。只爲不好違拗得父親，故遲了幾日。我認個不是罷了，不要怪我。蒙寄新詞，我當依韵和一首，以見我的心事。」取過惜惜的紙筆，寫道：

去時不由人，歸怎由人也？羅帶同心結到成，底事教拚捨？　心是十分真，情没些兒假。若道歸遲打掉篦，甘受三千下。

惜惜看了詞中之意，曉得他是出於無奈，也不怨他。同到羅幃之中，極其繾綣。俗語道：「新婚不如遠歸。」况且曉得會期有數，又是一刻千金之價，你貪我愛，儘着心性做事，不顧死活。

如是半月，幼謙有些膽怯了，對惜惜道：「我此番無夜不來，你又早睡晚起，覺得忒膽大了些。萬一有些風聲，被人知覺，怎麽了？」惜惜道：「我此身早晚拚是死的，且儘着快活。【眉批】真是拼得做得。就敗露了，也只是一死，怕他甚麽？」果然，惜惜忒放潑了些。羅媽媽見他日間做事有氣無力，長打呵欠，又有時早晨起來，眼睛紅腫的，心裏疑惑起來，道：「這丫頭有些改常了，莫不做下甚麽事來？」就留了心。

到人静後，悄悄到女兒房前察聽動静。只聽得女兒在閣上，低低微微與人説話。羅媽媽道：「可不作怪！這早晚難道還與蜚英這丫頭講甚麽話不成？」就講話，何消如此輕的聽不出落句來？」再仔細聽了一回，又聽得閣底下房裏打鼾響，一發驚異道：「上邊有人講話，下邊又有人睡下，可不是三個人了？」【眉批】却不道怎的。睡的若是蜚英丫頭，女兒却與那個説話？這事必然蹊蹺。」急走去對老兒説了這些緣故。羅仁卿大驚道：「吉期近了，不要做將出來。專爲此要做。」對媽媽道：「不必遲疑，竟闖上閣去一看，好歹立見。那閣上没處去的。」

媽媽去叫起兩個養娘，拿了兩燈火，同媽媽前走。【眉批】利害。仁卿執着捍棒押後，一徑到女兒房前來。見房内關得緊緊的，媽媽出聲叫蜚英丫頭。蜚英還睡着不應，閣上先聽見了。惜惜道：「娘來叫，必有甚家事。」幼謙慌張起來。惜惜道：「你不要慌，悄悄住着。待我迎將下去，夜晚間他不走起來的。」忙起來穿了衣服，一面走下樓來。張幼謙有些心虚，怕不尷尬，也把衣服穿起。却是没個走路，只得將就閃在暗處静聽。

惜惜只認做母親一個來問甚麽話的，道是迎住就罷了。豈知一開了門，兩燈火照得通紅，連父親也在，吃了一驚。正説不及話出來，只見母親抓了養娘手裏的火，父親帶着捍棒，望閣上直奔。【眉批】此時真正着急。惜惜見不是頭，情知事發，便走向閣外來，望井裏要跳。一個養娘見他走急，帶了火來照；一個養娘是空手的，見他做勢，連忙抱住道：「爲何如此？」便喊道：「姐姐在此投井！」蜚英驚醒，走起來看，只見姐姐正在那里苦掙，兩個養娘盡力抱住。蜚英走去伏在井欄上了，口裏哼道：「姐姐，使不得！」

「不説下邊鳥亂，且説羅仁卿夫妻走到閣上，暗處搜出一個人來。仁卿舉起捍棒，正待要打，媽媽將燈上前一照，仁卿却認得是張忠父的兒子幼謙。且歇了手，罵道：「小畜生，賊禽獸！你是我通家子侄，怎幹出這等没道理的勾當來，玷辱我家？」幼謙只得跪下道：「望伯伯恕小侄之罪，聽小侄告訴。小侄自小與令愛，只爲同日同窓，心中相契。前年曾着人相求爲婚，伯伯口許道：『等登第方可。』小侄爲此發憤讀書，指望完成好事。豈知宅上忽然另許了人家，故此令愛不忿，相招私合。【眉批】反罪其失信，亦無聊之極思。原約同死同生，今日事已敗露，令愛必死，小侄不願獨生，憑伯伯打死罷。」仁卿道：「前日此話固有，你幾時又曾登第了來？【眉批】仁卿語亦正。却怪我家另許人！你如此無行的禽獸，料也無功名之分。你罪非輕，自有官法，我也不私下打你。」一把扭住。媽媽聽見閣前嚷得慌，也恐怕女兒短見，忙忙催下了閣。

仁卿拖幼謙到外邊堂屋，把條索子綑住，關好在書房裏。叫家人看守着他，只等天明送官。自家復身進來看女兒時，只見擷得頭鬅髮亂，媽媽與養娘們還攙做了一團，在那里嚷。仁卿怒道：「這樣不成器的，等他死了罷！攔他何用？」舉起捍棒要打，却得媽媽與養娘們攙的攙，馱的馱，擁上閣去了。剩得仁卿一個在底下。擡頭一看，只見蜚英還在井欄邊。【眉批】悔氣撞着。仁卿一肚子惱怒，正無發洩處，一手揪住頭髮，拖將過來便打道：「多是你做了摔頭，牽出事來的！還不實説，是怎麽樣起頭的？」蜚英起初還推一向在閣下睡，不知就裏。被打不過，只得把來踪去迹，細細招了。【眉批】此話要緊。又説道：「姐姐與張官人時常哭泣，只求同死的。」仁卿見説了這話，喝退了蜚英，心裏也有些懊悔道：「前日便許了他，不見得如此。而今却有辛家在那裏，其事難處，不得不經官了。」

鬧嚷了大半夜，早已天明。【眉批】冷話。元來但是人家有事，覺得天也容易亮些。媽媽自和養娘窩伴住了女兒，不容他尋死路，仁卿却押了幼謙，一路到縣裏來。縣宰升堂，收了狀詞，看是奸情事，乃當下捉獲的，知是有據。又見狀中告他是秀才，就叫張幼謙上來問道：「你讀書知禮，如何做此敗壞風化之事？」幼謙道：「不敢瞞大人，這事有個委曲，非孟浪男女宣淫也。」【眉批】巧言。縣宰道：「有何委曲？」幼謙道：「小生與羅氏女同年月日所生，自幼羅家即送在家下讀書，又係同窓。情孚意洽，私立盟書，誓成偕老。後來曾央媒求聘，羅家回道：『必待登第，方許成婚。』小生隨父游學兩年歸家，誰知羅家不記前言，竟自另許了辛家。羅氏女自道難負前誓，只待臨嫁之日，拚着一死，以謝小生，所以約小生去覿面永訣。踪迹不密，却被擒獲。羅女强嫁必死，小生義不獨生。【眉批】詞甚强直。事既敗露，不敢逃罪。」

縣宰見他人材俊雅，言詞慷慨，有心要周全他。問羅仁卿道：「他説的是實否？」仁卿道：「話多實的，這事却是不該做。」縣宰要試他才思，取過紙筆來與他道：「你情既如此，口説無憑，可將前後事寫一供狀來我看。」幼謙當堂提筆，一揮而就。供云：

竊惟情之所鍾，正在吾輩；義之不歉，何恤人言？羅女生同月日，曾與共塾而作書生；幼謙契合金蘭，匪僅踰墻而摟處子。長卿之悦，不爲挑琴；宋玉之招，寧關好色？原許乘龍須及第，未曾經打毦毦；却教跨鳳别吹簫，忍使頓成怨曠。臨嫁而期永訣，何異十年不字之貞；赴約而願捐生，無忝千里相思之誼。既藩籬之已觸，總桎梏而自甘。【眉批】自責反自譽，東方朔之遺風。伏望憫此緣慳，巧賜續貂奇遇；憐其情至，曲施解網深仁。寒谷逢乍轉之春，死灰有復燃之色。施同種玉，報擬啣環。上供。

縣宰看了供詞，大加嘆賞。對羅仁卿道：「如此才人，足爲快婿。【眉批】好個縣宰！爾女已是覆水難收，何不宛轉成就了他？」羅仁卿道：「已受過辛氏之聘，小人如今也不得自由。亦是真話。」縣宰道：「辛氏知此風聲，也未必情願了。」

縣宰正待勸化羅仁卿，不想辛家知道，也來補狀，要追究奸情。那辛家是大富之家，與縣宰平日原有往來的。這事是他理直，不好曲拗得。又恐怕張幼謙出去，被他兩家氣頭上蠻打壞了。只得准了辛家狀詞，把張幼謙權且收監。還要提到羅氏，再審虚實。【眉批】真好縣宰！

却説張媽媽在家，早晨不見兒子來吃早飯。到書房裏尋他，却又不見。正不知那里去了。只見楊老媽走來，慌張道：「孺人知道麽？小官人被羅家捉奸，送在牢中去了。」【眉批】張媽媽一向在夢中。張媽媽大驚道：「怪道他連日有些失張失智，果然做出來！」楊老媽道：「羅、辛兩家都是富豪，只怕官府處難爲了小官人，怎生救他便好？」張媽媽道：「除非着人去對他父親説知，討個商量。我是婦人家，幹不得甚麽事，只好管他牢中送飯罷了。」張媽媽叫着一個走使的家人，寫了備細書一封，打發他到湖北去，通張忠父知道，商量尋個方便。家人星夜去了。【眉批】此着得力。

這邊張幼謙在牢中自想：「縣宰十分好意，或當保全。但不知那晚惜惜死活何如，只怕今生不能再會了。」正在思念流泪，那牢中人來索常例錢、油火錢。虧得縣宰曾分付過：「不許難爲他。」不致動手動脚。【眉批】也差得多了。却也言三語四，絮聒得不好聽。幼謙是個書生，又兼心緒不快時節，怎耐煩得這些模樣？分解不開之際，忽聽得牢門外一片鑼聲篩着，一夥人從門上直打進來，滿牢中多吃一驚。【眉批】天下快事，無過於此。

幼謙看那爲頭的，肩上掮着一面紅旗，旗上掛下銅鈴，上寫「帥府捷報」。亂嚷道：「那一位是張幼謙秀才？」衆人指着幼謙道：「這個便是。你們是做甚麽的？」那夥人不來分説，一擁將來，團團把幼謙圍住了，道：「我們是湖北帥府特來報秀才高捷的，快寫賞票。」就有個摸出紙筆來，拏住他手，「要寫五百貫」、「三百貫」的亂嘈。幼謙道：「且不要忙。拿出單來看，是何名次，寫賞未遲。」報的人道：「高哩！高哩！」取出一張紅單來，乃是第三名。幼謙道：「我是犯罪被禁之人，你如何不到我家裏報去，却在此獄中囉唣？知縣相公知道，須是不便。」【眉批】到此地位，連「犯罪」二字也説得響了。報的人道：「咱們到府上來，見説秀才在此。方纔也曾着人禀過知縣相公的。這是好事，知縣相公料不嗔怪。」幼謙道：「我身命未知如何，還要知縣相公做主。【眉批】好推法。我枉自寫賞何幹？」報的人只是亂嚷，牢中人從傍撮哄，把一個牢裏鬧做了一片。

只聽得喝道之聲，牢中人亂攛了去，喊道：「知縣相公來了。」須臾，縣宰笑嘻嘻的踱進牢來。見衆人尚擁住幼謙不放，縣宰喝道：「爲甚麽如此？」報的人道：「正要相公來。張秀才自道在牢中，不肯寫賞，要請相公做主。」縣宰笑道：「不必喧嚷。張秀才高中，本縣原有公費。賞錢五十貫文，在我庫上來領。」取過筆來，寫與他了。衆人嫌少，又添了十貫，然後散去。

縣宰請過張幼謙來，换了衣巾。施禮過，拱他到公廳上稱賀道：「恭喜高掇！」幼謙道：「小生蒙覆庇之恩，雖得僥倖，所犯愆尤，還仗大人保全。」縣宰道：「此纖芥之事，不必介懷。下官自當宛轉。」此時正出牌去拘羅惜惜出官對理未到，縣宰當廳就發個票下來，票上寫道：「張子新捷，鼓樂送歸；羅女免提，候申州定奪。」寫畢，就唤吏典取花紅鼓樂、馬匹伺候。縣宰敬幼謙酒三杯，上了花紅，送上了馬，鼓樂前導，送出縣門來。【眉批】快哉！正是：

昨日牢中囚犯，今朝馬上郎君。

風月場添彩色，氤氲使也歡欣。

却説幼謙迎到半路上，只見前面兩個公人，押着一乘女轎，正望着縣裏而來。轎中隱隱有哭聲。這邊領票的公人認得，知是羅惜惜在内，高叫道：「不要來了，張秀才高中，免提了。」就取出票來，與那邊的公人看。惜惜在轎中分明聽得，頂開轎簾窺看。只見張生氣昂昂、笑欣欣騎在馬上，到面前來，心中暗暗自樂。【眉批】惜惜此時之樂，不減於張。幼謙望去，見惜惜在轎中，曉得那晚不曾死，心中放下了一個大疙瘩。當下四目相視，悲喜交集。擡惜惜的轉了轎，正在幼謙馬的近邊，先先後後，一路同走，恰像新郎迎着新人轎的一般，單少的是轎上結彩。直到分路處，兩人各丢眼色而别。

幼謙回來，見了母親，拜過了。賞賜了迎送之人，俱各散訖。張媽媽道：「你做了不老成的事，幾把我老人家急死。若非有此番天救星，這事怎生了結？今日報事的打進來，還只道是官府門中人來嚷，慌得娘没躲處哩。直到後邊説得明白，方得放心。我説你在縣牢裏，他們一逕來了。却是縣間如何就肯放了你？」幼謙道：「孩兒不才，爲兒女私情，做下了事，連累母親受驚。虧得縣裏大人好意，原有周全婚姻之意，只碍着辛家不肯。而今僥倖有了這一步，縣裏大人十分歡喜，送孩兒回來。連羅氏女也免提了。孩兒痴心想着，不但可以免罪，或者還有些指望，也不見得。」媽媽道：「雖然知縣相公如此，却是聞得辛家恃富，不肯住手，要到上司陳告，恐怕對他不過。我起初曾着人到你父親處商量去了，不知有甚關節來否？」幼謙道：「這事且只看縣裏申文到州，州裏旨意如何，再作道理。【眉批】張生此時可以膽大了。娘且寬心。」須臾之間，鄰舍人家，多來叫喜，楊老媽也來了。母親歡喜，不在話下。

却説本州太守升堂，接得湖北帥使的書一封。拆開來看，却爲着張幼謙、羅氏事，托他周全。此書是張忠父得了家信，央求主人寫來的。總是就托忠父代筆，自然寫得十分懇切。那時帥府有權，太守不敢不盡心，只不知這件事的頭腦備細。正要等縣宰來時問他，恰好是日本縣申文也到。太守看過，方知就裏。又曉得張幼謙新中，一發要周全他了。只見辛家來告狀道：「張幼謙犯奸禁獄，本縣爲情擅放，不行究罪，實爲枉法。」太守叫辛某上來，曉諭他道：「據你所告，那羅氏已是失行之婦，你争他何用？就斷與你家了，你要了這媳婦，也壞了聲名。何不追還了你原聘的財禮，另娶了一房好的，毫無瑕玷，可不是好？【眉批】雖爲張生，實是正理。你須不比羅家，原是乾净的門户，何苦争此閒氣？」辛某聽太守説得有理，一時没得回答，叩頭道：「但憑相公做主。」太守即時叫吏典取紙筆與他，要他寫了「情願休羅家親事」一紙狀詞。周到。行移本縣，在羅仁卿名下追辛家這項聘財還他。辛家見太守處分，不敢生詞説，叩頭而出。

太守當下密寫一書，釘封在文移中，與縣宰道：

張、羅佳偶也。茂宰可爲了此一段姻緣。此奉帥府處分，毋忽。」縣宰接了州間文移，又看了這書。具兩個名帖，先差一個吏典去請羅仁卿公廳相見，又差一個吏典去請張幼謙。分頭去了。

羅仁卿是個白身富翁，見縣官具帖相請，敢不急赴？即忙換了小帽，穿了大擺褶子，來到公廳。縣宰只要完成好事，優禮相待，對他道：「張幼謙是個快婿，本縣前日曾勸足下納了他。今已得成名，若依我處分，誠是美事。」羅仁卿道：「相公分付，小人怎敢有違？只是已許下辛家，辛家斷然要娶，小人將何辭回得他？有此兩難，乞相公台鑒。」縣宰道：「只要足下相允，辛家已不必慮。」笑嘻嘻的，叫吏典在州裏文移中取出辛家那紙休親的狀來，把與羅仁卿看。縣宰道：「辛家已如此，而今可以賀足下得佳婿矣。」【眉批】真好縣宰，然而此時不爲奇也。仁卿沉吟道：「辛家如何就肯寫這一紙？」縣宰笑道：「足下不知，此皆州守大人主意，教他寫了，以便令婿完姻的。」就在袖裏摸出太守書來，與仁卿看了。仁卿見州、縣如此爲他，怎敢推辭？只得謝道：「兒女小事，勞煩各位相公費心，敢不從命？」只見張幼謙也請到了。縣宰接見，笑道：「適纔令岳親口許下親事了。」就把密書并辛氏休狀，與幼謙看過，説知備細。幼謙喜出望外，稱謝不已。縣宰就叫幼謙當堂拜認了丈人，羅仁卿心下也自喜歡。縣宰邀進後堂，治酒待他翁婿兩人。羅仁卿謙遜不敢與席，縣宰道：「有令婿面上，一坐何妨？」當下盡歡而散。

幼謙回去，把父親求得湖北帥府關節，托太守，太守又把縣宰如此如此，備細説一遍，張媽媽不勝之喜。【眉批】原僥倖。那羅仁卿吃了知縣相公的酒，身子也輕了好些，曉得是張幼謙面上帶挈的，一發敬重女婿。羅媽媽一向護短女兒，又見仁卿説州、縣如此做主，又是個新得中的女婿，得意自不必説。次日是黄道吉日，就着楊老媽爲媒，説不捨得放女兒出門，把張幼謙贅了過來。洞房花燭之夜，兩新人原是舊相知，又多是吃驚吃嚇，哭哭啼啼，死邊過的，竟得團圓，其樂不可名狀。

成親後，夫婦同到張家拜見媽媽。媽媽看見佳兒、佳婦，十分美滿。又分付道：「州、縣相公之恩，不可有忘。既已成親，須去拜謝。」幼謙道：「孩兒正欲如此。」遂留下惜惜，在家相伴婆婆閒話。張媽媽從幼認得媳婦的，愈加親熱。幼謙却去拜謝了州、縣。歸來，州、縣各遣人送禮致賀。打發了畢，仍舊一同到丈人家裏來了。

明年，幼謙上春官，一舉登第，仕至別駕，夫妻偕老而終。詩曰：

漫説囹圄是福堂，誰知在内報新郎。
不是一番寒徹骨，怎得梅花撲鼻香？

卷三十

王大使威行部下　李衆軍寃報生前

詩云：

寃業相報，自古有之。
一作一受，天地無私。
殺人還殺，白刃何疑？
有如不信，聽取談資。

話説天地間最重的是生命。佛説戒殺，還説殺一物要填還一命，何况同是生人，欺心故殺，豈得不報？所以律法上最嚴殺人償命之條。漢高祖除秦苛法，止留下三章，尚且頭一句就是「殺人者死」，可見殺人罪極重。但陽世間不曾敗露，無人知道，那里正得許多法？儘有漏了網的。却不那死的人，落得一死了？所以就有陰報。那陰報事也儘多，却是在幽冥地府之中，雖是分毫不爽，無人看見。就有人死而復甦，傳説得出來，那口强心狠的人，只認做説的是夢話，自己不曾經見，那里肯个个聽？却有一等，即在陽間，受着再生寃家現世花報的，事迹顯著，明載史傳，難道也不足信，還要口强心狠哩？

在下而今不説那彭生驚齊襄公，趙王如意趕吕太后，竇嬰、灌夫鞭田蚡，這還是道「時衰鬼弄人」，又道是

「疑心生暗鬼」，未必不是陽命將絶，自家心上的事發，眼花撩花上頭起來的。只説些明明白白的現世報，但是報法有不同。看官不嫌絮煩，聽小子多説一兩件，然後入正話。

一件是《唐逸史》上説的：長安城南，曾有僧日中求齋。偶見桑樹上有一女子，在那里採桑，合掌問道：「女菩薩，此間側近何處有信心檀越，可化得一齋的麽？」女子用手指道：「去此三四里，有個王家，見在設齋之際，見和尚來到，必然喜捨，可速去。」僧隨他所指處前往，果見一群僧，正要就坐吃齋。此僧來得恰好，甚是喜歡。齋罷，王家翁姥見他來得及時，問道：「師父像個遠來的，誰指引到此？」僧道：「三四里外，有一個小娘子在那里採桑，是他教導我的。」翁姥大驚道：「我這里設齋，並不曾傳將開去，三四里外女子，從何知道？必是個未卜先知的異人，非凡女也。」對僧道：「且煩師父與某等同往，訪這女子則個。」翁姥就同了此僧，到了那邊。那女子還在桑樹上，一見了王家翁媽，即便跳下樹來，連桑藍丢下了，望前極力奔走。僧人自去了，翁姥隨後趕來。女子走到家，自進去了。王翁認得這家，是村人盧叔倫家裏，也走進來。女子跑進到房裏，掇張床來抵住了門，牢不可開。盧母驚怪他兩個老人家趕着女兒，問道：「爲甚麽？」王翁、王母道：「某今日家内設齋，落末有個遠方僧來投齋，説是小娘子指引他的。某家做此功德，並不曾對人説，不知小娘子如何知道，故來問一聲，並無甚麽别故。」盧母見説道：「這等，打甚麽緊？老身去叫他出來。」就走去敲門，叫女兒。女兒堅不肯出。盧母大怒道：「這是怎的起？這小奴才作怪了！」女子在房内回言道：「我自不願見這兩個老貨，也没甚麽罪過。」盧母道：「鄰里翁婆看你，有甚不好意思？爲何躲着不出？」王翁、王姥見他躲避得緊，一發疑心，道：「必有奇異之處。」在門外着實懇求，必要一見。女子在房内大喝道：「某年月日，有販胡羊的父子三人，今在何處？」【眉批】前之訪，此之求見，皆業使之也。王翁、王姥聽見説了這句，大驚失色，急急走出，不敢回頭一看，恨不得多生兩隻脚飛也似的去了。女子方開出門來。盧母問道：「適纔的話，是怎麽説？」女子道：「好叫母親得知，兒再世前曾販羊，從夏州來，到此翁姥家裏投宿。父子三人，盡被他謀死了。劫了資貨，在家裏受用。兒前生寃氣不散，就投他家做了兒子，聰明過人。他兩人愛同珍寶，十五歲害病，二十歲死了。他家裏前後用過醫藥之費，已比劫得的多過數倍了。又每年到了亡日，設了齋供，夫妻啼哭，總算他眼淚也出了三石多了。【眉批】可畏哉！爲惡豈有益乎？兒今雖生在此處，却多記得前事。偶然見僧化飯，所以指點他。這兩個是宿世寃仇，我還要見他怎麽？方纔提破他心頭舊事，吃這一驚不小，回去即死，債也完了。」盧母驚異，打聽王翁夫妻，果然到得家裏，雖不知這些清頭，曉得寃債不了，驚悸恍惚成病，不多時兩個多死了。看官，你道這女兒三生，一生被害，一生索債，一生証明討命，可不利害麽？略聽小子胡謅一首詩：

採桑女子實堪奇，記得爲兒索債時。
導引僧家來乞食，分明追取赴陰司。

這是三生的了，再説個兩世的，死過了，鬼來報寃的。這一件在宋《夷堅志》上，説吴江縣二十里外因瀆村，有個富人吴澤，曾做個將仕郎，叫做吴將仕。生有一子，小字雲郎。自小即聰明勤學，應進士第，預待補籍，父母望他指日峥嶸。紹興五年八月，一病而亡。父母痛如刀割，竭盡資財，替他追薦超度，費了若干東西。心裏只是苦痛，思念不已。明年冬，將仕有個兄弟，做助教的，名滋，要到洞庭東山妻家去。未到數里，暴風打船，船行不得，暫泊在福善王廟下。躲過風勢，登岸閒步。望廟門半掩，只見廟内一人，着皂綈背子，緩步而出，却像雲郎。助教走上前，仔細一看，元來正是他，吃了一大驚。明知是鬼魂，却對他道：「你父母曉夜思量你，不知賠了多少眼淚，要會你一面不能勾。你却爲何在此？」雲郎道：「兒爲一事，拘繫在此，留連証對，况味極苦。叔叔可爲我致此意于二親。若要相見，須親自到這里來乃可，我却去不得。」嘆息數聲而去。助教得此消息，不到妻家去了。急還家來，對兄嫂説知此事。三個人大家慟哭了一番，就下了助教這隻原船，三人同到廟前來。只見雲郎已立在水邊，見了父母，奔到面前哭拜，具述幽冥中苦惱之狀。【眉批】真正有冤。父母正要問他詳細，説自家思念他的苦楚，只見雲郎忽然變了面孔，挺竪雙眉，捽住父衣，大呼道：「你陷我性命，盜我金帛，使我啣冤茹痛四五十年。雖曾費耗過好些錢，性命却要還我。今日决不饒你！」説罷，便兩相擊搏，滾入水中。助教慌了，喝叫僕從及船上人，多跳下水去撈救。那太湖邊人多是會水的，救得上岸，還見將仕指手劃脚，揮拳相争，到夜方定。助教不知甚麽緣故，却聽得適纔的説話，分明曉得定然有些蹊蹺的陰事。來問將仕，將仕蹙着眉頭道：「昔日壬午年間，虜騎破城。一個少年子弟相投寄宿，所賫囊金甚多。吾心貪其所有，數月之後，乘醉殺死，盡取其貲。自念冤債在身，從壯至老，心中長懷不安。【眉批】曉得不安，何苦爲此。此兒生于壬午，定是他冤魂再世。今日之報，已顯然了。」自此憂悶不食，十餘日而死。這個兒子，只是兩生，一生被害，一生討債，却就做了鬼來討命，比前少了一番，又直捷些。再聽小子胡謅一首詩：

冤魂投托原財耗，落得悲傷作利錢。
兒女死亡何用哭，須知作業在生前。

這兩件希奇些的説過，至于那本身受害，即時做鬼取命的，就是年初一起説到年晚除夜，也説不盡許多。小子要説正話，不得工夫了。説話的，爲何還有一個正話？看官，小子先前説這兩個，多是一世再世，心裏牢牢記得前生，以此報了冤仇，還不希罕。又有一個再世轉來，並不知前生甚麽的，遇着各别道路的一個人，没些意思，定要殺他，誰知是前世冤家做定的，天理自然果報，人多猜不出來。報的更爲直捷，事兒更爲奇幻。聽小子表白來。

這本話，却在唐朝貞元年間。有一個河朔李生，從少時膂力過人，恃氣好俠，不拘細行。常與這些輕薄少年，成群作隊，馳馬試劍黑夜裏往來太行山道上，不知做些甚麽不明不白的事。可想而知。【眉批】案在此矣。後來，家事忽然好了，盡改前非，折節讀書，頗善詩歌，有名於時，做了好人了。累官河朔，後至深州録事衆軍。李生美風儀，善談笑，曲曉吏事，又且廉謹明幹，甚爲深州太守所知重。至於擊、鞠、彈棋、博奕諸戲，無不曲盡其妙。又飲量儘大，酒德又好，凡是宴會酒席，没有了他，一坐多没興。太守喜歡他，真是時刻少不得的。

其時，成德軍節度使王武俊，自恃曾爲朝廷出力，與李抱真同破朱滔，功勞甚大，又兼兵精馬壯，强横無比，不顧法度。屬下州郡太守，個個懼怕他威令，心膽俱驚。其子士真，就受武俊之節，官拜副大使。少年驕縱，倚着父親威勢，也是個殺人不眨眼的魔君。一日，武俊遣他巡行屬郡，真個是：

轟天嚇地，掣電奔雷。喝水成冰，驅山開路。川岳爲之震動，草木盡是披靡。深林虎豹也潛形，村舍犬鷄都不樂。

別郡已過，將次到深州來。太守畏懼武俊，正要奉承得士真歡喜，好效殷勤，預先打聽他前邊所經過喜怒行徑詳悉。聞得別郡多因陪宴的言語舉動，每每觸犯忌諱，不善承顔順旨，以致不樂。【眉批】豈知此間，陪宴的不樂更甚耶。太守於是大具牛酒，精治殽饌，廣備聲樂。妻孥手自烹庖，太守躬親陳設，百樣整齊，只等副大使來。只見前驅探馬來報：「副大使頭踏到了。」但見：

旌旗蔽日，鼓樂喧天。開山斧閃鑠生光，還帶殺人之血；流星鎚蓓蕾出色，猶聞磕腦之腥。鐵鍊響琅璫，只等悔氣人衝節過；銅鈴聲雜沓，更無拚死漢逆前來。蹂躪得地上草不生，蒿惱得夢中魂也怕。

士真既到，太守郊迎過，請在極大的一所公館裏安歇了。登時酒筵、嗄程、禮物，擡將過來。太守恐怕有人觸犯，只是自家一人，小心陪侍。一應僚吏賓客，一個也不召來與席。士真見他酒殽豐美，禮物隆重，又且太守謙恭謹慎，再無一個雜客敢輕到面前，心中大喜。道是經過的各郡，再没有到得這郡齊整謹飭了。

飲酒至夜。士真雖然威嚴，却是年紀未多，興趣頗高。飲了半日酒，止得一個太守在面前唯諾趨承，心中雖是喜歡，覺得没些韵味。【眉批】原乏趣致。對太守道：「幸蒙使君雅意，相待如此之厚，欲盡歡于今夕。只是我兩人對酌，覺得少些高興。【眉批】暴戾人亦知酒中趣。再得一兩個人同酌，助一助酒興爲妙。」大守道：「敝郡偏僻，實少名流。况兼懼副大使之威，恐忤尊旨，豈敢以他客奉陪宴席？」士真道：「飲酒作樂，何所妨碍？况如此名郡，豈無嘉賓？願得召來，幫我們鼓一鼓興，可以盡歡。不然，酒伴寂寥，雖是盛筵，也覺吃不暢些。」【眉批】請了别人，反未必惹事。太守見他説得在行，想道：「别人鹵莽不濟事。難得他恁地喜歡、高興，不要請個人不凑趣，弄出事來。只有李糸軍風流藴藉，且是謹慎，又會言談戲藝，酒量又好。除非是他，方可中意，我也放得心下。第二個就使不得了。」想了一回，方對士真説道：「此間實少韵人，可以佐副大使酒政，止有録事糸軍李某，飲量頗洪，興致亦好，且其人善能恢諧談笑，廣曉技藝，或者可以賜他侍坐，以助副大使雅興萬一。不知可否？未敢自專，仰祈尊裁。」士真道：「使君所舉，必是妙人。召他來看。」太守呼唤從人：「速請李糸軍來。」

看官，若是説話的人，那時也在深州地方，與李糸軍一塊兒住着，又有個未卜先知之法，自然攔腰抱住，劈胸揪着，勸他不吃得這樣吕太后筵席也罷，叫他不要來了。只因李生聞召，雖是自覺有些精神恍惚，却是副大使的鈞旨，本郡太守命令，召他同席，明白是擡舉他，怎敢不來？誰知此一去，却似：

猪羊入屠户之家，一步步來尋死路。

説話的，你差了。無非叫他去幫吃杯酒兒，是個在行的人，難道有甚麽言語冲撞了他，闖出禍來不成？看官，你聽：若是冲撞了他，惹出禍來，這是本等的事，何足爲奇？只爲不曾説一句，白白的就送了性命，所以可笑。且待我接上前因，便見分曉。

那時，李絫軍隨命而來，登了堂，望着士真就拜。拜罷，擡起頭來。士真一看，便勃然大怒。【眉批】突如其來如。既召了來，免不得賜他坐了。李絫軍勉强坐下，心中悚懼，狀貌益加恭謹。士真越看越不快活起來。看他揎拳裸袖，兩眼睁得銅鈴也似，一些笑顔也没有，一句閒話也不説，却像個怒氣填胸尋事發作的一般。比先前竟似换了一個人了。太守慌得無所措手足，且又不知所謂，只得偷眼來看李絫軍。但見李絫軍面如土色，冷汗淋漓，身體顫抖抖的坐不住，連手裏拿的杯盤也只是戰，幾乎掉下地來。【眉批】兩人光景俱好看，忒難爲太守一人。太守恨不得身子替了李絫軍，説着句把話，發個甚麽喜歡出來便好。争奈一個似鬼使神差，一個似失魂落魄。李絫軍平日枉自許多風流俏倬，談笑科分，竟不知撩在爪哇國那里去了？【眉批】好形容。比那泥塑木雕的，多得一味抖。連滿堂伏侍的人，都慌得來没頭没腦，不敢説一句話。只冷眼瞧他兩個光景。只見不多幾時，士真像個忍耐不住的模樣，忽地叫一聲：「左右那里？」左右一夥人，暴雷也似答應了一聲。「喏！」士真分付：「把李絫軍拿下！」左右就在席上如鷹拿雁雀，揪了下來聽令。士真道：「且收郡獄。」左右即牽了李絫軍衣袂，付在獄中，來回話了。【眉批】何以今時不即殺之？蓋因果未爲人知也。士真冷笑了兩聲，仍舊歡喜起來，照前發興吃酒。他也不説出甚麽緣故來，太守也不敢輕問，戰戰兢兢陪他。酒散，早已天曉了。

太守只這一出，被他驚壞，又恐怕因此惹惱了他，連自家身子立不勾。却又不見得李絫軍觸惱他一些處，正是不知一個頭腦。【眉批】正此爲奇。叫着左右伏侍的人，逐個盤問道：「你們傍觀仔細，曾看出甚麽破綻麽？」左右道：「李絫軍自不曾開一句口，在那里觸犯了來？因是衆人多疑心這個緣故，却又不知李絫軍如何便這般驚恐，連身子多主張不住，只是個顫抖抖的。」太守道：「既是這等，除非去問李絫軍，他自家或者曉得甚麽冲撞他處，故此先慌了，也不見得。」

太守説罷，密地叫個心腹的祗候人，去到獄中傳太守的説話。問李參軍道：「昨日的事，參軍貌甚恭謹，且不曾出一句話，原没處觸犯了副大使。副大使爲何如此發怒，又且繫參軍在獄，參軍自家可曉得甚麽緣故麽？」李參軍只是哭泣，把頭摇了又摇，只不肯説甚麽出來。祗候人又道是奇怪，只得去告訴太守道：「李參軍不肯説話，只是一味哭。」太守一發疑心了，道：「他平日何等一個精細爽利的人，今日爲何却失張失智到此地位？真是難解！」只得自己走進獄中來問他。他見了太守，想着平日知重之恩，越哭得悲切起來。太守忙問其故。李參軍沉吟了半晌，嘆了一口氣，纔拭眼淚説道：「多感君侯惓惓垂問，某有心事，今不敢隱。曾聞釋家有現世果報，向道是惑人的説話，今日方知此話不虚了。」太守道：「怎見得？」李參軍道：「君侯不要驚怪，某敢盡情相告：某自少貧，無以自資衣食。因恃有幾分膂力，好與俠士劍客往來，每每掠奪里人的財帛，以充己用。時常馳馬腰弓，往還太行道上。每日走過百來里路，遇着單身客人，便劫了財物歸家。一日遇着一個少年，手執皮鞭，趕着一個駿騾，騾背負着兩個大袋。某見他沉重，隨了他一路走去。到一個山坳之處，左右巖崖萬仞。彼時日色將晚，前無行人。就把他盡力一推，推落崖下，不知死活。因急趕了他這頭駿騾，到了下處，解開囊來一看，内有繒綵百餘匹。自此，家事得以稍贍。自念所行非誼，因折弓棄矢，閉門讀書，再不敢爲非。遂出仕至此官位。【眉批】也算回頭早的，然猶寃業不散，况不回頭者乎。從那時算至今歲，凡二十七年了。昨蒙君侯台旨，召侍王公之宴。初召時就有些心驚肉顫，不知其由。自料道決無他事，不敢推辭。及到席間，燈下一見王公之貌，正是我向時推在崖下的少年，相貌一毫不異。一拜之後，心中悚惕，魂魄俱無。曉得寃業見在面前了，自然死在目下，只消延頸待刃，還有甚别的説話來？幸得君侯知我甚深，不敢自諱。而今再無可逃，敢以身後爲托，不使吾暴露屍骸足矣。」言畢大哭。太守也不覺慘然。欲要救解，又無門路。又想道：「既是有此冤業，恐怕到底難逃。」似信不信的，且看怎麽。

太守叫人悄地打聽，副大使起身了來報，再伺候有甚麽動静，快來回話。太守懷着一肚子鬼胎，正不知葫蘆裏賣出甚麽藥來。還替李喿軍希冀道：「或者酒醒起來，忘記了便好。」【眉批】爱李生之念。須臾之間，報説：「副大使睡醒了，即叫了左右進去，不知有何分付。」【眉批】李生應得之報，急殺這個太守。太守叫再去探聽。只見士真剛起身來，便問道：「昨夜李某，今在何處？」左右道：「蒙副大使發在郡獄。」士真便怒道：「這賊還在？快梟他首來！」左右不敢稽遲，來禀太守。早已有探事的人飛報過了。太守大驚失色，嘆道：「雖是他冤業，却是我昨日不合舉薦出來，害了他也。」好生不忍。没計奈何，只得任憑左右到獄中斬了李喿軍之首。正是：

閻王注定三更死，並不留人到四更。

眼見得李喿軍做了一世名流，今日死于非命。左右取了李喿軍之頭，來士真跟前獻上取驗。士真反覆把他的頭看了又看，哈哈大笑，喝叫：「拿了去！」【眉批】雖爲冤報，然而唐藩鎮之横極矣。

士真梳洗已畢，太守進來喿見，心裏雖有此事恍惚，却妝做個不以爲意的坦然模樣，又請他到自家郡齋赴宴。逢迎之禮，一發小心了。士真大喜，比昨日之情，更加欵洽。太守幾番要問他，囁嚅數次，不敢輕易開口。直到見他歡喜頭上，太守先起請罪道：「有句説話，斗膽要請教副大使。副大使恕某之罪，不嫌唐突，方敢啟口。」士真道：「使君相待甚厚，我與使君相與甚歡，有話盡情直説，不必拘忌。」太守道：「某本不才，幸得備員，叨守一郡。副大使車駕枉臨，下察弊政，寬不加罪，恩同天地了。昨日副大使酒間，命某召他客助飲。某屬郡僻小，實無佳賓，可以奉歡宴者。某愚不揣事，私道李某善能飲酒，故請命召之。不想李某愚戇，不習禮法，觸忤了副大使，實係某之大罪。今副大使既已誅了李某，李某已伏其罪，不必説了。但某心愚鄙，竊有所未曉，敢此上問：不知李某罪起於何處？【眉批】太守能。願得副大使明白數他的過誤，使某心下洞然，且用誡將來之人，曉得奉上的禮法，不致舛錯。實爲萬幸。」士真笑道：「李某也無罪過。但吾一見了他，便忿然激動吾心，就有殺之之意。今既殺了，心方釋然。連吾也不知所以然的緣故。使君但放心吃酒罷，再不必提起他了。」宴罷，士真歡然致謝而行，又到別郡去了。來這一番，單單只結果得一個李叅軍。

太守得他去了，如釋重負，背上也輕鬆了好些。只可惜無端害了李叅軍，没處説得苦。太守記着獄中之言，密地訪問王士真的年紀，恰恰正是二十七歲。【眉批】可畏。方知太行山少年被殺之年，士真已生於王家了。真是寃家路窄，今日一命討了一命。那心上事，只有李叅軍知道。連討命的做了事，也不省得，不要説傍看的人，那里得知這些緣故？太守嗟嘆怪異，坐卧不安了幾日。因念他平日交契的分上，又是舉他陪客，致害了他，只得自出家財，厚葬了李叅軍。常把此段因果勸人，教人不可行不義之事。有詩爲証：

> 寃債原從隔世深，相逢便起殺人心。
> 改頭換面猶相報，何况容顔儼在今！

何道士因术
成奸

卷三十一

何道士因術成奸　周經歷因奸破賊

詩云：

天命從來自有真，豈容奸術恣紛紜？
黄巾張角徒生亂，大寶何曾到彼人？

話説唐乾符年間，上黨銅鞮縣山村有個樵夫，姓侯，名元，家道貧窮，靠着賣柴爲業。己亥歲，在縣西北山中採樵回來，歇力在一個谷口。傍有一大石巋然，像幾間屋大。侯元對了大石自言自語道：「我命中直如此辛苦！」嘆息聲未絶，忽見大石砉然豁開如洞。中有一老叟，羽衣烏帽，鬚髮如霜，拄杖而出。侯元驚愕，急起前拜。老叟道：「吾神君也。你爲何如此自苦？學吾法，自能取富。可隨我來。」老叟復走入洞，侯元隨他走去。走得數十步，廓然清朗，一路奇花異草，脩竹喬松。又有碧檻朱門，重樓復榭。老叟引了侯元，到别院小亭子坐了。兩個童子請他進食。食畢，復請他到便室，具湯沐浴，進新衣一襲。又命他冠帶了，復引至亭上。老叟命僮設席于地，令侯元跪了。老叟授以秘訣數萬言，多是變化隱秘之術。侯元素性蠢戇，到此一聽不忘。老叟誡他道：「你有些小福分，該在我至法中進身。却是面有敗氣未除，也要謹慎。若圖謀不軌，禍必喪生。今且歸去習法。如欲見吾，但至心叩石，自當有人應門，與你相見。」【眉批】知其無成，何爲傳之以法？

豈有緣而數復不可疑乎。元因拜謝而出。老叟仍令一童送出洞門。既出來了，不見了洞穴，依舊是塊大石，連樵採家火多不見了。

到得家裏，父母兄弟多驚喜道：「去了一年多，道是死于虎狼了，幸喜得還在。」其實，侯元只在洞中得一日。家裏又見他服裝華潔，神氣飛揚，只管盤問他。他曉得瞞不得，一一説了。遂入静室中，把老叟所傳術法，盡行習熟。不上一月，其術已成：變化百物，役召鬼魅，遇着草木土石，念念有詞，便多是步騎甲兵。神通既已廣大，傳將出去，便自有人來扶從。於是收好些鄉里少年勇悍的爲將卒，出入陳旌旗，鳴鼓吹，宛然像個小國諸侯，自稱曰：「賢聖。」設立官爵，有三老、左右弼、左右將軍等號。每到初一、十五，即盛飾往謁神君。【眉批】不反不能矣。神君每見必戒道：「切勿稱兵。若必欲舉事，須待天應。」侯元唯唯。

到庚子歲，聚兵已有數千人了。縣中恐怕妖術生變，乃申文到上黨節度使高公處，説他行徑。高公令潞州郡將以兵討之。侯元已知其事，即到神君處問事宜。神君道：「吾向已説過，但當偃旗息鼓以應之。彼見我不與他敵，必不亂攻。切記不可交戰。」侯元口雖應着，心裏不伏，想道：「出我奇術，制之有餘。且此是頭一番小敵，若不能當抵，後有大敵來，將若之何？且衆人見吾怯弱，必不伏我，何以立威？」歸來不用其言，戒令黨與勒兵以待。是夜，潞兵離元所三十里，據險扎營。侯元用了術法，潞兵望來，步騎戈甲，蔽滿山澤，儘有些膽怯。明日，潞兵結了方陣前來。侯元領了千餘人，直突其陣，鋭不可當。潞兵少却。侯元自恃法術，以爲無敵，且叫：「拿酒來吃，以壯軍威。」誰知手下之人，多是不習戰陣烏合之人，毫無紀律。侯元一個吃酒，大家多亂攛起來。潞兵乘亂，大隊趕來。多四散落荒而走，剛剩得侯元一個，帶了酒性急念不出呪語，被擒住了。送至上黨，發在潞州府獄，重枷枷着，團團嚴兵衛守。

天明看枷中，只有燈臺一個，已不見了侯元。却連夜遁到銅鞮，徑到大石邊見神君謝罪。神君大怒，駡道：「庸奴不聽吾言，今日雖然幸免，到底難逃刑戮，非吾徒也！」拂衣而入，洞門已閉，止是塊大石。【眉批】猶可及也。侯元悔之無及，虔心再叩，竟不開了。自此，侯元心中所曉符呪，漸漸遺忘。就記得的，做來也不十分靈了。却是先前相從這些黨與，不知緣故，聚着不散，還推他爲主。自恃其衆，是秋率領了人，在并州大谷地方劫掠。也是數該滅了，恰好并州將校，偶然領了兵馬經過。知道了，圍之數重。侯元極了，施符念呪，一毫不靈，被斬于陣。黨與遂散。不聽神君說話，果然没個收場。

可見悖叛之事，天道所忌。若是得了道術，輔佐朝廷，如張留侯、陸信州之類，自然建功立業，傳名後世。若是萌了私意，打點起兵謀反，不曾見有妖術成功的。從來張角、徵側、徵貳、孫恩、盧循等，非不也是天賜的兵書法術，畢竟敗亡。所以《平妖傳》上也說道「白猿洞天書後邊深戒着謀反一事」的話。就如侯元，若依得神君分付，後來必定有好處，都是自家弄殺了。事體本如此明白，不知這些無主意的愚人，住此清平世界，還要從着白蓮教，到處哨聚倡亂，死而無怨，却是爲何？而今說一個得了妖書，倡亂被殺的，與看官聽一聽。有詩爲証：

早通武藝殺親夫，反獲天書起異圖。
擾亂青州旋被戮，福兮禍伏理難誣。

話說國朝永樂中，山東青州府萊陽縣，有個婦人，姓唐，名賽兒。其母少時，夢神人捧一金盒，盒內有靈藥一顆，令母吞之。遂有娠，生賽兒。自幼乖覺伶俐，頗識字，有姿色。【眉批】本有宿根。露便頭角。嘗剪紙人馬厮殺爲兒戲。年長，嫁本鎮石麟街王元椿。這王元椿弓馬熟閒，武藝精通，家道豐裕。自從娶了賽兒，貪戀女色，每日飲酒取樂。時時與賽兒說些弓箭刀法，賽兒又肯自去演習戲耍。光陰撚指，不覺陪費五六年，家道蕭索，衣食不足。

賽兒一日與丈夫說：「我們枉自在此忍饑受餓，不若將後面梨園賣了，買匹好馬，幹些本分求財的勾當，却不快活？」【眉批】賊心早定。王元椿聽得，說道：「賢妻何不早說？今日天晚了，不必說。」明日，王元椿早起來，寫個出帳，央李媒爲中，賣與本地財主賈包，得銀二十餘兩。王元椿就去青州鎮上，買一匹快走好馬回來。弓箭腰刀自有。

揀個好日子，【眉批】日子未必好。元椿打扮做馬快手的模樣，與賽兒相別，說：「保重！保重！」元椿叫聲：「慚愧！」飛身上馬，打一鞭，那馬一道烟去了。來到酸棗林，是瑯琊後山，止有中間一條路。若是阻住了，不怕飛上天去。王元椿只曉得這條路上好打劫人，不想着來這條路上走的人，只貪近，都不是依良本分的人，不便道白白的等你拏了財物去？

也是元椿合當悔氣，却好撞着這一起客人，望見褡連頗有些油水，元椿自道：「造化了！」把馬一撲，攢風的一般，前後左右都跑過了，見没人。元椿就扯開弓，搭上箭，飄地一箭射將來。那客人夥裏有個叫做孟德，看見元椿跑馬時，早已防備，拏起弓稍，撥過這箭，落在地下。王元椿見頭箭不中，殺住馬，又放第二箭來。孟德又照前撥過了，就叫：「漢子，我也回禮。」把弓虛扯一扯，不放。王元椿只聽得弦響，不見箭，心裏想道：「這男女不會得弓馬的，他只是虛張聲勢。」只有五分防備，把馬慢慢的放過來。孟德又把弓虛扯一扯，口裏叫道：「看箭！」又不放箭來。王元椿不見箭來，只道是真不會射箭的，放心趕來。【眉批】是个江湖上老手段，元椿新試，落其殼中。不曉得孟德虛扯弓時，就乘勢搭上箭，妙！射將來，正對元椿當面。說時遲，那時快，元椿却好擡頭看時，當面門上中一箭，從腦後穿出來，番身跌下馬來。孟德趕上，拔出刀來，照元椿喉嚨裏連槊上幾刀，眼見得元椿不活了。詩云：

劍光動處悲流水，羽簇飛時送落花。

欲寄蘭閨長夜夢，清魂何自得還家？

孟德與同夥這五六個客人説：「這個男女也是纔出來的，不曾得手，我們只好去罷，不要擔悮了程途。」一夥人自去了。

且説唐賽兒等到天晚，不見王元椿回來，心裏記掛。自説道：「丈夫好不了事！這早晚還不回來。想必發市遲，只叫我記掛。」等到一二更，又不見王元椿回來。只得關上門，進房裏，不脱衣裳去睡，只是睡不着。直等到天明，又不見回來。賽兒正心慌撩亂，没做道理處，只聽得街坊上説道：「酸棗林殺死個兵快手。」賽兒又驚又慌，來與間壁賣豆腐的沈老兒，叫做沈印時，兩老口兒説這個始末根由。沈老兒説：「你不可把真話對人説。大郎在日，原是好人家，又不慣做這勾當的，又無贓証。只説因無生理，前日賣個梨園，得些銀子，買馬去青州鎮上販賣，身邊止有五六錢盤纏銀子，別無餘物。且去酸棗林看得真實，然後去見知縣相公。」

賽兒就與沈印時一同來到酸棗林。看見王元椿屍首，賽兒哭起來。驚動地方里甲人等，都來，説得明白。就同賽兒一干人，都到萊陽縣，見史知縣相公。賽兒照前説一遍，知縣相公説：「必然是强盗劫了銀子并馬去了。你且去殯葬丈夫，我自去差人去捕緝强賊。拏得着時，馬與銀子都給還你。」賽兒同里甲人等拜謝史知縣，自回家裏來。對沈老兒公婆兩個説：「虧了乾爺、乾娘，瞞到瞞得過了，只是衣衾棺槨，無從置辦，怎生是好？」沈老兒説道：「大娘子後面園子既賣與賈家，不若將前面房子再去戲典他幾兩銀子來，殯葬大郎。他必不推辭。」賽兒就央沈公、沈婆同到賈家，一頭哭，一頭説這緣故。賈包見説，也哀憐王元椿命薄，説道：「房子你自住着。我應付你飯米兩擔，銀子五兩，待賣了房子還我。」

賽兒得了銀米，急忙買口棺木，做些衣服，來酸棗林盛貯王元椿屍首了當，送在祖墳上安厝。做些羹飯，看匠人攢砌得了時，急急收拾回來，天色已又晚了。與沈公、沈婆三口兒取舊路回家。來到一個林子裏古墓間，見放出一道白光來。正值黄昏時分，照耀如同白日。三個人見了，吃這一驚不小。沈婆驚得跌倒在地下擂，賽兒與沈公還耐得住。兩個人走到古墓中，看這道光從地下放出來，賽兒隨光將根竹杖頭兒拄將下去。拄得一拄，這土就似虚的一般，脱將下去，露出一個小石匣來。賽兒乘着這白光看裏面時，有一口寶劍，一副盔甲，都叫沈公拿了。賽兒扶着沈婆，回家裏來。吹起燈火，開石匣看時，别無他物，止有抄寫得一本天書。沈公、沈婆又不識字，説道：「要他做甚麽？」賽兒看見天書卷面上寫道：「《九天玄元混世真經》。」傍有一詩，詩云：

唐唐女帝州，賽比玄元訣。
兒戲九環丹，收拾朝天闕。

賽兒雖是識字的，急忙也解不得詩中意思。

沈公兩口兒辛苦了，打熬不過，别了賽兒自回家裏去睡。賽兒也關上了門睡。方纔合得眼，夢見一個道士，對賽兒説：「上帝特命我來，教你演習九天玄旨，普救萬民。與你宿緣未了，輔你做女主。」【眉批】救萬民，上天本旨也。若使之反而又敗，九天書多此一番出世矣。醒來猶有馥馥香風，記得且是明白。次日，賽兒來對沈公夫妻兩個備細説夜裏做夢一節，便道：「前日得了天書，恰好又有此夢。」沈公説：「却不怪哉，有這等事！」

元來世上的事最巧，賽兒與沈公説話時，不想有個玄武廟道士何正寅在間壁人家誦經，備細聽得。他就起心。因日常裏走過，看見賽兒生得好，就要乘着這機會來騙他。曉得他與沈家公婆往來，故意不走過沈公店裏，倒大寬轉往上頭走回玄武廟裏來。獨自思想道：「帝主非同小可，只騙得這個婦人做一處，便死也罷。」【眉批】何道意止貪此，先已無大志。當晚置辦些好酒食來，請徒弟董天然、姚虚玉、家童孟靖、王小玉一處坐了，同吃酒。這道士何正寅殷富，平日裏作聰明、做模樣，今晚如此相待，四個人心疑，齊説道：「師傅若有用着我四人處，我們水火不避，報答師傅。」正寅對四個人悄悄的説唐賽兒一節的事，「要你們相幫我做這件事，我自當好看待你們，決不有負。」四人應允了，當夜盡歡而散。

次日，正寅起來，梳洗罷，打扮做賽兒夢兒裏説的一般，齊齊整整。且説何正寅如何打扮，詩云：

秋水盈盈玉絶塵，簪星閒雅碧綸巾。

不求金鼎長生藥，只戀桃源洞裏春。

何正寅來到賽兒門首，咳嗽一聲，叫道：「有人在此麽？」只見布幕内走出一個美貌年少的婦人來。何正寅看着賽兒，深深的打個問訊，説：「貧道是玄武殿裏道士何正寅。昨夜夢見玄帝分付貧道，説：『這里有個唐某，當爲此地女主，爾當輔之，汝可急急去講解天書，共成大事。』」賽兒聽得這話，一來打動夢裏心事，二來又見正寅打扮與夢裏相同，三來見正寅生得聰俊，心裏也歡喜，説：「師傅真天神也！前日送喪回來，果然掘得個石匣，盔甲、寶劍、天書，奴家解不得，望師傅指迷，請到裏邊看。」賽兒指引何正寅到草堂上坐了，又自去央沈婆來相陪。【眉批】此時猶存别嫌之意。

賽兒忙來到厨下點三盞好茶，自托個盤子拿出來。正寅看見賽兒尖鬆鬆雪白一雙手，春心摇蕩，説道：「何勞女主親自賜茶。」賽兒説：「因家道消乏，女使伴當都逃亡了，故此没人用。」正寅説：「若要小厮，貧道着兩個來服事，再討大些的女子在裏面用。」又見沈婆在傍邊，想道：「世上虔婆無不愛財，我與他些甜頭滋味，就是我心腹，怕不依我使唤？」就身邊取出十兩一錠銀子來，與賽兒説：「央乾爺、乾娘作急去討個女子。如少，我明日再添。只要好，不要計較銀子。」賽兒只説：「不消得。」沈婆説：「賽娘你權且收下，待老拙去尋。」賽兒就收了銀子，入去燒炷香，請出天書來，與何正寅看。却是金書玉篆，韜略兵機。

正寅自幼曾習舉業，曉得文理。看了面上這首詩，偶然心悟，説：「女主解得這首詩麽？」賽兒説：「不曉得。」正寅說：「『唐唐女帝州』，頭一字是個『唐』字。下邊這二句，頭上兩字說女主的名字。末句頭上是『收』字，說收了就成大事。」賽兒被何道點破機關，心裏癢將起來，說道：「萬望師傅扶持。若得成事時，死也不敢有忘。」正寅說：「正要女主擡舉，如何恁的說？」又對賽兒說：「天書非同小可，飛沙走石，驅逐虎豹，變化人馬，我和你日間演習，必致踈漏，不是耍處。況我又是出家人，每日來往不便。不若夜間打扮着平常人來演習，到天明，依先回廟裏去。待法術演得精熟，何用怕人？」【眉批】正寅心裏只圖夜間來，未必要演法。賽兒與沈婆說：「師傅高見。」賽兒也有意了，巴不得到手，說：「不要遲慢了，只今夜便請起手。」正寅說：「小道回廟裏收拾，到晚便來。」賽兒與沈婆相送到門邊，賽兒又說：「晚間專等，不要有悮。」

正寅回到廟裏，對徒弟說：「事有六七分了，只今夜便可成事。我先要董天然、王小玉你兩個，只扮做家裏人模樣到那里。務要小心在意，隨機應便。」又取出十來兩碎銀子，分與兩個。兩個歡天喜地，自去收拾衣服箱籠，先去賽兒家裏來。到王家門首，叫道：「有人在這里麽？」賽兒知道是正寅使來的人，就說道：「你們進裏面來。」二人進到堂前，歇下担子，看着賽兒，跪將下去，叫道：「董天然、王小玉叩奶奶的頭。」賽兒見二人小心，又見他生得俊俏，心裏也歡喜，說道：「阿也，不消如此。你二人是何師傅使來的人，就是自家人一般。」領到厨房小側门，打掃鋪床。自來拿個蓝秤，到市上用自己的碎銀子買些東西，無非是鷄、鵝、魚、肉，時鮮菓子、點心回來。賽兒見天然拿這許多物事回來，說道：「在我家裏，怎麽叫你們破費，是何道理？」天然回話道：「不多大事，是師傅分付的。」【眉批】正寅是偷婆娘老手。又去拿了酒回來，到厨下自去整理。要些油醬、柴火，奶奶不離口。不要賽兒費一些心。

看看天色晚了，何正寅儒巾便服，扮做平常人。先到沈婆家裏，請沈公、沈婆吃夜飯。又送二十兩銀子與沈公，說：「凡百事，要老爹、老娘看取，後日另有重報。」沈公、沈婆自暗裏會意，道：「這賊道來得蹺蹊，必然看上賽兒，要我們做脚。我看這婦人日裏也騷托托的，做妖撒嬌，捉身不住。我不應承他，兩個夜裏演習時也自要做出來。【眉批】這乖落得使的不費氣力。我落得做人情，騙些銀子。」夫妻兩個回覆道：「師傅但放心。賽娘没了丈夫，正妙在此。又無親人，我們是他心腹。凡百事奉承，只是不要忘了我兩個。」何正寅對天説誓。

三個人同來到賽兒家裏，正是黄昏時分。關上門，進到堂上坐定。賽兒自來陪侍。董天然、王小玉兩個來擺列菓子、下飯，一面盪酒出來。正寅請沈公坐客位，沈婆賽兒坐主位，正寅打横坐。沈公不肯坐，正寅説：「不必推辭。」各人多依次坐了。吃酒之間，不是沈公説何道好處，就是沈婆説何道好處，兼入些風情話兒，打動賽兒。【眉批】二十兩之驗也。賽兒只不做聲。正寅想道：「好便好了，只是要個殺着。如何成事？」就裏生這計出來。

原來何正寅有個好本錢，又長又大，道：「我不賣弄與他看，如何動得他？」此時是十五六天色，那輪明月，照耀如同白日一般。何道説：「好月！略行一行再來坐。」沈公衆人都出來，堂前黑地裏立着看月。何道就乘此機會，走到女墻邊月亮去處，假意解手，護起那物來，拿在手裏撒尿。賽兒暗地裏看明處，最是明白。見了何道這條物件，纍纍垂垂，且是長大。賽兒夫死後，曠了這幾時，怎不動火？恨不得搶了過來。何道也没奈何，只得按住，再來邀坐。説話間，兩個不時丢個情眼兒，又冷看一看，别轉頭暗笑。【眉批】酷肖調情之態。不何道就假裝個要吐的模樣，把手捫着肚子，叫：「要不得！」沈老兒夫妻兩個會意，説道：「師傅身子既然不好，我們散罷了。師傅胡亂在堂前權歇，明日來看師傅。」相别了自去，不在話下。

賽兒送出沈公，急忙關上門。略略温存何道了，就説：「我入房裏去便來。」一逕走到房裏來，也不關門，就脱了衣服上床去睡，意思明是叫何道走入來。不知何道已此緊緊跟入房裏來，雙膝跪下道：「小道該死，冒犯花魁。可憐見小道則個。」**【眉批】**如何不説起演法？先以此爲始耶，固知其不克終矣。賽兒笑着説：「賊道！不要假小心，且去拴了房門來説話。」正寅慌忙拴上房門，脱了衣服，扒上床來，尚自叫「女主」不迭。詩云：

綉枕鴛衾疊紫霜，玉樓並卧合歡床。
今宵别是陽臺夢，惟恐銀燈剔不長。

且説二人做了些不伶不俐的事，枕上説些知心的話，那里管天曉日高？**【眉批】**是夜竟不演法。還不起身。董天然兩個早起來，打點面湯早飯齊整，等着。正寅先起來穿了衣服，又把被來替賽兒塞着肩頭，説：「再睡睡起來。」開得房門，只見天然托個盤子，拿兩盞早湯過來。正寅拿一盞放在桌上，拿一盞在手裏，走到床頭，傍着賽兒口，叫：「女主吃早湯。」賽兒撒嬌，擡起頭來吃了兩口，就推與正寅吃，正寅也吃了幾口。天然又走進來接了碗去，依先扯上房門。賽兒説：「好個伴當，百能百俐。」正寅説：「那竈下是我的家人，這個是我心腹徒弟，特地使他來伏侍你。」賽兒説：「這等難爲他兩個。」又摸索了一回，賽兒也起來。只見天然就拿着面湯進來，叫：「奶奶，面湯在這里。」賽兒脱了上蓋衣服，洗了面，梳了頭，正寅也梳洗了頭。天然就請賽兒吃早飯，正寅又説道：「去請間壁沈老爹、老娘來同吃。」沈公夫妻二人也來同吃。沈公又説道：「師傅不要去了。這里人眼多，不見走入來，只見你走出去，人要生疑。且在此再歇一夜，明日要去時，起個早去。」賽兒道：「説得是。」正寅也正要如此。沈公别了，自過家裏去，話不細煩。

賽兒每夜與正寅演習法術符咒，夜來曉去。**【眉批】**怎得餘功。不兩個月，都演得會了。賽兒先剪些紙人紙馬來試看，果然都變得與真的人馬一般。二人且來拜謝天地，要商量起手。却不防街坊鄰里，都曉得賽兒與何道兩個有事了，又有一等好閒的，就要在這里用手錢。有首詩説這些閒中人，詩云：

每日張魚又捕蝦，花街柳陌是生涯。

昨宵賒酒秦樓醉，今日幫閒進李家。

爲頭的叫做馬綬，一個叫做福興，一個叫做牛小春，還有幾個没三没四幫閒的，專一在街上尋些空頭事過日子。當時，馬綬先得知了，撞見福興、牛小春，説：「你們近日得知沈豆腐隔壁有一件好事麽？」福興説：「我們得知多日了。」【眉批】閒漢多事。馬綬道：「我們捉破了他，賺些油水何如？」牛小春道：「正要來見阿哥，求帶挈。」馬綬説：「好便好，只是一件：何道那廝也是個了得的，廣有錢鈔，又有四個徒弟。沈公、沈婆得那賊道東西，替他做眼。一夥人幹這等事，如何不做手脚？若是毛團把戲，做得不好，非但不得東西，反遭毒手，到被他笑。」牛小春説：「這不打緊，只多約幾個人同去，就不妨了。」馬綬又説道：「要人多不打緊，只是要個安身去處。我想陳林住居，與唐賽兒遠不上十來間門面，他那里最好安身。小牛即今便可去約石丢兒、安不着、褚偏嘴、朱百閑一班兄弟，明日在陳林家取齊。陳林我須自去約他。」各自散了。

且説馬綬逕來石麟街，來尋陳林。遠遠望見陳林立在門首。馬綬走近前，與陳林深喏一個。陳林慌忙回禮，就請馬綬來裏面客位上坐。陳林説：「連日少會。阿哥下顧，有何分付？」馬綬將衆人要拿唐賽兒的奸，就要在他家裏安身的事，備細對陳林説一遍。陳林道：「都依得。只一件：這是被頭裏做的事，兼有沈公、沈婆，我們只好在外邊做手脚，如何俟候得何道着？我有一計：王元椿在日，與我結義兄弟，彼此通家。王元椿殺死時，我也曾去送殯。明日叫老妻去看望賽兒。若何道不在罷了，又别做道理。若在時，打個暗號，我們一齊入去，先把他大門關了。不要大驚小怪，替别人做飯。等捉住了他，若是如意，罷了；若不如意，就送兩個到縣裏去，没也詐出有來。此計如何？」馬綬道：「此計極妙。」兩個相别。陳林送得馬綬出門，慌忙來對妻子錢氏，要説這話。錢氏説：「我在屏風後都聽得了，不必煩絮，明日只管去便了。」當晚過了。

次日，陳林起來，買兩個葷素盒子。錢氏就隨身打扮，不甚穿帶也自防備。到時分，馬綬一起，前後各自來陳林家裏躲着。陳林就打發錢氏起身。是日，却好沈公下鄉去取帳，沈婆也不在。只見錢氏領着挑盒子的小厮在後，一逕來到賽兒門首。見没人，悄悄的直走到卧房門口，正撞着賽兒與何道同坐在房裏説話。【眉批】如何不關門？亦是疎處，想自恃其術成耳。賽兒先看見，疾忙蹌出來，迎着錢氏，厮見了。錢氏假做不曉得，也與何道萬福。何道慌忙還禮。賽兒紅着臉，氣塞上來，舌滯聲澁，指着何道説：「這個是我嫡親的堂兄，自幼出家，今日來望我。不想又起動老娘來。」正説話未了，只見一個小厮挑兩個盒子進來。錢氏對着賽兒説：「有幾個棗子，送來與娘子點茶。」就叫賽兒去出盒子，要先打發小厮回去。賽兒連忙去出盒子時，顧不得錢氏，被錢氏走到門首，見陳林把嘴一努，仍又忙走入來。

陳林就招呼衆人，一齊趕入賽兒家裏，拴上門。正要拿何道與賽兒，不曉得他兩個妖術已成，都遁去了。那一夥人眼花撩亂，倒把錢氏拿住，口裏叫道：「快拿索子來，先綑了這淫婦。」就採倒在地下。只見是個婦人，那里曉得是錢氏？【眉批】錯認可爲笑資。元來衆人從來不認得錢氏，只早晨見得一見，也不認得真。錢氏在地喊叫起來，説：「我是陳林的妻子。」陳林慌忙分開人，叫道：「不是。」扯得起來時，已自旋得蓬頭亂鬼了。衆人吃一驚，叫道：「不是着鬼？明明的看見賽兒與何道在這里，如何就不見了？」元來他兩個有化身法，衆人不看見他，他兩個明明看衆人亂竄，只是暗笑。

牛小春説道：「我們一齊各處去搜。」【眉批】只如此足樂矣，何爲思乱。前前後後，搜到厨下，先拿住董天然；柴房裏又拿得王小玉。將條索子縛了，吊在房門前柱子上，問道：「你兩個是甚麽人？」董天然説：「我兩個是何師傅的家人。」又道：「你快説，何道、賽兒躲在那里？直直説，不關你事；若不説時，送你兩個到官，你自去拷打。」董天然説：「我們只在厨下伏侍，如何得知前面的事？」衆人又説道：「也没處去，眼見得只躲在家裏。」小牛説：「我見房側邊有個黑暗的閣兒，莫不兩個躲在高處？待我掇梯子扒上去看。」何正寅聽得小牛要扒上閣兒來，就拿根短棍子，先伏在閣子黑地裏等。小牛掇得梯子來，步着閣兒口，走不到梯子兩格上，正寅照小牛頭上一棍打下來，小牛兒打昏暈了，就從梯子上倒跌下來。正寅走去空處立了看。小牛兒醒轉來，叫道：「不好了，有鬼！」衆人扶起小牛來看時，見他血流滿面，説道：「梯子又不高，扒得兩格，怎麽就跌得這樣凶？」小牛説：「却好扒得兩格梯子上，不知那里打一棍子在頭上，又不見人，却不是作怪！」【眉批】亦耍得趣。衆人也没做道理處。

錢氏説：「我見房裏床側首空着一段，有兩扇紙風窓門。莫不是裏邊還有藏得身的去處？我領你們去搜一搜去看。」正寅聽得説，依先拿着棍子在這裏等。只見錢氏在前，陳林衆人在後，一齊走進來。正寅又想道：「這花娘吃不得這一棍子。」等錢氏走近來，伸出那一隻長大的手來，撑起五指，照錢氏臉上一掌打將去。錢氏着這一掌，叫聲：「阿也，不好了！」鼻子裏鮮血奔流出來，眼睛裏都是金圈兒，又得陳林在後面扶得住，不跌倒。陳林道：「却不作怪我明明看見一掌打來，又不見人。必然是這賊道有妖法的，不要只管在這里纏了。【眉批】此話老成。我們帶了這兩個小厮，逕送到縣裏去罷。」衆人説：「我們被活鬼弄這一日，肚裏也餓了，做些飯吃了去見官。」陳林道：「也説得是。」錢氏帶着疼，就在房裏打米出來，去厨下做飯。石丢兒説：「小牛吃打壞了，我去做。」走到厨下，看見風爐子邊有兩罈好酒在那里。【眉批】貪小害事。又看見幾隻鷄在竈前。丢兒又説道：「且殺了吃。」這里方要淘米做飯。

且説賽兒對正寅説：「你耍了兩次，我只文耍一耍。」正寅説：「怎麽叫做文耍？」賽兒説：「我做出你看。」石丢兒一頭燒着火，錢氏做飯，一頭拿兩隻鷄來殺了，破洗了，放在鍋裏煑。那飯也却好將次熟了，賽兒就扒些灰與鷄糞，放在飯鍋裏，攪得匀了，依先蓋了鍋。鷄在鍋裏正滚得好，賽兒又挽幾杓水，澆滅竈裏火。丢兒起去作用，並不曉得竈底下的事。

此時，衆人也有在堂前坐的，也有在房裏尋東西出來的，丟兒就把這兩罈好酒提出來，開了泥頭，就兜一碗好酒先敬陳林吃。陳林說：「衆位都不曾吃，我如何先吃？」丟兒說：「老兄先嘗一嘗，隨後又敬。」陳林吃過了，丟兒又兜一碗送馬綬吃。陳林說：「你也吃一碗。」丟兒又傾一碗，正要吃時，被賽兒劈手打一下，連碗都打壞。賽兒就走一邊。【眉批】趣。三個人說道：「作怪！就是這賊道的妖法。」三個說：「不要吃了，留這酒待衆人來同吃。」

衆人看不見賽兒，賽兒又去房裏拿出一個夜壺來，每罈裏傾半壺尿在酒裏，依先蓋了罈頭，衆人也不曉得。衆人又說道：「鷄想必好了，且撈起來切來吃酒。」丟兒揭開鍋蓋看時，這鷄還是半生半熟，鍋裏湯也不滾。衆人都來埋怨丟兒，說：「你不管竈裏，故此鷄也煮不熟。」丟兒說：「我燒滾了一會，又添許多柴，着得好了纔去，不曉得怎麽不滾？」低倒頭去張竈裏時，黑洞洞都是水，那里有個火種？丟兒說：「那個把水澆滅了竈裏火？」衆人說道：「終不然是我們夥裏人，必是這賊道又弄神通。我們且把厨裏見成下飯，切些去吃酒罷。」衆人依次坐定，丟兒拿兩把酒壺出來裝酒。不開罈罷了，開來時，滿罈都是尿騷臭的酒。陳林說：「我們三個吃時，是噴香的好酒，如何是恁的？必然那個來偷吃，見淺了，心慌撩亂，錯拿尿做水，倒在罈裏。」

衆人鬼廝鬧，賽兒、正寅兩個看了只是笑。賽兒對正寅說：「兩個人被縛在柱子上一日了，肚裏饑。趁衆人在堂前，我拿些點心、下飯與他吃。又拿些碎銀子與兩個。」來到柱邊，傍着天然耳邊輕輕的說：「不要慌。若到官直說，不要賴了吃打，我自來救你。東西、銀子都在這里。」天然說：「全望奶奶救命。」賽兒去了。

衆人說：「酒便吃不得了，敗殺老興！且胡亂吃些飯罷。」丟兒厨下去盛飯，都是烏黑，臭的聞也聞不得，那里吃得？說道：「又着這賊道的手了！可恨這廝無禮，被他兩個侮弄這一日，我們帶這兩個尿鱉，送去縣裏，添差了人來拿人。」【眉批】「尿鱉」二字新甚，以其爲道士之幸童也。一起人開了門，走出去。

只因裏面嚷得多時了，外邊曉得是捉奸，看的老幼男婦，立滿在街上。只見人叢裏縛着兩個俊俏後生，又見陳林妻子跟在後頭，只道是了，一齊拾起磚頭土塊來，口裏喊着，望錢氏、兩個道童亂打將來。【眉批】又錯認可笑。那時那里分得清潔？錢氏吃打得頭開額破。救得脱，一道烟逃走去了。

一行人離了石麟街，逕往縣前來。正值相公坐晚堂點卯。衆人等點了卯，一齊跪過去，禀知縣相公。從沈公做脚，賽兒、正寅通奸，妖法惑衆，擾害地方情由，説了一遍。兩個正犯脱逃，只拿得爲從的兩個董天然、王小玉，送在這里。【眉批】怎見得便擾害地方？惟其逼之，擾害乃不得不然耳。大凡致乱之始皆然。知縣相公就問董天然兩個道：「你直説，我不拷打你。」董天然答應道：「不須拷打，小人只直説，不敢隱情。」備細都招了。知縣對衆人説：「這奸夫、淫婦，還躲在家裏。」就差兵快頭吕山、夏盛兩個，帶領一干餘人，押着這一干人，認拿正犯。【眉批】知縣亦多事。兩個小廝，權且收監。

吕山領了相公台旨，出得縣門時，已是一更時分。與衆人商議道：「雖是相公立等的公事，這等烏天黑地，去那里敲門打户，驚覺他，他又要遁了去，怎生回相公的話？不若我們且不要驚動他，去他門外埋伏，等待天明了拿他。」衆人道：「説得是。」又請吕山兩個到熟的飯舖裏，賒些酒飯吃了，都到賽兒門首埋伏。連沈公也不驚動他，怕走了消息。

且説姚虚玉、孟清兩個在廟，見説師傅有事，恰好走來打聽。賽兒見衆人已去，又見這兩個小厮，問得是正寅的人，放他進來。把門關了，且去收拾房裏。一個收拾厨下，做飯吃了。對正寅説：「這起男女去縣禀了，必然差人來拿，我與你終不成坐待死。預先打點在這里，等他那悔氣的來着毒手！」賽兒就把符呪、紙人馬、旗仗打點齊備了，兩個自去宿歇。直待天明起來，梳洗飯畢了，叫孟清去開門。

孟清開得門，只見吕山那夥人一齊蹌入來。孟清見了，慌忙踅轉身，望裏面跑，口裏一頭叫。賽兒看見兵快來拿人，嘻嘻的笑。拿出二三十紙人馬來，望空一撒，叫聲：「變！」只見紙人都變做彪形大漢，各執鎗刀，就裏面殺出來。又叫姚虛玉把小皂旗招動。只見一道黑氣，從屋裏捲出來。吕山兩個還不曉得，只管催人趕入來，早被黑氣遮了，不看見人。賽兒是王元椿教的，武藝儘去得，被賽兒一劍一個，都斫下頭來。衆人見勢頭不好，都慌了，轉身齊跑。前頭走的還跑了幾個，後頭走的，反被前頭的拉住，一時跑不脱。賽兒説：「一不做，二不休。」隨手殺將去。也被正寅用棍打死了好幾個。又去追趕前頭跑得脱的，直喊殺過石麟橋去。

賽兒見衆人跑遠了，就在橋邊收了兵回來。對正寅説：「殺的雖然殺了，走的必去禀知縣。【眉批】賽兒頗狠頗能。那厮必起兵來殺我們，我們不先下手，更待何時？」就帶上盔甲，變二三百紙人馬，竪起七星旗號來招兵。使人叫道：「願來投兵者，同去打開庫藏，分取錢糧財寶。」【眉批】招徠之法。街坊遠近人，因昨日、這番，都曉得賽兒有妖法；又見變得人馬多了，道是氣概興旺。城裏、城外人喉極的，齊來投他。有地方豪傑方太、康昭、馬効良、戴德如四人爲頭，一時聚起二三千人。又搶得兩匹好馬，來與賽兒、正寅騎。嗚鑼擂鼓，殺到縣裏來。

説這史知縣，聽見走的人説賽兒殺死兵快一節，慌忙請典史來商議時，賽兒人馬早已蹌入縣來。拿住知縣、典史，就打開庫藏門，搬出金銀來，分給與人。監裏放出董天然、王小玉兩個。其餘獄囚，盡數放了。願隨順的，共有七八十人。到申未時，有四個人，原是放響馬的，風聞賽兒有妖法，都來歸順賽兒。此四人叫做鄭貫、王憲、張天禄、祝洪，各帶小婁羅，共有二千餘名，又有四五十匹好馬。賽兒見了，十分歡喜。這鄭貫不但武藝出衆，更兼謀略過人，來禀賽兒説道：「這是小縣，僻在海角頭。若坐守日久，朝廷起大軍，把青州口塞住了，錢糧没得來，不須厮殺，就坐困死了。這青州府人民稠密，錢糧廣大，東擄南徐之險，北控渤海之利，可戰可守。兵貴神速，萊陽縣雖破，離青州府頗遠，一日之内，消息未到，可乘此機會，連夜去襲了，權且安身。養成蓄鋭，氣力完足，可以横行。」賽兒説：「高見。」每人各賞元寶二錠，四表禮，權受都指揮，説：「待取了青州，自當陞賞重用。」四人去了。

賽兒就到後堂，叫請史知縣、徐典史出來，説道：「本府知府是你至親，你可與我寫封書，只説這縣小，我在這里安身不得，要過東去打汶上縣，必由府裏經過。恐有踈虞，特着徐典史領三百名兵快，協同防守。【眉批】賽兒儘有謀略，亦天縱之也。你若替我寫了，我自厚贈盤纏，連你家眷同送回去。」知縣初時不肯，被賽兒逼勒不過，只得寫了書。賽兒就叫兵房吏做角公文，把這私書都封在文書裏，封筒上用個印信，仍送知縣、典史軟監在衙裏。

賽兒自來調方大、康昭、馬効良、戴德如四員驍將，各領三千人馬，連夜悄悄的到青州曼草坡，聽候炮響，都到青州府東門策應。又尋一個像徐典史的小卒，着上徐典史的紗帽圓領，等候賽兒。又留一班投順的好漢，協同正寅守着萊陽縣。自選三百精壯兵快，并董天然、王小玉二人，指揮鄭貫四名，各與酒飯了。賽兒全裝披掛，騎上馬，領着人馬，連夜起行。

行了一夜，來到青州府東門時，東方纔動，城門也還未開。賽兒就叫人拿着這角文書，朝城上説：「我們是萊陽縣差捕衙裏來下文書的。」守門軍就放下藍來，把文書吊上去。又曉得是徐典史，慌忙拿這文書逕到府裏來。正值知府温章坐衙，就跪過去，呈上文書。温知府拆開文書，看見印信、圖書都是真的，並不疑忌。就與遞文書軍説：「先放徐典史進來，兵快人等且住着在城外。」守門軍領知府鈞語，逕來開門，説道：「太爺只叫放徐老爹進城其餘且不要入去。」賽兒叫人答應説：「我們走了一夜，纔到得這里，肚饑了，如何不進城去尋些吃？」三百人一齊都蹌入門裏去，五六個人怎生攔得住？一攬入得門，就叫人把住城門，一聲炮響，那曼草坡的人馬都𨇠入府裏來，填街塞巷。賽兒領着這三百人，真個是疾雷不及掩耳，殺入府裏來。

知府還不曉得，坐在堂上等徐典史。見勢頭不好，正待起身要走，被方大趕上，望着温知府一刀，連肩砍着，一交跌倒在地下鬧命。又復一刀，就割下頭來，提在手裏，叫道：「不要亂動！」驚得兩廊門隸人等，尿流屁滚，都來跪下。康昭一夥人打入知府衙裏來，只獲得兩個美妾，家人并媳婦共八名。同知、通判都越墻走了。賽兒就掛出安民榜子，不許諸色人等搶擄人口財物，開倉賑濟，招兵買馬。隨行軍官兵將，都隨功陞賞。萊陽知縣、典史，不負前言，連他家眷放了還鄉，俱各抱頭鼠竄而去，不在話下。

只見指揮王憲，押兩個美貌女子，一個十八九歲的後生。這個後生比這兩個女子更又標致，獻與賽兒。賽兒問王憲道：「那里得來的？」王憲禀道：「在孝順街絨綫鋪裏蕭家得來的。這兩個女子大的叫做春芳，小的叫做惜惜，這小厮叫做蕭韶，三個是姐妹兄弟。」賽兒就將這大的賞與王憲做妻子，看上了蕭韶歡喜，倒要偷他。與蕭韶説：「你姐妹兩個，只在我身邊服事，我自看待你。」賽兒又把知府衙裏的兩個美妾紫蘭、香嬌，配與董天然、王小玉。賽兒也自叫蕭韶去宿歇。説這蕭韶，正是妙年好頭上，帶些懼怕，夜裏盡力奉承賽兒，只要賽兒歡喜。【眉批】自知爲禍根，乃知色能殺人，不獨女也。賽兒得意非常，兩個打得熱了，一步也離不得蕭韶，那里記掛何正寅？

且説府裏有個首領官周經歷，叫做周雄。當時逃出府，家眷都被賽兒軟監在府裏。周經歷躲了幾日，没做道理處，要保全老小，只得假意來投順賽兒。【眉批】此人去得。見賽兒下個禮，説道：「小官原是本府經歷，自從奶奶得了萊陽縣、青州府，愛軍惜民，人心悦服，必成大事。經歷去暗投明。家眷俱蒙奶奶不殺之恩，周某自當傾心竭力，圖効犬馬。」賽兒見他説家眷在府裏，十分疑也只有五六分，就與周經歷商議守青州府，并取傍縣的事務。周經歷説：「這府上倚滕縣，下通臨海衛，兩處爲青府門户。若取不得滕縣與這衛，就如没了門户的一般，這府如何守得住？實不相瞞，這滕縣許知縣，是經歷姑表兄弟。經歷去，必然説他來降。若説得滕縣下了，這臨海衛就如没了一臂一般，他如何支撑得住？」賽兒説：「若得如此，事成與你同享富貴。家眷我自好好的供養在這里，不須記掛。」周經歷説道：「事不宜遲，恐他那里做了手脚。」賽兒忙撥幾個伴當，一匹好馬，就送周經歷起身。

周經歷來到滕縣，見了許知縣，知縣吃一驚説：「老兄如何走得脱，來到這里？」周經歷將假意投順賽兒，賽兒使來説降的話，説了一遍。許知縣回話道：「我與你雖是假意投順，朝廷知道，不是等閒的事。」周經歷道：「我們一面去約臨海衛戴指揮同降，一面申聞各(開合)該撫按上司計取賽兒。日後復了地方，有何不可？」許知縣忙使人去請戴指揮，來見周經歷，三個商議僞降計策定了。許知縣又説：「我們先備些金花表禮羊酒去賀，説：『離不得地方，恐有疎失。』【眉批】好見識。周經歷領着一行拏禮物的人，來見賽兒，遞上降書。賽兒接着降書看了，受了禮物。僞陞許知縣爲知府，戴指揮做都指揮，仍着二人各照舊守着地方。

戴指揮見了這僞陞的文書，就來見許知縣説：「賽兒必然疑忌我們，故用陽施陰奪的計策。」許知縣説道：「貴衛有一班女樂、小侑兒，不若送去與賽兒做謝禮，就做我們裏應外合的眼目。」【眉批】小侑用得着，女樂第二義也。戴指揮説：「極妙！」就回衛裏，叫出女使王嬌蓮、小侑頭兒陳鸚兒來，説：「你二人是我心腹，我欲送你們到府裏去，做個反間細作。若得成功，陞賞我都不要，你們自去享用富貴。」二人都歡喜應允了。戴指揮又做些好錦綉鮮明衣服、樂器，縣衛各差兩個人，送這兩班人來，獻與賽兒。且看這歌童舞女如何，詩云：

舞袖香茵第一春，清歌婉轉貌超群。
劍霜飛處人星散，不見當年勸酒人。

賽兒見人物標致，衣服齊整，心中歡喜。都受了，留在衙裏，每日吹彈歌舞取樂。

且説賽兒與正寅相别半年有餘，時值冬盡年殘，正寅欲要送年禮與賽兒。【眉批】賽兒胸中已無正寅矣，正寅總重禮能挽之乎？就買些奇異吃食，蜀錦文葛，金銀珍寶，裝做一二十小車，差孟清同車脚人等送到府裏來。世間事最巧，也是正寅合該如此。兩月前，正寅要去奸宿一個女子，這女子苦苦不從，自縊死了。怪孟清說：「是唐奶奶起手的，不可背本，萬一知道，必然見怪。」諫得激切，把孟清一頓打得幾死，却不料孟清仇恨在心裏。孟清領着這車從，來到府裏見賽兒。賽兒一見孟清，就如見了自家裏人一般，叫進衙裏去安歇。孟清又見董天然等，都有好妻子，又有錢財，自思道：「我們一同起手的人，他兩個有造化，落在這里，我如何能勾也同來這里受用？」自思量道：「何不將正寅在縣裏的所爲，說他一番？倘或賽兒歡喜，就留在衙裏，也不見得。」到晚，賽兒退了堂，來到衙裏，乘間叫過孟清，問正寅的事。孟清只不做聲。【眉批】還能念之耶？賽兒心疑，越問得緊，孟清越不做聲。問不過，只得哭將起來。賽兒就說道：「不要哭，必然在那里吃虧了，實對我說，我也不打發你去了。」孟清假意口裏呪着道：「說也是死，不說也是死。【眉批】孟清亦狡甚。爺爺在縣裏，每夜捱去，排門輪要兩個好婦人好女子，送在衙裏歇。標致得緊的，多歇幾日；少不中意的，一夜就打發出來。又娶了個賣唱的婦人李文雲。時常乘醉打死人。每日又要輪坊的一百兩坐堂銀子。百姓愁怨思亂，只怕奶奶這里不敢。兩月前，蔣監生有個女子，果然生得美貌。爺爺要奸宿他，那女子不從，逼迫不過，自縊死了。小人說：『奶奶怎生看取我們！別得半年，做出這勾當來，這地方如何守得住？』【眉批】毒甚！怪小人說，將小人來吊起，打得幾死，半月扒不起來。」賽兒聽得說了，氣滿胸膛，頓着足說道：「這禽獸忘恩負義，定要殺這禽獸，纔出得這口氣！」【眉批】淫婦未有不妒者，何不以蕭韶一自反耶？董天然并夥婦人，都來勸道：「奶奶息怒。只消取了老爺回來便罷。」賽兒說：「你們不曉得這般事。從來做事的人，一生嫌隙，不知夥并了多少！【眉批】取回來何處着蕭郎？如何好取他回來？」一夜睡不着。何不以蕭韶遣興。

次日來堂上，趕開人，與周經歷說：「正寅如此淫頑不法，全無仁義，要自領兵去殺他。」周經歷回話道：

「不知這話從那里得來的？未知虛實。倘或是反間，也不可知。地方重大，方纔取得，人心未固，如何輕易自相斷殺？不若待周雄同個奶奶的心腹，去訪得的實，任憑奶奶裁處也不遲。」【眉批】周經歷每做假心腹，所以到底不疑。賽兒道：「説得極是，就勞你一行。若訪得的實，就與我殺了那禽獸。」周經歷又説道：「還得幾個同去纔好。若周雄一個去時，也不濟事。」賽兒就令王憲、董天然領一二十人去。又把一口刀與王憲，説：「若這話是實，你便就取了那禽獸的頭來，違悞者以軍法從事。」【眉批】賽兒利害。一行人辭別了賽兒，取路望萊陽縣來。

周經歷在路上，還恐怕董天然是何道的人，假意與他説：「何公是奶奶的心腹，若這事不真，謝天地，我們都好了。【眉批】周經歷精細甚。若有這話，我們不下手時，奶奶要軍法從事，這事如何處？」董天然説：「我那老爺是個多心的人，性子又不好。若後日知道你我去訪他，他必仇恨，羹裏不着飯裏着，倒遭他毒手。【眉批】天然亦如此，可知何道不善御人，自送其死。若果有事，不若奉法行事，反無後患。」鄭貫打着竄鼓兒，巴不得殺了何正寅，他要權攝縣事。周經歷見衆人都是爲賽兒的，不必疑了。又説：「我們先在外邊訪得的確，若要下手時，我撚鬚爲號，方可下手。」一行人入得城門，滿城人家，都是呪駡何正寅的。董天然説：「這話真了。」一行逕入縣裏來見何正寅。正寅大落落坐着，不爲禮貌。看着董天然説：「拿得甚麽東西來看我？」董天然説：「來時慌忙，不曾備得，另差人送來。」又對周經歷説：「你們來我這縣裏來何幹？」周經歷假小心，輕輕的説：「因這縣裏有人來告奶奶，説大人不肯容縣裏女子出嫁，錢糧又比較得緊，因此奶奶着小官來稟上。」正寅聽得這話，拍案高嗔，大駡道：「潑賤婆娘！你虧我奪了許多地方，享用快活。必然又搭上好的了，猜得着。就這等無禮！你這起人不曉得事體，没上下的。」王憲見不是頭，緊緊的幫着周經歷，走近前説：「息怒消停，取個長便，待小官好回話。」正寅又説道：「不取長便，終不成不去回話！」周經歷把鬚一撚，王憲就人嚷裏拔出刀來，望何正寅項上一刀，早斫下頭來，提在手裏，說：「奶奶只叫我們殺何正寅一個，餘皆不問。」鄭貫就把權攝的文書來曉諭各人，就把正寅先前强留在衙裏的婦人女子都發出，着娘家領回。【眉批】鄭貫干上了，却也行得好事。 輪坊銀子也革了。滿城百姓，無不歡喜。

衙裏有的是金銀，任憑各人取了些，又拿幾車并綾段，送到府裏來。周經歷一起人到府裏回了話。各人自去方便，不在話下。

說這山東巡按金御史，因失了青州府，殺了温知府，起本到朝廷。兵部尚書接着這本，是地方重務，連忙轉奏朝廷。朝廷就差總兵官傅奇充兵馬副元帥，兩個游騎將軍黎曉、來道明充先鋒，領京軍一萬，協同山東巡撫都御史楊汝待，剋日進剿撲滅。錢糧兵馬，除本省外，河南、山西兩省，任從調用。

傅總兵帶領人馬，來到總督府，與楊巡撫一班官軍，說朝廷緊要擒拿唐賽兒一節。楊巡撫說：「唐賽兒妖法通神，急難取勝。近日周經歷與滕縣許知縣、臨海衛戴指揮詐降，我們去打他後面萊陽縣，叫戴指揮、許知縣從那青州府後面殺出來，叫他首尾不能相顧，可獲全勝。」楊巡撫說：「此計大妙。」傅總兵就分五千人馬與黎曉充先鋒，來取萊陽縣。又調都指揮杜總、吴秀，指揮六員：高雄、趙貴、趙天漢、崔球、密宣、郭謹，各領新調來二萬人馬，離萊陽縣二十里下寨，次日准備厮殺。

鄭貫得了這個消息，閉上城門，連夜飛報到府裏來。賽兒接得這報子，就集各將官說：「如今傅總兵領大軍來征剿我們，我須親自領兵去殺退他。」着王憲、董天然守着這府，又調馬劾良、戴德如各領人馬一萬，去滕縣、臨海衛三十里內，防備襲取的人馬。就是滕縣、臨海衛的人馬，也不許放過來。【眉批】儘有兵機，非酒色自敗，勝之難矣。 周經歷暗地叫苦，說：「這婦人這等利害！」賽兒又調方大領五千人馬先行，隨後賽兒自也領二萬人馬到萊陽縣來。離縣十里，就着個大營，前、後、左、右、正中五寨。又置兩枝游兵在中營。四下裏擺放鹿角、蒺藜、鈴索齊整。把轅門閉上，造飯吃了，將息一回，就有人馬來衝陣，也不許輕動。

且説黎先鋒領着五千人馬，喊殺半日，不見賽兒營裏動静。就着人來禀總兵：如此如此。傅總兵同楊巡撫領一班將官到陣前來，扒上雲梯。看賽兒營裏，布置整齊，兵將猛勇，旗幟鮮明，戈戟光耀。褐羅傘下，坐着那個英雄美貌的女將。左右立着兩個年少標致的將軍，一個是蕭韶，一個是陳鸚兒，各拿一把小七星皂旗。又有兩個俊俏女子，都是戎裝。【眉批】好看。一個是蕭惜惜，捧着一口寶劍；一個是王嬌蓮，捧着一袋弓箭。營前樹着一面七星玄天上帝皂旗，飄揚飛繞。總兵看得呆了，走下雲梯來，令先鋒領着高雄、趙貴、趙天漢、崔球等，一齊殺入去。且看賽兒如何。詩云：

劍光動處見玄霜，戰罷歸來意氣狂。

堪笑古今妖妄事，一場春夢到高唐。

賽兒就開了轅門，令方大領着人馬也殺出來，正好接着。兩員將鬭不到三合，賽兒不慌不忙，口裏念起呪來，兩面小皂旗招動，那陣黑氣從寨裏捲出來，把黎先鋒人馬罩得黑洞洞的，你我不看見。黎曉慌了手脚，被方大攔頭一方天戟，打下馬來，腦漿奔流。高雄、趙天漢俱被拿了。傅總兵見先鋒不利，就領着敗殘人馬，回大營裏來納悶。

方大押着，把高雄兩個解入寨裏見賽兒。賽兒道：「監候在縣裏，我回軍時發落便了。」賽兒又與方大説：「今日雖赢得他一陣，他的大營人馬，還不損折，明日又來厮殺。不若趂他喘息未定，衆人慌張之時，我們趕到，必獲全勝。」【眉批】先發制人，即襲縣之故智。留方大守營，令康昭爲先鋒，賽兒自領一萬人馬，悄悄的趕到傅總兵營前，呐聲喊，一齊殺將入去。傅總兵只防賽兒夜裏來劫營，不防他日裏乘勢就來，都慌了手脚，厮殺不得。傅總兵、楊巡撫二人騎上馬，往後逃命。二萬五千人，殺不得一二千人，都齊齊投降。又拿得千餘匹好馬，錢糧器械，盡數搬擄，自回到青州府去了。

軍官有逃得命的，跟着傅總兵到都堂府來商議。再欲起奏，另自添遣兵將。楊巡撫説：「没了三四萬人馬，殺了許多軍官，朝廷得知，必然加罪我們。我曉得滕縣許知縣是個清廉能幹忠義的人，與周經歷、戴指揮委曲協同，要保這地方無事，都設計詐降。而今周經歷在賊中，不能得出。許、戴二人，原在本地方，不若密密取他來，定有破敵良策。」傅總兵慌忙使人請許知縣、戴指揮到府計議，要破賽兒一事。許知縣近前，輕輕的與傅總兵、楊巡撫二人説：如此如此，「不出旬日，可破賽兒」。傅總兵説：「若得如此，我自當保奏陞賞。」許知縣辭了總制，回到縣裏，與戴指揮各備禮物，各差個的當心腹人來賀賽兒，就通消息與周經歷。却不知周經歷先有計了。

元來，周經歷見蕭韶甚得賽兒之寵，又且乖覺聰明，時時結識他，做個心腹，着實奉承他。【眉批】深心妙用。蕭韶不過意，説：「我原是治下子民，今日何當老爺如此看覷？」周經歷説：「你是奶奶心愛的人，怎敢怠慢？」蕭韶説道：「一家被害了，没奈何偷生，甚麽心愛不心愛！」周經歷道：「不要如此説。你姐妹都在左右，也是難得的。」蕭韶説：「姐姐嫁了個響馬賊。我雖在被窩裏，也只是伴虎眠，有何心緒？」【眉批】蕭韶亦是有志之人，不爲色迷。妹妹只當得丫頭。我一家怨恨，在何處説？」周經歷見他如此説，又説：「既如此，何不乘機反邪歸正？朝廷必有酬報。不然，他日一敗，玉石俱焚。你是同衾其枕之人，一發有口難分了。不要説被害冤仇没處可報。」蕭韶道：「我也曉得事體果然如此，只是没個好計脱身。」周經歷説：「你在身伴，只消如此如此，外邊接應，都在于我。」却把許、戴來的消息，通知了他。蕭韶歡喜説：「我且通知妹子做一路則個。有心人。」計議得熟了，只等中秋日起手，後半夜點天燈爲號。周經歷就通這個消息與許知縣、戴指揮。這是八月十二日的話。

到十三日，許知縣、戴指揮各差能事兵快應捕，各帶士兵、軍官三四十人，預先去府裏四散埋伏，只聽炮响，策應周經歷拿賊。許知縣又密令親子許德，來約周經歷。十五夜放炮奪門的事，都得知了，不必説。且説蕭韶姐妹二人，來對王嬌蓮、陳鸚兒通知外邊消息。他兩人原是戴家細作，自然留心。至十五日晚上，賽兒就排筵宴來賞月。飲了一回，只見王嬌蓮來禀賽兒説：「今夜八月十五日，難得晴明，更兼破了傅總兵，得了若干錢糧人馬。我等蒙奶奶擡舉，無可報答，每人各要與奶奶上壽。」王嬌蓮手報檀板，唱一歌。歌云：

虎渡三江迅若風，龍争四海競長空。
光摇劍術和星落，狐兔潛藏一戰功。

賽兒聽得，好生歡喜，飲過三大杯。女人都依次奉酒，但（俱）是不會唱的，就是王嬌蓮代唱。衆人只要灌得賽兒醉了，好行事。陳鸚兒也要上壽，賽兒又説道：「我吃得多了，你們恁的好心，每一人只吃一杯罷。」又飲了二十餘杯，已自醉了。又復歌舞起來，輪番把盞，灌得賽兒爛醉。賽兒就倒在位上。蕭韶説：「奶奶醉了，我們扶奶奶進房裏去罷。」蕭韶抱住賽兒，衆人齊來相幫，擡進房裏床上去。蕭韶打發衆人出來，就替賽兒脱了衣服，蓋上被，拴上房門。衆人也自去睡，只有與謀知因的人，都不睡，只等賽兒消息。蕭韶又恐假醉，把燈剔得明亮，仍上床來，摟住賽兒。扒在賽兒身上，故意着實耍戲。賽兒那里知得，被蕭韶舞弄得久了。料算外邊人都睡静了，自想道：「今不下手，更待何時？」【眉批】有心人，亦是硬心人。起來慌忙再穿上衣服，床頭拔出那口寶刀來。輕輕的掀開被來，盡力朝着賽兒項上剁下一刀來，連肩斫做兩段。賽兒醉得凶了，一動也動不得。

蕭韶慌忙走出房來，悄悄對妹妹、王嬌蓮、陳鸚兒説道：「賽兒被我殺了。」王嬌蓮説：「不要驚動董天然這兩個，就暗去襲了他。」陳鸚兒道：「説得是。」拿着刀來敲董天然的房門，説道：「奶奶身子不好，你快起來。」董天然聽得這話，就瞌睡裏慌忙披着衣服，來開房門。不防備被陳鸚兒手起刀落，斫倒在房門邊鬧命。又復一刀，就放了命。這王小玉也醉了，不省人事，衆人把來殺了。衆人說：「好到好了，怎麼我們得出去？」蕭韶說：「不要慌，約定的。」就把天燈點起來，扯在燈竿上。

不移時，周經歷領着十來名火夫，平日收留的好漢，敲開門，一齊湧入衙裏來。蕭韶對周經歷說：「賽兒、董天然、王小玉都殺了，這衙裏人都是被害的，望老爺做主。」【眉批】蕭韶有主意。周經歷道：「不須說。」衙裏的金銀財寶，各人盡力拿了些；其餘山積的財物，都封鎖了入官。【眉批】周經歷有擘畫。周經歷又把三個人頭割下來，領着蕭韶一起，開了府門，放個銃。只見兵快應捕，共有七八十人，齊來見周經歷說：「小人們是縣、衛兩處差來兵快，策應拿强盗的。」周經歷說：「强盗多拿了，殺的人頭在這里。都跟我來。」到得東門城邊，放三個炮。開得城門，許知縣、戴指揮各領五百人馬，殺入城來。周經歷說：「不關百姓事。賽兒殺了，還有餘黨不曾剿滅，各人分投去殺。」【眉批】保得勝後緊着。

且說王憲、方大，聽得炮響，都起來，不知道爲着甚麽。正没做道理處，周經歷領的人馬早已殺入方大家裏來。方大正要問備細時，被側邊一鎗搠倒，就割了頭。戴指揮拿得馬効良、戴德如，陣上許知縣殺死康昭、王憲一十四人。沈印時兩月前害疫病死了，不曾殺得。又恐軍中有變，急忙傳令：「只殺有職事的。小卒良民，一槩不究。」多屬周經歷招撫。

許知縣對衆人說：「這里與萊陽縣相隔四五十里，他那縣裏未便知得。兵貴神速，我與戴大人連夜去襲了那縣，留周大人守着這府。」二人就領五千人馬，殺奔萊陽縣來。【眉批】即用賽兒襲青州故智。假説道：「府裏調來的軍，去取傍縣的。」城上逕放入縣裏來。鄭貫正坐在堂上，被許知縣領了兵齊搶入去，將鄭貫殺了。張天禄、祝洪等慌了，都來投降。把一干人犯解到府裏監禁，聽候發落。安了民，許知縣仍回到府裏，同周經歷、蕭韶一班解賽兒等首級來見傅總兵、楊巡撫，把賽兒事説一遍。傅總兵説：「足見各官神算。」稱譽不已。就起奏捷本，一邊打點回京。【眉批】總兵、巡撫因人成事而已。

朝廷陞周經歷做知州，戴指揮陞都指揮，蕭韶、陳鸚兒各授個巡檢，許知縣陞兵備副使。【眉批】兩個標致巡檢。各隨官職大小，賞給金花銀子表禮。王嬌蓮、蕭惜惜等，俱着擇良人爲聘。其餘的在賽兒破敗之後投降的，不准投首，另行問罪。此可爲妖術殺身之監。有詩爲証：

四海縱横殺氣冲，無端女寇犯山東。
吹簫一夕妖氛盡，月缺花殘送落風。

卧師入方

卷三十二

喬兑換胡子宣淫　顯報施卧師入定

詞云：

丈夫隻手把吴鈎，欲斬萬人頭。如何鐵石打成心性，却爲花柔？　君看項籍并劉季，一怒使人愁。只因撞着虞姬、戚氏，豪傑都休。

這首詞，是昔賢所作，説着人生世上「色」字最爲要緊，隨你英雄豪傑，殺人不眨眼的鐵漢子，見了油頭粉面，一個袋血的皮囊，就弄軟了三分。假如楚霸王、漢高祖，分争天下，何等英雄！一個臨死不忘虞姬，一個酒後不忍戚夫人，仍舊做出許多纏綿景狀出來，何況以下之人？風流少年，有情有趣的，牽着個「色」字，怎得不蕩了三魂，走了七魄？却是這一件事，關着陰德極重。【眉批】着眼。那不肯淫人妻女，保全人家節操的人，陰受厚報，有發了高魁的，有享了大禄的，有生了貴子的，往往見于史傳，自不消説。至于貪淫縱欲，使心用腹，污穢人家女眷，没有一個不减算奪禄，或是妻女見報，陰中再不饒過的。

且如宋淳熙末年間，舒州有個秀才劉堯舉，表字唐卿，隨着父親在平江做官。是年正當秋薦，就依隨任之便，雇了一隻船，往秀州赴試。開了船，唐卿舉目向梢頭一看，見了那持檝的，吃了一驚。元來是十六七歲一個美貌女子，鬢鬢嚲媚，眉眼含嬌，雖只是荆布淡妝，種種綽約之態，殊異尋常女子。當梢而立，儼然如海棠一枝斜映水面。唐卿觀之不足，看之有餘，不覺心動。在舟中密密體察光景，曉得是船家之女。稱嘆道：「從來説『老蚌出明珠』，果有此事！」欲待調他一二句話，碍着他的父親同在梢頭行船，恐怕識破。妝做老成，不敢把眼正覷梢上，却時時偷看他一眼。越看越媚，情不能禁。心生一計，只説舟重行遲，趕路不上，要船家上去幫扯縴。

元來這隻船上老兒爲船主，一子一女相幫。是日兒子三官保先在岸上扯縴，唐卿定要强他老兒上去了，止是女兒在那里當稍。唐卿一人在艙中，像意好做光了。未免先尋些閑話試問他。他十句裏邊也回答着一兩句，韵致動人。唐卿趂着他説話，就把眼色丢他。他有時含羞斂避，有時正顔拒却。及至唐卿看了别處，不來兜搭了，却又説句把冷話，背地裏忍笑，偷眼斜盼着唐卿。正是明中妝樣，暗地撩人，一發叫人當不得，要神魂飛蕩了。【眉批】自是拿人的老手，亦老江湖人物耳。唐卿自是酸子，眼孔小。

唐卿思量要大大撩撥他一撩撥，開了箱子，取出一條白羅帕子來，將一個胡桃繫着，綰上一個同心結，抛到女子面前。女子本等看見了，故意假做不知，呆着臉只自當櫓。【眉批】唐卿嫩甚。唐卿恐怕女子真個不覺，被人看見，頻頻把眼送意，把手指着，要他收取。女子只是大剌剌的在那里，竟像個不會意的。看看船家收了縴，將要下船，唐卿一發着急了，指手畫脚。見他只是不動，没個是處，倒懊悔無及，恨不得伸出一隻長手，仍舊取了過來。

船家下得艙來，唐卿面掙得通紅，冷汗直淋，好生置身無地。只見那女兒不慌不忙，輕輕把脚伸去帕子邊，將鞋尖勾將過來，遮在裙底下了。【眉批】疑心人見之，能不心死。慢慢低身倒去，拾在袖中。腆着臉，對着水外只是笑。老手却有趣。唐卿被他急壞，却又見他正到利害頭上，如此做作，遮掩過了，心裏私下感他，越覺得風情着人。自此，兩下多有意了。

明日復依昨説，趕那船家上去，兩人扯縴。唐卿便老着面皮謝女子道：「昨日感卿包容，不然小生面目難施了。」女子笑道：「膽大的人，元來恁地虚怯麽！」唐卿道：「卿家如此國色，如此慧巧，宜配佳偶，方爲厮稱。今文鴛彩鳳，誤墮鷄栖中，豈不可惜？」女子道：「君言差矣，紅顔薄命，自古如此，豈獨妾一人？此皆分定之事，敢生嗟怨？」唐卿一發伏其賢達。自此語話投機，一在艙中，一在梢上，相隔不多幾尺路，眉來眼去，兩情甚濃。却是船家雖在岸上，回轉頭來，就看得船上見的，只好話説往來，做不得一些手脚，乾熱罷了。【眉批】一發難過。

到了秀州，唐卿更不尋店家，就在船上作寓。有意。入試時，唐卿心裏放這女子不下，題目到手，一揮而就，出院甚早。急奔至船上，只見船家父子兩人，趂着艙裏無人，身子閒着，叫女兒看好了船，進城買貨物去了。【眉批】天與之緣，何復奪之算。唐卿見女兒獨在船中，喜從天降，急急跳下船來，問女子道：「你父親、兄弟那里去了？」女子道：「進城去了。」唐卿道：「有煩娘子，移船到静處一話何如？」説罷，便去解纜。女子會意，即忙當櫓，把船移在一個無人往來的所在。唐卿便跳在稍上來，摟着女子道：「我方壯年，未曾娶妻。倘蒙不弃，當與子締百年之好。」女子推遜道：「陋質貧姿，得配君子，固所願也。但枯藤野蔓，豈敢仰托喬松？君子自是青雲之器，他日寧肯復顧微賤？妾不敢承，請自尊重。」唐卿見他説出正經話來，一發憐愛，慾心如火。恐怕强他不得，發起極來，拍着女子背道：「怎麽説那較量的話？我兩日來，被你牽得我神魂飛越，不能自禁，恨没個機會，得與你相近，一快私情。今日天與其便，祇吾兩人在此，正好恣意歡樂，遂平生之願。你却如此堅拒，再没有個想頭了。男子漢不得如願，要那性命何用？你昨者爲我隱藏羅帕，感恩非淺。今既無緣，我當一死以報。」【眉批】既肯移船，即不必發極。唐卿真是嫩貨。説罷，望着河裏便跳。女子急牽住他衣裾道：「不要慌，且再商量。」唐卿轉身來抱住道：「還商量甚麽？」抱至艙裏來，同就枕席。樂事出于望外，真個如獲珍寶。

事畢，女子起身來，自掠了亂髮，就與唐卿整了衣，老手必非處子矣。説道：「辱君俯愛，冒耻仰承。雖然一霎之情，義堅金石。他日勿使剩蕋殘葩，空隨流水。」唐卿道：「承子雅愛，敢負心盟？目今揭曉在即，倘得寸進，必當以禮娶子，貯于金屋。」兩人千恩萬愛，歡笑了一回。【眉批】倘無寸進將如何？非有成算者。女子道：「恐怕父親城裏出來，原移船到舊處住了。唐卿假意上岸，等船家歸了，方纔下船。竟無人知覺此事。誰想：

暗室虧心，神目如電。

唐卿父親在平江任上，懸望兒子赴試消息。忽一日，晚間得一夢，夢見兩個穿黄衣的人，手持一張紙，突然來報道：「天門放榜，郎君已得首薦。」傍邊走過一人，急掣了這張紙去，道：「劉堯舉近日作了欺心事，已壓了一科了。」父親吃一驚，覺來乃是一夢。思量來得古怪，不知兒子做甚麽事。想了此言，未必成名了。果然秀州揭曉，唐卿不得與薦。元來場中考官，道是唐卿文卷好，要把他做頭名。有一個考官另看中了一卷，要把唐卿做第二。那個考官不肯道：「若要做第二，寧可不中。留在下科，不怕不是頭名，不可中壞了他。」【眉批】考官悮人多矣。忍着氣，把他黜落了。

唐卿在船等候，只見紛紛嚷亂，各自分頭去報喜。唐卿船裏静悄悄，鬼也没個走將來。曉得没帳，只是嘆氣。連那稍上女子，也道是失望了，暗暗淚下。唐卿只得看無人處，把好言安慰他，就用他的船，轉了到家。見過父母，父親把夢裏話來問他道：「我夢如此，早知你不得中。【眉批】即不第，以一貴家子，豈不能得一舟中女，而必待成名，方踪迹之乎？唐卿自是無志人。只是你曾做了甚欺心事來？」唐卿口裏賴道：「並不曾做甚事。」却是老大心驚道：「難道有這樣話？」似信不信。

及到後邊，得知場裏這番光景，纔曉得本該得薦，却爲陰德上損了，遲了功名。心裏有些懊悔，却還念那女子不置。到第二科，唐卿果然領了首薦。感念女子舊約，遍令尋訪，竟無下落，不知流泛在那里去了。後來唐卿雖得及第，終身以此爲恨。【眉批】不得不恨。

看官，你看劉唐卿只爲此一着之錯，罰他蹉跎了一科，後邊又不得團圓。蓋因不是他姻緣，所以陰騭越重了。【眉批】好話有益。奉勸世上的人，切不可輕舉妄動，淫亂人家婦女。古人説得好：

我不淫人妻女，妻女定不淫人。
我若淫人妻女，妻女也要淫人。

而今聽小子説一個淫人妻女，妻女淫人，轉輾果報的話。

元朝汚州原上里有個大家子，姓銕，名鎔，先祖爲繡衣御史。娶妻狄氏，姿容美艷，名冠一城。那漢沔風俗，女子好游，貴宅大户，争把美色相夸。一家娶得個美婦，只恐怕别人不知道，倒要各處去賣弄張揚，出外游耍，與人看見。【眉批】惡俗。每每花朝月夕，士女喧闐，稠人廣衆，挨肩擦背，目挑心招，恬然不以爲意。臨晚歸家，途間一一品題：某家第一，某家第二。説着好的，喧譁謔浪，彼此稱羡，也不管他丈夫聽得不聽得。就是丈夫聽得了，也道是别人贊他妻美，心中暗自得意。便有兩句取笑了他，總是不在心上的。【眉批】無耻極矣。到了至元、至正年間，此風益甚。銕生既娶了美妻，巴不得領了他各處去摇擺。每到之處，見了的無不嘖嘖稱賞。那與銕生相識的，調笑他，夸美他，自不必説；只是那些不曾識面的，一見了狄氏，問知是銕生妻子，便來椏相知，把言語來撩撥，酒食來攏哄，道他是有緣之人，有福之人，大家來奉承他。【眉批】可謂有妻福。所以銕生出門，不消帶得本錢在身邊，自有這一班人扳他去吃酒吃肉，常得醉飽而歸。滿城内外人，没一個不認得他，没一個不懷一點不良之心，打點勾搭他妻子。只是銕生是個大户人家，又且做人有些性氣剛狠，没個因由，不敢輕惹得他，只好乾嚥唾沫，眼裏口裏討些便宜罷了。

古人兩句說得好：

謾藏誨盜，冶容誨淫。

狄氏如此美艷，當此風俗，怎容得他清清白白過世？自然生出事體來。又道是「無巧不成話」，其時同里有個人，姓胡，名綏，有妻門氏，也生得十分嬌麗。雖比狄氏略差些兒，也算得是上等姿色。若没有狄氏在面前，無人再賽得過了。這個胡綏亦是個風月浪蕩的人，雖有了這樣好美色，還道是讓狄氏這一分，好生心裏不甘伏。誰知銕生見了門氏，也羨慕他，思量一網打盡，兩美俱備，方稱心願。【眉批】俱不知足，所以俱敗家風。因而兩人各有欺心，彼此交厚，共相結納。意思便把妻子大家兑用一用，也是情愿的。銕生性直，胡生性狡。銕生在胡生面前，時常露出要勾上他妻子的意思來。胡生將計就計，把說話曲意倒在銕生懷裏，再無推拒。銕生道是胡生好說話，畢竟可以圖謀，不知胡生正要乘此機會，營勾狄氏，却不漏一些破綻出來。【眉批】畢竟深心者事先成，而報亦速。

銕生對狄氏道：「外人都道你是第一美色，據我所見，胡生之妻，也不下於你。怎生得設個法兒，到一到手。人生一世，兩美俱爲我得，死也甘心。」狄氏道：「你與胡生恁地相好，把話實對他說不得？」銕生道：「我也曾微露其意，他也不以爲怪。却是怎好直話得出？必是你替我做個牽頭，纔弄得成。只怕你要吃醋撚酸。」狄氏道：「我從來没有妒心的。可以幫襯處，無不幫襯。却有一件，女人的買賣，各自門，各自户，如何能到惹得他？除非你與胡生内外通家，出妻見子，彼此無忌，時常引得他到我家裏來，方好覷個機會，弄你上手。」銕生道：「賢妻之言，甚是有理。」

從此，愈加結識胡生，時時引他到家裏吃酒。連他妻子請將過來，叫狄氏陪着。外邊廣接名姬狎客，調笑戲謔。【眉批】賠了夫人又折兵，銕生之謂也。一來要奉承胡生喜歡，二來要引動門氏情性。但是宴樂時節，狄氏引了門氏在裏面簾内窺看。看見外邊淫昵褻狎之事，無所不爲，隨你石人，也要動火。兩生心裏各懷着一點不良之心，多各賣弄波俏，打點打動女佳人。誰知裏邊看的女人，先動火了一個。你道是誰？【眉批】自招之，尤開門揖盗。元來門氏雖然同在那里窺看，到底是做客人的，帶些拘束，不像狄氏自家屋裏，恣性瞧看，惹起春心。那胡生比鋏生，不但容貌勝他，只是風流身分、温柔性格、在行氣質。遠過鋏生。狄氏反看上了，時時在簾内露面調情，越加用意支持酒餚，毫無倦色。鋏生道是有妻内助，心裏快活，那里曉得就中之意？【眉批】痴漢。

鋏生酒後對胡生道：「你我各得美妻，又且兩人相好至極，可謂難得。」胡生謙遜道：「拙妻陋質，怎能比得尊嫂生得十全？」鋏生道：「據小弟看來，不相上下的了。只是一件，你我各守着自己的，亦無別味。我們做個癡興不着，彼此更换一用，交收其美，心下何如？」此一句話，正中胡生深機，假意答道：「拙妻陋質，雖蒙奬賞；小弟自揣，怎敢有犯尊嫂？【眉批】良心已喪，安得不敗壞。這個於理不當。」鋏生笑道：「我們醉後謔浪至此，可謂忘形之極。」彼此大笑而散。

鋏生進來，帶醉看了狄氏，擡他下頦道：「我意欲把你與胡家的兑用一兑用，何如？」【眉批】鋏生痴甚，胡生可恨，狄氏尤狠。狄氏假意罵道：「痴烏龜，你是好人家兒女，要偷別人的老婆，倒捨着自己妻子身體！虧你不羞，説得出來！」鋏生道：「總是通家相好的，彼此便宜何妨？」狄氏道：「我在裏頭幫襯你湊趣使得，要我做此事，我却不肯。」【眉批】老面皮。鋏生道：「我也是取笑的説話，難道我真個捨得你不成？我只是要勾着他罷了。」狄氏道：「此事性急不得，你只要攛哄得胡生快活，他未必不像你一般見識，捨得妻子，也不見得。」【眉批】正是。鋏生摟着狄氏道：「我那賢惠的娘，説得有理。」一同狄氏進房睡了，不題。

却説狄氏雖有了胡生的心，只爲鋏生性子不好，想道：「他因一時間思量勾搭門氏，高興中有此癡話。

萬一做下了事，被他知道了，後邊有些嫌忌起來，碍手碍脚，到底不妙。【眉批】此意更狠。何如只是用些計較，瞞着他做，安安穩穩，快樂不得？」心中算計已定了。一日，胡生又到鐵生家飲酒，此日只他兩人，並無外客。狄氏在簾内往往來來，示意胡生。胡生心照了，留量不十分吃酒，却把大甌勸鐵生，哄他道：「小弟一向蒙兄長之愛，過于骨肉。兄長俯念拙妻，拙妻也仰慕兄長。小弟乘間下説詞説他，已有幾分肯了。【眉批】惡毒甚。只要兄長看顧小弟，不消説，先要兄長做百來個妓者東道請了我，方與兄長圖成此事。」鐵生道：「得兄長肯賜周全，一千個東道也做。」鐵生見説得快活，放開了量，大碗價吃。胡生只把肉麻話哄他吃酒，不多時爛醉了。胡生只做扶他的名頭，抱着鐵生進簾内來。狄氏正在簾邊，他一向不避忌的，就來接手攙扶，鐵生已自一些不知。胡生把嘴唇向狄氏臉上做要親的模樣，狄氏就把脚尖兒勾他的脚，聲唤使婢艷雪、卿雲兩人來扶了家主進去，剛剩得胡生、狄氏在簾内。胡生便抱住不放，狄氏也轉身來回抱。胡生就求歡道：「渴慕極矣。今日得諧天上之樂，三生之緣也。」狄氏道：「妾久有意，不必多言。」【眉批】可謂朋友先施。褪下褲來，就在堂中椅上坐了，蹺起雙脚，任胡生雲雨起來。可笑鐵生心貪胡妻，反被胡生先淫了妻子。正是：

捨却家常慕友妻，誰知背地已偷期。
賣了餛飩買麵吃，恁樣心腸癡不癡？

胡生風流在行，放出手段，儘意舞弄，狄氏歡喜無盡，叮囑胡生不可洩漏。胡生道：「多謝尊嫂不棄小生，賜與歡會。却是尊兄許我多時，就知道了也不妨碍。」狄氏道：「拙夫因貪賢閫，故有此話。雖是好色心重，却是性剛心直，不可惹他。【眉批】可畏。只好用計賺他，私圖快活，方爲長便。」胡生道：「如何用計？」狄氏道：「他是個酒色行中人。你訪得有甚名妓，牽他去吃酒闞宿，等他不歸來，我與你就好通宵取樂了。」胡生道：「這見識極有理。他方纔欲營勾我妻，許我妓館中一百個東道。我就借此機會，攛唆一兩個好妓者絆住了他，不怕他不留戀。只是怎得許多纏頭之費供給他？」狄氏道：「這個多在我身上。」胡生道：「若得尊嫂如此留心，小生拚儘着性命，陪尊嫂取樂。」兩個計議定了，各自散去。

元來胡家貧，銕家富，所以銕生把酒食結識胡生，胡生一面奉承，怎知反着其手？銕生家道雖富，因爲花酒面上，費得多，把膏腴的產業，逐漸費掉了。又遇狄氏搭上了胡生，終日攛掇他去出外取樂，狄氏自與胡生治酒歡會，珍饈備具，日費不貲。狄氏喜歡過甚，毫不吝惜，只乘着銕生急迫，就與胡生內外攛哄他，把產業賤賣了。狄氏又把價錢藏起些，私下奉養胡生。胡生訪得有名妓，就引着銕生去入馬，置酒留連，日夜不歸。狄氏又將平日所藏之物，時時寄些與丈夫爲酒食犒賞之助。【眉批】妙着！只要他不歸來，便與胡生暢情作樂。【眉批】真痴。

銕生道是妻賢不妒，越加放恣，自謂得意。有兩日歸來，狄氏見了，千歡萬喜，毫無嗔妒之意。銕生感激不勝，夢裏也道妻子是個好人。有一日，正安排了酒菓，要與胡生享用，恰遇銕生歸來，見了說道：「爲何置酒？」狄氏道：「曉得你今日歸來，恐怕寂寞，故設此等待，已着人去邀胡生來陪你了。」銕生道：「知我心者我妻也。」須臾，胡生果來，鉄生又與盡歡。商量的只是衕衕門中說話。有時醉了，又挑着門氏的話，胡生道：「你如今有此等名姬相交，何必還顧此糟糠之質？果然不嫌醜陋，到底設法上你手罷了。」【眉批】落得口許，只叫他應接不暇，可謂真狡。銕生感謝不盡。却是口裏雖如此說，終日被胡生哄到妓家，醉夢不醒，弄得他眼花撩亂，也那有閑日子去與門氏做綽趣工夫？【眉批】真狡。

胡生與狄氏却打得火一般熱，一夜也間不的。碍着銕生在家，須不方便。胡生又有一個吃酒易醉的方，私下傳授了狄氏，做下了酒，不上十來杯，便大醉軟攤，只思睡去。自有了此方，銕生就是在家，或與狄氏，或與胡生，吃不多幾杯，已自頹然在旁。胡生就出來，與狄氏换了酒，終夕笑語淫戲，銕生竟是不覺得。

有番把歸來時，撞着胡生、狄氏正在歡飲，胡生雖悄地避過，杯盤狼籍，收拾不迭。銕生問起，狄氏只説「某親眷到來，留着吃飯，怕你來强酒，吃不過，逃去了。」銕生便就不問。只因前日狄氏説了不肯交兑的話，信以爲實，道是個心性貞潔的人。【眉批】忒不精細。　那胡生又狎暱奉承，惟恐不及，終日陪闞妓、陪吃酒的，一發那裏疑心着？况且兩個有心人，算一個無心人，使婢又做了脚，便有些小形迹，也都遮飾過了。【眉批】如銕生者，即不瞞亦可，何必算耶。　到底外認胡生爲良朋，内認狄氏爲賢妻，迷而不悟。

街坊上人知道此事的，漸漸多了，編着一隻《奤（音可）調山坡羊》來，嘲他道：

那風月場，那一個不愛？只是自有了嬌妻，也落得個自在，又何須終日去亂走胡行，反把個貼肉的人兒送別人還債！你要把別家的一手攀來，誰知在家的把你雙手托開。果然是羅（狄）的到先羅了，你曾見他那門兒安在？割猫兒尾拌着猫飯來，也落得與人用了些不疼的家財。乖乖，這樣貪花，只算得折本消灾。乖乖，這場交易，不做得公道生涯。

却説銕生終日耽于酒色，如醉如夢，過了日子，不覺身子淘出病來，起床不得，眠卧在家。胡生自覺有些不便，不敢往來。狄氏通知他道：「丈夫是不起床的，亦且使婢們做眼的多，只管放心來走，自不妨事。」胡生得了這個消息，竟自别無顧忌，出入自擅。慣了脚步，不覺忘懷了，錯在床面前走過。銕生忽然看見了，怪問起來道：「胡生如何在裏頭走出來？」狄氏與兩個使婢同聲道：「自不曾見人走過，那里甚麼胡生？」銕生道：「適纔所見，分明是胡生，你們又説没甚人走過，難道病眼模糊，見了鬼了？」【眉批】太昏！　狄氏道：「非是見鬼，你心裏終日想其妻子，想得極了，故精神恍惚，開眼見他，是個眼花。」【眉批】巧言之婦。

次日，胡生知道了這話，説道：「雖然一時扯編哄了他，他後邊病好了，必然静想得着，豈不疑心？他既認是鬼，我有道理，真箇把個鬼來與他看看。【眉批】狡極！等他信實是眼花了，以免日後之疑。」狄氏笑道：「又來調喉，那裏得有個鬼？」胡生道：「我今夜乘暗躲在你家後房，落得與你歡樂。明日我妝做一個鬼走了出去，却不是一舉兩得？」果然是夜狄氏安頓胡生在别房，却叫兩個使婢在床前相伴家主，自推不耐煩伏侍，圖在别床安寢。撇了銕生，徑與胡生睡了一晚。

明日，打聽得銕生睡起朦朧，胡生把些靛塗了面孔，將鬢髮染紅了，用綿裹了兩隻脚，要走得無聲，故意在銕生面前直衝而出。【眉批】一似弄小孩子。銕生病虚的人，一見大驚，喊道：「有鬼，有鬼！」忙把被遮了頭，只是顫。狄氏急忙來問道：「爲何大驚小怪？」【眉批】墮其計中。銕生哭道：「我説昨日是鬼，今日果然見鬼了。此病凶多吉少，急急請個師巫，替我禳解則個。」自此一驚，病勢漸重。【眉批】豈不陰騭。狄氏也有些過意不去，只得去訪求法師。其時，離原上百里，有一個了卧禪師，號虚谷，戒行爲諸山首冠。銕生以禮請至，建懺悔法壇，以祈佛力保祐。

是日，卧師入定，過時不起，至黄昏始醒。問銕生道：「你上代有個繡衣公麽？」銕生道：「就是吾家公公。」卧師又問道：「你朋友中有個胡生麽？」銕生道：「是吾好友。」狄氏見説着胡生，有些心病，也來側耳聽着。【眉批】干係。卧師道：「適間所見甚奇。」銕生道：「有何奇處？」卧師道：「貧僧初行，見本宅土地，恰遇宅上先祖繡衣公在那里訴冤，道其孫爲胡生所害。土地辭是職卑，理不得這事，教繡衣公道：『今日南北二斗會降玉笥峰下，可往訴之，必當得理。』繡衣公邀貧僧同往。到得那裏，果然見兩個老人，一個着緑，對坐下棋。繡衣公叩頭仰訴，老人不應。繡衣公訴之不止。棋罷，方開言道：『福善禍淫，天自有常理。爾是儒家，乃昧自取之理，爲無益之求。爾孫不肖，有死之理。但爾爲名儒，不宜絶嗣，爾孫可以不死。胡生宣淫敗度，妄誘爾孫，不受報于人間，必受罪于陰世。爾且歸，胡生自有主者，不必仇他，也不必訴我。』説罷，顧貧僧道：『爾亦有緣，得見吾輩。爾既見此事，爾須與世人說知，也使知禍福不爽。』言訖而去。貧僧定中所見如此。今果有繡衣公與胡生，豈不奇哉？」狄氏聽見大驚，没做理會處。鐵生也只道胡生誘他闞蕩，故公公訴他，也還不知狄氏有這些緣故。【眉批】太昏。但見說可以不死，是有命的，把心放寬了，病體減動好些。反是狄氏替胡生耽憂，害出心病來。

不多幾時，鐵生全愈，胡生腰痛起來。旬日之内，癱疽大發。醫者道是酒色過度，水竭無救。鐵生日日直進卧内問病，一向通家，也不避忌。門氏在床邊伏侍，遮遮掩掩，見鐵生日常周濟他家的，心中帶些感激，漸漸交通説話，眉來眼去。【眉批】今日之姑蘇，前日之會稽。鐵生出于久慕，得此機會，老大撩撥。調得情熟，背了胡生眼後，兩人已自搭上了。鐵生從來心願，賠了妻子多時，至此方纔勾帳，正是：

一報還一報，皇天不可欺。
向來打交易，正本在斯時。

門氏與鐵生成了此事，也似狄氏與胡生起初一般的如膠似漆。曉得胡生命在旦夕，到底没有好的日子了，兩人恩山義海，要做到頭夫妻。鐵生對門氏道：「我妻甚賢，前日尚許我接你來，幫襯我成好事，而今若得娶你同去相處，是絶妙的了。」門氏冷笑了一聲道：「如此肯幫襯人，所以自家也會幫襯。」【眉批】亦巧言。鐵生道：「他如何自家幫襯？」門氏道：「他與我丈夫往來已久，晚間時常不在我家裏睡。但看你出外，就到你家去了。你難道一些不知？」鐵生方纔如夢初覺，如醉方醒，曉得胡生騙着他，所以卧師入定，先祖有此訴。今日得門氏上手，也是果報。對門氏道：「我前日眼裏親看見，却被他們把鬼話遮掩了。今日若非娘子說出，到底被他兩人瞞過。」門氏道：「切不可到你家説破，怕你家的怪我。」鐵生道：「我既有了你，可以釋恨，况且你丈夫將危了，我還家去張揚做甚麽？」【眉批】本初心也，元可不恨。悄悄别了門氏，回家裏來，且自隱忍不言。

不兩日，胡生死了。銕生弔罷歸家，狄氏念着舊情，心中哀痛，不覺掉下淚來。銕生此時有心看人的了，有甚麽看不出？冷笑道：「此淚從何而來？」狄氏一時無言。銕生道：「我已盡知，不必瞞了。」狄氏紫漲了面皮，强口道：「是你相好往來的死了，不覺感嘆墮淚，有甚麽知不知，瞞不瞞？」銕生道：「不必口强。我在外面宿時，他何曾在自家家裏宿？你何曾獨自宿了？我前日病時，親眼看見的，又是何人？還是你相好往來的死了，故此感嘆墮淚。」【眉批】却不道怎的。狄氏見説着真話，不敢分辨，默默不樂。又且想念胡生，闔眼就見他平日模樣。懨懨成病，飲食不進而死。

死後半年，銕生央媒把門氏娶了過來，做了續絃。銕生與門氏甚是相得。心中想着卧師所言，禍福之報，好生警悟。對門氏道：「我只因見你姿色，起了邪心，却被胡生先淫媾了妻子，這是我的花報。胡生與吾妻子，背了我淫媾，今日却一時俱死，你歸于我，這却是他們的花報。此可爲妄想邪淫之戒。先前卧師入定轉來，已説破了。我如今悔心已起，家業雖破，還好收拾支撑。我與你安分守己過日罷了。」銕生就禮拜卧師爲師父，受了五戒，戒了邪淫，也再不放門氏出去游蕩了要緊。。

漢沔之間，傳將此事出去，曉得果報不虛。【眉批】大功。卧師又到處把定中所見，勸人，變了好些風俗。有詩爲証：

> 江漢之俗，其女好游。
> 自非文化，誰不可求。
> 睹色相悦，彼此瞥勾。
> 寧知捷足，反占先頭。

誘人蕩敗，自己綢繆。

一朝身去，田上人收。

眼前還報，不爽一籌。

奉勸世人，莫愛風流。

卷三十三

張員外義撫螟蛉子　包龍圖智賺合同文

詩曰：

得失榮枯總在天，機關用盡也徒然。
人心不足蛇吞象，世事到頭螳捕蟬。
無藥可延卿相壽，有錢難買子孫賢。
甘貧守分隨緣過，便是消遥自在仙。

話説大梁有個富翁，姓張。妻房已喪，没有孩兒，止生一女，招得個女婿。那張老年紀已過七十，因把田産家緣盡交女婿，并做了一家，賴其奉養，以爲終身之計。女兒、女婿也自假意奉承，承顔順旨，他也不作生兒之望了。不想已後漸漸踈懶，老大不堪。忽一日，在門首閒立，只見外甥走出來尋公公吃飯，張老便道：「你尋我吃飯麽？」外甥答道：「我尋自己的公公，不來尋你。」張老聞得此言，滿懷不樂，自想道：『女兒落地便是别家的人』，果非虚話。我年紀雖老，精力未衰，何不娶個偏房？倘或生得一個男兒，也是張門後代。」隨把自己留下餘財，央媒娶了魯氏之女。成婚未久，果然身懷六甲。方及週年，生下一子。張老十分歡喜，親戚之間，都來慶賀。【眉批】人情之常。惟有女兒、女婿，暗暗地煩惱。張老隨將兒子取名一飛，衆人都稱他爲張一郎。

又過了一二年，張老患病，沉重不起。將及危急之際，寫下遺書二紙。將一紙付與魯氏道：「我只爲女婿、外甥不孝，故此娶你做個偏房。天可憐見生得此子。本待把家私盡付與他，争奈他年紀幼小，你又是個女人，不能支持門户，不得不與女婿管理。我若明明説破他年要歸我兒，又恐怕他每暗生毒計。而今我這遺書中暗藏謎謎，你可緊緊收藏，且待我兒成人之日，從公告理。倘遇着廉明官府，自有主張。」魯氏依言收藏過了。

張老便叫人請女兒、女婿來，囑付了幾句，就把一紙遺書與他。女婿接過看道：

張一非我子也家財盡與我婿外人不得争佔

女婿看過，大喜，就交付渾家收訖。張老又私把自己餘貲與魯氏母子爲日用之費，賃間房子與他居住。數日之内，病重而死。那女婿殯葬丈人已畢，道是家緣盡是他的，夫妻兩口，洋洋得意，自不消説。

却説魯氏撫養兒子，漸漸長成。因憶遺言，帶了遺書，領了兒子，當官告訴。争奈官府都道是親筆遺書既如此説，自應是女婿得的。又且那女婿有錢買囑，誰肯與他分剖？親戚都爲張一不平，齊道：「張老病中亂命，如此可笑！」却是没做埋會處。【眉批】親戚有公道，官府不如矣，官府有欲，親戚無欲也。若亦以錢囑之，不難改口。

又過了幾時，换了個新知縣，大有能聲。魯氏又領了兒子，到官告訴，説道：「臨死之時説，書中暗藏謎謎。」那知縣把書看了又看，忽然會意，便叫人唤將張老的女兒、女婿、衆親眷們及地方父老都來。知縣對那女婿説道：「你婦翁真是個聰明的人，若不是這遺書，家私險被你佔了。待我讀與你聽：

張一非，我子也，家財盡與。我婿外人，不得争佔。

你道怎麽把『飛』字寫做『非』字？只恐怕舅子年幼，你見了此書，生心謀害，故此用這機關。如今被我識出，家財自然是你舅子的。再有何説？」當下舉筆把遺書圈斷，家財盡判還張一飛，衆人拱服而散。纔曉得張老取名之時，就有心機了。正是：

異姓如何擁厚資？應歸親子不須疑。
書中啞謎誰能識？大尹神明果足奇。

只這個故事，可見親踈分定，縱然一時朦朧，久後自有廉明官府，剖斷出來，用不着你的瞞心昧己。如今待小子再宣一段話本，叫做《包龍圖智賺合同文》。

你道這話本，出在那里？乃是宋朝汴梁西關外義定坊，有個居民劉大，名天祥，娶妻楊氏。兄弟劉二，名天瑞，娶妻張氏。嫡親數口兒，同家過活，不曾分另。天祥没有兒女，楊氏是個二婚頭，初嫁時，帶個女兒來，俗名叫做拖油瓶。天瑞生個孩兒，叫做劉安住。本處有個李社長，生一女兒，名唤定奴，與劉安住同年。因爲李社長與劉家交厚，從未生時，指腹爲婚。劉安住二歲時節，天瑞已與他聘定李家之女了。那楊氏甚不賢慧，又私心要等女兒長大，招個女婿，把家私多分與他。因此，妯娌間時常有些説話的，虧得天祥兄弟和睦，張氏也自順氣，不致生隙。

不想遇着荒歉之歲，六料不收。上司發下明文，着居民分房減口，往他鄉外府趂熟。天祥與兄弟商議，便要遠行。天瑞道：「哥哥年老，不可他出。待兄弟帶領妻兒去走一遭。」天祥依言，便請將李社長來，對他説道：「親家在此！只因年歲凶歉，難以度日。上司旨意，着居民減口，往他鄉趂熟。如今我兄弟三口兒，擇日遠行。【眉批】上司多事，救荒無奇策，不擾之足矣。我家自來不曾分另，意欲寫下兩紙合同文書，把應有的庄田物件，房廊屋舍，都寫在這文書上，我每各收留下一紙。兄弟一二年回來便罷，若兄弟十年、五年不來，其間萬一有些好歹，這紙文書，便是個老大的証見。特請親家到來，做個見人，與我每畫個字兒。」李社長應承道：「當得，當得。」天祥便取出兩張素紙，舉筆寫道：

東京西關義定坊，住人劉天祥，弟劉天瑞，幼侄安住，只爲六料不收，奉上司文書，分房減口，各處趂熟。弟天瑞自願挈妻帶子，他鄉趂熟。一應家私房產，不曾分另。今立合同文書二紙，各收一紙爲照。

年　月　日　立文書人劉天祥

親弟劉天瑞

見人李社長

當下各人畫個花押。兄弟二人，每人收了一紙。管待了李社長，自別去了。天瑞揀個吉日，收拾行李，辭別兄嫂而行。弟兄兩個，俱各流淚。惟有楊氏，巴不得他三口出門，甚是得意。有一隻《仙呂賞花時》，單道着這事：

兩紙合同各自收，一日分離無限憂。辭故里，往他州。只爲這黄苗不救。可兀的心去意難留。

且說天瑞帶了妻子，一路餐風宿水，無非是：

逢橋下馬，過渡登舟。

不則一日，到了山西潞州高平縣下馬村。那邊正是豐稔年時，諸般買賣好做，就租個富户人家的房子住下了。那個富户張員外，雙名秉彝，渾家郭氏。夫妻兩口，爲人踈財仗義，好善樂施，廣有田庄地宅，只是寸男尺女並無，以此心中不滿。見了劉家夫妻，爲人和氣，十分相得。那劉安住年方三歲，張員外見他生得眉清目秀，乖覺聰明，滿心歡喜。與渾家商議，要過繼他做個螟蛉之子。郭氏心裏也正要如此。便央人與天瑞和張氏說道：「張員外看見你家小官人，十二分得意，有心要把他做個過房兒子，通家往來，未知二位意下何如？」天瑞和張氏見富家要過繼他兒子，有甚不像意處？便回答道：「只恐貧寒，不敢仰攀。若蒙員外如此美情，我夫妻兩口住在這里，可也增好些光彩哩。」那人便將此話回復了張員外，張員外夫妻甚是快活。便揀個吉日，過繼劉安住來，就叫他做張安住。那張氏與員外爲是同姓，又拜他做了哥哥。自此與天瑞認爲郎舅，往來交厚，房錢衣食，都不要他出了。

自此將及半年，誰想歡喜未來，煩惱又到，劉家夫妻二口，各各染了疫症，一卧不起。正是：

濃霜偏打無根草，禍來只奔福輕人。

張員外見他夫妻病了，視同骨肉，延醫調理，只是有增無減。不上數日，張氏先自死了。天瑞大哭一場，又得張員外買棺殯斂。過幾日，天瑞看看病重，自知不痊，便央人請將張員外來，對他說道：「大恩人在上，小生有句心腹話兒，敢說得麽？」員外道：「姐夫，我與你義同骨肉。有甚分付，都在不才身上，决然不負所托。但説何妨？」天瑞道：「小生嫡親的兄弟兩口。當日離家時節，哥哥立了兩紙合同文書。哥哥收一紙，小生收一紙，怕有些好歹，以此爲証。今日多蒙大恩人另眼相看，誰知命蹇時乖，果然做了他鄉之鬼。安住孩兒幼小無知，既承大恩人過繼，只望大恩人廣脩陰德，將孩兒撫養成人長大。把這紙合同文書，分付與他，將我夫妻兩把骨殖埋入祖墳。小生今生不能補報，來生來世情愿做驢做馬，報答大恩。是必休迷了孩兒的本姓。」説罷，淚如雨下。張員外也自下淚，滿口應承，又把好言安慰他。天瑞就取出文書，與張員外收了。捱至晚間，瞑目而死。張員外又備棺木衣衾，盛殮已畢；將他夫妻兩口棺木，權埋在祖塋之側。

自此撫養安住，恩同己子。安住漸漸長成，也不與他説知就裏，就送他到學堂裏讀書。安住伶俐聰明，過目成誦。年十餘歲，五經子史，無不通曉。又且爲人和順，孝敬二親，張員外夫妻珍寶也似的待他。每年春秋節令，帶他上墳，就叫他拜自己的父母，但不與他説明緣故。

真是光陰似箭，日月如梭，撚指之間，又是一十五年，安住已長成十八歲了。張員外正與郭氏商量，要與他說知前事，着他歸宗葬父。時遇清明節令，夫妻兩口，又帶安住上墳。只見安住指着傍邊的土堆，問員外道：「爹爹年年叫我拜這墳塋，一向不曾問得，不知是我甚麽親眷，乞與孩兒說知。」張員外道：「我兒，我正待要對你說，着你還鄉，只恐怕曉得了自己的爹爹、媽媽，便把我們撫養之恩，都看得冷淡了。你本不姓張，也不是這里人氏。你本姓劉，東京西關義定坊居民劉天瑞之子，你伯父是劉天祥。因爲你那里六料不收，分房減口，你父親、母親帶你到這里趁熟。不想你父母雙亡，埋葬于此。你父親臨終時節，遺留與我一紙合同文書，應有家私田產，都在這文書上。叫待你成人長大，與你說知就裏，着你帶這文書，去認伯父、伯母，就帶骨殖去祖墳安葬。兒嚛，今日不得不說與你知道，我雖無三年養育之苦，也有十五年擡舉之恩，却休忘我夫妻兩口兒。」

安住聞言，哭倒在地。員外和郭氏叫喚甦醒。安住又對父母的墳塋，哭拜了一場道：「今日方曉得生身的父母！」就對員外、郭氏道：「禀過爹爹、母親，孩兒既知此事，時刻也遲不得了。乞爹爹把文書付我，須索帶了骨殖，往東京走一遭去。埋葬已畢，重來侍奉二親，未知二親意下何如？」員外道：「這是行孝的事，我怎好阻當得你？但只願你早去早回，免使我兩口兒懸望。」當下一同回到家中，安住收拾起行裝。次日拜別了爹媽，員外就拿出合同文書，與安住收了。又叫人啟出骨殖來，與他帶去。臨行，員外又分付道：「休要久戀家鄉，忘了我認義父母。」安住道：「孩兒怎肯做知恩不報恩？大事已完，仍到膝下侍養。」三人各各灑淚而別。

安住一路上不敢遲延，早來到東京西關義定坊了。一路問到劉家門首，只見一個老婆婆站在門前。安住上前唱了個偌道：「有煩媽媽與我通報一聲：我姓劉，名安住，是劉天瑞的兒子。」問得此間是伯父、伯母的家裏，特來拜認歸宗。」只見那婆子一聞此言，便有些變色。就問安住道：「如今二哥、二嫂在那里？你既是劉安住，須有合同文字爲照。不然，一面不相識的人，如何信得是真？」安住道：「我父母十五年前死在潞州了。我虧得義父撫養到今。文書自在我行李中。」那婆子道：「則我就是劉大的渾家。既有文書，便是真的了。可把與我。你且站在門外，待我將進去與你伯伯看了，接你進去。」安住道：「不知就是我伯娘，多有得罪。」就解開行李，把文書雙手遞將送去。楊氏接得，望着裏邊去了。安住等了半晌，不見出來。原來楊氏的女兒，已贅過女婿，滿心只要把家緣盡數與他，日夜防的是叔嬸、侄兒回來。今見說叔嬸俱死，伯侄兩個又從不曾識認，可以欺騙得的。當時賺得文書到手，把來緊緊藏在身邊暗處，却待等他再來纏時，與他白賴。也是劉安住悔氣，合當有事，撞見了他。若是先見了劉天祥，須不到得有此。【眉批】騙他在門外，足知其不良矣。

再說劉安住等得氣嘆口渴，鬼影也不見一個，又不好走得進去。正在疑心之際，只見前面走將一個老年的人來，問道：「小哥，你是那里人？爲甚事在我門首呆呆站着？」安住道：「你莫非就是我伯伯麽？則我便是十五年前父母帶了潞州去趁熟的劉安住。」那人道：「如此説起來，你正是我的侄兒。你那合同文書安在？」安住道：「適纔伯娘已拿將進去了。」劉天祥滿面堆下笑來，携了他的手，來到前廳，安住倒身下拜。天祥道：「孩兒行路勞頓，不須如此。我兩口兒年紀老了，真是風中之燭。自你三口兒去後，一十五年，杳無音信。我們兄弟兩個，只看你一個人。【眉批】既有偌大家私，當時何必分房？偌大家私，無人承受，煩惱得我眼也花、耳也聾了。如今幸得孩兒歸來，可喜！可喜！但不知你父母安否？如何不與你同歸來看我們一看？」安住撲簌簌淚下，就把父母雙亡、義父撫養的事體，從頭至尾，説了一遍。

劉天祥也哭了一場，就唤出楊氏來道：「大嫂，侄兒在此見你哩。」楊氏道：「那個侄兒？」天祥道：「就是十五年前去趂熟的劉安住。」楊氏道：「那個是劉安住？這裏哨子每極多，大分是見我每有些家私，假妝做劉安住來冒認的。他爹娘去時，有合同文書。若有，便是真的；如無，便是假的。有甚麽難見處？」天祥道：「適纔孩兒説道：已交付與你了。」楊氏道：「我不曾見。」安住道：「是孩兒親手交與伯娘的，怎如此説？」天祥道：「大嫂休鬬我耍，孩兒説你拿了他的。」楊氏只是摇頭，不肯承認。天祥又問安住道：「這文書委實在那里？你可實説。」安住道：「孩兒怎敢有欺？委實是伯娘拿了。人心天理，怎好賴得。」楊氏駡道：「這個説謊的小弟子孩兒，我幾曾見那文書來？」天祥道：「大嫂休要鬬氣。你果然拿了，與我一看何妨？」楊氏大怒道：「這老子也好糊塗！我與你夫妻之情，倒信不過；一個鐵驀生的人，倒並不疑心！這紙文書，我要他糊窗兒？有何用處？若果侄兒來，我也歡喜，如何肯揹留他的？這花子故意來捏舌，哄騙我們的家私哩！」安住道：「伯伯，你孩兒情愿不要家財，只要傍着祖墳上埋葬了我父母這兩把骨殖，我便仍到潞州去了。你孩兒須自有安身立命之處。」楊氏道：「誰聽你這花言巧語？」當下提起一條桿棒，望着安住劈頭劈臉，打將過來，早把他頭兒打破了，鮮血迸流。天祥雖在傍邊解勸，喊道：「且問個明白！」却是自己又不認得侄兒，見渾家抵死不認，不知是假是真，好生委決不下，只得由他。那楊氏將安住又出前門，把門閉了。正是：

黑蟒口中舌，黄蜂尾上針。
兩般猶未毒，最毒婦人心。

劉安住氣倒在地多時，漸漸甦醒轉來，對着父母的遺骸，放聲大哭。又道：「伯娘，你直下得如此狠毒！」

正哭之時，只見前面又走過一個人來，問道：「小哥，你那裏人？爲甚事在此啼哭？」安住道：「我便是十五年前隨父母去趂熟的劉安住。」那人見説，吃了一驚。仔細相了一相，問道：「誰人打破你的頭來？」安住道：「這不干我伯父事，是伯娘不肯認我，拿了我的合同文書，抵死賴了，又打破了我的頭。」那人道：「我非別人，就是李社長。這等說起來，你是我的女婿。你且把十五年來的事情，細細與我說一遍，待我與你做主。」安住見說是丈人，恭恭敬敬唱了個偌，哭告道：「岳父聽禀：當初父母同安住趁熟，到山西潞州高平縣下馬村張秉彝員外家店房中安下。父母染病雙亡，張員外認我爲義子，擡舉的成人長大。我如今十八歲了，義父纔與我說知就裏。因此擔着我父母兩把骨殖，來認伯伯。誰想伯娘將合同文書賺的去了，又打破了我的頭。這等寃枉，那里去告訴？」說罷，淚如湧泉。

李社長氣得面皮紫漲，又問安住道：「那紙合同文書，既被賺去，你可記得麽？」安住道：「記得。」李社長道：「你且背來我聽。」安住從頭念了一遍，一字無差。李社長道：「果是我的女婿，再不消說。這虔婆好生無理！我如今敲進劉家去。說得他轉便罷，說不轉時，現今開封府府尹是包龍圖相公，十分聰察，我與你同告狀去，不怕不斷還你的家私。」安住道：「全憑岳丈主張。」

李社長當時敲進劉天祥的門，對他夫妻兩個道：「親翁、親媽，什麽道理？親侄兒回來，如何不肯認他？反把他頭兒都打破了！」楊氏道：「這個社長，你不知他是詐騙人的，故來我家裏打渾！他既是我家侄兒，當初曾有合同文書，有你畫的字。若有那文書的，便是劉安住。」李社長道：「他說是你賺來藏過了，如何白賴？」楊氏道：「這社長也好笑，我何曾見他的？却似指賊的一般。別人家的事情，誰要你多管！」

當下又舉起桿棒，要打安住。

李社長恐怕打壞了女婿，挺身攔住，領了他出來道：「這虔婆使這般的狠毒見識，難道不認就罷了？不到得和你干休！賢婿不要煩惱，且帶了父母的骨殖和這行囊，到我家中將息一晚，明日到開封府進狀。」安住從命，隨了岳丈一路到李家來。李社長又引他拜見了丈母，安排酒飯管待他。又與他包了頭，用藥敷治。次日侵晨，李社長寫了狀詞，同女婿到開封府來。等了一會，龍圖已陞堂了。但見：

鼕鼕衙鼓響，公吏兩邊排。
閻王生死殿，東獄嚇魂臺。

李社長和劉安住當堂叫屈，包龍圖接了狀詞。看畢，先叫李社長上去問了情由，李社長從頭說了。包龍圖道：「莫非是你包攬官司，教唆他的？」李社長道：「他是小人的女婿。文書上元有小人花押，憐他幼稺含寃，故此與他申訴。怎敢欺得青天爺爺？」包龍圖道：「你曾認得女婿麽？」李社長道：「他自三歲離鄉，今日方歸，不曾認得。」包龍圖道：「既不認得也是。又失了合同文書，你如何信得他是真？」李社長道：「這文書除了劉家兄弟和小人，並無一人看見。他如今從前至後背來，不差一字，豈不是個老大的証見？」包龍圖又唤劉安住起來，問其情由。安住也一一說了。又騐了他的傷。問道：「莫非你果不是劉家之子，借此來行拐騙的麽？」安住道：「爺爺，天下事是假難真，如何做得這没影的事體？況且小人的義父張秉彝，廣有田宅，也勾小人一生受用了。小人原說過：情愿不分伯父的家私，只要把父母的骨殖，葬在祖墳，便仍到潞州義父處去居住。望爺爺青天詳察。」包龍圖見他兩人說得有理，就批准了狀詞，隨即拘唤劉天祥夫婦同來。

包龍圖叫劉天祥上前問道：「你是個一家之主，如何没些主意，全聽妻言？你且說那小厮果是你侄兒不是？」天祥道：「爺爺，小人自來不曾認得侄兒，全憑着合同爲証。如今這小厮抵死說是有的，妻子又抵死說没有，小人又没有背後眼睛，爲此委決不下。」包龍圖又叫楊氏起來，再三盤問，只是推說不曾看見。包龍圖就對安住道：「你伯父、伯娘如此無情，我如今聽憑你着實打他，且消你這口怨氣。」【眉批】所以試安住也。安住惻然下淚道：「這個使不得。我父親尚是他的兄弟，豈有侄兒打伯父之理？小人本爲認親葬父，行孝而來，又非是争財競産。若是要小人做此逆倫之事，至死不敢。」包龍圖聽了這一遍說話，心下已有幾分明白。有詩爲証：

包老神明稱絶倫，就中曲直豈難分？

當堂不肯施刑罰，親者原來只是親。

當下又問了楊氏幾句，假意道：「那小厮果是個拐騙的，情理難容。你夫妻們和李某且各回家去，把這斷下在牢中，改日嚴刑審問。」劉天祥等三人叩頭而出，安住自到獄中去了。楊氏暗暗地歡喜，李社長和安住俱各懷着鬼胎，疑心道：「包爺向稱神明，如何今日到把原告監禁？」

却説包龍圖密地分付牢子每，不許難爲劉安住。又分付衙門中人張揚出去，只説安住破傷風發，不久待死。又着人往潞州取將張秉彝來。不則一日，張秉彝到了。包龍圖問了他備細，心下大明。就叫他牢門首見了安住，用好言安慰他。次日，僉了聽審的牌，又密囑付牢子每，臨審時如此如此。隨即將一行人拘到。包龍圖叫張秉彝與楊氏對辯，楊氏只是硬争，不肯放鬆一句。包龍圖便叫監中取出劉安住來。只見牢子回説道：「病重垂死，行動不得。」當下李社長見了張秉彝，問明緣故不差，又忿氣與楊氏争辯了一會。又見牢子們來報道：「劉安住病重死了。」那楊氏不知利害，聽見説是死了，便道：「真死了却謝天地，倒免了我家一累！」包爺分付道：「劉安住得何病而死？快叫仵作人相視了回話。」

仵作人相了，回説：「相得死屍，約年十八歲，太陽穴爲他物所傷致死，四週有青紫痕可驗。」包龍圖道：「如今却怎麽處？倒弄做個人命事，一發重大了。兀那楊氏，那小厮是你甚麽人？可與你關甚親麽？」楊氏道：「爺爺，其實不關甚親。」包爺道：「若是關親時節，你是大，他是小，縱然打傷身死，不過是悞殺子孫，不致償命，只罰些銅納贖。既是不關親，你豈不聞得：殺人償命，欠債還錢？他是各世人，你不認他罷了，拿甚麽器杖打破他頭，做了破傷風身死。律上説：『毆打平人，因而致死者，抵命。』【眉批】妙甚！左右，可將枷來枷了這婆子，下在死囚牢裏。交秋處決，償這小厮的命。」只見兩邊如狼似虎的公人，暴雷也似答應一聲，就擡過一面枷來。唬得楊氏面如土色，只得喊道：「爺爺，他是小婦人的侄兒。」包龍圖道：「既是你侄兒，有何憑據？」楊氏道：「現有合同文書爲照。」【眉批】可謂詐而愚。當下身邊摸出文書，遞與包公看了。正是：

本説的丁一卯二，生扭做差三錯四。

略用些小小機關，早賺出合同文字。

包龍圖看畢，又對楊氏道：「劉安住既是你的侄兒，我如今着人擡他的屍首出來，你須領去埋葬，不可推却。」楊氏道：「小婦人情愿殯葬侄兒。」包龍圖便叫監中取出劉安住來，對他説道：「劉安住，早被我賺出合同文字來也。」安住叩頭謝道：「若非青天老爺，真是屈殺小人。」楊氏擡頭看時，只見容顔如舊，連打破的頭都好了。滿面羞慚，無言抵對。包龍圖遂提筆判云：

劉安住行孝，張秉彝施仁，都是罕有，俱各旌表門閭。李社長着女夫擇日成婚。其劉天瑞夫妻骨殖，准葬祖塋之側。劉天祥朦朧不明，念其年老，免罪。妻楊氏，本當重罪，罰銅准贖。楊氏贅婿，原非劉門瓜葛，即時逐出，不得侵占家私。

判畢，發放一干人犯，各自寧家。衆人叩頭而出。

張員外寫了通家名帖，拜了劉天祥、李社長，先回潞州去了。劉天祥到家，將楊氏埋怨一場，就同侄兒將兄弟骨殖，埋在祖塋已畢。李社長擇個吉日，贅女婿過門成婚。一月之後，夫妻兩口同到潞州，拜了張員外和郭氏。以後劉安住出仕貴顯，劉天祥、張員外俱各無嗣，兩姓的家私，都是劉安住一人承當。可見榮枯分定，不可强求。况且骨肉之間，如此昧己瞞心，最傷元氣。所以宣這個話本，奉戒世人，切不可爲着區區財産，傷了天性之恩。有詩爲証：

螟蛉義父猶施德，骨肉天親反弄奸。

日後方知前數定，何如休要用機關！

闖入舍房武
斗殺身

尋觀名畫歸

卷三十四

聞人生野戰翠浮菴　靜觀尼晝錦黃沙衖

詩云：

酒不醉人人自醉，色不迷人人自迷。
不是三生應判與，直須慧劍斷邪思。

話說世間齊眉結髮，多是三生分定。儘有那揮金霍玉，百計千方，圖謀成就的，到底却捉個空。有那一貧如洗，家徒四壁，似司馬相如的，分定時，不要說尋媒下聘，與那見面交談，便是殊俗異類，素昧平生，意想所不到的，却得成了配偶。自古道：「姻緣本是前生定，曾向蟠桃會裏來。」見得此一事非同小可。只看從古至今，有那崑崙奴、黃衫客、許虞侯那一班驚天動地的好漢，也只爲從險阻艱難中，成全了幾對兒夫婦，直教萬古流傳。奈何平人見個美貌女子，便待偷鷄弔狗，滚熱了又妄想永遠做夫妻，奇奇怪怪，用盡機謀，討得些寡便宜，枉玷辱人家門風。直到弄將出來，十個九個，死無葬身之地。

說話的，依你如此說，怎麽今世上也有偷期的倒成了正果，也有奸騙的到底無事，怎見得便個個死於非命？看官聽說，你却不知，「一飲一啄，莫非前定」，夫妻自不必說，就是些閒花野草，也只是前世的緣分。假如偷期的成了正果，前緣凑着，自然配合。奸騙的保身没事，前緣償了，便可收心。爲此也有這一輩，自與那癡迷不轉頭送了性命的不同。如今且説一個男假爲女，奸騙亡身的故事。

蘇州府城有一豪家莊院，甚是廣濶。莊側有一尼菴，名曰功德菴，也就是豪家所造。菴裏有五個後生尼姑，其中只有一個出色的，姓王，乃是雲游來的。又美麗，又風月，年可二十來歲。是他年紀最小，却是豪家主意，推他做個菴主。元來，那王尼有一身奢遮的本事，第一件一張花嘴，數黄道白，指東話西，專一在官宦人家打踅，那女眷們没一個不被他哄得投機的。第二件，一付温存情性，善能體察人情，隨機應變的幫襯。第三件，一手好手藝，又會寫作，又會刺綉，那些大户女眷，也有請他家裏來教的，也有到他菴裏就教的。又不時有那來求子的，來做道塲保禳灾悔的，他又去富貴人家及鄉村婦女誘約到菴中作會。菴有净室十七間，各備床褥衾枕，要留宿的極便。所以他菴中没一日没女眷來往。或在菴過夜，或幾日停留。又有一輩婦女，赴菴一次過，再不肯來了的。至於男人，一個不敢上門見面。因有豪家出告示，禁止游客閒人。【眉批】便知有故。就是豪家妻女在内，夫男也别嫌疑，恐怕罪過，不敢輕來打攪。所以女人越來得多了。

話休絮煩。有個常州理刑聽，隨着察院巡歷，查盤蘇州府的，姓袁，因查盤公署，就在察院相近不便，亦且天氣炎熱，要個寬廠所在歇足。縣間借得豪家莊院，送理刑去住在裏頭。一日將晚，理刑在院中閒步。見有一小樓極高，可以四望，隨步登樓。只見樓中塵積，蛛網蔽户，是個久無人登的所在。理刑喜他微風遠至，心要納凉，不覺遷延佇立許久。遥望側邊對着，也是一座小樓。樓中有三五個少年女娘，與一個美貌尼姑嘻笑頑耍。理刑倒躲過身子，不使那邊看見。偷眼在窗裏張時，只見尼姑與那些女娘，或是摟抱一會，或是勾肩搭背，偎臉接唇一會。理刑看了半晌，摇着頭道：「好生作怪！若是女尼，緣何作此等情狀？事有可疑。」放在心裏。

次日，唤皂隸來問道：「此間左側有個菴，是甚麽菴？」皂隸道：「是某爺家功德菴。」理刑道：「還是男僧在内，女僧在内？」皂隸道：「止有女僧五人。」理刑道：「可有香客與男僧來往麽？」皂隸道：「因是女僧在内，有某爺家做主，男人等閒也不敢進門，何况男僧？多只是鄉宦人家女眷們往來，這是日日不絶的。」理刑心疑不定，恰好知縣來參。理刑把昨晚所見與知縣説了。知縣分付兵快隨着理刑，擡到尼菴前來。把前後密地圍住。理刑親自進菴來，衆尼慌忙接着。理刑看時，只有四個尼姑，昨日眼中所見的却不在内。問道：「我聞説這菴中有五個尼姑，緣何少了一個？」四尼道：「菴主偶出。」理刑道：「你菴中有座小樓，從那里上去的？」衆尼支吾道：「菴中只是幾間房子，不曾有甚麽樓。」理刑道：「胡説！」領了人各處看一遍，衆尼卧房多看過，果然不見有樓。理刑道：「又來作怪！」就唤一個尼姑，另到一個所在，故意把閒話問了一會，帶了開去。却叫帶這三個來，發怒道：「你們輒敢在吾面前説謊！方纔這一個尼姑已自招了，有樓在内，你們却怎説没有？這等奸詐，可惡！快取拶來。」衆尼慌了，只得説出道：「實有一樓，從房裏床側紙糊門裏進去就是。」理刑道：「既如此，緣何隱瞞我？」衆尼道：「非敢隱瞞爺爺，實是還有幾個鄉宦家大人小姐在内，所以不敢説。可知矣。」推官便叫衆尼開了紙門，帶了四五個皂隸，彎彎曲曲走將進去，方是胡梯。只聽得樓上嘻笑之聲，理刑站住，分付皂隸道：「你們去看，有個尼姑在上面時，便與我拿下來。」

皂隸領旨，一擁上樓去，只見兩個閨女，三個婦人，與一個尼姑正坐着飲酒。見那幾個公人驀上來，吃那一驚不小，四分五落的却待躲避。衆皂隸一齊動手，把那嬌嬌嫩嫩的一個尼姑，横拖倒拽，捉將下來。拽到當面，問了他卧房在那里，到裏頭一搜，搜出白綾汗巾十九條，皆有女子元紅在上。又有簿籍一本，開載明白，多是留宿婦女姓氏、日期，細注某人是某日初至，某人是某人薦至，某女是元紅，某女元係無紅，一一明白。【眉批】如此等事，如何記帳，得意之故也。然非此不致殺身。理刑一看，怒髮衝冠，連四尼多拿了，帶到衙門裏來。菴裏一班女眷見捉了衆尼去，不知甚麽事發，一齊出菴，僱轎各自回去了。

且説理刑到了衙門裏，喝叫動起刑來。堅稱身是尼僧，並無犯法。理刑又取穩婆進來，逐一驗過，多是女身。理刑没做理會處，思量道：「若如此，這些汗巾簿籍，如何解説？」唤穩婆密問道：「難道毫無可疑？」穩婆道：「止有年小的這個尼姑，雖不見男形，却與女人有些兩樣。」理刑猛想道：「從來聞有縮陽之術。既這一個有些兩樣，必是男子。我記得一法，可以破之。」命取油塗其陰處，牽一隻狗來餂食。那狗聞了油香，伸了長舌，餂之不止。元來狗舌最熱，餂到十來餂，小尼熱癢難熬，打一個寒噤，騰的一條棍子直統出來，且是堅硬不倒，衆尼與穩婆掩面不迭。【眉批】衆尼熟覩，不必掩面矣。

理刑怒極道：「如此奸徒，死有餘辜！」喝叫拖番，重打四十，又夾一夾棍，教他從實供招來踪去迹。只得招道：「身係本處游僧，自幼生相似女，從師在方上學得採戰伸縮之術，可以夜度十女。一向行白蓮教，聚集婦女奸宿。雲游到此菴中，有衆尼相愛留住。宜愛。因而説出能會縮陽爲女，便充做本菴菴主，多與那夫人小姐們來往。來時誘至樓上同宿，人多不疑。直到引動淫興，調得情熱，方放出肉具來，多不推辭。也有剛正不肯的，有個淫咒迷了他，任從淫慾，事畢方解。所以也有一宿過再不來的。其餘盡是兩相情願，指望永遠取樂，不想被爺爺驗出，甘死無辭。」

方在供招，只見豪家聽了妻女之言，道是理刑拿了家菴尼姑去，寫書來囑托討饒。理刑大怒，也不回書，竟把汗巾、簿籍封了送去。豪家見了，羞赧無地。【眉批】妙着。

理刑乃判云：

審得王某係三吴亡命，優僕奸徒。倡白蓮以惑黔首，抹紅粉以溷朱顔。教祖沙門，本是登岸和尚；嬌藏金屋，改爲入幕觀音。抽玉笋合掌禪床，孰信爲尼爲尚？脱金蓮展身繡榻，誰知是女是男？譬之鸖入鳳巢，始合《關雎》之好；蛇游龍窟，豈無雲雨之私？明月本無心，照霜閨而寡居不寡；清風原有意，入朱户而孤女不孤。廢其居，火其書，方足以滅其迹；剖其心，刳其目，不足以盡其辜。

判畢，分付行刑的百般用法擺佈，備受慘酷。那一個粉團也似的和尚，怎生熬得過？登時身死。四尼各責三十，官賣了，菴基拆毁。那小和尚屍首，抛在觀音潭。聞得這事的，都去看他，見他陽物纍垂，有七八寸長，一似驢馬的一般，盡皆掩口笑道：「怪道内眷們喜歡他。」平日與他往來的人家内眷，聞得此僧事敗，弔死了好幾個。這和尚奸騙了多年，却死無葬身之所。若前此回頭自想，道不是久長之計，改了念頭，或是索性還了俗，娶個妻子，過了一世，可不正應着看官們説的道「奸騙的也有没事」這句話了？便是人到此時，得了些滋味，昧了心肝，直待至死方休。所以凡人一走了這條路，鮮有不做出來的。正是：

善惡到頭終有報，只爭來早與來遲。

這是男粧爲女的了。而今有一個女妝爲男，偷期後得成正果的話。

洪熙年間，湖州府東門外有一儒家，姓楊。老兒亡故，一個媽媽，同着小兒子，并一個女兒過活。那女兒年方一十二歲，一貌如花，且是聰明。單只從小的三好兩歉，有些小病。老媽媽没一處不想到，只要保祐他長大，隨你甚麽事也去做了。忽一日，媽媽和女兒正在那里做綉作，只見一個尼姑，步將進來，媽媽歡喜接待。元來那尼姑是杭州翠浮菴的觀主，與楊媽媽來往有年。那尼姑也是個花嘴騙舌之人，平素只貪些風月，菴裏收拾下兩個後生徒弟，多是通同與他做些不伶俐勾當的。那時將了一包南棗，一瓶秋茶，一盤白菓，一盤栗子，到楊媽媽家來探望。叙了幾句寒温，那尼姑看楊家女兒時，生得如何？

體態輕盈，丰姿旖旎。白似梨花帶雨，嬌如桃瓣隨風。緩步輕移，裙拖下露兩竿新笋；含羞欲語，領緣上動一點朱櫻。直饒封涉不生心，便是魯男須動念。

尼姑見了，問道：「姑娘今年尊庚多少？」媽媽答道：「十二歲了。諸事倒多伶俐，只有一件没奈何處：

因他身子怯弱，動不動三病四痛，老身恨不得把身子替了他。爲這一件上，常是受怕擔憂。」尼姑道：「媽媽可也曾許個愿心保禳保禳麽？」媽媽道：「咳！那一件不做過？求神拜佛，許愿禱星，只是不能脱身。不知是什麽悔氣星進了命，再也退不去！」尼姑道：「這多是命中帶來的。請把姑娘八字與小尼推一推看。」媽媽道：「師父元來又會算命！一向不得知。」便將女兒年月日時，對他説了。

尼姑做張做智，笑了一回，説道：「姑娘這命，只不要在媽媽身伴便好。」媽媽道：「老身雖不捨得他離眼前，今要他病好，也説不得。除非過繼到别家去，却又性急裏没一個去處。」尼姑道：「姑娘可曾受聘了麽？」媽媽道：「不曾。」尼姑道：「姑娘命中犯着孤辰，若許了人家時，這病一發了不得。除非這個着落，方合得姑娘貴造，自然壽命延長，身體旺相。【眉批】到不犯孤辰，是犯紅鸞耳。只是媽媽自然捨不得的，不好啟齒。」媽媽道：「只要保得没事時，隨着那里去何妨？」尼姑道：「媽媽若割捨得下時，將姑娘送在佛門，做個世外之人，消灾增福，此爲上着。」媽媽道：「師父所言甚好，這是佛天面上功德。【眉批】女眷痼疾。我雖是不忍抛撇，譬如多病多痛死了，没奈何走了這一着罷。也是前世有緣，得與師父厮熟。倘若不棄，便送小女與師父做個徒弟。」尼姑道：「姑娘是一點福星，若在小菴，佛面上也增多少光輝，實是萬分之幸。只是小尼怎做得姑娘的師父？」媽媽道：「休恁地説。只要師父擡舉他一分，老身也放心得下。」尼姑道：「媽媽説那里話？姑娘是何等之人，小尼敢怠慢他？小菴雖則貧寒，靠着施主們看覷，身衣口食不致淡泊，媽媽不必掛心。」媽媽道：「恁地，待選個日子，送到菴便了。」

媽媽一頭看曆日，一頭不覺簌簌的掉淚。尼姑又勸慰了一番。【眉批】自貽伊戚。媽媽揀定日子，留尼姑在家住了兩日。僱隻船，叫女兒隨了尼姑出家。母子兩個，抱頭大哭一番。

女兒拜别了母親，同尼姑來到菴裏，與衆尼相見了。拜了師父，擇日與他剃髮，取法名叫做静觀。自此，楊家女兒，便在翠浮菴做了尼姑。這多是楊媽媽没主意。有詩爲証：

弱質雖然爲病磨，無常何必便來拖？
等閑送上空門路，却使他年自擇窩。

你道尼姑爲甚攛掇楊媽媽叫女兒出家？元來他日常要做些不公不法的事，全要那幾個後生標緻徒弟做個牽頭，引得人動。他見楊家女兒十分顏色，又且媽媽只要保扶他長成，有甚事不依了他？所以他將機就計，以推命做個入話，唆他把女兒送入空門，收他做了徒弟。那時，楊家女兒十二歲上，情竇未開，却也不以爲意。若是再大幾年的，也抵死不從了。自做了尼姑之後，每常或同了師父，或自己一身，到家來看母親，一年也往來幾次。媽媽本是愛惜女兒的，在身邊時節，身子略略有些不爽利，一分便認做十分，所以動不動憂愁思慮。【眉批】姑息之愛每如此。離了身伴，便有些小病，却不在眼前，倒省了許多煩惱。又且常見女兒到家，身子健旺，女兒怕娘記掛，口裏只説舊病一些不發。爲此，那媽媽一發信道該是出家的人，也倒不十分懸念了。

話分兩頭。却説湖州黄沙衖裏，有一個秀才，複姓聞人，單名一個嘉字，乃是祖貫紹興。因公公在烏程處舘，超籍過來的。面似潘安，才同子建。年十七歲，堂上有四十歲的母親，家貧未有妻室。爲他少年英俊，又且氣質閑雅，風流瀟灑，十分在行，朋友中没一個不愛他、敬他的，所以時常有人賫助他。至於熬游晏飲，一發罷他不得。但是朋友們相聚，多以聞人生不在爲歉。

一日，正是正月中旬天氣，梅花盛發。一個後生朋友，唤了一隻游船，拉了聞人生往杭州耍子，就便往西溪看梅花。聞人生禀過了母親同去，一日夜到了杭州。那朋友道：「我們且先往西溪看了梅花，明日進去。」便叫船家把船撑往西溪。不上個把時辰到了，泊船在岸。聞人生與那朋友步行上崖，叫僕從們挑了酒盒，相挈而行。約有半里多路，只見一個松林，多是合抱不交的樹。林中隱隱一座菴觀，周圍一帶粉墻包裹，向陽兩扇八字墻門，門前一道溪水，甚是僻静。兩人走到菴門前閒看，那菴門掩着，裏面却像有人窺覷。那朋友道：「好個清幽菴院！我們扣門進去，討杯茶吃了去，何如？」聞人生道：「還是趂早去看梅花要緊。轉來進去不遲。」那朋友道：「有理，有理。」拽開脚步便去，頃刻間走到。兩人看梅花時，但見：

綽約幹能傲冰霜，參差影偏宜風月。騷人題咏安能盡？韵客杯盤何日休！爛銀一片，碎玉千重。幽馥襲和風，賈午異香還較遜；素光映麗日，西子靚妝應不如。

兩人看了，閒玩了一回，便叫將酒盒來，開懷暢飲。天色看看晚來，酒已將盡，兩人吃個半酣，取路回舟中來。那時天已昏黑，只要走路，也不及進菴中觀看。急急下船，過了一夜，次早松木場上岸，不題。

且説那個菴，正是翠浮菴，便是楊家女兒出家之處。那時静觀已是十六歲了，更長得儀容絶世，且是性格幽閑。日常有這些俗客往來，也有注目看他的，也有言三語四、挑撥他的，衆尼便嘻笑趨陪，殷勤欵送，他只淡淡相看，分毫不放在心上。【眉批】便是良人閨範。閑常見衆尼每幹些勾當，只做不知。閉門静坐，看些古書，寫些詩句，再不輕易出來走動。也是機縁凑泊，適纔聞人生菴前閒看時，恰好静觀偶然出來閑步，在門縫裏窺看。只見那聞人生逸致翩翩，有出塵之態。静觀注目而視，看得仔細。見聞人生去遠了，恨不再趕上去飽看一回。無聊無賴的，只得進房。心下想道：「世間有這般美少年！莫非天仙下降？人生一世，但得恁地一個，便把終身許他，豈不是一對好姻緣？奈我已墮入此中，這事休題了。」嘆口氣，噙着眼淚。正是：

啞子漫嘗黄柏味，難將苦口向人言。

看官聽説：但凡出家人，必須四大俱空。自己發得念盡，死心塌地，做個佛門弟子，早夜脩持，凡心一點不動，却纔算得有功行。【眉批】議論警世不淺。若如今世上，小時憑着父母孌做，動不動許在空門，那曉得起頭易，到底難。到得大來，得知了這些情欲滋味，就是强制得來，原非他本心所願。爲此，就有那不守分的，污穢了禪堂佛殿，正叫做「作福不如避罪」。奉勸世人，再休把自己兒女送上這條路來。

閒話休題，却説聞人生自杭州歸來，荏苒間又過了四個多月。那年正是大比之年，聞人生已從道間取得頭名，此時正是六月天氣，却不甚熱，打點束裝上杭。他有個姑娘，在杭州關内黄主事家做孤孀，要去他庄上尋間清凉房舍，静坐幾時。看了出行的日子，已得朋友們資助了些盤纏，安頓了母親，僱了隻航船，帶了家僮阿四，携了書囊前往。

纔出東門，正行之際，岸上一個小和尚，説着湖州話，叫道：「船是上杭州去的麽？」船家道：「正是。送一位科舉相公上去的。」和尚道：「既如此，可帶小僧一帶，舟金依例奉上。」船家道：「師父杭州去做甚麽？」和尚道：「我出家在靈隱寺，今到俗家探親，却要回去。」船家道：「要問艙裏相公，我們不敢自主。」只見那阿四便鑽出船頭上來，嚷道：「這不識時務小秃驢！我家官人正去鄉試，要討采頭，撞將你這一件秃光光不利市的物事來！去便去，不去時，我把水兜豁上一頓水，替你洗潔净了那個亂代頭。」【眉批】小人見識如此。你道怎地叫做「亂代頭」？昔人有嘲誚和尚説話道：「此非治世之頭，乃亂代之頭也。」蓋爲「亂」、「卵」二字音相近。阿四見家主與朋友們戲謔，曾説過，故此學得這句話，罵那和尚。和尚道：「載不載，問一聲也不冲撞了甚麽，何消得如此嚷？」

聞人生在艙裏聽見，推窗看那和尚，且是生得清秀嬌嫩，甚覺可愛。又見説是靈隱寺的和尚，便想道：「靈隱寺去處，山水最勝。我便帶了這和尚去，與他做個相知往來，到那里做下處也好。」慌忙出來喝住道：「小厮不要無理！鄉里間的師父，既要上杭時，便下船來，做伴同去何妨？」也是緣分該如此，船家得了這話，便把船攏岸。那和尚一見了聞人生，吃了一驚，一頭下船，一頭瞅着聞人生，只顧看。聞人生想道：「我眼裏也從不見這般一個美麗長老，容色絶似女人。若使是女身，豈非天姿國色？可惜是個和尚了。」【眉批】與聞人所見正相反。和他施禮罷，進艙裏坐定。却值風順，拽起片帆，船去如飛。兩個在艙中各問姓名了畢，知是同鄉，只説着一樣的鄉語，一發投機。聞人生見那和尚談吐雅致，想道：「不是個庸僧。」只見他一雙媚眼，不住的把聞人生上下只顧看。天氣暴暑，聞人生請他寬了上身單衣。和尚道：「小僧生性不十分畏暑，相公請自便。」

看看天晚，吃了些夜飯，聞人生便讓和尚洗澡。和尚只推是不消。聞人生洗了澡，已自困倦，掷倒頭只尋睡了。阿四也往梢上去自睡。那和尚見人睡静，方滅了火，解衣與聞人生同睡。却自翻來覆去，睡不安穩，只自嘆氣。見聞人生已睡熟，悄悄坐起來，伸隻手把他身上摸着。不想正摸着他一件蹺尖尖、硬篤篤的東西，捏了一把。那時，聞人生正醒來，伸個腰。那和尚流水放手，輕輕的睡了倒去。聞人生却已知覺，想道：「這和尚倒來惹騷。恁般一個標緻的，想是師父也不饒他，倒是慣家了。我便兜他來男風一度也使得，如何肉在口邊不吃？」聞人生正是少年高興的時節，便爬將過來，與和尚做了一頭。伸將手去摸時，和尚做一團兒睡着，只不做聲。聞人生又摸去，只見軟團團兩隻奶兒。聞人生想道：「這小長老又不肥胖，如何有恁般一對好奶？」再去摸他後庭時，那和尚却像驚怕的，流水翻轉身來，仰卧着。聞人生却待從前面抄將過去，纔下手却摸着前面高聳聳似饅頭般一團肉，却無陽物。聞人生倒吃了一驚，道：「這是怎麽説？」問他道：「你實説，是甚麽人？」和尚道：「相公不要則聲，我身實是女尼。因怕路上不便，假稱男僧。」聞人生道：「這等一發有緣，放你不過了。」不問事繇，跳上身去。那女尼道：「相公可憐小尼還是個女身難得。，不曾破肉的，從容些則個。」聞人生此時慾火正高，那里還管。挨開兩股，徑將陽物直搗。無奈那尼姑含花未慣風和雨，怎當聞人生興發忙施雨與風。遷延再四，方没其身。那女尼只得蹙眉嚙齒忍耐。

霎時雲收雨散。聞人生道：「小生無故得遇仙姑，知是睡裏夢裏？須道住止詳細，好圓後會。」女尼便道：「小尼非是別處人氏，就是湖州東門外楊家之女。爲母親所悞，將我送入空門。今在西溪翠浮菴出家，法名靜觀。那里菴中也有來往的，都是些俗子村夫，没一個看得上眼。今年正月間，正在門首閒步，看見相公在門首站立，儀表非常，便覺神思不定。相慕已久，不想今日不期而會，得諧魚水，正合夙願，所以不敢推拒，非小尼之淫賤也。願相公勿認做萍水相逢，須爲我圖個終身便好。」聞人生道：「尊翁、尊堂還在否？」靜觀道：「父親楊某，亡故已久，家中還有母親與兄弟。昨日看母親來，不想遇着相公。相公曾娶妻未？」聞人生道：「小生也未有室。今幸遇仙姑，年貌相當，正堪作配。况是同郡儒門之女，豈可埋没于此？須商量個長久見識出來。」靜觀道：「我身已托于君，必無二心。但今日事體匆忙，一時未有良計。小菴離城不遠，且是僻靜清凉，相公可到我菴中作寓，早晚可以攻書，自有道者在外打齋，不煩薪水之費，亦且可以相聚。日後相個機會，再作區處。相公意下何如？」聞人生道：「如此甚好，只恐同伴不容。」靜觀道：「菴中止有一個師父，是四十以内之人，色上且是要緊。兩個同伴，多不上二十來年紀，他們多不是清白之人。平日與人來往，盡在我眼裏，那有及得你這樣儀表？若見了你，定然相愛。你便結識了他們，以便就中取事。只怕你不肯留，那有不留你之事？」聞人生聽罷，歡喜無限道：「仙姑高見極明。既恁地，來早到松木塲，連我家小厮打發他隨船回去，小生與仙姑同往便了。」

說了一回，兩個摟抱得有興，再講那歡娱起來。正是：

平生未解到花關，倏到花關骨盡寒。

此際不知真與夢，幾回暗裏抱頭看。

事畢，只聽得晨鷄亂唱。靜觀恐怕被人知覺，連忙披衣起身。船家忙起來行船。阿四也起來伏侍梳洗。吃早飯罷，趕早過了關。阿四問道：「那里歇船？好到黃家去問下處。」聞人生道：「不消得下處了。這小師父寺中有空房，我們竟到松木場上岸罷。」船到松木場，只説要到靈隱寺，僱了一個脚夫，將行李一擔挑了。聞人生分付阿四道：「你可隨船回去，對安人説聲，不消記念，我只在這師父寺裏看書。場畢，我自回來，也不須教人來討信得。」打發了，看他開了船，聞人生纔與静觀僱了兩乘轎，擡到翠浮菴去。另與脚夫説過，叫他跟來。霎時到了，還了轎錢、脚錢。

静觀引了聞人生進菴道：「這位相公要在此做下處，過科舉的。」衆尼看見，笑臉相迎。把聞人生看了又看，愈加歡愛。殷殷勤勤的陪過了茶，收拾一間潔净房子，安頓了行李。【眉批】不必另收拾房。吃過夜飯，洗了浴，少不得先是那菴主起手，快樂一宵。此後這兩個，你争我奪，輪番伴宿。静觀恬然不來兜攬，讓他們歡暢，衆尼無不感激静觀。【眉批】深於兜攬者也。混了月餘，聞人生也自支持不過。他們又將人參湯、香薷飲、蓮心、圓眼之類，調漿聞人生，無所不至。聞人生倒好受用。

不覺已是穿針過期，又值七月半，盂蘭盆大齋時節。杭州年例，人家做功果，點放河燈。那日還是七月十二日，有一個大户人家，差人來菴裏請師父們念經、做功果，菴主應承了。衆尼進來商議道：「我們大衆去做道場，十三至十五，有三日停留。聞官人在此，須留一個相陪便好。只是忒便宜了他。」只見兩尼你也要住，我也要住，静觀只不做聲。菴主道：「人家去做功果，我自然推不得，不消説。聞官人原是静觀引來的，你兩個討他便宜多了，今日只該着静觀在此相陪，也是公道。」【眉批】菴主公道，亦以楊媽媽故。衆人道：「師父處得有理。」静觀暗地歡喜。衆尼自去收拾法器經箱，連老道者多往那家去了。

静觀送了出門，進來對聞人生道：「此非久戀之所，怎生作個計較便好？今試期已近，若但迷戀于此，不惟攀桂無分，亦且身軀難保。」聞人生道：「我豈不知？只爲難捨着你，故此强與衆歡，非吾願也。」静觀道：

「前日初會你時，非不欲即從你作脱身之計，因爲我在家中來，中途不見了，菴主必到我家裏要人，所以不便。今既在此多時了，我乘此無人在菴，與你逃去。他們多是與你有染的，心頭病怕露出來，料不好追得你。」聞人生道：「不如此説。我是個秀才家，家中況有老母。若同你逃至我家，不但老母驚異，未必相容；亦且你菴中追尋得着，經動官府，我前程也難保。何況你身子不知作何着落。此事行不得。我意欲待赴試之後，如得一第，娶你不難。」静觀道：「就是中了個舉人，也没有就娶個尼姑的理。況且萬一不中，又却如何？亦非長算。我自出家來，與人寫經寫疏，得人襯錢，積有百來金。我撇了這裏，將了這些東西做盤纏，尋一個寄迹所在。等待你名成了，再從容家去，可不好？」聞人生想一想道：「此言有理。我有姑娘，嫁在這里關内黄鄉宦家，今已守寡，極是奉佛。家裏莊上，造得有小菴，晨昏不斷香火。那菴中管燒香點燭的老道姑，就是我的乳母。我如今不免把你此情告知姑娘，領你去放在他家家菴中，托我奶娘相伴着你。他是衙院人家，誰敢來盤問？你好一面留頭長髮，待我得意之後，以禮成婚，豈不妙哉？倘若不中，也等那時髮長，便到處無碍了。」静觀道：「這個却好。事不宜遲，作急就去。若三日之後，便做不成了。」

當下聞人生就奔至姑娘家去，見了姑娘。姑娘道罷寒温，問道：「我久在此望你該來科舉了，如何今日纔來？有下處也未曾？」聞人生道：「好叫姑娘得知：小侄因爲做下處，尋出一件事頭來，特求姑娘周全則個。」姑娘道：「何事？」聞人生造個謊道：「小侄那里有一個業師楊某，亡故多時。他止有一女，幼年間就與小侄相認。後來被個尼姑拐了去，不知所向。今小侄貪静，尋下處在這裏西溪地方，却在翠浮菴裏撞着了他，且是生得人物十全了。他心不願出家，情愿跟着小侄去。也是前世姻緣，又是故人之女，推御不得。但小侄在此科舉，怕惹出事來。若帶他家去，又是個光頭不便。欲待當官告理，塲前没閒工夫，亦且没有閒使用。我想姑娘此處有個家菴，是小侄奶子在裏頭管香火，小侄意欲送他來姑娘菴裏頭暫住。就是萬一他那里曉得了，不過在女眷人家香火菴裏，不爲大害。若是到底無人跟尋，小侄待鄉試已畢，意欲與他完成這段姻緣。望姑娘作成則個。」姑娘笑道：「你尋着了個陳妙常，也來求我姑娘了姑娘妙人。。既是你師長之女，怪你不得。你既有意要成就，也不好叫他在菴裏住。你與他多是少年心性，若要往來，恐怕玷汚了我佛地。我庄中自有静室，我收拾與他住下，叫他長起髪來。我自叫丫鬟伏侍，你亦可以長來相處。若是晚來無人，叫你奶子伴宿，此爲兩便。」聞人生道：「若得如此，姑娘再造之恩。小侄就去領他來拜見姑娘了。」

別了出門，就在門外叫了一乘轎，竟到翠浮菴裏。【眉批】此以轎往則不露矣。進菴與静觀説了適纔姑娘的話，静觀大喜，連忙收拾，將自己所有，盡皆撿了出來。聞人生道：「我只把你藏過了，等他們來家，我不妨仍舊再來走走，使他們不疑心着我。我的行李，且未要帶去。」静觀道：「敢是你與他們業根未斷麽？」聞人生道：「我專心爲你，豈復有他戀？只要做得没個痕迹，如金蟬脱殼方妙。若他坐定道是我，無得可疑了，正是科場前利害頭上，萬一被他們官司絆住，不得入試，怎好？」静觀道：「我平時常獨自一個家去的，他們問時，你只推偶然不在，不知我那里去了，支吾着他。他定然疑心我是到娘家去，未必追尋。到得後來，曉得不在娘家，你塲事已畢了，我與你别作計較，離了此地。你是隔府人，他那里來尋你？尋着了，也只索白賴。」

計議已定，静觀就上了轎。聞人生把菴門掩上，隨着步行，竟到姑娘家來。姑娘一見静觀，青頭白臉，桃花般的兩頰，吹彈得破的皮肉，心裏也十分喜歡，笑道：「怪道我家侄兒看上了你！你只在庄上内房裏住，此處再無外人敢上門的，只管放心。」對着聞人生道：「我庄上房中，你亦可同住。但你若竟住在此，恐怕有人跟尋得出，反爲不美。況且要進塲，還須别尋下處。」聞人生道：「姑娘見得極是。小侄只可暫來。」從此，静觀只在姑娘庄裏住，聞人生是夜也就同房宿了。明日别了去，另尋下處。不題。

却説翠浮菴三個尼姑，做了三日功果回來，到得菴前，只見菴門虚掩的。走將進去，静悄悄不見一人，驚疑道：「多在何處去了？」他們心上要緊的是聞人生，静觀倒是第二。着急到聞人生房裏去看，行李、書廂都在，心裏又放下好些。【眉批】不出聞人所料。只不見了静觀，房裏又收拾得乾乾浄浄，不知甚麽緣故。正委決不下，只見聞人生踱將進來。衆尼笑逐顔開道：「來了，來了！」菴主一把抱住，且不及問静觀的説話，笑道：「隔別三日，心癢難熬。今且到房中一樂。」【眉批】菴主忒極相。也不顧這兩個小尼口饞，徑自去做事了。聞人生只得勉强奉承。酣暢一度，纔問道：「你同静觀在此，他那里去了？」聞人生道：「昨日我到城中去了一日。天晚了，來不及，在朋友家宿了，直到今日來。不知他那里去了。」衆尼道：「想是見你去了，獨自一個没情緒，自回湖州去了。他在此獨受用了兩日，也該讓讓我們，等他去去再處。」因貪着聞人生快樂，把静觀的事到丢在一邊了。誰知聞人生心却不在此處，鬼混了兩三日，推道要到場前尋下處，衆尼不好阻得，把行李挑了去。衆尼千約萬約道：「得空原到這里來住。」聞人生滿口應承，自去了。

菴主過了幾日，不見静觀消耗。放心不下，叫人到楊媽媽家問問，説是不曾回家，吃了一驚。恐怕楊媽媽來着急，倒不敢聲張，只好密密探聽。又見聞人生一去不來，心裏方纔有些疑惑。待要去尋他盤問，却不曾問得下處明白。只得忍耐着，指望他場後還來。只見三場已畢，又等了幾日，聞人生脚影也不見來。元來聞人生場中甚是得意，出場來竟到姑娘庄上，與静觀一處了，那里還想着翠浮菴中？菴主與二尼望不見到，恨道：「天下有這樣薄情的人！静觀未必不是他拐去了。不然，便是這樣不來，也没解説。」思量要把拐騙來告他，又碍着自家多洗不清，怕惹出禍來。【眉批】不出静觀所料。正商量到場前尋他，或是問到他湖州家裏去炒他，終是女人輩，未有定見，却又撞出一場巧事來。

説話間，忽然門外有人敲門得緊。衆尼多心裏疑道：「敢是聞人生來也？」齊走出來，開了門看，只見一乘大轎，三四乘小轎，多在門首歇着。敲門的家人報道：「安人到此。」菴主却認得是下路來的某安人，慌忙迎接。只見大轎裏安人走出來，傍邊三四個養娘出轎來，擁着進菴，坐定了。寒温過，獻茶已畢。安人打發家人們到船上俟候。我在此過午下船。」家人們各去了。

安人走進菴主房中來，安人道：「自從我家主亡過，我就不曾來此，已三年了。」菴主道：「安人今日貴脚踹賤地，想是完了孝服，纔來燒香的。」安人道：「正是。」菴主道：「如此秋光，正好閒耍。」安人嘆了一口氣道：「有甚心情游耍？」菴主有些瞧科，挑他道：「敢是爲没有了老爹，冷静了些？」

安人起身把門掩上，對菴主道：「我一向把心腹待你，你不要見外，我和你說句知心話。你方纔說我冷静，我想我止隔得三年，尚且心情不奈煩，何况你們終身獨守，如何過了？」菴主道：「誰說我們獨守？不瞞安人說，全虧得有個把主兒相伴一相伴。不然，冷落死了，如何熬得？」安人道：「你如今見有何人？」菴主道：「有個心上妙人，在這里科舉的小秀才。這兩日一去不來，正在此設計商量。」安人道：「你且丢着此事，我有一件好事作成你。你盡心與我做着，管教你快活。」菴主道：「何事？」安人道：「我前日在昭慶寺中進香，下房頭安歇。這房頭有個未净頭的小和尚，生得標緻異常。我瞞你不得，其實隔絶此事多時，忍不住動火起來。因他上來送茶，他自道年幼不避忌，軟嘴塌舌，甚是可愛。我一時迷了，遣開了人，抱他上床，要試他做做此事看。【眉批】要偷和尚，反尋尼姑。誰知這小厮深知滋味，比着大人家更是雄健。我實是心弔在他身上，捨不得他了。我想了一夜，我要帶他家去。須知我是寡居，要防生人眼，恐怕壞了名聲。亦且拘拘束束，躲躲閃閃，怎能勾像意？我今與師父商量，把他來師父這里净了頭，他面貌嬌嫩，只認做尼姑。【眉批】好算計。我歸去後，師父帶了他竟到我家來，説是師徒兩個來投我。我供養在家裏菴中，連我合家人只認做你的女徒，我便好像意做事，不是神鬼不知的？所以今日特地到此，要你做這大事。你若依得，你也落得些快活。有了此人，隨你心上人也放得下了。」菴主道：「安人高見妙策，只是小尼也沾沾手，恐怕安人吃醋。」安人道：「我要你幫襯做事，怎好自相妒忌？到得家裏，我還要牽你來做了一床，等外人永不疑心，方纔是妙哩。」【眉批】真有長算。庵主道：「我的知心的安人！這等説，我死也替你去。我這里三個徒弟，前日不見了一個小的，今恰好把來抵補，一發好瞞生人。只是如何得他到這里來？」安人道：「我約定他在此。他許我背了師父，隨我去的，敢就來也。」

正説之間，只見一個小尼敲門進房來道：「外邊一個攏頭小夥子，在那里問安人。」安人忙道：「是了。快唤他進來。」只見那小夥望内就走。兩個小尼見他生得標緻，个个眉花眼笑。安人見了點點頭，叫他進來。他見了庵主作個揖。庵主一眼不霎，估定了看他。【眉批】得意之狀。安人拽他手過來，問庵主道：「我説的如何？」庵主道：「我眼花，見了善財童子，身子多軟攤了。」安人笑將起來。

庵主且到竈下看齋，就把這些話與兩個小尼説了。小尼多咬着指頭道：「有此妙事！」庵主道：「我多分隨他去了。」小尼道：「師父撇了我們自去受用。」庵主道：「這是天賜我的衣食。你們在此，料也不空過。」大家笑耍了一回。庵主復進房中，只見安人摟着小夥，正在那里説話。見了庵主，忙在扶手匣裏取出十兩一包銀子來與他道：「只此爲定。我今留此子在此，我自開船先去了。十日之内，望你兩人到我家來，千萬勿悞。」安人又叮囑那小夥幾句話，出到堂屋裏吃了齋，自上轎去了。

庵主送了出去，關上大門。進來見了小夥，真是黑夜裏拾得一顆明珠，且來摟他去親嘴，把手摸他陽物兒，捏捏掐掐。後生家火動了，一直挺將起來。庵主忙解袴就他，弄了一度，喜不可言。對他道：「今後我與某安人合用的了，只這幾夜且讓讓我着。」事畢就取剃刀來與他落了髮。仔細看一看，笑道：「也到與靜觀差不多。到那里少不得要個法名，仍叫做靜觀罷。」是夜就同庵主一床睡了。極得兩個小尼姑噍乾了唾沫。

明日收拾了，叫了船，竟到下路去。分付兩個小尼道：「你們且守在此。我到那里看，光景若好，捎個信與你們。畢竟不來，隨你們散夥家去罷。楊家有人來問，只説静觀隨師父下路人家去了。」兩尼也巴不得師父去了，大家散火。連聲答應道：「都理會得。」從此，老尼與小夥同下船來，人面前認爲師弟，晚夕上只做夫妻。不多幾日，到了那一家，充做尼姑，進菴住好。安人不時請師徒進房留宿。常是三個做一床。【眉批】老把勢。尼姑又教安人許多取樂方法，三個人只多得一顆頭，盡興淫恣。那少年男子，不敵兩個中年老陰，幾年之間，得病而死。安人哀傷鬱悶，也不久亡故。老尼被那家尋他事故，告了他偷盗，監了追贜，死于獄中。這是後話。

且説翠浮菴自從菴主去後，静觀的事，一發無人提起，安安穩穩住在庄上。只見揭了曉，聞人生已中了經魁，喜喜歡歡來見姑娘。又私下與静觀相見，各各快樂。自此，日裏在城中完這些新中式的世事，晚上到姑娘庄上與静觀歇宿。【眉批】樂極了。密地叫人去翠浮菴打聽，已知菴主他往，兩小尼各歸俗家去了，菴中空鎖在那里。回覆了静觀，掉下了老大一個疙瘩。

聞人生事體已完，想要歸湖州，來與姑娘商議：「静觀髮未長，娶回未得。仍留在姑娘這里，待我去會試再處。」静觀又囑付道：「連我母親處，也未可使他知道。我出家是他的主意，如何驀地還俗？且待我頭髮長了，與你雙歸，他纔拗不得。」聞人生道：「多是有見識的話。」别了榮歸。拜過母親，把静觀的事並不提起。

到得十月盡邊，要去會試，來見姑娘。此時静觀頭髮齊肩，可以梳得個假鬢了。聞人生意欲帶他去會試，姑娘勸道：「我看此女德性温淑，堪爲你配。既要做正經婚姻，豈可仍復私下帶來帶去，不像事體。【眉批】大見識。仍留我庄上住下，等你會試得意榮歸，他髮已盡長。此時只認是我的繼女，迎歸花燭，豈不正氣？」聞人生見姑娘説出一段大道理話，只得忍情與静觀别了。

進京會試，果然一舉成名，中了二甲，禮部觀政。同年録上，先刻了「聘楊氏」，就起一本，給假歸娶。【眉批】天下樂事，無過于此。

馳驛還家，拜過母親。奉旨准給花紅表禮，以備喜筵。母親聞知歸娶，問道：「你自幼未曾聘定，今娶何人？」聞人生道：「好教母親得知：孩兒在杭州，姑娘家有個繼女，許下孩兒了。」母親道：「爲何我不曾見說？」聞人生道：「母親日後自知。」選個吉日，結起彩船，花紅鼓樂，竟到杭州關內黃家來。拜了姑娘，說了奉旨歸娶的話。姑娘大喜道：「我前者見識如何？今日何等光采！」先與静觀相見了，執手各道别情。静觀此時已是内家裝扮了，又道黃夫人待他許多好處，已自認義爲乾娘了。黃夫人親自與他插戴了，送上彩轎，下了船。船中趕好日結了花燭。正是：

紅羅帳裏，依然兩個新人；錦被窩中，各出一般舊物。

到家裏齊齊拜見了母親。母親見媳婦生得標緻，心下喜歡。又見他是湖州聲口，問道：「既是杭州娶來，爲何說這裏的話？」聞人生方把楊家女兒，錯出了家，從頭至尾的事，說了一遍。母親方纔明白。

次日，聞人生同了静觀，竟到楊家來。先拿子婿的帖子與丈母，又一内弟的帖與小舅。楊媽只道是錯了，再四不收。女兒只得先自走將進來，叫一聲：「娘！」媽媽見是一個鳳冠霞帔的女眷，吃那一驚不小。慌忙站起來，一時認不出了。女兒道：「娘休驚怪。女兒即是翠浮菴静觀是也。」媽媽聽了聲音，再看面龐，纔認得出；只是有了頭髮，妝扮異様，若不仔細，也要錯過。媽媽道：「有一年多不見你面，又無音耗。後來聞得你同師父到那里下路去了，好不記掛。今年又着人去看，菴中鬼影也無。正自思念你，没個是處。你因何得到此地位？」女兒纔把去年搭船相遇，直到此時奉旨完婚，從頭至尾，説了一遍。喜得個楊媽媽雙脚亂跳，口扯開了收不攏來。叫兒子去快請姊夫進來。兒子是學堂中出來的，也儘曉得趨蹌，便拱了聞人生進來，一同姊姊站立，拜見了楊媽媽，此時真如睡裏夢裏。媽媽道：「早知你有這一日，爲甚把你送在菴裏去？」女兒道：「若不送在菴中，也不能勾有這一日。」當下就接了楊媽媽到聞家過門，同坐喜筵。大吹大擂，更餘而散。

此後，聞人生在宦途，時有蹉跌，不甚像意。年至五十，方得腰金而歸。楊氏女得封恭人，林下偕老。聞人生曾遇着高明的相士，問他宦途不稱意之故。相士道：「犯了少年時風月，損了些陰德，故見如此。」聞人生也甚悔翠浮菴少年孟浪之事，常與人説尼菴不可擅居，以此爲戒。這不是「偷期得成正果」之話？若非前生分定，如何得這樣奇緣？有詩爲証：

主婚靡不仗天公，堪嘆人生盡聵聾。
若道姻緣人可强，氤氳使者有何功？

看財奴刁買冤家主

卷三十五

訴窮漢暫掌別人錢　看財奴刁買寃家主

詩云：

從來欠債要還錢，冥府於斯倍灼然。
若使得來非分内，終須有日復還原。

却説人生財物，皆有分定。若不是你的東西，縱然勉强哄得到手，原要一分一毫填還别人的。從來因果報應的説話，其事非一，難以盡述。在下先揀一箇希罕些的，説來做箇得勝頭回。

晋州古城縣，有一箇人名唤張善友。平日看經念佛，是箇好善的長者。渾家李氏，却有些短見薄識，要做些小便宜勾當。夫妻兩箇過活，不曾生男育女，家道儘從容好過。其時本縣有箇趙廷玉，是箇貧難的人，平日也守本分。只因一時母親亡故，無錢葬埋，曉得張善友家事有餘，起心要去偷他些來用。【眉批】孝賊。算計了兩日，果然被他挖箇墻洞，偷了他五六十兩銀子去，將母親殯葬訖。自想道：「我本不是没行止的，只因家貧，無錢葬母，做出這箇短頭的事來，擾了這一家人家。【眉批】有本必□。今生今世還不的他，來生來世是必填還他則箇。」

張善友次日起來，見了壁洞，曉得失了賊。查點家財，箱籠裏没了五六十兩銀子。張善友是箇富家，也不十分放在心上，道是命該失脱，嘆口氣罷了。唯有李氏切切於心道：「有此一項銀子，做許多事，生許多利息，怎捨得白白被盜了去。」

正在納悶間，忽然外邊有一箇和尚來尋張善友。張善友出去相見了，問道：「師父何來？」【眉批】項缸的。和尚道：「老僧是五臺山僧人，爲因佛殿坍損，下山來抄化脩造。抄化了多時，積得有百來兩銀子，還少些箇。又有那上了疏，未曾勾銷的，今要往别處去走走，討這些佈施。身邊所有銀子，不便携帶，恐有失所，要尋箇寄放的去處，一時無有。一路訪來，聞知長者好善，是箇有名的檀越，特來寄放這一項銀子。待别處討足了，就來取回本山去也。」張善友道：「這是勝事，師父只管寄放在舍下，萬無一悮。只等師父事畢，來取便是。」當下把銀子看驗明白，點計件數，拿進去交付與渾家了，出來留和尚吃齋。和尚道：「不勞檀越費齋，老僧心忙，要去募化。」善友道：「師父銀子，弟子交付渾家，收好在裏面。倘若師父來取時，弟子出外，必預先分付停當，交還師父便了。」和尚别了，自去抄化。【眉批】不宜交付渾家，亦是善友失處，故受其報。那李氏接得和尚銀子在手，滿心歡喜。想道：「我纔失得五六十兩，這和尚倒送將一百兩來，豈不是補還了我的缺，還有得多哩！」就起一點心，打帳要賴他的。

一日，張善友要到東嶽廟裏燒香求子去，對渾家道：「我去則去，有那五臺山的僧所寄銀兩，前日是你收着。若他來取時，不論我在不在，你便與他去。他若要齋吃，你便整理些蔬菜齋他一齋，也是你的功德。」李氏道：「我曉得。」張善友自燒香去了。

去後，那五臺山和尚抄化完了，却來問張善友取這項銀子。李氏便白賴道：「張善友也不在家，我家也没有人寄甚麽銀子。師父敢是錯認了人家了？」和尚道：「我前日親自交付與張長者，長者收拾進來交付孺人的，怎麽説此話？」李氏便賭呪道：「我若見你的，我眼裏出血。」和尚道：「這等説，要賴我的了。」李氏又道：「我賴了你的，我墮十八層地獄。」和尚見他賭呪，明知白賴了。爭奈是箇女人家，又不好與他爭論得。和尚没計奈何，合着掌念聲佛道：「阿彌陀佛！【眉批】此一聲甚毒。我是十方抄化來的佈施，要脩理佛殿的，寄放在你這裏。你怎麽要賴我的？你今生今世賴了我這銀子，到那生那世少不得要填還我。」帶着悲恨而去。

過了幾時，張善友回來，問起和尚銀子。李氏哄丈夫道：「剛你去了，那和尚就來取，我雙手還他去了。」張善友道：「好，好。也完了一宗事。」過得兩年，李氏生下一子。自生此子之後，家私火燄也似長將起來。再過了五年，又生一箇，共是兩箇兒子了。大的小名叫做乞僧，次的小名叫做福僧。那乞僧大來，極會做人家，披星帶月，早起晚眠。又且生性慳吝，一文不使，兩文不用，不肯輕費着一箇錢，把家私挣得惹大。可又作怪！一般兩箇弟兄，同胞共乳，生性絶是相反。那福僧每日只是吃酒賭錢，養婆娘，做子弟，把錢鈔不着疼熱的使用。乞僧旁看了，是他辛苦挣來的，老大的心疼。福僧每日有人來討債，多是瞞着家裏，外邊借來花費的。張善友要做好漢的人，怎肯交兒子被人逼迫，門户不清的？只得一主一主填還了。那乞僧只叫得苦。

張善友疼着大孩兒苦挣，恨着小孩兒蕩費，偏吃虧了。立箇主意，把家私匀做三分分開。他弟兄們各一分，老夫妻留一分。等做家的自做家，破敗的自破敗，省得歹的累了好的，一總凋零了。那福僧是箇不成器的，肚腸倒要分了，自繇自在，别無拘束，正中下懷。家私到手，正如：

湯潑瑞雪，風捲殘雲。

不上一年，使得光光蕩蕩了。又要分了爹媽的這半分，也自没有了。【眉批】勢所必至，不如不分。便去打攪哥哥，不由他不應手。連哥哥的也佈擺不來。他是箇做家的人，怎生受得過？氣得成病，一卧不起。求醫無效，看看至死。張善友道：「成家的倒有病，敗家的倒無病，五行中如何這樣顛倒？」恨不得把小的替了大的，苦在心頭，説不出來。

那乞僧氣蠱已成，畢竟不痊，死了。張善友夫妻，大痛無聲。那福僧見哥哥死了，還有剩下家私，落得是他受用，一毫不在心上。李氏媽媽見如此光景，一發捨不得大的，終日啼哭，哭得眼中出血而死。【眉批】應了一句。福僧也没有一些苦楚，帶着母喪，只在花街柳陌，逐日混帳。淘虚了身子，害了癆瘵之病，又看看死來。張善友此時急得無法可施，便是敗家的，留得箇種也好，論不得成器不成器了。正是：

前生注定今生案，天數難逃大限催。

福僧是箇一絲兩氣的病，時節到來，如三更油盡的燈，不覺的息了。

張善友雖是平日不像意他的，而今自念兩兒皆死，媽媽亦亡，單單剩得老身，怎由得不苦痛哀切？自道：「不知作了什麽罪業，今朝如此果報得没下稍！」一頭憤恨，一頭想道：「我這兩箇業種，是東嶽求來的，不争被你閻君勾去了，東嶽敢不知道？我如今到東嶽大帝面前，告苦一番。大帝有靈，勾將閻神來，或者還了我箇把兒子，也不見得。」【眉批】真知。也是他苦痛無聊，癡心想到此，果然到東嶽跟前哭訴道：「老漢張善友，一生脩善。便是俺那兩個孩兒和媽媽，也不曾做甚麽罪過，却被閻神屈屈勾將去，單剩得老夫。【眉批】媽媽難寫保狀。只望神明將閻神追來，與老漢折訴一箇明白。若果然該受這業報，老漢死也得瞑目。」訴罷，哭倒在地。一陣昏沉，暈了去。

朦朧之間，見箇鬼使來對他道：「閻君有勾。」張善友道：「我正要見閻君問他去。」隨了鬼使，竟到閻君面前。閻君道：「張善友，你如何在東嶽告我？」張善友道：「只爲我媽媽和兩箇孩兒，不曾犯下什麽罪過，一時都勾了去。有此苦痛；故此哀告大帝做主。」閻王道：「你要見你兩箇孩兒麽？」張善友道：「怎不要見？」閻王命鬼使召將來，只見乞僧、福僧兩箇齊到。張善友喜之不勝，先對乞僧道：「大哥，我與你家去來。」乞僧道：「我不是你什麽大哥，我當初是趙廷玉。不合偷了你家五十多兩銀子，如今加上幾百倍利錢，還了你家。俺和你不親了。」張善友見大的如此説了，只得對福僧説：「既如此，二哥，隨我家去了也罷。」福僧道：「我不是你家甚麽二哥，我前身是五臺山和尚。你少了我的，你如今也加百倍還得我勾了，與你没相干了。」張善友吃了一驚道：「如何我少五臺山和尚的？怎生得媽媽來一問便好。」閻王已知其意，説道：「張善友，你要見渾家不難。」叫鬼卒：「與我開了酆都城，拿出張善友妻李氏來。」鬼卒應聲去了。只見押了李氏，披枷帶鎖到殿前來。張善友道：「媽媽，你爲何事如此受罪？」李氏哭道：「我生前不合混賴了五臺山和尚百兩銀子，死後叫我歷遍十八層地獄，我好苦也。」【眉批】又應了一句。張善友道：「那銀子我只道還他去了，怎知賴了他的？這是自作自受！」李氏道：「你怎生救我？」扯着張善友大哭。閻王震怒，拍案大喝。張善友不覺驚醒，乃是睡倒在神案前做的夢，明明白白。纔省悟多是宿世的冤家債主。住了悲哭，出家脩行去了。

方信道暗室虧心，難逃他神目如電。
今日箇顯報無私，怎倒把閻君埋怨？

在下爲何先説此一段因果？只因有箇貧人，把富人的銀子借了去，替他看守了幾多年，一錢不破，後來不知不覺，雙手交還了本主。這事更奇，聽在下表白一遍。

宋時汴梁曹州曹南村周家莊上，有個秀才，姓周，名榮祖，字伯成。渾家張氏。那周家先世廣有家財，祖公公周奉，敬重釋門，起蓋一所佛院，每日看經念佛。到他父親手裏，一心只做人家。爲因脩理宅舍，不捨得另辦木石磚瓦，就將那所佛院，盡拆毁來用了。比及宅舍功完，得病不起，人皆道是不信佛之報。【眉批】此不捨得之念，正是窮根。父親既死，家私裏外通是榮祖一個掌把。那榮祖學成滿腹文章，要上朝應舉。他與張氏生得一子，尚在襁褓，乳名叫做長壽。只因妻嬌子幼，不捨得抛撇，商量三口兒同去。【眉批】此不捨得亦然。他把祖上遺下那些金銀成錠的，做一窖兒埋在後面牆下，怕路上不好携帶，只把零碎的、細軟的帶些隨身。房廊屋舍，着箇當直的看守，他自去了。

話分兩頭。曹州有一箇窮漢，叫做賈仁。真是衣不遮身，食不充口，吃了早起的，無那晚夕的。又不會做什麽營生，則是與人家挑土築墻，和泥托坯，擔水運柴，做坌工生活度日。晚間在破窰中安身。外人見他十分過的艱難，都唤他做「窮賈兒」。却是這箇人，禀性古怪拗彆，常道：「總是一般的人，别人那等富貴奢華，偏我這般窮苦！」心中恨毒。有詩爲證：

又無房舍又無田，每日城南窰内眠。
一般帶眼安眉漢，何事囊中偏没錢！

説那賈仁心中不伏氣，每日得閒空，便走到東嶽廟中，苦訴神靈道：「小人賈仁，特來禱告。【眉批】亦是奇人奇事。小人想，有那等騎鞍壓馬，穿羅着錦，吃好的，用好的，他也是一世人。我賈仁也是一世人。偏我衣不遮身，食不充口，燒地眠，炙地卧，兀的不窮殺了小人！小人但有些小富貴，也爲齋僧布施，蓋寺建塔，脩橋補路，惜孤念寡，敬老憐貧，上聖可憐見咱！」日日如此，真是精誠之極，有感必通。果然被他哀告不過，感動起來。一日，禱告畢，睡倒在廊簷下，一靈兒被殿前靈派侯攝去，問他終日埋天怨地的緣故。賈仁把前言再述一遍，哀求不已。靈派侯也有些憐他，唤那增福神，查他衣禄、食禄有無多寡之數。增福神查了回覆道：「此人前生不敬天地，不孝父母，毁僧謗佛，殺生害命，抛撇浄水，作賤五穀，今世當受凍餓而死。」【眉批】世人着眼。賈仁聽説慌了，一發哀求不止道：「上聖可憐見！但與我些小衣禄、食禄，我是必做箇好人。我爺娘在時，也是盡力奉養的。亡化之後，不知甚麽緣故，顛倒一日窮一日了。我也在爺娘墳上燒錢裂紙，澆茶奠酒，淚珠兒至今不曾乾。我也是箇行孝的人。」靈派侯道：「吾神試點檢他平日所爲，雖是不見别的善事，却是窮養父母，也是有的。今日據着他埋天怨地，正當凍餓；念他一點小孝，可又道：『天不生無祿之人，地不長無名之草。』吾等體上帝好生之德，權且看有別家無碍的福力，借與他些，與他一箇假子，奉養至死，償他這一點孝心罷。」【眉批】一點小孝，便可增祿，着眼！着眼！增福神道：「小聖查得有曹州曹南周家莊上，他家福力所積，陰功三輩，爲他拆毀佛地，一念差池，合受一時折罰。如今把那家的福力權借與他二十年，待到限期已足，着他雙手交還本主，這箇可不兩便？」靈派侯道：「這箇使得。」唤過賈仁，把前話分付他明白，叫他牢牢記取：「比及你去做財主時，索還的早在那里等了。」賈仁叩頭，謝了上聖濟拔之恩，心裏道：「已是財主了，出得門來，騎了高頭駿馬，放箇轡頭。【眉批】即見富景。那馬見了鞭影，飛也似的跑，把他一交攧翻，大喊一聲，却是南柯一夢，身子還睡在廟簷下。想一想道：「恰纔上聖分明的對我説，那一家的福力，借與我二十年，我如今該做財主。一覺醒來，財主在那里？夢是心頭想，信他則甚？【眉批】只怕後日的財主也在那裏。昨日大户人家要打牆，叫我尋泥坯，我不免去尋問一家則箇。」

出了廟門去，真是時來福湊。恰好周秀才家裏看家當直的，因家主出久未歸，正缺少盤纏，又晚間睡着，被賊偷得精光，家裏別無可賣的，止有後園中這一垛舊坍墻。想道：「要他没用，不如把泥坯賣了，且將就做盤纏度日。」走到街上，正撞着賈仁，曉得他是慣與人家打牆的，就把這話央他去賣。賈仁道：「我這家正要泥坯，講倒價錢，吾自來挑也。」果然走去説定了價，挑得一擔算一擔。開了後園，一憑賈仁自掘自挑。

賈仁帶了鐵鍬、鋤頭、土筐之類來動手，剛扒倒得一堵，只見墻脚之下，拱開石頭，那泥簌簌的落將下去，恰像底下是空的。把泥撥開，泥下一片石板。撬起石板，乃是蓋下一箇石槽，滿槽多是土墼塊一般大的金銀，不計其數，傍邊又有小塊零星楔着。吃了一驚道：「神明如此有靈！已應着昨夢。慚愧，今日有分做財主了。」心生一計，就把金銀放些在土筐中，上邊覆着泥土，裝了一擔。且把在地中挑未盡的，仍用泥土遮蓋，雪。三口兒身上俱各單寒，好生行走不得。有一篇《正宫調·滚繡毬》爲証：

那親眷久已出外，弄做箇「滿船空載月明歸」。身邊盤纏用盡。到得曹南地方，正是暮冬天道，下着連日大

石槽。從此衣食艱難，索性把這所房子賣了，復是三口兒去洛陽探親。偏生這等時運，正是：

時來風送滕王閣，運退雷轟薦福碑。

了；豈知到得家裏，家私一空，止留下一所房子。去尋尋墻下所埋祖遺之物，但見墻倒泥開，剛剩得一箇空

却説那周榮祖秀才，自從同了渾家張氏，孩兒長壽，三口兒應舉去後，怎奈命運未通，功名不達，這也罷

説。」這裏一面尋螟蛉之子，不在話下。

批】此想頭便是要還人張本。説了不則一番。陳德甫又轉分付了開酒務的店小二：「倘有相應的，可來先對我

後人承領。自己生不出，街市上但遇着賣的，或是肯過繼的，是男是女，尋一箇來，與我兩口兒喂眼也好。」【眉

是教學的館，無過在解舖裏上些帳目，管些收錢舉債的勾當。賈員外日常與陳德甫説：「我枉有家私，無箇

不得。【眉批】正是財主相。所以又有人叫他做「慳賈兒」。請着一箇老學究，叫做陳德甫，在家裏處舘。那舘不

使，半文也不用。要他一貫鈔，就如挑他一條筋。别人的，恨不得劈手奪將來；若要他把與人，就心疼的了

宅，也没一箇承領。【眉批】渾家又是何處借的？又有一件作怪：雖有了這樣大家私，生性慳吝苦尅，一文也不

日叫他做「窮賈兒」的，多改口叫他是「員外」了。又娶了一房渾家，却是寸男尺女皆無，空有那鴉飛不過的田

解典庫、粉房、磨房、油房、酒房，做的生意就如水也似長將起來。旱路上有田，水路上有船，人頭上有錢。平

逐漸把窖裏埋的，又搬將過去，安頓好了。先假做些小買賣，慢慢衍將大來。不上幾年，蓋起房廊屋舍，開了

他是極窮人，有了這許多銀子，也是他時運到來，且會擺撥。先把些零碎小錁，買了一所房子，住下了。

以待再挑。他挑着担，竟往栖身的破窑中，權且埋着，神鬼不知。運了一兩日，都運完了。

是誰人碾就瓊瑶往下篩？是誰人剪冰花迷眼界？恰便似玉琢成六街三陌，恰便似粉妝就殿閣樓臺。便有那韓退之，藍關前冷怎當；便有那孟浩然，驢背上也跌下來；便有那剡溪中，禁回他子猷訪戴。則這三口兒，兀的不凍倒塵埃！眼見得一家受盡千般苦，可甚麽十謁朱門九不開，委實難捱！

當下張氏道：「似這般風又大，雪又緊，怎生行去？且在那裏避一避也好。」周秀才道：「我們到酒務裏避雪去。」兩口兒帶了小孩子，踅到一箇店裏來。店小二接着道：「可是要買酒吃的？」周秀才道：「可憐，我那得錢來買酒吃？」店小二道：「不吃酒，到我店裏做甚？」秀才道：「小生是箇窮秀才，三口兒探親回來，不想遇着一天大雪。身上無衣，肚裏無食，來這里避一避。」店小二道：「避避不妨，那一箇頂着房子走哩？」秀才道：「多謝哥哥。」叫渾家領了孩兒，同進店來，身子抖抖的寒顫不住。店小二道：「秀才官人，你每受了寒了，吃杯酒不好？」【眉批】小二亦賢人也。秀才嘆道：「我纔説没錢在身邊。」小二道：「可憐，可憐！那里不是積福處？我捨與你一杯燒酒吃，不要你錢。」就在招財利市面前那供養的三杯酒内，取一杯遞過來。周秀才吃了，覺道和暖了好些。渾家在傍聞得酒香，也要杯兒敵寒，不好開得口。正與周秀才説話，店小二曉得意思，想道：「有心做人情，便再與他一杯。」又取那第二杯遞過來道：「娘子也吃一杯。」秀才謝了，接過與渾家吃。那小孩子長壽，不知好歹，也嚷道：「要吃！」秀才簌簌地掉下淚來道：「我兩箇也是這哥哥好意與我每吃的，怎生又有得到你？」小孩子便哭將起來。

小二問知緣故，一發把那第三杯與他吃了。就問秀才道：「看你這樣艱難，你把這小的兒與了人家，可不好？」秀才道：「一時撞不着人家要。」【眉批】好接縫。小二道：「有箇人要，你與娘子商量去。」秀才對渾家道：「娘子，你聽麽？賣酒的哥哥説：『你們這等饑寒，何不把小孩子與了人？』他有箇人家要。」【眉批】可憐。渾家道：「若與了人家，倒也强似凍餓死了。只要那人養的活，便與他去罷。」秀才把渾家的話對小二説，小二道：「好教你們喜歡，這里有箇大財主，不曾生得一箇兒女，正要一箇小的。我如今領你去。你且在此坐一坐，我尋將一箇人來。」

小二三脚兩步走到對門，與陳德甫説了這箇緣故。陳德甫蹉到店裏，問小二道：「在那里？」小二叫周秀才與他相見了。陳德甫一眼看去，見了小孩子長壽，便道：「好箇有福相的孩兒！」就問周秀才道：「先生那裏人氏？姓甚名誰？因何就肯賣了這孩兒？」周秀才道：「小生本處人氏，姓周，名榮祖。因家業凋零，無錢使用，將自己親兒情願過房與人爲子。先生你敢是要麽？」陳德甫道：「我不要。這里有箇賈老員外，他有潑天也似家私，寸男尺女皆無。若是要了這孩兒，久後家緣家計，都是你這孩兒的。」秀才道：「既如此，先生作成小生則箇。」陳德甫道：「你跟着我來。」周秀才叫渾家領了孩兒，一同跟了陳德甫到這家門首。

陳德甫先進去見了賈員外，員外問道：「一向所托尋孩子的怎麽了？」陳德甫道：「員外且喜有一箇小的了。」【眉批】此念之專，皆鬼神使之也。員外道：「在那里？」陳德甫道：「現在門首。」員外道：「是箇甚麽人的？」陳德甫道：「是箇窮秀才。」員外道：「秀才倒好，可惜是窮的。」陳德甫道：「員外説得好笑，那有富的來賣兒女？」員外道：「叫他進來我看看。」陳德甫出來與周秀才説了，領他同兒子進去。秀才先與員外叙了禮，然後叫兒子過來與他看。員外看了一看，見他生得青頭白臉，心上喜歡道：「果然好箇孩子！」就問了周秀才姓名，轉對陳德甫道：「我要他這箇小的，須要他立紙文書。」陳德甫道：「員外要怎麽樣寫？」員外道：「無過寫道：『立文書人某人，因口食不敷，情願將自己親兒某，過繼與財主賈老員外爲兒。』」陳德甫道：「只叫員外勾了，又要那財主兩字做甚？」員外道：「我不是財主，難道叫我窮漢？」陳德甫曉得是有錢的心性，只順着道：「是，是。只依着寫財主罷。」員外道：「還有一件要緊，後面須寫道：『立約之後，兩邊不許翻悔。若有翻悔之人，罰鈔一千貫與不悔之人用。』」陳德甫大笑道：「這等，那正錢可是多少？」員外道：「你莫管我，只依我寫着。他要得我多少？我財主家心性，指甲裏彈出來的，可也吃不了。」

陳德甫把這些話一一與周秀才説了，周秀才只得依着口裏念的寫去。寫到「罰一千貫」，周秀才停了筆道：「這等，我正錢可是多少？」陳德甫道：「知他是多少？我恰纔也是這等説。他道：『我是箇巨富的財主，他要的多少？』他指甲裏彈出來的，着你吃不了哩。」周秀才也道：「説得是。」依他寫了，却把正經的賣價，竟不曾填得明白。他與陳德甫也多是迂儒，不曉得這些圈套，只道口裏説得好聽，料必不輕的。豈知做財主的，專一苦剋算人，討着小便宜。口裏便甜如蜜，也聽不得的。

當下，周秀才寫了文書，陳德甫遞與員外收了。員外就領了進去，與媽媽看了，媽媽也喜歡。此時長壽已有七歲，心裏曉得了。員外教他道：「此後，有人問你姓什麼，你便道我姓賈。」長壽道：「我自姓周。」那賈媽媽道：「好兒子！明日與你做花花襖子穿。有人問你姓，只説姓賈。」長壽道：「便做大紅袍與我穿，我也只是姓周。」【眉批】赤子之心。員外心裏不快，竟不來打發周秀才。秀才催促陳德甫，德甫轉催員外。員外道：「他把兒子留在我家，他自去罷了。」陳德甫道：「他怎麽肯去？還不曾與他恩養錢哩。」員外就起箇賴皮心，只做不省得道：「甚麽恩養錢？隨他與我些罷。」陳德甫道：「這箇員外休耍人。他爲無錢，纔賣這箇小的，怎麽倒要他恩養錢？」員外道：「他因爲無飯養活兒子，纔過繼與我。如今要在我家吃飯，我不問他要恩養錢，他倒問我要恩養錢？」【眉批】强詞奪理，莫非財主本色。陳德甫道：「他辛辛苦苦，養這小的，與了員外爲兒，專等員外與他些恩養錢，回家做盤纏。怎這等耍他？」員外道：「立過文書，不怕他不肯了。他若有説話，便是翻悔之人，教他罰一千貫還我，領了這兒子去。」【眉批】妙話！陳德甫道：「員外怎如此鬬人耍！你只是與他些恩養錢去，是正理。」員外道：「陳德甫，看你面上，與他一貫鈔。」陳德甫道：「這等一箇孩兒，與他一貫鈔忒少。」員外道：「一貫鈔許多寶字哩！我富人使一貫鈔，似挑着一條筋。你是窮人，怎倒看得這樣容易？你不賣兒子了。」再三説不聽，只得拿了一貫鈔與周秀才。且與他去。他是讀書人，見兒子落了好處，敢不要錢也不見得。」【眉批】妙話！陳德甫道：「那有這事？不要錢

秀才正走在門外，與渾家説話，安慰他道：「且喜這家果然富厚。已立了文書，這事多分可成。長壽兒也落了好地了。」渾家正要問道：「講倒多少錢鈔？」只見陳德甫拿得一貫出來。渾家道：「我幾杯兒水洗的孩兒偌大！怎生只與我一貫鈔？便買個泥娃娃，也買不得。」陳德甫把這話又進去與員外説。員外道：「那泥娃娃須不會吃飯。【眉批】妙話！常言道：『有錢不買張口貨。』因他養活不過，纔賣與人。等我肯要，就勾了，如何還要我錢？既是陳德甫再三説，我再添他一貫。【眉批】撞着這樣財主，中人難以爲情。如今再不添了。他若不肯，白紙上寫着黑字，教他拿一千貫來，領了孩子去。」陳德甫道：「他有得這一千貫時，倒不賣兒子了。」【眉批】句句妙，非財主不能。員外發作道：「你有得添添他，我却没有。」陳德甫嘆口氣道：「是我領來的不是了。員外又不肯添，那秀才又怎肯兩貫錢就住？我中間做人也難。也是我在門下多年，今日得過繼兒子，是箇美事。做我不着，成全他兩家罷。」【眉批】陳德甫亦賢人也。就對員外道：「在我舘錢内支兩貫，湊成四貫，打發那秀才罷。」員外道：「大家兩貫，孩子是誰的？」陳德甫道：「孩子是員外的。」員外笑逐顏開，道：「你出了一半鈔，孩子還是我的。這等，你是箇好人。」依他又支了兩貫鈔，帳簿上要他親筆注明白了。共成四貫，拿出來與周秀才道：「這員外是這樣慳吝苦剋的，出了兩貫，再不肯添了。小生只得自支兩月的館錢，湊成四貫，送與先生。【眉批】也是。先生你只要兒子落了好處，不要計論多少罷。」周秀才道：「甚道理倒難爲着先生？」陳德甫道：「只要久後記得我陳德甫。」周秀才道：「賈員外則是兩貫，先生替他出了一半，這倒是先生齎發了小生，這恩德怎敢有忘？喚孩兒出來叮囑他兩句，我每去罷。」

陳德甫叫出長壽來，三個抱頭哭箇不住，分付道：「爹娘無奈，賣了你。你在此可也免了些饑寒凍餒。

只要曉得些人事，敢這家不虧你！我們得便來看你就是。」小孩子不捨得爹娘，吊住了只是哭。陳德甫只得去買些菓子來，哄住了他，騙了他進去。周秀才夫妻自去了。

那賈員外過繼了箇兒子，又且放着刁，勒買的，不費大錢，自得其樂，就叫他做了賈長壽。曉得他已有知覺，不許人在他面前提起一句舊話，也不許他周秀才通消息往來，古古怪怪，防得水洩不通。【眉批】枉用心機。豈知暗地移花接木，已自雙手把人家交還他。那長壽大來，也看看把小時的事忘懷了，只認賈員外是自己的父親。可又作怪，他父親一文不使，半文不用，他却心性闊大，看那錢鈔便是土塊般相似。人道是他有錢，多順口叫他爲「錢舍」。

那時媽媽亡故，賈員外得病不起，長壽要到東嶽燒香，保佑父親。與父親討得一貫鈔，他便背地與家僮興兒開了庫，帶了好些金銀寶鈔去了。到得廟上來，此時正是三月二十七日，明日是東嶽聖帝誕辰，那廟上的人好不來的多！天色已晚，揀着廊下一箇乾净處所歇息，可先有一對兒老夫妻在那里。但見：

儀容黄瘦，衣服單寒。男人頭上儒巾，大半是塵埃堆積；女子脚跟羅襪，兩邊泥土粘連。定然終日道途間，不似安居閨閣内。

你道這兩箇是甚人？元來正是賣兒子的周榮祖秀才夫妻兩箇。只因兒子賣了，家事已空，又往各處投人不着，流落在他方十來年。乞化回家，思量要來賈家探取兒子消息。路經泰安州，恰遇聖帝生日，曉得有人要寫疏頭，思量賺他幾文，來央廟官。廟官此時也用得他着，留他在這廊下的。因他也是箇窮秀才，廟官好意揀這塔乾净地與他。豈知賈長壽見這帶地好，叫興兒趕他開去。

興兒狐假虎威，喝道：「窮弟子，快走開去，讓我們！」周秀才道：「你們是什麽人？」興兒就打他一下道：「錢舍也不認得？問是什麽人！」周秀才道：「我須是問了廟官，在這里住的。什麽錢舍來趕得我？」長壽見他不肯讓，喝教打他。興兒正在厮扭，周秀才大喊，驚動了廟官，走來道：「甚麽人如此無禮？」興兒道：「賈家錢舍，要這塔兒安歇。」廟官道：「家有家主，廟有廟主，是我留在這里的秀才，你如何用强奪他的宿處？」興兒道：「俺家錢舍有的是錢。與你一貫錢，借這塌兒田地歇息。」廟官見有了錢，就改了口道：「我便叫他讓你罷。」【眉批】世上誰人不見錢改口。勸他兩箇另換箇所在。周秀才好生不伏氣，没奈他何，只得依了。

明日燒罷香，各自散去。長壽到得家裏，賈員外已死了。他就做了小員外，掌把了偌大家私，不在話下。

且説周秀才自東嶽下來，到了曹南村，正要去查問賈家消息。一向不回家，把巷陌多生疎了。在街上一路慢訪問，忽然渾家害起急心疼來。望去一箇藥鋪，牌上寫着「施藥」，急走去求得些來，吃下好了。夫妻兩口走到鋪中，謝那先生。先生道：「不勞謝得，只要與我揚名。」指着招牌上字道：「須記我是陳德甫。」周秀才點點頭，念了兩聲「陳德甫」，對渾家道：「這陳德甫名兒好熟，我那里曾會過來，你記得麽？」渾家道：「俺賣孩兒時，做保人的不是陳德甫？」周秀才道：「是，是，我正好問他。」又走去叫道：「陳德甫先生，可認得學生麽？」德甫相了一相道：「有些面染。」周秀才道：「先生也這般老了，則我便是賣兒子的周秀才。」陳德甫道：「還記得我齎發你兩貫錢？」周秀才道：「此恩無日敢忘。只不知而今我那兒子好麽？」陳德甫道：「好教你歡喜，你孩兒賈長壽，如今長立成人了。」周秀才道：「老員外呢？」陳德甫道：「近日死了。」周秀才道：「好一箇慳刻的人！」陳德甫道：「如今你孩兒做了小員外，不比當初老的了，且是仗義踈財。我這施藥的本錢，也是他的。」周秀才道：「陳先生怎生着我見他一面？」陳德甫道：「先生，你同嫂子在鋪中坐一坐，我去尋將他來。」

陳德甫走來尋着賈長壽，把前話一五一十的對他説了。那賈長壽雖是多年没人題破，見説了，轉想幼年間事，還自隱隱記得。急忙跑到鋪中來，要認爹娘。陳德甫領他拜見。長壽看了模樣，吃了一驚道：「泰安州打的就是他，怎麽了？」【眉批】不打不成相識。周秀才道：「這不是泰安州奪我兩口兒宿處的麽？」渾家道：「正是。叫得甚麽錢舍？」秀才道：「我那時受他的氣不過，那知即是我兒子！」長壽道：「孩兒其實不認得爹娘，一時冲撞，望爹娘恕罪。」

兩口兒見了兒子，心裏老大喜歡。【眉批】亦其當也。終久乍會之間，有些生煞煞。長壽過意不去，道是：「莫非還記着泰安州的氣來？」忙叫興兒到家取了一匣金銀來，對陳德甫道：「小侄在廟中，不認得父母，冲撞了些箇。今先將此一匣金銀，陪箇不是。」【眉批】金銀如何父母前陪得不是？正因有錢人所見惟此重耳。陳德甫對周秀才説了。周秀才道：「自家兒子，如何好受他金銀賠禮？」長壽跪下道：「若爹娘不受，兒子心裏不安。望爹娘將就包容。」

周秀才見他如此説，只得收了。開來一看，吃了一驚，原來這銀子上鑿着「周奉記」。周秀才道：「可不原是我家的？」陳德甫道：「怎生是你家的？」周秀才道：「我祖公叫做周奉，是他鑿字記下的。先生，你看那字便明白。」陳德甫接過手看了，道：「是倒是了。既是你家的，如何却在賈家？」周秀才道：「學生二十年前，帶了家小，上朝取應去，把家裏祖上之物，藏埋在地下。已後歸來，盡數都不見了，以致赤貧，賣了兒子。」陳德甫道：「賈老員外原係窮鬼，與人脱土坯的，以後忽然暴富起來。想是你家原物，被他挖着了，所以如此。【眉批】同里中人，知賈之出身，而不知周何也？他不生兒女，就過繼着你家兒子，承領了這家私。物歸舊主，豈非天意？怪道他平日一文不使，兩文不用，不捨得浪費一些，元來不是他的東西，只當在此替你家看守罷了。」【眉批】明眼。周秀才夫妻感嘆不已，長壽也自驚異。

周秀才就在匣中，取出兩錠銀子，送與陳德甫，答他昔年兩貫之費。陳德甫推辭了兩番，只得受了。周秀才又念着店小二三杯酒，就在對門叫他過來，也賞了他一錠。【眉批】□□不報。那店小二因是小事，也忘記多時了，誰知出于不意，得此重賞，歡天喜地去了。

長壽就接了父母，到家去住。周秀才把適纔匣中所剩的交還兒子，叫他明日把來散與那貧難無倚的，須念着貧時二十年中苦楚。又叫兒子照依祖公公時節，蓋所佛堂，夫妻兩箇，在内雙脩。賈長壽仍舊復了周姓。賈仁空做了二十年財主，只落得一文不使，仍舊與他没帳。【眉批】若能使，即是有帳矣。可見物有定主如此，世間人枉使壞了心機。有口號四句爲証：

想爲人稟命生於世，但做事不可瞞天地。
貧與富一定不可移，笑愚民枉使欺心計。

卷三十六

東廊僧怠招魔　黑衣盜奸生殺

詩云：

　　夥成世界總游魂，錯認訛聞各有因。
　　最是天公施巧處，眼花歷亂使人渾。

話說天下的事，惟有天意最深，天機最巧。人居世間，總被他顛顛倒倒。就是那空幻不實境界，偶然人一箇眼花錯認了，明白是無端的，後邊照應將來，自有一段緣故在内，真是人所不測。

唐朝牛僧孺，任伊闕縣尉時，有東洛客張生，應進士舉，携文往謁。至中路遇暴雨雷雹，日已昏黑，去店尚遠，傍着一株大樹下且歇。少頃雨定，月色微明，就解鞍放馬，與僮僕宿於路側。困倦已甚，一齊昏睡。良久，張生朦朧覺來，見一物長數丈，形如夜叉，正在那里吃那匹馬。張生驚得魂不附體，不敢則聲，伏在草中。只見把馬吃完了，又取那頭驢去嘓啅嘓啅的吃了。將次吃完，就把手去扯他從奴一人過來，提着兩足，扯裂開來。張生見吃動了人，怎不心慌？只得硬挣起來，狼狽逃命。那件怪物隨後趕來，叫呼駡詈，張生只是亂跑，不敢回頭。約勾跑了一里來路，漸漸不聽得後面聲響。往前走去，遇見一箇大塚，塚邊立着一箇女人。張生慌忙之中，也不管是什麼人，連呼：「救命！」女人問道：「爲着何事？」張生把適纔的事說了，女人道：

「此間是箇古塚，内中空無一物，後有一孔。【眉批】女子何人，豈即塚中魂耶？郎君可避在裏頭，不然，性命難存。」話罷，女子也不知那里去了。張生就尋塚孔，投身而入。塚内甚深，静聽外邊，已不見甚麽聲響。自道避在此料無事了。

須臾，望去塚外，月色轉明。忽聞塚上有人説話響，張生又懼怕起來，伏在塚内不動。只見塚外推將一物進孔中來，張生只聞得血腥氣，黑中看去，月光照着明白，乃是一箇死人，頭已斷了。正在驚駭，又見推一箇進來，連推了三四箇纔住，多是一般的死人。已後没得推進來了，就聞得塚上人嘈雜道：「金銀若干，錢物若干，衣服若干。」張生方纔曉得是一班强盗了。不敢吐氣，伏着聽他。只見那爲頭的道：「某件與某人，某件與某人。」連唱十來人的姓名。【眉批】天意也。又有嫌多嫌少，道分得不均匀，相争論的。半日方散去。張生曉得外邊無人了，對了許多死屍，好不懼怕！欲要出來，又被死屍塞住孔口，轉動不得。没奈何，只得蹲在裏面，等天明了再處。静想方纔所聽唱的姓名，忘失了些，還記得五六箇，把來念的熟了。看看天亮起來。

却説那失盗的鄉村裏，一夥人各執器械，來尋盗迹。到了塚傍，見滿塚是血，就圍住了。掘將開來，所殺之人都在塚内。落後見了張生，是箇活人，喊道：「還有箇强盗落在裏頭！」就把绳綑將起來。張生道：「我是箇舉子，不是賊。」衆人道：「既不是賊，緣何在此塚内？」張生把昨夜的事，一一説了，衆人那里肯信？道：「必是强盗殺人，送屍到此，偶墮其内的。不要聽他胡講。」衆人你住我不住的，亂來踢打，張生只叫得苦。内中有老成的道：「私下不要亂打，且送到縣裏去。」

一夥人望着縣裏來。正行之間，只見張生的從人、驢馬、鞍駝盡到。張生見了，吃驚道：「我昨夜見的是什麽來？如何馬驢、從奴俱在？」那從人見張生被縛住在人叢中，也驚道：「昨夜在路傍困倦，睡着了。及到天明，不見了郎君，故此尋來。如何被這些人如此窘辱？」張生把昨夜話對從人説了一遍，從人道：「我們一覺好睡，從不曾見箇甚的，怎麽有如此怪異？」鄉村這夥人道：「可見是一剗胡話！明是刼盜。敢這些人都是一黨？」並不肯放鬆一些，送到縣裏。

縣裏牛公，却是舊相識。【眉批】若非舊識，必受拷訊。見張生被鄉人綁縛而來，大驚道：「緣何如此？」張生把前話説了。牛公叫：「快放了綁！請起來。」細問昨夜所見。張生道：「刼盜姓名，小生還記得幾箇。在塚上分散的衣物數目，小生也多聽得明白。」牛公取筆請張生一一寫出。按名捕捉，人贓俱獲，没一箇逃得脱的。

乃知張生夜來所見夜叉吃啖趕逐之景，乃是寃魂不散，鬼神幻出此一段怪異，逼那張生伏在塚中，方得默記刼盜姓名，使他逃不得。【眉批】固是天意，張生何辜，受此非常驚忍？此天意假手張生以擒盜，不是正合着小子所言「眼花錯認，也自有緣故」的話？

而今更有箇眼花錯認了，弄出好些寃業因果來，理不清身子的，更爲可駭可笑。正是：

道高一尺，魔高一丈。

寃業隨身，終須還帳。

這話也是唐時的事。山東沂州之西，有箇宫山，孤拔聳峭，迴出衆峯。周圍三十里，並無人居。貞元初年，有兩個僧人，到此山中，喜歡這個境界幽僻，正好清脩，不惜勤苦，滿山拾取枯樹丫枝，在大樹之間，搭起一間柴棚來。兩個敷坐在内，精勤禮念，晝夜不輟。四遠村落聞知，各各喜捨資財布施，來替他兩個構造屋室。不上旬月之間，立成一個院宇。兩僧尤加慤勵，遠近皆來欽仰。一應齋供，多自日逐有人來給與。兩僧各處一廊，在佛前共設呪願：誓不下山，只在院中持誦，必祈脩成無上菩提正果。【眉批】便是一重公案。正是：

白日禪關閒閉，落霞流水長天。

溪上丹楓自落，山僧自是高眠。

又：

簷外晴絲颺網，溪邊春水浮花。

塵世無心名利，山中有分烟霞。

如此苦行，已經二十餘年。元和年間，冬夜月明，兩僧各在廊中朗聲唄唱。於時空山虛静，聞山下隱隱有慟哭之聲，來得漸近，須臾已到院門。東廊僧在静中聽罷，忽然動了一念道：「如此深山寂寞，多年不出，不知山下光景如何？」【眉批】惹事了。聽此哀聲，令人悽慘感傷！」只見哭聲方止，一個人在院門邊墻上，撲的跳下地來，望着西廊便走。東廊僧遥見他身軀絶大，形狀怪異，吃驚不小，不敢聲張。懷着鬼胎，且嘿覷動静。自此人入西廊之後，那西廊僧唄唱之聲截然住了，但聽得劈劈撲撲，如兩下力争之狀。過一回，又聽得狺犽咀嚼，啖噬啜吒，其聲甚厲。東廊僧慌了道：「院中無人，吃完了他，少不得到我。不如預先走了罷。」忙忙開了院門，惶駭奔突。久不出山，連路徑都不認得了。攧攧仆仆，氣力殆盡。回頭看一看後面，只見其人蹌蹌踉踉，大踏步趕將來，一發慌極了，亂跑亂跳。忽逢一小溪水，褰衣渡畢，追者已到溪邊，却不過溪來，只在隔水嚷道：「若不阻水，當並啗之。」東廊僧且懼且行，也不知走到那里去的是，只信着脚步走罷了。

須臾大雪，咫尺昏迷。正在没奈何所在，忽有個人家牛坊，就躲將進去，隱在裏面。此時已有半夜了，雪勢稍晴。忽見一個黑衣的人，自外執刀鎗，徐至欄下。東廊僧吞聲屏氣，潛伏暗處，向明窺看。見那黑衣人躊躇四顧，恰像等些什麽的一般。有好一會，忽然院墻裏面抛出些東西來，多是包裹衣被之類。黑衣人看見，忙取來紮縛好了，裝做了一擔。墻裏邊一個女子，攀了墻，跳將出來。映着雪月之光，東廊僧且是看得明白。【眉批】有根。黑衣人見女子下了墻，就把鎗挑了包裹，不等與他説話，望前先走。女子隨後，跟他去了。

東廊僧想道：「不尷尬！此間不是住處。適纔這男子、女人，必是相約私逃的。明日院中不見了人，照雪地行迹，尋將出來，見了個和尚，豈不把奸情事纏在身上來？【眉批】不走反未必遇禍，皆鬼神所爲。不如趂早走了去爲是。」

總是一些不認得路徑，慌忙又走。恍恍惚惚，没個定向，又亂亂的不成脚步。走上十數里路，踹了一個空，撲通的攧了下去，乃是一個廢井。虧得乾枯没水，却也深廣。月光透下來，看時，只見傍有個死人，身首已離，血體還暖，是個適纔殺了的。東廊僧一發驚惶，却又無法上得來，莫知所措。到得天色亮了，打眼一看，認得是昨夜攀墻的女子。心裏疑道：「這怎麽解？」

正在没出豁處，只見井上有好些人喊嚷，臨井一看道：「强盜在此了！」就將索縋人下來。東廊僧此時嚇壞了心膽，凍殭了身體，挣扎不得，被那人就在井中綁縛了。【眉批】即挣扎得，此際亦無可奈何。先是光頭上一頓栗暴，打得火星爆散。東廊僧没口得叫寃，真是在死邊過。那人綮縛好了，先後同死屍吊將上來。只見一個老者，見了死屍，大哭一番。哭罷，道：「你這那里來的秃驢？爲何拐我女兒出來，殺死在此井中？」東廊僧道：「小僧是宫山東廊僧人，二十年不下山。因爲夜間有怪物到院中，唃了同侣，逃命至此。昨夜在牛坊中避雪，看見有個黑衣人進來，墻上一個女子跳出來，跟了他去。小僧因怕惹着是非，只得走脱。不想墮落井中，先已有殺死的人在内。小僧知他是甚緣故？小僧從不下山的，與人家女眷有何識熟，可以拐帶？又有何寃仇，將他殺死？衆位詳察則個。」説罷，内中人有好幾個曾到山中，認得他的，曉得是有戒行的高僧。却是現今同個死女子在井中，解不出這事來，不好替他分辨得，免不得一同送到縣裏來。

縣令看見一干人綁了個和尚，又擡了一個死屍，備問根由。只見一個老者告訴道：「小人姓馬，是這本處人。這死的就是小人的女兒，年一十八歲，不曾許聘人家。這兩日方纔有兩家來説起。只見今日早起來，家裏不見了女兒。跟尋起來，看見院後雪地上鞋迹，曉得越墻而走了。依踪尋到井邊，便不見女兒鞋迹，只有一團血灑在地上。向井中一看，只見女已殺死，這和尚却在裏頭。【眉批】惟其在裏頭，決不是他殺的。豈不是他殺的？」縣令問：「那僧人怎麽説？」東廊僧道：「小僧是個宫山中苦行僧人，二十餘年不下本山。昨夜忽有怪物入院，將同住僧人啖噬。不得已，破戒下山逃命。豈知宿業所纏，撞在這網裏來？」就把昨夜牛坊所見，已後慮禍再逃，墜井遇屍的話，細説了一遍。又道：「相公但差人到宫山一查，看西廊僧人，踪迹有無，是被何物啖噬模樣，便見小僧不是誑語。」【眉批】一發誤了。縣令依言，隨即差箇公人，到山查勘的確，立等回話。

公人到得山間，走進院來，只見西廊僧好端端在那里坐着看經。見有人來，纔起問訊。公人將（到）東廊僧所犯之事，一一説過，道：「因他訴説有甚怪物入院來吃人，故此逃下山來的，相公着我來看個虚實。今師父既在，可説昨夜怪物怎麽樣起？」西廊僧道：「並無甚怪物。但二更時候，兩廊方對持念，東廊道友忽然開了院，走了出去。我兩人誓約已久，二十多年不出院門。見他獨去，也自驚異，大聲追呼，竟自不聞。小僧自守着不出院之戒，不敢追趕罷了。至於山下之事，非我所知。」

公人將此話回覆了縣令，縣令道：「可見是這秃奴誑妄！」帶過東廊僧，又加研審。東廊僧只是堅稱前説。縣令道：「眼見得西廊僧人見在，有何怪物來院中？你恰恰這日下山，這里恰恰有脱逃被殺之女同在井中，天下有這樣凑巧的事？【眉批】惟凑巧者多，天下所以多冤獄也。分明是殺人之盜，還要抵賴！」用起刑來，喝道：「快快招罷。」東廊僧道：「宿債所欠，有死而已，無情可招。」【眉批】是僧家話。惱了縣令性子，百般拷掠，楚毒備施冤哉！。東廊僧道：「不必加刑，認是我殺罷了。」

此時連原告見和尚如此受慘，招不出甚麽來，也自想道：「我家並不曾與這和尚往來，如何拐得我女着？就是拐了，怎不與他逃去，却要殺他？便做是殺了，他自家也走得去的，如何同住這井中做甚麽？其間恐有冤枉。」倒走到縣令面前，把這些話一一説了。縣令道：「是倒也説得是。却是這箇奸僧黑夜落井，必非良人亦是。。況又口出妄語欺誑，眼見得中有隱情了。只是行凶刀仗無存，身邊又無贓物，難以成獄。【眉批】有此成心，又有此妄事，安得不枉之！我且把他牢固監候，你們自去外邊緝訪。你家女兒平日必有踪迹可疑之處，與私下往來之人，家中必有所失物件，你每逐一留心細查這却是。，自有明白。」衆人聽了分付，當下散了出來。東廊僧自到獄中受苦，不題。

却説這馬家是個沂州富翁，人皆呼爲馬員外。家有一女，長成得美麗非凡。從小與一個中表之兄杜生，彼此相慕，暗約爲夫婦。杜生家中却是清淡，也曾央人來做幾次媒妁，馬員外嫌他家貧，幾次回了。却不知女兒心裏，只思量嫁他去的。其間走脚通風，傳書遞簡，全虧着一個奶娘，是從幼乳這女子的。這奶子是個不良的婆娘，專一哄誘他小娘子動了春心，做些不恰當的手脚，便好乘機拐騙他的東西。【眉批】婦人們只爲此一念，誤人家兒女不少。所以曉得他心事如此，倒身在裏頭做馬泊六，弄得他兩下情熱如火，只是不能成就這事。

那女子看看大了，有兩家來説親。馬員外已有揀中的，將次成約。女子有些着了急，與奶娘商量道：「我一心只愛杜家哥哥，而今却待把我許別家，怎生計處？」奶子就起個僽憗肚腸，哄他道：「前日杜家求了幾次，員外只是不肯。要明配他，必不能勾。除非嫁了別家，與他暗裏偷期罷。奸話。」女子道：「我既嫁了人，怎好又做得這事？我一心要隨着杜郎，只不嫁人罷。自在話。」奶子道：「怎由得你不嫁？我有一個計較：趂着未許定人家時節，生做他一做。」女子道：「如何生做？」奶子道：「我去約定了他，你私下與他走了。多帶了些盤纏，在他州外府，過他幾時，落得快活。且等家裏尋得着時，你兩個已自成合得久了。好人家兒女，不好拆開了另嫁得，別人家也不來要了。除非此計，可以行得。」女子道：「此計果妙，只要約得的確。」奶子道：「這個在我身上。」

元來馬員外家巨富，女兒房中東西，金銀珠寶、頭面首飾、衣服，滿箱滿籠的，都在這奶子眼裏。【眉批】殺身之媒。奶子動火他這些東西，怎肯教富了别人？他有一個兒子，叫做牛黑子，是個不本分的人，專一在賭嗙行、厮撲行中走動，結識那一班無賴子弟。也有時去做些偷鷄弔狗的勾當。奶子欺心，當女子面前許他去約杜郎，他私下去與兒子商量，只叫他冒頂了名，騙領了别處去，賣了他，落得得他小富貴可恨！。算計停當，來哄女子道：「已約定了，只在今夜月明之下，先把東西搬出院墻外牛坊中了，然後攀墻而出就是。」女子要奶子同去，奶子道：「這使不得。【眉批】真孩子性，可憐！可憐！你自去，須一時没查處。連我去了，他明知我在裏頭做事，尋到我家，却不做出來？」那女子不曾面訂得杜郎，只聽他一面哄詞，也是數該如此，憑他説着就是，信以爲真。道是從此一走，便可與杜郎相會，遂了向來心願了。正是：

本待將心托明月，誰知明月照溝渠！

是夜，女子與奶子把包裹紮好，先抛出墻外。落後，女子攀墻而出，正是東廊僧在暗地裏窺看之時。那時見有個黑衣人擔着前走，女子只道是杜郎，换了青衣，瞞人眼睛的，尾着隨去，不以爲意。到得野外井邊，月下看得明白，是雄糾糾一個黑臉大漢，不是杜郎了。女孩兒家不知個好歹，不由的你不驚喊起來。黑子叫他不要喊，那里掩得住？黑子想道：「他有偌多的東西在我擔裏，我若同了這帶脚的貨去，前途被他喊破，可不人財兩失？不如結果了他罷。」拔出刀來，望脖子上只一刀。【眉批】小人惟以財爲重，可恨！這嬌怯怯的女子，能消得幾時功夫？可憐一朵鮮花，一旦萎於荒草！也是他念頭不正，以致有此。正是：

賭近盗兮奸近殺，古人説話不曾差。
奸賭兩般都不染，太平無事做人家。

女子既死，黑子就把來攛入廢井之中，帶了所得東西，飛也似的去了。怎知這里又有這個悔氣星照命的和尚來頂了缸，坐牢受苦。説話的，若如此，真是有天無日頭的事了。看官，「天網恢恢，疎而不漏」，少不得到其間逐漸的報應出來。

却説馬員外先前不見了女兒，一時糾人追尋，不匡撞着這和尚，鬼混了多時，送他在獄裏了，家中竟不曾仔細查得。及到家中細想，只疑心道：「未必關得和尚事。」到得房中一看，只見箱籠一空，道是必有箇人約着走的。只是平日不曾見什麽破綻；若有奸夫同逃，如何又被殺死？却不可解。没個想處，只得把所失之物，寫個失單，各處貼了招榜，出了賞錢，要明白這件事。那奶子聽得小娘子被殺了，只有他心下曉得，捏着一把汗。心裏恨着兒子道：「只教他領了他去，如何做出這等没脊骨事來？」私下見了，暗地埋怨一番。着實叮囑他：「要謹慎！關係人命事，弄得大了！」

又過了幾時，牛黑子漸把心放寬了，帶了錢到賭坊裏去賭。怎當得博去就是個叉色，一霎時把錢多輸完了。欲待再去拿錢時，興高了，却等不得。站在傍邊看，又忍不住伸手去腰裏摸出一對金鑲寶簪頭來，押錢再賭，指望就博將轉來，自不妨事。【眉批】天也。誰知一去不能復返，只得忍着輸散了，那押的當頭須不曾討得去，在個捉頭兒的黄胖哥手裏。黄胖哥帶了家去，被他妻子看見了，道：「你那里來這樣好東西？不要來歷不明，做出事來。」胖哥道：「我須有個來處，有甚麽不明？是牛黑子當錢的。」黄嫂子道：「可又來！小牛又不曾有妻小，是個光棍哩。那里掙得有此等東西？」胖哥猛想起來道：「是呀！馬家小娘子被人殺死，有張失單，多半是頭上首飾。他是奶娘之子，這些失物，或者他有些乘機偷盗在裏頭。」黄嫂子道：「明日竟到他家解錢，必有説話。若認着了，我們先得賞錢去，可不好？」商量定了。

到了次日，胖哥竟帶了簪子，望馬員外解庫中來。恰好員外走將出來，胖哥道：「有一件東西，拿來與員外認着。認得着，小人要賞錢；認不着，小人解些錢去罷。」黄胖哥拿那簪頭遞與員外。員外一看，却認得是女兒之物，就詰問道：「此自何來？」黄胖哥把牛黑子賭錢押簪的事，説了一遍。馬員外點點頭道：「不消説了，是他母子兩個商通合計的了。」欵住黄胖哥，要他寫了張首單，説：「金寶簪一對，的係牛黑子押錢之物，所首是實。」對他説：「外邊且不可聲張。」先把賞錢一半與他，事完之後找足。黄胖哥報得着，歡喜去了。

員外袖了兩個簪頭進來，對奶子道：「你且説，前日小娘子怎麽逃出去的？」奶子道：「員外好笑。員外也在這裏，我也在這裏，大家都不知道的，我如何曉得？倒來問我！」員外拿出簪子來道：「既不曉得，這件東西爲何在你家裏拿出來？」奶子看了簪，虚心病發，曉得是兒子做出來，驚得面如土色，心頭丕丕價跳，口裏支吾道：「敢是遺失在路傍，那個拾得的？」員外見他臉色紅黄不定，曉得有些海底眼，且不説破。竟叫人尋將牛黑子來，把來拴住，一徑投縣裏來。牛黑子還亂嚷亂跳道：「我有何罪？把繩拴我！」馬員外道：「有人首你殺人公事，你且不要亂叫，有本事當官辨去。」

當下縣令升堂，馬員外就把黄胖哥這紙首狀，同那簪子，送將上去，與縣令看，道：「贜物証見俱有了，望相公追究真情則個。」縣令看了道：「那牛黑子是什麽人，干涉得你家着？」馬員外道：「是小女奶子的兒子。」縣令點頭道：「這個不爲無因了。」叫牛黑子過來，問他道：「這簪是那里來的？」牛黑子一時無辭，只得推道：「是母親與他的。」縣令叫連那奶子拘將來。縣令道：「這奸殺的事情，只在你這奶子身上，要跟尋出來。」喝令把奶子上了刑具。奶子熬不過，只得含糊招道：「小娘子平日與杜郎往來相密。是夜約了杜郎私奔，跳出墻外，是老婦曉得的。【眉批】刁婦害人如此！出了墻去的事，老婦一些也不知道。」縣令問馬員外道：「你曉得可有個杜某麽？」員外道：「有個中表杜某，曾來問親幾次。只爲他家寒，不曾許他。不知他背地裏有此等事。」

縣令又將杜郎拘來。杜郎但是平日私期密訂，情意甚濃，忽然私逃被殺，暗稱可惜，其實一些不知影響。縣令問他道：「你如何與馬氏女約逃，中途殺了？」杜郎道：「平日中表兄妹，柬帖往來契密則有之，何曾有私逃之約？是誰人來約，誰人証明的？」縣令唤奶子來與他對，也只説得是平日往來；至於相約私逃，原無影響，却是對他不過。杜郎一向又見説失了好些東西，便辯道：「而今相公只看贓物何在，便知與小生無與了。」縣令細想一回道：「我看杜某軟弱，必非行殺之人；牛某粗狠，亦非偷香之輩。其中必有頂冒假托之事。」就把牛黑子與老奶子着實行刑起來。【眉批】令亦精明而不能辨僧事者，夙寃爲之也。老奶子只得把貪他財物，暗叫兒子冒名赴約，這是真情。以後的事，却不知了。牛黑子還自喳喳嘴强，推着杜郎道：「既約的是他，不干我事。」縣令猛然想起道：「前日那和尚口裏明説，晚間見個黑衣人，挈了女子同去的。叫他出來一認，便明白了。」喝令獄中放出那東廊僧來。

東廊僧到案前，縣令問道：「你那夜説在牛坊中，見個黑衣人進來，盗了東西，帶了女子去。而今這個人若在，你認得他否？」東廊僧道：「那夜雖然是夜裏，雪月之光，不減白日。小僧静脩已久。眼光頗清。若見其人，自然認得。」縣令叫杜郎上來，問僧道：「可是這個？」東廊僧道：「不是。彼甚雄健，豈是這文弱書生？」又叫牛黑子上來，指着問道：「這個可是？」東廊僧道：「這個是了。」縣令冷笑，對牛黑子道：「這樣，你母親之言已真，殺人的不是你是誰？况且贓物見在，有何理説？只可惜這和尚没事替你吃打、吃監多時。」東廊僧道：「小僧宿命所招，自無可怨。所幸佛天甚近，得相公神明昭雪。」縣令又把牛黑子夾起，問他道：「同逃也罷，何必殺他？」黑子只得招道：「他初時認做杜郎，到井邊時看見不是，亂喊起來，所以一時殺了。」縣令道：「晚間何得有刀？」黑子道：「平時在厮撲行裏走，身邊常帶有利器。况是夜晚做事，防人暗算，故帶在那裏的。」縣令道：「我故知非杜子所爲也。」遂將招情一一供明。把奶子斃於杖下。牛黑子强奸殺人，追贓完日，明正典刑。【眉批】死有餘辜。杜郎與東廊僧俱各釋放。一行人各自散了，不題。

那東廊僧没頭没腦，吃了這場敲打，又監裏坐了幾時，纔得出來。回到山上，見了西廊僧，説起許多事體。西廊僧道：「一同如此静脩，那夜本無一物，如何偏你所見如此？以致惹出許多磨難來！」東廊僧道：「便是不解。」回到房中，自思無故受此驚恐，受此苦楚，必是自家有甚脩不到處。向佛前懺悔已過，必祈見個境頭。蒲團上静坐了三晝夜，坐到那心空性寂之處，恍然大悟。元來馬家女子是他前生的妾，爲因一時無端疑忌，將他拷打鎖禁，有這段冤愆。今世做了僧人，戒行精苦，本可消釋了，只因那晚聽得哭泣之聲，心中悽慘，動了念頭，所以魔障就到，現出許多惡境界，逼他走到冤家窩裏去，償了這些拷打鎖禁之債，方纔得放。【眉批】脩道者念之。他在静中悟徹了這段因果，從此堅持道心，與西廊僧到底再不出山。後來合掌坐化而終。

有詩爲証：

有生總在業冤中，悟到無生始是空。

若是塵心全不起，憑他宿債也消融。

屈突仲任
張生

鄆州司馬冥
全內侄

卷三十七

屈突仲任酷殺衆生　鄆州司馬冥全内侄

詩云：

衆生皆是命，畏死有同心。
何以貪饕者，寃仇結必深！

話説世間一切生命之物，總是天地所生。一様有聲有氣，有知有覺，但與人各自爲類。其貪生畏死之心，總只一般；喞恩記仇之報，總只一理。只是人比他靈慧機巧些，便能以術相制，弄得駕牛絡馬，牽蒼走黄，還道不足，爲着一副口舌，不知傷殘多少性命！這些衆生，只爲力不能抗拒，所以任憑刀俎；然到臨死之時，也會亂飛亂叫，各處逃藏，豈是蠢蠢不知死活，任你食用的？乃世間貪嘴好殺之人，與迂儒小生之論，道天生萬物以養人，食之不爲過。【眉批】貪嘴好殺者不足怪，迂儒小生尤可恨耳！所謂彌近理而大亂真者也。這句説話，不知還是天帝親口對他説的，還是自家説出來的？若但道是人能食物，便是天意養人，那虎豹能食人，難道也是天生人以養虎豹的不成？蚊虻能嘬人，難道也是天生人以養蚊虻不成？若是虎豹蚊虻也一般會説會話，絶頂議論，會寫會做，想來也要是這様講了，不知人肯服不肯服？從來古德長者，勸人戒殺放生，其話儘多，小子不能盡述，只趁口説這幾句直捷痛快的與看官們笑一笑，看説的可有理没有理？至於佛家果報，説六道衆生，盡是眷屬，寃寃相報，殺殺相尋，就説他幾年也説不了。小子而今説一個怕死的衆生，與人性無異的，隨你鐵石做心腸，也要慈悲起來。

宋時太平府有個黄池鎮，十里間有聚落，多是些無賴之徒、不逞宗室屠牛殺狗所在。淳熙十年間，王叔端與表兄盛子東，同往寧國府，過其處，少憩閒覽。見野園内繫水牛五頭。盛子東指其中第二牛對王叔端道：「此牛明日當死。」叔端道：「怎見得？」子東道：「四牛皆食草，獨此牛不食草，只是眼中淚下，必有其故。」因到茶肆中吃茶，就問茶主人：「此第二牛是誰家的？」茶主人道：「此牛乃是趙三使所買，明早要屠宰了。」子東對叔端道：「如何？」明日再往，止剩得四頭在了。仔細看時，那第四牛也像昨日的一樣，不吃草，眼中淚出。看見他兩個踱來，把雙蹄跪地，如拜訴的一般。【眉批】遇知者而長鳴也。復問茶肆中人，説道：「有一個客人，今早至此，一時買了三頭，只剩下這頭，早晚也要殺了。」子東嘆息道：「畜類有知如此！」勸叔端訪他主人，與他重價買了。置在近庄，做了長生的牛。

只看這一件事起來，可見畜生一樣靈性，自知死期，一樣悲哀，祈求施主。如何而今人歪着肚腸，只要廣傷性命，暫侈口腹，是甚緣故？敢道是陰間無對証麽？不知陰間最重殺生，對証明明白白。只爲人死去，既遭了寃對，自去一一償報，回生的少，所以人多不及知道，對人説也不信了。小子如今説個回生轉來，明白可信的話。正是：

一命還將一命填，世人難解許多寃。
聞聲不食吾儒法，君子期將不忍全。

唐朝開元年間，温縣有個人，覆姓屈突，名仲任。【眉批】腐儒見戒殺者便目爲異端，不知孔之不綱、不射宿，孟之不忍見、不忍食亦異端否？父親曾典郡事，止生得仲任一子，憐念其少，恣其所爲。仲任性不好書，終日只是樗蒲、射獵爲事。父死時，家僮數十人，家資數百萬，莊第甚多。仲任縱情好色，荒飲博戲，如湯潑雪，不數年間，把家産變賣已盡；家童僕妾之類，也多養口不活，各自散去。止剩得温縣這一箇莊，又漸漸把四圍附近田疇多賣去了。過了幾時，連莊上零星屋宇及樓房内室，也拆來賣了。【眉批】敗落光景如此。止是中間一正堂巋然獨存，連莊子也不成模樣了。家貧無計可以爲生。

仲任多力，有個家僮叫做莫賀咄，是個蕃夷出身，也力敵百人。主僕兩個好生説得着，大家各恃膂力，便商量要做些不本分的事體來。却也不愛去打家劫舍，也不愛去殺人放火，他愛吃的是牛馬肉，又無錢可買，思量要與莫賀咄外邊偷盜去。【眉批】賦質既奇，出想皆異。每夜黄昏後，便兩人合伴，直走去五十里外。遇着牛即執其兩角，翻負在背上，背了家來；遇馬騾，將繩束其頸，也負在背。到得家中，投在地上，都是死的。又於堂中崛地，埋幾箇大甕在内，安貯牛馬之肉。皮骨剝剔下來，納在堂後大坑，或時把火焚了。初時只圖自己口腹暢快，後來偷得多起來，便叫莫賀咄拿出城市换米來吃，賣錢來用。做得手滑，日以爲常，當做了是他兩人的生計了。亦且來路甚遠，脱膊又快，自然無人疑心，再也不弄出來。

仲任性又好殺。日裏没事得做，所居堂中，弓箭、羅網、叉彈滿屋，多是千方百計，思量殺生害命。出去走了一番，再没有空手回來的。不論獐鹿獸兔，烏鳶鳥雀之類，但經目中一見，畢竟要算計弄來吃他。但是一番回來，肩擔背負，手提足繫，無非是些飛禽走獸，就堆了一堂屋角。兩人又去舞弄擺佈，思量巧樣吃法。就是帶活的，不肯便殺一刀，打一下死了罷，畢竟多設調和妙法。或生割其肝，或生抽其筋，或生斷其舌，或生取其血，道是一死便不脆嫩。假如取得生鱉，便將繩縛其四足，繃住在烈日中曬着。鱉口中渴甚，即將鹽、酒放在他頭邊，鱉只得吃了。然後將他烹起來。鱉是裏邊醉出來的，分外好吃。【眉批】一口有幾？作業乃爾。取驢縛於堂中，面前放下一缸灰水，驢四圍多用火逼着。驢口乾，即飲灰水，須臾屎溺齊來，把他腸胃中污穢多蕩盡了。然後取酒調了椒鹽各味，再復與他。他火逼不過，見了只是吃。性命未絶，外邊皮肉已熟，裏頭調和也有了。一日，拿得一刺蝟，他渾身是硬刺，不便烹宰。仲任與莫賀咄商量道：「難道便是這樣罷了不成？」想起一法來，把泥着些鹽在内，跌成熟團。把刺蝟團團泥裏起來，火裏煨着。燒得熟透了，除去外邊的泥，只見蝟皮與刺，皆隨泥脱了下來，剩的是一團熟肉，加了鹽醬，且是好吃。凡所作爲，多是如此。有詩爲証：

捕飛逐走不曾停，身上時常帶血腥。
且是烹炰多有術，想來手段會調羹。

且説仲任有個姑夫，曾做鄆州司馬，姓張，名安。起初，看見仲任家事漸漸零落，也要等他曉得些苦辣，收留他去，勸化他回頭做人家。及到後來，看見他所作所爲，越無人氣，時常規諷，只是不聽。張司馬憐他是妻兄獨子，每每挂在心上。怎當他氣類異常，不是好言可以諭解，只得罷了。後來司馬已死，一發再無好言到他耳中，只是逞性胡爲。

如此十多年，忽一日，家僮莫賀咄病死。仲任没了個幫手，只得去尋了個小時節乳他的老婆婆來守着堂屋，自家仍去獨自個做那些營生。過得月餘，一日晚正在堂屋裏吃牛肉，忽見兩個青衣人，直闖將入來，將仲任套了繩子便走。仲任自恃力氣，欲待打挣，不知這時力氣多在那里去了，只得軟軟隨了他走。【眉批】正是萬般將不去時節。正是：

有指爪劈開地面，會騰雲飛上青霄。
若無入地升天術，目下灾殃怎地消？

仲任口裏問青衣人道：「拿我到何處去？」青衣人道：「有你家家奴扳下你來，須去對理。」

仲任茫然不知何事，隨了青衣人，來到一個大院。廳事十餘間，有判官六人，每人據二間，仲任所對，在最西頭二間，判官還不在。青衣人叫他且立堂下。有頃，判官已到。仲任仔細一認，叫聲：「阿呀！如何却在這里相會？」你道那判官是誰？正是他那姑夫鄆州司馬張安。那司馬也吃了一驚道：「你幾時來了？」引他登階，對他道：「你此來不好。你年命未盡，想爲對事而來。【眉批】業重者如何有此緣？當爲年命未盡故。却是在世爲惡無比，所殺害生命千千萬萬，寃家多在。今忽到此，有何計較可以相救？」仲任纔曉得是陰府。心裏想着平日所爲，有些懼怕起來，叩頭道：「小侄生前不聽好言，不信有陰間地府，妄作妄行。今日來到此處，望姑夫念親戚之情，救拔則箇。」張判官道：「且不要忙，待我與衆判官商議看。」因對衆判官道：「僕有妻侄屈突仲任，造罪無數，今召來與奴莫賀咄對事。却是其人年命亦未盡，要放他去了，等他壽盡纔來。只是既已到了，這里怕被害這些寃魂，不肯放他。怎生爲僕分上，商量開得一路，放他生還麽？」【眉批】冥中也作分上，何故？衆判官道：「除非召明法者與他計較。」

張判官叫鬼卒唤明法人來，只見有個碧衣人前來叅見。張判官道：「要出一個年命未盡的罪人，有路否？」明法人請問何事，張判官把仲任的話，對他說了一遍。明法人道：「仲任須爲對莫賀咄事而來，固然陽壽未盡，却是寃家大廣。只怕一與相見，群至沓來，不由分說，恣行食啖。此皆宜償之命，冥府不能禁得，料無再還之理。」張判官道：「仲任既係吾親，又命未合死，故此要開生路救他。若是壽已盡時，自作自受，我這里也管不得了。你有何計，可以解得此難？」明法人想了一會道：「唯有一路，可以出得，却也要這些被殺寃家肯便好。若不肯，也没幹。」張判官道：「却待怎麽？」明法人道：「此諸物類，被仲任所殺者，必須償其身命，然後各去托生。今召他每出來，須誘哄他每道：『屈突仲任今爲對莫賀咄事，已到此間。汝輩食噉了畢，即去托生。汝輩餘業未盡，還受畜生身，是這件仍做這件，牛更爲牛，馬更爲馬。【眉批】冥中也有術籠絡，何故？使仲任轉生爲人，還依舊吃着汝輩。汝輩業報，無有了時。今查仲任未合即死，須令略還。叫他替汝輩追造福因，使汝輩各捨畜生業，盡得人身，再不爲人殺害，豈不至妙？』諸畜類聞得人身，必然喜歡從命。然後小小償他些夙債，乃可放去。若説與這番説話，不肯依時，就再無別路了。」張判官道：「便可依此而行。」明法人將仲任鎖在廳事前房中了，然後召仲任所殺生類到判官庭中來。庭中地可有百畝，仲任所殺生命，聞召都來，一時填塞皆滿。但見：

牛馬成群，鷄鵝作隊。百般怪獸，盡皆舞爪張牙；千種奇禽，類各舒毛鼓翼。誰道賦靈獨蠢，記寃仇且是分明；謾言稟質偏殊，圖報復更爲緊急。飛的飛，走的走，早難道天子上林；叫的叫，嗥的嗥，須不是人間樂土。

説這些被害衆生，如牛馬、驢騾、猪羊、獐鹿、雉兔，以至刺蝟、飛鳥之類，不可悉數，凡數萬頭。共作人言道：「召我何爲？」判官道：「屈突仲任已到。」説聲未了，物類皆咆哮大怒，騰振蹴踏，大喊道：「逆賊還我債來！還我債來！」這些物類忿怒起來，箇箇身體比常倍大，猪羊等馬牛，馬牛等犀象，只待仲任出來，大家吞噬。【眉批】即不倍大，仲任之肉其足食乎？判官乃使明法人一如前話，曉諭一番。物類聞説替他追福，可得人身，盡皆喜歡，仍舊復了本形。判官分付諸畜且出，都依命退出庭外來了。

明法人方在房裏放出仲任來，對判官道：「而今須用小小償他些債。」説罷，即有獄卒二人，手執皮袋一箇，秘木二根到來。明法人把仲任袋將進去，獄卒將秘木秘下去。仲任在袋苦痛難禁，身上血簌簌的出來，多在袋孔中流下，好似澆花的噴筒一般。獄卒去了秘木，只提着袋，滿庭前走轉灑去。須臾，血深至堦，可有三尺了。【眉批】安得如許血？然後連袋投仲任在房中，又牢牢鎖住了。復召諸畜等至，分付道：「已取出仲任生血，聽汝輩食噉。」諸畜等皆作惱怒之狀，身復長大數倍，罵道：「逆賊！你殺吾身，今吃你血！」於是，競來争食，飛的走的，亂嚷亂叫。一頭吃，一頭罵。只聽得呼呼噏噏之聲，三尺來血一霎時吃盡。還像不足的意，共舐地上。直等庭中土見，方纔住口。

明法人等諸畜吃罷，分付道：「汝輩已得償了些債，莫賀咄身命已盡，一聽汝輩取償。今放屈突仲任回家，爲汝輩追福，令汝輩多得人身。」諸畜等皆歡喜，各復了本形而散。

判官方纔在袋内放出仲任來。仲任出了袋，站立起來，只覺渾身疼痛。張判官對他説道：「寃報暫解，可以回生。既已見了報應，便可努力脩福。」仲任道：「多蒙姑夫竭力周全調護，得解此難。今若回生，自當痛改前非，不敢再增惡業。但宿罪尚重，不知何法脩福，可以盡消？」判官道：「汝罪業太重，非等閒作福，可以免得。除非刺血寫一切經，此罪當盡。【眉批】血尚有遺耶？不然，他日更來，無可再救了。」仲任稱謝領諾。張判官道：「還須遍語世間之人，使他每聞着報應，能生悔悟的，也多是你的功德。」説罷，就叫兩個青衣人送歸來路。又分付道：「路中若有所見，切不可擅動念頭。不依我戒，須要吃虧。」叮囑青衣人道：「可好伴他到家？他餘業儘多，怕路中還有失處。」青衣人道：「本官分付，敢不小心。」

仲任遂同了青衣前走。行了數里，到了一箇熱鬧去處，光景似陽間酒店一般。但見：

村前茅舍，莊後竹籬。村醪香透磁缸，濁酒滿盛瓦瓮。架上麻衣，昨日村郎留下當；酒簾大字，鄉中學究醉時書。【眉批】鬼學究猶書酒簾耶？劉伶知味且停舟，李白聞香須駐馬。盡道黄泉無客店，誰知冥路有沽家！

仲任正走得饑又饑，渴又渴，眼望去是個酒店，他已自口角流涎了。走到面前看時，只見店裏頭吹的吹，唱的唱，猜拳豁指，呼紅喝六，在裏頭暢快飲酒。滿前嗄飯，多是些肥肉鮮魚，壯鷄大鴨。仲任不覺舊性復發，思量要進去坐一坐，吃他一餐，早把他姑夫所戒已忘記了，反來拉兩個青衣進去同坐。青衣道：「進去不得的。

錯走去了，必有後悔。」仲任那里肯信？青衣阻當不住，道：「既要進去，我們只在此間等你。」

仲任大踏步跨將進來，揀個座頭坐下了。店小二忙擺着案酒。仲任一看，吃了一驚。元來一碗是死人的眼睛，一碗是糞坑裏大蛆。曉得不是好去處，抽身待走。小二斟了一碗酒來道：「吃了酒去。」仲任不識氣，伸手來接。拿到鼻邊一聞，臭穢難當，元來是一碗腐屍肉。正待撇下不吃，忽然灶下搶出一個牛頭鬼來，手執鋼叉，喊道：「還不快吃！」店小二把來一灌，仲任只得忍着臭穢强吞了下去，望外便走。牛頭又領了好些奇形異狀的鬼趕來，口裏嚷道：「不要放走了他！」仲任急得無措。只見兩個青衣元站在舊處，忙來遮蔽着，喝道：「是判院放回的，不得無禮！」攙着仲任便走。後邊人聽見青衣人説了，然後散去。

青衣人埋怨道：「叫你不要進去，你不肯聽，致有此驚恐。起初判院如何分付來？只道是我們不了事。」仲任道：「我只道是好酒店，如何裏邊這樣光景？」青衣人道：「這也原是你業障，現此眼花。」仲任道：「如何是我業障？」青衣人道：「你吃這一甌，還抵不得醉鱉醉驢的債哩。」仲任愈加悔悟。隨着青衣再走，看看茫茫蕩蕩，不辨東西南北，身子如在雲霧裏一般。須臾重見天日，已似是陽間世上，儼然是温縣地方。同着青衣走入自己庄上草堂中，只見自己身子直挺挺的躺在那里，乳婆坐在傍邊守着。

青衣用手將仲任的魂向身上一推，仲任甦醒轉來。眼中不見了青衣，却見乳婆叫道：「官人甦醒着！幾乎急死我也。」仲任道：「我死去幾時了？」乳婆道：「官人正在此吃食，忽然暴死，已是一晝夜，只爲心頭尚暖，故此不敢移動。誰知果然活轉來。好了，好了！」仲任道：「此一晝夜，非同小可，見了好些陰間地府光景。」那老婆子喜聽的是這些説話，便問道：「官人見的是甚麼光景？」仲任道：「元來我未該死。只爲莫賀咄死去，撞着平日殺戮這些寃家，要我去對証，故勾我去。我也爲寃家多，幾乎不放轉來了。虧得揰着對案的判官，就是我張家姑夫。道我陽壽未絕，在裏頭曲意處分，纔得放還。」就把這些説話光景，如此如此，這般這般，盡情告訴了乳婆。那乳婆只是合掌念「阿彌陀佛」不住口。

仲任説罷，乳婆又問道：「這等，而今莫賀咄畢竟怎麽樣？」仲任道：「他陽壽已盡，寃債又多。我自來了，他在地府中，畢竟要一一償命，不知怎地受苦哩！」乳婆道：「官人可曾見他否？」仲任道：「只因判官周全我，不教對案，故此不見他，只聽得説。」乳婆道：「一晝夜了，怕官人已饑，還有剩下的牛肉，將來吃了罷。」仲任道：「而今我依我姑夫分付，正待刺血寫經罰呪，再不吃這些東西了。」乳婆道：「這個却好。」乳婆只去做些粥湯與仲任吃了。仲任起來，梳洗一番。把鏡子將臉一照，只叫得苦。元來陰間把秘木取去他血，與畜生吃過，故此面色臘查也似黄了。【眉批】此牛肉亦淳于之剩酒、盧生之黄粱。

仲任從此僱一個人，把堂中掃除乾浄。先請幾部經來，焚香持誦。將養了兩個月，身子漸漸復舊，有了血色。然後刺着臂血，逐部逐卷寫將來。有人經過，問起他寫經根由的，便把這些事，逐一告訴將來。人聽了，無不毛骨聳然，多有助盤費供他書寫之用的，所以越寫得多了。況且面黄肌瘦，是箇老大証見。又指着堂中的甕，堂後的穴，每對人道：「這是當時作業的遺迹，留下爲戒的。」【眉批】此正妙果勝于書經。來往人曉得是真話，發了好些放生戒殺的念頭。

開元二十三年春，有個同官令虞咸，道經温縣，見路傍草堂中有人年近六十，如此刺血書寫不倦。請出經來看，已寫過了五六百卷。怪道：「他怎能如此發心得猛？」仲任把前後的話，一一告訴出來。虞縣令嘆以爲奇，留俸錢助寫而去，各處把此話傳示於人。故此人多知道。後來仲任得善果而終。所謂「放下屠刀，立地成佛」者也。【眉批】業重者省之。偈曰：

物命在世間，微分此靈蠢。

一切有知覺，皆已具佛性。

取彼痛苦身，供我口食用。
我飽已覺羶，彼死痛猶在。
一點嗔恨心，豈能盡消滅？
所以六道中，轉轉相殘殺。
願葆此慈心，觸處可施用。**【眉批】**金石語。
起意便多刑，減味即省命。
無過轉念間，生死已各判。
及到償業時，還恨種福少。
何不當生日，隨意作方便。
度他即自度，應作如是觀。

卷三十八

占家財狠婿妒侄　延親脉孝女藏兒

詩曰：

子息從來天數，原非人力能爲。
最是無中生有，堪令耳目新奇。

話說元朝時，都下有箇李總管，官居三品，家業巨富。年過五十，不曾有子。聞得樞密院東有箇算命的，開箇舖面，譚人禍福，無不奇中。總管試往一算。于時衣冠滿座，多在那里候他挨次推講。總管對他道：「我之禄壽，已不必言。最要緊的，只看我有子無子。」算命的推了一回，笑道：「公已有子了，如何哄我？」總管道：「我實不曾有子，所以求算，豈有哄汝之理？」算命的把手掐了一掐道：「公年四十，即已有子。今年五十六了，尚説無子，豈非哄我？」一箇争道「實不曾有」，一箇争道：「決已有過」。遞相争執，同座的人多驚訝起來道：「這怎麽説？」算命的道：「在下不會差，待此公自去想。」【眉批】算者口硬。只見總管沉吟了好一會，拍手道：「是了！是了！我年四十時，一婢有娠。我以職事赴上都，到得歸家，我妻已把來賣了。今不知他去向。若説四十上該有子，除非這箇緣故。」算命的道：「我説不差。公命不孤，此子仍當歸公。」總管把錢相謝了，作別而出。

只見適間同在座上問命的一箇千户，也姓李，邀總管入茶坊坐下，説道：「適間聞公與算命的所説之話，小子有一件疑心，敢問箇明白。」總管道：「有何見教？」千户道：「小可是南陽人。十五年前，也不曾有子。因到都下，買得一婢，却已先有孕的。帶得到家，吾妻適也有孕。前後一兩月間，各生一男。今皆十五六歲了。適間聽公所言，莫非是公的令嗣麽？」總管就把婢子容貌、年齒之類，兩相質問，無一不合。因而兩邊各通了姓名、住址，大家説箇「容拜」。【眉批】豈知算命這番即是命中宜得子。各散去了。

總管歸來，對妻説知其事。妻當日悍妒，做了這事，而今見夫無嗣，也有些慚悔哀憐，巴不得是真。次日，邀千户到家，叙了同姓，認爲宗譜。盛設欵待，約定日期，到他家裏去認看。

千户先歸南陽，總管給假前往。帶了許多東西，去餽送着千户，并他妻子僕妾，多有禮物。【眉批】生子之母有禮物否？坐定了，千户道：「小可歸家問明此婢，果是宅上出來的。」因命二子出拜。只見兩箇十五六的小官人，一齊走出來，一樣打扮，氣度也差不多。總管看了，不知那一箇是他兒子。請問千户，求説明白。千户笑道：「公自認看，何必我説？」總管仔細相了一回，天性感通，自然識認，前抱着一箇道：「此吾子也！」千户點頭笑道：「果然不差。」於是父子相持而哭。旁觀之人，無不墮淚。千户設宴與總管賀喜，大醉而散。

次日，總管答席，就借設在千户廳上。酒間，千户對總管道：「小可既還公令郎了，豈可使令郎母子分離？【眉批】千户大是義漢。并令其母奉公同還，何如？」總管喜出望外，稱謝不已。就携了母子，同回都下。後來通籍承廕，官也至三品，與千户家往來不絶。可見人有子無子，多是命裏做定的。李總管自己已信道無兒了，豈知被算命的看出有子，到底得以團圓。可知是逃那命裏不過。

小子爲何説此一段話？只因一個富翁，也犯着無兒的病症，豈知也係有兒，被人藏過。後來一旦識認，喜出非常。關着許多骨肉親踈的關目在裏頭。聽小子從容的表白出來。正是：

越親越熱，不親不熱。附葛攀藤，
總非枝葉。奠酒澆漿，終須骨血。
如何妒婦，忍將嗣絶？必是前生，
非常寃業。

話説婦人心性最是妒忌。情願看丈夫無子絶後，説着買妾置婢，抵死也不肯的。就有個把被人勸化，勉强依從，到底心中只是有些嫌忌，不甘伏的。就是生下了兒子，是親丈夫一點骨血，又本等他做大娘，還道是「隔重肚皮隔重山」，不肯便認做親兒一般。更有一等狠毒的，偏要算計了絶得方快活的。及至女兒嫁得個女婿，分明是個異姓，無關宗支的，他偏要認做的親，是件偏心爲他，倒勝如丈夫親子侄。豈知女生外向，雖係吾所生，到底是别家的人。至於女婿，當時就有二心，轉得背便另搭架子了。自然親一支，熱一支，女婿不如侄兒，侄兒又不如兒子。縱是前妻晚後，偏生庶養，歸根結果，的親瓜葛，終久是一派，好似别人多哩！不知這些婦人們，爲何再不明白這個道理？

話説元朝東平府有個富人，姓劉，名從善，年六十歲，人皆以員外呼之。媽媽李氏，年五十八歲。他有潑天也似家私。不曾生得兒子，止有一個女兒，小名叫做引姐，入贅一個女婿，姓張，叫張郎。其時張郎有三十歲，引姐二十七歲了。那個張郎極是貪小好利，刻剝之人，只因劉員外家富無子，他起心央媒，入舍爲婿，便道這家私久後多是他的了，好不夸張得意。却是劉員外自掌把定家私在手，没有得放寛與他。【眉批】不肯之心，往往如此。亦且劉員外另有一個肚腸：一來他有個兄弟劉從道，同妻甯氏，亡逝已過，遺下一個侄兒，小名叫做引孫，年二十五歲，讀書知事。只是自小父母雙亡，家私蕩敗，靠着伯父度日。劉員外道是自家骨肉，另眼覷他。怎當得李氏媽媽，一心只護着女兒、女婿。又且念他母親存日，妯娌不和，到底結怨在他身上，見了一似眼中之釘。虧得劉員外暗地保全，却是畢竟碍着媽媽、女婿，不能十分周濟他，心中長懷不忍。二來員外有個丫頭，叫做小梅。媽媽見他精細，叫他近身伏侍，員外就收拾來做了偏房，已有了身孕，指望生出兒子來。有此兩件心事，員外心中不肯輕易把家私與了女婿。怎當得張郎僭賴，專一使心用腹，搬是造非，挑撥得丈母與引孫舅子，日逐炒閙。引孫當不起激聒，劉員外也怕淘氣，私下周給些錢鈔，叫引孫自尋個住處，做營生去。引孫是個讀書之人，雖是尋得間破房子住下，不曉得別做生理。只靠伯父把得這些東西，且逐漸用去度日。眼見得一個是張郎趕去了。張郎心裏懷着鬼胎，只怕小梅生下兒女來。若生個小姨，也還只分得一半；若生個小舅，這家私就一些没他分了。要與渾家引姐商量，所算那小梅。

那引姐倒是個孝順的人，但是女眷家見識，若把家私分與堂弟引孫，他自道是親生女兒，有些氣不甘分；若是父親生下小兄弟來，他自是喜歡的。【眉批】女眷如此也難得了。况見父親十分指望，他也要安慰父親的心。這個念頭是真。曉得張郎不懷良心，母親又不明道理，只護着女婿，恐怕不能勾保全小梅生產，時常心下打算。恰好張郎趕逐了引孫出去，心裏得意，在渾家面前露出那要算計小梅的意思來。引姐想道：「若兩三人做了一路，所算他一人，有何難處？不争你們使嫉妒心腸，却不把我父親的後代絶了？【眉批】見得大。這怎使得？我若不在裏頭使些見識，保護這事，做了父親的罪人，做了萬代的罵名。却是丈夫見我不肯做一路，怕他每背地自做出來。不若將機就計，暗地周全罷了。」【眉批】最妙于周全者。

你道怎生暗地用計？元來引姐有個堂分姑娘，嫁在東庄，是與引姐極相厚的，每事心腹相托。引姐要把小梅寄在他家裏去分娩，只當是托孤與他。當下來與小梅商議道：「我家裏自趕了引孫官人出去，張郎心裏要獨占家私。姨姨，你身懷有孕，他好生嫉妒，母親又護着他。姨姨，你自己也要放精細些。」小梅道：「姑娘肯如此說，足見看員外面上，十分恩德。奈我獨自一身，怎堤防得許多？只望姑娘凡百照顧則箇。」引姐道：

「我怕不要周全？只是關着財利上事，連夫妻兩個，心肝不托着五臟的。【眉批】見得透。他早晚私下弄了些手脚，我如何知道？」小梅垂淚道：「這等却怎麽好？不如與員外説個明白，看他怎麽做主。」引姐道：「員外老年之人，他也周庇得你有數。况且説破了，落得大家面上不好看，越結下寃家了。你怎當得起？我倒有一計在此，須與姨姨熟商量。」小梅道：「姑娘有何高見？」引姐道：「東庄裏姑娘與我最厚。我要把你寄在他庄上，在他那里分娩，托他一應照顧。生了兒女，就托他撫養着。衣食盤費之類，多在我身上。這邊哄着母親與丈夫，説姨姨不像意，走了。他每巴不得你去的，自然不尋究。且等他把這一點要擺佈你的肚腸放寬了，後來看個機會，等我母親有些轉頭，你所養兒女已長大了，【眉批】見得長。然後對員外一一説明，取你歸來。那時須奈何你不得了。除非如此，可保十全。」小梅道：「足見姑娘厚情，殺身難報。」引姐道：「我也只爲不忍見員外無後，恐怕你遭了别人毒手。没奈何，背了母親與丈夫，私下和你計較。你日後生了兒子，有了好處，須記得今日。」小梅道：「姑娘大恩，經板兒印在心上，怎敢有忘？」兩下商議停當，看着機會，還未及行。

員外一日要到庄上收割，因爲小梅有身孕，恐怕女婿生嫉妒，女兒有外心，索性把家私都托女兒、女婿管了。又怕媽媽難爲小梅，請將媽媽過來，對他説道：「媽媽，你曉得借甕釀酒麽？」媽媽道：「怎地説？」員外道：「假如别人家甕兒，借將來家裏做酒。酒熟了時，就把那甕兒送還他本主去了。【眉批】女眷只不許與人釀，那管酒之有無。這不是只借得他家伙一番？如今小梅這妮子腹懷有孕，明日或兒或女，得一個，只當是你的。那其間將那妮子或典或賣，要不要多憑得你。我只要借他肚裏生下的要緊。這不當是借甕釀酒？」媽媽見如此説，也應道：「我曉得，你説的是。我覰着他便了，你放心庄上去。」

員外叫張郎取過那遠年近歲欠他錢鈔的文書，都搬將出來。叫小梅點個燈，一把火燒了。張郎伸手火裏去搶，被火一逼，燒壞了指頭，叫疼。員外笑道：「錢這般好使？」媽媽道：「借與人家錢鈔，多是幼年到今積攢下的家私，如何把這些文書燒掉了？」員外道：「我没有這幾貫業錢，安知不已有了兒子？就是今日有得些些根芽，若没有這幾貫業錢，我也不消擔得這許多干係，別人也不來算計我了。我想財是什麽好東西？【眉批】達者之識。苦苦盤算別人的做甚？不如積些陰德，燒掉了些，家裏須用不了。或者天可憐見，不絶我後，得個小厮兒也不見得。」説罷，自往庄上去了。

張郎聽見適纔丈人所言，道是暗暗裏有些侵着他，一發不像意道：「他明明疑心我要暗算小梅，我枉做好人也没幹。【眉批】惡人做事，每每先坐人不是。何不趂他在庄上，便當真做一做？也絶了後慮。」又來與渾家商量。引姐見事體已急了，他日前已與東庄姑娘説知就裏，當下指點了小梅，徑叫他到那里藏過。來哄丈夫道：「小梅這丫頭，看見我每意思不善，今早叫他配絨綫去，不見回來。想是懷空走了，這怎麽好？」張郎道：「逃走是丫頭的常事，走了也倒乾浄，省得我們費氣力。」引姐道：「只是父親知道，須要煩惱。」張郎道：「我們又不打他，不駡他，不冲撞他，他自己走了的，父親也抱怨我們不得。我們且告訴媽媽，大家商量去。」

夫妻兩個來對媽媽説了。媽媽道：「你兩個説來没半句，員外偌大年紀，見有這些兒指望，喜歡不盡，在庄兒上專等報喜哩！【眉批】媽媽原有良心，非不可化誨者，但溺于愛耳。怎麽有這等的事？莫不你兩個做出了些什麽歹勾當來？」引姐道：「今日絶早，自家走了的，實不干我們事。」媽媽心裏也疑心道别有緣故，却是護着女兒、女婿，也巴不得將没作有，便認做走了也乾浄，那裏還來查着？只怕員外煩惱，又怕員外疑心，三口兒都趕到庄上與員外説。

員外見他每齊來，只道是報他生兒喜信，心下鶻突。見説出這話來，驚得木呆，心裏想道：「家裏難爲他不過，逼走了他，這是有的。只可惜帶了胎去。」又嘆口氣道：「看起一家這等光景，就是生下兒子來，未必能勾保全。便等小梅自去尋個好處也罷了，何苦累他母子性命？」【眉批】意亦可憐。淚汪汪的，忍着氣恨命。又轉了一念道：「他們如此算計我，則爲着這些浮財。我何苦空積攢着做守財虜，倒與他們受用！我總是没後代，趁我手裏施捨了些去也好。」懷着一天忿氣，大張着榜子，約着明日到開元寺裏，散錢與那貧難的人。張郎好生心裏不捨得，只爲見丈人心下煩惱，不敢拗他。到了明日，只得帶了好些錢，一家同到開元寺裏散去。

到得寺裏，那貧難的紛紛的來了，但見：

連肩搭背，絡手包頭。瘋癱的氊裹臀行，暗啞的鈴當口説。磕頭撞腦，拿差了柱拐互喧嘩；摸壁扶墻，踹錯了陰溝相怨悵。鬧熱熱攜兒帶女，苦悽悽單夫隻妻。都念道明中捨去暗中來，真叫做今朝那管明朝事。

那劉員外分付：大乞兒一貫，小乞兒五百文。乞兒中有個劉九兒，有一個小孩子，他與大都子商量着道：「我帶了這孩子去，只支得一貫。我叫這孩子自認做一户，多落他五百文。你在傍做個証見，幫襯一聲。騙得錢來，我兩個分了買酒吃。」果然去報了名，認做兩户。張郎問道：「這小的另是一家麽？」大都子傍邊答應道：「另是一家。」就分與他五百錢，劉九兒都拿着去了。大都子要來分他的，劉九兒道：「這孩子是我的，怎生分得我錢？你須學不得我有兒子！」大都子道：「我和你説定的，你怎生多要了？你有兒的便這般犟横？」兩個打將起來。劉員外問知緣故，叫張郎勸他。怎當得劉九兒不識風色，指着大都子千絶户、萬絶户的罵道：「我有兒子，是請得錢，干你這絶户的甚事？」【眉批】無端觸景，妝點妙絶。張郎臉兒挣得通紅，止不住他的口。劉員外已聽得明白，大哭道：「俺没兒子的，這等没下梢！」悲哀不止。連媽媽、女兒傷了心，一齊都哭將起來。張郎没做理會處。

散罷，只見一個人落後走來，望着員外、媽媽施禮。你道是誰？正是劉引孫。員外道：「你爲何到此？」引孫道：「伯伯、伯娘，前與侄兒的東西，日逐盤費用度盡了。今日聞知在這里散錢，特來借些使用。」員外碍着媽媽在傍，看見媽媽不做聲，就假意道：「我前日與你的錢鈔，你怎不去做些營生？便是這樣没了！」引孫道：「侄兒只會看幾行書，不會做什麽營生。日日吃用，有減無增，所以没了。」員外道：「也是個不成器的東西！我那有許多錢勾你用？」狠狠要打。媽媽假意相勸，引姐與張郎對他道：「父親惱哩！舅舅走罷。」引孫只不肯去，苦要求錢。員外將條柱杖，一直的趕將出來。他們都認是真，也不來勸。

引孫前走，員外趕去，走上半里來路，連引孫也不曉其意道：「怎生伯伯也如此作怪起來？」【眉批】劉老亦譎。員外見没了人，纔叫他一聲：「引孫！」引孫撲的跪倒。員外撫着哭道：「我的兒！你伯父没了兒子，受别人的氣。我親骨血，只看得你。你伯娘雖然不明理，却也心慈的，只是婦人一時偏見，不看得破，不曉得别人的肉偎不熱。那張郎不是良人，須有日生分起來，我好歹勸化你伯娘轉意。你只要時節邊，勤勤到墳頭上去看看，只一兩年間，我着你做個大大的財主。今日靴裏有兩錠鈔，我瞞着他們，只做趕打，將來與你。你且拿去盤費兩日。把我説的話，不要忘了。」引孫領諾而去。

員外轉來，收拾了家去。張郎見丈人散了許多錢鈔，雖也心疼，却道是自今已後，家財再没處走動，儘勾着他了，未免志得意滿。自由自主，要另立個鋪排，把張家來出景。漸漸把丈人、丈母放在腦後，倒像人家不是劉家的一般。【眉批】小人之狀如此。劉員外固然看不得，連那媽媽積祖護他的，也有些不伏氣起來。虧得女兒引姐，着實在裏邊調停。怎當得男子漢心性硬劣，只逞自意，那里來顧前管後？亦且女兒家順着丈夫，日逐慣了，也漸漸有些隨着丈夫路上來了，自己也不覺得的，當不得有心的看不過。

一日，時遇清明節令，家家上墳祭祖。張郎既掌把了劉家家私，少不得劉家祖墳要張郎支持去祭掃。【眉批】便名不正而言不順。張郎端正了春盛擔子，先同渾家到墳上去。年年劉家上墳已過，張郎然後到自己祖墳上去。此年張郎自家做主，偏要先到張家祖墳上去。【眉批】回私意，亦天意也。引姐道：「怎麽不照舊先在俺家的墳上，等爹媽來上過了再去？」張郎道：「你嫁了我，連你身後也要葬在張家墳裏，還先上張家墳是正禮。」引姐拗丈夫不過，只得隨他先去上墳，不題。

那媽媽同劉員外已後起身到墳上來，員外問媽媽道：「他們想已到那里多時了。」媽媽道：「這時張郎已擺設得齊齊整整，同女兒在那里等了。」到得墳前，只見靜悄悄地，絶無影響。看那墳頭，已有人挑些新土，蓋在上面了。也有些紙錢灰與酒澆的濕土在那里。劉員外心裏明知是侄兒引孫到此過了，故意道：「誰曾在此先上過墳了？」對媽媽道：「這又作怪！女兒、女婿不曾來，誰上過墳？難道別姓的來不成？」又等了一回，還不見張郎和女兒來。員外等不得，説道：「俺和你先拜了罷，知他們幾時來！」

拜罷，員外問媽媽道：「俺老兩口兒百年之後，在那里埋葬便好？」媽媽指着高岡兒上説道：「這答樹木長的似傘兒一般，在這所在埋葬也好。」員外嘆口氣道：「此處没我和你的分。」指着一塊下洼水渰的絶地道：「我和你只好葬在這里。」媽媽道：「我每又不少錢，憑揀着好的所在，怕不是我們葬？怎麼倒在那水渰的絶地！」員外道：「那高岡有龍氣的，須讓他有兒子的葬，要圖箇後代興旺。俺和你没有兒子，誰肯讓我？只好剩那絶地與我們安骨頭。總是没有後代的，不必好地了。」媽媽道：「俺怎生没後代？痴絶。現有姐姐、姐夫哩！」員外道：「我可忘了。他們還未來，我和你且説閒話。我且問你：我姓什麼？」媽媽道：「誰不曉得姓劉？也要問！」員外道：「我姓劉，你可姓甚麼？」媽媽道：「我姓李。」員外道：「你姓李，怎麼在我劉家門裏？」媽媽道：「又好笑！我須是嫁了你劉家來。」員外道：「街上人唤你是劉媽媽，唤你是李媽媽？」媽媽道：「常言道：『嫁鷄隨鷄，嫁狗隨狗。』一車骨頭半車肉，都屬了劉家，怎麼叫我做李媽媽？」**【眉批】**句句挑逗，直窮到底，可謂善于説法者。員外道：「原來你這骨頭也屬了俺劉家了！這等，女兒姓甚麼？」媽媽道：「女兒也姓劉。」

員外道：「女婿姓甚麼？」媽媽道：「女婿姓張。」員外道：「這等，女兒百年之後，可往俺劉家墳裏葬去，還是往張家墳裏葬去？」媽媽道：「女兒百年之後，自去張家墳裏葬去。」説到這句，媽媽不覺的鼻酸起來。員外曉得有些省了，便道：「却又來！這等，怎麽叫做得劉門的後代？我們不是絶後的麽？」媽媽放聲哭將起來道：「員外，怎生直想到這里？俺無兒的真箇好苦！」員外道：「媽媽，你纔省了！就没有兒子，但得是劉家門裏親人，也須是一瓜一蒂。生前望墳而拜，死後共土而埋。那女兒只在别家去了，有何交涉？」媽媽被劉員外説得明切，言下大悟。況且平日看見女婿的喬做作，今日又不見同女兒先到，也有好些不像意了。

正説間，只見引孫來墳頭收拾鐵鍬，看見伯父、伯娘便拜。此時媽媽不比平日，覺得親熱了好些，問道：「你來此做甚麽？」引孫道：「侄兒特來上墳添土來。」【眉批】天籟鳴。媽媽對員外道：「親的則是親。引孫也來上過墳添過土了，他們還不見到！」員外故意惱引孫道：「你爲甚麽不挑了春盛擔子，齊齊整整上墳？却如此草率！」引孫道：「侄兒無錢，只乞化得三杯酒，一塊紙，略表表做子孫的心。」員外道：「媽媽，你聽説麽？那有春盛擔子的，爲不是子孫，這時還不來哩！」媽媽也老大不過意。員外又問引孫道：「你看那邊鴉飛不過的庄宅，石羊石虎的墳頭，怎不去？到俺這里做甚麽？」媽媽道：「那邊的墳，知他是那家？他是劉家子孫，怎不到俺劉家墳上來？」員外道：「媽媽，你纔曉得引孫是劉家子孫！你先前可不説姐姐、姐夫是子孫麽？」媽媽道：「我起初是錯見了！從今以後，侄兒只在我家裏住。你是我一家之人，你休記着前日的不是。」引孫道：「這箇侄兒怎敢？」媽媽道：「吃的穿的，我多照管你便了。」員外叫引孫拜謝了媽媽。引孫拜下去道：「全仗伯娘看劉氏一脉，照管孩兒則箇。」媽媽簌簌的掉下淚來。【眉批】此淚不易。

正傷感處，張郎與女兒來了。員外與媽媽問其來遲之故，張郎道：「先到寒家墳上完了事，纔到這里來，所以遲了。」媽媽道：「怎不先來上俺家的墳？要俺老兩口兒等這半日。」張郎道：「我是張家子孫，禮上須先完張家的事。」媽媽道：「姐姐呢？」張郎道：「姐姐也是張家媳婦。」媽媽見這幾句話，恰恰對着適間所言的，氣得目睁口呆，變了色道：「你既是張家的兒子、媳婦，怎生掌把着劉家的家私？」劈手就女兒處把那放匙鑰的匣兒奪將過來，道：「已後張自張，劉自劉。」徑把匣兒交與引孫了，道：「今後只是俺劉家人當家。」【眉批】義理之勇，出于自發。快哉！快哉！此時連劉員外也不料媽媽如此決斷。那張郎與引姐，平日護他慣了的，一發不知在那里説起，老大的没趣，心裏道：「怎麽連媽媽也變了卦！」竟不知媽媽已被員外勸化得明明白白的了。張郎還指點叫擺祭物不識氣。員外、媽媽大怒道：「我劉家祖宗，不吃你張家殘食，改日另祭。」各不喜歡而散。

張郎與引姐回到家來，好生埋怨道：「誰匡先上了自家墳，討得此番發惱不打緊，連家私也奪去與引孫掌把了！這如何氣得過？却又是媽媽做主的，一發作怪！」引姐道：「爹媽認道只有引孫一個是劉家親人，所以如此。當初你待要暗算小梅，他有些知覺，豫先走了。若留得他在時，生下個兒弟，須不讓那引孫做天氣。況且自己兄弟，還情願的；讓與引孫，實是氣不干。」張郎道：「平日又與他寃家對頭，如今他當了家，我們倒要在他喉下取氣了，怎麽好？還不如再求媽媽則箇。」引姐道：「是媽媽主的意，如何求得轉？我有道理，只叫引孫一樣當不成家罷了。」張郎問道：「計將安出？」引姐只不肯説，但道是：「做出便見，不必細問。」

明日，劉員外做箇東道，請着鄰里人，把家私交與引孫掌把。媽媽也是心安意肯的了。引姐曉得這箇消息，道是張郎没趣，打發出外去了。自己着人悄悄東庄姑娘處説了，接了小梅家來。元來小梅在東莊分娩，生下一箇兒子，已是三歲了。引姐私下寄衣寄食去看覷他母子，只不把家裏知道。惟恐張郎曉得，生出別樣毒害來。還要等他再成長些，纔與父母説破。而今因爲氣不過引孫做財主，只得去接了他母子來家。【眉批】終有女流之氣。

次日來對劉員外道：「爹爹不認女婿做兒子罷，怎麽連女兒也不認了？」員外道：「怎麽不認？只是不如引孫親些。」引姐道：「女兒是親生，怎麽倒不如他親？」員外道：「你須是張家人了，他須是劉家親人。」引姐道：「便做道是親，未必就該是他掌把家私。」員外道：「除非再有親似他的，纔奪得他。那里還有？」引姐笑道：「只怕有也不見得。」劉員外與媽媽也只道女兒忿氣，説這些話，不在心上。只見女兒走去，叫小梅領了兒子到堂前，對爹媽説道：「這可不是親似引孫的來了？」員外媽媽見是小梅，大驚道：「你在那里來？可不道逃走了？」小梅道：「誰逃走？須守着孩兒哩！」員外道：「誰是孩兒？」小梅指着兒子道：「這箇不是？」員外又驚又喜道：「這箇就是你所生的孩兒！一向怎麽説？敢是夢裏麽？」小梅道：「只問姑娘，便見明白。」員外與媽媽道：「姐姐快説些箇。」引姐道：「父親不知，聽女兒從頭細説一遍：當初小梅姨姨有半年身孕，張郎使嫉妒心腸，要所算小梅。女兒想來，父親有許大年紀，若所算了小梅，便是絶了父親之嗣。是女兒與小梅商量，將來寄在東庄姑姑家中分娩，得了這箇孩兒。這三年只在東庄姑姑處撫養。身衣口食，多是你女兒照管他的。還指望再長成些方纔説破。今見父親認道只有引孫是親人，故此請了他來家。須不比女兒，可不比引孫還親些麽？」小梅也道：「其實虧了姑娘。**【眉批】**小梅是大証見。若當日不如此周全，怎保得今日有這箇孩兒？」

劉員外聽罷，如夢初覺，如醉方醒，心裏感激着女兒。小梅又教兒子不住的叫他「爹爹」，劉員外聽得一聲，身也麻了。對媽媽道：「元來親的只是親！女兒姓劉，到底也還護着劉家，不肯順從張郎，把兒弟壞了。**【眉批】**女兒偶賢，未可認劉，只護劉也。世間女與婿同心而謀翁産者，多矣。今日有了老生兒，不致絶後，早則不在絶地上安墳了。皆是孝順女所賜，老夫怎肯知恩不報？如今有箇主意：把家私做三分分開，女兒、侄兒、孩兒各得一分。大家各管家業，和氣過日子罷了。」當日叫家人尋了張郎家來，一同引孫及小孩兒拜見了鄰舍諸親。就做了箇分家筵席，盡歡而散。

此後，劉媽媽認了真，十分愛惜着孩兒。員外與小梅自不必説，引姐、引孫又各内外保全，張郎雖是嫉妒，也用不着。畢竟培養得孩兒成立起來，此是劉員外廣施陰德，到底有後。又恩待骨肉，原受骨肉之報。所謂親一支，熱一支也。有詩爲証：

女婿如何有異圖？總因財利令親踈。
若非孝女關疼熱，畢竟劉家有後無？

東城新舍春日晴

卷三十九

喬勢天師禳旱魃　秉誠縣令召甘霖

詩云：

自古有神巫，其術能役鬼。
禍福如燭照，妙解陰陽理。
不獨傾公卿，時亦動天子。
豈似後世者，其人總村鄙。
語言甚不倫，偏能惑閭里。
淫祀無虚日，枉殺供牲醴。
安得西門豹，投畀鄴河水！

話説男巫女覡，自古有之。漢時謂之「下神」，唐世呼爲「見鬼人」。儘能役使鬼神，曉得人家禍福休咎，令人趨避，頗有靈驗。所以公卿大夫，都有信着他的。甚至朝廷宫闈之中，有時召用。此皆有箇真傳授，可以行得去做得來的，不是荒唐。却是世間的事，有了真的，便有假的。那無知男女，妄稱神鬼，假説陰陽，一些影響没有的，也一般會哄動鄉民，做張做勢的，從古來就有了。

直到如今，真有術的巫覡，已失其傳，無過是些鄉裏村夫，游嘴老嫗，男稱太保，女稱師娘，假説降神召鬼，哄騙愚人。口裏説漢話，便道神道來了，却是脱不得鄉氣。信口胡柴的，多是不囫圇的官話，杜撰出來的字眼。正經人聽了，渾身麻木，忍笑不住的；鄉裏人信是活靈活現的神道，偏偏的信伏，不知天下曾有那不會講官話的神道麽？【眉批】天上有不識字仙人，則亦有不會官話的神道。又還一件可恨處：見人家有病人來求他，他先前只説救不得，直到拜求懇切了，口裏説出許多牛羊猪狗的願心來，要這家脱衣典當，殺生害命，還恐怕神道不肯救，啼啼哭哭的。及至病已犯拙，燒獻無效，再不怨悵他、疑心他，只説不曾盡得心，神道不喜歡，見得如此，越燒獻得緊了。不知弄人家費多少錢鈔，傷多少性命！不過供得他一時亂話，吃得些、騙得些罷了。律上禁止師巫邪術，其法甚嚴。也還加他「邪術」二字，要見還成一家説話。而今并那邪不成邪，術不成術，一味胡弄。愚民信伏，習以成風，真是痼疾不可解，只好做有識之人的笑柄而已。

蘇州有箇小民，姓夏，見這些師巫興頭，也去投着師父，指望傳些真術。豈知費了拜見錢，並無甚術法得傳，只教得些游嘴門面的話頭，就是祖傳來輩輩相授的秘訣。習熟了，打點開場施行。其鄰有箇范春元，名汝輿，最好戲耍。曉得他是頭番初試，原没甚本領的，設意要弄他一場笑話，來哄他道：「你初次降神，必須露些靈異出來，人纔信服。我忝爲你鄰人，與你商量箇計較，幫襯着你。等别人驚駭方妙。」夏巫道：「相公有何妙計？」范春元道：「明日等你上場時節，吾手裏拿着糖糕，叫你猜。你一猜就着，我就贊嘆起來，這些人自然信服了。」夏巫道：「相公肯如此幫襯小人，小人萬幸。」

到得明日，遠近多傳道：「新太保降神！」來觀看的甚衆。夏巫登場，正在捏神搗鬼，妝憨打癡之際，范春元手中捏着一把物事，來問道：「你猜得我掌中何物，便是真神道。」夏巫笑道：「手中是糖糕。」范春元假意拜下去道：「猜得着，果是神明。」即拿手中之物，塞在他口裏去。夏巫只道是糖糕，一口接了。誰知不是糖糕滋味，又臭又硬，甚不好吃。欲待吐出，先前猜錯了，恐怕露出馬脚，只得攢眉忍苦，嚥了下去。【眉批】戲謔實善戲謔也。范春元見吃完了，發一籌道：「好神明，吃了乾狗屎了。」衆人起初看見他吃法煩難，也有些疑心，及見范春元説破，曉得被他做作，盡皆哄然大笑，一時散去。夏巫吃了這場羞，傳將開去，此後再弄不興了。似此等虚妄之人，該是這樣處置他纔妙。怎當得愚民要信他騙哄！虧范春元是箇讀書之人，弄他這些破綻出來。若不然時，又被他胡行了。

范春元不足奇。宋時還有箇小人，也會不信師巫，弄他一場笑話。華亭金山廟臨海邊，乃是漢霍將軍祠。地方人相傳，道是錢王霸吴越時，他曾起陰兵相助，故此崇建靈宫。淳熙末年，廟中有箇巫者，因時節邊，聚集縣人，捏神搗鬼，説將軍附體宣言，祈祝他的，廣有福利。縣人信了，紛競前來。獨有錢寺正家一箇幹僕沈暉，崛强不信，出語謔侮。有與他一班相好的，恐怕他觸犯了神明，盡以好言相勸，叫他不可如此戲弄。那廟巫宣言道：「將軍甚是惱怒，要來降禍。」沈暉偏要與他争辨道：「人生禍福，天做定的，那里什麽將軍來擺佈得我？就是將軍有靈，決不附着你這等村蠢之夫，來説禍説福的。」【眉批】僕能作此語，賀方回家奴也。

正在争辨之時，沈暉一交跌倒，口流涎沫，登時暈去。内中有同來的，奔告他家裏，妻子多來看視。見了這箇光景，分明認是得罪神道了，拜着廟巫討饒。廟巫越妝起腔來道：「悔謝不早，將軍盛怒，已執録了精魄，押赴酆都，死在頃刻，救不得了。」廟巫看見暈去不醒，正中下懷，落得大言恐嚇。妻子驚惶無計，對着神像只是叩頭。又苦苦哀求廟巫，廟巫越把話來説得狠了。看的人越多了，相戒道：「神明利害如此！戲謔不得的。」廟巫一發做着天氣，十分得意。

只見沈暉在地下撲的跳將起來，衆人盡道是强魂所使，俱各驚開。沈暉在人叢中躍出，扭住廟巫，連打數掌道：「我把你這枉口嚼舌的，不要慌！那曾見我酆都去了？」妻子道：「你適纔却怎麽來？」沈暉大笑道：「我見這些人信他，故意做這箇光景耍他一耍，有甚麽神道來？」【眉批】快絶，妙絶，真是幹僕。廟巫一場没趣，私下走出廟去躲了。合廟之人，盡皆散去。從此也再弄不興了。

看官，只看這兩件事，你道巫師該信不該信？所以聰明正直之人，再不被那一干人所惑，只好哄愚夫愚婦，一竅不通的。小子而今説一箇極做天氣的巫師，撞着箇極不下氣的官人，弄出一場極暢快的事來。比着西門豹投巫，還覺希罕。正是：

奸欺妄欲言生死，寧知受欺正於此。
世人認做活神明，只合同嘗乾狗屎。

話説唐武宗會昌年間，有箇晉陽縣令，姓狄，名維謙，乃反周爲唐的名臣狄梁公仁傑之後。守官清恪，立心剛正，凡事只從直道上做去。隨你强横的，他不怕。就上官也多謙讓他一分。治得箇晉陽户不夜閉，道不拾遺，百姓家家感德啣恩，無不贊嘆的。誰知天災流行，也是晉陽地方一箇悔氣，雖有這等好官在上，天道一時亢旱起來。自春至夏，四五箇月内，並無半點雨澤。但見：

田中紋坼，井底塵生。滚滚烟飛，盡是晴光浮動；微微風撼，元來暖氣薰蒸。轆轤不絶聲，止得泥漿半杓；車戽無虚刻，何來活水一泓？供養着五湖四海行雨龍王，急迫煞八口一家喝風狗命。止有一輪紅日炎炎照，那見四野陰雲欸欸興？

旱得那晉陽數百里之地，土燥山焦，港枯泉涸，草木不生，禾苗盡稿。【眉批】好官而得旱，巫是妖巫，宜殄而異政宜彰故耳。急得那狄縣令屏去侍從儀衛，在城隍廟中跣足步禱，不見一些徵應。一面减膳羞，禁屠宰，日日行香，夜夜露禱。凡是那救旱之政，没一件不做過了。

話分兩頭。本州有箇無賴邪民，姓郭，名賽璞。自幼好習符呪，投着一箇并州來的女巫，結爲夥伴。名稱師兄師妹，其實暗地裏當做夫妻。兩箇一正一副，花嘴騙舌，哄動鄉民不消說。亦且男人外邊招摇，女人内邊蠱惑，連那官宦大户人家，也有要禱除灾禍的，也有要祛除疾病的，也有夫妻不睦要他魘樣和好的，也有妻妾相妒要他各使魘魅的，種種不一。弄得太原州界内七顛八倒。【眉批】惟其有此等，所以此輩行得去。本州監軍使乃是内監出身，這些太監心性，一發敬信的了不得。監軍使適要朝京，因爲那時朝廷也重這些左道異術，郭賽璞與女巫便思量隨着監軍使之便，到京師走走，圖些僥倖。那監軍使也要作興他們，主張帶了他們去。

到得京師，真是五方雜聚之所，奸宄易藏，邪言易播。他們施符設咒，救病除妖，偶然撞着小小有些應驗，便一傳兩，兩傳三，各處傳將開去，道是異人異術，分明是一對活神仙在京裏了。【眉批】亦必小有伎倆動人。及至來見他的，他們習着這些大言不慚的話頭，見神見鬼，説得活靈活現；又且兩箇一鼓一板，你强我賽。除非是正人君子，不爲所惑，隨你呫嗫伶俐的好漢，但是一分信着鬼神的，没一箇不着他道兒。外邊既已鬨傳其名，又因監軍使到北司各監贊揚，弄得這些太監往來的多了，女巫遂得出入宫掖，時有恩賚。又得太監們幫襯之力，夤緣聖旨，男女巫俱得賜號天師。【眉批】唐政可知。元來唐時崇尚道術，道號天師，僧賜紫衣，多是不以爲意的事。却也没箇什麽職掌衙門，也不是什麽正經品職，不過取得名聲好聽，恐動鄉里而已。郭賽璞既得此號，便思榮歸故鄉。同了這女巫，仍舊到太原州來。此時無大無小，無貴無賤，盡稱他每爲天師。他也妝模作樣，一發與未進京的時節，氣勢大不同了。

正值晋陽大旱之際，無計可施，狄縣令出着告示道：「不拘官吏軍民人等，如有能興雲致雨，本縣不惜重禮酬謝。」告示既出，有縣裏一班父老，率領着若干百姓，來禀縣令道：「本州郭天師，符術高妙，名滿京都，天子尚然加禮。若得他一至本縣祠中，那祈求雨澤，如反掌之易。只恐他尊貴，不能勾得他來。須得相公虔誠敦請，必求其至，以救百姓，百姓便有再生之望了。」狄縣令道：「若果然其術有靈，我豈不能爲着百姓屈己求他？只恐此輩是大奸猾，煽起浮名，未必有真本事。亦且假竊聲號，妄自尊大，請得他來，徒增爾輩一番騷擾，不能有益。【眉批】大是正論真見。不如就近訪那真正好道，潛脩得力的，未必無人。或者有得出來應募，定勝此輩虛囂的一倍。本縣所以未敢慕名，開此妄端耳。」父老道：「相公所見固是，但天下有其名，必有其實。見放着那朝野聞名，啍嚥的天師不求，還那里去另訪得道的？這是『現鐘不打，又去煉銅』了。若相公恐怕供給煩難，百姓們情願照里遞人丁派出做公費，只要相公做主。求得天師來，便莫大之恩了。」縣令道：「你們所見既定，我何所惜？」

於是，縣令備着花紅表裏，寫着懇請書啟，差個知事的吏典，代縣令親身行禮。備述來意已畢，天師意態甚是倨傲。聽了一回，慢然答道：「要祈雨麼？」衆人叩頭道：「正是。」天師笑道：「亢旱乃是天意。必是本方百姓罪業深重，又且本縣官吏貪污不道，上天降罰，見得如此。我等奉天行道，怎肯違了天心，替你們祈雨？」【眉批】先開求雨不來的後路。衆人又叩頭道：「若說本縣縣官，甚是清正有餘。因爲小民作業，上天降灾，縣官心生不忍，特慕天師大名，敢來禮聘屈尊到縣，祈請一壇甘雨。萬勿推却，萬民感戴。」天師又笑道：「我等豈肯輕易赴汝小縣之請？」再三不肯。

吏典等回來，回覆了狄縣令。父老同百姓等多哭道：「天師不肯來，我輩眼見得不能存活了。【眉批】愚民難諭。還是縣宰相公再行敦請，是必要他一來便好。」縣令没奈何，只得又加禮物，添差了人，另寫了懇切書啟。又申個文書到州裏，央州將分上，懇請必來。州將見縣間如此勤懇，只得自去拜望天師，求他一行。天師見州將自來，不得已，方纔許諾。衆人見天師肯行，歡聲動地，恨不得連身子都許下他來。天師叫備男女轎各一乘，同着女師前往。這邊吏典、父老人等，惟命是從，敢不齊整？備着男女二轎，多結束得分外鮮明。

一路上秉香燃燭，幢幡寶蓋，真似迎着一雙活佛來了。

到得晉陽界上，狄縣令當先迎着。他兩人出了轎，與縣令見禮畢，縣令把着盞，替他兩個上了花紅彩段。鞴過馬來，换了轎。縣令親替他籠着馬，鼓樂前導，迎至祠中。先擺着下馬酒筵，極其豐盛。【眉批】折盡茉傭村嫗之福，安得不敗。就把鋪陳行李之類，收拾在祠後潔净房内。縣令道了安置，别了自去。專候明日作用，不題。

却説天師到房中對女巫道："此縣中要我每祈雨，意思虔誠，禮儀豐厚，只好這等了。滿縣官吏人民，個個仰望着下雨。假若我們做張做勢，造化撞着了下雨便好；倘不遇巧，怎生打發得這些人？"女巫道："枉叫你弄了若干年代把戲，這様小事就費計較！明日我每只把雨期約得遠些。天氣晴得久了，好歹多少下些；有一兩點灑灑，便算是我們功德了。萬一到底不下，只是尋他們事故，左也是他不是，右也是他不是，弄得他們不耐煩，我們做個天氣，只是撇着要去，不肯再留。【眉批】女巫更是老奸。那時只道惱了我們性子，扳留不住，自家只好忙亂，那個還來議我們的背後不成？"天師道："有理，有理。他既十分敬重我們，料不敢拏我們破綻所恃在此。。只是老着臉皮做便了。"商量已定。

次日，縣令到祠請祈雨。天師傳命：就於祠前設立小壇停當。天師同女巫在城隍神前，口裏胡言亂語的，説了好些鬼話，一同上壇來。天師登位，敲動令牌；女巫將着九環單皮鼓，打的厮琅琅價響。燒了好幾道符。天師站在高處，四下一望，看見東北上微微有些雲氣，思量道："『夏雨北風生』，莫不是數日内有雨？落得先説破了，做個人情。"下壇來，對縣令道："我爲你飛符上界請雨，已奉上帝命下了。只要你們至誠，三日後雨當沾足。"這句説話傳開去，萬民無不踴躍喜歡。四郊士庶，多來團集了，只等下雨。

懸懸望到三日期滿，只見天氣越晴得正路了：

烈日當空，浮雲掃淨。蝗蝻得意，乘熱氣以飛揚；魚鼈潛踪，在湯池而跼蹐。輕風罕見，直挺挺不動五方旗；點雨無徵，苦哀哀只聞一路哭。

縣令同了若干百姓，來問天師道：「三日期已滿，怎不見一些影響？」天師道：「灾沴必非虚生，實由縣令無德，故此上天不應。我今爲你虔誠再告。」狄縣令見説他無德，自己引罪道：「下官不職，灾禍自當，怎忍貽累於百姓？萬望天師曲爲周庇，寧使折盡下官福算，换得一場雨澤，救取萬民，不勝感戴。」天師道：「亢旱必有旱魃，我今爲你一面祈求雨澤，一面搜尋旱魃，保你七日之期，自然有雨。」**【眉批】**又生出詐錢題目來。縣令道：「旱魃之説，詩書有之。只是如何搜尋？」天師道：「此不過在民間，你不要管我。」縣令道：「果然搜尋得出，致得雨來。但憑天師行事。」

天師就令女巫到民間，各處尋旱魃。但見民間有懷胎十月將足者，便道：「是旱魃在腹内要將藥墮下他來。」民間多慌了。他又自恃是女人，没一家内室不走進去。但是有娠孕的，多瞞他不過。富家恐怕出醜，只得將錢財買囑他，所得賄賂無算。只把一兩家貧婦帶到官來，只説是旱魃之母，將水澆他。縣令明知無干，敢怒而不敢言，只是儘意奉承他。到了七日，天色仍復如舊，毫無效驗。有詩爲証：

旱魃如何在婦胎？奸徒設計詐人財。
雖然不是祈禳法，只合雷聲頭上來。

如此作爲，十日有多。天不凑趣，假如肯輕輕鬆鬆灑下了幾點，也要算他功勞，滿場賣弄本事，受酬謝去了，怎當得乾陣也不打一個？兩人自覺没趣，推道是「此方未該有雨，擔閣在此無用」，一面收拾，立刻要還本州。**【眉批】**好淡話！這些愚騃百姓一發慌了，嚷道：「天師在此，尚然不能下雨；若天師去了，這雨再下不成了。**【眉批】**下愚不及。豈非一方百姓該死？」多來苦告縣令，定要扳留。

縣令極是愛百姓的，順着民情，只得去拜告苦留道：「天師既然肯爲萬姓，特地來此，還求至心祈禱，必求個應驗，救此一方。【眉批】縣令若亦爲其所惑，苦求不足道也，惟明知其誣而肯爲百姓屈，所以爲賢。如何做個勞而無功去了？」天師被縣令禮求，百姓苦告，無言可答。自想道：「若不放下個臉來，怎生纏得過？」勃然變色，罵縣令道：「庸瑣官人，不知天道！你做官不才，本方該滅。天時不肯下雨，留我在此何幹？」縣令不敢回言與辨，但稱謝道：「本方有罪，自干天譴，非敢更煩天師。但特地勞瀆天師到此一番，明日須要治酒奉餞。所以屈留一宿。」天師方纔和顏道：「明日必不可遲了。」

縣令別去，自到衙門裏來。召集衙門中人，對他道：「此輩猾徒，我明知矯誣無益。只因愚民輕信，只道我做官的不肯屈意，以致不能得雨。而今我奉事之禮，祈懇之誠，已無所不盡，只好這等了。他不說自己邪妄没力量，反將惡語詈我。我忝居人上，今爲巫者所辱，豈可復言爲官耶？明日我若有所指揮，你等須要一一依我而行。不管有甚好歹是非，我身自當之。你們不可遲疑落後了。」這個狄縣令一向威嚴，又且德政在人，個個信服。他的分付，那一個不依從的？當日衙門人等，俱各領命而散。

次早，縣門未開，已報天師嚴餙歸騎，一面催促起身了。【眉批】走爲上者。管辦吏來問道：「今日相公與天師餞行，酒席還是設在縣裏，還是設在祠裏？也要預先整備纔好，怕一時來不迭。」縣令冷笑道：「有甚來不迭？」竟叫打頭踏到祠中來，與天師送行。隨從的人多疑心道：「酒席未曾見備，如何送行？」那邊祠中天師，也道縣官既然送行，不知設在縣中，還是祠中？如何不見一些動静？等得心焦，正在祠中發作道：「這樣怠慢的縣官，怎得天肯下雨！」

須臾間，縣令已到。天師還帶着怒色，同女巫一齊嚷道：「我們要回去的，如何没些事故擔閣我們？甚麼道理！既要餞行，何不快些？」縣令改容大喝道：「大膽的奸徒！你左道女巫，妖惑日久，撞在我手，當須死在今日，還敢説歸去麽？」喝一聲：「左右，拏下！」官長分付，從人怎敢不從？一夥公人暴雷也似答應一聲，提了鐵鍊，如鷹拏燕雀，把兩人扣脰頸鎖了，扭將下來。

縣令先告城隍道：「齷齪妖徒，哄騙愚民，誣妄神道，今日請爲神明除之。」喝令按倒在城隍面前，道：「我今與你二人餞行！」各鞭背三十。打得皮開肉綻，血濺庭堦。【眉批】即此創快，便當大雨如注。鞭罷，綑縛起來，投在祠前漂水之内。可笑郭賽璞與并州女巫，做了一世邪人，今日死于非命。

强項官人不受挫，妄作妖巫干托大！

神前杖背神不靈，瓦罐不離井上破。

狄縣令立刻之間，除了兩個天師，左右盡皆失色。有老成的來禀道：「欺妄之徒，相公除了甚當。只是天師之號，朝廷所賜。萬一上司嗔怪，朝廷罪責，如之奈何？」縣令道：「此輩人無根絆，有權術。留下他寃仇不解，必受他中傷。【眉批】大識見，不止膽量。既死之後，如飛蓬斷梗，還有甚麽親識故舊來黨護他的？即使朝廷責我擅殺，我拚着一官便了，没甚大事。」衆皆唯唯，服其膽量。

縣令又自想道：「我除了天師，若雨澤仍舊不降，無知愚民越要歸咎于我，道是得罪神明之故了。我想神明在上，有感必通。妄誕庸奴，原非感格之輩。若堂堂縣宰，爲民請命，豈有一念至誠，不蒙鑒察之理？」遂叩首神前，虔禱道：「誣妄奸徒，身行穢事，口出誣言，玷污神德，謹已誅訖。上天雨澤，既不輕狥妖妄，必當鑒念正直。再無感應，是神明不靈，善惡無别矣。若果係縣令不德，罪止一身，不宜重害百姓。今叩首神前，維謙發心，從此在祠後高岡烈日之中，立曝其身；不得雨，情願槁死，誓不休息。」言畢，再拜而出。【眉批】愚公移山，精衛填海，同此一念耳。那祠後有山，高可十丈。縣令即命設席焚香，簪冠執笏，朝服獨立於上好看。。分付從吏，俱各散去聽候。

闔城士民，聽知縣令如此行事，大家駭愕起來道：「天師如何打死得的？天師決定不死。邑長惹了他，必有奇禍，如何是好？」又見説道：「縣令在祠後高岡上烈日中，自行曝曬，祈禱上天去了。」於是奔走紛紜，盡來觀看，攢做了人山人海，城墻也似砌將攏來。可煞怪異！真是來意至誠，無不感應。起初縣令步到岡上之時，炎威正熾，砂石流鑠。待等縣令站得脚定了，忽然一片黑雲，推將起來，大如車蓋，恰恰把縣令所立之處，遮得無一點日光，四周日色，盡曬他不着。自此一片起來，四下裏慢慢黑雲，團圈接着，與起初這覆頂的，混做一塊生成了。雷震數聲，甘雨大注。但見：

千山靉靆，萬境昏霾。濺沫飛流，空中宛轉群龍舞；怒號狂嘯，野外奔騰萬騎來。閃爍爍曳兩道流光，鬧轟轟鳴幾聲連鼓。淋漓無已，只教農子心歡；震疊不停，最是惡人膽怯。

這場雨足足下了一個多時辰，直下得溝盈澮滿，原野滂流。士民拍手歡呼，感激縣令相公爲民辛苦，論萬數千的跑上岡來，擸擁着狄公自山而下。脱下長衣，當了傘子，遮着雨點。老幼婦女，拖泥帶水，連路只是叩頭贊誦。狄公反有好些不過意，道：「快不要如此。此天意救民，本縣何德？」怎當得衆人愚迷的多，不曉得精誠所感，但見縣官打殺了天師，又會得祈雨，畢竟神通廣大，手段又比天師高强，把先前崇奉天師這些虔誠，多移在縣令身上了。【眉批】所以先聖每神道設教。縣令到廳，分付百姓各散。隨取了各鄉各堡雨數尺寸，文書申報上司去。

那時州將在州，先聞得縣官杖殺巫者，也有些怪他輕舉妄動，道是：「禮請去的，縱不得雨，何至於死？若畢竟請雨不得，豈不枉殺無辜？」及見文書上來，報着四郊雨足。又見百姓雪片也似投狀來，稱贊縣令曝身致雨，許多好處。州將纔曉得縣令正人君子，政績殊常，深加嘆異。有心要表揚他，又恐朝廷怪他杖殺巫者，只得上表一道，明列其事。內中大略云：

郭巫等猥瑣細民，妖誣惑衆。雖竊名號，總屬夤緣。及在鄉里，瀆神害下，凌轢邑長。守土之官，爲民誅之，亦不爲過。狄某力足除奸，誠能動物，曝軀致雨，具見異績。聖世能臣，禮宜優異。云云。

其時藩鎮有權。州將表上，朝廷不敢有異。亦且郭巫等原係無籍棍徒，一時在京冒濫寵榮，到得出外多時，京中原無羽翼心腹記他在心上的，就打死了，没人仇恨。名雖天師，只當殺個平民罷了。果然不出狄縣令所料。

那晉陽是彼時北京，一時狄縣令政聲，朝野喧傳，盡皆欽服其人品。不一日，詔書下來褒異。詔云：

維謙劇邑良才，忠臣華胄。覩兹天厲，將瘴下民。當請禱于晉祠，類投巫于鄴縣。曝山椒之畏景，事等焚軀；起天際之油雲，情同剪爪。遂使旱風潛息，甘澤旋流。昊天猶鑒克誠，予意豈忘褒善？特頒朱紱，俾耀銅章。勿替令名，更昭殊績。

當下賜錢五十萬，以賞其功。

從此，狄縣令遂爲唐朝名臣。後來陞任去後，本縣百姓感他，建造生祠，香火不絶。**【眉批】**比今有司生祠何如？祈晴禱雨，無不應驗。只是一念剛正，見得如此。可見邪不能勝正。那些喬妝做勢的巫師，做了水中淹死鬼，不知幾時得超昇哩！世人酷信巫師的，當熟看此段話文。有詩爲証：

盡道天師術有靈，如何水底不回生？
試看甘雨隨車後，始信如神是至誠。

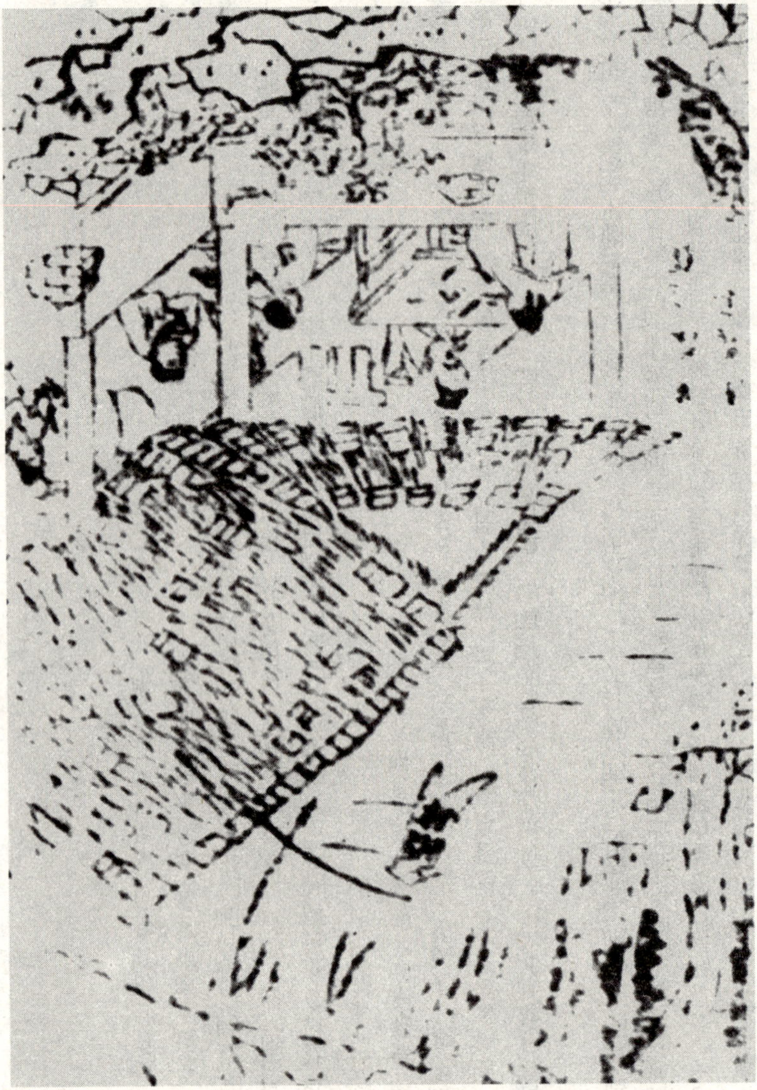

卷四十

華陰道獨逢異客　江陵郡三拆仙書

詩云：

人生凡事有前期，尤是功名難强爲。
多少英雄埋没殺，只因莫與指途迷。

話説人生只有科第一事，最是黑暗，没有甚定凖的。自古道：「文齊福不齊。」隨你胸中錦綉，筆下龍蛇，若是命運不對，到不如乳臭小兒、賣菜傭，早登科甲去了。就如唐時以詩取士，那李、杜、王、孟不是萬世推尊的詩祖？却是李、杜俱不得成進士，孟浩然連官多没有，止有王摩詰一人有科第，又還虧得岐王幫襯，把《鬱輪袍》打了九公主關節，纔奪得解頭。若不會夤緣鑽刺，也是不穩的。只這四大家尚且如此，何况他人？及至詩不成詩，而今世上不傳一首的，當時登第的元不少。看官，你道有甚麽清頭在那裏？所以説：

文章自古無憑據，惟願朱衣一點頭。

説話的依你這樣説起來，人多不消得讀書勤學，只靠着命中福分罷了。看官，不是這話。又道是：「盡其在我，聽其在天。」只這些福分，又趕着興頭走的。那奮發不過的人，終久容易得些，也是常理。故此説「皇天不負苦心人」，畢竟水到渠成，應得的多。但是科場中鬼神弄人，只有那該僥倖的時來福湊，該迍邅的七顛八倒，這兩項嚇死人。先聽小子説幾件科場中事體，做箇起頭。

有個該中了，撞着人來幫襯的：湖廣有個舉人，姓何，在京師中會試。偶入酒肆，見一夥青衣大帽人，在肆中飲酒。聽他説話，半文半俗；看他氣質，假斯文帶些光棍腔。【眉批】衙胥真容。何舉人另在一座，自斟自酌。這些人見他獨自一個寂寞，便來邀他同坐。何舉人不辭，就便隨和歡暢。這些人道是不做腔，肯入隊，且又好相與，盡多快活。吃罷散去。隔了幾日，何舉人在長安街過。【眉批】長安街常有之景。只見一人醉卧路傍，衣帽多被塵土染污。仔細一看，却認得是前日酒肆裏同吃酒的内中一人。也是何舉人忠厚處，見他醉後狼籍，不像樣，走近身扶起他來。其人也有些醒了，張目一看，見是何舉人扶他，把手拍一拍臂膊，哈哈笑道：「相公造化到了。」就伸手袖中解出一條汗巾來。汗巾結裏，裹着一個兩指大的小封兒。對何舉人道：「可拿到下處自看。」何舉人不知其意，袖了到下處去。

下處有好幾位同會試的在那里。何舉人也不道是甚麽機密勾當，不以爲意，竟在衆人面前拆開看時，乃是六個四書題目，八個經題目，共十四個。同寓人見了問道：「此自何來？」何舉人把前日酒肆同飲。今日跌倒街上的話，説了一遍，道：「是這個人與我的，我也不知何來。」同寓人道：「這是光棍們假作此等哄人的，不要信他。」【眉批】不信者多，只因怕做文字耳。獨有一個姓安的心裏道：「便是假的何妨？我們落得做做熟也好。」就與何舉人約了，每題各做一篇。又在書坊中尋刻的好文，參酌改定。後來入場，七個題目，都在這裏面的。二人多是預先做下的文字，皆得登第。元來這個醉卧的人，乃是大主考的書辦。在他書房中抄得這張題目，乃是一正一副在内。朦朧醉中，見了何舉人扶他，喜歡，與了他。也是他機緣輻輳，又挈帶了一個姓安的。這些同寓不信的人，可不是命裏不該，當面錯過？

醉卧者人，吐露者神。

信與不信，命從此分。

有個該中了，撞着鬼來幫襯的。揚州興化縣舉子，應應天鄉試。頭場日齁睡一日不醒，號軍叫他起來，日已晚了。正自心慌，且到號底厠上走走。只見厠中已有一個舉子在裏頭，問興化舉子道：「兄文成未？」答道：「正因睡了失覺，一字未成，了不得在這里。」厠中舉子道：「吾文皆成，寫在王諱紙上。今疾作，謄不得了。兄文既未有，吾當贈兄罷。他日中了，可謝我百金。」興化舉子不勝之喜。厠中舉子就把一張王諱紙遞過來，果然七篇多明明白白寫完在上面。説道：「小弟姓某，名某，是應天府學。家在僻鄉，城中有賣柴牙人某人，是我侄，可一訪之，便可尋我家了。」興化舉子領諾。拿到號房，照他寫的謄了，得以完卷。進過三場，揭曉果中。急持百金，往尋賣柴牙人，問他叔子家裏。那牙人道：「有個叔子，上科正患痢疾進場，死在場中了。今科那得還有一個叔子？」【眉批】痢疾鬼有佳文耶？中正不必佳也。舉子大駭，曉得是鬼來幫他中的。同了牙人，直到他家，將百金爲謝。其家甚貧，夢裏也不料有此百金之得，闔家大喜。這舉子只當百金買了一個春元。

上科之鬼，能助今科。

一點文心，至死不磨。

有個該中了，撞着神借人來幫襯的。寧波有兩生，同在鑑湖育王寺讀書。一生儇巧，一生拙誠。那拙的信佛，每早晚必焚香在大士座前禱告，原癡呆。願求明示場中七題。那巧的見他匍匐不休，心中笑他癡呆，思量要耍他一耍。遂將一張大紙，自擬了七題，把佛香燒成字，放在香几下。拙的明日早起拜神，看見了，大信，道是大士有靈，果然密授秘妙。依題遍採坊刻佳文，名友窗課，模擬成七篇好文，熟記不忘。巧的見他信以爲實，如此舉動，道是被作弄着了，背地暗笑他着鬼。【眉批】果可暗笑。豈知進到場中，七題一個也不差。一揮而出，竟得中式。這不是大士借那儇巧的手，明把題目與他的：

拙以誠求，巧者爲用。

鬼神機權，妙于簸弄。

有個該中了，自已精靈現出幫襯的：湖廣鄉試日，某公在場閱卷倦了，朦朧打盹。只聽得耳畔嘆息道：「窮死，窮死。救窮，救窮。」驚醒來想一想道：「此必是有士子要中的作怪了。」仔細聽聽，聲在一箱中出。伸手取卷，每拾起一卷，耳邊低低道：「不是。」如此屢屢。落後一卷，聽得耳邊道：「正是。」某公看看，文字果好。取中之，其聲就止。出榜後，本生來見。某公問道：「場中甚有影響。生平好講甚麽話？」本生道：「門生家寒不堪。【眉批】如此精靈，現者亦多，不盡驗何也？在窗下每作一文成，只呼『窮死，救窮』，以此爲常。別無他話。」某公乃言閱卷時耳中所聞如此。説了，共相嘆異，連本生也不知道怎地起的。這不是自已一念堅切，精靈活現麽？

精誠所至，金石爲開。

果然勇猛，自有神來。

有個該中了，人與鬼神兩相湊巧幫襯的：浙場有個士子，原是少年飽學，走過了好幾科，多不得中。落後一科，年紀已長，也不做指望了。幸得有了科舉，圖進場完故事而已。進場之夜，忽夢見有人對他道：「你今年必中，但不可寫一個字在卷上。若寫了，就不中了。只可交白卷。」士子醒來道：「這樣夢也做得奇，天下有這事麽？」不以爲意。

進場領卷，正要構思下筆，只聽得耳邊廂又如此説道：「决寫不得的。」他心裏疑道：「好不作怪！」把題目想了一想，頭紅面熱，一字也忖不來。就暴燥起來道：「都管是又不該中了，所以如此。」悶悶睡去。只見祖父俱來分付道：「你萬萬不可寫一字，包你得中便了。」【眉批】要知寫了便中不得的。醒來嘆道：「這怎麽解？如此夢魂纏擾，料無佳思，吃苦做甚麽？落得不做，投了白卷出去罷。」出了場來，自道頭一個就是他貼出，不許進二場了。只見試院開門，貼出許多不合式的來：有不完篇的，有脱了稿的，有差寫題目的，紛紛不計其數。正揀他一字没有的，不在其内。倒哈哈大笑道：「這些彌封對讀的，多失了魂了！」

隔了兩日，不見動静，隨衆又進二場。也只是見不貼出，瞞生人眼，進去戲耍罷了。纔捏得筆，耳邊又如此説。他自笑道：「不勞分付。頭場白卷，二場寫他則甚？世間也没這樣騃子。」游衍了半日，交卷而出，道這番决難逃了。只見第二場又貼出許多，仍復没有己名，自家也好生詫異。又隨衆進了三場，又交了白卷，自不必説。朋友們見他進過三場，多來請教文字。他只好背地暗笑，不好説得。到得榜發，公然榜上有名，高中了。【眉批】奇幻極矣。他只當是個夢，全不知是那里起的。隨着赴鹿鳴宴風騷，真是十分僥倖。領出卷來看，三場俱完好，且是錦綉滿紙，驚得目睜口呆，不知其故。

元來彌封所兩個進士知縣，多是少年科第，有意思的。道是不進得内簾，心中不伏氣。見了題目，有些技癢，要做一卷，試試手段，看還中得與否，只苦没個用印卷子。雖有個把不完卷的，遞將上來，却也有一篇半篇，先寫在上了，用不着的。已後得了此白卷，心中大喜。他兩個記着姓名，便你一篇，我一篇，共相斟酌改訂，凑成好卷。彌封了，發去謄録。三場皆如此。果然中了出來。兩個進士暗地得意，道是這人有天生造化。反着人尋將他來，問其白卷之故。此生把夢寐叮囑之事，場中耳畔之言，一一説了。兩個進士道：「我兩人偶然之興，皆是天教代足下執筆的。」此生感激無盡，認做了相知門生。

張公吃酒，李公却醉。

命若該時，一字不費。

這多是該中的話了。若是不該中，也會千奇萬怪起來。有一個不該中，鬼神反來耍他的：萬曆癸未年，有個舉人管九皋，赴會試。場前夢見神人傳示七個題目，醒來個個記得。第二日尋坊間文，揀好的熟記了。入場，七題皆合，喜不自勝。信筆將所熟文字寫完，不勞思索。自道是得了神助，必中無疑。【眉批】只是抄舊，原有蠢氣，可爲生吞活剥者戒。誰知是年主考厭薄時文，盡搜括坊間同題文字，入內磨對。有試卷相同的，便塗壞了。管君爲此，竟不得中，只得選了官去。若非先夢七題，自家出手去做，還未見得不好。這不是鬼神明明要他？

夢是先機，番成悔氣。
鬼善揶揄，直同兒戲。

有一個不該中强中了，鬼神來擺佈他的：浙江山陰士人諸葛一鳴，在本處山中發憤讀書，不回過歲。隆慶庚午年，元旦未曉，起身梳洗，將往神祠中禱祈。途間遇一群人，喝道而來，心裏疑道：「山中安得有此？」佇立在傍細看。只見鼓吹前導，馬上簇擁着一件東西，落後貴人到，乃一金甲神也。一鳴明知是陰間神道，迎上前來拜問道：「尊神前驅所迎何物？」神道：「今科舉子榜。」一鳴道：「小生某人，正是秀才，榜上有名否？」神道：「没有。君名在下科榜上足矣。」一鳴道：「小生家貧，等不得亦是躁急薄相人。尊神可移早一科否？」神道：「事甚難。然與君相遇，亦有緣，試爲君圖之。若得中，須多焚楮錢，我要去使用纔安穩。不然，我亦有罪犯。」一鳴許諾。及後邊榜發，一鳴名在末行，上有丹印。緣是數已填滿。一個教官將着一鳴卷竭力來薦，至見諸聲色。主者不得已，割去榜末一名，將一鳴填補。【眉批】彼人何罪？作弊鬼亦可恨。此是鬼神在暗中作用。

一鳴得中甚喜，匆匆忘了燒楮錢。赴宴歸寓，見一鬼披髮在馬前哭道：「我爲你受禍了。」一鳴認看，正是先前金甲神，甚不過意道：「不知還可焚錢相救否？」鬼道：「事已遲了。還可相助。」一鳴買些楮錢燒了。及到會試，鬼復來道：「我能助公登第，預報七題。」一鳴打點了進去，果然不差。一鳴大喜。到第二場，將到進去了。鬼纔來報題。一鳴道：「來不及了。」【眉批】鬼何至懷恨狠于報復如此！亦是强早三年冥罰重故。鬼道：「將文字放在頭巾内，帶了進去，我遮護你便了。」一鳴依了他。到得監試面前，不消搜得，巾中文早已墜下。算個懷挾作弊，當時打了枷號示衆，前程削奪。此乃鬼來報前怨，作弄他的。可見命未該中，只早一科也是强不得的。

躁于求售，并喪厥有。

人耶鬼耶，各任其咎。

窗下莫言命，場中不論文。

看官，只看小子説這幾端，可見功名定數，毫不可强。所以道：

世間人總在這定數内，被他哄得昏頭昏腦的。小子而今説一段指破功名定數的故事，來完這回正話。

唐時，有個江陵副使李君，他少年未第時，自洛陽赴長安進士舉。經過華陰道中，下店歇宿，只見先有一個白衣人在店。雖然渾身布素，却是骨秀神清，豐格出衆。店中人甚多，也不把他放他心上。【眉批】能從俗中識拔，即神仙亦感知己。李君是個聰明有才思的人，便瞧科在眼裏道：「此人決然非凡。」就把坐來移近了，把兩句話來請問他。只見談吐如流，百叩百應。李君愈加敬重，與他圍爐同飲，款洽倍常。

明日一路同行，至昭應。李君道：「小弟慕足下塵外高踪，意欲結爲兄弟。倘蒙不棄，伏乞見教姓名年歲，以便稱呼。」白衣人道：「我無姓名，亦無年歲奇矣。你以兄稱我，以兄禮事我可也。」李君依言，當下結拜爲兄。至晚，對李君道：「我隱居西嶽，偶出游行，甚荷郎君相厚之意。我有事故，明旦先要往城，不得奉陪，如何？」李君道：「邂逅幸與高賢結契。今遽相别，不識有甚言語指教小弟否？」白衣人道：「郎君莫不要知後來事否？」李君再拜懇請道：「若得預知後來事，足可趨避，省得在黑暗中行，不勝至願。」白衣人道：「仙機不可洩漏。吾當緘封三書與郎君，日後自有應驗。」李君道：「所以奉懇，專貴在先知後事。若直待事後有驗，要曉得他怎的？」白衣人道：「不如此説。凡人功名富貴，雖自有定數，但吾能前知，便可爲郎君指引。若到其間開他，自有用處，可以周全郎君富貴。」李君見説，欣然請教。白衣人乃取紙筆，在月下不知寫些甚麼。摺做三個柬，外用三個封封了，拿來交與李君道：「此三封，郎君一生要緊事體在内。封有次第，内中有秘語。直到至急時，方可依次而開，開後自有應驗。依着做去，當得便宜。若無急事，漫自開他，一毫無益的。切記，切記。」李君再拜領受，珍藏篋中。次日各相别去。

李君到了長安，應過進士舉，不得中第。李君父親在時，是松滋令，家事頗饒。只因帶了宦囊，到京營求陞遷，病死客邸，宦囊一空。李君痛父淪喪，門户蕭條，意欲中第纔歸，重整門閥。家中多帶盤纏，拼住京師，不中不休。自恃才高，道是舉手可得，如拾芥之易。【眉批】專是此等悮事。怎知命運不對，連應過五六舉，只是下第，盤纏多用盡了。欲待歸去，無有路費；欲待住下，以俟再舉，没了賃房之資，求容足之地也無。左難右難，没個是處。正在焦急頭上，猛然想道：「仙兄有書，分付道『有急方開』。今日已是窮極無聊，此不爲急，還要急到那里去？不免開他頭一封，看是如何。然是仙書，不可造次。」是夜沐浴齋素，到第二日清旦，焚香一爐，再拜禱告道：「弟子只因窮困，敢開仙兄第一封書，只望明指迷途則個。」告罷，拆開外封，裏面又有一小封，面上寫着道：

某年月日，以困迫無資用，開第一封。

李君大驚道：「真神仙也！如何就曉得今日目前光景，且開封的月日，俱不差一毫。可見正該開的，內中必有奇處。」就拆開小封來看，封內另有一紙，寫着不多幾箇字：

可青龍寺門前坐。

看罷，曉得有些奇怪，怎敢不依？只是疑心道：「到那里去何幹？」問問青龍寺遠近，元來離住處有五十多里路。李君只得騎了一頭蹇驢，迤迤走到寺前，日色已將晚了。果然依着書中言語，在門檻上呆呆地坐了一回，不見甚麽動靜。天昏黑下來，心裏有些着急。又想了仙書，自家好笑道：「好癡子！這里坐，可是有得錢來的麽？不指望錢，今夜且没討宿處了。怎麽處？」

正遲疑間，只見寺中有人行走響，看看至近。却是寺中主僧和個行者來關前門，見了李君，問道：「客是何人，坐在此間？」李君道：「驢弱居遠，天色已晚，前去不得，將寄宿於此。」【眉批】有人招攬，便生意動了。主僧道：「門外風寒，豈是宿處？且請到院中來。」李君推托道：「造次不敢驚動。」主僧再三邀進，只得牽了蹇驢，隨着進來。主僧見是士人，具饌烹茶，不敢怠慢。

飲間，主僧熟視李君，上上下下估着看了一回，就轉頭去與行童説一番，笑一番。李君不解其意，又不好問得。只見主僧耐了一回，突然問道：「郎君何姓？」李君道：「姓李。」主僧驚道：「果然姓李。」李君道：「見説賤姓，如此着驚，何故？」主僧道：「松滋李長官，是郎君盛族相識否？」李君站起身，顰蹙道：「正是某先人也。」主僧不覺垂淚不已。説道：「老僧與令先翁長官久托故舊，往還不薄。適見郎君豐儀，酷似長官，所以驚疑。不料果是。老僧奉求已多日，今日得遇，實爲萬幸。」

李君見説着父親，心下感傷，涕流被面道：「不曉得老師與先人舊識，頃間造次失禮。然適聞相求弟子已久，不解何故？」主僧道：「長官昔年將錢物到此求官，得疾狼狽。有錢二千貫，寄在老僧常住庫中，後來一病不起，此錢無處發付。老僧自是以來，心中常如有重負，不能釋然。今得郎君到此，完此公案，老僧此生無事矣。」李君道：「向來但知先人客死，宦囊無踪，不知却寄在老師這里。【眉批】好僧家！李公所托得人，識鑒可知。然此事無箇証見，非老師高誼在古人之上，怎肯不昧其事，反加意尋訪？重勞記念，此德難忘。」主僧道：「老僧世外之人，要錢何用？何况他人之財，豈可没爲己有，自增罪業？老僧只怕受托不終，致負夙債，貽累來生。今幸得了此心事，魂夢皆安。【眉批】亦見其高，不止有義。老僧看郎君行况蕭條，明日但留下文書一紙，做個執照，盡數輦去爲旅邸之資？儘可營生。尊翁長官之目也瞑了。」李君悲喜交集。悲則悲着父親遺念，喜則喜着頓得多錢。稱謝主僧不盡。又自念仙書之驗如此，真希有事也。

青龍寺主古人徒，受托錢財誼不誣。
貧子衣珠雖故在，若非仙訣可能符？

是晚，主僧留住安宿，殷勤相待。次日盡將原鏹二千貫發出，交明與李君。李君寫個收領文字，遂僱騾馱載，珍重而别。李君從此買宅長安，頓成富家。李君一向門閥清貴，只因生計無定，連妻子也不娶得。今長安中大家見他富盛起來，又是舊家門望，就有媒人來説親與他。他娶下成婚，作久住之計。

又應過兩次舉，只是不第。年紀看看長了，親戚、朋友、僕從等多勸他：「且圖一官，以爲終身之計。如何被科名騙老了？」李君自恃才高，且家有餘資，不愁衣食，自道：「只争得此一步，差好多光景，怎肯甘心就住，讓那才不如我的得意了，做盡天氣可傷。？且索再守他次把做處。」

本年又應一舉，仍復不第。連前却滿十次了。心裏雖是不伏氣，却是遞年打毷氉，也覺得不耐煩了。説話的，如何叫得打毷氉？看官聽説：唐時榜發後，與不第的舉子吃解悶酒，渾名打毷氉。此樣酒席，可是吃得十來番起的？【眉批】還有不止十來番者。李君要住住手，又割捨不得；要寬心再等，不但攛掇的人多，自家也覺争氣不出了。况且妻子又未免圖他一官半職榮貴，耳邊日常把些不入機的話來激聒，一發不知怎地好，竟自没了主意。【眉批】失路英雄，異世同感。含着一眶眼淚道：「一歇了手，終身是個不第舉子，就僥倖官職高貴，也説不響了今世并此不可望。。」

躊躇不定幾時，猛然想道：「我仙兄有書，道『急時可開』。此時雖無非常急事，却是住與不住，是我一生了當的事，關頭所差不小，何不開他第二封一看，以爲行止。」

主意定了，又齋戒沐浴。次日清旦，啟開外封，只見裏面寫道：

某年月日，以將罷舉開第二封。

李君大喜道：「元來原該是今日開的！既然開得不差，裏面必有决斷，吾終身可定了。」忙又開了小封看時，也不多幾個字，寫着：

可西市鞦轡行頭坐。

李君看了道：「這又怎麽解？我只道明明説個還該應舉不應舉，却又是啞謎！當日青龍寺，須有個寺僧欠錢，這個西市鞦轡行頭，也説不定，難道有人欠我及第的債不成？但是仙兄説話不曾差了一些，只索依他走去，看是甚麽緣故。却其實有些好笑。」自言自語了一回，只得依言，一直走去。

走到那裏，自想道：「可在那處坐好？」一眼望去，一箇去處，但見：

望子高挑，埕頭廣架。門前對子，强斯文帶醉歪題；壁上詩篇，村過客乘忙謅下。入門一陣腥膻氣，案上原少佳殽；到坐幾番吆喝聲，面前未來供饌。謾説聞香須下馬，枉夸知味且停驂。無非行路救饑，或是邀人議事。

元來是一個大酒店。李君獨坐無聊，想道：「我且沽一壺吃着坐看。」步進店來。店主人見是個士人，便拱道：「樓上有潔浄坐頭，請官人上樓去。」李君上樓坐定，看那樓上的東首盡處，有間潔浄小閣子，門兒掩着。像有人在裏邊坐下的，寂寂嘿嘿在裏頭。李君這付座底下，却是店主人的房。樓板上有個穿眼，眼裏偷窺下去，是直見的。李君一個在樓上，還未見小二送酒菜上來。獨坐着閒不過，聽得脚底下房裏頭低低説話，他却在地板眼裏張看。只見一個人將要走動身，一個拍着肩叮囑，聽得落尾兩句説道：「交他家郎君明日平明必要到此相會。【眉批】正是賣的没處賣，買的没處買。若是苦没有錢，即説元是且未要錢的，不要挫過。遲一日就無及了。」去的那人道：「他還疑心不的確，未肯就來，怎好？」

李君聽得這幾句話，有些古怪，便想道：「仙兄之言，莫非應着此間人的事體麽？」即忙奔下樓來，却好與那兩個人撞個劈面，乃是店主人與一個蓦生人。李君扯住店主人問道：「你們適纔講的是甚麽話？」店主人道：「侍郎的郎君，有件緊要事幹，要一千貫錢來用，托某等尋覓。故此商量尋個頭主。」李君道：「一千貫錢，不是小事，那裏來這個大財主好借用？」店主道：「不是借用，説得事成時，竟要了他這一千貫錢，也還算是相應的。」李君再三要問其事備細，店主人道：「與你何干，何必定要説破？」

只見那要去的人，立定了脚，看他問得急切，回身來道：「何不把實話對他説，總是那邊未見得成，或者另絆得頭主，大家商量商量也好。」店主人方纔附着李君耳朶説道：「是營謀來歲及第的事。」李君正鬭着肚子裏事，又合着仙兄之機，吃了一驚，忙問道：「此事虚實何如？」店主人道：「侍郎郎君，見在樓上房内，怎的不實！」李君道：「方纔聽見你們説話，還是要去尋那個的是？」店主人道：「有個舉人，要做此事。約定昨日來成的，直等到晚，竟不見來。不知爲凑錢不起，不知爲疑心不真？却是郎君元未要錢，直等及第了纔交足。只怕他爲無錢不來，故此又要這位做事的朋友去約他。若明日不來，郎君便自去了。只可惜了這好機會。」李君道：「好教兩位得知：某也是舉人。要錢時，某也有。便就等某見一見郎君，做了此事，可使得否？」店主人道：「官人是實話麽？」李君道：「怎麽不實？」店主人道：「這事原不揀人的。若實實要做，有何不可？」【眉批】着意種花花不活，無心插柳柳成陰。那個人道：「從古道：『有奶便爲娘。』我們『見鐘不打，倒去斂銅』？官人若果要做，我也不到那邊去，再走壞這樣門步了。」店主人道：「既如此，可就請上樓，與郎君相見面議，何如？」

兩個人拉了李君，一同走到樓上來。那個人走去東首閣子裏，説了一會話，只見一個人踱將出來，看他怎生模樣：

白胖面龐，癡肥身體。行動許多珍重，周旋頗少謙恭。擡眼看人，常帶幾分蒙昧；出言對衆，時牽數字含糊。頂着祖父現成家，享這兒孫自在福。【眉批】白肚公子像贊。

這人走出閣來，店主人忙引李君上前，指與李君道：「此侍郎郎君也，可小心拜見。」

李君施禮已畢，叙坐了。郎君舉手道：「公是舉子麽？」做態。李君通了姓名，道：「適纔店主人所説來歲之事，萬望扶持。」郎君點頭未答，且目視店主人，與那個人，做個手勢，道：「此話如何？」店主人道：「數日已經講過，昨有個人約着不來，推道無錢。今此間李官人有錢，情願成約。故此特地引他謁見郎君。」郎君道：「喒要錢不多，如何今日纔有主？不知痛痒話。」店主人道：「舉子多貧，一時間鬬不着。」【眉批】俱是不知稼穡艱難氣質。郎君道：「揀那富的拉一個來罷了。」店主人道：「富的要是要，又撞不見這樣方便。」郎君又拱着李君問店主人道：「此間如何？」李君不等店主人回話，便道：「某寄籍長安，家業多在此。只求事成，千貫易處，不敢相負。」郎君道：「甚妙，甚妙！明年主司侍郎，乃吾親叔父也。必不悮先輩之事。今日也未就要交錢，只立一約，待及第之後，即命這邊主人走領，料也不怕少了的。」

李君見説得有根因，又且是應着仙書，曉得其事必成。放膽做着，再無疑慮。即袖中取出兩貫錢來，央店主人備酒來吃。一面飲酒，一面立約，只等來年成事交銀。當下，李君又將兩貫錢謝了店主人與那一個人，各各歡喜而別。到明年應舉，李君果得這個關節之力，榜下及第。及第後，將着一千貫完那前約，自不必說。【眉批】錢神有靈，并才士亦須之。彼才而貧者，何處生活？眼見得仙兄第二封書，指點成了他一生之事。

真才屢挫悮前程，不若黃金立可成。

今看仙書能指引，方知銅臭亦天生。

李君得第授官，自念富貴功名，皆出仙兄秘授謎訣之力，思欲會見一面，以謝恩德，又要細問終身之事。差人到了華陰西嶽，各處探訪，並無一個曉得這白衣人的下落，只得罷了。以後仕宦得意，並無甚麽急事可問，這第三封書無因得開。官至江陵副使。

在任時，一日忽患心痛，少頃之間，暈絶了數次，危迫特甚。方轉念起第三封書來，對妻子道：「今日性命俄頃，可謂至急。仙兄第三封書，可以開看，必然有救法在内了。」自己起床不得，就叫妻子灌洗了，虔誠代開。開了外封，也是與前兩番一樣的家數，寫在裏面道：

某年月日，江陵副使忽患心痛，開第三封。

妻子也喜道：「不要說時日相合，連病多曉得在先了。畢竟有解救之法。」連忙開了小封，急急看時，只叫得苦。元來比先前兩封的字越少了，剛剛止得五字道：

可處置家事。

妻子看罷，曉得不濟事了，放聲大哭。李君笑道：「仙兄數已定矣，哭他何幹？吾貧，仙兄能指點富吾；吾賤，仙兄能指點貴吾；今吾死，仙兄豈不能指點活吾？蓋因是數，去不得了。【眉批】李君亦達，然不達亦何益？就是當初富吾、貴吾，也元是吾命中所有之物。前數分明，止是仙兄前知，費得一番引路。我今思之：一生應舉，真才却不能一第，直待時節到來，還要遇巧，假手于人，方得成名，可不是數已前定？天下事大約强求不得的。而今官位至此，仙兄判斷已决，我豈復不知止足，尚懷遺恨哉？」遂將家事一面處置了當，隔兩日，含笑而卒。

這回書叫做《三拆仙書》，奉勸世人看取，數皆前定如此，不必多生妄想。那有才不遇時之人，也只索引命自安，不必鬱抑不快了。【眉批】本旨。

人生自合有窮時，縱是仙家詎得私？

富貴只緣乘巧湊，應知難改蓋棺期。

國家『十一五』重點圖書出版規劃項目
全國高校古籍整理研究工作委員會資助項目
全國古籍整理出版規劃領導小組資助出版

凌濛初全集

魏同賢 安平秋 主編

壹

《聖門傳詩嫡冢》
《言詩翼》
《詩逆》

鳳凰出版傳媒集團
鳳凰出版社

圖書在版編目（CIP）數據

凌濛初全集 / 魏同賢，安平秋主編. -- 南京 : 鳳凰出版社，2010.12
ISBN 978-7-5506-0145-1

Ⅰ. ①凌… Ⅱ. ①魏… ②安… Ⅲ. ①文學—作品綜合集—中國—明代 Ⅳ. ①I214.82

中國版本圖書館CIP數據核字(2010)第264474號

書　　名　凌濛初全集
主　　編　魏同賢　安平秋
責任編輯　樊　昕　李相東　卞　岐
出版發行　鳳凰出版傳媒集團
　　　　　鳳凰出版社(原江蘇古籍出版社)
　　　　　南京市中央路165號　郵編 210009
　　　　　發行部電話 025—83223462
集團網址　鳳凰出版傳媒網　http://www.ppm.cn
照　　排　南京展望文化發展有限公司
印　　刷　江蘇鳳凰鹽城印刷有限公司
　　　　　江蘇省鹽城市純化路29號　郵編 224001
開　　本　880×1230毫米　1/32
印　　張　222.375
字　　數　6533千字
版　　次　2010年12月第1版　2010年12月第1次印刷
標準書號　ISBN 978-7-5506-0145-1
定　　價　880.00圓(全十册)
　　　　　(本書凡印裝錯誤可向承印廠調換，電話:0515—88153008)

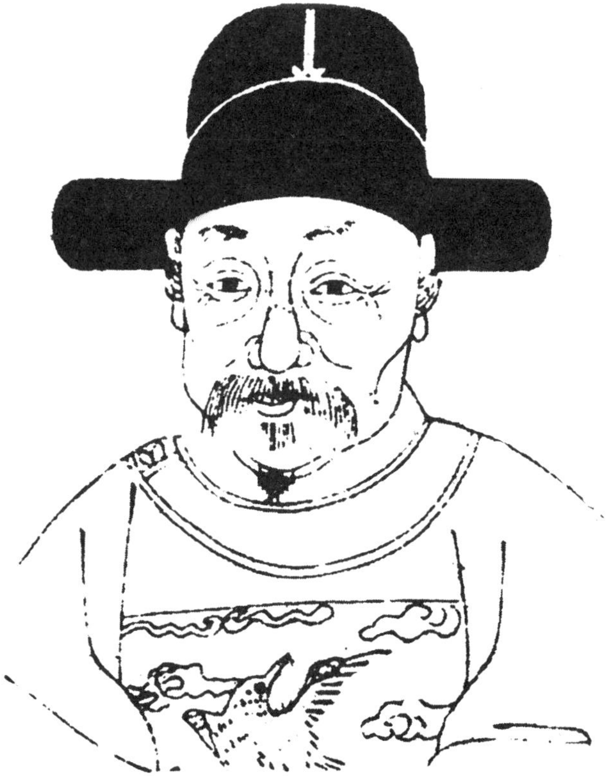

凌濛初像

明徐州别駕初成公像

凌濛初全集總目

第十册

前言

在本《凌濛初全集》即將面世的時刻，作爲編纂者之一的我，有責任就編纂層面的事務作一次粗略的交代，以作爲本全集的前言。

就話本小説的發展史而言，馮夢龍的「三言」和凌濛初的「二拍」各站上一個奇瑰的高峰，「三言二拍」的合稱，歷來代表了古代白話短篇小説發展歷程的新階段。而晚明那個禮崩樂壞、風雨飄摇的大時代，不但給那一時代的知識分子鋪設了一條顛沛多變的生活道路，而且賦予了他們那一代知識分子以相同或相近的文化修養與藝術趣味。這結果便是「三言」、「二拍」的相繼問世，以及相當數量戲曲和各種著述的誕生。如果説，他們之間還有什麽差别的話，那就是凌濛初還在編輯出版方面有所建樹。如今，《馮夢龍全集》早已竣事，擺在我們編纂出版工作者面前的任務，便是盡早編纂一部《凌濛初全集》了。

着手編纂，一開始就遇到了難題：凌氏著述到底有多少？找不到現成的答案。傳統的書目文獻家，眼光多集中在詩、古文領域，對於後起的戲曲、小説，雖受到群衆的喜愛，却難得到他們的關注，即偶有記載，也大多零零碎碎。因此，對此就必須從調查資料做起，既要翻找文獻，更要到各藏書單位實地查閲，方才對凌氏著述取得一個大致的了解。

有了這個概括的了解之後，隨即就遇到了文集收録範圍的難題。凌氏固然同其他古代作家一樣，是以著作成家的，他有詩文、有戲曲小説，可同時也有大量改編、選編的作品，更有大量評點、輯評的其他作家的著作，因此，文集的收録範圍便也成了一個難題。不過，考慮到凌氏編輯出版家的特點，如果僅收録其著作，而舍棄其改編、選編、評點、輯評等類作品，則不能反映凌氏的文化活動全貌，也即不能反映凌氏其人，因爲，凌氏的生活、志趣、才識往往寄寓於其中。於是，在聽取了各位友人的意見之後，決定予以收録。

下一步自然是搜羅底本了。底本收藏十分分散，但有多位友人的幫助，還得到了相關單位的支持，嘉惠學林，同意使用其底本，只不過要按照有關規定，收取一定費用而已。幸運的是，此費用得到了全國高校古籍整理研究工作委員會的資助。

排印需要標點，這是古籍整理出版的規定程序，可是，要不要校勘呢？又遇到難題了。決定這個問題的前提是：一、凌氏著作基本上爲孤本，即使「二拍」有後人轉刻本，但凌氏本人的初刻本也存世，足可存真；二、改編、選編的作品，不知道凌氏所據爲何書、何版，無從核校；三、評點、輯評諸書，凌氏大多説明原書來源，各具獨特性，如有與其他版本相異處，却正是其優點，更不宜校改。於是，本全集在整理工作方面便只有標點，全不校勘。明顯的錯別字徑加改正。

這一來，《凌濛初全集》便形成了一部資料性的大型圖書，編纂整理者所做的工作，僅限於彙編文獻、標點糾錯，以期給學術界提供一部研究凌濛初的可靠文獻，既代勞了他們遍跑各圖書館的辛苦，也厘清了各文獻的傳播脉絡。

本集定爲全集，也只是從現存凌氏各書而言，如果從凌氏著作整體來看，那是並不完全的，如他的兩部詩集《國門集》、《國門乙集》已遍尋不得；他的戲曲可以查得到目録的竟有十三種之多，可今天能見於全集的，則僅《識英雄紅拂莽擇配》、《虬髯翁》和《宋公明鬧元宵》三戲而已，流傳下來的僅僅是一個零頭。其他在歷史、軍事、吏治等方面的著述，便無法考見了，這真令人遺憾又無奈。但願本全集的出版，能够避免這種遺憾又無奈的進一步發展。

現在，或許可以説一説學術界從這部全集中將能够看到什麽了。

一、關於凌濛初的家世、生平、著述。

從本全集各書的序文、識語以及所附載的《凌氏宗譜選録》，我們大致可以勾勒出凌氏的世系及生平、著述概況。凌濛初，稚年時字玄房，號初成，一名凌波、波厈，别號即空觀主人。世居浙江烏程。生於明萬曆八年（公元一五八〇），死於明崇禎十七年（公元一六四四）徐州抗擊農民起義的戰事中。他是曾中過進士、做過南京工部營繕司員外凌迪知的第四子。生而穎異，青年入廩，可與科舉無緣，屢試不中，四次落選後即作《絶交舉子書》，擬作山林之隱。江西撫軍潘昭度慕其才，招爲幕賓。又受到朱國禎的賞識，得貢選爲上海縣丞。在任八年間，不負所望，曾成功輸粟北都，又曾創行「井字法」，肅除鹽場積年弊端。因政績顯著，升爲徐州通判，分署房村，治理水患。此時已届朱明王朝的末期，大厦將頃，建州的鐵蹄雖尚未踐踏中土，農民義軍的洪流早已風起雲涌。在徐州當地，先是陳小乙等小股的騷擾，繼之是李自成大軍的攻掠。就是在這一時代的風雲中，凌濛初以愛民、忠君爲操守，嘔血而逝。

凌濛初出生於一個世宦之家，走科舉道路當然被視爲人生正途，即使屢經挫折，一旦遇有入仕機會，便會傾力以赴，可當時的晚明已不能爲他提供建功立業的沃土，致使他亡於殘酷的戰争中，年僅六十五歲。凌濛初出生於一個讀書世家，其祖、其父、其叔、其侄不但曾做官爲宦，且均有著作傳世，皇皇巨制如一百四十六卷的《古今萬姓統譜》、一百三十卷的《史記評林》等等，便都是凌氏一族的文績，凌濛初自幼便濡染在如此濃厚的書香氛圍中，這促成了他一生著述、馳騁才華的不懈追求。

凌濛初的著述到底有多少，由於歷史的汰洗，我們只能了解一個大概。在詩學方面，有《聖門傳詩嫡家》、《詩逆》、《孔門兩弟子言詩翼》、《詩經人物考》；史學方面有《後漢書纂》、《戰國策概》、《倪思史漢異同補評》、《十六國春秋刪正》、《刪定宋史補遺》；小説方面有《拍案驚奇》、《二刻拍案驚奇》、《世説新語鼓吹》；戲曲方面有《譚曲雜劄》、《南音三籟》、《虬髯翁》、《識英雄紅拂莽擇配》、《宋公明鬧元宵》、《顛倒姻緣》、《桃花莊》、《驀忽姻緣》、《穴地報仇》、《劉伯倫》、《禰正平》等雜劇和《喬合衫襟記》、《雪荷記》、《合劍記》等傳奇；他的個人詩作有《國門集》和《國門乙集》、《鷄講齋詩文》、《燕築吟》等，至於不明内容和形式的《嬴滕三劄》、《蕩櫛後録》等尚有數種。另有經其選輯、集評、評點的典籍，涉及《詩經》、唐詩、陶潛、孟浩然、王維、韋應物、孟郊、李賀、蘇軾、黄庭堅等多家著作。令人扼腕的是，不少著作已經亡佚，以致我們今天所能看到的僅僅是收録在這部「全集」中的篇章了，但願這些篇章能借本「全集」的面世，在新的文化空間中生存與延續。

在這些著述中，首先值得我們重視的自然是兩部擬話本小説集——初刻、二刻《拍案驚奇》。對於這兩部小説集的創作契機及經過，凌氏是有明確交代的，他在《二刻拍案驚奇小引》中講到：「丁卯之秋，事附膚落毛，失諸正鵠，遲回白門，偶戲取古今所聞一二奇局可紀者，演而成説，聊舒胸中磊塊，非曰行之可遠，姑以游戲爲快意耳。」可哪裏想到，這些游戲之作，却受到了廣泛的歡迎，連凌氏自己也不免發出「文言俚説，不足供醬瓿，而翼飛脛走，較撚髭嘔血、筆冢研穿者，售不售反霄壤隔也。嗟乎！文詎有定價乎」的深沉慨嘆！

兩部小説集應有八十篇，現存七十八篇，從創作途徑講，他是循着馮夢龍的足迹前行的。他以爲「龍子猶氏所輯《喻世》等諸言，頗存雅道，時著良規，一破今時陋習」，所以把「三言」作爲樣板，而在創作上又取得了新成就。較之「三言」，「兩拍」具有了一些新因素，這表現在：一、内容更加貼近晚明的現實生活。就題材來源講，不管是取材於時事趣聞，還是摘録於歷史故事，它們都熏染着鮮明的時代特點，因而大都是晚明社會生活的藝術反映。小説涉及不少官場的黑暗和社會的不公；也涉及市場經濟的發展以及重商觀念的勃與;也還涉及婦女在社會生活中的地位並曲折折射出貞操觀念的變化;也更涉及宗教的腐化與市俗生活對僧侶生活的侵蝕。諸如此類,都與累世相傳的生活和觀念有所不同。二、形式更加完美。如果説馮氏「三言」還保留着傳統的、民間的話本很濃厚的純樸色彩的話,那末到了凌氏「兩拍」這裏,便呈現出較强的創作個性了。這表現在題目、結構都較爲整齊完美,不留缺憾;而故事的發展也綫索清晰,有迹可尋;語言的運用較爲鮮活;更爲重要的是細節描寫的進步。而這,恰恰是小説創作走向成熟的標志。

不僅如此,凌濛初對小説理論也有新的貢獻。當我們在閲讀「兩拍」的時候,總感到有一股强烈的説教氣,其實這正是他對傳統文學功利性觀念的繼承。文學要寓褒貶,要曲終奏雅,《琵琶記》第一折末唱《水調歌頭》所宣示的「不關風流體,縱好也徒然」,早就被馮夢龍所化用,「喻世」、「警世」、「醒世」,處處離不開有益於世道人心的勸諷,而凌濛初也是一以貫之,所謂「意存勸戒,不爲風雅罪人,後先一指也」,是充斥於初刻和二刻中的。這種文學創作的方式,人們可以有不同的評説。不過,對小説的創作,凌濛初却有更深層次的思考。其一是事實與想像的問題,他所實踐的是「事之真與飾,名之實與贋,各參半」,顯然已經意識到,文學創作不能脱離真實,但同時也不能缺乏幻飾,只有這兩者的巧妙結合,方才會産生成功的作品,這可真有點暗合現實主義的創作原則了。同時,他又在創作上追求「奇」,有了「奇」,方才能够「新聽睹佐談諧」,才會受到人們的歡迎。那末,何謂「奇」呢?他在批評常人的誤解時曾加以闡發:「今之人,但知耳目之外,牛鬼蛇神之爲奇,而不知耳目之内,日用起居,其爲譎詭幻怪非可以常理測者固多也。」(《拍案驚奇序》)文學上的這種奇,本來就寓於人們的日常生活中,大可不必别求於牛鬼蛇神。檢之「兩拍」的實踐,正是在社會現實生活中尋求他的創作源泉的,所謂的「拍案驚奇」,是奇其意,並不必奇其材的。

凌濛初的戲曲創作雖多,流存却少,今所存見者僅有雜劇三種和傳奇的一些套曲,如果再參以理論文字

《譚曲雜劄》和選輯《南音三籟》，則仍然可以較全面系統地梳理出他在戲曲理論和創作上的成就。我國戲曲發展到明代後期，出現了流派紛呈、作品衆多的繁榮局面，這給戲曲理論家提供了總結經驗、深化思考、提煉理論的良好條件。凌濛初身處這樣一個時代，也作出了他應有的貢獻。細審他的《譚曲雜劄》，便會發現他並不是憑空虛造，而是在品評各作家、各作品的基礎上，闡發着他對戲曲的看法的。那部摹仿《詩品》而誕生的曲品《南音三籟》，更是將其理論標準落實在了具體的作品上。他的戲曲理論總是偏於鑒賞，説它是戲曲鑒賞論未必缺乏依據。文學鑒賞的準確與否，並不是鑒賞者隨心所欲的興之所至，而必須依據一定的藝術標準，衡量一種鑒賞論是否有真知卓見，便也要看這種標準的是否合理。凌濛初在《譚曲雜劄》中開宗明義提出：「曲始於胡元，大略貴當行，不貴藻麗。其當行者曰本色。蓋自有此一番材料，其修飾詞章、填塞學問，了無干涉也。」所以他在推崇「荆、劉、拜、殺」四大劇作的前提下，筆鋒所向，直指當代盛極一時者諸如湯顯祖、沈璟、張鳳翼、梁辰魚等曲壇名家，用那把藝術的解剖刀，將《梨花記》、《南西厢》、《明珠記》、《玉環記》等一批名作細爲評定，這固然需要巨大的藝術勇氣，而更根本的則在於他的理論自信，他堅守的傳統的評價標準。

正是在此理論基礎上，他選輯了《南音三籟》。我們如果把《南音三籟》當作一部明代戲曲、散曲的選本閱讀，或者徑作爲一部曲譜看待，那將大大背離了凌濛初的選輯本意。要知晚明社會早已不同於元時，作爲上層建築構成部分的文化藝術，也應有新的發展，戲曲自然也不會例外。新戲曲或源於民間的新創，或者出於作家的喜好，或由於地域的差異，對於原有的語言、音韻，自然會有所突破，這種突破有其合理的成分，也有損害戲曲固有優點的因素。凌濛初對此創作現象不以爲然，在出於救危匡弊的動機下，方才有了《南音三籟》的選輯。他把當時的戲曲、散曲，「曲分三籟，其古質自然、行家本色爲天；其俊逸有思、時露質地者爲地；若但粉飾藻繢、沿襲靡詞者，雖名重詞流、聲傳里耳，概謂之人籟而已。」（《南音三籟凡例》）借以達到他所期望的那種藝術創作境地：「夫籟者，自然之音節也，蒙莊分别之爲三，要皆以自然爲宗，故凡詞曲字有平仄、句有短長、調有合離、拍有緩急，其所謂宜不宜者，正以自然與不自然之異在芒忽間也。操一自然之見於胸中，以律作者、謳者，當兩無所逃，作者安於位置，謳者約於規程矣。」（《南音三籟叙》）這在保護傳統上自然是有益的，然而却容易阻礙戲曲在新時代的前進。

至於凌濛初所創作的《虬髯翁》等劇本，實在是其戲曲理論的體現。體制曲文，完全恪守着傳統的成規，所以才會有人説「初成劇真堪伯仲周藩，非復近時詞家可比」（汪楞語），而「置之勝國諸劇中，不讓關馬」（《盛明雜劇二集》本《虬髯翁》眉批）。所作劇本題材，全取自歷代故事，借史傳志，不管是頌英雄美人，還是貶歷史罪人，都飽含着作者强烈的愛憎。

在本全集中，我們盡可能多地收録了凌氏編纂、刻印的圖籍，這是本全集不同於其他全集的顯著特點，此特點在於顯示作爲編輯出版家的凌濛初所作出的突出貢獻。明末烏程晟舍閔、凌二氏所刻印圖書，史稱閔刻，那是與金陵、新安齊名的吴興刻書中心，凌濛初參與其中，樂此不疲，以其精美的板刻，豐富着閔刻的寶庫。我們今天所能見到的凌濛初編輯、刻印的圖書，仍然多達十餘種，大都集中於文學類的詩文戲曲類，這是同凌氏的專長和喜愛分不開的。那末，凌氏在編輯和刻印方面到底有哪些特點值得我們借鑒呢？我以爲：一、注重名著、名家的選擇。他的編輯眼光，始終關注着名著、名家，用今天的話講，就是注重優化選題。《詩經》已經上升到經的地位，他就特别加以研究並出版；詩家之中，陶潛之下，李、杜之外，只取唐代王維、孟浩然等數家，這也是同唐詩的歷史地位相適應的；戲曲方面僅取南北曲爲首的《西厢記》和《琵琶記》，小説便只有《世説新語》能够進入他的編刻範圍了。二、注重版本的選擇。凌氏所編刻的各書，選用版本都是經過他精心鑒别挑選的，這在他爲各書所寫的序文和跋語中都可得到證明。比如，《詩經》他單取鍾伯敬評點本，就是以爲鍾評本「領會要歸，表章性情，摘發字句，標示指月，爲言雖無多，而説詩諸法種種具備」（《鍾伯敬批評詩經序》）。《孟浩然集》版本的選定，蓋在「襄陽詩集劉須溪先生批校本，乃其全者。近更得友人潘景升家所梓行，則復有李空同先生所參評」（《孟浩然集識語》）。諸如此類，舉不勝舉。對於他的選取標準，或許不會得到所有的認同，但對他鑒别挑選版本方面所持的嚴格態度，我們却是不應輕忽的。三、集評或新評注。評和注，本是我國傳統文學批評中評點派的兩大特色，的確能够靈活地表達評者的理解和評判，這同時也就指引着讀者的閲讀方向，所以受到人們的廣泛歡迎。凌濛初更是在他編印的圖書中，對於搜羅各家舊評和增加個人新評的工作始終不遺餘力。自然，他做這項工作時並不是有聞必録，而正如他在編輯《陶靖節集》的識語中所云：「諸家之評其詩者，陶則宋人獨詳，韋於近世亦復不少，其丹鉛雜見不能定於一，斟酌其間，則余竊有取焉爾。」都有其主觀的選擇標準。綜觀他的集評特點，其一是廣收，照顧到各家的不同觀點，比如《唐詩廣選》一書，他就輯録了四十多家的評批；其二是重點突出，這就是對南宋末年愛國詞人劉辰翁的評批特别重視，真正做到了竭力搜求、有聞必録的地步。我們今天要閲讀劉辰翁的評批文字，本全集則提供了很大的便利。至於凌氏所作的新評，則可以視作凌氏文學觀的輔助資料。四、加插圖。戲曲小説加圖，以助閲讀興味，不自凌濛初始，但凌氏却能在繼承傳統的基礎上求精，只要看看他爲《西厢記》、《琵琶記》和《識英雄紅拂莽擇配》所加的插圖就可以了。爲前兩書繪圖者爲王文衡，刻工則是黄一彬、鄭聖卿，想必是當時的名家高手，方才有此傑構，時至今日，仍然輝耀着魅人的藝術光彩。在《識英雄紅拂莽擇配》的識語中，凌濛初特别叙述了插圖原委：「余既以三傳付剞劂氏，友人馬辰翁見而擊節，遂爲余作圖。」這是作家與畫家合作而相得益彰的顯例。五、精刻。這指的是彩色套印。凌濛初將這種印刷技術運用到得心應手的地步，不僅將評點文字與正文相區分，且將不同評點文字施以不同顔色，造成一種色彩斑斕的閲讀效果。

凌濛初在編輯、刻印圖書方面所具有的上述特點，至今仍富有鮮活的生命力，足以給我們整理古籍工作以借鑒。只是由於標點、排印的關係，在刻印方面的特色已經難以顯示了，不免給人一種無奈的遺憾。

本全集早在十年前已完成，只是由於原約定出版方的人員更迭而擱置。現在承鳳凰出版社姜小青、卞惠興諸先生的關注，在承受着巨大經濟壓力下伸出援手，使得本全集逃脱了胎死腹中的厄運，這是令我們全體編纂人員深爲感謝的。

二〇一〇年十月二十五日於滬上寄寓

第一册目録

聖門傳詩嫡冢

徐時儀　標點

聖門傳詩嫡冢卷之四國風

聖門傳詩嫡冢卷之五國風

聖門傳詩嫡冢卷之六國風

聖門傳詩嫡冢卷之七國風

聖門傳詩嫡冢卷之八國風

聖門傳詩嫡冢卷之九雅

小正凡三十三篇，闕一不可考。

聖門傳詩嫡冢卷之十雅

小正續凡十一篇。

聖門傳詩嫡冢卷之十一雅

小正傳凡二十五篇。

【眉批】

變正謂之傳，義見《申公詩説》。

聖門傳詩嫡冢卷之十二雅

大正凡十八篇。

聖門傳詩嫡冢卷之十三雅

大正續篇名有闕文，按所存字義及《申公詩説》補列，凡六篇。

聖門傳詩嫡冢卷之十四雅

大正傳凡六篇。

聖門傳詩嫡冢卷之十五頌

周頌篇名多闕文，按所存字義，參考《申公詩説》補定，凡三十一篇。

聖門傳詩嫡冢卷之十六 頌

【眉批】《頌》，《傳》闕文雖多，考之《申說》，可得其義之八九。

《聖門傳詩嫡冢》序

蓋余讀毛氏《詩》而有數疑焉：邶、鄘兩國錯紀衛事，説者謂其地他日並屬衛也，然何以不去其名而鼎列爲三，却無分別，一疑也；豳何以有風？巡狩陳詩不及祖國，居東諸作無與於豳，二疑也；魯何以爲頌？考牧飲酒絶是風體，作泮作廟稍似雅音而俚，非告神之樂歌，三疑也；《桑扈》、《鴛鴦》、《裳華》、《采菽》何异於《蓼蕭》、《湛露》之篇？《楚茨》、《南山》、《大田》、《甫田》何异於《良耜》、《載芟》之頌？又《頍弁》之與《行葦》，《隰桑》之與《菁莪》，或爲全盛之章，或爲陳古之刺，强爲别則不見有微詞在句字之間，比而同則不合置雅音於極衰之後，四疑也。乃毛本序説自漢以傳，雖夾漈力辨其妄，紫陽細索其瘢，或至盡更其説，時亦小有易置，而終不敢移其篇第，以類相從，徒使讀者從違皆不安，惟有仍襲固然，莫或究詰耳！今得子貢《傳》，一覽而群疑皆釋；復得申公《説》，一證而闕義皆完。鄭氏不必牽經以合《序》，朱子不必泥文以害志，學者亦不必鑿別解以抗前聞。如薄霧見朝晞，暗中燃炬燭，何其快也。然而竊又有疑者：謂朱子及見二書耶？則駁《小序》者不遺餘力，而顯相抵牾處，頗可借援，不聞假手；謂朱子不見二書耶？則方欲掃破陳説，横伸己義，而時用申公句語，若出臆中。賦、比、興三義，亦强半相合；謂見而秘諸帳中耶？則朱子著述饒能自用，況獲此的傳明證，何不如以《儀禮》正笙歌，直陰從其本而自爲一家言？故疑於經者，得二書而釋，而疑朱子於二書者，再三不得其解矣。黄文裕謂《傳》即《魯詩》，郭相奎謂《魯詩》以《關雎》爲刺，今《傳》不侔，不敢確以爲然。乃申公則正魯人，其説則正魯詩也。説《關雎》亦未嘗爲刺，且大略與《傳》相合，則子貢《傳》之爲

《魯詩》何疑？豈郭相奎又未及見《申公詩説》耶？漢尊經術而重師承，各立博士，分門别户，競相角勝，猶有傳，有不傳。今功令錮人，古義悉廢，學者安於固陋，一見异同，駭而欲走，雖博學好事家，猶或未深考，何惑乎疑端之種種也？余不欲古學之日湮，乃取子貢《傳》，從其次而行之，而申公之《説》、毛公之《傳》、鄭氏之《箋》皆附見焉，使學者自證其同异，自析其短長。總之，去古未遠，其於聖門淵源之自，較之千百世以後率臆懸揣者，必有當也，固名之曰《傳詩嫡冢》，不敢任爲《三百篇》之功臣，亦冀以剖數千年之疑案云爾。

吴興後學凌濛初撰並書

附《二賢詩傳》小序

盧陵郭子章撰

予讀《三百篇》詩，其信而無疑者十一，疑而未知所謂者十九。間取《小序》讀之，易簡明亮，契於性情，疑者晰二三焉。顧鄭夾漈專詆于始，謂決非子夏作，朱文公從而和之，《小序》遂廢。予亦倀倀焉，未知所適。及讀馬貴與辨駁幾萬言，然後知《詩》不可無《序》，《序》大有功于《詩》也。至其中有牽合附會未盡得作者旨，每掩卷回腸，嘆曰：「惡得起詩人九原，與之劇論乎？」最後得黃文裕秘閣子貢《詩傳》石本，卒業之，疑《小序》者又晰二三焉。孔門速肖七十子，至許以言《詩》，止商、賜二賢。故《詩》之商、賜，猶《周易》之孔子，《春秋》之左丘明，《孝經》之曾子也。舍二子《傳》、《序》而師心自用，猶之注《易》者疑《十翼》，解《春秋》者擯左氏，刊《孝經》誤者並曾子之戰戰兢兢芟之也，其失均矣。《小序》即廢，其文尚存。《詩傳》原未有刻，與成都守詹牧父分較，並《小序》刻之。黃文裕謂魯詩摹於虞喜，廢於天監、貞觀，發于宣和、紹興，而重于趙明誠、黃伯思、董逌、洪适、胡元質、范成大，遂云《傳》即魯詩。予考歐陽永叔有言，齊、魯、韓三家皆以《關雎》爲康王政衰之詩。杜欽傳曰：「珮玉晏鳴，關雎嘆之。」正曾詩也。魯詩《關雎》說淑女以刺時，此《傳》以爲太姒自作，則非魯詩可見已。豈鄭樵謂魯詩亡于西晉，其説然與？予故仍其篆文曰《詩傳》，不敢確以爲魯詩也。嗟乎，《小序》廢，得馬貴與而章；《詩傳》秘，得黃文裕而發，豈天之未欲喪斯文耶！二家釋《詩》，不無牴牾，學者以意逆之，如商之禮後，賜之知來，不必其同可也。

附《詩測合傳》序

《詩測合傳》者何？測詩而合子貢之《詩傳》也。先師孔子嘗謂：「小子何莫學夫詩？」而子夏、子貢則皆孔子取其可與言詩，故子夏之有《詩序》，子貢之有《詩傳》，皆學詩而有得者。然子夏之《序》，鋟流不廢；子貢之《傳》，則嘗聞之，未嘗見之。近承乏平越，中丞張公出以相視，先以篆書，繼以附音，而續説、考補，犂然具備，捧讀數過，恍然不知身世屬何所矣。獨怪夫子夏、子貢同游孔子之門，同聞學《詩》之教，同蒙可與言《詩》之許，何《序》、《傳》異若蒼素，豈與之言者異耶？尤自怪夫同一《三百篇》也，子夏之《序》以爲然而從之，子貢之《傳》又以爲然而從之，無亦中無定見，隨聲附和已耶。噫，《序》與《傳》異，《傳》與《序》異，而吾之心不能與《序》、《傳》異，則亦據其不能異者尊信而表章耳。千載之下，不能以其身交於千載之上，其所以異者孰從而質，而《序》、《傳》之所不得異者，想至今在也，無嫌於並從也，總不失爲信古而傳述也。如執持必無兩是之理，懸斷臆度，或謂《序》是而《傳》非，或謂傳流之久，皆未必真，遽以千百年所遺石刻孟浪輕擲，皆非烈之所敢出矣。故以其所信者測演成帙，名之曰《詩測合傳》，與《詩測合序》並存，以請正云。是《傳》也，乃中秘石本，爲黄文裕所得。青螺郭公得於黄文裕，右華周公因授諸梓，鳳皐張公又因而重梓于貴竹，其斯文之不墜歟。

黄文裕，不知何許人。

郭公，諱子章，字相奎，號青螺。
周公，諱□著，字元微，號右華。
張公，諱鶴鳴，字元平，號鳳皋。

萬曆戊午上元豫章萬尚烈書

詩大序

周卜商字子夏著

詩者，志之所之也。在心爲志，發言爲詩。情動於中而形於言，言之不足，故嗟嘆之；嗟嘆之不足，故永歌之；永歌之不足，不知手之舞之，足之蹈之也。情發於聲，聲成文謂之音。治世之音，安以樂，其政和；亂世之音，怨以怒，其政乖；亡國之音，哀以思，其民困。故正得失，動天地，感鬼神，莫近乎詩。先王以是經夫婦，成孝敬，厚人倫，美教化，移風俗。故詩有六義焉：一曰風，二曰賦，三曰比，四曰興，五曰雅，六曰頌。上以風化下，下以風刺上。主文而譎諫，言之者無罪，聞之者足以戒，故曰風。至于王道衰，禮義廢，政教失，國異政，家殊俗，而變風變雅作矣。國史明乎得失之迹，傷人倫之變，哀刑政之苛，吟咏性情以風其上，達於事變而懷其舊俗者也。故變風發乎情，止乎禮義。發乎情，民之性也；止乎禮義，先王之澤也。是以一國之事，繫一人之本，謂之風。言天下之事，形四方之風，謂之雅。雅者，正也。言王政之所由廢興也。政有小大，故有小雅焉，有大雅焉。頌者，美盛德之形容，以其成功告於神明者也。是謂四始，詩之至也。

詩譜序

漢鄭玄字康成著

詩之興也，諒不於上皇之世。大庭軒轅，逮於高辛，其時有無載籍，亦蔑云焉。《虞書》曰：「詩言志，歌永言，聲依永，律和聲。」然則詩之道，放於此乎。有夏承之，篇章泯棄，靡有孑遺。邇及商王，不風不雅，何者？論功頌德，所以將順其美。刺過譏失，所以匡救其惡。各於其黨，則爲法者彰顯，爲戒者著明。周自后稷，播種百穀，黎民阻飢，兹時乃粒，自傳於此名也。陶唐之末，中葉公劉，亦世修其業，以明民共財。至於太王王季，克堪顧天，文武之德，光熙前緒，以集大命於厥身，遂爲天下父母，使民有政有居。其時詩，風有《周南》、《召南》，雅有《鹿鳴》、《文王》之屬。及成王、周公，致太平，制禮作樂，而有頌聲興焉。盛之至也，本之由此風雅而來，故皆録之，謂之詩之正經。後王稍更陵遲，懿王始受譖，亨齊哀公。夷身失禮之後，邶不尊賢。自是而下，厲也，幽也，政教尤衰，周室大壞。《十月之交》、《民勞》、《板》、《蕩》，勃爾俱作，衆國紛然刺怨相尋。五霸之末，上無天子，下無方伯。善者誰賞？惡者誰罰？紀綱絶矣。故孔子録懿王、夷王時詩，訖於陳靈公淫亂之事，謂之變風、變雅，以爲勤民恤功，昭事上帝，則頌聲弘福如彼；若違而弗用，則被劫殺大禍如此。吉凶之所由，憂娱之萌漸，昭昭在斯，足作後王之鑒，於是止矣。夷、厲已上，歲數不明。太史年表自共和始，歷宣、幽、平王，而得春秋次第，以立斯譜。欲知源流、清濁之所處，則循其上下而省之；欲知風化、芳臭氣澤之所及，則傍行而觀之，此詩之大綱也。舉一綱而萬目張，解一卷而衆篇明。於力則鮮，於思則寡，其諸君子，亦有樂於是與。

附《二賢言詩》序

京山李維楨撰

孔子雅言《詩》二論，載其教子與門人小子者，不一而足，而獨許子貢、子夏言《詩》，《詩》之難言也，尚矣。子夏《詩序》，或疑非真，然相傳久，至今不廢。子貢《詩傳》不大行，楨嘗于沈肩吾所見豐人翁寫本。人翁好作贗書，且附以己意，稱傳之外國，衆更疑弗信。而郭相奎授梓蜀中，蜀道阻遠，不能多布四方，亦未知與所見豐本合否？子貢《傳》鐘鼎篆書，不知何人筆，古法森然。兩家于《三百篇》次第、事義亦不盡相合，要以孔子二賢相問答語，則孟子所謂不以文害辭，不以辭害志，以意逆志，是爲得之，固不妨異同耳。楨謹繕録板行，名曰《二賢言詩》，述孔子語也。相奎采馬貴與《詩序》不當廢之論附其後，然不自馬始，前人固有議者。即朱子序《吕氏讀詩記》，自謂少年淺陋之説，久而知其未安，不免更定矣。如必以馬廢朱，則子貢、子夏異同又何從辨哉！今故不録。郭本先子夏，後子貢。按《孔子家語·弟子解》，子貢少孔子三十一歲，子夏少孔子四十四歲，因以子貢居前云。

附《二賢詩傳》小序跋

三衢詹思謙譔

孔子曰：「小子何莫學夫《詩》。」而至與言《詩》者，獨歸之商與賜。夫非以繪素切磨之旨能達于《詩》之表，而耳提面命有足以資助而詔後來者存歟？乃後之言《詩》者抑何其膠膠也。彼其舍聖門授受之微言，而直斷以千載懸探之臆説，至其説之難通，如青衿、城闕諸章則又兩解而互存焉。夫《詩》蓋嘗删之，約其義蔽於無邪止耳。若夫鄭衛之音，正其所謂淫，所謂亡國而惡且放焉者也。而今一切並録之，至爲曲模其淫態佚情而了無愧畏。然則當時所删者何詩，而所云無邪者又何指乎？此馬貴與力辨其非而謂《序》爲必不可廢，非苟而已也。《序》出于商，毛公傳之，迄于今共習，故得不廢。而賜之詩，世未有習者。歲己丑，謙幸以職事侍文憲郭公，縱言及于《詩》，因出所藏祕閣子貢《詩傳》石本示謙。謙受而卒業，然後又知賜之爲《詩》而益信馬氏之辨爲有據，業謝專門而師心自任也。昔人固知其難哉。《傳》中每多殘闕，然所不闕者，要與《小序》相發明。且篆畫精研，足備好古一助。爰命工摹勒，付之梓材。嗟乎！詩雖吟咏之微乎，乃古者于斯焉考風而問俗。謙竽蜀守，俗化與闕焉。《中和》、《樂職》，既不能導王子淵之諛；《子虛》、《上林》，又不能侈馬長卿之博。賴先賢遺傳尤有存者，聊廣而傳之，以公同志，以步賁郭公廣勵表章之至意。若曰「歌焉而志可見」也，則小子謙奚以敢？

《詩經嫡冢》凡例

一、篇次，悉依子貢《傳》，與今毛詩本不同。條理井然，最宜詳習。

一、《小序》，或云子夏作，或云毛萇作，或云衛宏作。然毛於經有傳，而於《序》無傳，疑是毛公筆。蘇氏截首句爲子夏，而以下芟之，以爲另出一手。朱子以爲得失未盡當然，或非出于一人，不可考矣。今仍毛本，全載篇首。次之《傳》後者，詩次從《傳》，而《家語·弟子解》，子夏少于子貢故也。

一、詩中事有出于《左氏傳》者，列之本詩前，《小序》後，亦是聖門一斑。

一、《申公詩說》與子貢《傳》相近，其說皆爲詩題，不作注脚。然申爲漢儒，非孔氏及門者，故另爲一卷，不雜置篇首。

一、詩有六義，賦、比、興，其三也。毛氏《傳》止得興、賦，而絶不見比，竟少一義。申公三義皆備，朱子全用之，而詩章微有不同。今具載其說，學者所宜考以見得失云。

一、子貢《傳》有考補、續考、續說，俱郭相奎蜀中原本，不載姓名，不知出自誰手。其云測者，則豫章萬尚烈也。

一、《傳》、《序》異同之義，毛、鄭合離之說，頗自不少。竊爲爲參考評駁，以正諸海内，附詩篇總章之下，悉冠以愚按云。

吴興凌濛初初成父識

表弟潘湛朗士父，子凌瑔獻之父同訂

附《申公詩説》

漢魯人申培著

周南

《關雎》，文王之妃太姒，思得淑女以充嬪御之職，而供祭祀賓客之事，故作是詩。首章於六義中爲先比而後賦也，以下二章，皆賦其事而寓比興之意。

《葛覃》，此亦太姒所自作。賦也。

《桃夭》，周人美后妃始終婦道之詩。皆比而後賦也。

《螽斯》，美周室多男之詩。興也。

《麟止》，文王之子多仁賢美之。皆比中有賦也。

《卷耳》，文王遣使求賢而勞之以詩。首章先比而後賦也，後三章皆賦也。

《兔罝》，文王聞大顛、閎夭、散宜生皆賢人而舉之，國史詠其事而美之。皆比而後賦也。

《樛木》，諸侯慕文王之德而歸心焉，故作此詩。皆比而後賦也。

《汝墳》，商人苦紂之虐，歸心文王而作是詩。首二章賦也，末章興也。

《漢廣》，文王化行江漢而男女知禮，國史美之而作是詩。皆比中有賦也。

《芣苢》，童兒鬥草嬉戲歌謡之詞。賦也。

召南

《鵲巢》，諸侯嫁女，其民觀焉。即其事而賦之也。

《采蘩》，美夫人親蠶之詩。賦也。

《江有汜》，諸侯之媵，始不容於嫡，終而進之，故作是詩。興也。

《羔羊》，美大夫之詩。賦也。

《采蘋》，内子敬祀，詩人賦之。

《殷其靁》，武王克商，諸侯受命于周廟，出就終南之館，故作是詩。皆比而後賦也。

《草蟲》，南國大夫夏聘于周，次于終南，睹 王室之多賢，相率以歸心焉。賦也。

《小星》，小臣奉使行役之詩。賦也。

《鄒虞》，美虞人之詩。賦也。

《摽有梅》，女父擇婿之詩。興也。

《野麕》，昏媾惡無禮之詩。賦也。

《行露》，强委禽而不受，至于興訟。大夫以禮斷之，而國史義之。一章比也，二章、三章皆興也。

《甘棠》，燕人追美召公之詩。賦也。

魯

《鴟鴞》，管叔及其群弟流言于國，周公避居于魯。殷王禄父遂與十七國作亂，周公憂之，作此詩以貽成王，欲王省悟以備殷。全篇以鳥之育子成巢者，比先王之創業而代之爲言也。

《東山》，周公伐武庚，既克而歸，勞其從行之士，故作此詩。皆賦中有興焉。

《狼跋》，周公居于魯，魯人睹其德容而作是詩。先比而後賦也。

《伐柯》，管叔以殷圍衛，大夫議迎周公，乃作此詩。一章全比也，二章比而賦也。

《九罭》，周公歸于周，魯人欲留之不可得，作是詩。興也。

《破斧》，周公至自征殷，四國美之。賦也。

《楚宮》，僖公城楚丘以備戎，太史克美之。賦也。

《駉》，史克美僖公考牧之詩。賦也。

《泮宮》，僖公作泮宮而落其成，太史克頌禱之詞。前三章皆賦其事以起興也，下四章皆賦也。

《有駜》，燕飲而頌禱之詞。興也。

《閟宮》，魯僖公新作后稷、文王之廟于太廟世室，及孝、惠、桓、莊四親廟之上，而史克作詩以頌之，非孔子所録也。十一章，皆賦也。

邶

《柏舟》，康叔因管叔欲害周公，挾武庚以叛，憂之而作。一章興也，下四章皆賦也。

《雄雉》，邶之臣諫管叔而作此。一章、二章皆興也，三章、四章皆賦也。

《匏有苦葉》，邶人刺管叔之詩。一章比也，二章興而比也，三章、四章全比也。

《北門》，邶之仕者，處危國，事亂君，因征役而出門，賦之以自嘆也。

《柬兮》，伶官心平王室而自傷之詩。前三章賦也，末章興也。

《北風》，邶人厭亂之詩。皆比而賦也。

《谷風》，邶之良婦見棄于夫而作是詩。一章比中有賦也，二章賦也，三章比而賦也，四章比而後賦也，五章、六章皆賦也。

《凱風》，邶人母不安其室，七子皆咎而作。一章、二章比而賦也，三章、四章皆興也。

《静女》，陳古諷今之詩。賦也。

鄘

《墻有茨》，鄘人刺三監之詩。興也。

《相鼠》，刺三叔之詩。興也。

《伯兮》，鄘人有從武庚而伐衛者，室家憂而作。一章、二章賦也，三章比而後賦也，四章賦也。

《考槃》，美隱者之詩。賦也。

《木瓜》，朋友相贈之詩。賦也。

《芄蘭》，刺霍叔也。以童子僭成人之服，比其不度德量力而助武庚作亂。

《有狐》，君子于寒夜見貧民與狐涉水而傷之。賦也。

《氓》，淫婦爲人所棄，鄘人述其事以刺之。首二章皆賦也，三、四、五皆興也。五章賦也，六章賦中有比也。

衛

《柏舟》，衛釐侯在位，世子恭伯先卒。恭姜守義，齊武公欲召之歸寧而嫁之，恭姜不許，故作此詩。興也。

《淇奥》，美衛武公之詩。興也。

《干旄》，美武公好賢。賦也。

《碩人》，衛莊公娶于齊，曰莊姜。賢而公不禮焉，國人閔之而作是詩。前一章賦也，二章賦而比也，三章賦也，四章興也。

《緑衣》，衛莊公嬖人生州吁，有寵而好兵，莊姜憂之而作。前二章皆賦也，三與四皆比而賦也。

《終風》，莊姜戒州吁，公不悦，姜憂而作詩。四章皆比而後賦也。

《日月》，州吁弑桓公，莊姜大歸而作是詩。賦也。

《燕燕》，莊姜與娣戴嬀，皆爲州吁所逐，同出衛野而别，莊姜作詩以贈嬀焉。前三章皆興也，後一章賦也。

《擊鼓》，州吁伐鄭，國人怨之而作。賦也。

《新臺》，衛宣公爲伋娶婦而美，築新臺而自納之，衛人惡之而賦其事也。末章比中有賦也。

《二子乘舟》，宣公欲立少子朔，使伋、壽如齊而沉之于河，衛人傷之而作是詩。賦也。

《君子偕老》，刺宣姜之詩。賦也。

《鶉之奔奔》，刺宣姜與公子頑之詩。興也。

《采唐》，宣姜召公子頑于公桑，久處而遠送之，國人刺之而作是詩。興也。

《載馳》，許穆夫人閔衛之亡，傷許之小，力不能救，思歸唁其兄，義又不得，故賦是詩。前二章皆賦也，三章、四章皆興也。

《泉水》，宋桓夫人閔衛之破而作。首興，後皆賦也。

《竹竿》，宋桓夫人之媵和泉水而作。首章興也，二章、三章先比後賦也。

《河廣》，宋桓夫人生襄公而出歸于衛，襄公即位，夫人思之而義不可往，故作此詩。賦也。

《旄丘》，狄逐黎侯，黎侯寓于衛，穆公不克納，黎大夫怨之而作詩。一章興也，二章、三章、四章賦也。

《式微》，黎侯失國而寓于衛，其臣勸之歸。賦也。

《蝃蝀》，靈公爲南子召宋朝，國人譏之。二章皆先比而後賦也，末章賦也。

王

《黍離》，幽王伐申，申侯逆戰于戲。射王弑之，立平王于申，遷洛。命秦伯帥師逐犬戎于鎬京，尋遣尹伯封犒秦伯之師。過故宗廟宮室，秦人皆墾爲田，咸生禾黍，旁皇不忍去，故作此詩。賦也。

《瑒之水》，荆子討申侯弑幽王之罪伐申，侵甫。及許，平王遣兵戍之，周人怨思而作。興也。

《君子于役》，戍申者之妻所作。賦也。

《葛藟》，王族流散而作。興也。

《子衿》，王室下衰，學政廢弛，弟子多倍其師，君子傷之而作是詩。賦也。

《何草不黄》，桓王之世，伐滕、薛、唐、杞諸國，連歲不息，周人苦之而作是詩。前二章興也，三章賦也，末興也。

《嶄嶄之石》，桓王伐鄭，將師不堪勞苦而作是詩。賦也。

《采菉》，周人從征，其妻念之而作是詩。賦也。

《大車》，周人從軍，寓其室家之詩。賦也。

《何彼穠矣》，齊襄公殺魯桓公，莊王將平之，使榮叔錫桓公命。因使莊公主昏，以桓王之妹嫁襄公，周人傷之而作是詩。一章賦中有比也，二章賦也，三章興也。

《唐棣》，僖王棄賢而諷之。首章興也，二章、三章賦也。

【眉批】

按：《唐棣》首章見《論語》，二章、三章，疑即《東門之墠》，觀所謂興賦益信。

《采葛》，賢者被讒見黜于野，周人閔之而作。興也。

《無將大車》，周大夫有親信小人者，其臣諫之而作是詩。比而賦也。

《君子陽陽》，景王好音，而士遂習音。君子諷之而作是詩。賦也。

《黄鳥》，民適異國，見拒于人而思歸故鄉，乃作是詩。比而後賦也。

《苕之華》，景王崩，王室亂，兵連歲饉，民物盡耗，君子自傷生逢其難而作是詩。二章興也，末章賦也。

《中谷》，民飢而流，夫婦不保，君子閔之而作是詩。興也。

《有兔》，趙鞅殺萇弘，周人傷之而作是詩。比而賦也。

齊

《**東方未明**》，齊大夫相戒以勤于公，故作此詩。前二章皆賦也，末賦而比也。

《**盧**》，齊襄公好田，君子諷之而作是詩。賦也。

《**營**》，齊俗好田，君子刺之。賦也。

《**敝笱**》，魯桓與夫人文姜如齊，而襄公通焉，齊人刺之。比而後賦也。

《**南山**》，襄公久留文姜，齊人刺之。比而後賦。

《**載毆**》，齊襄納衛朔，抗王人，魯人從之。文姜歸齊以犒師，齊人刺之。賦也。

《**猗嗟**》，魯莊公朝于齊，遂及齊大夫狩禚，齊人刺之。賦也。

《**風雨**》，齊桓得管仲以爲相，齊人喜之而作是詩。比而後賦也。

《**鷄鳴**》，齊衛姬勸桓公以勤政，故作此詩。賦也。

《**東方之日**》，齊莊公好女樂，君子譏之。賦也。

《**甫田**》，齊景公急於圖霸，大夫諷之。二章興也，末比也。

《**著**》，齊俗廢親迎之禮，君子譏之。賦也。

魏

《**伐檀**》，君子能其宦而不用，魏人慕之而作是詩。比而興也。

《**十畝之間**》，政亂國危，賢者不樂仕于其朝，而思與友歸於農畝。賦也。

《**杕杜**》，君子教人孝友之詩。興也。

《**陟岵**》，魏人行役而思其親，故作此詩。賦也。

《**園有桃**》，君子憂國而嘆之，故作此詩。賦也。

《**碩鼠**》，大夫貪戾，魏人怨之而作是詩。比而後賦也。

《**鴇羽**》，民從征役而不得養其父母，故作此詩。興也。

《**葛屨**》，魏之内子，儉不中禮，媵者怨之。一章興也，二章賦也。

唐

《**蟋蟀**》，唐人相戒之詩。興也。

《**山有樞**》，唐人憂國之詩。興也。

《**菽**》，唐昭侯封公子成師于曲沃，成師治聚盛强，師服憂之而作是詩。比中有賦也。

《**揚之水**》，成師有篡國之謀，唐人知之而作是詩。比而後賦也。

《**無衣**》，唐公孫偁弑三君而取其國，盡以寶器賂周僖王，王命之爲晉侯。國人作此以刺之。賦也。

《**葛生**》，晉獻公之時，國人久于征役，室家念之而作是詩。二章興也，後三章賦也。

《**采苓**》，晉人諫獻公信讒之詩。賦也。

《**杕杜**》，晉文公好賢而國人美之。興也。

《**野有蔓草**》，晉臼季薦郤缺于文公，晉人美之。比也。

《**羔求**》，晉人美其大夫之詩。興也。

《彼汾》，晉人刺其大夫之詩。興也。

《綢繆》，晉亂民窮，昏姻失時，君子傷之而作是詩。興也。

曹

《尸鳩》，曹叔爲政有度，國人美之而作是詩。興也。

《下泉》，東遷之初，曹人閔周而作。皆比而後賦也。

《蜉蝣》，君怠國危，曹大夫閔之而作。皆比而賦也。

《候人》，曹君多任非人，國人諷之。首章賦也，後三章比也。

鄶

《羔求》，鄶君不能自强于政治，國人憂之而作。賦也。

《匪風》，周室衰微，賢人憂嘆而作。賦也。

《萇楚》，鄶人困於賦役而作。賦也。

《素冠》，三年之喪廢，君子傷之而作。賦也。

《瑒之水》，兄弟爲人所間，而被讒者訴之詞。比而賦也。

《大路》，棄婦之詞。賦也。

鄭

《緇衣》，鄭武公好賢，賦詩貽之。賦也。

《將仲子》，鄭莊公欲陷弟段，授以大邑。祭仲諫，陽拒之。大夫原其情而刺之。皆賦中有比也。

《叔于田》，叔段多才而好勇，大夫憂之而作是詩。賦也。

《大叔》，段不義而得衆，大夫憂之而作是詩。賦也。

《有女同車》，鄭世子忽辭昏于齊，祭仲足諫之而作是詩。賦也。

《籜兮》，鄭莊公卒，公子争立而齊楚交伐，忠臣憂之，欲相率獻謀以救其國，故作此詩。皆先比而後賦也。

《清人》，鄭文公惡其大夫高克，欲遠之而使禦狄于境，久而不召。師將潰散，公子素憂之而作是詩。賦也。

《扶胥》，鄭靈公棄其世臣而任嬖人狂狡，子良諫之，而作是詩。興也。

《麥秀》，靈公不聽子良之諫，將逐之，故作是詩以責狂狡。一章興也，二章賦也。

【眉批】

此即《狡童》也，今篇中無「麥秀」字。此言一章興也，當與今詩異。

《褰裳》，子良如晉，作詩以寓靈公。賦也。

《溱洧》，刺亂也。皆賦體。

《羔求》，鄭子皮卒，子産思之，追頌焉。賦也。

《女曰鷄鳴》，夫婦相警戒之詞。賦也。

《出其東門》，鄭之貞士，宜其室家，不染淫俗，而作此詩。賦也。

陳

《宛丘》，陳人譏其大夫之詩。賦也。

《衡門》，君子樂隱之詩。賦也。

《株林》，陳靈公通乎夏姬，國人刺之。賦也。

《墓門》，泄冶諫靈公，孔寧、儀行父譖而囚之，冶作是詩。興也。

《防有鵲巢》，泄冶被讒，内子憂之而作。比而後賦也。

《澤陂》，泄冶諫而死，君子傷之。興也。

《東門之枌》。

《東門之池》。

《東門之楊》。

《月出》，朋友相期不至而作。興也。

秦

《無衣》，秦襄公以王命征戎，周人赴之。興也。

《小戎》，秦襄公征戎而勞其大夫之詩。賦也。

《車鄰》，襄公初爲諸侯，周大夫與燕，美之而作。首章賦也，下二章比也。

《終南》，襄公初爲諸侯，秦人祝之而作。興也。

《駟鐵》，秦人從狩而作。賦也。

《渭陽》，晉公子重耳歸于晉，秦穆公送之而作是詩。賦也。

《黄鳥》，秦穆公卒，世子罃以三良殉之，秦人傷之而作是詩。興也。

《蒹葭》，君子隱于河上，秦人慕之而作是詩。興而比也。

《晨風》，秦君遇賢，始勤終怠，賢人譏之。興也。

《權輿》，與前篇同義。賦也。

小　正

《鹿鳴》，天子燕賓師之歌，蓋《鹿鳴》、《伐木》、《菁莪》、《隰桑》皆燕賢者，而詞有輕重，敬有隆殺，所謂尊賢之等也。三章皆以鹿鳴起興而賦之也。

【眉批】

子貢《傳》《小正》，首《鶴鳴》，《申說》不然，而《鶴鳴》遂不載，當是申公逸落。

《伐木》，天子燕友之歌。興也。

《青莪》，天子燕賓興之士，則歌此詩。比而賦也。

《隰桑》，天子燕士之詩。前三章比而賦也，末章賦也。

《白駒》，賢者將隱去，王者留之而作是詩。賦也。

《常棣》，天子燕兄弟之歌。首章興也，二章賦也，三章至末皆賦也。

【眉批】

當云三章興也，四章至末皆賦也。有脱誤。

《頍弁》，此燕王族之詩，賦中有比也。

《嘉魚》，此前二章皆賦也，後二章先比而後賦也。

《魚麗》，此詩全篇皆賦也。

《瓠葉》，全篇皆賦也。以上三詩，子貢《傳》以爲皆燕大臣之詩，而其詞亦有隆殺焉。

《南山有臺》，大臣頌美天子之詩。賦也。

《天保》，大臣祝頌天子之詩。賦也。

《煌華》，天子遣使于四方，歌此餞之。首章興也，下四章皆賦也。

《四牡》，天子勞使臣之詩。首二章皆賦也，三章、四章皆興也，末章賦也。

《杕杜》，勞還戍之詩。前三章皆興也，末章賦也。

《邠風》，周公陳農政之詩。賦也。

《南山》，王者勤農而禱祀之詩。賦也。

《楚茨》，農事既成，乃祭宗廟，燕及五族之詩。賦也。

《甫田》，農事既成，祀田祖而並犒農夫之詩。賦也。

《大田》，農夫報上之詩。賦也。

《斯干》，王者落其親宮，史佚美之。賦也。

《鴻雁》，王者柔懷遠人，流民喜之而作是詩。比而賦也。

《蓼蕭》，諸侯來朝，天子燕之而歌此詩。興也。

《常常者華》，天子美諸侯之詩。前三章興也，末章賦也。

《湛露》，天子燕同姓諸侯之詩。興也。

《彤弓》，諸侯敵愾獻功，天子賜弓矢，燕之而奏樂歌。賦也。

《桑扈》，天子燕方伯之詩。前二章皆興也，二章皆賦也。

《采尗》，諸侯免喪入朝，天子錫賚之詩。前二章皆興也，中一章賦也，末章皆興也。

《瞻彼洛矣》，天子會武于洛邑，諸侯美之。賦也。

《鴛鴦》，諸侯祝天子之詩。興也。

《魚藻》，亦諸侯美天子之詩。興也。

小疋續

此卷十一篇，皆宣王中興之詩。當時亦奏之燕享，以續周公之正樂矣。毛氏爲變小疋，非也。

《六月》，尹吉甫帥師征玁狁，史籀美之。賦也。

《出車》，宣王再命南仲伐獫狁，遂平西戎。勞其還師，史籀美之。賦也。

《采薇》，宣王之世，既驅獫狁，勞其還師之詩。前四章皆興也，下二章皆賦也。

《采芑》，宣王命方叔征荆，荆人來歸，史籀美之。前三章皆興也，末章賦也。

《黍苗》，宣王命召穆公往城謝以遷申伯，史籀美之。首章興也，下四章皆賦也。

《車工》，宣王大閱于東都，諸侯畢會，史籀美之。賦也。

《吉日》，宣王畋獵復古，史籀美之。賦也。

《庭寮》，宣王勤政，史籀美之。賦也。

《沔水》，宣王即位，乞言於群后而作是詩。皆興也。

《無羊》，宣王考牧，史籀美之。賦也。

《車舝》，宣王中興，士得親迎，其友賀之而作此詩。首章賦也，次章興也，三章賦也，四章興也。

【眉批】

「四章」字下疑脱「五章」二字。

小正傳：

《鼓鐘》而下二十八篇，蓋自昭穆至于幽平。或公卿大夫諷諫于上，或士君子怨思于下，亦皆出于好惡之公，而得夫情性之正，夫子録之以存鑒。或謂之傳者，以其非奏樂之正而亦可傳也。大正傳仿此。

【眉批】

「或」字疑是「戒」字。

《**鼓鍾**》，昭王南游，宴樂于淮水之上，君子憂傷而作是詩。賦也。

《**圻招**》，穆王西征，七萃之士咸怨。祭公謀父作此詩以諷諫。賦也。

《**北山**》，大夫行役，不得以養其父母而作是詩。賦也。

《**緜蠻**》，大夫失位，遠適它國。其過賓之主人，閔之而作是詩。興也。

《**青蠅**》，厲王之世，讒言繁興，君子憂之而作。興也。

《**小東**》，東國困于役而傷于財，大夫作此以告病。首章賦中有比也，次章賦也，三章興也，後四章皆賦也。

《**菀柳**》，厲王暴虐，諸侯相戒而作。興也。

《**小明**》，厲王流于彘，大夫之從行者，歷時既久，悲傷而作。皆賦也。

《**小弁**》，尹伯奇爲後母所譖而出，其鄰大夫作此詩，以諷其父吉甫。首章至第五章皆興也，六章興也，七章賦中有興也，八章興也。

【眉批】

當是六章比也，或興而賦也。

《**巷伯**》，幽王之時，孟子遭讒而被宮刑爲寺人，而作此詩。前六章皆賦也，末章先比而後賦也。

《**巧言**》，周幽王時，大夫傷于讒而作是詩。前三章皆賦也，四章興而比也，五章興也，下章皆賦也。《分何人斯》三篇非是。

《**小旻**》，大夫以王惑于邪謀，不能斷以從善而作此詩。賦也。

《鳴鳩》，此大夫遭周之亂，而兄弟相戒以免禍之詩。首章興也，二章賦也，此下三章皆興也。

《白華》，幽王寵褒姒，廢姜后，后歸申而作此詩。興也。

《角弓》，王不親九族而好讒佞，宗族相怨之詩。首章興也，下三章皆賦也，五章比也，下三章皆先比而後賦也。

《十月之交》，幽王之時，天變見於上，地變動於下，而奸臣亂政于外，嬖妾敗德于內，大夫憂亂亡之將至，故作是詩。賦也。

《正月》，周室喪亂，大夫傷之而作是詩。前三章皆賦也，四、五章賦也，六章興也，七章賦中有比也，八章、九章皆比也，十章先比而後賦也，十章、十一章皆賦也。

【眉批】

當是四章興也，章數亦有誤。

《賓之初筵》，衛武公自警之詩。賦也。

《懿戒》，衛武公自警，兼訓國人。首四章皆賦也，五章賦中有興也，六、七章皆賦也，八章賦中有比也，九章興也，至末三章皆賦也。

《四月》，大夫遭讒，流離南國而作是詩。前三章皆賦也，中三章興也，七章賦也，末章亦興也。

《蓼莪》，王室昏亂，讒邪肆行。其大夫士有没而不得其所者，孝子痛傷而作是詩。前三章皆先比而後賦也，四章賦也，五章、六章皆興也。

《雨無其極》，東遷之初，大夫有不忠于王室者，暬御之臣閔之而作。賦也。

《節》，桓王之時，任用非人，諸侯咸叛，兵敗民殘，家父憂之，作此以諫王焉。首二章興也，下六章皆賦也。

《谷風》，朋友相怨之詩。興也。

《都人士》，尹伯封作。周既東遷，見西周風俗之美，而傷今之不古若。賦也。

大 正

《文王》，周公追述文王之德，明周家所以受命而代商者，作詩歌，奏於清廟受釐陳戒之時，以訓嗣王。賦也。

《生民》，周公制禮作樂，尊后稷以配天，故作此詩以推本其始命之祥，明其受命于天者其原如此。賦也。

《公劉》，周報公劉，召公述其事以訓嗣王，使知民事之詩。賦也。

《緜》，周報太王，周公述其事以訓嗣王之詩。首章起句爲比，下五句皆直賦之也。下七章皆賦也。

《棫樸》，周公詠歌文王之德以訓嗣王。首章興也，二章賦也，三章興也，四章、五章皆先比而後賦也。

《旱麓》，詠嘆文王之德。前三章皆興也，第四章賦也，五章、末章皆有義之興也。

《思齊》，歌文王之德而推本言之。賦也。

《皇矣》，詩叙太王、太伯、王季之德，以及文王伐密、伐崇之事。賦也。

《靈臺》，文王遷都于豐，作靈臺以齊七政，奏辟雝，周公述之以訓嗣王。賦也。

《大明》，周公述文武受命之功以訓嗣王。八章皆賦也。

《文王有聲》，周公述文武遷都豐鎬以訓嗣王。前七章皆賦也，末章興也。

《行葦》，天子祭畢而燕父兄耆老之詩。首章興也，下三章皆賦也。

【眉批】

此篇分章與朱同。

《既醉》，王族與燕酓行葦之詩。賦也。

《鳧鷖》，祭之明日，繹公尸之樂歌。興也。

《嘉樂》，公尸美王者之詩。賦也。

《泂酌》，召康公戒成王之詩。興也。

《卷阿》，召康公從成王游於卷阿之上，因王之歌，作此以進戒。首章總叙以發端也，二章以下凡五章，皆召公陳其歌詠之詞，皆賦體。七、八章皆興也。九章即其所見賦之，以寓進戒之意。第十章承上鳳凰之鳴而賦之，以興下章之義，高岡，卷阿之脊。末章，賦也。

《大武》，康王大禘，報祀成王。奏大武六成既畢，受釐陳戒之詩。賦也。

【眉批】

詩有《成王》，此説有理，故篇次亦在末。然子貢《傳》此在《靈臺》之後，又異是矣。

大疋續

此卷六篇，皆宣王時詩，亦奏之會朝以續周召之《大疋》矣。毛詩列之《民勞》、《板》、《蕩》、《抑》、《桑柔》之後，而謂之變大疋，非也。

《雲漢》，宣王憂旱，史籀美之。賦也。

《崧高》，宣王之舅申伯，出封于謝，尹吉甫詩以送之。賦也。

《烝民》，宣王命樊侯築城于齊，尹吉甫詩以送之。賦也。

《韓奕》，韓侯來朝，受命將歸，顯父餞之，贈以是詩。六章皆賦也。

《江漢》，召穆公帥師征淮南之夷，史籀美之而作是詩。賦也。

《常武》，宣王親征淮北之夷，既服而歸，召穆公美之。賦也。

大疋傳

此卷四篇皆厲王時詩，二篇爲幽王時詩，本非用之爲會朝之樂及受釐陳戒之辭也，夫子時以其文體音節之相似而傳之以示戒焉。

《蕩》，厲王無道，召穆公諫之。賦也。

《桑柔》，芮良夫傷厲王之失國而作是詩。首章先比而後賦也，二、三、四章皆賦也，五章賦中有比也，六、七、八章皆賦也，九章興也，十章賦也，十一章興也，十二章、十三章皆興也，末三章皆賦也。

《民勞》，厲王之時，公卿憂亂，同列相戒而作此詩。賦也。

《板》，厲王用事之臣，多懷不忠以致禍敗，公卿賦此以責之。賦也。

《瞻卬》，幽王嬖褒姒，任奄人，尹伯奇憂亂而作此詩。前三章皆賦也，第四章賦中有興也，五章、六章皆賦也。

《**召旻**》，幽王邇刑人，近頑童，謟巧用讒慝，諸侯携貳，戎狄内侵，饑饉因之，國人流散，尹伯奇諫王而作是詩。前三章皆賦也，四章比而賦也，五章賦中有比也，六章比而賦也，末章賦也。

【眉批】

「謟」上疑脱一字。

頌

《**清廟**》，周公成洛邑，奉成王見諸侯，作明堂，宗祀文王以配昊天上帝，率諸侯祀之而作此樂歌。賦也。

《**維天之命**》，亦祭文王之詩。賦也。

《**維清**》，亦祭文王于明堂而奏象舞之詩。賦也。

《**思文**》，郊祀后稷以配天之樂歌。賦也。

《**天作**》，周祭岐山，配以太王、文王之詩。賦也。

《**我將**》，季秋禘上帝于明堂，而配以文王之樂歌也。賦也。

《**雝**》，成王祀文武之詩。賦也。

《**烈文**》，成王祭宗廟，而獻助祭諸侯之樂歌。賦也。

《**振鷺**》，先代之後，助祭于周而勞之之歌。興也。

《**武**》，大武一成之歌。賦也。

【眉批】

此下諸詩合爲大武六成，正同《左傳》。但《左傳》以《賚》爲其三，而子貢《傳》亦是《賚》、《般》相次，《訔邁》在前，當以《訔邁》爲二成者是。

《賚》，述武王大封于廟之詩，爲大武之二成。賦也。

《訔邁》，述武王巡狩而朝會祭告之樂歌，蓋大武之三成也。賦也。

《般》，此述巡守之詩，爲大武之四成。賦也。

《勺》，亦頌武王之詩，蓋大武之五成。賦也。

《桓》，此大武六成之歌。賦也。

頌

《閔予小子》，成王免喪，始朝先王之廟，作詩四篇以自警。皆賦也。

【眉批】

《詩説》本又標一「頌」字，而從成王起，想亦爲上、下卷之分，而合商頌爲三頌耳。

《訪落》，成王既朝于廟，因作此詩以道延訪群臣之意。賦也。

《敬之》，成王受群臣之戒而述其言。賦也。

《毖》，亦訪落之意。賦也。

《載見》，此諸侯助祭于武王廟之詩。賦也。

《有客》，成王既討武庚，封微子于宋，來朝于周，見于祖廟。此其燕樂之歌。賦也。

《有瞽》，始作樂而合乎祖之詩。賦也。

《潛》，薦魚于寢廟之樂歌。賦也。

《絲衣》，士執事於王祭，而飲以旅酬之樂歌。賦也。

《臣工》，祭先農之詩。賦也。

《豐年》，秋冬報賽之樂歌，蓋祀田祖先農方社之屬。賦也。

《載芟》，亦豐年之意。賦也。

《良耜》，與載芟同意。賦也。

《昊天有成命》，康王禘成王于明堂之詩。賦也。

《噫嘻》，康王孟春祈穀于東郊，以成王配享之詩。賦也。

《執競》，昭王禘康王于明堂之詩。

【眉批】

若依世次，則申公篇次爲當。然子貢《傳》所存字，其次第略似不同。

商　頌

《那》，祀成湯之樂歌。　賦也。

《烈祖》，與上篇同。

《長發》，大禘之詩。　賦也。

《玄鳥》，此亦禘祀之詩。　賦也。

《殷武》，祀高宗之樂。　蓋帝乙之世，武丁親盡當祧，以其中興功高，存而不毁，特新其廟，稱爲高宗而祀之，故作此歌。　賦也。

聖門傳詩嫡冢卷之一

吴興凌濛初輯

國風

漢鄭玄字康成著

周南召南譜

周、召者，《禹貢》雍州岐山之陽地名。今屬右扶風美陽縣，地形險阻而原田肥美。周之先公曰大王者，避狄難，自豳始遷焉，而修德建王業。商王帝乙之初，命其子王季爲西伯。至紂，又命文王典治南國江漢汝旁之諸侯。於時三分天下有其二，以服事殷，故雍、梁、荆、豫、徐、揚之人，咸被其德而從之。文王受命，作邑於豐，乃分岐邦周、召之地，爲周公旦、召公奭之采地，施先公之教於己所職之國。武王伐紂，定天下，巡守述職，陳誦諸國之詩，以觀民風俗。六州者，得二公之德教尤純，故獨録之，屬之大師，分而國之。其得聖人之化者，謂之《周南》；得賢人之化者，謂之《召南》。言二公之德教，自岐而行於南國也。乃棄其餘，謂此爲風之正經。初，古公亶父，聿來胥宇，爰及姜女。其後大任思媚周姜，大姒嗣徽音，歷世有賢妃之助，以致其治。文王刑于寡妻，至于兄弟，以御于家邦。是故二國之詩，以后妃夫人之德爲首，終以《麟趾》、《騶虞》。言后妃夫人有斯德，興助其君子皆可以成功，至于獲嘉瑞。風之始，所以風化天下而正夫婦焉，故周公作樂，用之鄉人焉，用之邦國焉。或謂之房中之樂者，后妃夫人侍御於其君子，女史歌之，以節義序故耳。射禮：天子以《騶虞》；諸侯以《貍首》；大夫以《采蘋》；士以《采蘩》爲節。今無《貍首》。周衰，諸侯並僭而去之。孔子録詩不得也，爲禮樂之記者，從後存之，遂不得其次序。周公封魯，死，謚曰文公。召公封燕，死，謚曰康公。元子世之，其次子亦世守采地在王官，春秋時周公、召公是也。問者曰：「《周南》、《召南》之詩，爲《風》之正經則然矣。自此之後，南國諸侯政之興衰，何以無變風？」答曰：「陳諸國之詩者，將以知其缺失，省方設教爲黜陟。時徐及吴、楚僭號稱王，不承天子之風。今棄其詩，夷狄之也。其餘江、黄、六、蓼之屬，既驅陷於彼俗，又亦小國，猶邾、滕、紀、莒之等，夷其詩，蔑而不得列於此。」

周南

《傳》：文王之妃姒氏，思得淑女，以共内職，賦《關雎》。子曰：《關雎》哀而不傷，樂而不淫。能正其心，則無怨嫉邪辟之思。心正而身修，身修而家齊，家齊而國治，國治而天下平，故用之鄉人，用之邦國。其奏樂也，必歌《關雎》以亂之，所以風天下也。詩之義六：一曰風，二曰賦，三曰比，四曰興，五曰正，六曰頌。《關雎》兼比興以賦，而爲風之首焉，是王化之本也。《測》：此詩説者不一。朱子直以爲宫中之人，美姒氏而作，即以淑女爲姒氏矣。乃《傳》謂姒氏爲淑女而作，今直以此詩傳文求之，自「子曰」以下，皆爲孔子之言。而所謂「能正其心，則無怨嫉邪僻之思」云云，似明爲姒氏之求淑女而發，則所謂「《關雎》樂而不淫，哀而不傷」，無乃謂姒氏所作之詩乎。且由詩文而細繹之，當時爲文王求姒氏、思似(姒)氏、友姒氏、樂姒氏者，何人？不如説作姒氏爲文王求淑女、思淑女、友淑女、樂淑女者之爲明白直截也。求之不得，則無以共内職，故哀，其哀也何傷？求而得之，則有以共内職，故樂，其樂也何淫？不傷不淫，具于《關雎》之詩見之，故曰：「《關雎》，后妃之德也。」

《序》：《關雎》，后妃之德也。鄭《箋》：《關雎》舊解云：「三百十一篇詩，並是作者自爲名。」風之始也，所以風天下而正夫婦也，故用之鄉人焉，用之邦國焉。鄭《箋》：風之始。此風謂十五國風。風是諸侯政教也，下云「所以風天下」，《論語》云「君子之德風」，並是此義。風，風也；教也。風以動之，教以化之。然則《關雎》、《麟趾》之化，王者之風，故繫之周公。南，言化自北而南也。《鵲巢》、《騶虞》之德，諸侯之風也，先王之所以教，故繫之召公。鄭《箋》：自，從也。從北而南，謂其化從岐周被江漢之域也。先王，斥大王王季。《周南》、《召南》，正始之道，王化之基，是以《關雎》樂得淑女以配君子，憂在進賢，不淫其色。哀窈窕，思賢才，而無傷善之心焉。是《關雎》之義也。鄭《箋》：哀，蓋字之誤也，當爲衷。衷，謂中心恕之，無傷善之心，謂好逑也。

關關雎鳩，在河之洲。毛《傳》：興也。關關，和聲也。雎鳩，王雎也，鳥摯而有別。水中可居者曰洲。后妃説樂君子之德，無不和諧。又不淫其色，慎固幽深。若關雎之有別焉，然後可以風化天下。夫婦有別，則父子親；父子親，則君臣敬；君臣敬，則朝廷正；朝廷正，則王化成。鄭《箋》：摯之言至也，謂王雎之鳥，雌雄情意，至然而有別。窈窕淑女，君子好逑。毛《傳》：窈窕，幽閒也。淑，善。逑，匹也。言后妃有關雎之德，是幽閒貞專之善女，宜爲君子之好匹。鄭《箋》：怨耦曰仇。言后妃之德和諧，則幽閒處深宮貞專之善女，能爲君子和好。衆妾之怨者，言皆化后妃之德，不嫉妒，謂三夫人以下。

參差荇菜，左右流之。毛《傳》：荇，接余也。流，求也。后妃有關雎之德，乃能共荇菜，備庶物，以事宗廟也。鄭《箋》：左右，助也。言后妃將共荇菜之葅，必有助而求之者。言三夫人、九嬪以下，皆樂后妃之事。窈窕淑女，寤寐求之。毛《傳》：寤，覺。寐，寢也。鄭《箋》：言后妃覺寐，則常求此賢女，欲與之共己職也。求之不得，寤寐思服。毛《傳》：服，思之也。鄭《箋》：服，事也。求賢女而不得，覺則思己職事，當誰與共之乎。悠哉悠哉，輾轉反側。毛《傳》：悠，思也。鄭《箋》：思之哉，思之哉，言己誠思之。臥而不周曰輾。

參差荇菜，左右采之。鄭《箋》：言后妃既得荇菜，必有助而采之者。窈窕淑女，琴瑟友之。毛《傳》：宜以琴瑟友樂之。鄭《箋》：同志爲友，言賢女之助后妃共荇菜，其情意乃與琴瑟之志同。共荇菜之時，樂必作。參差荇菜，左右芼之。毛《傳》：芼，擇也。鄭《箋》：后妃既得荇菜，必有助而擇之者。窈窕淑女，鐘鼓樂之。毛《傳》：德盛者宜有鐘鼓之樂。鄭《箋》：琴瑟在堂，鐘鼓在庭。言共荇菜之時，上下之樂皆作盛其禮也。

《關雎》三章。一章章四句，二章章八句。鄭：五章，章四句。愚按：歐陽永叔云：「魯、齊、韓三家皆以《關雎》爲康王政衰之詩。」吕東萊曰：「《關雎》正風之首，三家者乃以爲刺。」《漢書·杜欽傳》曰：「佩玉晏鳴，《關雎》刺之。」漢明帝詔曰：「應門失守，《關雎》刺世。」蓋襲三家之説。漢去古未遠，何其舛也。及讀范曄《後漢書·皇后紀論》，有云：「進賢才以輔佐君子，哀窈窕而不淫其色。」既仍用《小序》之語，後復云：「康王晚朝，《關雎》作諷。」注云：「康王晚朝，内人誦《關雎》詩以刺王。」兩説同述而不悖。晚朝，即「佩玉晏鳴」之謂，然則所謂康王政衰而刺者，乃誦文王時此詩以爲刺，其説必有所本，非因刺康王而始作詩甚明也。向來儒宗自誤認耳，今《傳》與《序》本自了然，明爲姒氏之求淑女而作。毛、鄭釋之，頗似詩人美姒氏之求淑女，然意不甚相遠也。朱子直以姒氏爲淑女，而宫中之人寤寐友樂之。夫姒氏未得，則洽陽、渭涘，何緣夢寐相尋？既得，則正位中宫，名位殊絶，三夫人以下皆其所統，豈提抱之女娃？宫中何物老婢，乃獨儼然愛字若尊長，親昵如倫輩，而寄之嘆咏，遂爲風之始耶。恐非姜女、大任尚存，作不得如此聲口也。學者還當于《詩序》間融而會之，思過半矣。獨鄭氏謂琴瑟鐘鼓，皆因祭共荇菜而樂作，則似與友樂之義少隔。毛氏不爾也，識者參之。

【眉批】

「逑」，鄭本作「仇」。

《傳》：大姒將歸寧，而賦《葛覃》。子曰：「貴而能勤，富而能儉，疏而能孝，可以觀化矣。」《續説》：歸寧者，古者諸侯之女嫁于諸侯，父母在，則歲一歸寧。

《序》：《葛覃》，后妃之本也。后妃在父母家，則志在於女功之事，躬儉節用，服澣濯之衣，尊敬師傅，則可以歸安父母，化天下以婦道也。鄭《箋》：躬儉節用，由於師傅之教。而後言尊敬師傅者，欲見其性亦自然，可以歸安父母。言嫁而得意，猶不忘孝。

葛之覃兮，施于中谷，維葉萋萋。毛《傳》：（葛），興也。覃，延也。葛所以爲絺綌，女功之事煩辱者。施，移也。中谷，谷中也。萋萋，茂盛貌。鄭《箋》：葛者，婦人之所有事也。此因葛之性以興焉。興者，葛延蔓于谷中，喻女在父母之家，形體浸浸日長大也。葉萋萋然，喻其容色美盛也。黄鳥于飛，集于灌木，其鳴喈喈。毛《傳》：黄鳥，摶黍也。灌木，叢木也。喈喈，和聲之遠聞也。鄭《箋》：葛延蔓之時，則摶黍飛鳴，亦因以興焉。飛集叢木，興女有嫁于君子之道。和聲之遠聞，興女有才美之稱，達于遠方。

葛之覃兮，施于中谷，維葉莫莫。毛《傳》：莫莫，成就之貌。鄭《箋》：成就者，其可采用之時。是刈是濩，爲絺爲綌，服之無斁。毛《傳》：濩，煮之也。精曰絺，粗曰綌。斁，厭也。古者王后織玄紞，公侯夫人加紘綖，卿之内子爲大帶，命婦服祭服，士妻朝服。庶士以下，各衣其夫。鄭《箋》：服，整也。女在父母之家，未知將所適，故習之以絺綌煩辱之事，乃能整治之無厭倦，是其性貞專。

言告師氏，言告言歸。毛《傳》：言，我也。師，女師也。古者，女師教以婦德、婦言、婦容、婦功。祖廟未毁，教于公宫三月。祖廟既毁，教于宗室。婦人謂嫁曰歸。鄭《箋》：我告師氏者，我見教告于女師也，教告我以適人之道。重言我者，尊重師教也。公宫宗室，於族人皆爲貴。薄污我私，薄澣我衣。毛傳：污，煩也。私，燕服也。婦人有副褘，盛飾以朝事舅姑，接見于宗廟，進見于君子。其餘則私也。鄭《箋》：煩，煩撋之用功深。澣，謂濯之耳。衣，謂褘以下至褖衣。害澣害否，歸寧父母。毛《傳》：害，何也。私服宜澣，公服宜否。寧，安也。父母在，則有時歸寧耳。鄭《箋》：我之衣服，今者何所當見澣乎？何所當否乎？言常自潔清，以事君子。

《葛覃》三章，章六句。愚按：此詩傳意極明。毛、鄭因《序》有「在父母家」之語，未免飾經從《序》，俱以治葛爲在父母家，而言歸反是謂嫁，則下澣服又是在夫家矣。忽又粘連歸寧，便雜出費解。竊謂《序》意因末句有「寧父母」字，便推其本，知在父母家勤儉之性已然。在家之志，正在「寧」字上想出，非謂治葛、告師俱是道父母家事也。古人文字簡直，略少一轉，後人不能通其意而遂泥其辭，頗不如朱注之直截，與《傳》意正合。至其云已貴而能勤，已富而能儉，恰又適用《傳》中夫子之語，豈朱子自有他授與？若云朱子曾見《傳》本，則《集注》凡引用經傳諸家，必述其名，不應直襲孔語爲己語。且《傳》中頗有與《序》大異，與朱暗合者。朱子駁《小序》已無遺力，曾不聞據子貢以攻子夏，則固未之見《傳》也。

【眉批】

按：以「我」字訓言，似爲可異，然是《爾雅·釋詁》文，非臆説也。

《傳》：周人美后妃之德，終始婦道，賦《桃夭》。子曰：「宜其家人，而後可以教國人，見君子之修其身矣。」

《序》：《桃夭》，后妃之所致也。不妒忌，則男女以正，婚姻以時，國無鰥民也。鄭《箋》：老而無妻曰鰥。

桃之夭夭，灼灼其華。毛《傳》：興也。桃，有華之盛者。夭夭，其少壯也。灼灼，華之盛也。鄭《箋》：興者，喻時婦人皆得以年盛時行也。之子于歸，宜其室家。毛《傳》：之子，嫁子也。于，往也。宜以有室家，無踰時者。鄭《箋》：宜者，謂男女年時俱當。

桃之夭夭，有蕡其實。毛《傳》：蕡，實貌。非但有華色，又有婦德。之子于歸，宜其家室。毛《傳》：家室，猶室家也。

桃之夭夭，其葉蓁蓁。毛《傳》：蓁蓁，至盛貌。有色有德，形體至盛也。之子于歸，宜其家人。毛《傳》：一家之人盡以爲宜。鄭《箋》：家人，猶室家也。

《桃夭》三章，章四句。愚按：《傳》以此爲后妃之宜家，故篇次在此。下即以《螽斯》多男、《麟趾》多仁承之矣。《傳》之篇次，有倫有序，大率皆然。

《傳》：周人慶文王之多男而賦《螽斯》。《續説》：按：《大正·思齊》云：「大姒嗣徽音，則百斯男。」其多可知。

《序》：《螽斯》，后妃子孫衆多也。言若螽斯不妒忌，則子孫衆多也。鄭《箋》：忌，有所諱惡于人。

螽斯羽，詵詵兮。毛《傳》：螽斯，蚣蝑也。詵詵，衆多也。鄭《箋》：凡物有陰陽情慾者，無不妒忌。惟蚣蝑不耳，各得受氣而生子，故詵詵然衆多。后妃之德能如是，則宜然。宜爾子孫，振振兮。毛《傳》：振振，仁厚也。鄭《箋》：后妃之德，寬容不嫉妒，則宜女之子孫，使其無不仁厚。

螽斯羽，薨薨兮。宜爾子孫，繩繩兮。毛《傳》：薨薨，衆多也。繩繩，戒慎也。

螽斯羽，揖揖兮。宜爾子孫，蟄蟄兮。毛《傳》：揖揖，會聚也。蟄蟄，和集也。

《螽斯》三章，章四句。

《傳》：周人美其公子之多仁也，賦《麟趾》。

《序》：《麟之趾》，《關雎》之應用。《關雎》之化行，則天下無犯非禮。雖衰世之公子，皆信厚如麟趾之時也。鄭《箋》：《關雎》之時，以麟爲應。後世雖衰，猶存《關雎》之化者。君之宗族，猶尚振振然，有似麟應之時，無以過也。

麟之趾，振振公子，毛《傳》：興也。趾，足也。麟信而應禮，以足至者也。振振，仁厚也。鄭《箋》：興者，喻今公子亦信厚，與禮相應，有似於麟。于嗟麟兮！毛《傳》：于嗟，嘆辭。

麟之定，振振公姓，毛《傳》：定，題也。公姓，公同姓。于嗟麟兮！

麟之角，振振公族，毛《傳》：麟角，所以表其德也。公姓，公同祖也。鄭《箋》：麟角之末有肉，示有武而不用。于嗟麟兮！

《麟之趾》三章，章三句。愚按：詳《序》意，乃似後世之詩，意謂是聖化之久遠，然恐不如《傳》之爲當。朱子得之矣。孔穎達謂衰世之公子，正謂紂時，差妥。

《傳》：文王遣使述賢而閔行役之囏也，勞之以《卷耳》。

《序》：《卷耳》，后妃之志也。又當輔佐君子，求賢審官，知臣下之勤勞。内有進賢之志，而無險詖私謁之心。朝夕思念，至於憂勤也。鄭《箋》：謁，請也。

采采卷耳，不盈頃筐。毛《傳》：憂者之興也。采采，事采之也。卷耳，苓耳也。頃筐，畚屬，易盈之器也。鄭《箋》：器之易盈而不盈者，志在輔佐君子，憂思深也。嗟我懷人，寘彼周行。《左傳》：「能官人也，王及公、侯、伯、子、男。（甸）、采、衛、大夫，各居其列，所謂周行也。」毛《傳》：懷，思；寘，置；行，列也。思君子，官賢人，置周之列位。鄭《箋》：周之列位，謂朝廷臣也。

陟彼崔嵬，我馬虺隤。毛《傳》：陟，升也。崔嵬，土山之戴石者。虺隤，病也。鄭《箋》：我，我使臣也。臣以兵役之事行出，離其列位，身勤勞于山險，而馬又病，君子宜知其然。我姑酌彼金罍，維以不永懷。毛《傳》：姑，且也。人君，黄金罍。永，長也。鄭《箋》：我，我君也。臣出使功成而反，君且當設饗燕之禮，與之飲酒以勞之。我則以是，不復長憂思也。言且者，若賞功臣，或多于此。

陟彼高岡，我馬玄黄。我姑酌彼兕觥，維以不永傷。毛《傳》：山脊曰岡，玄馬病則黄。兕觥，角爵也。傷，思也。鄭《箋》：此章爲意不盡，申殷勤也。觥，罰爵也。饗燕所以有之者。禮自立司正之後，旅醻，必有醉而失禮者，罰之亦所以爲樂。

陟彼砠矣，我馬瘏矣。我僕痡矣，云何吁矣。毛《傳》：石山戴土曰砠。瘏，病也。痡，亦病也。吁，憂也。鄭《箋》：此章言臣既勤勞于外，僕馬皆病，而今云何？吁，其亦憂矣。深閔之辭。

《卷耳》四章，章四句。愚按：此詩毛、鄭之説，與《傳》頗合。反困《序》有后妃之志，及輔助君子等語，生出端緒，將三「我」字作三屬，似有未妥耳。凡文王之求賢勞使，孰非后妃之輔助，而爲其所志願乎。此自編詩者，詩外歸美之意。觀《兔罝》、《芣苢》之序皆然，不必定以出后妃之口而後爲其志也。其解「周行」，正與左氏合，益信古義有本。朱子直謂后妃所自作，與《采緑》等篇，同爲思夫之意，則恐周行非后妃所遵，而更復登山飲酒，乘馬携僕，何托言之不倫，不至于此。

《傳》：文王得良臣于野，周人美之，賦《兔罝》。

《序》：《兔罝》，后妃之化也。《關雎》之化行，則莫不好德，賢人衆多也。

肅肅兔罝，椓之丁丁。毛《傳》：肅肅，敬也。兔罝，兔罟也。丁丁，椓杙聲也。鄭《箋》：罝兔之人，鄙賤之事，猶能恭敬，則是賢者衆多也。赳赳武夫，公侯干城。毛《傳》：赳赳，武貌。干，扞也。鄭《箋》：干也，城也，皆以禦難也。此罝兔之人賢者也，有武力可任爲將帥之德。諸侯可任以國守，扞城其民，折衝禦難于未然。

肅肅兔罝，施于中逵。毛《傳》：逵，九逵之道。赳赳武夫，公侯好仇。鄭《箋》：怨耦曰仇。此兔罝之人，敵國有來侵伐者，可使和好之。亦言賢也。

肅肅兔罝，施于中林。毛《傳》：中林，林中。赳赳武夫，公侯腹心。毛《傳》：可以制斷公侯之腹心。鄭《箋》：此兔罝之人，於行攻伐，可用爲策謀之臣，使之慮無。亦言賢也。

《兔罝》三章，章四句。愚按：《傳》以《卷耳》爲求賢，故即以得賢之詩次之。

《傳》：南國諸侯慕文王之德，而歸心于周，賦《樛木》。

《序》：《樛木》，后妃逮下也。言能逮下，而無嫉妒之心焉。鄭《箋》：后妃能和諧衆妾，不嫉妒其容貌，恒以善言逮下而安之。

南有樛木，葛藟纍之。毛《傳》：興也。南，南土也。木下曲曰樛。南土之葛藟茂盛。鄭《箋》：木枝以下垂之故，故葛也，藟也，得纍而蔓之，而上下俱盛。興者，喻后妃能以意下逮衆妾，使得其次序，則衆妾上附事之，而禮義亦俱盛。南土，謂荆揚之域。樂只君子，福履綏之。毛《傳》：履，禄。綏，安也。鄭《箋》：妃妾以禮義相與和，又能以禮樂樂其君子，使爲福禄所安。

南有樛木，葛藟荒之。樂只君子，福履將之。毛《傳》：荒，奄。將，大也。鄭《箋》：此章申殷勤之意。將，猶扶助也。

南有樛木，葛藟縈之。樂只君子，福履成之。毛《傳》：縈，旋也。成，就也。

《樛木》三章，章四句。愚按：篇次由求賢得賢而諸國服也。「樂只君子」爲文王更長。毛、鄭從《序》説詩，而君子亦似不指后妃。

《傳》：受辛無道，商人慕文王而歸之，賦《汝墳》。

《序》：《汝墳》，道化行也。文王之化，行乎汝墳之國，婦人能閔其君子，猶勉之以正也。鄭《箋》：言此婦人被文王之化，厚事其君子。

遵彼汝墳，伐其條枚。毛《傳》：遵，循也。汝，水名也。墳，大防也。枝曰條，榦曰枚。鄭《箋》：伐薪于汝水之側，非婦人之事。以言君子賢者，而處勤勞之職，亦非其事。未見君子，惄如調飢。毛《傳》：惄，飢意也。調，朝也。鄭《箋》：惄，思也。未見君子之時，如朝飢之思食。

遵彼汝墳，伐其條肄。毛《傳》：肄，餘也。斬而復生曰肄。既見君子，不我遐棄。毛《傳》：既，已。遐，遠也。鄭《箋》：已見君子，君子反也。于己反得見，知其不遠棄我而死亡，我於思則愈，故下章勉之。

魴魚頳尾，王室如燬。毛《傳》：頳，赤也。魚勞則尾赤。燬，火也。鄭《箋》：君子仕于亂世，其顔色瘦病，如魚勞則尾赤。所以然者，畏王室之酷烈。是時紂存。雖則如燬，父母孔邇。毛《傳》：孔，甚。邇，近也。鄭《箋》：辟此勤勞之處，或時得罪。父母甚近，當念之以免于害，不能爲疏遠者計也。

《汝墳》三章，章四句。愚按：《傳》意則君子蓋謂文王，而未見之思慕，既見之冀幸而欣慰，經文無不合者。

《傳》：文王化行南國，男女知禮，詩人美之，賦《漢廣》。《測》：知禮從篇中八箇「不可」字生來。只識得不可之意，禮在其中矣。故後凡烝淫之事，多曰無禮，又曰不閑于禮，而昏禮之不備者，亦必曰不能其禮。

《序》：《漢廣》，德廣所及也。文王之道，被于南國，化行乎江漢之域，無思犯禮，求而不可得也。鄭《箋》：紂時淫風偏於天下，維江漢之域，先受文王之教化。

南有喬木，不可休息。漢有游女，不可求思。毛《傳》：興也，南方之木美。喬，上竦也。思，辭也。漢上游女，無求思者。鄭《箋》：不可者，本有可道也。木以高其枝葉之故，故人不得就而止息也。興者，喻賢女雖出游流水之上，人無欲求犯理者，亦由貞潔使之然。漢之廣矣，不可泳思。江之永矣，不可方思。毛《傳》：潛行爲泳。永，長。方，泭也。鄭《箋》：漢也，江也，其欲渡之者，必有潛行乘泭之道，今以廣長之故，故不可也。又喻女之貞潔，犯禮而往，將不至也。

翹翹錯薪，言刈其楚。毛《傳》：翹翹，薪貌。錯，雜也。鄭《箋》：楚，雜薪之中尤翹翹者。我欲刈取之，以喻衆女皆貞潔，我又欲取其尤高潔者。之子于歸，言秣其馬。毛《傳》：秣，養也。六尺以上曰馬。鄭《箋》：之子，是子也。謙不敢斥其適己，於是子之嫁，我願秣其馬致禮餼，示有意焉。漢之廣矣，不可泳思。江之永矣，不可方思。

翹翹錯薪，言刈其蔞。毛《傳》：蔞，草中之翹翹然。之子于歸，言秣其駒。毛《傳》：五尺以上曰駒。漢之廣矣，不可泳思。江之永矣，不可方思。

《漢廣》三章，章八句。

【眉批】《正義》曰：息，疑作思。休、求二字爲韻。

《傳》：文王之時，萬民和樂，童兒歌謡，賦《芣苢》。

《序》：《芣苢》，后妃之美也。和平，則婦人樂有子矣。鄭《箋》：天下和，政教平也。

采采芣苢，薄言采之。毛《傳》：采采，非一辭也。芣苢，馬舄。馬舄，車前也，宜懷妊焉。薄，辭也。采，取也。鄭《箋》：薄言，我薄也。采采芣苢，薄言有之。毛《傳》：有，藏之也。

采采芣苢，薄言掇之。毛《傳》：掇，拾也。采采芣苢，薄言捋之。毛《傳》：捋，取也。

采采芣苢，薄言袺之。毛《傳》：袺，執衽也。采采芣苢，薄言襭之。毛《傳》：扱衽曰襭。

《芣苢》三章，章四句。愚按：從來《麟趾》爲《周南》之終，以爲《關雎》之應，而《傳》獨終之以《芣苢》，蓋自家而國，自近而遠，自男而女，而至于童兒歌謡，治平極矣，非漫焉叙次者也。

召南

《傳》：公子歸于諸侯，國人觀焉，賦《鵲巢》。《測》：歸于諸侯者，謂爲諸侯之女所歸也。

《序》：《鵲巢》，夫人之德也。國君積行累功，以致爵位，夫人起家而居有之，德如鳲鳩，乃可以配焉。鄭《箋》：起家而居有之，謂嫁于諸侯也。夫人有均壹之德，如鳲鳩然，而後可以配國君。

維鵲有巢，維鳩居之。毛《傳》：興也。鳩，鳲鳩，秸鞠也。鳲鳩不自爲巢，居鵲之成巢。鄭《箋》：鵲之作巢，冬至架之，至春乃成。猶國君積行累功，故以興焉。興者，鳲鳩因鵲成巢而居有之，而有均壹之德，猶國君夫人來嫁，居君子之室，德亦然。室，燕寢也。之子于歸，百兩御之。毛《傳》：百兩，百乘也。諸侯之女，嫁于諸侯，送御皆百乘。鄭《箋》：之子，是子也。御，迎也。是如鳲鳩之子，其往嫁也，家人送之迎之，車皆百乘，象有百官之盛。

維鵲有巢，維鳩方之。毛《傳》：方，有之也。之子于歸，百兩將之。毛《傳》：將，送也。

維鵲有巢，維鳩盈之。毛《傳》：盈，滿也。鄭《箋》：滿者，言衆媵侄娣之多。之子于歸，百兩成之。毛《傳》：能成百兩之禮也。鄭《箋》：是子有鳲鳩之德，宜配國君，故以百兩之禮，送迎成之。

《鵲巢》三章，章四句。愚按：鳩之類非一，今以物理驗之，則奪鵲巢之鳩，乃鸜鵒耳。鳲鳩，即布穀，固自能爲巢者。《序》及毛、鄭皆以鳲鳩爲鳩，何也？朱子於此不注鳩，而於鳲鳩則詳之，亦有見于此耳。

【眉批】

按：公子謂諸侯之女，即所稱之子也。《左傳》凡公女嫁于敵國，姊妹則上卿送之，公子則下卿送之。可證《測》説不妥。

《傳》：諸侯之夫人勤于親蠶，賦《采蘩》。

《序》：《采蘩》，夫人不失職也。夫人可以奉祀，則不失職矣。鄭《箋》：奉祭祀者，采蘩之事也。不失職者，夙夜在公也。

于以采蘩，于沼于沚。毛《傳》：蘩，皤蒿也。于，於。沼，池。沚，渚也。公侯夫人執蘩菜以助，神享德與信，不求備焉，沼沚溪澗之草，猶可以薦，王后則荇菜也。鄭《箋》：于以，猶言往以也。執蘩菜者，以豆薦蘩菹。于以用之，公侯之事。毛《傳》：之事，祭事也。鄭《箋》：言夫人於君祭祀，而薦此豆也。

于以采蘩，于澗之中。毛《傳》：山夾水曰澗。于以用之，公侯之宫。毛《傳》：宫，廟也。

被之僮僮，夙夜在公。毛《傳》：被，首飾也。僮僮，竦敬也。夙，早也。鄭《箋》：公，事也。早夜在事，謂視濯溉饎爨之事。《禮記》：「主婦髲髢。」被之祁祁，薄言還歸。毛《傳》：祁祁，舒遲也，去事有儀也。鄭《箋》：言，我也。祭事畢，夫人釋祭服而去髲髢，其威儀祁祁然而安舒，無罷倦之失。我還歸者，自廟反其燕寢。

《采蘩》三章，章四句。愚按：朱注或人之解，正與《傳》同。

《傳》：諸侯之夫人終容其媵也，賦《江有汜》。

《序》：《江有汜》，美媵也。勤而無怨，嫡能悔過也。文王之時，江沱之間，有嫡不以媵備數，媵遇勞而無怨，嫡亦自悔也。鄭《箋》：勤者，以己宜媵而不得，心望之。

江有汜，毛《傳》：興也。決復入爲汜。鄭《箋》：興者，喻江水大，汜水小，然得並流，似嫡媵宜俱行。之子歸，不我以。不我以，其後也悔。毛《傳》：嫡能自悔也。鄭《箋》：之子，是子也。是子，謂嫡也。婦人謂嫁曰歸。以，猶與也。

江有渚，毛《傳》：渚，小洲也，水岐成渚。鄭《箋》：江水流而渚留，是嫡與己異心，使己獨留不行。之子歸，不我與。

不我與，其後也處。毛《傳》：處，止也。鄭《箋》：嫡悔過自止。

江有沱，毛《傳》：沱，江之別者。鄭《箋》：岷山道江東別爲沱。之子歸，不我過。不我過，其嘯也歌。鄭《箋》：嘯，蹙口而出聲。嫡有所思而爲之，既覺自悔而歌。歌者，言其悔過以自解説。

《江有汜》三章，章五句。

《傳》：大夫貞而能儉，忠乎公室，國史美之，賦《羔羊》。

《序》：《羔羊》，《鵲巢》之功致也。召南之國，化文王之政，在位皆節儉正直，德如羔羊也。鄭《箋》：鵲巢之君，積行累功，以致此羔羊之化。在位卿大夫，競相切化，皆如此羔羊之人。

羔羊之皮，素絲五紽。毛《傳》：小曰羔，大曰羊。素，白也。紽，數也。古者素絲以英裘，不失其制。大夫羔裘以居。退食自公，委蛇委蛇。毛《傳》：公，公門也。委蛇，行可從迹也。鄭《箋》：退食，謂減膳也。自，從也。從於公，謂正直須於事也。委蛇，委曲自得之貌。節儉而順，心志定，故可自得也。

羔羊之革，素絲五緎。毛《傳》：革，猶皮也。緎，縫也。委蛇委蛇，自公退食。鄭《箋》：自公退食，猶退食自公。

羔羊之縫，素絲五總。毛《傳》：縫，言縫殺之大小得其制。總，數也。委蛇委蛇，退食自公。

《羔羊》三章，章四句。

【眉批】

按：羔羊有德，故以爲贄。見《周禮》及《公羊傳》注，箋解恐誤。

按：《左傳》：委蛇委蛇，從也。衡而秀（委）蛇必折。係斷章語，不以入注，後仿此。

《傳》：內子勤于祭祀，國史美之，賦《采蘋》。《續説》：內子，卿大夫之妻也。

《序》：《采蘋》，大夫妻能循法度也。能循法度，則可以承先祖，共祭祀矣。鄭《箋》：女子十年不出，姆教婉娩聽從。執麻枲，治絲繭，織紝組紃，學女事，以共衣服。觀於祭祀納酒漿、籩豆、菹醢禮，相助奠。十有五而笄，二十而嫁。此言能循法度者，今既嫁爲大夫妻，能循其爲女之時所學所觀之事，以爲法度。

于以采蘋，南澗之濱。于以采藻，于彼行潦。毛《傳》：蘋，大蓱也。濱，厓也。藻，聚藻也。行潦，流潦也。鄭《箋》：古者婦人先嫁三月，祖廟未毁，教于公宫，祖廟既毁，教于宗室。教以婦德、婦言、婦容、婦功。教成之祭，牲用魚，芼用蘋藻，所以成婦順也。此祭女所自出也，法度莫大于四教，是又祭以成之，故舉以言焉。蘋之言賓也，藻之言澡也，婦人之行尚柔順，自潔清，故取名以爲戒。

于以盛之，維筐及筥。于以湘之，維錡及釜。毛《傳》：方曰筐，圓曰筥。湘，亨也。錡，釜屬。有足曰錡，無足曰釜。鄭《箋》：亨蘋藻者於魚湆之中，是鉶羹之毛。

于以奠之，宗室牖下。毛《傳》：奠，置也。宗室，大宗之廟也。大夫士祭於宗室，奠于牖下。鄭《箋》：牖下，户牖間之前。祭不于室中者，凡昏事于女禮設几筵于户外，此其義也。與宗子主此祭，維君使有司爲之。誰其尸之，有齊季女。毛《傳》：尸，主。齊，敬。季，少也。蘋藻，薄物也。澗潦，至質也。筐、筥、錡、釜，陋質也。少女，微主也。古之將嫁女者，必先禮之於宗室，牲用魚，芼之以蘋藻。鄭《箋》：主設羹者季女，則非禮也。女將行，父禮之，而俟迎者。蓋母薦之，無祭事也。祭事主婦設羹，教成之祭，更使季女者成其婦禮也。季女不主魚，魚俎實男子設之。其粢盛蓋以黍稷。

《采蘋》三章，章四句。愚按：《傳》、《序》同旨。《序》所謂循法度者，正采盛湘奠之序，即《傳》之言勤也。毛、鄭止因季女一「女」字，遂謂是爲女子時教成之祭，則所謂「大夫妻」云云者，反是詩外預推他日嫁後事，非詩中所有，亦牽强矣。王肅云：「此篇所陳，皆是大夫妻助夫氏之祭。」其説合于序，朱子從之爲是。

【眉批】

按：《左傳》云：《風》有《采蘩》、《采蘋》，《雅》有《行葦》、《泂酌》，昭忠信也。

按：《左傳》：行潦之蘋藻，寘之宗室，季女尸之，敬也。

《傳》：召公宣布王命，諸侯服焉，賦《殷其靁》。《測》：往來宣布，去此之彼，無少休息，故曰「何斯違斯，莫敢或遑」。歸哉歸哉，當曰吾其歸之哉，吾其歸之哉。蓋以其振振也，斯與君子皆公也。

《序》：《殷其靁》，勸以義也。召南之大夫，遠行從政，不遑寧處，其室能閔其勤勞，勸以義也。鄭《箋》：召南大夫，召伯之屬。遠行，謂使出邦畿。

殷其靁，在南山之陽。毛《傳》：殷，靁聲也。山南曰陽。靁出地奮，震驚百里。山出雲雨，以潤天下。鄭《箋》：靁以喻號令，於南山之陽，又喻其在外也。召南大夫以王命施號令于四方，猶靁殷殷然發聲于山之陽。何斯違斯，莫敢或遑。毛《傳》：何此君子也。斯，此。違，去。遑，暇也。鄭《箋》：何乎此君子，適居此，復去此，轉行遠從事於王所命之方，無敢或閒暇時，閔其勤勞。振振君子，歸哉歸哉。毛《傳》：振振，信厚也。鄭《箋》：大夫信厚之君子，爲君使，功未成。歸哉歸哉，勸以爲臣之義，未得歸也。

殷其靁，在南山之側。毛《傳》：亦在其陰與左右也。何斯違斯，莫敢遑息。毛《傳》：息，止也。振振君子，歸哉歸哉。

殷其靁，在南山之下。毛《傳》：或在其下。鄭《箋》：下，謂山足。何斯違斯，莫或遑處。毛《傳》：處，居也。振振君子，歸哉歸哉。

《殷其靁》三章，章六句。

《傳》：南國之大夫，聘于京師，睹召公而歸心焉，賦《草蟲》。《測》：草蟲阜螽，采蕨采薇，皆其聘時在道所觸所遭者也。

《序》：《草蟲》，大夫妻能以禮自防也。

喓喓草蟲，趯趯阜螽。毛《傳》：興也。喓喓，聲也。草蟲，常羊也。趯趯，躍也。阜螽，蠜也。卿大夫之妻，待禮而行，隨從君子。鄭《箋》：草蟲鳴，阜螽躍而從之。異種同類，猶男女嘉時，以禮相求呼。未見君子，憂心忡忡。毛《傳》：忡忡，猶衝衝也。婦人雖適人，有歸宗之義。鄭《箋》：未見君子者，謂在塗時也。在塗而憂，憂不當君子，無以寧父母，故心衝衝然，是其不自絶于其族之情。亦既見止，亦既覯止，我心則降。毛《傳》：止，辭也。覯，遇。降，下也。鄭《箋》：既見，謂已同牢而食也。既覯，謂已昏也。始者憂於不當，今君子待己以禮，庶自此可以寧父母，故心下也。《易》曰：「男女覯精，萬物化生。」

陟彼南山，言采其蕨。毛《傳》：南山，周南山也。蕨，鱉也。鄭《箋》：言，我也。我采者，在塗而見采鱉菜者，得其所欲得，猶己今之行者欲得禮，以自喻也。未見君子，憂心惙惙。毛《傳》：惙惙，憂也。亦既見止，亦既覯止，我心則說。

陟彼南山，言采其薇。毛《傳》：薇，菜也。未見君子，我心傷悲。毛《傳》：嫁女之家，三日不息火，思相離也。鄭《箋》：維父母思己，故己亦傷悲。亦既見止，亦既覯止，我心則夷。鄭《箋》：夷，平也。

《草蟲》三章，章七句。愚按：《車舝》亦有「鮮我覯爾」，則知覯止之爲昏禮中字法也。

《傳》：小臣奉使而勤勞于公，賦《小星》。

《序》：《小星》，惠及下也。夫人無妒忌之行，惠及賤妾，進御於君，知其命有貴賤，能盡其心矣。鄭《箋》：以色曰妒，以行曰忌。命，謂命貴賤。

嘒彼小星，三五在東。毛《傳》：嘒，微貌。小星，衆無名者。三心、五噣，四時更見。鄭《箋》：衆無名之星，隨心噣在天，猶諸妾隨夫人，以次序進御于君也。心在東方，三月時也。噣在東方，正月時也。如是終歲，列宿更見。肅肅宵征，夙夜在公，寔命不同。毛《傳》：肅肅，疾貌。宵，夜。征，行。寔，是也。命不得同於列位也。鄭《箋》：夙，早也。謂諸妾肅肅然夜行，或早或夜，在於君所，以次序進御者，是其禮命之數不同也。凡妾御於君不當夕。

嘒彼小星，維參與昴。毛《傳》：參，伐也。昴，留也。鄭《箋》：此言衆無名之星，亦隨伐留在天。肅肅宵征，抱衾與裯，寔命不猶。毛《傳》：衾，被也。裯，襌被也。猶，若也。鄭《箋》：裯，牀帳也。諸妾夜行，抱衾與牀帳，待進御之次序。不若，亦言尊卑異也。

《小星》二章，章五句。

《傳》：虞人克舉其職，國史美之，賦《騶虞》。《續説》：虞人，掌畋獵之官。鄒，其姓。虞，其官也。

《序》：《騶虞》，鵲巢之應也。鵲巢之化行，人倫既正，朝廷既治，天下純被文王之化，則庶類蕃殖，蒐田以時，仁如騶虞，則王道成也。鄭《箋》：應者，應德自遠而至。

彼茁者葭，毛《傳》：茁，出也。葭，蘆也。鄭《箋》：記蘆始出者，著春田之早晚。壹發五豝。毛《傳》：豕牝曰豝。虞人翼五豝以待公之發。鄭《箋》：君射一發而翼五豝者，戰禽獸之命。必戰之者，仁心之至。于嗟乎騶虞！毛《傳》：騶虞，義獸也。白虎黑文，不食生物，有至信之德則應之。鄭《箋》：于嗟者，美之也。

彼茁者蓬，毛《傳》：蓬，草名也。壹發五豵。毛《傳》：一歲曰豵。鄭《箋》：豕生二曰豵。于嗟乎騶虞！

《騶虞》二章，章三句。愚按：騶虞之爲獸，惟《周書·王會》及陸璣《草木疏》云然，故毛氏引之。然《爾雅·釋獸》無騶虞，而《周禮》有騶人、虞人，諸儒以騶虞爲官者多矣，與《傳》説正合。但《傳》中「騶」字從鄒，或古字異文，或篆書誤譯，而《續説》乃云鄒姓、虞官，則未敢許也。

《傳》：召南之人安于治，□□□時擇□，賦《摽有梅》。

《序》：《摽有梅》，男女及時也。召南之國，被文王之化，男女得以及時也。

摽有梅，其實七兮。毛《傳》：興也。摽，落也。盛極則隋落者，梅也，尚在樹者七。鄭《箋》：興者，梅實尚餘七未落，喻始衰也。謂女二十春盛而不嫁，至夏則衰。求我庶士，迨其吉兮。毛《傳》：吉，善也。鄭《箋》：我，我當嫁者。庶，衆。迨，及也。求女之當嫁者之衆士，宜及其善時。善時，謂年二十，雖夏未大衰。

摽有梅，其實三兮。毛《傳》：在者三也。鄭《箋》：此夏鄉晚，梅之隋落差多，在者餘三耳。求我庶士，迨其今兮。毛《傳》：今，急辭也。

摽有梅，頃筐塈之。毛《傳》：塈，取也。鄭《箋》：頃筐取之，謂夏已晚，頃筐取之於地。求我庶士，迨其謂之。毛《傳》：不待備禮也。三十之男，二十之女，禮未備，則不待禮會而行之者，所以蕃育人民也。鄭《箋》：謂，勤也。女年二十而無嫁端，則有勤望之憂。不待禮會而行之者，謂明年仲春，不待以禮會之也。時禮雖不備，相奔不禁。

《摽有梅》三章，章四句。

【眉批】

按：闕文疑是「女子以時擇配」。

《傳》：野人求昏而不能其禮，女氏拒之，賦《野有死麕》。《續説》：女氏，謂女之父。

《序》：《野有死麕》，惡無禮也。天下大亂，彊暴相陵，遂成淫風。被文王之化，雖當亂世，猶惡無禮也。鄭《箋》：無禮者，爲不繇媒妁。雁幣不至，劫脅以成昏，謂紂之世。

野有死麕，白茅包之。毛《傳》：郊外曰野。包，裹也。凶荒則殺禮，猶有以將之。野有死麕，群田之獲而分其肉。白茅，取潔清也。鄭《箋》：亂世之民貧，而彊暴之男，多行無禮。故貞女之情，欲令人以白茅裹束野中田者所分麕肉爲禮而來。有女懷春，吉士誘之。毛《傳》：懷，思也。春，不暇待秋也。誘，道也。鄭《箋》：有貞女思仲春以禮與男會，吉士使媒人道成之。疾時無禮而言然。

林有樸樕，野有死鹿。白茅純束，毛《傳》：樸樕，小木也。野有死鹿，廣物也。純束，猶包之也。鄭《箋》：樸樕之中，及野有死鹿，皆可以白茅包裹束以爲禮。廣可用之物，非獨麕也。純，讀如屯。有女如玉。毛《傳》：德如玉也。鄭《箋》：如玉者，取其堅而潔白。

舒而脱脱兮，毛《傳》：舒，徐也。脱脱，舒遲也。鄭《箋》：貞女欲吉士以禮來，脱脱然舒也。又疾時無禮，彊暴之男相劫脅。無感我帨兮，毛《傳》：感，動也。帨，佩巾也。鄭《箋》：奔走失節，動其佩飾。無使尨也吠。毛《傳》：尨，狗也。非禮相陵則狗吠。

《野有死麕》三章，二章章四句，一章章三句。

《傳》：野人强昏不得而訟，女氏終拒之，賦《行露》。

《序》：《行露》，召伯聽訟也。衰亂之族微，貞信之教興，彊暴之男，不能侵陵貞女也。鄭《箋》：衰亂之俗微，真信之教興者，此殷之末世，周之盛德，當文王與紂之時。

厭浥行露，豈不夙夜？謂行多露。毛《傳》：興也。厭浥，濕意也。行，道也。豈不，言有是也。鄭《箋》：夙，早也。

厭浥然濕，道中始有露。謂二月中嫁取時也，言我豈不知當早夜成昏禮與？謂道中之露大多，故不行耳。今彊暴之男，以此多露之時，禮不足而强來，不度時之可否，故云然。《周禮》：仲春之月，令會男女之無夫家者，行事必以昏昕。

誰謂雀無角，何以穿我屋？誰謂女無家，何以速我獄？毛《傳》：不思物變而推其類，雀之穿屋，似有角者。速，召。獄，埆也。鄭《箋》：女，女彊暴之男。變，異也。人皆謂雀之穿屋似有角，彊暴之男召我而獄，似有室家之道于我也。物有似而不同，雀之穿屋，不以角乃以咮，今彊暴之男，召我而獄不以室家之道于我，乃以侵陵。物與事有似而非者，士師所當審也。雖速我獄，室家不足！毛《傳》：昏禮財帛不過五兩。鄭《箋》：幣可備也。室家不足，謂媒妁之言不和六禮之來彊委之。

誰謂鼠無牙，何以穿我墉？誰謂女無家，何以速我訟？毛《傳》：墉，墻也。視墻之穿，推其類，可謂鼠有牙。雖速我訟，亦不女從。毛《傳》：不終從，不棄禮而隨此彊暴之男。

《行露》三章。一章三句，二章章六句。愚按：此二篇相次以爲一事，大似有理。且即屬之《摽梅》之後，其意深矣。女氏，玩詩詞即謂女子。《續説》：謂女父，恐未然。

《傳》：召康公勤于勞民，燕人懷之，賦《甘棠》。《測》：召公封于北燕，留周佐政。食邑於召，故其長子繼燕，支子繼召。當其分布王命，巡行諸國，必首及燕，故有此詩。此蓋燕詩而繫于召也。後李德裕、宋齊丘論有曰：燕人之思召伯，甘棠勿剪；楚人之懷叔子，望碑墮淚。其必有得于此乎。

《序》：《甘棠》，美召伯也。召伯之教，明於南國。鄭《箋》：召伯，姬姓。名奭，食采於召。作上公，爲二伯，後封于燕。此美其爲伯之功，故言伯云。

蔽芾甘棠，勿剪勿伐，召伯所茇。《左傳》：思其人，猶愛其樹。毛《傳》：蔽芾，小貌。甘棠，杜也。剪，去。伐，擊也。茇，草舍也。鄭《箋》：召伯聽男女之訟，不重煩勞百姓，止舍小棠之下而聽斷焉。國人被其德，説其化，思其人，故其樹。

蔽芾甘棠，勿翦勿敗，召伯所憩。毛《傳》：憩，息也。

蔽芾甘棠，勿翦勿拜，召伯所説。毛《傳》：説，舍也。鄭《箋》：拜之言拔也。

《甘棠》三章，章三句。愚按：《傳》以此篇終《召南》，其義深長矣。《何彼襛矣》一篇，朱子原以爲不可曉而闕疑，今傳本《召南》無之，而却見于《王風》。使朱子知此，疑當冰釋矣。

聖門傳詩嫡冢卷之二

吴興凌濛初輯

國風

魯頌譜

魯者，少昊摯之墟也。國中有大庭氏之庫，則大庭氏亦居兹乎？在周公歸政，成王封其元子伯禽于魯。其封域在《禹貢》徐州大野，蒙羽之野。自後政衰，國事多廢。十九世至僖公，當周惠王、襄王時，而遵伯禽之法，養四種之馬，牧于坰野，尊賢禄士，修泮宫，守禮教。僖十六年冬，會諸侯于淮上，謀東略，公遂伐淮夷。僖二十年，新作南門，又修姜嫄之廟，至於復魯制，未徧而薨。國人美其功，季孫行父請命于周而作其頌。文公十三年，太室屋壞。初，成王以周公有太平制典法之勳，命魯郊祭天三望，故孔子録其詩之頌，同於王者之後。問者曰：「列國作詩未有請于周者，行父請之何也？」曰：「周尊魯，巡狩述職不陳其詩，至於臣頌君功，樂周室之聞，是以行父請焉。周之不陳其詩者爲優耳，其有大罪，侯伯監之，行人書之，亦示覺焉。」

魯

《測》：魯無《風》，且有《頌》，疑者所從來矣。説者以爲時王褒周公之後，比于先代，故巡狩不陳其詩，而其篇第不列于太師之職。夫太師誠以魯爲聖人之後，不陳其詩，則陳亦聖人之後，何以又陳其詩？又謂夫子有所諱而削之，夫魯變至道，其風何可諱者。甚至又以爲夫子魯人，故諱魯詩而削之。夫子亦周人也，何以不削周詩？豈周詩遂無可諱者耶！種種之疑，每求之不得其解。今讀《傳》列魯於二南之後，首周公諸詩，而《駉》、《駜》諸篇次第綴焉。乃知魯初未嘗無《風》也。以有《頌》，故無《風》也。亦初未嘗有《頌》也，以無《風》故有《頌》也。將並邠之不宜爲《國風》，而詩之不宜附邠者，俱爲爽然，一無所疑矣。

《傳》：周公孫於魯，殷人畔。公憂王室，勸王修政以備之，賦《鴟鴞》。《測》：此詩作于居東之時，而非作于東征之時。所謂東者，魯也。魯原是公之封國，因有流言，辟居封國。

《序》：《鴟鴞》，周公救亂也。成王未知周公之志，公乃爲詩以遺王，名之曰《鴟鴞》焉。鄭《箋》：未知周公之志者，未知其欲攝政之意。

鴟鴞鴟鴞，既取我子，無毁我室。毛《傳》：興也。鴟鴞，鸋鴂也。無能毁我室者，攻堅之故也。寧亡二子，不可以毁我周室。鄭《箋》：重言鴟鴞者，將述其意之所欲言，丁寧之也。室，猶巢也。鴟鴞言已取我子者，幸無毁我巢。我巢積日累功，作之甚苦，故愛惜之也。時周公竟武王之喪，欲攝政成周道，致太平之功。管叔、蔡叔等流言云：「公將不利于孺子。」成王不知其意，而多罪其屬黨。興者，喻此諸臣，乃世臣之子孫，其父祖以勤勞有此官位土地，今若誅殺之，無絶其官位，奪其土地。王意欲誚之，此之由然。恩斯勤斯，鬻子之閔斯！毛《傳》：恩，愛。鬻，稚。閔，病也。稚子，成王也。鄭《箋》：鴟鴞之意，殷勤於此，稚子當哀閔之。此取鴟鴞子者，稚子也。以喻諸臣之先臣亦殷勤於此，成王亦宜哀閔之。

迨天之未陰雨，徹彼桑土，綢繆牖户。毛《傳》：迨，及。徹，剥也。桑土，桑根也。鄭《箋》：綢繆，猶纏綿也。此鴟鴞自説作巢至苦如是，以喻諸臣之先臣，亦及文武未定天下，積日累功，以固定此官位與土地。今女下民，或敢侮予！鄭《箋》：我至苦矣。今女我巢下之民，寧有敢侮慢欲毁之者乎？意欲恚怒之。以喻諸臣之先臣，固定此官位土地亦不欲見其絶奪。

予手拮据，予所捋荼，予所蓄租，予口卒瘏，毛《傳》：拮据，撠挶也。荼，雀苕也。租爲瘏病也。手病，口病，故能免于大鳥之難。鄭《箋》：此言作之至苦，故能攻堅，人不得取其子。曰予未有室家！毛《傳》：謂我未有室家。鄭《箋》：我作之至苦如是者，謂我未有室家之故。

予羽譙譙，予尾翛翛。毛《傳》：譙譙，殺也。翛翛，敝也。鄭《箋》：手口既病，羽毛又殺敝，言己勞苦甚。予室翹翹，風雨所飄摇，予維音曉曉！毛《傳》：翹翹，危也。曉曉，懼也。鄭《箋》：巢之翹翹而危，以其所托枝條弱也。以喻今我子孫不肖，故使我家道危也。風雨，喻成王也。音曉曉然，恐懼告愬之意。

《鴟鴞》四章，章五章(句)。愚按：《傳》意是管、蔡流言，武庚方叛之時，周公居東所作。其所云憂王室勸修政者，具見篇中，與《序》云周公救亂者正合。則既取我子者，乃指武庚挾管、蔡同事而言也。詞旨明暢，無可疑矣。獨鄭氏謂周公救其屬黨，則一篇之中，全是懟君護黨，一團私意，與憂王室者，大相徑庭，安得爲聖人之言，而孔子以知道贊之乎？蓋鄭解《金縢》「罪人斯得」，亦以罪人爲周公屬黨，毋惑乎此詩之曲説謬解以合彼也。王肅謂其有三非，當矣。即如鴟鴞，《爾雅》作鴟鴞，即鵂鶹。朱子謂其攫鳥子而食，故托爲鳥言呼之云「既取我子，無毁我室」，自是明順。今作鴟鴞，自言其子與室，並作巢之勤苦，周公何乃以惡鳥自況乎？毛引《爾雅》作鸋鴂，謂似黄雀而小者，庶似無碍。然泮宫之鴞，則又曰惡聲之鳥，當復何物耶？舊説儘有不及朱者，使朱得見子貢《傳》而作注，必有可觀。

《傳》：周公帥師征殷，三年克之。□□□士賦《東山》。《測》：武王克商之後，封紂子禄父爲殷公。此云征般者，征禄父也。禄父，即武庚之名。克之云者，禄父出奔北狄，管叔之自縊，蔡叔之囚，霍叔之降，皆在其中矣。

《序》：《東山》，周公東征也。周公東征三年，而歸勞歸士。大夫美之，故作是詩也。一章言其完也，二章言其思也，三章言其室家之望女也，四章樂男女之得及時也。君子之於人，序其情而閔其勞，所以説也。説以使民，民忘其死，其唯東山乎。鄭《箋》：成王既得金縢之書，親逆周公，周公歸攝政。三監及淮夷叛，周公東伐之，三年而後歸耳。分别章意者，周公於是志伸美而詳之。

我徂東山，慆慆不歸。我來自東，零雨其濛。毛《傳》：慆慆，言久也。濛，雨貌。鄭《箋》：此四句者，序歸士之情也。我往之東山，既久勞矣。歸又道遇雨濛濛然，是尤苦也。我東曰歸，我心西悲。毛《傳》：公族有辟，公親素服不舉樂，如其倫之喪。鄭《箋》：我在東山常曰歸也，我心則西念而悲。制彼裳衣，勿士行枚。毛《傳》：士，事。枚，微也。鄭《箋》：勿，猶無也。女制彼裳衣而來，謂兵服也。亦初無行陳銜枚之事，言初定也。《春秋傳》曰：「善用兵者不陳。」蜎蜎者蠋，烝在桑野。毛《傳》：蜎蜎，蠋貌。桑，蟲也。烝，寘也。鄭《箋》：蠋，蜎蜎然特行。久處桑野，有似勞苦者。古者聲寘填塵同也。敦彼獨宿，亦在車下。鄭《箋》：敦敦然獨宿于車下，此誠有勞苦之心。

我徂東山，慆慆不歸。我來自東，零雨其濛。果臝之實，亦施于宇。伊威在室，蠨蛸在户。町畽鹿場，熠燿宵行。毛《傳》：果臝，括樓也。伊威，委黍也。蠨蛸，長踦也。町畽，鹿迹也。熠燿，燐也。燐，螢火也。鄭《箋》：五物者，家無人，惻然令人感思。不可畏也，伊可懷也。鄭《箋》：伊，當作繄。繄，猶是也。懷，思也。室中久無人，故有此五物。是不足可畏，乃可爲憂思。

我徂東山，慆慆不歸。我來自東，零雨其濛。鸛鳴于垤，婦嘆于室。洒埽穹窒，我征聿至。毛《傳》：垤，螘塚也。將陰雨，則穴處先知之矣。鸛，好水長鳴而喜也。鄭《箋》：鸛，水鳥也，將陰雨則鳴。行者於陰雨尤苦，婦念之則嘆於室也。穹，窮。窒，塞。洒，灑。埽，拚也。穹窒，鼠穴也。而我君子行役，述其日月。今且至矣，言婦望也。有敦瓜苦，烝在栗薪。毛《傳》：敦，猶專專也。烝，衆也。言我心苦，事又苦也。鄭《箋》：此又言婦人思其君子之居處，專專如瓜之繫綴焉。瓜之瓣有苦者，以喻其心苦也。烝，塵。栗，析也。言君子又久見使析薪，于事尤苦也。古者聲栗裂同也。自我不見，于今三年。

我徂東山，慆慆不歸。我來自東，零雨其濛。鄭《箋》：凡先著此四句者，皆爲《序》歸士之情。倉庚于飛，熠燿其羽。鄭《箋》：倉庚仲春而鳴，嫁取之候也。熠熠其羽，羽鮮明也。歸士始行之時，新合昏禮。今還，故極序其情以樂之。之子于歸，皇駁其馬。毛《傳》：黄白曰皇，騂白曰駁。鄭《箋》：之子于歸，謂始嫁時也。皇駁其馬，車服盛也。親結其縭，九十其儀。毛《傳》：縭，婦人之褘也。母戒女，施衿結帨。九十其儀，言多也。鄭《箋》：女嫁，父母既戒之，庶母又申之。九十其儀，言丁寧之多。其新孔嘉，其舊如之何？毛《傳》：言久長之道也。鄭《箋》：嘉，善也。其新來時甚善，至今則久矣，不知其如何也。又極序其情樂而戲之。

《東山》四章，章十二句。

【眉批】

闕文當是「歸勞歸」三字。

按：昔人謂子夏作《小序》，意有不盡，毛更足成之。其殆是《序》之類乎？

按：此知鸛食蟻之説爲無根。

瓜苦四句朱解爲長。

按：合昏還是指歸後而言，故曰樂男女之得及時。若説作追叙未行之前事，便無意味。末二句亦是朱解有趣味。

《傳》：周公居於魯，魯人觀焉，賦《狼跋》。

《序》：《狼跋》，美周公也。周公攝政，遠則四國流言，近則王不知，周大夫美不失其聖也。鄭《箋》：不失其聖者，聞流言不惑，王不知不怨，終立其志，成周之王功，致太平，復成王之位。又爲之大師，終始無愆，聖德著焉。

狼跋其胡，載疐其尾。毛《傳》：興也。跋，躐。疐，跲也。老狼有胡，進則躐其胡，退則跲其尾，進退兩難，然而不失其猛。鄭《箋》：興者，喻周公進則躐其胡，猶始欲攝政，四國流言辟之而居東都也；退則跲其尾，謂後復成王之位而老，成王又留之。其如是，聖德無玷缺。公孫碩膚，赤舄幾幾。毛《傳》：公孫，成王也，豳公之孫也。碩，大。膚，美也。赤舄，人君之盛屨也。幾幾，絇貌。鄭《箋》：公，周公也。孫讀如公孫于齊之孫，孫之言遜遁也。周公攝政，七年，致太平，復成王之位。遜遁辟此成功之大美，欲老。成王又留之以爲大師，赤舄幾幾然。

狼疐其尾，載跋其胡。公孫碩膚，德音不瑕。毛《傳》：瑕，過也。鄭《箋》：不瑕，言不可瑕庇也。

《狼跋》二章，章四句。愚按：經有「公孫」二字，明是指公居東而言，《傳》得之矣。毛乃以公孫爲成王，則大悖。孫毓云：「詩書名例未有稱天子爲公孫者，成王之去豳公又已遠矣。」又此傳美周公，不美成王，何言成王之大美乎？公宜爲周公，《箋》義爲長，然《箋》以公孫爲復成王之位而欲老，則又不如居魯之爲長也。

《傳》：周公歸於周，魯人欲留之，弗克，賦《九罭》。

《序》：《九罭》，美周公也。周大夫刺朝廷之不知也。

九罭之魚鱒魴，毛《傳》：興也。九罭，緵罟，小魚之網也。鱒魴，大魚也。鄭《箋》：設九罭之罟，乃後得鱒魴之魚，言取物各有器也。興者喻王欲迎周公之來，當有其禮。我覯之子，衮衣繡裳。毛《傳》：所以見周公也。衮衣，卷龍也。鄭《箋》：王迎周公，當以上公之服往見之。

鴻飛遵渚，毛《傳》：鴻不宜循渚也。鄭《箋》：鴻，大鳥也，不宜與鳧鷖之屬，飛而循渚。以喻周公，今與凡人處東都之邑，失其所也。公歸無所，於女信處。毛《傳》：周公未得禮也，再宿曰信。鄭《箋》：信，誠也。時東周之人，欲公留不去，故曉之云。公西歸而無所居，則可就女誠處，是東都也。今公當復其位，不得留也。

鴻飛遵陸，毛《傳》：陸，非鴻所宜止。公歸不復，於女信宿。毛《傳》：宿，猶處也。

是以有袞衣兮，無以我公歸兮，毛《傳》：無與公歸之道也。鄭《箋》：是以東都也。東都之人，欲周公留之爲君，故云是以有袞衣。謂成王所齎來袞衣，願其封周公于此，以袞衣命留之無以公西歸。無使我心悲兮。鄭《箋》：周公西歸，西歸而東都之人悲，恩德之愛至深也。

《九罭》四章，一章四句，三章章三句。愚按：詩宜爲一人之詞，朱子所注正與傳意合，即如序云「周大夫刺朝廷之不知」。夫周大夫設爲東人願留公之言，便是美周公，便是刺朝廷之不知矣。毛必欲以迎周公未得體，强合朝廷不知句。鄭又忽爲曉喻東人，忽爲東人自言，未免乖離不一，總不如朱注爲得。

《傳》：周人思周公，而賦《伐柯》。《測》：周公居東時，周人思之也。首章言周之不可無公，後章言欲公之歸，亦非難事。

《序》：《伐柯》，美周公也，周大夫刺朝廷之不知也。鄭《箋》：成王既得雷雨大風之變，欲迎周公，而朝廷群臣猶惑於管、蔡之言，不知周公之聖德，疑於王迎之禮，是以刺之。

伐柯如何，匪斧不克。毛《傳》：柯，斧柄也。禮義者，亦治國之柄。鄭《箋》：克，能也。伐柯之道，唯斧乃能之。此以類求其類也，以喻成王欲迎周公，當使賢者先往。取妻如何，匪媒不得。毛《傳》：媒所以用禮也，治國不能用禮，則不安。鄭《箋》：媒者能通二姓之言，定人室家之道，以喻王欲迎周公當先使曉王與周公之意者又先往。

伐柯伐柯，其則不遠。毛《傳》：以其所願乎，上交乎下；以其所願乎，下交乎上。不遠求也。鄭《箋》：則，法也。伐柯者，必用柯其大小長短。近取法於柯，所謂不遠求也。王欲迎周公使還，其道亦不遠人心，足以知之。我覯之子，籩豆有踐。毛《傳》：踐，行列貌。鄭《箋》：覯，見也。之子，是子，斥周公也。王欲迎周公，當以饗燕之饌行，至則歡樂以説之。

《伐柯》二章，章四句。愚按：二章一體，則之子自應指妻以承上文，豈得忽正指周公。

《傳》：周人□□□，賦《破斧》。

《序》：《破斧》，美周公也，周大夫以惡四國焉。鄭《箋》：惡四國者，惡其流言毁周公也。

既破我斧，又缺我斨。毛《傳》：隋銎曰斧。斧斨，民之用也；禮義，國家之用也。鄭《箋》：四國流言，既破毁我周公，又損傷我成王，以此二者爲大罪。周公東征，四國是皇。毛《傳》：四國，管、蔡、商、奄也。皇，匡也。鄭《箋》：周公既反，攝政，東伐此四國，誅其君罪，正其民人而已。哀我人斯，亦孔之將。毛《傳》：將，大也。鄭《箋》：此言周公之哀我人民，其德亦甚大也。

既破我斧，又缺我錡。毛《傳》：鑿屬曰錡。周公東征，四國是吪。毛《傳》：吪，化也。哀我人斯，亦孔之嘉。鄭《箋》：嘉，美也。

既破我斧，又缺我銶。毛《傳》：木屬曰銶。周公東征，四國是遒。毛《傳》：遒，固也。鄭《箋》：遒，斂也。哀我人斯，亦孔之休。毛《傳》：休，美也。

《破斧》三章，章六句。愚按：以上六詩，皆周公之詩，其爲魯風宜矣。然《左傳》季札見歌《豳》，「曰：美哉！樂而不淫，其周公之東乎」。則又原爲《豳風》，何也？豈季札所聞，猶是夫子未正樂之先，魯大師之誤而此之屬魯，乃是《雅》、《頌》得所之後乎。《七月》一篇爲《小雅》，魯頌諸篇爲魯風，明是《雅》、《頌》得所也。六詩序次，居東憂王室，東征勞歸士，魯人觀周公留周公，周人思周公美周公。以時相次，覺與舊時序次顛倒。張融以爲簡札誤編，多其詞，説者不同矣。

【眉批】

闕文當是「美周公」。

《傳》：僖公城楚丘以備戎，史克頌之，賦《楚宫》。《續説》：《春秋》隱公七年，戎伐凡伯于楚丘以歸。莊公十八年，公追戎於泲西。故僖公二年，城楚丘以備戎也。毛本錯於衛風，以爲衛文公復國之詩，乃承《公羊》之謬耳。《測》：此即《定之方中》也。玩詩文末章，乃與《駉》「思無邪，思馬斯徂」等甚協，則傳爲可信也。

《序》：《定之方中》，美衛文公也。衛爲狄所滅，東徙渡河，野處漕邑，齊桓公攘戎狄而封之。文公徙居楚丘，始建城市而營宫室，得其時制，百姓説之，國家殷富焉。鄭《箋》：《春秋》：閔公二年冬，狄人入衛。衛懿公及狄人戰于熒澤而敗，宋桓迎衛之遺民渡河，立戴公以廬于漕。戴公立一年而卒。魯僖公二年，齊桓公城楚丘而封衛，於是文公立而建國焉。

《左傳》：僖之元年，齊桓公遷刑于夷儀。二年，封衛于楚丘。邢遷如歸，衛國忘亡。衛文公大布之衣、大帛之冠，務材訓農，通商惠工，敬教勸學，授方任能。元年革車三十乘，季年乃三百乘。

定之方中，作于楚宫。毛《傳》：定，營室也。方中，昏正四方。楚宫，楚丘之宫也。仲梁子曰：初立楚宫也。鄭《箋》：楚宫，謂宗廟也。定星昏中而正，于是可以營制宫室，故謂之營室。定昏中而正，謂小雪時，其體與東壁連，正四方。揆之以日，作于楚室。毛《傳》：揆，度也。度日出日入以知東西。南視定，北準極，以正南北。室，猶宫也。鄭《箋》：楚室，居室也。君子將營宫室，宗廟爲先，廏庫爲次，居室爲後。樹之榛栗，椅桐梓漆，爰伐琴瑟。毛《傳》：椅，梓屬。鄭《箋》：爰，曰也。樹此六木于宫者，曰：其長大可伐以爲琴瑟，言預備也。

升彼虚矣，以望楚矣。望楚與堂，景山與京，毛《傳》：虚，漕虚也。楚丘有堂邑者。景山，大山。京，高丘也。鄭《箋》：自河以東夾於濟水，文公將徙，登漕之虚以望楚丘，觀其旁邑，及其丘山，審其高下所依倚，乃後建國焉，慎之至也。降觀于桑。毛《傳》：地勢宜蠶，可以居民。卜云其吉，終焉允臧。毛《傳》：龜曰卜。允，信。臧，善也。建國必卜之，故建邦能命龜，田能施命，作器能銘，使能造命，升高能賦，師旅能誓，山川能説，喪紀能誄，祭祀能語，君子能此九者，可謂有德音，可以爲大夫。

靈雨既零，命彼倌人。星言夙駕，説于桑田。毛《傳》：零，落也。倌人，主駕者。鄭《箋》：靈，善也。星，雨止見星。夙，早也。文公於雨下，命主駕者：「雨止，爲我晨早駕。」欲往爲辭説於桑田，教民稼穡，務農急也。匪直也人，毛《傳》：非徒庸君。秉心塞淵，毛《傳》：秉，操也。鄭《箋》：塞，充實也。淵，深也。騋牝三千。毛《傳》：馬七尺以上曰騋。騋馬與牝馬也。鄭《箋》：國馬之制，天子十有二閑，馬六種，三千四百五十六匹。邦國六閑，馬四種，一千二百九十六匹。衛之先君，兼邶、鄘而有之，而馬數過禮制。今文公滅而復興徙，而能富，馬有三千，雖非禮制，國人美之。

《定之方中》三章，章七句。愚按：楚丘爲衛城，《左傳》歷有明文，《詩傳》乃謂爲魯詩。《續説》引戎伐凡伯于楚丘爲證，蓋凡伯聘魯而戎伐之，則楚丘似爲魯地，因謂錯于衛風者，乃承公宰之謬。然《續説》引僖公二年城楚丘以備戎，今按：《左傳》僖公二年春，乃正諸侯、城楚丘而封衛也，則《左傳》亦豈誤耶？但《春秋經》僖公二年春王正月城楚丘，不言衛，亦不言齊，亦不言諸侯，書法似是謂魯城之者。前後書衛事，並不及楚丘，豈《左傳》自誤，而《詩傳》之説，固可據耶？

《傳》：僖公□□□□□□□，賦《駉》。

《序》：《駉》，頌僖公也。僖公能遵伯禽之法，儉以是用，寬以愛民，務農重穀，牧于坰野，魯人尊之。于是季孫行父請命于周而史克作是頌。鄭《箋》：季孫行父，季文子也。史克，魯史也。

駉駉牡馬，在坰之野。毛《傳》：駉駉，良馬腹幹肥張也。坰，遠野也。邑外曰郊，郊外曰野，野外曰林，林外曰坰。鄭《箋》：必牧于坰野者，避民居與良田也。《周禮》曰：以官田、牛田、賞田、牧田任遠郊之地。薄言駉者：有驈有皇，有驪有黄，以車彭彭。毛《傳》：牧之坰野，則駉駉然。驪馬白跨曰驈，黄白曰皇，純黑曰驪，黄騂曰黄。諸侯六閑，馬四種。有良馬，有戎馬，有田馬，有駑馬。彭彭，言有力有容也。思無疆，思馬斯臧。鄭《箋》：臧，善也。僖公之思，遵伯禽之法，反覆思之，無有竟已，乃至于思馬斯善多，其所及廣博。

駉駉牡馬，在坰之野。薄言駉者：有騅有駓，有騂有騏，以車伾伾。毛《傳》：蒼白雜毛曰騅，黄白雜毛曰駓，赤黄曰騂，蒼祺曰騏。伾伾，有力也。思無期，思馬斯才。毛《傳》：才，多材也。

駉駉牡馬，在坰之野。薄言駉者：有驒有駱，有駵有雒，以車繹繹。毛《傳》：青驪驎曰驒，白馬黑鬣曰駱，赤身黑鬣曰駵，黑身白鬣曰雒。繹繹，善走也。思無斁，思馬斯作。毛《傳》：作，始也。鄭《箋》：斁，厭也。思遵伯禽之法，無厭倦也。作，謂牧之使可乘駕也。

駉駉牧馬，在坰之野。薄言駉者：有駰有騢，有驔有魚，以車祛祛。毛《傳》：陰白雜毛曰駰，彤白雜毛曰騢，豪骭曰驔，二目白曰魚。祛祛，彊健也。思無邪，思馬斯徂。鄭《箋》：徂，猶行也。思遵伯禽之法，專心無復邪意也，牧馬使可走行。

《駉》四章，章八句。愚按：孔穎達《正義》曰「此難僭名爲《頌》而體實《國風》」，彼亦不知《詩傳》之原爲《魯風》也。《序》云：「季孫行父請命于周而史克作頌。」鄭氏《譜》因之，乃請命事不見《春秋經傳》，未必可信。愚謂此下諸詩，每篇《傳》有史克頌之句，當是因此「頌」字，相沿誤以爲頌，而諸儒遂強爲之説耳。不知頌之即美之意，非風雅頌之頌也。且此與《有駜》實是風體，惟《泮水》、《閟宫》頗似雅耳。

【眉批】

闕文疑是「考牧史克頌之」。

《傳》：僖公獻捷於太廟，史克頌之，賦《泮水》。

《序》：《泮水》，頌僖公能修泮宫也。

思樂泮水，薄采其芹。毛《傳》：泮水，泮宫之水也。天子辟廱，諸侯泮宫。言水則采取其芹，宫則采取其化。鄭《箋》：芹，水菜也。言己思樂僖公之修泮宫之水，復伯禽之法，而往觀之，采其芹也。辟廱者，築土雝水之外，圓如璧，四方來觀者均也。泮之言半也。半水者，蓋東西門以南通水，北無也。天子諸侯宫異制因形然。魯侯戾止，言觀其旂。其旂茷茷，鸞聲噦噦。無小無大，從公于邁。毛《傳》：戾，來。止，至也。言觀其旂，言法則其文章也。茷茷，言有法度也。噦噦，言其聲也。鄭《箋》：于邁，邁行也。我采水之芹，見僖公來至于泮宫，我則觀其旂茷茷然，鸞和之聲噦噦然。臣無尊卑，皆從君行而來。稱言此者，僖公賢君，人樂見之。

思樂泮水，薄采其藻。魯侯戾止，其馬蹻蹻。其馬蹻蹻，其音昭昭。毛《傳》：其馬蹻蹻，言彊盛也。鄭《箋》：其音昭昭，僖公之德音。載色載笑，匪怒伊教。毛《傳》：色温潤也。鄭《箋》：僖公之至泮宫，和顔色而笑語，非有所怒于是，有所教化也。

思樂泮水，薄采其茆。毛《傳》：茆，鳧葵也。魯侯戾止，在泮飲酒。既飲旨酒，永錫難老。鄭《箋》：在泮飲酒者，徵先生君子，與之行飲酒之禮而因以謀事也。已飲美酒而長賜其難使老，難使老者最壽考也。長賜之者，如《王制》所云

「八十月(日)告存,九十日有秩」者與。順彼長道,屈此群醜。毛《傳》:屈,收。醜,衆也。鄭《箋》:順從長遠,屈治醜惡也。是時淮夷叛逆,既謀之于泮宫,則從彼遠道往伐之,治此群爲惡之人。

穆穆魯侯,敬明其德,敬慎威儀,維民之則。允文允武,昭假烈祖。毛《傳》:假,至也。鄭《箋》:則,法也。僖公之行,民之所法傚也。僖公信文矣,爲修泮宫也。信武矣,爲伐淮夷也。其聰明乃至于美祖之德,謂遵伯禽之法。靡有不孝,自求伊祜。鄭《箋》:祜,福也。國人無不法傚之者,皆庶幾力行,自求福禄。

明明魯侯,克明其德。既作泮宫,淮夷攸服。鄭《箋》:克,能。攸,所也。言僖公能明其德,修泮宫而德化行,於是伐淮夷,所以能服也。矯矯虎臣,在泮獻馘。淑問如臯陶,在泮獻囚。毛《傳》:囚,拘也。鄭《箋》:矯矯,武貌。馘,所格者之左耳。淑,善也。囚,所虜獲者。僖公既伐淮夷,而反在泮宫,使武臣獻馘,又使善聽獄之吏如臯陶者獻囚。言伐有功,所任得其人。

濟濟多士,克廣德心。桓桓于征,狄彼東南。毛《傳》:桓桓,威武貌。鄭《箋》:多士,謂虎臣及如臯陶之屬。征,征伐也。狄,當作剔。剔,治也。東南,斥淮夷。烝烝皇皇,不吴不揚。不告于訩,在泮獻功。毛《傳》:烝烝,厚也。皇皇,美也。揚,傷也。鄭《箋》:烝烝,猶進進也。皇皇,當作暀暀,猶往往也。吴,譁也。訩,訟也。言多士之於伐淮夷,皆勸之有進進往往之心,不讙譁,不大聲。僖公還在泮宫,又無以争訟之事,告於治訟之官者,皆自獻其功。

角弓其觩,束矢其搜。戎車孔博,徒御無斁。既克淮夷,孔淑不逆。毛《傳》:觩,弛貌。五十矢爲束。搜,衆意也。鄭《箋》:角弓觩然,言持弦急也。束矢搜然,言勁疾也。博,當作傅。甚傅緻者,言安利也。徒行者,御車者,皆敬其事,又無厭倦也。僖公以此兵衆伐淮夷而勝之,其士卒甚順軍法而善,無有爲逆者,謂堙井刊木之類。式固爾猶,淮夷卒獲。鄭《箋》:式,用。猶,謀也。用堅固女軍謀之故,故淮夷盡可獲服也。謀,爲度己之德,慮彼之罪,以出兵也。

翩彼飛鴞,集于泮林。食我桑黮,懷我好音。毛《傳》:鴞,惡聲之鳥也。黮,桑實也。鄭《箋》:懷,歸也。言鴞恒惡鳴,今來止於泮水之木上,食其桑黮,爲此之故,改其鳴,歸就我以善音,喻人感於恩則化也。憬彼淮夷,來獻其琛。元龜象齒，大賂南金。毛《傳》：憬，遠行貌。琛，寶也。元龜，尺二寸。賂，遺也。南，謂荆揚也。鄭《箋》：大，猶廣也。廣賂者，賂君及卿大夫也。荆揚之州，貢金三品。

《泮水》八章，章八句。

《傳》：僖公燕飲而史克頌之，賦《有駜》。

《序》：《有駜》，頌僖公君臣之有道也。鄭《箋》：有道者，以禮義相與之謂也。

有駜有駜，駜彼乘黄。毛《傳》：駜，馬肥彊貌。馬肥彊，則能升高進遠；臣彊力，則能安國。鄭《箋》：此喻僖公之用臣，必先致其禄食。禄食足，而臣莫不盡其忠。夙夜在公，在公明明。鄭《箋》：夙，早也。言時臣憂念君事，早起夜深，在於公之所。在於公之所，但明義明德也。《禮記》曰：「大學之道，在明明德。」振振鷺，鷺于下。鼓咽咽，醉言舞。于胥樂兮。毛《傳》：振振，群飛貌。鷺，白鳥也，以興潔白之士。咽咽，鼓節也。鄭《箋》：于，於。胥，皆也。僖公之時，君臣無事，則相與明義明德而已。潔白之士群集於君之朝，君以禮樂與之飲酒。以鼓節之，咽咽然。至于無算爵，則又舞，燕樂以盡其歡，君臣於是則皆喜樂也。

有駜有駜，駜彼乘牡。夙夜在公，在公飲酒。毛《傳》：言臣有餘敬，而君有餘惠。振振鷺，鷺于飛。鼓咽咽，醉言歸。于胥樂兮。鄭《箋》：飛，喻群臣飲酒，醉欲退也。

有駜有駜，駜彼乘駽。毛《傳》：青驪曰駽。夙夜在公，在公載燕。鄭《箋》：載言則也。自今以始，歲其有。君子有穀，詒孫子。于胥樂兮。毛《傳》：歲其有，豐年也。鄭《箋》：穀，善。詒，遺也。君臣安樂，則陰陽和而有豐年，其善道可以遺子孫也。

《有駜》三章，章九句。

《傳》：僖公八年，始用郊禘。史克頌之，賦《閟宫》。《續説》：孔子曰：「魯之郊禘非禮也。」然不詳其所始。《禮記・明堂位》曰：「成王以周公有大勳勞，賜伯禽天子禮樂。」《墨子》書曰：「魯惠公請於平王而用之。」先儒互有是非，迄無定論。今子貢《傳》以爲實始于僖公，于春秋所紀最合。而記亦言諸侯之僭禮，自齊桓公始也。魯僖之前，桓有大雩，閔有吉禘，漸已僭越，而未有郊也。至僖而郊禘始見於《春秋》，蓋僖與齊桓同時，皆有功周室，恃功而僭禮，諸侯皆有效尤者矣。王室甚衰，方賴諸侯以僅存，無敢問其非禮，此夫子所以嘆之也。《續考》：《春秋》僖公八年秋七月，禘於太廟，用致夫人。三十一年夏四月，四卜郊不從，乃免牲，猶三望。

《序》：《閟宫》，頌僖公能復周公之宇也。鄭《箋》：宇，居也。

閟宫有侐，實實枚枚。毛《傳》：閟，閉也。先妣姜嫄之廟在周，常閟而無事。孟仲子曰：是禖宫也。侐，清浄也。實實，廣大也。枚枚，礱密也。鄭《箋》：閟，神也。姜嫄神所在，故廟曰神宫。赫赫姜嫄，其德不回。上帝是依，無災無害。彌月不遲，毛《傳》：上帝是依，依其子孫也。鄭《箋》：依，依其身也。彌，終也。赫赫乎，顯著姜嫄也。其德貞正不回邪，天用是馮依而降精氣。其任之又無灾害，不坼不副，終人道十月而生子不遲晚。是生后稷。降之百福：黍稷重穋，稙穉菽麥。奄有下國，俾民稼穡。毛《傳》：先種曰稙，後種曰穉。鄭《箋》：奄，猶覆也。姜嫄用是而生子后稷，天神多與之福，以五穀終覆蓋天下，使民知稼穡之道，言其不空生也。后稷生而名棄，長大。堯祭用之，使居稷官，民賴其功。後雖作司馬，天下猶以后稷稱焉。有稷有黍，有稻有秬。奄有下土，纘禹之緒。毛《傳》：緒，業也。鄭《箋》：秬，黑黍也。緒，事也。堯時洪水爲災，民不粒食。天神多予后稷以五穀，禹平水土，乃教民播種之，于是天下大有，故云繼禹之事也。美之，故申説以明之。

后稷之孫，實維大王，居岐之陽，實始剪商。毛《傳》：剪，齊也。鄭《箋》：剪，斷也。大王自豳徙居岐陽，四方之民咸歸往之。于時而有王迹，故云是始斷商。至于文武，纘大王之緒，致天之届，于牧之野。「無二無虞，上帝臨女」。毛《傳》：虞，誤也。鄭《箋》：届，殛。虞，度也。文王、武王繼大王之事，至受命致太平，天所以罰殛紂于商郊牧野。其時之民，皆樂武王之如是，故戒之云：「無有二心也，無復計度也。天視護女，至則克勝。」敦商之旅，克咸厥功。鄭《箋》：敦，治。
旅，衆。咸，同也。武王克殷，而治商之臣民，使得其所，能同其功於先祖也。后稷、大王、文王，亦周公之祖考也。伐紂，周公
又與焉，故述之以美大魯。

王曰叔父，建爾元子，俾侯于魯。大啓爾宇，爲周室輔。毛《傳》：王，成王也。元，首。宇，居也。鄭《箋》：叔
父，謂周公也。成王告周公曰：「叔父，我立女首子，使爲君於魯。」謂欲封伯禽也。封魯公以爲周公後，故云大開女居，以爲我
周家之輔。謂封以方七百里，欲其彊于衆國。乃命魯公，俾侯于東。錫之山川，土田附庸。鄭《箋》：東，東藩，魯國也。
既告周公以封伯禽之意，乃策命伯禽，使爲君于東。加賜之以山川土田及附庸，令專統之。《王制》曰：「名山大川，不以封諸
侯。附庸，則不得專臣也。」周公之孫，莊公之子，龍旂承祀，六轡耳耳，春秋匪解，享祀不忒。毛《傳》：周公之孫、莊
公之子，謂僖公也。耳耳然，至盛也。鄭《箋》：交龍爲旂。承祀，謂視祭事也。四馬，故六轡。春秋，猶言四時也。忒，變也。
皇皇后帝，皇祖后稷，享以騂犧，是饗是宜，降福既多。毛《傳》：騂，赤。犧，純也。鄭《箋》：皇皇后帝，謂天也。成王
以周公功大，命魯郊祭天，亦配之以君祖、后稷。其牲用赤牛，純色與天子同也。天亦饗之宜之，多予之福。周公皇祖，亦其
福女。秋而載嘗，夏而楅衡，白牡騂剛。犧尊將將，毛炰胾羹，籩豆大房。萬舞洋洋，孝孫有慶。毛《傳》：諸侯
夏禘則不礿，秋祫則不嘗，唯天子兼之。楅衡，設牛角以楅之也。白牡，周公牲也。騂剛，魯公牲也。犧尊，有沙飾也。毛炰，
豚也。胾，肉也。羹，大羹、鉶羹也。大房，半體之俎也。洋洋，衆多也。鄭《箋》：此皇祖，謂伯禽也。載，始也。秋將嘗祭，于
夏則養牲。楅衡其牛角，爲其觸牴人也。秋嘗而言始者，秋物新成，尚之也。大房，玉飾俎也。其制足間有横，下有跗，似乎堂
後有房然。萬舞，干舞也。俾爾熾而昌，俾爾壽而臧，保彼東方，魯邦是常。不虧不崩，不震不騰，三壽作朋，如
岡如陵。毛《傳》：震，動也。騰，乘也。壽，考也。鄭《箋》：此皆慶孝孫之辭也。俾，使。臧，善。保，安。常，守也。虧、崩，
皆謂毀壞也。震、騰，皆謂僭踰相侵犯也。三壽，三卿也。岡、陵，取堅固也。

公車千乘，朱英緑縢，二矛重弓。毛《傳》：大國之賦千乘。朱英，矛飾也。縢，繩也。重弓，重于鬯中也。鄭《箋》：

二矛重弓，備折壞也。兵車之法，左人持弓，右持矛，中人御。公徒三萬，貝胄朱綅，烝徒增增。毛《傳》：貝胄，貝飾也。朱綅，以朱綅綴之。增增，衆也。鄭《箋》：萬二千五百人爲軍。大國三軍，合三萬七千五百人。言三萬者，舉成數也。烝，進也。徒進行增增然。戎狄是膺，荆舒是懲，則莫我敢承。毛《傳》：膺，當。承，正也。鄭《箋》：懲，艾也。僖公與齊桓舉義兵，北當戎與狄，南艾荆及群舒，天下無敢禦也。俾爾昌而熾，俾爾壽而富，黄髮台背，壽胥與試。鄭《箋》：此慶僖公勇于用兵討有罪也。黄髮台背，皆壽徵也。胥，相也。壽而相與試，謂講氣力不衰倦。俾爾昌而大，俾爾耆而艾，萬有千歲，眉壽無有害。鄭《箋》：此又慶僖公勇于用兵，討有罪也。中時魯微弱，爲鄰國所侵削，今乃復其故，故喜而重慶之。俾爾，猶使女也。眉壽，秀眉，亦壽徵。

泰山巖巖，魯邦所詹。奄有龜蒙，遂荒大東，至于海邦，淮夷來同。莫不率從，魯侯之功。毛《傳》：詹，至也。龜，山也。蒙，山也。荒，有也。鄭《箋》：奄，覆。荒，奄也。大東，極東。海邦，近海之國也。來同，爲同盟也。率從，相率從于中國也。魯侯，謂僖公。

保有鳧繹，遂荒徐宅。至于海邦，淮夷蠻貊。及彼南夷，莫不率從。莫敢不諾，魯侯是若。毛《傳》：鳧，山也。繹，山也。宅，居也。淮夷，蠻貊如夷行也。南夷，荆楚也。若，順也。鄭《箋》：諾，應辭也。是若者，是僖公所謂順也。

天錫公純嘏，眉壽保魯。居常與許，復周公之宇。毛《傳》：常、許，魯南鄙、西鄙。鄭《箋》：純，大也。受福曰嘏。許，許田也，魯朝宿之邑也。常，或作嘗，在薛之旁。《春秋》魯莊公三十一年築臺于薛，是與周公有常邑。許，許田，未聞也。六國時齊有孟嘗君，食邑於薛。魯侯燕喜，令妻壽母。宜大夫庶士，邦國是有。既多受祉，黄髮兒齒。鄭《箋》：燕，燕飲也。令，善也。僖公燕飲于内寢，則善其妻，壽其母，謂爲之祝慶也。與群臣燕，則欲與之相宜，亦祝慶也。是有，猶常有也。兒齒，亦壽徵。

徂來之松，新甫之柏，是斷是度，是尋是尺。毛《傳》：徂徠，山也。新甫，山也。八尺曰尋。松桷有舄，路寢孔碩。新廟奕奕，奚斯所作。毛《傳》：桷，榱也。舄，大貌。路寢，正寢也。新廟，閔公廟也。有大夫公子奚斯者，作是廟也。鄭《箋》：孔，甚。碩，大也。奕奕，姣美也。修舊曰新。新者，姜嫄廟也。僖公承衰亂之政，修周公伯禽之教，故治正寢，上修姜嫄之廟。姜嫄之廟，廟之先也。奚斯作者，教護屬功課章程也。至文公之時，大室屋壞。孔曼且碩，萬民是若。毛《傳》：曼，長也。鄭《箋》：曼，修也，廣也。且，然也。國人謂之順也。

《閟宫》八章，二章章十七句；一章十二句；一章三十八句；二章章八句；二章章十句。愚按：頌皆告神之樂歌，獨魯頌諸篇，止稱美其君。惟閟宫少及郊祀作廟，然亦是侈觀美，揚功業而祝壽考，原非告神之詞也，何以爲頌耶。《傳》列之《風》，疑即孔子之所謂得其所也與。

豳譜 附

豳者，后稷之曾孫也。公劉者，自邰而出所徙戎狄之地名，今屬右扶風栒邑。公劉以夏后太康時，失其官守，竄於此地，猶修后稷之業，勤恤愛民，民咸歸之，而國成焉。其封域在《禹貢》雍州岐山之北，原隰之野。至商之末世，太王又避戎狄之難，而入處於岐陽，民又歸之。公劉之出，太王之入，雖有其異，由有事難之，故皆能守后稷之教，不失其德。成王之時，周公避流言之難，出居東都二年，思公劉、太王居豳之職，憂念民事至苦之功，以比序己志。後成王迎之，及之攝政，致太平。其出入也，一德不回，純似於公劉、太王之所爲。太師大述其志，主意於豳公之事，故别其詩，以爲豳國變風焉。

【眉批】

附《豳譜》，《七月》一章已入雅，周公諸詩已爲魯風，此譜無着，故附魯後。

聖門傳詩嫡冢卷之三

吴興凌濛初輯

國風

邶鄘衛譜

邶、鄘、衛者，商紂畿内方千里之地。其封域在《禹貢》冀州大行之東，北踰衡漳，東及兖州桑土之野。周武王伐紂，以其京師封紂子武庚爲殷後。庶殷頑民被紂化日久，未可以建諸侯，乃三分其地，置三監，使管叔、蔡叔、霍叔尹而教之。自紂城而北謂之邶，南謂之鄘，東謂之衛。武王既喪，管叔及其群弟見周公將攝政，乃流言於國曰：「公將不利于孺子。」周公避之，居東都二年。秋大熟未穫，有雷電疾風之異，乃後成王悦而迎之，反而遂居攝。三監導武庚叛，成王既黜殷命，殺武庚，復伐三監，更于此三國建諸侯。以殷餘民封康叔于衛，使爲之長。後世子孫稍並彼三國，混而名之。七世至頃侯，當周夷王時，衛國政衰，變風始作。故作者各有所傷，從其國本而異之爲邶、鄘、衛之詩焉。

邶 《考補》：管叔當武王時爲大夫，食邑于管，武王封爲邶侯。後以國除，止稱管叔。

《傳》：管叔封于邶，與蔡叔、霍叔、康叔監殷。四國妨周公，康叔諫不聽。三叔遂以殷畔，康叔憂王室，賦《柏舟》。子曰：「仁矣。吾於《柏舟》，見匹夫之不可敚志也。」《續説》：成王幼立，周公攝政。三叔流言于國，周公避居于魯。成王聽大公、召公之言，迎周公復政。管叔愳，乃同蔡、霍挾武庚以畔。獨康叔心乎王室，憂之深而作此詩。漢世講師，蓋聞夫子稱仁之説，而不知仁人爲誰，故《小序》云云，其謬已甚，朱子辨之當矣。然又因劉向《列女傳》以爲賢婦之詩，而疑其亦爲莊姜所作，皆由未見此《傳》而臆之。《考補》：按太公《金匱》等書，紂之末年，八百諸侯請武王伐紂。管叔曰：「商而可伐，則先君其伐之矣。」武王欲止，大公、周公贊之。既克殷，封武庚爲殷公。武王顧管叔曰：「存殷者其子哉。」故使監殷。武王崩，武庚行善，稍致富强，從之者十七國。管叔使告周公曰：「盍尊殷爲天子，而周復爲西伯。不然，將不利于孺子。」周公不聽，管叔遂率蔡、霍從武庚伐周，以復殷爲名。周公東征，與康叔夾攻而破之。管叔自縊死，榜其罪以示天下。囚蔡叔於郭鄰，使其子仲續封于蔡。降霍叔爲庶人，三年不齒。殷王禄父出奔北狄而死，殷之頑民追謚之曰武庚。

《序》：《柏舟》，言仁而不遇也。衛頃公之時，仁人不遇，小人在側。鄭《箋》：不遇者，君不受己之志也。君近小人，則賢者見侵害。

泛彼柏舟，亦泛其流。毛《傳》：興也。泛泛，流貌。柏舟，所以宜爲舟也。亦泛泛其流，不以濟渡也。鄭《箋》：舟載渡物者，今不用而與衆物泛泛然俱流水中。興者，喻仁人之不見用，而與群小並列。亦，猶是也。耿耿不寐，如有隱憂。毛《傳》：耿耿，猶儆儆也。隱，痛也。鄭《箋》：仁人既不遇，憂在見侵害。微我無酒，以敖以游。毛《傳》：非我無酒，可以敖游忘憂也。

我心匪鑒，不可以茹。毛《傳》：鑒，所以察形也。茹，度也。鄭《箋》：鑒之察形，但知方圓白黑，不能度其真僞。我心非如是鑒，我於衆人之善惡外，内心度知之。亦有兄弟，不可以據。毛《傳》：據，依也。鄭《箋》：兄弟至親，當相據依。言亦有不相據依，以爲是者，希耳。責之以兄弟之道，謂同姓臣也。薄言往愬，逢彼之怒。毛《傳》：彼，彼兄弟。

我心匪石，不可轉也。我心匪席，不可卷也。毛《傳》：石雖堅，尚可轉；席雖平，尚可卷。鄭《箋》：言己心志堅平，過于石、席。威儀棣棣，不可選也。毛《傳》：君子望之，儼然可畏，禮容俯仰，各有威儀耳。棣棣，富而閑習也。物有其容，不可數也。鄭《箋》：稱己威儀如此者，言己德備而不遇，所以愠也。

憂心悄悄，愠于群小。毛《傳》：愠，怒也。悄悄，憂貌。鄭《箋》：群小，衆小人在君側者。覯閔既多，受侮不少。毛《傳》：閔，病也。静言思之，寤辟有摽。毛《傳》：静，安也。辟，拊心也。摽，拊心貌。鄭《箋》：言，我也。

日居月諸，胡迭而微？毛《傳》：日，君象也。月，臣象也。微，謂虧傷也。君道當常明如日，而月有虧盈。今君失道而任小人，大臣專恣，則日如月然。心之憂矣，如匪澣衣。毛《傳》：如衣之不澣矣。鄭《箋》：衣之不澣，則憒辱無照察。静言思之，不能奮飛。毛《傳》：不能如鳥奮翼而飛去。鄭《箋》：臣不遇於君，猶不忍去，厚之至也。

《柏舟》五章，章六句。愚按：玩詩中隱憂及兄弟句，覺《傳》説之爲長，且四國與《破斧》之四國正合，《傳》之可據，較《序》爲多矣。

《傳》：管叔將畔，大夫諫之，賦《雄雉》。

《序》：《雄雉》，刺衛宣公也。淫亂不恤國事，軍旅數起，大夫久役，男女怨曠，國人患之，而作是詩。鄭《箋》：淫亂者，荒放於妻妾，烝於夷姜之等。國人久處軍旅之事，故男多曠，女多怨也。男曠而苦其事，女怨而望其君子。

雄雉于飛，泄泄其羽。毛《傳》：興也。雄雉見雌雉，飛而鼓其翼，泄泄然。鄭《箋》：興者，喻宣公整其衣服而起，奮訊其形貌，志在婦人而已，不恤國之政事。我之懷矣，自詒伊阻。毛《傳》：詒，遺。伊，維。阻，難也。鄭《箋》：懷，安也。伊，當作緊。緊，猶是也。君之行如是，我安其朝而不去。今從軍旅久役不得歸，此自遺以是患難。

雄雉于飛，下上其音。鄭《箋》：下上其音，興宣公小大其聲，怡悦婦人。展矣君子，實勞我心。毛《傳》：展，誠也。

鄭《箋》：誠矣君子，愬于君子也。君之行如是，實使我心勞矣。君若不然，則我無軍旅之事。

瞻彼日月，悠悠我思。毛《傳》：瞻，視也。鄭《箋》：日月之行，迭往迭來。今君子獨久行役而不來，使我心悠悠然思之。女怨之辭。道之云遠，曷云能來。鄭《箋》：曷，何也。何時能來，望之也。

百爾君子，不知德行。鄭《箋》：爾，女也，女衆君子。我不知人之德行何如者，可謂爲德行事君，或有所留。女怨，故問此焉。不忮不求，何用不臧。毛《傳》：忮，害。臧，善也。鄭《箋》：我君子之行，不疾害，不求備于一人。其行何用爲不善，而君獨遠使之在外，不得來歸。亦女怨之詞。

《雄雉》四章，章四句。愚按：此詩從《傳》解，則「自詒伊阻」、「不忮不求」等語，語意皆肖。至于《小序》久役恐曠之説，則詩義本直截，毛所以只解字義，朱注統作婦人之詩最合。鄭以上二章爲男曠，下二章爲女怨，而雄雉乃是興淫亂，無非欲牽經以配《序》，反覺支離。不思《序》所云淫亂不恤國事、軍旅數起者，乃推久役之由。夫久役而婦思其苦，即是男女怨曠。何室碍而强欲分配其説，致章各異辭，血脉俱不暢耶？

《傳》：管叔以殷畔，邶人風之，賦《匏有苦葉》。《測》：首章，言殷未可用，周未可圖，當度其時勢之宜。二章，言周勢方盛，以若所爲，事屬輕舉，是濟盈濡軌，雉鳴求牡，必不得之數也。三章，舉婚禮而言，以見管叔無禮之甚。四章，言管叔殊不擇其類也。涉水者尚須其友，武庚何人，而可附耶？通篇是寓言，故曰風。

《序》：《匏有苦葉》，刺衛宣公也。公與夫人並爲淫亂。鄭《箋》：夫人，謂夷姜。

匏有苦葉，濟有深涉。毛《傳》：興也。匏謂之瓠，瓠葉苦不可食也。濟，渡也。由膝以上爲涉。鄭《箋》：瓠葉苦而渡處深，謂八月之時，陰陽交會，始可以爲昏禮，納采問名。深則厲，淺則揭。毛《傳》：以衣涉水爲厲，謂由帶以上也。揭，褰衣也。遭時制宜，如遇水深則厲，淺則揭矣。男女之際，安可以無禮義？將無以自濟也。鄭《箋》：既以深淺記時，因以水深淺喻男女之才性，賢與不肖及長幼也。各順其人之宜，爲之求配耦。

有瀰濟盈，有鷕雉鳴。毛《傳》：瀰，深水也。盈，滿也。深水，人之所難也。鷕，雌雉聲也。衛夫人有淫佚之志，授人以色，假人以辭，不顧禮義之難，至使宣公有淫昏之行。鄭《箋》：有瀰濟盈，謂過于厲，喻犯禮深也。濟盈不濡軌，雉鳴求其牡。毛《傳》：濡，漬也。由輈以上爲軌，違禮義不由其道，猶雉鳴而求其牡矣。飛曰雌雄，走曰牝牡。鄭《箋》：渡水深者必濡其軌，言不濡者，喻夫人犯禮而不自知。雉鳴反求其牡，喻夫人所求非所求。

雝雝鳴鴈，旭日始旦。毛《傳》：雝雝，鴈聲和也。納采用鴈。旭日始出，謂大昕之時。鄭《箋》：鴈者隨陽而處，似婦人從夫，故昏禮用焉。自納采至請期用昕，親迎用昏。士如歸妻，迨冰未泮。毛《傳》：迨，及。泮，散也。鄭《箋》：歸妻，使之來歸于己，謂請期也。冰未散，正月中以前也，二月可以昏矣。

招招舟子，人涉卬否。毛《傳》：招招，號召之貌。舟子，舟人，主濟渡者。卬，我也。鄭《箋》：舟人之子號召當渡者，猶媒人之會男女無夫家者，使之爲妃匹。人皆從之而渡，我獨否。人涉卬否，卬須我友。毛《傳》：人皆涉，我友未至，我獨待之而不涉。以言室家之道，非德所適，貞女不行；非得禮義，昏姻不成。

《匏有苦葉》四章，章四句。愚按：《國語》叔向曰：「苦葉不材於人，供濟而已。」則首二句原是一意，而以貫下二句。朱子之説，最爲直截。

《傳》：管叔以殷畔，仕者苦之，賦《北門》。《測》：以殷畔周，故及于王事。

《序》：《北門》，刺仕不得志也。言衛之忠臣，不得其志爾。鄭《箋》：不得其志者，君不知己志而遇困苦。

出自北門，憂心殷殷。毛《傳》：興也。北門背明鄉陰。鄭《箋》：自，從也。興者，喻己仕于闇君，猶行而出北門，心爲之憂殷殷然。終窶且貧，莫知我艱。毛《傳》：窶者，無禮也。貧者，困於財。鄭《箋》：艱，難也。君於己禄薄，終不足以爲禮。又近困於財，無知己。以此爲難者，言君既然矣，諸臣亦如之。已焉哉！天實爲之，謂之何哉！鄭《箋》：謂，勤也。

詩人事君無二志，故自決歸之于天。我勤身以事君何哉，忠之至。

王事適我，政事一埤益我。毛《傳》：適，之。埤，厚也。鄭《箋》：國有王命役使之事，則不以之彼，必來之我。有賦稅之事，則減彼一而以益我。言君政偏，己兼其苦。我入自外，室人交徧讁我。毛《傳》：讁，責也。鄭《箋》：我從外而入，在室之人更迭徧來責我，使己去也。言室人亦不知己志。已焉哉！天實爲之，謂之何哉！

王事敦我，政事一埤遺我。毛《傳》：敦，厚。遺，加也。鄭《箋》：敦，猶投擲也。我入自外，室人交徧摧我。毛《傳》：摧，沮也。鄭《箋》：摧者，刺譏之言。已焉哉！天實爲之，謂之何哉。

《北門》三章，章七句。

《傳》：邶之伶柬，心平王室，賦《柬兮》。《續說》：伶，樂官。柬，其人之名。《考補》：伶氏，伶倫之後。柬，古簡字，其名也，而舊說訓爲簡傲，猶《易·震》：「用伐鬼方。」震，摯伯名，而訓爲震揚威武。《書》：「巧言令色孔壬。」孔壬，乃共工名，而訓爲包藏姦惡，皆不考。《測》：心平王室云者，因有以殷叛之事，故思西方之人。西方之人，明指周公。

《序》：《簡兮》，刺不用賢也。衛之賢者，仕於伶官，皆可以承事王者也。鄭《箋》：伶官，樂官也。伶氏世掌樂官而善焉，故後世多號樂官爲伶官。

簡兮簡兮，方將萬舞。毛《傳》：簡，大也。方，四方也。將，行也。以干羽爲萬舞，用之宗廟山川，故言于四方。鄭《箋》：簡，擇。將，且也。擇兮擇兮者，爲且祭祀，當爲舞也。萬舞，干羽也。日之方中，在前上處。毛《傳》：教國子弟以日中爲期。鄭《箋》：在前上處者，在前列上頭也。《周禮》：大胥掌學士之版，以待致諸子，春入學舍采合舞。碩人俁俁，公庭萬舞。毛《傳》：碩人，大德也。俁俁，容貌大也。萬舞非但在四方，親在宗廟公庭。

有力如虎，執轡如組。毛《傳》：組，組織也。武力比于虎，可以御亂。御衆有文章，言能治衆。動于近，成于遠也。鄭

《箋》：碩人有御亂御衆之道，可任爲王臣。左手執籥，右手秉翟。毛《傳》：籥，六孔。翟，翟羽也。鄭《箋》：碩人多才多藝，又能籥舞，言文武道備。赫如渥赭，公言錫爵。毛《傳》：赫，赤貌。渥，厚漬也。祭有畀煇胞翟閽寺者，惠下之道，見惠不過一散。鄭《箋》：碩人容色赫然如厚傅丹，君徒賜其一爵而已，不知其賢而進用之。散，受五升。

山有榛，隰有苓。毛《傳》：榛，木名。下濕曰隰。苓，大苦。鄭《箋》：榛也，苓也，生各得其所，以言碩人處非其位。云誰之思？西方美人。鄭《箋》：我誰思乎？思周室之賢者，以其宜薦碩人與在王位。彼美人兮，西方之人兮。毛《傳》：乃宜在王室。鄭《箋》：彼美人，謂碩人也。

《簡兮》三章，章六句。愚按：如此分章，亦無不可。朱子以韻拘，故改之耳。末二句如毛、鄭解，並詩句反覆之趣索然，不如朱長。

《傳》：邶國危亂，士民去之，賦《北風》。

《序》：《北風》，刺虐也。衛國並爲威虐，百姓不親，莫不相攜持而去焉。

北風其涼，雨雪其雱。毛《傳》：興也。北風，寒涼之風。雱，盛貌。鄭《箋》：寒涼之風，病害萬物。興者，喻君政教酷暴，使民散亂。惠而好我，攜手同行。毛《傳》：惠，愛。行，道也。鄭《箋》：性仁愛而又好我者，與我相攜持，同道而去。疾時政也。其虛其邪？既亟只且！毛《傳》：虛，虛也。亟，急也。鄭《箋》：邪，讀如徐。言今在位之人，其故威儀虛徐寬仁者，今皆以爲急刻之行矣，所以當去以此也。

北風其喈，雨雪其霏。毛《傳》：喈，疾貌。霏，甚貌。惠而好我，攜手同歸。毛《傳》：歸，有德也。其虛其邪？既亟只且！

莫赤匪狐，莫黑匪烏。毛《傳》：狐赤烏黑，莫能别也。鄭《箋》：赤則狐也，黑則烏也，猶今君臣相承，爲惡如一。惠而好我，攜手同車。毛《傳》：攜手就車。其虚其邪？既亟只且！

《北風》三章，章六句。

《序》：《谷風》，刺夫婦失道也。衛人化其上，淫於新昏，而棄其舊室。夫婦離絶，國俗傷敗焉。鄭

《傳》：邶之良婦棄於夫，賦《谷風》。

《箋》：新昏者，新所與爲昏禮。

習習谷風，以陰以雨。毛《傳》：興也。習習，和舒貌。東風謂之谷風。陰陽和而谷風至，夫婦和則室家成，室家成而繼嗣生。黽勉同心，不宜有怒。毛《傳》：言黽勉者，思與君子同心也。鄭《箋》：所以黽勉者，以爲見譴怒者，非夫婦之宜。采葑采菲，無以下體。毛《傳》：葑，須也。菲，芴也。下體，根莖也。鄭《箋》：此二菜者，蔓菁與葍之類也，皆上下可食。然而其根有美時，有惡時，采者不可以根惡時並棄其葉。喻夫婦以禮義合，顔色相親，不可以顔色衰，棄其相與之禮。德音莫違，及爾同死。鄭《箋》：莫，無。及，與也。夫婦之言無相違者，則可與女長相與處至死，顔色斯須之有。

行道遲遲，中心有違。毛《傳》：遲遲，舒行貌。鄭《箋》：徘徊也。行於道路之人，至將離别尚舒行，其心徘徊然，喻君子於己不能如也。不遠伊邇，薄送我畿。毛《傳》：畿，門内也。鄭《箋》：邇，近也。言君子與己訣别，不能遠，維近耳。送我裁于門内，無恩之甚。誰謂荼苦？其甘如薺。毛《傳》：荼，苦菜也。鄭《箋》：荼，誠苦矣；而君子于己之苦毒，又甚于荼，比方之荼則甘如薺。宴爾新昏，如兄如弟。毛《傳》：宴，安也。

涇以渭濁，湜湜其沚。毛《傳》：涇、渭相入而清濁異。鄭《箋》：小渚曰沚。涇以有渭，故見渭濁。湜湜，持正貌。喻君子得新昏，故謂己惡也。己之持正守初，如沚然不動摇。此絶去所經見，因取以自喻焉。宴爾新昏，不我屑以。毛《傳》：屑，潔也。鄭《箋》：以，用也。言君子不復潔用我當室家。毋逝我梁，毋發我笱。毛《傳》：逝，之也。梁，魚梁。

笱，所以捕魚也。鄭《箋》：毋者，論禁新昏也。女毋之我家，取我爲室家之道。我躬不閱，遑恤我後。毛《傳》：閱，容也。鄭《箋》：躬，身。遑，暇。恤，憂也。我身尚不能自容，何暇憂我後所生子孫也。

就其深矣，方之舟之。就其淺矣，泳之游之。毛《傳》：舟，舩也。鄭《箋》：方，泭也。潛行爲泳。言深淺者，喻君子之家事無難易，吾皆爲之。何有何亡，黽勉求之。毛《傳》：有，謂富也。亡，謂貧也。鄭《箋》：君子何所有乎？何所亡乎？吾其黽勉勤力爲求之。有求多，亡求有。凡民有喪，匍匐救之。鄭《箋》：匍匐，言盡力也。凡于民有凶禍之事，鄰里尚盡力往救之，况我於君子家之事難易乎，固當黽勉。以疏喻親也。

不我能慉，反以我爲讐。毛《傳》：慉，養也。鄭《箋》：慉，驕也。君子不能以恩驕樂我，反增惡我。既阻我德，賈用不售。毛《傳》：阻，難也。鄭《箋》：既難卻我，隱蔽我之善，我修婦道而事之，覬其察己，猶見疏外，如賈物之不售。昔育恐育鞫，及爾顛覆。毛《傳》：育，長。鞫，窮也。鄭《箋》：昔育，育稚也。及，與也。昔幼稚之時，恐至長老窮匱，故與女顛覆盡力，於衆事難易無所辟。既生既育，比予于毒。鄭《箋》：生，謂財業也。育，謂長老也。于，於也。既有財業矣，又既長老矣，其視我如毒螫。言惡己甚也。

我有旨蓄，亦以御冬。毛《傳》：旨，美。御，禦也。鄭《箋》：蓄，聚美菜者，以禦冬月乏時也。宴爾新昏，以我御窮。鄭《箋》：君子亦但以我禦窮苦之時，至於富貴，則棄我如旨蓄。有洸有潰，既詒我肄。毛《傳》：洸，洸武也。潰，潰怒也。肄，勞也。鄭《箋》：詒，遺也。君子洸洸然，潰潰然，無温潤之色，而盡遺我以勞苦之事，欲窮困我。不念昔者，伊余來塈！毛《傳》：塈，息也。鄭《箋》：君子忘舊，不念往昔年稚，我始來之時，安息我。

《谷風》六章，章八句。

【眉批】

解行道甚妙，有情。若謂是被棄，行于道路，則與下送至門内，先後相戾。

毛解首句簡妙。

按：「育恐」、「育鞠」二「育」字，毛止解一「長」字，而不爲之説，應與張子之解合。鄭則一字兩解，雖有出，恐未然。

《傳》：邶之寡母欲去，而子自訟焉，賦《凱風》。

《序》：《凱風》，美孝子也。衛之淫風流行，雖有七子之母，猶不能安其室。故美七子能盡其孝道，以慰其母心，而成其志爾。鄭《箋》：不安其室，欲去嫁也。成其志者，成言孝子自責之意。

凱風自南，吹彼棘心。毛《傳》：興也。南風謂之凱風，樂夏之長養。棘，難長養者。鄭《箋》：興者，以凱風喻寬仁之母，棘猶七子也。棘心夭夭，母氏劬勞。毛《傳》：夭夭，盛貌。劬勞，病苦也。鄭《箋》：夭夭以喻七子少長，母養之病苦也。

凱風自南，吹彼棘薪。毛《傳》：棘薪，其成就者。母氏聖善，我無令人。毛《傳》：聖，叡也。鄭《箋》：叡作聖。令，善也。母乃有叡知之善德，我七子無善人能報之者，故母不安我室，欲去嫁也。

爰有寒泉，在浚之下。毛《傳》：浚，衛邑也。在浚之下，言有益于浚。鄭《箋》：爰，曰也。曰有寒泉者，在浚之下。浚潤之，使浚之民逸樂，以興七子不能如也。有子七人，母氏勞苦。

睍睆黄鳥，載好其音。毛《傳》：睍睆，好貌。鄭《箋》：睍睆，以興顔色説也；好其音者，以興辭令順也。以言七子不能如也。有子七人，莫慰母心。毛《傳》：慰，安也。

《凱風》四章，章四句。

《傳》：時不尚德，□□陳古以風之，賦《姘女》。《測》：姘，音與静同，蓋女人之貞潔者也。女而姘也，即俟于城隅，亦不爲淫狎之約；即詒管歸荑，亦秖爲贈答之常。何也？其女德茂也。奈何今之所尚者，在色不在德耶。故曰：「陳古以風之。」

《序》：《静女》，刺時也。衛君無道德，夫人無德。鄭《箋》：以君及夫人無道德，故陳静女遺我以彤管之法。德如是，可以易之爲人君之配。

静女其姝，俟我於城隅。毛《傳》：静，貞静也。女德貞静而有法度，乃可説也。姝，美色也。俟，待也。城隅，以言高而不可踰。鄭《箋》：女德貞静，然後可畜。美色，然後可安。又能服從待禮而動，自防如城隅，故可愛也。愛而不見，搔首踟躕。毛《傳》：言志往而行正。鄭《箋》：志往，謂踟躕。行正，謂愛之而不往見。

静女其孌，貽我彤管。毛《傳》：既有静德，又有美色，又能遺我以古人之法，可以配人君也。古者后夫人必有女史，彤管之灋，史不記過，其罪殺之。后妃群妾以禮御於君所，女史書其日月，授之以環，以進退之。生子月辰，則以金環退之。當御者以銀環進之，著于左手，既御著于右手。事無大小，記以成法。鄭《箋》：彤管，筆赤管也。彤管有煒，説懌女美。毛《傳》：煒，赤貌。彤管以赤心正人也。鄭《箋》：説懌，當作説釋。赤管煒煒然，女史以之説釋妃妾之德，美之。

自牧歸荑，洵美且異。毛《傳》：牧，田官也。荑，茅之始生也。本之於荑，取其有始有終。鄭《箋》：洵，信也。茅，潔白之物也。自牧田歸荑，其信美而異者，可以供祭祀，猶貞女在窈窕之處，媒氏達之，可以配人君。匪女之爲美，美人之貽。毛《傳》：非爲其徒説美色而已，美其人能遺我法則。鄭《箋》：遺我者，遺我以賢妃也。

《静女》三章，章四句。愚按：邶詩篇次，總以管叔之叛，康叔憂，大夫諫，國人風，仕者苦，伶人思，士民去，極至于良婦棄，寡母淫，而終之陳古以風尚德焉。次第如此，可謂井井，與毛之錯舉雜見者殊别矣。

【眉批】

姘，古静字。闕文疑是「邶人」。

按：《左傳》《静女》之三章取彤管焉。

鄘

《考補》：霍叔初封鄘侯，後徙霍。成王嘉康叔，故邶、鄘之地入衛，其詩則二叔在國時作也。《測》：按：邶、鄘二國，相傳謂殷商之季，紂都朝歌。及武王伐紂，以朝歌之地分封諸侯。自朝歌以北謂之邶，南謂之鄘，東謂之衛。衛則康叔之封地，邶、鄘則不知其所封也。有謂始爲武庚、三叔之封，至成王滅武庚，誅三監，乃復以封他國，而其後又並入于衛。雖梗概不外乎是，亦未見其確有所據。即朱子亦謂邶、鄘不詳其始封，又謂其後不知何時邶、鄘之地並爲衛所得，蓋因先有衛滅邶、鄘之説而云然也。是邶、鄘二國，雖與衛並列于經，而其所自封實無從可考而知矣。至於今所傳邶、鄘之詩，皆爲衛事。然猶繫故國之名者，或以爲不與衛滅國之意；或以爲寓興滅繼絶之心，似謂邶、鄘二國，其有其名而無其詩。至程子則曰：「一國之詩而三其名，得于衛地者爲衛，得於邶、鄘者爲邶、鄘。」以致朱子遂從其説，融會推廣而曰：「存其舊號者，豈其聲之異耶。衛有衛音，邶有邶音，鄘有鄘音，故詩有邶音者係之邶詩，有鄘音係之鄘。」而又總以歸之不可曉。是邶、鄘二詩，雖與衛並傳其名，而其所自作，亦無從可考而知矣。今得子貢之《傳》，乃知邶初爲管叔之封國，而其詩即爲管叔居邶之詩。鄘初爲霍叔之封國，而詩即爲霍叔居鄘之詩。管、霍誅滅，邶、鄘國除。成王嘉康叔之心乎王室，有夾攻之功，遂以邶、鄘之地入衛，而邶、鄘之詩，亦非可混爲衛國之詩。此邶、鄘二國，邶、鄘二詩之源流起落，如數一二，然者，實未嘗於武庚滅後，復以封他國也，亦未嘗爲衛所滅也。其入於衛也，成王入之也，亦無庸後之儒者各以其臆紛紛理論爲也。嗚呼！數千載以來悠悠謬誤之說，不啻夜奔，今一披展，殆如暗徑之得火炬。《傳》之爲功，可勝論哉！

《傳》：三叔冓周公，鄘人風之，賦《墻有茨》。《測》：冓，結搆也。中冓，宫中相冓也。《四月》曰「我日搆禍」，《青蠅》曰「搆我二人」，未必便是淫汚之事，故曰三叔冓周公。況既繫於鄘，便難概以爲公子頑之事。公子頑，乃後來衛事也。

《序》：《墻有茨》，衛人刺其上也。公子頑通乎君母，國人疾之而不可道也。鄭《箋》：宣公卒，惠公幼。其庶兄頑烝於惠公之母，生子五人：齊子、戴公、文公、宋桓夫人、許穆夫人。

墻有茨，不可埽也。毛《傳》：興也。墻，所以防非常。茨，蒺藜也。欲埽去之，反傷墻也。鄭《箋》：國君以禮防制一國，今其宫內有淫昏之行者，猶墻之生蒺藜。中冓之言，不可道也。毛《傳》：中冓，內冓也。鄭《箋》：內冓之言，謂宫中所冓成頑與夫人淫昏之語。所可道也，言之醜也。毛《傳》：於君醜也。

墻有茨，不可襄也。毛《傳》：襄，除也。中冓之言，不可詳也。毛《傳》：詳，審也。所可詳也，言之長也。毛《傳》：長，惡長也。

墻有茨，不可束也。毛《傳》：束而去之。中冓之言，不可讀也。毛《傳》：讀，抽也。鄭《箋》：抽，猶出也。所可讀也，言之辱也。毛《傳》：辱，辱君也。

《墻有茨》三章，章六句。

《傳》：叔處不義，鄘人刺之，賦《相鼠》。《測》：篇中人者，指霍叔而言之也。既處不義，則無儀無禮，從可知已。齊慶封聘魯，叔孫豹與之食，不敬，爲歌《相鼠》。

《序》：《相鼠》，刺無禮也。衛文公能正其群臣，而刺在位承先君之化，無禮儀也。

相鼠有皮，人而無儀。毛《傳》：相，視也。無禮儀者，雖居尊位，猶爲闇昧之行。鄭《箋》：儀，威儀也。視鼠有皮，雖居高顯之居，偷食苟得，不知廉耻，亦與人無威儀者同。人而無儀，不死何爲？鄭《箋》：人以有威儀爲貴，今反無之，傷化敗俗，不如其死，無所害也。

相鼠有齒，人而無止。毛《傳》：止，所止息也。鄭《箋》：止，容止。《孝經》曰：「容止可觀。」無止，則雖居尊，無禮節也。人而無止，不死何俟？毛《傳》：俟，待也。

相鼠有體，毛《傳》：體，支體也。人而無禮。人而無禮，胡不遄死？毛《傳》：遄，速也。

《相鼠》三章，章四句。

《傳》：三叔以殷畔，遂伐衛。鄘人從軍，其妻怨之，賦《伯兮》。《續説》：三叔之叛，獨康叔心乎王室。武庚怒其不附己而伐之，《邶·柏舟》所謂逢彼之怒是已。《測》：初只以此詩爲衛詩，故於「之東」之説，不得其解。不得已，因有「爲王前驅」之句，又强自猜度，以「東」或爲「東都」。由《傳》言之，乃知「之東」者，由鄘之衛也，衛在鄘東也。所謂「伯也執殳，爲王前驅」者，不是今方執殳爲王前驅，乃言夫之平日如此武勇，亦思念之至也。《周禮》：「選國之勇士能用五兵者以衛王宫，出則夾王車。」意必其夫曾執此役，今因思念而及之爾。

《序》：《伯兮》，刺時也。言君子行役，爲王前驅，過時而不返焉。鄭《箋》：衛宣公之時，蔡人、衛人、陳人從王伐鄭。伯也爲王前驅久，故家人思之。

伯兮朅兮，邦之桀兮。毛《傳》：伯，州伯也。朅，武貌。桀，特立也。鄭《箋》：伯，君子字也。桀，英桀，言賢也。伯也執殳，爲王前驅。毛《傳》：殳，長丈二而無刃。鄭《箋》：兵車六等：軫也，戈也，人也，殳也，車戟也，酋矛也，皆以四尺爲差。

自伯之東，首如飛蓬。毛《傳》：婦人夫不在無容飾。豈無膏沐？誰適爲容！毛《傳》：適，主也。

其雨其雨，杲杲出日。毛《傳》：杲杲然日復出矣。鄭《箋》：人言其雨其雨，而杲杲然日復出，猶我言伯且來，伯且來，則復不來。願言思伯，甘心首疾！毛《傳》：甘，厭也。鄭《箋》：願，念也。我念思伯，心不能已，如人心嗜欲所貪口味，不能絶也。我憂思以生首疾。

焉得諼草，言樹之背。毛《傳》：諼草，令人忘憂。背，北堂也。鄭《箋》：憂以生疾，恐將危身，欲忘之。願言思伯，使我心痗！毛《傳》：痗，病也。

《伯兮》四章，章四句。愚按：鄭在衛之西南，今《箋》云從王伐鄭，而乃言之東，于説未安。孔穎達强解之以兵至京師乃東行伐鄭，則婦人何乃舍其出門所向而反舉在京言之耶？不如《傳》説爲無可疑也。

【眉批】

按：鄭解甘心首疾，遂作兩截。

《傳》：鄘人美其君子不仕亂邦，賦《考槃》。子曰：「見遁世而無悶矣。」《續説》：《孔叢子》記孔子曰：「于《考槃》見遁世之士而無悶于世。」《測》：叔爲背叛，誠亂邦矣。即獨寐寤而若然，尚有悶于世耶？

《序》：《考槃》，刺莊公也。不能繼先公之業，使賢者退而窮處。鄭《箋》：窮，猶終也。

考槃在澗，碩人之寬。毛《傳》：考，成。槃，樂也。山夾水曰澗。鄭《箋》：碩，大也。有窮處成樂在于此澗者，形貌大人而寬然有虚乏之色。獨寐寤言，永矢弗諼。鄭《箋》：寤，覺。永，長。矢，誓。諼，忘也。在澗獨寐，覺而獨言，長自誓以不忘君之惡，志在窮處，故云然。

考槃在阿，碩人之薖。毛《傳》：曲陵曰阿。薖，寬大貌。鄭《箋》：薖，飢意。獨寐寤歌，永矢弗過。鄭《箋》：弗過者，不復入君之朝也。

考槃在陸，碩人之軸。毛《傳》：軸，進也。鄭《箋》：軸，病也。獨寐寤宿，永矢弗告。毛《傳》：無所告語也。鄭《箋》：不復告君以善道。

《考槃》三章，章四句。愚按：鄭解弗諼、弗過、弗告，似有懟君之意，恐非賢者意也。不如朱解，且正合傳旨。

《傳》：朋友相贈，賦《木瓜》。子曰：「見苞苴之禮行焉。」《測》：以草裹物爲苞，以草藉器貯物爲苴。

《序》：《木瓜》，美齊桓公也。衛國有狄人之敗，出處于漕。齊桓公救而封之，遺之車馬器服焉。衛人思之，欲厚報之而作是詩也。

投我以木瓜，報之以瓊琚。毛《傳》：木瓜，楙木也，可食之木。瓊，玉之美者。琚，佩玉名。匪報也，永以爲好也。毛《傳》：匪，非也。我非敢以瓊琚爲報木瓜之惠，欲令齊長以爲玩好，結己國之恩也。

投我以木桃，報之以瓊瑤。毛《傳》：瓊瑤，美玉。匪報也，永以爲好也。

投我以木李，報之以瓊玖。毛《傳》：瓊玖，玉名。匪報也，永以爲好也。毛《傳》：孔子曰：「吾于木瓜見苞苴之禮行。」鄭《箋》：以果實相遺者必苞苴，《尚書》曰：「厥包橘柚。」

《木瓜》三章，章四句。愚按：毛引《孔叢》語以爲《傳》，與子貢《傳》正合。但毛是衛詩，則覺《序》說爲長耳。若玩夫子語，未有以見其爲衛思報齊也。

【眉批】按：「好」字解作玩好之好，則始與報叶，若朱解則似上聲矣。

《傳》□子不孫，鄘人刺之，賦《芄蘭》。

《序》：《芄蘭》，刺惠公也。驕而無禮，大夫刺之。鄭《箋》：惠公以幼童即位，自謂有才能而驕慢于大臣，但習威儀，不知爲政以禮。

芄蘭之支，毛《傳》：興也。芄蘭，草也。君子之德，當柔潤温良。鄭《箋》：芄蘭柔弱，恒蔓延于地，有所依緣則起。興者，喻幼稺之君，任用大臣，乃能成其政。童子佩觿。毛《傳》：觿，所以解結，成人之佩也。人君治成人之事，雖童子猶佩觿，早成其德。雖則佩觿，能不我知。毛《傳》：不自謂無知，以驕慢人也。鄭《箋》：此幼稺之君，雖佩觿與，其才能實不如我衆臣之所知爲也。惠公自謂有才能而驕慢，所以見刺。容兮遂兮，垂帶悸兮。鄭《箋》：容儀可觀，佩玉遂遂然。垂其紳帶，悸悸然有節度。鄭《箋》：容，容刀也。遂，瑞也。言惠公佩容刀與瑞，及垂紳帶三尺，則悸悸然行止有節度，然其德不稱服。

芄蘭之葉，鄭《箋》：葉，猶支也。童子佩韘。毛《傳》：韘，决也。能射御則佩韘。鄭《箋》：韘之言沓，所以彄沓手指。雖則佩韘，能不我甲。毛《傳》：甲，狎也。鄭《箋》：此君雖佩韘與，其才能實不如我衆臣之所狎習。容兮遂兮，垂帶悸兮。

《芄蘭》二章，章六句。

【眉批】按：闕文當爲「童」字。

《傳》：國亂民貧，君子傷之，賦《有狐》。子曰：「見惻隱之仁焉。」

《序》：《有狐》，刺時也。衛之男女失時，喪其妃耦焉。古者國有凶荒，則殺禮而多昏，會男女之無夫家者，所以育人民也。鄭《箋》：育，生長也。

有狐綏綏，在彼淇梁。毛《傳》：興也。綏綏，匹行貌。石絶水曰梁。心之憂矣，之子無裳。毛《傳》：之子，無室家者。在下曰裳，所以配衣也。鄭《箋》：之子，是子也。如婦人喪其妃耦，寡而憂是子無裳，無爲作裳者，欲與爲室家。

有狐綏綏，在彼淇厲。毛《傳》：厲，深可厲之旁。心之憂矣，之子無帶。毛《傳》：帶，所以申束衣。

有狐綏綏，在彼淇側。心之憂矣，之子無服。毛《傳》：言無室家，若人無衣服。

《有狐》三章，章四句。

《傳》：女歸非禮，衰而見棄，鄘人刺之，賦《氓》。

《序》：《氓》，刺時也。宣公之時，禮義消亡，淫風大行，男女無别，遂相奔誘，華落色衰，復相棄背。或乃困而自悔，喪其妃耦，故序其事以風焉。美反正，刺淫佚也。

氓之蚩蚩，抱布貿絲。毛《傳》：氓，民也。蚩蚩者，敦厚之貌。布，幣也。鄭《箋》：幣者，所以貿買物也。季春始蠶，孟夏賣絲。匪來貿絲，來即我謀。鄭《箋》：匪，非。即，就也。此民非來貿絲，但來就我，欲與我謀爲室家也。送子涉淇，至于頓丘。毛《傳》：丘一成爲頓丘。鄭《箋》：子者，男子之通稱。言民説已，已乃送之涉淇水。至此頓丘，定室家之謀，且爲會期。匪我愆期，子無良媒。毛《傳》：愆，過也。鄭《箋》：良，善也。非我以欲過子之期，子無善媒，來告期時。將子無怒，秋以爲期。毛《傳》：將，願也。鄭《箋》：將，請也。民欲爲近期，故語之曰：「請子無怒，秋以與子爲期。」

乘彼垝垣，以望復關。毛《傳》：垝，毁也。復關，君子所近也。鄭《箋》：前既與民以秋爲期，期至，故登毁垣，鄉其所近而望之。猶有廉耻之心，故因復關以托號民云。此時始秋也。不見復關，泣涕漣漣。毛《傳》：言其有一心乎君子，故能自誨。鄭《箋》：用心專者怨必深。既見復關，載笑載言。鄭《箋》：則笑則言，喜之甚。爾卜爾筮，體無咎言。毛《傳》：龜曰卜，蓍曰筮。體，兆卦之體。鄭《箋》：爾，女也。復關既見此婦人，告之曰：「我卜女筮女，宜爲室家矣。兆卦之繇，無凶咎之辭。」言其皆吉，又誘定之。以爾車來，以我賄遷。毛《傳》：賄，財。遷，徙也。鄭《箋》：女，女復關也。信其卜筮皆吉，故答之曰：「徑以女車來迎我，我以所有財遷徙就女也。」

桑之未落，其葉沃若。于嗟鳩兮，無食桑葚。于嗟女兮，無與士耽。毛《傳》：桑，女功之所起。沃若，猶沃沃然。鳩，鶻鳩也。食桑葚過，則醉而傷其性。耽，樂也。女與士耽，則傷禮義。鄭《箋》：桑之未落，謂其時仲秋也。於是時，國之賢者刺此。婦人見誘，故于嗟而戒之。鳩以非時食葚，猶女子嫁不以禮，耽非禮之樂。士之耽兮，猶可說也。女之耽兮，不可說也。鄭《箋》：說，解也。士有百行，可以功過相除。至於婦人無外事，維以貞信爲節。

桑之落矣，其黄而隕。自我徂爾，三歲食貧。淇水湯湯，漸車帷裳。毛《傳》：隕，墜也。湯湯，水盛貌。帷裳，婦人之車也。鄭《箋》：桑之落矣，謂其時季秋也，復關以此時車來迎己。徂，往也。我自是往之女家，女家乏穀食已，三歲貧矣。言此者，明己之悔不以女今貧故也。幃裳，童容也。我乃渡深水至漸車童容，猶冒此難而往，又明己專心於女。女也不爽，士貳其行。毛《傳》：爽，差也。鄭《箋》：我心於女，故無差貳，而復關之行有二意。士也罔極，二三其德。毛《傳》：極，中也。

三歲爲婦，靡室勞矣。鄭《箋》：靡，無也。無居室之勞，言不以婦事見困苦。有舅姑曰婦。夙興夜寐，靡有朝矣。鄭《箋》：無有朝者，常早起夜臥，非一朝然，言己亦不解惰。言既遂矣，至于暴矣。鄭《箋》：言，我也。遂，猶久也。我既久矣，謂三歲之後，見遇浸薄，乃至見酷暴。兄弟不知，咥其笑矣。毛《傳》：咥咥然笑。鄭《箋》：兄弟在家，不知我之見酷暴。若其知之，則咥咥然笑我。靜言思之，躬自悼矣。毛《傳》：悼，傷也。鄭《箋》：靜，安。躬，身也。我安思君子之遇己無終，則身自哀傷。

及爾偕老，老使我怨。鄭《箋》：及，與也，我欲與女俱至于老。老乎，汝反薄我，使我怨也。淇則有岸，隰則有泮。毛《傳》：泮，坡也。鄭《箋》：泮，讀爲畔。畔，涯也。言淇與隰，皆有涯岸以自拱持。今君子放恣心意，曾無所拘制。總角之宴，言笑晏晏。信誓旦旦，毛《傳》：總角，結髮也。晏晏，和柔也。信誓旦旦然。鄭《箋》：我爲童女未笄結髮晏然之時，女與我言笑晏晏然而和柔，我其以信誓旦旦耳。言其懇惻款誠。不思其反。鄭《箋》：反，復也。今老而使我怨，曾不念復其前言。反是不思，亦已焉哉！鄭《箋》：已焉哉，謂不可奈何，死生自決之辭。

《氓》六章，章十句。愚按：以上八篇，《毛詩》本止《墻茨》、《相鼠》是《鄘風》，餘六篇皆《衛風》。及《鄘風》又多係衛詩，錯雜無序，不如《傳》之爲明當矣。

【眉批】

忽以于嗟爲賢者之刺，不如直作自嘆之爲直截。總因序有刺字，遂作此説，不知述其前後之事，即是刺時之意，豈必從中另作一人聲口乎！

此解漸車爲初往，朱注則以爲棄歸，然詩中止有「暴」字、「怨」字，似爲相待之薄言，未見其爲歸家也。「靡室勞矣」句似是朱汪爲長，玩下文自見。

此解亦多一轉。

衛

《考補》：衛，國名。姬姓，侯爵，武王以封康叔。《測》：按邶、鄘、衛，三國也。邶侯，管叔也。鄘侯，霍叔也。邶、鄘入衛，在誅管、霍之後。未誅管、霍以前，管叔居邶，其陳於大師者則爲《邶詩》。霍叔居鄘，其陳於大師者則爲《鄘詩》。有其君，有其地，乃有其詩也。管、霍已誅，國亦旋除，便已無邶、鄘之詩矣。豈可以衛詩爲邶、鄘之詩？既不可以衛詩爲邶、鄘之詩，亦未可因邶、鄘之地入爲衛地，遂以邶、鄘之詩並爲衛詩也。何也？邶、鄘未入衛之先，其地非衛地，其所有之詩不可混也。今據毛本所標，雖有邶、鄘、衛三國之名，而考其詩，又止以爲衛詩，未見其爲邶、鄘者。如繫於邶者，若莊姜與《擊鼓》、《旄丘》諸詩，皆衛詩也，無所考定其孰爲邶詩也。如繫於鄘者，若共姜與《泉水》、《竹竿》諸詩，皆衛詩也，無所考定其孰爲鄘詩也。以三國之詩，不得其各出之實，僅概以一衛名，分布散見若然，則其初止宜標一衛焉可矣，安用並標二國之名爲耶？此其故之大可求者。且莊姜之時，已久無邶君，久無邶地矣，何以《日月》諸篇又爲邶詩？共姜之時，已久無鄘君，久無鄘地矣，何以《柏舟》之篇又爲鄘詩？是皆説之不可解者，蓄疑於中已有年所。今由《傳》文一披讀之，犁犁井井，殆猶撥雲霧，睹青天，不自覺其心之曠，神之怡也。

《傳》：衛世子餘未立而卒，共姜誓以守志，賦《柏舟》。《續説》：世子餘者，衛釐侯之長子、武公兄也，謚共伯。共姜，其妻，齊女也。婦人從夫謚，故曰共姜。《考補》：按此云世子未立而卒，則共伯固卒於釐侯之前。是共伯未嘗見殺，而武公無篡殺之惡也。

《序》：《柏舟》，共姜自誓也。衛世子共伯蚤死，其妻守義。父母欲奪而嫁之，誓而弗許，故作是詩以絶之。鄭《箋》：共伯，僖侯之世子。

泛彼柏舟，在彼中河。毛《傳》：興也。中河，河中。鄭《箋》：舟在河中，猶婦人之在夫家，是其常處。髧彼兩髦，實維我儀。毛《傳》：髧，兩髦之貌。髦者，髮至眉，子事父母之飾。儀，匹也。鄭《箋》：兩髦之人，謂共伯也。實是我之匹，故我不嫁也。《禮》：「世子昧爽而朝，亦櫛縰笄、總拂髦、冠緌纓。」之死矢靡它。毛《傳》：矢，誓。靡，無。之，至也。至己之死信無它心。母也天只！不諒人只！毛《傳》：諒，信也。母也，天也，尚不信我。天，謂父也。

泛彼柏舟，在彼河測。髧彼兩髦，實維我特。毛《傳》：特，匹也。之死矢靡慝。毛《傳》：慝，邪也。母也天只！不諒人只！

《柏舟》二章，章七句。愚按：此詩明是衛詩，而世次又宜居篇首，傳爲最確。若居《鄘風》之首，殊莫解。

《傳》：衛武公好學明德，國人美之，賦《淇奧》。《續説》：武公，名和，釐侯之子。《測》：《傳》以爲好學明德，曾子《大學》引此詩而言盛德至善，恐其源流必有所自也。

《序》：《淇奧》，美武公之德也。有文章，又能聽其規諫，以禮自防，故能入相于周，美而作是詩也。

瞻彼淇奧，緑竹猗猗。毛《傳》：興也。奧，隈。緑，王芻也。竹，篇竹也。猗猗，美盛貌。武公質美德盛，有康叔之餘烈。有匪君子，如切如磋，如琢如磨。毛《傳》：匪，文章貌。治骨曰切，象曰磋，玉曰琢，石曰磨。道其學而成也，聽其規諫以自修，如玉石之見琢磨也。瑟兮僩兮，赫兮咺兮。毛《傳》：瑟，矜莊貌。僩，寬大也。赫，有明德赫赫然。咺，威儀容止宣著也。有匪君子，終不可諼兮。毛《傳》：諼，忘也。

瞻彼淇奧，緑竹青青。毛《傳》：青青，茂盛貌。有匪君子，充耳琇瑩，會弁如星。毛《傳》：充耳謂之瑱。琇瑩，美石也。天子玉瑱，諸侯以石。弁，皮弁，所以會髮。鄭《箋》：會，謂弁之縫中，飾之以玉，皪皪而處，狀似星也。天子之朝服皮弁，以日視朝。瑟兮僩兮，赫兮咺兮。有匪君子，終不可諼兮。

瞻彼淇奧，緑竹如簀。毛《傳》：簀，積也。有匪君子，如金如錫，如圭如璧。毛《傳》：金錫鍊而精，圭璧性有質。鄭《箋》：圭璧亦琢磨，四者亦道其學而成也。寬兮綽兮，猗重較兮。毛《傳》：寬，能容衆。綽，緩也。重較，卿士之車。鄭《箋》：綽兮，謂仁於施舍。善戲謔兮，不爲虐兮。毛《傳》：寬緩弘大，雖則戲謔，不爲虐矣。鄭《箋》：君子之德，有張有弛，故不常矜莊而時戲謔。

《淇奥》三章，章九句。

【眉批】
此解四字出《爾雅·釋器》，與朱解異矣（批「治骨」四句）。

《傳》：武公好賢樂善，國人美之，賦《干旄》。

《序》：《干旄》，美好善也。衛文公臣子多好善，賢者樂告以善道也。鄭《箋》：賢者，時處士也。

子子干旄，在浚之郊。毛《傳》：子子，干旄之貌。注旄於干首，大夫之旃也。浚，衛邑。古者有大功，世其官邑。郊外曰野。鄭《箋》：《周禮》「孤卿建旃，大夫建物，首皆注旄」焉。時有建此旄來至浚之郊，卿大夫好善也。素絲紕之，良馬四之。毛《傳》：紕，所以織組也。總紕於此，成文於彼，願以素絲紕組之法御四馬也。鄭《箋》：素絲者以爲縷，以縫紕旌旗之旒縿，或以維持之。浚郊之賢者，既識卿大夫未建旄而來，又識其乘善馬。四之者，見之數也。彼姝者子，何以畀之。毛《傳》：姝，順貌。畀，予也。鄭《箋》：時賢者既説此卿大夫有忠順之德，又欲以善道與之，心誠愛厚之至。

子子干旟，在浚之都。毛《傳》：鳥隼曰旟，下邑曰都。鄭《箋》：《周禮》「州里建旟」，謂州長之屬。素絲組之，良馬五之。毛《傳》：總以素絲而成組也。驂馬五轡。鄭《箋》：以素絲縷縫組於旌旗以爲之飾。五之者，亦謂五見之也。彼姝者子，何以予之。

子子干旌，在浚之城。毛《傳》：析羽爲旌。城，都城也。素絲祝之，良馬六之。毛《傳》：祝，織也。四馬六轡。鄭《箋》：祝，當作屬。屬，著也。六之者，亦謂六見之也。彼姝者子，何以告之。

《干旄》三章，章六句。

【眉批】
按：《左傳》「干旄何以告之？取其忠也」。

《傳》：衛莊公娶于齊，國人美之，賦《碩人》。《測》：莊姜初娶而美之，蓋美碩人也。因莊公後有嬖人之事，不答莊姜，並以此亦爲閔之之詩，果是未穩。

《序》：《碩人》，閔莊姜也。莊公惑于嬖妾，使驕上僭。莊姜賢而不答，終以無子，國人閔而憂之。

《左傳》：衛莊公娶于齊東宫得臣之妹曰莊姜，美而無子，衛人所爲賦《碩人》也。

碩人其頎，衣錦褧衣。毛《傳》：頎，長貌。錦，文衣也。夫人德盛而尊，嫁則錦衣加褧襜。鄭《箋》：碩，大也。言莊姜儀表長麗俊好，頎頎然。褧，禪也。國君夫人翟衣而嫁，今衣錦者，在塗之所服也。尚之以禪衣，爲其文之太著。齊侯之子，衛侯之妻。東宫之妹，邢侯之姨，譚公維私。毛《傳》：東宫，齊太子也。女子後生曰妹，妻之姊妹曰姨，姊妹之夫曰私。鄭《箋》：陳此者，言莊姜容貌既美，兄弟皆正大。

手如柔荑，毛《傳》：如荑之新生。膚如凝脂。毛《傳》：如脂之凝。領如蝤蠐，毛《傳》：領，頸也。蝤蠐，蝎蟲也。齒如瓠犀。毛《傳》：瓠犀，瓠瓣。螓首蛾眉，毛《傳》：螓首顙廣而方。鄭《箋》：螓，謂蜻蜻也。巧笑倩兮，毛《傳》：倩，好口輔。美目盼兮。毛《傳》：盼，白黑分。鄭《箋》：此章説莊姜答（容）貌之美，所宜親幸。

碩人敖敖，説于農郊。毛《傳》：敖敖，長貌。鄭《箋》：敖敖，猶頎頎也。説，當作襚。《禮》、《春秋》之襚，讀皆宜同。衣服曰襚，今俗語然。此言莊姜始來，更正衣服于衛近郊。四牡有驕，朱幩鑣鑣，翟茀以朝。毛《傳》：驕，壯貌。幩，飾也。人君以朱纏鑣扇汗，且以爲飾。鑣鑣，盛貌。翟，翟車也。夫人以翟羽飾車。茀，蔽也。鄭《箋》：此又言莊姜自近郊，既正衣服，乘是車馬以入君之朝，皆用嫡夫人之正禮，今而不答。大夫夙退，無使君勞。毛《傳》：大夫未退，君聽朝於路寢，夫人聽内事於正寢。大夫退，然後罷。鄭《箋》：莊姜始來時，衛諸大夫朝夕者，皆早退，無使君之勞倦者，以君夫人新爲妃耦，宜親親之故也。

河水洋洋，北流活活。施罛濊濊，鱣鮪發發。葭菼揭揭，庶姜孽孽，庶士有朅。毛《傳》：洋洋，盛大也。活活，流也。罛，魚罟。濊濊，施之水中。鱣，鯉也。鮪，鮥也。發發，盛貌。葭，蘆。菼，薍也。揭揭，長也。孽孽，盛飾。庶士，齊大夫送女者。朅，武壯貌。鄭《箋》：庶姜，謂侄娣。此章言齊地廣饒，士女佼好，禮儀之備，而君何爲不荅夫人。

《碩人》四章，章七句。愚按：詳詩篇中止有一味贊美耳，與傳説殊合。然《左傳》已有無子之語，則所謂閔之者，意在詩外，更自可思，不似止于稱美者其味淺也。

【眉批】

按：説，毛本始鋭反，舍也，與朱同。

《傳》：衛莊公子娶人生州吁，好兵，莊姜憂之，賦《菉衣》。《續説》：《春秋傳》曰：「莊姜無子，其娣戴嬀生桓公，莊姜以爲己子。公子州吁，嬖人之子也，有寵而好兵，公弗禁，莊姜惡之。」此詩乃姜所自作也，言憂之，則知莊姜心存社稷而非疾妒之私矣。

《序》：《緑衣》，衛莊姜傷己也。妾上僭，夫人失位，而作是詩也。鄭《箋》：緑，當爲褖，故作褖，轉作緑字之誤也。莊姜，莊公夫人，齊女，姓姜氏。妾上僭者，謂公子州吁之母，母嬖而州吁驕。

緑兮衣兮，緑衣黄裏。毛《傳》：興也。緑，間色。黄，正色。鄭《箋》：緑兮衣兮者，言褖衣自有禮制也。諸侯夫人，祭服之下，鞠衣爲上，展衣次之，褖衣次之。次之者，衆妾亦以貴賤之等服之。鞠衣黄，展衣白，褖衣黑，皆以素紗爲裏。今褖衣反以黄爲裏，非其禮制也，故以喻妾上僭。心之憂矣，曷維其已。毛《傳》：憂雖欲自止，何時能止也。

緑兮衣兮，緑衣黄裳。毛《傳》：上曰衣，下曰裳。鄭《箋》：婦人之服不殊，衣裳上下同色。今衣黑而裳黄，喻亂嫡妾之禮。心之憂矣，曷維其亡。鄭《箋》：亡之言忘也。

緑兮絲兮，女所治兮。毛《傳》：緑，末也。絲，本也。鄭《箋》：女，女妾上僭者。先染絲，後製衣，皆女之所治爲也，而女反亂之，亦喻亂嫡妾之禮，責以本末之行。禮，「大夫以上衣織」，故本於絲也。我思古人，俾無訧兮。毛《傳》：俾，使。訧，過也。鄭《箋》：古人，謂制禮者。我思此人定尊卑，使人無過差之行，心善之也。

絺兮綌兮，淒其以風。毛《傳》：淒，寒風也。鄭《箋》：絺綌，所以當暑，今以待寒，喻其失所也。我思古人，實獲我心。毛《傳》：古之君子，實得我之心也。鄭《箋》：古之聖人制禮者，使夫婦有道，妻妾貴賤，各有次序。

《緑衣》四章，章四句。愚按：《左傳》：「公問于衆仲曰：『衛州吁其成乎？』對曰：『臣聞以德和民，不聞以亂。以亂，猶治絲而棼之也。』」今《詩傳》云莊姜憂州吁之好兵，而詩中恰有治絲之句，正暗相合。

《傳》：莊姜見怒於公，賦《終風》。

《序》：《終風》，衛莊姜傷己也。遭州吁之暴，見侮慢不能正也。鄭《箋》：正，猶止也。

終風且暴，顧我則笑。毛《傳》：興也。終日風爲終風。暴，疾也。笑，侮之也。鄭《箋》：既竟日風矣，而又暴疾。興者，喻州吁之爲不善，如終風之無休止，而其間又有甚惡。其在莊姜之旁，視莊姜則反笑之，是無敬心之甚。謔浪笑傲，毛《傳》：言戲謔不敬。中心是悼！鄭《箋》：悼者，傷其如是，然而己不能得而止之。

終風且霾，毛《傳》：霾，雨土也。惠然肯來。毛《傳》：言時有順心也。鄭《箋》：肯，可也。有順心，然後可以來至我旁，不欲見其戲謔。莫往莫來，悠悠我思。毛《傳》：人無子道以來事己，己亦不得以母道往加之。鄭《箋》：我思其如是，心悠悠然。

終風且曀，不日有曀。毛《傳》：陰而風曰曀。鄭《箋》：有，又也。既竟日風，且復曀。不見日矣而又曀者，喻州吁闇亂甚也。寤言不寐，願言則嚏。毛《傳》：嚏，跲也。鄭《箋》：言，我。願，思也。嚏，當爲不敢嚏咳之嚏。我其憂悼而不能寐，女思我心如是，我則嚏也。今俗人嚏云人道我，此古之遺語也。

曀曀其陰，虺虺其靁。毛《傳》：暴若震靁之聲虺虺然。寤言不寐，願言則懷。毛《傳》：懷，傷也。鄭《箋》：懷，安也。女思我心如是，我則安也。

《終風》四章，章四句。愚按：毛、鄭見《序》有州吁之暴語，遂以笑謔往來之句，皆指州吁。此等以言夫婦之際則合，若母子則不倫矣。且《序》云莊姜傷己也，意本甚明。下所云遭州吁之暴，正指莊公寵驕州吁以侮慢己，何乃直云州吁侮慢乎？《傳》云見怒于公，自了然無疑，而朱解爲得矣。

《傳》：衛州吁弑其君桓公，莊姜歸于齊，賦《日月》。《續說》：桓公名完，莊公子。既立而絀州吁，州吁奔宋。桓之十六年，周桓王元年，魯隱公四年也，州吁自宋入于衛，弑桓公而自立，故並其母逐之。猶齊公子商人弑其君舍，而出子於魯，魯宣弑赤及視而夫人姜氏歸于齊也。凡此所謂歸，皆大歸也。

《序》：《日月》，衛莊姜傷己也。遭州吁之難，傷己不見答于先君，以至困窮之詩也。

日居月諸，照臨下土。毛《傳》：日乎月乎，照臨之也。鄭《箋》：日月，喻國君與夫人也。當同德齊意，以治國者常道也。乃如之人兮，逝不古處。毛《傳》：逝，逮。古，故也。鄭《箋》：之人，是人也，謂莊公也。其所以接及我者，不以故處，甚違其初時。胡能有定？寧不能顧！毛《傳》：胡，何。定，止也。鄭《箋》：寧，猶曾也。君之行如是，何能有所定乎？曾不顧念我之言，見其所以不能定完也。

日居月諸，下土是冒。毛《傳》：冒，覆也。鄭《箋》：覆，猶照臨也。乃如之人兮，逝不相好。毛《傳》：不及我以相好。鄭《箋》：其所以接及我者，不以相好之恩情，甚于己薄也。胡能有定？寧不能報！毛《傳》：盡婦道而不得報。

日居月諸，出自東方。毛《傳》：日始月盛，皆出東方。鄭《箋》：自，從也。言夫人當盛之時，與君同位。乃如之人兮，德音無良。毛《傳》：音，聲。良，善也。無善恩意之聲語于我也。胡能有定？俾也可忘。鄭《箋》：君于行如此，何能有所定？使是無良可忘也。

日居月諸，東方自出。父兮母兮，畜我不卒。鄭《箋》：畜，養。卒，終也。父兮母兮者，言己尊之如父，又親之如母，乃反養遇我不終也。胡能有定？報我不述！毛《傳》：述，循也。鄭《箋》：不述，不循禮也。

《日月》四章，章六句。愚按：《序》云遭州吁之難，且稱先君，明是言弒完之事，與《傳》相合。但「乃如之人」，于《傳》則似指州吁，于《序》則似指先君耳。詩中呼及父母，尤與歸齊之説爲近，不卒者，正謂子弒身逐也。

【眉批】

按：「出子」下似脱「叔姬」二字。

《傳》：戴嬀歸于陳，莊姜贈之于野，賦《燕燕》。《續説》：戴，謚。嬀，陳國之女，桓公之生母也。州吁既弒桓公，並其二母逐之，故莊姜歸齊，戴嬀歸陳。

《序》：《燕燕》，衛莊姜送歸妾也。鄭《箋》：莊姜無子，陳女戴嬀生子，名完，莊姜以爲己子。莊公薨，完立，而州吁殺之。戴嬀於是大歸，莊姜遠送之于野，作詩見己志。

燕燕于飛，差池其羽。毛《傳》：燕燕，鳦也。燕之于飛，必差池其羽。鄭《箋》：差池其羽，謂張舒其尾翼。興戴嬀將歸，顧視其衣服。之子于歸，遠送于野。毛《傳》：之子，去者也。歸，歸宗也。遠送過禮。于，於也。郊外曰野。鄭《箋》：

婦人之禮，送迎不出門。今我送是子，乃至于野者，舒己憤，盡己情。瞻望弗及，泣涕如雨。毛《傳》：瞻，視也。

燕燕于飛，頡之頏之。毛《傳》：飛而上曰頡，飛而下曰頏。鄭《箋》：頡頏，興戴嬀將歸，出入前却。之子于歸，遠于將之。毛《傳》：將，行也。鄭《箋》：將，亦送也。瞻望弗及，佇立以泣。毛《傳》：佇立，久立也。

燕燕于飛，下上其音。毛《傳》：飛而上曰上音，飛而下曰下音。鄭《箋》：下上其音，興戴嬀將歸，言語感激，聲有大小。之子于歸，遠送于南。毛《傳》：陳在衛南。瞻望弗及，實勞我心。

仲氏任只，其心塞淵。毛《傳》：仲，戴嬀字也。任，大。塞，瘞。淵，深也。鄭《箋》：任者，以恩相親信也。《周禮》：「六行：孝、友、睦、婣、任、恤。」終温且惠，淑慎其身。毛《傳》：惠，順也。鄭《箋》：温，謂顔色和也。淑，善也。先君之思，以勖寡人。毛《傳》：勖，勉也。鄭《箋》：戴嬀思先君莊公之故，故將歸猶勸勉寡人以禮義。寡人，莊姜自謂也。

《燕燕》四章，章六句。愚按：以上莊姜之詩，皆列之《碩人》以後，蓋自初嫁以至失寵遭亂，究以見逐大歸，並送其娣終之。倫次井井如此，與毛本錯出者迥别矣。

【眉批】

莊姜不見答于先君，而仲氏反令之思先君，便爲不情，如此解自妙。

《傳》：州吁求寵于諸侯，使公孫文仲帥師，及宋公、陳侯、魯人、蔡人伐鄭。衛人怨之，賦《擊鼓》。

《續説》：公孫文仲，衛大夫。《春秋傳》曰：宋殤公之即位也，公子馮出奔鄭，鄭人欲納之。及衛州吁立，將修先君之怨于鄭，而求寵于諸侯以和其民。使告于宋曰：「君若伐鄭以除君怨，君爲主，敝邑以賦，與陳蔡從，則衛國之願也。」宋人許之。于是陳、蔡方睦于衛，故宋公、陳侯、蔡人、衛人伐鄭，圍其東門，五日而還。秋，暈。帥師會諸侯復伐鄭，敗鄭徒兵，取其禾而還。此詩蓋衛人之從軍者，與其家人訣别之詞。

《序》：《擊鼓》，怨州吁也。衛州吁用兵暴亂，使公孫文仲將而平陳與宋，國人怨其勇而無禮也。鄭《箋》：將者，將兵以伐鄭也。平，成也。將伐鄭，先告陳與宋以成其伐事。《春秋傳》曰：宋殤公云云至衛人伐鄭是也。伐鄭在魯隱四年。

擊鼓其鏜，踴躍用兵。毛《傳》：鏜然，擊鼓聲也。使衆皆踴躍用兵也。鄭《箋》：此用兵，謂治兵時。土國城漕，我獨南行。毛《傳》：漕，衛邑也。鄭《箋》：此言衆人皆勞苦也，或役土功於國，或修理漕城，而我獨見使從軍南行伐鄭，是尤勞苦之甚。

從孫子仲，平陳與宋。毛《傳》：孫子仲，謂公孫文仲也，平陳於宋。鄭《箋》：仲，字也。平陳于宋，謂使告宋曰：「君爲主，敝邑以賦，與陳蔡從。」不我以歸，憂心有忡！毛《傳》：憂心忡忡然。鄭《箋》：以，猶與也。與我南行，不與我歸期。兵凶事，懼不得歸，豫憂之。

爰居爰處？爰喪其馬？毛《傳》：有不還者，有亡其馬者。鄭《箋》：爰，於也。不還，謂死也，傷也，病也。今于何居乎？于何處乎？於何喪其馬乎？于以求之？于林之下。毛《傳》：山木曰林。鄭《箋》：于，於也。求不還者，及亡其馬者，當于山林之下。軍行必依山林，求其故處近得之。

死生契闊，與子成説。毛《傳》：契闊，勤苦也。説，數也。鄭《箋》：從軍之士，與其伍約：死也，生也，相與處勤苦之中。我與子成相説愛之恩，志在相存救也。執子之手，與子偕老。毛《傳》：偕，俱也。鄭《箋》：執其手，與之約誓示信也。言俱老者，庶幾俱免於難。

于嗟闊兮，不我活兮！毛《傳》：不與我生活也。鄭《箋》：州吁阻兵安忍，阻兵無衆，安忍無親。衆叛親離，軍士棄其約，離散相遠，故吁嗟嘆之，闊兮。女不與我相救活，傷之。于嗟洵兮，不我信兮。毛《傳》：洵，遠。信，極也。鄭《箋》：嘆其棄約不與我相親信，亦傷之。

《擊鼓》五章，章四句。愚按：《續説》爲與家人訣別之詞，最爲得之。求之林下等語，乃囑以後事也。末二章正是追昔傷今，不能爲別之態。

【眉批】

鄭《箋》載《春秋傳》，文與《續説》同。

《左傳》：蹇叔送其子曰：「必死是間，余收爾骨焉。」與此二語絶類。《箋》義較朱爲長矣。

按：此二章王肅謂是指室家，而朱子從之，爲是玩「子」字「偕老」字自見。

《傳》：衛宣公納伋之妻，國人惡之，賦《親臺》。《續説》：宣公名晉，莊公庶子。衛人殺州吁而立之，生子伋。長，爲娶于齊，聞其美，乃築親臺于河上而要之，至則以爲夫人，是爲宣姜。

《序》：《新臺》，刺衛宣公也。納伋之妻，作新臺于河上而要之，國人惡之而作是詩也。鄭《箋》：伋，宣公之世子。

新臺有泚，河水瀰瀰。毛《傳》：泚，鮮明貌。瀰瀰，盛貌。水所以潔污穢，反于河上而爲淫昏之行。燕婉之求，籧篨不鮮。毛《傳》：燕，安。婉，順也。籧篨，不能俯者。鄭《箋》：鮮，善也。伋之妻齊女來嫁於衛，其心本求燕婉之人，謂伋也。反得籧篨不善，謂宣公也。籧篨口柔，常觀人顔色而爲之辭，故不能俯者也。

新臺有洒，河水浼浼。毛《傳》：洒，高峻也。浼浼，平地也。燕婉之求，籧篨不殄。毛《傳》：殄，絶也。鄭《箋》：殄，當作腆。腆，善也。

魚網之設，鴻則離之。毛《傳》：言所得非所求也。鄭《箋》：設魚網者宜得魚，鴻乃鳥也，反離焉，猶齊女以禮來求世子而得宣公。燕婉之求，得此戚施。毛《傳》：戚施，不能仰者。鄭《箋》：戚施面柔，下人以色，故不能仰也。

《新臺》三章，章四句。

【眉批】

親，古新字，通用。

按：下爲「不殄」，則此鮮字王肅訓爲少者是。鄭訓爲善，當讀作「仙」，而並下「殄」字欲改爲「腆」，以從其義，便覺多事。

《傳》：宣公殺其世子伋及母弟壽，衛人傷之，賦《二子乘舟》。

《序》：《二子乘舟》，思伋、壽也。衛宣公之二子，争相爲死，國人傷而思之，作是詩也。

《左傳》：衛宣公烝于夷姜，生急子，屬諸右公子。爲之娶於齊而美，公取之。生壽及朔，屬壽于左公子。夷姜縊。宣姜與公子朔搆急子，公使諸齊，使盗待諸莘，將殺之。壽子告之，使行，不可，曰：「棄父之命，惡用子矣？有無父之國則可也。」及行，飲以酒，壽子載其旌以先，盗殺之。急子至，曰：「我之求也。此何罪？請殺我乎！」又殺之。

二子乘舟，汎汎其景。毛《傳》：二子，伋、壽也。宣公爲伋取女而美，公奪之，生壽及朔。朔與其母愬伋于公，公令伋之齊，使賊先待於隘而殺之。壽知之，以告伋，使去之。伋曰：「君命也，不可以逃。」壽竊其節而先往，賊殺之。伋至曰：「君命殺我，壽有何罪？」賊又殺之。國人傷其涉危遂往，如乘舟而無所薄，汎汎然迅疾而不礙也。願言思子，中心養養。毛

《傳》：願，每也。養養然，憂不知所定。鄭《箋》：願，念也。念我思此二子，心爲之憂，養養然。

二子乘舟，泛泛其逝。願言思子，不瑕有害。毛《傳》：言二子之不遠害。鄭《箋》：瑕，猶過也。我思念此二子之事，於行無過差，有何不可而不去也。

《二子乘舟》二章，章四句。

【眉批】

害，鄭音遏，何也。

《傳》：宣姜不閒於禮，國人風之，賦《君子偕老》。

《序》：《君子偕老》，刺衛夫人也。夫人淫亂，失事君子之道。故陳人君之德，服飾之盛，宜與君子偕老也。鄭《箋》：夫人，宣公夫人，惠公之母也。人君，小君也。或者小字誤作人耳。

君子偕老，副笄六珈。毛《傳》：能與君子俱老，乃宜居尊位，服盛服也。副者，后夫人之首飾，編髮爲之。笄，衡笄也。珈，笄飾之最盛者，所以別尊卑。鄭《箋》：珈之言加也，副既笄而加飾。如今步摇上飾，古之制所有未聞。委委佗佗，如山如河，毛《傳》：委委者，行可委曲縱迹也。佗佗者，德平易也。山無不容，河無不潤。象服是宜。毛《傳》：象服，尊者所以爲飾。鄭《箋》：象服者，謂褕翟、闕翟也。人君之象服，則舜所云：「予欲觀古人之象，日月星辰之屬。」子之不淑，云如之何！毛《傳》：有子若是，何謂不善乎？鄭《箋》：子乃服飾如是，而爲不善之行，於禮當如之何？深疾之。

玼兮玼兮，其之翟也。毛《傳》：玼，鮮盛貌。褕翟、闕翟，羽飾衣也。鄭《箋》：侯伯夫人之服，自褕翟而下如王后焉。鬒髮如雲，不屑髢也。毛《傳》：鬒，黑髮也。如雲，言美長也。屑，絜也。鄭《箋》：髢，髲也。不絜者，不用髲爲善。玉之瑱也，象之揥也，毛《傳》：瑱，塞耳也。揥，所以摘髮也。揚且之皙也。毛《傳》：揚，眉上廣。皙，白皙。胡然而天也？胡然而帝也？毛《傳》：尊之如天，審諦如帝。鄭《箋》：胡，何也。帝，五帝也。何由然女見尊敬如天帝乎？非由衣服之盛，顏色之莊與？反爲淫昏之行。

瑳兮瑳兮，其之展也。蒙彼縐絺，是紲袢也。毛《傳》：《禮》有展衣者，以丹縠爲衣。蒙，覆也。絺之靡者爲縐，是當暑袢延之服也。鄭《箋》：后妃六服之次，展衣宜白。縐絺，絺之蹙蹙者。展衣，夏則裹衣縐絺。此以禮見於君，及賓客之盛服也。展衣字誤，《禮記》作襢衣。子之清揚，揚且之顔也。毛《傳》：清，視清明也。揚，廣揚而顔角豐滿。展如之人兮，邦之媛也？毛《傳》：展，誠也。美女爲媛。鄭《箋》：媛者，邦人所依倚以爲媛助也。疾宣姜有此盛服，而以淫昏亂國，故云然。

《君子偕老》三章，一章七句，一章九句，一章八句。

《傳》：衛昭伯無禮於宣姜，國人惡之，賦《鶉之賁賁》。《續説》：昭伯，衛宣公庶子公子頑也，謚曰昭伯。無禮，謂上淫。

《序》：《鶉之奔奔》，刺衛宣姜也。衛人以爲宣姜鶉鵲之不若也。鄭《箋》：刺宣姜者，刺其與公子頑爲淫亂，行不如禽獸鳥。

《左傳》：惠公之即位也少。齊人使昭伯烝於宣姜，不可，强之。生齊子、戴公、文公、宋桓夫人、許穆夫人。

鶉之奔奔，鵲之彊彊。毛《傳》：鶉則奔奔，鵲則彊彊然。鄭《箋》：奔奔彊彊，言其居有常匹，飛則相隨之貌，刺宣姜與頑非匹耦。人之無良，我以爲兄。毛《傳》：良，善也。兄謂君之兄。鄭《箋》：人之行無一善者，我君反以爲兄。君，謂惠公。

鶉之彊彊，鵲之奔奔。人之無良，我以爲君。毛《傳》：君，國小君。鄭《箋》：小君，謂宣姜。

《鶉之奔奔》二章，章四句。

《傳》：公室無禮，衛人刺之，賦《采唐》。《測》：此《序》以「桑中」名篇者也，説者多以此爲桑間濮上之音，然亦以篇中有「桑中」字面爾。今《傳》不以「桑中」名篇，益足以證此詩之非「桑間」也。公室無禮云，豈亦昭伯之事而云然乎？

《序》：《桑中》，刺奔也。衛之公室淫亂，男女相奔，至于世族在位，相竊妻妾，期於幽遠，政散民流而不可止。鄭《箋》：衛之公室淫亂，謂宣惠之世，男女相奔，不待媒氏以禮會之也。世族在位，取姜氏、弋氏、庸氏者也。竊，盗也。幽遠，謂桑中之野。

爰采唐矣？沬之鄉矣。毛《傳》：爰，於也。唐，蒙菜名。沬，衛邑。鄭《箋》：於何采唐？必沬之鄉。猶言欲爲淫亂者，必之衛之都，惡衛爲淫亂之主。云誰之思？美孟姜矣。毛《傳》：姜，姓也。言世族在位，有是惡行。鄭《箋》：淫亂之人誰思乎？乃思美孟姜。孟姜，列國之長女，而思與淫亂。疾世族在位，有是惡行也。期我乎桑中，要我乎上宫，送我乎淇之上矣。毛《傳》：桑中、上宫，所期之地。淇，水名也。鄭《箋》：此思孟姜之愛厚已也，與我期於桑中而要見我於上宫，其送我則於淇水之上。

爰采麥矣？沬之北矣。云誰之思？美孟弋矣。毛《傳》：弋，姓也。期我乎桑中，要我乎上宫，送我乎淇之上矣。

爰采葑矣？沬之東矣。鄭《箋》：葑，蔓菁。云誰之思？美孟庸矣。毛《傳》：庸，姓也。期我乎桑中，要我乎上宫，送我乎淇之上矣。

《桑中》三章，章七句。愚按：此等詩出于刺者之口，便足懲戒。若云其人自爲之，則聖人何乃留此佚詞艷語於篇章，垂之爲經乎？詩之代爲人言以爲風刺者多矣。朱子于《鶉奔》，亦曰爲惠公之言以刺，獨于淫詩，必曰自作，何哉？

《傳》：狄入衛，衛戴公次于漕，許穆姬閔之，賦《載馳》。《續説》：戴公，名申。許穆姬，許男新臣之夫人，戴公女弟也。是時狄殺懿公，國人分散。戴公東徙渡河，野處漕邑。華陽范氏曰：先王制禮，父母没則不得歸寧者，義也。雖國滅君死，不得往赴焉，義重於亡故也。

《序》：《載馳》，許穆夫人作也。閔其宗國顛覆，自傷不能救也。衛懿公爲狄所滅，國人分散，露於漕邑。許穆夫人閔衛之亡，傷許之小，力不能救，思歸唁其父兄，又義不得，故賦是詩也。鄭《箋》：滅者，懿公死也。君死於位曰滅。露於漕邑者，謂戴公也。懿公死，國人分散。宋桓公迎衛之遺民渡河，處之於漕邑而立戴公焉。戴公與許穆夫人，俱公子頑烝於宣姜所生也。男子先生曰兄。

《左傳》：「狄人伐衛。衛懿公好鶴，鶴有乘軒者。將戰，國人受甲者皆曰：『使鶴。鶴實有禄位，余焉能戰？』公與石祁子玦，與寧莊子矢，使守。曰：『以此贊國，擇利而爲之。』與夫人綉衣，曰：『聽於二子。』渠孔御戎，子伯爲右，黄夷前驅，孔嬰齊殿。及狄人，戰于熒澤。衛師敗績，遂滅衛。衛侯不去其旗，是以甚敗。狄人囚史華龍滑與禮孔，以逐衛人。二人曰：『我大史也，實掌其祭。不先，國不可得也。』乃先之。至則告守曰：『不可待也。』夜與國人出。狄入衛，遂從之，又敗諸河。初，惠公之即位也少，齊人使昭伯烝于宣姜，不可，强之。生齊子、戴公、文公、宋桓夫人、許穆夫人。文公爲衛之多患也，先適齊。及敗，宋桓公逆諸河，宵濟，衛之遺民男女七百有三十人，益之以共滕之民，爲五千人，立戴公以廬于曹。許穆夫人賦《載馳》。」

載馳載驅，歸唁衛侯。毛《傳》：載，辭也。弔失國曰唁。鄭《箋》：載之言則也。衛侯，戴公也。驅馬悠悠，言至于漕。毛《傳》：悠悠，遠貌。漕，衛東邑。鄭《箋》：夫人願御者驅馬悠悠乎，我欲至于漕。大夫跋涉，我心則憂。毛《傳》：草行曰跋，水行曰涉。鄭《箋》：跋涉者，衛大夫來告難于許時。

既不我嘉，不能旋反。毛《傳》：不能旋反我思也。鄭《箋》：既，盡。嘉，善也。言許人盡不善我欲歸唁兄。視爾不臧，我思不遠。毛《傳》：不能遠衛也。鄭《箋》：爾，女。女，許人也。臧，善也。視女不施善道救衛。

既不我嘉，不能旋濟。毛《傳》：濟，止也。視爾不臧，我思不閟。毛《傳》：閟，閉也。

陟彼阿丘，言采其蝱。毛《傳》：偏高曰阿丘。蝱，貝母也。升至偏高之丘采其蝱者，將以療疾。鄭《箋》：升丘采貝母，猶婦人之適異國，欲得爲助安宗國也。女子善懷，亦各有行。毛《傳》：行，道也。鄭《箋》：善，猶多也。懷，思也。女子之多思者有道，猶升丘采其蝱也。許人尤之，衆穉且狂。毛《傳》：尤，過也。是乃衆幼穉且狂，進取一概之義。鄭《箋》：許人，許大夫也。過之者，過夫人之欲歸唁其兄。

我行其野，芃芃其麥。毛《傳》：願行衛之野，麥芃芃然方盛長。鄭《箋》：麥芃芃者，言未收刈，民將困也。控于大邦，誰因誰極！毛《傳》：控，引。極，至也。鄭《箋》：今衛侯之欲求援引之力，助於大國之諸侯，亦誰因乎？由誰至乎？閔之，故欲歸問之。大夫君子，無我有尤！鄭《箋》：君子，國之賢者。無我有尤，無過我也。百爾所思，不如我所之！毛《傳》：不如我所思之篤厚也。鄭《箋》：爾，女。女，衆大夫君子也。

《載馳》五章，一章六句，二章四句，一章六句，一章八句。

【眉批】

按：下文兩「既」字，則大夫跋涉句，朱説爲長。

《傳》：宋桓姬閔衛之破也，賦《泉水》。《續説》：桓姬，宋公御説之夫人，亦宣姜女也。

《序》：《泉水》，衛女思歸也。嫁於諸侯，父母終，思歸寧而不得，故作是詩以自見也。鄭《箋》：以自見者，見己志也。國君夫人，父母在則歸寧，没則使大夫寧於兄弟。衛女之思歸，雖非禮，思之至也。

毖彼泉水，亦流于淇。毛《傳》：興也。泉水始出，毖然流也。淇，水名也。鄭《箋》：言泉水流而入淇，猶婦人出嫁於異國。有懷于衛，靡日不思。鄭《箋》：懷，至。靡，無也。以言我有所至念于衛，我無日不思也。所至念者，謂諸姬諸姑伯姊。變彼諸姬，聊與之謀。毛《傳》：變，好貌。諸姬，同姓之女。聊，願也。鄭《箋》：聊，且略之辭。諸姬者，未嫁之女。我且欲略與之謀婦人之禮，觀其志意，親親之恩也。

出宿于泲，飲餞于禰。毛《傳》：泲，地名。祖而舍軷，飲酒於其側曰餞，重始有事于道也。禰，地名。鄭《箋》：泲、禰者，所嫁國適衛之道所經，故思宿餞。女子有行，遠父母兄弟。鄭《箋》：行，道也。婦人有出嫁之道，遠於親親，故禮緣人情，使得歸寧。問我諸姑，遂及伯姊。毛《傳》：父之姊妹稱姑。先生曰姊。鄭《箋》：寧則又問姑及姊，親其類也。先姑後姊，尊姑也。

出宿于干，飲餞于言。毛《傳》：干、言，所過國郊也。鄭《箋》：干、言，猶泲、禰，未聞遠近同異。載脂載舝，還車言邁。毛《傳》：脂舝具車，以還我行也。鄭《箋》：言還車者，嫁時乘來，今思乘以歸。遄臻于衛，不瑕有害？毛《傳》：遄，疾。臻，至。瑕，遠也。鄭《箋》：瑕，猶過也。害，何也。我還車疾至于衛而返，於行無過差，有何不可而止我？

我思肥泉，兹之永嘆。毛《傳》：所出同，所歸異，爲肥泉。鄭《箋》：兹，此也。自衛而來所渡水，故思此而長嘆。思須與漕，我心悠悠。毛《傳》：須、漕，衛邑也。鄭《箋》：自衛而來所經邑，故又思之。駕言出游，以寫我憂。毛《傳》：寫，除也。鄭《箋》：既不得歸寧，且欲乘車出游以除我憂。

《泉水》四章，章六句。愚按：此詩《傳》與《序》互相發，閔亡，故思歸。觀《載馳》《傳》，亦只言閔之自見，獨《序》

不明言何人、何國耳，義故不殊也。

按：此解出游，不云衛地，與《竹竿》自相異，似欠有情。

此解謀諸姬與下問諸姑伯姊，俱與朱傳大異。

【眉批】

《傳》：宋桓姬之媵和其小君之賦，賦《竹竿》。《續説》：媵，謂侄娣，即《泉水》所謂與謀之諸姬是也。《測》：《泉水》，乃桓姬閔衛之破而賦，而桓姬之媵爲之賦《竹竿》以和之。小君，指桓姬也。此二詩文意大相類，乃一唱一和也。

《序》：《竹竿》，衛女思歸也。適異國而不見答，思而能以禮者也。

籊籊竹竿，以釣于淇。毛《傳》：興也。籊籊，長而殺也。釣以得魚，如婦人待禮以成爲室家。豈不爾思？遠莫致之。鄭《箋》：我豈不思與君子爲室家乎？君子疏遠己，己無由致此道。

泉源在左，淇水在右。毛《傳》：泉源，小水之源。淇水，大水也。鄭《箋》：小水有流入大水之道，猶婦人有嫁於君子之禮。今水相與爲左右而已，亦以喻己不見答。女子有行，遠父母兄弟。鄭《箋》：行，道也。女子有道當嫁耳，不以不答而遠婦禮。

淇水在右，泉源在左。巧笑之瑳，佩玉之儺。毛《傳》：瑳，巧笑貌。儺，行有節度。鄭《箋》：己不見答，猶不惡君子，美其容貌與禮儀也。

淇水滺滺，檜楫松舟。毛《傳》：滺滺，流貌。檜，柏葉松身。楫，所以櫂舟也。舟楫相配，得水而行；男女相配，得禮而備。鄭《箋》：此傷己今不得夫婦之禮。駕言出游，以寫我憂。毛《傳》：出游，思鄉衛之道。鄭《箋》：適異國而不見答，其除此憂，惟有歸耳。

《竹竿》四章，章四句。愚按：據此《傳》媵和《泉水》，則《泉水》諸姬、諸姑之解，朱義爲長矣。《序》説思歸，與《傳》本無不合，多此「不見答」一語，毛、鄭遂曲爲之説。夫據《序》意，「不見答」亦不過原思歸之因耳，自是題外之情，何乃泥之而必謂出語盡取喻于此耶？亦不如朱注之直截明快也。朱子取《序》説而删其「不見答」一語，本出臆斷，却與《傳》暗合，故知使朱子得見《傳》本，所著自不止爾爾。

【眉批】

按：此二句與「出游」二句與《泉水》同辭異解，亦覺互有支離。

鄉，一作「嚮」。

《傳》：宋桓姬歸於衛，思襄公，賦《河廣》。《續説》：襄公，名茲父，桓公之子。

《序》：《河廣》，宋襄公母歸于衛，思而不止，故作是詩也。鄭《箋》：宋桓公夫人，衛文公之妹，生襄公而出。襄公即位，夫人思宋，義不可往，故作詩以自止。

誰謂河廣？一葦杭之。毛《傳》：杭，渡也。鄭《箋》：誰謂河水廣與？一葦加之，則可以渡之，喻狹也。今我之不渡，直自不往耳，非爲其廣。誰謂宋遠？跂予望之。鄭《箋》：予，我也。誰謂宋國遠與？我跂足則可以望見之，亦喻近也。今我之不往，直以義不往耳，非謂其遠。

誰謂河廣？曾不容刀。鄭《箋》：不容刀，亦喻狹也。小船曰刀。誰謂宋遠？曾不崇朝。鄭《箋》：崇，終也。行不終朝，亦喻近也。

《河廣》二章，章四句。愚按：自《載馳》而後諸篇，皆爲衛女之詩。以次而列，可謂有倫有序者矣。

《傳》：狄侵黎，黎侯出奔衛。衛穆公不禮焉，黎人惡之，賦《旄丘》。《續説》：狄，北夷也。黎，國名。杜氏曰：「在上黨壺關縣。任姓，侯爵。」衛穆公名遬，文公孫，成公子也。春秋晉景公時，士會帥師滅赤狄潞氏，伯宗數其奪黎氏地，乃衛穆公六年也。

《序》：《旄丘》，責衛伯也。狄人迫逐黎侯，黎侯寓于衛。衛不能修方伯連率之職，黎之臣子以責於衛也。鄭《箋》：衛康叔之封爵稱侯，今曰伯者，時爲州伯也。周之制，使伯佐牧。《春秋傳》曰：「五侯九伯，侯爲牧也。」

旄丘之葛兮，何誕之節兮？毛《傳》：興也。前高後下曰旄丘。諸侯以國相連屬，憂患相及，如葛之蔓延相連及也。誕，闊也。鄭《箋》：土氣煖則葛生闊節。興者，喻此時衛伯不恤其職，故其臣於君事亦疏廢也。叔兮伯兮！何多日也？毛《傳》：日月以逝而不我憂。鄭《箋》：叔伯，字也，呼衛之諸臣。叔與伯，與女期迎我君而復之。可來而不來，日數何其多也！先叔後伯，臣之命不以齒。

何其處也？必有與也。毛《傳》：言與仁義也。鄭《箋》：我君何以處於此乎？必以衛有仁義之道故也。責衛今不行仁義。何其久也？必有以也。毛《傳》：必以有功德。鄭《箋》：我君何以久留于此乎？必以衛有功德故也。又責衛今不務功德也。

狐裘蒙戎，匪車不東。毛《傳》：大夫狐蒼裘。蒙戎，以言亂也。不東，言不來東也。鄭《箋》：刺衛諸臣形貌蒙戎然，但爲昏亂之行。女非有戎車乎？何不東來迎我君而復之。黎國在衛西，今所寓在衛東。叔兮伯兮！靡所與同。毛《傳》：無救患恤同也。鄭《箋》：衛之諸臣行如是，不與諸伯之臣同，言其非之特甚。

瑣兮尾兮！流離之子。毛《傳》：瑣、尾，少好之貌。流離，鳥也。少好長醜，始而愉樂，終以微弱。鄭《箋》：衛之諸臣，初有小善，終無成功，似流離也。叔兮伯兮！褎如充耳。毛《傳》：褎，盛服也。充耳，盛飾也。大夫褎然有尊盛之服，而不能稱也。鄭《箋》：充耳，塞耳也。言衛之諸臣顔色褎然，如見塞耳無聞知也。人之耳聾，恒多笑而已。

《旄丘》四章，章四句。

【眉批】

按：此解與朱異，然各有意義。

首二句及「蒙戎」句俱指衛大夫，則下何必又呼叔伯，于義未安。然流離鳥名，則朱子失考。

《傳》：黎大夫勸其君以歸國，賦《式微》。

《序》：《式微》，黎侯寓于衛，其臣勸以歸也。鄭《箋》：寓，寄也。黎侯爲狄人所逐，棄其國而寄于衛。衛處之以二邑，因安之。可以歸而不歸，故其臣勸之。

式微式微，胡不歸？毛《傳》：式，用也。鄭《箋》：式微式微者，微乎微者也。君何不歸乎？禁君留止於此之辭。式，發聲也。微君之故，胡爲乎中露？毛《傳》：微，無也。中露，衛邑名。鄭《箋》：我若無君，何爲處此乎？臣又極諫之辭。

式微式微，胡不歸？微君之躬，胡爲乎泥中？毛《傳》：泥中，衛邑也。

《式微》二章，章四句。愚案：此詩在《旄丘》後者，望救不得而始勸歸也，位置得情。

《傳》：衛靈公召子都于宋，國人譏之，賦《蝃蝀》。《續説》：衛靈公名元，襄公惡之子，穆公之曾孫也。子都，宋公子朝，有美色，靈公之夫人南子通焉。《考補》：春秋之世有兩子都，皆男子。此子都，乃宋公子。《論語》宋朝之美，《孟子》子都之姣者，皆此人也。其一則鄭大夫公孫閼，《山有扶胥（蘇）》所謂不見子都者是也。《測》：以其爲夫人之行，所以云莫之敢指。

《序》：《蝃蝀》，止奔也。衛文公能以道化其民，淫奔之耻，國人不齒也。鄭《箋》：不齒者，不與相長稚。

蝃蝀在東，莫之敢指。毛《傳》：蝃蝀，虹也。夫婦過禮則虹氣盛，君子見戒而懼，諱之莫之敢指。鄭《箋》：虹，天氣之戒，尚無敢指者，況淫奔之女，誰敢視之？女子有行，遠父母兄弟。鄭《箋》：行，道也。婦人生而有適人之道，何憂於不嫁，而爲淫奔之過乎？惡之甚。

朝隮于西，崇朝其雨。毛《傳》：隮，升。崇，終也。從旦至食時爲終朝。鄭《箋》：朝有升氣於西方，終其朝則雨。氣應自然，以言婦人生而有適人之道，亦性自然。女子有行，遠兄弟父母。

乃如之人也，懷婚姻也。毛《傳》：乃如是淫奔之人也。鄭《箋》：懷，思也。乃如是之人，思婚姻之事乎。言其淫奔之過，惡之大。大無信也，不知命也。毛《傳》：不待命也。鄭《箋》：淫奔之女，大無貞潔之信，又不知婚姻當待父母之命，惡之也。

《蝃蝀》三章，章四句。愚按：子貢《傳》衛詩，篇次從其世次，歷歷不紊，而以靈公終焉。靈公與夫子同時，此後無詩矣。《傳》之可據如此，豈若邶、鄘、衛混出而錯見，不可以時代求之耶！

【眉批】

按：《左傳》事在定十四年。

按：朝虹在西，則主大雨。朱子之解於物理未然，俗謂虹能截雨者，暮虹而在東者也，宜從鄭解。

聖門傳詩嫡冢卷之四

吴興凌濛初輯

國風

王城譜

王城者，周東都王城。畿内方六百里之地，其封域在《禹貢》豫州太華外方之間，北得河陽漸冀州之南。始武王作邑於鎬京，謂之宗周，是爲西都。周公攝政五年，成王在豐，欲定洛邑，使召公先相宅。既成，謂之王城，是爲東都，今河南是也。召公既相宅，周公往營成周，今洛陽是也。成王居洛邑，遷殷頑民於成周，復還歸處西都。至于夷、厲，政教尤衰。十一世，幽王嬖褒姒，生伯服，廢申后，大子宜咎奔申。申侯與犬戎攻宗周，殺幽王於戲。晉文侯、鄭武公迎宜咎于申而立之，是爲平王。以亂故，徙居東都王城。於是王室之尊，與諸侯無異。其詩不能復雅，故貶之，謂之王國之變風。

王

《測》：王之所以有風者，舊多以爲徙居王城，王室遂卑，故其詩降爲國風。余以爲不然。蓋詩之所以定爲風、雅、頌者，以其體之異也，非有所升降于其間也。疑者又謂王城自平王遷後，無天子巡狩之事，即無太師陳詩之事，詩何由而傳乎？噫！詩雖不陳而太師之職不廢，其篇第之列於太師者如故也。觀孔子七世祖宋大夫正考父得《商頌》十二篇於周太師，又從周太師校其舛繆，以《那》爲首，歸祀先王，乃東遷後七王時事，可知周太師之藏，東遷後未嘗廢也。王安得無詩之傳哉？

《傳》：王世子宜臼，弑其君幽王，自立于雒。尹伯封過西都而傷之，賦《黍離》。《續説》：幽王名宫湼，宣王子。正后申侯之女，生太子宜臼。既而幽王寵褒姒，生伯服，乃廢申后而立褒姒爲后，廢宜臼而立伯服爲太子。宜臼出奔申，幽王召之，申侯不與。王伐申，申侯以宜臼拒戰，弑王於戲。戲，申地也，在鄭楚之間。宜臼遂立于申。申侯又遣兵會鄫人、犬戎攻鎬京，殺伯服于驪山。衛武公、唐文侯、鄭世子掘突迎宜臼都雒，是爲平王。趙盾與桃園之謀，則趙穿不爲首惡，子于竊楚靈之位則觀從不名弑君，子貢明于《春秋》之義，是以書法如此。雒，朱子以爲河南及懷孟等州是也。尹伯封，尹吉甫後妻之子，伯奇之弟，仕于平王爲大夫。西都，鎬京也。《測》：初，每讀是詩，見其憂傷慘切，若身當其變然者，特不知其所從，乃今知爲尹伯封所作。無亦天倫骨肉之間，有所以大傷其心者而然乎？母雖聖善，兄以順死，封獨何心，能無痛裂？居恒不敢口露，而但心傷。一觸於類，忽不覺其悲哀惋切，有言人之所不能言者，固其所也。

《序》：《黍離》，閔宗周也。周大夫行役，至于宗周，過故宗廟宫室，盡爲禾黍。閔周室之顛覆，彷徨不忍去而作是詩也。鄭《箋》：宗周，鎬京也，謂之西周。周，王城也，謂之東周。幽王之亂而宗周滅，平王東遷，岐遂微弱，下列于諸侯，其詩不能復雅而同于《國風》焉。

彼黍離離，彼稷之苗。毛《傳》：彼，彼宗廟宫室。鄭《箋》：宗廟宫室毁壞，而其地盡爲禾黍。我以黍離時至，稷則尚苗。行邁靡靡，中心摇摇。毛《傳》：邁，行也。靡靡，猶遲遲也。摇摇，憂無所愬。鄭《箋》：行，道也。道行，猶行道也。知我者，謂我心憂；鄭《箋》：知我者知我之情。不知我者，謂我何求？鄭《箋》：謂我何求，怪我久留不去。悠悠蒼天，此何人哉！毛《傳》：悠悠，遠意。蒼天，以體言之，尊而君之，則稱皇天；元氣廣大，則稱昊天；仁覆閔下，則稱旻天；自上降鑒，則稱上天；據遠視之蒼蒼然，則稱蒼天。鄭《箋》：遠乎蒼天，仰愬欲其察己言也。此亡國之君，何等人哉！疾之甚。

彼黍離離，彼稷之穗。毛《傳》：穗，秀也。詩人自黍離離見稷之穗，故歷道其所更見。行邁靡靡，中心如醉。毛《傳》：醉于憂也。知我者，謂我心憂；不知我者，謂我何求？悠悠蒼天，此何人哉！

彼黍離離，彼稷之實。毛《傳》：自黍離離，見稷之實。行邁靡靡，中心如噎。毛《傳》：噎，憂不能息也。知我者，謂我心憂；不知我者，謂我何求？悠悠蒼天，此何人哉！

《黍離》三章，章十句。

《傳》：荆伐申，平王以周師戍申。周人怨之，賦《陽之水》。《測》：按：「暘」字从丘从昜，遍考韻書从山者有之，从石者有之，獨不得此字，大約可類看。蓋昜之義開明也，丘之開明處而有水焉，乃不流之水，非若江河之流行者，故不流束薪，以興彼其之子，乃居内之人，非若男子之從軍者，故不與我戍申，則於義甚協矣。「暘之水」凡三見，一見于此，一見于唐，一見于鄭，《傳》以爲鄶，俱以此義會之，其說似俱可通。

《序》：《揚之水》，刺平王也。不撫其民而遠屯戍于母家，周人怨思焉。鄭《箋》：怨平王恩澤不行於民，而久屯戍不得歸，思其鄉里之處者。言周人者，時諸侯亦有使人戍焉。平王母家申國，在陳鄭之南，迫近彊楚，王室微弱而數見侵伐，王是以戍之。

揚之水，不流束薪。毛《傳》：興也。揚，激揚也。鄭《箋》：激揚之水，至湍迅而不能流移束薪。興者，喻平王政教煩急，而恩澤之令不行于下民。彼其之子，不與我戍申。毛《傳》：戍，守也。申，姜姓之國，平王之舅。鄭《箋》：之子，是子也。彼其是子，獨處鄉里，不與我來守申，是思之言也。其，或作記，或作己，讀聲相似。懷哉懷哉！曷月予還歸哉？鄭《箋》：懷，安也。思鄉里處者，故曰今亦安不哉？安不哉？何月我得歸還見之哉？

揚之水，不流束楚。毛《傳》：楚，木也。彼其之子，不與我戍甫。毛傳：甫，諸姜也。懷哉懷哉！曷月予還歸哉？

揚之水，不流束蒲。毛《傳》：蒲，草也。鄭《箋》：蒲，蒲柳。彼其之子，不與我戍許。毛《傳》：許，諸姜也。懷哉懷哉！曷月予還歸哉？

《揚之水》三章，章六句。

【眉批】

按：揚，傳本俱作敭，篆文从𥳑，疑古字，文不同耳，非有異也。

《傳》：戍者不歸，室家思怨，賦《君子于役》。

《序》：《君子于役》刺平王也。君子行役無期度，大夫思其危難以風焉。

君子于役，不知其期。曷至哉？鄭《箋》：曷，何也。君子于往行役，我不知其反期，何時當來至哉？思之甚。雞棲于塒，日之夕矣，羊牛下來。毛《傳》：鑿墻而棲曰塒。鄭《箋》：雞之將棲，日則夕矣，羊牛從下牧地而來，言畜産出入，尚使有期節，至于行役者乃反不也。君子于役，如之何勿思！鄭《箋》：行役多危難，我誠思之。

君子于役，不日不月。曷其有佸？毛《傳》：佸，會也。鄭《箋》：行役反無日月，何時而有來會期？雞棲于桀，日之夕矣，羊牛下括。毛《傳》：雞棲于杙爲桀。括，至也。君子于役，苟無飢渴？鄭《箋》：苟，且也。且得無飢渴？憂其飢渴也。

《君子于役》二章，章八句。愚按：此與前詩，一爲戍者思室家，一爲室家思戍者，因以類相次焉。《序》意無大異，但多言大夫一轉耳，至詩之義則盡合也。

《傳》：平王之族流散而□賦《葛藟》。《測》：闕文當是怨字。各章末一句謂平王也，言我至于謂他人父，謂他人母，謂他人昆，而王亦莫我顧，莫我有，莫我聞也，此則怨也。

《序》：《葛藟》，王族刺平王也。周室道衰，弃其九族焉。鄭《箋》：九族者，據己上至高祖，下及玄孫之親。

緜緜葛藟，在河之滸。毛《傳》：興也。緜緜，長不絶之貌。水厓曰滸。鄭《箋》：葛也，藟也，生于河之厓，得其潤澤以長大而不絶。興者，喻王之同姓，得王之恩施以生長其子孫。終遠兄弟，謂他人父。毛《傳》：兄弟之道已相遠矣。鄭《箋》：兄弟，猶言族親也。王寡於恩施，今已遠棄族親，是我謂他人爲己父。族人尚親親之詞。謂他人父，亦莫我顧！鄭《箋》：謂他人爲己父，無恩於我，亦無顧養我之意。

緜緜葛藟，在河之涘。毛《傳》：涘，厓也。終遠兄弟，謂他人母。毛《傳》：王又無母恩。謂他人母，亦莫我有！鄭《箋》：有，識有也。

緜緜葛藟，在河之漘。毛《傳》：漘，水隒也。終遠兄弟，謂他人昆。毛《傳》：昆，兄也。謂他人昆，亦莫我聞。鄭《箋》：不與我相聞命也。

《葛藟》三章，章六句。愚按：沈守正曰：「即人之流離失所，而民間之不能睦族可知；即民間之不能睦族，而上之所風可知。」故《小序》云刺平王也，諸説以爲直刺則淺矣。

【眉批】

此説亦佳，但于「莫我」有似少隔。

《傳》：東遷學廢，君子傷之，賦《子衿》。《續説》：此篇諸本誤在《鄭風》，而説者因意爲淫奔之詞，非也。程子曰：世治則庠序之教行。有法以率之，不率教者至于移屏不齒。又禮義廉耻之風所漸陶，父兄師友之義所勸督，故人莫不强於進學。及夫亂世，上不能主其教則無以率之，風俗雜亂偷浮。父兄所教者趨利，朋友所習者從時，故人莫不肆情廢惰自棄。雖有賢者欲强之于學，亦豈能哉？故終悲傷之而已。

《序》：《子衿》，刺學校廢也。亂世，刺學校不修焉。鄭《箋》：鄭國謂學爲校，言可以校正道藝。

青青子衿，悠悠我心。《毛傳》：青衿，青領也，學子之所服。鄭《箋》：學子而俱在學校之中，己留彼去，故隨而思之耳。禮，父母在，衣純以青。縱我不往，子寧不嗣音？毛傳：嗣，習也。古者教以詩樂，誦之、歌之、弦之、舞之。鄭《箋》：嗣，續也。女曾不傳聲問我，以恩責其忘己。

青青子佩，悠悠我思。毛《傳》：佩，佩玉也；士佩瓀珉而青組綬。縱我不往，子寧不來？毛《傳》：不來者，言不一來也。

挑兮達兮，在城闕兮。毛《傳》：挑達，往來相見貌。乘城而見闕。鄭《箋》：國亂，人廢學業，但好登高，見於城闕，以候望爲樂。一日不見，如三月兮。毛《傳》：言禮樂不可一日而廢。鄭《箋》：君子之學，以文會友，以友輔仁。獨學而無友，則孤陋而寡聞，故思之甚。

《子衿》三章，章四句。愚按：朱子淫奔之坐，此詩最爲冤甚。今《傳》、《序》、毛、鄭之説皆同，益徵其爲學校之詩矣。孔穎達曰：「留者責去者之辭。」按之詩文，有何可疑？而必欲孅之哉！總以鄭詩故武斷耳。《傳》爲《王風》，而謂東遷學廢，灼然事義，一洗其誣。

《傳》：桓王□□□卒苦之，賦《何草不黄》。《續説》：桓王，名林，平王孫。《測》：闕文或作「好兵士」三字。

《序》：《何草不黄》，下國刺幽王也。四夷交侵，中國背叛，用兵不息，視民如禽獸。君子憂之，故作是詩也。

何草不黄？何日不行？鄭《箋》：用兵不息，軍旅自歲始草生而出，至歲晚矣，何草而不黄乎？言草皆黄也。于是之間，將率何日不行乎？言常行，勞苦之甚。何人不將？經營四方。毛《傳》：言萬民無不從役。

何草不玄？何人不矜？鄭《箋》：玄，赤黑色。始春之時，草牙蘖者將生必玄。於此時也，兵猶復行。無妻曰矜，從役者皆過時不得歸，故謂之矜。哀我征夫，獨爲匪民。鄭《箋》：征夫，從役者也。古者師出不踰時，所以厚民之性也。今則草玄至於黄，黄至于玄，此豈非民乎？

匪兕匪虎，率彼曠野。毛《傳》：兕、虎，野獸也。曠，空也。鄭《箋》：兕虎，比戰士也。哀我征夫，朝夕不暇。

有芃者狐，率彼幽草。有棧之車，行彼周道。毛《傳》：芃，小獸貌。棧車，役車也。鄭《箋》：狐草行草止，故以比棧車輦者。

《何草不黄》四章，章四句。

【眉批】

毛本出《小雅》。

《傳》：周人從征，賦《嶄嶄之石》。

《序》：《漸漸之石》，下國刺幽王也。戎狄叛之，荆舒不至，乃命將率東征，役久病在外，故作是詩也。毛《傳》：荆謂楚也。舒，舒鳩、舒鄝、舒庸之屬。役，謂士卒也。

漸漸之石，維其高矣。山川悠遠，維其勞矣。毛《傳》：漸漸，山石高峻。鄭《箋》：山石漸漸然高峻，不可登而上，喻戎狄衆彊而無禮義，不可得而伐也。山川者，荆舒之國所處也。其道里長遠，邦域又勞勞廣闊，言不可卒服。武人東征，不皇朝矣。鄭《箋》：武人，謂將率也。皇，王也。將率受王命東行而征伐，役人罷病，必不能正荆舒，使之朝於王。

漸漸之石，維其卒矣。山川悠遠，曷其没矣？毛《傳》：卒，竟。没，盡也。鄭《箋》：卒者，崔嵬也，謂山巔之末也。曷，何也。廣闊之處，何時其可盡服。武人東征，不皇出矣。鄭《箋》：不能正之，令出使聘問於王。

有豕白蹢，烝涉波矣。毛《傳》：豕，猪也。蹢，蹄也。將久雨，則豕進涉水波。鄭《箋》：烝，衆也。豕之性能水，又唐突難禁制。四蹄皆白曰駭，則白蹄其尤躁疾者。今離其繒牧之處，與衆豕涉入水之波漣矣，喻荆舒之人，勇悍捷敏，其君猶白蹄之豕也。乃率民去禮義之安，而居亂亡之危。賤之，故比方於豕。月離于畢，俾滂沱矣。毛《傳》：畢，噣也。月離陰星則雨。鄭《箋》：將有大雨，徵氣先見於天。以言荆舒之叛，萌漸亦由王出也。豕既涉波，今又雨使之滂沱，疾王甚也。武人東征，不皇他矣！鄭《箋》：不能正之，令其守職不干王命。

《漸漸之石》三章，章六句。愚按：《序》云役久病于外，則此各末句俱從朱解爲長，鄭説牽强。至于川石豕月，皆喻戎、狄、荆、舒，尤爲穿鑿。孔穎達疏毛《傳》云：「不但久勞，又逢大雨，爲甚苦之辭。」朱注所引張子語，正用此，最爲明顯。

【眉批】按：「皇」字，今詩本俱作「遑」。「不遑朝」，王肅云：「不暇修禮而相朝。」亦以「皇」爲「暇」，但「朝」字異耳。

《傳》：周人從軍，室家怨之，賦《采菉》。

《序》：《采緑》，刺怨曠也。幽王之時，多怨曠者也。鄭《箋》：怨曠者，君子行役過時之所由也。而刺之者，識其不但憂思而已，欲從君子於外，非禮也。

終朝采緑，不盈一匊。毛《傳》：興也。自旦及食時爲終朝。兩手曰匊。鄭《箋》：緑，王芻也，易得之菜也。終朝采之而不滿手，怨曠之深，憂思不專於事。予髮曲局，薄言歸沐。毛《傳》：局，卷也。婦人夫不在，則不容飾。鄭《箋》：言，我也。禮，婦人在夫家，笄象笄。今曲卷其髮，憂思之甚也。有云君子將歸者，我則沐以待之。

終朝采藍，不盈一襜。毛《傳》：衣蔽前謂之襜。鄭《箋》：藍，染草也。五日爲期，六日不詹。毛《傳》：詹，至也。婦人五日一御。鄭《箋》：婦人過於時乃怨曠。五日六日者，五月之日、六月之日也。期至五月而歸，今六月猶不至，是以憂思。

之子于狩，言韔其弓。之子于釣，言綸之繩。鄭《箋》：之子，是子也，謂其君子也。于，往也。綸，釣繳也。君子往狩與，我當從之，爲之韔弓；其往釣與，我當從之，爲之繩繳。今怨曠，自恨初行時不然。

其釣維何？維魴及鱮。維魴及鱮，薄言觀者。鄭《箋》：觀，多也。此美其君子之有技藝也，釣必得魴、鱮。魴、鱮是云其多者耳，其衆雜魚乃衆多矣。

《采緑》四章，章四句。愚按：以上三篇皆出今《小雅》，而《傳》乃係之《風》。細玩其體，實爲風體，可謂得其所矣。下《無將大車》、《黄鳥》、《我行其野》、《苕華》四篇亦然。

【眉批】

毛本出《小雅》。

《傳》：周人行役而訊其室家，賦《大車》。《測》：訊其室家，自是與時文相協，未有淫奔而明言同室同穴者。篇中「爾思」「爾」字指室家言。

《序》：《大車》，刺周大夫也。禮義陵遲，男女淫奔，故陳古以刺今大夫，不能聽男女之訟焉。

大車檻檻，毳衣如菼。毛《傳》：大車，大夫之車。檻檻，車行聲也。毳衣，大夫之服。菼，鵻，蘆之初生者也。天子大夫四命，其出封五命，如子男之服。乘其大車檻檻然，服毳冕以巡行邦國，而決男女之訟。則是子男入爲大夫者，毳衣之屬，衣繢而裳綉皆有五色焉，其青者如鵻。鄭《箋》：菼，薍也。古者天子大夫，服毳冕以決訟。豈不爾思？畏子不敢。毛《傳》：畏子大夫之政，故不敢。鄭《箋》：此二句者，古之欲淫奔者之詞。我豈不思與，女以爲無禮與，畏子大夫來聽訟將罪我，故不敢也。子者，稱所尊敬之辭。

大車哼哼，毳衣如璊。毛《傳》：哼哼，重遲之貌。璊，赬也。豈不爾思？畏子不奔。

榖則異室，死則同穴。謂予不信，有如皦日！毛《傳》：榖，生。皦，白也。生在於室則外内異，死則神合同焉一也。鄭《箋》：穴，謂冢壙中也。此章言古之大夫聽訟之政，非但不敢淫奔，乃使夫婦之禮有別。今之大夫不能然，反謂我言不信，我言之信如白日也。刺其闇於古禮。

《大車》三章，章四句。愚按：此以前俱爲征役之詩，故以類相次，以《傳》意求之，則「大車」二句及「畏子」之「子」，指所從之將帥也。末章便是葛生百歲之後歸于其居語意。皦日之矢，正見情專心切，是訊其室家之語。

《傳》：齊襄公□□□王，周人耻之，賦《何彼襛矣》。《續説》：齊襄公名諸兒，僖公之子，荒淫無道。周畏其强而與之結婚，故可耻也。《測》：闕文當爲「上娶于」三字。按：莊王四年，齊襄公妻王姬。《春秋》於莊公元年，書「王姬歸于齊」，則平王之孫爲莊王，齊侯爲僖侯，齊侯之子爲襄公也。

《序》：《何彼襛矣》，美王姬也。雖則王姬，亦下嫁於諸侯。車服不繫其夫，下王后一等，猶執婦道，以成肅雝之德也。鄭《箋》：下王后一等，謂車乘厭翟、勒面繢總、服則褕翟。

何彼襛矣？唐棣之華。毛《傳》：興也。襛，猶戎戎也。唐棣，栘也。鄭《箋》：何乎彼戎戎者，乃栘之華。興者，喻王姬顔色之美盛。曷不肅雝？王姬之車。毛《傳》：肅，敬。雝，和。鄭《箋》：曷，何。之，往也。何不敬和乎？王姬往乘車也。言其嫁時始乘車，則已敬和。

何彼襛矣？華如桃李。平王之孫，齊侯之子。毛《傳》：平，正也。武王女，文王孫，適齊侯之子。鄭《箋》：華如桃李者，興王姬與齊侯之子，顔色俱盛。正王者，德能正天下之王。

其釣維何？維絲伊緡。齊侯之子，平王之孫。毛《傳》：伊，維。緡，綸也。鄭《箋》：釣者，以此有求於彼。何以爲之乎？以絲之爲綸，則是善釣也。以言王姬與齊侯之子，以善道相求。

《何彼襛矣》三章，章四句。愚按：此篇朱子所謂不可曉而闕所疑者，正以其在《召南》耳。若知詩《傳》之列於《王風》，有何疑哉？且平王之孫，齊侯之子，《春秋》實有明文年月可考。止因其錯于《召南》，而訓平爲正，以指文王，豈不牽强之甚！

《傳》：□王棄賢，大夫風之，賦《唐棣》。《測》：傳既以爲棄賢之詩，則所謂爾者，指賢人而言之。

《唐棣》章逸。愚按：此即《論語》「唐棣之華，翩其反而。豈不爾思，室是遠而」。子曰：「未之思也。夫何遠之有？」蓋門人因不取其義，而毛本遂不傳。今子貢尚留其《傳》，則固當有詩，惜無從考入耳。朱子注《論語》，亦不引子貢《傳》文，則知朱子實未及見也。

【眉批】

闕文當是「莊」。

《傳》：留子賢而退隱，周人嘉之，賦《丘中》。《考補》：蘇潁濱曰：「子嗟隱居丘陵之間，而植麻麥果實以爲生。民思其賢而庶其肯徐來以從政，望之之詞也。」《測》：留，姓。子嗟、子國，其名字也，故末章直曰「彼留之子」。玩「嘉」之一字，此乃周人因留子之賢而退隱，而成其高也。來施施者，來丘中而施施於麻也。來食者，來丘中而食麥也。似不如蘇子之説，若曰望其來從政，又何施施之云？《序》以爲莊王不明，賢人放逐，恐有志之士，皆以丘壑爲高，故周人嘉之。據《序》以此爲莊王，前篇疑亦爲莊王。

《序》：《丘中有麻》，思賢也。莊王不明，賢人放逐，國人思之，而作是詩也。鄭《箋》：思之者，思其來，已得見之。

丘中有麻，彼留子嗟。毛《傳》：留，大叔氏。子嗟，字也。丘中墝埆之處，盡有麻麥草木，乃彼子嗟之所治。鄭《箋》：子嗟放逐於朝，去治卑賤之職而有功，所在則治理，所以爲賢。彼留子嗟，將其來施施。毛《傳》：施施，難進之意。鄭《箋》：施施，舒行伺間獨來見己之貌。

丘中有麥，彼留子國。毛《傳》：子國，子嗟父。鄭《箋》：言子國使丘中有麥，著其世賢。彼留子國，將其來食。毛《傳》：子國復來，我乃得食。鄭《箋》：言其將來食，庶其親己，己得厚待之。

丘中有李，彼留之子。鄭《箋》：丘中而有李，又留氏之子所治。彼留之子，貽我佩玖。毛《傳》：玖，石次玉者，言能遺我美寶。鄭《箋》：留氏之子，於思者則朋友之子，庶其敬己而遺己也。

《丘中有麻》三章，章四句。愚按：《序》言思賢，不言賢之姓名，而毛、鄭遂指留子嗟爲姓字，恰與《傳》暗合，其説必有本矣。朱子必欲坐以淫詩，何居？沈守正曰：「周人之俗，治產業，力工商，逐什一爲務。」玩《黍離》以下，大抵迫蹙憂傷之詞。夫人淫心生于侈靡，節于憂勤，東周之俗，似非鄭、衛比也。

【眉批】

按：孔穎達曰：「子國，子嗟父。毛時書籍猶多，或有所據。未詳毛氏何以知之。」

《傳》：□王好讒，大夫憂之，賦《采葛》。《測》：以采葛、采蕭、采艾而行者，恐其遭讒，故一日不見，如三月、如三秋、如三歲也，其憂之也如此。

《序》：《采葛》，懼讒也。鄭《箋》：桓王之時，政事不明，臣無大小，使出者則爲讒人所毁，故懼之。

彼采葛兮，一日不見，如三月兮。毛《傳》：興也。葛，所以爲絺綌也。事雖小，一日不見於君，憂懼於讒矣。鄭《箋》：興者，以采葛喻臣以小事使出。

彼采蕭兮，一日不見，如三秋兮。毛《傳》：蕭，所以共祭祀。鄭《箋》：彼采蕭者，喻大臣以大事使出。

彼采艾兮，一日不見，如三歲兮。毛《傳》：艾，所以療疾。鄭《箋》：彼采艾者，喻臣以急事使出。

《采葛》三章，章三句。

《傳》：大夫□□，周人諫之，賦《無將大車》。《測》：此與《甫田》文意大相類，每讀之，私心竊以爲絶是風體，何以列于《雅》？今讀《傳》云然，大如五月冰也。

《序》：《無將大車》，大夫悔將小人也。鄭《箋》：周大夫悔將小人。幽王之時，小人衆多，賢者與之從事，反見譖害，自悔與小人並。

無將大車，祇自塵兮。毛《傳》：大車，小人之所將也。鄭《箋》：將，猶扶進也。祇，適也。鄙事者、賤者之所爲也，君子爲之不堪其勞。以喻大夫而進舉小人，適自作憂累，故悔之。無思百憂，祇自疷兮。毛《傳》：疷，病也。鄭《箋》：百憂者，衆小事之憂也。進舉小人，使得居位，不任其職，愆負及己，故以衆小事爲憂，適自病也。無思百憂，不出于熲。毛《傳》：熲，光也。鄭《箋》：思衆小事以爲憂，使人蔽闇，不得出于光明之道。

無將大車，維塵冥冥。鄭《箋》：冥冥者，蔽人目明，令無所見也。猶進舉小人，蔽傷己之功德也。無思百憂，不出于熲。

無將大車，維塵雍兮。鄭《箋》：雍，猶蔽也。無思百憂，秖自重兮。鄭《箋》：重，猶累也。

《無將大車》三章，章四句。

【眉批】

毛本出《小雅》。

《傳》：□王好音，大夫風之，賦《君子陽陽》。《測》：君子，謂王也。我者，大夫自我也。樂只，即樂只君子之云也。其詞若甚美之，其意則甚不足，故曰風。「其樂只且」四字，若體會得其語意，則凡詩人之意無不可得矣。

《序》：《君子陽陽》，閔周也。君子遭亂，相招爲禄仕，全身遠害而已。鄭《箋》：禄仕者，苟得禄而已，不求道行。

君子陽陽，左執簧，右招我由房。毛《傳》：陽陽，無所用其心也。簧，笙也。由，用也。國君有房中之樂。鄭《箋》：由，從也。君子禄仕在樂官，左手持笙，右手招我，欲使我從之于房中，俱在樂官也。我者，君子之友自謂也。時在位，有官職也。其樂只且！鄭《箋》：君子遭亂，道不行，其自樂此而已。

君子陶陶，左執翿，右招我由敖。毛《傳》：陶陶，和樂貌。翿，纛也，翳也。鄭《箋》：陶陶，猶陽陽也。翳，舞者所持，謂羽舞也。君子左手持羽，右手招我，欲使我從之于燕舞之位，亦俱在樂官也。其樂只且！

《君子陽陽》二章，章四句。愚按：《傳》、《序》之說不同，義皆有屬。朱子疑是前篇婦人所作，特不知其篇次在此耳。

《傳》：民適異國，□□□□，賦《黄鳥》。

《序》：《黄鳥》，刺宣王也。鄭《箋》：刺其以陰禮教親而不至，聯兄弟之不固。

黄鳥黄鳥，無集于穀，無啄我粟。毛《傳》：興也。黄鳥宜集木啄粟者，喻天下室家不以其道而相去，是失其性。此邦之人，不我肯穀。毛《傳》：穀，善也。鄭《箋》：不肯以善道與我。言旋言歸，復我邦族。毛《傳》：宣王之末，天下室家離散，妃匹相去有不以禮者。鄭《箋》：言，我。復，反也。

黄鳥黄鳥，無集于桑，無啄我粱。此邦之人，不可與明。毛《傳》：不可與明夫婦之道。鄭《箋》：明當爲盟。盟，信也。言旋言歸，復我諸兄。毛《傳》：婦人有歸宗之義。鄭《箋》：宗，謂宗子也。

黄鳥黄鳥，無集于栩，無啄我黍。此邦之人，不可與處。毛《傳》：處，居也。言旋言歸，復我諸父。毛《傳》：諸父，猶諸兄也。

《黄鳥》三章，章七句。愚按：朱注「民適異國」四字，恰與《傳》合，而朱子不云舊說，則固非見《傳》而引之者，疑其别有所本，源派適合耳。

【眉批】

毛本出《小雅》。

《傳》：士就親戚而莫之恤，賦《我行其野》。

《序》：《我行其野》，刺宣王也。鄭《箋》：刺其不正嫁娶之數，而有荒政，多淫昏之俗。

我行其野，蔽芾其樗。昏姻之故，言就爾居。毛《傳》：樗，惡木也。鄭《箋》：樗之蔽芾始生，謂仲春之時，嫁娶之月，婦之父，壻之父，相謂昏姻。言，我也。我乃以此二父之命，故我就女居，我豈其無禮來乎？責之也。爾不我畜，復我邦家。毛《傳》：畜，養也。鄭《箋》：宣王之末，男女失道以求外昏，棄其舊姻而相怨。

我行其野，言采其蓫。昏姻之故，言就爾宿。毛《傳》：蓫，惡菜也。鄭《箋》：蓫，牛蘈也。亦仲春時生，可采也。爾不我畜，言歸斯復。毛《傳》：復，反也。

我行其野，言采其葍。不思舊姻，求爾新特。毛《傳》：葍，惡菜也。新特，外昏也。鄭《箋》：葍，蕢也。亦仲春時生，可采也。壻之父曰姻。我采葍之時，以禮來嫁女，不思女老父之命而棄我，而求女新外昏特來之女。責之也，不以禮嫁，必無肯媵之。成不以富，亦祇以異。毛《傳》：祇，適也。鄭《箋》：女不以禮爲室家，成事不足以得富也，亦適以此自異於人道，言可惡也。

《我行其野》三章，章六句。愚按：朱説亦與《傳》合。

【眉批】

爾，今作「我」。

《傳》：王室亂，人不□生，賦《茀之華》。《續説》：《春秋》昭公二十二年葬景王，王室亂。劉子、單子以王子猛居于皇，入于王城。天王居于狄泉，尹氏立王子朝。此詩殆作于是時乎？

《序》：《苕之華》，大夫閔時也。幽王之時，西戎、東夷交侵中國，師旅並起，因之以饑饉。君子閔周室之將亡，傷己逢之，故作是詩也。鄭《箋》：師旅並起者，諸侯或出師，或出旅，以助距戎與夷也。大夫將師，出見戎夷之侵周而閔之。今當其難，自傷近危亡。

苕之華，芸其黄矣。毛《傳》：興也。苕，陵苕也，將落則黄。鄭《箋》：陵苕之華，紫赤而繁。興者，陵苕之幹，喻如京師也。其華，猶諸夏也，故或謂諸夏爲諸華。華衰則黄，猶諸夏之師旅罷病將敗，則京師孤弱。心之憂矣，維其傷矣！鄭《箋》：傷者，謂國日見侵削。

苕之華，其葉青青。毛《傳》：華落葉青青然。鄭《箋》：京師以諸夏爲障蔽，今陵苕之華衰而葉見，青青然，喻諸侯微弱，而王之臣當出見也。知我如此，不如無生！鄭《箋》：我，我王也。知王之爲政如此，則己之生，不如不生也。自傷逢今世之難，憂悶之甚。

牂羊墳首，三星在罶。毛《傳》：牂羊，牝羊也。墳，大也。罶，曲梁也，寡婦之笱也。牂羊墳首，言無是道也。三星在罶，言不可久也。鄭《箋》：無是道者，喻周已衰，求其復興不可得也。不可久者，喻周將亡，如心星之光耀見於魚罶之中，其去須臾也。人可以食，鮮可以飽！毛《傳》：治日少而亂日多。鄭《箋》：今者士卒，人人於晏早皆可以食。時飢饉，軍興乏少，無可以飽之者。

《苕之華》三章，章四句。

【眉批】

闕文疑是「樂」字。

師旅何必言諸侯？大夫何必是將師？如此注皆鑿甚。

我謂爲我王，亦牽强。

《傳》：京師饑，民流而怨，賦《中谷》。

《序》：《中谷有蓷》，閔周也。夫婦日以衰薄，凶年饑饉，室家相棄爾。

中谷有蓷，暵其乾矣。毛《傳》：興也。蓷，鵻也。暵，菸貌。陸草生于谷中，傷于水。鄭《箋》：興者，喻人君平安之世，猶鵻之生於陸自然也；遇衰亂凶年，猶鵻之生谷中，得水將死。有女仳離，嘅其嘆矣。毛《傳》：仳，别也。鄭《箋》：有女遇凶年而見棄，與其君子别離，嘅然而嘆，傷己見棄其恩薄。嘅其嘆矣，遇人之艱難矣。毛《傳》：艱，亦難也。鄭《箋》：所以嘅然而嘆者，自傷遇君子之窮厄。

中谷有蓷，暵其修矣。毛《傳》：修，且乾也。有女仳離，條其歗矣。毛《傳》：條，條然歗也。條其歗矣，遇人之不淑矣。鄭《箋》：淑，善也。君子於己不善也。

中谷有蓷，暵其濕矣。毛《傳》：鵻遇水則濕。鄭《箋》：鵻之傷于水，始則濕，中而修，久而乾，有似君子於己之恩，徒用凶年深淺爲厚薄。有女仳離，啜其泣矣。毛《傳》：啜，泣貌。啜其泣矣，何嗟及矣！鄭《箋》：及，與也。泣者，傷其君子棄己。嗟乎，將復何與爲室家乎？此其有餘厚於君子也。

《中谷有蓷》三章，章六句。

【眉批】

暵，按《説文》云：「水濡而乾也。」正與毛、鄭傷水之説合。何嗟及，猶言「嗟何及」。朱解爲長。

《傳》：萇弘忠於王，晉趙鞅殺之，賦《有兔》。《續説》：萇弘，周大夫。趙鞅，晉大夫。《春秋》敬王二十三年秋，趙鞅殺邯鄲午，荀寅、士吉射以晉定公伐鞅，鞅入於晉陽以叛。韓、魏爲之請，鞅歸于晉。萇弘事劉文公，劉與吉射世爲昏姻，鞅以弘爲黨也，伐劉而殺之。《測》：兔喻趙鞅，雉喻萇弘。百憂、百罹、百凶云者，周敬王不振，諸侯背叛，搆怨連禍。而晉定公之時，趙鞅、荀寅、士吉射等，又各據其邑以叛，至于衰亂，而王室之忠臣不免於禍。其爲凶罹爲何如者？故周人傷之若此。

《序》：《兔爰》，閔周也。桓王失信，諸侯背叛，搆怨連禍，王師傷敗，君子不樂其生焉。鄭《箋》：不樂其生，寐不欲覺之謂也。

有兔爰爰，雉離于羅。毛《傳》：興也。爰爰，緩意。鳥網爲羅，言爲政有緩有急，用心之不均。鄭《箋》：有緩者，有所聽縱也。有急者，有所躁蹙也。我生之初，尚無爲。毛《傳》：尚無成人爲也。鄭《箋》：尚，庶幾也。言我幼稚之時，庶幾於無所爲，謂軍役之事也。我生之後，逢此百罹。尚寐無吪！毛《傳》：罹，憂。吪，動也。鄭《箋》：我長大之後，乃遇此軍役之多憂。今但庶幾于寐，不欲見動，無所樂生之甚。

有兔爰爰，雉離于罦。毛《傳》：罦，覆車也。我生之初，尚無造。毛《傳》：造，僞也。我生之後，逢此百憂。尚寐無覺！

有兔爰爰，雉離于罿。毛《傳》：罿，罬也。我生之初，尚無庸。毛《傳》：庸，用也。鄭《箋》：庸，勞也。我生之後，逢此百凶。尚寐無聰！毛《傳》：聰，聞也。鄭《箋》：百凶者，王搆怨連禍之凶。

《兔爰》三章，章七句。愚按：《詩傳》《王風》篇次，始于東遷，中歷數王衰亂，而終以晉人殺萇弘，則天下無王矣。

【眉批】

事在哀公三年。

聖門傳詩嫡冢卷之五

吴興凌濛初輯

國風

齊譜

齊者，古少皞之世，爽鳩氏之墟。周武王伐紂，封太師吕望於齊，是謂齊太公。地方百里，都營丘。周公致大平，敷定九畿，復夏禹之舊制。成王用周公之法制，廣大邦國之境，而齊受上公之地，更方五百里。其封域東至于海，西至于河，南至于穆陵，北至于無棣。其子丁公嗣位于王官。後五世，哀公政衰，荒淫怠慢，紀侯譖之於周懿王，使烹焉。齊人變風始作。

齊

《傳》：齊大夫相戒以勤于公，賦《東方未明》。

《序》：《東方未明》，刺無節也。朝庭興居無節，號令不時，挈壺氏不能掌其職焉。鄭《箋》：號令，猶召呼也。挈壺氏，掌漏刻者。

東方未明，顛倒衣裳。毛《傳》：上曰衣，下曰裳。鄭《箋》：挈壺氏失漏刻之常，東方未明而以爲明，故群臣促遽，顛倒衣裳。群臣之朝，别色始入。顛之倒之，自公召之。鄭《箋》：自，從也。群臣顛倒衣裳而朝，人又從君所來而召之。漏刻失節，君又早興。

東方未晞，顛倒裳衣。毛《傳》：晞，明之始升。倒之顛之，自公令之。毛《傳》：令，召也。

折柳樊圃，狂夫瞿瞿。毛《傳》：柳，柔脆之木。樊，藩也。圃，菜園也。折柳以爲藩園，無益於禁矣。瞿瞿，無守之貌。古者有挈壺氏，以水火分日夜，以告時於朝。鄭《箋》：柳木之不可以爲藩，猶是狂夫不任挈壺之事。不能辰夜，不夙則莫。毛《傳》：辰，時。夙，早。莫，晚也。鄭《箋》：此言不任其事者，恒失節數也。

《東方未明》三章，章四句。

【眉批】

辰，朱子作「晨」。

《傳》：襄公好田，大夫風之，賦《盧》。《續説》：襄公，厲公六世孫。田，畋獵也。

《序》：《盧令》，刺荒也。襄公好田獵畢弋而不修民事，百姓苦之，故陳古以風焉。鄭《箋》：畢，噣也。弋，繳射也。

盧令令，其人美且仁。毛《傳》：盧，田犬。令令，纓環聲。言人君能有美德，盡其仁愛，百姓欣而奉之，愛而樂之。順時游田，與百姓共其樂，同其獲，故百姓聞而説之，其聲令令然。

盧重環，毛《傳》：重環，子母環也。其人美且鬈。毛《傳》：鬈，好貌。鄭《箋》：鬈當爲權。權，勇壯也。

盧重鋂，毛《傳》：鋂，一環貫二也。其人美且偲。毛《傳》：偲，才也。鄭《箋》：才，多才也。

《盧令》三章，章二句。

《傳》：齊俗習於田，賦《營》。《測》：此疑即序以《還》名者也。

《序》：《還》，刺荒也。哀公好田獵，從禽獸而無厭，國人化之，遂成風俗，習於田獵謂之賢，閑於馳逐謂之好焉。鄭《箋》：荒，謂政事廢亂。

子之還兮，遭我乎峱之間兮。毛《傳》：還，便捷之貌。峱，山名。鄭《箋》：子也，我也，皆士大夫也，俱出田獵而相遭也。並驅從兩肩兮，揖我謂我儇兮。毛《傳》：從，逐也。獸三歲曰肩。儇，利也。鄭《箋》：並，並也。子也，我也，並驅而逐禽獸。子則揖耦我謂我儇，譽之也。譽之者，以報前言還也。

子之茂兮，遭我乎峱之道兮。毛《傳》：茂，美也。並驅從兩牡兮，揖我謂我好兮。鄭《箋》：譽之言好者，以報前言茂也。

子之昌兮，遭我乎峱之陽兮。毛《傳》：昌，盛也。鄭《箋》：昌，佼好貌。並驅從兩狼兮，揖我謂我臧兮。毛《傳》：狼，獸名。臧，善也。

《還》三章，章四句。

《傳》：公子小白適莒，齊人慕之，賦《丰》。《續説》：小白，齊僖公第三子，襄公庶弟也。《春秋傳》：「襄公立無常，鮑叔牙曰：『亂將作矣。』奉小白以如莒。小白好賢，國人多歸之。」《測》：《序》出《鄭風》，又以爲婦人淫悔之作，每讀亦嘗疑之。以其咨嘆之中，語言之外，殊無淫昵之氣。且錦衣裳而褧，必待駕而行，豈可輕以語於市井隘媟之間。又且既曰子，則其情已有所屬，而又曰叔伯，將何所歸？此皆説之不可通者。今讀《傳》文，大爲灑然。至於「慕」之一字，尤可以曲盡此詩之情景矣。爲此詩者，必公子之舊識，而亦深知公子者也。方公子適莒，臨行之時，曾相俟而別，而未之送，是以悔之，欲與其衆駕言行歸耳。衣錦褧衣，裳錦褧裳，乃齊人想像公子在莒之服飾如此，使人之愛慕若是，則公子之爲人從可知矣。

《序》：《丰》，刺亂也。昏姻之道缺，陽倡而陰不和，男行而女不隨。鄭《箋》：昏姻之道，謂嫁娶之禮。

子之丰兮，俟我乎巷兮。毛《傳》：丰，豐滿也。巷，門外也。鄭《箋》：子，謂親迎者。我，我將嫁者。有親迎我者而貌丰丰然豐滿，善人也，出門而待我於巷中。悔予不送兮。毛《傳》：時有違而不至者。鄭《箋》：悔乎我不送是子而去也。時不送，則爲異人之色，後不得耦而思之。

子之昌兮，俟我乎堂兮。毛《傳》：昌，盛壯貌。鄭《箋》：堂，當爲棖。棖，門梱上木近邊者。悔予不將兮。毛《傳》：將，行也。鄭《箋》：將，亦送也。

衣錦褧衣，裳錦褧裳。毛《傳》：衣錦褧裳，嫁者之服。鄭《箋》：褧，禪也。蓋以禪縠爲之。中衣裳用錦，而上加禪縠焉，爲其文之大著也，庶人之妻嫁服也。士妻紨衣纁袡。叔兮伯兮，駕予與行。毛《傳》：叔、伯，迎己者。鄭《箋》：言此者，以前之悔，今則叔也伯也，來迎己者從之，志又易也。

裳錦褧裳，衣錦褧衣。叔兮伯兮，駕予與歸。

《丰》四章，二章章三句，二章章四句。

《序》：《敝笱》，刺文姜也。齊人惡魯桓公微弱，不能防閑文姜，使至淫亂，爲二國患焉。

《傳》：魯桓公會襄公于濼，遂與夫人姜氏如齊，齊人刺之，賦《敝笱》。《續説》：桓公，名軌，惠公之次子也，弑其兄隱公而自立。求援於齊，娶襄公之妹文姜爲夫人。其十八年，會齊侯於濼，遂與姜氏如齊。襄公舊通文姜，至是復通焉。桓公知而讁之，襄公怒，殺桓公。此《敝笱》、《南山》二詩所爲刺也。

敝笱在梁，其魚魴鰥。毛《傳》：興也。鰥，大魚。鄭《箋》：鰥，魚子也。魴也、鰥也，魚之易制者，然而敝敗之笱不能制。興者，喻魯桓微弱，不能防閑文姜，終其初之婉順。齊子歸止，其從如雲。毛《傳》：如雲，言盛也。鄭《箋》：其從，侄娣之屬。言文姜初嫁于魯桓之時，其從者之心意如雲然，雲之行順風耳。後知魯桓微弱，文姜遂淫恣，從者亦隨之爲惡。敝笱在梁，其魚魴鱮。毛《傳》：魴鱮，大魚。鄭《箋》：鱮，似魴而弱鱗。齊子歸止，其從如雨。毛《傳》：如雨，言多也。鄭《箋》：如雨，言無常。天下之則下，天不下則止。以言侄娣之善惡，亦文姜所使止。敝笱在梁，其魚唯唯。毛《傳》：唯唯，出入不制。鄭《箋》：唯唯，行相隨順之貌。齊子歸止，其從如水。毛《傳》：水，喻衆也。鄭《箋》：水之性，可停可行，亦言侄娣之善惡在文姜也。

《敝笱》三章，章四句。愚按：歸止，無論爲歸齊、魯。如雲、如雨、如水，却只是喻其衆多爲長。若鄭解，則並刺從者矣。從者之淫，不見史傳。且《序》中亦無此意，不知鄭何以作是説也。

【眉批】

詳《傳》意，則「歸止」當從朱説爲「歸齊」。

《傳》：襄公留姜氏于齊，魯桓公不能制，齊人賦《南山》刺之。《績説》：按：《左氏》桓公十八年春正月，公將有行，遂與姜氏如齊。申繻曰：「女有家，男有室，無相續也，謂之有禮。易此必敗。」不聽。夏四月，齊侯享公，使公子彭生乘公，公薨於車。此《南山》之詩，所以兼刺二君而不偏也。

《序》：《南山》，刺襄公也。鳥獸之行，淫乎其妹，大夫遇是惡，作詩而去之。鄭《箋》：襄公之妹，魯桓公夫人文姜也。襄公素與淫通，及嫁，公謫之。公與夫人如齊，夫人愬之襄公，襄公使公子彭生乘公而搤殺之。夫人久留於齊，莊公即位後乃來，猶復會齊侯於禚、于祝丘。又如齊師。齊大夫見襄公行惡如是，作詩以刺之。又非魯桓公不能禁制夫人而去之。

南山崔崔，雄狐綏綏。毛《傳》：南山，齊南山也。崔崔，高大也。國君尊嚴如南山崔崔然。雄狐相隨綏綏然無別，失
陰陽之匹。鄭《箋》：雄狐行求匹耦於南山之上，形貌綏綏然。興者，喻襄公居人君之尊，而爲淫泆之行，其威儀可耻惡如狐。
魯道有蕩，齊子由歸。毛《傳》：蕩，平易也。齊子，文姜也。鄭《箋》：婦人謂嫁曰歸。言文姜既以禮從此道嫁於魯侯也。
既曰歸止，曷又懷止？毛《傳》：懷，思也。鄭《箋》：懷，來也。言文姜既曰嫁於魯侯矣，何復來爲乎？非其來也。

葛屨五兩，冠緌雙止。毛《傳》：葛屨，服之賤者。冠緌，服之尊者。鄭《箋》：葛屨五兩，喻文姜與侄娣傅姆同處。冠
緌，喻襄公也。五人爲奇，而襄公往從而雙之。冠屨不宜同處，猶襄公、文姜不宜爲夫婦之道。魯道有蕩，齊子庸止。毛
《傳》：庸，用也。既曰庸止，曷又從止？鄭《箋》：此言文姜既用此道嫁於魯侯，襄公何復送而從之，爲淫泆之行。

蓺麻如之何？衡從其畝。毛《傳》：蓺，樹也。衡獵之，從獵之，然後得麻。鄭《箋》：樹麻者，必先耕治其田，然後樹
之。以言人君取妻，必先議於父母。取妻如之何？必告父母。毛《傳》：必告父母廟。鄭《箋》：取妻之禮議於生者，卜於
死者，此之謂告。既曰告止，曷又鞠止？毛《傳》：鞠，窮也。鄭《箋》：鞠，盈也。魯侯，女既告父母而取，何復盈從令至於
齊乎？又非魯桓。

析薪如之何？匪斧不克。毛《傳》：克，能也。鄭《箋》：此言析薪必得斧乃能也。取妻如之何？匪媒不得。鄭
《箋》：此言取妻必待媒乃得也。既曰得止，曷又極止？毛《傳》：極，止也。鄭《箋》：女既以媒得之矣，何不禁制而恣極其
邪意，令至齊乎？又非魯桓。

《南山》四章，章六句。

【眉批】

此二句亦是朱解爲直截（批「葛屨」二句）。

《傳》：襄公伐衛，姜氏會之于師。齊人刺之，賦《戰毆》。《續説》：《春秋》：莊公五年，夫人姜氏如齊師。蓋因襄公伐衛納朔，而假犒師之行以會之。胡文定曰：「曰會、曰享，猶爲之名也。」至是如齊師，羞惡之心亡矣。

《序》：《載驅》，齊人刺襄公也。無禮義故，盛其車服，疾驅於通道大都，與文姜淫，播其惡於萬民焉。鄭《箋》：故，猶端也。

載驅薄薄，簟茀朱鞹。毛《傳》：薄薄，疾驅聲也。簟，方文席也。車之蔽曰茀。諸侯之路車，有朱革之質而羽飾。鄭《箋》：此車襄公乃乘焉而來，與文姜會。魯道有蕩，齊子發夕。毛《傳》：發夕，自夕發至旦。鄭《箋》：襄公既無禮義，乃疾驅其乘車以入魯境。魯之道路平易，文姜發夕，由之往會焉，曾無慚耻之色。

四驪濟濟，垂轡濔濔。毛《傳》：四驪，言物色盛也。濟濟，美貌。垂轡，轡之垂者。濔濔，衆也。鄭《箋》：此又刺襄公乘是四驪而來，徒爲淫亂之行。魯道有蕩，齊子豈弟。毛《傳》：言齊子於是樂易然。鄭《箋》：此豈弟，猶言發夕也。豈讀當爲闓。弟，古文《尚書》以弟爲圛。圛，明也。

汶水湯湯，行人彭彭。毛《傳》：湯湯，大貌。彭彭，多貌。鄭《箋》：汶水之上蓋有都焉，襄公與文姜時所會。魯道有蕩，齊子翱翔。毛《傳》：翱翔，猶彷徉也。

汶水滔滔，行人儦儦。毛《傳》：滔滔，流貌。儦儦，衆貌。魯道有蕩，齊子游敖。

《載驅》四章，章四句。

【眉批】

「發夕」，夕發不能待旦也。朱注爲拙矣。

於此言樂易正妙，鄭氏太牽强。

《傳》：魯莊公會齊大夫狩于禚，齊人譏之，賦《猗嗟》。《測》：此詩纔有着落，惟其因會狩而作，故每章多言其射技之善。

《序》：《猗嗟》，刺魯莊公也。齊人傷魯莊公有威儀技藝，然而不能以禮防閑其母，失子之道，人以爲齊侯之子焉。

猗嗟昌兮，頎而長兮。毛《傳》：猗嗟，嘆辭。昌，盛也。頎，長貌。鄭《箋》：昌，佼好貌。抑若揚兮，毛《傳》：抑，美色。揚，廣揚。美目揚兮。毛《傳》：好目揚眉。巧趨蹌兮，射則臧兮！毛《傳》：蹌，巧趨貌。鄭《箋》：臧，善也。

猗嗟名兮，美目清兮。毛《傳》：目上爲名。儀既成兮，終日射侯。不出正兮，展我甥兮。毛《傳》：二尺曰正。外孫曰甥。鄭《箋》：成，猶備也。正，所以射于侯中者。天子五正，諸侯三正，大夫二正。外皆居其侯中參分之一焉。展，誠也。姊妹之子曰甥。容貌技藝如此，誠我齊之甥。言誠者，拒時人言齊侯之子。

猗嗟孌兮，毛《傳》：孌，壯好貌。清揚婉兮。毛《傳》：婉，好眉目也。舞則選兮，射則貫兮。毛《傳》：選，齊。貫，中也。鄭《箋》：選者，謂於倫等最上。貫，習也。四矢反兮，以禦亂兮。毛《傳》：四矢，乘矢。鄭《箋》：反，復也。禮射三而止，每射四矢，皆得其故處，此之謂復。射必四矢者，象其能禦四方之亂也。

《猗嗟》三章，章六句。

《傳》：齊桓公相筦仲以匡天下，齊人美之，賦《風雨》。《測》：每於鄭詩中見朱子以此爲淫奔之詩，且云「風雨鷄鳴，正淫奔之時」，甚爲未然。嘗竊嘆曰：詩何不幸而見於鄭？即此詩亦爲淫奔也。及見《序》以爲思君子，始爲快然。然尚不知爲齊詩，尤不知爲齊人喜相筦仲之詩。今乃知所謂既見君子者，爲既見筦仲也。快哉！快哉！風雨鷄鳴云者，乃昏晦雜亂，未明將明之際，以喻春秋之天下昏亂已極，將有待於匡正之人。當此之時，得筦仲而相之，則尊攘大有望矣。云何不夷？云何不瘳？云何不喜？

《序》：《風雨》，思君子也。亂世則思君子不改其度焉。

風雨淒淒，鷄鳴喈喈。毛《傳》：興也。風且雨，淒淒然。鷄猶守時而鳴，喈喈然。鄭《箋》：興者，喻君子雖居亂世，不變改其節度。既見君子，云胡不夷！毛《傳》：胡，何。夷，説也。鄭《箋》：思而見之，云何而心不説。

風雨瀟瀟，鷄鳴膠膠。毛《傳》：瀟瀟，暴疾也。膠膠，猶喈喈也。既見君子，云胡不瘳！毛《傳》：瘳，愈也。

風雨如晦，鷄鳴不已。毛《傳》：晦，昏也。鄭《箋》：已，止也。鷄不爲如晦而止不鳴。既見君子，云胡不喜！

《風雨》三章，章四句。

《傳》：桓公好内，衛姬諿之，賦《鷄鳴》。《續説》：衛姬，桓公夫人。《列女傳》云：「桓公好畋，衛姬爲之不食禽獸之肉；好音，姬爲之不聽樂。」以此觀之，其賢益可知已。《測》：諿，胡介切，音解，即解不義。不曰諫諍箴警，而曰諿者，既不悦從，又惡於激直？忠告善道以諿之，使其好内之意自爲解散。此衛姬之苦心，所以爲賢也。

《序》：《鷄鳴》，思賢妃也。哀公荒淫怠慢，故陳賢妃貞女，夙夜警戒相成之道焉。

鷄既鳴矣，朝既盈矣。毛《傳》：鷄鳴而夫人作，朝盈而君作。鄭《箋》：鷄鳴、朝盈，夫人也、君也，可以起之常禮。匪鷄則鳴，蒼蠅之聲。毛《傳》：蒼蠅之聲，有似遠鷄之鳴。鄭《箋》：夫人以蠅聲爲鷄鳴，則起早於常禮，敬也。

東方明矣，朝既昌矣。毛《傳》：東方明，則夫人纚笄而朝。朝已昌盈，則君聽朝。鄭《箋》：東方明、朝既昌，亦夫人也、君也，可以朝之常禮。君日出而視朝。匪東方則明，月出之光。毛《傳》：見月出之光，以爲東方明。鄭《箋》：夫人以月光爲東方明則朝，亦敬也。

蟲飛薨薨，甘與子同夢。毛《傳》：古之夫人，配其君子，亦不忘其敬。鄭《箋》：蟲飛薨薨，東方早明之時，我猶樂與子卧而同夢，言親受之無已。會且歸矣，無庶予子憎。毛《傳》：會，會於朝也。卿大夫朝會於君，朝聽政，夕歸治其家事。無庶予子憎，無見惡于夫人。鄭《箋》：庶，衆也。蟲飛薨薨，所以當起者，卿大夫朝者且罷歸故也。無使衆臣以我故憎惡於子，戒之也。

《鷄鳴》三章，章四句。

【眉批】

諳，白下本附音，作「箴」，然篆文則「諳」也。

「無庶予子憎」，詳毛意作夫人自云，庶無使予憎子也。釋者以夫音符，而云指卿大夫。其義爲長，然毛意未知然否。

《傳》：莊公無禮，齊人刺之，賦《東方之日》。《續説》：莊公，名光，靈公環之世子，桓公之女孫也。淫於崔杼之妻棠姜，爲杼所弑。

《序》：《東方之日》，刺衰也。君臣失道，男女淫奔，不能以禮化也。

東方之日兮，彼姝者子，在我室兮。毛《傳》：興也。日出東方，人君明盛，無不照察也。姝者，初昏之貌。鄭《箋》：言東方之日，愬之乎耳。有姝然美好之子，來在我室，欲與我爲室家，我無如之何也。日在東方，其明未融，喻君不明。在我室兮，履我即兮。毛《傳》：履，禮也。鄭《箋》：即，就也。在我室者以禮來，我則就之，與之去也。言今者之子不以禮來也。

東方之月兮，彼姝者子，在我闥兮。毛《傳》：月盛於東方。君明於上，若日也。臣察於下，若月也。闥，門内也。鄭《箋》：月以興臣，月在東方，亦言不明。在我闥兮，履我發兮。毛《傳》：發，行也。鄭《箋》：以禮來則我行而與之去。

《東方之日》二章，章五句。愚按：《詩故》云「蓋大夫之妻入朝而君以無禮加之」，沈無回謂齊不聞有此事，豈可以意誣之。今觀《傳》云莊公無禮，而《續説》引棠姜女，則《詩故》之説亦未可謂其妄也。

【眉批】

較朱解爲勝（批「在我室兮，履我即兮」箋）。

《傳》：景公欲求諸侯，大夫風之，賦《甫田》。《續説》：景公，名杵臼，靈公庶子，莊公兄也。《測》：通篇是寓言，故曰風。求之云者，非能安分自强之謂，乃喜功生事之謂也。纔有此意，誰其與我？況文春秋之時乎。此有識者所爲長慮而却顧也，故風之。所謂大夫者，或晏嬰之流與。

《序》：《甫田》，大夫刺襄公也。無禮義而求大功，不修德而求諸侯，志大心勞，所以求者非其道也。

無田甫田，維莠驕驕。毛《傳》：興也。甫，大也。大田過度而無人功，終不能獲。鄭《箋》：興者，喻人君欲立功致治，必勤身修德，積小以成高大。無思遠人，勞心忉忉！毛《傳》：忉忉，憂勞也。言無德而求諸侯，徒勞其心忉忉耳。

無田甫田，維莠桀桀。毛《傳》：桀桀，猶驕驕也。無思遠人，勞心怛怛！毛《傳》：怛怛，猶忉忉也。

婉兮孌兮，總角丱兮。未幾見兮，突而弁兮。毛《傳》：婉孌，少好貌。總角，聚兩髦也。丱，幼稺也。弁，冠也。鄭《箋》：人君内善其身，外修其德，居無幾何，可以立功。猶是婉孌之童子，少自修飾，丱然而稚，見之無幾何，突耳加冠爲成人也。

《甫田》三章，章四句。

《傳》：齊俗昏禮不親，君子譏之，賦《著》。《測》：詩文曰「我」，《傳》曰「君子譏之」者，豈托爲婦之言耶？譏之之意，盡在一「俟」字。「俟」對「迎」言，俟則非迎矣。

《序》：《著》，刺時也。時不親迎也。鄭《箋》：時不親迎，故陳親迎之禮以刺之。

俟我於著乎而，充耳以素乎而，毛《傳》：俟，待也。門屏之間曰著。素，象瑱。鄭《箋》：我，嫁者自謂也。俟我於著，謂從君子而出至於著，君子揖之時也。我視君子則以素爲充耳，謂所以懸瑱者。或名爲紞，織之。人君五色，臣則三色而已。此言素者，目所先見而云。尚之以瓊華乎而！毛《傳》：瓊華，美石。士之服也。鄭《箋》：尚，猶飾也。飾之以瓊華者，謂懸紞之末，所謂瑱也。人君以玉爲瑱。瓊華，石色似瓊也。

俟我於庭乎而，充耳以青乎而，毛《傳》：青，青玉。鄭《箋》：待我於庭，謂揖我於庭時。青，紞之青。尚之以瓊瑩乎而！毛《傳》：瓊瑩，石似玉。卿大夫之服也。鄭《箋》：石色似瓊似瑩也。

俟我於堂乎而，充耳以黄乎而，毛《傳》：黄，黄玉。鄭《箋》：黄，紞之黄。尚之以瓊英乎而！毛《傳》：瓊英，美石似玉者。人君之服也。鄭《箋》：瓊英，猶瓊華也。

《著》三章，章三句。愚按：依鄭説爲陳親迎之禮，著、庭、堂皆嫁者之家，則據禮次，應先堂而庭而著，安得倒言自著先見婿耶？還宜從東萊吕氏，指婿家者爲是。惟在婿家，故于著、于庭、于堂，始得見婿之次序如此，而不親迎已見矣。毛無明文，止依《序》作刺，其意亦當爾也。但三章分作士、卿大夫、人君三項，未知何據。

聖門傳詩嫡冢卷之六

吳興凌濛初輯

國風

魏譜

魏者，虞舜、夏禹所都之地。在《禹貢》冀州雷首之北，析城之西。周以封同姓焉。其封域南枕河曲，北涉汾水。昔舜耕于歷山，陶於河濱。禹菲飲食而致孝乎鬼神，惡衣服而致美乎黻冕，卑宮室而盡力乎溝洫。此一帝、一王儉約之化，於時猶存。及今魏君嗇且褊急，不務廣修德於民，教以義方。其與秦、晉鄰，國日見侵削，國人憂之。當周平、桓之世，魏之變風始作。至春秋魯閔公元年，晉獻公竟滅之，以其地賜大夫畢萬。自爾而後，晉有魏氏。

魏

《考補》：魏，國名。姬姓，侯爵。周成王以封文王子畢公高之後，後爲晉獻公所滅而取其地。

【眉批】魏無世家，不明其始封。此説不知何據，豈因晉以封畢萬而附會耶？

《傳》：魏之君子，□□□□美之，賦《伐檀》。

《序》：《伐檀》，刺貪也。在位貪鄙，無功而受禄，君子不得進仕爾。

坎坎伐檀兮，寘之河之干兮，河水清且漣猗。毛《傳》：坎坎，伐檀聲。寘，置也。干，厓也。風行水成文曰漣。伐檀以俟世用，若俟河水清且漣。鄭《箋》：是謂君子之人不得進仕也。不稼不穡，胡取禾三百廛兮？不狩不獵，胡瞻爾庭有縣貆兮？毛《傳》：種之曰稼，斂之曰穡。一夫之居曰廛。貆，獸名。鄭《箋》：是謂在位貪鄙，無功受禄也。冬獵曰狩，宵田曰獵。胡，何也。貉子曰貆。彼君子兮，不素餐兮！毛《傳》：素，空也。鄭《箋》：彼君子者，斥伐檀之人。仕有功，乃肯受禄。

坎坎伐輻兮，寘之河之側兮，河水清且直猗。毛《傳》：輻，檀輻也。側，猶厓也。直，直波也。不稼不穡，胡取禾三百億兮？不狩不獵，胡瞻爾庭有縣特兮？毛《傳》：萬萬曰億。獸三歲曰特。鄭《箋》：十萬曰億。三百億，禾秉之數。彼君子兮，不素食兮！

坎坎伐輪兮，寘之河之漘兮，河水清且淪猗。毛《傳》：檀可以爲輪。漘，厓也。小風水成文轉如輪也。不稼不穡，胡取禾三百囷兮？不狩不獵，胡瞻爾庭有縣鶉兮？毛《傳》：圓者爲囷。鶉，鳥也。彼君子兮，不素飧兮！毛《傳》：熟食曰飧。鄭《箋》：飧，讀如魚飧之飧。

《伐檀》三章，章九句。

《傳》：魏之君子，□□□□，賦《十畝之間》。

《序》：《十畝之間》，刺時也。言其國削，小民無所居焉。

十畝之間兮，桑者閑閑兮。毛《傳》：閒閒然，男女無别往來之貌。鄭《箋》：古者一夫百畝，今十畝之間，往來有閒閑然，削小之甚。行與子還兮！毛《傳》：或行來者，或來還者。

十畝之外兮，桑者泄泄兮。毛《傳》：泄泄，多人之貌。行與子逝兮！鄭《箋》：逝，逮也。

《十畝之間》二章，章三句。

《傳》：魏之君子，訓民孝弟，賦《杕杜》。

《序》：《杕杜》，刺時也。君子不能親其宗族，骨肉離散，獨居無兄弟，將爲沃所并爾。

有杕之杜，其葉湑湑。毛《傳》：興也。杕，特貌。杜，赤棠也。湑湑，枝葉不相比也。獨行踽踽，豈無他人？不如我同父。毛《傳》：踽踽，無所視也。鄭《箋》：他人，謂異姓也。言昭公遠其宗族，獨行於國中踽踽然。此豈無異姓之國乎？顧恩不如同姓親親也。嗟行之人，胡不比焉？鄭《箋》：君所與行之人，謂異姓卿大夫也。比，輔也。此人女何不輔君爲政令。人無兄弟，胡不佽焉？毛《傳》：佽，助也。鄭《箋》：異姓卿大夫，女見君無兄弟之親親者，何不相推佽而助之。

有杕之杜，其葉菁菁。毛《傳》：菁菁，葉盛也。鄭《箋》：菁菁，稀少之貌。獨行睘睘，豈無他人？不如我同姓。毛《傳》：睘睘，無所依也。同姓，同祖也。嗟行之人，胡不比焉？人無兄弟，胡不佽焉？

《杕杜》二章，章九句。

【眉批】毛本出唐。

《傳》：魏人□□□□□□□□，賦《陟岵》。

《序》：《陟岵》，孝子行役，思念父母也。國迫而數侵削，役乎大國，父母兄弟離散，而作是詩也。鄭《箋》：役乎大國者，爲大國所徵發。

陟彼岵兮，瞻望父兮。毛《傳》：山無草木曰岵。鄭《箋》：孝子行役，思其父之戒，乃登彼岵山以遥瞻望其父所在之處。父曰：「嗟予子行役，夙夜無已！鄭《箋》：予，我。夙，早。夜，莫也。無已，無解倦。上慎旃哉！猶來無止！」毛《傳》：旃，之。猶，可也。父尚義。鄭《箋》：上者，謂在軍事作部列時。

陟彼屺兮，瞻望母兮。毛《傳》：山有草木曰屺。鄭《箋》：此又思母之戒，而登屺山而望之也。母曰：「嗟予季行役，夙夜無寐！毛《傳》：季，少子也。無寐，無耆寐。上慎旃哉！猶來無棄！」毛《傳》：母尚恩也。

陟彼岡兮，瞻望兄兮。兄曰：「嗟予弟行役，夙夜必偕！毛《傳》：偕，俱也。上慎旃哉！猶來無死！」毛《傳》：兄尚親也。

《陟岵》三章，章六句。

【眉批】按：疏云：《爾雅·釋山》云：「多草木岵，無草木屺。」《傳》寫誤。

《傳》：魏人憂其國□□□□，賦《園有桃》。《測》：闕文當是「小而無政」四字。

《序》：《園有桃》，刺時也。大夫憂其君國小而迫，而儉以嗇，不能用其民而無德教，日以侵削，故作是詩也。

園有桃，其實之殽。毛《傳》：興也。園有桃，其實之殽。國有民，得其力。鄭《箋》：魏君薄公稅，省國用，不取於民，食園桃而已。不施德教，民無以戰，其侵削之由，由是也。心之憂矣，我歌且謠。毛《傳》：曲合樂曰歌，徒歌曰謠。鄭《箋》：我心憂君之行如此，故歌謠以寫我憂矣。不知我者，謂我士也驕。鄭《箋》：士，事也。不知我所爲歌謠之意者，反謂我於君事驕逸故。彼人是哉，子曰何其！毛《傳》：夫人謂我欲何爲乎？鄭《箋》：彼人，謂君也。曰，於也。不知我所爲憂者，既非責我。又曰君儉而嗇，所行是其道哉，子於此憂之何乎？心之憂矣，其誰知之？鄭《箋》：如是，則衆臣無知我憂所爲也。其誰知之，蓋亦勿思。鄭《箋》：無知我憂所爲者，則宜無復思念之，以自止也。衆不信我，或時謂我謗君，使我得罪也。

園有棘，其實之食。毛《傳》：棘，棗也。心之憂矣，聊以行國。鄭《箋》：聊，且略之辭也。聊出行於國中，觀民事以寫憂。不知我者，謂我士也罔極。毛《傳》：極，中也。鄭《箋》：見我聊出行於國中，謂我於君事無中正。彼人是哉，子曰何其！心之憂矣，其誰知之？其誰知之，蓋亦勿思。

《園有桃》二章，章十二句。

《傳》：魏人困於□□，□□其國，賦《碩鼠》。《測》：闕文「當是貪殘欲去」四字。

《序》：《碩鼠》，刺重斂也。國人刺其君重斂，蠶食於民，不修其政，貪而畏人，若大鼠也。

碩鼠碩鼠，無食我黍！三歲貫女，莫我肯顧。毛《傳》：貫，事也。鄭《箋》：碩，大也。大鼠大鼠者，斥其君也。女無復食我黍，疾其稅斂之多也。我事女三歲矣，曾無教令恩德來顧眷我。又疾其不修政也。古者三年大比，民或於是徙。逝將去女，適彼樂土。鄭《箋》：逝，往也。往矣將去女，與之訣别之辭。樂土，有德之國。樂土樂土，爰得我所！鄭《箋》：爰，曰也。

碩鼠碩鼠，無食我麥！三歲貫女，莫我肯德。鄭《箋》：不肯施德於我。逝將去女，適彼樂國。樂國樂國，爰得我直！毛《傳》：直，得其直道。鄭《箋》：直，正直也。

碩鼠碩鼠，無食我苗！毛《傳》：苗，嘉穀也。三歲貫女，莫我肯勞。鄭《箋》：不肯勞來我。逝將去女，適彼樂郊。鄭《箋》：郭外曰郊。樂郊樂郊，誰之永號！毛《傳》：號，呼也。鄭《箋》：之，往也。永，歌也。樂郊之地，誰獨當往而歌號者？言皆喜説，無憂苦。

《碩鼠》三章，章八句。

《傳》：魏人苦於征□，□□□□，賦《鴇羽》。《測》：闕文當是「役不得終養」五字。

《序》：《鴇羽》，刺時也。昭公之後，大亂五世，君子下從征役，不得養其父母而作是詩也。鄭《箋》：大亂五世者，昭公、孝侯、鄂侯、哀侯、小子侯。

肅肅鴇羽，集于苞栩。毛《傳》：興也。肅肅，鴇羽聲也。集，止。苞，稹。栩，杼也。鴇之性不樹止。鄭《箋》：興者，喻君子當居安平之處，今下從征役，其爲危苦如鴇之樹止然。稹者，根相迫迮梱致也。王事靡盬，不能藝稷黍，父母何怙？毛《傳》：盬，不攻緻也。怙，恃也。鄭《箋》：藝，樹也。我迫王事，無不攻致，故盡力焉。既則罷倦，不能播種五穀，今我父母將何怙乎？悠悠蒼天！曷其有所？鄭《箋》：曷，何也。何時我得其所哉！

肅肅鴇翼，集于苞棘。王事靡盬，不能藝黍稷，父母何食？悠悠蒼天！曷其有極？鄭《箋》：極，已也。

肅肅鴇行，集于苞桑。毛《傳》：行，翮也。王事靡盬，不能藝稻粱，父母何嘗？悠悠蒼天！曷其有常？

《鴇羽》三章，章七句。

【眉批】

毛本出唐。

《傳》魏之内子，□□□□□□怨之，賦《葛屨》。《測》：此卿大夫妻新歸者之怨詞也。縫裳非不美之事，亦非女之所難爲者，獨以貴家大族之女正歡然燕譽歌舞之時，而戛戛然遽以要襋相强，無論禮之所不出，亦大非人情矣，故得而怨之。怨者，怨其褊心也，即刺之謂也。

《序》：《葛屨》，刺褊也。魏地陿隘，其民機巧趨利，其君儉嗇褊急，而無德以將之。鄭《箋》：儉嗇而無德，是其所以見侵削。

糾糾葛屨，可以履霜？毛《傳》：糾糾，猶繚繚也。夏葛屨，冬皮屨，葛屨非所以履霜。鄭《箋》：葛屨賤，皮屨貴。魏俗至冬，猶謂葛屨可以履霜，利其賤也。摻摻女手，可以縫裳？毛《傳》：摻摻，猶纖纖也。婦人三月廟見，然後執婦功。鄭《箋》：言女手者，未三月，未成爲婦。裳，男子之下服。賤又未可使縫。魏俗使未三月婦縫裳者，利其事也。要之襋之，好人服之。毛《傳》：要，褸也。襋，領也。好人，好女手之人。鄭《箋》：服，整也。褸也，領也，在上，好人尚可使整治之，謂屬著之。

好人提提，宛然左辟，佩其象揥。毛《傳》：提提，安諦也。宛，辟貌。婦至門，夫揖而入，不敢當尊，宛然而左辟。象揥，所以爲飾。鄭《箋》：婦新至，慎於威儀如是，使之非禮。維是褊心，是以爲刺。鄭《箋》：魏俗所以然者，是君心褊急，無德教使之耳，我是以刺之。

《葛屨》二章，一章六句，一章五句。愚按：朱子云：「此詩疑即縫裳之女所作。」與《測》説合。則好人之解，亦似朱説爲長。但左辟爲婦避夫之禮，象揥見《君子偕老》，亦是婦人之飾，則毛、鄭之説非無據也。及考《申公詩説》爲内子儉不中禮，媵者怨之，則豁然矣。

唐譜

唐者，帝堯舊都之地，今曰太原晉陽。是堯始居，此後乃遷河東平陽。成王封母弟叔虞於堯之故墟，曰唐侯。南有晉水，至於燮，改爲晉侯。其封域在《禹貢》冀州太行恒山之西，太原太岳之野。至曾孫成侯，南徙居曲沃，近平陽焉。昔堯之末，洪水九年，下民其咨，萬國不粒，於時殺禮以救艱厄，其流乃被於今。當周公、召公共和之時，成侯曾孫僖侯甚嗇愛物，儉不中禮，國人閔之，唐之變風始作。其孫穆侯又徙於絳云。

唐

《考補》：唐，國名。姬姓，侯爵。

《傳》唐□□□□□□□，賦《蟋蟀》。

《序》：《蟋蟀》，刺晉僖公也。儉不中禮，故作是詩以閔之，欲其及時以禮自虞樂也。此晉也而謂之唐，本其風俗憂深思遠，儉而用禮，乃有堯之餘風焉。鄭《箋》：憂深思遠，謂宛其死矣，百歲之後之類也。

蟋蟀在堂，歲聿其莫。今我不樂，日月其除。毛《傳》：蟋蟀，蛬也，九月在堂。聿，遂。除，去也。鄭《箋》：我，僖公也。蛬在堂，歲時之候。是時農功畢，君可以自樂矣。今不自樂，日月且過去，不復暇爲之，謂十二月當復命農計耦耕事。無已太康，職思其居。毛《傳》：已，甚。康，樂。職，主也。鄭《箋》：君雖當自樂，亦無甚大樂，欲其用禮爲節也。又當主思於所居之事，謂國中政令。好樂無荒，良士瞿瞿。毛《傳》：荒，大也。瞿瞿然，顧禮義也。鄭《箋》：荒，廢亂也。良，善也。君之好樂不當，至於廢亂政事。當如善士瞿瞿然顧禮義也。

蟋蟀在堂，歲聿其逝。今我不樂，日月其邁。毛《傳》：邁，行也。無已太康，職思其外。毛《傳》：外，禮樂之外。鄭《箋》：外，謂國外至四境。好樂無荒，良士蹶蹶。毛《傳》：蹶蹶，動而敏於事。

蟋蟀在堂，役車其休。鄭《箋》：庶人乘役車也。休，農功畢無事也。今我不樂，日月其慆。毛《傳》：慆，過也。無已太康，職思其憂。毛《傳》：憂，可憂也。鄭《箋》：憂者，謂鄰國侵伐之憂。好樂無荒，良士休休。毛《傳》：休休，樂道之心。

《蟋蟀》三章，章八句。

《傳》：唐侯□□□□□□□□□，賦《山有樞》。

《序》：《山有樞》，刺晉昭公也。不能修道以正其國，有財不能用，有鐘鼓不能以自樂，有朝廷不能洒埽，政荒民散，將以危亡，四鄰謀取其國家而不知，國人作詩以刺之也。

山有樞，隰有榆。毛《傳》：興也。樞，荎也。國君有財貨而不能用，如山隰不能自用其財。子有衣裳，弗曳弗婁。子有車馬，弗馳弗驅。毛《傳》：婁，亦曳也。宛其死矣，他人是愉。毛《傳》：宛，死貌。愉，樂也。鄭《箋》：愉，讀曰偷。偷，取也。

山有栲，隰有杻。毛《傳》：栲，山樗。杻，檍也。子有廷內，弗洒弗埽。子有鐘鼓，弗鼓弗考。毛《傳》：洒，灑也。考，擊也。宛其死矣，他人是保。毛《傳》：保，安也。鄭《箋》：保，居也。

山有漆，隰有栗。子有酒食，何不日鼓瑟？毛《傳》：君子無故，琴瑟不離於側。且以喜樂，且以求日。毛《傳》：永，引也。宛其死矣，他人入室。

《山有樞》三章，章八句。

《傳》：曲沃盛彊，□□□□□□憂之，賦《椒聊》。《續説》：曲沃，唐邑名。昭侯以封其叔父成師，是爲桓叔。其後盛强，國人恐其爲亂而憂之也。

《序》：《椒聊》，刺晉昭公也。君子見沃之盛彊，能修其政，知其蕃衍盛大，子孫將有晉國焉。

椒聊之實，蕃衍盈升。毛《傳》：興也。椒聊，椒也。鄭《箋》：椒之性芬香而少實。今一捄之實，蕃衍滿升，非其常也。興者，喻桓叔晉君之支別耳，今其子孫衆多，將日以盛也。彼其之子，碩大無朋。毛《傳》：朋，比也。鄭《箋》：之子，是子也，謂桓叔也。碩，謂壯貌。佼，好也。大，謂德美廣博也。無朋，平均不朋黨。椒聊且，遠條且。毛《傳》：條，長也。鄭《箋》：椒之氣日益遠長，似桓叔之德彌廣博。

椒聊之實，蕃衍盈匊。毛《傳》：兩手曰匊。彼其之子，碩大且篤。毛《傳》：篤，厚也。椒聊且，遠條且。毛《傳》：言聲之遠聞也。

《椒聊》二章，章六句。

【眉批】

「朋比也」之「比」，王肅、孫毓、申、毛皆作必履反，謂無比例也。若如《箋》云，則作必二反。桓叔有潘父之黨，至比而殺，昭公豈得言不朋黨乎？

《傳》：曲沃盛彊，□□□□□，賦《陽之水》。

《序》：《揚之水》，刺晉昭公也。昭公分國以封沃，沃盛彊，昭公微弱，國人將叛而歸沃焉。鄭《箋》：封沃者，封叔父桓叔於沃也。沃，曲沃，晉之邑也。

揚之水，白石鑿鑿。毛《傳》：興也。鑿鑿，鮮明貌。鄭《箋》：激揚之水，激流湍疾，洗去垢濁，白石鑿鑿然。興者，喻桓叔盛强，除民所惡，民得以有禮義也。素衣朱襮，從子于沃。毛《傳》：襮，領也。諸侯綉黼，丹朱中衣。沃，曲沃也。鄭《箋》：綉，當爲綃。綃黼丹朱中衣，中衣以綃黼爲領，丹朱爲純也。國人欲進此服，去從桓叔。既見君子，云何不樂？鄭《箋》：君子，謂桓叔。

揚之水，白石皓皓。毛《傳》：皓皓，潔白也。素衣朱綉，從子于鵠。毛《傳》：綉，黼也。鵠，曲沃邑也。既見君子，云何其憂？毛《傳》：言無憂也。

揚之水，白石粼粼。毛《傳》：粼粼，清澈也。我聞有命，不敢以告人。毛《傳》：聞曲沃有善政命，不敢以告人。鄭《箋》：不敢以告人而去者，畏昭公謂己動民心。

《揚之水》三章，二章六句，一章四句。

《傳》：曲沃偁弑其三君，僖王命爲晉侯，唐人刺之，賦《無衣》。《續説》：偁，即晉武公桓叔之孫也。三君，謂哀侯、小子侯、侯緡。《測》：曰「唐人刺之」，使不是武公述請命之意。若知請命之衣爲安且吉，是武公猶知有周天子矣。武公不知有周天子，未必請命，即請命，亦必不自述其意，還從唐人刺之爲是。子者，唐人之指武公也。云安且吉者，正以言其不安且吉，此刺之之意也。《序》又以爲晉人美之，似未必然。至謂其大夫爲之請命，大夫亦未嘗請命於天子，乃請命於天子之使，總是周室之衰弱而然也。

《序》：《無衣》，美晉武公也。武公始並晉國，其大夫爲之請命乎天子之使而作是詩也。鄭《箋》：天子之使，是時使來者。

豈曰無衣七兮？毛《傳》：侯伯之禮七命，冕服七章。鄭《箋》：我豈無是七章之衣乎？晉舊有之，非新命之服。不如子之衣，安且吉兮！毛《傳》：諸侯不命於天子，則不成爲君。鄭《箋》：武公初並晉國，心未自安，故以得命服爲安。

豈曰無衣六兮？毛《傳》：天子之卿六命，車旗衣服以六爲節。鄭《箋》：變七言六者，謙也。不敢必當侯伯，得受六命之服，列於天子之卿，猶愈乎不。不如子之衣，安且燠兮！毛《傳》：燠，煖也。

《無衣》二章，章三句。愚按：沈守正曰：「武公滅晉，自立三十七年，而始以寶器請命于僖王，其目中豈嘗有王哉？詩人惡之、痛之，代爲請命之詞，故爲偃蹇者，蓋誅其意，非必武公有是言也。舊說以爲天理未盡滅，《小序》以爲美武公，皆非也。」此說正與《傳》云刺之者合，若美武公而夫子存之，豈作《春秋》之意乎？故當以《傳》爲正。

【眉批】

唐人設爲武公請命之言，而自述其意，便是刺之。

《傳》：晉人久於從□□□□□□□，賦《葛生》。

《序》：《葛生》，刺晉獻公也。好攻戰，則國人多喪矣。鄭《箋》：喪，棄亡也。夫從征役，棄亡不反，則其妻居家而怨思。

葛生蒙楚，蘞蔓于野。毛《傳》：興也。葛生延而蒙楚，蘞生蔓於野，喻婦人外成於他家。予美亡此，誰與獨處！鄭《箋》：予，我。亡，無也。言我所美之人無於此，謂其君子也。吾誰與居乎？獨處家耳。從軍未還，未知死生，其今無於此。葛生蒙棘，蘞蔓于域。毛《傳》：域，營域也。予美亡此，誰與獨息！毛《傳》：息，止也。角枕粲兮，錦衾爛兮。毛《傳》：齊則角枕錦衾。禮，夫不在，斂枕篋衾席韣而藏之。鄭《箋》：夫雖不在，不失其祭也。攝主，主婦猶自齊而行事。予美亡此，誰與獨旦！鄭《箋》：旦，明也。我君子無於此，吾誰與齊乎？獨自潔明。夏之日，冬之夜。毛《傳》：言長也。鄭《箋》：思者於晝夜之長時尤甚，故極言之以盡情。百歲之後，歸于其居！鄭《箋》：居，墳墓也。言此者，婦人專一，義之至，情之盡。冬之夜，夏之日。百歲之後，歸于其室！毛《傳》：室，猶居也。鄭《箋》：室，猶冢壙。

《葛生》五章，章四句。

《傳》：晉獻公好讒，□□□□□□□，賦《采苓》。《續説》：朱子曰：「觀驪姬譖殺太子及逐群公子等事可見。」

《序》：《采苓》，刺晉獻公也。獻公好聽讒焉。

采苓采苓，首陽之巔。毛《傳》：興也。苓，大苦也。首陽，山名也。采苓，細事也。首陽，幽僻也。細事，喻小行也。幽僻，喻無徵也。鄭《箋》：采苓采苓者，言采苓之人衆多非一也，皆云采此苓於首陽山之上。首陽山之上，信有苓矣。然而今之采者未必於此山，然而人必信之。興者，喻事有似而非。人之爲言，苟亦無信。舍旃舍旃，苟亦無然。毛《傳》：苟，誠也。鄭《箋》：苟，且也。爲言，謂爲人爲善言以稱薦之，欲使見進用也。旃之言焉也。舍之焉，舍之焉，謂謗訕人，欲使見貶退也。此二者且無信受之，且無答然。人之爲言，何得焉！鄭《箋》：人以此言來，不信受之，不答然之，從後察之，或時見罪，何所得？

采苦采苦，首陽之下。毛《傳》：苦，苦菜也。人之爲言，苟亦無與。舍旃舍旃，苟亦無然。毛《傳》：無與，勿用也。人之爲言，胡得焉！

采葑采葑，首陽之東。毛《傳》：葑，菜名也。人之爲言，苟亦無從。舍旃舍旃，苟亦無然。人之爲言，胡得焉！

《采苓》三章，章八句。愚按：《集注》混言刺聽讒，不言何公，疑《小序》獻公之説爲無據也。今觀《傳》之篇次，在武公之後，文公之前，則世次了然，且獻公之聽讒，又明著《春秋經傳》，復何疑乎？

【眉批】

按：「舍旃」以下，下二章不更一字，則知非與爲言作對待者，還從朱注作舍置其言爲是。

《傳》：晉文公好賢，□□□□□□□，賦《杕杜》。《續説》：晉文公，名重耳，獻公子。《測》：此詩朱子以爲好賢恐不足致，予甚然之。《傳》以爲晉文公之詩，似又説不得恐不足致也。豈好賢之至，挹損之極，初不自知其爲强國乎？抑初霸尚未强大而云然乎？

《序》：《有杕之杜》，刺晉武公也。武公寡特，兼其宗族而不求賢以自輔焉。

有杕之杜，生于道左。毛《傳》：興也。道左之陽，人所宜休息也。鄭《箋》：道左，道東也。日之熱，恒在日中之後。道東之杜，人所宜休息也。今人不休息者，以其特生陰寡也。興者，喻武公初兼其宗族，不求賢者與之在位。君子不歸，似乎特生之杜然。彼君子兮，噬肯適我？毛《傳》：噬，逮也。鄭《箋》：肯，可。適，之也。彼君子之人，至於此國，皆可求之我君所。君子之人，義之與比，其不來者，君不求之。中心好之，曷飲食之？鄭《箋》：曷，何也。言中心誠好之，何但飲食之，當盡禮極歡以待之。

有杕之杜，生于道周。毛《傳》：周，曲也。彼君子兮，噬肯來游。《左傳》：游，觀也。中心好之，曷飲食之？

《有杕之杜》二章，章六句。愚按：此詩從好賢之説爲長，但朱子不能知其爲文公耳。

《傳》：臼季遇郤缺于冀，薦于文公，□人美之，賦《野有蔓草》。《續説》：臼季，晉大夫。郤缺，一曰季缺。《國語》曰：「臼季使，舍于冀野。冀缺耨，其妻饁之，敬相待如賓，從而問之，冀芮之子也。與之歸。既復命而進之曰：『臣得賢人，敢以告。』文公曰：『其父有辠可乎？』對曰：『國之良也，滅其首惡。是故舜之刑也殛鯀，其舉也興禹。今君之所聞也齊桓親舉筦敬子，其賊也。』公曰：『子何以知其賢也？』對曰：『臣見其不忘敬也。夫敬，德之恪也。恪于德以臨事，其何不濟？』文公見之，使爲下軍大夫。」《測》：此詩朱子以男女爲説，得無亦鄭聲淫之説入其心乎？昔子産與叔向相遇，歌《野有蔓草》，已可爲此詩之證，而今乃知爲臼季、冀缺之詩，殊足快也。

《序》：《野有蔓草》，思遇時也。君之澤不下流，民窮於兵革，男女失時，思不期而會焉。鄭《箋》：不期而會，謂不相與期而自俱合。

野有蔓草，零露漙兮。毛《傳》：興也。野，四郊之外。蔓，延也。漙漙然，盛多也。鄭《箋》：零，落也。蔓草而有露，謂仲春之時，草始生，霜爲露也。《周禮》：「仲春之月令，會男女之無夫家者。」有美一人，清揚婉兮。邂逅相遇，適我願兮。毛《傳》：清揚，眉目之間。婉然，美也。邂逅，不期而會。適其時願。

野有蔓草，零露瀼瀼。毛《傳》：瀼瀼，盛貌。有美一人，婉如清揚。邂逅相遇，與子偕臧。毛《傳》：臧，善也。

《野有蔓草》二章，章六句。愚按：《傳》與《序》説不同，然當以《傳》説爲正。《詩故》云：「六卿餞韓子，子齹賦此詩。韓子曰：『吾有望矣。』」豈男女思不期而會者哉！

【眉批】
毛本出鄭。

《傳》：晉大夫賢□□美之，賦《羔求》。

《序》：《羔裘》，刺時也。晉人刺其在位，不恤其民也。鄭《箋》：恤，憂也。

羔裘豹袪，自我人居居。毛《傳》：袪，袂也。本末不同，有位與民，異心自用也。居居，懷惡不相親比之貌。鄭《箋》：羔裘豹袪，卿大夫之服也。其役使我之民人，其意居居然有悖惡之心，不恤我之困苦。豈無他人？維子之故！鄭《箋》：此民卿大夫采邑之民也，故云豈無他人可歸往者乎。我不去者，乃念子故舊之人。

羔裘豹褎，自我人究究。毛《傳》：褎，猶袪也。究究，猶居居也。豈無他人，維子之好。鄭《箋》：我不去而歸往他人者，乃念子而愛好之也。民之厚如此，亦古之遺風。

《羔裘》二章，章四句。

《傳》：晉大夫□□□□□□譏之，賦《彼汾》。

《序》：《汾沮洳》，刺儉也。其君儉以能勤，刺不得禮也。

彼汾沮洳，言采其莫。毛《傳》：汾，水也。沮洳，其漸洳者。莫，菜也。鄭《箋》：言，我也。於彼汾水漸洳之中，我采其莫以爲菜，是儉以能勤。彼其之子，美無度。鄭《箋》：之子，是子也。是子之德美無有度，言不可尺寸。美無度，殊異乎公路。毛《傳》：路，車也。鄭《箋》：是子之德，美信無度矣。雖然，其采莫之事，則非公路之禮也。公路，主君之軞車。庶子爲之，晉趙盾爲軞車之族是也。

彼汾一方，言采其桑。鄭《箋》：采桑，親蠶事也。彼其之子，美如英。毛《傳》：萬人爲英。美如英，殊異乎公行。毛《傳》：公行，從公之行也。鄭《箋》：從公之行者，主君兵車之行列。彼汾一曲，言采其藚。毛《傳》：藚，水舄也。彼其之子，美如玉。美如玉，殊異乎公族。毛《傳》：公族，公屬。鄭《箋》：公族，主君同姓昭穆也。

《汾沮洳》三章，章六句。愚按：詩中明言公路、公行、公族矣，安得爲刺其君？孔疏云：「賤官尚不爲之，君何故親采莫？」雖强爲之解，何如《傳》之譏大夫者爲長？惜有闕文，不知所譏謂何耳。

【眉批】

「其君」下或有「子」字。

《傳》：晉亂民窮，□□□□□□□傷之，賦《綢繆》。《續説》：晉自文公始霸，主諸侯者九世。至定公時，趙鞅、荀寅、士吉射各據其邑以叛，遂至衰亂。聖人列此詩於《唐風》之終，蓋與衛靈之《蝃蝀》、齊景之《甫田》正同時也。《測》：朱子以此詩爲夫婦相謂之詞，曰「喜之甚而自慶」，則詩文「子兮子兮」者，首章爲女，末章爲男，中章通謂男女。今繹《傳》文，乃以婚姻失時而傷之，則所謂「子兮子兮」者，似爲傷之者指其夫婦而言之，非相慶之意也。一爲傷，一爲喜而相慶，不可同日而語矣。《序》亦是傷之之意。

《序》：《綢繆》，刺晉亂也。國亂，則婚姻不得其時焉。鄭《箋》：不得其時，謂不及仲春之月。

綢繆束薪，三星在天。毛《傳》：興也。綢繆，猶纏綿也。三星，參也。在天，謂始見東方也。男女待禮而成，若薪芻待人事而後束也。三星在天，可以嫁娶矣。鄭《箋》：三星，謂心星也。心有尊卑，夫婦父子之象。又爲二月之合宿，故嫁娶者以爲候焉。昏而火星不見，嫁娶之時也。今我束薪於野，乃見其在天，則三月之末、四月之中，見於東方矣，故云不得其時。今夕何夕，見此良人？毛《傳》：良人，美室也。鄭《箋》：今夕何夕者，言此夕何月之夕乎，而女以見良人。言非其時。子兮子兮，如此良人何？毛《傳》：子兮者，嗟兹也。鄭《箋》：子兮子兮者，斥嫁取者。子取後陰陽交會之月，當如此良人何？

綢繆束芻，三星在隅。毛《傳》：隅，東南隅也。鄭《箋》：心星在隅，謂四月之末、五月之中。今夕何夕，見此邂逅？毛《傳》：邂逅，解説之貌。子兮子兮，如此邂逅何？

綢繆束楚，三星在户。毛《傳》：參星，正月中直户也。鄭《箋》：心星在户，謂之五月之末、六月之中。今夕何夕，見此粲者？毛《傳》：三女爲粲，大夫一妻二妾。子兮子兮，如此粲者何？

《綢繆》三章，章六句。

【眉批】

按：闕文亦是昏姻失時之意。

聖門傳詩嫡冢卷之七

吴興凌濛初輯

國風

曹譜

曹者，《禹貢》兖州陶丘之北地名。周武王既定天下，封弟叔振鐸於曹，今曰濟陰定陶是也。其封域在雷夏菏澤之野。昔堯常游成陽，死而葬焉。舜漁於雷澤，民俗始化，其遺風重厚，多君子，務稼穡，薄衣食，以致畜積。夾于魯衛之間，又寡于患難。末時富而無教，乃更驕侈。曹之後世，雖爲宋所滅，宋亦不數伐曹，故得寡于患難。十一世，當周惠王時政衰，昭公好奢而任小人，曹之變風始作。

曹

《考補》：曹，國名。姬姓，伯爵。周武王以封其弟振鐸，太姒第十子也。

《傳》：曹叔振鐸□□□□□□□之賦《尸鳩》。《續説》：曹叔即振鐸也。

《序》：《鳲鳩》，刺不壹也。在位無君子，用心之不壹也。

鳲鳩在桑，其子七兮。毛《傳》：興也。鳲鳩，秸鞠也。鳲鳩之養其子，朝從上下，莫從下上，平均如一。鄭《箋》：興者。喻人君之德，當均一於下也，以刺今在位之人不如鳲鳩。淑人君子，其儀一兮。鄭《箋》：淑，善。儀，義也。善人君子，其執義當如一也。其儀一兮，心如結兮。毛《傳》：言執義一，則用心固。

鳲鳩在桑，其子在梅。毛《傳》：飛在梅也。淑人君子，其帶伊絲。其帶伊絲，其弁伊騏。毛《傳》：騏，騏文也。弁，皮弁也。鄭《箋》：其帶伊絲，謂大帶也。大帶用素絲，有雜色飾焉。騏，當作璂。以玉爲之。言此帶弁者，刺不稱其服。

鳲鳩在桑，其子在棘。淑人君子，其儀不忒。毛《傳》：忒，疑也。其儀不忒，正是四國。毛《傳》：正，長也。鄭《箋》：執義不疑，則可爲四國之長，言任爲侯伯。

鳲鳩在桑，其子在榛。淑人君子，正是國人。正是國人，胡不萬年。鄭《箋》：正，長也。能長人，則人欲其壽考。

《鳲鳩》四章，章六句。愚按：詩詞純美無譏，詳《傳》意亦是美振鐸耳。

《傳》：曹之君□□□□，賦《下泉》。

《序》：《下泉》，思治也。曹人疾共公侵刻，下民不得其所，憂而思明王賢伯也。

洌彼下泉，浸彼苞稂。毛《傳》：興也。洌，寒也。下泉，泉下流也。苞，本也。稂，童粱。非溉草，得水而病也。鄭《箋》：興者喻共公之施政教徒困病其民。稂，當作涼。涼草，蕭蓍之屬。愾我寤嘆，念彼周京。鄭《箋》：愾，嘆息之意。寤，覺也。念周京者，思其先王之明者。

洌彼下泉，浸彼苞蕭。毛《傳》：蕭，蒿也。愾我寤嘆，念彼京周。

洌彼下泉，浸彼苞蓍。毛《傳》：蓍，草也。愾我寤嘆，念彼京師。

芃芃黍苗，陰雨膏之。毛《傳》：芃芃，美貌。四國有王，郇伯勞之。毛《傳》：郇伯，郇侯也。諸侯有事，二伯述職。鄭《箋》：有王，謂朝聘于天子也。郇侯，文王之子，爲州伯，有治諸侯之功。

《下泉》四章，章四句。

【眉批】

疏云：《釋草》不見草名凉者，未知鄭何所據。

《傳》：曹□□□□□□，賦《蜉蝣》。

《序》：《蜉蝣》，刺奢也。昭公國小而迫，無法以自守，好奢而任小人，將無所依焉。

蜉蝣之羽，衣裳楚楚。毛《傳》：興也。蜉蝣，渠略也。朝生夕死，猶有羽翼以自修飾。楚楚，鮮明貌。鄭《箋》：興者，喻昭公之朝，其群臣皆小人也，徒整飭其衣裳，不知國之將迫脇，君臣死亡無日，如渠略然。心之憂矣，於我歸處。鄭《箋》：歸，依歸。君當於何依歸乎？言有危亡之難，將無所就往。

蜉蝣之翼，采采衣服。毛《傳》：采采，衆多也。心之憂矣，於我歸息。毛《傳》：息，止也。

蜉蝣掘閲，麻衣如雪。毛《傳》：掘閲，容閲也。如雪，言鮮潔。鄭《箋》：掘閲，掘地解閲，謂其始生時也。以解閲喻君臣朝夕變易衣服也。麻衣，深衣。諸侯之朝服，朝夕則深衣也。心之歸矣，於我歸説。鄭《箋》：説，猶舍息也。

《蜉蝣》三章，章四句。

【眉批】

解末句未妥，亦泥于《序》句耳（批首章）。

《傳》：曹□□□□□□□，賦《候人》。

《序》：《候人》，刺近小人也。共公遠君子而近小人焉。

彼候人兮，何戈與祋。毛《傳》：候人，道路迎送賓客者。何，揭。祋，殳也。言賢者之官，不過候人。鄭《箋》：是謂遠君子也。彼其之子，三百赤芾。毛《傳》：彼，彼曹朝也。芾，韠也。一命緼芾黝珩，再命赤芾黝珩，三命赤芾葱珩。大夫以上赤芾乘軒。鄭《箋》：之子，是子也，佩赤芾者三百人。

維鵜在梁，不濡其翼。毛《傳》：鵜，洿澤鳥也。梁，水中之梁。鵜在梁，可謂不濡其翼乎。鄭《箋》：鵜在梁，當濡其翼而不濡者，非其常也。以喻小人在朝，亦非其常。彼其之子，不稱其服。鄭《箋》：不稱者，言德薄而服尊。

維鵜在梁，不濡其味。毛《傳》：味，喙也。彼其之子，不遂其媾。毛《傳》：媾，厚也。鄭《箋》：遂，猶久也。不久其厚，言終將薄於君也。

薈兮蔚兮，南山朝隮。毛《傳》：薈蔚，雲興貌。南山，曹南山也。隮，升雲也。鄭《箋》：薈蔚之小雲，朝升于南山，不能爲大雨。以喻小人雖見任於君，終不能成其德教。婉兮孌兮，季女斯飢。毛《傳》：婉，少貌。孌，好貌。季，人之少子也。女，民之弱者。鄭《箋》：天無大雨，則歲不熟而幼弱者飢；猶國之無政令，則下民困病矣。

《候人》四章，章四句。

檜譜

檜者，古高辛氏火正祝融之墟。檜國在《禹貢》豫州外方之北，滎波之南，居溱洧之間。祝融氏名黎，其後八姓唯妘姓，檜者處其地焉。周夷王、厲王之時，檜公不務政事而好絜衣服，大夫去之，於是檜之變風始作。其國北鄰於虢。

鄶

《考補》：鄶，國名，在鄭地。其君妘姓，祝融之後，後爲鄭桓公所滅而遷其國。

【眉批】按：《鄭語》「虢、鄶爲大」，「鄶仲恃險」，皆作鄶，則《傳》之鄶字爲是。毛本作檜。陸德明曰：「本又作鄶。」

《傳》：鄶君□□□□□□□□□之，賦《羔求》。

《序》：《羔裘》，大夫以道去其君也。國小而迫，君不用道，好絜其衣服，逍遥游燕而不能自强於政治，故作是詩也。鄭《箋》：以道去君者，三諫不從，待放於郊，得玦乃去。

羔裘逍遥，狐裘以朝。毛《傳》：羔裘以游燕，狐裘以適朝。鄭《箋》：諸侯之朝服，緇衣羔裘；大蜡而息民，則有黄衣狐裘。今以朝服燕，祭服朝，是其好絜衣服也。先言燕，後言朝，見君之志，不能自强于政治。豈不爾思？勞心忉忉！毛《傳》：國無政令，使我心勞。鄭《箋》：爾，女也。三諫不從，待放而去。思君如是，心忉忉然。

羔裘翱翔，狐裘在堂。毛《傳》：堂，公堂也。鄭《箋》：翱翔，猶逍遥也。豈不爾思？我心憂傷！

羔裘如膏，日出有曜。毛《傳》：日出照曜，然後見其如膏。豈不爾思，中心是悼。毛《傳》：悼，動也。鄭《箋》：悼，猶哀傷也。

《羔裘》三章，章四句。

《傳》：鄶之君子，□□□□，賦《匪風》。

《序》：《匪風》，思周道也。國小政亂，憂及禍難而思周道焉。

匪風發兮，匪車偈兮。毛《傳》：發發飄風，非有道之風；偈偈疾驅，非有道之車。顧瞻周道，中心怛兮。毛《傳》：怛，傷也。下國之亂，周道滅也。鄭《箋》：周道，周之政令也。回首曰顧。

匪風飄兮，匪車嘌兮。毛《傳》：回風爲飄。嘌嘌，無節度也。顧瞻周道，中心弔兮！毛《傳》：弔，傷也。

誰能亨魚？溉之釜鬵。毛《傳》：溉，滌也。鬵，釜屬。亨魚煩則碎，治民煩則散，知亨魚則知治民矣。鄭《箋》：誰能者，言人偶能割亨者。誰將西歸？懷之好音。毛《傳》：周道在乎西。懷，歸也。鄭《箋》：誰將者，亦言人偶能輔周道治民者也。檜在周之東，故言西歸。有能西仕於周者，我則懷之以好音，謂周之舊政令。

《匪風》三章，章四句。

《傳》：鄶人困於□□□，賦《萇楚》。

《序》：《隰有萇楚》，疾恣也。國人疾其君之淫恣而思無情慾者也。鄭《箋》：恣，謂狡狘淫戲，不以禮也。

隰有萇楚，猗儺其枝。毛《傳》：興也。萇楚，銚弋也。猗儺，柔順也。鄭《箋》：銚弋之性，始生正直，及其長大，則其枝猗儺而柔順，不妄尋蔓草木。興者，喻人少而端慤，則長大無情慾。天之沃沃，樂子之無知。毛《傳》：夭，少也。沃沃，壯佼也。鄭《箋》：知，匹也。疾君之恣，故於人年少沃沃之時，樂其無妃匹之意。

隰有萇楚，猗儺其華。天之沃沃，樂子之無家。鄭《箋》：無家，謂無夫婦室家之道。

隰有萇楚，猗儺其實。天之沃沃，樂子之無室。

《隰有萇楚》三章，章四句。愚按：《傳》雖闕文，詳「困於」字義，當與朱注相合，《序》説覺其牽强。

《傳》：喪紀不終，□□□□，賦《素冠》。《續説》：喪紀不終，謂不能三年喪也。

《序》：《素冠》，刺不能三年也。鄭《箋》：《喪禮》：「子爲父、父卒爲母皆三年。」時人恩薄禮廢，不能行也。

庶見素冠兮，棘人欒欒兮。毛《傳》：庶，幸也。素冠，練冠也。棘，急也。欒欒，瘠貌。鄭《箋》：《喪禮》：「既祥祭而縞冠素紕。」時人皆解緩，無三年之恩於其父母而廢其喪禮，故覬幸一見素冠。急於哀戚之人，形貌欒欒然腴瘠也。勞心慱慱兮！毛《傳》：慱慱，憂勞也。鄭《箋》：勞心者，憂不得見。

庶見素衣兮，毛《傳》：素冠，故素衣也。鄭《箋》：除成喪者，其祭也朝服縞冠，朝服緇衣素裳。然則此言素衣者，謂素裳也。我心傷悲兮！聊與子同歸兮。毛《傳》：願見有禮之人，與之同歸。鄭《箋》：聊，猶且也。且與子同歸，欲之其家觀其居處。

庶見素韠兮，鄭《箋》：祥祭朝服素韠者，韠從裳色。我心藴結兮！聊與子如一兮。毛《傳》：子夏三年之喪畢，見於夫子，援琴而弦，衎衎而樂。作而曰：「先王制禮，不敢不及。」夫子曰：「君子也。」閔子騫三年之喪畢，見于夫子，援琴而弦，切切而哀。作而曰：「先王制禮，不敢過也。」夫子曰：「君子也。」子路曰：「敢問何謂也？」夫子曰：「子夏哀已盡，能引而致之於禮，故曰『君子也』；閔子騫哀未盡，能自割以禮，故曰『君子也』。」夫三年之喪，賢者之所輕，不肖者之所勉。鄭《箋》：聊與子如一，且欲與之居處，觀其行也。

《素冠》三章，章三句。

【眉批】

腴，一作「瘦」。

《傳》：鄶人兄弟相棄，□□□□，賦《踼之水》。

《序》：《揚之水》，閔無臣也。君子閔忽之無忠臣良士，終以死亡而作是詩也。

揚之水，不流束楚。毛《傳》：揚，激揚也。激揚之水，可謂不能流漂束楚乎？鄭《箋》：激揚之水，喻忽政教亂促。不流束楚，言其政不行于臣下。作此詩者，同姓臣也。終鮮兄弟，維予與女。鄭《箋》：鮮，寡也。忽兄弟争國，親戚相疑，後竟寡於兄弟之恩，獨我與女有耳。無信人之言，人實廷女。毛《傳》：廷，誑也。

揚之水，不流束薪。終鮮兄弟，維予二人。毛《傳》：二人同心也。鄭《箋》：二人者，我身與女忽。無信人之言，人實不信。

《揚之水》二章，章六句。

【眉批】

毛本出鄭。

《傳》：鄶人夫婦相棄，□□□□，賦《大路》。《測》：《踼之水》、《大路》二詩，毛本皆出鄭。蓋因鄶本鄭地，而鄭又滅鄶，豈未及考正，遂以其詩混入之耶？

《序》：《遵大路》，思君子也。莊公失道，君子棄之，國人思望焉。

遵大路兮，摻執子之袪兮。毛《傳》：遵，循。路，道。摻，擥。袪，袂也。鄭《箋》：思望君子，於道中見之，則欲擥持其袂而留之。無我惡兮，不寁故也！毛《傳》：寁，速也。鄭《箋》：子無惡我擥持子之袂，我乃以莊公不速於先君之道，使我然。

遵大路兮，摻執子之手兮。鄭《箋》：言執手者，思望之甚。無我魗兮，不寁好也。毛《傳》：魗，棄也。鄭《箋》：魗，亦惡也。好，猶善也。子無惡我，我乃以莊公不速於善道，使我然。

《遵大路》二章，章四句。

【眉批】

毛本出鄭。

鄭譜

初宣王封母弟友於宗周畿内咸林之地，是爲鄭桓公。今京兆鄭縣，是其都也。又云爲幽王大司徒，甚得周衆與東土之人。問於史伯曰：「王室多故，余懼及焉，其何所可以逃死？」史伯曰：「其濟洛河潁之間乎？是其子男之國，虢、鄶爲大。虢叔恃勢，鄶仲恃險，皆有驕侈怠慢之心，加之以貪冒。君若以周難之故，寄孥與賄，不敢不許。是驕而貪，必將背君。以成周之衆，奉辭罰罪，無不克矣。若克二邑，鄢、蔽、補、丹、依、疇、歷、華，君之土也。修典刑以守之，惟是可以少固。」桓公從之，言：「然。」之後三年，幽王爲犬戎所殺，桓公死之。其子武公與晉文侯定平王於東都王城，卒取史伯所云十邑之地，右洛左濟，前華後河，食溱洧焉，今河南新鄭是也。武公又作卿士，國人宜之，鄭之變風又作。

【眉批】按：疏云：鄭因虢、鄶之地而國之，而鄶亦有詩。既譜鄶事，然後譜鄭，故先言有鄭之由，而後説得鄶之事。又云：對上鄶風已作，故言又作，詳疏語如此，似譜亦是鄶在鄭前者，與今本篇次不同矣。

鄭

《考補》：鄭，國名。姬姓，伯爵。周宣王母弟桓公友所封采地。其子武公猾突，定平王於東都，又滅虢、鄶，乃徙其封居之。

《傳》：鄭武公養賢而賦《緇衣》。子曰：「於《緇衣》見好賢之至也。」《測》：此詩舊以爲桓公、武公相繼爲周司徒，善於其職，周人愛之，故作是詩。每讀而疑之，以其文似欠通順。「適之」云云，「授之」云云，似非下之所宜加於上者。令讀《傳》知爲武公養賢而賦《緇衣》，不惟詩文語意一一通順，凡説詩之詞，如所謂好賢如《緇衣》，如所謂于《緇衣》見好賢之至，靡不叶矣。

《序》：《緇衣》，美武公也。父子並爲周司徒，善於其職。國人宜之，故美其德，以明有國，善善之功焉。鄭《箋》：父，謂武公父桓公也，司徒之職掌十二教。善善者，治之有功也。鄭國之人皆謂桓公、武公居司徒之官正得其宜。

緇衣之宜兮，敝予又改爲兮。毛《傳》：緇，黑色。卿士聽朝之正服也。改，更也。有德君子，宜世居卿士之位焉。鄭《箋》：緇衣者，居私朝之服也。天子之朝服皮弁服也。適子之館兮，還予授子之粲兮。毛《傳》：適，之。館，舍。粲，餐也。諸侯入爲天子卿士，受采禄。鄭《箋》：卿士所之之館，在天子之宫，如今之諸廬也。自館還在采地之都，我則設餐以授之。愛之，欲飲食之。

緇衣之好兮，敝予又改造兮。毛《傳》：好，猶宜也。鄭《箋》：造，爲也。適子之館兮，還予授子之粲兮。

緇衣之蓆兮，敝予又改作兮。毛《傳》：蓆，大也。適子之館兮，還予授子之粲兮。

《緇衣》三章，章四句。

《傳》：鄭莊公封弟段于京，祭足諫之，不聽。大夫風之，賦《將仲子》。《續説》：莊公，名寤生，武公子。段其同母弟也。祭足，鄭大夫，仲子其字也。《春秋傳》曰：「初，武公娶於申，曰武姜。生莊公及共叔段。莊公寤生，驚姜氏，故名曰寤生，遂惡之。愛共叔段，欲立之。亟請於武公，公弗許。及莊公即位，爲之請制。公曰：『制，巖邑也。虢叔死焉。他邑惟命。』請京。使居之，謂之京城大叔。祭仲諫曰：『大都過百雉，國之害也。先王之制：大都不過參國之一；中，五之一；小，九之一。今京不度，非制也。君將不堪。』公曰：『姜氏欲之，焉避害。』對曰：『姜氏何厭之有？不如早爲之所，無使滋蔓。蔓，難圖也。蔓草猶不可除，况君之寵弟乎？』公曰：『多行不義必自斃，子姑待之。』既而大叔命西鄙、北鄙貳於己。公子吕曰：『國不堪貳，君將若之何？欲與大叔，臣請事之；若不與，則請除之，無生民心。』公曰：『無庸，將自及。』大叔又收貳以爲己邑，至於廩延。子封曰：『可矣。厚將得衆。』公曰：『不義不暱，厚將崩。』大叔完聚，繕甲兵，且卒乘，將襲鄭。夫人將啓之。公聞其期，曰：『可矣。』遂命公子吕出車二百乘以伐京。京叛大叔段。段入於鄢。公伐諸鄢，大叔出奔共。」此詩蓋當祭仲初諫之時，大夫因莊公有「子姑待之」之言，知其處心積慮，在於養成段惡，欲以叛逆爲名而誅之，故其編次在《叔于田》、《太叔》之前。《測》：仲子者，祭仲之字也。樹杞、樹桑、樹檀，若謂叔段也。折之云者，若謂諫而傷之也。父母，若謂姜氏也。諸兄，若謂莊公也。豈敢愛之、畏我父母諸兄云云者，若謂叔段不足愛，而父母諸兄人之多言實可畏也。仲可懷者，仲，謂祭仲也。可懷，若謂其深憂至計蚤見預待，有可深長思者也。父母兄弟人之多言亦可畏者，若謂天倫骨肉之間有非謀國之人，所得徑情直遂者也。仲而曰可懷，父母兄弟人之多言而曰可畏者，則其咎似專在於父母兄弟者矣，故《序》亦以爲刺莊公也。大夫因莊公不聽祭仲之諫，以公不勝其母害其弟，小不忍亂大謀，恐國家之禍將有不可收拾者，故爲此以風之。風之云者，不明言正説，直婉詞隱喻，使之感動，如風之動物然者，此風人之致然也。每見《傳》文之中用一「風」字，深有不盡之情，而作者之旨，亦緣是而可求矣。

《序》：《將仲子》，刺莊公也。不勝其母以害其弟。弟叔失道而公弗制，祭仲諫而公弗聽，小不忍以致大亂焉。鄭《箋》：莊公之母，謂武姜，生莊公及弟叔段。段好勇而無禮，公不早爲之所而使驕慢。

將仲子兮，無踰我里，無折我樹杞。毛《傳》：將，請也。仲子，祭仲也。踰，越。里，居也，二十五家爲里。杞，木名也。折，言傷害也。鄭《箋》：祭仲驟諫，莊公不能用其言，故言請固拒之。無踰我里，喻言無干我親戚也。無折我樹杞，喻言無傷害我兄弟也。仲初諫曰：「君將與之，臣請事之；君若不與，臣請除之。」豈敢愛之？畏我父母。鄭《箋》：段將爲害，我豈敢愛之而不誅與？以父母之故，故不爲也。仲可懷也，父母之言，亦可畏也！鄭《箋》：懷私曰懷。言仲子言，可私懷也。我迫於父母有言，不得從也。

將仲子兮，無踰我墻，無折我樹桑。毛《傳》：墻，垣也。桑，木之衆也。豈敢愛之？畏我諸兄！毛《傳》：諸兄，公族。仲可懷也，諸兄之言，亦可畏也！

將仲子兮，無踰我園，無折我樹檀。毛《傳》：園，所以樹木也。檀，強韌之木。豈敢愛之？畏人之多言。仲可懷也，人之多言，亦可畏也！

《將仲子》三章，章八句。

【眉批】

設爲莊公拒諫之詞，即是風是刺矣。此解甚有力。

《傳》：大叔段多才而好勇，鄭人愛之，賦《叔于田》。

《序》：《叔于田》，刺莊公也。叔處于京，繕甲治兵，以出于田，國人説而歸之。鄭《箋》：繕之言善也。甲，鎧也。

叔于田，巷無居人。毛《傳》：叔，大叔段也。田，取禽也。巷，里塗也。鄭《箋》：叔往田，國人注心于叔，似如無人處。豈無居人？不如叔也，洵美且仁。鄭《箋》：洵，信也。言叔信美好而又仁。

叔于狩，巷無飲酒。毛《傳》：冬獵曰狩。鄭《箋》：飲酒，謂燕飲也。豈無飲酒，不如叔也，洵美且好。

叔適野，巷無服馬。鄭《箋》：適，之也。郊外曰野。服馬，猶乘馬也。豈無服馬？不如叔也，洵美且武。鄭《箋》：武，有武節。

《叔于田》三章，章五句。愚按：《傳》爲愛而《序》爲刺，詩中似有愛無刺。孔穎達疏云：「國人注心于叔，悦之若此，而公不知禁，故刺之。」則二説原相通矣。

《傳》：段不義而得衆，鄭人歸之，賦《大叔》。

《序》：《大叔于田》，刺莊公也。叔多才而好勇，不義而得衆也。

大叔于田，乘乘馬。毛《傳》：叔之從公田也。執轡如組，兩驂如舞。毛《傳》：驂之與服，和諧中節。鄭《箋》：如組者，如組織之爲也。在旁曰驂。叔在藪，火烈具舉。毛《傳》：藪，澤，禽之府也。烈，列。具，俱也。鄭《箋》：列人持火俱舉，言衆同心。襢裼暴虎，獻于公所。毛《傳》：襢裼，肉袒也。暴虎，空手以搏之。鄭《箋》：獻于公所，進於君也。將叔無狃，戒其傷女。毛《傳》：狃，習也。鄭《箋》：狃，復也。請叔無復者，愛也。

叔于田，乘乘黄。毛《傳》：四馬皆黄。兩服上襄，兩驂鴈行。鄭《箋》：兩服，中央夾轅者。襄，駕也。上駕者，言爲衆馬之最良也。鴈行者，言與中服相次序。叔在藪，火烈具揚。揚，揚光也。叔善射忌，又良御忌。毛《傳》：忌，辭也。鄭《箋》：良，亦善也。忌讀如彼己之子之己。抑磬控忌，抑縱送忌。毛《傳》：騁馬曰磬，止馬曰控。發矢曰縱，從禽曰送。

叔于田，乘乘鴇。毛《傳》：驪白雜毛曰鴇。兩服齊首，毛《傳》：馬首齊也。兩驂如手。毛《傳》：進止如御者之手。鄭《箋》：如左右手之相助也。叔在藪，火烈具阜。毛《傳》：阜，盛也。叔馬慢忌，叔發罕忌。毛《傳》：慢，遲。罕，希也。鄭《箋》：田事且畢，則其馬行遲，發矢希。抑釋掤忌，抑鬯弓忌。毛《傳》：掤，所以覆矢。鬯弓，弢弓。鄭《箋》：射者蓋矢弢弓，言田事畢。

《大叔于田》三章，章十句。

【眉批】

陸氏曰：《叔于田》，本或作《大叔于田》者誤。

《傳》：鄭世子忽辭昏于齊，祭仲諫之，賦《有女同車》。《續説》：忽，莊公長子昭公也。按：《春秋傳》，齊侯欲以文姜妻鄭太子忽，忽辭。祭仲諫而不聽。及即位，遂爲衆所逐。金仁山云：「文姜有秀慧之資，晨牝之才。雄狐之事，計必已久。鄭忽之辭，亦可謂明於禮義矣。」祭仲不能將順其美，引之當道，俾以禮義自强，顧乃勸之娶淫女以求强援，是知有勢，不知有義。况因其無援，黨突而逐之，則仲，亂賊之黨耳，故《春秋》書宋人執鄭祭仲、突歸于鄭，鄭世子忽出奔衛，所以罪仲而明忽之正也。至於編詩而録此篇者，正以罪祭仲耳。《測》：祭仲因鄭忽辭文姜之昏，故爲此以諫之。欲其成昏，亦審時度勢之意。

《序》：《有女同車》，刺忽也。鄭人刺忽之不昏於齊。太子忽嘗有功于齊，齊侯請妻之。齊女賢而不取，卒以無大國之助，至于見逐，故國人刺之。鄭《箋》：忽，鄭莊公世子，祭仲逐之而立突。

有女同車，顔如舜華。毛《傳》：親迎同車也。舜，木槿也。鄭《箋》：鄭人刺忽不娶齊女，親迎與之同車，故稱同車之禮，齊女之美。將翱將翔，佩玉瓊琚。毛《傳》：佩有琚瑀，所以納閒。彼美孟姜，洵美且都。毛《傳》：孟姜，齊之長女。都，閑也。鄭《箋》：洵，信也。言孟姜洵美好，且閑習婦禮。

有女同行，顔如舜英。毛《傳》：行，行道也。英，猶華也。鄭《箋》：女始乘車，壻御輪三周。御者代壻。將翱將翔，佩玉將將。毛《傳》：將將鳴玉而後行。彼美孟姜，德音不忘。鄭《箋》：忘者，後世傳其道德。

《有女同車》三章，章六句。

《傳》：公子五争，齊楚交伐，鄭國大亂。其臣謀欲諫而救之，賦《蘀兮》。《續説》：鄭莊公之子忽、儀、亹、突。莊公卒，忽立。祭仲逐之而立突，突患仲專，謀殺之不克。仲逐突而納忽，高渠彌弑忽立亹。齊襄公代鄭，殺亹立儀。突入于櫟，使傅瑕弑儀而入鄭，緩告于楚，楚人伐之。

《序》：《蘀兮》，刺忽也。君弱臣强，不倡而和也。鄭《箋》：不倡而和，君臣各失其禮，不相倡和。

蘀兮蘀兮，風其吹女！毛《傳》：興也。蘀，槁也。人臣待君倡而後和。鄭《箋》：槁，謂木葉也。木葉槁，待風乃落。興者，風喻號令也，喻君有政教，臣乃行之。言此者，刺今不然。叔兮伯兮，倡予和女！毛《傳》：叔伯，言群臣長幼也。君倡臣和也。鄭《箋》：叔伯，群臣相謂也。群臣無其君而行，自以强弱相服。女倡矣，我則將和之。言此者，刺其自專也。叔伯，兄弟之稱。

蘀兮蘀兮，風其漂女！毛《傳》：漂，猶吹也。叔兮伯兮，倡予要女！毛《傳》：要，成也。

《蘀兮》二章，章四句。

《傳》：鄭文公使高克禦狄于境，不召，師潰。大夫憂之，賦《清人》。《續説》：文公名捷，厲公突之子，莊公之孫也。高克，鄭大夫。

《序》：《清人》，刺文公也。高克好利而不顧其君，文公惡而欲遠之不能，使高克將兵而禦狄于竟，陳其師旅翺翔河上，久而不召，衆散而歸，高克奔陳。公子素惡高克進之不以禮，文公退之不以道，危國亡師之本，故作是詩也。鄭《箋》：好利不顧其君，注心于利也。禦狄于竟，時狄侵衛。

《左傳》：「鄭人惡高克，使帥師次于河上，久而弗召，師散而歸，高克奔陳，鄭人爲之賦《清人》。」

清人在彭，駟介旁旁。毛《傳》：清，邑也。彭，衛之河上，鄭之郊也。介，甲也。鄭《箋》：清者，高克所帥衆之邑也。駟，四馬也。二矛重英，河上乎翺翔。毛《傳》：重英，矛有英飾也。鄭《箋》：二矛，酋矛、夷矛也，各有畫飾。

清人在消，駟介麃麃。毛《傳》：消，河上地也。麃麃，武貌。二矛重喬，河上乎逍遥。毛《傳》：重喬，累荷也。鄭《箋》：喬，矛矜近上及室題，所以縣毛羽。

清人在軸，駟介陶陶。毛《傳》：軸，河上地也。陶陶，驅馳之貌。左旋右抽，中軍作好。毛《傳》：左旋，講兵。右抽，抽矢。以射居軍中爲容好。鄭《箋》：左，左人，謂御者。右，車右也。中軍，爲將也。高克之爲將，久不得歸，日使其御者習旋車。車右抽刃，自居中央，爲軍之容好而已。兵車之法，將居鼓下，故御者在左。

《清人》三章，章四句。

《傳》：鄭靈公棄其世臣而任狂狡，子良憂之，賦《扶胥》。《續説》：靈公，名夷，字子蠻，文公之孫也。世臣，即子都、子充之屬。狂氏，狡名，靈公之嬖臣也。三人名氏見《左傳》。《測》：首章斥其姓，次章斥其名。

《序》：《山有扶蘇》，刺忽也，所美非美然。鄭《箋》：言忽所美之人，實非美人。

山有扶蘇，隰有荷華。毛《傳》：興也。扶蘇，扶胥，皆小木也。荷華，扶渠也。其華菡萏。言高下大小各得其宜也。鄭《箋》：興者，扶胥之木生於山，喻忽置不正之人於上位也；荷華生於隰，喻忽置有美德者于下位。此言其用臣顛倒，失其所也。不見子都，乃見狂且。毛《傳》：子都，世之美好者也。狂，狂人也。且，辭也。鄭《箋》：人之好美色，不往覩子都，乃反往睹狂醜之人，以興忽好善，不任用賢者，反任用小人，其意同。

山有喬松，隰有游龍。毛《傳》：松，木也。龍，紅草也。鄭《箋》：游龍，猶放縱也。橋松在山上，喻忽無恩澤於大臣也；紅草放縱枝葉於隰中，喻忽聽恣小臣。此又言養臣顛倒，失其所也。不見子充，乃見狡童。毛《傳》：子充，良人也。狡童，昭公也。鄭《箋》：人之好忠良之人，不往睹子充，乃反往睹狡童，有貌而無實。

《山有扶蘇》二章，章四句。愚按：《傳》以狂且、狡童爲指狂狡，考《左傳》，宣二年春，鄭公子歸生受命于楚，伐宋。宋華元、樂呂御之。二月，壬子，戰于大棘，宋師敗績，囚華元，獲樂呂。狂狡輅鄭人，鄭人入于井，倒戟而出之，獲狂狡。君子曰：「失禮違命，宜其爲禽也。」此鄭穆公時事，豈狂狡從此遂爲鄭臣，而靈公嬖之耶。

【眉批】

按：狂狡之名，《左傳》多有其類，如嬖五、豎牛等，未必是姓名。

《傳》：子良諫用狂狡，靈公不聽，將去其國，賦《麥秀》。《測》：麥秀不知爲何，今由《傳》文意而參考之，或即《狡童》也。

《序》：《狡童》，刺忽也。不能與賢人圖事，權臣擅命也。鄭《箋》：權臣擅命，祭仲專也。

彼狡童兮，不與我言兮。毛《傳》：昭公有壯狡之志。鄭《箋》：不與我言者，賢者欲與忽圖國之政事，而忽不能受之，故云然。維子之故，使我不能餐兮！毛《傳》：憂懼不遑餐也。

彼狡童兮，不與我食兮。毛《傳》：不與賢人共食禄。維子之故，使我不能息兮！毛《傳》：憂，不能息也。

《狡童》二章，章四句。愚按：箕子《麥秀》之詩云：「麥秀漸漸兮，禾黍油油兮。彼狡童兮，不與我好兮。」此詩「彼狡童兮」二句，與彼正同，而《傳》亦名爲《麥秀》，必有所因矣。

《傳》：子良去國，不忘諫君，賦《褰裳》。《測》：邪正不能並立，子良之所以去者，狂狡之故，故去國而痛恨之。詩文所謂子，蓋謂靈公也。

《序》：《褰裳》，思見正也。狂童恣行，國人思大國之正己也。鄭《箋》：狂童恣行，謂突與忽争國，更出更入，而無大國正之。

子惠思我，褰裳涉溱。毛《傳》：惠，愛也。溱，水名也。鄭《箋》：子者，斥大國之正卿。子若愛而思我，我國有突篡國之事，而可征而正之。我則揭衣渡溱水往告難也。子不我思，豈無他人。鄭《箋》：言他人者，先鄉齊、晉、宋、衛，後之荆楚。狂童之狂也且！毛《傳》：狂行童昏所化也。鄭《箋》：狂童之人日爲狂行，故使我言此也。

子惠思我，褰裳涉洧。毛《傳》：洧，水名也。子不我思，豈無他士。毛《傳》：士，事也。鄭《箋》：他士，猶他人也。大國之卿，當天子之上士。狂童之狂也且！

《褰裳》二章，章五句。愚按：《左傳》：子良，公子去疾也。宣四年夏，鄭公子歸生弑靈公。鄭人立子良，辭曰：「以賢則去疾不足，以順則公子堅長。」乃立襄公。是靈公之時，子良無去國之事，不知《傳》何以云然？豈子良有其意，賦詩而未果行，而靈公已見弑耶？

《傳》：鄭靈公好倡，國人化□，□子譏之，賦《溱洧》。《測》：按闕文是「之君」二字。

《序》：《溱洧》，刺亂也。兵革不息，男女相棄，淫風大行，莫之能救焉。鄭《箋》：救，猶止也。亂者，士與女合會溱洧之上。

溱與洧，方涣涣兮。毛《傳》：溱、洧，鄭兩水名。涣涣，盛也。鄭《箋》：仲春之時，冰以釋，水則涣涣然。士與女，方秉蕑兮。毛《傳》：蕑，蘭也。鄭《箋》：男女相棄，各無匹偶，感春氣並出，托采芬香之草，而爲淫泆之行。女曰：「觀乎？」士曰：「既且。」鄭《箋》：女曰「觀乎」，欲與士觀於寬閒之處。既，已也。士曰「已觀矣」，未從之也。「且往觀乎！」洧之外，洵訏且樂。毛《傳》：訏，大也。鄭《箋》：洵，信也。女情急，故勸男使往觀於洧之外。言其土地信寬大，又樂也，於是男則往也。維士與女，伊其相謔，贈之以勺藥。毛《傳》：勺藥，香草。鄭《箋》：伊，因也。士與女往觀，因與相戲謔行夫婦之事。其别則送女以勺藥，結恩情也。

溱與洧，瀏其清矣。毛《傳》：瀏，深貌。士與女，殷其盈矣。毛《傳》：殷，衆也。女曰「觀乎？」士曰：「既且。」「且往觀乎！」洧之外，洵訏且樂。維士與女，伊其將謔，贈之以勺藥。鄭《箋》：將，大也。

《溱洧》二章，章十二句。

《傳》：子皮爲政，忠直文武。子産美之，賦《羔求》。《測》：忠直文武四字，括盡全詩之指矣。大約子皮之在當時，乃一鯁直之士，子産美之之意，多在此一邊。首章舍命不渝，舍音赦，命爲天理之正，謂其安處於天理之正。此説固妙，恐子皮未必遽足以當此，還當以舍音捨，乃舍己從人之舍，命乃大命近止之命。舍命云者，猶奮不顧身之謂。舍命不渝云者，猶至死不變之謂也。細繹全詩，大是此意。

《序》：《羔裘》，刺朝也。言古之君子以風其朝焉。鄭《箋》：言，猶道也。鄭自莊公而賢者陵遲，朝無忠正之臣，故刺之。

羔裘如濡，洵直且侯。毛《傳》：如濡，潤澤也。洵，均。侯，君也。鄭《箋》：緇衣、羔裘，諸侯之朝服也。言古朝廷之臣，皆忠直且君也。君者，言正其衣冠，尊其瞻視，儼然人望而畏之。彼其之子，舍命不渝。毛《傳》：渝，變也。鄭《箋》：舍，猶處也。之子，是子也。是子處命不變，謂守死善道，見危授命之等。

羔裘豹飾，孔武有力。毛《傳》：豹飾，緣以豹皮也。孔，甚也。彼其之子，邦之司直。毛《傳》：司，主也。

羔裘晏兮，三英粲兮。毛《傳》：晏，鮮盛貌。三英，三德也。鄭《箋》：三德：剛克、柔克、正直也。粲，衆意。彼其之子，邦之彥兮。毛《傳》：彥，士之美稱。

《羔裘》三章，章四句。愚按：朱子云《序》以變風不應有美，故以爲陳古刺今之詩。但當時鄭之大夫，如子産、子皮之徒豈無足以當此者，特不可考耳。今觀《傳》云美子皮者，使朱子得見之，必伏膺矣。

《序》：《女曰鷄鳴》，刺不說德也。陳古義以刺今不說德而好色也。鄭《箋》：德，謂士大夫賓客有德者。

《傳》：夫婦相戒以勤生樂善，□□美之，賦《女曰鷄鳴》。《測》：闕文多是「君子」二字。

女曰：「鷄鳴。」士曰：「昧旦。」鄭《箋》：此夫婦相警覺以夙興，言不留色也。子興視夜，明星有爛。毛《傳》：言小星已不見也。鄭《箋》：明星尚爛爛然，早於别色時。將翱將翔，弋鳧與雁。毛《傳》：閒於政事，則翱翔習射。鄭《箋》：弋，繳射也。言無事則往弋鳧雁，以待賓客爲燕具。

弋言加之，與子宜之。毛《傳》：宜，肴也。鄭《箋》：言，我也。子，謂賓客也。所弋之鳧雁，我以爲加豆之實，與君子共肴也。宜言飲酒，與子偕老。鄭《箋》：宜乎我燕樂賓客而飲酒，與之俱至老，親愛之言也。琴瑟在御，莫不静好。毛《傳》：君子無故不徹琴瑟，賓主和樂，無不安好。

知子之來之，雜佩以贈之！毛《傳》：雜佩者，珩、璜、琚、瑀、衝牙之類。鄭《箋》：贈，送也。我若知子之必來，我則豫儲雜佩，去則以送子也。與異國賓客燕時，雖無此物，猶言之以致其厚意。其若有之，固將行之。士大夫以君命出使，主國之臣必以燕禮樂之，助君之歡。知子之順之，雜佩以問之！毛《傳》：問，道也。鄭《箋》：順，謂與己和順。知子之好之，雜佩以報之！鄭《箋》：好，謂與己和好。

《女曰鷄鳴》三章，章六句。愚按：如《傳》説當用朱注。

【眉批】

此下俱言士待賓客，與朱解異。

《傳》：鄭有貞士，宜其□□□□□俗，賦《出其東門》。《測》：闕文當是「妻不溺於流」五字。

《序》：《出其東門》，閔亂也。公子五争，兵革不息，男女相棄，民人思保其室家焉。鄭《箋》：公子五争者，謂突再也，忽、子亹、子儀各一也。

出其東門，有女如雲。毛《傳》：如雲，衆多也。鄭《箋》：有女，謂諸見棄者也。如雲者，如其從風，東西南北，心無有定。雖則如雲，匪我思存。毛《傳》：思不存乎相救急。鄭《箋》：匪，非也。此如雲者，皆匪我思所存也。縞衣綦巾，聊樂我員。毛《傳》：縞衣白色，男服也。綦巾蒼艾色，女服也。願室家得相樂也。鄭《箋》：縞衣綦巾，所爲作者之妻服也。時亦棄之，迫兵革之難，不能相畜，心不忍絶，故言且留樂我員。此思保其室家，窮困不得有其妻，而以衣巾言之，思不忍斥之。綦，綦文也。

出其闉闍，有女如荼。毛《傳》：闉，曲城也。闍，城臺也。荼，英荼也。言皆喪服也。鄭《箋》：闍，讀當如彼都人士之都，謂國外曲城之中市里也。荼，茅秀，物之輕者，飛行無常。雖則如荼，非我思且。鄭《箋》：匪我思且，猶非我思存也。縞衣茹藘，聊可與娛。毛《傳》：茹藘茅蒐之染，女服也。娛，樂也。鄭《箋》：茅蒐，染巾也。聊可與娛，且可留與我爲樂，心欲留之言也。

《出其東門》二章，章六句。愚按：《傳》雖闕文，詳上下文意與朱子之説正合。《序》云：「思保室家」，於經各末二句義原自可通。鄭乃云：「時亦棄之，心不忍絶。」則於聊樂聊娛之義便不倫矣。

《測》：據毛本，鄭詩二十一篇，朱子不以爲淫詩者纔七篇耳。據《傳》，鄭詩十四篇，而僅《溱洧》一篇，似淫非淫，可知朱子衹因錯認孔子「鄭聲淫」一句，遂冤屈許多鄭詩也。孔子原只説鄭聲淫，不曾説鄭詩淫。聲之與詩，豈可無辨，而遂令若是。李斯亦曾有云：「鄭、衛《桑間》、《韶虞》、《舞象》者，異國之樂也。」樂者，亦聲之謂，而可以詩爲聲樂乎？是不可不辨。

《序》：《東門之墠》，刺亂也，男女有不待禮而相奔者也。

東門之墠，茹藘在阪。毛《傳》：東門，城東門也。墠，除地町町者。茹藘，茅蒐也。男女之際近而易，則如東門之墠；遠而難，則茹藘在阪。鄭《箋》：城東門有墠，墠邊有阪，茅蒐生焉，茅蒐之爲難淺矣，易越而出，此女欲奔男之辭。其室則邇，其人甚遠。毛《傳》：邇，近也。得禮則近，不得禮則遠。鄭《箋》：其室則近，謂所欲奔男之家，望其來迎。已而不來，則爲遠。

東門之栗，有踐家室。毛《傳》：栗，行上栗也。踐，淺也。鄭《箋》：栗而在淺家室之内，言易竊取。栗，人所啖食而甘者，故女以自喻也。豈不爾思？子不我即。毛《傳》：即，就也。（下闕）

【眉批】

按：《傳》《鄭風》無此篇，又不見于别國，依毛本附之鄭後。

聖門傳詩嫡冢卷之八

吴興凌濛初輯

國風

陳

《宛丘》(闕)

(上闕)

泌之洋洋，可以樂飢。毛《傳》：泌，泉水也。洋洋，廣大也。樂飢，可以樂道忘飢。鄭《箋》：飢者，不足於食也。泌水之流洋洋然，飢者見之，可飲以瘵飢。以喻人君慤愿，任用賢臣則政教成，亦猶是也。

鄭棲遲，游息也。鄭《箋》：賢者不以衡門之淺陋，則不游息于下，以喻人君不可以國小則不興治致政化。

豈其食魚，必河之魴？豈其取妻，必齊之姜？鄭《箋》：此言何必河之魴，然後可食，取其口美而已；何必大國之女，然後可妻，亦取貞順而已。以喻君任臣，何必至人，亦取忠孝而已。齊，姜姓。

豈其食魚，必河之鯉？豈其取妻，必宋之子？鄭《箋》：宋，子姓。

《衡門》三章，章四句。愚按：《序》之説及毛、鄭之解，皆妙有言外之情。朱子就其文義而自爲之説。惜《傳》之闕文，無從考之。然存「有陳」之二字，或即是陳之君子，未可知也。

【眉批】

樂，鄭本作瘵，力召反。《説文》云：「治也。」即療字。

《傳》：陳靈公如夏氏，□□□之，賦《株林》。《續説》：《春秋傳》：「陳靈公與孔寧、儀行父通于夏姬。宣十年，飲酒于夏氏，公謂行父曰：『徵舒似女。』對曰：『亦似君。』徵舒病之，公出自其廐，射而殺之。二子奔楚。」

《序》：《株林》，刺靈公也。淫乎夏姬，驅馳而往，朝夕不休息焉。鄭《箋》：夏姬，陳大夫妻，夏徵舒之母，鄭女也。徵舒，字子南。夫字御叔。

胡爲乎株林，從夏南？毛《傳》：株林，夏氏邑也。夏南，夏徵舒也。鄭《箋》：陳人責靈公君何爲之株林，從夏氏子南之母爲淫佚之行？匪適株林，從夏南！鄭《箋》：匪，非也。言我非之株林，從夏氏子南之母爲淫佚之行。自之他耳，觝拒之辭。

駕我乘馬，説于株野。乘我乘駒，朝食于株。毛《傳》：大夫乘駒。鄭《箋》：我，國人我君也。君親乘君乘馬，乘君乘駒，變易車以至株林。或説舍焉，或朝食焉，又責之也。馬六尺以下曰駒。

《株林》二章，章四句。

【眉批】

二句鄭忽作靈公觝拒之言，大爲不倫。王肅云：言非欲適株林從夏南之母，反覆言之，疾之也。孫毓以王爲長，王肅以爲大夫乘駒，謂孔、儀從君。

《續説》皆《左傳》文。

《傳》：孔寧、儀行父從君□□，泄冶刺之，賦《墓門》。《續説》：孔寧、儀行父、泄冶，皆陳大夫。靈公與孔寧、儀行父同淫夏姬，皆衷其衵服以戲于朝。泄冶諫曰：「公卿宣淫，民無效焉。且聞不令，君其納之。」公曰：「吾能改矣。」

《序》：《墓門》，刺陳佗也。陳佗無良師傅以至于不義，惡加於萬民焉。鄭《箋》：不義者，謂弑君而自立。

墓門有棘，斧以斯之。毛《傳》：興也。墓門，墓道之門。斯，析也。幽間希行，用生此棘薪，維斧可以開析之。鄭《箋》：興者，喻陳佗由不親賢師傅之訓，至陷於誅絶之罪。夫也不良，國人知之。毛《傳》：夫，傅相也。鄭《箋》：良，善也。陳佗之師傅不善，群臣皆知之，言其罪惡著也。知而不已，誰昔然矣。毛《傳》：昔，久也。鄭《箋》：已，猶去也。誰昔，昔也。國人皆知其有罪惡而不誅退，終致禍難，自古昔之時常然。

墓門有梅，有鴞萃止。毛《傳》：梅，柟也。鴞，惡聲之鳥也。萃，集也。鄭《箋》：梅之樹善惡自有，徒以鴞集其上而鳴，人則惡之。性因惡矣，以喻陳佗之性，本未必惡，師傅惡而陳佗從之而惡。夫也不良，歌以訊之。毛《傳》：訊，告也。鄭《箋》：歌，謂歌此詩也。既作，又使工歌之，是之謂告。訊予不顧，顛倒思予。鄭《箋》：予，我也。歌以告之，汝不顧念我言，至于破滅顛倒之急，乃思我之言，言其晚也。

《墓門》二章，章六句。

《傳》：靈公聽讒，因泄冶，內子憂之，賦《防有鵲巢》。《測》：凡卿大夫之妻謂之內子。內子憂之者，泄冶之妻爲之憂也。侜者，有壅蔽也，讒之謂也。予美者，內子謂泄冶也。《葛生》亦曰「予美亡此」。大意言防有鵲巢，尚得所安。卭有旨苕，尚樂其生。乃予美而誰侜之？曾鵲巢、旨苕之不若矣。心焉忉忉，明知爲孔寧、儀行父，而又誰之云者，其厚如此。

《序》：《防有鵲巢》，憂讒賊也。宣公多信讒，君子憂懼焉。

防有鵲巢，邛有旨苕。毛《傳》：興也。防，邑也。邛，丘也。苕，草也。鄭《箋》：防之有鵲巢，邛之有美苕，處勢自然。興者，喻宣公信多言之人，故致此讒人。誰侜予美？心焉忉忉。毛《傳》：侜張，誑也。鄭《箋》：誰，誰讒人也。女衆讒人，誰侜張欺我所美之人乎？使我心忉忉然。所美，謂宣公也。

中唐有甓，邛有旨鷊。毛《傳》：中，中庭也。唐，堂塗也。甓，瓴甋也。鷊，綬草也。誰侜予美？心焉惕惕。毛《傳》：惕惕，猶忉忉也。

《防有鵲巢》二章，章四句。愚按：《楚詞》多稱君爲美人，然詩中未有以所譏刺之君爲美人者。鄭以予美爲宣公，恐未然，當是謂所讒之君子。《序》不明指其人，而《傳》以爲泄冶，于義可信。

《傳》：陳殺其大夫泄冶，□□傷之，賦《澤陂》。《續説》：泄冶諫靈公，公告二子，二子請殺之，公弗禁，遂殺泄冶。孔子曰：「詩云：『民之多辟，無自立辟。』其泄冶之謂乎？」《測》：篇中有美一人，皆謂泄冶也。

《序》：《澤陂》，刺時也。言靈公君臣淫於其國，男女相説，憂思感傷焉。鄭《箋》：君臣淫於國，謂孔寧、儀行父也。感傷，謂涕泗滂沱。

彼澤之陂，有蒲與荷。毛《傳》：陂，澤障也。荷，芙渠也。鄭《箋》：蒲，柔滑之物。芙蕖之莖曰荷，生而佼大。興者，蒲以喻所説男之性，荷以喻所説女之容體也。正以陂中二物興者，喻淫風由同姓生。有美一人，傷如之何！毛《傳》：傷，無禮也。鄭《箋》：傷，思也。我思此美人，當如何而得見之。寤寐無爲，涕泗滂沱。毛《傳》：自目曰涕，自鼻曰泗。鄭《箋》：寤，覺也。

彼澤之陂，有蒲與蕑。毛《傳》：蕑，蘭也。鄭《箋》：蕑，當作蓮，芙蕖實也。蓮以喻女之言信。有美一人，碩大且卷。毛《傳》：卷，好貌。寤寐無爲，中心悁悁。毛《傳》：悁悁，猶悒悒也。彼澤之陂，有蒲菡萏。毛《傳》：菡萏，荷華也。鄭《箋》：華以喻女之顔色。有美一人，碩大且儼。毛《傳》：儼，矜莊貌。寤寐無爲，輾轉伏枕。

《澤陂》三章，章六句。愚按：咏美人而曰「碩大且卷」、「碩大且儼」，必非男女相説之詞，當從《傳》説爲正。且已上諸篇相次陳靈公事，皆有《序》，又與《春秋傳》皆合，絶非傅會牽合者，自是信而可據。

【眉批】

《春秋》宣九年書法同。《續説》亦《左傳》文。

《傳》：陳□□□□□□□，賦《東門之枌》。

《序》：《東門之枌》，疾亂也。幽公淫荒，風化之所行，男女棄其舊業，亟會於道路，歌舞於市井爾。

東門之枌，宛丘之栩。毛《傳》：枌，白榆也。栩，杼也。國之交會，男女之所聚。子仲之子，婆娑其下。毛《傳》：子仲，陳大夫氏。婆娑，舞也。鄭《箋》：之子，男子也。

穀旦于差，南方之原。毛《傳》：穀，善也。原，大夫氏也。鄭《箋》：旦，明。于，曰。差，擇也。朝日善明，曰相擇矣，以南方原氏之女，可以爲上處。不績其麻，市也婆娑。鄭《箋》：績麻者，婦人之事也。疾其今不爲。

穀旦于逝，越以鬷邁。毛《傳》：逝，往。鬷，數。邁，行也。鄭《箋》：越，於。鬷，緫也。朝旦善明曰往矣，謂之所會處也。于是以緫行，欲男女合行。視爾如荍，貽我握椒。毛《傳》：荍，芘芣也。椒，芬香也。鄭《箋》：男子交會而相説曰：「我視女之顔色，美如芘芣之華然。」女乃貽我一握之椒，交情好也。此本淫亂之所由。

《東門之枌》三章，章四句。愚按：《傳》之詩次，皆從其國之世次，則此下諸《傳》雖闕文，要知皆是靈公時詩。

【眉批】

旦，王作「且」。差，王音「嗟」。韓詩作「嗟」。

《傳》：陳□□□□□□□□□□之，賦《東門之池》。

《序》：《東門之池》，刺時也。疾其君之淫昏，而思賢女以配君子也。鄭《箋》：孔安國云：「停水曰池。」

東門之池，可以漚麻。毛《傳》：興也。池，城池也。漚，柔也。鄭《箋》：於池中柔麻，使可緝績作衣服。興者，喻賢女能柔順君子，成其德教。彼美淑姬，可與晤歌。毛《傳》：晤，遇也。鄭《箋》：晤，猶對也。言淑姬賢女，君子宜與對歌，相切化也。

東門之池，可以漚紵。彼美淑姬，可與晤語。

東門之池，可以漚菅。彼美淑姬，可與晤言。

《東門之池》三章，章四句。

《傳》：朋友□□□□□□□□□，賦《東門之楊》。

《序》：《東門之楊》，刺時也。昏姻失時，男女多違。親迎，女猶有不至者也。

東門之楊，其葉牂牂。毛《傳》：興也。牂牂然盛貌，言男女失時，不逮秋冬。鄭《箋》：楊葉牂牂，三月中也。興者，喻時晚也，失仲春之月。昏以爲期，明星煌煌。毛《傳》：期而不至也。鄭《箋》：親迎之禮以昏，時女留他色，不肯時行，乃至大星煌煌然。

東門之楊，其葉肺肺。毛《傳》：肺肺，猶牂牂也。昏以爲期，明星晢晢。毛《傳》：晢晢，猶煌煌也。

《東門之楊》二章，章四句。

《傳》：朋友□□□□□□，賦《月出》。《測》：《東門之楊》與《月出》二詩，予初不敢以爲男女期悦之詩。今《傳》文雖多闕，而各存「朋友」二字，則知爲朋友之詩也。予以《東門之楊》爲約會過期而不至之作，《月出》爲好德之詩，亦庶乎其近之矣。

《序》：《月出》，刺好色也，在位不好德而説美色焉。

月出皎兮，毛《傳》：興也。皎，月光也。鄭《箋》：興者，喻婦人有美色之白皙。佼人僚兮。舒窈糾兮，毛《傳》：僚，好貌。舒，遲也。窈糾，舒之姿也。勞心悄兮。毛《傳》：悄，憂也。鄭《箋》：思而不見則憂。

月出皓兮，佼人懰兮。舒懮受兮，勞心慅兮。

月出照兮，佼人燎兮。舒夭紹兮，勞心慘兮。

《月出》三章，章四句。

秦譜

秦者，隴西谷名，於《禹貢》近雍州鳥鼠之山。堯時有伯翳者，實皋陶之子，佐禹治水。水土既平，舜命作虞官，掌上下草木禽獸，賜姓曰嬴。歷夏商興衰，亦世有人焉。周孝王使其末孫非子，養馬於汧渭之間。孝王爲伯翳能知禽獸之言，子孫不絶，故封非子爲附庸，邑之於秦谷。至曾孫秦仲，宣王又命作大夫，始有車馬禮樂侍御之好，國人美之，𨜶之變風始作。秦仲之孫襄公，平王之初，興兵討西戎以救周。平王東遷王城，乃以岐豐之地賜之，始列爲諸侯，遂橫有周西都宗周畿内八百里之地。其封域東至𣶒山，在荆岐終南惇物之野。至玄孫德公，又徙於雍云。

【眉批】

𨜶宜作秦，當因伯𨜶（批「𨜶之」句）。

秦

《考補》：秦，國名。伯益之後，嬴姓。在虞夏商爲諸侯，周孝王封非子爲附庸，至秦仲而國始大。平王東遷，仲孫襄公以兵送之，逐犬戎，復封爲諸侯。春秋時止稱秦伯。

《傳》：秦襄公以王命征戎，周人赴之，賦《無衣》。《測》：此周人之詩也。夫秦何以爲周人之詩？秦襄公克戎定周之後，平王始賜周地八百里。方未克戎定周之時，岐周之地自爲周人，故王命襄公征戎而周人赴王命以從征，其詩如此，故曰王子興師，故此尚爲周人之詩。至其後秦得周地，乃爲秦也。

《序》：《無衣》，刺用兵也。秦人刺其君好攻戰，亟用兵而不與民同欲焉。

豈曰無衣？與子同袍。毛《傳》：興也。袍，襺也。上與百姓同欲，則百姓樂致其死。鄭《箋》：此責康公之言也。君豈嘗曰女無衣，我與女共袍乎？言不與民同欲。王于興師，修我戈矛，與子同仇！毛《傳》：戈長六尺六寸，矛長二丈。天下有道，則禮樂征伐，自天子出。仇，匹也。鄭《箋》：于，於也。怨耦曰仇。君不與我同欲，而於王興師，則云修我戈矛，與子同仇，往伐之。刺其好攻戰。

豈曰無衣？與子同澤。毛《傳》：澤，潤澤也。鄭《箋》：襗，褻衣，近污垢。王于興師，修我矛戟，與子偕作。毛《傳》：作，起也。鄭《箋》：戟，車戟常也。

豈曰無衣？與子同裳。王于興師，修我甲兵，與子偕行！毛《傳》：行，往也。

《無衣》三章，章五句。愚按：《傳》以此首《秦風》，見襄公初勤王而所自以開國之本也。朱子、蘇氏之解皆可通，勝《序》義多矣。

《傳》：襄公遣大夫征戎而勞之，賦《小戎》。《測》：此詩説者止以爲婦人思念之詩，《傳》云，遣大夫而勞之，則出于襄公矣。

《序》：《小戎》，美襄公也。備其兵甲以討西戎，西戎方彊而征伐不休，國人則矜其車甲，婦人能閔其君子焉。鄭《箋》：矜，夸大也。國人夸大其車甲之盛，有樂之意也。婦人閔其君子，恩義之至也。作者叙内外之志，所以美君政教之功。

小戎俴收，五楘梁輈。毛《傳》：小戎，兵車也。俴，淺。收，軫也。五，五束也。楘，歷録也。梁輈，輈上句衡也。一輈五束，束有歷録。鄭《箋》：此群臣之兵車，故曰小戎。游環脅驅，陰靷鋈續。毛《傳》：游環，靷環也。游在背上，所以禦出也。脅驅，慎駕具，所以止入也。陰，揜軌也。靷，所以引也。鋈，白金也。續，續靷也。鄭《箋》：游環在背上無常處，貫驂之外轡以禁其出。脅驅者，著服馬之外脅以止驂之入。揜軌在軾前，垂輈上。鋈續白金，飾續靷之環。文茵暢轂，駕我騏馵。毛《傳》：文茵，虎皮也。暢轂，長轂也。騏，騏文也。左足白曰馵。鄭《箋》：此上六句者，國人所矜。言念君子，温其如玉。鄭《箋》：言，我也。念君子之性，温然如玉。玉有五德。在其板屋，亂我心曲。毛《傳》：西戎板屋。鄭《箋》：心曲，心之委曲也。憂則心亂也。此上四句者，婦人所用閔其君子。

四牡孔阜，六轡在手。騏駵是中，騧驪是驂。毛《傳》：黄馬黑喙曰騧。鄭《箋》：赤身黑鬣曰駵。中，中服也。驂，兩騑也。龍盾之合，鋈以觼軜。毛《傳》：龍盾，畫龍其盾也。合，合而載之。軜，驂内轡也。鄭《箋》：鋈以觼軜，軜之觼，以白金爲飾也。軜繫於軾前。言念君子，温其在邑。毛《傳》：在敵邑也。方何爲期？胡然我念之。鄭《箋》：方今以何時爲還期乎？何以然了不來？言望之也。

俴駟孔群，厹矛鋈錞。蒙伐有苑，毛《傳》：俴駟，四介馬也。孔，甚也。厹，三隅矛也。錞，鐏也。蒙，討羽也。伐，中干也。苑，文貌。鄭《箋》：俴，淺也。謂以薄金爲介之札。介，甲也。甚群者，言和調也。蒙，厖也。討，雜也。畫雜羽之文於伐，故曰厖伐。虎韔鏤膺。交韔二弓，竹閉緄縢。毛《傳》：虎，虎皮也。韔，弓室也。膺，馬帶也。交韔，交二弓於韔中也。閉，紲。緄，繩。縢，約也。鄭《箋》：鏤膺，有刻金飾也。言念君子，載寢載興。厭厭良人，秩秩德音。毛《傳》：厭厭，安静也。秩秩，有知也。鄭《箋》：此既閔其君子寢起之勞，又思其性與德。

《小戎》三章，章十句。

《傳》：襄公伐戎，初命爲秦伯，國人榮之，賦《車鄰》。《續説》：平王以襄公有克戎定周之功，封爲諸侯。始命者，秦自非子至於莊公、襄公，世爲附庸，今初得命也。《測》：《序》以爲美秦仲，今詳秦仲雖國始大，尚止爲附庸，當無車馬寺人之盛。《傳》以爲國人榮襄公者，誠定論也。榮之云者，昔止爲附庸，一旦命爲秦伯，儼然諸侯，車馬寺人，皆昔無而今有，抑何榮耶！

《序》：《車鄰》，美秦仲也。秦仲始大，有車馬禮樂侍御之好焉。

有車鄰鄰，有馬白顛。毛《傳》：鄰鄰，衆車聲也。白顛，的顙也。未見君子，寺人之令。毛《傳》：寺人，内小臣也。鄭《箋》：欲見國君者，必先令寺人使傳告之。時秦仲又始有此臣。

阪有漆，隰有栗。毛《傳》：興也。陂者曰阪，下濕曰隰。鄭《箋》：興者，喻秦仲之君臣，所有各得其宜。既見君子，並坐鼓瑟。毛《傳》：又見其禮樂焉。鄭《箋》：既見，既見秦仲也。並坐鼓瑟，君臣以閒暇，燕飲相安樂也。今者不樂，逝者其耋！毛《傳》：耋，老也。八十曰耋。鄭《箋》：今者不於此君之朝自樂，謂仕焉，而去仕他國，其徒使自老，言將後寵禄也。

阪有桑，隰有楊。既見君子，並坐鼓簧。毛《傳》：簧，笙也。今者不樂，逝者其亡！毛《傳》：亡，喪棄也。

《車鄰》三章，一章四句，二章章六句。愚按：説者以秦仲爲宣王大夫，不應備内官，疑爲襄公時詩。朱子直以爲秦君，此皆臆之也。今見《傳》文，無可疑矣。且仲未得爲諸侯，其詩亦不應採入《國風》。

【眉批】

逝，往也，對今者言。解作去仕他國，贅矣。

《傳》：襄公克戎，始取周地。秦人矜之，賦《終南》。《續説》：終南，山名，在岐地。襄公克戎救周，平王賜周西都岐豐之地八百里。《測》：終南山，在周地内。昔未得岐周之地，不知終南之所有。今一得岐周之地，則知終南之有條梅、有紀堂也。君子至止，至此終南而止。至止於終南，而衣則若此，顔則若此，其君也哉，非復附庸之比矣。壽考不忘者，言已得此，他無足願，惟壽考不忘而已。此則矜之至也。一「矜」字最妙，取周地爲諸侯，受顯服，乃創有之事，在秦人誠足矜也。《序》戒勸之意固妙，終是越過一步説話。

《序》：《終南》，戒襄公也。能取周地，始爲諸侯，受顯服，大夫美之，故作是詩以戒勸之。

終南何有？有條其梅。毛《傳》：興也。終南，周之名山中南也。條，槄。梅，柟也。宜以戒不宜也。鄭《箋》：問何有者，意以爲名山高大，宜有茂木也。興者，喻人君有盛德，乃宜有顯服，猶山之木有大小也，此之謂戒勸之。君子至止，錦衣狐裘。毛《傳》：錦衣，采色也。狐裘，朝廷之服。鄭《箋》：至止者，受命服于天子而來也。諸侯狐裘，錦衣以裼之。顔如渥丹，其君也哉？鄭《箋》：渥，厚漬也。顔色如厚漬之丹，言赤而澤也。其君也哉，儀貌尊嚴也。

終南何有？有紀有堂。毛《傳》：紀，基也。堂，畢道平如堂也。鄭《箋》：畢也，堂也，亦高大之山所宜有也。畢，終南山之道名，邊如堂之墻然。君子至止，黻衣繡裳。毛《傳》：黑與青謂之黻，五色備謂之繡。佩玉將將，壽考不忘！

《終南》二章，章六句。愚按：朱子注此篇云：「亦《車鄰》、《駟鐵》之意。」儘合《傳》旨。無如經本錯見何耳？今得見《傳》本，以次而列，一覽爽然。

【眉批】

《箋》中「畢也」「畢」字，疑「基」字之誤。

《傳》：襄公始有田園之事，秦人喜之，賦《駟鐵》。《續説》：襄公始受王命爲諸侯，故得有田狩之事，園囿之樂焉。《測》：一「喜」字甚妙。山囿之事，乃昔所無，今始受王命而有，誠可喜也，故喜之。然亦秦人之見如此。以上五詩皆襄公詩，《無衣》、《小戎》乃奉命征戎，未爲諸侯時事。《車鄰》、《終南》、《駟鐵》皆克戎定周，既爲諸侯時事。

《序》：《駟鐵》，美襄公也。始命，有田狩之事，園囿之樂焉。鄭《箋》：始命，命爲諸侯也。秦始附庸也。

駟鐵孔阜，六轡在手。毛《傳》：鐵，驪。阜，大也。鄭《箋》：四馬六轡，六轡在手，言馬之良也。公之媚子，從公于狩。毛《傳》：能以道媚于上下者。冬獵曰狩。鄭《箋》：媚于上下謂使君臣和合也。此人從公往狩，言襄公親賢也。

奉時辰牡，辰牡孔碩。毛《傳》：時，是。辰，時也。冬獻狼，夏獻麋，春秋獻鹿豕群獸。鄭《箋》：奉是辰牡者，謂虞人也。時牡甚肥大，言禽獸得其所。公曰左之，舍拔則獲。毛《傳》：拔，矢末也。鄭《箋》：左之者，從禽之左射之也。拔，括也。舍拔則獲，言公善射。

游于北園，四馬既閑。毛《傳》：閑，習也。鄭《箋》：公所以田則克獲者，乃游于北園之時，時則已習其四種之馬也。輶車鸞鑣，載獫歇驕。毛《傳》：輶，輕也。獫歇驕，田犬也。長喙曰獫，短喙曰歇驕。鄭《箋》：輕車，驅逆之車也。置鸞於鑣，異於乘車也。載，始也。始田犬者，謂達其搏噬始成之也。此皆游於北園時所爲也。

《駟驖》三章，章四句。愚按：詩次先自襄公率周人赴命，繼以自遣大夫征之，始得列爲諸侯，奄有周地，而侈其田園之樂焉，序法歷歷可據如此。

【眉批】

疏云：諸侯之君乃得順時游田、治兵、習武、取禽、祭廟，附庸來成。諸侯其禮則闕。

按：王肅云：「卿大夫稱子。」

此章鄭意則爲本未獵之前調習車馬之事，朱子則爲田事已畢閑游休力之事，故解末句各異。如朱子亦有致，但既作是解，則「閑」字當作「暇」解，不應復訓習矣。

《傳》：晉重耳入于晉，秦穆公送之，賦《渭陽》。《續説》：晉驪姬既譖殺太子申生，遂譖二公子，曰：「皆知之。」于是重耳奔蒲。僖五年，公使寺人披伐蒲。重耳曰：「君父之命不校。」乃徇曰：「校者吾仇也。」遂出奔狄，復奔衛，及齊，及曹，及宋，及楚，楚送之秦。二十四年，秦伯納之于晉，是爲文公。《測》：此詩本康公所作，《傳》以爲穆公送之者，納之者穆公，則康公之送亦穆公之送也。

《序》：《渭陽》，康公念母也。康公之母，晉獻公之女。文公遭麗姬之難，未反而秦姬卒。穆公納文公，康公時爲大子，贈送文公于渭之陽，念母之不見也。我見舅氏，如母存焉。及其即位，思而作是詩也。

我送舅氏，曰至渭陽。毛《傳》：母之昆弟曰舅。鄭《箋》：渭，水名也。秦是時都雍，至渭陽者，蓋東行送舅氏于咸陽之地。何以贈之？路車乘黄。毛《傳》：贈，送也。乘黄，四馬也。

我送舅氏，悠悠我思。何以贈之？瓊瑰玉佩。毛《傳》：瓊瑰，石而次玉。

《渭陽》二章，章四句。

【眉批】

此説亦牽强。以爲康公作者，因「舅氏」二字也，不知穆公于重耳亦得稱舅。

按：即位者，謂晉文公。即位而康公思前事也。若康公即位，文公已卒，不應始作詩。

《傳》：康公葬穆公，以子車氏三子殉，秦人哀之，賦《黄鳥》。《續説》：康公，穆公子。子車氏，秦大夫。

《考補》：殺人以葬，璇環其左右曰殉。穆公葬于雍，殉死者百七十人。獨哀三子者，傷善良也。

《序》：《黄鳥》，哀三良也。國人刺穆公以人從死，而作是詩也。鄭《箋》：三良，三善人也，謂奄息、仲行、針虎也。從死，自殺以從死。

《左傳》：「秦伯任好卒，以子車氏之三子奄息、仲行、針虎爲殉，皆秦之良也。國人哀之，爲之賦《黄鳥》。」

交交黄鳥，止于棘。毛《傳》：興也。交交，小貌。黄鳥以時往來得所，人以壽命終，亦得其所。鄭《箋》：黄鳥止于棘，以求安己也，若不安則移。興者，喻臣之事君亦然。今穆公使臣從死，刺其不得黄鳥止于棘之本意。誰從穆公？子車奄息。毛《傳》：子車氏，奄息名。鄭《箋》：言誰從穆公者，傷之。維此奄息，百夫之特。毛《傳》：乃特百夫之德。鄭《箋》：百夫之中最雄俊也。臨其穴，惴惴其慄。毛《傳》：慄慄，懼也。鄭《箋》：穴，謂冢壙中也。秦人哀傷此奄息之死，臨視其壙，皆爲之悼慄。彼蒼者天，殲我良人！毛《傳》：殲，盡。良，善也。鄭《箋》：言彼蒼者天，愬之。如可贖兮，人百其身！鄭《箋》：如此奄息之死，可以他人贖之者，人皆百其身。謂一身百死猶爲之，惜善人之甚。

交交黄鳥，止于桑。誰從穆公？子車仲行。鄭《箋》：仲行，字也。維此仲行，百夫之防。毛《傳》：防，比也。鄭《箋》：防，猶當也。言此一人當百夫。臨其穴，惴惴其慄。彼蒼者天，殲我良人！如可贖兮，人百其身！

交交黄鳥，止于楚。誰從穆公？子車針虎。維此針虎，百夫之禦。毛《傳》：禦，當也。臨其穴，惴惴其慄。彼蒼者天，殲我良人！如可贖兮，人百其身！

《黄鳥》三章，章十二句。

【眉批】

此臨穴惴惴謂觀者，與朱異。

《傳》：君子隱于川上，□□慕之，賦《蒹葭》。《測》：按：今關中延安府有葭州，州治在巖石之上，面臨黄河，背亦有小河繞之，兩岸皆蘆葦，遂名葭蘆河。此云「蒹葭」、「水一方」、「水中央」、「遡洄」、「遡游」、「道阻且長」云云，似即指葭州而言也，正川上也。

《序》：《蒹葭》，刺襄公也。未能用《周禮》，將無以固其國焉。鄭《箋》：秦處周之舊土，其人被周之德教日久矣。今襄公新爲諸侯，未習周之禮法，故國人未服焉。

蒹葭蒼蒼，白露爲霜。毛《傳》：興也。蒹，薕。葭，蘆也。蒼蒼，盛也。白露凝戾爲霜，然後歲事成。興國家待禮然後興。鄭《箋》：蒹葭在衆草之中，蒼蒼然彊盛，至白露凝戾爲霜，則成而黄。興者，喻衆民之不從襄公政令者，得《周禮》以教之則服。所謂伊人，在水一方。毛《傳》：伊，維也。一方，難至矣。鄭《箋》：伊，當作繄。繄，猶是也。所謂是知《周禮》之賢人，乃在大水之一邊，假喻以言遠。遡洄從之，道阻且長。毛《傳》：逆流而上曰遡洄，逆禮則莫能以至也。鄭《箋》：此言不以敬順往求之，則不能得見。遡游從之，宛在水中央。毛《傳》：順流而涉曰遡游。順禮求濟，道來迎之。鄭《箋》：宛，坐見貌。以敬順求之則近耳，易得見也。

蒹葭萋萋，白露未晞。毛《傳》：萋萋，猶蒼蒼也。晞，乾也。鄭《箋》：未晞，未爲霜。所謂伊人，在水之湄。毛《傳》：湄，水隒也。遡洄從之，道阻且躋。毛《傳》：躋，升也。鄭《箋》：言其難至如升阪。遡游從之，宛在水中坻。毛《傳》：坻，小渚也。

蒹葭采采，白露未已。毛《傳》：采采，猶萋萋也。未已，猶未止也。所謂伊人，在水之涘。毛《傳》：涘，厓也。遡洄從之，道阻且右。毛《傳》：右，出其右也。鄭《箋》：右者，言其迂迴也。遡游從之，宛在水中沚。毛《傳》：小渚曰沚。

《蒹葭》三章，章八句。愚按：《序》説《周禮》，大似無涉。毛、鄭曲解，終屬牽强。朱子駁之良是，而却又云不知何所指，亦以《秦風》不敢懸擬，以室邇人遠之類爲男女相思耳。若在鄭、衛，斷不免矣，豈知《傳》文明了若此。

《序》：《晨風》，刺康公也。忘穆公之業，始棄其賢臣焉。

《傳》：□□□□□□□□，賦《晨風》。

鴥彼晨風，鬱彼北林。毛《傳》：鴥，疾飛貌。晨風，鸇也。鬱，積也。北林，林名也。先君招賢人，賢人往之，駃疾如晨風之飛入北林。鄭《箋》：先君，謂穆公。未見君子，憂心欽欽。毛《傳》：思望之，心中欽欽然。鄭《箋》：言穆公始未見賢者之時，思望而憂之。如何如何？忘我實多。毛《傳》：今則忘之矣。鄭《箋》：此以穆公之意責康公。如何如何乎？女忘我之事實多。

山有苞櫟，隰有六駮。毛《傳》：櫟，木也。駮，如馬，倨牙，食虎豹。鄭《箋》：山之櫟，隰之駮，皆其所宜有也。以言賢者亦國家所宜有之。未見君子，憂心靡樂。如何如何？忘我實多。

山有苞棣，隰有樹檖。毛《傳》：棣，唐棣也。檖，赤羅也。未見君子，憂心如醉。如何如何？忘我實多。

《晨風》三章，章六句。愚按：《傳》雖闕文，然篇次在《蒹葭》、《權輿》之間，似亦爲賢人而作，且世次亦應屬康公，宜與《序》不大異。

【眉批】

疏云：陸璣疏：「駮馬，梓榆也。」其樹皮青白駁犖，似駮馬。下章皆木相配，不宜云獸。

《傳》：□□□□□□□，賦《權輿》。

《序》：《權輿》，刺康公也。忘先君之舊臣，與賢者有始而無終也。

於我乎！夏屋渠渠，毛《傳》：夏，大也。鄭《箋》：屋，具也。渠渠，猶勤勤也。言君始於我厚設禮食，大具以食我，其意勤勤然。今也每食無餘。鄭《箋》：此言君今遇我薄，其食我纔足耳。于嗟乎！不承權輿。毛《傳》：承，繼也。權輿，始也。

於我乎！每食四簋，毛《傳》：四簋：黍、稷、稻、粱。今也每食不飽。于嗟乎！不承權輿。

《權輿》二章，章五句。愚按：此詩終《秦》，便有坑儒之漸。又按：子貢《詩傳》以秦詩爲《國風》之終，明知諸國必折而入于秦也，猶《尚書》殿《秦誓》之意。先儒謂吳楚無詩，而秦詩不削，次于齊、晉，以爲夫子早見其兆，豈知《詩傳》之次更若此乎。繼周之爲秦，删《書》、《詩》者早已了然于胸，康節特論及于《書》，而未及《詩》耳。

【眉批】

按：崔駰《七駰》説宫室之美云「夏屋渠渠」，故朱子亦以爲大屋。疏云：始則大具，今則無餘，猶下章云「四簋不飽」，皆説飲食之事，不得言屋宅也。

聖門傳詩嫡冢卷之九

吴興凌濛初輯

雅

小大雅譜

《小雅》、《大雅》者，周室居西都豐鎬之時詩也。始祖后稷，由神氣而生，有播種之功於民。公劉至于大王、王季，歷及千載，越異代而别，世載其功業，爲天下所歸。文王受命，武王遂定天下，盛德之隆。《大雅》之初，起自《文王》，至于《文王有聲》，據盛隆而推原天命，上述祖考之美。《小雅》自《鹿鳴》至于《魚麗》，先其文，所以治内；後其武，所以治外。此二雅逆順之次。要以極賢聖之情，著天道之助，如此而已矣。又《大雅·生民》及《卷阿》、《小雅·南有嘉魚》下及《菁菁者莪》，周公、成王之時詩也。《傳》曰：「文王基之，武王鑿之，周公内之。」謂其道同終始相成，比而合之，故《大雅》十八篇、《小雅》十六篇爲正經。其用於樂，國君以《小雅》，天子以《大雅》。然而饗賓或上取，燕或下就。何者？天子饗元侯歌《肆夏》，合《文王》，諸侯歌《文王》，合《鹿鳴》。諸侯于鄰國之君，與天子于諸侯同。天子、諸侯燕群臣及聘問之賓，皆歌《鹿鳴》，合鄉樂。此其著略大校，見在書籍。禮樂崩壞，不可得詳。《大雅·民勞》、《小雅·六月》之後皆謂之變雅，美惡各以其時，亦顯善懲過，正之次也。問者曰：「《常棣》閔管、蔡之失道，何故列于文王之詩？」曰：「閔之。」閔之者，閔其失兄弟相承順之道，至於被誅。若在成王、周公之詩，則是彰其罪，非閔之，故爲隱，推而上之，因文王有親兄弟之義。又問曰：「小雅之臣，何也獨無刺厲王？」曰：「有焉。《十月之交》、《雨無正》、《小旻》、《小宛》之詩是也。」漢興之初，師移其第耳，亂甚焉。既移文改其目，義順上下，刺幽王亦過矣。

小正

《考補》：正小正三十三篇。《附音》：正，毛本作雅，乃借鳥雅字。

《傳》：周公制禮作樂，用之燕享，有《小正》焉。

《傳》：《鶴鳴》，□□所以修身也。《測》：序以爲誨宣王，朱子謂爲陳善納誨之詞，似亦相承之説。《傳》以爲周公制作，且冠於《小正》之首，其義深矣。余嘗以爲未嘗不是陳善訥誨，而陳善納誨不足以盡之，乃帝王之全學，聖賢之能事，亦有見於其義之難窮耳。今由修身之説而窮之，誠于《鶴鳴》而有得焉。則真心實理，潑地彌天，實踐真修，足此通彼，修身之能事畢矣。然未有不如此而可謂之修身者，而修身猶未易言也。《中庸》曰：「齊明盛服，非禮不動，所以修身也。」《易》曰：「不遠之復，以修身也。」《大學》一書，于好惡惡美之際尤諄諄焉。嗚呼！《鶴鳴》所以修身，其互發之旨乎。

《序》：《鶴鳴》，誨宣王也。鄭《箋》：誨，教也。教宣王求賢人之未仕者。

鶴鳴于九皐，聲聞于野。毛《傳》：興也。皐，澤也。言身隱而名著。鄭《箋》：皐，澤中水溢出所爲坎，自外數至九，喻深遠也。鶴在中鳴焉，而野聞其鳴聲。興者，喻賢者雖隱居，人咸知之。魚潛在淵，或在于渚。毛《傳》：良魚在淵，小魚在渚。鄭《箋》：此言魚之性，寒則逃於淵，温則見於渚。喻賢者世亂則隱，治平則出，在時君也。樂彼之園，爰有樹檀，其下維蘀。毛《傳》：何樂于彼園之觀乎？蘀，落也。尚有樹檀而下其蘀。鄭《箋》：之，往。爰，曰也。言所以之彼園而觀者，人曰有樹檀，檀下有蘀。此猶朝廷之尚賢者而下小人，是以往也。他山之石，可以爲錯。毛《傳》：錯，石也，可以琢玉。舉賢用滯，則可以治國。鄭《箋》：他山，喻異國。

鶴鳴于九皋，聲聞于天。鄭《箋》：天高遠也。魚在于渚，或潛在淵。鄭《箋》：時寒則魚去渚逃於淵。樂彼之園，爰有樹檀，其下維穀。毛《傳》：穀，惡木也。他山之石，可以攻玉。毛《傳》：攻，錯也。

《鶴鳴》二章，章九句。

【眉批】
闕文疑是「天子」二字。

《傳》：《鹿鳴》、《伐木》、《青莪》、《隰桑》、《白駒》，皆所以燕賢也。

《序》：《鹿鳴》，燕群臣嘉賓也。既飲食之，又實幣帛筐篚以將其厚意，然後忠臣嘉賓得盡其心矣。

鄭《箋》：飲之而有幣，酬幣也。食之而有幣，侑幣也。

呦呦鹿鳴，食野之苹。毛《傳》：興也。苹，蓱也。鹿得蓱，呦呦然鳴而相呼，懇誠發乎中，以興嘉樂賓客，當有懇誠相招呼以成禮也。鄭《箋》：苹，藾蕭也。我有嘉賓，鼓瑟吹笙。吹笙鼓簧，承筐是將。毛《傳》：簧，笙也。吹笙而鼓簧矣。筐，篚屬，所以行幣帛也。鄭《箋》：承，猶奉也。《書》曰：「篚厥玄黄。」人之好我，示我周行。毛《傳》：周，至。行，道也。鄭《箋》：示，當作寘。寘，置也。周行，周之列位也。好，猶善也。人有以德善我者，我則置之於周之列位，言己維賢是用。

呦呦鹿鳴，食野之蒿。毛《傳》：蒿，菣也。我有嘉賓，德音孔昭。視民不恌，君子是則是傚。毛《傳》：恌，愉也。是則是傚，言可法傚也。鄭《箋》：德音，先王道德之教也。孔，甚。昭，明也。視，古示字也。飲酒之禮於旅也語，嘉賓之語先王德教甚明，可以示天下之民，使之不愉於禮義，是乃君子所法傚，言其賢也。我有旨酒，嘉賓式燕以敖。毛《傳》：敖，游也。

呦呦鹿鳴，食野之芩。毛《傳》：芩，草也。我有嘉賓，鼓瑟鼓琴。鼓瑟鼓琴，和樂且湛。毛《傳》：湛，樂之久。我有旨酒，以燕樂嘉賓之心。毛《傳》：燕，安也。夫不能致其樂，則不能得其志；不能得其志，則嘉賓不能竭其力。

《鹿鳴》三章，章八句。

【眉批】

總傳者列之篇首，後止依傳次詩，不再述《傳》。

王肅述毛云：「愛好我則示我以至美之道矣。」朱子從之。鄭説殊強。

《序》：《伐木》，燕朋友故舊也。自天子至於庶人，未有不須友以成者。親親以睦，友賢不棄，不遺故舊，則民德歸厚矣。

伐木丁丁，鳥鳴嚶嚶。毛《傳》：興也。丁丁，伐木聲也。嚶嚶，驚懼也。鄭《箋》：丁丁、嚶嚶，相切直也。言昔日未居位在農之時，與友生於山巖伐木，爲勤苦之事，猶以道德相切正也。嚶嚶，兩鳥聲也。其鳴之志，似於有友道，故連言之。出自幽谷，遷于喬木。毛《傳》：幽，深。喬，高也。鄭《箋》：遷，徙也。謂鄉時之鳥，出從深谷，今移處高木。嚶其鳴矣，求其友聲。毛《傳》：君子雖遷於高位，不可以忘其朋友。鄭《箋》：嚶其鳴矣，遷處高木者，求其友聲，求其尚在深谷者，其相得則復鳴嚶嚶然。相彼鳥矣，猶求友聲；矧伊人矣，不求友生？毛《傳》：矧，况也。鄭《箋》：相，視也。鳥尚知居高木呼其友，况是人乎？可不求之！神之聽之，終和且平。鄭《箋》：以可否相增減曰和。平，齊等也。此言心誠求之，神若聽之，使得如志，則友終相與和而齊功也。

伐木許許，釃酒有藇。毛《傳》：許許，柹貌。以筐曰釃，以藪曰湑。藇，美貌。鄭《箋》：此言許者，伐木許許之人，今則有酒而釃之，本其故也。既有肥羜，以速諸父。毛《傳》：羜，未成羊也。天子謂同姓諸侯、諸侯謂同姓大夫曰父，異姓則稱舅。國君友其賢臣，大夫、士友其宗族之仁者。鄭《箋》：速，召也。有酒有羜，今以召族之飲酒。寧適不來，微我弗顧。毛《傳》：微，無也。鄭《箋》：寧召之適自不來，無使言我不顧念也。於粲洒埽，陳饋八簋。毛《傳》：粲，鮮明貌。圓曰簋。天子八簋。鄭《箋》：粲然已洒擹矣，陳其黍稷矣，謂爲食禮。既有肥牡，以速諸舅。寧適不來，微我有咎。毛《傳》：咎，過也。

伐木于阪，釃酒有衍。毛《傳》：衍，美貌。鄭《箋》：此言伐木于阪，亦本之也。籩豆有踐，兄弟無遠。鄭《箋》：踐，陳列貌。兄弟，父之黨，母之黨。民之失德，乾餱以愆。毛《傳》：餱，食也。鄭《箋》：失德，謂見謗訕也。民尚以乾餱之食，獲愆過於人，况天子之饌，反可以恨兄弟乎？故不當遠之。有酒湑我，無酒酤我。毛《傳》：湑，莤之也。酤，一宿酒也。鄭《箋》：酤，買也。此族人陳王之恩也。王有酒，則泲莤之，王無酒，酤買之，要欲厚于族人。坎坎鼓我，蹲蹲舞我。毛《傳》：蹲蹲，舞貌。鄭《箋》：爲我擊鼓坎坎然，爲我興舞蹲蹲然，謂以樂樂己。迨我暇矣，飲此湑矣。鄭《箋》：迨，及也。此又述王意也。王曰：「及我今之閒暇，共飲此湑酒。」欲其無不醉之意。

《伐木》六章，章六句。愚按：鄭解《伐木》，謂昔日未居位爲農，親有是事，而所飲酒者，即是共伐木之人，亦大異矣。《疏》以鄭爲追本文王幼少之時，夫文王是諸侯之子，即使在太王時，亦是世子之子，與舜起匹夫不同，安有身親伐木，而既居大位，復飲其舊侶者哉？漢儒之附會鑿而陋如此，不如只作泛興爲長。毛無明文，然既以爲興，便非鄭説矣。

【眉批】

按：上文「八簋」爲天子之禮，此又云「天子之饌」，則非文王詩矣。

上言陳王恩，此又言述王意，皆支離，何如俱作主語。

注疏分章，原止三章。

《序》：《菁菁者莪》，樂育材也。君子能長育人材，則天下喜樂之矣。鄭《箋》：樂育材者，歌樂人君教學國人。秀士、選士、俊士、造士、進士，養之以漸，至於官之。

菁菁者莪，在彼中阿。毛《傳》：興也。菁菁，盛貌。莪，蘿蒿也。中阿，阿中也。大陵曰阿。君子能長育人材，如阿之長莪，菁菁然。鄭《箋》：長育之者，既教學之，又不征役也。既見君子，樂且有儀。鄭《箋》：既見君子者，官爵之而得見也。見則心既喜樂，又以禮儀見接。

菁菁者莪，在彼中沚。毛《傳》：中沚，沚中也。既見君子，我心則喜。毛《傳》：喜，樂也。

菁菁者莪，在彼中陵。毛《傳》：中陵，陵中也。既見君子，錫我百朋。鄭《箋》：古者貨貝，五貝爲朋。錫我百朋，得禄多。

汎汎楊舟，載沉載浮。毛《傳》：楊木爲舟，載沉亦沉，載浮亦浮。鄭《箋》：舟者，沉物亦載，浮物亦載，喻人君用人，文亦用，武亦用，於人之才無所廢。既見君子，我心則休。鄭《箋》：休者，休休然。

《菁菁者莪》四章，章四句。愚按：《序》與毛、鄭皆以君子爲人君，而既見者乃賢才之得見君也。《傳》爲燕賢，則君子正與嘉賓同，朱注億而中矣。

《序》：《隰桑》，刺幽王也。小人在位，君子在野，思見君子，盡心以事之。

隰桑有阿，其葉有難。毛《傳》：興也。阿然美貌，難然盛貌，有以利人。鄭《箋》：隰中之桑，枝條阿阿然長美，其葉又茂盛，可以庇陰人。興者，喻時賢人君子，不用而野處，有覆養之德也。正以隰桑興者反求此義，則原上之桑，枝葉不能然，以刺時小人在位，無德於民。既見君子，其樂如何！鄭《箋》：思在野之君子，而得見其在位，喜樂無度。

隰桑有阿，其葉有沃。毛《傳》：沃，柔也。既見君子，云何不樂！

隰桑有阿，其葉有幽。毛《傳》：幽，黑色也。既見君子，德音孔膠。毛《傳》：膠，固也。鄭《箋》：君子在位，民附仰之。其教令之行，甚堅固也。

心乎愛矣，遐不謂矣？中心藏之，何日忘之？鄭《箋》：遐，遠。謂，勤。藏，善也。我心愛此君子，君子雖遠在野，豈能不勤思之乎？宜思之也。我心善此君子，又誠不能忘也。孔子曰：「愛之能勿勞乎？忠焉能勿誨乎？」

《隰桑》四章，章四句。愚按：此詩語氣，正與《菁莪》相似，有美無譏。止因篇次在後，遂以爲刺幽王，而曲爲之說。朱子以爲喜見君子之詩，雖已得之，而不能知其篇次在此。今從《傳》類列，可謂得其所矣。

《序》：《白駒》，大夫刺宣王也。鄭《箋》：刺其不能留賢也。

皎皎白駒，食我場苗。縶之維之，以永今朝。毛《傳》：宣王之末，不能用賢，賢者有乘白駒而去者。縶，絆。維，繫也。鄭《箋》：永，久也。願此去者乘其白駒而來，使食我場中之苗，我則絆之繫之以永今朝，愛之欲留之。所謂伊人，於焉逍遥？鄭《箋》：伊，當作繄。繄，猶是也。所謂是乘白駒而去之賢人，今於何游息乎？思之甚也。

皎皎白駒，食我場藿。縶之維之，以永今夕。毛《傳》：藿，猶苗也。夕，猶朝也。所謂伊人，於焉嘉客？

皎皎白駒，賁然來思。毛《傳》：賁，飾也。鄭《箋》：願其來而得見之。《易・卦》曰：「山下有火，賁。」賁，黄白色也。

爾公爾侯？逸豫無期。毛《傳》：爾公爾侯耶？何爲逸樂無期以反也。慎爾優游，勉爾遁思！毛《傳》：慎，誠也。鄭《箋》：誠女優游使待時也，勉女遁思。度己終不得見，自訣之詞。

皎皎白駒，在彼空谷。毛《傳》：空，大也。生芻一束，其人如玉。鄭《箋》：此戒之也。女行所舍主人之餼雖薄，要就賢人，其德如玉然。毋金玉爾音，而有遐心。鄭《箋》：毋愛女聲音，而有遠我之心，以恩責之也。

《白駒》四章，章六句。愚按：此詩向在《祈父》、《黄鳥》之間，故以爲宣王時詩，而留賢如此之懇又非所望于宣王也，不得不通其説于刺。若設爲王言者然，以見王不能如此，所以刺也。朱子直作留賢，以爲出自王者之口，則賢者何爲不可留乎？義不可通。今《傳》與《鹿鳴》諸篇齊列，同作燕賢，則白駒空谷，自然招隱之章矣。向之所疑，皆可冰釋。

《傳》：《常棣》，燕兄弟也。

《序》：《常棣》，燕兄弟也。閔管、蔡之失道，故作《常棣》焉。鄭《箋》：周公弔二叔之不咸，而使兄弟之恩疏。召公爲作此詩而歌之以親之。

《左傳》：周公弔二叔之不咸，故封建親戚以藩屏周。召穆公思周德之不類，故糾合宗族于成周，而作詩曰「常棣之華」。

常棣之華，鄂不韡韡。毛《傳》：興也。常棣，棣也。鄂，猶鄂鄂然，言外發也。韡韡，光明也。鄭《箋》：承華者曰鄂。不，當作拊。拊，鄂足也。鄂足得華之光明，則韡韡然盛。興者，喻弟以敬事兄，兄以榮覆弟，恩義之顯，亦韡韡然。古聲不、拊同。凡今之人，莫如兄弟。毛《傳》：聞常棣之言爲今也。鄭《箋》：聞常棣之言，始聞常棣華鄂之説也如此，則人之恩親，無如兄弟之最厚。

死喪之威，兄弟孔懷。毛《傳》：威，畏。懷，思也。鄭《箋》：死喪可怖畏之事，維兄弟之親甚相思念。原隰裒矣，兄弟求矣。毛《傳》：裒，集也。求矣，言求兄弟也。鄭《箋》：原也，隰也，以相與聚居之故，故能定高下之名，猶兄弟相求，故能立榮顯之名。

脊令在原，兄弟急難。毛《傳》：脊令，雝渠也。飛則鳴，行則摇，不能自舍耳。急難，言兄弟之相救於急。鄭《箋》：雝渠水鳥，而今在原，失其常處，則飛則鳴求其類，天性也，猶兄弟之於急難。每有良朋，况也永嘆。毛《傳》：况，兹。永，長也。鄭《箋》：每有，雖也。良，善也。當急難之時，雖有善同門來，兹對之長嘆而已。

兄弟鬩于墻，外禦其務。毛《傳》：鬩，狠也。鄭《箋》：禦，禁。務，侮也。兄弟雖内鬩而外禦侮也。每有良朋，烝也無戎。毛《傳》：烝，填。戎，相也。鄭《箋》：當急難之時，雖有善同門來，久也猶無相助己者。古聲填、寘、塵同。

喪亂既平，既安且寧。雖有兄弟，不如友生。毛《傳》：兄弟尚恩，怡怡然；朋友尚義，切切然。鄭《箋》：平，猶正也。安寧之時，以禮義相琢磨，則友生急。

儐爾籩豆，飲酒之飫。毛《傳》：儐，陳。飫，私也。不脱屨升堂謂之飫。鄭《箋》：私者，圖非常之事。若議大疑於堂，則有飫禮焉。聽朝爲公。兄弟既具，和樂且孺。毛《傳》：九族會曰和。孺，屬也。王與親戚燕，則尚毛。鄭《箋》：九族從己上至高祖，下至玄孫之親也。屬者，以昭穆相次序。

妻子好合，如鼓瑟琴。鄭《箋》：好合，至意合也。合者，如鼓瑟琴之聲，相應和也。王與族人燕，則宗婦内宗之屬，亦從后於房中。兄弟既翕，和樂且湛。毛《傳》：翕，如也。

宜爾室家，樂爾妻帑。毛《傳》：帑，子也。鄭《箋》：族人和，則得保樂其家中之大小。是究是圖，亶其然乎！毛《傳》：究，深。圖，謀。亶，信也。鄭《箋》：女深謀之，信其如是。

《常棣》八章，章四句。愚按：此詩之云召穆公，猶《關雎》之爲刺康王，乃是重歌之，非始作之也。於《常棣》益信《關雎》。

【眉批】

按：杜預注《左傳》云：周公作詩，召公歌之。

以良朋爲善同門，是漢時語。

陸德明音義云：「填，古聲音塵，久也。」

兄弟不如友生，言人情之變耳。若正言則無味，以下之解皆不如朱子。

《傳》：《頍弁》，燕窺戚也。

《序》：《頍弁》，諸公刺幽王也。暴戾無親，不能宴樂同姓，親睦九族，孤危將亡，故作是詩也。鄭《箋》：戾，虐也。暴虐，謂其政教如雨雪也。

有頍者弁，實維伊何？毛《傳》：興也。頍，弁貌。弁，皮弁也。鄭《箋》：實，猶是也。言幽王服是皮弁之冠，是維何爲乎？言其宜以燕而弗爲也。禮，天子諸侯朝服以宴，天子之朝皮弁，以日視朝。爾酒既旨，爾殽既嘉。鄭《箋》：旨、嘉，皆美也。女酒已美矣，女殽已美矣，何以不用與族人宴也？言其知具其禮而弗爲也。豈伊異人？兄弟匪他。鄭《箋》：此言王當所與宴者，豈有異人疏遠者乎？皆兄弟與王無他，言至親。又刺其弗爲也。蔦與女蘿，施于松柏。毛《傳》：蔦，寄生也。女蘿，菟絲松蘿也。喻諸公非自有尊，托王之尊。鄭《箋》：托王之尊者，王明則榮，王衰則微。刺王不親九族，孤特自恃，不知己之將危亡也。未見君子，憂心奕奕；既見君子，庶幾説懌。毛《傳》：奕奕然無所薄也。鄭《箋》：君子，斥幽王也。幽王久不與諸公宴，諸公未得見幽王之時，懼其將危亡，已無所依怙，故憂而心奕奕然，故言我若得見幽王諫正之，則庶幾其變改，意解懌也。

有頍者弁，實維何期？鄭《箋》：何期，猶伊何也。期，辭也。爾酒既旨，爾殽既時。毛《傳》：時，善也。豈伊異人？兄弟具來。鄭《箋》：具，猶來也。蔦與女蘿，施于松上。未見君子，憂心怲怲；既見君子，庶幾有臧。毛《傳》：怲怲，憂盛滿也。臧，善也。

有頍者弁，實維在首。爾酒既旨，爾殽既阜。豈伊異人？兄弟甥舅。鄭《箋》：阜，猶多也。謂吾舅者，吾謂之甥。如彼雨雪，先集維霰。毛《傳》：霰，暴雪也。鄭《箋》：將大雨雪，始必微温。雪自上下，遇温氣而摶，謂之霰。久而寒勝，則大雪矣。喻幽王之不親九族亦有漸，自微至甚，如先霰後大雪。死喪無日，無幾相見。樂酒今夕，君子維宴。鄭《箋》：王政既衰，我無所依怙，死亡無有日數，能復幾何與王相見也？且今夕喜樂此酒，此乃王之宴禮也。刺幽王將喪亡，哀之也。

《頍弁》三章，章十二句。愚按：説者謂朱子不從《小序》，則此詩幾于《伐木》、《行苇》之篇。今觀《傳》説及篇次如此，則朱子之見固不謬也，經本次第自異耳。蔡邕《石經》此詩亦列于《常棣》之次。

《傳》：《魚麗》、《嘉魚》、《瓠葉》皆所以燕大臣也。

《序》：《魚麗》，美萬物盛多，能備禮也。文武以《天保》以上治内，《采薇》以下治外。始於憂勤，終於逸樂，故美萬物盛多，可以告于神明矣。鄭《箋》：内，謂諸夏也；外，謂夷狄也。告於神明者，于祭祀而歌之。

魚麗于罶，鱨鯊。毛《傳》：麗，歷也。罶，曲梁也，寡婦之笱也。鱨，揚也。鯊，鮀也。太平而後，微物衆多，取之有時，用之有道，則物莫不多矣。古者不風不暴不行火，草木不折不芟，斧斤不入山林。豺祭獸，然後殺；獺祭魚，然後魚；鷹隼擊，然後罻羅設。是以天子不合圍，諸侯不掩群，大夫不麛不卵，士不隱塞，庶人不數罟。罟必四寸，然後入澤梁。故山不童，澤不竭，鳥獸魚鱉皆得其所然。君子有酒，旨且多。鄭《箋》：酒美而此魚又多也。

魚麗于罶，魴鱧。毛《傳》：鱧，鮦也。君子有酒，多且旨。鄭《箋》：酒多而此魚又美也。

魚麗于罶，鰋鯉。毛《傳》：鰋，鮎也。君子有酒，旨且有。鄭《箋》：酒美而此魚又有。

物其多矣，維其嘉矣。鄭《箋》：魚既多又善。

物其旨矣，維其偕矣。鄭《箋》：魚既美，又齊等。

物其有矣，維其時矣。鄭《箋》：魚既有，又得其時。

《魚麗》六章，三章章四句，三章章二句。

【眉批】

一作「不操斧斤入山林」。

《序》：《南有嘉魚》，樂與賢也。太平君子至誠，樂與賢者共之也。鄭《箋》：樂得賢者與共立於朝，相燕樂也。

南有嘉魚，烝然罩罩。毛《傳》：江漢之間魚所產也。罩罩，篧也。鄭《箋》：烝，塵也。塵然，猶言久如也。言南方水中有善魚，人將久如而俱罩之，遲之也；喻天下有賢者，在位之人將久如而並求致之於朝，亦遲之也。遲之者，謂至誠也。君子有酒，嘉賓式燕以樂。鄭《箋》：君子，斥時在位者也。式，用也，用酒與賢者燕飲而樂也。

南有嘉魚，烝然汕汕。毛《傳》：汕汕，樔也。鄭《箋》：樔者，今之撩罟也。君子有酒，嘉賓式燕以衎。毛《傳》：衎，樂也。

南有樛木，甘瓠纍之。毛《傳》：興也。纍，蔓也。鄭《箋》：君子下其臣，故賢者歸往也。君子有酒，嘉賓式燕綏之。鄭《箋》：綏，安也，與嘉賓燕飲而安之。《鄉飲酒》曰：「賓以我安。」

翩翩者鵻，烝然來思。毛《傳》：鵻，壹宿之鳥。鄭《箋》：壹宿者，壹意於其所宿之木也。喻賢者有專壹之意於我，我將久如而來遲之也。君子有酒，嘉賓式燕又思。鄭《箋》：又，復也。以其壹意，欲復與燕加厚之。

《南有嘉魚》四章，章四句。

《序》：《瓠葉》，大夫刺幽王也。上棄禮而不能行，雖有牲牢饔餼不肯用也，故思古之人，不以微薄廢禮焉。鄭《箋》：牛羊豕爲牲，繫養者曰牢。熟曰饔，腥曰餼，生曰牽。不肯用者，自養厚而薄於賓客。

幡幡瓠葉，采之亨之。君子有酒，酌言嘗之。毛《傳》：幡幡，瓠葉貌，庶人之菜也。鄭《箋》：亨，熟也。熟瓠葉者，以爲飲酒之菹也。此君子，謂庶人之有賢行者也。其農功畢，乃爲酒漿以合朋友，習禮講道藝也。酒既成，先與父兄室人亨瓠葉而飲之，所以急和親親也。飲食而曰嘗者，以其爲之主於賓客，賓客則加之以羞。《易·兑》象曰：「君子以朋友講習。」

有兔斯首，炮之燔之。君子有酒，酌言獻之。毛《傳》：毛曰炮，加火曰燔。獻，奏也。鄭《箋》：斯，白也。今俗語斯白之字作鮮，齊魯之間聲近斯。有兔白首者，兔之小者也。炮之燔之者，將以爲飲酒之羞也。飲酒之禮，既奏酒於賓乃薦羞。每酌言言者，禮不下庶人。庶人依士禮，立賓主爲酌名。

有兔斯首，燔之炙之。君子有酒，酌言酢之。毛《傳》：炕火曰炙。酢，報也。鄭《箋》：報者，賓既卒爵，洗而酌主人也。凡治兔之宜，鮮者毛炮之，柔者炙之，乾者燔之。

有兔斯首，燔之炮之。君子有酒，酌言醻之。毛《傳》：醻，道飲也。鄭《箋》：主人既卒酢爵，又酌自飲卒爵，復酌進賓，猶今俗之勸酒。

《瓠葉》四章，章四句。愚按：此詩語意無刺，篇次在後，不得已而云刺耳。今《傳》在《魚麗》、《嘉魚》之列，則朱子所云燕飲之詩，誠得之矣。

《傳》：《南山有臺》、《天保》，大臣所以報王也。

如南山之有基趾。

《序》：《南山有臺》，樂得賢也。得賢則能爲邦家立太平之基矣。鄭《箋》：人君得賢，則其德廣大堅固，如南山之有基趾。

南山有臺，北山有萊。毛《傳》：興也。臺，夫須也。萊，草也。鄭《箋》：興者，山之有草木以自覆蓋，成其高大，喻人君有賢臣以自尊顯。樂只君子，邦家之基。樂只君子，萬壽無期。毛《傳》：基，本也。鄭《箋》：只之言是也。人君既得賢者，置之于位，又尊敬以禮樂樂之，則能爲國家之本，得壽考之福。

南山有桑，北山有楊。樂只君子，邦家之光。樂只君子，萬壽無疆！鄭《箋》：光，明也。政教明，有榮曜。

南山有杞，北山有李。樂只君子，民之父母。樂只君子，德音不已。鄭《箋》：已，止也。不止者，言長見稱頌也。

南山有栲，北山有杻。毛《傳》：栲，山樗。杻，檍也。樂只君子，遐不眉壽？樂只君子，德音是茂。毛《傳》：眉壽，秀眉也。鄭《箋》：遐，遠也。遠不眉壽者，言其近眉壽也。茂，盛也。

南山有枸，北山有楰。毛《傳》：枸，枳枸。楰，鼠梓。樂只君子，遐不黃耇？樂只君子，保艾爾後。毛《傳》：黃，黃髮也。耇，老。艾，養。保，安也。

《南山有臺》五章，章六句。

《序》：《天保》，下報上也。君能下下以成其政，臣能歸美以報其上焉。鄭《箋》：下下，謂《鹿鳴》至《伐木》，皆君所以下臣也。臣亦宜歸美於王，以崇君之尊而福禄之，以答其歌。

天保定爾，亦孔之固。毛《傳》：固，堅也。鄭《箋》：保，安。爾，女也。女，王也。天之安定女，亦甚堅固。俾爾單厚，何福不除。毛《傳》：俾，使。單，信也。或曰單，厚也。除，開也。鄭《箋》：單，盡也。天使女盡厚天下之民，何福而不開？皆開出以予之。俾爾多益，亦莫不庶。毛《傳》：庶，衆也。鄭《箋》：莫，無也。使女每物益多，以是故無不衆也。

天保定爾，俾爾戩穀。罄無不宜，受天百禄。毛《傳》：戩，福。穀，禄。罄，盡也。鄭《箋》：天使女所福禄之人，謂群臣也。其舉事盡得其宜，受天之多禄。降爾遐福，維日不足。鄭《箋》：遐，遠也。天又下予女以廣遠之福，使天下溥蒙之汲汲然如日且不足也。

天保定爾，以莫不興。鄭《箋》：興，盛也。無不盛者，使萬物皆盛，草木暢茂，禽獸碩大。如山如阜，如岡如陵。毛《傳》：言廣厚也。高平曰陸，大陸曰阜，大阜曰陵。鄭《箋》：此言其福禄委積高大也。如川之方至，以莫不增。鄭《箋》：川之方至，謂其水縱長之時也。萬物之收，皆增多也。

吉蠲爲饎，是用孝享。毛《傳》：吉，善。蠲，潔也。饎，酒食也。享，獻也。鄭《箋》：謂將祭祀也。禴祠烝嘗，于公先王。毛《傳》：春曰祠，夏曰禴，秋曰嘗，冬曰烝。公，事也。鄭《箋》：公，先公，謂后稷至諸盩。君曰卜爾，萬壽無疆。毛《傳》：君，先君也。尸所以象神。卜，予也。鄭《箋》：君曰卜爾者，尸嘏主人，傳神辭也。

神之弔矣，詒爾多福。毛《傳》：弔，至。詒，遺也。鄭《箋》：神至者，宗廟致敬，鬼神著矣，此之謂也。民之質矣，日用飲食。毛《傳》：質，成也。鄭《箋》：成，平也，民事平。以禮飲食，相燕樂而已。群黎百姓，徧爲爾德。《箋》：黎，衆也。群衆百姓，徧爲女之德，言則而象之。

如月之恒，如日之升。毛《傳》：恒，弦。升，出也。言俱進也。鄭《箋》：月上弦而就盈，日始出而就明。如南山之壽，不騫不崩。毛《傳》：騫，虧也。如松柏之茂，無不爾或承。鄭《箋》：或之言有也。如松柏之枝葉，常茂盛青青，相承無衰落也。

《天保》六章，章六句。

《傳》：《煌華》，遣使臣也。

《序》：《皇皇者華》，君遣使臣也。送之以禮樂，言遠而有光華也。鄭《箋》：言臣出使能揚君之美，延其譽於四方，則爲不辱命也。

皇皇者華，于彼原隰。毛《傳》：皇皇，猶煌煌也。高平曰原，下濕曰隰。忠臣奉使，能光君命。無遠無近，如華不以高下易其色。鄭《箋》：無遠無近，維所之則然。駪駪征夫，每懷靡及。毛《傳》：駪駪，衆多之貌。征夫，行人也。每，雖。懷，和也。鄭《箋》：《春秋外傳》曰：「懷私爲每懷也。」和當爲私。衆行夫既受君命當速行，每人懷其私相稽留，則於事將無所及。

我馬維駒，六轡如濡。鄭《箋》：如濡，言鮮澤也。載馳載驅，周爰咨諏。毛《傳》：忠信爲周，訪問於善爲咨，咨事爲諏。鄭《箋》：爰，於也。大夫出使，馳驅而行，見忠信之賢人，則於是訪問求善道也。

我馬維騏，六轡如絲。毛《傳》：言調忍也。載馳載驅，周爰咨謀。毛《傳》：咨事之難易爲謀。

我馬維駱，六轡沃若。載馳載驅，周爰咨度。毛《傳》：咨禮義所宜爲度。

我馬維駰，六轡既均。毛《傳》：陰白雜毛曰駰。均，調也。載馳載驅，周爰咨詢。毛《傳》：親戚之謀爲詢。兼此五者，雖有中和，當自謂無所及，成於六德也。鄭《箋》：中和，謂忠信也。五者：咨也，諏也，謀也，度也，詢也。雖得此於忠信之賢人，猶當云已將無所及於事，則成六德，言慎其事。

《皇皇者華》五章，章四句。

【眉批】

按：懷字訓和、訓私，總不如朱訓思爲直捷，省却許多聚訟。

按：《左傳》云：「訪問于善爲咨，咨親爲詢，咨禮爲度，咨事爲諏，咨難爲謀。」

《傳》：《四牡》，勞使臣之勤也。

《序》：《四牡》，勞使臣之來也，有功而見知則説矣。鄭《箋》：文王爲西伯之時，三分天下有其二，以服事殷。使臣以王事往來於其職，於其來也，陳其功苦，以歌樂之。

四牡騑騑，周道倭遲。毛《傳》：騑騑，行不止之貌。周道，岐周之道也。倭遲，歷遠之貌。文王率諸侯撫叛國而朝聘乎紂，故周公作樂以歌文王之道，爲後世法。豈不懷歸？王事靡盬，我心傷悲！毛《傳》：盬，不堅固也。思歸者，私恩也。靡盬者，公義也。傷悲者，情思也。鄭《箋》：無私恩非孝子也，無公義非忠臣也，君子不以私害公，不以家事辭王事。

四牡騑騑，嘽嘽駱馬。毛《傳》：嘽嘽，喘息之貌。馬勞則喘息。白馬黑鬣曰駱。豈不懷歸？王事靡盬，不遑啓處！毛《傳》：遑，暇。啓，跪。處，居也。臣受命，舍幣于禰，乃行。

翩翩者鵻，載飛載下，集于苞栩。毛《傳》：鵻，夫不也。鄭《箋》：夫不，鳥之慤謹者。人皆愛之，可以不勞，猶則飛則下，止于栩木。喻人雖無事，其可獲安乎？感厲之。王事靡盬，不遑將父！毛《傳》：將，養也。

翩翩者鵻，載飛載止，集于苞杞。毛《傳》：杞，枸檵也。王事靡盬，不遑將母！

駕彼四駱，載驟駸駸。毛《傳》：駸駸，驟貌。豈不懷歸？是用作歌，將母來諗！毛《傳》：諗，念也。父兼尊親之道，母至親而尊不至。鄭《箋》：諗，告也。君勞使臣述叙其情，女曰：我豈不思歸乎？誠思歸也，故作此詩之歌，以養父母之志，來告於君也。人之思，恒思親者，再言將母，亦其情也。

《四牡》五章，章五句。愚按：《左傳・襄四年》：穆叔如晉，晉侯饗之，歌《鹿鳴》之三。謂《鹿鳴》、《四牡》、《皇華》也，正合毛本。今傳次則在此，然遣而後勞，又似《傳》之次爲得當者。豈當晉歌時，猶在夫子未正《雅》、《頌》之先，而子貢作《傳》，乃在夫子自衛反魯之後，故與先時之篇次異乎？

《傳》：《杕杜》，勞戍也。

《序》：《杕杜》，勞還役也。鄭《箋》：役，戍役也。

有杕之杜，有睆其實。毛《傳》：興也。睆，實貌。杕杜猶得其時蕃滋，役夫勞苦，不得盡其天性。王事靡盬，繼嗣我日。鄭《箋》：嗣，續也。王事無不堅固，我行役續嗣其日，言常苦無休息。日月陽止，女心傷止，征夫遑止！鄭《箋》：十月爲陽。遑，暇也。婦人思望其君子，陽月之時已憂傷矣。征夫如今已閒暇且歸也，而尚不得歸，故序其男女之情以説之。陽月而思望之者，以初時云歲亦莫止。

有杕之杜，其葉萋萋。王事靡盬，我心傷悲。鄭《箋》：傷悲者，念其君子於今勞苦。卉木萋止，女心悲止，征夫歸止！毛《傳》：室家踰時則悲。

陟彼北山，言采其杞。王事靡盬，憂我父母。鄭《箋》：杞非常菜也，而升北山采之，託有事以望君子。檀車幝幝，四牡痯痯，征夫不遠！毛《傳》：檀車，役車也。幝幝，敝貌。痯痯，罷貌。鄭《箋》：不遠者，言其來，喻路近。

匪載匪來，憂心孔疚。鄭《箋》：匪，非。疚，病也。君子至期不裝載，意不爲來，我念之憂心甚病。期逝不至，而多爲恤。毛《傳》：逝，往。恤，憂也。遠行不必如期，室家之情以期望之。卜筮偕止，會言近止，征夫邇止！毛《傳》：卜之筮之，會人占之。邇，近也。鄭《箋》：偕，俱。會，合也。或卜之，或筮之，俱占之合言於繇爲近，征夫如今近耳。

《杕杜》四章，章七句。

《傳》：《邠風》，陳農政也。《續説》：成王初立，周公慮其年幼，未知稼穡之艱難，故作此詩，令矇瞽日夜誦歌於王側以訓之。其後因用爲農桑之樂；所謂邠正，此篇是也。齊、韓、毛、鄭錯于變風。《測》：此即《七月》之詩。《序》以《七月》名篇，《傳》以《邠風》名篇。總之民事之艱難，王業之根本也。嘗疑邠何以爲《國風》？謂之《國風》者，天子巡狩，至於其國，太師陳詩以考其風俗，如是之謂國風。邠之先，豈屬於周天子而有邠詩陳於周天子爲《邠風》耶？且觀其章句煩複，體裁莊重，與列國之詩，絶不相類，每求之不得其解。又且並周公東征諸詩亦皆以爲邠詩，是用忡忡於中，無以自釋。今《傳》以《邠風》爲《小正》一篇之名，捧而讀之，殆如發覆。夫所謂《邠風》者，周公以成王年幼，不知稼穡之艱難，故舉先世發跡於邠、憂勤農事、漸磨成俗者著爲詩篇，付之歌誦，使成王聞之，曉然而悟王業之所由成者如此，故謂之《邠風》，故曰《邠風》陳農政也。後因用爲農桑之樂，遂謂之邠雅，是《邠風》云者，非若《衛風》、《齊風》、《唐風》云云也。後之人不察其流傳之誤，徑以《小雅·邠風》一篇之名，目爲邠國之風，與十五國風同類而並列之，亦舛謬甚矣。朱子於《孟子》「民事不可緩」引詩處訓爲《豳風·七月》之篇，亦以流傳之誤未之察爾。

《序》：《七月》，陳王業也。周公遭變，故陳后稷先公風化之所由，致王業之艱難也。鄭《箋》：周公遭變者，管、蔡流言，辟居東都。

七月流火，九月授衣。毛《傳》：火，大火也。流，下也。九月霜始降，婦功成，可以授冬衣矣。鄭《箋》：大火者，寒暑之候也。火星中而寒暑退，故將言寒，先著火所在。一之日觱發，二之日栗烈。無衣無褐，何以卒歲？毛《傳》：一之日，十之餘也。一之日，周正月也。觱發，風寒也。二之日，殷正月也。栗烈，寒氣也。鄭《箋》：褐，毛布也。卒，終也。此二正之月，人之貴者無衣，賤者無褐，將何以終歲乎？是故八月則當績也。三之日于耜，四之日舉趾。同我婦子，饁彼南畝，田畯至喜。毛《傳》：三之日，夏正月也，豳土晚寒。于耜，始修耒耜也。四之日，周四月也，民無不舉足而耕矣。饁，饋也。田畯，田大夫也。鄭《箋》：同，猶俱也。喜，讀爲饎。饎，酒食也。耕者之婦子，俱以饟來至於南畝之中。其見田大夫，又爲設酒食焉。言勤其事，又愛其吏也。此章陳人以衣食爲急，餘章廣而成之。

七月流火，九月授衣。鄭《箋》：將言女功之始，故又本作此也。春日載陽，有鳴倉庚。女執懿筐，遵彼微行，爰求柔桑。毛《傳》：倉庚，離黄也。懿筐，深筐也。微行，墻下徑也。五畝之宅，樹之以桑。鄭《箋》：載之言則也。陽，温也。温而倉庚又鳴，可蠶之候也。柔桑，穉桑也。蠶始生宜穉桑。春日遲遲，采蘩祁祁。女心傷悲，殆及公子同歸。毛《傳》：遲遲，舒緩也。蘩，白蒿也，所以生蠶。祁祁，衆多也。傷悲，感事苦也。春女悲，秋士悲，感其物化也。殆，始。及，與也。豳公子躬率其民，同時出，同時歸也。鄭《箋》：春女感陽氣而思男，秋士感陰氣而思女，是其物化，所以悲也。悲則始有與公子同歸之志，欲嫁焉。女感事苦而生此志，是謂《豳風》。

七月流火，八月萑葦。毛《傳》：薍爲萑，葭爲葦。豫蓄萑葦，可以爲曲也。鄭《箋》：將言女功，自始至成，故亦又本於此。蠶月條桑，取彼斧斨。以伐遠揚，猗彼女桑。毛《傳》：斨，方銎也。遠，枝遠也。揚，條揚也。角而束之曰猗。女桑，荑桑也。鄭《箋》：條桑，落采其葉也。女桑，少枝也。長條不枝落者束而采之。七月鳴鵙，八月載績。載玄載黄，我朱孔陽，爲公子裳。毛《傳》：鵙，百勞也。載績，絲事畢而麻事起矣。玄，黑而有赤也。朱，深纁也。陽，明也。祭服，玄衣纁裳。鄭《箋》：伯勞，鳴將寒之候也。五月則鳴，豳地晚寒，鳥物之候，從其氣焉。凡染者：春暴練，夏纁玄，秋染夏。爲公子裳，厚於其所貴者説也。

四月秀葽，五月鳴蜩。八月其穫，十月隕蘀。毛《傳》：不榮而實曰秀。葽，葽草也。蜩，螗也。穫，禾可穫也。隕，墜。蘀，落也。鄭《箋》：夏小正四月，王萯秀葽，其是乎？秀葽也，鳴蜩也，穫禾也，隕蘀也，四者，皆物成而將寒之候。物成自秀葽始。一之日于貉，取彼狐貍，爲公子裘。毛《傳》：于貉，謂取狐貍皮也。狐貉之厚以居，孟冬天子始裘。鄭《箋》：于貉，往搏貉以自爲裘也，狐貍以共尊者。言此者，時寒宜助女功。二之日其同，載纘武功。言私其豵，獻豜于公。毛《傳》：纘，繼。功，事也。豕一歲曰豵，三歲曰豜。大獸公之，小獸私之。鄭《箋》：其同者，君臣及民因習兵俱出田也。不用仲冬，亦豳地晚寒也。豕生三曰豵。

五月斯螽動股，六月莎鷄振羽。七月在野，八月在宇。九月在户，十月蟋蟀入我牀下。毛《傳》：斯螽，蚣蝑也。莎鷄羽成而振訊之。鄭《箋》：自七月在野至十月入我牀下，皆謂蟋蟀也。言此三物之如此者，將寒有漸，非卒來也。穹室熏鼠，塞向墐户。毛《傳》：穹，窮。室，塞也。向，北出牖也。墐，塗也。庶人篳户。鄭《箋》：爲此四者以備寒。嗟我婦子，曰爲改歲，入此室處。鄭《箋》：曰爲改歲者，歲終而一之日觱發，二之日栗烈，當避寒氣而入所穹室墐户之室而居之，至此而女功止。

六月食鬱及薁，七月亨葵及菽。八月剥棗，十月穫稻。爲此春酒，以介眉壽。毛《傳》：鬱，棣屬。薁，蘡薁也。剥，擊也。春酒，凍醪也。眉壽，豪眉也。鄭《箋》：介，助也。既以鬱薁及棗助男功，又穫稻而釀酒，以助其養老之具，是謂豳雅。七月食瓜，八月斷壺。九月叔苴，采荼薪樗，食我農夫。毛《傳》：壺，瓠也。叔，拾也。苴，麻子也。樗，惡木也。鄭《箋》：瓜瓠之畜，麻實之糝，乾荼之菜，惡木之薪，亦所以助男養農夫之具。

九月築場圃，毛《傳》：春夏爲圃，秋冬爲場。鄭《箋》：場圃同地，自物生之時，耕治之以種菜茹，至物盡成熟，築堅以爲場。十月納禾稼，黍稷重穋，禾麻菽麥。毛《傳》：後熟曰重，先熟曰穋。鄭《箋》：納，内也。治於場，而内之囷倉也。嗟我農夫！我稼既同，上入執宫功。毛《傳》：入爲上，出爲下。鄭《箋》：既同，言已聚也，可以上入都邑之宅，治宫中之事矣。於是時，男之野功畢。晝爾于茅，宵爾索綯。毛《傳》：宵，夜。綯，絞也。鄭《箋》：爾，女也。女當晝日往取茅歸，夜作絞索以待時用。亟其乘屋，其始播百穀。毛《傳》：乘，升也。鄭《箋》：亟，急。乘，治也。七月定星將中，急當治野廬之屋。其始播百穀，謂祈來年百穀于公社。

二之日鑿冰冲冲，三之日納于凌陰。四之日其蚤，獻羔祭韭。毛《傳》：冰盛水腹，則命取冰于山林。冲冲，鑿冰之意。凌陰，冰室也。鄭《箋》：古者日在北陸而藏冰，西陸朝覿而出之。祭司寒而藏之，獻羔而啓之。其出之也，朝之禄位賓食喪祭，於是乎用之。《月令》：仲春天子乃獻羔開冰，先薦寢廟。《周禮》：凌人之職，夏頒冰掌事，秋刷，上章備寒。故此章備暑，后稷先公禮教備也。九月肅霜，十月滌場。朋酒斯饗，曰殺羔羊。毛《傳》：肅，縮也，霜降而收縮萬物。滌場，功畢入也。兩樽曰朋。饗者，鄉人以狗，大夫加以羔羊。鄭《箋》：十月民事男女俱畢，無飢寒之憂，國君閒於政事而饗群臣。躋彼公堂，稱彼兕觥，萬壽無疆！毛《傳》：公堂，學校也。觥，所以誓衆也。疆，竟也。鄭《箋》：於饗而正齒位，故因時而誓焉。飲酒既樂，欲大壽無竟，是謂豳頌。

《七月》八章，章十一句。愚按：傳以此詩篇名《邠風》，而入正《小雅》，於義允當矣。鄭不悟其因「風」字而錯于《風》，而徒聞有邠雅之説，遂舉一詩而分風、雅、頌三體，毋乃太失之鑿耶？

【眉批】

朱子以爲一物異名者，失考。

《傳》：《南山》、《楚茨》、《甫田》，皆所以勸農也。

《序》：《信南山》，刺幽王也。不能修成王之業，疆理天下以奉禹功，故君子思古焉。

信彼南山，維禹甸之。畇畇原隰，曾孫田之。毛《傳》：甸，治也。畇畇，墾辟貌。曾孫，成王也。鄭《箋》：信乎彼南山之野，禹治而丘甸之。今原隰墾辟，則又成王之所佃。言成王乃遠修禹之功，今王反不修其業乎？六十四井爲甸，甸方八里，居一成之中，成方八里，出兵車一乘以爲賦法。我疆我理，毛《傳》：疆，畫經界也。理，分地理也。南東其畝。毛《傳》：或南或東。

上天同雲，雨雪雰雰。毛《傳》：雰雰，雪貌。豐年之冬，必有積雪。益之以霢霂，既優既渥，毛《傳》：小雨曰霢霂。鄭《箋》：成王之時，陰陽和，風雨時，冬有積雪，春而益之以小雨潤澤，則饒洽。既霑既足，生我百穀。

疆埸翼翼，黍稷彧彧。毛《傳》：埸，畔也。翼翼，讓畔也。彧彧，茂盛貌。曾孫之穡，以爲酒食。畀我尸賓，壽考萬年。鄭《箋》：斂税曰穡。畀，予也。成王以黍稷之税爲酒食，至祭祀齊戒，則以賜尸與賓。尊尸與賓，所以敬神也，敬神則得壽考萬年。

中田有廬，疆場有瓜。是剥是菹，毛《傳》：剥瓜爲菹也。鄭《箋》：中田，田中也。農人作廬焉，以便其田事，於畔上種瓜。瓜成，又入其税，天子剥削淹漬以爲菹。貴四時之異物。獻之皇祖。曾孫壽考，受天之祜。鄭《箋》：皇，君。祜，福也。獻瓜菹於先祖者，順孝子之心也。孝子則獲福。

祭以清酒，從以騂牡，享于祖考。毛《傳》：周尚赤也。鄭《箋》：清，謂玄酒也。酒，鬱鬯，五齊三酒也。祭之禮，先以鬱鬯降神，然後迎牲，享于祖考，納亨時。執其鸞刀，以啓其毛，取其血膋。毛《傳》：鸞刀，刀有鸞者，言割中節也。鄭《箋》：毛，以告純也。膋，脂膏也。血，以告殺。膋，以升臭。合之黍稷，實之於蕭，合馨香也。

是烝是享，苾苾芬芬，祀事孔明。毛《傳》：烝，進也。鄭《箋》：既有牲物，而進獻之，苾苾芬芬然香，祀禮於是則甚明也。先祖是皇，報以介福，萬壽無疆。鄭《箋》：皇之言暀也。先祖之靈，歸暀是孝孫而報之以福。

《信南山》六章，章六句。

《序》：《楚茨》，刺幽王也。政煩賦重，田萊多荒，饑饉降喪，民卒流亡，祭祀不饗，故君子思古焉。鄭《箋》：田萊多荒，茨棘不除也。饑饉，倉庾不盈也。降喪，神不與福助也。

楚楚者茨，言抽其棘。自昔何爲？我藝黍稷。毛《傳》：楚楚，茨棘貌。抽，除也。鄭《箋》：茨，蒺藜也。伐除蒺藜與棘，自古之人何乃勤苦爲此事乎？我將得黍稷焉。言古者先王之政，以農爲本。茨言楚楚，棘言抽，互辭也。我黍與與，我稷翼翼。我倉既盈，我庾維億。毛《傳》：露積曰庾。萬萬曰億。鄭《箋》：黍與與，稷翼翼，蕃廡貌。陰陽和，風雨時，而萬物成；萬物成，則倉庾充滿矣。倉言盈，庾言億，亦互辭，喻多也。十萬曰億。以爲酒食，以享以祀。以妥以侑，以介景福。毛《傳》：妥，安坐也。侑，勸也。鄭《箋》：享，獻。介，助。景，大也。以黍稷爲酒食，獻之以祀先祖。既又迎尸，使處神坐而食之，爲其嫌不飽，祝以主人之辭勸之，所以助孝子受大福也。

濟濟蹌蹌，絜爾牛羊。以往烝嘗，或剥或亨，或肆或將。毛《傳》：濟濟蹌蹌，言有容也。亨，飪之也。肆，陳。將，齊也。或陳于牙，或齊于肉。鄭《箋》：有容，言威儀敬慎也。冬祭曰烝，秋祭曰嘗。祭祀之禮，各有其事。有解剥其皮者，有煑熟之者，有肆其骨體於俎者，或奉持而進之者。祝祭于祊，祀事孔明。毛《傳》：祊，門内也。鄭《箋》：孔，甚也。明，猶備也，絜也。孝子不知神之所在，故使祝博求之平生門内之旁待賓客之處，祀禮於是甚明。先祖是皇，神保是饗。毛《傳》：皇，大。保，安也。鄭《箋》：皇，暀也。先祖以孝子祀禮甚明之故，精氣歸暀之，其鬼神又安而享其祭祀。孝孫有慶，報以介福，萬壽無疆！鄭《箋》：慶，賜也。疆，竟界也。

執爨踖踖，爲俎孔碩。或燔或炙，毛《傳》：爨，饔爨、廩爨也。踖踖，言爨竈有容也。燔，取膟膋。炙，炙肉也。鄭《箋》：燔，燔肉也。炙，肝炙也。皆從獻之俎也。其爲之於爨，必取肉也，肝也，肥碩美者。君婦莫莫，爲豆孔庶，爲賓爲客。毛《傳》：莫莫，言清静而敬至也。豆，謂内羞庶羞也。繹而賓尸及賓客。鄭《箋》：君婦，謂后也。凡適妻稱君婦，事舅姑之稱也。庶，䏧也。祭祀之禮，后夫人主共籩豆，必取肉物肥䏧美者也。獻醻交錯，禮儀卒度，笑語卒獲。毛《傳》：東西爲交，邪行爲錯。度，法度也。獲，得時也。鄭《箋》：始，主人酌賓爲獻。賓既酌主人，主人又自飲酌賓曰醻。至旅而爵交錯以徧。卒，盡也。古者於旅也語。神保是格，報以介福，萬壽攸酢！毛《傳》：格，來。酢，報也。

我孔熯矣，式禮莫愆。工祝致告，徂賚孝孫。毛《傳》：熯，敬也。善其事曰工。賚，予也。鄭《箋》：我，我孝孫也。式，法。莫，無。愆，過。徂，往也。孝孫甚敬矣，於禮法無過者，祝以此故致神意，告主人使受嘏，既而以嘏之物往予主人。苾芬孝祀，神嗜飲食。卜爾百福，如幾如式。毛《傳》：幾，期。式，法也。鄭《箋》：卜，予也。苾苾芬芬，有馨香矣。女之以孝敬享祀也，神乃歆嗜女之飲食。今予女之百福，其來如有期矣，多少如有法矣。此皆嘏辭之意。既齊既稷，既匡既敕。

永錫爾極，時萬時億。毛《傳》：稷，疾。敕，固也。鄭《箋》：齊，減取也。稷之言即也。永，長。極，中也。嘏之禮，祝偏取黍稷牢肉，擩于醢以授尸，孝孫前就尸受之。天子使宰夫受之以筐，祝則釋嘏詞以敕之。又曰：長賜女以中和之福，是萬是億，言多無數。

禮儀既備，鐘鼓既戒。孝孫徂位，工祝致告：毛《傳》：致告，告利成也。鄭《箋》：鐘鼓既戒，戒諸在廟中者。以祭禮畢，孝孫往位，堂下西面位也。祝於是致孝孫之意，告尸以利成。「神具醉止。」皇尸載起，鼓鐘送尸，神保聿歸。毛《傳》：皇，大也。鄭《箋》：具，皆也。皇，君也。載之言則也。尸，節神者也。神醉而尸謖，送尸而神歸。尸出入奏肆夏。尸稱君，尊之也。神安歸者，歸於天也。諸宰君婦，廢徹不遲。鄭《箋》：廢，去也。尸出而可徹，諸宰徹去諸饌，君婦籩豆而已。不遲，以疾爲敬也。諸父兄弟，備言燕私。毛《傳》：燕而盡其私恩。鄭《箋》：祭祀畢，歸賓客俎豆，同姓則留與之燕，所以尊賓客親骨肉也。

樂具入奏，以綏後禄。爾殽既將，莫怨具慶。毛《傳》：綏，安也。安然後受福禄也。將，行也。鄭《箋》：燕而祭時之樂，復皆入奏，以安後日之福禄。骨肉歡，而君之福禄安。女之餚羞已行，同姓之臣無有怨者，而皆慶君，是其歡也。既醉既飽，小大稽首。神嗜飲食，使君壽考。鄭《箋》：小大，猶長幼也。同姓之臣，燕已醉飽，皆再拜稽首曰：「神乃歆嗜君之飲食，使君壽且考。」此其慶辭。孔惠孔時，維其盡之。子子孫孫，勿替引之。毛《傳》：替，廢。引，長也。鄭《箋》：惠，順也。甚順于禮，甚得其時，維君德能盡之，願子孫勿廢而長行之。

《楚茨》六章，章十二句。

【眉批】繹而賓尸及賓客，見明日繹時所用豆，亦出于此，以見其庶，非謂此章是祭也。

齊，毛如字，鄭音資。匡，鄭作筐。

《序》：《甫田》，刺幽王也。君子傷今而思古焉。鄭《箋》：刺者，刺其倉廩空虚，政煩賦重，農人失職。

倬彼甫田，歲取十千。毛《傳》：倬，明貌。甫田，謂天下田也。十千，言多也。鄭《箋》：甫之言丈夫也，明乎彼太古之時，以丈夫税田也。歲取十千，於井田之法，則一成之數也。九夫爲井，井税一夫，其田百畝。井十爲通，通税十夫，其田千畝。通十爲成，成方十里，成税百夫，其田萬畝。欲見其數從井通起，故言十千，上地穀畝一鍾。我取其陳，食我農人，自古有年。毛《傳》：尊者食新，農夫食陳。鄭《箋》：倉廩有餘，民得賒貰取食之，所以紓官之蓄滯，亦使民愛存新穀。自古者豐年之法如此。今適南畝，或耘或耔，黍稷薿薿。毛《傳》：耘，除草也。耔，雝本也。鄭《箋》：今者，今成王之法也，使農人之南畝治其禾稼，功至力盡則薿薿然而茂盛。於古言税法，今言治田，互辭。攸介攸止，烝我髦士。毛《傳》：烝，進。髦，俊也。治田得穀，俊士以進。鄭《箋》：介，舍也。禮使民鋤作耘耔，閒暇則於廬舍及所止息之處以道義相講肄，以進其爲俊士之行。

以我齊明，以我犧羊，以社以方。毛《傳》：器實曰齊，在器曰盛。社，后土也。方，迎四方氣于郊也。鄭《箋》：以潔齊豐盛，與我純色之羊，秋祭社與四方，爲五穀成熟，報其功也。我田既臧，農夫之慶。鄭《箋》：臧，善也。我田事已善，則慶賜農夫。謂大蜡之時，勞農以休息之也。年不順成，則八蜡不通。琴瑟擊鼓，以御田祖，以祈甘雨，以介我稷黍，以穀我士女。毛《傳》：田祖，先嗇也。穀，善也。鄭《箋》：御，迎。介，助。穀，養也。設樂以迎祭先嗇，謂郊後始耕也，以求甘雨，佑助我禾稼，我當以養士女也。《周禮》曰：「凡國祈年于田祖，吹豳雅，擊土鼓以樂田畯。」

曾孫來止，以其婦子，饁彼南畝。田畯至喜，攘其左右，嘗其旨否。鄭《箋》：曾孫，謂成王也。攘，讀當爲饟。饁，饟饋也。田畯，司嗇，今之嗇夫也。喜讀爲饎。饎，酒食也。成王來止，謂出觀農事也，親與后世子行，使知稼嗇之艱難也。爲農人之在南畝者，設饋以勸之。司嗇至，則又加之以酒食，攘其左右從行者，成王親爲嘗其饋之美否，示親之也。禾易長畝，終善且有。毛《傳》：易，治也。長畝，竟畝也。曾孫不怒，農夫克敏。毛《傳》：敏，疾也。鄭《箋》：禾治而竟畝，成王則無所恚怒，謂此農夫能且敏也。

曾孫之稼，如茨如梁。曾孫之庾，如坻如京。毛《傳》：茨，積也。梁，車梁也。京，高丘也。鄭《箋》：稼，禾也，謂有藁者也。茨，屋蓋也。上古之税法，近者納總，遠者納粟米。庾，露積穀也。坻，水中之高地也。乃求千斯倉，乃求萬斯箱。鄭《箋》：成王見禾穀之税，委積之多，於是求千倉以處之，萬車以載之。是言年豐，收拾踰前也。黍稷稻粱，農夫之慶。報以介福，萬壽無疆！鄭《箋》：慶，賜也。年豐，則勞賜農夫益厚。既有黍稷，加以稻粱。報者，爲之求福助於八蜡之神，萬壽無疆竟也。

《甫田》四章，章十句。

【眉批】

按：孫毓云：婦人無外事。成王出勸農，何得將婦兒自隨？王后寧復與稼穡事者乎？此與《豳風》之義皆同。農夫遽於其事，婦子俱饟也。田畯見其勤修，喜樂其事。王肅亦以鄭説爲非。

《傳》：《大田》，農夫所以報上也。

《序》：《大田》，刺幽王也。言矜寡不能自存焉。鄭《箋》：幽王之時，政煩賦重，而不務農事，蟲災害穀，風雨不時，萬民饑饉，矜寡無所活，故時臣思古以刺之。

大田多稼，既種既戒，既備乃事。鄭《箋》：大田，謂地肥美，可墾耕多爲稼，可以授民者也。將稼者，必先相地之宜而擇其種。季冬命民出五種，計耦耕事，修耒耜，具田器，此之謂戒，是既備矣。至孟春土長，冒橛陳根可拔而事之。以我覃耜，俶載南畝。毛《傳》：覃，利也。鄭《箋》：俶，讀爲熾。載，讀爲菑栗之菑。時至，民以其利耜，熾菑發所受之地，趨農急也。田一歲曰菑。播厥百穀，既庭且碩，曾孫是若。毛《傳》：庭，直也。鄭《箋》：碩，大。若，順也。民既熾菑，則播其衆穀。衆穀生盡條直茂大，成王於是則止力役以順民事，不奪其時。

既方既皁，既堅既好，不稂不莠。毛《傳》：實未堅者曰皁。稂，童梁也。莠，似苗也。鄭《箋》：方，房也。謂孚甲始生而未合時也，盡生房矣，盡成實矣，盡堅熟矣，盡齊好矣，而無稂莠。擇種之善，民力之専，時氣之和所致之。去其螟螣，及其蟊賊，無害我田稺。毛《傳》：食心曰螟，食葉曰螣，食根曰蟊，食節曰賊。鄭《箋》：此四蟲者，傷害我田中之稺禾，故明君以正己而去之。田祖有神，秉畀炎火。毛《傳》：炎火，盛陽也。鄭《箋》：螟螣之屬，盛陽氣贏則生之。今明君爲政，田祖之神不受此害，持之付與炎火，使自消亡。

有渰萋萋，興雨祈祈。雨我公田，遂及我私。毛《傳》：渰，雲興貌。萋萋，雲行貌。祈祈，徐也。鄭《箋》：古者陰陽和，風雨時，其來祈祈然而不暴疾。其民之心，先公後私。今天主雨於公田，因及私田爾。此言民怙君德，蒙其餘惠。彼有不穫穉，此有不斂穧；彼有遺秉，此有滯穗，伊寡婦之利。毛《傳》：秉，把也。鄭《箋》：成王之時，百穀既多，種同齊熟，收刈促遽，力皆不足，而有不斂不穫遺秉滯穗，故聽矜寡取之以爲利。

曾孫來止，以其婦子，饁彼南畝，田畯至喜。鄭《箋》：喜，讀爲饎。饎，酒食也。成王出觀農事，饋食耕者以勸之也。司嗇至，則又加之以酒食，勞倦之爾。來方禋祀，以其騂黑，與其黍稷。以享以祀，以介景福。毛《傳》：騂，牛也。黑，羊豕也。鄭《箋》：成王之來，則又禋祀四方之神祈報焉。陽祀用騂牲，陰祀用黝牲。

《大田》四章，二章章八句，二章章九句。愚按：以上四篇，俱爲農事，語意相類，無一字涉刺者。《小序》止以在變《小雅》中不得不以爲陳古而刺耳，朱子不用《序》說良是。然不能考正其篇次，則以盛世豐穰之詩而置之亂極之後，殊爲無解。今從《傳》本次列，《邠風》之後，盡爲勸農，而農夫以《大田》相答。一覽之餘，群疑盡豁矣。蘇氏曰：「此詩爲農夫之詞，以頌美其上。」若以答前篇之意，正與《傳》合，而亦似未見傳者。

【眉批】

按：王肅以敘爲始，以載爲事，衆家皆然。朱子用之，獨鄭易其字，以爲异，覺其穿鑿。

《傳》：《斯干》，落親宫也。

《序》：《斯干》，宣王考室也。鄭《箋》：考，成也。德行國富，人民殷衆而皆佼好，骨肉和親，宣王於是築宫廟。群寢既成而釁之，歌《斯干》以落之。此之謂成室。宗廟成則又祭祀先祖。

秩秩斯干，幽幽南山。毛《傳》：興也。秩秩，流行也。干，澗也。幽幽，深遠也。鄭《箋》：興者，喻宣王之德，如澗水之源，秩秩流出，無極已也。國以饒富，民取足焉，如於深山。如竹苞矣，如松茂矣。毛《傳》：苞，本也。鄭《箋》：言時民殷衆，如竹之本生矣。其佼好，又如松柏之暢茂矣。兄及弟矣，式相好矣，無相猶矣。毛《傳》：猶，道也。鄭《箋》：猶，當作瘉。瘉，病也。言時人骨肉，用是相愛好，無相詬病也。

似續妣祖，毛《傳》：似，嗣也。鄭《箋》：似，讀如「巳午」之「巳」。巳續妣祖者，謂已成其宫廟也。妣，先妣姜嫄也。祖，先祖也。築室百堵，西南其户。毛《傳》：西鄉户，南鄉户也。鄭《箋》：此築室者，謂築燕寢也。百堵，百堵一時起也。天子之寢，有左右房，西其户者，异於一房者之室户也。又云南其户者，宗廟及路寢，制如明堂，每室四户，是室一南户爾。爰居爰處，爰笑爰語。鄭《箋》：爰，於也。於是居，於是處，於是笑，於是語，言諸寢之中，皆可安樂。

約之閣閣，椓之橐橐。毛《傳》：約，束也。閣閣，猶歷歷也。橐橐，用力也。鄭《箋》：約，謂縮板也。椓，謂椙土也。風雨攸除，鳥鼠攸去，君子攸芋。毛《傳》：芋，大也。鄭《箋》：芋，當作幠，幠，覆也。寢廟既成，其墻屋弘殺，則風雨之所除也；其堅致，則鳥鼠之所去也；其堂室相稱，則君子之所覆蓋。如跂斯翼，毛《傳》：如人之跂竦翼爾。如矢斯棘，如鳥斯革，毛《傳》：棘，稜廉也。革，翼也。鄭《箋》：棘，戟也。如人挾弓矢，戟其肘；如鳥夏暑希革，張其翼時。如翬斯飛，君子攸躋。毛《傳》：躋，升也。鄭《箋》：伊洛而南，素質五色皆備成章曰翬。此章四如者，皆謂廉隅之正，形貌之顯也。翬者，鳥之奇异者也，故以成之焉。此章主於宗廟，君子所升，祭祀之時。

殖殖其庭，有覺其楹。毛《傳》：殖殖，言平正也。有覺，言高大也。鄭《箋》：覺，直也。噲噲其正，噦噦其冥。毛《傳》：正，長也。冥，幼也。鄭《箋》：噲噲，猶快快也。正，晝也。噦噦，猶煟煟也。冥，夜也。言居之晝日則快快然，夜則煟煟然者，皆寬明之貌。君子攸寧。鄭《箋》：此章主於寢，君子所安，燕息之時。

下莞上簟，乃安斯寢。鄭《箋》：莞，小蒲之席也。竹葦曰簟。寢既成，乃鋪席與群臣安燕，爲歡以落之。乃寢乃興，乃占我夢。毛《傳》：言善之應人也。鄭《箋》：興，夙興也。有善夢則占之。吉夢維何？維熊維羆，維虺維蛇。鄭《箋》：熊羆之獸，虺蛇之蟲，此四者夢之吉祥也。

大人占之：「維熊維羆，男子之祥；維虺維蛇，女子之祥。」鄭《箋》：大人占之，謂以聖人占夢之法占之也。熊羆在山，陽之祥也，故爲生男。虺蛇穴處，陰之祥也，故爲生女。

乃生男子，載寢之牀，載衣之裳，載弄之璋。毛《傳》：半珪曰璋。裳，下之飾也。璋，臣之職也。鄭《箋》：男子生而卧於牀，尊之也。裳，晝日衣也。衣以裳者，明當主於外事也。玩以璋者，欲其比德焉，正以璋者明成之有漸。其泣喤喤，朱芾斯皇，室家君王。鄭《箋》：皇，猶煌煌也。芾者，天子純朱，諸侯黄朱。室家，一家之内。宣王將生之子，或且爲諸侯，或且爲天子，皆將佩朱芾煌煌然。

乃生女子，載寢之地，載衣之裼，載弄之瓦。毛《傳》：裼，褓也。瓦，紡磚也。鄭《箋》：卧於地，卑之也。褓，夜衣也。明當主於内事。紡塼，習其一有所事也。無非無儀，唯酒食是議，無父母詒罹。毛《傳》：婦人質無威儀也。罹，憂也。鄭《箋》：儀，善也。婦人無所專於家事，有非，非婦人也；有善，亦非婦人也。婦人之事，惟議酒食爾，無遺父母之憂。

落之。

《斯干》九章，四章章七句，五章章五句。愚按：此篇朱子以爲未有以見其必爲宣王之詩，故但言築室既成而落之。《詩故》亦曰：「《雅》自《祈父》以下，宣德日衰，未久而幽，未久而東矣，安得考室之詩乎？」蓋成王作洛，周公賦詩，首以兄弟相好致祝，懲管、蔡之禍也。成王時蓋新婚，故並祝其生育之蕃，且戒其生女以無非無儀，又懲妲己亡殷之事也。前後間斷無所附麗，故録于此。此皆未見《詩傳》而以意度之也，今《傳》列之正《小雅》而爲落新宫，則信乎非宣王之詩，而朱子與《詩故》之説皆得矣。又《儀禮》升歌《鹿鳴》，下管《新宫》。《春秋傳》宋元公賦《新宫》，朱子謂恐即此詩，然未有明證，今證之於《傳》文，其爲此詩無疑。既與《鹿鳴》同歌，則爲周公所定，而非宣王益明矣。

【眉批】

親，今作「新」。

《傳》：《鴻雁》，懷流人也。《測》：與《序》時世迥絶，然亦未有他考，定其是非。

《序》：《鴻鴈》，美宣王也。萬民離散，不安其居，而能勞來還定安集之，至于矜寡，無不得其所焉。

鄭《箋》：宣王承厲王衰亂之敝而起，興復先王之道，以安集衆民爲始也。《書》曰：「天將有立父母，民之有政有居。」宣王之爲是務。

鴻鴈于飛，肅肅其羽。毛《傳》：興也。大曰鴻，小曰鴈。肅肅，羽聲也。鄭《箋》：鴻鴈知辟陰陽寒暑。興者，喻民知去無道就有道。之子于征，劬勞于野。毛《傳》：之子，侯伯卿士也。劬勞，病苦也。鄭《箋》：侯伯卿士，謂諸侯之伯與天子卿士也。是時民既離散，邦國有壞滅者，侯伯久不述職，王使廢於存省諸侯，於是始復之，故美焉。爰及矜人，哀此鰥寡。毛《傳》：矜，憐也。老無妻曰鰥，偏喪曰寡。鄭《箋》：爰，曰也。王之意不徒使此爲諸侯之事與安集萬民而已，王曰當及此可憐之人。謂貧窮者，欲令賙餼之。鰥寡則哀之，其孤獨者收斂之，使有所依附。

鴻鴈于飛，集于中澤。毛《傳》：中澤，澤中也。鄭《箋》：鴻鴈之性，安居澤中。今飛又集于澤中，猶民去其居而離散，今見還定安集。之子于垣，百堵皆作。毛《傳》：一丈爲板，五板爲堵。鄭《箋》：侯伯卿士又於壞滅之國，徵民起屋，築墻壁，百堵同時而起，言趨事也。《春秋傳》曰：「五板爲堵，五堵爲雉。」雉長三丈，則板六尺。雖則劬勞，其究安宅。毛《傳》：究，窮也。鄭《箋》：此勸萬民之辭，女今雖病勞，終有安居。

鴻鴈于飛，哀鳴嗸嗸。毛《傳》：未得所安集，則嗸嗸然。鄭《箋》：此之子所未至者。維此哲人，謂我劬勞。鄭《箋》：此哲人，謂知王之意及之子之事者；我，之子自我也。維彼愚人，謂我宣驕。毛《傳》：宣，示也。鄭《箋》：謂我役作衆民爲驕奢。

《鴻鴈》三章，章六句。愚按：此篇朱子亦謂未有以見其爲宣王之詩，今觀《傳》語果然。從《傳》，則之子宜從毛、鄭指侯伯卿士之勞來者爲是。歐陽氏亦云之子指使臣也。

《傳》：《蓼蕭》、《常常者華》、《湛露》、《彤弓》、《桑扈》、《采芣》，皆天子之燕諸侯也。

《序》：《蓼蕭》，澤及四海也。鄭《箋》：九夷八狄，七戎六蠻，謂之四海，國在九州之外。雖有大者，爵不過子。《虞書》曰：「州十有二師，外薄四海，咸建五長。」

蓼彼蕭斯，零露湑兮。毛《傳》：興也。蓼，長大貌。蕭，蒿也。湑湑然，蕭上露貌。鄭《箋》：興者，蕭，香物之微者，喻四海之諸侯，亦國君之賤者。露者，天所以潤萬物，喻上者恩澤，不爲遠國則不及也。既見君子，我心寫兮。毛《傳》：輸寫其心也。鄭《箋》：既見君子者，遠國之君，朝見於天子也。我心寫者，輸其情意，無留恨也。燕笑語兮，是以有譽處兮。鄭《箋》：天子與之燕而笑語，則遠國之君各得其所，是以稱揚盛美，使聲譽常處天子。

蓼彼蕭斯，零露瀼瀼。毛《傳》：瀼瀼，露蕃貌。既見君子，爲龍爲光。毛《傳》：龍，寵也。鄭《箋》：爲龍爲光，言天子恩澤，光耀被及己也。其德不爽，壽考不忘。毛《傳》：爽，差也。

蓼彼蕭斯，零露泥泥。毛《傳》：泥泥，沾濡也。既見君子，孔燕豈第。毛《傳》：豈，樂。弟，易也。鄭《箋》：孔，甚。燕，安也。宜兄宜弟，令德壽豈。毛《傳》：爲兄亦宜，爲弟亦宜。

蓼彼蕭斯，零露濃濃。毛《傳》：濃濃，厚貌。既見君子，鞗革冲冲。和鸞雝雝，萬福攸同。毛《傳》：鞗，轡也。革，轡首也。冲冲，垂飾貌。在軾曰和，在鑣曰鸞。鄭《箋》：此說天子之車飾者，諸侯燕見天子，天子必乘車迎于門，是以云然。攸，所也。

《蓼蕭》四章，章四句。愚按：鄭氏以既見君子爲朝見天子，則是諸侯頌天子，非天子燕諸侯矣。從《傳》說宜用朱解爲長。《裳裳者華》之子放此。

《序》：《裳裳者華》，刺幽王也。古之仕者世禄，小人在位，則讒諂並進，棄賢者之類，絶功臣之世焉。鄭《箋》：古者，古昔明王時也。小人，斥今幽王也。

裳裳者華，其葉湑兮。毛《傳》：興也。裳裳，猶堂堂也。湑，盛貌。鄭《箋》：興者，華堂堂於上，喻君也；葉湑然於下，喻臣也。我覯之子，我心寫兮。我心寫兮，是以有譽處兮。鄭《箋》：覯，見也。之子，是子也，謂古之明王也。言我得見古之明王，則我心所憂寫而去矣。我心所憂既寫，是則君臣相與聲譽常處也。憂者，憂讒諂並進。

裳裳者華，芸其黄矣。毛《傳》：芸黄，盛也。鄭《箋》：華芸然而黄，明王德之盛也。不言葉，微見無賢臣也。我覯之子，維其有章矣。維其有章矣，是以有慶矣。鄭《箋》：章，禮文也。言我得見古之明王，雖無賢臣，猶能使其政有禮文法度。政有禮文法度，則我有慶賜之榮也。

裳裳者華，或黄或白。鄭《箋》：華或有黄者，或有白者，興明王之德，時有駁而不純。我覯之子，乘其四駱。乘其四駱，六轡沃若。毛《傳》：言世禄也。鄭《箋》：我得見明王德之駁者，雖無慶譽，猶能免於讒諂之害，守我先人之禄位，乘其四駱之馬，六轡沃若然。

左之左之，君子宜之。右之右之，君子有之。毛《傳》：左，陽道，朝祀之事；右，陰道，喪戎之事。鄭《箋》：君子，斥其先人也。多才多藝，有禮於朝，有功於國。維其有之，是以似之。毛《傳》：似，嗣也。鄭《箋》：維我先人，有是二德，故先王使之世禄，子孫嗣之。今遇讒諂並進而見絶也。

《裳裳者華》四章，章六句。愚按：此及《桑扈》、《采菽》亦以篇次在後，《小序》盡爲刺詩。今與《蓼蕭》、《湛露》並列，無可疑矣。

【眉批】

四句與《蓼蕭》首章不異，而解我心寫兮，添出憂來，以合于刺，亦屬附會。

《序》：《湛露》，天子燕諸侯也。鄭《箋》：燕，謂與之燕，飲酒也。諸侯朝覲會同，天子與之燕，所以示慈惠。

湛湛露斯，匪陽不晞。毛《傳》：興也。湛湛，露茂盛貌。陽，日也。晞，乾也。露雖湛湛然，見陽則乾。鄭《箋》：興者，露之在物湛湛然，使物柯葉低垂，喻諸侯受燕爵，其義有似醉之貌。諸侯旅酬之則猶然，唯天子賜爵，則貌變肅敬承命，有似露見日而晞也。厭厭夜飲，不醉無歸。毛《傳》：厭厭，安也。夜飲，私燕也。宗子將有事，則族人皆侍。不醉而出，是不親也。醉而不出，是渫宗也。鄭《箋》：天子燕諸侯之禮亡，此假宗子與族人燕爲説爾。族人，猶群臣也。其醉不出，不醉而出，猶諸侯之儀也。飲酒至夜，猶云不醉無歸，此天子於諸侯之儀。燕飲之禮，宵則兩階及庭門，皆設大燭焉。

湛湛露斯，在彼豐草。厭厭夜飲，在宗載考。毛《傳》：豐，茂也。夜飲必於宗室。鄭《箋》：豐草，喻同姓諸侯也。載之言則也。考，成也。夜飲之禮在宗室，同姓諸侯則成之。於異姓，其讓之則止。昔者陳敬仲飲桓公酒而樂，桓公命以火繼之。敬仲曰：「臣卜其晝，未卜其夜。」于是乃止。此之謂不成也。

湛湛露斯，在彼杞棘。顯允君子，莫不令德。鄭《箋》：杞，棘也。異類，喻庶姓諸侯也。令，善也。無不善其德，言飲酒不至於醉。

其桐其椅，其實離離。顯允君子，莫不令儀。毛《傳》：離離，垂也。鄭《箋》：桐也，椅也，同類而異名，喻二王之後也。其實離離，喻其薦俎禮物多於諸侯也。飲酒不至於醉，徒善其威儀而已，謂陔節也。

《湛露》四章，章四句。

《序》：《彤弓》，天子錫有功諸侯也。鄭《箋》：諸侯敵王所愾而獻其功，王饗禮之，於是賜彤弓一、彤矢百、玈弓矢千。諸侯賜弓矢，然後專征伐。

彤弓弨兮，受言藏之。毛《傳》：彤弓，朱弓也，以講德習射。弨，弛貌。言，我也。鄭《箋》：言者，謂王策命也。王賜朱弓必策其功以命之，受出藏之，乃反入也。我有嘉賓，中心貺之。毛《傳》：貺，賜也。鄭《箋》：貺者，欲加恩惠也。王意慇勤于賓，故歌序之。鐘鼓既設，一朝饗之。鄭《箋》：大飲賓曰饗。一朝，猶早朝。

彤弓弨兮，受言載之。毛《傳》：載以歸也。鄭《箋》：出載之車也。我有嘉賓，中心喜之。毛《傳》：喜，樂也。鐘鼓既設，一朝右之。毛《傳》：右，勸也。鄭《箋》：右之者，主人獻之，賓受爵，奠於薦右。既祭俎，乃席末坐，卒爵之謂也。

彤弓弨兮，受言櫜之。毛《傳》：櫜，韜也。我有嘉賓，中心好之。毛《傳》：好，說也。鐘鼓既設，一朝醻之。毛《傳》：醻，報也。鄭《箋》：飲酒之禮，主人獻賓，賓酢主人，主人又飲而酌賓謂之醻。醻，猶厚也，勸也。

《彤弓》三章，章六句。

《序》：《桑扈》，刺幽王也。君臣上下，動無禮文焉。鄭《箋》：動無禮文，舉事而不用先王禮法威儀也。

交交桑扈，有鶯其羽。毛《傳》：興也，鶯然有文章。鄭《箋》：交交，猶佼佼，飛往來貌。桑扈，竊脂也。興者，竊脂飛而往來，有文章，人觀視而愛之。喻君臣以禮法威儀，升降于朝廷，則天下亦觀視而仰樂之。君子樂胥，受天之祜。毛《傳》：胥，皆也。鄭《箋》：胥，有才智之名也。祜，福也。王者樂臣下有才智文章，則賢人在位，庶官不曠，政和而民安，天予之以福禄。

交交桑扈，有鶯其領。毛《傳》：領，頸也。君子樂胥，萬邦之屏。毛《傳》：屏，蔽也。鄭《箋》：王者之德，樂賢知在位，則能爲天下蔽捍四表患難矣。蔽捍之者，謂蠻夷率服不侵叛。

之屏之翰，百辟爲憲。毛《傳》：翰，幹。憲，法也。鄭《箋》：辟，君也。王者之德，外能捍蔽四表之患難，内能立功立事爲之楨幹，則百辟卿士莫不修德而法象之。不戢不難，受福不那。毛《傳》：戢，聚也。不戢，戢也。不難，難也。那，多也。不多，多也。鄭《箋》：王者位至尊，天所子也，然而不自歛以先王之法，不自難以亡國之戒，則其受福禄亦不多也。

兕觵其觩，旨酒思柔。鄭《箋》：兕觵，罰爵也。古之王者與群臣燕飲，上下無失禮者，其罰爵徒觩然陳設而已，其飲美酒得柔順中和，與共其樂，言不無敖而自恣也。彼交匪敖，萬福來求。鄭《箋》：彼，彼賢者也。賢者居處恭，執事敬，與人交必以禮。以萬福之禄，就而求之，謂登用爵命，加以慶賜。

《桑扈》四章，章四句。

《序》：《采菽》，刺幽王也。侮慢諸侯，諸侯來朝，不能錫命。以禮數徵會之而無信義，君子見微而思古焉。鄭《箋》：幽王徵會諸侯，爲合義兵，征討有罪，既往而無之，是於義事不信也。君子見其如此，知其後必見攻伐，將無救也。

采菽采菽，筐之筥之。毛《傳》：興也。菽，所以芼太牢而待君子也。羊則苦，豕則薇。鄭《箋》：菽，大豆也。采之者，采其葉以爲藿。三牲牛、羊、豕，芼以藿。王饗賓客，有生俎，乃用鉶羹，故使采之。君子來朝，何錫予之？雖無予之，路車乘馬。毛《傳》：君子，謂諸侯也。鄭《箋》：賜諸侯以車馬，言雖無予之，尚以爲薄。又何予之，玄衮及黼。毛《傳》：玄衮，卷龍也。白與黑謂之黼。鄭《箋》：及，與也。玄衮，玄衣而畫以卷龍也。黼，黼黻，絺衣也。諸公之服，自衮冕而下，侯伯自鷩冕而下，子男自毳冕而下。上之賜，惟用有文章者。

觱沸檻泉，言采其芹。毛《傳》：觱沸，泉出貌。檻泉，正出也。鄭《箋》：言，我也。芹，菜也。可以爲菹，亦所用待君子也。我使采其水中芹者，尚潔清也。《周禮》：「芹菹鴈醢。」君子來朝，言觀其旂。其旂淠淠，鸞聲嘒嘒。載驂載駟，君子所届。毛《傳》：淠淠，動也。嘒嘒，中節也。鄭《箋》：届，極也。諸侯來朝，王使人迎之，因觀其衣服車乘之威儀，所以爲敬，且省禍福也。諸侯將朝于王，則驂乘乘四馬而往。此之服飾，君子法制之極也，言其尊而王今不尊也。

赤芾在股，邪幅在下。彼交匪紓，天子所予。毛《傳》：諸侯赤芾，邪幅。幅，偪也，所以自偪束也。紓，緩也。鄭《箋》：芾，大古蔽膝之象也。冕服謂之芾，其他服謂之韠，以章爲之。其制上廣一尺，下廣二尺，長三尺。其頸五寸，肩革帶博二寸。脛，本曰股。邪幅，如今行縢也。偪束其脛，自足至膝，故曰在下。彼與人交接自偪束如此，則非有解怠紓緩之心，天子以是故賜予之。樂只君子，天子命之。樂只君子，福禄申之。毛《傳》：申，重也。鄭《箋》：只之言是也。古者天子賜諸侯也，以禮樂樂之，乃後命予之也。天子賜之，神則以福禄申重之，所謂人謀鬼謀也，刺今王不然。

維柞之枝，其葉蓬蓬。毛《傳》：蓬蓬，盛貌。鄭《箋》：此興也。柞之幹，猶先祖也。枝，猶子孫也。其葉蓬蓬，喻賢才也。正以柞爲興者，柞之葉，新將生，故乃落于地，以喻繼世以德相承者明也。樂只君子，殿天子之邦。樂只君子，萬福攸同。毛《傳》：殿，鎮也。平平左右，亦是率從。毛《傳》：平平，辯治也。鄭《箋》：率，循也。諸侯之有賢才之德，能辯治其連屬之國，使得其所，則連屬之國亦循順之。

汎汎楊舟，紼纚維之。毛《傳》：紼，繂也。纚，緌也。明王能維持諸侯也。鄭《箋》：楊木之舟，浮於水上，泛泛然東西無所定。舟人以紼繫其緌，以制行之，猶諸侯之治民，御之以禮法。樂只君子，天子葵之。樂只君子，福禄膍之。毛《傳》：葵，揆也。膍，厚也。優哉游哉，亦是戾矣。毛《傳》：戾，至也。鄭《箋》：戾，止也。諸侯有盛德者，亦優游自安止於是，言思不出其位。

《采菽》五章，章八句。

《傳》：《瞻彼洛矣》、《鴛鴦》、《魚藻》，皆諸侯所以報天子也。《續説》：以上凡三十三篇，皆成康以前之詩，多周公所定，故子貢作《傳》，所以序之者如此。

《序》：《瞻彼洛矣》，刺幽王也。思古明王能爵命諸侯，賞善罰惡焉。

瞻彼洛矣，維水泱泱。毛《傳》：興也。洛，宗周。溉，浸水也。泱泱，深廣貌。鄭《箋》：瞻，視也。我視彼洛水，灌溉以時，其澤浸潤以成嘉穀。興者，喻古明王恩澤加於天下，爵命賞賜以成賢者。君子至止，福禄如茨。鄭《箋》：君子至止者，謂來受爵命者也。爵命爲福，賞賜爲禄。茨，屋蓋也。如屋蓋，喻多也。韎韐有奭，以作六師。毛《傳》：韎韐者，茅蒐染草也。一曰：韎韐，所以代韠也。天子六軍。鄭《箋》：此諸侯世子也，除三年之喪，服士服而來，未遇爵命之時。時有征伐之事，天子以其賢，任爲軍將，使代卿士將六軍而出。韎韐者，茅蒐染也。茅蒐，韎韐聲也。韎韐，祭服之韠，合韋爲之。其服爵弁服紂衣纁裳也。

瞻彼洛矣，維水泱泱。君子至止，鞸琫有珌。毛《傳》：鞸，容刀鞸也。琫，上飾。珌，下飾。珌下飾者，天子玉琫而珧珌，諸侯璗琫而璆珌，大夫鐐琫而鏐珌，士珕琫而珕珌。鄭《箋》：此人世子之賢者也，既受爵命賞賜，而加賜容刀有飾，顯其能制斷。君子萬年，保其家室。鄭《箋》：德如是，則能長安其家室親。家室親安之尤難，安則無篡弑之禍。

瞻彼洛矣，維水泱泱。君子至止，福禄既同。鄭《箋》：此人世子之能繼世位者也，其爵命賞賜，盡與其先君受命者同而已無所加也。君子萬年，保其家邦。

《瞻彼洛矣》三章，章六句。愚按：説者謂此詩朱子不從《小序》作思古，非成康之盛不足以當此，何以不列之《湛露》、《彤弓》之間？此皆未嘗見《傳》本而云然也。今從《傳》則朱解爲長矣，且君子若指來受爵命者，則萬年之祝恐非臣子所敢當。鄭氏於《蓼蕭》、《裳華》、《桑扈》則以君子之子皆爲天子，而於此篇君子又爲諸侯，互相顛倒，總以韎韐爲士服，故變其説耳。若從《周官》，凡有兵事韋弁服，則《傳》義與朱説皆協矣。

《序》：《鴛鴦》，刺幽王也。思古明王交於萬物有道，自奉養有節焉。鄭《箋》：交於萬物有道，謂順其性，取之以時，不暴夭也。

鴛鴦于飛，畢之羅之。毛《傳》：興也。鴛鴦，匹鳥。太平之時，交於萬物有道，取之以時，於其飛乃畢掩而羅之。鄭《箋》：匹鳥，言其止則相耦，飛則爲雙，性馴耦也。此交萬物之實也，而言興者，廣其義也。獺祭魚而後漁，豺祭獸而後田，此亦皆其將縱散時也。君子萬年，福禄宜之。鄭《箋》：君子，謂明王也。交於萬物，其德如是，則宜壽考福禄也。

鴛鴦在梁，戢其左翼。毛《傳》：言休息也。鄭《箋》：梁，石絶水之梁。戢，斂也。鴛鴦休息於梁，明王之時人不驚駭。斂其左翼，以右翼掩之，自若無恐懼。君子萬年，宜其遐福。鄭《箋》：遐，遠也。遠，猶久也。

乘馬在廄，摧之秣之。毛《傳》：摧，莝也。秣，粟也。鄭《箋》：摧，今莝字也。古者明王所乘之馬，繫於廄，無事則委之以莝，有事乃予之穀，言愛國用也，以興於其身亦猶然。齊而後三舉設盛饌，恒日則減焉，此之謂有節也。君子萬年，福禄艾之。

毛《傳》：艾，養也。明王愛國用，自奉養之節如此，故宜久爲福禄所養也。

乘馬在廏，秣之摧之。君子萬年，福禄綏之。鄭《箋》：綏，安也。

《鴛鴦》四章，章四句。愚按：此篇《箋》解興義，皆有意味。若朱注混過而無所取義，殊覺詩人每章異語爲無謂矣。

《序》：《魚藻》，刺幽王也。言萬物失其性，王居鎬京將不能以自樂，故君子思古之武王焉。鄭《箋》：萬物失其性者，王政教衰，陰陽不和，群生不得其所也。將不能以自樂，言必自是有危亡之禍。

魚在在藻，有頒其首。毛《傳》：頒，大首貌。魚以依蒲藻爲得其性。鄭《箋》：藻，水草也。魚之依水草，猶人之依明王也。明王之時，魚何所處乎？處于藻，既得其性則肥充，其首頒然。此時人物皆得其所，止言魚者，以潛逃之類信其著見。王在在鎬，豈樂飲酒。鄭《箋》：豈，亦樂也。天下平安，萬物得其性。武王何所處乎？處於鎬京，樂八音之樂，與群臣飲酒而已。今幽王惑於褒姒，萬物失其性，方有危亡之禍，而亦豈樂飲酒於鎬京而無悛心，故以此刺焉。

魚在在藻，有莘其尾。毛《傳》：莘，長也。王在在鎬，飲酒樂豈。

魚在在藻，依于其蒲。王在在鎬，有那其居。鄭《箋》：那，安貌。天下平安，王無四方之虞，故其居處那然安也。

《魚藻》三章，章四句。愚按：以上凡燕諸侯及報天子諸詩，朱子之旨皆暗與《傳》合，惜篇次從毛本錯見，不能如《傳》之類列，故起紛紛之疑，譏其不從《小序》耳。若知《傳》次了然如此，朱子亦未必遂爲廢《序》受過也。

《傳》：子曰：「凡爲天下國家有九經，修身則道立。」《續説》：《鶴鳴》以之。尊賢，則不惑。《續説》：《鹿鳴》、《伐木》、《青莪》、《隰桑》、《白駒》可見。《測》：此五詩，如《白駒》序以爲刺宣王，《隰桑》序以爲刺幽王，其餘三詩未有所考爲何王之詩。今《傳》皆以爲周公制作，用之尊賢，却自爽然。親親，則諸父昆弟不怨。《續説》：《常棣》、《頍弁》

可見。《測》：《常棣》，朱子亦以爲燕兄弟之樂，《序》則以爲周公所作，然亦直以爲閔管、蔡失道，非燕享也。至《頍弁》未見以爲出於周公之手者。今以此二詩細繹其語意，果甚相類，而皆以爲窺窺燕享之用，誠不爲謬。敬大臣，則不眩。《續說》：《嘉魚》以下四詩，所以禮敬大臣者至矣。《天保》一篇，所以頌祝之者，無非引君當道而使之不眩也。體群臣，則士之報禮重。《續說》：《煌華》、《四牡》可見。子庶民，則百姓勸。《續說》：《杕杜》以恤其兵，《邠風》、《楚茨》、《南山》、《甫田》以勸其農，皆所以子庶民也。《大田》一詩則庶民勸矣。來百工，則財用足。《續說》：《斯干》爲宫室而作，亦爲百工之一事也。篇中雖無百工財用之詞，使非其財用之足，與百工之來，而驟興此百堵之役，則非盛世之事，而其民亦且相怨之矣。柔遠人，則四方歸之。《續說》：《鴻鴈》以之。蓋成王之時，殷奄邶、鄘，虐用其民，周征平之而流民歸之，是亦其一端也。懷諸侯，則天下畏之。《續說》：《蓼蕭》至《魚藻》九篇，則所以懷、所以畏者皆可考矣。斯周道之所以正乎。《續說》：子貢言此三十三篇，所以爲正《小正》者，以周王能盡九經之道爾。

【眉批】

此下傳之總序正《小正》也，以三十三篇配合九經，而序次因之。非得聖門親傳授者，誰能有此大膽識。

正，貴竹楷體作「興」，然篆文是「正」字。

《序》：《南陔》，孝子相戒以養也。

《序》：《白華》，孝子之潔白也。

《序》：《華黍》，時和歲豐，宜黍稷也。有其義而亡其辭。鄭《箋》：此三篇者，鄉飲酒燕禮用焉。曰笙入立于縣中，奏《南陔》、《白華》、《華黍》是也。孔子論詩，《雅》、《頌》各得其所，時俱在耳，篇第當在於此。遭戰國及秦之世而亡之，其義則與衆篇之義合編故存。至毛公爲《詁訓傳》，乃分衆篇之義，各置于其篇端云。又闕其亡者，以見在爲數，故推改什首，遂通耳。而下，非孔子之舊。

【眉批】毛本笙詩六篇，有義無辭，傳本所無，今附載正《小正》之後，以其向在《魚麗》、《嘉魚》之間也。

《序》：《由庚》，萬物得由其道也。

《序》：《崇丘》，萬物得極其高大也。

《序》：《由儀》，萬物之生各得其宜也。有其義而亡其辭。鄭《箋》：此三篇者，鄉飲酒禮亦用焉。曰乃間歌《魚麗》笙《由庚》；歌《南有嘉魚》，笙《崇丘》；歌《南山有臺》，笙《由儀》。亦遭世亂而亡之。燕禮又有升歌《鹿鳴》，下管《新宫》。《新宫》亦詩篇名也，辭義皆亡，無以知其篇第之處。

【眉批】此三篇毛本在《南山有臺》之後。

聖門傳詩嫡冢卷之十

吴興淩濛初輯

雅

小正續

《考補》：續《小正》十一篇。

《傳》：宣王中興而《小正》續焉。《續説》：宣王，名靖，厲王子。

《傳》：《六月》，北伐也。

《序》：《六月》，宣王北伐也。鄭《箋》：從此至《無羊》十四篇，是宣王之變《小雅》。《鹿鳴》廢，則和樂缺矣；《四牡》廢，則君臣缺矣；《皇皇者華》廢，則忠信缺矣；《常棣》廢，則兄弟缺矣；《伐木》廢，則朋友缺矣；《天保》廢，則征伐缺矣；《出車》廢，則功力缺矣；《杕杜》廢，則師衆缺矣；《魚麗》廢，則法度缺矣；《南陔》廢，則孝友缺矣；《白華》廢，則廉耻缺矣；《華黍》廢，則蓄積缺矣；《由庚》廢，則陰陽失其道理矣；《南有嘉魚》廢，則賢者不安，下不得其所矣；《崇丘》廢，則萬物不遂矣；《南山有臺》廢，則爲國之基隊矣；《由儀》廢，則萬物失其道理矣；《湛露》廢，則萬國離矣；《彤弓》廢，則諸夏衰矣；《菁菁者莪》廢，則無禮儀矣。《小雅》盡廢，則四夷交侵，中國微矣。鄭《箋》：《六月》言周室微而復興，美宣王之北伐也。

六月棲棲，戎車既飭。四牡騤騤，載是常服。毛《傳》：棲棲，簡閱貌也。飭，正也。日月爲常。服，戎服也。鄭《箋》：記六月者，盛夏出兵，明其急也。戎車，革輅之等也。其等有五。戎車之常服，韋弁服也。玁狁孔熾，我是用急。毛《傳》：熾，盛也。鄭《箋》：此序吉甫之意也。北狄來侵甚熾，故王以是急遣我。王于出征，以匡王國。鄭《箋》：于，曰。匡，正也。王曰今女出征玁狁，以正王國之封畿。

比物四驪，閑之維則。毛《傳》：物，毛物也。則，法也。言先教戰，然後用師。維此六月，既成我服。我服既成，于三十里。毛《傳》：師行三十里。鄭《箋》：王既成我戎服，將遣之，戒之曰：「日行三十里，可以舍息。」王于出征，以佐天子。毛《傳》：出征以佐其爲天子也。鄭《箋》：王曰今女出征伐，以佐助我天子之事，禦北狄也。

四牡修廣，其大有顒。毛《傳》：修，長。廣，大也。顒，大貌。薄伐玁狁，以奏膚公。毛《傳》：奏，爲。膚，大。公，功也。有嚴有翼，共武之服。毛《傳》：嚴，威嚴也。翼，敬也。鄭《箋》：服，事也。言今師之群帥，有威嚴者，有恭敬者，而共典是兵事，言文武之人備。共武之服，以定王國。鄭《箋》

玁狁匪茹，整居焦穫。侵鎬及方，至於涇陽。毛《傳》：焦穫，周地，接於玁狁者。鄭《箋》：匪，非。茹，度也。鎬也、方也，皆北方地名。言玁狁之來侵，非其所當度爲也，乃自整齊而處周之焦穫，來侵至涇水之北，言其大恣也。織文鳥章，白旆央央。毛《傳》：鳥章，錯革，鳥爲章也。白旆，繼旐者也。央央，鮮明貌。鄭《箋》：織，徽織也。鳥章，鳥隼之文章，將帥以下皆著焉。元戎十乘，以先啓行。毛《傳》：元，大也。夏后氏曰鉤車，先正也。殷曰寅車，先疾也。周曰元戎，先良也。鄭《箋》：鉤，盤行曲直有正也。寅，進也。二者及元戎，皆可以先前啓突敵陳之前行。其制之同異未聞。

戎車既安，如輊如軒。四牡既佶，既佶且閑。毛《傳》：輊，摯。佶，正也。鄭《箋》：戎車之安，從後視之如摯，從前視之如軒，然後適調也。佶，壯健之貌。薄伐玁狁，至于大原。毛《傳》：言逐出之而已。文武吉甫，萬邦爲憲。毛《傳》：吉甫，尹吉甫也，有文有武。憲，法也。鄭《箋》：吉甫，此時大將也。

吉甫燕喜，既多受祉。毛《傳》：祉，福也。鄭《箋》：吉甫既伐玁狁而歸，天子以燕禮樂之，則歡喜矣，又多受賞賜也。來歸自鎬，我行永久。飲御諸友，炰鱉膾鯉。毛《傳》：御，進也。鄭《箋》：御，侍也。王以吉甫遠從鎬地來，又日月長久，今飲之酒，使其諸友恩舊者侍之，又加其珍美之饌，所以極勸也。侯誰在矣，張仲孝友。毛《傳》：侯，維也。張仲，賢臣也。善父母爲孝，善兄弟爲友，使文武之臣征伐，與孝友之臣處内。鄭《箋》：張仲，吉甫之友，其性孝友。

《六月》六章，章八句。

【眉批】

按：《六月》諸詩既爲中興之雅，何得云變？《傳》作《小雅》續，則得之矣。

共，鄭如字，王、徐音「恭」。

《傳》：《出車》，勞將帥也。

《序》：《出車》，勞還率也。鄭《箋》：遣將率及戍役同歌同時，欲其同心也。反而勞之，異歌異日，殊尊卑也。《禮記》曰：「賜君子小人不同日。」此其義也。

我出我車，于彼牧矣。毛《傳》：出車就馬於牧也。鄭《箋》：上我，我殷王也。下我，將率自謂也。西伯以天子之命，出我戎車於所牧之地，將使我出征伐。自天子所，謂我來矣。鄭《箋》：自，從也。有人從王所來，謂我來矣，謂以王命召己，將使爲將率也。先出戎車，乃召將率，將率尊也。召彼僕夫，謂之載矣。王事多難，維其棘矣。毛《傳》：僕夫，御夫也。鄭《箋》：棘，急也。王命召己，己即召御夫，使裝載物而往，王之事多難，其召我必急，欲疾趨之，此序其忠敬也。

我出我車，于彼郊矣。設此旐矣，建彼旄矣。毛《傳》：龜蛇曰旐。旄，干旄。鄭《箋》：設旐者，屬之於干旄而建之戎車。將帥既受命行，乃乘焉，牧地在遠郊。彼旟旐斯，胡不旆旆。毛《傳》：鳥隼曰旟。旆旆，旒垂貌。憂心悄悄，僕夫況瘁。鄭《箋》：況，茲也。將率既受命行而憂，臨事而懼也。御夫則茲益憔悴，憂其馬之不正。

王命南仲，往城于方。出車彭彭，旂旐央央。毛《傳》：王，殷王也。南仲，文王之屬。方，朔方，近玁狁之國也。彭彭，四馬貌。交龍爲旂。央央，鮮明也。鄭《箋》：王使南仲爲將率，往築城于朔方，爲軍壘以禦北狄之難。天子命我，城彼朔方。赫赫南仲，玁狁于襄。毛《傳》：朔方，北方也。赫赫，盛貌。襄，除也。鄭《箋》：此我，我戍役也。戍役築壘，而美其將率自此出征也。

昔我往矣，黍稷方華。今我來思，雨雪載塗。王事多難，不遑啓居。毛《傳》：塗，凍釋也。鄭《箋》：黍稷方華，朔方之地六月時也。以此時始出壘征伐玁狁，因伐西戎，至春凍始釋而來反，其間非有休息。豈不懷歸？畏此簡書。毛《傳》：簡書，戒命也。鄰國有急，以簡書相告，則奔命救之。

喓喓草蟲，趯趯阜螽。鄭《箋》：草蟲鳴，阜螽躍而從之，天性也。喻近西戎之諸侯聞南仲既征玁狁，將伐西戎之命，則跳躍而鄉望之，如阜螽之聞草蟲鳴焉。草蟲鳴，晚秋之時也，此以其時所見而興之。未見君子，憂心忡忡；既見君子，我心則降。鄭《箋》：君子，斥南仲也。降，下也。赫赫南仲，薄伐西戎。

春日遲遲，卉木萋萋。倉庚喈喈，采蘩祁祁。執訊獲醜，薄言還歸。毛《傳》：卉，草也。訊，辭也。鄭《箋》：訊，言。醜，衆也。伐西戎以凍釋時反，朔方之壘息，戍役至此時而歸京師，稱美時物以及其事，喜而詳之也。執其可言問所獲之衆以歸者，當獻之也。赫赫南仲，玁狁于夷。毛《傳》：夷，平也。鄭《箋》：平者，平之于王也。此時亦伐西戎，獨言平玁狁者，玁狁大，故以爲始，以爲終。

《出車》六章，章八句。愚按：文王之時，無伐玁狁之事。《書傳》云：「三年伐犬夷。」《史記》：文王虞芮質成之，「明年，伐犬戎」注皆云：「昆夷也。」《帝王世紀》云：「文王受命四年，周正丙子，混夷伐周，一日三至周之東門，文王閉門修德而不與戰。」疏云：「昆夷進來不與戰，明是退即伐之也。」皆與玁狁無涉。况文王是時，尚爲西伯，而《經》竟云天子。毛、鄭不得其説，遂以爲殷天子。無論革命之亡主，周公不應以入昭代之樂章，而猶尊稱其命乃爾。即考大司馬職云：諸侯載旂，軍吏載旗。文王以諸侯承殷命而不自行，命其屬爲將率，則南仲止比軍吏，不過載熊虎之旗，不得載交龍之旂也。詩文直云：「自天子所，謂我來矣」，「王命南仲，往城于方」，「天子命我，城彼朔方」，中間無處再加一西伯，斷斷乎天子之宜爲周王而非殷王。升非文王，明矣。且文武之臣，四友十亂，並無南仲之名。宣王之詩，《常武》乃有南仲，鄭氏定以此篇爲周初之詩，故解「南仲大祖」云：「謂南仲爲大祖，即是大師皇甫，爲南仲之孫。」朱子從之，終覺牽强。若如毛公解云：命卿士南仲于大祖之廟爲大將，而大師是皇甫。南仲與皇甫，自爲兩人，則彼南仲正即此南仲也。《六月》爲宣王伐玁狁之詩，而《采芑》亦云征伐玁狁，今《出車》、《采薇》勞還之詩，又皆有玁狁，分明即此一舉。《小序》自錯其篇次，而以爲文王時詩，强爲之説，故於義難通耳。今《傳》次如此，確乎可據矣。

【眉批】

解二「我」字牽强。

《傳》：《采薇》，勞師也。《測》：古者之於率役，同遣不同勞，即以此爲遣率役同歌之詩亦未嘗不可，而《傳》獨以爲勞，且以爲勞師，必有所據也。且《序》以爲《采薇》、《出車》、《杕杜》三詩並用。今以《出車》、《采薇》之詩，一爲勞將帥，一爲勞師，而《杕杜》一詩徑列于正《小正》子庶民焉，則其迥異，殆不可究詰矣。

《序》：《采薇》，遣戍役也。文王之時，西有昆夷之患，北有玁狁之難，以天子之命，命將率遣戍役以守衛中國，故歌《采薇》以遣之，《出車》以勞還，《杕杜》以勤歸也。鄭《箋》：文王爲西伯服事殷之時也。昆夷，西戎也。天子，殷王也。戍，守也。西伯以殷王之命，命其屬爲將軍，將戍役禦西戎及北狄之難，歌《采薇》以遣之。《杕杜》勤歸者，以其勤勞之故，於其歸，歌《杕杜》以休息之。

采薇采薇，薇亦作止。毛《傳》：薇，菜始生也。鄭《箋》：西伯將遣戍役，先與之期以采薇之時。今薇生矣，先輩可以行也。重言采薇者，丁寧歸期也。曰歸曰歸，歲亦莫止。鄭《箋》：莫，晚也。曰女何時歸乎，亦歲晚之時乃得歸也。又丁寧歸期，定其心也。靡室靡家，玁狁之故。不遑啓居，玁狁之故。毛《傳》：玁狁，北狄也。鄭《箋》：北狄，今匈奴也。靡，無。遑，暇。啓，跪也。古者師出不喻時，今薇菜生而行，歲晚乃得歸，使女無室家夫婦之道，不暇跪居者，有玁狁之難故，曉之也。

采薇采薇，薇亦柔止。毛《傳》：柔，始生也。鄭《箋》：柔，謂脃脕之時。曰歸曰歸，心亦憂止。鄭《箋》：憂止者，憂其歸期將晚。憂心烈烈，載飢載渴。鄭《箋》：烈烈，憂貌。則飢則渴，言其苦也。我戍未定，靡使歸聘。毛《傳》：聘，問也。鄭《箋》：定，止也。我方守於北狄，未得止息，無所使歸問，言所以憂。

采薇采薇，薇亦剛止。毛《傳》：少而剛也。鄭《箋》：剛，謂少堅忍時。曰歸曰歸，歲亦陽止。毛《傳》：陽，歷陽月也。鄭《箋》：十月爲陽，時坤用事，嫌於無陽，故以名此月爲陽。王事靡盬，不遑啓處。鄭《箋》：盬，不堅固也。處，猶居也。憂心孔疚，我行不來。毛《傳》：疚，病。來，至也。鄭《箋》：我，戍役自我也。來，猶反也，據家曰來。

彼爾維何？維常之華。毛《傳》：爾，華盛貌。常，常棣也。鄭《箋》：此言彼爾者，乃常棣之華，以興將率車馬服飾之盛。彼路斯何？君子之車。鄭《箋》：斯，此也。君子，謂將率。戎車既駕，四牡業業。毛《傳》：業業然壯也。豈敢定居，一月三捷。毛《傳》：捷，勝也。鄭《箋》：定，止也。將率之志，往至所征之地，不敢止而居處自安也。往則庶乎一月之中三有勝功，謂侵也、伐也、戰也。

駕彼四牡，四牡騤騤。君子所依，小人所腓。毛《傳》：騤騤，彊也。腓，辟也。鄭《箋》：腓，當作芘。此言我車者，將率之所依乘，戍役之所芘倚。四牡翼翼，象弭魚服。毛《傳》：翼翼，閑也。象弭，弓反末也，所以解紒也。魚服，魚皮也。鄭《箋》：弭弓反末彆者，以象骨爲之，以助御者解轡紒，宜骨也。服，矢服也。豈不日戒，玁狁孔棘。鄭《箋》：戒，警敕軍事也。孔，甚。棘，急也。言君子小人，豈不日相警戒乎？誠日相警戒也。玁狁之難甚急，豫述其苦以告之。

昔我往矣，楊柳依依。今我來思，雨雪霏霏。毛《傳》：楊柳，蒲柳也。霏霏，甚也。鄭《箋》：我來，戍止而謂始反時也。上三章言戍役，次二章言將率之行，故此章重序其往反之時，極言其苦以説之。行道遲遲，載渴載飢。毛《傳》：遲遲，長遠也。鄭《箋》：行反在於道路猶飢渴，言至苦也。我心傷悲，莫知我哀。毛《傳》：君子能盡人之情，故人忘其死。

《采薇》六章，章八句。

《傳》：《采芑》，南征也。

《序》：《采芑》，宣王南征也。

薄言采芑，于彼新田，于此菑畝。毛《傳》：興也。芑，菜也。田一歲曰菑，二歲曰新田，三歲曰畬。宣王能新美天子之士，然後用之。鄭《箋》：興者，新美之喻。和治其家，養育其身也。方叔涖止，其車三千，師干之試。毛《傳》：方叔，卿士也，受命而爲將也。涖，臨。師，衆。干，扞。試，用也。鄭《箋》：方叔臨視此戎車三千乘，其士卒皆有佐師扞敵之用爾。《司馬法》：「兵車一乘，甲士三人，步卒七十二人。」宣王承亂，美卒盡起。方叔率止，乘其四騏，四騏翼翼。鄭《箋》：率者，率此戎車士卒而行也。翼翼，壯健貌。路車有奭，簟茀魚服，鉤膺鞗革。毛《傳》：奭，赤貌。鉤膺，樊纓也。鄭《箋》：茀之言蔽也，車之蔽飾象席文也。魚服，矢服也。鞗革，轡首垂也。

薄言采芑，于彼新田，于此中鄉。毛《傳》：鄉，所也。鄭《箋》：中鄉，美地名。方叔莅止，其車三千，旂旐央央。鄭《箋》：交龍爲旂，龜蛇爲旐，此言軍衆將帥之事皆備。方叔率止，約軝錯衡，八鸞瑲瑲。毛《傳》：軝，長轂之軝也，朱而約之。錯衡，文衡也。瑲瑲，聲也。服其命服，朱芾斯皇，有瑲蔥珩。毛《傳》：朱芾，黄朱芾也。皇，猶煌煌也。瑲珩，聲也。蔥，蒼也。三命蔥珩，言周室之强，車服之美也，言其强美斯劣矣。鄭《箋》：命服者，命爲將受王命之服也。天子之服，韋弁服，朱衣裳也。

鴥彼飛隼，其飛戾天，亦集爰止。毛《傳》：戾，至也。鄭《箋》：隼，急疾之鳥也，飛乃至天，喻士卒勁勇，能深攻入敵也。爰，於也。亦集於其所止，喻士卒須命乃行也。方叔莅止，其車三千，師干之試。鄭《箋》：三，稱此者，重師也。方叔率止，鉦人伐鼓，陳師鞠旅。毛《傳》：伐，擊也。鉦以静之，鼓以動之。鞠，告也。鄭《箋》：鉦也，鼓也，各有人焉。言鉦人伐鼓，互言爾。二千五百人爲師，五百人爲旅。此言將戰之日，陳列其師旅，誓告之也。陳師告旅，亦互言之。顯允方叔，伐鼓淵淵，振旅闐闐。毛《傳》：淵淵，鼓聲也。入曰振旅，復長幼也。鄭《箋》：伐鼓淵淵，謂戰時進士衆也。至戰止將歸，又振旅伐鼓闐闐然。振，猶止也。旅，衆也。《春秋傳》曰：「出曰治兵，入曰振旅。」其禮一也。

蠢爾蠻荆，大邦爲讎。毛《傳》：蠢，動也。蠻荆，荆州之蠻也。鄭《箋》：大邦，列國之大也。方叔元老，克壯其猶。毛《傳》：元，大也。五官之長，出於諸侯，曰天子之老。壯，大。猶，道也。鄭《箋》：猶，謀也。謀，兵謀也。方叔率止，執訊獲醜。鄭《箋》：方叔率其士衆，執其可言問所獲敵人之衆，以還歸也。戎車嘽嘽，嘽嘽焞焞，如霆如雷。毛《傳》：嘽嘽，衆也。焞焞，盛也。鄭《箋》：言戎車既衆盛，其威又如雷霆，言雖久在外，無罷勞也。顯允方叔，征伐玁狁，蠻荆來威。鄭《箋》：方叔先與吉甫征伐玁狁，今往征伐蠻荆，皆使來服於宣王之威，美其功之多也。

《采芑》四章，章十二句。

《傳》：《黍苗》，城申也。

《序》：《黍苗》，刺幽王也。不能膏潤天下，卿士不能行召伯之職焉。鄭《箋》：陳宣王之德，召伯之功，以刺幽王及其群臣，廢此恩澤事業也。

芃芃黍苗，陰雨膏之。毛《傳》：興也。芃芃，長大貌。鄭《箋》：興者，喻天下之民如黍苗然，宣王能以恩澤育養之，亦如天之有陰雨之潤。悠悠南行，召伯勞之。毛《傳》：悠悠，行貌。鄭《箋》：宣王之時，使召伯營謝邑，以定申伯之國，將徒役南行。衆多悠悠然，召伯則能勞來勸説以先之。

我任我輦，我車我牛。我行既集，蓋云歸哉。毛《傳》：任者，輦者，車者，牛者。鄭《箋》：集，猶成也。蓋，猶皆也。營謝轉餫之役有負任者，有輓輦者，有將車者，有牽傍牛者。其所爲南行之事既成，召伯則皆告之云「可歸哉」，刺今王使民行役，曾無休止時。

我徒我御，我師我旅。我行既集，蓋云歸處。毛《傳》：徒行者，御車者，師者，旅者。鄭《箋》：步行曰徒。召伯營謝邑，以兵衆行，其士卒有步行者、有御兵車者。五百人爲旅，五旅爲師。《春秋傳》曰：「諸侯之制，君行師從，卿行旅從。」

肅肅謝功，召伯營之。烈烈征師，召伯成之。毛《傳》：謝，邑也。鄭《箋》：肅肅，嚴正之貌。營，治也。烈烈，威武貌。征，行也。美召伯治謝邑，則使之嚴正；將師旅行，則有威武也。

原隰既平，泉流既清。召伯有成，王心載寧。毛《傳》：土治曰平，水治曰清。鄭《箋》：召伯營謝邑，相其原隰之宜，通其水泉之利，此功既成，宣王之心則安也。又刺今王臣無成功而亦心安。

《黍苗》五章，章四句。愚按：朱子云：「此與《大雅·崧高》相表裏。」正合《傳》旨，覺刺幽王之説爲多事矣。

《傳》：《車工》、《吉日》，閲武也。《測》：《車工》，田獵於東都；《吉日》，田獵於西都，皆所以閲武也。閲武乃中興之事，非驅騁田獵者矣。

《序》：《車攻》，宣王復古也。宣王能内修政事，外攘夷狄，復文武之竟土，修車馬，備器械，復會諸侯於東都，因田獵而選車徒焉。鄭《箋》：東都，王城也。

我車既攻，我馬既同。毛《傳》：攻，堅。同，齊也。宗廟齊豪，尚純也；戎事齊力，尚强也；田獵齊足，尚疾也。四牡龐龐，駕言徂東。毛《傳》：龐龐，充實也。東，洛邑也。

田車既好，四牡孔阜。東有甫草，駕言行狩。毛《傳》：甫，大也。田者大芟草以爲防，或舍其中。褐纏旃以爲門，裘纏質以爲槸，間容握，驅而入，擊則不得入。左者之左，右者之右，然後焚而射焉。天子發，然後諸侯發；諸侯發，然後大夫士發。天子發，抗大綏；諸侯發，抗小綏，獻禽於其下。故戰不出頃，田不出防，不逐奔走，古之道也。鄭《箋》：甫草者，甫田之草也。鄭有圃田。

之子于苗，選徒囂囂。毛《傳》：之子，有司也。夏獵曰苗。囂囂，聲也。維數車徒者爲有聲也。鄭《箋》：于，曰也。建旐設旄，搏獸于敖。毛《傳》：敖，地名。鄭《箋》：獸，田獵搏獸也。敖，鄭地，今近滎陽。

駕彼四牡，四牡奕奕。毛《傳》：言諸侯來會也。赤芾金舄，會同有繹。毛《傳》：諸侯赤芾金舄。舄，達屨也。時見曰會，殷見曰同。繹，陳也。鄭《箋》：金舄，黄朱色也。

決拾既佽，弓矢既調。毛《傳》：決，鈎弦也。拾，遂也。佽，利也。鄭《箋》：佽，謂手指相次比也。調，謂弓强弱與矢輕重相得。射夫既同，助我舉柴。毛《傳》：柴，積也。鄭《箋》：既同，已射同復將射之位也。雖不中，必助中者舉積禽也。

四黄既駕，兩驂不猗。毛《傳》：言御者之良也。不失其馳，舍矢如破。毛《傳》：言習於射御法也。鄭《箋》：御者之良，得舒疾之中。射者之工，矢發則中，如椎破物也。

蕭蕭馬鳴，悠悠旆旌。毛《傳》：言不讙譁也。徒御不驚，大庖不盈。毛《傳》：徒，輦也。御，御馬也。不驚，驚也。不盈，盈也。一曰乾豆，二曰賓客，三曰充君之庖。故自左膘而射之，達于右腢爲上殺；射右耳本次之；射左髀達于右腢爲下殺。面傷不獻，踐毛不獻，不成禽不獻。禽雖多，擇取三十焉，其餘以與大夫士，以習射於澤宮。田雖得禽，射不中不得取禽；田雖不得禽，射中則得取禽。古者以辭讓取，不得以勇力取。鄭《箋》：不驚，驚也。不盈，盈也。反其言美之也。射右耳本，「射」當爲達。三十者，每禽三十也。

之子于征，有聞無聲。毛《傳》：有善聞而無讙譁之聲。鄭《箋》：晉人伐鄭，陳成子救之。舍于柳舒之上，去穀七里，穀人不知，可謂有聞無聲。允矣君子，展也大成。鄭《箋》：允，信。展，誠也。大成，謂致太平也。

《車攻》八章，章四句。

《序》：《吉日》，美宣王田也。能慎微接下，無不自盡，以奉其上焉。

吉日維戊，既伯既禱。毛《傳》：維戊，順類乘牡也。伯，馬祖也。重物慎微，將用馬力，必先爲之禱其祖。禱，禱獲也。鄭《箋》：戊，剛日也，故乘牡爲順類也。田車既好，四牡孔阜。升彼大阜，從其群醜。鄭《箋》：醜，衆也。田而升大阜，從禽獸之群衆也。

吉日庚午，既差我馬。毛《傳》：外事以剛日。差，擇也。獸之所同，麀鹿麌麌。毛《傳》：鹿牝曰麀。麌麌，衆多也。鄭《箋》：同，聚也。麕牡曰麌。麌復麌，言多也。漆沮之從，天子之所。毛《傳》：漆沮之水，麀鹿所生也，從漆沮驅禽而致天子之所。

瞻彼中原，其祁孔有。毛《傳》：祁，大也。鄭《箋》：祁，當作麎。麎，麋牝也。中原之野甚有之。儦儦俟俟，或群或友。毛《傳》：趨則儦儦，行則俟俟。獸三曰群，二曰友。悉率左右，以燕天子。毛《傳》：驅禽之左右，以安待天子。鄭《箋》：率，循也。悉驅禽，順其左右之宜，以安待王之射也。

既張我弓，既挾我矢。發彼小豝，殪此大兕。毛《傳》：殪，壹發而死，言能中微而制大也。鄭《箋》：豕牝曰豝。

以御賓客，且以酌醴。毛《傳》：饗醴，天子之飲酒也。鄭《箋》：御賓客者，給賓客之御也。賓客，謂諸侯也。酌醴，酌而醴群臣以爲俎實也。

《吉日》四章，章六句。

【眉批】

鄭改「祁」字，不知何據。

《傳》：《庭燎》，勤政也。

《序》：《庭燎》，美宣王也，因以箴之。鄭《箋》：諸侯將朝，宣王以夜未央之時，問夜早晚。美者，美其能自勤以政事。因以箴者，王有鷄人之官，凡國事爲期，則告之以時，王不正其官而問夜早晚。

夜如何其？鄭《箋》：此宣王以諸侯將朝，夜起曰：「夜如何其？」問早晚之辭。夜未央！庭燎之光。君子至止，鸞聲將將。毛《傳》：央，旦也。庭燎，大燭。君子，謂諸侯也。將將，鸞鑣聲。鄭《箋》：夜未央，猶言夜未渠央也，而於庭設大燭，使諸侯早來朝，聞鸞聲將將然。

夜如何其？夜未艾！庭燎晣晣。君子至止，鸞聲噦噦。毛《傳》：艾，久也。晣晣，明也。噦噦，徐行有節也。鄭《箋》：芟末曰艾，以言夜先鷄鳴時。

夜如何其？夜鄉晨！庭燎有煇。君子至此，言觀其旂。毛《傳》：煇，光也。鄭《箋》：晨，明也。上二章聞鸞聲爾，今夜鄉明，我見其旂，是朝之時也，朝禮別色始入。

《庭燎》三章，章五句。

《傳》：《沔水》，念亂也。

《序》：《沔水》，規宣王也。鄭《箋》：規者，正圓之器也。規王仁恩也，以恩親正君曰規。《春秋傳》曰：「近臣盡規。」

沔彼流水，朝宗于海。毛《傳》：興也。沔，水流滿也，水猶有所朝宗。鄭《箋》：興者，水流而入海，小就大也，喻諸侯朝天子，亦猶是也。諸侯春見天子曰朝，夏見曰宗。鴥彼飛隼，載飛載止。鄭《箋》：載之言則也。言隼欲飛則飛，欲止則止，喻諸侯之自驕恣，欲朝不朝自由，無所懼心也。嗟我兄弟，邦人諸友，莫肯念亂，誰無父母？毛《傳》：邦人諸友，謂諸侯也。兄弟，同姓臣也。京師者，諸侯之父母也。鄭《箋》：我，我王也。莫，無也。我同姓異姓之諸侯，女自恣聽不朝，無肯念此於禮法爲亂者。女誰無父母乎？言皆生於父母也。臣之道，資於事父以事君。

沔彼流水，其流湯湯。毛《傳》：言放縱無所入也。鄭《箋》：湯湯，波流盛貌，喻諸侯奢僭，既不朝天子，復不事侯伯。鴥彼飛隼，載飛載揚。毛《傳》：言無所定止也。鄭《箋》：則飛則揚，喻諸侯出兵，妄相侵伐。念彼不蹟，載起載行。心之憂矣，不可弭忘。毛《傳》：不蹟，不道也。弭，止也。鄭《箋》：彼，彼諸侯也。諸侯不循法度，妄興師出兵，我念之，憂不能忘也。

鴥彼飛隼，率彼中陵。鄭《箋》：率，循也。隼之性待鳥雀而食，飛循陵阜者，是其常也；喻諸侯之守職順法者，亦是其常也。民之訛言，寧莫之懲。毛《傳》：懲，止也。鄭《箋》：訛，僞也。言時不令小人，好詐僞爲交易之言，使見怨咎，安然無禁止。我友敬矣，讒言其興。毛《傳》：疾王不能察讒也。鄭《箋》：我，我天子也。友，謂諸侯也。言諸侯有敬其職順法度者，讒人猶興其言以毁惡之，王與侯伯不當察之。

《沔水》三章，二章八句，一章六句。

《傳》：《無羊》，考牧也。

《序》：《無羊》，宣王考牧也。鄭《箋》：厲王之時，牧人之職廢，宣王始興而復之，至此而成，謂復先王牛羊之數。

誰謂爾無羊？三百維群；誰謂爾無牛？九十其犉。毛《傳》：黄牛黑脣曰犉。鄭《箋》：爾，女也。女，宣王也。宣王復古之牧法，汲汲於其數，故歌此詩以解之也。誰謂女無羊？今乃三百頭爲一群；誰謂女無牛？今乃群者九十頭。言其多矣，足如古也。爾羊來思，其角濈濈。毛《傳》：聚其角而息，濈濈然。鄭《箋》：言此者，美畜産得其所。爾牛來思，其耳濕濕。毛《傳》：呞而動其耳，濕濕然。

或降于阿，或飲于池，或寢或訛。毛《傳》：訛，動也。鄭《箋》：言此者，美其無所驚畏也。爾牧來思，何蓑何笠，或負其餱。毛《傳》：何，揭也。蓑所以備雨，笠所以禦暑。鄭《箋》：言此者，美牧人寒暑飲食有備。三十維物，爾牲則具。毛《傳》：異毛色者三十也。鄭《箋》：牛羊之色異者三十，則女之祭祀，索則有之。

爾牧來思，以薪以蒸，以雌以雄。鄭《箋》：此言牧人有餘力，則取薪蒸搏禽獸以來歸也。粗曰薪，累曰蒸。爾羊來思，矜矜兢兢，不騫不崩。毛《傳》：矜矜兢兢，以言堅彊也。騫，虧也。崩，群疾也。麾之以肱，畢來既升。毛《傳》：肱，臂也。升，升入牢也。鄭《箋》：此言馴擾從人意也。

牧人乃夢，衆維魚矣，旐維旟矣。鄭《箋》：牧人乃夢見人衆相與捕魚，又夢見旐與旟。占夢之官得而獻之於宣王，將以占國事也。大人占之：衆維魚矣，實維豐年；毛《傳》：陰陽和則魚衆多矣。鄭《箋》：魚者，庶人之所以養也。今人衆相與捕魚，則是歲熟相供養之祥也。《易·中孚》卦曰：「豚魚吉。」旐維旟矣，室家溱溱。毛《傳》：溱溱，衆也。旐旟，所以聚衆也。鄭《箋》：溱溱，子孫衆多也。

《無羊》四章，章八句。

《傳》：《車舝》，樂親昏也。《續説》：以上十一篇，皆周宣中興以後之詩，故續於正《小正》之後。

《序》：《車舝》，大夫刺幽王也。褒姒嫉妒，無道並進，讒巧敗國，德澤不加於民，周人思得賢女以配君子，故作是詩也。

間關車之舝兮，思孌季女逝兮。毛《傳》：興也。間關，設舝也。孌，美貌。季女，謂有齊季女也。鄭《箋》：逝，往也。大夫嫉褒姒之爲惡，故嚴車設其舝，思得孌然美好之少女，有齊莊之德者往迎之，配幽王代褒姒也。既幼而美又齊莊，庶其當王意。匪飢匪渴，德音來括。毛《傳》：括，會也。鄭《箋》：時讒巧敗國，下民離散，故大夫汲汲欲迎季女，行道雖飢不飢，雖渴不渴，覬得之而來，使我王更修德教，合會離散之人。雖無好友，式燕且喜。鄭《箋》：式，用也。我得德音而來，雖無同好之賢友，我猶用是燕飲，相慶且喜。

依彼平林，有集維鷮。辰彼碩女，令德來教。毛《傳》：依，茂木貌。平林，林木之在平地者也。鷮，雉也。辰，時也。鄭《箋》：平林之木茂，則耿介之鳥集焉。喻王者有茂美之德，則其時賢女來配之，與相訓告，改修德教。式燕且譽，好爾無射。鄭《箋》：爾，女。女，王也。射，厭也。我於碩女來教，則用是燕飲酒，且稱王之聲譽，我愛好王無有厭也。

雖無旨酒，式飲庶幾。雖無嘉殽，式食庶幾。雖無德與女，式歌且舞。鄭《箋》：諸大夫親得賢女以配王，於是酒雖不美，猶用之。此燕飲殽雖不美，猶食之。必皆庶幾於王之變改，得輔佐之。雖無其德，用是歌舞相樂，喜之至也。

陟彼高岡，析其柞薪。析其柞薪，其葉湑兮。鄭《箋》：陟，登也。登高岡者，必析其木以爲薪。析其木以爲薪者，爲其葉茂盛，蔽岡之高也。此喻賢女得在王后之位，則必辟除嫉妒之女，亦爲其蔽君之明。鮮我覯爾，我心寫兮。鄭《箋》：鮮，善。覯，見也。善乎我得見女如是，則我心中之憂除去也。

高山仰止，景行行止。四牡騑騑，六轡如琴。毛《傳》：景，大也。鄭《箋》：景，明也。諸大夫以爲賢女既進，則王亦庶幾。古人有高德者則慕仰之，有明行者則而行之。其御群臣使之有禮，如御四馬騑騑然。持其教令，使之調均，亦如六轡緩急有和也。

覯爾新昏，以慰我心。毛《傳》：慰，安也。鄭《箋》：我得見女之新昏如是，則以慰除我心之憂也。新昏，季女也。

《車舝》五章，章六句。

【眉批】

親，古「新」字。

按：「高山」、「景行」二語甚莊。朱子止以作典，恐無是體，如鄭解又拗，當是直仰慕季女令德耳。

聖門傳詩嫡冢卷之十一

吴興凌濛初輯

雅

小正傳

《考補》：《小正傳》二十五篇，毛氏謂之變《小正》。《測》按：《小正》、《大正》，有正，有續，有傳。正者，正也。續者，謂其可續於正也。傳則稍軼於正矣。凡云傳者，遞承其事而廣記之之謂。雖亦正言其事，其實不無深文譎指於其間，故謂之傳，然而有小大之分焉。小大云者，非王政大小之説，而又云變《小正》、變《大正》，似益與傳殊矣，是不可不諦審諸。

《傳》：昭王南□□□□大夫憂之，賦《鼓鐘》。《續説》：昭王名瑕，成王孫，康王釗之子。南游於荆，荆人膠舟以進，渡漢，膠液舟解，王溺而崩。《測》：此詩《序》以爲刺幽王，蘇氏、王氏皆仍其説。歐陽公以爲旁考《詩》、《書》、《史記》，皆無幽王東至徐淮之事，誠未可以爲幽王作樂于淮上也，而《傳》以爲昭王南游之事，殊令豁然。第荆漢去淮遠甚，而淮水云云又如何。

《序》：《鼓鐘》，刺幽王也。

鼓鐘將將，淮水湯湯，憂心且傷。毛《傳》：幽王用樂不與德比，會諸侯于淮上，鼓其淫樂以示諸侯，賢者爲之憂傷。

鄭《箋》：爲之憂傷者，嘉樂不野合，犧象不出門，今乃於淮水之上，作先王之樂，失禮尤甚。淑人君子，懷允不忘。鄭《箋》：淑，善。懷，至也。古者善人君子，其用禮樂各得其宜，至信不可忘。

鼓鐘喈喈，淮水湝湝，憂心且悲。毛《傳》：喈喈，猶將將。湝湝，猶湯湯。悲，猶傷也。淑人君子，其德不回。毛《傳》：回，邪也。

鼓鐘伐鼛，淮有三洲，憂心且妯。毛《傳》：鼛，大鼓也。三洲，淮上地。妯，動也。鄭《箋》：妯之言悼也。淑人君子，其德不猶。毛《傳》：猶，若也。鄭《箋》：猶，當作瘉。瘉，病也。

鼓鐘欽欽，鼓瑟鼓琴，笙磬同音。毛《傳》：欽欽，言使人樂進也。笙磬，東方之樂也。同音，四縣皆同也。鄭《箋》：同音者，謂堂上堂下，八音克諧。以雅以南，以籥不僭。毛《傳》：爲雅爲南也，舞四夷之樂，大德廣所及也。東夷之樂曰昧，南夷之樂曰任，西夷之樂曰株離，北夷之樂曰禁。以爲籥舞若是，爲和而不僭矣。鄭《箋》：雅，萬舞也。萬也，南也，籥也，三舞不僭，言進退之旅也。周樂尚武，故謂萬舞爲雅。雅，正也。籥舞，交樂也。

《鼓鐘》四章，章五句。愚按：幽王無東巡之事，先儒疑之，《傳》以爲昭王，而鄭於中候握河亦注云：「昭王時《鼓鐘》之詩所爲作者。」孔疏云：「鄭時未見《毛詩》，依三家爲説也。」然則齊、魯、韓皆同《傳》説，而鄭亦因之，獨毛氏異耳。《左傳》云：「昭王南征而不復。」安知其非自徐淮而後至于荆漢者耶。

【眉批】

猶，韻與上叶，鄭改瘉無謂。

《傳》：《圻招》，□□□道，穆王西征，祭公述民怨以諫，賦《圻招》。《測》：此詩《序》以《祈父》名篇，亦以爲刺宣王。吕東萊曰：「未見必爲宣王之事。」余甚然之。《傳》以爲祭公云云，殊令豁然。今考圻招者，即圻父也。《酒誥》曰：「圻父薄圍。」蔡九峰曰：「圻父迫逐違命者也。」迫逐違命，則不道矣。今玩闕文，似云「圻招違命不道」，穆王之征，祭公之諫，有以哉。況述民怨之說，於詩旨便已了然。

《序》：《祈父》，刺宣王也。鄭《箋》：刺其用祈父不得其人也，言非其人則職廢。祈父之職，掌六軍之事，有九伐之法。祈圻畿同。

祈父，毛《傳》：祈父，司馬也，職掌封圻之兵甲。鄭《箋》：此司馬也，時人以其職號之，故曰祈父。《書》曰：「若疇圻父。」謂司馬也。司馬掌禄士，故司士屬焉。又有司右主勇力之士。予王之爪牙。胡轉予于恤？靡所止居。毛《傳》：恤，憂也。宣王之末，司馬職廢，羌戎爲敗。鄭《箋》：予，我。轉，移也。此勇力之士，責司馬之辭也。我乃王之爪牙，爪牙之士，當爲王閑守之衛，女何移我于憂，使我無所止居乎？謂見使從軍，與羌戎戰於千畝而敗之時也。六軍之士出自六卿，法不取于王之爪牙之士。

祈父，予王之爪士。毛《傳》：士，事也。胡轉予于恤？靡所底止。毛《傳》：底，至也。

祈父，亶不聰。毛《傳》：亶，誠也。胡轉予于恤？有母之尸饔。毛《傳》：尸，陳也。熟食曰饔。鄭《箋》：己從軍而母爲父陳饌飲食之具，自傷不得供養也。

《祈父》三章，章四句。愚按：《春秋》昭十二年《左傳》，楚右尹子革曰：「穆王欲肆其心，周行天下，將皆必有車轍馬迹焉。祭公謀父作《祈招》之詩以止王心。」其説與此《傳》正合，然所誦之詩則異於此，不知何解。豈所指即此詩，而子革因事托諷，或以意易其語耶。

《傳》：懿王之時，大夫勞於王事，賦《北山》。《續説》：懿王，名繄扈，共王子。

《序》：《北山》，大夫刺幽王也。役使不均，己勞於從事而不得養其父母焉。

陟彼北山，言采其杞。鄭《箋》：言，我也。登山而采杞，非可食之物，喻己行役不得其事。偕偕士子，朝夕從事。毛《傳》：偕偕，强壯貌。士子，有王事者也。鄭《箋》：朝夕從事，言不得休止。王事靡盬，憂我父母。鄭《箋》：靡，無也。盬，不堅固也。王事無不堅固，故我當盡力勤勞於役，久不得歸，父母思己而憂。

溥天之下，莫非王土；率土之濱，莫非王臣。毛《傳》：溥，大。率，循。濱，涯也。鄭《箋》：此言王之土地廣矣，王之臣又衆矣，何求而不得，何使而不行。大夫不均，我從事獨賢。毛《傳》：賢，勞也。王不均大夫之使，而專以我有賢才之故，獨使我從事於役。自苦之辭。

四牡彭彭，王事傍傍。毛《傳》：彭彭然不得息，傍傍然不得已。嘉我未老，鮮我方將，毛《傳》：將，壯也。鄭《箋》：嘉、鮮，皆善也。王善我年未老乎，善我方壯乎，何獨久使我也。旅力方剛，經營四方。毛《傳》：旅，衆也。鄭《箋》：王謂此事衆之氣力方盛乎，何乃勞苦，使之經營四方。

或燕燕居息，毛《傳》：燕燕，安息貌。或盡瘁事國。毛《傳》：盡力勞病以從國事。或息偃在牀，或不已于行。鄭《箋》：不已，猶不止也。

或不知叫號，或慘慘劬勞。毛《傳》：叫號，呼召也。或棲遲偃仰，或王事鞅掌。毛《傳》：鞅掌，失容也。鄭《箋》：鞅，猶何也。掌，謂捧之也。負何捧持以趨者，言促遽也。

或湛樂飲酒，或慘慘畏咎。鄭《箋》：咎，猶罪過也。或出入風議，或靡事不爲。鄭《箋》：風，猶放也。

《北山》六章，三章章六句，三章章四句。

《傳》：□王之時，大夫避□□□□□□，賦《綿蠻》。《測》：按：大夫避之云者，與思有所托之意，未嘗不相通。

《序》：《緜蠻》，微臣刺亂也。大臣不用仁心，遺忘微賤，不肯飲食教載之，故作是詩也。鄭《箋》：微臣，謂士也。古者卿大夫出行，士爲末介。士之禄薄，或困於資財，則當賙贍之。幽王之時，國亂禮廢恩薄，大不念小，尊不恤賤，故本其亂而刺之。

緜蠻黄鳥，止于丘阿。毛《傳》：興也。緜蠻，小鳥貌。丘阿，曲阿也。鳥止於阿，人止於仁。鄭《箋》：止，謂飛行所止託也。興者，小鳥知止于丘之曲阿静安之處而託息焉，喻小臣擇卿大夫有仁厚之德者而依屬焉。道之云遠，我勞如何！飲之食之，教之誨之，命彼後車，謂之載之。鄭《箋》：在國依屬於卿大夫之仁者，至於爲末介從而行。道路遠矣，我罷勞，則卿大夫之恩宜如何乎？渴則予之飲，食則予之食，事未至則豫教之，臨事則誨之，車敗則命後車載之。後車，倅車也。

緜蠻黄鳥，止于丘隅。鄭《箋》：丘隅，丘角也。豈敢憚行，畏不能趨。鄭《箋》：憚，難也。我罷勞，車又敗，豈敢難徒行乎？畏不能及時疾至也。

緜蠻黄鳥，止於丘側。鄭《箋》：丘側，丘傍也。豈敢憚行，畏不能極。鄭《箋》：極，至也。飲之食之，教之誨之，命彼後車，謂之載之。

《緜蠻》三章，章八句。

《傳》：厲王信讒，大夫憂之，賦《青蠅》。《續説》：厲王胡，夷王子，嘗使衛巫監謗，是其信讒。

《序》：《青蠅》，大夫刺幽王也。

營營青蠅，止于樊。毛《傳》：興也。營營，往來貌。樊，藩也。鄭《箋》：興者，蠅之爲蟲，污白使黑，污黑使白，喻佞人變亂善惡也。言止于藩，欲外之令遠物也。豈弟君子，無信讒言。鄭《箋》：豈弟，樂易也。

營營青蠅，止于棘。讒人罔極，交亂四國。鄭《箋》：極，猶已也。

營營青蠅，止于榛。讒人罔極，搆我二人。鄭《箋》：搆，合也。合，猶交亂也。

《青蠅》三章，章四句。

《傳》：厲王之時，諸侯勞□□□，賦《小東》。《測》：按：此詩篇名《序》以爲《大東》，《傳》以爲《小東》，總是東方之國，大者小者皆不能堪，而爲此詩也。

《序》：《大東》，刺亂也。東國困於役而傷於財，譚大夫作是詩以告病焉。鄭《箋》：譚國在東，故其大夫尤苦征役之事也。魯莊公十年，齊師滅譚。

有饛簋飧，有捄棘匕。毛《傳》：興也。饛，滿簋貌。飧，熟食，謂黍稷也。捄，長貌。匕所以載鼎食。棘，赤心也。鄭《箋》：飧者，客始至，主人所致之禮也。凡飧饔餼，以其爵等爲之，牢禮之數陳。興者，喻古者天子施予之恩，於天下厚。周道如砥，其直如矢。毛《傳》：如砥，貢賦平均也。如矢，賞罰不偏也。君子所履，小人所視。鄭《箋》：此言古者天子之恩厚也，君子皆法效而履行之，其如砥矢之平。小人又皆視之，共之無怨。睠言顧之，潸焉出涕。毛《傳》：睠，反顧也。潸，涕下貌。鄭《箋》：言，我也。此二事者，在乎前世，過而去矣。我從今顧視之，爲之出涕，傷今不如古。

小東大東，杼柚其空。毛《傳》：空，盡也。鄭《箋》：小也，大也，謂賦斂之多少也。小亦於東，大亦於東，言其政偏，失砥矢之道也。譚無他貨，維絲麻耳，今盡杼柚不作也。糾糾葛屨，可以履霜。佻佻公子，行彼周行。毛《傳》：佻佻，獨行貌。公子，譚公子也。鄭《箋》：葛屨，夏屨也。周行，周之列位也。言時財貨盡，雖公子衣屨不能順時，乃夏之草屨，今以履霜送轉餫，因見使行周之列位者而發幣焉。言雖困乏，猶不得止。既往既來，使我心疚。鄭《箋》：既，盡。疚，病也。言譚人自虚竭餫送而往，周人則空盡受之，曾無反幣復禮之惠，是使我心傷病也。

有洌氿泉，無浸穫薪。契契寤嘆，哀我憚人。毛《傳》：洌，寒意也。側出曰氿泉。穫，艾也。契契，憂苦也。憚，勞也。鄭《箋》：穫，落木名也。既伐而析之以爲薪，不欲使氿泉浸之。浸之，則將濕腐不中用也。今譚大夫契契憂苦，而寤嘆哀其民人之勞苦者，亦不欲使周之賦斂小東、大東極盡之。極盡之則將困病，亦猶是也。薪是穫薪，尚可載也。哀我憚人，亦可息也。毛《傳》：載，載乎意也。鄭《箋》：薪是穫薪者，析是穫薪也。尚，庶幾也。庶幾析是穫薪，可載而歸蓄之以爲家用。哀我勞人，亦可休息養之以待國事。

東人之子，職勞不來。西人之子，粲粲衣服。毛《傳》：東人，譚人也。來，勤也。西人，京師人也。粲粲，鮮盛貌。鄭《箋》：職，主也。東人勞苦而不見謂勤，京師人衣服鮮潔而逸豫，言王政偏甚也。自此章以下，言周道衰。其不言政偏，則言衆官廢職，如是而已。舟人之子，熊羆是裘。毛《傳》：舟人，舟楫之人。熊羆是裘，言富也。鄭《箋》：舟，當作周。裘，當作求。聲相近故也。周人之子，謂周世臣之子孫退在賤官，使搏熊羆，在冥氏、穴氏之職。私人之子，百僚是試。毛《傳》：私人，私家人也。是試，用於百官也。鄭《箋》：此言周衰，群小得志。

或以其酒，不以其漿。毛《傳》：或醉於酒，或不得漿。鞙鞙佩璲，不以其長。毛《傳》：鞙鞙，玉貌。璲，瑞也。鄭《箋》：佩璲者，以瑞玉爲佩。佩之鞙鞙然，居其官職，非其才之所長也，徒美其佩而無其德。刺其素飡。維天有漢，監亦有光。毛《傳》：河，天河也。有光而無所明。鄭《箋》：監，視也。喻王闓置官司，而無督察之實。跂彼織女，終日七襄。毛《傳》：跂，隅貌。襄，反也。鄭《箋》：襄，駕也。駕，謂更其肆也。從旦莫七辰一移，因謂之七襄。

雖則七襄，不成報章。毛《傳》：不能反報成章也。鄭《箋》：織女有織名爾，駕則有西無東，不如人織相反，報成文章。睆彼牽牛，不以服箱。毛《傳》：睆，明星貌。何鼓謂之牽牛。服，牝服也。箱，大車之箱也。鄭《箋》：以，用也。牽牛不可用於牝服之箱。東有啓明，西有長庚。毛《傳》：日旦出，謂明星爲啓明。日既入，謂明星爲長庚。庚，續也。鄭《箋》：啓明、長庚皆有助日之名而無實光也。有捄天畢，載施之行。毛《傳》：捄，畢貌。畢所以掩兔也，何嘗見其可用乎？鄭《箋》：祭器有畢者，所以助載鼎實，今天畢則施於行列而已。

維南有箕，不可以簸揚。維北有斗，不可以挹酒漿。毛《傳》：挹，㪺也。維南有箕，載翕其舌。維北有斗，西柄之揭。毛《傳》：翕，合也。鄭《箋》：翕，猶引也。引舌者，謂上星相近。

《大東》七章，章八句。

【眉批】

闕文當是「于賦役」三字。

「維天有漢」以下毛、鄭之意皆喻在位者有名無實，《疏》亦云興王之官司虚列而無所成也。果爾，則一二語足矣，何至疊咏諸星，而且反覆其詞耶？不如朱解望天怨天爲無聊之思者有趣味也。然詮解句字，則毛、鄭各妙。

《傳》：厲王不禮於諸侯，□□相戒以避之，賦《菀柳》。《續說》：厲王暴虐，觀其執齊哀公而烹之，宜諸侯之思避之矣。《測》：《序》說亦同。第相戒以避，於詩文更覺親切。

《序》：《菀柳》，刺幽王也。暴虐無親而刑罰不中，諸侯皆不欲朝，言王者之不可朝事也。

有菀者柳，不尚息焉。毛《傳》：興也。菀，茂木也。鄭《箋》：尚，庶幾也。有菀然枝葉茂盛之柳，行路之人豈有不庶幾欲就之止息乎。興者，喻王有盛德，則天下皆庶幾願往朝焉，憂今不然。上帝甚蹈，無自暱焉。毛《傳》：蹈，動。暱，近也。鄭《箋》：蹈，讀曰悼。上帝乎者，愬之也。今幽王暴虐，不可以朝事，甚使我心中悼病，是以不從而近之，釋己所以不朝之意。俾予靖之，後予極焉。毛《傳》：靖，治。極，至也。鄭《箋》：靖，謀。俾，使。極，誅也。假使我朝王，王留我使我謀政事，王信讒不察功考績，後反誅放我。是言王刑罰不中，不可朝事也。

有菀者柳，不尚愒焉。毛《傳》：愒，息也。上帝甚蹈，無自瘵焉。毛《傳》：瘵，病也。鄭《箋》：瘵，接也。俾予靖之，後予邁焉。鄭《箋》：邁，行也。行，亦放也。《春秋傳》曰：「予將行之。」

有鳥高飛，亦傅于天。彼人之心，于何其臻？鄭《箋》：傅、臻，皆至也。彼人，斥幽王也。鳥之高飛，極至于天耳。幽王之心，於何所至乎？言其轉側無常，人不知其所屆。曷予靖之，居以凶矜？毛《傳》：曷，害。矜，危也。鄭《箋》：王何爲使我謀之，隨而罪我，居我凶危之地？謂四裔也。

《菀柳》三章，章六句。愚按：《詩故》亦以《菀柳》爲厲王之詩。

【眉批】

闕文當是「諸侯」二字。

王肅、孫毓述毛皆以上帝爲斥王者，是若，鄭便割裂。

《傳》：厲王出居于彘，□□□□，賦《小明》。《續説》：出，謂自内而之外。居者，天子有天下，溥天率土，皆其所宜居。《春秋》書天王出居于鄭，書法本此。《測》：按此詩《序》以爲大夫悔仕於亂世，而吕東萊從之，蓋止因篇中「自貽伊戚」之句耳。其實以爲久役懷歸，因勞思逸而寄語僚友之處者，似於文義爲盡。《傳》以爲厲王出居于彘，其闕文當是「大夫從之」四字，蓋從王者苦而勞，在都者樂而逸，故篇末「安處」、「安息」之説爲諄諄也。彘近河，乃秦地，以諸國之地理言之，秦、晉在西，其餘多在東南，由他國至秦、晉，多西行，故曰「我征徂西」。秦地産艽，故曰艽野。「共人」云者，不是泛泛之稱，如恭人、哲人等類，此詩前三章，皆曰「共人」，後二章，又皆曰「靖共」，通篇不脱「共」之一字，不爲無意。考厲王流彘之時，十四年之内，周、召二公爲政，號曰共和，故從王於彘者，指在都共和者爲共人而念之也。夫在都共和，則爲安處、爲安息，故又戒之曰「無恒安處」、「無恒安息」。「安處」、「安息」者，即共人也，正所謂嗟爾君子者也。然共豈易易哉！必非喜功生事不安於位者之所能，故又必勉之以靖共也，靖共而後可爲共和。

《序》：《小明》，大夫悔仕于亂世也。鄭《箋》：名篇曰小明者，言幽王日小其明，損其政事，以至於亂。

明明上天，照臨下土。鄭《箋》：明明上天，喻王者當光明如日之中也。照臨下土，喻王者當察理天下之事也。據時幽王不能然，故舉以刺之。我征徂西，至于艽野。二月初吉，載離寒暑。毛《傳》：艽野，遠荒之地。初吉，朔日也。鄭《箋》：征，行。徂，往也。我行往之西方，至於遠荒之地，乃以二月朔日始行，今則更夏暑冬寒矣，尚未得歸。詩人，牧伯之大夫，使述其方之事，遭亂世勞苦而悔仕。心之憂矣，其毒大苦。鄭《箋》：憂之甚，心中如有藥毒也。念彼共人，涕零如雨。鄭《箋》：共人，靖共爾位以待賢者之君。豈不懷歸？畏此罪罟。毛《傳》：罟，網也。鄭《箋》：懷，思也。我誠思歸，畏此刑罪羅網我，故不敢歸爾。

昔我往矣，日月方除。曷云其還？歲聿云莫。毛《傳》：除，除陳生新也。鄭《箋》：四月爲除。昔我往至於艽野，以四月，自謂其時將即歸。何言其還，乃至歲晚，尚不得歸。念我獨兮，我事孔庶。心之憂矣，憚我不暇。毛《傳》：憚，勞也。鄭《箋》：孔，甚。庶，衆也。我事獨甚衆，勞我不暇，皆言王政不均，臣事不同也。念彼共人，睠睠懷顧。鄭《箋》：睠睠，有往仕之志也。豈不懷歸？畏此譴怒。

昔我往矣，日月方奧。毛《傳》：奧，煖也。曷云其還？政事愈蹙。歲聿云莫，采蕭穫菽。毛《傳》：蹙，促也。鄭《箋》：愈，猶益也。何云其還？乃至於政事更益促急，歲晚乃至采蕭穫菽，尚不得歸。心之憂矣，自詒伊戚。毛《傳》：戚，憂也。鄭《箋》：詒，遺也。我冒亂世而仕，自遺此憂，悔仕之辭。念彼共人，興言出宿。鄭《箋》：興，起也。夜卧起宿於外，憂不能宿於内也。豈不懷歸？畏此反覆。鄭《箋》：反覆，謂不以正罪見罪。

嗟爾君子，無恒安處。鄭《箋》：恒，常也。嗟女君子，謂其友未仕者也。人之居無常安之處，謂當安安而能遷。孔子曰：「鳥則擇木。」靖共爾位，正直是與。神之聽之，式穀與女。毛《傳》：靖，謀也。正直爲正。能正人之曲曰直。鄭

《箋》：共，具。式，用。穀，善也。有明君謀具汝之爵位，其志在於與正直之人爲治。神明若祐而聽之，其用善人，則必用女。是使聽乎天命，不汲汲求仕之辭。言女位者，位無常主，賢人則是。

嗟爾君子，無恒安息。毛《傳》：息，猶處也。靖共爾位，好是正直。神之聽之，介爾景福。毛《傳》：介、景，皆大也。鄭《箋》：好，猶與也。介，助也。神助聽之，則將助女以大福。謂遭是明君，道施行也。

《小明》五章，三章章十二句，二章章六句。

【眉批】

按：下云爾位，則君子恐非未仕者。鄭太屈折，不如朱注。

《傳》：尹伯奇□□□後母，鄰大夫閔之，賦《小弁》。《續説》：子貢、劉向、趙岐皆以此爲尹伯奇事，是也。《小序》乃曰「刺幽王也」，太子之傅作焉。夫君雖不君，臣不可以不臣。父雖不父，子不可以不子。太子臣且子，其傅何人，顧可刺王？且宜臼弑逆之賊，又安得有親親之仁而孟子稱之？孔子作《春秋》以誅亂賊，託始平王，其旨深矣，豈肯録其怨父之詞以示後世而不之削乎？惟鄰大夫比肩事主，則於吉甫有友道焉。朋友責善，固其責也。《測》：余嘗讀此詩至「君子秉心，維其忍之。君子不惠，不舒究之」，亦嘗竊疑之，謂仁人孝子，雖怨其親，不宜至此，然直以爲作者之過，初不知有尹伯奇之説。今由《傳》而繹，則所謂君子云云者，似皆鄰大夫以之加於吉甫者，胸中涣然如冰釋矣。且據此以繹三章之詞，當言人之生也，靡瞻匪父，靡依匪母，我獨不屬于毛，不離于裏，分明謂出于後母，非生我育我者也。

《序》：《小弁》，刺幽王也，太子之傅作焉。

弁彼鸒斯，歸飛提提。毛《傳》：興也。弁，樂也。鸒，卑居。卑居，雅烏也。提提，群貌。鄭《箋》：樂乎彼雅烏，出食在野甚飽，群飛而歸提提然。興者，喻凡人之父子兄弟，出入宫庭，相與飲食，亦提提然樂，傷今太子獨不。民莫不穀，我獨于罹。毛《傳》：幽王取申女，生太子宜咎。又説褒姒生子伯服，立以爲后而放宜咎，將殺之。鄭《箋》：穀，養。于，曰。罹，憂也。天下之人，無不父子相養者，我太子獨不然，曰以憂也。何辜于天，我罪伊何？毛《傳》：舜之怨慕，日號泣于旻天、于父母。心之憂矣，云如之何？

踧踧周道，鞫爲茂草。毛《傳》：踧踧，平易也。周道，周室之通道。鞫，窮也。鄭《箋》：此喻幽王信褒姒之讒，亂其德政，使不通於四方。我心憂傷，惄焉如擣。假寐永嘆，維憂用老。心之憂矣，疢如疾首。毛《傳》：惄，思也。擣，心疾也。鄭《箋》：不脱冠衣而寐曰假寐。疢，猶病也。

維桑與梓，必恭敬止。毛《傳》：父之所樹，已尚不敢不恭敬。靡瞻匪父，靡依匪母。不屬于毛，不罹于裏。毛《傳》：毛在外陽，以言父；裏在内陰，以言母。鄭《箋》：此言人無不瞻仰其父取法則者，無不依恃其母以長大者，今我獨不得父皮膚之氣乎？獨不處母之胞胎乎？何曾無恩於我？天之生我，我辰安在？毛《傳》：辰，時也。鄭《箋》：此言我生所值之辰，安所在乎？謂六物之吉凶。

菀彼柳斯，鳴蜩嘒嘒。有漼者淵，萑葦淠淠。毛《傳》：蜩，蟬也。嘒嘒，聲也。漼，深貌。淠淠，衆也。鄭《箋》：柳木茂盛則多蟬，淵深而旁生萑葦。言大者之旁，無所不容。譬彼舟流，不知所届。鄭《箋》：届，至也。言今太子不爲王及后所容而見放逐，狀如舟之流行，無制之者，不知終所至也。心之憂矣，不遑假寐。鄭《箋》：遑，暇也。

鹿斯之奔，維足伎伎。雉之朝雊，尚求其雌。毛《傳》：伎伎，舒貌，謂鹿之奔走，其足伎伎然舒也。鄭《箋》：雊，雉鳴也。尚，猶也。鹿之奔走，其勢宜疾，而足伎伎然舒，留其群也。雉之鳴，猶知求其雌。今太子之放棄，其妃匹不得與之去，又鳥獸之不如。譬彼壞木，疾用無枝。毛《傳》：壞，瘣也，謂傷病也。鄭《箋》：太子放逐而不得生子，猶内傷病之木，内有疾故無枝也。心之憂矣，寧莫之知。鄭《箋》：寧，猶曾也。

相彼投兔，尚或先之。行有死人，尚或墐之。毛《傳》：墐，路冢也。鄭《箋》：相，視。投，掩。行，道也。視彼人將掩兔，尚有先驅走之者。道中有死人，尚有覆掩之，成其墐者。言此所不知，其心不忍。君子秉心，維其忍之。鄭《箋》：君子，斥幽王也。秉，執也。言王之執心，不如此二人。心之憂矣，涕既隕之。毛《傳》：隕，隊也。

君子信讒，如或醻之。鄭《箋》：醻，旅醻也。如醻之者，謂受而行之。君子不惠，不舒究之。鄭《箋》：惠，愛。究，謀也。王不愛太子，故聞讒言則放之，不舒謀也。伐木掎矣，析薪扡矣。毛《傳》：伐木者掎其巔，析薪者隨其理。鄭《箋》：掎其顛者，不欲妄踣之。扡，謂觀其理也。必隨其理者，不欲妄挫折之。以言今王之遇太子，不如伐木析薪也。舍彼有罪，予之佗矣。毛《傳》：佗，加也。鄭《箋》：舍褒姒讒言之罪而妄加我太子。

莫高匪山，莫浚匪泉。毛《傳》：浚，深也。鄭《箋》：山高矣，人登其巔；泉深矣，人入其淵。以言人無所不至，雖逃避之，猶有默存者焉。君子無易由言，耳屬于垣。鄭《箋》：由，用也。王無輕用讒人之言，人將有屬耳于壁而聽之者，知王有所受之，知王心不正也。無逝我梁，無發我笱。鄭《箋》：逝，之也。之人梁，發人笱，此必有盜魚之罪，以言褒姒淫色來嬖於王，盜我太子母子之寵。我躬不閲，遑恤我後。毛《傳》：念父，孝也。高子曰：「《小弁》，小人之詩也。」《孟子》曰：「何以言之曰怨乎？」孟子曰：固哉！夫高叟之爲詩也。有越人於此，關弓而射之，我則談笑而道之，無他，疎之也。兄弟關弓而射我，我則垂涕泣而道之，無他，戚之也。然則「《小弁》之怨，親親也。親親，仁也。固矣！夫高叟之爲詩。曰：『《凱風》何以不怨？』曰：『《凱風》，親之過小者也。《小弁》，親之過大者也。親之過大而不怨，是愈疎也。親之過小而怨，是不可譏也。愈疎，不孝也。不可譏，亦不者也。』」孔子曰：「舜其至孝矣，五十而慕。」鄭《箋》：念父，孝也。太子念王將受讒言不止，我死之後，懼復有被讒者，亦無如之何？故自决云：「我身尚不能容，何暇乃憂我死之後也？」

《小弁》八章，章八句。

《傳》：幽王□□□□□□賦《巷伯》。

《序》：《巷伯》，刺幽王也。寺人傷於讒，故作是詩也。鄭《箋》：巷伯，奄官。寺人，内小臣也。奄官上士四人，掌王后之命，於宮中爲近，故謂之巷伯，與寺人之官相近。讒人譖寺人，寺人又傷其將及巷伯，故以名篇。

萋兮菲兮，成是貝錦。毛《傳》：興也。萋菲，文章相錯也。貝錦，錦文也。鄭《箋》：錦文者，文如餘泉餘蚳之貝文也。興者，喻讒人集作己過以成於罪，猶女工之集采色以成錦文。彼譖人者，亦已大甚！鄭《箋》：大甚者，謂使已得重罪也。

哆兮侈兮，成是南箕。毛《傳》：哆，大貌。南箕，箕星也。侈之言是必有因也，斯人自謂辟嫌之不審也。昔者顏叔子獨處于室，鄰之釐婦又獨處于室，夜暴風雨至而室壞，婦人趨而至，顏叔子納之而使執燭，放乎旦而蒸盡，縮屋而繼之，自以爲辟嫌之不審矣。若其審者，宜若魯人然。魯人有男子獨處于室，鄰之釐婦又獨處于室，夜暴風雨而室壞，婦人趨而托之，男子閉户而不納。婦人自牖與之言曰：「子何爲不納我乎？」男子曰：「吾聞之也，男子不六十不間居。今子幼，吾亦幼，不可以納子。」婦人曰：「子何不若柳下惠然？嫗不逮門之女，國人不稱其亂。」男子曰：「柳下惠固可，吾固不可。吾將以吾不可學柳下惠之可。」孔子曰：「欲學柳下惠者，未有似於是也。」鄭《箋》：箕星哆然，踵狹而舌廣。今讒人之因寺人之近嫌而成言其罪，猶因箕星之哆而侈人之。彼譖人者，誰適與謀？鄭《箋》：適，往也。誰往就女謀乎？怪其言多且巧。

緝緝翩翩，謀欲譖人。毛《傳》：緝緝，口舌聲。翩翩，往來貌。慎爾言也，謂爾不信。鄭《箋》：慎，誠也。女誠心而後言，王將謂女不信而不受。欲其誠者，惡其不誠也。

捷捷幡幡，謀欲譖言。毛《傳》：捷捷，猶緝緝也。幡幡，猶翩翩也。豈不爾受，既其女遷。毛《傳》：遷，去也。鄭《箋》：遷之言訕也。王倉卒豈將不受女言乎？已則亦將復訕誹女。

驕人好好，勞人草草。毛《傳》：好好，喜也。草草，勞心也。鄭《箋》：好好者，喜讒言之人也。草草，憂將妄得罪也。蒼天蒼天！視彼驕人，矜此勞人！

彼譖人者，誰適與謀？取彼譖人，投畀豺虎。毛《傳》：投，棄也。豺虎不食，投畀有北。毛《傳》：北方寒涼而不毛。有北不受，投畀有昊。毛《傳》：昊，昊天也。鄭《箋》：付與昊天，制其罪也。

楊園之道，猗于畝丘。毛《傳》：楊園，園名。猗，加也。畝丘，丘名。鄭《箋》：欲之楊園之道，當先歷畝丘。以言此讒人欲譖大臣，故從近小者始。寺人孟子，作爲此詩。凡百君子，敬而聽之。毛《傳》：寺人而曰孟子者，罪已定矣，而將踐刑，作此詩也。鄭《箋》：寺人，王之正内五人。作，起也。孟子起而爲此詩，欲使衆在位者慎而知之。既言寺人，復自言孟子者，自傷將去此官也。

《巷伯》七章，四章章四句，一章五句，一章八句，一章六句。

《傳》：大夫傷於讒，賦《巧言》。

《序》：《巧言》，刺幽王也。大夫傷於讒，故作是詩也。

悠悠昊天，曰父母且。無罪無辜，亂如此幠。毛《傳》：幠，大也。鄭《箋》：悠悠，思也。幠，敖也。我憂思乎昊天，愬王也。始者言其且爲民之父母，今乃刑殺無罪無辜之人。爲亂如此，甚敖慢無法度也。昊天已威，予慎無罪。昊天大幠，予慎無辜。毛《傳》：威，畏。慎，誠也。鄭《箋》：已、泰，皆言甚也。昊天乎，王甚可畏，王甚敖慢，我誠無罪而罪我。

亂之初生，僭始既涵。毛《傳》：僭，數。涵，容也。鄭《箋》：僭，不信也。既，盡。涵，同也。王之初生亂萌，群臣之言，不信與信盡同之不別也。亂之又生，君子信讒。鄭《箋》：君子，斥在位者。在位者信讒人之言，是復亂之所生。君子如怒，亂庶遄沮。毛《傳》：遄，疾。沮，止也。鄭《箋》：君子見讒人如怒責之，則此亂庶幾可疾止也。君子如祉，亂庶遄已。毛《傳》：祉，福也。鄭《箋》：福者，福賢者，謂爵禄之也。如此，則亂亦庶幾可疾止也。

君子屢盟，亂是用長。毛《傳》：凡國有疑會同，則用盟而相要也。鄭《箋》：屢，數也。盟之所以數者，由世衰亂，多相背違。時見曰會，殷見曰同，非此時而盟謂之數。君子信盜，亂是用暴。毛《傳》：盜，逃也。鄭《箋》：盜，謂小人也。《春秋傳》曰：「賤者窮諸盜。」盜言孔甘，亂是用餤。毛《傳》：餤，進也。匪其止共，維王之邛。鄭《箋》：邛，病也。小人好爲讒佞，既不共其職事，又爲王作病。

奕奕寢廟，君子作之。秩秩大猷，聖人莫之。他人有心，予忖度之。躍躍毚兔，遇犬獲之。毛《傳》：奕奕，大貌。秩秩，進知也。莫，謀也。毚兔，狡兔也。鄭《箋》：此四事者，言各有所能也。因己能忖度讒人之心，故列道之耳。猷，道也。大道，治國之禮法。遇犬，犬之馴者，謂田犬也。

荏染柔木，君子樹之。往來行言，心焉數之。毛《傳》：荏染，柔意也。柔木，椅、桐、梓、漆也。鄭《箋》：此言君子樹善木，如人心思數善言而出之。善言者，往亦可行，來亦可行，於彼亦可，於己亦可，是之謂行也。蛇蛇碩言，出自口矣。毛《傳》：蛇蛇，淺意也。鄭《箋》：碩，大也。大言者不顧其行，徒從口出，非由心也。巧言如簧，顔之厚矣。鄭《箋》：顔之厚者，出言虚僞，而不知慙於人。

彼何人斯，居河之麋。毛《傳》：水草交謂之麋。鄭《箋》：何人者，斥讒人也。賤而惡之，故曰何人。無拳無勇，職爲亂階。毛《傳》：拳，力也。鄭《箋》：言勇力者，謂易誅除也。此人主爲亂作階，言亂由之來也。既微且尰，爾勇伊何？毛《傳》：骭瘍爲微，腫足爲尰。鄭《箋》：此人居下濕之地，故生微腫之疾，人憎惡之，故言女勇伊何？何所能也。爲猶將多，爾居徒幾何。鄭《箋》：猶，謀。將，大也。女作讒佞之謀大多，女所與居之衆幾何人？素能然乎。

《巧言》六章，章八句。

【眉批】

大鄭本作泰（指「大憮」之「大」）。

按：《左傳》詩云「君子屢盟，亂是用長」，無信也。

解「行言」、「碩言」殊順，勝于朱注。

《傳》：大□□□□賦《小旻》。

《序》：《小旻》，大夫刺幽王也。鄭《箋》：所刺列於《十月之交》、《雨無正》爲小，故曰《小旻》，亦當爲刺厲王。

旻天疾威，敷於下土。毛《傳》：敷，布也。鄭《箋》：旻天之德，疾王者以刑罰威恐萬民。其政教乃布於下土，言天下徧知。謀猶回遹，何日斯沮。毛《傳》：回，邪。遹，辟。沮，壞也。鄭《箋》：猶，道。沮，止也。今王謀爲政之道回辟，不循旻天之德已甚矣，心猶不悛，何日此惡將止。謀臧不從，不臧覆用。我視謀猶，亦孔之邛。毛《傳》：邛，病也。鄭《箋》：臧，善也。謀之善者不從，其不善者反用之。我視王謀爲政之道，亦甚病天下。

潝潝訿訿，亦孔之哀。毛《傳》：潝潝患其上，訿訿然思不稱其上。鄭《箋》：臣不事君，亂之階也，甚可哀也。謀之其臧，則具是違。謀之不臧，則具是依。我視謀猶，伊于胡底。鄭《箋》：于，往。底，至也。謀之善者俱背違之，其不善者依就之。我視今君臣之謀道，往行之將何所至乎？言必至於亂。

我龜既厭，不我告猶。毛《傳》：猶，道也。鄭《箋》：猶，圖也。卜筮數而瀆龜，龜靈厭之，不復告其所圖之吉凶，言雖得兆，占繇不中。謀夫孔多，是用不集。毛《傳》：集，就也。鄭《箋》：謀事者衆，而非賢者。是非相奪，莫適可從，故所爲不辰。發言盈庭，誰敢執其咎？毛《傳》：謀人之國，國危則死之，古人道也。鄭《箋》：謀事者衆，訩訩滿庭，而無敢決當是非。事若不成，誰云已當其咎責者？言小人争知而讓過。如匪行邁謀，是用不得于道。鄭《箋》：匪，非也。君臣之謀事如此，與不行而坐圖遠近，是於道路無進於跬步，何以異乎？

哀哉爲猶，匪先民是程，非大猶是經。維邇言是聽，維邇言是争。毛《傳》：古曰在昔，昔曰先民。程，法。經，常。猶，道。邇，近也。争，爲近言。鄭《箋》：哀哉，今之君臣。謀事不用古人之法，不循大道之常，而徒聽順近言之同者，争言之異者。言見動軔則泥陷，不至於遠也。如彼築室于道謀，是用不潰于成。毛《傳》：潰，遂也。鄭《箋》：如當路築室，得人而與之謀所爲，路人之意不同，故不得遂成也。

國雖靡止，或聖或否。民雖靡膴，或哲或謀，或肅或艾。毛《傳》：靡止，言小也。人有通聖者，有不能者，亦有明哲者，有聰謀者。艾，治也。有恭肅者，有治理者。鄭《箋》：靡，無。止，禮。膴，法也。言天下諸侯，今雖無禮，其心性猶有通明者，有賢者；民雖無法，其心性猶有知者，有謀者，有肅者，有艾者。王何不擇焉置之於位而任之爲治乎？《書》曰：「睿作聖，明作哲，聰作謀，恭作肅，從乂。」詩人之意欲王敬用五事以明天道，故云然。如彼泉流，無淪胥以敗。鄭《箋》：淪，率也。王之爲政者，如原泉之流行則清，無相牽率爲惡，以自濁敗。

不敢暴虎，不敢馮河，人知其一，莫知其他。毛《傳》：馮，陵也。徒涉曰馮河，徒搏曰暴虎。一，非也。他，不敬小人之危殆也。鄭《箋》：人皆知暴虎馮河立至之害，而無知當畏慎小人能危亡也。戰戰兢兢，毛《傳》：戰戰，恐也。兢兢，戒也。如臨深淵，毛《傳》：恐墜也。如履薄冰。毛《傳》：恐陷也。

《小旻》六章，三章章八句，三章章七句。

【眉批】

䌛音胄，與「繇」字不同，宜辨之。

《傳》：□□□□□□□□相戒，賦《鳴鳩》。《測》：此詩《序》篇名不同，大約兄弟遭亂相戒免禍，其指不能爲異同焉。

《序》：《小宛》，大夫刺幽王也。鄭《箋》：亦當爲刺厲王。

宛彼鳴鳩，翰飛戾天。毛《傳》：興也。宛，小貌。鳴鳩，鶻鵰。翰，高。戾，至也。行小人之道，責高明之功，終不可得。我心憂傷，念昔先人。毛《傳》：先人，文武也。明發不寐，有懷二人。毛《傳》：明發，發夕至明。

人之齊聖，飲酒温克。毛《傳》：齊，正。克，勝也。鄭《箋》：中正通知之人，飲酒雖醉，猶能温藉，自持以勝。彼昏不知，壹醉日富。毛《傳》：醉而日富矣。鄭《箋》：童昏無知之人，彼酒一醉，自謂日益富，夸淫自恣，以財驕人。各敬爾儀，天命不又。毛《傳》：又，復也。鄭《箋》：今女君臣各敬慎威儀，天命所去不復來也。

中原有菽，庶民采之。毛《傳》：中原，原中也。菽，藿也。力采者則得之。鄭《箋》：藿生原中，非有主也，以喻王位無常家也，勤於德者則得之。螟蛉有子，蜾蠃負之。毛《傳》：螟蛉，桑蟲也。蜾蠃，蒲盧也。負，持也。鄭《箋》：蒲盧取桑蟲之子，負持而去，煦嫗養之以成其子。喻有萬民不能治，則能治者將得之。教誨爾子，式穀似之。鄭《箋》：式，用。穀，善也。今有教誨女之萬民，用善道者，亦似蒲盧，言將得而子也。

題彼脊令，載飛載鳴。毛《傳》：題，視也。脊令不能自舍，君子有取節爾。鄭《箋》：題之爲言視睇也，載之言則也。則飛則鳴，翼也，口也，不有止息。我日斯邁，而月斯征。鄭《箋》：我，我王也。邁、征，皆行也。王日此行，謂日視朝也；而月此行，謂月視朝也。先王制此禮，使君與群臣議政事，日有所決，月有所行，亦無時止息。夙興夜寐，毋忝爾所生。毛《傳》：忝，辱也。

交交桑扈，率場啄粟。毛《傳》：交交，小貌。桑扈，竊脂也。言上爲亂政而求下之治，終不可得也。鄭《箋》：竊脂肉食，今無肉而率場啄粟，失其天性，不能以自活。哀我填寡，宜岸宜獄。握粟出卜，自何能穀。毛《傳》：填，盡。岸，訟也。鄭《箋》：仍得曰宜。自，從。穀，生也。可哀哉，我窮盡寡財之人，仍有訟獄之事，無可以自救，但持粟行卜，求其勝負，從何能得生。

温温恭人，毛《傳》：温温，和柔貌。如集于木。毛《傳》：恐隊也。惴惴小心，如臨于谷。毛《傳》：恐隕也。戰戰兢兢，如履薄冰。鄭《箋》：衰亂之世，賢人君子雖無罪猶恐懼。

《小宛》六章，章六句。愚按：此詩《詩故》云「非刺王也」，兄弟相戒之詞，與朱注合。今《傳》文雖闕，而「相戒」二字宛然，則兩家之說無可疑矣。然遭亂而相戒如此，便是刺王。況五章之言，刺意已顯然，與《序》旨原不相悖，必欲扭到王身，便覺穿鑿破碎，所以取譏於朱子也。

【眉批】

温，鄭作於運反，蘊也。

《傳》：申后□□，賦《白華》。《測》：闕文當爲「被黜」二字。《序》以爲爲申后賦也，而《傳》以爲申后自賦，其說似長。

《序》：《白華》，周人刺幽后也。幽王取申女以爲后，又得褒姒而黜申后，故下國化之，以妾爲妻，以孽代宗，而王弗能治，周人爲之作是詩也。鄭《箋》：申，姜姓之國也。褒姒，褒人所入之女，姒，其字也，是爲幽后。孽，支庶也。宗，適子也。王不能治，己不正故也。

白華菅兮，白茅束兮。毛《傳》：興也。白華，野菅也。已漚爲菅。鄭《箋》：白華於野已漚，名之爲菅。菅，柔忍中用矣，而更取白茅妝束之，茅比於白華爲脆。興者，喻王取於申，申后禮儀備，任妃后之事，而更納褒姒，褒姒爲孽，將至滅國。之子之遠，俾我獨兮。鄭《箋》：之子，斥幽王也。俾，使也。王之遠外我，不復荅耦我，意欲使我獨也。老而無子曰獨。後褒姒譖申后之子宜咎，宜咎奔申。

英英白雲，露彼菅茅。毛《傳》：英英，白雲貌。露亦有雲，言天地之氣，無微不著，無不覆養。鄭《箋》：白雲下露，養彼可以爲菅之茅，使與白華之菅相亂易，猶天下妖氣生褒姒，使申后見黜。天步艱難，之子不猶。毛《傳》：步，行。猶，可也。鄭《箋》：猶，圖也。天行此艱難之妖久矣，王不圖其變之所由爾。昔夏之衰，有二龍之妖，卜藏其漦，周厲王發而觀之，化爲玄黿。童女遇之，當宣王時而生女，懼而棄之。後褒人有獻而入之幽王，幽王嬖之，是謂褒姒。

滮池北流，浸彼稻田。毛《傳》：滮，流貌。鄭《箋》：池水之澤，浸潤稻田，使之生植，喻王無恩意於申后，滮池之不如也。豐鎬之間水北流。嘯歌傷懷，念彼碩人。鄭《箋》：碩，大也。妖大之人，謂褒姒也。申后見黜，褒姒之所爲，故憂念而傷之。

樵彼桑薪，卬烘于煁。毛《傳》：卬，我。烘，燎。煁，烓竈也。桑薪，宜以養人者也。鄭《箋》：人之樵取彼桑薪，宜以炊饔饎之爨以養食人。桑薪，薪之善者也。我反以燎於烓竈，用炤事物而已。喻王始以禮取申后，禮儀備，今反黜之，使爲卑賤之事，亦猶是。維彼碩人，實勞我心。

鼓鐘于宫，聲聞于外。毛《傳》：有諸宫中，必形見於外。鄭《箋》：王失禮於内，而下國聞知而化之，王弗能治。如鳴鼓鐘於宫中，而欲外人不聞，亦不可止。念子懆懆，視我邁邁。毛《傳》：邁邁，不説也。鄭《箋》：此言申后之忠於王也，念之懆懆然欲諫正之，王反不説於其所言。

有鶖在梁，有鶴在林。毛《傳》：鶖，秃鶖也。鶖也、鶴也，皆以魚爲美食者也。鶖之性貪惡而今在梁，鶴潔白而反在林，興王養褒姒而餒申后，近惡而遠善。維彼碩人，實勞我心。

鴛鴦在梁，戢其左翼。鄭《箋》：戢，斂也。斂左翼者，謂右掩左也。鳥之雌雄不可别者，以翼右掩左，雄；左掩右，雌，陰陽相下之義也。夫婦之道，亦以禮義相下以成家道。之子無良，二三其德。鄭《箋》：良，善也。王無答耦己之善意，而變移其心志，令我怨曠。

有扁斯石，履之卑兮。毛《傳》：扁扁，乘石貌。王乘車履石。鄭《箋》：王后出入之禮與王同，其行登車亦履石，申后始時亦然，今也黜而卑賤。之子之遠，俾我疧兮。毛《傳》：疧，病也。鄭《箋》：王之遠外我，欲使我困病。

《白華》八章，章四句。

【眉批】

按：《夏官》隸僕云：「王行則洗乘石。」

《傳》：兄弟□□□□之，賦《角弓》。

《序》：《角弓》，父兄刺幽王也。不親九族而好讒佞，骨肉相怨，故作是詩也。

騂騂角弓，翩其反矣。毛《傳》：興也。騂騂，調和也。不善紲檠而用，則翩然而反。鄭《箋》：興者，喻王與九族不以恩禮御待之，則使之多怨也。兄弟昏姻，無胥遠矣。鄭《箋》：胥，相也。骨肉之親，當相親信，無相疏遠。相疏遠，則以親親之望，易以成怨。

爾之遠矣，民胥然矣。爾之教矣，民胥傚矣。鄭《箋》：爾，女。女，幽王也。胥，皆也。言王女不親骨肉，則天下之人皆知之。見女之教令，無善無惡，所尚者天下之人皆學之。言上之化下，不可不慎。

此令兄弟，綽綽有裕；不令兄弟，交相爲瘉。毛《傳》：綽綽，寬也。裕，饒。瘉，病也。鄭《箋》：令，善也。

民之無良，相怨一方。鄭《箋》：良，善也。民之意不獲，當反責之於身，思彼所以然者而恕之。無善心之人，則徒居一處怨恚之。受爵不讓，至于己斯亡。毛《傳》：爵祿不以相讓，故怨禍及之。比周而黨愈少，鄙争而名愈辱，求名而身愈危。鄭《箋》：斯，此也。

老馬反爲駒，不顧其後。毛《傳》：己老矣，而孩童慢之。鄭《箋》：此喻幽王見老人反侮慢之，遇之如幼稚，不自顧念後至年老，人之遇己亦將然。如食宜饇，如酌孔取。毛《傳》：饇，飽也。鄭《箋》：王如食老者，則宜令之飽；如飲老者，則當孔取。孔取，謂度其所勝多少。凡器之孔，其量大小不同，老者氣力弱，故取義焉。王有族食、族燕之禮。毋教猱升木，如塗塗附。毛《傳》：猱，猿屬。塗，泥。附，著也。鄭《箋》：毋，禁辭。猱之性善登木，若教使其爲之必也。附，木桴也。塗之性善著，若以塗附，其著亦必也。以喻人之心，皆有仁義，教之則進。君子有徽猷，小人與屬。毛《傳》：徽，美也。鄭《箋》：猷，道也。君子有美道以得聲譽，則小人亦樂與之而自連屬焉。今無良之人相怨，王不教之。

雨雪瀌瀌，見晛曰消。毛《傳》：晛，日氣也。鄭《箋》：雨雪之盛瀌瀌然，至日將出，其氣始見，人則皆稱曰雪，今消釋矣。喻小人雖多，王若欲興善政，則天下聞之，莫不曰小人今誅滅矣。其所以然者，人心皆樂善，王不啓教之。莫肯下遺，式居婁驕。鄭《箋》：莫，無也。遺，讀曰隨。式，用也。婁，斂也。今王不以善政啓小人之心，則無肯謙虚以禮相卑下，先人而後己，用此自居處，斂其驕慢之過者。

雨雪浮浮，見晛曰流。毛《傳》：浮浮，猶瀌瀌也。流，流而去也。如蠻如髦，我是用憂。毛《傳》：蠻，南蠻也。髦，夷髦也。鄭《箋》：今小人之行如夷狄，而王不能變化之，我用是爲大憂也。髦，西夷別名。武王伐紂，其等有八國從焉。

《角弓》八章，章四句。

《傳》：皇父專政，□□□□，賦《十月之交》。

《序》：《十月之交》，大夫刺幽王也。鄭《箋》：當爲刺厲王。作詁訓傳時，移其篇第，因改之耳。《節彼》刺師尹不平，亂靡有定；此篇譏皇甫專恣，日月告凶。《正月》惡褒姒滅周，此篇疾豔妻煽方處。又幽王時司徒乃鄭桓公友，非此篇之所云番也，是以知然。

十月之交，朔日辛卯。日有食之，亦孔之醜。毛《傳》：之交，日月之交會。醜，惡也。鄭《箋》：周之十月，夏之八月也。八月朔日，日月交會而日食。陰侵陽，臣侵君之象。日辰之義，日爲君，辰爲臣。辛，金也。卯，木也。又以卯侵辛，故甚惡也。彼月而微，此日而微。毛《傳》：月臣道，日君道。鄭《箋》：微，謂不明也。彼月則有微，今此日反微，非其常，爲異尤大也。今此下民，亦孔之哀。鄭《箋》：君臣失道，災害將起，故下民亦甚可哀。

日月告凶，不用其行。四國無政，不用其良。鄭《箋》：告凶，告天下以凶亡之徵也。行，道度也。不用之者，謂相于犯也。四方之國無政治者，由天子不用善人也。彼月而食，則維其常。此日而食，于何不臧！鄭《箋》：臧，善也。

爗爗震電，不寧不令。毛《傳》：爗爗，震電貌。震，雷也。鄭《箋》：雷電過常，天下不安，政教不善之徵。百川沸騰，山冢崒崩。毛《傳》：沸，出。騰，乘也。山頂曰冢。鄭《箋》：崒者崔嵬。百川沸出相乘陵者，由貴小人也。山頂崔嵬者崩，君道壞也。高岸爲谷，深谷爲陵。毛《傳》：言易位也。鄭《箋》：易位者，君子居下，小人處上之謂也。哀今之人，胡憯莫懲。鄭《箋》：憯，曾。懲，止也。變異如此，禍亂方至，哀哉今在位之人，何曾無以道德止之。

皇父卿士，番維司徒。家伯維宰，仲允膳夫。聚子内史，蹶維趣馬。楀維師氏，豔妻煽方處。毛《傳》：豔妻，褒姒。美色曰豔。煽，熾也。鄭《箋》：皇父、家伯、仲允，皆字。番、聚、蹶、踽，皆氏。厲王淫於色，七子皆用后嬖寵方熾之時，並處位。言妻黨盛，女謁行之甚也。敵夫曰妻。司徒之職，掌天下土地之圖，人民之數；冢宰掌建邦之六典，皆卿也。膳夫，上士也，掌王之飲食膳羞。内史，中大夫也，掌爵禄廢置殺生予奪之法。趣馬，中士也，掌王馬之政。師氏，亦中大夫也，掌司朝得失之事。六人之中，雖官有尊卑，權寵相連，朋黨於朝，是以疾焉。皇父則爲之端首，兼擅群職，故但目以卿士云。

抑此皇父，豈曰不時？胡爲我作，不即我謀？徹我墻屋，田卒污萊。毛《傳》：時，是也。下則污，高則萊。鄭《箋》：抑之言噫，噫是皇父，疾而呼之，女豈曰我所爲不是乎？言其不自知惡也。女何爲役作我，不先就我謀，使我得遷徙，乃反徹毁我墻屋，令我不得趨農，田卒爲污萊乎？此皇父所築邑人之怨辭。曰予不戕，禮則然矣。鄭《箋》：戕，殘也。言皇父既不自知不是，反云我不殘敗女田業。禮，下供上役，其道當然，言文過也。

皇父孔聖，作都于向。擇三有事，亶侯多藏。毛《傳》：皇父甚自謂聖。向，邑也。擇三有事，有司國之三卿，信維貪淫多藏之人也。鄭《箋》：專權足己，自比聖人，作都立三卿，皆取聚斂之臣，言不知厭也。禮，畿内諸侯二卿。不慭遺一老，俾守我王。鄭《箋》：慭者，心不欲，自彊之詞也。言盡將舊在位之人與之皆去，無留衛王。但有車馬，以居徂向。鄭《箋》：又擇民之富有車馬者，以往居于向也。

黽勉從事，不敢告勞。鄭《箋》：詩人賢者，見時如是，自勉以從王事，雖勞不敢自謂勞，畏刑罰也。無罪無辜，讒口囂囂。鄭《箋》：囂囂，衆多貌。時人非有辜罪，甚被讒口見椓譖囂囂然。下民之孽，匪降自天。噂沓背憎，職競由人。毛《傳》：噂，猶噂噂。沓，猶沓沓。職，主也。鄭《箋》：孽，妖孽，謂相爲灾害也。下民有此言，非從天墮也。噂噂沓沓，相對談語。背則相憎，逐爲此者由主人也。

悠悠我里，亦孔之痗。毛《傳》：悠悠，憂也。里，居也。痗，病也。鄭《箋》：里，居也。悠悠乎我居今之世，亦甚困病。四方有羡，我獨居憂。毛《傳》：羡，餘也。鄭《箋》：四方之人，盡有饒餘，我獨居此而憂。民莫不逸，我獨不敢休。鄭《箋》：逸，逸豫也。天命不徹，我不敢傚，我友自逸。毛《傳》：徹，道也。親屬之臣，心不能已。鄭《箋》：不道者，言王不循天之政教。

《十月之交》八章，章八句。

【眉批】

闕文當是「大夫刺之」。

按：蘇子由云：「鄭桓公與番先後用事，褒姒以色居位，謂之豔妻，誰曰不可？」

按：《左傳》昭七年晉侯問于士，文伯曰：「《詩》所謂『此日而食，于何不臧』何也？」對曰：「不善政之謂也。國無政，不用善，則自取謫于日月之災，故政不可不慎也。」

按：《國語》幽王三年，西周三川皆震，是歲三川竭，岐山崩，正與此合。鄭改幽爲厲，所不可曉。

維宰，今本皆作冢宰。

《傳》：□□□□□思□□□□□□母，賦《蓼莪》。《測》：《傳》文雖多闕，然即其所存者曰思、曰母，繹而泳之，其爲孝子以行役喪親，哀思而作，無能異焉。

《序》：《蓼莪》，刺幽王也。民人勞苦，孝子不得終養爾。鄭《箋》：不得終養者，二親病亡之時，時在役所，不得見也。

蓼蓼者莪，匪莪伊蒿。毛《傳》：興也。蓼蓼，長大貌。鄭《箋》：莪已蓼蓼長大，我視之以爲非莪，故謂之蒿。興者，喻憂思。雖在役中，心不精識其事。哀哀父母，生我劬勞。鄭《箋》：哀哀者，恨不得終養父母，報其生長己之苦。

蓼蓼者莪，匪莪伊蔚。毛《傳》：蔚，牡菣也。哀哀父母，生我勞瘁。鄭《箋》：瘁，病也。

瓶之罄矣，維罍之恥。毛《傳》：瓶小而罍大。罄，盡也。鄭《箋》：瓶小而盡，罍大而盈。言爲罍恥者，刺王不使富分貧、衆恤寡。鮮民之生，不如死之久矣！毛《傳》：鮮，寡也。鄭《箋》：此言供養日寡矣，而我尚不得終養，恨之言也。無父何怙，無母何恃。出則銜恤，入則靡至。鄭《箋》：恤，憂。靡，無也。孝子之心，怙恃父母，依依然以爲不可斯須無也。出門則思之而憂，旋入門又不見，如無所至。

父兮生我，母兮鞠我。拊我畜我，長我育我。顧我復我，出入腹我。毛《傳》：鞠，養。腹，厚也。鄭《箋》：父兮生我者，本其氣也。畜，起也。育，覆育也。顧，旋視也。復，反覆也。腹，懷抱也。欲報之德，昊天罔極。鄭《箋》：之，猶是也。我欲報父母是德，昊天乎我心無極。

南山烈烈，飄風發發。毛《傳》：烈烈然，至難也。發發，疾貌。鄭《箋》：民人自苦見役，視南山則烈烈然，飄風發發然，寒且疾也。民莫不穀，我獨何害。毛《傳》：穀，養也。言民皆得養其父母，我獨何故睹此寒苦之害。

南山律律，飄風弗弗。毛《傳》：律律，猶烈烈也。弗弗，猶發發也。民莫不穀，我獨不卒。鄭《箋》：卒，終也。我獨不得終養父母，重自哀傷也。

《蓼莪》六章，四章章四句，二章章八句。

《傳》：衛武公□□□□賦《賓之初筵》。《測》：《序》以爲衛武公刺時也，韓氏乃以爲衛武公飲酒悔過而作，嘗竊意其必有所本，今由《傳》文玩之，其闕文當爲「飲酒悔過」四字。

《序》：《賓之初筵》，衛武公刺時也。幽王荒廢，媟近小人，飲酒無度，天下化之，君臣上下，沉湎淫液，武公既入而作是詩也。鄭《箋》：淫液者，飲酒時情態也。武公入者，入爲王卿士。

賓之初筵，左右秩秩。毛《傳》：秩秩，肅敬也。鄭《箋》：筵，席也。左右，謂折旋揖讓也。秩秩，知也。先王將祭，必射以擇士。大射之禮，賓初入門，登堂即席，其趨翔威儀，甚審知，言不失禮也。射禮有三：有大射，有賓射，有燕射。籩豆有楚，殽核維旅。毛《傳》：楚，列貌。殽，豆實也。核，加籩也。旅，陳也。鄭《箋》：豆實，菹醢也。籩實，有桃梅之屬。凡非穀而食之曰殽。酒既和旨，飲酒孔偕。鄭《箋》：和旨，酒調美也。孔，甚也。王之酒已調美，衆賓之飲酒又威儀齊一，言主人敬其事而衆賓肅慎。鐘鼓既設，舉醻逸逸。毛《傳》：逸逸，往來次序也。鄭《箋》：鐘鼓於是言既設者，將射改縣也。大侯既抗，弓矢斯張。毛《傳》：大侯，君侯也。抗，舉也。有燕射之禮。鄭《箋》：舉者，舉鵠而棲之於侯也。《周禮》：梓人張皮侯而棲鵠，天子諸侯之射皆張三侯，故君侯謂之大侯。大侯張而弓矢亦張，節也。將祭而射，謂之大射。下章言烝衎烈祖，其非祭與。射夫既同，獻爾發功。鄭《箋》：射夫，衆射者也。獻，猶奏也。既比衆耦，乃誘射。射者乃登射，各奏其發矢中的之功。發彼有的，以祈爾爵。毛《傳》：的，質也。祈，求也。鄭《箋》：發，發矢也。射者與其耦拾發，發矢之時，各心競云：「我以此求爵女。」爵，射爵也。射之禮，勝者飲不勝，所以養病也，故《論語》曰：「下而飲，其爭也君子。」

籥舞笙鼓，樂既和奏。烝衎烈祖，以洽百禮。毛《傳》：秉籥而舞，與笙鼓相應。鄭《箋》：籥，管也。殷人先求諸陽，故祭祀先奏樂，滌蕩其聲也。烝，進。衎，樂。烈，美。洽，合也。奏樂和，必進樂其先祖，於是又合見天下諸侯所獻之禮。百禮既至，有壬有林。毛《傳》：壬，大。林，君也。鄭《箋》：壬，任也，謂卿大夫也。諸侯所獻之禮，既陳於庭。有卿大夫，又有國君，言天下徧至，得萬國之歡心。錫爾純嘏，子孫其湛。毛《傳》：嘏，大也。鄭《箋》：純，大也。嘏，謂尸與主人以福也。湛，樂也。王受神之福於尸，則王之子孫皆喜樂也。其湛曰樂，各奏爾能。賓載手仇，室人入又。毛《傳》：手，取也。室人，主人也。主人請射於賓，賓許諾，自取其匹而射，主人亦入于次，又射以耦賓也。鄭《箋》：子孫各奏爾能者，謂既湛之後，各酌獻尸，尸酢而卒爵也。士之祭禮，上嗣舉奠，因而酌尸。天子則有子孫獻尸之禮。《文王世子》曰：其登餕獻受爵。則以上嗣是也。仇，讀曰㪺。室人，有室中之事者，謂佐食也。又，復也，賓手挹酒，室人復酌爲加爵。酌彼康爵，以奏爾時。毛《傳》：酒所以安體也。時，中者也。鄭《箋》：康，虛也。時，謂心所尊者也。加爵之間，賓與兄弟交錯相醻，卒爵者酌之以其所尊，亦交錯而已，又無次也。

賓之初筵，温温其恭。鄭《箋》：此復言初筵者，既祭，王與族人燕之筵也。王與族人燕，以異姓爲賓。温温，柔和也。其未醉止，威儀反反。曰既醉止，威儀幡幡。舍其坐遷，屢舞僊僊。毛《傳》：反反，言重慎也。幡幡，失威儀也。遷，徙。屢，數也。僊僊然，舞貌。鄭《箋》：此言賓即初筵之時，能自敕戒以禮，至於旅酬而小人之態出。言王既不得君子以爲賓，又不得有恒之人，所以敗亂天下，率如此也。其未醉止，威儀抑抑。曰既醉止，威儀怭怭。是曰既醉，不知其秩。毛《傳》：抑抑，慎密也。怭怭，媟嫚也。秩，常也。

賓既醉止，載號載呶。亂我籩豆，屢舞僛僛。是曰既醉，不知其郵。側弁之俄，屢舞傞傞。毛《傳》：號呶，號呼讙呶也。僛僛，舞不能自正也。傞傞，不止也。鄭《箋》：郵，過。側，傾也。俄，傾貌。此更言賓既醉而異章者，著爲無算爵以後也。既醉而出，並受其福。醉而不出，是謂伐德。飲酒孔嘉，維其令儀。鄭《箋》：出，猶去也。孔，甚。令，善也。賓醉則出，與主人俱有美譽。醉至若此，是誅伐其德也。飲酒而誠得嘉賓，則於禮有善威儀。武公見王之失禮，故以此言箴之。

凡此飲酒，或醉或否。既立之監，或佐之史。彼醉不臧，不醉反耻。毛《傳》：立酒之監，佐酒之史。鄭《箋》：凡此者，凡此時天下之人也。飲酒於有醉者，有不醉者，則立監使視之，又助以史使督酒，欲令皆醉也。彼醉則已不善，人所非惡，反復取未醉者耻罰之，言此者疾之也。式勿從謂，無俾大怠。匪言勿言，匪由勿語。鄭《箋》：式，讀曰慝。勿，猶無也。俾，使。由，從也。武公見時人多説醉者之狀，或以取怨致讎，故爲設禁。醉者有過惡，女無就而謂之也，當防護之，無使顛仆，至於怠慢也。其所陳説，非所當説，無爲人説之也，亦無從而行之也，亦無以語人也，皆爲其聞之將恚怒也。由醉之言，俾出童羖。毛《傳》：羖，羊不童也。鄭《箋》：女從行醉者之言，使女出無角之羖羊，脅以必無之物，使戒深也。羖羊之性，牝牡有角。三爵不識，矧敢多又。鄭《箋》：矧，況。又，復也。當言我於此醉者，飲三爵之不知，況能知其多復飲乎？三爵者，獻也、酬也、酢也。

《賓之初筵》五章，章十四句。愚按：朱子從韓《序》，謂是武公自悔，然篇中極狀酒過。卒章依鄭解，深戒他人勿言，則其含刺不淺，當是借自悔以刺王，《小序》之説不悖也。不然，止是武公自悔之言，則列國之詩耳，何以得入于《雅》耶？《抑戒》仿此。

【眉批】

按：毛以此猶爲射，而鄭則以上章因祭擇士而射，此則正言祭飲。疏以箋爲義長，朱子從之。

按：此解監史，形容酒政之苛也，亦有味。然淳于髡曰：「賜酒大王之前，執法在傍，御史在後。」則監史似是人君燕飲之制，不應爲刺。孔疏云：禮法自當立監。此刺者，彼則監其失禮，此乃督之使醉，名同而實異。得之矣。

《傳》：衛武公□□□□賦《懿戒》。《測》：玩其文意，刺王之意亦不能無。

《序》：《抑》，衛武公刺厲王，亦以自警也。鄭《箋》：自警者，如彼泉流，無淪胥以亡。

抑抑威儀，維德之隅。人亦有言，靡哲不愚。毛《傳》：抑抑，密也。隅，廉也。靡哲不愚，國有道則知，國無道則愚。鄭《箋》：人密審於威儀抑抑然，是其德必嚴正也。古之賢者，道行心平，可外占而知内。如宫室之制，内有繩直，則外有廉隅。今王政暴虐，賢者皆佯愚，不爲容貌，如不肖然。庶人之愚，亦職維疾。哲人之愚，亦維斯戾。毛《傳》：職，主。戾，罪也。鄭《箋》：庶，衆也。衆人性無知，以愚爲主，言是其常也。賢者而爲愚，畏懼於罪也。

無競維人，四方其訓之。有覺德行，四國順之。毛《傳》：無競，競也。訓，教。覺，直也。鄭《箋》：競，彊也。人君爲政，無彊於得賢人。得賢人，則天下教化於其俗。有大德行，則天下順從其政。言在上所以倡道。訏謨定命，遠猶辰告。毛《傳》：訏，大。謨，謀。猶，道。辰，時也。鄭《箋》：猶，圖也。大謨定命，謂正月始和，布政于邦國都鄙也，爲天下遠圖庶事，而以歲事告施之。敬慎威儀，維民之則。鄭《箋》：則，法也。

其在于今，興迷亂于政。顛覆厥德，荒湛于酒。鄭《箋》：于今，謂今厲王也。興，猶尊尚也。王尊尚小人，迷亂於政事者，以傾敗其功德，荒廢其政事，又湛樂於酒。言憂小人之甚。女雖湛樂從，弗念厥紹。罔敷求先王，克共明刑。毛《傳》：紹，繼。共，執。刑，法也。鄭《箋》：罔，無也。女君臣雖好樂嗜酒而相從，不當念繼女之後人，將傚女所爲，無廣索先王之道，與能執法之人乎？切責之也。

肆皇天弗尚，如彼泉流，無淪胥以亡。毛《傳》：淪，率也。鄭《箋》：肆，故今也。胥，皆也。王爲政如是，故今皇天不高尚之，所爲仍下灾異也。王自絶於天，如彼泉水之流，稍就虚竭，無自率引爲惡，皆引之以亡。戒群臣不中行者，將並誅之。夙興夜寐，洒埽庭內，維民之章。毛《傳》：洒，灑。章，表也。鄭《箋》：章，文章法度也。厲王之時，不惟政事，故戒群臣掌事者如此也。修爾車馬，弓矢戎兵。用戒戎作，用逷蠻方。毛《傳》：逷，遠也。鄭《箋》：逷，當作剔。剔，治也。蠻方，蠻畿之外也。此時中國微弱，故復戒將帥之臣以治軍實。女當用此備兵事之起，用此治九州之外不服者。質爾人民，謹爾侯度，用戒不虞。毛《傳》：質，成也。不虞，非度也。鄭《箋》：侯，君也。此時萬民失職，亦不肯趍公事，故又戒鄉邑之大夫及邦國之君，平女萬民之事，慎女爲君之法度，用備不億度而至之事。慎爾出話，敬爾威儀，無不柔嘉。毛《傳》：話，善言也。鄭《箋》：言，謂教令也。柔，安。嘉，善也。白圭之玷，尚可磨也。斯言之玷，不可爲也。毛《傳》：玷，缺也。鄭《箋》：斯，此也。玉之缺尚可磨鑢而平，人君政教一失，誰能反覆之？

無易由言，無曰苟矣。莫捫朕舌，言不可逝矣。毛《傳》：莫，無。捫，持也。鄭《箋》：由，於。逝，往也。女無輕易於教令，無曰苟且如是。今人無持我舌者而自聽恣也，教令一往行於下，其過誤可得而已之乎。無言不讎，無德不報。惠于朋友，庶民小子。毛《傳》：讎，用也。鄭《箋》：惠，順也。教令之出如賣物，物善則其售賈貴，物惡則其售賈賤。德加於民，民則以義報之。王又當施順道於諸侯，下及庶民之子弟。子孫繩繩，萬民靡不承。鄭《箋》：繩繩，戒也。王之子孫敬戒行王之教令，天下之民不承順之乎？言承順也。

視爾友君子，輯柔爾顔，不遐有愆。毛《傳》：輯，和也。鄭《箋》：柔，安。遐，遠也。今視女諸侯及卿大夫，皆脅肩諂笑以和安女顔色，是於正道不遠有罪過乎？言其近也。相在爾室，尚不愧于屋漏。無曰不顯，莫予云覯。毛《傳》：西北隅謂之屋漏。覯，見也。鄭《箋》：相，助。顯，明也。諸侯卿大夫助祭，在女宗廟之室，尚無肅敬之心，不慚愧於屋漏，有神見人之爲也。女無謂是幽昧不明，無見我者，神見女矣。屋，小帳也。漏，隱也。禮祭於奥既畢，改設饌於西北隅而厞隱之處。此祭之末也。神之格思，不可度思，矧可射思。毛《傳》：格，至也。鄭《箋》：矧，況。射，厭也。神之來至去止，不可度知，況可於祭末而有厭倦乎。

辟爾爲德，俾臧俾嘉。淑慎爾止，不愆于儀。不僭不賊，鮮不爲則。毛《傳》：女爲善，則民爲善矣。止，至也。爲人君止於仁，爲人臣止於敬，爲人子止於孝，爲人父止於慈，與國人交止於信。僭，差也。鄭《箋》：辟，法也。止，容止也。當審法度女之施德，使之爲臣民所善所美。又當善慎女之容止，不可過差於威儀。女所行不僭、不殘賊者，少矣，其不爲人所法。投我以桃，報之以李。鄭《箋》：此言善往則善來，人無行而不得其報也。投，猶擲也。彼童而角，實虹小子。毛《傳》：童，羊之無角者也。而角，自用也。虹，潰也。鄭《箋》：童羊，譬皇后也。而角者，喻與政事，有所害也。此人實潰亂小子之政禮。天子未除喪，稱小子。

荏染柔木，言緡之絲。温温恭人，維德之基。毛《傳》：緡，被也。温温，寬柔也。鄭《箋》：柔忍之木荏染然，人則被之弦以爲弓。寬柔之人温温然，則能爲德之基止。言内有其性，乃可以爲有德也。其維哲人，告之話言。順德之行，其維愚人。覆謂我僭，民各有心。毛《傳》：話言，古之善言也。鄭《箋》：覆，猶反也。僭，不信也。語賢智之人以善言則順行之，告愚人反謂我不信。民各有心，二者竟不同。

於乎小子，未知臧否？匪手攜之，言示之事。匪面命之，言提其耳。鄭《箋》：臧，善也。於乎，傷王不知善否？我非但以手攜掣之，親示以其事之是非，我非但對面與之親提撕其耳。此言以教道之熟，不可啓覺。借曰未知，亦既抱子。毛《傳》：借，假也。鄭《箋》：假令人云：「王尚幼少，未有所知。」亦已抱子長大矣，不幼小也。民之靡盈，誰夙知而莫成？毛《傳》：莫，晚也。鄭《箋》：萬民之意，皆持不滿於王。誰早有所知而反晚成與？言王之無成，本無知故也。

昊天孔昭，我生靡樂。視爾夢夢，我心慘慘。毛《傳》：夢夢，亂也。慘慘，憂不樂也。鄭《箋》：孔，甚。昭，明也。昊天乎乃甚明察，我生無可樂也。視王之意夢夢然，我心之憂悶慘慘然，愬其自恣，不用忠臣。誨爾諄諄，聽我藐藐。匪用爲教，覆用爲虐。毛《傳》：藐藐然，不入也。鄭《箋》：我教告王口語諄諄然，王聽聆之藐藐然忽略，不用我所言爲政令，反謂之有妨害於事，不受忠言。借曰未知，亦聿既耄。毛《傳》：耄，老也。

於乎小子，告爾舊止。聽用我謀，庶無大悔。鄭《箋》：舊，久也。止，辭也。庶，幸。悔，慢也。天方艱難，曰喪厥國。鄭《箋》：天以王爲惡，如是故出艱難之事。謂下灾異、生兵寇，將以滅王。取譬不遠，昊天不忒。回遹其德，俾民大棘。鄭《箋》：今我爲王取譬喻不及遠也，維近耳。王當如昊天之德有常不差忒也，王反爲無常，維邪其行爲貪暴，使民之財匱盡而大困急。

《抑》十二章，三章章八句，九章章十句。愚按：朱子引《國語》及侯包之言，謂是武公自警，而以正《序》說刺王之誤。及考之侯包云，衛武公刺王室，亦以自戒，行年九十有五，猶使臣日誦是詩而不離於其側，則兼取《國語》、《小序》之説，未嘗相戾也。朱子駁《序》，止以小子爾女之稱爲疑，愚謂此正假自警以刺王，故晦其詞以自託。惟認小子爾女爲稱王，斯昧其意耳。若因此而真謂止是自警，則九十五之老人復何所求，而尚賴夫提命之諄諄？且餘光有幾而慮及淪胥以亡，曰喪厥國，固是睿聖虚衷，毋乃不倫不情乎？然《序》謂是厲王，則亦非也。武公即位，在宣王三十六年，則厲王之時武公尚爲諸侯之庶子，不應與知王國美惡，輙托刺譏。若韋昭注《國語》，謂九十五時作此，而仍引刺厲王之説，則厲王之亡已久，百歲老臣何尚不能忘情於未受命時之故主而長言追刺，若猶冀其聽用者何哉？《詩傳》篇次在此，業在《白華》之後，則其所刺之爲時王而非厲王也審矣。侯包止言王室，亦未嘗言厲王也。

【眉批】

按：闕文四字當是「刺王自儆」。毛本出《大雅》。

泉流，今本作「流泉」。

童羊譬皇后，恐亦無據。

《傳》：□□□□□賦《四月》。

《序》：《四月》，大夫刺幽王也。在位貪殘，下國構禍，怨亂並興焉。

四月維夏，六月徂暑。毛《傳》：徂，往也。六月火星中，暑盛而往矣。鄭《箋》：徂，猶始也。四月立夏矣，至六月乃始盛暑，興人爲惡亦有漸，非一朝一夕。先祖匪人，胡寧忍予？鄭《箋》：匪，非也。寧，猶曾也。我先祖非人乎？人則當知患難，何爲使我當此亂世乎？

秋日淒淒，百卉具腓。毛《傳》：淒淒，涼風也。卉，草也。腓，病也。具，猶皆也。涼風用事而衆草皆病，興貪殘之政行而萬民困病。亂離瘼矣，爰其適歸？毛《傳》：離，憂。瘼，病。適，之也。鄭《箋》：爰，曰也。今政亂國，將有憂病者矣。曰此禍其所之歸乎？言憂病之禍，必自之歸爲亂。

冬日烈烈，飄風發發。鄭《箋》：烈烈，猶栗烈也。發發，疾貌。言王爲酷虐慘毒之政，如冬日之烈烈矣。其亟急行於天下，如飄風之疾也。民莫不穀，我獨何害。鄭《箋》：穀，養也。民莫不得養其父母，我獨何故睹此寒苦之害。

山有嘉卉，侯栗侯梅。鄭《箋》：嘉，善。侯，維也。山有美善之草，生於梅栗之下，人取其實，蹂踐而害之，令不得蕃茂。喻上多賦斂，富人財盡，而弱民與受困窮。廢爲殘賊，莫知其尤。毛《傳》：廢，忲也。鄭《箋》：尤，過也。言在位者貪殘爲民之害，無自知其行之過者，言大於惡。

相彼泉水，載清載濁。鄭《箋》：相，視也。我視被泉水之流，一則清，一則濁，刺諸侯並爲惡，曾無一善。我日構禍，曷云能穀。毛《傳》：構，成。曷，逮也。鄭《箋》：構，猶合集也。曷之言何也。穀，善也。言諸侯日作禍亂之行，何者可謂能善。

滔滔江漢，南國之紀。毛《傳》：滔滔，大水貌。其神足以綱紀一方。鄭《箋》：江也、漢也，南國之大水。紀理衆川，使不壅滯，喻吴楚之君能長理旁側小國，使得其所。盡瘁以仕，寧莫我有！鄭《箋》：瘁，病。仕，事也。今王盡病此畿封之内以兵役之事，使群臣有土地，曾無自保有者，皆懼於危亡也。吴楚舊名貪殘，今周之政乃反不如。

匪鶉匪鳶，翰飛戾天。匪鱣匪鮪，潛逃於淵。毛《傳》：鶉，鵰也。鵰鳶，貪殘之鳥也。大魚能逃處淵。鄭《箋》：翰，高。戾，至。鱣，鯉也。言鵰鳶之高飛，鯉鮪之處淵，性自然也。非鵰鳶能高飛，非鯉鮪能處淵，皆驚駭辟害爾。喻民性安土重遷，今而逃走亦畏亂政故。

山有蕨薇，隰有杞桋。毛《傳》：杞，枸檵也。桋，赤楝也。鄭《箋》：此言草木尚得其所，人反不得其所，傷之也。君子作歌，維以告哀。鄭《箋》：告哀，言勞病而愬之。

《四月》八章，章四句。

【眉批】

按：《左傳》曰「亂離瘼矣，爰其適歸」，歸於怙亂者也。爰，今本作「奚」。

《傳》：西周喪退，□□□□，大夫傷之，賦《正月》。

《序》：《正月》，大夫刺幽王也。

正月繁霜，我心憂傷。毛《傳》：正月，夏之四月。繁，多也。鄭《箋》：夏之四月，建巳之月，純陽用事，而霜多，急恒寒若之異，傷害萬物，故心爲之憂傷。民之訛言，亦孔之將。毛《傳》：將，大也。鄭《箋》：訛，僞也。人以僞言相陷入，使王行酷暴之刑，致此災異，故言亦甚大也。念我獨兮，憂心京京。毛《傳》：京京，憂不去也。鄭《箋》：念我獨兮者，言我獨憂此政。哀我小心，癙憂以痒。毛《傳》：癙、痒，皆病也。

父母生我，胡俾我瘉？不自我先，不自我後。毛《傳》：父母，謂文武也。我，我天下。瘉，病也。鄭《箋》：自，從也。天使父母生我，何故不長遂我，而使我遭此暴虐之政而病？此何不出我之前，居我之後？窮苦之情，苟欲免身。好言自口，莠言自口。毛《傳》：莠，醜也。鄭《箋》：自，從也。此疾訛言之人，善言從女口出，惡言亦從女口出。女口一爾，善也、惡也，同出其中，謂其可賤。憂心愈愈，是以有侮。毛《傳》：愈愈，憂懼也。鄭《箋》：我心憂政如是，是與訛言殊塗，故用是見侵侮也。

憂心惸惸，念我無禄。毛《傳》：惸惸，憂意也。鄭《箋》：無禄者，言不得天禄，自傷值今生也。民之無辜，並其臣僕。毛《傳》：古者有罪不入於刑，則役之圜土以爲臣僕。鄭《箋》：辜，罪也。人之尊卑有十等，僕第九，臺第十。言王既刑殺無罪，並及其家之賤者，不止於所罪而已。《書》曰：「越兹麗刑並列。」哀我人斯，于何從禄？鄭《箋》：斯，此。于，於也。哀乎今我民人見遇如此，當於何得天禄，免於是難？瞻烏爰止，于誰之屋？毛《傳》：富人之屋，烏所集也。鄭《箋》：視烏集於富人之屋，以言今民亦當求明君而歸之。

瞻彼中林，侯薪侯蒸。毛《傳》：中林，林中也。薪蒸，言似而非。鄭《箋》：侯，維也。林中大木之處而維有薪蒸耳，喻朝廷宜有賢者，而但聚小人。民今方殆，視天夢夢。毛《傳》：王者爲亂夢夢然。鄭《箋》：方，且也。民今且危亡，視王者所爲，反夢夢然而亂，無統理安人之意。既克有定，靡人弗勝。毛《傳》：勝，乘也。鄭《箋》：王既能有所定，尚復事之小者爾，無人而不勝。言凡人所定，皆勝王也。有皇上帝，伊誰云憎！毛《傳》：皇，君也。鄭《箋》：伊，讀當爲緊。緊，猶是也。有君上帝者，以情告天也。使王暴虐如是，是憎惡誰乎？欲天指害其所憎而已。

謂山蓋卑，爲岡爲陵。毛《傳》：在位非君子，乃小人也。鄭《箋》：此喻爲君子賢者之道，人尚謂之卑，況爲凡庸小人之行。民之訛言，寧莫之懲！鄭《箋》：小人在位，曾無欲止衆民之僞言相陷害也。召彼故老，訊之占夢。毛《傳》：故老召之。訊，問也。鄭《箋》：君臣在朝，侮慢元老，召之不問政事，但問占夢，不尚道德而信徵祥之甚。具曰予聖，誰知烏之雌雄！毛《傳》：君臣俱自謂聖也。鄭《箋》：時君臣賢愚適同，如烏雌雄相似，誰能别異之乎。

謂天蓋高？不敢不局。謂地蓋厚？不敢不蹐。維號斯言，有倫有脊。毛《傳》：局，曲也。蹐，累足也。倫，道。脊，理也。鄭《箋》：局蹐者，天高而有雷霆，地厚而有陷淪也，此民疾苦王政，上下皆可畏怖之言也。維民號呼而發此言，皆有道理，所以至然者，非徒苟妄爲誣辭。哀今之人，胡爲虺蜴？毛《傳》：蜴，螈也。鄭《箋》：虺蜴之性，見人則走。哀哉今之人，何爲如是？傷政也。

瞻彼阪田，有菀其特。毛《傳》：言朝廷曾無傑臣。鄭《箋》：阪田，崎嶇墝埆之處，而有菀然茂特之苗，喻賢者在閒辟隱居之時。天之抓我，如不我克。毛《傳》：抓，動也。鄭《箋》：我，我特苗也。天以風雨動摇我，如將不勝我，謂其迅疾也。彼求我則，如不我得。鄭《箋》：彼，彼王也。王之始徵求我，如恐求不得我，言其禮命之繁多。執我仇仇，亦不我力。毛《傳》：仇仇，猶謷謷。鄭《箋》：王既得我，執留我，其禮待謷謷然，亦不問我在位之功力，言其有貪賢之名，無用賢之實。

心之憂矣，如或結之。今茲之正，胡然厲矣？毛《傳》：厲，惡也。鄭《箋》：茲，此。正，長也。心憂如有結之者，憂今此之君臣，何一然爲惡如是？燎之方揚，寧或滅之。毛《傳》：滅之以水也。鄭《箋》：火田爲燎，燎之方盛之時，炎熾熛怒，寧有能滅息之者？言無有也，以無有喻有之者爲甚也。赫赫宗周，褒姒烕之。毛《傳》：宗周，鎬京也。褒，國也。姒，姓也。烕，滅也。有褒國之女，幽王惑焉而以爲后，詩人知其必滅周也。

終其永懷，又窘陰雨。毛《傳》：窘，困也。鄭《箋》：窘，仍也。終王之所行，其長可憂傷矣，又將仍憂於陰雨。陰雨，喻君有泥陷之難。其車既載，乃棄爾輔。毛《傳》：大車重載，又棄其輔。鄭《箋》：以車之載物，喻王之任國事也。棄輔，喻遠賢也。載輸爾載，將伯助予。毛《傳》：將，請。伯，長也。鄭《箋》：輸，墮也。棄女車輔則墮女之載，乃請長者見助，以言國危而求賢者已晚矣。

無棄爾輔，員于爾輻。毛《傳》：員，益也。屢顧爾僕，不輸爾載。鄭《箋》：屢，數也。僕，將車者也。顧，猶視也，念也。終踰絶險，曾是不意！鄭《箋》：女不棄車之輔，數顧女僕，終是用踰度陷絶之險。女曾不以是爲意乎？以商事喻治國也。

魚在于沼，亦匪克樂，潛雖伏矣，亦孔之炤。毛《傳》：沼，池也。鄭《箋》：池魚之所樂，而非能樂。其潛伏於淵，又不足以逃，甚炤炤易見。以喻時賢者在朝廷道不行，無所樂；退而窮處，又無所止也。憂心慘慘，念國之爲虐。毛《傳》：慘慘，猶戚戚也。

彼有旨酒，又有嘉殽。毛《傳》：言禮物備也。鄭《箋》：彼，彼尹氏大師也。洽比其鄰，昏姻孔云。毛《傳》：洽，合。鄰，近。云，旋也。是言王者不能親親以及遠。鄭《箋》：云，猶友也。言尹氏富與兄弟相親友爲朋黨也。念我獨兮，憂心慇慇。毛《傳》：慇慇然痛也。鄭《箋》：此賢者孤特自傷也。

佌佌彼有屋，蔌蔌方有穀。毛《傳》：佌佌，小也。蔌蔌，陋也。鄭《箋》：穀，禄也。此言小人富，而窶陋將貴也。民今之無禄，天夭是椓。毛《傳》：君夭之，在位椓之。鄭《箋》：民於今而無禄者，天以薦瘥夭殺之。是王者之政，又復椓破之。言遇害甚也。哿矣富人，哀此惸獨。毛《傳》：哿，可。獨，單也。鄭《箋》：此言王政如是，富人猶可，惸獨將困也。

《正月》十三章，八章章八句，五章章六句。愚按：朱子引或人語，謂此東遷後詩。宗周之滅，爲道已然之事而未能必其然否。今觀《詩傳》云「西周喪退」，而玩經文，並其臣僕、瞻烏、誰屋等語氣，明是傷東遷之事，或人之言爲不謬矣。

【眉批】

退，古「敗」字。

按：正月爲周之六月，乃夏之四月。見《左傳》昭十七年。「急恒寒若」，《洪範》咎徵矣。

靡人弗勝，朱子引申包胥天定勝人之說，於義爲長。

此解勝朱（批「召彼故老」二句箋）。

鄭以彼爲尹氏，太空鑿。

按：「天夭」，蔡邕引作「夭夭」，與「桃夭」同義。謂少好之赤子，以貧困不養，遂椓喪之也。

《傳》：王室播遷，大□□□□臣閔之，賦《雨無其極》。《測》：此詩《序》以《雨無正》名篇，實不得其解。及考韓《詩》有《雨無極》篇，又爲之《序》曰「《雨無極》，正大夫刺幽王也」，而詩文篇首又有「雨無其極，傷我稼穡」八字，常竊信之。爲其文義相協，且意其必有所據。及讀《傳》文，大令豁然矣。

《序》：《雨無正》，大夫刺幽王也。雨自上下者也，衆多如雨，而非所以政也。鄭《箋》：亦當爲刺厲王。王之所下教，令甚多而無正也。

浩浩昊天，不駿其德。降喪飢饉，斬伐四國。毛《傳》：駿，長也。穀不熟曰饑，蔬不熟曰饉。鄭《箋》：此言王不能繼長昊天之德，至使昊天下此死喪饑饉之災，而天下諸侯於是更相侵伐。昊天疾威，弗慮弗圖。鄭《箋》：慮、圖，皆謀也。王既不駿昊天之德，今昊天又疾其政，以刑罰威恐天下而不慮不圖。舍彼有罪，既伏其辜。若此無罪，淪胥以鋪。毛《傳》：舍，除。淪，率也。鄭《箋》：胥，相。鋪，徧也。言王使此無罪者，見牽率相引而徧得罪也。

周宗既滅，靡所止戾。毛《傳》：戾，定也。鄭《箋》：周宗，鎬京也。是時諸侯不朝王，民不堪命，王流于彘，無所安定也。正大夫離居，莫知我勩。毛《傳》：勩，勞也。鄭《箋》：正，長也。長官之大夫於王流於彘，而皆散處，無復知我民之見罷勞也。三事大夫，莫肯夙夜。邦君諸侯，莫肯朝夕。鄭《箋》：王流在外，三公及諸侯隨王而行者，皆無君臣之禮，不肯晨夜朝暮省王也。庶曰式臧，覆出爲惡。毛《傳》：覆，反也。鄭《箋》：人見王之失所，庶幾其自改悔，而用善人，反出教令，使爲惡也。

如何昊天？辟言不信。如彼行邁，則靡所臻。毛《傳》：辟，法也。鄭《箋》：如何乎昊天？痛而愬之也。爲陳法度之言，不信之也。我之言不見信，如行而無所至也。凡百君子，各敬爾身。胡不相畏，不畏于天？鄭《箋》：凡百君子，謂衆在位者，各敬慎女之身，正君臣之禮，何爲上下不相畏乎？上下不相畏，是不畏于天。

戎成不退，飢成不遂。曾我暬御，憯憯日瘁。毛《傳》：遂，安也。暬御，侍御也。瘁，病也。鄭《箋》：兵成而不退，謂王見流于彘，無御止之者。飢成而不安，謂王在彘，乏於飲食之蓄，無輸粟歸餼者。此二者，曾但侍御左右小臣憯憯憂之，大臣無念之者。凡百君子，莫肯用訊。聽言則答，譖言則退。毛《傳》：以言進退人也。鄭《箋》：訊，告也。衆在位者，無肯用此相告語，言不憂王之事也。答，猶距也。有可聽用之言，則共以辭距而違之。有譖毀之言，則共爲排退之。群臣並爲不忠，惡直醜正。

哀哉不能言，匪舌是出，維躬是瘁。毛《傳》：哀賢人不得言，不得出是舌也。鄭《箋》：瘁，病也。不能言，言之拙也。言非可出於舌，其身旋見困病。哿矣能言，巧言如流，俾躬處休。毛《傳》：哿，可矣。可矣，世所謂能言也。巧言從俗，如水轉流。鄭《箋》：巧，猶善也。謂以事類風切剴微之言，如水之流，忽然而過，故不悖逆，使身舌安休休然。亂世之言，順説爲上。

維曰于仕，孔棘且殆。云不可使，得罪于天子；亦云可使，怨及朋友。毛《傳》：于，往也。鄭《箋》：棘，急也。不可使者，不正，不從也。可使者，雖不正，從也。居今衰亂之世，云往仕乎，甚急迮且危。急迮且危，以此二者也。

謂爾遷于王都，曰予未有室家。毛《傳》：賢者不肯遷于王都也。鄭《箋》：王流于彘，正大夫離居，同姓之臣從王，思其友，呼之謂曰：「女今可遷居王都。」謂彘也。其友辭之云：「我未有室家於王都可居也。」鼠思泣血，無言不疾。毛《傳》：無聲曰泣血，無所言而不見疾也。鄭《箋》：鼠，憂也。既辭之以無室家，爲其意恨。又患不能距止之，故云我憂思泣血，欲遷王都見女。今我無一言而不道疾者，言己方困於病，故未能也。昔爾出居，誰從作爾室？毛《傳》：遭亂世，義不得去，思其友而不肯反者也。鄭《箋》：往始離居之時，誰隨爲女作室？女猶自作之爾，今反以無室家距我，恨之辭。

《雨無正》七章，二章章十句，二章章八句，三章章六句。愚按：詩文云「周宗既滅」，則必非未然之詞。「謂爾遷于王都」，分明謂遷于東都也。若止以其去而召之來，則曰還、曰歸皆可，何爲以遷爲辭乎？鄭以爲厲王流彘之詩，而即以彘爲王都，則彘乃流放之地，從來不聞稱都，何如東都王城之爲明白可據也？《詩傳》云「王室播遷」云云，合之詩文「靡所止戾」、「未有室家」，殊自較然。朱注或曰「疑亦東遷後詩」，必有所本矣。

【眉批】

闕文當是「臣去之近」四字。

鄭以「斬伐」爲「侵伐」，亦穿鑿。

「昊」，今本作「旻」。

《傳》：桓王伐鄭，□□□□家父諫之，賦《節》。《測》：朱子云「《春秋》桓十五年有家父來求車於周」，爲桓王之世，上距幽王之終已七十五年，《序》之時世爲不足信。今以此合之，則《傳》文了然矣。

《序》：《節南山》，家父刺幽王也。鄭《箋》：家父字，周大夫也。

節彼南山，維石巖巖。毛《傳》：興也。節，高峻貌。巖巖，積石貌。鄭《箋》：興者，喻三公之位，人所尊嚴。赫赫師尹，民具爾瞻。毛《傳》：赫赫，顯盛貌。師，太師，周之三公也。尹，尹氏，爲太師。具，俱。瞻，視。憂心如惔，不敢戲談。毛《傳》：惔，燔也。鄭《箋》：此言尹氏，女居三公之位，天下之民俱視女之所爲，皆憂心如火灼爛之矣。又畏女之威，不敢相戲而言語。疾其貪暴，脅下以刑辟也。國既卒斬，何用不監？毛《傳》：卒，盡。斬，斷。監，視也。鄭《箋》：天下之諸侯，日相侵伐，其國已盡絶滅，女何用爲職不監察之？

節彼南山，有實其猗。毛《傳》：實，滿。猗，長也。鄭《箋》：猗，倚也。言南山既能高峻，又以草木平滿其旁，倚之畎谷，使之齊均也。赫赫師尹，不平謂何？鄭《箋》：責三公之不均平，不如山之爲也。謂何，猶云何也。天方薦瘥，喪亂弘多。毛《傳》：薦，重。瘥，病。弘，大也。鄭《箋》：天氣方今又重以疫病，長幼相亂而死喪甚大多也。民言無嘉，憯莫懲嗟。毛《傳》：憯，曾也。鄭《箋》：懲，止也。天下之民皆以灾害相弔唁，無一嘉慶之言。曾無以恩德止之者，嗟乎奈何！

尹氏大師，維周之氐，秉國之均，四方是維，天子是毗，俾民不迷。毛《傳》：氐，本。均，平。毗，厚也。鄭《箋》：氐，當爲桎鎋之桎。毗，輔也。言尹氏作大師之官，爲周之桎鎋，持國政之平，維制四方。上輔天子，下教化天下，使民無迷惑之憂，言任至重。不弔昊天，不宜空我師。毛《傳》：弔，至。空，窮也。鄭《箋》：至，猶善也。不善乎昊天，愬之也，不宜使此人居尊官，困窮我之衆民也。

弗躬弗親，庶民弗信。弗問弗仕，勿罔君子。毛《傳》：庶民之言不可信，勿罔上而行也。鄭《箋》：仕，察也。勿當作未。此言王之政不躬而親之，則恩澤不信於衆民矣；不問而察之，則下民未罔其上矣。式夷式已，無小人殆。毛《傳》：式，用。夷，平也。用平則已，無以小人之言至於危殆也。鄭《箋》：殆，近也。爲政當用平正之人，用能紀理其事也，無小人近。瑣瑣姻亞，則無膴仕。毛《傳》：瑣瑣，小貌。兩壻相謂曰亞。膴，厚也。鄭《箋》：壻之父曰姻。瑣瑣昏姻，妻黨之小人，無厚任用之，置之大位，重其禄也。

昊天不傭，降此鞠訩。昊天不惠，降此大戾。毛《傳》：傭，均。鞠，盈。訩，訟也。鄭《箋》：盈，猶多也。戾，乖也。昊天乎，師氏爲政不均，乃下此多訟之俗。又爲不和順之行，乃下此乖争之化。疾時民傚爲之，愬之于天。君子如届，俾民心闋。君子如夷，惡怒是違。毛《傳》：届，極。闋，息。夷，易。違，去也。鄭《箋》：届，至也。君子，斥在位者，如行至誠之道，則民鞠訩之心息；如行平易之政，則民乖争之情去。言民之失由於上，可反復也。

不弔昊天，亂靡有定。式月斯生，俾民不寧。憂心如酲，誰秉國成？毛《傳》：病酒曰酲。成，平也。鄭《箋》：弔，至也。至，猶善也。定，止。式，用也。不善乎昊天，天下之亂，無有止之者。用月此生，言月月益甚也，使民不得安，我今憂之如病酒之酲矣。觀此君臣，誰能持國之平乎？言無有也。不自爲政，卒勞百姓。鄭《箋》：卒，終也。昊天不自出政教，則終窮苦百姓。欲使昊天出圖書有所授命，民乃得安。

駕彼四牡，四牡項領。毛《傳》：項，大也。鄭《箋》：四牡者，人君所乘駕。今但養大其領，不肯爲用，喻大臣自恣，王不能使也。我瞻四方，蹙蹙靡所騁。毛《傳》：騁，極也。蹙蹙，縮小之貌。我視四方土地，日見侵削於夷狄，蹙蹙然，雖欲馳騁無所之也。

方茂爾惡，相爾矛矣。毛《傳》：茂，勉也。鄭《箋》：相，視也。方争訟自勉於惡之時，則視女矛矣。言欲戰鬬相殺傷矣。既夷既懌，如相醻矣。毛《傳》：懌，服也。鄭《箋》：夷，説也。言大臣之乖争，本無大讎，其已相和順而説懌，則如賓主飲酒相醻酢也。

昊天不平，我王不寧。不懲其心，覆怨其正。毛《傳》：正，長也。鄭《箋》：昊天乎，師尹爲政不平，使我王不得安寧，女不懲止女之邪心，而反怨憎其正也。

家父作誦，以究王訩。毛《傳》：家父，大夫也。鄭《箋》：究，窮也。大夫家父作此詩，而爲王誦之，以窮極王之政，所以致多訟之本意。式訛爾心，以畜萬邦。鄭《箋》：訛，化。畜，養也。

《節南山》十章，六章章八句，四章章四句。愚按：《春秋》桓王伐鄭在桓五年。《左傳》：「王奪鄭伯政，鄭伯不朝。秋，王以諸侯伐鄭。」即繻葛之戰，中肩之事也。今《詩傳》云：「家父以此詩諫。」家父即桓王使來求車者。於時皆合，但詩文前後刺亂政處未見有伐鄭之意，豈「駕四牡」、「相爾矛」二語爲是發，而「空我師」、「勞百姓」爲興師動衆乎？

【眉批】
闕文疑有「師尹」等字。
按：國，即指王國也。鄭以爲諸侯侵伐，與斬伐四國同爲不妥。
「已」鄭音「紀」。
鄭解迂甚可笑，王肅駁之爲當。肅自解云：「言政不由王出也。」

《傳》：朋友□□□□□之，賦《谷風》。

《序》：《谷風》，刺幽王也。天下俗薄，朋友道絶焉。

習習谷風，維風及雨。毛《傳》：興也。風雨相感，朋友相須。鄭《箋》：習習，和調之貌。東風謂之谷風。興者，風而有雨則潤澤行，喻朋友同志則恩愛成。將恐將懼，維予與女。鄭《箋》：將，且也。恐、懼，喻遭厄難勤苦之事也。當此之時，獨我與女爾，謂同其憂務。將安將樂，女轉棄予。毛《傳》：言朋友趨利，窮達相棄。鄭《箋》：朋友無大故，則不相遺棄。今女以志達而安樂，棄恩忘舊，薄之甚。

習習谷風，維風及頹。毛《傳》：頹，風之焚輪者也。風薄相扶而上，喻朋友相須而成。將恐將懼，寘予于懷。鄭《箋》：寘，置也。置我于懷，言至親己也。將安將樂，棄予如遺。鄭《箋》：如遺者，如人行道遺忘物，忽然不省存也。

習習谷風，維山崔嵬。無草不死，無木不萎。毛《傳》：崔嵬，山巔也。雖盛夏萬物茂壯，草木無有不死葉萎枝者。鄭《箋》：此言東風，生長之風也。山巔之上，草木猶及之，然而盛夏養萬物之時，草木枝葉猶有萎槁者。以喻朋友雖以恩相養，亦安能不時有小訟乎。忘我大德，思我小怨。鄭《箋》：大德，切磋以道相成之謂也。

《谷風》三章，章六句。

《傳》：君子懷□□□□□，賦《都人士》。

《序》：《都人士》，周人刺衣服無常也。古者長民，衣服不貳，從容有常，以齊其民，則民德歸壹，傷今不復見古人也。鄭《箋》：服，謂冠弁衣裳也。古者，明王時也。長民，謂凡在民上倡率者也。變易無常謂之貳。從容，有休燕也。休燕猶有常，則朝夕明矣。壹者，專也，同也。

彼都人士，狐裘黄黄。其容不改，出言有章。毛《傳》：彼，彼明王也。鄭《箋》：城郭之邑曰都。古明王時，都人之有士行者，冬則衣狐裘黄黄然，取温裕而已。其動作容貌既有常，吐口言語又有法度文章。疾今奢淫，不自責以過差。行歸于周，萬民所望。毛《傳》：周，忠信也。鄭《箋》：于，於也。都人之士，所行要歸于忠信。其餘萬民寡識者，咸瞻望而倣法之。又疾今不然。

彼都人士，臺笠緇撮。毛《傳》：臺，所以禦暑。笠，所以禦雨也。緇撮，緇布冠也。鄭《箋》：臺，夫須也。都人之士，以臺皮爲笠，緇皮爲冠。古明王之時，儉且節也。彼君子女，綢直如髮。毛《傳》：密直如髮也。鄭《箋》：彼君子女者，謂都人之家女也。其情性密緻，操行正直，如髮之本末，無隆殺也。我不見兮，我心不説。鄭《箋》：疾時皆奢淫，我不復見今士女之然者，心思之而憂也。

彼都人士，充耳琇實。毛《傳》：琇，美石也。鄭《箋》：言以美石爲瑱。瑱，塞耳。彼君子女，謂之尹吉。毛《傳》：尹，正也。鄭《箋》：吉讀爲姞。尹氏姞氏，周室昏姻之舊姓也。人見都人之家女，咸謂之尹氏、姞氏之女，言有禮法。我不見兮，我心苑結。鄭《箋》：苑，猶屈也，積也。

彼都人士，垂帶而厲。彼君子女，卷髮如蠆。毛《傳》：厲，帶之垂者。鄭《箋》：而，亦如也。而厲，如鞶厲也。鞶必垂厲以爲飾，厲字當作裂。蠆，螫蟲也。尾末揵然，似婦人髮末曲上卷然。我不見兮，言從之邁。鄭《箋》：言，亦我也。邁，行也。我今不見士女此飾，心思之，欲從之行。言己憂悶欲自殺求從古人。

匪伊垂之，帶則有餘。匪伊卷之，髮則有旟。毛《傳》：旟，揚也。鄭《箋》：伊，辭也。此言士非故垂此帶也，帶於禮自當有餘也；女非故卷此髮也，髮於禮自當有旟也。旟，枝旟揚起也。我不見兮，云何盱矣。鄭《箋》：盱，病也。思之甚云何乎，我今已病也。

《都人士》五章，章六句。愚按：《小正傳》篇次自昭王迄桓王，而以思古明王時終焉，中間世次秩然。使鄭氏知此，何致疑厲王之無詩，謂詁訓者移其篇第而爭改紛紛耶？獨《何人斯》一篇，《傳》所不載，今附其後。

【眉批】從之邁，作欲自殺，亦大異。

《序》：《何人斯》，蘇公刺暴公也。暴公爲卿士而譖蘇公焉，故蘇公作是詩以絶之。鄭《箋》：暴也、蘇也，皆畿内國名。

彼何人斯，其心孔艱。胡逝我梁？不入我門。鄭《箋》：孔，甚。艱，難。逝，之也。梁，魚梁也。在蘇國之門外。彼何人乎？謂與暴公俱見於王者也。其持心甚難知，言其性堅固不妄也。暴公譖己之時，女與之乎？今過我國，何故近之我梁，而不入見我乎？疑其與之而未察，斥其姓名爲大切，故言何人。伊誰云從？維暴之云。毛《傳》：云，言也。鄭《箋》：譖我者，是言誰曾生乎？乃暴公之所言也。由己情而本之，以解何人。

二人從行，誰爲此禍？胡逝我梁，不入唁我。鄭《箋》：二人者，謂暴公與其侶也。女相隨而行見王，誰作我是禍乎？時蘇公以得譴讓也。女即不爲，何故近之我梁而不入弔唁我乎？始者不如今，云不我可。鄭《箋》：女始者於我甚厚，不如今日也。今日云我所行有何不可者乎？何更於己薄也。

彼何人斯，胡逝我陳？我聞其聲，不見其身。毛《傳》：陳，堂塗也。鄭《箋》：堂塗者，公館之堂塗也。女即不爲，何故近之我館庭，使我得聞女之音聲，不得睹女之身乎？不愧于人，不畏于天。鄭《箋》：女今不入唁我，何所愧畏乎？皆疑之未察之辭。

彼何人斯，其爲飄風。胡不自北？胡不自南？胡逝我梁？祇攪我心。毛《傳》：飄風，暴起之風。攪，亂也。鄭《箋》：祇，適也。何人乎，女行來而去，疾如飄風，不欲入見我，何不乃從我國之南，不則乃從我國之北，何近之我梁，適亂我之心，使我疑女。

爾之安行，亦不遑舍。爾之亟行，遑脂爾車。壹者之來，云何其盱！鄭《箋》：遑，暇。亟，疾。盱，病也。女可安行乎，則何不暇舍息乎女。當亟行乎，則又何暇脂女車乎？極其情，求其意，終不得。一者之來見我，於女亦何病乎？

爾還而入，我心易也。還而不入，否難知也。壹者之來，俾我祇也。毛《傳》：易，説。祇，病也。鄭《箋》：還，行反也。否，不通也。祇，安也。女行反入見我，我則解説也。反又不入見我，則我與女情不通。女與譖我與否，復難知也。一者之來見我，我則知之，是使我心安也。

伯氏吹壎，仲氏吹篪。毛《傳》：土曰壎，竹曰篪。鄭《箋》：伯仲，喻兄弟也。我與女恩如兄弟，其相應和如壎篪，以言俱爲王臣，宜相親愛。及爾如貫，諒不我知。出此三物，以詛爾斯。毛《傳》：三物，犬、豕、鷄也。民不相信，則盟詛之。君以豕，臣以犬，民以鷄。鄭《箋》：及，與。諒，信也。我與女俱爲王臣，其相比次如物之在繩索之貫也。今女心誠信而不我知，且共出此三物以詛女之此事，爲其情之難知，已又不欲長怨，故設之以此言。

爲鬼爲蜮，則不可得。有靦面目，視人罔極。毛《傳》：蜮，短狐也。靦，姡也。鄭《箋》：使女爲鬼爲蜮也，則女誠不可得見也。姡然有面目，女乃人也，人相視無有極時，終必與女相見。作此好歌，以極反側。毛《傳》：反側，不正直也。鄭《箋》：好，猶善也。反側，輾轉也。作八章之歌，求女之情，女之情反側極於是也。

《何人斯》八章，章六句。愚按：朱子謂此詩與《巧言》文意相似，疑出一手。毛本兩篇相次，而《詩傳》獨無此篇之名，且「彼何人斯」句，適與《巧言》卒章首句相承，疑與《巧言》通爲一詩，故不別爲傳。及考《申公詩説》，果云然，則朱子之語蓋本之彼也。然《小序》自爲篇，自爲説，而玩詩語意，雖俱爲刺譖人，亦似不可混而爲一，故别附之于末。

【眉批】

按：《世本》云：暴辛公作塤，蘇成公作篪。譙周《古史考》云：「古有塤篪，尚矣。周幽王時，暴辛公善塤，蘇成公善篪。記者因以爲作，謬矣，不知何所本。」想二説皆因此詩而附會也。

聖門傳詩嫡冢卷之十二

吴興凌濛初輯

雅

大正

《傳》：周公制□□□□會朝，受□□□，□有《大正》焉。《測》：上闕五字，當爲「作禮樂用之」五字。下闕四字，當爲「釐陳戒而」四字。

《傳》：《文王》、《生民》、《公劉》、《緜》、《大明》、《棫樸》、《旱麓》、《思齊》、《皇矣》、《靈臺》、《大武》、《文王有聲》、《行葦》、《既醉》、《鳧鷖》、《嘉樂》，皆周□□□德以訓成王也。《測》：闕文三字，當爲「公述先」三字。以上共十六篇，内云《大武》，必《序》之《下武》也。

《序》：《文王》，文王受命作周也。鄭《箋》：受命，受天命而王天下，制立周邦。

文王在上，於昭于天。毛《傳》：在上，在民上也。於，嘆辭。昭，見也。鄭《箋》：文王初爲西伯，有功於民。其德著見於天，故天命之以爲王，使君天下也。崩謚曰文。周雖舊邦，其命維新。毛《傳》：乃新在文王也。鄭《箋》：大王聿來胥宇而國于周，王迹起矣，而未有天命，至文王而受命。言新者，美之也。有周不顯，帝命不時。毛《傳》：有周，周也。不顯，顯也。顯，光也。不時，時也。時，是也。鄭《箋》：周之德不光明乎？光明矣。天命之不是乎？又是矣。文王陟降，在帝左右。毛《傳》：言文王升接天，下接人也。鄭《箋》：在，察也。文王能觀知天意，順其所爲，從而行之。

亹亹文王，令聞不已。陳錫哉周，侯文王孫子。文王孫子，本支百世。毛《傳》：亹亹，勉也。哉，載。侯，維也。本，本宗也。支，支子也。鄭《箋》：令，善。哉，始。侯，君也。勉勉乎不倦，文王之勤用明德也。其善聲聞日見稱歌，無已時也。乃緜能敷恩惠之施，以受命造始周國，故天下君之。其子孫適爲天子，庶爲諸侯，皆百世。凡周之士，不顯亦世。毛《傳》：不世顯德乎也者，世禄也。鄭《箋》：凡周之士，謂其臣有光明之德者，亦得世世在位，重其功也。

世之不顯，厥猶翼翼。思皇多士，生此王國。王國克生，維周之楨。毛《傳》：翼翼，恭敬。思，辭也。皇，天。楨，幹也。鄭《箋》：猶，謀。思，願也。周之臣既世世光明，其爲君之謀事，忠敬翼翼然。又願天多生賢人於此邦，此邦能生之，則是我周家幹事之臣。濟濟多士，文王以寧。毛《傳》：濟濟，多威儀也。

穆穆文王，於緝熙敬止。假哉天命，有商孫子。毛《傳》：穆穆，美也。緝熙，光明也。假，固也。鄭《箋》：穆穆乎文王有天子之容，於美乎，又能敬其光明之德，堅固哉。天爲此命之，使臣有殷之子孫。商之孫子，其麗不億。上帝既命，侯于周服。毛《傳》：麗，數也。盛德不可爲衆也。鄭《箋》：于，於也。商之子孫，其數不徒億，多言之也。至天已命文王之後，乃爲君於周之九服之中，言衆之不如德也。

侯服于周，天命靡常。毛《傳》：則見天命之無常也。鄭《箋》：無常者，善則就之，惡則去之。殷士膚敏，祼將于京。厥作祼將，常服黼冔。毛《傳》：殷士，殷侯也。膚，美。敏，疾也。祼，灌鬯也。周人尚臭。將，行。京，大也。黼，白與黑也。冔，殷冠也。夏后氏曰收，周曰冕。鄭《箋》：殷之臣，壯美而敏，來助周祭。其助祭，自服殷之服，明文王以德不以彊。王之藎臣，無念爾祖。毛《傳》：藎，進也。無念，念也。鄭《箋》：今王之進用臣，當念女祖爲之法。王，斥成王。

無念爾祖，聿修厥德。永言配命，自求多福。毛《傳》：聿，述。永，長。言，我也。我長配天命而行，爾庶國亦當自求多福。鄭《箋》：長，猶常也。王既述修祖德，常言當配天命而行，則福禄自來。殷之未喪師，克配上帝。毛《傳》：帝乙已上也。鄭《箋》：師，衆也。殷自紂父之前，未喪天下之時，皆能配天而行，故不亡也。宜鑒于殷，駿命不易。毛《傳》：駿，大也。鄭《箋》：宜以殷王賢愚爲鏡，天之大命，不可改易。命之不易，無遏爾躬。宣昭義問，有虞殷自天。毛《傳》：遏，止。義，善。虞，度也。鄭《箋》：宣，徧。有，又也。天之大命，已不可改易矣。當使子孫長行之，無終女身則止。徧明以禮義問老成人，又度殷所以順天之事而施行之。上天之載，無聲無臭。儀刑文王，萬邦作孚。毛《傳》：載，事。刑，法。孚，信也。鄭《箋》：天之道難知也，耳不聞聲音，鼻不聞香臭，儀法文王之事，則天下咸信而順之。

《文王》七章，章八句。

【眉批】

按：《左傳》：《文王》，兩君相見之樂也。

《左傳》：「陳錫載周，能施也。」

按：正義曰：「文王所得六州而已，殷之同姓未必有歸之者，況子姓乎？此作在成王之時，從後見其歸周，本而美之耳，非實事也。」

《左傳》：「永言配命，自求多福」，忠也。

《左傳》：「周之興也，其詩曰：儀刑文王，萬邦作孚。言刑善也。」

《序》：《生民》，尊祖也。后稷生於姜嫄，文武之功，起於后稷，故推以配天焉。

厥初生民，時維姜嫄。毛《傳》：生民，本后稷也。姜，姓也，后稷之母，配高辛氏帝焉。鄭《箋》：厥，其。初，始。時，是也。言周之始祖，其生之者是姜嫄也。姜姓者，炎帝之後，有女名嫄，當堯之時，爲高辛氏之世妃。本后稷之初生，故謂之生民。生民如何？克禋克祀，以弗無子。毛《傳》：禋，敬。弗，去也。去無子，求有子也。古者必立郊禖焉。玄鳥至之日，以大牢祠于郊禖。天子親往，后妃率九嬪御，乃禮天子所御，帶以弓韣，授以弓矢于郊禖之前。鄭《箋》：克，能也。弗之言祓也。姜嫄之生后稷如何乎？乃禋祀上帝於郊禖，以祓除其無子之疾而得其福也。能者，言齊肅當神明意也。二王之後，得用天子之禮。履帝武敏，歆，攸介攸止，載震載夙，載生載育，時維后稷。毛《傳》：履，踐也。帝，高辛氏之帝也。武，迹。敏，疾也。從于帝而見于天，將事齊敏也。歆，饗。介，大。攸止，福禄所止也。震，動。夙，早。育，長也。后稷播百穀以利民。鄭《箋》：帝，上帝也。敏，拇也。介，左右也。夙之言肅也。祀郊禖之時，時則有大神之迹，姜嫄履之，足不能滿。履其拇指之處，心體歆歆然，其左右所止住，如有人道感己者也，於是遂有身而肅戒不復御。後則生子而養長，名之曰棄。舜臣堯而舉之，是爲后稷。

誕彌厥月，先生如達。毛《傳》：誕，大。彌，終。達，生也。姜嫄之子先生者也。鄭《箋》：達，羊子也。大矣后稷之在其母，終人道十月而生。生如達子生，言易也。不坼不副，無菑無害。毛《傳》：言易也。凡人在母，母則病。生則坼副菑害其母，横逆人道。以赫厥靈，上帝不寧，不康禋祀，居然生子。毛《傳》：赫，顯也。不寧，寧也。不康，康也。鄭《箋》：康、寧，皆安也。姜嫄以赫然顯著之徵，其有神靈審矣。此乃天帝之氣也。心猶不安之，又不安徒以禋祀而無人道，居默然自生子，懼時人不信也。

誕寘之隘巷，牛羊腓字之。毛《傳》：誕，大。寘，置。腓，辟。字，愛也。天生后稷，異之於人，欲以顯其靈也。帝不順天，是不明也，故承天意而異之於天下。鄭《箋》：天異之，故姜嫄置后稷于牛羊之徑，亦所以異之。誕寘之平林，會伐平林。毛《傳》：牛羊而辟人者，理也。寘之平林，又爲人所收取之。誕寘之寒冰，鳥覆翼之。毛《傳》：大鳥來，一翼覆之，一翼藉之。人而收取之，又其理也，故置之於寒冰。鳥乃去矣，后稷呱矣。毛《傳》：於是知其有天異，往取之矣，后稷呱呱然而泣。

實覃實訏，厥聲載路。誕實匍匐，克岐克嶷，以就口食。毛《傳》：覃，長。訏，大。路，大也。岐，知意也。嶷，識也。鄭《箋》：實之言適也。覃，謂始能坐也。訏，謂張口鳴呼也。是時聲音則已大矣。能匍匐，則岐岐然，意有所知也。其貌嶷嶷然，有所識別也。以此至於能就衆人口自食，謂六七歲時。蓺之荏菽，荏菽旆旆，禾役穟穟，麻麥幪幪，瓜瓞唪唪。毛《傳》：荏菽，戎菽也。旆旆然，長也。役，列也。穟穟，苗好美也。幪幪然，盛茂也。唪唪然，多實也。鄭《箋》：蓺，樹也。戎菽，大豆也。就口食之時，則有種植之志，言天性也。

誕后稷之穡，有相之道。毛《傳》：相，助也。鄭《箋》：大矣后稷之掌稼穡，有見助之道，謂若神助之力也。茀厥豐草，種之黄茂。實方實苞，實種實褎，實發實秀，實堅實好，實穎實栗，即有邰家室。毛《傳》：茀，治也。黄，嘉穀也。茂，美也。方，極畝也。苞，本也。種，雜種也。褎，長也。發，盡發也。不榮而實曰秀。穎，垂穎也。栗，其實栗栗然。邰，姜嫄之國也。堯見天因邰而生后稷，故國后稷於邰，使事天以顯神順天命耳。鄭《箋》：豐苞，亦茂也。方，齊等也。種，生不雜也。褎，枝葉長也。發，發管時也。栗，成就也。后稷教民除治茂草，使種黍稷。黍稷生則茂好，熟則大成，以此成功。堯改封於邰，就其成國之家室，無變更也。

誕降嘉種，維秬維秠，維穈維芑。毛《傳》：天降嘉種。秬，黑黍也。秠，一稃二米也。穈，赤苗也。芑，白苗也。鄭《箋》：天應堯之顯后稷，故爲之下嘉種。恒之秬秠，是穫是畝。恒之穈芑，是任是負，以歸肇祀。毛《傳》：恒，徧。肇，始也。始歸郊祀也。鄭《箋》：任，猶抱也。肇，郊之神位也。后稷以天爲已下此四穀之故，則徧種之。成熟則穫而畝計之，抱負以歸於郊祀天。得祀天者，二王之後也。

誕我祀如何？或舂或揄，或簸或蹂，釋之叟叟，烝之浮浮。毛《傳》：揄，抒臼也。或簸糠者，或蹂黍者。釋，淅米也。叟叟，聲也。浮浮，氣也。鄭《箋》：蹂之言潤也。大矣我后稷之祀天如何乎？美而將說其事也。舂而抒出之，簸之，又潤濕之，將復舂之趨於鑿也。釋之，烝之，以爲酒及簠簋之實。載謀載惟，取蕭祭脂，取羝以軷。載燔載烈，毛《傳》：嘗之日，莅卜來歲之芟；獮之日，莅卜來歲之戒；社之日，莅卜來歲之稼，所以興來而繼往也。穀熟而謀，陳祭而卜矣。取蕭合黍稷，臭達墻屋，先奠而後爇蕭合馨香也。羝羊，牡羊也。軷，道祭也。傳火曰燔，貫之加于火曰烈。鄭《箋》：惟，思也。烈之言爛也。后稷即爲郊祀之酒及其米，則諏謀其日，思念其禮，至其時取蕭草與祭牲之脂，爇之於行神之位，馨香既聞，取羝羊之體以祭神。又燔烈其肉爲尸羞焉，自此而往郊。以興嗣歲。毛《傳》：興來歲，繼往歲也。鄭《箋》：嗣歲，今新歲也。以先歲之物，齊敬祀軷而祀天者，將求新歲之豐年也。孟春之月令曰：「乃擇元日，祈穀于上帝。」

卬盛于豆，于豆于登。其香始升，上帝居歆，胡臭亶時。毛《傳》：卬，我也。木曰豆，瓦曰登。豆，薦葅醢也。登，大羹也。鄭《箋》：胡之言何也。亶，誠也。我后稷盛俎醢之屬，當于豆者、于登者。其馨香始上行，上帝則安而歆饗之。何芳臭之誠得其時乎？美之也。祀天用瓦豆陶器，質也。后稷肇祀，庶無罪悔，以迄于今。毛《傳》：迄，至也。鄭《箋》：庶，衆也。后稷肇祀上帝於郊，而天下衆民咸得其所，無有罪過也。子孫蒙其福以至於今，故推以配天焉。

《生民》八章，四章章十句，四章章八句。愚按：毛氏不用距迹之説，且以姜嫄爲帝嚳之妃，故以履帝武即爲從帝以行，而鄭氏以帝爲上帝，嫄爲高辛氏世妃，非帝妃也。先儒辨之，互有異同，然似鄭説爲長，故朱子從之，學者宜詳參焉。

【眉批】

按：朱子從此説。

按：毛不信大迹之説，而此又言天生后稷，異之于人，故承天意而棄之以示異，似覺無謂矣。

上二句，朱子截從上章（謂「鳥乃」二句）。

《序》：《公劉》，召康公戒成王也。成王將莅政，戒以民事，美公劉之厚於民而獻是詩也。鄭《箋》：公劉者，后稷之曾孫也。夏之始衰，見迫逐，遷於豳而有居民之道。成王始幼少，周公居攝政，反歸之成王，將莅政，召公與周公相成王爲左右。召公懼成王尚幼稚，不留意於治民之事，故作詩美公劉以深戒之也。

篤公劉，匪居匪康，乃埸乃疆，乃積乃倉，乃裹餱糧，于槖于囊，思輯用光。毛《傳》：篤，厚也。公劉居於邰，而遭夏人亂，迫逐公劉。公劉乃辟中國之難，遂平西戎，而遷其民邑於豳焉。乃埸乃疆，言修其疆埸也。乃積乃倉，言民事時和，國有積倉也。小曰槖，大曰囊。思輯用光，言民相與和睦以顯於時也。鄭《箋》：厚乎公劉之爲君也，不以所居爲居，不以所安爲安，邰國乃有疆埸也，乃有積委及倉也。安安而能遷，積而能散，爲夏人迫逐己之故。不忍鬥其民，乃裹糧食於囊槖之中，棄其餘而去。思在和其民人，用光大其道，爲今子孫之基。弓矢所張，干戈戚揚，爰方啓行。毛《傳》：戚，斧也。揚，鉞也。張其弓矢，秉其干戈戚揚，以方開道路去之豳，蓋諸侯之從者十有八國焉。鄭《箋》：干，盾也。戈，句。矛，戟也。爰，曰也。公劉之去邰，整其師旅，設其兵器，告其士卒，曰：爲女方開道而行。明己之遷，非爲迫逐之故，乃欲全民也。

篤公劉，于胥斯原，既庶既繁，既順乃宣，而無永嘆。毛《傳》：胥，相。宣，徧也。民無長嘆，猶文王之無悔也。鄭《箋》：于，於也。廣平曰原。厚乎公劉之於相此原地以居民，民既衆矣，既多矣，既順其事矣，又乃使之時耕。民皆安今之居，而無長嘆，思其舊時也。陟則在巘，復降在原。何以舟之？維玉及瑤，鞞琫容刀。毛《傳》：巘，小山別於大山也。舟，帶也。瑤，言有美德也。下曰鞞，上曰琫，言德有度數也。容刀，言有武事也。鄭《箋》：陟，升。降，下也。公劉之相此原地也，由原而升巘，復下在原。言反復之，重居民也。民亦愛公劉之如是，故進玉瑤容刀之飾。

篤公劉，逝彼百泉，瞻彼溥原，乃陟南岡，乃覯于京。毛《傳》：溥，大。覯，見也。鄭《箋》：逝，往。瞻，視。溥，廣也。山脊曰岡，絶高爲之京。厚乎公劉之相此原地也，往之彼百泉之間，視其廣原可居之處，乃升其南山之脊，乃見其可居者。于京，謂可營立都邑之處。京師之野，于時處處，于時廬旅，于時言言，于時語語。毛《傳》：是京乃大衆所宜居之也。廬，寄也。直言曰言，論難曰語。鄭《箋》：于，於。時，是也。京地乃衆民所宜居之野也，於是處其所當處者，廬舍其賓旅，言其所當言，語其所當語，謂安民館客，施教令也。

篤公劉，于京斯依。蹌蹌濟濟，俾筵俾几。鄭《箋》：蹌蹌濟濟，士大夫之威儀也。俾，使也。厚乎公劉之居於此京，依而築宫室。其既成也，與群臣士大夫飲酒以樂之。群臣則相使爲公劉設几筵，使之升坐。既登乃依，乃造其曹。執豕于牢，酌之用匏。毛《傳》：賓已登席坐矣，乃依几矣。曹，群也。執豕于牢，新國則殺禮也。酌之用匏，儉以質也。鄭《箋》：公劉既登堂，負扆而立。群臣適其牧群，搏豕于牢中以爲飲酒之殽，酌酒以匏爲爵，言忠敬也。食之飲之，君之宗之。毛《傳》：爲之君，爲之大宗也。鄭《箋》：宗，尊也。公劉雖去邰國來遷，群臣從而君之尊之，猶在邰也。

篤公劉，既溥既長，既景乃岡，相其陰陽，觀其流泉。毛《傳》：既景乃岡，考於日景，參之高岡。鄭《箋》：厚乎公劉之居豳也，既廣其地之東西，又長其南北，既以日景定其經界于山之脊，觀相其陰陽寒暖所宜，流泉浸潤所及，皆爲利民富國。其軍三單，度其隰原，徹田爲糧。毛《傳》：三單，相襲也。徹，治也。鄭《箋》：邰，后稷上公之封。大國之制三軍，以其餘卒爲羨。今公劉遷于豳，民始從之，丁夫適滿三軍之數。單者，無羨卒也。度其隰與原田之多少，徹之使出税以爲國用。什一而税謂之徹。魯哀公曰：「二，吾猶不足，如之何其徹也？」度其夕陽，豳居允荒。毛《傳》：山西曰夕陽。荒，大也。鄭《箋》：允，信也。夕陽者，豳之所處也。度其廣輪，豳之所處信寬大也。

篤公劉，于豳斯館。涉渭爲亂，取厲取鍛。毛《傳》：館，舍也。正絶流曰亂。鍛，石也。鄭《箋》：鍛石，所以爲鍛質也。厚乎公劉，於豳地作此宫室。乃使人渡渭水爲舟，絶流而南。取鍛厲斧斤之石，可以利器用。伐取材木，給築事也。止基乃理，爰衆爰有。夾其皇澗，遡其過澗。毛《傳》：皇，澗名也。遡，鄉也。過，澗名也。鄭《箋》：爰，曰也。止基，作宫室之功也。而後疆理其田野，校其夫家，人數日益多矣，器物有足矣，皆布居澗水之旁。止旅乃密，芮鞫之即。毛《傳》：密，安也。芮，水厓也。鞫，究也。鄭《箋》：芮之言内也。水之内曰隩，水之外曰鞫。公劉居豳，既安軍旅之役止，士卒乃安。亦就澗外之内外而居，修田事也。

《公劉》六章，章十句。

【眉批】

按：《疏》云三單相襲者，三行皆單，而相重爲軍也。慮有寇鈔，故三重爲軍，使强壯在外，所以備禦之也。

《序》：《緜》，文王之興，本由大王也。

緜緜瓜瓞，民之初生，自土沮漆。毛《傳》：興也。緜緜，不絶貌。瓜，紹也。瓞，瓝也。民，周民也。自，用。土，居也。沮，水。漆，水也。鄭《箋》：瓜之本實，繼先歲之瓜必小，狀如瓝，故謂之瓞。緜緜然，若將無長大時。興者，喻后稷乃帝嚳之胄，封於邰。其後公劉失職，遷于豳，居沮漆之地，歷世亦緜緜然。至大王而德益盛，得其民心而生王業，故本周之興，云於沮漆也。古公亶父，陶復陶穴，未有家室。毛《傳》：古公，豳公也。古，言久也。亶父字，或殷以名言，質也。古公處豳，狄人侵之，事之以皮幣，不得免焉；事之以犬馬，不得免焉；事之以珠玉，不得免焉。乃屬其耆老而告之曰：「狄人之所欲吾土地。吾聞之：『君子不以其所養人而害人。』二三子何患無君？去之，踰梁山，邑乎岐山之下。」豳人曰：「仁人之君，不可失也。」從之如歸市，陶其土而復之，陶其壤而穴之。室内曰家，未有寢廟，亦未敢有家室。鄭《箋》：古公，據文王本其祖也。諸侯之臣稱君曰公。復者，復於土上。鑿地曰穴，皆如陶然，本其在豳時也。傳自古公處豳而下，爲二章發。

古公亶父，來朝走馬，率西水滸，至於岐下。爰及姜女，聿來胥宇。毛《傳》：率，循也。滸，水厓也。姜女，大姜也。胥，相。宇，居也。鄭《箋》：來朝走馬，言其辟惡早且疾也。循西水厓，漆沮水側也。爰於及與，聿，自也。於是與其妃大姜自來相可居者，著大姜之賢知也。

周原膴膴，菫荼如飴。爰始爰謀，爰契我龜。毛《傳》：周原，沮漆之間也。膴膴，美也。菫，菜也。荼，苦菜也。契，開也。鄭《箋》：廣平曰原。周之原地，在岐山之陽，膴膴然肥美。其所生菜，雖有性苦者甘如飴也。此地將可居，故於是始與豳人之從己者謀，謀從，又於是契灼其龜而卜之，則又從矣。曰止曰時，築室于茲。鄭《箋》：時，是。茲，此也。卜從則曰「可止於是，可作室家于此」，定民心也。

乃慰乃止，乃左乃右，乃疆乃理，乃宣乃畝。自西徂東，周爰執事。毛《傳》：慰，安。爰，於也。鄭《箋》：時耕曰宣。徂，往也。民心定，乃安隱其居，乃左右而處之，乃疆理其經界，乃時耕其田畝。於是從西方而往東之人皆於周執事，競出力也。豳與周原不能爲西東，據至時，從水滸言也。

乃召司空，乃召司徒，俾立室家。鄭《箋》：俾，使也。司空、司徒，卿官也。司空掌營國邑，司徒掌徒役之事，故召之使立室家之位處。其繩則直，縮版以載，作廟翼翼。毛傳：言不失繩直也。乘謂之縮。君子將營宮室，宗廟爲先，廄庫爲次，居室爲後。鄭《箋》：繩者，營其廣輪方制之正也。既正，則以索縮其築版，上下相承而起。廟成，則嚴顯翼翼然。乘，聲之誤，當爲繩也。

捄之陾陾，度之薨薨。築之登登，削屢馮馮。毛《傳》：捄，虆也。陾陾，衆也。度，居也。言百姓之勸勉也。登登，用力也。削墻鍛屢之聲馮馮然。鄭《箋》：捄，桴也。度，猶投也。築墻者桴聚壤土，盛之以虆而投諸版中。百堵皆興，鼛鼓弗勝。毛《傳》：皆，俱也。鼛，大鼓也，長一丈二尺。或鼛或鼓，言勸事樂功也。鄭《箋》：五版爲堵。興，起也。百堵同時起，鼛鼓不能止之使休息也。凡大鼓之側有小鼓，謂之應鼙朔鼙。《周禮》曰：「以鼛鼓役事。」

廼立臯門，臯門有伉。廼立應門，應門將將。毛《傳》：王之郭門曰臯門。伉，高大。王之正門曰應門。將將，嚴正也。美大王作郭門以致臯門，作正門以致應門焉。鄭《箋》：諸侯之宮，外門曰臯門，朝門曰應門，内有路門。天子之宮，加以庫雉。廼立冢土，戎醜攸行。毛《傳》：冢，大。戎，大。醜，衆也。冢土，大社也。起大事，動大衆，必先有事乎社而後出，謂之宜。美大王之社，遂爲大社也。鄭《箋》：大社者，出大衆將所告而行。《春秋傳》曰：「蜃，宜社之肉。」

肆不殄厥愠，亦不隕厥問。柞棫拔矣，行道兑矣。毛《傳》：肆，故今也。愠，恚。隕，墜也。兑，成蹊也。鄭《箋》：小聘曰問。柞，櫟也。棫，白桵也。文王見大王立冢土，有用大衆之義，故不絶去其恚惡惡人之心，亦不廢其聘問鄰國之禮。今以柞棫生柯葉之時，使大夫將師旅出聘問，其行道士衆，兑然不有征伐之意。混夷駾矣，維其喙矣。毛《傳》：駾，突。喙，困也。鄭《箋》：混夷，夷狄國也。見文王之使者，將士衆過己國，則惶怖驚走，奔突入此柞棫之中而逃，甚困劇也。是之謂一年伐混夷，大王辟狄，文王伐混夷，成道興國，其志一也。

虞芮質厥成，文王蹶厥生。毛《傳》：質，成也。成，平也。蹶，動也。虞芮之君，相與争田，久而不平，乃相謂曰：「西伯，仁人也。盍往質焉？」乃相與朝周，入其境，則耕者讓畔，行者讓路。入其邑，男女異路，班白不提挈。入其朝，士讓爲大夫，大夫讓爲卿。二國之君，感而相謂曰：「我等小人不可以履君子之庭。」乃相讓以其所争田爲閒田而退，天下聞之而歸者四十餘國。鄭《箋》：虞芮之質平而文王動其緜緜民初生之道，謂廣其德而王業大。予曰有疏附，予曰有先後，予曰有奔奏，予曰有禦侮。毛《傳》：率下親上曰疏附，相道前後曰先後，喻德宣譽曰奔奏，武臣折衝曰禦侮。鄭《箋》：予，我也，詩人自我也。文王之德所以至然者，我念之曰：「此亦由有疏附先後奔走禦侮之臣力也。」疏附，使疏者親也。奔奏，使人歸趨之。

《緜》九章，章六句。

【眉批】

《國語》：「《文王》、《大雅・緜》，兩君相見之樂也，皆昭令德以合好也。」

奏，亦作「走」。

明明在下，赫赫在上。《序》：《大明》，文王有明德，故天復命武王也。鄭《箋》：二聖相承，其明德日以廣大，故曰大明。毛《傳》：明明，察也。文王之德，明明於下，故赫赫然著見於天。鄭《箋》：明明者，文王、武王施明德于天下，其徵應炤晢見於天，謂三辰效驗。天難忱斯，不易維王。天位殷適，使不挾四方。毛《傳》：忱，信也。紂居大位而殷之正適也。挾，達也。鄭《箋》：天之意難信矣，不可改易者天子也。今紂居天位，而又殷之正適，以其爲惡，乃棄絶之，使教令不行於四方，四方共叛之。是天命無常，維德是予耳。言此者厚美周也。

摯仲氏任，自彼殷商，來嫁于周，曰嬪于京；乃及王季，維德之行。毛《傳》：摯國任姓之中女也。嬪，婦。京，大也。王季，大王之子，文王之父也。鄭《箋》：京，周國之地小別名也。及，與也。摯國中女曰大任，從殷商之畿内，嫁爲婦於周之京，配王季而與之共行仁義之德，同志意也。

大任有身，生此文王。毛《傳》：大任，仲任也。身，重也。鄭《箋》：重，謂懷孕也。維此文王，小心翼翼，昭事上帝，聿懷多福。厥德不回，以受方國。毛《傳》：回，違也。鄭《箋》：小心翼翼，恭慎貌。昭，明。聿，述。懷，思也。方國，四方來附者。此言文王之有德，亦由父母也。

天監在下，有命既集。文王初載，天作之合。在洽之陽，在渭之涘。毛《傳》：集，就。載，識。合，配也。洽，水也。渭，水也。涘，厓也。鄭《箋》：天監視善惡於下，其命將有所依就，則豫福助之於文王，生適有所識，則爲之生配於氣勢之處，使必有賢才。謂生大姒。

文王嘉止，大邦有子。毛《傳》：嘉，美也。鄭《箋》：文王聞大姒之賢，則美之曰：「大邦有子女。」可以爲妃，乃求昏。大邦有子，俔天之妹。毛《傳》：俔，磬也。鄭《箋》：既使問名，還則卜之。又知大姒之賢，尊之如天之有女弟。文定厥祥，毛《傳》：言大姒之有文德也。祥，善也。鄭《箋》：問名之後，卜而得吉，則文王以禮定其吉祥，謂納幣也。親迎于渭。毛《傳》：言賢聖之配也。鄭《箋》：賢女配聖人，得其宜，故備禮也。造舟爲梁，不顯其光。毛《傳》：言受命之宜，王基乃始於是也。天子造舟，諸侯維舟，大夫方舟，士特舟。造舟，然後可以顯其光輝。鄭《箋》：迎大姒而更爲梁者，欲其昭著示後世，敬昏禮也。不明乎其禮之有光輝，美之也。天子造舟，周制也，殷時未有等制。

有命自天，命此文王，于周于京。纘女維莘，長子維行。毛《傳》：纘，繼也。莘，大姒國也。長子，長女也。維行大任之德焉。鄭《箋》：天爲將命文王，君天下於周京之地，故亦爲作合，使繼大任之女事於莘國。莘國之長女大姒，則配文王，維德之行。篤生武王，保右命爾，燮伐大商。毛《傳》：篤，厚。右，助。燮，和也。鄭《箋》：天降氣于大姒，厚生聖子武王，安而助之。又遂命之爾，使協和伐殷之事。協和伐殷之事，謂合位三五也。

殷商之旅，其會如林。矢于牧野，維予侯興。毛《傳》：旅，衆也。如林，言衆而不爲用也。矢，陳。興，起也。言天下之望周也。鄭《箋》：殷盛合其兵衆，陳于商郊之牧野，而天乃予諸侯有德者，當起爲天子。言天去紂，周師勝也。上帝臨女，無貳爾心。毛《傳》：言無敢懷貳心也。鄭《箋》：臨，視也。女，女武王也。天護視女，伐紂必克，無有疑心。

牧野洋洋，檀車煌煌，駟騵彭彭。毛《傳》：洋洋，廣也。煌煌，明也。騵馬白腹曰騵。言上周下殷也。鄭《箋》：言其戰地寬廣，明不用權詐也。兵車鮮明，馬又强，則暇且整。維師尚父，時維鷹揚，涼彼武王。毛《傳》：師，大師也。尚父，可尚可父。鷹揚，如鷹之飛揚也。涼，佐也。鄭《箋》：尚父，吕望也，尊稱焉。鷹，鷙鳥也。佐武王者，爲之上將。肆伐大商，會朝清明。毛《傳》：肆，疾也。會，甲也。不崇朝而天下清明。鄭《箋》：肆，故今也。會，合也。以天期已至，兵甲之强，師率之武，故今伐殷，合兵以清明。《書·牧誓》曰：「時甲子昧爽，武王朝至于商郊，乃誓。」

《大明》八章，四章章六句，四章章八句。愚按：《傳》列《生民》已下諸詩，蓋以后稷、公劉、大王、文、武爲次者。

【眉批】

毛於此分章，朱以「大任」二句屬二章。

毛於此分章，朱以「嘉止」二句屬四章。

俔，韓詩作「磬」。磬，譬也。

《序》：《棫樸》，文王能官人也。

芃芃棫樸，薪之槱之。毛《傳》：興也。芃芃，木盛貌。棫，白桵也。樸，枹木也。槱，積也。山木茂盛，萬民得而薪之；賢人衆多，國家得用蕃興。鄭《箋》：白桵相樸屬而生者，枝條芃芃然，豫斫以爲薪，至祭皇天上帝及三辰，則舉積以燎之。

濟濟辟王，左右趣之。毛《傳》：趣，趨也。鄭《箋》：辟，君也。君王，謂文王也。文王臨祭祀，其容濟濟然敬。左右之諸臣皆促疾於事，謂相助積薪。

濟濟辟王，左右奉璋。毛《傳》：半圭曰璋。鄭《箋》：璋，瓚也。祭祀之禮，王祼以圭瓚，諸臣助之，亞祼以璋瓚。奉璋峩峩，髦士攸宜。毛《傳》：峩峩，盛壯也。髦，俊也。鄭《箋》：士，卿士也。奉璋之儀峩峩然，故今俊士之所宜。

淠彼涇舟，烝徒楫之。毛《傳》：淠，舟行貌。楫，櫂也。鄭《箋》：烝，衆也。淠淠然涇水中之舟，順流而行者，乃衆徒船人以揖櫂之故也。興群臣之賢者行君政令。周王于邁，六師及之。毛《傳》：天子六軍。鄭《箋》：于，往。邁，行。及，與也。周王往行，謂出兵征伐也。二千五百人爲師，今王興師行者，殷末之制，未有周禮，五師爲軍，軍萬二千五百人。

倬彼雲漢，爲章于天。毛《傳》：倬，大也。雲漢，天河也。鄭《箋》：雲漢之在天，其爲文章，譬猶天子爲法度于天下。周王壽考，遐不作人。毛《傳》：遐，遠也。遠不作人也。鄭《箋》：周王，文王也。文王是時九十餘矣，故云壽考。遠不作人者，其政變化紂之惡俗，近如新作人也。

追琢其章，金玉其相。毛《傳》：追，彫也。金曰彫，玉曰琢。相，質也。鄭《箋》：《周禮》追師掌追衡笄，則追亦治玉也。相，視也，猶觀視也。追琢玉使成文章，喻文王爲政，先以心研精合於禮義，然後施之萬民，視而觀之，其好而樂之，如睹金玉然，言其政可樂也。勉勉我王，綱紀四方。鄭《箋》：我王，謂文王也。以網罟喻爲政，張之爲綱，理之爲紀。

《棫樸》五章，章四句。

《序》：《旱麓》，受祖也。周之先祖，世修后稷、公劉之業，大王、王季，申以百福干禄焉。

瞻彼旱麓，榛楛濟濟。毛《傳》：旱，山名也。麓，山足也。濟濟，衆多也。鄭《箋》：旱山之足，林木茂盛者，得山雲雨之潤澤也。喻周邦之民獨豐樂者，被其君德教。豈第君子，干禄豈第。毛《傳》：干，求也。言陰陽和，山藪殖，故君子得以干禄樂易。鄭《箋》：君子，謂大王、王季。以其有樂易之德施於民，故其求禄亦得樂易。

瑟彼玉瓚，黄流在中。毛《傳》：玉瓚，圭瓚也。黄金所以飾流鬯也。九命，然後錫以秬鬯圭瓚。鄭《箋》：瑟，潔鮮貌。黄流，秬鬯也。圭瓚之狀，以圭爲柄，黄金爲勺，青金爲外，朱中央矣。殷王帝乙之時，王季爲西伯，以功德受此賜。豈弟君子，福禄攸降。鄭《箋》：攸，所。降，下也。

鳶飛戾天，魚躍于淵。毛《傳》：言上下察也。鄭《箋》：鳶，鴟之類，鳥之貪惡者也。飛而至天，喻惡人遠去，不爲民害也。魚跳躍于淵中，喻民喜得所。豈弟君子，遐不作人。鄭《箋》：遐，遠也。言大王、王季之德，近於變化，使如新作人。

清酒既載，騂牡既備。毛《傳》：言年豐畜碩也。鄭《箋》：既載，謂已在尊中也。祭祀之事，先爲清酒，其次擇牲，故舉二者。以享以祀，以介景福。毛《傳》：言祀所以得福也。鄭《箋》：介，助。景，大也。

瑟彼柞棫，民所燎矣。毛《傳》：瑟，衆貌。鄭《箋》：柞棫之所以茂盛者，乃人熂燎，除其旁草，養治之使無害也。豈弟君子，神所勞矣。毛《傳》：勞，勞來，猶言佑助。

莫莫葛藟，施于條枚。毛《傳》：莫莫，施貌。鄭《箋》：葛也，藟也，延蔓於木之枚。木而茂盛，喻子孫依緣先人之功而起。豈弟君子，求福不回。鄭《箋》：不回者，不違先祖之道。

《旱麓》六章，章四句。

【眉批】

《國語》：「夫旱麓之榛楛殖，故君子得以樂易干禄焉。若夫山林匱竭，林麓散亡，藪澤肆逸，民力周盡，田疇荒蕪，資用乏匱，君子將險哀之不暇，而何樂易之有焉？」

《左傳》：「豈弟君子，遐不作人」，求善也。夫，作「人」，斯有功績矣。

《序》：《思齊》，文王所以聖也。鄭《箋》：言非但天性，德有所由成。

思齊大任，文王之母。思媚周姜，京室之婦。毛《傳》：齊，莊。媚，愛也。周姜，大姜也。京室，王室也。鄭《箋》：京，周地名也。常思莊敬者，大任也，乃爲文王之母。又常思愛大姜之配大王之禮，故能爲京室之婦。言其德行純備，故生聖子也。大姜言周，大任言京，見其謙恭自卑小也。大姒嗣徽音，則百斯男。毛《傳》：大姒，文王之妃也。大姒十子，衆妾則宜百子也。鄭《箋》：徽，美也。嗣大任之美音，謂續行其善教令。

惠于宗公，神罔時怨，神罔時恫。毛《傳》：宗公，宗神也。恫，痛也。鄭《箋》：惠，順也。宗公，大臣也。文王爲政，咨於大臣，順而行之，故能當於神明。神無是怨恚其所行者，無是痛傷，其將無有凶禍。刑于寡妻，至于兄弟，以御于家邦。毛《傳》：刑，法也。寡妻，適妻也。御，迎也。鄭《箋》：寡妻，寡有之妻，言賢也。御，治也。文王以禮法接待其妻，至于宗族，以此又能爲政治于家邦也。《書》曰：「乃寡兄勖。」又曰：「越乃御事。」

雝雝在宫，肅肅在廟。毛《傳》：雝雝，和也。肅肅，敬也。鄭《箋》：宫，謂辟廱宫也。群臣助文王養老則尚和，助祭於廟則尚敬，言得禮之宜。不顯亦臨，無射亦保。毛《傳》：以顯臨之，保安無厭也。鄭《箋》：臨，視也。保，猶居也。文王之在辟廱也，有賢才之質而不明者，亦得觀於禮；於六藝無射才者，亦得居於位。言養善，使之積小致高大。

肆戎疾不殄，烈假不瑕。毛《傳》：肆，故今也。戎，大也。故今大疾害人者，不絶之而自絶也。烈，業。假，大也。鄭《箋》：厲、假，皆病也。瑕，已也。文王於辟廱德如此，故大疾害人者不絶之而自絶，爲厲假之行者不已之而自已，言化之深也。不聞亦式，不諫亦入。毛《傳》：言性與天合也。鄭《箋》：式，用也。文王之祀於宗廟，有仁義之行而不聞達者，亦用之助祭；有孝悌之行而不能諫諍者，亦得入。言其使人器之，不求備也。

肆成人有德，小子有造。毛《傳》：造，爲也。鄭《箋》：成人，謂大夫士也。小子，其弟子也。文王在於宗廟，德如此，故大夫士皆有德，子弟皆有所造成。古之人無斁，譽髦斯士。毛《傳》：古之人無厭於有名譽之俊士。鄭《箋》：古之人，謂聖王明君也。口無擇言，身無擇行，以身化其臣下，故令此士皆有名譽於天下，成其俊乂之美也。

《思齊》五章，二章章六句，三章章四句。鄭：四章，章六句。

【眉批】

《國語》：文王於是乎用四方之賢良。及其即位也，詢于八虞，而咨于二虢；度於閎夭，而謀於南宮；諏於蔡原，而訪於辛尹。重之以周、召、畢、榮，億寧百神而柔和萬民。故詩曰：「惠于宗公，神罔時恫。」

射，毛音亦，鄭音食夜。

烈，鄭作厲，力世反，又音賴。

按：王肅云：「不聞道而自合於法，無諫者而自入於道，故云性與天合。」朱從其說，覺鄭義之舛。

斁，鄭作擇。

《序》：《皇矣》，美周也。天監代殷莫若周，周世世修德，莫若文王。鄭《箋》：監，視也。天視四方可以伐殷王天下者，維有周爾。世世修行道德，維有文王盛爾。

皇矣上帝，臨下有赫，監觀四方，求民之莫。毛《傳》：皇，大。莫，定也。鄭《箋》：臨，視也。大矣天之視天下，赫然甚明。殷紂之暴亂，乃監察天下之衆國，求民之定，謂所歸就也。維此二國，其政不獲。維彼四國，爰究爰度。毛《傳》：二國，夏殷也。彼，彼有道也。四國，四方也。究，謀。度，居也。鄭《箋》：二國謂今殷紂及崇侯也。正，長。獲，得也。四國，謂密也、阮也、徂也、共也。度，亦謀也。殷崇之君，其行暴亂，不得於天心。密、阮、徂、共之君於是又助之謀，言同於惡也。上帝耆之，憎其式廓，乃眷西顧，此維與宅。毛《傳》：耆，惡也。憎其用大位，行大政。顧，顧西土也。宅，居也。鄭

《箋》：耆，老也。天須假此二國，養之至老猶不變改，憎其所用爲惡浸大也。乃眷然運視西顧，見文王之德而與之居，言天意常在文王所。

作之屏之，其菑其翳。修之平之，其灌其栵。啓之辟之，其檉其椐。攘之剔之，其檿其柘。毛《傳》：木立死曰菑，自斃爲翳。灌，叢生也。栵，栭也。檉，河柳也。椐，樻也。檿，山桑也。鄭《箋》：天既顧文王，四方之民則大歸往之。岐山之地，險隘多樹木，乃競刊除而自居處，言樂就有德之甚。帝遷明德，串夷載路。毛《傳》：徙就文王之德也。串，習。夷，常。路，大也。鄭《箋》：串夷，即混夷，西戎國名也。路，應也。天意去殷之惡，就周之德，文王則侵伐混夷以應之。天立厥配，受命既固。毛《傳》：配，媲也。鄭《箋》：天既顧文王，又爲之生賢妃，謂大姒也。其受命之道，已堅固也。

帝省其山，柞棫斯拔，松柏斯兑。毛《傳》：兑，易直也。鄭《箋》：省，善也。天既顧文王，乃和其國之風雨，使其山樹茂盛，言非徒養其民人而已。帝作邦作對，自大伯、王季。毛《傳》：對，配也。從大伯之見王季也。鄭《箋》：作，爲也。天爲邦，謂興周國也。作配，謂爲生明君也。是乃自大伯、王季時則然矣，大伯讓於王季而文王起。維此王季，因心則友，則友其兄，則篤其慶，載錫之光。毛《傳》：因，親也。善兄弟曰友。慶，善。光，大也。鄭《箋》：篤，厚。載，始也。王季之心，親親而又善於宗族，又尤善於兄大伯，乃厚明其功美，始使之顯著也。大伯以讓爲功美，王季乃能厚明之，使傳世稱之，亦其德也。受禄無喪，奄有四方。毛《傳》：喪，亡。奄，大也。鄭《箋》：王季以有因心則友之德，故世世受福禄，至於覆有天下。

維此王季，帝度其心，貊其德音。其德克明，克明克類，克長克君。毛《傳》：心能制義曰度。貊，静也。鄭《箋》：德正應和曰貊，照臨四方曰明。類，善也。勤施無私曰類，教誨不倦曰長，賞慶刑威曰君。王此大邦，克順克比。毛《傳》：慈和徧服曰順，擇善而從曰比。鄭《箋》：王，君也。王季稱王，追王也。比于文王，其德靡悔。毛《傳》：經緯天地曰文。鄭《箋》：靡，無也。王季之德，比于文王，無有所悔也。必比于文王，盛德以聖人爲匹。既受帝祉，施于孫子。鄭

《箋》：帝，天也。祉，福也。施，猶易也，延也。

帝謂文王，無然畔援，無然歆羨，誕先登于岸。毛《傳》：無是畔道，無是援取，無是貪羨。岸，高位也。鄭《箋》：畔援，猶跋扈也。誕，大。登，成。岸，訟也。天語文王曰：「女無如是跋扈者，妄出兵也；無如是貪羨者，侵人土地也。」欲廣大德美者，當先平獄訟，正曲直也。」密人不恭，敢距大邦，侵阮徂共。毛《傳》：國有密須氏，侵阮，遂往侵共。鄭《箋》：阮也、徂也、共也，三國犯周而文王伐之。密須之人乃敢距其義兵，違正道，是不直也。王赫斯怒，爰整其旅，以按徂旅，以篤于周祜，以對于天下。毛《傳》：旅，師。按，止也。旅，地名也。對，遂也。鄭《箋》：赫，怒意。斯，盡也。五百人爲旅。對，答也。文王赫然與其群臣盡怒，曰整其軍旅而出，以却止徂國之兵衆，以厚周當王之福，以答天下鄉周之望。

依其在京，侵自阮疆，陟我高岡。無矢我陵，我陵我阿；無飲我泉，我泉我池。毛《傳》：京，大阜也。矢，陳也。鄭《箋》：京，周地名。陟，登也。矢，猶當也。大陵曰阿。文王但發其依居京地之衆，以往侵阮國之疆，登其山脊而望阮之兵。兵無敢當其陵及阿者，又無敢飲食於其泉及池水者。小出兵而令驚怖如此，此以德攻，不以衆也。每言我者，據後得而有之而言。度其鮮原，居岐之陽，在渭之將，萬邦之方，下民之王。毛《傳》：小山别大山曰鮮。將，側也。方，則也。鄭《箋》：度，謀。鮮，善也。方，猶鄉也。文王見侵阮而兵不見敵，知己德盛而威行，可以遷居定天下之心，乃始謀居善原廣平之地。亦在岐山之南，居渭水之側，爲萬國之所鄉，作下民之君，後竟徙都於豐。

帝謂文王，予懷明德，不大聲以色，不長夏以革，不識不知，順帝之則。毛《傳》：懷，歸也。不大聲見於色。革，更也。不以長大有所更。鄭《箋》：夏，諸夏也。天之言云：「我謂人君有光明之德，而不虛廣言語以外作容貌，不長諸夏以變更王法者。其爲人不識古，不知今，順天之法而行之者。」此言天之道尚誠實，貴性自然。帝謂文王，詢爾仇方，同爾兄弟，以爾鈎援，與爾臨衝，以伐崇墉。毛《傳》：仇，匹也。鈎，鈎梯也，所以鈎引上城者。臨，臨車也。衝，衝車也。墉，城也。鄭《箋》：詢，謀也。怨耦曰仇。仇方，謂旁國諸侯爲暴亂大惡者，女當謀征討之，以和協女兄弟之國，率與之往，親親則萬志齊心一也。當此之時，崇侯虎倡紂爲無道，罪尤大也。

臨衝閑閑，崇墉言言。執訊連連，攸馘安安。是類是禡，是致是附，四方以無侮。毛《傳》：閑閑，動揺也。言言，高大也。連連，徐也。攸，所也。馘，獲也。不服者殺而獻其左耳曰馘。於内曰類，於野曰禡。致，致其社稷群神。附，附其先祖，爲之立後，尊其尊而親其親。鄭《箋》：言言，猶孽孽，將壞貌。訊，言也，執所生得者而言問之。及獻所馘皆徐徐，以禮爲之，不尚促速也。類也，禡也，師祭也。無侮者，文王伐崇而無復敢侮慢周者。臨衝茀茀，崇墉仡仡。是伐是肆，是絶是忽，四方以無拂。毛《傳》：茀茀，彊盛也。仡仡，猶言言也。肆，疾也。忽，滅也。鄭《箋》：伐，謂擊刺之。肆，犯突也。《春秋傳》曰：「使勇而無剛者肆之。」拂，猶佹也，言無復佹戾文王者。

《皇矣》八章，章十二句。

【眉批】

串，一作患。鄭訓路爲應，不通，不如朱子爲長。

王季，《韓詩》作「文王」，《左傳》亦然。

按：《傳》、《箋》「心能制義」等凡九言曰者，皆《左傳》文。《左傳》又云：九德不愆，作事無悔，故襲天禄，子孫賴之。

「侵阮徂共」，毛、鄭異解。皇甫謐云：「文王侵阮徂共而伐密須，説與鄭同。」

今詩本「篤」下無「于」字。

按：《左傳》云：「若使輕者肆焉其可。」鄭引文謬。

《序》：《靈臺》，民始附也。文王受命而民樂其有靈德，以及鳥獸昆蟲焉。鄭《箋》：民者，冥也。其見仁道遲，故於是乃附也。天子有靈臺者，所以觀祲象，察氣之妖祥也。文王受命而作邑于豐，立靈臺。《春秋傳》曰公既視朔，遂登觀臺以望，而書雲物爲備故也。

經始靈臺，經之營之。庶民攻之，不日成之。毛《傳》：神之精明者稱靈，四方而高曰臺。經，度之也。攻，作也。不日成也。鄭《箋》：文王應天命，度始靈臺之基址，營表其位，衆民則築作，不設期日而成之。言説文王之德，勸其事，忘己勞也。觀臺而曰靈者，文王化行，似神之精明，故以名焉。

經始勿亟，庶民子來。鄭《箋》：亟，急也。度始靈臺之基址，非有急成之意，衆民各以子成父事而來攻之。王在靈囿，麀鹿攸伏。毛《傳》：囿所以域養禽獸也，天子百里，諸侯四十里。靈囿，言靈道行於囿也。麀，牝也。鄭《箋》：攸，所也。文王親至靈囿，視牝鹿所游伏之處，言愛物也。

麀鹿濯濯，白鳥翯翯。毛《傳》：濯濯，娱游也。翯翯，肥澤也。鄭《箋》：鳥獸肥盛喜樂，言得其所。王在靈沼，於牣魚躍。毛《傳》：沼，池也。靈沼，言靈道行於沼也。牣，滿也。鄭《箋》：靈沼之水，魚盈滿其中，皆跳躍，亦言得其所。

虡業維樅，賁鼓維鏞。於論鼓鐘，於樂辟廱。毛《傳》：植者曰虡，横者曰栒。業，大版也。樅，崇牙也。賁，大鼓也。鏞，大鐘也。論，思也。水旋丘如璧，曰辟廱，以節觀者。鄭《箋》：論之言倫也。虡也、栒也，所以懸鐘鼓也。設大版於上，刻畫以爲飾。文王立靈臺而知民之歸附，作靈囿、靈沼而知鳥獸之得其所。以爲音聲之道與政通，故合樂以詳之，於得其倫理乎。鼓與鐘也，於喜樂乎。諸在辟廱中者，言感於中和之至。

於論鼓鐘，於樂辟廱。鼉鼓逢逢，矇瞍奏公。毛《傳》：鼉，魚屬。逢逢，和也。有眸子而無見曰矇，無眸子曰瞍。公，事也。鄭《箋》：凡聲使瞽矇爲之。

《靈臺》五章，章四句。

【眉批】

按：《左傳》「而書」之下尚有「禮也，凡分至啓閉必書」九字。

按：《國語》楚伍舉引詩至「攸伏」止，可知毛於此分章，其來久矣。

《序》：《下武》，繼文也。武王有聖德，復受天命，能昭先人之功焉。鄭《箋》：繼文者，繼文王之王業而成之。昭，明也。

下武維周，世有哲王。毛《傳》：武，繼也。鄭《箋》：下，猶後也。哲，知也。後人能繼先祖者維有周家最大，世世益有明知之王，謂大王、王季、文王，稍就盛也。三后在天，王配于京。毛《傳》：三后，大王、王季、文王也。王，武王也。鄭《箋》：此三后既没，登假精氣在天矣。武王又能配行其道于京，謂鎬京也。

王配於京，世德作求。鄭《箋》：作，爲。求，終也。武王配行三后之道於鎬京者，以其世世積德，庶爲終成其大功。永言配命，成王之孚。鄭《箋》：永，長。言，我也。命，猶教令也。孚，信也。此爲武王言也，今長我之配行三后之教令者，欲成我周家王道之信也。王德之道，成於信。《論語》曰：「民無信不立。」

成王之孚，下土之式。毛《傳》：式，法也。鄭《箋》：王道尚信，則天下以爲法勤行之。永言孝思，孝思維則。毛《傳》：則其先人也。鄭《箋》：長我孝心之所思。所思者，其維則三后之所行。子孫以順祖考爲孝。

媚兹一人，應侯順德。毛《傳》：一人，天子也。應，當。侯，維也。鄭《箋》：媚，愛。兹，此也。可愛乎武王，能當此順德，謂能成其祖考之功也。《易》曰：「君子以順德，積小以高大。」永言孝思，昭哉嗣服。鄭《箋》：服，事也。明哉武王之嗣行祖考之事，請伐紂有天下。

昭兹來許，繩其祖武。毛《傳》：許，進。繩，戒。武，迹也。鄭《箋》：兹，此。來，勤也。武王能明此，勤行進于善道，戒慎其祖考所履踐之迹，美其終成之。於萬斯年，受天之祜。鄭《箋》：祜，福也。天下樂仰武王之德，欲其壽考之言也。

受天之祜，四方來賀。於萬斯年，不遐有佐。毛《傳》：遠夷來佐也。鄭《箋》：武王受此萬年之壽，不遠有佐，言其輔佐之臣，亦宜蒙其餘福也。《書》曰：「公其以予萬億年。」亦君臣同禄也。

《下武》六章，章四句。愚按：「下」字之義難解，諸家强爲之説，終屬未安。今子貢《傳》作《大武》，則於義爲勝矣。

【眉批】

下，《傳》作「大」。

鄭以「成王之孚」及下「孝思維則」，忽爲武王自言，殊不倫，總泥於「永言」「言」字訓我，故牽强耳。不如從朱子作語助，則無不順矣。

《序》：《文王有聲》，繼伐也。武王能廣文王之聲，卒其伐功也。鄭《箋》：繼伐者，文王伐崇而武王伐紂。

文王有聲，遹駿有聲。遹求厥寧，遹觀厥成。鄭《箋》：遹，述。駿，大。求，終。觀，多也。文王有令聞之聲者，乃述行有令聞之聲之道所致也。所述者，謂大王、王季也。又述行終其安民之道，又述行多其成民之德，言周德之世益盛。文王烝哉！毛《傳》：烝，君也。鄭《箋》：君哉者，言其誠得人君之道。

文王受命，有此武功。既伐于崇，作邑于豐。鄭《箋》：武功，謂伐四國及崇之功也。作邑者，徙都于豐以應天命。文王烝哉！

築城伊淢，作豐伊匹。匪棘其欲，遹追來孝。毛《傳》：淢，成溝也。匹，配也。鄭《箋》：方十里曰成。淢，其溝也。

廣深各八尺。棘，急。來，勤也。文王受命而猶不自足，築豐邑之城，大小適與城偶。大於諸侯，小於天子之制。此非以急成從己之欲，欲廣都邑，乃述追王季勤孝之行，進其業也。王后烝哉！毛《傳》：后，君也。鄭《箋》：變謚言王后者，非其盛事，不以義謚。

王公伊濯，維豐之垣。四方攸同，王后維翰。毛《傳》：濯，大。翰，幹也。鄭《箋》：公，事也。文王述行大王、王季之王業，其事益大，作邑於豐。城之既成，又垣之，立宫室，乃爲天下所同心而歸之。王后爲之幹者，正其政教，定其法度。王后烝哉！

豐水東注，維禹之績。四方攸同，皇王維辟。毛《傳》：績，業。皇，大也。鄭《箋》：績，功。辟，君也。昔堯時洪水，而豐水亦泛溢爲害，禹治之使入渭，東注于河，禹之功也。文王、武王今得作邑於其旁地，爲天下所同心而歸，大王爲之君，乃由禹之功，故引美之。豐邑在豐水之西，鎬京在豐水之東。皇王烝哉！鄭《箋》：變王后言大王者，武王之事又益大。

鎬京辟廱，自西自東，自南自北，無思不服。毛《傳》：武王作邑於鎬京。鄭《箋》：自，由也。武王於鎬京行辟廱之禮，自西方來觀者，皆感化其德心，無不歸服者。皇王烝哉！

考卜維王，宅是鎬京。維龜正之，武王成之。鄭《箋》：考，猶稽也。宅，居也。稽疑之法，必契灼龜而卜之。武王卜居是鎬京之地，龜則正之，謂得吉兆，武王遂居之。修三后之德以伐紂定天下，成龜兆之占，功莫大於此。武王烝哉！

豐水有芑，武王豈不仕？詒厥孫謀，以燕翼子。毛《傳》：芑，草也。仕，事。燕，及。翼，敬也。鄭《箋》：詒，猶傳也。孫，順也。豐水猶以其潤澤生草，武王豈不以其功業爲事乎？以之爲事，故傳其所以順天下之謀，以安其敬事之子孫，謂使行之也。《書》曰：「厥考翼，其肯曰我有後弗棄基。」武王烝哉！鄭《箋》：上言皇王而變言武王者，皇，大也。始大其業，至武王伐紂成之，故言武王也。

《文王有聲》八章，章五句。

《序》：《行葦》，思厚也。周家忠厚，仁及草木，故能内睦九族，外尊事黄耇，養老乞言以成其福禄焉。鄭《箋》：九族，自己上至高祖，下至玄孫之親也。黄，黄髮也。耇，凍梨也。乞言，從求善言可以爲政者，敦史受之。

敦彼行葦，牛羊勿踐履。方苞方體，維葉泥泥。毛《傳》：敦，聚也。行，道也。葉初生泥泥。鄭《箋》：苞，茂也。體，成形也。敦敦然道旁之葦，牧牛羊者毋使躐履折傷之。草物方茂盛，以其將終爲人用，故周之先王爲此愛之，況於人乎？

戚戚兄弟，莫遠具爾。或肆之筵，或授之几。毛《傳》：戚戚，内相親也。肆，陳也。或陳之筵者，或授几者。鄭《箋》：莫，無也。具，猶俱也。爾，謂進之也。王與族人燕，兄弟之親，無遠無近，俱揖而進之。年稚者爲設筵而已，老者加之以几。

肆筵設席，授几有緝御。毛《傳》：設席，重席也。緝御，踧踖之容也。鄭《箋》：緝，猶續也。御，侍也。兄弟之老者，既爲設重席授几，又有相續代而侍者，謂敦史也。或獻或酢，洗爵奠斝。毛《傳》：斝，爵也。夏曰醆，殷曰斝，周曰爵。鄭《箋》：進酒於客曰獻，客答之曰酢。主人又洗爵醻客，客受而奠之不舉也。用殷爵者，尊兄弟也。

醓醢以薦，或燔或炙。嘉殽脾臄，或歌或咢。毛《傳》：以肉曰醓醢。臄，函也。歌者比於琴瑟也。徒擊鼓曰咢。鄭《箋》：薦之禮，韭菹，則醓醢也。燔用肉，炙用肝。以脾函爲加，故謂之嘉。

敦弓既堅，四鍭既鈞。舍矢既均，毛《傳》：敦弓，畫弓也。天子敦弓。鍭，矢參亭已均中藝。鄭《箋》：舍之言釋也。藝，質也。周之先王將養老，先與群臣行射禮，以擇其可與者以爲賓。序賓以賢。毛《傳》：言賓客次第皆賢。孔子射於矍相之圃，觀者如堵墻。射至於司馬，使子路執弓矢出延射曰：奔軍之將、亡國之大夫，與爲人後者不入，其餘皆入。蓋去者半，入

【眉批】

孫，毛如字，鄭音遜。

者半。又使公罔之裘、序點揚觶而語曰：幼壯孝弟，耆耋好禮，不從流俗，修身以俟死者，不在此位。蓋去者半，處者半。序點又揚觶而語曰：好學不倦，好禮不變。耄勤稱道不亂者，不在此位也。蓋僅有存焉。鄭《箋》：序賓以賢，謂以射中多少爲次第。

敦弓既句，既挾四鍭。毛《傳》：天子之弓，合九而成規。鄭《箋》：射禮，搢三挾一個，言已挾四鍭，則已徧釋之。四鍭如樹，毛《傳》：言皆中也。序賓以不侮。毛《傳》：言其皆有賢才也。鄭《箋》：不侮者，敬也，其人敬於禮則射多中。

曾孫維主，酒醴維醹。酌以大斗，以祈黄耇。毛《傳》：曾孫，成王也。醹，厚也。大斗，長三尺也。祈，報也。鄭《箋》：祈，告也。今我成王承先王之法度爲主人，亦既序賓矣。有醇厚之酒醴，以大斗酌而嘗之而美，故以告黄耇之人，徵而養之也。飲酒之禮曰「告於先王君子」可也。

黄耇台背，以引以翼。毛《傳》：台背，大老也。引，長。翼，敬也。鄭《箋》：台之言鮐也，大老則背有鮐文。既告老人，及其來也，以禮引之，以禮翼之。在前曰引，在旁曰翼。壽考維祺，以介景福。毛《傳》：祺，吉也。鄭《箋》：介，助也。養老人而得吉，所以助大福也。

《行葦》八章，章四句。毛：七章，二章章六句，五章章四句。愚按：《傳》以諸詩皆周公述先德以訓成王者，則此詩曾孫，非如毛、鄭之指成王也，當是指先王之主祭者耳。後凡言指成王者仿此。

【眉批】

毛以「戚戚」二句屬上章，「或肆」二句屬下章。鄭四句爲一章，總爲之注不可分，故從鄭。

疏曰：「當云：無此行者，不在此位。」

分章前皆從毛，此詩二章碍注，故從鄭。

《序》：既醉，大平也。醉酒飽德，人有士君子之行焉。鄭《箋》：成王祭宗廟，旅醻下徧群臣，至於無算爵，故云：「醉焉，乃見十倫之義。」志意充滿，是之謂飽德。

既醉以酒，既飽以德。毛《傳》：既者，盡其禮，終其事。鄭《箋》：禮，謂旅醻之屬。事，謂施惠先後及歸俎之類。君子萬年，介爾景福。鄭《箋》：君子，斥成王也。介，助。景，大也。成王女有萬年之壽，天又助女以大德，謂五福也。

既醉以酒，爾殽既將。毛《傳》：將，行也。鄭《箋》：爾，女也。殽，謂牲體也。成王之爲群臣俎實，以尊卑差次行之。君子萬年，介爾昭明。鄭《箋》：昭，光也。

昭明有融，高朗令終。毛《傳》：融，長。朗，明也。始於饗燕，終於享祀。鄭《箋》：有，又。令，善也。天既與女以光明之道，又使之長有高明之譽而以善名終，是其長也。令終有俶，公尸嘉告。毛《傳》：俶，始也。公尸，天子以卿，言諸侯也。鄭《箋》：俶，猶厚也。既始有善令終，又厚之公尸以善言告之，謂嘏辭也。諸侯有功德者，入爲天子卿大夫，故云公尸。公，君也。

其告維何？籩豆靜嘉。毛《傳》：恒豆之俎，水草之和也。其醢陸産之物也。嘉豆，陸産也。其醢水物也。籩豆之薦，水土之品也。不敢用常褻味而貴多品，所以交於神明者，言道之徧至也。鄭《箋》：公尸所以善言告之，是何故乎？乃用籩豆之物，潔清而美，政平氣和所致故也。朋友攸攝，攝以威儀。毛《傳》：言相攝佐者，以威儀也。鄭《箋》：朋友，謂群臣同志好者也。言成王之臣，皆有仁孝士君子之行，其所以相攝佐威儀之事。

威儀孔時，君子有孝子。鄭《箋》：孔，甚也。言成王之臣，威儀甚得其宜，皆君子之人，有孝子之行。孝子不匱，永錫爾類。毛《傳》：匱，竭。類，善也。鄭《箋》：永，長也。孝子之行，非有竭極之時，長以與女之族類，謂廣以教道天下也。《春秋傳》曰：「穎考叔，純孝也，施及莊公。」

其類維何？室家之壼。毛《傳》：壼，廣也。鄭《箋》：壼之言捆也。其與女之族類云何乎？室家先以相捆緻，已乃及于天下。君子萬年，永錫祚胤。毛《傳》：胤，習也。鄭《箋》：永，長也。成王女有萬年之壽，天又長予女福祚，至于子孫。

其胤維何？天被爾禄。毛《傳》：禄，福也。鄭《箋》：天予女福祚至于子孫云何乎？天覆被女以禄位，使禄福天下。

君子萬年，景命有僕。毛《傳》：僕，附也。鄭《箋》：成王女既有萬年之壽，天之大命又附著於女，謂使爲政教也。

其僕維何？釐爾女士。毛《傳》：釐，予也。鄭《箋》：天之大命附著於女云何乎？予女，以女而有士行者，謂生淑媛使爲之妃。

釐爾女士，從以孫子。鄭《箋》：從，隨也。天既予女，以女而有士行者，又使生賢知之子孫以隨之，謂傳世也。

《既醉》八章，章四句。

【眉批】

按：祭有十倫，語見《祭統》。

按：《洪範》云：五福，一曰壽，二曰富，三曰康寧，四曰攸好德，五曰考終命。

忽以此君子爲群臣，而孝子爲有孝子之行，總泥于《序》語之故，不如朱注。

《國語》：類也者，不忝前哲之謂也。壺也者，廣裕人民之謂也。萬民也者，令聞不忘之謂也。祚胤也者，子孫蕃育之謂也。

《序》：《鳧鷖》，守成也。太平之君子能持盈守成，神祇祖考安樂之也。鄭《箋》：君子，斥成王也。言君子者，太平之時則皆然，非獨文王也。

鳧鷖在涇，公尸來燕來寧。毛《傳》：鳧，水鳥也。鷖，鳧屬。太平則萬物衆多。鄭《箋》：涇，水名也。水鳥而居水中，猶人爲公尸之在宗廟也，故以喻焉。祭祀既畢，明日又設禮而與尸燕。成王之時，尸來燕也。其心安，不以己實臣之故自嫌，言此者，美成王事尸之禮備。爾酒既清，爾殽既馨。公尸燕飲，福禄來成。毛《傳》：馨香之遠聞也。鄭《箋》：爾者，女成王者。女酒殽清美以與公尸燕樂飲酒之故，祖考以福禄來成女。

鳧鷖在沙，公尸來燕來宜。毛《傳》：沙，水旁也。鄭《箋》：水鳥以居水中爲常，今出在水旁，喻祭四方萬物之尸也。其來燕也，心自以爲宜，亦不以己實臣自嫌也。爾酒既多，爾殽既嘉。毛《傳》：言酒品齊多而殽備美。公尸燕飲，福禄來爲。毛《傳》：厚爲孝子也。鄭《箋》：爲，猶助也。助成王也。

鳧鷖在渚，公尸來燕來處。毛《傳》：渚，沚也。處，止也。鄭《箋》：水中之有渚，猶平地之有丘也。喻祭天地之尸也，以配至尊之故，其來燕似若止得其處。爾酒既湑，爾殽伊脯。公尸燕飲，福禄來下。鄭《箋》：湑，酒之泲者也。天地之尸尊，事尊不以褻味，泲酒脯而已。

鳧鷖在潨，公尸來燕來宗。毛《傳》：潨，水會也。宗，尊也。鄭《箋》：潨，水外之高者也，有瘞埋之象，喻祭社稷山川之尸。其來燕也，有尊主人之意。既燕于宗，福禄攸降。公尸燕飲，福禄來崇。毛《傳》：崇，重也。鄭《箋》：既，盡也。宗，社宗也。群臣下及民，盡有祭社之禮，而燕飲焉，爲福禄所下也。今王祭社，又以尸燕，福禄之來乃重厚也。天子以下，其社神同，故云然。

鳧鷖在亹，公尸來止熏熏。毛《傳》：亹，山絶水也。熏熏，和説也。鄭箋：亹之言門也。燕七祀之尸於門户之外，故以喻。其來也，不敢當王之燕禮，故變言來止。熏熏，坐不安之意。旨酒欣欣，燔炙芬芬。公尸燕飲，無有後艱。毛傳：欣欣然，樂也。芬芬，香也。無有後艱，言不敢多祈也。鄭箋：艱，難也。小神之尸卑，用美酒，有燔炙，可用褻味也。又不能致福禄，但令王自安，無有後艱而已。

《鳧鷖》五章，章六句。愚按：鄭因《序》有神祇、祖考之語，遂以每章各爲一祭，而詩之取喻，皆以爲象。其説雖似鑿，然若解毛者盡以爲宗廟之祭，則其意相同，何必煩複至五章耶？鄭謂變文皆有義，亦自可思。

《序》：《假樂》，嘉成王也。

假樂君子，顯顯令德。宜民宜人，受禄于天。毛《傳》：假，嘉也。宜民宜人，宜安民，宜官人也。鄭《箋》：顯，光也。天嘉樂成王有光光之善德，安民官人，皆得其宜，以受福禄於天。保右命之，自天申之。毛《傳》：申，重也。鄭《箋》：成王之官人也，群臣保右而舉之，乃後命用之，又用天意申敕之，如舜之敕伯禹、伯夷之屬。

干禄百福，子孫千億。穆穆皇皇，宜君宜王。毛《傳》：宜君王天下也。鄭《箋》：干，求也。十萬曰億。天子穆穆，諸侯皇皇，成王行顯顯之令德，求禄得百福。其子孫亦勤行而求之，得禄千億，故或爲諸侯，或爲天子，言皆相勖以道。不愆不忘，率由舊章。鄭《箋》：愆，過。率，循也。成王之令德，不過誤，不遺失。循用舊典之文章，謂周公之禮法。

威儀抑抑，德音秩秩。無怨無惡，率由群匹。毛《傳》：抑抑，美也。秩秩，有常也。鄭《箋》：抑抑，密也。秩秩，清也。成王立朝之威儀致密，無所失教令，又清明，天下皆樂仰之，無有怨惡。循用群臣之賢者，其行能匹耦己之心。受福無疆，四方之綱。

之綱之紀，燕及朋友。毛《傳》：朋友，群臣也。鄭《箋》：成王能爲天下之綱紀，謂立法度以理治之也。其燕飲常與群臣，非徒樂族人而已。百辟卿士，媚于天子。不解于位，民之攸塈。毛《傳》：塈，息也。鄭《箋》：百辟，畿内諸侯也。卿士，卿之有事也。媚，愛也。成王以恩意及群臣，群臣故皆愛之，不解於其職位，民之所以休息由此也。

《假樂》四章，章六句。

《傳》：《泂酌》□□□□□□王也。

《序》：《泂酌》，召康公戒成王也。言皇天親有德，饗有道也。

泂酌彼行潦，挹彼注兹，可以餴饎。毛《傳》：泂，遠也。行潦，流潦也。餴，餾也。饎，酒食也。鄭《箋》：流潦，水之薄者也。遠酌取之，投大器之中，又挹之注之於此小器，而可以沃酒食之餴者。以有忠信之德，齊潔之誠，以薦之故也。《春秋傳》曰：「人不易物，唯德緊物。」豈弟君子，民之父母。毛《傳》：樂以强教之，易以説安之，民皆有父之尊，有母之親。

洞酌彼行潦，挹彼注兹，可以濯罍。毛《傳》：濯，滌也。罍，祭器。豈弟君子，民之攸歸。

洞酌彼行潦，挹彼注兹，可以濯溉。毛《傳》：溉，清也。豈弟君子，民之攸塈。鄭《箋》：塈，息也。

《洞酌》三章，章五句。

【眉批】

闕文疑「《卷阿》召公訓成」六字。《左傳》：《雅》有《行葦》、《洞酌》，昭忠信也。

《序》：《卷阿》，召康公戒成王也，言求賢用吉士也。鄭《箋》：吉，猶善也。

有卷者阿，飄風自南。毛《傳》：興也。卷，曲也。飄風，回風也。惡人被德化而消，猶飄風之入曲阿也。鄭《箋》：大陵曰阿。有大陵卷然而曲，回風從長養之方來入之。興者，喻王當屈體以待賢者，賢者則猥來就之，如飄風之入曲阿然，其來也爲長養民。豈弟君子，來游來歌，以矢其音。毛《傳》：矢，陳也。鄭《箋》：王能待賢者如是，則樂易之君子，來就王游而歌，以陳出其聲音。言其將以樂王也，感王之善心也。

伴奂爾游矣，優游爾休矣。毛《傳》：伴奂，廣大有文章也。鄭《箋》：伴奂，自縱弛之意也。賢者既來，王以才官秩之，各任其職，女則得伴奂而優自休息也。孔子曰：「無爲而治者，其舜也與？恭己正南面而已。」言任賢放逸也。豈弟君子，俾爾彌爾性，似先公酋矣。毛《傳》：彌，終也。似，嗣也。酋，終也。鄭《箋》：俾，使也。樂易之君子來在位，乃使女終女之性命，無困病之憂，嗣先君之功而終成之。

爾土宇昄章，亦孔之厚矣。毛《傳》：昄，大也。鄭《箋》：土宇，謂居民以土地屋宅也。孔，甚也。女得賢者與之爲治，使居宅民大得其法，則王恩惠亦甚厚矣。豈弟君子，俾爾彌爾性，百神爾主矣。鄭《箋》：使女爲百神主，謂群神受饗而佐之。

爾受命長矣，茀祿爾康矣。毛《傳》：茀，小也。鄭《箋》：茀，福。康，安也。女得賢者與之承順天地，則受久長之命，福祿又安之。豈弟君子，俾爾彌爾性，純嘏爾常矣。毛《傳》：嘏，大也。鄭《箋》：純，大也。予福曰嘏，使女大受神之福以爲常。

有馮有翼，有孝有德，以引以翼。毛《傳》：有馮有翼，道可馮依以爲輔翼也。引，長。翼，敬也。鄭《箋》：馮，馮几也。翼，助也。有孝，斥成王也。有德，謂群臣也。王之祭祀，擇賢者以爲尸尊之。豫撰几，擇佐食，廟中有孝子，有群臣。尸之入也，使祝贊道之，扶翼之。尸至設几，佐食入助之。尸者神象，故事之如祖考。豈弟君子，四方爲則。鄭《箋》：則，法也。王之臣有是樂易之君子，則天下莫不放傚以爲法。

顒顒卬卬，如圭如璋，令聞令望。毛《傳》：顒顒，温貌。卬卬，盛貌。鄭《箋》：令，善也。王有賢臣，與之以禮義相切磋，體貌則顒顒然敬順，志氣則卬卬然高朗，如玉之圭璋也。人聞之，則有善聲譽；人望之，則有善威儀，德行相副。豈弟君子，四方爲綱。鄭《箋》：綱者能張衆目。

鳳凰于飛，翽翽其羽，亦集爰止。毛《傳》：鳳凰，靈鳥，仁瑞也。雄曰鳳，雌曰凰。翽翽，衆多也。鄭《箋》：翽翽，羽聲也。亦，與衆鳥也。爰，于也。鳳凰往飛，翽翽然，亦與衆鳥集於所止。衆鳥慕鳳凰而來，喻賢者所在，群士皆慕而往仕也。因時鳳凰至，因以喻焉。藹藹王多吉士，維君子使，媚于天子。毛《傳》：藹藹，猶濟濟也。鄭《箋》：媚，愛也。王之朝多善士，藹藹然。君子，在上位者，率化之，使之親愛天子，奉職盡力。

鳳凰于飛，翽翽其羽，亦傅于天。鄭《箋》：傅，猶戾也。藹藹王多吉人，維君子命，媚于庶人。鄭《箋》：命，猶使也。善士親愛庶人，謂無擾之，令不失職。

鳳凰鳴矣，于彼高岡。梧桐生矣，于彼朝陽。毛《傳》：梧桐，柔木也。山東曰朝陽，梧桐不生山岡，太平而後生朝陽。鄭《箋》：鳳凰鳴于山脊之上者，居高視下，觀可集止。喻賢者待禮乃行，翔而後集。梧桐生者，猶明君出也。生於朝陽者，被温仁之氣，亦君德也。鳳凰之性，非梧桐不棲，非竹實不食。菶菶萋萋，雝雝喈喈。毛《傳》：梧桐盛也，鳳凰鳴也，臣竭其力，則地極其化，天下和洽，則鳳凰樂德。鄭《箋》：菶菶萋萋，喻君德盛也；雝雝喈喈，喻民臣和協。

君子之車，既庶且多。君子之馬，既閑且馳。毛《傳》：上能錫以車馬，行中節，馳中法也。鄭《箋》：庶，衆。閑，習也。今賢者在位，王錫其車衆多矣。其馬又閑習於威儀，能馳矣。大夫有乘馬，有貳車。矢詩不多，維以遂歌。毛《傳》：不多，多也。明王使公卿獻詩以陳其志，遂爲工師之歌焉。鄭《箋》：矢，陳也。我陳作此詩不復多也，欲令遂爲樂歌。王日聽之，則不損今之成功也。

《卷阿》十章，六章章五句，四章章六句。愚按：《傳》本不見此章名，必與《泂酌》合傳，而在所闕文中也。蓋以上諸詩，止《生民》、《公劉》之述祖德者，移之在前，餘皆如今詩次，則此篇以意逆之，自當在《泂酌》之後矣，況同爲召公之詩乎，故列之于此。

【眉批】

此與上章同一豈弟君子，同爲召公所作，而此君子忽指賢人，亦恐未安，止以《序》有求賢，故泥之耳。即如朱解，何碍求賢耶？

聖門傳詩嫡冢卷之十三

吴興凌濛初輯

雅

大正續

《考補》：石本磨滅，僅可辨者十四字。

《傳》：宣王中興而《大正》續焉。

《傳》：《雲漢》，□□□高□□□□伯□□□□□□□□伯也。韓奕□□□□□□□□漢平□□□□□□□□也。《測》：共闕三十九字。

《序》：《雲漢》，仍叔美宣王也。宣王承厲王之烈，内有撥亂之志，遇灾而懼，側身修行，欲銷去之。天下喜於王化復行，百姓見憂，故作是詩也。鄭《箋》：仍叔，周大夫也。《春秋》魯桓公五年，天王使仍叔之子來聘。烈，餘也。雲漢，天河也。自此至《常武》六篇，宣王之變《大雅》。

倬彼雲漢，昭回于天。毛《傳》：回，轉也。鄭《箋》：雲漢，謂天河也。昭，光也。倬然，天河水氣也，精光轉運於天。

時旱渴雨，故宣王夜仰視天河，望其候焉。王曰於乎！何辜今之人！天降喪亂，饑饉薦臻。毛《傳》：薦，重。臻，至也。鄭《箋》：辜，罪也。王憂旱而嗟嘆云：何罪與今時天下之人！天仍下旱災，亡亂之道，饑饉之害，復重至也。靡神不舉，靡愛斯牲。圭璧既卒，寧莫我聽！鄭《箋》：靡、莫，皆無也。言王爲旱之故求於群神，無不祭也，無所愛於三牲，禮神之圭璧，又已盡矣，曾無聽聆我之精神而興雲雨。

旱既大甚，蘊隆蟲蟲。毛《傳》：蘊蘊而暑，隆隆而雷，蟲蟲而熱。鄭《箋》：隆隆而雷，非雨雷也，雷聲尚殷殷然。不殄禋祀，自郊徂宫，上下奠瘗，靡神不宗。毛《傳》：上祭天，下祭地，奠其禮，瘗其物。宗，尊也。國有凶荒，則索鬼神而祭之。鄭《箋》：宫，宗廟也。爲旱故潔祀不絶，從郊而至宗廟，奠瘗天地之神，無不齊肅而尊敬之，言徧至也。后稷不克，上帝不臨。耗斁下土，寧丁我躬！毛《傳》：丁，當也。鄭《箋》：克，當作刻。刻，識也。斁，敗也。奠瘗群神而不得雨，是我先祖后稷不識知我之所困與，天不視我之精神與，猶以旱耗敗天下爲害，曾使當我之身有此乎？先后稷，後上帝，亦從宫之郊。

旱既大甚，則不可推。兢兢業業，如霆如雷。周餘黎民，靡有孑遺。毛《傳》：推，去也。兢兢，恐也。業業，危也。孑然，遺失也。鄭《箋》：黎，衆也。旱既不可移去，天下困於饑饉，皆心動意懼，兢兢然、業業然，狀有如雷霆遞發於上。周之衆民，多有死亡者矣，今其餘無有孑遺者，言又饑病也。昊天上帝，則不我遺。胡不相畏，先祖于摧。毛《傳》：摧，至也。鄭《箋》：摧，當作嗺。嗺，嗟也。天將遂旱餓殺我與，先祖何不助我恐懼，使天雨也。先祖之神于嗟乎，告困之辭。

旱既大甚，則不可沮。赫赫炎炎，云我無所。大命近止，靡瞻靡顧。毛《傳》：沮，止也。赫赫，旱氣也。炎炎，熱氣也。大命近止，民近死亡也。鄭《箋》：旱既不可卻止，熱氣大盛，人皆不堪，言我無所庇陰處，衆民之命近將死亡矣，曾無所視無所顧於此國中而哀閔之。群公先正，則不我助。父母先祖，胡寧忍予？毛《傳》：先正，百辟卿士也。先祖，文、武，爲民父母也。鄭《箋》：百辟卿士，雩祀所及者，今曾無肯助我憂旱。先祖文、武，又何爲施忍於我，不使天雨。

旱既大甚，滌滌山川。旱魃爲虐，如惔如焚。我心憚暑，憂心如熏。毛《傳》：滌滌，旱氣也。山無木，川無水。

魃，旱神也。惔，燎之也。憚，勞。熏，灼也。鄭《箋》：憚，猶畏也。旱既害於山川矣，其氣生魃而害益甚，草木燋枯，如見焚燎然。王心又畏難此熱氣，如灼爛於火，言熱氣至極。群公先正，則不我聞。昊天上帝，寧俾我遯！鄭《箋》：不我聞者，忽然不聽我之所言也。天曾將使我心遯遁慙愧於天下，以無德也。

旱既大甚，黽勉畏去。胡寧瘨我以旱？憯不知其故。鄭《箋》：瘨，病也。黽勉，急禱請也。欲使所尤畏者去，所尤畏者魃也。天何曾病我以旱，曾不知爲政所失而致此害。祈年孔夙，方社不莫。昊天上帝，則不我虞。敬恭明神，宜無悔怒。毛《傳》：悔，恨也。鄭《箋》：虞，度也。我祈豐年甚早，祭四方與社又不晚，天曾不度知我心肅事明神如是。明神宜不恨怒於我，我何由當遭此旱也。

旱既大甚，散無友紀。鞫哉庶正，疚哉冢宰。趣馬師氏，膳夫左右。毛《傳》：歲凶年穀不登，則趣馬不秣，師氏弛其兵，馳道不除，祭事不縣，膳夫徹膳，左右布而不修，大夫不食粱，士飲酒不樂。鄭《箋》：人君以群臣爲友，散無其紀者，凶年禄餼不足，人無賞賜也。鞫，窮也。庶正，衆官之長也。疚，病也。窮哉病哉者，念此諸臣勤于事而困於食，以此言勞倦也。靡人不周，無不能止。毛《傳》：周，救也。無不能止，言無止不能也。鄭《箋》：周，當作賙。王以諸臣困於食，人人賙給之，權救其急，後日乏無，不能豫止。瞻卬昊天，云如何里！鄭《箋》：里，憂也。王愁悶於不雨，但仰天曰：「當如我之憂何！」

瞻卬昊天，有嘒其星。大夫君子，昭假無贏。大命近止，無棄爾成！毛《傳》：嘒，衆星貌。假，至也。鄭《箋》：假，升也。王仰天見衆星順天而行，嘒嘒然意感，故謂其卿大夫曰：「天之光耀升行不休，無自贏緩之時。今衆民之命，近將死亡，勉之助我，無棄女之成功者。」若其在職，復無幾何，以勸之也。何求爲我，以戾庶正。毛《傳》：戾，定也。鄭《箋》：使女無棄成功者，何但求爲我身乎？乃欲以安定衆官之長，憂其職事。瞻卬昊天，曷惠其寧。鄭《箋》：曷，何也。王仰天曰：「當何時順我之求，令我心安乎？」渴雨之時也，得雨則心安。

《雲漢》八章，章十句。

【眉批】

按：篆本「中興」以下六字闕，今從貴竹本録入。

高是崧高，伯是申伯，漢是江漢，平是平淮夷。本篇目爲《傳》，因闕文，難以臆分。

此《傳》闕文當是「憂旱也」三字。

仍字，或作乃字。

鄭改「摧」字，又倒解「先祖」在上，皆牽強，不如從朱。

憚，毛音丁佐反。

卬，亦作「迎」。

假，音格，鄭古雅反。

《序》：《崧高》，尹吉甫美宣王也。天下復平，能建國親諸侯，褒賞申伯焉。鄭《箋》：尹吉甫、申伯，皆周之卿士也。尹，官氏。申，國名。

崧高維嶽，駿極于天。維嶽降神，生甫及申。毛《傳》：崧，高貌。山大而高曰崧。嶽，四嶽也。東嶽岱，南嶽衡，西嶽華，北嶽恒。堯之時，姜氏爲四伯，掌四嶽之祀，述諸侯之職。周則有甫、有申、有齊、有許也。駿，大。極，至也。嶽降神靈和氣以生申、甫之大功。鄭《箋》：降，下也。四嶽，卿士之官掌四時者也，因主方嶽巡守之事。在堯時姜姓爲之，德當嶽神之意，而福興其子孫。歷虞夏商世有國士，周之甫也、申也、齊也、許也，皆其苗裔。維申及甫，維周之翰。四國于蕃，四方于宣。毛《傳》：翰，幹也。鄭《箋》：申，申伯也。甫，甫侯也。皆以賢知入爲周之楨幹之臣。四國有難則往扞禦之，爲之蕃屏；四方恩澤不至，則往宣暢之。甫侯相穆王，訓夏贖刑美，此俱出四嶽，故連言之。

亹亹申伯，王纘之事。于邑于謝，南國是式。毛《傳》：謝，周之南國也。鄭《箋》：亹亹，勉也。纘，繼。于，往。于，於。式，法也。亹亹然勉於德不倦之臣，有申伯，以賢入爲周之卿士，佐王有功，王又欲使繼其故諸侯之事，往作邑於謝，南方之國皆統理施其法度。時改大其邑，使爲侯伯，故云然。王命召伯，定申伯之宅。登是南邦，世執其功。毛《傳》：召伯，召公也。登，成也。功，事也。鄭《箋》：之，往也。申伯，忠臣，不欲離王室，故王使召公定其宅，令往居謝，成法度於南邦，世世持其政事傳子孫也。

王命申伯，式是南邦。因是謝人，以作爾庸。毛《傳》：庸，城也。鄭《箋》：庸，功也。召公既定申伯之居，王乃親命之，使爲法度於南邦。今因是，故謝邑之人而爲國，以起女之功勞，言尤章顯也。王命召伯，徹申伯土田。毛《傳》：徹，治也。鄭《箋》：治者，正其井牧，定其賦稅。王命傅御，遷其私人。毛《傳》：御，治事之宅也。私人，家臣也。鄭《箋》：傅御者，貳王治事，謂冢宰也。

申伯之功，召伯是營。有俶其城，寢廟既成。毛《傳》：俶，作也。鄭《箋》：申伯居謝之事，召公營其位，而作城郭及寢廟，定其人神所處。既成藐藐，王錫申伯，四牡蹻蹻，鉤膺濯濯。毛《傳》：藐藐，美貌。蹻蹻，壯貌。鉤膺，樊纓也。濯濯，光明也。鄭《箋》：召公營位，築之已成，以形貌告於王，王乃賜申伯，爲將遣之。

王遣申伯，路車乘馬。我圖爾居，莫如南土。毛《傳》：乘馬，四馬也。鄭《箋》：王以正禮遣申伯之國，故復有車馬之賜，因告之曰：「我謀女之所居，無如南土之最善。」錫爾介圭，以作爾寶。毛《傳》：寶，瑞也。鄭《箋》：圭長尺二寸，謂之介，非諸侯之圭，故以爲寶。諸侯之瑞，圭自九寸而下。往近王舅，南土是保。毛《傳》：近，已也。申伯，宣王之舅也。鄭《箋》：近，辭也，聲如彼記之子之記。保，守也，安也。

申伯信邁，王餞于郿。毛《傳》：郿，地名。鄭《箋》：邁，行也。申伯之意，不欲離王室，王告語之復重，於是意解而信行。餞，送行飲酒也。時王蓋省岐周，故于郿云。申伯還南，謝于誠歸。鄭《箋》：還南者，北就王命于岐周而還反也。謝于誠歸，誠歸于謝。王命召伯，徹申伯土疆，以峙其粻，式遄其行。鄭《箋》：粻，糧。式，用。遄，速也。王使召公治申伯土界之所至。峙其糧者，令廬市有止宿之委積，用是速申伯之行。

申伯番番，既入于謝，徒御嘽嘽。毛《傳》：番番，勇武貌。諸侯有大功，則賜虎賁。徒御嘽嘽，徒行御車者嘽嘽喜樂也。鄭《箋》：申伯之貌，有威武番番然，其入謝國，車徒之行，嘽嘽安舒。言得禮也，禮入，國不馳。周邦咸喜，戎有良翰。鄭《箋》：周，徧也。戎，猶女也。翰，幹也。申伯入謝，徧邦内皆喜曰：「女乎有善君也。」相慶之言。不顯申伯，王之元舅，文武是憲。毛《傳》：不顯申伯，顯矣申伯也。文武是憲，言有文有武也。鄭《箋》：憲，表也。言爲文武之表式。

申伯之德，柔惠且直。揉此萬邦，聞于四國。鄭《箋》：揉，順也。四國猶言四方也。吉甫作誦，其詩孔碩，其風肆好，以贈申伯。毛《傳》：吉甫，尹吉甫也。作是工師之誦也。肆，長也。贈，增也。鄭《箋》：碩，大也。吉甫爲此誦也，言其詩之意甚美大。風切申伯，又使之長行善道，以此贈申伯者，送之人以爲樂。

《崧高》八章，章八句。愚按：《傳》「高」字下闕文有「伯」字，此詩有申伯明文，當與《序》説不異。

【眉批】

風，福鳳反。王肅如字，云音也。朱子從之。

《序》：《烝民》，尹吉甫美宣王也。任賢使能，周室中興焉。

天生烝民，有物有則。民之秉彝，好是懿德。毛《傳》：烝，衆。物，事。則，法。彝，常。懿，美也。鄭《箋》：秉，執也。天之生衆民，其性有物象，謂五行仁義禮智信也；其情有所法，謂喜怒哀樂好惡也。然而民所執持有常道，莫不好有美德之人。天監有周，昭假于下。保兹天子，生仲山甫。毛《傳》：仲山甫，樊侯也。鄭《箋》：監，視。假，至也。天視周王之政教，其光明乃至於下，謂及衆民也。天安愛此天子宣王，故生樊侯仲山甫使佐之？言天亦好是懿德也。《書》曰：「天聰明，自我民聽明。」

仲山甫之德，柔嘉維則。令儀令色，小心翼翼。鄭《箋》：嘉，美。令，善也。善威儀，善顔色，容貌翼翼然恭敬。古訓是式，威儀是力。天子是若，明命使賦。毛《傳》：古，故。訓，道。若，順。賦，布也。鄭《箋》：故訓，先王之遺典也。式，法也。力，猶勤也。勤威儀者，恪居官次，不解于位也。是順，從行其所爲也。顯明王之政教，使群臣施布之。

王命仲山甫，式是百辟。纘戎祖考，王躬是保。毛《傳》：戎，大也。鄭《箋》：戎，猶女也。躬，身也。王曰：「女施行法度於是百君，繼女先祖先父始見命者之功德。」王身是安，使盡心力於王室。出納王命，王之喉舌。賦政于外，四方爰發。毛《傳》：喉舌，冢宰也。鄭《箋》：出王命者，王口所自言，承而施之也。納王命者，時之所宜，復於王也。其行之也，皆奉順其意，如王口喉舌親所言也，以布政於畿外。天下諸侯，於是莫不發應。

肅肅王命，仲山甫將之。邦國若否，仲山甫明之。毛《傳》：將，行也。鄭《箋》：肅肅，敬也。言王之政教甚嚴敬也，仲山甫則能奉行之。若，順也。順否，猶臧否，謂善惡也。既明且哲，以保其身。夙夜匪解，以事一人。鄭《箋》：夙，早。夜，莫。匪，非也。一人，斥天子。

人亦有言：「柔則茹之，剛則吐之。」鄭《箋》：柔，猶濡毳也。剛，堅彊也。剛柔之在口，或茹之，或吐之，喻人之於敵强弱。維仲山甫，柔亦不茹，剛亦不吐，不侮矜寡，不畏彊禦。

人亦有言：「德輶如毛，民鮮克舉之。」我儀圖之。毛《傳》：儀，宜也。鄭《箋》：輶，輕。儀，匹也。人之言云：「德甚輕，然而衆人寡能獨舉之以行者。」言政事易耳，而人不能行者，無其志也，我與倫匹圖之而未能爲也。我，吉甫自我也。維仲山甫舉之，愛莫助之。毛《傳》：愛，隱也。鄭《箋》：愛，惜也。仲山甫能獨舉此德而行之，惜乎莫能助之者，多仲山甫之德，歸功言耳。衮職有闕，維仲山甫補之。毛《傳》：有衮冕者，君之上服也。仲山甫補之，善補過也。鄭《箋》：衮職者，不敢斥王言之也。王之職有闕，輒能補之者，仲山甫也。

仲山甫出祖，四牡業業，征夫捷捷，每懷靡及。毛《傳》：言述職也。業業，言高大也。捷捷，言樂事也。鄭《箋》：祖者，將行犯軷之祭也。懷私爲每懷。仲山甫犯軷而將行，車馬業業然動，衆征夫捷捷然至，仲山甫則戒之曰：「既受君命當速行，每人懷其私而稽留，將無所及於事。」四牡彭彭，八鸞鏘鏘。王命仲山甫，城彼東方。毛《傳》：東方，齊也。古者諸侯之居逼隘，則王者遷其邑而定其居，蓋去薄姑而遷於臨菑也。鄭《箋》：彭彭，行貌。鏘鏘，鳴聲。以此車馬命仲山甫使行，言其盛也。

四牡騤騤，八鸞喈喈。仲山甫徂齊，式遄其歸。毛《傳》：騤騤，猶彭彭也。喈喈，猶鏘鏘也。遄，疾也。言周之望仲山甫也。鄭《箋》：望之，故欲其用是疾歸。吉甫作誦，穆如清風。仲山甫永懷，以慰其心。毛《傳》：清微之風，化養萬物者也。鄭《箋》：穆，和也。吉甫作此工歌之誦，其調和人之性，如清風長養萬物然。仲山甫述職，多所思而勞，故述其美以慰安其心。

《烝民》八章，章八句。愚按：《傳》本此詩名當在《崧高》「伯」字下闕文中，下即是《韓奕》，可想其然。獨闕文中亦有「伯」字，豈稱仲山甫爲樊伯耶？考《周語》稱樊仲山甫諫宣王，不言爲侯爲伯，韋昭云：「食采於樊。」是樊國之君也。《左傳》晉文公納定襄王，王賜之樊邑，則樊在東都之畿内。杜預云：「經傳不見畿内之國稱侯男者，天子不以此賜畿内也。」然則畿内本無侯爵。毛《傳》以仲山甫爲樊侯，不知何據？《傳》之「伯」字，似當爲樊伯無疑，惜文已闕，無從正之耳。

《序》：《韓奕》，尹吉甫美宣王也，能錫命諸侯。鄭《箋》：梁山於韓國之山最高大，爲國之鎮，所望祀焉，故美大其貌奕奕然，謂之韓奕也。梁山，今在馮翊夏陽西北。韓，姬姓之國也，後爲晉所滅，故大夫韓氏以爲邑名。幽王九年，王室始騷，鄭桓公問於史伯曰：「周衰其孰興乎？」對曰：「武實昭文之功，文之祚盡，武其嗣乎？武王之子應韓不在，其晉乎？」

奕奕梁山，維禹甸之。有倬其道，韓侯受命。毛《傳》：奕奕，大也。甸，治也。禹治梁山，除水灾。宣王平大亂，命諸侯。有倬其道，有倬然之道者也。受命，受命爲侯伯也。鄭《箋》：梁山之野，堯時俱遭洪水。禹甸之者，決除其灾而使成平田，定貢賦於天子。周有厲王之亂，天下失職，今有倬然著明，復禹之功者，韓侯受王命爲諸侯。王親命之，「纘戎祖考。無廢朕命。夙夜匪解，虔共爾位。毛《傳》：戎，大。虔，固。共，執也。鄭《箋》：戎，猶女也。朕，我也。古之「恭」字或作「共」。朕命不易，榦不庭方，以佐戎辟。」毛《傳》：庭，直也。鄭《箋》：我之所命者，勿改易不行，當爲不直違失法度之方作楨幹，而正之以佐助女君。女，君王自謂也。

四牡奕奕，孔修且張。韓侯入覲，以其介圭，入覲于王。毛《傳》：修，長。張，大。覲，見也。鄭《箋》：諸侯秋見天子曰覲。韓侯乘長大之四牡奕奕，然以時覲於宣王。覲於宣王而奉享禮，貢國所出之寶，善其尊宣王以常職來也。《書》曰：黑水西河，其貢璆琳琅玕。此覲乃受命，先言受命者，顯其美也。王錫韓侯，淑旂綏章，簟茀錯衡，玄衮赤舄，鉤膺鏤鍚，鞹鞃淺幭，鞗革金厄。毛《傳》：淑，善也。交龍爲旂。綏，大綏也。錯衡，文衡也。鏤鍚，有金鏤其鍚也。鞹，革也。鞃，軾中也。淺，虎皮淺毛也。幭，覆式也。厄，烏蠋也。鄭《箋》：王爲韓侯以常職來朝享之故，故多錫以厚之。善旂，旂之善色者也。綏，所引以登車，有采章也。簟茀，漆簟以爲車蔽，今之藩也。鉤膺，樊纓也。眉上曰鍚，刻金飾之，今當盧也。鞗革，謂轡也。以金爲小環，往往纏搤之。

韓侯出祖，出宿于屠。顯父餞之，清酒百壺。毛《傳》：屠，地名也。顯父，有顯德者也。鄭《箋》：祖，將去而祀軷也。既覲而反國必祖者，尊其所往，去則如始行焉。祖于國外畢及出宿，示行不留於是也。顯父，周之公卿也。餞送之，故有酒。其殽維何？炰鼈鮮魚。其蔌維何？維筍及蒲。其贈維何？乘馬路車。毛《傳》：蔌，菜殽也。筍，竹也。蒲，蒲蒻也。鄭《箋》：炰鼈，以火熟之也。鮮魚，中膾者也。笋，竹萌也。蒲，深蒲也。贈，送也。王既使顯父餞之，又使送以車馬，所以贈厚意也。人君之車曰路車，所駕之馬曰乘馬。籩豆有且，侯氏燕胥。鄭《箋》：且，多貌。胥，皆也。諸侯在京師未去者，於顯父餞之時，皆來相與燕。其籩豆且然，榮其多也。

韓侯取妻，汾王之甥，蹶父之子。毛《傳》：汾，大也。蹶父，卿士也。鄭《箋》：汾王，厲王也。厲王流于彘，彘在汾水之上，故時人因以號之，猶言莒郊公、黎比公也。姊妹之子爲甥，王之甥，卿士之子，言尊貴也。韓侯迎止，于蹶之里，百兩彭彭。八鸞鏘鏘，不顯其光。毛《傳》：里，邑也。鄭《箋》：于蹶之里，蹶父之里。百兩，百乘。不顯，顯也。光，猶榮也，氣有榮光也。諸娣從之，祁祁如雲。韓侯顧之，爛其盈門。毛《傳》：祁祁，徐靚也。如雲，言衆多也。諸侯一取九女，二國媵之。諸娣，衆妾也。顧之，曲顧道義也。鄭《箋》：媵者，必娣侄從之。獨言娣者，舉其貴者。爛爛，燦然，鮮明且衆多之貌。

蹶父孔武，靡國不到。爲韓姞相攸，莫如韓樂。毛《傳》：姞，蹶父姓也。鄭《箋》：相，視。攸，所也。蹶父甚武健，爲王使於天下，國國皆至，爲其女韓侯夫人姞氏，視其所居，韓國最樂。孔樂韓土，川澤訏訏，魴鱮甫甫，麀鹿噳噳，有熊有羆，有貓有虎。毛《傳》：訏訏，大也。甫甫然大也，噳噳然衆也。貓，似虎，淺毛者也。鄭《箋》：甚樂矣，韓之國土也。川澤寬大，衆魚群獸備有，言饒富也。慶既令居，韓姞燕譽。鄭《箋》：慶，善也。蹶父既善韓之國土，使韓姞嫁焉而居之。韓姞則安之，盡其婦道有顯譽。

溥彼韓城，燕師所完。毛《傳》：師，衆也。鄭《箋》：溥，大。燕，安也。大矣彼韓國之城，乃古平安時衆民之所築完。以先祖受命，因時百蠻。王錫韓侯，其追其貊，奄受北國，因以其伯。毛《傳》：韓侯之先祖，武王之子也。因時百蠻，長是蠻服之百國也。追、貊，戎狄國也。奄，撫也。鄭《箋》：韓侯先祖有功德者，受先王之命，封爲韓侯，居韓城爲侯伯。其州界外接蠻服，因見使時節百蠻貢獻之往來。後君微弱，用失其業。今王以韓侯先祖之事如是，而韓後賢，故於入覲，使復其先祖之舊職，賜之蠻服追、貊之戎狄，令撫柔其所受王畿北面之國，因以其先祖侯伯之事盡予之，皆美其爲人子孫能興復先祖之功。其後，追也，貊也爲玁狁所逼，稍稍東遷。實墉實壑，實畝實籍。毛《傳》：實墉實壑，言高其城，深其壑也。鄭《箋》：實，當作寔。趙魏之東，實寔同聲。寔，是也。籍，税也。韓侯之先祖微弱，所受之國多滅絶，今復舊職，興滅國繼絶世，故築治是城，濬修是壑，井牧是田畝，收斂是賦税，使如故常。獻其貔皮，赤豹黄羆。毛《傳》：貔，猛獸也。追、貊之國來貢，而侯伯總領之。

《韓奕》六章，章十二句。

【眉批】

燕，毛、鄭於見反。王肅、孫毓並烏賢反，云此燕國，朱子從之。

《序》：《江漢》，尹吉甫美宣王也。能興衰撥亂，命召公平淮夷。鄭《箋》：召公，召穆公也，名虎。

江漢浮浮，武夫滔滔。匪安匪游，淮夷來求。毛《傳》：浮浮，衆彊貌。滔滔，廣大貌。淮夷，東國，在淮浦而夷行也。鄭《箋》：匪，非也。江漢之水，合而東流浮浮然。宣王於是水上，命將率，遣士衆，使循流而下，滔滔然，其順王命而行非敢斯須自安也，非敢斯須游止也。王爲來求淮夷所處，據至其境，故言來。既出我車，既設我旟。匪安匪舒，淮夷來鋪。毛《傳》：鋪，病也。鄭《箋》：車，戎車也。鳥隼曰旟。兵至竟而期戰地，其日出戎車建旟。又不自安不舒行者，王爲來伐討淮夷也。據至戰地，故又言來。

江漢湯湯，武夫洸洸。經營四方，告成于王。毛《傳》：洸洸，武貌。鄭《箋》：召公既受命，伐淮夷服之，復經營四方之叛國，從而伐之克勝，則使傳遽告功於王。四方既平，王國庶定。時靡有争，王心載寧。鄭《箋》：庶，幸。時，是也。載之言則也。召公忠臣，順於王命，此述其志也。

江漢之滸，王命召虎：「式辟四方，徹我疆土。匪疚匪棘，王國來極。毛《傳》：召虎，召穆公也。鄭《箋》：滸，水涯也。式，法。疚，病。棘，急。極，中也。王於江漢之水上，命召公，使以王法征伐，開辟四方，治我疆界於天下，非可以兵病害之也，非可以兵急躁切之也，使來於王國受政教之中正而已。齊桓公經陳、鄭之間及伐北戎，則違此言者。于疆于理，至于南海。」鄭《箋》：于，往也。于，於也。召公於有叛戾之國，則往正其境界，修其分理，周行四方，至於南海，而功大成事終也。

王命召虎，來旬來宣。「文武受命，召公維翰。」毛《傳》：旬，徧也。召公，召康公也。鄭箋：來，勤也。旬，當作「營」。宣，徧也。召康公，名奭，召虎之始祖也。王命召虎，女勤勞於經營四方，勤勞於徧疆理衆國。昔文王武王受命，召康公爲之楨幹之臣，以正天下。爲虎之勤勞，故述其祖之功以勸之。無曰予小子，召公是似。肇敏戎公，用錫爾祉。毛《傳》：似，嗣。肇，謀。敏，疾。戎，大。公，事也。鄭《箋》：戎，猶女也。女無自减損曰我小子耳，女之所爲，乃嗣女先祖召康公之功。今謀女之事，乃有敏德，我用是故，將賜女福慶也。王爲虎之志大謙，故進之云爾。

釐爾圭瓚，秬鬯一卣，告于文人。毛《傳》：釐，賜也。秬，黑黍也。鬯，香草也。築煮合而鬱之曰鬯。卣，器也。九命錫圭瓚秬鬯。文人，文德之人也。鄭《箋》：秬鬯，黑黍酒也，謂之鬯者，芬香條鬯也。王賜召虎以鬯酒一罇，使以祭其宗廟，告其先祖諸有美德見記者。「錫山土田，于周受命，自召祖命。」毛《傳》：諸侯有大功德，賜之名山土田附庸。鄭《箋》：周，岐周也。自，用也。宣王欲尊顯召虎，故如岐周，使虎受山川土田之賜，命用其祖召康公受封之禮。岐周，周之所起，爲其先祖之靈，故就之。虎拜稽首：「天子萬年。」鄭《箋》：拜稽首者，受王命策書也。臣受恩無可以報謝者，稱言使君壽考而已。

虎拜稽首，對揚王休，作召公考。天子萬壽！明明天子，令聞不已。矢其文德，洽此四國。毛《傳》：對，遂。考，成。矢，施也。鄭《箋》：對，答。休，美。作，爲也。虎既拜而答王策命之時，稱揚王之德美，君臣之言宜相成也。王命召虎用召祖命，故虎對王亦爲召康受王命之時對成王命之詞，謂如其所言也。如其所言者，「天子萬壽」以下是也。

《江漢》六章，章八句。

【眉批】

按：《玉藻》云：士曰傳遽之臣。《音義》云以車曰傳，以馬曰遽。

《序》：《常武》，召穆公美宣王也。有常德以立武事，因以爲戒然。鄭《箋》：戒者，「王舒保作，匪紹匪游，徐方繹騷」。

赫赫明明，王命卿士，南仲大祖，大師皇父：「整我六師，以修我戎。毛《傳》：赫赫然盛也，明明然察也。王命南仲於大祖，皇甫爲大師。鄭《箋》：南仲，文王時武臣也。顯著乎，昭察乎，宣王之命卿士爲大將也。乃用其以南仲爲大祖者，今大師皇甫是也。使之整齊六軍之衆，治其兵甲之事。命將必於其祖者，因有世功，於是尤顯。大師者，公兼官也。既敬既戒，惠此南國。」鄭《箋》：敬之言警也。警戒六軍之衆，以惠淮浦之旁國，謂救以無暴掠爲之害也。每軍各有將，中軍之將尊也。

王謂尹氏，命程伯休父：「左右陳行，戒我師旅。率彼淮浦，省此徐土。」毛《傳》：尹氏，掌命卿士。程伯休父，始命爲大司馬。浦，涯也。鄭《箋》：尹氏，天子世大夫也。率，循也。王使大夫尹氏，策命程伯休父於軍將行治兵之時，使其士衆左右陳列而勸戒之，使循彼淮浦之旁，省視徐國之土地叛逆。軍禮，司馬掌其誓戒。不留不處，三事就緒。毛《傳》：誅其君，弔其民，爲之立三有事之臣。鄭《箋》：緒，業也。王又使軍將豫告淮浦徐土之民云：「不久處於是也，女三農之事皆就其業。」爲其驚怖，先以言安之。

赫赫業業，有嚴天子，王舒保作，匪紹匪游，徐方繹騷。毛《傳》：赫赫然盛也，業業然動也，嚴然而威。舒，徐也。保，安也。匪紹匪游，不敢繼以敖游也。繹，陳。騷，動也。鄭《箋》：作，行也。紹，緩也。繹，當作驛。王之軍行，其貌赫赫業業然，有尊嚴於天子之威，謂聞見者莫不憚之。王舒安，謂軍行三十里，亦非解緩也，亦非敖游也。徐國傳遽之驛見之，知王兵必克，馳走以相恐動。震驚徐方，如雷如霆，徐方震驚。鄭《箋》：震，動也。驛馳走相恐懼以震動徐國，如雷霆之恐怖人然。徐國則驚動而將服罪。

王奮厥武，如震如怒。進厥虎臣，闞如虓虎。鋪敦淮濆，仍執醜虜。毛《傳》：虎之自怒虓然。濆，涯。仍，就。虜，服也。鄭《箋》：進，前也。敦當作屯。王奮揚其威武，而震雷其聲，而勃怒其色。前其虎臣之將，闞然如虎之怒，陳屯其兵於淮水大防之上，以臨敵，就執其衆之降服者也。截彼淮浦，王師之所。毛《傳》：截，治也。鄭《箋》：治淮之旁國有罪者，就王師而斷之。

王旅嘽嘽，如飛如翰，如江如漢，如山之苞，如川之流。毛《傳》：嘽嘽然盛也。疾如飛，摯如翰。苞，本也。鄭《箋》：嘽嘽，閑暇有餘力之貌。其行疾自發舉，如鳥之飛也。翰，其中豪俊也。江漢，以喻盛大也。山本，以喻不可驚動也。川流，以喻不可禦也。緜緜翼翼，不測不克，濯征徐國。毛《傳》：緜緜，靚也。翼翼，敬也。濯，大也。鄭《箋》：王兵安靚，且皆敬，其勢不可測度，不可攻勝。既服淮浦矣，今又以大征徐國，言必勝也。

王猶允塞，徐方既來。毛《傳》：猶，謀也。鄭《箋》：猶，尚。允，信也。王重兵，兵雖臨之，尚守信自實滿。兵未陳而徐國已來告服，所謂善戰者不陳。徐方既同，天子之功。四方既來，徐方來庭。毛《傳》：來王庭也。徐方不回，王曰還歸。鄭《箋》：回，猶違也。還歸，振旅也。

《常武》六章，章八句。愚按：《傳》本此篇詩名當在「漢平」二字後闕文中，但未必名《常武》耳。又按：續《大正》傳文雖多闕，以所存字，合之《序》說意擬之，當云：《雲漢》憂旱也；《崧高》，尹吉甫送申伯也；《烝民》，尹吉甫送樊伯也；《韓奕》，尹吉甫送韓侯也；《江漢》，平淮夷也；《常武》，平徐方也。大約相去亦不遠，特未敢妄增耳。

【眉批】

毛以南仲、皇甫爲二人，鄭以南仲爲皇甫大祖。孫毓亦云宣王之將復字南仲，《傳》無聞焉。且古之命將皆於禰廟，未有於大祖之廟者，故以南仲爲大祖非命于大祖也。朱子從之。此皆不知《出車》之爲宣王詩耳，説詳《出車》篇。

聖門傳詩嫡冢卷之十四

吴興凌濛初輯

雅

大正傳

《考補》六篇，毛氏謂之變《大正》。

《傳》：召穆公諫□□，賦《蕩》。《測》：所闕當爲「厲王」二字。

《序》：《蕩》，召穆公傷周室大壞也。厲王無道，天下蕩蕩無綱紀文章，故作是詩也。

蕩蕩上帝，下民之辟。毛《傳》：上帝以托君王也。辟，君也。鄭《箋》：蕩蕩，法度廢壞之貌。厲王乃以此居人上，爲天下之君，言其無可則象之甚。疾威上帝，其命多辟。毛《傳》：疾病人矣，威罪人矣。鄭《箋》：疾病人者，重賦斂也。威罪人者，峻刑法也。其政教又多邪僻，不由舊章。天生烝民，其命匪諶。靡不有初，鮮克有終。毛《傳》：諶，誠也。鄭《箋》：烝，衆。鮮，寡。克，能也。天之生此衆民，其教道之，非當以誠信使之忠厚乎？今則不然，民始皆庶幾於善道，後更化於恶俗。

文王曰咨，咨女殷商，曾是彊禦，曾是掊克，曾是在位，曾是在服。毛《傳》：咨，嗟也。彊禦，彊梁禦善也。掊克，自伐而好勝人也。服，服政事也。鄭《箋》：厲王弭謗，穆公朝廷之臣不敢斥言王之惡，故上陳文王咨嗟殷紂以切刺之。女曾任用是惡人，使之處位執職事也。天降慆德，女興是力。毛《傳》：天，君。慆，慢也。鄭《箋》：厲王施倨慢之化，女群臣又相與而力爲之，言競於惡。

文王曰咨，咨女殷商，而秉義類，彊禦多懟。流言以對，寇攘式内。毛《傳》：對，遂也。鄭《箋》：義之言宜也。類，善。式，用也。女執事之臣，宜用善人，反任彊禦衆懟爲惡者，皆流言謗毁賢者。王若問之，則又以對。寇盗攘竊爲奸宄者而王信之，使用事于内。侯作侯祝，靡届靡究。毛《傳》：作、祝，詛也。届，極。究，窮也。鄭《箋》：侯，維也。王與群臣乖争而相疑，且祝詛求其凶咎無極已。

文王曰咨，咨女殷商，女炰烋于中國，斂怨以爲德。毛《傳》：炰烋，猶彭亨也。鄭《箋》：炰烋，自矜氣健之貌。斂聚群不逞作怨之人，謂之有德而任用之。不明爾德，時無背無側。毛《傳》：背，無臣。側，無人也。鄭《箋》：無臣無人，謂賢者不用。爾德不明，以無陪無卿。毛《傳》：無陪貳也，無卿士也。

文王曰咨，咨女殷商，天不湎爾以酒，不義從式。毛《傳》：義，宜也。鄭《箋》：式，法也。天不同女顔色以酒，有沉湎於酒者，是乃過也，不宜從而法行之。既愆爾止，靡明靡晦。式號式呼，俾晝作夜。毛《傳》：使晝爲夜也。鄭《箋》：愆，過也。女既過沉湎矣，又不爲明晦，無有止息也。醉則號呼相傚，用晝日作夜，不視政事。

文王曰咨，咨女殷商，如蜩如螗，如沸如羹。毛《傳》：蜩，蟬也。螗，蝘也。鄭《箋》：飲酒號呼之聲，如蜩螗之鳴。其笑語沓沓又如湯之沸，羹之方熟。小大近喪，人尚乎猶行。毛《傳》：言居人上，欲用行是道也。鄭《箋》：殷紂之時，君臣失道如此，且喪亡矣，時人化之，甚尚欲從而行之，不知其非。内奰于中國，覃及鬼方。毛《傳》：奰，怒也。不醉而怒曰奰。鬼方，遠方也。鄭《箋》：此言時人忕於惡，雖不有醉，猶好怒也。

文王曰咨，咨女殷商，匪上帝不時，殷不用舊。鄭《箋》：此言紂之亂，非其生不得其時，乃不用先王之故法之所致。

雖無老成人，尚有典刑。鄭《箋》：老成人，謂若伊尹、伊陟、臣扈之屬。雖無此臣，猶有常事故法可案用也。曾是莫聽，大命以傾。鄭《箋》：莫，無也。朝廷君臣，皆任喜怒，曾無用典刑治事者，以至誅滅。

文王曰咨，咨女殷商，人亦有言：「顛沛之揭，枝葉未有害，本實先撥。」毛《傳》：顛，仆。沛，拔也。揭，見根貌。鄭《箋》：揭，蹶貌。撥，猶絶也。言大木揭然將蹶，枝葉未有折傷，其根本實先絶，乃相隨俱顛拔。喻紂之官職雖有，紂誅亦皆死。殷監不遠，在夏后之世。鄭《箋》：此言殷之明鏡不遠也，近在夏后之世。謂湯誅桀也，後武王伐紂，今之王者，何以不用爲戒？

《蕩》八章，章八句。

【眉批】

與，定本作興者是。

《傳》：□□□□□□賦《桑柔》。

《序》：《桑柔》，芮伯刺厲王也。鄭《箋》：芮伯，畿内諸侯，王卿士也，字良夫。

菀彼桑柔，其下侯旬，捋采其劉，瘼此下民。毛《傳》：興也。菀，茂貌。旬，言陰均也。劉，爆爍而希也。瘼，病也。鄭《箋》：桑之柔濡，其葉菀然茂盛。謂蠶始生時也，人庇陰其下者，均得其所；及已捋采之，則葉爆爍而疏，人息其下，則病於爆爍。興者，喻民當被王之恩惠，群臣恣放，損王之德。不殄心憂，倉兄填兮。毛《傳》：倉，喪也。兄，滋也。填，久也。鄭《箋》：殄，絶也。民心之憂無絶已，喪亡之道滋久長。倬彼昊天，寧不我矜。毛《傳》：昊天，斥王者也。鄭《箋》：倬，明大貌。昊天乃倬然明大而不矜哀下民，怨懟之言。

四牡騤騤，旟旐有翩。亂生不夷，靡國不泯。毛《傳》：騤騤，不息也。鳥隼曰旟，龜蛇曰旐。翩翩，在路不息也。夷，平。泯，滅也。鄭《箋》：軍旅久出征伐，而亂日生不平，無國而不見殘滅也。言王之用兵，不得其所，適長寇虐。民靡有黎，具禍以燼。毛《傳》：黎，齊也。鄭《箋》：黎，不齊也。具，猶俱也。災餘曰燼。言時民無有不齊被兵寇之害者，俱遇此禍以爲燼者，言害所及廣。於乎有哀，國步斯頻。毛《傳》：步，行。頻，急也。鄭《箋》：頻，猶比也。哀哉國家之政，行此禍害比比然。

國步蔑資，天不我將。靡所止疑，云徂何往？毛《傳》：疑，定也。鄭《箋》：蔑，猶輕也。將，猶養也。徂，行也。國家爲政，行此輕蔑民之資用，是天不養我也。我從兵役，無有止息時，今復云行，當何之往也？君子實維，秉心無競。誰生厲階？至今爲梗。毛《傳》：競，彊。厲，惡。梗，病也。鄭《箋》：君子，謂諸侯及卿大夫也。其執心不彊於善而好以力爭，誰始生此禍者，乃至今日相梗不止？

憂心慇慇，念我土宇。我生不辰，逢天僤怒。自西徂東，靡所定處。毛《傳》：宇，居。僤，厚也。鄭《箋》：辰，時也。此士卒從軍，勞苦自傷之言。多我覯痻，孔棘我圉。毛《轉》：圉，垂也。鄭《箋》：痻，病也。圉當作禦。多矣，我之遇困病；甚急矣，我之禦寇之事。

爲謀爲毖，亂況斯削。毛《傳》：毖，慎也。鄭《箋》：女爲軍旅之事，爲重慎兵事也，而亂滋甚，於此日見侵削，言其所任非賢。告爾憂恤，誨爾序爵，誰能執熱，逝不以濯？毛《傳》：濯，所以救熱也。禮亦所以救亂也。鄭《箋》：恤，亦憂也。逝，猶去也。我語女以憂天下之憂，教女以次序賢能之爵，其爲之當如手持熱物之用濯，謂治國之道當用賢者。其何能淑，載胥及溺。鄭《箋》：淑，善。胥，相。及，與也。女若云此於政事何能善乎？則女君臣皆相與陷及于禍難。

如彼遡風，亦孔之僾。民有肅心，荓云不逮。好是稼穡，力民代食。毛《傳》：遡，鄉。僾，唈。荓，使也。力民代食，代無功者食大禄也。鄭《箋》：肅，進。逮，及也。今王之爲政，見之使人唈然如鄉疾風不能息也。王爲政，民有進于善道之心，當任用之，反卻退之，使不及門，但爲任用是居家吝嗇，於聚斂作力之人，令代賢者處位食禄。明王之法，能治人者食於人，不能治人者食人。《禮記》曰：「與其有聚斂之臣，寧有盗臣。」聚斂之臣害民，盗臣害財。稼穡維寶，代食維好。鄭《箋》：此言王不尚賢，但貴吝嗇之人，與愛代食者而已。

天降喪亂，滅我立王。降此蟊賊，稼穡卒痒。鄭《箋》：滅，盡也。蟲食苗根曰蟊，食節曰賊，耕種曰稼，收斂曰穡。卒，盡。痒，病也。天下喪亂，國家之災，以窮盡我王所恃而立者，謂蟲孽爲害。哀恫中國，具贅卒荒。靡有旅力，以念穹蒼。毛《傳》：贅，屬。荒，虚也。穹蒼，蒼天。鄭《箋》：恫，痛也。哀痛乎中國之人，皆見繫屬於兵役，家家空虚，朝廷曾無有同力諫諍，念天所爲下此災。

維此惠君，民人所瞻。秉心宣猶，考慎其相。毛《傳》：相，質也。鄭《箋》：惠，順。宣，徧。猶，謀。慎，成。相，助也。維至德順民之君，爲百姓所瞻仰者，乃執正心舉事，徧謀於衆。又考誠其輔相之行，然後用之。言擇賢之審。維彼不順，自獨俾臧。自有肺腸，俾民卒狂。鄭《箋》：臧，善也。彼不施順道之君，自多足獨謂賢，言其所任之臣皆善人也。不復考慎，自有肺腸，行其心中之所欲，乃使民盡迷惑如狂，是又不宣猶。

瞻彼中林，甡甡其鹿。朋友已譖，不胥以穀。毛《傳》：甡甡，衆多也。鄭《箋》：譖，不信也。胥，相也。以，猶與也。穀，善也。視彼林中，其鹿相輩耦行，甡甡然衆多。令朝廷群臣皆相欺皆，不相與以善道，言其鹿之不如。人亦有言，進退維谷。毛《傳》：谷，窮也。鄭《箋》：前無明君，却迫罪役，故窮也。

維此聖人，瞻言百里。維彼愚人，覆狂以喜。毛《傳》：瞻言百里，遠慮也。鄭《箋》：聖人所視而言者百里，言見事遠而王不用。有愚闇之人爲王言，其事淺且近耳，王反迷惑信用之而喜。匪言不能，胡斯畏忌！鄭《箋》：胡之言何也。賢者見此事之是非，非不能分别皂白，言之於上也。然不言之何也？此畏懼犯顔得罪罰。

維此良人，弗求弗迪；維彼忍心，是顧是復。毛《傳》：迪，進也。鄭《箋》：良，善也。國有善人，王不求索，不進用之。有忍爲惡之心者，王反顧念而重復之。言其忽賢者而愛小人。民之貪亂，寧爲荼毒。鄭《箋》：貪，猶欲也。天下之民苦王之政，欲其亂亡，故安爲苦毒之行。相侵暴，愠恚使之然。

大風有隧，有空大谷。毛《傳》：隧，道也。鄭《箋》：西風謂之大風。大風之行有所從而來，必從大空谷之中。喻賢愚之所行，各由其性。維此良人，作爲式穀。維彼不順，征以中垢。毛《傳》：中垢，言闇冥也。鄭《箋》：作，起。式，用。征，行也。賢者在朝，則用其善道。不順之人，則行闇冥。受性於天，不可變也。

大風有隧，貪人敗類。聽言則對，誦言如醉。毛《傳》：類，善也。鄭《箋》：類，等夷也。對，答也。貪惡之人，見道聽之言則應答之；見誦詩書之言，則冥臥如醉。居上位而行此，人或效之。匪用其良，覆俾我悖。毛《傳》：覆，反也。鄭《箋》：居上位而不用善，反使我爲悖逆之行，是形其敗類之驗。

嗟爾朋友，予豈不知而作。如彼飛蟲，時亦弋獲。鄭《箋》：嗟爾朋友者，親而切磋之也。而，猶女也。我豈不知女所行者惡與？直知之，女所行如是，猶鳥飛行自恣，東西南北，時亦爲弋射者所得。言放縱，久無所拘制，則將遇伺女之間者，得誅女也。既之陰女，反予來赫。毛《傳》：赫，炙也。鄭《箋》：之，往也。口拒人謂之赫。我恐女見弋獲，既往陰覆女，謂啓告之以患難也。女反赫我，出言悖怒，不受忠告。

民之罔極，職涼善背。毛《傳》：涼，薄也。鄭《箋》：職，主。諒，信也。民之行失其中者，主由爲政者信用小人，工相欺違。爲民不利，如云不克。鄭《箋》：克，勝也。爲政者，害民如恐不得其勝，言至酷也。民之回遹，職競用力。鄭《箋》：競，逐也。言民之行維邪者，主由爲政者，逐用彊力相尚故也。言民愁困，用生多端。

民之未戾，職盗爲寇。毛《傳》：戾，定也。鄭《箋》：爲政者，主作盗賊爲寇害。今民心動摇，不安定也。涼曰不可，覆背善詈。鄭《箋》：善，猶大也。我諫止之以信，言女所行者不可，反背我而大詈，言拒己諫之甚。雖曰匪予，既作爾歌。鄭《箋》：予，我也。女雖觝距己，言此政非我所爲，我已作女所行之歌，女當受之而改悔。

《桑柔》十六章，八章章八句，八章章六句。

【眉批】

闕文當爲「芮良夫刺厲王」。

陰，一作蔭。下同。

《左傳》：「禮之於政如熱之有濯也，濯以救熱，何患之有？」

按：王肅云：「如今之政，其何能善？但君臣相與陷溺而已。」與鄭異。

此章兩「稼穡」，鄭俱作「家嗇」，故作是解。王肅云：「當好知稼穡之艱難，有功力于民，代無功者食天禄。」與鄭解異。

王肅云：「能知稼穡之事，唯國寶也。使能者代不能者食禄，則政唯好。」

《左傳》：周芮良夫之詩曰「大風有隧」云云，貪故也。

王肅云：「我陰知女行矣，乃反來嚇炙我，欲有以退止我言者也。」

涼，毛音「良」，鄭音「亮」。

王肅云：「主爲薄俗，善相欺背。」朱子從鄭而變其説，覺更支離。

王肅云：「今民之爲邪僻，乃主相與競用力而爲之。」

《傳》：□□□戒□□，賦《民勞》。

《序》：《民勞》，召穆公刺厲王也。鄭《箋》：厲王，成王七世孫也。時賦斂重數，繇役煩多，人民勞苦，輕爲奸究。彊凌弱，衆暴寡，作寇害，故穆公以刺之。

民亦勞止，汔可小康。惠此中國，以綏四方。毛《傳》：汔，危也。中國，京師也。四方，諸夏也。鄭《箋》：汔，幾也。康、綏，皆安也。惠，愛也。今周民罷勞矣，王幾可以小安之乎？愛京師之人以安天下。京師者，諸夏之根本。無縱詭隨，以謹無良。式遏寇虐，憯不畏明。毛《傳》：詭隨，詭人之善，隨人之惡者。以謹無良，慎小以懲大也。憯，曾也。鄭《箋》：謹，猶慎也。良，善。式，用。遏，止也。王爲政，無聽於詭人之善，不肯行而隨人之惡者，以此敕慎無善之人。又用此止爲寇虐，曾不敬畏明白之刑罪者，疾時有之。柔遠能邇，以定我王。毛《傳》：柔，安也。鄭《箋》：能，猶伽也。邇，近也。安遠方之國，順伽其近者，當以此定我國家，爲王之功。言我者，同姓親也。

民亦勞止，汔可小休。惠此中國，以爲民逑。毛《傳》：休，定也。逑，合也。鄭《箋》：休，止息也。合，聚也。無縱詭隨，以謹惛怓。式遏寇虐，無俾民憂。毛《傳》：惛怓，大亂也。鄭《箋》：惛怓，讙譁也，謂好争者也。俾，使也。無棄爾勞，以爲王休。毛《傳》：休，美也。鄭《箋》：無棄女始時勤政事之功，以爲女王之美。述其始時者，誘掖之也。

民亦勞止，汔可小息。惠此京師，以綏四國。毛《傳》：息，止也。無縱詭隨，以謹罔極。式遏寇虐，無俾作慝。毛《傳》：慝，惡也。鄭《箋》：罔，無。極，中也。無中，所行不得中正。敬慎威儀，以近有德。毛《傳》：求近德也。

民亦勞止，汔可小愒。惠此中國，俾民憂泄。毛《傳》：愒，息。泄，去也。鄭《箋》：泄，猶出也，發也。無縱詭隨，以謹醜厲。式遏寇虐，無俾正敗。毛《傳》：醜，衆。厲，危也。鄭《箋》：厲，惡也。《春秋傳》曰：「其父爲厲。」敗，壞也。無使先王之正道壞。戎雖小子，而式弘大。毛《傳》：戎，大也。鄭《箋》：戎，猶女也。式，用也。弘，猶廣也。今王女雖小子自遇，而女用事于天下，甚廣大也。《易》曰：君子出其言善，則千里之外應之。况其邇者乎？出其言不善，則千里之外違之，况其邇者乎？是以此戒之。

民亦勞止，汔可小安。惠此中國，國無有殘。毛《傳》：賊義曰殘。鄭《箋》：王愛此京師之人，則天下邦國之君不爲殘酷。無縱詭隨，以謹繾綣。式遏寇虐，無俾正反。毛《傳》：繾綣，反覆也。王欲玉女，是用大諫。鄭《箋》：玉者，君子比德焉。王乎，我欲令女如玉然，故作是詩，用大諫正女。此穆公至忠之言。

《民勞》五章，章十句。愚按：此詩朱子以爲同列相戒之詞，亦因其語意似當然耳。然托詞相戒，實即刺王，未爲不可。鄭必欲作對王語，則似牽强。《傳》闕文而有「戒」字尚存，合之《申公詩説》，正與朱子之解不異矣。

【眉批】

按：戎，大。《爾雅·釋詁》文。王肅云：「在王者之大位。」孫毓云：「戎之爲汝，詩人通訓言大雖小子，於文不便。箋義爲長。」

《傳》：□□□□□，賦《板》。

《序》：《板》，凡伯刺厲王也。鄭《箋》：凡伯，周同姓，周公之胤也，入爲王卿士。

上帝板板，下民卒癉。出話不然，爲猶不遠。毛《傳》：板板，反也。上帝，以稱王者也。癉，病也。話，善言也。猶，道也。鄭《箋》：猶，謀也。王爲政，反先王與天之道，天下之民盡病。其出善言而不行之也，然爲謀不能遠圖，不知禍之將至。靡聖管管，不實于亶。毛《傳》：管管，無所依繫。亶，誠也。鄭《箋》：王無聖人之法度，管管然以心自恣，不能用信於誠實之言，言行相違也。猶之未遠，是用大諫。毛《傳》：猶，圖也。鄭《箋》：王之謀不能圖遠，是故我大諫王也。

天之方難，無然憲憲。天之方蹶，無然泄泄。毛《傳》：憲憲，猶欣欣也。蹶，動也。泄泄，猶沓沓也。鄭《箋》：天，斥王也。王方欲艱難天下之民，又方變更先王之道。臣乎，女無憲憲然，無沓沓然，爲之制法度，達其意以成其惡。辭之輯矣，民之洽矣。辭之懌矣，民之莫矣。毛《傳》：輯，和。洽，合。懌，説。莫，定也。鄭《箋》：辭，辭氣，謂政教也。王者政教和説，順於民，則民心合定。此戒語時之大臣。

我雖異事，及爾同寮。我即爾謀，聽我囂囂。毛《傳》：寮，官也。囂囂，猶謷謷也。鄭《箋》：及，與。即，就也。我雖與爾職事異者，乃與女同官，俱爲卿士。我就女而謀，及忠告以善道女，反聽我言，謷謷然不肯受。我言維服，勿以爲笑。先民有言，詢于芻蕘。毛《傳》：芻蕘，薪采者。鄭《箋》：服，事也。我所言乃今之急事，女無笑之。古之賢者有言：有疑事，當與薪采者謀之。匹夫匹婦或知及之，况於我乎？

天之方虐，無然謔謔。老夫灌灌，小子蹻蹻。毛《傳》：謔謔然，喜樂。灌灌，猶欵欵也。蹻蹻，驕貌。鄭《箋》：今王方爲酷虐之政，女無謔謔然以讒慝助之。老夫諫女欵欵然，自謂也。女反蹻蹻然如小子，不聽我言。匪我言耄，爾用憂謔。多將熇熇，不可救藥。毛《傳》：八十曰耄。熇熇然，熾盛也。鄭《箋》：將，行也。今我言非老耄有失誤，乃告女用可憂之事，而女反如戲謔，多行熇熇慘毒之惡，誰能止其禍？

天之方懠，無爲夸毗。威儀卒迷，善人載尸。毛《傳》：懠，怒也。夸毗，體柔人也。鄭《箋》：王方行酷虐之威怒，女無夸毗以形體順從之。君臣之威儀盡迷亂，賢人君子則如尸矣，不復言語。時厲王虐而弭謗。民之方殿屎，則莫我敢葵。喪亂蔑資，曾莫惠我師。毛《傳》：殿屎，呻吟也。蔑，無。資，財也。鄭《箋》：葵，揆也。民方愁苦而呻吟，則忽然有揆度知其然者。其遭喪禍，又素以賦斂空虚，無財貨以共其事。窮困如此，又曾不肯惠施以賙贍衆民，言無恩也。

天之牖民，如壎如篪，如璋如圭，如取如携。毛《傳》：牖，道也。如壎如篪，言相和也。如璋如圭，言相合也。如取如携，言必從也。鄭《箋》：王之道民以禮義，則民和合而從之如此。携無曰益，牖民孔易。民之多辟，無自立辟。毛《傳》：辟，法也。鄭《箋》：易，易也。女携掣民東與西與，民皆從女所爲。無曰是何益爲，道民在己甚易也。民之行多爲邪僻者，乃汝君臣之過，無自謂所建爲法。

价人維藩，大師維垣。大邦維屏，大宗維翰。毛《傳》：价，善也。藩，屏也。垣，墻也。王者天下之大宗。翰，幹也。鄭《箋》：价，甲也。被甲之人，謂卿士掌軍事者。大師，三公也。大邦，成國之諸侯也。大宗，王之同姓之適子也。王當用公卿諸侯及宗室之貴者爲藩屏垣幹，爲輔弼，無疏遠之。懷德維寧，宗子維城。無俾城壞，無獨斯畏。毛《傳》：懷，和也。鄭《箋》：斯，離也。和女德，無行酷虐之政以安女國，以是爲宗子之城，使免於難；遂行酷虐，則禍及宗子，是謂城壞。城壞，則乖離而女獨居而畏矣。宗子，謂王之適子。

敬天之怒，無敢戲豫。敬天之渝，無敢馳驅。毛《傳》：戲豫，逸豫也。馳驅，自恣也。鄭《箋》：渝，變也。昊天曰明，及爾出王。昊天曰旦，及爾游衍。毛《傳》：王往旦明潛行衍溢也。鄭《箋》：及，與也。昊天在上，人仰之皆謂之明。常與汝出入往來游溢相從，視女所行善惡，可不慎乎！

《板》，八章，章八句。愚按：此詩明有同寮之句，《序》不妨爲刺王可以例民勞矣。

【眉批】

「忽然」下宜有「莫」字。「素」或作「責」。

「价」鄭作「介」。大師音泰。

宗子之解，從鄭爲長。若泛作同姓，詩意何以獨重而申言之耶？疏引《周語》謂彘之亂，召公以其子代宣王爲禍，及宗子之證尤確。

《傳》：□□□□□，賦《瞻卬》。

《序》：《瞻卬》，凡伯刺幽王大壞也。鄭《箋》：凡伯，天子大夫也。《春秋》：魯隱公七年冬，天王使凡伯來聘。

瞻卬昊天，則不我惠。孔填不寧，降此大厲。毛《傳》：昊天，斥王也。填，久。厲，惡也。鄭《箋》：惠，愛也。仰視幽王爲政，則不愛我下民，甚久矣。天下不安，王乃下此大惡以敗亂之。邦靡有定，士民其瘵。蟊賊蟊疾，靡有夷届。罪罟不收，靡有夷瘳。毛《傳》：瘵，病。夷，常也。罪罟，設罪以爲罟。瘳，愈也。鄭《箋》：届，極也。天下騷擾，邦國無有安定者，士卒與民皆勞病。其爲殘酷痛病於民，如蟊賊之害禾稼然，爲之無常，亦無止息時。刑罪以羅網天下，而不收斂，爲之亦無常，無止息時，此自王所下大惡。

人有土田，女反有之。人有民人，女覆奪之。鄭《箋》：此言王削黜諸侯及卿大夫無罪者。覆，猶反也。此宜無罪，女反收之。彼宜有罪，女覆説之。毛《傳》：收，拘收也。説，赦也。哲夫成城，哲婦傾城。毛《傳》：哲，知也。鄭《箋》：哲，謂多謀慮也。城猶國也。丈夫，陽也。陽動，故多謀慮則成國。婦人，陰也。陰静，故多謀慮乃亂國。

懿厥哲婦，爲梟爲鴟。鄭《箋》：懿，有所痛傷之聲也。厥，其也，其幽王也。梟鴟，惡聲之鳥，喻褒姒之言無善。婦有長舌，維厲之階。亂匪降自天，生自婦人。匪教匪誨，時維婦寺。毛《傳》：寺，近也。鄭《箋》：長舌，喻多言語，是王降大厲之階。階，所由上下也。今王之有此亂政，非從天而下，但從婦人出耳。又非有教王爲亂，語王爲惡者，是惟近愛婦人，用其言故也。

鞫人忮忒，譖始竟背。豈曰不極，伊胡爲慝？毛《傳》：忮，害。忒，變也。鄭《箋》：鞫，窮也。譖，不信也。竟，猶終也。胡，何。慝，惡也。婦人之長舌者，多謀慮，好窮屈人之語。忮害轉化，其言無常。始於不信，終於背違。人豈謂其是不得中乎？及云維我言何用，爲惡不信也。如賈三倍，君子是識。婦無公事，休其蠶織。毛《傳》：休，息也。婦人無與外政，雖王后，猶以蠶織爲事。古者天子爲藉千畝，冕而朱紘，躬秉耒；諸侯爲藉百畝，冕而青紘，躬秉耒，以事天地山川社稷先古，敬之至也。天子諸侯，必有公桑蠶室，近川而爲之。築宫仞有三尺，棘墻而外閉之。及大昕之朝，君皮弁素積，卜三宫之夫人、世婦之吉者，使入蠶于蠶室，奉種浴于川，桑于公桑，風戾以食之。歲既單矣，世婦卒蠶，奉繭以示于君，遂獻繭于夫人。夫人曰：「此所以爲君服與。」遂副褘而受之，少牢以禮之。及良日，后夫人繅三盆手，遂布于三宫夫人、世婦之吉者，使繅，遂朱緑之，玄黄之，以爲黼黻文章。服既成矣，君服之以祀先王先公，敬之至也。鄭《箋》：識，知也。賈物而有三倍之利者，小人所宜知也。君子反知之，非其宜也。今婦人休其蠶桑織絍之職，而與朝廷之事，其爲非宜亦猶是也。孔子曰：「君子喻於義，小人喻於利。」

天何以刺？何神不富？舍爾介狄，維予胥忌。毛《傳》：刺，責。富，福。狄，遠。忌，怨也。鄭《箋》：介，甲也。王之爲政，既無過惡，天何以責王見變異乎？神何以不福王而有災害也？王不念此而改修德，乃舍女被甲夷狄來侵犯中國者，反與我相怨。謂其疾怨群臣叛違也。不弔不祥，威儀不類。人之云亡，邦國殄瘁。毛《傳》：類，善。殄，盡。瘁，病也。鄭《箋》：弔，至也。王之爲政，德不至于天矣，不能致徵祥於神矣，威儀又不善於朝廷矣，賢人皆言奔亡，則天下邦國將盡困窮。

天之降罔，維其優矣。人之云亡，心之憂矣。毛《傳》：優，渥也。鄭《箋》：優，寬也。天下羅網以取有罪亦甚寬，謂但以災異譴告之，不指加罰於其身，疾王爲惡之甚，賢者奔亡，則人心無不憂。天之降罔，維其幾矣。人之云亡，心之悲矣。毛《傳》：幾，危也。鄭《箋》：幾，近也。言災異譴告，離人身近，愚者不能覺。

觱沸檻泉，維其深矣。心之憂矣，寧自今矣。不自我先，不自我後。鄭《箋》：檻泉，正出涌出也。觱沸，出貌。涌泉之源，所由者深，喻己憂所從來久也。惡政不先己，不後己，怪何故正當之。藐藐昊天，無不克鞏。毛《傳》：藐藐，大貌。鞏，固也。鄭《箋》：藐藐，美也。王者有美德藐藐然，無不能自堅固於其位者，微箴之也。無忝皇祖，式救爾後。鄭《箋》：式，用也。後，謂子孫也。

《瞻卬》七章，三章章十句，四章章八句。

【眉批】

狄，毛作「逖」。王肅云：「舍爾大道遠慮。」

《傳》：□□□□□，賦《召旻》。

《序》：《召旻》，凡伯刺幽王大壞也。旻，閔也，閔天下無如召公之臣也。鄭《箋》：閔，病也。

旻天疾威，天篤降喪。瘨我饑饉，民卒流亡。鄭《箋》：天，斥王也。疾，猶急也。瘨，病也。病乎幽王之爲政也，急行暴虐之法，厚下喪亂之教。謂重賦税也，病國中以饑饉，令民盡流移。我居圉卒荒。毛《傳》：圉，垂也。鄭《箋》：國中至邊境，以此故盡空虚。

天降罪罟，蟊賊内訌。毛《傳》：訌，潰也。鄭《箋》：訌，争訟相陷人之言也。王施刑罪以網羅天下，衆爲殘酷之人，雖外以害人，又自内争相讒惡。昏椓靡共，潰潰回遹，實靖夷我邦。毛《傳》：椓，夭椓也。潰潰，亂也。靖，謀。夷，平也。鄭《箋》：昏椓，皆奄人也。昏，其官名也。椓，椓毁陰者也。王遠賢者而近任刑奄之人，無肯共其職事者，皆潰潰然維邪是行者，皆謀夷滅王之國。

皋皋訿訿，曾不知其玷。毛《傳》：皋皋，頑不知道也。訿訿，窳不供事也。鄭《箋》：玷，缺也。王政已大壞，小人在位，曾不知大道之缺。兢兢業業，孔填不寧，我位孔貶。毛《傳》：貶，隊也。鄭《箋》：兢兢，戒也。業業，危也。天下之人，戒懼危怖甚久矣，其不安也。我王之位，又甚隊矣。言見侵侮，政教不行，後犬戎伐之而周與諸侯無異。

如彼歲旱，草不潰茂，如彼棲苴。毛《傳》：潰，遂也。苴，水中浮草也。鄭《箋》：潰茂之潰當作彙。彙，茂貌。王無恩惠於天下，天下之人如旱歲之草，皆枯槁無潤澤，如樹上之棲苴。我相此邦，無不潰止。鄭《箋》：潰，亂也。無不亂者，言皆亂也。《春秋傳》曰：「國亂曰潰，邑亂曰叛。」

維昔之富不如時，毛《傳》：往者富仁賢，今也富讒佞。鄭《箋》：富，福也。時，今時也。維今之疚不如茲。毛《傳》：今則病賢也。鄭《箋》：茲，此也。此者，此古昔明王。彼疏斯粺，胡不自替？職兄斯引。毛《傳》：彼宜食疏，今反食精粺。替，廢。況，茲也。引，長也。鄭《箋》：疏，粗也，謂糲米也。職，主也。彼賢者禄薄食粗，而此昏椓之黨反食精粺。女小人耳，何不自廢退，使賢者得進，乃茲復主長此爲亂之事乎？責之也。米之率，糲十，粺九，鑿八，侍御七。

池之竭矣，不云自頻？毛《傳》：頻，厓也。鄭《箋》：頻，當作濱。厓，猶外也。自，由也。池水之溢，由外灌焉。今池竭，人不言由外無益者與，言由之也。喻王猶池也，政之亂由外無賢臣益之。泉之竭矣，不云自中？毛《傳》：泉水，從中以益者也。鄭《箋》：泉者，中水生則益深，水不生則竭，喻王猶泉也。政之亂，又由内無賢妃益之。溥斯害矣，職兄斯弘，不烖我躬。鄭《箋》：溥，猶徧也。今時徧有此内外之害矣，乃茲復主大此爲亂之事，是不烖王之身乎？責王也。烖，謂見誅伐。

昔先王受命，有如召公。日辟國百里，今也日蹙國百里。毛《傳》：辟，闢。蹙，促也。鄭《箋》：先王受命，謂文王、武王時也。召公，召康公也。言有如昔時賢臣多，非獨召公也。今，今幽王臣。於乎哀哉！維今之人，不尚有舊。鄭《箋》：哀哉！哀其不高尚賢者，尊任有舊德之臣，將以喪亡其國。

《召旻》七章，四章章五句，三章章七句。愚按：以上三篇，《序》皆以爲凡伯刺王之詩，而獨列《板》于前什。今《傳》則以《板》與《瞻卬》、《召旻》同列，且俱闕五字，疑其俱爲「凡伯刺某王」耳。

【眉批】

《疏》云：再云如者，言民如旱草，草又如苴，見其枯槁之極。

聖門傳詩嫡冢卷之十五

吴興凌濛初輯

頌

周頌譜

周頌者，周室成功，致太平德洽之詩。其作在周公攝政，成王即位之初。頌之言容，天子之德，光被四表，格于上下，無不覆燾，無不持載，此之謂容。於是和樂興焉，頌聲乃作。《禮運》曰：「政也者，君之所以藏身也。」是故夫政必本于天殽以降命，命降于社之謂殽地，降于祖廟之謂仁義，降于山川之謂興作，降于五祀之謂制度。又曰：「祭帝于郊，所以定天位；祀社于國，所以列地利。祖廟所以本仁，山川所以儐鬼神，五祀所以本事。」又曰：「禮行于郊而百神受職焉，禮行于社而百貨可極焉，禮行于祖廟而孝慈服焉，禮行于五祀而正法則焉。」故自郊社祖廟山川五祀，義之修，禮之藏也。功大如此，可不美報乎？故人君必潔其牛羊，馨其黍稷，齊明而薦之，歌之舞之，所以顯神明昭至德也。

周　頌

《考補》：石本磨滅尤甚，僅可辨者四十六字。

《傳》：周公□□□□□□□□□□天之命□清□□思文□□□□□□□□□□□□□□□□□
□□文□□□廟□□□□□將□□□□□□□□□□□□烈□□□□□□□鷺□□□□□□□□□
□□子□□□□□□□□ 時邁 □□□□□□□□□□ 賚 □□□□□□□□□ 般 □□□□□□□□
□□頌武□□□□□□□□載見□□□□□□□□□薈合□□□□□□□□□寢廟□□□□□□□
□□成□□□□□□□□□□朝□□□□□□□□□朝于□□□□□□□□□之□□□□□□□□
□之也。 □□□□□□□□□□也。 □□□□□□□□□祀成王□□堂□□□□□□臣工□□□□
□執競□□□□□□成康□□□□□報□□□□□□□□□□□□□□也。《測》：共闕二百三十六字。

【眉批】

亦是各篇各《傳》闕文，難以臆分。篇次與毛不同，闕文雖多，有存者可按。今循字義及《詩説》訂定。

《序》：《清廟》，祀文王也。周公既成洛邑，朝諸侯，率以祀文王焉。鄭《箋》：清廟者，祭有清明之德者之宫也，謂祭文王也。天德清明，文王象焉，故祭之而歌此詩也。廟之言貌也，死者精神不可得而見，但以生時之居立宫室象貌爲之耳。成洛邑，居攝五年時。

於穆清廟，肅雝顯相。毛《傳》：於，嘆辭也。穆，美。肅，敬。雝，和。相，助也。鄭《箋》：顯，光也。於乎美哉，周公之祭清廟也，其禮儀敬且和。又諸侯有光明著見之德者來助祭。濟濟多士，秉文之德。對越在天，毛《傳》：執文德之人也。鄭《箋》：對，配。越，於也。濟濟之衆士，皆執行文王之德。文王精神已在天矣，猶配順其素如在生存。駿奔走在廟。

不顯不承，無射於人斯。毛《傳》：駿，長也。顯於天矣，見承於人矣，不見厭於人矣。鄭《箋》：駿，大也。諸侯與衆士于周公祭文王，俱奔走而來，在廟中助祭。是不光明文王之德與，言其光明之也。是不承順文王志意與，言其承順之也。此文王之德，人無厭之。

《清廟》一章，八句。

《序》：《維天之命》，太平告文王也。鄭《箋》：告太平者，居攝五年之末也。文王受命不卒而崩，今天下太平，故承其意而告之。明六年制禮作樂。

維天之命，於穆不已。毛《傳》：孟仲子曰：「大哉！天命之無極而美周之禮也。」鄭《箋》：命，猶道也。天之道於乎美哉，動而不止，行而不已。於乎不顯，文王之德之純。假以溢我，我其收之。駿惠我文王，毛《傳》：純，大。假，嘉。溢，慎。收，聚也。鄭《箋》：純，亦不已也。溢，盈溢之言也。於乎不光明與，文王之施德教之無倦已，美其與天同功也。以嘉美之德，饒衍與我，我其聚斂之以制法度，以大順我文王之意，謂爲《周禮》六官之職也。《書》曰：考朕昭子刑，乃單文祖德。曾孫篤之。毛《傳》：成王能厚行之也。鄭《箋》：曾，猶重也。自孫之子而下，事先祖皆稱曾孫。是言曾孫，欲使後王皆厚行之，非維今也。

《維天之命》一章，八句。

《序》：《維清》，奏象舞也。鄭《箋》：象舞，象用兵時刺伐之舞，武王制焉。

維清緝熙，文王之典。毛《傳》：典，法也。鄭《箋》：緝熙，光明也。天下之所以無敗亂之政而清明者，乃文王有征伐之法故也。文王受命，七年五伐也。肇禋，毛《傳》：肇，始。禋，祀也。鄭《箋》：文王受命，始祭天而征伐也。《周禮》以禋祀祀昊天上帝。迄用有成，維周之禎。毛《傳》：迄，至。禎，祥也。鄭《箋》：文王造此征伐之法，至今用之而有成功。謂伐紂克勝也。征伐之法，乃周家得天下吉祥。

《維清》一章，五句。

《序》：《天作》，祀先王先公也。鄭《箋》：先王，謂大王已下。先公，諸盩至不窋。

天作高山，大王荒之。毛《傳》：作，生。荒，大也。天生萬物于高山，大王行道，能安天之所作也。鄭《箋》：高山，謂岐山也。《書》曰：「道岍及岐，至于荆山。」天生此高山，使興雲雨以利萬物。大王自豳遷焉，則能尊大之，廣其德澤。居之一年成邑，二年成都，三年五倍其初。彼作矣，文王康之。彼徂矣，岐有夷之行，毛《傳》：夷，易也。鄭《箋》：彼，彼萬民也。徂，往。行，道也。彼萬民居岐邦者，皆築作宫室以爲常居，文王則能安之。後之往者，又以岐邦之君有佼易之道故也。《易》曰：「乾以易知，坤以簡能。易則易知，簡則易從。易知則有親，易從則有功。有親則可久，有功則可大。可久則賢人之德，可大則賢人之業。」以此訂大王、文王之道，卓爾與天地合其德。子孫保之。

《天作》一章，七句。愚按：《傳》文「清」下闕二字，當是此篇。

《序》：《思文》，后稷配天也。

思文后稷，克配彼天。立我烝民，莫匪爾極。毛《傳》：極，中也。鄭《箋》：克，能也。立，當作粒。烝，衆也。周公思先祖有文德者，后稷之功能配天。昔堯遭洪水，黎民阻饑，后稷播種百穀，烝民乃粒，萬邦作乂。天下之人，無不于女時得其中者，言反其性。貽我來牟，帝命率育。無此疆爾界，陳常于時夏。毛《傳》：牟，麥。率，用也。鄭《箋》：貽，遺。率，循。育，養也。武王渡孟津，白魚躍入于舟，出涘以燎。後五日，火流爲烏。五至，以穀俱來，此謂遺我來牟。天命以是循存后稷養天下之功，而廣大其子孫之國，無此封竟于女今之經界，乃大有天下也。用是故陳其久常之功，于是夏而歌之。夏之屬有九，《書》説烏以穀俱來，云穀紀后稷之德。

《思文》一章，八句。

【眉批】

「武王渡孟津」至「以穀俱來」，出《尚書·大誓》「來牟有如許」，故實覺訓來爲小麥者陋矣。

《序》：《雝》，禘大祖也。鄭《箋》：禘，大祭也。大于四時而小于祫。大祖，謂文王。

有來雝雝，至止肅肅。相維辟公，天子穆穆。毛《傳》：相，助。廣，大也。鄭《箋》：雝雝，和也。肅肅，敬也。有是來時雝雝然，既至止而肅肅然者，乃助王禘祭百辟與諸侯也。天子是時則穆穆然。於進大牡之牲，百辟與諸侯又助我陳祭祀之饌，言得天下之歡心。假哉皇考，綏予孝子。毛《傳》：假，嘉也。鄭《箋》：宣，徧也。嘉哉皇考，斥文王也。文王之德，乃安我孝子，謂受命定其基業也。又徧使天下之人有才知，以文德武功爲之君故。燕及皇天，克昌厥後。綏我眉壽，介以繁祉。毛《傳》：燕，安也。鄭《箋》：繁，多也。文王之德，安及皇天，謂降瑞應無變異也。又能昌大其子孫，安助之以考壽，多與福禄。既右烈考，亦右文母。毛《傳》：烈考，武王也。文母，大姒也。鄭《箋》：烈，光也。子孫所以得考壽與多福者，乃以見右助于光明之考與文德之母，歸美焉。

《雝》一章，十六句。愚按：毛、鄭以爲禘文王，而朱子以爲武王祭文王，當泥于「皇考」二字耳。《祭法》云：「父曰考，祖父曰王考，曾祖曰皇考。」疏云：「此與《閔予小子》非曾祖亦曰皇考者，以其考文取尊君之義，故父祖皆得稱之。」然則皇考原不止于稱其父也，何必是武王之祭乎？但《小序》云「禘大祖」，則應是后稷。后稷不爲天子，不得言維后，故以爲文王，而却稱爲大祖者，疏云謂祖之大者，于義亦通，然文王于禘法不合，當從《詩説》爲成王祭文、武之詩。

【眉批】

王肅云：「來助祭者，維國君諸公。」朱子從之，與鄭異。

按：《洛誥》云：「烈考，武王。」

《序》：《我將》，祀文王於明堂也。

我將我享，維羊維牛，維天其右之。毛《傳》：將，大。享，獻也。鄭《箋》：將，猶奉也。我奉養我享祭之牛羊，皆充盛肥腯。有天氣之力助，言神饗其德而右助之。儀式刑文王之典，日靖四方。伊嘏文王，既右享之。毛《傳》：儀，善。刑，法。典，常。靖，謀也。鄭《箋》：靖，治也。受福曰嘏。我儀則式象法行文王之常道，以日施政于天下，維受福于文王。文王既右而饗之，言受而福之。我其夙夜，畏天之威，于時保之。鄭《箋》：于，於。時，是也。早夜敬天，於是得安文王之道。

《我將》一章，十句。

《序》：《烈文》，成王即位，諸侯助祭也。鄭《箋》：新王即政，必以朝享之禮，祭于祖考，告嗣位也。

烈文辟公，錫茲祉福。惠我無疆，子孫保之。毛《傳》：烈，光也。文王錫之。鄭《箋》：惠，愛也。光文百辟卿士及天下諸侯者，天錫之以此祉福也。又長愛之無有期竟，子孫得傳世，安而居之。謂文王、武王以純德受命定天位。無封靡于爾邦，維王其崇之。念茲戎功，繼序其皇之。毛《傳》：封，大也。靡，累也。崇，立也。戎，大。皇，美也。鄭《箋》：崇，厚也。皇，君也。無大累于汝國，諸侯治國無罪惡也。王其厚之，增其爵土也。念此大功，勤事不廢，謂卿大夫能守其職得繼世在位。以其次序其君之者，謂有大功，王則出而封之。無競維人，四方其訓之。不顯維德，百辟其刑之。於乎前王不忘！毛《傳》：競，彊。訓，道也。前王，武王也。鄭《箋》：無彊乎維得賢人也。得賢人，則國家彊矣。故天下諸侯，順其所爲也。不勤明其德乎，勤明之也，故卿大夫法其所爲也。於乎先王，文王、武王，其于此道，人稱頌之不忘。

《烈文》一章，十三句。

《序》：《振鷺》，二王之後來助祭也。鄭《箋》：二王，夏、殷也。其後杞也，宋也。

振鷺于飛，于彼西雝。我客戾止，亦有斯容。毛《傳》：興也。振振，群飛貌。鷺，白鳥也。雝，澤也。客，二王之後。鄭《箋》：白鳥集于西雝之澤，言所集得其處也。興者，喻杞宋之君有潔白之德，來助祭于周之廟，得禮之宜也。其至止亦有此容，言威儀之善如鷺然。在彼無惡，在此無斁。庶幾夙夜，以永終譽。鄭《箋》：在彼，謂居其國無怨惡之者；在此，謂其來朝，人皆愛敬之，無厭之者。永，長也。譽，聲美也。

《振鷺》一章，八句。

《序》：《有客》，微子來見祖廟也。鄭《箋》：成王既黜殷命，殺武庚，命微子代殷後。既受命，來朝而見也。

有客有客，亦白其馬。有萋有且，敦琢其旅。毛《傳》：殷尚白也。亦，亦周也。萋且，敬慎貌。鄭《箋》：有客有客，重言之者，異之也。亦，亦武庚也。武庚爲二王後，乘殷之馬，乃叛而誅，不肖之甚也。今微子代之，亦乘殷之馬，獨賢而見尊異，故言亦。駮而美之，其來威儀萋萋且且，盡心力于其事。又選擇衆臣卿大夫之賢者與之朝王，言敦琢者，以賢美之，故王言之。有客宿宿，有客信信。言授之縶，以縶其馬。毛《傳》：一宿曰宿，再宿曰信。欲縶其馬而留之。鄭《箋》：縶，絆也。周之君臣皆愛微子，其所館宿，可以去矣，而言絆其馬，意各殷勤。薄言追之，左右綏之。鄭《箋》：追，送也。於微子去，王始言餞送之，左右之臣又從而安樂之，厚之無已。既有淫威，降福孔夷。毛《傳》：淫，大。威，則。夷，易也。鄭

《箋》：既有大則，謂用殷正朔，行其禮樂如天子也，神與之福又甚易也，言動作而有度。

《有客》一章，十二句。愚按：《傳》文有「子」字，在「鷺」字闕文後，明是「微子」字様，當屬此篇，而與《振鷺》相次。疏亦云：「與上《振鷺》或亦一時事也」。

【眉批】

敦、雕，古今字。

此二「言」字不訓爲我，儘自可通，何爲他處必欲作我以牽强文義？

《序》：《武》，奏大武也。鄭《箋》：大武，周公作樂所爲舞也。

於皇武王，無競維烈。允文文王，克開厥後。毛《傳》：烈，業也。鄭《箋》：皇，君也。於乎，君哉，武王也。無彊乎其克商之功業，言其彊也。信有文德哉，文王也，能開其子孫之基緒。嗣武受之，勝殷遏劉，耆定爾功。毛《傳》：武，迹。劉，殺。耆，致也。鄭《箋》：遏，止。耆，老也。嗣子武王，受文王之業，舉兵伐殷而勝之，以止天下之暴虐而殺人者。年老乃定女之此功，言不汲汲于誅紂，須暇五年。

《武》一章，七句。愚按：《春秋傳》以此爲《大武》之首章，則不止一章矣。又曰：「武王克商作《武》，其卒章曰：『耆定爾功。』其三曰：『鋪時繹思，我徂維求定。』其六曰：『綏萬邦，屢豐年。』」杜預曰：「三六之數，與今《詩・頌》篇次不同。」蓋楚樂歌之次第，此不得其説而臆之也。據《左傳》語，明言作《武》，而其三、其六，豈關楚乎？故《賚》、《般》、《勺》、《桓》諸篇，申公作《大武》之餘章。今詩《傳》本有賚字、般字，而闕文之後，即次「頌武」二字。想當諸篇從《大武》以次而列，而頌武王之功者與《左傳》必合，惜乎其闕略耳！然杜氏亦似未見子貢本及申公説者也。

【眉批】

者，毛音「指」，鄭巨移反。

「須暇五年」，出《尚書・多方》。

卒章者，疏云：「章之末句。」

《序》：《時邁》，巡守告祭柴望也。鄭《箋》：巡守告祭者，天子巡行邦國，至于方岳之下而封禪也。《書》曰：「歲二月東巡守，至于岱宗柴望，秩于山川，徧于群神。」邁，行也。

時邁其邦，昊天其子之，實右序有周。薄言震之，莫不震疊。懷柔百神，及河喬嶽。允王維后。毛《傳》：邁，行。震，動。疊，懼。懷，來。柔，安。喬，高也。高岳，岱宗也。鄭《箋》：薄，猶甫也。甫，始也。允，信也。武王既定天下，時出行其邦國，謂巡守也。天其子愛之，右助次序其事，謂多生賢知，使爲之臣也。其兵所征伐，甫動之以威，則莫不動懼而服者，言其威武，又見畏也。王行巡守，其至方岳之下，賚安群神，望于山川，皆以尊卑祭之。信哉！武王之宜爲君，美之也。明昭有周，式序在位。毛《傳》：明矣知未然也，昭然不疑也。鄭《箋》：昭，見也。王巡守而明見天之子有周家也，以其有俊乂，用次第處位。言此者，著天其子愛之，右序之效也。載戢干戈，載櫜弓矢。毛《傳》：戢，聚。櫜，韜也。鄭《箋》：載之言則也。王巡守而天下咸服，兵不復用，此又著震疊之效也。我求懿德，肆于時夏。毛《傳》：夏，大也。鄭《箋》：懿，美。肆，陳也。我武王求有美德之士而任用之，故陳其功于是夏而歌之。樂歌大者，稱夏。允王保之。毛《傳》：允，信也。信哉，武王之德，能長保此時夏之美。

《時邁》一章，十五句。愚按：《申公詩説》以《賚》爲大武之二成，而此篇爲三成。今《傳》所存字則《時邁》在《賚》之前，正與《左傳》以「文王既勤止」爲其三者相合，此篇爲《大武》之二章，無疑矣。

《序》：《賚》，大封於廟也。賚，予也，言所以錫予善人也。鄭《箋》：大封，武王伐紂時封諸侯有功者。

文王既勤止，我應受之。敷時繹思，我徂維求定。毛《傳》：勤，勞。應，當。繹，陳也。鄭《箋》：敷，猶徧也。文王既勞心于政事。以有天下之業，我當而受之。敷是文王之勞心，能陳繹而行之。今我往以此求定，謂安天下也。時周之命，於繹思。鄭《箋》：勞心者，是周之所以受命而王之所由也。于女諸臣受封者，陳繹而思行之，以文王之功業敕勸之。

《賚》一章，六句。

【眉批】

於，鄭如字，王音烏。

《序》：《般》，巡守而祀四嶽河海也。鄭《箋》：般，樂也。

於皇時周，陟其高山。嶞山喬嶽，允猶翕河。毛《傳》：高山，四嶽也。嶞山，山之嶞嶞，小者也。翕，合也。鄭《箋》：皇，君。喬，高。猶，圖也。於乎美哉！君是周邦而巡守其所至，則登其高山而祭之，望秩于山川。小山及高嶽，皆信案山川之圖而次序祭之。河言合者，河自大陸之北敷爲九，祭者合爲一。敷天之下，裒時之對，時周之命。毛《傳》：裒，聚也。鄭《箋》：裒，衆。對，配也。徧天之下，衆山川之神，皆如是配而祭之，是周之所以受天命而王也。

《般》一章，七句。

【眉批】

崔集注本「般，樂也」，是序文。

《序》：《酌》，告成大武也。言能酌先祖之道以養天下也。毛《傳》：周公居攝六年，制禮作樂，歸政成王，乃後祭于廟而奏之，其始成告之而已。

於鑠王師，遵養時晦。時純熙矣，是用大介。毛《傳》：鑠，美。遵，率。養，取。晦，昧也。鄭《箋》：純，大。熙，興。介，助也。於美乎文王之用師，率殷之叛國以事紂，養是闇昧之君，以老其惡，是周道大興而天下歸往矣，故有致死之士助之。我龍受之，蹻蹻王之造。載用有嗣，毛《傳》：龍，和也。蹻蹻，武貌。造，爲也。鄭《箋》：龍，寵也。來助我者，我寵而受用之。蹻蹻之士，皆争來造王，王則用之有嗣傳相致。實維爾公允師。毛《傳》：公，事也。鄭《箋》：允，信也。王之事所以舉兵克勝者，實維女之事信得用師之道。

《酌》一章，九句。愚按：此詩遵養時晦，毛意以爲武王取紂，訓養爲取，述毛者皆然。鄭以爲文王事紂養其昧。《左傳》者昧，乃隨武子之言，爲不欲戰之意，則耆宜音期，亦似老其惡之解。晉王丞相保全群賊，曰遵養時晦，陶士行誚之以遵養時賊，則俱似鄭解爲長矣。朱子從毛以王師爲武王，而遵養爲武王未用師之時，蓋兩用其説，覺于末句更直截。獨作退養自晦，訓義少異于鄭耳。

【眉批】

《左傳》：「於鑠王師，遵養時晦。」耆昧也。

王肅云：「率以取是昧，謂誅紂定天下以除昧也。」

《序》：《桓》，講武類禡也。桓，武志也。毛《傳》：類也，禡也，皆師祭也。

綏萬邦，屢豐年。鄭《箋》：綏，安也。屢，亟也。誅無道，安天下，則亟有豐熟之年，陰陽和也。天命匪解。桓桓武王，保有厥士，于以四方，克定厥家。毛《傳》：士，事也。鄭《箋》：天命爲善不解倦者以爲天子，我桓桓有威武之武王，則能安有天下之事。此言其當天意也，于是用武事于四方，能定其家先王之業，遂有天下。於昭于天，皇以間之。毛《傳》：間，代也。鄭《箋》：于，曰也。皇，君也。於明乎曰天也。紂爲天下之君，但由爲惡，天以武王代之。

《桓》一章，九句。

【眉批】

王肅云：「於乎，周道乃昭見于天，故用美道代殷定天下。」

《序》：《載見》，諸侯始見乎武王廟也。

載見辟王，曰求厥章。龍旂陽陽，和鈴央央。鞗革有鶬，休有烈光。毛《傳》：載，始也。龍旂陽陽，言有文章也。和在軾前，鈴在旂上。鞗革有鶬，言有法度也。鄭《箋》：諸侯始見君王，謂見成王也。曰求其章也，求車服禮儀之文章制度也。交龍爲旂。鞗革，轡首也。鶬，金飾貌。休者，休然盛壯。率見昭考，以孝以享。以介眉壽，永言保之，思皇多祜。毛《傳》：昭考，武王也。享，獻也。鄭《箋》：言，我。皇，君也。諸侯既以朝禮見于成王，至祭時伯又率之見于武王廟，使助祭也，以致孝子之事，以獻祭祀之禮，以助壽考之福，長我安行此道，思成王之多福。烈文辟公，綏以多福，俾緝熙于純嘏。鄭《箋》：俾，使。純，大也。祭有十倫之義，成王乃光文百辟與諸侯，安之以多福，使光明于大嘏之意。天子受福曰大嘏，嘏辭有福祚之言。

《載見》一章，十四句。

《序》：《有瞽》，始作樂而合乎祖也。鄭《箋》：王者治定制禮，功成作樂。合者，大合諸樂而奏之。

有瞽有瞽，在周之庭。設業設虡，崇牙樹羽。應田縣鼓，鞉磬柷圉。毛《傳》：瞽，樂官也。業，大板也。所以飾栒爲縣也，捷業如鋸齒。或曰，畫之。植者爲虡，衡者爲栒。崇牙，上飾卷然，可以縣也。樹羽，置羽也。應，小鞞也。田，大鼓也。縣鼓，周鼓也。鞉，小鼓也。柷，木椌也。圉，楬也。鄭《箋》：瞽，矇也。以爲樂官者，目無所見，於音聲審也。《周禮》上瞽四十人，中瞽百人，下瞽百六十人。有視瞭者相之。又設縣鼓。田，當作朄。朄，小鼓，在大鼓旁，應鞞之屬也。聲轉字誤，變而作田。既備乃奏，簫管備舉。喤喤厥聲，肅雝和鳴，先祖是聽。鄭《箋》：既備者，懸也，朄也，皆畢已也。乃奏，謂樂作也。簫，編小竹管，如今賣餳者所吹也。管如篴，並而吹之。我客戾止，永觀厥成。鄭《箋》：我客，二王之後也。長多其成功，謂深感其和樂，遂入善道，終無愆過。

《有瞽》一章，十三句。愚按：《傳》文有「瞽合」二字，當是合乎祖也，與《序》同意。

【眉批】

或作「瞽，合乎祖也」，或作「合乎太祖」。

《序》：《潛》，季冬薦魚，春薦鮪也。鄭《箋》：冬魚之性足，春鮪新來。薦獻之者，謂於宗廟也。

猗與漆沮，潛有多魚。有鱣有鮪，鰷鱨鰋鯉。毛《傳》：漆、沮，岐周之二水也。潛，糝也。鄭《箋》：猗與，嘆美之言也。鱣，大鯉也。鮪，鮥也。鰷，白鰷也。鰋，鮎也。以享以祀，以介景福。鄭《箋》：介，助。景，大也。

《潛》一章，六句。愚按：《傳》文有「寢廟」二字，當屬此篇。

【眉批】

疏云：橼，《爾雅》作木邊積柴之義也，當從木爲正。

《序》：《絲衣》，繹、賓尸也。高子曰：「靈星之尸也。」鄭《箋》：繹，又祭也。天子、諸侯也，繹以祭之明日；卿大夫曰賓尸，與祭同日。周曰繹，商謂肜。

絲衣其紑，載弁俅俅。自堂徂基，自羊徂牛。鼐鼎及鼒，毛傳：絲衣，祭服也。紑，絜鮮貌。俅俅，恭順貌。基，門塾之基。自羊徂牛，言先小後大也。大鼎謂之鼐，小鼎謂之鼒。鄭《箋》：載，猶戴也。弁，爵弁也。爵弁而祭于王，士服也。繹禮輕，使士升門堂，視壺濯籩豆之屬，隆在于基，告濯具。又視牲，從羊之牛，反告充。已乃舉鼎冪告絜，禮之次也。鼎圜弇上謂之鼒。兕觥其觩。旨酒思柔。不吴不敖，胡考之休。毛《傳》：吴，譁也。考，成也。鄭《箋》：柔，安也。繹之旅，士用兕觥，變于祭也。飲美酒者皆思自安，不讙譁，不敖慢也，此得壽考之休徵。

《絲衣》一章，九句。

【眉批】

疏云：子夏作《序》，唯此一句而已。後世有高子，别論他事云。後人引高子言以證賓尸之事，故鄭云高子之言非毛公，後人著之。

《序》：《閔予小子》，嗣王朝於廟也。鄭《箋》：嗣王者，謂成王也。除武王之喪，將始即政，朝于廟也。

閔予小子，遭家不造，嬛嬛在疚。毛《傳》：閔，病。造，爲。疚，病也。鄭《箋》：閔，悼傷之言也。造，猶成也。可悼傷我小子耳，遭武王崩，家道未成，嬛嬛然孤特，在憂病之中。於乎皇考，永世克孝！念茲皇祖，陟降庭止。毛《傳》：庭，直也。鄭《箋》：茲，此也。陟降，上下也。於乎我君考武王，長世能孝，謂能以孝行爲子孫法度，使長見行也。念此君祖文王，上以直道事天，下以直道治民，信無私枉。維予小子，夙夜敬止。於乎皇王，繼序思不忘！毛《傳》：序，緒也。鄭《箋》：夙，早。敬，慎也。我小子早夜慎行祖宗之道，言不敢懈倦也。於乎君王，嘆文王、武王也。我繼其緒，思其所行不忘也。

《閔予小子》一章，十一句。愚按：《傳》闕文中有「成」字、「朝」字、「朝于」字，當是成王朝廟。以下諸詩以次而列，大旨與《序》及朱說不異。

【眉批】

孫鑛云：《傳》雖義不異，於辭不便，《箋》説不長。

「陟降庭止」，朱解爲長。

《序》：《訪落》，嗣王謀于廟也。鄭《箋》：謀者，謀政事也。

訪予落止，率時昭考。於乎悠哉，朕未有艾。將予就之，繼猶判渙。毛《傳》：訪，謀。落，始。率，循。時，是。悠，遠。猶，道。判，分。渙，散也。鄭《箋》：昭，明。艾，數。猶，圖也。成王始即政，自以承聖父之業，懼不能遵其道德，故于廟中謀我始即政之事。群臣曰：「當循是明德之考所施行。」故答之以謙曰：「於乎遠哉！我于是未有數。」言遠不可及也。女扶將我就其曲法而行之，繼續其業，圖我所失分散者收斂之。維予小子，未堪家多難。鄭《箋》：多，衆也。我小子耳，未任統理國家衆難成之事，必有任賢待年長大之志。難成之事，謂諸政有業未平者。紹庭上下，陟降厥家。休矣皇考，以保明其身。鄭《箋》：紹，繼也。厥家，謂群臣也。繼文王陟降庭止之道，上下群臣之職以次序者，美矣。我君考武王能以此道安其身，謂定天下居天子之位。

《訪落》一章，十二句。

《序》：《敬之》，群臣進戒嗣王也。

敬之敬之，天維顯思，命不易哉！無曰高高在上，陟降厥士，日監在兹。毛《傳》：顯，見。士，事也。鄭《箋》：顯，光。監，視也。群臣見王謀即政之事，故因時戒之曰：「敬之哉！敬之哉！天乃光明，去惡與善。其命吉凶不變易也。無謂天高又高在上，遠人而不畏也。天上下其事，謂轉運日月，施其所行，日月瞻視，近在此也。維予小子，不聰敬止。日就月將，學有緝熙于光明。佛時仔肩，示我顯德行。毛《傳》：小子，嗣王也。將，行也。光，廣也。佛，大也。仔肩，克也。鄭《箋》：緝熙，光明也。佛，輔也。時，是也。仔肩，任也。群臣戒成王以敬之敬之，故承之以謙云「我小子耳，不聰達于敬之之意」。日就月行，言當習之以積漸也，且欲學于有光明之光明者，謂賢中之賢也。輔佛是任，示道我以顯明之德行，是時自知未能成文武之功，周公始有居攝之志。

《敬之》一章，十二句。愚按：《傳》「朝于」字下闕文中即有「之」字，當是敬之之篇名，與上二篇亦似相次矣。

【眉批】

佛，毛符弗反，鄭音弼。

《序》：《小毖》，嗣王求助也。鄭《箋》：毖，慎也。天下之事當慎其小，小時而不慎，後爲禍大，故成王求忠臣早輔助己，以救患難。

予其懲而毖後患，莫予荓蜂，自求辛螫。毛《傳》：毖，慎也。荓蜂，摩曳也。鄭《箋》：懲，艾也。始者管叔及其群弟流言于國，成王信之而疑周公，至後三監叛而作亂，周公以王命舉兵誅之，歷年乃已，故今周公歸政，成王受之，而求賢臣以自輔助也。曰我其創艾于往時矣，畏慎後復有禍難。群臣小人，無敢我摩曳，謂爲譎作誑欺不可信也。女如是，徒自求辛苦毒螫之害耳。謂將有刑誅。肇允彼桃蟲，拚飛維鳥。毛《傳》：桃蟲，鷦也，鳥之始小終大者。鄭《箋》：肇，始。允，信也。始者信以彼管蔡之屬，雖有流言之罪，如鷦鳥之小，不登誅之，後反叛而作亂，猶鷦之拚飛爲大鳥也。鷦之所爲鳥，題肩也。或曰鴞，皆惡聲之鳥。未堪家多難，予又集于蓼。毛《傳》：堪，任。予，我也。我又集于蓼，言辛苦也。鄭《箋》：集，會也。未任統理我國家衆難成之事，謂使周公居攝時也。我又會于辛苦，遇三監及淮夷之難也。

《小毖》一章，八句。

【眉批】

荓蜂，摩曳。《爾雅·釋訓》文。孫炎曰：「謂相掣曳入于惡也。彼作甹夆，古今字耳。」按：此解雖有出，然蜂螫字面了然，還宜從朱爲近。

《序》：《昊天有成命》，郊祀天地也。

昊天有成命，二后受之。成王不敢康，夙夜基命宥密。毛傳：二后，文、武也。基，始。命，信。宥，寬。密，寧也。鄭《箋》：昊天，天大號也。有成命，言周自后稷之生而已有王命也。文王、武王受其業，施行道德，成此王功，不敢自安逸，早夜始順天命，不敢解倦。行寬仁安静之政以定天下，寬仁所以止苛刻也，安静所以息暴亂也。於緝熙，單厥心，肆其靖之。毛《傳》：緝，明。熙，廣。單，厚。肆，固。靖，和也。鄭《箋》：廣當爲光，固當爲故，字之誤也。於美乎此成王之德也，既光明矣，又能厚其心矣。爲之不解倦，故于其功終能和安之。謂夙夜自勤，至于天下太平。

《昊天有成命》一章，七句。愚按：《國語》叔向引此詩而曰：「是道成王之德也，成王能明文昭定武烈者也。」夫道成命者而稱昊天，翼其上也。二后受之，讓于德也。成王不敢康，敬百姓也。夙夜，恭也。基，始也。命，信也。宥，寬也。密，寧也。緝，明也。熙，光也。亶，厚也。肆，固也。靖，龢也。其始也，翼上德讓而敬百姓；其中也，恭儉信寬，帥歸于寧；其終也，廣厚其心以固龢之。始于德讓，中于信寬，終于固龢，故曰成。」玩其文勢，則成王似爲周成王矣，故朱子引以證此詩爲祀成王之詩，及考《國語》韋昭之注，則云謂文武修己，自勤成其王功，非謂周成王身也。鄭、賈、唐説皆然。毛氏訓此詩，全用《國語》文，而鄭箋成王亦如韋昭，以合之《小序》郊祀之説，則成王之非謂周成王，其相襲以來舊矣，朱子正不得援《國語》以爲確證也。第子貢《詩傳》雖闕，而尚存者有「祀成王□□堂」數字，當是「祀成王于明堂」。周頌諸詩，無單頌成王者，止此詩有成王字而大率當列之此。《申公詩説》亦然，正與朱子合矣。

【眉批】

《國語》叔向曰：《昊天有成命》，頌之盛德也。韋昭注：盛德，二后也。謂成王即位始郊見，推文武受命之功，以郊祀天地而歌之。

單，《國語》作「亶」。

《序》：《噫嘻》，春夏祈穀于上帝也。鄭《箋》：祈，猶禱也，求也。《月令》：孟春祈穀于上帝，夏則龍見而雩是與。

噫嘻成王，既昭假爾。率時農夫，播厥百穀。毛《傳》：噫，嘆也。嘻，敕也。成王，成是王事也。鄭《箋》：噫嘻，有所多大之聲也。假，至也。播，猶種也。噫嘻乎能成周公之功，其德已著至矣，謂光被四表，格于上下也。又能率是主田之吏農夫，使民耕田而種百穀也。駿發爾私，終三十里。亦服爾耕，十千維耦。毛《傳》：私，民田也。言上欲富其民而讓于下，欲民之大發其私田耳。終三十里，言各極其望也。鄭《箋》：駿，疾也。發，伐也。亦，大。服，事也。使民疾耕，發其私田，萬耦同時耕也。《周禮》曰：「凡治野田，夫間有遂，遂上有徑，十夫有溝，溝上有畛，百夫有洫，洫上有涂，千夫有澮，澮上有道，萬夫有川，川上有路。」計此萬夫之地，方三十三里少半里也。耜廣五寸，二耜爲耦。一川之間萬夫，故言萬耦。耕言三十里者，舉其成數。

《噫嘻》一章，八句。愚按：此章成王，毛、鄭亦不以爲周成王，總由認作成王周公時詩，王未當有謚，故强爲之説耳。愚意如此等俱從申説爲長，朱子得之。

【眉批】

按：少半里者，三分里之一。猶今言小半里乃是。又有少半里，非去少也。

《序》：《臣工》，諸侯助祭，遣於廟也。

嗟嗟臣工，敬爾在公。王釐爾成，來咨來茹。毛《傳》：嗟嗟，敕之也。工，官也。公，君也。鄭《箋》：臣，謂諸侯也。釐，理。咨，謀。茹，度也。諸侯來朝天子，有不純臣之義。于其將歸，故于廟中正君臣之禮，敕其諸官卿大夫云：「敬女在君之事，王乃平理女之成功。女有事，當來謀之，來度之于王之朝，無自專。」嗟嗟保介，維莫之春。亦又何求？如何新畬？毛《傳》：田二歲曰新，三歲曰畬。鄭《箋》：保介，車右也。《月令》，孟春天子親載耒耜，措之於參保介之御間。莫，晚也。周之季春，於夏爲孟春，諸侯朝周之春，故晚春遣之。敕其車右以時事，時歸當何求于民？將如新田畬田何？急其教農趨時也。介，甲也。車右，勇力之士，被甲執兵也。於皇來牟，將受厥明。明昭上帝，迄用康年。毛《傳》：康，樂也。鄭《箋》：將，大。迄，至也。於美乎赤烏以牟麥俱來，故我周大受其光明，謂爲珍瑞，天下所休慶也。此瑞乃明見于天，至今用之有樂歲，五穀豐熟。命我衆人，庤乃錢鎛，奄觀銍艾。毛《傳》：庤，具。錢，銚。鎛，槈。銍，穫也。鄭《箋》：奄，久。觀，多也。教我庶民，具女田器，終久必多銍艾，勸之也。

《臣工》一章，十五句。愚按：此與《噫嘻》俱言農事，《序》説恐不可通，然謂戒農官而作頌，非體也，當從申説。

《序》：《執競》，祀武王也。鄭《箋》：執競，其敬反。執，持也。《韓詩》云：「執，服也。」

執競武王，無競維烈。不顯成康，上帝是皇。毛《傳》：無競，競也。烈，業也。不顯乎其成大功而安之也。顯，光也。皇，美也。鄭《箋》：競，彊也。能持彊道者維有武王耳，不彊乎其克商之功業，言其彊也。不顯乎其成安祖考之道，言其又顯也。天以是故美之，予其爵禄。自彼成康，奄有四方，斤斤其明。毛《傳》：自彼成康，用彼成安之道也。奄，同也。斤斤，明察也。鄭《箋》：四方，謂天下也。武王用成安祖考之道，故受命伐紂定天下，爲周明察之君，斤斤如也。鐘鼓喤喤，磬筦將將，降福穰穰。降福簡簡，威儀反反。既醉既飽，福禄來反。毛《傳》：喤喤，和也。將將，集也。穰穰，衆也。簡簡，大也。反反，難也。反，復也。鄭《箋》：反反，順習之貌。武王既定天下，祭祖考之廟，奏樂而八音克諧，神與之福。又衆大，謂如嘏辭也。君臣醉飽，禮無違者，以重得福禄也。

《執競》一章，十四句。愚按：《傳》有「執競」二字，其闕文下即有「成康」二字，且篇次在後，當是祀成王、康王之詩，與朱説正合。毛、鄭曲解「成康」爲「成而安之」，以從《序》祀武王之義，終覺不安。上言武王而即繼以成康，猶《昊天有成命》上言二后而即繼以成王，于文勢殊順，何取强説爲也！漢世諸儒往往節經從《序》，當亦狃于師説，不得不然耳。

【眉批】

按：自彼之義明言成王、康王也，豈得作别解？

《序》：《豐年》，秋冬報也。鄭《箋》：報者，謂嘗也，烝也。

豐年多黍多稌，亦有高廩，萬億及秭。毛《傳》：豐，大。稌，稻也。廩所以藏齍盛之穗也。數萬至萬曰億，數億至億曰秭。鄭《箋》：豐年，大有年也。亦，大也。萬億及秭，以言穀數多。爲酒爲醴，烝畀祖妣，以洽百禮，降福孔皆。毛《傳》：皆，徧也。鄭《箋》：烝，進。畀，予也。

《豐年》一章，七句。愚按：傳文有「報」字，疑屬此篇，與《序》同意，而「報」字下闕文甚多，疑《載芟》、《良耜》諸篇皆以次在其中。

《序》：《載芟》，春籍田而祈社稷也。鄭《箋》：籍田，甸師氏所掌，王載耒耜所耕之田。天子千畝，諸侯百畝。籍之言借也，借民力治之，謂之籍田。

載芟載柞，其耕澤澤。千耦其耘，徂隰徂畛。侯主侯伯，侯亞侯旅，侯彊侯以。毛《傳》：除草曰芟，除木曰柞。畛，埸也。主，家長也。伯，長子也。亞，仲叔也。旅，子弟也。彊，强力也。以，用也。鄭《箋》：載，始也。隰，謂新發田也。畛，謂舊田有徑路者。强，有餘力者。《周禮》曰：「以强予任民。」以，謂閒民今時傭賃也。《春秋》之義能左右之曰以。成王之時，萬民樂治田業，將耕先始芟柞其草木，土氣烝達而和，耕之則澤澤然解散，于是耘除其根株，作者千耦，言趨時也。或往之隰，或往之畛。父子餘夫俱行，强有餘力者相助。又取傭賃，務疾畢已當種也。有嗿其饁，思媚其婦，有依其士。毛《傳》：嗿，衆貌。士，子弟也。鄭《箋》：饁，饋饟也。依之言愛也，婦子來饋饟其農人于田野，乃逆而媚愛之。言勸其事，勞不自苦。有略其耜，俶載南畝。播厥百穀，實函斯活。毛《傳》：略，利也。鄭《箋》：俶載，當作熾菑。播，猶種也。實，種子也。函，含也。活，生也。農夫既耘除草木根株，乃更以利耜熾菑之而後種，其種皆成好含生氣。驛驛其達，有厭其傑。厭厭其苗，緜緜其麃。毛《傳》：達，射也。有厭其傑，言傑苗厭然特美也。麃，耘也。鄭《箋》：達，出地也。傑，先長者。厭厭其苗，衆齊等也。載穫濟濟，有實其積，萬億及秭。毛《傳》：濟濟，難也。鄭《箋》：難者，穗衆難進也。有實，實成也。其積之乃萬億及秭，言得多也。爲酒爲醴，烝畀祖妣，以洽百禮。鄭《箋》：烝，進。畀，予。洽，合也。進于祖妣，謂祭先祖先妣也。以洽禮，謂饗燕之屬。有飶其香，邦家之光。毛《傳》：飶，芬香也。鄭《箋》：芬香之酒醴，饗燕賓客，則多得其歡心，于國家有榮譽。有椒其馨，胡考之寧。毛《傳》：椒，猶飶也。胡，壽也。考，成也。鄭《箋》：寧，安也。以芬香之酒醴，祭于祖妣，則多得其福右。匪且有且，匪今斯今，振古如茲。毛《傳》：且，此也。振，自也。鄭《箋》：匪，非也。振，亦古也。饗燕祭祀心非云且而有且，謂將有嘉慶禎祥兆來見也。心非云今而有此今，謂嘉慶之事不聞而至也，言修德行禮莫不獲報，乃古而如此，所由來者久，非適今時。

《載芟》一章，三十一句。

【眉批】

王肅云：「有隰則有原。言畛新可見，美其陰陽和，得同時就功也。」

疏云：士者，男子之稱，而不在耕芸之中。宜是幻者行饟，故爲子弟。《七月》「同我婦子」，子即此之士也。

《序》：《良耜》，秋報社稷也。

畟畟良耜，俶載南畝。播厥百穀，實函斯活。毛《傳》：畟畟，猶測測也。鄭《箋》：良，善也。農人測測以利善之耜，熾菑是南畝也。種此百穀，其種皆成好含生氣，言得其時。或來瞻女，載筐及莒，其饟伊黍。其笠伊糾，其鎛斯趙，以薅荼蓼。毛《傳》：笠，所以禦暑雨也。趙，刺也。蓼，水草也。鄭《箋》：瞻，視也。有來視女，謂婦子來饁者也。筐筥，所以盛黍也。豐年之時，雖賤者猶食黍。饁者見載糾然之笠，以田器刺地，薅去荼蓼之事，言閔其勤苦。荼蓼朽止，黍稷茂止。穫之挃挃，積之栗栗。其崇如墉，其比如櫛，以開百室。毛《傳》：挃挃，穫聲也。栗栗，衆多也。墉，城也。鄭《箋》：百室，一族也。草穢既除而禾稼茂，禾稼茂而穀成熟，穀成熟而積聚多。如墉也，如櫛也，以言積之高大，且相比迫也。其已治之，則百家開户納之。千耦其耘，輩作尚衆也。一族同時納穀，親親也。百室者，出必共洫間而耕，入必共族中而居，又有祭酺合醵之慶。百室盈止，婦子寧止。殺時犉牡，有捄其角。以似以續，續古之人。毛《傳》：黄牛黑脣曰犉。社稷之牛角尺。以似以續，嗣前歲，續往事也。鄭《箋》：捄，角貌。五穀畢入，婦子則安，無行饁之事，于是殺牲報祭社稷。嗣前歲者，復求有豐年也；續往事者，復以養人也。續古之人，求有良司穡也。

《良耜》一章，二十三句。

【眉批】

薅，呼毛反。《說文》云：拔田草也。

聖門傳詩嫡冢卷之十六

吴興凌濛初輯

頌

商頌譜

商者，契所封之地。有戎氏之女名簡狄者，吞鳦卵而生契。堯之末年，舜舉爲司徒，有五教之功，乃賜姓而封之，世有官守。十四世至湯，則受命代夏桀，定天下。後世有中宗者，嚴恭寅畏，天命自度，治民祇懼，不敢荒寧。後有高宗者，舊勞於外，爰洎小人，作其即位，乃或諒陰，三年不言，言乃雍，不敢荒寧，嘉靜殷邦，至于大小，無或時怨。此三王有受命中興之功，時有作詩頌之者。商德之壞，武王伐紂，乃以陶唐氏火正閼伯之墟，封紂兄微子啓爲宋公，代武庚爲商後，其封域在《禹貢》徐州泗濱西，及豫州盟豬之野。自後政衰，散亡商之禮樂。七世至戴公，時當宣王，大夫正考父者，校商之名頌十二篇於周太師，歸以祀其先王。孔子録詩之時，則得五篇而已。乃列之以備三頌，著爲後王之義，監三代之成功，法莫大於是矣。問者曰：「列國政衰，則變風作，宋何獨無乎？」曰：「有焉，乃不録之。王者之後時王所客也，巡守述職，不陳其詩，亦示無貶黜客之義也。」又問曰：「周太師何由得商頌？」曰：「周用六代之樂，故有之。」

商頌

《考補》：《商頌》五篇，毛、鄭、韓、孔、呂、朱錯于《魯頌》後。《測》：舊説以爲魯之有頌者，以成王同周公有大勳勞于王室，故賜伯禽以天子之禮樂，魯于是乎有頌。又以爲夫子魯人，故未之削。其説不同，由《傳》言之，則魯之有頌者錯爾。

《傳》：宋公孫正□□□□□□□。《績説》：公孫正，字考父，孔子之七世祖也。《測》所闕之文，當爲「得詩于周，歸祀先王」之意。

《傳》：《那》，烈祖祀成湯也。《測》：《序》以烈祖祀中宗，其説不同。

《序》：《那》，祀成湯也。微子至于戴公，其間禮樂廢壞，有正考甫者，得《商頌》十二篇于周之大師，以《那》爲首。鄭《箋》：禮樂廢壞者，君怠慢于爲政，不修祭祀朝聘養賢待賓之事，有司忘其禮之儀制，樂師失其聲之曲折，由是散亡也。自正考甫至孔子之時，又無七篇矣。正考甫，孔子之先也。其祖弗甫何，以有宋而授厲公。

猗與那與，置我鞉鼓。毛《傳》：猗，歎辭。那，多也。鞉鼓，樂之所成也。夏后氏足鼓，殷人置鼓，周人縣鼓。鄭《箋》：置，讀曰植。鞉鼓者，爲楹貫而樹之，美成湯受命伐桀，定天下而作濩樂，故嘆之。多其改夏之制，乃始植我殷家之樂，鞉與鼓也。鞉雖不植，貫而摇之，亦植之類。奏鼓簡簡，衎我烈祖。湯孫奏假，綏我思成。毛《傳》：衎，樂也。烈祖，湯有功烈之祖也。假，大也。鄭《箋》：奏鼓，堂下之樂也。烈祖，湯也。湯孫，太甲也。假，升。綏，安也。以金奏堂下諸縣，其聲和大，簡簡然以樂我功烈之祖成湯。湯孫太甲又奏升堂之樂，弦歌之，乃安我心所思而成之，謂神明來格也。《禮記》曰：「齊之日，思其居處，思其笑語，思其志意，思其所樂，思其所嗜。齊三日，乃見其所爲齊者。祭之日，入室僾然，必有見乎其位，周旋出户，肅然必有聞乎其容聲。出户而聽，愾然必有聞乎其嘆息之聲。」此之謂思成。鞉鼓淵淵，嘒嘒管聲。既和且平，依我磬聲。毛《傳》：嘒嘒然和也。平，正平也。依，倚也。磬，聲之清者也，以象萬物之成。周尚臭，殷尚聲。鄭《箋》：磬，玉磬也。堂下諸縣與諸管聲，皆和平不相奪倫，又與玉磬之聲相依，亦謂和平也。玉磬尊，故異言之。於赫湯孫，穆穆厥聲。庸鼓有斁，萬舞有奕。毛《傳》：於赫湯孫，盛矣湯爲人子孫也。大鐘曰庸。斁斁然盛也，奕奕然閑也。鄭《箋》：穆，美也。於盛矣湯孫，呼太甲也。此樂之美其聲，鐘鼓則斁斁然有次序，其干舞又閑習。我有嘉客，亦不夷懌。自古在昔，先民有作。温恭朝夕，執事有恪。毛《傳》：夷，説也。先王稱之曰在古，古曰在昔，昔曰先民。有作，有所作也。恪，敬也。鄭《箋》：嘉客，謂二王後，及諸侯來助祭者，我客之來助祭者，亦不説懌乎？言説懌也。乃大古而有此助祭之禮，非專于今也。其禮儀温温然恭敬，執事薦饌則又敬也。顧予烝嘗，湯孫之將。鄭《箋》：顧，猶念也。將，猶扶助也。嘉客念殷家有助祭之事而來者，乃太甲之扶助也，序助者之來意也。

《那》一章，二十二句。

【眉批】

毛以烈祖爲湯之祖，湯孫謂湯爲人子孫。王肅云：「湯之爲人子孫，能奏其大樂以安我思之所成，謂萬福來宜，天下和平。」説皆與鄭異，朱子從鄭。

王肅云：「言嘉客顧我，烝嘗而來，乃湯爲人子孫，顯大之所致也。」

《序》：《烈祖》，祀中宗也。鄭《箋》：中宗，殷王大戊，湯之玄孫也。有桑穀之異，懼而修德，殷道復興，故表顯之，號爲中宗。

嗟嗟烈祖，有秩斯祜。申錫無疆，及爾斯所。既載清酤，賚我思成。毛《傳》：秩，常。申，重。酤，酒。賚，賜也。鄭《箋》：祜，福也。賚讀如往來之來。嗟嗟乎我功烈之祖成湯，既有此王天下之常福，天又重賜之以無竟界之期，其福乃及女之此所。女，女中宗也。言承湯之業，能興之也。既載清酒于尊，酌以裸獻，而神靈來至我致齊之所，思則用成。重言嗟嗟，美嘆之聲。亦有和羹，既戒既平。鬷假無言，時靡有争。綏我眉壽，黄耇無疆。毛《傳》：戒，至。鬷，總。假，大也。總大無言無争也。鄭《箋》：和羹者，五味調，腥熟得節，食之于人惟安和，喻諸侯有和順之德也。我既裸獻，神靈來至，亦復由有和順之諸侯來助祭也。其在廟中，既恭肅敬戒矣，既齊立乎列矣，至于設薦進俎，又總升堂而齊一，皆服其職，勸其事，寂然無言語者，無争訟者，此由其心平性和，神靈用之，故安我以壽考之福歸美焉。約軝錯衡，八鸞鶬鶬，以假以享，我受命溥將。自天降康，豐年穰穰。毛《傳》：八鸞鶬鶬，言文德之有聲也。假，大也。鄭《箋》：約軝，轂飾也。鸞在鑣，四馬則八鸞。假，升也。享，獻也。將，猶助也。諸侯來助祭者，乘篆轂，金飾錯衡之車，駕四馬，其鸞鶬鶬然和，言車服之得其正也。以此來朝，升堂獻其國之所有，于我受政教，至祭祀又溥助我。言得萬國之歡心也，天于是下平安之福使年豐。來假來享，降福無疆。鄭《箋》：享，謂獻酒使神享之也。諸侯助祭者，來升堂，來獻酒，神靈又下與我久長之福也。顧予烝嘗，湯孫之將。鄭《箋》：此祭中宗，諸侯來助之。所言湯孫之將者，中宗之享此祭，由湯之功，故本言之。

《烈祖》一章，二十二句。愚按：此章烈祖湯孫，俱與上篇同，不應各祀而所指各異，《傳》同爲祀成湯，朱子亦與之暗合，似爲得之。

《傳》：《長發》，大禘也。《測》：疑者謂大禘不宜及群廟之主，宜爲合祀宗廟，而以阿衡配食之樂歌，乃祫祭也，詳之。

《序》：《長發》，大禘也。鄭《箋》：大禘，郊祭天也。《禮記》：王者祭其祖之所自出，以其祖配之。是謂也。

濬哲維商，長發其祥。洪水芒芒，禹敷下土方。外大國是疆，幅隕既長。毛《傳》：濬，深。洪，大也。諸夏爲外。幅，廣也。隕，均也。鄭《箋》：長，猶久也。隕，當作圓。圓謂周也。深知乎維商家之德也，久發見其禎祥矣。乃用洪水，禹敷下土，正四方，定諸夏，廣大其竟界之時，始有王天下之萌兆。歷虞夏之世，故爲久也。有娀方將，帝立子生商。毛《傳》：有娀，契母也。將，大也，契生商也。鄭《箋》：帝，黑帝也。禹敷下土之時，有娀氏之國亦始廣大，有女簡狄，吞鳦卵而生契。堯封之于商，後湯王因以爲天下號，故云帝立子生商。

玄王桓撥，受小國是達，受大國是達。率履不越，遂視既發。毛《傳》：玄王，契也。桓，大。撥，治。履，禮也。鄭《箋》：承黑帝而立子，故謂契爲玄王。遂，猶徧也。發，行也。玄王廣大其政治，始堯封之商爲小國，舜之末年，乃益其土地爲大國，皆能達其教令，使其民循禮不得踰，乃徧省視之，教令則盡行也。相土烈烈，海外有截。毛《傳》：相土，契孫也。烈烈，威也。鄭《箋》：截，整齊也。相土居夏后之世，承契之業，入爲王官之伯，出長諸侯。其威武之盛烈烈然，四海之外率服，截爾整齊。

帝命不違，至于湯齊。毛《傳》：至湯與天心齊。鄭《箋》：帝命不違者，天之所以命契之事，世世行之，其德浸大至於湯而當天心。湯降不遲，聖敬日躋。昭假遲遲，上帝是祗。帝命式于九圍。毛《傳》：不遲，言疾也。躋，升也。九圍，九州也。鄭《箋》：降，下。假，暇。祗，敬。式，用也。湯之下士尊賢甚疾，其聖敬之德日進，然而以其德寬假天下之人。遲遲，言急于己而緩于人，天命是故愛敬之也。天于是又命之使用事于天下，言王之也。

受小球大球，爲下國綴旒，何天之休。毛《傳》：球，玉。綴，表。旒，章也。鄭《箋》：綴，猶結也。旒，旌旗之垂者也。休，美也。湯既爲天所命，則受小玉，謂尺二寸圭也；受大玉，謂珽也，長三尺。執圭搢珽以與諸侯會同，結定其心，如旌旗之旒縿著焉。擔負天之美譽，爲衆所歸鄉。不競不絿，不剛不柔，敷政優優，百禄是遒。毛《傳》：絿，急也。優優，和也。遒，聚也。鄭《箋》：競，逐也。不逐，不與人争先後。

受小共大共，爲下國駿厖，何天之龍。毛《傳》：共，法。駿，大。厖，厚。龍，和也。鄭《箋》：共，執也。小共大共，猶所執搢小球大球也。駿之言俊也。龍，當作寵。寵，榮名之謂。敷奏其勇，不震不動，不戁不竦，百禄是總。毛《傳》：戁，恐。竦，懼也。鄭《箋》：不震不動，不可驚憚也。

武王載旆，有虔秉鉞，如火烈烈，則莫我敢曷。毛《傳》：武王，湯也。旆，旗也。虔，固。曷，害也。鄭《箋》：有之言又也。上既美其剛柔得中，勇敢不懼，于是有武功，有王德，及建旆興師出伐，又固持其鉞，志在誅有罪也。其威勢如猛火之炎熾，誰敢禦害我？苞有三蘖，莫遂莫達，九有有截。毛《傳》：苞，本。蘖，餘也。鄭《箋》：苞，豐也。天豐大先三正之後世，謂居以大國，行天子之禮樂，然而無有能以德自遂達于天者，故天下歸鄉湯，九州齊一截然。韋顧既伐，昆吾夏桀。毛《傳》：有韋國者，有顧國者，有昆吾國者。鄭《箋》：韋，豕韋，彭姓也。顧、昆吾，皆己姓也。三國黨于桀惡，湯先伐韋、顧克之，昆吾、夏桀則同時誅也。

昔在中葉，有震且業。允也天子，降予卿士。毛《傳》：葉，世也。業，危也。鄭《箋》：中世，謂相土也。震，猶威也。相土始有征伐之威，以爲子孫討惡之業，湯遵而興之。信也天命而子之，下予之卿士，謂生賢佐也。《春秋傳》曰：「畏君之震，師徒撓敗。」實維阿衡，實左右商王。毛《傳》：阿衡，伊尹也。左右，助也。鄭《箋》：阿，倚。衡，平也。伊尹，湯所依倚而取平，故以爲官名。商王，湯也。

《長發》七章，一章八句，四章章七句，一章九句，一章六句。

【眉批】

《國語》：「『湯降不遲，聖敬日躋。』降，有禮之謂也。」

假，毛音格，鄭音暇。

按：《左傳》云和之至也。

共，毛音恭，鄭音拱。

《傳》：《玄鳥》，□□□□□。

《序》：《玄鳥》，祀高宗也。鄭《箋》：祀，當爲祫。祫，合也。高宗，殷王武丁，中宗玄孫之孫也。有雊雉之異，又懼而修德，殷道復興，故亦表顯之，號爲高宗云。崩而始合祭于契之廟，歌是詩焉。古者君喪三年既畢，禘于其廟而後祫祭于太祖。明年春，禘于群廟。自此之後，五年而載殷祭。一禘一祫，春秋謂之大事。

天命玄鳥，降而生商，宅殷土芒芒。毛《傳》：玄鳥，鳦也。春分玄鳥降。湯之先祖，有娀氏女簡狄，配高辛氏之帝，帝率與之祈于郊禖而生契，故本其爲天所命，以玄鳥至而生焉。芒芒，大貌。鄭《箋》：降，下也。天使鳦下而生商者，謂鳦遺卵，娀氏之女簡狄吞之而生契，爲堯司徒，有功封商。堯知其後將興，又錫其姓焉。自契至湯八遷，始居亳之殷地而受命，國日以廣大芒芒然。湯之受命，由契之功，故本其天意。古帝命武湯，正域彼四方。方命厥后，奄有九有。毛《傳》：正，長。域，有也。九有，九州也。鄭《箋》：古帝，天也。天帝命有威武之德者成湯，使之長有邦域，爲政于天下。方命其君，謂徧告諸侯也。湯有是德，故覆有九州爲之王也。商之先后，受命不殆，在武丁孫子。毛《傳》：武丁，高宗也。鄭《箋》：后，君也。商之先后，受天命而行之不解殆者，在高宗之孫子。言高宗興湯之功，法度明也。武丁孫子，武王靡不勝。龍旂十乘，大糦是承。毛《傳》：勝，任也。鄭《箋》：交龍爲旂。糦，黍稷也。高宗之孫子，有武功有王德于天下者，無所不勝服。乃有諸侯建龍旂者十乘，奉承黍稷而進之者。亦言得諸侯之歡心。十乘者，二王後，八州之大國。邦畿千里，維民所止，肇域彼四海。毛《傳》：畿，疆也。鄭《箋》：止，猶居也。肇，當作「兆」。王畿千里之內，其民居安，乃後兆域正天下之經界。言其爲政，自內及外。四海來假，來假祁祁。景員維河，殷受命咸宜，百禄是何。毛《傳》：景，大。員，均。何，任也。鄭《箋》：假，至也。祁祁，衆多也。員，古文作「云」。河之言何也。天下既蒙王之政令，皆得其所而來朝覲貢獻。其至也，祁祁然衆多。其所貢于殷大至，所云維言何乎？言殷王之受命，皆其宜也。百禄是何，謂當擔負天之多福。

《玄鳥》一章，二十二句。愚按：《傳》次此章于《長發》後者，亦從其世次也。

【眉批】

《傳》闕文疑是「祫高宗也」四字，故不與《殷武》連傳。

武丁孫子，王肅云：「武丁之爲人孫子也。」與毛解湯孫同。

河，王以爲河水。疏云：政教大均，如河之潤物。然本或作何。

《序》：《殷武》，祀高宗也。

《傳》：《殷武》，祀高宗也。

撻彼殷武，奮伐荆楚。罙入其阻，裒荆之旅。毛《傳》：撻，疾意也。殷武，殷王武丁也。荆楚，荆州之楚國也。罙，深。裒，聚也。鄭《箋》：有鐘鼓曰伐。罙，冒也。殷道衰而楚人叛，高宗撻然奮揚威武，出兵伐之，冒入其險阻，謂踰方城之隘，克其軍率而俘虜其土衆。有截其所，湯孫之緒。鄭《箋》：緒，業也。所，猶處也。高宗所伐之處，國邑皆服其罪，更自敕整，截然齊壹，是乃湯孫太甲之等功業。

維女荆楚，居國南鄉。昔有成湯，自彼氐羌，莫敢不來享，莫敢不來王，曰商是常。毛《傳》：鄉，所也。鄭《箋》：氐羌，夷狄國在西方者也。享，獻也。世見曰王。維女楚國，近在荆州之域，居中國之南方，而背叛乎？成湯之時，乃氐羌遠夷之國，來獻來見，曰商王是吾常君也。此所用責楚之義，女乃遠夷之不如。

天命多辟，設都于禹之績。歲事來辟，勿予禍適，稼穡匪解。毛《傳》：辟，君。適，過也。鄭《箋》：多，衆也。來辟，猶來王也。天命乃令天下衆君諸侯，立都于禹所治之功，以歲時來朝覲于我殷王者，勿罪過與之禍適，徒敕以勸民稼穡，非可懈倦。時楚不修諸侯之職，此所用告曉楚之義也。禹平水土，弼成五服，而諸侯之國定，是以云然。

天命降監，下民有嚴。不僭不濫，不敢怠遑。命于下國，封建厥福。毛《傳》：嚴，敬也。不僭不濫，賞不僭，刑不濫也。封，大也。鄭《箋》：降，下。遑，暇也。天命乃視下民有嚴明之君，能明德慎罰，不敢怠惰自暇于政事者，則命之于小國以爲天子，大立其福。謂命使湯由七十里王天下也。時楚僭號王位，此又所用告曉楚之義。

商邑翼翼，四方之極。赫赫厥聲，濯濯厥靈。壽考且寧，以保我後生。毛《傳》：商邑，京師也。鄭《箋》：極，中也。商邑之禮俗，翼翼然可則傚，乃四方之中正也。赫赫乎其出政教也，濯濯乎其見尊敬也。王乃壽考且安，以此全守我子孫。此又用商德重告曉楚之義。

陟彼景山，松柏丸丸。是斷是遷，方斲是虔。松桷有梴，旅楹有閑。寢成孔安。毛《傳》：丸丸，易直也。遷，徙。虔，敬也。梴，長貌。旅，陳也。寢，路寢也。鄭《箋》：椹謂之虔。升景山，掄材木，取松柏易直者斷而遷，正斲于椹上以爲桷與衆楹，路寢既成，王居之甚安，謂施政教得其所也。高宗之前王，有廢政教不修寢廟者，高宗復成湯之道，故新路寢焉。

《殷武》六章，三章章六句，二章章七句，一章五句。愚按：此章爲祀高宗，非頌伐楚也。伐楚特其功業之一耳。鄭以三、四、五章皆爲曉告楚，已似失主賓矣。末章頌及廟貌，正是祀時本色，而乃云言其修治寢廟，則高宗生存所行，止伐楚、修廟二事可美乎？皆不如從朱説爲長。其意蓋本之申公云。

言詩翼

朱淵青　標點

説明

《言詩翼》，全名爲《孔門兩弟子言詩翼》，凌氏自刻于明崇禎三年（一六三〇）。首凌義渠序，次凌濛初自序，次《凡例》五條，次《採取諸家姓氏》，次黄文裕傳秘本篆文《詩傳》，次正文。正文每半葉九行，行二十字，有眉批。按凡例，本書篇次依朱熹所定本，而以子夏《序》、子貢《傳》綴于後，更採明代徐光啓、陸化熙、魏浣初、沈守正、鍾惺、唐汝諤及無名氏的詩論附于各篇末，凌氏的見解或贅于後，或作眉批。另外，鍾惺與凌濛初又各有圈點。《四庫全書總目》謂：「直以選詞、遣調、造語、煉句詩法論《三百篇》，每篇又從鍾惺之本，加以圈點。明人經解，真可謂無所不有矣。」此評出之于該書刊刻後的約一個半世紀，正可看出凌濛初以及明代一批《詩經》研究在擺脱傳統的經學觀點和方法，而以文學寫作爲研究視角治《詩經》的創新意義。

原書首列豐坊僞作篆書《詩傳》，又係摹寫，故不録。

凌義渠，爲凌濛初族侄，字駿甫。天啓五年進士，崇禎三年授禮科給事中，先後居諫垣九年，出爲福建參政，尋遷按察使，轉山東右布政使，拜南京光禄寺卿，入爲大理卿。李自成軍攻陷北京，自縊殉節。有《忠介集》六卷和《湘煙録》十六卷。

《言詩翼》目録

孔門兩弟子言詩翼　國風二

邶

鄘

孔門兩弟子言詩翼　國風三

齊

魏

唐

秦

陳

檜

曹

豳

孔門兩弟子言詩翼 小雅

鹿鳴之什

白華之什

孔門兩弟子言詩翼 小雅二

都人士之什

孔門兩弟子言詩翼 大雅

文王之什

生民之什

孔門兩弟子言詩翼 大雅二

蕩之什

孔門兩弟子言詩翼 頌

周頌

清廟之什

商頌

附刻舊序跋三篇

《言詩翼》序

叔初成氏沉酣於《詩》，不以諸家之詁訓者言《詩》，而以諸家之品評者言《詩》，深得言《詩》之三昧者也。東坡云：「言詩即此詩，定知非詩人。」又云：「若還聲在指頭上，何不于君指上聽。」即詩言詩，是猶求聲於指，蓋《詩》之情之趣盡在語言文字之外，而宋儒必規規核之語言文字之中，所以辨析愈多，於《詩》轉没交涉。宋儒之所爲通病耳。余寤寐此道者有年，未通籍時，爲功令所錮，不得不一稟諸宋。竊自幸《詩》之道廣，《詩》之義深，而《詩》之境活，無論横説竪説，揣摩之皆可以得其性情，通其志意。宋儒能以其説錮，詩人不能以其所説之途並錮。言詩者無窮之趣，淺淺深深，疑離疑合，能轉法華者，固止見其辨才無碍，不爲所困也。初成叔操此旨以求諸言《詩》家，所謂孰得皮而孰得髓，業已了了。詮次觀之，頤解而以子夏《序》、子貢《傳》冠諸首，爲大證明師。正令轉法華者求而自得之語言文字之外，不亦《詩》家傳宗心印乎哉！往在長安見鄒肇敏氏言有子貢《詩》，述其義例之妙，與今本迥别，而向以未及見之爲恨。今初成叔廣蒐而得之，以咤示余。其首標孔氏傳、衛端木賜子貢述，固即肇敏氏之所見本也。風、雅位置異同處，大堪擊節如肇敏言。惜叔氏所輯已成，僅得採録以從今本，不復易置。聞叔氏云行且别有以闡揚之。果爾，宋儒當卷舌退矣。

崇禎庚午夏日烏程凌義渠撰

《孔門兩弟子言詩翼》叙

詩之爲道，《三百篇》實爲鼻祖。其遺詞命意，布格煉字，後人所撚髭嘔心，癖性躭而苦思瘦，終不能窺其藩籬者也。自宋人以其説説《詩》而《詩》病，自今人以宋人之説衍爲帖括以説《詩》而《詩》逾病。今《詩》説之在世者無非救苜蓿之飢，副羔雉之急，其于《詩》之詞、之意、之格、之字，概在所略而不講。非不講也，老經生不必作如是觀也。曩景陵鍾伯敬于燕邸示余以所評《詩》本，獨爲《三百篇》開生面，蓋其品隲揚榷之法，一如古今詩流之于五七言，不作老經生詮解章句體。余爲擊節不置，業序而行之矣。已而執此言求諸近代之深于《詩》而有成撰者，得數家焉。其爲品隲揚榷如伯敬之爲，見者不乏，第未免没詮解章句體中，不能以評《詩》自見耳。余爲蒐剔摘採而録之，如排沙簡金，以與伯敬並存。既成帙，藏之笥中，每讀一過，殊覺《三百篇》如有點其睛者，氣韻勃勃生動。玩諷之餘，輒復于其間有所見，不禁技癢，則贅一二，以續貂之不足。自謂獨領言《詩》之趣，得從來經生家所未曾有。晚乃獲睹子貢《詩傳》本于友人篋中，因惘然自笑見聞之陋隘，而嘆以前諸家之俱失參究也。《詩傳》篇次與十五國風之次，皆與毛本不同。十五國風之次，諸儒從毛本，紛紛議論，各持一説，因而多所牽合穿鑿，不知《詩傳》之次殊不爾，諸儒將何以置解，一似諸儒未嘗見《詩傳》云。及考《國史·經籍志》，首列子貢《詩傳》一卷，則非出後人手明矣。其篇次之義與本詩事義，頗足破千古之疑，而息群争之喙，俱較毛本《詩序》爲長。無奈毛本篇次爲今世所重而習之，即以余所採諸説《詩》者，時有所抨擊異同，率不能不準其篇次以成書。故余姑未遽抑今本以從《詩傳》，聊取其《傳》析入今本，附《小序》

後，目爲兩弟子言《詩》，先令學者見一斑，而以評《詩》諸家之言翼之。蓋初心止于《詩》之詞、之言、之格、之字，爲品隲而揚搉之是亟，而于《詩傳》固未及有所發明也。他日當取《詩》篇，一從《傳》次，以顯其義例，而合《序》與毛、鄭之解匯爲一書，無及于宋人，使學者見《三百篇》之古色斑駁，是亦詞壇之一快乎。茲且以此破求飢副急之窠臼云爾。

崇禎庚午春季吴興凌濛初書於遁園之夕佳樓

《孔門兩弟子言詩翼》凡例

一、《序》與《傳》，《詩》之原題也。出自孔門，自非後世逆揣者比。故並列之于本《詩》前。先《序》後《傳》者，篇次從《序》也。

一、子貢《傳》係秘閣石本，爲黄文裕所得。郭相奎中丞刻之蜀中，乃篆書，有《附音》。張元平司馬重梓于貴竹，直用其《附音》，不存篆筆。李本寧宗伯復刻篆書並《附音》于白下，而中有遺佚。今蜀本不可得，所據貴竹與白下二本耳。因篇次與《序》不同，乃分析以從《序》，恐學者無從知也。故既刻《傳》於《序》後，復録全本于末簡，使灼然可考。且從篆文以便博古者。

【眉批】

黄文裕未詳。

郭中丞名子章。

張司馬名鶴鳴。

李宗伯名維楨。

一、諸家俱有成書流傳，今所摘取者，皆其爲《詩》而陽秋者也。若爲舉業發者，則他説書充棟，即不佞亦別有《詩逆》之輯，故一切詮釋俱不録。止及數公者，以數公近代名家，可採者獨多耳。先于首見處書名，餘止從姓，不敢瑣贅。至不佞所自綴者，則概以賤名冠之。中有無名氏，乃在長安所得抄本，不知出何人筆，止有《國風》，失去《雅》、《頌》，不忍埋没，亦採録之。

一、經文圈點，俱從鍾伯敬本。諸評語圈點，則不佞竊有取焉。

一、篇什之次及分卷、分章，俱遵朱子，從時所習也。

吴興後學凌濛初初成父識

採取諸家姓氏

徐光啓　字子先所著有《六帖》。

陸化熙　字羽明所著有《詩通》。

魏浣初　字仲雪所著有《詩脉》。

沈守正　字無回所著有《說通》。

鍾　惺　字伯敬所著有《批點詩經》。

唐汝諤　字士雅所著有《微言》。

校閱諸家姓氏

沈汝法　字身之手授張司馬貴竹本。

潘　湛　字朗士手授李宗伯白下本。

凌瀛初　字彦仙

凌義渠　字駿甫

凌　琛　字獻之

凌　璪　字戴之

孔門兩弟子言詩翼

吴興淩濛初輯

國風

周南

沈守正曰：「二南之詩，賦性極平，緯情極淡。觸景而興，傳事而止。意中之語不露，語中之意躍如。蓋其時上有德教，下有風俗，禮義爛熟，竅籟自鳴。非若變風、變雅，世乖俗薄，談歡笑並語怨泣偕，而後歸止乎禮義之易見也。讀者吟咏之不足，又後而吟咏之，得其意於無詩無字之先，而不拘拘於語言糟粕之末，乃善解二南者也。不然，隔之千里矣。」

關雎

子夏《序》：「后妃之德也，風之始也。風天下而正夫婦也。故用之鄉人焉，用之邦國焉。風，風也，教也。風以動之，教以化之。然則《關雎》、《麟趾》之化，王者之風，故繫之周公。南，言化自北而南也。《鵲巢》、《騶虞》之德，諸侯之風也，先王之所以教，故繫之召公。《周南》、《召南》，正始之道，王化之基。是以《關雎》樂得淑女以配君子，憂在進賢，不淫其色，哀窈窕，思賢才，而無傷善之心焉。是《關雎》之義也。」

子貢《傳》：「文王之妃姒氏，思得淑女以共内職，賦《關雎》。子曰：《關雎》，哀而不傷，樂而不淫。能正其心，則無怨嫉邪辟之思。心正而身修，身修而家齊，家齊而國治，國治而天下平。故用之鄉人，用之邦國。其奏樂也，必歌《關雎》以亂之，所以風天下也。《詩》之義六：一曰風，二曰賦，三曰比，四曰興，五曰正，六曰頌。《關雎》兼比興以賦，而爲風之首，是王化之本也。」

鍾惺曰：「哀樂，情也。不傷不淫，情而不失其正也。思無邪亦是此意。詩理性情，故以此爲《詩》始，然皆根窈窕淑女來，故章章言之。」

關關雎鳩，在河之洲。窈窕淑女，君子好逑。

鍾曰：「『關關』二字疊得妙，妙在生而有意。疊字之法熟不得。」

參差荇菜，左右流之。妙句。窈窕淑女，寤寐求之。求之不得，寤寐思服。悠哉悠哉，輾轉反側。

參差荇菜，左右采之。窈窕淑女，琴瑟友之。參差荇菜，左右芼之。窈窕淑女，鐘鼓樂之。

鍾曰：「『友』字，即『朋友』『友』字，夫婦中自有朋友也。」

【總評】

無名氏曰：「詩之妙，全在翻空見奇。此詩只『窈窕淑女，君子好逑』便盡了，却翻出未得時一段，寫個牢騷㥜受的光景，又翻出已得時一段，寫個歡忻鼓舞的光景，無非描寫『君子好逑』一句耳。若認就實境，便是夢中説夢。」又曰：「局陣妙絶。分明指點後人作賦法。」

【眉批】
「哀」鄭《箋》云：「當爲『衷』。」
「淑」，貴竹本作「叔」。
「正」，疑古「雅」字，篆文原與「正」字不同，貴竹本作「正」誤。
按鄭氏分五章。

葛覃

子夏《序》：「后妃之本也。后妃在父母家，則志在於女功之事。躬儉節用，服澣濯之衣，尊敬師傅，則可以歸安父母，化天下以婦道也。」

子貢《傳》：「太姒將歸寧而賦《葛覃》。子曰：貴而能勤，富而能儉，疏而能孝，可以觀化矣。」

葛之覃兮，施于中谷，維葉萋萋。黄鳥于飛，集于灌木，其鳴喈喈。

鍾云：「末三句波瀾，無客勝主之病。」

葛之覃兮，施于中谷，維葉莫莫。是刈是濩，爲絺爲綌，服之無斁。

鍾曰：「服之無斁，自有深意。惜勞惜福，都下一層。開國母后語也。」濛初曰：「服之無斁，后妃淑性自爾。經生動言自作自惜，未免酸氣。」

言告師氏，言告言歸。薄污我私，薄澣我衣。害澣害否？歸寧父母。

徐光啓曰：「『薄』，發語詞，猶《楚詞》之言『蹇』與『羌』也，非是略施其功。」魏浣初曰：「初葛時即有歸寧之意矣，乃必待成絺綌而言歸，所謂『人歸落雁後，思發在花前』也。」

【總評】

徐曰：「此詩本爲治葛而作。首二章已竟其事，若無末章，則意義輕淺，氣象寂寥矣。他却從治葛上説到歸寧，歸寧内仍帶説衣服。合而復離，遠而復近，立意冠冕，氣脉悠長。後人作體物詩賦，大都題外生意，蓋本于此。詩中如此等處，不獨人倫之準則，蓋亦辭家之鼻祖。」無名氏曰：「詩題故伏中章『爲絺爲綌，服之無斁』二句是也。却用退一步法，描寫中谷始生時景物，點綴如畫。三章忽設歸寧一段，空中搆相，無中生有，奇奇怪怪，極意描寫。從來認歸寧爲實境，不但詩趣索然，更於事理可笑。蓋國君夫人無歸寧禮，設有之，亦何至澣洗煩撋，若里媼村婦爲耶？故曰：説詩者不以辭害意。」

卷耳

子夏《序》：「后妃之志也。又當輔佐君子，求賢審官，知臣下之勤勞。内有進賢之志，而無險詖私謁之心，朝夕思念，至于憂勤也。」

子貢《傳》：「文王遣使求賢，而閔行役之囏也，勞之以《卷耳》。」

采采卷耳，不盈頃筐。嗟我懷人，寘彼周行。

鍾曰：「看此四句，情思起止，不可語人，亦不能自主。」

陟彼崔嵬，我馬虺隤。我姑酌彼金罍，維以不永懷。

唐汝諤曰：「俱從懷念中模寫出來。如所云『我所思兮在太山，欲往從之梁父艱』是也。」徐曰：「登高以望君子，如古樂府『遠望可以當歸』。」

陟彼高岡，我馬玄黃。奇句。我姑酌彼兕觥，維以不永傷。

陟彼砠矣，我馬瘏矣。我僕痡矣，云何吁矣。

鍾曰：「此章促節，其調漸悲。」

【總評】

沈曰：「『采卷耳』以下，都非實事，所謂思之變境也。一室之中，無端而采物，忽焉而登高，忽焉而飲酒，忽焉而馬病，忽焉而僕痛，俱意中妄成之，旋妄滅之，繚繞紛紜，息之彌以繁，奪之彌以生光景，卒之念息而嘆曰『云何吁矣』。可見懷人之思自真而境之所設皆假也。」鍾曰：「虛象實境，章法甚妙。」

樛木

子夏《序》：「后妃逮下也。言能逮下，而無嫉妒之心焉。」

子貢《傳》：「南國諸侯慕文王之德而歸心于周，賦《樛木》。」

陸化熙曰：「逮下之德，脉脉在衆妾意中，而不出諸口中。」

南有樛木，葛藟纍之。樂只君子，福履綏之。

濛初曰：「德即在興意中，下只稱願而自見，詩人含而不露每如此。若後人必描出數語不妒矣。」

鍾曰：「『樂只』二字，便是君道。」

南有樛木，葛藟荒之。樂只君子，福履將之。

南有樛木，葛藟縈之。樂只君子，福履成之。

螽斯

子夏《序》：「后妃子孫衆多也。言若螽斯，不妒忌，則子孫衆多也。」

子貢《傳》：「周人慶文王之多男而賦《螽斯》。」

螽斯羽，詵詵兮。宜爾子孫，振振兮。

螽斯羽，薨薨兮。宜爾子孫，繩繩兮。

螽斯羽，揖揖兮。宜爾子孫，蟄蟄兮。

鍾曰：「『詵詵』、『薨薨』、『揖揖』，非和也。能爲『詵詵』、『薨薨』、『揖揖』，則和矣。蓋指和之象以示人也。」又曰：「『詵詵』等，皆是『群』字義，非『和』字正解。物群則争，群而和乃真和也。」無名氏曰：「只細玩『詵詵』、『薨薨』、『揖揖』字面，自是螽斯寫生手。古人下字之妙如此。」

桃夭

子夏《序》：「后妃之所致也。不妒忌，則男女以正，婚姻以時，國無鰥民也。」

子貢《傳》：「周人美后妃之德，終始婦道，賦《桃夭》。子曰：宜其家人，而後可以教國人。見君子之修其身矣。」

桃之夭夭，灼灼其華。之子于歸，宜其室家。

桃之夭夭，有蕡其實。之子于歸，宜其家室。

桃之夭夭，其葉蓁蓁。之子于歸，宜其家人。

鍾曰：「三『宜』字妙。只是停當相安意，女子無非無儀，一停當相安便是求加焉，遂失之矣。」

兔罝

子夏《序》：「后妃之化也。《關雎》之化行，則莫不好德，賢人衆多也。」

子貢《傳》：「文王得良臣于野，周人美之，賦《兔罝》。」

肅肅兔罝，椓之丁丁。赳赳武夫，公侯干城。

陸曰：「兔罝，即是莘野之耕，渭濱之釣，豈是賤業。古人出爲名世，處即守其常，大率類此。」

肅肅兔罝，施于中逵。赳赳武夫，公侯好仇。

徐曰：「嘉耦曰妃，怨耦曰仇，而《關雎》及此，言好仇者二，是詞家舞弄處。今里巷歌曲，尚有此稱謂。」鍾曰：「『好』、『仇』二字，入君臣尤奇。」

肅肅兔罝，施于中林。赳赳武夫，公侯腹心。

【總評】

鍾曰：「武夫爲周之干城、好仇、腹心，固是周之多才，亦是古人看人才特達精細處。具此心眼，有才何患不知，知之何患不用，用之何患不盡。」濛初曰：「品具以漸而細，詩人便是盛世銓衡手。」

芣苢

子夏《序》:「后妃之美也。和平,則婦人樂有子矣。」

子貢《傳》:「文王之時,萬民和樂,兒童歌謡,賦《芣苢》。」

采采芣苢,薄言采之。采采芣苢,薄言有之。

采采芣苢,薄言掇之。采采芣苢,薄言捋之。

采采芣苢,薄言袺之。采采芣苢,薄言襭之。

【總評】沈曰:「人情變故艱難,則男女之累,惟恐其不輕。和樂安寧,則生育之事,惟恐其不保。即婦人之但采芣苢,以備産難,而當時之景象可知已。不然,信知生男强,不如生女好。方憂離析之不暇,而暇采芣苢乎?」鍾曰:「此詩作者不添一事,讀者亦不添一言,斯得之矣。」濛初曰:「口不道樂,樂意滿前。後人擬極富貴語,不取『笙歌歸院落,燈火下樓臺』,而取『梨花院落溶溶月,柳絮池塘淡淡風』,亦得此意。」

漢廣

子夏《序》:「德廣所及也。文王之道,被于南國,美化行乎江漢之域,無思犯禮,求而不可得也。」

子貢《傳》:「文王化行南國,男女知禮,詩人美之,賦《漢廣》。」

南有喬木，不可休息。漢有游女，不可求思。漢之廣矣，不可泳思。江之永矣，不可方思。

鍾曰：「不禁其游，但令不可求而止。大聖人作用，孔子獵較，亦是此意。」又曰：「詠嘆得妙。妙在一『漢』字映帶得來，作比看，便隔一層矣。」濛初曰：「望女而知不可求，猶望江漢而自然不可方泳，非待試而後知，要識得立言之意。」

翹翹錯薪，言刈其楚。之子于歸，言秣其馬。漢之廣矣，不可泳思。江之永矣，不可方思。

鍾曰：「末四句，覆説一過，一字不更，妙在于此。更却一字，即是後來作詩文手脚。」

翹翹錯薪，言刈其蔞。之子于歸，言秣其駒。漢之廣矣，不可泳思。江之永矣，不可方思。

汝墳

子夏《序》：「道化行也。文王之化，行乎汝墳之國，婦人能閔其君子，猶勉之以正也。」

子貢《傳》：「受辛無道，商人慕文王而歸之，賦《汝墳》。」

遵彼汝墳，伐其條枚。未見君子，惄如調饑。

遵彼汝墳，伐其條肄。既見君子，不我遐棄。

鍾曰：「詩以物紀時，所謂以草木爲春秋也。如條枚、條肄、摽梅之實七實三，暨之杕杜之有晥其實，其葉萋萋莫莫，不過就一物之中，更易數字，而時序相去，了然移不動。讀者若不覺，想其筆端之妙。」又曰：「『不我遐棄』四字情深，後人閨怨詩不能出此。」

魴魚赬尾，王室如燬。雖則如燬，父母孔邇。

陸曰：「曲盡久役初歸、款款慰籍情況。」鍾曰：「『魴魚赬尾』四字，簡甚，奥甚，工甚。」唐曰：「潘岳

《西征賦》曰：『環四海以爲鼎，跨九垠以爲鑪，爨以毒燎，煽以虐焰。』即所謂如燬者也。」魏曰：「『父母孔邇』，恰有依依膝下意。」濛初曰：「直稱父母，便似相忘。正不云文王德如父母，方是王民熙皥。」

麟趾

子夏《序》：「《關雎》之應也。關雎之化行，則天下無犯非禮，雖衰世之公子，皆信厚如麟趾之時也。」

子貢《傳》：「周人美其公子之多仁也，賦《麟趾》。」

麟之趾，振振公子。吁嗟麟兮。

麟之定，振振公姓。吁嗟麟兮。

麟之角，振振公族。吁嗟麟兮。

鍾曰：「各章末句，接得極簡、極直矣，却用『吁嗟』二字，多少迴翔。此古人筆力之高，筆意之妙。」

召南

鵲巢

子夏《序》：「夫人之德也。國君積行累功以致爵位，夫人起家而居有之。德如鳲鳩，乃可以配焉。」

子貢《傳》：「公子歸于諸侯，國人覩焉，賦《鵲巢》。」

維鵲有巢，維鳩居之。之子于歸，百兩御之。

鍾曰：「首二句，天道物理。悟此省多少心力，落多少受用。」

維鵲有巢，維鳩方之。之子于歸，百兩將之。

鍾曰：「『方之』，即橫據意，並慚報遜避之意，亦無之矣。所謂惡知非有，居之不疑也，亦見他性、拙處。」

維鵲有巢，維鳩盈之。之子于歸，百兩成之。

采蘩

子夏《序》：「夫人不失職也。夫人可以奉祭祀，則不失職矣。」

子貢《傳》：「諸侯之夫人，勤于親蠶，國人美之，賦《采蘩》。」

于以采蘩，于沼于沚。于以用之，公侯之事。

于以采蘩，于澗之中。于以用之，公侯之宫。

被之僮僮，夙夜在公。被之祁祁，薄言還歸。

唐曰：「借『被』以形容其人，而意態精神，自可想見。」

鍾曰：「只説『被』，更不必補一語。」

【總評】

陸曰：「事在宫中。先事後宫者，先戒其事而後入宫。入宫而後薦，薦而後徹，禮之序也，亦以爲立言之序。」無名氏曰：「連用四『于以』字，分明寫出疾趨不寧之意。『僮僮』、『在公』，何等竦敬，『祁祁』、『還歸』，何等閒飭，真傳神手也。」

【眉批】

「窺」，今「覩」字。

草蟲

子夏《序》：「大夫妻能以禮自防也。」

子貢《傳》：「南國之大夫，聘于京師，睹召公而歸心焉，賦《草蟲》。」

喓喓草蟲，趯趯阜螽。未見君子，憂心忡忡。亦既見止，亦既覯止，我心則降。
陟彼南山，言采其蕨。未見君子，憂心惙惙。亦既見止，亦既覯止，我心則說。
陟彼南山，言采其薇。未見君子，我心傷悲。亦既見止，亦既覯止，我心則夷。

【總評】

陸曰：「盛世獨居之憂，其詞氣與衰世迥別。」魏曰：「未見之憂，一節緊一節。既見之喜，亦一節深一節。雖叙離別之苦，而又不失和平之氣，真是盛世之詩。」又曰：「采薇蕨而傷悲，正所謂『忽見陌頭楊柳色，悔教夫婿覓封侯』者是也。然當時未必登山，亦未必采物，只是形容時之久，而物類皆變，昆蟲草木已改其初，以志傷悲之念。」

采蘋

子夏《序》：「大夫妻能循法度也。能循法度，則可以承先祖、奉祭祀矣。」

子貢《傳》：「内子勤于祭祀，國人美之，賦《采蘋》。」

于以采蘋，南澗之濱。于以采藻，于彼行潦。

于以盛之，維筐及筥。于以湘之，維錡及釜。

于以奠之，宗室牖下。誰其尸之，有齊季女。

陸曰：「以『有齊』一句，倒攝上三章。」鍾曰：「『季女』二字書法。」

【總評】無名氏曰：「前面連用五『于以』字，奔放迅快，莫可遏禦。而末忽接以『誰其尸之，有齊季女』，如萬壑飛流，突然一注。大奇大奇。」又曰：「前半是虚衍，是鋪叙法。末二句是實點，是關鎖法。」又曰：「《詩》本美季女，若俗筆定從季女説起，此却先叙事，後點季女，是倒法。且叙事處，滔滔絮絮，極其詳悉，至點季女，只用二語便了，尤是奇絶。」

甘棠

子夏《序》：「美召伯也。召伯之教，明于南國。」

子貢《傳》：「召康公勤于勞民，燕人懷之，賦《甘棠》。」

蔽芾甘棠，勿剪勿伐。召伯所茇。

蔽芾甘棠，勿剪勿敗。召伯所憩。

蔽芾甘棠，勿剪勿拜。召伯所說。

【總評】魏曰：「思德而愛及其樹，非睹物而興思也。後世峴山碑、雷陽竹，無非此類。」陸曰：「字義愈淺，憂思愈深。」無名氏曰：「只說召伯所茇，德澤已在言表。此外更設一語，着糞佛頭矣。」又曰：「其神淡，其意遠。後人多許去思碑記，便覺無味。」濛初曰：「不露感德，乃見深感，自是詩家第一法，不特王民熙皞。」

【眉批】《傳》以此爲《召南》之終篇。

行露

子夏《序》：「召伯聽訟也。衰亂之俗微，貞信之教興，彊暴之男，不能侵陵貞女也。」

子貢《傳》：「野人强昏不得而訟，女氏終拒之，賦《行露》。」

厭浥行露，豈不夙夜？句法甚微。謂行多露。

無名氏曰：「先鳴其守，爲下張本。氣象從容，不突不急。」

誰謂雀無角？奇。何以穿我屋？誰謂女無家？何以速我獄？雖速我獄，室家不足。

無名氏曰：「正意只『雖速我獄』二語便了，却先反振『誰謂雀無角』四語，遂覺精神聳動，筆力遒整。

乃知文章惟反則不板，惟反則不死。」

誰謂鼠無牙？何以穿我墉？誰謂女無家？何以速我訟？雖速我訟，亦不女從。

【總評】

徐曰：「各『誰謂』四句，情詞懇至。」無名氏曰：「首章如游魚銜鈎而出淵，二、三章如翰鳥披雲而下墜。」

【眉批】

按《傳》，此篇在《野有死麕》之次。

羔羊

子夏《序》：「鵲巢之功致也。召南之國，化文王之政，在位皆節儉正直，德如羔羊也。」

子貢《傳》：「大夫貞而能儉，忠乎公室，國史美之，賦《羔羊》。」

羔羊之皮，素絲五紽。退食自公，委蛇委蛇。

沈曰：「人不自然，賢者特甚。苟着一節儉于胸中，縱不露于大庭，必不能渾忘于私室。所謂『貴而益謙與傲同，醉而益恭與亂同」也。故羔裘不難，退食委蛇難。稍有意，便是公孫弘之布被。」無名氏曰：「『退食自公，委蛇委蛇』，分明畫出朝廷無事光景，猶唐詩『聖朝無闕事，自覺諫書希』意也。宋人從『羔羊』、『素絲』見他節儉，遂執定節儉正直對看，不知『羔羊』二句，但指其人耳。真皮相可笑。」

羔羊之革，素絲五緎。委蛇委蛇，自公退食。

羔羊之縫，素絲五總。委蛇委蛇，退食自公。

【總評】無名氏曰：「合觀《芣苢》，想見二南朝野氣象。」鍾曰：「亦只真叙，不必深一層，不必添一語。」

殷其雷

子夏《序》：「勸以義也。召南之大夫，遠行從政，不遑寧處，其室家能閔其勤勞，勸以義也。」

子貢《傳》：「召公宣布王命，諸侯服焉，賦《殷其雷》。」

殷其雷，在南山之陽。何斯違斯，莫敢或遑。振振君子，歸哉歸哉。

殷其雷，在南山之側。何斯違斯，莫敢遑息。振振君子，歸哉歸哉。

殷其雷，在南山之下。何斯違斯，莫或遑處。振振君子，歸哉歸哉。

【總評】

沈曰：「此時有思而無怨，先公而後私，有期望而無億逆，思之正而平者也。斯盛世之風也。」徐曰：「古者戍役，仲春而歸。此時雷乃發聲，蟄蟲始振，故殷雷草蟲，俱即時即景而言。閨中思婦，于此時獨切。見婦人性情之正處。」

摽有梅

子夏《序》：「男女及時也。召南之國，被文王之化，男女得以及時也。」

子貢《傳》：「召南之人，安于治。□□□時擇□，賦《摽有梅》。」「治」下闕三字。「擇」下闕一字。

摽有梅，倒句。其實七兮。求我庶士，迨其吉兮。

摽有梅，其實三兮。求我庶士，迨其今兮。

摽有梅，頃筐塈之。求我庶士，迨其謂之。

【總評】

鍾曰：「詩至《摽梅》，而後可以權。此女子是機警人。予嘗謂女子全節，不專在貞一，而在機警。」又曰：「『三』『求我』字，急忙中有分寸處。」濛初曰：「《禮》云，『男先于女，有所求也』。應與此『求』字相照，方見古人下字不苟。」

【眉批】

按闕字疑是「男女及」三字。

「擇」下或是「配」字，或是「吉」字。

小星

子夏《序》：「惠及下也。夫人無妒忌之行，惠及賤妾，進御于君，知其命有貴賤，能盡其心矣。」

子貢《傳》：「小臣奉使而勤勞于公，賦《小星》。」

嘒彼小星，三五在東。肅肅宵征，夙夜在公：實命不同。

鍾曰：「『肅肅』二字，便有安命意。」陸曰：「『宵征』二句，似是勞苦語，而承恩正在此際。」又曰：「安命正是其感恩深處。」魏曰：「只就『夙夜在公』而感激之情，已自無限。味『實』字，見他貼然尊奉，毫無勉强意思。」鍾曰：「『實命不同』，是大識語。」

嘒彼小星，維參與昴。肅肅宵征，抱衾與裯：實命不猶。

【總評】

鍾曰：「『三五在東』，『維參與昴』，殘夜之景在目。」無名氏曰：「情景逼真，讀之如在昭陽長信間。」又曰：「唐詩『紫禁香如霧，青天月似霜。雲韶何處奏（下脱）』」

江有汜

「(上脱)恩無望之慶。故自倍至。」濛初曰：「看他三章下末字，叙次之法。」沈曰：「《小星》、《江汜》，詞無怨怒，意實悲凉，何如《樛木》、《螽斯》之渾而忘也。蓋起化者與被化者安勉不同，故應之者不得不異耳。」

野有死麕

子夏《序》：「惡無禮也。天下大亂，强暴相陵，遂成淫風。被文王之化，雖當亂世，猶惡無禮也。」

子貢《傳》：「野人求昏而不能其禮，女氏拒之，賦《野有死麕》。」

野有死麕，白茅包之。有女懷春，吉士誘之。

鍾曰：「『懷春』二字甚微，莫粗看。」

林有樸樕，野有死鹿。白茅純束，有女如玉。

鍾曰：「『如玉』，作女德堅貞看。承上起下有情。」又曰：「更不言『誘之』，妙！妙！」

舒而脱脱兮，無感我帨兮，無使尨也吠。

鍾曰：「妙！妙！甚于厲詞。」

【總評】

唐曰：「曰『林』、曰『野』、曰『尨』，宛然一林落中光景。以小民之家而有此女子，非被化何以能然？」

【眉批】

按《傳》，此篇在《行露》前。

何彼襛矣

子夏《序》：「美王姬也。雖則王姬，亦下嫁于諸侯，車服不繫其夫，下王后一等，猶執婦道以成肅雝之德也。」

子貢《傳》：「齊襄公□□□王，周人恥之，賦《何彼襛矣》。」「公」下闕三字。

何彼襛矣，唐棣之華。曷不肅雝，王姬之車。

徐曰：「南子以車聲而知蘧伯玉。夫以伯玉之車，宜有轔轔之轍，則王姬之車，宜有肅雝之度矣。反覆申誦，宛然塞路聚觀，企踵盱眸，相顧嘆賞之語。」鍾曰：「『肅雝』即在車上看出。微甚。」

何彼襛矣，華如桃李。平王之孫，齊侯之子。

其釣維何，維絲與緡。齊侯之子，平王之孫。

【眉批】

按《傳》，此篇載《王風》。闕文三字，當是「上娶于」三字。

騶虞

子夏《序》：「《鵲巢》之應也。《鵲巢》之化行，人倫既正，朝廷既治，天下純被文王之化，則庶類蕃植，蒐田以時，仁如騶虞，則王道成也。」

子貢《傳》：「虞人克舉其職，國史美之，賦《騶虞》。」

彼茁者葭，壹發五豝。于嗟乎騶虞。

徐曰：「『壹發五豝』，此語善于形容，可謂《子虛》、《上林》之涓滴也。」鍾曰：「校獵最奇警語。」

彼茁者蓬，壹發五豵。于嗟乎騶虞。

【眉批】

按《續説》：「鄒，虞姓，虞其官。」

按《傳》，此後係《魯風》，載《鴟鴞》以下六篇，《楚宫》一篇，《駉》以下四篇。

孔門兩弟子言詩翼

吴興凌濛初輯

國風二

邶

柏舟

子夏《序》：「言仁而不遇也。衛頃公之時，仁人不遇，小人在側。」

子貢《傳》：「管叔封于邶，與蔡叔、霍叔、康叔監殷。四國害周公，康叔諫不聽，二叔遂以殷畔。康叔憂王室，賦《柏舟》。子曰：『仁矣，吾於《柏舟》。見匹夫之不可敓志也。』」「敓」，古「奪」字。

徐曰：「此《詩序》以爲仁人不遇，而《朱傳》以爲婦人之詩，以《序》説無的據也。其曰婦人之詩，不知何所據乎？愚以爲仁人、婦人，既兩無證據，便當以舊説爲準。若以詞氣卑弱，斷爲婦人之詩，則温厚和平，詩之常體，安得稍屬哀婉，便爲婦人耶？且《楚詞》之目其君或言美人，或言夫君。古詩亦有不得于君而托于棄婦者。詩中假托寓意，無所不至。彼明言夫婦而意在君臣，讀者尚當求之文字之外，况此未嘗一字及夫婦，而徒緣影響之談，望影揣聲，據改專門師承之説，可謂濟師偏邦，稱兵大國，謬之甚也。

宋人箋《詩》，多緣臆斷，大戾本旨，緣他不肯服膺古義，專務排擊，又未曾妙達詩理，强作解事故耳。」

泛彼柏舟，亦泛其流。耿耿不寐，如有隱憂。微我無酒，以遨以游。

唐曰：「味一『亦』字，覺吾愁無限，趣味躍然。」徐曰：「不曰『隱憂』，而曰『如有隱憂』，極善形容憂恨之意，句法妙品。」鍾曰：「『如有隱憂』者，沉憂之人，不知所憂何事，但覺胸中有物耳，故曰『耿耿』。非實歷不知。」又曰：「『微我』二句，較金罍兕觥之意，更婉更苦，不婉不苦也。」唐曰：「只説『微我無酒』，而不言非酒能解，語意了而不了，含蓄意味更長。」濛初曰：「味『隱憂』二字，覺憂王室之傳更長。」

我心匪鑒，不可以茹。亦有兄弟，不可以據。薄言往愬，逢彼之怒。

我心匪石，不可轉也。我心匪席，不可卷也。威儀棣棣，不可選也。

鍾曰：「上四句，皆深一層，妙極，不是尋常自反之言。」又曰：「『不可選』三字深妙。」

憂心悄悄，愠于群小。覯閔既多，受侮不少。静言思之，寤辟有摽。

鍾曰：「此與上『亦有兄弟』四句，皆失意人實歷之言，難堪在此。」又曰：「『静思』句，尚有自反意。」陸曰：「『静思』對人前隱忍言，有取冤苦根因，一齊撮到心頭之意。」濛初曰：「通篇憂怨極矣，而所以憂怨之故，止微露于『愠于群小』一語，可以得詩家妙法。」

日居月諸，胡迭而微。心之憂矣，如匪澣衣。静言思之，不能奮飛。

鍾曰：「『如匪澣衣』，形容工妙。後人累言説不出，用四字寫之，古人文字簡奥如此。」濛初曰：「『不能奮飛』，恨極之詞。即如憂亂而云『匪鶉匪鳶』也，謂是義不可去者，未夢見詩人在。」

【總評】
無名氏曰：「布局極寬，結搆極緊。」又曰：「通篇反覆思量，不解其故。一段隱憂，十載猶恨。」

【眉批】
「柏」字，考篆文及古本皆然，今作「栢」，誤。
曰「四國」，正與《破斧》同。
按《續説》云：「漢世講師蓋聞夫子稱仁之説，而不知仁人爲誰。故《小序》云云。」其謬已甚，朱子辨之當矣。然又曰「《列女傳》以爲賢婦之詩」，而疑其亦爲莊姜所作。皆由未見此《傳》而臆之。

緑衣

子夏《序》：「衛莊姜傷己也。妾上僭，夫人失位，而作是詩也。」
子貢《傳》：「衛莊公之□人生州吁，好兵，莊姜憂之，賦《菉衣》。」「之」下闕一字。

緑兮衣兮，緑衣黄裏。心之憂矣，曷維其已。
緑兮衣兮，緑衣黄裳。心之憂矣，曷維其亡。
緑兮絲兮，女所治兮。我思古人，俾無訧兮。
絺兮綌兮，凄其以風。我思古人，實獲我心。
徐曰：「『絺兮綌兮，凄其以風』，班婕妤《怨歌行》『常恐秋節至，涼飇奪炎熱』也。『我思古人，實獲我心』，《文賦》『雖杼柚于予懷，怵他人之我先』，鮑昭《白頭吟》『古來共如此，非君獨撫膺』也。」又曰：「『俾無訧兮』，猶有畏心。『實獲我心』，若以爲固然而安之矣。」又曰：「詩可以怨，非一于怨，亦非一于不怨。『有欣然會心之狀。昔人讀《莊子》曰：『了不異人意，非所謂我思古人，實獲我心者耶？』」鍾曰：「『俾蓋自有處怨之道。『我思古人』，處怨之道也。」沈曰：「心以漸平，詞以漸厚，『詩可以怨』，此之謂也。」

【眉批】

闕字當是「嫛」字。

按《傳》，此篇在《衛風・碩人》後。

燕燕

子夏《序》：「衛莊姜送歸妾也。」

子貢《傳》：「戴嬀歸于陳，莊姜贈之于野，賦《燕燕》。」

燕燕于飛，差池其羽。之子于歸，遠送于野。瞻望弗及，泣涕如雨。

燕燕于飛，頡之頏之。之子于歸，遠于將之。瞻望弗及，佇立以泣。

陸曰：「『佇立』，有去者已去，送者未回，躊躕路岐光景。」

燕燕于飛，下上其音。之子于歸，遠送于南。瞻望弗及，實勞我心。

鍾曰：「『音』字從『飛』字看出，故曰『下上』，妙手。」又曰：「『實勞我心』一語，尤深。」徐曰：「深乎傷哉，目斷行塵，無淚可揮矣。」

仲氏任只，其心塞淵。終温且惠，淑慎其身。先君之思，以勖寡人。

徐曰：「凡人朝夕聚首，雖深恩厚誼，都可相忘，一經别離，便想像他平日許多好處。詩之曲盡人情如此。」又曰：「玩『先君之思』二句，便見得當時『子弑國危，朝夕不保。煢煢嫠婦，相依相恤』之意。情狀悲惋，景色凄凉，宛然在目。」濛初曰：「雨泣之後，以『先君』二語終之，尤增凄絶。」

【總評】

鍾曰：「莊姜送陳女，是何等事、何等時，原不是尋常離别之情，曰『泣涕如雨』，曰『佇立以泣』，曰『實勞我心』，兩人胸中，各有一段説不出來之苦，吞吐言外。『仲氏』一章，似只泛言其作人之好，而不及其他，尤爲苦心。『先君』一語，其意微露，然其隱痛益深矣。」沈曰：「字字有意，詩中有畫，勿得草草讀過。」無名氏曰：「一二三虚叙，四纔實點，亦是倒法。與《采蘋》章頗同。」又曰：「子弑國危之情，通不露出。」

【眉批】

按《傳》，此篇在《衛風》。

日　月

子夏《序》：「衛莊姜傷己也。遭州吁之難，傷己不見答於先君，以至困窮之詩也。」

子貢《傳》：「衛州吁弒其君桓公，莊姜歸于齊，賦《日月》。」

日居月諸，昭臨下土。乃如之人兮，逝不古處，胡能有定？寧不能顧。

鍾曰：「莊姜自處，則曰『我思古人』，望人則曰『古處』，便是一肚皮不合時宜，謔浪笑傲，莫往莫來，未必不由此致之。」

日居月諸，下土是冒。乃如之人兮，逝不相好，胡能有定？寧不能報。

日居月諸，出自東方。乃如之人兮。德音無良，胡能有定？俾也可忘。

鍾曰：「德音無良，所謂《詩》有不必解也。朱《注》痴甚。」

日居月諸，東方自出。父兮母兮，畜我不卒。胡能有定？報我不述。

徐曰：「『畜我不卒』，非欲父母養之終身也。只如今人說『養我不了，悮我一生』，真婦人語也。」

【眉批】

按《傳》，此篇在《衛風》。

終風

子夏《序》：「衛莊姜傷己也。遭州吁之暴，見侮慢而不能正也。」

子貢《傳》：「莊姜見怒于公，賦《終風》。」

終風且暴，顧我則笑。最堪不得。謔浪笑敖，中心是悼。

唐曰：「『顧我則笑』，中無美意。觀一『則』字，分明話不投機，一團冷笑光景。」

終風且霾，惠然肯來。莫往莫來，悠悠我思。

鍾曰：「『顧我則笑』、『謔浪笑敖』，『惠然肯來』、『莫往莫來』，中間用不得一轉。」

終風且曀，不日有曀。寤言則寐，願言則嚏。

曀曀其陰，虺虺其靁。寤言不寐，願言則懷。

鍾曰：「後二章各首二句，寫出千古黑暗世界，不疼不癢光景，尤妙。」

【總評】

沈曰：「讀《柏舟》以下五章，有憂而無怨，有望而無絶。慷慨之末，必反和平；傷悼之餘，終閑禮義。不幸值人倫之變，而性情詞旨，猶有先王之遺焉。夫子以之續二南，而首變風，意或在斯乎。」

擊鼓

子夏《序》：「怨州吁也。衛州吁用兵暴亂，使公孫文仲將而平陳與宋。國人怨其勇而無禮也。」

子貢《傳》：「州吁求寵于諸侯，使公孫文仲帥師及宋公、陳侯、魯人、蔡人伐鄭。衛人怨之，賦《擊鼓》。」

擊鼓其鏜，踴躍用兵。土國城漕，我獨南行。

徐曰：「『土國城漕，我獨南行』，即所謂『誰謂荼苦，其甘如薺』者焉。」無名氏曰：「只此二句，忿恨可想。」

從孫子仲，平陳與宋。不我以歸，憂心有忡。

爰居爰處，爰喪其馬。于以求之，于林之下。

無名氏曰：「心慵意懶之象，描寫如畫。」陸曰：「三『爰』字，皆有聊且之意。」

死生契闊，與子成説。執子之手，與子偕老。

于嗟闊兮，不我活兮。于嗟洵兮，不我信兮。

沈曰：「詞愈急，心愈悲。若不知兵之未必敗，而身之未必亡者。真亂國之風也。」

【總評】

無名氏曰：「格法極鬆却極緊，是一片文字。」又曰：「老杜《垂老别》，便可不讀。」濛初曰：「怨憤懈散，憂生怖死，一團必敗之形見于目前，乃口中不露一恐敗語，是最高手。」

【眉批】

按《傳》，此篇在《衛風》。

凱風

子夏《序》：「美孝子也。衛之淫風流行，雖有七子之母，猶不能安其室。故美七子能盡其孝道，以慰其母心而成其志爾。」

子貢《傳》：「邶之寡母欲去而子自訟焉，賦《凱風》。」

凱風自南，吹彼棘心。棘心夭夭，母氏劬勞。

凱風自南，吹彼棘薪。母氏聖善，我無令人。

鍾曰：「『棘心』、『棘薪』，易一字而意各入妙。古人用筆如此。」又曰：「『母氏聖善』，不必解。」無名氏曰：「『母氏聖善，我無令人。』『天王聖明，臣罪當誅。』千載同心，亦復同調。」

爰有寒泉，在浚之下。有子七人，母氏勞苦。

鍾曰：「『有子七人』四字，嚴甚。」沈曰：「不獨引爲己非，亦寬爲母地。真孝子之言。」

睍睆黄鳥，載好其音。有子七人，莫慰母心。

【總評】

鍾曰：「《小弁》，親之過大者也，然説得出。《凱風》，親之過小者，然説不出。所以立言益苦。」

雄雉

子夏《序》：「刺衛宣公也。淫亂不恤國事，軍旅數起，大夫久役，男女怨曠，國人患之而作是詩。」

子貢《傳》：「管叔將畔，大夫諫之，賦《雄雉》。」

雄雉于飛，泄泄其羽。我之懷矣，自詒伊阻。

雄雉于飛，下上其音。展矣君子，實勞我心。

瞻彼日月，悠悠我思。道之云遠，曷云能來。

鍾曰：「無謂而深，所謂憂無方也。」

百爾君子，不知德行。不忮不求，何用不臧。

鍾曰：「學問身世之言，深思至愛，無閨閣氣。」濛初曰：「涉世妙應，婦女説出真學問來，此途歌巷哭，所以成經也。」

匏有苦葉

子夏《序》：「刺衛宣公也。公與夫人，並爲淫亂。」

子貢《傳》：「管叔以殷畔，邶人風之，賦《匏有苦葉》。」

匏有苦葉，濟有深涉。深則厲，淺則揭。

有瀰濟盈，有鷕雉鳴。濟盈不濡軌，雉鳴求其牡。

無名氏曰：「麗藻繽紛，雲蒸霞蔚。」

雝雝鳴雁，旭日始旦。士如歸妻，轉有腕力。待冰未泮。

招招舟子，人涉卬否。人涉卬否，卬須我友。

【總評】

沈曰：「通詩通引曲喻，而未嘗直指其人；陳説古義，而未嘗一及今事。譏刺之意，隱然見言外。風人之旨也。」鍾曰：「四章止『濟盈』二句帶刺，餘皆説正理，而其失自見。此立言深至處也。」又曰：「妙在四章開説，若不相蒙。」無名氏曰：「一但虚提當度禮義，爲全章立案。兩『則』字何等精神，二反呼，三、四正應。但三之應『雉鳴』句，四之應『濟盈』句，格法微妙。」濛初曰：「一毫不露，乃嚴于斧鉞。」

谷風

子夏《序》：「刺夫婦失道也。衛人化其上，淫于新昏而棄其舊室。夫婦離絶，國俗傷敗焉。」

子貢《傳》：「邶之良婦棄于夫，賦《谷風》。」

習習谷風，以陰以雨。黽勉同心，不宜有怒。采葑采菲，無以下體。德音莫違，及爾同死。

沈曰：「『黽勉』，兩相忍避之詞，欲成家不得不如是。」鍾曰：「『黽勉』二字，有持久意，爲薄者開一便門。『采葑』二句，用人妙訣。」

行道遲遲，中心有違。不遠伊邇，薄送我畿。誰謂荼苦，其甘如薺。宴爾新昏，如兄如弟。

鍾曰：「『薄』字可憐，傷心在此。」

涇以渭濁，湜湜其沚。宴爾新昏，不我屑以。四句疑古語。毋逝我梁，毋發我笱。我躬不閲，遑恤我後。

鍾曰：「『涇以渭濁』，此意他人用四字説不出。」徐曰：「『毋逝』四句，致絶意之詞，乃其不能絶意之甚者。」沈曰：「身所經理，觸念難忘。旋又自嘆自絶，情事低回，不堪多讀。」

就其深矣，方之舟之。就其淺矣，泳之游之。何有何無，黽勉求之。凡民有喪，匍匐救之。

鍾曰：「治家説到凡民上，豈是尋常婦人家務法。」

不我能慉，反以我爲讎。既阻我德，賈用不售。昔育恐育鞫，及爾顛覆。既生既育，比予于毒。

鍾曰：「『昔育恐育鞫』，累句，自是古語。」

我有旨蓄，亦以御冬。造語妙。宴爾新昏，以我御窮。四字可哭，曲盡人情。有洸有潰，既詒我肄。不念昔者，伊余來塈。

陸曰：「念之則不須論到德音，豈可謂無如兄如弟，情態婉絶悲絶。」沈曰：「以初嫁取憐之事終之，不獨情景淒絶，亦有危動新昏意。」鍾曰：「末語激之，非怨之也。」濛初曰：「末二語即所謂『棄置今何道，當時且自親。還將舊來意，憐取眼前人』也。今詞曲亦有『想舊人昔日曾新』語。以此作收，不特情淒然，亦復語凜然而韻鏗然。」

式微

子夏《序》：「黎侯寓于衛，其臣勸以歸也。」

子貢《傳》：「黎大夫勸其君以歸國，賦《式微》。」

式微，式微，胡不歸？微君之故，胡爲乎中露。

式微，式微，胡不歸？微君之躬，胡爲乎泥中。

唐曰：「黎之國已亡矣，歸將焉往？玩其語意，實有抑鬱無聊，與其寄寓他邦而不見救，不如歸去之爲愈也。怨衛之意冷然言外。」無名氏曰：「慷慨激昂，有中夜起舞之意。」又曰：「英雄之氣，忠藎之謨。」

【眉批】

按《傳》，此篇在《衛風》，又在《旄丘》後。

旄丘

子夏《序》：「責衛伯也。狄人迫逐黎侯，黎侯寓于衛。衛不能修方伯連率之職，黎之臣子以責于衛也。」

子貢《傳》：「狄侵黎，黎侯出奔衛，衛穆公不禮焉。黎人怨之，賦《旄丘》。」

旄丘之葛兮，何誕之節兮。叔兮伯兮，何多日也。

鍾曰：「『叔兮伯兮』，不必補衛君，猶王之藎臣，不必補王。古人之法皆然。今人讀書費解，半是不知古人之法。」又曰：「『多日』二字，立言最妙。不作絶望之語，深于責人者也。」

何其處也，必有與也。何其久也，必有以也。

鍾曰：「四語替他解説，寬一步，人益難堪。」

狐裘蒙戎，匪車不東。叔兮伯兮，靡所與同。

魏曰：「以久客之苦，兼以告援之意。兩路攔來，令渠更無可解。」徐曰：「言葛又言裘，時歷冬夏，以見其久。」

瑣兮尾兮，流離之子。叔兮伯兮，褎如充耳。

徐曰：「『瑣』、『尾』兩語，凄凉蕭索，爲怨難勝。」

【眉批】

按《傳》，此篇在《衛風》，又在《式微》前。

簡兮

子夏《序》：「刺不用賢也。衛之賢者仕于伶官，皆可以承事王者也。」子貢《傳》：「邶之伶柬，心平王室，賦《柬兮》。」

簡兮簡兮，方將萬舞。日之方中，在前上處。

沈曰：「重言『簡兮』，而即曰『方將』，陸沉金馬之意，見乎詞矣。」

碩人俁俁，公庭萬舞。有力如虎，執轡如組。

左手執籥，右手秉翟。赫如渥赭，公言錫爵。

濛初曰：「只叠叙目前事，言外之旨，傲憤已滿懷矣，不必再添一語。」

山有榛，隰有苓。云誰之思？西方美人。彼美人兮，西方之人兮。

濛初曰：「一場假熱鬧，一棹即入冷境。」又曰：「西方不實以何地，美人不實以何人。詩人下語含蘊婉切，正不得以文武豐鎬鑿之。」鍾曰：「『西方美人』，『美人西方』，只倒轉兩字，而意已遠，詞已悲矣。」

【總評】

沈曰：「前三章，談笑發舒，旁若無人。末忽動美人之思，綿邈低回，情不能已已。中間自譽處，即是自嘲處，亦是玩世處。思西方美人，正是目中無東方處。但詩人口中贊美而無譏刺，其言外之旨，則甚于譏刺矣。」鍾曰：「前三章，自是一種素位之樂，末章自是一段用世之思。然末章意即在前三章中，一時俱有，無兩層意。」

【眉批】

按《考補》云：「東古『簡』字，其名也。」

泉水

子夏《序》：「衛女思歸也。嫁于諸侯，父母終，思歸寧而不得，故作是詩以自見也。」

子貢《傳》：「宋桓姬閔衛之破也，賦《泉水》。」

毖彼泉水，亦流于淇。有懷于衛，靡日不思。孌彼諸姬，聊與之謀。

徐曰：「『亦』字、『聊』字、『靡』字，俱有深味。曰『聊與之謀』，便是無可奈何之詞。」鍾曰：「『亦』字怨甚。」又曰：「知不可奈何，而猶與人謀之，愁人實境。『聊』字可憐。」

出宿于泲，飲餞于禰。女子有行，遠父母兄弟。問我諸姑，遂及伯姊。

鍾曰：「『問我』二句，無聊之景。」

出宿于干，飲餞于言。載脂載舝，還車言邁。遄臻于衛，不瑕有害。

鍾曰：「要知『不瑕有害』意，非到此纔看出來。『聊與之謀』，『聊』字内已了然矣。」無名氏曰：「借

『聊與之謀』，生出二章意思，波瀾層生，峰巒疊出。可謂千古奇觀。」

我思肥泉，兹之永嘆。思須與漕，我心悠悠。駕言出游，以寫我憂。

沈曰：「此衛女遠望當歸之詞。」鍾曰：「末章不説人，只説地，意更深。」無名氏曰：「幻境之中，復生一幻境。」

【總評】無名氏曰：「『有懷于衛』二句，詩題也，以下俱籍之以描寫有懷之極思耳。蜃樓海氣，出有入無，詩人作怪如此。若認作實與諸姬謀之，謀之不可而出游，以寫其憂，則詩爲拙手，作詩者爲痴漢矣。故知宋人『發乎情，止乎禮義』之説，大可軒渠。」

【眉批】按《傳》，此篇在《衛風》，入《載馳》後，《竹竿》、《河廣》前。

北門

子夏《序》：「刺仕不得志也。言衛之忠臣，不得其志爾。」

子貢《傳》：「管叔以殷畔，仕者苦之，賦《北門》。」

出自北門，憂心殷殷。終窶且貧，莫知我艱。已焉哉。天實爲之，謂之何哉？

鍾曰：「『終』字，無計可免之詞。『已焉哉』，即『終』字之意。」

王事適我，政事一埤益我。我入自外，室人交徧讁我。已焉哉。天實爲之，謂之何哉？

王事敦我，政事一埤遺我。我入自外，室人交徧摧我。已焉哉。天實爲之，謂之何哉？

徐曰：「『適』字、『一埤益』字、『讁』字、『敦』字、『一埤遺』字、『摧』字，各有意義，一一認取，内外俱困，意緒何如。後人感士不遇，極力摹擬，能過此寥寥數言否？俱字法妙品。」鍾曰：「『我入自外』二句，實境難堪，非真英雄往往爲之，喪其所守。」

北風

子夏《序》：「刺虐也。衛國並爲威虐，百姓不親，莫不相携持而去焉。」

子貢《傳》：「邶國危亂，□民去之，賦《北風》。」「亂」下闕一字。

北風其涼，雨雪其雱。惠而好我，携手同行。其虚其邪，既亟只且。

北風其喈，雨雪其霏。惠而好我，携手同歸。其虚其邪，既亟只且。

莫赤匪狐，莫黑匪烏。惠而好我，携手同車。其虚其邪，既亟只且。

濛初曰：「『莫赤匪狐，莫黑匪烏』，便是『黑風吹入羅刹鬼國』光景。滿眼異形，描寫慘極。」

【總評】

徐曰：「《北風》與魏國《十畝之間》相似。然《十畝之間》意紓詞緩，猶之可也，此則危迫已甚。明夷之飛，將垂其翼矣。」

【眉批】

闕字貴竹本作「士」。

静女

子夏《序》：「刺時也。衛君無道，夫人失德。」

子貢《傳》：「時不尚德，□□陳古以風之，賦《静女》。」「德」下闕二字。

静女其姝，「静」字看得妙。俟我于城隅。愛而不見，搔首踟躕。

静女其孌，貽我彤管。彤管有煒，説懌女美。

鍾曰：「『説懌女美』四字，簡妙，可該篇末二語之義。」

自牧歸荑，洵美且異。匪女之爲美，美人之貽。

濛初曰：「『女』字，即上『女』字，同作『汝』。此翻上語，更深一層耳。朱《注》『女』字解兩異，殊可怪。」

【眉批】

闕文當是「邶人」二字。静，貴竹本作「姘」。

新臺

子夏《序》：「刺衛宣公也。納伋之妻，作新臺于河上而要之，國人惡之而作是詩也。」

子貢《傳》：「衛宣公納伋之妻，國人惡之，賦《親臺》。」

新臺有泚，河水瀰瀰。燕婉之求，籧篨不鮮。

新臺有洒，河水浼浼。燕婉之求，籧篨不殄。

魚網之設，鴻則離之。燕婉之求，得此戚施。

【總評】

沈曰：「或疑詩詞温厚，《新臺》罵詈太甚。愚謂《詩》至宣公，人道滅，天理絶矣。上烝夷姜，下奪齊女。《新臺》之作，三代之遺直也。且宣公既絶父子之倫矣，而欲民守君臣之分，能乎？然止言齊女之失配，而不言宣公之瀆倫，則亦不失爲温厚也。」

【眉批】

按《傳》，此篇在《衛風》。

二子乘舟

子夏《序》：「思伋、壽也。衛宣公之二子，争相爲死，國人傷而思之，作是詩也。」

子貢《傳》：「宣公殺其世子伋，及母弟壽。衛人傷之，賦《二子乘舟》。」

二子乘舟，泛泛其景。願言思子，中心養養。

鍾曰：「只『泛泛其景』四字，便讀不得。古人善言如此。」

二子乘舟，泛泛其逝。願言思子，不瑕有害。

鍾曰：「二子見害，何必到此始疑？蓋不忍訟言之也。《詩》語故未易解。」徐曰：「詩若直説遇害，即一言已竟，豈不索然無味？今但想其去時光景，而設爲憂疑之言，則其中含情無限。寥寥數語，恰有千萬言不能盡者，此所以稱風人之致也。」

【眉批】

按《傳》，此篇在《衛風》。

鄘

柏舟

子夏《序》：「共姜自誓也。衛世子共伯蚤死，其妻守義，父母欲奪而嫁之，誓而勿許，故作是詩以絶之。」

子貢《傳》:「衛世子餘未立而卒,共姜誓以守志,賦《柏舟》。」

泛彼柏舟,在彼中河。髧彼兩髦,實維我儀。之死矢靡他。母也天只,不諒人只。

沈曰:「『母也』二句,言其素有深恩,而獨不諒此。訏之也,望之也。」

泛彼柏舟,在彼河側。髧彼兩髦,實維我特。之死矢靡慝。母也天只,不諒人只。

徐曰:「『靡慝』深于『靡他』矣。」

【眉批】

按《傳》,此篇在《衛風》首。

墻有茨

子夏《序》:「衛人刺其上也。公子頑通乎君母,國人疾之而不可道也。」

子貢《傳》:「三叔蕃周公,鄘人風之,賦《牆有茨》。」

墻有茨,不可埽也。中冓之言,不可道也。所可道也,言之醜也。

墻有茨,不可襄也。中冓之言,不可詳也。所可詳也,言之長也。「長」字有味。

墻有茨,不可束也。中冓之言,不可讀也。所可讀也,言之辱也。

君子偕老

子夏《序》：「刺衛夫人也。夫人淫亂，失事君子之道，故陳人君之德，服飾之盛，宜與君子偕老也。」

子貢《傳》：「宣姜不閒于禮，衛人風之，賦《君子偕老》。」

君子偕老，大題目。副笄六珈。委委佗佗，如山如河，象服是宜。子之不淑，云如之何。婆心。

沈曰：「首一句，便是案。」陸曰：「開口下『偕老』二字，是詩人史筆。」鍾曰：「後二章只反覆味嘆其美，更不補出『不淑』字義，固是古人含蓄映帶之妙，而一種傷心不忍言之事，作者自不欲説明。看『云如之何』四字，多少感慨在内。『猗嗟昌兮』一篇，立言之法亦如此。」

玼兮玼兮，其之翟也。鬒髮如雲，不屑髢也。玉之瑱也，象之揥也，揚且之晳也。胡然而天也，胡然而帝也。

瑳兮瑳兮，其之展也。蒙彼縐絺，微寫出態。是紲袢也。子之清揚，揚且之顔也。展如之人兮，邦之媛也。

徐曰：「咏婦人而但言服飾容貌之美，則其人可知。」唐曰：「極美其容服，中亦含冶容誨淫之意。」

【總評】

沈曰：「三章詞氣，愈刺愈緩。然以君夫人而曰『胡天』、『胡帝』，曰『邦之媛』，輕忽褻慢孰甚。」濛初曰：「只『子之不淑』一語露正意。以後句句贊美，然已近調諧，含刺愈深。」

【眉批】

按《傳》，此篇在《衛風》。

桑中

子夏《序》：「刺奔也。衛之公室淫亂，男女相奔，至于世族之在位，相竊妻妾，期于幽遠，政散民流而不可止。」

子貢《傳》：「公室無禮，衛人刺之，賦《采唐》。」

爰采唐矣，沬之鄉矣。云誰之思，美孟姜矣。期我乎桑中，要我乎上宫，送我乎淇之上矣。

爰采麥矣，沬之北矣。云誰之思，美孟弋矣。期我乎桑中，要我乎上宫，送我乎淇之上矣。

爰采葑矣，沬之東矣。云誰之思，美孟庸矣。期我乎桑中，要我乎上宫，送我乎淇之上矣。

無名氏曰：「須識『期我乎桑中』三句，皆思中想像其如此耳。描寫欲從無己之意，層涌叠屬。」濛初曰：「一『期』、一『要』、一『送』，其間繾綣淫褻處，盡在不言中。故三章皆用之，不更一字，如琴之泛音，曲之和聲。」

【眉批】

按《傳》，此篇在《衛風》，名《采唐》。

鶉之奔奔

子夏《序》：「刺衛宣姜也。衛人以爲宣姜鶉鵲之不若也。」

子貢《傳》：「衛昭伯無禮于宣姜，國人惡之，賦《鶉之賁賁》。」
鶉之奔奔，鵲之彊彊。人之無良，我以爲兄。
鵲之彊彊，鶉之奔奔。人之無良，我以爲君。
濛初曰：「按《左氏》云，齊人使公子頑通宣姜，頑不可，强而許之。生齊子、戴公、文公，宋桓、許穆夫人。是烝出齊人意，非頑本心，而獨《詩》則劇刺頑，何也？且所生子爲諸侯，女俱爲夫人，則當時本國與國，俱恬不爲異矣。」

【眉批】

按《傳》，此篇在《衛風》。

定之方中

子夏《序》：「美衛文公也。衛爲狄所滅，東徙渡河，野處漕邑。齊桓公攘戎狄而封之，文公徙居楚丘，始建城市而營宫室，得其時制，百姓説之，國家殷富焉。」
子貢《傳》：「僖公城楚丘以備戎，史克頌之，賦《楚宫》。」
定之方中，作于楚宫。揆之以日，作于楚室。樹之榛栗，椅桐梓漆，爰伐琴瑟。
徐曰：「首四句一時事，上虚下實，敷衍成章，亦見文字紆徐處。草昧之初，爲百年之計，一經營樹植，而立國之規模氣象，有可觀矣。」鍾曰：「『樹之榛栗』三句，經濟人想頭。」無名氏曰：「只説琴瑟，若俗筆定入籩豆矣。」

升彼虚矣，以望楚矣。望楚與堂，景山與京，奇。降觀于桑。卜云其吉，終焉允臧。

靈雨既零，命彼倌人：星言夙駕，説于桑田。匪直也人，倒句。秉心塞淵，騋牝三千。接得冷。

鍾曰：「『靈雨』，雨有靈，即杜詩所謂『好雨知時節』也。」徐曰：「頌僖公牧馬之盛，而先以思無邪，言文公騋牝之富，而本之秉心塞淵。若乃内多欲而勞師大宛之求，德多慚而招來骨利之驥，何足語此。」

無名氏曰：「末掉一語，忽入馬政，大奇。」

【總評】

無名氏曰：「綜理之周，計畫之遠，中興氣象，焕乎改觀。」又曰：「章法、句法、字法，錯綜伸縮，各極妙境。細玩之，詩文另長一格。」

【眉批】

按《傳》，此篇在《魯風》，名《楚宫》，在《駉》前。

蝃蝀

子夏《序》：「止奔也。衛文公能以道化其民，淫奔之恥，國人不齒也。」

子貢《傳》：「衛靈公召子都于宋，國人譏之，賦《蝃蝀》。」

蝃蝀在東，莫之敢指。女子有行，遠父母兄弟。

朝隮于西，崇朝其雨。女子有行，遠兄弟父母。

無名氏曰：「説個『遠父母兄弟』，便有信與命在。」又曰：「如欲覺晨鍾，令人深省。」

乃如之人也，懷昏姻也。大無信也，不知命也。

無名氏曰：「詩本和平，此却唾駡，惡惡之詞，故應爾爾。」濛初曰：「忽變文用四『也』字，大奇，開後來門户。『也』字上仍用韻，亦古法。」

【總評】

無名氏曰：「一、二，爲三章立案也，何等步驟。『乃如』四句，語意森凛。」沈曰：「衛染『墻茨』、『鶉奔』之説，期桑要宫，恬不知怪久矣。文公光復，羞惡頓明，是可以風矣。《相鼠》亦然。」

【眉批】

按《傳》，此篇在《衛風》。

相鼠

子夏《序》：「刺無禮也。文公能正其群臣，而刺在位承先君之化，無禮儀也。」

子貢《傳》：「叔處不義，鄘人刺之，賦《相鼠》。」

相鼠有皮，人而無儀。人而無儀，不死何爲？
相鼠有齒，人而無止。人而無止，不死何俟？
相鼠有體，人而無禮。人而無禮，胡不遄死？

唐曰：「《關尹子》謂聖人師拱鼠制禮；《爾雅翼》云，鼠見人則交前足而拱，謂之禮鼠。詩義或取諸此。」鍾曰：「春秋時，朝會聘享，執玉俯仰，諸般議論，决人生死吉凶，皆從此看出。」

干旄

子夏《序》：「美好善也。衛文公臣子多好善，賢者樂告以善道也。」

子貢《傳》：「武公好賢樂善，國人美之，賦《干旄》。」

孑孑干旄，在浚之郊。素絲紕之，良馬四之。彼姝者子，何以畀之。

無名氏曰：「『何以畀之』，非望賢者，正美大夫也。」

孑孑干旟，在浚之都。素絲組之，良馬五之。彼姝者子，何以與之。

孑孑干旌，在浚之城。素絲祝之，良馬六之。彼姝者子，何以告之。

徐曰：「駕車用四馬，固是常制。然漢制太守駟馬，其加秩中二千石，乃益右驂，故太守稱『五馬』。《書》曰，『若朽索之馭六馬』。則『五之』、『六之』，想古有此制。雖六馬是天子儀衛，疑此時或上下通行也。若無此制，徒言以夸其盛，恐詩人不應孟浪乃爾。」

鍾曰：「『五之』、『六之』，妙，不必求其數實之。」

【眉批】

按《傳》，此篇在《衛風·淇澳》後。

載馳

子夏《序》：「許穆夫人作也。閔其宗國顛覆，自傷不能救也。衛懿公爲狄人所滅，國人分散，露于漕邑。許穆夫人閔衛之亡，傷許之小，力不能救，思歸唁其兄，又義不得，故賦是詩也。」

子貢《傳》：「狄入衛，衛戴公次于漕。許穆姬閔之，賦《載馳》。」

載馳載驅，歸唁衛侯。驅馬悠悠，言至於漕。大夫跋涉，我心則憂。逗下。

既不我嘉，緊接上。不能旋反。視爾不臧，我思不遠。既不我嘉，不能旋濟。視爾不臧，我思不閟。

陟彼阿丘，緊接上。言采其蝱。女子善懷，字去。亦各有行。許人尤之，衆穉且狂。

鍾曰：「反尤許人。妙！妙！」

我行其野，芃芃其麥。控于大邦，誰因誰極。大夫君子，無我有尤。百爾所思，不如我所之。

魏曰：「行野涉麥，本摹寫歸途光景，而睹物悲傷，不勝黍離麥秀之感。即宗國丘墟，委諸草莽，一段景象，凄然在目。」徐曰：「『衆穉且狂』是恨詞，『無我有尤』則哀詞，氣以漸而平也。」無名氏曰：「描寫必不容己之意，較《泉水》收句，此更遒勝。」

【總評】

徐曰：「此詩與《卷耳》、《采緑》一例，皆想識所爲。正所謂『在心爲志，發言爲詩』。志之所之，便形爲咏歌嗟嘆，都非實語實事也。大抵風人之致，難以言求，只要認取『詩言志』一語。自《楚騷》以後，寓意愈益變幻，大都原本風人。若都將實事來看，盡説不通。如《高唐》神女、《洛神》等賦，皆效此體。」又曰：「讀此詩，想見其欲歸不得，欲救不能，煩懣難堪，遑迫無聊之意。所謂女子善懷，斯言匪謬。」無名氏曰：「總是托以寫其悲思迫切之情，非實事也。開口即説『載馳載驅』，無中生有已奇，無端更説『大夫跋涉』又奇，『陟丘』『行野』抑又奇。大略與《泉水》章情緒既同，章法又似，但《泉水》以微婉勝，此以英邁勝，各自擅場。」

【眉批】

按《傳》，此篇在《衛風》《泉水》、《竹竿》、《河廣》前。

衛

淇奥

子夏《序》：「美武公之德也。有文章，又能聽其規諫，以禮自防，故能入相于周。美而作是詩也。」

子貢《傳》：「衛武公好學明德，國人美之，賦《淇奥》。」

瞻彼淇奥，緑竹猗猗。有匪君子，如切如磋，如琢如磨。瑟兮僩兮，赫兮咺兮。有匪君子，終不可諼兮。

瞻彼淇奥，緑竹青青。有匪君子，充耳琇瑩，會弁如星。瑟兮僩兮，赫兮咺兮。有匪君子，終不可諼兮。

徐曰：「『充耳』二句，是詩人瞻望丰儀，就他夸奬，如《召南》贊王姬之車，東人稱袞衣綉裳，秦人美狐裘錦衣之例，要識他快睹贊美之意。」

瞻彼淇奥，緑竹如簀。有匪君子，如金如錫，如圭如璧。寬兮綽兮，猗重較兮。善戲謔兮，不爲虐兮。

濛初曰：「『簀』，竹所爲也。即以既比之竹，形容在林之竹，巧于取喻。」鍾曰：「『寬綽』二句，寫有道氣象。此從心不踰矩之妙也。」

【總評】

鍾曰：「此篇講學，何曾着一講學語。」

考槃

子夏《序》：「刺莊公也。不能繼先公之業，使賢者退而窮處。」

子貢《傳》：「鄘人美其君子不仕亂邦，賦《考槃》。子曰：『見遁世而無悶矣。』」

考槃在澗，碩人之寬。獨寐寤言，永矢弗諼。

考槃在阿，碩人之薖。獨寐寤歌，永矢弗過。

考槃在陸，碩人之軸。獨寐寤宿，永矢弗告。

無名氏曰：「『弗告』，只可自怡悦，不堪持贈君。」

【總評】

徐曰："嘗味此詩，蓋深有所得者，非獨烟霞泉石之癖也。後世隱者身處江湖，心懷魏闕，至使北山獻嘲，終南詒誚，改志易操，澗愧林慚，視《考槃》君子何如哉！"陸曰："《考槃》，不可看作寂寞境界。"

無名氏曰："每章精神多在第二句，下二句却從個裏拈出。細讀一過，居然覺『山月窺人，磵芳襲袂』，那得不作人外想。"又曰："須識得樂不在考槃。"

【眉批】

按《傳》，此篇在《鄘風》。

碩　人

子夏《序》："閔莊姜也。莊公惑于嬖妾，使驕上僭。莊姜賢而不答，終以無子，國人閔而憂之。"

子貢《傳》："衛莊公取于齊，國人美之，賦《碩人》。"

碩人其頎，衣錦褧衣。齊侯之子，衛侯之妻。妙在此句。東宫之妹，邢侯之姨，譚公維私。

唐曰："太史公疑子房魁梧奇偉，至見其圖，狀貌如婦人好女，蓋怪之也。今莊姜頎然而長，自是福禄之器，豈是紅顔薄命者耶？而竟賫志以没，想見詩人扼腕之意。"魏曰："莊姜以彼世族，有此美姿，而深自韜晦，不欲炫飾，衣錦褧衣，其賢固在此，其見棄亦未必不在此。"唐曰："首二句分明畫出莊姜小像，乃詩人善言德行處。"

手如柔荑，膚如凝脂。領如蝤蠐，齒如瓠犀，螓首蛾眉。巧笑倩兮，美目盼兮。

鍾曰：「畫美人不在形體，要得其性情。此詩前五句，猶狀其形體之妙，後二句，且並其性情生動處寫出矣。」

碩人敖敖，説于農郊。四牡有驕，朱幩鑣鑣，翟茀以朝。大夫夙退，無使君勞。

河水洋洋，北流活活。施罛濊濊，寫物精妙。鱣鮪發發，葭菼揭揭。庶姜孽孽，庶士有朅。

無名氏曰：「敘得寬大鋪張體固不厭如是。」

【總評】

徐曰：「刺宣姜，刺魯桓，但言服飾、容貌、威儀、伎藝之美，而不言其闕。若曰：惜乎，其獨少此耳。閔莊姜，亦但言族類容貌，有可貴重，而不言其德。若曰：此尚足取，况其他乎？皆所謂詩在言外者也。」陸曰：「詩人俱就人情易見者言。若謂人雖昏惑，何至並此亦不曉得，言外有疑怪咨嘆之意。」鍾曰：「莊姜自作詩，則曰『我思古人』，曰『古處』，此其所以益不合也。詩人代爲之言，另换一番説話，一字不及正理，此出脱之妙。學《詩》能言，可以悟出。」又曰：「三復此詩，皆以常情望其君，深得告庸主之法。語愈鄙而愈妙，然反常則亦怪矣。庸到極處，亦能反常。」無名氏曰：「更不及莊公一語，乃諷刺自在言外。」

氓

子夏《序》：「刺時也。宣公之時，禮義消亡，淫風大行，男女無別，遂相奔誘。華落色衰，復相棄背。或乃困而自悔，喪其妃耦，故序其事以諷焉。美反正，刺淫泆也。」

子貢《傳》：「女歸非禮，衰而見棄，鄘人刺之。賦《氓》。」

氓之蚩蚩，抱布貿絲。匪來貿絲，來即我謀。送子涉淇，至于頓丘。匪我愆期，子無良媒。將子無怒，秋以爲期。

鍾曰：「奔豈有媒乎？『子無良媒』，謔之也。並『將子無怒，秋以爲期』，亦是謔之之詞。蓋『貿絲』，春時事也。此時已身許之矣，故又以此戲之。古今男女狎昵情詞，不甚相遠，但口齒蘊藉，後人不解，遂認真耳。」無名氏曰：「文勢來得極遠。」濛初曰：「故自鄭重，自是淫奔老手。」

乘彼垝垣，以望復關。不見復關，泣涕漣漣。既見復關，載笑載言。爾卜爾筮，體無咎言。以爾車來，以我賄遷。

唐曰：「恐其負約則泣，喜其得遂則笑。情態宛然。」

魏曰：「《易》云『見金夫，不有躬』。此女不有其躬，並不有其賄矣。」鍾曰：「畫出私奔圖，草草在目。」

桑之未落，其葉沃若。于嗟鳩兮，無食桑葚。于嗟女兮，無與士耽。士之耽兮，猶可説也。女之耽兮，不可説也。

鍾曰：「淫婦人到狼狽時，偏看出許多正理，説出許多正論，與列女貞婦只争事前事後之別耳。」無名氏曰：「着此一段，覺境更活，筆更舒。若俗筆，便徑接于五章矣。」

桑之落矣，四字悲。其黄而隕。自我徂爾，三歲食貧。淇水湯湯，漸車帷裳。女也不爽，士貳其行。士也罔極，二三其德。

沈曰：「『淇水』二句，叙到悲深，見與以車遷賄時光景大別。」鍾曰：「『漸車帷裳』，寫出狼狽，此時偏有此景。」濛初曰：「自謂不爽，猶前謂『非我愆期』而責以良媒故態也。」三歲爲婦，靡室勞矣。夙興夜寐，靡有朝矣。妙語。言既遂矣，至于暴矣。兄弟不知，咥其笑矣。靜言思之，躬自悼矣。

鍾曰：「此婦始若非奔，亦復何減《谷風》劬勞也。」又曰：「《谷風》見棄以色，此曰『三歲』，色未衰也，直輕其人耳。」無名氏曰：「寥落悲前事，支離笑此身。連用數『矣』，俱妙。」徐曰：「末四句，何等模寫，情狀宛然，反覆再四，真值一笑。」鍾曰：「笑得好。正相知得真。」

及爾偕老，老使我怨。淇則有岸，隰則有泮。總角之宴，言笑晏晏。信誓旦旦，不思其反。反是不思，亦已焉哉。

沈曰：「末復曰『反是不思，亦已焉哉』，固已頽然自放于大欲之波，而無復一毫廉耻之悔。倘更有一貿絲者，不將褰裳就之乎。」濛初曰：「『老使我怨』者，不偕老，則他日老之境，皆怨之境也。若云女已老，則與『三歲爲婦』戾矣。」又曰：「『亦已焉哉』，猶今人無可奈何，輒自曰只得罷了。正是無窮之恨。」

【總評】

徐曰：「看他前半截，以色殢人，以計籠人，何等驕倨佻巧。乃看他後半截，乞哀不獲，追悔不及，何等蕭索凄凉。可謂曲盡矣。世之勢交利交，翻雲覆雨，不悟掉臂之態，徒勞勒門之箴，可少戒矣。」陸曰：「此詩立言有序，總是悔之無及，最可扼腕。荀文若之失身曹瞞，柳柳州之濡足叔文，其是類也夫。」沈曰：「詩雖作于悔恨，然悔所托之非人，不悔始奔之不正。此所謂淫人之悔也。」鍾曰：「婦人合不以正，未有不見輕于夫者。千古失足之人，枉作小人，爲後人鑒。悲哉！然使後人能鑒，無許多小人矣。」無名氏曰：「詩文之妙，多是以客代主。此殆有托而鳴者耳，勿作棄婦辭看。」

【眉批】

按《傳》，此篇在《鄘風》。

竹竿

子夏《序》：「衛女思歸也。適異國而不見答，思而能以禮者也。」

子貢《傳》：「宋桓姬之媵，和其小君之賦，賦《竹竿》。」

籊籊竹竿，以釣于淇。豈不爾思，遠莫致之。

鍾曰：「只説遠，不添説妙。」

泉源在左，淇水在右。女子有行，遠父母兄弟。

淇水在右，泉源在左。巧笑之瑳，佩玉之儺。

淇水悠悠，檜楫松舟。駕言出游，以寫我憂。

鍾曰：「抑鬱之情，以風調之、語寫之。」

【眉批】

按《傳》，此篇在《泉水》後，以爲和《泉水》也。

妙景妙語。

芄蘭

子夏《序》：「刺惠公也。驕而無禮，大夫刺之。」

子貢《傳》：「□子不孫，鄘人刺之，賦《芄蘭》。」闕首一字。

芄蘭之支，童子佩觿。雖則佩觿，輕薄在此句。能不我知。容兮遂兮，垂帶悸兮。

徐曰：「形容真切，直恁戲劇無賴。」鍾曰：「愈蘊藉愈形容。」

芄蘭之葉，童子佩韘。雖則佩韘，能不我甲。容兮遂兮，垂帶悸兮。

【眉批】

按《傳》，此篇在《鄘風》。闕文當是「童」字。

河廣

子夏《序》：「宋襄公母歸于衛，思而不止，故作是詩也。」

子貢《傳》：「宋桓姬歸于衛，思襄公，賦《河廣》。」

誰謂河廣？喝得妙。一葦杭之。誰謂宋遠？跂予望之。

誰謂河廣？曾不容刀。誰謂宋遠？曾不崇朝。

徐曰：「寥寥數語，占盡風人之致。唐人之詩，尚有得此意者。」沈曰：「含臆不語，凄婉悲凉，千古如見。」陸曰：「『誰謂』二字，最可玩。一沓下四『誰謂』，微意躍然矣。」鍾曰：「總是一个義不可往。一曰『遠莫致之』，一曰『誰謂宋遠』，讀者思之，增一『義』字便淺。」

伯兮

子夏《序》：「刺時也。言君子行役，爲王前驅，過時而不返焉。」

子貢《傳》：「三叔以殷畔，遂伐衛。鄘人從軍，其妻念之。賦《伯兮》。」

伯兮朅兮，邦之桀兮。伯也執殳，爲王前驅。

徐曰：「《伯兮》猶知有王，周德未衰也。《匪風》、《鳲羽》亦然。」

自伯之東，首如飛蓬。豈無膏沐，誰適爲容。

鍾曰：「『適』字甚正，有『之死矢靡他』意。」

其雨其雨，杲杲出日。願言思伯，甘心首疾。

徐曰：「『甘心首疾』，模寫情事可念。古詩『枯桑知天風，海水知天寒。入門各自媚，誰肯相爲言』，佛經云：『如人飲水，冷暖自知。』」

焉得諼草，言樹之背。願言思伯，使我心痗。

陸曰：「先下『焉得』二字，轉到不願得，更有深情。」

【眉批】

按《傳》，此篇入《鄘風》。

有狐

子夏《序》：「刺時也。衛之男女失時，喪其妃耦焉。古者國有凶荒，則殺禮而多昏，會男女之無夫家者，所以育人民也。」

子貢《傳》：「□亂民貧，君子傷之，賦《有狐》。子曰：『見惻隱之仁焉。』」闕首一字。

有狐綏綏，在彼淇梁。心之憂矣，之子無裳。

唐曰：「『之子無裳』何預伊事，與子縫裳，隱然言外。」

有狐綏綏，在彼淇厲。心之憂矣，之子無帶。

有狐綏綏，在彼河側。心之憂矣，之子無服。

鍾曰：「各末二句，不相干碍，妙！」

【眉批】

按《傳》，此篇在《鄘風》。闕文當是「國」。

木瓜

子夏《序》：「美齊桓公也。衛國有狄人之敗，出處于漕。齊桓公救而封之，遺之車馬器服焉。衛人思之，欲厚報之而作是詩也。」

子貢《傳》：「朋友相贈，賦《木瓜》。子曰：『見苞苴之禮行焉。』」

投我以木瓜，報之以瓊琚。匪報也，永以爲好也。

投我以木桃，報之以瓊瑶。匪報也，永以爲好也。

投我以木李，報之以瓊玖。匪報也，永以爲好也。

魏曰：「看來人情泛然，贈答亦只如是，絶不見有淫奔意。朱傳如《静女》之類，似過解。」鍾曰：「千古交情，盡此數語。覺『報』、『施』兩字，淺俗不能出口矣。『匪報』一語，宜三復之。」濛初曰：「齊桓存亡衛而衛忘亡，故作此感恩之詩。夫子録之，于《衛風》之終，《王風》之前，正以見有齊桓霸業，而後中國始知有王耳，與『微管仲，吾其被髮左衽』同意。必曰淫詩，冤哉。」又曰：「三章並垂，却止次章用爲故實。從來詩亦有幸不幸。」

【眉批】

按《傳》，此篇在《鄘風》。

王

黍離

子夏《序》：「閔宗周也。周大夫行役，至於宗周，過故宗廟宮室，盡爲禾黍。閔周室之顛覆，徬徨不忍去而作是詩也。」

子貢《傳》：「王世子宜臼弑其君，幽王自立于雒。尹伯封過西都而傷之，賦《黍離》。」

彼黍離離，彼稷之苗。行邁靡靡，中心摇摇。知我者謂我心憂，不知我者謂我何求。悠悠蒼天，此何人哉。

陸曰：「《小弁》『踧踧周道』二句，若預知有《黍離》之日。」鍾曰：「只還他『彼』字，不還他何地，更深。」又曰：「『知我者謂我心憂，不知我者謂我何求』，蓋以黍離爲固然，而不復知此爲何地，此詩之作爲何由矣，那得不哭。」濛初曰：「但言心憂，不言其故。但言何人，不言其人。詩家大抵愈傷愈苦，愈刺愈隱，纔見無限深情。不似後人動即一盤托出。」

彼黍離離，彼稷之穗。行邁靡靡，中心如醉。知我者謂我心憂，不知我者謂我何求。悠悠蒼天，此何人哉。

彼黍離離，彼稷之實。行邁靡靡，中心如噎。知我者謂我心憂，不知我者謂我何求。悠悠蒼天，此何人哉。

【總評】徐曰：「此詩較箕子《麥秀》之歌，便有質文之異。」濛初曰：「詩自是風體，豈得曰因東遷而降雅爲風邪？」

君子于役

子夏《序》：「刺平王也。君子行役無期度，大夫思其危難以風焉。」

子貢《傳》：「戍者不歸，室家思怨，賦《君子于役》。」

沈曰：「《草蟲》、《殷靁》，平淡之思也。《于役》，哀傷之思也。世有盛衰，而婦人女子之口傳之，此之謂風也。」

君子于役，不知其期，曷至哉？雞栖于塒，日之夕矣，羊牛下來。君子于役，如之何勿思？

君子于役，不日不月，曷其有佸？雞栖于桀，日之夕矣，羊牛下括。君子于役，苟無饑渴。

陸曰：「通詩語意句法，俱參差變換。惟兩喚『君子于役』，及『雞栖』三句不變，似是寬閒語，正是寫情深至處。」沈曰：「『日之夕矣』猶唐人云『月明花落又黄昏』，有無限感慨。『如之何勿思』，沉回綿邈，不能已已，然尚有思也。曰『苟無饑渴』，則知思之無可奈何，而但冀其生還，思益深矣。各末二句，復提唱『君子于役』，大有意味可玩。」濛初曰：「『雞栖』、『牛羊下』，不過點綴日夕光景，因念當此而君子在外，那得不思，本自了然。若云感畜産之有節，此婦安得有此腐想？《鶴林玉露》曰：『牛背笛聲，兩兩來歸，而月印前溪矣。』即是此景，但憂樂之不同耳。亦可解畜産之有節耶？」徐曰：「『日之夕矣』，中一句關上下句，如此句法，古文中亦罕見。」鍾曰：「『不知德行』，深得妙。『苟無饑渴』，淺得妙。愈淺愈深。」

【眉批】

按《傳》，此篇在《揚之水》後。

君子陽陽

子夏《序》：「閔周也。君子遭亂，相招爲禄仕，全身遠害而已。」

子貢《傳》：「□王好音，大夫風之，賦《君子陽陽》。」

沈曰：「嘗疑朱子以此詩爲前篇婦人所作。果爾，則詞意樂易，較《汝墳》猶加一等，豈可望于東遷之日乎？諸説皆以爲賢者居亂世而爲伶官，相招執役之詞。程子云：『陽陽，不任憂責，全身自樂而已。』君子居亂之狀如是。其説自佳，且與《序》説合。若從朱説，則閨闥之中，無端而執簧、執翿，由房由敖，殊亦無謂。」

君子陽陽，左執簧，右招我由房。其樂只且。

君子陶陶，左執翿，右招我由敖。其樂只且。

【眉批】

按闕字不知爲何王，不敢臆擬。

揚之水

子夏《序》：「刺平王也。不恤其民，而遠屯戍于母家，周人怨思焉。」

子貢《傳》：「荆伐申，平王以周師戍申。周人怨之，賦《𣶒之水》。」

揚之水，不流束薪。彼其之子，不與我戍申。懷哉懷哉，曷月予還歸哉。

揚之水，不流束楚。彼其之子，不與我戍甫。懷哉懷哉，曷月予還歸哉。

揚之水，不流束蒲。彼其之子，不與我戍許。懷哉懷哉，曷月予還歸哉。

沈曰：「不明言役非其職，而但言思室家，詩人微婉之意如此。」濛初曰：「室家無從戍之事，王人無別戍之職。因有非職之役，遂作無端之思。正見善寫怨處。不則云：『我戍未定，靡使歸聘耳。』何至怨室家之不我俱耶。」

【眉批】

按《傳》，此篇在《君子于役》前。一是戍者之怨，一是室家之怨也。

按「揚」字傳篆文，從叢從昜。考韻篆無此字，疑即「揚」字而古篆文故異耳。

中谷有蓷

子夏《序》：「閔周也。夫婦日以衰薄，凶年饑饉，室家相棄爾。」

子貢《傳》：「京師饑，民流而怨，賦《中谷》。」

中谷有蓷，暵其乾矣。有女仳離，嘅其嘆矣。嘅其嘆矣，遇人之艱難矣。

中谷有蓷，暵其修矣。有女仳離，條其歗矣。條其歗矣，遇人之不淑矣。

中谷有蓷，暵其濕矣。有女仳離，啜其泣矣。啜其泣矣，何嗟及矣。

無名氏曰：「《黍離》而後，周無君矣。《中谷》之嘆，其《離騷》美人之思乎，其音節亦與《離騷》同。

作寓言讀，乃知此詩之佳甚。勿捫燭作日也。」鍾曰：「二『遇』字義命之言，末語促而悲。」

兔爰

子夏《序》：「閔周也。桓王失信，諸侯背叛，搆怨連禍，王師喪敗，君子不樂其生焉。」

子貢《傳》：「萇弘忠于王，晉趙鞅殺之。周人傷之，賦《有兔》。」

有兔爰爰，雉離于羅。我生之初，尚無爲。我生之後，逢此百罹 。尚寐無吪。

徐曰：「禍及君子，便見得天下多事。」鍾曰：「『我生之初，尚無爲』，非極。末語慘極，不堪多讀。」

唐曰：「後人詩云：『安得中山千日酒，酩然直到太平時。』正尚寐無吪之意。」

有兔爰爰，雉離于罦。我生之初，尚無造。我生之後，逢此百憂。尚寐無覺。

有兔爰爰，雉離于罿。我生之初，尚無庸。我生之後，逢此百凶。尚寐無聰。

葛藟

子夏《序》：「王族刺平王也。周室道衰，棄其九族焉。」

子貢《傳》：「平王之族，流散而□，賦《葛藟》。」「而」下闕一字。

緜緜葛藟，在河之滸。終遠兄弟，謂他人父。謂他人父，亦莫我顧。

緜緜葛藟，在河之涘。終遠兄弟，謂他人母。謂他人母，亦莫我有。

緜緜葛藟，在河之漘。終遠兄弟，謂他人昆。謂他人昆，亦莫我聞。

鍾曰：「依人之難，千古同慨。」濛初曰：「謂他人父、母、昆，所謂不應親者，强求親也。離析失所之慘，宛然可涕。」

【眉批】

按闕文當是「怨」字。

采葛

子夏《序》：「懼讒也。」

子貢《傳》：「王好纔，大夫憂之，賦《采葛》。」

彼采葛兮，一日不見，如三月兮。

彼采蕭兮，一日不見，如三秋兮。

彼采艾兮，一日不見，如三歲兮。

唐曰：「古語云：『一日不朝，其間容刀。』」鍾曰：「情語到至處，不論邪正，動人則一。」

大　車

子夏《序》：「刺周大夫也。禮義陵遲，男女淫奔，故陳古以刺今大夫，不能聽男女之訟焉。」

子貢《傳》：「周人行役，而訊其室家，賦《大車》。」

大車檻檻，毳衣如菼。豈不爾思，畏子不敢。

大車哼哼，毳衣如璊。豈不爾思，畏子不奔。

穀則異室，死則同穴。謂予不信，有如皦日。

鍾曰：「詞意工甚，開後世《子夜》諸曲之音。」

丘中有麻

子夏《序》：「思賢也。莊王不明，賢人放逐，國人思之而作是詩也。」

子貢《傳》：「留子賢而退隱，周人嘉之，賦《丘中》。」

丘中有麻，彼留子嗟。彼留子嗟，將其來施施。

丘中有麥，彼留子國。彼留子國，將其來食。

丘中有李，彼留之子。彼留之子，貽我佩玖。

【眉批】

《傳》《王風》後即次風。

孔門兩弟子言詩翼

吳興凌濛初輯

國風三

鄭

緇衣

子夏《序》：「美武公也。父子並爲司徒，善于其職，國人宜之，故美其德以明有國善善之功焉。」

子貢《傳》：「鄭武公養賢而賦《緇衣》。子曰：『於《緇衣》見好賢之至也。』」

緇衣之宜兮，敝，予又改爲兮。適子之館兮，還，予授子之粲兮。

徐曰：「上下每兩句相連，自爲一意，而文義不斷。」濛初曰：「『敝』字、『還』字，俱略讀，句法奇創，從來讀作『敝予』，『還予』者憒憒。」

緇衣之好兮，敝，予又改造兮。適子之館兮，還，予授子之粲兮。

緇衣之蓆兮，敝，予又改作兮。適子之館兮，還，予授子之粲兮。

【總評】

鍾曰：「此詩好德至矣，然要看『改衣』、『適館』、『授粲』，皆尋常事、尋常語，反覆周旋無已之意，即在其中，只是个真。」又曰：「此詩言好德，却不説出『德』字，止首一語微露之。」濛初曰：「紫陽誤認『鄭聲淫』一語，遂懷一僻于胸中，故止《緇衣》、《叔于田》、《清人》之章章可考，及《羔裘》、《東門》、《鷄鳴》之無語可疑者，不能牽合，餘悉硬差作淫奔，並《子衿》亦不免故入于『挑達』二字，最爲寃抑。此詩若非夫子好賢一大證，坐以淫詞，語意更近。」

將仲子

子夏《序》：「刺莊公也。不勝其母以害其弟，弟叔失道而公弗制，祭仲諫而公弗聽，小不忍以致大亂焉。」

子貢《傳》：「鄭莊公封弟段于京，祭足諫之不聽，大夫風之，賦《將仲子》。」

將仲子兮，無踰我里，無折我樹杞。豈敢愛之？畏我父母。仲可懷也，父母之言，亦可畏也。

將仲子兮，無踰我墻，無折我樹桑。豈敢愛之？畏我諸兄。仲可懷也，諸兄之言，亦可畏也。

鍾曰：「漢樂府『鷄鳴狗吠，兄嫂當知之』，即此意。」

將仲子兮，無踰我園，無折我樹檀。豈敢愛之？畏人之多言。仲可懷也，人之多言，亦可畏也。

叔于田

子夏《序》：「刺莊公也。叔處于京，繕甲治兵以出于田，國人説而歸之。」

子貢《傳》：「大叔段多才而好勇，鄭人愛之，賦《叔于田》。」

叔于田，巷無居人。豈無居人？不如叔也，洵美且仁。

叔于狩，巷無飲酒。更奇。豈無飲酒？不如叔也，洵美且好。

叔適野，巷無服馬。更奇。豈無服馬？不如叔也，洵美且武。

鍾曰：「『巷無居人』、『巷無飲酒』、『巷無服馬』，似索居空世，真有所見之言。想亦奇，情亦深。」又曰：「不必問叔段與作詩美叔段者何如，此詩語意却工。」

大叔于田

子夏《序》：「刺莊公也。叔多才而好勇，不義而得衆也。」

子貢《傳》：「段不義而得衆，鄭人歸之，賦《大叔》。」

沈曰：「段以君之介弟，日與市井群小謟諛馳騁，又好勇恃武，搏虎以獻，氣陵其兄，從容畢事，旁若無人，豈令終之器乎？莊公稍有人心，則當置輔弼以正之；不然，則立法制以防之；又不然，垂涕泣以道之。舍曰『不然』，而一則曰『無庸將自及』，再則曰『厚將崩』，是叔之恃材黨衆，人以爲必敗之徵，而公喜其爲將決之毒矣。微公養之，叔亦何敢至此。故《序》云『刺莊公』，《左氏》曰『譏失教』，六經之旨一也。」

叔于田，乘乘馬，執轡如組，兩驂如舞。叔在藪，火烈具舉。襢裼暴虎，獻于公所。將叔無狃，戒其傷女。

鍾曰：「看來叔段無大志，一馳馬試劍公子耳。其徒作詩夸美，亦不過媚子狎客、從臾游戲者。不然，且爲曲沃武公矣。看『將叔無狃，戒其傷女』及『我聞有命，不敢以告人』，氣象大小深淺，相去多少。」叔于田，乘乘黄，兩服上襄，兩驂鴈行。叔在藪，火烈具揚。叔善射忌，又良御忌，抑磬控忌，抑縱送忌。叔于田，乘乘鴇，兩服齊首，兩驂如手。叔在藪，火烈具阜。叔馬慢忌，叔發罕忌，抑釋掤忌，抑鬯弓忌。

鍾曰：「形容驂服字法，愈變愈妙。」徐曰：「始而『具舉』，既而『具揚』，終而『具阜』，形容火勢以漸而熾，乃知詩人體物之妙，一字不苟。」陸曰：「末四句得意可掬。」無名氏曰：「愛之甚，故夸之詳，此祭仲、子吕輩所以欲早爲之所也。」

【總評】

無名氏曰：「炳烺雄俊，縱之則錦綉齊鋪，按之則金針密度。又如淮陰用兵，雖復多多，紀律不爽。」又曰：「亦是《長楊賦》，亦是古游俠。」徐曰：「讀以上二詩，固足以見陜洛之間，悖公死黨之習，亦足以見其鼓勇任俠之氣。」鍾曰：「讀《叔于田》二篇，莊公之必殺段也，爲甚矣。」

清人

子夏《序》：「刺文公也。高克好利而不顧其君，文公惡而欲遠之不能。使高克將兵而禦敵于竟，陳其師旅，翱翔河上，久而不召。師散而歸，高克奔陳。公子素惡高克進之不以禮，文公退之不以道，危國亡師之本，故作是詩也。」

子貢《傳》：「鄭文公使高克禦狄于境，不召師潰，大夫憂之，賦《清人》。」

清人在彭，駟介旁旁。二矛重英，河上乎翱翔。

清人在消，駟介麃麃。二矛重喬，河上乎逍遥。

清人在軸，駟介陶陶。左旋右抽，中軍作好。

沈曰：「此詩作于既散之後，而尚曰『翱翔』、曰『逍遥』、曰『作好』，若猶未散者，詩人微婉之詞。」鍾曰：「傷無紀也，更不必説到師潰。」又曰：「『二矛重喬』、『左旋右抽』，造語奇而且約。」

羔裘

子夏《序》：「刺朝也。言古之君子以刺其朝焉。」

子貢《傳》：「子皮爲政，忠直文武，子産美之，賦《羔求》。」

羔裘如濡，洵直且侯。彼其之子，舍命不渝。看一「舍」字。

徐曰：「『舍』字與『敬以作所』、『所其無逸』二『所』字義同。字法能品。」

羔裘豹飾，孔武有力。彼其之子，邦之司直。看一「司」字。

羔裘晏兮，三英粲兮。彼其之子，邦之彦兮。

鍾曰：「合上二章，見真氣節從真文章出。」

【眉批】

按此《傳》篆本缺，從貴竹本補。餘仿此。

按《傳》，此篇在《檜風》。「檜」作「鄶」。

遵大路

子夏《序》：「思君子也。莊公失道，君子去之，國人思望焉。」

子貢《傳》：「鄶人夫婦相棄。□□□□□大路。」「棄」下闕五字。

遵大路兮，摻執子之袪兮。無我惡兮，不寁故也。

遵太路兮，摻執子之手兮。無我魗兮，不寁好也。

無名氏曰：「明是有情語耳。孟郊『欲別牽郎衣，郎今到何處？不恨歸未遲，莫向臨邛去』，正此意也。以爲棄婦詞，覺直，遂無味矣。」

【眉批】

按「大」字上當是「賦」字。

女曰鷄鳴

子夏《序》：「刺不説德也。陳古義以刺今，不説德而好色也。」

子貢《傳》：「夫婦相戒以勤生樂善，□□美之，賦《女曰鷄鳴》。」「善」下闕二字。

女曰鷄鳴，士曰昧旦。子興視夜，明星有爛。將翱將翔，弋鳧與鴈。

沈曰：「首二句，有蹶然興起意。」鍾曰：「許多德業生于此二語。」徐曰：「『將翱將翔』，《淮南子》『非争其先也，而争其得時也』。」

弋言加之，與子宜之。宜言飲酒，與子偕老。琴瑟在御，莫不静好。

知子之來之，雜佩以贈之。知子之順之，雜佩以問之。知子之好之，雜佩以報之。

徐曰：「『順』字，即《莊子》所謂『莫逆于心』是也。」

【總評】

鍾曰：「《雄雉》之詩，離居則勉以知德。《鷄鳴》之詩，相聚則導以取友。如此婦人，良師友也。」無名氏曰：「須識得勤業親賢，皆鷄鳴時商量語耳。若但就兩項看鄭夫婦，是看仙人手中扇者。」濛初曰：「通詩警勸勗勉，意氣慷慨，而語境仍自芊綿，的似賢媛之語。」

【眉批】

按此《傳》篆本缺。

闕文非「君子」即「國人」二字。

有女同車

子夏《序》：「刺忽也。鄭人刺忽之不昏于齊。大子忽嘗有功于齊，齊侯請妻之。齊女賢而不取，卒以無大國之助，至于見逐。故國人刺之。」

子貢《傳》：「鄭世子忽辭昏于齊，祭仲諫之，賦《有女同車》。」

有女同車，顔如舜華。將翱將翔，佩玉瓊琚。彼美孟姜，洵美且都。

唐曰：「《神女賦》『婉若游龍乘雲翔』，《洛神賦》『竦輕軀以鶴立，若將飛而未翔』。」

有女同行，顔如舜英。將翱將翔，佩玉將將。彼美孟姜，德音不忘。

山有扶蘇

子夏《序》：「刺忽也。所美非美然。」

子貢《傳》：「鄭靈公棄其世臣，而任狂狡。子良憂之，賦《扶胥》。」

山有扶蘇，隰有荷華。不見子都，乃見狂且。

山有橋松，隰有游龍。不見子充，乃見狡童。

鍾曰：「要知末二語，一字不是正説，方妙。」

【眉批】

按《傳》，此篇名《扶胥》。

「狂狡」，人名。見《左傳》。

蘀兮

子夏《序》：「刺忽也。君弱臣强，不倡而和也。」

子貢《傳》：「公子五争，齊楚交伐，鄭國大亂。其臣謀欲諫而救之，賦《蘀兮》。」

蘀兮蘀兮，風其吹女。叔兮伯兮，倡予和女。

蘀兮蘀兮，風其漂女。叔兮伯兮，倡予要女。

鍾曰：「『倡』、『和』二字，明明朋友，何必説到男女上。」

【眉批】

按「蘀」字篆本闕。

狡童

子夏《序》：「刺忽也。不能與賢人圖事，權臣擅命也。」

子貢《傳》：「子良諫用狂狡，靈公不聽，將去其國，賦《麥秀》。」此《傳》篆本缺。

彼狡童兮，不與我言兮。維子之故，使我不能餐兮。

彼狡童兮，不與我食兮。維子之故，使我不能息兮。

鍾曰：「『維子之故』比『豈無他人』更謔得妙些。」濛初曰：「狡童，即稚且狂意。箕子《麥秀之歌》已以此指紂矣。朱子以忽非童年駁《小序》，彼紂亦豈童年耶？」

【眉批】按《傳》，有《麥秀》而無《狡童》。貴竹本云：「或即《狡童》也。」豈以《麥秀之歌》有「狡童」字同，遂亦以命名耶？

褰裳

子夏《序》：「思見正也。狂童恣行，國人思大國之正己也。」

子貢《傳》：「子良去國，不忘諫君，賦《褰裳》。」

子惠思我，褰裳涉溱。子不我思，豈無他人？狂童之狂也且。

子惠思我，褰裳涉洧。子不我思，豈無他士？狂童之狂也且。

無名氏曰：「多情之語，翻似無情。」

丰

子夏《序》：「刺亂也。昏姻之道缺，陽倡而陰不和，男行而女不隨。」

子貢《傳》：「公子小白適莒，齊人慕之，賦《丰》。」

子之丰兮，俟我乎巷兮。悔予不送兮。

子之昌兮，俟我乎堂兮。悔予不將兮。
衣錦褧衣，裳錦褧裳。叔兮伯兮，駕予與行。
裳錦褧裳，衣錦褧衣。叔兮伯兮，駕予與歸。
鍾曰：「叔伯即前人，望其後申前約也。朱《注》痴甚。」

【眉批】

按《傳》，此篇在《齊風》。

東門之墠

子夏《序》：「刺亂也。男女有不待禮而相奔者也。」
東門之墠，茹藘在阪。其室則邇，其人甚遠。
鍾曰：「秦詩『所謂伊人』六句，便是『其室則邇，其人甚遠』妙注。坐以淫奔，枉甚。」又曰：「千古相思深微，盡此二語，亦説得其人甚高。」
東門之栗，有踐家室。豈不爾思，子不我即。語亦妙。

【眉批】

按《傳》，無此篇。

風雨

子夏《序》：「思君子也。亂世則思君子不改其度焉。」

子貢《傳》：「齊桓公相筦仲以匡天下，齊人美之，賦《風雨》。」

風雨淒淒，鷄鳴喈喈。既見君子，云何不夷。

唐曰：「徧咏淫風，未有稱所私爲君子者，亦可爲非淫之一證。」徐曰：「『風雨淒淒，鷄鳴喈喈』，有天地晦冥異喙争嘵之感意。」

風雨瀟瀟，鷄鳴膠膠。既見君子，云何不瘳。

風雨如晦，鷄鳴不已。既見君子，云何不喜。

濛初曰：「『如晦』，如月晦日也。寫黑暗之狀如畫。且以兩字變疊字作末章，便覺不板。詩家之法，其妙可以意會。」

【眉批】

按《傳》，此篇在《齊風》。

子衿

子夏《序》：「刺學校廢也。亂世，則學校不修焉。」

子貢《傳》：「東遷學廢，君子傷之，賦《子衿》。」

徐曰：「朱子謂此詩儇薄，不可施之學校，而《白鹿洞賦》『廣青衿之疑問』，則仍用《序》説。」

青青子衿，悠悠我心。縱我不往，子寧不嗣音。

青青子佩，悠悠我思。縱我不往，子寧不來。

鍾曰：「不必拘往來常套也，與《木瓜》同意。」

挑兮達兮，在城闕兮。一日不見，如三月兮。亦是相思盡頭語。

鍾曰：「坐《青衿》以淫奔，當加罪一等矣。止以『挑達』二字作證佐，刻哉，甚矣，考亭之故入也。」

【眉批】

按《傳》，此篇在《王風》。

揚之水

子夏《序》：「閔無臣也。君子閔忽之無忠臣良士，終以死亡而作是詩也。」

子貢《傳》：「鄶人兄弟相棄。□□□□□，賦《碭之水》。」

鍾曰：「畏間也，亦是朋友之詩。」濛初曰：「味『終鮮兄弟』、『維予與女』、『維予二人』，似非男女相謂之言，彼淫與不淫，何與兄弟之鮮與不鮮，二人之淫心，豈因無兄弟而起者耶！《小序》云：『閔無臣也。』或是君臣，或是友朋要誓之詞耳。」

揚之水，不流束楚。終鮮兄弟，維予與女。無信人之言，人實迋女。

揚之水，不流束薪。終鮮兄弟，維予二人。無信人之言，人實不信。

【眉批】

按《傳》，此篇在《檜風》。

出其東門

子夏《序》：「閔亂也。公子五争，兵革不息，男女相棄，民人思保其室家焉。」

子貢《傳》：「鄭有貞士，宜其□□□□□俗，賦《出其東門》。」其下闕五字。

出其東門，有女如雲。雖則如雲，匪我思存。縞衣綦巾，聊樂我員。

無名氏曰：「『匪我思存』，此中大有骨力，破得此關，當以出世男子許之矣。」又曰：「『縞衣綦巾，聊樂我員』，正以著『如雲』之女，『匪我思存』耳。不然，又是何妻苟惑。」鍾曰：「當看『思』字、『樂』字，以樂止思，妙理妙法。」

出其闉闍，有女如荼。雖則如荼，匪我思且。縞衣茹藘，聊可與娱。

【眉批】

按此《傳》篆本缺。

闕文疑是「室家不溺流」五字。

野有蔓草

子夏《序》:「思遇時也。君之澤不下流,民窮于兵革,男女失時,不期而會焉。」

子貢《傳》:「臼季遇郤缺于冀,薦于文公。□人美之,賦《野有蔓艸》。」「公」下闕一字。

野有蔓草,零露漙兮。有美一人,清揚婉兮。邂逅相遇,適我願兮。

鍾曰:「晤好友也,即班荆意。」

野有蔓草,零露瀼瀼。有美一人,婉如清揚。妙句。邂逅相遇,與子偕臧。

徐曰:「『婉如清揚』,猶言清揚婉如,倒句法也。」

【眉批】

按《傳》,此篇在《唐風》。

闕字當是「晉」字。篆文稍存。

溱洧

子夏《序》:「刺亂也。兵革不息,男女相棄,淫風大行,莫之能救焉。」

子貢《傳》：「鄭靈公好倡，國人化□□子譏之，賦《溱洧》。」「化」下闕二字。

溱與洧，方渙渙兮。士與女，方秉蕑兮。女曰觀乎？士曰既且。且往觀乎？洧之外，洵訏且樂。維士與女，伊其相謔，贈之以芍藥。

鍾曰：「『方』字，未已之意，不敗興之言也。」

溱與洧，瀏其清矣。士與女，殷其盈矣。女曰觀乎？士曰既且。且往觀乎？洧之外，洵訏且樂。維士與女，伊其將謔，贈之以芍藥。

鍾曰：「後人詩語用『相』、『將』字本此。」

【總評】

無名氏曰：「安章頓句之妙，巧奪天孫。」徐曰：「夫子所存三百篇，皆雅詩也。中有刺淫之什，亦一時君子憫時悼俗之所爲。《小序》之説，斷無可疑。止緣『鄭聲淫』之一語，遂一筆竄削，以爲男女相奔之作。又《樂記》通言『鄭衛』，而《論語》止言『鄭聲』，遂于《鄭風》改作『女惑男』，而《衛風》改作『男惑女』。輾轉遷就，但憑胸臆而已。夫聲與詩，其義不同。詩者樂章，載于篇翰。聲者樂音，出于絲竹。所謂雅樂者，其曲折抑揚，咸有度數，聽之者使人和平整肅，故謂雅。世下風移，趨求悦耳，變爲柔曼之調，音律凄婉，弄引煩雜，所謂繁聲，所謂靡靡之樂，所謂狄成滌濫之音，聽之使人心意蕩溢，不能自禁，故謂之淫焉。而鄭、衛並居東土，有師延之遺聲，獨長于此，且鄭爲尤甚，如《春秋傳》所稱師悝、師觸、師筏、師慧諸人，以爲上賂行于諸侯，此其徵也。若其詩則鄭衛所奏之詩，與雅樂所奏之詩，必然無異，獨其音聲順耳，蕩人情性，非復作樂之本意，是以舉爲至戒焉。其曰音慢，不曰其詩慢也。其曰聲淫，不曰其詩淫也。若以諸詩爲淫奔者之作，目爲淫聲，夫子何以存而不削乎？宣子之聘，諸大夫何爲稱之以喻志乎？且此爲鄭聲，則所云雅樂者，定是大小《雅》也。辭義邪正，天淵不啻，何以曰似而非，若莠之于苗、紫之于朱乎？而所云淫樂之曚者，徒以其能奏此輩鄙穢褻瀆之詞而已，亦何難之有？列國之工，何遽不能？而獨貴師慧諸人以爲賂于上國乎？」

【眉批】

闕文當是「之君」二字。按此《傳》篆本缺。

齊

鷄鳴

子夏《序》：「思賢妃也。哀公荒淫怠慢，故陳賢妃貞女，夙夜警戒相成之道焉。」

子貢《傳》：「桓公好内，衛姬箴之，賦《鷄鳴》。」

「鷄既鳴矣，朝既盈矣。」「匪鷄則鳴，蒼蠅之聲。」

徐曰：「『鷄』、『蠅』兩聲自别，妃心警畏，聞蠅即以爲鷄。但警畏之意，詩人却不發出，放在言外。大概風人之致，借有爲機，倚無爲用，説處不是詩，詩在不説處。譬如車輪之轉，非轂非軸，妙在于空。又如鼓響于桴，聲不在木。火傳于薪，光不在燼。若將意思説盡，便如嚼蠟無味，又如力盡箭墜，氣勢索然矣。」鍾曰：「情在景中深一層，妙手妙手。」無名氏曰：「突然而起，突然而翻，真是奇筆。」

「東方明矣，朝既昌矣。」「匪東方則明，月出之光。」
「蟲飛薨薨，甘與子同夢。」「會且歸矣，無庶予子憎。」

鍾曰：「『蟲飛薨薨』，寫景入妙。『同夢』二字，情理深微。『予』字苦想。」

【總評】

無名氏曰：「鷄鳴之與蠅聲，日出之與月光，豈不昭然易辨。臣工朝會，何至俟而且歸，即三告話言，亦不必有之事。直是詩人好奇，設出此一段光景，以描寫賢妃不敢即安之意耳。然非有絶人膽筆，必不能作。」

【眉批】

「箴」，貴竹本作「諴」，胡介切。

還

子夏《序》：「刺荒也。哀公好田獵，從禽獸而無厭，國人化之，遂成風俗。習于田獵謂之賢，閑于馳逐謂之好焉。」

子貢《傳》：「齊俗習于田，賦《營》。」

子之還兮，遭我乎峱之間兮。並驅從兩肩兮，揖我謂我儇兮。
子之茂兮，遭我乎峱之道兮。並驅從兩牡兮，揖我謂我好兮。

子之昌兮，遭我乎猺之陽兮。並驅從兩狼兮，揖我謂我臧兮。

徐曰：「馳驟相遭，互爲稱譽。『還儇』、『茂好』、『昌臧』，俱酬報之言，字義各相應。」鍾曰：「想見齊兒擊技語態，然有推讓意，太公之風也。」無名氏曰：「宛轉關生，巧于自譽，豪爽駿快，讀之猶覺有控弦鳴鏑、鼻端出火、耳後生風之氣。」

【眉批】

按《傳》篆本是「嫈」字。《詩》無《嫈》名。詳《傳》語意，當即是《還》。

著

子夏《序》：「刺時也。時不親迎也。」

子貢《傳》：「齊俗昏禮不親，君子譏之，賦《著》。」

俟我於著乎而，充耳以素乎而，尚之以瓊華乎而。

俟我於庭乎而，充耳以青乎而，尚之以瓊瑩乎而。

俟我於堂乎而，充耳以黄乎而，尚之以瓊英乎而。

無名氏曰：「譏刺盡在言外。借新婦之口，寫詩人之意，以客代主也。若作新婦自言，寧無唐突？」又曰：「語最温厚，若其不知也者。句法奇怪，從所未有。」

東方之日

子夏《序》：「刺衰也。君臣失道，男女淫奔，不能以禮化也。」

子貢《傳》：「莊公無禮，齊人刺之，賦《東方之日》。」

鍾曰：「疑亦密友往來過從之詩。」

東方之日兮，彼姝者子，在我室兮。在我室兮，履我即兮。

東方之月兮，彼姝者子，在我闥兮。在我闥兮，履我發兮。

東方未明

子夏《序》：「刺無節也。朝廷興居無節，號令不時，挈壺氏不能掌其職焉。」

子貢《傳》：「齊大夫相戒以勤于公，賦《東方未明》。」

東方未明，顛倒衣裳。顛之倒之，自公召之。

東方未晞，顛倒裳衣。倒之顛之，自公令之。

鍾曰：「君臣間一種匆迫之氣，固衰亂之象也。」

折柳樊圃，狂夫瞿瞿。不能晨夜，笑盡痴人。不夙則莫。

沈曰：「興居無節，主于晏朝邊多，獨舉其早言之，而末句始曰『不夙則莫』，含蓄隱見，詩人之詞然也。」

南山

子夏《序》：「刺襄公也。鳥獸之行，淫乎其妹，大夫遇是惡，作詩而去之。」

子貢《傳》：「襄公留姜氏于齊，魯桓公不能制，齊人刺之，賦《南山》。」

南山崔崔，雄狐綏綏。魯道有蕩，齊子由歸。既曰歸止，曷又懷止。

鍾曰：「『齊子』二字，書法甚嚴。」

葛屨五兩，冠緌雙止。魯道有蕩，齊子庸止。既曰庸止，曷又從止。

藝麻如之何？衡從其畝。取妻如之何？必告父母。既曰告之，曷又鞠止。

析薪如之何？匪斧不克。取妻如之何？匪媒不得。既曰得止，曷又極止。

鍾曰：「四『如之何』，深思之詞。禮法二字，穆然凜然，俱在其中。」濛初曰：「全以詰問法，令其難以置對，汗泚可死。」

甫田

子夏《序》：「大夫刺襄公也。無禮義而求大功，不修德而求諸侯，志大心勞，所以求者非其道也。」

子貢《傳》：「景公欲求諸侯，大夫風之，賦《甫田》。」

無田甫田，維莠驕驕。無思遠人，勞心忉忉。

無田甫田，維莠桀桀。無思遠人，勞心怛怛。

婉兮孌兮，總角丱兮。未幾見兮，突而弁兮。

鍾曰：「宜書座右，銷人躁心。」

【總評】

鍾曰：「一反一正，無折腰之病，好法好力。」無名氏曰：「前二章説得何等鄭重，末章説得何等便易，乃知聖賢垂訓不獨命意，即其詞氣，亦自不同。」

盧令

子夏《序》：「刺荒也。襄公好田獵畢弋，而不修民事，百姓苦之，故陳古以風焉。」

子貢《傳》：「襄公好田，大夫風之，賦《盧》。」

盧令令，其人美且仁。

盧重環，其人美且鬈。

盧重鋂，其人美且偲。

【眉批】

按《傳》無「令」字。

敝笱

子夏《序》：「刺文姜也。齊人惡魯桓公微弱，不能防閑文姜，使至淫亂，爲二國患焉。」

子貢《傳》：「魯桓公會襄公于濼，遂與夫人姜氏如齊。齊人刺之，賦《敝笱》。」

敝笱在梁，其魚魴鰥。齊子歸止，其從如雲。

敝笱在梁，其魚魴鱮。齊子歸止，其從如雨。

敝笱在梁，其魚唯唯。齊子歸止，其從如水。

濛初曰：「只一『敝』字，含刺無盡。敝笱而有大魚，蕩女而帶衆從，相宜否耶？思之可爲齒冷。從毛作興，爲義深長。」鍾曰：「只『其從如雲』三句，羞殺齊子，羞殺魯君。」

載驅

子夏《序》：「齊人刺襄公也。無禮義，故盛其車服，疾驅于通道大都，與文姜淫，播其惡于萬民也。」

子貢《傳》：「襄公伐衛，姜氏會之于師。齊人刺之，賦《載驅》。」

載驅薄薄，簟笰朱鞹。魯道有蕩，齊子發夕。字法。

四驪濟濟，垂轡濔濔。魯道有蕩，齊子豈弟。

鍾曰：「『豈弟』，好字面，入此處妙，妙！亦不必解明。」

汶水湯湯，行人彭彭。魯道有蕩，齊子翱翔。

鍾曰：「直書其事，嚴甚。」濛初曰：「説行人，便有口似碑之意。」

汶水滔滔，行人儦儦。魯道有蕩，齊子游敖。

【總評】

徐曰：「明目覥顔，了無顧忌之狀，形容殆盡。」無名氏曰：「車騶如是之盛，魯道如是之顯，行人如是之多，而齊子尚豈弟耶？翱翔耶？游敖耶？」濛初曰：「每章各以三句寫出厚顔，各以末二字摹出淫態。」

猗嗟

子夏《序》：「刺魯莊公也。齊人傷魯莊公有威儀伎藝，然而不能以禮防閑其母，失子之道，人以爲齊侯之子焉。」

子貢《傳》：「魯莊公會齊大夫狩于禚。齊人譏之，賦《猗嗟》。」

猗嗟昌兮，頎而長兮，抑若揚兮，妙于稱人。美目揚兮。巧趨蹌兮，射則臧兮。

猗嗟名兮，美目清兮，儀既成兮。終日射侯，不出正兮，展我甥兮。

濛初曰：「着『我甥』一句，固是含譏，亦以此逗出是齊詩本旨，此詩家之眼。」

猗嗟孌兮，清揚婉兮，舞則選兮，射則貫兮。四矢反兮，以禦亂兮。

濛初曰：「至末句説到禦亂，亦是對針隱刺。」

【總評】

鍾曰：「道他好處，却章章着『猗嗟』二字，其感深矣。」唐曰：「晋樂廣云：『凡人必先稱其所長，則其所短，不言自見。』」沈曰：「諸『則』字，微詞也。曰『則』有不則者矣。」無名氏曰：「稱美之也，實嗟嘆之也。若俗筆則未免露出矣。」又曰：「首章五句威儀，一句技藝。二章三句威儀，二句技藝。末章二句威儀，四句技藝。看他叙處長短間出，極參差錯綜之妙，味之可破排仗陋習。」

魏

葛屨

子夏《序》：「刺褊也。魏地陿隘，其民機巧趨利，其君儉嗇褊急，而無德以將之。」

子貢《傳》：「魏之内子，□□□□□怨之，賦《葛屨》。」「子」下闕五字。

糾糾葛屨，可以履霜。摻摻女手，可以縫裳。要之襋之，好人服之。

徐曰：「本不可以履霜，今一似可以履霜者然，與宜岸宜獄一例，意旨殊佳。」陸曰：「『可以』二字，婉約有味，平平叙下，風刺意旨躍然。」

好人提提，宛然左辟，佩其象揥。維是褊心，是以爲刺。

鍾曰：「褊心人作此清態，尤爲可厭。」

汾沮洳

子夏《序》：「刺儉也。其君儉以能勤，刺不得禮也。」

子貢《傳》：「晉大夫□□□□□□譏之，賦《彼汾》。」「夫」下闕六字。

鍾曰：「儉不中禮，貪忍皆自此生，故詩人譏之。」

彼汾沮洳，言采其莫。彼其之子，美無度。美無度，殊異乎公路。

彼汾一方，言采其桑。彼其之子，美如英。美如英，殊異乎公行。

彼汾一曲，言采其藚。彼其之子，美如玉。美如玉，殊異乎公族。

濛初曰：「只言『美』，又言『異』，一轉語間，不足之意已見。儉不中禮，亦因上褊心億之耳。詩人原不露出，與《葛屨》直將所以爲刺指出者不同。」

【眉批】

按《傳》此篇在《唐風》，名《彼汾》。

園有桃

子夏《序》：「刺時也。大夫憂其君國小而迫，而儉以嗇，不能用其民而無德，日以侵削，故作是詩也。」

子貢《傳》：「魏人憂其國□□□□，賦《園有桃》。」「國」下闕四字。

園有桃，其實之殽。心之憂矣，我歌且謠。不知我者，謂我士也驕。彼人是哉，亡國之言。子曰何其？心之憂矣，其誰知之。其誰知之，蓋亦勿思。

濛初曰：「『我歌且謠』，分明道『肉食者鄙，不合時宜』也。謂『我士也驕』，分明道『寒士不遜，書生饒舌』也。世界往往乃爾。」

園有棘，其實之食。心之憂矣，聊以行國。不知我者，謂我士也罔極。彼人是哉，子曰何其？心之憂矣，其誰知之。其誰知之，蓋亦勿思。

【總評】

沈曰：「『心之憂矣』，以下凡六轉，總是反覆述己之憂，而冀人情之開悟。情詞凄慘，自是衰世之風。」魏曰：「『我歌且謠，聊以行國』，如楚屈原行吟澤畔之謂。」唐曰：「惕之以勿思，正欲動人深長之思也。」

【眉批】

闕文當是「而□無政」。

陟岵

子夏《序》：「孝子行役，思念父母也。國迫而數侵削，役乎大國，父母兄弟離散，而作是詩也。」

子貢《傳》：「魏人□□□□□□□□，賦《陟岵》。」「人」下闕八字。

陟彼岵兮，瞻望父兮。父曰：「嗟，予子行役，夙夜無已。上慎旃哉，猶來無止。」

陟彼屺兮，瞻望母兮。母曰：「嗟，予季行役，夙夜無寐。上慎旃哉，猶來無棄。」

沈曰：「不言己之念父母，而言父母之念己，猶唐人云『遥知兄弟登高處，遍插茱萸少一人』也。詞旨深婉矣。」鍾曰：「倒從父母説起，深一層。『上慎旃哉』，非守身養志人不能道此語。『猶來』者，不敢必之詞，慎心所發也。」無名氏曰：「借父母口詞寫自己心事，是投胎奪舍手。大奇。」濛初曰：「母嗟季，朱子謂婦人愛少子固然，然亦行者偶屬季故。」唐曰：「『猶來』句，氣斷語連，總見其情之迫切處。」

陟彼岡兮，瞻望兄兮。兄曰：「嗟，予弟行役，夙夜必偕。上慎旃哉，猶來無死。」

鍾曰：「望及兄，妙，妙難言。」無名氏曰：「如此便了，更不説到自己身邊，妙絶。」

十畝之間

子夏《序》：「刺時也。言其國削小，民無所居焉。」

子貢《傳》：「魏之君子□□□□□□□之間。」「子」下闕七字。

十畝之間兮，桑者閑閑兮，行與子還兮。

唐云：「十畝之間，如一丘一壑之謂。」

十畝之外兮，桑者泄泄兮，行與子逝兮。

【眉批】

按闕文無非相招隱遁之意。下三字是「賦《十畝》」。

伐　檀

子夏《序》：「刺貪也。在位貪鄙，無功而受禄，君子不得進仕耳。」

子貢《傳》：「魏之君子，□□□□美之，賦《伐檀》。」

坎坎伐檀兮，寘之河之干兮，河水清且漣猗。不稼不穡，胡取禾三百廛兮。不狩不獵，胡瞻爾庭有縣貆兮。彼君子兮，不素餐兮。

徐曰：「五『不』字見勵志。」鍾曰：「無功而食謂之素餐，今已爲其事而不得食其食，乃爲『君子之不素餐』，風勵衰世，責備賢者，不得不深一步也。」濛初曰：「河干清漣，正是待價而不求價，其一種超然世外之況，阿衡莘野，尚父渭濵，正自如此，不必定以失志目之。」無名氏曰：「摹擬想像，説此不稼二段，文章家代字訣也。」

坎坎伐輻兮，寘之河之側兮，河水清且直猗。不稼不穡，胡取禾三百億兮。不狩不獵，胡瞻爾庭有縣特兮。彼君子兮，不素食兮。

坎坎伐輪兮，寘之河之漘兮，河水清且淪猗。不稼不穡，胡取禾三百囷兮。不狩不獵，胡瞻爾庭有縣鶉兮。彼君子兮，不素飧兮。

【總評】

無名氏曰：「忽而叙事，忽而推情，忽而斷制。羚羊掛角，無迹可求。後人更能效步否？」

碩鼠

子夏《序》：「刺重歛也。國人刺其君重歛，蠶食于民，不修其政，貪而畏人，若大鼠也。」

子貢《傳》：「魏人困於□□□□其國，賦《碩鼠》。」「於」下闕四字。

碩鼠碩鼠，無食我黍。三歲貫女，妙語。莫我肯顧。逝將去女，適彼樂土。樂土樂土，爰得我所。

鍾曰：「首句，叫得貪人心寒面熱。」

碩鼠碩鼠，無食我麥。三歲貫女，莫我肯德。逝將去女，適彼樂國。樂國樂國，爰得我直。

碩鼠碩鼠，無食我苗。三歲貫女，莫我肯勞。逝將去女，適彼樂郊。樂郊樂郊，誰之永號。

唐云：「『哀哀寡婦誅求盡，痛哭郊原何處村』，即『永號』之意。」無名氏曰：「通篇皆永號之音，故以自結。」

【眉批】

闕文當是「貪殘，欲去」。

唐

蟋蟀

子夏《序》：「刺晉僖公也。儉不中禮，故作是詩以閔之，欲其及時以禮自虞樂也。此晉也而謂之唐，本其風俗憂深思遠，儉而用禮，乃有堯之遺風焉。」

子貢《傳》：「唐□□□□□□□□《蟋蟀》。」「唐」下闕八字。

蟋蟀在堂，歲聿其莫。今我不樂，日月其除。接上無過文，妙。無已太康，職思其居。好樂無荒，良士瞿瞿。

無名氏曰：「正意直『好樂無荒』四字耳。却從『今我不樂』倒翻來，而急以『無已太康』一句喚醒，何等抑揚，何等轉折。《注》乃云：『方宴樂而遽相警戒，痴贅矣。』掉尾二語，大是韻致。」

蟋蟀在堂，歲聿其逝。今我不樂，日月其邁。無已大康，職思其外。好樂無荒，良士蹶蹶。

蟋蟀在堂，役車其休。今我不樂，日月其慆。無已太康，職思其憂。好樂無荒，良士休休。

鍾曰：「忽說到憂上，作者亦不自知。『休休』二字，善誘。」濛初曰：「『瞿瞿』，『蹶蹶』，勤也。『休休』，則勤所自致耳。忽下『休休』二字，正見非『瞿瞿』、『蹶蹶』，何從有此『休休』。詩家暗中針縫，詩之善于立言如此。」

【總評】

徐云：「《唐》詩言『今我不樂，日月其除』，『今我不樂，日月其慆』，有憂深思遠之意。《秦》詩言『今者不樂，逝者其耋』，『今者不樂，逝者其亡』，有嘆老拊髀之風。讀此二詩，可見風俗之異。」鍾曰：「《出其東門》以樂止思，《蟋蟀》以思止樂，極善居心人也。」

【眉批】

闕字未詳，「蟋」上當有「賦」字。

山有樞

子夏《序》：「刺晉昭公也。不能修道以正其國，有財不能用，有鐘鼓不能以自樂，有朝廷不能洒埽，政荒民散，將以危亡，四鄰謀取其國家而不知，國人作詩以刺之也。」

子貢《傳》：「唐侯□□□□□□□□，賦《山有樞》。」「侯」下闕八字。

山有樞，隰有榆。子有衣裳，弗曳弗婁。子有車馬，弗馳弗驅。宛其死矣，他人是愉。

山有栲，隰有杻。子有廷內，弗洒弗埽。此句形容不作樂，尤入微。子有鐘鼓，弗鼓弗考。宛其死矣，他人是保。

山有漆，隰有栗。子有酒食，何不日鼓瑟。且以喜樂，且以永日。宛其死矣，他人入室。

徐曰：「多憂則覺日短。」又曰：「愁多知夜長，何也？日居憂處獨，慇慇慕遠，雖短似長。應務營業，矻矻勞生，雖長似短。憂則一名，實有二義。」又曰：「此章多『食』字一韻，其聲調較前轉急。二『且』字可味，有姑勿掛念，及時行樂意。」

【總評】

鍾曰：「樂生之情，乃以憂生之音出之。苦調促節，似一部挽歌。風俗情性所至，作者不自知也。」濛初曰：「是前章一輩人、一時語、一樣肚腸，但各一番話頭耳。非晉人曠達語也。」

揚之水

子夏《序》：「刺晉昭公也。昭公分國以封沃，沃盛强，昭公微弱，國人將叛而歸沃焉。」

子貢《傳》：「曲沃盛彊，□□□□□□□水。」「彊」下闕七字。

揚之水，白石鑿鑿。素衣朱襮，從子于沃。既見君子，云何不樂？

唐曰：「『素衣朱襮』，有黄袍加身之意。」

揚之水，白石皓皓。素衣朱繡，從子于鵠。既見君子，云何其憂？

揚之水，白石粼粼。我聞有命，不敢以告人。

無名氏曰：「『不敢以告人』，則已告人矣。巧于告密者，深心哉，深心哉。」

【總評】

鍾曰：「『從子于沃』、『于鵠』，欲何爲者？有密謀矣，晉危矣哉。末章意從此生。」又曰：「國能畜百叔段，不能畜一武叔，此任城所以有棗蒂之毒，陳思所以有煮豆之泣也。」無名氏曰：「若作喜從桓叔看，大可訾議。『素衣朱襮』，何等服物。『我聞有命』，何等密謀。而明明見之篇什，且不敢告人一語，直同兒戲，不虞敗乃公事耶？謬意此陽雖爲沃，陰實聳晉，猶厮養卒所爲名爲求趙王，實欲燕殺之也。惜哉晉王孱庸，辜負此一片深心耳。」又曰：「語甚隱妙，不但晉主不悟，即桓叔亦不知。」

【眉批】

按「水」上當有「賦錫之」三字。餘疑是「國人將」。叛意。

椒聊

子夏《序》：「刺晉昭公也。君子見沃之盛强，能修其政，知其蕃衍盛大，子孫將有晉國焉。」

子貢《傳》：「曲沃盛□□□□□□□憂之，賦《茉□》。」「盛」下闕七字。「茉」下闕一字。

椒聊之實，蕃衍盈升。彼其之子，碩大無朋。椒聊且，嘆美得妙。遠條且。

椒聊之實，蕃衍盈匊。彼其之子，實大且篤。椒聊且，遠條且。

鍾曰：「此與前詩不同。此詩不過頌功樂成，前詩自是一種共謀之人。」

【眉批】

闕文疑是「彊將有晉國，君子」七字。「茾」下是「聊」字。

綢繆

子夏《序》：「刺晉亂也。國亂則昏姻不得其時焉。」

子貢《傳》：「晉亂民窮，□□□□□□□傷之，賦《綢繆》。」「窮」下闕七字。

綢繆束薪，三星在天。今夕何夕，見此良人。子兮子兮，如此良人何。

徐曰：「『今夕何夕』，有喜慰驚疑，恍惚如夢之意。『如此良人何』，言情不能自盡也。歡樂有極，喜幸無量。」鍾曰：「『今夕何夕』四字，喜甚不必終篇。」唐曰：「『如此良人何』，有心所欲達，口不能言的光景。」

綢繆束芻，三星在隅。今夕何夕，見此邂逅。子兮子兮，如此邂逅何。

鍾曰：「『邂逅』上加一『見』字，古人文字鄭重處。」又曰：「『邂逅』着在中章，章法便不板。若庸手定在末章矣。」

綢繆束楚，三星在户。今夕何夕，見此粲者。子兮子兮，如此粲者何。

【總評】

沈曰：「詞不勝喜，所以異于二《南》也。過時而無他志，是其厚于《鄭》《衛》也。」

【眉批】

闕文疑是「昏姻不以時，君子」七字。

杕杜

子夏《序》：「刺時也。君不能親其宗族，骨肉離散，獨居而無兄弟，將爲沃所並爾。」

子貢《傳》：「魏之君子，□□孝弟，□《杕杜》。」「子」下闕二字。「弟」下闕一字。

有杕之杜，其葉湑湑。獨行踽踽。四字悲甚。豈無他人？不如我同父。嗟行之人，胡不比焉？人無兄弟，胡不佽焉？

有杕之杜，其葉菁菁。獨行睘睘。豈無他人？不如我同姓。嗟行之人，胡不比焉？人無兄弟，胡不佽焉？

沈曰：「『胡不比焉』、『胡不佽焉』，詞旨重複，告哀之詞也。」鍾曰：「既曰『不如我同父』、『同姓』，而又求助焉，無聊極矣。」

【眉批】

按《傳》此篇在《魏風》。

闕文貴竹本作「訓民」二字。「弟」下是「賦」字。

羔裘

子夏《序》：「刺時也。晉人刺其在位不恤其民也。」

子貢《傳》：「晉大夫賢，□□美之，賦《羔裘》。」「賢」下闕二字。

羔裘豹袪，自我人居居。豈無他人，維子之故。

羔裘豹褎，自我人究究。豈無他人，維子之好。

【眉批】

闕文非「國人」即「君子」。

鴇羽

子夏《序》：「刺時也。昭公之後，大亂五世。君子下從征役，不得養其父母而作是詩也。」

子貢《傳》：「魏人苦于征□□□□□，賦《鴇羽》。」「征」下闕五字。

肅肅鴇羽，集于苞栩。王事靡盬，不能藝稷黍，父母何怙？悠悠蒼天，曷其有所？

無名氏曰：「亦平平敷叙耳。中間縮父母一句，咏『悠悠蒼天』二句，而音響節奏俱妙矣。故知詩文全在吞吐伸縮中得趨。」鍾曰：「有所未敢言得所也，要看之。」

肅肅鴇翼，集于苞棘。王事靡盬，不能藝黍稷。父母何食？悠悠蒼天，曷其有極？

肅肅鴇行，集于苞桑。王事靡盬，不能藝稻粱。父母何嘗？悠悠蒼天，曷其有常？

鍾曰：「『何食』、『何嘗』，語質甚。」

【眉批】

按《傳》，此篇在《魏風》。闕文疑是「役，不得終養」五字。

無　衣

子夏《序》：「美晉武公也。武公始並晉國，其大夫爲之請命乎天子之使，而作是詩也。」

子貢《傳》：「曲沃偁弑其三君，僖王命爲晉侯。唐人刺之，賦《無衣》。」

豈曰無衣七兮，不如子之衣，安且吉兮。

徐曰：「『豈曰無衣』，便見其有跋扈要君之意。五代劉仁恭謂使者曰『旌節吾自有之，但要長安本色耳』。其言一也。」鍾曰：「末世天子反爲亂人之資，此曹操所以終身不廢漢獻也。」

豈曰無衣六兮，不如子之衣，安且燠兮。

鍾曰：「『燠』字妙甚，非唯居之不疑，且久假不歸矣。」

有杕之杜

子夏《序》：「刺晉武公也。武公寡特，兼其宗族，而不求賢以自輔焉。」

子貢《傳》：「晉文公好賢。□□□□□□□□□杜。」「賢」下闕九字。

有杕之杜，生于道左。彼君子兮，噬肯適我？中心好之，曷飲食之？

有杕之杜，生于道周。彼君子兮，噬肯來游？中心好之，曷飲食之？

無名氏曰：「看他辭氣何等委婉，真有遑遑焉如不我就之意。漢帝詔曰：『有能從吾游者，吾能尊顯之。』嗟乎！腐鼠可以嚇周耶？有此襟期，不可無此手筆。」又曰：「冲度謙懷，故自可想。寫得絶妙，却被朱《注》一筆抹殺了。」鍾曰：「『飲食』，即《緇衣》『授餐』意，不必看深。」

【眉批】

按「杜」上當是「賦杕」二字。或是「賦有杕之」四字。餘未詳。

葛　生

子夏《序》：「刺晉獻公也。好攻戰，則國人多喪矣。」

子貢《傳》：「晉人久於從□□□□□□□《葛生》。」「從」下闕七字。

葛生蒙楚，蘞蔓于野。予美亡此，誰與獨處。

徐曰：「『誰與獨處』僅四字，而意則兩轉。詩有一句二韻者，此類是也。《易》亦有『匪冠婚媾』。」

葛生蒙棘，蘞蔓于域。予美亡此，誰與獨息。

角枕粲兮，錦衾爛兮。二語難堪。予美亡此，誰與獨旦。

夏之日，冬之夜。百歲之後，歸于其居。

徐曰：「『夏之日，冬之夜』，後人翻案甚多，終是本初二語宛轉無盡，含蓄有餘。」濛初曰：「曰『百歲之後』，便有不望生還之意，哀哉。」

冬之夜，夏之日。百歲之後，歸于其室。

唐曰：「讀『葛生蒙棘，蘞蔓于域』，宛然荒冢累累祭埽悲哀之景，而『予美亡此』，亦若指其没後而言，故『百歲之後，歸于其居』者，蓋誓之同穴也。枕衾之咏，則追感而自傷耳。」濛初曰：「按《世説》云：袁羊嘗詣劉恢。恢在内眠未起，袁因作詩調之曰：『角枕粲文茵，錦衾爛長筵。』劉尚晉明帝女，主見詩，大不平，曰袁羊古之遺狂。劉孝標亦引《小序》以見袁以死嘲劉，故主不平耳。則其爲悼亡之説舊矣。」

【眉批】

「葛」上當是「賦」字。餘未詳。

采苓

子夏《序》：「刺晉獻公也。獻公好聽讒焉。」

子貢《傳》：「晉獻公好讒，□□□□□□□賦《采苓》。」「讒」下闕七字。

采苓采苓，首陽之巔。人之爲言，苟亦無信。舍旃舍旃，苟亦無然。重語其意無窮。人之爲言，胡得焉。婉。

采苦采苦，首陽之下。人之爲言，苟亦無與。舍旃舍旃，苟亦無然。人之爲言，胡得焉。

采葑采葑，首陽之東。人之爲言，苟亦無從。舍旃舍旃，苟亦無然。人之爲言，胡得焉。

鍾曰：「皆以軟語反覆唤醒人無限苦心。」

秦

唐曰：「昔康節論夫子定《書》，以《秦誓》綴周、魯之後，謂其知周之必爲秦也。然豈獨定《書》，即删《詩》亦然。齊桓、晋文更霸以來，列國皆已不振，而秦獨駸駸乎始大。夫子知周必亡，諸侯必折而入于秦，而齊、晋之後，次以《秦風》。今觀列國之詩，大都淫昏流蕩，有日趨于亡之勢。而秦始有車馬禮樂，其氣奮厲激昂，已有超八州畢六王之概。周亡而秦興，夫子已早見其兆矣。不然，十五國風，皆中國之詩也。秦始僻遠，諸夏賓之，比于戎翟，實與吴、楚僭王等，乃吴、楚之詩無傳而秦詩卒不削。以此知康節之言益信。」

車鄰

子夏《序》：「美秦仲也。秦仲始大，有車馬、禮樂、侍御之好焉。」

子貢《傳》：「襄公伐戎，初命爲秦伯。國人榮之，賦《車鄰》。」

有車鄰鄰，有馬白顛。未見君子，寺人之令。

魏曰：「開口便下兩『有』字，見其長駕遠馭，凌駕一時氣概。『未見』二句，又見有深居高拱、驅役人群氣象。」徐曰：「二『有』字可玩。見前此則無之意。」沈曰：「夫子删《書》，以《秦誓》爲殿，知代周者秦也。刪《秦風》以『寺人之令』爲冠，知亡秦者寺人也。聖人無不知者，以近怪而不言耳。」

阪有漆，隰有栗。既見君子，並坐鼓瑟。今者不樂，逝者其耋。

徐曰：「『未見君子，寺人之令』，已儼然諸侯之禮，而『既見君子，並坐鼓瑟』，則猶然戎夷之俗。」無名氏曰：「煬帝迷樓極欲，則曰『世豈有萬年天子』。秦人車鄰得意，則曰『今者不樂，逝者其耋』。覆亡之路，如出一轍。」

阪有桑，隰有楊。既見君子，並坐鼓簧。今者不樂，逝者其亡。

徐曰：「鼓瑟鼓簧，豈復彈箏搏髀、擊甕扣缶，而歌呼嗚嗚快耳者乎！」濛初曰：「聲歌關乎氣運，開國之始而憂耋憂亡，秦祚之不永，《詩》傳之矣。」鍾曰：「二章描寫草昧君臣真率景象在目。」又曰：「暴富之家，其僕多狎，創立之國，其臣多野。此天子之尊，必假叔孫通也。」

【總評】

無名氏曰：「『寺人之令』，稱朕之嚆矢也。及時爲樂，阿房之濫觴也。秦之不祚，豈待降王既組之日乎？」又曰：「眼孔太小。」

【眉批】

《秦風·傳》俱篆本所失，今遵貴竹本。

駟鐵

子夏《序》：「美襄公也。始命，有田獵之事，園囿之樂焉。」

子貢《傳》：「襄公始有田園之事，秦人喜之，賦《駟鐵》。」

駟鐵孔阜，六轡在手。公之媚子，從公于狩。

奉時辰牡，辰牡孔碩。公曰左之，舍拔則獲。

魏曰：「曰奉曰辰牡，亦見國勢方新，人心競勸如此。」

游于北園，四馬既閑。輶車鸞鑣，載獫歇驕。

【總評】徐曰：「此詩備盡田獵之始終。後世《子虚》、《上林》、《長楊》、《羽獵》、《廣成》諸作，雖纚纚數千言，窮工極變，其規模體格，不出乎此。」

小戎

子夏《序》：「美襄公也。備其兵甲以討西戎，西戎方彊而征伐不休。國人則矜其車甲，婦人能閔其君子焉。」

子貢《傳》：「襄公遣大夫征戎而勞之，賦《小戎》。」

小戎俴收，五楘梁輈。游環脅驅，陰靷鋈續。文茵暢轂，駕我騏馵。言念君子，温其如玉。在其板屋，亂我心曲。

徐曰：「制度工巧，處置精密。一婦人能言之，雖宿將舊卒，不過于此。」鍾曰：「雖是文字艱奥，亦由當時人人曉得車制，雖婦人女子，觸目衝口，皆能成章。車制不傳，而此語實費解矣。」

四牡孔阜，六轡在手。騏騮是中，騧驪是驂。龍盾之合，沃以觼軜。言念君子，温其在邑。方何爲期，二字情深。胡然我念之。

俴駟孔群，厹矛鋈錞。蒙伐有苑，虎韔鏤膺。交韔二弓，竹閉緄縢。言念君子，載寢載興。厭厭良人，秩秩德音。

陸曰：「『良人』二句，宛然摹出一意中人。」

【總評】

濛初曰：「本婦人思夫之詩。每章『言念君子』以下，何其温婉，而却以車馬宏麗語冠之，即此便見秦聲。」

蒹　葭

子夏《序》：「刺襄公也。未能用周禮，將無以固其國焉。」

子貢《傳》：「君子隱于川上，□□慕之，賦《蒹葭》。」「上」下闕二字。

濛初曰：「《序》説周禮，大似無涉。毛、鄭曲解，終屬牽强。朱子駁之良是，而却又自云：『不知何所指。』想其意亦疑欲坐以淫，特以《秦風》未滅，姑閣筆耳。豈知《傳》文明了如此。」

蒹葭蒼蒼，白露爲霜。所謂伊人，在水一方。遡洄從之，道阻且長。遡游從之，難堪在此一語。宛在水中央。

徐曰：「『蒹葭』二句，形容秋色蕭索凄凉。宋玉《悲秋》一章蓋始于此。」鍾曰：「『所謂』二字，便有可望而不可即，可想而不可名之意。」徐曰：「『宛在水中央』，想像模擬，恍然如見之意。若髣若髴，若滅若没，此等語言，吾不知其所從來，殆神化所致。句法神品。」又曰：「曰『宛在』，便非實見。曰『中央』，便不可即。」

蒹葭凄凄，白露未晞。所謂伊人，在水之湄。遡洄從之，道阻且躋。遡游從之，宛在水中坻。

蒹葭采采，白露未已。所謂伊人，在水之涘。遡洄從之，道阻且右。遡游從之，宛在水中沚。

【總評】

徐曰：「昔人有言，『名可得聞，身不可得見』。天子不得臣，諸侯不得友，其伊人之謂。締想風流，豈非超然埃壒之外，如顔闔、宋纖之流者乎！」鍾曰：「異人異境，口頭眼前道出。」無名氏曰：「婉轉數言，烟波萬里。《秋興賦》、《山鬼》伎倆耳。」

【眉批】

闕文當是「秦人」二字。

終南

子夏《序》：「戒襄公也。能取周地，始爲諸侯，受顯服。大夫美之，故作是詩以戒勸之。」

子貢《傳》：「襄公克戎，始取周地。秦人矜之，賦《終南》。」

終南何有，有條有梅。君子至此，錦衣狐裘。顔如渥丹，其君也哉。

濛初曰：「『渥丹』，花名，似鹿葱而小，色甚紅，見《仙經》。又名華丹，見《抱朴子》。此言『如』，正喻其顔之紅也。毛、鄭諸家，及諸疏草木者，皆未知及。」唐曰：「味『其君也哉』語氣，有始見驚訝之意，以望之不似人君，反照自見。」

終南何有，有紀有堂。君子至止，黻衣綉裳。佩玉將將，壽考不忘。

濛初曰：「『不忘』者，無忘今日之意。《序》所謂『戒勸』當在此。」

黄鳥

子夏《序》：「哀三良也。國人刺繆公以人從死，而作是詩也。」

子貢《傳》：「康公葬穆公，以子車氏三子殉。秦人哀之，賦《黄鳥》。」

交交黄鳥，疊字妙。止于棘。誰從穆公，子車奄息。維此奄息，百夫之特。臨其穴，惴惴其慄。彼蒼者天，殲我良人。如可贖兮，人百其身。二語怨極。

鍾曰：「『誰』者，若爲不知之詞，悲之甚也。」唐曰：「着一『贖』字，煞有迫于君命者然。」

交交黄鳥，止于桑。誰從穆公，子車仲行。維此仲行，百夫之防。臨其穴，惴惴其慄。彼蒼者天，殲我良人。如可贖兮，人百其身。

交交黄鳥，止于楚。誰從穆公，子車針虎。維此針虎，百夫之禦。臨其穴，惴惴其慄。彼蒼者天，殲我良人。如可贖兮，人百其身。

晨風

子夏《序》：「刺康公也。忘穆公之業，始棄其賢臣焉。」

子貢《傳》：「□□□□□□□，賦《晨風》。」上闕七字。

鴥彼晨風，鬱彼北林。未見君子，憂心欽欽。如何如何，忘我實多。

山有苞櫟，隰有六駁。未見君子，憂心靡樂。如何如何，忘我實多。疊字之妙，妙在無謂。

山有苞棣，隰有樹檖。未見君子，憂心如醉。如何如何，忘我實多。

濛初曰：「此篇亦差排作婦人之思夫，可爲《蒹葭》吐舌。」

無衣

子夏《序》：「刺用兵也。秦人刺其君好攻戰，亟用兵，而不與民同欲焉。」

子貢《傳》：「秦襄公以王命征戎，周人赴之，賦《無衣》。」

豈曰無衣，與子同袍。王于興師：修我戈矛，與子同仇。

無名氏曰：「『同仇』等字，俱相死意，非相恤也。」

豈曰無衣，與子同澤。王于興師：修我矛戟，與子偕作。

豈曰無衣，與子同裳。王于興師，修我甲兵，與子偕行。

鍾曰：「一種壯狠親昵之象，便有吞六國之氣。」徐曰：「讀《小戎》、《無衣》二詩，可見秦人用兵有本教。晁錯有言：『合刃之急有三，一曰得地形，二曰卒服業，三曰器用利。』夫以雍州之固，河山百二，而加以《小戎》之利器，《無衣》之練卒，能合其三，故世世有勝，非幸也。」

渭陽

子夏《序》：「康公念母也。康公之母，晉獻公之女。遭驪姬之難，未反而秦姬卒。穆公納文公。康公時爲太子，贈送文公于渭之陽。念母之不見也，我見舅氏，如母存焉。及其即位，思而作是詩也。」

子貢《傳》：「晉重耳入于晉，秦穆公送之，賦《渭陽》。」

我送舅氏，曰至渭陽。何以贈之，路車乘黄。

我送舅氏，悠悠我思。何以贈之，瓊瑰玉佩。

徐曰：「通詩委曲深至。『悠悠我思』一句，尤含悲蓄怨，酸楚無量。」鍾曰：「只『悠悠我思』一語，作詩之根。」無名氏曰：「寥寥數言，與衰撥亂之思，生死存亡之感，無不備具。」濛初曰：「讀此詩，康公甥舅之情亦重矣。令狐之役，晉負秦耳，宋儒乃責其怨欲害乎良心，豈不寃甚？」

權輿

子夏《序》：「刺康公也。忘先君之舊臣，與賢者有始而無終也。」

子貢《傳》：「□□□□□□□□，賦《權輿》。」上闕八字。

於我乎，夏屋渠渠，今也每食無餘。于嗟乎，不承權輿。

濛初曰：「《爾雅·釋言》，『文屋爲具』，照下章『四簋』及下文『每食』皆合。若此獨言居室，恐未然。『籩豆大房』，『房』字義，又當作何訓耶？」

於我乎，每食四簋，今也每食不飽。于嗟乎，不承權輿。

陳

宛丘

子夏《序》：「刺幽公也。淫荒昏亂，游蕩無度焉。」

子貢《傳》：「陳□□□□□□□，賦《宛丘》。」「陳」下闕七字。

子之湯兮，宛丘之上兮。洵有情兮，畫出蕩子。而無望兮。

無名氏曰：「《宛丘》『蕩子』，殆指在上之人乎。上好下甚，于是有《東門之枌》之『婆娑』，有《東門之池》之『晤歌』，有《東門之楊》之『期會』。《鵲巢》隱慮于侜張，《月出》勞心于不見。其極至于《株林》宣淫，蕩然無上下之分，而陳之禍烈矣。知風之自能無凛凛。」又曰：「『望』字極妙，即所謂民具爾瞻也。惟情足以損望，慎之哉。」

坎其擊鼓，宛丘之下。無冬無夏，值其鷺羽。

坎其擊缶，宛丘之道。無冬無夏，值其鷺翿。

無名氏曰：「後二章變調。」又曰：「一之聲曼，二三之響切。真是流商變徵。」

東門之枌

子夏《序》:「疾亂也。幽公淫亂,風化之所行,男女棄其舊業,亟會於道路,歌舞於市井爾。」

子貢《傳》:「陳□□□□□□□,賦《東門之枌》。」「陳」下闕七字。

東門之枌,宛丘之栩。子仲之子,婆娑其下。

穀旦于差,南方之原。不績其麻,市也婆娑。

徐曰:「『績麻』者,婦人之事也。疾其今不爲。若爲自言,而曰『不績其麻』,不亦殺風景乎?」

穀旦于逝,越以鬷邁。句大艱。視爾如荍,貽我握椒。

濛初曰:「『握』,見手授也,昵甚。」

衡門

子夏《序》:「誘僖公也。愿而無立志,故作是詩,以誘掖其君也。」

子貢《傳》:「陳之□□□□□□,賦《衡門》。」「之」下闕六字。

衡門之下,可以棲遲。泌之洋洋,可以樂饑。

濛初曰:「『樂饑』字妙,即如蔬水之樂,正不得云忘饑。古本有作『瘵』字者,《説文》云『治也』。即『療』字義,亦佳。」

豈其食魚,必河之魴。豈其取妻,必齊之姜。

豈其食魚,必河之鯉。豈其取妻,必宋之子。

【總評】

鍾曰：「只『可以』字、『豈其』字、『必』字，正反翻弄，而自得無求之意躍然。」無名氏曰：「『可以』字與『豈其』字緊相呼應。」又曰：「通篇只如一句。關河放溜，瞬息無聲。」濛初曰：「『可以』者，無不可也，非必欲如是也。『豈其』、『必』者，不必也，非必不也。總是隨寓而安，恬澹寡營而已。與嬌情于譽者故殊別。」

東門之池

子夏《序》：「刺時也。疾其君之淫昏，而思賢女以配君子也。」

子貢傳：「陳□□□□□□□□□□之，賦《東門之池》。」「陳」下闕十字。

東門之池，可以漚麻。彼美淑姬，可以晤歌。

東門之池，可以漚紵。彼美淑姬，可以晤語。

東門之池，可以漚菅。彼美淑姬，可以晤言。

唐曰：「《左傳》云：『雖有絲麻，無棄菅蒯。雖有姬姜，無棄憔悴。』與此略同。」鍾曰：「『晤』字，乃會晤之義。『解』字，在『可』、『與』二字看出。朱『注』以『解兮』釋『晤』字，欠的。」

東門之楊

子夏《序》：「刺時也。昏姻失時，男女多違。親迎，女猶有不至者也。」

子貢《傳》：「朋友□□□□□□□□，賦《東門之楊》。」「友」下闕八字。

東門之楊，其葉牂牂。昏以爲期，明星煌煌。

東門之楊，其葉肺肺。昏以爲期，明星晳晳。

【眉批】

按文雖闕而猶存「朋友」二字，要知是朋友負約之詩。

墓　門

子夏《序》：「刺陳陀也。陳陀無良師傅，以至於不義，惡加於萬民焉。」

子貢《傳》：「孔寧、儀行父從君□□，泄冶刺之，賦《墓門》。」「君」下闕二字。

墓門有棘，斧以斯之。夫也不良，國人知之。知而不已，誰昔然矣。

墓門有梅，有鴞萃止。夫也不良，歌以訊之。訊予不顧，顛倒思予。寫出狼狽。

無名氏曰：「托興甚惡，亦惡之之詞。」又曰：「追言其始，永思其終，刺之者其儆之乎。」

【眉批】

闕文當是行淫字義。

防有鵲巢

子夏《序》：「憂讒賊也。宣公多信讒，君子憂懼焉。」

子貢《傳》：「靈公聽讒，囚泄冶。内子憂之，賦《防有鵲巢》。」

防有鵲巢，卬有旨苕。誰侜予美，心焉忉忉。

中唐有甓，卬有旨鷊。誰侜予美，心焉惕惕。

月出

子夏《序》：「刺好色也。在位不好德而説美色焉。」

子貢《傳》：「朋友□□□□□□，賦《月出》。」「友」下闕六字。

月出皎兮，佼人僚兮。舒窈糾兮，勞心悄兮。

月出皓兮，佼人懰兮。舒懮受兮，勞心慅兮。

月出照兮，佼人燎兮。舒夭紹兮，勞心慘兮。

徐曰：「《神女賦》，其始來也，耀乎如白日初出照屋梁；其少也，皎若明月舒其光。」鍾曰：「急調似賦中亂詞。」

【總評】

濛初曰：「本促節急調，而三章一韻，尤覺促急。」

株林

子夏《序》：「刺靈公也。淫乎夏姬，驅馳而往，朝夕不休息焉。」

子貢《傳》：「陳靈如夏氏□□□之，賦《株林》。」「氏」下闕三字。

胡爲乎株林，從夏南。匪適株林，從夏南。

陸曰：「一問一應。」無名氏曰：「呼吸有神。」

駕我乘馬，説于株野。乘我乘駒，朝食于株。

無名氏曰：「又變一調。」又曰：「以複弄奇，以疊呈妙，龍文蜃氣，豈復容人着擬。」沈曰：「既乘馬又乘駒，則非一往，又非微行矣。朝食，則非夜聚矣。」

【總評】

鍾曰：「疑疑信信，隱隱明明，妙得立言之法。」

澤陂

子夏《序》：「刺時也。言靈公君臣淫于其國，男女相説，憂思感傷焉。」

子貢《傳》：「陳殺其大夫泄冶。□□傷之，賦《澤陂》。」「冶」下闕二字。

彼澤之陂，有蒲與荷。有美一人，傷如之何。二字難堪。寤寐無爲，涕泗滂沱。

彼澤之陂，有蒲與蕑。有美一人，碩大且卷。寤寐無爲，中心悁悁。

彼澤之陂，有蒲菡萏。有美一人，碩大且儼。寤寐無爲，輾轉伏枕。

濛初曰：「言美人而曰『碩大且卷』、『且儼』，必非淫佚相悦之稱矣。」

【眉批】

闕文非「君子」即「國人」二字。

檜

羔裘

子夏《序》：「大夫以道去其君也。國小而迫，君不用道，好潔其衣服，逍遥游燕，而不能自强于政治，故作是詩也。」

子貢《傳》：「鄶君□□□□□□□□□之，賦《羔求》。」「君」下闕九字。

羔裘逍遥，狐裘以朝。豈不爾思，勞心忉忉。
羔裘翱翔，狐裘在堂。豈不爾思，我心憂傷。
羔裘如膏，日出有曜。豈不爾思，中心是悼。

徐曰：「『充耳琇瑩，會弁如星』，不言所以，而但曰『終不可諼』。『羔裘如膏，日出有曜』，不言所以，而但曰『中心是悼』。服飾之美，而一以爲喜，一以爲憂，其所以然之故，但俱在不言之表。」

【眉批】

「檜」《傳》作「鄶」。

素冠

子夏《序》：「刺不能三年也。」

子貢《傳》：「裘紀不終□□□□□□冠。」「終」下闕六字。

庶見素冠兮，棘人欒欒兮，勞心慱慱兮。

庶見素衣兮，我心傷悲兮，聊與子同歸兮。

庶見素韠兮，我心藴結兮，聊與子如一兮。

鍾曰：「『素冠』、『素衣』、『素韠』，喪之常服也。加『庶見』二字，其感深矣。」無名氏曰：「遥思睇想，如隔世事。此中大有關係，非謂一冠服已也。」

【眉批】

闕文「冠」上當是「賦素」二字。

隰有萇楚

子夏《序》：「疾恣也。國人疾其君之淫恣，而思無情慾者也。」

子貢《傳》：「鄶人困於□□□□□楚。」「於」下闕五字。

隰有萇楚，猗儺其枝。天之沃沃，樂子之無知。

隰有萇楚，猗儺其華。夭之沃沃，樂子之無家。

隰有萇楚，猗儺其實。夭之沃沃，樂子之無室。

徐曰：「《南史》某公主云：『願兒生生世世，莫作有情之物。』語意類此，聞者凄絶。」鍾曰：「更不必説自家苦，只羡萇楚之樂，而意自深矣。凡苦之可言者，非其至也。」又曰：「亡國之音。」

【眉批】

闕文「楚」上當是「賦萇」二字。

匪風

子夏《序》：「思周道也。國小政亂，憂及禍亂而思周道焉。」

子貢《傳》：「鄶之君子，□□□□□，賦《匪風》。」「子」下闕五字。

匪風發兮，逆喝法奇。匪車偈兮。顧瞻周道，中心怛兮。

無名氏曰：「有瞠目不語之恨，寫得自家情緒出。」又曰：「『匪風』二語，即唐詩所謂『繫得王孫歸意切，不關春草緑萋萋』。《注》乃云：『常時風發而車偈。』顧瞻心怛，多少含蓄，《注》更補傷王室之陵遲，無端續脛添足，致詩人一段别趣盡行抹殺，亦祖龍烈焰後一厄也。」

匪風飄兮，匪車嘌兮。顧瞻周道，中心弔兮。

誰能亨魚，漑之釜鬵。誰將西歸，懷之好音。

唐曰：「『溉之釜鬵』，猶太史願爲執鞭之意。」又曰：「嘗觀老氏云：『治民若亨小鮮，』《詩》云『誰能亨魚』，『能』字似有味。」鍾曰：「好音，動之以名也。清議存而主權亡矣。」無名氏曰：「一腔熱血。」

曹

蜉蝣

子夏《序》：「刺奢也。昭公國小而迫，無法以自守，好奢而任小人，將無所依焉。」

子貢《傳》：「曹□□□□□□，賦《蜉□》。」「曹」下闕六字。「蜉」下闕一字。

蜉蝣之羽，危語。衣裳楚楚。心之憂矣，於我歸處。苦。

徐曰：「『蜉蝣』二句，説得至險，可爲太息，伊人聞此，固當竦然易慮。」

蜉蝣之翼，采采衣服。心之憂矣，於我歸息。

蜉蝣掘閱，麻衣如雪。心之憂矣，於我歸説。

濛初曰：「『説』當『如』字讀，謂從容開諭之，正足上文所以欲其歸處歸息之意。詩人慣以下字微異，作暗渡妙法，如其嘯也，歌『良士休休』之類皆是。今解云『舍息』，則當讀作税，既非韻脚本字，且與上文三章一意，有何義味。」

【總評】

鍾曰：「歸處者，猶今人言這裏説不得，到家裏與你説。歸息、歸説者，猶言急忙説不得，歇一會與你説。

婆心婆舌，從『心之憂矣』一句生來。詩有不可解，不必解，然亦有可解，且不可不解者。今人于不可解，不必解者，必欲解之，于可解且不可不解者，反置之不解。甚矣，詩之難言也。」

候人

子夏《序》：「刺近小人也。共公遠君子而好近小人焉。」

子貢《傳》：「曹□□□□□□□□《候人》。」「曹」下闕八字。

彼候人兮，何戈與祋。彼其之子，鄙之之詞。三百赤芾。

維鵜在梁，不濡其翼。彼其之子，不稱其服。

維鵜在梁，不濡其咮。彼其之子，不遂其媾。

薈兮蔚兮，南山朝隮。婉兮孌兮，季女斯饑。

鍾曰：「『薈兮蔚兮』，寫盡朝景。『婉孌』二語，不特傷其遇，亦重其守。」

【眉批】

闕文「候」上當是「賦」字。

鳲鳩

子夏《序》：「刺不一也。在位無君子，用心之不一也。」

子貢《傳》：「曹叔振□□□□□□□□之，賦《尸鳩》。」「振」下闕八字。

鳲鳩在桑，其子七兮。淑人君子，其儀一兮。其儀一兮，心如結兮。

鍾曰：「均平意即在『其子七兮』四字看出，妙。『心如結兮』，形容深密。」

鳲鳩在桑，其子在梅。淑人君子，其帶伊絲。其帶伊絲，重一語妙。其弁伊騏。

鳲鳩在桑，其子在棘。淑人君子，其儀不忒。其儀不忒，正是四國。

鍾曰：「説得有漸。」

鳲鳩在桑，其子在榛。淑人君子，正是國人。正是國人，胡不萬年。

鍾曰：「更不説心説儀，映帶甚妙。」

【總評】

鍾曰：「『心如結兮』，只首章道破，後不説更深。」無名氏曰：「層層相遞，節節相生，不可得其斷續。」

【眉批】

闕文「振」下當是「鐸」字。《傳》本此篇是《曹風》之首，意是國人美振鐸也。

下泉

子夏《序》：「思治也。曹人疾共公侵刻下民，不得其所，憂而思明王賢伯也。」

子貢《傳》：「曹之君□□□□□《下泉》。」「君」下闕五字。

洌彼下泉，浸彼苞稂。愾我寤嘆，念彼周京。洌彼下泉，浸彼苞蕭。愾我寤嘆，念彼京周。洌彼下泉，浸彼苞蓍。愾我寤嘆，念彼京師。芃芃黍苗，陰雨膏之。四國有王，郇伯勞之。

鍾曰：「此詩憫王室之衰，正思桓文一輩人，誰將西歸，亦是此意。」

【眉批】

闕文「下」上當是「賦」字。

豳

七月

子夏《序》：「陳王業也。周公遭變，故陳后稷先公風化之所由，致王業之艱難也。」

子貢《傳》：「《豳風》，陳農政也。」

七月流火，丢下八月。九月授衣，丢十月。一之日觱發，字奇。二之日栗烈。無衣無褐，何以卒歲。三之日于耜，四之日舉趾。以三之日、四之日代正月、二月，奇。同我婦子，饁彼南畝，田畯至喜。

徐曰：「首章備一篇之義，猶綱之有綱，裘之有領也。」又曰：「『授』字、『于』字、『舉』字、『同』字，『饁』字、『至』字，見其夫婦長幼，皆有皇皇服事，一息不自安，一人不得暇意。」

七月流火，九月授衣。春日載陽，有鳴倉庚。女執懿筐，遵彼微行，爰求柔桑。春日遲遲，采蘩祁祁。女心傷悲，殆及公子同歸。

徐曰：「末二句，不過因治蠶而模擬情事如此，後之作者，于體物敘事之詩，到結局處往往題外生意，以爲警策，蓋祖述于此。即此二語，非遠非近，若離若合，如鶴唳高空，遺音不絶，如曼聲長歌，餘弄未盡。」鍾曰：「哀樂無端而近情，妙，妙。」濛初曰：「傷悲曰心，須知是説不出之苦。」

七月流火，八月萑葦。蠶月條桑，取彼斧斨，以伐遠揚，猗彼女桑。七月鳴鶪，八月載績。載玄載黄，我朱孔陽，爲公子裳。

徐曰：「《七月》一詩，獨無三月。然自四章以後，事事紀月，獨二、三章蠶事不言時月。以《月令》考之，則皆三月事也。有其事，不紀其月，此是古人行文錯綜處。」又曰：「蠶事盛于暮春，疑古稱三月爲蠶月。」又曰：「王符《潛夫論》曰：『《七月》之詩，大小教之，終而復始。』觀三章言蠶績，七章言稼穡，俱歲復一歲始環無端，所謂終而復始者也。」唐曰：「獻裳不言公而托言公子，如《左傳》稱太子，抑無私也。」鍾曰：「『我朱孔陽，爲公子裳』，好念頭。不作一轉想，妙，妙。」

四月秀葽，補四月、五月。五月鳴蜩。丢六月。八月其穫，補十月。十月隕蘀。一之日于貉，取彼狐狸，爲公子裘。二之日其同，載纘武功。言私其豵，獻豣于公。

徐云：「『私豵』、『獻豣』，《周禮》所謂『小會私之，大獸公之』是也。」鍾曰：「不諱『私』字尤妙。」

五月斯螽動股，補六月。六月莎鷄振羽。七月在野，八月在宇，九月在户，十月蟋蟀入我牀下。穹窒熏鼠，塞向墐户。嗟我婦子，曰爲改歲，入此室處。

陸曰：「《箋》謂自『七月在野』至『入我牀下』，皆謂蟋蟀，良是。蓋古人章法多用倒插類是。」

六月食鬱及薁，七月亨葵及菽。八月剥棗，十月穫稻。爲此春酒，以介眉壽。七月食瓜，八月斷壺，九月菽苴，采荼薪樗，食我農夫。

九月築場圃，十月納禾稼。黍稷重穋，禾麻菽麥。嗟我農夫，我稼既同，上入執宫功。晝爾于茅，宵爾索綯。亟其乘屋，其始播百穀。

鍾曰：「『嗟我』二字，勞而又勉之也。生出一『始』字，妙想。」

二之日鑿冰冲冲，三之日納于凌陰。四之日其蚤，獻羔祭韭。古句法。九月肅霜，十月滌場。朋酒斯饗，字法。曰殺羔羊。躋彼公堂，稱彼兕觥，萬壽無疆。

【總評】

鍾曰：「各章紀月分，有複，有倒，有錯，有直，有預言，有追言，其法出没藏露，莫可端委，非聖手不能。」

【眉批】

按《傳》此篇在正《小雅》，名《豳風》，非豳國之風也。列于《南山》、《楚茨》、《甫田》之前。

鴟鴞

子夏《序》：「周公救亂也。成王未知周公之志，公乃爲詩以遺王，名之曰《鴟鴞》焉。」

子貢《傳》：「周公孫于魯，殷人畔，公憂王室，勸王修政以備之，賦《鴟鴞》。」

鴟鴞鴟鴞，既取我子，無毁我室。恩斯勤斯，鬻子之閔斯。

鍾曰：「詩意原重『無毁我室』，末二語只説愛『子』一字，不及室，蓋動之以至情也。立言最苦最妙。」

迨天之未陰雨，徹彼桑土，綢繆牖户。今女下民，或敢侮予。不住語。

濛初曰：「上章以『恩斯』二句，完『既取我子』之案。此下曲折言『無毁我室』，立格甚妙。」徐曰：「謂之綢繆，周公之所以維持王室，藻飾太平者何其詳也。讀《周官》一書，樞機周密，品式備具，真可謂綢繆矣。」濛初曰：「『或敢』與『莫敢』『誰敢』自别。『或敢』者，政恐猶有侮者在，見所以宜綢繆也。孔子之贊言其意耳。朱《注》襲爲『誰敢』，似欠得情。」鍾曰：「『或敢』二字危甚。」

予手拮据，予所捋荼，予所蓄租，予口卒瘏，曰予未有室家。不住語。

徐曰：「五个『予』字可玩。勞亦予也，病亦予也，惟予而已，無可他諉者，爲予室故也。上四『予』字見匪躬之義，下『予』字見體國之忠。」鍾曰：「『手』、『口』二字，安插甚妙。」

予羽譙譙，予尾翛翛。予室翹翹，風雨所漂摇，予維音曉曉。總收。

無名氏曰：「連用十『予』字而身任其責，與獨嘗其苦之意可想。」鍾曰：「『維音曉曉』，在『鴟鴞鴟鴞』四字上見之，不呼王而呼鴟鴞，無可奈何之詞也。」

【眉批】

此下諸《傳》本俱作《魯風》，列《召南》後，《邶風》前。孫音遜。

東山

子夏《序》：「周公東征也。周公東征三年而歸，勞歸士大夫美之，而作是詩也。一章，言其完也。二章，言其思也。三章，言其室家之望女也。四章，樂男女之得及時也。君子之于人，序其情而閔其勞，所以説也。説以使民，民忘其死。其唯《東山》乎？」

子貢《傳》：「周公帥師征殷，三年克之，□□□士，賦《東山》。」「之」下闕三字。

我徂東山，慆慆不歸。我來自東，零雨其濛。我東曰歸，我心西悲。制彼裳衣，勿士行枚。蜎蜎者蠋，烝在桑野。敦彼獨宿，亦在車下。

唐曰：「纔説起便悲，『曰』字可味。」徐曰：「向未言歸，乃心敵愾。曰歸則西悲，善言人情者也。『勿士』二句，俱喜幸之詞。」沈曰：「『西悲』無專指，即杜詩『喜心翻倒極，嗚咽淚沾巾』之意。」鍾曰：「既歸矣，又心悲，何也？可思可思。曰歸者將歸未歸之時，心悲正在于此，該一篇之意。」又曰：「『蜎蜎者蠋』，妙在無謂，『亦』字有望外意。」濛初曰：「『西悲』造字亦新。」

我徂東山，慆慆不歸。我來自東，零雨其濛。果臝之實，亦施于宇。伊威在室，蠨蛸在户。町畽鹿場，熠燿宵行。不可畏也，「畏」字妙。亦可懷也。

沈曰：「室廬相近，則家事纖悉一一上心，此人情也。故不惜縷析形容言之。」唐曰：「『果臝』數語，總屬想像，而荒凉情狀，宛在目中。」

我徂東山，慆慆不歸。我來自東，零雨其濛。鸛鳴于垤，婦嘆于室。洒埽穹窒，我征聿至。有敦瓜苦，烝在栗薪。又不相關，只覺其妙。自我不見，于今三年。

鍾曰：「鸛鳴與婦嘆何相關，深妙難言。漢魏樂府中時得此意，後人不能。」濛初曰：「蟻避雨，故成家。鸛喜雨，遂鳴于其上。兩物不相關而皆爲雨徵。詩人以四字互括之，猶後人擬史云『有犬斃于馬下』、東坡詩『饑蛟取渴虎』之類，其妙難及。若朱《注》云：『蟻出垤而鸛就食之。』强扭相關，于物理殊未然。」徐曰：「夫婦相見，不言相見之樂，却從苦瓜栗薪，說他喜幸之意，諷寄深遠，才情可尚。」無名氏曰：「『有敦瓜苦』四句，老杜『夜闌更秉燭，相對如夢寐』，差堪伯仲。若王建『家人見月望我歸，正是道上思家時』，以視『鸛鳴于垤』二句，便露傖父面孔。」

我徂東山，慆慆不歸。我來自東，零雨其濛。倉庚于飛，熠燿其羽。之子于歸，皇駁其馬。親結其縭，九十其儀。其新孔嘉，其舊如之何。

徐曰：「『九十其儀』，猶今人言十分好也，如之何有不能形容之意。」唐曰：「若直叙新昏之樂，便光景易盡。將舊者一點，意味無窮，此真結局妙境，如鏡花水月，形容不出。」濛初曰：「到末波文一掉，撇下一天丰韻，章法何等有情有力有餘音。元人詞曲煞句，謂之豹尾，殆類于此。」無名氏曰：「此人情最係戀者，故模寫獨至。」

【眉批】

闕文疑是「歸勞歸」三字。

「不」字有作「亦」字者，今從藍本。

破斧

子夏《序》：「美周公也。周大夫以惡四國焉。」

子貢《傳》：「周人□□□，賦《破斧》。」「人」下闕三字。

既破我斧，又缺我斨。周公東征，四國是皇。哀我人斯，亦孔之將。

濛初曰：「『四國』，據子貢《柏舟傳》，則是管、蔡、衛、霍，毛氏據《書傳》則云管、蔡、商、奄，要知必非泛言四方之國也。」鍾曰：「『破斧』、『缺斨』，下用一『哀』字，章章言之，古人用兵用刑，念頭如此，不可草草看過。」

既破我斧，又缺我錡。周公東征，四國是吪。哀我人斯，亦恐之嘉。

既破我斧，又缺我銶。周公東征，四國是遒。哀我人斯，亦孔之休。

伐柯

子夏《序》：「美周公也。周大夫刺朝廷之不知也。」

子貢《傳》：「周人思周公而賦《伐柯》。」

伐柯如何，匪斧不克。取妻如何，匪媒不得。

伐柯伐柯，其則不遠。我覯之子，籩豆有踐。

鍾曰：「其則不遠，極奇之想，極近之事。」

九罭

子夏《序》：「美周公也。周大夫刺朝廷之不知也。」

子貢《傳》：「周公歸于周，魯人欲留之，弗克。賦《九□》。」「九」下闕「罭」字。

九罭之魚，鱒魴。我覯之子，衮衣繡裳。

徐曰：「想見一時扶老攜幼、喜躍不勝、舉手加額相顧夸詡之狀，可謂善言人情矣。」

鴻飛遵渚，公歸無所，於女信處。

鴻飛遵陸，公歸不復，於女信宿。

是以有衮衣兮，無以我公歸兮，無使我心悲兮。

無名氏曰：「『信處』、『信宿』，明知公之必歸，明知公歸之爲大義，却説『無以我公歸兮』、『無使我心悲兮』，正《詩》之巧于寫其愛處。不作實語看，乃知此語之妙。『不學《詩》，無以言』，信夫。」

【總評】

徐曰：「召公之東，愛及甘棠。周公之東，願見衮衣。于此見二公之盛德矣。」鍾曰：「妙在純是一片私情。」

狼跋

子夏《序》：「美周公也。周公攝政，遠則四國流言，近則王不知。周大夫美其不失其聖也。」

子貢《傳》：「周公居於魯，魯人觀焉，賦《狼跋》。」

狼跋其胡，載疐其尾。公孫碩膚，赤舄几几。

狼疐其尾，載跋其胡。公孫碩膚，德音不瑕。

鍾曰：「『公孫』四字，立言妙甚。所謂詩可以言也。」徐曰：「『公孫』二句，可見聖人處變之度。『周公東征，四國是皇』二句，可見聖人救亂之心。」

孔門兩弟子言詩翼

吴興凌濛初輯

小　雅《傳》本作「《小正》」

子貢《傳》：「周公制作禮樂，用之燕享，有《小正》焉。《鹿鳴》、《伐木》、《鶴鳴》、□□所以修身也。《鹿鳴》、《伐木》、《青莪》、《隰桑》、《白駒》皆所以燕賢也。《常棣》，燕兄弟也。《頍弁》，燕親戚也。《魚麗》、《嘉魚》、《瓠葉》，皆所以燕大臣也。《南山有臺》、《天保》，大臣所以報王也。《煌華》，遣使臣也。《四牡》，勞使臣之勤也。《杕杜》，勞戍也。《邠風》，陳農政也。《南山》、《楚茨》、《甫田》，皆所以勸農也。《大田》，農夫所以報上也。《斯干》，落親宫也。《鴻鴈》，懷流人也。《□蕭》、《□□者華》、《湛露》、《彤弓》、《桑扈》、《采叔》，皆天子之燕諸侯也。《瞻彼洛矣》、《鴛鴦》、《魚藻》，皆諸侯所以報天子也。子曰：『凡爲天下國家有九經，修身則道立，尊賢則不惑，親親則諸父昆弟不怨，敬大臣則不眩，體群臣則士之報禮重，子庶民則百姓勸，來百工則財用足，柔遠人則四方歸之，懷諸侯則天下畏之。』斯周道之所以正乎。」共闕五字。

又：「宣王中興而《小正》續焉。《六月》，北伐也。《出車》，勞將帥也。《采薇》，勞師也。《采芑》，南征也。《黍苗》，城申也。《車工》、《吉日》，閱武也。《庭燎》，勤政也。《沔水》，念亂也。《無羊》，考牧也。《車舝》，樂親昏也。」

【眉批】

按：《傳》本附音云：毛本作「雅」，乃借烏雅字。則知「疋」字古「雅」字也。

闕文當是「蓼」字、「常常」二字。

按：《傳》本《疋》、《小疋》三十三篇，以夫子之言終之，且中多總傳，前後與今本不同，故雖分列各章，仍依原本，總載全文。續《小疋》十一篇，亦與今本錯出。統爲宣王中興，故雖分列各章，亦仍載總文。

鹿鳴之什

鹿　鳴

子夏《序》：「燕群臣嘉賓也。既飲食，又實幣帛筐篚以將其厚意，然後忠臣嘉賓得盡其心矣。」

子貢《傳》：「《鹿鳴》、《伐木》、《隰桑》、《青莪》、《白駒》，皆所以燕賢也。」

呦呦鹿鳴，食野之苹。我有嘉賓，鼓瑟吹笙。吹笙鼓簧，承筐是將。人之好我，示我周行。

鍾曰：「『人之好我』，大義亦良心也，有駕馭，有感動。」

呦呦鹿鳴，食野之蒿。我有嘉賓，德音孔昭。視民不恌，君子是則是傚。我有旨酒，嘉賓式燕以敖。

呦呦鹿鳴，食野之芩。我有嘉賓，鼓瑟鼓琴。鼓瑟鼓琴，和樂且湛。我有旨酒，以燕樂嘉賔之心。

鍾曰：「末二章，一字不及于『周行』，其意更深。」

【總評】

徐曰：「古者三王有乞言，五帝憲。首章，乞言也。次章，憲也。三章，言安樂其心，並憲亦不待言矣。」

【眉批】

總《傳》者從六篇首列之，後不再贅。

四　牡

子夏《序》：「勞使臣之來也，有功而見知則説矣。」

子貢《傳》：「勞使臣之勤也。」

四牡騑騑，周道倭遲。豈不懷歸？王事靡盬，我心傷悲。

四牡騑騑，嘽嘽駱馬。豈不懷歸？王事靡盬，不遑啓處。

翩翩者鵻，載飛載下，集于苞栩。王事靡盬，不遑將父。

翩翩者鵻，載飛載止，集于苞杞。王事靡盬，不遑將母。

駕彼四駱，載驟駸駸。豈不懷歸？是用作歌，將母來諗。

鍾曰：「末句寫盛世君臣相通之情。」

【總評】

徐曰：「《四牡》、《采薇》、《出車》、《杕杜》，皆君王之言也。上之勞下，而但曰使臣在外，如何勤勞憂苦、奉公忘私，則下之情，未必能盡，而其文亦索然無味矣。今勞人而反托爲其人之言，具道其明發之懷，仳離之恨，歲月之久，往來之艱，思望之勤，旋歸之樂，甚而曰『將母來諗』，又甚而曰『莫知我哀』，一時臣下之隱哀伏慮，畢達于黼扆之前，而惻然推赤心以置人腹，真是使人截脰碎首而不悔。因想見詩人托詞寓意之妙，所以風人美正刺淫，間或摹寫其詞以爲懲勸，皆不必正爲其人之言也。且雅體視風爲嚴，王者勞下，尚托爲其下之言，以擬議情事，感動人心。而《國風》諸詩，獨斷以本文爲正。如《行露》、《氓》、《著》之類，皆以爲婦人所自作，拘之甚矣。有如《四牡》、《杕杜》，無《禮經》及《左》、《國》明文可據，其不定爲久役而怨其上者乎？毛、鄭之流，雖百口何從辨哉！」

皇皇者華

子夏《序》：「君遣使臣也，送之以禮樂，言遠而有光華也。」

子貢《傳》：「遣使臣也。」

皇皇者華，于彼原隰。駪駪征夫，每懷靡及。

我馬維駒，六轡如濡。載馳載驅，周爰咨諏。

我馬維騏，六轡如絲。載馳載驅，周爰咨謀。

我馬維駱，六轡沃若。載馳載驅，周爰咨度。

我馬維駰，六轡既均。載馳載驅，周爰咨詢。

鍾曰：「似訓誥體。」又曰：「大哉王言，千古君道相道，不出于此，不獨告使臣而已也。」

【眉批】

按《傳》作「煌華」。

常棣

子夏《序》：「燕兄弟也。閔管、蔡之失道，故作《常棣》焉。」

子貢《傳》：「燕兄弟也。」

徐曰：「《鹿鳴》諸篇，詞多和平。此篇多激烈之氣、哀婉之詞，意若有所懲創，則爲周公東征以後之作無疑。」

常棣之華，鄂不韡韡。凡今之人，莫如兄弟。

死喪之戚，兄弟孔懷。原隰裒矣，兄弟求矣。

陸曰：「『懷』字情上見力，『求』字力上見情。」唐曰：「兩『矣』字，亦見至情所迫，自是不得不爾。」

脊令在原，兄弟急難。每有良朋，况也永嘆。

鍾曰：「不要説壞朋友，良朋實有此時勢，如所謂老母在身，未敢許人之類。」濛初曰：「越説得好朋友熱腸無可如何，益見兄弟妙處。『每有』字有味，與『雖有』不同。」

兄弟鬩于墻，外禦其務。每有良朋，烝也無戎。

濛初曰：「『鬩墻』二句，非經處骨肉之變，情深人不能道出。『務』字，所該殊廣，今草草只在『侮』字看過，不知侮特務中之一端耳。」

喪亂既平，既安且寧。雖有兄弟，不如友生。

徐曰：「五章承上接下，作一扭子，文有頓挫，有起伏，章法妙品。」沈曰：「文氣至此一頓，故又開其說于安樂。」濛初曰：「有『不如友生』一轉，便自關生，文章家要知此法。」

儐爾籩豆，飲酒之飫。兄弟既具，和樂且孺。「孺」字動人。

妻子好合，如鼓瑟琴。兄弟既翕，和樂且湛。

徐曰：「此二章揣摩人情，極爲真懇，且將世情反看，便了此旨。」鍾曰：「讀此見五倫相須爲用之妙。」

宜爾室家，樂爾妻帑。是究是圖，亶其然乎。

徐曰：「『乎』字提醒世人，最爲切至。古人文字極警策處。詩家落聯，有此榜樣，豈非高手！」

【總評】鍾曰：「說得委曲真至，要哭要笑，只是一真。」徐曰：「此詩描寫人情，備極巧妙，可悲可涕，可舞可歌。聖人之言，正如化工有物，非復人力所能庶幾也。」

伐木 《傳》見《鹿鳴》。

子夏《序》：「燕朋友故舊也。自天子以至于庶人，未有不須友以成者。親親以睦，友賢不棄，不遺故舊，則民德歸厚矣。」

伐木丁丁，鳥鳴嚶嚶。出自幽谷，遷于喬木。嚶其鳴矣，求其友聲。二字妙理。相彼鳥矣，猶求友聲。矧伊人矣，不求友生。神之聽之，怡人。終和且平。

伐木許許，釃酒有藇。既有肥羜，以速諸父。寧適不來，微我弗顧。於粲灑埽，陳饋八簋。既有肥牡，以速諸舅。寧適不來，微我有咎。

伐木于阪，釃酒有衍。籩豆有踐，兄弟無遠。民之失德，世故得力之言。乾餱以愆。有酒湑我，四「我」字倒得奇甚。無酒酤我。坎坎鼓我，蹲蹲舞我。迨我暇矣，飲此湑矣。

徐曰：「尊者不敢必其來，兄弟則曰『無遠』，立言之法也。」唐曰：「『湑我』『酤我』，是古人倒句法。」濛初曰：「連用五『我』字，殷勤之意可掬。」

天保

子夏《序》：「下報上也。君能下下以成其政，臣能歸美以報其上焉。」

子貢《傳》：「大臣所以報王也。」同《南山有臺》。

天保定爾，亦孔之固。俾爾單厚，何福不除。俾爾多益，亦莫不庶。

徐曰：「『俾爾』等句法，皆極其形容之辭，各次句俱足上句。『除』字奇，句法妙品。」

天保定爾，俾爾戩穀。罄無不宜，受天百祿。降爾遐福，維日不足。

天保定爾，以莫不興。如山如阜，如岡如陵。如川之方至，以莫不增。

吉蠲爲饎，是用孝享。禴祠蒸嘗，于公先王。君曰卜爾，萬壽無疆。

神之弔矣，詒爾多福。民之質矣，四語甚大。日用飲食。群黎百姓，徧爲爾德。

陸曰：「『民之質矣』四句，分明是擊壤謳歌景象。」又曰：「時至成周，民風日趨于薄。故《鹿鳴》言『視民不恌』，此言『民之質矣』，俱有深意。」又曰：「雖極其稱願，而『戩穀』、『徧德』二語，自是頌中有規。」徐曰：「只『徧爲爾德』一語，便含規諷意。君如不德，民何則焉，此古人立言之妙也。」

如月之恒，如日之升。如南山之壽，不騫不崩。如松栢之茂，無不爾或承。

鍾曰：「此章取譬寓意，尤深妙。」又曰：「前後九『如』字，筆端飛舞。」徐曰：「『或』字字法妙品，『或』者不知誰何之詞。舊福方來，而新福已繼，不知不覺，已自有在。」

【總評】

鍾曰：「章法妙。」

采薇

子夏《序》：「遣戍役也。文王之時，西有昆夷之患，北有玁狁之難。以天子之命命將率，遣戍役，以守衛中國，故歌《采薇》以遣之。《出車》以勞還。《杕杜》以勤歸也。」

子貢《傳》：「勞師也。」

采薇采薇，薇亦作止。曰歸曰歸，歲亦莫止。靡室靡家，玁狁之故。不遑啓居，玁狁之故。

采薇采薇，薇亦柔止。曰歸曰歸，心亦憂止。憂心烈烈，載饑載渴。我戍未定，靡使歸聘。

采薇采薇，薇亦剛止。曰歸曰歸，歲亦陽止。王事靡盬，不遑啓處。憂心孔疚，我行不來。

濛初曰：「『我行不來』，奮然自誓，壯氣凜凜，自與『不我活兮』不同。此風雅正變之所以異也。」

彼爾維何？維常之華。彼路斯何？君子之車。戎車既駕，四牡業業。豈敢定居，一月三捷。

駕彼四牡，四牡騤騤。君子所依，小人所腓。四牡翼翼，象弭魚服。豈不日戒，玁狁孔棘。

鍾曰：「教之奮揚，教之戒懼，不是身家語，然爲身家計，亦不出此。固承上章忘身忘家説，然亦爲末章歸期張本矣。」徐曰：「讀『君子所依』二句，想見古人用車之法，今宜模仿此意，變通其制度，極是兵家根本之策。若以房琯爲口實，豈非懲噎廢食乎？豈古無以步騎敗者乎？」

昔我往矣，楊柳依依。今我來思，雨雪霏霏。行道遲遲，載渴載饑。我心傷悲，莫知我哀。

徐曰：「君勞其臣而曰『莫知我哀』，其知之也不亦深乎。味此一言，真足使人肝腦塗中原，膏血潤野草而不悔矣。」唐曰：「君門萬里，詎識邊情，千里歸途，轉成傷恨，所謂『莫知我哀』者也。」

【總評】

濛初曰：「『歲暮』、『歲陽』、『雨雪』等語，明示以還役之期以安其心。『玁狁之故』、『我戍未定』、『王事靡盬』、『豈敢定居』、『豈不日戒』等句，微挑其急公之義以作其氣，『饑渴』、『傷悲』及『莫知我哀』，暗寄其軫惜之周以動其隱，只此篇章之末，具撫馭大作用在。」

出車

子夏《序》：「勞還率也。」

子貢《傳》：「勞將帥也。」

我出我車，于彼牧矣。自天子所，大題目。謂我來矣。召彼僕夫，謂之載矣。王事多難，維其棘矣。

我出我車，于彼郊矣。設此旐矣，建彼旄矣。彼旟旐斯，胡不旆旆。憂心悄悄，妙。僕夫況瘁。

王命南仲，往城于方。出車彭彭，旂旐央央。天子命我，城彼朔方。赫赫南仲，玁狁于襄。

徐曰：「閫以外將軍制之，故一則曰『我出我車』，再則曰『我出我車』，將受命于君，故曰『自天子所』，『天子命我』。」

昔我往矣，黍稷方華。今我來思，雨雪載塗。王事多難，不遑啓居。豈不懷歸，畏此簡書。

喓喓草蟲，趯趯阜螽。未見君子，憂心忡忡。既見君子，我心則降。赫赫南仲，薄伐西戎。

陸曰：「往來之情，紬于簡書。將帥語意，與戍人迥別。想北伐之餘威，擬西征之新命，將帥妻語意，與戍人室家亦自別。」徐曰：「『薄伐西戎』，蓋室家思念無所不至，故作此意外之想，正是詩家三昧。」

春日遲遲，卉木萋萋。倉庚喈喈，采蘩祁祁。執訊獲醜，薄言還歸。赫赫南仲，玁狁于夷。

鍾曰：「極占地步之想。」

徐曰：「室家方思維猜度而南仲忽歸，乍然相接，猶疑是夢。此等情致，詞家鼻祖。」鍾曰：「末二章生發得妙，看其筆亦靈活。」

杕杜

子夏《序》：「勞還役也。」

子貢《傳》：「勞戍也。」

有杕之杜，有皖其實。王事靡盬，意句俱妙。繼嗣我日。日月陽止，女心傷止，征夫遑止。

有杕之杜，其葉萋萋。王事靡盬，我心傷悲。卉木萋止，女心悲止，征夫歸止。

鍾曰：「詩以物紀時，後人無此筆端。」陸曰：「以『卉木』代『杕杜』二字，恰是女子口中悲念語。」

陟彼北山，言采其杞。王事靡盬，憂我父母。檀車幝幝，四牡痯痯，征夫不遠。

徐曰：「及期而望曰『女心傷悲』，過期不至曰『憂我父母』，其憂有進焉者矣。可見古人立言之法。

讀古人文字，全要領取此等機軸。」

匪載匪來，憂心孔疚。期逝不至，而多爲恤。卜筮偕止，會言近止，征夫邇止。

南陔

子夏《序》：「孝子相戒以養也。」

白華之什

白華

子夏《序》：「孝子之潔白也。」

華黍

子夏《序》：「時和年豐，宜黍稷也。」

魚麗

子夏《序》：「美萬物盛多，能備禮也。文武以《天保》以上治内，《采薇》以下治外，始于憂勤，終于逸樂。故美萬物盛多，可以告於神明矣。」

子貢《傳》：「《魚麗》、《嘉魚》、《瓠葉》，皆所以燕大臣也。」

魚麗于罶，鱨鯊。君子有酒，旨且多。

魚麗于罶，魴鱧。君子有酒，多且旨。

魚麗于罶，鰋鯉。君子有酒，旨且有。

沈曰：「燕獨稱魚者，北方羊牛多而魚少，舉其貴者言之耳。餘仿此。諺云『秦水無魚』，至今猶然。」

物其多矣，維其嘉矣。

物其旨矣，維其偕矣。

物其有矣，維其時矣。

唐曰：「前着一『且』字，後着一『維』字，想見古人意所重處。」鍾曰：「覆説一過便深。」濛初曰：「後三章首句，各以次頂前三章末一字，其體似。」「『仲前』、『蓋酒』是燕名，原可以該物也。」

由庚

子夏《序》：「萬物得由其道也。」

南有嘉魚 《傳》同《魚麗》，已見。

子夏《序》：「樂與賢也。太平之君子，至誠樂與賢者共之也。」

南有嘉魚，烝然罩罩。君子有酒，嘉賓式燕以樂。

南有嘉魚，烝然汕汕。君子有酒，嘉賓式燕以衎。

南有樛木，甘瓠纍之。君子有酒，嘉賓式燕綏之。

翩翩者鵻，烝然來思。君子有酒，嘉賓式燕又思。

崇丘

子夏《序》：「萬物得極其高大也。」

南山有臺 《傳》同《天保》，已見。

子夏《序》：「樂得賢也。得賢則能爲邦家立太平之基矣。」

南山有臺，北山有萊。樂只君子，邦家之基。樂只君子，萬壽無期。

南山有桑，北山有楊。樂只君子，邦家之光。樂只君子，萬壽無疆。

南山有杞，北山有李。樂只君子，民之父母。樂只君子，德音不已。

南山有栲，北山有杻。樂只君子，遐不眉壽。樂只君子，德音是茂。

南山有枸，北山有楰。樂只君子，遐不黄耇。樂只君子，保艾爾後。

鍾曰：「通詩『德壽』二字相錯，似亂似整，亦非後人筆端。」沈曰：「雖通是贊美之詞，而未嘗不諷之以惠迪感召之理。是之謂盛世之雅。」

由儀

子夏《序》：「萬物之生，各得其宜也。」

蓼蕭

子夏《序》：「澤及四海也。」

子貢《傳》：「《蓼蕭》、《常常者華》、《湛露彤弓》、《桑扈》、《采菽》，皆天子之燕諸侯也。」

蓼彼蕭斯，零露湑兮。既見君子，我心寫兮。「寫」字妙。燕笑語兮，是以有譽處兮。

蓼彼蕭斯，零露瀼瀼。既見君子，爲龍爲光。其德不爽，壽考不忘。

蓼彼蕭斯，零露泥泥。既見君子，孔燕豈弟。妙語。宜兄宜弟，令德壽豈。

蓼彼蕭斯，零露濃濃。既見君子，鞗革冲冲。和鸞雝雝，萬福攸同。徑接上二語，有意。

沈曰：「此篇所謂德，皆侯度之常。所謂福，亦分内之有。雖鋪張而未嘗無節制之意，即致語而未嘗無勸戒之旨，此之謂盛世之君臣。」

湛露 《傳》同《蓼蕭》，已見。

子夏《序》：「天子燕諸侯也。」

湛湛露斯，匪陽不晞。厭厭夜飲，不醉無歸。
湛湛露斯，在彼豐草。厭厭夜飲，在宗載考。
湛湛露斯，在彼杞棘。顯允君子，莫不令德。
其桐其椅，其實離離。豈弟君子，莫不令儀。

鍾曰：「末二章自寓良箴，不待監史之設、童羖之罰矣，當觀其用意隱厚處。」

孔門兩弟子言詩翼

吴興凌濛初輯

小雅二

彤弓之什

彤　弓《傳》同《蓼蕭》，已見。

子夏《序》：「天子錫有功諸侯也。」

彤弓弨兮，受言藏之。我有嘉賓，中心貺之。鐘鼓既設，一朝饗之。

魏曰：「惟『貺』出于中心，故即饗即授，不踰時而决。若有一毫市恩懼逼之意，則赤族之事，已伏于刓印之初，而鳥盡弓藏，禍不旋踵，則以無中心之貺故也。」鍾曰：「寫得感激。」

彤弓弨兮，受言載之。我有嘉賓，中心喜之。鐘鼓既設，一朝右之。

彤弓弨兮，受言櫜之。我有嘉賓，中心好之。鐘鼓既設，一朝醻之。

菁菁者莪 《傳》作《青莪》，同《鹿鳴》，已見。

子夏《序》：「樂育材也。君子能長養人材，則天下喜樂之矣。」

菁菁者莪，在彼中阿。既見君子，樂且有儀。
菁菁者莪，在彼中沚。既見君子，我心則喜。
菁菁者莪，在彼中陵。既見君子，錫我百朋。
泛泛楊舟，載沉載浮。既見君子，我心則休。

徐曰：「『載沉載浮』，善言情致。古云『泛乎若不繫之舟』，即是此意。」又曰：「『休』字正對『浮沉』言，字法妙品。」

六　月

子夏《序》：「宣王北伐也，《鹿鳴》廢，則和樂缺矣。《四牡》廢，則君臣缺矣。《皇皇者華》廢，則忠信缺矣。《常棣》廢，則兄弟缺矣。《伐木》廢，則朋友缺矣。《天保》廢，則福禄缺矣。《采薇》廢，則征伐缺矣。《出車》廢，則功力缺矣。《杕杜》廢，則師衆缺矣。《魚麗》廢，則法度缺矣。《南陔》廢，則孝友缺矣。《白華》廢，則廉耻缺矣。《華黍》廢，則蓄積缺矣。《由庚》廢，則陰陽失其道理矣。《南有嘉魚》廢，則賢者不安，下不得其所矣。《崇丘》廢，則萬物不遂矣。《南山有臺》廢，則爲國之基墜矣。《由儀》廢，則萬物失其道理矣。《蓼蕭》廢，則恩澤垂矣。《湛露》廢，則萬國離矣。《彤弓》廢，則諸夏衰矣。《菁菁者莪》廢，則無禮儀矣。《小雅》盡廢，則四夷交侵，中國微矣。」

子貢《傳》：「北伐也。」

六月棲棲，戎車既飭。四牡騤騤，載是常服。玁狁孔熾，我是用急。王于出征，以匡王國。

鍾曰：「命將出師，句句是天子氣象。」濛初曰：「『於』，鄭解云曰：『按左氏，討國人而訓之于民生之不易』，即此『於』字。」

比物四驪，閑之維則。維此六月，既成我服。我服既成，于三十里。王于出征，以佐天子。

沈曰：「首二句便見中興氣象。」鍾曰：「二語深妙，亦不獨可說馬。」

四牡修廣，其大有顒。薄伐玁狁，以奏膚公。有嚴有翼，共武之服。共武之服，以定王國。

玁狁匪茹，整居焦穫。侵鎬及方，至于涇陽。織文鳥章，白旆央央。元戎十乘，以先啓行。

戎車既安，如輊如軒。四牡既佶，既佶且閑。薄伐玁狁，至于太原。文武吉甫，萬邦爲憲。

鍾曰：「『如輊如軒』，《考工記》累言不盡，四字寫出。」又曰：「玩『文武』二語，知古者爲將不易。」

吉甫燕喜，既多受祉。來歸自鎬，我行永久。飲御諸友，炰鱉膾鯉。侯誰在矣，張仲孝友。

濛初曰：「張皇軍容，終以飲至。諸人聚飲，舉重一人。如此末章末句，是千里來龍，到頭結穴。」

采芑

子夏《序》：「宣王南征也。」

子貢《傳》：「南征也。」

薄言采芑，于彼新田。于此菑畝，方叔莅止。其車三千，師干之試。方叔率止，乘其四騏。四騏翼翼，路車有奭。簟茀魚服，鉤膺鞗革。

鍾曰：「論兵制約而盡。」

薄言采芑，于彼新田。于此中鄉，方叔莅止。其車三千，旂旐央央。方叔率止，約軝錯衡，八鸞瑲瑲。服其命服，朱芾斯皇，有瑲葱珩。

沈曰：「芾珮臨戎，殊有孔明羽扇、羊祜輕裘之意。」徐曰：「『朱芾斯皇，有瑲葱珩』，古人句法，倒用以爲錯綜，如《楚詞》云：『吉日兮辰良。』」

鴥彼飛隼，其飛戾天。亦集爰止，方叔莅止。其車三千，師干之試。方叔率止，鉦人伐鼓。古文法。陳師鞠旅，顯允方叔。伐鼓淵淵，振旅闐闐。

蠢爾蠻荆，大邦爲讎。方叔元老，克壯其猶。此句要緊。方叔率止，執訊獲醜。戎車嘽嘽，嘽嘽焞焞，如霆如雷。顯允方叔，征伐玁狁，蠻荆來威。

鍾曰：「『征伐玁狁，蠻荆來威，』妙于論將，妙于論兵。」陸曰：「要知此是作于承命啓行時，故詞氣雍容如此。」

車攻

子夏《序》：「宣王復古也。宣王能内修政事，外攘夷狄，復文武之竟土。修車馬，備器械，復會諸侯于東都，因田獵而選車徒焉。」

子貢《傳》：「《車工》，吉日閱武也。」

我車既攻，我馬既同。四牡龐龐，駕言徂東。

田車既好，四牡孔阜。東有甫草，駕言行狩。

之子于苗，選徒嚻嚻。言約而該。建旐設旄，搏獸于敖。

駕彼四牡，四牡奕奕。赤芾金舄，會同有繹。

決拾既佽，弓矢既調。射夫既同，助我舉柴。

徐曰：「中興氣象人心，所謂『今日復見漢官威儀』。」

四黄既駕，兩驂不猗。不失其馳，情理俱微。舍矢如破。

蕭蕭馬鳴，悠悠旆旌。徒御不驚，大庖不盈。

鍾曰：「四語妝點太平氣象，大道理，大議論。」徐曰：「『蕭蕭』二語，形容静治，最爲曲盡。王籍詩『蟬噪林逾静，鳥鳴山更幽』出于此。」

之子于征，有聞無聲。四字甚深厚。允矣君子，展也大成。

徐曰：「『靡不有初，鮮克有終』，故曰『行百里者半于九十』，言末路之難也。宣王赫然中興，幾復文武之舊，而迨其晚節，竟以鮮終，則『展也大成』之一言，已逆窺而微諷之矣。爲此詩者，意亦吉甫之流與！」鍾曰：「末二句，一篇本領。」

吉日 《傳》同《車工》，已見。

子夏序：「美宣王田也。能慎微接下，無不自盡以奉其上焉。」

吉日維戊，既伯既禱。田車既好，四牡孔阜。升彼大阜，從其群醜。

吉日庚午，既差我馬。獸之所同，麀鹿麌麌。漆沮之從，天子之所。

濛初曰：「此云『庚午』，上章只用『戊』字，便不須更及支矣。古法簡妙每如此。」

瞻彼中原，其祁孔有。儦儦俟俟，或群或友。妙論。悉率左右，以燕天子。

徐曰：「百物改觀，非復昔之凋耗矣。形容如畫。」

既張我弓，既挾我矢。發彼小豝，殪此大兕。以御賓客，且以酌醴。

徐曰：「《車攻》、《吉日》所言田獵之事，舂容爾雅，有典有則，有質有文，後世《長楊》、《羽獵》、《上林》、《廣成》，未足窺其藩籬也。」

鴻鴈

子夏《序》：「美宣王也。萬民離散，不安其居，而能勞來、還定、安集之，至于矜寡，無不得其所焉。」

子貢《傳》：「懷流人也。」

鴻鴈于飛，肅肅其羽。之子于征，劬勞于野。爰及矜人，哀此鰥寡。

鴻鴈于飛，集于中澤。之子于垣，百堵皆作。雖則劬勞，其究安宅。

鴻鴈于飛，哀鳴嗸嗸。維此哲人，謂我劬勞。維彼愚人，謂我宣驕。

徐曰：「『哀鳴嗸嗸』，《淮南子》『窮者欲達其言，勞人願歌其事』。」

【總評】

徐曰：「此詩苦而得樂，樂而思苦，與《黄鳥》並觀，可謂曲盡哀樂之變。」

庭燎

子夏《序》：「美宣王也。因以箴之。」

子貢《傳》：「勤政也。」

夜如何其？夜未央，庭燎之光。君子至止，鸞聲將將。

徐曰：「『夜未央』，是詰問之詞。『庭燎之光』，是料想之詞。其交接處委曲圓轉，妙不可言。正是明珠走盤，春鶯囀舌，可想其義，莫得其端。」

夜如何其？夜未艾，庭燎晰晰。君子至止，鸞聲噦噦。

夜如何其？夜鄉晨，庭燎有煇。君子至止，言觀其旂。

【總評】

鍾曰：「『夜如何其』，三問甚警。」

沔水

子夏《序》：「規宣王也。」

子貢《傳》：「念亂也。」

沔彼流水，朝宗于海。鴥彼飛隼，載飛載止。嗟我兄弟，邦人諸友。莫肯念亂，誰無父母。

唐曰：「言及父母，誰不動心，語未及卒，意自竦然。」鍾曰：「『誰無父母』四字，問得意苦語微，可思可涕。」徐曰：「意有含蓄能動人。」

沔彼流水，其流湯湯。鴥彼飛隼，載飛載揚。念彼不蹟，載起載行。心之憂矣，不可弭忘。

鴥彼飛隼，率彼中陵。民之訛言，寧莫之懲。我友敬矣，讒言其興。

鍾曰：「『敬』字自深，此念亂之實也。」

鶴鳴

子夏《序》：「誨宣王也。」

子貢《傳》：「所以修身也。」

鶴鳴于九皋，聲聞于野。魚潛在淵，或在于渚。樂彼之園，爰有樹檀，其下維蘀。他山之石，可以爲錯。

鍾曰：「此詩如《易》之取象，非譬喻也。」又曰：「胸中道理圓透，目擊意到，拈着即是。」

鶴鳴于九皋，聲聞于天。魚在于渚，或潛在淵。樂彼之園，爰有樹檀，其下維穀。他山之石，可以攻玉。

唐曰：「只疊咏一番，興趣無限。」陸曰：「逐節下字，比前章每進一步。」

祈父之什

祈父 《傳》本作《圻招》。

子夏《序》：「刺宣王也。」

子貢《傳》：「《圻招》，□□□道，穆王西征，祭公述民怨以諫，賦《圻□》。」「招」下闕三字，「圻」下闕一字。

祈父，予王之爪牙。胡轉予于恤？靡所止居。

祈父，予王之爪士。胡轉予于恤？靡所底止。

祈父，亶不聰。胡轉予于恤？有母之尸饔。

鍾曰：「三呼『圻父』，已見其不聰矣。」

【眉批】

按：《傳》本此篇在《小正》。《傳》蓋《小正》正續之後復有《小正》，《傳》爲變《小正》。

闕文疑是「違命不」三字。「圻」下是「招」字。

白駒 《傳》同《鹿鳴》，已見。

子夏《序》：「大夫刺宣王也。」

皎皎白駒，食我場苗。無聊之想。縶之維之，以永今朝。所謂伊人，於焉逍遥。

皎皎白駒，食我場藿。縶之維之，以永今夕。所謂伊人，於焉嘉客。此語更妙。

徐曰：「『永』字佳，朝夕非永也。臨行而朝夕，不啻永矣。」

皎皎白駒，賁然來思。爾公爾侯，逸豫無期。慎爾優游，勉爾遁思。

鍾曰：「此章論出處之道甚深。『慎』、『勉』二字，下得妙。『毋金玉爾音』句，與此二字正相呼應。」

直是古人極善招隱者。」徐曰：「曰『慎』、曰『勉』，非其志也。只此二字，便見挽留之苦，幾欲墮淚。」

皎皎白駒，在彼空谷。生芻一束，其人如玉。毋金玉爾音，而有遐心。

徐曰：「末章凄凉悲惋，大有含蓄。末二句旨深調遠，所謂如怨如慕，如泣如訴，餘音嫋嫋，不絶如縷。故曰：『長歌之哀，過于慟哭。』其此之謂。緣情之妙，一至于斯。」又曰：「音非經國之言。賢者既去，何肯復論時事乎？但期聲問相通，慰我離索，猶勝波沉雨落耳。此等是無可奈何之辭，而真情纏綣，聞者凄絶，何況身當此日，口道斯言。骨節多酸，肝腸欲碎。」鍾曰：「『遐心』即遠心也。考亭注作『遠我之心』，豈未讀陶詩耶？讀『其室則邇，其人甚遠』，及『遡洄從之』六句，『遐心』二字，不勞注脚矣。」

【總評】

唐曰：「明是詩人托爲王者冀望之詞，若留之自上，賢者不應决去乃爾。」徐曰：「通篇俱是托言，與《卷耳》、《載馳》一例。」

黄鳥

子夏《序》：「刺宣王也。」

子貢《傳》：「民適異國□□□□，賦《黄鳥》。」「國」下闕四字。

黄鳥黄鳥，回想。悲甚。無集于穀，無啄我粟。此邦之人，不我肯穀。言旋言歸，復我邦族。

黄鳥黄鳥，無集于桑，無啄我粱。此邦之人，不可與明。言旋言歸，復我諸兄。

鍾曰：「『不我肯穀』，言其薄；『不可與明』，言其昏。昏者必薄。」

黄鳥黄鳥，無集于栩，無啄我黍。此邦之人，不可與處。言旋言歸，復我諸父。

我行其野

子夏《序》：「刺宣王也。」

子貢《傳》：「士就親戚而莫之恤，賦《我行其野》。」

我行其野，蔽芾其樗。昏姻之故，言就爾居。爾不我畜，復我邦家。

我行其野，言采其蓫。昏姻之故，言就爾宿。爾不我畜，言歸思復。

鍾曰：「『昏姻之故』四字，責得甚深。」

我行其野，言采其葍。不思舊姻，求我新特。成不以富，亦祇以異。

徐曰：「趨富厭貧，薄俗之大，喜新忽故，人情之常。詩人抑揚其詞，亦加人微罪之意也。」鍾曰：「末二句，似爲薄者開一生路。然詞益恕而意益深矣。」

【眉批】

按《傳》此篇在《王風》。

「親」下十字篆本皆半闕可認。

「求我」，「我」字毛本作「爾」。

斯干

子夏《序》:「宣王考室也。」

子貢《傳》:「落親宫也。」「親」今作「新」。

秩秩斯干,幽幽南山。如竹苞矣,如松茂矣。兄及弟矣,好想。式相好矣,無相猶矣。

徐曰:「『秩秩』是狀近景,『幽幽』是狀遠景。」

似續妣祖,大題目。築室百堵,西南其户。語工妙無痕。爰居爰處,爰笑爰語。

濛初曰:「周自姜嫄以來,代有内助,妣祖並稱,《詩》非無意。」

約之閣閣,椓之橐橐。風雨攸除,鳥鼠攸去,君子攸芋。

如跂斯翼,如矢斯棘,如鳥斯革,如翬斯飛,四語工甚、古甚。君子攸躋。

殖殖其庭,有覺其楹。噲噲其正,噦噦其冥,君子攸寧。

下莞上簟,乃安斯寢。乃寢乃興,乃占我夢。吉夢維何?維熊維羆,維虺維蛇。

濛初曰:「前五章宫室之事已完,此却因言及寢,而生出奇夢,作生男女張本來。其局法如《常棣》『喪亂既平』章。」

大人占之:維熊維羆,男子之祥。維虺維蛇,女子之祥。

濛初曰:「因寢生夢,復因夢生占,因占得祥,段段相生,如新笋成竹,逐節剥换。」徐曰:「見古人占夢之法。」

乃生男子:載寢之牀,載衣之裳,載弄之璋。其泣喤喤,朱芾斯皇,室家君王。

徐曰：「『寢之』等句，俱見古人蚤豫教之法。」又曰：「后稷之呱，實覃實訏。楊食我之生也，聞其聲，知其必滅羊舌氏。則『其泣喤喤』，其爲吉祥可知。」

乃生女子：載寢之地，載衣之裼，載弄之瓦。無非無儀，唯酒食是議，無父母詒罹。

鍾曰：「『無非無儀』四字，學問後世。故精透之言，無非易知，無儀難見，所謂『好尚不可爲而況惡乎』，即此意也。」

無羊

子夏《序》：「宣王考牧也。」

子貢《傳》：「考牧也。」

誰謂爾無羊，三百維群。誰謂爾無牛，九十其犉。爾羊來思，其角濈濈。爾牛來思，其耳濕濕。

或降于阿，或飲于池。或寢或訛，爾牧來思。何簑何笠，或負其餱。三十維物，句古甚。爾牲則具。

鍾曰：「工于發端。」

爾牧來思，以薪以蒸。以雌以雄，爾羊來思。矜矜兢兢，不騫不崩。麾之以肱，畢來既升。

徐曰：「『羊之三百、牛之九十』，是寫牛羊之群數。『角之濈濈』、『耳之濕濕』，是寫衆多之形象。或降或飲、『或寢或訛』，並牛羊之動止閑適悉從筆端畫出。而『九十其犉』、『三十維物』，又摹寫牛羊之色，宛然雲錦在望。至于牧人之荷簑笠、負餱糧、取薪蒸、搏禽獸，無不殫述，則又可見牧人之從容自得。而其追隨于淡烟微雨之中，出入于峻坂叢林之内，其景象風物，概可想見於言外。『麾之以肱，畢來既升』，則所謂『日之夕矣，牛羊下來』者，又宛然其在目，若披一牧人圖而閱歷之也。所謂詩中有畫。」鍾曰：「『麾之以肱』二語，非惟相覯，亦幾于相忘矣。」

牧人乃夢：　衆維魚矣，旐維旟矣。異想。　大人占之：　衆維魚矣，實維豐年。　旐維旟矣，室家溱溱。

　　徐曰：「記曰，問庶人之富，數畜以對。若止三章，則一庶人之富已耳。有後一章，便關天下國家之大。」又曰：「咏物之詩，題面本狹，只就本事發揮，則淡無義味，故于結尾處，必推廣言之，然亦要與本題不遠。如《葛覃》咏治葛，而末言治服歸寧。《七月》二章咏治蠶，而末言女心傷悲。與此詩皆隨題外生意，而與本題不遠。此見古人作文之法。」濛初曰：「忽入夢幻占驗，既于點綴牧事作波瀾，復于描寫國象完局面，是何等手眼法力！」又曰：「天下原無牛羊如此蕃息，而生聚未衆，禾稼未登者，室家豐年，原不待夢而决。然不生此占夢一段，正不見奇峰陟出，異想天來耳。」

節南山

子夏《序》：「家父刺幽王也。」

子貢《傳》：「桓王伐鄭，□□□□家父諫之，賦《節》。」「鄭」下闕四字。

節彼南山，維石巖巖。　赫赫師尹，民具爾瞻。　憂心如惔，不敢戲談。　國既卒斬，何用不監。

　　沈曰：「不敢戲談，見當時防川監口，道路以目景象。蓋小人欲行其不平之政，未有不先作威稜以沮人之議論者。」鍾曰：「不敢戲談，亡國之象，然合上句看乃妙。」

節彼南山，有實其猗。　赫赫師尹，不平謂何。　天方薦瘥，喪亂弘多。　民言無嘉，憯莫懲嗟。

　　鍾曰：「『不平謂何』，問得苦甚。『懲』字妙，嗟而不懲，何救于事。」

尹氏太師，維周之氐。　秉國之均，四方是維。　天子是毗，俾民不迷。　不弔昊天，不宜空我師。

弗躬弗親，庶民弗信。弗問弗仕，勿罔君子。大奸膽落。式夷式已，無小人殆。瑣瑣姻亞，則無膴仕。

昊天不傭，降此鞠訩。昊天不惠，降此大戾。君子如屆，俾民心闋。君子如夷，惡怒是違。

不弔昊天，亂靡有定。式月斯生，俾民不寧。憂心如酲，誰秉國成。不自爲政，卒勞百姓。

鍾曰：「『誰秉國成』，又問得妙。」

駕彼四牡，四牡項領。我瞻四方，蹙蹙靡所騁。

徐曰：「所謂『出門皆有礙，誰云天地寬』也。」鍾曰：「是何世界。」

方茂爾惡，相爾矛矣。既夷既懌，如相醻矣。

徐曰：「既離復合，方怒即喜，小人之態，甚不可窺測，共事者真畏途矣。」鍾曰：「『如相醻矣』，摹寫小人尤在此四字。」

昊天不平，我王不寧。不懲其心，覆怨其正。

鍾曰：「『昊天』二語，見天心君心相通相關處，洞觀遠想之言。」

家父作誦，以究王訩。式訛爾心，以畜萬邦。

鍾曰：「後二章不用過文，徑接到王身上，甚有本領。可見從前説尹氏，句句是説王也。立言深妙如此。」

【總評】

沈曰：「全詩刺尹民，而末以一言歸之于王，則本末輕重自見。」

【眉批】
《傳》本作「節」
按：《傳》凡有「賦某」者，俱係《小正》傳中之篇。

正月

子夏《序》：「大夫刺幽王也。」
子貢《傳》：「西周喪退，□□□□大夫傷之，賦《正月》。」「退」下闕四字。
正月繁霜，開口便説明。我心憂傷。民之訛言，亦孔之將。念我獨兮，憂心京京。哀我小心，癙憂以痒。
鍾曰：「一『獨』字，是古今亂亡通患。若憂之者衆，亦不至亂亡矣。」
父母生我，胡俾我瘉？不自我先，不自我後。好言自口，莠言自口。憂心愈愈，是以有侮。
徐曰：「所謂一國之人皆狂，而反以不狂者爲狂也。」
憂心惸惸，念我無禄。民之無辜，並其臣僕。哀我人斯，于何從禄。瞻烏爰止？于誰之屋？
瞻彼中林，侯薪侯蒸。民今方殆，視天夢夢。既克有定，靡人弗勝。有皇上帝，伊誰云憎。
鍾曰：「『既克有定，靡人弗勝』，洞觀理數之方。『伊誰云憎』，冷語，説得醒。」
謂山蓋卑，爲岡爲陵。民之訛言，寧莫之懲。召彼故老，無聊之極。訊之占夢。具曰予聖，誰知烏之雌雄？祇是畏禍。
謂天蓋高，不敢不局。謂地蓋厚，不敢不蹐。維號斯言，有倫有脊。哀今之人，胡爲虺蜴。

徐曰：「『謂天』四句，形容賢者處亂世，畏首畏尾，不得自如之意，可爲曲盡。」鍾曰：「處亂世不得不然，然使人至此，國欲不亡，不可得矣。」

瞻彼阪田，有菀其特。天之抓我，如不我克。彼求我則，如不我得。執我仇仇，亦不我力。

鍾曰：「士居亂世，撡一退位不仕耳。讀此詩，乃知亂而可退，猶非亂之至也。」徐曰：「正與《大雅》『率由群匹』相反。大抵亂世之于賢人多如此。」

心之憂矣，如或結之。今茲之正，胡爲厲矣？燎之方揚，寧或滅之？赫赫宗周，褒姒威之。

終其永懷，又窘陰雨。其車既載，乃棄爾輔。載輸爾載，將伯助予。

鍾曰：「『終其永懷』一語，何等熱心。」

無棄爾輔，員于爾輻。屢顧爾僕，不輸爾載。終踰絶險，曾是不意。

鍾曰：「看『褒姒滅之』以後，猶有此二章議論，是何等念頭。」

魚在于沼，亦匪克樂。潛雖伏矣，亦孔之炤。憂心慘慘，念國之爲虐。

彼有旨酒，又有嘉殽。洽比其鄰，昏姻孔云。念我獨兮，憂心慇慇。

佌佌彼有屋，蔌蔌方有穀。民今之無禄，天夭是椓。哿矣富人，哀此惸獨。

鍾曰：「『佌佌』二語，正與《曹風》『季女斯饑』反看。」徐曰：「勞役之甚者，自較其輕重，故曰『土國城漕，我獨南行』。困苦之甚者，自較其淺深，故曰『哿矣富人，哀此惸獨』。民生至此，亦可憐矣。」

【眉批】

退古「敗」字。

爲，毛本作「然」。

十月之交

子夏《序》：「大夫刺幽王也。」

子貢《傳》：「皇父專政，□□□□賦《十月□□》。」「政」下闕四字。「月」下闕二字。

十月之交，朔日辛卯。日有食之，亦孔之醜。彼月而微，此日而微。今此下民，亦孔之哀。

徐曰：「『孔』之一字，詩人之意微矣。」

日月告凶，不用其行。四國無政，不用其良。彼月而食，則維其常。此日而食，于何不臧。

濛初曰：「『告凶』『告』字特妙。天不言，以日月示之也。」

爗爗震電，不寧不令。百川沸騰，山冢崒崩。高岸爲谷，深谷爲陵。哀今之人，胡憯莫懲。

徐曰：「野雉著怪，高宗深動。大風暴過，成王怛然。二君亦知所懲也，而卒成中興業。幽王之亡，不亦宜乎！」

皇父卿士，番維司徒。家伯冢宰，仲允膳夫。棸子内史，蹶維趣馬。楀維師氏，豔妻煽方處。

沈曰：「曰『豔』，徒有色也。曰『煽』，薰灼也。曰『方處』，專寵也。」

抑此皇父，豈曰不時。胡爲我作，不即我謀。徹我墻屋，田卒污萊。曰予不戕，禮則然矣。

鍾曰：「『曰予不戕』二句，酷是昏暴人口角。」

皇父孔聖，作都于向。擇三有事，亶侯多藏。不憖遺一老，俾守我王。擇有車馬，以居徂向。

陸曰：「『孔聖』二字，分明指出皇父責弄聰明，剛愎自用情狀。」沈曰：「看來皇父是個豪暴自大之人，故曰『豈曰不時』，『曰予不戕』，曰『孔聖』。」

黽勉從事，不敢告勞。無罪無辜，讒口囂囂。下民之孽，匪降自天。噂沓背憎，職競由人。

鍾曰：「『噂沓背憎』四字，多少藏轉。」

悠悠我里，亦孔之痗。四方有羨，我獨居憂。民莫不逸，我獨不敢休。天命不徹，我不敢傚我友自逸。

徐曰：「獨憂，不獨皇父病之，自傷之至。想天下之苦無甚于我者。如《四月》『民莫不穀，我獨何害』，亦是此意。皆善言哀苦之情者。」鍾曰：「末二句，善于自處，省多少怨尤。」濛初曰：「逸曰自逸，明是燕雀怡堂也。故曰『不敢傚』，實是憂危深心，非泛欲盡臣職。」

【總評】

濛初曰：「皇父之黨，足召天變，罪必擢髮難言，何只舉營向一事言之？《詩》故云，皇父恃寵請城，土木繁興，徙世家巨姓以實之。人情懷土重遷，傷其獨見搜括，故作是詩。蓋詩作于營向之日，而災異其追言之者也。玩其語意，良然。至末章云我里孔痗，獨不敢休，明是此里中大室，强被遷徙役使者之言耳。」

【眉批】

闕「之交」二字。

雨無正

子夏《序》：「大夫刺幽王也。雨自上下者也，衆多如雨，而非所以爲政也。」

子貢《傳》：「王室播遷，大□□□□臣閔之，賦《雨無其極》。」「大」下闕四字。

浩浩昊天，不駿其德。降喪饑饉，斬伐四國。旻天疾威，弗慮弗圖。舍彼有罪，既伏其辜。若此無罪，淪胥以鋪。

濛初曰：「據《傳》名《雨無其極》，則元城劉氏所云《韓詩》文篇首有『雨無其極，傷我稼穡』八字者，其確無疑。乃朱子以章句長短疑之，謂非《詩》例，《詩》之例，何嘗以句拘耶？即本篇亦自前後參差矣。若其《序》云『正大夫刺幽王者』，則多因《毛詩》篇名連序，誤以題中『正』字移下讀而襲訛耳，此則朱子非之爲得。」

周宗既滅，靡所止戾。正大夫離居，莫知我勩。三事大夫，莫肯夙夜。邦君諸侯，莫肯朝夕。庶日式臧，覆出爲惡。

徐曰：「『既滅』『既』字，字法與『赫赫宗周』二句同意。」

如何昊天，辟言不信。如彼行邁，則靡所臻。凡百君子，各敬爾身。胡不相畏，不畏于天。

鍾曰：「讀此詩，使人不敢言『明哲』二字。然君子處亂世，身在局外，乃可用此二字。若在事中，止用得一『敬』字，除此皆苟免矣。故『我友敬矣』，『各敬爾身』，『各敬爾儀』，『敬而聽之』，詩人屢言之也。」

戎成不退，饑成不遂。曾我暬御，憯憯日瘁。凡百君子，莫肯用訊。聽言則答，譖言則退。

鍾曰：「『聽言』二句，畫出畏禍泄泄情狀。」

哀哉不能言，匪舌是出，維躬是瘁。哿矣能言，巧言如流，俾躬處休。

沈曰：「晉江夏太守楊珉，議擊西陽夷。諸將爭獻方略，騎督朱伺獨不言。珉曰：『將軍何不言？』伺曰：『諸人以舌擊賊，伺唯以力耳。以舌擊賊，唯舌是出者也，伺以力，匪舌是出者也。』」

維曰于仕，孔棘且殆。云不可使，得罪于天子。亦云可使，怨及朋友。

徐曰：「巧言如流，惟曰『俾躬處休』，不責其失口于人。『亦云可使』，惟曰『怨及朋友』，不責其失足于人。詩人忠厚如此。」鍾曰：「仕途中怕怨及朋友的，自是良心。今世亦無幾人。」又曰：「二章似是去者答他自解免之詞。先替他説出，便開不得口矣。」

謂爾遷于王都，曰予未有室家。鼠思泣血，無言不疾。昔爾出居，誰從作爾室。

鍾曰：「末二句，責得近情，所以爲盡情也。」

【總評】

徐曰：「極其激切，極其悲惋。責人忠厚，無踰此詩。」

【眉批】

闕文疑是「大臣離去，近臣閔之」之意。

勩，俗本作「勚」。

小旻之什

小　旻

子夏《序》：「大夫刺幽王也。」

子貢《傳》：「大□□□□□□旻。」「大」下闕六字。

旻天疾威，敷于下土。謀猶回遹，何日斯沮？謀臧不從，不臧覆用。我視謀猶，亦孔之邛。

鍾曰：「『敷』字好字面，用在疾威上最苦。」

潝潝訿訿，亦孔之哀。謀之其臧，則具是違。謀之不臧，則具是依。我視謀猶，伊于胡底。

鍾曰：「末世凌誶傾險情狀，往往用疊字，寫得入微。二『具』字已成一雷同世界，國欲不亡，不可得矣。」

我龜既厭，不我告猶。謀夫孔多，是用不集。發言盈庭，誰敢執其咎？如匪行邁謀，是用不得于道。

鍾曰：「『我龜既厭』，即屢盟意，此更入妙。『執其咎』三字難言，非膽識兼到不能。」徐曰：「《左氏》鄭子駟曰：請從楚，騑也任其咎。又如衛殺孔達以說于晉，亦可謂執其咎者。」

哀哉爲猶，匪先民是程。匪大猶是經，維邇言是聽，維邇言是爭。如彼築室于道謀，是用不潰于成。

徐曰：「『如彼築室于道謀』，韓文『衣食于奔走』，祖此句法，『盤庚殺越人于貨』，亦同。」

國雖靡止，或聖或否。民雖靡膴，或哲或謀，或肅或艾。如彼流泉，無淪胥以敗。

鍾曰：「此章望以用賢，正是前三章『謀』字有歸着處。然止述賢者名目而不敢聲言用賢，知其言之無益而事之無濟，直付之流泉一嘆而已。」濛初曰：「『民』字亦見『野有遺賢，不在謀夫』之列。」

不敢暴虎，不敢馮河。人知其一，莫知其他。戰戰兢兢，如臨深淵，如履薄冰。

【眉批】

闕文「旻」上當有「賦小」二字。

小宛

子夏《序》：「大夫刺幽王也。」

子貢《傳》：「□□□□□□□相戒，賦《鳴鳩》。」上闕七字。

宛彼鳴鳩，翰飛戾天。我心憂傷，念昔先人。明發不寐，有懷二人。

人之齊聖，飲酒温克。彼昏不知，壹醉日富。各敬爾儀，天命不又。危甚。

徐曰：「壹醉日富，形容沉湎之人漸漸沉溺之意。其初僅一濡足耳，日甚一日，遂不可回，可畏哉。」

沈曰：「處亂世者，儀最要緊。觀南容以言行免形戮可見。」

中原有菽，庶民采之。螟蛉有子，蜾蠃負之。教誨爾子，式穀似之。

鍾曰：「取譬甚妙。」

題彼脊令，載飛載鳴。我日斯邁，爾月斯征。夙興夜寐，無忝爾所生。

徐曰：「相戒之意，畢此一章。然如此便了，却是硬局，無餘味矣。又以後二章，發他有餘不盡之意，思致完足，如河流百折，終歸大壑，文之有機有勢者。」

交交桑扈，率場啄粟。哀我填寡，宜岸宜獄。握粟出卜，自何能穀。

徐曰：「二『宜』字一言之間，悲慘之意可掬。與《葛屨》『可以履霜』『可以』字同。」鍾曰：「二『宜』字可憐，『握粟』二句，不待讀竟而局促畏懼情形可掬矣。」唐曰：「『握粟出卜』，即屈原《卜居》之意，孰吉孰凶，何去何從，心緒倉皇，不知所以自免。握粟原非實事。」濛初曰：「淵明『粟在瓶』，此詩人『粟在握』，各以一字逗出貧形。」

温温恭人，如集于木。惴惴小心，如臨于谷。戰戰兢兢，如履薄冰。

鍾曰：「前章『念』字、『懷』字、『無忝』字，精神在此寫出。」

【總評】

鍾曰：「此詩自是一篇家箴，不獨處亂世宜然。」又曰：「此詩與《沔水》同旨，而説得詳至。次章至末章，便可作『我友敬矣』注脚。」徐曰：「此詩五興，各有深致。托意婉篤，寓意高遠。比物連類，莫妙于此。屈原雖長于譬況，自當北面，那得鴈行。」

小弁

子夏《序》：「刺幽王也。太子之傅作焉。」

子貢《傳》：「□伯奇□□□後□，鄰大夫閔之，賦《小弁》。」上闕一字，「奇」下闕三字，「後」下闕一字。

弁彼鸒斯，歸飛提提。民莫不穀，我獨于罹。何辜于天，我罪伊何？心之憂矣，云如之何。

鍾曰：「『歸飛』二字妙。烏得所歸而飛，不若子之無所歸也。」

踧踧周道，鞫爲茂草。我心憂傷，惄焉如擣。假寐永嘆，維憂用老。心之憂矣，疢如疾首。

陸曰：「首二句，雖足興意，若恍見黍離時黍稷景象。」鍾曰：「古今説憂盡此數語，『維憂用老』，較況憂令人老減却一字，覺其中藏轉更多。此古今筆力不相及處。」

維桑與梓，必恭敬止。靡瞻非父，靡依非母。不屬于毛，不離于裏。天之生我，我辰安在？

鍾曰：「『維桑與梓，必恭敬止』，有此反躬自盡，乃可作許多憂怨之語。」徐曰：「『不屬于毛，不離于裏』，是驚怪不自信之辭。四句宛然世俗語言，亦自可味。」鍾曰：「『我辰安在』，窮極之思。」

菀彼柳斯，鳴蜩嘒嘒。有漼者淵，萑葦淠淠。譬彼舟流，不知所屆。心之憂矣，不遑假寐。

鹿斯之奔，維足伎伎。雉之朝雊，尚求其雌。譬彼壞木，疾用無枝。心之憂矣，寧莫之知。

徐曰：「『壞木無枝』，即殷仲文所謂生意盡矣。」又曰：「此二章興意之下，又以譬喻爲正意，此另是一體。」

相彼投兔，調促意苦。尚或先之。行有死人，尚或墐之。君子秉心，維其忍之。心之憂矣，涕既隕之。

鍾曰：「『維其忍之』一語，是廢立之根。」徐曰：「此詩到此，求哀乞憐之意不復可加，圖回感悟之方更無餘術，已是盡情語盡頭路也。下二章『君子信讒』，推原見廢之本。『無易由言』，又推原信讒之本。意外生意，情外生情。況到末段，知其不可奈何而安之若命。其冀望感悟，愈深愈微，綢繆繾綣，甚于痛哭。文章之妙，一至于是。」

君子信讒，如或醻之。寫得妙。君子不惠，不舒究之。伐木掎矣，析薪杝矣。舍彼有罪，予之佗矣。

莫高匪山，莫浚匪泉。君子無易由言，耳屬于垣。無逝我梁，無發我笱。我躬不閲，遑恤我後。

鍾曰：「『不舒究之』，聽言也。『耳屬于垣』，出言也。口爲禍福之門，可畏哉。」徐曰：「『周宗既滅』，未然作已然語，臣之于君，危言以激之也。『無易由言，耳屬于垣』，已然作未然語，子之于親，微言以諷之也。文之變幻如此，可謂極才人之致矣。」又曰：「説到秉心之忍，語意已盡。後二章亦是餘文，如賦家亂體，然却節外生枝，不似後人關門閉户也。」

【總評】

徐曰：「此詩發明悲怨，萬轉千回，鑱心刻骨。蓋處家人父子之變，更無别路，但有哀傷痛割而已。然曲喻罕譬，婉諷微規，動以至情，觸以天性，雖復金玦長辭，銅龍永絶，猶惓惓望君一語，不獨情致曲盡，其文亦不在《東山》、《棠棣》下矣。」

【眉批】

闕文首一字當是「尹」字，後下是「母」字，餘未詳，疑不過見逐見讒之意。

巧言

子夏《序》：「刺幽王也。大夫傷于讒，故作是詩也。」

子貢《傳》：「大夫傷于□，□《巧言》。」「于」下闕二字。

悠悠昊天，曰父母且。無罪無辜，亂如此幠。昊天已威，予慎無罪。昊天泰幠，予慎無辜。

鍾曰：「『已』字、『泰』字，猶今人言勾了也，不容復加之詞。」

亂之初生，僭始既涵。亂之又生，君子信讒。君子如怒，亂庶遄沮。君子如祉，亂庶遄已。

鍾曰：「『僭始既涵』四字，寫古今亂本入微。」徐曰：「『僭始』句，形容讒人之猾賊微巧。與夫聽讒者之『昏惑紛疑』，四字之中，兩般情狀，曲折殆盡。」又曰：「怒則針砭去疾，祉則粱肉養生。沮如築堤壅水，已如斬草除根。」

君子屢盟，亂是用長。君子信盜，亂是用暴。盜言孔甘，亂是用餤。匪其止共，維王之卭。

徐曰：「屢盟則亂長，信盜則亂暴，孔甘則亂餤。造句造字，各各相應，如巧輪植輻，一衲一鑿，毫髮不爽。」

奕奕寢廟，君子作之。秩秩大猷，聖人莫之。他人有心，予忖度之。躍躍毚兔，遇犬獲之。

鍾曰：「正意後足此『躍躍』二句，筆端便妙。」

荏染柔木，君子樹之。往來行言，心焉數之。蛇蛇碩言，出自口矣。巧言如簧，顔之厚矣。

鍾曰：「『數』字妙，不得作『辨』字解。曰數辨不足言矣。『巧言』二句，正可與《孟子》『爲機變之巧者無所用耻焉』參看。」

彼何人斯，居河之麋。無拳無勇，職爲亂階。既微且尰，爾勇伊何。爲猶將多，爾居徒幾何？

鍾曰：「寫得痛快。」唐曰：「國家之有小人，其强悍跋扈者多易敗，而奸深詭譎者多難驅。此何以故？爲其心如重淵之不可窺，而知之實難；其言如懸河之不可禦，而辨之實難。此其所以卒至覆國。不然，雖有羿、奡之權力，章、蔡之結黨，決而除之，如發蒙振落耳。詩人由心不難知，言不難辨，而始推及于黨不難除，意深遠矣。」

【眉批】

闕文當是「讒賦」二字。

何人斯

子夏《序》：「蘇公刺暴公也。暴公爲卿士而譖蘇公焉，故蘇公作是詩而絶之。」

彼何人斯，其心孔艱。胡逝我梁，不入我門。伊誰云從，維暴之云。

鍾曰：「『其心孔艱』四字，一篇主意，所謂『以極反側』也。」

二人從行，誰爲此禍。胡逝我梁？不入唁我。始者不如，今云不我可。

鍾曰：「牽説二人，立言甚妙。末二句，寫出小人反覆情狀。」徐曰：「末二句，已絶于今，而言昔時見顧之厚，委婉之意可掬，而寄諷實深。言内言外，各極其致。」

彼何人斯，胡逝我陳？我聞其聲，不見其身。不愧于人，不畏于天。

徐曰：「聞其聲不見其身，形容譖人情狀，如鬼如魅，可鄙可羞。『不愧』二句，上指下畫，無辭祇對，俯首汗顔而已。」

彼何人斯，其爲飄風。胡不自北？胡不自南？胡逝我梁？祇攪我心。

爾之安行，亦不遑舍。爾之亟行，遑脂爾車。壹者之來，云何其盱。

鍾曰：「前四語，亦自寫小人卒遽之意。」徐曰：「三章至五章，皆模寫小人詭秘急遽之狀，所謂毚兔遇犬，莫能遁矣。」

爾還而入，我心易也。還而不入，否難知也。壹者之來，俾我祇也。

鍾曰：「此章自處甚厚亦甚高。小人無處生活矣。」濛初曰：「小人良心不喪，如象之見舜而忸怩是也。只是望其來見，妙甚妙甚。」

伯氏吹壎，仲氏吹篪。及爾如貫，諒不我知。出此三物，以詛爾斯。

鍾曰：「此章發出『始者不如今』二句之意，和盤托出矣。」

爲鬼爲蜮，則不可得。有靦面目，視人罔極。作此好歌，以極反側。

徐曰：「此詩温厚和平，委曲漸次，略無忿疾之意，真可謂之好歌。然其人之心事暗昧，蹤迹詭秘，翻雲覆雨之態，發露無遺，真可謂之極反側。所謂綿裏藏針，只此兩言，已是一詩斷案。」濛初曰：「前已明明描出一鬼蜮之形，至此方罵出『鬼蜮』二字來，乃又不直罵，而反言鬼蜮則不可得，靦然面目之人乃如此乎？羞之益深且刻矣。」

鍾曰：「此處用『好歌』二字，讒人愧死。」

【總評】

徐曰：「既譖矣，復何面目見之？所以欲見而難于見也。通詩俱言其可以見而不來，惟欲以一見爲快，則彼愧汗難前之態宛然，而讒搆之罪，亦不待言而顯矣。以此相責，正如握西秦之鏡，魑魅莫逃；飲上池之水，肺肝悉見。故曰『作此好歌，以極反側』，語語刺心，針針見血。徒曰『責人忠厚』，猶見其皮毛，未領其旨趣也。」鍾曰：「寫暴公百千閃爍逃避之狀，着骨着髓，只是一個負友内慙，生出許多醜態耳。微詞緩調，無可藏身，真甚于豺虎有北之投也。」又曰：「暴公是蘇公故交，故此詩猶以交情責之。不然，『入門』『還入』等語爲不情矣。然『彼何人斯』，數數呼之，若不識姓名者，其妙在此。」沈曰：「通詩只末章『以極反側』一言盡之。計暴公之爲人，不過是『反側』二字，蘇公一篇之旨，不過『極』之一字。」

【眉批】

按《傳》本無此篇。

巷伯

子夏《序》：「刺幽王也。寺人傷于讒，故作是詩也。」

子貢《傳》：「幽王□□□□□□《巷伯》」。「王」下闕六字。

萋兮斐兮，成是貝錦。彼譖人者，亦已太甚。

哆兮侈兮，成是南箕。彼譖人者，誰適與謀。

緝緝翩翩，謀欲譖人。慎爾言也，謂爾不信。

捷捷幡幡，謀欲譖言。豈不爾受，既其女遷。至理。

鍾曰：「二章身罹其禍，代爲之謀，似謔似呆，妙甚妙甚。」濛初曰：「惡惡如《巷伯》，其辭已露甚，此二章以常理誚之怵之，深冀其並及，非所謂忠告也。『慎爾言』，『豈不受』，俱是冷語。」沈曰：「猶人言也須仔細，有時輪到女也。」

驕驕好好，勞人草草。蒼天蒼天，視彼驕人，矜此勞人。

鍾曰：「『視』字妙，即俗所云看他不過也。禍福意且落下一層。」

彼譖人者，誰適與謀。取彼譖人，投畀豺虎。豺虎不食，投畀有北。有北不受，投畀有昊。

鍾曰：「無可奈何，反作此奇想。」陸曰：「再説个『誰適與謀』，比前自覺恨恨。」

楊園之道，猗于畝丘。寺人孟子，作爲此詩。凡百君子，敬而聽之。

【眉批】

闕文「巷」上當有「賦」字。餘疑是「寺人傷于讒」五字。

谷風

子夏《序》：「刺幽王也。天下俗薄，朋友道絶焉。」

子貢《傳》：「朋友□□□□□之□□風。」「友」下闕五字。「之」下闕二字。

習習谷風，維風及雨。將恐將懼，維予與女。將安將樂，女轉棄予。

習習谷風，維風及頹。將恐將懼，寘予于懷。將安將樂，棄予如遺。

徐曰：「『維予與女』，義同鶼鰈。『女轉棄予』，別有參商。次章之意更甚，『寘予于懷』，如漆中之投膠。『棄予如遺』，則道旁之敝屣。」鍾曰：「『寘予于懷』，形容小人之交如畫。」唐曰：「古詩云『棄我如遺迹』，加一『迹』字，發明爲妙。」

習習谷風，維山崔嵬。無草不死，無木不萎。忘我大德，思我小怨。

沈曰：「友本以患難相依，安樂棄之。而詩人若不忍直言，猶以大德小怨分任其辜，亦成不以富，亦祇以異之意也。」鍾曰：「千古交情，交道不終，祇爲此二語。胸中有一『怨』字，則免此病矣。」

【眉批】

闕文「風」上當是「賦谷」二字。

蓼莪

子夏《序》：「刺幽王也。民人勞苦，孝子不得終養耳。」

子貢《傳》：「□□□□□□思□□□□□□母，賦《蓼□》。」上闕六字。「思」下闕六字。「蓼」下闕一字。

蓼蓼者莪，匪莪伊蒿。哀哀父母，生我劬勞。

鍾曰：「『匪莪』，即『棘薪』二字化來。」又曰：「通篇情詞俱從『哀哀』二字生來。」

蓼蓼者莪，匪莪伊蔚。哀哀父母，生我勞瘁。

濛初曰：「次章本無異義，然單起則體薄，末以『南山』二章作收亦然，深于詩者知之。」

缾之罄矣，維罍之恥。鮮民之生，不如死之久矣。無父何怙？無母何恃？出則銜恤，入則靡至。

鍾曰：「『缾之罄矣』二句，取譬工妙，似亦古有此語。『久矣』二字，苦甚。讀『靡至』二字，覺窮人無所歸語爲煩。」唐曰：「『鮮民』，即今人言孤子也。雖若泛言，實深是痛恨。」又曰：「抱苦在心，欝欝不自得，神魂不定，悵悵無所之。『銜恤靡至』四字，形容真切。」

父兮生我，母兮鞠我。拊我畜我，長我育我。顧我復我，出入腹我。欲報之德，昊天罔極。

濛初曰：「連下數『我』字，是詩人最情深處，有撫躬自念光景，有置身無地光景。」

南山烈烈，飄風發發。民莫不穀，我獨何害。

南山律律，飄風弗弗。民莫不穀，我獨不卒。

【眉批】

「蓼」下當是「莪」字。

大東

子夏《序》：「刺亂也。東國困于役而傷于財，譚大夫作是詩以告病焉。」

子貢《傳》：「厲王之時，諸侯勞□□□，賦《小東》。」「勞」下闕三字。

有饛簋飧，有捄棘匕。周道如砥，其直如矢。君子所履，小人所視。睠焉顧之，潸焉出涕。許多情事。

沈曰：「思其如砥，有不砥者矣。思其如矢，有不矢者矣。周道依然，履視頓異，所以涕也。」徐曰：「『潸焉出涕』，含悲蓄怨，所謂望城欲哭也。」

小東大東，杼柚其空。糾糾葛屨，可以履霜。佻佻公子，行彼周行。既往既來，使我心疚。

有冽氿泉，無浸穫薪。契契寤嘆，哀我憚人。薪是穫薪，尚可載也。哀我憚人，亦可息也。

鍾曰：「『亦』字甚悲。」

東人之子，職勞不來。西人之子，粲粲衣服。舟人之子，熊羆是裘。私人之子，百僚是試。

或以其酒，不以其漿。鞙鞙佩璲，不以其長。維天有漢，監亦有光。跂彼織女，終日七襄。

沈曰：「『或以其酒』四句，極狀西人取盡錙銖，用如泥沙氣象。」

雖則七襄，不成報章。睆彼牽牛，不以服箱。東有啓明，西有長庚。有捄天畢，載施之行。

維南有箕，不可以簸揚。維北有斗，不可以挹酒漿。維南有箕，載翕其舌。維北有斗，西柄之揭。

沈曰：「『維天有漢』以下，窮蹙無聊之詞。若曰取之地者已竭矣，意者其望之天乎？蓋意其有助，則見似助者而欣然喜。意其有害，則見似害者而蹙然悲。憂惶困迫之人，大抵情事如此。」鍾曰：「歷數牽牛、織女、啓明、長庚、天畢、南箕、北斗，想頭甚奇，出語似謔，顛倒淋漓，變幻鼓舞，總見窮極呼天常態，生出許多波瀾耳。不必明解，不必深求，如痴人說夢也。晋主所云『長星欠汝一杯酒』，大近此意。」又曰：「要知織女諸星終古在天，有周盛時，亦曾見之。愁煩之人，物物生怨，失望之時，處處歸咎耳。」濛初曰：「愈轉愈深，愈深愈怨，筆端恍惚，不可端倪。告困之辭，千古無兩。」

【眉批】

按：《傳》本作《小東》。

闕文疑是「于賦役」三字。

四月

子夏《序》：「刺幽王也。在位貪殘，下國構禍，怨亂並興焉。」

子貢《傳》：「□□□□□，賦四□。」上闕五字。「四」下闕一字。

四月維夏，六月徂暑。先祖匪人，胡寧忍予？痛極。

秋日淒淒，百卉具腓。亂離瘼矣，奚其適歸？

濛初曰：「『具腓』字妙。秋日百卉未盡凋枯，且有開花者，結實者，然其受病，政盡在此時。」陸曰：

「『瘼矣』二字，言亂離來病人也。其聲淒然。」

冬日烈烈，飄風發發。民莫不穀，我獨何害。

唐曰：「獨舉三時而不及春，以春日暄妍，萬物和暢，與亂世景象原不同。自古治日常少，亂日常多，即四時可想見。」

山有嘉卉，侯栗侯梅。廢爲殘賊，莫知其尤。

相彼泉水，載清載濁。我日構禍，曷云能穀？

徐曰：「『我日構禍』，所謂『繒繳充蹊，坑穽塞路，舉手掛網羅，動足觸機械』也。」

滔滔江漢，南國之紀。盡瘁以仕，寧莫我有。

匪鶉匪鳶，翰飛戾天。匪鱣匪鮪，潛逃于淵。

鍾曰：「苦想苦詞。」

山有蕨薇，隰有杞桋。君子作歌，維以告哀。

徐曰：「『維以告哀』，不敢他及也。當時之亂，使人恐恐不敢言，蓋可想矣。」

【眉批】

「四」下是「月」字。餘無考。

北山之什

北　山

子夏《序》：「大夫刺幽王也。役使不均，己勞于從事而不得養其父母焉。」

子貢《傳》：「懿王之□□□勞於□□事，賦《北山》。」「之」下闕三字。「於」下闕二字。

陟彼北山，言采其杞。偕偕士子，朝夕從事。王事靡盬，憂我父母。

溥天之下，莫非王土。率土之濱，莫非王臣。大夫不均，我從事獨賢。

陸曰：「『獨賢』，是『不均』好名目。」鍾曰：「『獨賢』二字，立言甚妙，原不必深解，而『嘉我未老』二句，似爲『獨賢』二字下一注脚。筆端之妙如此。」

四牡彭彭，王事傍傍。嘉我未老，鮮我方將。旅力方剛，經營四方。

徐曰：「反以王爲知己，忠厚之至也。」

或燕燕居息，或盡瘁事國。或息偃在牀，或不已于行。

或不知叫號，形容入妙。或慘慘劬勞。或栖遲偃仰，或王事鞅掌。

或湛樂飲酒，或慘慘畏咎。此句之苦又深于他敬語。妙想。或出入風議，或靡事不爲。

沈曰：「後三章雖言勞逸之不同，亦只兩兩言之，使人自察有告勞之意，無怨懟之詞。此《北山》之所以爲厚也。」陸曰：「看數『或』字未嘗粘着自己而已隱然在中。」濛初曰：「忽用數『或』字，勞逸間舉，筆端淋漓入化。」

【眉批】貴竹本「之」下有「時大夫」三字。「於」上有「王」字。無闕文。今篆本「於」下闕二字。疑「王」字上尚有「從」字。

無將大車

子夏《序》：「大夫悔將小人也。」

子貢《傳》：「大夫□□周人諫之，賦《無將大車》。」

無將大車，祇自塵兮。無思百憂，祇自疧兮。

無將大車，維塵冥冥。無思百憂，不出于熲。

鍾曰：「詩以『熲』字言憂，妙矣。」又曰：「『不出于熲』，更妙更苦。『熲』者，沉憂之人，胸中若有一物，而又無可指不出，即『沉』字意。《衛風》『如有隱憂』，細玩『如有』字，可得『不出』之義。」

無將大車，維塵雝兮。無思百憂，祇自重兮。

【眉批】

按：《傳》本此篇在《王風》。

小明

子夏《序》：「大夫悔仕于亂世也。」

子貢《傳》：「厲王出居于彘，□□□□，賦《小明》。」「彘」下闕四字。

明明上天，照臨下土。我征徂西，至于艽野。二月初吉，載離寒暑。心之憂矣，其毒大苦。念彼共人，涕零如雨。豈不懷歸？畏此罪罟。

昔我往矣，日月方除。曷云其還，杳難定之詞。歲聿云莫。念我獨兮，我事孔庶。心之憂矣，憚我不暇。念彼共人，睠睠懷顧。豈不懷歸？畏此譴怒。

鍾曰：「『念彼共人』，非妒之，羡之也。末二章，正是『念彼共人』之義。」

昔我往矣，日月方奥。曷云其還，政事愈蹙。歲聿云莫，采蕭穫菽。心之憂矣，自詒伊戚。念彼共人，興言出宿。妙情妙語。豈不懷歸？畏此反覆。

陸曰：「『采蕭穫菽』，正收拾過殘年光景。」唐曰：「古詩『出户獨傍徨，愁思當告誰？引領還入房，淚下霑裳衣』。」鍾曰：「『反覆』二字，不經亂世不知。」沈曰：「亂世之末流居者行者皆不得其所，以罪罟譴怒反覆觀之，則僚友之處者，亦豈有樂事哉？所以思之而涕零也。方悲己而忽念人，憂傷中之轉境多如此。」

嗟爾君子，無恒安處。「恒」字隱憂長慮。 靖共爾位，正直是與。 神之聽之，式穀于女。

嗟爾君子，無恒安息。 靖共爾位，好是正直。 神之聽之，介爾景福。

鍾曰：「二章不獨忠告于友，國亂時艱，勉以共濟，正從一念憂國之心出之。」

【眉批】

闕文疑是「大夫從之」四字。

鼓　鐘

子夏《序》：「刺幽王也。」

子貢《傳》昭：「王南□□□□□大夫憂之，賦《鼓鍾》。」「南」下闕五字。

鼓鍾將將，淮水湯湯，憂心且傷。遠想。 淑人君子，允懷不忘。

鍾曰：「聞樂而憂，時事可知。」徐曰：「懷者但懷其人，不言懷之所在，含蓄無盡。」

鼓鍾喈喈，淮水湝湝，憂心且悲。 淑人君子，其德不回。

鼓鍾伐鼛，淮有三洲，憂心且妯。 淑人君子，其德不猶。

徐曰：「『妯』字妙，甚于傷悲。」

鼓鍾欽欽，鼓瑟鼓琴，笙磬同音。 以雅以南，以籥不僭。妙理。

徐曰：「其辭愈隱，其意愈微。」鍾曰：「言外深悲。」

【總評】

濛初曰：「此詩之刺最爲微婉。『若非憂心』一句，朱子必以爲升歌雅樂矣。」

楚茨 《傳》見《信南山》。

子夏《序》：「刺幽王也。政煩賦重，田萊多荒，饑饉降喪，民卒流亡，祭祀不饗，故君子思古焉。」

楚楚者茨，言抽其棘。自昔何爲，深長之思。我蓺黍稷。我黍與與，我稷翼翼。我倉既盈，我庾維億。以爲酒食，以饗以祀。以妥以侑，以介景福。

鍾曰：「力農説到奉祀上，自是大題目。農事之重可知已。」

濟濟蹌蹌，絜爾牛羊，以往烝嘗。或剥或亨，或肆或將。祝祭于祊，祀事孔明。先祖是皇，神保是饗。孝孫有慶，報以介福，萬壽無疆。

執爨踖踖，爲俎孔碩。或燔或炙，君婦莫莫。爲豆孔庶，爲賓爲客。獻酬交錯，禮儀卒度。笑語卒獲，神保是格。報以介福，萬壽攸酢。

鍾曰：「二『卒』字妙，無倦之意。」

我孔熯矣，式禮莫愆。工祝致告：徂賚孝孫。苾芬孝祀，神嗜飲食。卜爾百福，如幾如式。既齊既稷，既匡既敕。永錫爾極，時萬時億。

鍾曰：「『如幾如式』，妙想深文。」

禮儀既備，鐘鼓既戒。孝孫徂位，工祝致告。神具醉止，皇尸載起。鼓鐘送尸，神保聿歸。諸宰君婦，廢徹不遲。諸父兄弟，備言燕私。

鍾曰：「説來諤諤然，《楚詞·九歌》語多本此。」

樂具入奏，以綏後禄。爾殽既將，莫怨具慶。既醉既飽，小大稽首。神嗜飲食，使君壽考。孔惠孔時，維其盡之。子子孫孫，勿替引之。

鍾曰：「上數章，單指公卿一身，通不及子孫。留此一着在燕私稱慶内，所謂百尺竿頭，更進一步，最見警策。」鍾曰：「『孔惠孔時』四字，透盡祭義。」

【眉批】

蓺，毛本作「藝」。

信南山

子夏《序》：「刺幽王也。不能修成王之業，疆理天下，以奉禹功，故君子思古焉。」

子貢《傳》：「《南山》、《楚茨》、《甫田》，皆所以勸農也。」

信彼南山，維禹甸之。畇畇原隰，曾孫田之。我疆我理，南東其畝。

鍾曰：「多少經制，包此『南東其畝』四字内。」

上天同雲，雨雪雰雰。益之以霢霂，既優既渥，既霑既足，生我百穀。

鍾曰：「『同雲』二字，妙于寫雪景。」

疆埸翼翼，黍稷彧彧。曾孫之穡，以爲酒食。畀我尸賓，壽考萬年。

鍾曰：「『翼翼』二字，見農事詳整不草草處。」

中田有廬，疆埸有瓜。是剥是菹，獻之皇祖。曾孫壽考，受天之祜。祭以清酒，從以騂牡。享于祖考，執其鸞刀。以啓其毛，取其血膋。是蒸是享，苾苾芬芬。祀事孔明，先祖是皇。報以介福，萬壽無疆。

【眉批】

《傳》作「南山」。

甫田 《傳》同《南山》，已見。

子夏《序》：「刺幽王也。君子傷今而思古焉。」

倬彼甫田，歲取十千。我取其陳，食我農人。自古有年。今適南畝，或耘或耔，黍稷薿薿。攸介攸止，烝我髦士。

以我齊明，與我犧羊，以社以方。我田既臧，農夫之慶。琴瑟擊鼓，以御田祖，以祈甘雨，以介我稷黍，以穀我士女。

曾孫來止，以其婦子。饁彼田畝，田畯至喜。攘其左右，嘗其旨否。禾易長畝，終善且有。曾孫不怒，農夫克敏。

鍾曰：「寫盡上下憂勤歡欣光景。」

曾孫之稼，如茨如梁。曾孫之庾，如坻如京。乃求千斯倉，乃求萬斯箱。黍稷稻粱，農夫之慶。報以介福，萬壽無疆。

大田

子夏《序》：「刺幽王也。言矜寡不能自存焉。」

子貢《傳》：「農夫所以報上也。」

大田多稼，既種既戒，既備乃事。以我覃耜，俶載南畝。播厥百穀，既庭且碩，曾孫是若。

鍾曰：「『戒』字有意。」

既方既皁，既堅既好，不稂不莠。去其螟螣，及其蟊賊，無害我田穉。田祖有神，秉畀炎火。

鍾曰：「立言有次序。」

有渰萋萋，寫得妙。興雨祁祁。雨我公田，遂及我私。彼有不穫穉，此有不斂穧。彼有遺秉，此有滯穗，伊寡婦之利。好光景。

鍾曰：「『雨我』二語，不特明于大義，亦是上下之情所生。」又曰：「陳者以食農人，棄者以利寡婦，何其意之廣而密也。前事可爲慳吝者之戒，後事可爲暴殄者之戒。」唐曰：「餘利之遺，原非爲寡婦之故，只極言豐年之有餘，乃文字餘波處。」濛初曰：「『彼有』四句，便是秋收圖。《孟子》『樂歲粒米』狼戾語，不能及此氣象。」

曾孫來止，以其婦子。饁彼南畝，田畯至喜。來方禋祀，好過□。以其騂黑，與其黍稷。重此句。以享以祀，以介景福。

瞻彼洛矣

子夏《序》：「刺幽王也。思古明王能爵命諸侯，賞善罰惡焉。」

子貢《傳》：「《瞻彼洛矣》，《鴛鴦》《魚藻》，皆諸侯所以報天子也。」

瞻彼洛矣，維水泱泱。君子至止，福禄如茨。韎韐有奭，以作六師。

徐曰：「『作』字，有以身率之，而群下皆奮揚之意。」

瞻彼洛矣，維水泱泱。君子至止，鞞琫有珌。倒句。君子萬年，保其家室。

瞻彼洛矣，維水泱泱。君子至止，福禄既同。君子萬年，保其家邦。

徐曰：「言講武而先稱洛水之勢者，所謂據天下之雄圖，都六合之上游，足以起天下之朝宗也。自古都會，必居大川之側，以四方朝貢諸侯爲易。如在渭之將，豐水東注，觀《禹貢》所列貢道，此意可見。」

濛初曰：「周之衰也，受制于强諸侯。乃先王講武必于會諸侯時，意深遠矣。宣之田獵東都，會同有繹，庶幾得其遺意。」

裳裳者華 《傳》同《蓼蕭》，已見。

子夏《序》：「刺幽王也。古之仕者世禄，小人在位，則讒諂並進，棄賢者之類，絶功臣之世焉。」

裳裳者華，其葉湑兮。我覯之子，我心寫兮。我心寫兮，是以有譽處兮。

裳裳者華，芸其黄矣。我覯之子，維其有章矣。維其有章矣，是以有慶矣。

裳裳者華，或黄或白。我覯之子，乘其四駱。乘其四駱，六轡沃若。左之左之，君子宜之。右之右之，君子有之。維其有之，是以似之。

鍾曰：「末二語，妙理、妙情、妙文，所該深廣。」

【眉批】《傳》作「常常者華」。

桑扈 《傳》同《蓼蕭》，已見。

子夏《序》：「刺幽王也。君臣上下，動無禮文焉。」

交交桑扈，有鶯其羽。巧甚。君子樂胥，受天之祜。交交桑扈，有鶯其領。君子樂胥，萬邦之屏。之屏之翰，百辟爲憲。不戢不難，受福不那。兕觵其觩，旨酒思柔。彼交匪敖，萬福來求。

【眉批】《傳》作「桑鳫」。

鴛鴦 《傳》同《瞻彼洛矣》，已見。

子夏《序》：「刺幽王也。思古明王交于萬物有道，自奉養有節焉。」

鴛鴦于飛，畢之羅之。君子萬年，福禄宜之。

鴛鴦在梁，戢其左翼。君子萬年，宜其遐福。

鍾曰：「『戢其左翼』，妙于觀物。」

乘馬在廄，摧之秣之。君子萬年，福禄艾之。

乘馬在廄，秣之摧之。君子萬年，福禄綏之。

頍弁

子夏《序》：「諸公刺幽王也。暴戾無親，不能宴樂同姓，親睦九族，孤危將亡，故作是詩也。」

子貢《傳》：「燕親戚也。」

沈曰：「玩末章詞旨哀傷，必非盛世之詩，而朱子不從《小序》，則幾于《伐木》、《行葦》之篇矣。」

有頍者弁，實維伊何。爾酒既旨，爾殽既嘉。豈伊異人，兄弟匪他。蔦與女蘿，施于松柏。未見君子，憂心奕奕。既見君子，庶幾説懌。

鍾曰：「『匪他』二字，複得妙。『庶幾』二字，最情深。」

有頍者弁，實維何期。爾酒既旨，爾殽既時。豈伊異人，兄弟具來。蔦與女蘿，施于松上。未見君子，憂心怲怲。既見君子，庶幾有臧。

有頍者弁，實維在首。爾酒既旨，爾殽既阜。豈伊異人，兄弟甥舅。如彼雨雪，先集維霰。死喪無日，無幾相見。樂酒今夕，四字悲。君子維宴。

沈曰：「相會之始，爲此危語以相感動，極歡趣耳。與《山樞》不同。」

【眉批】

「弁」，《傳》作「覍」。

車舝

子夏《序》：「大夫刺幽王也。褒姒嫉妒，無道並進，讒巧敗國，德澤不加于民。周人思得賢女以配君子，故作是詩也。」

子貢《傳》：「樂親昏也。」

沈曰：「此詩不從《小序》，可以爲《風》，不可以爲《雅》。」

間關車之舝兮，思孌季女逝兮。匪饑匪渴，德音來括。雖無好友，式燕且喜。

鍾曰：「『間關』二字説車，自有妙理。『匪饑匪渴』，深于饑渴。」又曰：「古人燕會重好友，此吉甫所以樂張仲也。」

依彼平林，有集維鷮。辰彼碩女，下字奇。令德來教。式燕且譽，好爾無射。

雖無旨酒，式飲庶幾。雖無嘉殽，式食庶幾。雖無德與女，「與」字妙。式歌且舞。

陟彼高岡，析其柞薪。析其柞薪，其葉湑兮。鮮我覯爾，我心寫兮。高山仰止，景行行止。四牡騑騑，六轡如琴。覯爾新昏，以慰我心。

【眉批】

親，古作「新」。

青蠅

子夏《序》：「大夫刺幽王也。」

子貢《傳》：「厲王信□，大夫憂□，賦《青蠅》。」「信」下闕一字，「憂」下闕一字。

營營青蠅，止于樊。豈弟君子，無信讒言。

營營青蠅，止于棘。讒人罔極，交亂四國。

營營青蠅，止于榛。讒人罔極，搆我二人。痛切。

【眉批】

按：闕文當是「讒」字、「之」字。

賓之初筵

子夏《序》：「衛武公刺時也。幽王荒廢，媟近小人，飲酒無度。天下化之，君臣上下，沈湎淫液。武公既入而作是詩也。」

子貢《傳》：「衛武公□□□□，賦《賓之初筵》。」「公」下闕四字。

賓之初筵，左右秩秩。籩豆有楚，殽核維旅。酒既和旨，飲酒孔偕。鐘鼓既設，舉醻逸逸。大侯既抗，弓矢斯張。射夫既同，獻爾發功。發彼有的，以祈爾爵。

籥舞笙鼓，樂既和奏。烝衎烈祖，以洽百禮。百禮既至，有壬有林。錫爾純嘏，子孫其湛。其湛曰樂，各奏爾能。賓載手仇，室人入又。酌彼康爵，以奏爾時。

鍾曰：「射祭中藏飲字，甚妙。」又曰：「『洽』字妙，禮樂合一之旨，不宜作文字看。」

賓之初筵，温温其恭。其未醉止，威儀反反。曰既醉止，威儀幡幡。舍其坐遷，屢舞僊僊。其未醉止，威儀抑抑。曰既醉止，威儀怭怭。是曰既醉，不知其秩。

鍾曰：「古人造酒，原多爲祭祀燕饗而設，故此詩從射祭説起，文甚典則。此章仍以『賓之初筵』一語接之，似亦承射祭之飲，始治終亂如此，蓋當時或有此事。射祭禮法之飲，其失如此，則凡飲可知，故因以爲戒。不然，首二章覺無謂，後二章又不相蒙。」

賓既醉止，載號載呶。亂我籩豆，屢舞僛僛。是曰既醉，不知其郵。側弁之俄，屢舞傞傞。既醉而出，並受其福。醉而不出，是謂伐德。飲酒孔嘉，維其令儀。

鍾曰：「寫出飲中惡道，爲下文『耻』字張本。」又曰：「既醉而出，不獨有節。飲中之趣，亦不出此。所謂惟酒無量，飲之聖也。『並受其福』一語尤妙。觀古今。酒禍，知此之真，『並』字亦當玩之。」濛初曰：「灌夫使酒駡坐，禍連魏其，與之並命方知既醉而出，『並受其福』，豈非良規。」

凡此飲酒，或醉或否。既立之監，或佐之史。彼醉不臧，不醉反耻。式勿從謂，無俾大怠。匪言勿言，匪由勿語。由醉之言，俾出童羖。三爵不識，矧敢多又。

徐曰：「『由醉之言，俾出童羖』，即此兩語，分明是對醉人説話，可見古人模寫情况分明是傳神肖象也。詳諷此旨，亦足令醉人淫淫汗下。」又曰：「『式勿』以下，皆本上文反耻來，都是不醉者意中事。欲告之醉者而不可得，想見代他羞愧情狀，目不忍視，中不能安，分明拊心跌足之態，宛然在目。」

【眉批】

貴竹本云：「闕文當爲『飲酒悔過』字。」

魚藻 《傳》同《瞻彼洛矣》，已見。

子夏《序》：「刺幽王也。言萬物失其性，王居鎬京，將不能以自樂，故君子思古之武王焉。」

魚在在藻，有頒其首。王在在鎬，豈樂飲酒。
魚在在藻，有莘其尾。王在在鎬，飲酒樂豈。
魚在在藻，依于其蒲。王在在鎬，有那其居。

鍾曰：「二『在』字聯得妙。」

采菽 《傳》同《蓼蕭》，已見。

子夏《序》：「刺幽王也。侮慢諸侯，諸侯來朝，不能錫命以禮，數徵會之而無信義。故君子見微而思古焉。」

采菽采菽，筐之筥之。君子來朝，何錫予之。雖無予之，路車乘馬。又何予之，玄衮及黼。

鍾曰：「『雖無予之』，無限深情。『又何予之』，繚繞。」

觱沸檻泉，言采其芹。君子來朝，言觀其旂。其旂淠淠，鸞聲嘒嘒。載驂載駟，君子所届。

赤芾在股，邪幅在下。彼交匪紓，天子所予。樂只君子，天子命之。樂只君子，福禄申之。

維柞之枝，其葉蓬蓬。樂只君子，殿天子之邦。樂只君子，萬福攸同。平平左右，亦是率從。

汎汎楊舟，紼纚維之。樂只君子，天子葵之。樂只君子，福禄膍之。優哉游哉，亦是戾矣。

唐曰：「左右之從，優游之戾，皆是作詩者用意點綴處。題外生意，復翻出一段餘波。」鍾曰：「優哉游哉，即有來雍雍正意。『亦是』二字，想見優游之神。」

【眉批】

《傳》作「采叔」。

角弓

子夏《序》：「父兄刺幽王也。不親九族而好讒佞，骨肉相怨，故作是詩也。」

子貢《傳》：「兄弟不□□□□之□□弓。」「不」下闕四字，「之」下闕二字。

騂騂角弓，翩其反矣。妙想。兄弟昏姻，無胥遠矣。

徐曰：「角弓、雨雪，二興俱有妙致，委蛇深切可玩。」

爾之遠矣，民胥然矣。爾之教矣，民胥傚矣。

鍾曰：「爲『君子有徽猷』二語張本。」

此令兄弟，綽綽有裕。不令兄弟，交相爲瘉。

徐曰：「衛叔寶曰：『人有不及，可以情恕。非意相干，可以理遣。』況兄弟之間乎？雖或以不善相加，不無出于過誤，吾惟以慈念攝之，雅量容之，則弘忍所化，怨毒俱消矣。若不少假借，怨搆日深，惡稔禍積，何時已乎。所謂景星卿雲、妖氛厲鬼，皆自一念之寬窄始。詩人之言，可謂熟于人情，老于世故矣。」

民之無良，相怨一方。受爵不讓，至于已斯亡。快論。

徐曰：「『一方』字佳甚，『已斯亡』，『已』字亦佳，交傾互軋，同歸于盡也。今人分争財産，兩俱破敗，非所謂『受爵不讓，至于已斯亡』乎？故曰兩人相讓，則俱得食，不相讓，俱不得食，政此意也。」鍾曰：「千古人情世變，盡在『相怨一方』四字。『受爵不讓』四字，又怨讒之根。不讓則争，争則怨，怨則讒乘之。大抵小人之心，不可一日無官，又不肯各安于官，傾危攘捽，身位俱喪而後已。『至于已斯亡』，千古小人結局如此。」

老馬反爲駒，不顧其後。如食宜饇，如酌孔取。

毋教猱升木，如塗塗附。君子有徽猷，小人與屬。

鍾曰：「五、六章頻頻出譬，奇文妙理層出，可哭可笑，皆『承受爵不讓』一句。」徐曰：「『屬』字佳，摶散合離之意。」

雨雪瀌瀌，見晛曰消。莫肯下遺，式居婁驕。

雨雪浮浮，見晛曰流。如蠻如髦，我是用憂。

徐曰：「『瀌瀌』、『浮浮』，以言雨雪之狀，可謂工于體物，『散鹽』、『飄絮』定不及也。」唐曰：「昔年有適伊川，見有披髮野祭者，曰：『不及百年，此其戎乎？其禮先亡矣。』已而楚子果遷陸渾之戎于此，類之應也。『如蠻如髦，我是用憂』，詩人之意深矣。幽王卒死犬戎之難，可畏哉。」

【眉批】

闕文疑是「不親君子」，譏之之意。「弓」上是「賦魚」字。

菀柳

子夏《序》：「刺幽王也。暴虐無親而刑罰不中，諸侯皆不欲朝，言王者之不可朝事。」

子貢《傳》：「厲王不禮于諸侯，□□相戒以避□，□《菀柳》。」「侯」下闕二字，「避」下闕二字。

有菀者柳，不尚息焉。上帝甚蹈，無自暱焉。俾予靖之，後予極焉。

有菀者柳，不尚愒焉。上帝甚蹈，無自瘵焉。俾予靖之，後予邁焉。

有鳥高飛，亦傅于天。彼人之心，于何其臻。曷予靖之，居于凶矜。哀音。

鍾曰：「從來下之不共乎上，多由上之過求乎下。」唐曰：「苛責無已，人自難堪，讀者當原其不得已之情。若君臣之義，又當别論。」陸曰：「爲此詩者，蓋猶有宗周之意。嗣是以降，則天子有下堂之辱，而諸侯但聞有問鼎者、射王者。甚至狄泉之盟，狐偃南面以主會，城周之役，魏舒易位以莅政，周之威靈何在？蓋始于畏周，遂沿襲以至于滅周也。」

【眉批】

闕文上是「諸侯」二字，下是「之賦」二字。

都人士之什

都人士

子夏《序》：「周人刺衣服無常也。古者長民，衣服不二，從容有常，以齊其民，則民德歸一。傷今不復見古人也。」

子貢《傳》：「君子懷□□□□□，賦《都人士》。」

彼都人士，狐裘黄黄。其容不改，出言有章。行歸于周，萬民所望。

徐曰：「光武爲司隸時入洛陽，吏士見其僚屬，皆歡喜不勝，父老垂涕曰：『不圖今日復見漢官威儀。』即此詩意。」鍾曰：「『彼』字深思，映此字看自見。」濛初曰：「『都人士』，即周士也。曰『彼都』，見杳不可追也。都即周也。曰『行歸』，見久不得見而忽見，似他出而歸也。下字俱有意。」

彼都人士，臺笠緇撮。彼君子女，綢直如髮。我不見兮，我心不説。

徐曰：「都雅之事，凄苦之心，不必説到『我心不説』等語而情境難堪矣。」

彼都人士，充耳琇實。彼君子女，謂之尹吉。我不見兮，我心苑結。

沈曰：「『謂之尹吉』，有貴家大族意。總是言盛世之人，貴賤俱佳，濃淡皆好也。」

彼都人士，委帶而厲。彼君子女，卷髪如蠆。工妙如此。我不見兮，言從之邁。

沈曰：「各章以『彼都人士』叫起，感慨無窮。」徐曰：「凡詩二句爲節，止是一意。有二句二轉者，『胡能有定』、『寧不我顧』、『我不見兮』、『言從之邁』是也。有一句二轉者，『誰與獨處』、『勿替引之』是也。皆句法之變格也。凡詩體不一，緩急異態，或意本直致而雍容揄揚，朱弦三嘆；或意本繁委而急節短腔，下管偏疾。大約鋪張盛美，遠調爲多，陳叙哀情，促奇獨用。因此尋之，亦可以盡文章之變，極才人之致矣。」

匪伊垂之，帶則有餘。轉語妙甚。匪伊卷之，髪則有旟。我不見兮，云何盱矣。

徐曰：「末章意致甚佳，蓋服飾氣象固欲其盛美，而有意文飾，亦非盛世之象。曰自然閑美，不假修飾，則無舒肆冶容之態，而民生之咸獲自盡，概可知已。

采緑

子夏《序》：「刺怨曠也。幽王之時，多怨曠者也。」

子貢《傳》：「周人從軍，□家念之，賦《采菉》。」「軍」下闕一字。

沈曰：「此詩不從《小序》，亦不當列于《雅》矣。」

終朝采緑，不盈一匊。予髪曲局，薄言歸沐。

鍾曰：「即《卷耳》首章意，而其節促。」

終朝采藍，不盈一襜。五日爲期，六日不詹。

之子于狩，言韔其弓。之子于釣，言綸之繩。

其釣維何？有致。維魴及鱮。維魴及鱮，薄言觀者。餘音。

沈曰：「意中事，詩中景。」鍾曰：「有偕隱意。」又曰：「末二章，亦當領其意，不當泥其事其詞。」

【總評】

徐曰：「此詩與《卷耳》、《載馳》同體，俱是托言，一無事實。古人含情寄況，大都如此。自是之後，《雅》之音響，漸入于《風》。」

【眉批】

按：《傳》本作《采菉》，在《王風》。

闕文當是「室」字。

黍苗

子夏《序》：「刺幽王也。不能膏潤天下，卿士不能行召伯之職焉。」

子貢《傳》：「城申也。」

芃芃黍苗，陰雨膏之。悠悠南行，召伯勞之。

鍾曰：「『勞』字見三代佚道使民意。」

我任我輦，我車我牛。我行既集，蓋云歸哉。

我徒我御，我師我旅。我行既集，蓋云歸處。

肅肅謝功，召伯營之。烈烈征師，召伯成之。

原隰既平，泉流既清。召伯有成，王心則寧。

隰桑 《傳》同《鹿鳴》，已見。

子夏《序》：「刺幽王也。小人在位，君子在野，思見君子，盡心以事之。」

隰桑有阿，其葉有難。既見君子，其樂如何。

鍾曰：「『如何』二字，藏末章意。」

隰桑有阿，其葉有沃。既見君子，云何不樂。

隰桑有阿，其葉有幽。既見君子，德音孔膠。

徐曰：「葉幽者，深緑而似黑也。字法。」

心乎愛矣，遐不謂矣。中心藏之，何日忘之。

徐曰：「末章辭氣，使有一段不啻若自其口出氣象。展轉諷議，如見其人，真所謂鬼神于文者也。」

又曰：「本不欲忘，却説何時而忘，乃詩人形容之妙，須善會其意。」鍾曰：「千古好德盡頭語。」

白華

子夏《序》：「周人刺幽后也。幽王娶申女以爲后，又得褒姒而黜申后。故下國化之，以妾爲妻，以孽代宗，而王弗能治。周人爲之作是詩也。」

子貢《傳》：「申后□□賦《白華》。」「后」下闕二字。

白華菅兮，白茅束兮。之子之遠，俾我獨兮。

英英白雲，露彼菅茅。天步艱難，之子不猶。

沈曰：「幽王以妾奪嫡，以孽代宗，而曰『之子之遠，俾我獨兮』，若夫婦離隔之小小者。此宗社危亡所係，而曰『天步艱難，之子不猶』，猶欲其深思而得之，厚之至也。」鍾曰：「『英英』二句，寫晨景淡而微。『天步』句，皇后口氣。」

滮池北流，浸彼稻田。嘯歌傷懷，念彼碩人。

鍾曰：「嘯歌傷懷，哀樂異人。」

樵彼桑薪，卬烘于煁。維彼碩人，實勞我心。

鼓鐘于宮，聲聞于外。念子懆懆，視我邁邁。

有鶖在梁，有鶴在林。維彼碩人，實勞我心。

鴛鴦在梁，戢其左翼。之子無良，二三其德。

有扁斯石，履之卑兮。之子之遠，俾我疷兮。

【總評】

唐曰：「通篇委曲詳盡，節次森然，可與《小弁》例看。」鍾曰：「此詩言天步，言傷懷，言勞心，言念子，似不獨言一身廢立，若預知有犬戎之難者。」

【眉批】

闕文當是「被黜」二字。

緜蠻

子夏《序》：「微臣刺亂也。大臣不用仁心，遺忘微賤，不肯飲食教載之，故作是詩也。」

子貢《傳》：「□王之時，大夫避□□□□□□，賦《緜蠻》。」上闕一字，「避」下闕六字。

緜蠻黄鳥，止于丘阿。道之云遠，我勞如何。飲之食之，教之誨之。命彼後車，爲之載之。

緜蠻黄鳥，止于丘隅。豈敢憚行，畏不能趨。飲之食之，教之誨之。命彼後車，爲之載之。

緜蠻黄鳥，止于丘側。豈敢憚行，畏不能極。飲之食之，教之誨之。命彼後車，爲之載之。

瓠葉 《傳》同《魚麗》，已見。

子夏《序》：「大夫刺幽王也。上棄禮而不能行，雖有牲牢饔餼，不肯用也。故思古之人，不以微薄廢禮焉。」

幡幡荷葉，采之亨之。君子有酒，酌言嘗之。
有兔斯首，炮之燔之。君子有酒，酌言獻之。
有兔斯首，燔之炙之。君子有酒，酌言酢之。
有兔斯首，燔之炮之。君子有酒，酌言醻之。

漸漸之石

子夏《序》：「下國刺幽王也。戎狄叛之，荆舒不至，乃命將率東征，役久病于外，故作是詩也。」

子貢《傳》：「周人從征，賦《嶄嶄之石》。」

漸漸之石，維其高矣。山川悠遠，維其勞矣。武人東征，不遑朝矣。

鍾曰：「『不遑朝矣』，與『不能晨夜』同一文法。」

漸漸之石，維其卒矣。山川悠遠，曷其没矣。武人東征，不遑出矣。

鍾曰：「一『卒』字寫山川深險可畏氣象，後人游記無此筆。」

有豕白蹢，烝涉波矣。月離于畢，俾滂沱矣。武人東征，不遑他矣。

鍾曰：「三『不遑』皆有意，『不遑他』更覺可憐。」

【總評】

濛初曰：「以下三詩，只觀豕涉波，羊墳首，人鮮飽，草玄黄，征夫不遑，棧車行道，世界是何等景象。荒亂之形，蕭然滿目，讀之黯慘。」

【眉批】

按：《傳》此篇在《王風》。

「漸」，《傳》本作「嶃」。

苕之華

子夏《序》：「大夫閔時也。幽王之時，西戎東夷，交侵中國，師旅並起，因之以饑饉。君子閔周室之將亡，傷己逢之，故作是詩也。」

子貢《傳》：「王室亂，人不□生，賦《苕之華》。」「不」下闕一字。

苕之華，芸其黄矣。心之憂矣，維其傷矣。

苕之華，其葉青青。知我如此，不如無生。

牂羊墳首，三星在罶。人可以食，鮮可以飽。

鍾曰：「『三星在罶』，實有此景，創有此言，拈出使人笑哭。」

【眉批】

按：《傳》此篇在《王風》。

闕文疑是「樂」字。

何草不黄

子夏《序》：「下國刺幽王也。四夷交侵，中國背叛，用兵不息，視民如禽獸。君子憂之，故作是詩也。」

子貢《傳》：「桓王□□□卒苦之，賦《何艸不黄》。」「王」下闕三字。

何草不黄，何日不行。何人不將，經營四方。

鍾曰：「首四字，眼前寫盡幽荒。」

何草不玄，何人不矜。哀我征夫，獨爲匪民。

匪兕匪虎，率彼曠野。哀我征夫，朝夕不暇。

有芃者狐，率彼幽草。有棧之車，行彼周道。

徐曰：「自《菀柳》至此，多似風體，而二《雅》之音響盡矣。然猶存之于《雅》，夫子不忘周之舊也。故斷自東遷之後，爲王國之風焉。」

【眉批】

按：《傳》此篇在《王風》。

闕文疑是「好兵士」三字。

孔門兩弟子言詩翼

吴興凌濛初輯

大雅

子貢《傳》：「周公制□□□□□朝，會受□□□□有《大正》焉，《文王》、《生民》、《公劉》、《緜》、《大明》、《棫樸》、《旱麓》、《思齊》、《皇矣》、《靈臺》、《大武》、《文王有聲》、《行葦》、《既醉》、《鳧鷖》、《嘉樂》，皆周□□□德以訓成王也，《泂酌》、□□□□□□□王也。」「制」下闕五字。「受」下闕四字。「周」下闕三字。「酌」下闕六字。篆本篇名多闕，從貴竹本考入。

又：「宣王中興而《大正》續焉。《雲漢》、□□□□高□□□□伯□□□□□□□伯也，《韓奕》、□□□□□□□漢平□□□□□□□□也。」「漢」下闕四字。「高」下闕五字。「伯」下闕八字。「奕」下闕八字。「平」下闕八字。

【眉批】

闕文「制」下當爲「作禮樂用之」五字。「受」下當爲「釐陳戒而」四字。「周」下當爲「公述先」三字。「酌」下六字不可考。闕文甚多，並篇名不可考。「高」上當是「崧」字。「伯」上當有「申」字。「漢」上當有「江」字。

文王之什

文王

子夏《序》：「文王受命作周也。」

子貢《傳》：「《文王》、《生民》、《公劉》、《緜》、《大明》、《棫樸》、《旱麓》、《思齊》、《皇矣》、《靈臺》、《大武》、《文王有聲》、《行葦》、《既醉》、《鳧鷖》、《嘉樂》，皆周□□□德以訓成王也。」「周」下闕三字。

文王在上，於昭于天。周雖舊邦，其命維新。有周不顯，帝命不時。文王陟降，在帝左右。

鍾曰：「『陟降』二字，可畏。」

亹亹文王，令聞不已。陳錫哉周，侯文王孫子。文王孫子，本支百世。凡周之士，不顯亦世。

鍾曰：「末二句，帶得妙。」

世之不顯，厥猷翼翼。思皇多士，生此王國。王國克生，維周之楨。濟濟多士，文王以寧。

鍾曰：「末句有歸着。」

穆穆文王，於緝熙敬止。假哉天命，無過文妙。有商孫子。商之孫子，其麗不億。句法。上帝既命，侯于周服。

侯服于周，天命靡常。殷士膚敏，祼將于京。厥作祼將，常服黼冔。王之藎臣，無念爾祖。

鍾曰：「不必描寫，實説自然可思可畏。『藎臣』二句，接得緊。」陸曰：「『王之藎臣』四字，一一可味。」

無念爾祖，聿修厥德。永言配命，自求多福。殷之未喪師，克配上帝。宜鑒于殷，駿命不易。

鍾曰：「『聿修厥德』，下手處。『配命』二字，從前人未拈出。」徐曰：「自求者，明皇天無親，祖宗無權。」唐曰：「殷之配上帝，語意含蓄不了，意味深長，不説到子孫覆亡，益覺其詞凛凛。」

命之不易，無遏爾躬。宣昭儀問，有虞殷自天。上天之載，無聲無臭。儀刑文王，萬邦作孚。

沈曰：「文王之令聞，本亹亹穆穆而來，後王之宣昭，本修德永命而來。古人論名，正其論實處。」

【總評】

鍾曰：「全詩言天人相通處，一部《中庸》，首尾在此。而二章以後，俱在人道上説，有着落，有下手處。歸重『儀刑文王』一句，正言文王即天也，與篇首相應。」濛初曰：「此篇詩體，自二章以下，俱首尾相銜。王元美謂曹子建《白馬篇》祖此。」

【眉批】

「周」下當爲「公述先」三字。

大 明 《傳》同《文王》，已見。

子夏《序》：「文王有明德，故天復命武王也。」

明明在下，赫赫在上。天難忱斯，不易維王。天位殷適，使不挾四方。

鍾曰：「『使』字説出威靈。」

摯仲氏任，自彼殷商，來嫁于周，曰嬪于京。乃及王季，維德之行。大任有身，生此文王。

鍾曰：「此下字字有原委，而無皮厚之病。」

維此文王，小心翼翼。昭事上帝，聿懷多福。厥德不回，以受方國。

鍾曰：「看大聖人，要看『小心』二字，此作聖之本也。」

天監在下，有命既集。文王初載，天作之合。在洽之陽，在渭之涘。文王嘉止，大邦有子。

大邦有子，俔天之妹。奇語傷巧。文定厥祥，親迎于渭。造舟爲梁，不顯其光。

沈曰：「『造舟』句，是倒叙法。」

有命自天，命此文王。于周于京，纘女維莘。縮字法。長子維行，篤生武王。保右命爾，燮伐大商。句法鄭重。

徐曰：「章首五句，即上文之意而重衍之，猶古詩换章叠句體。」鍾曰：「周公東征，下一『哀』字。武王伐商，下一『燮』字。古人用兵，是何念頭。」

殷商之旅，其會如林。矢于牧野，維予侯興。上帝臨女，無貳爾心。

徐曰：「『上帝臨女』，蓋屢言之，總是斡旋暴白處。」

牧野洋洋，檀車煌煌。駟騵彭彭，維師尚父。時維鷹揚，凉彼武王，肆伐大商，會朝清明。

徐曰：「革車三百，乃有此氣焰。兩齒老師，乃有此英邁。此可以見武王之師。」魏曰：「武王革車三百兩，虎賁三千人。《詩》言師衆之盛，將帥之强，只在一片人心上看出。」鍾曰：「『凉』字作嚴肅不可犯看，于『武』字亦切。」

緜 《傳》同《文王》，已見。

子夏《序》：「文王之興，本由太王也。」

緜緜瓜瓞，民之初生，自土沮漆。古公亶父，陶復陶穴，未有家室。

鍾曰：「首句只四字比盡一篇意，又是一法，而筆力高簡。」

古公亶父，來朝走馬。率西水滸，至于岐下。爰及姜女，聿來胥宇。

徐曰：「此章于創業艱難，摹寫深至。」陸曰：「此章點内助，與末章推功四友，俱是開創大關係。須知作者用意之密。」鍾曰：「數語倉皇暇整之意俱有。」

周原膴膴，堇荼如飴。爰始爰謀，爰契我龜。曰止曰時，築室于兹。

乃慰乃止，乃左乃右。乃疆乃理，乃宣乃畝。自西徂東，周爰執事。

乃召司空，乃召司徒。俾立室家，其繩則直。束板以載，作廟翼翼。

捄之陾陾，度之薨薨。築之登登，削屢馮馮。百堵皆興，鼛鼓弗勝。

徐曰：「以『陾陾』等字義玩味，而築墻之聲響景象宛然入于耳目。豈非賦家之祖？」鍾曰：「『削屢馮馮』四字細，人寫不出。」

乃立皐門，皐門有伉。乃立應門，應門將將。乃立冢土，戎醜攸行。

鍾曰：「不讀此數章，不知周家經制多出古公。其才何必減周公也。」

肆不殄厥慍，亦不隕厥問。柞棫拔矣，行道兑矣。混夷駾矣，維其喙矣。

鍾曰：「説到文王處若斷若續，妙甚。」濛初曰：「只一『喙』字，添三虚字，而抱頭鼠竄光景如畫。」

虞芮質厥成，文王蹶厥生。予曰有疏附，予曰有先後，予曰有奔奏，予曰有禦侮。

徐曰：「蹶者如努斯張，發不可禦。字法妙品。」鍾曰：「四語結奇。周之多才如此，亦勉後王以用人也。」濛初曰：「詩家每于結處生波。此篇從先世功業，疊叙至文王。若不宕此數語爲波，便無迴瀾矣。作文之法亦如此。」陸曰：「試看《十月之交》一詩，其言群小用事于外，妖豔蠱惑于内，成何國家景象，則知此詩之言姜女、言四臣，豈不可想見老臣之用心。」

【總評】

徐曰：「此詩體格詞意，與《長發》一篇，逐一相似。看來三代時，亦便有擬古之作。」

棫樸

《傳》同《文王》，已見。

子夏《序》：「文王能官人也。」

芃芃棫樸，薪之槱之。濟濟辟王，左右趣之。

濟濟辟王，左右奉璋。奉璋峩峩，髦士攸宜。

淠彼涇舟，烝徒楫之。周王于邁，六師及之。

徐曰：「涇舟衆楫，即吴越同舟之意，略無勉强。六師趨及，亦是中心悦而誠服。」

倬彼雲漢，爲章于天。周王壽考，遐不作人。

追琢其章，金玉其相。勉勉我王，綱紀四方。

鍾曰：「金玉有真文章在中，故曰質之至。」

旱麓 《傳》同《文王》，已見。

子夏《序》：「受祖也。周之先祖，世修后稷公劉之業，大王、王季，申以百福干禄焉。」

瞻彼旱麓，榛楛濟濟。豈弟君子，干禄豈弟。

鍾曰：「『干禄豈弟』四字合得妙，縮得尤妙。」

瑟彼玉瓚，黄流在中。豈弟君子，福禄攸降。

鍾曰：「首二句，自是《雅》《頌》佳語。」

鳶飛戾天，魚躍于淵。豈弟君子，遐不作人。

陸云：「『鳶飛』二句，躍然是一作字光景。」鍾曰：「卩頭説出化機，語言之妙。」

清酒既載，騂牡既備。以享以祀，以介景福。

瑟彼柞棫，民所燎矣。豈弟君子，神所勞矣。

徐曰：「勞者，眷顧保愛，使得爲善之利，不虚作德之勤也。字法神品。」

莫莫葛藟，施于條枚。豈弟君子，求福不回。

思齊 《傳》同《文王》，已見。

子夏《序》：「文王所以聖也。」

思齊太任，文王之母。思媚周姜，京室之婦。太姒嗣徽音，則百斯男。

鍾曰：「言母及妻。所謂稱人之善，必及其師友，古道也。」

惠于宗公，神罔時怨，神罔時恫。刑于寡妻，至于兄弟，以御于家邦。

鍾曰：「『觀』『勞』字、『怨』字、『恫』字，説出鬼神喜怒情性。」

雝雝在宫，肅肅在廟。不顯亦臨，無射亦保。

鍾曰：「『無射亦保』，學問中深至語。」

肆戎疾不殄，烈假不瑕。不聞亦式，不諫亦入。

鍾曰：「二章平實板語，寫得文王精神生動。」

肆成人有德，小子有造。古之人無斁，譽髦斯士。

鍾曰：「『譽髦』二字，倒在上妙。」

皇矣 《傳》同《文王》，已見。

子夏《序》「美周也。天監代殷，莫若周；世世修德，莫若文王。」

皇矣上帝，臨下有赫。監觀四方，求民之莫。維此二國，其政不獲。維彼四國，爰究爰度。上帝耆之，憎其式廓。乃眷西顧，此維與宅。

鍾曰：「『求民莫』，一篇主意究度，説得天有心。」徐曰：「先代神明之後，天固不輕棄之。惟不獲，然後求四國也。」

作之屏之，其菑其翳。修之平之，其灌其栵。啓之辟之，其檉其椐。攘之剔之，其檿其柘。帝遷明德，串夷載路。天立厥配，受命既固。

帝省其山，柞棫斯拔，松柏斯兑。帝作邦作對，自大伯王季。維此王季，因心則友。則友其兄，則篤其慶。載錫之光，受禄無喪，奄有四方。

鍾曰：「『帝省』句，説得天眼甚近。『作邦』二句，看斷商周運數，大伯、王季行藏。」又曰：「看他『因心則友』下數句立言之妙。」徐曰：「觀『因心』二句，可見聖人但知天命而已。可讓則讓，可受則受。推而論之，堯舜禹之授受，其意亦只如此。」又云：「『載錫之光』，與上章『上帝臨女』等句相似，婉篤深至，見文字斡旋之妙。」

維此王季，帝度其心。貊其德音，其德克明。克明克類，克長克君。王此大邦，克順克比。比于文王，其德靡悔。既受帝祉，施于孫子。

徐曰：「王季固無事實可稱，詩人頌述，但稱其德而已。然只如此數語，豈不寂寥。詩人却從太王説到太伯之讓，直説到『比于文王』、『施于孫子』，他人枯淡處，翻出許多波浪，如椽之筆也。」又曰：「『帝度帝貊，即子貢天縱意。」鍾曰：「過到文王，妙甚微甚。暗藏武王，妙甚。商危矣。」陸曰：「『悔』字反照到太王心上，是字法之妙。」

帝謂文王：無然畔援。無然歆羡，誕先登于岸。密人不恭，敢拒大邦，侵阮徂共。王赫斯怒，爰整其旅。以按徂旅，以篤于周祜，以對于天下。

鍾曰：「言用兵從道德學問上説起，何等原委。」

依其在京，侵自阮疆，陟我高岡。無矢我陵，我陵我阿。無飲我泉，我泉我池。度其鮮原，居岐之陽，在渭之將。萬邦之方，下民之王。

帝謂文王：予懷明德，不大聲于色，不長夏與革。不識不知，順帝之則。帝謂文王：詢爾仇方，同爾兄弟，以爾鈎援，與爾臨衝，以伐崇墉。

徐曰：「行師之際，雄心最爲易逞。文王伐密，伐崇，終無畔援歆羡，聲色夏革，不識不知，所以爲聖人之師。成湯不震動戁悚，亦是此意。」鍾曰：「作西伯，自然少不得此番舉動。」

臨衝閑閑，崇墉言言。執訊連連，攸馘安安。是類是禡，是致是附，四方以無侮。臨衝茀茀，崇墉仡仡。是伐是肆，是絶是忽，四方以無拂。

【總評】

鍾曰：「古公傳季歷以及文王，經史中無如此詩説得明備婉至，而立言甚妙，不露嫌疑形迹。大要歸之天意，開口便言上帝求民莫，作一篇主意。所謂莫民，不獨指古公、王季時言，天豫知有紂之虐，而欲傳文王以安之，故不得不立王季。況王季又復賢明。『帝省其山』二章，意最詳明。古公亦承上帝求莫之意，以立王季耳。『帝謂文王』以後四章，詳言文王，以終古公，上承天意王季傳昌之意。周之王業機緣，決于此矣。言止文王，不及武王者，似爲古公諱剪商之迹，獨于王季章以『施于孫子』暗帶之，以當代人言當代難言之事，無妙于此者。始終意歸重文王上。」

靈臺 《傳》同《文王》，已見

子夏《序》：「民始附也。文王受命而民樂其有靈德，以及鳥獸昆蟲焉。」

經始靈臺，經之營之。庶民攻之，不日成之。經始勿亟，庶民子來。

鍾曰：「寫太平君民氣象，似頌體。」

王在靈囿，麀鹿攸伏。麀鹿濯濯，白鳥翯翯。王在靈沼，於牣魚躍。

虡業維樅，賁鼓維鏞。於論鼓鐘，於樂辟廱。

於論鼓鐘，於樂辟廱。鼉鼓逢逢，矇瞍奏公。

徐曰：「末章首二句，如古詩換章叠句，演以成文。末二句，形容民情，可謂深至，氣味悠長，有不盡之音。」

下武

《傳》同《文王》，已見。

子夏《序》：「繼文也。武王有聖德，復受天命，能昭先人之功焉。」

下武維周，世有哲王。三后在天，王配于京。

徐曰：「武王恢大統基，而曰克配，其義可玩。」

王配于京，世德作求。永言配命，成王之孚。

徐曰：「天下人心，不過一理，求世德而長與理無違，則自相孚契。觀九國叛齊，可見王者之信，異于霸者之僞也。楊子思斆之辨，其意如此。」又曰：「成王之孚，即夫子所謂身不失天下之顯名，《孟子》所謂『天下信之』。」

成王之孚，下土之式。永言孝思，孝思維則。

鍾曰：「忽入『孝思』二字，妙。孔子看武周本此。」

媚兹一人，應侯順德。永言孝思，昭哉嗣服。

昭兹來許，繩其祖武。於萬斯年，受天之祜。

受天之祜，四方來賀。於萬斯年，不遐有佐。

【總評】

徐曰：「三后事殷，武王代紂，功業不同，順逆相反，然迹逆而理順，事異而心通，三后而在，牧野之舉，必不得以已也。故《詩》頌武王，曾無一語道其創基立業，恢拓前功，而但曰『配京』、『求德』、『成王孚』、『永孝思』、『順德』、『嗣服』。見武此舉，無非曲體先人，克全孝道。雖化家爲國，變侯爲王，實無分毫與前人繆戾。孔子所稱善繼善述，義本于此。皆所以白聖人之心迹，扶萬世之名教。」

【眉批】

按《傳》本「下」作「大」。

文王有聲 《傳》同《文王》，已見。

子夏《序》：「繼伐也。武王能廣文王之聲，卒其伐功也。」

文王有聲，遹駿有聲。遹求厥寧，遹觀厥成。文王烝哉。

徐曰：「『遹求』二句，一氣不斷，視民如傷，兩言模畫如見，可謂傳神之語。」鍾曰：「『遹觀厥成』四字，寫出聖人急急救民念頭。」

文王受命，有此武功。既伐于崇，作邑于豐。文王烝哉。

徐曰：「遷豐而稱武功，文之武也。遷鎬而稱辟雍，武之文也。此亦微顯闡幽，斡旋補救之意。」

築城伊域，作豐伊匹。匪棘其欲，遹追來孝。王后烝哉。

唐曰：「公劉遷邠而曰思輯，太王遷岐而曰慰止，王季作邦而曰順比，自來相承，維此家法。文王遹追而及之，自不得不汲汲耳。」

王公伊濯，維豐之垣。四方攸同，王后維翰。王后烝哉。

徐曰：「『王公伊濯』，正與『遹觀厥成』相應。朱子謂《文王有聲》等詩，却有反覆咏歌之意，正謂此也。」

豐水東注，維禹之績。四方攸同，皇王維辟。皇王烝哉。

鎬京辟廱，自西自東，自南自北，無思不服。皇王烝哉。

濛初曰：「以『自西』冠者，周家王業起于西也。二句一上叶廱韻，一下叶服韻，勢如連環。」

考卜維王，宅是鎬京。維龜正之，武王成之。武王烝哉。

豐水有芑，武王豈不仕。詒厥孫謀，以燕翼子。武王烝哉。

徐曰：「燕翼子，不翼亦不燕矣。」魏曰：「詒謀燕翼，無非爲斯民計。固非如后世自私自利之圖，若曹、馬輩之爲子孫謀者。」

生民之什

生　民 《傳》同《文王》，已見。

子夏《序》：「尊祖也。后稷生于姜源，文武之功，起於后稷，故推以配天焉。」

厥初生民，時維姜嫄。生民如何？克禋克祀，以弗無子。履帝武敏歆，攸介攸止。載震載夙，載生載育，時維后稷。

鍾曰：「不言生后稷而言生民，開口便奇。」徐曰：「生民肇有，厥從何始？巨跡之疑，正得釋然。郭景純所謂宜領其玄致，歸之冥會，此類是也。」

誕彌厥月，先生如達。不坼不副，無菑無害。以赫厥靈，上帝不寧。不康禋祀，居然生子。

鍾曰：「『以赫厥靈』四字，可該全詩之意。」

誕寘之隘巷，牛羊腓字之。誕寘之平林，會伐平林。誕寘之寒冰，鳥覆翼之。鳥乃去矣，餘音不斷。后稷呱矣。實覃實訏，厥聲載路。

鍾曰：「寘之者人也，牛羊、平林，鳥之偶值者，即天也。故曰莫之爲而爲。今人却似天處處布置，以待稷之至，反把實事説幻了，是以起紛紛之議。」

誕實匍匐，克岐克嶷，以就口食。蓺之荏菽，荏菽旆旆，禾役穟穟，麻麥幪幪，瓜瓞唪唪。

徐曰：「以童子之日，已寓參贊之功。非天生聖人，安得有此。《史記》曰：屹如巨人之志。」

誕后稷之穡，有相之道。茀厥豐草，種之黄茂。實方實苞，實種實褎，實發實秀，實堅實好，實穎實栗。

即有邰家室。

誕降嘉種，維秬維秠，維穈維芑。恒之秬秠，是穫是畝。恒之穈芑，是任是負。以歸肇祀。大題目。

誕我祀如何？或舂或揄，或簸或蹂。釋之叟叟，烝之浮浮。載謀載惟，取蕭祭脂，取羝以軷。載燔載烈，以興嗣歲。

卬盛于豆，于豆于登。其香始升，上帝居歆。胡臭亶時，后稷肇祀。庶無罪悔，以迄于今。

徐曰：「『后稷肇祀』三句，形容祖宗功德，婉而暢，典而實。漢人符命，萬分不及一耳。」鍾曰：「此篇祀后稷配天，而終以肇祀爲言。蓋仍借后稷之功德以格天，故祀者不敢自居，而歸之肇祀者。宗廟之禮，禘嘗之義，合而一之矣。」又曰：「『無罪悔』三字甚深。」

【眉批】

毛本「實覃」二句在此章（指「誕實」章）首。

行　葦《傳》同《文王》，已見。

子夏序：「忠厚也。周家忠厚，仁及草木，故能内睦九族，外尊事黄耇，養老乞言，以成其福禄焉。」

敦彼行葦，牛羊勿踐履。温細。方苞方體，維葉泥泥。戚戚兄弟，莫遠具爾。或肆之筵，或受之几。

徐曰：「玩首章『勿』『莫』二字，便殷勤篤厚之意，藹然可掬。」鍾曰：「『戚戚』二字動人。」

肆筵設席，授几有緝御。或獻或酢，洗爵奠斝。醓醢以薦，或燔或炙。嘉殽脾臄，或歌或咢。

敦弓既堅，四鍭既鈞。舍矢既均，序賓以賢。敦弓既句，既挾四鍭。四鍭如樹，序賓以不侮。

鍾曰：「『四鍭如樹』，入微之言。」陸曰：「『序賓不侮』，須知古人深愛，正在常防其失儀。」

曾孫維主，酒醴維醹。酌以大斗，以祈黄耇。黄耇台背，以引以翼。壽考維祺，以介景福。

鍾曰：「『主』字應上二『賓』字。」

【眉批】

按毛本此篇分七章。上章章六句，五章章四句。鄭本分八章，章四句。

既醉 《傳》同《文王》，已見。

子夏《序》：「太平也。醉酒飽德，人有士君子之行焉。」

既醉以酒，既飽以德。君子萬年，介爾景福。

既醉以酒，爾殽既將。君子萬年，介爾昭明。

鍾曰：「此章淺得妙。」

昭明有融，高朗令終。令終有俶，公尸嘉告。

鍾曰：「『令終有俶』，下語斟酌。」

其告維何？籩豆静嘉。朋友攸攝，攝以威儀。

鍾曰：「『静』字深。」

威儀孔時，君子有孝子。孝子不匱，永錫爾類。

其類維何？室家之壺。君子萬年，永錫祚胤。

其胤維何？天被爾禄。君子萬年，景命有僕。

其僕維何？釐爾女士。釐爾女士，從以孫子。

鍾曰：「『祚胤』二字，互認得幻。」

【總評】

濛初曰：「四章以下，首尾相銜，實啓後來詩家門户。」

鳧鷖 《傳》同《文王》，已見。

子夏《序》：「守成也。太平之君子，能持盈守成，神祇祖考安樂之也。」

唐曰：「據《序》與詩意，原無所關。而想其燕尸之時，從容諷詠太平光景，藹然可掬，真有神人胥悦之象，此當于言外得之。」

鳧鷖在涇，公尸來燕來寧。爾酒既清，爾殽既馨。公尸燕飲，福禄來成。

鳧鷖在沙，公尸來燕來宜。爾酒既多，爾殽既嘉。公尸燕飲，福禄來爲。

鳧鷖在渚，公尸來燕來處。爾酒既湑，爾殽伊脯。公尸燕飲，福禄來下。

鳧鷖在潀，公尸來燕來宗。既燕于宗，福禄攸降。公尸燕飲，福禄來崇。

鳧鷖在亹，公尸來止熏熏。旨酒欣欣，燔炙芬芬。公尸燕飲，無有後艱。

濛初曰：「凡祝頌諸詩反覆一體者，必至末章稍稍推廣一步。如此詩『無有後艱』與《南山有臺》『保艾爾後』一例，總見無已之意，而章法亦遂覺不板。」

假樂 《傳》同《文王》，已見。

子夏《序》：「嘉成王也。」

假樂君子，顯顯令德。宜民宜人，受禄于天。保右命之，自天申之。

干禄百福，子孫千億。穆穆皇皇，宜君宜王。不愆不忘，率由舊章。

徐曰：「作聰明者，狹小前人制度。好逸豫者，棄置祖宗成法。繼體守文，出此入彼，故言『不愆不忘』，可謂曲盡其意。」又曰：「『率由舊章』，《文選》『從政洛于故實，播憲稽于遺風』。」

威儀抑抑，德音秩秩。無怨無惡，率由群匹。受福無疆，四方之綱。

徐曰：「『率由』二字奇。凡情相拂，則怨生；意相反，則惡作。其原皆本于私意。《孟子》所謂『姑舍女所學而從我』，則怨惡所由來也。」

之綱之紀，燕及朋友。百辟卿士，媚于天子。不解于位，民之攸塈。

鍾曰：「爲人父，止于慈，以燕翼子是也。爲人君，止于仁，燕及朋友是也。然此章之意，盡于『燕及朋友』一句，既曰『燕』又曰『不解』，妙有深意。」

【總評】

徐曰：「此詩頌其君，而言子孫爲詳，可謂知所重矣。末章忽入燕臣，就從此生出群臣之媚，就從群臣説出『不解于位，民之攸塈』，善頌善禱之中，曲議規諷之意。其文體奇逸，如行雲變幻，不可揣摹。後人詞賦，遠有慚德。」

【眉批】

假，《傳》本作「嘉」。

公劉

《傳》同《文王》，已見。

子夏《序》：「召康公戒成王也。成王將莅政，戒以民事，美公劉之厚于民而獻是詩也。」

篤公劉，倒句。匪居匪康。乃埸乃疆，乃積乃倉。乃裹餱糧，于橐于囊。思輯用光，弓矢斯張。干戈戚揚，爰方啓行。

鍾曰：「『匪居匪康』，立國之本。『思戢用光』，遷國念頭如此，豈但避狄而已。」陸曰：「『爰方』『方』字，最可味。蓋不如此富，不敢輕行也。」

篤公劉，于胥斯原。既順既繁，既順乃宣，而無永嘆。陟則在巘，復降在原。何以舟之？維玉及瑶，鞞琫容刀。

鍾曰：「『而無永嘆』四字，勞民動衆之本。」

篤公劉，逝彼百泉，瞻彼溥原。乃陟南岡，乃覯于京。京師之野，于時處處，于時廬旅，字法。于時言言，于時語語。

濛初曰：「聚廬托處，休息安堵之象，以『于時』四語畫出，何等手筆。歌于斯，哭于斯，聚國族于斯，三語可以相匹。」

篤公劉，于京斯依。蹌蹌濟濟，俾筵俾几，既登乃依。乃造其曹，執豕于牢，酌之用匏。食之飲之，君之宗之。

徐曰：「凡創業君臣，與守成異。承平既久，階陛森嚴，君臣之分，不患不明，特簾遠堂高，九閽萬里，上德下情，不相諳悉。故燕飲之設，主于導和。剙業之君，與其臣披蓁斬棘，沐雨櫛風，奚翅家人父子，上下之情，不患不通，特患分義未明，粗率簡易，如漢初飲酒爭功，醉或拔劍擊柱。故燕飲之設，主于辨分。周之詩一則曰『嘉賓式燕』，一則曰『不醉無歸』，而此詩獨言『君之宗之』，時各有所重也。」濛初曰：「執豕酌匏，描寫草創景象簡盡，『君之宗之』，見草創時一燕飲已具有萬年規模在。」

篤公劉，既溥既長，既景乃岡，相其陰陽。觀其流泉，其軍三單。度其隰原，徹田爲糧。度其夕陽，豳居允荒。

鍾曰：「『徹』字始見于此。」

篤公劉，于豳斯館。涉渭爲亂，取厲取鍛。止基乃理，爰衆爰有。夾其皇澗，遡其過澗。止旅乃密，芮鞫之即。

洞　酌

子夏《序》：「召康公戒成王也。言皇天親有道，饗有德也。」

子貢《傳》：「《洞酌》□□□□□王也。」「酌」下闕六字。

洞酌彼行潦，挹彼注茲，可以餴饎。豈弟君子，民之父母。

洞酌彼行潦，挹彼注茲，可以濯罍。豈弟君子，民之攸歸。

洞酌彼行潦，挹彼注茲，可以濯溉。豈弟君子，民之攸墍。

沈曰：「平淡美之，正所以戒也。」

【眉批】

闕文疑有「卷阿」字。餘亦是戒成王之意。

卷　阿

《傳》疑在《洞酌》闕文中。

子夏《序》：「召康公戒成王也。言求賢用吉士也。」

有卷者阿，飄風自南。豈弟君子，來游來歌，以矢其音。

鍾曰：「『以矢其音』，全詩發端。」

伴奂爾游矣，優游爾休矣。豈弟君子，俾爾彌爾性，似先公酋矣。

唐曰：「不以危亡爲可畏，而惟言安樂爲可保。非但得諷諫之體，亦可想見大臣風度。」

爾土宇昄章，亦孔之厚矣。豈弟君子，俾爾彌爾性，似神爾主矣。

爾受命長矣，茀禄爾康矣。豈弟君子，俾爾彌爾性，純嘏爾常矣。

有馮有翼，有孝有德，以引以翼。豈弟君子，四方爲則。

徐曰：「四『有』字，有無所不備意。」

顒顒卬卬，如圭如璋，令聞令望。豈弟君子，四方爲綱。

鳳凰于飛，翽翽其羽，亦集爰止。藹藹王多吉士，維君子使，媚于天子。

徐曰：「古樂府：成王時，鳳凰翔舞于庭。王援琴而歌，作《神鳳操》曰：『鳳皇翔兮於紫庭，予何德兮以威靈。賴先人兮恩澤臻，干胥樂兮民以寧。』蓋因此詩而附會耳。」

鳳凰于飛，翽翽其羽，亦傅于天。藹藹王多吉人，維君子命，媚于庶人。

鍾曰：「『媚于庶人』四字，可解親民之義。」

鳳凰鳴矣，于彼高岡。梧桐生矣，于彼朝陽。菶菶萋萋，雝雝喈喈。

鍾曰：「盛世文字，自然無促迫苦氣。」

君子之車，既庶且多。君子之馬，既閑且馳。矢詩不多，維以遂歌。

沈曰：「『君子之車』四句，詞若不可止而輒止，意非不可盡而不盡，使王不能不動。」鍾曰：「兩『既』字言外之意悠然。末二句，接而不接，妙妙。」濛初曰：「上數章求賢之旨已明，故只言車馬之多，而不言其所用，使王躍然自知。固是大臣諷諫之體，亦是詩家含蕴之法。」

【總評】鍾曰：「此詩大臣告君之體，格非順美，深宛渾大，典則風雅，讀之使人生歡喜心而霍然生悟。不涉一庶僚諫諍語氣。」又曰：「前四章渾然不露，末章以後，本旨歸于用人，大臣以人事君之道也。」沈曰：「按《公劉》三詩皆曰戒也。《公劉》但言締造之艱難，不言守成之不易。《洞酌》但言豈弟之爲民父母，不言父母之不可常。《卷阿》欲成王之彌性，而先之以福禄壽考，喻以鳳凰梧桐，寄悱惻于揚厲，藏篤至于寬平。古大臣之所謂戒者如是耳。後世如賈誼之於漢文，陸贄之于唐德，言非不切直，而無補于治，或反爲人主所輕。于是知古人之不可及也。」

民勞

子夏《序》：「召穆公刺厲王也。」

子貢《傳》：「□□□戒□□□賦《民勞》。」上闕三字。「戒」下闕二字。

沈曰：「厲王之世，衛巫監謗，道路以目。穆公故亂其詞，言在同列，實刺王也。」

民亦勞止，汔可小康。惠此中國，以綏四方。無縱詭隨，以謹無良。式遏寇虐，憯不畏明。柔遠能邇，以定我王。

濛初曰：「下一『亦』字，視『甚』字更百倍。《大東》『哀我憚人，亦可息也』，亦然。」沈曰：「不徒曰隨，而曰詭隨，曲盡小人之情態。」

民亦勞止，汔可小休。惠此中國，以爲民逑。無縱詭隨，以謹惽怓。式遏寇虐，無俾民憂。無棄爾勞，以爲王休。

沈曰：「惛怓如争事争功、起釁造端皆是，小人得志類然。」

民亦勞止，汔可小息。惠此京師，以綏四國。無縱詭隨，以謹罔極。式遏寇虐，無俾作慝。敬慎威儀，以近有德。

沈曰：「以禁奸之本告之。」

民亦勞止，汔可小愒。惠此中國，俾民憂泄。無縱詭隨，以謹醜厲。式遏寇虐，無俾正敗。戎雖小子，而式弘大。

沈曰：「以禁奸之擔授之。」

民亦勞止，汔可小安。惠此中國，國無有殘。無縱詭隨，以謹繾綣。式遏寇虐，無俾正反。王欲玉女，是用大諫。

沈曰：「小人惟無縱之耳。一縱將反爲小人所用，太阿倒持而不可收。即明知之而蔓延膠結，莫可如何。如云『去河北賊易，去朝中朋黨難』是也。故曰繾綣。」濛初曰：「文似相戒而忽着『王欲玉女』一句，便是刺王本旨。見王已非諫之可入，止可就其所親信者，冀挽回萬一耳。」

【總評】

鍾曰：「從古小人未有上不媚主，而下能虐民者。故此詩言遏寇虐，章章以無縱詭隨寇之民勞國壞而篡奪承之，皆詭隨輩爲之也。此等機局，極宜參透。」沈曰：「詩人傷民勞之不可耐，小人之不可再縱，故各章提唱而言之。悱惻之意，見于詞外。」魏曰：「本爲刺王而發，而托僚友以亂其辭，一則曰『定吾王』，再則曰『以爲王休』，又曰『王欲玉女』，一篇之中，三致意焉，漢詩文猶有此體。」

【眉批】

凡《傳》有「賦某詩」者，即是《大正傳》。詳《小雅》。闕文疑亦是「召穆公」、「厲王」等字。

板

子夏《序》：「凡伯刺厲王也。」

子貢《傳》：「□□□□□□《板》。」上闕六字。

上帝板板，下民卒癉。出話不然，爲猶不遠。靡聖管管，不實於亶。猶之未遠，是用大諫。

徐曰：「『靡聖管管』，所謂小人而無忌憚也。下文曰『憲憲』，曰『泄泄』，曰『囂囂』，曰『蹻蹻』，皆是此意。」

天之方難，無然憲憲。天之方蹶，無然泄泄。辭之輯矣，民之洽矣。辭之懌矣，民之莫矣。

我雖異事，及爾同僚。我即爾謀，聽我囂囂。我言維服，勿以爲笑。先民有言，詢于芻蕘。

陸曰：「以下二章，反覆著僚友之不受善言，分明畫出『靡聖管管，不實于亶』情狀。」

天之方虐，無然謔謔。老夫灌灌，小子蹻蹻。匪我言耄，爾用憂謔。多將熇熇，不可救藥。

鍾曰：「『灌灌』二語，古今進言聽言通患。」陸曰：「以『蹻蹻』當『灌灌』，使老成深慮全没氣力。」

天之方懠，無爲夸毗。威儀卒迷，善人載尸。民之方殿屎，則莫我敢葵。喪亂蔑資，曾莫惠我師。

鍾曰：「『夸毗』二字，分開成不得小人，妙在合用。所謂寇虐之人，即詭隨之人也。」徐曰：「自此章以下，辭氣漸及于君矣。」

天之牖民，如壎如篪，如璋如圭，如取如携。携無曰益，牖民孔易。民之多辟，無自立辟。

价人維藩，大師維垣。大邦維屏，大宗維翰。懷德維寧，宗子維城。無俾城壞，無獨斯畏。

沈曰：「其後彘之亂，宜王在召公宫，國人圍之，召公以子代王，是城壞也。王卒流于彘，是獨居而畏也。詩人先見之矣。」鍾曰：「『無獨斯畏』四字，簡至警人。」

敬天之怒，無敢戲豫。敬天之渝，無敢馳驅。昊天曰明，及爾出王。昊天曰旦，及爾游衍。

陸曰：「章首從天説起，故亦以天結束。」魏曰：「馳驅不徒馳于險側，馳于康莊，亦古坐馳意。」徐曰：「曰『明』、曰『旦』、曰『及爾』，開着眼便是天，更無逃避處。」

【眉批】

闕文「板」上當有「賦」字。

孔門兩弟子言詩翼

吴興凌濛初輯

大雅二

蕩之什

蕩

子夏《序》：「召穆公傷周室大壞也。厲王無道，天下蕩蕩，無綱紀文章，故作是詩也。」

子貢《傳》：「召穆公諫□□，賦《蕩》。」「諫」下闕二字。

蕩蕩上帝，下民之辟。疾威上帝，其命多辟。天生烝民，其命匪諶。靡不有初，鮮克有終。

徐曰：「始尤于天而卒解之，本意本不過如此，却做出許多蹊徑。如此發端，亦文之奇絶者也。然其妙處，只在『天生』二句，多此一折，便意味無窮。」

文王曰咨，咨女殷商。曾是疆禦，曾是掊克。曾是在位，曾是在服。天降慆德，女興是力。

鍾曰：「『文王曰咨，咨女殷商』八字，立言便妙。四『曾是』字，怪之之辭。」沈曰：「託言紂者，厲王之惡略與紂同。所謂與死人同病者，不可生也。曰文王亦以法祖之思動之，非止以監謗故。」

文王曰咨，咨女殷商。而秉義類，彊禦多懟。流言以對，寇攘式内。侯作侯祝，靡届靡究。

文王曰咨，咨女殷商。女炰烋于中國，斂怨以爲德。不明爾德，時無背無側。爾德不明，以無陪無卿。

文王曰咨，咨女殷商。天不湎爾以酒，不義從式。既愆爾止，靡明靡晦。式號式呼，俾晝作夜。

陸曰：「『既愆』四句，寫一時君臣沉酣景象如畫。」

文王曰咨，咨女殷商。如蜩如螗，如沸如羹。小大近喪，人尚乎由行。内奰于中國，覃及鬼方。

徐曰：「『蜩螗』二句，善形容亂世之狀。所謂海内鼎沸者是也。」沈曰：「帝王仁暴，不必躬受之，然後喜怨生，意氣動于中而民應如響。成湯東征西怨，南征北怨。厲王暴虐，覃及鬼方。可畏也。」

文王曰咨，咨女殷商。匪上帝不時，殷不用舊。雖無老成人，尚有典刑。曾是莫聽，大命以傾。

唐曰：「『雖無老成人』一轉極妙。蓋今人不用舊，動説無老成人，如此折之，彼將焉置對。」

文王曰咨，咨女殷商。人亦有言，顛沛之揭。枝葉未有害，本實先撥。殷鑒不遠，在夏后之世。

唐曰：「通篇只説殷紂，而忽以『殷鑒』一語，顯出鑒殷，精神血脉盡收注于此。駕格極高。」徐曰：「章意只要説到末二句以爲歸宿，但上文來得十分委曲，正是羊腸詰屈，遂令覽者駭愕不知所由。」陸曰：「嗟嘆之神，結在末二句。」沈曰：「末二句，猶有望之之意焉。」濛初曰：「只以『監不遠』三字，明指破通詩借言，其妙如鏡花水月，不可思議。」

【總評】

唐曰：「此詩爲刺厲王，而疾威自説上帝，其嗟嘆殷，亦自托之文王。夫《蕩》本賦體，而無一語及當世，蓋有諷諫之義焉。」

【眉批】

闕文當是「厲王」二字。

抑

子夏《序》：「衛武公刺厲王。亦以自警也。」

子貢《傳》：「衛武□□□□□□《懿戒》。」「武」下闕六字。

徐曰：「列國之詩，無入《雅》者，獨《賓筵》入《小雅》，《抑戒》入《大雅》，疑武公爲王卿士時作。當以《序》説爲正。」沈曰：「當是在朝爲卿士時作。又詞旨春容，可以例《雅》，故列之。」濛初曰：「當是假自警以刺王耳。朱子以小子爾汝之稱爲疑，不知此正是晦其詞以自托也。不然，九十五之老人，復何所求，而尚賴耳提面命之諄諄，且餘光有幾，而猶慮及淪胥以亡，日喪厥國哉。固是睿聖虛衷，毋乃不倫不情。」

抑抑威儀，維德之隅。人亦有言，靡哲不愚。庶人之愚，亦職維疾。哲人之愚，亦維斯戾。

徐曰：「『隅』字佳，即處囊脱穎之意。」鍾曰：「『靡哲不愚』四字，説盡古今病痛。」

無競維人，四方其訓之。有覺德行，四國順之。訏謨定命，遠猶辰告。敬慎威儀，維民之則。

其在于今，興迷亂于政。顛覆厥德，荒湛于酒。女雖湛樂從，弗念厥紹。罔敷求先王，克共明刑。

陸曰：「『弗念罔敷』，蓋責之切，而不覺其氣之急也。」

肆皇天弗尚，如彼泉流，無淪胥以亡。夙興夜寐，洒埽庭内，維民之章。修爾車馬，弓矢戎兵。用戒戎作，用逷蠻方。

鍾曰：「『洒埽庭内』，没緊要處宜着眼。」

質爾人民，謹爾侯度，用戒不虞。慎爾出話，敬爾威儀，無不柔嘉。白圭之玷，尚可磨也。斯言之玷，不可爲也。

無易由言，無曰苟矣。莫捫朕舌，言不可逝矣。無言不讎，無德不報。惠于朋友，庶民小子，子孫繩繩，萬民靡不承。

濛初曰：「慎話非徒緘口，正是定命辰告之謂。」

視爾友君子，輯柔爾顔，不遐有愆。相在爾室，尚不愧于屋漏，好細心之語。無曰不顯，莫予云覯。神之格思，不可度思，矧可射思。

徐曰：「『不遐有愆』，所謂旦失色于朝，暮傳笑于國是也。『屋漏』字奇，即日明日旦之意。」

辟爾爲德，俾臧俾嘉。淑慎爾止，不愆于儀。不僭不賊，鮮不爲則。投我以桃，報之以李。彼童而角，實虹小子。

荏染柔木，言緡之絲。温温恭人，維德之基。其維哲人，告之話言，順德之行。其維愚人，覆謂我僭，民各有心。

徐曰：「『順』字妙，善與人同，不作聰明之意。舜之聞言見行，若決江河，順之至矣。」

於乎小子，未知臧否。匪手携之，言示之事。匪面命之，言提其耳。借曰未知，亦既抱子。民之靡盈，誰夙知而莫成。破的之言。

昊天孔昭，我生靡樂。視爾夢夢，我心慘慘。誨爾諄諄，聽我藐藐。匪用爲教，覆用爲虐。借曰未知，亦聿既耄。

於乎小子，告爾舊止。聽用我謀，庶無大悔。天方艱難，曰喪厥國。取譬不遠，昊天不忒。回遹其德，俾民大棘。

【總評】

鍾曰：「此詩語有極典則者，有極促苦者，正變雜矣。」

【眉批】

按《傳》此篇在《小正》《賓之初筵》後。作《懿戒》闕文「武」下當是「公」字「懿」上當是「賦」字。

桑柔

子夏《序》：「芮伯刺厲王也。」

子貢《傳》：「□□□□□□，賦《桑柔》。」上闕六字。

菀彼桑柔，其下侯旬。捋采其劉，瘼此下民，不殄心憂。倉兄填兮，倬彼昊天，寧不我矜。

鍾曰：「黄落有漸，捋采交盡，蓋歸罪于人也。朱注得之。」

四牡騤騤，旟旐有翩。亂生不夷，靡國不泯。民靡有黎，具禍以燼。於乎有哀，國步斯頻。

鍾曰：「『民靡有黎』，語巧而苦。」

國步蔑資，天不我將。靡所止疑，云徂何往？君子實維，秉心無競。誰生厲階，至今爲梗。

陸曰：「『厲階』暗指厲王用小人，而曰誰者，婉詞也。」

憂心慇慇，念我土宇。我生不辰，逢天僤怒。自西徂東，靡所定處。多我覯痻，孔棘我圉。

爲謀爲毖，亂況斯削。告爾憂恤，誨爾序爵。誰能執熱，逝不以濯。其何能淑，載胥及溺。

鍾曰：「『爲謀爲毖』，寫盡衰世君臣。」

如彼遡風，亦孔之僾。民有肅心，荓云不逮。好是稼穡，力民代食。稼穡維寶，代食維好。

徐曰：「『如彼遡風』，形容憂亂之意，深至如畫。」

天降喪亂，滅我立王。降此蟊賊，稼穡卒痒。哀恫中國，具贅卒荒。靡有旅力，以念穹蒼。

徐曰：「『靡有』二句，愁苦之言，一至于此，真可謂痛入骨髓，凄入肝脾矣。」

維此惠君，民人所瞻。秉心宣猶，考慎其相。維彼不順，自獨俾臧。自有肺腸，俾民卒狂。

鍾曰：「畢竟歸重用人，用人歸于擇相，此深知亂本者也。」

瞻彼中林，甡甡其鹿。朋友已譖，不胥以穀。人亦有言，進退維谷。

徐曰：「『谷，山谷也，窒礙之意。所謂跋前疐後，動輒得咎也。」

維此聖人，瞻言百里。維彼愚人，覆狂以喜。匪言不能，胡斯畏忌。

唐曰：「厲王以威虐箝人之口，而曰『匪言不能，胡斯畏忌』，可謂深言之矣。」

維此良人，弗求是迪。維彼忍心，是顧是復。民之貪亂，寧爲荼毒。

陸曰：「良人不用而用忍心，真所謂自有肺腸。」

大風有隧，有空大谷。維彼良人，作爲式穀。維彼不順，征以中垢。

大風有隧，貪人敗類。聽言則對，誦言如醉。匪用其良，覆俾我悖。

徐曰：「『聽言則對，誦言如醉』，此何等情狀，傷哉忠臣之致也。」又曰：「抑欝誰語，故自誦其言，句法妙品。」

嗟爾朋友，予豈不知而作。如彼飛蟲，時亦弋獲。既之陰女，反予來赫。

民之罔極，職涼善背。爲民不利，如云不克。民之回遹，職競用力。

民之未戾，職盗爲寇。涼曰不可，覆背善詈。雖曰匪予，既作爾歌。

沈曰：「『涼曰不可』三句，極小人之情態，此致亂之本，原亦小人護身之秘密。故章末切直言之，曰『既作爾歌』，亦見能掩主目，而不能逃桑柔之詞。即曰『匪言不能，胡斯畏忌』，『聽言則對，誦言如醉』，而已嚴于斧鉞矣。」

【總評】

唐曰：「詩未有長言至此者。當時君相匪人，舉朝競爲亂暴，舉世化爲荼毒。詩人憂時憤事，不勝激切，故不覺其言之亹亹耳。《小雅·正月》亦然。但彼多憂懼，此多哀怨，語意又别。」沈曰：「芮伯世臣，忠憤欝積，又復監謗之世，欲抑則不能，欲直則不敢。故情旨沉綿，不自知其凄婉，文詞詳娓，不自厭其重複。讀者當得其言外之感，不可分章摘句以求之。」

雲漢 《傳》係續《大正》闕文。

子夏《序》：「仍叔美宣王也。宣王承厲王之烈，内有撥亂之志，遇烖而懼，側身修行，欲銷去之。天下喜以王化復行，百姓見憂，故作是詩也。」

倬彼雲漢，昭回于天。王曰於乎，何辜今之人。天降喪亂，饑饉薦臻。靡神不舉，靡愛斯牲。圭璧既卒，寧莫我聽。

徐曰：「首一句，提個旱象，爲下文『旱既大甚』張本。『王曰』二句，哀矜惻怛，不能自已，所以消灾弭禍之本也。」鍾曰：「許多憂思在『王曰於乎』四字内。」徐曰：「牲用不可盡，故曰『靡愛』，圭璧少而易竭，故曰『既卒』。」唐曰：「以下連下數『寧』字，有號呼瞻戀之意在。」

旱既大甚，蘊隆蟲蟲。不殄禋祀，自郊徂宫。上下奠瘞，靡神不宗。后稷不克，上帝不臨。耗斁下土，寧丁我躬。

魏曰：「每章必曰『旱既大甚』，見王憂旱之心，無刻不在念頭上。」

旱既大甚，則不可推。兢兢業業，如霆如雷。周餘黎民，靡有孑遺。昊天上帝，則不可遺。胡不相畏，先祖于摧。

旱既大甚，則不可沮。赫赫炎炎，云我無所。大命近止，靡瞻靡顧。群公先正，則不我助。父母先祖，胡寧忍予。

徐曰：「『則不可推』、『則不可沮』，迫蹙之意摹畫如見。『云我無所』，應璩云：『宇宙雖廣，無陰以憩。』」

旱既大甚，滌滌山川。旱魃爲虐，如惔如焚。我心憚暑，憂心如熏。群公先正，則不我聞。昊天上帝，寧俾我遯。

徐曰：「『如焚』，即《易》之如焚。『如熏』，即《易》之熏心。」

旱既大甚，黽勉畏去。胡寧瘨我以旱，憯不知其故。祈年孔夙，方社不莫。昊天上帝，則不我虞。敬恭明神，宜無悔怒。

唐曰：「神之悔怒，即己亦不能信。『宜無』二字，有味。」鍾曰：「二語有自反意。」

旱既大甚，散無友紀。寫得出。鞫哉庶正，疚哉冢宰。趣馬師氏，膳夫左右。靡人不周，無不能止。瞻卬昊天，云如何里。

徐曰：「『友紀』『友』字，字法。朝廷職事，上下相同，鈎繩相布，故曰『友紀』。『友』者，言相聯屬也。」

瞻卬昊天，有嘒其星。大夫君子，昭假無贏。大命近止，無棄爾成。何求爲我，妙于爲言。以戾庶正。瞻卬昊天，曷惠其寧。

唐曰：「情詞急蹙，比前更甚。」又曰：「『有嘒其星』與『昭回于天』正相應。兩言『瞻卬昊天』，情極勢迫，想見勤懇。」又曰：「『曷惠其寧』，暗指雨説。若有不容絶望，而又不敢期必者，然語不説盡，深長可味。」

【總評】

徐曰：「此詩反覆嗟嘆，逼迫無聊，哀呼籲救，千迴百轉，情切而語悲。真所謂痛瘝在身，而其文窮工極變矣。」沈曰：「詞旨憂虞反覆，不倫不次，不得過泥支節，以失詩人之意。」濛初曰：「通詩不露一『雨』字，自是詩人用意，爲後來詩家不露本題法門。謂是畏懼不敢道及者，經生之陋，貽笑作者。」又曰：「描寫旱象，則曰『蘊隆蟲蟲』，『滌滌山川』。點綴旱景，則曰『雲漢昭回』、『有嘒其星』。試一玩味，赤地千里之狀，宛在目前。使後人窮思賦旱，能出此否？」

崧高《傳》係續《大正》闕文。

子夏《序》：「尹吉甫美宣王也。天下復平，能建國親諸侯，褒賞申伯焉。」

崧高維嶽，駿極于天。維嶽降神，生甫及申。維申及甫，維周之翰。四國于蕃，四方于宣。

徐曰：「甫在前而曰『及甫』，猶云『我思古人，實獲我心』，唐人『蓮花似六郎』，與此句法相似。」

亹亹申伯，王纘之事。于邑于謝，南國是式。王命召伯，定申伯之宅。登是南邦，世執其功。

王命申伯，式是南邦。因是謝人，以作爾庸。王命召伯，徹申伯土田。王命傅御，遷其私人。

申伯之功，召伯是營。有俶其城，寢廟既成。既成藐藐，王錫申伯。四牡蹻蹻，鉤膺濯濯。

王遣申伯，路車乘馬。我圖爾居，莫如南土。錫爾介圭，以作爾寶。往近王舅，南土是保。

申伯信邁，王餞于郿。申伯還南，謝于誠歸。王命召伯，徹申伯土疆。以峙其粻，式遄其行。

徐曰：「以『信』、『誠』二字模寫出眷戀不舍之意，可謂鬼神于文者矣。」魏曰：「由命而錫，由錫而遣，由遣而餞，由餞而行，節節有次序。」

申伯番番，既入于謝，徒御嘽嘽。周邦咸喜，戎有良翰。不顯申伯，王之元舅，文武是憲。

徐曰：「申伯去爲南國之式，宜周人之不能舍，而曰『周邦咸喜』，此立言之法也。即南人之喜可知已。」沈曰：「曰『南國是式』，又曰『式是南邦』，又曰『南土是保』，蓋謝近于荆，荆與徐連，舊常表裏爲江淮之患。謝居荆徐要衝，申伯當以文武才爲一方保障也。此詩人言外之意，誦不忘規類如此。」

申伯之德，柔惠且直。揉此萬邦，聞于四國。吉甫作誦，其詩孔碩。其風肆好，以贈申伯。

徐曰：「無德而强爲稱述，則言者有愧詞，安能孔碩？聞之者當復揶揄竊笑，安能動人？《後漢書》

蔡伯喈嘗言『吾爲碑銘多矣，皆有慚德，惟郭有道無愧色耳。』」魏曰：「吉甫非自夸其作也，以其所贈者申伯也。受者能無愧色，即作者之非過辭可知。」鍾曰：「『以贈申伯』四字，極重。詩之『好碩』，風之『肆好』，皆根于此。有是人而後有是詩也。」又曰：「『其詩孔碩，其風肆好』，穆如清風。古人作詩，自知自賞如此。」

【總評】

徐曰：「申伯之才德，吉甫之文章，一時中興之盛，端可見矣。」

烝　民 《傳》疑續《大正》闕文。

子夏《序》：「尹吉甫美宣王也。任賢使能，周室中興焉。」

天生烝民，有物有則。民之秉懿，好是懿德。天監有周，昭假于下，保茲天子，生仲山甫。

仲山甫之德，柔嘉維則。微甚。令儀令色，小心翼翼。古訓是式，威儀是力。天子是若，明命使賦。

王命仲山甫，式是百辟。纘戎祖考，王躬是保。出納王命，王之喉舌。賦政于外，四方爰發。

徐曰：「山東吏布詔令，百姓皆扶老携幼，老羸癃疾者，扶杖往聽，咸舉手加額，願少須臾無死。思見德化之成，四方爰發，想當如此。」

肅肅王命，仲山甫將之。邦國若否，仲山甫明之。既明且哲，以保其身。夙夜匪懈，以事一人。

人亦有言，柔則茹之，剛則吐之。維仲山甫，柔亦不茹，剛亦不吐，不侮鰥寡，不畏彊禦。

人亦有言，德輶如毛，民鮮克舉之。我儀圖之，維仲山甫舉之，愛莫助之。妙境。衮職有闕，維仲山甫補之。

徐曰：「『愛莫助之』，形容好德之誠，最爲親切，可謂模寫入神。不知濡毫染牘之際，何緣得此。」

仲山甫出祖，四牡業業。征夫捷捷，每懷靡及。四牡彭彭，八鸞鏘鏘。王命仲山甫，城彼東方。

四牡騤騤，八鸞喈喈。仲山甫徂齊，式遄其歸。吉甫作誦，穆如清風。仲山甫永懷，以慰其心。

徐曰：「末二章不過説山甫有靡及之懷，以城齊之役故也。然城齊甚易，自當指日西還，江湖魏闕，何勞遠念哉！故作歌以慰之。卻將此意分作四段，音節行徐，情辭委曲，氣脉既長，音調更遠，真可謂『穆如清風』矣。」

【總評】

陸曰：「此詩是後人作送行詩序之祖。詩之作，雖止爲城齊一出，而其人之降生不偶，與德業兼全，儘堪鋪張揚厲，遂斐娓成此大篇。」

韓　奕 《傳》係續《大正》闕文。

子夏《序》：尹吉甫美宣王也。能錫命諸侯。

奕奕梁山，維禹甸之，有倬其道。韓侯受命，王親命之，纘戎祖考。無廢朕命，夙夜匪懈。虔共爾位，朕命不易。榦不庭方，以佐戎辟。

鍾曰：「全詩之意已盡于此，後皆點綴耳。」

四牡奕奕，孔修且張。韓侯入覲，以其介圭，入覲于王。王錫韓侯，淑旂綏章，簟茀錯衡，玄衮赤舄，鈎膺鏤鍚，鞹鞃淺幭，鞗革金厄。

韓侯出祖，出宿于屠。顯父餞之，清酒百壺。其殽維何？炰鱉鮮魚。其蔌維何？維筍及蒲。其贈維何？乘馬路車。籩豆有且，侯氏燕胥。

韓侯取妻，汾王之甥，蹶父之子。韓侯迎止，于蹶之里。百兩彭彭，八鸞鏘鏘，不顯其光。諸娣從之，祁祁如雲。韓侯顧之，爛其盈門。

鍾曰：「快事。着此一段生色。」

蹶父孔武，靡國不到。爲韓姞相攸，莫如韓樂。孔樂韓土，川澤訏訏。魴鱮甫甫，麀鹿噳噳。有熊有羆，有貓有虎。慶既令居，韓姞燕譽。

鍾曰：「借蹶父相攸，韓姞燕譽，形容韓之富饒。此文章映帶之妙。」陸曰：「雖叙韓姞歸韓之樂，原以見韓侯封域之美。詩人之錯綜叙事，往往如此。」

溥彼韓城，燕師所完。以先祖受命，因時百蠻。王錫韓侯，其追其貊。奄受北國，用以其伯。實墉實壑，實畝實籍。獻其貔皮，赤豹黄羆。

濛初曰：「此結法與《泮水》相似。」

江漢 《傳》係續《大正》闕文。

子夏《序》：「尹吉甫美宣王也。能興衰撥亂，命召穆公平淮夷。」

江漢浮浮，武夫滔滔。匪安匪游，淮夷來求。既出我車，既設我旟。匪安匪舒，淮夷來鋪。

江漢湯湯，武夫洸洸。經營四方，告成于王。四方既平，王國庶定。時靡有爭，王心載寧。

徐曰：「不曰『伐』而曰『經營』者，兵家之勝，必運籌設策，以屈其力服其心故也。」

江漢之滸，王命召虎。式辟四方，徹我疆土。匪疚匪亟，王國來極。于疆于理，至于南海。

王命召虎，來旬來宣。文武受命，召公維翰。無曰予小子，召公是似。肇敏戎公，用錫爾祉。

徐曰：「君命臣而稱其世功，俾之紹隆祖業，真足鼓舞豪傑矣。」

釐爾圭瓚，秬鬯一卣。告于文人，錫山川土田。于周受命，自召祖命。虎拜稽首，天子萬年。

徐曰：「此六句，大都以策命之意隱括成文。」又曰：「君禮其臣而以無忝其祖者待之，臣祝其君而以久享其國者望之。此雖詩人叙述之詞，然亦可見君臣一時殷勤篤厚氣象。」

虎拜稽首，對揚王休。作召公考，天子萬壽。明明天子，令聞不已。矢其文德，洽此四國。

濛初曰：「『天子萬壽』以下，劉安城通作勒廟器之詞，似有理。然連述五語，而即以成詩，恐無所體。止『天子萬壽』，乃似摘勒器中一語點綴之耳。」陸曰：「『文德』一語，似窺見宣王有好武之意。其勸勉處，正見報答深心。」

常武 《傳》疑續《大正》闕文。

子夏《序》：「召穆公美宣王也。有常德以立武事，因以爲戒然。」

赫赫明明，王命卿士。南仲大祖，大師皇父。整我六師，以修我戎。既敬既戒，惠此南國。

陸曰：「敬者不敢怠，戒者不敢忽，是行師第一義。亦見天子親征，比尋常嚴翼更别。」

王謂尹氏，命程伯休父。左右陳行，戒我師旅。率彼淮浦，省此徐土。有體。不留不處，三事就緒。

赫赫業業，有嚴天子。王舒保作，匪紹匪游。徐方繹騷。震驚徐方，如雷如霆，徐方震驚。

徐曰：「當積弱之後，奮起而立功，真是威靈氣焰，足以動人。故曰：『赫赫明明』、『赫赫業業』，極其摹擬。」又曰：「『徐方繹騷』數語，反覆形容，極言其驚畏之狀。」

王奮厥武，如震如怒。進厥虎臣，闞如虓虎。鋪敦淮濆，仍執醜虜。截彼淮浦，王師之所。

徐曰：「仍，就也。俗所謂手到拏來，不勞餘力之意。字法妙品。」又曰：「淮夷竊據之地，而遂曰『王師之所』，纔至其地，而遂日截然不可犯，即『無矢我陵』四句意。句法能品。」

王旅嘽嘽，如飛如翰，如江如漢，如山之苞，如川之流。緜緜翼翼，不測不克，濯征徐國。

鍾曰：「『如飛如翰』數語，非知兵者不能。」

王猶允塞，徐方既來。徐方既同，天子之功。四方既平，徐方來庭。徐方不回，王曰旋歸。

濛初曰：「首言『王命卿士』，結以『王曰旋歸』，章法照應。歸功處推出王猶，成功後即及班師，美不忘規，《序》所謂因以爲戒也。」

瞻卬

子夏《序》：「凡伯刺幽王大壞也。」

子貢《傳》：「□□□□□□□卬。」上闕七字。

瞻卬昊天，則不我惠。孔填不寧，降此大厲。邦靡有定，士民其瘵。蟊賊蟊疾，靡有夷屆。罪罟不收，靡有夷瘳。

人有土田，女反有之。人有民人，女覆奪之。此宜無罪，女反收之。彼宜有罪，女覆說之。

哲夫成城，哲婦傾城。懿厥哲婦，爲梟爲鴟。婦有長舌，維厲之階。亂匪降自天，生自婦人。匪教匪誨，時維婦寺。

濛初曰：「曰『懿』、曰『哲』，加以好字面，正極形容其巧艷可惡，猶齊子之加以豈弟也。書法可畏。」

鞫人忮忒，譖始竟背。豈曰不極？伊何爲慝。如賈三倍，君子是識。婦無公事，休其蠶織。

鍾曰：「首四句艱奥，自是古文法。」

天何以刺，何神不富。舍爾介狄，維予胥忌。不弔不祥，威儀不類。人之云亡，邦國殄瘁。

徐曰：「『天何以刺』二句，尋詩人之旨，引而不發，尤爲深妙。」陸曰：「設爲詰問，令王自思，不指出其故。」

天之降罔，維其優矣。人之云亡，心之憂矣。天之降罔，維其幾矣。人之云亡，心之悲矣。

觱沸檻泉，維其深矣。心之憂矣，寧自今矣。不自我先，不自我後。藐藐昊天，無不克鞏。無忝皇祖，式救爾後。

徐曰：「蓋自初進褒姒之時，已憂之矣。史蘇識女戎之亂晉，方成知禍水之滅火，此其類也。」

【眉批】

闕文「卬」上當有「賦瞻」二字。

召旻

子夏《序》：「凡伯刺幽王大壞也。旻，閔也。閔天下無如召公之公也。」

子貢《傳》:「□□□□□□□旻。」上闕七字。

旻天疾威,天篤降喪。瘨我饑饉,民卒流亡。我居圉卒荒。
天降罪罟,蟊賊内訌。昏椓靡共,潰潰回遹,實靖夷我邦。
皋皋訿訿,曾不知其玷。兢兢業業,孔填不寧,我位孔貶。
如彼歲旱,草不潰茂,如彼棲苴。我相此邦,無不潰止。

徐曰:「亂世民情,生意憔悴,蕭索枯槁。『如彼』三句,形容已盡。」又曰:「般仲文顧庭槐而嘆曰:『此樹婆娑,生意盡矣。』『如彼歲旱』三句,正所謂『生意已盡』也。」

維昔之富,不如時。維今之疚,不如兹。彼疏斯粺,胡不自替?職兄斯引。

鍾曰:「望之自替,傷上之人不能替之也,無理之想。」

池之竭矣,不云自頻?泉之竭矣,不云自中?溥斯害矣,職兄斯弘,不烖我躬?

徐曰:「朱子嘗曰:『看詩不須着意去訓解,只平平涵詠自好。』因舉『池之竭矣』四句詠久之。」

昔先王受命,有如召公,日辟國百里。今也日蹙國百里。於乎哀哉,維今之人,不尚有舊。

徐曰:「説個召公,使見用賢。説『今也日蹙國百里』,便見不用賢,引而不發。末説『不尚有舊』,其意顯然。若先説出,末句較淡矣。末句第言有之,不用意亦在言外。」陸曰:「末句含蓄,感慨無限。」鍾曰:「『不尚有舊』,問得妙。」

【眉批】

闕文「旻」上當有「賦召」二字。

孔門兩弟子言詩翼

吴興凌濛初輯

頌

周頌

子貢《傳》：周公□□□□□□□□□□天之命□清□□思文□□□□□□□□□□□□□□□□□□文□□□廟□□□□□將□□□□□□□□□□□□烈□□□□□□□鷺□□□□□□□□□□□子□□□□□□□□時邁□□□□□□□□□賁□□□□□□□□□般□□□□□□□□□□頌武□□□□□□□□載見□□□□□□□□□聲合□□□□□□□□□寢廟□□□□□□□□□成□□□□□□□□□□朝□□□□□□□□□朝于□□□□□□□□□之□□□□□□□□□之也□□□□□□□□□□也□□□□□□□□□祀成王□□堂□□□□□□臣工□□□□□執競□□□□□□成康□□□□□報□□□□□□□□□□也。石本磨滅尤甚，僅可辨者四十六字。共闕二百三十六字。

清廟之什

清　廟 《傳》係同闕文。

子夏《序》：「祀文王也。周公既成洛邑，朝諸侯，率以祀文王焉。」

於穆清廟，肅雝顯相。濟濟多士，秉文之德。對越在天，駿奔走在廟。不顯不承，無射于人斯。

徐曰：「凡入廟而論定。故曰『七世之廟，可以觀德』。文王之感人，在廟尚爾，即當時可知已。」唐曰「《清廟》一啓，萬國之冠裳畢集，蓋新率諸侯以祭，靈爽固是肅然。」鍾曰：「祀文廟必以文德，祭豈易言哉。」徐曰：「『不顯不承』之辭，急而反。『無射』之辭，緩而順。」濛初曰：「讀《書・君牙》，則『不顯不承』，疑當作『丕顯丕承』。古『不』字不一讀，故然。」

維天之命 《傳》有，題闕文。

子夏《序》：「太平告文王也。」

維天之命，於穆不已。於乎不顯，文王之德之純。假以溢我，我其收之。駿惠我文王，曾孫篤之。

維　清 《傳》有，「清」字闕文。

子夏《序》：「奏象舞也。」

維清緝熙，文王之典，肇禋。迄用有成，維周之禎。

烈　文 《傳》有，《烈》字闕文。

子夏《序》：「成王即政。諸侯助祭也。」

烈文辟公，錫茲祉福。惠我無疆，子孫保之。無封靡于爾邦，維王其崇之。念茲戎功，繼序其皇之。無競維人，四方其訓之。不顯維德，百辟其刑之。於乎前王不忘。

陸曰：「只是念助祭之功，而前述其在國，後勉以不忘，語氣藹然。」鍾曰：「末句多少含蓄。」

天　作 《傳》係全闕文。

子夏《序》：「祀先公先王也。」

天作高山，大王荒之。彼作矣，文王康之。彼徂矣岐，有夷之行，子孫保之。

徐曰：「曰『荒』曰『康』，字法佳。此創守之異。」唐曰：「高山曰『天作』，而太王亦稱『作』，太王之功與天並矣。」又曰：「『天作』二語，可包皇矣。二章告神之詞，其約乃爾。」

【眉批】

《傳》有「祀成王」字。「堂」字疑是「祀成王于明堂」，屬此篇。

昊天有成命 《傳》係全闕文。

子夏《序》：「郊祀天地也。」

昊天有成命，二后受之。成王不敢康，夙夜基命宥密。於緝熙，單厥心，肆其靖之。

鍾曰：「義深法嚴。」徐曰：「歷觀三代以至今日，繼世而後必有變更。天心人事，其勢自爾。尋其所以，殆未易言。獨周家爲不然，此以知成王之功大。」濛初曰：「人知成王是守成者，不知成王是基命者。詩人特于此抉出。」

我將 《傳》有，「將」字闕文。

子夏《序》：「祀文王于明堂也。」

我將我享，維羊維牛，維天其右之。儀式刑文王之典，日靖四方。伊嘏文王，既右饗之。我其夙夜，畏天之威，于時保之。

鍾曰：「天與文王，合説無迹。」

時邁 《傳》有，題闕文。

子夏《序》：「巡守告祭柴望也。」

時邁其邦，昊天其子之，實右序有周。薄言震之，莫不震疊。懷柔百神，及河喬嶽。允王維后。明昭有周，式序在位。載戢干戈，載櫜弓矢。我求懿德，肆于時夏，允王保之。

徐曰：「武王伐紂，非得已也。天命在我，不得而辭也。令天命不在我也，釋而去之可也。觀此詩惓惓于天命，即聖人之心可知已。」唐曰：「懿德如何求，如訪《洪範》于箕子，陳丹書于太公皆是。」

有來雝雝，至止肅肅。相維辟公，天子穆穆。於薦廣牡，相予肆祀。假哉皇考，綏予孝子。宣哲維人，文武維后。燕及皇天，克昌厥後。綏我眉壽，介以繁祉。既右烈考，亦右文母。

鍾曰：「『雝』、『肅』、『穆穆』，祭之本也。故首言之。」沈曰：「武王八十七而即位，故曰『眉壽』。一戎衣而有天下，故曰『繁祉』。」徐曰：「此篇句句隔韻。而第六、七韻又承第三韻，第八韻又承第四韻。宛轉相關，音律嫋嫋。用韻之變，殆極于此。」

載見 《傳》有題闕文。

子夏《序》：「諸侯始見乎武王廟也。」

載見辟王，曰求厥章。龍旂陽陽，和鈴央央。鞗革有鶬，休有烈光。率見昭考，以孝以享，以介眉壽。永言保之，思皇多祜。烈文辟公，綏以多福，俾緝熙于純嘏。

徐曰：「『以介眉壽』而下三句一韻，奏人功德碑本此。」

有客 《傳》係全闕文。

子夏《序》：「微子來見祖廟也。」

有客有客，亦白其馬。有萋有且，敦琢其旅。有客宿宿，有客信信。言授之縶，以縶其馬。薄言追之，左右綏之。既有淫威，降福孔夷。

陸曰：「『有』字、『亦』字，有欣然創見之意。」徐曰：「微子尹兹東夏，本不可留，留之者，亦是愛之無已。」又曰：「讀此詩，不獨周家忠厚，其真情實意，藹然如不客已。亦見微子在當時，翹然峻潔，有巖巖壁立千仞氣象。」鍾曰：「讀《有客》，不獨厚道，何其特達懇至也。」

【眉批】

《傳》「鷺」後有「子」字。疑此篇在《振鷺》後，是「微子」字樣。

武 《傳》係全闕文。

子夏《序》：「奏大武也。」

於皇武王，無競維烈。允文文王，克開厥後。嗣武受之，勝殷遏劉，耆定爾功。

徐曰：「武王原以武得天下，此詩直述其事，見聖人公天下之心，不爲文飾如此。」又曰：「文王以服事殷而曰『克開厥後』，何也？二聖于此，易地則皆然。周公作詩，可謂能觀其通矣。」鍾曰：「遏劉用武本領。」

閔予小子之什

閔予小子 《傳》係全闕文。

子夏《序》：「嗣王朝于廟也。」

閔予小子，遭家不造，嬛嬛在疚。於乎皇考，永世克孝。念兹皇祖，陟降庭止。維予小子，夙夜敬止。於乎皇王，繼序思不忘。

徐曰：「凡子孫忘其祖父，未有不墜先業者。讀此詩，想見成王當日痛瞻依之不及，而哀慕不忘，凄然酸楚之意。」又曰：「繼承不類者，統承大業，便謂可以佚蕩自恣。觀此詩章首三言，何等悲愴怨慕。即此便見守成之難，即此便見守成之本。」陸曰：「開口説個『閔』字，含許多凄愴。」

訪落《傳》係全闕文。

子夏《序》：「嗣王謀于廟也。」

訪予落止，率時昭考。於乎悠哉，朕未有艾。將予就之，繼猶判涣。維予小子，未堪家多難。紹庭上下，陟降厥家。休矣皇考，以保明其身。

鍾曰：「『將予就之，繼猶判涣』，此地位亦難到，所謂欲從末由也。『判涣』二字尤妙。」

敬之《傳》係全闕文。

子夏《序》：「群臣進戒嗣王也。」

敬之敬之，天維顯思，命不易哉。無曰高高在上，陟降厥士，日監在兹。維予小子，不聰敬止。日就月將，學有緝熙于光明。佛時仔肩，示我顯德行。

徐曰：「伊尹訓太甲曰『祗厥身』，召公告康王曰『今上敬之哉』，皆以此爲告君第一義。」鍾曰：「成王于『敬』字上自補出一『聰』字，妙妙，是天資最高處。」

小毖 《傳》係全闕文。

子夏《序》:「嗣王求助也。」

予其懲,而毖後患,莫予荓蜂,自求辛螫。肇允彼桃蟲,拚飛維鳥。未堪家多難,予又集于蓼。

鍾曰:「創臣痛深,傷弓之鳴。」沈曰:「借言蜂鳥者,管蔡之事,變在骨肉,不忍明言之。」

【總評】

沈曰:「四詩皆爲成王作,未必果成王也。或周公,或當時群臣,代爲王言,抑賦之以當規誨與?」

載芟 《傳》係全闕文。

子夏《序》:「春省耕而祈社稷也。」

載芟載柞,其耕澤澤。千耦其耘,徂隰徂畛。侯主侯伯,侯亞侯旅,侯彊侯以。有嗿其饁,思媚其婦,好光景。有依其士。有略其耜,俶載南畝。播厥百穀,實函斯活。驛驛其達,有厭其傑。厭厭其苗,緜緜其麃。載穫濟濟,有實其積,萬億及秭。爲酒爲醴,烝畀祖妣,以洽百禮。有飶其香,邦家之光。有椒其馨,胡考之寧。匪且有且,匪今斯今,振古如兹。

鍾曰:「前半寫田家景象,茅茨鷄犬,歷歷在目,有讓畔争席之意。後忽説向宗廟朝廷上去,作大氣象,大文字,筆端變化。《豳風》亦然,而體裁不同。」徐曰:「『觀侯主』六句,可見盛世之民,皆作勤動,直是無一人暇逸。『思媚』、『有依』，和氣浹洽，則趨事益敏，亦見太平景象。」陸曰：「『思媚』二句，間間點綴，分明畫出春耕光景。」

良　耜《傳》係全闕文。

子夏《序》：「秋報社稷也。」

畟畟良耜，俶載南畝。播厥百穀，實函斯活。或來瞻女，載筐及筥，其饟伊黍。其笠伊糾，其鎛斯趙，以薅荼蓼。荼蓼朽止，黍稷茂止。穫之挃挃，積之栗栗。其崇如墉，其比如櫛。以開百室，百室盈止，婦子寧止。殺時犉牡，有捄其角。以似以續，續古之人。

徐曰：「『載筐及筥』，宛然農家氣象，樸茂之風，溢于言表。農夫勤動，『其笠』二句，形容殆盡。『百室』二句，豐成氣象，有含哺鼓腹意。」鍾曰：「『其笠伊糾』，妙于形容，親見看出。」

絲　衣《傳》係全闕文。

子夏《序》：「繹賓尸也。高子曰：『靈星之尸也。』」

絲衣其紑，載弁俅俅。自堂徂基，自羊徂牛。鼐鼎及鼒，兕觵其觩。旨酒思柔。不吳不敖，胡考之休。

鍾曰：「叙事簡盡。」

【眉批】

《傳》有「頌武」字，疑屬此篇或下篇。

酌

《傳》係全闕文。

子夏《序》：「告成大武也。言能酌先祖之道，以養天下也。」於鑠王師，遵養時晦。時純熙矣，是用大介。我龍受之，蹻蹻王之造。載用有嗣，實維爾公允師。

鍾曰：「熙出于晦，故能鑠。」徐曰：「遵養非觀變，守臣節也。大介非幸灾，順天命也。」陸曰：「《武頌》止殺，《勺頌》適時。蓋窮兵黷武，不足以爲武。違天悖時，不足以成功。」濛初曰：「此與《武》皆白武王心事者。」

桓

《傳》係全闕文。

子夏《序》：「講武類禡也。《桓》，武志也。」綏萬邦，屢豐年。天命匪懈。桓桓武王，保有厥士。于以四方，克定厥家。於昭于天，皇以間之。

徐曰：「『保有厥士』，要看『保』字。後世創業之君，與其臣披艱掃穢，出百死得一生，而鳥盡弓藏，往往而是。龍蛇之章，豈勝嘆息，則刻鍥之風熾，而保全之意微矣。」

【眉批】

《傳》有「頌武」二字，疑同前篇。

賚 《傳》有題闕文。

子夏《序》：「大封于廟也。賚，予也。言所以錫予善人也。」

文王既勤止，我應受之。敷時繹思，我徂維求定。時周之命，於繹思。

鍾曰：「曰『敷時繹思』，曰『於繹思』，説得泣下，封建之典，其忍以之地人民視之哉。故曰君子賢其賢而親其親，言思也。」

般 《傳》有，題闕文。

子夏《序》：「巡守而祀四嶽河海也。」

於皇時周，陟其高山，嶞山喬嶽，允猶翕河。敷天之下，裒時之對，時周之命。

魯頌

鍾曰：「孔子删詩，編列《魯》于《頌》，即《春秋》編年之意，明以天子之事與魯矣。非大聖膽識不能。」

【眉批】

按《傳》本此四篇皆作《魯風》，列《鴟鴞》等篇後。

駉

子夏《序》：「頌僖公也。僖公能遵伯禽之法，儉以足用，寬以愛民，務農重穀，牧于坰野。魯人尊之，于是季孫行父請命于周，而史克作是頌。」

子貢《傳》：「僖公□□□□□□賦《駉》。」「公」下闕六字。

駉駉牡馬，在坰之野。薄言駉者，有驈有皇，有驪有黄，以車彭彭。思無疆，思馬斯臧。

沈曰：「『思無疆』，非必爲馬也。『思馬斯臧』矣，『思馬斯臧』，人心之妙也。」

駉駉牡馬，在坰之野。薄言駉者，有騅有駓，有騂有騏，以車伾伾。思無期，思馬斯才。

鍾曰：「『才』字，説馬妙。」

駉駉牡馬，在坰之野。薄言駉者，有驒有駱，有駵有雒，以車繹繹。思無斁，思馬斯作。

駉駉牡馬，在坰之野。薄言駉者，有駰有騢，有驔有魚，以車祛祛。思無邪，思馬斯徂。

【眉批】

闕文當有「史克頌之」四字。餘二字疑是「考牧」之意。

有駜

子夏《序》：「頌僖公君臣之有道也。」

子夏《傳》：「僖□□□□□克頌之，賦《有□》。」「僖」下闕五字，「有」下闕一字。

有駜有駜，駜彼乘黃。夙夜在公，在公明明。振振鷺，鷺于下。鼓咽咽，醉言舞，于胥樂兮。

有駜有駜，駜彼乘牡。夙夜在公，在公飲酒。振振鷺，鷺于飛。鼓咽咽，醉言歸，于胥樂兮。

鍾曰：「『振振鷺』四句，風致似漢樂府矣。」陸曰：「『明明』而接以『言舞』，『飲酒』則接以『醉歸』，嚴而泰，和而節，立言亦俱有法。」徐曰：「魯人之燕曰『明明』、曰『言歸』，所謂酒以成禮，不繼以淫也。」

有駜有駜，駜彼乘駽。夙夜在公，在公載燕。自今以始，歲其有。君子有穀，貽孫子，于胥樂兮。

唐曰：「頌不忘規，無以《魯頌》之夸而少之。」

【眉批】

貴竹本有「公燕飲而史」五字及一「駜」字，無闕。

泮水

子夏《序》：「頌僖公能修泮宫也。」

子貢《傳》：「□公獻捷于太廟，史克□□，賦《泮水》。」上闕一字。「克」下闕二字。

思樂泮水，薄采其芹。魯侯戾止，言觀其旂。其旂茷茷，鸞聲噦噦。無小無大，有光景。從公于邁。

徐曰：「『無小無大，從公于邁』，如漢明帝臨辟雍，冠帶縉紳之人，環橋門而觀聽者以億萬計，此其類也。」又曰：「『儀衛之盛，不足以爲美，以之視學，若增而華矣。所謂『聞車馬之音，欣欣有喜色』也。」

思樂泮水，薄采其藻。魯侯戾止，其馬蹻蹻。其馬蹻蹻，其音昭昭。載色載笑，匪怒伊教。

思樂泮水，薄采其茆。魯侯戾止，在泮飲酒。既飲旨酒，永錫難老。順彼長道，屈此群醜。

唐曰：「人壽幾何，形容易老。今飲酒介壽，若使之不遽老者然，難老之言可味。」

穆穆魯侯，敬明其德。敬慎威儀，維民之則。允文允武，昭假烈祖。靡有不孝，自求伊祜。

陸曰：「玩此章『德』、『儀』、『則』、『民』，屬在上文内治一邊，『文』、『武』、『假』、『祖』，已向下文外攘一邊，自是通篇關鍵。」

明明魯侯，克明其德。既作泮宫，淮夷攸服。矯矯虎臣，在泮獻馘。淑問如皋陶，在泮獻囚。

濟濟多士，克廣德心。桓桓于征，狄彼東南。烝烝皇皇，不吴不揚。不告于訩，在泮獻功。

鍾曰：「此章爲千古功臣護身之寶。」

角弓其觩，束矢其搜。戎車孔博，徒御無斁。既克淮夷，孔淑不逆。式固爾猶，淮夷卒獲。

翩彼飛鴞，集于泮林。食我桑黮，懷我好音。憬彼淮夷，來獻其琛。元龜象齒，大賂南金。

陸曰：「取與原不脱作泮，可見詩人通篇只鄭重得作泮一事。」

【總評】

沈曰：「此詩曰『順彼長道』，曰『穆穆』，曰『明明』，曰『敬明其德』，曰『允文允武』，曰『克廣德心』，曰『式固爾猶』，明道民有路，致勝有本，非一于頌者也。」

【眉批】

貴竹本有「僖」字、「頌之」字，無闕。

閟宫

子夏《序》：「頌僖公能復周公之宇也。」

子貢《傳》：「□僖公八年，始用郊禘，史克□□，賦《閟□》。」上闕一字。「克」下闕二字。「閟」下闕一字。

閟宫有侐，實實枚枚。赫赫姜嫄，其德不回。上帝是依，無災無害。彌月不遲，是生后稷，降之百福。黍稷重穋，稙穉菽麥。奄有下國，俾民稼穡，有稷有黍，有稻有秬。奄有下土，纘禹之緒。

唐曰：「后稷之功，止于教稼穡。而詩人稱揚其美，至曰『纘禹之緒』，曰『陳常于時夏』，恰象禹契之功皆稷之功者。然當時若無稷，即平水土者無以竟其業，明人倫者無以成厥功，可謂善言祖德矣。」

后稷之孫，實維太王。居岐之陽，實始翦商。至于文武，纘太王之緒。致天之屆，于牧之野。無貳無虞，上帝臨女。敦商之旅，克咸厥功。王曰叔父，建爾元子，俾侯于魯。大啓爾宇，爲周室輔。

鍾曰：「翦商之説，儒者紛紛之議，同于築舍。楊用修云：古本作『戩商』，作福字訓。如此可省許多議論。」徐曰：「致，極也，與屆同義。言紂惡茍有絲毫未稔，天命有絲毫未絶，武王無絲毫變節之意。惟到天命窮極，則牧野之師，不得不興矣。即此二字，形容武王應天順人之意已盡。」

乃會魯公，俾侯于東。錫之山川，土田附庸。周公之孫，莊公之子。龍旂承祀，六轡耳耳。春秋匪解，享祀不忒。皇皇后帝，皇祖后稷。享以騂犧，是饗是宜。降福既多，周公皇祖，亦其福汝。

徐曰：「歷觀兩漢以來詞賦表箋，其言宗廟之祭，從無道及車旂儀衛之盛者。每至郊祀，則纚纚不休，詳其文體，亦本諸此詩耳。」

秋而載嘗，夏而楅衡。白牡騂剛，犧尊將將。毛炰胾羹，籩豆大房。萬舞洋洋，孝孫有慶。俾爾熾而昌，俾爾壽而臧。保彼東方，魯邦是常。不虧不崩，不震不騰。三壽作朋，如岡如陵。

唐曰：「魯祀周公以王禮，故從殷之白，以比于宋，別其嫌也。其祀魯公以侯禮，則從周之尚，以遵乎時，謹其度也。」徐曰：「作朋有同心一德意，所謂義在資敬，情同布衣。」鍾曰：「君臣中友道在一『朋』字。」

公車千乘，朱英綠縢，二矛重弓。公徒三萬，貝冑朱綅。烝徒增增，戎狄是膺，荊舒是懲，則莫我敢承。俾爾昌而熾，俾爾壽而富。黄髮台背，壽胥與試。俾爾昌而大，俾爾耆而艾。萬有千歲，眉壽無有害。

泰山巖巖，魯邦所詹。奄有龜蒙，遂荒大東。至於海邦，淮夷來同。莫不率從，魯侯之功。

保有鳧繹，遂荒徐宅。至于海邦，淮夷蠻貊。及彼南夷，莫不率從。莫敢不諾，魯侯是若。

徐曰：「魯秉禮之國，武功不足，故以服遠爲頌。齊桓北伐山戎，莊與其謀，南伐荊楚，僖列于會。伯禽始封于魯，淮夷徐戎並興，故並及數國。」

天錫公純嘏，眉壽保魯。居常與許，復周公之宇。魯侯燕喜，令妻壽母。宜大夫庶士，邦國是有。既多受祉，黄髮兒齒。

徐曰：「『居』字，正見恢復意，字法妙品。」

徂來之松，新甫之柏。是斷是度，是尋是尺。松桷有舄，路寢孔碩。新廟奕奕，奚斯所作。孔曼且碩，萬民是若。

濛初曰：「此與《殷武》末章大相似，古人文章，亦自模擬乃爾。」

【總評】

鍾曰：「《魯頌》《駉》、《有駜》二篇，不能盡脱風體，思樂《閟宮》，舂容大篇，漸開後世文筆之端。」

【眉批】

貴竹本上無闕字。下有「頌之」字，「官」字無闕。

毛本此章十二句。「王曰叔父」直至「如岡如陵」爲第三章三十八句。

商頌

子貢《傳》：「宋公孫正□□□□□□□□《那》、《烈祖》，祀成湯也。《長發》，大禘也。《玄鳥》、□□□□□《殷武》，□高宗也。」「正」下闕七字。「鳥」下闕四字。「武」下闕一字。

徐曰：「看《商頌》要得其精深處。」鍾曰：「《商頌》文皆簡奥嚴峻，雍雍歌舞中，讀之有殺氣。」

【眉批】

闕文「正」下當有「考甫」二字。「武」下當有「祀」字。「玄鳥」下疑是「袷高宗也」四字。

那

子夏《序》：「祀成湯也。微子至於戴公，其間禮樂廢壞。有正考甫者，得《商頌》十二篇於周之大師，以《那》爲首。」

子貢《傳》：「《那》、《烈祖》，祀成湯也。」

猗與那與，置我鞉鼓。奏鼓簡簡，衎我烈祖。湯孫奏假，綏我思成。鞉鼓淵淵，嘒嘒管聲。既和且平，依我磬聲。於赫湯孫，穆穆厥聲。庸鼓有斁，萬舞有奕。我有嘉客，亦不夷懌。自古在昔，先民有作。温恭朝夕，執事有恪。顧予烝嘗，湯孫之將。

徐曰：「『思成』二字，妙。可見古人之祭，非是具文。真是祖孫一氣，如將見之也。『綏』字亦佳，思而不成則不能安，成則安矣。」鍾曰：「功德則言『於赫』，聲則言『穆穆』，聲音之道微也。」徐曰：「『亦不悦懌』，『亦』字内含得《周頌》『先祖是聽』矣。商文簡古乃爾。」鍾曰：「《雅》以樂洽百禮，《頌》以温恭作樂，見禮樂合一之旨。」

烈　祖

《傳》同《那》，已見。

子夏《序》：「祀中宗也。」

嗟嗟烈祖，有秩斯祜。申錫無疆，及爾斯所。既載清酤，賚我思成。亦有和羹，既戒既平。鬷假無言，時靡有争。綏我眉壽，黄耇無疆。約軝錯衡，八鸞鶬鶬。以假以享，我受命溥將。自天降康，豐年穰穰。來假來饗，降福無疆。顧予烝嘗，湯孫之將。

徐曰：「言烈祖而云『嗟嗟』，以簡朴故也。若《周頌》則言『於穆於皇』，近于文矣。」鍾曰：「『奏假』二句，真於穆清廟恰好語。」

玄　鳥《傳》有題闕文。

子夏《序》：「祀高宗也。」

天命玄鳥，降而生商。宅殷土芒芒。古帝命武湯，正域彼四方。方命厥后，奄有九有。商之先后，受命不殆，在武丁孫子。武丁孫子，武王靡不勝。龍旂十乘，大糦是承。邦畿千里，維民所止，肇域彼四海。四海來假，來假祁祁。景員維河？殷受命咸宜，百禄是何。

徐曰：「武無不勝，所謂君德以剛爲主。《易》之自强，《書》之勇智，《詩》之執競，皆此物也。况中衰之後，非武不振，故殷言『撻武』，周言『赫業』。」

【眉批】

按鄭云：「當爲『祫』」。疑《傳》文與《序》同。

長　發

子夏《序》：「大禘也。」

子貢《傳》：「大禘也。」

濬哲維商，長發其祥。洪水茫茫，禹敷下土方，外大國是疆。幅隕既長，有娀方將，帝立子生商。

玄王桓撥，受小國是達，受大國是達。率履不越，遂視既發。相土烈烈，海外有截。

徐曰：「唐虞五臣，人而實天也。故頌稷則曰『思文』，頌契則曰『玄王』，皆以天言之。」又曰：「當顓蒙之世，開以倫理，使之若而不悖。非武健剛果，烏能勝其任乎？故曰『桓撥』。」濛初曰：「頌稷曰『思文』，頌契反曰『桓撥』，立言特妙。」

帝命不違，至于湯齊。湯降不遲，聖敬日躋。昭假遲遲，上帝是祗，帝命式于九圍。

徐曰：「『不違』字妙。『齊』字尤妙，與『致天之届』『届』字同義。『遲遲』字妙，善形容不息之意。」

受小球大球，爲下國綴旒。何天之休，不競不絿，不剛不柔。敷政優優，百禄是遒。

受小共大共，爲下國駿厖。「下」字奇。何天之龍，敷奏其勇。不震不動，不戁不竦，百禄是總。

徐曰：「當時聖人行師，實是代天行事。雖以臣伐君，宇宙未有，人情所駭，彼直蕩然無牽無礙，不疑不沮，如着衣喫飯相似，有何周章，有何退縮。常人有一毫私意，便不禁震懼，神氣改常，舉止失故矣。」

武王載旆，有虔秉鉞。如火烈烈，則莫我敢曷。苞有三蘖，莫遂莫達。九有有截。韋顧既伐，昆吾夏桀。

鍾曰：「『有虔秉鉞』四字簡嚴。」徐曰：「西伯戡黎，祖伊恐，奔告于王，止告以天命去商，未嘗一言及西伯也。聖人之行師如此，即此想見湯伐韋、顧、昆吾之意。」

昔在中葉，有震且業。允也天子，降于卿士。實維阿衡，實左右商王。

徐曰：「與之卿士而曰『降』，只是鄭重之詞。」陸曰：「玄王相土湯，無非有濬哲之德者。伊尹咸有一德，故得配享而並頌之。」

【總評】

徐曰：「此詩之體與《緜》大段相似，蓋周公擬此而作也。」濛初曰：「於《閟宫》、《玄鳥》、《長發》三篇，見古人以韻語紀世之法。」

殷武

子夏《序》：「祀高宗也。」

子貢《傳》：「□高宗也。」上闕一字。

撻彼殷武，奮伐荆楚。罙入其阻，裒荆之旅。有截其所，湯孫之緒。

徐曰：「『撻奮』二字，俱有卓然果斷、人不及謀意。此時積衰之後，稍着一分因仍姑待之意，便陵夷不振矣。」唐曰：「盤庚以後改號殷，故曰『殷武』。」徐曰：「荆楚以南，高山深谷，叢林密箐。夷人據險負阻，鳥舉鱗聚，不可方物，至今猶然。高宗伐楚，獨能裒荆之旅，可謂神于用兵矣。」又曰：「不曰『功』而曰『緒』者，見此舉非得已也。上承祖宗，下垂後裔，不似後世好大黷武而用兵四夷者。」

維女荆楚，居國南鄉。昔有成湯，自彼氐羌。莫敢不來享，莫敢不來王，曰商是常。

天命多辟，設都于禹之績。歲事來辟，勿予禍適，稼穡匪解。

徐曰：「遠近之人，聲勢相應。内不足而遠攻，則近者伏而伺釁。内有餘而遠服，則近者畏而消萌。荆楚平而諸侯朝，勢使之也。」又曰：「末二句云，不敢言功也，聊以免罪云爾。廪廪之意，形于詞色。」鍾曰：「以禍適爲言，商道先罰後賞也。」

天命降監，下民有嚴。不僭不濫，不敢怠遑。命于下國，封建厥福。

商邑翼翼，四方之極。赫赫厥聲，濯濯厥靈。壽考且寧，以保我後生。

徐曰：「故商邑也，中興之後，百度修庶政舉，便自改觀耳。」

陟彼景山，松柏丸丸。是斷是遷，方斲是虔。松桷有梴，旅楹有閑，寢成孔安。

【眉批】

闕文當是「祀」字。

附刻舊序跋三篇

《合刻二賢詩傳小序》序

予讀《三百篇詩》，其信而無疑者十一，疑而未知所謂者十九。間取《小序》讀之，易簡明亮，契於性情，疑者晰二三焉。顧鄭夾漈專詆于始，謂决非子夏作。朱文公從而和之，《小序》遂廢。予亦倀倀焉，未之所適。及讀馬貴與辨駁幾萬言，然後知《詩》不可無《序》，《序》大有功于《詩》也。至其中有牽合附會，未盡得作者旨，每掩卷迴腸，嘆曰：「惡得起詩人九原與之劇論乎！」最後得黄文裕秘閣子貢《詩傳》石本，卒業之，疑于《小序》者又晰二三焉。孔門速肖七十子，至許以言《詩》，止商、賜二賢。故《詩》之商、賜，猶《周易》之孔子，《春秋》之左丘明，《孝經》之曾子也。舍二子《傳》、《序》而師心自用，猶之注《易》者疑《十翼》，解《春秋》者擯左氏，刊《孝經》誤者並曾子之戰戰兢兢芟之也，其失均矣。《小序》即廢，其文尚存。《詩傳》原未有刻，與成都守詹牧父分較並《小序》刻之。黄文裕謂《魯詩》摹于虞喜，廢于天監、貞觀，發于宣和、紹興，而重于趙明誠、黄伯思、董逌、洪適、胡元質、范成大。遂云：《傳》即《魯詩》。予考歐陽永叔有言，齊、魯、韓三家皆以《關雎》爲康王政衰之詩。杜欽傳曰，珮玉晏鳴，《關雎》嘆之，正《魯詩》也。《魯詩》《關雎》説淑女以刺時，此《傳》以爲太姒自作，則非《魯詩》可見已。豈鄭樵謂《魯詩》亡於西晉，其説然與？予故仍其篆文曰《詩傳》，不敢確以爲《魯詩》也。嗟乎，《小序》廢，得馬貴與而章；《詩傳》秘，得黄文裕而發。豈天之未欲喪斯文耶？二家釋《詩》不無牴牾，學者以意逆之，如商之禮後賜之知來，不必其同可也。

廬陵郭子章撰

《二賢言詩》序

孔子雅言《詩》二論，載其教子與門人小子者，不一而足，而獨許子貢、子夏言《詩》，《詩》之難言也，尚矣。子夏《詩序》，或疑非真，然相傳久，至今不廢。子貢《詩傳》，不大行損，嘗于沈肩吾所見豐人翁寫本。人翁好作贋書，且附以己意，稱傳之外國，衆更疑弗信。而郭司馬相奎授梓蜀中，蜀道阻遠，不能多布四方，亦未知與所見豐本合否？子貢《傳》鍾鼎篆書，不知何人筆，古法森然。兩家于《三百篇》次第事義亦不盡相合。要以孔子二賢相問答語，則《孟子》所謂不以文害辭，不以辭害志。以意逆志，是爲得之。固不妨異同耳。楨謹繕録板行，名曰《二賢言詩》，述孔子語也。相奎采馬貴與，明《詩序》不當廢之，論附其後。然不自馬始，前人固有議者，即朱子序《吕氏讀詩記》，自謂少年淺陋之説，久而知其未安，不免更定矣。如必以馬廢朱，則子貢、子夏異同又何從辨哉？今故不録。郭本先子夏，後子貢，按《孔子家語・弟子解》，子貢少孔子三十一歲，子夏少孔子四十四歲，因以子貢居前云？

京山後學李維楨撰

《合刻二賢詩傳小序》跋

孔子曰：「小子何莫學夫《詩》。」而至與言《詩》者，獨歸之商與賜。夫非以繪素切磨之旨能達于《詩》之表，而耳提面命，有足以資助而詔後來者存歟？乃後之言《詩》者，抑何其膠膠也。彼其舍聖門授受之微言，而直斷以千載懸搜之臆説。至其説之難通如青衿、城闕諸章，則又兩解而互存焉。夫《詩》蓋嘗刪之，約其義，蔽於無邪止耳。若夫鄭、衛之音，正其所謂淫，所謂亡國而惡且放焉者也。而今一切並録之，至爲曲模其淫態佚情而了無愧畏。然則當時所刪者何詩？而所云無邪者又何指乎？此馬貴與力辨其非而謂《序》爲必不可廢，非苟而已也。《序》出于商，毛公傳之，迄于今共習，故得不廢。而賜之《詩》，世未有習者。歲己丑，謙幸以職事侍文憲郭公，縱言及于《詩》。因出所藏秘閣子貢《詩傳》石本示謙，謙受而卒業。然後又知賜之爲《詩》而益信馬氏之辨爲有據，業謝專門而師心自任也，昔人固知其難哉。《傳》中每多殘闕，然所不闕者，要與《小序》相發明。且篆畫精研，足備好古一助。爰命工摹勒，付之梓材。嗟乎，詩雖吟咏之微乎，乃古者于斯焉考風而問俗，謙竿蜀守，俗化與關焉。中和樂職，既不能導王子淵之諛，《子虚》、《上林》，又不能侈馬長卿之博，賴先賢遺傳尤有存者，聊廣而傳之，以公同志，以少贊郭公廣勵表章之至意。若曰歌焉，而志可見也，則小子謙奚以敢。

三衢詹思謙撰

詩逆

盧守助 標點

説明

《詩逆》，凌濛初自刻本。扉頁題「詩逆附考並圖。合採徐儆弦《翼説》、徐玄邑《六帖》、唐士雅《微言》、沈無回《説通》、鍾伯敬《詩評》、陸羽明《詩通》、魏仲雪《詩脉》」。首凌濛初《詩逆自序》，次《凡例》七條，次圖兩幅，次七月表，次詩考（禮儀、冠服、車馬、樂器、田事、宮室、宫掖），次正文。署「吴興凌濛初輯著，侄瑞森、男琛參訂」。寫刻，單框，每半葉九行，行二十二字。

本書的輯纂，如《凡例》所云：「止爲制義家導引，故凡所採，皆取議論見解及作詩者隱衷微詞之秘，説詩者斡旋體認之妙，直以金針度人，非鬭綉譜也。」所採明代六家《詩經》研究著作，均以此爲選録標準。其中，凌濛初個人的見解、考證，分列其間，亦可見凌氏詩學一斑。

該書《四庫全書總目》卷一七《經部詩類存目》一著録，稱其「卷首有《七月表》一篇，以其中獨闕二月，乃摘『春日載陽』至『公子同歸』、『蠶月條桑』至『猗彼女桑』諸事，布於二月、四月之間，標爲『蠶月』，殊屬穿鑿。又《詩考》一篇，獨載一御車圖，尤爲挂漏。其所詮解，亦罕逢奥義。」評價是不高的。

《詩逆》目録

邶

鄘

齊

魏

唐

秦

陳

檜

詩逆 大雅

詩逆 頌

周頌

《詩逆》自序

古今説詩之法，有出於「以意逆志」一語之上乎？考亭駁《小序》，每言於詩文，未有以見其然，則是以文害詞也。又言直據詩詞，初不相涉，則是以詞害志也。之二病者，考亭且未免，而今之制舉，義説考亭之説，而欲以上逆詩人，得乎？然則考亭不可從乎？曰：非也。考亭以見其然爲然，則非必詩之然也，考亭之然之也。考亭以相涉爲相涉，則非必詩之相涉也，考亭之相涉之也。其不必處亦逆也，則然之相涉之者亦意也，烏見考亭之意之不可以考亭逆？故還其未有，以見其然與初不相涉之面目，得考亭之説而善用者也。以余所存于諸家説者，皆能以考亭之意逆者也。存一逆之見於胸中，即墨守考亭以爲國家存功令，何所不得於詩者，無事輸攻爲己。若點綴浮雲，滓穢太清，刻畫無鹽，唐突西子，則信《傳》疑經，執其説者自泥之。眉山不云「言詩即此詩，定知非詩人」乎？不得不爲考亭分謗，其以逆之一字，針膏肓而起廢疾可也。

壬戌之秋吴興凌濛初書

《詩逆》凡例

一、是編之意，止爲制義家導引，故凡所採，皆取議論見解，及作詩者隱衷微詞之秘，説詩者斡旋體認之妙，直以金針度人，非關綉譜也。故一切煩碎訓詁，如「某字屬某」、「某字應某」之類。大段明了主意，如「某章屬某」、「某句屬某」之類。皆略不録，蓋原不爲童習者地耳。

一、詩人之旨，大約引而不發，令人自解。而説詩者，往往不甚理會，或增其所本無，或發其所不露，竟使隱躍神情，盡作張牙露爪，即使快于覽觀，終非温厚本色。故是編於凡詩中此等處，必爲拈出，雖「意在言外」四字可以蔽之，而不厭重複詳載者，以各詩各有所含藴，各有所委曲，其法不一，未可以一端例推耳。

一、説詩家不啻衆，而獨取數家者，以往時訓字解義居多。數君子掀翻窠臼，直抉密藏，既得以意逆志的派，復爲啓憤發悱丹頭，故擇而節取之。其有前人所已言，不盡出諸其人已意，而布語特覺簡快者，亦即録其所著書名。其不佞一得之愚，後先附見，間有人所已言，而不佞櫽括之者，亦竊取云。

一、朱子率臆説詩，駁舊義幾無完膚。好古君子，不以爲然，乃功令所在，舍此即岐。此編一遵其説，不敢立異，其有本詩所不露，而《傳》注自云爾者，此在讀者説者毋刻舟求劍，反信《傳》而疑經，乃爲善言詩耳。間爲點破，不能一一拈出也。

一、録詩本文，便覽觀也。凡説詩有總意而無分解者，統録于本文之後。其有總意而各章復有分解者，則録總意于詩題之後，本文之前，而分解各見本章之後，其賦比興三義附載章下，以學者偶易遺誤耳。詩柄則經生童而習之者，不煩瑣瑣也。

一、全篇有以某句或某字爲主、爲骨、爲血脉者，此編既不復瑣載，則于本文中特爲圈出，覽者自可會其意。

一、詩中制度、禮儀等類，不一而足。往時説詩者，皆雜列之講意中，頗鐖看而易忽，然于此不明，又茫然莫據，難以下筆，經生所必不可廢。兹集不以溷入正旨，而别爲《詩考》一帙，以簡盡爲主，其彼此相關者類而詳之，可以一覽得。若雖有訂考，與行文無與者，及注中本明者，俱不贅。故以助多識，則未能一班；以便經生，則庶幾近之耳。

七月表 按《集注》王氏總論分布爲表如左

	仰觀星日 霜露之變	俯察昆蟲 草木之化	以知天時 以授民事	女服事乎內 男服事乎外	上以誠愛下 下以忠利上	養老而慈幼 食力而助弱	其祭祀也時 其燕饗也節
一之日	觱發			于貉	爲公子裘		
二之日	栗烈		鑿冰	其同	私豵獻豜		
三之日			納于凌陰	于耜			
四之日				舉趾		同婦子饁南畝	獻羔祭韭
蠶月	春日載陽 春日遲遲	有鳴倉庚	條桑	執筐求桑葉 采蘩 取斧斨伐遠揚			
四月		秀葽					
五月		鳴蜩 斯螽動股					
六月		莎鷄振羽				食鬱及薁	

續表

	仰觀星日霜露之變	俯察昆蟲草木之化	以知天時以授民事	女服事乎內男服事乎外	上以誠愛下下以忠利上	養老而慈幼食力而助弱	其祭祀也時其燕饗也節
七月	流火	鳴鵙 在野				食瓜 亨葵及菽	
八月		萑葦 在宇		載績 載玄載黃 其穫	爲公子裳	斷壺 剝棗	
九月	肅霜	在户	授衣 築場圃			叔苴 採荼薪樗 食我農夫	
十月		隕籜 蟋蟀入牀下	滌場 穹窒薰鼠 塞户墐户	穫稻 納禾稼 我稼既同	上入執宮功 于茅索綯 乘屋	婦子入室 春酒介壽	朋酒羔羊 公堂稱觥
按詩中載一歲事，獨缺三月。今觀二章「春日載陽」至「公子同歸」及三章「蠶月條桑」至「猗彼女桑」，並不言何月，摘其事布于二月四月之間，爲蠶月云。							

詩逆

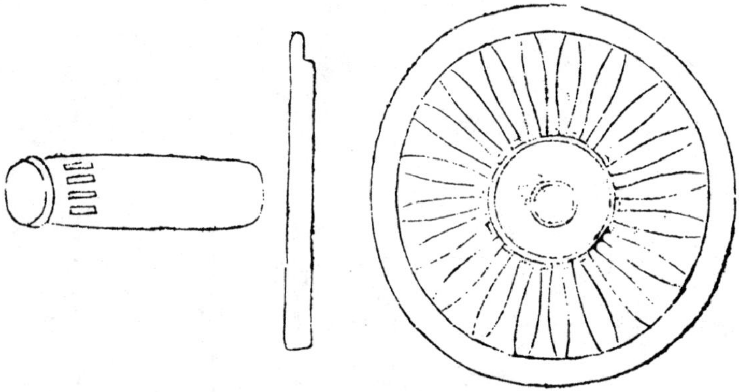

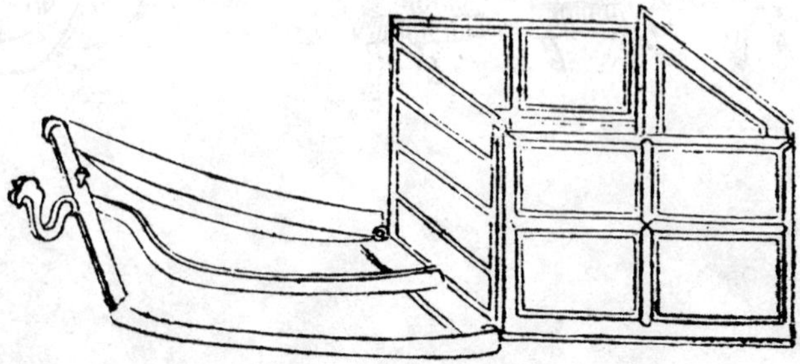

詩考總目

詩考

吴興凌濛初輯著　侄瑞森　男琛參校

禮儀 燕飲　祭祀　巡狩朝貢交接附

簡兮 以下俱燕飲。

公言錫爵　工告樂備，則主人獻工。主人，宰夫也，然錫之自君命，故云。

湛露

夜飲　宗子將有事，則族人皆侍。不醉而出，是不親也；醉而不出，是渫宗也。

考　訓成者，夜飲之禮。在宗室，同姓諸侯則成之。於庶姓其讓之則止，讓則不成，不許其讓故成也。

彤弓

彤弓　王者賜，猶有彤矢百、玈弓矢千，而獨言彤弓者，舉重以該輕耳。

饗　烹大牢，設几而不倚，爵盈而不飲，獻如命數。殺牲俎豆盛于食燕，乃禮之大者，獻數終而止，不得終日旋曰一朝。　**醻**　即「酬」字也，飲酒之禮，主人酌賓曰獻。《楚茨》、《瓠葉》、《行葦》。賓飲主人曰酢，《瓠葉》、《行葦》。主人又自飲而復洗爵，《行葦》。再酌飲賓曰酬。《彤弓》、《楚茨》、《瓠葉》。賓受之奠于席前而不舉，《行葦》。至旅酬乃舉其爵謂之舉酬。《賓之初筵》。而後少長相勸，交錯《楚茨》。以徧也。東西互對飲爲交，東西邪行錯綜對飲爲錯。朱《注》詳略具各篇，而各少異其文，然禮則一也，故總而詳之。

大　東

簋飧棘匕　飧者，客始至，主人所致之禮也。禮，簋盛黍稷，吉祭及賓客之匕用棘，古者祭祀享食必體解其肉之胖，實之以鼎而煮之。肉既大，故須以匕載之，出于鼎而升于俎。

賓之初筵

首二章　每章俱有三段飲酒：「飲酒孔偕」，未射之飲；「舉酬逸逸」，將射之飲；「以祈爾爵」，方射之飲。「錫爾純嘏」以上，主人獻尸；「各奏爾能」以上，子孫獻尸；「以奏爾時」以上，賓客獻尸，尸俱酢之是祭飲。**「室人」**　賓佐尸食者也。于賓之中取人，令佐主人設饌，名曰佐食。**「入又」**　三獻禮成，又多之爲加爵，此原是獻尸之禮，非就賓所酌之酒，再加滿些之謂。爲此説者，只爲看室人是執爨一類，不知此亦賓也。

酌彼康爵　兼賓與室人言，即酌尸所酢之爵。次章係祭祀，而此詩專爲飲酒，故並列之。

行　葦

鋪陳品物曰筵，蹈籍曰席。席設在筵上一層，故曰重席。少者設席而坐，老者則加几于席，使有所憑。

曾孫維主　王燕兄弟，膳夫爲主，蓋主臣不可相抗也。今云然者，見得與平時不同。蓋無算之爵已行，不拘常例，王自以大斗酌兄弟中之長者故也。

采　蘩　以下俱祭祀。

君執鸞刀羞齊，夫人薦豆，故曰「用之公侯之事」。君純冕立于阼階，夫人副褘立于東房，故曰「用之公侯之宫」。

采　蘋

宗室　大宗之廟也。大宗，大夫之始祖。蓋諸侯自嫡子以外，皆爲别子，别子始爲大夫，是爲始祖。繼别子之嫡子，世爲大夫，則立始爲大夫者之廟以祀之，是爲宗室。室制南向，而主皆東向，室西南隅爲奥，神靈所棲之地，故奠在此。

天　保

吉　注諏日者，卜柔日也。君臣諏謀祭日於旬有一日之先，至次日，乃卜所擇之日吉否。如少牢饋日，大夫先與有司諏丁巳之日，明日乃筮其日之吉凶也。擇士者，先一日大射于澤宫，選與祭之士。士，諸侯大夫及貢士也。《生民》載謀即此。　**蠲**　注齋戒者，七日齋，三日戒，潔其内也。滌濯者，洗祭器，掃宗廟，沐浴其身之類，潔其外也。《生民》載惟即此。　**禴祠烝嘗**　祠之言食也。禴，禴新麥。嘗，嘗新穀。烝，進物品。

楚茨

前三章祭禮次序。皆三獻以前事。　**祝祭于祊**　此是初入祭求神之時。凡祀，裸鬯求諸陰，鬱鬯灌地也。《信南山》祭以清酒即此。此謂既灌，然後迎牲，而蕭炳求諸陽，取膋升臭也。《生民》取蕭祭脂，《信南山》取其膋即此。索祭祀于祊，求諸陰陽之間。祊內，陰也，魄之所屬。外，陽也，魂之所屬。陰陽之間，魂魄會焉，故祭而索之也。　**絜爾牛羊，剝亨肆將**　是既灌迎牲之時。絜者，省牲也，省其色純角正之類。司徒奉牛，司馬奉羊，內饔司剝事，亯人司亯事，此治牲也。外饔司肆事，謂陳之于俎。司徒小子之類司將事，謂進之于廟，此獻牲也。　**妥侑**　是迎尸以入拜坐之時。祝設几于筵上，祝酌奠，主人西向拜，祝出迎尸于廟門外。尸入升筵，祝主人皆拜以安之，使處神坐也。尸若餉，祝獨侑曰：「皇尸未實。」侑尸又食，主人拜侑尸，又三飯。《信南山》畀尸即此。　**或炙**　主人初獻之時。主人洗爵獻尸，賓長即以炙肝從之。　**或燔**　主婦亞獻之時。主婦洗爵獻尸，兄弟以燔肉從之。　**獻酬交錯**　是賓三獻畢而旅酬之時。禮已見前《彤弓》。然此是祭時導飲，非祭畢之燕也。內蹐蹐蹌蹌，兼主祭助祭言。執爨之敬，就職事言，故曰踖踖。主婦之敬，就交禮言，故曰莫莫，總要歸到主人之敬。

後三章祭禮次序。皆三獻以後事。　**祝告賚孝孫**　是三獻後祝傳神意嘏主人之時。嘏之禮，祝徧取黍稷牢肉魚糯於醢，以授尸，孝孫前就尸受之。既受，使宰夫受之以筐，祝則釋嘏詞以敕之，此天子之禮也。大夫之禮，主人酳尸，尸酢主人，佐食取黍授尸，尸執以命祝，祝受以東北面嘏主人，嘏詞見注。即以嘏之物往予主人，故曰徂賚，此徂是祝徂孝孫主祭時酳尸之位。　**徂位祝告**　是飲福以後，孝孫往阼階，聽祝傳尸意致利成之時，此徂是孝孫自徂阼階上西面未祭時分列之位。　**尸起送尸**　受告之後，則當送尸，節神者也。尸醉即神醉，送尸則神歸。君迎牲而不迎尸，送尸不出門，别嫌也。尸在廟外，則疑于臣。在廟内，則全于君。**廢徹不遲** 送尸以後，則當徹饌。諸宰則徹所獻之饌，君婦則徹所獻之豆也，主人之俎佐食徹之。尸俎，則佐食徹而有司歸之。賓俎，則有司徹而歸之。祝及兄弟衆賓之俎，則皆自徹而出。拜賓于門外而不敢留，歸賓俎而不敢後，所以尊賓也。**燕私** 是徹饌以後，既歸賓俎之時。主人以胙俎籩豆及祝尸兄弟之庶羞燕族人于堂，所以親親也。末章即燕私事。此詩語有後先，又一時事，而數章各舉其義言之，恐學者不明其禮，故備載其次序以便考識。

信南山

執爨 饔爨以煮肉，廩爨以炊米。**爲豆** 内羞以穀物，庶羞以牲物。**既備** 禮終三獻。**既戒** 樂終三闋。**樂具入奏** 燕與祭不同樂，而云然者，聲歌異，樂器一也。

執其鸞刀 三句皆迎牲而殺之事。凡祭之次，先灌酒，次迎牲，于是殺牲，啓毛以告純，取血以告殺，取膋以升臭，燔膋在薦熟之後，而取之則此時耳。**烝享** 正薦熟升臭時事。**苾芬** 以犧牲兼黍稷瓜菹言。

生民

「或舂」四句，爲饎之事。「載謀」句，吉蠲之事。「取蕭」句，求神之事，主内神言。「取羝」句，主外神言。五祀行最小，又最後。行祭，則餘祭在其中矣。燔以備庶羞，烈以實籩豆，皆所以獻神者，不必泥定獻尸，蓋后稷義起之禮，未可以周制一一附會耳。

既醉

孝子不匱　注「有嗣舉奠」，謂迎牲之前，祝先酌酒，奠于神席前。祝祭告畢，迎尸入。至獻尸而旅酬，主人嗣子入。尸執前所奠之酒飲之，以致傳附祖考之意，嗣子乃洗爵酬尸。當旅酬告成之後，而其誠心若祝祭迎牲之始，故曰不匱。

鳧鷖

《楚茨》「神保聿歸」，則祭畢之燕，尸不與焉。蓋以其象神，故不敢留，又不忍輒忘，而轉爲次日之燕。煖其祭食，以賓禮待之。尊尸亦以尊祖也，故曰繹而賓尸。繹，尋繹前祭也。

絲衣

門側之堂謂之塾，蓋門之内外夾室，其東西皆有塾。一門凡兩塾，外兩塾南向，内兩塾北向，此基乃内塾之基，士所立告之位也。禮，祭前一日夕時，賓主分立堂下東西，宗人升自西階，視壺濯于堂上東序，視籩豆鉶于房東，視几席及敦于西厢，及降于基而告祭器之濯溉。几席之備具，向主則背賓，故朝上立而告之，是爲省器。於是賓主皆也，位于門東西塾前之基，與兩階相值處。鼎在門外北面北上，牲在鼎西南北首東足東上。宗人往視牲，反位告充肥，是爲省牲。遂舉冪告鼎之潔，謂之省鬫。厥明乃祭，賓三獻尸之後，主人遂獻賓及宗人而歌此詩。宗人，即注所謂士也。飲酒，即指此獻酬之禮。「自堂徂基」，但言所往之處，不言所爲之事。羊牛，但言所視之物，不言所往之處，互相足也。「鼐鼎及鼒」，不言自徂，蒙上文也。壺濯籩豆在堂上，在東房，故曰降。牲在門内，故曰反。鼎冪等近于主人，故不言反降。

雲漢 以下郊社之祭。

「自郊徂宫」，該社在其中。奠，是方祭而置之于地。瘞，是祭畢而埋之于土。凡牲玉祝册之類皆然，郊宫上下皆有之，此皆修大祀，故曰宗。

我將

藁秸以爲席，陶匏以爲器，繭栗以爲牲，掃地而祭天于南郊，尊之也。牛羊以爲牲，簠簋以爲器，鼎俎以爲實，其薦用熟，祭天于明堂，親之也。尊故配以始祖，稷是也。親故配以祖，文王是也。

閟宫

「龍旂」二句，斷主郊祭説。《禮記・郊特牲》：「乘素車，貴其職也；旂十有二旒，龍章而設日月，以象天也。」可證。《周禮・司常》：「日月爲常，王建之。交龍爲旂，旂有十二旒，侯建之。」合之于《禮記・明堂位》：「魯君孟春乘大路，載弧韣，旂十有二旒，日月之章，祀帝于郊，配以后稷，天子之禮也。」則旂與常皆有矣。或者日月交龍，總畫旂上，亦未可知，蓋以侯用天子之儀，故兼出之也。説者謂建日月之章，則不建龍旂，而以此爲廟祭，未之詳耳。

般 以下巡狩。

「高山」、「墮山」、「喬嶽」，只一山耳。墮，旁小山也，喬則山頂也。古者巡狩必封泰山以告天，封其旁之小山以告地也。此止謂一嶽之山耳，猶翕河，則周四嶽矣。諸侯各朝于方岳之下，非聚朝一嶽也。

泮水 以下朝貢。

淮夷之貢，蠙珠暨魚，厥篚玄纖縞。荆揚貢齒革，九江納大龜，金三品，荆揚皆有之。

殷武

《國語》云：「賓服者享，荒服者王。」注世見曰王。世見者，父死子繼，及嗣王即位乃見也。

葛屨 以下交接。

左辟，古人以右爲尊，故讓者辟右就左，賓主相接，主阼階，賓西階，則左乃主位也。

冠服

羔羊

縫中突兀爲紽，有界限爲緎，合二爲總。皮則有毛附麗，革則毛毨而鞟存，縫則革敝而縫見，義見《晏子》。

偕老

副 編他髮，假作髻形，加于首上。 **笄** 簪也，其端類鷄形，橫于髻旁。 **珈** 笄頭所飾玉，其數六，副旁有笄，笄頭加玉，作三件一串説。象服即此，惟后夫人有之，卿大夫以下則無。舊云：編髮于首，而旁有衡笄之垂，笄垂于旁，而上有六珈之飾。簡便可記。 **瑱** 塞耳，即充耳。《旄丘》、《淇奧》、《著》、《都人士》。天子用玉，諸侯用石，在當耳處，故名。以纊懸之，纊亦謂之紞，紞用雜采，故《著》篇中有素、青、黄。

淇奧

會弁 皮弁，縫中結玉謂之綦。諸侯玉用朱、白蒼二采，綦飾七。

南山

五兩 屨有纁、黄、白、墨、散，凡五等。

終南

錦衣狐裘 以錦衣加于狐裘之上也。諸侯朝天子之服，歸則服之以告廟，非在國之朝服。 **黻** 黻綉于裳，言黻衣者，裳亦衣也。詳後。

九罭

衮衣綉裳　周制衮衣裳九章：一曰龍，二曰山，三曰華蟲，雉也。四曰火，五曰宗彝，虎蜼也。皆繢其形于衮衣之上。六曰藻，水草。七曰粉米，八曰黼，如斧形。《文王》、《采菽》。九曰黻。兩已相戾也，其形亞。《終南》。皆綉其形于裳衣之上。天子之龍，一升一降。公但有降龍，以龍首卷然，故謂之衮。《烝民》、《采菽》、《韓奕》。公九章俱全，侯伯驚冕七章，則無龍、山二件，但自華蟲以下。子男毳冕五章，則無龍、山、華蟲、火四件，但自宗彝以下，並藻、粉米，亦綉于衣，而裳止黼黻。孤卿絺冕三章，則止以粉米綉于衣，而裳黼黻。大夫玄冕，則玄衣，而裳止有黻矣。《采菽》：「玄衮及黼。」蓋錫上公以偏列侯也。朱注各篇錯雜散見，故總而詳之。

采菽

赤芾　服于腰而垂于股，所以蔽膝而謹拜跪。　**邪幅**　邪纏于股之下，所以束脛而利趨蹌。　按「芾」字即「韍」字，冕服謂之芾。《候人》、《采芑》、《車攻》、《斯干》。其他謂之韠，《素冠》。蔽膝也，以韋爲之。又按宋米元章名芾，有時又書作「黻」，而其無爲州牌文篆字，又篆其名作「亞」，則「芾」、「黻」一字也。而詩「芾」作「韍」，其制又與「黻」、「亞」不同，何也？元章博古，必不有誤，豈冕服之「芾」，亦綉「亞」形其上者，而「韍」即「黻」字耶？

車馬 射御附　亦有弓矢旗幟之類，要皆設于車者。

淇奥

較，是車兩箱旁之直木，横兩較之間者爲軾，較在軾之上。致敬，則附而憑軾。無事，則但依較，故以爲自如之喻。

小戎 別有圖

五楘梁輈　輈是轅端之軛，鈎衡以駕馬者。其制從前軫以前，稍曲而上，至末爲頸，當轅端就下以鈎衡。衡當服馬頸上，有缺處以扼馬頭謂之軛。輈形上曲者，恐碍馬體膚也。束之以皮，恐曲處多是斫成。不隨不理，不堅固耳。**游環脅驅**　是二件。環是一皮圈，蓋服馬身夾于轅，控御有定，而驂次服外，易于出入，故把驂馬兩外轡並服馬内外四轡，貫在圈中而手執之，使驂不得出，所謂六轡在手也。環是活動的，故曰游。脅驅，是係定的兩條皮，隔驂在服之外，使不得入。**陰靷鋈續**　服馬頸當于衡，可以用力。驂馬不當衡，便無用力處。故别設二靷，係兩驂之頸，繫在陰板一環，即續也。**暢轂**　轂形圓，鑿空其中以貫軸，而周圍持三十輻。兵車要馳驅險阻，而轂短則脱輻，故比大車長些。**盾**　如今遮箭牌。**觼軜**　驂馬迫于脅驅不得内入，其内轡不用牽挽，但係于軾前之觼，非前之靷。**竹閉緄縢**　以竹爲閉，象弓之形，弓弛時納于其裏，用繩約之而後入于韔也。

六　月

幟文　幟上有文，即是鳥章，出車之旟即此。前軍所建也。**白旆**　以帛綴旐末爲燕尾，故曰繼旐，非二物也。獨言旆者，凡未戰則建而不旆，戰則旆之也。**元戎**　車縵輪馬被甲，衡軛之上盡有劍戟，名陷陣之車，所謂選鋒，皆言其前軍也。戎車四牡，則大隊繼之矣。

采　薇

路車乘馬　天子錫車馬，以分氏族也。同姓金路、樊纓九就，異姓象路、樊纓七就。以五彩罽爲樊及纓，而九戒七戒也。《渭陽》、《崧高》、《韓奕》。唯金路有鈎，以金爲之，馬頷之飾也，故曰鈎膺，言鈎及樊纓也。《韓奕》。《采芑》亦有「鈎膺」，故嚴氏、孔氏皆以路車有奭爲金路，而朱子以爲戎路。然象路朱，故曰「有奭」。戎路則臨陣乃用革輓而漆之爲黑色，無所謂奭然之朱矣。戎路者，將師乘天子之命車以臨戎也，與戎車又别。

大叔于田　射御

磬　騁馬從禽，隨其所使，馬即從之，曲折如磬也。**控**　止馬待獸，馬隨而止，節制在手如控也。**縱**　拔是矢尾着弦者，滿則放手以任其去，故舍拔曰縱。**送**　彇，弓稍頭也。覆，倒也。弓滿時稍内向，既放矢，則其稍並指于前，如送矢遠去，故曰覆稍曰送。

樂器

靈臺

虡業維樅，總是一物，注已詳。虡上所懸乃鐘磬之小者，至賁鼓鏞則大鼓大鐘，列于東西序者。

有瞽

柷圉　柷方二尺四寸，陰也。圉二十七齟齬，陽也。樂作，陽也，以陰數成之。樂止，陰也，以陽數成之。柷之制中虛，聲之所出，以虛爲本也。圉之制中實，聲之所止，則歸實也。

那

鞉鼓　二物，奏鼓鼓字，兼鞉鼓言。迎牲以鞉鼓，當祭以鞉鼓、以管、以磬，祭成以鏞鼓萬舞。

田事　祭附

七月　有表

信南山

疆理　疆，如方里爲井，十里爲成。理，如百畝爲夫，一夫有遂，十夫有溝遂，在井之内，周遭一夫之田。

溝，在井之外，周遭十夫之田。推而廣之爲洫，百夫。爲澮，千夫。爲川。萬夫。噫嘻！所謂十千維耦。**南東畝**自遂之達于溝言之也。畝是田之身，遂是田首通水小道，故有一縱一横之象。其遂横趨于溝者，則南其畝，謂畝形自南而亘也。其遂縱趨于溝者，則東其畝，謂形自東而亘西也。蓋古人之畝，皆廣一步，長百步，非如今時之正方耳。即如防風氏身横九畝，蓋畝直而身横，正謂身横亘于九步之上耳。若如今之所謂畝，安有如許長人耶？朱注本明，今人以畝别爲遂間防水之具，不知何始，當由未曾考《周禮》、《左氏》耳。

載芟

千耦其耘 既耕而耘也，反土而除草木之根株也。**緜緜其麃** 既苗而耘也，除去田間之草茅也者。

據注總訓作去苗間草，則播穀三節，爲申明次節之意，總是既苗而耘矣。

良耜

薅荼，則凡百穀之宜高而寒者得其養。薅蓼，則凡百穀之宜下而暑者全其生。觀荼蓼爲水陸之草可見。

甫田 田事之祭。

方社止言用禮，田祖止言用樂。方社報而不祈，田祖祈而不報，皆互文耳。以社，報生也。以方，報成也。

宫室

定中

星以定名，取民事已畢之義，故是時可以營室。揆日者，樹臬在室基中間，日出，則影西倒，日入，則影東倒，以繩正之而東西向定矣。午則日行正南，而臬影北倒，以繩正之而南北向定矣。周禮揆日之法甚詳，説者引以爲證。彼乃周公營洛耳，楚丘一室，未必盡然，然法之要略處不異也。下景山，又是定一國之方面。測景，亦是度日之景，與此樹臬揆日不同。

緜

其繩則直 定廟之方位也。方位正而加以板築，則束版自下而上，如承載然。亦須知引繩束版，非特作廟爲然，故下文百堵逕從築墻説之，猶此節之不言抹度築削也。**皐門** 皐，遠也，門最在外也。**應門** 應，居此以應治也。

宫掖

小星

《内則》所謂妻不在，妾御莫敢當夕者，不敢當后在君所之夕也。禮，天子后在君所正内治，五日一休，則一嬪與其御進，凡四十五日而九嬪畢見。自諸侯以下，妾媵雖有多寡，然皆用五日之制。此衆妾，疑即女御也。進御必從其嬪，不敢自往，故曰「莫敢當夕」，非見星往還，謂之「莫敢當夕」也。或謂昏是昏往還，旦是旦往還，恐無一夜兩次僕僕之理。夫人入御君所，從容而有儀。至旦，太師奏鷄鳴于階下，然後夫人鳴佩玉于房中，告去。若媵妾，則女使授環、致齋、澣濯、遨慎，自衣服以及衾屨，雖得進御，承恩寵于貫魚，掌御叙于燕寢，比夫人多如許敬慎勤勞，不敢即安，故曰「肅肅」，曰「宵征」。

江有汜

諸侯之媵，八歲備數，十五從嫡，二十承事君子，未任承事，則還待年父母之國。

詩逆

吴興凌濛初輯著　侄瑞森　男瑔參訂

國風

周南

關雎

關關雎鳩，在河之洲。窈窕淑女，君子好逑。興也。

參差荇菜，左右流之。窈窕淑女，寤寐求之。求之不得，寤寐思服。悠哉悠哉，輾轉反側。興也。

參差荇菜，左右采之。窈窕淑女，琴瑟友之。參差荇菜，左右芼之。窈窕淑女，鐘鼓樂之。興也。

全是宮人寫其一見后妃，欣喜不能自已之詞。蓋平日見君子之德已真，而求配適得此淑女，一時思想如此。君子真須得此人配他，而如此人豈容易得，使我宮中人向何處去求？除非是夢想。今幸得之，豈能不愛且樂，而無可抒寫，有托之琴瑟鐘鼓而已。一意而情詞曲折，政是風人妙境。若如後人説詩，認定未得而憂，既得而樂，則淑女之窈窕，見之且難形容，未見從何懸想？憂從何生？況大邦有子，文定吉祥，其來已非一日，亦何事懸虚勞此夢寐爲哉！《詩通》　凌濛初曰：「是説極妙。或曰：若是則重君子，不重淑女矣。曰：乃其所以重淑女也。」

葛覃

此詩説者多以治葛爲主，尋味語脉，却似爲將歸寧而追叙葛之生成，與治之之事如此。蓋后妃以親執女工爲常，何知其久且勞？只是一日未畢，一日不得歸寧，未免隱隱關情，則殊覺其成爲可幸耳。如此看，方見渾然語脉，而諸美自備其中。若依時説，則視葛反似太難，而帶上歸寧，政似贅疣。《詩通》

葛之覃兮，施于中谷，維葉萋萋。黄鳥于飛，集于灌木，其鳴喈喈。賦也。

黄鳥飛鳴，不以見聞泥説，又只閒閒點綴，不必説到動女工之思，后妃女工無日不在念，豈待黄鳥始興感乎？《微言》

葛之覃兮，施于中谷，維葉莫莫。是刈是濩，爲絺爲綌，服之無斁。賦也。

「服之無斁」，是心之所期如此耳。后妃自以治葛是婦人常職，勤勞樽節等語，寧獨不出諸口，初何嘗有是心耶？《説通》 凌濛初曰：「要知是其淑性自爾，下語便可仿佛。」

言告師氏，言告言歸。薄污我私，薄澣我衣。害澣害否，歸寧父母。賦也。

「私衣」，禮衣，不必是葛。「害澣害否」，單承禮服言，只是自家料理，非與師氏商議，末要緊收到，幸得葛成意思。《詩通》 「澣」、「污」中亦有「服之無斁」意在。《微言》

卷耳

首章不是已采物，方嗟懷人；後三章亦不是因登高不得，方思酌酒以解。總爲懷人在念，則采物、

登高、飲酒都無興緒耳。意在言外。《詩通》

采采卷耳，不盈頃筐。嗟我懷人，寘被周行。賦也。

須知此懷非是閨情私懷。《詩脉》

陟彼崔嵬，我馬虺隤。我姑酌彼金罍，維以不永懷。賦也。

登高只望白雲思親舍之意，注往從之太着象。《詩脉》

陟彼高岡，我馬玄黄。我姑酌彼兕觥，維以不永傷。賦也。

陟彼砠矣，我馬瘏矣，我僕痛矣，云何吁矣。賦也。

樛木

南有樛木，葛藟纍之。樂只君子，福履綏之。興也。

南有樛木，葛藟荒之。樂只君子，福履將之。興也。

南有樛木，葛藟縈之。樂只君子，福履成之。興也。

「樂只」，即指逮下之德言。脉脉在衆妾意中，而不出諸口中。《詩通》「綏之」、「將之」、「成之」，語意俱着力，猶云天自來安全之、佑助之、成就之也。《微言》只作三平，無淺深咏嘆亦自佳。《説通》

螽斯

螽斯羽，詵詵兮。宜爾子孫，振振兮。比也。

螽斯羽，薨薨兮。宜爾子孫，繩繩兮。比也。

螽斯羽，揖揖兮。宜爾子孫，蟄蟄兮。比也。

衆妾感激之情，實不能形容，而姑備螽斯以咏之。説螽斯即是説后妃，隱隱不説破，意味自是無限，而説詩者類云，螽斯特一羽族之微耳，開口便差。《微言》　味一「宜」字，乃知子孫衆多，是后妃已然之福，故衆妾深嘆其宜。然但言宜其如此，而初不明説他所以然，使人自思其所以宜者爲何，風人大都意在言外。《詩脉》

桃夭

桃之夭夭，灼灼其華。之子于歸，宜其室家。興也。
桃之夭夭，有蕡其實。之子于歸，宜其家室。興也。
桃之夭夭，其葉蓁蓁。之子于歸，宜其家人。興也。

男女以正，婚姻以時，詩意重此二意。然不得顯言以傷王民皥皥之象，只淡淡叙「之子于歸」、「宜室家」、「宜家室」、「宜家人」，而以正以時思過半矣，使不正不時而何以宜乎？　仲春乃期盡蕃育之法，非正昏之時。霜降逆女，冰泮殺止，正昏之時也。以時，謂男女皆及盛年也。桃夭者，興年盛容華，非必以所見言也。《説通》

兔罝

當時之人，用則爲疏附後先，不用則安于農桑狩獵，各循其職分之常，無容心也，非曰廟廊之不得，則山林而已矣，而小試其才於兔罝之中也。但詩人從旁觀之，而見其未始不可干城好仇腹心云耳。非爲國家惜人才，亦非爲斯人嘆淪落，平平叙述，而棫樸作人之氣象宛然矣。《説通》　總是比屋可封之意，然詩人方淪洽于聖化之中，有不知誰爲之者。　要得興體，不可類于賦。《微言》　凌濛初曰：「罝兔武夫而才，則何地非才，不是爲武夫表章也。然賢才衆多，却不是詩人口中語，只就所見而嘆美之，而意已自在。」

肅肅兔罝，椓之丁丁。赳赳武夫，公侯干城。興也。

「赳赳」，非贊詞，只大概摹他武勇之狀，亦不必謂是椎魯少文。「公侯」二字，亦要認，蓋才只堪對付别的人，猶無奇耳。「干城」是借用字。《詩通》　「干城」，非只以用武言，以彼其才，即今便可爲公侯之保障，非擬他日爲公侯之用也。《微言》

肅肅兔罝，施于中逵。赳赳武夫，公侯好仇。興也。

肅肅兔罝，施于中林。赳赳武夫，公侯腹心。興也。

芣苢

采采芣苢，薄言采之。采采芣苢，薄言有之。賦也。

采采芣苢，薄言掇之。采采芣苢，薄言捋之。賦也。

采采芣苢，薄言袺之。采采芣苢，薄言襭之。賦也。

爲采芣苢而出，以得芣苢而還，吾事已畢，不知其他，只閒閒説采物景象，而樂意自見。須模寫他優游自得，有一段太平無事光景。如説得景致佳麗，便非本色。《詩脉》　初出時未嘗慮及何以多取，何以携歸，隨其采之多而處置之耳。和平無事光景，溢于言外。《詩通》　賦其事，便是相樂，不可又作相樂

語。《六帖》

漢廣

南有喬木，不可休息。漢有游女，不可求思。漢之廣矣，不可泳思。江之永矣，不可方思。興而比也。

「不可求思」，語意凛凛，着不得一毫意見。如云欲求之而不得，則非詩人言。昔可求而今不然，則非游女。《詩脉》「不可泳」、「不可方」亦緊靠着漢廣、江永，不爲泳之、方之者説。《詩通》四句詠歎得妙，妙在從一「漢」字映帶得來，作比看便隔一層矣。最忌補出正意。《詩評》凌濛初曰：「望女而知不可求，望江漢而自然不可方泳，非待試而後知。」

翹翹錯薪，言刈其楚。之子于歸，言秣其馬。漢之廣矣，不可泳思。江之永矣，不可方思。興而比也。

翹翹錯薪，言刈其蔞。之子于歸，言秣其駒。漢之廣矣，不可泳思。江之永矣，不可方思。興而比也。

凌濛初曰：「秣馬、秣駒，只預言其于歸時事，如云八鸞、四牡之類，見自有于歸之正，非可求者也，故下緊以不可方泳承之。後人疑是詩人代爲秣馬、秣駒，便説不去。」又曰：「只是『于歸』二字，便見許多正氣。下句只泛泛點綴而不重，何等自在。舊作願爲執鞭，又有謂求之以正，言秣馬以當御輪，二解終牽强矣。予向爲是説，今見陸解亦然，不必泥注『欲』字與『悦之』語。至即泥注而勉爲執鞭之解，切不可云不可求而假此得近之爲幸也。」江漢之詠，不異首章，須得講而不講之法，則疊咏之意宛然。若悦之至、敬之深，正在疊咏上見得，但非詩人語氣。《詩脉》

汝墳

悲歡離合，人之常情，惟在久别之後，而絶無怨絶之語，反以忠義相慰，所以爲難。《詩脉》　總是慰解積勞之深情。《詩通》

遵彼汝墳，伐其條枚。未見君子，惄如調饑。賦也。

遵彼汝墳，伐其條肄。既見君子，不我遐棄。賦也。

伐枚、伐肄，詩人只直叙其事，而時序之久自見。《詩脉》　「棄」不是抛撇，照下「王室如燬」，真有旦夕難保、相見無期之意。《詩通》

魴魚赬尾，王室如燬。雖則如燬，父母孔邇。比也。

「孔邇」，只就父母上見。饑寒疾苦，無不與知，瞻之依之，猶在家庭之近也。《詩脉》　「孔邇」，不作地説，亦不須説到忘勞，還是慰以身雖已瘁，役雖尚繁，猶有父母可恃賴耳。《詩通》　凌濛初曰：「直稱父母，便似相忘，正不必云文王德如父母也，此方是王民熙皥處。」

麟趾

麟之趾。振振公子，于嗟麟兮！興也。

麟之定。振振公姓，于嗟麟兮！興也。

麟之角。振振公族，于嗟麟兮！興也。

麟姓仁厚，與文王后妃仁厚，是上一層話頭，只重在以趾、定、角興子孫宗族上。「于嗟麟兮」，是直以子孫宗族爲麟，非嘆其同于麟也。王者之瑞，亦自麟而言之。文王方服事殷，作詩者豈如後世稱説符命，預期以興王，須説得渾融。《詩通》　美公子爲麟，亦只如後世天上麒麟之類。《翼説》

召南

鵲巢

維鵲有巢，維鳩居之。之子于歸，百兩御之。興也。

維鵲有巢，維鳩方之。之子于歸，百兩將之。興也。

維鵲有巢，維鳩盈之。之子于歸，百兩成之。興也。

無非無儀是婦德，無成有終是婦道，甚似鳩性之拙，故拙是鳩之好處，之子不言德，正欲借鳩以見之。《詩脉》　通詩未嘗説出「德」字，而其宜有此盛禮者則德也。成之，兼送迎而成于歸之禮，無曠儀，無缺典，非止成迎送之禮也。《詩通》

采蘩

注所謂能盡誠敬，前則含于「采」字、「用」字中，後則在「僮僮」、「祁祁」上見得，總要見公侯主祭而夫人相之之意。《詩通》

于以采蘩？于沼于沚。于以用之？公侯之事。賦也。

「于以」，重躬親意，然不必泥定親往。使人取之而身董其事，即是躬親。《詩通》

于以采蘩？于澗之中。于以用之？公侯之宫。賦也。

被之僮僮，夙夜在公。被之祁祁，薄言旋歸。賦也。

「僮僮」、「祁祁」，俱要點與公侯之敬相協意。「夙夜」，是一時事，非自夙而夜也，凡祭晦入晨出。《詩通》　借被以形容其人，而意態精神自可想見。「在公」、「旋歸」，與上一氣説來，方得語意。若曰此僮僮者何在乎，便成兩層。《微言》　只説被，更不必補一語。《詩評》　凌濛初曰：「舊以上二句爲薦蘩，下二句爲徹蘩。考『被』字爲編髮，于祭法薦徹時服飾不合。然以蘩相貫，却便經生。」

草蟲

喓喓草蟲，趯趯阜螽。未見君子，憂心忡忡。亦既見止，亦既覯止，我心則降。賦也。

陟彼南山，言采其蕨。未見君子，憂心惙惙。亦既見止，亦既覯止，我心則説。賦也。

陟彼南山，言采其薇。未見君子，我心傷悲。亦既見止，亦既覯止，我心則夷。賦也。

其説既見方纔樂，正説未見則憂不能已也。未見之憂，一節緊一節。既見之喜，亦一節深一節。《詩脉》　須知盛世獨居之憂，詞氣與衰世迥别。《詩通》

采蘋

于以采蘋？南澗之濱。于以采藻？于彼行潦。賦也。

于以盛之？維筐及筥。于以湘之？維錡及釜。賦也。

于以奠之？宗室牖下。誰其尸之？有齊季女。賦也。

「尸之」，只頂「奠之」說。凡采之、治之等意，亦宜包括在中。講須抑揚，亦要提出大夫作主而主婦相之，纔有來歷。《詩脉》以「有齊」一句，倒攝上三章。《詩通》

甘棠

蔽芾甘棠，勿翦勿伐，召伯所茇。賦也。

蔽芾甘棠，勿翦勿敗，召伯所憩。賦也。

蔽芾甘棠，勿翦勿拜，召伯所說。賦也。

詩爲思召伯之德，而絶不道出思德字，並愛樹亦不知何以愛至此，説詩須會此意。足上召伯句，是直指此樹之當愛，非推原所以當愛也。「茇」、「憩」、「説」，只是循行時偶息其下，不作布政于其下說。《詩通》　愛其人，故及其樹。若曰見樹思人，則樹亡而思止矣，非詩意也。《説通》　凌濛初曰：「『勿翦勿伐』，而因召伯所茇，其故何居，言外躍然矣。不露感德，乃見深感。」

行露

厭浥行露，豈不夙夜？謂行多露！賦也。

此皆貞女自誓之詞，蓋義理初明，人心猛厲，幽獨自盟，義不污染，故言我之守身、不敢踰越若此。女子之妄動有以致之，故平日須以禮自防，即人以非禮誣我，亦只是以禮自守。《詩通》　大抵强暴有求而不得，遂起訟獄，雖其貪淫之常，亦假令猶有强暴横加，雖雀角鼠牙，疑似難辨，而我必白之，不妄從也。甚言以自固，非真曾待斷于召伯也。《説通》　全詩不可認作絶人語，下章亦非訴語。

人若違禮而行，必有污辱，故特借多露言之。絶人之意雖嚴，而絶人之詞則隱矣。若説出强暴，與比體何異？「豈不夙夜」，亦只是假設之詞，其意只要見平日自守如此其嚴，以起自暴白之端耳。《詩脉》

誰謂雀無角，何以穿我屋？誰謂女無家，何以速我獄？雖速我獄，室家不足！興也。

「誰謂」四句，總是實無而跡則有，只是詩人有家口氣發之。味「雖速我獄」「雖」字，見訟原非實事。《詩脉》「無家」、「速獄」，蓋多露之可畏至于此，只是能不夙夜以自取辱耳。盡其在我，則訟獄自可聽之。《詩通》

誰謂鼠無牙，何以穿我墉？誰謂女無家，何以速我訟？雖速我訟，亦不女從！興也。

羔羊

羔羊之皮，素絲五紽。退食自公，委蛇委蛇。賦也。

羔羊之革，素絲五緎。委蛇委蛇，自公退食。賦也。

羔羊之縫，素絲五總。委蛇委蛇，退食自公。賦也。

節儉正直，非詩人口中語也，只閒閒叙其服飾、其容貌，而大夫之美，思過半矣。《説通》須以服公服、在公所形起乃見其賢。蓋朝服自有常制，在朝自然敬畏，惟私服原無拘碍，私居不暇檢飭，而有常自得，所以爲難。「素」字、「五」字、「委蛇」字，俱有意在。《詩脉》

殷其靁

殷其靁，在南山之陽。何斯違斯？莫敢或遑。振振君子，歸哉歸哉！興也。

殷其靁，在南山之側。何斯違斯？莫敢遑息。振振君子，歸哉歸哉！興也。

殷其靁，在南山之下。何斯違斯？莫或遑處。振振君子，歸哉歸哉！興也。

蚤畢事，是朱子替賢婦周旋，見能不以私廢公也。《翼説》　閔之深而無怨詞，知其未可歸而不敢爲決詞。《徵言》　凌濛初曰：「下『振振』二字，固是動想處，然亦不過美稱耳，不宜盛作信厚支詞迂想。」

摽有梅

摽有梅，其實七兮。求我庶士，迨其吉兮。賦也。

摽有梅，其實三兮。求我庶士，迨其今兮。賦也。

摽有梅，頃筐塈之。求我庶士，迨其謂之。賦也。

一節緊一節，然皆一時之言。《詩通》　欲言而又不忍言，惧辱話頭，隱然言外。「迨」有皇皇恐晚之意。「迨吉」、「迨今」，指行婚聘禮言。「謂之」，則先定約而後行禮也。其言愈迫，全要得他兢兢自守意，莫作急于求人口氣。《詩脉》　梅花繁，初結實時常多而易落，蓋稍後于桃夭時，非仲夏梅熟時也。《六帖》　三「求我」字，急忙中有分寸處。《詩評》

小星

嘒彼小星，三五在東。肅肅宵征，夙夜在公。實命不同！興也。

感夫人使得進御，而語中絶不露夫人之不妒與己之感恩，只以勤勞歸之于命而已。安命，正其感恩深處，一道破便無藴藉。「宵征」二句，似是勞苦語，而承恩正在此際，但視夫人專夕之逸，則不同耳。《詩通》只就夙夜在公，而感激之情已自無限。味「實」字，見他貼然尊奉，毫無牽强意思。只重自安其分，不得與夫人相較量言。注中往來之勤不必多講，多講則象怨矣。《詩脉》 凌濛初曰：「『實命不同』，引命以自安，非若後人指命以自恨也。」

嘒彼小星，維參與昴。肅肅宵征，抱衾與裯。實命不猶！興也。

江有汜

江有汜，之子歸，不我以。不我以，其後也悔。興也。

江有渚，之子歸，不我與。不我與，其後也處。興也。

江有沱，之子歸，不我過。不我過，其嘯也歌。興也。

媵行時，大喜過望，而遥相擬議之詞。《説通》 當于叙事中寓慶幸之意，勿添入怨詞。「不我以」等句，只輕輕駕過，而急將雖字作轉語。《詩脉》

野有死麕

三章語意只作一章起伏。《詩通》

野有死麕，白茅包之。有女懷春，吉士誘之。興也。

凌濛初曰：「懷春，總不過正當婚姻之期，不然則懷婚姻也之懷矣。」

林有樸樕，野有死鹿。白茅純束，有女如玉。興也。

「如玉」而不言所以誘之者，蒙上章之文耳，然言外便有誘之之意。《詩脉》 「如玉」，以色言，亦有不

受點染意思。《詩通》

「舒而脱脱兮！無感我帨兮！無使尨也吠！」賦也。

「舒而脱脱」，如今人云你且慢的口氣，止其來，非教他徐徐來也。二「無」字，正見其凛然處，詞若稍緩，便不見拒之嚴矣。須知此亦詩人探其意而代言，未必出女子之口。《詩脉》「舒而脱脱」，妙，甚于厲詞。《詩評》

何彼襛矣

何彼襛矣？唐棣之華。曷不肅雝？王姬之車。興也。

要會時人望見王姬下嫁，聚觀贊嘆光景，不挾貴、執婦道等語，此際俱無用處。《詩通》只就車上贊其和敬，非是直言其人之和敬，亦非以今日之車而知其後日之和敬也。《六帖》只説車，即「被之僮僮」四句意。《詩評》

何彼襛矣？華如桃李。平王之孫，齊侯之子。興也。

其釣維何？維絲伊緡。齊侯之子，平王之孫。興也。

騶虞

彼茁者葭，壹發五豝。于嗟乎騶虞！賦也。

彼茁者蓬，壹發五豵。于嗟乎騶虞！賦也。

不言民而言物，見詩人之善立言也。通詩都不要牽出仁民字様來，方得其旨。《六帖》有一物之不遂，固屬慘傷。求是物之必遂，亦屬勉强。惟滿腔是仁，而物各取之，如彼爲葭爲豝，自茁自蕃，而我若無事焉，乃見仁之自然，故直以騶虞贊美之。推本仁恩及物，便落仁心後矣，更推仁民之餘恩益贅。度下「于嗟」亦不用轉。《詩通》　末句是贊嘆語，非推原其故。《詩評》　凌濛初曰：「仁風化雨之世，自然萬物滋育。不取不殺，未盡侯仁，不可以此隘之也。」

邶

柏舟

全詩並未嘗有不得于夫字樣。《詩通》　篇中惟首二句是顯説見棄，而又是托言，餘皆反覆述己之憂，而不言所憂之何事，即明言群小之見愠，而不言見愠之何由。中間説憂，即是説不得于夫。説「愠于群小」，即是説棄于君子。口中却不直言，若一語稍不含渾，即是懟夫。一語稍不自問，即是揚己。此説詩者當求之言外也。《説通》

汎彼栢舟，亦汎其流。耿耿不寐，如有隱憂。微我無酒，以敖以游。比也。

味一「亦」字，覺含愁無限。隱憂加一「如」字，悲恨更深。只説「微我無酒」，而不言非酒能解，語意含蓄，意味更長。《詩脉》

我心匪鑒，不可以茹。亦有兄弟，不可以據。薄言往愬，逢彼之怒。賦也。

愬于兄弟，亦托言之。不得于夫，則無往而非拂逆之鄉。故言逢彼之怒，無非是形容其困厄無聊之狀，此等處皆意在言外者也。《六帖》　「不可以茹」，只寬寬就不能揣物情變態説，暗引起下章自反意。

怒非情薄，是以正義相責，不可把兄弟説壞。《詩通》

我心匪石，不可轉也。我心匪席，不可卷也。威儀棣棣，不可選也。賦也。

皆是自求見棄之故而不得，非揚己也。《六帖》　凌濛初曰：「喻堅貞則曰如石，此言不可轉，而曰『匪石』，更深一步。」

憂心悄悄，愠于群小。覯閔既多，受侮不少。静言思之，寤辟有摽。賦也。

静言思之，尚有自反意。《詩評》

日居月諸！胡迭而微？心之憂矣，如匪澣衣。静言思之，不能奮飛。比也。

「迭微」，重日不宜虧，而今亦虧一邊。《詩脉》「不能奮飛」，要蒙上文「如匪澣衣」來相反看，只是恨其不能脱然無累之意。《六帖》　凌濛初曰：「此是恨極之詞，即如憂亂而云匪鶉、匪鳶之意。謂是義不可去者，未夢見詩人在。」

緑衣

緑兮衣兮，緑衣黄裏。心之憂矣，曷維其已！比也。

「憂」，只是憂夫婦之變，强作大話者最害事。《六帖》

緑兮衣兮，緑衣黄裳。心之憂矣，曷維其亡！比也。

緑兮絲兮，女所治兮。我思古人，俾無訧兮。比也。

「俾無訧兮」，失意之人，不求他好，但求立身無過之地，以免于罪而已。《詩評》

絺兮綌兮，凄其以風。我思古人，實獲我心。比也。

我意定于此矣，而考諸古人，確與我相合，恰似我先有此物，而古人得之，故曰「實獲我心」，有欣然會意之狀。《六帖》

燕燕

別爲非常之別，故痛爲非常之痛。但當時國危子喪，既不忍言，而州吁阻兵安忍，亦有不敢明言者。故只叙離別之感，而言外之痛自隱然矣。末復歷叙嬀之爲人者，見如是爲別，已自不堪，而况其制行戒勉之言，又種種可念者乎？復提起先君之思，于當日情事，若隱若現，最爲淒婉。《説通》　歸極苦矣，而送其歸者，遭際同之。危疑方迫，悲人亦還自悲，此豈若尋常臨岐，但步步惜別而已乎？故前三章言遠送，言瞻望弗及，意皆雙關，不敢説出。而末章言任只，言先君之思，首尾與自己關切，深情畢露，但詞若思仲氏之賢耳。　大歸者，一往而不返於衛也。作文説不出此意，而却要會此意。《詩通》

燕燕于飛，差池其羽。之子于歸，遠送于野。瞻望弗及，泣涕如雨！興也。

燕燕于飛，頡之頏之。之子于歸，遠于將之。瞻望弗及，佇立以泣！興也。

燕燕于飛，下上其音。之子于歸，遠送于南。瞻望弗及，實勞我心！興也。

仲氏任只，其心塞淵。終温且惠，淑慎其身。「先君之思」，以勖寡人！賦也。

「先君之思」，或作平日，或作臨岐之贈言也，俱可。講此要有斟酌，若説有緑衣之怨，恐我不念先君，故惓惓相誨，則莊姜之賢不至于此。《六帖》　此意的是所見者大，所期于莊姜者遠，而又深合莊姜本懷，故最可念。《詩通》

日　月

日居月諸！照臨下土。乃如之人兮，逝不古處。胡能有定？寧不我顧？賦也。

注解怨矣，非詩意也。大意謂斯人之不古處，不知何時能有定乎？使其定也，寧終棄我而不顧乎？後放此。《説通》

日居月諸！下土是冒。乃如之人兮，逝不相好。胡能有定？寧不我報？賦也。

日居月諸！出自東方。乃如之人兮，德音無良。胡能有定？俾也可忘。賦也。

日居月諸！東方自出。父兮母兮！畜我不卒。胡能有定？報我不述！賦也。

凌濛初曰：「『德音無良』，人皆以『德』字爲碍，故其説不一。不知只如今人諺語，説人德性不好，威儀不好，聲名不好之類，德性、威儀、聲名，皆好字面也。」

「畜我不卒」，猶今人云爹娘養我不了，而意則直指夫之不得，蓋未有女子從人，而父母養得終身者也。《詩通》

終　風

終風且暴，顧我則笑。謔浪笑敖，中心是悼！比也。

「終風且暴」即是説莊公，不須補出正意。《六帖》「顧我則笑」二句，及下「惠然肯來」二句，中間用不得一轉。《詩評》　觀一「則」字，初無美意。《微言》

終風且霾，惠然肯來？莫往莫來，悠悠我思！比也。

「莫」者，難必之意。以爲往矣，忽然而來，以爲來矣，忽然而往，所謂如飄風是也。《六帖》「莫往莫來」，寫得癡態酷肖，勿泥注「但又有」三字。《詩通》「悠悠我思」，非止冀其來也。合下總是憂之，非恨之也。《説通》

終風且曀，不日有曀。寤言不寐，願言則嚏。比也。

曀曀其陰，虺虺其靁。寤言不寐，願言則懷。比也。

擊鼓

東門之役，五日而還，又未嘗敗也，蓋是伐鄭之令初下，而哀怨訣絶之詞。《説通》

擊鼓其鏜，踴躍用兵。土國城漕，我獨南行。賦也。

「我獨南行」，説者俱謂不應説出死亡，以見含蓄。予則謂兵凶器，戰危事，正爲中人所甚諱，所以只説個「南行」而意已畢露，何妨就此摘破。若「憂心」以下，更點一死亡語，即節節失神矣。《詩通》

從孫子仲，平陳與宋。不我以歸，憂心有忡！賦也。

爰居爰處？爰喪其馬？于以求之？于林之下。賦也。

味三「爰」字，皆有聊且之意，蒙上憂心來。無鬥志，是説詩者之詞。下二章，亦總是此離次時閒思過慮，只疊疊説下。《詩通》

「死生契闊」，與子成説。執子之手，與子偕老。賦也。

于嗟闊兮，不我活兮！于嗟洵兮，不我信兮！賦也。

「執手」二句，即成説時繾綣叮嚀語，不作兩開。「不我信」，亦原就「不我活」脱下。《詩通》凌濛初曰：「時説每謂末章但言契闊，不言死生，而將四字强欲串合，云死生之期甚闊遠可笑，不知契闊，即是離别，猶云生死離别也。原平平開説，而下則互文疊應，故「不我活」即是死，因闊而死，即是死生契闊之成約不遂也，何曾偏遺乎？『于嗟』四句，總頂上節，不必以『洵』字止屬偕老。」

凱風

總是自責之詞。幾諫，是後人解詩意也。若當日以自責爲幾諫則僞矣，非孝子也。《説通》　不顯親惡，人皆能言。而謂有意于隱，亦傷孝子之心。《詩通》

凱風自南，吹彼棘心。棘心夭夭，母氏劬勞。比也。

凱風自南，吹彼棘薪。母氏聖善，我無令人。興也。

凌濛初曰：「『聖善』二句，即所謂臣罪當誅，天王聖明也，不必贅解。

爰有寒泉，在浚之下。有子七人，母氏勞苦。興也。

睍睆黄鳥，載好其音。有子七人，莫慰母心。興也。

母不安室，必是子不能養，子不能悦。故二章兩言「有子七人」，見其中亦宜有一人能養且悦者，而今無有也。「勞苦」，直指子不能養，與「劬勞」不同。《詩通》

雄雉

雄雉于飛，泄泄其羽。我之懷矣，自詒伊阻。興也。

雄雉于飛，下上其音。展矣君子，實勞我心。興也。

瞻彼日月，悠悠我思。道之云遠，曷云能來？興也。
百爾君子，不知德行。不忮不求，何用不臧？賦也。

念其久役而不得歸，但得保全亦幸矣，此正思之最深最切處，《王風》「苟無饑渴」亦此意，非發乎情止乎禮義之説。勉君子而曰「百爾」，詩人詞不迫切處。「不忮不求」，凡功賞名利皆是，軍旅之中尤争功争能之地，故特言之。《六帖》　旅中相聚，不止一身，人各自善，自然相及，亦是至理。《詩通》　凌濛初曰：「德行，只就涉世上輕拈，要體貼出屬望群情相與聲口，方是賢媛懷遠意中事。若以閨思而染迂實道學語，何啻千里。」

匏有苦葉

匏有苦葉，濟有深涉。深則厲，淺則揭。比也。
有瀰濟盈，有鷕雉鳴。濟盈不濡軌，雉鳴求其牡。比也。
雝雝鳴鴈，旭日始旦。士如歸妻，迨冰未泮。賦也。
招招舟子，人涉卬否。人涉卬否，卬須我友。比也。

通詩旁引托喻而未嘗直指其人，陳説古義而未嘗一及今事，譏刺之意，隱然見于言外，風人之旨也。《説通》　凌濛初曰：「止第三章是正論，餘總是托喻而已，不必零碎配比。」

谷風

習習谷風，以陰以雨。黽勉同心，不宜有怒。采葑采菲，無以下體。德音莫違，及爾同死。比也。

行道遲遲，中心有違。不遠伊邇，薄送我畿。誰謂荼苦，其甘如薺。宴爾新昏，如兄如弟。賦而比也。

涇以渭濁，湜湜其沚。宴爾新昏，不我屑以。毋逝我梁，毋發我笱。我躬不閱，遑恤我後。比也。

就其深矣，方之舟之。就其淺矣，泳之游之。何有何亡，黽勉求之。凡民有喪，匍匐救之。興也。

不我能慉，反以我爲讎。既阻我德，賈用不售。昔育恐育鞫，及爾顛覆。既生既育，比予于毒。賦比。

我有旨蓄，亦以御冬。宴爾新昏，以我御窮。有洸有潰，既詒我肄。不念昔者，伊余來塈。興也。

「詒」、「肄」非止治家勤勞事，乃責以分外難任之事，蓋欲伺其不及以爲難端也。《詩通》　以初嫁取憐之事終之，不獨情景凄絶，亦有危動新昏意。《説通》

式微

式微式微，胡不歸？微君之故，胡爲乎中路？賦也。

式微式微，胡不歸？微君之躬，胡爲乎泥中？賦也。

微君之故，若有歸怨于上，不知諸臣所以甘受困辱而依依于此，正爲君圖恢復計耳。不然，宗社破滅，正人臣視死如歸之日，而胡爲辱在泥塗哉？《詩脉》　非怨之也，激其君以有爲也。《説通》

旄丘

始而怪，既而疑，三而諷，四始責之。《説通》

旄丘之葛兮，何誕之節兮？叔兮伯兮！何多日也？興也。

何其處也？必有與也。何日久也？必有以也。賦也。

詞愈委婉，意愈迫切。明明謂非此兩端，決無不救之理。《詩通》

狐裘蒙戎，匪車不東。叔兮伯兮！靡所與同。賦也。

言葛又言裘，時歷冬夏，以見其久。《六帖》

瑣兮尾兮！流離之子。叔兮伯兮！褎如充耳。賦也。

簡兮

詩人口中，贊美而無諷刺，其言外之旨，則甚于諷刺矣。自譽如此，其實微意不然，所以動西方之思也，然詩人却不露意中事。《説通》凌濛初曰：「疊叙目前事，言外之旨，傲憤滿懷，不必别作傲憤語。」

簡兮簡兮，方將萬舞。日之方中，在前上處。賦也。

「簡兮」二字，高唱而下，攝起前三章神態，不必粘定舞上説。以「方將」二字照「錫爵」，恰是舞之始終。日方中而在公之前處、上處，居然是一舞人，人亦無不屬目矣。《詩通》

碩人俁俁，公庭萬舞。有力如虎，執轡如組。賦也。

左手執籥，右手秉翟。赫如渥赭，公言錫爵。賦也。

山有榛，隰有苓。云誰之思？西方美人。彼美人兮，西方之人兮！興也。

精神注嚮，全在云誰上生色，言適當盼睞之際，而每一念至，忽忽若有所屬，此果將何所思也。《詩脉》「彼美人兮」二句，正寫其駘宕欲往之緒，不專嘆其遠。《詩通》「西方之人兮」，若遠若近，有無限深情。若露出生不逢時等語，便非語氣。《説通》凌濛初曰：「西方不實以何地，美人不實以何人，詩人下語含蓄婉妙，正不得以豐鎬文武鑿之。」

泉水

通詩不可歸之意，衛女口中並不曾説出，只叙過而意自見。《説通》　總是欲歸而不得歸之意，非真欲歸而謀之人，因人以爲不可而始不歸也，到末章尚足有懷于衛，神脉未嘗絶望。《詩通》

毖彼泉水，亦流于淇。有懷于衛，靡日不思。孌彼諸姬，聊與之謀。興也。

出宿于泲，飲餞于禰。女子有行，遠父母兄弟。問我諸姑，遂及伯姊。興也。

出宿于干，飲餞于言。載脂載舝，還車言邁。遄臻于衛，不瑕有害。興也。

我思肥泉，兹之永歎。思須與漕，我心悠悠。駕言出游，以寫我憂。賦也。

出游是歸寧寓言。《詩通》　此衛女遠望當歸之詞，不得歸，衛女必不忍説破。《説通》

北門

出自北門，憂心殷殷。終窶且貧，莫知我艱。已焉哉，天實爲之，謂之何哉！比也。

王事適我，政事一埤益我。我入自外，室人交徧讁我。已焉哉，天實爲之，謂之何哉！賦也。

王事敦我，政事一埤遺我。我入自外，室人交徧摧我。已焉哉，天實爲之，謂之何哉！賦也。

北門是暗比，不須補正意。詩中暗比甚多，大略屬于忌諱，便宜含蓄，不可以爲比而明言之也。《六帖》

北風

北風其凉，雨雪其雱。惠而好我，携手同行。其虚其邪？既亟只且！比也。
北風其喈，雨雪其霏。惠而好我，携手同歸。其虚其邪？既亟只且！比也。
莫赤匪狐，莫黑匪烏。惠而好我，携手同車。其虚其邪？既亟只且！比也。

凌濛初曰：「只是氣象愁慘，去不可不速，便見危亂將至，不必明言謂是欲速去之故。」

静女

静女其姝，俟我于城隅。愛而不見，搔首踟蹰。賦也。
静女其孌，貽我彤管。彤管有煒，説懌女美。賦也。
自牧歸荑，洵美且異。匪女之爲美，美人之貽。賦也。

新臺

新臺有泚，河水瀰瀰。燕婉之求，籧篨不鮮。賦也。
新臺有洒，河水浼浼。燕婉之求，籧篨不殄。賦也。
魚網之設，鴻則離之。燕婉之求，得此戚施。賦也。

籧篨戚施，極言其醜類之狀，俯仰有愧故耳，謝氏所謂既無人道，亦非人形也。《六帖》

二子乘舟

二子乘舟，泛泛其景。願言思子，中心養養。賦也。

二子乘舟，泛泛其逝。願言思子，不瑕有害？賦也。

詩若直言遇害，即一言已竟，豈不索然無味？今但想其去時光景，而設爲憂疑之言，則其中含情無限。《六帖》　俱不明言其死，蓋悲傷之極，不忍言耳，非直爲其君諱過也。《説通》

鄘

柏舟

泛彼柏舟，在彼中河。髧彼兩髦，實維我儀，之死矢靡他。母也天只！不諒人只！興也。

泛彼柏舟，在彼河側。髧彼兩髦，實維我特，之死矢靡慝。母也天只！不諒人只！興也。

「不諒人只」，不可説壞，只是不信其貞潔之志耳。《六帖》

墻有茨

墻有茨，不可埽也。中冓之言，不可道也。所可道也？言之醜也。興也。

墻有茨，不可襄也。中冓之言，不可詳也。所可詳也？言之長也。興也。

墻有茨，不可束也。中冓之言，不可讀也。所可讀也？言之辱也。興也。

君子偕老

但述夫人服飾之盛，容貌之美，不及淫亂之事，但中間有「子之不淑」一語，而刺之之意自見。《說通》

君子偕老，副笄六珈。委委佗佗，如山如河，象服是宜。子之不淑，云如之何！賦也。

「象服」，象德之服也，訓「法服」不確。《詩評》 宜象服即是偕老宜之。《詩通》 凌濛初曰：「不淑，亦要說得蘊藉，勿直言其實。」

玼兮玼兮，其之翟也。鬒髮如雲，不屑髢也。玉之瑱也，象之揥也，揚且之晳也。胡然而天也？胡然而帝也？賦也。

瑳兮瑳兮，其之展也。蒙彼縐絺，是紲袢也。子之清揚，揚且之顔也。展如之人兮，邦之媛也？賦也。

桑中

爰采唐矣？沬之鄉矣。云誰之思？美孟姜矣。期我乎桑中，要我乎上宫，送我乎淇之上矣。賦也。

爰采麥矣？沬之北矣。云誰之思？美孟弋矣。期我乎桑中，要我乎上宫，送我乎淇之上矣。賦也。

爰采葑矣？沬之東矣。云誰之思？美孟庸矣。期我乎桑中，要我乎上宫，送我乎淇之上矣。賦也。

皆言其心思得如此，稱言貴族，以誦女之美，非必真有三姓之女也。《詩脉》

鶉之奔奔

鶉之奔奔，鵲之彊彊。人之無良，我以爲兄。興也。

鶉之彊彊，鵲之奔奔。人之無良，我以爲君。興也。

定之方中

營建時不忘惜民，樹木又取有用，無非遠慮，而營建以前，恁地詳審，纔營建了，又恁地勤民，皆是秉心塞淵處，故舉騋牝以見富庶，見得操心之要如此。《詩通》

定之方中，作于楚宫。揆之以日，作于楚室。樹之榛栗，椅桐梓漆，爰伐琴瑟。賦也。

「爰伐琴瑟」，蓋因樹木而云此日後可用耳，非謂琴瑟全賴此也。時作將「供籩豆」對「伐琴瑟」，已屬牽强，又將「禮樂」二字冠之，皆副急計耳。《六帖》

升彼虚矣，以望楚矣。望楚與堂，景山與京，降觀于桑。卜云其吉，終焉允臧。賦也。

靈雨既零，命彼倌人。星言夙駕，説于桑田，匪直也人。秉心塞淵，騋牝三千。賦也。

秉心不是空空説秉此一心，謂經畫此事，心即秉于此事也。

蝃　蝀

蝃蝀在東，莫之敢指。女子有行，遠父母兄弟。比也。

朝隮于西，崇朝其雨。女子有行，遠兄弟父母。比也。

乃如之人也，懷昏姻也。大無信也，不知命也。賦也。

相鼠

相鼠有皮，人而無儀。人而無儀，不死何爲？興也。

相鼠有齒，人而無止。人而無止，不死何俟？興也。

相鼠有體，人而無禮。人而無禮，何不遄死？興也。

干旄

孑孑干旄，在浚之郊。素絲紕之，良馬四之。彼姝者子，何以畀之？賦也。

孑孑干旟，在浚之都。素絲組之，良馬五之。彼姝者子，何以予之？賦也。

孑孑干旌，在浚之城。素絲祝之，良馬六之。彼姝者子，何以告之？賦也。

下賢之典，曠闕已久，一時創見，在詩人亦出不意，極爲賢士慶其遭遇之隆，其意以爲不知何等陳説，方可報稱殊遇也。要在「何以」上認出他夸美贊嘆、矜詡不盡之意，反不重在賢身上，方是語氣，方是詩旨。《六帖》　精神俱藏在第二句内，蓋車馬、旌旗自是常飾，唯忽見于郊原之間爲可美耳。《説通》

載馳

望人救衛之心，迫于歸唁。凡言驅馬、登丘、行野，皆非實事；憂大夫之來，怨大夫之阻，俱非實情，不過曲寫其煩懣難堪遑迫無聊之意耳，言下却若歷歷真履其事。此是詩之妙境。《詩通》

載馳載驅，歸唁衛侯。驅馬悠悠，言至于漕。大夫跋涉，我心則憂。賦也。

既不我嘉，不能旋反。視爾不臧，我思不遠。既不我嘉，不能旋濟。視爾不臧，我思不閟。賦也。

陟彼阿丘，言采其蝱。女子善懷，亦各有行。許人尤之，衆稚且狂。賦也。

我行其野，芃芃其麥。控于大邦，誰因誰極。大夫君子，無我有尤。百爾所思，不如我所之。賦也。

凌濛初曰：「『百爾所思』，只虛言憑你千方百計，不必鑿出或欲如何如何也。」

衛

淇奥

章旨互見，瑟僩赫咺，與章末四句，亦各就其德之發見處咏嘆一番，非有淺深也。《詩通》

瞻彼淇奥，緑竹猗猗。有匪君子，如切如磋，如琢如磨。瑟兮僩兮，赫兮咺兮。有匪君子，終不可諼兮。興也。

瞻彼淇奥，緑竹青青。有匪君子，充耳琇瑩，會弁如星。瑟兮僩兮，赫兮咺兮。有匪君子，終不可諼兮。興也。

「充耳」二句，只依本文説，便是贊他尊嚴，便含德在。若云服飾非重，以德而重，又似增出。《六帖》

瞻彼淇奥，緑竹如簀。有匪君子，如金如錫，如圭如璧。寬兮綽兮，猗重較兮。善戲謔兮，不爲虐兮。興也。

「重較」，言儼然在重較之上，非必真在重較也。「戲謔」着一「善」字，已有不虐意。《詩通》

考槃

考槃在澗，碩人之寬。獨寐寤言，永矢弗諼。賦也。
考槃在阿，碩人之薖。獨寐寤歌，永矢弗過。賦也。
考槃在陸，碩人之軸。獨寐寤宿，永矢弗告。賦也。

「考槃」句，不要看做寂寞境界。「寬」、「薖」、「軸」，以胸次言，不離「考槃」，亦不粘「考槃」。《詩通》

碩人

族類容貌，及始嫁時之人情禮儀，俱就世情易見者言，意謂人雖昏惑，何至並此亦不曉得。言外有疑怪咨嗟之味。《詩通》

碩人其頎，衣錦褧衣。齊侯之子，衛侯之妻。東宮之妹，邢侯之姨，譚公維私。賦也。

「衛侯之妻」，或言以齊侯之子而爲衛侯之妻，或重「妻」字言正位中宫，皆非也。只照本文平平説出，纔是詩家本色。《六帖》

手如柔荑，膚如凝脂。領如蝤蠐，齒如瓠犀。螓首蛾眉，巧笑倩兮，美目盼兮。賦也。

碩人敖敖，説于農郊。四牡有驕，朱幩鑣鑣，翟茀以朝。大夫夙退，無使君勞。賦也。

「以朝」者，只叙來嫁之時如此，不是夸車馬之盛。《微言》　來嫁事輕，還重在人情歡喜上。「夙退」二句，分明畫出舉朝洶洶，爲人主嚴重大禮，説出相親却似昵。《詩通》　凌濛初曰：「相親是夙退意中事，不必露諸口中。」

河水洋洋，北流活活。施罛濊濊，鱣鮪發發，葭菼揭揭。庶姜孽孽，庶士有朅。賦也。

詩雖悔恨，然悔所托之非人，不悔始奔之非正，此之謂淫人之悔也。《説通》

氓

氓之蚩蚩，抱布貿絲。匪來貿絲，來即我謀。送子涉淇，至于頓丘。匪我愆期，子無良媒。將子無怒，秋以爲期。賦也。

乘彼垝垣，以望復關。不見復關，泣涕漣漣。既見復關，載笑載言。爾卜爾筮，體無咎言。以爾車來，以我賄遷。賦也。

桑之未落，其葉沃若。于嗟鳩兮，無食桑葚。于嗟女兮，無與士耽。士之耽兮，猶可説也。女之耽兮，不可説也。比而興也。

桑之落矣，其黄而隕。自我徂爾，三歲食貧。淇水湯湯，漸車帷裳。女也不爽，士貳其行。士也罔極，二三其德。比也。

三歲爲婦，靡室勞矣。夙興夜寐，靡有朝矣。言既遂矣，至于暴矣。兄弟不知，咥其笑矣。静言思之，躬自悼矣。賦也。

及爾偕老，老使我怨。淇則有岸，隰則有泮。總角之宴，言笑晏晏。信誓旦旦，不思其反。反是不思，亦已焉哉。賦而興也。

凌濛初曰：「止言『三歲食貧』，『三歲爲婦』，則見棄必政在此時，何以遽言『老使我怨』？總角至老，豈僅僅三年乎？所以起紛紛之牽强。不知不偕老，則他日老之境皆怨之境也，故云然耳，非目下以老而見棄也。」

竹竿

遠非真遠也，殆不忍明言之耳。「巧笑」、「駕言」各二句，皆思中之境，如親履其事者。舊説加「安得」二字，便失語氣。《説通》

籊籊竹竿，以釣于淇。豈不爾思？遠莫致之。賦也。

泉源在左，淇水在右。女子有行，遠兄弟父母。賦也。

淇水在右，泉源在左。巧笑之瑳，佩玉之儺。賦也。

下二句是懸想淇上游女風景，故下節躍然作自己出游之想，自恨其不得笑語、游戲，意在言外。《詩通》

淇水滺滺，檜楫松舟。駕言出游，以寫我憂。賦也。

芄蘭

芄蘭之支，童子佩觿。雖則佩觿，能不我知。容兮遂兮，垂帶悸兮。興也。

芄蘭之葉，童子佩韘。雖則佩韘，能不我甲。容兮遂兮，垂帶悸兮。興也。

「不我甲」，以不敢妄爲推崇言，方渾厚。《詩通》

河廣

誰謂河廣？一葦杭之。誰謂宋遠？跂予望之。賦也。

誰謂河廣？曾不容刀。誰謂宋遠，曾不崇朝。賦也。

「誰謂」二字最可玩。一沓下四「誰謂」，微意躍然矣。《詩通》　凌濛初曰：「只一不廣、不遠，其不可往處，便不須更着語。」

伯兮

伯兮朅兮，邦之桀兮。伯也執殳，爲王前驅。賦也。

自伯之東，首如飛蓬。豈無膏沐？誰適爲容。賦也。

其雨其雨，杲杲出日。願言思伯，甘心首疾。比也。

焉得諼草，言樹之背？願言思伯，使我心痗。賦也。

思極無聊之詞，非真欲求諼草以忘憂，憂亦非諼草所能忘也。語氣一直下，注多轉折。《説通》

有狐

言狐，即言鰥夫，其曰「之子」，猶《碩鼠》之稱「女」。《六帖》

有狐綏綏，在彼淇梁。心之憂矣，之子無裳！比也。

之子自無裳，何與伊事。與子縫裳，隱然言外。《説通》

有狐綏綏，在彼淇厲。心之憂矣，之子無帶！比也。
有狐綏綏，在彼淇側。心之憂矣，之子無服！比也。

木瓜

投我以木瓜，報之以瓊琚。匪報也，永以爲好也。比也。
投我以木桃，報之以瓊瑶。匪報也，永以爲好也。比也。
投我以木李，報之以瓊玖。匪報也，永以爲好也。比也。

此與托言相似，不必補出正意。《六帖》

王

黍離

彼黍離離，彼稷之苗。行邁靡靡，中心摇摇。知我者謂我心憂，不知我者謂我何求。悠悠蒼天，此何人哉！賦而興也。
彼黍離離，彼稷之穗。行邁靡靡，中心如醉。知我者謂我心憂，不知我者謂我何求。悠悠蒼天，此何人哉！賦而興也。
彼黍離離，彼稷之實。行邁靡靡，中心如噎。知我者謂我心憂，不知我者謂我何求。悠悠蒼天，此何人哉！賦而興也。

宗周、宗廟、宫室，詩中不見一字，直將「彼」字暗比而已，此是感慨最深處。細味風指，初未嘗嘆人莫識己意，只言我如此情狀，惟知者以爲心憂，若不知者豈不謂我將何所求？正見我直是隱痛，向何人説，言下便有欲呼天意矣。「此何人哉」，不忍指斥也，「此」字含蓄，不須點破。《詩通》　此詩言知之者，用以唤下不知；鴻雁言不知，用以形上知者。俱不爲的然之語，而旨意自明，自見温厚之趣。《六帖》凌濛初曰：「不言何憂，正是隱痛。不言何人，正是切恨。説詩者須于此等處着眼，勿爲蛇足。」

君子于役

君子于役，不知其期，曷至哉？雞棲于塒，日之夕矣，羊牛下來。君子于役，如之何弗思。賦也。

詩意因思而觸物，非感物而興思也。《説通》

凌濛初曰：「『雞棲』、『羊牛下』不過點綴日夕光景，當此際而君子萍踪飄泊，那得不思，本自了然。畜産有節，便是腐想。」

君子于役，不日不月，曷其有佸？雞棲于桀，日之夕矣，羊牛下括。君子于役，苟無饑渴？賦也。

「苟」字最下得凄惋，有無可奈何之意。《詩通》

君子陽陽

君子陽陽，左執簧，右招我由房。其樂只且！賦也。

君子陶陶，左執翿，右招我由敖。其樂只且！賦也。

「由房」、「由敖」意輕，只是招己同樂。《詩通》　安貧忘勞等語，並不須説。《六帖》　此中真趣，有非婦人女子所知者，第見其「執簧」、「執翿」如斯，與其「招我」如斯，而襟懷之洒落，終有不可得而形容者。要見君子自有樂，不重相樂上。《詩脉》　凌濛初曰：「樂不可以忘憂形，知憂可忘非真樂也。」

揚之水

揚之水，不流束薪。彼其之子，不與我戍申。懷哉懷哉！曷月予還歸哉。興也。

揚之水，不流束楚。彼其之子，不與我戍甫。懷哉懷哉！曷月予還歸哉。興也。

揚之水，不流束蒲。彼其之子，不與我戍許。懷哉懷哉！曷月予還歸哉。興也。

但言室家不得與己同役，而役非其職之意隱然見于言外。《翼説》　非真欲室家之往也，深以遠其室家爲憂耳。甫、許近申，恰像都可恃無恐，故兼言之，非真並戍甫、許。《微言》

中谷有蓷

中谷有蓷，暵其乾矣。有女仳離，嘅其嘆矣。嘅其嘆矣，遇人之艱難矣。興也。

中谷有蓷，暵其修矣。有女仳離，條其歗矣。條其歗矣，遇人之不淑矣。興也。

中谷有蓷，暵其濕矣。有女仳離，啜其泣矣。啜其泣矣，何嗟及矣。興也。

通是悲詞，不作怨詞。《詩通》　前二末句，悲其窮厄，無相原意。「何嗟及矣」，無可奈何，無安命意。《六帖》

兔爰

有兔爰爰，雉離于羅。我生之初，尚無爲。我生之後，逢此百罹。尚寐無吪！比也。
有兔爰爰，雉離于罦。我生之初，尚無造。我生之後，逢此百憂。尚寐無覺！比也。
有兔爰爰，雉離于罿。我生之初，尚無庸。我生之後，逢此百凶。尚寐無聰！比也。

葛藟

緜緜葛藟，在河之滸。終遠兄弟，謂他人父。謂他人父，亦莫我顧！興也。
緜緜葛藟，在河之涘。終遠兄弟，謂他人母。謂他人母，亦莫我有。興也。
緜緜葛藟，在河之漘。終遠兄弟，謂他人昆。謂他人昆，亦莫我聞。興也。

俱是極嘆其窮，無實實依人之意。《詩通》

采葛

彼采葛兮，一日不見，如三月兮。賦也。
彼采蕭兮，一日不見，如三秋兮。賦也。
彼采艾兮，一日不見，如三歲兮。賦也。

大車

大車檻檻，毳衣如菼。豈不爾思？畏子不敢。賦也。

大車啍啍，毳衣如璊。豈不爾思？畏子不奔。賦也。

畏非畏其車服，平素懾其政刑，故望而生懼心耳。但詩人自含蓄，不曾道及一政刑字。《微言》

「穀則異室，死則同穴。謂予不信，有如皦日！」賦也。

丘中有麻

丘中有麻，彼留子嗟。彼留子嗟，將其來施。賦也。

丘中有麥，彼留子國。彼留子國，將其來食。賦也。

丘中有李，彼留之子。彼留之子，貽我佩玖。賦也。

鄭

緇衣

緇衣之宜兮，敝，予又改爲兮。適子之館兮，還，予授子之粲兮。賦也。

緇衣之好兮，敝，予又改造兮。適子之館兮，還，予授子之粲兮。賦也。

緇衣之蓆兮，敝，予又改作兮。適子之館兮，還，予授子之粲兮。賦也。

作詩者並未嘗言感德，亦不自言用愛，但望此緇衣，意中覺得其服之相稱，而情之不能自已若此耳。首句非致愛根源，試味他説個「宜」字、「好」字、「蓆」字，便躍然見愛之之意矣。「改衣」、「適館」、「授粲」總是未然事，乃心欲如此耳。《詩通》「德」字止首一語微露之。《詩通》

將仲子

將仲子兮！無踰我里，無折我樹杞。豈敢愛之？畏我父母。仲可懷也，父母之言，亦可畏也！賦也。

將仲子兮！無踰我墻，無折我樹桑。豈敢愛之？畏我諸兄。仲可懷也，諸兄之言，亦可畏也！賦也。

將仲子兮！無踰我園，無折我樹檀。豈敢愛之？畏人之多言。仲可懷也，人之多言，亦可畏也！賦也。

叔于田

叔于田，巷無居人。豈無居人？不如叔也，洵美且仁。賦也。

叔于狩，巷無飲酒。豈無飲酒？不如叔也，洵美且好。賦也。

叔適野，巷無服馬。豈無服馬？不如叔也，洵美且武。賦也。

要會國人喜段之與己狎昵，沾沾夸美之意，而段輕儇浮蕩意態，亦即于所美處見之。美還以態度言，但須各照「居人」、「飲酒」、「服馬」看出耳。《詩通》　以其與衆混處，故見其仁；以其與衆飲酒，故見其好；以其與衆服馬，故見其武。《翼説》

大叔于田

叔于田，乘乘馬。執轡如組，兩驂如舞。叔在藪，火烈具舉。襢裼暴虎，獻于公所。將叔無狃，戒其傷女。賦也。

叔于田，乘乘黄。兩服上襄，兩驂鴈行。叔在藪，火烈具揚。叔善射忌，又良御忌。抑磬控忌，抑縱送忌。賦也。

叔于田，乘乘鴇。兩服齊首，兩驂如手。叔在藪，火烈具阜。叔馬慢忌，叔發罕忌。抑釋掤忌，抑鬯弓忌。賦也。

凡道他好處，俱是才力過人，而又好勇所爲，不可折開才勇。《詩通》 凌濛初曰：「此媚子、狎客私黨之詞，美叔處須識此意，説得夸詡，不宜雅正之贊如《車攻》之詩。末四句洋洋自得之狀，慶幸贊美俱有，亦不宜如《車攻》之説獵畢也。」

清　人

清人在彭，駟介旁旁。二矛重英，河上乎翱翔。賦也。

清人在消，駟介麃麃。二矛重喬，河上乎逍遥。賦也。

清人在軸，駟介陶陶。左旋右抽，中軍作好。賦也。

凌濛初曰：「詩作于既散之後，而實叙未散時河上之景象如此，見其所以散也，然不必補師散，只如此描寫而其失自見。章旨專責文公，字面亦不得露。游戲處重無聊，不重自樂。」

羔裘

羔裘如濡，洵直且侯。彼其之子，舍命不渝。賦也。

「舍」，如宅舍之舍，曰舍則自不得渝矣。《詩通》

羔裘豹飾，孔武有力。彼其之子，邦之司直。賦也。

「司直」，只主持直道，不專指諫君。《詩通》

羔裘晏兮，三英粲兮。彼其之子，邦之彦兮。賦也。

遵大路

遵大路兮，摻執子之祛兮！無我惡兮，不寁故也！賦也。

遵大路兮，摻執子之手兮！無我魗兮，不寁好也！賦也。

女曰鷄鳴

女曰：「鷄鳴。」士曰：「昧旦。」「子興視夜，明星有爛。」「將翱將翔，弋鳧與鴈。」賦也。

「弋言加之，與子宜之。宜言飲酒，與子偕老。琴瑟在御，莫不静好。」賦也。

「知子之來之，雜佩以贈之。知子之順之，雜佩以問之。知子之好之，雜佩以報之。」賦也。

是一日間警戒之言。往弋、烹調、交際，皆居常門内外所有事也，泥定修職修德，便是大帽子語。《詩通》凌濛初曰：「固是警勸勖勉，語境仍自芊綿，原要説來似賢媛語。」

有女同車

有女同車，顏如舜華。將翱將翔，佩玉瓊琚。彼美孟姜，洵美且都！賦也。

有女同行，顏如舜英。將翱將翔，佩玉將將。彼美孟姜，德音不忘！賦也。

凌濛初曰：「既坐以淫奔，則『德音』等字，俱要説得斟酌。」

山有扶蘇

山有扶蘇，隰有荷華。不見子都，乃見狂且。興也。

山有橋松，隰有游龍。不見子充，乃見狡童。興也。

蘀兮

蘀兮蘀兮，風其吹女。叔兮伯兮，倡予和女。興也。

蘀兮蘀兮，風其漂女。叔兮伯兮，倡予要女。興也。

狡童

彼狡童兮，不與我言兮。維子之故，使我不能餐兮。賦也。

彼狡童兮，不與我食兮。維子之故，使我不能息兮。賦也。

凌濛初曰：「『維子之故』，只是反言謔之，言不能奈何得我也。其意自見，與豈無他人不同，切勿露悦己者衆意，一露索然。」

褰裳

子惠思我，褰裳涉溱。子不我思，豈無他人。狂童之狂也且！賦也。

子惠思我，褰裳涉洧。子不我思，豈無他士。狂童之狂也且！賦也。

丰

子之丰兮，俟我乎巷兮。悔予不送兮！賦也。

子之昌兮，俟我乎堂兮。悔予不將兮！賦也。

衣錦褧衣，裳錦褧裳。叔兮伯兮，駕予與行！賦也。

裳錦褧裳，衣錦褧衣。叔兮伯兮，駕予與歸。賦也。

東門之墠

東門之墠，茹藘在阪。其室則邇，其人甚遠。賦也。

東門之栗，有踐家室。豈不爾思？子不我即。賦也。

風雨

風雨凄凄，鷄鳴喈喈。既見君子，云胡不夷。賦也。

風雨瀟瀟，鷄鳴膠膠。既見君子，云胡不瘳。賦也。
風雨如晦，鷄鳴不已。既見君子，云胡不喜。賦也。

子衿

青青子衿，悠悠我心。縱我不往，子寧不嗣音？賦也。
青青子佩，悠悠我思。縱我不往，子寧不來？賦也。
挑兮達兮，在城闕兮。一日不見，如三月兮！賦也。

揚之水

揚之水，不流束楚。終鮮兄弟，維予與女。無信人之言，人實迋女。興也。
揚之水，不流束薪。終鮮兄弟，維予二人。無信人之言，人實不信。興也。

出其東門

出其東門，有女如雲。雖則如雲，匪我思存。縞衣綦巾，聊樂我員。賦也。
當看「思」字、「樂」字，以樂止思，妙理妙法。《詩評》　若説我自有室家可樂，則其思亦已淺矣。「聊樂」之云，有姑且自足之意，是我思尚不專于此，而况彼如雲者哉？《詩脉》
出其闉闍，有女如荼。雖則如荼，匪我思且。縞衣茹藘，聊可與娱。賦也。
「與娱」有同樂意。《詩脉》

野有蔓草

野有蔓草，零露漙兮。有美一人，清揚婉兮。邂逅相遇，適我願兮。賦而興也。

野有蔓草，零露瀼瀼。有美一人，婉如清揚。邂逅相遇，與子偕臧。賦而興也。

溱洧

溱與洧，方涣涣兮。士與女，方秉蕳兮。女曰：「觀乎？」士曰：「既且。」「且往觀乎！」洧之外，洵訏且樂。維士與女，伊其相謔，贈之以勺藥。賦而興也。

溱與洧，瀏其清矣。士與女，殷其盈矣。女曰：「觀乎？」士曰：「既且。」「且往觀乎！」洧之外，洵訏且樂。維士與女，伊其將謔，贈之以勺藥。賦而興也。

齊

鷄鳴

警畏之意，詩人口中不要發出，放在言外，更爲得旨。《六帖》

「鷄既鳴矣，朝既盈矣。」「匪鷄則鳴，蒼蠅之聲。」賦也。

「東方明矣，朝既昌矣。」「匪東方則明，月出之光。」賦也。

須體會其衽席上先有一段無聞自聞、無見自見意思。蠅聲、月光，皆極形容之詞，非必以理也。

《説通》

「蟲飛薨薨，甘與子同夢。」「會且歸矣，無庶予子憎。」賦也。

不曰君之荒于内，而言己之甘于同夢，不曰以君之故憎我，而反言以己之故及君，其言可味。《翼説》

還

子之還兮，遭我乎峱之間兮。並驅從兩肩兮，揖我謂我儇兮。賦也。

子之茂兮，遭我乎峱之道兮。並驅從兩牡兮，揖我謂我好兮。賦也。

子之昌兮，遭我乎峱之陽兮。並驅從兩狼兮，揖我謂我臧兮。賦也。

著

俟我於著乎而，充耳以素乎而，尚之以瓊華乎而！賦也。

俟我於庭乎而，充耳以青乎而，尚之以瓊瑩乎而！賦也。

俟我於堂乎而，充耳以黄乎而，尚之以瓊英乎而！賦也。

刺者代爲女子之言，故詩中毫無刺不親迎意，而「俟我」二字，已含譏刺矣。首章於著，正俟于門外之禮，只不知前面親迎一截事何在。《詩通》

東方之日

東方之日兮，彼姝者子，在我室兮。在我室兮，履我即兮。興也。

東方之月兮，彼姝者子，在我闥兮。在我闥兮，履我發兮。興也。

東方未明

東方未明，顛倒衣裳。顛之倒之，自公召之。賦也。
東方未晞，顛倒裳衣。倒之顛之，自公令之。賦也。
折柳樊圃，狂夫瞿瞿。不能晨夜，不夙則莫。比也。
興居無節，主于晏朝邊多，獨舉其早言之，而末句始曰「不夙則莫」，含蓄隱見，詩人之詞然也。《說通》

南　山

南山崔崔，雄狐綏綏。魯道有蕩，齊子由歸。既曰歸止，曷又懷止？比也。
葛屨五兩，冠緌雙止。魯道有蕩，齊子庸止。既曰庸止，曷又從止？比也。
蓺麻如之何？衡從其畝。取妻如之何？必告父母。既曰告止，曷又鞠止？興也。
析薪如之何？匪斧不克。取妻如之何？匪媒不得。既曰得止，曷又極止？興也。
不欲斥言其君，而托喻于狐，駕言于魯，然所以刺齊襄者隱而彰矣。《微言》　凌濛初曰：「要知詩是齊風，刺魯政是深刺齊，不得分前後各刺。」

甫　田

無田甫田，維莠驕驕。無思遠人，勞心忉忉！比也。

無田甫田，維莠桀桀。無思遠人，勞心怛怛！比也。
婉兮孌兮，總角丱兮。未幾見兮，突而弁兮！比也。

盧令

盧令令，其人美且仁。賦也。
盧重環，其人美且鬈。賦也。
盧重鋂，其人美且偲。賦也。

凌濛初曰：「與《還》意同，則美、仁字面，要説得近齊俗一邊。」

敝笱

敝笱在梁，其魚魴鰥。齊子歸止，其從如雲。比也。
敝笱在梁，其魚魴鱮。齊子歸止，其從如雨。比也。
敝笱在梁，其魚唯唯。齊子歸止，其從如水。比也。

載驅

載驅薄薄，簟笰朱鞹。魯道有蕩，齊子發夕。賦也。
四驪濟濟，垂轡濔濔。魯道有蕩，齊子豈弟。賦也。
汶水湯湯，行人彭彭。魯道有蕩，齊子翱翔。賦也。

汶水滔滔，行人儦儦。魯道有蕩，齊子游敖。賦也。

猗嗟

猗嗟昌兮！頎而長兮，抑若揚兮。美目揚兮，巧趨蹌兮。射則臧兮！賦也。
猗嗟名兮！美目清兮，儀既成兮。終日射侯，不出正兮。展我甥兮！賦也。
猗嗟孌兮！清揚婉兮，舞則選兮。射則貫兮，四矢反兮。以禦亂兮！賦也。

道他好處，却章章着「猗嗟」二字，多少感惜。《詩評》　諸「則」字，微詞也。《説通》

魏

葛屨

糾糾葛屨，可以履霜？摻摻女手，可以縫裳？要之襋之，好人服之。興也。

「可以」二字，婉約可味，正與「宜岸宜獄」一例。「要」、「襋」，正是縫綴之事，二句已括于「可以縫裳」中，只依本文平平叙下，風刺意旨躍然，不必泥泣又使字。《詩通》

好人提提，宛然左辟，佩其象揥。維是褊心，是以爲刺。賦也。

汾沮洳

彼汾沮洳，言采其莫。彼其之子，美無度。美無度，殊異乎公路。興也。

彼汾一方，言采其桑。彼其之子，美如英。美如英，殊異乎公行。興也。

彼汾一曲，言采其藚。彼其之子，美如玉。美如玉，殊異乎公族。興也。

是貴人而殊不似貴人，轉其語以爲刺也。《翼説》凌濛初曰：「儉不中禮，亦因上褊心儉之耳。詩中原無此語，只言『美』，又言『異』，不足之意已見矣，與《葛屨》直將所以爲刺指出者不同。」

園有桃

園有桃，其實之殽。心之憂矣，我歌且謡。不知我者，謂我「士也驕。彼人是哉，子曰何其！」心之憂矣，其誰知之？其誰知之，蓋亦勿思！興也。

園有棘，其實之食。心之憂矣，聊以行國。不知我者，謂我「士也罔極。彼人是哉，子曰何其！」心之憂矣，其誰知之？其誰知之，蓋亦勿思。興也。

凌濛初曰：「國小無政，亦是説詩者意其然。詩只言心憂而無人知、無人思耳。所以心憂，所以歌謡，所以宜思，皆在言外。」

陟岵

陟彼岵兮，瞻望父兮。父曰：「嗟，予子行役，夙夜無已！上慎旃哉，猶來無止！」賦也。

陟彼屺兮，瞻望母兮。母曰：「嗟，予季行役，夙夜無寐！上慎旃哉，猶來無棄！」賦也。

陟彼岡兮，瞻望兄兮。兄曰：「嗟，予弟行役，夙夜必偕！上慎旃哉，猶來無死！」賦也。

想像親念己，正是他念親處。言親之欲其慎，則其自慎可知。《詩通》凌濛初曰：「望兄亦是骨肉至情，不得云因欲其養父母而及之。」

十畝之間

十畝之間兮，桑者閑閑兮。行與子還兮！賦也。

十畝之外兮，桑者泄泄兮。行與子逝兮！賦也。

「桑者」，只如云老農、老圃，不必問其爲采桑、植桑也。《翼説》　凌濛初曰：「仕者思還畝畝，國事可知。詩人口中毫不言所以欲還之故，只説得還畝畝之樂便是。」

伐檀

坎坎伐檀兮，寘之河之干兮，河水清且漣漪。不稼不穡，胡取禾三百廛兮？不狩不獵，胡瞻爾庭有縣貆兮？彼君子兮，不素餐兮！賦也。

志士固窮，寧爲其事而無其功，必不肯不爲其事而有其功也。只重礪志，伐檀河干、稼穡、狩獵，皆寓言，言其事如此，其遇如此，其志只如此，非必爲其事時，便思求售，因其不售而矢此志也。「不稼不穡」，非君子口中語，亦非將來作伐檀比例，只是摹其決不苟得如此。《詩通》　凌濛初曰：「『胡瞻』、『胡取』，言不作是想也。三者皆摹其不素餐之實，故述過而以二語贊之，非驗之于前三者而始信其不素餐也，亦非由此而出仕，可以不素餐也。此詩最易失語脉而不覺。」

坎坎伐輻兮，寘之河之側兮，河水清且直漪。不稼不穡，胡取禾三百億兮？不狩不獵，胡瞻爾庭有縣特兮？彼君子兮，不素食兮。賦也。

坎坎伐輪兮，寘之河之漘兮，河水清且淪漪。不稼不穡，胡取禾三百囷兮？不狩不獵，胡瞻爾庭有縣鶉兮？彼君子兮，不素飧兮。賦也。

碩鼠

碩鼠碩鼠，無食我黍！三歲貫女，莫我肯顧。逝將去女，適彼樂土。樂土樂土，爰得我所！比也。

碩鼠碩鼠，無食我麥！三歲貫女，莫我肯德。逝將去女，適彼樂國。樂國樂國，爰得我直。比也。

碩鼠碩鼠，無食我苗！三歲貫女，莫我肯勞。逝彼去女，適彼樂郊。樂郊樂郊，誰之永號！比也。

凌濛初曰：「鼠即寓言在位，不必補出，如《小雅・黄鳥》之類皆然，可以例推。」

唐

蟋蟀

蟋蟀在堂，歲聿其莫。今我不樂，日月其除。無已大康，職思其居。「好樂無荒」，良士瞿瞿。賦也。

「無已大康」，接上無過文妙。《詩評》

蟋蟀在堂，歲聿其逝。今我不樂，日月其邁。無已大康，職思其外。「好樂無荒」，良士蹶蹶。賦也。

凌濛初曰：「外者，居以外事皆爲外，非意外，若意外，則爲憂矣。」

蟋蟀在堂，役車其休。今我不樂，日月其慆。無已大康，職思其憂。「好樂無荒」，良士休休。賦也。

山有樞

山有樞，隰有榆。子有衣裳，弗曳弗婁。子有車馬，弗馳弗驅。宛其死矣，他人是愉。興也。

山有栲，隰有杻。子有廷内，弗洒弗掃。子有鍾鼓，弗鼓弗考。宛其死矣，他人是保。興也。

山有漆，隰有栗。子有酒食，何不日鼓瑟？且以喜樂，且以永日。宛其死矣，他人入室。興也。

此詩只説及時，非並職業都廢而一味爲樂也。《微言》　凌濛初曰：「要知是前章一輩人一時語，一樣肚腸，但各自一番話法耳，切忌作晉人曠達語。」

揚之水

揚之水，白石鑿鑿。素衣朱襮，從子于沃。既見君子，云何不樂。比也。

揚之水，白石皓皓。素衣朱繡，從子于鵠。既見君子，云何其憂。比也。

揚之水，白石粼粼。我聞有命，不敢以告人。比也。

「有命」，不可明説傾晉。《微言》

椒　聊

椒聊之實，蕃衍盈升。彼其之子，碩大無朋。椒聊且！遠條且！興而比也。

椒聊之實，蕃衍盈匊。彼其之子，碩大且篤。椒聊且！遠條且！興而比也。

綢繆

綢繆束薪，三星在天。今夕何夕，見此良人？子兮子兮，如此良人何？興也。

綢繆束芻，三星在隅。今夕何夕，見此邂逅？子兮子兮，如此邂逅何？興也。

綢繆束楚，三星在户。今夕何夕，見此粲者？子兮子兮，如此粲者何。興也。

杕杜

有杕之杜，其葉湑湑。獨行踽踽，豈無他人？不如我同父。嗟行之人，胡不比焉？人無兄弟，胡不佽焉？興也。

凌濛初曰：「行道有人，而何以云『獨行踽踽』？下『豈無他人？不如我同父』，止解得『獨行』二字，即下云『人無兄弟』也。因遂以獨行而告哀求庇，非以他人與同父深較厚薄。若有較量，便非求人語。」

有杕之杜，其葉菁菁。獨行睘睘，豈無他人？不如我同姓。嗟行之人，胡不比焉？人無兄弟，胡不佽焉？興也。

羔裘

羔裘豹袪，自我人居居。豈無他人，維子之故！賦也。

羔裘豹褎，自我人究究。豈無他人？維子之好！賦也。

末二句形容仰望之切，而不恤其民意在言外。《六帖》

鴇 羽

肅肅鴇羽，集于苞栩。王事靡盬，不能蓺稷黍。父母何怙？悠悠蒼天，曷其有所？比也。

肅肅鴇翼，集于苞棘。王事靡盬，不能蓺黍稷。父母何食？悠悠蒼天，曷其有極？比也。

肅肅鴇行，集于苞桑。王事靡盬，不能蓺稻粱。父母何嘗？悠悠蒼天，曷其有常。比也。

無 衣

豈曰無衣七兮？不如子之衣，安且吉兮！賦也。

豈曰無衣六兮？不如子之衣，安且燠兮！賦也。

無自夸意，亦未嘗自謙。《詩通》

有杕之杜

有杕之杜，生于道左。彼君子兮，噬肯適我？中心好之，曷飲食之。比也。

有杕之杜，生于道周。彼君子兮，噬肯來游？中心好之，曷飲食之。比也。

「曷飲食之」是幾望，非絶意之詞。《六帖》

葛 生

葛生蒙楚，蘞蔓于野。予美亡此，誰與獨處。興也。

葛生蒙棘，蘞蔓于域。予美亡此，誰與獨息。興也。

角枕粲兮，錦衾爛兮。予美亡此，誰與獨旦。賦也。

夏之日，冬之夜。百歲之後，歸于其居。賦也。

冬之夜，夏之日。百歲之後，歸于其室。賦也。

采苓

采苓采苓，首陽之巔。人之爲言，苟亦無信。舍旃舍旃，苟亦無然。人之爲言，胡得焉！比也。

采苦采苦，首陽之下。人之爲言，苟亦無與。舍旃舍旃，苟亦無然。人之爲言，胡得焉！比也。

采葑采葑，首陽之東。人之爲言，苟亦無從。舍旃舍旃，苟亦無然。人之爲言，胡得焉！比也。

總是刺其聽讒，未嘗教以止讒。《詩脉》

秦

車鄰

有車鄰鄰，有馬白顛。未見君子，寺人之令。賦也。

凌濛初曰：「有者，不有者也。車或有之，安得衆聲；馬或有之，安得奇種。此與《駟驖》、《終南》俱要見秦人得未曾有之意。」

阪有漆，隰有栗。既見君子，並坐鼓瑟。「今者不樂，逝者其耋！」興也。

阪有桑，隰有楊。既見君子，並坐鼓簧。「今者不樂，逝者其亡！」興也。

駟驖

駟驖孔阜，六轡在手。公之媚子，從公于狩。賦也。
奉時辰牡，辰牡孔碩。公曰左之，舍拔則獲。賦也。
游于北園，四馬既閑。輶車鸞鑣，載獫歇驕。賦也。

小戎

小戎俴收，五楘梁輈。游環脅驅，陰靷鋈續。文茵暢轂，駕我騏馵。言念君子，温其如玉。在其板屋，亂我心曲。賦也。
四牡孔阜，六轡在手。騏騮是中，騧驪是驂。龍盾之合，鋈以觼軜。言念君子，温其在邑。方何爲期？胡然我念之。賦也。
俴駟孔群，厹矛鋈錞。蒙伐有苑，虎韔鏤膺。交韔二弓，竹閉緄縢。言念君子，載寢載興。厭厭良人，秩秩德音。賦也。

蒹葭

蒹葭蒼蒼，白露爲霜。所謂伊人，在水一方。遡洄從之，道阻且長。遡游從之，宛在水中央。賦也。
蒹葭凄凄，白露未晞。所謂伊人，在水之湄。遡洄從之，道阻且躋。遡游從之，宛在水中坻。賦也。

兼葭采采，白露未已。所謂伊人，在水之涘。遡洄從之，道阻且右。遡游從之，宛在水中沚。賦也。

終　南

終南何有？有條有梅。君子至止，錦衣狐裘。顔如渥丹，其君也哉？興也。
終南何有？有紀有堂。君子至止，黻衣綉裳。佩玉將將，壽考不忘。興也。

黄　鳥

交交黄鳥，止于棘。誰從穆公？子車奄息。維此奄息，百夫之特。臨其穴，惴惴其慄。彼蒼者天，殲我良人！如可贖兮，人百其身。興也。
交交黄鳥，止于桑。誰從穆公？子車仲行。維此仲行，百夫之防。臨其穴，惴惴其慄。彼蒼者天，殲我良人！如可贖兮，人百其身！興也。
交交黄鳥，止于楚。誰從穆公？子車針虎。維此針虎，百夫之禦。臨其穴，惴惴其慄。彼蒼者天，殲我良人！如可贖兮，人百其身。興也。

晨　風

鴥彼晨風，鬱彼北林。未見君子，憂心欽欽。如何如何？忘我實多。興也。
山有苞櫟，隰有六駁。未見君子，憂心靡樂。如何如何？忘我實多。興也。
山有苞棣，隰有樹檖。未見君子，憂心如醇。如何如何。忘我實多。興也。

末二句是直言不當忘，非疑詞也。《詩通》　無富貴意。《説通》

無衣

豈曰無衣？與子同袍。王于興師，修我戈矛，與子同仇！賦也。

豈曰無衣？與子同澤。王于興師，修我矛戟，與子偕作！賦也。

豈曰無衣？與子同裳。王于興師，修我甲兵，與子偕行！賦也。

要寫出他一種壯狠親暱之象。《詩評》

渭陽

我送舅氏，曰至渭陽。何以贈之？路車乘黄。賦也。

我送舅氏，悠悠我思。何以贈之？瓊瑰玉佩。賦也。

「悠悠我思」，要于言外見思親意，不要説破。《詩通》

權輿

於我乎！夏屋渠渠，今也每食無餘。于嗟乎！不承權輿！賦也。

於我乎！每食四簋，今也每食不飽。于嗟乎！不承權輿！賦也。

詩意重在行道上，然道恒關于禮意，故嘆之。《詩通》

陳

宛丘

子之湯兮，宛丘之上兮。洵有情兮，而無望兮。賦也。

坎其擊鼓，宛丘之下。無冬無夏，值其鷺羽。賦也。

坎其擊缶，宛丘之道。無冬無夏，值其鷺翿。賦也。

東門之枌

東門之枌，宛丘之栩。子仲之子，婆娑其下。賦也。

穀旦于差，南方之原。不績其麻，市也婆娑。賦也。

穀旦于逝，越以鬷邁。視爾如荍，貽我握椒。賦也。

衡門

衡門之下，可以棲遲。泌之洋洋，可以樂饑。賦也。

豈其食魚，必河之魴？豈其取妻，必齊之姜？賦也。

豈其食魚，必河之鯉？豈其取妻，必宋之子？賦也。

居處、食色，皆切近事，意實廣遠，不必粘合分析。《詩通》 凌濛初曰：「『可以』者，無不可也，非必欲如是也。『豈其』、『必』者，不必也，非必不也。下語皆活，總是恬澹無求而已。『樂饑』字妙，正不得云忘饑。」　齊姜、宋子，是言族類之貴，非言色美。《翼説》

東門之池

東門之池，可以漚麻。彼美淑姬，可與晤歌。興也。
東門之池，可以漚紵。彼美淑姬，可與晤語。興也。
東門之池，可以漚菅。彼美淑姬，可與晤言。興也。

東門之楊

東門之楊，其葉牂牂。昏以爲期，明星煌煌。興也。
東門之楊，其葉肺肺。昏以爲期，明星晢晢。興也。

墓　門

墓門有棘，斧以斯之。夫也不良，國人知之。知而不已，誰昔然矣。興也。
墓門有梅，有鴞萃止。夫也不良，歌以訊之。訊予不顧，顛倒思予。興也。

防有鵲巢

防有鵲巢，邛有旨苕。誰侜予美？心焉忉忉。興也。

中唐有甓，邛有旨鷊。誰侜予美？心焉惕惕。興也。

月出

月出皎兮，佼人僚兮。舒窈糾兮，勞心悄兮。興也。
月出皓兮，佼人懰兮。舒懮受兮，勞心慅兮。興也。
月出照兮，佼人燎兮。舒夭紹兮，勞心慘兮。興也。

株林

胡爲乎株林，從夏南。匪適株林，從夏南。賦也。
駕我乘馬，說于株野。乘我乘駒，朝食于株。賦也。

澤陂

彼澤之陂，有蒲與荷。有美一人，傷如之何！寤寐無爲，涕泗滂沱。興也。
彼澤之陂，有蒲與蕑。有美一人，碩大且卷。寤寐無爲，中心悁悁。興也。
彼澤之陂，有蒲菡萏。有美一人，碩大且儼。寤寐無爲，輾轉伏枕。興也。

檜

羔裘

羔裘逍遥，狐裘以朝。豈不爾思？勞心忉忉。賦也。

羔裘翱翔，狐裘在堂。豈不爾思？我心憂傷。賦也。

羔裘如膏，日出有曜。豈不爾思？中心是悼。賦也。

只是好潔，故如此，不重違制。《翼説》檜君所以可憂處，不曾説出。《詩通》

素冠

庶見素冠兮，棘人欒欒兮，勞心慱慱兮！賦也。

庶見素衣兮，我心傷悲兮，聊與子同歸兮！賦也。

庶見素韠兮，我心藴結兮，聊與子如一兮！賦也。

隰有萇楚

隰有萇楚，猗儺其枝。夭之沃沃，樂子之無知！賦也。

隰有萇楚，猗儺其華。夭之沃沃，樂子之無家！賦也。

隰有萇楚，猗儺其實。夭之沃沃，樂子之無室！賦也。

只是見無知之物如此榮茂而樂之，其苦趣躍于言表。本文無處下「賦役」字，要説得含蓄。《詩通》

匪風

匪風發兮，匪車偈兮。顧瞻周道，中心怛兮。賦也。
匪風飄兮，匪車嘌兮。顧瞻周道，中心弔兮。賦也。
誰能亨魚，溉之釜鬵。誰將西歸，懷之好音。興也。

詩之神，全在「顧瞻周道」中，含無限感慨。「西歸」未暇算到，「周道」自此復興，但使人猶知有周，則亦創見之事矣。是想望語，亦悲感語。《詩通》

蜉蝣

蜉蝣之羽，衣裳楚楚。心之憂矣，於我歸處。比也。
蜉蝣之翼，采采衣服。心之憂矣，於我歸息。比也。
蜉蝣掘閲，麻衣如雪。心之憂矣，於我歸説。比也。

玩細忘遠，詩人本欲爲之啓發告戒也，不曰啓發告戒，而曰「歸處」、「歸息」、「歸説」，蓋欲朝夕相與從容開諭，然後可以卵翼乎化，令舍其舊而新是圖，即所謂習與正人居之之意。《六帖》　不言其死而反美其生，是比意妙處，説詩宜會此意。《詩通》

候人

彼候人兮，何戈與祋。彼其之子，三百赤芾。興也。
維鵜在梁，不濡其翼。彼其之子，不稱其服。興也。
維鵜在梁，不濡其咮。彼其之子，不遂其媾。興也。
薈兮蔚兮，南山朝隮。婉兮孌兮，季女斯饑。比也。

鳲鳩

鳲鳩在桑，其子七兮。淑人君子，其儀一兮。其儀一兮，心如結兮。興也。
鳲鳩在桑，其子在梅。淑人君子，其帶伊絲。其帶伊絲，其弁伊騏。興也。
鳲鳩在桑，其子在棘。淑人君子，其儀不忒。其儀不忒，正是四國。興也。
鳲鳩在桑，其子在榛。淑人君子，正是國人。正是國人，胡不萬年。興也。

只重美君子之用心，儀則心之運用處也。儀與心不用推原，凡人除却身，别無處覓心。「胡不萬年」，重在垂法之久，不是祝壽。《詩通》

下泉

此篇比而興，與他詩不同。首二句中即具比興二意，今只順本文説去，而比興之意自在，不必畫蛇添足，亦不必頭上安頭。末章是顯比，比意就是興意，全然不用補綴。《六帖》

洌彼下泉，浸彼苞稂。愾我寤嘆，念彼周京。比而興也。

洌彼下泉，浸彼苞蕭。愾我寤嘆，念彼京周。比而興也。

洌彼下泉，浸彼苞蓍。愾我寤嘆，念彼京師。比而興也。

芃芃黍苗，陰雨膏之。四國有王，郇伯勞之。比而興也。

凌濛初曰：「有王而又有人勞之，盛世之景象如此。舉郇伯以實其人，不可美郇伯。」

豳

七月

詩中之美，無所不備，皆説詩推詳之詞。周公只閑閑叙過，而豳俗之美自見，所謂王業之本也。《説通》　節節要見先公風化意。《詩通》　凌濛初曰：「嚴氏云：『《七月》之詩，一言以蔽之，曰豫而已。』知得此義，此篇便迎刃而解。章法錯綜，諸事雜舉，不必挨年溜月。」

七月流火，九月授衣。一之日觱發，二之日栗烈。無衣無褐，何以卒歲？三之日于耜，四之日舉趾。同我婦子，饁彼南畝，田畯至喜。賦也。

七月流火，九月授衣。春日載陽，有鳴倉庚。女執懿筐，遵彼微行，爰求柔桑。春日遲遲，采蘩祁祁。女心傷悲，殆及公子同歸。賦也。

「女心」二句，不過因治蠶而模擬一時情事如此。至如公子娶于國中，貴家力于蠶桑，此是言外之意，了與詩旨無干。《六帖》　凌濛初曰：「腐儒更説婚姻以時，又説女有孝思，總是迂緩，失立言輕重之法。」又曰：「女須肖女，不宜似婦；心須肖心，不宜似情。傷悲在心，要知是説不出之苦。」

七月流火，八月萑葦。蠶月條桑，取彼斧斨，以伐遠揚，猗彼女桑。七月鳴鵙，八月載績。載玄載黄，我朱孔陽，爲公子裳。賦也。

四月秀葽，五月鳴蜩。八月其穫，十月隕蘀。一之日于貉，取彼狐狸，爲公子裘。二之日其同，載纘武功。言私其豵，獻豜于公。賦也。

五月斯螽動股，六月莎鷄振羽。七月在野，八月在宇，九月在户，十月蟋蟀入我床下。穹窒熏鼠，塞向墐户。嗟我婦子，曰爲改歲，入此室處。賦也。

按「斯螽」，蝗屬。「莎鷄」，促織也。「蟋蟀」，蛩也。非一物。徒以「七月」二句，不言何物，故作此説，可謂以文害辭者也。朱注如此等不可泥。《六帖》「七月」五句，古人章法用倒插。《詩通》

六月食鬱及薁，七月亨葵及菽。八月剥棗，十月穫稻。爲此春酒，以介眉壽。七月食瓜，八月斷壺，九月叔苴。采荼薪樗，食我農夫。賦也。

九月築場圃，十月納禾稼。黍稷重穋，禾麻菽麥。嗟我農夫！我稼既同，上入執宫功。晝爾于茅，宵爾索綯，亟其乘屋，其始播百穀。賦也。

當日相戒語意，原重治室，特説詩者于言下看出勤農意耳。《詩通》

二之日鑿冰冲冲，三之日納于凌陰。四之日其蚤，獻羔祭韭。九月肅霜，十月滌場。朋酒斯饗，曰殺羔羊。躋彼公堂，稱彼兕觥，萬壽無疆！賦也。

「朋酒斯享」，「斯」字宜玩，有不容少緩意。《詩通》

鴟鴞

俱托鳥言，只照本文叠叠説下。下三章亦自與鴟鴞無涉，不必粘帶。通詩皆暗比，正意俱説詩者補之。《六帖》　全重王室，非只欲自明心迹而已。《詩脉》

鴟鴞鴟鴞，既取我子，無毁我室。恩斯勤斯，鬻子之閔斯。比也。

「取我子」者，墮其術中也，語意若不歸咎二叔。《詩通》

迨天之未陰雨，徹彼桑土，綢繆牖户。今女下民，或敢侮予。比也。

只寫得自家謀國意思，還不曾説到勤勞上。「或敢侮予」，亦庶幾如是，非斷無人侮也，照下自見。《詩通》

予手拮据，予所捋荼，予所蓄租，予口卒瘏，曰予未有室家。比也。

予羽譙譙，予尾翛翛。予室翹翹，風雨所漂摇，予維音曉曉。比也。

「維音曉曉」，全爲愛室苦心，不容自已，勿以此爲作詩之由。《詩通》

東山

我徂東山，慆慆不歸。我來自東，零雨其濛。我東曰歸，我心西悲。制彼裳衣，勿士行枚。蜎蜎者蠋，烝在桑野。敦彼獨宿，亦在車下。賦也。

「敦」字、「亦」字，俱堪尋味，若直説車下之安便索然。《詩通》

我徂東山，慆慆不歸。我來自東，零雨其濛。果蠃之實，亦施于宇。伊威在室，蠨蛸在户。町疃鹿場，熠燿宵行。亦可畏也，伊可懷也。賦也。「亦」字坊刻有作「不」字者，非。

「畏」字逼出「懷」字，不要泥注中一轉。畏此凄凉光景，亦正懷此凄凉地面也。若説爲家人聚此而懷，便無味。《詩通》

我徂東山，慆慆不歸。我來自東，零雨其濛。鸛鳴于垤，婦嘆于室。洒掃穹窒，我征聿至。有敦瓜苦，烝在栗薪。自我不見，于今三年。賦也。

舍夫婦之相見而言見栗薪，又不言見之可喜，而言不見之已久，離合感慨，盎于言外，喜幸不足以盡之。《詩通》

我徂東山，慆慆不歸。我來自東，零雨其濛。倉庚于飛，熠燿其羽。之子于歸，皇駁其馬。親結其縭，九十其儀。其新孔嘉，其舊如之何？賦而興也。

若直叙新婚之樂，便光景易盡，將舊者一點，意味無窮，有形容不出的模樣。若復以「我征聿至」時情景述之，則索然矣。《微言》　凌濛初曰：「言新而以舊一形，固是曲體人情，亦自是詩家波瀾回環妙境。或謂言新昏而足以其舊句，此章即以足上章所未了，不知此是代言，非舊昏之人所自作也，詩人何輕重于其間，而生出新昏以曲描舊者乎？且新昏止作一過文看過，亦殊無味。」

破斧

既破我斧，又缺我斨。周公東征，四國是皇。哀我人斯，亦孔之將！賦也。

既破我斧，又缺我錡。周公東征，四國是吪。哀我人斯，亦孔之嘉！賦也。

既破我斧，又缺我銶。周公東征，四國是遒。哀我人斯，亦孔之休！賦也。

伐柯

伐柯如何？匪斧不克。取妻如何？匪媒不得。比也。

伐柯伐柯，其則不遠。我遘之子，籩豆有踐。比也。

九罭

九罭之魚，鱒魴。我覯之子，衮衣繡裳。興也。

鴻飛遵渚，公歸無所，於女信處。興也。

鴻飛遵陸，公歸不復，於女信宿。興也。

是以有衮衣兮，無以我公歸兮，無使我心悲兮！賦也。

說服飾，便是說德，不必說服以德重，只要形容快睹之意。末章只要描寫愛慕不忍釋然之意，至于公之當歸，彼亦不及計也。不必説向公義一邊，特自言其情耳。《六帖》

狼跋

狼跋其胡，載疐其尾。公孫碩膚，赤舄几几。興也。

狼疐其尾，載跋其胡。公孫碩膚，德音不瑕。興也。

「遜碩膚」，遭疑謗之美名也，不失其常，本心之光明正大來，而未經詩人說出。《詩通》

詩逆

吴興凌濛初輯著　侄瑞森　男瑔參訂

小雅

鹿鳴

呦呦鹿鳴，食野之苹。我有嘉賓，鼓瑟吹笙。吹笙鼓簧，承筐是將。人之好我，示我周行。興也。呦呦鹿鳴，食野之蒿。我有嘉賓，德音孔昭。視民不恌，君子是則是傚。我有旨酒，嘉賓式燕以敖。興也。呦呦鹿鳴，食野之芩。我有嘉賓，鼓瑟鼓琴。鼓瑟鼓琴，和樂且湛。我有旨酒，以燕樂嘉賓之心。興也。

燕饗，本以洽上下之情。各末句一例看，皆是自道其設燕之意如此耳。歸重乞言，似認客作主。《說通》

四牡

四牡騑騑，周道倭遲。豈不懷歸？王事靡盬，我心傷悲。賦也。

須會使臣口氣，非如《北山》感慨不平之例。《詩通》

四牡騑騑，嘽嘽駱馬。豈不懷歸？王事靡盬，不遑啓處。賦也。

翩翩者鵻，載飛載下，集于苞栩。王事靡盬，不遑將父。興也。

翩翩者鵻，載飛載止，集于苞杞。王事靡盬，不遑將母。興也。

駕彼四駱，載驟駸駸。豈不懷歸？是用作歌，將母來諗。賦也。

「作歌」、「來諗」，不是欲君令我速歸，亦非是欲君存恤其家，只是欲知我啣命遠臣，有如許悲惋衷曲耳。《詩通》

皇皇者華

皇皇者華，于彼原隰。駪駪征夫，每懷靡及。興也。

我馬維駒，六轡如濡。載馳載驅，周爰咨諏。賦也。

我馬維騏，六轡如絲。載馳載驅，周爰咨謀。賦也。

我馬維駱，六轡沃若。載馳載驅，周爰咨度。賦也。

我馬維駰，六轡既均。載馳載驅，周爰咨詢。賦也。

每章「我馬」二句，即是「駪駪」二字光景。「諏」、「謀」、「度」、「詢」，又必要周，又各蒙「載馳」、「載驅」說，宛然是個「每懷靡及」。若謂可以補其不及，即每懷及矣。《詩通》　古云使臣，如今大行也。銜命而往采風俗，歸報天子，使知輕重布政焉。時俗俱作興利除害，如後世綉衣持斧者，誤矣。《説通》

常棣

常棣之華，鄂不韡韡。凡今之人，莫如兄弟。興也。
死喪之威，兄弟孔懷。原隰裒矣，兄弟求矣。賦也。
脊令在原，兄弟急難。每有良朋，況也永嘆。興也。

曰「良朋」則非淺交，言「永嘆」亦非無情，但力不能相及耳。《詩通》　凌濛初曰：「越説得好朋友熱腸無可如何，益見兄弟妙處。『每有』字有味，不得以雖有代之。」

兄弟鬩于墻，外禦其務。每有良朋，烝也無戎。賦也。
喪亂既平，既安且寧。雖有兄弟，不如友生。賦也。
儐爾籩豆，飲酒之飫。兄弟既具，和樂且孺。賦也。
妻子好合，如鼓瑟琴。兄弟既翕，和樂且湛。賦也。

二章且將世情反看，便了此旨。《六帖》

宜爾室家，樂爾妻帑。是究是圖，亶其然乎！賦也。

究圖不必推深，只平心虚氣看室家妻帑間，有兄弟與無兄弟何如耳。結句猛將世人提醒。《詩通》

伐木

王者下交于臣而下一「求」字，不止自忘勢分，兼欲令人忘己之勢分，非專籍燕飲而自謂惟燕飲可以將之，則自不得不鄭重綢繆。顧之而速，速之必來。常慮咎慮愆，而有無時節俱不暇論矣。後二章，總

完得一「求」字。《詩通》

伐木丁丁，鳥鳴嚶嚶。出自幽谷，遷于喬木。嚶其鳴矣，求其友聲。相彼鳥矣，猶求友聲。矧伊人矣，不求友生？神之聽之，終和且平。興也。

「神之聽之」，只是人心和平，通于鬼神，終無怨恫而已。文家救饑法，不得不説到泰交成治上。《詩通》

伐木許許，釃酒有藇。既有肥羜，以速諸父。寧適不來，微我弗顧。於粲洒掃，陳饋八簋。既有肥牡，以速諸舅。寧適不來，微我有咎。興也。

「微我」二句，語意最難斡旋。若講以免咎塞責話頭，遂失本旨，民之失德亦然。《六帖》

伐木于阪，釃酒有衍。籩豆有踐，兄弟無遠。民之失德，乾餱以愆。有酒湑我，無酒酤我。坎坎鼓我，蹲舞我。迨我暇矣，飲此湑矣。興也。

尊者不敢必其來，兄弟則曰「無遠」，立言之法也。「迨」字大要體認。《六帖》

天保

總是臣子稱願，而戬穀偏德二意，自是頌中有規。《詩通》　淩濛初曰：「總是一派祝頌語，無推原虚實之分，亦無以漸進盛之意，但各語法自各爲異耳。」

天保定爾，亦孔之固。俾爾單厚，何福不除。俾爾多益，以莫不庶。賦也。

命不于常，故曰「保爾」；厥位維危，故曰「定爾」。「俾爾」等句法，各次句俱足上句，無時不福，積之則厚；無事不福，積之則多。《六帖》

天保定爾，俾爾戩穀。罄無不宜，受天百禄。降爾遐福，維日不足。賦也。

天保定爾，以莫不興。如山如阜，如岡如陵。如川之方至，以莫不增。賦也。

吉蠲爲禧，是用孝享。禴祠烝嘗，于公先王。君曰卜爾，萬壽無疆。賦也。

祭祀但以起下「卜爾」之意，非如他詩重事神。《六帖》

神之弔矣，詒爾多福。民之質矣，日用飲食。群黎百姓，徧爲爾德。賦也。

「徧爲爾德」，徧斯民之爲，皆爲爾之德也，却不須云助。《詩通》

如月之恒，如日之升，如南山之壽，不騫不崩。如松柏之茂，無不爾或承。賦也。

恒、升不得顯以虧昃相形，第云既盈之月，中天之日，未足形容其盛也，便自渾然。《微言》

采薇

采薇采薇，薇亦作止。曰歸曰歸，歲亦暮止。靡室靡家，玁狁之故。不遑啓居，玁狁之故。興也。

「歲亦暮止」等語，勿作怨詞。《六帖》

采薇采薇，薇亦柔止。曰歸曰歸，心亦憂止。憂心烈烈，載饑載渴。我戍未定，靡使歸聘。興也。

凌濛初曰：「『靡使歸聘』，如今人在遠者，言無好便人，一探取家中平安耳。總是念家虚想，若鑿鑿説多是同戍人，皆有戰守之責，而無可使歸者，便呆相。」

采薇采薇，薇亦剛止。曰歸曰歸，歲亦陽止。王事靡盬，不遑啓處。憂心孔疚，我行不來！興也。

「憂心孔疚」，以憤激國難，成敗利鈍，未可逆知故。《詩通》　凌濛初曰：「『我行不來』，奮然自誓，與『不我活兮』不同，勿因憂心句，而微似怖死語氣。」

彼爾維何？維常之華。彼路斯何？君子之車。戎車既駕，四牡業業。豈敢定居？一月三捷！興也。

戍主于守而言戰，蓋未有不戰而能守者。《詩通》

駕彼四牡，四牡騤騤。君子所依，小人所腓。四牡翼翼，象弭魚服。豈不日戒，玁狁孔棘！賦也。

昔我往矣，楊柳依依。今我來思，雨雪霏霏。行道遲遲，載渴載饑。我心傷悲，莫知我哀！賦也。

凌濛初曰：「此章固是預道，不必于今昔字面，鑿出今已爲昔，來反爲今等語。蓋四五章戰戒，亦未嘗不是預道，俱是代言者。時作皆於戍士口中，自言其爲預道，恐無情味。」又曰：「要知立言意，亦是明説破定期以安其心。」

出車

我出我車，于彼牧矣。自天子所，謂我來矣。召彼僕夫，謂之載矣。王事多難，維其棘矣。賦也。

我出我車，于彼郊矣。設此旐矣，建彼旄矣。彼旟旐斯，胡不旆旆？憂心悄悄，僕夫況瘁。賦也。

後軍止是設旐，而旟已在彼牧，故緊頂曰「彼旟旐斯」，兼舉前後軍言之也。《詩通》

王命南仲，往城于方。出車彭彭，旂旐央央。天子命我，城彼朔方。赫赫南仲，玁狁于襄。賦也。

「赫赫南仲」，亦非呼過之語。《詩脉》

昔我往矣，黍稷方華。今我來思，雨雪載塗。王事多難，不遑啓居。豈不懷歸，畏此簡書。賦也。

喓喓草蟲，趯趯阜螽。未見君子，憂心忡忡。既見君子，我心則降。赫赫南仲，薄伐西戎。賦也。

《六帖》

伐西戎是擬議之詞，室家思念，無所不至，故作此意外之想，正是詩家三昧。若作實説，去以千里。

春日遲遲，卉木萋萋。倉庚喈喈，采蘩祁祁。執訊獲醜，薄言旋歸。赫赫南仲，玁狁于夷。賦也。

杕杜

有杕之杜，有睆其實。王事靡盬，繼嗣我日。日月陽止，女心傷止，征夫遑止！賦也。

有杕之杜，其葉萋萋。王事靡盬，我心傷悲。卉木萋止，女心悲止，征夫歸止！賦也。

將「卉木」代「杕杜」二字，恰是女子口中悲念語。《詩通》

陟彼北山，言采其杞。王事靡盬，憂我父母。檀車幝幝，四牡痯痯，征夫不遠！賦也。

匪載匪來，憂心孔疚。期逝不至，而多爲恤。卜筮偕止，會言近止，征夫邇止！賦也。

多爲恤，不必指出所恤何事，有事可指，便不多矣。《詩通》

魚麗

魚麗于罶，鱨鯊。君子有酒，旨且多。興也。

魚麗于罶，魴鱧。君子有酒，多且旨。興也。

魚麗于罶，鰋鯉。君子有酒，旨且有。興也。

物其多矣，維其嘉矣。賦也。

物其旨矣，維其偕矣。賦也。

物其有矣，維其時矣。賦也。

凌濛初曰：「後三章首句，各以次頂前三章末一字，其體似是以後伸前，蓋酒是宴名，原可以該物也。」

南有嘉魚

南有嘉魚，烝然罩罩。君子有酒，嘉賓式燕以樂。興也。

南有嘉魚，烝然汕汕。君子有酒，嘉賓式燕以衎。興也。

南有樛木，甘瓠纍之。君子有酒，嘉賓式燕綏之。興也。

翩翩者鵻，烝然來思。君子有酒，嘉賓式燕又思。興也。

「樂」、「衎」、「綏」，又皆自我燕賓者言之，非賓樂我之酒也。《詩通》

南山有臺

南山有臺，北山有萊。樂只君子，邦家之基。樂只君子，萬壽無期！興也。

南山有桑，北山有楊。樂只君子，邦家之光。樂只君子，萬壽無疆！興也。

南山有杞，北山有李。樂只君子，民之父母。樂只君子，德音不已。興也。

南山有栲，北山有杻。樂只君子，遐不眉壽？樂只君子，德音是茂。興也。

南山有枸，北山有楰。樂只君子，遐不黄耇？樂只君子，保艾爾後。興也。

「爾後」，就本身説。《詩通》

蓼蕭

蓼彼蕭斯，零露湑兮。既見君子，我心寫兮。燕笑語兮，是以有譽處兮。興也。

天子與諸侯聯屬一脉，只在來朝，既見安得不心寫，即美其德處，原不離既見，末章遂單舉來朝之儀作結矣。《詩通》

蓼彼蕭斯，零露瀼瀼。既見君子，爲龍爲光。其德不爽，壽考不忘。興也。
蓼彼蕭斯，零露泥泥。既見君子，孔燕豈弟。宜兄宜弟，令德壽豈。興也。
蓼彼蕭斯，零露濃濃。既見君子，鞗革冲冲。和鸞雝雝，萬福攸同。興也。

湛露

湛湛露斯，匪陽不晞。厭厭夜飲，不醉無歸。興也。
湛湛露斯，在彼豐草，厭厭夜飲，在宗載考。興也。
湛湛露斯，在彼杞棘。顯允君子，莫不令德。興也。
其桐其椅，其實離離。豈弟君子，莫不令儀。興也。

彤弓

彤弓弨兮，受言藏之。我有嘉賓，中心貺之。鐘鼓既設，一朝饗之。賦也。
彤弓弨兮，受言載之。我有嘉賓，中心喜之。鐘鼓既設，一朝右之。賦也。

彤弓弨兮，受言橐之。我有嘉賓，中心好之。鐘鼓既設，一朝醻之。賦也。

王者之心，非欲其以爲重，以爲恩也，盡我之禮意而已。誠且速字，講中勿説出。《六帖》 凌濛初曰：「『饗』、『右』、『醻』，雖指燕言，而弓正燕上所以醻賓侑賓者。要以錫弓字面，説得雙關，不可純用勸酒導飲等語。」

菁菁者莪

菁菁者莪，在彼中阿。既見君子，樂且有儀。興也。

菁菁者莪，在彼中沚。既見君子，我心則喜。興也。

菁菁者莪，在彼中陵。既見君子，錫我百朋。興也。

泛泛楊舟，載沉載浮。既見君子，我心則休。興也。

六　月

雖美吉甫而宣王之能命將在其中。《詩通》

六月棲棲，戎車既飭。四牡騤騤，載是常服。玁狁孔熾，我是用急。王于出征，以匡王國。賦也。

比物四驪，閑之維則。維此六月，既成我服。我服既成，于三十里。王于出征，以佐天子。賦也。

「維此六月」四句，注中分疏甚明，但講中宜總會此意，不宜拘拘分貼。《六帖》 上言「我是用急」而此言應敵從容，則急中有暇。此言不失常度，而下言嚴翼共武，則寬中有嚴。皆相形互見以贊吉甫之妙于行師。《微言》

四牡修廣，其大有顒。薄伐玁狁，以奏膚功。有嚴有翼，共武之服。共武之服，以定王國。賦也。

玁狁匪茹，整居焦穫。侵鎬及方，至于涇陽。織文鳥章，白旆央央。元戎十乘，以先啓行。賦也。

戎車既安，如輊如軒。四牡既佶，既佶且閑。薄伐玁狁，至于太原。文武吉甫，萬邦爲憲。賦也。

吉甫燕喜，既多受祉。「來歸自鎬，我行永久。」飲御諸友，炰鱉膾鯉。侯誰在矣，張仲孝友。賦也。

凌濛初曰：「此燕或説是私燕，或説是飲至，或因『既多』二字而以燕喜爲飲至之燕，以飲御爲私家之燕，終無定説。總是詩人歌其事，即爲公燕，而『來歸』二句，代言吉甫意中事，亦不爲碍。爲私燕，而稱座有重客，亦更得情。即略述飲至受福已過，而又自叙契闊，私燕以相樂，亦無不可。只因欲以『張仲孝友』强作將相相成，故爲公爲私，爲主爲賓，均有不可通處耳。不知舉一孝友之人，不過以重是燕耳，將相調和，從何考來？然細玩朱注語氣，則其指亦在私燕也。」

采芑

薄言采芑，于彼新田，于此菑畝。方叔莅止，其車三千，師干之試。方叔率止，乘其四騏，四騏翼翼。路車有奭，簟茀魚服，鉤膺鞗革。興也。

薄言采芑，于彼新田，于此中鄉。方叔莅止，其車三千，旂旐央央。方叔率止，約軝錯衡，八鸞瑲瑲。服其命服，朱芾斯皇，有瑲葱珩。興也。

「命服」，要見不必服戎服，而威靈已著意。《詩通》

鴥彼飛隼，其飛戾天，亦集爰止。方叔莅止，其車三千，師干之試。方叔率止，鉦人伐鼓，陳師鞠旅。顯允方叔，伐鼓淵淵，振旅闐闐。興也。

蠢爾蠻荆，大邦爲讐。方叔元老，克壯其猶。方叔率止，執訊獲醜。戎車嘽嘽，嘽嘽焞焞，如霆如雷。顯允方叔，征伐玁狁，蠻荆來威。賦也。

「來威」非必不戰而服，但以其名望之降，有不専主於戰鬥之功耳。此亦褒美之體，未可拘拘。《六帖》

車攻

篇内數「既」字，俱見法度修飭，有夙備之意。《六帖》

我車既攻，我馬既同。四牡龐龐，駕言徂東。賦也。

田車既好，四牡孔阜。東有甫草，駕言行狩。賦也。

之子于苗，選徒囂囂。建旐設旄，搏獸于敖。賦也。

「之子」雖是有司主其事者，原在天子説，與王之藎臣一例。《微言》

駕彼四牡，四牡奕奕。赤芾金舄，會同有繹。賦也。

決拾既佽，弓矢既調。射夫既同，助我舉柴。賦也。

「射夫既同」，是人心之協，非比其耦。《翼説》

四黄既駕，兩驂不猗。不失其馳，舍矢如破。賦也。

射御之精，亦須根人心兢勸來。《詩通》

蕭蕭馬鳴，悠悠旆旌。徒御不驚，大庖不盈。賦也。

之子于征，有聞無聲。允矣君子，展也大成。賦也。

「允矣」、「展也」，對平日稱爲君子，期以大成説。《詩通》　凌濛初曰：「『展也大成』，便須帶屬望後來語氣，固是頌不忘規，亦是逆窺末路。」

吉日

吉日維戊，既伯既禱。田車既好，四牡孔阜。升彼大阜，從其群醜。賦也。

吉日庚午，既差我馬。獸之所同，麀鹿麌麌。漆沮之從，天子之所。賦也。

瞻彼中原，其祁孔有。儦儦俟俟，或群或友。悉率左右，以燕天子。賦也。

「悉率」二句，又管得末章，不必歸美宣王。但看下之人如此奉上，則所以致此者，躍然言外矣。「燕天子」，不止是獲禽，全在想見天子合群心，振武烈，修曠典，共成其盛上。《詩通》

既張我弓，既挾我矢。發彼小豝，殪此大兕。以御賓客，且以酌醴。賦也。

鴻鴈

鴻鴈于飛，肅肅其羽。之子于征，劬勞于野。爰及矜人，哀此鰥寡。興也。

鴻鴈于飛，集于中澤。之子于垣，百堵皆作。雖則劬勞，其究安宅。興也。

鴻鴈于飛，哀鳴嗷嗷。維此哲人，謂我劬勞。維彼愚人，謂我宣驕。比也。

庭燎

夜如何其？夜未央，庭燎之光。君子至止，鸞聲將將。賦也。

「夜未央」，是詰問之詞。「庭燎之光」，是料想之詞。交接處委曲圓轉，着一「雖」字，便非玄解。

夜如何其？夜向晨，庭燎有煇。君子至止，言觀其旂。賦也。

夜如何其？夜未艾，庭燎晣晣。君子至止，鸞聲噦噦。賦也。

《六帖》

沔　水

沔彼流水，朝宗于海。鴥彼飛隼，載飛載止。嗟我兄弟，邦人諸友。莫肯念亂，誰無父母。興也。

沔彼流水，其流湯湯。鴥彼飛隼，載飛載揚。念彼不蹟，載起載行。心之憂矣，不可弭忘。興也。

鴥彼飛隼，率彼中陵。民之訛言，寧莫之懲。我友敬矣，讒言其興。興也。

「憂」、「亂」即以憂讒，無兩意。《六帖》

鶴　鳴

鶴鳴于九皋，聲聞于野。魚潛在淵，或在于渚。樂彼之園，爰有樹檀，其下維蘀。他山之石，可以爲錯。比也。

鶴鳴于九皋，聲聞于天。魚在于渚，或潛在淵。樂彼之園，爰有樹檀，其下維穀。他山之石，可以攻玉。比也。

托諷之旨，皆在言表，傳注字目，俱以己意貼出。詩人原無此語，求可以括其旨者，只一成心之不可執而已。二章一意，而次章下字，比前章每進一步。《詩通》

祈父

祈父，予王之爪牙。胡轉予于恤，靡所止居？賦也。

祈父，予王之爪士。胡轉予于恤，靡所底止？賦也。

祈父，亶不聰。胡轉予于恤，有母之尸饔？賦也。

白駒

皎皎白駒，食我場苗。縶之維之，以永今朝。所謂伊人，於焉逍遥。賦也。

皎皎白駒，食我場藿。縶之維之，以永今夕。所謂伊人，於焉嘉客？賦也。

凌濛初曰：「曰『今朝』、曰『於焉』，是已無復望留之意，但欲其暫駐亦大幸已，猶《九罭》之「信處」「信宿」語氣也，用不得求教請益等語。若妝點嘉客，如《鹿鳴》嘉賓，便一毫不似。

皎皎白駒，賁然來思。爾公爾侯？逸豫無期。慎爾優游，勉爾遁思！賦也。

皎皎白駒，在彼空谷。生芻一束，其人如玉。毋金玉爾音，而有遐心。賦也。

凌濛初曰：「『毋金玉爾音』，只望長通聞問，猶後人曰無相忘耳，非望其商榷朝政。」

黄鳥

黄鳥黄鳥，無集于穀，無啄我粟。此邦之人，不我肯穀。言旋言歸，復我邦族。比也。

黄鳥黄鳥，無集于桑，無啄我粱。此邦之人，不可與明。言旋言歸，復我諸兄。比也。

黄鳥黄鳥，無集于栩，無啄我黍。此邦之人，不可與處。言旋言歸，復我諸父。比也。

我行其野

我行其野，蔽芾其樗。昏姻之故，言就爾居。爾不我畜，復我邦家。賦也。

我行其野，言采其蓫。昏姻之故，言就爾宿。爾不我畜，言歸思復。賦也。

我行其野，言采其葍。不思舊姻，求我新特。成不以富，亦祇以異。賦也。

凌濛初曰：「『成不以富』，反言之也。薄責之以新故，正是冷語毒刺，非真謂爲新故而不爲貧富，亦非忠厚而姑以常情責之也。」

斯干

秩秩斯干，幽幽南山。如竹苞矣，如松茂矣。兄及弟矣，式相好矣，無相尤矣。賦也。

「式相好」二句，勿涉戒意。《六帖》　兄弟要説得遠，不止今日，暗含後面室家君王。《詩通》

似續妣祖，築室百堵，西南其户。爰居爰處，爰笑爰語。賦也。

約之閣閣，椓之橐橐。風雨攸除，鳥鼠攸去，君子攸芋。賦也。

如跂斯翼，如矢斯棘，如鳥斯革。如翬斯飛，君子攸躋。賦也。

殖殖其庭，有覺其楹。噲噲其正，噦噦其冥，君子攸寧。賦也。

下莞上簟，乃安斯寢。乃寢乃興，乃占我夢。吉夢維何？維熊維羆，維虺維蛇。賦也。

此章繳起前面嗣續一段憂勤，而埋下生男女張本。「乃安」字，正照此室未築以前焦勞言。《詩通》

大人占之：「維熊維羆，男子之祥；維虺維蛇，女子之祥。」賦也。

乃生男子，載寢之牀，載衣之裳，載弄之璋。其泣喤喤，朱芾斯皇，室家君王。賦也。

乃生女子，載寢之地，載衣之裼，載弄之瓦。無非無儀，唯酒食是議，無父母詒罹。賦也。

無羊

詩重中興考牧，而末段發出天下國家大計，大率民安物阜，關國家之氣運，原是一齊來的，夢之有無，不足深論。《詩通》

誰謂爾無羊？三百維群。誰謂爾無牛？九十其犉。爾羊來思，其角濈濈。爾牛來思，其耳濕濕。賦也。

或降于阿，或飲于池，或寢或訛。爾牧來思，何蓑何笠，或負其餱。三十維物，爾牲則具。賦也。

爾牧來思，以薪以蒸，以雌以雄。爾羊來思，矜矜兢兢，不騫不崩。麾之以肱，畢來既升。賦也。

此二章參差叙述，總見其盛。若以人順物情爲所由盛，反看小了。《詩通》

牧人乃夢，衆維魚矣，旐維旟矣。大人占之：「衆維魚矣，實維豐年；旐維旟矣，室家溱溱。」賦也。

「衆」、「魚」、「旐」、「旟」，只是恍惚所見如此，非似人實魚，似旐實旟，亦非人變爲魚，旐變爲旟也。《翼説》

節南山

凡言天言民，俱以聳動尹氏之心，即以訛王心也。《詩通》

節彼南山，維石巖巖。赫赫師尹，民具爾瞻。憂心如惔，不敢戲談。國既卒斬，何用不監？興也。

節彼南山，有實其猗。赫赫師尹，不平謂何！天方薦瘥，喪亂弘多。民言無嘉，憯莫懲嗟！興也。

尹氏大師，維周之氐。秉國之均，四國是維。天子是毗，俾民不迷。不弔昊天，不宜空我師！賦也。

弗躬弗親，庶民弗信。弗問弗仕，勿罔君子。式夷式已，無小人殆。瑣瑣姻亞，則無膴仕。賦也。

昊天不傭，降此鞠訩！昊天不惠，降此大戾！君子如屆，俾民心闋。君子如夷，惡怒是違。賦也。

「如屆」、「如夷」，兩「如」字有不勝想望之意。《詩通》

不弔昊天，亂靡有定。式月斯生，俾民不寧。憂心如酲，誰秉國成？不自爲政，卒勞百姓。賦也。

駕彼四牡，四牡項領。我瞻四方，蹙蹙靡所騁！賦也。

詩人非果欲去國，但言天下皆亂，以見致之者之罪耳。《六帖》

方茂爾惡，相爾矛矣。既夷既懌，如相醻矣。賦也。

昊天不平，我王不寧。不懲其心，覆怨其正。賦也。

家父作誦，以究王訩。式訛爾心，以畜萬邦。賦也。

凌濛初曰：「畜未便是昇平，少救卒斬空我師光景耳。」

正　月

訛者，小人所托以傾君子也，而本在王爲内寵蠱惑，不用君子而用小人，致此訛言。故欲止訛以救亂，惟有一用君子，而當時不可望矣，所以憂之深也。《詩通》

正月繁霜，我心憂傷。民之訛言，亦孔之將。念我獨兮，憂心京京。哀我小心，癙憂以痒。賦也。

父母生我，胡俾我瘉？不自我先，不自我後。好言自口，莠言自口。憂心愈愈，是以有侮。賦也。

憂心惸惸，念我無禄。民之無辜，並其臣僕。哀我人斯，于何從禄？瞻烏爰止，于誰之屋？賦也。

瞻彼中林，侯薪侯蒸。民今方殆，視天夢夢。既克有定，靡人弗勝。有皇上帝，伊誰云憎？興也。

謂山蓋卑，爲岡爲陵。民之訛言，寧莫之懲。召彼故老，訊之占夢。具曰「予聖」，誰知烏之雌雄！賦也。

「具曰『予聖』」，只言雖自以爲聖，而于訛言實不知也。凡求詩人之語，寧淺無深。《六帖》

謂天蓋高，不敢不局。謂地蓋厚，不敢不蹐。維號斯言，有倫有脊。哀今之人，胡爲虺蜴？賦也。

瞻彼阪田，有菀其特。天之扤我，如不我克。彼求我則，如不我得。執我仇仇，亦不我力。興也。

「彼求我則」，非真欲取以爲法，不過借其聲望以爲己重也。《六帖》

心之憂矣，如或結之。今茲之正，胡爲厲矣？燎之方揚，寧或滅之？赫赫宗周，褒姒烕之！賦也。

凌濛初曰：「『胡爲厲矣』，猶言誰生厲階也。當時秉政者，總此一班訛言小人，而實由褒姒致之，當合下篇『皇父卿士』章看。」「燎之」二句，反起之詞，周未烕也，知其必烕也，但詩人却似已烕者，方是口氣。《説通》

終其永懷，又窘陰雨。其車既載，乃棄爾輔。載輸爾載，將伯助予。比也。

無棄爾輔，員于爾輻。屢顧爾僕，不輸爾載。終踰絶險，曾是不意！比也。

魚在于沼，亦匪克樂。潛雖伏矣，亦孔之炤。憂心慘慘，念國之爲虐。比也。

彼有旨酒，又有嘉殽。洽比其鄰，昏姻孔云。念我獨兮，憂心慇慇。賦也。

佌佌彼有屋，蔌蔌方有穀。民今之無禄，天夭是椓。哿矣富人，哀此惸獨！賦也。

「哿矣」二句，非寬富人也，猶言土國城漕，我獨南行云耳。《説通》

十月之交

十月之交，朔日辛卯。日有食之，亦孔之醜。彼月而微，此日而微。今此下民，亦孔之哀。賦也。

日月告凶，不用其行。四國無政，不用其良。彼月而食，則維其常。此日而食，于何不臧！賦也。

爗爗震電，不寧不令。百川沸騰，山冢崒崩。高岸爲谷，深谷爲陵。哀今之人，胡憯莫懲！賦也。

皇父卿士，番維司徒，家伯冢宰，仲允膳夫，聚子内史，蹶維趣馬，楀維師氏，豔妻煽方處。賦也。

抑此皇父，豈曰不時。胡爲我作，不即我謀！徹我墻屋，田卒汚萊。曰「予不戕，禮則然矣」。賦也。

皇父孔聖，作都于向。擇三有事，亶侯多藏。不憖遺一老，俾守我王。擇有車馬，以居徂向。賦也。

黽勉從事，不敢告勞。無罪無辜，讒口囂囂。下民之孽，匪降自天。噂沓背憎，職競由人。賦也。

悠悠我里，亦孔之痗。四方有羡，我獨居憂。民莫不逸，我獨不敢休。天命不徹，我不敢傚我友自逸。賦也。

獨憂，不獨以皇父病之，自傷之至。視天下之苦，無甚于我者。如《四月》「民莫不穀，我獨何害」，亦是此意。《六帖》　凌濛初曰：「逸曰『自逸』，明是燕雀怡堂也，故曰『不敢傚』，實是憂危深心，非泛欲盡臣職也。」

雨無正

浩浩昊天，不駿其德。降喪饑饉，斬伐四國。昊天疾威，弗慮弗圖。舍彼有罪，既伏其辜。若此無罪，淪胥以鋪。賦也。

周宗既滅，靡所止戾。正大夫離居，莫知我勩。三事大夫，莫肯夙夜。邦君諸侯，莫肯朝夕。庶曰式臧，覆出爲惡。賦也。

如何昊天！辟言不信。如彼行邁，則靡所臻。凡百君子，各敬爾身。胡不相畏，不畏于天？賦也。

凌濛初曰：「爲人臣而離居，莫肯夙夜、朝夕，不敬甚矣，故曰『各敬爾身』，正是望以不去，與他處『敬』字不同。」「胡不相畏」二句，語氣抑揚。各敬便是相畏，相畏便是畏天。《六帖》

戎成不退，饑成不遂。曾我暬御，憯憯日瘁。凡百君子，莫肯用訊。聽言則答，譖言則退。賦也。

「聽言」，不須説是王欲聽其言，只是聞其問及耳。《詩通》答亦是據理而言，但不肯盡言，不必是面從。《六帖》

哀哉不能言，匪舌是出，維躬是瘁。哿矣能言，巧言如流，俾躬處休。賦也。

凌濛初曰：「『匪舌是出』二句，猶言不以口舌用事，而但鞠躬盡瘁也。『匪舌是出』，即是不能言。『瘁』字，即上『日瘁』『瘁』字，注似模糊。時作吶吶然如不出諸口，用力以出，其勢甚艱，亦是强解費力，總認『瘁』字爲獲罪之意，故于『匪舌』句難通耳。此與下章深體曲諒，見非不知時局之可去也，總是窮其情而責以義。」

維曰于仕，孔棘且殆。云不可使，得罪于天子。亦云可使，怨及朋友。賦也。

謂爾遷于王都，曰予未有室家。鼠思泣血，無言不疾。昔爾出居，誰從作爾室？賦也。

末二句責得近情，乃所以爲盡情也。《詩通》

小旻

通詩刺王而不露一「王」字，即疾威之布，亦托之乎天，此其立言渾厚處。《微言》

旻天疾威，敷于下土。謀猶回遹，何日斯沮？謀臧不從，不臧覆用。我視謀猶，亦孔之邛。賦也。

潝潝訿訿，亦孔之哀。謀之其臧，則具是違。謀之不臧，則具是依。我視謀猶，伊于胡底。賦也。

我龜既厭，不我告猶。謀夫孔多，是用不集。發言盈庭，誰敢執其咎？如匪行邁謀，是用不得于道。賦也。

哀哉爲猶，匪先民是程，匪大猶是經。維邇言是聽，維邇言是争。如彼築室于道謀，是用不潰于成。賦也。

國雖靡止，或聖或否。民雖靡膴，或哲或謀，或肅或艾。如彼流泉，無淪胥以敗。賦也。

聖哲謀肅艾，未可便認作善謀，但有此等人，其謀必善。或聖或否，要圓融，言雖有否，未嘗無聖也。《詩通》

不敢暴虎，不敢馮河。人知其一，莫知其他。戰戰兢兢，如臨深淵，如履薄冰。賦也。

注喪忘之禍，在「他」字中亦須含蓄，只以隱禍言之乃得。《詩通》

小宛

宛彼鳴鳩，翰飛戾天。我心憂傷，念昔先人。明發不寐，有懷二人。興也。

人之齊聖，飲酒温克。彼昏不知，壹醉日富。各敬爾儀，天命不又。賦也。

敬儀廣説，而飲酒亦在其中。《微言》

中原有菽，庶民采之。螟蛉有子，蜾蠃負之。教誨爾子，式穀似之。興也。

題彼脊令，載飛載鳴。我日斯邁，而月斯征。夙興夜寐，無忝爾所生。興也。

交交桑扈，率場啄粟。哀我填寡，宜岸宜獄。握粟出卜，自何能穀？興也。

「出卜」非真欲問神，只以見人之意想已窮耳。《詩通》　凌濛初曰：「『握粟』者，因貧故説得貧相，非以此自見其貧也，不可另作貧語。

温温恭人，如集于木。惴惴小心，如臨于谷。戰戰兢兢，如履薄冰。賦也。

亦只是一憂危意思，非必遂謂此足以自穀也。《詩通》

小弁

弁彼鸒斯，歸飛提提。民莫不穀，我獨于罹。何辜于天，我罪伊何？心之憂矣，云如之何？興也。

踧踧周道，鞫爲茂草。我心憂傷，惄焉如擣。假寐永嘆，維憂用老。心之憂矣，疢如疾首。興也。

維桑與梓，必恭敬止。靡瞻匪父，靡依匪母。不屬于毛，不離于裏。天之生我，我辰安在？興也。

菀彼柳斯，鳴蜩嘒嘒。有漼者淵，萑葦淠淠。譬彼舟流，不知所届。心之憂矣，不遑假寐。興也。

「不遑假寐」，言莫謂假寐永嘆，雖假寐猶將不暇矣。注「今昔」字可删。《微言》

鹿斯之奔，維足伎伎。雉之朝雊，尚求其雌。譬彼壞木，疾用無枝。心之憂矣，寧莫之知！興也。

玩「寧」字，似言親不之知也，注「人莫之知」，非也。《説通》

相彼投兔，尚或先之。行有死人，尚或墐之。君子秉心，維其忍之。心之憂矣，涕既隕之！興也。

君子信讒，如或醻之。君子不惠，不舒究之。伐木掎矣，析薪杝矣。舍彼有罪，予之佗矣！賦而興也。

飲酒一獻一酢，往而必返。至醻爵則受而不返，故曰「如或醻之」。「不舒究」，正足上二句意。《六帖》「舍彼有罪」，亦非欲其移罪于彼，猶言不問我之有罪無罪而唯以相加，正所謂不舒究也。《説通》

莫高匪山，莫浚匪泉。君子無易由言，耳屬于垣。無逝我梁，無發我笱。我躬不閲，遑恤我後。賦而比也。

凌濛初曰：「『莫高』二句，蓋云以爲莫高矣，却不是山；以爲莫深矣，却不是泉。見宫垣無甚高深，言不可易，注解其上一層意，泥之便於詩語多所添入。」「由言」非便是廢立之言，只意向微有所左右便是。《翼説》　此詩作于信讒之後，而「無易由言」，尚作戒勉之説，正見他委婉處。《六帖》

巧言

悠悠昊天，曰父母且。無罪無辜，亂如此憮。昊天已威，予慎無罪。昊天泰憮，予慎無辜。賦也。

「僭始既涵」，王之病根。若以讒人，則心何難知，言何難辨，又何難除哉！《詩通》

亂之初生，僭始既涵。亂之又生，君子信讒。君子如怒，亂庶遄沮。君子如祉，亂庶遄已。賦也。

君子屢盟，亂是用長。君子信盜，亂是用暴。盜言孔甘，亂是用餤。匪其止共，惟王之邛。賦也。

「屢盟」，與賢者盟也，正與上「如祉」相反。《六帖》

奕奕寢廟，君子作之。秩秩大猷，聖人莫之。他人有心，予忖度之。躍躍毚兔，遇犬獲之。興而比也。

荏苒柔木，君子樹之。往來行言，心焉數之。蛇蛇碩言，出自口矣。巧言如簧，顔之厚矣。興也。

「數」字妙，不得作「辨」字解。曰「數之」，辨不足言矣。《詩評》　蛇蛇正碩言出口之度，據理敷詞，自然有序，口頭絶無回互，故曰「自口」。朱注「宜也」二字，是斷章語，不必泥。《詩通》　凌濛初曰：「碩言心如其口，故曰『自口』。巧言口覆其心，自然『顔厚』。出口者，即今所謂開口見喉嚨也，以顔厚一反照自明，不必下語武斷。」

彼何人斯，居河之麋。無拳無勇，職爲亂階。「既微且尰，爾勇伊何？爲猶將多，爾居徒幾何？」賦也。

惡之深，故形容之，非實事，讒人之伎倆如此，而王不能去，此其罪不獨在讒人也。《説通》

何人斯

彼何人斯？其心孔艱。胡逝我梁，不入我門？伊誰云從？維暴之云。賦也。

二人同行，誰爲此禍？胡逝我梁，不入唁我？始者不如今，云不我可！賦也。

彼何人斯？胡逝我陳？我聞其聲，不見其身。不愧于人？不畏于天？賦也。

彼何人斯？其爲飄風。胡不自北，胡不自南？胡逝我梁，祇攪我心！賦也。

爾之安行，亦不遑舍。爾之急行，遑脂爾車。壹者之來，云何其盱！賦也。

爾還而入，我心易也。還而不入，否難知也。壹者之來，俾我祇也。賦也。

伯氏吹壎，仲氏吹篪。及爾如貫，諒不我知。出此三物，以詛爾斯。賦也。

爲鬼爲蜮，則不可得。有靦面目，視人罔極。作此好歌，以極反側。賦也。

篇中「胡逝我梁」等語俱托言。「伊誰云從」、「二人同行」，皆婉詞，非實事也。通詩只言其不見，而不言其譖，即六章言「詛爾斯」，而不指斯之何事。末言其「反側」，而亦不言其譖之反側，使之聞言而愧，不明言甚于言矣。《説通》　既譖矣，復何面目見之。通篇俱言其可以見而不來，惟欲以一來爲快，則彼愧汗難前之態，宛然在目，而讒構之罪亦不待言而顯矣，故曰「極反側」。然譖終不可説出，只言始厚今

薄便是。《六帖》

巷伯

萋兮斐兮，成是貝錦。彼譖人者，亦已大甚！比也。

哆兮侈兮，成是南箕。彼譖人者，誰適與謀！比也。

緝緝翩翩，謀欲譖人。愼爾言也，謂爾不信。賦也。

捷捷幡幡，謀欲譖言。豈不爾受，既其女遷。賦也。

凌濛初曰：「惡惡如《巷伯》，其辭已露甚。此二章亦是以常理誚之怵之，深冀其並及，無所謂忠告也。『愼爾言』、『豈不受』，俱是詩家冷語法。」猶今人言也須仔細，有時輪到女也。《説通》

驕人好好，勞人草草。蒼天蒼天，視彼驕人，矜此勞人。賦也。

「視彼」「視」字妙，即俗所云看他不過也，禍福意且落下一層。《詩評》

彼譖人者，誰適與謀。取彼譖人，投畀豺虎。豺虎不食，投畀有北。有北不受，投畀有昊。賦也。

楊園之道，猗于畝丘。寺人孟子，作爲此詩。凡百君子，敬而聽之。興也。

谷風

習習谷風，維風及雨。將恐將懼，維予與女。將安將樂，女轉棄予。興也。

習習谷風，維風及頹。將恐將懼，寘予于懷。將安將樂，棄予如遺。興也。

習習谷風，維山崔嵬。無草不死，無木不萎。忘我大德，思我小怨。比也。

友本以患難相依，安樂棄之。而詩人若不忍直言，猶以「大德」、「小怨」分任其辜，亦成不以富亦祇以異之意也。「大德」不可即指患難相恤。《説通》

蓼莪

蓼蓼者莪，匪莪伊蒿。哀哀父母，生我劬勞。比也。

蓼蓼者莪，匪莪伊蔚。哀哀父母，生我勞瘁。比也。

缾之罄矣，維罍之耻。鮮民之生，不如死之久矣。無父何怙，無母何恃！出則銜恤，入則靡至！比也。

父兮生我，母兮鞠我。拊我畜我，長我育我，顧我復我，出入腹我。欲報之德，昊天罔極！賦也。

南山烈烈，飄風發發。民莫不穀，我獨何害！興也。

南山律律，飄風弗弗。民莫不穀，我獨不卒。興也。

大東

只將下土件件空虚，而西人爲虐未已，極其形容，非是痴心望天，見天之不助東人，反助西人，而怨之也，不要着相説。《詩通》

有饛簋飧，有捄棘匕。周道如砥，其直如矢。君子所履，小人所視。睠焉顧之，潸焉出涕。興也。

「所履」、「所視」，要見賦役均平時，令人自然遵道氣象。「顧之」、「出涕」，含情未發。《詩通》

小東大東，杼柚其空。糾糾葛屨，可以履霜？佻佻公子，行彼周行。既往既來，使我心疚。賦也。

有冽氿泉，無浸穫薪。契契寤嘆，哀我憚人。薪是穫薪，尚可載也。哀我憚人，亦可息也。興也。

東人之子，職勞不來。西人之子，粲粲衣服。舟人之子，熊羆是求。私人之子，百僚是試。賦也。

或以其酒，不以其漿。鞙鞙佩璲，不以其長。維天有漢，監亦有光。跂彼織女，終日七襄。賦也。

雖則七襄，不成報章。睆彼牽牛，不以服箱。東有啓明，西有長庚。有捄天畢，載施之行。賦也。

維南有箕，不可以簸揚。維北有斗，不可以挹酒漿。維南有箕，載翕其舌。維北有斗，西柄之揭。賦也。

四月

四月維夏，六月徂暑。先祖匪人，胡寧忍予？興也。

秋日凄凄，百卉具腓。亂離瘼矣，奚其適歸？興也。

冬日烈烈，飄風發發。民莫不穀，我獨何害。興也。

注合三章禍亂日進，看來無此意，只是觸目生悲，故夏怨其暑，秋傷其病，冬悲其烈，無時得自寬耳。《說通》

山有嘉卉，侯栗侯梅。廢爲殘賊，莫知其尤。興也。

相彼泉水，載清載濁。我日構禍，曷云能穀？興也。

滔滔江漢，南國之紀。盡瘁以仕，寧莫我有。興也。

匪鶉匪鳶，翰飛戾天。匪鱣匪鮪，潛逃于淵。賦也。

山有蕨薇，隰有杞桋。君子作歌，維以告哀。興也。

「維以告哀」，不敢他及也。時亂使人不敢言可想。《六帖》

北山

陟彼北山，言采其杞。偕偕士子，朝夕從事。王事靡盬，憂我父母。賦也。
溥天之下，莫非王土。率土之濱，莫非王臣。大夫不均，我從事獨賢。賦也。
四牡彭彭，王事傍傍。嘉我未老，鮮我方將。旅力方剛，經營四方。賦也。
或燕燕居息，或盡瘁事國。或息偃在牀，或不已于行。賦也。
或不知叫號，或慘慘劬勞。或栖遲偃仰，或王事鞅掌。賦也。
或湛樂飲酒，或慘慘畏咎。或出入風議，或靡事不爲。賦也。

無將大車

無將大車，祇自塵兮。無思百憂，祇自疷兮。興也。
無將大車，維塵冥冥。無思百憂，不出于熲。興也。
無將大車，維塵雝兮。無思百憂，祇自重兮。興也。
憂至于不欲思，正其思之深也。《詩通》

小明

明是戀戀思鄉，而又含愁在心，莫可伸説，故念及共人，惟有涕零如雨耳。固非别久懷思而冀其晤，亦不明言我勞彼逸而致忿憾不平也。《微言》　玩末二章詞和義正，則連前心之憂矣，俱非怨詞。看三章各「畏」字，分明自己亦有勉思靖共之意。「罪罟」、「譴怒」、「反覆」，就王事不堅固，朝廷法度不測言，勿作君之刑罰失宜。「自貽伊戚」，是以分義自安，非自咎不見幾也。《詩通》 凌濛初曰：「如陸説，似得詩人忠厚之旨，故自佳。然此詩作于亂世，而詞氣亦自悲涼憂蹙，但措語須温厚，時帶些回護處，不露怨望乃可，非可因末二章和平，而謂全是自安引分，毫無怨心也。『畏此罪罟』等句，豈復『畏此簡書』字法乎？」

明明上天，照臨下土。我征徂西，至于艽野。二月初吉，載離寒暑。心之憂矣，其毒大苦。念彼共人，涕零如雨。豈不懷歸？畏此罪罟。賦也。

昔我往矣，日月方除。曷云其還？歲聿云莫。念我獨兮，我事孔庶。心之憂矣，憚我不暇。念彼共人，睠睠懷顧。豈不懷歸？畏此譴怒。賦也。

昔我往矣，日月方奥。曷云其還？政事愈蹙。歲聿云莫，采蕭穫菽。心之憂矣，自詒伊戚。念彼共人，興言出宿。豈不懷歸？畏此反覆。賦也。

嗟爾君子，無恒安處。靖共爾位，正直是與。神之聽之，式穀以女。賦也。

嗟爾君子，無恒安息。靖共爾位，好是正直。神之聽之，介爾景福。賦也。

「正直是與」，我助正直，不是求賢自助，有諷以保全善類之意。照上三章末句，似謂萬里孤臣，全仗良友。《詩通》 「神之聽之」，亦以見君昏政亂，君子不能自保，惟冀神之鑒之耳。《説通》

鼓鐘

鼓鐘將將，淮水湯湯，憂心且傷。淑人君子，懷允不忘。賦也。

鼓鐘喈喈，淮水湝湝，憂心且悲。淑人君子，其德不回。賦也。

鼓鐘伐鼛，淮有三洲，憂心且妯。淑人君子，其德不猶。賦也。

鼓鐘欽欽，鼓瑟鼓琴，笙磬同音。以雅以南，以籥不僭。賦也。

言懷古不忘，而不明較其德；言德不猶今，而不直斥其荒。至後其詞愈隱，而譏刺之意，隱然言外。如明説樂是人非，似傷温厚之旨。《微言》

楚茨

楚楚者茨，言抽其棘。自昔何爲？我蓺黍稷。我黍與與，我稷翼翼。我倉既盈，我庾維億。以爲酒食，以享以食。以妥以侑，以介景福。賦也。

濟濟蹌蹌，絜爾牛羊，以往烝嘗。或剥或亨，或肆或將。祝祭于祊，祀事孔明。先祖是皇，神保是饗。「孝孫有慶，報以介福，萬壽無疆！」賦也。

執爨踖踖，爲俎孔碩，或燔或炙。君婦莫莫，爲豆孔庶，爲賓爲客。獻酬交錯，禮儀卒度，笑語卒獲。神保是格，「報以介福，萬壽攸酢！」賦也。

三章皆一時事，但每章各發一義耳。《六帖》

我孔熯矣，式禮莫愆。工祝致告：「徂賚孝孫。苾芬孝祀，神嗜飲食。卜爾百福，如幾如式。既齊既稷，既匡既敕。永錫爾極，時萬時億。」賦也。

禮儀既備，鐘鼓既戒。孝孫徂位，工祝致告：「神具醉止。」皇尸載起，鼓鐘送尸，神保聿歸。諸宰君婦，廢徹不遲。諸父兄弟，備言燕私。賦也。

樂具入奏，以綏後禄。爾殽既將，莫怨具慶。既醉既飽，小大稽首。「神嗜飲食，使君壽考。孔惠孔時，維其盡之。子子孫孫，勿替引之。」賦也。

信南山

信彼南山，維禹甸之。畇畇原隰，曾孫田之。我疆我理，南東其畝。賦也。

上天同雲，雨雪雰雰。益之以霡霂，既優既渥，既霑既足，生我百穀。賦也。

疆埸翼翼，黍稷彧彧。曾孫之穡，以爲酒食。畀我尸賓，壽考萬年。賦也。

中田有廬，疆埸有瓜。是剥是菹，獻之皇祖。曾孫壽考，受天之祜。賦也。

祭以清酒，從以騂牡，享于祖考。執其鸞刀，以啓其毛，取其血膋。賦也。

是烝是享，苾苾芬芬，祀事孔明。先祖是皇，報以介福，萬壽無疆！賦也。

粢盛瓜菹、犧牲，俱一時奉祭之物，每段發一義耳，無先後意。《六帖》

甫田

倬彼甫田，歲取十千。我取其陳，食我農人。自古有年。今適南畝，或耘或耔，黍稷薿薿。攸介攸止，烝我髦士。賦也。

以我齊明，以我犧羊，以社以方。我田既臧，農夫之慶。琴瑟擊鼓，以御田祖，以祈甘雨，以介我黍稷，以穀我士女。賦也。

曾孫來止，以其婦子，饁彼南畝。田畯至喜，攘其左右，嘗其旨否。禾易長畝，終善且有。曾孫不怒，農夫克敏。賦也。

曾孫之稼，如茨如梁。曾孫之庾，如坻如京。乃求千斯倉，乃求萬斯箱。黍稷稻粱，農夫之慶。報以介福，萬壽無疆！賦也。

每章各舉一事，各叙一時，不必捱時溜月，牽合以就其見也。《六帖》　不過逐節叙述公卿爲農如此耳。一章各自爲一事，惟此重農之念，則斂散、省勞、祈報、慶祝，皆此意也。《詩通》

大田

大田多稼，既種既戒，既備乃事。以我覃耜，俶載南畝，播厥百穀。既庭且碩，曾孫是若。賦也。

既方既皁，既堅既好，不稂不莠。去其螟螣，及其蟊賊，無害我田穉。田祖有神，秉畀炎火。賦也。

有渰萋萋，興雨祁祁。雨我公田，遂及我私。彼有不穫穉，此有不斂穧；彼有遺秉，此有滯穗，伊寡婦之利。賦也。

曾孫來止，以其婦子，饁彼南畝，田畯至喜。來方禋祀，以其騂黑，與其黍稷。以享以祀，以介景福。賦也。

詩重歸美上人意，當櫽括前篇之意而稱述之。《説通》

瞻彼洛矣

瞻彼洛矣，維水泱泱。君子至止，福禄如茨。韎韐有奭，以作六師。賦也。

瞻彼洛矣，維水泱泱。君子至止，鞞琫有珌。君子萬年，保其家室。賦也。

瞻彼洛矣，維水泱泱。君子至止，福禄既同。君子萬年，保其家邦。賦也。

「福禄」俱就講武上見，「作」字重在天子親御戎服上。《六帖》 萬年保家邦，自是實理，非祝願也。

萬年只當一「永」字看，不作壽。《微言》

裳裳者華

裳裳者華，其葉湑兮。我覯之子，我心寫兮。我心寫兮，是以有譽處兮。興也。

裳裳者華，芸其黄矣。我覯之子，維其有章矣。維其有章矣，是以有慶矣。興也。

裳裳者華，或黄或白。我覯之子，乘其四駱。乘其四駱，六轡沃若。興也。

左之左之，君子宜之。右之右之，君子有之。維其有之，是以似之。興也。

桑扈

交交桑扈，有鶯其羽。君子樂胥，受天之祜。興也。

交交桑扈，有鶯其領。君子樂胥，萬邦之屏。興也。

之屏之翰，百辟爲憲。不戢不難，受福不那。賦也。

兕觵其觩，旨酒思柔。彼交匪敖，萬福來求。賦也。

鴛鴦

鴛鴦于飛，畢之羅之。君子萬年，福禄宜之。興也。

鴛鴦在梁，戢其左翼。君子萬年，宜其遐福。興也。

乘馬在廄，摧之秣之。君子萬年，福禄艾之。興也。

乘馬在廄，秣之摧之。君子萬年，福禄綏之。興也。

頍弁

有頍者弁，實維伊何？爾酒既旨，爾殽既嘉。豈伊異人？兄弟匪他。蔦與女蘿，施于松柏。未見君子，憂心奕奕；既見君子，庶幾説懌。賦而興，又比也。

有頍者弁，實維何期？爾酒既旨，爾殽既時。豈伊異人？兄弟具來。蔦與女蘿，施于松上。未見君子，憂心怲怲；既見君子，庶幾有臧。賦而興，又比也。

有頍者弁，實維在首。爾酒既旨，爾殽既阜。豈伊異人？兄弟甥舅。如彼雨雪，先集維霰。死喪無日，無幾相見。樂酒今夕，君子維宴。賦而興，又比也。

車舝

間關車之舝兮，思孌季女逝兮。匪饑匪渴，德音來括。雖無好友，式燕且喜。賦也。

依彼平林，有集維鷮。辰彼碩女，令德來教。式燕且譽，好爾無射。興也。

雖無旨酒，式飲庶幾。雖無嘉殽，式食庶幾。雖無德與女，式歌且舞。賦也。

「雖無」字，不重謙意，重在相樂上，蓋謙言物與德之兼無，無非欲其盡情以相樂也。「庶幾」，冀之之詞。《六帖》

陟彼高岡，析其柞薪。析其柞薪，其葉湑兮。鮮我覯爾，我心寫兮。興也。
高山仰止，景行行止。四牡騑騑，六轡如琴。覯爾新昏，以慰我心。興也。

青蠅

營營青蠅，止于樊。豈弟君子，無信讒言。比也。
營營青蠅，止于棘。讒人罔極，交亂四國。興也。
營營青蠅，止于榛。讒人罔極，構我二人。興也。
「交亂四國」，究其極也。「構我二人」，原其微也。《六帖》

賓之初筵

賓之初筵，左右秩秩。籩豆有楚，殽核維旅。酒既和旨，飲酒孔偕。鍾鼓既設，舉醻逸逸。大侯既抗，弓矢斯張。射夫既同，獻爾發功。發彼有的，以祈爾爵。賦也。
籥舞笙鼓，樂既和奏。烝衎烈祖，以洽百禮。百禮既至，有壬有林。錫爾純嘏，子孫其湛。其湛曰樂，各奏爾能。賓載手仇，室人入又。酌彼康爵，以奏爾時。賦也。
首章「初」字，對下面飲酒說，不對第三章說。射飲、祭飲，皆飲之善者。奈何今之淫湎毁常，大異于是，如後三章所云耳。若謂射與祭者，始善終不善，大失詩人之旨矣。《六帖》
賓之初筵，温温其恭。其未醉止，威儀反反。曰既醉止，威儀幡幡。舍其坐遷，屢舞僊僊。其未醉止，威儀抑抑。曰既醉止，威儀怭怭。是曰既醉，不知其秩。賦也。

賓既醉止，載號載呶。亂我籩豆，屢舞僛僛。是曰既醉，不知其郵。側弁之俄，屢舞傞傞。既醉而出，並受其福。醉而不出，是謂伐德。飲酒孔嘉，維其令儀。賦也。

凡此飲酒，或醉或否。既立之監，或佐之史。彼醉不臧，不醉反耻。式勿從謂，無俾大怠。匪言勿言，匪由勿語。由醉之言，俾出童羖。三爵不識，矧敢多又。賦也。

「式勿」以下，皆本上「反耻」來，都是不醉者意中事，欲持以告之醉者而不可得，想見代他羞醜情狀。此等皆非實話，全要摹想意況。若認作實境，便失大旨。形容不醉之情，正見醉之可耻，數句一直下不斷。《六帖》

魚藻

魚在在藻，有頒其首。王在在鎬，豈樂飲酒。興也。

魚在在藻，有莘其尾。王在在鎬，飲酒樂豈。興也。

魚在在藻，依于其蒲。王在在鎬，有那其居。興也。

飲樂全要發出所以然之故。《六帖》

采菽

采菽采菽，筐之筥之。君子來朝，何錫予之？雖無予之，路車乘馬。又何予之？玄衮及黼。興也。

觱沸檻泉，言采其芹。君子來朝，言觀其旂。其旂淠淠，鸞聲嘒嘒。載驂載駟，君子所届。興也。

赤芾在股，邪幅在下。彼交匪紓，天子所予。樂只君子，天子命之。樂只君子，福禄申之。賦也。

「命」字應首章「錫予」，而「福禄」則放開一步説。《詩通》

維柞之枝，其葉蓬蓬。樂只君子，殿天子之邦。樂只君子，萬福攸同。平平左右，亦是率從。興也。

泛泛楊舟，紼纚維之。樂只君子，天子葵之。樂只君子，福禄膍之。優哉游哉，亦是戾矣。興也。

此二章「樂只君子」内，俱脱不得敬意。《詩通》　左右之從，與優游之戾，見不獨君子賢，而其旅亦賢；不獨在朝能敬，而在道時已預，皆是點綴。　憂盛危明之悃素，簡在帝心，知非以飲酒那居之頌娱其君也，此是天子葵之處。《徵言》

角弓

騂騂角弓，翩其反矣。兄弟昏姻，無胥遠矣。興也。

爾之遠矣，民胥然矣。爾之教矣，民胥傚矣。賦也。

篇中説民，不過借小民來比方，而意實重在王族。《詩通》

此令兄弟，綽綽有裕。不令兄弟，交相爲瘉。賦也。

民之無良，相怨一方。受爵不讓，至于已斯亡。賦也。

老馬反爲駒，不顧其後。如食宜饇，如酌孔取。比也。

毋教猱升木，如塗塗附。君子有徽猷，小人與屬。比也。

雨雪瀌瀌，見晛曰消。莫肯下遺，式居婁驕。比也。

雨雪浮浮，見晛曰流。如蠻如髦，我是用憂。比也。

菀柳

有菀者柳，不尚息焉。上帝甚蹈，無自暱焉。俾予靖之，後予極焉。比也。

有菀者柳，不尚愒焉。上帝甚蹈，無自瘵焉。俾予靖之，後予邁焉。比也。

有鳥高飛，亦傅于天。彼人之心，于何其臻？曷予靖之，居以凶矜？興也。

都人士

彼都人士，狐裘黄黄。其容不改，出言有章。行歸于周，萬民所望。賦也。

「彼都人士」，原非極盛時人物，只是未經亂離。《詩通》　凌濛初曰：「『都人士』，即周士也，曰『彼都』，見杳不可追也，都即周也。曰『行歸』，見久不得見而忽見，似他出而歸也。下字俱有深意。」

彼都人士，臺笠緇撮。彼君子女，綢直如髮。我不見兮，我心不説。賦也。

「如髮」者，如髮之本然，不假髢。《詩通》

彼都人士，充耳琇實。彼君子女，謂之尹吉。我不見兮，我心苑結。賦也。

彼都人士，垂帶而厲。彼君子女，卷髮如蠆。我不見兮，言從之邁。賦也。

匪伊垂之，帶則有餘。匪伊卷之，髮則有旟。我不見兮，云何盱矣。賦也。

服飾氣象，固欲其盛美，而有意文飾，亦非盛世之象，故貴自然。《六帖》

采绿

終朝采緑，不盈一匊。予髪曲局，薄言歸沐。賦也。
終朝采藍，不盈一襜。五日爲期，六日不詹。賦也。
之子于狩，言韔其弓。之子于釣，言綸之繩。賦也。
其釣維何？維魴及鱮。維魴及鱮，薄言觀者。賦也。

凌濛初曰：「『于狩』、『于釣』、觀魚等項，無非預擬得以隨事相親爲樂，非樂狩樂魚，亦非是樂于相助，總不可認真，急要補出歸時乃得如此，而何時得歸語氣。」

黍苗

詩出行者之口，重感德歸功，疊疊説下，要得預道語意。《詩通》

芃芃黍苗，陰雨膏之。悠悠南行，召伯勞之。興也。
我任我輦，我車我牛。我行既集，蓋云歸哉。賦也。
我徒我御，我師我旅。我行既集，蓋云歸處。賦也。
肅肅謝功，召伯營之。烈烈征師，召伯成之。賦也。
原隰既平，泉流既清。召伯有成，王心則寧。賦也。

王心雖重展親，亦兼式是南邦意。《六帖》

隰桑

隰桑有阿，其葉有難。既見君子，其樂如何。興也。
隰桑有阿，其葉有沃。既見君子，云何不樂。興也。
隰桑有阿，其葉有幽。既見君子，德音孔膠。興也。
心乎愛矣，遐不謂矣？中心藏之，何日忘之？賦也。

此詩無未見而愛、既見而喜兩層，總是作無可奈何之詞，以志其極喜耳。《詩通》

白華

白華菅兮，白茅束兮。之子之遠，俾我獨兮。比也。
英英白雲，露彼菅茅。天步艱難，之子不猶。比也。
滮池北流，浸彼稻田。嘯歌傷懷，念彼碩人。比也。
樵彼桑薪，卬烘于煁。維彼碩人，實勞我心。比也。
鼓鍾于宫，聲聞于外。念子懆懆，視我邁邁。比也。
有鶖在梁，有鶴在林。維彼碩人，實勞我心。比也。
鴛鴦在梁，戢其左翼。之子無良，二三其德。比也。
有扁斯石，履之卑兮。之子之遠，俾我疷兮。比也。

此詩比體與他處不同，有正有反，有顯有隱，其詞似興非興，只照傳説去，不待增益。若各于比詞下

復補正意，便失詩人之旨。《微言》

綿蠻

「綿蠻黄鳥，止于丘阿。道之云遠，我勞如何！」「飲之食之，教之誨之；命彼後車，謂之載之。」比也。

「綿蠻黄鳥，止于丘隅。豈敢憚行，畏不能趨。」「飲之食之，教之誨之；命彼後車，謂之載之。」比也。

「綿蠻黄鳥，止于丘側。豈敢憚行，畏不能極。」「飲之食之，教之誨之；命彼後車，謂之載之。」比也。

比體與《碩鼠》、《采苓》一例，其初托言于鳥，以下不必補意，直言己意而已。《六帖》　凌濛初曰：「雖都是感慨仰托之語，原要不失士氣，方不似摇尾乞憐者。」

瓠葉

幡幡瓠葉，采之亨之。君子有酒，酌言嘗之。賦也。

有兔斯首，炮之燔之。君子有酒，酌言獻之。賦也。

有兔斯首，燔之炙之。君子有酒，酌言酢之。賦也。

有兔斯首，燔之炮之。君子有酒，酌言醻之。賦也。

獻、酢、醻，禮之次也，亦要見不因物薄而酒一行即止意。《詩通》

漸漸之石

漸漸之石，維其高矣。山川悠遠，維其勞矣。武人東征，不遑朝矣。賦也。

漸漸之石，維其卒矣。山川悠遠，曷其没矣？武人東征，不遑出矣。賦也。

有豕白蹢，烝涉波矣。月離于畢，俾滂沱矣。武人東征，不遑他矣。賦也。

凌濛初曰：「豕涉波總注已是水患多，訓義處，因頂『月離畢』來，而偶帶上一『將』字耳，勿俱認作將然。」

苕之華

苕之華，芸其黄矣。心之憂矣，維其傷矣。比也。

苕之華，其葉青青。知我如此，不如無生。比也。

牂羊墳首，三星在罶。人可以食，鮮可以飽。比也。

不得以此章作推原説。《詩脉》

何草不黄

何草不黄，何日不行。何人不將，經營四方。興也。

何草不玄，何人不鰥。哀我征夫，獨爲匪民。興也。

匪兕匪虎，率彼曠野。哀我征夫，朝夕不暇。賦也。

有芃者狐，率彼幽草。有棧之車，行彼周道。興也。

詩逆

吳興凌濛初輯著　侄瑞森　男琛參訂

大雅

文王

凌濛初曰：「篇中言鑒殷，正是法祖處，不得兩截。」

文王在上，於昭于天。周雖舊邦，其命維新。有周不顯，帝命不時。文王陟降，在帝左右。賦也。

首章反覆言以德受命，贊嘆不已，故屢言之，總是一意。《六帖》「陟降」二句，不過將「文王在上」兩句再説一遍耳，已微逗出下章亹亹精神矣，不作推原看。《詩通》

亹亹文王，令聞不已。陳錫哉周，侯文王孫子。文王孫子，本支百世。凡周之士，不顯亦世。賦也。

照後命不于常，何能保得百世？只就文王以不已之德，流不已之聞，理當如此耳。是隱隱諷王修德，却不説出。《詩通》

世之不顯，厥猶翼翼。思皇多士，生此王國。王國克生，維周之楨。濟濟多士，文王以寧。賦也。

不重得人，只明周士有功於文王，見天錫以世顯，正以錫文王耳。須知文王與周士，不分兩體；錫子孫與臣庶，不分兩事。下呼「藎臣」，亦是雙關語，非徒不敢斥王也。《詩通》

穆穆文王，於緝熙敬止。假哉天命，有商孫子。商之孫子，其麗不億。上帝既命，侯于周服。賦也。

侯服于周，天命靡常。殷士膚敏，祼將于京。厥作祼將，常服黼冔。王之藎臣，無念爾祖。賦也。

無念爾祖，聿修厥德。永言配命，自求多福。殷之未喪師，克配上帝。宜鑒于殷，駿命不易。賦也。

命之不易，無遏爾躬。宣昭義問，有虞殷自天。上天之載，無聲無臭。儀刑文王，萬邦作孚。賦也。

「有虞」句，所以決之宣昭，不須依注脚又度字。殷之所以廢興，天載也，只怕王視天爲不可度，故明説破天之載誰云有聲臭以示人，但使一法文王，則萬邦孚矣。人歸之外，豈别有天與哉？若謂以天之難知，形出文之可法，使隔千里。《詩通》

大明

明明在下，赫赫在上。天難忱斯，不易維王。天位殷適，使不挾四方。賦也。

摯仲氏任，自彼殷商，來嫁于周，曰嬪于京。乃及王季，維德之行。大任有身，生此文王。賦也。

維此文王，小心翼翼。昭事上帝，聿懷多福。厥德不回，以受方國。賦也。

天監在下，有命既集。文王初載，天作之合。在洽之陽，在渭之涘。文王嘉止，大邦有子。賦也。

「天監在下」，監周家歷世之德也，不專指文王。命集，直須透末章伐商之命來，蓋商之命，已將轉而周矣。此章意脉一氣直管到「燮伐大商」句。《詩通》

大邦有子，俔天之妹。文定厥祥，親迎于渭。造舟爲梁，不顯其光。賦也。

有命自天，命此文王。于周于京，纘女維莘。長子維行，篤生武王。保右命爾，燮伐大商。賦也。

「燮伐」「燮」字，照章首「明明」字及「純熙用介，以綏萬邦」意看，方得其解，順天命不足以盡之。

《詩通》

殷商之旅，其會如林。矢于牧野：「維予侯興，上帝臨女，無貳爾心！」賦也。

牧野洋洋，檀車煌煌，駟騵彭彭。維師尚父，時維鷹揚。凉彼武王，肆伐大商，會朝清明！賦也。

「鷹揚」，要見是義氣激烈，直欲夷大難以快人心，不必是自戰。「肆」字亦是人心用奮，非武王縱之。《詩通》 武王□車三百兩，虎賁三千人，詩言師衆之盛，將帥之强，俱在一片人心上看出，只閑閑叙伐商景象如此，宜輕遞過而歸重武王肆伐上。《詩脉》

緜

緜緜瓜瓞，民之初生，自土沮漆。古公亶父，陶復陶穴，未有家室。比也。

「緜緜」句，比意可該全篇。《六帖》

古公亶父，來朝走馬。率西水滸，至于岐下。爰及姜女，聿來胥宇。賦也。

此章及下章，舊説形容其初遷之時，略地卜宅精神，雖間關之中，無苟且之意，非不佳，但此章之意，只重太王草昧之艱難。《説通》 相土似非婦人所宜，而姜女與太王共起艱危，得其贊助，所謂天立厥配者也。 莫將「胥」字輕看。《微言》 此章點内助，與末章推功四友，俱是開創大關係。《詩通》 「來朝走馬」，要見爲民意。《六帖》

周原膴膴，堇荼如飴。爰始爰謀，爰契我龜。曰止曰時，築室于兹。賦也。

乃慰乃止，乃左乃右；乃疆乃理，乃宣乃畝。自西徂東，周爰執事。賦也。

「乃慰」數句，要見都邑雖改，而安堵如故；舊業雖移，而丘甸如故。 重在「周」字，而周于未有宫室

之前，尤見一段汲汲爲民深念。下數「乃」字，俱承此遞去。《詩通》

乃召司空，乃召司徒，俾立室家。其繩則直，縮版以載，作廟翼翼。賦也。

捄之陾陾，度之薨薨，築之登登，削屢馮馮。百堵皆興，鼛鼓弗勝。賦也。

凌濛初曰：「『鼛鼓弗勝』，總是競勸意，鼓聲不止，與節之不能止，皆可不必泥定。」

乃立皋門，皋門有伉。乃立應門，應門將將。乃立冢土，戎醜攸行。賦也。

肆不殄厥愠，亦不隕厥問。柞棫拔矣，行道兑矣。混夷駾矣，維其喙矣。賦也。

周公歷叙世業，遺却王季一段。木拔道通實兼有此意，特不明言耳。《説通》

虞芮質厥成，文王蹶厥生。予曰有疏附，予曰有先後，予曰有奔走，予曰有禦侮。賦也。

四等人，須逐件提文王作主。《詩通》

棫樸

通詩不露德之實相，却是將人心歸附趨向，摹寫聖德之妙。末二章舊作推原，味咏歌語脉，各開看，更有意味。《詩通》

芃芃棫樸，薪之槱之。濟濟辟王，左右趣之。興也。

「左右」字合看，言無方也。下二章是左右趣附影子，不可便認止有此兩項人。《詩通》

濟濟辟王，左右奉璋。奉璋峨峨，髦士攸宜。賦也。

「峨峨」、「攸宜」，只形容他助祭稱職，必須緊緊足上，不然，則趣辟王之意反緩。《詩評》

淠彼涇舟，烝徒楫之。周王于邁，六師及之。興也。

此三章聖德之妙，只隱然在言意之間。若明説德盛而人趣之，則下便無味矣。《詩通》

倬彼雲漢，爲章于天。周王壽考，遐不作人。興也。

「作人」，是周王去振作人，勿就人化説。《微言》

追琢其章，金玉其相。勉勉我王，綱紀四方。興也。

旱麓

只是反覆歌咏德有以受福，不必爲後四章言人言神，連首二章添出「天」字。言及「作人」，正所謂以天下爲福，總之以歌咏文王爲主。《詩通》

瞻彼旱麓，榛楛濟濟。豈弟君子，干禄豈弟。興也。

瑟彼玉瓚，黄流在中。豈弟君子，福禄攸降。興也。

鳶飛戾天，魚躍于淵。豈弟君子，遐不作人。興也。

清酒既載，騂牡既備。以享以祀，以介景福。賦也。

此章以下，只是咏嘆不已之詞，初無相承意。《六帖》

瑟彼柞棫，民所燎矣。豈弟君子，神所勞矣。興也。

莫莫葛藟，施于條枚。豈弟君子，求福不回。興也。

思齊

全詩重德字，精神全在第三章，但不可太穿鑿。《詩通》

思齊大任，文王之母。思媚周姜，京室之婦。太姒嗣徽音，則百斯男。賦也。

惠于宗公，神罔時怨，神罔時恫。刑于寡妻，至于兄弟，以御于家邦。賦也。

雝雝在宮，肅肅在廟。不顯亦臨，無射亦保。賦也。

肆戎疾不殄，烈假不瑕。不聞亦式，不諫亦入。賦也。

此章不必推原到性天，亦不可認作德見于事。《詩通》

肆成人有德，小子有造。古之人無斁，譽髦斯士。賦也。

皇矣

皇矣上帝，臨下有赫。監觀四方，求民之莫。維此二國，其政不獲。維彼四國，爰究爰度。上帝耆之，憎其式廓。乃眷西顧，此維與宅。賦也。

「求民莫」一篇主意。《詩評》

作之屏之，其菑其翳。修之平之，其灌其栵。啓之辟之，其檉其椐。攘之剔之，其檿其柘。帝遷明德，串夷載路。天立厥配，受命既固。賦也。

厥配之立，非特爲胥宇而然，還重作對以生王季上。《詩脉》

帝省其山，柞棫斯拔，松柏斯兑。帝作邦作對，自大伯王季。維此王季，因心則友。則友其兄，則篤其慶。載錫之光，受禄無喪，奄有四方。賦也。

因心則友，固是平日愛兄出于自然，實亦從事後推原當日受讓之意。言兄讓亦讓，此特友之形迹而已，惟可受則受，乃是其心上無意無必，忘爾忘我，天顯之愛，渾然流通，其友乃爲因心耳，則友其兄，即以受其讓爲友也。須知王季信得太王心事過，此是兄弟間所難。修德以篤慶，王季原非有意，只是盡我當國之事，而慶自然篤耳。《詩通》

維此王季，帝度其心，貊其德音。其德克明，克明克類，克長克君。王此大邦，克順克比。比于文王，其德靡悔。既受帝祉，施于孫子。賦也。

度心、貊音，俱泛説，勿粘受讓一節上。《微言》「悔」字反到太王心上，是字法之妙。《詩通》

帝謂文王，無然畔援，無然歆羨，誕先登于岸。密人不恭，敢距大邦，侵阮徂共。王赫斯怒，爰整其旅，以按徂莒。以篤周祜，以對于天下。賦也。

無畔援歆羨，便是岸機關最捷，故曰先登。《詩通》

依其在京，侵自阮疆，陟我高岡。無矢我陵，我陵我阿。無飲我泉，我泉我池。度其鮮原，居岐之陽，在渭之將。萬邦之方，下民之王。賦也。

「依」字就心上説，與不震不動同意。《六帖》「依」字應上「怒」字看，可怒而怒，雖怒亦安，全本無畔援、歆羨來。曰方曰王，皆自下民之心言之，根作邑來。文王未爲天子，下語須有斟酌。《詩通》

帝謂文王，予懷明德，不大聲與色，不長夏與革；不識不知，順帝之則。帝謂文王，詢爾仇方，同爾兄弟；以爾鈎援，與爾臨衝，以伐崇墉。賦也。

「不大」、「不長」，詩人員活之詞，不是猶有聲色者存。「仇方」，要看得大，崇侯助紂爲虐，天下之仇也。《六帖》凌濛初曰：「『明德』、『帝則』，初非兩物；『聲色』、『夏革』，即是識知，勿泥注『又能』二字。」

臨衝閑閑，崇墉言言。執訊連連，攸馘安安。是類是禡，是致是附，四方以無侮。臨衝茀茀，崇墉仡仡。是伐是肆，是絶是忽，四方以無拂。賦也。

靈臺

要認詩人叙述語法，民樂意在讃嘆等字上見，皆躍然樂見乎詞，却不須見出樂字。《詩通》

經始靈臺，經之營之。庶民攻之，不日成之。經始勿亟，庶民子來。賦也。

「攻之」、「勿亟」、「子來」，俱一時事，如謂因有勿亟之令，而動子來之誠，則驢虞矣。《説通》

王在靈囿，麀鹿攸伏。麀鹿濯濯，白鳥翯翯。王在靈沼，於牣魚躍。賦也。

魚鳥之樂，即王之樂也，不必進一層。《説通》

虡業維樅，賁鼓維鏞。於論鼓鐘，於樂辟廱。賦也

「於樂」，言作樂于辟廱之可樂，非言樂音可樂，亦非地之可樂。《詩通》

於論鼓鐘，於樂辟廱。鼉鼓逢逢，矇瞍奏公。賦也。

末二句有慶幸其樂闋方始、樂之未艾意。《説通》

下武

三后武王，事異而心通，故詩頌武王，曾無一語道其恢拓前功，而但曰配京求德。成王孚永孝思，順德嗣服，見武王此舉實無分毫與前人謬戾，即孔子所稱善繼善述。《六帖》　凌濛初曰：「總之此章下語，俱要照着代商達孝一邊。」

下武維周，世有哲王。三后在天，王配于京。賦也。

凌濛初曰：「『下』字之義，陸謂照在天自見，徐謂武王善繼善述，則謂武王未嘗用武可也。『下武』

即遏劉之義，鍾謂以『王配于京』一語想之，自然單指武王，與文無干，皆是妙解。況朱注原云未詳，不必從或人硬改，即使從之，亦當重武。」

王配于京，世德作求。永言配命，成王之孚。賦也

「作求」，有參經權，通常變，多方求合之意。「配命」即求德，非有兩層。《詩通》

成王之孚，下土之式。永言孝思，孝思維則。賦也

「維則」，要看得活，當纘緒則以纘緒爲孝，當變通則以變通爲孝。《六帖》　重武王之孝可爲則上，道理到極至處。人自不能出範圍，非必以武王之事爲法也。《詩通》

媚茲一人，應侯順德。永言孝思，昭哉嗣服。賦也。

「媚」即應也，而求德配命之德主其感，故曰「應侯順德」。《詩通》　武王通先人之節以濟天下之變，與先人志意流通。此其心事如青天白日，不忌嫌疑，何等光明正大，故曰「昭哉嗣服」，不但以變侯化國，爲能闡揚光大也。《六帖》

昭茲來許，繩其祖武。於萬斯年，受天之祜。賦也。

「昭茲」二字，實后二節之血脉，結到「有佐」，尚不脱「昭茲」語意。萬世子孫所以得天人者，只取之武王之嗣服者而足，但在能繩之耳，可見武王配京之業，可以垂之無窮。《詩通》

受天之祜，四方來賀。於萬斯年，不遐有佐。賦也。

文王有聲

首章、五章言遷豐、遷鎬之由，下言文之武功，武之文教。作豐恁地忙迫，作鎬恁地慎重，無非爲民

也。克君各就本章説。《詩通》

文王有聲，遹駿有聲。遹求厥寧，遹觀厥成。文王烝哉！賦也。

「遹求」二句一氣不斷，模畫視民如傷之心。《六帖》　此便含容民蓄衆意。《詩通》

文王受命，有此武功。既伐于崇，作邑于豐。文王烝哉！賦也。

築城伊淢，作豐伊匹。匪棘其欲，遹追來孝。王后烝哉！賦也。

王公伊濯，維豐之垣。四方攸同，王后維翰。王后烝哉！賦也。

「攸同」、「維翰」，勿云至此則安民之功成，而文王之心慰，蓋文王三分有二，恪守臣節，安民之功，終其身而未成，不無待于武王也。《詩通》　作豐處尚未見民寧功成，而爲民求寧之計，莫大于此，此王公所以著明也。《翼説》

豐水東注，維禹之績。四方攸同，皇王維辟。皇王烝哉！賦也。

此章「攸同」與上別，上只同其歸附之心，此是同其臣妾之戴。上「維翰」，只倚賴意。「維辟」便稟其政教號令了，得人至此，豈復豐邑所能容。《翼説》

鎬京辟廱，自西自東，自南自北，無思不服。皇王烝哉！賦也。

「鎬京」二字提起看，下講學、建都，皆遷鎬中最大事也。《説通》

考卜維王，宅是鎬京。維龜正之，武王成之。武王烝哉！賦也。

豐水有芑，武王豈不仕？詒厥孫謀，以燕翼子。武王烝哉！賦也

詒萬世之子孫謀，即爲萬世之天下謀也。《翼説》　孫者，無窮之稱。曰「燕翼子」，不翼亦不燕矣。《六帖》

生民

厥初生民，時維姜嫄。生民如何？克禋克祀，以弗無子。履帝武敏歆，攸介攸止。載震載夙，載生載育，時維后稷。賦也。

誕彌厥月，先生如達。不坼不副，無菑無害，以赫厥靈。上帝不寧，不康禋祀，居然生子。賦也。

誕寘之隘巷，牛羊腓字之。誕寘之平林，會伐平林。誕寘之寒冰，鳥覆翼之。鳥乃去矣，后稷呱矣。實覃實訏，厥聲載路。賦也。

誕實匍匐，克岐克嶷，以就口食。蓺之荏菽，荏菽旆旆。禾役穟穟，麻麥幪幪，瓜瓞唪唪。賦也。

誕后稷之穡，有相之道。茀厥豐草，種之黄茂。實方實苞，實種實褎，實發實秀，實堅實好，實穎實栗。即有邰家室。賦也。

誕降嘉種：維秬維秠，維穈維芑。恒之秬秠，是穫是畝；恒之穈芑，是任是負，以歸肇祀。賦也。

誕我祀如何？或舂或揄，或簸或蹂。釋之叟叟，烝之浮浮。載謀載惟，取蕭祭脂，取羝以軷。載燔載烈，以興嗣歲。賦也。

卬盛于豆，于豆于登。其香始升，上帝居歆。胡臭亶時，后稷肇祀，庶無罪悔，以迄于今。賦也。

此詩以天字爲主。天異其生，天啓其明農，其道能相天，而其功至足以配天，始終一天也。「有相之道」，是全詩綱領。《詩通》

行葦

敦彼行葦，牛羊勿踐履。方苞方體，維葉泥泥。戚戚兄弟，莫遠具邇。或肆之筵，或授之几。興也。

肆筵設席，授几有緝御。或獻或酢，洗爵奠斝。醓醢以薦，或燔或炙。嘉殽脾臄，或歌或咢。賦也。

俱要點祭餘意。《詩通》

敦弓既堅，四鍭既鈞；舍矢既均，序賓以賢。敦弓既句，既挾四鍭。四鍭如樹，序賓以不侮。賦也。

序賢、序不侮，總是一時，此非以賢愧不賢，以德愧不德也，直籍此以洽賓主之歡云爾。《微言》　設方以盡歡，惟恐一人之不飲也。《説通》

曾孫維主，酒醴維醹；酌以大斗，以祈黄耇。黄耇台背，以引以翼。「壽考維祺，以介景福。」賦也。

既醉

凌濛初曰：「無非祝願，而借前面祭時嘏詞以證之，要得代尸敷陳語氣，時見近事可據，非溢詞私願之意。」

既醉以酒，既飽以德。君子萬年，介爾景福。賦也。

既醉以酒，爾殽既將。君子萬年，介爾昭明。賦也。

昭明有融，高朗令終。令終有俶，公尸嘉告。賦也。

「景福」、「昭明」中，暗含祚胤。「萬年」、「令終」，即「永錫祚胤」也，無兩層。《詩通》　「萬年」言其久，非祈之以壽。《六帖》

其告維何？籩豆静嘉。朋友攸攝，攝以威儀。賦也。

威儀孔時，君子有孝子。孝子不匱，永錫爾類。賦也。

其類維何？室家之壼。君子萬年，永錫祚胤。賦也。

「祚胤」是已然事，重在「永錫」。《詩通》　言「錫類」而又言「室家之壼」，已含有「祚胤」交互意，故下二章遂交言之。「祚胤」原不可分，分之非所以爲福也，此皆所謂令終也，亦所謂有俶也。《説通》

其胤維何？天被爾禄。君子萬年，景命有僕。賦也。

其僕維何？釐爾女士。釐爾女士，從以孫子。賦也。

鳧鷖

鳧鷖在涇，公尸來燕來寧。爾酒既清，爾殽既馨。公尸燕飲，福禄來成。興也。

凡言「福禄」，只是承君燕而祝頌之寛説，非即謂以妥以侑而尊以祖考是福也。《六帖》　今日之酒殽，即前裸將之餘滴，燔炙之餘羞也，方見繹祭之意。《微言》　凌濛初曰：「『來寧』等字，俱要照前日爲尸、今日飲酒、勞逸上看出。」

鳧鷖在沙，公尸來燕來宜。爾酒既多，爾殽既嘉。公尸燕飲，福禄來爲。興也。

鳧鷖在渚，公尸來燕來處。爾酒既湑，爾殽伊脯。公尸燕飲，福禄來下。興也。

鳧鷖在潨，公尸來燕來宗。既燕于宗，福禄攸降。公尸燕飲，福禄來崇。興也。

鳧鷖在亹，公尸來止熏熏。旨酒欣欣，燔炙芬芬。公尸燕飲，無有後艱。興也。

假樂

凌濛初曰：「令德宜民人而受天禄，統貫全篇，爲照應説到子孫，正所謂申之也。篇中不愆忘，無怨惡，不解于位，俱是頌中之規，全要得其詩意。」

假樂君子，顯顯令德。宜民宜人，受禄于天。保右命之，自天申之。賦也。

干禄百福，子孫千億。穆穆皇皇，宜君宜王。不愆不忘，率由舊章。賦也。

威儀抑抑，德音秩秩。無怨無惡，率由群匹。受福無疆，四方之綱。賦也。

之綱之紀，燕及朋友。百辟卿士，媚于天子。不解于位，民之攸塈。賦也。

媚愛，全見于「不解于位」二句，除却頤治，别無處效忠。「民之攸塈」，謂民之所以塈也，直是常見當世之未安，莫作幸今已安説。此二章，總完得「宜王」二字。《詩通》

公劉

通以厚民爲主，「而思輯用光」句，是一篇骨子。「止基乃理」，則其中血脉。《詩通》

篤公劉，匪居匪康。乃埸乃疆，乃積乃倉。乃裹餱糧，于橐于囊。思輯用光，弓矢斯張。干戈戚揚，爰方啓行。賦也。

篤公劉，于胥斯原。既庶既繁，既順乃宣，而無永嘆。陟則在巘，復降在原。何以舟之？維玉及瑶，鞞琫容刀。賦也。

篤公劉，逝彼百泉，瞻彼溥原；乃陟南岡，乃覯于京。京師之野，于時處處，于時廬旅，于時言言，于時語語。賦也。

篤公劉，于京斯依。蹌蹌濟濟，俾筵俾几。既登乃依，乃造其曹，執豕于牢，酌之用匏。食之飲之，君之宗之。賦也。

凌濛初曰：「『君之宗之』，見草創時一燕飲已具有萬年規模在，然不可説公劉借此以立君宗也。」

篤公劉，既溥既長，既景乃岡，相其陰陽，觀其流泉，其軍三單。度其隰原，徹田爲糧。度其夕陽，豳居允荒。賦也。

篤公劉，于豳斯館。涉渭爲亂，取厲取鍛。止基乃理，爰衆爰有。夾其皇澗，遡其過澗。止旅乃密，芮鞫之即。賦也。

洞酌

洞酌彼行潦，挹彼注兹，可以餴饎。豈弟君子，民之父母。興也。

平淡美之，正所以戒之也。若曰民常父母乎，亦可以仇我，俟王自悟而召公不言也。「豈弟君子」，如云聖天子，是叙述之詞，有歸重豈弟者，未必非詩人意中之旨，非其口中之氣矣。《説通》

洞酌彼行潦，挹彼注兹，可以濯罍。豈弟君子，民之攸歸。興也。

洞酌彼行潦，挹彼注兹，可以濯溉。豈弟君子，民之攸塈。興也。

卷阿

詩意在諷王用賢以保泰，而只作賡歌語氣發之。三「俾爾」字，已指得賢自輔，但含蓄不露。及説到

「爲則」、「爲綱」，則前面福禄所以可之旨躍然露矣。由此説出賢人原自效忠，又説到待賢己自有具，分明見王何不以其具待其人，修己之德，以享無窮之福禄也。通篇語意，俱引而不發，令王自思。《詩通》大臣告君之體，不可涉一庶僚諫諍語氣。《詩評》

有卷者阿，飄風自南。豈弟君子，來游來歌，以矢其音。賦也。

「矢音」中間，包許多意思，而尚説不出，只云以欲言之意披露於王前而已，亦不須説自己憂盛危明等語。《詩通》「矢音」，須要得盛時賡歌氣象。「伴奂優游」，須要得天下太和氣象，如此，則不必言盛衰倚伏之機，而君臣交儆之意，已隱然言外。《翼説》

伴奂爾游矣，優游爾休矣。豈弟君子，俾爾彌爾性，似先公酋矣。賦也。

「彌爾性」不是壽考，亦不止是終此生，有保其天和意思，宜照修德看。各章此句，俱緊屬下句説。「酋」只是終，「似先公酋」則善終也，言外要王思先公所以酋者。《詩通》言外見若不能彌，並今日之所享，亦不可知，然召公不言也。《説通》「俾爾」字内，含下修德用賢意，全是歆動他口氣。如曰感通有道，便涉儆戒；如曰永終有日，又涉祝願，只平平説。《詩脉》

爾土宇昄章，亦孔之厚矣。豈弟君子，俾爾彌爾性，百神爾主矣。賦也。

爾受命長矣，茀禄爾康矣。豈弟君子，俾爾彌爾性，純嘏爾常矣。賦也。

有馮有翼，有孝有德，以引以翼。豈弟君子，四方爲則。賦也。

上章説到此，不必緊緊推原，似少和平之氣，只説得賢自輔之益便是。四「有」字要看，是無所不備，足以待用意。《六帖》如不以則馮、翼、孝、德將如之何，亦言外意。《説通》

顒顒卬卬，如圭如璋，令聞令望。豈弟君子，四方爲綱。賦也。

鳳凰于飛，翽翽其羽，亦集爰止。藹藹王多吉士，維君子使，媚于天子。興也。

「維」字承「多」字來，隨所用而皆能盡職也，言外就見王不能使，則無可奈何耳。《六帖》

鳳凰于飛，翽翽其羽，亦傅于天。藹藹王多吉人，維君子命，媚于庶人。興也。

惠愛庶人，即所以忠愛天子，不得判作兩截。《微言》

鳳凰鳴矣，于彼高岡。梧桐生矣，于彼朝陽。菶菶萋萋，雝雝喈喈。比也。又以興下章之事也。

凌濛初曰：「『菶萋』二句，朱子只因文氣似與下不接，而『萋』、『喈』轉韻，可與下叶，故生扭出興下來，恐詩家無此體。作者似不必泥況比意與下自貫，即不扭作興，豈憂兩截耶？」

君子之車，既庶且多。君子之馬，既閑且馳。矢詩不多，維以遂歌。賦也，承上章之興也。

車馬之盛，本欲王以此待賢，却又不肯顯言，只見得車庶而多，不獨可以供宸游；馬閑而馳，不獨可以備法駕，于此宜有以用之矣。不明言其事而遽及于矢詩，欲王自得于意言之表也。《六帖》「遂歌」，未罄中心所欲言也。多矣而曰不多，言有盡而意無窮也。《説通》

民勞

民亦勞止，汔可小康。惠此中國，以綏四方。無縱詭隨，以謹無良。式遏寇虐，憯不畏明。柔遠能邇，以定我王。賦也。

曰「可」，見惟此時爲可，他日將不及矣。曰「汔」、曰「小」，皆不敢過望之詞。《説通》

民亦勞止，汔可小休。惠此中國，以爲民逑。無縱詭隨，以謹惛怓。式遏寇虐，無俾民憂。無棄爾勞，以爲王休。賦也。

「爾勞」，非真有除奸之成勞。曰「無棄爾勞」，重其責，故往來其詞以誘進之也。《説通》

民亦勞止，汔可小息。惠此京師，以綏四國。無縱詭隨，以謹罔極。式遏寇虐，無俾作慝。敬慎威儀，以近有德。賦也。

「敬慎」二句，以禁奸之本告之。《説通》

民亦勞止，汔可小愒。惠此中國，俾民憂泄。無縱詭隨，以謹醜厲。式遏寇虐，無俾正敗。戎雖小子，而式弘大。賦也。

「戎雖」二句，以禁奸之擔授之，使不得弛也。《説通》

民亦勞止，汔可小安。惠此中國，國無有殘。無縱詭隨，以謹繾綣。式遏寇虐，無俾正反。王欲玉女，是用大諫。賦也。

「王欲玉女」，見我之不能已于言者，非止爲民，亦以爲女也，迫切之詞。《説通》　凌濛初曰：「文似相戒，而忽着『王欲玉女』一句，便是刺王本旨，見王已非諫之可入，止可就其所信愛者，冀挽回萬一耳。」

板

爲刻責僚友之詞，而意實主戒王。《詩通》

上帝板板，下民卒癉。出話不然，爲猶不遠。靡聖管管，不實於亶。猶之未遠，是用大諫！賦也。

爲全篇發端，已括通詩大旨，下文皆根此而闡發之。凡下文同列病痛，不出此章。《詩通》

天之方難，無然憲憲。天之方蹶，無然泄泄。辭之輯矣，民之洽矣。辭之懌矣，民之莫矣。賦也。

所謂「辭」非號令，乃是廟謨國計，謀猷議論。所謂「輯」、「懌」，乃是平心易氣，和協調劑之意。同心釐政，便能爲民造福，故「治」、「莫」也。尋上章「出話」、「爲猶」，下文「囂囂」、「蹻蹻」、「憂謔」、「夸毗」之旨，此意可見。《六帖》

我雖異事，及爾同僚。我即爾謀，聽我囂囂。我言維服，勿以爲笑。先民有言：「詢于芻蕘。」賦也。

天之方虐，無然謔謔。老夫灌灌，小子蹻蹻。匪我言耄，爾用憂謔。多將熇熇，不可救藥。賦也。

天之方懠，無爲夸毗。威儀卒迷，善人載尸。民之方殿屎，則莫我敢葵。喪亂蔑資，曾莫惠我師。賦也。

「無爲夸毗」是戒詞，而味通章語氣，實是責數之，到此章纔繳得「我言維服」兩句意。《詩通》

天之牖民，如壎如篪，如璋如圭，如取如携。携無曰益，牖民孔易。民之多辟，無自立辟。賦也。

价人維藩，大師維垣，大邦維屏，大宗維翰。懷德維寧，宗子維城。無俾城壞，無獨斯畏。賦也。

敬天之怒，無敢戲豫。敬天之渝，無敢馳驅。昊天曰明，及爾出王。昊天曰旦，及爾游衍。賦也。

蕩

厲王之惡有四：任小人，廢典刑，湎酒，怠烋。而其本皆根於用小人，故各章屢致意焉，不得過爲分析。《説通》

蕩蕩上帝，下民之辟。疾威上帝，其命多辟。天生烝民，其命匪諶。靡不有初，鮮克有終。賦也。

章首四句，説天即是説王。《詩通》「天生烝民」四句，亦是慨嘆之意。所謂卒自解之者，特隱然在意言之表，而後乃發明之耳。意暗指厲王，而托之烝民，亦是詩人微詞。《微言》

文王曰咨，咨女殷商。曾是彊禦，曾是掊克，曾是在位，曾是在服。天降慆德，女興是力。賦也。

以四「曾是」作起語，怪嘆之詞。《微言》

文王曰咨，咨女殷商。而秉義類，彊禦多懟。流言以對，寇攘式内。侯作侯祝，靡屆靡究。賦也。

文王曰咨，咨女殷商。女炰烋于中國，斂怨以爲德。不明爾德，時無背無側。爾德不明，以無陪無卿。賦也。

文王曰咨，咨女殷商。天不湎爾以酒，不義從式。既愆爾止，靡明靡晦。式號式呼，俾晝作夜。賦也。

文王曰咨，咨女殷商。如蜩如螗，如沸如羹。小大近喪，人尚乎由行。内奰于中國，覃及鬼方。賦也。

文王曰咨，咨女殷商。匪上帝不時，殷不用舊，雖無老成人，尚有典刑。曾是莫聽，大命以傾。賦也。

「不用舊」，兼舊人、舊法言。當時實未嘗無老成，而不用舊法，與不用舊人，總是一念，故低昂其詞以折之。《詩通》

文王曰咨，咨女殷商。人亦有言：「顛沛之揭，枝葉未有害，本實先撥。」殷鑒不遠，在夏后之世。賦也。

「本實先撥」，指國家大命言，而打動人主，却在「枝葉未有害」上，蓋昏主只見外標爲可恃耳。《詩通》

通篇只説殷紂，而忽以「殷鑒」一語，顯出鑒殷，精神血脉，盡收注于此，隱然見傷時之意。《微言》　末二句猶有望之之意焉。《説通》

抑

前八章俱是設爲人命己修德之言，而恐自家把作空言放過，故後四章反覆在聽言上提醒。《詩通》

修德中雖有修己、治人二項，然不必拘拘對偶分析，讀詩專忌此病。《六帖》　凌濛初曰：「修德、謹儀、慎言，錯綜參互，層見疊出，意相貫通，只依本文鋪叙，自有點綴照應，不必泥某句應某句，某句即某句。」

抑抑威儀，維德之隅。人亦有言：「靡哲不愚。」庶人之愚，亦職維疾。哲人之愚，亦維斯戾。賦也。

無競維人，四方其訓之。有覺德行，四國順之。訏謨定命，遠猶辰告。敬慎威儀，維民之則。賦也。

其在于今，興迷亂于政。顛覆厥德，荒湛于酒。女雖湛樂從，弗念厥紹。罔敷求先王，克共明刑。賦也。

肆皇天弗尚，如彼流泉，無淪胥以亡。夙興夜寐，洒掃廷內，維民之章。修爾車馬，弓矢戎兵，用戒戎作，用逷蠻方。賦也。

凌濛初曰：「寢興洒掃，正見勤厲，非親細務也。」

質爾人民，謹爾侯度，用戒不虞。慎爾出話，謹爾威儀，無不柔嘉。白圭之玷，尚可磨也；斯言之玷，不可爲也。賦也。

凌濛初曰：「慎話非徒緘口，正是定命辰告之謂。」

無易由言，無曰「苟矣，莫捫朕舌」，言不可逝矣。無言不讐，無德不報。惠于朋友，庶民小子。子孫繩繩，萬民靡不承。賦也。

視爾友君子，輯柔爾顏，不遐有愆。相在爾室，尚不愧于屋漏。無曰「不顯，莫予云覯。神之格思，不可度思，矧可射思」。賦也。

辟爾爲德，俾臧俾嘉。淑慎爾止，不愆于儀。不僭不賊，鮮不爲則。投我以桃，報之以李。彼童而角，實虹小子。賦也。

荏染柔木，言緡之絲。温温恭人，維德之基。其維哲人，告之話言，順德之行。其維愚人，覆謂我僭，民各有心。興也。

於乎小子，未知臧否。匪手攜之，言示之事。匪面命之，言提其耳。借曰未知，亦既抱子。民之靡盈，誰夙知而莫成？賦也。

昊天孔昭，我生靡樂。視爾夢夢，我心慘慘。誨爾諄諄，聽我藐藐。匪用爲教，覆用爲虐。借曰未知，亦聿既耄。賦也。

於乎小子，告爾舊止，聽用我謀，庶無大悔。天方艱難，曰喪厥國。取譬不遠，昊天不忒。回遹其德，俾民大棘。賦也。

桑柔

芮伯世臣，忠憤鬱發。又值監謗之世，欲抑則不能，欲直則不敢。故情旨沉綿，不自知其淒婉；文詞詳娓，不自厭其重複。讀者當得其言外之感，不可分章摘句以求之。《説通》　只一用小人以病民盡之。《詩通》

菀彼桑柔，其下侯旬，捋采其劉。瘼此下民，不殄心憂，倉兄填兮。倬彼昊天，寧不我矜！比也。

四牡騤騤，旟旐有翩。亂生不夷，靡國不泯。民靡有黎，具禍以燼。於乎有哀，國步斯頻！賦也。

國步蔑資，天不我將。靡所止疑，云徂何往？君子實維，秉心無競。誰生厲階？至今爲梗。賦也。

凌濛初曰：「亂世之禍，亦有自君子競心激成者。今則不然，『君子實維』四句，婉窮亂本，不得泛道君子無爭。」　只借君子作轉語。《詩脉》

憂心慇慇，念我土宇。我生不辰，逢天僤怒。自西徂東，靡所定處。多我覯痻，孔棘我圉。賦也。

爲謀爲毖，亂況斯削。告爾憂恤，誨爾序爵。誰能執熱，逝不以濯？其何能淑，載胥及溺。賦也。

凌濛初曰：「『序爵』，便含得擇相意。」

如彼遡風，亦孔之僾。民有肅心，荓云不逮。好是稼穡，力民代食。稼穡維寶，代食維好。賦也。

凌濛初曰：「『遡風』二句，詩人自謂，蘇氏所謂君子，亦是指作詩之人耳。如《小雅·節南山》注君子憂之曰一例，其文法如此。下『民』字乃是指在野之賢。『荓云』，注使之曰者，是王致其云然，非王使之作是語也。」

天降喪亂，滅我立王。降此蟊賊，稼穡卒痒。哀恫中國，具贅卒荒。靡有旅力，以念穹蒼。賦也。

凌濛初曰：「末二句，只是形容困極，非付之無可奈何也，與上『不逮』異。」

維此惠君，民人所瞻。秉心宣猶，考慎其相。維彼不順，自獨俾臧。自有肺腸，俾民卒狂。賦也。

瞻彼中林，甡甡其鹿。朋友已譖，不胥以穀。人亦有言：「進退維谷。」興也。

「進退維谷」，承朋友之譖説，二字合看，方見無所不窮，不必泥注惡俗。《詩通》

維此聖人，瞻言百里；維役愚人，覆狂以喜。匪言不能，胡斯畏忌？賦也。

維此良人，弗求弗迪；維彼忍心，是顧是復。民之貪亂，寧爲荼毒。賦也。

大風有隧，有空大谷。維此良人，作爲式穀；維彼不順，征以中垢。興也。

大風有隧，貪人敗類。聽言則對，誦言如醉。匪用其良，覆俾我悖。興也。

嗟爾朋友，予豈不知而作。如彼飛蟲，時亦弋獲。既之陰女，反予來赫。賦也。

此章至末，皆托爲告僚友之詞，蓋斥其見用者，而用者之失可見也。《翼説》

民之罔極，職涼善背。爲民不利，如云不克。民之回遹，職競用力。賦也。

民之未戾，職盜爲寇。涼曰不可，覆背善詈。雖曰匪予，既作爾歌。賦也。

雲漢

倬彼雲漢，爲章于天。王曰於乎，何辜今之人！天降喪亂，饑饉薦臻。靡神不舉，靡愛斯牲。圭璧既卒，寧莫我聽！賦也。

旱既大甚，藴隆蟲蟲。不殄禋祀，自郊徂宫。上下奠瘞，靡神不宗。后稷不克，上帝不臨。耗斁下土，寧丁我躬！賦也。

旱既大甚，則不可推。兢兢業業，如霆如雷。周餘黎民，靡有孑遺。昊天上帝，則不我遺。胡不相畏？先祖于摧。賦也。

旱既大甚，則不可沮。赫赫炎炎，云我無所。大命近止，靡瞻靡顧。群公先正，則不我助。父母先祖，何寧忍予！賦也。

旱既大甚，滌滌山川。旱魃爲虐，如惔如焚。我心憚暑，憂心如熏。群公先正，則不我聞。昊天上帝，寧俾我遯！賦也。

旱既大甚，黽勉畏去。胡寧瘨我以旱？憯不知其故。祈年孔夙，方社不莫。昊天上帝，則不我虞。敬共明神，宜無悔怒。賦也

旱既大甚，散無友紀。鞫哉庶正，疚哉冢宰。趣馬師氏，膳夫左右。靡人不周，無不能止。瞻卬昊天，云如何里！賦也。

瞻卬昊天，有嘒其星。大夫君子，昭假無贏。大命近止，無棄爾成！何求爲我，以戾庶正。瞻卬昊天，曷惠其寧。賦也。

述宣王敬畏懇切之意，詞旨憂虞反覆，不倫不次，不得過泥支節，以失詩人之意。《説通》　凌濛初曰：「憂旱祈雨，而通詩不露一『雨』字，殊有深旨，説詩者下語須有斟酌。篇中凡訴天處，俱要似號呼引咎之意，若疑有所以致之而然，不可徑作怨望語。」

崧高

崧高維嶽，駿極于天。維嶽降神，生甫及申。維申及甫，維周之翰。四國于蕃，四方于宣。賦也。

亹亹申伯，王纘之事。于邑于謝，南國是式。王命召伯，定申伯之宅。登是南邦，世執其功。賦也。

王命申伯：「式是南邦。因是謝人，以作爾庸。」王命召伯，徹申伯土田。王命傅御，遷其私人。賦也。

「徹土田」、「遷私人」，是分封常制，但在王命上見其鄭重，而王所以一一申命，總爲「式是南邦」。《詩通》

申伯之功，召伯是營。有俶其城，寢廟既成。既成藐藐，王錫申伯，四牡蹻蹻，鉤膺濯濯。賦也。

謝故無城，今創立之，故曰「有俶」，非未就之説。《説通》

王遣申伯，路車乘馬。我圖爾居，莫如南土。錫爾介圭，以作爾寶。往近王舅，南土是保。賦也。

「莫如南土」，非徒以地美人衆，有酌全才擇重地意。《詩通》

申伯信邁，王餞于郿。申伯還南，謝于誠歸。王命召伯，徹申伯土疆，以峙其粻，式遄其行。賦也。

申伯番番，既入于謝，徒御嘽嘽。周邦咸喜，戎有良翰。不顯申伯，王之元舅，文武是憲。賦也。

凌濛初曰：「『戎有良翰』，周人自相謂也，即上『維周之翰』，非謂謝人。」

申伯之德，柔惠且直。揉此萬邦，聞于四國。吉甫作誦，其詩孔碩，其風肆好，以贈申伯。賦也。

「孔碩」、「肆好」，根「申伯之德」四句來。文以德重，非自夸其文也。《説通》所贈者申伯也，受者能無愧色，即作者之非過辭可知。《詩脉》

職與德不並重，還以能舉其德爲主。《詩通》

烝民

天生烝民，有物有則。民之秉彝，好是懿德。天監有周，昭假于下。保兹天子，生仲山甫。賦也。

仲山甫之德，柔嘉維則。令儀令色，小心翼翼。古訓是式，威儀是力。天子是若，明命使賦。賦也。

講「天子是若」二句要體認，重「德」字上，勿直似事業。《六帖》

王命仲山甫，式是百辟。纘戎祖考，王躬是保。出納王命，王之喉舌。賦政于外，四方爰發。賦也。

肅肅王命，仲山甫將之。邦國若否，仲山甫明之。既明且哲，以保其身。夙夜匪解，以事一人。賦也。

凌濛初曰：「明哲保身，正所以事一人，非後世見幾之比。」

人亦有言：「柔則茹之，剛則吐之。」維仲山甫，柔亦不茹，剛亦不吐；不侮矜寡，不畏彊禦。賦也。

人亦有言：「德輶如毛，民鮮克舉之。」我儀圖之，維仲山甫舉之，愛莫助之。衮職有闕，維仲山甫補之。賦也。

凌濛初曰：「『愛莫助之』，正是愛之深處，形容好德之誠。句法如此，本非實語，非真欲有以助而不能，亦非山甫無不足而莫可助也。總須看得活，注意亦費力。」

仲山甫出祖，四牡業業，征夫捷捷，每懷靡及。四牡彭彭，八鸞鏘鏘。王命仲山甫，城彼東方。賦也。

四牡騤騤，八鸞喈喈。仲山甫徂齊，式遄其歸。吉甫作誦，穆如清風。仲山甫永懷，以慰其心。賦也。

「四牡」、「八鸞」三見，不過疊詠成章，非有始行、在途、至齊之别。《微言》 凌濛初曰：「上章『每懷靡及』者，以『小心翼翼』之大臣，而奉君命城方，自然朝受命而夕飲冰，何必輕看城齊。而説者必欲云，出則不能保躬補闕，故云爾耶。山甫寧至重内輕外，如今之時政乎？至於遄歸，則在他人念中，不妨見此意耳。『永懷』，便兼帶念朝廷意亦得，以其爲通詩作結也。」

韓奕

凌濛初曰：「通詩鋪張處，俱要關着始受命爲諸侯，顯父之餞、韓侯之迎妻，俱重君恩。」

奕奕梁山，維禹甸之，有倬其道。韓侯受命，王親命之：「纘戎祖考，無廢朕命，夙夜匪解。虔共爾位，朕命不易。榦不庭方，以佐戎辟。」賦也。

四牡奕奕，孔修且張。韓侯入覲，以其介圭，入覲于王。王錫韓侯，淑旂綏章，簟茀錯衡，玄衮赤舄，鉤膺鏤鍚，鞹鞃淺幭，鞗革金厄。賦也。

首二章一時事，而受命、受錫是二事，故各推本，而再言入朝。或以上是士服入見，此是侯服入見，大誤。《六帖》

韓侯出祖，出宿于屠。顯父餞之，清酒百壺。其殽維何？炰鼈鮮魚。其蔌維何？維筍及蒲。其贈維何？乘馬路車。籩豆有且，侯氏燕胥。賦也。

韓侯取妻，汾王之甥，蹶父之子。韓侯迎止，于蹶之里。百兩彭彭，八鸞鏘鏘，不顯其光。諸娣從之，祁祁如雲。韓侯顧之，爛其盈門。賦也。

婚禮當在贈行前，章次反後者，此詩本因受命歸國而作，故不得不並叙始終，而以親迎置之此也。

詩人作詩並不曾編年叙事，説者不可牽强。《六帖》　蹶父爲卿士，其里必在京師，韓侯朝周，京都必有旅館，則門自是韓侯之門。《詩脉》

蹶父孔武，靡國不到；爲韓姞相攸，莫如韓樂。孔樂韓土，川澤訏訏。魴鱮甫甫，麀鹿噳噳，有熊有羆，有貓有虎。慶既令居，韓姞燕譽。賦也。

雖叙韓姞歸韓之樂，原以見韓侯封域之美。《詩通》

溥彼韓城，燕師所完。以先祖受命，因時百蠻。王錫韓侯，其追其貊，奄受北國，因以其伯。實墉實壑，實畝實籍。獻其貔皮，赤豹黄羆。賦也。

修城池、治田畝、貢土物，皆世職所當爲，亦見韓處邊陲，系蠻夷觀望，此尤其所急意。《翼説》　末四句，所謂「榦不庭方」也，然首章戒意，亦在其中。《説通》　此與首章互相發，但上是述王命，此只詩人申廣王意以規之也。《詩脉》　或謂末四句，是欲韓侯如此經理北國，恐百蠻各有土俗，其不可以墉壑畝籍，迄今尚然，惟貢獻可通行耳。「榦不庭方」之法，不離自修職業中，不在務此遠略。《詩通》

江漢

江漢浮浮，武夫滔滔。匪安匪游，淮夷來求。既出我車，既設我旟。匪安匪舒，淮夷來鋪。賦也。

江漢湯湯，武夫洸洸。經營四方，告成于王。四方既平，王國庶定。時靡有争，王心載寧。賦也。

江漢之滸，王命召虎：「式辟四方，徹我疆土。匪疚匪棘，王國來極。于疆于理，至于南海。」賦也。

凌濛初曰：「總是功成褒賞後之詩。『經營』、『疆理』、『告成』、『王命』等語，俱是追述，不妨再三提起以成詩，必云經營先以露布告成，疆理又以策書再至，此講師之見，無非想當然耳，恐不必鑿鑿。」

王命召虎，來旬來宣：「文武受命，召公維翰。無曰予小子，召公是似。肇敏戎公，用錫爾祉。賦也。
釐爾圭瓚，秬鬯一卣。告于文人，錫山土田。于周受命，自召祖命。」虎拜稽首：「天子萬年！」賦也。
虎拜稽首：「對揚王休，作召公考。天子萬壽！明明天子，令聞不已。矢其文德，洽此四國。」賦也。

此章虎拜，是拜于家廟，正用圭瓚以祀其先之時。《翼説》　凌濛初曰：「『天子萬壽』以下，劉安成通作勒廟器之詞，似有理，然述勒銘之詞，未有連述五語而即以成詩者，止『天子萬壽』一語，乃似摘勒器中一語點綴之耳。」

常武

凌濛初曰：「通詩俱要模擬親征，而氣焰威靈，要知是奮于積衰之後，所以動人。歸功處推出王猷，成功後即及班師，美不忘規也。」

赫赫明明，王命卿士，南仲大祖，大師皇父：「整我六師，以修我戎。既敬既戒，惠此南國。」賦也。

敬戒是行師第一義，亦見天子親征，與尋常嚴翼迥別。《詩通》

王謂尹氏，命程伯休父：「左右陳行，戒我師旅。率彼淮浦，省此徐土。不留不處，三事就緒。」賦也。
赫赫業業，有嚴天子。王舒保作，匪紹匪游。徐方繹騷，震驚徐方，如雷如霆，徐方震驚。賦也。
王奮厥武，如震如怒。進厥虎臣，闞如虓虎。鋪敦淮濆，仍執醜虜。截彼淮浦，王師之所。賦也。
王旅嘽嘽，如飛如翰。如江如漢，如山之苞，如川之流，緜緜翼翼，不測不克，濯征徐國。賦也。
王猶允塞，徐方既來。徐方既同，天子之功。四方既平，徐方來庭。徐方不回，王曰還歸。賦也。

「王曰還歸」，正應前南國三農之命。《詩通》

瞻卬

瞻卬昊天，則不我惠。孔填不寧，降此大厲。邦靡有定，士民其瘵。蟊賊蟊疾，靡有夷屆。罪罟不收，靡有夷瘳。賦也。

人有土田，女反有之。人有民人，女覆奪之。此宜無罪，女反收之。彼宜有罪，女覆説之。賦也。

哲夫成城，哲婦傾城。懿厥哲婦，爲梟爲鴟。婦有長舌，維厲之階。亂匪降自天，生自婦人。匪教匪誨，時維婦寺。賦也。

鞫人忮忒，譖始竟背。豈曰不極，伊胡爲慝？如賈三倍，君子是識。婦無公事，休其蠶織。賦也。

天何以刺？何神不富？舍爾介狄，維予胥忌。不弔不祥，威儀不類。人之云亡，邦國殄瘁。賦也。

「天何以刺」二句，設爲詰問，令王自思。《詩通》　注信用婦人，是解經扼要之語，然尋詩人之旨，却引而不發。《六帖》

天之降罔，維其優矣。人之云亡，心之憂矣。天之降罔，維其幾矣。人之云亡，心之悲矣。賦也。

觱沸檻泉，維其深矣。心之憂矣，寧自今矣？不自我先，不自我後。藐藐昊天，無不克鞏。無忝皇祖，式救爾後。賦也。

召旻

昊天疾威，天篤降喪。瘨我飢饉，民卒流亡。我居圉卒荒。賦也。

天降罪罟，蟊賊内訌，昏椓靡共。潰潰回遹，實靖夷我邦。賦也。

皋皋訿訿，曾不知其玷。兢兢業業，孔填不寧，我位孔貶。賦也。

「兢兢業業」正暗指可用之舊人。《詩通》

如彼歲旱，草不潰茂，如彼棲苴。我相此邦，無不潰止。賦也

維昔之富，不如時，維今之疚，不如茲。彼疏斯粺，胡不自替？職兄斯引。賦也。

淩濛初曰：「『胡不自替』，見王必無替之之望，而人又莫能如之何，反望其人爾胡不自替乎？恨極無聊矣。」

池之竭矣，不云自頻？泉之竭矣，不云自中？溥斯害矣，職兄斯弘，不烖我躬？

淩濛初曰：「『不云自』三字口氣，極要體認，正見人昧于亂所由起，所以亂愈甚耳，不可僅僅説得池竭自頻、泉竭自中。」

昔先王受命，有如召公。日辟國百里，今也日蹙國百里。於乎哀哉！維今之人，不尚有舊。賦也。

説箇「召公」，便見用賢；説「今也日蹙」，便見不用賢，不必補出。末説「不尚有舊」，其意顯然，若先説出末句較淡矣。「不尚有舊」，第言有之，不用意亦自在言外。《六帖》

詩逆

吳興凌濛初輯著　侄瑞森　男琛參訂

頌

周頌

清廟

於穆清廟，肅雍顯相。濟濟多士，秉文之德。對越在天，駿奔走在廟。不顯不承，無射於人斯。賦也。

凡頌詞，重祭者，不重祭之者。《說通》　凌濛初曰：「有說『駿奔』正是對越處，文平意串，然詩詞鋪敘多而脉絡自在，平敘串説，皆無不可。」

維天之命

維天之命，於穆不已。於乎不顯，文王之德之純！假以溢我，我其收之。駿惠我文王，曾孫篤之。賦也。

凌濛初曰：「通詩只還他『德』字。注中『神』字、『道』字，俱添出，不必泥。大順篤厚中，有變通廓大意，此薛方山説，最得詩神。」

維清

維清緝熙，文王之典。肇禋迄用有成，維周之楨。賦也。

烈文

烈文辟公，錫兹祉福。惠我無疆，子孫保之。無對靡于爾邦，維王其崇之。念兹戎功，繼序其皇之。無競維人，四方其訓之。不顯維德，百辟其刑之。於乎，前王不忘！賦也。

「前王不忘」，即是廟祭時「對越」、「駿奔」，如將見之之意。《六帖》 就將人心思慕前王來作証，使其惕然有感處，而勸勉之意，自藹然言外，若説勉其取法先王便不警切。《徵言》 勉之以力于道德，正念其功之深意也。《詩通》

天作

天作高山，大王荒之。彼作矣，文王康之。彼徂矣岐，有夷之行，子孫保之！賦也。

「保之」，重太王創業之艱難，戒意不重。《説通》

昊天有成命

昊天有成命，二后受之。成王不敢康，夙夜基命宥密。於緝熙，單厥心，肆其靖之。賦也。

頌德處，全要認一「心」字。「肆」字就成王時言，不應認作後王。《詩通》 凌濛初曰：「頌成王處，俱要見是繼世之君，席寵承休，如此操心爲難。」

我將

我將我享，維羊維牛，維天其右之。儀式刑文王之典，日靖四方。伊嘏文王，既右享之。我其夙夜，畏天之威，于時保之。賦也。

凌濛初曰：「天與文王，不分輕重，必文王就可以必天。儀刑文王，即是畏天，畏天正所以儀刑文王。要説得天與文王一也，方是配享。」圜丘之祭，其禮至簡，今所將而享者，維羊維牛，正欲盡其意之委曲，但稍近於夸，便非對天之語，只宜平平説去。或以我爲躬親，以維爲無敢加，以牛羊爲越于繭栗之外，皆所謂求其説者也。《微言》　明堂之禮，自我義起，所以冀天之享，而又不敢遽必其享。二「我」字最有深意，却不重在躬親保之，不敢恃爲可保，是心上思想如此。《詩通》

時邁

時邁其邦，昊天其子之，實右序有周。薄言震之，莫不震疊。懷柔百神，及河喬嶽。允王維后！明昭有周，式序在位。載戢干戈，載櫜弓矢。我求懿德，肆于時夏。允王保之。賦也。

此乃革商之後，最初一巡，勿泥注周制十二年之説。「其」字，勿泥注不敢必意，蓋此時已爲天子，特自其一念祈天之心而言耳。《詩通》

執競

執競武王，無競維烈。不顯成康，上帝是皇。自彼成康，奄有四方，斤斤其明。鐘鼓喤喤，磬筦將將，降福穰穰。降福簡簡，威儀反反。既醉既飽，福禄來反。賦也。

武王功在宇内，而曰「執競」，反自其内之所運而言；成康德基宥密，而曰「不顯」，反自其外之所著而言，此微顯闡幽之意。《翼説》　見武王之武，非夫人之武也；成康之守成，亦有以本之，非專藉庥蔭于前人者也。《説通》　「執競」，不妨帶助上帝救民水火念頭説。「奄有」，重在德之無遠弗届上。《詩通》　猶是鐘鼓磬管耳，有功德以被之，自覺其喤喤將將焉。「降福」，總見三后之錫福于後人意。「威儀反反」，叙述過遞之詞，所重不在也。《説通》

思文

思文后稷，克配彼天。立我烝民，莫非爾極。貽我來牟，帝命率育。無此疆爾界，陳常于時夏。賦也。

「文」字便照「陳常」取義，「陳」字甚活，但就五倫中相生相養處看自見，非必稷自陳之也，正與「思文」相應。人知后稷之養民，不知實開教化之原，故特表之。「貽我來牟」，重率育，不重帝命。《詩通》

臣工

嗟嗟臣工，敬爾在公。王釐爾成，來咨來茹。嗟嗟保介，維莫之春，亦又何求？如何新畬？於皇來牟，將受厥明。明昭上帝，迄用康年。命我衆人，庤乃錢鎛，奄觀銍艾。賦也。

成法，雖即下及時修事意，所該尚多，須會王言發端大體。《詩通》

噫嘻

噫嘻成王，既昭假爾。率時農夫，播厥百穀。駿發爾私，終三十里。亦服爾耕，十千維耦。賦也。

三「爾」字皆指農官，乃着實責成字眼，蓋田皆爾之田，耕皆爾之事，安得不務所以率之？《詩通》

振鷺

振鷺于飛，于彼西雝。我客戾止，亦有斯容。在彼無惡，在此無斁。庶幾夙夜，以永終譽。賦也。

上下節，人只爲求其相貫，所以總推到德上，終是牽强。此只是一見便喜，而更喜其將來之永無間言耳。爲先代後立言，自應如是，即如《有客》一篇，亦並不説出德字。《詩通》庶幾幸之也，非望之也。《説通》

豐年

豐年多黍多稌。亦有高廩，萬億及秭。爲酒爲醴，烝畀祖妣，以洽百禮，降福孔皆。賦也。

有瞽

有瞽有瞽，在周之庭。設業設簴，崇牙樹羽。應田縣鼓，鞉磬柷圉。既備乃奏，簫管備舉。喤喤厥聲，肅雝和鳴，先祖是聽。我客戾止，永觀厥成。賦也。

系之以周，見其爲昭代之新聲。《詩脉》「先祖是聽」，全在發揚祖功，光昭宗德，與其精神意氣，默然相合上説。《詩通》我客觀成，不以興亡之感説。客乃二王之後，其所聞見，皆大聖人之樂。後有作者難爲其觀，今而「永觀厥成」，則樂音之美可知，而先代之後，且爲所感。先祖之神，信乎其聽矣。《詩脉》

潛

猗與漆沮，潛有多魚。有鱣有鮪，鰷鱨鰋鯉。以享以祀，以介景福。賦也。

獨言「漆沮」，即不重興王，亦非無意之言。《説通》講享祀、介福俱要切嘗魚。《六帖》

雝

有來雝雝，至止肅肅。相維辟公，天子穆穆。於薦廣牡，相予肆祀。假哉皇考！綏予孝子。宣哲維人，文武維后。燕及皇天，克昌厥後。綏我眉壽，介以繁祉。既右烈考，亦右文母。賦也。

武王既得天下以祭，詩意重在得諸侯上。《翼説》「辟公」、「天子」，俱是着力字面，末節「右」字，全在此看。《詩通》天子薦廣牡之牲，辟公助陳其祭祀，非諸侯自薦大牡也，《商頌》「大饎是承」句亦然。《六帖》「綏予」當作幸詞，不作冀詞，蓋此詩是徹祭時所歌也。「眉壽」、「繁祉」，俱作已然看。《詩通》

載見

載見辟王，曰求厥章。龍旂陽陽，和鈴央央。鞗革有鶬，休有烈光。率見昭考，以孝以享，以介眉壽。永言保之，思皇多祜。烈文辟公，綏以多福，俾緝熙于純嘏。賦也。

首節只是喚起之詞，奉辟王之命，正以欽昭考之靈，隱隱含下意在。《詩脉》

有客

有客有客，亦白其馬。有萋有且，敦琢其旅。有客宿宿，有客信信。言受之縶，以縶其馬。薄言追之，左右綏之。既有淫威，降福孔夷。賦也。

首節只從馬閑閑說到人上，見無非可愛爲得，不必分，亦不宜對。「有」字「亦」字，有欣然創見之意，全要得初至令人快睹光景。末二句，正是綏之之切要語。《詩通》

武

於皇武王，無競維烈。允文文王，克開厥後。嗣武受之，勝殷遏劉，耆定爾功。賦也。

「允文」字可味，全在視民如傷，不忍發天下之殺機上看。《詩通》　武以止戈成文，故此皆言用武之意，非誦武功也。《説通》　明非武王之武，無以成文王之文也。《詩脉》　凌濛初曰：「獨夫燮伐，會朝清明，戎衣一解，天下大定，宇内殺機就此消融，故曰止戈爲武。武即遏劉之義也，奚必直至散馬放牛而後爲止殺乎？作止殷之殺其義小，作自止其殺，不復用武，亦似反贅，只須對照《緜》、《清明》二字義。」

閔予小子

閔予小子，遭家不造，嬛嬛在疚。於乎皇考，永世克孝！念兹皇祖，陟降庭止。維予小子，夙夜敬止。於乎皇王，繼序思不忘！賦也。

訪落

訪予落止，率時昭考。於乎悠哉，朕未有艾。將予就之，繼猶判渙。維予小子，未堪家多難。紹庭上下，陟降厥家。休矣皇考，以保明其身。賦也。

道與事非二也，成王求道而求之事，深於求道者也，其心則以道不可見而事猶可循，歉然其未足焉。《說通》「紹」字應「率」字，貫至「厥家」，正是隨事體道，非謂道難及，但法其事也。亦只言自己所期如此，若其所以克紹者，正有待于群臣。《詩通》

敬之

敬之敬之，天維顯思，命不易哉！無曰高高在上，陟降厥士，日監在兹。維予小子，不聰敬止。日就月將，學有緝熙于光明。佛時仔肩，示我顯德行。賦也。

敬就心學說，不可認作敬天，只稱天以聳其敬耳。《詩通》凌濛初曰：「『不聰』，只是出詞之謙意耳，以『光明』作聰字看固非，而以末二句爲成就其聰尤非。『學』便是『敬』，若說如此去學敬，亦是頭上安頭，大略學究之想，總不可入詩。」

小毖

予其懲，而毖後患，莫予荓蜂，自求辛螫。肇允彼桃蟲，拚飛維鳥。未堪家多難，予又集于蓼。賦也。

「予其」二字，有悔悟自艾、願與廷臣更始之意，勿泥注何所字。「蜂鳥」明指管、蔡事，但講中只就蜂烏發揮，而正意自在，勿作喻説。《詩通》　凌濛初曰：「集蓼指天下多事言，勿即指管、蔡，蓋管、蔡事已往，而懲其將來故也。」

載芟

載芟載柞，其耕澤澤。千耦其耘，徂隰徂畛。侯主侯伯，侯亞侯旅，侯彊侯以。有嗿其饁，思媚其婦，有依其士。有略其耜，俶載南畝。播厥百穀，實函斯活。驛驛其達，有厭其傑。厭厭其苗，緜緜其麃。載穫濟濟，有實其積，萬億及秭。爲酒爲醴，烝畀祖妣，以洽百禮。有飶其香，邦家之光；有椒其馨，胡考之寧。匪且有且，匪今斯今，振古如兹。賦也。

凌濛初曰：「媚依，正是勤心所見，非關情也。」

良耜

畟畟良耜，俶載南畝。播厥百穀，實函斯活。或來瞻女，載筐及筥，其饟伊黍。其笠伊糾，其鎛斯趙，以薅荼蓼。荼蓼朽止，黍稷茂止。穫之挃挃，積之栗栗。其崇如墉，其比如櫛，以開百室。百室盈止，婦子寧止。殺時犉牡，有捄其角。以似以續，續古之人。賦也。

此與《載芟》，皆止頌農功之有成，而神貺在言外。「續古之人」，不重在祭統所垂之遠，只重自古有年，見今日之祭，不容不舉。《詩通》

絲衣

絲衣其紑，載弁俅俅。自堂徂基，自羊徂牛。鼐鼎及鼒，兕觥其觩。旨酒思柔。不吴不敖，胡考之休！賦也。

要本王者主祭説，凡士之敬，皆王之敬，而獲福亦是與王同休。「自堂」三句，俱要説代主人省視，一如主人躬親意。《詩通》

酌

於鑠王師，遵養時晦。時純熙矣，是用大介。我龍受之，蹻蹻王之造。載用有嗣，實維爾公允師。賦也。

首四句側重下二句，而武王心事，却在「遵養時晦」處看。「時晦」，天命人心，未盡歸周，如晦昧然，及其盡歸于周，則遂若光輝赫奕，所謂純熙也，須知「遵養」全不着意，使時當終晦，則師亦終于不用矣。《詩通》　「師」，師其時也。《説通》　重武王是師，不重後人當法上。《微言》

桓

綏萬邦，屢豐年。天命匪懈。桓桓武王，保有厥士。于以四方，克定厥家。於昭于天，皇以間之。賦也。

凌濛初曰：「觀小序云，武志也，則『于以四方』似是有事于四方之意，即『綏萬邦』也。『克定厥家』，所謂外攘内固也，正頌其武功而以格天代商牧之，最爲明順。朱子注亦無明説，時説皆謂『于以四方』，即指列爵分土言，不應先以分封樂歌中意，逗出于頌武功詩中，而末句君天下語反在分封意後，亦戾矣。

但以此合之于保全功臣，用賢圖治之意，却便衍文措語。」又曰：「『皇』，即君天下也。『以間之』，以代商也，極明白。緣注于『間』字未詳之後，故不另疏『皇』字，而並言其意耳。時説以『皇』爲嘆其美大之詞，『間』字方又帶君天下，反牽强纏擾，皆不會朱注意故。」

賚

文王既勤止，我應受之。敷時繹思，我徂維求定。時周之命，於繹思！賦也。

是代武王説意中事，故開口只説文王。二「我」字如武自言，則武王之德，在其中矣。《詩通》　不曰分茅土，而曰「敷繹思」，欲其知締造之艱。《説通》　凌濛初曰：「勤勞即是功德，求定天下，即是勤勞心事。前『繹思』，即指勤勞所寄之土宇；後『繹思』，正是土宇所載之勤勞。還他題中字面，不必添出功德字。」　又曰：「『敷時繹思』，只代得分茅土字樣，『我徂維求定』，只代得建諸侯字樣，特命詞之意自妙耳，勿牽附而晦其旨，反似兩層。」

般

於皇時周，陟其高山，嶞山喬嶽，允猶翕河。敷天之下，裒時之對，時周之命。賦也。

再揭「時周」，亦見非復商家之舊，令人洒然易慮，奉法惟謹，但意與上章稍異，上以恩結天下，此以威震天下。《詩脉》

魯頌

駉

駉駉牡馬，在坰之野。薄言駉者：有驈有皇，有驪有黄，以車彭彭。思無疆，思馬斯臧。賦也。

「思無疆」，非必爲馬也，萬事通焉，「思馬斯臧」矣。「思馬斯臧」，人心之妙也。《説通》　美善思，而只舉一馬政以驗之耳。《詩通》

駉駉牡馬，在坰之野。薄言駉者：有騅有駓，有騂有騏，以車伾伾。思無期，思馬斯才。賦也。

駉駉牡馬，在坰之野。薄言坰者：有驒有駱，有騮有雒，以車繹繹。思無斁，思馬斯作。賦也。

駉駉牡馬，在坰之野。薄言坰者：有駰有騢，有驔有魚，以車祛祛。思無邪，思馬斯徂。賦也。

有駜

有駜有駜，駜彼乘黄。夙夜在公，在公明明。振振鷺，鷺于下。鼓咽咽，醉言舞。于胥樂兮。興也。

有駜有駜，駜彼乘牡。夙夜在公，在公飲酒。振振鷺，鷺于飛。鼓咽咽，醉言歸。于胥樂兮。興也。

有駜有駜，駜彼乘駽。夙夜在公，在公載燕。自今以始，歲其有。君子有穀，貽孫子。于胥樂兮。興也。

此詩臣之所作，意重美其君上。《翼説》　末「于胥樂兮」，就想見異日雍熙之盛説。《詩通》

泮水

凌濛初曰：「詩作于泮宫，凡服衆、化民、格徂、服遠，俱要照作泮宫、莅泮宫上説。至出兵、釋奠，原是學宫之事，故因以禱之者，不待言矣。勿因注詩柄，而止重飲酒。飲酒以後，總是頌禱之詞，只疊疊説去，不必穿鑿分别。」此詩曰「順彼長道」，曰「穆穆」，曰「明明」，曰「敬明其德」，曰「允文允武」，曰「克廣德心」，曰「式固爾猷」，明道民有路，致勝有本，非一于頌者也。《説通》

思樂泮水，薄采其芹。魯侯戾止，言觀其旂。其旂茷茷，鸞聲噦噦。無小無大，從公于邁。賦其事以起興也。

凌濛初曰：「凡戾止儀物，俱要見曠典一新意。」

思樂泮水，薄采其藻。魯侯戾止，其馬蹻蹻。其馬蹻蹻，其音昭昭。載色載笑，匪怒伊教。賦其事以起興也。

思樂泮水，薄采其茆。魯侯戾止，在泮飲酒。既飲旨酒，永錫難老。順彼長道，屈此群醜。賦其事以起興也。

穆穆魯侯，敬明其德。敬慎威儀，維民之則。允文允武，昭假烈祖。靡有不孝，自求伊祜。賦也。

明明魯侯，克明其德。既作泮宫，淮夷攸服。矯矯虎臣，在泮獻馘。淑問如皋陶，在泮獻囚。賦也。

濟濟多士，克廣德心。桓桓于征，狄彼東南。烝烝皇皇，不吴不揚。不告于訩，在泮獻功。賦也。

凌濛初曰：「『德心』亦自泮宫中陶養得來，亦本魯侯『敬明』、『克明』之伊教來，成功居功俱本此，總不可脱泮宫。下『固猷』亦然。」

角弓其觩，束矢其搜。戎車孔博，徒御無斁。既克淮夷，孔淑不逆。式固爾猶，淮夷卒獲。賦也。

翩彼飛鴞，集于泮林。食我桑黮，懷我好音。憬彼淮夷，來獻其琛。元龜象齒，大賂南金。興也。

所獻皆非淮所有，所以爲琛。《詩通》

閟宫

閟宫有侐，實實枚枚。赫赫姜嫄，其德不回。上帝是依，無灾無害。彌月不遲，是生后稷。降之百福，黍稷重穋，稙稺菽麥。奄有下國，俾民稼穡。有稷有黍，有稻有秬。奄有下土，纘禹之緒。賦也。

廟始于有國，國始于有周，周始于后稷，稷始于姜嫄，故從姜嫄之德説起。《詩通》

后稷之孫，實維大王，居岐之陽，實始翦商。至于文武，纘大王之緒。致天之届，于牧之野。無貳無虞，上帝臨女！敦商之旅，克咸厥功。王曰「叔父，建爾元子，俾侯于魯，大啓爾宇，爲周室輔」。賦也。

凌濛初曰：「『實始翦商』，亦自後日事而遡觀之，似見得天意如此耳。故下即言致天之届，言天命至此始到極處也。下語俱有大識力。」又曰：「文王猶然服事，至武王始受命，乃直言『纘大王之緒』而並及于文何哉？大王自邠遷岐，基業始降，若使二王不聖，無論廓而大之，即墮其先業，亦自甚易。然則得以成其爲周，非『纘大王之緒』而何？豈必大王先有其心，子孫克竟其志，如後世曹、馬輩繼世成篡者哉！何拘儒牽滯于心迹間，而議論紛紛也！」

乃命魯公，俾侯于東。錫之山川，土田附庸。周公之孫，莊公之子，龍旂承祀，六轡耳耳。春秋匪懈，享祀不忒。皇皇后帝，皇祖后稷。享以騂犧，是享是宜。降福既多，周公皇祖，亦其福女。賦也。

「龍旂」二句，主郊祀説。「春秋」二句，言素能敬廟。「皇皇」四句，是郊而天神格。「周公」二句，是

廟而神鬼饗。下亦既字，蓋推開郊祭，以起廟祭之獲福也。魯之有郊是特典，故因廟祀而並張皇之，不並重。《詩通》

秋而載嘗，夏而福衡。白牡騂剛，犧尊將將。毛炰胾羹，籩豆大房。萬舞洋洋，孝孫有慶。俾爾熾而昌，俾爾壽而臧。保彼東方，魯邦是常。不虧不崩，不震不騰。三壽作朋，如岡如陵。賦也。

「秋而載嘗」七句，俱要見用天子禮樂。《詩通》。

公車千乘，朱英緑縢，二矛重弓。公徒三萬，貝冑朱綅。烝徒增增，戎狄是膺，荆舒是懲，則莫我敢承。俾爾昌而熾，俾爾壽而富，黄髮台背，壽胥與試。俾爾昌而大，俾爾耆而艾，萬有千歲，眉壽無有害。賦也。

代遠成功，原蒙上獲福來，蓋賴周公皇祖之靈以有此，即孝孫有慶之可証者也，不必待「莫我敢承」下，方入廟祭。《詩通》

泰山巖巖，魯邦所詹。奄有龜蒙，遂荒大東。至于海邦，淮夷來同。莫不率從，魯侯之功。賦也。

保有鳧繹，遂荒徐宅。至于海邦，淮夷蠻貊。及彼南夷，莫不率從。莫敢不諾，魯侯是若。賦也。

按膺戎狄，懲荆舒，奄龜蒙，荒大東，荒徐宅，至海邦，淮夷蠻貊、南夷，俱非實事，但詩人口中如有其事者耳。《説通》

天錫公純嘏，眉壽保魯。居常與許，復周公之宇。魯侯燕喜，令妻壽母。宜大夫庶士，邦國是有。既多受祉，黄髮兒齒。賦也。

徂來之松，新甫之柏，是斷是度，是尋是尺。松桷有舄，路寢孔碩。新廟奕奕，奚斯所作。孔曼且碩，萬民是若。賦也。

「奚斯所作」，本魯君主之來。「萬民若」者，以先公功德在民故。《六帖》

商頌

那

猗與那與，置我鞉鼓。奏鼓簡簡，衎我烈祖。湯孫奏假，綏我思成。鞉鼓淵淵，嘒嘒管聲。既和且平，依我磬聲。於赫湯孫，穆穆厥聲。庸鼓有斁，萬舞有奕。我有嘉客，亦不夷懌。自古在昔，先民有作。温恭朝夕，執事有恪。顧予烝嘗，湯孫之將。賦也。

凌濛初曰：「商人尚聲，通詩總重樂聲格祖，恭敬亦即在樂中。言傳恭者，見聲音皆敬所流通，由來如此，不敢不勉也，勿以聲與敬分疏。上已言『綏我思成』矣，而末復以氣類冀其顧，孝孫之意無窮也。」「亦」字最有含蓄，嘉客亦悦，先祖可知，政不須將格祖襯出。《詩通》

烈祖

嗟嗟烈祖，有秩斯祜。申錫無疆，及爾斯所。既載清酤，賚我思成。亦有和羹，既戒既平。鬷假無言，時靡有争。綏我眉壽，黄耇無疆。約軝錯衡，八鸞鶬鶬。以假以享，我受命溥將。自天降康，豐年穰穰。來假來饗，降福無疆。顧予烝嘗，湯孫之將。賦也。

凌濛初曰：「此重湯德足以裕後。『烈』字、『祜』字，俱要照湯身上德業來説。及今王之所，該得大，不沾沾説一修祀，但連下遂帶出祀事來，而感神獲福得天得人。凡湯孫奉祭氣象皆斯所之事也，皆烈祖之祜也。末二句與《那》篇語同意同，然須各照本章上文來措語。」有藉先祜以舉祀典，又藉祀典以永

先祜意。《詩通》

玄鳥

天命玄鳥，降而生商，宅殷土芒芒。古帝命武湯，正域彼四方。方命厥后，奄有九有。商之先后，受命不殆，在武丁孫子。武丁孫子，武王靡不勝。龍旂十乘，大糦是承。邦畿千里，維民所止，肇域彼四海。四海來假，來假祁祁，景員維河。殷受命咸宜，百禄是荷。賦也。

凌濛初曰：「《詩序》爲祀高宗，箋謂高宗崩而始合祭於契之廟。玩詩詞良然，即朱子泛云宗廟祭祀之樂，亦不鑿定。當依詩人語氣，歸重武丁，先揭湯以武德受命事，以後見武丁之武能繼之。凡人民土地，無不如『方命厥后』、『奄有九有』之日也。以湯對孫子言曰先后，以武丁對先后言曰孫子，非另有所謂先后孫子。」又曰：「若依朱傳，但作宗廟祭祀，則須是武丁以後時王之詩，只可以契開端，而湯與武丁遞遞説下，見其以武德後先相繼而受天命耳，無可輕重矣。『商之先后』與『受命咸宜』，通以宗廟之神言。『百禄是荷』，時王荷之也。」

長發

濬哲維商，長發其祥。洪水芒芒，禹敷下土方，外大國是疆。幅隕既長，有娀方將，帝立子生商。賦也。

玄王桓撥，受小國是達，受大國是達。率履不越，遂視既發。相土烈烈，海外有截。賦也。

凌濛初曰：「講『玄王』五句，俱要根敷五教下語。」當顓蒙之世，開以倫理，使之若而不悖，非武健剛果烏能勝任，故曰「桓撥」。《六帖》

帝命不違，至于湯齊。湯降不遲，聖敬日躋。昭假遲遲，上帝是祗，帝命式于九圍。賦也。

受小球小球，爲下國綴旒。何天之休，不競不絿，不剛不柔，敷政優優，百祿是遒。賦也。

凌濛初曰：「『敷政』及下『奏勇』，俱根『敬』字來説。」　纔云競絿並用、剛柔迭施，已落競絿、剛柔矣。湯則一無所着，而推寛裕以敷之。《詩通》

受小共大共，爲下國駿厖。何天之龍，敷奏其勇，不震不動，不戁不竦，百祿是總。賦也。

聖人行師，代天行事，雖以臣伐君，人情所駭，彼直蕩然無牽無碍，不疑不沮，有何周章，有何退縮？《六帖》　要知此只泛言平日行師如此。《詩通》

武王載旆，有虔秉鉞。如火烈烈，則莫我敢曷。苞有三蘖，莫遂莫達。九有有截，韋顧既伐，昆吾夏桀。賦也。

凌濛初曰：「『有虔』『虔』字，正與『敬』字、『祗』字應，惟有虔，故威靈莫敵也。用師之序，不妨云緩攻徐戰，不忍遽伐，冀其悔悟，以見聖人心事，自是經生門面。若以大計論之，『三蘖』之惡，皆自『苞』來，豈有除其蘖而反留其苞者哉！行師次弟，自應爾爾也。」　上三章「聖敬」以下等語，俱于此章見之。《六帖》　「濬哲」、「發祥」，亦結束于此。《詩通》

昔在中葉，有震且業。允也天子，降于卿士。實維阿衡，實左右商王。賦也。

「中葉」只就湯未興以前言。「震業」，全是夏失其道，令人危懼，不是商之中衰。《詩誦》　尹配享意在言外。《詩脉》

殷武

凌濛初曰：「通詩總要見得中興，所以特廟而世祀之意。伐楚是中興功業，畏民是中興根本。」

撻彼殷武，奮伐荆楚。罙入其阻，裒荆之旅。有截其所，湯孫之緒。賦也。

「撻」、「奮」二字，俱有卓然果斷、人不及謀意。此時積衰之後，稍着一因仍姑待之意，便凌夷不振矣。不曰功而曰緒，上承祖宗，下垂後裔也。《六帖》

維女荆楚，居國南鄉。昔有成湯，自彼氐羌，莫敢不來享，莫敢不來王，曰商是常。賦也。

天命多辟，設都于禹之績。歲事來辟，勿予禍適，稼穡匪解。

「勿予禍適」，有廩廩不敢自保意，勿作自信口氣。《詩通》

天命降監，下民有嚴。不僭不濫，不敢怠遑。命于下國，封建厥福。賦也。

少「怠遑」便僭濫矣，「不敢」字正應「嚴」字。《六帖》　凌濛初曰：「『封建厥福』，即照上服遠威内説。」

商邑翼翼，四方之極。赫赫厥聲，濯濯厥靈。壽考且寧，以保我後生。賦也。

陟彼景山，松柏丸丸。是斷是遷，方斲是虔。松桷有梴，旅楹有閑，寢成孔安。賦也。